ENGLISH—GERMAN
GERMAN—ENGLISH
DICTIONARY

ENGLISH-GERMAN GERMAN-ENGLISH DICTIONARY

IN TWO VOLUMES

*

*An encyclopaedic and strictly scientific representation
of the vocabulary of the modern and present-day languages,
with special regard to syntax, style,
and idiomatic usage*

by

DR. KARL WILDHAGEN

*late Professor of English Philology
in the University of Kiel*

revised and enlarged

by

DR. WILL HÉRAUCOURT

*formerly Professor of English Philology
in the University of Königsberg (Pr)*

*

VOLUME I

English-German

Reprint
1973

BRANDSTETTER VERLAG · WIESBADEN

GEORGE ALLEN & UNWIN LTD · LONDON

ENGLISCH-DEUTSCHES DEUTSCH-ENGLISCHES WÖRTERBUCH

IN ZWEI BÄNDEN

*

*Enzyklopädische streng wissenschaftliche Darstellung
des Wortschatzes der Neuzeit und der Gegenwart,
mit besonderer Berücksichtigung der Syntax, des Stils
und idiomatischen Brauches*

von

DR. KARL WILDHAGEN

weiland ord. Professor der Englischen Philologie
an der Universität Kiel

bearbeitet und erweitert
von

DR. WILL HÉRAUCOURT

vormals ord. Professor der Englischen Philologie
an der Universität Königsberg (Pr)

*

BAND I

Englisch-Deutsch

Nachdruck
1973

BRANDSTETTER VERLAG · WIESBADEN

GEORGE ALLEN & UNWIN LTD · LONDON

© 1963 by Oscar Brandstetter Verlag KG, Wiesbaden

Library of Congress Catalog Card Number Af 28086

ISBN 3 87097 046 4

Monophoto-Filmsatz und Druck: Oscar Brandstetter Druckerei K. G., Wiesbaden

Printed in Germany

To the growth of international understanding

Inhaltsverzeichnis

Table of Contents

Verlagsvorwort

zur erweiterten Auflage 1963

Die letzte revidierte Fassung des englisch-deutschen Wörterbuches von Professor Dr. Karl Wildhagen erschien als 3. Auflage im Jahre 1946. Der Erfolg übertraf alle Erwartungen, die sich Autor und Verlag vorstellen konnten. In allen Erdteilen hat das Werk ungeteilte und anhaltende Zustimmung gefunden und es ist überaus tragisch, daß Prof. Wildhagen diese Aufnahme seines Werkes in der ganzen Welt nach dem zweiten Kriege nicht mehr erleben konnte.

Die Gründe für die umfassende Neubearbeitung und erhebliche Erweiterung des bisherigen Inhalts, die im Sinne des verehrten verstorbenen Autors vorgenommen wurden, sind von Herrn Professor Dr. Will Héraucourt in dessen Vorwort dargelegt. Nachdem inzwischen die von Prof. Héraucourt weitergeführte und vollendete deutsch-englische Ausgabe ebenfalls einen in jeder Beziehung hervorragenden Ruf erreichen konnte, möchten wir an dieser Stelle Herrn Prof. Héraucourt, sowie seinen Mitarbeitern und Helfern, für die über ein Jahrzehnt während Neubearbeitung, auch des englisch-deutschen Teils, danken. Mit diesem Dank verbinden wir die Gewißheit, daß seine sorgfältige und gewissenhafte Arbeit zu einem Ergebnis geführt hat, das den Namen und den Ruhm des ursprünglichen Werkes und seines Autors würdig in die Zukunft trägt.

Der Verlag

Publisher's Foreword

to the enlarged edition 1963

The last revised edition of Professor Dr. Karl Wildhagen's English-German dictionary appeared as a 3rd printing in 1946, and its success exceeded all the expectations of both author and publisher. The work has found appreciative and lasting approval in all parts of the world, and it is especially tragic that Professor Wildhagen did not live to see its success after the Second World War.

The reasons for the extensive re-editing and considerable enlargement of the contents of the dictionary, with which the late author himself had begun, are given by Professor Dr. Will Héraucourt in his foreword. Since Professor Héraucourt's German-English edition has meanwhile gained a reputation which is in every respect just as outstanding, we should like to take this opportunity of thanking him and his colleagues and helpers for ten years' work they have devoted to the re-editing of both parts of the dictionary. We are sure that by his careful and conscientious work he has produced a dictionary worthy enough to carry on the name and the fame of the original work and its compiler.

The Publishers

Aus dem Vorwort der ersten Auflage

Das Ziel des Buches ist, den Wortschatz und Sprachgebrauch des *modernen und modernsten Englisch*, also des 19. und 20. Jahrhunderts, in der ganzen Mannigfaltigkeit seiner sozialen und individuellen Struktur darzustellen: den Standard (als Grundlage), die gebildete Umgangssprache, die familiäre Sprache, den Slang, die literarische und dichterische Sprache, die Vulgärsprache und die Mundart. Auch die Sprache der Vereinigten Staaten Amerikas, die ja z. B. den englischen Slang ständig und umfangreich beeinflußt hat, ist weitgehend berücksichtigt worden.

Auf eine eingehende Behandlung des Wortschatzes der früheren Jahrhunderte und auf ausführliche etymologische Angaben bei den einzelnen Stichwörtern ist mit Absicht verzichtet worden, um Raum zu gewinnen für die lebendige Sprache der Gegenwart und die mannigfaltigen Schwierigkeiten, die ihre Handhabung aufgibt, sowie für die den Wörtern zugrunde liegenden Sachen. Die *Etymologie* ist gebührend berücksichtigt worden, wo sie von wirklich praktischem Nutzen ist, vgl. S. XVIII f. u. S. XX f. Was die Beschränkung des Wortschatzes betrifft, so ist diese von relativ geringer Bedeutung, da ja der weitaus größte Teil der Wörter jener Zeit in die neue hinübergenommen ist; sie fällt gerade für das Englische kaum ins Gewicht, da in England die Tradition zu allen Zeiten, auch auf sprachlich-literarischem Gebiete, in besonders hohem Maße entwickelt ist. Ein großer Teil jenes älteren Sprachgutes ist daher in *archaischen* Wörtern und Wendungen noch heute erhalten, die von mir sämtlich berücksichtigt sind, und ein anderer größerer Teil, darunter manche Schöpfung *Shakespeares*, lebt in der traditionsgebundenen *dichterischen* Sprache der Jetztzeit fort, der hier ebenfalls breiter Raum gewährt ist.

Der Schwerpunkt liegt also hier auf dem Englisch der Neuzeit und Gegenwart, das nach streng wissenschaftlichen Grundsätzen behandelt ist. Dies ist *ein* charakteristischer Zug dieses Werkes. Dazu kommt ein zweiter. Das Buch stellt den ersten Versuch dar, stets über das isolierte Wort hinausstrebend die heute immer noch stiefmütterlich behandelte *Syntax* und den *Stil* systematisch in das Wortmaterial einzubauen. Die Artikel sind daher oft nach rein syntaktischen bzw. stilistischen Gesichtspunkten eingerichtet, um die charakteristischen – syntaktischen wie idiomatischen – Eigenheiten des betr. Wortes plastisch in Erscheinung treten zu lassen und den Benutzer zu befähigen, die im Gebrauch auftretenden Schwierigkeiten sofort zu erkennen und das Wort richtig zu handhaben; ich verweise nur, um einige Beispiele herauszugreifen, auf die Artikel *advice, company, give, oat, of, one, own, paper, pay, people, politics, remove, renounce, slow, sorry, strong, take, thing, to*. Die Durchführung dieses Grundsatzes stellte zwei wichtige Forderungen: 1. sauber zu scheiden zwischen Form und Konstruktion, sowie zwischen den einzelnen Funktionen ein und desselben Wortes, z. B. beim Verbum zwischen den Verbindungen mit Präposition und mit Adverbium, zwischen dem Partizipium und der attributiven Verwendung des Gerundiums usw., Dinge, die bis jetzt lange nicht genug beachtet sind, 2. ein Wort nie isoliert, sondern stets im lebendigen Satzzusammenhange zu erfassen und seine syntaktische Verbindung mit den übrigen Gliedern des Satzes klar und eindeutig festzuhalten. Überall bin ich daher bemüht gewesen, oft durch mehrere und verschiedene Beispiele den komplizierten Sachverhalt klar herauszustellen, um den Benutzer vor falscher Anwendung oder Konstruktion zu bewahren.

Kiel, den 12. Juli 1938   *Karl Wildhagen*

From the Preface to the First Edition

The object of this book is to present, in the whole diversity of its social and individual structure, the vocabulary and usage of *modern and present-day English*, i. e. of the XIX. and XX. centuries, thereby including standard speech (as basis), the conversational language of the educated classes, colloquial speech, slang, the poetical language, and dialect. The language of the United States of America, which has constantly and largely influenced English slang, has been taken into account as far as possible.

I have deliberately refrained from dealing fully with the vocabulary of the earlier centuries and from giving detailed etymological data for the several catchwords in order to provide space for the living language of today and to set forth the manifold difficulties attending its use, as well as to give information, if need be, about the facts underlying the words. *Etymology* has been duly considered where it is of eminently practical use, cp. p. XVIII f. and p. XX f. The omissions produced by the restriction of the vocabulary are of relatively small importance, since the bulk of the words of the earlier centuries have been carried forward into the modern period. They become insignificant indeed, if one takes into account the unique influence tradition has and always has had in England. Thus quite a number of the older words linger on in the present time as *archaic forms*, which are all included in this book. A still greater number including many *Shakespearian* words survives in the tradition-bound *poetical language* of today, which has been largely presented here.

The emphasis then lies here on modern and present-day English which has been treated on strictly scientific principles. This is *one* characteristic feature of this dictionary. The other is this: The book represents the first systematic attempt to bring *syntax* and *style*, which have hitherto always suffered neglect, within the framework of the word-material. The articles have, therefore, often been arranged purely from the standpoint of syntax or idiom, in order to throw into relief the characteristic peculiarities—syntactic as well as idiomatic of the word in question and to enable the reader at once to recognize such difficulties as may arise in its use, and to apply the word correctly; I would only refer, by way of example, to the articles *advice*, *company*, *give*, *oat*, *of*, *one*, *own*, *paper*, *pay*, *people*, *politics*, *remove*, *renounce*, *slow*, *sorry*, *strong*, *take*, *thing*, *to*. The carrying out of this principle imposed on me two important obligations, firstly to distinguish carefully between form and construction as well as between the several functions of one and the same word, e. g. in the case of the verb, between constructions with a preposition and those with an adverb, between the present participle and the attributive use of the gerund, etc., points which hitherto have not been sufficiently taken into account, secondly never to take a word as an isolated unit but always to comprehend it in its living context and to record in a clear and unequivocal manner its syntactic connection with other parts of the sentence. It has, therefore, been my constant endeavour, clearly to set forth the complexity of the problem involved, often illustrating the case by several and different examples, in order to guard the reader against applying or construing a word wrongly.

Kiel, July 12, 1938   *Karl Wildhagen*

Vorwort

zur zwölften, durchgesehenen und erweiterten Auflage

Die ungeteilt begeisterte Aufnahme meiner Fortführung der Aufgabe, die sich Professor Wildhagen für den 2. Band dieses Wörterbuchs gestellt hatte, veranlaßte mich, die Überarbeitung und Erweiterung auch des 1. Bandes zu übernehmen, der seit vielen Jahren als das beste größere englisch-deutsche Wörterbuch in der ganzen Welt höchstes Ansehen genießt.

Hierbei war mein leitender Gedanke, das Wörterbuch im Sinne Wildhagens als eine *enzyklopädische, streng wissenschaftliche Darstellung des englischen und amerikanischen Wortschatzes der Neuzeit und Gegenwart mit besonderer Berücksichtigung der Syntax, des Stils und idiomatischen Brauchs, entsprechend der modernen Sprachentwicklung* zu erweitern und entsprechend der mit Riesenschritten sich entwickelnden *wissenschaftlichen Erkenntnisse und Industrialisierung* unserer Welt und der sich daraus ergebenden Probleme hinsichtlich aller Wissensgebiete zu ergänzen und zu modernisieren.

Das allgemein anerkannte *System der Anlage* des Wörterbuches wurde beibehalten und konsequent weiterentwickelt. Die für den richtigen Gebrauch so wichtige *Einordnung der Wörter in ihre Sachgebiete* wurde durch Einführung weiterer leicht erkennbarer und einprägsamer Abkürzungen gekennzeichnet:

⟨ac⟩	acoustics	⟨journ⟩	journalese
⟨ad⟩	advertising	⟨Lit⟩	literature
⟨artill⟩	artillery	⟨logar⟩	logarithmic
⟨at⟩	atom(ic)	⟨logist⟩	logistics
⟨bak⟩	baking	⟨mas⟩	masonry
⟨bal⟩	balance sheet	⟨mount⟩	mountaineering
⟨ball⟩	ballistics	⟨occ⟩	occultism
⟨bank⟩	banking	⟨off⟩	officialese, office
⟨bill⟩	billards	⟨pap⟩	papermaking
⟨brew⟩	brewery	⟨rec⟩	recording
⟨cast⟩	casting	⟨rehab⟩	(occupational) rehabilitation
⟨cart⟩	cartography	SBZ	*Sowjetisch Besetzte Zone*
⟨ceram⟩	ceramics	⟨sew⟩	sewing
⟨cosm⟩	cosmetics	⟨ski⟩	skiing
⟨demog⟩	demography	⟨soc⟩	sociology
⟨econ⟩	economics	⟨swim⟩	swimming
⟨eth⟩	ethology	⟨tact⟩	tactics
⟨fenc⟩	fencing	⟨teens⟩	language of the teenagers and twens
⟨for⟩	forestry		
⟨found⟩	founding	⟨turbo⟩	*Turbinen—*
⟨glass⟩	glassmaking	⟨typewr⟩	typewriter
⟨gyn⟩	gynaecology		

Diese Sigel zeigen in gewisser Weise bereits an, auf welchen Gebieten u. v. a. *Ergänzungen notwendig* erschienen.

Darüber hinaus sind – außer verschiedenen anderen Gebieten der Technik und Wissenschaft – mit besonderer Sorgfalt behandelt worden:
moderne *Erfindungen* aller Art; Erzeugnisse der verschiedensten *Industrien; Verkehrswesen,* insbesondere Kraftfahr-, Flug- und Raumfahrtwesen; *Atomtechnik;* Kriegs- und *Wehrwesen,* insbesondere Artillerie und moderne Taktik; *Statistik,* insbesondere auch *Bevölkerungswissenschaft; Bautechnik* und Baumaterialien; *Optik* und *Photographie; Film, Funk, Fernsehen, Tongeräte; Reklamewesen; Rechtswissenschaft; Psychologie; Volkswirtschaft; Bank-* und *Bilanzwesen.* Dann aber auch *Kunst-* und *Musikwissenschaft; Numismatik; Literatur-* und *Theaterwissenschaft; geographische* und *geologische* Begriffe.

Die *botanischen* Eintragungen wurden um die wichtigen Pflanzen des Mittelmeergebiets vermehrt, die *ornithologischen* auf die Gesamtheit der europäischen Vogelarten und die wichtigsten Nordamerikas ergänzt.

Durch Literatur, Funk und Film ist das Englische seit dem 2. Weltkriege von *Amerikanismen* so überflutet worden, daß diesen ein sehr viel weiterer Raum zugestanden werden mußte, als dies früher notwendig erscheinen konnte. Darüber hinaus aber sind das eigenständige Amerikanische und das kanadische, afrikanische, australische und koloniale Englisch nicht nur, was den Wortschatz, sondern auch, was die Idiomatik angeht, eingehend behandelt worden.

Ganz besonderer Wert wurde gelegt auf ausführliche Behandlung des im Englischen und Amerikanischen so schwierigen *Gebrauchs der Präpositionen;* hierzu wurden möglichst viele Satzbeispiele gegeben.

Auch die Eintragungen an Redensarten, Verbindungen und idiomatischen Wendungen wurden stark vermehrt.

Um all diesen Aufgaben gerecht zu werden, ohne den Umfang des Werkes allzusehr zu erweitern, wurde Wert gelegt auf *kompressen* Satz, der aber den bisherigen an Klarheit übertreffen sollte, auf konsequente Durchführung der Abkürzungen, auf *Übersichtlichkeit* besonders auch längerer Artikel, zu welch letzterem Zwecke gelegentlich vom *Fettdruck* innerhalb der Artikel Gebrauch gemacht wurde, und die ins Auge fallenden *Sigel* (P) = Personen, (T) = Tiere, (S) = Sachen bzw. Dinge betreffend eingeführt wurden.

So ist durch jahrzehntelange Arbeit auf möglichst geringem Raum ein *umfassendes, modernes Wörterbuch* entstanden, das allen Anforderungen, die heute an ein solches Werk zu stellen sind, gerecht werden dürfte.

Im übrigen sei nachdrücklich auf mein *Vorwort zum 2. Bande dieses Wörterbuches* verwiesen.

Marburg, 27. März 1963   *Will Héraucourt*

Preface

to the revised and enlarged twelfth edition

The general enthusiasm which greeted my decision to carry on the task which Professor Wildhagen had set himself with regard to the second volume of this dictionary has caused me to take on the further task of revising, expanding, and modernizing the first volume of the work, which has meanwhile become one of the best-known and most popular English-German dictionaries.

My chief aim in so doing has been to fulfil Wildhagen's original intention of producing a dictionary which would be an *encyclopaedic academic treatment of modern English and American vocabulary, laying particular stress upon syntax, style and idiomatic usage*, and keeping pace with the incredibly swift growth of scientific and industrial knowledge in the modern world as well as with the appearance of new vocabulary in almost every field of knowledge.

The general *layout* of the dictionary has been adhered to, and its scope widened.

In order to enable words to be more easily placed in their *appropriate categories*, which is of primary importance in selecting the most correct word or phrase, further new and easily recognizable *abbreviations* have been added:

⟨ac⟩	acoustics	⟨journ⟩	journalese
⟨ad⟩	advertising	⟨Lit⟩	literature
⟨artill⟩	artillery	⟨logar⟩	logarithmic
⟨at⟩	atom(ic)	⟨logist⟩	logistics
⟨bak⟩	baking	⟨mas⟩	masonry
⟨bal⟩	balance sheet	⟨mount⟩	mountaineering
⟨ball⟩	ballistics	⟨occ⟩	occultism
⟨bank⟩	banking	⟨off⟩	officialese, office
⟨bill⟩	billards	⟨pap⟩	papermaking
⟨brew⟩	brewery	⟨rec⟩	recording
⟨cast⟩	casting	⟨rehab⟩	(occupational) rehabilitation
⟨cart⟩	cartography	⟨SBZ⟩	*Sowjetisch Besetzte Zone*
⟨ceram⟩	ceramics	⟨sew⟩	sewing
⟨cosm⟩	cosmetics	⟨ski⟩	skiing
⟨demog⟩	demography	⟨soc⟩	sociology
⟨econ⟩	economics	⟨swim⟩	swimming
⟨eth⟩	ethology	⟨tact⟩	tactics
⟨fenc⟩	fencing	⟨teens⟩	language of the teenagers and
⟨for⟩	forestry		twens
⟨found⟩	founding	⟨turbo⟩	*Turbinen–*
⟨glass⟩	glassmaking	⟨typewr⟩	typewriter
⟨gyn⟩	gynaecology		

These abbreviations already show to a certain extent in which new fields of knowledge the scope of the dictionary has been extended. Apart from those listed above, many other technical and scientific fields have been covered: various modern inventions and discoveries; transport, especially motor, air and space transport; atomic science; methods of warfare, especially artillery and modern tactics; statistics, especially demography; building and building materials; optics and photography; films, radio, television, and tape-recording; advertising; law; psychology; economics; banking and accountancy. In addition art, music, numismatics, literature, the theatre have all been dealt with as well as geological and geographical conceptions. The more common plants of the Mediterranean region have been added to the botanical entries, and the ornithological entries have been extended to include all European and the most important North American birds.

Since the Second World War the English language has been flooded with so many Americanismus through books, films, and the radio that these had to be given much more space than was formerly thought necessary. Moreover, American proper, Afrikaans, Canadian, Australian, and Colonial words have been treated, especially idiomatic expressions.

Particular importance has been attached to a detailed treatment of the complicated usage of prepositions in English and American, and many phrases have been given as examples to clarify this usage.

The number of colloquialisms and idioms listed has also been greatly increased.

In order to deal fairly with these problems without increasing the volume of the work too much, stress has been laid upon compressed type which nevertheless is clearer than that previously used, upon the systematic use of abbreviations, upon clarity, particularly in the longer sections, which have been improved by the use of heavy type, clear subdivisions and symbols which catch the eye, e. g. (P) = of persons, (T) = Tiere, of animals, (S) = Sachen, of things, etc.

Thus many years of concentrated work have produced a comprehensive modern dictionary which fully satisfies the various problems and demands made by present-day conditions.

Those who seek further information are referred to my foreword to the second volume of this dictionary.

Marburg, March 27, 1963   *Will Héraucourt*

Anerkennung

Für Mitarbeit, Anregungen, bereitwilligst erteilte Auskünfte und das Lesen der Korrektur sei hier nochmals allen beteiligten Personen gedankt:

C. F. ADAMS-London; General der Artillerie a. D. BADER-Emmendingen; Jesuitenpater Professor Dr. BARLOGH-Rom; Dr. med. BAYER-Marburg; Dr. Günther BECKERS-Kairo; Dr. h. c. Hans BROCKHAUS-Wiesbaden; A. BSCHER-Mannheim; Lektor Norman F. BUDGEY, M. A.-Oxford; Patricia CAMERON-Whitley Bay, Northumberland; Minati DAS-Madras; † Professor Dr. Max DEUTSCHBEIN-Marburg; Professor Dr. Patricia I. DIFFENÉ-London; Dr. Martin DOLCH-Kaiserslautern; Professor Dr. Walter DÖPP-Marburg; Professor Dr. med. EHRHARDT-Marburg; Joseph M. EMBER-Omaha, Nebr., USA; Oberstleutnant a. D. Fritz ESCHRICHT-Berlin-Charlottenburg; Diplom-Dolmetscher Wolf FRIEDERICH-München; Major der Flieger Freiherr Hans-Carl VON FRIESEN-Fürstenfeldbruck; Sidney F. FULLER am Rückerstattungsgericht für Berlin; Forstassessor W. GRANDJOT-Brügge in Westfalen; † Professor Dr. Richard HAMANN-Marburg; J. C. HANSEN-Hamburg; Studienrat R. HAUFF-Eßlingen; Universitätsdozent Dr. Otto HIETSCH, M. Litt.-Wien und Padua; Dr. Richard HOFF-Ottawa, Canada; Bergassessor W. HUBER-Goslar; Diana HUGHES-Rhosneiger, Wales; Professor Dr. H. JACOB-Marburg; Dipl.-Ing. Robert KERSTING-Ettlingen; Dr. Werner KLEINSTEUBER-Konstanz; Friedrich KROLLMANN-Bonn; Dr. med. Heinrich LAMM, M. D., F. A. C. S.-Harlingen, Texas; Oberbahnarzt i. R. Dr. med. Carl LAZAR-Marburg; Tom C. LETHBRIDGE, F. S. A.-Cambridge; Dr. Erich MANN-Bonn; Redakteur Fritz MANNHARDT-Innsbruck; Studienrat Rudolf MELDAU-Frankfurt a. M.; Sgt/Maj Francis MURPHY-Princeton, N. J., USA; Bernhard G. NEWTON-Huddersfield, Yorksh.; OXFORD ENGLISH DICTIONARY SUPPLEMENT-Oxford; Hubert PAHLENBERG-Mannheim; Professor Dr. Ronald PEACOCK-Manchester; Dr. Hans PFANNKUCH-Wiesbaden; Fritz PREUSS-Berlin-Charlottenburg; Dr. P. PUTZIG-Hamburg; Hermann REISS-EBERHARDT-Neustadt (Weinstraße); Dr. L. RITTER-Leimen bei Heidelberg; Professor Norman B. ROBERG, M. D.-Illinois; Dr. Eugen ROST-Marburg; Professor Dr. Kurt SCHARLAU-Marburg; † Blanchefleur SCHLOTT-HÉRAUCOURT-Wiesbaden; Charles H. SCOLES-Northwood, Middlesex; Studienrat Dr. Helmut SINGER-München; T. W. SMITH-Nachrodt in Westfalen; Forstmeister Erich SIEBERT-Reichensachsen (Kr. Eschwege); Gerichtsassessor Gerd SPREEN-Hamburg; Gisela SPREEN-HÉRAUCOURT-Hamburg; Oberstudienrat Dr. Leo STAHL-Frankfurt/M.; Lektorin Edith STECKNER-Köln; Dr. jur. Joseph STIRNBERG-Yokohama; Professor Dr. H. STUTTE-Marburg; Fa. Friedrich TANCK, Export-Hamburg; Charles F. TEBBUTT Eynesbury-St. Neots, Hunts.; Lecturer Paul TURNER-London; Studienrat K. UHDE-Schöningen (Braunschweig); Oberstudienrat Dr. E. WALLBERG-Windhoek und Hamburg; Lecturer Robert WORSLEY-WHITE, M. A.-Oxford und Marburg.

Will Héraucourt

Acknowledgements

Thanks are due to all those who have assisted with the work in any way, through practical help, correspondence, useful suggestions and a readiness to supply information at any time:

C. F. ADAMS-London; General der Artillerie a. D. BADER-Emmendingen; Jesuitenpater Professor Dr. BARLOGH-Rom; Dr. med. BAYER-Marburg; Dr. Günther BECKERS-Kairo; Dr. h. c. Hans BROCKHAUS-Wiesbaden; A. BSCHER-Mannheim; Lektor Norman F. BUDGEY, M. A.-Oxford; Patricia CAMERON-Whitley Bay, Northumberland; Minati DAS-Madras; † Professor Dr. Max DEUTSCHBEIN-Marburg; Professor Dr. Patricia I. DIFFENÉ-London; Dr. Martin DOLCH-Kaiserslautern; Professor Dr. Walter DÖPP-Marburg; Professor Dr. med. EHRHARDT-Marburg; Joseph M. EMBER-Omaha, Nebr., USA; Oberstleutnant a. D. Fritz ESCHRICHT-Berlin-Charlottenburg; Diplom-Dolmetscher Wolf FRIEDERICH-München; Major der Flieger Freiherr Hans-Carl VON FRIESEN-Fürstenfeldbruck; Sidney F. FULLER am Rückerstattungsgericht für Berlin; Forstassessor W. GRANDJOT-Brügge in Westfalen; † Professor Dr. Richard HAMANN-Marburg; J. C. HANSEN-Hamburg; Studienrat R. HAUFF-Eßlingen; Universitätsdozent Dr. Otto HIETSCH, M. Litt.-Wien and Padua; Dr. Richard HOFF-Ottawa, Canada; Bergassessor W. HUBER-Goslar; Diana HUGHES-Rhosneiger, Wales; Professor Dr. H. JACOB-Marburg; Dipl.-Ing. Robert KERSTING-Ettlingen; Dr. Werner KLEINSTEUBER-Konstanz; Friedrich KROLLMANN-Bonn; Dr. med. Heinrich LAMM, M. D., F. A. C. S.-Harlingen, Texas; Oberbahnarzt i. R. Dr. med. Carl LAZAR-Marburg; Tom C. LETHBRIDGE, F. S. A.-Cambridge; Dr. Erich MANN-Bonn; Redakteur Fritz MANNHARDT-Innsbruck; Studienrat Rudolf MELDAU-Frankfurt a. M.; Sgt/Maj Francis MURPHY-Princeton, N. J., USA; Bernhard G. NEWTON-Huddersfield, Yorksh.; OXFORD ENGLISH DICTIONARY SUPPLEMENT-Oxford; Hubert PAHLENBERG-Mannheim; Professor Dr. Ronald PEACOCK-Manchester; Dr. Hans PFANNKUCH-Wiesbaden; Fritz PREUSS-Berlin-Charlottenburg; Dr. P. PUTZIG-Hamburg; Hermann REISS-EBERHARDT-Neustadt (Weinstraße); Dr. L. RITTER-Leimen bei Heidelberg; Professor Norman B. ROBERG, M. D.-Illinois; Dr. Eugen ROST-Marburg; Professor Dr. Kurt SCHARLAU-Marburg; † Blanchefleur SCHLOTT-HÉRAUCOURT-Wiesbaden; Charles H. SCOLES-Northwood, Middlesex; Studienrat Dr. Helmut SINGER-München; T. W. SMITH-Nachrodt in Westfalen; Forstmeister Erich SIEBERT-Reichensachsen (Kr. Eschwege); Gerichtsassessor Gerd SPREEN-Hamburg; Gisela SPREEN-HÉRAUCOURT-Hamburg; Oberstudienrat Dr. Leo STAHL-Frankfurt/M.; Lektorin Edith STECKNER-Köln; Dr. jur. Joseph STIRNBERG-Yokohama; Professor Dr. H. STUTTE-Marburg; Fa. Friedrich TANCK, Export-Hamburg; Charles F. TEBBUTT Eynesbury-St. Neots, Hunts.; Lecturer Paul TURNER-London; Studienrat K. UHDE-Schöningen (Braunschweig), Oberstudienrat Dr. E. WALLBERG-Windhoek and Hamburg; Lecturer Robert WORSLEY-WHITE, M. A.-Oxford and Marburg.

Will Héraucourt

Einrichtung des Buches und Richtlinien für seine Benutzung
Arrangement of the Dictionary and Directions for its Use

I. Wortschatz

1. Das Wortmaterial umfaßt über den gewöhnlichen Rahmen hinaus:
   a) Die wichtigsten Ausdrücke für Sachen, Einrichtungen und Fakten des *gesamten kulturellen Lebens Englands und der USA*, in beschränktem Maße auch Schottlands und Irlands, sowie der (auch ehemaligen) Kolonien (bes. Indiens).
   b) Die *Terminologie* der Künste und *wissenschaftlichen Disziplinen*.
   c) Die wichtigsten im heutigen England gebräuchlichen *Fremdwörter* – aus den antiken wie modernen Sprachen, besonders auch aus dem Deutschen.
2. Die zahlreichen Abstrakta auf –*ness*, die von den meisten Adjektiven gebildet werden können, sowie die auf –*ability*, –*ibility*, die von allen Adjektiven auf –*able*, –*ible* ableitbar sind; desgleichen die Adjektiva auf –*ish*, die von den meisten einsilbigen Adjektiven, und auf –*less*, die von unzähligen Substantiven zu bilden möglich sind, sind nur dann gesondert aufgenommen, wenn sie in lebendigem Gebrauch sind.
3. Von den Präfixen und Suffixen sind hauptsächlich diejenigen in besonderen Artikeln behandelt worden, die noch heute formbildende Kraft haben (wie *de–*, *dis–* etc).
4. *Eigennamen* im engeren Sinne sind im Prinzip mit Ausnahme der Fälle, in denen sie als Gattungsnamen (*the Derby*) verwandt oder attributiv in Verbindung mit Gattungsnamen auf Dinge und Sachen bezogen werden (*Röntgen rays*), aus dem Wörterbuch ferngehalten und in einem besonderen Verzeichnis am Schluß (S. 1033ff.) zusammengefaßt.

II. Anordnung der Stichwörter

Die Stichwörter sind in alphabetischer Reihenfolge angeordnet mit zwei wichtigen Einschränkungen, die aber starke Beeinträchtigungen der alphabetischen Reihenfolge vermeiden. Die Einschränkungen betreffen abgeleitete Wörter und Komposita, die eine besondere Behandlung erfordert haben.

1. **Abgeleitete Wörter** (wie *abolishable*, *abolishment*, *brimful* etc) sind möglichst unter ihrem Grundwort eingefügt. Dies ist geschehen, erstens, um Raum zu sparen, zweitens aber, um den Benutzer über den Ursprung dieser Wörter zu unterrichten, diese von den gleichgeformten anderen Ursprungs (vgl. *ringer*) deutlich abzuheben und so die Etymologie da, wo sie von eminent praktischem Nutzen wird, zu Worte kommen zu lassen. Die Einfügung unter dem Grundwort geschieht mit Hilfe der Tilde (∼) oder des Abkürzungsstriches (–), vgl. III.
2. Die Wortverbindungen und **Komposita** bieten im Englischen ein verwirrendes Bild und schwer lösbares Problem. Die Tatsache, daß in dieser Sprache nichts durch Regeln festgelegt und das Leben in ihr in einem sich ständig verändernden Fluß begriffen ist – eine Erscheinung, die ja auf allen Gebieten, nicht nur der Sprache, festzustellen ist und daher jede systematische Behandlung ungemein erschwert –, macht sich gerade bei den Kompositen recht deutlich und unangenehm bemerkbar (vgl. III. 3.).

I. Vocabulary

1. The vocabulary contains over and above the general scheme of a dictionary:
   a) The most important terms for things, institutions, and facts bearing on *the whole cultural life of England and the U.S.A.*, and, in a limited measure, also of Scotland and Ireland as well as of the (also former) colonies (esp. India).
   b) The *terminology* of the arts and *sciences*.
   c) The main *foreign words* as used in England today, and drawn from the ancient as well as the modern languages, particularly also from the German.
2. Formations of words of the following types have been singly recorded only in so far as they are in living use:
   the numerous abstracts ending in –*ness*, which may be formed from most adjectives as well as those terminating in –*ability*, –*ibility*, which may be derived from all adjectives ending in –*able*, –*ible*; likewise the adjectives ending in –*ish* derivable from most monosyllabic adjectives, and those terminating in –*less*, which may be formed from innumerable nouns.
3. Of the prefixes and suffixes such only have been treated in separate articles as today still have formative power (as *de–*, *dis–*, etc).
4. As a rule *proper names* in the narrower sense have been kept out of the dictionary and collected in a special list at the end (pp. 1033f.), with the exception of those cases in which they are employed as common nouns (*the Derby*) or where, being attributively used in connection with common nouns, they refer to (material) things (cf. *Röntgen rays*).

II. Arrangement of Catchwords

The catchwords are arranged in alphabetical order with two important modifications, which, however, do not strongly affect the alphabetical order. These modifications are concerned with such *derivatives* and *compounds* as call for separate treatment.

1. *Derivatives* (such as *abolishable*, *abolishment*, *brimful*, etc) are grouped as far as possible under the radical word to which they etymologically belong. This has been done chiefly to save space but also to instruct the reader as to the origin of these words by clearly distinguishing them from words of the same form but of different origin (cf. *ringer*). Thus *etymology* comes into its own in cases where it is of eminently practical use. Such groupings under the radical word have been made with the aid of the tilde-mark (∼) or the hyphen (–), cf. below III.
2. The combinations of words and *compounds* in English present a chaotic picture and a problem difficult to solve. Nothing in this language is fixed by rules, and its life is in a state of continuous flux. This fact, which is not restricted to language alone but traceable in all spheres, and which renders any systematic treatment extremely difficult, is clearly noticeable, and displeasingly so, when dealing with English compounds (cp. III. 3.).

Ein und dieselbe Zusammensetzung erscheint in der Literatur und in den verschiedenen Wörterbüchern bald in einem Wort, bald in zwei Wörtern (*woodcraft – wood-craft*). Und die Gruppe, die im allg. getrennt auftritt, erscheint bald mit Bindestrich, bald ohne Bindestrich. Wir haben uns im allg. der Praxis des N.E.D. angeschlossen.

a) Komposita in *einem* Worte werden wie die Ableitungen (→ o 1.) behandelt, stehen also *fettgedruckt* mit diesen hinter dem Grundwort:

     gun .. ~boat .. ~man

b) Attributive Verbindungen werden wie folgt behandelt:

     air .. ~craft .. [attr] ~ carrier = aircraft carrier

c) Präfixe werden mit ihren Zusammensetzungen wie folgt behandelt:

     sub– || ~alpine = subalpine ..
     ~altern = subaltern, etc

d) Verbindungen *mit* oder *ohne Bindestrich* stehen in einer besonderen meist durch Nummer oder Strich (|) gekennzeichneten Rubrik *unter der ersten Komponente*, und zwar am Schluß:

     ring [riŋ] **I. s 1. .. 4.** [attr & comp] *Ring-*
     || ~-dove *Ringeltaube* f || ..
     false [fɔ:ls] **I.** a (~ly adv) **1. .. 5.** [in comp] ~-hearted *falsch, treulos* || ..

e) Verbalkomposita von der Form *Verb + Adverb* (get on) stehen naturgemäß unter dem verbalen Grundwort, wo sie bei Transitiven wie Intransitiven meist durch besondere Nummer hervorgehoben sind:

     set [set] vt/i .. **I.** vt .. **A.** *Bedeutungen* ..
     B. [*mit* adv] to ~ aside .. | to ~ back etc .. **II.** vi .. **A.** .. **B.** [*mit* prep] .. **C.** [*mit* adv] to ~ forth .. | to ~ forward etc.
Auch diejenigen Zusammensetzungen dieser Art, die zugleich als Substantiva auftreten, erscheinen besonders gekennzeichnet unter dem verbalen Grundwort:

     set .. I. vt .. **II.** vi .. **III.** [in comp] ~-back
     Rückschlag m, *Verschlechterung* f .. ||
     ~-down .. etc.

One and the same compound appears in literature and in the various dictionaries now as one word now as two words (*woodcraft— wood-craft*), that group of compounds which is generally separated appearing sometimes with a hyphen sometimes without. We have, on the whole, followed the practice established by the N.E.D.

a) *One-word* compounds are treated like the derivatives (→ above 1.), i.e. they are grouped with these and printed in thick-faced type under the radical word as headword:

     gun .. ~boat .. ~man

b) Nouns in attributive sense are treated as follows:

     air .. ~craft .. [attr] ~ carrier = aircraft carrier

c) Prefixes and their compounds are treated in the following way:

     sub– || ~alpine = subalpine ..
     ~altern = subaltern, etc

d) *Hyphened* and not hyphened combinations are recorded under the word which constitutes their *first element* in a special sub-heading which is marked by a number or a vertical bar (|) and comes last:

     ring [riŋ] **I. s 1. .. 4.** [attr & comp] *Ring-*
     || ~-dove *Ringeltaube* f || ..
     false [fɔ:ls] **I.** a (~ly adv) **1. .. 5.** [in comp] ~-hearted *falsch, treulos* || ..

e) Verbal compounds of the type "*verb +adverb*" are, as a matter of course, classified under the verb that serves as their basic element, and where transitives and intransitives alike are generally prominently displayed in specially numbered sub-sections:

     set [set] vt/i .. **I.** vt .. **A.** *Bedeutungen* ..
     B. [*mit* adv] to ~ aside .. | to ~ back, etc .. **II.** vi .. **A.** .. **B.** [*mit* prep] .. **C.** [*mit* adv] to ~ forth .. | to ~ forward, etc.
Compounds of this type which may also be used as substantives are found specially classified under their basic verb:

     set .. I. vt .. **II.** vi .. **III.** [in comp] ~-back
     Rückschlag m, *Verschlechterung* f .. ||
     ~-down .., etc.

III. Das Stichwort

1. Wortklassen verschiedener Art (Substantiv, Adjektiv, Adverb, Verbum *etc*), aber *derselben Form*, sind meist – unter besonderen Nummern – unter *einem* Stichwort zusammengefaßt:

     drag [dræg] **I.** vt/i .. **II.** s ..
     frost [frɔst] **1.** s .. **2.** vt
Für die Aufeinanderfolge ist das erstmalige Vorkommen maßgebend gewesen. Von obigen Beispielen erscheint *drag* zuerst als Verbum, *frost* zuerst als Substantiv.

2. Dem Stichwort als Grundwort sind im allg. die von ihm, sei es Substantiv oder Verbum, sicher abgeleiteten Wörter und nur diese – in Fettdruck angefügt. Die Anfügung erfolgt durch Tilde (~) oder Abkürzungsstrich (–); → III. 3.: **alter .. ~able .. ~ation**

  || Unter den fettgedruckten abgeleiteten Stichwörtern bezieht sich diese Tilde also stets nur auf das an der Spitze stehende Grundwort:

III. The Catchword

1. Words identical in form but constituting different parts of speech (noun, adjective, verb, etc) are generally recorded—in specially numbered sub-headings—under one catchword.

     drag [dræg] **I.** vt/i .. **II.** s ..
     frost [frɔst] **1.** s .. **2.** vt
The order of classification is dependent on priority of appearance and usage. In the above examples, "drag" is first recorded as a verb, "frost" first as a substantive.

2. To the catchword in its function as radical word, whether this be a substantive or a verb, are generally added in thick-faced type words that may *safely* be claimed to be derivatives —and *these only*. Such addition is indicated by the tilde-mark (~) or the hyphen (–) → III. 3.: **alter .. ~able .. ~ation**

  || The tilde-mark when used in derivative catchwords printed in heavy type always refers exclusively to the radical word heading the article:

frost [frɔst] **1.** s .. **2.** vt .. **~bite** .. **~bitten**
.. **~ed** .. **~iness** .. etc (= frost .. frostbite
.. frostbitten etc); *beachte hierzu* VI. A. 2.

3. Ist für die Ableitungsform die Wiederholung
des ganzen Hauptstichworts durch Tilde (~)
nicht möglich, so ist eine lose Anhängung an
wenigstens *einen* (beiden Formen gemeinsamen) Buchstaben erfolgt durch den Abkürzungsstrich (–):

    avarice ..   **–cious**   = avaricious
    capitulate .. **–ation**   = capitulation
    cirtificate .. **–fication** = certification
    .. **–fy**   = certify

Wo Zweifel ausgeschlossen sind, ist folgende
Anordnung verwandt worden:

    handbell .. **–bill** .. **–book** etc
    headache .. **–band** .. **–cheese** etc
    cold .. ~**-hearted** (–ly adv) = (cold-
    heartedly)

Auch all dies geschah aus Gründen der Raum-
ersparnis und besseren Übersichtlichkeit.

4. In der Verwendung der Kapitale herrscht im
Englischen wie bei Komposita keine Einheit-
lichkeit. Ich folge auch hier der Praxis des
N.E.D.; → 5.

5. Beginnt das abgeleitete Wort im Gegensatz zu
dem Grundwort mit einem großen Buchstaben oder umgekehrt, so wird dies durch
ein Kreuz über der Tilde angedeutet (⤫):
    Puritan .. ⤫**ical** (= puritanical).

IV. Die Aussprache

1. Der Aussprachebezeichnung ist die Umschrift
der allgemein anerkannten *International
Phonetic Association* zugrunde gelegt, und
zwar für das Englische in der Fassung, die
Daniel *Jones* in der 11. Auflage seines *Pronouncing Dictionary* (1960) niedergelegt hat.
Wir beschränken uns im allg. auf eine, und
zwar die meist gebräuchliche Auspsracheform
und fügen nur in Zweifelsfällen Varianten
hinzu. Für die Aussprache der ungemein zahlreichen nicht bei Jones verzeichneten Wörter
sind das N.E.D., Wyld und die Publikationen
der B.B.C. herangezogen worden (vgl. unten:
Benutzte Literatur, S. XXIII.

2. Umschrift der *abgeleiteten Wörter*:
  a) Auch in der Umschrift wird für die Ableitungen die Tilde (~) verwandt, wenn sich
die Umschrift und der Akzent des Grund-
wortes in der Ableitung wiederholen
(vgl. b):
    absorb [əbˈsɔːb] .. **~ent** .. [~ənt] .. **~ing**
    [~iŋ] .. (= absorb [əbˈsɔːb] .. ~ent
    [əbˈsɔːbənt] .. ~ing [əbˈsɔːbiŋ]).
    hydro– [ˈhaidro] .. **~aeroplane** [~ˈɛərə-
    plein] (= [ˈhaidro ˈɛərəplein]).
  b) Bei einsilbigem Grundwort wird der Umschrift der Ableitung ein Akzent zugefügt:
    frost [frɔst] .. **~bite** [ˈ~bait] (= [ˈfrɔst-
    bait]).
  c) Wo kein Mißverständnis möglich ist, wird
statt der Tilde (~) auch der *Abkürzungsstrich* (–) verwandt (vgl. III. 3., V. 2. b. c.
d. e.), wie folgt:
    sensation [senˈseiʃən] .. **~alism** [–ʃnəlizm]
    (= [senˈseiʃnəlizm]).

V. Die Wortklasse

Der phonetischen Transkription folgt die Bezeichnung der Wortkategorie, der das Stichwort
angehört, und bei Substantiven, wo erforderlich,
der Numerus. Hinter dieser Bezeichnung sind be-

---

frost [frɔst] **1.** s .. **2.** vt .. **~bite** .. **~bitten**
.. **~ed** .. **~iness** .. etc (= frost .. frostbite
.. frostbitten etc); note VI. A. 2.

3. Where it was impossible to add the suffix to
the word itself by the tilde-mark, the derivative has been appended by means of the
hyphen (–), with the repetition of at least one
letter which the derivative has in common
with the root word:

    avarice ..   **–cious**   = avaricious
    capitulate .. **–ation**   = capitulation
    cirtificate .. **–fication** = certification
    .. **–fy**   = certify

Where there is no danger of a misunderstanding the following arrangement has been
employed:

    handbell .. **–bill** .. **–book**, etc
    headache .. **–band** .., etc
    cold .. ~**-hearted** (–ly adv) = (cold-
    heartedly)

This was done for the sake of brevity and
to facilitate a rapid survey.

4. As with compounds, there is no established
uniformity in the use of capitals in English.
I here, too, follow the practice of the N.E.D.
(cp. 5.).

5. When in contrast with the radical word the
derivative begins with a capital letter or vice
versa, this is indicated by an x-shaped cross
put over the tilde-mark (⤫):
    Puritan .. ⤫**ical** (= puritanical).

IV. The Pronunciation

1. The phonetic transcription here used is that of
the universally recognized *International Phonetics Association* in the version as laid down
by Daniel *Jones* in the eleventh edition of his
Pronouncing Dictionary (1960). On the whole,
we restrict ourselves to giving only one form
of pronunciation i.e. the most usual, adding
variants only in doubtful cases. In recording
the pronunciation of the extremely numerous
cases not listed in Jones, we have made use of
the N.E.D., Wyld, and the publications of the
B.B.C. (cf. below: Books Consulted p. XXIII).

2. The Transcription of the Derivatives:
  a) The tilde-mark is also used in transcribing
the derivatives provided that the transcription of the simple word and the stress-mark
are repeated in the derivative (cf. b):
    absorb [əbˈsɔːb] .. **~ent** .. [~ənt] .. **~ing**
    [~iŋ] .. (= absorb [əbˈsɔːb] .. ~ent
    [əbˈsɔːbənt] .. ~ing [əbˈsɔːbiŋ]).
    hydro– [ˈhaidro] .. **~aeroplane** [~ˈɛərə-
    plein] (= [ˈhaidro ˈɛərəplein]).
  b) When the radical word is a monosyllable,
a stress-mark is added to the transcription
of the derivative:
    frost [frɔst] .. **~bite** [ˈ~bait] (= [ˈfrɔst-
    bait]).
  c) For the sake of brevity, and when there is
no danger of a misunderstanding, the tilde-
mark is replaced by the hyphen (–) (cp.
III. 3., V. 2 b. c. d. e.):
    sensation [senˈseiʃən] .. **~alism** [–ʃnəlizm]
    (= [senˈseiʃnəlizm]).

V. The Parts of Speech

The phonetic transcription is followed by an
indication of the part of speech to which the
catchword belongs and, in the case of substantives, of the number, when necessary. To this

merkenswerte *flexivische Formen* oder Erscheinungen der *Syntax* des Wortes *in Klammern* eingefügt. Ich verweise für das Folgende auf die Liste der Abkürzungen (S. XXVII).

1. Substantiv (s): Hier sind beispielsweise vermerkt ein unregelmäßiger Plural:

> **trout** [traut] s (pl ∼) ..

oder ein von der Form (Singular oder Plural) abweichende Konstruktion:

> **news** [nju:z] s pl [*stets* sg konstr].

2. Adjektiv (a):
   a) Einem jeden Adjektiv ist unter Benutzung der Tilde das *Adverb* endigend auf –ly hinzugefügt, falls es existiert oder gebräuchlich ist:

> **actual** [ˈæktjuəl] a (∼ly adv)

   b) Bei nicht fettgedruckten zusammengesetzten Adjektiven geschieht die Anfügung durch den Bindestrich (–): stout-hearted a (–ly adv), vgl. III. 3.
   c) Bei den Adjektiven auf *–ble* geschieht die Anfügung durch die Abkürzung –bly:

> **admirable** [ˈædmərəbl] a (–bly adv)

   d) Bei denen auf –y durch die Endung –ily, der der vorhergehende Konsonant zugefügt ist:

> **sleepy** [ˈsli:pi] a (–pily adv)

   e) Die Adjektiva auf –ic und –ical sind bei gleicher Bedeutung unter *einem* Stichwort zusammengefaßt. Das zu beiden gehörige Adverb ist abkürzend bezeichnet durch –cally:

> **theoretic(al)** [θiəˈretik(əl)] a (–cally adv)

3. Verbum (v):
   a) Verben, die *transitiv* und zugleich *intransitiv* vorkommen, tragen die Bezeichnung vt/i oder vi/t je nachdem, welche der beiden Verwendungen die ursprüngliche ist:

> **send** [send] vt/i ..
> **spring** [spriŋ] vi/t ..

   b) Bei *unregelmäßigen* Verben sind das *Präteritum* und das *Partizipium* der Vergangenheit durch Schrägstrich getrennt in Klammern hinzugefügt:

> **send** [send] vt/i [sent/sent]

   Bei Kompositen erfolgt oft nur ein Klammerverweis auf das Simplex:

> **underlie** [ˌʌndəˈlai] vt (→ to lie)

   c) Auch *orthographische* Veränderungen bei eintretender Flektierung sind in Klammern angedeutet, z. B. die Verdoppelung des Endkonsonanten bei meist einsilbigen Verben mit kurzem Wurzelvokal:

> **stop** [stɔp] vt/i [–pp–]

notation are added in *brackets flectional* forms and *syntactical* peculiarities of the word when worthy of note. For the following I refer to the list of abbreviations (p. XXVII).

1. The substantive (s): Here, for instance, we record an irregular plural:

> **trout** [traut] s (pl ∼) ..

or a syntactical construction not agreeing with the form (singular or plural):

> **news** [nju:z] s pl [*stets* sg konstr].

2. The adjective (a):
   a) To every adjective is added by means of the tilde-mark the *adverb* ending in –ly, if it is extant or in use:

> **actual** [ˈæktjuəl] a (∼ly adv)

   b) With compound adjectives not in heavy type the adverb is added by the hyphen (–): stout-hearted a (–ly adv), cf. III. 3.
   c) With the adjectives ending in –ble, the adverb is indicated by –bly:

> **admirable** [ˈædmərəbl] a (–bly adv)

   d) With those ending in –y, the adverb is indicated by the ending –ily preceded by the last consonant:

> **sleepy** [ˈsli:pi] a (–pily adv)

   e) The adjectives ending in –ic and –ical when identical in meaning have been grouped under *one* catchword. The adverb common to both is indicated by –cally:

> **theoretic(al)** [θiəˈretik(əl)] a (–cally adv)

3. The verb (v):
   a) Verbs used *transitively* and *intransitively* are indicated by vt/i or vi/t respectively according to priority of appearance and usage:

> **send** [send] vt/i ..
> **spring** [spriŋ] vi/t ..

   b) To the irregular verbs the *preterite* and *past participle* separated by an oblique stroke have been added in brackets:

> **send** [send] vt/i [sent/sent]

   In compound words often merely a cross-reference is made to the simple verb:

> **underlie** [ˌʌndəˈlai] vt (→ to lie)

   c) Spelling changes due to inflection have also been indicated in brackets, e.g. the doubling of final consonants, for the greater part in monosyllabic words with a short root vowel:

> **stop** [stɔp] vt/i [–pp–]

VI. Anordnung der Artikel

VI. Arrangement of the Articles

‖ *Klare Gliederung* der Artikel und *übersichtliche Anordnung* der Bedeutungen und der idiomatischen Verwendung waren hier unser oberstes Prinzip.

A. **Bedeutungen und erklärende Beispiele**

1. Die verschiedenen Bedeutungen sind meist durch Nummern oder durch einen Strich (|) oder durch zwei Striche (‖), die abstufend verwandt werden, auseinandergehalten.
   a) Substantiv: Den Bedeutungen folgen – meist unter besonderen Nummern – einmal die (idiomatischen) *Verbindungen*, besonders solche mit Präpositionen, oder *Wendungen* (in alphabetischer Ordnung) und ferner das Substantiv in *attributiver* Verwendung oder in der *Komposition*:

> **day** [dei] s **1**. .. **5**. *Wendungen* **a**. .. **b**. ..
> **c**. [*nach* prep] .. **6**. [attr & comp]

‖ It has been here our guiding principle to arrange the articles in *clear-cut subdivisions* and to group the senses and the usage in such a way as to facilitate a *rapid survey*.

A. **Senses and illustrative examples**

1. The various senses are mostly kept apart by numbers, or by a vertical bar (|), or by two vertical bars (‖) by way of sub-heading.

   a) The substantive: The classification of the sense is followed—mostly in specially numbered sub-sections—first by (idiomatic) *expressions*, especially combinations with prepositions, and then by the *attributive or compound* use of the substantive:

> **day** [dei] s **1**. .. **5**. *Wendungen* **a**. .. **b**. ..
> **c**. [*nach* prep] .. **6**. [attr & comp]

b) Verbum: Die transitive und intransitive Gebrauchsweise nebst Bedeutungen sind im allg. numeriert getrennt gehalten. Wo dies nicht geschehen ist, folgen der Bezeichnung vt/i oder vi/t 2 Striche ||. Dahinter folgt bei vt/i zuerst der transitive und dahinter durch | abgetrennt der intransitive Gebrauch:

separate ['separeit] vt/i || (ab)trennen .. | vi sich trennen.

Umgekehrt ist es bei vi/t.
Über die Verbindungen mit Adverb vgl. oben II. 2. e.

c) **Das Zeichen** | dient besonders in längeren Artikeln oft auch zur Hervorhebung kurzer Endungen wie z. B. | ~y, | ~ly, die durch das | besser ins Auge fallen

hail .. | ~er

d) **Das Zeichen** || dient vor Fettdruck gelegentlich zur übersichtlicheren Zeilengestaltung, z. B.:
hecto– || ~gram(me)

e) In langen Artikeln ist zum Zwecke größerer Übersichtlichkeit gelegentlich vom **Fettdruck** Gebrauch gemacht:
to **beat** .. **4.** [Wendungen] **5.** [mit adv]
to ~ **back** .. **II. 2.** [mit prep] to ~ **about** the bush.
Besonders auch die langen Artikel von Präpositionen sind durch Fettdruck übersichtlicher gestaltet, → **by**

2. In den erläuternden Beispielen, die fast ausschließlich unseren eigenen Sammlungen entnommen sind, erfolgt die Wiederholung des fettgedruckten Stichwortes durch die Tilde (magere) ~ (bei verändertem Anfangsbuchstaben ⁓) – wohlgemerkt des Stichwortes!
Jede Tilde innerhalb eines Artikels (d. h. zwischen zwei fettgedruckten Stichwörtern) bezieht sich stets auf das vorhergehende fettgedruckte Stichwort, auch wenn dieses abgeleitet ist (vgl. hierzu III. 2.):
senior ['si:njə] .. ~ity [si:ni'ɔriti] s .. Anciennität (by ~ nach der A.). – Die Tilde ersetzt seniority!

B. Der deutsche Text

1. Einem jeden deutschen Substantiv, das eine besondere Bedeutung darstellt, ist im allgemeinen die Geschlechtsbezeichnung (m, f, n) beigegeben. Bei mehreren gleichbedeutenden oder verwandten Substantiven desselben Geschlechts erfolgt diese nur einmal hinter dem letzten:
Freiheit, Zügellosigkeit f.

2. Fremdwörter sind, wo es irgend möglich war und geboten erschien, durch entsprechende Verdeutschungen erklärend ergänzt.
Ebenso ist in seltenen, dem Laien unbekannten Fachausdrücken meistens eine erklärende Bemerkung zugefügt.

3. a) Im deutschen Text benutzten wir häufig den Abkürzungsstrich – für die Vorsilbe oder Schlußsilbe des vorhergehenden Wortes oder in Kompositen für ein vorhergehendes Wort:
ausgehen, –fallen, –laufen (= ausgehen, ausfallen, auslaufen);
(unter **section**): Paragraph m; ⟨typ⟩ –zeichen n (= Paragraphzeichen).

b) Ein Wort (meist Substantiv) wird oft bei Wiederholungen durch den ersten Anfangsbuchstaben abgekürzt:
(unter **secret**): Geheimnis n (from vor); an open ~ ein offenes G. (= ein offenes Geheimnis).

b) The verb: The transitive and intransitive uses and their meanings are generally kept apart in specially numbered sections. Where this has not been done, the notation vt/i or vi/t is followed by two vertical bars (||). After these follow, in the case of vt/i, first the transitive use, and then, with one vertical bar (|) as a division, the intransitive:

separate ['separeit] vt/i || (ab)trennen .. | vi sich trennen.

It is the other way round with vi/t.
On combinations with the adverb cf. above II. 2. e.

c) **The symbol** |, especially in longer sections, has been used to draw attention to short word-endings such a | ~y, | ~ly, etc, e.g.:

hail .. | ~er

d) **The symbol** || has been added occasionally in front of catchwords in order to fill out the line for type-setting reasons, e.g.:
hecto– || ~gram(me)

e) In order to achieve a more lucid arrangement in very long sections **heavy type** has been used where it seemed necessary:
to **beat** .. **4.** [Wendungen] **5.** [mit adv]
to ~ **back** .. **II. 2.** [mit prep] to ~ **about** the bush.
Particularly so in the case of prepositions, → **by**

2. In the illustrative examples, which are almost exclusively based on collections of our own, the catchword, which is printed in heavy type, is repeated by the (normal) tilde-mark ~ (the notation ⁓ being used to indicate a change of the initial letter into the capital or vice versa).
Please note that every tilde-mark within an article (i.e. between two catchwords in heavy type) always refers to the preceding catchword in heavy type, even when it is derivative (cp. III. 2.):
senior ['si:njə] .. ~ity [si:ni'ɔriti] s .. Anciennität (by ~ nach der A.), the tilde-mark doing duty for seniority.

B. The German Text

1. To every German substantive that represents a particular meaning of the English catchword, there is generally added a designation of its gender (m, f, n). When several substantives identical or kindred in meaning have the same gender, the latter is indicated once only after the last of the series:
Freiheit, Zügellosigkeit f.

2. Foreign words have been given an additional explanation in German whenever this was possible or seemed necessary.
An explanatory note has likewise been added to technical terms rare of use and unknown to the layman.

3. a) In the German text we frequently use the sign (–) by way of abbreviation. This symbol stands for the prefix or suffix of the preceding word or in compounds for the whole preceding word:
ausgehen, –fallen, –laufen (= ausgehen, ausfallen, auslaufen);
(under **section**): Paragraph m; ⟨typ⟩ –zeichen n (= Paragraphzeichen).

b) A word (mostly of the substantive kind) when repeated is often abbreviated by the initial:
(under **secret**): Geheimnis n (from vor), an open ~ ein offenes G. (= ein offenes Geheimnis).

4. a) Die betonte Silbe eines deutschen oder ein-
    gedeutschten Wortes wird, wo es nötig ist,
    durch einen Punkt vor dem Vokal gekenn-
    zeichnet:
        Skabi·ose; *·übersetzen.*
  b) Wörter, die dem Jargon oder der vulgären
    Sprache angehören, durch ein davorgesetz-
    tes Kreischen (°):
        °Luder; *°mausen.*

4. a) The stressed syllable of unusual German or
    Germanized words and of certain other
    special words, is indicated by a dot placed
    before the vowel:
        Skabi·ose; *·übersetzen.*
  b) Words belonging to jargon or vulgar
    speech have a circlet above the line (°)
    prefixed to them:
        °Luder; *°mausen.*

Books Consulted
Benutzte Literatur

I

A New English Dictionary on Historical Prin-
ciples by Sir James A. H. Murray. Oxford
1884–1921 (N.E.D.).
A New English Dictionary: Supplement. Ox-
ford 1933ff.
The Oxford English Dictionary, XXII vols.,
Oxford 1933.
Webster's New International Dictionary of the
English Language, 2 vols. Second Edition
Unabridged. London 1934.
The Universal Dictionary of the English Lan-
guage by H. C. Wyld. London 1932.
The American College Dictionary ed. by Clar-
ence L. Barnhart, New York 1948.
Webster's New World Dictionary of the Ameri-
can Language, Encyclopedic Edition, Cleve-
land & New York 1951.
Webster's Students' Dictionary ed. by A. Mer-
riam Webster, New York 1938.
Webster's Third New International Dictionary,
A Merriam-Webster, Springfield, Mass. 1961.
The New Century Dictionary ed. by H. G.
Emery & K.G. Brewster, New York 1942.
A. Merriam Webster, Webster's New Collegiate
Dictionary, Springfield, Mass. 1953.
Words, The New Dictionary ed. by Charles P.
Chadsey, etc., New York 1951.
Thorndike-Barnhart, Comprehensive Desk Dic-
tionary, New York 1951.
Allgemeines Englisch-Deutsches und Deutsch-
Englisches Wörterbuch von Dr. Felix Flügel.
3 Bde. Braunschweig 1908.
The Concise Oxford Dictionary of Current
English by H. W. Fowler and F. G. Fowler,
3. Edition. Oxford 1934.
Cassel's German and English Dictionary by
Karl Breul, 3rd ed., London 1942/1959.
The Westminster Dictionary ed. by J. M. Par-
rish & John R. Crossland, London n. d.
Deutsch-englisches Satzlexikon von H. Rabe,
Stuttgart n. 1
Schöffler-Weis, Taschenwörterbuch der eng-
lischen und deutschen Sprache, Stuttgart
1949, 1955.

____

Paul Berg, A Dictionary of New Words in
English. London 1953.
Otto Hietsch, Moderner Wortschatz des Eng-
lischen, Wien 1957.
Otto Hietsch, Englische Neologismen, in
Moderna Spràk 1956/4.
E. Leisi, Das heutige Englisch, Heidelberg 1955.
Eric Partridge, John W. Clark, British and
American English since 1900, London 1951.

Mary Reifer, A Dictionary of New Words,
New York 1955.
L. Pound, "Then and Now", PMLA, März
1956.
S. V. Baum, From Awol to Veep: The Growth
and Specialization of the Acronym, in Ameri-
can Speech, Mai 1955, S. 103–110.
New Words: Oxford English Dictionary
Supplement, in Supplement to The Periodical.

____

The English Dialect Dictionary by Joseph
Wright. London 1898–1905.
A Dictionary of Slang and Unconventional
English by Eric Partridge. London 1949.
William Freeman, A Concise Dictionary of
English Slang. London 1955.
Slang, Phrase and Idiom in Colloquial English
and their Use by Thomas R. G. Lyell. Tokyo
1931.
English Idioms by James Main Dixon, London.
n d.
William Freeman, A Concise Dictionary of
English Idioms. London 1954.
McMordie, English Idioms. London (O.U.P.),
n d.
Logan Pearsall Smith, Words and Idioms,
London 1943.
Collins, A Book of English Idioms, Longmans
and Green 1956.
Alfons Weber, Idioms and Phrases, Bonn 1951.
A Dictionary of English Style by A. Reum,
Leipzig 1931.

____

Modern English Usage by H. W. Fowler. Oxford 1926.
An A. B. C. of English Usage by H. A. Treble
and G. H. Vallins. Oxford 1936.

____

A Dictionary of Modern American Usage by
H. W. Horwill. Oxford 1935, 1952.
The American Everyday Dictionary ed. by Jess
Stein. New York 1949.
A Glossary of Americanisms compiled by
H. Mutschmann. Tartu-Dorpat 1931.
Noah J. Jacobs, Amerikanische Umgangs-
sprache. Berlin 1949.
American Variations by H. W. Horwill (S.P.E.
Tract XLV). Oxford 1936.
The Study of American English by W. A. Craigie
(S.P.E. Tract XXVII). Oxford 1927.
American Slang by Fred Newton Scott (S.P.E.
Tract XXIV). Oxford 1926.

Mitford M. Mathews, A Dictionary of Americanisms, OUP 1951, Chicago 1951, 1956.
The American Thesaurus of Slang by Lester V. Berrey & Melvin van den Bark, New York 1952.

The Oxford Dictionary of English Proverbs, Oxford 1948.
Burton Stevenson, The Homebook of Proverbs, Maxims, and Familiar Phrases, New York 1948.

Authors' and Printers' Dictionary by F. H. Collins. 7. Edition. London 1933.
Säuberlich-Würfel, Buchgewerblich-graphisches Taschenlexikon. Wiesbaden 1957.
Rules for Compositors and Readers by H. Hart. 29. Edition. London 1930.

An English Pronouncing Dictionary by Daniel Jones. London 1960.
Broadcast English I. 3. Ed. London 1935 (B.B.C.).
Broadcast English II. by A. Lloyd James. London 1930.
Broadcast English III. by A. Lloyd James. London 1932.
Pronunciation. A Practical Guide to American Standards by Th. Larsen and F. C. Walker. Oxford 1930.
The American Pronouncing Dictionary ed. by Frank O. Colby, New York 1950.

II

C. V. Good, Dictionary of Education. New York 1945.
Joseph T. Shipley, Dictionary of World Literature. New York 1953.
William George Smith, The Oxford Dictionary of English Proverbs. Oxford 1948.

A Dictionary of Scientific Terms by I. F. Henderson and W. D. Henderson. Edinburgh and London 1929 & 1953.
German-English Science Dictionary by Louis de Vries. New York & London 1946.
A German-English Technical and Scientific Dictionary (Botanical Section) by A. Webel. London 1930 & 1953.
German-English Geological Terminology by Dr. A. Cissarz and W. R. Jones. London 1931.
Geology and Allied Sciences by Walther Huebner, New York 1939.
S. A. Cooper, Concise International Dictionary of Mechanics and Geology. London 1949.
G. Haensch, Internationale Terminologie. Stuttgart 1956.

Wörterbuch des Englischen Rechts von Dr. Karl Wertheim. Berlin 1899.
A Dictionary of English Law by W. J. Byrne. London 1923.
F. Weißenstein, Anglo-amerikanisches Rechtswörterbuch, Zürich 1950.
Hanns P. Kniepkamp, Rechtswörterbuch (E–D, D–E). Berlin 1954.
K. H. Basedow, Dictionary of Legal Terms, Hamburg 1947.
Law Dictionary by L. D. Egbert, New York 1949.
Volkswirtschaftliches Wörterbuch von Dr. H. Price. Berlin 1926.

Spezialwörterbuch für Handel u. Wirtschaft, hrsg. R. v. Eichhorn, Stuttgart 1947.
H. Rabe, Deutsch-englisches Satzlexikon, Stuttgart 1955.
A. Lehmbruck, Lexikon der Wirtschaft, Frankfurt-Main 1955.
Dr. Gablers Wirtschaftslexikon, Hrsg. R. u. H. Sellien, Wiesbaden 1956.
H. Niklisch, Handwörterbuch der Betriebswirtschaft, Stuttgart 1956.
Deutsch-Englisches Glossarium finanzieller u. wirtschaftlicher Fachausdrücke, Frankfurt a. M. 1958.
H. K. Leistritz, Außenhandelslexikon. Frankfurt a. M. 1955.
Deutsche Wirtschaftsdienst G.m.b.H., Köln, Die definierten Lieferungsklauseln des internationalen Warenhandels, 31953.
V. H. Frank, Company Accounts. London 1952.
G. O. May, Financial Accounting. New York 1946.
Gebräuchliche Fachausdrücke in Handel & Werbung, von Internationale Handelskammer, Basel o. J.
English, French & German Banking Terms . . . by H. Scott. London 1931.
P. Beck, Fachausdrücke der Presse, Vocabulary of the Press, Frankfurt-Main 1950.

Fachwörterbuch für Forst- & Holzwirtschaft, hgg. v. d. Bayr. Landesforstverwaltung. München 1946.
Schröter/Schmid, Flora des Südens, 2. Aufl., Zürich 1956.

A Field Guide to the Birds of Britain and Europe by R. T. Peterson, Guy Mountfort, P. A. D. Hollom. London 1954.
Dieselben, Die Vögel Europas, Hamburg 1954.
G. Niethammer, Handbuch der deutschen Vogelkunde, Leipzig 1937–42.
A Field Guide to the Birds by R. T. Peterson. Cambridge (Mass.) 1947.
C. E. Hare, The Language of Field Sports. London & New York 1949.
Matthew L. Harrison, British Mammals, London 1952.
E. B. Ford, Butterflies, London 1945.

Louis Réau, Lexique polyglotte des termes d'art et d'archéologie, Ms. Wien, o. J.
The Radio Times Dictionary of Musical Terms. Oxford 1930.

Hoyer-Kreuter, Technological Dictionary. 6. Edition by Dr. A. Schlomann. Vol. I and Vol. II. Berlin 1932.
Illustrierte Technische Wörterbücher hrsg. von A. Schlomann. Bd. 10: Motorfahrzeuge. 2. Aufl. Berlin 1910. Bd. 17: Luftfahrt. Berlin 1932.
Dictionary of Technological Terms Used in Electrical Communication by O. Sattelberg. Part First. Berlin 1925.
R. Ernst, Technisches Wörterbuch. Wiesbaden 1954.
H. G. Freeman, Das Englische Fachwort. Essen 1955.
H. G. Freeman, Elektrotechnisches Englisch. Essen 1956.

H. G. Freeman, Deutsch-englisches Spezial-wörterbuch für das Maschinenwesen etc, 5. Aufl., Essen o. J.

Television Encyclopedia by Stanley Kempner. New York 1943–46.

W. E. Miller, Television Explained. London 1953.

Louis de Vries, English-German Technical and Engineering Dictionary, London 1954.

W. E. Clason, Elsevier's Fachwörterbuch für Fernsehen, Funkortung u. Antennen. München 1955.

H. Thali, Technical Dictionary of the Terms Used in Electrical Engineering, Radio, Television, etc. Luzern 1954–55.

Coyne, Electrical School, Technical Dictionary of . . . Television, Radio, etc. Chicago 1955.

M. Polanyi, Dictionary of Textile Terms. London & New York 1956.

M. K. King, Photographic Dictionary (E–G). Düsseldorf 1956.

B.V.-Aral A.G., „Gute Reise". Berlin o. J. ⟨mot⟩.

F.-W. Meyer-Jenin, D–E & E–D, Taschen-wörterbuch für den Straßenverkehr. Berlin 1948.

Wörterverzeichnis der Internationalen Büro-maschinen-Gesellschaft.

Fachwörterbuch des Kraftfahrzeugwesens etc., Brandstetter Wiesbaden 1957.

K. H. Eitzen, Deutsch-Englisches, Englisch-Deutsches Militär-Wörterbuch 3. Aufl. Berlin 1943.

The Military Eitzen. Bonn 1957.

War Department, German Military Dictionary. Washington 1944.

Elbridge Colby, Army Talk. Princeton 1942.

Luftwaffen-Fachwörterbuch, hgg. v. W. Voigt-länder-H. Zuerl, Braunschweig 1940.

R. Cescotti, Luftfahrtwörterbuch (E–D, D–E). München 1954.

Marinewörterbuch/Fünfsprachig hgg. v. Obkdo. d. Kriegsmarine. Berlin o. J.

Langenscheidts Fachwörterbuch, Wehrwesen, Englisch, Berlin 1957.

Architectural and Building Trades Dictionary by A. E. Burcke, etc., Chicago 1950.

F. Gaynor, Pocket Encyclopedia of Atomic Energy. New York 1950.

Rau, Atomwörterbuch (D–E, E–D). Wiesbaden 1957.

E. Veillon, Medizinisches Wörterbuch, Medical Dictionary. Bern 1950.

L. De Vries, German-English Medical Dictionary. New York & London 1952.

F. Lejeune & W. E. Bunjes, Englisch-Deutsches Wörterbuch für Ärzte. Stuttgart 1953.

Wörterbuch der Medizin, hrsg. v. Prof. Dr. Maxim Zetkin & Dr. Herbert Schaldach, Berlin 1956.

Klinisches Wörterbuch von Willibald Pschy-rembel, Berlin 1959.

A Psychiatric Glossary published by the American Psychiatric Association, Hartford, Con. 1957.

Psychische Hygiene, Hrsg. Brezina, Stransky, Wien/Bonn 1955.

Psychiatrie u. Gesellschaft, Hrsg. Ehrhardt, Ploog, Stutte, Stuttgart 1958.

Bundesinstitut für Arbeitsschutz, 1. Arbeits-raum für Schwerbeschädigte. Soest o. J, 2. Hilfe fürs Leben, Versorgung der Körper-behinderten etc. Soest o. J.

Federal Security Agency, Vocational Rehabilitation. Washington 1947.

N. Tinbergen, The Study of Instinct. Oxford n.d.

Heinz Schwenk, Wörterbuch demographischer Grundbegriffe, Statistisches Bundesamt, Wiesbaden 1960.

The Master Dictionary of Food and Cookery by Henry Smith, F. H. C. T., London 1950.

III

The Encyclopaedia Britannica. 14. Edition. London 1929.

Routledge's Universal Encyclopaedia. London 1934.

Whitaker's Almanach. London 1938.

The Dictionary of National Biography. London 1885ff.

Meyers Lexikon. 7. Aufl. 15 Bde. Leipzig 1924 bis 1933.

Der Neue Brockhaus. In 4 Bdn. 2. Aufl. Leipzig 1941.

Der Große Duden. 11. Aufl. Leipzig 1934.

Der Sprach-Brockhaus. 4. Aufl. Leipzig 1944, 1955.

Herders Volkslexikon. Freiburg 1955.

Der Große Brockhaus. Wiesbaden 1952–57.

Das aktuelle Lexikon, Bertelsmann, Gütersloh 1955.

K.-H. Pfeffer, Handwörterbuch der Politik. Darmstadt 1956.

Höfer u. Rahner (Hrg.) Lexikon f. Theologie u. Kirche. Freiburg 1957.

H. Brunotte u. O. Weber (Hrg.), Kirchlich-theologisches Handwörterbuch. Göttingen 1956.

Wörterbuch der Philosophischen Begriffe, Hrsg. J. Hoffmeister, Hamburg 1955.

H. Schmidt, Philosophisches Wörterbuch, Stuttgart 1955.

Dictionary of World Literature ed. by Joseph T. Shipley, New York 1953.

IV

Von den Fachzeitschriften wurden vor allem benutzt:

Sprachenkurier, Herausgeber O. Monien, Hamburg.

Die Fremdsprache, Herausgeber Deutscher Dolmetscher-Bund e. V., München.

Lebende Sprachen, Berlin 1956ff.

H. L. Mencken, The American Language. New York 1943–47.

V

Current Abbreviations ed. by G. E. Shankle, New York 1940.

Spillner-Göttling, Buch der Abkürzungen, Bamberg 1952.

Erklärung der phonetischen Umschrift

Die phonetische Umschrift in diesem Wörterbuch ist die der *International Phonetic Association*, die D. Jones in seinem *English Pronouncing Dictionary, eleventh Edition, Revised and Enlarged*, London 1960, zugrunde gelegt hat.

: bezeichnet die Länge des vorhergehenden Lautes [i:].

. unter einem Konsonanten bezeichnet, daß der Laut silbisch ist [′pæn].

Der Hauptton wird bezeichnet durch ′ vor der betreffenden Silbe [′æktiv] [in′æktiv].

Nebenton wird bezeichnet durch ‚ vor der Silbe [‚inə′tentiv].

Key to the Phonetic Transcription

The phonetic notation used in this dictionary is that of the *International Phonetic Association* adopted by D. Jones in his *English Pronouncing Dictionary, eleventh Edition, Revised and Enlarged*, 1960 London.

: indicates that the preceding sound is long [i:].

. placed below a consonant indicates that the consonant is syllabic [′pæn].

The stress accent is marked by the sign ′ before the syllable [′æktiv] [in′æktiv].

Secondary stress is indicated by the sign ‚ before the syllable [‚inə′tentiv].

Die Zeichen und ihre phonetischen Werte

I. Vokale

1. Englische Laute

ɑ:	wie in *a*rm, h*a*lf, gl*a*ss, p*a*th, f*a*ther, d*a*nce
æ	h*a*t
æ:	b*a*d
ʌ	b*u*t, s*o*n, fl*oo*d, c*ou*ple
e	b*e*t; h*ea*d
i	b*i*t, h*y*mn; harml*e*ss, obstin*a*te, speci*me*n, circ*ui*t; *e*nhance, d*e*scend
i:	b*e*, s*ee*, b*ea*t; bel*ie*f, mar*i*ne
ɔ	n*o*t, l*o*ng, w*a*nt
ɔ:	s*aw*, *a*ll, b*o*rn, b*ou*ght, y*ou*r, t*au*ght
o	m*o*lest, *o*bey, *e*loquence
ə	id*ea*, bett*er*, speci*a*l, nerv*ou*s; *a*bout, p*a*rticular, p*er*haps, c*o*nstruct, s*u*bsist; suff*o*cate
ə:	h*er*, b*ir*d, w*or*d, t*ur*n; *ear*n, j*our*ney
u	p*u*t, l*oo*k; c*ou*ld
u:	d*o*, f*oo*d; l*u*bricate, r*ue*
y̥	*ph*ew (stimmloses y → 2.)

2. Nicht-englische Laute

y	wie in	Fr men*u*
ø		Fr p*eu*
œ		Fr p*eu*r
ɑ̃		Fr t*an*te
ɛ̃		Fr v*in*
ɔ̃		Fr b*on*
œ̃		Fr br*un*

The Symbols and their Phonetic Values

I. Vowels

1. English Sounds

ɑ:	as in *a*rm, h*a*lf, gl*a*ss, p*a*th, f*a*ther, d*a*nce
æ	h*a*t
æ:	b*a*d
ʌ	b*u*t, s*o*n, fl*oo*d, c*ou*ple
e	b*e*t; h*ea*d
i	b*i*t, h*y*mn; harml*e*ss, obstin*a*te, speci*me*n, circ*ui*t; *e*nhance, d*e*scend
i:	b*e*, s*ee*, b*ea*t; bel*ie*f, mar*i*ne
ɔ	n*o*t, l*o*ng, w*a*nt
ɔ:	s*aw*, *a*ll, b*o*rn, b*ou*ght, y*ou*r, t*au*ght
o	m*o*lest, *o*bey, *e*loquence
ə	id*ea*, bett*er*, speci*a*l, nerv*ou*s; *a*bout, p*a*rticular, p*er*haps, c*o*nstruct, s*u*bsist; suff*o*cate
ə:	h*er*, b*ir*d, w*or*d, t*ur*n; *ear*n, j*our*ney
u	p*u*t, l*oo*k; c*ou*ld
u:	d*o*, f*oo*d; l*u*bricate, r*ue*
y̥	*ph*ew (voiceless y → 2.)

2. Non-English Sounds

y	as in	Fr men*u*
ø		Fr p*eu*
œ		Fr p*eu*r
ɑ̃		Fr t*an*te
ɛ̃		Fr v*in*
ɔ̃		Fr b*on*
œ̃		Fr br*un*

II. Diphthonge und Triphthonge

ai	wie in l*i*fe, l*igh*t, n*igh*t, dr*y*
aiə	f*ire*, l*iar*, t*yre*
au	h*ou*se, h*ow*
auə	*our*, h*our*
ɔi	b*oy*, m*oi*st
ɔiə	j*oy*ous
ɛə	h*air*, h*eir*; b*are*, th*ere*
iə	h*ere*, h*ear*, f*ier*ce; inf*erior*
uə	p*oor*, s*ure*
ei	d*ay*, n*a*me; r*eig*n, th*ey*
ou	g*o*, l*ow*, c*oa*t, J*oa*n
ouə	l*ower*

II. Diphthongs and Triphthongs

ai	as in l*i*fe, l*igh*t, n*igh*t, dr*y*
aiə	f*ire*, l*iar*, t*yre*
au	h*ou*se, h*ow*
auə	*our*, h*our*
ɔi	b*oy*, m*oi*st
ɔiə	j*oy*ous
ɛə	h*air*, h*eir*; b*are*, th*ere*
iə	h*ere*, h*ear*, f*ier*ce; inf*erior*
uə	p*oor*, s*ure*
ei	d*ay*, n*a*me; r*eig*n, th*ey*
ou	g*o*, l*ow*, c*oa*t, J*oa*n
ouə	l*ower*

III. Konsonanten

1. Englische Laute

p	wie in *p*ast
b	*b*ed
f	*f*at, tou*gh*
v	*v*ain, o*f*; ⟨Ger⟩ *w*ir, *W*elt; ⟨Ind⟩ *bh*akti
t	*t*ear, wishe*d*
d	*d*ay, sinne*d*
θ	*th*in, me*th*od, pa*th*
ð	fa*th*er, *th*at; pa*th*s

III. Consonants

1. English Sounds

p	as in *p*ast
b	*b*ed
f	*f*at, tou*gh*
v	*v*ain, o*f*; *w*ir, *W*elt; ⟨Ind⟩ *bh*akti
t	*t*ear, wishe*d*
d	*d*ay, sinne*d*
θ	*th*in, me*th*od, pa*th*
ð	fa*th*er, *th*at; pa*th*s

s	wie in *s*ee, deci*s*ion, *sc*ene; hat*s*
z	*z*eal, ri*s*e, hi*s*; bed*s*, base*s*
ʃ	*sh*ow; ma*ch*ine; mo*t*ion, spe*c*ial, mis*s*ion
tʃ	*ch*in, ri*ch*, pi*c*ture
ʒ	vi*s*ion, mea*s*ure; gara*ge*
dʒ	*g*erm, *j*ust, *J*ordan, bri*dge*
k	*c*at, mo*ck*; *sch*ool; *k*ey; *qu*ay
g	*g*ive, ba*g*
h	*h*ang; *h*ospital; *wh*ole
n	*n*ever; *kn*ee, *gn*at
ṇ	cott*on*y
m	*m*uch; la*mb*, colu*mn*
ŋ	ri*ng*, so*ng*, si*ng*er; fi*n*ger, li*nk*
r	*r*iver, glory; *wr*ong
l	*l*ook, *l*ily
ḷ	origina*l*
j	*y*es, *y*oung; mill*i*on
w	*w*in, *wh*ich; pers*u*ade, q*u*aint

2. Nicht-englische Laute

ç	wie in Ger i*ch*
x	Scot, Ir lo*ch*, lou*gh*, pibro*ch*; Ger do*ch*
ɲ	Fr Colog*ne*

IV. Verbindungen von Konsonanten und Vokalen oder Diphthongen

juː	wie in d*u*ty, n*ew*, d*eu*ce, s*ui*t
juə	p*u*re, c*u*rious

---

s	as in *s*ee, deci*s*ion, *sc*ene; hat*s*
z	*z*eal, ri*s*e, hi*s*; bed*s*, base*s*
ʃ	*sh*ow; ma*ch*ine; mo*t*ion, spe*c*ial, mis*s*ion
tʃ	*ch*in, ri*ch*, pi*c*ture
ʒ	vi*s*ion, mea*s*ure; gara*ge*
dʒ	*g*erm, *j*ust, *J*ordan, bri*dge*
k	*c*at, mo*ck*; *sch*ool; *k*ey; *qu*ay
g	*g*ive, ba*g*
h	*h*ang; *h*ospital; *wh*ole
n	*n*ever; *kn*ee, *gn*at
ṇ	cott*on*y
m	*m*uch; la*mb*, colu*mn*
ŋ	ri*ng*, so*ng*, si*ng*er; fi*n*ger, li*nk*
r	*r*iver, glory; *wr*ong
l	*l*ook, *l*ily
ḷ	origina*l*
j	*y*es, *y*oung; mill*i*on
w	*w*in, *wh*ich; pers*u*ade, q*u*aint

2. Non-English Sounds

ç	as in Ger i*ch*
x	Scot, Ir lo*ch*, lou*gh*, pibro*ch*; Ger do*ch*
ɲ	Fr Colog*ne*

IV. Combinations of Consonants and Vowels or Diphthongs

juː	as in d*u*ty, n*ew*, d*eu*ce, s*ui*t
juə	p*u*re, c*u*rious

Abbreviations used in this dictionary

In diesem Wörterbuch verwandte Abkürzungen

~ (fett)	*Wiederholung des Stichworts z. B.* **dispose**: ~**d** = disposed	† (vor e–m Wort)	*archaisch, ausgestorben*
⦧	*Wiederholung des Stichworts mit* kl (*statt* gr) *bzw. mit* gr (*statt* kl) *Anfangsbuchstaben z. B.* **federal**: ⦧ Republic = Federal Republic	° (vor deutschem Wort)	*dem Jargon angehörig; burschikos; vulgär*
~ (mager)	(*im Text*) *Wiederholung des Stichworts bzw. Unterstichworts, z. B.* **believe**: he ~s = he believes | ~**r** = **believer**: a great ~ = a great believer; **marvellous** (~ly = marvellously)	×	*dialectal, mundartlich*
		&	*und*, and
		→	*siehe*
		→ d.	*siehe dort*
		→ –ee (etc)	*siehe die Endung* –ee
		a (*nach dem Stichwort*)	adjective
–	*hängt das Folgende an e–n Buchstaben des Hauptstichworts sinnvoll an:* **mechanism**: –**nist** = **mechanist**	a, ⟨a⟩	*auch*, also
		[abbr]	*abbreviated*
		[abs]	*absolut gebraucht*
		[abstr]	*abstrakt*
·	*steht vor dem zu betonenden Vokal od Diphthong deutscher Wörter:* ·umgehen, um·gehen	⟨ac⟩	*acoustics*
		[acc]	*accusative*
		[act]	*active voice*
/	*stellt bei unregelmäßigen Verben das* pret *u das* pp *nebeneinander, z. B.* take [took/~n]	A, D.	Anno Domini, *nach Christi Geburt*
		⟨ad⟩	*advertising*
[ ]	*betr. Grammatikalisches, Herkunft, Aussprache, Geschlecht*	adj	*adjective*
		adv	*adverb*
( )	*betr. Ergänzungen, Erklärungen etc.*	⟨a-engl⟩	*außerenglisch, nicht in englischer Kultur*
⟨ ⟩	*betr. Sachgebiete & Stil*	⟨aero⟩	*aeronautics*
(P)	*auf Personen bezüglich* (of persons)	⟨aerodyn⟩	*aerodynamics*
		⟨æsth⟩	*æsthetics*
(S)	*auf Sachen bezüglich* (of things)	⟨agr⟩	*agriculture*
		ags	*angelsächsisch*
(T)	*auf Tiere bezüglich* (of animals)	(allg)	*allgemein(e, –er, –nes)*
		⟨allg⟩	*im allgemeinen Sinn*
*	*selten*	⟨Am⟩	America(nism), (*urspr*)*amerikanisch*
„..."	figurative(ly)	⟨anat⟩	*anatomy*

⟨AInd⟩	Anglo-Indian	*d–s*	*deines (–r, –m, –n)*
⟨AIr⟩	Anglo-Irish	*(–r, –m, –n)*	
⟨ant⟩	antiquity	dtsch	*deutsch; im dtsch Kulturleben*
⟨anthr⟩	anthropology		
a p	a person	*(–)e–a(–)*	*einander*
→ App.	→ Appendix	*ebd*	*ebenda*
[Arab]	*Arabien; arabisch*	⟨ec⟩	ecclesiastical
⟨arch⟩	architecture	⟨eco⟩	economics
⟨archa⟩	archaic	⟨Eg⟩	Egyptian
⟨archæol⟩	archæology	*⟨eig⟩*	*im eigentlichen Sinne*
⟨arith⟩	arithmetic	⟨el⟩	electricity
[art, *Art*]	article, *Artikel*	[ell]	*elliptisch*
⟨artill⟩	artillery	⟨embr⟩	embroidery
⟨arts⟩	fine arts, *Kunst*	⟨emph⟩	*emphatisch*
Ass	Association	⟨engin⟩	engineering
⟨astr⟩	astronomy	Engl	England
⟨astrol⟩	astrology	⟨engl⟩	*in England,*
⟨A.T.⟩	*Altes Testament*		*im engl. Kulturleben*
⟨at⟩	atom(ic)	⟨engr⟩	engraving
⟨athl⟩	athletics	⟨ent⟩	entomology
[attr]	*attributiv*	*e–s, e–r etc*	*eines, einer etc*
⟨Aust⟩	Australia(nism)	etc	*und so weiter*
Austria	*österreichisch*	⟨eth⟩	ethology
[aux]	auxiliary	⟨ethn⟩	ethnology
		etw	*etwas*
⟨bact⟩	bacteriology	⟨euph⟩	euphemistic
⟨bak⟩	baking	⟨exch⟩	stock exchange
⟨bal⟩	balance sheet		
⟨ball⟩	ballistics	*f*	*für*
⟨bank⟩	banking	f, [f] (*nach*	
Bdtg	*Bedeutung*	*e–m Haupt-*	
bek	*bekommen*	*wort*)	feminine (gender)
bes	*besonders, besondere*	⟨fam⟩	*familiär*, colloquial
best	*bestimmt(e, -es etc)*	⟨fenc⟩	fencing
betr	*betreffend, betreffs*	⟨fig⟩	figurative(ly)
⟨bib⟩	biblical	*folg*	*folgend(es, -er); folg Stichwort*
⟨bill⟩	billards	⟨for⟩	forestry
⟨biochem⟩	*Biochemie*	⟨fort⟩	fortification
⟨biol⟩	biology	⟨found⟩	founding
⟨bookb⟩	bookbinding	[Fr], (Fr)	French
⟨bot⟩	botany	⟨ftb⟩	football
⟨box⟩	boxing		
⟨brit⟩	*britisch*	⟨gard⟩	gardening
⟨brew⟩	brewery	*gegr.*	*gegründet*
		gek	*gekommen*
c	century	[gen]	genitive
⟨call⟩	calligraphy	⟨geneal⟩	genealogy
⟨Cambr⟩	Cambridge	⟨geog⟩	geography
⟨Can⟩	Canada, Canadian	⟨geol⟩	geology
⟨carp⟩	carpentry	⟨geom⟩	geometry
⟨cart⟩	cartography	⟨Ger⟩	German
⟨cast⟩	casting	*geschr*	*geschrieben*
⟨C.E.⟩	Church of England	*gest.*	*gestiftet*
⟨Celt⟩	Celtic	*Ggs*	*Gegensatz*
⟨ceram⟩	ceramics	glass	glassmaking
⟨chem⟩	chemistry	[Gr], (Gr)	Greek
⟨chron⟩	chronology	*gr*	*große(r, –s etc)*
⟨Col⟩	Colonies	⟨gram⟩	grammar
⟨com⟩	commercial	⟨gym⟩	gymnastics
[comp]	compound(s)	⟨gyn⟩	gynæcology
[compr]	comparative		
[conj]	conjunction	*h*	*haben*
⟨cont⟩	contemptuouly	⟨hebr⟩	*hebräisch*
⟨cosm⟩	cosmetics	H.C.	House of Commons
⟨crick⟩	cricket	H.L.	House of Lords
⟨cryst⟩	crystallography	⟨her⟩	heraldry
⟨cul⟩	culinary	⟨hist⟩	history
⟨cycl⟩	cycling	⟨hock⟩	hockey
		[holl]	*holländisch*
→ d.	*siehe dort*	⟨hors⟩	of horses; horsemanship
[dat]	dative	⟨hort⟩	horticulture
[def]	definite	⟨hum⟩	humorously
⟨demog⟩	demography	⟨hunt⟩	hunting
⟨dent⟩	dentistry		
⟨dero⟩	derogatory	*i.a.*	*im allgemeinen*
⟨dial⟩	dialect(al)	⟨ich⟩	ichthyology
[dim]	diminutive	[imp]	imperative mood
⟨dipl⟩	diplomacy	[imps]	impersonal

[in comp]	in compound(s)	⟨occ⟩	occultism
⟨Ind⟩	Indian	*od*	*oder*
⟨ind⟩	industry	⟨off⟩	officialese, office
[indef]	indefinite	⟨opt⟩	optics
[inf]	infinitive	[optat]	optative
⟨ins⟩	insurance	orn	ornithology
⟨intens⟩	intensive	o.s.	oneself
[interr]	interrogatory, –tive	⟨Oxf⟩	Oxford
[intj]	interjection		
[invar]	*invariabel, nicht flektiert*	*P(n)*	*Person(en)*
⟨Ir⟩	Irish	*(P)*	*auf Personen bezüglich* (of persons)
⟨iron⟩	ironically	*p, p*	person
[irr]	irregular	⟨paint⟩	painting
[It], (It)	Italian	⟨pal⟩	palæontology
		⟨pap⟩	paper(-mill)
jd(s, -m, -n)	*jemand(es, -em, -en)*	⟨parl⟩	parliamentary
Jh(s)	*Jahrhundert(s)*	*Parl*	*Parlament*
⟨journ⟩	journalese	[part]	participle
⟨jur⟩	jurisprudence	[pass]	passive voice
		⟨path⟩	pathology
k	*kommen ([⟨a⟩ in comp] ank etc)*	⟨pharm⟩	pharmacology
[kaus]	*kausativ*	⟨phil⟩	philology
k–n (–m, –s)	*keinen, keinem, keines*	⟨philos⟩	philosophy
kl	*kleine(r, -s etc)*	⟨phon⟩	phonetics
[koll]	*kollektiv*	⟨phot⟩	photography
[konkr]	*konkret*	⟨phys⟩	physics
Kons.	*Konsonant*	⟨physiol⟩	physiology
[konstr]	*konstruiert*	pl, [pl]	plural
kz	*kurz(er, -es etc)*	[pl konstr]	*pluralisch konstruiert*
		⟨poet⟩	poetry, poetical
l	*lassen*	⟨pol⟩	politics, political
[L]	Latin	⟨pop⟩	popular
⟨Lit⟩	*Literatur*	[Port]	Portuguese
⟨liter⟩	*literarisch*	[pp]	past participle
⟨loc⟩	local	⟨praeh⟩	*prähistorisch*
⟨logar⟩	logarithmic	[pred]	predicative
⟨log⟩	logic	[pref]	prefix
⟨logist⟩	logistics	[prep]	preposition
⟨luth⟩	*lutherisch*	[pres]	present
		⟨Presb⟩	Presbyterian
m	*machen ([⟨a⟩ in comp] ausm etc)*	[pret]	preterite
m [m] (*nach*		⟨print⟩	printing
e–m Haupt-		[pron]	pronoun
wort)	masculine (gender)	[pron dem]	demonstrative pronoun
⟨mach⟩	machinery	[pron interr]	interrogative pronoun
⟨mar⟩	marine	[pron pers]	personal pronoun
⟨mas⟩	masonry	[pron poss]	possessive pronoun
⟨math⟩	mathematics	[pron rel]	relative pronoun
⟨mech⟩	mechanics	⟨pros⟩	prosody
⟨med⟩	medicine	⟨prov⟩	proverb
⟨met⟩	metallurgy	[prs]	present
⟨meteor⟩	meteorology	[prs p]	present participle
⟨mil⟩	military	⟨psych⟩	psychology
⟨min⟩	mining		
⟨minr⟩	mineralogy	⟨rail⟩	railway
⟨m.m.⟩	mutatis mutandis	⟨R.C.⟩	Roman-Catholic
⟨mod⟩	modern	⟨rec⟩	recorder
⟨mot⟩	motoring	[refl]	reflexive
⟨mount⟩	mountaineering	[reg]	regular
Ms(s)	manuscript(s)	⟨rehab⟩	(occupational) rehabilitation
m–s		⟨rel⟩	religion
(–r, –m,		⟨rhet⟩	rhetorical
–n)	*meines(–r, –m, –n)*	⟨Rug⟩	Rugby
mst	*meist*	[Russ]	Russian
⟨mus⟩	music(al)		
⟨myth⟩	mythology	*s*	*sein [vb]*
		s (*nach dem*	
n	neuter (gender)	*Stichwort*)	substantive
⟨naut⟩	nautical	*(S)*	*auf Sachen bezüglich* (of things)
⟨nav⟩	navy	*S(n)*	*Sache(n)*
⟨nazi⟩	National Socialistic	⟨SAfr⟩	South Africa(n)
[neg]	*negativ; in Negativsätzen*	⟨SBZ⟩	*Sowjetisch Besetzte Zone, seit*
[nom]	nominative		*1949 DDR = Deutsche*
⟨N.T.⟩	*Neues Testament*		*Demokratische Republik*
⟨num⟩	numismatics	sc	scilicet
		⟨scient⟩	scientific
o.	*oben*	⟨Scot⟩	Scotch, Scotland
o.ä.	*oder ähnliches*	⟨sculp⟩	sculpture
[obs]	obsolete		

⟨sew⟩	sewing	*u*	*und*
[sg]	singular	→ *u*	*siehe unten*
[sg konstr]	*singularisch konstruiert*	*u.a.*	*unter anderem*
Shak	Shakespeare	*u.ä.*	*und ähnliches*
⟨ski⟩	skiing	*übl*	*übliche(r, -s etc)*
⟨sl⟩	slang, *Slang*	*übs*	*übersetzt*
⟨soc⟩	sociology	⟨übtr⟩	*in übertragenem Sinne*
[Span]	Spanish	⟨univ⟩	university
⟨spin⟩	spinning	*urspr*	*ursprünglich(e, -er, -es etc)*
⟨sport⟩	*Sport*	USA	United States of America
Spr	*Sprache*		
s–s (–r,		*v*	*von, vom*
—m, –n)	*seines (–r, –m, –n)*	v (*nach dem*	
⟨stat⟩	statistics	*Stichwort)*	verb
Std.	*Stunde(n)*	[v aux]	auxiliary verb
⟨st exch⟩	stock exchange	[vb]	verb
sth	something	*versch*	*verschieden(e, -en etc)*
⟨stud⟩	students'	⟨vet⟩	veterinary
[subj]	subjunctive, *Konjunktiv*	*vgl*	*vergleiche*
[subst]	substantive(s)	[vi]	verb intransitive
[subst a]	*substantiviertes Adjektiv*	[vi/t]	verb intransitive and transitive
[suff]	suffix	[voc]	vocative
[sup]	superlative	*Vok.*	*Vokal*
⟨surg⟩	surgery	*vollk*	*vollkommen*
⟨surv⟩	surveying	*vor.*	*voriges Stichwort*
⟨swim⟩	swimming	[v refl]	verb reflexive
		[vt]	verb transitive
(T)	*auf Tiere bezüglich*	[vt/i]	verb transitive and intransitive
	(of animals)	⟨vulg⟩	vulgar
⟨tact⟩	tactics, tactical		
⟨tail⟩	tailoring	*w*	*werden*
⟨tech⟩	technical	⟨weav⟩	weaving
⟨teens⟩	*Teenager Slang*	w f (*in pho-*	
⟨telg⟩	telegraphy	*netischer*	
⟨telph⟩	telephony	*Umschrift)*	weak form
⟨telv⟩	television	⟨wir⟩	wireless
⟨ten⟩	lawn tennis	⟨wrest⟩	wrestling
th	thing		
⟨theat⟩	theatre, theatrical	*z*	*zu, zum, zur*
⟨theol⟩	theology	⟨zoo⟩	zoology
⟨turbo⟩	*Turbinen–*	*zus–*	*zusammen–*
⟨typ⟩	typography	*zw*	*zwischen*
⟨typewr⟩	typewriter	*Zw–*	*Zwischen–*

ENGLISCH-DEUTSCHES WÖRTERBUCH

ENGLISH-GERMAN DICTIONARY

A

A [ei] s (pl ~'s [eiz]) *A* n || ⟨Am school⟩ *Eins* f (he pulled an A in literature *er bekam e–e Eins in L.*) || ⟨mus⟩ *A* n; give me an A *geben Sie mal A*; ~ flat *As* n; ~ (major) *A*(-*Dur*) n: ∿ (minor) *a*(-*Moll*) n; ~ sharp *Ais* n || A 1 [ˈeiˈwʌn] *erstklassig, bester Qualität, famos*; °*prima, ff,* Ia; *felddienstfähig, k. v.* = *kriegsverwendungsfähig* ⟨Am aero⟩ A 1 *Leiter der Abteilung Personal*; A 2 .. *Feindnachrichten und Sicherheit*; A 3 .. *Führung, Ausbildung und Organisation*; A 4 .. *Logistik* || A-battery ⟨el⟩ *Heizbatterie* f || A-tube ⟨artill⟩ *Seelenrohr* n; A-bomb (= atom bomb) *Atombombe* f || ⟨fig⟩ „*Lollo*", *Sex-Bombe, Frau* f *mit* „*Sexkrasit*"

a [ei; *wf* ə] an [æn; *wf* ən] [indef. art] *ein(e)*; (a *vor Kons.*, an *vor Vok., aber*:) an M. P. [əˈnemˈpi:] *ein Mitglied des Parl.*; such a one *ein solcher* || he is a painter *er ist Maler* || she died a widow *sie starb als Witwe* (at the age of) || a pleasant five weeks *fünf schöne Wochen*; an extra 2000 tons *2000 Tonnen extra* | (= **urspr. on**) ten hours a day *10 Stunden täglich*; once a day *einmal am Tag*; so much a day *so viel je or den Tag*; two shillings a pound *2 Schilling das Pfd.* | she gave me a reluctant hand *sie reichte mir widerstrebend die Hand* | eine (ein) gewisse(r) (a Mrs. Peter) | ⟨emph⟩ *ein einzig* (in a word; all of a size)

a, a- [ə] prep *auf, an, zu* || to go a-begging *betteln gehen*; † to go a-hunting *auf die Jagd gehen* | afoot *zu Fuß*

a [ə] ⟨vulg⟩ = have || ⟨dial⟩ = he

a- pref **1.** [ə] *er*– (to arise) **2.** [æ-] [Gr] *ohne, -los, unempfindlich* f (amoral)

-a [-ə] ⟨Am vulg⟩ **1.** = have: musta, mighta, shoulda **2.** = of: lota, sorta; coupla = couple of; fulla, outa **3.** = to: usta = used to; gonna = going to; wanna = want to; oughta = ought to; gotta = got to **4.** = a: gorra = got a, norra = not a

Aaron [ˈɛərən] s *Aaron* m || ~'s beard ⟨bot⟩ *Name versch. Pflanzen, bes. Königskraut* n || ~'s rod ⟨bot⟩ *Name versch. Pflanzen, bes. Königskerze* f

aback [əˈbæk] adv *zurück, rückwärts, hinten* || ⟨mar⟩ *back, nach dem Maste* || taken ~ *verblüfft, überrascht, bestürzt*

abacus [ˈæbəkəs] pl **-ci** [ˈæbəsai] s *Rechenbrett* n, -*maschine* f *mit Kugeln* || ⟨arch⟩ *Säulendeckplatte* f, *Abakus* m || *Kredenz* f, *Anrichtetisch* m

abaft [əˈbɑ:ft] **1.** adv ⟨mar⟩ *nach achtern zu, nach hinten* **2.** prep *achter, hinter*

abajour [ˈæbəʒuə] s Fr *Oberlichtfenster* n

abandon [əˈbændɔn, æbɑ̃:ˈdɔ̃:] s Fr *Ungezwungenheit* f, *Sichgehenlassen* n; *Feuer* n, *Ausgelassenheit* f; with zest and ~ [əˈbændən] *mit Eifer u Hingebung, mit Feuereifer*

abandon [əˈbændən] **1.** vt *aufgeben* (a th; do-ing); *preisgeben* || *überlassen*; to ~ o.s. *sich er–, hingeben* (to a th *e–r S*) || *im Stich lassen, verlassen* || ⟨jur⟩ *abandonnieren, abtreten, (Kind) aussetzen*; ⟨sport⟩ *(Spiel) abbrechen, aufgeben* || ⟨mil⟩ *(Gebiet) räumen, (Verwundete) zurücklassen* **2.** vi ⟨sport⟩ *aufgeben* | **~ed** [~d] a *verlassen* || *liederlich, lasterhaft, verworfen*; *besitzerlos* (car); ⟨com⟩ claims ~ *uneinbringliche Forderungen* f pl; ~ house, ~ settlement ⟨geog hist⟩ *Wüstung* f **~er** [~ə] ⟨jur⟩ *Abandonnist* m

~ment [~mənt] s *Verlassen* n; *Aufgabe* f; *Preisgabe, Hingabe* f || ⟨jur⟩ *Verzichtleistung* f, *Abandon* m; *böswilliges Verlassen* n (*des Ehegatten*) || *Verlassenheit* f || ⟨fig⟩ *Verzweiflung* f || *Sichgehenlassen* n; *Unbeherrschtheit* f

abase [əˈbeis] vt *senken* || *erniedrigen, demütigen*, [a refl] (to ~ o.s.) || *entwürdigen* **~ment** [~mənt] s *Erniedrigung, Demütigung* f

abash [əˈbæʃ] vt *aus der Fassung, in Verlegenheit bringen* || *beschämen* || [mst pass] to be od stand ~ed at *verlegen s, sich schämen über* **~ment** [~ment] s *Bestürzung, Verlegenheit, Beschämung* f

abatable [əˈbeitəbl] a ⟨jur⟩ *aufhebbar, abschaffbar; abziehbar*

abate [əˈbeit] vt/i || *vermindern* || *(Schmerz) lindern* || *(Preis) herabsetzen* || *(Stolz) mäßigen* || *(Plage) abstellen* || *(Steuer) erlassen* || ⟨jur⟩ *abschaffen, aufgeben, umstoßen* | vi (*an Stärke*) *abnehmen* ⟨a fig⟩, *nachlassen*, the wind ~s *der Wind legt sich* || *(im Preise) fallen* || ⟨jur⟩ *ungültig w* **~ment** [~mənt] s *Verminderung, Abnahme* f || ⟨com⟩ *Nachlaß, Rabatt* m; *Milderung* f || *Abstellung, Beseitigung* f || *Nachlaß (der Steuern)* m || ⟨jur⟩ *Abschaffung, Aufhebung* f; *Strafnachlaß* m; ~ of actions *Suspendierung* f *v Rechtsstreitigkeiten*; ~ of legacies *prozentuale Reduzierung* f *v Vermächtnissen mangels genügender Erbmasse*

abatis, abattis [ˈæbətis] s (pl ~) ⟨mil⟩ *Verhau* m; portable ~ *Schleppverhau* n

abaxial [əˈbæksiəl] a ⟨tech⟩ *außerachsig*

abattoir [ˈæbətwɑ:] s *öffentl. Schlachthaus* n

abbacy [ˈæbəsi] s *Würde* f, *Amt* n, *Gerichtsbarkeit* f *e–s Abtes*

abbatial [əˈbeiʃəl] a *Abtei–, zur Abtei gehörig*; *abtlich*

abbess [ˈæbis] s *Äbtissin* f

abbey [ˈæbi] s *Abtei(kirche)* f, *Kloster* n, the Abbey = Westminster ∿ (*London*) || ~-land *Klostergut* n

abbot [ˈæbət] s *Abt* m **~ship** [~ʃip] s *Würde* f, *Amt* n *e–s Abtes*

abbreviate [əˈbri:vieit] vt *abkürzen* ⟨a fig⟩ || ⟨math⟩ *(Brüche) heben, kürzen*; ~d procedure ⟨aero⟩ *abgekürztes (Anflug-)Verfahren* n; ~d plaindress ⟨mil⟩ *Kurzspruch m mit unverschlüsselter Anschrift* –**ation** [ə,bri:viˈeiʃən] s *Abkürzung* f || ⟨math⟩ *Heben* n *v Brüchen* || ⟨mus⟩ *Kürzung, Abbreviatur* f

abbreviator [əˈbri:vieitə] s *Abkürzer* m || *Abbreviator* m *(Schreiber d. päpstl. Kanzlei)* | **~y** [əˈbri:viət(ə)ri] a *abkürzend*

ABC [ˈeiˈbi:ˈsi:] s *Abc, Alphabet* n || ⟨fig⟩ *(die) Anfangsgründe* pl || ⟨engl rail⟩ *alphab. Lokal-Kursbuch* n || (as) easy as ~ *kinderleicht*

abdicate [ˈæbdikeit] vt/i || *(Amt) niederlegen, aufgeben, (e–r S) entsagen*; to ~ the throne *abdanken* || ⟨jur⟩ *enterben, verstoßen* | vi *abdanken* –**ation** [ˌæbdiˈkeiʃən] s *Niederlegung (e–s Amtes)*; *Abdankung, Entsagung* f, *Verzicht* m (of *auf*), ~ of the throne *Thronentsagung* f || ⟨jur⟩ *Enterbung, Verstoßung* f

abdomen [æbˈdoumen] s L ⟨anat⟩ *Unterleib, Bauch* m || *Hinterleib* m *(der Insekten)* **abdominal** [æbˈdɔminəl] a *Unterleibs–, Leib–, Bauch–*; ~ regions [s pl] ⟨anat⟩ –*gegend* f

abducent [æbˈdju:sənt] a ⟨anat⟩ *abziehend*, ~ muscle *Abziehmuskel* m

abduct [æb'dʌkt] vt *entführen* ‖ ⟨anat⟩ *abziehen* **~ion** [æb'dʌkʃən] s *Entführung* f **~or** [æb'dʌktə] s *Entführer* m ‖ (*a* ~ *muscle*) ⟨anat⟩ *Abziehmuskel* m

abeam [ə'bi:m] adv ⟨mar⟩ *dwars, querab*

abear [ə'bɛə] vt (*nur mit* cannot) ⟨vulg⟩ *ertragen, aushalten, leiden*

abecedarian [ˌeibi:si:'dɛəriən] 1. a *alphabetisch geordnet, element·ar* 2. s *Abc-Schütze* m **-dism** [eibi:'si:dizm] s ⟨Am fam⟩ = acronym

abed [ə'bed] adv *im Bette, zu Bett*

abele [ə'bi:l] s ⟨bot⟩ *Abele, Silberpappel* f

Aberdeen [æbə'di:n] s *Aberdeen Terrier* m (*rauhaariger Scotchterrier*)

aberrance [æ'berəns] s, **-cy** [æ'berənsi] s *Abirrung, Verirrung* f; *Irrtum* m ‖ *Laune* f

aberration [ˌæbə'reiʃən] s *Abweichung, Abirrung* f ⟨a fig⟩ ‖ *Geistesverwirrung* f; a' *moment of mental* ~ *ein Augenblick geistiger Umnachtung* ‖ ⟨opt⟩ *Brechung der Lichtstrahlen* f ‖ ⟨astr⟩ *Abirrung, Aberration* f ‖ ⟨phot⟩ *Abbildungsfehler* m, *Verzeichnung* f

abet [ə'bet] vt *unterstützen,* (jdm) *helfen* ‖ *anstiften, aufhetzen* ‖ *ermutigen, begünstigen* (*bes* aid and ~); [dat] *Vorschub leisten* **~ment** [~mənt] s *Beistand* m; *Begünstigung* f, *Vorschub* m ‖ *Anstiftung, Aufhetzung* f ‖ ⟨jur⟩ *Beihilfe* f **~tor** [~ə] s *Helfer, Anstifter, Helfershelfer* m

abeyance [ə'beiəns] s *Zustand* m *der Ungewißheit, Schwebe* f; in ~ *in der Sch., unentschieden,* (of lands) *herrenlos*

abhor [əb'hɔ:] vt *verabscheuen* **~rence** [–'hɔrəns] s *Abscheu* m (of *vor, gegen*); to hold in ~ *verabscheuen;* (flattery) is my ~ . . *ist mir widerlich, zuwider* **~rent** [–'hɔrənt] a *verhaßt* (to a p *jdm*) ‖ *zuwider(laufend)* (to) ‖ *unvereinbar* (from *mit*) **~rer** [–'hɔrə] s *Verächter, Feind* m ‖ ⟨hist⟩ *Spitzname der Royalisten* (1680)

abide [ə'baid] vi/t (abode/abode) ‖ *bleiben* ‖ *fortdauern* ‖ † *wohnen* ‖ to ~ by *ausharren bei,* (*e–r S*) *treu bleiben; festhalten an, sich halten an; bestehen auf; sich begnügen mit; sich abfinden mit* | vt † *erwarten, warten auf* ‖ [dat] *entgegentreten, Widerstand leisten* ‖ *ertragen, aushalten* (*mst in negat. Fragesätzen:* I cannot ~ that) **abiding** [~iŋ] a (~ly adv) *bleibend, dauernd* ‖ **~-place** *Wohnort* m

abigail [æbigeil] s ⟨urspr. bib⟩ *Zofe, Kammerjungfer* f

ability [ə'biliti] s *Fähigkeit* (for *für, zu*), *Geschicklichkeit* f (to do); to the best of one's ~ *nach besten Kräften* ‖ *Zahlungs–, Leistungsfähigkeit* f | ⟨tech⟩ ~ *to hold the cutting power Schneidfähigkeit* f; ~ *to resist crushing and shattering Standfestigkeit* f | –ties [pl] *geistige Anlagen* f pl

ab initio [æb i'niʃo] L v *Anfang an* ‖ ~ *trainer Anfänger–, Schulflugzeug* n

abiogenesis [ˌeibaiou'dʒenisis] s ⟨scient⟩ *Urzeugung* f

abject ['æbdʒekt] a (~ly adv) *verworfen, elend;* in ~ *misery in tiefstem Elend* ‖ *kriechend; gemein, verächtlich* **~ion** [æb'dʒekʃən], **~ness** [~nis] s *Elend* n ‖ *Verworfenheit, Verächtlichkeit, Niederträchtigkeit* f

abjudication [æb.dʒu:di'keiʃən] s ⟨jur⟩ *Aberkennung, Verwerfung* f

abjuration [ˌæbdʒuə'reiʃən] s *Abschwörung, Entsagung* f **abjure** [əb'dʒuə] vt *abschwören,* (*e–r S*) *entsagen; unter Eid geloben zu meiden* (the realm)

ablactation [ˌæblæk'teiʃən] s *Entwöhnung* (*e–s Säuglings*) f; *Abspänen* n (*e–s Ferkels*)

ablation [æ'bleiʃən] s ⟨surg⟩ *Amputation* f ‖ ⟨geol⟩ *Ablation* f

ablative ['æblətiv] ⟨gram⟩ 1. a *ablativisch,* ~ *case Ablativ* m 2. s *Ablativ* m

ablaze [ə'bleiz] adv & pred a *in Flammen, lodernd* ‖ ⟨fig⟩ *in Flammen, hell beleuchtet, glänzend* (with *v, vor*) ‖ *erregt* (with *vor*)

able ['eibl] a (ably adv) *fähig, imstande* (to do), ~ to pay *zahlungsfähig* ‖ *fähig, begabt* ‖ *tauglich, tüchtig, geschickt* ‖ ⟨mar⟩ (*Anrede*) ~ seaman! → **~-bodied** ‖ ⟨ Am el⟩ *kl Bordradargerät* **~-bodied** ['eibl'bɔdid] a *rüstig, stark, ganz gesund, voll tauglich* ‖ ~ seaman (abbr. A. B.) *Vollmatrose* m **-able,** suff *–bar, –sam:* eat~, *zu essen, eßbar* (tear~; lov~, sal~; *aber* pronounce~)

abloom [ə'blu:m] adv & pred a *in Blüte, blühend*

ablush [ə'blʌʃ] adv & pred a *errötend, rot*

ablution [ə'blu:ʃən] s *Waschung; Abwaschung* f; to perform one's ~s *sich waschen, s–e* (*rituellen*) *Waschungen verrichten* ⟨a hum *bes* mil⟩ ‖ ⟨chem⟩ *Auswaschen* f ‖ ⟨R. C.⟩ *Ablution* f

abnegate ['æbnigeit] vt *ab–, verleugnen* ‖ *sich versagen, aufgeben*

abnegation ['æbni'geiʃən] s *Ableugnung* f; *Verwerfung* f ‖ *Verzicht* m (of *auf*) ‖ (*a* self-~) *Selbstverleugnung* f

abnormal [æb'nɔ:məl] a (~ly adv) *ungewöhnlich, abnorm, anormal; regelwidrig;* ~ *psychology Psychopathologie* f **~ity** [æbnɔ:'mæliti] s *Unregelmäßigkeit, –gewöhnlichkeit; abnorme Eigentümlichkeit* f

abnormity [æb'nɔ:miti] s *Unregelmäßigkeit; Abnormität* f ‖ *Mißgestalt* f ‖ *Ungeheuerlichkeit* f

aboard [ə'bɔ:d] 1. adv *an Bord;* ⟨rail⟩ *im Zuge,* to get ~ *einsteigen;* to go ~ *sich einschiffen* ‖ *längsseits, nahe;* to fall ~ *ansegeln, anfahren* ‖ ⟨Am rail⟩ all ~! *bitte einsteigen, Türen schließen!* 2. prep *an Bord* (to go ~ a ship); ~ *ship an Bord*

abode [ə'boud] s *Aufenthalt, Wohnort* m, to make (*od* take up) one's ~ *sich niederlassen* ‖ *Wohnung* f

abode [ə'boud] pret v to abide

aboideau [a'bwɑ:dou] s ⟨Can⟩ *Flutschleuse* f, *–damm* m

abolish [ə'bɔliʃ] vt (*Brauch* etc) *abschaffen, aufheben* ‖ *vertilgen, vernichten* **~able** [~əbl] a *abschaffbar, aufhebbar* **~ment** [~mənt] s *Abschaffung* f ‖ *Aufhebung* f

abolition [æbo'liʃən] s *Abschaffung, Aufhebung* f ‖ ⟨bes Am⟩ *Abschaffung* f *der Sklaverei* **~ism** [~izm] s *Grundsätze* m pl *der Abolitionisten* **~ist** [~ist] s Abolitionist m, *Gegner* m *der Sklaverei*

abominable [ə'bɔminəbl] a (–bly adv) *abscheulich; scheußlich, widerwärtig* **~ness** [~nis] s *Abscheulichkeit* f

abominate [ə'bɔmineit] vt *verabscheuen*

abomination [ə.bɔmi'neiʃən] s *Verabscheuung* f, *Abscheu* m (of *a p gegen jdn*); to hold in ~ *verabscheuen* ‖ *Schändlichkeit, Gemeinheit* f ‖ *Gegenstand* m *des Abscheus, Abscheu* m (to a p *jdn*), *Greuel* m; *widerliches Ding* n, ⟨fam⟩ to be a p's pet ~ *jdm bes zuwider s,* he is my pet ~ °*ich kann ihn nicht r·iechen*

aboriginal [æbə'ridʒənəl] 1. a *ureingesessen, einheimisch, eingeboren; Ur-* 2. s [pl ~s] *Ureinwohner* m ⟨a übtr⟩

aborigines [æbə'ridʒini:z] s pl *Ureinwohner* m pl

abort [ə'bɔ:t] vi *zu früh gebären, fehlgebären* ‖ ⟨biol⟩ *verkümmern* ‖ ⟨aero sl⟩ *Bruch m;* v *Flugauftrag abweichen, Start, Flug abbrechen; unverrichteter S zurückkehren* **~ifacient** [ə'bɔ:ti'fæsiənt] a ⟨med⟩ *abtreibend* **~ion** [ə'bɔ:ʃən] s ⟨med⟩ *Fehl–, Frühgeburt* f ‖ *Abtreibung* f; to produce ~ *abtreiben;* epizootic *od* infectious ~ ⟨vet⟩ *seuchenhaftes Verwerfen* n, *Bangsche Krankheit* f; (il)legal ~ *gesetzl.* (un)*erlaubte*

Schwangerschaftsunterbrechung f; *theraputic* ∼ *Sch. aus medizinischer Indikation* ‖ ⟨fig⟩ *Verkümmerung* f, *Mißlingen* n ‖ ⟨biol⟩ *Verkümmerung* f ‖ *Mißgeburt* f **∼ive** [∼iv] a (∼ly adv) *zu früh geboren* ‖ † *abtreibend, abortierend* ‖ ⟨biol⟩ *zurückgeblieben, verkümmert* ‖ ⟨fig⟩ *fruchtlos, verfehlt*; *mißglückt* (attack); ⟨mil⟩ *abgebrochen* (mission *Auftrag*); to prove ∼ *mißlingen* **∼iveness** [∼ivnis] s *Fehlgebären* n ‖ ⟨fig⟩ *Mißlingen* n

aboulia [ə'baulia] s ⟨psych path⟩ *Abulie, Willenlosigkeit, –schwäche, –slähmung* f

abound [ə'baund] vi *im Überfluß dasein* ‖ *Überfluß h* (in *an*); *wimmeln* (with *v*) **∼ing** [∼iŋ] a *reichlich* (in *an*); *voll* (with *v*); ∼ in fish *fischreich*

about [ə'baut] **1.** adv (rings) *herum, umher, im Kreise*; *irgendwo umher, irgendwo hier*; *hier und da* ‖ all ∼ *überall* ‖ to be ∼ *auf den Beinen s* ‖ out and ∼ (wieder) *gesund u munter* ‖ to bring ∼ *zustande bringen*; → to come ‖ a long way ∼ *ein großer Umweg* ‖ ∼ turn! *ganze Abteilung* (engl *a rechtsum*) *kehrt*; → turn ‖ the wrong way ∼ *falsch herum*; to put the ship ∼ *das Schiff wenden* | (hier) *in der Nähe* | *im Begriff* (∼ to do); to know what one is ∼ *wissen, was man tut*; ⟨fam⟩ mind what you are ∼! *nehmt euch in acht!*; what are you ∼? *was macht ihr da? was habt ihr vor?* | *ungefähr, nahezu, fast*: ∼ my size, ∼ four o'clock; ∼ as disgraceful as you could *fast so geschmacklos wie du nur k·onntest*; ⟨fam⟩ ∼ right *nicht unrichtig* ‖ ⟨fam⟩ ∼ the size of it *°so in der Preislage* (= *so ungefähr*) **2.** prep *um .. herum*; in *.. umher* (we walked ∼ the town); he is ∼ the house *er ist irgendwo im Hause*; in der Nähe v (somewhere ∼ the theatre) ‖ to go the wrong way ∼ a th *bei e–r S falsch zu Werke gehen*; look ∼ you! *paß auf!* | *um, gegen*: ∼ eight o'clock *gegen acht Uhr*; ∼ midnight, ∼ Easter; ring me up ∼ 6 o'clock .. *so um 6°*, → at | *um .. herum* (∼ [the year] 1914, ∼ Christmas) | *bei*: I have no money ∼ me *ich habe kein Geld bei mir* | *über, betreffend, in bezug auf* (she is very particular ∼ her dress, ∼ financial affairs, ∼ her health) ‖ *über* (dispersed ∼ the country) ‖ *wegen, um* ‖ go ∼ your own business *kümmern Sie sich um Ihre ·eigenen Angelegenheiten*; to send a p ∼ his business *jdm heimleuchten*; be quick ∼ it! *mach' schnell damit!* ‖ *an* (there is nothing particular ∼ him, ∼ that book) | *um* (great trouble ∼ a p); *in* (s.th ∼ his voice); *gegen* (∼ 50 years old), (∼ a hundred persons); he lost ∼ £ 100 .. *an die 100 £* **3.** ∼-face *völliger Umschwung m, völl. Abkehr* f ‖ to ∼-face [vi] *völlig anders w, sich um 180° verändern*

above [ə'bʌv] **1.** adv *oben* ‖ *darüber* ‖ the [a] terms *die obigen Ausdrücke*; as was remarked ∼ *wie oben (früher) bemerkt wurde* ‖ the powers ∼ *die himmlischen Mächte* ‖ over and ∼ *obendrein* **2.** prep *über* (∼ sea-level, zero, the average; a duke ranks ∼ an earl) ‖ *mehr als*: ∼ 20 minutes; he lost ∼ £ 100; ∼ a mile *distant* ‖ *höher als* ‖ ⟨fig⟩ *erhaben über*, ∼ praise *über alles Lob erhaben*; he is ∼ it *er ist darüber erhaben* ‖ *doing zu stolz zu tun* ‖ to be ∼ a p *jdm überlegen s*; it is ∼ me *es ist mir zu hoch, geht über m–n Verstand*; to be, get ∼ o.s. *überheblich s, w* ‖ ∼ all, ∼ all things *vor allem* ‖ ∼ par ⟨com⟩ *über pari* | **∼-board** [adv & pred a] *offen*; *ehrlich*; open and ∼-b. *offen u ehrlich* ‖ ∼-mentioned, ∼-named [a] *oben (vorher) erwähnt, genannt* ‖ ∼-stairs [adv] *bei den Herrschaften* **3.** s the ∼ *das Obige, obiges* n **4.** a *obig* (the ∼ statements)

abrade [ə'breid] vt *abschaben, –reiben*; *durch Abreiben vermindern* ‖ ⟨tech⟩ *abdrehen, –schleifen* ‖ ⟨fig⟩ *untergraben, schädigen* **abrasion**

[ə'breiʒən] s *Abschaben, –reiben* n ‖ *Abnutzung* f ‖ ⟨med⟩ *Hautabschälung, –(ab)schürfung* f; ∼s [pl] *Schrammen* pl ‖ ∼ mark *Scheuerspur* ı **∼proof** a ⟨tech⟩ *abreibfest*

abrasive [ə'breisiv] **1.** s *Schleifmittel, –material* n **2.** a *schmirgelbar* ‖ *Schmirgel–* ‖ ∼-coated cloth *Schleif–, Schmirgelleinen*; ∼ diamond *Abdreh–, Arbeitsdiamant* m; ∼ paper *Schmirgelpapier* n

abreact [æbri'ækt] vt (etw) *abreagieren* **∼ion** [∼kʃən] s ⟨psych⟩ *Abreaktion* f

abreast [ə'brest] adv *Seite an Seite, nebeneinander* (four ∼); driving ∼ *Neben–e–a–fahren* n ‖ ∼ of *gegenüber*; *auf der (gleichen) Höhe von* ‖ ⟨fig⟩ to keep ∼ of *od* with *sich auf der Höhe halten von, Schritt halten mit*

abridge [ə'bridʒ] vt *ab–, verkürzen* ‖ *zusziehen, –fassen* ‖ ⟨fig⟩ *beschränken, schmälern* ‖ *jdn berauben* (of) **∼ment, –dgment** [∼mənt] s *Abkürzung* f ‖ *Beschränkung* f ‖ *Auszug, Abriß* m

abroach [ə'broutʃ] adv & pred a (of a cask) *angezapft, angestochen*

abroad [ə'brɔːd] adv & pred a *weithin*; *weit umher* ‖ *draußen, außer dem Hause, im Freien* ‖ *im* or *ins Ausland* (to go, live ∼) ‖ all ∼ ⟨fig⟩ *verwirrt*; *im Irrtum* ‖ to get ∼ *ruchbar werden*; to scatter ∼, to spread ∼ *verbreiten, aussprengen*; there is a rumour ∼ *es geht das Gerücht* (um) ‖ to walk ∼ *ausgehen*; (of a ghost) *umgehen* ⟨a fig⟩

abrogate ['æbrogeit] vt *aufheben, abschaffen* ‖ *stören(d beeinflussen), unterbrechen, hindern, beeinträchtigen* **–ation** [æbro'geiʃən] s *Aufhebung, Abschaffung* f

abrupt [ə'brʌpt] a (∼ly adv) *abgebrochen*; *steil, jäh* ‖ *unerwartet, jäh, hastig, plötzlich* ‖ *abgerissen, –gebrochen, unzus–hängend* ‖ *schroff, kurz* **∼ion** [ə'brʌpʃən] s *Abbrechung* f ‖ ⟨fig⟩ † *plötzl. Abbrechen* n **∼ness** [∼nis] s *Steilheit* f ‖ *Plötzlichkeit, Eile* f ‖ *Abgerissenheit, Abgebrochenheit, Zus–hanglosigkeit* f ‖ *Rauheit, Schroffheit* f

abscess ['æbses] s [pl ∼es] ⟨med⟩ *Abszeß* m, *Geschwür* n

abscind [æb'sind] vt *abschneiden* **absciss(e)** ['æbsis] (pl –es [–iz]), **abscissa** L [æb'sisə] (pl –ae [–iː], –as [–əz]) s ⟨math⟩ *Abszisse, X-Achse, X-Koordinate* f **abscission** [æb'siʃən] s *gewaltsame Trennung* f ‖ ⟨surg⟩ *Abschneiden* n

abscond [əb'skɔnd] vi *sich verbergen* ‖ *sich heimlich davonmachen*, °*durchbrennen*; *sich drükken, flüchtig w* **∼er** [∼ə] s *Flüchtling* m; °*Durchbrenner, Drückeberger* m

absence ['æbsns] s *Abwesenheit* f (in the ∼ of a p *in jds A.*) ‖ *Nichtvorhandensein*; *–erscheinen* (from *in, zu*), *Fernbleiben* n (from *v*); ∼ over leave (AOL) ⟨mil⟩ *Urlaubsüberschreitung* f; ∼ without leave ⟨jur⟩ *unerlaubtes Ausbleiben* n, → AWOL; to call ∼ (Eton) *die Anwesenden feststellen*; on leave of ∼ *auf Urlaub* ‖ *Mangel* m (of *an*); ∼ of *beim Fehlen* or *in Ermangelung v*; ∼ of mind *Unachtsamkeit, Zerstreutheit* f; ∼ of current ⟨el⟩ *Stromlosigkeit* f

absent ['æbsnt] a *abwesend*; *nicht erschienen* ‖ *fehlend* **∼-minded** ['–'–, attr '––, pred –'–] a (–ly [a absently] adv) *zerstreut, geistesabwesend*

absent [æb'sent] v refl: to ∼ o.s. *sich entfernen* ‖ *fernbleiben* (from a th *e–r S*) **∼ee** [æbsn'tiː] **1.** s *Abwesende(r), nicht zu Hause Lebende(r m)* f ‖ *abwesender Schüler* etc; *nicht auf s–m Gut lebender Gutsherr* ‖ ∼ ballot *Stimmschein* m (f Briefwahl = ∼ voting); ∼ list *Absenzenliste* f **∼eeism** [æbsn'tiːizm] s *dauernde Abwesenheit* f ‖ *Absentismus* m (*das Wohnen im Auslande*); (mutwillige) *Arbeitsversäumnis*; *unbegründetes „Feiern", °„Blaumachen"* n (*unentschuldigtes Fernbleiben v der Arbeit*)

absinth(e) [ˈæbsinθ] s *Wermut (-Geist)* m ‖ *Absinth* m

abso-bally-lutely, abso-bloody-lutely [ˌæbsə-ˈblʌdiˈluːtli] adv ⟨vulg⟩ (= absolutely) *todsicher*

absolute [ˈæbsəluːt] a (–ly [ˈæbsəluːtli, ⟨emph⟩ ˈæbsəˈluːtli] adv) *vollendet; vollkommen; vollständig* ‖ ⟨chem⟩ *rein, absolut* ‖ ⟨mus⟩ *absolut* ‖ *absolut, unumschränkt* (to be ~ *unumschränkt herrschen*); *eigenmächtig, unabhängig* ‖ *wirklich, tatsächlich* ‖ *unbedingt, uneingeschränkt* ‖ ⟨philos⟩ *an und für sich bestehend; an sich [nachgestellt]* ‖ ⟨aero⟩ (*Höhe*) *über dem Boden* ~**ly**! ⟨Am fam⟩ *Aber ja!* ‖ ~ dry ⟨tech⟩ *atro* ‖ for ~ *nothing f nichts und wieder nichts* ‖ ~ *constant dimensions Maßhaltigkeit* f ~**ness** [~nis] s *das Absolute* n

absolution [ˌæbsəˈluːʃən] s ⟨ec⟩ *Absolution* f

absolutism [ˈæbsəluːtizm] s *Absolutismus* m, *unbeschränkte Regierungsform* f

absolve [əbˈzɔlv] vt *los–, freisprechen* (from *v*) ‖ ⟨ec⟩ (*jdm*) *Absolution erteilen*

absorb [əbˈsɔːb] vt *absorbieren, aufsaugen* ‖ ⟨chem⟩ (*Säure*) *neutralisieren* ‖ *verschlingen* ‖ ⟨fig⟩ (*jdn*) *in Anspruch nehmen; aufnehmen, beschäftigen, fesseln; sich aneignen, sich einverleiben;* ~ed in in *Anspruch genommen, gefesselt v;* ~ed in thought *in Gedanken vertieft* or *versunken* ~**ent** [~ənt] 1. a *auf–, einsaugend, saugfähig;* ~ paper *Saug(post)papier* n 2. s ⟨med⟩ *absorbierendes Mittel* n ‖ ⟨chem⟩ *aufsaugender Stoff* m ~**ing** [~iŋ] a ⟨fig⟩ *fesselnd, interessant*

absorption [əbˈsɔːpʃən] s *Absorption, Auf–, Einsaugung* f ‖ ~ of water *Wasseraufnahme* f ‖ ⟨chem⟩ *Bindung* f (*v Gas in Wasser*) ‖ ⟨el⟩ *Aufnahme* f; [attr] *Absorptions–* (modulation, wavemeter), ~ circuit ⟨telv⟩ *Saugkreis* m, ~ dynamometer *Bremsdynamometer* m ‖ ⟨fig⟩ *Versunkensein* n –**tive** [–ptiv] a´ *saug–, aufnahme–, absorptionsfähig;* ~ capacity *Saugfähigkeit* f, → absorbing

abstain [əbsˈtein] vi *sich enthalten* (from a th *e–r S*); *abstinent leben* ~**er** [~ə] s *Abstinenzler* m; (total ~) *Temperenzler* m

abstemious [æbsˈtiːmiəs] a (–ly adv) *mäßig, enthaltsam* ~**ness** [~nis] s *Mäßigkeit, Enthaltsamkeit* f

abstention [æbsˈtenʃən] s *Enthaltung* f (from *v*)

abstergent [əbsˈtɜːdʒənt], –**tersive** [əbsˈtɜːsiv] 1. a *reinigend, abführend* 2. s *Reinigungsmittel* n –**tersion** [əbsˈtɜːʃən] s *Reinigung* f

abstinence [ˈæbstinəns] s *Enthaltung, Enthaltsamkeit* f (from *v*) –**tinent** [ˈæbstinənt] a (–ly adv) *enthaltsam, mäßig*

abstract [ˈæbstrækt] 1. a (–ly adv) *abstrakt* ⟨a arts⟩ ‖ *theoretisch* ‖ *dunkel, schwerverständlich;* the ~ *das Abstrakte* n, in the ~ *an u für sich, theoretisch betrachtet; im abstrakten Sinn, an sich [nachgestellt]* 2. s *Abriß, Auszug* m; ~ of title ⟨jur⟩ *Auszug* m *aus den (Besitztitel-)Urkunden; Grundbuchauszug* m ‖ ⟨gram⟩ *Abstraktum* n

abstract [æbsˈtrækt] vt *abziehen* ‖ (*Aufmerksamkeit*) *ablenken* (from) ‖ *entwenden, stehlen* ‖ *für sich, abgesondert betrachten; abstrahieren* ‖ ⟨chem⟩ *destillieren* ~**ed** [~id] a *abgezogen, –gesondert* ‖ ⟨fig⟩ *zerstreut, unaufmerksam* ~**edly** [~idli] adv *getrennt* (from *v*), *zerstreut* ~**edness** [~idnis] s *Zerstreutheit* f ~**ion,** [æbsˈtrækʃən] s *Abziehung* f ‖ *Abstraktion* f ‖ *bloß Gedachtes* n ‖ *Entwendung, Wegnahme* f ‖ ⟨arts⟩ *abstraktes Kunstwerk* n ‖ ⟨fig⟩ *Zerstreutheit* f ‖ ⟨chem⟩ *Absonderung* f ~**ionism** [~izm] s *abstrakte Kunst(richtung)* f ~**ionist** [~ist] s *abstrakter Künstler* m ~**ness** [ˈæbstræktnis] s *die Abstraktheit* f, *das Abstrakte* n

abstruse [æbsˈtruːs] s (–ly adv) *dunkel, verborgen, schwer verständlich, abstrus* ~**ness** [~nis] s *Dunkelheit, Unklarheit* f

absurd [əbˈsɔːd] a (–ly adv) *absurd, ungereimt,*

---

widersinnig, sinnwidrig ‖ *albern* ~**ity** [~iti], ~**ness** [~nis] s *Absurdität* f ‖ *Albernheit* f

abundance [əˈbʌndəns] s *Überfluß* m; *Fülle, Menge* f (of *an*) –**ant** [əˈbʌndənt] a (–ly adv) *reichlich, reich* (in *an*)

abuse [əˈbjuːs] s *Mißbrauch* m (crying ~ *grober M.*); ~ of the pulpit *Kanzelmißbrauch* ‖ to take ~ ⟨weav⟩ *strapazierfähig s* ‖ *Mißstand, Übergriff* m ‖ *Beschimpfung, Mißachtung* f ‖ *Schimpfworte; Beleidigungen* pl ‖ *Schändung* f

abuse [əˈbjuːz] vt (*Stellung*) *mißbrauchen* ‖ *beschimpfen, schmähen, heruntermachen* ‖ *mißhandeln; schänden* ‖ (*Hoffnung*) *täuschen;* (*Geheimnis*) *verraten*

abusive [əˈbjuːsiv] a (–ly adv) *mißbräuchlich* ‖ *schmähend, Schimpf-,* ~ language *Schimpfworte* n pl ~**ness** [~nis] s *das Schmähende, Beleidigende* n, *die grobe Beleidigung* f

abut [əˈbʌt] vi *anstoßen, angrenzen, auslaufen* (upon *an, auf*) | vt (*Holz*) *bestoßen* ~**ment** [~mənt] *Angrenzen* n (upon *an*) ‖ ⟨arch⟩ *Stützpfeiler, Kämpfer* m; *Widerlager* n; *Balkenkopf* m; ~ system *Strebesystem* n ~**ter** [~ə] s *angrenzender Besitzer, Anlieger* m (*e-s Grundstückes* etc)

abysm [əˈbizm] ⟨poet⟩ = abyss ~**al** [~əl] a *abgrundartig, Abgrund–* ‖ ⟨fig⟩ *unergründlich* ~**ally** [~əli] adv ⟨fig⟩ *abgrundartig, höchst*

abyss [əˈbis] s ⟨a fig⟩ *Abgrund, Schlund* m ~**al** [~əl] a *tief, Tief–;* ~ sea *Tiefsee* f

Abyssinian [ˌæbiˈsinjən] 1. a *abessinisch;* ~ gold *Aluminiumbronze* f 2. s *Abessinier(in* f) m

acacia [əˈkeiʃə] s ⟨bot⟩ *Akazie* f ‖ ⟨engl⟩ *Robinie, falsche Akazie* f ‖ Umbrella ♁ *Persische A.* ‖ ~ gum *Arab·in, Akaz·in, Gummi-Senegal* m

academic [ˌækəˈdemik] 1. a (–ally adv *oft: theoretisch*) *akademisch* ‖ *gelehrt, wissenschaftlich* ‖ *theoretisch, pedantisch* ‖ *unpraktisch, nutzlos* (~ discussion) ‖ ⟨Am univ⟩ *philosophisch* (department *Fakultät*) 2. [s pl] ~s *theoretische Erörterungen* f pl ~**al** [~əl] 1. a (–ly adv) *akademisch* (~ year); *Universitäts–* (~ life); *Hochschul–* 2. [s pl] ~s *akademische Tracht* f ~**ian** [əˌkædəˈmiʃən] s *Mitglied* n *e–r Akademie*

academy [əˈkædəmi] s *Akademie, Hochschule* f ‖ *gelehrte, literarische Gesellschaft* f (the ♁ = the Royal ♁ of Arts) ‖ ⟨Am & Scot⟩ *höheres Privatinternat f Knaben* (*oft mit militärischer Disziplin*); *Truppenschule* f

acajou [ˈækəʒu] s ⟨bot⟩ *Nierenbaum* m ‖ *Mahagoniholz* n

acanthus [əˈkænθəs] s L ⟨bot⟩ *Bärenklau* m ‖ ⟨arch⟩ *Akanthus* m

acarid [ˈækərid] s ⟨ent⟩ *Milbe* f

acatalectic [æˌkætəˈlektik] a ⟨pros⟩ *akatalektisch, vollzählig* (~ verse)

acatalepsy [əˈkætəlepsi] s ⟨philos⟩ *Unbegreiflichkeit* f

accede [ækˈsiːd] vi *einwilligen* (to *in*), *beistimmen, nachkommen* (to a th *e-r S*); *beitreten* (to a party *e-r Partei*) ‖ *antreten* (to an office *ein Amt*); to ~ the throne *den Thron besteigen*

accelerate [ækˈseləreit] vt/i ‖ *beschleunigen; Geschwindigkeit e–s Zuges etc b.* (to ~ a train) ‖ *in Gang bringen* ‖ *fördern* ‖ ~d course *Schnellkurs* m; ~d child ⟨Am⟩ *überdurchschnittlich begabtes Kind;* –ting well ⟨aero⟩ *Beschleunigungsausgleich* m | vi *schneller w; die Geschwindigkeit erhöhen* ‖ ⟨mot⟩ *Gas geben* –**ation** [ækˌseləˈreiʃən] s *Beschleunigung* f, *Anzug* m; ~ from rest of dead stop *Anfahrbeschleunigung* f; ~ clause ⟨jur⟩ *Fälligkeitsklausel* f –**ative** [ækˈselərətiv] a *beschleunigend* –**ator** [ækˈseləreitə] s ⟨anat⟩ *Treibmuskel* m ‖ ⟨mot⟩ *Handgashebel* m, *Gaspedal* n ‖ *Geschwindigkeitsregler* m; to release the ~ *Gas wegnehmen*

accent 1. [ˈæksənt] s *Akz·ent* m; *Ton* m;

Betonung f; to put the ~ on *den Ton legen auf* ‖ *(fremdländische) Aussprache* f, *Akzent* m; *Tonfall* m ‖ *Tonzeichen* n, *Akzent* m ‖ ⟨mus⟩ *Betonungsart* f ‖ ~s [pl] *Verse* pl; *Töne* pl; *Sprache, Rede* f **2.** [æk'sent] vt *mit e–m Akzent versehen* ‖ ⟨fig⟩ *betonen* **~ual** [æk'sentjuəl] a *akzentuierend* **~uate** [æk'sentjueit] vt *betonen*; ⟨fig⟩ *hervorheben* **~uation** [æk,sentju'eiʃən] s *Betonung* f ⟨a fig⟩

accept [ək'sept] vt/i ‖ *an–, entgegennehmen* ‖ *gelten l; hinnehmen* (as *als*) ‖ *auf sich nehmen* ‖ ⟨com⟩ *akzeptieren* ‖ ~ed *landläufig* (~ed *truths, notions*), *üblich* (~ed *sense of a word*) ‖ vi: to ~ of *an–, hinnehmen* **~ability** [æk,septə'biliti] s *Annehmbarkeit; Annehmlichkeit* f **~able** [~əbl] a (–ably adv) *annehmbar* (to *für*) ‖ *angenehm, willkommen* **~ableness** [~əblnis] s = *acceptability* **~ance** [~əns] *Annahme* f ‖ *günstige Aufnahme* f; ~ of life *Lebensbejahung* f ‖ *Genehmigung; Billigung* f ‖ ⟨com⟩ *Akzept*; ~ for honour *Ehrenakzept* n ‖ ⟨tech⟩ *Abnahme* f; ~ centre *An–, Abnahmestelle* f; ~ flight ⟨aero⟩ *Abnahmeflug* m **~ation** [,æksep'teiʃən] s *günstige Aufnahme* f ‖ *anerkannte Bedeutung* (*e–s Wortes*) f, *allgemeiner Sinn* m **~er** [~ə] a *Annehmer* m **~or** [~ə] ⟨com⟩ *Akzeptant* m

access ['ækses] s *Zutritt, Zugang* m (to *z*); ⟨bes mot⟩ *Auf–, Zufahrt* f; ⟨arch⟩ *Vorplatz* m ‖ a man easy of (difficult of) ~ *ein zugänglicher* (*schwer zugänglicher*) *Mann* m ‖ *Audienz* f (to *bei*) ‖ ⟨med⟩ *Anfall* m ‖ [in comp] *Einstieg-*: ~-*hatsch* ⟨areo⟩ *Einstiegluke* f

accessary [æk'sesəri] **1.** s *Helfershelfer, Mitschuldiger* m (to *an*) ‖ *Neben–, Begleitumstand* m ‖ ~ after the fact *Hehler(in* f) m; ~ before the fact *Anstifter(in* f) m **2.** pred a: *teilhabend, mitschuldig* (to *an*) **–sibility** [æk,sesi'biliti] s *Zugänglichkeit* f (to *f*) ‖ ⟨fig⟩ *Leutseligkeit* f **–ssible** [æk'sesəbl] a *zugänglich* (to *f*) ‖ *erreichbar; ersteigbar*

accession [æk'seʃən] **1.** s *Annäherung* f; *Bei–, Eintritt* m (to a party *in eine Partei* etc) ‖ *Gelangen* n (to *z*), *Antritt* m (to a th *e–r S*), ~ to the throne *Thronbesteigung* f ‖ *Zunahme, Vergrößerung* f (to knowledge *des Wissens*) ‖ *Bereicherung* f, *Gewinn* m (to *f*) ‖ ⟨jur⟩ *Akkresz'enz* f, *Zuwachs* m; ~s [pl] *Neuerwerbungen, –anschaffungen* f pl **2.** vt ⟨Am⟩ (*Neuer–*) *eintragen*

accessory [æk'sesəri] **1.** a *hinzukommend; Extra–; Ersatz–; beiläufig, Begleit–; nebensächlich, Neben–, Bei–; untergeordnet* **2.** s = *accessary* ‖ –ries [pl] *Zubehör* n, *Staffage* f ‖ *Beiwerk* n; *Begleiterscheinungen* f pl ‖ *Nebenapparat* m ‖ ~ shaft ⟨mot⟩ *Antriebwelle* f *für Zündung* etc ‖ ⟨phot⟩ ~ shoe *Aufsteck–, Sucherschuh* m

accidence ['æksidəns] s ⟨gram⟩ *Formenlehre, Flexion(slehre* f) f ‖ ⟨fig⟩ *Anfangsgründe* m pl

accident ['æksidənt] s *Zufall* m (it is ~ that); by ~ *zufällig(erweise)* ‖ *unwesentliche, zufällige Eigenschaft* f, *Nebensache* f ‖ *auffällige Zufallserscheinung* f ‖ *Unfall* (in an ~ *bei e–m U.*), *Unglücksfall* m; *Verletzung* f (to one's hand *an der Hand*); ⟨tech fam⟩ *Panne* f ‖ ~s will happen in the best-regulated families *das* (or *so was*) *kommt in den besten F. vor* ‖ ~ insurance *Unfallversicherung* f ‖ ~ preventer *Schutzvorrichtung* f ‖ ~-proof *unfallsicher* **~al** [,æksi'dentl] **1.** a *zufällig, Zufalls–* ‖ *unwesentlich, nebensächlich* ‖ ~ breakdown *Störungsfall* m ‖ ~ point *Einfallspunkt* m; ~ death *Tod* m *durch Unfall* **2.** s *Unwesentliches* n; *Nebensache* f ‖ ⟨mus⟩ *Versetzungszeichen* n **~ally** [,æksi'dentəli] adv *zufällig; unbeabsichtigt* **~alness** [,æksi'dentlnis] s *Zufälligkeit* f

accipitral [æk'sipitrəl] a *raubvogelartig, Raubvogel–*

acclaim [ə'kleim] **1.** vt/i ‖ *freudig begrüßen*;

(*jdm*) *zujauchzen*, to ~ a p king *jdn z K. ausrufen* ‖ vi *Beifall zurufen* **2.** s ⟨poet⟩ = *acclamation* → **acclamation** [,æklə'meiʃən] s *jauchzender Beifall* (with ~ *unter B.*), *Zuruf* m, by ~ *durch Zuruf* **–atory** [ə'klæmətəri] a *zujauchzend; Beifalls–*

acclimatization [ə,klaimətai'zeiʃən] s *Akklimatisation, Eingewöhnung* f **–ize** [ə'klaimətaiz] vt/i ‖ *akklimatisieren, eingewöhnen* (to ~ o.s. *sich ..*) ‖ vi *sich akklimatisieren, sich gewöhnen* (to *an*)

acclivity [ə'kliviti] s *steil aufsteigende Anhöhe* f, *steile Steigung* f ‖ *Böschung* f (*e–s Walles*); *Rampe* f

accolade [,æko'leid] s *feierliche Handlung* f (*Umarmung, Kuß, Schlag mit dem Schwert*) *bei der Verleihung der Ritterwürde* ‖ *Ritterwürde* f ‖ ⟨mod⟩ *Anerkennung* f, *Lob* n ‖ ⟨mus⟩ *Klammer* f (})

accommodate [ə'kɔmədeit] vt *anpassen* (to a th *e–r S*) ‖ *beherbergen, unterbringen, einquartieren*; to be well ~d *bequem wohnen*; *gut untergebracht s* ‖ (*Streit*) *schlichten* ‖ *versehen, versorgen* (with *mit*) ‖ (*jdm*) *aushelfen* (with *mit*); (*jdm*) *e–e Gefälligkeit erweisen* **–ating** [–tiŋ] a (~ly adv) *gefällig, entgegenkommend* ‖ ~ connection ⟨telph⟩ *Anpassungsschaltung* f **–ation** [ə,kɔmə'deiʃən] s *Anpassung* f (to *an*) ‖ *Beilegung, Schlichtung* f (*e–s Streites*) ‖ *Gefälligkeit* f (~-bill, ~-paper –*sakzept* n; *Reitwechsel* m); *Aushilfe* f; *Darlehn* n; building ~ for workers' families *Arbeiterwohnungsbau* m ‖ ~s [pl] *Liegenschaften* f pl ‖ *Bequemlichkeit; Räumlichkeit* f, *Platz* m; ~ unit ⟨off⟩ *Wohnung* f; ⟨aero tech⟩ ~s [pl] *Fahrwerkaussparungen* f pl; seating ~ *Sitzgelegenheit* f ‖ *Versorgung* f; *Unterbringung* f, –*kunft* f; *Räumlichkeit(en* pl) f; [attr] *Wohnungs–* (~ registry *–nachweis*); → ladder ‖ ⟨Am⟩ ~ train *Personenzug* m ‖ to find every ~ *sehr bequem unterkommen*

accompaniment [ə'kʌmpənimənt] s *Begleiterscheinung* f ‖ ⟨übtr & mus⟩ *Begleitung* f (to *z*) **–anist** [ə'kʌmpənist] s ⟨mus⟩ *Begleiter(in* f) m **–any** [ə'kʌmpəni] vt ⟨a *u. mus*⟩ *begleiten*; *sich dazugesellen*; to be –nied with ⟨fig⟩ *begleitet s v, verbunden s mit* ‖,~ing text *Begleittext* m

accomplice [ə'kɔmplis] s *Mitschuldige(r* m) f (in *an*)

accomplish [ə'kɔmpliʃ] vt *vollenden, durch–, ausführen, zustande bringen; ausbilden* ‖ *erreichen* ‖ *erfüllen* **~able** [~əbl] a *ausführbar, vollendbar* **~ed** [~t] a *vollendet, vorzüglich* ⟨fig⟩ (*fein)gebildet* ‖ ⟨fig⟩ *Erz–* (~ed liar) **~ment** [~mənt] s *Vollendung, Ausführung* f ‖ *Erfüllung* f ‖ *Vollkommenheit* f ‖ ~s [pl] *vielseitige Ausbildung* f, *Fertigkeiten, Kenntnisse* f pl; *Talente* n pl; she has many ~s *sie ist sehr talentvoll, vielseitig gebildet*

accord [ə'kɔ:d] **1.** vt/i ‖ *gewähren* (a p a th *od* a th to a p *jdm etw*) ‖ vi *übereinstimmen, harmonieren* (with *mit*) **2.** s *Übereinstimmung* f ‖ *Eintracht* f; *Einklang* m (in ~ *with in Einklang mit*) ‖*freier Wille* m; of one's own ~ *von selbst, aus eigenem Antriebe* ‖ with one ~ *einstimmig, einmütig* ‖ ⟨jur⟩ *Vergleich* m (*mit einem Gläubiger*), → *composition*; ~ and satisfaction *vergleichsweise Erfüllung* f (*e–r schuldrechtlichen Verpflichtung*) **~able** [~əbl] a *vereinbar* (with) **~ance** [~əns] s *Übereinstimmung* f; to be in ~ *übereinstimmen* (with); in ~ with *gemäß; nach* (in ~ with ancient use); → *according* to **~ant** [~ənt] a *übereinstimmend, im Einklang* (with *mit*); *entsprechend* (with a th *e–r S*) **~ing** [~iŋ] adv ~ as .. so (or) *je nachdem wie .. so* (oder) ‖ ~ to *gemäß, laut; nach*; ~ to Cocker *nach Adam Riese* ‖ ~ to reason *der V. gemäß, vernunftgemäß*; ~ to circumstances *je nach den Umstän-*

den, je nach dem Stand der Dinge, ~ *to the law* ~ *v Rechts wegen; nach:* ~ *to his statement;* ~ *to the letter dem Buchstaben nach* || ⟨fam⟩ *that's* ~ *(das or es) kommt drauf an* ~**ingly** [-li] *adv demgemäß, danach* || *folglich, also*

accordion [ə'kɔ:diən] *s* ⟨mus⟩ *Ziehharmonika* f, *Akkordeon* n || ~ *effect Aus–e–a– u Zus–ziehen* n (*e-r Fahrzeugkolonne*)

accost [ə'kɔst] **1.** *vt* † *sich (jdm) nähern, herantreten an* || *ansprechen, anreden* **2.** *s Anrede* f, *Gruß* m

accouchement [ə'ku:'ʃmã:ŋ] *s Fr* ⟨med⟩ *Entbindung* f **–cheur** [æku:'ʃə:] *s Geburtshelfer* m **–cheuse** [-'ə:z] *s Hebamme* f

account [ə'kaunt] *s Berechnung* f || *Rechnungsauszug* m, *Rechnung* f (*Ggs* invoice) || *Abrechnung* f, *buchmäßiger Nachweis* m || *Rechnung, Note* f; ⟨com⟩ *Konto* n, bank–~ *Bankkonto* n || ⟨st exch⟩ *Liquidationstermin* m | *Rechenschaft* | *Verantwortung* f | *Grund* m, *Ursache* f | *Schätzung* f; *Wert* m || *Berücksichtigung* f; *Wichtigkeit, Bedeutung, Geltung* f | *Nutzen, Gewinn, Vorteil* m | *Erzählung, Darstellung* f; *Bericht* m | *Liste* f, *Verzeichnis* n | *by all* ~s *wie man hört* || *from the latest* ~s *nach den neuesten Berichten* || *in* ~ *with* ⟨com⟩ *in Rechnung mit* || *of no* ~ *ohne Bedeutung* || *on* ~ ⟨com⟩ *auf Abschlag, a conto*; *payment on* ~ *Abschlagszahlung* f || *on* ~ *of the cold wegen, in Anbetracht der Kälte* || *one could not see on* ~ *of the fog vor lauter Nebel ..* || *on my* ~ *um meinetwillen, meinetwegen* || *on one's own* ~ *aus eigener Kraft, aus sich; für eigene Rechnung, für sich* || *on no* ~ *auf k-n Fall* || *on* ~ *of wegen; on that* ~ *deswegen, darum* | *to call to* ~ *zur Rechenschaft ziehen* || ⟨com⟩ *to carry to a new* ~ *auf neue Rechnung übertragen* || *to debit od place s.th to a p's* ~ *jdm etw in Rechnung stellen, jdn belasten mit etw* || *to give an* ~ *Bericht erstatten* (of *über*); *Rechenschaft ablegen* (of o.s. *über sein Verhalten*) || *to give a good* ~ *of o.s. sich hervortun, sich bewähren* || *to keep* ~s *Buch or Bücher führen, buchhalten* || *to leave out of* ~ *außer Betracht l* || *to make no* ~ *of nicht beachten* || ⟨com⟩ *to make out a p's* ~ *jds (jdm die) Rechnung ausstellen* || ⟨com⟩ *to open an* ~ *ein Konto eröffnen* || ⟨com⟩ *to overdraw one's* ~ *sein K. überziehen* || *per (od to)* ~ *rendered laut eingeschickter · Rechnung* || ⟨com⟩ *to settle an* ~ *eine Rechnung bezahlen* || *to settle* ~s *with* ⟨fig⟩ *abrechnen mit* || *to take into* ~ *anrechnen, in Betracht ziehen* || *to turn to (good)* ~ *(gut) ausnützen* || ⟨Am com bal⟩ *trade* ~s *payable Warenschulden* f pl, *other* ~s *payable sonstige Verbindlichkeiten* f pl, *trade* ~s *receivable Warenforderungen* f pl | ~**-book** ⟨com⟩ *Kontobuch* n || ~**-current** ⟨com⟩ *Kontokorrent* n || ~**-day** ⟨st exch⟩ *letzter Liquidationstag* m || ~ *duty Nachlaßsteuer* f

account [ə'kaunt] *vt/i* || *ansehen als, halten für*; I ~ *him proud ich halte ihn für stolz, him (to be) a hero für e–n Helden; to* ~ *o.s. happy sich glücklich schätzen; to be* ~*ed a poet für e–n Dichter gehalten w* | *vi Rechnung ablegen; abrechnen* | *to* ~ *for Rechenschaft ablegen über; buchmäßig nachweisen, erklären, genügenden Grund angeben für; that* ~s *for it! das erklärt die S!; there is no* ~*ing for tastes über den Geschmack läßt sich nicht streiten;* ⟨sport⟩ *(jdn) erledigen* ~**ability** [ə,kauntə'biliti] *s Verantwortlichkeit* f (*to a p jdm gegenüber, for a th für etw*) ~**able** [ə'kauntəbl] *a verantwortlich, haftbar* (*to a p, jdm, for a th*); *nachweispflichtig* (document); ~ *stores Gebrauchsgüter* n pl, *Inventar* n || *erklärlich* ~**ancy** [~ənsi] *s Rechnungswesen* n, *Buchführung* f || *Beruf, Stellung e–s* → ~**ant** [~ənt] *s Rechnungsführer; Bücherrevisor* m (certificated, ⟨Am⟩ *certified public* ~ *öffentl.*

Diplom-B., Wirtschaftsprüfer m; chartered ~ *geprüfter, vereidigter B.*); *Buchhalter* m || ~**-general** *Ober–, Hauptrechnungsführer* m ~**antship** [~ənt∫ip] *s Amt n e–s Rechnungsführers* ~**ing** [~iŋ] *s Buchführung* f; [attr] *Buchhaltungs–* || *Buchungs–* (~ machine) || ~ *period Abrechnungszeitraum* m

accoutre, ⟨Am⟩ **accouter** [ə'ku:tə] *vt ausstatten, ausrüsten, ausstaffieren* [*bes* pp] ~**ment** [~mənt] *s Ausstaffierung* f, [*bes* pl] ~s *Anzug, Anputz* m; ⟨mil⟩ *Ausrüstung* f; *leathern* ~s *Lederzeug* n

accredit [ə'kredit] *vt* [*bes* pp; *v Gesandten*] *akkreditieren, beglaubigen, bevollmächtigen* (*to a p bei jdm; to od at a court*) || *to* ~ *a th to a p od a p with a th jdm etw zuschreiben* || ~ed *milk Markenmilch* f

accrete [æ'kri:t] *vt vergrößern, vermehren* **–tion** [æ'kri:∫ən] *s Wachstum* n, *Zunahme* f || *Zuwachs* m, *Hinzufügung* f || *Zus–wachsen* n || ⟨jur⟩ *Zuwachs* m *durch Akkreszenz* || ⟨chem⟩ *Ansetzen* n (*v Kristallen*)

accrual [ə'kru:əl] *s* ⟨com⟩ *Zugang* m **accrue** [ə'kru:] *vi zufallen, –fließen, –kommen* (*to a p jdm*) || *entstehen* (from *aus*) || ~d *aufgelaufen, Stück–, Verzugs–* (interest); *fällig* (payrolls); ~d *taxes Steuerschuld* f

acculturation [ə,kʌltʃə'rei∫ən] *s* ⟨demog⟩ *kulturelle Anpassung* f

accumulate [ə'kju:mjuleit] *vt/i* || *an–, aufhäufen, ansammeln* || ⟨psych eth⟩ *(Erregung) (auf)stauen* | *vi sich anhäufen, anwachsen* | ~d *earnings* [pl] ⟨com bal⟩ *Gewinnvortrag* m; ~d *vacation (aufgelaufene) Urlaubsansprüche* m pl, *rückwirkend (noch) zustehende Urlaubstage* m pl **–ation** [ə,kju:mju'lei∫ən] *s Häufung, Ansammlung* f (of money, interest) || *Haufe(n)* m | ~ *of mud Verschlammung* f; ⟨psych⟩ *Aufstau, Stau* m; ~ *joinder* ~**ative** [ə'kju:mjuleitiv] *a (–ly adv) an–, zus–häufend* || *sich häufend, wachsend* **–ator** [ə'kju:mjuleitə] *s Anhäufer, Ansammler, Sammler, Speicher* m || ⟨el⟩ *Akkumulator* m, ~ *tank –enkasten* m || ~ *grid* ⟨el⟩ *Bleigitter* n f *Akkumulatoren* || ~ *traction Batteriefahrbetrieb* m

accuracy ['ækjurəsi] *s Genauigkeit, Sorgfalt* f | *Richtigkeit* f | *Pünktlichkeit* f || ~ *landing* ⟨aero⟩ *Ziellandung* f; ~ *life* ⟨artill⟩ *Lebensdauer* f; ~ *of aim* ⟨artill⟩ *Abkommengenauigkeit;* ~ *of fire Treffgenauigkeit* f

accurate ['ækjurit] *a (–ly adv) genau, sorgfältig* || *richtig, fehlerfrei* || *rein*

accursed [ə'kə:sid], **accurst** [ə'kə:st] *a verflucht, verdammt* || *fluchwürdig; abscheulich* || ⟨fam⟩ °*verflixt*

accusation [,ækju'zei∫ən] *s* ⟨jur⟩ *(Straf-)Anzeige* f | *Anklage* f; *(a* übtr*); to be under an* ~ *unter A. stehen, to bring an* ~ *against a p jdn anklagen* || *Beschuldigung* f **–ative** [ə'kju:zətiv] ⟨gram⟩ **1.** *a Akkusativ–* **2.** *s Akkusativ* m **–atory** [ə'kju:zətəri] *a anklagend, Anklage–*

accuse [ə'kju:z] *vt anklagen* (of *wegen;* of *a th e–r S; before, to bei*); *jdn beschuldigen* (of *a th;* of *doing getan zu h*) ~d [~d] *s* ⟨jur⟩ *the* ~ *der (die) Angeklagte* m (f) ~**r** [~ə] *s Ankläger(in* f) m

accustom [ə'kʌstəm] *vt gewöhnen* (*to an; to do*); *to* ~ *o.s. sich g. (to an); to be* ~ed *to do zu tun pflegen* ~**ed** [~əd] *a pred gewohnt (to doing zu tun); to get* ~ *to sich gewöhnen an* || [attr] *gewöhnlich, gewohnt*

ace [eis] *s Eins (f) auf Würfeln* || ⟨cards⟩ *As* n | *Kleinigkeit* f; *within an* ~ *of (being killed) um ein Haar, beinahe (getötet w)* || ⟨sport⟩ *Punkt* m; *to serve an* ~ ⟨ten⟩ *mit dem Aufschlag e–n Punkt gewinnen;* [a *vt*] *to* ~ *one's service* || ⟨aero⟩ *hervorragender Kampfflieger* m || ⟨fam⟩ *Führerflugzeug* n; ⟨mar⟩ *Flaggschiff* n | ~**-high** ⟨fam⟩ *haushoch* || [attr] °*prima* [invar]

acephalous [əˈsefələs] a *kopflos, ohne Kopf*
acerbate [ˈæsəːbeit] vt *bitter machen*; ⟨fig⟩
verbittern **acerbity** [əˈsəːbiti] s *Herbheit* f; ⟨fig⟩
Strenge, Härte, Rauheit f
acescency [əˈsesənsi] s *Säuerlichkeit* f
acetate [ˈæsitit] s ⟨chem⟩ *essigsaures Salz* n;
iron ∼ *e. Eisen* ‖ (*Produkt aus*) *Azetat*; ∼
rayon *Kunstseide* f *aus A.* **acetic** [əˈsiːtik] a
essigsauer ‖ ∼ *acid* ⟨chem⟩ *Essigsäure* f **acetify**
[əˈsetifai] vt/i ‖ *in Essig verwandeln* | vi *sauer w*
acetone [ˈæsitoun] s ⟨chem⟩ *Azetˑon* n; *Essig-
geist* m **acetose** [ˈæsitous], **acetous** [ˈæsitəs] a
(*essig*)*sauer, Essig–* **acetylene** [əˈsetiliːn] s *Aze-
tylˑen* n; ∼-lamp *Karbidlampe* f
Achaean [əˈki(ː)ən] s ⟨ant⟩ *Achäer, Grieche* m
ache [eik] **1.** s *Schmerz* m, *Weh* n **2.** vi
schmerzen, wehe tun; I am aching all over *es tut
mir überall weh* ‖ *sich schmerzlich sehnen* (for
nach; to do)
ache, aitch [eitʃ] s (*das*) *H*; to drop one's ∼es
das H im Anlaut nicht aussprechen; ⟨m. m.⟩ *mir
u mich verwechseln* (*ungebildet s*)
Acheron [ˈækərən] s ⟨ant⟩ *der Acheron* m;
die Unterwelt f
achievable [əˈtʃiːvəbl] a *ausführ–, erreichbar*
achieve [əˈtʃiːv] vt *ausführen, vollenden, beschließen, leisten* ‖ *erlangen,* (*Ziel*) *erreichen*
∼**ment** [∼mənt] s *Ausführung* f ‖ *Vollendung* f ‖
vollendetes Werk n; *Heldentat, Leistung* f ‖
Ergebnis n ‖ ∼ of a uniform commercial policy
Vereinheitlichung f *der Handelspolitik* ‖ ⟨her⟩ =
hatchment
Achilles [əˈkiliːz] s: heel of ∼ *Achillesferse* f
aching [ˈeikiŋ] a (–ly adv) *schmerzlich, –haft*
achromatic [ˌækroˈmætik] a ⟨opt⟩ *achroma-
tisch, farblos* ‖ ⟨phot⟩ *farbenkorrigiert* (lens)
–**tize** [əˈkroumətaiz] vt ⟨phot⟩ *achromatisieren*
acicular [æˈsikjulə] a ⟨bot⟩ *nadelförmig*
acid [ˈæsid] **1.** a (–ly adv) *sauer*; ∼ drops
saure Fruchtbonbons m pl ‖ *herb, scharf*; ⟨fig⟩
bitter **2.** s *Säure* f; ∼-proof *säurefest* ‖ ∼ test
⟨fig⟩ *Feuerprobe* f, *Prüfstein* m; to put to the ∼
test *auf Herz u Nieren prüfen* ⟨fig⟩ ∼**ification**
[əˌsidifiˈkeiʃən] s *Säurebildung, Säuerung* f ∼**ify**
[əˈsidifai] vt/i ‖ (*an*)*säuern; in Säure verwandeln* |
vi *sauer w* ∼**ity** [əˈsiditi] s *Herbheit, Schärfe* f;
Magensäure f ∼**ize** [ˈæsidaiz] ∼**osis** [ˌæsiˈdousis]
s *Azidˑose* f; *Säuregehalt m des Blutes*
acidulate [əˈsidjuleit] vt *säuern* ∼**d** [∼id] a:
∼drops [s pl] *saure Fruchtbonbons* m pl ‖ ∼
water angesäuertes Wasser n ‖ ⟨fig⟩ *sauer* –**tion**
[–ˈeiʃən] s *Säuerung* f
acidulous [əˈsidjuləs] a *säuerlich*; ⟨fig⟩ *sauer* ‖
∼ *spring Sauerbrunnen* m
aciform [ˈæsifɔːm] a ⟨bot⟩ *nadelförmig*
acinus [ˈæsinəs] s L (pl –ni [–nai]) ⟨bot⟩ *Kern-
chen* n ‖ *Kernfrucht* f
–**acious** [–ˈeiʃəs] *Eigenschaftswörter bildendes
suff zu Hauptwörtern auf* –*acity unter Fortfall
des* –*ty* (*z. B.* audacious)
–**acity** [–ˈæsiti] *Hauptwörter bildendes suff zur
Bezeichnung e–r Eigenschaft* (*z. B.* audacity)
ack-ack [ˈækˈæk] **1.** a ⟨sl⟩ (= anti-aircraft)
Fla– (= *Flugabwehr–, z. B. Fla-M. G.* **2.** ⟨sl⟩
Flak, f ‖ *Flakfeuer* n ‖ *Tack-Tack* n (= *M.G.-
Feuer*)
ack emma [ˈækˈemə] ⟨mil & sl, obs⟩ = a. m.
(ante meridiem)
acknowledge [əkˈnɔlidʒ] vt *zugeben; anerkennen* (a. p as king, a p to be king *jdn als König*) ‖
eingestehen (a th to be *daß etw ist*) ‖ (*Empfang*)
bestätigen ‖ *erkenntlich s für; dankbar anerkennen*; we ∼ (with thanks) your letter received
today *mit Dank or dankend bestätigen wir den
heutigen Eingang Ihres Schreibens* ‖ ∼ corn
⟨anat⟩ –**ledg(e)ment** [∼mənt] s *Anerkennung* f
‖ *Zu–, Eingeständnis* n ‖ *Bestätigung, Empfangs-*

bescheinigung f ‖ *lobende Anerkennung*; *Erkennt-
lichkeit* f (of *für*) ‖ *Beglaubigung, notarielle Be-
urkundung* f ‖ ∼s [pl] (in books) *Quellennach-
weis* m
aclinic [əˈklinik] a *aklinisch, ohne Inklination*;
∼ line *magnetischer Äquator* m
acme [ˈækmi] s Gr *Gipfel, Höhepunkt* m (at
the ∼ *auf dem H.*)
acne [ˈækni] s ⟨med⟩ *Pickel* m; *Blüte* f
acolyte [ˈækolait] s ⟨ec⟩ *Akolˑuth, Meßgehilfe*
m; ⟨fig⟩ *Gehilfe* m
aconite [ˈækonait] s ⟨bot⟩ *Eisenhut* m ‖ ⟨poet⟩
tödliches Gift n
acorn [ˈeikɔːn] s *Eichel, Ecker* f
acoushla [əˈkuʃlə] s ⟨Ir⟩ *Liebling* m, „*Herzblättchen*" n
acoustic [əˈkuːstik] a (∼ally adv) *akustisch,
Gehör*(*s*)– (∼ nerve); ∼ duct ⟨anat⟩ *Gehörgang*
m; *Schall–* (∼ pressure, ∼ vibration); ∼ properties (of a room) *Akustik* f, ∼ tile *Schallschluck-
platte* f ∼**al** [∼əl] a (∼ly adv) (*in akustischer Hinsicht*) *akustisch; Hör–, Schall–; Geräusch–*(buoy,
mine) ∼**s** [∼s] s pl **1.** [sg konstr] *Akustik* f,
Lehre f *v Schall* **2.** [pl konstr] (of a room)
Akustik f
acquaint [əˈkweint] vt *bekannt* m (with *mit*),
[a refl] to ∼ o.s. ‖ *mitteilen, berichten*; to ∼ a p
with a th *jdm etw mitteilen* ‖ to be ∼ed with a th
etwas kennen; we are ∼ed *wir sind Bekannte, wir
kennen uns*; to become ∼ed with *kennenlernen*
∼**ance** [∼əns] s *Bekanntschaft* f; on closer ∼ *bei
or nach näherer B.*; with longer ∼ *bei längerer
B.*; to make a p's ∼ *od* the ∼ of a p *B. m mit
jdm* ‖ *Kenntnis* f; to have ∼ with *K. h von* ‖
Bekannte(*r* m) f; *Bekanntenkreis* m ∼**anceship**
[əˈkweintənʃip] s *Bekanntschaft* f
acquiesce [ˌækwiˈes] vi *es ruhig hinnehmen* ‖
to ∼ *in sich fügen in; sich beruhigen bei; einwilligen in; annehmen; sich* (*e–r S*) *hingeben* ∼**nce**
[∼ns] s *Ergebung* f (in *in*) ‖ *Einwilligung* f (in
in) ∼**nt** [∼nt] a (∼ly adv) *ergeben, fügsam*
acquirable [əˈkwaiərəbl] a *erwerbbar, erreichbar* **acquire** [əˈkwaiə] vt *erwerben; erlangen, gewinnen* ‖ (*cr*)*lernen* ‖ ∼d taste *unerzogener Geschmack* m ∼**ment** [∼mənt] s *Erwerbung* f; *Erlangung* f ‖ *Erworbenes* n ‖ (*erworbene*) *Fertigkeit* f; ∼s [pl] (*erworbene*) *Kenntnisse* pl, *Bildung* f
acquisition [ˌækwiˈziʃən] s *Erwerbung* f ‖ *Er-
lernung* f ‖ *Erworbenes* n; *Erwerb* m; ⟨fig⟩ *Bereicherung, Errungenschaft* f (to *f*), (he is quite
an ∼) ‖ ∼ radar *Zielerfassungsradar* n
acquisitive [æˈkwizitiv] a (∼ly adv) *erwerbs–,
gewinnsüchtig* ∼**ness** [∼nis] s *Gewinnsucht* f ‖
Erwerbstrieb; -sinn m
acquit [əˈkwit] vt [–tt–] *lossprechen, entlasten*
‖ (*Schuld*) *abtragen, quittieren* ‖ ⟨jur⟩ *freisprechen* ‖ *entbinden* (of a duty *e–r Pflicht*) ‖ to ∼
o.s. *sich entledigen* (of a th *e–r S*), to ∼ o.s. well
sich gut m; sich e–r S gut entledigen ∼**tal** [∼l] s
⟨jur⟩ *Freisprechung* f; *Freispruch* m ‖ *Erfüllung*
(of a duty *e–r Pflicht*) f ∼**tance** [∼əns] s *Abtragung, Bezahlung* f ‖ *Befreiung* (*v Schuld, Pflicht*)
f ‖ *Quittung* f
acre [ˈeikə] s *Morgen* m *Landes* (= 40,467
Ar) (three ∼s of land *3 M. Land*; a three-∼
field) ‖ *Acker* m, *Feld* n (God's ∼ *Gottesacker*)
∼**age** [∼ridʒ] s *Flächeninhalt* m *nach Morgen*;
Morgen pl; *Weide–, Anbaufläche* f ‖ ⟨Am⟩ *ver-
käufliches, unbestelltes* (*Bau-*)*Gelände* n
acrid [ˈækrid] a *scharf, ätzend, beißend* ⟨a fig⟩
∼**ity** [æˈkriditi] s *Schärfe, Herbheit* f
acrilan [ˈækrilən] s ⟨Am⟩ *Akrilan* n (*Kunststoff aus Polyesterfaser*)
acrimonious [ˌækriˈmounjəs] a (∼ly adv)
scharf, beißend, bitter ⟨a fig⟩
acrimony [ˈækriməni] s *Schärfe, Bitterkeit* f
⟨a fig⟩

acrobat ['ækrobæt] s *Akrobat, Seiltänzer* m **~ic** [‚ækro'bætik] a (~ally adv) *akrobatisch* || ~ exercises [pl] *Kunstturnen* n; ~ figure *od* manoeuvre *Kunstflugfigur* f, ~ flight *Kunstflug* m **~ics** s pl [pl konstr] *Akrobatik* f ⟨*a* fig⟩

acronym ['ækrənim] s *Akron·ym, Initi·alwort* n (→ Wraf, care, Anzac, cabal, radar, loran) || *Schachtel-, Mischwort* n (→ motel, motorcade, racon)

acrophobia [‚ækrə'foubiə] s ⟨psych⟩ *Höhenangst* f

acropolis [ə'krɔpəlis] s Gr *Akropolis, Burg* f **across** [ə'krɔ:s, *w f* əkrɔs] **1.** adv *kreuzweise, querhin-, herüber*; *im Durchmesser* || (*quer*) *durch,* to tear ~ *mitten entzwei reißen* **2.** prep *durch* (~ the river, ~ the city, ~ the room, ~ the meadows; ⟨übtr⟩ an idea flashed ~ my mind .. *ging mir plötzlich durch den Kopf*) || (*mitten*) *durch, quer durch, querüber* || *über, jenseits*; (all) ~ the country *über das ganze Land* (*verteilt*); ~ country *über Land*; ~ the water *jenseits des Wassers* || to come ~ a p *jdn* (*zufällig*) *treffen, auf jdn stoßen* || ~-the-board [attr] *allgemein, global* (price increase); *allumfassend* (tax cut)

acrostic [ə'krɔstik] s *Akrostichon* n

acrylic [æ'krilik], **-late** ['ækrilit] s (*a* ~ plastic, ~resin) (*Art*) *Plexiglas* n

act [ækt] **1.** s *Tat* f, *Akt* m | *Handlung, Leistung* f; *Ausführung* f | ⟨theat⟩ *Akt, Aufzug* m, a three ~ play *ein dreiaktiges Stück*; (*Variété-, Zirkus-)Akt* m, *Nummer* f; ~ drop *Bühnen-, Zwischenaktvorhang* m || ⟨fam⟩ *affektiertes Benehmen* n, *Verstellung, Angabe*: to do the .. ~ ⟨Am⟩ *sich wie .. benehmen* | ⟨jur⟩ *Akte* f, *Aktenstück* n || ⟨parl⟩ *Beschluß* m, *Akte* f, *Parlaments-, Reichsgesetz* n (*a* ~ of Parliament) || ⟨fig fam Am⟩ he's putting on a big ~ °*er spielt die gekränkte Leberwurst* | ~ of God ⟨*bes* ins⟩ *höhere Gewalt* f, *Naturereignis* n || ⟨jur⟩ ~ of fraudulent bankruptcy *Konkursdelikt* n; ~ permitting conclusion *konkludente Handlung* f || the ~s of the Apostles *die Apostelgeschichte* f || in the ~ of (doing) *im Begriff zu* (*tun*) || in the (very) ~ *auf frischer Tat* **2.** vt/i *spielen, agieren, machen* || *personifizieren; nachmachen* || ⟨theat⟩ *darstellen, geben, aufführen, spielen* (he ~s Lear *od* he ~s the part of L.) || to ~ the part of *fungieren als* | vi *tätig, wirksam s, wirken, dienen* (as *als*) || *gehen, funktionieren* || *handeln, sich betragen, sich benehmen* || ⟨tech⟩ *ansprechen*; to ~ upon *angreifen, ätzen* || ⟨theat⟩ *sich spielen l*; *spielen; dauern* || *wirken, Einfluß h* (on *auf*) || *sich richten* (upon *nach*) | to ~ well *by a p gut an jdm handeln* (⟨Am⟩ *oft mit* a *statt* adv) || to ~ on a p like ... *auf jdn wirken wie* || to ~ up ⟨fam⟩ *verspielt tun, herumalbern*; *sich schlecht, rebellisch, ungewöhnlich benehmen*; to ~ up to *entsprechen, handeln gemäß* || that ~s well *das geht gut* || this lock won't ~ *dieses Schloß schließt nicht* **~able** ['~əbl] a ⟨theat⟩ *aufführbar, bühnengerecht* (script) **~ing** ['iŋ] a **1.** *interimistisch, stellvertretend* || *tätig, amtierend; geschäftsführend* (~ manager) **2.** s ⟨theat⟩ *Aufführen* n; *Spiel* n, *Darstellung* f; *Schauspielkunst* f; [attr] *Bühnen-* (~ version)

actin ['æktin] s ⟨biol⟩ *Globulin* n *der Muskelsubstanz*

actinic [æk'tinik] a ⟨opt⟩ *aktinisch, chemisch wirksam* **-nism** ['æktinizm] s *chem. Wirksamkeit* f *ultravioletter Strahlen* **-nometer** [ækti'nɔmitə] s *Strahlenmesser* m **-nomyces** [æktinə'maisiz] s *Strahlenpilz* m

actinium [æk'tiniəm] s ⟨chem⟩ *Aktinium* n (*radioaktives Element*)

action ['ækʃən] s **1.** *Tätigkeit* f; to take (swift) ~ (*schnell*) *Schritte tun* (against) || *Handlung, Tat* f (man of ~ *Mann der T.*); secondary ~

⟨jur⟩ *Nachtat* f; to accept ~ on a matter *sich e-r S annehmen*; to put into ~ *in die T. umsetzen*; to take ~ on *handeln nach* || *Vorgehen* n, → concerted || *Funktionieren* n, *Gang* m (to set in ~) || *Werk* n; *Mechanismus* m || ⟨tech⟩ *Wirkung, Funktion* f; *Gang, Lauf* (*e–r Maschine*); this gun has a very light ~ .. *geht leicht los*; to be (put) out of ~ *ausfallen, außer Betrieb s*; radius of ~ *Aktionsradius*, ⟨*bes* mot⟩ *Fahrbereich* m **2.** *Haltung, Bewegung* f; (of a horse) *Gangart* f **3.** ⟨chem⟩ *Wirkung, Wirksamkeit* f; *Einfluß* m; *Angriff* m **4.** ⟨mil⟩ *Treffen, Gefecht* n; *Unternehmen* n; ~! *an die Geschütze!*; ready for ~ ⟨tact⟩ *einsatzbereit* **5.** ⟨anat⟩ *Funktion, Verrichtung* f **6.** ⟨theat⟩ *Handlung* f (the ~ is laid in *die Handlung spielt in*) **7.** ⟨jur⟩ *Prozeß* m, *Klage* f; *Verfahren* n; ~ for annulment of marriage *Ehe-Nichtigkeitsklage*; ~ for damages *Schadenersatz–*; ~ for money-judgment *Forderungs–*; ~ for permanent injunction *Unterlassungs–*; ~ for specific performance *Leistungs–* || to bring an ~ against *eine Kl. anstrengen gegen*; to take ~ *klagen* **8.** to be in ~ *in Bewegung s*; ⟨mil⟩ *im Gefecht s* || to go into ~ ⟨mil⟩ *ins Gefecht k* || to put out of ~ ⟨mil⟩ *außer Gefecht setzen* || to take corrective ~ (*Abhilfs-)Maßnahmen treffen, ergreifen*; to take ~ against (a p, a th) *einschreiten gegen, etw unternehmen gegen*, → 7 || ⟨off⟩ for (necessary) ~ please *z weiteren Veranlassung* (*mit der Bitte, das Erforderliche z veranlassen*) **9.** ⟨Am⟩ *Entscheidung* f (presented to Congress for ~ **10.** [attr] ~ addressee .. ⟨off⟩ *zur Veranlassung* an .. | ~ committee, ~ group ⟨pol⟩ *Aktions–, Säuberungskomitee* n || ~ station ⟨mil⟩ *Alarm–, Bereitschaftsstellung, -station* f; ~ stations! ⟨mil mar⟩ *an die Gewehre, Geschütze!* **~able** ['~əbl] a (–bly adv) (*ver*)*klagbar; strafbar*; ~ negligence *strafbare Nachlässigkeit* f

activate ['æktiveit] vt (radio-)*aktiv* m || *aktivieren* || ⟨Am⟩ *errichten, aufstellen* (a new army division) || (*Zünder*) *scharfmachen* **-ator** [~ə] s ⟨chem⟩ *Katalysator* m

active ['æktiv] a (~ly adv) *aktiv, wirkend*; ~ substance ⟨physiol⟩ *Wirkstoff* m || *tätig, geschäftig, rührig*; economically ~ *Erwerbs-* (population *–Pn*) || *energisch* || ⟨com⟩ *belebt, lebhaft* || *flink* || in *Gang*; *wirksam* || ⟨gram⟩ *aktiv* (~ voice), *Tätigkeits–*; *transitiv* || on ~ service ⟨mil⟩ *im aktiven Dienst* || ~ bonds *festverzinsliche Obligationen* pl; || ~ combat *Kampftätigkeit* f || ~ consideration ⟨off⟩ *Erörterung* f || ~ current ⟨el⟩ *Nutzstrom* m || ~ debts *Außenstände* pl || ~ defence ⟨tact⟩ *offensive Verteidigung* f || ~ duty for training ⟨Am⟩ *Wehrdienstübung* f || ~ list ⟨mil⟩ *aktiver Dienst* (on ~ list) || ~ material *Wirkmaterial* n; ⟨at⟩ *spaltbares Material* **~ness** [~nis], **activity** [æk'tiviti] s *Tätigkeit, Wirksamkeit* f || *Rührigkeit* f || ⟨eth⟩ *Handlung* f; displacement ~ *Übersprung–, vacuum ~ Leerlauf–* || ⟨min⟩ prospecting ~ties *Schürfungsvorhaben* n || commercial *–ties Tätigkeit auf wirtschaftlichem, kommerziellem Gebiet* || in full ~ (of laws) *in Kraft*, (of machines) *in vollem Gang* || pl *Gebiete* n, *Belange* m; *Leistungen* f pl; ⟨Am⟩ *Freizeitgestaltung* f (*a* stud); ⟨Am mil⟩ *Dienststelle* f || combat ~ ⟨tact⟩ *Kampftätigkeit* f || economic ~ *Erwerbstätigkeit* f (*a* demog) || programme of *–ties Veranstaltungsprogramm* n

actor ['æktə] s *Täter* m, *handelnde P* f; bad ~ *sich schlecht benehmende P, gefährliche P*; *Verbrecher* m || ⟨theat⟩ *Schauspieler* m

actress ['æktris] s *Schauspielerin* f, etc → act

actual ['æktjuəl] a (~ly adv) *wirklich, tatsächlich*; *vorliegend* || *wirksam* || *jetzig, gegenwärtig*, ~ price *Tagespreis* m; ~ power *Effektivleistung* f; ~ report (*1st-*)*Stärkemeldung* f; ~ size *Istmaß* n, *natürliche Größe* f; ~ state (of equipment) ⟨mil⟩ *Istbestand* m (*an Gerät*) ; ~ value *Effekt·ivwert* m **~ity** [ˌæktjuˈælitɪ], **~ness** [~nis] s *Tatsächlichkeit, Wirklichkeit* f

actuary [ˈæktjuəri] s *Aktu·ar, Gerichtsschreiber* m ‖ ⟨ins⟩ *Statistiker* m, *Versicherungsmathematiker* m

actuate [ˈæktjueit] vt *in Bewegung setzen, in Gang bringen, antreiben* (to do); *auslösen, betätigen, schalten; beeinflussen; a* vi ‖ –ting [attr] *Betätigungs–* (appliance *–organ*) **–tion** [ˌæktjuˈeiʃən] s *antreibende Bewegung* f ; *Antrieb* m ‖ – of the controls ⟨aero⟩ *Steuerbetätigung* f *–tor* [ˈæktjueitə] s *Spannvorrichtung*; ⟨aero⟩ *Verstellmotor* m

acuity [əˈkjuːiti] *Schärfe* f, *a* fig

aculeate [əˈkjuːliət] a ⟨zoo, bot⟩ *stachelig*

acumen [əˈkjuːmən] s L *Scharfsinn* m

acute [əˈkjuːt] a (~ly adv) *spitz*(*ig*) ‖ *scharf* ‖ (of pain) *stechend* ‖ *scharfsinnig, klug; klar* ‖ (of the senses) *fein* ‖ *tiefst, innerst* ‖ *schrill* ‖ ⟨med⟩ *hitzig, akut* | ~ accent *Akut* m ‖ ~ angle ⟨math⟩ *spitzer Winkel* m ‖ ~-angled turning (of a road) *Spitzkehre* f ‖ **~ness** [~nis] s *Spitze* f ‖ *Schärfe* f ‖ *Stechen* n ‖ *Scharfsinn* m; *Klugheit* f ‖ *Feinheit* f ‖ *schriller Klang* m ‖ ⟨med⟩ *Heftigkeit* f (*e–r Krankheit* etc)

–ad [–æd] suff *zur Bildung v* a & adv *mit der Bedeutung v* towards, *z. B.* caudad *nach dem Schwanze hin*

ad [æd] s ⟨Am sl⟩ (*Abkürzung v* advertisement) *Reklame* f; want ~ *Suchanzeige* f ‖ to put an ~ in the paper *inserieren*; to run an ~ *e–e Anzeige aufgeben* ‖ ~-card (*kl*) *Reklameschild* n ‖ ~-man *Reklamefachmann, Anzeigenakquisiteur* m ‖ ~-rate *Anzeigenpreis* ‖ ~-writer *–texter* m

ad lib [ˈædˈlib] **1.** s → *Abkürzungen; Improvisation, Einflechtung* f; [attr] *frei hinzugefügt* (remark) ‖ ~ gags ⟨Am⟩ *Stegreifwitze* m pl **2.** adv *nach Belieben* (to get milk ~) **3.** vi/t [–bb–] ⟨rhet⟩ (*vom Gegenstand*) *abschweifen* ‖ ˈschwimmen ⟨fig⟩ | ⟨theat⟩ vt/i *improvisieren* **~ber** [~ə] s *Improvisator* m

adage [ˈædidʒ] s *Sprichwort* n

adagio [əˈdɑːdʒiou, –dʒou] **1.** adv ⟨mus⟩ *adagio, langsam* **2.** s *Adagio* n

Adam [ˈædəm] s *Adam* m ‖ the old ~ *der alte A.* ‖ not to know a p from ~ *k–e Ahnung h, wer jd ist* | ~'s ale *Gänsewein* m (*Wasser*) ‖ ~'s apple ⟨bot & anat⟩ *Adamsapfel* m

adamant [ˈædəmənt] **1.** s *sehr harter Gegenstand* m ‖ ⟨poet⟩ *außergewöhnliche Härte* f **2.** a ⟨fig⟩ *fest*; to be ~ *unzugänglich s* (to *für*); to stand ~ on *fest bestehen auf* **~ine** [ˌædəˈmæntain] a *diamantartig, Diamant–* (~ spar *–spat* m): *hart wie Stein* or *Granit* ‖ *unzerstörbar* ‖ ⟨fig⟩ *unerschütterlich; unantastbar*

adapt [əˈdæpt] vt *anpassen* (to a th *e–r S*), *einrichten* (to *nach*) ‖ *zurechtmachen* ‖ *bearbeiten* (from *nach*); (*Stück*) *für die Bühne bearbeiten* ‖ to ~ o.s. to circumstances *sich den Verhältnissen richten* **~ability** [əˌdæptəˈbiliti] s *Anwendbarkeit, Anpassungsfähigkeit* f (to *an*) **~able** [~əbl] a *anwendbar; anpassungsfähig* (to *an*) **~ation** [ˌædæpˈteiʃən] s *Anpassung* f (to *an*); *Be–, Umarbeitung* f (for the stage) **~er** [~ə] s *Anpasser* m; *Bearbeiter* m ‖ ⟨tech⟩ *auswechselbares Zwischen–, Einsatzstück* n ‖ ⟨chem⟩ *Übergangsstück* n, *Verbindungsröhre* f ‖ ⟨el & wir⟩ (*a –or*) *Zwischenstecker, –schalter* m, *–stück* n, *Fernseh–, UKW-Zusatzgerät* n ‖ ⟨phot⟩ *Reduziereinlage* f; *Stativaufsatz* m ‖ [attr] *Zwischen–* (~ plug *–stecker*) **~ive** [~iv] a (~ly adv) *anpassungsfähig* ‖ ⟨eth⟩ ~ value *Anpassungswert* m (= *biologische Bedeutung*) **~iveness** [~ivnis] s

Anpassungsfähigkeit f **~or** [~ə] s → adapter

add [æd] vt/i ‖ *beifügen; hinzufügen* (a th; that); *–setzen, –tun, dazugeben* (to *zu*); *verbinden* (to *mit*); to ~ insult to injury *e–e S noch verschlimmern;* ⟨m. m.⟩ *that's* ~ing insult to injury *wer den Schaden hat, braucht f den Spott nicht zu sorgen* ‖ ⟨math⟩ *addieren;* to ~ in *hinzurechnen, einschließen;* to ~ up (*od* together) *addieren;* ~ed to which *wozu noch kommt,* ~ed to this *dazu kommt noch, zuzüglich* | vi to ~ to *beitragen zu; vermehren; erhöhen* ‖ to ~ up to (*e–e Summe*) *betragen;* ⟨übtr⟩ *bedeuten, charakterisieren, deutlich zeigen* (it ~s up to the fact) **~ed** [ˈ~id] a *erhöht, verstärkt* (interest) **~ing** [ˈiŋ] s [attr] *Rechen–*

addendum [əˈdendəm] s L [pl *mst* **–da**] *Zusatz, Nachtrag* m

adder [ˈædə] s ⟨fam⟩ *Addiermaschine* f; ⟨telv⟩ *Additionsstufe* f, *Addit·ivkreis* m

adder [ˈædə] s ⟨zoo⟩ *Viper, Natter* f ‖ Flying *~* ⟨ent⟩ *Libelle, Wasserjungfer* f ‖ ~'s-tongue ⟨bot⟩ *Natterzunge* f

addict [ˈædikt] s drug ~ *gewohnheitsmäßiger Rauschgiftnehmer, –süchtiger* m

addict [əˈdikt] vt *widmen;* (*Sinn*) *richten* (to *auf*), [*mst* refl] to ~ o.s. *sich widmen, sich hingeben* (to a th *e–r S*) **~ed** [~id] a *geneigt* (to *zu;* to doing *zu tun*), *ergeben* (to a th *e–r S*) **~ion** [əˈdikʃən] s *Neigung* f, *Hang* m (to *zu*)

Addison's disease [ˈædisnz diˈziːz] s *progressive Blutarmut* f

addition [əˈdiʃən] s *Hinzufügung* f (to *zu*); *Beigabe* f ‖ *Neubauland* n, *Neustadt* f, *Vorort* m; *Erweiterung*(*sgebäude* n) f, *Anbau* m ‖ *Zuwachs* m; *Vermehrung* f (to a th *e–r S*) ‖ *Zusatz* m ‖ ⟨arts⟩ *Zutat* f ‖ ⟨math⟩ *Addition, Zus–rechnung* f; ~ s pl ⟨com bal⟩ *Zugänge* m pl | in ~ to *außer* ‖ in ~ *außerdem, dazu, abgesehen davon* ⟨found⟩ *Zuschlag* m **~al** [~l] a *hinzukommend, ergänzend; weitere*(*r, –s*), *neu; Mehr–* (~ charges *Mehrkosten); nachträglich, Nach–* (~ order, *–bestellung*); *Zusatz–* (load); *Extra–;* ~ charge *Zuschlag* m ‖ ⟨ins⟩ *Zuschlag–* (premium) ‖ ~ allowance *Zulage* f; *Zusatz-Ausstattung* f ‖ *Neben–* (noise) **~ally** [~əli] adv *in verstärktem Maße* **–tive** [ˈæditiv] a ⟨telv⟩ *additiv* (Ggs subtractive)

addle [ˈædl] **1.** a [in comp] *unfruchtbar* ‖ ~ egg *faules Ei; Windei* n ‖ *leer, hohl;* ~-headed, ~-brained, ~-pated *hohlköpfig, dumm* **2.** vt/i ‖ *faul, unfruchtbar* m; ⟨*mst* fig⟩ *verwirren* | vi *faul w, verderben* | **~d** [~d] a *faul;* ~ egg *Windei* n ‖ *verwirrt*

addorsed [əˈdɔːst] a ⟨bes arch⟩ *angelehnt*

address [əˈdres] **1.** vt *anreden;* ⟨jur⟩ (*Richter*) (*als unwürdig*) *aus dem Amt entfernen* ‖ (*Ware*) (*ab*)*senden;* (*Brief*) *adressieren, schreiben* (to *an*); (*Worte*) *richten* (to *an*) ‖ *sprechen zu, e–e Ansprache halten an* (to ~ a meeting); ⟨parl⟩ after Messrs. Brown, etc. had ~ ed *the meeting nach Wortmeldungen der Herren B. usw* ‖ to ~ o.s. to *sich wenden an; sich anschicken zu, sich legen auf* ‖ ⟨golf⟩ (*Ball*) *ansprechen* **2.** s ⟨Am⟩ 'ædres] *Haltung* f; *Anstand, Takt* m; *Gewandtheit* f | *Anschrift; Adresse* f; *Wohnort, –sitz* m; (settled ~ *fester –sitz*) | (*Dank–* etc) *Schreiben* n ‖ *Bittschrift* f ‖ (of a letter) *Adresse, Aufschrift* f (([at his villa] John Smith Esq. (→ esquire), [in business] Mr. Smith .. (→ letter)) ‖ ~ call sign ⟨wis⟩ *Rufzeichen* n | *Anrede, –sprache* f; *Rede* f (to give an ~ *e–e R. halten*), *Vortrag* m ‖ to pay one's ~es (to a lady) (*e–r Dame*) *den Hof m* ‖ **~ee** [ˌædreˈsiː] s *Adressat*(*in*), *Empfänger*(*in* f) m **~er** [~ə] s *Absender*(*in* f) m ‖ *Unterzeichner*(*in* f) m **~ograph** [~ograːf] s *Adressiermaschine* f, *Adremagerät* n

adduce [ə'dju:s] vt (*Grund, Beweis*) *beibringen, anführen*

adducible [ə'dju:səbl] a *anführbar*

adduct ['ædʌkt] s ⟨chem⟩ (**add**ition pro**duct**) *zusätzliches Produkt* n

adduct [ə'dʌkt] vt ⟨anat⟩ (*Muskeln*) *an-, zus-ziehen* **~ion** [ə'dʌkʃən] s ⟨anat⟩ *Anziehung* f || *Anführung* f (of a proof) **~or** [~ə] ⟨anat⟩ **1.** a *Anzieh-* **2.** s *Anziehmuskel* m
–**ade** [–eid] *lebendes Suffix z Bildung v Subst. mit der Bedeutung v ,,-saft, Saft v ..": lemon~, orange~*

ademption [ə'dempʃən] s ⟨jur⟩ *Wegnahme, Entziehung* f

adenoid ['ædinɔid] a ⟨anat⟩ *drüsenartig; Drüsen-* **~s** [~z] s pl ⟨anat⟩ *Polypen (in der Nase)* m pl

adept ['ædept, ə'dept] **1.** a *erfahren, eingeweiht, geschickt* **2.** s *Kunstverständiger, Kenner* m (in a th *e-r S*); ⟨fam⟩ to be an ~ at *gut sein in* | *Eingeweihter* m; *Alchimist* m

adequacy ['ædikwəsi], –**quateness** ['ædikwitnis] s *Angemessenheit, Zulänglichkeit* f

adequate ['ædikwit] a (~ly adv) *angemessen* (to *für*); *entsprechend, aus–, hinreichend* (to *für*) || ~ *illumination* ⟨phot⟩ *Ausleuchtung* f

adermin [ə'də:min] s *Vitamin* B_6

adhere [əd'hiə] vi *kleben, haften* (to *an*) || ⟨fig⟩ *festhalten* (to *an*), *zugetan s; befolgen* (to a th *etw*); *bleiben* (to *bei*) **~nce** [əd'hiərəns] s ⟨fig⟩ *das Festhalten* n (to *an*); *Befolgen* [gen] || *Teilnahme* f (to *an*) || *Anhänglichkeit* f (to *an*) **~nt** [~rənt] **1.** a (~ly adv) (*S*) *anhaftend* (to be ~ to *haften an*) **2.** s *Anhänger*(*in* f) m (of a p, of a th)

adhesion [əd'hi:ʒən] s *Anhaften, –hangen* n (to); ⟨med⟩ *Verwachsen* n || ⟨fig⟩ *Anhänglichkeit* f; *Anschluß* m; *Einwilligung* f (to *in*), to give in one's ~ to *sich erklären für* | ⟨phys⟩ *Adhäsion* f || ⟨tech⟩ *Haftvermögen* n || ~ *railway Reibungseisenbahn* f || ~ *values* [pl] *Reibungskoeffizient* m

adhesive [əd'hi:siv] **1.** a (~ly adv) *klebend, haftend; klebrig; Klebe–;* ~ *envelope gummierter Briefumschlag* m, ~ *plaster Heftpflaster* n || ~ *tape* ⟨m. m.⟩ *Leuko–, Hansaplast* n; *pressure sensitive* ~ *tape Trockenklebeband* n || ⟨fig⟩ *anhänglich, zus–haltend* **2.** s *Klebestoff* m, –*mittel* n **~ness** [~nis] s *Klebrigkeit* f; *Anhaften* n || ⟨fig⟩ *Fest–, Zus–halten* n

adhibit [əd'hibit] vt *anheften, –fügen* (to *an*) || *anwenden; (Heilmittel) eingeben*

adiabatic [,ædiə'bætik] a *adiabatisch* || ~ *compression adiab. Verdichtung* f || ~ *cooling* ⟨meteor⟩ *adiabatische Abkühlung* f || ~ *lapse rate* ⟨meteor⟩ *dynamische Erwärmung u Abkühlung* f

adiantum [,ædi'æntəm] s L ⟨bot⟩ *Haarfarn* m, *Frauenhaar* n

adieu [ə'dju:] Fr **1.** intj *adieu, lebewohl* **2.** s (pl **~x** [~z]) *Lebewohl* n, to bid, say ~ L. *sagen*; to make, take one's ~x *Abschied nehmen*

adipocere [,ædipo'siə] s *Fettwachs; Leichenwachs* n

adipose ['ædipous] **1.** a *fettig, talgig, fetthaltig* || ~ *fin* ⟨ich⟩ *Fettflosse* f || ~ *tissue Fettgewebe* n **2.** s *tierisches Fett* n

adit ['ædit] s *Zugang* m; ⟨min⟩ *Stollen* m

adit ['ædit] s ⟨Am⟩ *El·ektrolackpappe* f

adjacency [ə'dʒeisənsi] s *Angrenzen* n || *An–, Nebenliegendes* n; –*cies* pl *Umgegend* f

adjacent [ə'dʒeisənt] a (~ly adv) *angrenzend* (to *an*); –*liegend* || ~ *angle Neben–, Supplem·entwinkel* m || ⟨telv⟩ *Nachbar–* (channel –*Kanal* m; ~ ch. *interference Störung* f *durch e–n N.*; ~ *channel selectivity Nahselektion* f) | ⟨mil⟩ *Nachbar–* (unit), ~ *sector Nebenab-*

schnitt m; ~ *sheet* ⟨cart⟩ *Anschlußblatt* n

adjectival [,ædʒek'taivəl] a (~ly adv) ⟨gram⟩ *adjektivisch*

adjective ['ædʒiktiv] ⟨gram⟩ **1.** a *adjektivisch, Adjektiv–* || ⟨jur⟩ Law *↙ Prozeß–, Formalrecht* n **2.** s *Adjektiv, Eigenschaftswort* n

adjoin [ə'dʒɔin] vt/i (*etw*) *anfügen, hinzufügen* (to *zu*) || *angrenzen an* | vi *aneinandergrenzen* **~ing** [~iŋ] a *anstoßend, –grenzend; –stoßend an;* ⟨fig⟩ *benachbart* || ~ *post Hilfsposten* m || ~ *room Nebenzimmer* n, –*raum* m

adjourn [ə'dʒə:n] vt/i *verschieben, aufschieben, vertagen;* ⟨jur⟩ to ~ *sine die unbestimmt vertagen* | vi *sich vertagen, die Sitzung vertagen* || *den Sitzungsort verlegen* (to *nach*), *sich an e–n anderen Ort begeben* **~ment** [~mənt] s *Verschiebung, Vertagung* f, *Aufschub* m

adjudge [ə'dʒʌdʒ] vt *entscheiden* || ⟨jur⟩ (*richterlich*) *erklären* (a man *guilty od* to be *guilty jdn schuldig*); *erklären* (a th to be; that) || (*etw*) *zusprechen, zuerkennen, zuschlagen* (to a p) **~ment** [~mənt] s *Urteil* n || *Zuerkennung* f

adjudicate [ə'dʒu:dikeit] vt/i ⟨jur⟩ (*richterlich*) *entscheiden, gerichtl. erklären für* (he was ~d a bankrupt) | vi *urteilen, richten* (on *über*); *als Preis–, Schiedsrichter fungieren* (at *bei*) –**ation** [ə,dʒu:di'keiʃən] s *Zuerkennung, –sprechung* f || ⟨jur⟩ *Entscheidung* f, *Rechtsspruch* m –**ator** [ə'dʒu:dikeitə] s *Schieds–, Preisrichter* m

adjunct ['ædʒʌŋkt] s *Beigabe* f (to *zu*); *Zusatz* m; *Nebenumstand* m || ⟨gram⟩ *Attribut* n || *der Gehilfe, Amtsgehilfe, Beigeordnete* m; ⟨Am⟩ ~ *professor ao. Professor* m **~ive** [ə'dʒʌŋktiv] a (~ly adv) *beigefügt, Neben–; verbunden* (to *mit*)

adjuration [,ædʒuə'reiʃən] s *Beschwörung* f, *inständige Bitte* f || *Beschwörungsformel* f –**atory** [ə'dʒuərətəri] a *beschwörend, Beschwörungs–*

adjure [ə'dʒuə] vt (*jdn*) *beschwören, inständig bitten* (to do)

adjust [ə'dʒʌst] vt *ordnen, zurechtmachen; regeln, richtig anordnen;* to ~ *the average* ⟨mar⟩ *die Havarie berechnen* || *berichtigen; begleichen* (*Standort*) *bestimmen* || ⟨mech⟩ *auf–, einstellen; nach–, ver–, feinstellen; ausrichten, einpassen, einregulieren; justieren;* ⟨wir⟩ *einstellen;* ⟨artill⟩ *einschießen* (*Maß*) *eichen* || *anpassen* (to a th *e–r S*) || (*Gasmaske etc*) *verpassen* || (*Schwierigkeit*) *ausgleichen, schlichten* **~able** [~əbl] a *regulierbar, justierbar* || *einstellbar* (to *auf*), *verstellbar || veränderlich* (resistor) || *regelbar* (speed *Drehzahl*) || ~ *fin* ⟨aero⟩ *verstellbare Seitenflosse* f; ~ *stabilizer Verstellflosse* f **~er** [~ə] s ⟨mar ins⟩ *Dispacheur* m || ⟨typ⟩ *Fertigmacher* m **~ing** [~iŋ] a: ~ *edge Anlegekante* f; ~ *screw Just·ier–, Stell–, Spannschraube* f || ~ *wrench Stellschlüssel* m **~ment** [~mənt] s *Anordnung, Einrichtung, Ordnung* f || *Eichung, Justierung* f || *out of* ~ *verstellt* || to make ~s *Anpassungen durchführen* || ⟨a psych⟩ *Anpassung* f || *Beilegung; Schlichtung* f || ⟨com⟩ *Berichtigung, Ausgleichung* f; ⟨com bal⟩ *Wertberichtigung* f; ~ *of average·Seeschadenberechnung, –regulierung* f || ⟨el⟩ *Nach–, Ein–, Verstellung* f; [attr] *Einstell–* || ⟨mil⟩ *Schußwertverbesserung* f; [attr] *Einschieß–* || ~ *plate* ⟨tech⟩ *Schere* f, *Stelleisen* n

adjutage ['ædʒutidʒ] s *Auslaufrohr* n, *Aufsatz (auf Springbrunnen)* m; *Düse* f

adjutancy ['ædʒutənsi] s ⟨mil⟩ *Amt* n *e-s Adjutanten*

adjutant ['ædʒutənt] s ⟨mil⟩ *Adjutant* m; ~-*general* s *General-Adjutant* m || ~-*bird* s *Kropfstorch* m

ad-lib → ad lib

admeasure [æd'meʒə] vt *abmessen; zumessen* (to a p) **~ment** [~mənt] s *Zumessung* f || *Maß* n, *Umfang* m

administer [əd'ministə] vt/i || *verwalten; als*

Administrator verwalten ‖ *(Gesetze) handhaben, vollstrecken* ‖ *(Eid) abnehmen* (to a p *jdm*) ‖ *austeilen,* (Trost) *spenden* ‖ ⟨med⟩ *eingeben* ‖ ⟨fam hum⟩ *(e–m e–n Hieb,* °*e–e Zigarre* [= *Verweis*]) *verpassen* | vi *als Administrator fungieren* ‖ *dienen, beisteuern* (to *zu*) **-strable** [əd'minis-trəbl] a *verwaltbar* **-stration** [əd͵minis'treiʃən] s *Verwaltung* f ‖ *Verwaltungsbehörde* f; public ∼ *college Verwaltungsakademie* f ‖ *Ministerium* n, *Regierung* f; ⟨Am⟩ *Kabinett* n, *Regierung* f ‖ *Handhabung* f ‖ *Austeilung, Spendung* f ‖ *(Eides-)Abnahme* f **-strative** [əd'ministrətiv] a *administrativ, Verwaltungs-* ‖ ∼ *co-operation Zus-arbeiten* n *der Verwaltungen* ‖ ∼ *fine Ordnungsstrafe* f ‖ ⟨mil⟩ ∼ *loading Verladung* f *nach Einheiten;* ∼ *march Reise-, Verlegungsmarsch* m; ∼ N.C.O. *Funktionsunteroffizier* m; ∼ *net Versorgungsnetz* n; ∼ *vehicle* ⟨Am⟩ *-fahrzeug* n
  administrator [əd'ministreitə] s *Verwalter* m ‖ *Spender* m ‖ ⟨jur⟩ *Nachlaßverwalter* m **∼ship** [∼ʃip] s *Amt* (n) *e–s Verwalters od Testamentsvollstreckers* **-stratix** [əd'ministreitriks] s [pl ∼es, -ices] *Verwalterin* f ‖ ⟨jur⟩ *Testamentsvollstreckerin* f
  admirable ['ædmərəbl] a (**-bly** adv) *bewunderungswürdig, trefflich* **∼ness** [∼nis] s *Trefflichkeit, Bewunderungswürdigkeit* f
  admiral ['ædmərəl] s ⟨mar⟩ *Admiral* m; port-∼ *Hafenkommandant* m *(die vier Admiralsgrade: Admiral of the Fleet Flottenadmiral* m, *Admiral Admiral* m, *Vice-*∼ *Vizeadmiral* m, *Rear-*∼ *Konteradmiral* m) ‖ *Admiralsschiff* n ‖ ⟨ent⟩ *Admiral* m; white ∼ *Eisvogel* m **∼ship** [∼ʃip] s *Admiralschaft* f, *Admiralswürde* f **∼ty** [∼ti] s *Admiralität* f, *Marineamt* n ‖ ⟨jur⟩ *Schiffahrtsrecht* n; *Seegericht* n ‖ the Board of ⚓ ⟨engl⟩ *Marineministerium* (the Lords Commissioners of the ⚓); the First Lord of the ⚓ *Marineminister* m ‖ the ⚓ Court *Admiralitätsgericht* n
  admiration [͵ædmə'reiʃən] s *Bewunderung* f (of, for *für*); to ∼ *in bewundernswerter Weise* ‖ *Gegenstand der Bewunderung,* to be, become the ∼ of *bewundert w v*
  admire [əd'maiə] vi/i ‖ *bewundern; s–e Bewunderung ausdrücken für; verehren* | vi ⟨Am⟩ *gern mögen, wünschen* (to do) ‖ **∼r** [∼rə] s *Bewunderer* m ‖ *Verehrer, Anbeter* m
  admissibility [əd͵misə'biliti] s *Zulässigkeit* f **-ible** [əd'misəbl] a *zulässig, zulassungsfähig* (to *zu*)
  admission [əd'miʃən] s *Zulassung* f, *Eintritt* m (to, into *zu, in*); *Einsetzung, Aufnahme* f (to, into *in*) ‖ *Einräumung* f, *Ein–, Zugeständnis* n ‖ *Eintrittspreis* m | ∼ *ticket,* ticket of ∼ *Einlaß-, Eintrittskarte* f; ∼ *free! Eintritt od Zutritt frei!* | [attr] ⚓ Day ⟨Am⟩ *Tag* m *der Aufnahme* (into the Union) ‖ ∼ *pressure Anfangsdruck* m, *Eintrittsspannung* f; ∼ *valve* ⟨tech⟩ *Einlaßventil* n
  admit [əd'mit] vt/i **1.** vt *(jdn) zulassen* (to, into *zu*); *einweihen* (to, into); *aufnehmen* (to, into *in*); ⟨Am⟩ to ∼ to the bar *zur Rechtsanwaltspraxis zulassen,* → to call; to ∼ into one's confidence *ins Vertrauen ziehen;* this ticket ∼s one *dieses Billett ist gültig für e–n* ‖ *Raum* h *für* | *einräumen, zugeben, gestehen* (to a p *jdm gegenüber;* that; *doing getan zu haben;* a th to be true *daß etw wahr ist*) **2.** vi to ∼ of *gestatten, erlauben;* it ∼s of no excuse *es läßt sich nicht entschuldigen* ‖ this ticket ∼s to the session .. *ist gültig für die Sitzung* **-tance** [∼əns] s *Zulassung* f; *Eintritt, Einlaß* m (to *zu*) ‖ no ∼! *verbotener Eingang!, Zutritt verboten!* ‖ ⟨el⟩ *Scheinleitwert* m **∼tedly** [∼idli] adv *anerkanntermaßen*
  admixture [əd'mikstʃə] s *Beimischung* f, *Zusatz* m

admobile ['ædməbi:l] s *Reklameauto* n, → -mobile
  admonish [əd'məniʃ] vt *ermahnen* (to do; that) ‖ *erinnern* (of *an;* that), *warnen* (of *vor*) **∼ment** [∼mənt], **-onition** [͵ædmo'niʃən] s *Ermahnung* f ‖ *Warnung* f; *Verweis* m **-onitory** [əd'mənitəri] a (**-rily** adv) *ermahnend* ‖ *warnend, Warnungs-*
  ado [ə'du:] s *Tun, Treiben* n ‖ *Aufheben, Getue* n, *Lärm* m ‖ much ∼ *about nothing viel Lärm um nichts* ‖ make no more ∼ about it! *mache kein weiteres Aufhebens davon, schweig still davon!* ‖ without more ∼ *ohne weitere Umstände*
  adobe [æ'doubi] s *ungebrannter (Luft-)Ziegel* m; *-haus* n ‖ ⟨fig Am fam⟩ *mexikanisch* (∼ *dollar Peso*) ‖ ∼ *shooting Sprengen* n *mit verdämmter Ladung*
  adolescence [͵ædo'lesns] s *Jugend(zeit)* f, *Jünglingsalter* n **-cent** [͵ædo'lesnt] **1.** a *jugendlich, heranwachsend* **2.** s *Jüngling* m, *junges Mädchen* n
  Adonis [ə'dounis] *Adonis* m ‖ ⟨fig⟩ *schöner Jüngling* m; ⟨iron⟩ *Stutzer, Geck* m ‖ ⟨bot⟩ *Adonisröschen* n
  adopt [ə'dɔpt] vt *an Kindes Statt annehmen, adoptieren* ‖ ⟨fig⟩ *an–, übernehmen, sich (etw) aneignen;* ⟨Am fam⟩ °*stibitzen;* ⟨Sig⟩ (Weg) *einschlagen;* (System) *einführen, übernehmen* ‖ ∼ed children [pl] *Adoptivkinder* n pl ‖ he ∼ed a menacing posture *er nahm e–e drohende Haltung an* **∼ee** [ədəp'ti:] s *Adoptierte(r* m) f, *Adoptivkind* n **∼ion** [ə'dɔpʃən] s *Adoption, Annahme* f *an Kindes-Statt* ‖ ⟨fig⟩ *Annahme* f | brother by ∼ *Adoptivbruder* m ‖ ∼ of *country* of ∼ *neues Heimatland* n **∼ive** [∼iv] a (**∼ly** adv) *angenommen, Adoptiv-* ‖ ∼ *parents* [pl] *Adoptiveltern* pl
  adorability [ə͵dɔ:rə'biliti], **-ableness** [ə'dɔ:rəblnis] s *Anbetungs-, Verehrungswürdigkeit* f **-able** [ə'dɔ:rəbl] a (**-ably** adv) *anbetungs-, verehrungswürdig* **-ation** [͵ædo'reiʃən] s *Anbetung; Verehrung* f (of, for *f*)
  adore [ə'dɔ:] vt *anbeten, verehren* ‖ ⟨fam⟩ *sehr gern h, „lieben"* **∼r** [∼rə] s *Anbeter(in), Verehrer(in* f) m **adoring** [∼riŋ] a *Liebes-* (∼ *glance*)
  adorn [ə'dɔ:n] vt *zieren, schmücken* **∼ment** [∼mənt] s *Schmückung, Verzierung* f; *Schmuck* m
  adown [ə'daun] adv ⟨poet⟩ = down
  Adriatic [͵eidri'ætik] s the ∼ *das Adriatische Meer* n
  adrift [ə'drift] adv & pred a ⟨mar⟩ *treibend, schwimmend, Wind und Wellen preisgegeben;* to cut ∼ *(Boot) treiben lassen* ‖ ⟨fig⟩ *dem Schicksal preisgegeben;* to cut a p (o.s.) ∼ *jdn (sich) absondern* (from *von*) ‖ to turn a p ∼ *jdn fortjagen*
  adroit [ə'drɔit] a (∼ly adv) *geschickt* **∼ness** [∼nis] s *Geschicklichkeit, Gewandtheit* f
  adsorbate [əd'sɔ:beit] ⟨chem⟩ **1.** vt *absorbieren* **2.** s *absorbierte, absorbierende Substanz* f **-ber** [-bə] s *Rückgewinnungsanlage* f
  adtevac ['ætivæk] s (= adsorption + temperature + vacuum) *process (med) Dorei tung f e–r Blutkonserve*
  adulate ['ædjuleit] vt (*servil) schmeicheln* **-ation** [͵ædju'leiʃən] s *Schmeichelei, Speichelleckerei* f
  adulator ['ædjuleitə] s *Schmeichler, Speichellecker* m **∼y** [∼ri] a *schmeichlerisch, servil*
  adult ['ædʌlt, mst ə'dʌlt] **1.** a *erwachsen;* ⟨fig⟩ *reif* **2.** s *Erwachsene(r* m) f, *Volljährige(r* m) f ⟨a demog⟩
  adulterant [ə'dʌltərənt] s *unechter Zusatz* m, *Fälschungsmittel* n
  adulterate [ə'dʌltəreit] vt *verfälschen, verderben* ‖ (Milch) *verdünnen* ‖ ∼d brandy *Weinbrandverschnitt* m **-rate** [ə'dʌltərit] a *ehebrecherisch* ‖ ⟨fig⟩ *verfälscht* **-ration** [æ͵dʌltə'reiʃən] s *Verfälschung, Fälschung* f **-rator** [ə'dʌltəreitə] s

Fälscher, Verfälscher m **–rer** [ə'dʌltərə] s *Ehebrecher* m **–ress** [ə'dʌltəris] s *Ehebrecherin* f **–rine** [ə'dʌltərain] a *im Ehebruch erzeugt*; *ehebrecherisch* ‖ ⟨fig⟩ *unecht, verfälscht* **–rous** [ə'dʌltərəs] a (∼ly adv) *ehebrecherisch* **–ry** [ə'dʌltəri] s *Ehebruch* m ‖ ⟨bib⟩ *Unzucht* f; woman taken in ∼ *Ehebrecherin* f ⟨*a* bib, arts⟩

adumbrate ['ædʌmbreit] vt *abschatten* ‖ *flüchtig entwerfen, skizzieren* ‖ *schwach andeuten* **–ation** [ˌædʌm'breiʃən] s *Abschattung* f; *Umriß* m, *Skizze* f ‖ *Andeutung* f

advance [əd'vɑ:ns] vt/i ‖ *vorwärtsbringen* ‖ *fördern*; *helfen* ‖ *beschleunigen* ‖ *befördern*; to be ∼d to be (*od* to the rank of) colonel *zum Oberst befördert w* ‖ (*Preis*) *erhöhen* ‖ *vorschießen, vorausbezahlen*; *leihen* (a p money *jdm G.*) ‖ *vorbringen, –tragen*; *aufstellen, äußern, darbieten* | vi *vorgehen, –dringen; an–, vorrücken* (against, on *gegen*) ‖ *Fortschritte* m, *fortschreiten*; *avancieren, aufrücken* ‖ (of prices) *steigen* **∼d** [∼t] a *vorgeschoben, vorn stehend* ‖ ⟨fig⟩ *vorgeschritten*; *modern, extrem, emanzipiert* ‖ ∼ in years *in vorgerücktem Alter* ‖ ∼ age *vorgerücktes Alter* n ‖ ∼ base ⟨mount⟩ *vorgerücktes Lager*; ∼ course *Lehrgang* f *Fortgeschrittene, Oberkursus* m; ∼ freight *vorausbezahlte Fracht* f; ∼ trainer *Fortgeschrittenen-Ausbilder* m, ⟨aero⟩ *F.-Schulflugzeug* n ‖ ⟨mil⟩ ∼ command echelon [abbr ⟨Am⟩ ADVON] *vorgeschobener Gefechtsstab* m; ∼ c. post *vorgeschobener Gefechtsstand* m ‖ ⟨scient⟩ ∼ research *höhere wissenschaftliche* (*Forschungs-*)*Arbeit*(en pl) f; ∼ studies *fortgeschrittenes Studium* ‖ ⟨ind⟩ *Veredelungs*- (basic [*Rohstoff–*] and ∼ industries) **–ment** [∼mənt] s *Beförderung* f, *Emporkommen* n ‖ *Förderung* f ‖ *Fortschritt* m; *Veredelung* f ‖ *Errungenschaft* f

advance [əd'vɑ:ns] s *Vorrücken, Vorschreiten* n ‖ *Angebot* n; *Entgegenkommen* n; ∼s, pl *Annäherungsversuche*, pl (to make ∼s to a p) ‖ *Beförderung* f ‖ *Fortschritt* m (on a th *gegenüber e–r S*); *Vervollkommnung* f ‖ *Erhöhung* f (in prices *der Preise, Kursanstieg* m); *Aufschlag* m; in auctions *Mehrgebot* n (on) ‖ *Vorschuß* m, *Darlehen* n ‖ ⟨mil⟩ *Vorrücken* n, *Vormarsch* m | in ∼ *vorn, voraus*; (of time) *im voraus*; payment in ∼ *Vorauszahlung* f ‖ to be in ∼ of a p *jdm voraus sein* ‖ on the ∼ *im Steigen begriffen* | [attr] *Voraus–*; *Vor–* (∼ sale *–verkauf*); *vorherig* (information) ‖ ∼-money *Vorschuß* m ‖ ⟨mil⟩ ∼ guard *Vorhut* f; ∼ g. point *Spitze* f; ∼ party, ∼ force *Vorausabteilung* f, *Vortrupp* m, *–kommando* n; ∼ position *vorgeschobene Stellung* f

advantage [əd'vɑ:ntidʒ] **1.** s *Vorteil* m (to *für*); *Nutzen* m ‖ *Überlegenheit* f, *Übergewicht* n (over, of *über*) ‖ ⟨ten⟩ *Vorteil* m | to ∼ *vorteilhaft, mit Gewinn* ‖ to your ∼ *zu d–m Vorteil, dir zum Nutzen* ‖ the ∼s will be yours *es wird Ihnen z Vorteil gereichen* ‖ to the best ∼ *aufs vorteilhafteste* ‖ you have the ∼ of me *ich habe nicht die Ehre, Sie zu kennen* ‖ to take ∼ of *Vorteil ziehen aus, ausnutzen*; (jdn) *übervorteilen* ‖ to take a p at ∼ *jdn überraschen* ‖ to turn a th to one's ∼ *sich etw zunutze machen* ‖ ∼-ground ∼ vantage-ground **2.** vt (jdm) *Vorteil gewähren, nützen*; (etw) *fördern*

advantageous [ˌædvɑ:n'teidʒəs, –vən–] a (∼ly adv) *vorteilhaft, günstig* (to, for *für*) **∼ness** [∼nis] s *Vorteilhaftigkeit* f

advent ['ædvənt] s *Ankunft* f ‖ (*Empor-*)*Kommen* n (to power *zur Macht*) ‖ ⟨ec⟩ *Advent* m **∼ism** [∼izm] s *Jahrtausend-Weltende-Glaube* m **∼itious** [ˌædven'tiʃəs] a (∼ly adv) *hinzukommend*; *zufällige, fremd* ‖ *Neben–*

adventure [əd'ventʃə] **1.** s *Abenteuer* n (∼ story *–geschichte* f), *Erlebnis* n ‖ *Wagestück*;

Wagnis n ‖ *unerwartetes Ereignis* n ‖ *Spekulation* f **2.** vt/i ‖ *wagen, riskieren* | vi ⟨*a* fig⟩ *sich wagen* (into, in *in*; on a th *an*); *wagen* (to do) **∼some** [∼səm] a *unternehmungslustig, waghalsig, kühn* | **∼r** [∼rə] s *Abenteurer, Glücksjäger* m ‖ *Spekulant* m | **∼ss** [∼ris] s *Abenteuerin* f

adventurous [əd'ventʃərəs] a (∼ly adv) *abenteuerlich*; *kühn*; *unternehmungslustig* ‖ *riskant*

adverb ['ædvə:b] s ⟨gram⟩ *Adverb, Umstandswort* n **∼ial** [əd'və:biəl] ⟨gram⟩ (∼ly adv) *adverbial*

adversary ['ædvəsəri] s *Gegner*(in), *Widersacher*(in), *Feind*(in f) m

adverse ['ædvə:s] a *gegnerisch, feindlich* (to a th *e–r S*); ∼ witness *Zeuge* m *der Gegenpartei* ‖ *widrig* (∼ fate); ∼ weather ⟨meteor⟩ *Schlechtwetter* n | [pred] *zuwider*; to be ∼ to a th *gegen etw sein* | *ungünstig, nachteilig* (to *für*); *Miß–*; ∼ balance ⟨com⟩ *Fehlbetrag* m ‖ *gegenüberstehend, –liegend* **∼ly** [∼li] adv *zuwider* (to a th *e–r S*)

adversity [əd'və:siti] s *Mißgeschick* n, *Not* f, *Unglück* n

advert 1. [əd'və:t] vi : to ∼ to a th *in Wort or Schrift hinweisen, anspielen auf etw*; *etw berühren* **2.** ['ædvə:t] s = advertisement

advertise ['ædvətaiz] vt/i ‖ *öffentlich bekanntmachen, ankündigen* ‖ (*Waren*) *ankündigen, anzeigen* ‖ *anpreisen*; *werben für* ‖ (etw) *an die gr Glocke hängen* ‖ † *jdn benachrichtigen* (of *von*) | vi *annoncieren, inserieren*; *Reklame* m ‖ to ∼ for *annoncieren nach, durch Inserat suchen* **∼ment** [əd'və:tismənt] s *öffentl. Ankündigung* ‖ *Anschlagzettel* m ‖ *Annonce, Anzeige* f, *Inserat* n; to insert (*od* to put) an ∼ *in a paper ein 1. aufgeben* ‖ *Reklame* f ‖ **∼r** [∼ə] s *Anzeiger* m, *Anzeigeblatt* n ‖ *Inserent* m

advertising ['ædvətaiziŋ] **1.** a *inserierend* **2.** s *Inserieren* n, *Reklame* f; speed ∼ *Laufschrift* f; visual ∼ *Sichtwerbung* f ‖ [attr] *Anzeige–*; *Inseraten–*; *Reklame–* ‖ ∼-agency *Annoncenbureau* n; ∼ art *Gebrauchsgraphik* f; ∼ artist *Werbe–, Gebrauchsgraphiker* m

advice [əd'vais] s **1.** [*nur* sg & sg konstr] *Rat, –schlag* m, *–schläge* pl (about *über*, to *an, für*), a piece of ∼ *ein* (*guter*) *R.* | on (*od* by) the ∼ of *auf Rat von* (on my ∼) ‖ to seek ∼ from *R. holen* v ‖ to take ∼ *R. holen, Erkundigungen einziehen, sich raten l*; to take a p's ∼ *jds R. befolgen*; take my ∼ *folge m–m Rate*; to take medical ∼ *e–n Arzt konsultieren* **2.** [pl ∼s] *Nachricht* f (late ∼s from Paris); *Mitteilung, Meldung* f; ⟨com⟩ *Avis* m; ∼s pl *Mitteilungen, Berichte* m pl ‖ letter of ∼ *Avisbrief* m, as per ∼ of *laut Bericht von*; until further ∼ *bis auf weitere Nachricht* | ∼-boat ⟨mar⟩ *Depeschenschiff* n, *Aviso* m

advisability [ədˌvaizə'biliti], **–ableness** [əd'vaizəblnis] s *Ratsamkeit, Zweckmäßigkeit* f **–able** [əd'vaizəl] a *ratsam* (to), *rätlich* ‖ *für Rat empfänglich*

advise [əd'vaiz] vt/i ‖ (jdm) *raten* (to do; on, about *betr*), *empfehlen*; he ∼d this to be done *er riet, dies zu tun*; he would be well ∼d to go *er täte gut daran z gehen* ‖ (jdn) *ermahnen, warnen* (against doing *zu tun*); I ∼ you not to go out *ich warne dich, auszugehen* ‖ *benachrichtigen* (of od that...); *avisieren* | vi *beraten*; *sich beraten* (with a p *mit*) | **∼d** [∼d] a *überlegt* ‖ be ∼! *sei vorsichtig!* ‖ be ∼ by me! *laß dir raten!* ‖ ill–∼ *schlecht beraten, unpolitisch* ‖ well–∼ *gut beraten, wohl überlegt* **∼dly** [əd'vaizidli] adv *mit Überlegung, mit Vorbedacht; absichtlich* **∼dness** [əd'vaizidnis] s *Überlegtheit* f; *Vorbedacht* m **∼e** [ˌædvai'zi:] s *Beratene*(r m) f **∼ment** [∼mənt] s *Beratung* f, to take .. under ∼ *beraten* | **∼r, –sor**

[~ə] s *Ratgeber* m (of, to a p *jds*) || medical ~ *ärztlicher Berater* m

advisory [əd'vaizəri] a *beratend, ratgebend*; ~ committee *Beratungsäusschuß* m; ~ group *Beratergruppe* f

advocacy ['ædvəkəsi] s *Anwaltstätigkeit* f; *Verteidigung* f (in ~ of *zur V. von*) || *Befürwortung* f; *Eintreten* n (of *für*) **advocate** ['ædvəkit] s ⟨fig⟩ *Verteidiger*; *–fechter* m; to be a great ~ of a th *viel von etw halten* || ⟨jur Scot⟩ *Anwalt, Advokat* m, the Lord ~ *erster Kronanwalt* m || *Devil's* ~ ⟨bes ec⟩ *advocatus* m *diaboli* L **advocate** ['ædvəkeit] vt *verteidigen, –fechten*; *eintreten für, befürworten*

advowson [əd'vauzən] s ⟨jur⟩ *Pfründenbesetzungsrecht* n

adynamic [ædai'næmik] a ⟨med⟩ *kraftlos, schwach*

adze [ædz] **1.** s *Dachs–, Breitbeil* n, *Krummaxt* f **2.** vt *mit dem B. bearbeiten*

Aegean [i:'dʒi:ən] a *ägäisch*, the ~Sea (a the ~) *das Ägäische Meer* n

ægis ['i:dʒis] s ⟨myth⟩ *Ägis* f || ⟨fig⟩ *Ägide* f, *Schutz* m (under the ~ of)

Æolian [i:'ouliən] a *äolisch* || *Wind–, Äols–*; ~ harp *–harfe* f

æon, eon ['i:ən] s *Aone* f, *Zeitalter* n || *Ewigkeit*

aerate ['eiəreit] vt *der Luft aussetzen* || *mit Kohlensäure sättigen* || **~d** [~id] a *kohlensauer* (~ water)

aerial ['ɛəriəl] **1.** a (~ly adv) *luftig, atmosphärisch, Luft–* (~ perspective *–perspektive* f); (hoch) *in der L.*; ⟨tech⟩ *Freileitung–, Hoch–* || ⟨paint⟩ *verblasen, –schwommen* || ⟨aero⟩ *Luft–, Flieger–*; ~ burst ⟨a artill⟩ *Explosion* f *in der L.* || ~ cable ⟨Am telph⟩ *Luftkabel* n || ~ camera *Luftbildgerät* n || ~ car ferry *Flugfähre* f (z & v *Kontinent*) || ⟨aero⟩ ~ combat tactics *Luftkampftaktik* f; ~ corridor *–schneise* f; ~ cover(age) *–sicherung* f; ~ defence *–schutz* m, *–abwehr* f || ~ lead *Antennenleitung* f || ~ line ⟨el⟩ *Freileitung* f || ⟨aero⟩ ~ navigation *Luftfahrt, –ortung*; ~ target *–ziel* n || ~ railway, ~ ropeway *Schwebe–, Drahtseilbahn* f || ~ survey *Luftvermessung* f; ~ transport *–transport* m || ~ view *–bild* n, *Fliegeraufnahme* f || ~ warfare *Luftkrieg(sführung* f) m | ⟨fig⟩ *wesenlos, äth·erisch*; *überirdisch* **2.** s ⟨wir⟩ *Antenne* f (frame ~ *Rahmen–*, main ~ *Netz–*, outdoor ~ *Hoch–*, trailing ~ ⟨aero⟩ *Schlepp–*) **~ist** [~ist] s *Kunstflieger*; *Trapezkünstler* m

aerie, –ry ['ɛəri] s *Nest* n (e–s *Raubvogels*), *Horst* m || *Brut* f || → *eyrie*

aero ['ɛərou] s [pl ~s] ⟨fam⟩ *Flugzeug, Luftschiff* n || [attr] *Luft–, Flug–* (engine)

aero– *Luft–, Flug–, Aero–* **~ballistics** [ɛərobə'listiks] s pl [pl konstr] *Luftschießlehre* f **~batic** [ɛərə'bætik] a : ~ aircraft *Kunstflugmaschine* f **~batics** s pl [pl konstr] *Kunstfliegen* n, *–flug* m, *–flüge* pl **~be** ['ɛəroub] s *Sauerstoff benötigendes Lebewesen* n **~bee** ['ɛərobi:] s ⟨Am⟩ *Überstratosphären-Rakete* f, *–Geschoß* n **~bus** ['ɛərobʌs] s ⟨sl⟩ „*Kiste*" f (*Flugzeug*) **~cab** ['ɛərokæb] s *Lufttaxi* n **~drome** ['ɛərədroum] s *Flugplatz, –hafen* m; ~ lighting *Flugplatzbefeuerung* f **~dynamic** [ɛərədai'næmik] a *aerodynamisch* : ~ force *Luftkraft* f; ~ volume *–verdrängung* f **~dynamics** pl *Aerodynamik, Strömungstechnik* f; experimental ~ *experimentelle Strömungslehre* f **~embolism** [ɛəro'embəlizm] s *Luftembolie* f (*Höhen–, Caisson-Krankheit* f) **~dyne** ['ɛərodain] s *Schwerer-als-Luft-Flugzeug* n **~engine** ['ɛəro,endʒin] s *Flugzeugmotor* m **~foil** ['ɛərofoil] s ⟨aero⟩ *Tragfläche* f **~gram** ['ɛərogræm] s *Funkspruch* m, *Aerogr·amm* n **~hydroplane** [ɛəro'haidroplein] s *Wasserflugzeug* n **~lite** ['ɛərolait] s ⟨minr⟩ *Aerolith, Me-*

teorstein m **~meter** [ɛə'rəmitə] s *Aerometer, Luftmesser* m **~naut** ['ɛərənɔ:t] s *Luftschiffer, Flieger* m **~nautic(al)** [ɛərə'nɔ:tik(əl)] a *aeronautisch*; *Luftschiffahrts–*; **~al** chart *Luftfahrtkarte* f **~nautics** [ɛərə'nɔ:tiks] s [sg konstr] (~ is a science) *Aeronautik, Luftschiffahrt* f, *–swesen* n; *Luftfahrt, Flugwissenschaft* f **~neurosis** [ɛəronjuə'rousis] s (pl *–ses* [–si:z]) *Fliegerneurose* f **~pause** ['ɛərəpɔ:z] s v *Flugzeug noch nicht erreichte Höhen* f pl **~photo** [ɛəro,foutou] s ⟨phot⟩ *Luftaufnahme* f **~plane** ['ɛərəplein] s *Flugzeug* n; ~ flight manual *Flughandbuch* n **~stat** ['ɛərostæt] s *Luftballon* m || = aeronaut **~static** [ɛərə'stætik] a *aerostatisch*; **~statics** [ɛərə'stætiks] s pl *Aerost·atik, Lehre* f *vom Gleichgewicht gasförmiger Körper* || = aeronautics **~tel** [ɛəro'tel] s *Flugplatzhotel* n (f *Privatflugzeuge*), → motel

Aertex ['ɛəteks] s (*geschützter Name*) *leichtes gegen Kälte u Hitze schützendes Netzgewebe* n; ~ shirt *Netzhemd* n

æruginous [iə'ru:d ʒinəs] a *grünspanartig*

Æsculapian [i:skju'leipiən] a *Äskulapisch, ärztlich* || ~ rod od staff ⟨med⟩ *Äskulapstab* m

æsthete ['i:sθi:t] s *Ästhet*; *Ästhetiker* m; *der ästhetisch Gebildete*

æsthetic [i:s'θetik] a (~ally adv) *ästhetisch*; *Kunst–* **~ism** [i:s'θetisizm] s *Ästhetizismus* m, *Schöngeistelei* f **~s** [~s] s [sg konstr] *Ästhetik* f

æstival, es– [i:s'taivəl] a *sommerlich* *–ate* ['i:stiveit] vi *übersommern*; ⟨zoo⟩ *Sommerschlaf halten* **–ation** [i:sti'veifən] s *Sommerschlaf* m

ætiology [i:ti'ɔlədʒi] s *Lehre von den Ursachen* ⟨bes med⟩ f

afar [ə'fɑ:] adv ⟨poet⟩ *weit, entfernt* || ~ off *weit weg* || from ~ *von weit her, aus weiter Ferne*

affability [æfə'biliti] s *Leutseligkeit, Freundlichkeit* f

affable ['æfəbl] a (–bly adv) *leutselig, freundlich* (to *gegen, zu*)

affair [ə'fɛə] s **1.** *Affäre, Angelegenheit, Sache* f; *Ding* n || *Geschäft* n, *Handel* m ⟨mil⟩ *Treffen, Gefecht* n || *Streit* m | ⟨fam⟩ *Sache, Geschichte* f; that is (not) my ~ *das ist (nicht) m–e S* || ⟨fam⟩ *Ding*, a gorgeous ~ *ein großartiges Ding* **2.** **~s** pl *Angelegenheiten* f pl, (~s of [the] state *Staats–*); *Verhältnisse* (of a p), *Geschäfte* n pl; *politische Vorgänge* m pl; state of ~s *Lage* f *der Dinge* **3.** ~ of honour *Ehrensache* f; *Duell* n || Secretary of State for Foreign ~s ⟨engl⟩ *Minister* m *des Auswärtigen, Außenminister* || a man of many ~s *ein vielseitiger, –beschäftigter Mann* m || as ~s stand, in the present state of ~s *wie die Dinge stehen (liegen)* || at the head of ~s *an der Spitze der Regierung, des Unternehmens* || ⟨fam⟩ to have an ~ with e–e *Liebelei* h *mit* || to make an ~ of *e–e wichtige Angelegenheit* m *aus*

affect [ə'fekt] vt *schädlich wirken auf*; *in Mitleidenschaft ziehen*; *angreifen* (the eyes); *beeinflußen* || *wirken auf, hereinwirken* || ⟨chem⟩ *einwirken*; to ~ upon *angreifen, ätzen, beizen* || ⟨fig⟩ *bewegen, (be)rühren*

affect [ə'fekt] **1.** vt *mit Vorliebe tun, ausüben* || *gern be–, aufsuchen* || *gern haben, Gefallen finden an,* ~ed by *beliebt bei* || *gern (Form, Charakter) annehmen* | (*er)heucheln*; *vorgeben*, to ~ to salute *tun als ob man grüßen will* **2.** s ⟨psych⟩ *Affekt* m **~ation** [æfek'eifən] s *übertriebene Vorliebe* (of *für*) || *Künstelei, Affektiertheit, Geziertheit* f || ⟨arts⟩ *Verziertheit* f || *Heuchelei, Verstellung* f

affected [ə'fektid] a (~ly adv) *geziert, unnatürlich, affektiert* || *verstellt, erheuchelt*

affected [ə'fektid] a *behaftet* (with) || *befallen, angegriffen, krank,* mentally ~ *geisteskrank* || *gerührt* | *geneigt, gesinnt* (well, ill~)

affecting [ə'fektiŋ] a (~ly adv) *ergreifend, rührend*

affection [ə'fekʃən] s *Gefühl* n, *Gemütsbewegung* f || *Neigung, Zuneigung, Liebe* f (for, towards *zu*), to have an ~ for a p *Liebe zu jdm haben*; to set one's ~s on a p *sein Herz hängen an jdn* | **~s** pl *Neigung, Liebe*(*sangelegenheiten* pl) f | ⟨med⟩ *Affektion* f; *Erkrankung* f, *Leiden* n

affectionate [ə'fekʃnit] a (~ly adv) *liebevoll, herzlich, zärtlich* || Yours ~ly (*Briefschluß*) *dein dich innigst liebender, in Liebe dein* **~ness** [~nis] s *Liebe, Zärtlichkeit* f

affective [ə'fektiv] a *Gefühls–, Affekt–* (~ *life*)

affiance [ə'faiəns] **1.** s *Vertrauen* n (in *in*) || *Verlobung* f **2.** vt *verloben* | **~d** a : to be ~ to *verlobt s mit*

affiant [ə'faiənt] s *jd, der e–e eidesstattliche Erklärung abgibt*

affidavit [æfi'deivit] s L ⟨jur⟩ *schriftliche, eidliche od eidesstattliche Erklärung* f (to make an ~ of)

affiliate 1. [ə'filiit] s *angeschlossener Verband* m **2.** [ə'filieit] vt/i || *als Mitglied aufnehmen, angliedern, anschließen* (to *an*); *verbinden, verschmelzen* (with *mit*) | ⟨jur⟩ to ~ a child on a p *jdm die Vaterschaft e–s unehelichen Kindes zuschieben*; to ~ a child to a p *jdm die Vaterschaft e–s Kindes zuschreiben* | vi ⟨*bes* Am⟩ *sich zus–schließen; zus–arbeiten* (with); *sich gut mit–e–a vertragen* | **~d** [~id] a *Schwester–* (~ *church*); *Zweig–* (~ *company*)

affiliation [ə‚fili'eiʃən] s *Annahme* f *an Kindes Statt* || *Aufnahme* f *als Mitglied* || *Angliederung, Anschließung* f (to *an*) ⟨jur⟩ *Feststellung* f *der Vaterschaft* (*e–s unehelichen Kindes*) || ⟨fig⟩ *Zurückführung* f (on *auf*)

affined [ə'faind] a *verwandt* (to *mit*)

affinity [ə'finiti] s *Verschwägerung, Verwandtschaft* f (with *mit*), elective ~ *Wahl–* || *Ähnlichkeit* f, ⟨fig⟩ *geistige Verwandtschaft* f (between) || *verwandte Seele* f; –ties [pl] *Wesensverwandte* pl || ⟨chem⟩ *Affinität, natürliche Anziehung, Verwandtschaft* f

affirm [ə'fə:m] vt/i || *versichern, behaupten, bejahen* (a th; that); *bezeugen* || ⟨jur⟩ *bestätigen* | vi *an Eides Statt versichern* **~ation** [‚æfə:'meiʃən] s *Behauptung*; *Versicherung* f || *Bestätigung* f (in ~ of *zur B. von*) || *eidesstattliche Erklärung* f **~ative** [~ətiv] **1.** a (~ly adv) *bejahend*; *behauptend, positiv* **2.** s *Bejahung* f || in the ~ *bejahend,* he answered in the ~ *er bejahte es*

affix ['æfiks] s *Anhang* m | ⟨gram⟩ *Affix* n

affix [ə'fiks] vt *anheften, anhängen, ankleben, befestigen* (to *an*); (*Siegel*) *aufdrücken* || *bei–, hinzufügen*; ⟨fig⟩ *zufügen* (to *zu*)

afflatus [ə'fleitəs] s L *Eingebung* (divine ~); *Begeisterung* f

afflict [ə'flikt] vt *betrüben, kränken, quälen* [a refl] **~ed** [~id] a *betrübt, niedergeschlagen* (at *über*) | *krank, leidend* (with *an*) || **~ion** [ə'flikʃən] s *Niedergeschlagenheit, Trauer* f || *Kummer* m, *Leid* n | *Jammer* m, *Not* f || *Mißgeschick* n || *Gebrechen, Leiden* n

affluence ['æfluəns] s *Zufluß* m || *Überfluß* m; *Reichtum* m **–ent** ['æfluənt] **1.** a (~ly adv) *reichlich zuströmend, reichlich* || *wohlhabend; reich* (in *an*) **2.** s *Neben–, Zufluß* m

afflux ['æflʌks] s *Zuströmen* n, *Zufluß* m; *Andrang* m

afford [ə'fɔ:d] vt (*in Verbindung mit* can, could, etc) *die Mittel haben, sich* [dat] *erlauben od leisten* (to do *zu tun*); *aufbringen, erschwingen*; [*mst* interr & neg] *entbehren*; ⟨fig⟩ *verkraften*; (*finanziell*) *darstellen*; to ~ to incur a loss *e–n Verlust ertragen* (*können*); I cannot ~ it *meine Mittel erlauben mir das nicht*; I can(not) ~ a new suit *ich kann mir e–n* (*k–n*) *neuen Anzug*

leisten | *gewähren* (protection), (it ~s me great satisfaction); it ~s us much pleasure *es ist uns e–e* (*gr*) *Freude* || *bewilligen*; *liefern*; (*Anblick*) *bieten*

afforest [æ'fɔrist] vt *aufforsten* **~ation** [æ‚fɔris'teiʃən] s *Aufforstung* f

affranchise [æ'fræntʃaiz] vt *befreien, freigeben*; (*jdm*) *das Wahlrecht erteilen*

affray [ə'frei] s *Aufruhr, Krawall* m, *Schlägerei* f, *Raufhandel* m; ⟨jur⟩ *öffentliche Schlägerei* or *Ruhestörung* f; ⟨mil⟩ *Geplänkel* n

affright [ə'frait] **1.** vt ⟨† *poet*⟩ *erschrecken* **2.** s ⟨† poet⟩ *Schrecken* m

affront [ə'frʌnt] **1.** vt *beschimpfen,* (*absichtlich*) *beleidigen* || ⟨fig⟩ *die Stirn bieten; trotzen* **2.** s *grobe Beleidigung* (to *für*), *Beschimpfung* f, *Schimpf* m || to put an ~ upon a p *jdn öffentlich beleidigen* | to swallow an ~ *e–e Beleidigung einstecken, ruhig ertragen*

affusion [ə'fju:ʒən] s *Begießen, Übergießen* n

Afghan ['æfgæn] **1.** s *Afgh·ane* m, *Afghanin* f **2.** a *afghanisch*

afield [ə'fi:ld] adv *im* (*ins*) *Feld; auf dem* (*das*) *Schlachtfeld* || to go far ~ *weit hinaus, weggehen*; ⟨fig⟩ *in die Ferne schweifen*

afire [ə'faiə] adv & pred a *in Feuer, in Flammen*; *brennend*

aflame [ə'fleim] adv & pred a *in Flammen*; ⟨fig⟩ *glänzend*

afloat [ə'flout] adv & pred a *schwimmend, flott* || *zu Wasser*; *auf dem Meere*; *auf See*; *an Bord*, to be ~ *schwimmen*; to keep ~, to be still ~ *sich über Wasser halten* ⟨a fig⟩; to set ~ (*Schiff*) *flottmachen* | (*to put in Umlauf* (to set ~ in U. setzen); ⟨com⟩ *in Kurs, zirkulierend*; *in vollem Gange*; the rumour is ~ *das Gerücht geht um* || *ohne Schulden, schuldenfrei*

afoot [ə'fut] adv & pred a *zu Fuße* || ⟨fig⟩ *im Gange, in Bewegung* || ⟨Am fam⟩ not to know whether one is ~ or on horseback ,,°*nicht wissen, ob man Männchen oder Weibchen ist*"

afore [ə'fɔ:] ⟨naut⟩ **1.** adv *vorwärts; vorn* **2.** prep *vor* **3. afore..** [ə'fɔ:] pref *vorher* **~mentioned** [~menʃnd], **~named** [~neimd], **~said** [~sed] a *vorerwähnt, vorgenannt; obig*; ⟨jur⟩ *vorbesagt* **~thought** [ə'fɔ:θɔ:t] a (*hinter dem* s) *vorbedacht*; with malice ~ *in böser Absicht,* ⟨jur⟩ *böswillig u mit Vorbedacht, in böswilliger Absicht* **~time** [ə'fɔ:taim] **1.** a *früher* **2.** adv *ehemals, früher*

afoul [ə'faul] a & adv ⟨Am⟩ *in Verwirrung*; to run ~ of *in Konflikt geraten mit* (the law)

afraid [ə'freid] pred a *erschrocken, ängstlich, bange, besorgt* || to be ~ of a p, of a th; of doing, to do *sich fürchten, Angst haben vor jdm; vor etw; zu tun* || to be ~ to do, of doing *sich scheuen zu tun* || to be ~ that (lest) *fürchten, daß* || I am ~ I am late ⟨fam⟩ *ich befürchte, glaube fast, es tut mir leid, daß ich zu spät komme*

Aframerican [‚æfrə'merikən], **Afro(-American)**, **Afric** ['æfrik] s ⟨Am⟩ *Neger* m || *Neger–*

Afrasia [æf'reiʒə] s *Nordafrika u Südwestasien* n

afreet ['æfri:t] s *böser Geist, Kobold* m

afresh [ə'freʃ] adv *von neuem, wieder*

African ['æfrikən] **1.** a *afrikanisch,* ⟨Am *a*⟩ *Neger–* (~ Methodist Church) || ⟨sl⟩ ~ dominoes, ~ golf *das Würfeln* n **2.** s *Afrikaner* m

Afrikaans [‚æfri'ka:ns] s *K·apholländisch* (*offizielle holländ. Sprache in Südafrika*) (~ is...) **–kander** [‚æfri'kændə] s *ein in Südafrika geborener Weißer* (*bes Holländer*)

aft [a:ft] adv ⟨mar⟩ *achter(n), achteraus; hinten im Schiff; nach hinten* || ~ gate *unteres Schleusentor, Niedertor* n || ~ gunner ⟨aero⟩ *Heckschütze* m

after ['a:ftə, ⟨Am⟩ æ:ftə] **1.** prep a. [*räumlich*]

nach : one station ∼ Ely; the adverb "only" is placed before or ∼ the noun ‖ *hinter (.. her)*: to be, go ∼ a p, a th; they went one ∼ another *sie gingen·hinter–e–a*; ⟨übtr⟩ what are you ∼? ⟨fam⟩ *was treibst du suchst du da*?; he gets what he goes ∼ *er erreicht, was er will* **b.** [*zeitlich*] *nach*: ∼ the expiration of two years, ∼ a lapse of three months *nach Verlauf v ..*; ∼ years *nach Jahren*; he committed one error ∼ another . *e–n F. nach dem anderen*; blow ∼ blow *Schl. auf Schl.*; year ∼ year *J. für J.*; he ran ∼ me *ich lief zuerst, er nach mir*; *er lief nach mir*; oh, ∼ you! ⟨fam⟩ *reden Sie ruhig aus!* (= *nun aber genug!*) ‖ ⟨Am⟩ .. ∼ four .. *nach 4 Uhr*, → past ‖ ∼ hours *nach Ladenschluß, der Polizeistunde*, → day ‖ ∼ all *am Ende doch, schließlich doch*; *übrigens, bei alledem*; *infolge davon*; *trotzdem* **c.** ⟨übtr⟩ *gemäß, entsprechend*; ∼ this fashion *auf diese Weise* ‖ *nach*: ∼ the manner, the example of ..; built ∼ one type; a man ∼ my own heart; a picture ∼ Raphael ‖ everything succeeded ∼ his wish *alles ging nach Wunsch* **2.** adv *hinterher* (to come ∼) ‖ *nachher, später* ‖ shortly ∼ *kurz darauf* ‖ the year ∼ *das folgende Jahr, im folgenden Jahre* ‖ two years ∼ *zwei Jahre darauf, später* **3.** conj *nachdem* **4.** a *hintere(r, –s)*; *später, folgend, zukünftig* **5.** s [pl ∼s] ⟨cul fam⟩ *Nachgericht* n *Gang* m *nach dem Hauptgericht* **6.** [*in comp*] (*aus vorherg. Bedeutungen*): **∼-birth** ⟨med⟩ *Nachgeburt* f, ⟨a fig⟩ ‖ **∼-burning** (*Raketensatz-*) *Nachbrenner* n ‖ ∼-care *weitere Beobachtung od Fürsorge f Entlassene* f ‖ ∼-dinner [a] *unmittelbar nach dem Essen*; *Nachtisch–* ‖ ∼-effect *Nachwirkung* f ‖ ∼-glow *Nachglühen* n; *Abendrot* n ‖ ∼-grass = ∼-math ‖ ∼-hours [pl] *nachfolgende Stunden* f pl, *die Zeit nach Schluß* ‖ ∼-image *Nachbild* n ‖ ∼-life *das spätere Leben*; *das zukünftige Leben* ‖ ∼(-)math ['ɑ:ftəmæθ] *zweite Grasernte* f, *Grummet* m; ⟨fig⟩ *Nachwirkungen* f pl (*of war*) ‖ ∼-pains [pl] *Nachwehen* pl ‖ ∼-part ⟨mar⟩ *Hinterteil* n ‖ ∼-piece ⟨theat⟩ *Nachspiel* n ‖ ∼-sails [pl] *Hintersegel* n pl ‖ ∼-season ⟨com⟩ *stille Zeit* f ‖ ∼-ski *clothes* [pl] *Après-Schi-Kleidung* f ‖ ∼-taste *Nachgeschmack* m ‖ ∼-thought *nachträglicher, späterer Einfall* m; *Hintergedanke* m ‖ ∼-times [pl] *zukünftige Zeiten* f pl, *Folgezeit* f ‖ ∼-treatment *Nachkur* f ‖ ∼-years [pl] *das spätere Leben*, in ∼-years *in Zukunft* ∼**burner** ['ɑ:ftə,bə:nə] s ⟨aero-jet⟩ *Nachbrenner* m, ∼ after 6. ∼**light** ['ɑ:ftəlait] s *nachträgliche Einsicht* f

aftermost ['ɑ:ftəmoust] a ⟨mar⟩ *hinter, achter, hinterst*

afternoon ['ɑ:ftə'nu:n] s *Nachmittag* m (on the ∼ of May 5 *am N. des 5. Mai*); (late) in the ∼ (*spät*) *nachmittags*; good ∼! *guten Tag!* ‖ ⟨fig⟩ the ∼ of life *der Vorabend* m *des Lebens*

afterwards ['ɑ:ftəwədz] (⟨Am⟩ a *afterward*) adv *hernach, nachher, später*

aftosa [æf'tousə] s ⟨S-Am⟩ *Maul- u Klauenseuche* f

again [ə'ge(i)n] **1.** adv *wieder, von neuem, noch einmal*; *schon wieder* ‖ ∼ and ∼, time and ∼ *immer wieder* ‖ ever and ∼, now and ∼ *ab und zu, dann und wann* ‖ as much ∼ *noch einmal soviel* ‖ once ∼, over ∼ *noch einmal* ‖ *bei Verben*: *dafür, zurück* (to answer ∼), *wider* (to echo ∼); *davon, dadurch, infolgedessen* (to crack ∼) **2.** conj *ferner, außerdem*

against [ə'ge(i)nst] **1.** prep *gegen, wider*; → grain; time ‖ *abstechend gegen*, ∼ the background (of those times) *auf dem Hintergrunde* ‖ *gegenüber*; *vor* (∼ the line *vor* or *hinter der Zeile*) ‖ *bei*, an (∼ the wall) ‖ *in Erwartung e–r S* or *auf* (∼ his coming in E. *auf sein Kommen*) ‖ over ∼ *an, nahe, gegenüber* ‖ to be up ∼ it ⟨fam⟩ *in der Klemme s*; to run (up) ∼ a p *auf*

jdn stoßen, jdn unverhofft treffen ‖ **an** [dat]: the table stands ∼ the wall, the pictures hang ∼ [*od* on] the wall ‖ [acc]: the rain beats ∼ the window; to stand a ladder ∼ a wall; don't lean ∼ the wall; they were stood ∼ the wall and shot *sie wurden an die W. gestellt* (*u erschossen*) ‖ **gegen, wider**: to march ∼ the enemy; to swim ∼ the stream ⟨a fig⟩ ‖ **gegen**: we have the wind ∼ us, the ship struggles ∼ the waves; he ran his head ∼ a post *er rannte mit dem K. gegen e–n Pf.* ‖ ⟨übtr⟩ to release ∼ ransom; ∼ payment of charges; that is ∼ my feelings, .. all reason; appearances are ∼ you ‖ ⟨übtr⟩ **gegen, gegenüber** (= *im Vergleich zu*): we have but 20 patients ∼ 90 last year ‖ **mit**: ⟨fig⟩ a race ∼ time ‖ **vor** [dat]: a chair stood ∼ the door (*als Hindernis*) **2.** † conj *bis zu der Zeit daß*; *bis*

agamic [ə'gæmik], **–mous** ['ægəməs] a ⟨biol zoo⟩ *geschlechtslos*

agape [ə'geip] adv & pred a *gaffend, mit offenem Munde*

agaric ['ægərik] s ⟨bot⟩ *Blätterpilz, –schwamm* m

agate ['ægət] ⟨minr⟩ *Achat* m ‖ ⟨Am typ⟩ *Pariser Schrift* f ‖ ⟨Am⟩ *Murmel* f, *Klicker* m

agave [ə'geivi] s ⟨bot⟩ *Ag·ave* f; ⟨bes Am⟩ *Aloe* f

age [eidʒ] s **1.** *Alter, Lebensalter* n; old ∼ (*Greisen-*)*Alter* (in old ∼ *im Alter*); of tender ∼ *im Kindesalter* ‖ *ausgewachsenes Alter* n, *Großjährigkeit, Reife* f **2.** *Menschenalter* n, *Generation* f; *Zeit* f; *Zeitalter* n, *–periode* f (the Ice ⚒); ⟨fam⟩ *sehr lange Zeit, Ewigkeit* f (it is an ∼ since..) **3.** what is your ∼ *wie alt sind Sie?*; be your ∼ *sei kein Kindskopf*; what ∼ do you give me? *für wie alt halten Sie mich?*; he is my ∼ *er ist so alt wie ich* ‖ two years of ∼ *zwei Jahre alt* ‖ at an early ∼ *frühzeitig*; at a great ∼ *hochbetagt*; at the ∼ of *im Alter von*; at 30 years of ∼ *im A. von 30 Jahren* ‖ down the ∼s, *durch die Jahrhunderte hindurch* ‖ from ∼ to ∼ *von Jahrhundert zu J.* ‖ in our ∼ *in unserer Zeit* ‖ to be of ∼ *mündig s*, to come of ∼ *mündig w* ‖ wine of great ∼ *alter, reifer Wein* ‖ to be over ∼ *zu alt s*, *ein bestimmtes Alter überschritten h*; *überaltert s* ‖ ⟨Am⟩ to have *od* hold the ∼ ⟨poker⟩ *am Spiel sein* ‖ to a great ∼ *bis ins hohe Alter* ‖ to be under ∼ *minderjährig, unmündig, z jung s* **4.** ∼s pl *Altersstufen*; „*Ewigkeiten*" f pl: to wait for ∼s **5.** [attr] ∼ bracket, ∼ class, ∼ groups *Rekrutenjahrgang* m ‖ ∼-in-grade ⟨Am⟩ *Rangdienstalter* n ‖ ∼-limit *Altersgrenze* f (to retire under the ∼-l. *vor Erreichung der A. in den Ruhestand treten*) ‖ ∼-old *uralt* ‖ ∼-worn *altersschwach, abgelebt* ∼**able** ['∼əbl] a ⟨Am fam⟩ *alt* ∼**less** ['∼lis] a *zeitlos* (character)

age [eidʒ] vi/t [∼ing, ⟨Am⟩ aging] ‖ *altern, alt w* ‖ vt *alt m* ‖ ⟨tech⟩ *ausreifen*; (*Farbstoff*) *fixieren* ‖ ⟨met⟩ *altern*; *lagern* ‖ (*Bier*) *ablagern* ‖ ∼**d 1.** ['eidʒid] a *betagt, alt*; the ∼ *die Dejahr ten* pl **2.** [eidʒd] *im Alter von* (∼ ten *zehn Jahre alt*); (of horses) *über sechs Jahre alt*

agency ['eidʒənsi] s *Tätigkeit, Wirksamkeit* f ‖ *Wirkung* f ‖ ⟨com⟩ *Vertretung, Vermittlung, Agentur* f; *servants'* ∼ *Stellen–, Angestelltenvermittlung* f ‖ *Dienststelle, Amt(sstelle* f) n, *Behörde* f, *Büro* n; *Verwaltungs–, Geschäftsstelle*; *Stelle* f; *Organ* n (industrial –cies) ; voluntary (welfare) –cies *Organe der frei(willig)en Wohlfahrtspflege*; firing ∼ ⟨artill⟩ *Feuerleitung* f, *Leitstand* n ‖ by the ∼ of *vermittels, mit Hilfe von* ‖ ∼-business ⟨com⟩ *Kommissionsgeschäft* n ‖ International Atomic Energy ⚒ *Intern. Atomenergie-Behörde* f

agenda [ə'dʒendə] s [pl ∼s] *Tagesordnung* f

(on the ~ there are .. *auf der T. stehen* ..) ||
Notizbuch n
agene ['eidʒi:n] s *Stickstofftrichlorid* n (z
Mehlbleichen)
agent [eidʒənt] s *Handelnde(r* m) f || *be-
wirkende Kraft, Ursache* f, *Werkzeug* n; ⟨chem⟩
Agens n; ⟨tech⟩ *Wirkstoff* m, *Element, Organ,
Mittel* n, *Zusatz* m; physical ~s *Naturkräfte* f
pl | *Agent,* (~ general *General–*), *Vermittler* m,
Vertreter m || land ~ *Gutsverwalter, –inspektor*
m || estate ~ *Grundstückmakler* m | ~ (finance)
officer ⟨mil⟩ *Rechnungsführer* m || ⟨com⟩
Kommissionär m || ⟨jur⟩ statutory ~ *gesetz-
licher Vertreter* m
aggie ['ægi] s ⟨Am⟩ *Murmel* f, *Klicker* m,
→ agate || ⌐ ⟨Am fam⟩ *Student* m *der Agrar-
wissenschaft; Landwirtschaftliche Schule* f
agglomerate [ə'gləmərit] **1.** a *aufgehäuft, zu-
sammengeballt* **2.** s ⟨geol⟩ *Agglomer·at* n
agglomerate [ə'gləməreit] vt/i *(sich) häufen,
(sich) zusammenballen* **–ation** [ə,gləmə'reiʃən] s
Anhäufung, Ansammlung f; *wirrer Haufe* m
agglutinant [ə'glu:tinənt] s *Bindemittel* n **-ate**
[ə'glu:tinit] a *ver–, zus–geklebt; verbunden*
|| ⟨gram⟩ *agglutinierend* **-ate** [ə'glu:tineit]
vt/i || *verbinden, zus–kleben;* ⟨gram⟩ *agglu-
tinieren* | vi *sich (leimartig) verbinden* **-ation**
[ə,glu:ti'neiʃən] s *Fest–, Zus–kleben* n, *Ver-
klebung* f || ⟨gram⟩ *Agglutination* f **-ative**
[ə'glu:tinətiv] a *ver–, zus–klebend* || ⟨gram⟩
agglutinierend
aggrandize ['ægrəndaiz] vt *vergrößern,* (*Macht*)
erweitern || ⟨fig⟩ *erhöhen; verherrlichen; über-
treiben* || **~ment** [ə'grændizmənt] s (*Macht-*)
Vergrößerung, Erweiterung, Zunahme f ; ⟨fig⟩
Beförderung f, *Weiterkommen* n
aggravate ['ægrəveit] vt *verschlimmern, er-
schweren* || ⟨fam⟩ [*bes pp*] *reizen, erbittern*
-ating ['ægrəveitiŋ] a (~ly adv) *erschwerend;*
⟨fam⟩ *unangenehm, ärgerlich* **-ation** [ægrə-
'veiʃən] s *Verschlimmerung, Erschwerung* f ||
⟨fam⟩ *Ärger* m
aggregate ['ægrigit] **1.** a (*an*)*gehäuft, gesamt,
Gesamt–* || ⟨bot⟩ *aggregiert;* ⟨zoo⟩ *vereinigt;*
⟨geol⟩ *zus–gesetzt, gemischt* **2.** *Aggreg·at* n ⟨a
tech⟩; ⟨agr⟩ *Krume* f; ⟨tech⟩ *Split, Kies* m (z
Betonbearbeitung); *Anhäufung, Masse* f; *Summe*
f || ⟨math⟩ *Menge* f || in the ~ *als Ganzes, im
ganzen, insgesamt* || [*attr*] fine ~ *material
Feinsplit* m
aggregate ['ægrigeit] vt/i || *aufhäufen, ver-
einigen* || *verbinden* (to *mit*), *aufnehmen* (to *in*) ||
sich belaufen auf | vi *sich anhäufen*
aggregation [ægri'geiʃən] s *Aufhäufung, An-
sammlung* f || *solid, etc. condition od state of ~
fester* etc *Aggregatzustand* m || ⟨phot⟩ ~ *of
grain Kornanhäufung* f || ⟨demog⟩ = *con-
glomeration Agglomeration* f
aggress [ə'gres] vi/t || * *herfallen* (on *über*) |
vt *angreifen* **~ion** [ə'greʃən] s *Überfall, Angriff*
m (to take the ~ *agressiv werden*) **~ive** [~iv] a
(~ly adv) *aggressiv, angreifend; kampflustig* ||
rührig, tüchtig, energisch **~iveness** [~ivnis] s
Angriffslust f, *Neigung* f *zum Angriff* **~or** [~ə] s
Angreifer m || ~ forces [pl] (*im Manöver*)
Feind m
aggrieve [ə'gri:v] vt *betrüben, kränken,* [*mst
pass*] to be ~d *sich gekränkt fühlen* || ~d p
Geschädigte(r m) f
aghast [ə'gɑ:st] a *entsetzt, bestürzt* (at *über*)
agile ['ædʒail] a (~ly adv) *beweglich, flink,
behende*
agility [ə'dʒiliti] s *Beweglich–, Behendigkeit* f
agin [ə'gin] prep ⟨dial⟩ f again (= against)
aging ['eidʒiŋ] s ⟨met⟩ *Vergütung, Verede-
lung* f, → to age
agio ['ædʒou, 'eid–] s ⟨com⟩ *Agio, Aufgeld* n

~tage ['ædʒətidʒ] s ⟨com⟩ *Agiotage* f, *Wechsel-
geschäft* n
agitate ['ædʒiteit] vt/i || *bewegen; schütteln* ||
*aufregen, erregen, stören, beunruhigen; auf-
wiegeln* || ⟨fig⟩ (*lebhaft*) *erörtern, verhandeln, zur
Diskussion stellen, debattieren; aushecken* | vi
agitieren (for *für*); *wühlen* **-tation** [ædʒi'teiʃən] s
Schütteln n, *Bewegung, Erschütterung* f || *Gemüts-
bewegung,Erregung, Aufregung* f (in great ~) |
Erörterung f || *Agitation* f **-tator** ['ædʒiteitə] s
Agitator, Wühler, Aufwiegler m || ⟨tech⟩ *Rührer,
Quirl* m, *Rührwerk* n
agitprop ['ædʒitprəp] s **1.** *Agitations- u Propa-
ganda-Spezialist, –Redner* m || ~ play ⟨theat⟩
Tendenzstück m **2.** a ⟨theat⟩ *tendenziös, propa-
gandistisch*
aglet ['æglit] s *Metallstift* m; *Senkelstift* m ||
= *aiguillette.*
agley [ə'gli:] a ⟨Scot⟩ *schief*
aglow [ə'glou] adv & pred a *glühend, gerötet;*
⟨fig⟩ *erregt*
agnail ['ægneil] s *Nied–, Neidnagel* m || =
whitlow
agnate ['ægneit] **1.** a *agnatisch, väterlicherseits verwandt* **2.** s ⟨jur⟩ *Agnat* m **agnation**
[æg'neiʃən] s *Agnation* f, *Verwandtschaft* [abstr]
väterlicherseits
agnomen [æg'noumen] s L *Bei–, Zuname* m
agnosia [æg'nouziə] s ⟨psych⟩ *Agnos·ie* f
agnostic [æg'nɔstik] **1.** s *Agnostiker; Freidenker* m ⟨a demog⟩ **2.** (a ~al) a *agnostisch*
~ism [æg'nɔstisizm] s *Agnostizismus* m
ago [ə'gou] vor (*v der Gegenwart aus*) **1.** a
(*immer hinter dem* s) he died (two) years ~ *er
starb vor (zwei) Jahren* || two months ~ *today
heute vor 2 M.* || a long time ~ *vor langer Zeit* **2.**
adv long ~ *vor langer Zeit,* it is long ~ *es ist
lange her;* not long ~ *vor kurzer Zeit, noch vor
kurzem, noch kürzlich;* no longer ~ *than last
week erst noch vorige Woche;* ...than 1923 *noch
immer im Jahre 1923*
agog [ə'gɔg] adv & pred a ⟨fam⟩ *erpicht, begierig, neugierig* (for, about *auf*; to do)
agonist ['ægənist] s ⟨sportese⟩ *Wettkämpfer(in*
f) m
agonize ['ægənaiz] vt/i || *quälen, martern* | vi
mit dem Tode ringen od kämpfen, Qual erleiden ||
⟨fig⟩ *sich quälen; ringen* **-zing** [~iŋ] a (~ly adv)
qualvoll **agony** ['ægəni] s *Todeskampf* m; the
death-~ *der letzte Todeskampf* m || ⟨fig⟩ *Pein,
Seelenqual* f (the ~ of mind) || ~-column
⟨fam⟩ *Seufzerspalte* f
agoraphobia [ægərə'foubiə] s ⟨med⟩ *Platz-
furcht, –angst* f
agouti [ə'gu:ti] s ⟨zoo⟩ *Aguti, Goldhase* m
agrarian [ə'grɛəriən] a *agrarisch, Agrar–* (~
outrage *–verbrechen* n), *landwirtschaftlich* (an ~
question); *Acker–, Land–* (~ laws)
agree [ə'gri:] vi/t || **1.** vi *übereinstimmen; zus-
passen* || *übereinkommen, vereinbaren* (that); let
us ~ *to differ geben wir das Streiten auf, darum
k–e Feindschaft!;* we ~d *that it was true wir
gaben zu, daß es wahr ist* | to ~ to a th *etw an-
nehmen, genehmigen, e–r S beipflichten, zustim-
men* | to ~ upon a th *etw vereinbaren, einig w,
sich verständigen über etw,* as ~d upon *wie ver-
einbart* or *–abredet* || account ~d upon *Rech-
nungsabschluß* m | to ~ with ⟨a gram⟩ *überein-
stimmen* or *einig s mit* (etw), *sich vertragen, in Eintracht leben mit;* to ~ *like cats and dogs sich wie
Hund u Katze vertragen;* (of food) *bekommen,*
claret does not ~ *with me Rotwein bekommt mir
nicht* **2.** vt ⟨com⟩ *in Einklang bringen* || (e–n *Vor-
schlag*) *billigen;* (*Bedingungen* [dat]) *zustimmen*
~ability [~ə'biliti], **~ableness** [~əblnis] s *An-
nehmlichkeit* f || *Freundlichkeit* f **~able** [əbl] a
(–**ably** adv) *angenehm* (to a·p *jdm* or *für jdn*),
liebenswürdig || *einverstanden* (to *mit*); I am ~

⟨fam⟩ *mir ist es recht* || **~d** [~d] a to be ~ *einig s*; it is ~ that *man ist sich einig, daß*; ~! *abgemacht, einverstanden!* **~ment** [~mənt] s *Einklang* m, *Eintracht* f || *Zustimmung* f (to *zu*) || *Übereinstimmung* f (to, with *mit*); there is universal ~ *es besteht allgemeine Ü.* (that) || *Übereinkommen* n (to make an ~ *ein Ü. treffen*); *Vereinbarung* f (as to; how that), *Vertrag* m ⟨jur⟩ ~ by parole *mündlicher V.*, ~ of purchase and sale *Kauf* ; amicable ~ *gütlicher Vergleich* m || ⟨gram⟩ *Übereinstimmung* f | by general ~ *nach allgemeinem Urteil* || by mutual ~ *durch gütliches Abkommen*; economic ~ *Wirtschafts-*, financial *Finanz-*, monetary ~ *Währungs-* || to be in ~ *übereinstimmen* (with a p *mit jdm*); (*mit Vorschlag, Preisen*) *einverstanden s* || to come to an ~ *sich verständigen, sich vergleichen* || to make an ~ *ein A. treffen* || General ⦿ on Tariffs and Trade (GATT) *Allg. A. über Zolltarife u Außenhandel, Allg. Zoll- u Handelsabkommen* | [attr] *Verrechnungs-* (country, currency)

agrestic [ə'grestik] a *ländlich* || *bäurisch*; *grob*

agricultural [ˌægri'kʌltʃərəl] a *landwirtschaftlich*; *f die Landwirtschaft*; *Ackerbau-, Landwirtschafts-, Land-* || ⦿ Adjustment Act ⟨Am⟩ *Maßnahmen* f pl *z Unterstützung der Landwirtschaft* (New Deal, 1933); ~ executive committee *Landwirtschaftl. Planungsausschuß* m || ~ leave *Landbestellungs-, Ernteurlaub* m || ~ machine industry *Landmaschinenbau* m || ~ market *Agrarmarkt* m || ⦿ Wheel „*Bauernbund*" m (*Farmervereinigung*) **–cultur(al)ist** [ˌægri'kʌltʃər(əl)ist] s *Landwirt* m **–culture** [ˈægrikʌltʃə] s *Ackerbau* m, *Landwirtschaft* f **–motor** [ˈægriˌmoutə] s ⟨agr⟩ *Traktor* m

agrimony ['ægriməni] s ⟨bot⟩ *Ackermennig* m **agrobiology** [ˌægrobai'ɔlədʒi] s *Pflanzenernährungslehre* f

agronomist [æ'grɔnəmist] s *Student* [m] *der Ackerbaukunde* (stud. agr.) **–omy** [æ'grɔnəmi] s *Ackerbaukunde* f

agrotype ['ægrotaip] s *Ackerboden(art* f) m

aground [ə'graund] adv & pred a ⟨mar⟩ (of a ship) *gestrandet* || ⟨fig⟩ *in Verlegenheit* | to run (ship) ~ (*Schiff*) *auf den Strand setzen* || to run ~ *auflaufen, stranden*

ague ['eigju:] s ⟨med⟩ *Wechselfieber* n || *Fieber* n, *–frost* m, *Schüttelfrost* m ⟨a fig⟩ **aguish** ['eigju:iʃ] a *fieberhaft, vor Fieber fröstelnd* || ⟨fig⟩ *zitternd, bebend* || *frostig, kalt*

ah [ɑ:] intj *ah, ha! ach, oh! ei!*

aha [ɑ'hɑ:] intj *aha, haha!*

ahead (ə'hed] adv & pred a *vorn, voraus; nach vorn zu; voran; vorwärts* | ⟨mar⟩ *voraus, in Sicht* | prospects ~ *Zukunftsaussichten* | for a couple of years ~ *für zwei weitere Jahre* || right ~ *geradeaus* || to be ~ of a p *jdm voraus* (⟨fig⟩ *überlegen*) *s* || to get ~ ⟨Am fam⟩ (*gesellschaftl., finanziell*) *vorankommen* || to get ~ of a p *jdn überholen, –flügeln* || to go ~ *vorgehen*; (*ungestüm*) *vorwärts streben*; *go* ~! ⟨mot⟩ *Straße frei!*; go ~ and you hit it *geradeaus* (°*immer der Nase nach*), *dann w Sie's schon sehen*; ⟨fam⟩ *schnelle Fortschritte* m; *fortfahren* || to go on ~ *vorausgehen* | ~ turbine *Marschturbine* f | [*zeitl.*] *vor* [dat]: we arrived an hour ~ of time .. *vor der Zeit*, ~ of you | [*räuml.*] the tram stops just ~ of us .. *hält gerade vor uns* || he ran ~ of us .. *voraus* || his car is far ~ of us .. *fährt*, „*liegt" weit vor uns* || a mile ~ of us *e–e M. vor uns*

aheap [ə'hi:p] adv *auf e–n Haufen, in e–m H.*

ahem [ə'hem, hm, m'mm] intj *hm!*

ahoy [ə'hɔi] intj ⟨mar⟩ *ho, ahoi!*

ahull [ə'hʌl] adv ⟨mar⟩ *vor Top und Takel*

ai ['ɑ:i:] s ⟨zoo⟩ *dreizehiges Faultier* n

aid [eid] **1.** vt *unterstützen, helfen* (a p in a th *jdm bei e–r S*; a p to do *od* in doing *jdm zu tun*); (*Verdauung*) *fördern* || to ~ and abet ⟨jur⟩ (*e–m Verbrechen*) *Beistand, Vorschub leisten* || ~ed tracking ⟨mil⟩ *Richten* n *mit Steuermotor*; ~ed tr. mechanism *Steuermotoranlage* f (*f Zielverfolgung*) **2.** s *Hilfe* f (to *für*), *Beistand* m || ⟨Am⟩ *Hilfsorganisation* f || ⟨Am⟩ ~ aide-de-camp || in ~ of *zum Besten, zugunsten* [gen]; what's (all) this in ~ of ⟨fam⟩ *worauf wollen Sie hinaus?* || by (with) the ~ of *mit Hilfe* [gen]; to come to a p's ~ *jdm zu H. k*; to give ~ to *unterstützen*; to lend one's ~ and assistance *H. u Beistand leisten* | ~s [pl] *Hilfsmittel* n pl: teaching ~s, training ~s *Unterrichts-, Ausbildungs(hilfs)mittel*; ~s and appliances *Hilfsmittel* n pl | *Gehilfe* m (in *bei*) | ⟨aero⟩ ~ to approach *Anflugeinrichtung* f; ~ to landing *Landehilfe*; *Landeeinrichtung* f; ~ to taxiing ⟨aero⟩ *Rollhilfe*; *Rolleinrichtung* f | ~ man *Sanitäter* m; ~ station *Truppenverbandplatz* m; first ~ st. *Hilfsposten* m

aide-de-camp ['eidə'kã:ŋ] s (pl aides-de-camp ['eidzə'kã:ŋ]) *Adjutant* m *e–s Generals*

aider ['eidə] s *Helfer, Beistand* m; *Gehilfe* m || ~ and abettor *Helfershelfer* m

aide-mémoire ['eidme'mwa:] s Fr ⟨pol⟩ *Denkschrift* f

aiding ['eidiŋ] s ⟨jur⟩ ~ and abetting *Begünstigung* f, → to aid, to abet

aigrette ['eigret] s ⟨orn⟩ *weißer Reiher*; little ~ *Seidenreiher* m || *Reiherfeder* f; *Feder-, Reiherbusch*; *Büschel* m & n ⟨[n] a el⟩

aiguillette [eigwi'let] s ⟨mil⟩ *Achselschnur* f, *Schnüre* f pl

ail [eil] vt/i || *schmerzen, wehtun*; what ~s you? *was fehlt Ihnen?* | vi *unwohl s, unpäßlich s* **~ing** ['~iŋ] a *unwohl, kränklich, leidend* **~ment** ['~mənt] s *Unpäßlichkeit, Krankheit* f; *Leiden* n

aileron ['eilərən] s ⟨aero⟩ *Querruder* n || ~ balance *Querruderausgleich* m; ~ boost *–steuerung* f || ~ control *Quersteuerung* f || ~ roll (*Kunstflug*) *langsame Rolle* f || ~ tab *Querruderausgleichsklappe* f || ~ trailing edge *Querruderhinterkante* f

aim [eim] **1.** vt/i || (*Waffe, Schlag, Mühe* etc) *richten* (at *auf*) | vi *zielen* (at *nach*); ~! *legt an!* | ⟨fig⟩ *anspielen, zielen* (at *auf*) || *streben* (at, for *nach*; ⟨Am⟩ to do); *erstreben* (that) **2.** s *Zielen* n to take ~ at *zielen auf, nach* || *Ziel* n || *Zweck* m, *Absicht* f || ~ in life *Lebenszweck* m **~ing** ['~iŋ] s [attr] ~ circle ⟨bes artill⟩ *Richtkreis* m; ~ corrector *Zielspiegel* m; ~ exercise *Richtübung* f; ~ position (*Gewehr-)Anschlag* m; ~silhouette ⟨mil⟩ *Kopfscheibe* f, °*Pappkamerad* m **~less** ['~lis] a (~ly adv) *ziellos* **~lessness** ['~lisnis] s *Ziellosigkeit* f.

ain't [eint] ⟨vulg⟩ = am not, is not, are not; ⟨dial⟩ = have not.

air [ɛə] s **1.** *Luft* f (change of ~ *–wechsel* m); fresh ~ *frische L.* | by ~ *mit Flugzeug* (to travel by ~; ⟨aero⟩ *fliegen*); *auf dem Luftwege* || Secretary of State for ⦿ *Luftfahrtminister* m || in the ~ *im Ungewissen, unsicher*; there is sth in the ~ *es liegt etw in der L.* || castles in the ~ *Luftschlösser* n pl || war in the ~ *Luftkrieg* m || in the open ~ *unter freiem Himmel, an der frischen Luft*; *im Freien* || to be off the ~ ⟨wir⟩ *nicht senden, Sendepause h*; to go off the ~ *die Sendung einstellen, Sendeschluß, –pause m* || on (over) the ~ ⟨bes Am⟩ *durch* or *im Rundfunk*; to be on the ~ *dem R. angeschlossen s*; to put on the ~ *im R. übertragen,* (etw) *im R. sprechen*; what's on the ~? *was gibt's im R.?*; we are on the ~ again at 5 *wir melden uns .. wieder*; || to beat the ~ *Lufthiebe hauen, in der L. herumfuchteln,* ⟨fig⟩ *ins Wasser schlagen* (*sich erfolglos bemühen, Mißerfolg h*) || to give a p the ~ ⟨Am sl⟩ *jdn an die L. setzen* (*entlassen*) || to keep a p in the ~ *jdn hinhalten, im Ungewissen l or halten* || to take ~ *bekannt, ruchbar w* || to take the ~ *frische L. schöpfen*; ⟨aero⟩ *aufsteigen, abfliegen, starten* || to take to the ~ ⟨wir⟩ *die Sendung beginnen, senden* || *Luftzug m, Brise f* **2.** ⟨mus⟩ *Weise, Arie f, Lied* n **3.** *Aussehen n, Anschein m, Miene f* || ~s [pl] *vornehmes, stolzes Wesen n,* to give o.s. ~s *vornehm tun, sich in die Brust werfen,* ⟨fam⟩ *hochgestochen s* || ~s and graces *vornehmes Getue n,* ⟨fam⟩ *Hochgestochenheit f* **4.** [attr] *Luft–, Flieger–, Flug–* || ~ **activity** *Flugtätigkeit f* || ~ **adapter** *Zuführstutzen m* || ~ **advertising** *Luftreklame f* || ~ **alert** *Fliegeralarm* m; *Bereitschaftsflugzeug* n; ~ **alert mission** *Bereitschaftseinsatz* m || ~-**balloon** *Luftballon m* || ~-**base** *Luftstützpunkt,* ⟨bes Am⟩ *Fliegerhorst* m || ~-**bath** *Luftbad* n || ~-**bladder** *Luft–, Schwimmblase f* || ~-**borne** (*od* –carried) *Luftlande–* (troops); *im Ab–, Anflug:* the squadron is reported ~; ~-**b.** radar *Bordradargerät n* || ~-**brake** *Luftdruckbremse f* || ~-**brick** *Luftziegel m; Lochstein, –ziegel m* || ~-**bridge** *Luftbrücke f* || ~-**bump** *Bö f, Auftrieb m* || ~-**cane** → pea-shooter || ~-**cell** *Luftzelle f* || ~ **chucking** *Druckluftspannung f* || ~-**cleaner** ⟨mot⟩ *Luftfilter* m || ~ **coach** ⟨Am⟩ *Flugzeug n der Touristenklasse* || ~ **compressor** –*verdichter m* || ~-**conditioned** (*Räume*) *mit Klimaanlage* || ~-**conditioning** *Luftvergütung f;* ~-**c.** (plant) *Klimaanlage f* || ~-**control** *Luftklappe f, –schieber m;* ~-**c.**s [pl] ⟨aero⟩ *Steuerwerk n* || ~ **conveyance** *Lufttransport m* || ~-**cushion** –*kissen n* || ~ **defence** *Luftverteidigung f, –abwehr f* || → **despatch** || ~-**duct** *Ansaugschacht* n || ~-**force** (The Royal ⚔ Force [R.A.F.]) *Luftstreitkräfte* [f pl], –*waffe f* (*die 5 höchsten Grade:* Marshal of the R.A.F.; ⚔ Chief Marshal; ⚔ Marshal; ⚔ Vice-Marshal; ⚔ Commodore), ⟨tact⟩ –*flotte f* || ~-**frame** *Flugzeugzelle f* (*Flugzeug ohne Motoren*) || ~-**freighter** *Transportflugzeug* n || ~-**fresh bomb** *od* stick = ~-**wick** || ~ **guard** *Luftspäher m* || ~-**gun** –*gewehr n* || ~-**hole** –*loch* n; ⟨min⟩ *Wetterleitung f* || ~-**inlet** ⟨mot⟩ –*ventil n* || ~-**hostess** ⟨aero⟩ *Bordstewardeß f* || ~-**jacket** (*luftgefüllte*) *Schwimmweste* || → ~-**kiln** || ~-**lamp** *Zuglampe f* || ~ **letter** *Luftpostbrief* m; ~ **l.** form –*Kartenbrief* m; ~ **l.** pickup –*Aufnahme f im Fluge* || ~ **lift** ⟨aero⟩ *Luftbrücke* (*z. B.* 1948 *nach Berlin*); to ~-**lift** *über die L.br. befördern* || ~-**line** *Luftverkehrslinie, Flugstrecke f,* ⟨Am⟩ *Luftlinie f* (*kürzeste Strecke*) || ~-**liner** *Verkehrsflugzeug n* || ~ **lock** *Gasschleuse f* (*im Bunker*), *Luft–* (*im Tauchgerät*) || ~-**mail** *Luftpost f;* ~-**mails** [pl] –*verkehr m* || ~-**map** *flugstreckengetreue Karte, Fliegerkarte f* || ~ **mechanic** *Bordfunker m* || ~-**mindedness** *Flugbegeisterung f* || ⚔ **Ministry** *Luftfahrtministerium* || ~ **mixing chamber** *Mischgehäuse n* || ~ **move** ⟨tact⟩ *Luftverlegung f* || ~-**navigation** *Luftschiffahrt f; Flugnavigation f;* ~-**passenger** *Fluggast* m; ~-**p.** service *Luftreisedienst* m || ~ **photo(graph)** *Luftbild n* || ~-**picture** *Fernsehbild* n || ~-**pilot** *Flugzeugführer m* || ~-**plant** ⟨bot⟩ *Luftpflanze f* || ~-**pocket** ⟨aero⟩ –*loch* m; –*sack m* || ~ **police** *Luftwaffenpolizei* || ~-**port** *Flughafen m* || ~-**poster towing** *Reklameschlepp m* || ~-**position indicator** (A.P.I.) ⟨aero⟩ *Standortanzeiger m* || ~ **power** *Luftmacht f* || ~-**pump** *Luftpumpe f* || ~-**raid** *Fliegerangriff;* ~-**r.** alarm *Flieger–, Luftalarm* m; ~-**r.** control centre *Luftschutzwarnzentrale f;* ~-**r.** damage *Bombenschaden m;* ~-**r.** precautions [pl] (A.R.P.) *Luftschutzvorkehrungen f* pl; ~-**r.** shelter *Luftschutzraum* m; ~-**r.** warning *Fliegeralarm* m; –*warnung f;* ~ **warden** f || ~-**route** ⟨aero⟩ *Luftweg* m; ~ **scoop** *Ansaugstutzen m* || ~-**shaft** ⟨min⟩ *Wetterschacht m* ||

~-(-)**space** *Luftraum* m (to violate foreign ~ sp.) || ~-**stop** *Hubschrauberlandestelle* f; *kl Flugplatz* m || ~-**strip** *Flugfeld n, Rollbahn f, Start–, Landestreifen m* || ~-**supremacy** *Luftherrschaft, –überlegenheit f* || ~-**threads** [pl] *Sommerfäden* m pl, ⟨fam⟩ *Altweibersommer m* || ~-**tight** *luftdicht, hermetisch* || ~-**to**-~ *Luft–* (*z. B. Versorgung e–s Flugzeugs*) || [attr] ⟨aero⟩ ~-**to**-~ *Luftziel–* (bombing, firing); *Bord-zu-Bord–* (communication); *Bord-Bord–, Luftkampf–* (missile, rocket, weapon); ~-**to**-ground *Bord-Boden–* (attack, communication, missile, rocket, signal); *Bordwaffen–* (range); (.. direction finding *Eigenpeilung f;* .. fighting *Eingreifen n in den Erdkampf;* .. firing *Erdzielbeschuß m;* .. trajectory [*Bomben–*]*Abwurfbahn* f); ~-**to**-surface *zur Bekämpfung v See– u Erdzielen* (.. vessel radar *Bordradargerät n z Erfassung v Überwasserfahrzeugen*) || ~-**tube** ⟨anat⟩ *Luftröhre* f; ⟨tech⟩ –*schlauch m* || ~-**umbrella** ⟨tact⟩ *Luftschirm m* || ~-**valve** ⟨tech⟩ –*ventil n, –klappe f* || ~-**vent** –*klappe f, Entlüfter m* || ~-**vessel** ⟨bot⟩ *Luftgefäß* n; ⟨tech⟩ *Windkessel m* || ~-**work** *Fliegen n, Umschulung f, Kunstflug m* ~**craft** [′– –] *Luftfahr–, Flugzeug(e pl) n* (all ~ came back); ~ **carrier** *Flugzeugmutterschiff* n; ~ **computer** *Kursrechengerät* n; ~ **engine** *Flug(zeug)motor m;* ~ **identification** *Luftfahrzeugkennzeichen* n; ~ **industry** *Flugzeugbau* m; ~ **summary** (*tägliche*) *Zusammenstellung f der Flugzeiten u Kontrollen* ~**crew** [′– –] *fliegendes Personal n,* (*Flugzeug-*)*Besatzung* f; (*Flugzeug-*)*Wartungspersonal* n ~**drome** [′– –] ⟨bes Am⟩ *Flughafen m* ~**field** [′– –] *Flugfeld n, –platz m;* advanced ~ *Feldflugplatz;* combat ~ *Einsatzplatz m* ~**flow** [′– –] ⟨mot⟩: ~ **deflector** *Windfangecke f* ~**foil** [′– –] ⟨aero⟩ *Tragfläche f, Flügel m* ~**graph** [′–gra:f] ⟨phot⟩ *Luftfeldpost(mikro)brief* m; *Mikrofilm-Luftpost f* (*Einrichtung & Brief*) ~**kiln** [′– –] ⟨brew⟩ (*Malz–*)*Darre f* ~**lanes** [pl] *Luftfahrtwege* m pl ~**lock** *Gasschleuse f* ~**man** [′ɛəmən] *Luftschiffer; Flieger m* ~**plane** [′– –] ⟨Am⟩ *Flugzeug* n; ~ **propeller** *Luftschraube f* ~**planer** ⟨Am⟩ *Flieger m* ~**port** [′– –] *Flughafen* m ~**screw** [′– –] *Propeller m* ~**ship** [′– –] *Luftschiff* n; ⟨Am⟩ = airplane ~**shipped** [a] *auf dem Luftwege befördert* ~**sick** [′– –] *luftkrank* ~**strip** [′– –] ~-**strip** ~**terminal** [′– ...] *Großflughafen* m ~**time** ⟨wir⟩ *Sendezeit f* ~**traffic** ⟨aero⟩ *Luftverkehr* m; ~ **control instruction** *Flugsicherungsanweisung* f; ~ **controller** *Flugleiter* m ~**travel** *Luftreise* f ~**war(fare)** *Luftkrieg m* ~**way** [′– –] ⟨min⟩ *Luftrohr* n; ⟨aero⟩ –*strecke, –linie* f; ~ **beacon** *Flugstreckenfeuer n* ~**worthy** [a] *lufttüchtig*

air [ɛə] vt/i (*etw*) *lüften, an die Luft bringen* || (*Kleider*) *trocknen* || *abkühlen* || ⟨fig⟩ *an die Öffentlichkeit bringen, bekanntmachen*; (*Frage*) *prüfen;* to ~ on the side (*etw*) *hintenherum z verstehen geben* || *groß tun, sich aufspielen mit* (to ~ one's powers, qualities etc) || to ~ o.s. *frische Luft schöpfen* | vi *gelüftet w, lüften* (the clothes are ~ing) || ⟨Am wir⟩ *über den, die Sender gehen* (the programme ~s)

Airedale [′ɛədeil] s [attr] ~-**terrier** *Airedaleterrier* m (*Hund*)

airiness [′ɛərinis] s *Luftigkeit* f || *ätherische Beschaffenheit, Leichtigkeit f* || *Lebhaftigkeit, Munterkeit f* || *Unbekümmertheit, Leichtfertigkeit f*

airing [′ɛəriŋ] s *Lüftung f, Lüften n* || *Trocknen* n || *Spaziergang m, –fahrt f, –ritt m* (to take an ~) || ~-**plant** *Klimaanlage f*

airless [′ɛəlis] a *luftlos*

airmada [ɛə′meidə] s *Luftflotte f,* → armada

airy [′ɛəri] a (–rily adv) *luftig, Luft–* || *leicht,*

dünn || *zierlich, zart* || ⟨fig⟩ *ätherisch* || *eitel, nichtig* || *lebhaft, munter* || *sorglos, leichtfertig; schnippisch*

aisle [ail] s ⟨ec⟩ *Seitenschiff* n, → nave || *Chorgang* m; *Gang;* Laufweg m || *Schneise* f || ⟨Am⟩ *Korridor, Flur* m, *Durchgang* m

aitch [eitʃ] s → ache

aitch-bone ['eitʃboun] s ⟨cul⟩ *Lendenstück* n

ajar [ə'dʒɑ:] adv *angelehnt, halb offen*

ajar [ə'dʒɑ:] adv *im Widerspruch, –streit;* in *Zwiespalt* (with)

ajog [ə'dʒɔg] adv & pred a (*im*) *Paß reitend*

ajutage ['ædʒutidʒ] s ⟨tech⟩ *Ansatzröhre* f

akeley ['eikəli] s ⟨Am film⟩ *Schnellkamera* f (*f kürzeste Belichtungszeiten*)

akimbo [ə'kimbou] adv with arms ~ *die Arme in die Seite gestemmt*

akin [ə'kin] pred a *verwandt* (to *mit*); *ähnlich* (to a th *e–r S*)

akroter [,ækrə'tɛə] s Gr ⟨arch⟩ *Akroterium* n, *Dach–, Eckzierde* f, *Stirnziegel* m

alabaster ['æləbɑ:stə] 1. s ⟨minr⟩ *Alabaster* m 2. a *alabastern* || ⟨fig⟩ *blendend weiß*

alack [ə'læk] † intj *ach! o weh!* ~*-a-day! ach Gott!*

alacrity [ə'lækriti] s *Munterkeit, Lebhaftigkeit* f || *Dienstfertigkeit, Bereitwilligkeit* f

alarm [ə'lɑ:m] 1. s ⟨mil⟩ *Alarm* m || *Alarm–, Warnungsruf* m; *Warnung* f; false ~ *blinder Alarm* m || *Schreck* m; *Bestürzung, Unruhe* f (to cause ~ *Unruhe erregen*) || † = alarum | to give, raise the ~ *das Alarmzeichen geben, Lärm schlagen* || to sound the ~ *Alarm schlagen, blasen* || to take ~ *unruhig, unsicher w, in Angst geraten* (at *über*) | ~-bell *Sturmglocke* f || ~-clock *Wecker(uhr* f) m || ~ cord *Notleine* f || ~-gun *Alarmkanone* f || ~-post ⟨mil⟩ *Sammelplatz* m || ~ wrist-watch *Armbandwecker* m 2. vt to ~ a p *jds Aufmerksamkeit wachrufen (bei Gefahr); alarmieren; jdn aufschrecken* | *beunruhigen, in Aufregung versetzen* || *in Furcht setzen, erschrecken* || to be ~ed *beunruhigt* s (at *über,* by *durch*); do not ~ yourself! ⟨fam⟩ *beruhige dich!* || ~ing [--iŋ] a (~-ly adv) *beunruhigend, beängstigend*

alarmist [ə'lɑ:mist] s *Lärmblaser, –schläger; Schwarzseher, Bangemacher* m | [attr] ⟨fig⟩ *beunruhigend* (an ~ *report*)

alarum [ə'lɛərəm] s *Alarmglocke* etc f; *Weckerzeichen* n; *Läutwerk* n || ~ clock *Wecker(uhr* f) m

alas [ə'lɑ:s] intj *o weh! ach, leider!;* ~ the day! *o Unglückstag!*

alb [ælb] s *Albe* f, *Chorhemd* n

albacore ['ælbəkɔ:] s ⟨ich⟩ *großer Thunfisch* m

Albanian [æl'beinjən] 1. s *Albaner* m, *Albanerin* f 2. a *albanisch*

albatross ['ælbətrɔs] s *Albatros, Sturmvogel* m

albeit [ɔ:l'bi:it] conj (⟨a⟩ ~ that) *obgleich, obwohl, ungeachtet*

albescent [æl'besnt] a *weißlich werdend; weißlich*

albinism ['ælbinizm] s *Albinismus* m (*Zustand e–s Albino*)

albugo [æl'bju(:)gou] s ⟨med⟩ *Leukom* n (*weißer Fleck auf Hornhaut des Auges*)

album ['ælbəm] s [pl ~s] L *Album* [pl *Alben*], *Stamm–, Skizzenbuch* n || ⟨Am⟩ *Fremdenbuch* n (= ⟨engl⟩ *Visitors' Book*) || *Schallplattenalbum* n, *–serie* f

albumen ['ælbju:men, –min] s *das Weiße im Ei* || *Eiweißstoff* m ~**ize** [æl'bju:mənaiz] vt ⟨phot⟩ *mit Albuminlösung überziehen*

albumin ['ælbju:min] s ⟨chem⟩ *Albumin, Eiweißkörper* m ~**oids** [~ɔidz] s pl *Eiweißkörper* m pl ~**ous** [æl'bju:minəs] a *eiweißhaltig*

alburnum [æl'bə:nəm] s ⟨for⟩ *Splint(holz* n) m || ~-tree ⟨bot⟩ *Splintholzbaum* m

alcaic [æl'keiik] 1. a ⟨poet⟩ *alcäisch* 2. s ~s pl *alcäische Strophen* f pl

alcalde [æl'kældi] s *Alkalde* m (*span. Bürgermeister* or *Richter*)

alchemic(al) [æl'kemik(əl)] a (–cally adv) *alchimistisch* –**mist** ['ælkimist] s *Alchimist* m –**my** 'ælkimi] s *Alchimie* f

alchy ['ælki] s ⟨Am fam⟩ *Alkohol* m

alclad ['ɔ:lklæd] s ⟨Am⟩ *Aluminium-Kupferlegierung* f (*f die Haut e–s Ganzmetall-Luftschiffs*)

alcohol ['ælkəhɔl] s *Alkohol* m || ~-blended fuel ⟨mot⟩ *Alkoholkraftstoff* m ~**ic** [ælkə'həlik] 1. a *alkoholisch, Alkohol–* (~ *strength, –gehalt* m) 2. s *Alkoholiker* m ~**ism** [~izm] s *–ismus* m || ⟨med⟩ *–vergiftung* f ~**ize** [~aiz] vt *mit Alkohol sättigen;* (*Spiritus*) *rektifizieren*

alcoholometer [,ælkəhə'ləmitə] s *Alkoholometer* m

alcove ['ælkouv] s *Alkoven* m, *Nische* f || *Laube* f

aldehyde ['ældihaid] s ⟨chem⟩ *Aldehyd* m

alder ['ɔ:ldə] s ⟨bot⟩ *Erle* f || ~-swamp *Erlenbruch* m

alderman ['ɔ:ldəmən] s ⟨engl⟩ *Alderman, Ratsherr, Stadtrat* m || ⟨ich sport⟩ *Döbel* m, → chub || *gr Forelle* f ~**ic** [,ɔ:ldə'mænik] a *ratsherrlich, Alderman–;* ⟨fig⟩ *würdevoll* ~**ry** [~ri] s *Aldermansamt* n, *–würde* f ~**ship** [~ʃip] s *–samt* n

Alderney [ɔ:ldəni] s *Alderneyrind* n || [auch attr] ~s pl *A.vieh* n (*v der Kanalinsel*)

Aldis ['ɔ:ldis] s (*a* ~ lamp) *Signallampe* f; (*a* ~ lens) *Aldisobjektiv* n; (*a* ~ unit sight) *Bombenzielgerät* n

ale [eil] s *Ale, englisches* (*helles*) *Bier* n | ~-bench *Bierbank* f || ~-hoof ⟨bot⟩ *Gundermann,* m || ~-house *Bierhaus* n, *Schenke* f; ~-house politician *Bierbank-Politiker* m || ~-wife *Bier–, Schankwirtin* f

alee [ə'li:] adv ⟨mar⟩ *unter dem Winde, leewärts, in Lee*

alembic [ə'lembik] s *Destillierkolben, Stehkolben* m; *Destillierapparat* m ⟨a fig⟩

alert [ə'lə:t] 1. a (~-ly adv) *wachsam, vorsichtig* | *flink, munter* 2. s *Alarmruf* m, *–bereitschaft* f; on the ~ *auf der Hut* || *Überfall* m || ⟨aero⟩ *Alarm* m, *Luft–, Flieger(vor)warnung* f || ⟨aero⟩ *Start–, Alarmbereitschaft* f | air ~ *Bereitschaftsflugzeug* n, *Luftbereitschaft* || [attr] ~ *phase Alarmstufe* f || ~ *police Bereitschaftspolizei* f || ~ *stand-by Alarmbereitschaft* f (on the .. *in ..*) 3. vt/i *alarmieren* | vi *Alarmbereitschaft herstellen* ~**ness** [~nis] s *Wachsamkeit, Vorsicht* f || *Munterkeit, Flinkheit* f

Aleutian [ə'lu:ʃiən] a ~ *Islands* [pl] *Aleuten* pl

alevin ['ælivin] s ⟨ich⟩ *Forelle* f, *Lachs* m *gleich nach dem Schlüpfen* (*aus dem Ei*), → ova, salmon

ale-wife ['eilwaif] s ⟨Am ich⟩ *Maifisch* m, *Alse* f

Alexandrian [,ælig'zændriən] a *von Alexandria* (*in hellenistischer Zeit*)

Alexandrine [,ælig'zændrain] s ⟨pros⟩ *der Alexandriner* (*Vers v 12 Silben*)

alfalfa [æl'fælfə] s ⟨bes Am⟩ *Luzerne* f

alfresco [æl'freskou] It adv *im Freien* || ~ *meal Picknick* n

alga ['ælgə] s (pl –gae [–dʒi:]) ⟨bot⟩ *Alge* f, *Seegras* n

algebra ['ældʒibrə] s ⟨math⟩ *Algebra, Buchstabenrechnung* f ~**ic** [,ældʒi'breiik] a *algebraisch* || ~ *equation* ⟨math⟩ *algebraische Gleichung* f ~**ical** [,ældʒi'breiikəl] a (~-ly adv) *algebraisch; v Algebra handelnd,* an ~ *treatise* ~**ist** ['ældʒi'breiist] s *Algebraiker* m

algerine [ældʒə'ri:n] s ⟨mar⟩ (1000 t-) *Minensucher* m

algid ['ældʒid] a ⟨med⟩ *kühl, kalt, eisig*

(~ breath) **~ity** [æl'dʒiditi] s ⟨med⟩ *Kühle,
Kälte* f, *Frost* m

algorism ['ælgərizm] s *arabisches Zahlen-
system* n

alias ['eiliæs] L **1.** adv *anders, sonst*; *sonst* . .
genannt **2.** s [pl ~es] *angenommener Name* m,
under an ~ *unter falschem Namen.*

alibi ['ælibai] **1.** s [pl ~s] L ⟨jur⟩ *Alibi* n; to
establish, prove one's ~ *sein A. beibringen* ∥
⟨ *bes* Am⟩ *Ausrede, Entschuldigung* f **2.** vt/i
(jdm) ein A. verschaffen; ⟨Am⟩ *entschuldigen*
(losses) **|** vi *sich herausreden* (he cannot ~)

Alice ['ælis] s: White ~ = Alaska Integrated
Communications Exchange ⟨aero⟩ *ein Radar-
Warnsystem*

alien ['eiliən] **1.** a *fremd, ausländisch, exotisch*
∥ *andersartig* (from *als*) ∥ *unangemessen* ∥ *zuwider* (to my feelings) **2.** s *Fremde(r)* f (m); *Aus-
länder(in)* m (f); *ungünstig* ~ *lästiger Ausländer* m ∥ Aliens Act ⟨engl⟩ *Gesetz* (n) 1905,
betr Einwanderung von Ausländern **~able** [~əbl]
a *übertragbar, veräußerlich* **~age** [~idʒ] s
Fremdheit f, *Ausländertum* n **~ate** ['eiliəneit] vt
übertragen, veräußern ∥ ⟨fig⟩ *entfremden* (from
a p *jdm*); to ~ a p *sich* [dat] *jdn entfremden*
–ation [ˌeiliə'neiʃən] s *Übertragung, Veräußerung* f ∥ *Entfremdung* f (from *von*), ~ of affection ⟨jur⟩ *E. der Ehegatten* ∥ mental ~ *(od ~* of
mind) *Geistesgestörtheit* f, *Wahnsinn* m **–ator**
['eiliəneitə] s ⟨jur⟩ *Übertrager* m *(von Eigentum)*; *Veräußerer* m **–ee** [ˌeiliə'ni:] s *jd, auf den
Eigentum übertragen ist.* **–ist** ['eiliənist] s *Irren-
arzt, Psychiater* m

alight [ə'lait] pred a *brennend, in Flammen* ∥
erhellt, erleuchtet (with *von*)

alight [ə'lait] vi *absteigen* (from *von*), *aussteigen* (from *aus*) ∥ *sich niederlassen* (on *auf*),
sich setzen ∥ (of an airship) *landen* ∥ to ~ on
water *auf dem W. landen,* (an)*wassern* ∥ **~ing**
area ⟨aero⟩ *Landefläche* f ∥ ~ing on water
⟨aero⟩ *Wasserung* f ∥ ⟨fig⟩ to ~ on (*zufällig*)
finden, stoßen auf.

align, aline [ə'lain] vt/i *(aus)richten; ab-,
ausfluchten* ∥ *in e-e* (*gerade*) *Linie bringen, abmessen, –stecken* ∥ *in e-r Linie anordnen*; to ~
o.s. with *sich zus-stellen mit, sich anschließen an*
∥ to ~ (the) sights on ⟨artill⟩ (*etw*) *anvisieren* ∥
vi *e-e Linie bilden* (with *mit*), *sich richten*; *fluch-
ten* ∥ **~ment** [~mənt] s *Aufstellen* [n] *in e-r
(geraden) Linie* ∥ *aufgestellte Linie, Reihe* f ∥
Verlängerungslinie f ∥ *Bauflucht* f; *Ausrichtung,
Fluchtung* f ∥ ⟨surv⟩ *Absteckungslinie, Trasse* f ∥
Abmessen, –stecken n, *Richtung* f ∥ out of ~
nicht gerade ∥ ⟨tech⟩ *Ausrichtung, Fluchtung* f

alike [ə'laik] **1.** pred a *ähnlich, gleich* (to) **2.**
adv *ebenso, in gleicher Weise* ∥ to enemies and
friends ~, ~ to enemies and friends *für Freund
u Feind*

aliment ['ælimənt] s *Nahrungsmittel, Futter* n,
Speise f ∥ *Unterhalt* m **~al** [ˌæli'mentl] a (~ly
adv) *nahrhaft, ernährend* **~ary** [ˌæli'mentəri] a
*nährend, der Ernährung dienend, Ernährungs–,
Nahrungs–, Verdauungs–* (~ canal *–kanal*)
~ation [ˌælimen'teiʃən] s *Ernährung* f, *Unterhalt* m; *Ernährungsart* f.

alimony ['æliməni] s ⟨jur⟩ *Unterhalt* m *(e–r
vom Manne getrennten, geschiedenen Frau)*;
Alimente n pl

Alinox ['ælinɔks] s *Eloxal, eloxiertes Aluminium* n

aliped ['æliped] **1.** a *flügelfüßig* **2.** s = ~
animal *(z. B. Fledermaus)*

aliquant ['ælikwənt] a ⟨math⟩ *aliquant, nicht
aufgehend* **aliquot** ['ælikwət] a L ⟨math⟩ *aliquot,
(ohne Rest) aufgehend*

alive [ə'laiv] a [*mst* pred] *am Leben, lebend,
lebendig, belebt* (with *von*); ⟨el⟩ *stromführend* ∥
to be ~ with *wimmeln von*; ⟨fig⟩ *voll s von* ∥ in

voller Kraft od Wirksamkeit ∥ *lebhaft, munter* ∥
lebhaft empfindend, empfänglich, aufgeschlossen
(to *für*), *aufmerksam* (to *auf*), *bewußt* (to a th
e–r S), to be ~ to a th *sich e–r bewußt s, etw
würdigen* **|** all ~ *voll reger Teilnahme, ganz Auge
und Ohr* ∥ look ~! *aufgepaßt!; schnell, beeile
dich!* ∥ no man ~ *niemand auf der Welt, kein
Sterblicher* ∥ ⟨fam⟩ man ~! *aber Mensch!*;
bester Freund!; dear heart ~! *gerechter Himmel! ach Gott!* **~ness** [~nis] s *Lebendigkeit* f

alizarin [ə'lizərin] s *Krapprot* n

alkalescence [ˌælkə'lesəns] s *Alkalinität* f
–ncy [– si] *Faulgärung* f

alkali ['ælkəlai] [pl –lis, –lies] s ⟨chem⟩ *Alkali,
Laugensalz* n ∥ **~fy** ['ælkəlifai] vt/i *(sich) in ein
Alkali verwandeln* **~ne** ['ælkəlain] a *alkalisch,
laugenhaft* ∥ ~ earth metal *Erdalkalimetall* n ∥
~ solution *Lauge* f

alkaloid ['ælkələid] s ⟨chem⟩ *Alkaloid* n

alkyd ['ælkid] s [attr] ~ resin, ~ plastic
Alkyd–, Kunstharz n *(f Schutzbezüge)*

all [ɔ:l] **I.** a & pron **1.** *ganz,* ~ day long *den
ganzen Tag über*; ~ England, *ganz E.*; ~ his life
sein ganzes Leben lang; ~ the world *alle Welt,
die ganze Welt*; ⟨fam⟩ for ~ the world (like)
durchaus, grade (wie); not for ~ the world *nicht
um alles in der Welt*; with ~ my heart *von
ganzem Herzen* ∥ all, with ~ speed *in aller Eile* ∥
jede(r, –s) ~ kind(s) of *jede Art von* (to lose ~
contact with) ∥ exchange of ~ goods *gesamter
Warenaustausch* m ∥ that's ~ the go °*das ist die
Masche* ∥ ~ the world and his wife °*Gott und
alle Welt* **2.** *alle* pl (~ men; ~ the men [who;
of this town], ~ the others); at ~ events
auf alle Fälle; on ~ fours *auf allen vieren*; to sit
up till ~ hours of the night *sehr spät* (or *lange*)
aufbleiben; ~ sorts of *allerlei*; ~ George's ener-
gies *alle Kräfte Georgs* **II.** s **1.** *alle* = ~ of you
ihr alle; each and ~ *jeder einzelne* (of *von*); one
and ~ *alle zus*; ~ and sundry *all und jeder*
2. *alles*; ~ of .. *genau .., nichts weniger as ..;*
~ that *alles, was*; and ~ that *und dergleichen,
und was sonst noch*; that is ~ *das ist alles*; *das
genügt*; *damit basta*; ⟨vulg⟩ that's ~ *there is* to
it *das ist die ganze S*; ~ 's well that ends well
Ende gut, alles gut; if that is ~ *wenn's weiter
nichts ist* ∥ ⟨fam⟩ that is ~ *very fine* (*od* well)
but *das ist alles ganz schön, aber* ∥ ~ but *fast,
beinahe*; ~ but 17 days *bis auf* (= *weniger*)
17 Tage ∥ take him (for) ~ in ~ *wenn man
ihn im ganzen betrachtet* ∥ you are ~ in
~ to him *du giltst ihm (über) alles* ∥ ~ one
einerlei (it is ~ one to me *es ist mir einerlei*)
∥ ⟨fam⟩ ~ woll and a yard wide *echt, zu-
verlässig,* (P) treu *wie Gold* **|** above ~, before
~ *vor allem* ∥ **after** ~ *nach allem, schließlich*;
bei alledem; *trotz allem*; *übrigens* ∥ **at** ~ [*in fra-
genden u verneinenden Sätzen*] *überhaupt, durchaus* (nothing at ~; not at ~) ∥ **for** ~ I know
soviel ich weiß; *ich glaube gar* (you have . .),
du hast . .); for ~ that *trotzdem*; *dessenungeachtet*;
once for ~ *ein für allemal* ∥ in ~ *in allem, im
ganzen* (£40 in ~) **3.** *das Ganze, der Gesamt-
besitz*; he has lost his ~ *er hat all sein Hab und
Gut verloren* **III.** adv **1.** *ganz* (*u gar*), *gänzlich* ∥
~ **about** *rings umher verstreut* ∥ ~ **abroad** *weit
verbreitet* ∥ ~ at once, ~ of a sudden *auf einmal, plötzlich* ∥ to be ~ **ears** *ganz Ohr sein* ∥ ~ of
a heap ⟨fam hum⟩ °*platt wie ein Pfannkuchen* ∥
~ **over** the country *im ganzen Lande*; he has
travelled ~ over Europe . . *durch ganz E.* . . ∥
snowstorms ~ over Germany .. *in ganz D.*; ~
over the world *in der ganzen W.,* → throughout
∥ ~ over again *wieder v vorn (anfangen)* ∥ he had
pains ~ over (him) *er hatte überall Schmerzen*;
that is Bill ~ over *das ist typisch B.*; to tremble
~ over *am ganzen Leibe zittern*; ~ over dirt
über u über beschmutzt **|** ~ **right** *ganz richtig*;

ganz gesund (I am quite ~ right *es geht mir ganz gut*) || *gut! schön!* || *alles ist in Ordnung* || it's ~ right for you to laugh! *Sie h gut lachen* | ~ **round** *rings umher*; ⟨fig⟩ *durch die Bank, ohne Unterschied* | ~ **the better** *um so besser* || ~ **the more** *um so mehr* || ~ **the same** *nichtsdestoweniger*; *ganz gleich* | ⟨fam⟩ **to be** ~ **there** *bei Sinnen s* (he is not quite ~ there *er ist wohl nicht ganz gescheit*) || ~ **too soon** *nur zu bald* || it is ~ up with me! *es ist aus mit mir!* **2.** [*vor* adj] *all(es), ganz*; ~-**electric** *vollelektrisch* (*kitchen*); ~-**embracing** *allumfassend*; ~-**oblivious** *alles vergessend*; etc || ~-**fired** ⟨Am⟩ *höllisch, verflucht* || ~-**red** *rein britisch* (*Kabel*) **IV.** [in comp] ~-**age class** *einklassige Schule* f || ~-**around defence** ⟨tact⟩ *Rundumverteidigung* f || ~-**automatic** *vollautomatisch* || ~-**black malleable cast iron** *Schwarzguß* m || ~-**clear** (*Luft-, Flieger-*) *Entwarnung* f; *to sound the* ~-c. *entwarnen* || ~-**duty tractor** *Allzwecktraktor* m || ~-**Fools'-Day** *der 1. April* (*mst* April Fools'-Day ⟨~-in [a] ⟩ **1.** pred ⟨Am⟩ *erschöpft* **2.** [attr] *alles einschließend*; *Freistil-* (:*F.-Ringen*); *Gesamt-, Gestehungs-* (~-in cost); ⟨Am⟩ *erschöpft*; ~-**in insurance** *Versicherung gegen alle Gefahren* | ~-**mains** [attr] ⟨wir⟩ *Allwellen-, Allstrom-* (receiver) || ~-**male** *Herren-* (*dinner, -essen* n, *abend* m) | ~-**metal construction** *Ganzmetallbauweise* f | ~-**out** *mit größter Stärke od Geschwindigkeit* || *total* (war) || ~-**overish** (a) ⟨fam⟩ *°ganz blümerant, hunde-, katzenjämmerlich* || ~-**round** [a] *allgemeingültig, allseitig, sich in allen Richtungen erstreckend*; *vielseitig* (an ~-round man) || ~-**round fellow** *Alleskönner* m || ~-**round defence** ⟨tact⟩ *Rundumverteidigung* f, °„*Igel*" m (*dazu: sich einigeln*) || ~-**round traverse** ⟨atill⟩ *Seitenrichtfeld* n *v 360°* || ⟨com⟩ *Pauschal-* (~-round price) || ~-**round dump car** *Rundkipper* m || ~-**round machine** *Universalmaschine* f || ~-**season oil** ⟨mot⟩ *ganzjähriges Öl* n || All Saints' Day *Allerheiligen* n (*1. November*); All Souls' Day *Aller seelen* n (*2. Nov.*) || ~-**steel body** ⟨mot⟩ *Ganzstahlkarosserie* f || ~-**time** *bisherig* (*Rekord*), *aller Zeiten* || *rekord-, Rekord-* (high, low) || ~-**up** (*Gesamt*)*Fluggewicht* n || ~-**wave receiver** ⟨wir⟩ *Allwellenempfänger* m || ~-**weather** *Allwetter-* (outfit) || ~-**wheel brake** *Verbundbremse* f || ~-**wheel drive** *Geländeantrieb* m || ~-**wheel steering** *Allradlenkung* f || ~-**woollen** *ganz* od *rein wollen*

allay [ə'lei] vt [~ed/~ed] *beruhigen, beschwichtigen*; *stillen, unterdrücken, mildern, lindern* ~**ing** [–iŋ] s ⟨tech⟩ *Entlastung* f, *Stützmauer* f, *Tragstein* m

allegation [ˌæle'geiʃən] s *Anführung, Angabe* f || (*bes die nicht erwiesene*) *Behauptung* f

allege [ə'ledʒ] vt *anführen, –geben* || *vorbringen* || *aussagen, erklären, versichern*; (*Unerwiesenes*) *behaupten, vorgeben, annehmen* | ~**d** [~d] a *vor-, angeblich* (an ~ assault)

allegiance [ə'li:dʒəns] s *Lehnspflicht, Untertanenpflicht, –treue* f (to zu); *Treue, Ergebenheit* f || *to give one's* ~ *to sich* [acc] (*jdm, e–r S*) *verschreiben* || *oath of* ~ *Treu-, Untertaneneid* m

allegoric(al) [ˌæle'gɔrik(əl)] a (–cally adv) *allegorisch, sinnbildlich* –**rist** [ˈæligərist] s *Allegorist* m –**rize** [ˈæligəraiz] v *allegorisieren, sinnbildlich darstellen* –**ry** [ˈæligəri] s *Allegorie, sinnbildliche Darstellung* f || *Sinnbild, Gleichnis* n

allegro [əˈleigrou] It ⟨mus⟩ **1.** a & adv *lebhaft, munter* **2.** s *Allegro* n

alleluia [ˌæliˈluːjə] s L *das Hallelujah, Loblied* n

allemande [ˈæləmænd] s Fr ⟨mus⟩ *Allemande* f (*deutscher Tanz*); *Volkstanzfigur* f

allergic [əˈləːdʒik] a *überempfindlich, Abneigung habend* (to *gegen*); ⟨med⟩ *allergisch* (*bei mehrmaliger Impfung anders reagierend*) –**gy** [ˈælədʒi] s *Allergie, Überempfindlichkeit* f; ⟨sl⟩ *Abneigung* f, *Widerwillen* m, *Antipathie* f

alleviate [əˈliːvieit] vt *erleichtern, mildern, lindern*; *mindern*; –ting *circumstances* ⟨jur⟩ *mildernde Umstände* m pl –**tion** [əˌliːviˈeiʃən] s *Erleichterung, Linderung* f

alley [ˈæli] s *Allee* f, *Gang* m || *Gasse* f, blind ~ *Sackgasse* f, °*Loch* n || *Durchgang, Korridor* m || *skittle* ~ *Kegelbahn* f || *that is up* od *down my* ~ ⟨Am sl⟩ *das paßt mir genau in den Kram, das kommt mir wie gerufen* | ~-**cat** ⟨Am⟩ *streunende Katze*, ⟨sl⟩ *Straßendirne* f || ~-**way** ⟨Am⟩ (*schmaler*) *Durchgang* m, *enge Gasse* f

alliance [əˈlaiəns] s *Verbindung* f || *Verschwägerung, Verwandtschaft* f || *Bund* m, *Bündnis* n || *Gemeinschaft* f | defensive ~ *Verteidigungspakt* m || dual ~ *Zweibund* m || offensive and defensive ~ *Schutz- u Trutzbündnis* n || triple ~ *Dreibund* m || *to make, cement, form an* ~, *to enter into an* ~ *ein Bündnis schließen, sich verbinden* (with)

alligation [ˌæliˈgeiʃən] s ⟨min⟩ *Gemenge* n

allied [əˈlaid] a → *ally*; *alliiert* (forces, control)

alligator [ˈæligeitə] s ⟨zoo⟩ *Alligator, Kaiman* m || ⟨übtr mil⟩ *amphibischer Panzer(wagen m)* m || ⟨Am sl⟩ *Jazz-, Swing-Fanatiker* m | ~-**apple** *Westindischer –apfel* m || ~-**wood** ⟨bot⟩ *–holz* n

alliterate [əˈlitəreit] vi/t *alliterieren, staben, mit demselben Buchstaben beginnen* (*l*) –**ation** [əˌlitəˈreiʃən] s *Alliteration* f, *Stabreim* m –**ative** [əˈlitəreitiv] a (~ly adv) *alliterierend*.

allocable [əˈlɔkəbl] a ⟨logistics⟩ ~ item *Artikel* m *mit Zuteilungsbeschränkung*

allocate [ˈælokeit] vt *anweisen, zuteilen* (to a p *jdm*) || ~d forces (NATO) *zur Verfügung gestellte Streitkräfte* f pl || (*Geld*) (f *e–n bestimmten Zweck*) *bereitstellen* –**tee** [ˌælokeiˈtiː] s *Verbraucher* m; *jd, der e e Zuteilung bekommt* –**tion** [ˌæloˈkeiʃən] s *Anweisung, Zuteilung, Verteilung* f (to *an*) || ⟨st exch⟩ *Zuweisung* f || ~ of vacancies *Teilnehmerquote* f | *Bewirtschaftung* f (materials are put on od taken off ~ . . w *bewirtschaftet* or *freigegeben* –**tor** [ˈælokeitə] s *Ver-, Zuteiler* m

allocution [ˌæloˈkjuːʃən] s *Ansprache, Anrede* f

allodial [əˈloudiəl] a *allodial, erbeigen* –**ium** [əˈloudiəm] s *Allod, freies Erbgut* (*Ggs* feud), *Freigut* n

allonge [əˈlɔ̃ːʒ] Fr s *Ansatzstück* n; *die Allonge an e–m Wechsel*

allopath [ˈæləpæθ], ~**ist** [əˈləpəθist] s ⟨med⟩ *Allopath* m | ~**y** [əˈləpəθi] s ⟨med⟩ *Allopathie* f

allopatric [ˌæloˈpætrik] a ⟨biol⟩ *allopatrisch, an getrennten Orten, unter geographischer Isolierung*

allophone [ˈæləfoun] s ⟨phon⟩ *Allophon* n; *Variation* f *e–s Phonems* (p in pit & spit)

allot [əˈlɔt] vt *aus-, verteilen* || *zuteilen, anweisen, zumessen* (a th to a p *jdm etw*); (in *Truppenteile*) *einreihen* –**ment** [~mənt] s *Zuteilung* f; ⟨st exch⟩ on ~ *bei Zuteilung der Aktien* || *Los* n, *Anteil* m || *Parzelle* f, *Schrebergarten* m || ~ (garden) *Schrebergarten* m; ~ **settlement** *Kleingartensiedlung* f ~**ter** [–ə] s ⟨telph⟩ *Wählersucher* m

allotropy [əˈlɔtrəpi] s ⟨chem⟩ *Allotropie* f

allow [əˈlau] vt/i (*etw*) *gestatten*; (*e–r S*) *stattgeben* (to a p *to do jdm erlauben, z tun, gestatten* (a p to do *jdm z tun*); I ~ you to leave *ich erlaube, daß du gehst*; I was ~ed *mir wurde erlaubt* (to do); ~ me *gestatten Sie mir bitte*; he ~ed himself to be deceived *er ließ sich täuschen*;

to be ~ed out *ausgehen dürfen* || *einräumen,
gelten lassen, zugeben* (that) || ⟨Am⟩ *behaupten*;
glauben (that) || *bewilligen*; *zukommen l, ge-
währen, gönnen* (a p a th *jdm etw*) || *(Summe) in
Anschlag bringen, ansetzen* (for *für*); to ~ a p a
sum *jdm e–e S. in Abzug bringen, vergüten, an-
rechnen* || ~ed ⟨jur⟩ *anerkannt* (claim) || ~ed
variations [pl] ⟨tech⟩ *Toleranz* f || *no passengers
~ed kein Durchgang f Passagiere* | vi *es ermög-
lichen* || to ~ for *Rücksicht nehmen auf, in Be-
tracht ziehen, bedenken, berücksichtigen* || to ~
of *(etw) zulassen, erlauben, gestatten* ~able
[~əbl] a (–bly adv) *erlaubt, zulässig, rechtmäßig* ~ance [~əns] **1.** s *Anerkennung, Billi-
gung, Genehmigung* f || *Erlaubnis, Einwilligung* f ||
ausgesetzte Summe f *z. B. jährliche(s) Gehalt,
Rente* || *zugeteilte Ration* f || *Taschengeld m, Zu-
schuß m, Zulage* f || *Vergütung, Entschädigung* f
(for *für*); clothing ~ ⟨mil⟩ *Einkleidungsbeihilfe* f;
children's ~ *Kindergeld* n; ~ for quarters *od* rent
⟨mil⟩ *Wohnungsgeld* n; ~ of ammunition
Munitionsausstattung f || *Abzug, Rabatt, Preis-
nachlaß* m || *Nach–, Rücksicht* f | short ~ *knappe
Ration* f || weekly ~ *Wochengeld* n || to make ~
for *Rücksicht nehmen auf; in Betracht ziehen;
zugute halten; Nachsicht üben bei;* (etw) *in An-
schlag bringen* || to put upon ~ *auf Rationen
setzen* || ⟨tech⟩ *Abmaß n; Zugabe; Toleranz* f ||
⟨met⟩ *Remedium* n || ⟨sport⟩ *Vorgabe* f || ~ for
your used car ⟨ad⟩ *Ihr Gebrauchtwagen wird in
Zahlung genommen* | ~s [pl] *Gebührnisse* f pl
2. vt *jdn auf* (kleinere) *Rationen setzen;* (jdm e–n
bestimmten Teil) *anweisen* || (etw) *rationieren*
alloy 1. [ˈæləi] s (Metall-)*Legierung* f; *Fein-
gehalt* m; *Zusatzmetall* n || *entwertende Bei-
mischung* || ⟨fig⟩ *Mischung* f (without ~ *unge-
mischt*), *Verwässerung, Verschlechterung* f || ~
tool steel *legierter Werkzeugstahl* m **2.** [əˈləi]
vt/i *legieren, mischen* || ⟨fig⟩ *verringern, ver-
schlechtern* | vi *sich vermischen*
allspice [ˈɔːlspais] s *Nelken–, Jamaikapfeffer* m
allude [əˈluːd] vi to ~ to *anspielen auf; berühren; sprechen von;* (jdn) *meinen*
allure [əˈljuə] **1.** vt *ködern, anziehen* || *ver-
locken, anlocken* || *durch Anreiz gewinnen;* (jdn)
überreden (to, towards *zu*), *abbringen* (from *von*)
|| *bezaubern, reizen* **2.** s *Scharm m, Anmut* f
~ment [~mənt] s *Lockung, Verlockung* f; *Rei-
zung* f || *Reiz* m; *Lockmittel* n, *Köder* m
alluring [əˈljuəriŋ] a (~ly adv) *verlockend,
–führerisch, reizend*
allusion [əˈluːʒən] s *Andeutung, Anspielung* f;
Hinweisung f (to *auf*) || in ~ to *anspielend auf* ||
to make an ~ to *anspielen auf*
allusive [əˈluːsiv] a (~ly adv) *anspielend* (to
auf); verblümt ~ness [~nis] s *die anspielende Art
und Weise, Anspielung* f
alluvial [əˈluːviəl] a *angeschwemmt, ange-
spült* || *Alluvial–;* ~ ore deposit ⟨min⟩ *Erzseife* f;
~ ore mining *Seifenbau* m || ~ soil *Schwemm-
boden* m –**ion** [əˈluːviən] s ⟨geol⟩ *Ablagerung,
Anschwemmung* f || *Landvergrößerung* [f] *durch
Anschwemmung* –**ium** [əˈluːviəm] n s L ⟨geol⟩
(Geröll-)*Ablagerung* f || ⟨fig⟩ *Überbleibsel* n,
Überrest m
ally [əˈlai] **1.** vt *alliieren, verbünden, vereinigen;* to ~ o.s. to (with) a p a p *sich verbünden mit
jdm* ⟨a fig⟩ || allied to (with) *verbündet, ver-
wandt mit* (jdm); allied to (S) *verbunden mit* || the
allied [ˈælaid] forces ⟨mil⟩ *die verbündeten
Truppen* pl **2.** s [əˈlai, mst ˈælai] *Bundesgenosse* m
⟨a fig⟩ || the allies pl ⟨mil⟩ *die Verbündeten*
ally [ˈæli] s *Marmorkugel* f (f *Murmelspiel*)
allyl [ˈælil] s [attr] ~ plastic, ~ resin *Allyl–,
Kunstharz* n
almagest [ˈælmədʒest] s *Almagest* m
almanac [ˈɔːlmənæk] s *Almanach, Kalender* m
|| *Jahrbuch* n (nautical ~)

almightiness [ɔːlˈmaitinis] s *Allmacht* f –**ty**
[ɔːlˈmaiti] **1.** a *allmächtig* (~ God) || ⟨sl⟩ *groß*
|| the ~ dollar ⟨Am⟩ *der allmächtige Dollar, die
Allmacht des Geldes* **2.** s the ~ *der Allmächtige* m
almond [ˈɑːmənd] s *Mandel* (Frucht) f ||
Mandelbaum m || *Rosafarbe* f *der Mandelblüte* ||
⟨arts⟩ *Mandorla, Mandel* f | ⟨attr⟩ *Mandel–*
~-colour *blaßrote Farbe* f || ~-paste *Marzipan*
n || ~-shaped *mandelförmig* || ~-willow ⟨bot⟩
Mandelweide f
almoner [ˈælmənə, ˈɑː m–] s *Almosenpfleger,
Almosenier* m; *Sozialarbeiter(in* f) m, *–pfleger(in*
f) m (bes f *Krankenhauspatienten mit deren Ent-
lassung*) || Lord High ~ *Lord Almosenpfleger,
der am Gründonnerstag* (Maundy Thursday) *in
des Königs, der Königin Namen Almosen verteilt*
almonry [ˈælmənri, ˈɑː m–] s *Wohnung* f *des
Armenpflegers* || *Ort* m *der Almosenverteilung*
almost [ˈɔːlmoust] adv *fast; nahezu, beinahe*
(~ one million); *geradezu* (~ nothing); ~ *un-
bearable*
alms [ɑːmz] s [pl & sg konstr] *Almosen* n,
Liebesgabe, Armenhilfe f; to live on ~ *v Almosen
leben* | ~-box, ~-chest *Almosen–, Opferbüchse* f,
Opferstock m || ~-giving *Almosengeben* n ||
~-house *Spital, Armenhaus* n || ~-people *Haus-
arme, Almosenempfänger* m pl
alnico [ˈælnikou] s (permanent magnetische)
A**l**uminium-**N**ickel-**Ko**baltlegierung f
aloe [ˈælou] s ⟨bot⟩ *Aloe* f || ~s [pl] –*saft* m
~**tic** [ˌæluˈetik] a *Aloe–*
aloft [əˈlɔːft] adv *hoch oben, empor, droben* ||
⟨mar⟩ (nach) *oben, in der* (od *die*) *Takelung* ||
⟨fig⟩ *nach oben, gen Himmel*
alone [əˈloun] adv & pred a *allein; bloß, nur*
(he ~ *nur er*); not ~ . . but also *nicht nur . .
sondern auch* || leave *od* let it ~! *laß das* (blei-
ben)! || leave *od* let me ~! *laß mich in Frieden!* ||
let ~ *geschweige* (denn), *abgesehen von od davon*
(that)
along [əˈlɔŋ] **1.** adv *der Länge nach, entlang;
fort, geradeaus, weiter; einher–;* as we go ~ *un-
terwegs;* all ~ *ganz der Länge nach* || ⟨Am⟩ *vor-
geschritten; überall; die ganze Zeit; fortwährend,
durchweg;* ⟨Am fam⟩ *schon seit einiger Zeit,
längst* | ~ of ⟨vulg⟩ *wegen, infolge* || ~ with
zus– mit, zugleich mit, nebst, samt || ⟨Am⟩ come
~ *komm mit* || come ~ with me *komm mit* ||
bring your book ~ with you *bring . . mit* || to
get ~ ⟨Am fam⟩ *Erfolg h, es fertigbringen* || to
get ~ with a p *sich mit jdm gut vertragen* || get
od go ~ with you! *fort mit dir!* || take that ~
with you *nimm das mit* **2.** prep *entlang, an* [dat]
entlang, vorbei, an, über || *längs* [gen] (~ the
wall) ~**shore** [əˌlɔŋˈʃɔː] adv *längs der Küste, die
Küste entlang* ~**side** [əˈlɔŋˈsaid] **1.** adv ⟨mar⟩
längsseits, Seite an Seite, Bord an Bord || ~ of
neben ⟨a fig⟩ **2.** prep *neben, längsseits* (~ a ship)
aloof [əˈluːf] adv & pred a *fern, weitab* (from
von); *von weitem* || ⟨mar⟩ *luvwärts* || to stand,
keep, hold ~ *sich fernhalten, neutral bleiben* || to
be ~ *unnahbar* s ~**ness** [~nis] s *Abgeschlossen-
heit* f (from *von*)
alopecia [ælouˈpiːʃə] s ⟨med⟩ *Kahlheit* f
aloud [əˈlaud] adv & pred a *laut, vernehmlich*
|| to read ~ *laut, vorlesen*
alow [əˈlou] adv ⟨mar⟩ *unten, nach unten*
alp [ælp] s *hoher Berg* m || (in Switzerland)
Alpe; Alm f || the ~s [pl] *die Alpen* pl
alpaca [ælˈpækə] s ⟨zoo⟩ *Pako, Alpaka* n ||
Alpakawolle f, –*stoff* m
alpha [ˈælfə] s *Alpha* n || ~ plus *ausgezeichnet,
°primissima* || ~ rays [pl] „*Alphastrahlen*" m pl
(*Heliumkerne radioaktiver Substanzen*) || ~ test
⟨Am⟩ *Intelligenzprüfung* f || ⟨oft⟩ = ~-betic(al)
(~ file) ~**bet** [~bit] s *Alphabet, Abc* n –**betic(al)**
[ˌælfəˈbetik(əl)] a (–cally adv) *alphabetisch*

-tical agency *Institution* f *mit abgekürzter Bezeichnung*

Alpine ['ælpain] a *alpin, Alpen-* ‖ *Hochgebirgs-* ‖ ~ 〈Am〉 *Schlappheit* m ‖ ~ *cap* 〈mil〉 *Bergmütze* f ‖ ~ *sun* 〈med〉 *Höhensonne* f ‖ ~ *troops Hochgebirgstruppe(n* pl) f, *Gebirgsjäger* m pl

Alpinist ['ælpinist] s *Alpinist* m

already [ɔːl'redi] adv *bereits, schon* (~ *in* 1121; → *early*).

alright = **all right**

Alsatian [æl'seiʃən] **1.** a *elsässisch, Elsässer-*; ~ *dog deutscher Schäferhund* m **2.** s *Elsässer(in)* m (f); = ~ *dog*

also ['ɔːlsou] adv & conj *auch, ebenfalls, gleichfalls; ferner, außerdem* (my friend ~ *od* ~ my friend); we ~ *wir auch, auch wir*; we ~ *find auch wir finden* ‖ ~ *ran* [s] 〈sl〉 *jd, der zurückbleibt, Mißerfolg gehabt hat* (he is an ~ *ran[er ist ein]* „*Ferner liefen*")

alt [ælt] s 〈mus〉 *Alt* m

altar ['ɔːltə] s *Altar* m (on the ~ *auf dem A.*) ‖ *high* ~ *Hochaltar* m; *temporary* ~ *Prozessions-, Ruhealtar* ‖ *to lead to the* ~ *zum Altar führen,* 〈fig〉 *heiraten* | ~*-boy* 〈RC〉 *Ministrant* m ‖ ~*-cloth* 〈ec〉 *Altarbekleidung, Altardecke* f ‖ ~*-cruet* 〈RC〉 *Meßkännchen* n ‖ ~*-piece* 〈ec〉 *Altargemälde* n ‖ ~*-wine Meßwein* m

alter ['ɔːltə] vt/i ‖ *ändern* (it does not ~ *the fact es ändert nichts an der Tatsache*); *umändern; umarbeiten* | vi *sich (ver)ändern* ~**able** [~rəbl] a (-bly adv) *veränderlich, wandelbar* ~**ation** [ˌɔːltə'reiʃən] s *Änderung* f (to an) ‖ *Neuerung* f ‖ 〈phot〉 ~ *of hue Verschiebung f im Farbton* ‖ ~s [pl] 〈a〉 *Umarbeitung* f ~**ative** [~reitiv] **1.** a *verändernd* **2.** s 〈med〉 *alterierendes Mittel* n **altercate** ['ɔːltəkeit] vi *streiten, zanken* —**cation** [ˌɔːltə'keiʃən] s *Streit, Zank, Wortwechsel* m

alternate [ɔːl'təːnit] **1.** a *abwechselnd, wechselseitig; Wechsel-* (~ *angles -winkel* m pl); on ~ *days, on each* ~ *day e–n Tag um den andern; tageweise abwechselnd;* ~ *motion hin und hergehende Bewegung* f; ~ *order* 〈ec arch〉 *Stützenwechsel* m ‖ 〈bot〉 *wechselweise stehend* **2.** s 〈Am〉 *Stellvertreter* m | ~**ly** [~li] adv *nacheinander*

alternate ['ɔːltəneit] vt/i ‖ *wechseln* or *abwechseln* l (a th with a th *e–e S mit e–r S*) | vi *abwechseln folgen, abwechseln* (with *mit*) ‖ -ting *current* [abbr A.C.] 〈el〉 *Wechselstrom* m ‖ -ting *communication Wechselverkehr* m; -ting *emplacement* 〈artill〉 *Wechselstellung* f; -ting *routing* 〈el〉 *Umwegschaltung* f ~**ation** [ˌɔːltə'neiʃən] s *Abwechselung* f, *Wechsel* m, *Alternieren* n ‖ 〈math〉 *Permutation* f

alternative [ɔːl'təːnətiv] **1.** a *alternativ, einander ausschließend; abwechselnd; Ausweich-* (accomodation, airfield); *Ersatz-* (site *Gelände*) ‖ ~ *frequency* 〈wir〉 *Ausweichwelle* f ‖ ~ *Aushilfs-, Not-* (z. B. *Wohnung*) ‖ ~ *position Ausweichstellung* f ‖ ~ *target -ziel* n **2.** s *Alternative* f, *Wahl zwischen zwei Dingen* ‖ *Möglichkeit* f; *Wahl* f (for *für*), *Ausweg* m (to *für*); to liave no ~ *k–e Wahl h* ‖ ~**ly** [~li] adv *frei nach Wahl; or* ~ *oder als Wahl, oder sonst ..; ~ with abwechselnd mit* ‖ **alternator** ['ɔːltəneitə] s 〈el〉 *Wechselstromgenerator* m

althaea [æl'θiːə] s 〈bot〉 Shrubby ~ *Syrischer Eibisch* m, → hibiscus

altho = **although** [ɔːl'ðou] conj *obgleich, obwohl, wennschon*

altigraph ['æltigraːf] s 〈aero〉 *Höhenschreiber* m

altimeter [æl'timitə] s *Höhenmesser* m ‖ *Funklot* n; absolute ~ 〈aero〉 *Abtasthöhenmesser* m (f *Höhe-über-Grund*)

altitude ['æltitjuːd] s *Höhe, Tiefe* f; 〈astr, geog, geom〉 *Höhe* f ‖ *hochgelegener Ort* m ‖ absolute ~ 〈aero〉 *Flughöhe* f *über Grund* ‖ low

and high ~ *attacks* 〈aero〉 *Hoch- u Tiefangriffe* ‖ ~ *carbureter* 〈Am aero〉 *Höhenvergaser* m ‖ ~ *chamber Unterdruckkammer* f

alto ['æltou] s 〈mus ursp〉 *erster Tenor* m ‖ (= contralto) *Altstimme* f, *Alt* m ‖ *–sängerin* f ‖ ~*-relievo* ['æltouriˈliːvou], ~*-rilievo* ['æltourili'eivou] s 〈arts〉 *Hochrelief* n

altogether [ˌɔːltə'geðə] **1.** adv *gänzlich, durchaus, ganz und gar* ‖ *zusammen* ‖ *überhaupt* ‖ *im Ganzen* **2.** s 〈fam〉 in the ~ *im Adams-, Evakostüm;* to pose to a p for the ~ *jdm Aktmodell sitzen*

altruism ['æltruizm] s *Altruismus* m, *Uneigennützigkeit* f –**ist** [–ist] s *Altruist, uneigennütziger Mensch* m –**istic** [ˌæltruˈistik] a (~ally adv) *uneigennützig*

alum ['æləm] s 〈chem〉 *Alaun* m | ~ *earth Alaunerde* f ‖ ~*-shale* 〈minr〉 *Alaunschiefer* m ~**ina** [ə'ljuːminə] s 〈chem〉 *Tonerde* f ~**ious** [ə'ljuːminəs] a *Tonerde–; alaunhaltig; Alaun–*

aluminium [ˌæljuˈminjəm], 〈Am〉 **aluminum** [ə'luːminəm] s *Aluminium* n ‖ ~*-base alloy Legierung* [f] *auf Aluminiumbasis*

alumna [ə'lʌmnə] L s (pl ~e [–niː]) *Akademikerin, Alumne* f –**nor** [–nər] s 〈Am〉 *hauptamtlicher Funktionär* m *e–s Altherrenverbandes* (~ni association) –**nus** [–nəs] s [pl –ni] *Akademiker, Alumne* m ‖ 〈univ Am〉 *Alter Herr* ‖ –ni [attr] *Altherren-* (~ association)

alveolar ['ælviolə, æl'violə] a 〈anat〉 *alveolar, Zahn-, Alveol–*

always ['ɔːlwəz] adv *immer, stets; unter allen Umständen*

am [æm; w f əm, m] **1.** sg prs *v* to be

amah ['aːmaː] s *Amah* f (*Ostasien*) (*eingeborene Amme* f)

amain [ə'mein] † adv *mit voller Kraft, geschwind, auf einmal*

amalgam [ə'mælgəm] s *Amalgam* n ‖ 〈fig〉 *Mischung* f, *Gemenge* n ~**ate** [~eit] vt/i ‖ *amalgamieren, vermischen, verschmelzen,* 〈a fig〉; *fusionieren* | vi *sich zus-schließen, sich vermischen* ~**ation** [ə,mælgə'meiʃən] s *Amalgamierung, Vereinigung, Vermischung* f ‖ *Fusion* f *von Firmen*

A-man ['eimən] s 〈fam〉 *Atomforscher* m

amanuensis [ə,mænju'ensis] L s *Amanuensis, Sekretär, Famulus* m ‖ *Abschreiber* m

amaranth ['æmərænθ] s 〈bot〉 *Amarant* m, *Tausendschön* n ‖ 〈fig〉 *unverwelkliche Blume* f ‖ ~**ine** [ˌæmə'rænθain] a *amarantfarben, –rot, amaranten* ‖ 〈fig〉 *unverwelklich*

amaryllis [ˌæmə'rilis] s 〈bot〉 *Belladonnalilie* f

amass [ə'mæs] vt *(auf)häufen, (an)sammeln, zus-scharren* ~**ment** [~mənt] s *Anhäufung* f

amateur ['æmətə:, –tjuə] s *Amateur, Dilettant, Liebhaber* m ‖ [attr] *Amateur–, Liebhaber-*; ‖ ~ *finishing* 〈phot〉 *Bearbeitung* f *v Amateuraufnahmen;* ~ *players* 〈SBZ〉 *Kulturgruppe* f; ~ *rider Herrenreiter* m ~**ish** [æmə'təːriʃ] a *dilettantisch* ~**ishness** [æmə'təːriʃnis], ~**ism** [æmə'təːrizm] s *Liebhaberei* f, *Dilettantismus* m, *Stümperhaftigkeit* f

amative ['æmətiv] a *verliebt; Liebes-; sinnlich* ~**ness** [~nis] s *Sinnlichkeit, geschlechtliche Leidenschaft* f

amatory ['æmətəri] a *verliebt; Liebes–; erotisch, sinnlich*

amaurosis [ˌæmə'rousis] s *schwarzer Star* m; *Blindheit* f

amaze [ə'meiz] vt *in höchstes Erstaunen setzen, überraschen* ‖ ~**d** [~d] a (~ly [ə'meizidli] adv) *erstaunt* (at *über*) ~**dness** [ə'meizidnis] s *Erstaunen* n ~**ment** [~mənt] s *höchstes Erstaunen* n; *Verwunderung* f (at *über*); to my ~ *zu m–r V.*

amazing [ə'meiziŋ] a (~ly adv) *höchst erstaunlich, wunderbar, Wunder-* (~ powers); *verblüffend*

amazon ['æməzən] s *Amazone* f; 〈fig〉 *Mann-*

weib n **~ian** [‚æmə'zounjən] a *amazonenhaft* ‖ *ungeheuer*

ambages [æm'beidʒi:z] s L pl ⟨fig⟩ *Umwege* m pl

ambassador [æm'bæsədə] s (→ embassy) *Botschafter, Gesandter* m ‖ **~-at-large** *Sonderbotschafter* m **~ial** [æm‚bæsə'dɔ:riəl] a *gesandtschaftlich, Botschafts-* **-dress** [æm'bæsədris] s *Botin* f ‖ *Gemahlin* f *e–s Botschafters*

amber ['æmbə] **1.** s *Bernstein* m ‖ ⟨Am sl⟩ *to shoot the* ~ ⟨mot⟩ *(bereits or noch) bei Gelb aufs Gas steigen* **2.** a *Bernstein-, bernsteinfarben, -gelb, -hell* ‖ **~-coloured** *honigfarben* ‖ **~-seed** *Bisamkörner* n pl ‖ **~-tree** ⟨bot⟩ *Ambrastrauch* m

ambergris ['æmbəgri:s] s *der graue Amber* m, *die Ambra* f

ambiance ['æmbiəns] s *Umgebung* f

ambidexter ['æmbi'dekstə] s *Beidhänder* m; ⟨fig⟩ *Achselträger* m **~ity** ['æmbideks'teriti] s *Geschicklichkeit* f *beide Hände gleich gut zu gebrauchen* ‖ ⟨fig⟩ *Achselträgerei, Unaufrichtigkeit* f

ambidextrous ['æmbi'dekstrəs] a (~ly adv) *beidhändig; gleich geschickt mit beiden Händen* ‖ ⟨fig⟩ *achselträgerisch, hinterhältig*

ambient ['æmbiənt] a *umgebend* ‖ ~ *light* ⟨telv⟩ *Umgebungs-, Raumlicht*; ~l. *filter Grauscheibe* f ‖ ~ *noise Nebengeräusch* n ‖ ~ *temperature* ⟨tech⟩ *Umgebungs-, Bezugstemperatur* f

ambiguity [‚æmbi'gjuiti], **–guousness** [æm'bigjuəsnis] s *Zweideutigkeit* f, *Doppelsinn* m ‖ *Ungewißheit,* ⟨fig⟩ *Dunkelheit* f **–guous** [æm'bigjuəs] a (~ly adv) *zweideutig, doppelsinnig* ‖ *ungewiß, dunkel; verschwommen.*

ambisyllabic [‚æmbisi'læbik] a *zu zwei Nachbarsilben gehörend (intervokalisches Konsonantenphonem* [better])

ambit ['æmbit] s *Umkreis*; *–fang* m ‖ ⟨telv⟩ *Kontur* f

ambition [æm'biʃən] s *Ehrgeiz* m, *Ehrsucht* f ‖ *Begierde* (of, for *nach*; to do) f ‖ *Gegenstand* [m] *des Ehrgeizes* **~less** (~lis) a *ohne Ehrgeiz*

ambitious [æm'biʃəs] a (~ly adv) *ehrgeizig, –süchtig; sehr begierig* (of a th *nach etw*; to do); *to be* ~ *of streben nach* ‖ *großzügig, –artig* (attempt) **~ness** (~nis) s *Ehr–, Ruhmsucht* f

ambivert ['æmbivə:t] s ⟨psych⟩ *Extro-Invertierte(r* m) f [–v–]

amble ['æmbl] **1.** vi *den Paßgang gehen; im Paßgang od bequem reiten* ‖ ⟨fig⟩ *leicht, gemächlich gehen* **2.** s *Paßgang* m **~-scramble** [–'skræmbl] s *Fußgänger-Kreuz-Querverkehr* m *(bei Auto-Stop)*

ambo ['æmbou] s L ⟨ec⟩ *Lesepult* n, *Kanzel* f

ambrosia [æm'brouziə] s *Ambrosia, Götterspeise* f | **~l** (~l) a (~ly adv) *ambrosisch,* ⟨fig⟩ *köstlich*

ambs-ace ['æmzeis] s *Pasch-Eins* f *(beim Würfeln)* ‖ ⟨fig⟩ *Unglück* n; *Wertlosigkeit* f

ambulance ['æmbjuləns] s *Feldlazarett* n, *Ambulanz* f, *Krankenwagen* m; *motor* ~ *Krankenauto* n ‖ *Sanitätswache* f; ~ *(air craft) Sanitätsflugzeug* n; ~ *battalion Krankentransportbataillon* n; ~ *box Verbandskasten* m; ~ *dog Sanitätshund* m; ~ *station Unfallstation* f; ~ *truck Krankenkraftwagen* m

ambulatory ['æmbjulətəri] **1.** a *zum Gehen geeignet, Geh-* ‖ *Wander-* ‖ ~ *case* ⟨mil⟩ *Leichtkranker, –verwundeter* m ‖ *herumziehend* ‖ *vorübergehend* ‖ *beweglich* ‖ ⟨med⟩ (a **ambulant**) *ambulant* **2.** s ⟨ec⟩ *Chorumgang, Ambitus* m; *Wandelgang* m

ambuscade [‚æmbəs'keid] **1.** s ⟨mil⟩ *Versteck* n; *Hinterhalt* m **2.** vi/t ‖ *im Hinterhalt liegen* | vt *im H. verbergen* **ambush** ['æmbuʃ] **1.** s ⟨mil⟩ *Hinterhalt* m ⟨a fig⟩; *to make, lay an* ~ *for a p*

jdm e–n H. legen, to lie in ~ *im H. liegen*; to spring an ~ *aus dem H. angreifen* | ~ *machine gun Schweige-MG* n **2.** vt/i ‖ *im H. verbergen*; *aus dem H. überfallen* | vi *im H. liegen*

ameba [əmi:bə] s *(neben* amoeba ⟨Am⟩ → amoeba

ameer [ə'miə] s *Emir* m

ameliorate (ə'mi:liəreit) vt/i ‖ *verbessern* | vi *besser werden, sich bessern* **–ration** [ə‚mi:liə'reiʃən] s *Verbesserung* f; ⟨agr⟩ *Melioration* f **–rative** [ə'mi:liəreitiv] a *verbessernd; bessernd* (influence).

amen ['ɑ:'men] **1.** intj *Amen!* **2.** s *das Amen*

amenability [ə‚mi:nə'biliti], **–bleness** [ə'mi:nəblnis] s *Verantwortlichkeit* f (to *gegenüber*) ‖ *Zugänglichkeit* f (to *für*).

amenable [ə'mi:nəbl] a (–bly adv) *verantwortlich, unterworfen* (to a p *jdm*); *abhängig* (to *von*) ‖ *willfährig; zugänglich* (to *für*)

amend (ə'mend) vt/i ‖ *verbessern, ergänzen; (Gesetzentwurf) ändern* or *ergänzen*; ~ing law *Ergänzungsgesetz* n | vi *besser w, sich bessern* **~able** (~əbl) a *verbesserungsfähig* **~atory** [~ətəri] a ⟨parl⟩ act ~ *thereto Änderungs- u Ergänzungsgesetze hierzu* **~ment** [~mənt] s *Verbesserung* ‖ *(in health) Genesung* ‖ *(sittliche) Besserung* f ‖ ⟨jur⟩ *Verbesserung e–s Rechtsirrtums* ‖ *Zusatz* m ‖ ⟨parl⟩ *Amendement* m, *Abänderungsantrag* m; ⟨Am⟩ *Zusatzartikel* m *(z Verfassung)* **amends** [ə'mendz] s pl [*oft* sg *konstr*] *Schadenersatz* m *(neben* ~ *Sch. leisten*; full ~ *were made)* ‖ *Entschädigung* f; *to make* ~ *for (etw) wieder gutmachen, ersetzen*

amenity [ə'mi:niti] s *Lieblichkeit, Annehmlichkeit* f; **–ties** [pl] *Reize, Vorzüge* m pl (of climate etc); *Annehmlichkeiten* (e–r *Stadt), bevorzugte, angenehme Lage* ‖ *to exchange* –ties *Freundlichkeiten, freundliche Redensarten austauschen* ‖ *preservation of rural* –ties *Landschaftsschutz* m

amenorrhoea [‚eimenə'ri:ə] s ⟨med⟩ *Amenorrh'oe, –h'ö*

amentia [æ'menʃə] s L ⟨med⟩ *völliges Blödesein* n

amerce [ə'mə:s] vt *(jdm) Geldstrafe auferlegen, (jdn) bestrafen* (with *mit*) **~ment** [~mənt] s ⟨jur⟩ *Geldstrafe* f

American [ə'merikən] **1.** a *amerikanisch*; ~ *basswood* ⟨aero⟩ *Baßholz* n *(amerik. Linde)*; ~ *cheese (Art) Cheddar(käse)* m; ~ *cloth Wachstuch* n ‖ ~ *heel Keilferse* f *(im Strumpf)* ‖ ~ *leather Art Wachstuch* n ‖ ~ *plan amerik. Hotel-System (mit Einheitspreis* f *Zimmer u Mahlzeiten)* → European plan ‖ ~ *twist joint* ⟨telph⟩ *Würgeverbindung* f **2.** s *der Amerikaner* ‖ *die amerikanische Sprache* **~ism** [~izm] s *Amerikanismus* m **~ize** [~aiz] vt *amerikanisieren*

Amerind ['æmərind] **1.** s [*aus* American Indian] *Indianer* **2.** a *indianisch* **~ian** [æmə'rindjən] s & a = Amerind

amethyst ['æmiθist] s ⟨minr⟩ *Amethyst* m **~ine** [‚æmi'θistain] a *amethystartig, –farben*

amiability [‚eimjə'biliti], **–ableness** ['eimjəblnis] s *Liebenswürdigkeit, Freundlichkeit* f ‖ –abilities [pl] *liebenswerte Züge* m pl

amiable ['eimjəbl] a (–bly adv) *liebenswürdig, leutselig, freundlich; liebenswert*

amianthus [æmi'ænθəs] s ⟨minr⟩ *Amiant (Asbest)* m

amicable ['æmikəbl] a (–bly adv) *freundschaftlich; friedlich; gütlich* **~ness** [~nis], **–bility** [‚æmikə'biliti] s *Freundlichkeit, Freundschaft(lichkeit)* f

amice ['æmis] s ⟨ec⟩ *Achseltuch, Humerale, Amikt* n *des Meßpriesters*

amid [ə'mid], **~st** [~st] prep *mitten in or*

unter [dat]; *inmitten* [gen] ⟨*a* fig⟩ || [*räuml*] ∼ his children; a shepherd ∼st his flock; he disappeared ∼st the crowd; he was found ∼st the dead (*lebend*), → among the dead || ⟨übtr⟩ ∼st the many difficulties he met .. **|** [*zeitl mst* ∼st] *unter*: ∼st general langhter, ∼st the shouts of the people **admidships** [∼ʃips] adv ⟨mar⟩ *mittschiffs*

amiss [ə'mis] **1.** adv *unrecht, schlecht; verfehlt, übel*; to take ∼ *übelnehmen* || *nicht in Ordnung*, there is something ∼ with him *es ist etwas los mit ihm* || *unbequem, ungelegen*; not to come ∼ *nicht ungelegen k, nicht unlieb s*; nothing comes ∼ to him *ihm ist alles recht* || it would not be ∼ for you if *es könnte dir nichts schaden, wenn* **2.** pred a *schlecht, übel* (not ∼)

amity ['æmiti] s *Freundschaft* f, *gutes Einvernehmen* n

ammeter ['æmitə] s el *Amperemeter* n, *Strommesser* m

ammo ['æmou] s ⟨mil sl⟩ °*Muni* (*Munition*) f

ammonia [ə'mounjə] s ⟨chem⟩ *Ammoniak* n || liquid ∼ *Salmiakgeist* m || ∼**c** [ə'mounjæk], ∼**cal** [æmo'naiəkəl] a *ammoniakalisch, Ammoniak-* || → sal

ammonium [ə'mounjəm] s ⟨chem⟩ *Ammonium* n || ∼ acetate *essigsaures Ammoniak* n | ∼ carbonate *Hirschhornsalz* n || ∼ sulphate plant *Kunstdüngerfabrik* f

ammunition [æmju'niʃən] s *Kriegsvorrat* m, *Munition* f **|** attr ∼ belt *Patronengurt* m; ∼ clip *Ladestreifen* m; ∼ depot, ∼ dump *Munitionslager* n; ∼ drum (*MG-*) *Trommelmagazin* n; ∼ examiner ⟨bes Am⟩ *Feuerwerker* m; ∼ handler (*MG-*)*Munitionsschütze* m; ∼ supply column *–skolonne*; ∼*-*wag(g)on *–swagen* m || *Kommiß-*; ∼*-*boots *–stiefel* m; ∼*-*bread *–brot* m || ∼**ed** [∼d] a *mit Munition versehen*

amnesia [æm'ni:ziə] s *Amnesie, Bewußtseinslücke* f

amnesty ['æmnesti] **1.** s *Amnestie* f, *Straferlaß* m; general ∼ *allgemeiner St.* m **2.** vt *amnestieren, begnadigen*

amnion ['æmniɔn] s ⟨anat⟩ *Embryohülle* f

amoeba [ə'mi:bə] s (pl ∼e [–bi:] & ∼s) ⟨zoo⟩ *Amöbe* f

among [ə'mʌŋ], ∼**st** [∼st] prep [*räumlich*] [∼st *mst vor Vokal*], [∼ & ∼st *vor the* ..] (*mitten*) *unter, zwischen, bei* **| in**: to search ∼ one's papers || **unter** (*Gleichartigem*): ∼ all these books; ∼ his comrades; ∼ the crowd; alien ∼ a people; he was found ∼ the dead (*als tot*), → amidst the dead || he lay buried ∼ the ruins || *zwischen, unter* [acc]: to sow tares ∼ the wheat **|** ⟨übtr⟩ *unter* (*Gleichartigem*; → amid = *unter Ungleichartigen*); *unter* [dat]: ∼ other things *unter anderem*; a quarrel ∼ children || *unter* [acc]: he is counted ∼ the classics (*a zu* [dat]); to fall ∼ thieves; distribute it ∼ your children **|** ⟨übtr⟩ **bei** (P): not so ∼ the Romans; different ∼ (*od* with) the R. || do it ∼ you *tut es gemeinsam* **|** to be ∼ *gehören zu*; the first and ∼ the greatest *der erste und mit der größte* **|** *from* ∼ *mitten heraus* (*aus*), *aus .. hervor*: choose from ∼ these books

amoral [ei'mɔrəl] a *amoralisch*

amorce [ə'mɔ:s] s *Zündhütchen, –plättchen* n; *–ladung* f

amorist ['æmɔrist] s *Liebhaber, Buhler* m

amorous ['æmɔrəs] a (∼ly adv) *verliebt* (of *in*); *Liebes-* ∼**ness** [∼nis] s *Verliebtheit* f

amorphism [ə'mɔ:fizm] s *Amorphismus* m || *unkristallinischer Zustand* m **–phous** [ə'mɔ:fəs] a ⟨minr⟩ *amorph, unkristallinisch* || ⟨anat⟩ *anomal, mißgestaltet* || ⟨fig⟩ *schlecht organisiert, formlos*

amortizable [ə'mɔ:tizəbl] a *amortisier-, tilgbar* **–ation** [ə,mɔ:ti'zeiʃən] s a *Veräußerung* [f]

an die tote Hand || *Amortisation, Schuldentilgung* f

amortize [ə'mɔ:taiz] vt *an die Tote Hand veräußern* || *amortisieren, tilgen*

amount [ə'maunt] **1.** vi to ∼ to *sich belaufen auf, betragen*; *hinauslaufen auf* (to ∼ to the same thing *auf eins h.*); not to ∼ to much *belanglos s* **2.** s *Betrag* m || (*Gesamt-*) *Summe* f || *Bestand* m, *Höhe* f (to the ∼ of *bis zur H. von, im Betrag von*) || *Masse, Menge* f (to any ∼ *in jeder beliebigen M.*); to the ∼ of (*Rechnung*) *in Höhe v*; with due ∼ of care *mit der nötigen Sorgfalt* || ∼ of aberration *Abweichungsgröße* f || ⟨fig⟩ *Ergebnis* n; *Bedeutung* f, *Wert* m

amour [ə'muə] s Fr *Liebschaft* f

ampère ['æmpɛə] s ⟨el⟩ *Ampere* n

amperage ['æmpəridʒə] s *Stromstärke* f

ampersand ['æmpəsænd] s *das Zeichen* & *f* and

amphi– pref *beiderseitig, herum, um* ∼**bian** [æm'fibiən] **1.** a *amphibisch*; ∼ airplane *Wasserlandflugzeug* n; ∼ tank *Schwimmpanzer(wagen)* m; ∼ vehicle *Amphibienfahrzeug* n **2.** s ⟨zoo⟩ *Amphibie* f || *Wasserlandflugzeug* n || *Schwimmpanzer(wagen)* m ∼**bious** [æm'fibiəs] a *amphibisch, beidlebig* || *zweierlei Wesen* etc *habend* || *amphibisch ausgebildet u organisiert* (corps); *Landungs-* (exercise); ∼ operation ⟨tact⟩ *amphibische Operation* || ∼ tank *Schwimmkampfwagen* m || ⟨aero⟩ *z Wasser u z Lande* ∼**bole** ['æmfiboul] s *Hornblende* f ∼**bology** [,æmfi-'bɔlədʒi] s *Zweideutigkeit* f ∼**theatre** ['æmfi-,θiətə] s *Amphitheater* n; *Operationssaal* n

ample ['æmpl] a (–ply adv) *geräumig, weit*; *reichlich, groß* || *völlig, weitläufig, ausführlich*; *genügend*

amplidyne ['æmplidain] s ⟨el⟩ *Verstärkermaschine* f

amplification [,æmplifi'keiʃən] s *Vergrößerung, Erweiterung* f || ⟨gram⟩ *Ausdehnung* f || ⟨rhet⟩ *weitere Ausführung* f || *Übertreibung* f || ⟨phys wir⟩ *Verstärkung* f

amplifier ['æmplifaiə] s ⟨phys wir⟩ *Verstärker* m **–fy** ['æmplifai] vt/i *vergrößern, ausdehnen* || (*Bericht*) *weiter ausführen, ausführlich darstellen* || ⟨phys wir⟩ *verstärken* **|** vi *sich weitläufig ausdrücken*; *sich verbreiten* (on *über*) **|** ∼ing horn *Schalltrichter* m

amplitude ['æmplitju:d] s *Größe, Weite* f, *Umfang* m || ⟨phys⟩ *Amplitude, Schwingungsweite* f; *Fülle* f, *Reichtum* m || *Herrlichkeit* f, *Glanz* m **|** ∼(-)compass *Peilkompaß* m || ∼ frequency response *Amplituden-Frequenzverlauf* m; ∼ f.r. characteristic *–Frequenzkurve* f || ∼ modulation ⟨wir⟩ *–Modulation* f || ∼ separator *–Sieb* m

ampulla ['æm'pulə] s (pl ∼e [–li:]) L *Phiole* f, *Ölfläschchen, Salbengefäß* n || ⟨ec⟩ *Weingefäß* n || ⟨bes med⟩ *Ampulle, Amphiole, Serüle* f etc, *Einschmelglas* n

amputate ['æmpjuteit] vt ⟨med⟩ *amputieren, abnehmen* **–tation** [,æmpju'teiʃən] s *Amputation* f; ∼ above (below) knee *Ober-(Unter)schenkelamputation* **–tee** [–'ti:] s ⟨bes Am⟩ (*Bein-*)*Amputierte(r* m) f; double ∼ *doppelt A.*

amtrack ['æmtræk] s (amphibious tractor) *amphibische Zugmaschine* f

amuck [ə'mʌk], **amok** [ə'mɔk] adv; to run ∼ *von Tobsucht befallen w*; *wütend, wie wild herumlaufen*

amulet ['æmjulit] s *Amulett* n

amuse [ə'mju:z] vt (*jdn*) *amüsieren*; *unterhalten, ergötzen, belustigen* (with a th; by, with doing); it ∼s me *es macht mir Spaß* || to ∼ o.s. *sich amüsieren* ∼**ment** [∼mənt] s *Zeitvertreib* m, *Unterhaltung* f, *Vergnügen* n (for ∼ *zum V.*); place of ∼ *Vergnügungsort* m) **|** attr *Vergnügungs-* || ∼ park *Rummelplatz* m

amusing [ə'mju:ziŋ] a (~ly adv) *amüsant, unterhaltend* (to *für*), *ergötzlich, belustigend*.

amygdalic [ˌæmig'dælik] a *Mandel* (~ acid –säure f) –**daloid** [ə'migdəlɔid] **1.** a *mandelförmig* **2.** s ⟨geol⟩ *Mandelstein* m

amyl ['æmil] s ⟨chem⟩ *Amyl* n || ~ alcohol *Fuselöl* n ~**oid** [~ɔid] **1.** a *stärkehaltig, mehlartig* **2.** s *Amyloid* n

an [æn] † conj *wenn*

anabaptist [ˌænə'bæptist] s *Wiedertäufer* m

anabatic [ˌænə'bætik] a ⟨meteor⟩ (of wind) *Auf(trieb)–, Hang–*

anabranch ['ænəbra:ntʃ] s *in den Hauptstrom zurückfließender Nebenarm* m

anachronism [ə'nækrənizm] s *Anachronismus, Zeitverstoß* m *gegen die Zeitrechnung* || ⟨arch⟩ *Fremdkörper* m (*Haus* etc, *das nicht in s–e Umgebung paßt*)

anaclastics [ˌænə'klæstiks] s [sg konstr] *Strahlenbrechungskunde* f

anaconda [ˌænæ'kɔndə] s ⟨zoo⟩ *Anakonda, Riesenschlange* f

anacreontic [ˌænækri'ɔntik] a *anakreontisch*; ⟨fig⟩ *gesellig, lustig*

anacrusis [ˌænæ'krusis] s (pl –ses [–si:z]) ⟨poet⟩ *Vorschlagsilbe*; ⟨mus⟩ *Auftakt* m

anaculture ['ænækʌltʃə] s ⟨bact⟩ *Mischkultur* f

anæmia [ə'ni:miə] s ⟨med⟩ *Anämie, Blutarmut* f **anæmic** [ə'ni:mik] a *anämisch, blutarm; bleichsüchtig*

anæsthesia [ˌæni:s'θi:ziə] s *Unempfindlichkeit* f –**thetic** [ˌæni:s'θetik] **1.** a (~ally adv) *unempfindlich; betäubend* **2.** s ⟨med⟩ *Betäubungsmittel* n –**thetist** [æ'ni:sθətist] s *Narkoseassistent* m, –*schwester* f –**thetize** [æ'ni:sθitaiz] vt *anästhetisieren*

anaglyph ['ænəglif] s ⟨arts⟩ *Basrelief* n, *flacherhabene Arbeit* f

anagogy ['ænəgoudʒi, –gəd–] s *mystische, sinnbildliche Auslegung* f

anagram ['ænəgræm] s *Anagramm* n; ~s [sg konstr] *Buchstabenversetzspiel* n

anal ['einəl] a ⟨anat⟩ *After–, Steiß–*

analects ['ænəlekts], –**ta** [ˌænə'lektə] s pl *ausgewählte Stücke* pl, *Blumenlese* f

analeptic [ˌænə'leptik] ⟨med⟩ **1.** a *stärkend* **2.** s *Kräftigungsmittel* n

analgesia [ˌænæl'dʒi:ziə] s L *Schmerzbetäubung* f –**sic** [ˌænæl'dʒi:zik] **1.** a *analgetisch, schmerzstillend* **2.** *schmerzstillendes Mittel* n

analog computer ['ænələg kəm'pju:tə] s ⟨off⟩ *Analogie-Rechengerät* n

analogical [ˌænə'lɔdʒikəl] a (~ly adv) *Analogie–; ähnlich, verwandt* **analogize** [ə'nælədʒaiz] vt/i || *analogisch erklären* | vi *nach Analogie verfahren; im Einklang stehen* (with *mit*)

analogous [ə'næləgəs] a (~ly adv) *analog, entsprechend* (to) || ~ *poles* ⟨phys⟩ *gleichnamige Pole* m pl

analogy [ə'nælədʒi] s *Analogie* f (of *nach*); formed on the ~ of *od* by ~ with *analogisch gebildet nach* || *Ähnlichkeit* (to bear ~ to *Á. zeigen mit*), *Übereinstimmung* f (to, with *mit*) || ⟨math⟩ *Proportion, Ähnlichkeit* f

analyse ['ænəlaiz] vt *analysieren; auflösen;* ⟨fig⟩ *zergliedern, –legen; genau untersuchen, auswerten* || ~d *rime* ⟨Am⟩ *unechter Reim* m, *Assonanz* f (gate/lake) (*Ggs plain rime*) | ~**r** [~ə] s *Analysator* m

analysis [ə'næləsis] s (pl –ses [–si:z]) *Analyse* f (to make an ~ *e–e A. vornehmen*); *Aufgliederung; Zergliederung, –legung; Untersuchung, Auswertung* f; in the last || ~ *letzten Endes* || *Abriß* m, *kurze Darlegung* f || ⟨chem⟩ *Analyse, chemische Zus–setzung, Bestimmung* f || ⟨math⟩ *Analysis* f || *Psychoanalyse* f

analyst ['ænəlist] s *Analytiker* m || public ~ *Gerichtschemiker* m

analytic(al) [ˌænə'litik(əl)] a (~cally adv) *analytisch*

anamorphosis [ˌænə'mɔ:fəsis] s ⟨arts⟩ *perspektivisches Zerrbild* n || ⟨anat, bot⟩ *abnorme Verwandlung* f

anapæst ['ænəpi:st] s ⟨pros⟩ *Anapäst* (..–) m

anarak ['ænəræk] s → anorak

anarchic(al) [æ'nɑ:kik(əl)] a (~cally adv) *anarchisch, –chistisch; gesetz–, zügellos* –**chism** ['ænəkizm] s *Anarchismus* m –**chist** –[st] s *Anarchist* m –**chy** ['ænəki] s *Anarchie* f || *Zügel–, Gesetzlosigkeit* f, *Umsturz* m

anastigmatic [ˌænəstig'mætik] a ⟨phot⟩ *anastigmatisch*; ~ *deflection yoke* –*sche Ablenkspule* f

anathema [ə'næθimə] s L *Anathema* n, *Bannfluch, Kirchenbann* m || *Person* [f] *od Gegenstand* m *des Bannfluchs* || *Fluch* m, *Verwünschung* f ~**tize** [~taiz] vt/i || *in den Bann tun; verfluchen* | vi *fluchen*

anatomic(al) [ˌænə'tɔmik(əl)] a (~cally adv) *anatomisch* –**mist** [ə'nætəmist] s *Anatom* m; ⟨fig⟩ *Zergliederer* m –**mize** [ə'nætəmaiz] vt (*anatomisch*) *zergliedern* –**my** [ə'nætəmi] s *anatomische Zergliederung* f || *Anatomie* f, comparative ~ *vergleichende A.* || ⟨fig⟩ *Zerlegung* f || ⟨fig⟩ *das lebende Gerippe, Skelett* n

anatto [ə'nætou] s → roucou

ancestor ['ænsistə] s *Vorfahr, Ahn* m; ⟨jur⟩ *Erblasser* m; lineal ~ *Vorfahr in gerader Linie* –**tral** [æn'sestrəl] a *die Vorfahren betreffend, Ahnen–; angestammt; Stamm–; altererbt, Ur–* || –**tress** ['ænsistris] s *Stammutter, Ahne* f –**try** [–tri] s *Abstammung* f, *Geschlecht* n || *Vorfahren, Ahnen* pl || ~ *research Ahnenforschung* f

anchor ['æŋkə] **1.** s ⟨mar⟩ *Anker* m (at ~ *vor A.*), → bower, kedge, sheet || to cast, drop ~, come to (an) ~ *vor A. gehen, ankern;* to ride od lie at ~ *vor A. liegen;* to weigh ~ *den A. lichten* || ⟨tech⟩ *Anker; Verankerung, Abspannung* f || ⟨fig⟩ *Rettungsanker* m, *Zuflucht* f; *fester Grund* m **2.** vt/i *verankern, vor A. legen;* (*Flugzeug*) *auf fliegendem Luftschiff ankern;* (*Masten*) *verankern, abspannen* || ⟨fig⟩ *befestigen;* to be ~ed to *verankert s in* | vi *ankern, vor A. gehen* | ⟨tech⟩ ~ *bolt Ankerschraube* f || ~ *cable* ⟨aero⟩ *Haltetau* n || ~ *tower Ankermast* m (*f Luftschiffe*) ~**age** [~ridʒ] s *Ankergrund, –platz* m || (*a* ~–dues pl) *Ankergeld* n, *Hafenkosten* pl || ⟨fig⟩ *Verankerung* f, *fester Grund, sicherer Halt* m

anchorage ['æŋkəridʒ] s *Einsiedelei* f –**ret** [–ret], –**rite** [–rait] s *Einsiedler, Klausner* m

anchovy [æn'tʃouvi, 'æntʃəvi] s ⟨ich⟩ *Anchovis, Sardelle* f; ~–*paste Sardellenpaste* f

ancient ['einʃənt] **1.** a (~ly adv) *alt, ehemalig, aus alter Zeit; uralt* || ⟨fig⟩ (*alt–*)*ehrwürdig* **2.** s *der Alte* || the ~s [pl] *die Alten* pl (*Völker des Altertums* ~**ly** [~li] adv *von alters; ehemals* ~**ness** [~nis] s *hohes Alter* n

ancient ['einʃənt] † s *Fahne, Flagge* f || *Fähnrich* m

ancillary [æn'siləri] a ⟨fig⟩ *untergeordnet, dienend* (to a th *e–r S*); *Hilfs–* (indicator, services; unit *Versorgungseinheit* f)

ancon ['æŋkən] s L *Ell(en)bogen* m || ⟨arch⟩ *Tragstein* m, *Konsole* f

and [ænd; w f ənd, ən] conj *und; und auch, und dazu, überdies* (pen ~ ink; thick ~ thin; give ~ take) || the Oxford and Cambridge Colleges || the first ~ the second chapter; the 24th ~ last chapter (= *ein Kapitel*) || the 19th ~ the 20th century; the 19th ~ 20th centuries || *without prior* ~ *mutual* consent *ohne vorherige gegenseitige Übereinkunft* || soap ~ water *Seifen-*

wasser n ‖ a coach ~ four *eine Kutsche mit
4 Pferden* | one hundred ~ ten *110*; one thousand ~ ten *1010*; (three ~ sixpence, three pounds
~ sixpence, aber three pound(s) ten [shillings]) |
two ~ two *zu zweien, je zwei u̯ zwei* ‖ years ~
years *unzählige Jahre*; older ~ older *immer älter*
‖ nice ~ high *schön hoch* | try ~ come ⟨fam⟩
versuche zu k, look ~ see *sieh nach*; write ~ ask
frag mal an | there are cars ~ cars (*mit P̦ause
hinter erstem cars*) *es gibt solche* (d. h. gute)
Autos u solche ‖ move, ~ (wenn Sie sich rühren)
I fire | ~ how!, *und wie!, und ob!, nicht z knapp!*
‖ both .. ~, alike .. ~, ~.. alike *sowohl .. als
auch* ‖ [*am Anfang des Satzes zwecks Emphase*]
~ that is the way of the world *so ist es nun mal
in der Welt* ‖ ~ / or *und / oder*
  andante [æn'dænti] It ⟨mus⟩ **1.** adv *langsam,
in langsamem Tempo* **2.** s *das Andante*
  Anderson shelter ['ændəsn 'ʃeltə] s *Anderson-
Bunker* m (*beweglicher Wellblechbunker z Luftschutz f 4–8 P., nach* Sir John A., *Home Secretary,* 1939–40)
  andiron ['ændaiən] s *Feuer–, Kaminbock* m
  Andrew Walker ['ændru: 'wɔ:kə] s ⟨fam⟩ =
Royal Navy
  andro– Gr [in comp] *Männer–* **~gen** ['ændrə-
dʒen] a *männliches Geschlechtshormon* **~genic**
['ændro'dʒenik] a *männl. Eigenschaften hervorrufend* **~phobia** [ˌændro'foubiə] s *Männerscheu* f
  anecdotage [ˌænek'doutidʒ] s ⟨hum⟩ *schwatz-
haftes Greisenalter* n –**dotal** [ˌænek'doutl],
–**dotic(al)** [ˌænek'dɔtik(ə)l] a *anekdotisch, anek-
dotenhaft* –**dote** [ˌænikdout] s *Anekdote* f ‖
[koll] *Anekdoten* pl
  anechoic [ˌænˈekoik] a *echofrei* (room)
  anemia [ə'ni:miə] s ⟨Am⟩ → *anæmia*
  anemometer [ˌæni'mɔmitə] s ⟨phys⟩ *Wind-
messer* m –**one** [ə'neməni] s ⟨bot⟩ *Anemone* f,
Windröschen n ‖ sea ~ ⟨zoo⟩ *Seeanemone* f
  anent [ə'nent] † prep *bezüglich, in betreff*
  aneroid ['ænərɔid] **1.** a ⟨phys⟩ ~ *barometer
= ~ s* **2.** s *Aneroid, Aneroidbarometer* n
  anesthetic [ˌænisˈθetik], etc ⟨Am⟩ → *anæs-
thetic, etc*
  aneurin ['ænjuəri(:)n] s (*ein*) *Vitamin-B_1-
Präparat* n
  aneurism ['ænjuərizm] s ⟨med⟩ *Pulsader-
geschwulst* f
  anew [ə'nju:] adv *von neuem, aufs neue, noch
einmal*; *auf neue* (*verschiedene*) *Art*
  anfractuosity ['ænfræktju'ɔsiti] s *Krümmung,
Windung* f ⟨a fig⟩
  angekok ['æŋgikɔk] s (*Eskimo-*)*Medizin-
mann* m
  angel ['eindʒəl] s *Engel* m (~ of death,
Todes–); good ~ *guter, rettender E.*; → *guardian, destroying* ‖ *Gottesbote* m ‖ *engelhaftes
Wesen* n ‖ to join the ~s *in den Himmel k* | (*mst
~-noble*) *Engeltaler* m (*alte engl. Goldmünze*) ‖
(*bes Am com*) *Geldgeber*; ‖ °*Bringgeier*,
„*Onkel*" m; he is an ~ *er hat immer die Spen-
dierhosen an* ‖ ~ of the air ⟨Am⟩ *Werbung* f *im
R̦undfunk* | faȼe! *Engel!* m ‖ ⁓ fish ⟨ich⟩
Meerengel, Engelhai m ‖ ~ food ⟨Am⟩ *Baby-
Kuchen* m
  Angeleno [ændʒi'li:no] s ⟨Am⟩ *Bewohner*(in f)
m v *Los Angeles*
  angelic [æn'dʒelik] a (~ally adv) *engelgleich,
–haft, Engels–* **~al** (~əl) a *engelhaft*
  angelica [æn'dʒelikə] s L ⟨bot⟩ *Angelika,
Brust–, Engelwurz* f
  angelus ['ændʒiləs] s L ⟨R.C.⟩ *Angelusgebet*
n; ~-bell –*glocke* f
  anger ['æŋgə] **1.** s *Ärger, Zorn, Unwille* m,
Wut f (*at über*) ‖ *fit of* ~ *Wutanfall, Zorn(es)-
ausbruch* m **2.** vt *reizen, aufbringen, erzürnen*
  angina [æn'dʒainə] s L ⟨med⟩ *Rachen–, Halsentzündung* f ‖ ~ pectoris ⟨med⟩ *Herzbräune* f

angio– ['ændʒie] [in comp] *Gefäß–*
angle ['æŋgl] **1.** † s (*Fisch-*)*Angel* f; brother of
the ~ *Angler* m **2.** vi *angeln,* to ~ for *zu fangen
suchen*; ⟨fig⟩ *zu bek suchen* ‖ **~r** [~ə] s *Angler* m
‖ ⟨ich⟩ *Seeteufel* m
angle ['æŋgl] **1.** s *Winkel* m, *Ecke* f ‖ ⟨tech⟩
Knie n, *Knick* m ‖ ⟨math⟩ *Winkel* m (acute ~,
adjacent ~, alternate ~, exterior (external) ~,
obtuse ~, right ~, vertical ~, visual ~, *spitzer*,
*Neben–, Wechsel–, Außen–, stumpfer, rechter,
Scheitel–, Seh-W.*) | ~ of 180° *gestreckter W.* ‖
~ of advance ⟨telv⟩ *Voreilwinkel*; ⟨mot⟩ ~ of
approach *vorderer Überhang* m; ~ of bank
Querneigungswinkel m; ~ of connecting rod
Pleuelstangenausschlag m; ~ of departure *hinterer Überhang* m ‖ ~ of incidence ⟨opt⟩ *Ein-
fallw.*; ~ of incidence, ⟨Am⟩ of attack ⟨aero⟩
Anstellw.; ~ of inclination *Neigungsw.*; ~ of
lock ⟨mot⟩ *Ausschlagw. der Vorderräder*; ~ of
site ⟨artill⟩ *Geländew.*; ~ of sweep ⟨aero⟩
Pfeilw. (*der Tragflächen*); ~ of taper, of cone
Konizität f ‖ ~ of traverse ⟨artill⟩ *Schwenkw.* |
~ between cranks *Kurbelversetzung* f | at right
~s to *im rechten W. zu*; at an ~ with *in e–m W.
stehend zu, mit* | ⟨tech⟩ ~ bevel *einfache
Schmiege* f; ~ block *Winkelendmaß* n ‖ ~ cutting *Diagonalschnitt* m ‖ ~ joint *Winkelstoß* m,
–*lasche* f ‖ ~ jump *Abgangsfehlerw.* (*des Ge-
wehrs*) | ⟨fig⟩ (a ~ of vision) *Blick–, Gesichts-
winkel, Standpunkt* m, *Seite* f (from a new ~);
Entstellung, Verzerrung f **2.** vi/t *sich im Winkel
bewegen, im W. abbiegen* | vt (*Nachrichten* etc)
entstellen, färben | **~d** [~d] a *winklig* (four-~,
viereckig); many-~ *vieleckig* **~dozer** [~douzə]
s *Winkel–, Räum–, Planierungspflug* m, → bull-
dozer
  Angles ['æŋglz] s pl (*die*) *Angeln* pl
  Anglican ['æŋglikən] **1.** a *anglikanisch; hochkirchlich* **2.** s *Anglikaner*(in) m (f) (*Angehöriger
der* C.E.) ~**ism** [~izm] s *Anglikanismus* m;
Lehre f *der anglik. Kirche.*
  Anglicism ['æŋglisizm] s *Anglizismus* m –**cize**
['æŋglisaiz] vt *anglisieren, englisch machen*
  angli(ci)st ['æŋgli(si)st] s *Anglist* m
  angling ['æŋgliŋ] s *Angelei* f, *Angeln* n
  anglistics [æŋ'glistiks] [sg konstr] *Anglistik* f
  Anglo(-) ['æŋglou-] *Anglo–, englisch* ‖ ~-
Catholic **1.** a *hochkirchlich* **2.** s *Angehöriger der*
High Church ‖ ~-French a *anglofranzösisch* ‖
~-Indian **1.** a *angloindisch* **2.** s *in Indien geborener* or *ansässiger Engländer* m ‖ ~-Saxon **1.** a
angelsächsisch **2.** s *das Angelsächsische* n ‖
Angelsachse m **~mania** [~'meinə] s *Anglomanie*
f **~phile** [~fail] **1.** a *englandfreundlich* **2.** s *Eng-
landfreund* m **~phobe** [~foub] s *Englandfeind* m
~phobia [ˌ~'foubiə] s *Engländerhaß* m
  angola [æŋ'goulə], **angora** [æŋ'gɔ:rə] s *Stoff*
[m] *aus Wolle der Angoraziege* ‖ Angora cat
Angorakatze f
  angry ['æŋgri] a (*–rily* adv) *ärgerlich, zornig,
böse, aufgebracht* (at, about ~; with a p *über,
auf jdn*); to get ~ *in Zorn geraten* | *reizbar* ‖ as
~ as a wasp *fuchsteufelswild* ‖ ⟨med⟩ *entzündet,
schmerzhaft* ‖ ⟨fig⟩ *finster, verdrießlich, aufgeregt; heftig, stürmisch* (Meer, Wind); *düster,
finster* (Himmel)
  Angström ['æŋstrəm]: ~ unit [s] *Ångström-
einheit* f (10⁻⁷ cm) *z Messung v Wellenlängen*
  anguish ['æŋgwiʃ] s *Schmerz* m ‖ *Pein, Qual* f;
~ of mind *Seelenqual, –angst* f
  angular ['æŋgjulə] a (~ly adv) *winklig, eckig,
kantig, spitzig*; ~ acceleration *Winkelbeschleu-
nigung* f; ~ frequency, ~ velocity (*Radar-*)*Kreis-
frequenz, –geschwindigkeit* f ‖ ⟨fig⟩ *steif, ungelenk, unumgänglich, eckig; verzerrt* **~ity**
[ˌæŋgju'læriti] s *Winkligkeit, Eckigkeit* f ‖ ⟨fig⟩
Steifheit, Ungelenkheit; Unumgänglichkeit f
  anhydride [æn'haidraid] s ⟨chem⟩ *Anhydrid* n

-drite [æn'haidrait] s ⟨minr⟩ *Anhydrit* m **-drous** [æn'haidrəs] a ⟨chem⟩ *wasserfrei, ohne Kristallisationswasser*

anigh [ə'nai] adv *nahe*

anil ['ænil] s *Indigo* m *(Pflanze & Farbstoff)*

anile ['einail] a *altweiberhaft*

aniline ['ænilain] s ⟨chem⟩ *Anilin* n ‖ attr *Anilin-*

animadversion [,ænimæd'və:ʃən] s *Rüge* f, *Tadel* m, *Kritik* f (on *an*) **-vert** [,ænimæd'və:t] vi *tadeln, rügen, kritisieren* (on, upon a th *etwas*)

animal ['æniməl] **1.** s *Lebewesen* n ‖ *Tier* n ‖ ⟨übtr⟩ the ∼ *das Tier* (in man) ‖ ⟨fam⟩ *tierischer Mensch* m **2.** a *animalisch, tierisch, Tier-*; ⟨fig⟩ *fleischlich, sinnlich* **|** ∼ black *Knochenschwarz* n ∼ charcoal *Knochenkohle* f ‖ ∼ kingdom *Tierreich* n ‖ ∼ magnetism *tierischer Magnetismus* m ‖ ∼ photograph *Tieraufnahme* f ‖ ∼ size *Tierleim* m ‖ ∼ spirits [pl] *Lebensgeister* m pl, full of ∼ spirits *voller Lebenskraft* ‖ ∼ style ⟨arts⟩ *Tierornamentik* f **|** ∼-drawn [attr] *bespannt (Fahrzeug)* **∼cule** [,æni'mælkju:l] s *mikroskopisches Tierchen* n **∼ier** [ænəmə'liə] s *Tiermaler, -bildhauer* m **∼ism** [∼izm] s *Lebenstrieb* m **|** *Animalismus* m ‖ ⟨dero⟩ *Sinnlichkeit* f **∼ity** [æni'mæliti] s *Tiernatur, -heit* f ‖ *Tierreich* n **∼ize** [∼aiz] vt *vertieren; zum Vieh* m

animate ['ænimeit] vt *beleben, beseelen* ‖ *anregen, aufmuntern* **|** **∼d** [∼id] a **1.** (*a* animate ['ænimit]) *belebt, lebendig,* animate nature *die lebendige Natur* ‖ ∼ cartoon *(Zeichen-)Trickfilm* m ‖ ∼ picture *Trickfilm* m; ∼ sound film *Tontrickfilm* ‖ **2.** *beseelt* (with, by *von*) ‖ *lebhaft, munter* ‖ (*durch Alkohol) angeheitert* **-ting** ['ænimeitiŋ] a (∼ly adv) *belebend, beseelend* **-tion** [,æni'meiʃən] s *Belebtsein* n, *Beseelung* f ‖ ⟨fig⟩ *Lebhaftigkeit* f, *Feuer* n, *Munterkeit* f ‖ (*Zeichen-)Trickfilmherstellung* ‖ ∼s [pl] *Bewegungsvortäuschung* f **-tor** ['ænimeitə] s *Phasenbild-, Trick(film)zeichner* m **animosity** [,æni'mɔsiti] s (*persönlicher) Haß* m (against), *Groll* m, *Feindseligkeit* f

animus ['æniməs] L s = animosity ‖ ⟨jur⟩ *Absicht* f (of doing)

anion ['ænaiən] s *negatives Ion* n

anise ['ænis] s ⟨bot⟩ *Anis* m **aniseed** [ˌæni'si:d] s *Anissamen* m **anisette** [æni'zet] s [Fr] *Anisette, Anislikör* m

anker ['æŋkə] s *Anker (früheres Maß f Wein u Spirituosen)* m

ankh [æŋk] s ⟨ant⟩ *(ägypt.) Henkelkreuz* n *(„Leben")*

ankle, ancle ['æŋkl] s *Fußknöchel, Enkel* m ‖ to sprain one's ∼ *sich den Fuß verstauchen* ‖ ∼-deep [a & adv] *fußtief, bis über die Knöchel*

anklet ['æŋklit] s *Knöchel-, Fußring* m, *Fußspange* f **|** *kurze (Stoff-)Gamasche* f; *Söckchen* n; *Spangenschuh* m

ankylostomiasis [,æŋkiləstɔ'maiəsis] s ⟨path⟩ *Hakenwurmkrankheit* f

anna ['ænə] s Ind *Ana* m *(indische Rechnungsmünze* = 1/16 rupee); *ein Sechzehntel* n

annalist ['ænəlist] s *Chronist, Jahrbuchschreiber* m

annals ['ænlz] s pl *Annalen* pl, *Jahrbücher* n pl; ⟨fig⟩ *Geschichte* f

annates ['æneits] s pl ⟨R.C.⟩ *Annaten* pl

anneal [ə'ni:l] vt *(Metall) ausglühen; tempern; kühlen* ‖ ∼ed cast iron *schmiedbarer Eisenguß* m **∼ing** [∼iŋ] ⟨Keramik⟩ *Einbrennen* n ‖ ∼ bath ⟨tech⟩ *Glühbad* n ‖ ∼ furnace *Glüh-, Temperofen* m

annectent [ə'nɔktənt] a *verbindend, anknüpfend, Binde-*

annelid ['ænəlid] s (pl **∼a** [ə'nelidə]) ⟨zoo⟩ *Ringelwurm* m

annex 1. [ə'neks] vt *annektieren, einverleiben;* (*Vorort) eingemeinden* ‖ *sich aneignen* ‖ *beifügen,*

anhängen (to *an*); as ∼ed *laut Anlage* ‖ ⟨fig⟩ *vereinigen, -binden* (to *mit*) **2.** ['æneks] s *Anbau* m, *Nebengebäude* n ‖ *Zusatz* m, *Beilage* f (to *zu*) **∼ation** [,ænek'seiʃən] s *Einverleibung, Annexion* f ‖ *Anhängung, Beifügung, Verknüpfung* f (to *mit*) ‖ *Eingemeindung* (to *in*) ‖ **∼e** ['æneks] s = annex s

Annie Oakley ['æni'oukli] s ⟨Am sl⟩ *Freikarte* f

annihilate [ə'naiəleit] vt *vernichten, zerstören* ‖ ⟨fig⟩ *annulieren, aufheben* **-ation** [ə,naiə'leiʃən] s *Vernichtung, Aufhebung* f

anniversary [,æni'və:səri] s *Jahrestag* m, *-feier* f; the 10th ∼ *die zehnjährige Wiederkehr* f (of *von*); the ∼ of a p's death *jds Todestag*

Anno Domini ['ænou'dɔminai] (abbr A.D. ['ei'di:]) *im Jahre des Herrn; nach Christi Geburt, nach Christus;* ⟨fam⟩ *vorgeschrittenes Alter* n

annotate ['ænouteit] vt/i ‖ *mit Anmerkungen versehen* **|** vi *Anmerkungen* m **-tation** [ænou'teiʃən] s *das Kommentieren, Glossieren* n ‖ *Anmerkung, Glosse* f **-tator** [∼ə] s *Kommentator* m

announce [ə'nauns] vt *ankündigen, in Aussicht stellen* (as ∼d); *bekanntmachen, anzeigen; -sagen* ‖ *(jdn) anmelden* [*a* refl] to ∼ o.s. as **|** announcing microphone ⟨wir⟩ *Ansagemikrophon* n **∼ment** [ə'naunsmənt] s *Ankündigung, Bekanntmachung* f ‖ *Anmeldung* f ‖ *Anzeige, Veröffentlichung* f ‖ *Meldung, Nachricht* f **|** **∼r** [∼ə] s *Ankündiger* m; ⟨wir⟩ *Ansager, Sprecher* m

annoy [ə'nɔi] vt *plagen, belästigen; behelligen* ‖ *beunruhigen, ärgern,* to be ∼ed *sich ärgern* (at a th, with a p *über*) ‖ ∼ed *verärgert* (by, with *durch jdn,* at *über etw); böse (auf jdn; über etw)* **∼ance** [∼əns] s *Störung; Unfug* m **|** *Plage* f ‖ *Beunruhigung* f ‖ *Ärger* m **∼ing** [∼iŋ] a (∼ly adv) (P & S) *lästig, störend, ärgerlich*

annual ['ænjuəl] **1.** a (∼ly adv) *jährlich, Jahres-,* ∼ report *-bericht* m; ∼ balance sheet *Jahresbilanz* f; ∼ load curves [pl] ⟨el⟩ *-belastungsgebirge* n pl ‖ *einjährig* (*bes Pflanze*) **2.** s *einjährige Pflanze* f ‖ *Jahrbuch* n **annuitant** [ə'njuitənt] s *Rentner(in* f) m **-ity** [ə'njuiti] s *Jahreseinkommen, -geld* n; *-rate* f ‖ *Lebensrente* f ‖ ⟨engl⟩ *Annuität* f *(Wertpapier* n) ‖ *Jahreszinsen* m pl **|** contingent ∼ *bedingte Rente* f; government ∼ *Staats-Jahresrente* f; life ∼ *Leibrente* f ‖ to settle an ∼ on a p *jdm ein Jahresgehalt aussetzen* **|** ∼ bond *Rentenbrief, -schein* m

annul [ə'nʌl] vt *annullieren, vernichten* ‖ *abschaffen, aufheben; kündigen; für ungültig erklären*

annular ['ænjulə] a *ringförmig* (∼ eclipse *r.e Sonnenfinsternis* f); *geringelt* ‖ ∼ burner *Kranzbrenner* m ‖ ∼ chamber *Ringkammer* f (*im Motorzylinder*) **|** **∼y** ['∼ri]: ∼ caterpillar ⟨ent⟩ *Raupe* f *des Ringelspinners*

annulate(d) ['ænjuleit(id)] a *mit Ring versehen; geringelt*

annulet ['ænjulet] s *kl Ring* m ‖ ⟨arch⟩ *Gesimsverzierung* f; *(Säulen-)Schaftring, Wirtel* m

annulment [ə'nʌlmənt] s *Annulierung, Tilgung* f ‖ *Abschaffung* f ‖ *Ungültigkeitserklärung, Aufhebung* f

annulus ['ænjuləs] s L ⟨bot⟩ *Ring* m ‖ ⟨astr⟩ *Lichtring* m ‖ ⟨tech⟩ *innenverzahntes Rad* n

annunciate [ə'nʌnʃieit] vt *an-, verkündigen* **-ciation** [ə,nʌnsi'eiʃən] s *Verkündigung* f; the ∼ ⟨ec⟩ *Mariä V. (25. März)* f **-ciator** [ə'nʌʃieitə] s ⟨el⟩ *Zimmernummern-Anzeiger* m

anodal [æ'noudl] a ⟨el⟩ *anodisch* **anode** ['ænoud] s ⟨el⟩ *Anode (positiver Pol)* f; [attr] *Anoden-,* ∼ battery *-batterie* f; ∼ bend *-kennlinie* f, ∼ b. detector *-gleichrichter* m; ∼ potential *-spannung* f

anodic [æ'nɔdik] a *anodisch;* ⟨met⟩ ∼ treatment = anodizing

anodize [ˈænodaiz] vt ([Metall] mit schützender Oxydschicht überziehen) eloxieren, anodisieren, → to oxidize –**zing** Eloxalverfahren n; → Alinox

anodyne [ˈænodain] **1.** a schmerzstillend || ⟨fig⟩ lindernd || ⟨Lit⟩ gesäubert; verwässert; harmlos (version) **2.** s ⟨med⟩ schmerzstillendes Mittel n || ⟨fig⟩ Linderungsmittel n

anoint [əˈnɔint] vt einölen, einschmieren, einreiben || ⟨ec⟩ salben **~ed** [~id] a gesalbt; the Lord's Anointed der Gesalbte des Herrn m **~ing** [~iŋ] s Salbung f

anomalous [əˈnɔmələs] a (~ly adv) anomal; abnorm, abweichend || unregelmäßig, ungewöhnlich –**aly** [–əli] s Anomalie, Abweichung, Unregelmäßigkeit f; Ungereimtheit f || ⟨astr⟩ Winkelabstand m e–s Planeten v s–r Sonnennähe

anon [əˈnɔn] adv sogleich, sofort, auf der Stelle || bald, nachher || jetzt wieder; ever and ~ dann und wann, immer wieder.

anonym [ˈænənim] s ungenannte Person f || Pseudonym n **~ity** [ænoˈnimiti] s Anonymität f **~ous** [əˈnɔniməs] a (~ly adv) anonym, namenlos

anopheles [əˈnɔfəliːz] s ⟨ent⟩ Fiebermücke f

anoptic [ˈænˈɔptik] a anoptisch (system), ohne optische Hilfsmittel

anorak, anarak [ˈæːnɔræk] s Anorak m, Windbluse f

another [əˈnʌðə] pron & a **1.** [pl others] ein anderer m, e–e andere f; ein anderes n (than als); ein verschiedener (he became ~ man) || many ~ manch andere(r); ~ (one) ein anderer (take this book and bring me ~); that's ~ thing das ist etwas anderes || you're ~! ⟨sl⟩ du auch!; selber eine(r)! || ~ place ⟨parl⟩ das andere Haus **2.** noch ein(e, –r, –s), ~ cup noch eine Tasse; ~ day or two noch ein paar Tage; ~ six years noch 6 Jahre; ~ and ~ immer noch mehr; not ~ word kein Wort mehr || wieder ein(e, –r, –s) || ⟨sport⟩ A.N. Other ungenannter Spieler (N.N.) **3.** (ein) zweiter (~ Nelson) || just such ~ gerade so eine(r) || one ~ e–a, gegenseitig, one after ~ e–r nach dem anderen; one with ~ zus–gerechnet, mit–e–a

anoxemia [ænoˈksimiə] s Sauerstoffmangel m im Blut

anoxia [æˈnɔksiə] s Sauerstoffmangel m (im Gewebe); ⟨aero⟩ –erkrankung f, Höhenkrankheit f

anserine [ˈænsərain] a gänseartig; ⟨fig⟩ dumm

answer [ˈɑːnsə] s Antwort, Erwiderung f (to auf) || ⟨jur⟩ Verteidigung f; Gegenschrift f; Replik f, Entscheidung; Lösung f, Resultat n || Antwort f durch die Tat, Vergeltung f ⟨mar⟩ Gegengruß m; ⟨fenc⟩ Gegenhieb, –stoß m | short ~ kurze, scharfe Antwort f || for ~ als Antwort || in ~ to als Antwort auf, in Beantwortung [gen] || to give, make an ~ eine Antwort geben || to return an ~ antworten, eine A. geben || ⟨com⟩ the favour of an ~ is requested um A. wird gebeten | ~ lag ⟨wir⟩ Umschaltpause f

answer [ˈɑːnsə] vt/i **1.** vt antworten auf, beantworten, to ~ a p a question jdm e–e Frage b. || to ~ a p jdm erwidern, entgegnen (to auf; that daß) | (Gebet) erhören || (der Beschreibung) entsprechen || (e–m Zweck) entsprechen, dienen (e–n Z.) erfüllen || lösen, herausbek || (e–r Vorladung) Folge leisten || sich richten nach; gehorchen | to ~ the bell auf das Klingelzeichen hin k; (die Tür) aufmachen || to ~ a bill e–n Wechsel decken, honorieren || to ~ the door aufmachen || to ~ the helm ⟨mar⟩ dem Ruder gehorchen || to be ~ed e–e Antwort erhalten; the telephone was not ~ed man erhielt k–e Antwort am T. **2.** vi antworten (to a p jdm, to a p's question auf jds Frage); to ~ back Widerrede h, frech antworten; to ~ up laut antw. || reagieren (to auf) || it

doesn't ~ es lohnt sich nicht || antworten, widerhallen | haften, bürgen (for a p), gutsagen; eintreten, Rede stehen (for a th für etw; to a p jdm) | übereinstimmen (to mit); he ~s to the description die Beschreibung paßt auf ihn; to ~ to a name auf e–n Namen hören || sich eignen (for); gelingen; to ~ badly, well schlecht, gut gehen, passen, ausfallen; it doesn't ~ es glückt, geht nicht, schlägt nicht an **~able** [~rəbl] a beantwortbar || verantwortlich; haftbar (for für), to be ~ for haften, bürgen für || to be ~ to entsprechen **~ing** [~riŋ] a ⟨el⟩ Abfrage– (~ cord –schnur f; ~ equipment –apparat m; ~ jack –klinke f; ~ panel –feld n; ~ position –platz m)

ant [ænt] s ⟨ent⟩ Ameise f || to have ~s in one's pants kein Sitzfleisch h || velvet ~ Bienenameise | ~-bear Ameisenbär m || ~-eater ⟨zoo⟩ –fresser m; spiny ~ –igel m || ~-hill –hügel m

an't [ɑːnt] = are not; ⟨fam vulg⟩ = am not

antacid [ænˈtæsid] s basische Medizin f

antagonism [ænˈtægənizm] s Antagonismus, Widerstreit m; Gegensatz m (between), Feindschaft f (to gegen) || ⟨biol⟩ Wechsel–, Gegenwirkung f –**ist** [ænˈtægənist] s Widersacher(in), Gegner(in) m (f) –**istic(al)** [æntəgəˈnistik(əl)] a (~cally adv) widerstreitend, entgegengesetzt (to a th) –**ize** [ænˈtægənaiz] vt ankämpfen gegen, bekämpfen || (e–r S) entgegenwirken || sich (jdn) zum Gegner machen

antarctic [æntˈɑːktik] **1.** a antarktisch, am Südpol liegend; südlich **2.** s the ⯑ die Antarktis f

ante [ˈænti] **1.** s ⟨poker⟩ Einsatz [m] vor Aufnahme neuer Karten; ⟨Am sl⟩ Beitrag m, „Scherflein" n **2.** vt (a to ~ up) setzen; ⟨Am⟩ wagen; ⟨sl⟩ (Beitrag) zahlen; (sein Scherflein) beisteuern; (Schulden) zahlen

ante– [ˈænti–] pref vor; vorn, vorher || ~-bellum [a] ⟨Am⟩ vor dem (Bürger-)Krieg

antecedence [æntiˈsiːdəns] s Vortritt, Vorrang m || ⟨astr⟩ Rückläufigkeit f

antecedent [æntiˈsiːdənt] **1.** a (~ly adv) vorhergehend, vorig; früher (to als) **2.** s vorhergehender Umstand m || ⟨gram⟩ Beziehungswort n; Vordersatz m || ⟨math⟩ erstes Glied (e–s Verhältnisses) n | ~s [pl] vorhergegangene Ereignisse pl; Vorleben n

antechamber [ˈæntiˌtʃeimbə] s Vorzimmer n || ⟨mot⟩ Vorkammer f (im Zylinder)

antechapel [ˈæntiˌtʃæpəl] s ⟨arch⟩ Vorhalle f am Westende e–r Kapelle

antedate [ˈæntiˈdeit] s **1.** Vor–, Zurückdatierung f **2.** vt (Brief) vor–, zurückdatieren || (zeitlich) vorhergehen || ⟨fig⟩ vorempfinden

antediluvian [ˈæntidiˈluːviən] **1.** a antediluvianisch, vorsintflutlich; ⟨fig⟩ altmodisch **2.** s vorsintflutliches Wesen n || ⟨fig⟩ altmodischer Mensch m

antefix [ˈæntifiks] s ⟨arch⟩ Stirnziegel n

antelope [ˈæntiloup] s zoo Antilope f

antemeridiem [æntiməˈridiəm] [abbr a. m.] L vor Mittag, vormittag(s)

antenatal [æntiˈneitl] a f werdende Mütter || ~ clinic Beratungsstelle f f Schwangere [pl] or f werdende Mütter; to hold ~ clinic Mütterberatung abhalten

antenna [ænˈtenə] s L (pl –nae [–niː]) ⟨zoo⟩ Fühler m, Fühlhorn n | ⟨wir⟩ [pl a ~s] Antenne f || beam ~ ⟨wir⟩ Richtstrahler m || direction –finding ~ Peilantenne || omnidirectional ~ Rundstrahl– || outdoor ~ Außen– || trailing ~ ⟨aero⟩ Schlepp– | [attr] Antennen–; ~ energy –leistung f; ~ field gain –feldgewinn m; ~ pickup –rauschen n; ~ power –leistung f; ~ proximity zone –nahbereich m; ~ reactance –blindwiderstand m; ~ weight –ei n (der Schleppantenne)

antenuptial [ˈæntiˈnʌpʃəl] a vor der Hochzeit; vorehelich

antepenultimate [ˈæntipiˈnʌltimit] **1.** a *drittletzt, die drittletzte Silbe betr* **2.** s *drittletzte Silbe* f

anterior [ænˈtiəriə] a (~ly adv) (of space) *vorder*; *voranstehend* (to *vor*) ‖ (of time) *vorhergehend, früher* (to *als*)

ante-room [ˈæntirum] s *Vorzimmer* n ⟨mil *a*⟩ *Empfangszimmer* n (*der Messe, im Kasino*)

anthelion [ænˈθiːliən] s L (pl –ia [–iə]) ⟨astr⟩ *Gegensonne* f

anthem [ˈænθəm] s ⟨ec⟩ *Wechselgesang* m, *Antiphon* n; *Hymne* f, National ~ *National–* f

anther [ˈænθə] s ⟨bot⟩ *Staubbeutel* m

anthology [ænˈθɔlədʒi] s *Anthologie,* (*Gedicht-*) *Sammlung* f

anthracite [ˈænθrəsait] s *Anthrazit* m, *Glanzkohle* f

anthrax [ˈænθræks] s ⟨med⟩ *Karbunkel* m ‖ ⟨vet⟩ *Milzbrand* m

anthropo– [in comp] *Menschen–*: **~id** [ˈænθropɔid] **1.** a *menschenähnlich* ‖ ~ ape *Menschenaffe* m **2.** s *das menschenähnliche Tier* n **~logist** [ˌænθro'pɔlədʒist] s *Anthropolog* m **~logy** [ˌænθro'pɔlədʒi] s *Anthropologie, Lehre vom Menschen* f **~morphism** [ˌænθropo'mɔːfizm] s ⟨theol⟩ *Vermenschlichung* f (*Gottes*) **~morphous** [ˌænθropo'mɔːfəs] a *von menschenähnlicher Gestalt* **~phagous** [ˌænθrou'pɔfəgəs] a *menschenfressend* **~phagy** [ˌænθrou'pɔfədʒi] s *Menschenfresserei* f

anti(-) [ˈænti–] pref *gegen, entgegen, Wider–, Anti–, Gegen–* ‖ ~-clerical *antiklerikal, kirchenfeindlich* ‖ ~-corrosion (agent) *Korrosionsschutz* m ‖ ~-dazzle ⟨mot⟩ *Blendschutz* m ‖ ~– fade control ⟨wir⟩ *Schwundregelung* f ‖ ~-fat [attr] *Entfettungs–* (dragée) ‖ ~-freeze *Frostschutzmittel* n; (*vgl Shell-,,Antifrost“* n ‖ ~– freezing [a] *kältebeständig* ‖ ~-friction bearing ⟨aero - mot⟩ *Wälzlager* n ‖ ~-friction metal *Lagermetall* n ‖ ~-frostbite ointment *Frostschutzsalbe* f ‖ ~-icer *Enteisungsvorrichtung* f, *Enteiser* m, *Vereisungsschutzgerät* n ‖ ~-mist cloth ⟨mot⟩ *Klarsichttuch* n ‖ ~-natalist ⟨demog⟩ *Gegner m der Bevölkerungsvermehrung* ‖ ~-personnel [a attr] *z Bekämpfung lebender Ziele*; ~-p. mine *Brennzünder-Mine* f ‖ ~– perspirant *Antiidroticum* n ‖ ~-polio vaccine *Serum* n *gegen Kinderlähmung* ‖ ~-rabic [ˌænti'ræbik] a *Tollwutbekämpfungs–* ‖ ~-slip (*Strumpf-*)*Fersenschoner* m ‖ ~-wrinkle cream ⟨cosm⟩ *Falten(entfernungs, –verhütungs)kreme* f

anti-aircraft (ˈænti'εəkra:ft] s attr *Boden-, Flugabwehr-; Luftschutz-; Flak-* (~ battery) ‖ → force; gun ‖ ~ combat group ⟨tact⟩ *Flakkampfgruppe* f ‖ ~ commander *Flakkommandeur* m ‖ ~ computer *Kommando(rechen)gerät* n ‖ ~ fire *Flakfeuer, –schießen* n; *–beschuß, Luftzielbeschuß* m ‖ ~ spotter *Flakposten* ‖ ~ tower *Flakhochstand* m

antibiotic [ˌæntibai'ɔtik] **1.** a *antibiotisch* **2.** s ⟨med⟩ *Antibiotikum* n ‖ ~s [pl] *Antibiotik* f, *–biotica* n pl L

antibody [ˈæntibɔdi] s *Immunkörper* m

antic [ˈæntik] **1.** † a *grotesk, phantastisch* ‖ *possierlich* **2.** s [*oft pl* ~s] *Fratze* f ‖ *Posse* f ‖ † *Possenreißer* m

anticatholic [ˌæntiˈkæθəlik] **1.** a *antikatholisch* **2.** s *Antikatholik* m

antichrist [ˈæntikraist] a *Antichrist* m **~ian** [ˈænti'kristjən] a *christenfeindlich*

anticipant [ænˈtisipənt] **1.** a *antizipierend, vorempfindend* ‖ *erwartend* **2.** s *Erwartende(r* m) f

anticipate [ænˈtisipeit] vt *vorwegnehmen; im voraus tun or verwenden; vorsehen,* (*Wechsel*) *im voraus, vor der Zeit einlösen, bezahlen* ‖ (*jdm*) *vorgreifen; zuvorkommen; verhindern* ‖ *voraussehen; ahnen; erhoffen; erwarten* (a th; doing

z *tun*; that); he ~s her every wish *er liest ihr jeden Wunsch v den Augen ab*; ⟨off⟩ *erwarten*: –ting an early reply *in Erwartung e–r baldigen Antwort* **–pation** [ænˌtisi'peiʃən, ænti–] s *Vorweg–, Vorausnahme* f; *Zuvorkommen, Vorgreifen* n ‖ *Voraus–, Abschlagszahlung* f ‖ *Voraussicht, Erwartung* f, (*in* [*weiser*] *V.*); contrary to ~ *wider E.*; with pleasant ~ *in angenehmer E.* ‖ *Vorgenuß* m, *–empfinden* n, *Ahnung* f ‖ ⟨med⟩ *der zu frühe Eintritt* m ‖ by ~ *im voraus;* ⟨com⟩ *auf Abschlag* ‖ in ~ of a th *etw vorwegnehmend; in der Voraussicht auf etw.; in Erwartung e–r S*; in ~ of the pleasure of hearing from you ⟨com⟩ *wir sehen Ihrer geschätzten* or *freundlichen Rückäußerung gerne entgegen und* ‖ thanking you in ~ *Ihnen im voraus dankend* **–pative** [ænˈtisipeitiv], **–patory** [ænˈtisipeitəri] a *vorgreifend, –wegnehmend; zuvorkommend; erwartend*

anticlimax [ˌæntiˈklaimæks] s *Antiklimax* f; ⟨fig⟩ *Absteigen, Fallen* n, *Niedergang* m **–cline** [ˈæntiklain] s ⟨geol⟩ *Antiklinale* f, *Sattel* m **–clockwise** a & adr *im entgegengesetzten Uhrzeigersinn* ‖ ~ rotation *Linksdrehung* f, *Linkslauf* m **–cyclone** [ˈæntiˈsaikloun] s ⟨meteor⟩ *Hochdruckgebiet* n **–cyclonic:** ~ area *od* region ⟨meteor⟩ *Hochdruckgebiet* n **–dazzle:** ~ goggles [pl] *Blendschutzbrille* f; ~ switch ⟨mot⟩ *Abblendschalter* m **–detonant** [–'detənənt] a ⟨mot⟩ *klopffest* (*Kraftstoff*) **–dotal** [ˈæntidoutl] a *als Gegengift dienend* ⟨a fig⟩ **–dote** [ˈæntidout] s *Gegengift, –mittel* (against, to *gegen*) n **–fading agent** *Lichtschutzmittel* n **–febrile** [ænti'fiːbrail] **1.** a *fieberlindernd* **2.** s *Fieberarznei* f **–freezing agent** [ˈænti'friːziŋ 'eidʒənt] s *Frostschutzmittel* n **–froth preparation** s *Schaumverhütungsmittel* n **–G-suit** ⟨aero⟩ *Druckluft–, Anti-G-Anzug* m **–gas** [ˈænti'gæs] a *Gasschutz-, Gasabwehr-,* ~ training, *–ausbildung* f **–halation backing** ⟨phot⟩ *Lichthofschutzschicht* f **–jamming** s *Entstörung* f; (*Radar-*)*Entdüppelung* f ‖ ~ attachment *Entstörzusatz* m ‖ ~ device (*Radar-*)*Funkentstörung* f **–knock** [ˈænti'nɔk] a *klopffest* (*Kraftstoff*) ‖ ~ agent *Antiklopfmittel* n; ~ rating, quality, *od* value *Klopffestigkeit* f **–logy** [ænˈtilɔdʒi] s *Widerspruch* m **–macassar** [ˌæntimə'kæsə] s ⟨hist⟩ (*Sofa-* etc) *Schoner* m, *Tischdecke* f **~missile** [–ˈmisail] s [attr] ~ missile *Raketenabwehrrakete* n **~mode** [ˈæntimoud] s ⟨scient⟩ *seltenster Wert* m ~ mode

antimonarchist [ˈænti'mənəkist] s *Gegner* [m] *der Monarchie* **–chical** [ˈæntimo'nɑːkikəl] a *antimonarchisch*

antimonial [ˌænti'mounjəl] a *Antimon–*; *antimonhaltig* **–mony** [ˈæntiməni] s ⟨minr⟩ *Antimon* n, *Spießglanz* m **–noise** [–ˈnɔiz] a *geräuschdämpfend*

antinomy [ænˈtinəmi] s ⟨jur⟩ *Widerspruch* m (*v Gesetzen*) ‖ ⟨log⟩ *Widerspruch* m, *Paradoxon* n

antipathetic(al) [ˌæntipə'θetik(əl)] a (~cally adv) *antipathisch,* [pred] *zuwider* (to) ‖ ⟨med⟩ *entgegengesetzt* **–pathy** [ænˈtipəθi] s *Antipathie, Abneigung* f, *Widerwille* m (against, to *gegen*)

antiphon [ˈæntifən] s *Antiphon* n ‖ **~y** [ænˈtifəni] s *Antiphonie* f; *kirchl. Wechselgesang, –chor* m ‖ *Antwort* f, *Echo* n

antipodal [ænˈtipədl] a *antipodisch, völlig entgegengesetzt*

antipodes [ænˈtipədiːz] s ([*a sg konstr*] the ~ of England is Ⴠ Island) *Gegenfüßler* pl; *diametral entgegengesetzte Orte* etc *der Erde* pl; the Ⴠ *Australien u Neuseeland* [*a sg*] **–de** [ˈæntipoud] *genaues Gegenteil* n (of, to) the *–de(s) of* selfishness ⟨fig⟩ *Gegensätzlichkeit* f

antipope [ˈæntipoup] s *Gegenpapst* m

antipyretic [ˈæntipi'retik] **1.** s *Antipyrin, Fie*

bermittel n **2.** a *Fieber verhütend* –**pyrin(e)** [ˌænti'paiərin] s *Antipyrin* n

antiquarian [ˌænti'kwɛəriən] **1.** a *altertümlich* **2.** s = antiquary **antiquary** ['æntikwəri] s *Altertumsforscher; Altkunstsammler,* –*händler* m **antiquate** ['æntikweit] vt *veralten machen; abschaffen* || **~d** [~id] *veraltet; überlebt* **antique** [æn'ti:k] **1.** a (*ur*)*alt* || *alt, ehrwürdig* || *antik; altmodisch* **2.** s *altes, antikes Kunstwerk* n; ~ *dealer Kunst–, Antiquitätenhändler* m; ~ *shop Antiquitätenladen* m || *an* ~ *e–e Antike* f (*antikes Kunstwerk*) **antiquity** [æn'tikwiti] s *das Altertum* n; *Früh–, Vorzeit* f || *das klass. Altertum, die Antike* (*Kunstepoche*); *die antiken Schriftsteller* pl | –*ties* [pl] *Antiquitäten* f pl, *Altertümer* n pl

anti(-)roll ['ænti'roul] attr: ~ *stabilizers* [pl] ⟨mar⟩ *Stabilisierungsflossen* f pl

antisabbatarian ['ænti.sæbə'tɛəriən] s *Gegner* [m] *der strengen Sonntagsheiligung*

anti-saloon [ˌæntisə'lu:n] a ⟨Am⟩ *alkoholgegnerisch*; ⫞ League (1893 *gegr*)

anti-Semitism ['ænti'semitizm] s *Antisemitismus* m –**Semite** ['ænti'si:mait] s *Antisemit* m

antiseptic [ˌænti'septik] **1.** a (~ally adv) ⟨chem⟩ *antiseptisch, fäulnishindernd* **2.** s ⟨chem⟩ *Mittel* (n) *gegen Fäulnis, Antiseptikum* n

antiskid ['ænti'skid] [attr] *Gleitschutz–*

antislip ['ænti'slip] s *Antislip* m, *Gleitschutzpolster* n || *Fersenschoner* m

antisocial ['ænti'souʃəl] a *asozial*

antispasmodic [ˌæntispæz'mɔdik] a *spasmolytisch, krampflösend*

antisubmarine [attr] *U-Bootabwehr–*; ~ *warfare U-Bootbekämpfung* f

antitank ['ænti'tæŋk]: ~ *gun Panzerabwehrgeschütz* n, *Pack* f; ~ *artillery Panzerjägertruppe* f; ~ *obstacle Panzersperre* f

antithesis [æn'tiθisis] s Gr (pl –ses [–si:z]) *Antithese* f, *Gegensatz* m (of, to *von, zu*) –**thetic-(al)** [ˌænti'θetik(əl)] a (–cally adv) *antithetisch, gegensätzlich* (to *zu*)

antitoxin ['ænti'tɔksin] s ⟨med⟩ *Gegengift* n

anti-trust ['ænti'trʌst] a [attr] ~ *laws die Bildung v Kartellen u Preisfestsetzungen untersagende Gesetze* n pl **antitype** ['æntitaip] s *Gegenbild* n **anti-vaccinist** [–'væksinist] s *Impfgegner* m **antivenene** [–vi'ni:n] s *Gegengift* n

antler ['æntlə] s *Sprosse* [f] *am Geweih, stag* with 8 ~s *Achtender* m || ~s [pl] *Geweih* n

antonym ['æntənim] s *entgegengesetzter Begriff* m (*z. B. groß : klein*)

antrum ['æntrəm] s L [pl –tra] ⟨anat⟩ *Höhle* f (*bes Oberkiefer–*)

antrycide ['æntrisaid] s ⟨chem⟩ *Insektenbekämpfungsmittel* n

anus ['einəs] s L ⟨anat⟩ *After* m || ⟨bot⟩ *Ausgang* m, *Mündung* f

anvil ['ænvil] s *Amboß* m ⟨a fig⟩; ⟨fig⟩ to be on the ~ of *behandelt, erörtert w von* | ~ *beak Amboßhorn* n || ~ *inset stake Stöckel* m || ~ *plate Amboßbahn* f

anxiety [æŋ'zaiəti] s *Angst, Besorgnis* (for *um*) f; *in great* ~ *sehr unruhig, ängstlich* || *eifriges Verlangen* (for *nach*; to do) n

anxious ['æŋkʃəs] a (~ly adv) *bange, besorgt, bekümmert, unruhig* (about) || *beängstigend, beunruhigend* (an ~ *business*); on the ~ *bench, seat* ⟨fig⟩ *in Aufregung* || *eifrig bestrebt, begierig* (for *nach*; to do)

any ['eni] **I.** pron, a **1.** [*in fragenden u bedingenden Sätzen*] *irgendein, ein, irgendwelch, etwas; einige; have you* ~ *letters? haben Sie Briefe?* || *is there* ~ *chance? ist noch e–e Möglichkeit vorhanden?* || *are there* ~? *gibt es welche?* || *are* ~ *of you? ist e–r von Ihnen?* || *if you have* ~ *letters wenn Sie Briefe h* || ~ *more noch mehr, noch etwas* || *if* ~ *wenn überhaupt ein; one at the most, if* ~ *höchstens einer, wenn*

überhaupt e–r **2.** (*in bejahenden Sätzen*) *irgendein* (*beliebiger*), *jeder* (~ *policeman will tell you*); *at* ~ *rate, in* ~ *case auf jeden Fall*; he is as rich as ~ *one er ist so reich wie nur einer*; *only two characters are seen with* ~ *clearness nur . . w mit einiger Klarheit gesehen*; ~ *number e–e große Menge* || ~ (⟨sl⟩ *old*) *time jederzeit* **3.** [*in Negativ-Sätzen*] no(t) .. ~ *kein, überhaupt kein; nicht, überhaupt nicht,* never . . ~ (*überhaupt*) *nie*. **II.** adv **1.** [*vor compr*] *irgend* (*wie*), *not* (*never*) .. ~ *more nicht(s)* (*nie*) .. *wieder* (*od mehr*); *not* ~ *more than ebenso wenig wie, not* ~ *longer nicht länger* (*mehr*); *you are not* ~ *the better for it du bist dadurch keineswegs besser daran, du hast d–e Lage nicht verbessert* **2.** ⟨Am⟩ *irgendwie, in irgend e–r Weise; not . . ~ überhaupt nicht* || ~ *old* ⟨fam⟩ *absolut jede(r, –s);* ~ *old time* [adv] *jederzeit*

anybody ['enibədi] s & pron (→ any) *irgend jemand, irgendeine(r); jede(r) beliebige* f (m) | *not* ~ *niemand* || *scarcely* ~ *kaum jemand, fast niemand* || *everybody who is* ~ *alle, die etwas bedeuten* (*od sind*); *if you wish to be* ~ *wenn du etwas bedeuten willst* || ~'s *game,* ~'s *race* ⟨Am fam⟩ *offenes Rennen* n

anyhow ['enihau] adv *auf irgendeine Art; not . . ~ auf k–n Fall* || *irgendwie; jedenfalls; gleichwohl; immerhin* || *überhaupt* (what does it mean ~?) || *nur so obenhin, nachlässig* (to do ~); *to feel* ~ *sich schlecht fühlen*

anyone ['eniwʌn] s (→ any) *irgend jd* || *jede(r) beliebige* f (m)

anything ['eniθiŋ] s & pron (→ any) (*irgend*) *etwas* || *jedes beliebige; alles* || ~ *at all überhaupt etwas* || ~ *but alles andere als; nichts weniger als; nichts weiter als; not* || *never* ~ *but immer nur* || *for* ~ *I know soviel ich weiß* || *not* ~ *nichts; like* ~! *wer weiß wie!; not* ~ *like so well nicht im entferntesten so gut* || *not for* ~ *um k–n Preis* || *capable of* ~ *zu allem fähig* || *if* ~ *wenn irgend etwas; womöglich; noch; nur noch; jedenfalls; eher* (has if ~ *a mitigating effect wirkt eher entschärfend*); he is, if ~, *better es geht ihm eher besser* (*als schlechter*) || *scarcely* ~ *kaum etwas; fast nichts* || ~ *up to 5 s etwa bis z 5 Sch.* || → come along

anyway ['eniwei] adv *auf irgendeine Weise; irgendwie* || *jedenfalls; immerhin; sowieso* (*schon*)

anywhen ['eniwen] adv *irgendwann* || *jederzeit*

anywhere ['eniwɛə] adv *irgendwo(hin)* || *überall* || *not* ~ *nirgendwo(hin)* || *scarcely* ~ *fast nirgends* || ~ *from . . to* ⟨Am fam⟩ *etwa zw . . u .. (Preis* etc)

anywise ['eniwaiz] adv ⟨sl⟩ *irgendwie*

Anzac ['ænzæk] s [abbr =] Australian and New Zealand Army Corps; [*a* attr]

Anzus ['ænzʌs] s *Dreimächtepakt* m 1952 (Australia, New Zealand, United States)

aorist ['ɛərist] s ⟨gram⟩ *Aorist* m

aorta [ei'ɔ:tə] s L (pl ~e [–ti:]) *Aorta, Hauptschlagader* f

apace [ə'peis] adv *schnell, flink*

apanage ['æpənidʒ] s → appanage

apart [ə'pɑ:t] adv *beiseite, abseits; einzeln; abgesondert* (from *von*); ~ *from abgesehen von, a. davon* (that) || *für sich; getrennt* (to live ~) | *joking* ~ *Scherz beiseite* || *to keep* ~ *getrennt halten* || *to set* ~ *for bestimmen, aufbewahren für* (*jdn*)

apartheid [ə'pɑ:theit] s ⟨bes SAfr⟩ (*Politik* f *der*) *Rassentrennung* f

apartment [ə'pɑ:tmənt] s (*möbliertes*) *Zimmer* n; *suite of* ~s –*flucht*; ~s! *Zimmer z vermieten* | ~s [pl] *Wohnung* f, *Logis* n | ⟨Am⟩ ~ *Etagenwohnung* f; *Eisenbahnabteil* n || ~ *house Miethaus* n; ~ *hotel Pension* f

apathetic [ˌæpə'θetik] a (~ally adv) a *apathisch, teilnahmslos* (towards *gegen*)

apathy ['æpəθi] s *Apathie, Teilnahmlosigkeit, Gleichgültigkeit* f (to *gegen*); *geistige Stumpfheit* f

ape [eip] **1.** s ⟨zoo⟩ (*schwanzloser*) *Affe* m ‖ ⟨fig⟩ *Affe, Geck* m **2.** vt *nachäffen* ‖ *vorgeben, -täuschen*

apeak [ə'pi:k] adv & pred a ⟨mar⟩ *senkrecht*

aperient [ə'piəriənt], **aperitive** [ə'peritiv] **1.** a ⟨med⟩ *abführend* **2.** s *Abführmittel* n **aperitif** [ə'peritif] s Fr *Aperitiv* n (*Appetitanreger*)

aperture ['æpətjuə, -tʃə] s *Öffnung* f ‖ *Lochweite* f (*e–s Siebes*) ‖ *Öffnungswinkel* m (*e–s Scheinwerfers*)

apex ['eipeks] s (pl ~es, mst apices ['eipisi:z]) *Spitze* f; ⟨bes el⟩ *Scheitel*(*punkt* m) m ‖ ⟨fig⟩ *Gipfel* m

aphaeresis [ə'fiərisis] s ⟨gram⟩ *Aphärese* f

aphasia [ə'feiziə] s L ⟨med⟩ *Aphasie* f, *Sprachverlust* m

aphelion [æ'fi:liən] s ⟨astr⟩ *Sonnenferne* f ‖ ⟨fig⟩ *entferntester Punkt* m

aphesis ['æfisis] s *Schwund* [m] v *anlautendem Vokal*

aphis ['eifis], ⟨Am a⟩ **aphid** ['æfid, 'eifid] s (pl –ides [–idi:z]) s *Blattlaus* f ‖ woolly ~ *Blutlaus*

aphorism ['æfərizm] s *Aphorismus, kurzer Lehr–, Denkspruch* m

aphoristic [æfə'ristik] a (~ally adv) *aphoristisch*

aphrodisiac [æfro'diziæk] **1.** a *Geschlechtstrieb erregend* **2.** s *Geschlechtstrieb erregendes Mittel* n

aphtha ['æfθə] s L *Entzündung der Schleimhaut* f ‖ –thae [–θi:] pl *Aphthen, weiße Schleimhautflecken* m pl

apiarist ['eipiərist] s *Bienenzüchter, Imker* m –ry ['eipiəri] s *Bienenhaus* n, *Bienenstand* m

apical ['æpikəl] a *an der Spitze befindlich, gipfelständig*

apiculture ['eipikʌltʃə] s *Bienenzucht* f

apiece [ə'pi:s] adv *pro Stück, pro Kopf, pro Person*

apish ['eipiʃ] a (~ly adv) *affenartig, Affen-*; ⟨fig⟩ *äffisch, albern*

aplanat ['æplænæt] s ⟨phot⟩ *Aplanat* n

aplomb ['æplɔ:ŋ] *senkrechte Lage* f ‖ ⟨fig⟩ *selbstbewußtes Auftreten* n; *Fassung* f

apo– pref *von, weg, un–; losgelöst, getrennt*

apocalypse [ə'pɔkəlips] s ⟨ec⟩ *Offenbarung* f –lyptic [ə͵pɔkə'liptik] a *apokalyptisch*

apocope [ə'pɔkəpi] s ⟨gram⟩ *die Apokope* f (*Abstoßung e–s Lauts am Ende*)

Apocrypha [ə'pɔkrifə] s ⟨bib⟩ the ~ *die Apokryphen* n pl ‖ **~l** [~l] a *apokryph; unecht, zweifelhaft*

apod ['æpɔd] s ⟨zoo⟩ *fußloses Tier* n ‖ **~al** ['æpɔdəl] a *fußlos*

apodictic [͵æpo'diktik], **–deictic** [–'daiktik] a (~ally adv) *apodiktisch, unwiderleglich*

apodosis [ə'pɔdəsis] s ⟨gram⟩ *Nachsatz, Hauptsatz* m *im bedingenden Satzgefüge*

apogee ['æpɔdʒi] s ⟨astr⟩ *Apogäum* n, *Erdferne* f ‖ ⟨fig⟩ *Gipfel, Höhepunkt* m

apologetic [ə͵pɔlə'dʒetik] **1.** (a **~al**) a (~ally adv) *apologetisch; Entschuldigungs-, Verteidigungs-; rechtfertigend; versönlich, reumütig* **2.** s *Verteidigung* f **|** **~s** pl ⟨ec⟩ *Apologetik* f

apologia [æpə'loudʒiə] s Gr *Apologie, Verteidigung*(*srede, –sschrift* f) f

apologist [ə'pɔlədʒist] s *Apologet, Verteidiger* m ‖ **–gize** [ə'pɔlədʒaiz] vi *sich entschuldigen, um Entschuldigung bitten, Abbitte tun* (to a p *jdm*; for *wegen*) –**gue** ['æpələg] s *Apolog* m, *belehrende Fabel* f –**gy** [ə'pɔlədʒi] s *Entschuldigung* f (in ~ for *zur* or *als E. für*); to make an ~ *sich entschuldigen* (to a p *bei jdm* for a th) ‖ *Abbitte* f ‖ *Apologie, Verteidigungsrede, –schrift* f ⟨fam⟩

sehr mäßiger Ersatz, *Notbehelf* m (for *für*; an ~ for a dinner)

apophthegm ['æpoθem] s *Denk–, Kernspruch* m

apoplectic [͵æpo'plektik] a (~ally adv) ⟨med⟩ *Schlagfluß––plexy* ['æpopleksi] s ⟨med⟩ *Schlagfluß, Schlag*(*-anfall*) m ‖ to be struck with ~ *vom Sch. gerührt w, e–n Sch. erleiden* or *h* or *bek*

apostasy [ə'pɔstəsi] s ⟨ec⟩ *Apostasie, Abtrünnigkeit* f –**state** [ə'pɔstit] **1.** s ⟨ec⟩ *Apostat, Abtrünniger* m **2.** a *abtrünnig* ‖ –**statize** [ə'pɔstətaiz] vi ⟨ec⟩ *abfallen* (from) ‖ ⟨fig⟩ *abtrünnig, untreu w*; *übergehen* (from . . to *von . . zu*)

a posteriori ['eipɔsteri'ɔ:rai] adv & a (*vor Kant:*) *von Wirkung auf Ursache schließend* ‖ (*nach Kant:*) *aus Erfahrung gewonnen; empirisch; induktiv*

apostle (ə'pɔsl] s ᴢ *Apostel* m ⟨a fig⟩; the ᴢ**s'** Creed ⟨ec⟩ *das Apostolische Glaubensbekenntnis* n ‖ *Verfechter* m **~ship** [~ʃip] s *Apostelamt* n

apostolic(al) [͵æpəs'tɔlik(al)] a (~cally adv) *apostolisch*

apostrophe [ə'pɔstrəfi] s [pl ~s] **1.** ⟨rhet⟩ (*lebhafte*) *Anrede* f **2.** ⟨typ⟩ *Apostroph* m –**phize** [ə'pɔstrəfaiz] vt (*jdn*) *lebhaft anreden*

apothecary [ə'pɔθikəri] † s *Apotheker* m

apotheosis [ə͵pɔθi'ousis] s *Apotheose, Vergötterung* f ‖ ⟨übtr⟩ *Verherrlichung im Himmel, Auferstehung* f ‖ *Verherrlichung*

apotropaion [͵æpə'trɔpaiən] s Gr *Abwehrzauber* m

appal [ə'pɔ:l] vt *erschrecken, entsetzen* **~ling** [~iŋ] a (~ly adv) *entsetzlich, schrecklich*

appaloosa [æpə'lu:sə] s ⟨Am⟩ *Kreolenpferdchen* n

appanage, apa . . ['æpənidʒ] s *Jahresgeld* (*e–s Prinzen*) n ‖ *abhängiges Gebiet* n ‖ ⟨fig⟩ *Zubehör, Merkmal* n; *angeborene Eigenschaft* f

apparatus [͵æpə'reitəs] s [pl ~(es)] *Apparat* m, *Vorrichtung* f, *Gerät* n ‖ [koll] *Apparate* pl ‖ ⟨anat⟩ *System* n ‖ critical ~ *kritischer Apparat* m **|** [attr] *Geräte–* (plug *–stecker* m)

apparel [ə'pærəl] **1.** s † *Kleidung, Tracht* f; *Ausrüstung* f ‖ *goldgestickter Schmuck* m *am geistl. Gewand* **2.** vt *bekleiden* ‖ ⟨fig⟩ *ausstatten*

apparent [ə'pærənt] a (~ly adv) *sichtbar* (to *für*); *offenbar* (to a p *jdm*); *einleuchtend* ‖ *anscheinend; augenscheinlich* ‖ heir–~ *gesetzmäßiger Erbe* m ‖ *scheinbar* (~ horizon) ‖ → seeming ‖ ~ power ⟨el⟩ *Scheinleistung* f

apparition [æpə'riʃən] s *Erscheinung* (*bes v übernat. Wesen*) f ‖ *Auftreten* n; (*unerwartete*) *Erscheinung* f ‖ *Gespenst* n, *Geist* m ‖· ⟨astr⟩ *Sichtbarwerden* n

apparitor [ə'pæritɔ:] s *Rats–, Gerichtsdiener* m

appeal [ə'pi:l] vi/t **A.** vi **1.** ⟨jur⟩ to ~ against *Berufung einlegen gegen* (a decision) **2.** to ~ to *appellieren, sich wenden an; sich berufen auf; anrufen*; to ~ to the country → country ‖ *Beschwerde führen, sich beschweren bei* ‖ *wirken auf, Anklang finden bei, (jdm) gefallen, zusagen* **3.** to ~ to a p for a th *jdn um etw bitten; sich einsetzen bei jdm für, werben bei jdm um etw* **4.** to ~ for *werben, bitten um* **B.** vt ⟨Am jur⟩ *Berufung einlegen in* (a case *e–r Rechtssache*); (*Rechtsfall*) *verweisen* (to *an*) –**ing** [~iŋ] a (~ly adv) *flehend* **~ingness** [~iŋnis] s *flehentlicher Blick od Ausdruck* m

appeal [ə'pi:l] s ⟨jur⟩ *Appellation, Berufung* (from *gegen*; to *bei*) f; *Recht der B.* n; Court of ᴢ *Appellationsgericht* n; *Revision* f; to give notice of ~ ⟨jur⟩ *B. einlegen*; to allow an ~ *e–e B. zulassen* ‖ *Verweisung, Berufung* f (to *auf*) ‖ *flehentliche Bitte* (for *um*) f **|** ⟨fig⟩ *Appell* m, *Anrufen* n; to make an ~ to *appellieren an* ‖ ⟨fig⟩ *Anziehung*(*skraft*), *Zugkraft* (*e–r Reklame*) f, *Anklang* m, to make an ~ to a p *A. finden bei jdm*

appear [ə'piə] vi *erscheinen, sichtbar w; sich zeigen* (to a p *jdm*); ⟨theat⟩ *auftreten*; to ~ in the list *in der Liste stehen* ‖ (*vor Gericht*) *erscheinen, sich stellen*; to ~ against a p *gegen jdn vor Gericht auftreten* ‖ to ~ on the surface ⟨min⟩ *anstehen* | *scheinen; den Anschein h*; it ~s to me *mir scheint*; it would ~ *es scheint*; in what ~ed a rapid succession *in scheinbar schneller Auf-e–a–folge* ~ance [~rəns] s 1. *Erscheinen* (non-~ *Nicht–*), at the ~ *beim E.* (of) ‖ *Sichtbarwerden* n; ~ of fracture ⟨tech⟩ *Bruchaussehen* n ‖ *Auftreten* n (on the stage) ‖ ⟨jur⟩ *Erscheinen vor Gericht* n 2. *Erscheinung* f; (*Natur-*) *Erscheinung* f; *Gespenst* n ‖ *Anblick* m, *Aussehen, Äußeres* n 3. *Anschein* m; ~s pl *Schein* m (~s are against you); *Anzeichen* n 4. in ~ *dem Anschein nach; anscheinend*; for the sake of ~s *um den Schein zu wahren*; to all ~(s) *allem Anschein nach* ‖ there is every ~ *es hat ganz den A.* (that; of the weather improving *als ob sich das Wetter bessere*) | to assume an ~ *sich den Anschein geben* (of being *zu s*); *sich gestalten* ‖ to have the ~, to wear an ~ of being *den A. erwecken zu s* ‖ to judge by ~s *nach dem Schein urteilen* ‖ to keep up, to save ~s *den Schein wahren* ‖ to make a poor ~ *ärmlich aussehen, e–n jämmerlichen Eindruck m*; to make one's ~, to put in an ~ *sich zeigen, erscheinen* ‖ ~ of three-dimensional depth in a print *Tiefenwirkung f e–s Bildes*

appease [ə'pi:z] vt *beruhigen, besänftigen* ‖ (*Durst* etc) *stillen* ‖ *mildern; beilegen* ‖ *versöhnen* ‖ *lindern* ‖ ⟨pol⟩ *befrieden* ~ment [~mənt] s *Beruhigung; Stillung* f ‖ ⟨pol⟩ *Befriedung* f; ~ (policy) *Beschwichtigungs-, Besänftigungspolitik* f | ~r [~ə] *Befriedungspolitiker* m

appellant [ə'pelənt] 1. a *appellierend* 2. s *der Appellant, Berufungskläger; Bittsteller* m –ation [,æpe'leiʃən] s *Benennung* f; *Name* m –ative [ə'pelətiv] 1. a *benennend* 2. s *Appellativum* n, *Gattungsname* m; *Benennung* f –ee [,æpe'li:] s ⟨jur⟩ *Appellat, Berufungsbeklagter* m

append [ə'pend] vt *anhängen, befestigen* (to *an*) ‖ *bei* , *hinzufügen* (to *zu*) ~age [~idʒ] s *Anhang* m; *Zugabe* f, *–behör* n (to *zu*) ~ectomy [,æpen'dektəmi] s *Blinddarmoperation* f ~icitis [ə,pendi'saitis] s ⟨med⟩ *Blinddarmentzündung* f ~ix [ə'pendiks] s (pl –dices [–disi:z] *Blinddärme*, –dixes [–diksiz] *Anhänge*) *Anhängsel, Zubehör* n ‖ *Anhnag* m (to *zu*) ‖ ⟨anat⟩ *Fortsatz* (vermiform ~ *Wurmfortsatz, Blinddarm*) m ‖ ⟨aero⟩ *Füllansatz* m

apperceive [,æpə'si:v] vt ⟨psych⟩ *apperzipieren* –ception [,æpə'sepʃən] s *Apperzeption* f, *Erfassen* n

appertain [,æpə'tein] vi (*zu*)*gehören, zustehen, gebühren* (to a p *jdm*)

appestat ['æpistæt] s (= appetite [thermo]stat) ⟨anat⟩ *Gehirnzentrum* n *der Appetitregelung*

appetence ['æpitəns] s (bes : *geschlechtliche*) *Begierde* f –tency ['æpitənsi] s *Verlangen* n, *Begierde* f (of, for, after *nach*) ‖ *natürl. Neigung* f (tor *zu*) ‖ *Trieb* m; ⟨el⟩ *Streben, Anstreben* n –tite ['æpitait] s *natürlicher Trieb* m; *Begierde* f (for *nach*) ‖ *Appetit, Hunger* m, *Lust* f (for *auf*); with an ~ *mit A.* ‖ ⟨eth biol⟩ specific ~ *zeitbegrenztes Gelüst* n ‖ ⟨fig⟩ *Verlangen* n, *Neigung* f (for *nach*) | to give (a p) an ~ *Appetit m*; ~ comes with eating *der A. kommt beim Essen*; to take away, spoil a p's ~ *jdm den A. nehmen* or *verderben*; a good ~ is the best sauce *Hunger ist der beste Koch* –titive [ə'petitiv] a ⟨biol eth⟩ *Appetenz–* (behaviour) –tizer ['æpitaizə] s *appetitreizendes, –anregendes Mittel, pikantes Vorgericht* n –tizing [–ziŋ] a (~ly adv) *appetitreizend, appetitlich*

applaud [ə'plɔ:d] vi/t ‖ *Beifall klatschen* | vt (*jdm*) *Beifall klatschen* ‖ ⟨fig⟩ *loben; billigen*;

zustimmen ~ing [~iŋ], **applausive** [ə'plɔ:siv] a (~ly adv) *Beifall klatschend, applaudierend, Beifalls-* ‖ ⟨fig⟩ *lobend* **applause** [ə'plɔ:z] s *Applaus* m; *Beifall* m; *–klatschen* n ‖ *Billigung* f | round of ~ *Beifallsausbruch* m; *lauter Beifall* m ‖ to break into ~ *in B. ausbrechen* ‖ to evoke, excite ~ *B. erregen*

apple ['æpl] s *Apfel* m; ⟨übtr⟩ *apfelähnliche Frucht* f | ~ of discord *Zankapfel* m; ~ of a p's eye ⟨fig⟩ *jds Augapfel, Liebling* m | [attr] *Apfel-* ⟨ent⟩ ~-blossom weevil *Apfelblütenstecher* m; ~ clear-wing *–baumglasflügler* m; ~-tinea *–baumgespinstmotte* f | ~-cart *Apfelkarren* m, to upset the *od a p's* ~ *jds Pläne zunichte m* ‖ ~-charlotte ⟨cul⟩ *Brotpudding* m *mit Äpfeln* ‖ ~-cheeked *pausbäckig* ‖ ~-dumpling ⟨cul⟩ *Apfelkloß* m ‖ ~-fritters pl ⟨cul⟩ *–schnitten* f pl ‖ ~-jack ⟨Am⟩ *Apfelwein* m; *Apfelbrandy* m ~-pie ⟨cul⟩ *–pastete* f; ~-pie order *schönste Ordnung* f (in ~-pie order *in –ster O.*, ´*in* (*brauner*) *Butter* ‖ ⟨Am sl⟩ ~ *polisher Speichellecker* m; ~ polishing *Kriechen* n, *Kriecherei* f ‖ ~-sauce *Apfelsauce* f, *–mus* n; ⟨Am⟩ *Schmeichelei*; intj ⟨sl⟩ *Unsinn! Kuchen!* ‖ ~ scab *Apfelschorf* m ‖ ~-tree ⟨bot⟩ *Apfelbaum* m

appliance [ə'plaiəns] s *Anwendung* f ‖ *Mittel* n ‖ *Vorrichtung* f, *Gerät* n

applicability [,æplikə'biliti] s *Anwendbarkeit* f (to *auf*) ‖ ⟨tech⟩ *Eignung* f –able ['æplikəbl] a *anwendbar* (to *auf*) –ant ['æplikənt] s *Bewerber(in), Bittsteller(in* f) m (for *um*) –ation [,æpli-'keiʃən] s *Verwendung* f ‖ *Anwendung* f (to *auf*), this has no ~ to *dies findet keine A. auf, für* ‖ *Gebrauch* m (to *für*) ‖ ⟨med⟩ *Applikation, Anlegung* (*e–s Verbandes*) f (to a wound *auf e–e Wunde*); *Verband, Umschlag* m ‖ *Fleiß* m, *Aufmerksamkeit* f ‖ *Bedeutung* f (to *für*) | *Bewerbung, Bitte* f, *Gesuch* n (for *um*; to *an*); to make an ~ for *sich bewerben um* (to a p *bei jdm*); on the ~ of *auf das Gesuch (Ansuchen) von*; on ~ *auf Ersuchen, auf Wunsch* ‖ *Antrag* m | [attr] ~ blank *Antragsformular* n

appliqué [æ'pli:kei] 1. s *Fr* (a ~-work) *Applikationsstickerei* f 2. vt [~s, ~d, ~ing] *mit A. verzieren*

apply [ə'plai] vt/i 1. vt *anbringen, an–, auflegen, legen* (to *auf*) ‖ *an–, verwenden, gebrauchen* (to *zu*) ‖ ⟨med⟩ *an–, auflegen* | (*Sinn*) *richten, lenken* (to *auf*); to ~ o.s. *sich widmen, sich legen* (to a th *auf etw*); *sich befleißigen* (to *bo*), *sich Mühe geben* 2. vi *zur Anwendung k; Anwendung finden, sich anwenden l* (to *auf*), *passen* (to *zu*) ‖ *sich beziehen* (to *auf*); *gelten* (to *für*) ‖ *sich wenden* (to *an*); *sich melden* (to *bei*; for *wegen*); ~ to *man wende sich an*; *Näheres bei*; to ~ to a p *jdn angehen* ‖ *sich bewerben* (for *um*); *beantragen* (for a th *etw*) –lied a (*Ggs pure*) *angewandt* (~ sciences)

appoint [ə'pɔint] vt *anordnen, vorschreiben* (a th; to do; that) ‖ *festsetzen, anberaumen, verabreden* | *ernennen zu*, to ~ a p (to be) president *jdn zum Präsidenten ernennen*; to ~ a p to a professorship *jdm e–e Professur übertragen* ‖ well (badly) ~ed *wohl (schlecht) ausgerüstet* or *eingerichtet* | ~ee [əpɔin'ti:] s *Beauftragte(r* m) f ~ment [–mənt] s *Bestimmung, Festsetzung* f ‖ *Stelldichein* n, *Verabredung* f (by ~ *laut V.*); to have an ~, to make an ~ *e–e V. h, treffen*; to keep (break) an ~ *zur verabredeten Zeit (nicht) erscheinen* ‖ to make an ~ with *sich anmelden bei* (*Arzt* etc) | *Verordnung* f, *Beschluß, Befehl* m ‖ *Ernennung* f (to the post of captain *zum Hauptmann*) ‖ *Amt* n, *Dienststellung, Stelle* f; to hold an ~ *e–e Stelle innehaben*; ~s *Board* ⟨univ⟩ *Stellenvermittlungsamt* n ‖ ⟨jur⟩ *Ernennung* f *e–s Nutznießers* ‖ [mst pl ~s] *Ausrüstung* f; *–gegenstände* ⟨bes mil⟩ m pl | by ~ to the House of Commons *Lieferant des Unterhauses*;

by (special) ~ to the Royal Family *Königlicher Hoflieferant* m
apportion [əˈpɔːʃən] vt *gleichmäßig, verhältnismäßig ver–, zuteilen, zumessen* (to) **~ment** [~mənt] s *gleichmäßige Zuteilung* f ‖ *Verteilung* f
apposite [ˈæpozit] a (~ly adv) *passend, angemessen* (to) **~ness** [~nis] s *Angemessenheit, Schicklichkeit* f **–sition** [æpoˈziʃən] s *Beifügung* f; *Nebeneinanderstellung* f ‖ ⟨gram⟩ *Apposition* f
appraisal [əˈpreizəl] s *Abschätzung* f, ⟨Am bal⟩ *Wertansatz* m, *Bewertung* f (⟨engl⟩ valuation) **appraise** [əˈpreiz] vt *abschätzen; taxieren* **~ment** [~mənt] s *Abschätzung* f, *–swert* m; *Bewertung* f **| ~r** [~ə] s *Taxator* m ‖ ⟨ins⟩ *Schadensbearbeiter* m
appreciable [əˈpriːʃəbl] a (–bly adv) *abschätzbar; taxierbar ‖ beträchtlich; merklich*
appreciate [əˈpriːʃieit] vt *abschätzen ‖ gewahr w, wahrnehmen, einsehen* (that) ‖ *richtig schätzen; würdigen; zu würdigen wissen*; we ~ having you take up this matter for us *wir sind Ihnen sehr zu Dank verpflichtet, daß Sie ...*; to ~ o.s. *sich richtig einschätzen ‖ hochachten, –schätzen*; (*Wert*) *erhöhen* **|** vi *an Wert zunehmen*; (of price) *steigen* **–ciation** [əˌpriːʃiˈeiʃən] s *Wertschätzung, Schätzung, Würdigung* f; *Verständnis* n (of, for *für*) ‖ *genaue Wahrnehmung* f ‖ *Preiserhöhung, Wertsteigerung* f ‖ **–ciative** [əˈpriːʃiətiv] a (~ly adv), **–ciatory** [əˈpriːʃiətəri] a *hochschätzend, anerkennend ‖ verständnisvoll, empfänglich* (–ive of *empfänglich für*).
apprehend [ˌæpriˈhend] vt *ergreifen, fassen* **|** *verhaften ‖ begreifen, verstehen ‖ voraussehen; befürchten* (a th; that) **–hensible** [ˌæpriˈhensəbl] a (–bly adv) *faßlich, begreiflich; wahrnehmbar,* **–hension** [ˌæpriˈhenʃən] s *Ergreifen* n, *Festnahme, Verhaftung* f ‖ *Auffassung, Wahrnehmung* f, *Auffassungsvermögen* n; *Verstand* m ‖ *Vorstellung* f, *Begriff* m ‖ *Befürchtung, Furcht* f (at *über*) ‖ *oblivious of ~ nicht bei der S* **–hensive** [ˌæpriˈhensiv] a (~ly adv) *leicht begreifend, schnell auffassend ‖ empfindlich, –sam* **|** *furchtsam; besorgt* (for *um*; that); to be ~ of *sich fürchten vor,* (be-)*fürchten* **~ness** [~nis] s *Auffassungsvermögen* n ‖ *Furchtsamkeit, Besorgnis* f
apprentice [əˈprentis] **1.** s *Lehrling* m, ⟨fig⟩ *Anfänger* m ‖ to bind a p ~ to *jdn in die Lehre geben bei* (od *zu*) ‖ ⟨mar⟩ *Offizieranwärter, Seekadett* m **2.** vt *in die Lehre geben* (to *bei*); to be ~d to *in die Lehre k zu, in die Lehre s bei* **~ship** [~ʃip] s *Lehrzeit, Lehre* f; to serve one's ~ *s–e Lehrjahre durchmachen* (at a chemist's od with a chemist *bei e–m Apotheker*)
apprise [əˈpraiz] vt (*jdn*) *benachrichtigen* (of *von*)
apprize [əˈpraiz] vt = appraise
appro [ˈæprou], s (abbr = approbation od approval): on ~ ⟨com⟩ *zur Probe; zur Ansicht*
approach [əˈproutʃ] **1.** vt/i *sich* (jdm) *nähern* ‖ ⟨fig⟩ *herantreten an, sich wenden an;* (jdn) *befragen, angehen ‖ nahekommen; ähnlich s* **|** vi *nahen, sich nähern, näherk* (to) ‖ ⟨fig⟩ *nahek; grenzen* (to *an*); (*sehr*) *ähnlich s* (to) ‖ **~ing** *traffic Gegenverkehr* m **2.** s *Herannahen* n ‖ *Annäherung* f ‖ **~es** [pl] *–sversuche* pl ‖ *Hinwendung* f (z *Gott*) ‖ *An–, Zufahrtstraße* f, *Anmarsch–* (*weg*) m ‖ ⟨übtr⟩ *Einstellung* f (to *zu*), *Methode* f ‖ ⟨aero⟩ *blind ~ Blindanflug* m; *ground controlled ~* [abbr GCA] *durch Bodenradar gesteuerter Anflug; initial ~ erster Anflug*(*teil*) m ‖ ⟨übtr⟩ *Art der Betrachtung; Stellungnahme, Einstellung* f (to *zu*) ‖ on a p's ~ *bei jds Heran–, Nahekommen* n ‖ *Zutritt,* ⟨a fig⟩ *Zugang* m (to *zu*), *easy of ~ leicht zugänglich; Auffahrt* f **|** [attr] ~ *aids* ⟨aero wir⟩ *Landehilfe* f ‖

~ *angle* ⟨Flak⟩ *Flugwinkel* m, ⟨aero⟩ *Anflugwinkel* m ‖ ~ *beacon Anflugleuchtfeuer* n, *Landungsbake* f ‖ ~ *clearance Anflugfreigabe* f ‖ ~ *flight* ⟨mil⟩ *Zielanflug* m ‖ ~ *light* ⟨aero⟩ *Anschwebelicht* n ‖ ~ *lock* ⟨rail⟩ *Anrücksperre* f ‖ ~ *march* ⟨mil⟩ *Marschordnung* f *vor Feindberührung* ‖ ~ *path* ⟨aero⟩ *Anflugkurs, –weg* m ‖ ~ *road einmündende Straße* f **~able** [~əbl] a *zugänglich, erreichbar*
approbate [ˈæprəbeit] vt *billigen, genehmigen, gutheißen* **–bation** [ˌæproˈbeiʃən] s *Billigung, Genehmigung* f ‖ *Zustimmung, Beifall* m ‖ *Bewährung* f (by ~) ‖ on ~ *zur Ansicht* **–batory** [ˈæprobeitəri] a *billigend, beistimmend*
appropriate [əˈproupriit] a (~ly adv) *eigen, zugehörig* (to); *angemessen, zweckmäßig, geeignet, passend* (to, for *zu, für*); *fachmännisch* **~ness** [~nis] s *Angemessenheit* f
appropriate [əˈprouprieit] vt *sich aneignen*; to ~ a th to o.s. *sich etw aneignen ‖ verwenden, bestimmen,* (*Gelder*) *bewilligen, anweisen* (to, for *zu, für*) **~d** [~id] a *zweckgebunden* **–ation** [əˌprouprimeiʃən] s *Aneignung, Besitznahme* f ‖ *Verwendung* f; *Bestimmung* f (*von Geldern für bestimmten Zweck*); *Bereitstellungsfond* m, *bewilligte Mittel* n pl; *Bewilligung* f **|** *Bewilligungs–* **–ative** [əˈprouprimtiv] a *geneigt od begierig sich anzueignen* **–ator** [əˈproupримeitə] s *e–r, der sich etw aneignet* ‖ ⟨ec⟩ *Pfründenbesitzer* m
approvable [əˈpruːvəbl] a *beifallswürdig; zu billigen*(*d*); *löblich* **–val** [əˈpruːvəl] s *Billigung* f; *Beifall* m (to meet with ~ *B. finden*); ⟨bes for⟩ *Abnahme* (*e–s Schlages*); to give ~ to *billigen* ‖ (*nachträgliche*) *Genehmigung* f (with the ~ of a p *mit G. jds*) ‖ *Verteidigung* f, *Lob* n (of a p *jds*) ‖ on ~ *auf Probe, zur Ansicht,* → inspection **–ve 1.** [əˈpruːv] vt/i *billigen, gutheißen;* (*Dissertation*) *annehmen ‖ bestätigen, anerkennen, empfehlen ‖ erweisen,* to ~ o.s. *sich e.* (a good lawyer *als guter Jurist*) **|** vi to ~ of *billigen, genehmigen, anerkennen; zustimmen,* to be ~d of *Anklang finden* (by a p *bei*) **2.** s ⟨jur⟩ *Kronzeuge* m (→ evidence)
approximate [əˈprɔksimit] a *annähernd, nahe; annähernd gleich* ‖ ⟨math⟩ *approximativ* **–ting** the economic policies *Annäherung* f *der Wirtschaftspolitik* **~ly** [~li] adv *ungefähr; etwa*
approximate [əˈprɔksimeit] vt/i *nahe bringen, nähern, ähnlich m* **|** vi *sich nähern, nahe k* (to a th *e–r S*) **–mation** [əˌprɔksiˈmeiʃən] s *Näherung, Annäherung* f (to *an*), *annähernde Gleichheit* f ‖ ⟨math⟩ *Näherungswert* m **–mative** [əˈprɔksimetiv] a *approximativ, annähernd*
appurtenance [əˈpɔːtinəns] s *Zubehör* m & n **–nant** [əˈpɔːtinənt] a *gehörend* (to *z*)
apricot [ˈeiprikət] s ⟨bot⟩ *Aprikose* f ‖ (a ~-tree) *Aprikosenbaum* m
April [ˈeiprəl] s *April* m; ~ *fish Aprilscherz* m; ~ *fool –narr,* to make an ~ *fool of a p jdn in den April schicken*; ~-*fool-day,* ~-*fool's day erster April* m
a priori [ˈeipraiˈɔːrai] adv & a (*vor Kant:*) *schließend von Ursache auf Wirkung; deduktiv* (*nach Kant:*) *unabhängig von aller Erfahrung* ⟨fam⟩ *mutmaßlich*
apron [ˈeiprən] s *Schürze* f, *Schurzfell* n ‖ (of a bishop) *Schurz* m ‖ (of a carriage) *Schutz–, Spritzleder* n, ⟨mot⟩ *Windschutz* m ‖ ⟨tech⟩ *Siebleder* n ‖ ⟨arch⟩ *Plankenrost* m ‖ (of a cannon) *Zündlochkappe* f ‖ (of a ship) *Binnenvorsteven* m ‖ *Tarnnetz* n ‖ (*Zement*)*Plattform* f; ⟨aero⟩ (*Hallen-*)*Vorfeld* n ‖ *Abstellplatz* m ‖ ⟨tech⟩ *Räder-, Schloßplatte* f **| ~ conveyor** ⟨tech⟩

Plattenband n ‖ ∼-stage ⟨theat⟩ *Plattformbühne* f, → platform ‖ ∼-strings pl *Schürzenbänder* n pl; ⟨fig⟩ to be tied to one's mother's ∼-strings *am Schürzenzipfel der Mutter hängen* (*ein Muttersöhnchen s*); *unter dem Pantoffel stehen, ein Pantoffelheld s*; [attr] ∼-string tenure ⟨jur⟩ *Frauenlehen* n

apropos ['æprəpou, æprə'pou] **1.** adv *beiläufig, nebenbei bemerkt*; ∼ of *in betreff, hinsichtlich*; *gelegentlich* [gen] **2.** pred a *angemessen, passend*

apse [æps] s ⟨arch⟩ *Apsis* f, *Chorhaupt* n

apsis ['æpsis] s L (pl apsides [æp'saidi:z]) ⟨astr⟩ *Apside* f (*Wendepunkt in der Bahn der Planeten*) **apsidal** ['æpsidl] a *die Apsis betr* ‖ ⟨astr⟩ *Apsiden-*

apt [æpt] a (∼ly adv) *geeignet, tauglich, angemessen* ‖ *gewandt, fähig, geschickt* (at *in*) ‖ ⟨fig⟩ *empfänglich*; *geneigt* (to do, to doing), to be ∼ to get angry *leicht in Wut geraten*, to be ∼ to be forgotten *leicht vergessen w* ‖ ⟨Am⟩ *wahrscheinlich* (I am ∼ to go *ich gehe w*.) **∼ness** ['∼nis] s *Angemessenheit* f, *Geeignetheit* f

apterous ['æptərəs] a ⟨zoo⟩ *flügellos*

apteryx ['æptəriks] s ⟨orn⟩ *Kiwi* m

aptitude ['æptitju:d] s *Angemessenheit* f ‖ *Neigung* f, *Hang* m (for) ‖ *natürliche Begabung, Befähigung, Eignung* (for *zu, für*) f; ∼-test, –sprüfung f

apus ['eipəs] s ⟨zoo⟩ *krebsartiger Kiefenfuß* m

aqua ['ækwə] s L ⟨chem⟩ *Wasser* n; ∼ fortis ['ækwə'fɔ:tis] ⟨chem⟩ *Scheidewasser* n ‖ ∼ regia ['ækwə'ri:dʒiə] *Königswasser* n ‖ ∼-vitae ['ækwə'vaiti:] s *Aquavit, Branntwein* m **∼belle** ['ækwə'bel] ⟨Am sl⟩ *Badeschönheit* f **∼cade** [ækwə'keid] s *Zug* m *v Booten* etc; *Schwimmfest* n; ⟨bes Am⟩ *Wasserschau*, –*nummer* f **∼lung** ['ækwə'lʌŋ] s (*a* ∼ device) *Taucher(sauerstoff)gerät* n **∼marine** [ækwəmə'ri:n] **1.** s ⟨minr⟩ *Aquamarin, Beryll* m **2.** a *blaugrün*

aquarelle [ækwə'rel] s *Aquarellmalerei* f, *Aquarell* n **–llist** [–'relist] s *Aquarellmaler(in* f) m

aquarium [ə'kwɛəriəm] s L *Aquarium* n

Aquarius [ə'kwɛəriəs] s L ⟨astr⟩ *Wassermann* m

aquatic [ə'kwætik] **1.** a *Wasser-* ‖ ∼-sports = ∼s, s **2.** s **∼s** pl *Wassersport* m **–tint** ['ækwətint] s *Aquatinta–, Tuschmanier* f ‖ *Aquatintaabdruck* m, *Tuschätzung* f, –*kupferstich* m

aqueduct ['ækwidʌkt] s *Wasserleitung* f ‖ ⟨anat⟩ *Kanal* m

aqueous ['eikwiəs] a *wässerig, wäßrig, wasserhaltig, Wasser-* ‖ ∼ humour ⟨med⟩ *wässerige Feuchtigkeit* f (*des Auges*) ‖ ∼ corrosion ⟨tech⟩ *Feuchtigkeitskorrosion* f

aquiculture ['ækwikʌltʃə] s = hydroponics

Aquilegia [ækwi'li:dʒiə] s ⟨bot⟩ *Akelei* f

aquiline ['ækwilain] a *den Adler betr, Adler–* ‖ *krumm, Adler–, Habichts–* (∼ nose)

Arab ['ærəb] s *Araber(in* f) m ‖ *Araber* m, *arabisches Pferd* n ‖ *street arab Straßenbengel* m **∼ian** [ə'reibjən] **1.** a *arabisch*; the ∼ Nights [pl] *Tausend und eine Nacht* ‖ ∼ bird *Phönix* m **2.** s *Araber* m | **∼ic** [∼ik] **1.** a *arabisch* ‖ ∼ numerals s pl *arabische Ziffern* f pl; gum ∼ *Gummiarabikum* n **2.** s *die arabische Sprache* f (in ∼)

arabesque [ærə'besk] **1.** a ⟨arts⟩ *arabisch, maurisch, arabesk* **2.** s *Arabeske* f **arabist** ['ærəbist] s *Arabist* m

arable ['ærəbl] **1.** a ⟨agr⟩ *pflügbar, anbaubar, kulturfähig* ‖ [pred] *unter dem Pflug* **2.** s *Ackerland* n

arachnid [ə'ræknid] s ⟨zoo⟩ *Spinnentier* n **–noid** [–nɔid] a *spinnenartig, spinnwebartig*

Aralac [ə'ræklæk] n (*Art* f) *Galalith* m

araucaria [ærɔ'kɛəriə] s ⟨bot⟩ *Araukarie, Anden–, Schuppentanne* f

arbiter ['ɑ:bitə] s L *Schiedsrichter* m ‖ *Gebieter, Herr* m ‖ ∼ elegantiarum [∼ eligænʃi-'eirəm] s *Autorität* f *in Geschmacksdingen* (*P*) **–trage** [ˌɑ:bi'trɑ:ʒ] s ⟨com⟩ *Arbitrage* f **–tral** ['ɑ:bitrəl] a *schiedsrichterlich* **–trament, –trement** [ɑ:'bitrəmənt] s *Schiedsspruch* m; *Entscheidung* f **–trariness** ['ɑ:bitrərinis] s *Willkür* f ‖ *Despotismus* m **–trary** ['ɑ:bitrəri] a (–rily adv) *vom Schiedsrichter abhängig* ‖ *willkürlich* ‖ *launenhaft* ‖ *eigenmächtig, unumschränkt*; *despotisch* **–trate** ['ɑ:bitreit] vt/i *durch Schiedsspruch schlichten* ‖ *entscheiden, festsetzen* | vi *als Schiedsrichter fungieren* **–tration** [ˌɑ:bi'treiʃən] s *schiedsrichterliches Verfahren* n; –*e Entscheidung* f; *Schlichtung* f, Court of ⅄ –*sausschuß* m ‖ to submit to ∼ *e–m Schiedsgericht unterwerfen* ‖ ⟨com⟩ ∼ of exchange *die Wechselarbitrage* f ‖ ∼ agreement *Schiedvertrag* m ‖ ⟨Am⟩ ∼ board *das Schlichtungsamt* n ‖ ∼ clause *Schiedsklausel* f **–rator** ['ɑ:bitreitə] s ∼ *Schiedsrichter* m

arbor s **1.** ['ɑ:bə:] L ⅄ Day ⟨Am⟩ *Baumpflanzungstag, Tag* m *des Baumes* (10. 4., *seit* 1872) **2.** ['ɑ:bə] ⟨mech⟩ *Drehbaum* m, *Spindel, Achse*; *Welle* f ‖ ⟨tech⟩ *Aufspann–, Aufsteckdorn* m **∼aceous** [ˌɑ:bo'reiʃəs], **∼eous** [ɑ:'bɔ:riəs] a *baumartig, Baum–*; *bewaldet* **∼ceal** [ɑ:'bɔ:riəl] a *Baum-* ‖ *auf Bäumen lebend* **∼escent** [ˌɑ:bo'resnt] a *baumartig* (*verzweigt*) **∼iculture** ['ɑ:borikʌltʃə] s *Baumzucht* f **∼iculturist** [–'tʃərist] s –*züchter, –kenner* m **∼ization** [ˌɑ:borai'zeiʃən] s ⟨anat & chem⟩ *baumförmige Bildung* or *Gestaltung* f

arbour (⟨Am⟩ arbor) ['ɑ:bə] s *Laube* f

arbutus [ɑ:'bju:təs] s L ⟨bot *bes*⟩ *Erdbeerbaum* m

arc [ɑ:k] s ⟨geom etc⟩ *Bogen* m ⟨*a* fig⟩, to describe an ∼ *e–n Kreisbogen schlagen* ‖ *Bogen, Lichtbogen* m; ‖ ∼ ignition *Lichtbogenzündung* f ‖ ∼-lamp, ∼-light ⟨el⟩ *Bogenlampe* f, *Bogenlicht* n ‖ ∼ minute *Bogenminute* f ‖ ∼ welding *Lichtbogenschweißung* f

arcade [ɑ:'keid] s *Arkade* f, *Gewölbe* n ‖ *Bogengang* m | *Passage* f, *Durchgang* m ‖ *dead* ∼ *Blendbogen* m ‖ blind ∼s [pl] *Blendarkaden* pl ‖ intersecting ∼s *Kreuzungsbögen* m pl **–ding** [∼iŋ] s *Bogenreihe* f

Arcadia [ɑ:'keidiə] s *Arkadien* n, *a* fig ‖ **∼n** [∼n] **1.** a *arkadisch*; *idyllisch* **2.** s *Arkadier* m

arcanum [ɑ:'keinəm] s L [*mst* pl –na] *Geheimnis* n

arcature ['ɑ:kətʃə] s *Arkade* f; dead ∼, blank ∼ *Blendarkade* f

arch [ɑ:tʃ] **1.** s ⟨arch⟩ *Bogen* m, (triumphal ∼ *Triumph–*); *Schwib– Gewölbe* m; *Joch* n ‖ (*Brücken-*)*Bogen* ‖ baskethandle ∼, elliptic ∼, flat ∼ *Korbbogen, gedrückter B.*; discharging ∼, relieving ∼ *Entlastungs–, Übergangsb.*; equilateral ∼ *gleichseitiger Spitzb.*; four-centered ∼, ogee ∼, Tudor ∼ *Eselsrücken* m, *Kiel–, Wellen–, Tudorbogen*; horseshoe ∼, stilted ∼ *Hufeisen–, überhöhter B.*; round-headed ∼, semicircular ∼ *Rund–*; transverse ∼ *Gurt–*; ∼ with joggled joints *Hakensteinbogen* ‖ Court of ⅄es *klerikaler Berufungsgerichtshof* f *den Bezirk* Canterbury (*urspr in der church of* St. Mary-le-Bow *od* "of the ⅄es" *abgehalten*) | ∼ abutment *Bogenwiderlager* n (*e–r Brücke*) ‖ ∼ file ⟨m.m.⟩ *Leitzordner* m ‖ ∼-stone ⟨arch⟩ *Wölb–, Schlußstein* m **2.** vt/i *bogenförmig m, wölben*; ∼ed ⟨arch⟩ *rundbogig*; to ∼ one's back *e–n Buckel m* | vi *sich wölben* ⟨*a* fig⟩ ‖ to ∼ over *überwölben*

arch [ɑ:tʃ] a (∼ly adv) *hauptsächlich, erste(r)* ‖ *schlau, durchtrieben* ‖ *schalkhaft, schelmisch*

arch– [*betontes* pref] *Haupt–, Erz–* (∼bishop, ∼diocese, –duke) ‖ *führend*; *schlimmst, Erz–* (∼-rouge, ∼-liar) ‖ *Ur–* (∼-founder)

archæan [ɑːˈkiːən] a ⟨geol⟩ *azoisch, archäisch*
archæological [ˌɑːkiəˈlɒdʒikel] a (~ly adv) *archäologisch, Altertums- –logist* [ˌɑːkiˈɒlədʒist] s *Archäolog, Altertumsforscher* m **–logy** [–dʒi] s *Archäologie, Altertumswissenschaft* f
archaic [ɑːˈkeiik] a (~ally adv) *altertümlich, veraltet, altmodisch* **–aism** [ˈɑːkeiizm] s *Archaismus, veralteter Ausdruck* m **–aize** [ˈɑːkeiaiz] vt/i *archaisieren*
archangel [ˈɑːkˌeindʒəl] s *Erzengel* m
archbishop [ˈɑːtʃˈbiʃəp] s *Erzbischof* m (*Anschrift*: The Most Rev. His Grace the Lord Archbishop of; *Anrede*: My Lord Archbishop *od* Your Grace) **~ric** [ɑːtʃˈbiʃəprik] s *Erzbistum* n ‖ *Würde* (f) *e–s Erzbischofs*
archdeacon [ˈɑːtʃˈdiːkən] s *Archidiakonus* m **~ry** [ɑːtʃˈdiːkənri] s *Archidiakonat* n
archducal [ɑːtʃˈdiuːkəl] a ⟨a engl⟩ *erzherzoglich* **–duchess** [ˈɑːtʃˈdʌtʃis] s *Erzherzogin* f ‖ **–duchy** [ˈɑːtʃˈdʌtʃi] s *Erzherzogtum* n **–duke** [ˈɑːtʃˈdjuːk] s ⟨a engl⟩ *Erzherzog* m (*habsburgischer Prinz*)
archeology [ˌɑːkiˈɒlədʒi] s ⟨Am⟩ → archæology
archer [ˈɑːtʃə] s *Bogenschütze, Bogner* m ‖ ⟨astr⟩ the ♐ *der Schütze* | **~y** [~ri] s *Bogenschießen* n ‖ *Waffen e–s B.* pl ‖ [koll] *die Bogenschützen* pl, *Schützenkorps* n, *–gilde* f ‖ ~ window ⟨fort⟩ *Schießscharte* f
archetype [ˈɑːkitaip] s *Urbild, Original, Vorbild* n
arch-fiend [ˈɑːtʃˈfiːnd] s *Satan, Erzfeind* m
archidiaconal [ˌɑːkidaiˈækənl] a *archidiakonisch*
archie [ˈɑːtʃi] s ⟨mil sl⟩ = anti-aircraft gun
archiepiscopal [ˌɑːkiiˈpiskəpəl] a *erzbischöflich*
archimandrite [ˌɑːkiˈmændrait] s *Archimandrit, (griechischer) Abt* m
archipelago [ˌɑːkiˈpeligou] s [pl ~s] *Archipel* m ‖ *Inselmeer* n; *Inselgruppe* f ‖ the ♉ *Ägäisches Meer* n
architect [ˈɑːkitekt] s *Architekt, Baumeister* m ‖ ⟨fig⟩ *Schöpfer, Urheber* m ‖ the ~ of one's own fortune *des eigenen Glückes Schmied* m **~onic** [ˌɑːkitekˈtɒnik] a *architektonisch* **~onics** [–ks] s pl *Architektonik* f, *Lehre* f *v der Baukunst* **~ural** [ˌɑːkiˈtektʃərəl] a *Architektur–, Bau–* (~ task) **~ure** [ˈɑːkitektʃə] s *Architektur, Baukunst* ‖ *Bau* m ⟨a fig⟩ *Bauart* f, *Baustil* m ‖ school, college of ~ *Bauschule, –akademie* f
architrave [ˈɑːkitreiv] s ⟨arch⟩ *Architrav* m
archival [ɑːˈkaivəl] a *archivalisch, archiv-* **–ive** [ˈɑːkaiv] s *mst* pl ~s *Archiv* n, *Urkundensammlung* f ‖ *Archiv* n (*Gebäude*) **–ivist** [ˈɑːkivist] s *Archivar* m
archivolt [ˈɑːkivɒlt] s ⟨arch⟩ *Archivolte, Bogeneinfassung* f
archness [ˈɑːtʃnis] s *Schlauheit* f ‖ *Schalkhaftigkeit* f
archon [ˈɑːkən] s ⟨ant⟩ *Archont* m
archpriest [ˈɑːtʃˈpriːst] s ⟨hist⟩ *Erzpriester* m
archway [ˈɑːtʃwei] s ⟨arch⟩ *Bogengang* m; *Bogen* m (*über Tür*); *Bogenstellung* f
arctic [ˈɑːktik] **1.** a *arktisch, nördlich, Polar–* ‖ the ♋ Circle *der Nördliche Polarkreis* m ‖ ~ fox ⟨zoo⟩ *Polarfuchs* m ‖ the ♋ Ocean *Nördliches Eismeer* **2.** [s] ~s [pl] ⟨Am⟩ *gefütterte Überschuhe* m pl
Arcturus [ɑːkˈtjuərəs] s L ⟨astr⟩ *Arktur(us)* m
arcuate [ˈɑːkjuit], **~d** [ˈɑːkjueitid] a *gebogen, bogenförmig* **–ation** [ˌɑːkjuˈeiʃən] s *Krümmung, Biegung* f ‖ *Bogenbau* m
ardency [ˈɑːdənsi] s *Hitze, Glut* f ‖ *Inbrunst* f
ardent [ˈɑːdənt] a (~ly adv) *heiß, glühend*; ~ spirits [pl] *geistige Getränke* n pl ‖ *feurig, innig, inbrünstig* ‖ ⟨fig⟩ *eifrig* (for); to be ~ for *von Feuer erfüllt s* f **ardour** (Am ardor) [ˈɑːdə] s

Hitze, Glut f ‖ *Heftigkeit, Inbrunst* f ‖ *Eifer* (for) m **arduous** [ˈɑːdjuəs] a (~ly adv) † *steil, jäh* ‖ ⟨fig⟩ *schwierig, mühsam zu tun* ‖ *emsig, tätig, ausdauernd, zäh* **~ness** [~nis] s ⟨fig⟩ *Schwierigkeit* f
are [ɑː] s *Ar* n (= 100 qm = 119,6 *Quadr. yards*)
are [ɑː; wf ɑ, ə] → to be
area [ˈɛəriə] s [pl ~s] *Fläche* f, *Raum* m; *freier Platz* m ‖ *eingeschlossener Raum* m; *Souterrainvorhof* m; ~ bell *Glocke* f *für die Dienstboten* ‖ *Flächeninhalt, Flächenraum* m, *Gebiet* n, *Zone* f ‖ ⟨fig⟩ *Bereich* m; *Fach(gebiet* n) n; *Spielraum* m | ⟨mil⟩ ~ in defilade *nicht eingesehener Raum* m; ~ of operations *Operationsgebiet* n ‖ army ~ ⟨tact⟩ *Armeegebiet* n; assembly ~ ⟨tact⟩ *Aufmarschgebiet* n ‖ ⟨aero⟩ bearing ~ *tragende Fläche* f ‖ built-up ~ *bebautes Gebiet* n, *geschlossene Ortschaft* f ‖ ⟨mil⟩ concentration ~ ⟨tact⟩ *Aufmarschgebiet* n; forward ~ ⟨tact⟩ *Kampfraum* ‖ restricted ~ *Bannmeile* f ‖ ~ sown, ~ planted ⟨agr⟩ *Anbaufläche* f ‖ [attr] **~bombing** *Bombenflächenwurf, Flächenbomben-(ab)wurf* m ‖ ~ command ⟨Am⟩ *Militärbereich* m ‖ ~ control centre *Flugsicherungs-Bezirkskontrollstelle* f ‖ ~ fire *Flächen–, Streufeuer* n ‖ ~ planning ⟨geopol⟩ *Raumplanung* f ‖ ~ research ⟨geog⟩ *Raumforschung* f ‖ ~ target *Flächenziel* n | **~l** [~l] a *Flächeninhalts–*
arena [əˈriːnə] s L [pl ~s] *Arena* f, (*Zirkus-) Manege* f, *Kampfplatz* m ⟨a fig⟩; ⟨sport⟩ *Kampfbahn* f **~ceous** [ˌæriˈneiʃəs] a *sandig*
areola [əˈriːələ] s L (pl –ae [–iː]) *sehr kl Fläche* f ‖ ⟨anat⟩ *Brustwarzenring* m ‖ ⟨bot⟩ *Zelle, Areole* f ‖ **~r** [~] a *zellig, netzförmig* ‖ ~ tissue ⟨anat⟩ *Zellengewebe* n
areometer [ˌæriˈɒmitə] s *Aräometer* n, *Senkwaage* f
arête [æˈreit] s Fr *scharfer (Berg-)Kamm* m
argali [ɑːˈɡɑːli] s ⟨zoo⟩ *Argali* n
argent [ˈɑːdʒənt] **1.** s *Silberfarbe* f **2.** a *silberfarben*; *glänzend* **~al** [ɑːˈdʒentl] a; ~ mercury *Silberamalgam* n **~iferous** [ˌɑːdʒənˈtifərəs] a *silberhaltig* **–ine** [~ain] **1.** a *silberartig; silbern* **2.** s *imitiertes Silber, Neusilber* n
Argentine [ˈɑːdʒəntain] a *argentinisch*, the ~ Republic *od* the ~s *die A–e Republik, Argentinien*
argil [ˈɑːdʒil] s *Ton* m, *Töpfererde* f **~laceous** [ˌɑːdʒiˈleiʃəs] a *tonartig, tonig* **~liferous** [ˌɑːdʒiˈlifərəs] a *tonhaltig, Ton–*
argon [ˈɑːɡən] s ⟨chem⟩ *Argon* n
Argonaut [ˈɑːɡənɔːt] s *Argonaut* m; ⟨Am⟩ *kaliforn. Goldsucher* m ‖ ⟨zoo⟩ *Papiernautilus* m
argosy [ˈɑːɡəsi] s *gr Handelsschiff* n
argot [ˈɑːɡou] s Fr *Jargon, Slang* m
arguable [ˈɑːɡjuəbl] a *bestreitbar; diskutierbar* **argue** [ˈɑːɡjuː] vt/i ‖ *beweisen, erweisen* (a th *etw*; a p a rogue *od* to be a rogue *jdn als Schurken*; that); *deuten auf, verraten* ‖ *erörtern, diskutieren* (to ~ away *weg*–) ‖ *überreden*; to ~ a p into a th *jdn zu etw überreden*; .. out of a th *jdn v etw abbringen* | vi *schließen, folgern* (from .. to) ‖ *Einwendungen* m (against *gegen*); *disputieren, streiten* (about *über*, for a th *für*; against, with a p *gegen, mit*), to ~ with a p *jdn überzeugen wollen*; °*kabbeln* (*Händel suchen*), [im pl] *sich kabbeln*
argument [ˈɑːɡjumənt] s *Argument* n, *Beweis* m (a lame, weak-kneed ~ *auf schwachen Füßen stehender B.*); *Beweisgrund* m (for; against); a strong ~ *ein wichtiges Argument*; to clinch an ~ *zwingende Beweisgründe anführen* ‖ *Beweisführung, Schlußfolgerung* f ‖ *Streitfrage* f; *Verhandlung, Erörterung* f (on *über*), to hold an ~ *diskutieren* ‖ *Hauptinhalt* m; *Thema* n, *Gegenstand* m **~ation** [ˌɑːɡjumenˈteiʃən] s *Beweisführung, Schlußfolgerung* f; *Erörterung* f **~ative**

[ˌɑːgjuˈmentətiv] a (~ly adv) *logisch* ‖ *streitsüchtig* ~**ativeness** [~nis] s *Streitlust* f

Argus [ˈɑːgəs] s ⟨fig⟩ *Argus, wachsamer Hüter* m ‖ ~-**eyed** a *argusäugig, wachsam, scharfsichtig*

Argyle [ˈɑːgail] s (*ein*) *rautenförmiges Strick–, Webmuster* n ‖ *Socke* f *mit Argyle-Muster*

arhyzotonic [ˈæraizəˈtɔnik] a ⟨phon⟩ *nicht wurzelbetont*

aria [ˈɑːriə] s ⟨mus⟩ *Arie* f

arid [ˈærid] a (~ly adv) *trocken, dürr*; *unfruchtbar* ‖ ⟨fig⟩ *trocken, schal, reizlos* ~**ity** [æˈriditi] s *Trockenheit*; *Unfruchtbarkeit* f ‖ ⟨fig⟩ *Schalheit, Reizlosigkeit, Trockenheit* f

ariel [ˈɛəriəl] s *arabische Gazelle* f

Aries [ˈɛəriːz] s ⟨astr⟩ *Widder* m

aright [əˈrait] adv *recht, richtig*

arise [əˈraiz] vi [arose; arisen] † *aufstehen* ‖ ⟨fig⟩ *sich erheben, entstehen*; *erscheinen*; *akut w*; (*of sound*) *hörbar w* ‖ *entspringen, hervorgehen, –k* (*from, out of aus*) ‖ → *question* s

aristocracy [ˌærisˈtɔkrəsi] s *Aristokratie* f ‖ *Adelsherrschaft* f ‖ [koll] *der Adel* ‖ ⟨fig⟩ *Elite* f

aristocrat [ˈæristəkræt] s *Aristokrat(in* f) m, *Adlige(r* m) f; ⟨a übtr⟩ ~**ism** [ˌærisˈtɔkrətizm] s *aristokratische Grundsätze* pl

aristocratic [ˌæristəˈkrætik], * ~**al** [~əl] a (~ly adv) *aristokratisch*; *adlig*; *vornehm*

Aristotelian [ˌæristəˈtiːljən] **1.** a *aristotelisch* **2.** s *Aristotelesforscher* m

arithmetic [əˈriθmətik] s *Arithmetik* ‖ *Rechenkunst* f, *Rechnen* n (*mental ~ Kopf–*) ~**al** [ˌæriθˈmetikəl] a (–cally adv) *arithmetisch* ~**ian** [əˌriθməˈtiʃən] s *Arithmetiker, Rechner* m

ark [ɑːk] s *Kasten* m, *Lade* f ~ ⟨~⟩ *of the Covenant* ⟨bib⟩ *Bundeslade* f ‖ *Arche Noah* f; (*Noah's ~ ein Kinderspielzeug*) ‖ ⟨fig⟩ *Zufluchtsort* m

Arkic [ˈɑːki] s ⟨Am fam⟩ *wandernder Landarbeiter* m *aus Arkansas*

arm [ɑːm] s *Arm* m (*fore-*~ *Vorderarm*); ~-pit *Achselhöhle* f ‖ *Ärmel* m (~ *hole –loch* n) ‖ *Armlehne* f ‖ ⟨übtr⟩ *gr Ast, Zweig* m ‖ (*Meeres-*)*Arm* m ‖ (*Fluß-*)*Arm* m ‖ *Hebelarm* m; *Schenkel* m (*e–r Lehre*); *Ausleger* m (*e–s Kranes*); ⟨ec arch⟩ ~ *of transept Querschiffarm* m ‖ ⟨fig⟩ *Macht, Stärke; Stütze* f ‖ ⟨übtr⟩ ⟨Am com & pol⟩ *Zweig* m ‖ *at* ~'s *length auf Armlänge*; → *u* ‖ *child in* ~s *kl Kind, Tragkind* n ‖ *my wife on my* ~ *m–e Frau am Arm* ‖ ~ *in* ~ *Arm in Arm* (*with*) ‖ *to fly into a p's* ~s *jdn in die Arme stürzen* ‖ *with open* ~s *mit offenen Armen* ‖ *within* ~'s *reach im Machtbereich, in der Nähe* ‖ *to fold one's* ~s *die Arme kreuzen* ‖ *to give one's* ~ *den Arm geben* (*to a p*) ‖ *to hold out one's* ~s *to a p jdm die Arme öffnen, entgegenstrecken* ‖ *to keep a p at* ~'s *length sich jdn vom Leibe halten* ‖ *to take a p in one's* ~s *jdn in die Arme schließen* ‖ (*all*) ~s *and legs* (= *without body*) (*Bier*) „*Eulenschiffe*" f, „*Dividendenjauche*" f ‖ ~-*badge Armbinde* f ~**ed** [~d] a [in comp] -*armig* (*long-*~)

arm [ɑːm] s **1.** *mst* pl ~s *die Waffen* f pl; *defensive and offensive* ~s *Schutz- u Trutzwaffen*; *fire-*~ *Feuerwaffen* pl; *side-*~ *Seitengewehr* n; *blanke Waffe*; *small* ~s *Handfeuerwaffen, leichte Infanterie–, Kleinkaliber–*; *small* ~s *fire Kleinwaffenfeuer* n; → *passage* s, *stand* s ‖ ⟨her⟩ *Wappen* n; → *coat, sergeant; King-of* (*od at*)-*Arms erster Herold* m **2.** *Waffe, Truppen–, Waffengattung* f (*the naval* ~) **3.** *man at* ~s *Soldat* m ‖ *in* ~s *bewaffnet; up in* ~s *unter Waffen* ⟨fig⟩ *in vollem Aufruhr; to be up in* ~s *in Harnisch geraten* ‖ *under* ~s *unter Waffen, in Schlachtordnung* ‖ *by force of* ~s *mit Waffengewalt* ‖ (*stand*) *to your* ~s! *an die Gewehre!* ‖ *to bear, carry* ~s *Waffen führen; capable of*

bearing ~s *waffenfähig* ‖ *to call to* ~s *zu den W. rufen* ‖ *to lay down one's* ~s *die W. niederlegen* ‖ *to rise in* ~s *die W. ergreifen, sich erheben* ‖ *to take up* ~s *zu den W. greifen* ‖ *ground* ~! ⟨mil⟩ *Gewehr nieder!; order* ~s! ⟨mil⟩ *G. ab!; present* ~s! ⟨mil⟩ *präsentiert das G.!; shoulder* ~s! (*in Schützenregimentern*) *G. an Schulter!; slope* ~s! ⟨mil⟩ *das G. über!* **4.** [attr] ~-**chest** ⟨mar⟩ *Waffenkiste* f ‖ ~-**rack** ⟨mil⟩ *Gewehrgestell* n ‖ ~-s-race *Wettrüsten* n

arm [ɑːm] vt/i ‖ *bewaffnen* (*to the teeth bis an die Zähne*) ‖ *armieren, befestigen* ‖ *ausrüsten, versehen*; ~ed *at all points für alles gerüstet* ‖ (*etw*) *mit schützender Decke versehen* ‖ *to* ~ *a magnet* ⟨phys⟩ *e–n Magnet armieren* ‖ *to* ~ *o.s. sich bewaffnen, sich wappnen* (*Zünder*) *schärfen* | vi *sich bewaffnen, sich rüsten*

armada [ɑːˈmɑːdə] s *Kriegsflotte* f ‖ *the* ~ ⟨hist⟩ *die Armada* f (*1588*)

armadillo [ˌɑːməˈdilou] s ⟨zoo⟩ *Armadill, Gürteltier* n

Armageddon [ˌɑːməˈgedn] s ⟨bib⟩ *Tag* m *des letzten großen Kampfes* (*zwischen Gut u Böse*), *der letzten Entscheidung* ‖ ⟨fig⟩ *der 1.* or *2. Weltkrieg* m

armament [ˈɑːməmənt] s *Kriegsmacht, bes Seemacht* f ‖ *Schiffsgeschütze* n pl ‖ *Kriegs-*(*aus*)*rüstung*, ⟨artill⟩ *Bestückung* f

armature [ˈɑːmətjuə, –tʃuə] s *Rüstung, Bewaffnung* f ‖ ⟨zoo bot⟩ (*Schutz-*) *Ausrüstung* f, *Schutzmittel* n ‖ ~ *of a magnet* ⟨phys⟩ *Anker* m, *Armatur* f *e–s Magneten* ‖ ⟨el & mech⟩ *Anker* m *e–s Motors usw.*

armchair [ˈɑːmˈtʃɛə] s *Armstuhl, Lehnsessel* m ‖ ⟨fig⟩ [attr] *Bierbank-, Stammtisch-, Salon-* (~ *politician*) ‖ ~ *pilot* ⟨sl⟩ °*Schreibtischflieger* m

Armenian [ɑːˈmiːnjən] **1.** a *armenisch* **2.** s *Armenier(in* f) m; *das Armenische* n

armful [ˈɑːmful] s *Armvoll* m (*an* ~ *of straw ein A. Stroh*)

armillary [ˈɑːmiləri, ɑːˈmi–] a *ringförmig*; *Ring-, Reifen-* ‖ ~ *sphere Himmelsringglobus* m, *Armillarsphäre* f (*z Ablesen v Sternstellungen*)

arming [ˈɑːmiŋ] s *Bewaffnung* f ‖ ~-press ⟨tech⟩ *Buchdeckelpresse* f

armistice [ˈɑːmistis] s *Waffenstillstand* m ⟨a fig⟩ *Armistice Day Jahrestag des Waffenstillstandes* (*11. Nov. 1918*)

armless [ˈɑːmlis] a *armlos*

armless [ˈɑːmlis] a *waffenlos*

armlet [ˈɑːmlit] s *Armband* n; –*binde* f ‖ *kl Flußarm* m

armoraider [ˈɑːməˌreidə] s ⟨Am mil⟩ *Panzerschütze* m

armorial [ɑːˈmɔːriəl] **1.** a *Wappen-, heraldisch* ‖ ~-bearings [s pl] *Wappenschild* m **2.** s *Wappenbuch* n

armory [ˈɑːməri] s *Heraldik* f ‖ ⟨Am⟩ *Exerzierhalle* f; *Standorts-Kasino der* National Guard

armour (⟨Am⟩ –or) [ˈɑːmə] **1.** s *Rüstung* f, *Harnisch, Panzer* m ‖ ⟨anat zoo⟩ *Schutzdecke* f; –*mittel* n ‖ ⟨mar⟩ *Panzerung* f ‖ *Taucheranzug* m | [koll] *Panzer* m pl; *Panzerwaffe, –truppe* f | *chain-*~ *Kettenpanzer* m ‖ *suit of* ~ *Rüstung* f ‖ *to buckle on one's* ~ *die R. anlegen* ‖ *to case in* ~ ⟨mar⟩ *panzern* | ~-**bearer** *Waffenträger, Schildknappe* m ‖ ~ *bullet Stahlkerngeschoß* n; ~-**clad**, ~-**plated** ⟨mar⟩ *gepanzert, Panzer-* ‖ ~-**piercing** *panzerbrechend*; ~-piercing bomb *Panzerbombe* f; ~-piercing bullet *Stahlkerngeschoß* n; ~-piercing head *Panzerkopf* m; ‖ ~-**plate** –*platte* f ‖ ~ *plating Panzerplatten* pl **2.** vt *bewaffnen* ‖ *panzern*; *bewehren, armieren* ‖ ~**ed** [~d] a *gerüstet* ‖ ⟨mar⟩ *gepanzert, Panzer-*| *mit Panzern ausgestattet*; *v P. geschützt*; ⟨el⟩ *bewehrt, armiert* (*cable*); ~ *car* ⟨mot⟩ *Panzerwagen* m; ~ *command car —*

befehlsfahrzeug n; ~ cruiser ⟨mar⟩ *–kreuzer* m; ~ fighting vehicle (*Panzer-*)*Kampfwagen* m; ~ force *Panzerverband* m; ~ forces [pl] *Panzertruppe*; *-waffe* f; ~ glass *Drahtglas* n; ~ infantry *Panzergrenadiere* m pl; ~ patrol car, ~ reconnaissance car, ~ scout car *Panzerspähwagen* m; ⚔ Register ⟨Am⟩ *Rangliste* f; ~ train ⟨mil⟩ *Panzerzug* m; ~ turret *–drehturm* m; ⚔ Welfare Services [pl] *Truppenbetreuung* f

armourer (⟨Am⟩ *–mor–*) ['ɑ:mərə] s ⟨hist⟩ *Waffenschmied, Plattner* m || *Büchsenmacher*; ⟨mar & mil⟩ *Maschinenwaffenoffizier* m

armoury (⟨Am⟩ armory) ['ɑ:məri] s *Rüstkammer* f ⟨a fig⟩ *Zeughaus, Arsenal* n | ⟨Am⟩ *Waffenfabrik* f || *Turn–, Sporthalle* f

army ['ɑ:mi] s ⟨mil⟩ *Heer* n, *Armee* f || the ~ *der Militärdienst* m || ⟨fig⟩ *Heer* n, *Schwarm* m || *militärisch organisierte Körperschaft* f (Salvation ⚔) | *besieging* ~ *Belagerungs–*; *relieving* ~ *Entsatzheer* n || standing *od* regular ~ *stehendes H.* || to go into the ~, to enter the ~ *ins H. eintreten* (*um Offizier zu w*); to join the ~ *Soldat w* | [attr] *Feld–*; *Heeres–*; ~ contractor, ~ broker *–lieferant* m; ~ book *Nachweis(buch* n) m, *Inspektionsnachweis* m; ~ boot *Kommißstiefel* m; ~ bread *Kommißbrot* n; ~ cloth *Militärtuch* n; ~ chaplain *Militärseelsorger* m; ~ control facilities [pl] ⟨Am med⟩ *Sanierungsstelle* f; ~*-corps* ⟨mil⟩ *Armeekorps* n; ⚔ Service Corps *Train* m; ⚔ Establishment ⟨Am⟩ *Heer* n *mit Zivilangestellten*; ~ groups ⟨tact⟩ *Heeresgruppe* f; ~ headquarters *Armee-Hauptquartier, –Oberkommando* n; ⚔ High Command *Oberkommando* n *des Heeres*; ~ manual *Heeresdruckvorschrift* f; ~ list ⟨mil⟩ *Rangliste* f || ~ of occupation *Besatzungsheer* n; ~ post *Garnison* f; ~ post office *Feldpostamt* n || ~*-worm* ⟨ent⟩ *Heerwurm* m

arnica ['ɑ:nikə] s ⟨bot & med⟩ *Arnika* f

ar'n't, arnt [ɑ:nt] ⟨fam⟩ = are not

aroma [ə'roumə] s L *Aroma* n, *Duft* m, *Würze* f; (of wine) *Blume* f, *Bukett* n | full-aromaed [a] *vollmundig*, ~**tic** [æro'mætik] a *aromatisch, würzig, duftig*; ~ fuel *Kraftstoff* m *mit aromatischen Ölen*

arose [ə'rouz] pret *v* to arise

around [ə'raund] **1.** adv *rund–, ringsherum* || ⟨Am⟩ *umher*; *in der Nähe*; *hier u da*; *ungefähr* (~ 20) || all ~ *ringsherum, rundum* || to come ~ to a p's view *sich schließlich doch jds Ansicht anschließen* || ⟨Am⟩ ~ and about *überall* || to get ~ *viel reisen*; *bekanntwerden*; *sich entschließen* || to have been ~ ⟨fam⟩ *allerhand erlebt h* **2.** prep *um* [acc] *her(um)*; look ~ you *schau dich um* || to sit ~ the camp-fire *um* [acc] *herumsitzen* || all ~ the town *in der* [dat] *ganzen Stadt herum* | ~ the clock *Tag u Nacht* || ~*-the-clock* [attr] *Dauer–* (operation ⟨telph, etc⟩ *–besetzung* f)

arouse [ə'rauz] vt (*auf*)*wecken*; ⟨fig⟩ *erwecken*; *erregen*; *aufrütteln*

arquebus ['ɑ:kwibəs] s = harquebus.

arrack ['ærək] s *Arrak* m

arraign [ə'rein] vt ⟨jur⟩ *vor Gericht stellen* || *anklagen* | *beschuldigen* | ⟨fig⟩ *anfechten* ~**er** [~ə] s *Ankläger* m ~**ment** [~mənt] s *Anklage, Beschuldigung* f

arrange [ə'reindʒ] vt/i || *arrangieren, ordnen*, (*etw*) *in Ordnung bringen* (for a p *jdm*) || *veranstalten* || *anordnen* || *etw abmachen, vereinbaren* (as ~d); as ~d ⟨a⟩ *wie vorgesehen* || (*Zeit*) *festsetzen, verabreden* || (*Sache*) *erledigen*; (*Streit*) *schlichten, beilegen* || ⟨mus & Lit⟩ *bearbeiten* (for) || (*etw*) °*zurecht frisieren*, – *m* | vi *ins Reine k, sich verständigen* (with a p about a th *mit jdm über etw*); *Vorkehrungen treffen* (for *für*; to do); I will ~ for the servant to be there *ich will dafür sorgen, daß der Diener dort ist*; to

~ about, for a th *etw arrangieren, in Aussicht nehmen* ~**ment** [~mənt] s *Ordnung* f || *Anordnung, Einteilung, Einrichtung*; *Verteilung* f; ⟨arch⟩ *Gliederung* f || ~s [pl] *Vorbereitungen, Vorkehrungen* f pl; to make ~s V. *treffen* | *Verabredung, Übereinkunft* f; *Erledigung* f; *Abkommen, Übereinkommen* n, *Vergleich* m, *Beilegung* f; to come to an ~ *zu e–m Vergleich k, sich vergleichen*; to make an ~, to enter into an ~ *with ein Übereinkommen treffen mit* || ⟨mus & Lit⟩ *Bearbeitung* f | ~**r** [~ə] s *Anordner*; *Bearbeiter* m

arrant ['ærənt] a (~ly adv) *abgefeimt, durchtrieben, Erz–* (an ~ rogue); *notorisch, bar, rein, absolut* (~ nonsense)

arras ['ærəs] s *gewirkter Teppich* m, *gewirkte Tapete* f *aus Arras* || *forest-scenery* ~ *Laubwerk-Wandteppich*

array [ə'rei] **1.** vt *ordnen* || (*Truppen*) *aufstellen*; to ~ a panel *die Geschworenen ernennen* || ⟨fig⟩ *kleiden* (in *in*, mit); to ~ o.s. *sich kleiden, sich putzen* || *schmücken* **2.** s *Schlachtordnung* f (in battle ~ *in Schlachtordnung*) || *Schar, Truppenmacht* f (*in Reih u Glied*); *Mannschaften* f pl | *Ordnung* f || *imponierende, stattliche Reihe* f; *Menge* f, *Aufgebot* n (of *von*) || ⟨jur⟩ *Einsetzung* f *einer Jury*; *Geschworenenliste* f; *die Geschworenen* m pl || *Tracht, Kleidung* f

arrear [ə'riə] s *Rückstand* m || ~s [pl] *rückständige Summe* f, *Rückstände* pl; ~s in (*od* of) rent, rent ~s *rückständige Miete* f; ~s of interest *rückständige Zinsen* pl; interest on ~s *Verzugszinsen* pl | to be in ~(s) for *od* in ~(s) *with mit etw im Rückstand s*

arrest [ə'rest] vt ⟨jur⟩ (*etw*) *anhalten, auf–, zurückhalten, hemmen*; to ~ judgment *das Verfahren aussetzen*; to be ~ed *stillstehen* || ⟨fig⟩ (*Aufmerksamkeit*) *fesseln* | ⟨jur⟩ (*jdn*) *verhaften*; (*etw*) *mit Beschlag belegen* ~**ing** [~iŋ] a ⟨fig⟩ *fesselnd, interessant* ~**ive** [~iv] a *fesselnd* ~**ment** [~mənt] s *Hemmung* f || ⟨jur Scot⟩ *Verhaftung* f

arrest [ə'rest] s *Aufhalten* n; *Hemmung* f || *Stockung* f; ~ of judgment ⟨jur⟩ *Urteilssistierung* f; *Unterbrechung* f *des Verfahrens* || ⟨jur⟩ *Verhaftung* f || *Beschlagnahme* f || *Arrest* m, *Haft* f | ~ in quarters, close ~ ⟨mil⟩ *Stuben–*; open ~ ⟨mil⟩ *Garnisonarrest* m || ~ pending trial *Untersuchungshaft* || under ~ *in Gewahrsam, Haft*; in Beschlag | ~**er** [~ə] *Blitzableiter* m || ⟨el⟩ *Rauchreiniger, Rußvertilger* || ~ hook *Fanghaken* m (*f Trägerflugzeug*); ~ wire *Fangseil* n (*am Flugzeugträger*) ~**ing** [~iŋ] a: ~ device *Sperre* f; ~ gear *Sperrgetriebe* n; ~ latch *Arretierklinke* f; ~ lever *Sperrhebel* m

arrière-ban ['æriəˌbæn] s ⟨hist⟩ *Heerbann, Landsturm* m **arrière pensée** ['ariəˌpã'se:] s [Fr] *Hintergedanken* pl

arris ['æris] s ⟨arch⟩ *scharfe Kante* f, *Grat* m || ~*-gutter spitzwinklige Dachrinne* f

arrival [ə'raivəl] s *Ankunft* f ⟨a aero⟩ (on my ~ *bei, gleich nach m–r A.*), *Ankommen* n; *Zuzug* m || *Erscheinen* n | *Ankömmling* m (new ~ *Neuangekommener* m); ⟨fam⟩ *kl Erdenbürger* m (*neugeborenes Kind* n); chance ~ *überraschender Besuch* m || ⟨aero sl⟩ *schlechte Landung* || estimated time of ~ [abbr ETA] *voraussichtliche Ankunftszeit* f || place *od* point of ~ *Ankunftsort*, ⟨demog⟩ *Zuzugsort* m || ~s [pl] *ankommende Personen, Züge, Schiffe* pl || [attr] *Ankunfts–*; ~*-board* ⟨rail⟩ *–tafel* f || ~ message ⟨aero⟩ *Landemeldung* f || ~*-platform* ⟨rail⟩ *Ankunfthalle* f, *–bahnsteig* m

arrive [ə'raiv] vi *ankommen* (at *an*, in); *erscheinen* (on the scene); *k* | *Erfolg h* || to ~ at *gelangen zu*; ⟨fig⟩ *erreichen*

arriviste [æri'vi:st] s *Emporkömmling, Parvenü, Neureicher* m

arrogance ['ærəgəns] s *Anmaßung* f, *Dünkel*

m, *Unverschämtheit* f –**ant** ['ærəgənt] a (∼ly
adv) *anmaßend, hochmütig, unverschämt* –**ate**
['ærogeit] vt (*etw für sich*) *beanspruchen, fordern; mst* to ∼ a th to o.s. *sich etw unrechtmäßig aneignen; etw für sich verlangen, sich* [dat]
etw anmaßen | (*etw*) *verlangen* (to a p *für jdn*);
(*etw*) *zusprechen* (to a p *jdm*) –**ation** [,æro'geiʃən]
s *Anmaßung* f
  arrow ['ærou] **1.** s *Pfeil* m (shower of ∼s
–*hagel* m) ⟨*a fig*⟩ ‖ ⟨surv⟩ *Zählstab, Markier-
stab* m ‖ *Hauptstengel* m *des Zuckerrohrs* |
∼-grass ⟨bot⟩ *Dreizack* m ‖ –head *Pfeil-
spitze* f; → broad ‖ ∼ root *Pfeilwurzmehl* n;
⟨bot⟩ *Pfeilwurz(el)* f ‖ ∼-shaped *pfeilförmig* ‖
∼-slit ⟨fort⟩ *Schießscharte* f ‖ ∼-type wing
⟨aero⟩ *Pfeiltragfläche* f **2.** vi *pfeilschnell fliegen,
eilen* **arrowy** ['æroui] a *pfeilförmig, Pfeil-*
  arroyo [ə'rɔiou] s ⟨Am⟩ *Wasserlauf* m ‖ *kl*
(*Trocken-*)*Rinne* f; *trockenes Flußbett* n
  arse [ɑ:s] s ⟨vulg fam⟩ *Steiß, Arsch* m ‖ [attr]
split ∼ ⟨sl⟩ °*haste-was-kannste* (=*kannst du*),
°*auf Deubel u komm heraus* (*gewagt, kühn*) ‖
∼-holes (to you)! (*du*) *Arschloch!* ‖ ∼-wiper
⟨vulg fam⟩ °*Arschkriecher* m
  arsenal ['ɑ:snəl] s *Arsenal, Zeughaus, Waffen-
lager* n
  arsenic 1. ['ɑ:snik] s chem *Arsenik, Arsen* n
2. [ɑ:'senik] a (*a* ∼**al** [∼əl]) *arsenhaltig, Arsen-*
(∼ *poisoning*) –**ious** [ɑ:'si:niəs] a *Arsenik-,
arsenig*
  arsis ['ɑ:sis] s L ⟨pros⟩ *Hebung* f
  arson ['ɑ:sn] s ⟨jur⟩ *Brandstiftung* f ∼**ist**
[∼ist] s *Brandstifter* m
  arst [ɑ:st] ⟨vulg⟩ = asked
  art [ɑ:t] **I.** s **1.** *Kunst, Geschicklichkeit,
Kunstfertigkeit* f (the ∼ of writing); applied ∼,
⟨Am⟩ industrial, useful ∼ *angewandte Kunst* f,
Kunstgewerbe n; [attr] *kunstvoll* **2.** ∼s [pl] *die
Geisteswissenschaften* f pl (on the ⁀s side *in der
geisteswissenschaftlichen Abteilung*), the liberal
∼s *die freien Künste* pl; Faculty of ⁀s, *philosophische Fakultät* f (Bachelor, Master of ⁀s
Bakkalaureus, Magister der ph. F.; an ⁀s degree *e–r dieser beiden Grade*) **3.** (*ästhetisches
Schaffen*) *Kunst* f (the ∼ of Rubens); interest in
∼ *od* the ∼s *Interesse an der Kunst*; a work of ∼
ein Kunstwerk; advertising ∼ *Gebrauchsgraphik* f; the Fine ⁀s *die schönen Künste* pl;
pictorial ∼ *Illustrationsgraphik* f; industrial ∼,
∼s and crafts *Kunstgewerbe* n, *Kunst u Gewerbe*
4. *Schlauheit, Verschlagenheit, List* f, *Kniff* m
5. [attr] *Kunst-*; ∼ cardboard *Antikdruckpapier*
n; ∼-master *Zeichenlehrer* m ‖ ∼(-)mobile
⟨Am⟩ *fahrbare Kunstausstellung* f ‖ ∼ paper
Kunstdruckpapier n ‖ ∼-reviewer *Kunstkritiker*
m ‖ ∼ work ⟨bes Am⟩ *graphische Arbeit(en* pl) f
II. vt ⟨Am fam⟩ to ∼ up *verkünsteln*
  art [ɑ:t] (†, poet) **2.** sg prs *v* to be.
  arte–, **artifact** ['ɑ:tifækt] s *Kunsterzeugnis*
n ‖ ⟨archæol⟩ *Artefakt* n (*primitiver Gebrauchs-
gegenstand*)
  arterial [ɑ:'tiəriəl] a *Pulsader-, Arterien-* ‖
∼ railway *Hauptstrecke* f; ∼ road *Fern-, Aus-
fall-, Hauptverkehrsstraße* ∼**ize** [∼aiz] vt *in
Arterienblut verwandeln*
  arteriosclerosis [ɑ:'tiəriosklə'rousis] s ⟨med⟩
Arterienverkalkung f, → sclerosis –**otomy**
['ɑ:tiəri'ɔtəmi] s ⟨med⟩ *Pulsaderöffnung* f
  artery ['ɑ:təri] s ⟨anat⟩ *Arterie, Puls-,
Schlagader* f; *Hauptstraße, –strecke* f, *–kanal* m;
the main arteries of a town *die Hauptverkehrs-
adern* f pl *e–r Stadt*
  Artesian well [ɑ:'ti:zjən'wel] s *artesischer
Brunnen* m
  artful ['ɑ:tful] a (∼ly adv) *listig, schlau, verschlagen* ∼**ness** [∼nis] s *List, Verschlagen-,
Schlauheit* f
  arthritic [ɑ:'θritik] a ⟨med⟩ *gichtisch* **arthritis**

[ɑ:'θraitis] s ⟨med⟩ *Gelenkentzündung, bes bei
Gicht* f
  arthropod ['ɑ:θrəpəd] s ⟨zoo⟩ *Gliederfüßer* m
  Arthurian [ɑ:'θjuərien] a *Arthur-, Artus-*
  artichoke [ɑ:'titʃouk] s ⟨bot⟩ *Artischocke* f;
Jerusalem ∼ *Erd-*
  article ['ɑ:tikl] **1.** s *Abschnitt, Teil* m ‖ (of
faith, etc) *Artikel* m; ⁀s of War *Kriegsartikel*
m pl; the Thirty Nine ⁀s *die 39 Artikel* (*Glaubensbekenntnis der anglikanischen Kirche*) ‖ (§)
Paragraph m (§); [*mst pl* ∼s] *Bedingung, Klausel*
f; ∼s of apprenticeship *Lehrvertrag* m, to serve
one's ∼s *als Lehrling dienen*; ship's ∼s *Heuer-
vertrag* m | *Artikel, Aufsatz* m *in Zeitschriften
usw* (leading ∼ *Leitartikel*); an ∼ by a p *ein A.
v jdm* | *Teil, Punkt* m (the next ∼) | ⟨gram⟩
Artikel m, *Geschlechtswort* n | ⟨com⟩ *Gegen-
stand* m, *Ware* f, *–nposten* m ‖ ∼s in use ⟨bes
mil⟩ *Verbrauchsartikel* m pl (*z. B. Putzmittel*)
2. vt *schriftlich anklagen* (for wegen) ‖ *kontraktlich binden; in die Lehre geben* (to *bei*) ∼**d** a *in
die Lehre gegeben*
  articular [ɑ:'tikjulə] a *die Glieder, Gelenke betreffend, Gelenk-*; ⟨rail⟩ *Gelenkwagen-*
  articulate [ɑ:'tikjulit] a (∼ly adv) *gegliedert*
‖ *deutlich, vernehmlich* ‖ *klar erkenntlich*
  articulate [ɑ:'tikjuleit] vt/i ∼ *verbinden* ‖
(*Glieder*) *zus-fügen* ‖ *gliedern* ‖ *artikulieren,
deutlich aussprechen* | ∼d bracket ⟨tech⟩ *Gelenk-
arm* m; ∼d ladder *Eimerleiter*; ∼d lever
Knickhebel m; ∼d rod *Nebenpleuel* m; ∼d
vehicle *Gliederfahrzeug* n | vi *artikuliert od
deutlich sprechen* –**lation** [ɑ:,tikju'leiʃən] s *Verbindung, Aneinanderfügung* f ⟨*a fig*⟩ ‖ *Artikula-
tion, deutliche Aussprache* f ‖ ⟨anat bot⟩ *Gliederung* f; *Gelenkverbindung* f; *Gelenk* n
  artifact ['ɑ:tifækt] s → artefact
  artifice ['ɑ:tifis] s *Kunstfertigkeit* f, *–geschick*
n ‖ *Schlauheit, List* f ‖ *Kunstgriff, –kniff* m
–**ficer** [ɑ:'tifisə] s *Mechaniker, (Kunst-)Hand-
werker* m ‖ ⟨fig⟩ *Urheber, Schöpfer* m ‖ ⟨mil⟩
Geniesoldat m; *Artillerietechniker*; ⟨mar⟩ *Ma-
schinenmaat* m
  artificial [,ɑ:ti'fiʃəl] a (∼ly adv) *künstlich,
kunstreich* ‖ *künstlich, nachgemacht, Schein-*;
silk *Kunstseide* f; ∼ teeth [pl] *falsche Zähne* pl
‖ (P) geziert; *erheuchelt* | ∼ aerial *Hilfsantenne* f;
∼ horizon *künstlicher Horizont* m; ∼ leg
Beinprothese f → amputation ‖ ⟨rehab⟩ *Kunst-*:
∼ arm *–arm* m, ∼ hand *–hand* f, ∼ limbs [pl]
–glieder n pl | ∼ person *juristische Person* f ‖ ∼
product *Kunststoff* m ∼**ity** [,ɑ:tifiʃi'æliti], ∼**ness**
[∼nis] s *Künstlichkeit* f ∼**ize** [∼aiz] vt (*etw*)
künstlich m, erkünsteln
  artillerist [ɑ:'tilərist] s *Geschützkenner* m ‖
⟨mil⟩ *Artillerist* m
  artillery [ɑ:'tiləri] s *Artillerie* f ‖ *Artillerie-
korps* n | heavy ∼ *schwere Artillerie* f | field ∼,
light ∼ *Feldartillerie* f | horse ∼ *reitende A.* |
[attr] *Artillerie-* ‖ ∼ case ⟨Am⟩ *Kartusche* f ‖
∼ reference point *artilleristischer Punkt* m; ∼
survey *–sche Vermessung* f ‖ ∼ spotting plane
Artilleriebeobachtungsflugzeug n ∼**man** [∼mən]
s *Artillerist, Kanonier* m
  artisan [,ɑ:ti'zæn] s (*Kunst-)Handwerker, Mechaniker* m
  artist ['ɑ:tist] s *Künstler(in* f) m, *ausübender
Künstler*; ⟨Am⟩ *Graphiker* m; ⟨fig⟩ *Künstler* m ‖
∼'s cardboard *Malkarton* m ∼**e** [ɑ:'ti:st] s
[Fr] *Artist(in* f) m ∼**ic(al)** [ɑ:'tistik(əl)] a
(–cally adv) *künstlerisch, Kunst-; kunstvoll,
artistisch*
  artistry ['ɑ:tistri] s ⟨abstr⟩ *künstlerisches
Können* n, *Künstlertum* n, *Kunstsinn* m
  artless ['ɑ:tlis] a (∼ly adv) *kunstlos; un-
künstlerisch* ‖ *ungekünstelt, schlicht* ‖ *arglos,
naiv* ∼**ness** [∼nis] s *Kunstlosigkeit* f ‖ *Natürlichkeit, Schlichtheit* f; *Arglosigkeit, Naivität* f

artmobile ['ɑ:tməbi:l] s ⟨Am⟩ *fahrbare Kunstausstellung* f
arty ['ɑ:ti] a ⟨fam⟩ *künstlerisch scheinen wollend, aufgeputzt* ‖ it's ∼! *„Kunst" kommt v können, v wollen kommt Wulst* ‖ ∼-(and-)*crafty* ⟨fam⟩ *kunstgewerblich, kunstvoll*
arum ['ɛərəm] s ⟨bot⟩ *Zehrwurz* f
Aryan ['ɛəriən] **1.** a *arisch* **2.** s *Arier* m ‖ *arische Sprache* f
as [æz, w f əz] pron **I.** [adv] *wie, als* (the position ∼ master) ‖ ⟨jur⟩ ∼ *is wie auch immer beschaffen, ohne Gewähr* f *Sachmängel* ‖ ∼ *soon* ∼ *sobald als,* ∼ *long* ∼ *so lange wie;* ∼ *long* ∼ *that so lange* ‖ it is ∼ *long* ∼ *it is broad es ist Hose wie Jacke, gehupft wie gesprungen (einerlei)* → *well* ∼ *yesterday so to-day wie gestern so heute;* quiet ∼ a mouse *mäuschenstill;* soft ∼ butter *butterweich;* ∼ clear ∼ crystal *kristallhell;* → sure ‖ I thought ∼ much *das dachte ich mir* ‖ ∼ well *noch dazu, außerdem, ferner, auch;* ∼ you were! ⟨mil⟩ *Kommando zurück!* ∼ yet *bis jetzt* **II.** [conj] **1.** *wie;* abolition, ∼ between Member States, of the obstacles to the free movement *Beseitigung* f *der Hindernisse* f *den freien Verkehr wie zw* [dat]; ∼ .. ∼ *(eben)so* .. *wie* (he is ∼ clever ∼ she, he is not ∼ [od so] clever ∼ she; he is not so clever ∼ you think); ∼ is the case *wie es der Fall ist* ..; ∼ he (she) did so .. *dabei* ..; ∼ was their habit *wie es ihre Gewohnheit war;* (his arrangement has been followed) ∼ have been his directions .. *wie auch s–e Anweisungen;* I did not so much ∼ see him *ich sah ihn nicht einmal;* ∼ much ∼ you please *soviel (wie) Sie wollen;* ∼ far ∼ I know *soviel ich weiß;* → far; ∼ it is *wie die Dinge liegen; sowieso, ohnehin;* ∼ follows *folgendermaßen;* ∼ regards *was anbetrifft;* ∼ a rule *in der Regel;* ∼ usual *wie gewöhnlich;* ∼ compared with *im Vergleich mit, gegenüber;* ∼ requested *wunschgemäß* ‖ ∼ say *wie z. B.* ‖ † ∼ who should say *wie jd, der sagen wollte* ‖ ∼ if, ∼ though *als wenn, als ob* (he looks ∼ if he were mad); a silence ∼ (if) of eternity .. *wie das der Ewigkeit* ‖ ∼ it were *gleichsam, sozusagen* ‖ [vor inf] be so kind ∼ to send me the book *seien Sie so gut, mir das Buch zu schicken;* word it so ∼ not to hurt him *drück es so aus, daß du ihn nicht verletzt* **2.** *als, während* (∼ I was reading); ∼ he gathered *beim Sammeln* **3.** *da* (Grund); shortsighted ∼ I am *da ich kurzsichtig bin* .. **4.** *obgleich, wenn auch;* bad ∼ it is *so schlecht es (auch) ist;* young ∼ I am *wenn ich auch jung bin;* try ∼ he would *soviel er auch versuchte* **III.** [rel pron] *wie, welcher, welche(s);* the same .. ∼ *der–, die–, dasselbe .. wie;* such ∼ are old *diejenigen, welche alt sind;* such a plan ∼ would lead to failure *ein solcher Plan, der* .. **IV.** [vor prep] ∼ from ⟨com⟩ *von ab;* ∼ for, ∼ to *was anbetrifft, in Bezug auf, hinsichtlich*
asbestine [æz'bestain] a *asbestartig, –haltig,* *Asbest*– **tos** [æz'bestɔs] s ⟨minr⟩ *Asbest* m
ascend [ə'send] vt/i ∼ *hinaufsteigen* (to ∼ the throne); *ersteigen* ‖ *(Fluß usw) hinauffahren* ‖ vi *auf–, hinaufsteigen, –fahren, –fliegen* ‖ *sich erheben, in die Höhe fliegen* ‖ (of time) *hinaufreichen, zurückgehen* (into *bis in*) ‖ ⟨astr⟩ *aufgehen* ‖ * *steigen* ‖ ⟨mus⟩ *in die Höhe gehen, in e–e höhere Tonlage übergehen* ∼**able** [∼əbl] a *be–, ersteigbar* ∼**ancy,** ∼**ency** [ə'sendənsi] s *Übergewicht* n, *–legenheit* f, *bestimmender Einfluß* m (to gain the ∼ over *b–n E. gewinnen über*); to rise to ∼ *zur Macht, ans Ruder* k
ascendant, –dent [ə'sendənt] **1.** a *sich erhebend; aufsteigend;* ⟨astr⟩ *aufgehend* ‖ *überlegen* (over *über*); *vorwiegend* **2.** s ⟨astr⟩ *Aufgangspunkt* m; *Geburtsstern* m, *Horoskop* n ‖ *Aszendent, Verwandter* m *in aufsteigender Linie* ‖ *Übergewicht* n (to gain the ∼ over *Übergewicht*

gewinnen über), Einfluß m, *Gewalt* f (over *über*) ‖ to be in the ∼ ⟨fig⟩ *im Aufsteigen begriffen* s
ascension [ə'senʃən] s *Aufsteigen* n, *Besteigung* f ‖ ⟨ec⟩ the ∼ *die Himmelfahrt* f; ∼-Day, *–stag* m ‖ ⟨astr⟩ *Aufsteigung* f, right ∼ *Rektaszension* f ‖ ∼**al** [∼əl] a: ∼ *velocity Aufwärtsgeschwindigkeit* f ∼**tide** [∼taid] s *die 10 Tage zw Himmelfahrt u Pfingsten*
ascent [ə'sent] s *Aufsteigen* n, *Auffahrt* f ‖ *Steigung, Anhöhe* f ‖ *Auffahrt, Rampe* f ‖ *Besteigung* f, *Aufstieg* m (to the top *auf die Spitze*) ‖ ⟨fig⟩ *Emporkommen, Aufsteigen* n
ascertain [æsə'tein] vt *ermitteln, feststellen; in Erfahrung bringen* (that) ‖ to ∼ a bearing (radar-)*peilen* ∼**able** [∼əbl] a *ermittelbar* ∼**ment** [∼mənt] s *Feststellung, Ermittelung, Vergewisserung* f ‖ ∼ of damage *Schadenfeststellung* f *(tatsächlich),* → assessment
ascetic [ə'setik] **1.** a (∼ally adv) *asketisch* **2.** s *Asket* m ∼**ism** [ə'setisizm] s *Askese, Kasteiung* f
ascorbic [æ'skɔ:bik] a *Skorbut bekämpfend;* ∼ acid *Vitamin C* n
ascribable [əs'kraibəbl] a *zuschreibbar, zuzuschreiben(d)* (to)
ascribe [əs'kraib] vt (etw) *zuschreiben, beimessen, –legen* (to a p *jdm;* to a th).
Asdic ['æzdik] s (= Allied Submarine Detection Investigation Committee) *Ultraschall-Echolot* n
asepsis [ei'sepsis] s ⟨surg⟩ *keimfreie Wundbehandlung* ‖ *Methode* f *der Wundbehandlung*
aseptic [ei'septik] a *aseptisch, sauber*
ash [æʃ] s **1.** ⟨bes chem⟩ *Asche* f; cigar ∼ *Zigarrenasche* f; this cigar leaves white ∼ ‖ ⟨tech⟩ ∼ removing *Entaschung* f **2.** [mst pl] ∼es (of a body) *Asche* f, *sterbliche Überreste* m pl; ⟨fig⟩ *Leiche* f ‖ *Trümmer, Reste* m pl ‖ in ∼es *in Trümmern* ‖ to mourn in sackcloth and ∼es *in Sack u Asche (als Zeichen der Reue)* gehen ‖ to burn to ∼es, to lay in ∼es *in e–n Aschenhaufen verwandeln, einäschern, niederbrennen* **3.** the ∼es [pl] ⟨crick⟩ *Symbol des Sieges in Wettkämpfen zwischen Australien u England* (to win back the ∼es) **4.** [attr] ∼-Wednesday *Aschermittwoch* m ‖ ∼-**bin,** ∼-(-)can *Mülleimer, Aschen–, Kehrichtkasten* m ‖ ∼-cake ⟨Am⟩ *Aschkuchen* m ‖ ∼-can ⟨Am⟩ *Aschkasten, Mülleimer* m ‖ ∼-coloured *aschgrau, aschfarben, aschblond* ‖ ∼-fire *schwaches Feuer* n ‖ ∼-man ⟨Am⟩ *Müllabfuhrmann* m ‖ ∼-pan *Aschenkasten* m ‖ ∼-pit *–grube* f ‖ ∼-stand, ∼-tray *–becher* m
ash [æʃ] s ⟨bot⟩ *Esche* f; *Eschenholz* n ⟨Am fam⟩ *(Baseball-)Schläger* m (mst aus *Esche*) ‖ flowering ∼, manna ∼ *Manna–, Blumenesche* f ‖ ∼-tree ⟨bot⟩ *Eschenbaum* m ‖ ∼-plant (stick *Stock) aus Eschenholz*
ashamed [ə'ʃeimd] pred a (∼ly [ə'ʃeimidli] adv) *beschämt, sich schämend* ‖ to be, feel ∼ of o.s. *sich schämen* ‖ to be ∼ of a p, of a th *sich jds, e–r S schämen;* be ∼ of yourself *schäme dich (for doing)* ‖ I am ∼ to do *es widerstrebt mir zu tun*
ashen ['æʃn] a *aschig, aschfarben* ‖ ⟨fig⟩ *totenbleich* (to turn ∼)
ashen ['æʃn] a ⟨bot⟩ *eschen, von Eschenholz, Eschen–*
ashlar ['æʃlə] s ⟨arch⟩ *Bau-, Hau-, Quader-, Bruchstein* m ‖ (a ∼-work) s ⟨arch⟩ *Quadermauer* f
ashore [ə'ʃɔ:] adv ⟨mar⟩ *ans Ufer* ‖ *am Ufer, an Land* ‖ *zu Lande* (Ggs afloat) ‖ to go ∼ *ans Land steigen;* to cast, run ∼ *(Schiff) ans L. werfen;* to run od be driven ∼ *stranden, auflaufen*
ashy ['æʃi] a *aschig, Aschen-, von Asche* ‖

aschfarbig ‖ ⟨fig⟩ *(a* ~*-pale) aschfahl, toten-bleich*

Asian [′eiʃən] **1.** a *asiatisch* (flu *Grippe*) **2.** *Asiat(in* f) m

Asiatic [‚eiʃi′ætik] **1.** a *asiatisch* **2.** s *Asiat(in* f) m

aside [ə′said] **1.** adv *abseits, beiseite; auf die Seite, seitwärts* ‖ *getrennt* ‖ ⟨theat⟩ *beiseite, für sich, leise* ‖ → to draw, lay, put, set, turn ‖ ⟨Am⟩ *außerdem;* ~ from *außer, neben;* ~ of *neben* **2.** s ⟨theat⟩ *Aparte* f *(beiseite gesprochene Worte)* ‖ *die indirekte Leistung* or *Wirkung* f

asinine [′æsinain] a *eselartig, Esels-* ‖ ⟨fig⟩ *eselhaft, dumm*

ask [ɑ:sk] vt/i **A.** vt **1.** *(etw) erfragen, fragen nach (etw)* ‖ to ~ a p's name *nach jds Namen fr.* **2.** *(jdn) fr.* (about *über),* to ~ a p a question *(od* a question of a p) *eine Frage stellen an jdn;* to ~ a p his name *jdn nach s–m Namen fr.,* . . a p the way *jdn nach dem Wege fr.* **3.** *(jdn) bitten* (for *um;* to do; that); to ~ a p's permission *jdn um Erlaubnis bitten;* to ~ a p a favour *jdn um e–n Gefallen bitten;* to ~ a p in marriage *um jds Hand anhalten* ‖ to ~ in *hereinbitten* **4.** (etw) *erbitten,* to ~ a favour of a p *v jdm e–n Gefallen erbitten* | *fordern, verlangen* (a th *etw;* of a p that *von jdm, daß;* that . . should) ‖ *herausfordern* (for *zu)* **5.** ⟨ec⟩ to be ~ed *aufgeboten w;* → *banns* **6.** *(jdn) einladen* (home *zu sich;* to tea *zum Tee),* to ~ a p down to the country *jdn aufs Land einladen;* to be ~ed out *eingeladen s* **B.** vi *bitten* (for *um)* ‖ *fragen* (for *nach;* about *be-treffs),* sich *erkundigen* (after a p); he ~ed about my profession *er fragte nach m–m Beruf;* there is no harm in ~ing *e–e Frage kann nichts schaden* ‖ to ~ for trouble, ⟨sl⟩ to ~ for it *herausfordernd wirken* | ~**ed** [~t] pp, a ⟨st exch⟩ ~ and bid *Brief u Geld;* ~, ~-for *erbeten, verlangt (z. B. der meist verlangte Herd)* ~**er** [′~ə] s *Frager; Bittsteller* m ~**ing** [′~iŋ] s *Bitten* n, *Bitte* f; *Aufgebot* n (at the third time of ~ *beim dritten A.)* ‖ to be had for the ~ *umsonst zu h* ~**ingly** adv *fragend; flehentlich*

askance [əs′kæns], **askant** [əs′kænt] adv *von der Seite, seitwärts, schief, quer* ‖ *scheel, miß-trauisch* (to look ~ at a p)

askew [əs′kju:] adv & pred a *seitwärts, schief, scheel* (to look ~)

aslant [ə′slɑ:nt] **1.** adv *schief, schräg, quer* **2.** prep *quer über, durch*

asleep [ə′sli:p] adv & pred a *im Schlaf, schlafend; im Schlaf* ‖ ⟨fig⟩ *eingeschlafen, leblos; betäubt* ‖ fast ~ *fest eingeschlafen* ‖ ~ in the Lord *selig, im Herrn entschlafen* | to be ~ *schlafen, eingeschlafen s* ⟨a fig⟩ ‖ to fall ~ *einschlafen*

aslope [ə′sloup] adv & pred a *abschüssig, schief, schräg*

asp [æsp] s ⟨zoo⟩ *Natter* f; *Giftschlange* f

asp [æsp] s ⟨bot⟩ = aspen, s

asparagus [əs′pærəgəs] s *[nur sg & sg konstr]* ⟨bot⟩ *Spargel* m; ~ (whole stalks) *Stangen-* , cut ~, *Brech-* ; ~ cuts [pl] *Spargelabschnitte* m pl, *Brechspargel* m; ~ tips *Spargelspitzen* f pl, ⟨com⟩ *Brechspargel;* heads of ~ *–köpfe* pl ‖ ~-bed *–beet* n

aspect [′æspekt] s *Anblick* m ‖ *Blick* m ‖ *Erscheinung* f, *Aussehen* n ‖ ⟨fig⟩ *Seite* f, *Licht* n, *Gesichtspunkt* m (under its social ~; from a different ~) ‖ the economic ~s of traffic *verkehrswirtschaftliche Fragen* ‖ *Aussicht, Lage* f; southern ~ *Lage* f *nach Süden* ‖ ⟨astr & gram⟩ *Aspekt* m | in all ~s *in jeder Hinsicht* | [attr] ~ ratio ⟨telv⟩ *Betrachtungs-, Bildseitenverhältnis* n, *Bildformat* n ~**ual** [æs′pektjuəl] a ⟨gram⟩ *Aspekt-*

aspen [′æspən] **1.** a *espen, aus Espenholz,*

Espen- ‖ ⟨fig⟩ *zitternd, bebend* ‖ ~-tree ⟨bot⟩ *Espe* f **2.** s ⟨bot⟩ *Espe* f

asperity [æs′periti] s (of surface) *Rauheit, Un-ebenheit* f ‖ (of sound) *Härte* f ‖ (of taste) *Herb-heit, Schärfe* f ‖ (of climate) *Rauheit, Strenge* f ‖ (of character) *Härte, Schroffheit* f

asperse [əs′pə:s] vt *besprengen* (with) ‖ ⟨fig⟩ *beschmutzen, verleumden* –**sion** [əs′pə:ʃən] s *Be-netzung* f, *Besprengen* n ‖ *Besprengung* f; *Guß* m | *Verleumdung, Schmähung* f ‖ to cast ~s on a p *jdn anschwärzen, jds Ehre beflecken*

asphalt [′æsfælt] **1.** s ⟨minr⟩ *Asphalt* m **2.** vt *asphaltieren* ~**ic** [æs′fæltik] a *Asphalt-* ~**ician** [‚æsfæl′tiʃən] s ⟨Am⟩ *Straßenkehrer* m

aspherical [æ′sferikəl] a *asphärisch* (correcting lens *Korrekturlinse)*

asphodel [′æsfədel] s ⟨bot⟩ *Affodill* m ‖ bog-~ ⟨bot⟩ *Beinbrech* m

asphyxia [æs′fiksiə], –**xy** [–ksi] s ⟨med⟩ *Asphyxie, Erstickung* f –**xiant** [æs′fiksiənt] s *erstickender Kampfstoff* m –**xiate** [æs′fiksieit] vt *ersticken* –**xiation** [æs‚fiksi′eiʃən] s *Erstickung* f

aspic [′æspik] s *Aspik* m *(Aspik-Gelee* n)

aspirant [əs′paiərənt] s *jd, der strebt* (to, after, for *nach), Aspirant, Bewerber, Kandidat* m ‖ ~ NCO *Unteroffizieranwärter* m

aspirate [′æspərit] ⟨gram⟩ **1.** a *aspiriert* **2.** s *Aspirata* f, *Hauchlaut* m ‖ (in Greek) *Spiritus asper* m

aspirate [′æspəreit] vt *aspirieren, mit einem Hauch aussprechen;* ~d *aspiriert* ‖ *(Flüssigkeit) abziehen, aufsaugen* –**tion** [æspə′reiʃən] s *Hauch* m ‖ *Atemzug* m; *Auf-, Einsaugung* f ‖ ⟨gram⟩ *Aspiration* f | *Wunsch* m; *Trachten, Streben* n, *Sehnsucht* f (for, after *nach)* –**tor** [′æspəreitə] s ⟨med⟩ *Aspirator* m ‖ ⟨med⟩ *Saugapparat* m

aspire [əs′paiə] vi *verlangen, trachten, streben* (to, after *nach;* to do) ‖ ~**r** [~rə] s *Bewerber* m; *Streber* m

aspirin [′æspirin] s *Aspirin* n

aspiring [əs′paiəriŋ] a (~ly adv) *strebend, trachtend* ‖ *ehrgeizig, aufstrebend* (~ classes); *streberhaft*

asport [ɑːs′pə:t] vt *(e–e fremde bewegliche S) widerrechtlich fortschaffen*

ass [æs, ɑ:s] s *Esel* m; → bray ‖ ⟨fig⟩ *Esel, Dummkopf, Narr* m (an utter ~; she's a stupid ~ . . e–e dumme Ziege) ‖ to make an ~ of a p *jdn zum Narren halten* (. . of o.s. *sich lächerlich m, sich blamieren)* ‖ an ~ in a lion's skin *ein Schaf im Wolfspelz*

assagai, –segai [′æsigai] s ⟨SAfr⟩ *Assagai* m *(Wurfspeer)*

assail [ə′seil] vt *anfallen, überfallen, angreifen;* *(Aufgabe) anpacken* ‖ *bestürmen* (with) ~**able** [~əbl] a *angreifbar,* ⟨a fig⟩ ~**ant** [~ənt] s *(a* ~**er**) *Angreifer, Gegner* m ‖ *Tadler, Krittler* m

assart [æ′sɑ:t] **1.** s *Ausroden* (n) *von Bäumen; Lichtung* f **2.** vt *(Bäume) ausroden*

assassin [ə′sæsin] s *Meuchelmörder, Mörder* m ‖ ~-bug ⟨ent⟩ *Mordwanze* f ~**ate** [~eit] vt *ermorden, meuchlerisch umbringen* ~**ation** [ə‚sæsi-′neiʃən] s *Meuchelmord* m, *Ermordung* f

assault [ə′sɔ:lt] **1.** s *Angriff* m (on, upon *auf);* ⟨a fig⟩ ⟨mil⟩ *Sturm* m *(auf Festung,* etc), to carry *od* take by ~ *im Sturm nehmen* ‖ ⟨jur⟩ *tätliche Drohung* or *Beleidigung* f; ~ and battery ⟨jur⟩ *schwere tätliche Beleidigung,* ⟨jur⟩ *tätlicher Angriff* m *verbunden mit Körperverletzung* f; (criminal *od* indecent) ~ *Vergewaltigung(s-versuch* m) f, *Notzucht* f, *Sittlichkeitsverbrechen* n ‖ ~ of *od* at arms *Kontrafechten* n; *Fechtübung* f ‖ ‖ ~ artillery *Sturmartillerie* f; ~ badge *–abzeichen* n; ~ boat ⟨mil⟩ *Schnell-, Sturmboot* n ‖ ~ cable *Feldkabel* n ‖ ~ craft *Landungsboot* n ‖ ~ echelon ⟨tact⟩ *Sturmwelle* f; ~ position *Sturm(ausgangs)stellung* f ‖ ~ ship *(gr) Landungsfahrzeug* n ‖ ‖ ~ troops *Angriffstruppen* f pl || ~ wire *Feldkabel* n **2.** vt *angreifen, anfallen*; ⟨fig⟩ *losstürmen auf* || ⟨mil⟩ *(Festung) (be)stürmen* || ⟨jur⟩ *schwer beleidigen* || *(Frau) vergewaltigen*

assay [ə'sei] **1.** s *Prüfung, Erprobung* f || ⟨met⟩ *Erzprobe, Metallprobe, Analyse* f || *Probe* f, *das zu probierende Metall (usw)* | ~-balance *Probierwaage* f || ~ crucible *Probiertiegel* m | ~ furnace *Probier-, Kapellenofen* m || ~-master *Münzwardein* m || ~-office *Probeamt* n **2.** vt/i || ⟨chem⟩ *(Erz auf Gehalt) prüfen; eichen* || *(etw Schweres) versuchen* | vi *sich bemühen* || ⟨Am⟩ *(Edel-)Metall enthalten ⟨a fig⟩* | **~er** [~ə] s *Prober, Münzwardein* m || ⟨met⟩ *Prüfer, Anrichter* m

assemblage [ə'semblidʒ] s *Zus-bringen* n, *Versammlung* f || *Haufen* m, *Vereinigung, Versammlung* f || ⟨mech⟩ *Zus-passen* n, *Verbindung* f; *Montage* f

assemble [ə'sembl] vt/i || *versammeln, zus-berufen* || *(Truppen) zus-ziehen* || ⟨mech⟩ *zus-setzen, -stellen, montieren* | vi *zus-k* || *sich versammeln* || ⟨parl⟩ *zus-treten*

assembly [ə'sembli] *Versammlung,* ⟨jur⟩ unlawful ~ *Volksauflauf* m; *Gesellschaft* f, *bes beratende Körperschaft* f || ⟨tech⟩ *Zusammenbau* m, *Montage* f; -blies [pl] *Montageteile* n pl || ⟨mil⟩ *Bereitstellung* f, ⟨tact⟩ *Versammlung* f || ⟨tech⟩ *Montage, Anbringung* f, ⟨aero tech⟩ *Zus-bau* n | safety belt ~ ⟨aero⟩ *Anschnallvorrichtung* f | fuel ~ *Brennstoffaggregat* n | ⟨mil⟩ *Signal* n *zum Sammeln* || ⟨Am parl⟩ the ↗ *das Unterhaus (in einigen Staaten)* | place of ~ *Versammlungsplatz* m, *Treffpunkt* m *für e-e Gesellschaft* || ~ for attack ⟨mil⟩ *Angriffsbereitstellung* f || ~ area ⟨mil⟩ *Bereitstellungsraum* m || ~ hall *Sitzungssaal* m; ~ hangar *Montagehalle* f || ~-line ⟨tech⟩ *Fließband* n, *(End-)Montagestraße* f || ~-man ⟨Am⟩ *Mitglied* n *des Unterhauses* || ~-room *Versammlungs-, Unterhaltungs-, Tanz-, Kursaal* m

assent [ə'sent] **1.** s *Zustimmung, Billigung* f; with one ~ *einmütig* || ⟨parl⟩ Royal ~ *königliche Genehmigung* f *(e-s Gesetzes)* **2.** vi *einwilligen* | to ~ to *zustimmen, einwilligen in, (etw) billigen, genehmigen; beipflichten, (etw) zugeben* **~er** [~ə] s *Beipflichtender* m **~ient** [ə'senʃənt] **1.** a *beipflichtend, genehmigend, beistimmend* **2.** s *Beipflichtender* m

assert [ə'sɔːt] vt *verfechten, verteidigen* | *geltend m, Ansprüche m auf* | *bestehen auf* || *behaupten, erklären (that)* || to ~ o.s. *sich geltend m, sich zur Geltung bringen; sich durchsetzen; fest auftreten* **~ion** [ə'sɔːʃən] s *Behauptung* f (to make an ~ *e-e B. aufstellen*) | *Aussage, Versicherung* f || *Geltendmachung* f **~ive** [~iv] a (~ly adv) *bejahend, positiv, bestimmt, ausdrücklich, zuversichtlich* **~iveness** [~ivnis] s *selbstbewußtes Wesen od Vorgehen* n, *Anmaßung* f || **~or** [~ə] s *Behaupter* m || *Verteidiger, Verfechter* m

assess [ə'ses] vt *ein-, (Möglichkeiten) abschätzen, veranlagen (in, at zu), besteuern* || *(Steuer) auferlegen (upon a p jdm)* || *veranschlagen, (Schaden) festsetzen* || ⟨übtr⟩ *umreißen, abschätzen* **~able** [~əbl] a *steuerpflichtig* **~ment** [~mənt] s *Festsetzung* f *e-r Summe (Geldstrafe, Steuer usw)* || *Einschätzung, Besteuerung (on a p jds); Steuerveranlagung* f || *Steuertarif* m || *Abgabe, Steuer* f || ⟨Am⟩ *Nachzahlung* f *(Aktien); Zubuße* f *(Kuxe)* || ~ of damage ⟨ins⟩ *Schadenfeststellung (wertmäßig),* → ascertainment **~or** [~ə] s *Beisitzer, Assessor, Syndikus* m || *Steuerein-, Schadenabschätzer* m

asset ['æset] s **1.** pl **~s** [~s] [pl konstr] ⟨com⟩ *Vermögensstand* m, *Aktiva* n pl; **~s** and liabilities *A. u Passiva*; current (fixed) **~s** *Umlauf-, (Anlage-)Vermögen* n || quick **~s** ⟨Am bal⟩ *Umlaufvermögen* n; physical **~s** *Betriebsanlagen*

f pl, *(bebaute) Grundstücke* n pl, ⟨film⟩ *Theaterpark* m || to post on the ~s side ⟨bal⟩ *aktivieren* || *der zur Schuldendeckung reichende Nachlaß* m; *Fallit-, Konkursmasse* f: on the grounds of insufficiency of ~s *mangels Masse* **2.** sg **asset** ⟨com⟩ *ein Posten* m *auf der Aktivseite* || *Besitz* m *⟨a fig⟩* || ⟨fam⟩ *nutzbringende Eigenschaft* f; *Vorzug* (punctuality is his greatest ~); *Wert* m; *(wichtiger) Faktor* m, *Bereicherung, Stütze* f *(to für)*; he is a great ~ *(Gewinn)* for our staff

asseverate [ə'sevəreit] vt *feierlich versichern, beteuern* **–ration** [ə,sevə'reiʃən] s *Beteuerung, Versicherung* f

assiduity [æsi'djuiti] s *Emsigkeit* f, *Fleiß* m, *Aufmerksamkeit* f || –ties [pl] *beharrliche Aufmerksamkeit* f

assiduous [ə'sidjuəs] a (~ly adv) *fleißig, emsig; ausdauernd, unverdrossen; aufmerksam* **~ness** [~nis] s *Fleiß* m, *Gewissenhaftigkeit* f

assign [ə'sain] **1.** vt *an-, über-, zuweisen, zuteilen (to a p jdm)*; I was ~ed a task *mir wurde e-e Aufgabe zugewiesen* || *(Zeit) festsetzen; (Grund) angeben (for) || ernennen; bestellen || zuschreiben (to a p; to a time e-r Zeit) || ⟨mil⟩ eingliedern, unterstellen, abkommandieren, versetzen; to ~ to . . [dat] z Verfügung stellen; to be ~ed for duty with ⟨Am⟩ z Dienstleistung kommandiert s z; ~ed forces z V. gestellte (Nato-)Streitkräfte f pl; ~ed for support ⟨tact⟩ auf Zus-arbeit angewiesen || to ~ to some group einstufen ⟨wir⟩ (Frequenzen etc) zuweisen; ~ed frequency Kennfrequenz f || ⟨jur⟩ überweisen, abtreten, zedieren (to) || ⟨Am⟩ (Hausaufgaben) aufgeben* **2.** s ⟨jur⟩ *Rechtsnachfolger, Zessionar* m **~able** [~əbl] a *angebbar bestimmbar; zuzuschreiben(d)* || ⟨jur⟩ *übertragbar* **~ation** [æsig'neiʃən] s *An-, Zuweisung; Bestimmung* f *Verabredung* f; *Stelldichein* n || ⟨jur⟩ *Übertragung* f | ~ house *exklusives Bordell* n **~ee** [æsi'niː] s *Bevollmächtigter* m || ~ in bankruptcy ⟨jur⟩ *Konkursverwalter* m || ⟨jur⟩ *Zessionar* m **~ment** [~mənt] s ⟨jur⟩ *Zu-, Anweisung* f || *Übertragung, Abtretung, Zession* f *(of claims, etc.)* || *Abtretungsurkunde* f || ⟨Am⟩ *(Haus-, Schul-)Aufgabe* f, *(e-m Reporter) erteilter Auftrag* m; *Posten* m, *Dienststellung* f, → appointment; ⟨mil⟩ *Kommando* n, → commission || ~ of a mission *od* task ⟨mil⟩ *Auftragserteilung* f **~or** [æsi'nɔː] s *Abtretender, Zedent* m

assimilability [ə,similə'biliti] s *Assimilierbarkeit* f **–lable** [ə'similəbl] a *assimilierbar* **–late** [ə'simileit] **1.** vt/i || *assimilieren, ähnlich m (to, with a th e-r S)* || *vergleichen (to, with mit)* || *angleichen (to an)* || ⟨anat⟩ *(Nahrung) einverleiben* || ⟨fig⟩ *sich aneignen, aufnehmen* | vi *sich assimilieren* **2.** *assimilierte (etc) P od S, der, die, das Assimilierte* **–lation** [ə,simi'leiʃən] s *Assimilation, Angleichung* f *(to an)* || ⟨anat⟩ *Assimilierung, Verwandlung in Körpersubstanz* **–lative** [ə'simileitiv] a *assimilierend, Assimilierungs-*

assist [ə'sist] **1.** vt/i || *unterstützen, beistehen, helfen (a p with a th jdm bei etw; in doing zu tun); (jdm) aushelfen (with) || mitwirken, fördern || ~ed take -off ⟨aero⟩ Start m mit Starthilfe* | vi *helfen (in, with a th bei etw; in doing, to do zu tun); teilnehmen (in an) || beiwohnen, zugegen s (at bei)* || ⟨Am baseball⟩ *zuspielen* **2.** ⟨Am baseball⟩ *Zuspielen* n **~ance** [~əns] s *Hilfe* f, *Beistand* m, *Unterstützung; Mitwirkung* f; to afford ~ *Hilfe gewähren (to a th)*; to lend, render ~ *Hilfe leisten* || assuring you of our desire to be of every ~ at all times . . *stets gerne zu Ihren Diensten* . . **~ant** [~ənt] **1.** a *behilflich (to a p jdm)* **2.** s *Gehilfe* m *(shop ~)* || *Assistent* m; personal ~ *Referent* m || *Beistand* m || [attr] *Hilfs-* (~-editor, -redakteur); *Unter-; stellver-*

tretend (~ manager [pl ~ managers] –er *Direktor*) || ~ driver ⟨mot⟩ *Beifahrer* m

assize [ə'saiz] s ⟨hist⟩ *Preis* m, *Taxe* f, *festgesetztes Maß usw* || *Gerichtssitzung, Untersuchung* f, *Urteil* n | *Gericht* n; the Great ~ *das Letzte Gericht* || [*mst* pl] ~s ⟨jur⟩ *Assisen* f pl, *periodisches Geschworenengericht* n (at the ~s *in der Gerichtsverhandlung*); to hold the ~s *die Assisen, das Geschworenengericht abhalten*

associability [ə‚souʃiə'biliti] s *Vereinbarkeit* f –**able** [ə'souʃiəbl] a (*in Gedanken*) *vereinbar* (with) || ⟨anat⟩ *mitempfindend* –**ate** [ə'souʃiit] **1.** a *eng verbunden, verbündet* || *zugesellt; Mit-* (~ editor); *begleitend* || *nicht vollamtlich* (~ professor; *Am*) *außerordentlicher P., Inhaber e–s zweiten Lehrstuhls*; ~ teacher ⟨m m⟩ *Volksschullehrer* m **2.** s *Genosse, Bundesgenosse* m || *Kollege, (Amts)genosse* m || ⟨com⟩ *Teilnehmer, –haber* m, *Gesellschafter*; *Mitarbeiter* m | (*nicht vollberechtigtes*) *außerordentliches Mitglied* n (~ of the Royal Academy)

associate [ə'souʃieit] vt/i || *verbinden, verbünden, zugesellen, vereinigen* (with); to ~ oneself with a th *sich e–r S anschließen* || *assoziieren, in Gedanken verbinden* | vi *sich verbinden* (with *mit*), *sich gesellen* (with *zu*); *Umgang h, verkehren* (with)

associateship [ə'souʃiitʃip] s *Amtsgenossenschaft, Teilhaberschaft* f

association [ə‚sousi'eiʃən] s *Assoziierung, Assoziation* f; ~ of ideas *Ideenassoziation* f; ⟨fam⟩ ~s [pl] *Erinnerungen* pl || *Vereinigung, Verbindung* f, *Bündnis* n, *Bund* m || *freedom of* ~ *Koalitionsrecht* n || ⟨com⟩ *Gesellschaft, Genossenschaft* f, *Verband* m; ~ of trade unions ⟨SBZ⟩ *Gewerkschaftsbund* m; ~ cable ⟨el⟩ *Normenkabel* n; ~ football (⟨sl⟩ socker, soccer) *Fußballspiel (Ggs Rugby), bei dem der Ball nur mit der Hand berührt w darf* ~**ist** [~ist] a *Assoziations-*

assonance ['æsənəns] s ⟨pros⟩ *Assonanz* f; *vokalischer Gleich-, Anklang* m || ⟨übtr⟩ *Ähnlichkeit* f –**ant** ['æsənənt] **1.** a *assonierend, anklingend* **2.** s *assonierendes Wort* n

assort [ə'sɔːt] vt/i || *sortieren, aussuchen, ordnen* || *zus-stellen, –bringen* (with) || ⟨com⟩ *assortieren, ergänzen; nachfüllen* | vi *übereinstimmen* (with); *passen* (with *zu*) || *verkehren* (with) ~**ment** [~mənt] s *Sortieren* n, *Sammlung* f || ⟨com⟩ *Sortiment, Lager* n, *Auswahl* f

assuage [ə'sweidʒ] vt *erleichtern, (Schmerz) lindern; beruhigen, lindern, besänftigen* || *(Durst) stillen, (Hunger) befriedigen* ~**ment** [~mənt] s *Milderung, Linderung* f; –*smittel* n

assuasive [ə'sweisiv] a *weich, mild*

assumable [ə'sjuːməbl] a (–bly adv) *annehmbar*

assume [ə'sjuːm] vt (*Miene usw*) *annehmen, anlegen* || *übernehmen, auf sich nehmen, ergreifen*; to ~ command ⟨mil⟩ *das Kommando übernehmen* (vice *für*) || *sich anmaßen* (a th; a th to ᴏ.ѕ. *sich etw*) || *als erwiesen annehmen, voraussetzen, gelten l* (a th; a th to be; that) | ~**d** [~d] a (*nur*) *angenommen, Schein-, Deck-* (~ address) –**dly** [~idli] adv *angenommenermaßen, vermutlich* –**ming** [ə'sjuːmiŋ] a *anmaßend, vermessen, stolz* || ~ that *angenommen, vorausgesetzt, daß* –**mpsit** [ə'sʌmpsit] L ⟨jur⟩ *Klage* f *wegen Vertragsbruchs* –**mption** [ə'sʌmpʃən] s *Annehmen, Aufnehmen* n || *An-, Übernahme* f (~ of power *Macht*–) || (*Feast of*) Assumption R.C. *Mariä Himmelfahrt* f (*15. Aug.*) | *widerrechtl. Anmaßung* f | *Voraussetzung* f (on the ~ that *bei, unter der V. daß*); *Postulat* n; ⟨log⟩ *Untersatz* m –**mptive** [ə'sʌmptiv] a (–ly adv) *angenommen, vorausgesetzt* | *anmaßend* || *als selbstverständlich annehmend, kritiklos*

assurance [ə'ʃuərəns] s *Versicherung, Beteue-*

rung f (that); with ~ *mit Nachdruck* || *Versicherung, Zusage* f (that) || *Sicherheit, Bürgschaft* f; *Sicherstellung* f || ⟨com⟩ *Assekuranz, (Lebens-)Versicherung* f (*sonst* insurance) | *Zuversicht* f, *(Selbst)vertrauen* n, *Mut* m || *Dreistigkeit, Anmaßung* f

assure [ə'ʃuə] vt *sicher m, sichern* (a p a th *od* a th to a p *jdm etw*); *sicherstellen* (from, against *gegen*) | (*jdn*) *versichern* (of a th *e–r S*; that); I ~ you that *ich versichere Sie, daß* || *ermutigen, bestärken* | ⟨com⟩ *assekurieren, versichern* (one's life in *od* with a company *sein Leben* [*sonst* to insure] *bei e–r Gesellschaft*) | ~**d** [~d] **1.** a (~ly [ə'ʃuəridli] adv) *gewiß*; *versichert* ⟨a ins⟩ *to be* ~ *of a th überzeugt s von etw, e–r S sicher s, be od rest* ~ *that verlaß dich darauf, daß* || *gesichert, gefestigt* || *unzweifelhaft* || *selbstbewußt, dreist* **2.** s ⟨com⟩ the ~ *der Versicherte* m ~**dness** [ə'ʃuəridnis] s *Sicherheit, Zuversichtlichkeit* f, *Selbstvertrauen* n, –*bewußtheit* f | ~**r** [~rə] s *Versicherer, Zusicherer* m || ⟨com⟩ (a –ror) *Versicherer* m, *der Versicherte* m

assurgent [ə'sɔːdʒənt] a *aufsteigend*; ⟨bot⟩ *nach oben gebogen*

Assyrian [ə'siriən] **1.** a *assyrisch* **2.** s *der Assyrier* m; *die assyrische Sprache* f –**iology** [ə‚siri'ɔlədʒi] s *Assyriologie* f

astatic [æ'stætik] a ⟨phys⟩ *unstet*; *v Erdmagnetismus unbeeinflußt*; *astatisch* (wattmeter *Leistungsmesser* m)

aster ['æstə] s ⟨bot⟩ *Aster* f –**isk** ['æstərisk] **1.** s *Sternchen* n (*) **2.** vt *mit Sternchen versehen* –**ism** ['æstərizm] s *Sterngruppe* f; 3 *Sternchen* (⁂)

astern [əs'təːn] adv ⟨mar⟩ *im (am) Hinterteil des Schiffes, achtern, achteraus* || ⟨fig⟩ *nach hinten, rückwärts, zurück* || ~ of hinter

asteroid ['æstərɔid] **1.** a *sternartig* **2.** s ⟨astr⟩ *Asteroid, Planetoid* m

asthenia [æs'θiːniə] s ⟨med⟩ *Körperschwäche* f

asthma ['æsmə] s ⟨med⟩ *Asthma* n, *Atemnot* f ~**tic** [æs'mætik] **1.** a (~ally adv) *Asthma-, asthmatisch, engbrüstig* || *Asthma lindernd* || ⟨fig⟩ *atembeklemmend; keuchend* **2.** s *Asthmatiker* m

astigmatic [‚æstig'mætik] a ⟨phys⟩ *astigmatisch (verschwommen durch Sehstörung)* –**tism** [æ'stigmətizm] s ⟨opt⟩ *Astigmatismus* m

astir [əs'təː] adv & pred a *in Bewegung, auf den Beinen* || *aus dem Bett, auf(gestanden)* || *wach, munter, in Aufregung* (with *von, durch*)

astonish [əs'tɔniʃ] vt *in Erstaunen setzen* || *verblüffen, befremden* || *to be* ~ed *sich wundern* (at *über*; to hear) ~**ing** [~iŋ] a (~ly adv) *erstaunlich, wunderbar* ~**ment** [~mənt] s *Erstaunen* n, *Verwunderung* f, *Staunen* n (at *über*); to cause ~ *St. erregen* || to fill, strike with ~ *in St. versetzen* || to recover from one's ~ *sich von s–m Erstaunen erholen*

astound [əs'taund] vt *verblüffen, in Staunen od Schrecken versetzen* ~**ing** [~iŋ] a (~ly adv) *verblüffend, überraschend*

astraddle [əs'trædl] adv & pred a *rittlings*; ~ of *reitend auf*

astragal ['æstrəgəl] s ⟨anat⟩ *Sprungbein* n || ⟨arch⟩ *Ring, Rundstab (an Säule)* m

astrakhan [‚æstrə'kæn] s *Astrachan* | (*Pelz*) m, → broadtail

astral ['æstrəl] a *Stern-* || *sternig, gestirnt* || *sternförmig* || ~ body *Astralleib* m || ~ lamp *Astrallampe* f

astray [əs'trei] adv & pred a *vom rechten Wege ab*; ⟨a fig⟩; to go ~ *irregehen, sich verlieren, sich verirren*; *verlorengehen*; ⟨fig⟩ *abschweifen* || to lead ~ *irreführen, verleiten*

astrict [əs'trikt] * vt *zus–ziehen, einengen* || ⟨fig⟩ *beschränken* (to *auf*) ~**ion** [əs'trikʃən] s

Zus–ziehung f ‖ ⟨med⟩ *Verstopfung* f **~ive** [~iv]
a & s = astringent

astride [əs'traid] **1.** [adv & pred a] *rittlings,
mit gespreizten Beinen* ‖ to ride ~ *im Herren-
sattel reiten* ‖ ~ of *reitend auf* **2.** [prep] *sitzend,
reitend auf* (~ a horse)

astringe [əs'trindʒ] * vt ⟨med⟩ *zus–ziehen,
–pressen* **~ncy** [əs'trindʒənsi] s *zus–ziehende
Eigenschaft od Kraft* f ‖ ⟨fig⟩ *Strenge* f, *Ernst* m
~nt [əs'trindʒənt] **1.** a (~ly adv) med *adstrin-
gierend, stopfend* ‖ ⟨fig⟩ *streng, ernst* **2.** s *das
zus–ziehende Mittel* n

astro– pref *Stern–*: **~dome** ['æstrodoum] s
⟨aero⟩ *Vollsicht–, Astronavigationskuppel* f
~labe ['æstroleib] s ⟨astr⟩ *Astrolabium* n ‖
⟨geom⟩ *Winkelmesser* m **~gator** ['æstrogeitə] s
Weltraumfahrer m, → navigator **~loger** [əs-
'trɔlədʒə] s *Astrolog, Sterndeuter* m **~logic(al)**
[æstrə'lɔdʒik(əl)] a (~cally adv) *astrologisch*
~logy [əs'trɔlədʒi] s *Astrologie, Sterndeuterei* f
~naut ['æstronɔ:t] s = astrogator **~nautics**
[æstro'nɔ:tiks] [sg konstr] *Weltraumschiff-
fahrt* f **~nomer** [əs'trɔnəmə] s *Astronom, Stern-
forscher* m; **~-royal** *königlicher or staatl. Stern-
wartendirektor* m **~nomic(al)** [æstrə'nɔmik(əl)]
a (~cally adv) *astronomisch* (⟨a fig⟩ *Zahl*);
~ *year Sternjahr, siderisches Jahr* n **~nomy**
[əs'trɔnəmi] s *Astronomie, Sternkunde* f

astute [əs'tju:t] a (~ly adv) *scharfsinnig* ‖
schlau, listig **~ness** [~nis] s *Scharfsinn* m ‖
Schlauheit f

asunder [ə'sʌndə] adv *auseinander, getrennt*;
to tear ~ (*in Stücke*) *zerreißen*

asylum [ə'sailəm] s L [pl ~s] *Asyl, Zuflucht,
Zufluchtsstätte* f ‖ *Heim* n; lunatic ~ *Irrenhaus* n
‖ ~ for alcoholics ⟨Am⟩ = inebritates' home
Trinkerheilstätte, Entwöhnungsanstalt f

asymmetric(al) [,æsi'metrik(əl)] a (~cally adv)
unsymmetrisch, ungleichförmig **~try** [æ'simitri]
s *Asymmetrie, Ungleichförmigkeit* f

asymptote ['æsimtout] s ⟨math⟩ *Asymptote* f
asynchronous [æ'siŋkrənəs] a *asynchron,
Asynchron–* (motor)

at [æt, w f ət] prep **1.** (Ort) in [dat] (~ Hull) ‖
~ church, ~ school *in der Kirche, Schule*; he
was ~ Oxford *er war als Student, studierte in O.*
(sonst: he was in O.) ‖ ⟨Am⟩ ~ the North *im
Norden* (*des Landes*) ‖ **in**: ~ the hotel, ~ the
"Unicorn"; ~ my place, rooms, house; he does
well ~school ‖ ~ the battle of Blenheim ‖ born
~ Hull ‖ the zoo ~ Regent's Park ‖ **an** [dat]: ~
the top; arrival ~ the destination; to sit ~ the
window, ~ a table; ~ the front; ~ the seaside
(*See* f); ~ the edge of the wood; ~ my side; to
stop ~ a square; ~ the end of the book; ~ the
bottom of the page, glass; ~ the corner; ~ the
ticket office; warm your hands ~ the fire;
quench your thirst ~ the spring ‖ ⟨fig⟩ to be ~
the helm *am Ruder s* (= *herrschen*) ‖ to smell
(~) a rose ‖ he works ~ his music ‖ **auf** [dat]:
~ a ball, congress, dinner, fair, wedding,
~ an exhibition ‖ ~ the bottom of the sea; ~
half-mast (= hoisted to h.-m.); cook is ~ (the)
market ‖ the thermometer is ~ zero; open your
book ~ page 10; ~ a great distance ‖ ⟨fig⟩ ~
the summit of his power ‖ ~ stake, interest,
heart ‖ **bei** [dat] ~ my uncle's (*od* with my
uncle) *bei m–m O.*; stop ~ the church; defeated
~ Blenheim; ~ an interview, auction; ~ the
next election; ~ a football-match; to look on
~ a match ‖ ⟨übtr⟩ ~ zero *bei Null Grad*, ~ a
temperature of ..; to take a p ~ his word *jdn
beim W. nehmen* ‖ **durch** [acc]: to get in ~ the
window *durchs F., zum F. einsteigen; so*: to
enter ~ the back-door (vgl *Richtung: zu*) ‖ **vor**
[dat] to lie *od* ride ~ anchor *vor A. liegen*; the
table stands ~ the window; he stopped ~ the
door; winter is ~ the door ‖ **zu** [dat]: he was

~ her feet *er lag ihr zu Füßen*; ~ home *zu
Hause*; ~ (*od* on) my right *z m–r Rechten* ‖
(**Fähigkeit**) **in**: he's good ~ it, ~ tennis, painting, Latin; he's quick ~ figures .. *im Rechnen*;
‖ (**Zeit**) **bei** [dat]: ~ his arrival; ~ low tide;
~ every step; ~ sunrise, dawn; ~ night; ~ the
first opportunity; ~ the opening of Parliament;
~ his death ‖ **in** [dat]: ~ my age, ~ an early
age, ~ the moment; ~ this stage of development *in diesem Stadium*; ~ regular intervals
‖ **mit** [dat]: ~ the age of 20 *mit 20 Jahren* ‖
(*Frist*) he may be dismissed ~ a month's notice
.. *mit monatlicher Kündigung(sfrist)* .. ‖ **nach**
[dat]: ~ the expiration of this time *nach Ablauf* .. ‖ **um** [acc]: ~ 2 o'clock, ~ about, ~
midnight, ~ the same hour *zur selben St.*; ~
noon *unter* (= *zu*) *Mittag* ‖ **zu** [dat]: ~ this
time; ~ times *zuweilen*; ~ the beginning, turn,
end of the 19th century; ~ Easter; ~ meal-
time *zur Essenszeit*; ~ long last *zu guter Letzt*;
~ a wrong time *zur Unzeit, zu ungelegener Zeit*
‖ (**Richtung**) ⟨mil⟩ ~ close interval! *aufschließen!* ‖ **an** [acc]: he threw the ball ~ my head ..
mir an ..; to sit down ~ a table; to knock ~ the
door; to put a full stop ~ the end of a sentence
‖ **auf** [acc], **nach** [dat]: to aim ~ ‖ **nach** [dat]:
he clutched ~ a plank; drowning men catch ~
straws .. *greifen nach* .. ‖ **vor** [acc]: she threw the
money ~ his feet .. *ihm vor die F.* ‖ **zu** [dat]: to
climb in, look out ~ the window .. *zum F.
hinein, .. hinaus* (vgl *Ort*: *durch, zu*) ‖ it went in
~ one ear and out ~ the other ‖ to look up ~
the sky *zum Himmel aufblicken* ‖ ⟨fig⟩ (**Ziel**) **zu**
[dat]: he arrived ~ this conclusion, ~ a settlement ‖ ⟨übtr⟩ (**Art u Weise**) **auf** [acc]: ~ the
risk of his life, ~ the risk of hurting a p's
feelings *auf die Gefahr hin .. [z tun]* ‖ ~ the
first stroke; ~ a draught *auf einen Zug*; ~ my
expense .. *Rechnung* ‖ (**Zustand**) **an, bei** [dat]:
to be ~ work ‖ **in** [dat]: ~ peace, liberty,
enmity; to be ~ a disadvantage *im N. s* ‖
(**Ursprung**) **aus, von** [dat]: to receive a th ~ a
p's hands .. ‖ (**Grund**) **an** [dat]: to be shocked ~
s.th *an etw Anstoß nehmen, sich an etw stoßen*
‖ **über** [acc]: to blush, rejoice, grieve, laugh,
mock, sneer, shudder, grumble, marvel, wonder
~ a th ‖ angry, vexed, annoyed, amazed,
alarmed, delighted, shocked ~ ‖ joy, anger,
grief, amazement ~ ‖ **vor** [dat]: to recoil ~ such
a sight *vor .. zurückweichen* ‖ to take a disgust ~
a medicine, sight, smell *Ekel bek vor ..* ‖ (**Befehl,
Bitte, Veranlassung**) **auf** [acc]: at his instigation,
suggestion, request ‖ (**Betrag, Maß, Preis, Zahl**)
auf [acc]: to estimate ~ 20 ‖ **in** [dat]: ~ a snail's
pace *im Schneckentempo* ‖ ~ a smart pace;
full gallop ‖ **mit** [dat]: charged ~ *berechnet mit*
‖ **um** [acc]: ~ the same price; at any price; to
work ~ a modest salary; ~ 5 s a £ ‖ **zu** [dat]:
~ the rate of *zum Kurse v*; ~ a low price
zu niederem Pr.; ~ cost price *zum Einkauf-
preis* ‖ (**Verfügung**) **zu** [dat]: at your
disposal, command ~ your service
Ihnen zu Diensten **2. a.** ~ all *überhaupt* ‖ not ~
all *durchaus nicht* ‖ ~ best *im besten Falle,
bestenfalls* ‖ ~ bottom *im Grunde genommen* ‖
~ your choice *nach Wahl* ‖ ~ the lowest com-
putation *nach der niedrigsten Berechnung* ‖ ~ the
corner *an der Ecke* ‖ ~ a distance *in einiger
Entfernung* ‖ out ~ elbows *am Ellbogen zerrissen*: *schäbig* ‖ ~ all events; ~ any rate *auf
alle Fälle* ‖ ~ an end *zu Ende, aus, verflossen*
~ hand *zur Hand, bei der H.* ‖ ~ home *zu
Hause, daheim* ‖ ~ last *endlich* ‖ ~ least *wenigstens, zum wenigsten; freilich, jedoch; das heißt*
~ arm's length *fern vom Leibe, auf Armlänge* ‖
you are ~ liberty *es steht Ihnen frei, Sie können
..* ‖ ~ a p's mercy *in jds Gewalt* ‖ ~ most
höchstens ‖ ~ once *auf einmal, sofort, zu gleicher*

Zeit || ~ one *einig* || to be ~ play *beim Spiel s* || ~ pleasure *nach Belieben* || ~ any price *um jeden Preis* || ~ sea *zur See* || ~ a time *auf einmal* (two ~ a time) || ~ times *zuweilen* || ~ war *in Kriegszeiten, im Krieg* || ~ work *bei der Arbeit* **b.** to be ~ a thing *etw vorhaben, mit etw beschäftigt s* || what are you ~? *was machst du da?* | to be good ~ *gut, geschickt s in* || to be hard ~ it *vollauf beschäftigt s, gehörig hinterher s* || I will take it ~ that *ich will es zu dem Preise nehmen*; .. *es so gelten l* || and ~ that *und noch dazu*

atabrine [ˈætəbriːn] s ⟨med⟩ *Anti-Malaria-Mittel* n

ataraxy [əˈtærəksi] s ⟨psych⟩ *Ausgeglichenheit* f

ataunto [əˈtɔːntou] adv ⟨mar⟩ *mit allen Segeln*

atavism [ˈætəvizm] s ⟨biol⟩ *Atavismus, Entwicklungsrückschlag* m, *Wiederauftreten* n *gewisser Eigenschaften der Ahnen* –**vistic** [ætəˈvistik] a *atavistisch*

ataxy [əˈtæksi] s ⟨med⟩ *Ataxie, Bewegungsstörung* f; *locomotor* ~ *Störung* f *der Bewegungsorgane*

ate [et, eit] pret *v* to eat

atelier [ˈætəliei] s *Atelier* n

Athanasian [æθəˈneiʃən] a *athanasianisch* || ~ Creed ⟨ec⟩ *Athanasianisches Glaubensbekenntnis* n

atheism [ˈeiθiizm] s *Atheismus* m, *Gottesleugnung* f **atheist** [ˈeiθiist] s *Atheist, Gottesleugner* m ~**ic(al)** [ˌeiθiˈistik(əl)] a (~cally adv) *atheistisch*

Athenæum [ˌæθiˈniːəm] s *Athenäum* n || ⟨fig⟩ *literar. or wissenschaftlicher Klub* m, the ~ (*in London*) || *Lesesaal* m; *öffentl. Bibliothek* f

athirst [əˈθəːst] pred a ⟨poet⟩ *durstig* || ⟨fig⟩ *begierig* (for)

athlete [ˈæθliːt] s *Athlet, Wettkämpfer* m; *gr Sportsmann* an ~'s foot *Sportflechte* f || ~'s heart *Herzerweiterung* f

athletic [æθˈletik] **1.** a (~ally adv) *athletisch, Kampf-; Sport-*; ~ sports *athletische Wettspiele* n pl, *Leichtathletik* f || *Athleten* || *stark, muskulös* **2.** s ~**s** pl [sg & pl konstr] *Leichtathletik* f, *Sport* m (~ is recommended; our ~s are football and basketball) ~**ism** [æθˈletisizm] s = athletics

athodyd [ˈæθodid] s (*Abk f:* aero-thermodynamic duct) *Staustrahl-Triebwerk, L(orin)-Triebwerk* n, *Strahldüse* f, → ramjet

at-home [ətˈhoum] s *Empfangszeit* f, *–tag* m, (*informeller Nachmittags-)Empfang* m

–athon *lebendes Suffix* (*vgl* Marathon) *z Bildung v subst* m *d Bedeutung v Dauer–,* → talkathon

athwart [əˈθwɔːt] **1.** adv *quer, schräg, schief*; ⟨mar⟩ *dwars, dwarsüber* **2.** prep *querüber, durch* | ~-hawse *quer vor dem Bug e–s anderen vor Anker liegenden Schiffes* || ~-ships *querschiffs, dwarsschiffs*

atilt [əˈtilt] adv *vornübergeneigt, kippend* || ⟨mil⟩ *mit gefällter Lanze* || to run, ride ~ against, at (a p) *zu Pferde auf (jdn) losgehen,* (*jdn*) *angreifen* (*mst* fig)

a-tissue [əˈtiʃuː] ⟨hum intj⟩ (*niesend*) *hatschi!*

atlantes [ətˈlæntiːz] s pl ⟨arch⟩ *Atlanten, Telamone* m pl

Atlantic [ətˈlæntik] **1.** a *atlantisch; transozeanisch* (cable); ⟨Am⟩ *Ost-, östlich* (ports); ~ Charter *Atlantik-Charta* f (*in der Roosevelt u Churchill 1941 die Nachkriegsziele ihrer Länder festlegten*); the ~ Ocean → **2.** s: the ~ *der Atlantische Ozean* m

atlas [ˈætləs] s [pl ~es] *Hauptstütze* f, *–träger* m || *oberster Halswirbel* m || ⟨geog⟩ *Atlas* m; *–format* n; *großes Zeichenpapierformat* n

atmosphere [ˈætməsfiə] s ⟨phys⟩ *Atmosphäre*

f, *Luftkreis* m || *Luft* f || ⟨fig⟩ *Atmosphäre, Stimmung* f; *Wirkungskreis, Einfluß* m, *Umgebung, Umwelt* f || [*mit* pl ~s] *Einheit* f *des Drucks v Flüssigkeit od Gas*

atmospheric(al) [ˌætməsˈferik(əl)] a (~cally adv) *atmosphärisch, Luft-, Witterungs-*; *Wetter-* (corrosion) || *luftartig, luftförmig* | || ⟨meteor⟩ ~(al) condition *Wetterlage* f || ~al conditions [pl] *Wetterverhältnisse* n pl || ~ disturbance *Luftstörung* f || –c engine *Luft(druck)maschine* f; –c pressure *Luftdruck* m –**spherics** [ætməsˈferiks] s pl ⟨wir⟩ *Ätherwellen* f pl; ⟨wir⟩ *Luftstörungen, –geräusche* pl || ⟨fam⟩ *Witterungsverhältnisse* n pl

atole [əˈtouli] s ⟨W Am⟩ *Maismehl* n, *–brei* m

atoll [əˈtɔl] s *Atoll* n, *ringförmige Koralleninsel* f

atom [ˈætəm] s *Atom* n || *Deut* m, *Kleinigkeit* f, *Bißchen* n, *Spur* f (not an ~ of truth, .. of sense); to smash to (into) ~s *kurz u klein brechen* || ~ bomb *Atombombe* f; ~ smasher *–zertrümmerer* m; ~ smashing *–zertrümmerung* f; ~ splitting *–zerlegung* f, *–zerfall* m ~**ic** [əˈtɔmik] a (~ally adv) *atomartig, atomlich, Atom-* || ~ armament *Atombewaffnung* f, *–waffen* f pl || ~ attack *–waffenangriff* m || ~ bomb *–bombe* f || ~ energy control *–energiekontrolle* f || ~ energy plant *–kraftwerk* n || ~ explosive *–sprengstoff*; ~ e.s [pl] *–sprengkörper* m pl || ~ fission *–spaltung* f || ~ fuel *–treibstoff* m || ~ nucleus [pl nuclei] *–kern* m || ~ number (–)*Ordnungszahl* f || ~ pile *–säule* f; *Pile* n (f Kettenreaktion) || ~ race *Wettlauf in der Herstellung v –bomben* || ~ raw material *Ausgangsstoff z –energiegewinnung* || ~ scientist *–forscher* m || ~ structure *–struktur* f, *–bau* m || ~ war(fare) *–krieg* m || ~ weight *–gewicht* n ~**ism** [~izm] s *Atomismus* m, *Atomlehre* f ~**ist** [~ist] s *der Atomist* m ~**ization** [ˌætəmaiˈzeiʃən] s *Zerstäubung* f ~**ize** [~aiz] vt *in Atome auflösen, zerkleinern* | *zerstäuben* || ~d oil *Öl(sprüh)nebel* m ~**izer** [~aizə] s *Zerstäuber* (*Apparat*) m | ~ valve ⟨mot⟩ *Einspritzventil* n | ~**y** [~i] s **1.** *Skelett* n || ⟨fig⟩ *lebendes Skelett* n **2.** *Atom* n

atone [əˈtoun] vi to ~ for a th *büßen f etw, etw sühnen, wiedergutmachen; Ersatz leisten für* || ~**ment** [~mənt] s *Buße, Sühne, Genugtuung* f, *Ersatz* m | to make ~ for (*etw*) *wiedergutm, sühnen*

atonic [æˈtɔnik] **1.** a ⟨gram⟩ *tonlos, unakzentuiert* || ⟨med⟩ *kraftlos, abgespannt, schwach* || ⟨mus⟩ *atonal* **2.** s *unakzentuiertes Wort* n

atop [əˈtɔp] **1.** adv *oben, obenauf, zu oberst* **2.** prep (*oben*) *auf*

atrabilious [ˌætrəˈbiljəs] a *schwarzgallig* || *melancholisch, schwermütig;* ⟨fig⟩ *scharf* ~**ness** [~nis] s *Gallsucht* f || *Schwermut* f

atrip [əˈtrip] adv ⟨mar⟩ (of the anchor) *gelichtet*

atrium [ˈeitriəm] s L [pl *–ia,* ~s] *Atrium* n, *Vorhalle* f || ⟨anat⟩ *Vorkammer* f (*des Herzens*)

atrocious [əˈtrouʃəs] a (~ly adv) *entsetzlich, grausam, abscheulich, scheußlich, gräßlich;* ⟨fam⟩ *schlimm* ~**ness** [~nis] s *Abscheulichkeit, Scheußlichkeit* f; *Greueltat* f; *Greuel* m

atrocity [əˈtrɔsiti] s = atrociousness || ⟨fam⟩ „°*Kreuzbock", grober Fehler, Verstoß* m

atrophy [ˈætrəfi] s **1.** ⟨med⟩ *Atrophie, Abmagerung, –zehrung, Verkümmerung* f ⟨a fig⟩ **2.** vt/i *auszehren; zermürben* | vi *absterben*

atropine [ˈætrəpiːn] s ⟨chem⟩ *Atropin* n

atta [ˈætə] s ⟨AInd⟩ *Weizenmehl* n

attaboy [ˈætəbɔi] intj ⟨Am sl⟩ (*anfeuernd*) °*immer feste druff!*; (*anerkennend*) *bravo!*

attach [əˈtætʃ] vt/i **1.** vt *festmachen, befestigen* (to *an*) | *anheften, anknüpfen, anfügen* (to *an*) | (*Bedeutung*) *beilegen* (to a th *e–r S*) || ⟨mil⟩ (*jdn*) *zuteilen* (to) || ⟨fig⟩ (*Personen*) *an sich ziehen, ge-*

winnen || ⟨jur⟩ *verhaften, mit Beschlag belegen* | to ~ o.s. to *sich anschließen an* || to be ~ed to *gehören z*; *zugetan s, hangen an*; to become ~ed to *liebgewinnen* **2.** vi *haften, sich knüpfen* (to *an*) | *verknüpft s* (to *mit*); no blame ~es to him *ihn trifft k–e Schuld* | *in Kraft treten* or *bleiben* | *insurance* ~es *Versicherungsschutz beginnt* ~**able** [~əbl] a (–bly adv) *verknüpfbar* (to) || ⟨jur⟩ *verhaftbar, mit Beschlag belegbar* | *hingabefähig* ~**ed** [~t] a ⟨anat⟩ *unbeweglich, fest*; ⟨arch⟩ *eingebaut* | *zugetan* ~**ing** [~iŋ] a *Anschluß*– (plug *–stecker* m)

attaché [ə'tæʃei] s Fr *Attaché* m | ~ *case kl viereckiger Akten–, Stadt–, Handkoffer* m ~**ship** [~ʃip] *Posten* m *e–s A.*

attachment [ə'tætʃmənt] s *Anknüpfung, Anfügung* f (to *an*); *Anhängsel, Angefügtes, Beiwerk* n (to) || *Befestigung, Verbindung* f; ⟨tech⟩ *Ein–, Anbau* m, *Anbringung, Vorrichtung, Aus–, Zurüstung* f; *Zubehörteil* n; ~s [pl] *Ausstattung* f | *Treue* (to *zu*), *Ergebenheit, Anhänglichkeit* f || *Neigung, Zuneigung, Liebe* f (to, for *zu*) | ⟨jur⟩ *Verhaftung, Beschlagnahme* f; *Sach-Pfändung* f, → garnishment; foreign ~ ⟨jur⟩ *Beschlagnahme* f *des Eigentums e–s Ausländers* | ~ plug ⟨el⟩ *Zwischenstecker* m; ~ proceedings [pl] (*Sach*-)*Pfändungsverfahren* n; ~ screw *Klemm-, Stellschraube* f

attack [ə'tæk] vt *angreifen* || *angreifen, beschimpfen*, (*Ruf*) *antasten* || *in Angriff nehmen, anpacken* || ⟨med⟩ *befallen* || ⟨chem⟩ *angreifen* || ⟨mus⟩ *einsetzen bei* ⟨allg⟩ ~**able** [~əbl] a *angreifbar* ~**er** [~ə] s *Angreifer, der angreifende Teil* m **attack** [ə'tæk] s ⟨mil & sport⟩ *Angriff* m (from a p *von Seiten jds*; on *auf*) || *Angriff* (*durch Worte*) m (on *auf*) || ⟨med⟩ *Anfall* m || ⟨chem⟩ *Angreifen* (*von Säuren*) n || ⟨mus⟩ (*sicherer*) *Einsatz* m | ~ transport ⟨mil⟩ *Landungsschiff* n

attain [ə'tein] vt/i *erlangen, erreichen, gelangen zu* (a th) | vi to ~ to *gelangen zu, erreichen* (to ~ to *power*, to *knowledge*) ~**ability** [ə‚teinə'biliti], ~**ableness** [~əblnis] s *Erreichbarkeit* f ~**able** [~əbl] a *erreichbar*

attainder [ə'teində] s ⟨jur⟩ (*Folgen für e–n durch Todesurteil* or *Ächtung Geschändeten*:) *Verlust* m *der bürgerlichen Ehrenrechte, und Einziehung* f *des Eigentums* | *act, bill of* ~ ⟨parl⟩ *Parlamentsbeschluß, der ohne gerichtl. Verhandlung zum* ~ *führt*

attainment [ə'teinmənt] s *Erreichung, Erlangung* f; *Verwirklichung* f (of the objectives of a treaty) || *das Erreichte* n, *Errungenschaft* f | ~s [pl] *Kenntnisse, Fertigkeiten, Errungenschaften* f pl

attaint [ə'teint] vt ⟨jur⟩ (*jdn*) *dem attainder* (→ *d*) *aussetzen*; ⟨hist⟩ *jdn zum Tode verurteilen* || (of disease) (*jdn*) *befallen, anstecken* || ⟨fig⟩ *beflecken, entehren*

attar ['ætə] s *Blumenessenz* f || ~ of roses *Rosenöl* n

attemper [ə'tempə] vt *durch Mischung verändern*; *schwächen* || (*Temperatur*) *regulieren* || (*Metall*) *tempern* || ⟨fig⟩ *dämpfen, mäßigen, besänftigen, lindern* | *anpassen* (to *an*) [a refl] || *in Einklang bringen* (to *mit*) ⟨a fig⟩ ~**ator** [~reitə] s *Temperaturregler*, ⟨brew⟩ *Bottichschwimmer* m ~**ment** [~mənt] s *richtige Mischung* f

attempt [ə'tempt] **1.** vt *versuchen, unternehmen* (a th; to do; doing); *zu bewältigen suchen*; *anpacken* || to ~ a p's life *e–n Mordversuch auf jdn* m **2.** s *Versuch* m (at interpretation *der Interpretation*; at a play *zu e–m Stück, e–s Stückes*; to do) || *Unternehmung, Bemühung* f || *Angriff* m, *Attentat* n (upon a p's life *auf jds Leben, auf jdn*)

attend [ə'tend] vt/i **1.** vt † *beachten, merken auf* | (*dienstlich*) *begleiten* || *bedienen, aufwarten,*

pflegen; *jdm s–e Aufwartung* m, (of doctors) *behandeln* || ⟨fig⟩ *begleiten*, to be ~ed with *begleitet s v, nach sich ziehen*; ~ing *begleitend, Neben-* | *beiwohnen*; *anwesend s bei* (*etw*) || (*Schule*) *besuchen*, (*Vorlesung*) *hören* **2.** vi *achtgeben, aufmerken* || ~! *aufgepaßt!* || *da* or *zugegen s* (at *bei*, in) | to ~ on (a p), (*jdn*) *begleiten*, (*jdm*) *folgen*; (*jdm*) *aufwarten, dienen*, (*jdn*) *bedienen*; *pflegen*; *warten auf, befolgen* (on a p's orders) | to ~ to *achten, achtgeben, hören auf*; *sich kümmern um*; *sich befassen mit, besorgen, abmachen, erledigen*; *bedienen* ~**ance** [~əns] s *Dienst* m (hours of ~ –*stunden* pl) || *Bedienung, Aufwartung, Pflege* f (upon a p *jds*) || ⟨tech⟩ *Bedienung, Wartung* f | *Anwesenheit* (at *bei*), *Gegenwart* f, *Besuch* m (at a lecture *e–s Vortrags*) | † *Begleitung* f, *Gefolge* n | *Zuhörerschaft* f, *Besuch* m | in ~ *im Dienst, diensttuend* || to be in ~ at *anwesend s bei, teilnehmen an*; . . in ~ on a p *jdm aufwarten* || to dance ~ upon a p *jdm den Hof* m, *um jdm dienstbeflissen herumtanzen* | ~ list *Anwesenheitsliste* f ~**ant** [~ənt] **1.** a *begleitend, folgend* | *abhängig, im Dienst befindlich* (on, upon a p *bei jdm*) || *anwesend* || the ~ consequences *die sich anschließenden Folgen* **2.** s *Begleiter* m || *Diener, Wärter, Knecht* m || ~s [pl] *Begleitung; Dienerschaft* f, *Gefolge* n | *Begleiterscheinung* f (on, upon a th *e–r S*) | ~ path ⟨rail⟩ *Fußpfad* m

attention [ə'tenʃən] s *Aufmerksamkeit* f, with close ~ *mit angespannter A.*; to be all ~ *ganz Ohr s, ganz bei der S s*; to attract ~ *A. erregen*; to arrest, hold, rivet a p's ~ *jds A. fesseln*; to draw od call ~ (a p's ~) to *die* (*jds*) *A. lenken auf*; to focus one's ~ on *s–e A. richten auf*; to pay, give ~ to *achtgeben auf, A. schenken* (*e–r S*); (*e–r S*) *nachgehen*, –*forschen*, (*e–e S*) *prüfen, bedenken, untersuchen* | *Beachtung* f (to crave for ~); *Gefälligkeit* f (delicate ~); *Freundlichkeit* f | to receive ~ ⟨com⟩ *bearbeitet, ausgeführt w* | *assuring you of our best* ~ at all times . . *stets gerne zu Ihren Diensten* . . || ~s [pl] *Höflichkeitsbezeugungen* f pl; to pay one's ~s to (*jdm*) *den Hof* m | ⟨mil⟩ *militär. Haltung* f, to stand ~, to stand at *od* to, to come (*od* spring) to ~ *stramm stehen* || ~! *Achtung! stillgestanden!* (to the ~ of Mr. N. *zu Händen v Herrn N.* (*als Bearbeiter*); → care I. 4. | ~ position ⟨mil⟩ *Grundstellung* f **attentive** [ə'tentiv] a (~ly adv) *aufmerksam, bedacht* (to *auf*); *gefällig*

attenuant [ə'tenjuənt] **1.** a *verdünnend* **2.** s *verd–de Medizin* f

attenuate [ə'tenjueit] vt *verdünnen* || *verkleinern, vermindern* || ⟨fig⟩ *mildern, schwächen* || *verflüchtigen* || ⟨el⟩ *dämpfen*

attenuate [ə'tenjuit], ~**d** [ə'tenjueitid] a *verdünnt* || *dünn, abgemagert* –**tion** [ə‚tenju'eiʃən] s *Abmagerung* f || *Verkleinerung, Schwächung* f | *Verdünnung* f || ⟨telv⟩ *Dämpfung* f; [attr] *Dämpfungs-:* ~ *distortion* –*verzerrung* f; ~ *characteristic* –*verlauf* m; ~ *compensation*, ~ *correction*, ~ *equalization* –*entzerrung* f

attest [ə'test] vt/i *bezeugen, beglaubigen, bescheinigen* | *bestätigen*; *beweisen* || (*Truppen* etc) *vereidigen, einstellen* | vi *bezeugen* (to a th *etw*) || *Soldat w* ~**ation** [‚ætes'teiʃən] s *Bezeugung* f, *Zeugnis* n, *Beweis* m, *Bescheinigung, Bestätigung* f | *Beglaubigung* f || ⟨mil⟩ *Eidesleistung* f || ~**or** [ə'testə] s *Zeuge* m

attic ['ætik] s *Dachstube* f; *gebrochenes* or *französisches Dach* n || ⟨arch⟩ *Attika* f || ~s [pl] –*geschoß* n, → mansard || ⟨fig⟩ *Oberstübchen* n

Attic ['ætik] a *attisch, athenisch* || ⟨fig⟩ *klassisch* || ~ *order attische Säulenordnung* f || ~ *salt, wit feiner, beißender Witz* m || ~**ism**

['ætisizm] s *Vorliebe* f *f Athen* || *attischer Stil* or *Ausdruck* m || ⟨fig⟩ *verfeinerte Redeweise* f

attire [ə'taiə] **1.** vt *kleiden, anziehen* || *putzen, schmücken* **2.** s *Kleidung, Tracht* f, *Anzug, Putz, Schmuck* m

attitude ['ætitju:d] s *Stellung, Haltung* (to, towards *gegen, zu*); *Stellungnahme* f || *Körperhaltung* f || *Verhalten, Benehmen* n || ⟨aero⟩ *Fluglage* f; ~ *gyro künstlicher Horizont* m | ~ of mind *Geisteshaltung* f || to strike an ~ *e-e theatral. Haltung annehmen; sich in Positur setzen* || to take up, assume an ~ *e-e Haltung an–, einnehmen* –**dinize** [ˌæti'tju:dinaiz] vi *eine gezierte Haltung annehmen, posieren, geziert schreiben* or *sprechen*

attle ['ætl] a ⟨min⟩ *mager, taub, erzarm*

attorn [ə'tɔ:n] vt/i ⟨jur⟩ (*Besitz* etc) *auf anderen Lehnsherrn übertragen* | vi *huldigen* (to a p *jdm*) || to ~ tenant to a p *sich als Pächter jds bekennen*

attorney [ə'tɔ:ni] s *Bevollmächtigter, gesetzlicher Vertreter* m || ⟨allg⟩ *Sachverwalter, Anwalt* m; ~ for the defense ⟨Am⟩ *Verteidiger* m; circuit ~ *Amtsanwalt*; ~ at law *Rechtsanwalt*; ~'s fees *Anwaltsgebühren* f pl || by ~ *in Vertretung, im Auftrage* || ⌐-General (pl ⌐s-General) *erster Kronanwalt* (*dem Kabinett nicht angehöriger Minister*); ⟨Am⟩ *Bundesgeneralanwalt u Justizabteilungsleiter* m (*Kabinettsmitglied*), *Generalstaatsanwalt* (*e-s Einzelstaates*) || ~-in-fact ⟨jur⟩ *Bevollmächtigter, Beauftragter, Vertreter* m

attorney [ə'tɔ:ni] s: letter of ~, power of ~ jur⟩ *Prozeßvollmacht* f

attract [ə'trækt] vt *anziehen* || ⟨fig⟩ *fesseln, locken, anziehen,* (*jdm*) *gefallen* | to ~ a p to *jdn aufmerksam m auf* || to ~ a p's attention *jds Aufmerksamkeit erregen* || to be ~ed to *hingezogen w zu* (by *durch*) ~**ability** [əˌtræktə'biliti] s *Anziehbarkeit* f ~**able** [~əbl] a *anziehbar* (*durch Magnet*)

attraction [ə'trækʃən] s *Anziehung* f || *Anziehungspunkt* m; the ~ of the evening *Hauptzugnummer* f *des Abends* || *Anziehungskraft* f (to exert ~ on *A. ausüben auf*), *Reiz* m (for *für*) || *Vorliebe, Neigung* (for *für*) || ⟨phys⟩ *Attraktion, Anziehung* f (magnetic ~, molecular ~); ~ of gravity ⟨phys⟩ *Gravitationskraft* f

attractive [ə'træktiv] a (~ly adv) *anziehend* || ⟨fig⟩ *reizend, fesselnd; verführerisch, verlockend* (S); *gefällig, sympathisch* (P); ⟨com⟩ *ansprechend* ~**ness** [~nis] s *anziehendes Wesen* n; no ~ *nichts Anziehendes* || *Reiz* m

attributable [ə'tribjutəbl] a *beilegbar, zuschreibbar* (to)

attribute ['ætribju:t] s *Attribut* n; *charakter. Eigenschaft* f, *Merkmal* n || ⟨gram⟩ *Attribut* n

attribute [ə'tribju:t] vt *zurückführen* (to *auf*); *zuschreiben, beimessen, beilegen* (to a p *jdm*, to a th *e–r S*)

attribution [ˌætri'bju:ʃən] s *Zuschreibung* (to a p), *Beilegung* f || *übertragene Eigenschaft, Funktion, Gewalt* f

attributive [ə'tribjutiv] ⟨gram⟩ **1.** a (~ly adv) *attributiv* **2.** s *Attribut* n

attrite [ə'trait], –**ted** [~id] a *abgerieben, abgenutzt* ⟨a fig⟩ –**tion** [ə'triʃən] s *Reibung, Abreib–*; *Abnutz–* f; ⟨fig⟩ *Erschlaff–, Zermürbung* f; *Verschleiß* m; war of ~ *Erschöpfungskrieg* m || ⟨theol⟩ *Reue* f || ~ product ⟨tech⟩ *Ausmahlprodukt* n

attune [ə'tju:n] vt *in Einklang bringen* (to *mit*), *anpassen* (to *an*); (*Sinn*) (*ab*)*stimmen* (to *auf*); ~d to *gestimmt, eingestellt auf* || (*Instrument*) *stimmen*; *melodisch* m || ⟨wir⟩ *einstellen*

aubergine ['oubədʒi:n] s ⟨bot⟩ = egg-plant

auburn ['ɔ:bən] a *rötlichbraun, hellbraun, kastanienbraun* (hair)

au courant [o:'ku:rəŋ] pred a [Fr] ~ with *auf dem Laufenden* m (*Ereignissen*)

auction ['ɔ:kʃən] **1.** s *Auktion, Versteigerung* f || Dutch ~ *Auktion* f *mit Erniedrigung der Preise, bis sich ein Käufer findet* || to sell by ~, to put up for ~ *versteigern, verauktionieren* || to be placed on the ~ block ⟨Am⟩ *unter den Hammer k* || ~-mart *Auktionslokal* n **2.** vt (*a* ~ off) *versteigern* ~**eer** [ˌɔ:kʃə'niə] s *Auktionator, Versteigerer* m ~**eering** [ˌɔ:kʃə'niəriŋ) s *Versteigern* n

audacious [ɔ:'deiʃəs] a (~ly adv) *kühn, verwegen* || *dreist, unverschämt, keck* ~**ness** [~nis], –**city** [ɔ:'dæsiti] s *Kühnheit* f || *Dreistigkeit, Unverschämtheit, Keckheit* f

audibility [ˌɔ:di'biliti], –**bleness** ['ɔ:dəblnis] s *Hörbarkeit, Vernehmbarkeit* f || range of –bility *Hörbereich* m **audible** ['ɔ:dəbl] a (–bly adv) *hörbar, vernehmlich* (to *für*); *akustisch* (signal)

audience [ɔ:djəns] s *Gehör* n, *Anhörung* f || *Audienz* f (of, with *bei*), *Zutritt* m || *Auditorium* n, *Zuhörerschaft* f; *Publikum* n, *die Leser* pl, *Leserkreis* m (*e-s Buches*) | to give ~ *Gehör geben*; *anhören* || to give, grant an ~ *eine Audienz erteilen* (to a p) || to receive in ~ *in A. empfangen*

audio– ['ɔ:dio] ⟨Am⟩ *Hör–, Ton–, Radio–* (*Ggs* video *Fernseh-*) ~-broadcasting *Rundfunk-* (*sendung* f) m || ~-(-)control ⟨aero⟩ *Eigenverständigung* f || ~ engineer ⟨bes Am⟩ *Toningenieur* m || ~-frequency *Tonfrequenz* f || ~-mixer *Tonmischtafel* f || ~-range *Tonbereich* m || ~-transmitter *Rundfunksender* m || ~-visual *audiovisuell, optisch-akustisch* (aid *Hilfsmittel*); *Rundfunk- u Fernseh–*; ~-visual instruction *Unterricht* m *mit Lehrtonfilmen*

audiometer [ˌɔ:di'ɔmitə] s *Hörmeßgerät* n; ⟨phys med⟩ *Audiometer* n; ⟨phys⟩ *Geräuschmesser* m **audion** ['ɔ:diən] s ⟨wir⟩ *Audion* n; *Kathodenröhre* f **audiophile** ['ɔ:diofail] s ⟨fam⟩ *Schallplattenfex* m

audit ['ɔ:dit] **1.** s *amtl. Rechnungsprüfung, Bücherrevision* f || *Hauptrechenschaftsbericht* m; ⟨fig⟩ *Jüngstes Gericht* n || *Pachtzahlung* f | ~ ale *starkes dunkles Bier* n || ~-office *Rechnungsamt* n, *–kammer* f **2.** vt *amtlich revidieren,* (*Rechnung*) *prüfen*

audition [ɔ:'diʃən] **1.** s *Gehör, Anhören* n; ⟨Am⟩ *Probe, Prüfung* f || *Vorführung* f || *Hörkraft* f **2.** vt/i (*P*) *vorsingen, –sprechen, –spielen l* || to be ~ed *vorsingen etc dürfen* or *können* | vi *vorsingen, –spielen*

auditive ['ɔ:ditiv] a *zum Hören geeignet*; *Gehör-*

auditor ['ɔ:ditə] s † *Zuhörer* m || ⟨univ⟩ *Gasthörer* m || ⟨com⟩ *Rechnungsrevisor* m || ~s of the exchequer *Kollegium* n *der Rechnungskammer* || ⌐ General *der Präsident* m *der Rechnungskammer* ~**ship** [~ʃip] s *Amt* n *e-s Revisors* –**ium** [ˌɔ:di'tɔ:riəm] s L *Zuhörer–, Zuschauerraum* m || ⟨Am⟩ *Konzertsaal* m, *–halle* f; *Vortragssaal* m –**ry** ['ɔ:ditəri] **1.** a (–rily adv) *Gehör-* (~ nerves) **2.** s *Hörraum, –saal* m || *Zuhörerschaft* f

Augean [ɔ:'dʒiən] a *Augias-* (~ stable, *–stall*); *sehr schmutzig*; ~ sweepings and cleanings [pl] *Großreinemachen* n *wie das der Ställe des Augias*

auger ['ɔ:gə] s *großer Bohrer, Erdbohrer* m || ~-bit *Bohrspitze* f

aught [ɔ:t] **1.** s (*irgend*) *etwas*; for ~ I care *meinetwegen*; for ~ I know *soweit ich weiß* **2.** adv *in irgend e–r Weise, irgendwie*

augment 1. [ɔ:g'mənt] vt/i | *vermehren* || *vergrößern* || *steigern* | vi *sich vermehren, sich vergrößern, zunehmen* **2.** ['ɔ:gmənt] s ⟨gram⟩ *Augment* n ~**ation** [ɔ:gmen'teiʃən] s *Vermehrung, –größerung* f, *Wachstum* n, *Zunahme* f; *Erhöhung* f || *Zusatz, –wachs* m || ⟨mus⟩ *Themaverlänge-*

rung f **~ative** [ɔ:gˈmentətiv] **1.** a *vermehrend, –stärkend* **2.** s ⟨gram⟩ *Verstärkungsform* f

augur [ˈɔ:gə] **1.** s *Augur, Wahrsager* m **2.** vt/i ‖ *weissagen, prophezeien, ankündigen* | vi *to ~ ill* (well) *ein schlechtes (gutes) Zeichen, Omen sein* (for *für*), *Schlechtes (Gutes) versprechen* (for *für*); *Böses (Gutes) erwarten* (of *von*, for *für*) ‖ **~al** [ˈɔ:gjurəl] a *augurisch, vorbedeutend* **~ship** [~ʃip] s *Amt* (n) *eines Augurs* | **~y** [ˈɔ:gjuri] s *Augurium* n, *Weissagung* f ‖ *Vorbedeutung* f, *Anzeichen, Vorzeichen* n ‖ *Vorahnung* f (of *von*)

August [ˈɔ:gəst] s *August* m (*Monat*) (in *~ im A.*)

august [ɔ:ˈgʌst] a (**~ly** adv) *erhaben, hehr, erlaucht* **~ness** [~nis] s *Erhabenheit, Hoheit* f

Augustan [ɔ:ˈgʌstən] **1.** ⟨ant⟩ *augusteisch* (~ Age); *klassisch* ‖ Augustan Confession *Augsburgische Konfession* f **2.** s *Schriftsteller* m *der august. Zeit*

Augustinian [ɔ:gəsˈtiniən] a *augustinisch* ‖ *Augustiner-* (~ monk)

auk [ɔ:k] s ⟨orn⟩ *Alk* m ‖ little *~ Krabbentaucher* m

auld-lang-syne [ˈɔ:ldlæŋˈsain] s ⟨Scot⟩ *die gute alte Zeit* f

aulic [ˈɔ:lik] a *e–n fürstl. Hof betreffend, Hofaunt* [ɑ:nt] s *Tante, Muhme* f, ⟨a übtr⟩ ⟨fam⟩ *my ~!* °*m–e Fresse!* great-~ *Großtante* f; **~-**Sally *e–e Volksbelustigung* (*Wurfspiel mit Bällen*) *auf Jahrmärkten* f **~ie, ~y** [ˈ~i] s *Tantchen* n; ⟨Am⟩ *alte Negerin* f

aura [ˈɔ:rə] s L *Aroma* n, *Duft* m ‖ *Fluidum* n; *Strömung* f ‖ ⟨med⟩ *Vorgefühl* n *e–s Anfalls* ‖ **~l** [~l] a *Strömungs-* **aural** [ˈɔ:rəl] a (**~ly** adv) *Ohr-; Ohren-; Ton-* (*carrier, signal*)

aureate [ˈɔ:riit] a *golden, strahlend*

aureola [ɔ:ˈriələ], **aureole** [ˈɔ:rioul] s ⟨ec⟩ *Strahlenkrone* f, *Heiligenschein* m ‖ ⟨fig⟩ *Ruhmeskranz* m ‖ ⟨astr⟩ *Hof* m (*um Sonne od Mond*)

aureomycin [ˌɔ:rioˈmaisin] s *Aureomyzin* n (*Antibiotikum*)

auric [ˈɔ:rik] a *Gold-*

auricle [ˈɔ:rikl] s ⟨anat⟩ *äußeres Ohr* n (*v Tieren*) ‖ ⟨anat⟩ *Herzohr* n **–cula** [oˈrikjulə] s ⟨bot⟩ *Aurikel, Alpenaurikel* f **–cular** [ɔ:ˈrikjulə] a *zu den Ohren gehörig, Ohr-, Hör-* ‖ *ohrförmig* ‖ *ins Ohr geflüstert; Ohren-, ~ confession –beichte* f **–culate** [ɔ:ˈrikjulit] a *geöhrt, ohrförmig*

auriferous [ɔ:ˈrifərəs] a *goldreich, goldhaltig*

auriform [ˈɔ:rifɔ:m] a *ohrförmig*

aurist [ˈɔ:rist] s ⟨med⟩ *Ohrenarzt* m

aurochs [ˈɔ:rɔks] s [pl ~] [Ger] ⟨zoo⟩ *Auerochs* m

aurora [ɔ:ˈrɔ:rə] s L *Aurora* (*die Göttin*) ‖ *Aurora* f; *Morgenröte* f ‖ ⟨fig⟩ *Morgen* m ‖ ~ *borealis* ⟨astr⟩ *Nordlicht* n ‖ **~l** [~l] a *Morgen-* ‖ ⟨fig⟩ *rosig*

auscultate [ˈɔ:skəlteit] vt/i ⟨med⟩ *ab-, behorchen, auskultieren* **–tation** [ˌɔ:skʌlˈteiʃən] s *Ab-, Behorchen* n, *Auskultation* f

auspices [ˈɔ:spisiz] s pl *Vogelschau* f ‖ *Auspizien, Anzeichen* n pl, *Vorbedeutung* f ‖ *Schutz, Beistand* m, *Leitung* f; under the *~ of unter* (*jds*) *Leitung od Schutz*

auspicious [ɔ:sˈpiʃəs] a (**~ly** adv) *glückverkündend, günstig* **~ness** [~nis] s *glückliche Vorbedeutung* f

Aussie [ˈɔ:si] s ⟨fam⟩ *Australier*(*in* f) m

austere [ɔ:sˈtiə] a (**~ly** adv) *streng, nüchtern* ‖ *ernst, einfach, schmucklos* (style) ‖ *herb; rauh, hart, unfreundlich* **~ness** [~nis], **–terity** [ɔ:sˈteriti] s *Herbheit* f ‖ *Strenge, Härte* f ‖ *Rauheit, Unfreundlichkeit* f ‖ *Ernst* m, *Nüchternheit* f ‖ (*strenge*) *Einfachheit* f ‖ (*erzwungene gr*) *Sparsamkeit* f, *Notstand* m; [attr] *Not– Abtötung,*

Kasteiung f ‖ *Askese* f ‖ *schmale Kost* ‖ *äußerste Einschränkung* f *der Lebenshaltung* f, *einfachnüchterne Lebensweise* f | [attr] *Spar-* (*program*)

austral [ˈɔ:strəl] a *südlich* ‖ **~** *australisch, –asisch* **~asian** [ˌɔ:strəˈleiʒiən] a *australasisch* **~ian** [ɔ:sˈtreiljən] **1.** a *australisch* **2.** s *Australier*(*in* f) m

Austrian [ˈɔ:striən] **1.** a *österreichisch* **2.** s *Österreicher*(*in* f) m

autarchic(al) [ɔ:ˈtɑ:kik(əl)] a *autark, wirtschaftlich unabhängig* **–chist** [ˈɔ:tɑ:kist] **1.** s *Autarkist* m **2.** a *autokratisch* **–chy** [ˈɔ:tɑ:ki] s *Autarkie* f, *autarkes Wirtschaftssystem* n ‖ ⟨com tech⟩ *Selbstversorgung* f, *Selbstgenügen* n

authentic [ɔ:ˈθentik] a (**~ally** adv) *authentisch, echt; zuverlässig, glaubwürdig* ‖ *wirklich, echt; maßgebend* (~ text) **~ate** [ɔ:ˈθentikeit] vt *rechtskräftig od gültig* m; *beglaubigen* ‖ *als echt erweisen; verbürgen* **~ation** [ɔ:ˌθentiˈkeiʃən] s *Beglaubigung* f; *Glaubwürdigkeit* f **~ity** [ˌɔ:θenˈtisiti] s *Authentizität, Rechtsgült-; Glaubwürdigkeit* f ‖ *Echtheit* f

authobomobile [ɔ:tˈhoubouməbi:l] s *Wohnwagen* m ‖ *Landstreicherauto* m

author [ˈɔ:θə] s *Urheber*(*in* f) m, *Schöpfer* m; *Ursache* f ‖ *Autor*(*in* f) m, *Verfasser*(*in* f) m ‖ *Schriftsteller*(*in* f) m ‖ the *~s* say *in Büchern liest man* **~ess** [~ris] s *Schriftstellerin* f, etc

authoritarian [ˌɔ:θoriˈtɛəriən] **1.** a *autoritär, unbedingter Autorität huldigend* **2.** s *Anhänger* m *unb. Aut.*

authoritative [ɔ:ˈθoriteitiv] a (**~ly** adv) *gebieterisch, herrisch* ‖ *bevollmächtigt* ‖ *autoritativ, Autorität habend; maßgebend* ‖ **~ness** [~nis] s *gebieterisches Wesen* n ‖ *Bevollmächtigtsein* n

authority [ɔ:ˈθoriti] s *Autorität, gesetzmäßige Kraft, Gewalt* f (to do); on one's own *~ aus eigener Machtbefugnis* ‖ defiance of *~ Autoritätsverletzung* f ‖ the exercise of public *~ die Ausübung öffentlicher Gewalt* ‖ [oft pl] *–ties Regierung, Obrigkeit, Behörde* f ‖ *Vollmacht* f ‖ *amtlicher Erlaß* m | *moralische Macht* f (for *zu*, over *über*), *Einfluß* m, *Gewicht* n; *Glaubwürdigkeit* f, *Ansehen* n (with *bei*) ‖ *Zeugnis* n, *Autorität* f, *Gewährsmann* m (for *für*); (of books) *Quelle* f, *Beleg* m | *Sachverständiger* m, *Autorität* f, *Fachmann* m, *Fachgröße* f (on *auf dem Gebiete v*) | by *~ mit obrigkeitlicher Erlaubnis* ‖ to be in *~ die Gewalt in Händen h; Vollmacht h* ‖ to have *~ to die Vollmacht h, berechtigt, autorisiert s zu* ‖ I have it on good *~ ich habe es aus guter Quelle;* we have it on the *~ of Bede that Beda ist Gewährsmann dafür, daß*

authorizable [ˈɔ:θəraizəbl] a *autorisierbar, gutzuheißen*(*d*), *zu billigen*(*d*) **–zation** [ˌɔ:θəraiˈzeiʃən] s *Ermächtigung, Einwilligung,* (*vorherige*) *Genehmigung* f (from *v*) **–ze** [ˈɔ:θəraiz] vt (*jdn*) *autorisieren, ermächtigen* (to do) ‖ (*etw*) *gutheißen, billigen, genehmigen,* (*Handlung*) *rechtfertigen* **–zed** [~d] a *autorisiert; bevollmächtigt; rechtsverbindlich* | *beauftragt; ~* agent *Handlungsbevollmächtigter* m; *~* persons only *Unbefugten Zutritt verboten!* ‖ the Authorized Version *die* (*englische*) *Bibelversion* f *von 1611*

authorless [ˈɔ:θəlis] a *ohne Verfasser; anonym*

authorship [ˈɔ:θəʃip] s *Autorschaft, Verfasserschaft* f ‖ *Schriftstellerberuf* m ‖ *Urheberschaft* f

auto [ˈɔ:to] s ⟨Am⟩ *Auto*(*mobil*) n ‖ ~ court *→* motel ‖ **~-jack** ⟨Am⟩ *motorisierter Gangster* m ‖ **~-tramp** *auf „Anhalter" reisender Landstreicher* m

auto- [ˈɔ:tou–] Gr [in comp] *selbst-, Selbst-* ‖ **~-bike** ⟨Am⟩ *Moped* n, *Fahrrad mit Hilfsmotor* ‖ **~-bus** *Autobus, Bus* m ‖ **~-car** *Kraftwagen* m ‖ **~-changer** *Plattenwechsler, Roboter* m ‖ **~-cycle** *Motorfahrrad, Moped* n ‖ **~-feed** ⟨Am tech⟩ *Automatische*

Zuführung f || ∼-nurse *Hilfsgerät* n *f Heim-*
invalide || || ∼-radiogram *Musikschrank* m *mit*
selbsttätigem Plattenwechsler m || ∼-rodeo
Auto-Stokker-Konkurrenz f || ∼-suggestion
[ˈɔ:tosəˈdʒestʃən] *Autosuggestion* f || ∼-timer
⟨phot⟩ *Selbstauslöser* m || ∼-truck *Lastkraft-*
wagen m [abbr *Lkw*] || ∼-intoxication ⟨med⟩
Stoffwechselvergiftung f ∼**biographer** [ˌɔ:tobai-
ˈɔgrəfə] s *Auto-*, *Selbstbiograph* m ∼**biograph-**
ic(al) [ˈɔ:toˌbaioˈgræfik(əl)] a (-cally adv) *auto-*
biographisch ∼**graphy** [ˌɔ:tobaiˈɔgrəfi] s *Selbst-*
biographie f ∼**cade** [ˈɔ:təkeid] s ⟨Am⟩ *Auto-*
kolonne; *Motorstaffel* f

    autochthon [ɔ:ˈtɔkθən] s [mst pl ∼s] *Urein-*
wohner m ∼**al** [∼əl], ∼**ous** [∼əs] a *ureinge-*
sessen

    autocracy [ɔ:ˈtɔkrəsi] s *Autokratie*, *Selbst-*
herrschaft f -crat [ˈɔ:təkræt] s *Autokrat*, *Selbst-*
herrscher m -**cratic** [ˌɔ:təˈkrætik] a (∼cally adv)
autokratisch, *unumschränkt*, *selbstherrlich*

    auto-da-fé [ˈɔ:toudɑˈfei] s (pl ∼-∼-∼s
[-z]) *Ketzergericht* n; -*verbrennung* f

    autogiro, -**gyro** [ˌɔ:to(u)ˈdʒaiərou] s ⟨aero⟩
Hub-, *Tragschrauber* m, → autogyro

    autogram [ˈɔ:təgræm] s *Autogramm* n
    autograph [ˈɔ:təgræf, -grɑ:f] **1.** s *Autograph* n,
eigenhändige Schrift, *Unterschrift*; *Originalhand-*
schrift, *Urschrift* f **2.** vt *eigenhändig schreiben* ||
autographieren, *autographisch vervielfältigen* ||
∼**ic(al)** [ˌɔ:təˈgræfik(əl)] a (-cally adv) *auto-*
graphisch; *eigenhändig geschrieben* || ∼**y** [ɔ:-
ˈtəgrəfi] s *Autographie*, *Urschrift* f || ⟨typ⟩ *auto-*
graphischer Druck m

    autogyro, -**giro** [ˈɔ:to(u)ˈdʒaiərou] s ⟨aero⟩
Drehflügel-, *Windmühlenflugzeug* n, *Trag-*
schrauber m

    automat [ˈɔ:tomæt] s ⟨Am⟩ *Automat(en-*
restaurant n) m

    automatic [ˌɔ:təˈmætik] s *Maschinen-*, *Selbst-*
ladepistole f || *selbsttätige Drehbank* f || (*Ver-*
kaufs-Automat m **automatic(al)** [ˌɔ:təˈmætik(əl)]
a (-cally adv) *automatisch*, *selbstbeweglich*,
-*tätig*; -ic function of the central nervous
system ⟨biol⟩ *zentralnervöser Automatismus* m;
-ic gun *Selbstladegewehr* n; *Selbstladekanone* f;
-ic machine *Automat* m; -ic telephone *Telephon*
n *mit Selbstänschluß*; -ic telephone exchange
Selbstwählanschlußamt n; -ic vendor *Verkaufs-*
automat m; -ic volume control ⟨wir⟩ *automa-*
tischer Schwundausgleich m; ∼ic welding
Maschinenschweißen n | ⟨aero⟩ -ic dive control
Sturzflug(abfang)automatik f; -ic engine control
Kommandogerät n; -ic flight control *Flugzeug-*
selbststeuerung f; -ic pilot *Selbststeuergerät* n |
-ic weapon *Maschinenwaffe* f | *maschinen-*
mäßig; *mechanisch*, *unwillkürlich*

    automated [ˈɔ:təmeitid] a *vollautomatisiert*
(production)

    automation [ˌɔ:təˈmeiʃən], -**matization** [ˈɔ:tə-
ˌmætaiˈzeiʃən] *Automatik*; *Automatisierung* f,
automatische Produktion f, -*er Betrieb* m

    automaton [ɔ:ˈtɔmətən] s ⟨⟩ [pl ∼s, -ta]
Automat m || *Gliederpuppe*, *Maschine* f; ⟨a fig⟩

    automobile [ˈɔ:təmɔbi:l, ɔ:tomobiˈl, -tomobi-
ˈbi:l] **1.** a *selbstbeweglich* **2.** s *Automobil* n
-**mobilism** [ɔ:təˈmɔbilizm] s *Autosport* m
-**motive** [ɔ:təˈmoutiv] a *den Kraftfahrzeug-* or
Motorenbau betreffend || ∼ engineering *Kraft-*
fahrzeugbau m || ∼ industry -*industrie* f;
Motoren- u Kraftfahrzeugbau m || ∼ vehicle
Kraftfahrzeug n

    autonomist [ɔ:ˈtɔnəmist] s *Autonomist* m
-**mous** [ɔ:ˈtɔnəməs] a *autonom*, *sich selbst regie-*
rend -**my** [ɔ:ˈtɔnəmi] s *Autonomie*, *Selbständig-*
keit f; *Selbstregierung* f || ⟨philos⟩ *Willens-*
freiheit f

    Autopen [ˈɔ:topen] s (*Art*) *Kugelschreiber* m

    autopilot [ˈɔ:topailət] s ⟨aero⟩ *Kurs-*, *Selbst-*
steuergerät n

    autopsy [ˈɔ:təpsi] s * *eigene Beobachtung*,
Selbstschau f; ⟨fig⟩ *kritische Zergliederung* f ||
Leichenöffnung, *-schau*, *Obduktion* f; [a vt]

    autorail [ˈɔ:toreil] s ⟨rail⟩ *Triebwagen* m
-**sexing** [-seksiŋ] a (*bereits bei der Geburt*) *ein-*
deutige Geschlechtsmerkmale aufweisend -**silo**
[ˈɔ:tosailou] s ⟨mot⟩ *Turmgarage* f ∼**strada**
[autoˈstrɑ:dɑ] s It *Autobahn* f

    autotype [ˈɔ:totaip] **1.** s a. ⟨arts⟩ *Autotypie* f,
Faksimileabdruck m **b.** ⟨phot⟩ *Netzätzung* **2.** vt
durch autograph. Druck vervielfältigen, *auto-*
typieren

    autotypography [ˌɔ:totaiˈpɔgrəfi] s *autograph.*
Buchdruck m

    autronic eye [ɔ:ˈtrɔnik ˈai] s ⟨Am mot⟩ *auto-*
matisches Blinklicht n

    autumn [ˈɔ:təm] s *Herbst* m (in ∼ *im H.*); ∼-
day *Herbsttag*; ⟨a fig⟩, the ∼ of life *der Herbst*
des Lebens || ∼**al** [ɔ:ˈtʌmnəl] a *herbstlich*, *Herbst-*
|| ∼ equinox ⟨astr⟩ *Herbstnachtgleiche* (23.
Sept.) f

    auxiliary [ɔ:gˈziljəri] **1.** a *helfend*, to be ∼ to
helfen || *mitwirkend*; ⟨a gram⟩ *Hilfs-* (∼ motor,
-*motor*); *Aushilfs-*, ∼ ship *Segelschiff*, n *mit*
Motorbetrieb || *Not-* (∼ seat) || ⟨el⟩ *Hilfs-*
(coil -*spule* f); *Tochter-* (compass); ∼ gear
⟨mot⟩ *Geländegang* m; *Neben-* (switch -*schalter*
m); *Zusatz-* (winding -*wicklung* f) **2.** s *Helfer*,
Verbündeter m || ⟨gram⟩ *Hilfszeitwort* || -ries
[pl] ⟨mil⟩ *Hilfstruppen* f pl

    auxin [ˈɔ:ksin] s *Auxin* n (*Wachstumshormon*)

    avail [əˈveil] vt/i ⟨jdm⟩ *nützen* (to do);
helfen || to ∼ o.s. of a th *sich e-r S bedienen*,
etw benutzen, *Gebrauch m v etw* | vi *helfen*,
nützen (what ∼s it [to do]?) ∼**ability** [əˌveilə-
ˈbiliti], ∼**ableness** [əˈveiləblnis] s *Verwendbar-*
keit, *Nutzbarkeit* f || *Verfügbarkeit* f || *Gültig-*
keit f ∼**able** [∼əbl] a (-bly adv) *brauchbar*, *ver-*
wendbar || *gültig* (ticket ∼ for 3 days); *zugäng-*
lich, *verfügbar*, to be ∼ *zur Verfügung stehen* ||
⟨Am⟩ *aussichtsreich*, *volkstümlich* (*Kandidat*);
geeignet, *angenommen* (*Manuskript*)

    avail [əˈveil] s [*nur in festen Wendungen*]: of
no ∼ *nutzlos* || without ∼ *ohne Erfolg*, *vergeb-*
lich || of little ∼ *von geringem Nutzen*; of what
∼ is it ..? *was nützt es* ..? to little ∼ *mit ge-*
ringem Erfolg

    avalanche [ˈævəlɑ:nʃ] s *Lawine* f

    avarice [ˈævəris] s *Geiz* m, *Habsucht* f || *Gier* f
-**cious** [ˌævəˈriʃəs] a (∼ly adv) *geizig*, *hab-*
süchtig

    avast [əˈvɑ:st] intj ⟨mar⟩ *halt! halt an!*
genug!

    avatar [ˌævəˈtɑ:] s ⟨Ind myth⟩ *Herabsteigen* n
e-r Gottheit || ⟨fig⟩ *Offenbarung* f

    avaunt! [əˈvɔ:nt] intj † *hinweg! weg da! fort!*

    ave [ˈeivi, ˈɑ:vi] **1.** intj *willkommen! lebewohl!*
2. s ∼, ∼ Maria [ˈɑ:viməˈriə] *Ave*, *Ave Maria* n

    avenge [əˈvendʒ] vt (*jdn*) *rächen* (on *an*) ||
(*Verbrechen*) *ahnden*, *strafen* || to be ∼d, to ∼
o.s. *sich rachen* (on *an*) | ∼**r** [∼ə] s *Rächer*, *Be-*
strafer m

    aventurin(e) [æˈventjurin] s *Aventuringlas* n ||
⟨minr⟩ *Aventurin*, *Glimmerstein* m

    avenue [ˈævinju:] s *Zugang* m, *Weg* m ⟨mst
fig⟩ (to, of *zu*; an ∼ to fame; an ∼ of wealth) ||
Anfahrt f || *Allee* f || (*mit Bäumen bepflanzte*)
Straße f || ⟨Am⟩ *große*, *breite Straße*, *Prome-*
nade f (on Fifth ∼) (Ggs; on 50th Street) || ⟨fig⟩
to explore every ∼ (*nichts unversucht l*) *alle*
Hebel in Bewegung setzen

    aver [əˈvə:] vt *den Beweis erbringen für*, *be-*
weisen, *bekräftigen* || *behaupten*, *als Tatsache*
hinstellen, *versichern* (that)

    average [ˈæveridʒ] **1.** s *Durchschnitt* m, above
the ∼ *über dem D.*; rough ∼ *annähernder D.*,

mittleres Verhältnis n | *Seeschaden* m, *Havarie* f,
general ~ *gr H.*; petty ~ *kl, ordinäre H.*;
particular ~ *partikulare H.* || to draw up an ~
statement ⟨mar ins⟩ *Dispache aufmachen* | on
an ~ *durchschnittlich, im D.* || at an ~ of *durch-
schnittlich um* (prices fell at an ~ of 4d a day . .
fielen durch– [um] 4d *pro Tag*) || to strike an ~
den D. nehmen, feststellen 2. a (~ly adv) *durch-
schnittlich, mittlere(r, –s), Durchschnitts-, Mittel-*
3. vt/i || *den D. nehmen* or *berechnen* v (*etw*);
im D. leisten | vi *im D. betragen*

averment [ə'vəːmənt] s *Versicherung*; *Bekräftigung* f; ⟨jur⟩ *Beweis* m

averse [ə'vəːs] a *abhold* (to a th *e–r S*); *abgeneigt* (to *gegen*; to doing, to do), *widerwillig*
~**ness** [~nis] *Abgeneigtheit* f (to *gegen*)

aversion [ə'vəːʃən] s *Widerwille* m, *Abneigung*
f (to, from *gegen*; to do) || *Gegenstand* m *des
Abscheus* or *Widerwillens, Greuel* m (it is my ~
es ist mir ein G.) || to take an ~ to *e-e Abnei-
gung fassen gegen* || blue ties are my pet ~
⟨hum⟩ *blaue Kr. schätze ich °daneben (nicht)*

avert [ə'vəːt] vt *ablenken, abwenden* (from
von) || *verhüten; vorbeugen* ~**ible** [~əbl] a *ab-
wendbar*

avgas ['eivgæs] s ⟨Am⟩ *Flugbenzin* n

avian ['eiviən] a *Vogel–*

aviary ['eiviəri] s *Vogelhaus* n

aviate ['eivieit] vi ⟨aero⟩ *fliegen*

aviation [ˌeivi'eiʃən] s ⟨aero⟩ *Fliegen* n, *Flug-
sport* m, *–wesen* n, *Luftschiffahrt* f, ⟨Am a⟩
Flugzeuge n pl || ~ engineer division *Luft-
waffenbauabteilung* f || ~ gasoline ⟨Am⟩
Fliegerbenzin n || ~ ground *Flugplatz* m **–tor**
['eivieitə] s ⟨aero⟩ *Luftschiffer* m, *Flieger* m

aviculture ['eivikʌltʃə] s *Vogelzucht* f

avid ['ævid] a (~ly adv) *begierig* (of, for *nach*)
~**ity** [ə'viditi] s *Begierde* f (for); *Habsucht; Gier* f

avifauna ['eiviˌfɔːnə] s *Vogelwelt* f *e–s Gebietes*

avigation [eivi'geiʃən] s ⟨Am sl⟩ *Luftnaviga-
tion; –operation* f **–tor** ['eivigeitə] s ⟨Am sl⟩
Navigator m

aviso [ə'vaizou] s ⟨mar⟩ *Aviso* m (*Meldeboot*)

avitaminosis [ˌævaitəmi'nousis] s L ⟨med⟩
*Avitaminose, Vitaminmangel-Erkrankung, Man-
gelkrankheit* f

avocation [ˌævo'keiʃən] s † *Zerstreuung* f ||
Nebenbeschäftigung f || *Beruf* m, *Berufsgeschäft* n

avocet ['ævoset] s ⟨orn⟩ *Säbelschnäbler* m

avoid [ə'vɔid] vt (*etw*) *vermeiden* || (*jdn*)
meiden | (*e–r S*) *entgehen*, (*Pflicht*) *ausweichen*;
umgehen || *meiden, sich enthalten* (doing *zu tun*)
|| ⟨jur⟩ *aufheben, ungültig m* ~**able** [~əbl] a
(–bly adv) *vermeidbar* ~**ance** [~əns] s *Vermei-
dung* f (of a th); *Meidung* f (of a p) || ⟨jur⟩ *Auf-
hebung* f, *Widerruf* m || *Freiwerden (e–s Amtes)*
n, *Vakanz* f

avoirdupois [ˌævədə'pɔiz] 1. s ⟨engl⟩ *gesetzl.
Handelsgewicht* n (*1 Pfd = 16 Unzen*) *f alle
Waren außer Edelsteinen, –metallen u Arzneien* ||
⟨fam⟩ (*P*) °ˌ*Wasserverdrängung*" f (*Gewicht*)
→ *Bd. II. S. 1314* 2. a: ~ *pound engl. Handelspfund* n

avouch [ə'vautʃ] vt/i || *behaupten; versichern* |
verbürgen || *anerkennen* | vi *garantieren* (for)

avow [ə'vau] vt *anerkennen, eingestehen, offen
bekennen*; to ~ o.s. *the author sich als der
Autor bek.* ~**al** [~əl] s *Erklärung* f, *Bekenntnis,
Geständnis* n ~**ed** [~d] a *erklärt, offen ausgesprochen* or *anerkannt* ~**edly** [ə'vauidli] adv
eingestandenermaßen, offen

Avro ['ævrou] s (*nach A. V. Roe*) ⟨engl⟩ *Flug-
zeugtyp* m

avulsion [ə'vʌlʃən] s *Abreißen* n || ⟨jur⟩ *Ab-
schwemmen* n (*von Land in e–s anderen Gebiet*)

avuncular [ə'vʌŋkjulə] a *den Onkel betreffend,
e–m Onkel zukommend, Oheim–*

await [ə'weit] vt *erwarten, entgegensehen*;
~ing your answer *in Erwartung Ihrer Antwort* ||
to ~ instructions *Anweisungen abwarten*

awake [ə'weik] vt/i [awoke/awoke &
awaked] || (*jdn*) (*er*)*wecken*; ⟨fig⟩ *aufrütteln*
(from *von*); (*jdn*) *bewußt w l* (to a th *e–r S*) ||
(*etw*) *erwecken* | vi *erwachen, aufwachen* || to ~
to ⟨fig⟩ *sich* (*e–r S*) *bewußt w; gewahr w* (they
awoke to their danger) || *erwachen* (the national
spirit awoke) [*im pass mst* to (a)waken]

awake [ə'weik] pred a *wach, munter* || ⟨fig⟩
bewußt (to a th *e–r S*) || to be ~ to *wohl wissen,
kennen* || wide ~ *ganz wach*; ⟨fig⟩ *schlau, auf
der Hut*

awaken [ə'weikən] [~ed/~ed] vt/i || *auf-
wecken* [*mst im pass*] || ⟨fig⟩ *ermuntern, an-
feuern* (to *zu*) || (*etw*) *erwecken* | vi *erwachen*
~**er** [~ə] s *Auf–, Erwecker, Wecker* m

award [ə'wɔːd] 1. vt (*etw*) *zusprechen, verleihen* (to a p *jdm, an jdn*); he was ~ed the prize
ihm wurde der Preis zuerkannt 2. s *Entscheidung*
f, *Urteil* n, arbitrators' ~ *Schiedsspruch* m || *das
Zuerkannte* n (*Strafe, Belohnung* etc) || *Beloh-
nung* f (to *für*); *Preis* m; *Auszeichnung, Prämie* f

aware [ə'wɛə] pred a *gewahr, wissend* (that);
to be ~ of *wissen, Kenntnis h* v ~**ness** [~nis] s
Bewußtheit f

awash [ə'wɔʃ] adv & pred a ⟨mar⟩ *in gleicher
Höhe* (with *mit*; with the tide); v *Wasser bespült*;
unter Wasser

away [ə'wei] adv 1. *weg, fort* (to go ~); to
waste ~ (*Zeit*) *vertrödeln*; to explain ~ (*Schwie-
rigkeit*) *wegerklären, beseitigen* | *fern* (from *von*);
entfernt (6 miles ~) || *auswärts, abwesend* |
darauflos, immerzu, to work ~ *drauflos arbeiten*
|| *stracks, geradewegs*, fire ~ ⟨fam⟩ *schieß los!*
mach zu! || ⟨Am⟩ *weit* (~ down) 2. *far and* ~,
out and ~ *durchaus, bei weitem* || *right* ~ *sofort*;
⟨rail⟩ *fertig! abfahren!* || to be ~ *verreist s* || ~
with him! *weg, fort mit ihm!* | go ~! *geh weg!*;
go ~ with you! *gehen Sie mir weg!* || I cannot ~
with him *ich kann ihn nicht leiden* || to do ~
with *abschaffen* || to make ~ with a p *jdn um-
bringen*; . . with a th ⟨fig⟩ °*mit etw verduften*;
beiseitebringen | ~ out there *da weit draußen*;
~ out of *aus . . hinaus*; ~ to *bis hinüber zu*
3. [*attr*] ⟨sport⟩ ~ *fixture, ~ game, ~ match
Auswärtsspiel* n || ~-*from-the-neck abstehend*
(collar)

awe [ɔː] 1. s *Furcht* f || *Scheu, Ehrfurcht* f (in
~ of *aus E. vor*), to fill (a p) with ~ (*jdm*) *E.
einflößen*; to hold a p in ~ *jdn respektieren*; to
stand in ~ of *sich fürchten vor* || ~-struck [a]
von Ehrfurcht, von Scheu ergriffen, → *awful*
2. vt (*jdm*) *Ehrfurcht, Furcht einflößen* ~**less**
['~lis] a *furchtlos; unehrerbietig* ~**some** ['~səm]
a (~ly adv) *schrecklich, furchtbar, erschreckend*

aweigh [ə'wei] adv (of anchor) *flott*, (v *Anker-
grund*) *gelöst*

awful ['ɔːful] 1. a (~ly adv) *ehrfurchtgebie-
tend, ehrwürdig, erhaben* | *furchtbar, entsetzlich* ||
⟨fam⟩ *furchtbar, kolossal*, °*riesig, sehr* 2. adv
äußerst, höchst (~ glad) ~**ness** [~nis] s *Ehr-
würdigkeit* f || *Schrecklichkeit, Abscheulichkeit* f

awhile [ə'wail] adv *eine Weile, eine Zeitlang*

awkward ['ɔːkwəd] a (~ly adv) *ungeschickt,
linkisch, unbeholfen* || *verlegen* | *peinlich, unan-
genehm* || ⟨tech⟩ *sperrig* ~**ness** [~nis] s *Unge-
schicklichkeit* f, *unbeholfenes Wesen* n || *das
Peinliche, Unangenehme* n

awl [ɔːl] s *Ahle* f, *Pfriemen* m || ~-*wort* ⟨bot⟩
Wasser–, Pfriemenkresse f

awn [ɔːn] s ⟨bot⟩ *Granne* f ~**ed** [~d] a *mit
G–n versehen*

awning ['ɔːniŋ] s *Zeltdecke, Plane* f *aus Segel-
tuch*; *Wagendecke* f || *Markise* f || ⟨mar⟩
Sonnensegel, Sonnenzelt n

awoke [ə'wouk] pret & pp v to awake

AWOL, A.W.O.L. 1. (= absence without leave) ⟨bes Am mil⟩ *unerlaubte Entfernung* f *v der Truppe*; → absence **2.** (= absent without leave) ⟨bes Am mil⟩ *fahnenflüchtig*; to go ~ *sich unerlaubt v der Truppe entfernen*; *fahnenflüchtig w*

awry [ə'rai] **1.** adv *krumm, schief; verkehrt* ‖ to look ~ *schielen* ‖ to go ~ *sich irren*; ⟨fig⟩ *schiefgehen* **2.** pred a *schief, krumm*; ⟨fig⟩ *entstellt*

ax [æks] vt ⟨Am vulg⟩ → ask

ax ⟨bes Am⟩, **axe** [æks] **1.** s *Axt* f, *Beil* n; *Hacke, Haue* f ‖ ⟨engl⟩ *rücksichtslose Maßnahmen (Streichungen im Etat* etc), the Geddes ~ (1921) | carpenter's ~ *Zimmermannsaxt* f ‖ butcher's ~ *Fleischerbeil* n ‖ to lay the ~ to *die Axt legen an* ⟨a fig⟩ ‖ to put the ~ in the helve *Zweifel, Hindernis beseitigen* ‖ ⟨urspr Am⟩ to have an ~ *od* ~es to grind *eigennützige Zwecke verfolgen* ‖ ~-head *Eisen* n *der Axt* ‖ ~-helve ⟨for⟩ *Helm* m **2.** vt ⟨Am⟩ *mit der Axt behauen, entfernen, töten* ‖ ⟨fig⟩ *(Ausgaben) beschneiden* ‖ *rücksichtslos abschaffen, (Dienststellen) abbauen*

axenic [æ'zenik] a ⟨biol⟩ *ster il (Tier)*

axial ['æksiəl] a (~ly adv) *achsenförmig*; *Achsen-, Axial–* (route *–straße*); ~ *spotting* ⟨mil⟩ *Beobachtung* f *in Zielrichtung*

axil ['æksil] s ⟨bot⟩ *Blattachsel* f ‖ **~lary** [æk'siləri] a *(Blatt-) Achsel–*

axiom ['æksiəm] s *Axiom* n, *Grundsatz* m **~atic(al)** [ˌæksiə'mætik(əl)] a (–cally adv) *axiomatisch, grundsätzlich, gewiß, unumstößlich; von vornherein sicher, durch sich selbst erwiesen*

axis ['æksis] s L (pl axes ['æksi:z]) ⟨geom & astr⟩ *Achse* f ‖ ⟨pol⟩ *Achse*

axle ['æksl] s *Achse (am Rade), Welle* f ‖ ~-arm *Achsenzapfen* m ‖ ~-bed *Achsenfutter* n ‖ ~-tree *Radachse, Welle* f

axolotl [æksə'lɔtl] s ⟨zoo⟩ *Axolotl* m *(Molch)*

ay, aye [ai] **1.** intj *ja; freilich, gewiß* ‖ ⟨mar⟩ ~, ~, sir! *zu Befehl, Herr Leutnant* (etc)! **2.** s [pl ayes] *die bejahende Antwort* f; ⟨parl⟩ *(bei Abstimmung) befürwortende Stimme* f; the ~es have it *die Mehrheit ist für den Antrag, der A. ist angenommen*

ay [ei] intj ⟨dial⟩ *ah! oh!* ‖ ~ *me! weh mir! ach! o weh!*

ayah ['aiə] s ⟨Angl.-Ind⟩ *Kindermädchen* n; *Kammerjungfer* f

aye, ay [ei] adv ⟨Scot⟩ *immer, ewig* ‖ for ever and ~ f *immer u ewig*

ayond [ə'jɔnd], **ayont** [ə'jɔnt] prep ⟨dial⟩ = beyond

azalea [ə'zeiljə] s ⟨bot⟩ *Azalie, Azalee* f

azimuth ['æziməθ] s ⟨astr⟩ *Azimut, Scheitelkreis* m ‖ ⟨artill⟩ *Seite(nrichtung)* f; ~ *difference Parallaxwinkel*; ~ *scale Seitenteilring* m; ~ *setter Seitenrichtkanonier* m

azoic [ə'zoik] a ⟨geol⟩ *azoisch, ohne Leben* (~ age *Azoikum* n); *ohne organische Überreste* m pl

azote [ə'zout] s *Stickstoff* m **–tic** [ə'zɔtik] a *stickstoffhaltig; Stickstoff–*

azure ['æʒə, 'eiʒə] **1.** s *Himmelblau* n, *Azur* m ‖ ⟨fig⟩ *Himmelszelt* n ‖ ⟨her⟩ *blaues Feld* n ‖ ⟨minr⟩ *Lasurstein*, lapis lazuli **2.** a *himmelblau; azurn*; ⟨her⟩ *blau* **3.** vt *himmelblau färben*

azyme ['æzim] *ungesäuertes Brot* n; ~s *das Fest der ungesäuerten Brote*

B

B, b [bi:] s ⟨pl bs, b's [bi:z]) *B, b* n ‖ ⟨Am school, univ⟩ *Zwei* f, *Gut* n (she always gets As or Bs); ⟨com⟩ *zweitklassig*, ⟨film⟩ ~ *picture billiger Film* m, °*Klamotte* f ‖ ⟨mus⟩ *H* n; ~ (Major) *H-(Dur)* n; ~ (minor) *h-(Moll)* n; ~ *flat B* n, ⟨hum⟩ *(f bug) Wanze* f; ~ *sharp His* n ‖ B-girl *Bar-, Animier-Dame* f ‖ B. O. ⟨Am abbr⟩ *body odor* ‖ b. t. m (bi:ti:em) ⟨fam euph⟩ = *bottom die vier Buchstaben (Popo)* ‖ B-tube ⟨artill⟩ *Mutterrohr* n ‖ B-vehicle ⟨engl mil⟩ *Versorgungsfahrzeug* n

baa [bɑ:] **1.** vi (~ing, ~ed) *blöken* **2.** s *Blöken, Geblök* n *(der Schafe)*

Baal ['beəl] s *Baal* m ‖ ~-worship *Baalsdienst* m

Babbit ['bæbit] s ⟨Am⟩ *Spießer* m *(nach e–r Romanfigur)* ‖ ⟨tech⟩ ⵜ *bushing Weißmetalllagerschale* f; ⵜ *metal Lagermetall* n ⵜ(t)ry [~ri] s *Spießertum* n

babble ['bæbl] **1.** vt/i ‖ *(etw) schwatzen, plappern, nachschwatzen, wiederholen ‖ lallen, pappeln, stammeln* | vi *plappern* ‖ *murmeln, plätschern* **2.** s *Plappern, Nach–* ‖ *Geschwätz* n; *Murmeln, Plätschern* n **~ment** [~mənt], **–ling** ['bæblin] s *Geschwätz, Geplapper* n ‖ *Geplätscher* n ‖ **~r** [~ə] s *Schwätzer* m

babe [beib] s ⟨poet⟩ = baby ‖ *unerfahrener Mensch* m ‖ ⟨Am⟩ *Lärvchen* n, *Fratz* m *(hübsches aber dummes Mädchen)*

babel ['beibəl] s ⟨fig⟩ *Verwirrung* f; *Wirrwarr, Lärm* m

baboo ['bɑ:bu:] s ⟨Ind⟩ *Herr* m *(gebildeter Indier)* ‖ ⟨cont⟩ *engl. Wesen nachahmender Hindu* m

baboon [bə'bu:n] s ⟨zoo⟩ *Pavian* m

babool [bə'bu:l] s *indisch. Gummibaum* m

babushka [bə'buʃkə] s *Kopftuch* n; *kl Kappe* f

baby ['beibi] s **1.** *kl Kind* n, *Säugling* m, *Kindchen* n ‖ that's your ~! ⟨sl⟩ *das ist d–e S!*; [voc] *Kleine* f, *Kleinchen* n *(Liebste)* ‖ ⟨übtr⟩ *Kind*, °*Kindskopf* m; a regular ~ *ein richtiger K.* **2.** [attr & in comp] ~ **blue** ⟨bes Am⟩ *hellblau* ‖ ~-carriage ⟨Am⟩ *Kinderwagen* m, → pram ‖ ~-farm *Säuglingsheim* n; ~-farmer *jd, der kl Kinder in Pflege nimmt*; ~-farming *Säuglingspflege* f ‖ ~-linen *Wickelzeug* n, *–wäsche* f ‖ ~-sit ⟨bes Am⟩ [vi] *(gegen Vergütung) Kind(er) hüten, Baby beaufsichtigen*; ~(-)sitter *(Klein-)Kindhüter(in* f) m; ~-sitting *–betreuung* f ‖ ~-squat ⟨fam⟩ = ~-sit ‖ ~-watcher = ~(-)sitter | ⟨fig⟩ *klein* ‖ *kindlich, jung, kindisch* **~-act** ⟨Am⟩ *Kinderei* f ‖ ~-blimp °,,*Elefantenküken*" n ‖ ~ *bond* ⟨bes Am⟩ *Wertpapier* n *v geringem Nennwert* ‖ ~ *grand* (piano) ⟨mus⟩ *Stutzflügel* m ‖ ~ *moon* ⟨Am fam⟩ *künstlicher Erdsatellit, ,,Sputnik"* m ‖ ~-spot ⟨Am film⟩ *Kleinscheinwerfer* m **~hood** [~hud] s *erstes Kindesalter, Säuglingsalter* n **~ish** [~iʃ] a *kindisch* **~ism** [~izm] s *Kindheit* f; *kindisches Wesen* n

Babylonian [ˌbæbi'lounjən] **1.** a *babylonisch* **2.** s *Babylonier(in* f) m

baccalaureate [ˌbækə'lɔ:riit] s *Bakkalaureat* n

bacchanal ['bækənl] **1.** a *bacchantisch; schwelgerisch* **2.** s *Bacchant(in), Bacchuspriester(in* f) m ‖ [mst pl ~s] *Bacchanalien* pl, *Bacchantenfest* n; *Schwelgerei* f ‖ **~ia** [ˌbækə'neiljə] s L *Bacchanalien* pl **~ian** [ˌbækə'neiljən] a = bacchanal [a]

bacchant ['bækənt] **1.** s *Bacchant(in* f) m **2.** a *bacchantisch* ‖ **~e** [bə'kænti] s *Bacchantin* f

bacchic [ˈbækik] a *bacchisch, Bacchus betreffend* || *ausgelassen*

baccy [ˈbæki] s ⟨fam⟩ (= tobacco) *Tabak* m

bachelor [ˈbætʃələ] s (⟨Am sl⟩ **bach** [bætʃ]) *Junggesell(e)* m (*dazu:* to bach *ein Junggesellenleben führen*) || ⟨univ⟩ *Bakkalaureus* m; ∼ of Arts (B. A.) *Bakkalaureus* m *der philos. Fakultät* (*niedrigster akademischer Grad*) || knight ∼ *Ritter* m *niedrigsten Grades* (*der zu k–m bes Orden gehört*) | ∼'s button *Patentknopf* m (*der nicht angenäht wird*) || ∼'s buttons pl ⟨bot⟩ *Scharfer Hahnenfuß* m || ∼ girl *Junggesellin* f || ∼ officers' quarters [abbr BOQ] ⟨mil⟩ *Offiziersledigenheim* n **∼hood** [∼hud], **∼ship** [∼ʃip] s *Junggesellenstand* m || *Bakkalaureat* n

bacillus [bəˈsiləs] s (pl –li [–lai]) *Bazillus* m

back [bæk] **1.** s *Rücken* m, *Kreuz* n || *Rückseite* f, *–sitz* m (in the ∼ of the car *auf dem R. des Wagens*) || ⟨fig⟩ *Rückgrat* n | *Lehne* f | *Hintergrund* m || *Kehrseite* f, *Revers* m | ⟨fam⟩ it's got a ∼to it *Wiedersehen macht Freude* || (of a knife, a hand; etc) *Rücken* m || ⟨Assoc. ftb⟩ *Verteidiger* m (left ∼, right ∼ [= left, right full–∼]); half–∼ *Läufer* m || the Backs pl *die hinter den Cambr. Colleges liegenden Parkanlagen* pl **2.** at the ∼ of *hinter*, to be at the ∼ of a p *hinter jdm stehen, jdn stützen*; to have a th at one's ∼ *etw im Rücken* or *hinter sich h* || . . I have got it at the ∼ of my mind .. *wenn ich mich recht erinnere* . . | behind a p's ∼ ⟨fig⟩ *hinter jds Rücken* ⟨Am⟩ in ∼ = at the ∼ || on the ∼ of it ⟨fig⟩ *noch dazu, außerdem* || on one's ∼ *auf dem Krankenbett*, ⟨fam⟩ *auf dem Trockenen, ohne e–n Pfennig*; to ∼ *Rücken an Rücken* || with one's ∼ to the wall *mit dem Rücken an der (gegen die) Wand*; ⟨fig⟩ *in die Enge getrieben* | to break a p's (one's) ∼ *jdm (sich) das Rückgrat brechen*; ⟨fig⟩ *zu Grunde richten* | to break the ∼ of a th ⟨fig⟩ *das Schwerste od Schlimmste e–r S hinter sich bringen od erledigen* || to give, make a ∼ *sich bücken (beim Bockspringen)* || to have on one's ∼ ⟨fig⟩ (jdn) *auf dem* [(etw) *am*] *Hals h* || to put, get a p's ∼ up *jdn reizen*; that got (put) my ∼ up *das reizte mich* || to turn one's ∼ *sich umdrehen* || to turn one's ∼ upon (*jdm od e–r S*) *den Rücken kehren*, (*jdn*) *im Stich l* **3.** [attr] **∼-ache** *Rückenschmerzen* pl || **∼-band** *Kreuzriemen*, *Rückengurt* m || **∼-basket** *Tragkorb* m, *Kiepe* f || **∼-bench** ⟨parl⟩ *hintere Bank* f; [attr] *minder bedeutend* || **∼-bencher** *nicht an der Regierung beteiligter Abgeordneter* m || ∼(-)breaking *halsbrecherisch* (loads) || **∼-cloth** *Bühnenleinwand* f, *Prospekt* m || **∼-door** *Hinter-*, *Geheimtür* f, *Schlüpfpförtchen* n; ⟨a fig [attr]⟩ *heimlich, listig* || **∼-number** *alte Nummer* (v *Zeitschrift*); ⟨fig⟩ *veraltete Methode* f; *rückständige Person* f || **∼-piece, ∼-plate** *Rückenstück*, *Hinterstück* n; *Kamin(hinter)platte* f, *Rückenblatt* n || **∼-rest** *(Stuhl-)Rückenlehne* f | dark **∼-stripe** *Aalstrich* m

back [bæk] s *Bottich* m

back [bæk] **1.** a *hinter, Hinter–*; *Rück–* (∼side); *letzt* || *rückwärtig, rückläufig*; *Nach–* (∼ pay) || *fern, abgelegen* || *rückständig* || *untergeordnet* || to take a ∼ seat ⟨fig⟩ *in den Hintergrund treten* **2.** adv *zurück*; *rückwärts* || *zurück, wieder zurück, wieder da* || *hinten, hinterwärts*; two pair ∼ *Zimmer* or *Mieter im II. Stock nach hinten hinaus* ⟨Am⟩ *nach hinten* (come ∼) || *wieder*, to pay ∼ *zurückbezahlen*; ⟨fig⟩ *vergelten* | *vorher, früher* (3 years ∼ *vor 3 Jahren*); *rückwärts gerechnet* (for years ∼) | (a fig) *as far ∼ as* the age of .. *schon z Cäsars Zeiten*; ∼ in 1949 *noch 1949* || ⟨Am⟩ *in die Vergangenheit gehörig* (to belong ∼) | ∼ and forth ⟨Am⟩ *hin und her* || *there and* ∼ *hin und zurück* || to go ∼ *from od* (up)on *abweichen von, nicht erfüllen* (one's promise) || to lie ∼ *sich rückwärts legen* (in a chair), *auf*

dem *Rücken liegen* (on auf) **3.** a & adv [in comp] **∼ beam** ⟨aero wir⟩ *rückwärtiger Leitstrahl* m || ∼ **bearing** (*Radar-*) *Rücken-*, *Fremdpeilung* f || ∼ **blocks** [pl] ⟨Aust⟩ *äußerstes Hinterland* n || ∼-**carriage** *Rückfracht* f || ∼-**chat** *gegenseitige Unverschämtheiten* pl; (⟨Am⟩ ∼-talk) *unverschämte Antworten*; *Vorwürfe* pl || ∼ **discharge** ⟨el⟩ *Rückentladung* f || ∼-**fire** ⟨mot⟩ **1.** s *Rück-, Fehl-, Frühzündung* f ⟨fig⟩ *Fehlschlag* m **2.** vi (*zurück*)*knallen, patschen* | ∼-**formation** ⟨gram⟩ *Rückbildung* f || ∼ **pay** *rückwirkende* or *überfällige Bezahlung* f || ∼-**pedalling brake** *Rücktrittbremse* f || ∼-**room boy** ⟨sl⟩ *Geheimwissenschaftler* m || ∼-**space control** ⟨rec⟩ (*Band-*) *Rückhol-*, *Korrektur-*, *Wiederholungstaste* f || ∼-**spacer** (*Schreibmaschinen-*)*Rücktaste* f || ∼-**stitch** *Steppstich* m || ∼-**stroke** *Gegenschlag* m || ∼-**to-**∼ **display** ⟨opt⟩ *Kehrbild* n; || ∼-**to-**∼ **auf-e-a-folgend** (victories) || ∼-**type** *parachute Rückenfallschirm* m || ∼-**up** ⟨Am⟩ *zusätzl. Angaben* f pl (*auf Rückseite*); ∼-**up frequency** ⟨wir⟩ *Hilfsfrequenz* f || ∼-**swimmer** *Rückenschwimmer* ⟨a ent⟩ || ∼-**yard** *Hinterhof* m, ⟨Am⟩ (*Haus-*) *Garten* m

back [bæk] vt/i **1.** vt *den Rücken bilden v, im R. liegen v* || ⟨poet⟩ (*ein Pferd*) *besteigen* | *mit e–m R., e–r Lehne versehen* || *stützen* | (*jdm*) *den R. decken, beistehen,* (*jdn*) *begünstigen, unterstützen* || ⟨Am⟩ (*etw*) *auf dem R. tragen* || *wetten auf* (to ∼ a horse; a horse to win *daß ein Pferd gewinnt*; himself to do *daß er tun könnte*) | *gegenzeichnen* (*auf der Rückseite schreiben*), to ∼ a cheque *Scheck indossieren* | *rückwärts gehen, fahren l* (a car) | ∼ her! ⟨mar⟩ *zurück!* || to ∼ sails *die Segel backlegen* || to ∼ water ⟨mar⟩ *rückwärtsrudern* | to ∼ off ⟨tech⟩ *freischneiden*; *hinterarbeiten, –drehen, –fräsen* to ∼ up *unterstützen* || ⟨Am⟩ (*Brief*) *adressieren* || ⟨phot⟩ *lichthoffrei m* **2.** vi *sich zurückbewegen* | ⟨mar⟩ (*of wind*) *linksdrehen, rückdrehen* | to ∼ on to (of rooms) *hinten liegen nach* . . *zu, nach hinten blicken auf* || to ∼ out of *sich zurückziehen aus, von* | to ∼ down ⟨fig⟩ *zurücktreten*; *abstehen* (from *von*); ⟨Am⟩ *klein beigeben*, °*kneifen* (a to ∼ away) || ⟨Am⟩ to ∼ off *sich zurückziehen* || to ∼ out ⟨fig⟩ *zurücktreten*

backbite [ˈbæbait] vt/i [–bit/–bitten] || *verleumden* | vi *afterreden* **∼r** [∼ə] s *Verleumder(in* f) m

backbiting [ˈbækbaitiŋ] **1.** s *Verleumdung* f **2.** a *verleumderisch*

backboard [ˈbækbɔːd] s *Lehn–, Rückenbrett* n; *Rückendecke, –pappe* f || *Geradehalter* m (*f Kinder*)

backbone [ˈbækboun] s *Rückgrat* n ⟨a fig⟩; to the ∼ *vom reinsten Wasser, durch und durch, eingefleischt* || ⟨fig⟩ *Festigkeit, Willenskraft, Charakterstärke* f

backcountry [ˈbækkʌntri] s ⟨Am⟩ *Hinterland*, *wo sich Fuchs und Hase Gutenacht sagen*

backdrop [ˈbækdrɔp] s *Hintergrund*(*vorhang*) m

backer [ˈbækə] s *Helfer, Begünstiger*; ⟨com⟩ *Hintermann* m | *Wettender* m | ⟨com⟩ *Indossierer* m

backfall [ˈbækfɔːl] s ⟨wrestl⟩ *Sturz* m, *Fall m auf den Rücken* || ⟨tech⟩ *Kropf, Sattel* m

backgammon [ˌbækˈgæmən] s *Puffspiel* n || ∼-**board** *–brett* n

background [ˈbækgraund] s *Hintergrund* m (of v; of, for f), *a head against a* ∼ *ein Kopf auf e–m H.*; in the ∼ *im H.*; to make a th the ∼ of *etw z H. m*; to use a th as ∼ for *od* as the ∼ of *etw als H. benutzen* || to form a ∼ to *e–n H. bilden* (*abgeben*) z; to serve as a ∼ to *als H. dienen z* || to keep in the ∼ *im H. bleiben* || gold ∼ ⟨paint⟩ *Goldgrund* m || ⟨mus⟩ *Begleitung*,

Untermalung f (*z gesprochenem Wort*) || *Musik–,
Geräusch-Kulisse* f; *Störgeräusch* n || ⟨fig⟩ *Umwelt* f, *Milieu* n ; (*P*) *Werdegang* m, *Vorgeschichte,
Vergangenheit* f; *educational* ∼ (*bisheriger*)
Ausbildungsweg, –gang m; he is a man with a ∼
er hat etw hinter der Hand; he has no ∼ ⟨Am
fam⟩ *er hat k–e Kultur, Bildung, k–n Hintergrund* || against this ∼ *angesichts (auf dem
Boden) dieser Tatsachen* || ∼ knowledge *Kenntnisse aus erster Hand*

backhand ['bækhænd] s ⟨ten⟩ *Rückhand* f;
[attr] *Rückhand-* (∼ *drive, –triebschlag*) || **∼ed**
[∼id] a *Rückhand-* || *indirekt, mit umgekehrter
Hand* || *unerwartet; zweifelhaft; spöttisch* || **∼er**
[∼ə] s *Schlag m mit dem Handrücken*; ⟨ten⟩
Rückhänder m || *unauffällige Belohnung* f

backhoe ['bækhou] s *Bagger-, Tieflöffel* m

backhouse ['bækhaus] s ⟨Am⟩ *Abtritt,
Abort* m

backing ['bækiŋ] s *Unterstützung, Hilfe* f ||
Deckung f || (*Rücken-*)*Schicht, Unterlage* f;
anti-halation ∼ ⟨phot⟩ *Lichthofschutz* m ||
(*Rock-*)*Futter* n || ⟨com⟩ *Indossierung* f || ∼-up
Unterstützung f | ∼ *paper Schutzpapier* n ; ∼
plate *Stützplatte* f; ∼ sand ⟨tech⟩ *Füllsand* m

backlash ['bæklæʃ] s ⟨tech⟩ *Spielraum, toter
Gang* m

backlog ['bækləg] s (*bes Am fig com*) *Rücklage* f, *Vorrat* m; *Überhang* m, (*Arbeits-, Auftrags-*)*Rückstand* m, *rückständige Arbeit(en* pl) f
(*Ggs Vorsprung*)

backside ['bæk'said] s † *Kehr-, Rückseite* f ||
Hinterteil, der Hinterste m, *Gesäß* n

backsight ['bæk'sait] s *Klappvisier* n (*e–s Gewehrs*)

backslapper ['bækslæpə] s ⟨Am fam⟩ *joviale
Person* f (*die e–m auf den Rücken klopft*)

backslide ['bæk'slaid] vi [–slid/–slid] *abfallen*; ⟨rel⟩ *abtrünnig* w; *verfallen* (into *in*) || **∼r**
[∼ə] s *Abtrünniger* m

backstairs ['bæk'steəz] s pl *Dienstbotentreppe,
Hintertreppe* f | [attr *od* a] (a backstair) ⟨fig⟩
geheim, hinterhältig, Hintertreppen-

backstay ['bækstei] s [*mst* pl ∼s] ⟨mar⟩
Pardune f (*Stütztauwerk*)

backstop ['bækstəp] s ⟨sport⟩ *Schutzzaun* ||
⟨baseball fam⟩ *Fänger* m

backtrack ['bæk'træk] vi *Flugbahn zurückverfolgen*

backward ['bækwəd] **1.** (a ∼s) adv *rückwärts;
zurück*; v *hinten; verkehrt; rücklings* || *in verflossene Zeit zurück* || ∼s and forwards *hin u her*
2. a *rückwärtswirkend, im Rücken befindlich;
Rück-* || *verkehrt* || *widerwillig, abgeneigt, zurückhaltend; schwerfällig* | *spät eintretend* ||
zurückgeblieben, rückständig (in, with) || *spät
reifend* **∼ation** [,bækwə'deiʃən] s ⟨st exch⟩
Deport, Kursabschlag m **∼ness** [∼nis] s *Widerstreben* || *Zurücksein, –bleiben* n, *Langsamkeit* f

backwash ['bækwəʃ] s *Bugwellen* f pl (*e–s
Schiffes*) || ⟨fig⟩ *Reaktion* f

backwater ['bæk,wɔ:tə] **1.** s *totes Wasser,
Haffwasser;* *Stauwasser* n || *v c m Dampfer
zurückgeworfenes Wasser* n; ⟨tech⟩ *Rück-, Abwasser* n || ⟨fig⟩ *geistiger Stillstand* m **2.** vi ⟨Am⟩
°*e–n Rückzieher* m; *klein beigeben, alles zugeben*

backwoods ['bækwudz] s pl ⟨Am⟩ *Hinterwälder, Urwälder* m pl **∼man** [∼mən] s *Hinterwäldler* m ⟨a übtr⟩

bacon ['beikən] s *Speck* m || flitch of ∼
Speckseite f || rasher of ∼ *Speckschnitte* f ||
⟨fam⟩ to save one's ∼ *sein Schäfchen ins
Trockene bringen, s–e Haut retten* or . . *nicht zu
Markte tragen (sich in Sicherheit bringen, sich
vor Verlust schützen*) || to bring home the ∼
⟨sl⟩ *den Vogel abschießen (Erfolg h*); °*die Brötchen verdienen* | [attr] ∼ bonce ⟨sl⟩ °„*Nachtwächter*" m (*mit „langer Leitung"*)

Baconian [bei'kouniən] **1.** a Francis Bacon
betr; *experimentell* **2.** s *der Baconianer*

bacterial [bæk'tiəriəl] a *Bakterien–* **-icidal**
[bæk,tiəri'saidl] a *bakteriz id* **-iological** [-riə-
'lədʒikəl] a *bakteriologisch, Bakterien–* (warfare)
-iologist [bæk,tiəri'ələdʒist] s *Bakteriolog, Bakterienforscher* m **-iology** [bæk,tiəri'ələdʒi] s *Bakteriologie, Bakterienforschung* f

bacterium [bæk'tiəriəm] s [*mst* pl –ia] *Bakterie*
f, *Spaltpilz* m

bad [bæd] **1.** a **a.** *schlecht; böse; schlimm* ||
böse, ungezogen; unflätig **–anständig** || ⟨Am⟩
ärgerlich | *gefährlich, schädlich* (for a th *od* a p
e–r S, jdm) || (of meat) *verdorben, schlecht, faul*
(egg) | *unangenehm, widerlich* | *unwohl, angegriffen, krank*; ∼ leg *krankes Bein* | *unecht,
falsch* (coin) | *dürftig, unzureichend*; not ∼
⟨fam⟩ *ganz gut,* °*nicht übel* | *sehr stark, heftig*
(a ∼ cold, ∼ headache) **b.** *Verbindungen*: a ∼
bargain *e–e Null* ⟨fig⟩, ⟨mil⟩ *ein richtiger Kaczmarek* || ∼ blood *böses Blut* n || ∼ conduct
discharge *Entlassung* f *wegen schlechter Führung*
|| ∼ debts *nicht einziehbare Außenstände* m pl ||
∼ earth ⟨el⟩ *Erdschluß* m || ∼ egg, ∼ hat ⟨sl⟩
°*übler Vertreter* m || ∼ form [pred] *gegen die
gute Sitte* || ∼ mark (*bes mot racing*) *Strafpunkt* m || not ∼ fun *ganz amüsant* || with a ∼
grace *widerwillig* || ∼ lands pl ⟨Am⟩ *Badlands*
pl, *unfruchtbares Land* n (*Dakota u Nebraska*) ||
∼ language *anzügliche Worte* n pl, *Zoten* f pl;
Fluchworte n pl || ∼ luck *Unglück,* °*Pech* n ||
∼-man ⟨Am⟩ *Bandit, Verbrecher* m || in a ∼
sense *in schlechtem Sinne* || ∼ shot ⟨sl⟩ *falsche
Vermutung* f || in a ∼ way *krank*; *in schlechten
Verhältnissen* || ∼ words [pl] *Schimpfworte* n pl
| to be very ∼ *sehr krank* s | that is ∼! *das ist
arg*! || that is too ∼! *das ist zu dumm*! || to feel
∼ about *sich ärgern über* || to go ∼ *verfallen,
verderben* **2.** s the ∼ *das Schlechte, Böse* || to be
£ 10 to the ∼ *10 £ Verlust, Einbuße h*; to go to
the ∼ ⟨fam⟩ *in schlechte Gesellschaft, auf Abwege geraten* || from ∼ to worse *immer schlimmer, schlimmer u schlimmer* || to take the ∼ with
the good *das Unangenehme* or *die Nachteile mit
in Kauf nehmen* | **∼ly** ['∼li] adv *fehlerhaft, unzureichend* | *gefährlich; arg;* ∼ beaten *entscheidend geschlagen* ⟨fam⟩ *dringend, sehr*, to want
∼ *sehr benötigen* || ∼ off *übel daran, schlecht
situiert*; he is ∼ off *es geht ihm sehr schlecht*
∼ness ['∼nis] s *schlechter Zustand* m || *Schlecht-,
Bösartigkeit* | *Schädlichkeit* f

bade [beid, bæd] pret v to bid

badge [bædʒ] s *Abzeichen, Dienst(grad)–* n ||
Merkzeichen n, *Marke* f

badger ['bædʒə] **1.** s ⟨zoo⟩ *Dachs* m, → *boar,
sow* || ⟨fig school sl⟩ „*Fuchs*" m (*Rothaariger*) ||
∼ bristle *Dachshaar* n || ∼-baiting, ∼-drawing
Dachshetze f || ∼-brush *Dachshaarpinsel* m **2.**
vt *quälen, belästigen*

badinage [,bædi'nɑ:ʒ] s Fr *Scherze* m pl,
Schäkerei, Neckerei f

badmash ['bæ:dmæʃ] s *doller Schwerenöter* m,
→ *masli*

badminton ['bædmintən] s *Kühltrank* m ||
Federballspiel m

baffle ['bæfl] s (*Durchfluß-*)*Regulator* m,
Schalldämpfer m; ⟨aero – mot⟩ *Leitblech* n

baffle ['bæfl] vt *vereiteln*; (*jds Pläne*) *durchkreuzen* | (*jdn*) *verwirren*; it ∼s me *das verstehe
ich nicht, ist mir ein Rätsel* || (*jdn*) *täuschen*
that ∼s description *das spottet jeder Beschreibung* || ∼-board *Schalldämpfer* m; ⟨wir⟩ *Lautsprechdämpfer* m || ∼ paint *Tarnungsanstrich* m
|| ∼(-)plate *Schlingerwand* f, *Wirbel-, Prall-,
Leitblech* n (*im Kraftstoffbehälter*) || ∼-wall
schalldichte Wand f | **∼r** [∼ə] s *Vereiteler* m

baffling ['bæfliŋ] a (∼ly adv) *vereitelnd* || *verwirrend* || (of winds) *unstet, veränderlich*

baffy ['bæfi] s *hölzerner Golfschläger* m (*z Hochschlagen*)

bag [bæːg] s *Beutel* m, *Tasche, Börse* f || (*Brief-*) *Beutel, Sack* m (mail–~) || *Tüte* f | *Sack als Maß, Ballen* m | *Reisesack* m, *Reisetasche* f || ⟨aero sl⟩ *Fallschirm* m | ~s [pl] ⟨sl⟩ °*Büx, Buxe* f (*Hose*) (a pair of ~s *e–e Büx*) | *Jagdbeute, Strecke* (of small game) f | ⟨fam⟩ *Anzahl ertappter Pn od gesammelter Sn* | *Gladstone* ~ (*leichte*) *Herren-Reisetasche* f || ~ *and baggage* (*mit*) *Hab u Gut, Sack u Pack* || ~-of-bones *Knochengerippe* n || *the whole* ~ *of tricks* ⟨fam⟩ *der ganze* °*Kram* || *to let the cat out of the* ~ *die Katze aus dem Sack l* ⟨fig⟩ || *to make a good* ~ *e–e gute Strecke h, Jagdglück h* | *he was left holding the* ~ *er blieb auf s–r Ware sitzen, war der Dumme* | ⟨Am fig vulg⟩ *Fose* f (*Dirne*)

bag [bæg] vi/t || *aufschwellen, sich sackartig ausbauchen* || (of clothes) *beuteln, sich bauschen, lose hängen* | vt *einstecken, einsacken, in die Tasche stecken* || *schießen, erlegen, fangen* || *sammeln* | ⟨fam⟩ *sich nehmen, sich aneignen* || ⟨sl⟩ *beanspruchen* (I ~, *mst* ~s I *meine*(*r*), –s!); ~s I *writing to him! meine S ihm z schreiben!* || ⟨aero sl⟩ (*Luftziele*) *abschießen*

bagatelle [ˌbægəˈtel] s Fr *Kleinigkeit, Lappalie, Bagatelle* f | *Tivoli*(*spiel*) n

baggage ['bægidʒ] s ⟨mil⟩ *Bagage* f, *Gepäck* n || ⟨Am⟩ (*Passagier-*) *Gepäck* n || *bag and* ~, → *bag* | *Dirne* f; ⟨hum⟩ *junges keckes Mädchen* (little ~ *kl Racker* m) | *free* ~ *allowance Freigepäck*(*grenze* f) n || ~ *boot* ⟨Am mot⟩ *Kofferraum* m (*im Pkw*) || ~-car ⟨Am⟩ *Gepäckwagen* m || ~-check ⟨Am⟩ *Gepäckschein* m || ~ *room* ⟨Am rail⟩ *Gepäckaufbewahrung* f

bagging ['bægiŋ] a *ausbauschend* || (of clothes) *beutelnd* (*sich bauschend*)

bagging ['bægiŋ] s *Sack–, Packleinwand* f

baggot ['bægət] s *Lachs* m *vorm Ablaichen*

baggy ['bægi] a *bauschig, beutelig, sackartig* || ⟨fig⟩ *schwülstig*

bagman ['bægmən] s *Handlungs–, Geschäftsreisender* m

bagnio ['bɑːnjou] s ⟨a-engl⟩ *Badehaus* n || *oriental. Gefängnis* n || *Bordell* n

bagpipe ['bægpaip] s ⟨mus⟩ *Sackpfeife* f, *Dudelsack* m | ~r [~ə] s *Sackpfeifer, Dudelsackpfeifer* m

bagworm ['bægwəːm] s ⟨ent⟩ *Sackspinner* m (*Raupe der Psychiden*)

bah [bɑː] *pah! bah!*

bail [beil] s ⟨jur⟩ *Bürgschaft, Kaution* f || *Bürge* m | *out on* ~ *gegen Kaution aus dem Gefängnis entlassen* [pp] || *to allow* ~ *Bürgschaft zulassen* || *to admit to* ~ *gegen Bürgschaft aus der Haft entlassen* || *to forfeit one's* ~ *durch Nichterscheinen vor Gericht der gestellten Kaution verlustig gehen* || *to give* ~ *e–n Bürgen stellen* || *to go* ~ *for Bürgschaft leisten, bürgen für*; *I'll go* ~ ⟨fig⟩ *ich geh' jede Wette ein* (*bin sicher, überzeugt*) || *to jump* ~ *die Kaution fahren l* || ~ *was refused Bürgschaft wurde abgelehnt* || *to release on* ~ *gegen Bürgschaft entlassen* || *to save one's* ~, *to surrender to one's* ~ *pflichtgemäß vor Gericht erscheinen*

bail [beil] s *Henkel* m | *Reifen* m

bail [beil] s (at cricket) *Querholz* n

bail [beil] vt ⟨jur †⟩ (*jdn*) *gegen Bürgschaft freilassen* || (*Waren*) *hinterlegen, deponieren* || *bürgen für, mst to* ~ *out durch Bürgschaft aus der Haft befreien* | ~**able** ['~əbl] a jur *Bürgschaft zulassend*; *bürgschaftsfähig* || (P) *gegen Bürgschaft freizulassen*(*d*)

bail, bale [beil] vt/i || (*Wasser*) *schöpfen* (*aus e–m Boot*) || (*Boot*) *ausschöpfen* | vi ⟨sl⟩ (a *to* ~ *out*) °*aussteigen, mit Fallschirm abspringen* || ⟨fig sl⟩ *entwischen* | ~-out (*Fallschirm-*)*Ab-*

sprung m; [attr] *Schleuder–* (seat) ~**er** ['~ə] s *Schöpfeimer* m

bailee [beiˈliː] s ⟨jur⟩ *Depositar, Bewahrer* m (*Ggs* bailor)

bailey ['beili] s *Außenmauer* f, –*hof, Innenhof* m *e–r Burg* | *Old Bailey Kriminalgerichtsgebäude* n *London* || ⚏ *bridge Befehlsbrücke* f (*nach Erfinder*)

bailie ['beili] s ⟨Scot⟩ *Stadtrat, Ratsherr* m

bailiff ['beilif] s ⟨hist⟩ *Amtmann* m || *Diener e–s sheriff*; *Gerichtsdiener* m || (*Guts-*) *Verwalter* m || (court) — ⟨engl⟩ *Gerichtsvollziehungshelfer* m

bailiwick ['beiliwik] s *Vogtei* f, *Amtsbezirk* m *e–s* bailie

bailment ['beilmənt] s ⟨jur⟩ *Hingabe* f *e–r S gegen Bürgschaft* || *Freilassung* f *gegen Bürgschaft* | *Kaution* f

bailor ['beilə] s ⟨jur⟩ *Deponent, Hinterleger* m (*Ggs* bailee)

bailsman ['beilzmən] s *Bürge* m

baint [beint] ⟨dial⟩ = be *not* f am, is, are *not*

bairn [bɛən] s ⟨urspr Scot⟩ *Kind* n

bait [beit] **1.** vt/i || (*Bär* etc) *mit Hunden hetzen, reizen* || (*jdn*) *quälen, erbittern* | (*Pferde*) *füttern, tränken* || (*Haken*) *mit Köder versehen*; *ködern*; ⟨fig⟩ *anlocken, –reizen* | vi (of horses) *futtern, fressen* || *Halt, Rast* m **2.** s *Köder* m, *Lockspeise* f | ⟨fig⟩ *Lockung* f, *Reiz* m || *Rast* f; *Imbiß* m | ~ingplace *Einkehr* f, *Ausspann* m

baize [beiz] s *Boi* m, *Sersche* f (*Flanellstoff*)

bake [beik] s *Backpulver* m

bake [beik] vt/i || ⟨cul⟩ *backen* || (Steine) *brennen, dörren* || halfbaked ⟨fig⟩ *unreif, unfertig; blöde* | vi *backen* || *dürr w*; *sich härten* | ~-off ⟨Am fam⟩ *Back-Wettbewerb* m ~**house** ['~haus] s *Backhaus* n

bakelite ['beikəlait] s *Bakelit* n (*Kunstharz*)

baker ['beikə] s *Bäcker* m; ~'s-dozen *dreizehn Stück* n pl; ⟨fig⟩ *to give a* p a ~'s *dozen jdm e–e gehörige Tracht Prügel geben* || ~'s *shop Bäckerladen* m || ~**y** [~ri] s *Bäckerei* f

baking ['beikiŋ] **1.** s *Backen* n; *Brennen* (*v Sonne*) n; ⟨tech⟩ *Backen, Brennen, Sintern, Trocknen*, (*Lacke-*) *Einbrennen* n, (*Keramik-*) *Brand* m | [attr] *Back–*: — *enamel Einbrenn-Kunstharzlack* m || ~ *japan Japanlack* m || ~ *plate Backblech* n || ~-powder –*pulver* n **2.** a *brennend* (*heiß*) **3.** adv ~ *hot glühend heiß*

bakshee ['bækˈʃiː] a ⟨mil sl⟩ *Empfangs–*, (*kostenlos, unerwartet*) ~ *king* ⟨mil sl⟩ °*Zahlmops* m (–*meister*)

baksheesh, bakshish ['bækʃiːʃ] s *Backschisch, Trinkgeld* n; *Bestechung* f

balance ['bæləns] **I.** s **1.** *Waage* f || ⟨astr⟩ *Waage* f | ⟨tech⟩ *Unruhe* f (*der Uhr*) **2.** *Gleichgewicht* n, ~ *of power polit. G., G. der Kräfte* || *Ausgleich* m || *Ruhe* f, *Gleichmut* m, *Sachlichkeit* f || *in the* ~ ⟨fig⟩ *in der Schwebe* || *to adjust the* ~ *das Gleichgewicht herstellen* || *to hold the* ~ *between das G. bewahren zwischen* || *to lose one's* ~ *das G. verlieren*; ⟨fig⟩ *die Fassung verlieren* || *to throw a* p *off his* ~ (*jdn*) *aus dem G. bringen* || *to turn the* ~ *den Ausschlag geben* **3.** ⟨com⟩ *Bilanz* f, *Saldo* m; *Restbetrag* m; ⟨Am fig⟩ *Rest* m || *adverse* ~ *Unterbilanz* f, *Fehlbetrag* m, *Defizit* n; *favourable* ~ *Überschuß* m; *at the bank Bankguthaben* n; ~ *in hand Kassenbestand* m; ~ *due Debetsaldo* m; ~ *carried forward Saldovortrag* m; ~ *of payments* ⟨com⟩ *Zahlungsbilanz* f; ~ *of trade Handelsbilanz* f; *to have a* ~ *in one's favour etw gut h*; *to strike a* ~ *die Bilanz ziehen*, ⟨fig⟩ *das Ergebnis ziehen* | ⟨Am⟩ *Überschuß* m; *Rest* m **4.** ⟨el⟩ *Ausgleich* m **5.** [attr] ⟨el⟩ *Ausgleichs–* (*current*) || ~-cock *Uhrscheibe* f || ~-sheet ⟨com⟩ *Bilanzbogen* m; *Rechnungsabschluß, Kassenbericht* m, *die aufgestellte Bilanz* f || ~-wheel

⟨tech⟩ *Steigrad* n (*der Uhr*) **II.** vt/i ‖ *wägen, wiegen* ‖ *erwägen* ‖ *abwägen* (a th against another *e–e S gegen e–e andere*) ‖ *im Gleichgewicht halten* [a refl] | ⟨com⟩ (*Rechnung*) *aus–, begleichen*; to ~ accounts *Konten saldieren*; to ~ accounts with *abrechnen mit* ‖ (*das Konto*) *abschließen* ‖ *gleichstehen mit, balancieren mit* (the expenses ~ the receipts) ‖ ~d (übtr) *ausgewogen* | vi *im Gleichgewicht s, sich ausgleichen, balancieren* ‖ *schwanken, unschlüssig s* –**ced** [~t] a *abgewogen*; *symmetrisch* (amplifier, oscillator); *kompensiert* (aerial); *abgeglichen* (modulation); *ausgeglichen* ⟨a fig⟩ ‖ ~ armature *Magnetanker* m –**cer** [~ə] s [attr] ⟨el⟩ *Ausgleich–* (transformer) –**cing** ⟨~in⟩ s: ~ of tonal values ⟨phot⟩ *Tonabstimmung* f ‖ ⟨el⟩ *Ausgleichs–* (aerial, condensator, frequency); *Puffer–* (battery)

balas [ˈbæləs] s ⟨minr⟩ (a balasruby [ˈbæləsˈruːbi]) s *Rubinballas, roter Spinell* m

balcony [ˈbælkəni] s *Balkon, Altan, Söller* m ‖ ⟨theat⟩ (= upper circle) **II.** *Rang* m, *Sitzplätze* [pl] *zwischen* dress-circle (I. *Rang*) *u* gallery; *Balkon* m

bald [bɔːld] a (~ly adv) *kahl(köpfig), unbehaart*; ⟨zoo⟩ *ohne Federn, weißfleckig* ‖ *kahl* | ⟨fig⟩ *armselig, dürftig*; *kahl, nackt, schmucklos, nüchtern, trocken* (style) ‖ *offensichtlich, handgreiflich*, the ~ truth *die nackte Wahrheit* | ~-head, ~-pate *Kahlkopf* m; *Glatze* f ~**ly** [ˈ~li] adv ⟨fig⟩ *schmucklos, trocken*; *deutlich, ungeschminkt* ~**ness** [ˈ~nis] s *Kahlheit* f ‖ *Nüchternheit, Schmucklosigkeit, Dürftigkeit* f

baldachin, –**aquin** [ˈbældəkin] s *Baldachin, Thronhimmel* m

balderdash [ˈbɔːldəˌdæʃ] s *sinnloses Geschwätz* n

baldric [ˈbɔːldrik] s *Gürtel* m; *Wehrgehänge* n, –*gürtel* m

bale [beil] s † ⟨poet⟩ *Not* f, *Elend* n, *Qual* f ~**ful** [ˈ~ful] a (~ly adv) *böse, unheilvoll, verderblich* ~**fulness** [ˈ~fulnis] s *Verderblichkeit, Bösartigkeit* f

bale [beil] **1.** s ⟨com⟩ (*Waren–*)*Ballen* m, *Paket* n; ~s, ~-goods ⟨com⟩ *Ballengüter* n pl **2.** vt *in Ballen verpacken* ‖ baling press *Ballen–* or *Packpresse* f | vi ⟨aero fam⟩ to ~ out (*mit Fallschirm*) °*aussteigen* (*abspringen*)

bale [beil] → bail v

baleen [bəˈliːn] **1.** s *Fischbein* n **2.** a *Fischbein–* **balefire** [ˈbeilfaiə] s *gr offenes Feuer* n; *Scheiterhaufen* m; *Freuden–, Signalfeuer* n

balk, baulk [bɔːk] s *Rain, Furchenrain* m ‖ *Balken* m ‖ ⟨bill⟩ *Quartier* n, *Kessel* m; miss-in–~ *absichtl. Fehlstoß* m ‖ ~-line game ⟨bill⟩ *Kaderpartie* f ‖ ⟨fig⟩ *Hindernis* n; *Schnitzer, Fehler* m | ⟨Am⟩ *Brachacker* m ⟨baseball⟩ *Finte* f

balk [bɔːk] vt/i (*Pflicht* etc) *umgehen, ausweichen* ‖ *aufhalten*; *hindern, hemmen* ‖ *durchkreuzen, vereiteln*; *enttäuschen* ‖ ~ed ⟨aero⟩ *Fehl–* (landing) | vi *plötzlich anhalten, stocken, stutzen* ‖ (of horses) *scheuen* (at) ~**ing** [ˈ~in] a *widrig, hinderlich* | ~**y** [ˈ~i] a (of horses) *störrisch* ‖ ~ engine ⟨aero⟩ *Motor* m *mit Fehlzündung*

Balkan [ˈbɔːlkən] **1.** a *Balkan–* (the ~ War) **2.** s the ~s [pl] *der Balkan* m (in the ~s *auf dem Balkan*) ~**ize** [~aiz] vt (*Nation*) *nach dem Grundsatz "divide et impera" zerstückeln*

ball [bɔːl] **1.** s ⟨astr⟩ *Kugel* f, *Erdball* m ‖ *Ball, Spielball* m, a good ~ *ein gut gespielter B.* ‖ ⟨mil⟩ *Kugel, Granate* f ‖ (of wool) *Knäuel* m ‖ *Ballen* (*am Körper*) m: ~ of the foot, ~ of the thumb *Fuß–, Handballen* m ‖ no ~ *spielwidriger Wurf*, no ~! ⟨crick⟩ *der Wurf gilt nicht!*; the ~ is with you *du bist dran* ‖ ~ of the eye *Augapfel* m ‖ to have the ~ at one's feet

etw in der Hand, in s–r Macht, den Weg zum Erfolg vor sich h ‖ to keep the ~ rolling ⟨fig⟩ *das Gespräch im Gang halten* ‖ to load with ~ ⟨mil⟩ *scharf laden* ‖ to pocket a ~ ⟨bill⟩ *e–n Ball m, ins Loch treiben* ‖ to set the ~ rolling ⟨fig⟩ *etw in Gang bringen* | ~ and socket joint *od* head ⟨tech⟩ *Kugelgelenk, Kugelscharnier* n ‖ ~s [pl] ⟨vulg⟩ *Eier* n pl (*Hoden*) ‖ ⟨mil sl⟩ that's all ~s! (ach) *Blödsinn, Quatsch!*; to make a ~ of (*etw*) °*vermasseln* ‖ ⟨Am sl⟩ to be on the ~ °*auf Draht s*; to have sth on the ~ *etw auf dem* °*Kasten h* | [attr] ⟨el⟩ *Ball–* (antenna) ‖ ~ ammunition (*MG–*)*Vollmunition* f ‖ ~-bearing ⟨tech⟩ *Kugellager* n ‖ ~-cartridge *Kugelpatrone, scharfe Patrone* f ‖ ~ mill *Kugelmühle* f ‖ ~-park ⟨Am⟩ *Fußballplatz* m ‖ ~(-point) pen, ~-pointer *Kugelschreiber* m → biro ‖ ~-proof [a] *kugelfest, –sicher* ‖ ~-valve *Kugelventil* n **2.** vt/i (*etw zu e–m Ball*) *zus–pressen, –ballen* ‖ ~ed-up ⟨Am fam⟩ *verdutzt* | vi *sich formen* (*zu e–m Ball*)

ball [bɔːl] s *Ball* m, *Tanzgesellschaft* f, (at a ~ *auf e–m Ball*) ‖ fancy dress ~ *Kostümfest* n; masked ~ *Maskenball* m ‖ to give a ~ *e–n Ball geben*; to go to the ~ *zum B. gehen*; to open the ~ *den Ball eröffnen*; ⟨fig⟩ *die Diskussion eröffnen, den Tanz* (*Streit*) *beginnen* | ~-dress *Ballkleid* n, *–staat* m ~**room** [ˈbɔːlrum] s *Ballsaal, Tanzsaal* m

ballad [ˈbæləd] s *Ballade* f ‖ *einfaches Lied* n ‖ ~-monger *Balladen–, Bänkelsänger* m ‖ ~-opera *Singspiel* n

ballade [bæˈlɑːd] s Fr *Gedicht aus 3 achtzeiligen Stanzen u e–m vierzeiligen Anhang* (envoy)

ballast [ˈbæləst] **1.** s ⟨mar⟩ *Ballast* m ‖ in ~ *nur mit Ballast beladen* ‖ ~ tank ⟨sub-mar⟩ *Tauchtank* m ‖ ⟨fig⟩ mental ~ *geistiger Halt* m, *innere Festigkeit* f ‖ ⟨rail⟩ *Schotter* m **2.** vt *ballasten, mit Ballast beladen* ‖ *beschottern* | *im Gleichgewicht halten* ‖ ⟨fig⟩ (*jdm*) *Halt geben*

ballet [ˈbælei] s Fr ⟨theat⟩ *Ballett* n ‖ ~-dancer *–tänzer(in* f) m ~**omane** [ˌbælitoˈmein] s *Ballettnarr* m

balling [ˈbɔːliŋ] s (of beer) ⟨brew⟩ *scheinbarer Extrakt* m

ballistic [bəˈlistik] a *ballistisch* (conditions *Einflüsse*, elements *Werte*, density and wind factors *Tageseinflüsse*); Bahn– (values, variables *–größen*) ‖ ~s [~s] s pl [sg konstr] ⟨phys⟩ *Ballistik* f, *Lehre* f *vom Flug der Geschosse*, interior, exterior, and terminal ~ *Innen–, Außenballistik u Wirkung am Ziel*

ballon [baˈlɔ̃] s Fr ~ d'essai ⟨pol⟩ *Versuchsballon* m ‖ ⟨geog⟩ (*Berg*) *Belchen* m (≠ d'Alsace)

ballonet [bæləˈnet] s Fr ⟨aero⟩ *Luftsack* m

balloon [bəˈluːn] **1.** s ⟨arch⟩ *Kugel* f ‖ ⟨chem⟩ *Ballon, Rezipient* m ‖ (*Luft–*)*Ballon* m; captive ~ *Fessel–*; pilot–~ *Pilot–, Registrier–* ‖ ~ (take-off) site *Ballonaufstiegplatz* m ‖ ~-tire ⟨mot & cycl⟩ *Ballonreifen* m **2.** vi/t ‖ *im Ballon aufsteigen* ‖ ⟨fig⟩ *sich blähen, aufschwellen* | vt ⟨Am st exch⟩ (*Papiere*) *in die Höhe treiben* ~**ist** [~ist] s *Luft(ballon)schiffer, –fahrer* m

ballot [ˈbælət] **1.** s *Wahlkugel* f ‖ *Stimmzettel, Wahlzettel* m ‖ *geheime Wahl* or *Abstimmung* f (at the ~ *bei der W.*), voting is by ~ *die A. ist geheim* ‖ *Wahl, Abstimmung* f ‖ *Wahlgang* m (on *od* in the first ~ *im ersten W.*) ‖ *die abgegebenen Stimmen* f pl ‖ the ~ is inconclusive *es findet e–e Stichwahl statt* | ~-box *Wahlurne* f ‖ ~-paper *Stimmzettel* m **2.** vi *abstimmen; geheim wählen, ballotieren* ‖ to ~ for *abst über*; losen *um* | ~**ing** [~iŋ] s *geheime Abstimmung* f

bally [ˈbæli] a & adv ⟨sl fam⟩ *widerlich, verflucht*

ballyhoo [bæliˈhuː] ⟨Am sl⟩ **1.** s *grobe Schmeichelei, Getue* n; *Werbe–, Propagandarummel* m,

marktschreierische Reklame f ‖ *Ausruf* m **2.** vt
(*etw*) *laut, marktschreierisch anpreisen*
   ballyrag ['bæliræg] vt/i ‖ ⟨sl⟩ *üble Scherze* m
mit; ärgern, necken ‖ *abkanzeln, ausschelten* | vi
üble Scherze m ‖ *schelten*
   balm [bɑːm] s *Balsam* m ‖ ⟨bot⟩ *Melisse* f ‖
⟨fig⟩ *Trost* m, *Linderung* f
   Balmoral [bæl'mɔrəl] s *schottische Mütze* f ‖
wollener Unterrock m ‖ ~s [pl] *Halb-, Schnür-
schuhe* m pl
   balmy ['bɑːmi] a (–mily adv) *Balsam-, balsamisch* ‖ ⟨fig⟩ *lindernd* ‖ ⟨fam⟩ *verdreht, blöde*,
→ barmy
   balneal ['bælniəl] a *Bad-*
   balneology [bælni'ɔlədʒi] *Bäderkunde* f
   baloney [bə'louni] s *Unsinn*, °*Quatsch* m ‖
°„*Mist*" m (*wertloses Zeug*)
   balsa ['bɔːlsə] s: ~ *wood Kork-, Balsaholz* n
   balsam ['bɔːlsəm] s *Balsam* m ‖ ⟨bot⟩ *Balsa-
mine* f, *Springkraut* n ‖ ⟨fig⟩ *Trost* m, *Linderung*
f ‖ ~-fir ⟨bot⟩ *Balsamtanne* f | ~ic [bɔːl-
'sæmik] a (~ally adv) *balsamisch* ‖ *lindernd*
   Baltic ['bɔːltik] **1.** a *baltisch; Ostsee-;* the ~
Sea *die Ostsee* **2.** s the ~ *die Ostsee* f
   Baluch [bə'luːtʃ] s *der Belutsche*
   baluster ['bæləstə] s ⟨arch⟩ *Baluster* m,
Docke f, *Kandelaber-, Geländersäule* f ‖ ~-
railing Dockengeländer n | ~s [pl] *Treppen-
geländer* n –**trade** [,bæləs'treid] s *Balustrade,
Fensterlehne* f, *Geländer* n
.   **bam** [bæm] vt ⟨sl abbr⟩ = ~*boozle*
   bamboo [bæm'buː] s ⟨bot⟩ *Bambusrohr* n ‖
Bambusstock m ‖ ~ *curtain* ⟨pol⟩ „*Bambus-
vorhang*" m (*um Rotchina*)
   bamboozle [bæm'buːzl] vt ⟨sl⟩ *verwirren,
foppen* ‖ *beschwindeln, betrügen* (out of *um*) ‖
to ~ o.s. ⟨fig⟩ *sich verrennen* (into *in*) ‖ to ~ a p
into doing .. *jdn bequasseln etw z tun*
   bamfoozle [bæm'fuːzl] vt ⟨sl⟩ °*betuppen, beschwindeln*
   ban [bæn] **1.** s *öffentliche Aufforderung* f ‖
→ banns ‖ *Exkommunikation* f, *Bann* m ‖ *Fluch*
m ‖ *Acht, Ächtung* f, *Bann* m, *Verbannung* f (on
a p *jds*) ‖ (*gesellschaftliche*) *Ächtung* f, (*gesell-
schaftliches*) *Verbot* n (on a th *e–r S*); ~ (on
traffic) (*Verkehrs-*)*Sperre* f; *travel* ~ *Reise-
sperre* f ‖ ⟨Am⟩ *Verbot* n | *under the* ~ *in Acht,
exkommuniziert* ‖ to lay a p under a ~ *jdn in den
Bann tun, in die Acht erklären* **2.** vt *verfluchen, in
den Bann tun* ‖ *ächten*, (*ver*)*bannen* ‖ (*etw*) *verbieten;* to ~ a p *from the city jdm die Stadt verbieten* (.. *from doing* .. *zu tun*) ~**ned** [~d] a
verboten (*v Zensur*)
   banal [bə'nɑːl, bæ'næl] a Fr *banal, alltäglich,
abgedroschen* ~**ity** [bə'næliti, bæ'næ–] s *Banali-
tät, Alltäglichkeit* f, *abgedroschenes* °*Zeug* n
   banana [bə'nɑːnə] s ⟨bot⟩ *Banane* f ‖ ~ *oil!*
⟨Am fig⟩ *Stuß! Quatsch!* ‖ ~ *plug* ⟨el⟩ *Bananenstecker* m
   banc [bæŋk], **banco** ['bæŋkou] s *Richterbank* f,
court in ~ *Gerichtshof* m
   band [bænd] s **1.** † *Band* n, *Fessel* f ‖ *Band*, n,
Binde, Schnur f; ⟨bookb⟩ *Heftschnur* f ‖ ⟨wir⟩
(*Frequenz-*) *Band* n; ~ *selection Bandeinstellung*
f; (⟨a⟩ *brake* ~) ⟨mot⟩ *Band-, Stützbremse* f **2.**
Schiene f, ‖ *Reifen* m | *Band* n, *Ring, Streifen* m
(*black* ~) ‖ ~s [pl] ⟨ec & jur⟩ *Hals-, Priester-
kragen* m, *Beffchen* n | *Riemen* m ‖ ⟨anat⟩
Band, Gelenkband n ‖ ⟨tech⟩ *Laufriemen,
Treibriemen* m ‖ *elastic* ~ *Gummiband* n **3.**
[attr] ~*box Putz-, Hutschachtel* f, to look as if
one had come out of a ~*box blitzblank, wie aus
der Lade genommen aussehen* ‖ ~-*saw* ⟨tech⟩
Bandsäge f
   band [bænd] s *die zu e–m Zwecke vereinigte
Anzahl Menschen, Bande, Schar, Kompagnie* ‖
Musikkorps n, (*Musik-*)*Kapelle* f, *Orchester* n;
⟨fam⟩ *Regimentsmusik, Schiffskapelle* f ‖ *brass*

~ *Trompeterkorps* n ‖ German ~ *umherziehen-
de Musikanten* m pl | ~*master Kapellmeister* m
‖ ~*stand Musik-, Orchesterpavillon* m ‖ ~
wagon ⟨*bes* Am⟩ *Festzugswagen* m *der Kapelle*,
⟨fam⟩ *Wahlpropagandawagen;* to climb onto the
~ wagon ⟨fig⟩ (*Wahl-*)*Propaganda* m, *werben;*
on the ~ wagon *unter den Lärmschlägern,
Rädelsführern, auf der Woge der Volksgunst*
   band [bænd] vt/i ~ *verbinden* ‖ *vereinigen* ‖
durch Band, Streifen kennzeichnen; ⟨Am⟩ (*Vogel*)
beringen; ~*ing Beringung* f ‖ ~*ed* ⟨arts⟩ *be-
ringt* | vi to ~ *together sich vereinigen, sich ver-
binden*
   bandage ['bændidʒ] **1.** s *Binde* f, *Band* n ‖
⟨med⟩ *Bandage, Binde* f, *Verband* m; ~ *for
burns Brandbinde* f **2.** vt *verbinden, bandagieren* ‖
–**gist** [–dʒist] s *Bandagist* m
   bandanna [bæn'dænə], –**ana** [–ɑːnə] s *buntes
Taschentuch* n
   bandar ['bʌndɑː] s ⟨AInd⟩ *Rhesusaffe* m ‖ ~-
log [~loug] s *Schwätzer* m pl
   bandeau ['bændou] s Fr *Stirnband* n, *Haar-
binde* f (*f Damen*)
   banderol(e) ['bændəroul] s Fr *Fähnchen* n;
⟨her⟩ *Wimpel* m ‖ ⟨arch⟩ *Inschrift-, Spruch-
band* n
   bandit ['bændit] s *Bandit, Räuber* m ~**ry**
[~ri] s *Räuberunwesen* n ~**ti** [bæn'diti] s [It pl
v –itto] *Räuberbande* f
   bandlet ['bændlit] s ⟨arch⟩ *Bändchen* n, *kl
Leiste* f
   bandog ['bændɔg] s *Kettenhund, Bullenbeißer* m
   bandoleer, –**lier** [,bændo'liə] s *Bandelier* n
–**lero** [~rou] s Sp *Straßenräuber* m
   bandonion [bæn'douniən] s Ger ⟨mus⟩ *Ban-
d·onion, Schifferklavier* n
   bandsman ['bændzmən] s *Musiker* m (*e–r
Musikkapelle*)
   bandy ['bændi] s ⟨AInd⟩ *Ochsenwagen* m
   bandy ['bændi] a *krumm* ‖ ~-*legged krumm-
beinig, O-beinig*
   bandy ['bændi] **1.** vt (*Schläge*) (*aus*)*wechseln;*
(*Bälle, Blicke* etc) *austauschen, wechseln, sich zuwerfen;* do not ~ *words with me! streiten Sie
nicht mit mir!* ‖ (*Gerücht*) *verbreiten;* to ~
(a th) about ⟨fig⟩ (*etw*) *weitertragen, verbreiten*
2. s *Art hockey* ‖ *Hockeyschläger* m
   bane [bein] s *Gift* n [*nur in comp*]; rats~
Rattengift n ‖ ⟨fig⟩ *Ruin* m, *Pest* f; *Verderben* n
~**ful** ['~ful] a (~ly adv) *giftig* ‖ *tödlich, verderblich* ~**fulness** ['~fulnis] s *Giftigkeit* f ‖
Tödlichkeit, Verderblichkeit f
   bang [bæŋ] **1.** vt/i *schlagen,* to ~ one's fist
mit der Faust sch. (on the table) | (a to ~ to)
(*Tür*) *heftig zuschlagen* ‖ to ~ a th *od* a p about
etw, jdn herumstoßen, unsanft behandeln, puffen ‖
to ~ one's way *into lärmend eintreten in* ‖
(*Preise*) *drücken* | vi *heftig schlagen* ‖ *schallen,
knallen* ‖ to ~ *away at the piano auf d. Kl.
herumhämmern* ‖ (a to ~ to) (of doors) *zuschlagen;* to ~ off *losknallen* **2.** s *heftiger Schlag*
m ‖ *Schall, Knall* m; to go off with a ~ *laut losknallen, –gehen* ‖ *Wirkung, Schlagkraft* f, ⟨Am
sl⟩ *Sensation, Überraschung* f, *Reiz* m ‖ ⟨vulg⟩
°*Nummer,* she's a good ~ *sie schiebt 'ne saubre
Nummer* **3.** intj *paff! pauz! bum!* (~ went the
gun) ‖ ⟨Am⟩ ~-*up!* °*prima!* **4.** adv *genau,
direkt;* °*glatt* **5.** ~-off [bæŋ'ɔf] adv ⟨fam⟩
krach-bum, Knall u Fall | ~**er** ['~ə] s *Kracher* m
   bang [bæŋ] **1.** s *Ponyfrisur* f **2.** vt (*das Haar*)
an der Stirn kurz abschneiden
   bang s → bhang
   bangalore ['bæŋgəlɔː] s (a ~ *torpedo*) (*nach
ind. Stadt*) *gestreckte Ladung, Rohrspreng-,
Reihenladung* f
   bangle ['bæŋgl] s *Spange* f, *Armring* m, *Armband* n
   banian, banyan ['bæniən] s *ind. Kaufmann,*

Händler m, ‖ *Unterhemd* n; *loses Gewand* n, *lose Jacke* f ‖ ~-*days* ⟨mar⟩ *Fasttage* m pl, *Tage ohne Fleischspeise* ‖ ~-*tree ind.* Feigenbaum m

banish [ˈbæniʃ] vt *verbannen, ausweisen, vertreiben* (from *aus*), they ~ed him the court *sie verbannten ihn vom Hof* ‖ ⟨fig⟩ *(Furcht) bannen* ~**ment** [~mənt] s *Verbannung* f ‖ *Vertreibung*; *Entlassung* f

banister [ˈbænistə] s ⟨arch⟩ *Geländerstab* m, *-docke* f ‖ ~s [pl] *Treppengeländer* n

banjo [ˈbændʒou] s [pl ~s, * ~es] *Negergitarre* f, *Banjo* n ~**ist** [~ist] s *Banjospieler* m

bank [bæŋk] **1.** s *Erdwall, Damm* m ‖ *Hügel, Abhang* m, *Anhöhe*; *Böschung* f ‖ ⟨for⟩ *Rain* m ‖ *Ufer, Gestade* n ‖ *(Sand-) Bank, Untiefe* f ‖ ~ ⟨mar⟩ *Bank* f *(Great Bahama ~ [Westindien])* ‖ *(Austern-, Muschel-)Bank* f ‖ *(Wolken-)Bank, Wand* f ‖ ⟨aero⟩ *Quer-, Schräglage* f *(in der Kurve)* (to be in a ~) **|** ~ *sand Seesand* m **2.** vt/i ‖ *(ein)dämmen, mit Wall umgeben* ‖ *aufhäufen* ‖ ⟨aero⟩ *(Flugzeug) in die Schräglage* (on a curve) *hineinlegen* ‖ ~ed *überhöht (Kurve)* **|** vi *sich aufhäufen* ‖ ⟨aero⟩ *in der Schräglage fliegen*; to ~ *away abkippen* ‖ ~**er** [ˈ~ə] s *Damm-, Erdarbeiter* m ~**ing** [~iŋ] [attr] *Querneigung(s-anzeiger)* ~**less** [ˈ~lis] a *uferlos, unbegrenzt*

bank [bæŋk] s *Rudersitz* m, ~ *of oars Ruderbank* f

bank [bæŋk] **I.** s **1.** ⟨com⟩ *Bank* f, *-haus* n (at the ~ *auf der Bank*), The B. = the B. of England; Central ~ *Notenbank* ‖ ⟨at cards⟩ *Bank* f; *Hasardspiel* n ‖ ~s [pl] *Bankpost-Papier* n ‖ ⟨übtr⟩ *Reservevlatz* m, *Vorrat* m ‖ ⟨el⟩ *Gruppe, Reihe, Batterie* f **2.** branch-~ *Filialbank,* jointstock-~ *Aktienbank* f ‖ savings-~ *Spar-kasse, Sparbank* f; ~ *of circulation Girobank* f; ~ *of deposit Depositenbank* f; ~ *of issue Notenbank* f **|** to break the ~ *die Bank sprengen* ‖ to deposit money in *od* at a ~ *Geld auf e–r Bank deponieren* ‖ to go (the) ~ ⟨at cards⟩ *Bank setzen*; to keep the ~ *Bank halten* ‖ ⟨übtr⟩ *Vorrat(sstelle* f) m (blood ~) **3.** [attr] ~-*account Bankkonto* n ‖ ~-*bill -wechsel* m; ⟨Am⟩ *-note* f ‖ ~-*book -buch* n ‖ ~-*clerk beamter* m ‖ ⟨engl⟩ ~-*holiday e–r der vier festen Bankfeiertage* ‖ ~ *night* ⟨film⟩ *Lotterievorstellung* f *(Eintrittskarten = Lose)* ‖ ~-*note Banknote* f ‖ ~-*rate Bankdiskont, Diskontsatz* m ‖ ~-*roll* ⟨Am⟩ *Rolle Banknoten* ‖ ~ *statement Bankausweis* m ‖ ~-*stock Aktien* pl *der Bank of E.* ‖ ~ *supervision Bankaufsicht* f ‖ ~-*teller* ⟨Am⟩ *Bankbeamter* m ‖ ~-*transfer Banküberweisung* f **II.** vt/i ‖ ⟨com⟩ *in der Bank hinterlegen, deponieren* **|** vi *Bankier s, Bankgeschäfte m* ‖ to ~ with *in Rechnung stehen, arbeiten mit (e–r Bank)* ‖ to ~ on *Hoffnung setzen auf* ~**able** [ˈ~əbl] a *in e–r Bank annehmbar, zahlbar, diskontierbar* ‖ ~**er** [ˈ~ə] s ⟨com⟩ *Bankier* m; ~'s *order Zahlungsauftrag* m *an die Bank* ‖ ⟨at cards⟩ *Bankhalter* m ~**ing** [ˈ~iŋ] s *Bankwesen* n, *-ver-kehr* m, *Bankgeschäfte* n pl ‖ [attr] *Bank-; Wechsel-*

bankrupt [ˈbæŋk-rʌpt] **1.** s *Bank(e)rotteur, Zahlungsunfähiger, Gemeinschuldner* m *(P)* ‖ *discharged* ~ *Schuldner, der freigestellt ist = nichts mehr z zahlen braucht*; *undischarged* ~ *Schuldner, der weiter haftet* ‖ *fraudulent* ~ *betrügerischer Bankerotteur* m **2.** a *bank(e)rott; zahlungsunfähig,* °*pleite*; to become, go ~ *Konkurs,* °*Pleite m* ‖ ⟨jur⟩ *debtor is adjudged* ~ *der K. wird verfügt* ‖ ~ *firm Gemeinschuldnerin* f *(Firma)* ‖ ⟨fig⟩ *erschöpft, arm* (in an) **3.** vt *(jdn) bankerott m, zugrunde richten* ‖ ~**cy** [ˈbæŋk-rəpsi] s *Konkurs, Bank(e)rott* m, *Zahlungseinstellung* f; ⟨fig⟩ *Ruin, Schiffbruch* m ‖ *fraudulent* ~ *betrügerischer Bankerott* m; *act of* ~ ⟨engl⟩ *K.-Grund* m; *court of* ~ *K.-Gericht* n; *petition for* ~

Antrag auf K.-Eröffnung; *referee in* ~ *K.-richter* m; *trustee in* ~ *K.-Verwalter* m ‖ *to file (od present)* a *petition in* ~ *den Konkurs anmelden* **|** ~ *act Konkursordnung* f ‖ ~ *notice Mitteilung über den Beschluß der K.-Eröffnung* ‖ ~ *offence -vergehen* n; ~ *petition -antrag* m; ~ *proceedings* [pl] *-verfahren* n

banner [ˈbænə] s *Banner* (under the ~ of), *Panier* n, *Fahne* f; to join, follow the ~ of ⟨mst fig⟩ *jds Banner folgen* ‖ ⟨arts etc⟩ *Spruchband, Transparent* n ‖ ⟨bot⟩ *Fähnchen* n *(e–r Schmet-terlingsblüte)* **|** [attr] *Banner-*; ⟨Am⟩ *führend, Haupt-; Glanz-*; ~ *headline Großschlagzeile* f *(e–r Zeitung)*; ~ *line (Reklame-)Spruchband* n; ~-*screen Ofen-, Lichtschirm* m *(in Fahnen-gestalt)*

banneret [ˈbænəret] s *(a knight-~) Banner-herr* m

bannock [ˈbænək] s ⟨Scot & Nordengl⟩ *(rundes or ovales) Hafer-, Gerstenbrot* n

banns [bænz] s pl *(of marriage) Aufgebot* n *(eig. die drei Aufgebote) vor der Heirat* ‖ to ask, call, publish the ~ of a p *jdn kirchlich aufbieten* ‖ to forbid the ~ *gegen die Eheschließung Ein-spruch erheben*

banquet [ˈbæŋkwit] **1.** s *Bankett, Festmahl, -essen* n (at the ~ *auf, bei dem F.)*; [attr] *Ban-kett-, Fest-* **2.** vt/i ‖ *festlich bewirten* **|** vi *banket-tieren, schmausen* **|** ~**er** [~ə] s *Teilnehmer* m *an e–m Bankett* ‖ ~**ing** [~iŋ] s *Bankettieren, Bankett* n; ~-*hall,* ~-*room Bankettsaal, Fest-saal, Speisesaal* m

banquette [bæŋˈket] s Fr ⟨mil⟩ *Auftritt* m *(f Schützen)* ‖ ⟨Am⟩ *Bürgersteig* m

banshee [bænˈʃiː] s ⟨Scot & Ir⟩ *Fee* f, *welche e–n Todesfall verkündet*

bant [bænt] vi → banting

bantam [ˈbæntəm] s *das Zwerg-, Bantam-huhn* n ‖ ⟨fig⟩ *kl Mensch or Soldat* m; ⟨mot sl⟩ *Jeep* m ‖ [attr] *winzig*; ~-*weight* ⟨box⟩ *Bantamgewicht* n *(nicht über 108 Pfd., engl 118 lbs)*

banter [ˈbæntə] **1.** vt/i ‖ *(jdn) necken* ‖ ⟨Am⟩ *auf-, herausfordern (for zu*; to do) **|** vi *necken, scherzen* **2.** s *Neckerei* f, *Scherz* m ‖ ~**er** [ˈbæntərə] s *Necker, Spaßvogel* m

banting [ˈbæntiŋ] s *Bekämpfung der Fettleibig-keit durch Meidung von Zucker, Fett* etc; so: to bant *nach dieser Methode leben*

bantling [ˈbæntliŋ] s ⟨oft cont⟩ *kl Kind* n, *Balg* m

Bantu [ˈbæntu] s [pl ~] *(Rasse* f *der) Bantu-neger*; *Sprache* f *der Banturassen*; [attr] *Bantu-*

banty [ˈbænti] a ⟨Am aero⟩ *winzig, mickerig*

banyan → banian

baobab [ˈbeiobæb] s ⟨bot⟩ *afrik. Baobab, Affenbrotbaum* m

bap [bæp] s ⟨Scot⟩ *Brötchen* n

baptism [ˈbæptizm] s ⟨ec⟩ *Taufe* f ‖ ~ *certificate of* ~ *Taufzeugnis* n, *Taufschein* m ‖ ~ *of blood Märtyrertum* n; to receive one's ~ *of fire* ⟨mil⟩ *die Feuertaufe erhalten* ‖ ~**al** [bæpˈtizməl] a *(~ly* adv) *die Taufe betr, Tauf-*

baptist [ˈbæptist] s *Täufer* m ‖ *Baptist* m ~**ery,** ~**ry** [~əri, ~ri] s *Taufkapelle* f; *-becken* n ~**ic** [bæpˈtistik] a *die Taufe betr, Tauf-* ‖ *Baptisten-* ~**ism** [ˈbæptistizm] s ⟨ec⟩ *Lehre* f *des Baptismus*

baptize [bæpˈtaiz] vt/i *taufen*

bar [baː] s **1.** *Stange* f, *Riegel* m (a ~ of *chocolate*, ⟨engl⟩ *kl Tafel* [2 oz.] *ein R. Schoko-lade)* ‖ ⟨tech⟩ *Holländermesser* n, *Grundwerk-schiene, Barre* f, *Stab* m *(aus Metall, Holz* etc); *Schiene (e–r Lehre)*; ⟨vulg⟩ °*Ständer* m ‖ ~s [pl] *Gitter* n **2.** *Balken* m; ⟨athl⟩ *horizontal* ~, ⟨fam⟩ ~ *Reck* n ‖ *(Tür-)Riegel* m *(of* a *cart) Zugwaage* f *Stallbaum* m ‖ ⟨geog mar⟩ *Barre, Sandbank* f **3.** *Streifen* m ‖ ⟨mil⟩ *Streifen* m (als Rangabzeichen) || ⟨mus⟩ Taktstrich, Takt m; double-~ ⟨mus⟩ doppelter Taktstrich, Schlußtaktstrich m || ⟨her⟩ horizontaler Querbalken, –streifen m; ~ sinister Zeichen n der Illegitimität || (of light) Strahl m || Strich m || Band n 4. ⟨fig⟩ Querstrich m, Hindernis n (to für), Schranke(n pl) f || peremptorische Einrede f 5. Barriere f || abgesperrter Platz m || ⟨parl⟩ Schranke f || ⟨jur⟩ (for prisoners) Schr ke f 6. ⟨jur⟩ Gerichtsschranke f; Gericht n, G htshof m ⟨a fig⟩ | Advokatur, Rechtsanwaltscraft f; Barristerberuf m || the Bar (Richter m pl u) Rechtsanwaltschaft f (e–s größeren Gerichtsbezirks); Barristerstand m || to be at the ~ als Barrister tätig s; in e–m der Inns of Court Jura studieren; to be called to the ~ als Barrister (Advokat) zugelassen w || to be called within the ~ zum King's Counsel ernannt w || trial at ~ ⟨jur⟩ Verhandlung vor versammeltem Gerichtshof in der King's Bench 7. Büfett n, Bar f || Schenktisch m, Büfett n 8. [attr] ~-bell ⟨athl⟩ Hantel f || ~ chart Balken–, Stabdiagramm n ~-iron Stangeneisen n || ⟨fam⟩ ~-keep = ~-keeper, ~-tender ⟨Am⟩ Büfettier m || ~maid Schenkmamsell f, Barmädchen n || ~man Kellner m in der Schenke || ~-parlour, ~-room Schenkstube f || ~-shot ⟨mar⟩ Stangenkugel f || ~ sight ⟨artill⟩ Stangenvisier n

bar [baː] vt **1.** verriegeln; –gittern **2.** verhindern || hemmen, hindern, aufhalten || versperren, to ~ a p's way od a p the way to jdm den Weg versperren zu **3.** ausschließen || verbieten, untersagen || ausnehmen, absehen von; ⟨betting⟩ ~ [imp als prep] one außer e–m (Pferde); it's all over ~ the shouting .. so gut wie gewonnen or fertig || ~ none ⟨fig⟩ niemand ausgenommen; → ~ring **4.** ⟨fam⟩ beanstanden; nicht gern h, nicht leiden können **5.** mit Streifen versehen **6.** [mit adv] to ~ out ausschließen, aussperren || to ~ up vergittern, verrammeln

barb [baːb] **1.** s ⟨zoo bot⟩ Bart m || (of an arrow) Widerhaken m; Fahne f der Feder **2.** vt mit Widerhaken versehen || ~ed [~d] a Stachel–; ~ wire Stachel(zaun)draht m, Drahtverhau m || ~-wire blues ⟨mil⟩ (Gefangenen–)Lagerkoller m || ⟨fig⟩ scharf, verletzend

barb [baːb] s ⟨Am fam⟩ = barber

barb [baːb] s ⟨Am⟩ „Fink" m = Student(in), der (die) k–r fraternity (sorority) angehört

barb [baːb] s Berberroß m

barbaralalia [‚baːbərə'leiliə] s Kauderwelsch n

barbarian [baː'bɛəriən] **1.** s Barbar m **2.** a barbarisch; roh, grausam **barbaric** [baː'bærik] a (~ally adv) = barbarian a || ⟨fig⟩ fremd, seltsam, ausländisch

barbarism ['baːbərizm] s Barbarismus m, Sprachwidrigkeit f || Roheit, Grobheit f || Unkultur; Barbarei f || Unwissenheit f

barbarity [baː'bæriti] s Roheit, Grausamkeit f; grausame Tat f || Unfeinheit f

barbarize ['baːbəraiz] vt/i || barbarisieren, roh m, verrohen | vi sprachwidrig verfahren

barbarous ['baːbərəs] a (~ly adv) barbarisch; ungebildet; roh, unmenschlich, grausam ~ness [~nis] s = barbarity

Barbary ['baːbəri] s die Berberei (a ~-states pl)

barbastelle ['baːbəstel] s Mopsfledermaus f

barbecue ['baːbikjuː] **1.** s Bratrost || gebratenes Tier n || ⟨Am⟩ Gerüst n or Steinboden m zum Räuchern; Fest n im Freien, bei dem ganze Tiere gebraten w; Fleischgericht n **2.** vt unzerstückelt (ganz) braten

barbel ['baːbəl] s ⟨ich⟩ Barbe f || Bartfaden m

barber ['baːbə] **1.** s Barbier m; ⟨bes Am⟩ ~-shop, ~'s shop –laden m **2.** vt ⟨Am⟩ barbieren

barberry ['baːbəri] s ⟨bot⟩ Berberitze f; die Berbesbeere f

barbet ['baːbit] s der Bartvogel m || Art frz. Pudel m

barbette [baː'bet] s Fr ⟨mil & mar⟩ Geschützbank f

barbican ['baːbikən] s ⟨fort⟩ Wachtturm m, Außenwerk n

barbitone ['baːbitoun] s = veronal

barbule ['baːbjuːl] s Fadenwerk n e–r Feder

barbital ['baːbitəl] s Barbitursäurepulver n

bacarola, –rolle ['baːkəroul] s Fr ⟨mus⟩ Barkarole f, Gondellied n

Barcelona [baːsi'lounə] s (a ~ nut) Haselnuß f aus Spanien

bard [baːd] s keltischer Barde m; Dichter, Sänger m ~ic ['~ik] a bardisch, Barden ~olatry [–'dələtri] s Shakespeareverehrung f

bare [bɛə] **1.** a (~ly adv) nackt, bloß || kahl, entlaubt; ⟨for⟩ offen (soil) || unbehaart || unverhüllt, offen || arm, entblößt (of v) || leer || blank (wire) | alleinig, nackt, ohne Zusatz || ⟨fig⟩ bloß (the ~ idea); gering(st) || his age is a ~ 22 years er ist ganze 22 Jahre alt | to lay ~ bloßlegen, offen darlegen || under ~ poles ⟨mar⟩ vor Topp u Takel | ~-foot(ed), ~-headed, ~-legged, ~-necked barfuß, –häuptig, nacktbeinig, mit bloßem Halse; ~-footed Friar Barfüßer m **2.** vt entblößen, entkleiden; enthüllen || bloßlegen, enthüllen; to ~ one's heart to a p jdm sein Herz erschließen ~back ['~bæk] **1.** a (a ~ed) (of horses) ungesattelt **2.** adv ohne Sattel (to ride ~) ~faced ['~feist] a (~ly ['~feistli] adv) mit bloßem Gesicht, unmaskiert || ⟨fig †⟩ offen, frei || schamlos, unverschämt, frech ~facedness ['~feistnis] s Offenheit f || Schamlosigkeit, Frechheit f ~ly ['~li] adv offen, unverhohlen; bloß; gerade; kaum ~ness ['~nis] s Nacktheit, Blöße f | Armut, Dürftigkeit f || ~sark ['~‚saːk] **1.** s Berserker m **2.** a & adv unbewaffnet, ohne Rüstung

barfly ['baːflai] s ⟨Am fam⟩ „Sumpfhuhn" n (gewohnheitsmäßiger Besucher v Bars)

bargain ['baːgin] s Vertrag, Handel m; Geschäft n; Kauf m (bes. billiger, vorteilhafter); Spottpreis m || billiger Einkauf m | a chance ~ Gelegenheitskauf m | to get a th (as) a dead ~ etw spottbillig kaufen | Ausverkauf m || it is a ~ es ist spottbillig || ~ basement (Warenhaus–) Erdgeschoß n mit Lockpreisen || it's a ~! abgemacht! || to make, strike a ~ e–n Handel abschließen, handelseinig w || to make the best of a bad ~ sich möglichst gut aus e–m schlimmen Handel (e–r bösen Angelegenheit) herausziehen || into the ~ in den Kauf, als Zugabe, gratis, obendrein, noch dazu | ~-sale Ausverkauf m zu bes niedrigen Preisen || ~ and sale deed Übereignungs– u Eigentumsklausel f

bargain ['baːgin] vi/t || handeln, feilschen (with a p for a th) || to ~ for [mst neg] rechnen mit, erwarten | I did not ~ for that! das erwartete ich nicht! | vt to ~ away verkaufen ~ee [baːgi'niː] s ⟨jur⟩ Käufer(in f) m ~er [~ə] s Händler, Schacherer m ~or [~ə] s Verkäufer(in f) m

barge [baːdʒ] s ⟨sl⟩ °Krakeel m

barge [baːdʒ] **1.** s ⟨mar⟩ Barke f; Prahm m, Zille f (Fluß–, Kanalschiff); Lastkahn, Leichter m || (geschmücktes) Galaruderboot n | ~-board ⟨arch⟩ Giebelschutzbrett n || ~-course ⟨arch⟩ Firstpfette f; ⟨in roofing⟩ Ortschicht f || ~-pole Bootsstange f; ⟨fam⟩ I would not touch him (it) with a ~-pole ich möchte ihn nicht mit der Feuerzange anfassen ⟨fig⟩, möchte nichts mit ihm zu tun h (ich lasse lieber die Finger davon) || ~ train ⟨mar⟩ Schleppzug m (auf Flüssen) **2.** vi ⟨sl⟩ heftig rennen, taumeln, °torkeln (into, against); to ~ about °herumtorkeln; to ~ in °hereinplatzen, sich eindrängen

bargee [baˈdʒiː] s **1.** (a **bargeman** [ˈbaːdʒmən]) Kahnführer, Schiffer m **2.** Grobian m, ⟨fam⟩ to swear like a ~ fluchen wie ein Landsknecht

baritone [ˈbæritoun] ⟨bes Am⟩, → barytone

barium [ˈbɛəriəm] s ⟨chem⟩ Barium n

bark [baːk] **1.** s (of a tree) Rinde, Borke; Lohe f || ⟨sl⟩ Haut f, Fell n | ~-bared abgerindet, abgeschält || ~-blaze scratcher ⟨for⟩ Reißer, Risser, → blaze || ~-bound ⟨hort⟩ durch feste Rinde am Wachsen verhindert **2.** vt (Baum) abschälen, entrinden || lohen, gerben || to ~ one's elbows sich die Ellbogen abschürfen || white ~ed ⟨tech⟩ weißgeschnitzt || ~er [ˈ~ə], ~ing machine ⟨tech⟩ Schälmaschine f

bark ⟨bes Am⟩, **barque** ⟨bes engl⟩ [baːk] s Bark f, -schiff n (Dreimaster) || ⟨poet⟩ Schiff n

bark [baːk] **1.** vi bellen, kläffen || (of fox) ⟨hunt⟩ bellen, keckern; ⟨bes Am⟩ to ~ up the wrong tree an die falsche Adresse gek s || ⟨fam⟩ bellen (stark husten) **2.** s Bellen, Gebell, Kläffen n (v Hunden usw) || ⟨fig⟩ Gebelfer n (v Menschen); Husten m || Gedonner n || his ~ is worse than his bite ⟨fig⟩ er kläfft nur (aber beißt nicht) ~er [ˈ~ə] s Beller, Kläffer; Ausrufer m || ⟨fig⟩ Huster m ~ing [ˈ~iŋ] s Bellen, Schreien n

barky [ˈbaːki] a borkig, rindig

barley [ˈbaːli] s ⟨bot⟩ Gerste f || pot ~ [koll] Graupen f pl; pearl ~ Perlgraupen pl | ~-meal Gerstenmehl || ~-sugar -zucker m || ~-water -trank, -schleim m ~corn [~kɔːn] s Gerstenkorn n; John ⅃ ⟨fig⟩ Gerstensaft, Whisky m || ⅓ Zoll

barlow [ˈbaːlou] s ⟨Am⟩ ein-klingiges Taschenmesser n

barm [baːm] s Bärme, Hefe f; ~-brack Hefekuchen m ~y [ˈ~i] a hefig, schaumig || ⟨fig⟩ töricht; ~ (on the crumpet) blödsinnig, °verdreht; to go ~ verdreht w

barn [baːn] s Scheune, Scheuer f; ⟨Am⟩ (Vieh-)Stall m, Neben-, Wirtschaftsgebäude n | ~-door Scheunentor n (as big as a ~-door); ~-door fowl gewöhnliches Landhuhn n || ~-floor Tenne f || ~-owl ⟨orn⟩ Schleiereule f || ~-storm [vi] in der Provinz spielen, politische Reden halten; vt (Gegend) „abgrasen" || ~-stormer Schmierenschauspieler m || ~-yard Scheunen-, Wirtschaftshof m || [attr] ⟨Am⟩ bäurisch, zotig, schlüpfrig

barnacle [ˈbaːnəkl] s Bremse f, Nasenknebel m || ~s [pl] ⟨fam⟩ Zwicker, Kneifer m

barnacle [ˈbaːnəkl] s **1.** (a ~ goose) die Bernikel-, Ringelgans f ⟨fig⟩ (Behörden-)°Unterkieferwackler, Bürokrat m **2.** die Entenmuschel f **3.** ⟨fig⟩ Klette f

barney [ˈbaːni] s ⟨fam⟩ Fête f || Schwindel m || Rauferei f, Rab·atz m

barograph [ˈbærograːf] s Barograph, Höhenschreiber m (Instrument)

barometer [bəˈrɔmitə] s Barometer, Wetterglas n || ~-metric(al) [ˌbæroˈmetrik(əl)] a (-cally adv) barometrisch; Barometer-

baron [ˈbærən] s ⟨hist⟩ Pair, Baron m || ⟨mod⟩ Angehöriger der niedrigsten Stufe des englischen Adels (To The Right Hon. Lord N.; Anrede: My Lord) || ausländ. Baron, Freiherr m || ⟨fig⟩ Baron, Magnat m (coal ~) || ⟨jur⟩ Gatte m (~ and feme) || ⟨sl⟩ weißer Jude m || ~ of beef die ungeteilten Lendenstücke n pl e-s Rindes ~age [~idʒ] s [koll] die Barone m pl ~ess [~is] s die Gemahlin e-s engl. Barons (The Right Hon. Lady N.; Anrede: My Lady) | Baronin f (durch Geburt, aus eigenem Recht) ~et [~it] **1.** s [abbr Bart.] Baronet m, Angehöriger m des sog. niederen Adels (rangiert vor knight), mit erblichem Titel (Anrede: Sir; Sir John Smith, Bart.) **2.** vt (jdn) zum ~ m ~etage [~itidʒ] s Baronetsrang m || [koll] die Baronets m pl

~etcy [~itsi] s Titel m or Würde f e-s Baronets **baronial** [bəˈrouniəl] a Baronen-; Adels-; freiherrlich; prunkvoll

barony [ˈbærəni] s Herrschaftsgebiet n e-s Barons || Baronswürde f || ⟨Ir⟩ Grafschaftsdistrikt m

baroque [bəˈrouk] **1.** a barock; seltsam, sonderbar **2.** s the ~ das Barock n; Barockstil m

barouche [bəˈruːʃ] s Kal·esche f, (viersitziger) Landauer m

barpoo [ˈbaːpuː] s ⟨aero sl⟩ Absturz m

barque [baːk] s → bark

barrack [ˈbærək] **1.** s Baracke, Feldhütte f; ⟨fig⟩ °Bretterbude f; ⟨Am⟩ Heuscheune f | ~s [a sg konstr] Kaserne f: the ~s are built in blocks (a ~s e-e Kaserne ⟨a fig⟩, he lives in a ~s, the discipline of a military ~s); ~(s) bag Kleidersack m; ~ square room Kasernenstube f; ~ stores Unterkunftgerät n || to confine to ~s mit Kasernenarrest bestrafen || ~-master Kaserneninspektor m || ~-yard Kasernenhof m **2.** vt in Baracken unterbringen || ⟨crick sl⟩ verspotten

barrage [ˈbæraːʒ] s Damm m, Wehr n; Stauwerk n || ⟨mil⟩ Sperrfeuer n; balloon ~ Ballonsperre f; ⟨mil⟩ box ~, defensive ~ Abriegelungsfeuer n, Feuerglocke f || ~-balloon Sperrballon m || ~ jamming (Radar-)Teppichstörung f

barrator [ˈbærətə] s bestechlicher Richter m || betrügerischer Seemann m | Zänker, Händelsucher m **barratry** [ˈbærətri] s ⟨mar⟩ Baratterie f, Betrügerei f

barrel [ˈbærəl] **1.** s Faß n, Tonne f | Faßinhalt m (a ~ of butter ein Faß Butter) || Faß n (als Biermaß), by the ~ faßweise || ⟨Austr fam⟩ right into my ~ wie gerufen, wie Wasser auf m-e Mühle || (of a firearm etc) Lauf m; he missed with both ~s er schoß beide Läufe vorbei || (T) Leib, Rumpf m; well-~led gut gebaut || (of the ear) Trommel f || (of a drum) Kasten m || ⟨arch⟩ (Säulen-) Trommel f || ⟨tech⟩ Walze f, Zylinder m, Trommel f, Kolbenrohr n, Stiefel m || ~ of a pump Pumpenstiefel, -zylinder m | Federgehäuse n e-r Uhr; [in comp] zylindrisch | ~-bellied dickbäuchig || ~ burst ⟨artill⟩ Rohrkrepierer m || ~ chair Wannensessel m || ~-erosion Rohrausbrennung f || ~ house ⟨Am sl⟩ Bumslokal n; [attr] ~-h. Bums- || ~-maker Faßbinder m || ~-organ Drehorgel f || ~ recoil Rohrrücklauf m || ~ type motor Trommelmotor m **2.** vt (oft to ~ off, ~ up) auf Fässer füllen, eintonnen || vi ⟨fam⟩ sausen, rasen ~led [~d] a in Fässer gefüllt | faßförmig | mit e-m Lauf versehen; [in comp] -läufig; double-~ gun doppelläufiges Gewehr n || ~ road gewölbte Straße f

barren [ˈbærən] **1.** a (~ly adv) steril; (of plants, soil) unfruchtbar (of an); dürr; ⟨fig⟩ arm (of an) || ⟨fig⟩ trocken, wertlos, uninteressant; (P) unproduktiv **2.** s [oft pl ~s] unfruchtbarer Strich m Landes; Ödland n, Ödung f ~ness [~nis] s Unfruchtbarkeit, Dürre f || ⟨fig⟩ (Geistes-) Armut, Leere f; Mangel m (of an)

barrenwort [ˈbærənwəːt] s ⟨bot⟩ Sockenblume f, Bischofsmütze f

barrette [bəˈret] s Schmuck-Haarspange f

barricade [ˌbæriˈkeid] **1.** s Barrikade ⟨a fig⟩; Verrammelung f || ⟨mar⟩ Schanzverkleidung f **2.** vt verbarrikadieren, verrammeln, versperren; verteidigen

barrier [ˈbæriə] **1.** s Barriere || Schlagbaum m || Schutzgatter n || ⟨übtr⟩ Schranke f (~ of class Klassen-), (~s of trade Handelsschranken); Hindernis n (to f); Grenze f || sonic ~, sound ~ Schallmauer f || ~ gear ⟨mar – aero⟩ Fangvorrichtung f || ~ position ⟨tact⟩ Riegelstellung f || ~ reef ⟨geog⟩ Wallriff n **2.** vt (mst to ~ off, ~ in) absperren, abschließen

barring [ˈbaːriŋ] prep ausgenommen, abge-

sehen von: ~ accidents *Unfälle ausgenommen*; ~ its application to present company *Anwesende sind natürlich ausgenommen*

barrister ['bæristə] s *Barrister, Rechtsanwalt* m, *der vor höheren Gerichtshöfen plädiert* (~-at-law) | *Strafverteidiger* m **~ship** [~ʃip] s *Barristerstellung, Advokatur* f

barrow ['bærou] *Bahre, Trage* f || *Schieb–, Schubkarren* m (*a wheel-*~) || ~-*boy Hausierer* m *mit Karre* (*London*) || ~-*hole* ⟨arch⟩ *Rüstloch* n

barrow ['bærou] s ⟨praeh⟩ *vorgeschichtl. Hügelgrab* n

barrow ['bærou] s *langes, ärmelloses Kleid* n *f kl Kinder*

barse [bɑ:s] s ⟨dial ich⟩ *gemeiner Barsch* m

barter ['bɑ:tə] **1.** vt/i *ein–, aus–, vertauschen* (for, against *gegen*) || to ~ away *im Tausche weggeben; verschwenden, verschleudern* | vi *Tauschhandel treiben* **2.** s *Tauschhandel* m; *Tausch* m | **~er** [~rə] s *Tauschhändler, Vertauscher* m

Bartholomew [bɑ:'θɔləmju:] s: St. ~'s-Day *Bartholomäustag* m (*24. Aug.*); ~ Fair *gr Jahrmarkt* m (*24. Aug.*)

bartizan [ˌbɑ:ti'zæn] s *Erker-, Warttürmchen* n

barton ['bɑ:tn] s *Wirtschaftshof* m

Bart's [bɑ:ts] (abbr) | *das Bartholomäuskrankenhaus, London*

barukhzy [bɑ:'ru:kzi] s *Afghane* m (*Hund*)

baryta [bæ'raitə] s ⟨chem⟩ *Baryterde* f

barytes [bæ'raiti:z] s ⟨minr⟩ *Schwerspat* m

barytone, ⟨Am *mst*⟩ **baritone** ['bæritoun] **1.** s ⟨mus⟩ *Bariton* m **2.** a ⟨mus⟩ *Bariton-*

bas [bʌs] a adv ⟨AInd⟩ *genug* || intj *halt! stop!*

basal ['beisl] a *an der Basis befindlich, Grund-*; ⟨fig⟩ *fundamental* || ~ *metabolism Grundumsatz* m **~ly** adv *als Grundlage; völlig*

basalt ['bæsɔlt, bə'sɔ:lt] s ⟨geol⟩ *Basalt* m || *Basaltmasse* f (*schwarzes Steingut*) **~ic** [bə'sɔ:ltik] a *basaltisch, Basalt-*

basan, bazan ['bæzən] s *gegerbtes Schafleder* n

bascule ['bæskju:l] s ⟨tech⟩ ~ bridge *Fall–*; *Zugbrücke* f

base [beis] **1.** s *Basis, Grundfläche* f || = *Basic English* || ⟨arch⟩ *Fuß* m, *Fußgestell* n, *Sockel* m, *Postament* n || ⟨anat⟩ *Ende* n || ⟨geom⟩ *Basis, Grundlinie, –fläche* f || ⟨mil⟩ *Stützpunkt* m; *Operationsbasis* f; *Etappe* f || air ~ *Fliegerhorst* m; jump-off ~ ⟨aero⟩ *Absprungplatz* m || contraband control ~ *Kontrabande-Kontrollhafen* m || ⟨chem⟩ *Base* f, *Grundstoff* m || ⟨tech⟩ *Roh-*: ~ paper *Rohpapier* n; roofing-felt ~ *Rohdachpappe* f || ⟨in games⟩ *Mal* n; prisoner's ~ *Barlaufspiel* n || ⟨fig⟩ *Basis, Grundlage* f; [attr] *Grund-* || ⟨artill⟩ ~ angle *Grundrichtungswinkel* m || ~-ball, ~ball ⟨Am⟩ *Nationalballspiel* n || ~-burner *Füllofen* m || ~ charge *Hauptladung* f || ~-detonating fuse *Aufschlagzünder* m || ~ fuse ⟨artill⟩ *Bodenzünder* m || ~ hospital *Kriegslazarett* n || ~ leg ⟨aero⟩ *Queranflug* m (*der Platzrunde*) || ~-line ⟨mil⟩ *Operationslinie* f; ⟨arts & ten⟩ *Grundlinie, Standlinie* f || ~-load power ⟨el⟩ *Grundlastenenergie* f (*in 24 Stdn*), → peak-load || ~-plate *Untersatz* m || ~ ring *Lafettendrehkranz* m || ~ services ⟨aero⟩ *Bodendienste* m pl || ~ surge ⟨at⟩ *Basiswolke, –welle* f **2.** a (~ly adv) *niedrig geboren; niedrigstehend* || *gemein, verächtlich, niederträchtig* || (of metals) *unedel* || (of coins) *falsch, unecht, schlecht*; (of language) *unrein* | ~-born *von niedriger Geburt*; *unehelich* || ~-court *der äußere Hof* m *e-s Schlosses* || ~-hearted *treulos, verräterisch, gemein* || ~-minded *von unedler Gesinnung* **3.** vt *basieren, gründen* (on *auf*); to ~ o.s. on *sich verlassen auf*; to be ~d on *beruhen auf* | **-~d** [~t] a [in comp] *in or auf .. stationiert* (Britain-~; land-~, carrier-~)

baseless ['beislis] a *grundlos*

basement ['beismənt] s ⟨arch⟩ *Fundament* n, *Sockel* m || *Kellergeschoß, Souterrain* n || ~ complex ⟨geol⟩ *Urgebirge, Urgestein* n

baseness ['beisnis] s *Niedrigkeit* f || *Unechtheit* f; etc ~ base

bash [bæʃ] **1.** vt ⟨fam⟩ *heftig schlagen*, to ~ one's head against *mit dem Kopf schlagen gegen* || *schmeißen*, to ~ in *einschmeißen* **2.** s *schwerer Schlag*; have a ~ at it! ⟨sl⟩ *nun mal 'ran ans Leder!* (*versuch's!*)

bashaw [bæ'ʃɔ:] = pasha

bashful ['bæʃful] a (~ly adv) *scheu, verschämt, schüchtern, blöde* **~ness** [~nis] s *Verschämtheit, Scheuheit, Schüchternheit* f

basic ['beisik] a *grundlegend, Grund-* (~ law ⟨bes Ger⟩ *–gesetz*) || ⟨chem⟩ *basisch* || ~ Bessemer (*od* converter) steel *Thomasstahl* m; ~ diameter *Nenndurchmesser* m; ~ industry *Rohstoffindustrie* f; ~ material *Ausgangswerkstoff* m; ~ petrol *Benzin-Normalzuteilung* f; ~ profile *Bezugsprofil* n; ~ research *Grundlagenforschung* f; ~ shaft *Einheitswelle* f; ~ slag *Thomasschlacke* f || ~ quota *Grundsoll* n || ~ trainer *Flugzeug* n *f fliegerische Grundausbildung* || ~ training ⟨allg⟩ *Grundausbildung* f || ~ unit ⟨mil⟩ *Grundeinheit* f; ~ tactical unit *kleinste t. Einheit* f || ~ value *Grundwert* m **~ally** [~əli] adv *als Grundlage; im Grunde*

Basic ['beisik] (abbr) → English

basil ['bæzl] s ⟨bot⟩ *Basilienkraut* n

basilica [bə'zilikə] s L *Basilika* f

basilisk ['bæzilisk] s *Basilisk* m || *Kroneidechse* f || [attr] *unheilbringend, verzaubernd*

basin ['beisn] s *Becken* n, *Schale, Schüssel* f; wash-~, *Wasch–* || holy water ~ ⟨RC⟩ *Weihwasserbecken* n || *Beckenvoll* n (a ~ of water *ein B. Wasser*) | *Bassin* n, *Wasserbehälter* m; *Schwimmbecken* n || *Hafenbecken* n, *Innenhafen* m || *Dockraum* m; *Bucht* f || *Stromgebiet, Becken* n ⟨geol⟩ *Wanne* f, *Mulde* f: Cape ～ (S.-Africa) *Kapmulde*; South Eastern Atlantic ～ *Westafrikanische Mulde*; *Talbecken, Becken* n (Japan ～, ～ of Paris); structural ~ ⟨geol⟩ *Einbruchsbecken*; terminal ~ (of glacial erosion) *Zungenbecken* n || ⟨anat⟩ *Becken* n || ⟨fam⟩ I'll have a ~*ful of that! wenn dein Schnabel jungt, krieg' ich eins* (= *ein Junges*) *ab!*

basinet ['bæsinet], **basnet** ['bæsnet] s | ⟨mil hist⟩ *Kesselhaube* f

basis ['beisis] s Gr (pl –ses [–si:z]) ⟨*mst* fig⟩ *Basis, Grundlage* f; to form, lay the ~ of (one's reputation) *den Grund legen zu*

bask [bɑ:sk] vi *sich sonnen*; *sich wärmen* (in the sun) ⟨*a* fig⟩

basket ['bɑ:skit] **1.** s *Korb* m || *Korbvoll* m (a ~ of potatoes *ein K. Kartoffeln*) || the pick of the ~ ⟨fig⟩ *das Beste* (*von allem, vom Ganzen*) || what's left in the ~ *der „schäbige" Rest* || to put all one's eggs in one ~ *alles auf e–e Karte setzen* | [attr] *Korb-*; ~-ball *Basket-, Korbball*(*spiel* n) m || ~ case ⟨med⟩ *Arm- u Beinamputierte*(*r* m) f || ~ handle *Korbhenkel* m || ~-hilt *Säbelkorb* m || ~-maker *Korbmacher* m || ~-stitch ⟨embr⟩ *-stich* m || ~ weave *Leinwandbindung* f || ~ winding ⟨el⟩ *Kettenwicklung* f || ~-work *Flechtwerk* n, *Korbwaren* f pl **2.** vi ⟨sport⟩ *Fische fangen*

basketful ['bɑ:skitful] s *ein Korbvoll* m (a ~ of eggs *ein K. Eier*)

Basque [bæsk, bɑ:sk] **1.** s *Baske* m || *das Baskische* n | *kurzer Unterrock* m **2.** a *baskisch*

bas-relief ['bɑ:riˌli:f, 'bæsr–] s ⟨arts⟩ *Basrelief* n (*Flachbildwerk*)

Bass [bæs] s *engl. Biermarke, –sorte* f (a bottle of ~)

bass [bæs] s [pl ~] ⟨ich⟩ *Seebarsch, Meerwolf* m, → barse

bass [bæs] s (*Linden-*) *Bast* m; (*Bast-*) *Matte* f
|| [attr] *Bast-* || ~ broom *grober Besen* m
   bass [beis] **1.** a ⟨mus⟩ *tief, Baß-* **2.** s ⟨mus⟩
Baßschlüssel m || *–register* n || *Baß* m, *–stimme* f;
⟨rec⟩ (*Ton-*)*Tiefe* f || *Bassist* m | ~*-bar Balken*
(*e–r Geige*) m || ~*-viol Baßgeige* f; *Cello* n
   basset ['bæsit] s *Dachshund, Dackel* m
   basset-horn ['bæsithɔ:n] s ⟨mus⟩ *Bassethorn* n
(*Altklarinette* f)
   bassinet(te) [ˌhæsi'net] s *Korbwiege* f, *Korb-*
kinderwagen m
   basso ['bæsou] s *Baß* m, *–stimme* f || *Bassist* m
|| ~*-relievo* It *Basrelief* n, *halberhabene Arbeit* f
   bassoon [bə'su:n] s ⟨mus⟩ *Fag·ott* n ~**ist**
[~ist] s *Fagottist* m
   bast [bæst] s *Bast* m
   bastard ['bæstəd] **1.** s *Bastard* m || **2.** a *unehe-*
lich || ⟨fig⟩ *abnorm; unrein, unecht, verfälscht* ||
~ *file Schlichtfeile* f ~**ize** [~aiz] vt *als Bastard*
erklären || ~**y** [~i] s *Bastardschaft, uneheliche*
Geburt f
   baste [beist] vt *prügeln*
   baste [beist] vt ⟨cul⟩ (*mit Fett*) *begießen* || ~d
⟨Am fam⟩ *beschwipst*, he's ~d *er hat sich die*
Nase begossen **basting** [~iŋ] s *Überguß* m
   baste [beist] vt *lose* (*an*)*heften, nähen* ⟨a fig⟩
   bastille [bæs'ti:l] s ⟨mil⟩ *Belagerungsturm* m ||
Gefängnis n
   bastinado [ˌbæsti'neidou] **1.** s *Bastonade* f,
Schläge m pl *auf die Fußsohlen* **2.** vt (*jdm*)
Stockschläge auf die Fußsohlen geben
   bastion ['bæstiən] s ⟨fort⟩ *Bastion, Bastei* f,
Bollwerk n ⟨a fig⟩ || *Stützpunkt* m (naval ~)
   bat [bæt] **1.** s ⟨crick⟩ *Schlagholz* n; off one's
own ~ ⟨a fig⟩ *selbständig, ohne Hilfe, auf eigne*
Faust || *Schläger* m (*P*) ⟨sl⟩ *scharfer Schlag* m
|| ⟨fam⟩ (*Schlag-, Schritt-*) *Tempo* n || ⟨Am
fam⟩ °*Sauferei* f || ⟨Am fam⟩ *Dirne* f **2.** vi/t *mit*
e–m bat schlagen || *am Schlagen s* || ⟨fig⟩ to ~
for *e–e Lanze brechen* f || ⟨Am sl⟩ *bummeln* ||
[vt] to ~ the eyes *mit den Augen zwinkern; with-*
out ~ting *an eyelash ohne mit der Wimper zu*
zucken; I never ~ted *an eyelid ich habe kein*
Auge zugetan (*nicht geschlafen*) || ~ting *average*
⟨Am fam⟩ *Durchschnittsleistung* f ~**fowl**
['~faul] vt *bei Nacht* (*Vögel*) *fangen*
   bat [bæt] s ⟨zoo⟩ *Fledermaus* f; Bechstein's ~
Großohrige F., Daubenton's ~ *Wasser-*, greater
(lesser) horseshoe-~ *Gr* (*Kl*) *Hufeisennase* f,
Leisler's ~ *Rauhaarige F.*, Natterer's ~ *Ge-*
franste F., particoloured ~ *Gemeine F.*, whisk-
ered ~ *Bart-* || as blind as a ~ ⟨fig⟩ *stockblind*;
geistig stumpf || to have ~s in the belfry °*e–n*
Vogel m (*verrückt s*)
   bat– [bæt–] [in comp] *Bagage-*, ~*-horse*
–pferd n || ~*-money* ⟨mil⟩ *Feldzulage* f (*f Offi-*
ziere)
   Batavian [bə'teiviən] a ⟨hist⟩ *batavisch,*
Bataver- || *holländisch*
   batch [bætʃ] s (of bread) *Schub* m || ⟨übtr⟩
Schub m, *Schicht, Charge* f || *Trupp* m, *Menge* f;
Partie f, *Satz, Stoß* m (a ~ of books)
   hatchy ['bætʃi] a ⟨sl⟩ °*plemplem* (*verrückt*)
   bate [beit] **1.** s *Atzlauge* f **2.** vt *in A. tauchen*
   bate [beit] s ⟨sl⟩ *Wut* f (in a ~)
   bate [beit] vt *vermindern, herabsetzen* | ~**d**
['~id] a; with ~ breath *mit verhaltenem Atem,*
mit gedämpfter Stimme
   bath [ba:θ] I. s (pl baths [ba:ðz]) **1.** (*Wannen-*)
Bad n; air-~ *Luft-*, sun-~ *Sonnen-*; Roman ~s
[pl] *Thermen* f pl || (a ~*-tub*) *Badewanne* f | to
have, take a ~ *ein* (*Reinigungs*) *Bad nehmen* ||
⟨chem⟩ *Bad* n, *Waschung* f **2.** ~s [pl] *Bade-*
anstalt f, *–haus* n; ~*-s-attendant –wärter* m
3. the Order of the Bath *Bathorden* m; Commander of the Bath *Komtur* m *des Bathordens*
II. vt (*Kind*) *baden*
   Bath [ba:θ] s *Stadt Bath* (Somerset), [in comp]

~**brick** *Putzstein* m || ~*-bun Fladen* m ||
~**chair** *Rollstuhl* m *für Kranke* || ~*-metal Bath-*
metall n, *Tombak* m || ~*-stone Art Kalkstein* m
|| ~ white ⟨ent⟩ *Res·edafalter* m
   bathe [beið] **1.** vt/i *baden, eintauchen, be-*
feuchten | vi *im Freien baden* **2.** s *Bad* n *im*
Freien | ~**r** ['~ə] s *Badender* m *im Freien*
   bathetic [bæ'θetik] a *trivial, abgedroschen*
   bathinette [bæθi'net] s ⟨Am⟩ *zus–legbare*
Gummibadewanne f (*f Kleinkinder*)
   bathing ['beiðiŋ] s [attr] *Bade-*; ~*-costume*
–anzug m; ~*-drawers* [pl] *–hose* f; ~ *fatality*
Badeunfall m; ~*-machine –wagen* m || ~*-suit*
–anzug m || ~*-wrap –mantel* m
   bathos ['beiθəs] s *Übergang vom Erhabenen*
zum Lächerlichen; Gemeinplatz m, *Trivialität* f
   bathrobe ['ba:θroub] s ⟨Am⟩ *Schlaf-, Morgen-*
rock m
   bath-room ['ba:θrum] s *Badestube* f, *–zimmer*
n
   bathy– ['bæθi] [in comp] *tief-* || ~**bial** [bæ-
'θibiəl] a *Tiefsee-* ~**scaphe** ['bæθiskæf] s *Tiefen-*
boot n (*v.* Piccard) ~**phere** ['bæθisfiə] s *Tiefsee-*
tauchkugel f, *–boot* n (*v.* W. Beebe)
   batik ['bætik] s *Batik* m (*Färbeverfahren mit*
Wachsschablonen); *Batikstoff* m || [attr] *Batik-*
   bating ['beitiŋ] prep *ausgenommen, abgerech-*
net
   batiste [bæ'ti:st] s *Batist* m
   batman ['bætmən] s *Offiziersbursche* m
   baton ['bætən] **1.** s *Stock, Stab* m; Field-
Marshal's ~ *Kommandostab* || ⟨her⟩ *Querstab*
m || ⟨mus⟩ *Taktstock* m **2.** vt *mit e–m Stock*
schlagen
   Batrachia [bə'treikiə] s pl *Amphibien* n pl |
~**n** [~n] **1.** a *batrachisch, froschartig* **2.** s
Froschtier n, *Batrachier* m
   bats [bæts] a ⟨Am sl⟩ *plemplem* (*verrückt*)
   batsman ['bætsmən] s ⟨crick⟩ *Schläger* m (*P*)
   batta ['bætə] s ⟨AInd⟩ (*Geld-*)*Zulage* f
   battalion [bə'tæljən] s ⟨mil⟩ *Bataillon* n || ⟨Am
artill⟩ *Abteilung* f || ⟨mil fam⟩ batt [bæt]
   battels ['bætlz] s pl *Rechnung* f *Verpflegung*
im College (*Oxford*)
   batten ['bætn] **1.** s ⟨tech⟩ *dünnes, längliches*
(*Holz-*) *Brett* n, *Latte, Leiste*, (*Weber-*)*Lade* f
2. vt *mit Latten versehen, bekleiden; verschalen*;
to ~ down the hatches *die Luken zunageln*
   batten ['bætn] vi/t || *fett w, sich mästen* (on
an, v) || *gedeihen* | *sich weiden* (on an); *schwelgen*
(in *in*) | vt (*T*) *mästen* (on)
   batter ['bætə] s ⟨crick⟩ *Schläger* m (*P*)
   batter ['bætə] ⟨arch⟩ **1.** s *Böschung, Verjün-*
gung f (*e–r Mauer*) **2.** vi *sich verjüngen, ge-*
böscht s
   batter ['bætə] s (to go) on th ~ °*auf dem*
Strich (*auf den Str. gehn*)
   batter ['bætə] **1.** vt/i *schlagen, zerschlagen,*
zerschmettern | *beschädigen, abnutzen*; (*Hut*)
einbeulen; ⟨fig⟩ *böse zurichten; entstellen* ||
⟨mil⟩ *bombardieren, beschießen* | to ~ down
niederreißen, nieder-, zus–schießen || to ~ in
einschlagen | vi *schlagen, to ~ at the door stark*
an die Tür schlagen **2.** s ⟨cul⟩ *Eierteig* m || ~**ed**
[~d] a *beschädigt, arg mitgenommen, abgenutzt*
|| *zermürbt* ~**ing** [~riŋ] s [in comp] *Sturm-,*
Belagerungs- usw || ~*-charge* ⟨mil⟩ (*Pulver-*)
Ladung f || ~*-ram* ⟨mil⟩ *Sturmbock, Mauer-*
brecher m | ~**y** [~ri] (*jur*) *Körperverletzung* f;
Mißhandlung f, *tätlicher Angriff* m (assault & ~)
|| ⟨Am⟩ (*Baseball-*)*Mannschaft* f (*Schläger u*
Fänger) || ⟨mil⟩ *Batterie* f; ⟨engl⟩ *Artillerie-*
bataillon n; (field-~ *Feld-*, floating ~ *mar*
schwimmende B.); ~ commander *Batteriechef*
m, ~ c.'s telescope *Scherenfernrohr* n; ~ officer,
⟨Am⟩ executive *Batterieoffizier* m; ~ headquarters (detail) *–trupp* m; ~ zero point *--Null-*
punkt | ⟨mus⟩ *Schlagzeug* n | ⟨el⟩ *Batterie* f;

~ capacity *Ladevermögen* n; ~ cart *Batterie-wagen* m, *fahrbare Stromquelle* f; ~ charger *Ladegerät* n; ~ clip *Elementklemme* f || ⟨phys⟩ *Linsen– u Prismensystem* n | ~ eliminator ⟨wir⟩ *Netzanode* f || ~ lamp *Taschenlampe* f || ~-operated ⟨wir⟩ *(Gerät) mit Batterieanschluß*

batting [ˈbætiŋ] **1.** s ⟨crick⟩ *Schlagen* n || *Watte* f **2.** a ⟨crick⟩ *schlagend* (the ~ side)

battle [ˈbætl] **1.** s ⟨mil⟩ *Schlacht* f (of the Nile *am Nil*); ~ of encirclement *Kessel–, Einkreisungs-schlacht* f || *Treffen* n || *Sieg* m || ⟨fig⟩ *Kampf* m (for *um*) | drawn ~ *unentschiedene Schlacht* f || pitched ~ *regelrechte Schlacht* f || field of ~ *Schlachtfeld* n || line of ~ *–linie* f | to do ~ for *kämpfen um* || to give, join ~ *e–e Sch. liefern* || the ~ is to the strong *der Sieg liegt bei den Starken* || a good start is half the ~ *frisch ge-wagt ist halb gewonnen* || that is half the ~ *das ist schon ein großer Vorteil* || [attr] ~-array *Schlachtordnung* f ⟨mod⟩ *Gefechtsgliederung* f || ~-axe *Streitaxt, Hellebarde* f; ⟨fig sl⟩ „*Xan-thippe*" f, „*Drache*" m || ~-cruiser *Schlacht-kreuzer* m, ⟨fig⟩ → ~-ship || ~-cry *Schlachtruf* m, *–geschrei* n || ~(-)dress ⟨engl⟩ *Felduniform* f || ~ fatigue *Frontkoller* m || ~-field *Schlacht-feld* n || ~-ground *Schlachtfeld* n; ⟨fig⟩ *Streitursache* f || ~ headquarters *Gefechtsstand* m || ~ jacket *Feldbluse* f || ~ map (1 : 25 000) *Meßtischblatt* n || ~ order *Kampfausrüstung* f || ~ performance *Kampfleistung* f || ~-piece *Schlachtgemälde* n || ~-plane *Kampfflugzeug* n || ~ royal *heißer, allgemeiner Kampf* m, *Schläge-rei* f || ~-ship *Schlacht–, Linienschiff* n; ⟨fig hum fam⟩ old ~ „*Panzerkreuzer*" m, „*Fregatte*" f *(imposante Frau)* || ~-song *Schlachtgesang* m, *–lied* n || ~-wagon ⟨mar sl⟩ „*'gr Pott*" = ~-ship; ⟨aero sl⟩ *schwerer Bomber* m **2.** vi *kämpfen* (against; for; with); *sich streiten*

battledore [ˈbætldɔ:] s *Waschschlegel* m || *Rakett* n *(beim Federballspiel)*

battlement [ˈbætlmənt] s [*mst* pl ~s] ⟨arch⟩ *Brustwehr* f, *Zinnen* f pl || ~ed [~id] a *mit Zinnen versehen, ge–, bezinnt*

battue [bæˈtu:] s Fr *Treibjagd* f; *Strecke* f *(ge-schossenes Wild)* || ⟨fig⟩ *Metzelei* f

batty [ˈbæti] a ⟨sl⟩ ~ (in the bean) °*hops,* °*plemplem (verrückt)*

bauble [ˈbɔ:bl] s *(a fool's* ~) † *Narrenstab* m, *Schellenkappe* f | *Spielwerk* n, *Tand* m || ⟨fig⟩ *Kleinigkeit,* °*Läpperei* f

baulk [bɔ:k] = balk

bauxite [ˈbɔ:ksait] s *Bauxit* m

Bavarian [bəˈvɛəriən] **1.** a *bayrisch* **2.** s *Bayer* m

bawbee [bɔ:ˈbi:] s ⟨Scot⟩ *halber Penny* m

bawd [bɔ:d] s *Kupplerin* f || ~ry [ˈ~ri] s ⟨fig⟩ *Schmutz* m, *Unzucht, Unflätigkeit* f || ~y [ˈ~i] a *unzüchtig, unflätig* || ~-house *Bordell* n, *Puff* m

bawdrick [ˈbɔ:drik] s → baldric

bawl [bɔ:l] **1.** vi/t | *laut sprechen, schreien, brüllen (about the house über das Haus)*; to ~ at a p *jdn anbrüllen*; .. out *ausrufen* | vt *(a to* ~ out) *(etw) ausrufen* || ⟨Am sl⟩ *(jdn) schelten,* °*anschnauzen* **2.** s *lauter Schrei* m

bay [bei] s ⟨bot⟩ *Lorbeer* m || *(a* ~-tree) *Lorbeerbaum* m, ⟨Am⟩ *Magnolie* f, *Bull* ~ *großblütige M.* || ~s [pl] *Lorbeerkranz* m; ⟨fig⟩ „*Lorbeeren*" f pl, *Ruhm* m || ~-rum *Bayrum* m

bay [bei] s *Bai, Bucht* f; ~-salt *Seesalz* n *(grobes Kristall)* || ⟨Am⟩ *Präriearm* m

bay [bei] s *Lücke, Öffnung* f; ⟨arch⟩ *Joch* n, *Gewölbeabteilung* f; *Nische* f, *Erker* m, ~-window *–fenster* n, ⟨fig⟩ „*Spitzkühler*" *(Bauch)* m || *Fach* n, *Abteilung* f, *(a* aero⟩ *Rumpf-Zelle* f *(engine support* ~); bomb ~ *Bombenschacht* m || *Bansen(fach* n) m *(e–r Scheune)* || *(Pferde-) Box* f || ⟨mil⟩ *Ausweichstelle* f *(im Graben)* ||

sick-~ ⟨mar⟩ *Schiffslazarett* n || ⟨rail⟩ *Kopf-bahnsteig* m; ~-line *Lokalbahn* f

bay [bei] **1.** vi/t || (of dogs) *dumpf bellen*; to ~ at a p *jdn anschreien, anbrüllen* | vt *anbellen* (to ~ the moon) **2.** s (of dogs) *Bellen, Gebell* n; ⟨hunt⟩ *Standlaut* m *(des Hundes)* || at ~ *gestellt, sich zur Wehr setzend, in Bedrängnis* (to be, stand at ~); to bring to ~ *(Wild, jdn) stellen*; to keep a p at ~ ⟨fig⟩ *jdn in Schach halten, hinhalten*

bay [bei] **1.** a *rötlich–, kastanienbraun* **2.** s *Braune(r* m) f *(Pferd)*

bayberry [ˈbeibəri] s ⟨bot⟩ *Beere* f *des Lor-beerbaumes* | *Frucht* f *der Wachsmyrte*

bayonet [ˈbeiənit] **1.** s ⟨mil⟩ *Bajonett, Seiten-gewehr* n; with the ~ *at the charge mit gefälltem B.* || [attr] *Bajonett-* || ~s [pl] *od the (das) Militär* n; 5000 ~s *5000 Infanteristen* m pl | fix ~s! ⟨mil⟩ *Bajonette aufpflanzen !* || to carry at the point of the ~ ⟨mil⟩ *im Sturm nehmen, (er)stürmen* || ~ coupling *Schnellkupplung* f || ~ holder *Bajonettfassung* f **2.** vt *mit dem Bajonett forttreiben or erstechen; mit Gewalt nehmen; zwingen (into zu)*

bayou [ˈbaiu:] s ⟨Am⟩ *sumpfiger Ausfluß* m *aus e–m See, etc, Altwasser* n; ⟨Am⟩ *kl Neben-fluß* m

bazaar, ⟨Am *a*⟩ **bazar** [bəˈza:] s *orient. Basar* m || *(Wohltätigkeits-)Basar* m || *Warenhaus* n

bazoo [bəˈzu:] s ⟨Am sl⟩ °„*Klappe*"; shut your ~, *halt die K.*

bazooka [bəˈzu:kə] s ⟨mil⟩ *Panzerfaust* f || ⟨jazz⟩ *(Art) Posaune* f

bdellium [ˈdeliəm] s *balsamisches Harz* n

be [bi:] vi & aux († 2. sg prs: art; pret: was, pl were; pp been; I have been *ich bin gewesen*; isn't, etc = is not, etc; isn't it? = is it not?; → ain't; an't; arnt) **1.** vi **1.** *existieren, sein* (there is a God); it is Bill and Mike *es ist* (or *sind*) *B. u M.* || [betont] you are an angel! *du bist aber goldig!*; ~ your age *sei kein Kindskopf*; ⟨Am⟩ ~ your-self! *hab dich nicht so!* (= *sei natürlich*); aren't they long *sind die aber lang!*; for the time being *vorläufig, gegenwärtig, zur Zeit* → time **6.** c || *sich befinden*; as it is *so wie so* (schon); as it was *wie die Dinge lagen*; as you were! ⟨mil⟩ *zurück!* || *bleiben*; let be *gehen l, bleiben l* || *sich ereignen, eintreten, k*; how is this? *was bedeutet das?* how was it that? *wie kam es, daß?*; what is it now? *was hast du denn?*; when it was the hour *als die Stunde kam* (for retiring); or where is one? *oder wohin kommt man sonst?* || *befallen* (woe is me) || *ergehen,* how are you? *wie geht es?*; how have you been all this time? *wie ist es Ihnen er-gangen?* **2.** [mit prep] to ~ about *handeln v* || to ~ about, after → about, after || to ~ at *zugegen s bei* | we have been into the matter again *wir h die A. nochmals geprüft* || to ~ for *sich ent-scheiden, erklären f* (I am for walking); *bestimmt s nach* (the ship is for London); to ~ for a p to do *jdm zukommen zu tun*; it is for you to decide *die Entscheidung liegt bei dir*; it will be for him to say *er wird entscheiden müssen* || to ~ of (among) *gehören zu* (he was of the party); it is my brother's *es gehört m–m Bruder*; it is his *es gehört ihm* || to ~ to a p *für jdn bedeuten; jdm gelten* (the challenge is to all mankind) || to ~ upon a p *herfallen über jdn* **3.** [mit adv u adv. Wendungen] to ~ along *entlang k*; to ~ repeat-edly in and out *wiederholt ein– u ausgehen*; to ~ long (two years) *lange Zeit* (2 Jahre) *brauchen* (in doing *zu tun*), you have been a long time *du hast lange gebraucht*; we shall ~ two hours *wir w 2 St. weg s*; I shall not be long *es wird nicht lange dauern*; to ~ off *fortgegangen s; fort müssen* | have you been to Rome? *bist du in Rom gewesen?*; has any one been? *ist jd hier gewesen?* || ⟨fam⟩ have been and: you have been and disturbed him *du hast ihn doch gestört (u solltest* *es nicht)* **4.** [*als Kopula vor Prädikatsnomen*] *sein* (he is a painter; you are the man); ~ that as it may *das mag s, wie es will*; it was his eyes that mattered *es waren s-e Augen, auf die es ankam* || [*in Antworten*] I am! *jawohl!*; I am not! *nein!* || *bedeuten* (it is everything to me); what are these things to you? *was kümmern dich diese Dinge?* || *sich belaufen auf, m, kosten*, thrice two is six; what *od* how much are these books? *wieviel kosten diese Bücher?* || *w*, what shall I ~ *was soll ich w?*; he is to be a painter *er soll Maler w*; he lived to be 84 *er wurde 84 Jahre* || she's been there ⟨*fig*⟩ *sie weiß Bescheid* **II.** v aux **1.** [*bei intr. Verb.*] *sein*] he is come *er ist da* (the sun is set) **2.** [*bei trans. Verb zur Passivbildung*] (he was punished) **3.** [*mit prs p zur Bildung der imperfektiven Aktionsart*] the sun is setting *die S. geht unter*; the house is being built, is building *..ist im Bau* **4.** [*vor Infinitiv*] *sollen*; it was not to be *es sollte nicht s*; how are we to go on? *wie soll es mit uns weitergehn?* || you are not to do that *du darfst das nicht (tun)* || am I to understand that..? *Soll das etwa heißen, daß..?* || if I were to do it (they'd nab me) *wenn ich das täte, ..* || what is one to do? *was soll man tun?* || he was to have spoken *er hatte sprechen sollen* || the room is to let *das Zimmer ist zu vermieten*; it is to be feared *es ist zu fürchten*; Mrs. Brown that is to be *die zukünftige Frau B.*; that is to say *das heißt* **5.** [pleonastisch] he had been and gone and done it ⟨m. m.⟩ *er kam, sah, wagte (u fiel hinein)* **III.** [in comp] the ~-all *das Ganze* n; the to-be *die Zukunft*; a has-been *jd, der s-e Glanzzeit hinter sich hat*; the might-have-beens [pl] *die verpaßten Gelegenheiten* f pl; *die, welche enttäuscht h* pl; a would-be poet *e-r, der Dichter s möchte, ein Dichterling* m

be– [bi] pref *zur Bildung v Zeitwörtern mit der zusätzlichen Bedeutung* **1.** *gründlich*; *über u über*: to besmear **2.** *be-*: to bemoan *beklagen* **3.** (*jdn*).. *machen*: to befool *zum Narren m* || *.. nennen*: to bemadam **4.** *umgeben mit*: to becloud **5.** *behandeln wie od als*: to befriend **6.** (*jdn, etw*) *versehen mit*: to bewig, bewigged

beach [bi:tʃ] **1.** s *Strand* m (on the ~ *am St.*); *Gestade, flaches Ufer* n || ⟨*fig*⟩ on the ~ *heruntergekommen, „gestrandet", arbeitslos* || ~sand ⟨*tech*⟩ *Silbersand* m; ~-suit *Strandanzug* m; ~ wagon ⟨*mot*⟩ *Kombiwagen* m; ~-wear *Strandkleidung* f **2.** vt (*mar*) (*Schiff*) *mit Absicht stranden l; auf den Strand ziehen*; to be ~ed *stranden* | vi *stranden* ~**comber** [′~koumə] s (*große*) *Strandwelle* f || ⟨*fig sl*⟩ *Strandgutjäger* m ~**head** [′~hed] s ⟨*mil*⟩ *Landekopf* m || ~**y** [′~i] a *strandartig* || *sandig*

beacon [′bi:kən] **1.** s *Feuerwarte* f | *Leucht-, Signalfeuer* n; (*Verkehrs-*) *Warnungssignal* n || *Wacht–, Signalturm* m || *Leuchtturm* m ⟨*mar*⟩ *Bake* f; ⟨*aero*⟩ *Landelicht* n || *leicht sichtbarer Hügel* m | ⟨*fig*⟩ *Leuchte* f | airway ~ *Flugstreckenbefeuerung* f; Belisha ~ *Verkehrsampel* f *für Fußgänger* (*nach Hore-B.*) || boundary ~ *Haupteinflugzeichen* n || boundary marker ~ (*Flugplatz-*)*Randfeuer* n || directional radio ~ ⟨*aero*⟩ *Richtfunkfeuer* n || homing ~ *Anflugfunkfeuer* n || lighted ~ *Leuchtpoller* m || location ~ ⟨*aero*⟩ *Ansteuerungsfeuer* n || radio ~ *Funkfeuer* n | ~ course ⟨*wir etc*⟩ *Peilstrahl* m **2.** vt ⟨*mar*⟩ *mit Baken versehen* || *erleuchten*; ⟨*fig*⟩ (*jdm*) *leuchten* ~**age** [′~idʒ] s ⟨*mar*⟩ *Bakengeld* n

bead [bi:d] **1.** s (of glass) *Perle, Glasperle* f || *Perle* f, *Knöpfchen, Küchelchen* n || ~s [pl] (*Perl-*) *Schnur* f, *Halsband* n; *Rosenkranz* m; to tell one's ~s ⟨*ec*⟩ *den R. beten* | *Tropfen* m, ~ of sweat *Schweiß*~) || (*Bier-*) *Schaum* m, „*Blume*" f || ⟨*Am*⟩ *Korn* n (*am Gewehr*); to draw a ~ upon *zielen auf* | ~-work *Perlarbeit* f **2.** vt/i || *mit Perlen schmücken*; ⟨*tech*⟩ *bördeln*,

kannelieren, sicken, umlegen; falzen | vi *Perlen bilden* ~**ed** [′~id] a *mit Perlen versehen* || ~ screen *Kristall-(Projektions)Leinwand* f ~**ing** [′~iŋ] s *Perlstickerei* f || ⟨*arch*⟩ *Perlstabverzierung* f

beadle [′bi:dl] s (*Gerichts-, Kirchen-*) *Diener, Pedell, Büttel* m ~**ship** [~ʃip] s *Amt* n *des Büttels, Gerichtsdieners*

beadsman [′bi:dzmən] s *Fürbitter* m || *Almosenempfänger* m

beady [′bi:di] a *perlartig; mit Perlen versehen*; (*of eyes*) *klein u glänzend*

beagle [′bi:gl] s *Bracke* f, *kl Spürhund* m *f Hasen* || ⟨*fig*⟩ *Spion* m

beak [bi:k] s (of a bird) *Schnabel* m || (of a vessel) *Schnabel* m, *Schnauze, Tülle* f || *Adlernase* f; ⟨*Am sl*⟩ °*Gurke* f (*Nase*) || ~-head ⟨*arch*⟩ *Menschenkopf* m *in Flachrelief* ~**ed** [~t] a *mit Schnabel versehen* || *schnabelförmig, spitz*

beak [bi:k] s ⟨*sl*⟩ *Friedensrichter* m || ⟨*sl*⟩ °*Pauker* (*Lehrer*) m

beaker [′bi:kə] s *Humpen, Becher* m || ⟨*chem*⟩ *Becherglas* n || *Meßbecher* m

beam [bi:m] **1.** s ⟨*arch*⟩ *Balken* m || *Weberbaum, Kettenbaum* m || *Hebebaum* m; *Pflugbaum* m || *Waagebalken* m; *Balancier* m; to kick the ~ (of a balance) *emporschnellen*; ⟨*fig*⟩ *zu leicht befunden w* || ⟨*hunt*⟩ (*Geweih-*) *Stange* f || ⟨*aero wir*⟩ (*a check od landing* ~) *Richt-, Leitstrahl* m || ⟨*aero*⟩ *Holm* (*Tragfläche*) || ~ aerial ⟨*wir*⟩ *Richtantenne* f || ~ approach beacon system (*abbr* BABS) ⟨*aero*⟩ *Leitstrahl-Landefunkfeueranlage* f || ~ emission *Richtsendung* f || flying on ~ *Strahlfliegen* n || ~ procedure *Leit(strahl)anflugverfahren* n || ~ radio, ~ station, ~ transmitter *Richtstrahler* m || ~ reception *Richtstrahlempfang* m || radio ~, wireless ~ *Peilstrahl* m (*f Blindflug*); to ride the ~ *mit Flugplatzpeilung* (*blind-*)*fliegen* | ⟨*at*⟩ ~ hole tube *Strahlenkanal, –austritt* m || ⟨*mar*⟩ *Deckbalken* m; on the starboard ~ *querab an Steuerbord*; größte *Schiffsbreite* f, on her ~-ends ⟨*mar*⟩ *sehr auf der Seite liegend*; to be on one's ~-ends ⟨*fig*⟩ (*geldlich*) *Matthäi am Letzten s* (*in Verlegenheit*) || *Breite* f, 25 feet in the ~ *25 Fuß breit* | (*Licht-*)*Strahl* m; ⟨*fig*⟩ *Glanz* m, *Wärme* f | [*attr*] *Strahlen-* || ~-hole ⟨*arch*⟩ *Rüstloch* n **2.** vt/i || *ausstrahlen* ⟨*a fig*⟩ | vi *strahlen*, ⟨*a fig*⟩ (*with v*); to ~ on a p *jdn strahlend anlachen* || ~**ing** [′~iŋ], ~**y** [′~i] a *strahlend*

bean [bi:n] s *Bohne* f; broad ~s *Sau–, Puffbohnen* f pl || → to spill || ⟨*Am*⟩ °*Birne* f (*Kopf*) || ~s [pl] ⟨*Am*⟩ ×°*Knöppe* m pl, *Zaster* m (*Geld*); I haven't a ~ *ich bin „pleite"*; | old ~ ⟨*fam*⟩ *alter Knabe!, altes Haus!* (*P*) || full of ~s *lebensprudelnd* || to give a p ~s *jdm Dresche geben*; ⟨*sport*⟩ *jdn gehörig schlagen* (*besiegen*) || I don't care a ~ *ich mache mir nicht die Bohne daraus* || not worth a ~ *k–n Pfifferling wert* || not to know ~s ⟨*Am fam*⟩ *k–n blassen Dunst h*; *nicht wissen, wo die Latschen stehen* (*dämlich s*) || to spill the ~s ⟨*Am fam*⟩ *die S verkorksen, alles ausquatschen* | [*attr*] *Bohnen-* || ~-feast = beano || ~-gun ⟨*mil sl*⟩ *Gulaschkanone* f || ~ pole *Bohnenstange* f ⟨*a fig* (*P*)⟩ | ⟨*ent*⟩ ~ dolphin *–blattlaus* f; ~ thrips *–blasenfuß* m; ~ weevil *–käfer* m | ~-tree ⟨*bot*⟩ *gemeiner Goldregen* m ~**ery** [′bi:neri] s ⟨*Am fam*⟩ °*Freßlokal* n

beanie [′bi:ni] s ⟨*Am fam*⟩ *Teilenkäppchen*, ×*Pfaffenkapperl* n

beano [′bi:nou] s ⟨*sl*⟩ *Fest* n *des Arbeitgebers für die Arbeiter; Betriebsfest* n; *Freudenfest* n

bear [bɛə] **1.** s ⟨*zoo*⟩ *Bär* m || to growl; grizzly ~ *Grau–* || ⟨*fig*⟩ *ungeschliffener Mensch* || ⟨*com*⟩ *Baissier, Baissespekulant* m | the Great, Little ⁓ ⟨*astr*⟩ *der Gr, Kl Bär* | ~-baiting *Bärenhetze* f || ~-berry ⟨*bot*⟩ *–traube* f || ~-

garden ⟨fig⟩ *lärmende Versammlung* f ‖ ∼-leader ⟨fig⟩ *Tutor, Hofmeister* m ‖ ∼-paw ⟨hist⟩ *Bärenfuß* m *(Schuhmode)* ‖ ∼'s-breech ⟨bot⟩ *Bärenklau* m ‖ ∼'s-ear ⟨bot⟩ *Aurikel* f ‖ ∼'s-foot ⟨bot⟩ *stinkende Nieswurz* f ‖ ∼'s-grease *Bärenfett* n ‖ ∼-skin *Pelzmütze* f *(der brit. Garderegimenter)* **2.** vi/t ‖ *auf Baisse spekulieren* | vt *(Kurs, Markt) drücken*

bear [bɛə] vt/i [bore/borne ⟨a⟩ *in der Bedeutung „gebären", wenn mit by als verb act od pass empfunden; sonst born → 3]* **I.** vt **1.** ⟨poet⟩ *tragen; (Namen etc) führen* ‖ *(Waffen etc) tragen* ‖ *(Spuren) an sich tragen;* h, *(Amt etc) innehaben, besitzen* ‖ *aufrechthalten* ‖ *innerlich tragen, hegen* ‖ to ∼ o.s. *sich halten, sich verhalten* **2.** *aushalten,* not to be borne *nicht auszuhalten; ertragen, vertragen* ‖ [neg] *dulden,* leiden (I cannot ∼ him); *zulassen, erlauben* (doing; to do); the words will not ∼ repeating *die Worte l sich nicht wiederholen* **3.** [→ *oben vor I.*] *gebären, erzeugen;* she bore him 3 sons (*od* 3 sons to him) *sie schenkte ihm 3 Söhne;* she has borne no children; one of the children borne by her; (*aber*:) one of the children born to them; she was born blind; he is a born fool; born in 1941, she .. ‖ *hervorbringen, tragen* **4.** [**Wendungen**] → brunt ‖ to ∼ a p company *jdm Gesellschaft leisten* ‖ to ∼ comparison *e–n Vergleich aushalten* (with) ‖ to ∼ fruit ⟨a fig⟩ *Frucht tragen* ‖ to ∼ a p a grudge *od a* grudge against a p *Groll hegen gegen jdn* ‖ he ∼s no likeness (whatever) to his brother *er hat keine(rlei) Ä. mit s–m B.* ‖ to ∼ a th in mind *etw berücksichtigen; e–r S gedenken* ‖ to ∼ a part in *Anteil h an* ‖ to ∼ false witness *falsches Zeugnis ablegen* **5.** [mit adv] to ∼ **away** *wegtragen;* to be borne away *fortgerissen w* ‖ to ∼ **down** *niederdrücken, niederreißen; überwinden;* ⟨aero⟩ *sich annähern* ‖ to ∼ **in:** it was borne in upon me that *es drängte sich mir auf, es wurde mir klar, m–e Überzeugung, daß* ‖ to ∼ **off** *forttragen, entführen* ‖ to ∼ **out** *verteidigen, (jdn) unterstützen; (etw) bestätigen* ‖ to ∼ **up** (*unter*)*stützen, aufrechterhalten, ermutigen* **II.** vi **1.** *tragen, tragfähig s* (the ice ∼s) ‖ *e–e Richtung annehmen, sich halten* (to ∼ to the right) ‖ → observer **2.** [*mit prep & adv*] to ∼ **against** *losgehen auf, angreifen* ‖ to ∼ away ⟨mar⟩ *davonsegeln* ‖ to ∼ down on (*auf jdn*) *lossegeln, –fahren* ‖ to ∼ hard on *drücken, einwirken auf* ‖ .. heavily on *sich kräftig stützen auf* | to ∼ on, upon *zielen, sich beziehen, Bezug h auf;* to bring to ∼ on (upon) (*etw*) *anwenden auf; richten auf, einwirken l auf, zur Geltung bringen auf* ‖ to ∼ to a star ⟨mar, aero⟩ *e–n Stern anpeilen* ‖ to ∼ up *nicht verzweifeln;* to ∼ up against *standhalten, sich behaupten gegen* ‖ .. up towards *auf etw zusegeln;* .. up for ⟨mar⟩ *segeln nach* ‖ to ∼ with *Geduld, Nachsicht h mit* (jdm), *ertragen*

bearable [ˈbɛərəbl] a *erträglich, zu ertragen(d)*
beard [biəd] **1.** s *Bart, Voll-* m ‖ (of an arrow) *Widerhaken* m ‖ (of an oyster) *Bart* m ‖ ⟨bot⟩ *Bart* m, *Grannen* f pl ‖ (*Metall-*)*Grat* m **2.** vt (*jdm*) *entgegentreten, Trotz bieten* ‖ *reizen* ‖ to ∼ the lion in his den *in die Höhle des Löwen gehen* ∼ed [ˈ∼id] a *bärtig* ‖ (of wheat) *mit Grannen* ∼less [ˈ∼lis] a *bartlos* ∼lessness [ˈ∼lisnis] s *Bartlosigkeit* f

Beard [biəd] s ⟨bot⟩ Old Man's ∼ *rankender Steinbrech* m, *Altmanns–, Judenbart* m
bearer [ˈbɛərə] s *Träger* m ‖ (of a letter) *Überbringer* m ‖ (at funerals) *Sargträger* m ‖ (of a cheque) *Überbringer* (payable to ∼ *zahlbar an den Überbringer*), *Vorzeiger* m ‖ (of a title) *Inhaber* m ‖ a good ∼ *ein guttragender Baum* m; *ein fruchtbares Tier* n
bearing [ˈbɛəriŋ] s **1.** (*Früchte-*) *Tragen* n; in ∼ *ertragbringend* ‖ *Erdulden, Ertragen* n; *Er-*

tragenwerden n; beyond all ∼ *unerträglich* **2.** *Haltung* f ‖ *Verhalten, Betragen* n ‖ *Beziehung* f, *Bezug* m (on *auf*); *Zusammenhang* (on *mit*), *Sinn* m **3.** ⟨arch⟩ *Trag–, Spannweite* f; ∼-out ⟨arch⟩ → overhang [s] ‖ ⟨mot⟩ *big end* ∼ *Pleuellager* n ‖ [*mst pl* ∼s] ⟨her⟩ *Wappenbild* n **4.** ∼s [pl] ⟨mech⟩ *(Zapfen-) Lager* n | *Messungen* pl ‖ ⟨mar⟩ *Richtung, Peilung, Höhe* f; alignment ∼ ⟨aero, mar⟩ *Deckpeilung* f; ∼ by stars ⟨aero, mar⟩ *Gestirnstandlinie* f; cross ∼ *Kreuzpeilung* f; ∼ of the track *rechtweisende Peilung* f; true ∼ *rechtweisende Peilung* f; to take one's ∼s *sich orientieren, peilen, orten;* to lose one's ∼s ⟨fig⟩ *sich verirren, sich verlaufen; in Verlegenheit geraten* ‖ the machine lost its ∼s .. *verlor die Richtung* **5.** [attr] ⟨tech⟩ ∼ bracket *Lagerschild* n, *–bock* m; ∼ brass, ∼ bush(ing) *–schale* f; ∼ load *–druck* m; ∼ metal *–metall* n

bearish [ˈbɛəriʃ] a *bärenhaft* ‖ *Baisse-; flau*
bearly [ˈbɛəli] s ⟨Am⟩ *Kam·elhaarmantel* m
bearskin → bear

beast [biːst] s *Tier* n ‖ *Vieh* n ‖ ⟨fig⟩ *Biest* n, *Bestie* f *(roher Mensch),* ⟨sl⟩ *(strenger Lehrer);* ∼ of a *gemein* (a ∼ of a fellow) ‖ the ✠ *Antichrist* m ∼liness [ˈ∼linis] s *Bestialität* f; ⟨fig⟩ *Gemeinheit* f; *Gemeines* n ∼ly [ˈ∼li] **1.** a *tierisch, tierartig, Tier–* ‖ *bestialisch; viehisch; brutal, roh, gemein* ‖ ⟨fam⟩ *garstig, ekelhaft, scheußlich, unangenehm* **2.** adv *eklig, verflucht, verdammt*

beastie [ˈbiːsti] s ⟨urspr Scot⟩ *Tierchen* n
beat [biːt] vt/i [∼/∼en; *aber:* dead ∼] **I.** vt **1.** *schlagen* ‖ *prügeln;* to ∼ a p black and blue *jdn °grün u blau schlagen* ‖ to ∼ a th into a p *jdm etw °einbleuen* | *(Teppich) klopfen; (Kleider) ausklopfen* ‖ (*Metall*) *schmieden* ‖ *stoßen, zerstoßen; (Weg) stampfen* **2.** ⟨a sport⟩ *besiegen, schlagen* ‖ *übertreffen* (that ∼s all); to ∼ the band, to ∼ hell ⟨Am sl⟩ *alles übertreffen, nie dagewesen s* ‖ can you ∼ it? *hat man je so etw gesehen? diese Unverschämtheit!* ⟨a engl fam⟩ *nee,* so was! *ich werd verrückt!* ‖ to ∼ a p *hollow jdn zu Mus schlagen* ‖ → place s | *verwirren,* that ∼s me *da muß ich passen, ich kann nicht mehr mit* **3.** (*Weg*) *bahnen;* to ∼ it ⟨sl⟩ *ausreißen, °abhauen, °verduften (sich davon m)* | (*Wald*) *durchstöbern* **4.** [**Wendungen**] to ∼ the air ⟨fig⟩ *ins Wasser schlagen* ‖ to ∼ one's brains *sich den Kopf zerbrechen (about über)* ‖ to ∼ a retreat *zum Rückzug blasen* ⟨a fig⟩ ‖ to ∼ time *den Takt schlagen* ‖ to ∼ one's wings *mit den Flügeln schlagen* **5.** [mit adv] to ∼ **back** *zurück–, abschlagen, zurücktreiben* ‖ to ∼ **down** *niederschlagen;* ⟨fig⟩ *überwinden; (Preise) herabsetzen, drücken;* to ∼ in *einschlagen, vernichten* ‖ to ∼ **out** *aushauen, –hämmern;* ⟨fig⟩ *herausarbeiten* ‖ to ∼ **up** *(Eier) quirlen* | *absuchen (for nach), auftreiben;* ⟨mil⟩ (*Rekruten*) *werben* ‖ ⟨Am sl⟩ *verprügeln* ‖ ⟨tech⟩ *aufschlagen, (im Holländer) mahlen* **II.** vi **1.** *schlagen, laut klopfen* (my heart ∼s); to ∼ to *im Takt schlagen zu* ‖ ⟨hunt⟩ *treiben* ‖ ⟨mar⟩ *kreuzen, lavieren* ‖ *sich bewegen* (over); *sich mühsam durcharbeiten* (through) **2.** [*mit prep*] to ∼ **about** the bush ⟨fig⟩ *wie die Katze um den heißen Brei herumgehen* ‖ to ∼ upon (of the sun) *strahlen auf, fallen auf* **3.** [mit adv] to ∼ **down** on (of light) *fallen auf;* a fierce light is ∼ing down on a th *e–r S wird scharfe Kritik zuteil* ‖ ⟨aero sl⟩ to ∼ up °„*an-rotzen" (mit Bordwaffen beschießen)* ‖ to ∼ up against the wind ⟨mar⟩ *gegen den Wind segeln* **III.** a ⟨Am fam⟩ *erschöpft* ∼en [ˈ∼n] a *geschlagen;* ∼ gold *Blattgold* n ‖ ∼ track *od path* ⟨mil⟩ *Trampelpfad* m, → track ‖ *besiegt* ‖ (⟨Am fam a⟩ beat) *erschöpft* ‖ ⟨tech⟩ *free (wet)* ∼ *rösch (schmierig) gemahlen* ‖ ⟨fig⟩ *abgedroschen* ‖ *gebahnt, viel begangen:* ∼ track *viel*

begangener Weg m, ⟨*fig*⟩ *Weg der breiten Masse* ‖ **~er** [ˈ~ə] s *Schläger* m (*P*) ‖ *Schlegel, Stößel* m, *Ramme* f, *Schlageisen* n ‖ ⟨*tech*⟩ *Holländer* m; general-purpose ~ *G·anzzeugholländer* ; ~ filling *Holländereintrag* m; ~ man *H.-müller* m; ~ tub *H.-geschirr* n ‖ ⟨*hunt*⟩ *Treiber* m

beat [bi:t] s *Schlag* m ‖ *Pochen, Klopfen* n; *Pulsschlag* m ‖ *Runde* f; to be on one's ~ *die R. m*; to be out of one's ~ ⟨*fig*⟩ *außer jds Gesichtskreis s* ‖ ⟨*mus*⟩ *Takt(schlag)* m; off the ~ (*beim Tanz*) *aus dem T.* geraten [pp] ‖ ~ (of drum) *Trommelschlag* m ‖ ⟨*Am*⟩ *Wahlbezirk* m ‖ ⟨*Am*⟩ *das Bessere* (of *vor*); the ~ of all other things *das Beste vom Besten* ‖ ⟨*Am* sl⟩ a dead ~ *ein ausgemachter Nichtsnutz* m ‖ ⟨*Am*⟩ (*Zeitungsnachricht*) *Schlager* m ‖ ~ frequency ⟨*wir*⟩ *Überlagerungsfrequenz* f ‖ ~ note ⟨*wir*⟩ *Schwebungston* m

beatific(al) [ˌbiəˈtifik(əl)] a (–cally adv) *selig, beseligend*; *glückstrahlend* **–fication** [biˌætifiˈkeiʃən] s *Seligsprechung* f **–fy** [biˈætifai] vt *selig, glücklich m* ‖ ⟨*R. C.*⟩ *seligsprechen*

beating [ˈbiːtiŋ] s *Schlagen, Klopfen* n ‖ *Züchtigung* f, *Schläge* m pl; to give a p a ~ *jdn durchprügeln*; to get a ~ *e–e Tracht Prügel bek* ‖ (of the heart) *Pochen, Hämmern* n ‖ *Besiegung* f

beatitude [biˈætitjuːd] s *Seligkeit, Glückseligkeit* f; ⟨*bib*⟩ the ~s [pl] *die 7 Seligpreisungen*

beatnik [ˈbiːtnik] s ⟨*fam*⟩ *Halbstarker, Rowdy*; *jugendlicher Fan(atiker)* m; „*Neunik*" m, *der alles Bisherige ablehnt,* → *Spätnik*

beau [bou] s (pl ~x [~z]) Fr *Stutzer* m ‖ *Courmacher, Verehrer* m

beau ideal [ˈbouaiˈdiəl] s *Ideal, Vorbild, Muster* n

beau-monde [bouˈmɔnd] s Fr *vornehme Welt* f

beaut [bjuːt] ⟨*Am* sl⟩ *Schönheit* f, *Prachtexemplar* n

beautician [bjuːˈtiʃən] s ⟨*Am*⟩ *Frisör* m, *Friseuse* f; *Kosmetiker(in* f) m

beautific [bjuːˈtific] a (beautiful + terrific) „*erschreckend schön*"

beautiful [ˈbjuːtiful] a *schön*; ⟨*fam*⟩ ~ and warm *hübsch warm*; the ~ *das Schöne* ‖ *bewundernswert, eindrucksvoll* **~ly** [~i] adv *erfreulich* (~ clear) **~ness** [~nis] s *Schönheit* f

beautifier [ˈbjuːtifaiə] s *Verschönerer* m **–fy** [ˈbjuːtifai] vt/i *verschönern, schön m, schöner gestalten*; *ausschmücken* | *sich verschönern*

beauty [ˈbjuːti] s *Schönheit* f; ~ is but skin deep *der Schein trügt* | *Anmut* f ‖ *Reiz, schöner Zug* m, that's the ~ of it *das ist das Schönste daran* | (*S*) *Prachtstück* n | (*P*) *Schöne, Schönheit* f; ⟨*fig*⟩ a ~ ⟨*iron*⟩ *ein schöner Kerl*; my ~ties *meine Lieben* | [attr] ~ aid *Kosmetik* f, *kosmetisches Mittel* n ‖ ~-contest *Schönheitswettbewerb* m ‖ ~-culture *Schönheitspflege* f ‖ ~-parlo(u)r *Schönheitssalon* m ‖ ~-sleep *Schlaf* m *vor Mitternacht, Nickerchen* n ‖ ~-spot *Schönheitspflästerchen* n; *schöne Gegend* f, *lohnendes Ausflugsziel* n; ~-spot train *Ausflüglerzug* m; ~-spots *Schönheiten* pl

beaver [ˈbiːvə] s ⟨*zoo*⟩ *Biber* m ‖ *Biberfell* n; to work like a ~ *arbeiten wie ein Pferd* ‖ (a ~-hat) *Kastorhut* m ‖ ⟨sl⟩ „*Biber*" m (*Bart, bärtiger Mann*)

beaver [ˈbiːvə] s ⟨*hist*⟩ (of a helmet) *Visier* n **~ette** [biːvəˈret] s ⟨*mil* mot fam⟩ *leichter Panzer* m

beaverboard [ˈbiːvəbɔːd] s *Hartfaserplatte* f

bebob [ˈbiːbɔp] s ⟨*Am* sl⟩ *populäre Variation* f *des progressiven Jazz*

becalm [biˈkaːm] vt *beruhigen, stillen*; ⟨*mar*⟩ *bekalmen* ‖ to be ~ed *v e–r Windstille überfallen w, e–e Flaute h*

became [biˈkeim] pret *v* to become

because [biˈkɔz] conj *weil* ‖ ~ of [prep] *wegen* [gen]

bechamel [ˈbeʃəmel] s Fr *weiße Sahnensauce* f

beck [bek] s *Wink* m, *Kopfnicken* n ‖ to be at a p's ~ and call *auf jds Wink u Ruf warten*

beck [bek] s *Bach* m, *Bächlein* n

becket [ˈbekit] s ⟨*mar*⟩ *Tauhaken, –ring* m

beckon [ˈbekən] vt/i *heranwinken* | vi *nicken, winken*; to ~ to a p *jdm zuwinken*

becloud [biˈklaud] vt *umwölken* ⟨a fig⟩

become [biˈkʌm] vi/t [–came/~] ‖ [*vor Prädikatsnomen*] *werden* (to ~ a doctor *Arzt w*; to ~ acquainted) ‖ to ~ of *w aus*, what will ~ of him? *was wird aus ihm w*? | vt (*jdm*) *anstehen, geziemen* ‖ (*jdm*) *stehen,* (*jdn*) *kleiden* ‖ such behaviour ill ~s you! *ein solches Benehmen kleidet Sie schlecht, paßt sich schlecht für Sie!*

becoming [biˈkʌmiŋ] **1.** s *Werden* n **2.** a (~ly adv) *schicklich, passend, geziemend,* to be ~ to a p *jdm geziemen* ‖ (of clothes) *kleidsam, passend* **~ness** [~nis] s *Schicklichkeit, Angemessenheit* f ‖ *Kleidsamkeit* f

bed [bed] s **1.** *Bett; Lager* n, ~ of straw *Stroh–*; ~ of roses *rosige Lage* f ‖ (*Ehe-*)*Bett* n ‖ the narrow ~ *das Grab* n **2.** ⟨übtr⟩ *Tafel, Fläche, Unterlage,* ⟨*tech*⟩ *Bettung* f ‖ (of flowers) *Beet* n (~ of peas *Erbsen–*) ‖ *Fluß-, Strom-Bett* n ‖ (of a wall) *Lage, Schicht* f ‖ ⟨*rail*⟩ *Unterbau* m ‖ ⟨*geol*⟩ *Lager* n, *Schicht* f **3.** *Wendungen*: ~ of sickness, sick~ *Krankenlager, Siechbett* n ‖ ~ rest cure *Liegekur* f ‖ ~ and board ⟨*jur*⟩ *Tisch u Bett* | to be brought to ~ of *niederkommen mit* ‖ to be confined to one's ~ *bettlägerig s* ‖ → to die ‖ to get into ~ *sich zu Bett legen, ins B. gehen* ‖ to get out of ~ *aufstehen* ‖ to get out of ~ on the wrong side ⟨*fam*⟩ *mit dem verkehrten* (*linken*) *Fuß aufstehen* ‖ to go to ~ *zu B., schlafen gehen*; to put a p to ~ *jdn zu B. bringen* ‖ to keep one's ~ *das B. hüten, darniederliegen* ‖ to lie (late) in ~ (*lange*) *im B. liegen bleiben* ‖ to lie in the ~ one has made *die Suppe auslöffeln müssen, die man sich eingebrockt hat* ‖ to make a ~ *ein B. m*; as a man makes his ~, so he must lie on it *wie man sich bettet, so liegt man* ‖ ⟨sl⟩ to put to ~ (*Zeitung*) *druckfertig m* ‖ to take to one's ~ *bettlägerig w, sich legen* ‖ to turn down a ~ *die Bettdecke zurückschlagen* **4.** [attr] **~-bug** *Wanze* f ‖ ~-carpet *Bettvorlage* f ‖ **~-clothes** [pl] *Bettwäsche* f, *–zeug* n ‖ **~-cover** *Bettdecke* f, *–bezug* m ‖ **~-hangings** [pl] *Bettvorhänge* m pl ‖ **~-head** *Kopfende* n *des Bettes* ‖ **~-linen** *Bettwäsche* f ‖ **~-nights** pl *Übernachtungen* f pl (*in Hotels* etc) ‖ **~-pan** *Stechbecken* n ‖ **~-plate** ⟨*tech*⟩ *Grundwerk* n; **~-plate** post *Grundwerkfassung* f ‖ **~-post** *Bettpfosten* m, *Bettsäule* f ‖ **~-rock 1.** s ⟨*geol*⟩ (*Gestein-*) *Untergrund* m; *Muttergestein* n ‖ ⟨*fig*⟩ *Grundlage* f, *Fundament* n **2.** a [attr] *niedrigst, äußerst* (*Preis*) ‖ **~-settee** *Bettcouch* f ‖ **~-sore** *Dekubitus* m, *Auf-, Durchliegen* n; *wundgeriebene Stelle* f ‖ **~-spread** ⟨*Am*⟩ *Bettdecke* f ‖ **~-table** *Bett-Tisch*; *Nachttisch* m ‖ **~-tick** *Inlett* n, *Bettüberzug* m ‖ **~-time story** ⟨*nursery*⟩ *Gute-Nacht-Geschichte* f, → bedtime

bed [bed] vt † *betten, ins Bett legen, zu Bett bringen* ‖ *pflanzen, einsäen*; to ~ in earth (*Pflanzen*) *einschlagen* ‖ *einbetten*; (*T*) *mit Streu versorgen* ‖ to ~ out ⟨*hort*⟩ *verpflanzen, –ziehen*

bedabble [biˈdæbl] vt *bespritzen, beschmutzen*

bedaub [biˈdɔːb] vt *beschmieren, –malen*

bedazzle [biˈdæzl] vt (*völlig*) *blenden, verwirren*

bedchamber [ˈbedˌtʃeimbə] s † *Schlafzimmer, –gemach* n ‖ Lady of the ~ *königl. Hofdame* f

bedder [ˈbedə] s ⟨*univ* sl⟩ *Schlafraum* m

bedding [ˈbediŋ] s *Bett u Zubehör* n ‖ *Unterlage, Streu* f; *Lager* n ‖ **~-out** ⟨*hort*⟩ *Verpflanzung* f, *Verziehen* n

beddy-byes [ˈbedibaiz] ⟨*Kinderspr*⟩ ~! *Nacht-Nacht!* (*f gute N.*); *Bettchen gehen!*

bedeck [bi´dek] vt *schmücken, zieren*
bedel(l) [be´del] s ⟨univ⟩ *Pedell* m; → beadle
bedevil [bi´devl] vt *besessen m; quälen; ver-wirren* **~ment** [~mənt] s *Besessenheit; heillose Verwirrung* f
bedew [bi´dju:] vt *betauen, benetzen*
bedfellow [´bed‚felou] s *Schlafkamerad* m; ⟨fig⟩ *Genosse* m
bedgown [´bedgaun] s (*Damen-*) *Schlaf-gewand* n
bedim [bi´dim] vt ⟨fig⟩ *verdunkeln, trüben*
bedizen [bi´daizn] vt *herausputzen, ausstaf-fieren;* to ~ o.s. *sich –*
Bedlam [´bedləm] s *Irrenhaus* n || ↙ ⟨fig⟩ *Tollhaus* n, *tolles Durcheinander* n || like ~! *wie im Irrenhaus!* **~ite** [~ait] s *Tollhäusler, Ver-rückter* m
bedmaker [´bed‚meikə] s *Bettmacher(in* f) m || ⟨univ⟩ *Aufwärterin* f
Bedouin [´beduin] s [pl ~; a few ~] *Be-duine* m
bedraggle [bi´drægl] vt (*Kleider*) *naß m, be-schmutzen*
bedridden [´bed‚ridn] a *bettlägerig*
bedroom [´bedrum] s *Schlafzimmer* n
bedside [´bedsaid] s *Seite* f *des Bettes*, Fr ruelle || at *od* by a p's ~ *an jds Bett;* ~ carpet *Bettvorleger* m; a good ~ manner (of doctors) *zartes, taktvolles Benehmen* n ⟨a fig⟩ **-stead** [´bedsted] s *Bettstelle* f **-straw** [´bedstrɔ:] s ⟨bot⟩ *Purple* ↙ *Purpurnes Labkraut* n **-time** [´bed-taim] s *Schlafenszeit* f, → bed-time
bee [bi:] s **1.** ⟨ent⟩ *Biene* f; swarm of ~s *Bienenschwarm* m; to have a ~ in one's bonnet *e–n Vogel h, exzentrisch s;* queen ~ *Bienen-königin* f || he's as busy as a ~ *er entwickelt e–n Bienenfleiß* || the ~'s knees ⟨fam⟩ *°die Masche (das non plus ultra)* **2.** ⟨fig⟩ *fleißiger Mensch* m || ⟨urspr Am⟩ *Gesellschaft* f *freiwillig Helfen-der; e–m bestimmten Zwecke dienende G.; Kränzchen* n **3.** [attr] ~ colony *Bienenvolk* n || ~-eater ⟨orn⟩ *Bienenfresser, -specht* m || → hawk || ~-line *gerade Linie, Luftlinie* f; to (make a) ~-line *schnurstracks losgehen (for auf)* || ~-master *Bienenzüchter, Imker* m || ~ orchis ⟨bot⟩ *Bienen-Orchis* f || ~s-wax f, ~s-wax 1. s *Bienen-wachs* n **2.** vt *bohnern, wachsen* || ~s-waste *Ge-müll* n || ~(-) yard ⟨Am⟩ *Imkerei* f
bee [bi:] s [~s pl] ⟨mar⟩ *die Backen* m pl (*des Bugspriets*)
bee [bi:] *Buchstabe B* || (abbr *f* bloody [adv]) ⟨sl⟩ *verflixt!*
beebee [´bi:bi:] s ⟨AInd⟩ → bibi
beech [bi:tʃ] s ⟨bot⟩ (*a* ~-tree) *Buche* f; [attr] *Buchen-* || ~ marten ⟨zoo⟩ *Steinmarder* m || ~mast *Buchen-, Buchelmast* f || ~-nut *Buch-ecker, Buchel* f || **~en** [´~ən] a (*† poet*) (= [attr] beech) *buchen, Buchen-*
beef [bi:f] **1.** s *Rindfleisch* n; beefs [pl] *Rind-fleischarten* f pl || [pl beeves] *Ochse* m, *Rind* n || ⟨fam⟩ *Kraft* f || ⟨sl⟩ *Meckerei* f || corned~ *Büchsen-, Kraft-;* salt-~ *Pökel-, Salzfleisch* n; roast ~ *Rinderbraten* m || round of ~ *Stück Rind-Fleisch* n *aus der Hinterkeule* || ~cake ⟨sl⟩ *Muskelprotz* m || ~eater *königl. engl. Leib-gardist; Wächter* m *des Tower in London* || ~-steak *Beefsteak* n || ~-tea *Kraftbrühe* f || ~-witted *strohdumm* **2.** vt/i ⟨fam⟩ to ~ one's way *sich durchschubsen* | [vi] ⟨sl⟩ *meckern, sich beklagen* || ~ up! *hau-r·uck!* || **~ing** [´~iŋ] s *dunkelroter Kochapfel* m || **~y** [´~i] a *mit Fleisch gefüllt; fleischig; stark*
beehive [´bi:haiv] s *Bienenstock, -korb* m; ⟨fig⟩ *Bienenhaus* n, *Taubenschlag* m || ⟨aero sl⟩ *Bomberverband, °-pulk* m *mit Jagdschutz* m || ~-oven *Koksofen* m || ⟨mil⟩ ~-shaped charge *Hohlladung* f
been [bi:n, *w f* bin] pp *v* to be

beep [bi:p] s ⟨Am wir fam⟩ *Empfänger* m (*f Fernsteuerung*) **~er** [´~ə] s *ferngesteuertes Flugzeug* n || ~ pilot *Fernsteuerer* m
beer [biə] s *Bier* n; → ale, bitter, porter, stout || small-~ *Dünnbier* n, ⟨fig⟩ *ein Päppenstiel* m ⟨fig⟩, *e–e Bagatelle* f; to think no small-~ of *°mordsviel halten* v || → skittle | [attr] ~-barrel *Bierfaß* n || ~-engine, ~-pump *Bierdruck-apparat* m || ~-house *Bierhalle* f, *-haus* n (*ohne Wein(etc)konzession*) || ~-jug *-krug* m || ~-mat *Bierfilz* m || ~-lever [´~li:və] ⟨aero sl⟩ *Steuer-knüppel* m || ~-money *Biergeld* n (*Zulage an Geld statt des Bieres*) || **~y** [´~ri] a *das Bier be-treffend, bierartig, Bier-* || (*P*) *nach Bier riechend; bierselig, -trunken; °versoffen*
beestings [´bi:stiŋz] s pl *Biestmilch* f (*erste Milch nach dem Kalben*)
beeswing [´bi:zwiŋ] s *Kruste* f (*in der Portwein-flasche*)
beet [bi:t] s *Bete, Runkelrübe* f (red ~, white ~) || ~s ⟨Am⟩ *rote Beete* pl || ~-leaf miner ⟨ent⟩ *Rübenfliege* f || ~-root *Runkelrübe* f || ~-sugar *Rübenzucker* m
beetle [´bi:tl] **1.** s *Schlegel* m; *Ramme, Erd-stampfe* f **2.** vt *mit Sch. schlagen, stampfen, rammen*
beetle [´bi:tl] s ⟨ent⟩ *Käfer* m; asparagus~ *Spargel-;* black-~ *Küchenschabe* f ; blossom ~ *Rapsglanz-;* buprestid ~, metallic ~ *Pracht-;* carrion-~ *Aas-;* churchyard ~ *Totengräber* ⟨ent⟩; garden ~ *Gartenlaub-;* oil ~ *Öl-* || ⟨ent⟩ longicorn ~s [pl] (*Familie* f *der*) *Bock-* (*Eichenbock, Moschusbock* m) || ~-crusher ⟨sl⟩ *°Quadratlatsche* f (*Fuß, Stiefel*)
beetle [´bi:tl] vi ⟨aero fam⟩ *°abhauen (sich davon m)*, (let's ~ off)
beetle [´bi:tl] **1.** a *vorstehend, überhängend;* ~-brow *vorstehende Augenbraue* f; ⟨fig⟩ *finstere, mürrische Miene* f || ~-browed *mit überhängen-den Brauen; finster, verdrießlich, mürrisch* **2.** vi (*drohend*) *überhängen, hervorragen, vorspringen*
beezer [´bi:zə] s ⟨sl⟩ *°Gurke* f (*Nase*)
befall [bi´fɔ:l] vi/t [*-fell/-fallen*) *sich ereignen, sich zutragen* | vt (*jdm*) *widerfahren, zustoßen, (jdn) befallen*
befit [bi´fit] vt (*jdm*) *passen; sich ziemen, sich schicken* (a p *für jdn*) **~ting** [~iŋ] a (~ly adv) *geziemend, passend*
beflag [bi´flæg] vt *beflaggen*
befog [bi´fɔg] vt *in Nebel hüllen, verdunkeln* ⟨a fig⟩ || (*jdn*) *verwirren*
befool [bi´fu:l] vt *betören, zum Narren h, an-führen*
before [bi´fɔ:] **1.** adv *voraus, vorn; voran* (to go ~) || *vorher, früher* || *bereits, schon* (long before) **2.** prep *vor* (not ~ 5 o'clock); (*Ort*) *vor* [acc] hold your hands ~ your eyes!; look ~ you *schau vor dich!* || ⟨übtr⟩ he was brought ~ a court; the subject was brought ~ Parliament [dat] he was drowned ~ my eyes; he had to appear ~ the headmaster; to recoil ~ the enemy; to sail ~ the wind; you must not say that ~ (= in the presence of) *ladies;* ~ all *vor allem* | ~ the fire *über, an dem Feuer* || the week ~ last *vorvorige Woche* || ~ long *bald* || ~ the mast ⟨mar⟩ *vor dem Mast, als gewöhn-licher Matrose* || he carries everything ~ him *er hat in allem Erfolg;* the question ~ us *die Frage, die uns vorliegt, die zu entscheidende Frage* || the work ~ them *die z erledigende Arbeit* | *in Gegenwart von, vor* (~ God) | *lieber als* (they would die ~ yielding) **3.** conj *ehe, bevor; bis* (it will be long ~) || it was not long ~ *es dauerte nicht lange, so . .* | *lieber als daß . .* || ~ you came up ⟨mil fam⟩ *als du, Hammel, noch lange nicht Soldat warst; so:* before your number was dry **4.** [comp] ~-cited, ~-mentioned *vor-her-, obenerwähnt, obig* **~hand** [~hænd] adv

voraus, zuvor; to be ~ with a p *jdm zuvork* ‖ *vorher, zuvor* ‖ *im voraus* (to thank ~) **~time** [~taim] adv *vor Zeiten, ehedem*

befoul [bi'faul] vt *besudeln, beschmutzen,* to ~ one's own nest ⟨fig⟩ *sein eigenes Nest b.*

befriend [bi'frend] vt (*jdm*) *Freundschaft erzeigen*; (*jdn*) *unterstützen, begünstigen*; ~ed by *begönnert v*

befringe [bi'frindʒ] vt *mit Fransen besetzen*

beg [beg] vt/i ‖ *bitten um* (a th *etw*); to ~ a p's life *um jds Leben bitten* ‖ (*etw*) *erbitten* (of a p *von jdm*) ‖ *betteln um* (a meal *um e–e Mahlzeit*) ‖ (*jdn*) *bitten* (to do) **|** to ~ leave *um Erlaubnis bitten* ‖ I ~ your pardon *verzeihen Sie*; [*als Frage*] wie bitte? ‖ to ~ the question *dem wahren Sachverhalt ausweichen* **|** vi *betteln* (a to go ~ging); the post is going ~ging *der Posten wird angeboten wie sauer Bier* ‖ *bitten, flehen* (for *um*); (*dringend*) *bitten* (that; to do *tun zu dürfen*); to ~ of a p *jdn bitten* (to do) ‖ I ~ to inform you *ich erlaube mir, Ihnen mitzuteilen* ‖ I ~ to differ *ich erlaube mir, anderer Meinung zu s*; we ~ to enclose *wir beehren uns beizufügen*; I ~ to remain .. *ich verbleibe hochachtungsvoll* ..

begad [bi'gæd] intj ⟨fam⟩ = by God

began [bi'gæn] pret v to begin

beget [bi'get] vt [–got/–gotten] *zeugen*; ⟨fig⟩ *erzeugen* **~ter** [~ə] s *Vater, Erzeuger* m ‖ *Urheber* m

beggar ['begə] **1.** s *Bettler*(in f) m ‖ ~s must not be choosers ⟨m. m.⟩ *e–m geschenkten Gaul schaut man nicht ins Maul* ‖ ⟨fam⟩ *Kerl* m; lucky ~ ⟨fam⟩ *Glückspilz* m **|** [attr] *Bettel-* **2.** vt *zum Bettler m*; ⟨fig⟩ *entblößen, berauben* ‖ *übersteigen*: it ~s all description *es geht über alle Beschreibung* ‖ ~-my-neighbour *Bettelmann* m (*Kartenspiel*) **~liness** [~linis] s *Dürftigkeit, Bettelarmut* f **~ly** [~li] **1.** a *bettelhaft, arm*; *armselig, erbärmlich*; *lumpig* (*Fünfer,* ×*Fufziger*); *Bettel-* (~ *price, –preis*) **2.** adv *bettelhaft; flehentlich* ‖ **~y** [~ri] s *Bettelarmut, Dürftigkeit* f ‖ to reduce to ~ *an den Bettelstab bringen*

begging ['begiŋ] s *Bitten, Betteln* n; ~ of the question → to beg ‖ [attr] *Bettel-, Bitt-* (~ letter)

begin [bi'gin] vt/i [–gan/–gun] ‖ *beginnen, anfangen* (a th, doing); *als erster beg.*; to ~ the world *f sich anf., s–e Laufbahn beg.* **|** vi *beg., anf.* (to do); since time began *von Anbeginn* ‖ *zu reden beg.* ‖ ⟨Am⟩ not to *begin* to do *weit davon entfernt s z tun* **|** to ~ at *anf. an* (*e–r Stelle*); to ~ by doing *damit anf. zu tun, zuerst tun*; to ~ on, upon a th *sich versuchen an, etw in Angriff nehmen*; to ~ with a th *mit e–r S anf.*; to ~ with *erstens* **~ner** [~ə] s *Anfänger* m ‖ ~ driver! ⟨mot⟩ (*Aufschrift auf Wagen*) *Fahrschule!* f **~ning** [~iŋ] s *Beginnen* n, *Anfang, Beginn* m (at the ~ *bei B.*); the ~ of the end *der Anf. vom Ende*; from the ~ *von Anfang an*; in the ~ *im Anf., anfangs*; from ~ to end *von Anf. bis zu Ende* ‖ ~s [pl] *die ersten Anfänge* pl, *Anfangsstadium* n (in the ~ s)

begird [bi'gəːd] vt [–girt/–girt] *umgürten* ‖ *umgeben, einschließen*

begohm ['begoum] s (= billion megohm) ⟨el⟩ 1000 *Megohm*

begone [bi'gɔn] **1.** intj (= be [imp] gone) *fort! weg! pack dich!* **2.** vi *fortgehen*

begonia [bi'gounjə] s ⟨bot⟩ *Beg·onie* f

begorra [bi'gɔrə] intj ⟨Ir⟩ *bei Gott!*

begot [bi'gɔt] pret, **begotten** [bi'gɔtn] pp v to beget

begrime [bi'graim] vt (*stark*) *beschmieren, besudeln*

begrudge [bi'grʌdʒ] vt *mißgönnen* (a p a th *jdm etw*); *beneiden* (à p a th *jdn um etw*) **|** *ungern geben* (a th *etw*; a p a th *jdm etw*)

beguile [bi'gail] vt *hintergehen, betrügen* (of *um*); *verleiten* (into doing *zu tun*) ‖ *reizen, berücken, locken* ‖ *hinbringen, verkürzen*; to ~ away the time *die Zeit vertreiben* **~ment** [~mənt] s *Betrug* m, *Hintergehung* f ‖ *Zeitvertreib* m **~r** [~ə] s *Betrüger, Verführer* m **–ling** [~iŋ] a (~ly adv) *täuschend; berückend*

begum ['biːgʌm, –gəm] s *Fürstin, vornehme Dame* f (*in Indien*) ‖ ⟨fig⟩ *reiche Witwe* f

begun [bi'gʌn] pp v to begin; well ~ is half done *frisch gewagt ist halb gewonnen*

behalf [bi'haːf] s † *Behuf, Nutzen, Vorteil* m [*nur in Wendungen:*] on (od in) a p's ~, on (od in) ~ of a p *seitens, im Namen jds*; (*Unterschrift*) for and on ~ of *für u im Auftrage v..* ‖ *zugunsten, um.. willen jds*; *im Interesse v, zum Besten v jdm*; *für jdn*: (a charity ballot) on ~ of the poor .. *zugunsten der* or *für die Armen*

behave [bi'heiv] vi & refl **1.** vi *sich benehmen, sich betragen* (to *gegen*) ‖ *sich gut betragen*; ~ towards, to a p *jdn gut behandeln* ‖ (S) *sich verhalten* ‖ to ~ well *gut arbeiten* (v *Maschinen*) **2.** [refl] to ~ o.s. *sich anständig benehmen* (*mst zu Kindern gespr.*)

behaviour [bi'heivjə] s *Benehmen, Verhalten* n (to *gegen*), *Anstand* m ‖ ⟨eth⟩ *Verhalten* n ‖ to be on one's best ~ *sehr auf sein Ben. achten* **|** *Arbeitsweise* f (v *Maschinen*) ‖ investigation of ~ *Verhaltensforschung* f ‖ ~ pattern *übliche Verhaltensweise* f (*e–r P* or *Gruppe*) **~ism** [~rizm] s ⟨psych⟩ *der Behaviorismus* m (*seelenkundliches Verfahren*); *Verhaltensforschung* f

behead [bi'hed] vt *köpfen, enthaupten* **~ing** [~iŋ] s *Enthauptung* f

beheld [bi'held] pret & pp v to behold

behemoth [bi'hiːmɔθ] s ⟨bib⟩ *B·ehemoth* m ‖ ⟨fig⟩ *Riesentier* n; *Koloß* m

behest [bi'hest] s ⟨poet⟩ *Befehl* m

behind [bi'haind] **1.** adv *dahinter, hinten, hinterher*; *nach hinten, zurück* ‖ *zurück, im Rückstand* (with, in *mit*) **|** far ~ *weit zurück* ‖ to be ~ *im R. s* ‖ to fall ~ *zurückbleiben* ‖ to leave ~ *zurück-, hinter sich l* **2.** prep (*Ort*) *hinter*; (he looks) ~ him .. *hinter sich* ‖ *hinter* [dat]: he stood ~ the chair, door, house, curtain ‖ we left the town ~ us **|** [acc] look ~ you *schau* or *sieh hinter dich* ‖ *hinter .. zurück*; *hinter .. her* he walked, ran, rode ~ me .. *hinter mir* (*her*) ‖ *hinter*: [acc] go ~ the house; he stuck his penholder ~ his ear ‖ ⟨übtr⟩ [dat] ~ my back *hinter m–m Rücken*; he has the whole nation ~ him.. *hinter sich*; ⟨fig⟩ to be ~ a p *hinter jdm zurück s, jdm nachstehen* ‖ ~ a p's back *hinter jds Rücken, ohne jds Wissen* ‖ ~ the scenes ⟨theat⟩ *hinter der Szene*; ⟨fig⟩ *hinter den Kulissen* (*im geheimen*) **|** (*Zeit*) *hinter*; to be ~ time *sich verspätet h*; *zu spät h* ‖ to be ~ the times *hinter der Zeit zurück, rückständig s* **3.** s ⟨fam vulg⟩ *Hinter*(st)er m, *Hinterteil* m & n **~hand** [~hænd] adv & pred a *spät, verspätet zurück, im Rückstande* (with *mit*) ‖ ⟨fig⟩ *rückständig* (in)

behold [bi'hould] vt [–held/–held] *sehen, erblicken* ‖ ~! *sieh da!* lo and ~ *und siehe da* **~en** [~ən] pred a ⟨obs⟩ *verpflichtet; verbunden* (to a p for a th) **~er** [~ə] s *Zuschauer, Beobachter* m

behoof [bi'huːf] s † *Behuf, Nutzen, Vorteil* m, [*nur in Wendungen*] (on, in ~ [od the ~] of): on my ~ *um meinetwillen*

behove [bi'houv], ⟨Am⟩ **behoove** [bi'huːv] vi & imps ‖ *sich schicken, sich ziemen* (to *für*) [imps] it ~s me *es geziemt mir, liegt mir ob*; † it ~s that *es geziemt sich, ist nötig, daß..*

behung [bi'hʌŋ] a *drapiert, behangen*

beige [beiʒ] s Fr *Beige* f, *Wollstoff* m; *gelbgrauer Farbton* m

being ['biːiŋ] s *Sein* n, *Existenz* f ‖ in ~ *bestehend, lebend*; *in Wirklichkeit*; *in Tätigkeit*; to

call into ∼, to give ∼ to *ins Leben rufen*; to come into ∼ *entstehen* | *Wesen* n, human ∼ *Mensch* m ‖ *Wesen* n, *Natur* f
bel [bel] s ⟨el⟩ *Bel* n (*10 Dezibel*)
belabour [bi'leibə] vt (*jdn*) *bearbeiten, durchprügeln*; ⟨fig⟩ *angreifen*
belated [bi'leitid] a *von der Nacht überrascht* ‖ *verspätet*
belaud [bi'lɔ:d] vt *preisen, rühmen*; to ∼ to the skies ⟨fig⟩ (*jdn*) *in den Himmel heben*
belay [bi'lei] **1.** vt [∼ed/∼ed] ⟨mar⟩ *anbinden, befestigen* ‖ ⟨mount⟩ *mit Seil sichern* ‖ ⟨sl⟩ ∼ there! *halt! genug!* ‖ ∼ing-pin *Befestigungsholz* n; –*zapfen* m **2.** s (*Seil-*)*Sicherung* f
∼er [∼ə] s *Sichernder* m
belch [beltʃ] **1.** vi/t ‖ *rülpsen, speien* | vt ⟨fig⟩ (*Fluch* etc) *ausstoßen*; (*Rauch*) *ausspeien* **2.** s *Auswurf* m (*des Meeres usw*) ‖ *Aufstoßen* n
belcher ['beltʃə] s *buntes Halstuch* n
beldam(e) ['beldəm] s † *alte Frau* f ‖ ⟨cont⟩ *alte Hexe* f
beleaguer [bi'li:gə] vt ⟨mil & fig⟩ *belagern*
∼ment [∼mənt] s ⟨mil⟩ *Belagerung* f
belemnite ['beləmnait, –lemn–] s ⟨geol⟩ *Belemnit* m; *Donnerkeil* m
belfry ['belfri] s ⟨hist⟩ *Bergfried* m ‖ *Glockenturm* m; *Glockenstuhl* m ‖ → bat
Belgian ['beldʒən] **1.** a *belgisch* **2.** s *Belgier*(*in* f) m
Belgravia [bel'greivjə] s *einst elegantes Viertel im südl. Westend Londons*
Belial ['bi:liəl] s *Belial, Teufel* m; man of ∼ *der Verworfene* m
belibel [bi'laibl] vt *schmähen*
belie [bi'lai] vt (*etw*) *Lügen strafen, e–r S nicht entsprechen* ‖ *als falsch erweisen*; (*Hoffnung*) *täuschen*
belief [bi'li:f] s [pl ∼s] *Glaube* m (in *an*; that *daß*); *Vertrauen* n ‖ ⟨rel⟩ *Glaube* m, *Religion* f; The ∼ *das Apostolische Glaubensbekenntnis* n ‖ *Glaube* m, *Meinung* f | easy, slow of ∼ *leicht–, schwergläubig* ‖ to the best of one's ∼ *nach jds bester Überzeugung* ‖ to be past ∼, to exceed ∼ *unglaublich, nicht z glauben* s
believable [bi'li:vəbl] a *glaubhaft, glaublich*
believe [bi'li:v] vt/i ‖ (*jdn*) *Glauben schenken, glauben* ‖ gl. (a th *od* a p to be *daß etw or jd ist*; that..); he ∼s himself to be right *er glaubt recht z h* ‖ to make o.s. ∼ *sich einreden* | vi *glauben, meinen* ‖ to ∼ in gl. *an*; *Vertrauen, Hoffnung setzen auf* (I ∼ in him); *viel halten v* (I ∼ in iodine) ‖ I ∼ so *ich glaube, ja*; *das glaube ich* ‖ ⟨vulg⟩ [abs] (it was) so slippery you wouldn't ∼ *wer weiß wie glatt* ‖ **∼r** [∼ə] s *Gläubiger* m ‖ to be a great ∼ *in fest glauben an, viel halten v*
believing [∼iŋ] a ⟨∼ly adv⟩ *glaubend, gläubig*
belike [bi'laik] † adv *vielleicht, wahrscheinlich*
belinda [bi'lində] s ⟨sl⟩ °*Wurst* f (*Sperrballon*)
Belisha beacon [bi'li:ʃə 'bi:kən] s ⟨engl⟩ (*Fußgänger-*)*Verkehrsampel* f
belittle [bi'litl] vt *verkleinern, herabsetzen, schmälern* **∼ment** [∼mənt] s *Herabsetzung* f
bell [bel] **I.** s **1.** *Glocke* f ‖ *Klingel, Schelle* f ‖ *Taucherglocke* f ‖ (of a trumpet) *Schalltrichter* m ‖ ⟨bot⟩ *Kelch* m, *Glocke* f ‖ ∼s [pl] ⟨mar⟩ *Schiffsglocke* f; eight ∼s *acht Glasen* pl (*Ende der Wache*) ‖ ⟨tech⟩ *Schaumblase* f | (P) ⟨Am fam⟩ = ∼-hop **2. Wendungen:** cap and ∼s *Schellenkappe* f ‖ hand-∼ *Hand-, Tischglocke* f ‖ chime of ∼s *Glockenspiel* n ‖ clear as a ∼ *glockenklar* ⟨a fig⟩ | to answer the ∼ *auf die Klingel hören*; *öffnen* ‖ to bear away, ⟨fam⟩ to ring the ∼ *den Vogel abschießen*; *gewinnen* ‖ ⟨fam⟩ that rings the ∼ *jetzt ist (bei mir) der Groschen gefallen* ‖ to curse by ∼, book, and candle ⟨ec⟩ (*jdn*) *bis in den Abgrund der Hölle verfluchen* ‖ to hang a ∼ *eine Glocke, Klingel einsetzen* ‖ to ring, toll the ∼ *läuten*; to ring the

∼ *klingeln, schellen* **3.** [attr & comp] ∼-bottomed *glockig* (trousers) ‖ ∼-button (*Klingel-*)*Knopf* m ‖ ∼-buoy ⟨mar⟩ *Glockenboje* f ‖ ∼-casting –*guß* m ‖ ∼-crank ⟨tech⟩ –*gelenk* m ‖ ∼-clapper *Glockenschlegel,* –*schwengel,* –*klöppel* m ‖ ∼-flower s –*blume* f ‖ ∼-founder –*gießer* m ‖ ∼-gable ⟨arch⟩ *Glockengiebel* m, –*wand* f ‖ ∼-glass ⟨hort⟩ *Glasglocke, Glocke* f ‖ ∼-hanger *Glocken-, Klingeleinsetzer* m ‖ ∼-hop ⟨Am fam⟩ *Hotelpage* m ‖ ∼-metal *Glockenspeise* f ‖ ∼-mouth *Schalltrichter* m ‖ ∼-mouthed *bauchig, trichterförmig* ‖ ∼-pull *Klingelzug* m ‖ ∼-punch ⟨engl⟩ *Billettknipser* m (*mit Glocke*) ‖ ∼-ringer *Glöckner* m ‖ ∼-rope *Glockenseil* n, –*strang* m, *Klingelschnur* f ‖ ∼-shaped *glockenförmig* ‖ ∼-tower *Glockenturm* m ‖ ∼-wether *Leithammel* m; ⟨fig⟩ *Anführer, Rädelsführer* m ‖ ∼-wire *Klingeldraht* m, –*schnur* f **II.** vt *mit e–r Glocke versehen* ‖ to ∼ the cat *der Katze die Schelle umhängen*
bell [bel] **1.** vi *rören* (*v Hirschen*) **2.** s *Rören* n (*des Hirsches*)
belladonna [ˌbelə'dɔnə] s ⟨bot⟩ *Belladonna, Wolfskirsche* f
belle [bel] s Fr *Schöne, Schönheit* f (the ∼ of a place)
belles-lettres ['bel'letr; –'–] s pl Fr *Schöne Literatur(werke)* f ‖ **belletristic** [ˌbelə'tristik] a *schöngeistig, Unterhaltungs-*
bellicose ['belikous] a *kriegerisch, kriegslustig* –*cosity* [ˌbeli'kɔsiti] s *Kriegslust* f
bellied ['belid] a *dick, geschwollen* ‖ [in comp] –*bäuchig*; big-∼ *dickbäuchig* ‖ ⟨bot⟩ *bauchig*
belligerence [bi'lidʒərəns], **–ency** [bi'lidʒərənsi] s *Kriegszustand* m, *Kriegführung* f **–ent** [bi'lidʒərənt] **1.** a *kriegführend* **2.** s *Kriegführender* m
Bellona [be'lounə] s L ⟨ant⟩ *Kriegsgöttin* f; ⟨fig⟩ *Krieg* m ‖ *stattliche Frau* f
bellow ['belou] **1.** vi/t | (*T*) *brüllen* ‖ (of the sea, etc) *brüllen, heulen*; (*P*) *laut schreien, brüllen* | *laut äußern, ausstoßen* **2.** s *Brüllen, Geschrei* n
bellows ['belouz] s pl *Gebläse* n, *Blasebalg* m (a [pair of] ∼ *ein B.*) ‖ (of an organ) *Bälge* m pl ‖ to blow the ∼ *den Blasebalg ziehen*; *die Bälge treten* ‖ ⟨phot⟩ *Balg* m
bellum ['beləm] s *persischer Einbaum* m (*Boot*)
belly ['beli] **1.** s *Bauch* (pot ∼, *Dick–*); *Leib* m ‖ *Magen* m (an empty ∼) ‖ *ein bauchförmiges Ding* n; (of a violin) *Kasten* m; ⟨aero⟩ *Gepäck-u Fracht-Laderaum* m; ⟨fig⟩ *das Innere* n ‖ *Bauch* m, *Gefräßigkeit* f, *sinnliche Vergnügungen* f pl (to be a slave to one's ∼) | ∼-ache *Leibschmerzen* m pl ‖ ∼(-)acher ⟨sl⟩ *Meckerer* m ‖ ∼-band *Sattelgurt* m ‖ ∼-buster ⟨swim⟩ *Bauchklatscher* ‖ ∼-button ⟨fam⟩ *Bauchknöpfchen* n (*Nabel* m) ‖ ∼ clearance ⟨mot⟩ *Bodenfreiheit*; *Bauchfreiheit* (*v Panzern*) ‖ ∼ flop ⟨aero sl⟩, ∼ landing *Bauchlandung* f ‖ ∼-pinched *ausgehungert* ‖ ∼ radiator ⟨aero-mot⟩ *Bauchkühler* m ‖ ∼ tank ⟨aero⟩ *Rumpfabwerfbehälter* m ‖ ∼-wash „*Spülwasser*" n, *Dividendenjauche* f (*dünnes Bier*) ‖ ∼-worship *Hang* m *zur Schlemmerei* **2.** vt/i *bauchig* m | vi (*auf-*)*schwellen, bauchig w* ⟨mot⟩ *sich festfahren* **∼ful** [∼ful] s *Bauchvoll* m ‖ ⟨fig⟩ *Genüge* f
belong [bi'lɔŋ] vi *gehören, zu eigen s* (to a p *jdm*) ‖ *angehören* (to a class *e–r Klasse*) ‖ ⟨Am⟩ to ∼ in g. *in*; ..among g. *unter*; to ∼ with *zus-g. mit*; he ∼s here *er gehört hierher*; *lebt hier* ‖ *eingeboren or ansässig s* ‖ ⟨Am⟩ I ∼ here *ich bin v hier*; they all ∼ *sie gehören alle dazu, m alle mit* **∼ings** [∼iŋz] s pl *Eigentum* n, *Habe* f; *Zubehör* n, *Gepäck* n ‖ *Angehörige* m pl
beloved [bi'lʌvd] **1.** pp *geliebt* (of, by *von*) **2.** [bi'lʌvd, bi'lʌvid] **a.** a *geliebt* **b.** s *Geliebte*(r m) f
below [bi'lou] **1.** adv *unten, nach unten, hinab, –unter* ‖ *auf Erden*; here ∼ *hienieden* ‖ (*a down*

~) *in der Hölle* **2.** prep (**Ort**) *unter* [dat] ~ *deck unter Deck* ‖ ~-*ground begraben,* ⟨min⟩ *unter Tag* ‖ ~ sea-level *unter dem Meeresspiegel* ‖ ~ zero *unter Null* ‖ ~ the surface of the earth, of the water *unter der Erd–, Wasseroberfläche* ‖ the crop is ~ the average .. *unter* (*dem*) *Durchschnitt;* ~ costprice *unter* (*dem*) *Einkaufspreis* ‖ *unter* (*der Würde jds*), *niedriger, tiefer* (*im Rang usw*) *als,* it is ~ him *es ist unter s–r Würde* (to do) ‖ ~ the mark *v geringerer Güte; unpäßlich* ‖ ~ par *unter Pari;* ⟨fig⟩ *mittelmäßig, unpäßlich* ‖ ~ stairs *bei den Dienstboten* ‖ **unterhalb** [gen]: ~ Tower-Bridge **|** (**Richtung**) *unter* [acc] his coat reaches ~ his knees.. *reicht ihm bis unter die Knie* ‖ look ~ (you) *sich unter dich* ‖ → beneath, → belt

    belt [belt] **1.** s *Gürtel* m ‖ ⟨mil⟩ *Gehänge* n; *Koppel; Binde* f; ⟨hist⟩ *Bandel·ier* n; (*MG-*) *Gurt* m; ⟨aero⟩ (*Anschnall-*)*Gurt* m (*a safety* ~) ‖ ⟨mar⟩ *Panzergürtel* m ‖ (of water) *Belt* m (the *↙*) ‖ *breiter Streifen; Bereich* m, *Gebiet* n ‖ *Verkehrsgürtel, Ring* m ‖ green ~ *Grüngürtel* m (*e–r Stadt*) ‖ (*Erdbeben-*)*Zone* f, ⟨astr⟩ *Streifen* m (*des Jupiter*) ‖ ⟨tech⟩ *Riemen,* (~-pulley *–scheibe*); *Treib–* m **|** shoulder~ *Bandelier, Wehrgehenk* n ‖ sword~ *Degengehenk* n ‖ to hit below the ~ *unter den Gürtel boxen, e–n unerlaubten Schlag tun, unehrlich kämpfen* **|** [attr] ~ **buckle** *Koppelschloß* n ‖ ~ conveyor *Bandförderer* m ‖ ~-drive ⟨mech⟩ *Riemenantrieb* m, *Transmission* f ‖ ~ drum (*MG-*)*Gurttrommel* f ‖ ~-fed machine-gun *MG mit Gurtzuführung* f; ~ feed *Gurtzuführung* f (*am MG*) **2.** *gürten, umgürten* **|** *mit Streifen versehen* **|** (*mit dem Gürtel*) *prügeln* ‖ ~**ing** [´~iŋ] s ⟨tech⟩ *Gurtzeug* n ‖ ⟨fam⟩ *Dresche* f, *Prügel* m pl

    Beltane [´beltein] s *kelt. Maifest* n

    belvedere [´belvidiə] s ⟨arch⟩ *Belved·ere* n; *Aussichtsturm* m; *Gartenhaus* n *auf Anhöhe*

    bemire [bi´maiə] vt *beschmutzen, besudeln* ⟨*a* fig⟩

    bemoan [bi´moun] vt *bejammern, beklagen, beweinen, betrauern*

    bemock [bi´mɔk] vt ⟨poet⟩ *verspotten, täuschen*

    bemuse [bi´mju:z] vt *verwirren, benebeln*

    ben [ben] s ⟨Scot⟩ *Inneres* n (*e–r Wohnhütte*) ‖ but and ~ *das* (*ganze*) *Haus*

    benadryl [´benədril] s ⟨med⟩ *Antiallergikum, Heufiebermittel* n

    bench [bentʃ] **1.** s *Bank* f ‖ *Arbeitstisch* m, *Werkbank* f ‖ *Prüfstand* m **|** *Richterstuhl* m, *Richterbank* f ‖ *Richterkollegium* n, (*Gesamtheit der*) *Richter* m pl (*e–s Gerichts*) (the whole *↙* was agreed) ‖ *Gerichtshof* m, *Gericht* n **|** ⟨Am⟩ *Flußufer–, Flachland* n **|** carpenter's ~ *Hobelbank* f ‖ the King's, Queen's *↙* *Oberhofgericht* n ‖ to be on the ~ *Richter s;* to be raised to the *↙ z Richter ernannt w* ‖ ~-mark ⟨surv⟩ *Höhenmarke* f (*Nivellierungszeichen*) ‖ ~ RPM (*f:* revolutions per minute) ⟨aero – mot⟩ *Standdrehzahl* f ‖ ~ test *Prüfstandversuch* m **2.** vt *mit Ränken versehen, bestuhlen* ‖ (*Hunde*) *ausstellen* ‖ *in ein Amt einsetzen* ‖ ⟨sport⟩ (*Spieler*) *aus dem Spiel entfernen* ‖ (*Gewächshauspflanzen*) *in Reihen setzen* ~**er** [´~ə] s ⟨jur⟩ *Vorstandsmitglied* n *e–s der* "*Inns of Court*" ~**ing** [´~iŋ] s *Berme* f, *Böschung*(*sabsatz* m)

    bend [bend] s ⟨mar⟩ (*Tau-*)*Knoten* m

    bend [bend] **1.** vt/i [bent/bent] ‖ *biegen, krümmen,* (*Knie*) *beugen* (→ bended) ‖ (*Bogen*) *spannen* ‖ ⟨mar⟩ (*Tau*) *befestigen;* (*Segel*) *festmachen* ‖ ⟨fig⟩ *beugen, unterwerfen, zwingen* (to *unter*) **|** (*ab*)*lenken* ‖ (*den Geist*) *richten, wenden; lenken* (to *auf*); to be bent *geneigt, entschlossen, versessen, erpicht s* (on a th *auf;* on doing *zu tun*) ‖ to ~ down (*Kopf*) *hinunterbeugen, niederbeugen* **|** *sich krümmen, sich biegen* ‖ *sich neigen,*

überhängen ‖ (*P*) *sich beugen, sich neigen* (to, before *vor*); ⟨fig⟩ *sich unterwerfen* (to a p *jdm*) ‖ to ~ back, down *sich zurück–, niederbeugen* **2.** s *Biegung, Krümmung* f; gothic ~ *Ausschwingung* f ‖ to go on the ~ ⟨sl⟩ *auf den Bummel gehen* ‖ to be round the ~ ⟨mil sl⟩ *nicht recht bei Trost s* ‖ *Wendung* f ‖ (of a river) *Krümmung* f ‖ ⟨her⟩ *Schrägbalken* m ‖ ~s [pl] ⟨mar⟩ *Krummhölzer* n pl; *Druckluftkrankheit* f ‖ ⟨mot⟩ ~s for *2* miles *kurvenreiche Strecke* f, → blind ~**ed** [´~id] † *a gebeugt,* [nur]: on ~ knees *auf den Knien, kniefällig, flehend* ~**er** [´~ə] s ⟨Am fam⟩ *Bummel* m ~**ing** [´~iŋ] *Biegung* f etc; ⟨geol⟩ *Schleppung* f, *Verbiegung* f ‖ ~ exercise *Beugeübung* f ‖ ~ property *Biegefähigkeit* f ‖ ~ strength *–festigkeit* f *↙ix* [´~iks] s ⟨Am⟩ *Art Waschmaschine* f (*Fabrikmarke*); ~ Control ⟨aero⟩ *Hauptkraftstoffregler* m

    beneath [bi´ni:θ] **1.** adv *unten* ‖ on the earth ~ *hienieden, auf Erden* **2.** prep *unter* [dat], *unterhalb* [gen]; she sank ~ her burden .. *unter der Last* ..; to swim ~ the water *unter Wasser* ..; he was buried ~ the ruins .. *unter den Trümmern* .. **|** ⟨übtr⟩ *unter* [dat]; he married ~ his social position .. *unter s–m Stande* **|** *tiefer als,* to be ~ a p *jdm unterlegen s* (in *an*) ‖ ~ my dignity, ~ me *unter m–r Würde;* ~ contempt, ~ criticism *unter aller Kritik*

    benedicite [ˌbeni´daisiti] s L *Segensspruch* m, *–gebet* n; the *↙ Lobgesang* m *im Brevier*

    benedick [´benidik] s ⟨fam⟩ *neuvermählter Ehemann* m; *bekehrter Junggeselle* m

    Benedictine [ˌbeni´diktain] **1.** a *zum Benediktinerorden gehörig, Benediktiner-* **2.** s *Benediktiner*(*mönch*) m ‖ [–ti:n] *Benediktinerlikör* m

    benediction [ˌbeni´dikʃən] s *Segen* m ‖ *Dankgebet* n ‖ ⟨R. C.⟩ *Segnung, Weihe* f ~**al** [~əl] s *Weihgebetbuch, Benediction·ale* n

    benedictory [ˌbeni´diktəri] a *segnend, Segens-*

    benefaction [ˌbeni´fækʃən] s *Wohltat* f; *Wohltätigkeit* f *–factor* [´benifæktə] s *Wohltäter* m (to humanity *der Menschheit*) *–factress* [´benifæktris] s *Wohltäterin* f

    benefice [´benifis] s ⟨ec⟩ *Pfründe* f ‖ ~**d** [~t] a *mit e–r Pf. ausgestattet*

    beneficence [bi´nefisns] s *Wohltätigkeit* f *–ficent* [–nt] a (~ly adv) *wohl–, mildtätig*

    beneficial [ˌbeni´fiʃəl] a (~ly adv) *vorteilhaft, nützlich* (to *f*) ‖ *heilsam, zuträglich* (to a p *jdm*) ‖ ⟨jur⟩ *nutznießend;* ~ interest *Nutzungsrecht* n ~**ness** [~nis] s *Heilsamkeit, Nützlichkeit* f

    beneficiary [ˌbeni´fiʃəri] **1.** a *pfründenartig; Lehens-, abhängig* **2.** s *Pfründner, Anspruchsberechtigter, Begünstigter* m **|** *Almosenempfänger* m

    benefit [´benifit] **1.** s *Wohltat* f ‖ *Gabe* f **|** *Vorteil, Nutzen* m; preferential ~ *Vorausnutzen* m; for the ~ of *zum Nutzen von; für;* to derive great ~ from *großen Vorteil ziehen aus;* to give a p the ~ of the doubt *jdn im Zweifelsfalle den Vorteil des Grundsatzes in dubio pro reo genießen l* ‖ ⟨ins⟩ *Gewinn* m; you have no more ~ (to your credit) *Ihr Unterstützungsanspruch ist erschöpft* ‖ ⟨theat & sport⟩ *Benefiz* n ‖ ⟨jur⟩ *Vorrecht, Privileg*(*ium*) n; ~ of clergy ⟨jur⟩ *Vorrecht* n (*d. h. Befreiung von bürgerl. Gerichtshöfen der Geistlichkeit* ‖ *Pfründe* f ‖ ~-match *Benefizspiel* n ‖ ~ night, ~ performance ⟨theat⟩ *Benefizvorstellung* f ‖ ~ period ⟨ins⟩ *Anwartschaftszeit;* to establish a ~ to .. *die A. erfüllen* ‖ ~-society *Versicherungsverein* m *auf Gegenseitigkeit; Unterstützungs-, Wohltätigkeitsverein* m **2.** vt/i ⟨jdm⟩ *nützen, heilsam s;* to ~ a p *jdm entgegenkommen, sich* [dat] *jdn verpflichten* (by doing) ‖ *begünstigen, fördern* **|** vi *Nutzen haben, Nutzen ziehen* (by *aus*)

    Benelux [´benilʌks] s → *Abkürzungen*

    benevolence [bi´nevələns] s *Wohlwollen* n,

Güte f ‖ *Wohltätigkeit* f **-volent** [bi'nevələnt] a
(~ly adv) *wohlwollend, gütig*; ~ *regard Wohlwollen* n ‖ *Wohltätigkeits-, Unterstützungs-,*
~ *fund –fonds* m

Bengal [beŋ'gɔ:l] s [attr] ~ *light bengalisches
Feuer* n (*Signal*) ‖ **~i** [~i] **1.** a *bengalisch* **2.** s
der Bengale m ‖ *Bengali* n, *die bengalische
Sprache* f (from ~)

benighted [bi'naitid] a *von der Nacht überrascht* ‖ ⟨fig⟩ *umnachtet; unwissend; unkultiviert*

benign [bi'nain] a (~ly adv) *gütig, liebevoll* ‖
heilsam, zuträglich, günstig (climate) ‖ ⟨med⟩
nicht bösartig **~ant** [bi'nignənt] a (~ly adv)
gütig; mild; nicht bösartig ‖ *zuträglich* **~ity**
[bi'nigniti] s *Güte* f; *Milde* f; *Heilsamkeit* f

benison ['benizn] s † *Segen* m

bennet ['benit] s ⟨bot⟩ *Nelkenwurz* f

bent [bent] s **1.** *Biegung, Krümmung* f ‖ ⟨fig⟩
Hang m, *Neigung* f (for *zu*); to the top of one's
~ *nach Herzenslust*

bent [bent] s **1.** ⟨bot⟩ (a ~-grass) *Straußgras*
n **2.** (*grasbewachsene*) *Ebene, Heide* f

bent [bent] pret & pp v to bend; *ge-, ver-
bogen*

Benthamism ['bentəmizm] s *Lehre* f *des engl.
Philosophen* Jeremy Bentham (1748–1832)
–amite ['bentəmait] s *Anhänger* m *desselben*

benthos ['benθɔs] s Gr *Lebewesen* pl *am
Meeresgrund*

benumb [bi'nʌm] vt *erstarren* m, *betäuben,
lähmen* **~ing** [~iŋ] a *betäubend, erstarrend*

benzene [ben'zi:n] s ⟨chem⟩ *Benzol* n **benzine**
[ben'zi:n] s ⟨chem⟩ *Benzin* n **benzoin** ['benzouin]
s *Benzoegummi, –harz* n

benzol ['benzəl] s ⟨chem⟩ *Benzol* n **~ine**
['benzoli:n] s ⟨chem⟩ *Art Benzin* n

bequeath [bi'kwi:ð] vt (*Mobilien*) *testamenta-
risch vermachen* (to a p *jdm*); to ~ a th to a p
jdn z Erben über etw einsetzen ‖ ⟨übtr⟩ *hinterlassen* (to) **~er** [~ə] s *Testator, Erblasser* m

bequest [bi'kwest] s (of chattels) *Vermachen*
n; *Vermächtnis, Leg·at* n (to *an, für*)

berate [bi'reit] vt ⟨Am⟩ *ausschelten*

Berber ['bɔ:bə] **1.** s *Berber* m ‖ *Berbersprache*
f **2.** a *Berber-*

berberis ['bɔ:bəris] s ⟨bot⟩ *Berberitze* f

bereave [bi'ri:v] vt [~d/~d & –reft/–reft]
(*jdn*) *berauben* (of a th *e–r S*): a mother ~d of
her child, a ~d mother ‖ *aber*: bereft of hope,
–reft of their lands, are you –reft of your
senses?, the blow –reft him of consciousness ‖
~d [~d] a (*bes: durch den Tod*) *beraubt* ‖ ⟨fig⟩
verwaist, –einsamt **~ment** [~mənt] s *Beraubung* f
‖ ⟨fig⟩ *schmerzlicher Verlust* m (*durch Tod*)

bereft [bi'reft] pp *von* to bereave

beret ['berei, *'berit] s *Baskenmütze* f ‖
(*britische*) *Feld(-Basken)mütze* f

berg [bɔ:g] = iceberg

bergamot ['bɔ:gəmət] s **1.** ⟨bot⟩ *Bergamotten-
baum* m ‖ *Bergamottöl* n **2.** *Bergamottbirne* f

beriberi ['beri'beri] s *B·erib·eri* f (*Reisesser-
(mangel)krankheit*)

Berlin [bɔ:'lin, 'bɔ:lin] s *Berline* f (*viersitziger
Reisewagen*) ‖ ~ black *schwarze Emaille* f ‖ ~
glove ⟨com⟩ *Zwirnhandschuh* m ‖ ~ wool *feine
Strickwolle* f

berm [bɔ:m] s ⟨fort⟩ *Berme* f, *Böschungs-
absatz*; *Erdwall*; *Schützenauftritt* m; *seitliches
Straßengefälle* n

Bermudian [bɔ:'mju:diən] s *Bewohner(in* f) m
der Bermudas-Inseln

berried ['berid] a *beerentragend; Beeren-*

berry ['beri] **1.** s *Beere* f ‖ (*Weizen-* etc) *Korn*
‖ (*Kaffee-*)*Bohne* f ‖ *Hagebutte* f ‖ (*Hummer-*)
Ei ‖ ⟨Am sl⟩ (*Dollar*) „*Ei*" n **2.** vi *Beeren bilden*
‖ *Beeren sammeln*

berserk(er) ['bɔ:sɔ:k(ə)] s *Berserker* m ‖ ⟨fig⟩

Wüterich, Fanatiker m; [a attr] ‖ to run berserk
amok-laufen

berth [bɔ:θ] **1.** s *der für ein vor Anker liegendes
Schiff erforderliche Raum* m ‖ *Anker-, Liege-
platz* m ‖ *Schiffs-, Kajütenbett* n, *Koje* f; (*Schlaf-
wagen-*)*Bett* n; ⟨übtr⟩ *Unterkunft* f ‖ *der f etw
erforderliche Raum* m ‖ ⟨fig⟩ *Stelle, Stellung* f ‖
to give a p *od* a th a wide ~ *jdm, e–r S weit aus
dem Wege gehen* **2.** vt *ankern l, festmachen*
(*jdm*) *e–e Koje anweisen,* (*jdn*) *unterbringen* **~age**
['~idʒ] s ⟨mar⟩ *Ankerplatz* m

bertha ['bɔ:θə] s *ein Spitzenkragen* m *für tief-
ausgeschnittene Kleider* ‖ ⟨sl⟩ Big ⌣ *dicke
Bertha* f (*Riesengeschütz*)

beryl ['beril] s ⟨minr⟩ *Beryll* m **~line** [~ain] a
beryllartig ‖ *grünlich, hellgrün* **~lium** [be'riljəm]
s ⟨met⟩ *Beryllium* n

beseech [bi'si:tʃ] vt [besought/besought]
(*jdn*) *dringend bitten, ersuchen, anflehen* (to do;
for a th *um etw*; that) **~ing** [~iŋ] a (~ly adv)
flehend, flehentlich

beseem [bi'si:m] vt *sich schicken, sich passen* f;
it ill ~s you *es paßt sich schlecht f Sie* (to do)
~ing [~iŋ] a (~ly adv) *geziemend, passend*

beset [bi'set] vt [–set/–set] (*Stadt* etc) *besetzen;
umgeben, einschließen* ‖ ⟨fig⟩ *umgeben,* to be ~
with *umgeben, umlagert s v* ‖ (*jdn*) *bestürmen*
(with *mit*); *bedrängen* **~ting** [~iŋ] a *fortwährend
bedrängend* ‖ *unausrottbar, eingefleischt;* ~ sin
Gewohnheits-, Lieblingssünde f

beshrew [bi'ʃru:] vt † *verwünschen, verfluchen,*
[*nur in*]: ~..! *der Teufel hol..!* ~ me! *hol mich
der T., verflixt!*

beside [bi'said] prep *nahe, dicht bei, neben* ‖
~ o.s. *außer sich, v Sinnen* (with joy, rage *vor
Freude, Wut*) ‖ *weit entfernt v* ‖ ~ the mark
weit vom Ziele; ⟨fig⟩ *belanglos* ‖ ~ the question
nicht z S gehörig, belanglos

besides [bi'saidz] **1.** adv *außerdem, zudem,
noch dazu* ‖ *überdies, ferner* ‖ *sonst* (nobody ~)
2. prep *neben, außer* [dat]: two other boys, ~ me,
were saved *außer mir wurden noch..;* ~ two
sons we have a daughter *außer zwei Söhnen h
wir..* ‖ [neg & interr] *abgesehen von; außer*

besiege [bi'si:dʒ] vt ⟨mil⟩ *belagern* ‖ ⟨fig⟩
(*jdn*) *bedrängen, bestürmen* (with *mit*) **~r** [~ə] s
Belagerer m **–ging** [~iŋ] a *bel·agernd, Belage-
rungs-*

beslaver [bi'slævə] vt *begeifern;* ⟨fig⟩ (*jdm*)
ekelhaft schmeicheln

beslobber [bi'slɔbə] vt *begeifern;* ⟨fig⟩ *abküssen*

besmear [bi'smiə] vt *beschmieren; besudeln*

besmirch [bi'smɔ:tʃ] vt ⟨mst fig⟩ *besudeln*

besom ['bi:zəm] **1.** s *Besen* m **2.** (*aus*)*kehren*

besot [bi'sɔt] vt *betören* ‖ *betäuben; berauschen* **~ted** [~id] a (~ly adv) *betört* ‖ *berauscht*

besought [bi'sɔ:t] pret & pp v to beseech

bespangle [bi'spæŋgl] vt *mit etw Glänzendem
versehen, schmücken*

bespatter [bi'spætə] vt *bespritzen;* ⟨fig⟩ *überhäufen* (with *mit*)

bespeak [bi'spi:k] vt [–spoke/–spoken] *bestellen;* bespoke [a] *bestellt,* bespoke tailor *Maß-
schneider* m; bespoke trade *Maßgeschäft* n ‖
(*Sitze*) *belegen* ‖ ⟨fig⟩ *verraten, ankündigen,
kundgeben* ‖ to ~ a p's pity *jds Mitleid zu erregen suchen*

bespectacled [bi'spektikld] a *bebrillt*

besprinkle [bi'spriŋkl] vt *besprengen, bestreuen*
(with) ⟨a fig⟩

Bessemer ['besimə] s (*nach H.* ~) ⟨tech⟩
converter *Bessemerbirne* f ‖ acid ~ pig *B.-Roh-
eisen* n ‖ acid ~ steel *B.-Eisen* n, *B.-(Fluß-)Stahl*
m

best [best] **1.** a *beste(r, –s), bestmögliche(r, –s)*
‖ *passendste(r, –s)* ‖ *feinste(r, –s), vollkommen-
ste(r, –s); höchste(r, –s); größte(r, –s)* ‖ the ~

part *der größte Teil; die meisten, das meiste* || to put one's ~ foot forward *tüchtig ausschreiten* || his ~ girl ⟨sl⟩ *sein Schatz* m; at the ~ hand *aus erster Hand, preiswert, billigst, preisgünstigst*; ~ man (*der beste Freund*) *Beistand* m, *Brautführer* m, *die rechte Hand* f *des Bräutigams* (*bei der Hochzeit*) || the ~ seller *das* (*am meisten verkaufte*) *populärste Buch*; a ~ seller *ein Bestgeher* m, *Erfolgsbuch* n, *Verkaufsschlager, Reißer* m (*Buch*), → ~seller || ⟨com⟩ *äußerst* (*Preis*) | [in comp] best- (~-hated) **2.** s *das Beste* n | *das Geeignetste* n; *beste Beschaffenheit* f | the ~ [pl] *die Edelsten, Besten* pl, with the ~ *so gut wie nur* ·*einer* | the very ~ *der, die, das Allerbeste* m, f, n || the ~ of it is that *der Hauptwitz, die Hauptsache ist, daß* || ⟨Am⟩ the ~ of *der größte Teil* v || one's ~ *od* one's Sunday ~ *jds Sonntagsanzug* m | at (the) ~ *im besten Falle* || to be at one's ~ *am besten sein, sich am b. zeigen*; he was at his ~ with you *er zeigte sich dir von der besten Seite* || it is all for the ~ *es ist alles zum besten* || to the ~ of my knowledge *nach m–m besten Wissen, soviel ich weiß* || to the ~ of my power *so gut ich kann* | to do one's ~ *sein möglichstes tun* || to get, have the ~ of it *am besten abschneiden, gewinnen* | to **make** the ~ of a th *etw nach Kräften aus–, benutzen*; *tun, was man kann, mit etw*; to make the ~ of a bad job *gute Miene z bösen Spiel m* | to make the ~ of one's way *so schnell wie möglich gehen* **3.** adv *am besten, aufs beste* | I had ~ not go *ich täte am besten, nicht zu gehen* **4.** vt ⟨fam⟩ *übertreffen; übervorteilen*

bestead [bi'sted] † a *situiert* (well–~, ill–~ *gut, schlecht–*)

bestial ['bestjəl] **1.** a (~ly adv) *tierisch, viehisch; gemein* **2.** s ⟨Scot⟩ [koll] *Vieh* n ~ity [‚besti'æliti] s *tierisches Wesen* n; *Bestialität; Unzucht* f *mit Tieren* ~ize ['bestiəlaiz] vt *dem Vieh gleichmachen, vertieren*

bestiary ['bestiəri] s *Bestiar(ium), Tierbuch* n

bestir [bi'stə:] v refl to ~ o.s. *sich regen; sich anstrengen* | vt *anfeuern, anregen*

bestow [bi'stou] vt † *aufspeichern, aufbewahren* || † *verwenden, anwenden* (for *zu, für*) | *geben, schenken, verleihen* (on, upon a p *jdm*) ~al [~əl], ~ment [~mənt] s *Schenkung, Verleihung* (of a th on a p *e–r S an jdn*), *Gabe* f

bestrew [bi'stru:] vt [~ed/~n, ~ed] *bestreuen* (with) || *zerstreut liegen über*

bestride [bi'straid] vt [~rode/~ridden, ~rid] *mit gespreizten Beinen stehen* or *sitzen auf* || (*Pferd*) *besteigen, reiten* || ⟨fig⟩ *übersp·annen; durchschreiten*

bestseller ['bessələ] s → best **1.**

bet [bet] **1.** s *Wette* f; *gewetteter Betrag* m; *Gegenstand* m *der Wette* (this team is a good ~) | even ~ *Wette* f *mit gleichen Chancen* | heavy ~ *hohe W.* | to lay, make a ~ *e–e W. m* | to take a ~ *e–e W. eingehen, annehmen* **2.** vt/i [*allg mst* ~ted/~ted; *Einzelfall mst* ~/~] they ~ted a good deal, the money was all ~ted away; he ~ me £5, I could not .., I have ~ £5 against it || (*etw*) *wetten* (on *auf*, against *gegen*; that..) || I ~ you [dat] two to one *ich wette mit Ihnen zwei gegen eins* | vi *wetten* (against *daß nicht*); *setzen* (on *auf*); you ~! *klar!, und ob!, sicher!, Sie können sicher s*!

beta ['bi:tə] s Gr *Beta* n || ~ plus (*Zensur*) 2+

betake [bi'teik] v refl [~took/~taken] to ~ o.s. to *sich begeben, sich verfügen nach* || ⟨fig⟩ *s–e Zuflucht nehmen zu, sich wenden an*

betatron ['bi:tətrɔn] s ⟨phys⟩ *Elektronen-Beschleuniger* m

betel ['bi:tl] s *Betel* m || ~-nut *Betelnuß, Arekanuß* f || ~-tree ⟨bot⟩ *Betel–, Arekabaum* m

Bethel ['beθəl] s *geweihter Platz* m || *Dissenterkapelle* f; *Seemannskirche* f

bethink [bi'θiŋk] v refl [~thought/~thought]

to ~ o.s. *sich bedenken; sich besinnen, sich erinnern* (of *an*; how, that); *sich vornehmen* (of doing *zu tun*)

betide [bi'taid] vi/t [*nur in 3. sg prs subj*] || *sich ereignen, geschehen* | vt *jdm begegnen, zustoßen*; woe ~ you! *wehe euch*!

betimes [bi'taimz] adv *frühe; beizeiten*

betoken [bi'toukən] vt *bezeichnen, andeuten, anzeigen, verkünden*

betony ['betəni] s ⟨bot⟩ *Bet·onie* f

betray [bi'trei] vt (*jdn*) *verraten* (to *an*) || (*Frau*) *verleiten, verführen* || (*etw*) *enthüllen, verraten* (to a p *jdm*); to ~ o.s. *sich v.* || *zeigen, an den Tag legen* ~al [~əl] s *Verrat, Treubruch* m (of our country *an unserem Lande*); ~ of confidence *Vertrauensbruch* m || ~ of Christ *Verrat* m *des Judas* ~er [~ə] s *Verräter* m; *Verführer* m

betroth [bi'trouð] vt *verloben*, [*mst* pass] to be ~ed to *verlobt s mit* ~al [~əl] s *Verlobung* f ~ed [~d] s: the ~ *die Verlobten* pl, *das verlobte Paar* n || my ~ *mein Verlobter, Bräutigam* m; *m–e Braut* f

better, bettor ['betə] s *der Wettende* m

better ['betə] **1.** a *besser* || *geeigneter, günstiger* || *größer* || *tugendhafter* || *gesünder* | ~ and ~ *immer besser, immer mehr* || 3 months and ~ *3 M. u mehr; 3 M., wenn nicht mehr* || all the ~, so much the ~ *um so besser, desto besser* || the ~ half *die größere Hälfte*; a p's ~ half *jds bessere Hälfte* f (*Ehefrau, –mann*) || for the ~ part of an hour *beinahe e–e ganze Stunde* | to be ~ than one's word *mehr halten, als man versprochen hat*; I am ~ as I am *ich bin so besser dran, ich bleibe lieber, wie ich bin*; he is no ~ than he should be *man kann nichts Besseres von ihm erwarten*; nothing could be ~ *das wäre das beste* (*am besten*) || he is none the ~ for it *er ist darum keineswegs besser daran, es hat ihm nichts genützt* || to get ~ *sich erholen* | I had ~ ⟨Am⟩ I ~) go *ich täte besser zu gehen; ich möchte lieber gehen* || you had ~ not! *das will ich Ihnen nicht geraten h*! **2.** adv *besser; wohler*; ~ off *besser daran, in besseren Umständen* || to know ~ *es besser wissen*; I know ~ *ich lasse mir nichts vormachen* || to think ~ of it *es sich besser* (*genauer*) *überlegen*; *sich e–s Besseren besinnen* **3.** s: the ~ *das Bessere* || for ~ for worse *auf gut Glück, in Freud u Leid, auf Gedeih u Verderb* || a change for the ~ *e–e Wendung zum Besseren* || to get the ~ of a p *die Oberhand gewinnen über jdn, jdn besiegen; überwinden* | he is my ~ *er ist geschickter als ich* || my ~s *höherstehende Leute als ich, m–e Vorgesetzten* pl **4.** vt/i (*ver*)*bessern, vervollkommnen*; to ~ o.s. *sich* (or *s Lage*) *verbessern* | vi *besser w, sich bessern* ~ment [~mənt] s *Besserung, Verbesserung* f || *Verbesserung, Melioration* f (*v Grundstücken*)

betting ['betiŋ] s *Wetten* n || *Wette* f (what's the ~ he is back *was gilt die W., daß*..) || ~-book *Wettbuch* n || ~-man *der* (*gewohnheitsmäßige*) *Wettende* m || ~-ring *geschlossene Wettgesellschaft* f

between [bi'twi:n] **1.** prep (*örtlich u zeitlich*) *zwischen* [dat]: between ~ Dover and Ostend; (*zwischen*) he walked ~ his two friends; a man ~ 20 and 30; ~ 1914 and 1945; ~ meals *zw den Mahlzeiten* || the price fluctuates ~ 3 and 5 ..*schwankt zw*..; to mediate ~ two parties *vermitteln zw* || the relations, alliance, conflict ~ these two nations; the mule is a cross ~ an ass and a horse; the meeting ~ those two statesmen; the similarity, affinity ~ the two persons *od* things | [acc] put your tongue ~ your teeth *schieb d–e Z. zw die Z.* || to fall ~ two stools *sich zw 2 Stühle setzen* ⟨fig⟩ | let nothing come ~ us | unter (*urspr zweien*) [dat]: ~ brothers *unter Brüdern*, that must remain a secret ~ us *das muß unter uns bleiben* || they collected £50

~them .. *unter sich* || he divided his fortune ~ his children .. *unter s–e* [acc] *Kinder*; in ~ **mitten in,** *unter* [dat] | ~ *now and to-morrow von heute auf morgen* || ~ *ourselves od* ~ *you and me* (and the bedpost *od* gate-post) *unter uns* (*beiden*), *unter vier Augen,* ⟨hum⟩ *unter uns „Pfarrerstöchtern"* || they supported him ~ them *sie unterstützen ihn zus.* (*od gemeinschaftlich*) || let nothing come ~ us *möge nichts zw uns k* || ~ the devil and the deep sea *zw Scylla u Charybdis, unrettbar verloren* | ~ 3 and 4 years *etw 3 bis 4 Jahre* | ~-decks *Raum zw den Decks* || ~-lens shutter ⟨phot⟩ *Zentralverschluß* m || ~-maid (*a tweeny*) *Aushilfsmädchen* n || ~-whiles, ⟨Am⟩ ~times [adv] *zuweilen, dann und wann* **2.** adv *dazwischen, dazwischenliegend;* in ~ *mitten darin;* few and far ~ *wenige und in großen Zwischenräumen, selten*

betwixt [bi'twikst] prep & adv † & poet = between || ~ *and between halb und halb, weder eins noch das andere*

beurré ['bjuəri, 'bə:ri] s *Butterbirne* f

bevel ['bevl] **1.** s *schräge, schiefe Richtung* f; *Schräge, Gehrung; Fase* f || ⟨tech⟩ *Winkelpasser* m, *Schrägmaß* n, *Schmiege* f **2.** a *schräg, schief; schiefwinklig* | ~-edge ⟨tech⟩ *schräg geschliffene Kante, Facette* f || ~-gear ⟨tech⟩ *konisches Räderwerk* n; *Kegelrad* n **3.** vt/i [*mst* pp ~led] *abschrägen, schräg schneiden, abkanten, facettieren* || ~led windscreen ⟨*bes* mot⟩ *Panorama–, Vollsichtscheibe* f | vi *e–e schräge Richtung h, schräg s* ~**ling** [~iŋ] s *Abschrägung, schräge Kante* f

beverage ['bevəridʒ] s *Getränk* n, *Trank* m

bevy ['bevi] s *Schar, Gesellschaft* f; a ~ of young girls *ein Schwarm, Flor* m *junger Mädchen* || *Herde* f; *Flug* (*Vögel*) m

bevvy ['bevi] s ⟨sl⟩ „*Schnäpschen*" n, „*munteres Helles*" n (*Bier*)

bewail [bi'weil] vt/i || *beweinen, beklagen, betrauern* | vi (*weh*)*klagen, trauern* (for *um*)

beware [bi'wɛə] vi [*nie flektiert, nur im* inf *u* imp] *sich hüten, sich in acht nehmen, sich vorsehen* (of *vor*; lest, that ..*not*; how)

bewilder [bi'wildə] vt *verwirren, bestürzt m;* *irreführen* ~**ed** [~d] a *verwirrt, verblüfft* ~**ing** [~riŋ] a (~ly adv) *verwirrend, irreführend, verblüffend* ~**ment** [~mənt] s *Verwirrung* f

bewitch [bi'witʃ] vt *behexen* || ⟨fig⟩ *bezaubern* ~**ing** [~iŋ] a (~ly adv) *bezaubernd, reizend* ~**ment** [~mənt] s *Bezauberung* f

bewray [bi'rei] vt *verraten, enthüllen*

bey [bei] s *Bei, türk. Gouverneur* m || *als Titel hinter dem Namen jds, der in höherer sozialer Stellung ist*

beyond [bi'jɔnd] **1.** adv *jenseits, darüber hinaus;* to pass ~ *ins Jenseits gehen* **2.** prep *jenseit(s)* [gen] || *über* [acc] ..*hinaus* (to go ~..); *weiter als; außer dem Bereich;* ~ all bounds *außer Rand u Band* [gen]: that is ~ our reach *später als* | that is ~ me *das geht über m–e Begriffe* || to get ~ a p's control *jdm über den Kopf wachsen;* to go ~ one's depth *den Boden* (im Wasser) *verlieren,* ⟨fig⟩ *den Grund unter den Füßen verlieren* || ~ dispute *außer allem Zweifel* || *über* [acc]: it lasted ~ two hours *es dauerte über 2 St.* | ⟨übtr⟩ *über* (expectation); ~ measure *über die Maßen;* ⟨fig⟩ to shoot ~ the mark *übers Ziel hinausschießen* || ~ possibility *unmöglich* || ~ all praise *über alles Lob erhaben* || ~ all price *unbezahlbar* || ~ recovery; sufficient || ~ one's time *über die Zeit, zu lange* **3.** s the ~ *das Jenseits* (die jenseitige Welt)

bezel ['bezl] s *Kante, Schneide* f; (of a jewel) *Schrägfläche* f || *Kasten* m (*e–s Ringes*)

bezique [bi'zi:k] s *Bes·ik, Mariagespiel* n (*Kartenspiel f 2 od 4*)

bhakti ['vakti] s ⟨Ind⟩ *Verehrung* f

bhang, bang [væŋ] s ⟨Ind⟩ *getrockneter Hanf* m (*als Narkotikum*)

bheesty, bhisti ['vi:sti] s ⟨Ind⟩ *Wasserträger* m

bi– [bai–] pref [*vor* adj & s] *zwei*(*mal*), *doppelt usw;* | ~angular *zweiwinklig;* –eckig || ~ax(i)al *zwei–, doppelachsig* || ~millionaire *zweifacher Millionär* m

bias ['baiəs] **1.** a & adv (of dress) *schräg, schief* **2.** s [pl ~es] *schräger Schnitt* m (*e–s Stoffes*) || (at bowls) *schiefer Lauf* m *e–r Kugel; die beschwerte Seite* f; *schiefe Seite* f; *Überhang* m || ⟨el⟩ *Vorspannung* f || ~ rectifier ⟨wir⟩ *Gittergleichrichter* m | ⟨fig⟩ *Hang* m, *Neigung* f (towards) || *Zuneigung* f || *Vorurteil* n; ⟨jur⟩ *Befangenheit, Parteilichkeit* f (against; in favour of); without ~ *vorurteilsfrei* **3.** vt *Schwergewicht, Richtung nach e–r Seite geben* || ⟨fig⟩ *beeinflussen* (*mst unangenehm*); (jdn) *einnehmen* (to *für*) **bias(s)ed,** ⟨Am⟩ **biased** [~t] a *voreingenommen,* ⟨jur⟩ *befangen* (against)

bi-ax ['baiæks] ⟨tech⟩ [in comp] ~ shaving head *Doppelscherkopf* m

bib [bib] s *Geifer–, Kinderlätzchen* n; *Schürzenlatz* m || ⟨fam⟩ best ~ and tucker *Sonntagsstaat* m

bib [bib] vi/t *gern und oft* (*Alkohol*) *trinken* ~**ber** ['~ə] s *Trinker* m

bib-cock ['bibkɔk] s (*Ggf* stopcock) *Zapfhahn* m

bibelot ['biblo] s Fr *kl Wertgegenstand*

bibi ['bi:bi:] s ⟨A Ind⟩ *Dame* ([*verheiratete*] *Inderin*) f

Bible ['baibl] s *Bibel* f; ~ oath *Eid* m *auf die B.; heiliger Eid;* ~-society *Bibelgesellschaft* f || ⟨fig⟩ „*Bibel*" f, *allein maßgebendes Buch* n

biblical ['biblikəl] a *biblisch; Bibel-*

biblicism ['biblisizm] s *buchstabengetreue Bibelauslegung* f

bibliofilm ['bibliofilm] s *Mikrofilm* m, –kopie f, *Reprofilm* m

bibliographer [,bibli'ɔgrəfə] s *Bibliograph, Bücherkenner* m –**phical** [,biblio'græfikəl] a (~ly adv) *bibliographisch* –**phy** [,bibli'ɔgrəfi] s *Bibliographie, Bücherkunde* f || *gesamte Literatur* f *über e–n Gegenstand* or *Autor*

bibliolater [,bibli'ɔlətə] s *Bibelverehrer* m –**latry** [–tri] s *Bibelverehrung* f || *Buchstabenglaube* m –**mancy** ['biblio,mænsi] s *Bibliomantie* f

bibliomania [,biblio'meinjə] s *Bibliomanie, Büchersucht* f ~**c** [,biblio'meiniæk] s *Bibliom·ane, Büchernarr* m

bibliophil(e) ['bibliofail] s *Bibliophile, Bücherfreund* m

bibulous ['bibjuləs] a (~ly adv) *aufsaugend* || ⟨fig⟩ *trunksüchtig*

bicameral [bai'kæmərəl] a ⟨parl⟩ *Zweikammer–*

bicarbonate [bai'ka:bənit] s ⟨chem⟩ *doppeltkohlensaures Salz* n (~ of soda *Natron* n)

bice [bais] s *blaßblauer Farbstoff* m; green ~ *Lasurgrün* n

bicentenary [,baisen'ti:nəri] **1.** a *zweihundertjährig* **2.** s *200-Jahrfeier* f

bicentennial [,baisen'tenjəl] **1.** a *200 Jahre dauernd* **2.** s *Zeitraum* m *v 200 Jahren;* ⟨Am⟩ *200-Jahrfeier* f

biceps ['baiseps] s *B·izeps, zweiköpfiger Armmuskel* m

bicker ['bikə] **1.** vi *zanken, hadern, streiten* || ⟨fig⟩ *laut plätschern, prasseln;* (*v Feuer*) *flackern* **2.** s *Streit, Zwist* m ~**ing** [~riŋ] s *Streit, Hader, Zwist* m

bicron ['baikrən] s ⟨phys⟩ *1 Milliardstel* n *Meter, 1* μμ ['mymy]

bicycle ['baisikl] **1.** s (⟨fam⟩ bike) *Zweirad, Fahrrad, Rad* n; motor-assisted ~ *Fahrrad mit*

Hilfsmotor | ~ company ⟨mil⟩ *Radfahrkompanie* || ~ messenger *Radmelder* || ~ path, ~track *Radweg* m | ~ rider = bicyclist **2.** vi *radfahren* **–clist** [ˈbaisiklist] s *Radfahrer(in* f) m

bid [bid] **I.** vt/i **1.** vt [bade/~den (*a* ~)] *gebieten, heißen, anordnen*; I bade him enter (⟨liter⟩ to enter) *ich hieß ihn eintreten* || † *einladen* (a ~den guest); *bitten* (to *zu*) || † *ankündigen, anbieten* || (*etw*) *bieten* (for *f*) || to ~ up *durch Bieten hochtreiben* | to ~ defiance *Trotz bieten* || to ~ (a p) farewell, good-day (jdm) *Lebewohl, guten Tag sagen* || to ~ (a p) welcome (*jdn*) *willkommen heißen* **2.** vi † [bid/bid] (*bei Auktionen*) *bieten* || ⟨cards⟩ *reizen* (to ~ against a p *jdn r.*); to ~ for *eifrig bemüht s um*; to ~ for safety *vorsichtig zu Werke gehen* (in *in*) || to ~ fair (to do) *versprechen, zu Hoffnungen berechtigen*; *versprechen* (to be *od* to do) **II.** s *Angebot* n (*bei Auktionen*); to make a (strong) ~ for *sich* (*ohne Rücksicht auf Verluste*) *zu sichern suchen, sich intensiv bemühen um, alle Anstrengungen m* (*etw z erlangen*) || *Bitte, Bewerbung* (for *um*) || *Antrag* (~ for leave, vacancies) || ⟨Am⟩ *Angebot* n *mit Kostenvoranschlag, Lieferungsangebot* n; *Einladung* f || ⟨cards⟩ *Reizen* n **~dable** [ˈ~əbl] a *willig, gehorsam* **~der** [ˈ~ə] s *Bieter* m; the highest ~ *od* best ~ *der Meistbietende* m **~ding** [ˈ~iŋ] s *Einladung* f || *Geheiß, Gebot* n, *Befehl* m; to do a p's ~ *tun, was jd heißt* || (at auction) *Bieten, Gebot* n; ~ price *Zuschlagpreis* m

biddy [ˈbidi] s ⟨dial⟩ *Küken* n, *Henne* f | ⟨Am fam⟩ (*bes irisches*) *Dienstmädchen* n, *Putzfrau* f

bide [baid] vt/i | vt [*nur in*]: to ~ one's time *s–e Zeit abwarten,* ⟨sonst † poet⟩ *f* abide | vi ⟨dial⟩ *bleiben*

biennial [baiˈenjəl] **1.** a (~ly adv) *zweijährig* **2.** s ⟨bot⟩ *zwei Jahre dauernde Pflanze* f

bier [biə] s *Bahre* f || ⟨fig⟩ *Grab* n

biff [bif] ⟨Am sl⟩ **1.** s *Schlag* m **2.** vt *schlagen*

biffin [ˈbifin] s *dunkelroter Kochapfel* m; → beefing

bifilar [baiˈfailə] a *doppel–, zweiadrig* (cable)

bifocal [baiˈfoukəl] a ⟨opt⟩ *bifokal* | **~s** [~z] pl *Zweistarkenbrille* f (*f nah u fern*)

bifurcate [ˈbaifəːkit] a *gabelförmig, zweiästig, zweizackig*

bifurcate [ˈbaifəːkeit] vt/i || *gabelförmig spalten* | vi *sich gabeln*

bifurcation [ˌbaifəːˈkeiʃən] s *Gabelung, Spaltung* f

big [big] a **1.** *groß, stark* || *groß, dick* || *groß, hoch* || *groß, breit* || *groß, erwachsen* **2.** *dick, voll* || *schwanger, trächtig* (~ with child, with young); ~ with ⟨fig⟩ *voll von* (~ with significance) || ~ with misfortune *unheilschwanger* **3.** ⟨fig⟩ *großmütig, vornehm, edel* || *stolz, hochmütig, hochtrabend, aufgeblasen* (~ with pride); to talk ~ *großsprechen, aufschneiden, prahlen* || to get too ~ for one's boots ⟨sl⟩ *eingebildet w* | *tüchtig, groß, wichtig* (a ~ man); the Big 3, 4, 5, etc ⟨sl⟩ *die 3, 4, 5 Führenden* (in *e–m Unternehmen*) || ⟨Am⟩ *nessllch, fein* **4.** [in comp] *Groß-* (~ business *Großindustrie, Finanzwelt* f) || **~-boned** a *starkknochig* || ~ bug, ~ gun ⟨sl fig⟩ *gr Tier* n (*P*) || ~ game *Hochwild* n (*größere Raubtiere usw*) || ~ head ⟨Am sl⟩ °*Großkopfeter* || ~-horn ⟨zoo⟩ *Dickhorn* n (*Schaf*) || ~ idea ⟨Am⟩ *Absicht* f, *Zweck* m: what's the idea? *was soll das?* || ~ money ⟨Am sl⟩ *ein Haufen* m *Geld* || **~-shotism** ⟨sl⟩ *Bonzentum* n || ~ stick ⟨Am sl⟩ *Politik* f *des Säbelrasselns* || ~-time [attr] ⟨Am sl⟩ *berühmt, wichtig, erfolgreich*; *Berufs-,* °*Mords-,* || the ~ toe *die große Zehe* f || **~-trees** [pl] ⟨Am⟩ *Mammutbäume* m pl || ~ wig ⟨fam⟩ *Würdenträger* m, ⟨fig⟩ *großes Tier* m

bigamist [ˈbigəmist] s *in Doppelehe Lebender, Bigamist* m **–mous** [ˈbigəməs] a (~ly adv) *der*

Bigamie schuldig, bigamisch || **–my** [ˈbigəmi] s ⟨jur⟩ *Bigamie, Doppelehe* f

bigaroon [bigəˈruːn] s ⟨bot⟩ *gr helle Herzkirsche* f

bigener [ˈbaidʒinə] s ⟨biol⟩ *Gattungsbastard* m **~ic** [–ˈnerik] a *bigenerisch*

biggie [ˈbigi] s „*Großes Tier*" n (*P*)

bight [bait] s *Einbuchtung* f; *Biegung* f; *die Bucht* f *eines Taues* || (*kl*) *Bucht* f; Heligoland ~, ~ of H. *Helgoländer Bucht*

bigness [ˈbignis] s *Größe* f, *Umfang* m; *Dicke* f

bigot [ˈbigət] s *Eiferer, Frömmler* m || ⟨fig⟩ *blinder Anhänger* m **~ed** [~id] a *bigott*; *blind ergeben* **~ry** [~ri] s *Bigotterie, Blindgläubigkeit* f

bike [baik] s ⟨fam⟩ = bicycle °„*Karre*" f || pop-pop ~ → buzz-~ || ⟨Am sl⟩ *Klopp* f (*Eselsbrücke* f)

Bikini [biˈkiːni] s (*a* ~ suit) *Bikini* n („*gewagter*" *zweiteiliger Damen-Bade-,„Auszug*")

bilabial [baiˈleibiəl] a *zweilippig*; *mit beiden Lippen* (*gesprochen*) **bilateral** [baiˈlætərəl] a ⟨math⟩ *zweiseitig* || ⟨tech⟩ *doppelseitig* (*Antrieb*) || ⟨jur⟩ *beide Parteien betreffend, beiderseits verbindlich* (*Vertrag* m)

bilberry [ˈbilbəri] s ⟨bot⟩ *Heidelbeere, Blaubeere* f

bilbo [ˈbilbou] s † *Schwert* n, *Klinge* f | [pl] ~es [~z] *Fußfesseln* f pl **~ism** [ˈizm] s *Rassenhaß* m

bile [bail] s ⟨anat⟩ *Galle* f || ⟨fig⟩ *Galle, Bitterkeit* f, *Ärger* m | ~-duct ⟨anat⟩ *Gallengang* m || ~-stone ⟨med⟩ *Gallenstein* m

bilge [bildʒ] s ⟨mar⟩ *Bilge* f, *Schiffsbauch* m || *Bauch* m (*e–s Fasses*) | *Unrat, Schmutz* m; ⟨fig fam⟩ *Unsinn, Quatsch* m | ~-keel ⟨mar⟩ *Kimmkiel* m || ~-pump ⟨mar⟩ *Bilge-, Lenz-, Sodpumpe* f || ~-water ⟨mar⟩ *Schmutzwasser* n (*im Kielraum*); ⟨a fig⟩ *Dividendenjauche* f (*schlechtes Bier*) || ~-ways [pl] ⟨mar⟩ *Schlittenbalken* m

bilharzia [bilˈhaːziə] s *Bilharzie* f (*Parasit*)

biliary [ˈbiljəri] a ⟨med⟩ *zur Galle gehörig, Gallen-*

bilingual [baiˈliŋgwəl] a *zweisprachig* **~ism** [–izm] s *Zweisprachigkeit* f **~ly** [~i] adv *in zwei Sprachen*

bilious [ˈbiljəs] a ⟨med⟩ *gallsüchtig, Gallen-,* ~ complaint *–beschwerde, –krankheit* f || ⟨fig⟩ *gallig, reizbar, cholerisch* **~ness** [~nis] s *gallige Beschaffenheit* f; *Erkrankung* f *der Galle* || ⟨fig⟩ *reizbares, mürrisches Wesen* n

bilk [bilk] **1.** vt (*jdn*) *prellen, betrügen* || *durchbrennen mit* (*etw*) **2.** s (*a* **~er** [ˈ~ə]) *Preller* m **~ing** [ˈ~iŋ] s *Prellerei* f

bill [bil] s ⟨† mil⟩ *Hellebarde, Pike* f || (*a* **~hook** [ˈ~huk]) s *Axt, Hippe* f, *Gartenmesser* n, ⟨for⟩ *Heppe* f

bill [bil] **1.** s (of a bird) *Schnabel* m || *Spitze* (*des Ankerflügels*) f || (*in Ortsnamen*) *Spitze* f **2.** vi (of birds) *sich schnäbeln*; ⟨fig⟩ *liebkosen* (to ~ and coo)

bill [bil] As **1.** ⟨parl⟩ *Gesetzesvorlage* f, *Bill* f (the ~ of Rights 1689) || *die Anklage-, Klageschrift* † **2.** *Schriftstück* n, *Schein, Zettel* m (theatre ~ *Theaterzettel, –programm*); *Liste* f; *Verzeichnis, Inventar* n || ⟨com⟩ *Wechsel* m || *Nota, Rechnung* f; ⟨Am⟩ *Banknote* f | *Plakat* n, *Anschlag(zettel)* m **3.** *Verbindungen*: long, short ~ *lang-, kurzfristiger Wechsel* m; accommodation ~ *Gefälligkeitsakzept* n | clean ~ *Finanzwechsel* m | private ~ ⟨parl⟩ *Gesetzantrag* m *in privatem Interesse* || public ~ ⟨parl⟩ *e–e öffentliche Angelegenheiten betreffende Bill* f | ⟨jur⟩ true ~ *Anklageschrift* f *der Großgeschworenen*; ~ in equity *Klageschrift im* "equity"-*Rechtssystem*; ~ of attainder *Verurteilung* f *wegen Landesverrats etc ohne Verhör u Verhandlung* || ~s receivable ⟨com⟩ *Wechselforderungen* f pl || ~s and money ⟨st exch⟩

Brief u Geld pl **|** ~ of carriage *Frachtbrief* m ‖
~ of exchange *Wechsel* m, *Tratte* f ‖ ~ of fare
Speisezettel m, *–karte* f ‖ ~ of health *Gesund-
heitspaß* m, *–attest* n; clean ~ of health *ohne
Befund* ‖ ~ of lading (B/L) (*See-*) *Frachtbrief*
m, *Konnossement* n ‖ ~s of mortality ⟨hist⟩
wöchentliche Sterbeliste f (*in London*) ‖ ⟨Am⟩ ~
of Rights *Freiheitsurkunde* f ‖ ~ of sale *Übertragungsurkunde* f, *Kaufbrief, Kaufkontrakt* m,
Pfandverschreibung f ‖ ~ of sight *Zollerlaubnis-
schein* m **|** to accept a ~ ⟨com⟩ *e–n Wechsel
akzeptieren* ‖ to bring in a ~ ⟨parl⟩ *e–e Gesetz-
vorlage einbringen* ‖ ⟨parl⟩ the ~ was carried
der Antrag ging durch ‖ ⟨Am⟩ the ~ was
tabled.. *wurde vertagt* ‖ to draw a ~ on ⟨com⟩
e–n Wechsel ziehen, trassieren auf ‖ to find (to
ignore) a true ~ against ⟨jur⟩ *die Anklage gegen
(jdn) für begründet (unbegründet) erklären; die
Anklage annehmen (verwerfen)* ‖ → foot [v] ‖ to
give a ~ *e–n Wechsel ausstellen* ‖ to pass
(throw out) a ~ *e–n Gesetzentwurf annehmen
(ablehnen), ein Gesetz verabschieden (= annehmen)* ‖ to post ~s *Zettel ankleben* ‖ to sell
a p a ~ of goods °*e–n „über die Löffel balbieren"*
‖ stick no ~s! *Plakat-, Zettelankleben verboten!* ‖ to take up a ~ ⟨com⟩ *e–n Wechsel
honorieren* **4.** [attr] ~-board ⟨Am⟩ *Gerüst* n
zum Plakatankleben, Anzeigentafel f, *Anschlag-
brett* n ‖ ~-book ⟨com⟩ *Wechselbuch* n, ⟨Am⟩
Geldtasche f ‖ ~-broker ⟨com⟩ *Wechselmakler* m ‖ ~-fold ⟨Am⟩ *Brief-, Geld(schein)-
tasche* f ‖ ~-holder *Wechselinhaber* m ‖ ~-
jobber *Wechselreiter* m ‖ ~-poster, ~-sticker
Zettelankleber, -anschläger m ‖ ~-posting,
~-sticking *Zettel-, Plakatankleben* n ‖ ~-
stamp *Wechselstempel* m **II.** vt (*durch Plakat*)
bekannt machen, anzeigen ⟨theat⟩ (of actors)
~ed to appear *auftretend* ‖ ⟨Am⟩ to ~ a p *jdm
die Rechnung schicken* (I shall pay when you
~ me) **~ing** ['~iŋ] ~ office ⟨Am⟩ *Versandstation* f ‖ star ~ ⟨theat, film Am⟩ *Starreklame*
f ‖ to get top ~ *an erster Stelle rangieren*

billabong ['biləbəŋ] s ⟨Austr⟩ *toter Flußarm* m
billet ['bilit] **1.** s ⟨mil⟩ *Quartierzettel* m ‖
Quartier n (in ~s *in –en*) ‖ ⟨fig⟩ *Stellung* f (a
good ~) **2.** vt ⟨mil⟩ (*jdn*) *einquartieren* (on,
upon a p *bei jdm*) ~**ee(s)** [bili'ti:(z)] s (pl) *Einquartierung* f **~ing** [~iŋ] s ⟨mil⟩ *Einquartierung*
‖ *Quartier* ‖ ~ equipment *Unterkunftgerät* n ‖
~ group, ~ party *Quartiermacherkommando*
n ‖ ~ office *–amt* ‖ ~ order, ~ paper, ~ slip, ~
ticket *–schein* ‖ ~ standards pl *Belegnormen* f pl
billet ['bilit] s *Holzklotz*, ⟨for⟩ *Abschnitt* m;
Scheit n ‖ split ~ *Kloben* m, *Scheit* n ‖ *Barren
(Eisen* etc) m, *Knüppel* m
billet-doux ['bili'du:] s Fr (pl billets-doux
[~z]) *Liebesbrief* m, ⟨a fig⟩
billett ['bilit] s ⟨hunt⟩ (*Fuchs-* etc) *Losung* f
billiard ['biljəd] **1.** ~s [~z] s pl [sg konstr;
~s is..] *Billard, franz. or Karambolagebillard,
Billardspiel* n **2.** [attr] ~-ball *Billardkugel* f,
–ball m; ~-cloth *–tuch* n; ~-cue *–queue* n;
~-marker *–markör* m; ~-room *–zimmer* n;
~-table *Billard* n
Billingsgate ['biliŋzgit] s ⟨fig⟩ *gemeine
Sprache, Schimpferei* f
billion ['biljən] s ⟨engl⟩ *Billion* f (*Million
Millionen*) ‖ ⟨Am⟩ *Milliarde* f (*1000 Millionen*)
(3 ~ dollars)
billion ['bilən] s *Silberlegierung* f (**Gold–)
billiting ['bilitiŋ] s ⟨hunt⟩ (*Fuchs-* etc) *Losung* f
billow ['bilou] **1.** s *Woge, Welle* f, ⟨a fig⟩ **2.** vi
wogen; sich türmen ~**y** [~i] a *wogend; schwellend*
billy ['bili] s ⟨tech⟩ *Bezeichnung* f *versch
Maschinen u Geräte: Vorspinnmaschine* f ‖
⟨Am⟩ *Konstablerstab, Gummiknüppel* m,
Keule f ‖ ⟨Aust⟩ *Blechkocher* m, *blechernes
Kochgeschirr* n

billycock ['bilikək] s ⟨fam⟩ *Praliné* n, *Koks*
m, *Melone* f (*steifer Hut*)
billy-goat ['biligout] s ⟨fam⟩ *männliche Ziege*
f, *Ziegenbock* m, → nanny-goat
billy-(h)o ['bili(h)ou] s ⟨fam⟩ like ~ *wie der
Teufel*
biltong ['biltəŋ] s ⟨SAfr⟩ *Streifen* m v *ge-
trocknetem Fleisch*
bimester ['baimestə] s (*Zeitraum* v) *2 Mona-
te(n)* [attr] *zweimonatig*
bi-metal ['bai'metəl] s *Zwiemetall* n, *Verbund-
guß* m ‖ ~ plate *plattiertes Blech* n
bimetallism [bai'metəlizm] s *Bimetallismus* m
(*gedachtes internation. Währungssystem auf
Grundlage der Doppelwährung* f) *–ist* [bai'metəl-
ist] s *Anhänger* m *dieses Systems*
bi-monthly ['bai'mʌnθli] a *zweimonatlich*
bimotored ['bai'moutəd] a ⟨aero⟩ *zweimotorig*
bimph [bimf] s → bumph
bin [bin] **1.** s *Behälter, Kasten* m, *Lade* f ‖
dust-~ *Kehrrichtkasten* m **|** ~ storage *lose
Lagerung* f *in Kästen, Regalen* etc **2.** vt (*Wein*) *in
e–n Schrank legen, lagern*
binary ['bainəri] a *binär, aus 2 Einheiten bestehend* ‖ ~ compound ⟨chem⟩ *binäre Verbindung* f ‖ ~ measure *der gerade Takt* m ‖ ~ stars
[pl] ⟨astr⟩ *Doppelsterne* m pl (*um ein Zentrum*)
‖ *Zweierschritt-* (digit) (*an Büromaschinen*), → bit
binaural [bain'ɔ:rəl] a *plastisch hörbar* **~ity**
[bainɔ:'ræliti] s *Raumton* m
bind [baind] **1.** vt/i [bound/bound] **A.** vt
binden, festmachen, befestigen (to *an*); to be
bound hand and foot ⟨fig⟩ *völlk. gebunden s* ‖
(*Rad*) *beschlagen* ‖ *um–, verbinden, einfassen,
umsäumen* (with) ‖ *zus–binden;* (*Buch*) (*ein-*)*bin-
den,* (*Garben*) *binden* ‖ ⟨med⟩ *verstopfen* **|** ⟨fig⟩
verpflichten (to *z*); to ~ a p *an apprentice jdn in
die Lehre geben* ‖ *zwingen,* to be bound *gebunden
s* (to *an*), *verpflichtet s* (to *do*); I'll be bound *ich
bürge dafür, ich bin sicher; sicherlich;* → bound
a **|** ~ over ⟨jur⟩ (*jdn*) *unter Bürgschaft ver-
pflichten* (to *do*); to be bound over for 2 years
e–e Bewährungsfrist v 2 Jahren erhalten (in the
sum of *unter Kaution v*) ‖ to ~ up in *e–m Band
zus–binden;* (*Wunde*) *verbinden;* to be bound up
with ⟨fig⟩ *verbunden s mit* **B.** vi *dicht, hart w* ‖
binden ‖ ⟨med⟩ *stopfen* ‖ ⟨mil sl⟩ *langweilen,*
°*anöden* **2.** s *Band, Bindemittel* n; ⟨Can⟩ *Ballast*
m ⟨fig⟩ ‖ ⟨bot⟩ (*Hopfen-*)*Ranke* f ‖ ⟨mus⟩ *Bindung* f, *Bindungszeichen* n ‖ *verhärteter Ton* m ‖
(*bes* mil sl) (P & S) *Langweiler, Nichtsnutz* m
~er ['~ə] s *Binder(in* f) m ‖ (a book-~) *Buchbinder* m ‖ ⟨agr⟩ *Garbenbinder* m ‖ ⟨arch⟩
Bindebalken, Binder m ‖ *Bild* n; *Band* n ‖ (*Zi-
garren-*)*Umblatt* n ‖ ⟨jur⟩ *Vorvertrag* m ‖ ~
plug *Klemmbolzen* m ‖ ~ twine ⟨tech⟩ *Ernte-
Bindegarn* m ‖ [pl] ~s ⟨aero sl⟩ *Bremsen* f pl
~ery ['~əri] s ⟨Am⟩ *Buchbinderei* f **~ing** ['~iŋ]
1. s *Verband* m, *Binde* f ‖ *Einband* m ‖ *Einfassung* f, *Besatz* m ‖ ⟨ski⟩ *Bindung* f ‖ ⟨phys⟩
Bindungs- (energy) ‖ ⟨tech⟩ *Binde-* (wire) **2.** a
(~ly adv) ⟨fig⟩ *bindend, verbindlich* (on a p *für
jdn*) ‖ ~ post ⟨el⟩ (*Anschluß-, Pol-*)*Klemme* f
~ingness ['~iŋnis] s *bindende Kraft* f
bindle ['bindl] s ⟨Am sl⟩ *Bündel* n (*e–s hobo*)
‖ *Päckchen* n (*Rauschgift*) ‖ ~ stiff ⟨Am sl⟩
Tippelbruder m (*Landstreicher*)
bindweed ['baindwi:d] s ⟨bot⟩ *Winde* f
bine [bain] s ⟨bot⟩ *Ranke* f; *Hopfenstamm* m
binge [bindʒ] s ⟨sl⟩ *vergnügter Abend* m, *Bierreise* f
bingle [biŋgl] s *Damenhaarschnitt* m (*zw* bob
u shingle)
bingo ['biŋgou] s (*Art*) *Lotto(spiel)* n
binnacle ['binəkl] s ⟨mar⟩ *Kompaßhäuschen* n
binocular [bi'nɔkjulə] **1.** a *für beide Augen
dienend; Doppel-* **2.** s [*mst* pl ~s] *Feldstecher* m,
Doppelfernrohr n; *Opernglas* n

binode ['bainoud] s ⟨el⟩ *Verbundröhre* f
binomial [bai'noumiəl] **1.** a ⟨math⟩ *zwei-gliedrig, binomisch* ‖ *zweinamig* **2.** s *Bin·om* n
-inal [bai'nominəl] a *zweinamig*
binovular [bai'novjulə] a *zwei(-)eiig* (twins)
binuclear [bai'nju:kliə], **-cleate** [-kliit] a ⟨phys⟩ *mit 2 Kernen, zweikernig*
bio– [in comp] *Lebens–* **~assay** ['baioə'sei] s (*Drogen-)Erprobung* f *an lebenden Tieren* **~catalyst** ['baio'kætilist] s *biochemischer Katalyst* m (*Vitamin, Hormon*) **~chemist** ['baio'kemist] s *Biochemiker* m **~dynamic(al)** ['baiodai-'næmik(əl)] *biodynamisch* **~dynamics** [–miks] s [sg konstr] *Biodynamik* f, *Lehre* f *v den Lebenskräften* (Ggs *biostatics*) **~genesis** [–'dʒenisis] s, **~geny** [bai'odʒəni] s *Biogenese, Entwicklungsgeschichte* f ‖ *biogenetisches Grundgesetz* n, *Rekapitulationstheorie* f **~graph** ['baiogra:f], **~scope** ['baiəskoup] s *Art Kinematograph* m **~grapher** [bai'ogrəfə] s *Biograph* m **~graphic(al)** [ˌbaio'græfik(əl)] a (–cally adv) *biographisch* **~graphy** [bai'ogrəfi] s *Biographie, Lebensbeschreibung* f **~logic(al)** [ˌbaio'lodʒik(əl)] a (–cally adv) *biologisch* ‖ **~al** *warfare* (BW) *Bazillenkrieg* m **~logical** [–dʒikəl] s *biologisches Präparat* n **~logist** [bai'olədʒist] s *Biolog* m **~logy** [bai'olədʒi] s *Biologie* f **~lysis** [bai-'oləsis] s *Zersetzung* f (*e–s Lebewesens*) *durch Bakterien* etc **~metries** [baio'metriks] s pl, **~metry** [bai'omitri] s *Biometrie* f **~nomics** [baio-'nomiks] s pl *Bionomie* f **~phobia** [ˌbaio'foubiə] s *Lebensangst* f **~plasm** ['baioplæzm] s *die lebende Keimzelle* f **~sophy** [bai'osofi] s *System* n *geistiger Selbsterziehung* **~sphere** ['baiosfiə] s *Biosphäre* f, *Erdballzone* f, *die Lebewesen beherbergt* **~statics** [–'stætiks] s [sg konstr] *Stoffwechsellehre* f (*Ggs biodynamics*) **~ta** [bai'outə] s *Fauna u Flora* f (*e–s Gebiets*) **~tin** ['baiətin] s *Vitamin H* (*in Leber, Hefe*) **~type** ['baiətaip] s *Biotypus, Erbstamm* m
biovular [bai'ouvjulə] a *zwei-eiig* (twins)
bipartisan [bai'pɑ:tizən] a ⟨Am⟩ *Zweiparteien– (z. B. System)*
bipartite [bai'pɑ:tait] a ⟨bot⟩ *zweiseitig, –teilig* ‖ *für 2 Parteien ausgestellt, in doppelter Ausfertigung* (*Urkunde*)
biped ['baiped] **1.** a *zweifüßig* **2.** s *Zweifüßler* m, *zweifüßiges Tier* n
biplane ['baiplein] s ⟨aero⟩ *Doppel–, Zweidecker* m (*Flugzeug*)
bipod ['baipəd] s (*MG-)Gabelstütze* f, *Zweibein* n
birch [bə:tʃ] **1.** s ⟨bot⟩ *Birke* f ‖ *Birkenholz* n; [a attr] *Birken–* ‖ **~** *weeping*, *dropping* **~** *Hängebirke* f ‖ (a **~-rod**) *Birkenreis* n, *–rute* f **2.** vt *mit der Rute züchtigen* **~en** ['~ən] a *birken*; *Birken–* **~ing** ['~iŋ] s *Durchprügeln* n
bird [bə:d] s **1.** *Vogel* m (*a game–*~) *Feldhuhn, bes Rebhuhn* n ‖ *Federball* m, *Tontaube* f, ⟨Am sl⟩ *ferngelenkte Rakete* or *Waffe* f ‖ ⟨sl⟩ *Mädchen* n; *Bursche* m, *Person* f (*a quer* ~) ‖ *Newgate–*~ *Galgenvogel* m ‖ *an* old ~ *ein Schlauer, Vorsichtiger* m **2.** ~ *of Jove Adler* m, ~ *of Juno Pfau* m ‖ ~ *of night Eule* f ‖ ~ *of Paradise Paradiesvogel* m ‖ ~ *of passage* ⟨orn⟩ *Durchzügler*, ⟨fig⟩ *seltener Gast* m ⟨fig⟩, → *migrant* ‖ ~ *of prey Raubvogel* m ‖ ~s *of a feather* ⟨fig⟩ *gleiche Brüder* m; ~s *of a feather flock together gleich u gleich gesellt sich gern; gleiche Brüder, gleiche Kappen* ‖ *to get the* ~ ⟨sl⟩ *ausgepfiffen w* ‖ *to give a p the* ~ ⟨sl⟩ *jdn ausgpfeifen, –zischen* ‖ *to kill two* ~s *with one stone zwei Fliegen mit e–r Klappe schlagen* ‖ *a* ~ *in the hand is worth two in the bush ein Sperling in der Hand ist besser als zehn (e–e Taube) auf dem Dache* ‖ *fine feathers make fine* ~s *Kleider m Leute* ‖ *a little* ~ *told me mein kl Finger hat mir davon erzählt* ‖ *that's a* ~! ⟨Am fam⟩ *das*

ist die Masche! **3.** [attr] **~-cage** *Vogelbauer* m & n ‖ **~-call** *Lockpfeife* f, *Vogelruf* m ‖ **~-catcher** *Vogelfänger*, *–steller* m ‖ **~-dog** ⟨hunt⟩ *Hühnerhund* m; ⟨aero sl⟩ *Funkkompaß* m ‖ **~-fancier** *Vogelliebhaber* m; *Vogelhändler* m ‖ **~-lime** *Vogelleim* m ‖ **~-net** *Vogelnetz* n; *Schutznetz* n (for fruit) ‖ **~** *sanctuary Vogelschutzgebiet, Vogelparadies* n ‖ **~-seed** *Vogelfutter* n, ⟨fig mil fam⟩ *Zuckertüte* f *f den Schatz* ‖ **~'s-eye** ⟨bot⟩ *Adonisröschen* n; *feingeschnittener Tabak* m; **~'s-eye** *view Ansicht* or *Aufnahme aus der Vogelperspektive, Vogelschau* f; ⟨fig⟩ *allg. Überblick* m, *Inhaltsangabe* f ‖ **~'s-nest** **1.** s *Vogelnest* n; ⟨mar⟩ *Mastkorb, Ausguck* m **2.** vt *nach Vogelnestern suchen, Vogelnester ausnehmen* **~er** ['~ə] s *Vogelbeobachter* m
birdie ['bə:di] s *Vögelchen* n ‖ ⟨fig⟩ *Täubchen* n ‖ ⟨golf⟩ *ein Schlag weniger als* bogey
biretta [bi'retə] s *Bar·ett*; ⟨R. C.⟩ *Bir·ett* n
birl [bə:l] vi/t (*sich*) *schnell drehen, schwirren(d drehen)* **~ing** ['~iŋ] s *Stammdrehen* n (*Wettkampf*)
Biro(ette) ['bairou, ˌbairou'et] s *Art* f *Kugelschreiber* m (*Fabrikmarke*)
birth [bə:θ] s *Geburt* f (at a ~ *bei e–r G.*; ~s ⟨stat⟩ *Geburten*); *certificate of* ~ *–sschein* m; *the hour of a p's* ~ *jds Geburtsstunde* ‖ **~** *of the Virgin* ⟨arts⟩ *Mariä Geburt*, → *nativity* ‖ *das Geborene* n, ~s [pl] ⟨demog⟩ *Geborene* pl; *monstrous* ~ *Mißgeburt* f ‖ *Abstammung, Herkunft* f; *hohe Abkunft* f ‖ ⟨fig⟩ *Ursprung* m, *Entstehung, Abkunft* f ‖ ⟨fig⟩ *new* ~, *Wieder–, Neugeburt* f ‖ *three at a* (one) ~ *drei auf einmal geboren* ‖ *by* ~ *v Geburt* ‖ *from one's* ~ *v jds Geburt an* ‖ *to bring to* ~ ⟨fig⟩ *hervorbringen* ‖ *to give* ~ *to zur Welt bringen, gebären*; ⟨fig⟩ *hervorbringen; Veranlassung geben zu* ‖ [attr] **~-control** *künstliche Geburtenbeschränkung* f, [attr] *empfängnisverhütend* (methods) **~-mark** *Muttermal* n ‖ **~-place** *Geburtsort* m ‖ **~-plate** *Geburtsschüssel* f ‖ **~-rate** *Geburtenziffer* f; *falling* **~-rate** *–rückgang* m; *decline of* **~-rate** ⟨geopol⟩ *Volksschwund* m ‖ *total* ~ *rate* ⟨demog⟩ *allgemeine Geburtenziffer* f ‖ **~-right** *Geburtsrecht* n; *angestammtes Recht* n ‖ **~** *spacing* ⟨bes demog⟩ *Geburtenplanung* f ‖ **~** *weight* (*a* demog) ~ (*Mindest-)Gewicht* n *bei der Geburt* ‖ **~-wort** ⟨bot⟩ *Osterl·uzei* f; *Common* **~** *Echte O.*, *Round-leaved* **~** *Knollige O.*
birthday ['bə:θdei] s *Geburtstag* m; [attr] *Geburtstags–*; **~-book** *–sverzeichnis*, *–smerkbuch* n; **~-celebrant** *Geburtstagskind* n; **~-honours** [pl] ⟨engl⟩ *Ehrenverleihungen* [f pl] *an Königs Geburtstag*; **~-present**, *–sgeschenk* n; *in one's* **~-suit** ⟨hum⟩ *im Adamskostüm* n
bis [bis] adv L ⟨mus⟩ *zweimal, noch einmal*
biscuit ['biskit] s *Biskuit* m & n, *Zwieback* m, *Keks* m & n; *ship('s)–*~ *Schiffszwieback* m ‖ *Biskuitporzellan, –steingut* n ‖ ⟨Am⟩ *Stuten(brot* n) m, *weiches Brötchen* n ‖ ⟨sl⟩ *kl Matratze* f
bisect [bai'sekt] vt/i ‖ *in zwei gleiche Teile zerschneiden* ⟨math⟩ *halbieren* ‖ vi *sich teilen, sich gabeln* **~ion** [bai'sekʃən] s *Halbierung* f **~or** [bai'sektə], **~rix** [–triks] ⟨math⟩ *Mittellinie, Halbierungslinie* f
bisexual ['bai'seksjuəl] a ⟨bot, zoo⟩ *zweigeschlechtig, zwitterig*
bishop ['biʃəp] s ⟨ec⟩ *Bischof* m (*Anschrift*: The Right Rev. the Lord Bishop of; *Anrede*: My Lord); ~'s *throne B.-stuhl* m ‖ ⟨chess⟩ *Läufer* m ‖ *kaltes Getränk* n (*aus Rotwein, Zucker u Pomeranzen*) **~ric** [~rik] s *Bistum* n ‖ *Bischofsamt* n
bismuth ['bizmə θ] s ⟨chem⟩ *Wismut* m & n
bison ['baisn] s [pl ~] ⟨zoo⟩ *Bison, amerikanischer Auerochs* m ‖ European ~ *Wisent* m
bisque [bisk] s ⟨sport⟩ *Vorgeben* n, *–gabe* f
bisque [bisk] s *unglasiertes weißes Porzellan* n

bisque [bisk] s *Kraftsuppe* f
bissextile [bi'sekstail] **1.** a *Schalt-* **2.** s *Schalt-jahr* n
bistort ['bistɔ:t] s ⟨bot⟩ *Wiesenknöterich* m, *Natterwurz* f
bistoury ['bisturi] s ⟨med⟩ *Bistouri* n (*Klapp-messer*)
bistre ['bistə] **1.** s *Bister* m & n ‖ *Nußbraun* n ‖ ~ *wash Rußschwarz* n **2.** a *dunkelbraun*
bit [bit] **1.** s *etw z Beißen* or *Essen* (a ~ and a sup) ‖ *der schneidende Teil e–s Gegenstandes, die Schneide* f; ⟨tech⟩ *Bohreisen* n, *–spitze* f; *Hobel-eisen* n ‖ *Bart* m (*e–s Schlüssels*) **|** *Gebiß* n (*am Pferdezaum*); to draw ~ *die Zügel anziehen*; to take the ~ in (*od between*) *one's teeth* (*v Pferden*) *auf die Kandare beißen, durchgehen, widerspenstig w* ⟨a fig⟩ **2.** vt (*Pferd*) *aufzäumen* ‖ *zähmen, zügeln*
bit [bit] s *Bissen* m (a ~ of bread *ein B. Brot*), *Stück, Stückchen, Bißchen* n; ⟨fig vulg⟩ *leckerer Bissen* m (*hübsches Mädchen*) ‖ *kurze Zeit* f (wait a ~) ‖ ⟨Am⟩ 12½ *cents*: a short (long) ~ = 10 (15) *cents* **|** a ~ *ein wenig, etwas* ‖ a ~ of a hero *ein wenig v der Art e–s Helden, so etwas wie ein Held*; a good ~ of meat *ein tüchtiges Stück Fleisch* ‖ not a ~ (of it)! *k–e Spur (davon)*! *ganz u gar nicht*! *nicht im geringsten*! ‖ ~s of children *arme kl Kinder* ‖ ~ by ~ *nach u nach, stückweise* ‖ every ~ *in jeder Beziehung, ganz und gar, gänzlich* ‖ to do one's ~ *sein Scherflein geben* (for) ‖ to give a p a ~ of one's mind *jdm gehörig die Meinung sagen* ‖ it's not a ~ of good my trying *vollkommen zwecklos, daß..* ‖ a ~ of all right *großartig, famos* ‖ ⟨fam⟩ that was a ~ of all right! °*das war „vielleicht" in Ordnung*! ‖ it takes a ~ of doing ⟨fam⟩ *das will getan s, ist kein Kinderspiel* ‖ of jam „*Kinder-spiel*" n ‖ ⟨Am⟩ it's a ~ hard on a guy *das ist ein starkes Stück, zuviel des Guten* ‖ a ~ hot *od* thick *reichlich unverschämt* ‖ a ~ steep *ein bißchen viel verlangt*; *allerhand* ‖ I'm getting a ~ sick of it *es hängt mir nachgerade z Halse heraus* ‖ ⟨Am⟩ I don't mind you a ~ myself *du bist mir auch nicht gerade unsympathisch* ‖ (P) ⟨fam⟩ a ~ on *leicht angetütert (beschwipst)*; (P) a ~ off *nicht ganz bei Trost* ‖ ~s and pieces °*Krimskrams* m; (to tell a story) in ~s and pieces *stückweise, bruchstückweise*
bit [bit] pret [* pp] *v* to bite
bit [bit] s [pl ~s] (*Abk. f* binary digit) (*Büro-maschinen–*) *Bit* n, *Binärziffer* f, → binary
bitch [bitʃ] **1.** s *Hündin* f ‖ (*mst* ~*-fox,* ~*-wolf*) *Fuchs–, Wolfsweibchen* n; *weibl. Otter* m ‖ ⟨vulg⟩ *Metze, Hure, Dirne* f ‖ ⟨aero⟩ „*Katze*", „*Zicke*" f (*Frau*) **2.** vi/t *huren* ‖ *keifen, meckern* ‖ too much ~(ing) about bull(-shit) *Mensch meckere nicht*! ‖ [vt] to ~ up ⟨sl⟩ *vermasseln, –sauen*
bite [bait] **I.** vt/i [bit/bitten, *bit] **A.** vt **1.** (*etw*) *beißen*; to ~ a p in the leg, to ~ a p's leg *jdn ins Bein beißen* ‖ *beißen an*, to ~ one's pencil *an Bleistift kauen* ‖ (of insects) *beißen, stechen* **|** (of cold) (*Knospen*) *verletzen, zerstören* ‖ (of the sword) *durchdringen*; (*Metall*) *ätzen*; *beizen*; *zerfressen* ‖ (*jdn*) *betrügen,* [*nur* pass] to be bitten *betrogen, geschädigt w* ‖ ⟨fam fig⟩ [*oft* pass] (*jdn*) *anstecken*; to be bitten by, with *angesteckt, erfüllt w v* **2.** to ~ the dust *od* ground *ins Gras beißen (sterben)* ‖ to ~ one's lips *sich (vor Ärger) auf die Lippen beißen* ‖ to ~ one's nails *an den Nägeln kauen* **3.** [*mit* adv] to ~ in *ätzen* ‖ to ~ off *abbeißen*; to ~ off more than one can chew ⟨fig⟩ *mehr auf sich nehmen als mah leisten kann, sich selbst überfordern* ‖ ⟨fam⟩ to ~ one off *e–n heben (trinken)* ‖ to ~ out (*Stück*) *herausbeißen* **B.** vi *beißen* ‖ (of spices) *stechen, brennen, beißen* ‖ (of fish) *anbeißen* ⟨a fig⟩ *ätzen*; ⟨fig⟩ *beißend wirken, verletzen* ‖ (of

wheels) *eingreifen*; (of the anchor) *fassen, halten* **|** to ~ at *anbeißen, schnappen nach* ‖ to ~ into *tief einschneiden, –dringen in* ‖ to ~ upon the mind *sich einprägen* **II.** s *Beißen* n ‖ *Biß(wunde* f) m ‖ (of insects) *Stich* m; ⟨fig⟩ *Stich* m, *Schärfe* f; with a ~ *bes scharf* ‖ *Beizen, Ätzen* n ‖ (of fish) *Anbeißen* n; ⟨fig⟩ *Fassen* **|** *Bissen* m, *Bißchen* n, *Happen* m, give me a ~ *laß mich mal abbeißen*; he makes two ~s at a cherry ⟨fig⟩ *er packt nicht zu, er kann den Stier nicht bei den Hörnern fassen (ist zaghaft, unschlüssig)*; without ~ and sup *ohne Essen u Trinken, hungrig u durstig* **biter** ['~ə] s *Beißer* m ‖ the ~ bit [pp] *der betrogene Betrüger, wer anderen e–e Grube gräbt, fällt selbst hinein* **biting** ['baitiŋ] a (~ly adv) *schnei-dend* ‖ *scharf* (wind) ‖ *beißend, sarkastisch*
bitt [bit] **1.** s [*mst* pl ~s] ⟨mar⟩ *Beting* m **2.** vt (*Taue*) *um die Betingshölzer winden*
bitten ['bitn] pp *v* to bite ‖ a *durchdrungen, verwundet* ‖ ⟨fig⟩ ~ with *angesteckt von*
bitter ['bitə] **1.** a (~ly adv) *bitter*; ~ beer *gewöhnliches Bier* n *v Faß* ‖ *scharf, herb*; *heftig, schmerzend* ‖ ⟨fig⟩ *bitter* (cold); ~ enemy *Tod-feind* m ‖ *schmerzvoll* (cry) ‖ *beißend, boshaft, sarkastisch*; *traurig, verdrießlich* **|** to the ~ end *bis zum bitteren Ende, zum äußersten, zum Tod* **|** ~-almond ⟨bot⟩ *bittere Mandel* f ‖ *bittersweet* ['bitə,swi:t] **1.** a *bittersüß* **2.** s *das Bittersüße* n; *Angenehmes u Unangenehmes* n ‖ (*Art*) *Apfel* m ‖ ⟨bot⟩ *Bittersüß* n (*Nachtschattengewächs*); ~-wort ⟨bot⟩ *gelber Enzian* m **2.** adv † ⟨poet dial⟩ (= ~ly) ⟨fig⟩ *bitter, verbittert*; *heftig, furchtbar* (~ cold) **3.** s *das Bittere* n, *Bitterkeit* f ‖ ⟨engl⟩ *helles Bier* n (*vom Faß*) (a pint of ~) ‖ ⟨fig⟩ *rauhe, unangenehme Seite* f; to take the ~ with the sweet *Angenehmes u Unangenehmes gleich hinnehmen* ‖ → ~s pl
bitter ['bitə] vt *bitter m, verbittern*
bitterling ['bitəliŋ] s (*a* ~ test) ⟨med⟩ *Schwan-gerschaftstest* m
bittern ['bitə:n] s ⟨chem⟩ *Mutterlauge* f
bittern ['bitə:n] s ⟨orn⟩ *Rohrdommel* f ‖ little ~ *Zwerg–*; → to boom
bitterness ['bitənis] s *Bitterkeit* f **bitters** ['bitəz] s pl *Magenbitter* m, *bittere Tropfen* m pl
bitts [bits] s pl → bitt
bitty ['biti] **1.** s „*Dietrich*", *Nachschlüssel* m **2.** a ⟨Am fam⟩ *winzig*
bitulithic [bitju'liθik] a *Asphaltsplitt–* (pave-ment)
bitumen [bi'tju:min] s L ⟨chem⟩ *Erdpech* n, *Bergteer* m, *Asphalt* m ‖ ⟨arts⟩ *Bitumenfarbe* f **|** [attr] *asphaltiert* (*Bleikabel*)
bituminize [bi'tju:minaiz] vt *teeren* ‖ ~d board *Teer–, Bitumenpappe* f ‖ ~d chippings *Asphaltsplitt* m **–nous** [–minəs] a *bituminös, erd-pechhaltig, Asphalt–*; ~ coal *Pechkohle* f
bivalent ['bai'veilənt] a ⟨chem⟩ *zweiwertig* ‖ *doppelchromos·omig*
bivalve ['baivælv] **1.** a *zweiklappig, –schalig* **2.** s ⟨zoo⟩ *zweischalige Muschel* f
bivouac ['bivuæk] Fr **1.** vi [–ck–] ⟨mil⟩ *biwa-kieren* **2.** ⟨mil⟩ *Biwak* n
biweekly [bai'wi:kli] **1.** a, adv *zweiwöchig, –wöchentlich*; *halbmonatlich, Halbmonats–* ‖ *zweimal in der Woche (erscheinend)* **2.** s *Halb-monatsschrift* f
biz [biz] s ⟨fam⟩ = business
bizant [bi'zænt] s *B·esam, Kugelfries* m
bizarre [bi'za:] Fr **1.** a *bizarr, wunderlich, phantastisch*; *grotesk* ‖ ⟨hort⟩ *breitstreifig* **2.** s *Blume* f (*mit Farbenstreifen*)
bizonal [bai'zounəl] a *bizonal–***zone** ['baizoun] s *Anglo-amerikanische Besatzungszone* f **–zonia** [bai'zouniə] s ⟨fam⟩ *Bizon·esien* n
blaa [bla:] **1.** s ⟨Am sl⟩ *Stuß* m (*leeres Ge-schwätz* n) ‖ °*Angabe* f **2.** a *dumm, angeberisch*; his mind went ~ *er starrte Löcher in die Luft*

blab [blæb] **1.** vt/i || (a to ~ out) *ausplaudern, verraten* | vi *Geheimnis ausplaudern* **2.** s ⟨fam⟩ *Schwätzer(in), Angeber(in)* m (f), *Klatsche* f | **~ber** ['blæbə] s *Klatsche* f, *Schwätzer(in)*

black [blæk] **I.** a **1.** *schwarz* || (of hand, etc) *schmutzig, unsauber* || ⟨Am⟩ *die Neger betr, Neger-* || ⟨übtr⟩ *schwarz* (a coffee), *dunkel, schwärzlich, düster* | ⟨fig⟩ *finster, abscheulich, böse* (heart) *ärgerlich, drohend* (look) || *miß-mutig, niedergeschlagen* || *verzweifelt, elend* || *trocken* (frost) || *ungesetzlich, „schwarz", Schwarz–* || ⟨mil⟩ *inoffiziell* (Ggs white) **2. Wendungen:** ~ and blue *grün und blau* (schla-gen) || ~ and tan **1.** a *schwarz mit hellbraunen Flecken; ~-and-tan* (terrier) *engl. Pinscher* m **2.** ᴬ-and-Tans pl *brit Truppen in Irland* (1921) || ~ and white *schwarz und weiß gestreift; schwarz-bunt* (cattle) | to be in a p's ~ books *bei jdm schlecht angeschrieben s* || to become ~ in the face *blau w* (bei Erstickung); *hochrot w* (vor Wut) || to get a ~ mark *in üblen Ruf geraten* || to go ~ °*Mattscheibe bek* (ohnmächtig w) || to look ~ *finster, unwillig blicken* || less ~ than he is painted *nicht so schwarz, wie er gemalt wird; besser als sein Ruf* **3.** [in comp] ~-and-white *schwarzbunt* (Vieh) || ~ art *schwarze Kunst, Magie* f || ~-a-vised ['blækəvaizd] *v dunkler Gesichtsfarbe* || ~-beetle (Küchen-)*Schabe* f || ~-body radiation ⟨at phys⟩ *Hohlraumstrahlung* f || ~-browed *mit schwarzen Augenbrauen;* ⟨fig⟩ *finster, drohend* || ~-cap *schwarze Kappe* f (e-s Richters) → blackcap || ~-coat ⟨fam⟩ *Schwarz-rock, Geistlicher* m; *Kopfarbeiter* m || the ᴬ Country *Industriegebiet* n (Staffordshire) || ~-currant *schwarze Johannisbeere* f || ᴬ Death *schwarzer Tod* m (Pest) || ~-dog ⟨fig⟩ *üble Laune* f || ~-draught ⟨med⟩ *Abführmittel* n || ~ eye ⟨fam⟩ *blau geschlagenes Auge* n || ~-faced *schwarzbraun, dunkel;* ⟨fig⟩ *schwermütig, düster* || ~ fellow *Eingeborener* m *v Australien* || ~-fly ⟨bes Can⟩ *Kriebelmücke, Gnitze* f || the ᴬ Forest *der Schwarzwald* m || ᴬ Friar *Domini-kaner(mönch)* m || → frost, → I. 1. || ~ game *schwarzes Birkhuhn* n, *–hühner* pl || ~-hearted *bösartig* || ~ hole ⟨mil⟩ (schwarzes) *Loch* n, *Ge-fangenschaft* f || ~-lead **1.** *Reißblei* n, *Graphit* m **2.** (etw) *mit G. schwärzen* || ~-leg *Schwindler* m; *Streikbrecher* m || ~-letter *gotische Schrift, Fraktur* f; [attr] *Fraktur-* || ~-l. day *Unglücks-tag* m; ~-l. edition *Inkun*̇*abel* f, *Wiegendruck* m || ~-list **1.** *schwarze Liste* f **2.** (jdn) *auf die schw. L. setzen* || ᴬ Maria ['blækmə'raiə] „*Grüne Minna*" f (Gefangenenwagen m) || ~ market *Schwarzmarkt* m, on the ~ m. *schwarz* (ge-kauft); to ~-m. [vi] *Schwarzhandel treiben* || ᴬ Monday ⟨fig⟩ *Unglückstag* m; *erster Schultag* m || ~ mouth *Schandschnauze* f || ~-out *voll-kommene Verdunklung* f || ᴬ Prince *Fürst* m *der Finsternis* (Teufel); *ältester Sohn Eduards III.* || ~ pudding *Blutwurst* f || the ᴬ Rod *höchster Dienstbeamter* m *des engl Oberhauses* || ~ sand ⟨found⟩ *Hau*̇*fensand* m || the ᴬ Sea *das Schwarze Meer* n || ~ sheep ⟨fig⟩ *räudiges Schaf* n, *Tunichtgut* m || ᴬ Shirt, ᴬ-shirt ⟨engl⟩ *Schwarz-hemd* n, *Faschist* m || ~ tie ⟨tail⟩ *Smoking* m (Ggs white tie *Frack*) || the ᴬ-Watch *Name* f *schottisches Regiment* **II.** s *das Schwarze* n || *Schwärze* f; *schwarze Wichse* f || *der Schwarze, Neger* m || *Trauer(kleidung)* f (in ~ in T., *schwarzgekleidet*) || *Ruß, Rußfleck* m, *Rußflocke* f; *Schmutz* m || ~ and white *Tintenzeichnung* f; to have in ~ and white (etw) *schwarz auf weiß, schriftlich h* || ⟨com⟩ (Ggs the red) *schwarze* (Haben-)*Zahlen* f pl; to get into the ~ *aus den Schulden herauskommen* **III.** vt/i *schwärzen* || (Schuhe) *wichsen* | to ~ out ⟨aero⟩ *verdunkeln;* ⟨fig⟩ (Nachricht) *unterdrücken,* ⟨wir⟩ *stören* | vi

das Bewußtsein verlieren, °*Mattscheibe bek* | → ~out

blackamoor ['blækəmuə] s *Mohr, Neger* m

blackball ['blækbɔ:l] **1.** s *schwarze Kugel* f (bei Wahlen) **2.** vt to ~ a p *jdn herausballotieren, gegen jds Aufnahme stimmen* || ⟨fig⟩ *ausschlie-ßen, verwerfen*

blackberry ['blækbəri] s *Brombeere* f; ~-bush *–rbusch* m ~ing [~iŋ] s *Brombeerenpflücken* n

blackbird ['blækbə:d] s *Amsel* f || *Negersklave* m ~ing [~iŋ] s ⟨Am⟩ *Sklavenhandel* m, *–jagd* f

blackboard ['blækbɔ:d] s *Wandtafel* f (on the ~ an der W.) || ⟨school⟩ white ~ *Lehr-, Schul-film* m

blackbottom ['blækbɔtəm] s ⟨Am⟩ *ein Neger-tanz* m

blackcap ['blækkæp] s ⟨orn⟩ *Mönchsgras-mücke* f, *Schwarzplättchen* n, *Nonne* f

blackcock ['blækkɔk] s *schwarzer Birkhahn* m, → grey-hen

blacken ['blækən] vt/i *schwärzen, schwarz m* || ⟨fig⟩ *anschwärzen, verleumden* | *schwarz w.*

blacketeer [blækə'tiə] s *Schwarz-, Schleich-händler, Schieber* m

blackface ['blækfeis] s *Neger(schauspieler)* m || ⟨typ⟩ *halbfetter Druck*

blackguard ['blægɑ:d] **1.** s *Lump, Schuft* m **2.** vt (jdn) *als Lump bezeichnen,* (be)*schimpfen* ~ism [~izm] s *Schurkerei, gemeine Denkart* f ~ly [~li] a *gemein, niedrig, roh*

blackhead ['blækhed] s *Pustel* f; *Mitesser* m

blacking ['blækiŋ] s *Schwärzen* n || *Wichsen* n || *Schwärze* f; *Glanzwichse* f; ~ brush *Wichs-bürste* f

blackish ['blækiʃ] a *schwärzlich*

blackjack ['blækdʒæk] s ⟨Am⟩ *Totschläger* m (Waffe) || *Piratenflagge* f || *Karamel* m || ⟨cards⟩ *Siebzehn-und-vier* n

blacklist ['blæklist] vt ⟨pol⟩ *auf die schwarze Liste setzen*

blackmail ['blækmeil] **1.** s *Erpressung, Nöti-gung* f || *erpreßtes Geld* n **2.** vt *Geld erpressen* v (to ~ a p) | ~er [~ə] s *Erpresser, Nötiger* m

blackness ['blæknis] s *Schwärze* f || ⟨fig⟩ *Schlechtigkeit* f

blackout ['blækaut] s *Finsternis* f || ⟨mil⟩ *Ver-dunkelung* f || *Strom-, Nachrichtensperre* f || *zeitweises Aussetzen* n *des Gedächtnisses;* °*„Mattscheibe"* f (*vorübergehende Bewußtlosig-keit*); *gänzliche Unwissenheit* f || news ~ *Nach-richtensperre* f || intellectual ~ *geistige Blockade* f | ~ headlight ⟨mot⟩ *Tarnscheinwerfer* m || ~ lamp, ~ light *Verdunkelungslampe* f, *Tarnlicht* n || ~ speed limit *Höchstgeschwindigkeit* f *bei Verdunkelung* || ~ time ⟨mil⟩ *Verdunkelungs-zeit* f

blacksmith ['blæksmiθ] s *Grob-, Hufschmied* m

blackthorn ['blækθɔ:n] s ⟨bot⟩ *Schwarz-, Schlehdorn* m

blackwater fever ['blækwɔ:tə'fi:və] s ⟨med⟩ *Schwarzwasserfieber* n

blackwood ['blækwud] s *Schwarzholz* n (Nutz-holz)

blacky ['blæki] s ⟨fam⟩ *Schwarze(r* m) f, *Neger(in* f) m

bladder ['blædə] s ⟨anat⟩ *Blase* f (the ~) || (Ball-)*Blase* f || ⟨fig⟩ *leerer Schwätzer, aufgebla-sener Mensch* m | ~-fern ⟨bot⟩ *Blasenfarn* m || ~-wort ⟨bot⟩ *Wasserschlauch, Wasserfenchel* m | ~y [~ri] a *blasenartig, blasig* || *aufgeblasen* ⟨a fig⟩

blade [bleid] s *schmales* (Korn-, Gras-)*Blatt* n, *Halm* m; in the ~ *auf dem H.* || (of an oar) *Blatt* n || (of a sword, knife) *Klinge* f || *Zungen-blatt* n || ⟨fig⟩ *Degen* m, *Klinge* f || ⟨aero⟩ (Pro-peller-)*Flügel* m || (lustiger) *Bursche, Geselle* m || ~ angle ⟨aero⟩ (Luftschrauben-)*Steigungs-winkel* m || ~-bone (of meat) *Schulterblatt* n ||

~ dispenser (Rasier-)*Klingenausstoßer* m | ~d
[ˈ~id] a *mit Blättern versehen* || ⟨minr⟩ *blätter-
artig geschichtet* || ~d wheel *beschaufeltes
(Turbinen-)Rad* n || [in comp] -*klingig* (a three-
~d knife)
   blade [bleid] vt/i (*Schmutz, Kies* etc) *weg-
räumen* | vi *mit Planierraupe* (etc) *räumen*
   blaeberry [ˈbleibəri] s = bilberry
   blah [blɑː] → blaa
   blain [blein] s *kl Beule* f, *Geschwür* n
   blamable [ˈbleiməbl] a (~bly adv) *tadelnswert*
   blame [bleim] **1.** vt *tadeln* (for *wegen*) || (*jdm*)
die Schuld geben (for *an*) || to be to ~ for a th
die Schuld tragen, schuld s an etw; he has only
himself to ~ *er hat nur sich selbst die Schuld
zuzuschreiben* || ⟨fam⟩ to ~ a th upon a p *jdn
für etw verantwortlich m* || ~ me if ⟨sl⟩ *zum
Henker, wenn ..* || ~ it °*verflixt!* **2.** s *Tadel* m |
Schuld f | *Verantwortung* f || to bear, take the ~
die Schuld auf sich nehmen || to lay, put, throw
the ~ on a p *jdm die Schuld beimessen*; to set
the ~ down to a p *jdm die Schuld geben* || small
~ to him if *ihn trifft wenig Schuld, wenn* ~**ful**
[ˈ~ful] a (~ly adv) *tadelnswert, schuldvoll*
~**fulness** [ˈ~fulnis] s *Schuldbeladenheit* f ~**less**
[ˈ~lis] a (~ly adv) *unsträflich, untadelig,
schuldlos* ~**lessness** [ˈ~lisnis] s *Tadellosigkeit,
Unschuld* f ~**worthiness** [ˈ~ˌwəːðinis] s *Tadelns-
würdigkeit* f ~**worthy** [ˈ~ˌwəːði] a *tadelnswert*
   blanch [blɑːntʃ] vt/i || *weiß m, weißen, bleichen;
blanchieren* || (*Mandeln*) *schälen, enthülsen* ||
⟨hort⟩ *bleichen* || ⟨fig⟩ *bleich m* || to ~ over *be-
schönigen* | vi (*er*)*bleichen, weiß w* || ~**er** [ˈ~ə] s
Bleicher m || *Schmalledergerber* m
   blancmange [bləˈmɒnʒ] s *das* Blanc-manger n,
Mandelsüßspeise f; *Flammeri* m
   bland [blænd] a (~ly adv) *gütig, höflich;
(ein)schmeichelnd* || *sanft, mild* (climate) ~**ish**
[ˈ~iʃ] vt *liebkosen,* (*jdm*) *schmeicheln* ~**ishment**
[ˈ~iʃmənt] s *Schmeichelei* f; ~s [pl] *schmeich-
lerische Worte* n pl *od Künste* f pl ~**ness** [ˈ~nis]
s *Sanftmut, Milde* f
   blank [blæŋk] **I.** a (~ly adv) **1.** † *blank, weiß*
|| *unbeschrieben; unausgefüllt,* Blanko- (~
cheque) | *bleich, blaß* || *öde, leer* (~ space) ||
ereignis-, inhaltleer **2.** ⟨fig⟩ *leer; ausdruckslos |
rein, vollständig* || (*P*) *verblüfft, verwirrt* | *ohne
Reim,* ~ *verse* [*ohne art*] *der Blankvers* m **3.** in
~ *in blanko;* drawn in ~ *unausgefüllt* || to leave
~ *leer, unbeschrieben l* || to look ~ *ein ver-
blüfftes Gesicht m* | ~ cartridge ⟨mil⟩ *Platz-
patrone; Salut-, Manöverkartusche* f || ~ cheque
unausgefüllter Wechsel m; *unbeschränkte Voll-
macht* f || ~ door ⟨arch⟩ *blinde Tür* f **II.** vt (*mst*)
to ~ out *auslöschen* (entry); *ver-, zudecken* ||
stanzen || ⟨sport fam⟩ (*Gegner*) *punktlos schla-
gen* **III.** s **1.** *unbeschriebenes Papier* n; *Formular*
n || → **2.** (in a lottery) *Niete* f, to draw a ~
e-e N. ziehen, ⟨a fig⟩ || (of a target) *weißer
Punkt* m, *Mitte* f || ⟨tech⟩ *Rohling, Zuschnitt*
m || **2.** *inhaltloses Ding* n; *ereignisloser Zeit-
raum* m || *leere Stelle* f, *freier Raum* m *in Urkunde
zum Ausfüllen* || (*unausgefülltes*) *Formular,
Formblatt, Blankett* n, || ⟨for⟩ *Blöße* f ||
Gedankenstrich an Stelle e–s Wortes (*daher* ~ &
die adj ~ed, ~y, ~ety *Ersatz* f *verpönte Wörter*
(s & a), *oft* = *verflucht*) ~**ety** [ˈ~əti] a → blank
s ~**ing** [ˈ~iŋ] s ⟨tech⟩ *Ausstanz-, Schneidarbeit*
f ~**ly** [ˈ~li] adv ⟨fig⟩ *leer, ausdruckslos* || ⟨fig⟩
rein, glatt ~**ness** [ˈ~nis] s *weißer Schein* m ||
Öde, Leere f || ⟨fig⟩ *Verwirrung, Verblüfftheit* f
~**y** [ˈ~i] a → blank III. 2.
   blanket [ˈblæŋkit] **1.** s *die wollene Decke,
Bett-, Pferdedecke* f; to toss in a ~ (a to ~;
→ u.) *prellen* (*auf der Bettdecke in die Höhe
schnellen*) || *born on the wrong side of the* ~
⟨fam⟩ *unehelich geboren* || *wet* ~ ⟨fig⟩ *kalte
Dusche* f, *Dämpfer* m; *Spielverderber, Mies-*

macher m | [attr] ⟨com Am⟩ *sich über alles er-
streckend, alles einschließend; generell* (insurance policy); *umfassend* (approval); *Blanko-*
(order); *Einheits-* (price); ~ mortgage *Gesamt-
hypothek* f | ⟨mil⟩ *künstlicher Nebel* m || ~
door *Gasschutzvorhang* m || ~ drill ⟨bes aero
sl⟩ *Blindflug zw 2 Wolldecken* (*Schlaf*) **2.** vt *mit
e-r Bettdecke zudecken* || ⟨mil⟩ (*durch Nebel-
wand*) *abschirmen* || ⟨wir⟩ *stören* || ⟨fig⟩ *ver-
decken; unterdrücken* || ⟨mar⟩ (*e–m Schiff,* ⟨fig⟩
e-r S) *den Wind aus den Segeln nehmen* || → ~ s
|| (*Bestimmungen*) *gleichmäßig anwenden auf,
unter eine Kategorie bringen; gemeinsam gelten,
für* (*Tarif*) ~**ing** [~iŋ] s *Prellen* n *auf e-r Bett-
decke* | *Wollzeug* n *zu Bettdecken*
   blanquette [blɑˈket] s Fr *Frikass'ee* n
   blare [blɛə] **1.** vi/t || (a to ~ forth, out)
schmettern | vt (*Trompete*) *schmettern* **2.** s
Schmettern n; *Geschmetter* n
   blarney [ˈblɑːni] **1.** s ⟨fam⟩ *grobe Schmeichelei* f; *Flunkerei* f **2.** vt ⟨fam⟩ *schmeicheln; durch
Schmeichelei täuschen*
   blasé [ˈblɑːzei] a Fr *blasiert*
   blaspheme [blæsˈfiːm] vi/t || *lästern; fluchen*
(against) | vt (*jdn*) *lästern, schmähen* | ~**r** [-ə] s
(*Gottes-*) *Lästerer*(*in* f) m ~**mous** [ˈblæsfiməs] a
(~ly adv) *lästernd; lästerlich* ~**my** [ˈblæsfimi] s
Blasphemie, (*Gottes-*) *Lästerung* f
   blast [blɑːst] **1.** s *Windstoß, Sturm* m || (of a
trumpet) *Blasen, Schmettern* n, *Schall, lauter
Ton* m; *Trompetenstoß* m; *Druckwelle* f, *Luft-
druck* m (*bei Explosion*); *Sprengschuß* m; to give
a loud ~ (of a ship) *laut tuten* || *künstl. Luft-
stoß* m; ⟨met⟩ *Gebläse* m || (of powder) *Explo-
sion* f; *Sprengladung* f | *schlechte Luft* f; *Pestluft*
f; ⟨bot⟩ *Brand, Meltau* m || ⟨fig⟩ *verderblicher
Einfluß* m | in (full) ~ *im Gange, im Betrieb;* mit
Volldampf; ⟨fig⟩ *in Tätigkeit; tüchtig an der
Arbeit;* out of ~ *außer Betrieb* | [attr] ~ area
Mündungsfeuerbereich m || ~ bomb *Luftmine* f
|| ~ concussion ⟨artill⟩ *Luftstoß* m || ~ damage
⟨at⟩ *Druckschaden* m || ~ effect *Luftdruck-
wirkung* f || ~ flame *Stichflamme* f || ~-furnace
Gebläse-, Hochofen m (~-f. charge *od* mouth
Gicht f) || ~-hole ⟨tech⟩ *Bohr-, Schußloch* n ||
~-pipe ⟨tech⟩ *Dampfrohr* n; *Düse* f || ~ pres-
sure *Detonationsdruck* m || ~ wave *Hochdruck-
welle* ⟨a at⟩ **2.** vt *sprengen* || *welk m; versengen,
-brennen* || to ~ the horn ⟨mot⟩ *hupen* || ⟨fig⟩
vernichten, -derben || *verfluchen, -dammen* [*oft
pp* ~ed] | ~**er** [ˈ~ə] s *Sprenger* m ~**ing** [ˈ~iŋ]
s *Sprengung* f | *Vernichtung* f | [attr] *Spreng-*
~ cap *Sprengkapsel* f; ~ grit *Gebläsekies* m;
~-needle ⟨tech⟩ *Bohreisen* n, *Bohrnadel* f || ~-
powder *Sprengpulver* n
   blastema [blæˈstiːmə] s (pl ~ta [~tə]) *Bla-
st·em* n, *Keimmaterial* n, *-stoff* m
   blasto- [ˈblæsto-] [in comp] *Keim-,* ~**derm**
[~dəːm] s *Keimhaut* f ~**mere** [~miə] s *Fur-
chungszelle* f ~**spore** [~spɔː] s *Urmund* m,
Dotterloch n
   blatancy [ˈbleitənsi] s *lautes Geschrei, an-
maßendes Benehmen* n
   blatant [ˈbleitənt] a (~ly adv) *plärrend,
blökend* || ⟨fig⟩ *widerlich laut, lärmend* || *offen-
kundig; dreist, eklatant* (*Lüge*)
   blather [ˈblæðə] ⟨bes Am⟩ → blether
   blaze [bleiz] **1.** s *Flamme, Glut* f || (of light)
Schimmer, Glanz m; *heller Schein* m; *helle Masse*
f; ~ of colour *Farbenmeer* n || ⟨fig⟩ *Auflodern,
Entbrennen* n, *Ausbruch* m (~ of passion) | in a
~ *in Flammen* | ~s [pl] ⟨sl⟩ *Hölle* f; to ~ *with
zum Teufel mit;* to go to ~s *zum T. gehen;* go
to ~s *scher dich z T.;* what the ~s? *was zum
T..?;* like ~s *rasend, kolossal* || ⟨fam⟩ drunk as
~s °*sternhagelvoll,* °*voll wie e-e Strandhaubitze*
2. vi *flammen, lodern* || *leuchten, schimmern,
(er)glänzen* | to ~ away *drauflos schießen* (at

auf); ⟨fig⟩ *loslegen, herangehen* (at *an*) ‖ to ~
forth, out *aufflammen, losfahren* (at *auf*) ‖ to ~
up *aufleuchten*; *in Wut ausbrechen*
  blaze [bleiz] **1.** s *Blesse* f (*weißer Stirnfleck* ‖
(on a tree) *Schalm* m, *Wegmarkierung* f **2.** vt
(*Baum*) *markieren, anschalmen, plätzen*; (*Straße*)
kennzeichnen, schmücken; to ~ the trail *e–n
Weg bahnen*, ⟨fig⟩ *Pionierarbeit leisten*
  blaze [bleiz] vt *verkünden, ausposaunen* ‖ ~
abroad *verbreiten*
  blazer [′bleizə] s *leichtes, buntes Flanelljackett*
n, *Sportjackett* n ‖ ⟨sl⟩ *Aufschneiderei* f
  blazing [′bleiziŋ] a *flammend* ‖ ⟨fig⟩ *schreiend, auffallend*; *sehr stark* (~ scent) ‖ ⟨vulg⟩
höllisch, verteufelt
  blazon [′bleizn] **1.** s *Wappenschild* m ‖ *Panier*
n ‖ *Wappenkunde* f ‖ ⟨fig⟩ *laute Verkündigung,
Beschreibung* f (*bes v Vorzügen*) **2.** vt ⟨her⟩
(*Schild*) *ausmalen, heraldisch erklären* ‖ *heraldisch verzieren, schmücken* ‖ ⟨übtr⟩ *beschreiben*
‖ ⟨fig⟩ *verkünden* (to ~ abroad *weit v.*); *rühmen,
verherrlichen*; to ~ out *ausposaunen* (to the
world *in die Welt*) ~**ment** [~mənt] s *Ausschmük-
kung* f ‖ *Verkündigung* f ~**ry** [~ri] s *Beschreibung* f *v Wappen*; *heraldische Kunst* f ‖ *Wappen-
zeichen* n ‖ ⟨fig⟩ *Ausschmückung, pomphafte
Darstellung* f
  bleach [bli:tʃ] **1.** s ⟨tech⟩ *Bleichmittel* n ‖
[attr] ~ liquor *Bleichlauge* f ‖ ~**es** [pl] ⟨Am
sport fam⟩ *ungedeckte Sitze* pl **2.** vt *bleichen, weiß
m* ‖ vi *bleich, weiß w* ~**er** [′~ə] s *Bleicher(in* f) m
‖ *Bleichmittel* n ‖ ⟨Am sport fam⟩ (*a* ~ seat)
billiger Sitzplatz m, *Platz „an der Sonne“*
~**erite** [′~ərait] s ⟨Am sport fam⟩ *Zuschauer* m
auf e–m bleacher-*Platz, „Röstplätzler“* m ~**ing**
[′~iŋ] s *Bleichen* n ‖ ~-engine ⟨tech⟩ *Bleich-
holländer* m ‖ ~-powder *Chlorkalk* m, *Bleich-
pulver* n
  bleak [bli:k] s ⟨ich⟩ *Weißfisch* m
  bleak [bli:k] a (~ly adv) *kahl, öde* ‖ *ungeschützt, zugig* ‖ *rauh, kalt, frostig* ‖ ⟨fig⟩ *trübe,
traurig, freudlos* ~**ness** [′~nis] s *Kälte, Rauheit* f
‖ (of a site) *Ungeschütztheit* f, *zugige Lage* f
  blear [bliə] **1.** a *trübe*; ⟨fig⟩ *unnebelt* ‖ ~-
eyed *triefäugig* **2.** vt *trüben*; *undeutlich m* ‖ ~**y**
[′~ri] a = blear a
  bleat [bli:t] **1.** vi *blöken* ‖ *schwatzen* **2.** s
Blöken n
  bleb [bleb] s *kl Blase, Pustel* f
  bleed [bli:d] **1.** vi/t [bled/bled] ‖ *bluten*; *ver-
bluten*; to ~ at *od* from the nose *Nasenbluten h* ‖
my heart ~s for you *mir blutet das Herz um dich*
‖ ⟨fig⟩ *bluten, Haare l*, to ~ for a th *etw teuer
bezahlen*; *leiden, sterben für* ‖ vt *bluten l*; *zur
Ader l*, (*Blut, Saft, Dampf* etc) *abzapfen*; bled
steam *Abdampf* m ‖ ⟨tech⟩ (*Öldruckbremse*)
entlüften; to ~ a tire *die Luft aus e–m Reifen l* ‖
⟨fig⟩ *bluten l, rupfen, schröpfen*; to ~ a p *white
jdn vollk entkräften*; ⟨typ⟩ (*bei Bildern*) *den Satz-
spiegel bis z Schnitt ausnützen* **2.** s ⟨typ⟩ *randlose
Bildseite, Illustration* f ‖ ~**er** [′~ə] s *Bluter* m ‖
~ current *Anzapfstrom* m ‖ ~ turbine *Ent-
nahmeturbine* f ‖ ~ valve *Entlüftungs–*; *Entnahme–, Anzapfventil* n ~**ing** [′~iŋ] **1.** s *Blutung*
f, *Aderlaß* m ‖ ~ from, of, at the nose *Nasenbluten* n ‖ ⟨for⟩ *Harzen* n ‖ ~ the brakes ⟨mot⟩
Bremsentlüftung f **2.** a ⟨vulg⟩ *verflucht!*
  blemish [′blemiʃ] **1.** vt *entstellen, verunstalten,
schänden*; *brandmarken* ‖ ⟨jur⟩ *verleumden* **2.** s
Fehler m, *Gebrechen* n ‖ *Makel, Schandfleck* m
  blench [blentʃ] vi *stutzen, zurückfahren*, –*weichen, –beben*
  blend [blend] **1.** vt/i [~ed/~ed; *blent/blent]
⟨el⟩ *einblenden* ‖ *mengen, mischen*; (*Wein, Malz*
etc) *verschneiden*; (*Farben*) *mischen*; *verschwem-
men, vertreiben*; ~ed *weich* (*Farben*) ‖ to ~ in
[adv] ⟨rec⟩ *überblenden* ‖ vi *sich vermischen*
(with) ‖ *sich harmonisch verbinden* (with); *inein-*

ander übergehen **2.** s *Mischung* f (*verschied.
Sorten v Tee* etc); (of wine) *Verschnitt* m ~**er**
[′~ə] s (*Ver-*)*Mischer* m
  blende [blend] s ⟨chem⟩ *die Blende* f
  blennorrhœa [ˌblenə′ri:ə] s ⟨med⟩ *Schleim-
fluß* m
  blesbok [′blesbɔk] s ⟨SAfr⟩ *Antilope* f
  bless [bles] vt *segnen, weihen*; *den Segen geben*
‖ (*jdn*) *preisen, verherrlichen*; (*jdm*) *Glück wünschen, dankbar sein* ‖ (*etw*) *segnen, preisen* ‖
glücklich m, beglücken (with) ‖ to ~ o.s. *sich
glücklich preisen*; to have not a penny to ~ o.s.
with *nicht e–n roten Heller besitzen* ‖ (*in Ausrufen*) *verdammen, verfluchen* ‖ ~ me! ~ my
heart! ~ my soul! *du m–e Güte! Himmel!* ‖ to ~
one's stars *v Glück sagen, sich glücklich preisen*;
~ you! *hol dich der Kuckuck!* (~ the girl [boy]!);
I'm blessed (if..)! *der Teufel hol' mich (wenn)* ‖
~**ed** [′~id] a (~ly adv), **blest** [blest] pp & a
⟨*bes poet*⟩ *gesegnet, selig*: those who win heaven,
blest are they; the Isles of the Blest; *segen-
bringend* ‖ *glücklich* ‖ to be ~ with *beglückt,
ausgerüstet s mit* ‖ ⟨vulg⟩ *verflucht, verdammt*:
I'm blest if I know! well, I'm blest! ‖ the blessed
die Seligen pl ~**edness** [′~idnis] s *Seligkeit* f ‖
single ~ *lediger Stand* m, *Unvermählt-
heit* f; in single ~ *glücklich unverheiratet* ~**ing**
[′~iŋ] s *Segen* m (to give the ~ *den S. erteilen,
segnen*) ‖ *Tischgebet* n (to ask a ~ *das T. sprechen*) ‖ ~ of the Earth ⟨R.C.⟩ *Bittgänge* m pl ‖
Gnade f ‖ ⟨fig⟩ *Segen* m, *Segnung, Wohltat* f (to
für) ‖ a ~ on the town *gesegnet sei die Stadt* ‖
that is a ~! *das ist ein Glück!* ‖ a ~ in disguise
Glück im Unglück
  blether [′bleðə], **blather** [′blæðə] **1.** vi *Unsinn
schwatzen* **2.** s *dummes Geschwätz* n ~**skate**
[~skeit], ~**skite** [~skait] s ⟨dial Am⟩ *Schwätzer* m (*der es liebt Sottisen z sagen*)
  blew [blu:] pret *v* to blow
  blight [blait] **1.** s *Brand, Meltau* m ‖ ⟨for⟩
Schütte(krankheit) f ‖ ⟨agr⟩ late ~ of the potato
Kartoffelkraut– u Knollenfäule f ‖ *Dunst, Nebel*
m ‖ ⟨fig⟩ *niederdrückende Stimmung* f; *schädlicher Einfluß* m **2.** vt *durch Meltau verderben,
vernichten* ‖ ⟨fig⟩ *vereiteln, zunichte m* ~**ed**
[′~id] °*verflixt* ~**er** [′~ə] s *Schädling* m;
widerlicher Kerl m ‖ ⟨vulg⟩ *Bursche m* ~**ing**
[′~iŋ] a (~ly adv) *vernichtend, verderblich*
  Blighty [′blaiti] s ⟨sl⟩ *England* n ‖ *Heimat* f;
⟨sl⟩ ~ *ein Heimatschuß* m
  blimey [′blaimi] intj ⟨vulg⟩ *Gott straf mich!
wahrhaftig!*
  blimp [blimp] s *kl unstarres Luftschiff* ‖ ⟨fig⟩
Ultrakonservativer m; → baby
  blimp [blimp] **1.** s *Schallschluckhülle* f, (*Ton-
film-*)*Kameragehäuse* n **2.** vt (*Geräusch*) *dämpfen*
  blind [blaind] **1.** a (~ly adv) *blind* (*a* adv to
fly ~) ‖ ⟨fig⟩ *blind* (to *gegen*) ‖ *unbedachtsam,
unbesonnen*; in a ~ fury *in blinder Wut* ‖ *dunkel,
schwer z finden*; *geheim*; ~ forces *blinde Ge-
walten* pl ‖ *eintönig, stumpf* ‖ *ohne Ausgang* (~
wall) ‖ ⟨bot⟩ *blütenlos* ‖ ⟨sl⟩ (*mst* ~ drunk)
sinnlos betrunken ‖ thë ~ *die Blinden* pl; among
the ~ a one-eyed man is king *unter den Blinden
ist der Einäugige König* ‖ stone-~ *stockblind* ‖ ~
of an eye *auf e–m Auge blind* ‖ to turn a ~ eye to
a th *tun als ob man etwas nicht sieht* ‖ ~ alley
Sackgasse f, [a attr] ⟨fig⟩ *ohne Aussichten* (~
alley occupation) ‖ ~ approach ⟨aero⟩ *Blindan-
flug* m, ~ app. procedure *od* system *Blindanflug-
verfahren* n ‖ ~ bomb ⟨aero⟩ *Blindgänger* m ‖
~ bombing *Blindbombenwurf* m ‖ ~-coal
Anthrazit m ‖ ~ bend, ~ corner ⟨mot⟩ *unüber-
sichtliche Biegung, Ecke* f ‖ ~-flying ⟨aero⟩
Blindfliegen n ‖ ~ guess *Raten n ins Blaue* ‖ ~
letter *schlecht adressierter Brief* m ‖ ~-man's-
buff *Blindekuh* f; ~-man's-holiday *Zwielicht* n,
Abenddämmerung f ‖ ~ pig *od* tiger ⟨*urspr Am*

sl⟩ *Schwarzausschank* m (*Kneipe ohne Schank-erlaubnis*) ‖ ~ radio ⟨Am⟩ *Hörfunk* m (*Ggs TV*) ‖ ~ shell ⟨mil⟩ *Blindgänger* m, *Granate* f *ohne Sprengstoff* ‖ ~ side ⟨fig⟩ *unbeschützte, schwache Seite* f ‖ ~ spot *blinder Fleck* m (*der Netzhaut*); ⟨fig⟩ *wunder Punkt*; *Vorurteil* n; ⟨wir⟩ *Gebiet mit schlechtem Empfang* m (*Radar*) *tote Zone* f; ⟨mil⟩ *toter Schußwinkel*(*bereich*) m ‖ ~ tiger → ~ pig ‖ ~-worm ⟨zoo⟩ *Blind-schleiche* f **2.** vt/i *blind* m; *blenden*; *verdunkeln* ‖ ⟨tech⟩ to ~ with chippings *absplitten* ‖ ⟨fig⟩ *blind* m (to *für*); *verblenden*; *täuschen* [a refl]; to ~ a p to *jdn* (*etw*) *vergessen l* | vi ⟨sl mot⟩ *wie ein Wahnsinniger schnell u unvorsichtig fahren* **3.** s *Schirm* m, *Blende* f ‖ (of a window) *Vor-hang* m, *Rouleau* n (~-roller *Rouleaustange* f); *Venetian* ~ *Jalousie* f ‖ ⟨fig⟩ *Vorwand* m, *Be-mäntelung* f ‖ ⟨at poker⟩ *Einsatz* m *vor dem Kartengeben* **~fold** ['~fould] **1.** vt (*jdm*) *die Augen verbinden* or *bedecken* ‖ ⟨fig⟩ *blenden* **2.** a ⟨fig⟩ *blind* **3.** adv *mit verbundenen Augen* **blindlings ~ly** ['~li] adv *blind*; ⟨fig⟩ *blindlings* **~ness** ['~nis] s *Blindheit* f ⟨a fig⟩ (to *gegen*)

blink [bliŋk] **1.** vi/t *blinzeln*; (*schwach*) *schimmern* | vt (*e–r S*) *absichtlich ausweichen, etw nicht sehen wollen*; *übersehen, ignorieren* (to ~ the fact) **2.** s *Blinzeln* n ‖ *Schimmer* m, *Blin-ken* n **~er** ['~ə] s *Blinzler* m ‖ (*Verkehrs-*)*Blink-licht* n, *Signal-*, *Morselampe* f | **~s** [pl] ⟨fam⟩ *Brille* f; ⟨hors⟩ *Scheuleder* n, ⟨fig⟩ *–klappe* f **~ing** ['~iŋ] a ⟨fam vulg⟩ *verflixt, verflucht*

blinks [bliŋks] s pl ⟨fam⟩ *Guckerle* n pl (*Augen*)

blip [blip] s *Leuchtfleck* m; (*Radar-*)*Echo-zeichen* n

bliss [blis] s *Wonne, Seligkeit* f **~ful** ['~ful] a (~ly adv) (*glück*)*selig* **~fulness** ['~fulnis] s *Seligkeit, Wonne* f

blister ['blistə] **1.** s (*Haut-*)*Blase* f; *Bläschen* n, *Pustel* f, *Brandbläschen* n ‖ ⟨med⟩ *Zugpflaster* n ‖ ⟨mar mil⟩ (*Anti-*)*Torpedowulst* m | ~ fly, ⟨Am⟩ ~ bug ⟨ent⟩ *Spanische Fliege* f (*Käfer*!) **2.** vt/i *Blasen hervorrufen auf* ‖ (*jdm*) *Zugpflaster auflegen* ‖ ⟨fig⟩ (*jdm*) *die Hölle heiß m* (with) | vi *Blasen bek* | **~ed** [~d] a *mit Blasen bedeckt*

blithe [blaið] a (~ly adv) ⟨mst poet⟩ *fröhlich, froh, heiter, vergnügt* **~some** ['~səm] a *fröhlich, munter* **~someness** ['~səmnis] s *Fröhlichkeit, Munterkeit* f

blithering ['bliðəriŋ] a ⟨sl⟩ *geschwätzig* ‖ *vollkommen, total* (~ idiot)

blitz [blits] ⟨fam⟩ [Ger] **1.** s *Blitzkrieg* m ‖ *Luft*(*groß*)*angriff* m ‖ ⟨fig⟩ °*Anschiß* m **2.** vt/i *aus der Luft angreifen*; *Luftgroßangriff fliegen* [vt *auf*], vt (*Stadt*) *verbomben* ‖ ~ buggy ⟨mil sl⟩ *Sanka* m (= *Sanitätskraftwagen*)

blizzard ['blizəd] s ⟨Am⟩ *dichter Schneesturm* m, *–gestöber* n

bloat [blout] vt (*Heringe*) *räuchern*; ~ed herring = **~er** ['~ə] s *geräucherter Hering, Bücking* m

bloat [blout] **1.** ⟨Am vet⟩ *Trommel–, Bläh-sucht* f ‖ ⟨sl⟩ *Säufer* m; *aufgeblasene P* **2.** vt/i *aufschwellen, aufblasen* | vi *auflaufen, schwellen* **~ed** ['~id] a *aufgeschwollen, –gedunsen* (with *von*); ⟨fig⟩ *aufgeblasen* **~edness** ['~idnis] s *Gedunsenheit* f ‖ ⟨fig⟩ *Aufgeblasenheit* f

blob [bləb] **1.** s *Tropfen* m; *kl runde Masse* f, *Klümpchen* n; (*Ton-*)*Klumpen, –Patzen* m ‖ ⟨crick⟩ *kein Strich* m, *Null* f ‖ ~ formation ⟨mil⟩ ~ section **2.** vi/t [–bb–] *klecksen* ‖ *bro-deln, glucksen* | vt *bespritzen, beklecksen*

blobber-lipped ['bləbə,lipt] a *dicklippig*

bloc [blɔk] s Fr ⟨pol⟩ *Block* m (: *sterling* ~), *Parteien-, Interessengruppe* f; *Länder-, Rassen-gruppe* f; ⟨SBZ⟩ (*a communist* ~) *Ostblock*

block [blɔk] **I.** s **1.** *Block, Klotz* m; *Bremsklotz*

m ‖ the ~ *der Richtblock* m ‖ ⟨mar⟩ *Stapelklotz* m ‖ ⟨for⟩ *Schlag* m (*Abteilung*) ‖ rough ~ of stone *rauher Quaderstein* m ‖ ⟨tech⟩ *Hutstock* m, *–form* f ‖ (a barber's ~) *Perückenstock* m ‖ (for shoemakers) *Lochholz* n ‖ ⟨typ⟩ *Farbstein* m (*f Klischees*) ‖ *Notizblock* m ‖ (of a pulley) *Kloben* m, *Rolle* f | ⟨Am⟩ *Häuserblock* m, *Ge-schäftsgebäude* n ‖ *gr viereck. Platz* m ‖ ⟨Austr⟩ *vornehme Stadtpromenade* f **2.** ⟨fig⟩ *Hindernis* n; ⟨parl⟩ *Obstruktion, Lahmlegung* f ‖ (*Ver-kehrs-*)*Stockung* f ‖ ⟨pol⟩ *Block* m, *Listen-verbindung* f **3.** ⟨fig⟩ *Klotz, Dummkopf* m ‖ ⟨Am⟩ °*Detz* m, °*Birne* f (*Kopf*); ⟨fam⟩ he's off his ~ °*bei ihm rappelt's* ‖ a chip of the old ~ (of a child) *ganz der Vater* **4.** ⟨geol⟩ *Scholle* f; ~ mountains *Schollengebirge* n **5.** [attr] ~-book-ing ⟨film⟩ *Koppelverleih* m ‖ ~ buster ⟨mil sl⟩ *Minenbombe* f ‖ ~-calendar *Abreißkalender* m ‖ ~-chain *Art Kette* f *ohne Ende* (*an Fahrrad*) ‖ ~ diagram *Schaltbild* n, *Block–, Kästchenschema* n ‖ ~ leave *Sammelurlaub* m ‖ ~LETTERS gr *Buchstaben* pl *in Druckschrift* ‖ ~-printing *Holzdruck* m; *Handdruck* m ‖ ~ signal ⟨rail⟩ *Haltezeichen* n ‖ ~ station ⟨rail⟩ *Blockstelle* f ~-system ⟨rail⟩ *Blocksystem* n ‖ ~-tin ⟨minr⟩ *Blockzinn* n **II.** vt (*a to* ~ up) *einschließen, blok-kieren*; (*Geld*) *blockieren* ‖ *hemmen, hindern, verstopfen, –sperren*; (*Konto*) *sperren* ‖ (*Zug*) *blocken, aufhalten* ‖ ⟨com⟩ (*Geld*) *blockieren, einfrieren* (l) ‖ ⟨parl⟩ *durch Opposition ver-hindern, hinausschieben* ‖ ⟨tact⟩ *abriegeln* ‖ ⟨crick⟩ (*Ball*) *stoppen* (*vor Dreistab*) ‖ (*Hut*) *pressen, formen* | to ~ in, out *in Umrissen skizzieren*; *entwerfen* ‖ to ~ out (*aus Stein*) *roh herausarbeiten* ‖ to ~ up (*Tür*) *zustellen, ver-nageln* etc **~ade** [blɔ'keid] **1.** s ⟨mil & mar⟩ *Blockade, Einschließung, Sperre* f; *Verkehrs-sperre, Verstopfung* f ‖ *paper* ~ *fiktive Bl.* ‖ to raise the ~ *die Bl. aufheben* ‖ to run the ~ *die Bl. brechen* ‖ **~-runner** *Blockadebrecher* m **2.** vt ⟨mil & mar⟩ *blockieren, einschließen* ‖ ⟨fig⟩ (*ver*)*sperren* **~head** ['~hed] s *Dummkopf* m **~house** ['~haus] s *Blockhaus* n ‖ (concrete) ~ ⟨mil⟩ *Bunker* m

bloke [blouk] s ⟨sl⟩ *Bursche, Geselle, Kerl* m ‖ ⟨univ sl⟩ *Streber* m

blond(e) [blɔnd] **1.** a *blond, hellfarbig* **2.** s *Blondine* f, *Blonder* m ‖ (blonde) *geklöppelte Spitze* f

blood [blʌd] **I.** s **1.** *Blut* n ‖ *Leben* n (to give one's ~) ‖ *Saft* m, *Kraft* f; *Mark* n ‖ *Feuer* m, *Mut* m; *Leidenschaft* f; *Wut* f ‖ ⟨hors⟩ *Vollblut* n [*konkr*] **2.** *Blut* n, *Abstammung, Blutsver-wandtschaft* f; *Rasse* f ‖ *edles Blut* n, *Adel* m, (blue ~) **3.** *Blut*(*vergießen*) n (to spill ~) **4.** *Draufgänger, Geck* m; a young ~ *ein junges Blut* n, *junger Mensch* m ‖ ⟨school fam⟩ °*Ober-motz, Macher* m **5.** *Verbindungen:* fresh ~ *neues Blut* (*in Familie* etc) ‖ full ~ *Vollblutpferd* n ‖ ~ out of a stone *Mitleid v Mitleidlosen*; *Geld v Armen* or *Geizigen* ‖ next of ~ *am näch-sten verwandt* ‖ flesh and ~ *Fleisch u Blut* ‖ ~ and iron *Blut u Eisen* ‖ ~ and thunder *Mord u Totschlag* m; [attr] *Mord-, Schauer-* ‖ of the half ~ *halbblütig, halbbürtig* ‖ (Prince) of the (royal) ~ *königlichem Geblüt* ‖ exuberance, fulness of ~ *Vollblütigkeit* f ‖ flow, loss of ~ *Blutverlust* m ‖ spitting of ~ *Blutspucken* n ‖ in cold ~ *mit kaltem Bl.* ‖ in hot ~ *im Zorne* ‖ in warm ~ *in der Hitze* | the theatre was in her ~ *Theaterspielen lag ihr im Bl.* ‖ his ~ is up *sein Bl. ist in Wallung* ‖ ~ is thicker than water *Bl. ist dicker als Wasser* ‖ to let ~ *zur Ader l* ‖ to make bad ~ *böses Bl. m* ‖ to make a p's ~ run cold *jds Bl. gerinnen l* (*vor Schreck*) ‖ to run in the ~ *im Bl.* (*in der Familie*) *liegen* **6.** [attr] ~ bank *Blutbank* f, *Transfusions-Blutvorrat* m; mobile ~ b. *fahrbare Blutspenderstelle* f ‖ ~

bath ⟨fam⟩ *Blutbad* n ‖ ~-brother *leiblicher Bruder* m; ⟨fig⟩ *Blutbruder* ‖ ~-donor *Blutspender* m ‖ ~-feud *-fehde* f ‖ ~ grouping *Einteilung* f *in Blutgruppen* ‖ ~-guilt(iness) *-schuld* f ‖ ~-guilty *mit -schuld beladen* ‖ ~-heat *-wärme* f ‖ ~-horse *Vollblutpferd* n ‖ ~-kin *Blutsverwandte(r* m) f ‖ ~-letting *Aderlaß* m ‖ ~-line (T) *Stammbaum* m ‖ ~-mobile [–məˈbi:l] ⟨Am⟩ = mobile ~ bank ‖ ~-money *Blutgeld* n ‖ ~-orange *-apfelsine* f ‖ ~-poisoning *-vergiftung* f ‖ ~-red *blutrot* ‖ ~-relation *-sverwandte-(r* m) f ‖ ~-stain *-fleck* m ‖ ~-stained *blutbefleckt* ‖ ~-sucker *-egel* m; ⟨fig⟩ *-sauger* m ‖ ~-transfusion *-übertragung* f; mobile ~-t. unit = mobile ~ bank ‖ ~ test ⟨mot⟩ *Blutprobe* f ‖ ~ type *-gruppe* f ‖ ~-vessel *(anat) -gefäß* n ‖ ~ waggon ⟨mil sl⟩ *Sanka* m (= *Sanitätskraftwagen*) ‖ ~-worm *-wurm* m; pond ~-worm *Schlammwurm* m ‖ ~-wort ⟨bot⟩ *Hainampfer* m **II.** vt ⟨† med⟩ *zur Ader l* ‖ (*Hund*) *an Bl. gewöhnen, dressieren*; ⟨fig⟩ *gewöhnen*

blooded [ˈblʌdid] a [in comp] *-blütig, Vollblut-*

bloodhound [ˈblʌdhaund] s *Blut-, Schweißhund* m ‖ ⟨fig⟩ *Häscher, Verfolger* m

bloodily [ˈblʌdili] adv *blutig* (~ *beaten*)

bloodless [ˈblʌdlis] a (~ly adv) *blutleer farblos, bleich* ‖ (of a victory etc) *unblutig* ‖ ⟨fig⟩ *leblos, ohne Feuer, Schwung*

bloodmobile [ˈblʌdməbi:l] s ⟨Am⟩ *motorisierte Blutspenderstelle* f

bloodshed(ding) [ˈblʌdʃed(iŋ)] s *Blutvergießen* n

bloodshot [ˈblʌdʃət] a (of the eye) *blutunterlaufen*

bloodstock [ˈblʌdstək] s ⟨hors⟩ [koll] *Vollblut* n [koll]

bloodstone [ˈblʌdstoun] s ⟨minr⟩ *Hämatˑit, Blut-, Roteisenstein* m

bloodstream [ˈblʌdstri:m] s *Blutkreislauf* m

bloodthirstiness [ˈblʌdˌθəːstinis] s *Blutdurst* m, *-gier* f

bloodthirsty [ˈblʌdˌθəːsti] a *blutdürstig*

bloody [ˈblʌdi] **1.** a (–dily adv; → *d.*) *blutig* (~ *nose*), ~ sweat *-er Schweiß* m ‖ *blutrot* ‖ ⟨fig⟩ *blutgierig, –dürstig, grausam* ‖ ⟨vulg⟩ *verdammt*, not a ~ one *nicht eine(n), gar keine(n)* ‖ ~-faced *mit blutigem Gesicht* ‖ ~-minded *grausam, blutgierig* **2.** adv (oft *b–y*) ⟨vulg⟩ *verflucht* ‖ not ~ likely *W. C.* [veːˈtseː] *für: „wohl kaum“*; → *bee* **3.** vt *blutig m, mit Blut beflecken*

blooey [ˈbluːi] a, adv ⟨Am sl⟩ *verkehrt*: to go ~ *schiefgehen*

bloom [bluːm] **1.** s *Blüte* f (in ~ *in B., blühend*; in full ~); *Blume* f ‖ *Flaum, Hauch* m (*auf Früchten*) ‖ ⟨fig⟩ *rosiger Hauch, Schimmer, Schmelz, Duft* m | ⟨fig⟩ *Blüte* f, *Flor* m; *Jugendfrische* f; the ~ of youth *die Jugendblüte* f ‖ to take the ~ off *a th etw der Frische, des Glanzes berauben* ‖ ⟨telv⟩ *Überstrahlung* f ‖ ~ed *lens* ⟨opt⟩ *(antireflex)vergütetes Objektiv* n **2.** vi *blühen, Blüten treiben*; ⟨fig⟩ *blühen* ~er [ˈ~ə] s ⟨sl⟩ *Irrtum* m ~ing [ˈ~iŋ] 1. a (~ ly adv) *blühend, blütenreich* ‖ ⟨sl⟩ *verflucht, verflixt* → bloody 2 **2.** s ⟨Am⟩ *Überlichten* n *e–s Fernsehbildes*

bloom [bluːm] s ⟨met⟩ *Luppe* f, *Vorblock* m ~ery [ˈ~əri] s *Luppen-, Frischfeuer* n

bloomer [ˈbluːmə] s ⟨hist⟩ [mst pl ~s] *Tracht* f *für Damen* (*kurzer Rock u Pumphosen*) ‖ ⟨Am⟩ *Damenschlüpfer* m

bloop [bluːp] s; ~ light ⟨phot film⟩ *Markierungslicht* n (*am Anfang u Ende e–r Szene*)

blossom [ˈbləsəm] **1.** s (*bes Frucht-)Blume, Blüte* f; to put forth ~s *Blüten treiben* ‖ [koll] *Blüten* pl; in ~ *in Blüte, blühend* | ~-faced, ~-nosed *rotgeschwollen, aufgedunsen* **2.** vi *blühen, Blüten treiben* ⟨a fig⟩; to ~ out *into*

⟨fig⟩ *sich entwickeln zu* ~y [~i] a *blühend, blütenreich* ⟨a fig⟩

blot [blət] **I.** s *Klecks, Fleck* m (to make a ~) ‖ ⟨fig⟩ *Schandfleck, Makel* m, *Fleck* m (on a p's character); to put a ~ on *beschmutzen* ‖ ⟨fig⟩ *Verunstaltung* f (on the landscape *der Landschaft*) **2.** vt *beklecksen, beflecken* ‖ ⟨fig⟩ *besudeln, beflecken* | to ~ out *auswischen, unleserlich m; ausstreichen*; ⟨fig⟩ *tilgen, löschen; verdunkeln, –wischen* ‖ ⟨fam⟩ to ~ one's copybook *„sich die Weste bekleckern“* ⟨fig⟩ (*ehrenrührig, taktlos handeln*) ~ter [ˈ~ə] s *Tintenlöscher* m; *Löschpapier* n ‖ ⟨Am⟩ *Eintrag(ungs)buch* n, *Bericht-* etc *Liste* (police ~) ~tesque [bləˈtesk] a ⟨arts⟩ *pastˑos* (*mit dick aufgetragenen Farben*) ~ting [ˈ~iŋ] s *Löschen* | [attr] *Lösch-* ‖ ~-book, ~-pad *Schreibunterlage, –mappe* f ‖ ~-paper *Löschpapier* n

blotch [blətʃ] s *Hautfleck* m; *Pustel* f ‖ *Klecks, Fleck* m

blotch [blətʃ] vt *beflecken, besudeln, beschmutzen* ~ed [~t]; ~y [ˈ~i] a *fleckig, gefleckt, mit Flecken bedeckt* ‖ ~ed ⟨paint⟩ *mattgeworden*

blotto [ˈblotou] a ⟨sl⟩ *angetütert (betrunken)*

blouse [blauz] s *Bluse* f ⟨a Am mil⟩

blow [blou] **I.** vi/t [blew/blown] [→ B. 2.]) **A.** vi **1.** (of air) *blasen, wehen*, it is ~ing hard *es geht ein starker Wind* ‖ *schnaufen, keuchen* ‖ to ~ in one's money ⟨Am⟩ *sein Geld z Fenster hinauswerfen* ⟨fig⟩ **2.** (of trumpets) *blasen, ertönen*; to ~ on, with *blasen auf, mit* ‖ (of cetaceans) *spritzen, blasen* ‖ ⟨dial⟩ *prahlen, großtun* **3.** to ~ hot and cold *'rin in die Kartoffeln, 'raus aus den K.*; *bald so, bald anders, unbeständig s* ‖ to ~ upon a p ⟨fig⟩ *jdn in Mißkredit bringen; bloßstellen, herabsetzen* **4.** (mit adv) to ~ **in** ⟨sl⟩ *eintreffen, –treten* ‖ to ~ **off** *ab-, losgehen* ‖ to ~ off *od* out ⟨Am mot⟩ (v *Reifen*) *platzen* ‖ to ~ out (v *Sicherungen*) *durchbrennen*; ⟨sl⟩ *„verduften“, „abhauen“* (P) ‖ to ~ **over** *fortwehen, verfliegen, –gehen*; ⟨fig⟩ *sich legen* ‖ to ~ **up** *in die Luft fliegen, explodieren*; (of wind) *sich erheben* (it is ~ing up for a storm) ⟨sl⟩: *„hochgehen“ (wütend w)* (P) **B.** vt **1.** *blasen*; (*Luft* etc) *blasen* (into, through) ‖ to ~ a cloud ⟨fam⟩ *°paffen (°rauchen wie ein kl Bäcker)* ‖ *wehen, treiben*; to be ~n out of ⟨fig⟩ *geworfen w aus* ‖ *keuchen m, außer Atem bringen* (*Feuer*) *anblasen, –fachen* ‖ *aufblähen*, blown cheeks *aufgeblasene Backen* | (*Instrument*) *blasen* ‖ *ausblasen; reinigen, putzen* ⟨vulg sl⟩ ~ it! *verflixt!* **2.** (of flies) *beschmeißen* ⟨sl⟩ *verschwenden* ‖ ⟨sl⟩ *-raten* ⟨sl⟩ *-fluchen* (I'll be ~ed if); be ~ed *zum Teufel mit* (your brother be ~ed) **3.** to ~ the bellows *den Blasebalg treten* ‖ to ~ a hole *ein Loch aufreißen* ‖ to ~ a p a kiss *jdm e–n Handkuß zuwerfen* ‖ to ~ one's nose *sich schneuzen, –die Nase putzen* ‖ to ~ an organ *die Bälge treten* ‖ to ~ one's own trumpet *sich selbst loben* ‖ ⟨Am sl⟩ to ~ o.s. to sth *sich etw leisten* **4.** [mit adv] to ~ **away** *wegblasen* ‖ to ~ **down** *umwehen, umblasen* ‖ to ~ **in** (*Fenster*) *eintreiben* ‖ ⟨Am⟩ *verschwenden* ‖ to ~ **off** *wegwehen*; (*Dampf*) *ablassen*; to ~ off steam ⟨fig⟩ *überflüssige Kraft abstoßen* ‖ to ~ **out** *ausblasen*, to ~ out a p's, one's brains *jdm, sich e–e Kugel vor den Kopf schießen* ‖ *aufblasen*; to ~ **up** *in die Luft sprengen* ‖ (*Schlauch*) *aufblasen*; *anblasen* ‖ ⟨phot⟩ *vergrößern* ‖ ⟨fig⟩ *ausschelten, heruntermachen* **II.** s *Blasen; Wehen* n; ⟨fam⟩ *frischer Luftzug* m, to get a ~ *sich v Winde durchwehen l* ‖ not to care a ~ *sich nicht die Bohne daraus m* ‖ ⟨fig⟩ *Prahlerei* f ‖ fly-~ *Fliegenschmeiß* m | ~-back *Rückschlag* m (*e–r Waffe*); ~-back-operated weapon *Gasdrucklader* m ‖ ~-ball ⟨bot⟩ *„Pusteblume“* (*des Löwenzahns*) ‖ ~-down (for) *Windwurf* m; v *Wind gefällter Baum* ‖ ~-fly *Schmeißfliege* f

‖ ~-gun *Blasrohr* n, *Spritzpistole* f (*f Farben,
Öl*) ‖ ~-hole *Luft-, Zugloch* n; (of a cetacean)
Atemloch n ‖ ~ job, ~ torch ⟨sl⟩ *Düsenflugzeug* n ‖ ~-lamp *Lötlampe* f ‖ ~-off *Aus-, Ablaß* m ‖ ⟨Am sl⟩ ~-out [pl ~-outs] ⟨mot⟩
Platzen n *des Reifens; Loch im Reifen, Reifen-
panne* f ‖ ⟨el⟩ *D·urchbrennen* n (*e-r Sicherung*) ‖
opulentes Mahl n ‖ ~-pipe *Lötrohr* n ‖ ~-up
Explosion f; *Lärm* m; *Gefühlsausbruch, Zank*
m; ⟨Am fam⟩ *Pleite* f; ⟨phot⟩ *Vergrößerung* f ∣
~er [ˈ~ə] s *Bläser; Schmelzer* m ‖ *Gebläse* n
(*Ofenschiebklappe*); ⟨met⟩ *Herd* m ‖ ⟨aero mot⟩
Lader m ∣ [attr] ~ **air** *Ladeluft* f ‖ ⟨tech⟩ ~-
cooled engine *luftgekühlter Motor* m ‖ ~ drive
Ladergetriebe n ‖ ~-fed engine *Ladermotor* m ‖
~ ratio *Ladeübersetzung* f, *Ladedruckverhältnis*
n

blow [blou] **1.** vi [blew/blown] (*auf-, er*)*blühen* ‖ ⟨fig⟩ *sich entfalten* **2.** s *Blühen* n, *Blüte* f,
(in full ~)

blow [blou] s *Schlag, Hieb, Stoß* m (~ from
a sword *Schwert-*) ‖ *Angriff* m ‖ (*P*) ⟨sl⟩ *Prahlhans* m ‖ ⟨Am fam⟩ *Atempause* f ‖ ⟨fig⟩ *Schlag*
m, *Unglück* n (to *für*) ‖ at one, at a single ~ *mit
e-m Schlage, auf einmal* ‖ without striking a ~
ohne Kampf, Mühe ‖ to come to ~s *od* to exchange ~s *handgemein w* ‖ to deal a p a ~ *jdm
e-n Schlag* (or *eins*) *versetzen* ‖ to strike a ~
for a p f *jdn e-e Lanze brechen* (*ihm helfen*); to
strike a ~ against a th *sich e-r S. entgegen-
stellen*

blower [ˈblouə] s ⟨fam fig⟩ *Quasselstrippe* f
⟨telph⟩

blowmobile [ˈblouməbi:l] s *M·otorschlitten*
m, → ..mobile

blown [bloun] a *außer Atem* ‖ *v Winde umtost*
‖ the fuse is ~ *die Sicherung ist durchgeschlagen,
-gebrannt*

blowhard ·[ˈblouha:d] s ⟨Am fam⟩ °*Angeber*
(*Prahlhans*) m

blowy [ˈbloui] a *luftig, windig*

blowzy [ˈblauzi] a *hochrot, pausbäckig* ‖ (*a
blowzed [blauzd]*) *schlampig, zerzaust*

blub [blʌb] [abbr f ~ber] vi ⟨sl⟩ *weinen,
plärren*

blubber [ˈblʌbə] s *Walfischspeck, –tran* m

blubber [ˈblʌbə] vi/t ‖ *heulen, plärren, weinen,
schluchzen* ∣ vt *unter Schluchzen äußern*

blubber [ˈblʌbə] a (of lips) *dick, aufgeschwollen*

bluchers [ˈblu:tʃəz] s pl *altmodische Halbstiefel* m pl

bludgeon [ˈblʌdʒən] **1.** s *Keule* f, *Knüppel, Totschläger* m **2.** vt (*jdn*) *mit e–m Knüppel schlagen*;
⟨übtr⟩ *tyrannisieren, „knebeln"*

blue [blu:] **1.** a *blau; bläulich, bleich* (*Haut*);
~-black *dunkel–, deep* ~ *tiefblau* ‖ *hell* (*eyes*)
‖ *blauschwarz, leichenfarben* ‖ ⟨fig⟩ *ängstlich,
nervös;* ⟨bes Am⟩ *betrübt, bedrückt, niedergeschlagen, traurig, schwermütig, melancholisch;*
→ *funk* ‖ *konservativ, beständig;* true-~ *treu,
unwandelbar* ‖ (of talk) *unanständig, obszön* ‖ to
drink till all's ~ *trinken, bis man blau* (*betrunken*) *ist* ‖ to look ~ *hoffnungslos aussehen*
(things look ~ *es sieht trübe aus*), ~ lookout
trübe Aussichten f pl ‖ to make the air ~ *fluchen,
daß sich die Balken biegen; schweinigeln* ‖ ⟨fam⟩
blaustrümpfig (*Frau*) ‖ once in a ~ moon *alle
Jubeljahre 'mal* ‖ ~ **baby** ⟨med⟩ *blaues B.* (*mit
Blausucht*) ‖ ~ Birds [pl] = Camp Fire Girls ‖
~-blood *blaues Blut* n, *echter Adel* m; ~-blooded
blaublütig, adlig ‖ ~-book ⟨engl parl⟩ *Blaubuch*
n (*diplomatische Schriftstücke*) ⟨Ger mst⟩ *Weiß-
buch,* ⟨Fr⟩ *Gelbbuch*) ‖ ⟨Am⟩ *Register* n *der
Regierungsbeamten bzw der Society* ‖ ~-breast
⟨orn⟩ *Blaukehlchen* n ‖ ~-chip [attr] ⟨st exch⟩
fast mündelsicher ‖ ~-coat boy *Schüler* m (*von
"Christ's Hospital"); ⟨Am fam⟩ *„Blauer",*

„*Grüner*" m (*Polizist*) ‖ ~ devils ⟨fam⟩ *Spuk-
gestalten* (*im Delirium*) pl ‖ ~-eyed *blauäugig* ‖
~-grass ⟨Am bot⟩ *Riedgras* n ‖ ~-jacket *Blau-
jacke* f (*Matrose*) ‖ ~ Laws ⟨Am⟩ *puritanische
Gesetze* (*z Sabbatheiligung*) ‖ *(mil vulg)* to shit
~ lights °*vor Angst in die Hosen m* ‖ like ~
murder ⟨fam⟩ *wie der Teufel* ‖ ~ Noseś *Bewohner* pl *v* Nova Scotia ‖ ~ Peter ⟨mar⟩
(*blaue*) *Abfahrtssignalflagge* f ‖ ~ pill ⟨chem⟩
Quecksilberpille f ‖ ~-print = ~print ‖ ~-rib-
bon *Hosenbandorden* m; *erster Preis* m; ⟨fig⟩
höchste Auszeichnung f; *Blaues Band* n (*a Abzeichen der Temperenzler*) ‖ ~-ribbonist *Temperenzler* m ‖ ~ ruin ⟨fam⟩ *schlechter* (*Wachol-
der-*) *Branntwein* m ‖ ~-sky laws ⟨Am⟩ *Gesetze z Verhütung v Börsenschwindelei* ‖ ~-
stocking *Blaustrumpf* m ‖ ~-stone *Kupfervitriol*
m & n ‖ ~-throat = ~-breast ‖ ~-tit ⟨orn⟩
Blaumeise f ‖ ~ water *hohe See* f, *offenes Meer*
n **2.** s *das Blau* n, *blaue Farbe* f; powder ~ *ge-
spritztes Bl.*; royal ~ *Königsblau* ‖ *Waschblau*
n, *Bläue* f ‖ *der blaue Himmel* m, a bolt from the
~ ⟨fig⟩ *ein Blitz aus heiterem Himmel* ‖ *das
Meer* n ‖ true-~ *Konservativer* m ∣ Navy ~
Marineblau; Prussian ~ *Berlinerblau* n ‖ Oxford
~ *Dunkelblau,* Cambridge ~ *Hellblau;* dark-
~s *Studenten v Oxford;* light-~s *Stud. v Cambridge* ‖ ⟨Oxf Cambr⟩ *Mitglied der Haupt-
kricket-, Hauptfußball-* or *–rudermannschaft*
etc (to be a ~); *Mitgliedschaft dieser Mannschaften* (to get one's ~) ‖ the Blues *die* (*blauen*)
königlichen Gardereiter m pl ∣ the ~s ⟨fam⟩
Melancholie f, to have the ~s, to be in the ~s
melancholisch or *in gedrückter Stimmung s;* →
blues **3.** vt [~s, bluing, * ~ing] *blau färben,
blauen;* ⟨met⟩ *bläuen* ‖ ⟨sl⟩ *verschwenden,
–schleudern:* to ~ the parcel *Haus u Hof verspielen, sein ganzes Geld vertun*

Bluebeard [ˈblu:biəd] s *Ritter Blaubart* m

bluebell [ˈblu:bel] s ⟨engl⟩ *die* (*im Frühling
blühende*) *blaue Hyazinthe* f; ⟨Scot & Nordengld⟩
die (*im Sommer u Herbst blühende*) *blaue
Glockenblume* f –**berry** [ˈblu:bəri] s ⟨Am bot⟩
Blaubeere f –**bottle** [ˈblu:·bɔtl] s *Kornblume* f ‖
(*a ~-fly*) *Schmeißfliege* f ‖ ⟨fig sl⟩ °*Polyp* m
(*Polizist*), ~-s [pl] °*Pol·ente* f (*Polizei*) –**coat**
[ˈblu:cout] s *Blauer* m (*Polizist*) –**ing** [ˈblu:iŋ] s
Bläuen n (*des Metalls*) ‖ ⟨Am⟩ *Waschblau* n,
Bläue f –**ness** [ˈblu:nis] s *Bläue, blaue Farbe* f
bluey [ˈblu:i] a *bläulich*

bluecol [ˈblu:kɔl] s ⟨mot⟩ *ein Frostschutzmittel* n (*Warenname*)

blueprint [ˈblu:print] s *Lichtpause* f ‖ ⟨pol,
mil⟩ *Plan* m

blues [blu:z] s *schwermütiges Neger*(*volks*)-
lied n

bluethroat [ˈblu:θrout] s ⟨orn⟩ *Blaukehlchen* n

bluff [blʌf] **1.** a (~ly adv) (of cliffs etc) *breit
und steil* ‖ ⟨fig⟩ *plump, grob, derb; schroff, kurz*
‖ ~-bowed, ~-headed ⟨mar⟩ *mit breitem Bug*
2. s *steiles Felsengestade, –ufer, Steilufer* n (of
a river)

bluff [blʌf] **1.** vt/i ‖ (at cards) (*jdn*) *täuschen,
bluffen* ‖ ⟨fig⟩ *verblüffen; durch dreistes* or
prahlerisches Auftreten täuschen, (a to ~ off)
einschüchtern, irreführen ‖ vi *Spiegelfechterei
treiben* **2.** s *Bluff, Schreckschuß* m; *Irreführung,
Täuschung* f (*durch dreistes Auftreten*); *Ein-
schüchterungsversuch* m; to call a p's ~ *jds
Bluff auf die Probe stellen* –**er** [ˈ~ə] s *Bluffer* m

bluffness [ˈblʌfnis] s *Steilheit* f ‖ *Derbheit,
Geradheit* f

bluggy [ˈblʌgi] a ⟨sl⟩ = bloody

bluish [ˈblu:iʃ] a *bläulich* ~**ness** [~nis] s
bläuliche Farbe f

blunder [ˈblʌndə] **1.** vi/t ‖ *straucheln, stolpern*
(against; into); to ~ upon *durch Zufall treffen*

auf ‖ to ~ on [adv] *blindlings weiterlaufen, Fehler m* ‖ *e–n (groben) Fehler m, irren* | vt *schlecht verwalten* or *behandeln,* °*verkorksen,* °*–masseln* ‖ to ~ out *unbesonnen äußern* **2.** s *(grober) Fehler, Schnitzer* m; *Mißgriff* m (to commit a ~) **~er** [~rə] s *taktloser, ungeschickter Mensch, Tölpel* m **~ing** [~riŋ] a (~ly adv) *fehlerhaft; ungeschickt; taktlos*

blunderbuss [ˈblʌndəbʌs] s ‹hist› *Donnerbüchse* f ‖ ‹übtr› (*P*) *Tölpel, Stümper, Pfuscher* m

blunt [blʌnt] **1.** a (~ly adv) *stumpf, nicht scharf* ‖ *stumpf, dumm; unempfindlich* ‖ *plump, unbeholfen, –geschliffen* ‖ *barsch, kurz, grob* ‖ *offen* | ~-witted *schwer von Begriffen* **2.** vt *stumpf m; abstumpfen* ‹a fig› **~ness** [ʹ~nis] s *Stumpfheit* f ‖ *Plumpheit* f ‖ *Derbheit, Grobheit* f

blunt [blʌnt] s ‹sl› °ʹʹ*Kies* m, *Moos*ʹʹ n (*Geld*) n

blur [bləː] **1.** s *Fleck* m ‖ (on glass etc) *Schleier* m; *Verschwommenheit* f ‖ ‹fig› *Makel* m **2.** vt/i ‖ *beflecken; (Schrift) verwischen* | ‹fig› *beflecken; entstellen* ‖ *trüben, verdunkeln, verwischen* ‖ *auslöschen* | *Flecke m, flecken* **~red** [~d] a ‹opt, telv› *unscharf* **~ring** [ʹ~riŋ] ‹wir› *Stören* n ‖ ~ *signal* ‹wir› *Störzeichen* **~ry** [ʹ~ri] a = *blurred*

blurb [bləːb] **1.** s ‹Am sl› *Reklame* f; *–streifen* m (*auf Büchern*), °ʹʹ*Waschzettel*ʹʹ m **2.** vt (*Autor*) *übertrieben anpreisen;* (*Buch*) *mit Waschzettel versehen, groß aufmachen* **~er** [ʹ~ə], **~ist** [ʹ~ist] s *Reklamefritze* m

blurt [bləːt] vt (to ~ out) *unbesonnen heraussagen, mit (etwas) herausplatzen*

blush [blʌʃ] **1.** vi *rot w, erröten* (with *od* for joy *vor Freude*); *sich schämen* (at the sight.. *beim Anblick..*; to do; for a p); I ~ for you! *ich schäme mich deiner!* **2.** s † *flüchtiger Blick, Anblick* m, [*nur in*]: at the first ~ *beim ersten Anblick, gleich am Anfang* | *Erröten* n, *Schamröte* f, to bring ~es to a p's cheeks *jdm die Sch. ins Gesicht treiben;* to put to the ~ *schamrot m, beschämen* ‖ *rötlicher, rosiger Glanz* m | ~-rose ‹bot› *blaßrote Rose* f **~ing** [ʹ~iŋ] a (~ly adv) *errötend; bescheiden*

bluster [ʹblʌstə] **1.** vi/t ‖ (of the wind) *brausen, toben* ‖ *lärmen, toben, drohen* (at a p *jdm*) ‖ *laut prahlen* | vt to ~ out *lärmend äußern* **2.** s *Toben, Getöse* n, *Lärm* m; *Drohung* f **~ing** [~riŋ] a (~ly adv) *stürmisch, tobend, drohend* ‖ ‹fam› *stark* (cough)

bly [blai] intj ‹vulg› *meine (Güte)*!, meinee

bo [bou] intj *buh! huh!* ‖ he cannot say ~ to a goose *er kann den Mund nicht auftun* ‖ ~-peep *Guck-Guckspiel* n (to play [at] ~); ‹fig› *Versteckspiel* n

bo [bou] s ‹Am sl› (*Anrede*) *Mensch; Stromer* m → *hobo*

boa [ʹbouə] s ‹zoo› *Riesenschlange* f; ~-constrictor ‹zoo› *Boa Konstriktor* f ‖ *Boa* f (*Halspelz*)

Boanerges [ˌbouəʹnəːdʒiːz] s ‹bib› *eifernder Prediger, Zelot* m

boar [boə] s ‹zoo› *Eber, Keiler* m ‖ *Wildschwein* n ‖ (*männl.*) *Dachs* m, → *sow* | ~ *bristle Schweinsborste* f ‖ ~'s-head *Schweinskopf* m ‖ ~-spear *Sauspieß* m

board [bɔːd] **I.** s **1.** *Brett* n, *Diele* f ‖ *Brett* n, (*Wand-)Tafel* f ‖ the ~s *die Bretter* pl, *die Bühne* f, to be on the ~s *Schauspieler s* | *Spielbrett* n (chess-~) | *Pappdeckel, Karton* m; in ~s ‹bookb› *kartoniert, in Pappband* **2.** *Tisch* m, *Tafel* f, bed and ~ *Tisch und Bett* ‖ *Kost, Beköstigung* f, *Unterhalt* m, *Pension* f, ~ and lodging *Kost und Logis* ‖ *Beratungstisch* m **3.** *Kollegium* n, *Ausschuß* m; the ~ of directors *Verwaltungs–, Aufsichtsrat* m (to be on the ~ *im A. s*) ‖ *Behörde* f, *Amt* n ‖ *Ministerium* n; the **⁂** of Admiralty *Admiralität* f ‖ **⁂** of Arbitra-

tion & Conciliation *Schlichtungs-, Einigungsamt* n (f *Arbeitgeber u –nehmer*) ‖ **⁂** of Assessment ‹Am› *Finanzkammer, Steuerbehörde* f ‖ **⁂** of audit *Rechnungsausschuß* m, *–prüfungskommission* f. ‖ **⁂** of *Directors* ‹bes Ger› *Vorstand* m, *Verwaltungsrat* m ‖ the **⁂** of Education (*vor 1944*) *Unterrichtsministerium* n, → Ministry ‖ ~ of inquiry *Untersuchungsausschuß* m ‖ **⁂** of Management (*bes Bank-)Vorstand* m ‖ **⁂** of review ‹mil jur› *Berufungsausschuß* m ‖ Supervisory **⁂** ‹com› *Aufsichtsrat* m ‖ the **⁂** of Trade *Handelsministerium* n, ‹Am› *die Handelskammer;* **⁂** of T. certificate *Kapitänspatent* n; **⁂** of T. unit *Kilowattstunde* f ‖ the **⁂** of Works *das Bauamt, die –behörde* **4.** ‹mar› (*Schiffs-)Seite* f, *Bord* m, *Deck* n ‖ *Schlag, Gang* m ‖ on ~, on ~ *ship* ‹mar› *an Bord;* on ~ the Eagle *an Bord des „Adler"*; on ~ her, of it *an B. desselben;* → overboard ‖ to go on ~ a train ‹Am› *in e–n Zug einsteigen* ‖ to go by the ~ ‹mar› *über Bord fallen, gehen;* ‹fig› *verloren gehen; fehlschlagen* ‖ to make ~s *umherkreuzen, lavieren* **5.** [attr] ~ *mill Pappenfabrik* f ‖ ~-meeting *Aufsichtsrats–, Vorstandssitzung* f ‖ ~-school (*vor 1902*) *Volksschule* f (*jetzt* County-School) ‖ ~-wages [pl] *Kostgeld* n ‖ ~-walk ‹Am› *Laufsteg* m, (*hölzerne*) *Strandpromenade, „Trampelbahn"* f; *Plankenweg, Lattenrost* m **II.** vt/i ‖ *täfeln, dielen, mit Brettern bedecken, verschalen* ‖ *in Kost nehmen, beköstigen* ‖ ‹fam› [*mst pass*] ‹mil & mar› (*jdn*) *prüfen* (*vor e–m Ausschuß*) | ‹mar› to ~ a ship *an Bord e–s Schiffes gehen* ‖ to ~ a train ‹Am› *in e–n Zug steigen* ‖ (*Flugzeug*) *besteigen* ‖ (*Schiff*) *entern* | to ~ out *in Kost* or *Verpflegung geben* ‖ to ~ up *mit Brettern verschlagen* | vi *in Kost, Pension s, essen* (with *bei*) ‹mar› *lavieren* ‖ to ~ out *außer dem Hause essen* **~er** [ʹ~ə] s *Kostgänger* m; *Pensionär* m ‖ *Internatsschüler* m ‖ ‹mar› *Enterer* m **~ing** [ʹ~iŋ] s *Dielen* f pl, *Bretterverkleidung, Verschalung* f ‖ *Speisen* n, *Beköstigung* f, *Verpflegung* f ‖ ‹mar› *Entern* n | ~-house *Pension(shaus* n) f ‖ ~-out *Essen* n, *Beköstigung* f *außer dem Hause* ‖ ~ *party* ‹mar› *Entermannschaft* f ‖ ~-school *Internat, Pensionat* n

boast [boust] **1.** s *Prahlerei* f, *Großtun* n ‖ *stolzes Gefühl; Stolz* | *Ruhm* m ‖ to make ~ of *prahlen mit; sich etw einbilden auf* **2.** vi/t ‖ *großsprechen, prahlen* ‖ to ~ of *sich rühmen* (to ~ of a th.. *e–r S.*; of having z h), *stolz s auf, prahlen mit;* not much to ~ of *nicht rühmenswert* ‖ *sich rühmen können zu besitzen* (to ~ of a museum) | vt *sich rühmen* (a th *e–r S.*; that) ‖ ‹fig› *aufzuweisen h, besitzen* ‖ to ~ o.s. to be *sich rühmen z s* ‖ (*tail etc*) *betonen* **~er** [ʹ~ə] s *Prahler, Großsprecher* m **~ful** [ʹ~ful] a (~ly adv) *prahlerisch, ruhmredig* **~fulness** [ʹ~fulnis] s *Prahlsucht* f **~ing** [ʹ~iŋ] s ‹arts› *Entwurf* m, *erste Behauung* f ‖ ~ *tool Modellierholz* n, *–stab* m

boat [bout] **1.** s *Boot* n, *Kahn* m; *Fähre* f ‖ *Dampfer* m, *Schiff* n, • *train ein Zug, der Verbindung mit e–r Dampferlinie schafft* ‖ *Sauciere* f | ~ to burn ‖ to have one's oar in everyone's ~ *sich in aller Angelegenheiten mischen* ‖ to take ~ *an Bord gehen* ‖ in the same ~ ‹fig› *in der gleichen Lage* ‖ ‹fig fam› to push out the ~ *e–e Runde zahlen, „schmeißen* ‹~› s [pl] ‹vulg› „*Elbkähne"* m pl, *Quadratlatschen* f pl | ~-bill ‹orn› *Kahnschnabel* m ‖ ~-builder *Bootsbauer* m ‖ ~-building *–bau* m ‖ ~ *drill Bootsmanöver* n ‖ ~-hook ‹mar› *–haken* m ‖ ~-house *–haus* n ‖ ~-load *ein Boot voll* (a ~ of) ‖ ~race *Bootwettfahrt, Regatta* f ‖ ~-shaped *kahnförmig* ‖ ~ *train Zug* m *mit Schiffsanschluß* ‖ ~ *wave* ‹mil› *Landungswelle* f **2.** vi (*in e–m Boote*) *rudern, fahren, segeln,* to go ~ing *rudern* (etc) *gehen* **~er** [ˈ~ə] s *steifer Strohhut* m **~ing** [ˈ~iŋ] s *Ruder–, Segelsport* m; [attr] *Ruder–, Wasser–*; ~-excursion, ~-trip *Boot–, Wasserfahrt* f

boatman [ˈboutmən] s *Bootsmann, –vermieter* m; *Ruderer* m

boatswain [ˈbousn] s ⟨mar⟩ *Hochbootsmann* m

bob [bɔb] **1.** s *Quaste* f || *Bleikugel* f, *Senkblei* n || *Gewicht* n (*am Pendel*) | *Haarbüschel* m; *Knoten* m || *kurzgeschnittenes Haar* n || *Kehrreim* m *am Ende der Stanze* || ~-wig *Stutzperücke* f **2.** vt (*Haar*) *kurz schneiden, stutzen* (to have one's hair ~bed), ~béd hair *Bubikopf* m

bob [bɔb] s [pl ~] ⟨sl⟩ *Schilling* (4 ~)

bob [bɔb] **1.** s = bobsleigh **2.** vi *in e–m* ~ *fahren* **~bing** [ˈ~iŋ] s [attr] *Bobsleigh–* **~let** [ˈ~lit] s *kl Bob* m (*f 2 Fahrer*)

bob [bɔb] **1.** vi *sich auf u ab bewegen, springen, tanzen, baumeln* || *schnappen, haschen* (for *nach*) || *emporschnellen; sich niederbeugen, kl Knickse* m, to ~ a curtsy *e–n Knicks m* (at a p *jdm*) || ⟨fam⟩ *katzbuckeln, kriechen* | to ~ up ⟨fig⟩ *plötzlich auftauchen;* to ~ up like a cork *sich nicht unterkriegen l* || ~bing target ⟨Am⟩ *Klappziel* n, *–scheibe* f **2.** s *Ruck, Stoß* m || *Knicks* m || *e–e Art* f *des Glockenläutens*

bob [bɔb] s [*aus Robert*] dry ~, wet~, *Schüler, der sich dem trockenen* (*Kricket* etc), *bzw. dem Wasser-Sport widmet*

bob [bɔb] vt *leicht schlagen. stoßen an;* to ~ one's head *mit dem Kopf st.* (against)

bobbery [ˈbɔbəri] **1.** s ⟨A-Ind fam⟩ *Lärm, Krakeel, Spektakel* m **2.** a *lärmend, laut*

bobbin [ˈbɔbin] s *Spule* f | *Klöppel* m; *feine Schnur* f, *Bund* m || ⟨el⟩ *Induktionsrolle* f || ⟨tech⟩ *Schußspule, Bobine* f || ~ winder *Spuler* m (*an Nähmaschine*) **~et** [~et] s *Englischer Tüll* m

bobbing-bastard [ˈbɔbiŋˈbæstəd] s ⟨mil sl⟩ „*Klappkamerad*" m (*Mannscheibe*)

bobbish [ˈbɔbiʃ] a ⟨sl⟩ *munter, vergnügt*

bobble [ˈbɔbl] s *Wogen* n, *Unruhe* f (*des Meeres*)

bobble [ˈbɔbl] ⟨Am fam⟩ **1.** vi/t *pfuschen* | vt *ungeschickt handhaben* **2.** s *Fehler, Irrtum,* °*Patzer* m

bobby [ˈbɔbi] s ⟨sl⟩ *Polyp* (*Polizist*) m || ~'s job *Druckpöstchen* n

bobby pin [ˈbɔbi pin] s *Haarspange, –klemme* f

bobbysocks [ˈbɔbisɔks] s pl *Söckchen f junge Mädchen* **bobbysoxer** [ˈbɔbisɔksə] s ⟨sl⟩ *Rollstrümpfler* m, *Backfisch* m (*in Rollsöckchen*) || ⟨aero⟩ *Starnärrin* f

bobcat [ˈbɔbcæt] s ⟨Am zoo⟩ *Luchs* m

bobolink [ˈbɔboliŋk] s ⟨Am orn⟩ *Reisstar, Paperling* m

bobsleigh [ˈbɔbslei], **bobsled** [ˈbɔbsled] s ⟨Am⟩ *Transportdoppelschlitten* m || ⟨sport⟩ *Bobsleigh, Rennschlitten* m || ~ rider *Bobfahrer* m; ~ track *–bahn* f

bobstay [ˈbɔbstei] s [*mst* pl ~s] ⟨mar⟩ *Wasserstag* n

bobtail [ˈbɔbteil] **1.** s *Stutzschwanz* m; *Tier mit St.* || tagrag and ~ *Krethi und Plethi, Gesindel* n **2.** (a ~ed) a *mit kurzem Schwanz* ⟨a übtr⟩ **3.** vt (*T*) *am Schwanz stutzen* || ⟨übtr⟩ *kürzen*

bocage [bɔˈkaʒ] s Fr *Gehölz, Wäldchen* n; ⟨geog⟩ *Heckenlandschaft* f

Boche [bɔʃ] s Fr ⟨sl⟩ *Deutscher* m

bock [bɔk] s *Stark–, Bockbier; Glas Bier* n

Bodder [ˈbɔdə] s ⟨Oxford sl⟩ = Bodleian Library

bode [boud] vt/i *vorhersagen, prophezeien,* this ~s him no good (*od* no good for him) *dies bedeutet nichts Gutes für ihn; vorbedeuten* | vi to ~ ill, well *von schlechter, guter Vorbedeutung s*

~ful [ˈ~ful] a *von übler Vorbedeutung; unheilvoll*

bodgie [ˈbɔdʒi] s ⟨Austr⟩ *Halbstarker* m

bodice [ˈbɔdis] s *Schnürleibchen, Mieder* n; *Taille* f

bodied [ˈbɔdid] a [in comp] *von.. Körper, –gestaltet* || full–~ *voll*(*mundig*), *schwer* (wine)

bodiless [ˈbɔdilis] a *körperlos, unkörperlich*

bodily [ˈbɔdili] **1.** a *körperlich, Körper–* (~ injury, *–verletzung*); ~ fear *Furcht vor Körperverletzung* || *leiblich* **2.** adv *körperlich* || *persönlich; wirklich* || *als Ganzes, gänzlich*

bodkin [ˈbɔdkin] s *Ahle* f, *Pfriemen* m || *lange* (*Haar-*)*Nadel* f || ⟨fig⟩ *e–e zw zwei anderen gedrängt sitzende P* f (to sit ~)

Bodleian [bɔdˈliːən] s & a: The ~ (library) ⟨Oxf⟩ *die Universitätsbücherei*

body [ˈbɔdi] **I.** s **1.** *Körper* m || (a dead ~) *Leiche* f, *Leichnam* m || *Rumpf, Leib* m || *Leib* m, *Taille* f || ⟨arch⟩ *Leibung, Wandung* f **2.** ⟨übtr⟩ *Rumpf, Stamm* m || ⟨for⟩ *Bestand* m || *Kasten* m; ⟨mot⟩ *Karosserie* f, *Aufbau* m || *Hauptteil* m, *Zentrum* n || *Flüssigkeitszustand* m || into the ~ of the church *mitten in die Kirche hinein;* ⟨fig⟩ *Kern* m, *Inhalt, Text* m **3.** ⟨fam⟩ *menschliches Wesen* n, *P* f (a poor ~); the heir of my ~ *mein leiblicher Erbe,* → any–, some– etc | ⟨jur⟩ *Körperschaft, Gesellschaft* f || ⟨com⟩ *Einrichtung* f (*P*) | *parent* ~ *Stammorgan* n, *Trupp* m, *Gruppe* f; ⟨mil⟩ *Abteilung, Anzahl* (a ~ of soldiers), *Gesamtheit* f (the ~ of *die gesamte* ..) || (*S*) *Masse, Menge* f || ~ of clouds *Gewölk* n **4.** ⟨astr⟩ *Körper* (heavenly ~ *Himmels–*); *–masse* f || *Stoff* m, *Material* n, *Substanz* f || ⟨pharm⟩ *Deriv·at* n (pyrazolone ~) | ⟨fig⟩ *Gehalt* m, *Güte* f, *Stärke, Dichtigkeit* f; (of wine) *Körper* m **5.** main ~ ⟨mil⟩ *Gros* n || solid ~ *fester Körper* m || administrative ~ ⟨pol⟩ *Organ* n; ~ corporate *juristische Person, Körperschaft* f; the ~ politic *Staat* m || in a ~, *in corpore, zus., auf einmal, in Masse* || to keep ~ and soul together *Leib und Seele zus–halten* **6.** [attr] ~ armour *Panzerwest* f || ~-belt *Leibgurt* m || ~-cloth *Pferdedecke, Schabracke* f || ~-clothes *Kleidungsstücke* n pl || ~-colour ⟨arts⟩ *Deckfarbe* f || ~-control *Körperbeherrschung* f || ~ design ⟨mot⟩ *Karosserieform, –konstruktion* f || °guard *Leibwache* f ⟨a fig⟩ || ~ sand *Formkastenfüllsand* m || ~-snatcher *Leichenräuber* m; ⟨mil hum sl⟩ °Sani m (*Sanitäter*) **II.** vt *gestalten,* (*mst* to ~ forth) *greifbar* od *faßlich darstellen, sich vergegenwärtigen; verkörpern*

Boer [ˈbouə, ˈbuə] s *Boer, Bur* m

boffin [ˈbɔfin] s ⟨sl⟩ (*Nur-*)*Wissenschaftler, Geheimwissenschaftler* m

Bofors [ˈboufɔz] s (a ~ gun) *Schnellfeuerflakgeschütz* n, *4 cm-Bofors-Zwillingsflak* f

bog [bɔg] s **1.** s *Moor* n, *Morast, Sumpf* m || [oft pl ~s] ⟨vulg⟩ *Abort* m, to go to the ~s *austreten* | **~-berry** = cranberry || ~-earth ⟨geol⟩ *Moorerde* f || ~-land *Marsch–, Sumpfland* n; ⚭ *Irland* n || ~-ore *Raseneisenstein* m || ~-rush ⟨bot⟩ *Schwärzliches Kopfried* n || ~-spavin *Spat* m (*Pferdekrankheit*) || ~-timber, ~-wood *Sumpfholz, fossiles Holz* n || ~-trotter *Sumpftreter,* ⟨cont⟩ *Irländer* m || ~-vaccinium ⟨bot⟩ *Rausch–, Sumpfheidelbeere* f **2.** vt *im Schlamme, Sumpf versenken,* to be ~ged *im Schlamme versinken* | vi to ~ (down) *sich festfahren, steckenbleiben, absacken; zus–brechen; träge w*

bogey [ˈbougi] s ⟨golf⟩ *gewöhnliche Zahl Schläge* m pl (*f gute Spieler*); (*Platz-*)*Einheit* f || → bogie

boggle [ˈbɔgl] vi (→ bogle) *stutzen, zurückweichen* (at *vor;* at doing *davor.. zu tun*); *schwanken, zögern* (at *bei*) || °*fummeln* (at *an*)

boggy [ˈbɔgi] a *sumpfig, morastig*

bogie ['bougi] s *Blockwagen* m *mit Drehgestell* || ⟨rail⟩ *Drehgestell* n || *Panzer–, Laufrad* n, *–rolle* f

bogle ['bougl], **boggle** ['bogl] ⟨*bes* Scot⟩ s *Phantom* n, *Popanz* m; *Vogelscheuche* f

bogus ['bougəs] **1.** a ⟨*urspr* Am⟩ *falsch, unecht; schwindelhaft, Schwindel–;* ~ *check Kellerwechsel* **2.** s *Zeitungsfüllartikel* m

bogy, –gey ['bougi] s [pl –ies; –eys] *Kobold; Teufel* m || (*a* ~ мan) *Gespenst* n, *Butzemann* m || ⟨aero sl⟩ *unbekanntes (Feind-)Flugzeug* n

bohea [bou'hi:] s *minderwertiger schwarzer chinesischer Tee* m

Bohemia [bou'hi:mjə] s *Böhmen* n || ⟨fig⟩ *Boh'eme* f ~**n 1.** a *böhmisch* || *Zigeuner–* || ⟨fig⟩ *leichtlebig, ungebunden, liederlich* **2.** s *Böhme* m || *Zigeuner(in* f) m || ⟨fig⟩ *Bohemien, Kunstzigeuner* m ~**nism** [~nizm] s *leichtlebige Ungebundenheit* f

bohunk [bou'hʌŋk] s ⟨Am sl⟩ *(minderwertiger) Arbeiter* m *aus Mitteleuropa*

boil [bɔil] s ⟨med⟩ *Furunkel* m, *Geschwür* n

boil [bɔil] **1.** vi/t || *kochen, sieden;* the kettle is ~ing *das Wasser kocht* || *heftig wogen, wallen, brausen* (*v* See) || ⟨fig⟩ *kochen* (the blood ~s), *erregt w, schäumen* (with *vor*) || to keep the pot ~ing ⟨fig⟩ *das Leben fristen, sich durchschlagen, durchhalten* | to ~ *away verdampfen* || to ~ down to ⟨fig fam⟩ *letzten Endes hinauslaufen auf* || to ~ over *überkochen;* ⟨fig⟩ *überwallen* | vt (*etw*) *kochen;* (*Wäsche*) *sieden;* ~ed sweets *Fruchtbonbons* pl | to ~ down *einkochen, kondensieren;* ⟨fig⟩ *zus–drängen* (into *in*) || ~**ed** [bɔild] a ⟨Am fam⟩ *sternhagelvoll (betrunken)* || ⟨Am⟩ ~ *dinner Gemüseeintopf* m; ~ *shirt weißes (Frack-)Hemd* n; ⟨fig⟩ *Angeber* m (*P*) **2.** s *Kochen, Sieden* n; on the ~ *im Kochen;* ⟨fig⟩ *in Wallung* || *Siedepunkt* m (at the ~ *auf dem* S.), to bring to the ~ *z Kochen bringen*

boiler ['bɔilə] s *Sieder, Kocher, Kessel* m || (of a furnace) *Kessel* m, *Pfanne* f || (of an engine) *Dampfkessel* m | plunging ~ ⟨tech⟩ *Sturzkocher;* spherical bleaching ~ *Kugelkocher* z *Bleichen;* vertical water-tube ~ *Steilrohrkessel* | ~*-maker Kesselschmied* m || ~*-plate Kessel–, Eisenblech* n; ⟨Am⟩ *Zeitungsmatrize* f (f kl *Zeitungen,* [attr] ~ *p.* news service) || ~*-tube Dampf–, Kesselröhre* f ~**y** [~ri] s *Siederei* f

boiling ['bɔiliŋ] **1.** s *Kochen, Sieden* n; ⟨tech⟩ *Kochung* f || ⟨sl⟩ the whole ~ *die ganze Sippschaft* f | [attr] *Koch–, Siede–,* ~*-point –punkt* m ⟨*a* fig⟩ (*höchste Erregung*) (to bring, rouse to [the] ~*-point*) **2.** a *kochend, siedend, heiß;* ~*-hot siedend heiß* || ⟨fig⟩ *aufwallend, erregt* | ~*-springs heiße Quellen* f pl

boisterous ['bɔistərəs] a (~ly adv) *lärmend, ungestüm, heftig, laut* | (of the wind) *stürmisch, tobend* ~**ness** [~nis] s *Ungestüm* n

boko ['boukou] s ⟨sl⟩ °„*Gurke*" (*Nase*) f

bold [bould] a (~ly adv) *kühn;* (of actions) *gewagt;* ~ *stroke Gewalt–, Handstreich* m || *dreist, keck, unverschämt* || *hervortretend, –ragend, steil* | ⟨fig⟩ *kräftig, deutlich, fett* (type) (~*-[face] type Fettdruck*) || *klar gekennzeichnet* (lines) || *neuartig* (ideas) | to be, make so ~ as to do *so frei s z tun* || to be ~, make ~ *sich herausnehmen, sich die Freiheit nehmen* (to do) || as ~ as brass *mit e–r eisernen Stirn, frech* (°*wie Dreck*) | [in comp] ~*-faced unverschämt;* ⟨typ⟩ *deutlich, fett* || ~*-spirited mutig, kühn* ~**ly** ['~li] adv *kühn* || *klar, deutlich,* to stand out ~ *from sich klar abheben* v ~**ness** [~'nis] s *Kühnheit* f || *Dreistigkeit* f

bole [boul] s *Baumstamm* m, ⟨for⟩ *Schaft* m

bole [boul] s ⟨minr⟩ *Bolus* m; *Siegelerde* f

bolection [bou'lekʃən] s ⟨arch⟩ *vorspringendes Gesims* n

bolero [bo'liərou] s *Span kurze Jacke* f || *span. Tanz* m

boletus [bo'li:təs] s L *Röhrenpilz, Röhrling* m

bolide ['boulaid] s *Feuerkugel* f, *Art Meteor* n

boll [boul] s ⟨bot⟩ *Samenkapsel* f

bollard ['bɔləd] s ⟨mar⟩ *Schiffspfahl, Poller* m

bolo ['boulou] s ⟨Am⟩ *einschneidiges (Busch-) Messer* n (*der Filipinos*) || he's ~ ⟨Am sl⟩ *er schießt nur „Fahrkarten"*

bolo– ~graph ['boulogrɑ:f] s (*e–e*) *Photographie* f *des:* ~**meter** [,bou'lɔmitə] s ⟨phys⟩ (*Meßapparat* m f *schwache Wärmestrahlen*) *Bolom'eter* m

boloney [bə'louni] s *Bologneser Wurst* f || ⟨fig *urspr* Am sl⟩ °*Quatsch* m, *Geschwafel* n; *Lobhudelei* f || ⟨Am sl⟩ *Autoreifen* m

Bolshevik ['bɔlʃəvik] **1.** s *Bolschewist* m; *Kommunist* m **2.** a *bolschewistisch* **bolshevism** ['bɔlʃəvizm] s *Bolschewismus* m –**vist** ['bɔlʃəvist] **1.** a *bolschewistisch* **2.** s *Bolschewist* m –**vistic** [bɔlʃə'vistik] a *bolschewistisch* –**vization** [–vai-'zeiʃən] s *Bolschewisierung* f

Bolshy, –shie ['bɔlʃi] s ⟨cont⟩ [abbr *f*] *bolshevike*

bolster ['boulstə] **1.** s *Polster, Kissen* n, ⟨hist⟩ *Bettpfühl* n || *Unterlage* f || ~ *truck Fahrgestell* n f *Langmaterial* **2.** vt *polstern;* (*jdm*) *Kissen unterlegen* | to ~ up ⟨fig⟩ *unterstützen, verteidigen*

bolt [boult] **1.** s *Bolzen, Pfeil* m || *Donnerkeil, Blitzstrahl* m | *Riegel* (door–~), *Schließhaken* m || *Bolzen* m (*Nagel*); nut and ~ *Schraube* f *u Mutter* f; screw–~ *Schraubenbolzen* || *Kloben* m || *Stück* n, *Bund* m, *Bündel* n, *Rolle* f (*v Leinwand* etc) | *cut from the same* ~ *aus demselben Holz geschnitzt* || to shoot the ~ *den Riegel vorschieben* || he has shot his ~ *er hat sein Pulver verschossen* | a fool's ~ *is soon shot Narrenwitz ist bald zu Ende* | [attr] ~*-auger* ⟨tech⟩ *Bolzenbohrer* || ~*-head* ⟨chem⟩ *Destillierkolben* m || ~ *position* ⟨mil⟩ *Riegelstellung, Abriegelungsfront* f || ~*-rope* ⟨mar⟩ *Segelsaum, Leik* n || ~ *slide (Gewehr-)Kammerbahn* f || ~ *support (Gewehr-)Schloßhalter* m **2.** adv ~ *upright kerzengerade*

bolt [boult] **1.** vt/i || *mit e–m Bolzen befestigen, verbolzen* || *verriegeln* | ⟨hunt⟩ to ~ a fox.. *aus dem Bau sprengen* | (*etw*) *hervorstoßen* || °*hastig hinterschlingen* | *sich lossagen v* | vi ⟨hors⟩ *scheuen, durchgehen* || (*P*) (*fort-)eilen, stürzen; ausreißen, durchbrennen* (with) || ⟨Am⟩ *sich lossagen,* (*aus Partei*) *austreten* **2.** s *plötzl. Wendung* f (*to nach*); *Davonlaufen* n; to make a ~ *for it ausreißen* || ⟨Am⟩ *Lossagung* f (*v e–r Partei*) ~**er** ['~ə] s *Durchgänger* m (*Pferd*)

bolt, boult [boult] † vt *sieben* || ⟨fig⟩ *untersuchen* ~**er** ['~ə] s *Beutelsieb, Siebtuch* n ~**ing** ['~iŋ] s [attr] *Sieb–, Beutel–* || ~*-cloth –tuch* n || ~*-hutch Beutelkasten* m | ~*-machine,* ~*-mill –maschine, Siebmühle* f

bolus ['bouləs] s L ⟨med⟩ *große Pille* f || ⟨fig⟩ *bittere Pille* f

boma ['boumə] s [Suaheli] (*befestigte*) *Polizei–, Militärstation* f

bomb [bɔm] **1.** s (*Zünd-)Bombe* f (to drop ~s); flying ~ *fliegende B.* || *Handgranate* f (~*-thrower*) | ⟨fig⟩ *Bombe* f | ~ *bay* ⟨aero⟩ *Bombenschacht* m, ~*-bay door –klappe* f || ~ *carpet –teppich* m || ~ *carrier B.-Aufhängevorrichtung* f || ~ *chute B.-Schüttkasten* m || ~ *container B.-Kasten* m || ~ *disposal unit B.-Räum–* or *–Sprengkommando* n || ~ *flight path B.-Wurfbahn* f, *B.-Fallkurve* f || ~ *gear B.-Aufhängevorrichtung* f || ~ *hit B.-Einschlag, –treffer* m || ~ *impact B.-Aufschlag* m || ~*-proof bombenfest, –sicher* || ~ *release Bombenabwurf* m, *–auslösung* f; ~ *r. control –auslösevorrichtung* f; ~ *r. moment Auslösezeitpunkt* m; ~ *r. slip*

Bombenschloß n ‖ ~-shell *Bombe* f (like a ~-shell ⟨fig⟩ *wie e–e B.*) ‖ ~ thrower *Granatwerfer* m ‖ ~ trajectory *Wurfparabel* f; ~ t. path *Wurfbahn* f ‖ ~ t. table *B.-Falltafel* f **2.** vt *bombardieren; Bomben abwerfen auf* (to ~ a town) ‖ to ~ out (P) *ausbomben* ‖ to ~ up (*Flugzeug*) *mit Bomben laden* ~er [′~ə] → *d.*; daylight (night) ~ *Tag-*(*Nacht-*)*Bomber* m ‖ fighter ~ *Jagdbomber* (*abbr Jabo*) (*Flugzeug*) ‖ ~ pilot *Kampfflieger* m ~ing [′~iŋ] s *Bombenabwerfen* n; *-abwurf* m; [attr] *Bomben-* (→ raid) ‖ ~ altitude ⟨mil-aero⟩ *Angriffshöhe* f ‖ ~ angle *Bombenwurfvorhaltewinkel* m ‖ ~ calculator *Abwurfrechengerät* n ‖ ~ dive *Bombensturzflugzeug* m ‖ ~ mission *Bomben(einsatz)flug* m ‖ pattern ~ *Flächenbomben* n, °*Teppichlegen* n ‖ pinpoint ~ *Punktbomben* n ‖ ~ master release switch *Bombenabwurfhauptschalter* m ‖ ~ run *B.-Zielanflug* m ‖ ~ up ⟨aero⟩ *Aufladen* n

   bombard [bɔm′bɑ:d] vt ⟨mil⟩ *bombardieren* ‖ ⟨at⟩ (*Atom*) *beschießen* ‖ ⟨fig⟩ to ~ with *bestürmen mit* ~ier [ˌbɔmbə′diə] s ⟨engl mil⟩ *Artillerieunteroffizier* m ‖ ⟨aero⟩ *Bombenschütze* m ~ment [bɔm′bɑ:dmənt] s ⟨mil⟩ *Bombardement* n, *Beschießung* f, *Beschuß* m; heavy ~ *Trommelfeuer* n
   bombasine, –zine [ˌbɔmbə′zi:n] s *Bombasin* m (*Kleiderstoff*)
   bombast [′bɔmbæst, –′–] s ⟨fig⟩ *Bombast, Wortschwall, Schwulst* m ~ic [bɔm′bæstik] a *bombastisch, schwülstig; hochtrabend*
   bombed [bɔmd] pp → to bomb; ~ out *ausgebombt* ‖ ~ site *Trümmerfeld, –grundstück* n
   bomber [′bɔmə] s *Bomber* m, *Kampfflugzeug* n ‖ ~ Command *–korps* ‖ ~ group *–geschwader* n, ⟨Am⟩ *–gruppe* f ‖ ~ wing *–gruppe* f, ⟨Am⟩ *–geschwader* n; → bomb, *–er*
   bona fide [′bounə′faidi] L [*urspr adv*] *in gutem Glauben, gutgläubig* (made ~ ~); [*jetzt* adv & a] *ehrlich, zuverlässig; wahr, echt*
   bonanza [bo′nænzə] s *Wohlfahrt* f, *Glück* n, *in* ~ *anhaltendes G.* ‖ *ertragreiche Goldmine* f; ⟨fig⟩ *Goldgrube* f ‖ *erfolgreiches Unternehmen* n, a ~ farm *e–e sehr ergiebige Farm* f
   bonbon [′bɔnbɔn] s Fr *Bonbon* m & n
   bonce [bɔns] s *Klicker*(*spiel* n) m
   bond [bɔnd] **I.** s **1.** [*nur pl* ~s] *Bande, Fesseln* pl, *in* ~s *gefesselt* **2.** ⟨fig⟩ *Verbindung* f, *Zushalt* m, *Bündnis* n (~ of friendship *Freundschafts–*); to strengthen the ~s *die Beziehungen enger gestalten* **3.** ⟨arch⟩ *Verband* m; *Art* f *e–r Verbindung v Steinen etc* **4.** ⟨jur⟩ *Ab–, Übereinkommen* n ‖ *Bürgschaft* f, *Garantieschein* m; his word is his ~ *sein W. ist ihm heilig* ‖ (a ~ paper) *Kanzleipapier* n ‖ ⟨com⟩ *Obligation, Schuldverschreibung* f, *Pfandbrief* m; registered ~ *Namensschuldverschreibung* f **5.** *Zollverschluß* m, *in* ~ *unter Z.*; to take out of ~ *vom Zollamt abholen* | ~-creditor *Obligationsgläubiger* m ‖ ~-debt *–schuld* f ‖ ~-holder *–inhaber* m **II.** vt (*Steine*) *verbinden; aufschichten* ‖ *in Zollverschluß legen* ‖ *verpfänden; mit Obligationsschuld belasten* ~ed [′~id] a *durch Obligationen gesichert; mit Obl. belastet*; ~ debt *Obligationsschuld* f ‖ *unter zollamtlichem Verschluß*; ~ goods [pl] *unter Zollverschluß lagernde Güter* n pl; ~ warehouse *Zollspeicher* m (*öffentl. Lagerhaus unter Zollaufsicht*); *Freilager* n
   bond [bɔnd] a † *unfrei, leibeigen* ‖ ~-servant *der Leibeigene* m, ~-service *Leibeigenschaft* f ~age [′~idʒ] s *Knechtschaft, Leibeigenschaft* f; *Sklaverei* f; *Gefangenschaft* f ‖ ⟨fig⟩ *Bindung* f, *Zwang* m ~(s)man [′~(z)mən] s *Leibeigener, Sklave* m ⟨a fig⟩ ~woman [′~ˌwumən] s *Sklavin, Leibeigene* f
   bone [boun] **I.** s **1.** *Knochen* m, *Bein* n; [attr] *Knochen–* ‖ (of fishes) *Gräte* f; *Korsettstange* f ‖

harter Teil des Körpers (flesh and ~) ‖ hard *od* dry as a ~ *korktrocken* ‖ ⟨Am sl⟩ *Dollar* m **2.** ~s [pl] *Knochengerüst* n, *Körper* m (my old ~s) ‖ ⟨fig⟩ *sterbliche Reste* m pl, *Gebeine* n pl ‖ ⟨mus⟩ *Kastagnetten* f pl; *–spieler* m ‖ ⟨bes Am⟩ *Würfel* m pl **3.** ~ of contention *Zankapfel* m, a bag of ~s ⟨fig⟩ *ein Haufen Knochen, ein Gerippe, Klappergestell* n (P), (*klapperdürrer Mensch*) ‖ (a horse) with plenty of ~ *von gutem Körperbau* ‖ bred in the ~ *angeboren, ererbt* what is bred in the ~ will come out in the flesh *Art läßt nicht von Art* ‖ to the ~ *bis auf die K.*; ⟨fig⟩ *durchdringend* ‖ he is all skin and ~s *er ist nur Haut und K.* | to break every ~ in a p's body *jdm alle K. im Leibe zerschlagen* (*zerbrechen*) ‖ his ~s come through his skin *man sieht s–e K. durch die Haut* ‖ to feel in one's ~s *Gift drauf nehmen können* (*ganz sicher s*) ‖ to have a ~ to pick with a p *mit jdm ein Hühnchen zu pflücken h* ‖ to make no ~s *kein Bedenken tragen* (about *betreffs*, about *od* of doing *zu tun*), *kein Hehl* m (about *aus*) ‖ his ~s were laid *s–e Gebeine wurden begraben* ‖ he will leave his ~s there *er wird sein Grab dort finden* **4.** [attr] ~-ash *Knochenasche* f ‖ ~-bed ⟨geol⟩ *Gesteinschicht* f *mit Knochenresten* (*vorweltlicher Tiere*) ‖ ~-dry *ganz trocken*; ⟨fig⟩ *durstig* ‖ ~-dust *Knochenmehl* n ‖ ~-head ⟨Am fam⟩ = *boner* ‖ ~-lace *geklöppelte Spitzen* f pl ‖ ~-meal (*tierisches*) *Knochenmehl* n (*Dünger*) ‖ ~-setter *Knocheneinrichter* m; *Orthopäde* m ‖ ~-shaker *Klapperkarre* f (*abgebrauchtes Fahrrad* n) ‖ ~-spavin *Hufspat* m **II.** vt ⟨cul⟩ *die Knochen* or *Gräten herausnehmen aus* (*etw*) (to ~ fish) ‖ *mit Knochenmehl düngen* ‖ ⟨sl⟩ *stehlen, stibitzen* ~d [~d] a [in comp] *–knochig:* well-~ *mit starken Knochen, starkknochig* ‖ ⟨cul⟩ *ohne Knochen* ~less [′bounlis] a *knochenlos* ‖ ⟨fig⟩ *haltlos,* [pred] *ohne Rückgrat*
   bone [boun] vt ⟨surv⟩ (*Niveau*) *messen* ‖ ~ning rod *Meßlatte* f
   boner [′~ə] s ⟨Am⟩ *Schnitzer, Fehler,* °*Kreuzbock; Dummkopf* m
   bonfire [′bɔnˌfaiə] s *Freudenfeuer* n ‖ *Feuer* (*z. Verbrennen v. Gestrüpp*); to make a ~ of *zerstören*
   bonhomie [′bɔnəmi:] s Fr *Gutartigkeit* f
   Boniface [′bɔnifeis] s *Schenkwirt, Kneipier* m
   bonner [′bɔnə] s ⟨Oxford sl⟩ *Freudenfeuer* n
   bonnet [′bɔnit] **1.** s (*Damen-*)*Mütze, Haube* f *mit Bändern* ‖ ⟨Scot⟩ *Herrenmütze* f ‖ ⟨mar⟩ *Beisegel* n | ⟨tech⟩ *Haube*; ⟨mot⟩ *Motorhaube* f; *Lüftungsklappe* f ‖ ~ fastener ⟨mot⟩ *Haubenhalter, –verschluß* m ‖ ⟨sl⟩ *Helfershelfer* m | to have a bee in one's ~ ⟨fam⟩ *e–n Vogel h* **2.** vt *e–n Hut aufsetzen* ‖ (*jdm*) *den Hut eintreiben* ‖ *bedecken, auslöschen*
   bonny [′bɔni] a ⟨bes Scot⟩ (–nily adv) *hübsch, drall, rosig* ‖ ~-clabber [′bɔniklæbə] s ⟨Am⟩ *dicke Milch* f
   bonspiel [′bɔnspi:l] s ⟨Scot⟩ *Wettspiel* n
   bonus [′bounəs] s L [pl ~es] *Extrazahlung* f; *Zulage, Gratifikation* f ‖ *Gewinnanteil* m, *–beteiligung* f ‖ *Teuerungszuschlag* m ‖ *Sondervergütung* f ‖ *Prämie* f [a attr] ‖ *Extradividende* f; ~ share *Gratisaktie* f
   bony [′bouni] a *knochig; Knochen–* ‖ *beinern, knöchern* ‖ *sehr grätig* (fish) ‖ *klapperdürr*
   bonze [bɔnz] s *Bonze* m (*buddh. Priester*)
   boo! [bu:] **1.** intj & s *buh! muh!* **2.** vi/t ~ *wie eine Kuh brüllen; buh* m | vt (*Tier*) *verjagen*
   boob [bu:b] s ⟨Am fam⟩ *Dussel, Tölpel; Langweiler* m
   booby [′bu:bi] s *Tölpel* m ‖ ⟨orn⟩ *Tölpel* m | ~-hatch *mar*⟩ *Achterlukenkappe* f; ⟨Am sl⟩ „*Klapsmühle*" f (*Irrenhaus*), „*Kittchen*" n (*Gefängnis*) ‖ ~ mine *Schreckmine* f ‖ ~-trap

⟨school⟩ *derber Streich* m; *Falle* f, ⟨mil⟩ *Spreng-Attrappe, Schreckmine, Minenfalle* f

booby-prize ['buːbi-praiz] s ⟨sport⟩ *Art Trostpreis* m *f den Schlechtesten*

boodle ['buːdl] s ⟨Am⟩ *Menge* f, *Haufen* m (the whole ∼) | *Geld, Kapital* n; ⟨Am pol⟩ *Schmiergeld* n | vi *Schmiergeld annehmen, sich schmieren l* | vt *bestechen*

boodwar ['buːdwaː] s Fr ⟨Am⟩ = boudoir

boogie-woogie ['buː(ː)gi'wu(ː)gi] s B*ugiwugi* m (,,*Tanz*'', *Klavierjazz in synkopierten Achteln*)

boohoo [buː'huː] **1.** s *lautes Schreien* n || *lautes Weinen* n **2.** vi *laut heulen, plärren*

book [buk] **I.** s **1.** *Buch* n (a stream of ∼s *e–e Flut v Büchern*, ⟨a fig⟩ (∼ of fate, ∼ of life); ∼ of matches *Streichholzheftchen* n || the ∼ *das Buch der Bücher, die Bibel* f (to kiss the ∼; to swear on the ∼) || the devil's ∼s *des Teufels Bilderbuch, Teufelsspiel* n, *Spielkarten* f pl | *Teil* m *e–s Werkes* or *Gedichtes* || *Text* m, *–buch* n (*e–r Oper* etc) | *Geschäfts–, Kassenbuch* n || (⟨Am⟩ *hand*∼) *Buch für Wetten jds beim Rennen*; to suit one's ∼ ⟨fig⟩ *jdm in den Kram passen* || *Heft* n (∼ of stamps) | *Liste* f; (*Fahrkarten–, usw*) *Block* m **2.** ∼ of God *Wort* n *Gottes, Bibel* f || ∼ of Hours *Stundenbuch* n || ∼ of reference *Nachschlagebuch* n || without the ∼ *ohne Autorität; auswendig;* to keep ∼s *Bücher führen* | to be at one's ∼s ⟨fig⟩ *studieren, über den Büchern sitzen, arbeiten* || to learn by ∼ *genau lernen* || by (the) ∼ ⟨fam⟩ ,,*nach dem Rechenbuch*'' (*küssen, fechten* etc) || to speak by the ∼ *genau zitieren* || never to look into a ∼ *nie ein Buch ansehen* || to be in a p's good, black ∼s *bei jdm gut, schlecht angeschrieben s* || to be deep in a p's ∼s *jdm viel schuldig s* || to cross off one's ∼s (*jdn*) *aus s–n Büchern streichen* || to take one's name off the ∼s *aus der Gesellschaft austreten* || to be on the ∼s of a society *eingetragenes Mitglied e–r G. s*; the number of students on the ∼s *die Zahl ihrer* (sc *der Universität*) *eingetragenen Studenten* || to take a leaf out of a p's ∼ *jdm nachahmen* || to bring to ∼ *zur Rede stellen, zur Rechenschaft ziehen* || (that play is) on for the ∼ ⟨sl⟩ *e–e* °*Pfundsleistung* **3.** [attr] *Buch–, Bücher–* || ∼ **club** *Lesezirkel* m, *Buchgemeinschaft* f || → ∼(-)*ends* || ∼-hunter *Büchersammler* m || ∼(-)*jacket Buchhülle* f || ∼-keeper *Buchhalter, Rechnungsführer* m || ∼-keeping *Buchführung, –haltung* f; → ∼ entry || ∼-learning, ∼-lore *–gelehrsamkeit* f || ∼-learned *stubengelehrt; belesen* || ∼-mate *Mitschüler* m || ∼-muslin *Organdin* n || ∼-plate *Exlibris* n || ∼-post *Bücher–, Drucksachenpost* f (by ∼-post *unter Kreuzband*) || ∼ printing paper *Werkdruckpapier* n || ∼-rack ⟨Am⟩ *Bücherhalter* m, *–bort* n, *–schrank* m || ∼ rest *Buchstütze* f || ∼-slide *verschiebbares Büchergestell* n || ∼-stand *–brett* n, *–halter* m || ∼-store ⟨Am⟩ *Buchladen* m || ∼-trade *–handel* m || ∼ value *z Buche stehender Wert* m **II.** vt/i | *buchen, eintragen* || *bestellen, belegen* (∼ me 2 seats) || (*Fahrkarte*) *lösen*; ⟨theat⟩ *im Vorverkauf besorgen* | ⟨telph⟩ to ∼ a call *ein Gespräch anmelden* || to ∼ a perm *sich zur Dauerwelle anmelden* || (*Gepäck*) *aufgeben, adressieren, befördern l* || ⟨fam⟩ (*jdn*) *vormerken,* (*jdn*) *als Gast verpflichten, belegen;* to be ∼ed *gezwungen s* (to do) || You are ∼ed all right *du* ,,*hängst*'' (*wirst geschnappt*) || ∼ed up *ganz besetzt, ausverkauft* | vi ⟨rail⟩ *e–e Fahrkarte lösen* (to *nach*); *sich vormerken l,* sich ,,*buchen*'' || to ∼ through ⟨rail⟩ *durch-lösen* (to *bis*) ∼**able** ['∼əbl] a *im Vorverkauf erhältlich*

bookbinder ['buk͵baində] s *Buchbinder* m ∼**y** [∼ri] s ⟨Am⟩ *Buchbinderei* f **–ding** ['buk-baindiŋ] s *Buchbinden* n; *Buchbinderei* f

bookcase ['buk-keis] s *Bücherschrank* m,

–regal, –gestell n; revolving ∼ *Drehbibliothek* f

book(-)**ends** ['∼'–'] s pl *Bücherstützen* f pl

bookie ['buki] s ⟨sl⟩ *Buchmacher* m

booking ['bukiŋ] s *Buchen* n || advance ∼ *Vorverkauf* m (at *bei*) | ∼-clerk *Fahrkartenverkäufer* m; *Güterexpedient* m || ∼-office ⟨rail⟩ *Fahrkartenschalter* m; ⟨Am⟩ *Gepäckannahme* f; ⟨theat⟩ (*Theater-*)*Kasse* f

bookish ['bukiʃ] a (∼ly adv) *Buch–* (∼ form) || *auf Bücher versessen* || *stubengelehrt* ∼**ness** [∼nis] s *Bücherliebhaberei* f; *Buchwissen* n

booklet ['buklit] s *Büchlein* n, *Broschüre* f

bookmaker ['buk͵meikə] s *Bücherschreiber* m || ⟨racing⟩ *Buchmacher* m **bookmaking** ['buk͵meikiŋ] s *Bücherschreiben* n || ⟨racing⟩ *Buchmachen* n

bookman ['bukmən] s *Buchgelehrter* m || *Büchermensch* m

bookmark(er) ['bukmɑːk(ə)] s *Buch–, Lesezeichen* n

bookmobile ['bukməbiːl] s ⟨Am⟩ *Wanderleihbücherei* f, *rollende(r) Bibliothek(sdienst* m) f

bookseller ['buk͵selə] s *Buchhändler* m **–lling** ['buk͵seliŋ] s (a ∼ trade; booktrade) *Buchhandel* m

bookshelf ['bukʃelf] s [pl –lves] *Bücherbrett* n

bookshop ['bukʃɔp] s *Buchladen* m **bookstall** ['bukstɔːl] s *Bücher–, Zeitungsstand* m *e–s Buchhändlers* (*auf Bahnhöfen* etc); on all ∼s *an allen Bücherständen*

bookworm ['bukwəːm] s ⟨zoo & fig⟩ *Bücherwurm* m

boom [buːm] s ⟨mar⟩ *Baum* m, *Spiere* f || *Hafenbaum* m, *–sperre* f | ∼ *defence* ⟨mar⟩ (*Balken-*)*Sperre* f; ∼ *d. means Sperrmittel* n; ∼ *d. vessel Sperrfahrzeug* n || ⟨bes Am film wir⟩ *beweglicher Kamera–, Mikrophon-Galgen* m: ∼ light *Galgenlampe* f || ∼-jigger ⟨mar⟩ *Kloben* m *z Takeln des Leesegels* | ⟨tech a⟩ *Arm* m || *Ausleger* m (*e–s Kranes*) | ∼efueling ∼ ⟨Am aero⟩ *Tankrohr* n (*z Tanken in der Luft*)

boom [buːm] **1.** vi *dröhnen* (in one's ears *in den Ohren*); *schallen, brausen* || *summen* || *schreien* (*v der Rohrdommel*) || *mit vollen Segeln fahren* || ∼ing ⟨fig⟩ *blühend* **2.** s *das tiefe Dröhnen, Schallen; Summen* n

boom [buːm] **2.** vt/i ⟨urspr Am⟩ ⟨com⟩ *Riesenreklame m f; anpreisen;* (*Preise*) *in die Höhe treiben;* (*durch Reklame*) *hochbringen* | vi *große Fortschritte* m, *in die Höhe gehen; e–n Aufschwung nehmen; berühmt w* **2.** s *plötzlicher Aufschwung* m; *Berühmtwerden* n ⟨com⟩ (a ∼ *days*) *Hochkonjunktur,* (*tourist* ∼ *Touristenrummel* m), *Hausse* f || *Reklame, Stimmungs–, Wahlmache* f | ∼**er** ['∼ə] s ⟨Am sl⟩ *Haussier*, *Spekulant* m

boomerang ['buːməræŋ] **1.** s *Wurfholz* n, *–keule* f, *Bumerang* m (*Wurfwaffe*) || [attr] *Hin- u Rück-* (flight, trip) || ⟨fig⟩ *Falle, in die man selbst fällt* **2.** vi *z eigenen Schaden gereichen*

boon [buːn] s *Gabe, Gefälligkeit* f; ⟨fig⟩ *Wohltat* f, *Segen* m (to *für*)

boon [buːn] a † *gütig* || *munter, fröhlich;* ∼-companion *Zechkumpan, Saufbruder* m

boondoggle ['buːndɔgl] ⟨Am sl⟩ **1.** s *Schleife, Schnur* f, *Hutband* n, *Schlips* m (*der Boy Scouts*) || *einfacher, handgemachter Gebrauchsgegenstand* m || *nutz–, zwecklose Arbeit* f **2.** vi *pfuschen, s–e Zeit verplempern*

boor [buə] s † *Bauer* m | ⟨fig⟩ *Lümmel, Grobian* m ∼**ish** ['∼riʃ] a (∼ly adv) *bäurisch, grob, ungeschliffen* ∼**ishness** ['∼riʃnis] s *bäurisches Wesen* n, *Grobheit, Ungeschliffenheit* f

boost [buːst] **1.** vt ⟨urspr Am sl⟩ *heben,* ,,*ankurbeln*'' || (*jdm*) *helfen* || (*an*)*preisen* || *mit zusätzlicher Hilfe hochbringen* || ⟨el⟩ *regulieren,* (*Batterie*) *verstärken* || (*Preise*) *hinauftreiben* || *werben für* || ⟨aero mot⟩ *aufladen* || ∼ed take-

off ⟨aero⟩ *Start* m *mit Raketenunterstützung* f
2. s *Aufschwung* m; *Reklame* f; *Propaganda* f ‖
Preistreiberei f ‖ ⟨mot⟩ *Ladedruck* m, *Verstärkung* f; high degree of ∼ *hohe Aufladung* f ‖ ∼
air ⟨aero-mot⟩ *Ladeluft* f ‖ ∼ control *Kraft-
steuerung* f ‖ ∼ pressure gauge (⟨Am⟩ gage)
Ladedruckmesser m ∼er ['∼ə] s ⟨el⟩ *Zusatz-
dynamo* m ‖ ⟨Am⟩ *unverbesserl. Optimist* ‖
⟨aero-mot⟩ *Startrakete* f; *Anlaßmotor* m ‖ ∼
coil *Anlaßspule* f ‖ ∼ magneto *Anlaßmagnet-
zünder* m ‖ ∼ rocket *Startrakete* f
   boot [bu:t] **1.** s † *Nutzen, Gewinn, Vorteil* m ‖
to ∼ *in den Kauf, obendrein, noch dazu* **2.** † vt
[*nur in* 3. *sg*] *nützen,* what ∼s it? *was hilft's?*
   boot [bu:t] **1.** s *Stiefel, hoher Schuh* m ‖
⟨hist⟩ *spanischer Stiefel* m ‖ (of a coach)
Kutschkasten, Hinterkasten m; ⟨Am mot⟩
Kofferraum m ‖ (for a horse's foot) *Schutzleder*
n ‖ ⟨ftb⟩ *guter Stoß* m ‖ ∼ and saddle ⟨mil⟩
Signal n *zum Aufsitzen* ‖ elastic ∼s *Zugstiefel* m
pl ‖ half-∼s *Halbstiefel* ‖ → lace s & v ‖ top-
∼s *Stulpenstiefel* ‖ like old ∼s ⟨sl⟩ *ungeheuer,
kolossal, wie der Teufel* ‖ ⟨Am mil sl⟩ °*,,Ham-
mel''* m (*Rekrut*) ‖ in ∼s *gestiefelt* ‖ to die in
one's ∼s *e–n plötzlichen Tod finden, nicht im
Krankenbett sterben* ‖ to get the ∼ ⟨sl⟩ *entlassen w;* to give a p the ∼ ⟨sl⟩ *jdn entlassen* ‖
his heart was in his ∼s *sein Herz sank ihm in die
Hose* (*er hatte große Angst*) ‖ the ∼ is on the
other leg (*od* foot) *umgekehrt wird ein Schuh
daraus, die Wahrheit, Sache liegt genau umgekehrt* ‖ [attr] *Stiefel–* ∼-**black** *-putzer* m ‖
∼-jack *-knecht* m ‖ ∼-lace *Schnürsenkel* m ‖
∼-last *Stiefelleisten* m, *-holz* n ‖ ∼-leg *-schaft*
m ‖ ∼-lick ⟨sl⟩ *Speichellecker* m; to ∼-l. [vt/i]
(*jdm*) *schmeicheln* ‖ ∼-maker *Schuster* m;
∼-making *Schuhmacherei* f ‖ ∼-neck ⟨mar sl⟩
,,*Sandhase''* m ‖ ∼-sock, ∼-sole *Einlegesohle* f
‖ ∼-trees [pl] *Stiefelleisten* m pl **2.** vt (*Ball*)
wuchtig stoßen; to ∼(out) *hinauswerfen;* ⟨fam⟩
entlassen ∼ed ['∼id] a *gestiefelt* ‖ ∼ and
spurred *gestiefelt und gespornt*
   bootee [bu:'ti:] s *Halbstiefel* m (*f Damen*);
Wollschuhchen n
   booth [bu:ð] s (*Bretter-*)*Bude* f; *Markt–,
Meßstand* m ‖ *Sitz–, Tischecke, Nische* f ‖ ⟨Am
telph⟩ (*Fernsprech-*)*Zelle*; *Nische* (*in e–r Bar*) f ‖
⟨film⟩ *Vorführraum* m
   booter ['bu:tə] s ⟨Am⟩ = bootlegger
   bootleg ['bu:tleg] ⟨Am sl⟩ **1.** vt/i (*Alkohol*)
heimlich verkaufen, schmuggeln **2.** s [attr]
*Schmuggel–; schwarz gekaufte, geschmuggelte
Spirituosen* ∼ger [∼ə] s ⟨Am⟩ *illegaler Schnaps-
brenner, –händler* m; *Alkoholschmuggler* m
∼ging [∼iŋ] s ⟨Am⟩ *Alkoholschmuggel* m
   bootless ['bu:tlis] a (∼ly adv) *unnütz, vergeblich, ohne Zweck*
   boots [bu:ts] s [pl *v* boot; sg konstr] ⟨fam⟩
,,*Friedrich''*, *Stiefelputzer*, (*Hotel-*)*Hausdiener* m
   booty ['bu:ti] s (*Kriegs-*)*Beute* f ‖ *Raub* m ‖
⟨fig⟩ *Beute* f, *Gewinn* m (for *für*)
   booze [bu:z] **1.** vi/t *zechen, saufen* **2.** s
alkohol. Getränk n; *Zechgelage* n; to go on the ∼
⟨vulg⟩ *saufen;* he has been on the ∼ *er hat e–n in
der Krone* ‖ to hit the ∼ ⟨bes Am sl⟩ *saufen* ‖
∼-fight ⟨Am⟩ *wüste Sauferei* f ‖ ∼ hound
Säufer m ∼d [∼d] a *angesäuselt, bezecht*
   boozy ['bu:zi] a *trunksüchtig* ‖ *angetrunken*
   bop [bɔp] s ⟨Am sl⟩ = bebop
   boracic [bo'ræsik] a *boraxhaltig,* ∼ acid *Bor-
säure* f
   borage ['bɔridʒ] s ⟨bot⟩ *Bor(r)etsch* m, *Gur-
kenkraut* n
   borate ['bɔ:reit] s ⟨chem⟩ *Bor·at* n
   borax ['bɔ:ræks] s ⟨minr⟩ *Borax* m ‖ [attr]
aufpoliert (furniture)
   border ['bɔ:də] **1.** s *Rand* m ‖ *Einfassung* f,
Saum m, *Borte* f ‖ ⟨for⟩ *Rain* m ⟨num⟩ *Börte-*

lung f, ∼ of dots *Perlrand* m ‖ [*oft* pl ∼s] *Grenze*
f (on the ∼[s] *an der G.*); the ⋩ *Grenzland* n *zw
England u Schottland;* ⟨Am⟩ *Grenze* f *der Zivilisation* ‖ *Schmalbeet* n, *Rabatte* f ‖ [attr & comp]
Grenz–; ∼-line [attr] *unsicher, zweifelhaft* (case
⟨bes psych⟩ *Grenzfall* m); ∼-town *-stadt* f **2.**
vt/i *einfassen, –säumen, besetzen* ‖ *grenzen an,
begrenzen* ‖ ⟨fig⟩ *nahekommen* ‖ vi *grenzen* (on
an) ⟨a fig⟩ it ∼s on the ridiculous *es grenzt ans
Lächerliche* ‖ ∼er ['rə] s *Grenzbewohner* m; ∼s
[pl] ⟨mil⟩ *Grenzregiment* n
   borderland ['bɔ:dəlænd] s *Grenzland* n; ⟨fig⟩
–gebiet n; *Zwischen-Zustand* m
   bore [bɔ:] **1.** s *langweilige, lästige Sache* f ‖
⟨fig⟩ *langweiliger Mensch* m ‖ what a ∼! *wie
ärgerlich! wie dumm!* **2.** vt *langweilen, belästigen*
   bore [bɔ:] s *brandende Flutwelle* f (*bes des
Severn*); → eagre
   bore [bɔ:] **1.** vt/i ‖ *bohren, aus–, durchbohren*
‖ *aushöhlen, –graben* ‖ (*Weg*) *bahnen* ‖ ⟨racing⟩
(*aus der Bahn*) *verdrängen* ‖ vi *bohren;* ⟨min⟩
schürfen (for *nach*) ‖ *vordringen* (into; to) **2.** s
Bohrloch n ‖ *Bohrung, Höhlung* f ‖ (of a gun)
Seele f, *Kaliber* n ‖ ∼ sight (*Visier-*)*Justiergerät,
–fernrohr;* *Seelen–* n
   bore [bɔ:] pret *v* to bear
   boreal ['bɔ:riəl] a *nördlich*
   Boreas ['bɔriæs] s L ⟨poet⟩ *Boreas, Nordwind*
m
   boredom ['bɔ:dəm] s *Langeweile* f ‖ *Lästigkeit* f
   borer ['bɔ:rə] s *Bohrer* m (*Person*) ‖ *bohrendes
Insekt* n ‖ ⟨tech⟩ *Bohrer* m (*Werkzeug*)
   boric ['bɔ:rik] a *Bor–*; ∼ acid ⟨chem⟩ *–säure* f
   boride ['bɔ:raid] s ⟨chem⟩ *Borid* n
   boring ['bɔ:riŋ] s *Bohren* n, *Bohrung* f ‖ *Bohrloch* n ‖ ∼s [pl] *Bohrspäne* m pl ‖ [attr & comp]
Bohr– ‖ ∼-bar *-spindel* f; ∼ machine *–maschine* f
   boring ['bɔ:riŋ] a (∼ly adv) *langweilig*
   born [bɔ:n] a (→ to bear) *geboren* (of *von*;
⟨fig⟩ *aus*; into a time *in e–e Zeit*); ∼ blind *blind
g.*; to be ∼ a poet *zum Dichter g. s*; ..∼ an
Englishman *als Engländer geboren* (an E. born
geborener E.) *s*; to be London ∼ *ein geb. Londoner s;* to be a ∼ poet *od* a poet ∼ *ein geb.
D. s;* a ∼ idiot *ein vollk. Idiot;* he was ∼ and
bred an Englishman *er war s–r Geburt u Erziehung nach* (*ein*) *Engländer* ‖ I wasn't ∼ yesterday ⟨fam⟩ *ich bin nicht v gestern* (= *kein Narr*) ‖
first-∼ *erstgeboren* ‖ again *wiedergeboren* ‖
to be ∼ to a th, to do *geboren, bestimmt s z etw,
z tun* ‖ to be ∼ spoon *under a lucky star,* to be born
with a silver spoon in one's mouth *ein Glücks-
kind sein* ‖ in all my ∼ days [*mst* neg] *in m–m
ganzen Leben*
   borne [bɔ:n] pp *v* to bear ‖ [in comp] *durch,
auf, mit.. befördert* (air-∼, mule-∼, road-∼,
sea-∼)
   boro ['bʌrə] s (⟨Am⟩ *neben* borough) →
borough
   boron ['bɔ:rən] s ⟨chem⟩ *Bor* n
   borough ['bʌrə] s *Stadt* f; *Ort mit städtischer
Verfassung* (*Verwaltungsbezirk*) ‖ ⟨parl⟩ *Stadt* f,
die Repräsentanten ins Parlament sendet (*Wahlbezirk*) ‖ ∼-English ⟨jur⟩ *Vererbung* f *an den
jüngsten Sohn* ‖ ⟨Am⟩ ['bʌro] *Mittelstadt* (*kleiner
als* City) ‖ *e–r der 5 Stadtteile New Yorks*
   borrow ['bɔrou] vt/i ‖ (*etw*) *borgen* (of *od*
from a p *von jdm*) ⟨a arith⟩ ⟨fig⟩ to ∼ trouble
sich unnötige Sorgen m ‖ ⟨fig⟩ *entlehnen,
entnehmen* (from a p *von jdm*; *jdm*) ‖ ∼ed
capital ⟨com⟩ *Fremdkapital* n ‖ ∼ed plumes
fremde Federn f pl ‖ [vi] to ∼ of a p *jdn anborgen*
∼er [∼ə] s *Entleiher, Borger* m; ⟨fig⟩ *Entlehner*
m (from *von*)
   Borstal ['bɔ:stl] s *Gefängnis* n, *Besserungsanstalt* f *f jugendliche Verbrecher*

bos [bɔs] ⟨sl⟩ **1.** s *Fehlschuß* m; *Pfuscherei* f **2.** vt/i *verfehlen, verpfuschen* | vi *pfuschen*

boscage, **–kage** ['bɔskidʒ] s *Gehölz, Dickicht, Unterholz* n

bosh [bɔʃ] **1.** s & intj ⟨sl⟩ *Unsinn, Blödsinn* m **2.** vt ⟨sl⟩ *zum Narren h, hänseln* **3.** vi *to* ~ *up* °*Pleite* m

bosket, bosquet ['bɔskit] s ⟨hort⟩ *Boskett* n, *Hain* m

boskiness ['bɔskinis] s *waldige, buschige Natur* f **bosky** ['bɔski] a *waldig, buschig*

Bosnian ['bɔzniən] **1.** a *bosnisch* **2.** s *Bosnier(in* f) m

bosom ['buzəm] s *Busen* m, *Brust* f || *der durch Brust u Arme gebildete Umfang* || *der die Brust bedeckende Teil* m *der Kleidung* || ⟨fig⟩ *Herz* n, *Busen* m | (S) ⟨fig⟩ *Oberfläche* f (*der Erde* etc); *Busen* m, *Inneres* n, *Tiefe* f, *Schoß* m; *in the* ~ *of my family im Schoße m–r Familie; Abraham's* ~ *A.s Schoß* | [attr] *den Busen betreffend, Busen–*; ⟨fig⟩ *Busen–* (~-*friend –freund* m); *Herzens–* (~-*secret –geheimnis* n); *Lieblings–* ~**ed** [~d] a [in comp] *–busig, –brüstig* || ⟨poet fig⟩ *(ein)gebettet* (in *in*)

boss [bɔs] s *Anschwellung, Beule* f, *Auswuchs* m | *Knopf, Knauf* m | *Nabel(stück* n) m || (*Rad-) Nabe* f; *(of a shield) Buckel* m || ⟨arts⟩ *erhabene Verzierung* f || ⟨arch⟩ *Bosse* f ~**age** ['~idʒ] s ⟨arch⟩ *Bossenwerk* n ~**y** ['~i] a *gebuckelt, mit Buckeln verziert*

boss [bɔs] vt ⟨sl⟩ °*verhunzen,* °*verkorksen, –pfuschen*; → *bos*

boss [bɔs] **1.** s ⟨sl *urspr* Am⟩ *Chef, Direktor, Vorarbeiter, Meister, Arbeitgeber, Vorgesetzter* m || *tonangebender Mann, Macher* m; ⟨pol⟩ *Führer,* °*Bonze* m; || ⟨übtr⟩ *Herrscher, Tyrann* m; *Tonangeber,* °*Obermotz* m | [attr] ⟨Am⟩ *Haupt–* || ~ *rule* ⟨pol⟩ *korrupte Parteiherrschaft* f, *Bonzentum* n **2.** vt/i ⟨sl⟩ *leiten, dirigieren*; *to* ~ *the show an der Spitze der Veranstaltung stehen,* °*„den Laden schmeißen"*; ⟨fig⟩ *das entscheidende Wort zu sprechen h* || *you can't* ~ *me ich laß mich v dir nicht schurigeln* | vi *der Chef (v Ganzen) s*; *to* ~ *around herumkommandieren* | ~**y** ['~i] a *herrisch, bonzenhaft*

Boston ['bɔstən] s *Boston* m (*Tanz, Kartenspiel*) || ⟨*bes* Am⟩ ~ *bag Aktentasche* f; ~ *brown bread dunkles Sirupbrot* n; ~ *cream pie Kremtorte* f; ~ *rocker Schaukelstuhl* m

bosun ['bousn] ⟨vulg⟩ = *boatswain*

bot, bott [bɔt] s ⟨ent⟩ *Dassellarve* f || *the* ~**s** [*a sg* konstr] *Dasselplage* f || *bot-fly –fliege* f

botanic [bo'tænik] a *botanisch,* [*mst nur in festen Verbindungen*]: *the* ⤴ *Gardens* [pl] *Der Botanische Garten* m ~**al** [~əl] a (~*ly* adv) *botanisch*

botanist ['bɔtənist] s *Botaniker* m

botanize ['bɔtənaiz] vi/t *botanisieren* | vt *botanisch erforschen* –**zing** ['iŋ] s [attr] *Botanisier–* (~ *tin –büchse* f) **botany** ['bɔtəni] s *Botanik, Pflanzenkunde* f || ⤴ (wool) *australische (Merino-) Wolle* f (*urspr aus* ⤴ *Bay*)

botch [bɔtʃ] **1.** a *Flickwerk* n || ⟨fig⟩ *Flickwerk* n; *to make a* ~ *of zus–flicken* **2.** vt *flicken* || ⟨fig⟩ *verhunzen* ~**er** ['~ə] s *Flickschneider, –schuster* m || ⟨fig⟩ *Pfuscher* m

botch [bɔtʃ] s *Beule* f, *Geschwür* n

botcher ['bɔtʃə] s ⟨ich⟩ *junger Lachs* m, *Sälmling* m

both [bouθ] **1.** [a] *beide* (betont; → *two*) (~ [the] *gentlemen*; ~ *his brothers*) **2.** [pron] *beide,* ~ (*of them) are back, they are* ~ *back beide sind zurück* | *beides*; ~ *are wrong beides ist falsch* **3.** ~ .. *and* [*mit folg.* pl] *sowohl.. als auch* (~ *father and mother are at home*); ~ *by day and by night bei Tag wie bei Nacht*

bother ['bɔðə] **1.** vt/i *belästigen, plagen; beunruhigen, verwirren; don't* ~ *me laß mich in*

Ruhe; *I can't be* ~*ed ich lasse mich mit sowas doch nicht aus der Ruhe bringen* || *I'll be* ~*ed if.. ich laß mich hängen, wenn ..* | *to* ~ *one's head about sich den Kopf zerbrechen über* || ~ *it! zum Kuckuck* (damit)! ~ *the children! die verflixten Kinder!*; ~! *ärgerlich, verdammt! wie dumm!* | vi *sich* (*ab)ärgern; sich bemühen* (don't ~); *sich aufregen* (about *über*) **2.** s *Belästigung* (to *für*); *Mühe, Schererei* f; *Aufregung* f; *viel Aufhebens* || *it's too much* ~ *zu viel Mühe!*; *no* ~ *at all nicht der Rede wert* ~**ation** [ˌbɔðə'reiʃən] **1.** s = *bother* s **2.** intj *ärgerlich! verflixt!* ~**some** [~səm] a *lästig*

bothy ['bɔθi] s ⟨Scot⟩ *Hütte* f

bottle ['bɔtl] **1.** s *Flasche* f || *Inhalt* m *der Flasche* (~ *of beer F. -Bier*) || *of cordial Labeflasche* f | *starkes Getränk* n (*bes Wein*) | *hot-water* ~ *Wärmflasche* f; *stone-*~ *Steinkrug* m || *by the* ~ *flaschenweise* || *over a* ~ *beim Glase Wein* (etc) || *to bring up on the* ~ *mit der Flasche nähren* || *to crack a* ~ *together e–e Flasche zus trinken* || *to be fond of the* ~ *gern e–n Tropfen trinken* || *to hit the* ~ ⟨sl⟩ (*z viel*) *saufen* | *a slave to the* ~ *e–e „Schnapsamsel"* f | ~-*ache Delirium* n || ~ *battery* ⟨el⟩ *Flaschenelement* n || ~ *deposit Flaschenpfand* n | ~-*envelope Strohhülse* f (*f. F.*) || ~-*glass grünes Flaschenglas* n || ~-*holder* ⟨sport⟩ *Sekundant* m || ~-*neck* ⟨fig⟩ *Engpaß* m (*a e–r Straße*) (⟨*a* übtr⟩ *z. B. in der Produktion*); ~-*n. in supplies Versorgungsengpaß* m | ~-*nose aufgedunsene Nase, Schnapsnase* f | ~-*nose(d whale)* ⟨zoo⟩ *Butzkopf* m | ~-*party Selbstversorgerabend* m (*z dem jeder sein Getränk mitbringt*) || ~-*rack Flaschenständer* m || ~-*washer* ⟨fam⟩ *„Mädchen f alles"* (*Faktotum* n) **2.** vt *auf Flaschen ziehen, abziehen* || *to* ~ (*fruit* etc) *einwecken*; (*Bier) abfüllen* || *to* ~ *up mit etw zurückhalten; geheim–, zurückhalten* ~**d** [~d] a *in, auf Flaschen; eingemacht;* ~ *beer Flaschenbier* n

bottle ['bɔtl] s *Bündel* n (*v Heu or Stroh*) (a ~ *of hay ein B. Heu*)

bottler ['bɔtlə] s *Kellermeister, Küfer* m

bottom ['bɔtəm] **I.** s **1.** *Boden* (at the ~ *of a glass am Boden e–s Glases*), *unterster Teil* m (*of a chair) Sitz* m || (*of a ship) Boden* m; ⟨übtr⟩ *Fahrzeug, Schiff* n || (*of water) Grund* m || *niedriggelegenes Land* n, *Talsohle* f || (*of a hill* etc) *Fuß, Grund* m; *Ende* n | *hinterster, entferntester Teil;* ⟨vulg⟩ *Gesäß* n, *Hinterer* m || *like a baby's* ~ *glatt w. ein Kinderpopochen* | b.t.m.: ⟨min, oil⟩ (*of a well*) *Sohle* f (*e–r Bohrung*); ⟨oil⟩ ~ *hole pressure Sohlendruck* m **2.** ⟨fig⟩ *Grundlage, Basis* f || *das Wesentlichste* n || *Ursache, Triebfeder* f | *Ausdauer* f || ⟨fig⟩ *Tiefe* f, *Grund* m **3.** *Wendungen:* at ~ *am untersten Ende,* ⟨fig⟩ *im Grunde, in Wirklichkeit* || *at the* ~ *of his soul im Grunde s–s Herzens* || *to be at the* ~ *of a th e–r S zugrunde liegen, die Ursache e–r S s* || *from the* ~ *of my heart aus tiefstem Herzen* || *from* (the) *top to* (the) ~ *v oben bis unten* || *to get, to go to the* ~ *of a th e–r S auf den Grund gehen* || *to go, sink to the* ~ *untergehen, sinken* || *to knock the* ~ *out of a th* ⟨fig⟩ *e–r S den Boden entziehen; etw vernichten* || *to touch* ~ *auf Grund geraten;* ⟨fig & com⟩ *den tiefsten Stand erreichen* || ~ *up(wards) das Unterste zuoberst* || ⟨fam⟩ ~s *up! Ex* (*trinken*)! **II.** a *unterst, Grund–, Boden–; tiefst; niedrigst* (price) | *kleinst;* ~ *gear* ⟨mot⟩ *erster Gang* | *grundlegend* (*fact*) || *letzt* (*to bet one's* ~ *dollar alles, das Äußerste riskieren; absolut sicher s*) | ~-**dog** ~ *under dog* || ~ *drawer Schublade* f *die Aussteuer* || ~ *end bearing Pleuellager* n || ~-*heat* ⟨hort⟩ *Treibhauswärme* f || ~-*lands* [pl] *fruchtbare Uferländer* n pl **III.** vt/i | *mit e–m Boden versehen* ⟨fig⟩ [*mst pass*] *gründen, bauen, stützen* (on *auf*) || (*den Boden) berühren;* ⟨fig⟩

ergründen | vi *den Boden erreichen* || *sich gründen* (on *auf*) **~ed** [~d] a [in comp] *mit e–m Boden etc versehen*; *double-* **~** *mit doppeltem Boden*; rush-**~** *mit Binsen bezogen, Rohr–* | *fundiert* (well-**~**) **~less** [~lis] a *boden–, grundlos* || ‹fig› *bodenlos*; *unergründlich* **~most** [~moust] adv *ganz zuunterst* **~ry** [~ri] **1.** s ‹mar› *Bodmerei* f || **~** bond *–brief* m **2.** vt (*Schiff*) *verpfänden*

botulism [ˈbɔtjulizm] s *Wurstvergiftung* f

boudoir [ˈbuːdwɑː] s Fr *Boudoir, Damenzimmer* n

bough [bau] s (*Haupt-*)*Zweig* m; *Ast* m

bought [bɔːt] pret & pp v *to* buy **~en** [ˈ~ən] pp ‹Am & dial› *gekauft*

bougie [ˈbuːʒiː] s Fr *Wachslicht* n || ‹med› *Bougie* f

bouillon [ˈbuːjɔ̃] s Fr *Kraftbrühe* f

boule [buːl] s Fr *synthetischer Rubin* m

boulder [ˈbouldə] s *großer Uferkieselstein* m || *Felsblock* m; *erratic* **~** ‹geol› *erratischer Block* m | **~-clay** ‹geol› *glazialer Geschiebelehm* m, pre-**~-**clay [attr] *voreiszeitlich* || **~-**formation ‹geol› *Geröll–, Diluvialformation* f || **~-**period ‹geol› *Eiszeit* f

boulevard [ˈbuːlvɑː(d)] s Fr *Boulevard* m, *Ring–, Prachtstraße* f || **~** stop ‹Am› *gr Straßenkreuzung* f (*mit Signalampeln*)

boulter [ˈboultə] s *lange Angelleine* f (*mit vielen Haken*)

bounce [bauns] **1.** vi/t **A.** vi (of balls) *aufschlagen, –prallen, springen* (to **~** high *hoch in die Luft –*) || ‹fig› *prahlen, aufschneiden, großsprechen* | to **~** about *herumspringen* | to **~** into, out of a room *hineinplatzen, –stürmen in ein Zimmer; hinausstürzen aus e–m Z.* || (v *Schecks*) ‹sl› *platzen* (*mangels Deckung zurückgehen*) **B.** vt *aufprallen l* || (*jdn*) *einschüchtern* (into doing z *tun*); *ausschelten* || ‹Am sl› °*rausschmeißen* (*entlassen*) **2.** s *Aufprall, Sprung* m || *Sprungkraft* f || ‹telv› *Zeilenzittern* n || ‹aero› *Bumsladung* f || ‹fig› *Prahlerei* f; ‹sl› °*Mumm, Murr (Schwung)* m; ‹Am sl› „*Rausschmiß*" m, to get the **~** „*fliegen*" **3.** adv *plötzlich, lärmend* | **~r** [ˈ~ə] s a good **~** *ein gut springender Ball* m | *Aufschneider* m; ‹fam› *Prachtexemplar* n, *Mordskerl* m, *–weib* n; ‹Am› °*Rausschmeißer* m (*P*) || *Lüge, Aufschneiderei* f

bouncing [ˈbaunsiŋ] **1.** a *stramm, stämmig*; *derb, grob* (lie) **2.** s ‹telv› *Tanzeffekt* m

bound [baund] **1.** s [mst pl **~s**] *Grenze, Schranke* f ‹a fig› || *Grenzgebiet* n || *Prellstein* m | in, within **~s** *in Schranken, mit Maß, mäßig* | beyond all **~s** *außer Rand u Band, übermäßig* | out of **~s** *außerhalb der gestatteten (erlaubten) Grenzen, verboten (Lokal),* „*Betreten verboten*" | to put, set **~s** to *in Schranken halten, beschränken* **2.** vt *begrenzen* || ‹fig› *be–, einschränken, in Schranken halten*

bound [baund] **1.** vi *springen, hüpfen* || (*auf*)*prallen* (against *auf*) **2.** s *Aufspringen, –prallen* n (on the **~** *beim A.*); *Sprung, Satz* m || *Auf–, Rücksprung, Anprall* m | a **~** forward ‹fig› *ein Schritt vorwärts* || at a **~** *mit e–m Satze* || to march by **~s** *sprungweise vorziehen* [vi] || by leaps and **~s** *in gewaltigem Tempo*; ‹fig› *reißend* **~ing** [ˈ~iŋ] a ‹fig› *heftig, feurig* (zeal)

bound [baund] a *die Bestimmung habend,* **~** for *bestimmt, unterwegs nach*; homeward (outward) **~** *auf dem Wege z Heimat (ins Ausland), auf der Rückreise (Ausreise) begriffen, ein-(aus-)gehend* | where are you **~** for *od* to? *wo wollt ihr hin? wo geht die Reise hin?* || ‹Am fam› *fest entschlossen* (I am **~** to do it); → *u.*

bound [baund] a [pp v to bind] *gebunden, festgemacht, eingeengt* || *verpflichtet*; a **~** *apprentice ein kontraktlich gebundener Lehrling* m || (of books) *gebunden*; half-**~** *in Halbfranzband* | he is **~** to do it *er muß es tun, er k'ann*

nicht anders || he is **~** to fall *er wird sicher fallen* || it is **~** to be decided *es muß entschieden w* || it is **~** to be *es wird sich nicht vermeiden l, daß es eintritt* | I'll be **~** *ich bin sicher; sicherlich!* || **~** up in *in Anspruch genommen v*; **~** up with *eng verbunden, in engem Zus–hang stehend mit*

boundary [ˈbaundəri] s *Grenze* f || *abgegrenztes Gebiet* n || *–ries* [pl] ‹fig› (*äußerste*) *Grenzen* pl || **~** beacon ‹aero› *Haupteinflugzeichen* n || **~** lighting *od lights* [pl] *Platzrandbefeuerung* f || **~** marker ‹aero› *Platzeinflugzeichen*; **~** m. beacon *–feuer* || **~** position ‹tact› *Nahtstelle* f || **~** stone ‹hunt, for› *Jagenstein* m

bounden [ˈbaundən] † a [† pp v to bind] [*nur in*]: a p's **~** duty *jds heilige Pflicht, Pflicht u Schuldigkeit*

bounder [ˈbaundə] s ‹sl› *unfeiner Mensch, Plebejer,* °*Knallprotz* m

boundless [ˈbaundlis] a (**~**ly adv) *grenzenlos, unbegrenzt* || *übermäßig, groß* **~ness** [~nis] s *Grenzenlosigkeit* f

bounteous [ˈbauntiəs], **bountiful** [ˈbauntiful] a (**~**ly adv) *gütig, freigebig* || (S) *reichlich*, a *–teously* spread board *ein reichlich besetzter Tisch* **~ness** [~nis] s *Güte, Freigebigkeit* f

bounty [ˈbaunti] s *Freigebigkeit, Großmut* f || *Gabe, Wohltat* f || ‹mil› *Handgeld* n || *Prämie* f *z Förderung der Wirtschaft* (on *auf*); **~-**fed *staatlich unterstützt*

bouquet [ˈbukei, a –ˈ–] s Fr *Bukett* n, *Blumenstrauß* m || (of wine) *Blume* f, *Bukett* n || **~s** [pl] *Floskeln* pl

Bourbon [ˈbuəbən] s ‹Am› *Reaktionär* m, *Stockkonservative*(*r* m) f

bourdon [ˈbuədn] s Fr ‹mus› *Brummbaß* m (*Orgelstimme*)

bourgeois [ˈbuəʒwɑː] Fr **1.** s *Bourgeois, Bürger*; *Philister* m **2.** a *bürgerlich*; *philisterhaft* || **~** drama —> *comédie larmoyante*

bourgeois [bəːˈdʒɔis] Fr **1.** s ‹typ› *Borgis* f **2.** a ‹typ› *in Borgislettern gedruckt*

bourn [buən, bɔːn] s *Gießbach* m

bourn(e) [buən, bɔːn] s *Grenze* f || ‹poet› *Ziel* n

bourrelet [ˈburəle] s (*Geschoß-*)*Zentrierwulst* m

bourse [buəs] s Fr (a-engl) *Börse* f, *Geldmarkt* m

bouse [buːz], **bowse** [bauz] vt *zechen, saufen*

bouse, bowse [baus] vt ‹mar› *anholen, auftaljen*

bout [baut] s *Reihe, Tour, Wechselfolge* f || ‹sport› *Gang* m (**~** of fighting), *Runde* f || *Kampf* m || *Anfall* m (**~** of coughing *Husten–*) *Mal* n, this **~** *dieses M.*

bouts [bauts] adv ‹Am vulg› (= about): where **~** you from? *woher bist du?*

bovine [ˈbouvain] a *Ochsen–* || ‹fig› *träge*

bovril [ˈbɔvril] s *Fleischextrakt* m

bow [bou] **1.** s *Bogen* m, *Kurve* f || *Bogen* m (*Waffe*); **~** and arrow period *Zeitalter des –schießens* || (of a violin) *Bogen* m; *–strich* m || (*Schlips-*)*Knoten* m, *Schleife* f (to make a **~**) || *Halstuch* n | to bend, draw the **~** *den Bogen spannen* || to draw the long **~** ‹fig› *aufschneiden,* °*angeben*; **~** venture || to have two strings to one's **~** ‹fig› *mehr als ein Eisen im Feuer h* | [attr & in comp] **~-bent** a *gekrümmt, gebogen* | **~-**catcher [= beau-c.] *Schmachtlocke* f || **~-**compasses ‹fam› bows) pl *Bogenzirkel* m || **~-**drill ‹tech› *Bogenbohrer* m || **~-**hand ‹mus› *die (den Bogen führende) rechte Hand* f || **~-**head *Grönlandwalfisch* m || **~-**legs *O-Beine* pl; **~-**legged *o-beinig* || **~-**net *Fischreuse* f || **~-**saw *Bügelsäge* f || **~-**window ‹arch› *Erkerfenster* n; ‹fig fam› „*Vorbau*" m (*Bauch*) **2.** vi *den Bogen führen, fiedeln* (on *auf*)

bow [bau] **1.** vi/t **A.** vi *e–e Verbeugung* m, *sich bücken, sich verneigen, sich –beugen* (to, before *vor*); to ~ to a p *jdn grüßen* || *sich beugen, sich demütigen; sich fügen, sich unterwerfen* (to fate) | to ~ back to a p *jds Gruß(verbeugung) erwidern* || to ~ down *sich niederbeugen, sich unterwerfen* (to a p *jdm*) || to ~ and scrape *Kratzfüße m, katzbuckeln* **B.** vt *biegen, beugen, krümmen, neigen;* to be ~ed with ⟨fig⟩ *niedergedrückt w v;* to ~ the knee to *sich in Ehrfurcht beugen vor* || (*Dank* etc) *durch eine Verbeugung ausdrücken* || to ~ a p in, out *jdn unter Verbeugungen hinein-, hinausbegleiten* | to ~ down *niederbeugen;* ~ed down *by gebeugt, niedergedrückt v* **2.** s *Verbeugung, -neigung f* (to *vor*); to give a (slight) ~ *sich* (*leicht*) *verbeugen mit dem Kopfe;* to make one's ~ *sich zurückziehen; abtreten* || to make one's first ~ ⟨fig⟩ *z ersten Male auftreten* (to *vor*)

bow [bau] s ⟨mar⟩ *Bug m;* at her ~ *am B.;* four points on the ~ *4 Strich voraus* || ~s [pl] *die (Schiffs-) Back f,* in the ~s *im Vorderschiff* | *der dem Bug am nächsten sitzende Ruderer m*

bowdlerism ['baudlərizm], **-ization** [‚baudlərai'zeiʃən] s (*nach T. Bowdler,* † 1825) *Reinigung f v anstößigen Stellen; Verschlimmbesserung f* **-ize** ['baudləraiz] vt *anstößige Stellen* (*in e–m Buche* etc) *ausmerzen, -lassen; verschlimmbessern*

bowed [boud] a *mit Bogen* (*versehen*) || ⟨mus⟩ *mit der Violine* (etc) or *dem Bogen gespielt*

bowel ['bauəl] s ⟨med⟩ *Darm m;* to move one's ~(s) *den Darm entleeren;* to open a p's ~ ⟨med⟩ *jdm Abführmittel geben* || ~s [pl] *Eingeweide n pl* | ⟨fig⟩ *Inneres n* || *Gefühl n, Leidenschaften f pl;* ~s *of compassion Mitleid n* | ~ *movement Stuhlgang m*

bower ['bauə] s ⟨poet⟩ *Wohnung f; Damengemach n* || *Laube f* | ~-bird *Laubenvogel m* | ~y [~ri] a *belaubt, schattig, voller Lauben*

bower ['bauə] s *Bube m* (*in dem Kartenspiel* Euchre) | right ~ *Trumpfbube;* left ~ *der gleichfarbige Bube*

bower ['bauə] s ⟨mar⟩ *Buganker m*

Bowery ['bauəri] s the ~ *Straße in New York mit wohlfeilen Warenhäusern*

howie-knife ['boui'naif] s ⟨Am⟩ (*nach* James Bowie † 1836) *Bowie-, Jagdmesser n*

bowing ['bouiŋ] s ⟨mus⟩ *Bogenführung f, Strich m*

bowing ['bauiŋ] s *das Sichverbeugen;* to have a ~ *acquaintance with,* to be on ~ *terms with mit* (*jdm*) *auf dem Grußfuße stehen,* (*jdn*) *nur flüchtig kennen*

bowl [boul] s *Schüssel f, Napf m, Kumme, Schale f* || *Bowle f* (*Gefäß*); ⟨fig⟩ *Trinken, Zechen n* | *hohler Teil m e–s Dinges; Höhlung f* || *Stadion, Amphitheater n* | *Pfeifenkopf m* || ⟨tech⟩ *calender ~ Kalander-Walze f* || ~-fire ⟨el⟩ *Heizsonne f*

bowl [boul] **1.** s (at bowls) *Kugel f, Ball m* || ~s [pl] ⟨engl⟩ *Bowling-, Rasenkugelspiel n* (to play at ~s) **2.** vt/i **A.** vt (*Kugel*) *rollen, schieben, werfen, kugeln* | ⟨crick⟩ (*den Ball mit gestrecktem Arm*) *werfen* | [*mit* adv] to ~ **down** ⟨sl fig⟩ *umwerfen, niederwerfen* || to ~ out ⟨crick⟩ *durch e–n Ballwurf die Stäbe berühren, daher den Schläger absetzen;* ⟨fig⟩ (*jdn*) *schlagen, entwaffnen* | to ~ over ⟨sl fig⟩ *umwerfen; außer Fassung bringen, niederschmettern, erschlagen* **B.** vi *Kugel spielen* || ⟨crick⟩ *den Ball gegen den Dreistab werfen* || to ~ along *dahinrollen, fahren* ~**er** ['~ə] s *Bowlingspieler* || ⟨crick⟩ *Werfer m*

bowler ['boulə] s (*steifer Hut m*), °*Koks m, Praliné n* || to be given a ~ *hat* ⟨mil fam⟩ *den blauen Brief bek, sich e–n Zylinder kaufen müssen* (*sich ins Zivilleben zurückziehen*)

bowline ['boulin] s ⟨mar⟩ *Buline f* || on a ~ *dicht beim Winde gebraßt*

bowling ['bouliŋ] s ⟨engl⟩ *Bowling* (*Rasenspiel*)

n || *Kegeln n* || ⟨crick⟩ *Werfen n des Balles* | ~-alley *Kugelbahn f* → ~-green, ⟨Am⟩ *Kegelbahn f* || ~ *alleys* [pl] ⟨Am⟩ *Super-Luxus-Kegelpalast m* || ~-green *gepflegter Rasenplatz* (*z Bowlingspiel*)

bowman ['boumən] s *Bogenschütze m*

bowshot ['bou-ʃɔt] s *Bogenschußweite f* (within ~)

bowsprit ['bou-sprit] s ⟨mar⟩ *Bugspriet n*

Bow Street ['boustri:t] s *Straße Londons mit Hauptpolizeigericht*

bowstring ['bou-striŋ] **1.** s *Bogensehne f* || (*in der Türkei*) *Schnur f z Erhängen* **2.** vt [~ed/~ed & ~strung/~strung] *erdrosseln*

bow-wow ['bau'wau] **1.** intj *wauwau!* **2.** s *Gebell n* || (*Kinderspr*) *Hund m* (a nice ~)

bowyer ['boujə] s *Bogenmacher, -händler m* || *Bogenschütze m*

box [bɔks] s ⟨bot⟩ (a ~-tree) *Buchsbaum m;* (a ~-wood) *Buchsbaumholz n* | [attr] *Buchsbaum-;* ~-elder ⟨bot⟩ *eschenblättriger Ahorn m* || ~-thorn ⟨bot⟩ *Teufelszwirn m*

box [bɔks] **I.** s **1.** *Büchse f, Kästchen n, Kasten m* (~ of bricks *Bau–;* ~ of paints *Tusch–*); *Schachtel f* (~ of chocolates *Sch. Pralinen*); *Dose f* || to be in the same ~ *in derselben Lage s* **2.** *Kiste f* (~ of cigars *K. Zigarren*) || *Koffer m* || *Geldkasten, -schrank m; Kasse f* **3.** *der abgesonderte bestimmte Platz, also im Gericht f die Geschworenen, f die Zeugen* || (*of a coach*) *Kuschersitz, Bock m* || ⟨theat⟩ *Loge f* || (*of a stable*) *Stand m, Abteilung f* || *Hütte f, Häuschen n* (*fishing ~*) | *Feld n* (*e–s Vordrucks*) **4.** ⟨tech⟩ *Gehäuse n; Hülse f, Futteral n* || *Pumpenröhre f* || *Fach n* (*im Schriftkasten*) || ⟨Am⟩ *Höhlung f in e–m Baumstamm* **5.** Christmas-~ *Weihnachtsgeschenk n* || letter-~ *Briefkasten m* || musical ~ *Spieldose f* || shooting-~ *Jagdhäuschen n* || stage-~ ⟨theat⟩ *Proszeniumsloge f* || strong-~ *Kassette f* || witness-~ *Zeugenstand m* | to be in the wrong ~ ⟨fig⟩ *auf dem Holzwege s* **6.** [attr] ~ barrage ⟨tact⟩ *Feuerglocke f, -riegel m, Abriegelungsfeuer, Flaksperrfeuer n* || ~ board *Schachtelpappe f* || ~ camera ⟨phot⟩ *Box f* || ~ car ⟨Am⟩ *gedeckter Güterwagen m,* ⟨sl⟩ *Bombenflugzeug n;* flying ~-car ⟨Am sl⟩ *Transportflugzeug n* || ~ card *Schachtelkarton m* || ~-coat (*Kutscher-*)*Überrock, Regenmantel, Hänger*(*mantel*) *m* || ~-iron *Bügeleisen n* || ~-keeper *Logenschließer*(*in f*) *m* || ~-kite ⟨scient, meteor⟩ *Versuchs*(*kasten*)*drachen m* || ~-number (*Inserat*) *unter Ziffer* || ~-office *Theaterkasse f, Kassenerfolg m,* ⟨Am⟩ *Erfolg m* (she got a big ~-o.); ~-o. life *Spieldauer f;* ~-o. value *Anziehungskraft f* || ~-spring *Sprungfeder-, Kastenmatratze f* || ~-up ⟨fam⟩ *Kuddelmuddel n* || ~-wallah ⟨AInd⟩ *Hausierer m;* ⟨sl, dero⟩ *europäischer Kaufmann m* **II.** vt *einschließen, in Büchsen verschließen; einschachteln, einpacken;* ~ed *stationery Briefpapierkassetten f pl* || to ~ the compass ⟨mar⟩ *die Kompaßpunkte der Reihe nach nennen;* ⟨fig⟩ *sich gänzlich umstellen u enden, wo man begonnen hat* || to ~ a tree *e–n Baum anbohren* | to ~ off *in Logen* (etc) *abteilen* || to ~ up *zus-quetschen, -pferchen*

box [bɔks] **1.** s *Schlag mit der Hand,* ~ on the ear *Ohrfeige f* **2.** vt/i || *mit der Hand schlagen;* to ~ a p's ears *jdn ohrfeigen* | vi *boxen, sich boxen* ~**er** ['~ə] s *Faustkämpfer m;* (*Preis-*)*Boxer* | *Boxer m* (*Hund*) || to adopt a ~'s demeanour *Boxstellung, -haltung einnehmen* ~**ing** ['~iŋ] s *Boxen n, Faustkampf m* | ~-bout, ~-match *Faustkampf, Boxkampf m* || ~-gloves [pl] *Boxhandschuhe m pl* || ~-weights *Boxergewichte n pl* (revised 1951; amateur given first, professional in brackets), Heavy-weight over 12 st. 10 (over 12 st. 7), Light Heavy (*od* Cruiser)-w. 12 st. 10 (12 st. 7), Middle-w. 11 st. 11 (not a professional category), Light Middle-w. 11 st. 2 (not a professional c.), Welter-w. 10 st. 8 (11 st. 8), Light Welter-w. 10 st. (10 st. 7), Light-w. 9 st. 7 (9 st. 9), Feather-w. 9 st. (9 st.), Bantam-w. 8 st. 7 (8 st. 6), Fly-w. 8 st. (8 st.)

boxful ['bɔksful] s *Büchsevoll* f, *Kastenvoll* m
box-haul ['bɔkshɔ:l] vi ⟨mar⟩ *halsen, vor dem Winde umwenden*
Boxing-day ['bɔksiŋdei] s *der erste Wochentag nach* Christmas Day, *also der zweite (bzw. dritte) Weihnachtstag*
boy [bɔi] s *Knabe, Junge, Bube*; *der junge Mann, Bursche* m; ⋌ Extracting a Thorn *Dornauszieher* m ‖ *Diener (bes Neger)* m **|** *bad* ~ *unartiger Junge* m ‖ a clever ~ ⟨mil cont⟩ *ein Herr Doktor, ein Herr v grünen Tisch* **|** my ~ *mein Junge, alter Knabe*; old ~ *früherer Schüler der Schule, Alter Herr*; to work on the old ~s' net *etw inoffiziell od kameradschaftlich z erledigen* or *erreichen suchen* ‖ day-~ *Extraner* m ‖ yellow-~ ⟨sl⟩ *Goldfuchs* m, *Goldstück* n **|** [attr] (vor pl: ~) ~-actor *Knabenschauspieler* m [pl ~-actors]; *männlich* (~-child[ren pl]; ~-friend[s pl]); *jung*; *angehend* (~-husband) ‖ ~-scout ⟨engl⟩ *Pfadfinder* m; ⟨sl⟩ „Grünschnabel" m (P) **~hood** [~hud] s *Knabenalter* n, *Kindheit* f **|** *die Jungen* [pl], *die Jugend* f **~ish** ['~iʃ] a (~ly adv) *knabenhaft, kindisch* **~ishness** ['~iʃnis] s *knabenhaftes Wesen* n
boyar [bo'jɑ:] s [russ.] *Bojar* m
boycott ['bɔikɔt, –kət] (*nach* Ch. ⋌, † 1897) **1.** vt *boykottieren, verfemen*; *in Verruf erklären* or *tun*; ⟨fig⟩ ⟨jdn⟩ *kaltstellen, meiden* **2.** s *Boykott* m, *-ierung* f; *Verruf* m **~ism** [~izm] s = boycott
bozo ['bouzou] s ⟨Am sl⟩ *Bursche, Kerl*; °*Pfundskerl* m ‖ °*Scheißkerl* m
bra [brɑ:] s ⟨fam⟩ = brassière
braaivleis ['braifleis] s ⟨SAfr⟩ „*Bratfleisch*" → barbecue
brace [breis] **I.** s **1.** [pl ~s] *Klammer* f ‖ (*Stütz-, Trag-)Band* n, *Binde* f, *Riemen, Gurt, Gürtel* m; back ~ ⟨med⟩ *Rumpf-Stützapparat* m ‖ ~s [pl] *Hosenträger* pl (a pair of ~s) **|** (of a drum) *Spannschnur* f ‖ ⟨mar⟩ *Brasse* f; to splice the main ~ *trinken* ‖ ⟨typ⟩ *Klammer* } f **|** ⟨arch⟩ *Kopf-, Strebe-, Tragband* n, *Strebe, Stütze, Dachstuhlsäule* f; *Bandbalken* m ‖ ~ and bit ⟨carp⟩ *Bohrwinde* f, *Brustleier* f **2.** [pl ~] *Paar* n *Hunde* or *andere Tiere, Pistolen*; 10 ~ of hares *zehn Paar Hasen* **II.** vt (*an)schnallen*, (*um)gürten* ‖ *anheften, –binden*; *befestigen*; *verstreben, –steifen* ‖ *straffziehen, spannen* ‖ ⟨fig⟩ *brassen* **|** ⟨fig⟩ *stärken, kräftigen, erfrischen*; to ~ one's energies *s-e Kräfte anspannen*; to ~ o.s. up *sich anspannen, sich aufraffen (to zu), sich gefaßt im (auf)* **|** ~r ['~ə] s ⟨fam⟩ *Lebenswecker* m (*Schnaps*)
bracelet ['breislit] s *Armband* n, *Armspange* f ‖ ~s [pl] ⟨sl⟩ *Handschellen* pl
bracer ['breisə] s ⟨sport⟩ *Armschutz* m, *Armschiene* f
brach [brætʃ] s (*Jagd-)Hündin* f
brachial ['breikiəl] a ⟨anat⟩ *Arm-* (~ artery *-schlagader*) **-chiate** ['breikiit] a ⟨bot⟩ [pred] *mit Ästen, die in Paaren u im rechten Winkel z Stamm stehen* **-chiopod** ['brækjopɔd] s, ~s [pl] ⟨zoo⟩ *Armfüßer* m
brachy- ['bræki] [in comp] *Kurz-*; **~cephalic** [ˌbrækise'fælik], **~cephalous** [ˌbræki'sefələs] a *kurz- u breitschädlig* **~logy** [bræ'kilədʒi] s *Gedrängtheit der Rede, Kürze im Ausdruck*; *Verdichtung* f
bracing ['breisiŋ] a *stärkend, kräftigend, erfrischend*
bracken ['brækən] s ⟨bot⟩ *Farnkraut* n; [koll] *-gewächse* pl
bracket ['brækit] s **1.** ⟨arch⟩ *Träger* m; *Krag-*

stein m; *Konsole* f; *Eckbrett* n; *Sparrenkopf* m ‖ *Wandarm* m, gas-~ *Gas-* ‖ ⟨typ⟩ (*runde od eckige*) *Klammer* f; in ~s *in Klammern, in Parenthese* ‖ ⟨artill⟩ long (short) ~ *gr (kl) Gabel* f (~ fire *Gabelschießen* n [*zum Einschießen*]) **|** ⟨fig⟩ *Klasse* f; ⟨bes Am⟩ (a income ~) *Steuer-, Alters-, Gesellschaftsklasse* f, *Einkommengruppe, –stufe* f; people in the upper (income) ~s *zahlungskräftige Leute* ‖ ~-sconce *Wandleuchter* m ‖ ~-seat *Klappsitz, –sessel* m **2.** vt ⟨typ⟩ *einklammern, in Klammern einschließen* ‖ (*Namen*) *in dieselbe Rubrik (Klasse) bringen*; ⟨fig⟩ ⟨jdn⟩ *gleichstellen* (with); they were ~ed together *sie wurden in e-e Linie gestellt, gleich gut erklärt (for)* ‖ their names were ~ed together *sie galten als verlobt* ‖ ⟨artill⟩ (*Ziel*) *eingabeln* ([a vi] *die Gabel erschießen*) **~ing** ['~iŋ] s ⟨aero⟩ *Erfliegen* n *e-s Kurses,* °*auf Strahl gehen*; ⟨artill⟩ *Gabelbildung* f, *Einschießen* n
brackish ['brækiʃ] a *brackig, schwach salzig*; *nicht genießbar*; *schlecht*
bract [brækt] s ⟨bot⟩ (of plants) *Brakt·ee* f **~ea** ['~iə] s ⟨num⟩ *Brakte·at* m (*Hohlmünze*) **~eate** ['~iit] **1.** a *Brakteen habend* **2.** s *Brakte·at* m
brad [bræd] s (*langer schmaler*) *Nagel* m *mit kl Kopf*; *Tapeten-, Boden-, Lattennagel* m **~awl** ['brædɔ:l] s *Vorstechbohrer* m
Bradbury ['brædbəri] s ⟨sl⟩ *Pfund-* or *Zehnschillingnote* f
bradshaw ['brædʃə:] s [abbr f ⋌'s. Railway Guide] ⟨engl⟩ *gr Kursbuch* n
brady- [~ 'brædi–] [in comp] *langsam*
brae [brei] s ⟨urspr Scot⟩ *steiles Flußufer* n; *Hügel, Abhang* m
brag [bræg] **1.** vi/t ‖ *sich rühmen* (of a th *e-r* S) **|** vt *prahlend hervorheben* (a th; that) **2.** s *Prahlerei* f **~gadocio** [ˌbrægə'doutʃiou] s *Prahler* m ‖ *Prahlerei, Prahlsucht* f **~gart** ['brægət] s *Prahler* m
Bragstad ['brægstəd] s ⟨el⟩ ~ converter *Kaskadenumformer* m
brahmapootra [ˌbrɑ:mə'pu:trə] s *Brahmaputrahuhn* n
Brahmin ['brɑ:min], **Brahman** [–mən] s *Brahmane* m ‖ ⟨Am⟩ *kultivierte P*; *Intellektueller* m
Brahminee [brɑ:mi'ni:] s *Brahmanin* f ‖ ~ bull *heiliger Stier* **brahminical** [brɑ:'minikəl] a *brahmanisch*
braid [breid] **1.** vt (*Haar*) *flechten* ‖ *mit Litzen, Borten besetzen* **2.** s *Flechte* f (~ of hair *Haar-*) ‖ *Borte*, ⟨mil⟩ *Litze, Tresse* f **~ing** ['~iŋ] s *Litzen* [pl]; *Besatz* m
brail [breil] **1.** s *Tau* n *am Fischnetze* ‖ ~s [pl] *Geitaue* pl **2.** vt to ~ up ⟨mar⟩ (*Segel*) *aufgeien (zus–ziehen)*
Braille [breil] s (*nach* L. ~, † 1852) *Schrift* f *u Druck* m f *Blinde, Blindenschrift* f
brain [brein] **I.** s **1.** ⟨anat⟩ *Gehirn* n **2.** [*mst* pl] ~s ⟨fig⟩ use your ~s; if I had your ~s *Kopf, Verstand* m, *Intelligenz* f **3. Wendungen:** congestion of (blood in) the ~ *Blutandrang* m *nach dem Kopfe* ‖ softening of the ~ *Gehirnerweichung* f **|** to blow out a p's (one's) ~s *jdm (sich) e-e Kugel durch den Kopf jagen* ‖ to cudgel, puzzle, rack one's ~s *sich den Kopf zerbrechen* ‖ to dash a p's ~s out *jdm den Schädel einschlagen* ‖ to have sth on the ~ *wie vernarrt in etw s, fortwährend an etw denken müssen* ‖ to turn a p's ~ *jdm den Kopf verdrehen* **4.** [attr] ~-changing = ~-washing ‖ ~-child (*eigenes) Geistesprodukt* n ‖ ~-fag *geistige Überanstrengung* f ‖ ~-fever ⟨med⟩ *Gehirnentzündung*; *Hirnhaut–* f ‖ ~-pan *Hirnschale* f, *Schädel* m ‖ ~-picker *Plagi·ator* m; ~-picking *Plagi·at* n ‖ ~-sick *schwachsinnig* ‖ ~-storm *plötzliche geistige Umnachtung* f; ⟨Am⟩ *Gedankenblitz* m ‖ ⋌ Trust ⟨Am⟩ *Gruppe* f *v Fachleuten zur Beratung der*

Regierung; ~s trust ⟨wir⟩ *Gewährsleute* f pl *f den „Briefkasten"* || ~-twister ⟨Am⟩ *Rätsel* n „*zum Kopfzerbrechen"* || ~-washing ⟨pol⟩ *Gehirnwäsche* f || ~-wave ⟨fam⟩ *Eingebung* f; *geistreicher Einfall* m; *telepathische Schwingungen* f pl || ~-work *Kopfarbeit* f **II.** vt ⟨jdm⟩ *den Kopf zerschmettern* ~ed [~d] a [in comp] *mit.. Gehirn versehen, ..köpfig* || crack~ *verrückt* || shallow-~ *dumm, einfältig, hohlköpfig* ~less ['~lis] a *hirnlos; einfältig; gedankenlos* ~y ['~i] a ⟨bes Am⟩ *geweckt, gescheit*

braird [brɛəd] **1.** s ⟨urspr Scot⟩ [koll] *Gras-, Kornsprossen* pl **2.** vi *sprossen*

braise [breiz] vt *schmoren*; ~d beef *Schmorbraten* m || -sing-pan ['~iŋpæn] s *Schmorpfanne* f

brake [breik] s ⟨bot⟩ *Farnkraut* n

brake [breik] s *Dorngebüsch, Gestrüpp, Dickicht* n

brake [breik] **1.** s *Breche, Flachs-* f || *schwere Egge, Harke* f **2.** vt (Flachs) *brechen; harken*

brake [breik] **1.** s *Hemmvorrichtung, Sperre, Bremse* f; to apply *od* put on the ~ *die B. ziehen* || *Bremsleistung* f (~-horse-power *B. in Pferdekräften*) || ⟨fig⟩ *Zügel, Einhalt* m (upon a th *e-r S*) | (a break) *vierrädriger Wagen*; *Kremser* m | [attr] *Brems*- || ~ assembly -*anlage* f || ~-block ⟨bes mot⟩ *Bremsbacke* f || ~ fluid ⟨bes mot⟩ -*flüssigkeit* f; ~ fluid supply tank ⟨mot⟩ *B.sbehälter* m || ~ horse power *Bremsleistung* f || ~-lever ⟨mot⟩ *Bremshebel* m || ~ pad ⟨cycl⟩ -*gummi* m || ~-shoe ⟨mot⟩ -*backe* f; ⟨allg⟩ *Brems*-, *Hemmklotz* m || ~-van ⟨rail⟩ *Bremswagen* m || ~-wheel *Hemm*-, *Bremsrad* n **2.** vt *bremsen* ~age ['~idʒ] s *Bremsen* n || [attr] *Brems*- ~(s)man ['~(s)mən] s *Bremser* m

braking distance ['breikiŋ 'distəns] s ⟨mot⟩ *Bremslänge* f

bramble ['bræmbl] s *Dornbusch* m || *Brombeerstrauch* m || ⟨Scot⟩ *Brombeere* f (to go -*bling B–n pflücken*) ~d [~d] a *dornig, mit Brombeersträuchern überwachsen* -**bling** ['bræmbliŋ] s ⟨orn⟩ *Bergfink* m -**bly** ['bræmbli] a *voller Dornen*; *Brombeer*

bran [bræn] s *Kleie* f

brancard ['bræŋkəd] s (v *Pferden getragene*) *Sänfte* f

branch [brɑːntʃ] **1.** s (of a tree) *Zweig* (*schwächer als* bough, *stärker als* twig), *Ast, Schoß* m; ~es ⟨for⟩ *Geäst, Gezweige* n || (of a river) *Arm* m | ⟨übtr⟩ *Zweig, Teil* m || ~ of knowledge *Wissensgebiet* n || *Sparte* f (of a family) *Zweig* m, *Linie* f || *Teil, Abschnitt* m, *Unterabteilung* f, *Zweiggeschäft* n, *Filiale* f || (a ~-line) ⟨rail⟩ *Seiten*-, *Zweiglinie* f || ⟨arch⟩ *Rippe* f, *Bogen* m | root and ~ **1.** [a] *gründlich, radikal* **2.** [adv] *ganz u gar* | [attr] ~-bank *Bankfiliale* f || ~ circuit ⟨el⟩ ~ point *Verzweigungspunkt* m; ~ line -*leitung* f; ~ switch *Dosen*-, *Zweigwiderstand* ~less ['~lis] a *zweiglos* ~let ['~lit] s *kl Zweig, Ast* m ~y ['~i] a *zweigig, ästig*

branchia ['bræŋkiə], -**chiae** [-kiː] L s pl *Kiemen* pl

brand [brænd] **1.** s *angebranntes Stück Holz*; *Kien, Feuerbrand* m || ⟨poet⟩ *Fackel* f | *Zeichen* n; ⟨fig⟩ *Brandmal* n, *Makel* m (the ~ of Cain) || ⟨com⟩ *Brandmal* n, *Brand*-, *Warenzeichen* n || *Marke, Sorte, Qualität* f | *Brenninstrument, Brandeisen* n | *Brand* m (*Krankheit des Getreides*) || ⟨poet⟩ *Schwert* n **2.** vt *einbrennen; mit Brandzeichen versehen* || ⟨fig⟩ *brandmarken* (as *als*)

~**ing** ['~iŋ] s *Einbrennen* n etc; [attr] *Brenn*-, *Brand*-, ~-iron -*eisen* n ~**ling** ['~liŋ] s *roter Wurm* m || *junger Lachs* m

brandied ['brændid] a *mit Branntwein gemischt*

brandish ['brændiʃ] vt (Stock etc) *schwingen*

brand-new ['brænd'njuː], **bran-new** ['bræn'njuː] a *funkelnagelneu*

brandy ['brændi] s *Branntwein; Weinbrand, Kognak* m || ~-snap *dünner Pfefferkuchen* m

brank-ursine ['bræŋk'əːsin] s ⟨bot⟩ *Bärenklau* f

brant [brænt], ~-**goose** ['brænt'guːs], **brentgoose** ['brent—] s kl *Wildgans* f

brash [bræʃ] s (*mst* water-~) *saures Aufstoßen* n, *Sodbrennen* n

brash [bræʃ] a ⟨Am⟩ *spröde, mürbe, brüchig*; ⟨fig fam⟩ *keck, frech; fix; leicht erregt*

brash [bræʃ] s ⟨geol⟩ *Trümmerhaufen* m (v *Stein, Eis*) ~y ['~i] a *krümelig, bröcklig*

brass [brɑːs] **1.** s ⟨hist minr⟩ *Kupfer- u Zinklegierung* f || *Messing* n || ~ and bronze *Buntmetall* n || [pl ~es] *Ritz*-, (*bes sepulchral* ~) *Grab*-, *Gedächtnisplatte* f || the ~ [sg konstr] ⟨mus⟩ *die Blasinstrumente* n pl || ⟨fam⟩ *Draht* m (Geld) | ⟨fig⟩ *Unverschämtheit, eherne Stirn* f **2.** [attr & a] *Blech*-; *Messing*- || ~ band ⟨mus⟩ *Blasorchester* n || ~ farthing (*roter*) *Heller* m, ⟨fig⟩ not a ~ farthing *nicht e–n Deut* || ~ finisher's lathe *Mechanikerdrehbank* f | ~-founder *Gelbgießer* m || ~ hat ⟨sl⟩ °*Raupenschlepper* m, *hohes Tier* n (Offizier) m; °*Etappenschwein* n || ~ knuck(le)s [pl] ⟨Am⟩ *Schlagring* m || ~ plate *Namenschild* n || ~-rubbing *Grabplattenabdruck* m (*mit Schusterschwarz auf Papier*) || ~-tacks [pl] ⟨Am⟩ *Hauptsache* f, to get down to ~-tacks *z S k*

brassard ['bræ'saːd] s Fr *Armabzeichen* n

Brassica ['bræsikə] s L ⟨bot⟩ [koll] *Kohlpflanzen* f pl

brassie, -**sy** ['brɑːsi] s *Golfschläger* m (*mit Messingplatte*)

brassière ['bræsiɛə] s Fr *Büstenhalter* m || ⟨fam⟩ bra *BH* [biːhaː]

brassy ['brɑːsi] a *messingartig, ehern* | ⟨fig⟩ *metallen, grell; blechern* || *unverschämt*

brat [bræt] **1.** s ⟨cont⟩ *Balg* m & n (Kind) **2.** vi ⟨sl⟩ = to baby-sit ~**ter** ['~ə] s ⟨sl⟩ = *babysitter*

Bratislava ['brɑːtis'laːva] s *Preßburg*

brattice ['brætis] s *Holzwand* f; *Erkertürmchen* n || ⟨min⟩ *luftdichter Schachtscheider* m

bravado [brə'vaːdou] s [Span] [pl ~es, *~s] *Prahlerei* f

brave [breiv] **1.** a (~ly adv) *tapfer, mutig; rechtschaffen, brav* || *schön, prächtig, trefflich, herrlich* **2.** s ⟨Am⟩ *indianischer Krieger* m **3.** vt (jdm, e-r S) *mutig entgegentreten;* (jdm) *trotzen; herausfordern;* to ~ it out *trotzig* or *herausfordernd auftreten* ~**ry** ['~əri] s *Tapferkeit, Unerschrockenheit* f | *Putz* m, *Pracht* f

bravo ['brɑːvou] **1.** s [pl ~es, *~s] [It] *Bravo, Bandit, Meuchelmörder* m **bravo** ['brɑː'vou] **1.** s [pl ~s, *~es] *Bravo* n **2.** intj *bravo!* **bravura** [brə'vjuərə] s [It] *Bravour, Meisterschaft* f; *Bravourstück* n

brawl [brɔːl] **1.** vi *lärmen; laut zanken; stören* (*in der Kirche*) || *rauschen, murmeln* **2.** s *Zank, lärmender Streit* m; *Raufhandel* m || *drunken* ~ *infolge v Trunkenheit verursachte Schlägerei* f ~**er** ['~ə] s *Lärmer; Zänker* m

brawn [brɔːn] s *fleischiger, muskeliger Teil* m *des Körpers* || *Sülze* (v *Schwein*) f | ⟨fig⟩ *Stärke, Muskelkraft* f ~**y** ['~i] a *muskulös, sehnig, stark*

braxy ['bræksi] **1.** s ⟨Scot⟩ *Bradsot* m (*Schafseuche*) **2.** a *milzkrank*

bray [brei] **1.** vi/t || (of donkeys) *schreien* || (of trumpets) *schmettern* | vt *laut verkünden* (to

~ out) **2.** s *das Eselsgeschrei* n; *der schmetternde Klang* m ‖ *Geschrei* n

bray [brei] vt *zerstoßen, –reiben* ‖ ⟨dial⟩ *verprügeln, verwamsen*

braze [breiz] **1.** vt *(hart)löten, schweißen* **2.** s *Hartlötstelle* f

brazen ['breizn] **1.** a (~ly adv) *messingen, ehern* ‖ ⟨fig⟩ *metallen, hell* ‖ *unverschämt; frech* ‖ ~-faced *mit eherner Stirn, frech, unverschämt* **2.** vt (*etw*) *rücksichtslos verfechten* ‖ to ~ it out *sich rechtfertigen; unverschämt, frech auftreten*

brazier ['breiziə] s *Pfanne* f (*f brennende Kohlen*), *Bunkerofen* m, *Kohlenbecken* n, *Dreifuß* m *mit Feuerschale* f

brazier ['breiziə] s *Kupferschmied, Gelbgießer* m ~y [~ri] s *Kupferschmiedearbeit* f

Brazil [brə'zil] s (*mst* ~-wood) s *Brasilien–, Rotholz* n ‖ ~-nut *Paranuß* f ‖ ~ian [~jən] **1.** a *brasilianisch* **2.** s *Brasilianer*(*in* f) m

brazing ['breizin] s *Hartlöten* n, *–lötung* f ‖ ~ outfit *Lötapparat* m ‖ ~ solder *Hartlot* n

breach [bri:tʃ] **1.** s *Brechen* n *der Wellen* ‖ ⟨fig⟩ *Bruch* m, *Übertretung, Verletzung* f; ~ of arrest *Haftvergehen* n; ~ of discipline *Disziplin·arvergehen* n; ~ of etiquette *Verstoß gegen die Etikette* m; ~ of the peace *Friedensstörung* f; ~ of promise *Wortbrüchigkeit* f; *Verletzung* f *des Eheversprechens*; ~ of trust ⟨jur⟩ *Untreue* f; ~ of warranty *Vertragsbruch* m *hinsichtlich zugesicherter Eigenschaften* ‖ *Trennung, Uneinigkeit* f, *Zwist* m ‖ *Lücke, Spalte* f, *Riß* m, ⟨fort⟩ *Bresche* f; to stand in the ~ *die Wucht des Angriffes aushalten* ⟨a fig⟩, to step into the ~, ⟨fig⟩ *in die Bresche springen* ‖ ⟨tact⟩ *Einbruch*(*stelle* f) m, *Sturmlücke* f **2.** vt/i *Bresche legen in* (*etw*); *durchbrechen* ‖ vi (*mil*) *einbrechen*; *e–e Bresche schießen* ‖ ~ing charge ⟨tech⟩ *Zertrümmerungsladung* f; ~ing line *Trennschnitt* m; ~ing operation ⟨tact⟩ *Durchbruchsoperation* f

bread [bred] **I.** s **1.** *Brot* n (slide of ~ *Scheibe* B.); a loaf of ~ *ein Laib B., ein B.*; white ~, *Weiß–*; ⟨engl⟩ brown ~ *Graham–, Weizenschrotbrot*; black ~ ⟨a-engl⟩ *Schwarz–, Roggenbrot* ‖ *Brot als Nahrungsmittel; Nahrung* f; *Lebensunterhalt* m **2.** **Wendungen:** consecrated ~ *Hostie* f ‖ daily ~ *tägliches Brot* n, *Unterhalt* m ‖ ~ and butter **I.** s *Butterbrot* n (a slide of ~ and butter *ein B.*); ⟨fig⟩ *Lebensunterhalt* m, *Brot* n (to quarrel with one's ~ and butter *mit s–m Los unzufrieden s*) **2.** ~-and-butter [a] ⟨fig⟩ *zimperlich, kindisch, unreif* ‖ *prosaisch, materialistisch, nüchtern, praktisch* ‖ ~-and-butter letter ⟨Am⟩ *Brief* m *mit Dank für Speis' u Trank* ‖ ~ and cheese ⟨fig⟩ *Salz* n *z Brot* (*knapper Unterhalt* m) ‖ ~ and wine *das heilige Abendmahl* n ‖ to break ~ with a p *mit jdm Brot brechen, mit jdm essen* ‖ to cast one's ~ upon the waters *Gabe, Darlehen „in den Kamin schreiben"* ‖ to earn, make one's ~ *sich sein Brot verdienen* ‖ to eat the ~ of idleness *sich dem Müßiggang hingeben, „privatisieren"* ‖ to know which side one's ~ is buttered *wissen, wo man bleibt, wissen, wo Barthel den Most holt, s–n Vorteil kennen* ‖ to have one's ~ well buttered *od buttered on both sides im Speck sitzen* (*in vorteilhaften Verhältnissen s*) ‖ as I live by ~! *so wahr wie ich hier stehe, sitze!* ‖ to be put on ~ and water *nur Wasser u Brot bei* ‖ to take the ~ out of a p's mouth *jdm das Brot aus dem Munde nehmen* (*den Lebensunterhalt rauben*) **3.** [attr] ~-basket *Brotkorb* m; ⟨fig⟩ *Kornkammer* f (*Land*); ⟨sl⟩ *Magen* m ‖ ~-crumb *Krume* f *des Brots* ‖ ~-cutter *Brotschneidemaschine* f ‖ ~-fruit *Frucht* f *des Brotbaumes*; ~-fruit tree ⟨bot⟩ *Brotfruchtbaum* m ‖ ~ line ⟨Am⟩ *Anstehschlange* f (*vor Geschäften, in Volksküchen* etc) ‖ ~-stuffs [pl] *Brotgetreide, Korn* n ‖ ~-winner *Ernährer, Brotverdiener* m;

principal ~-w. E. *des Haushalts* **II.** vt *panieren, mit Brot umgeben* ~less ['~lis] a *brotlos*

breadth [bredθ] s *Breite* f ‖ *Bahn, Breite* f (*Stoffmaß*) ‖ ⟨fig⟩ *Ausdehnung, Weite* f, *Ausmaß* n, *Größe* f ‖ *Weitherzigkeit* f; ~ of mind *Großmut, –zügigkeit* f; *Duldsamkeit* f; *Freiheit* f (in *in*) ‖ ⟨arts⟩ (*durch richtige Anordnung erzielte*) *großzügige Wirkung* f ~ways ['~weiz], ~wise ['~waiz] adv *der Breite nach, in der B.*

break [breik] s *Wagen zum Einfahren junger Pferde* ‖ *Kremser* m; *Break* m

break [breik] vt/i [broke/broken] **I.** vt **1.** *entzweibrechen*; (*Glied*) *brechen*, to ~ one's leg *sich das Bein brechen* ‖ *zerteilen, trennen* ‖ (*Maschine, Serie* etc) *unbrauchbar m* ‖ (*etw*) *abbrechen* (from *von*), *loslösen* ‖ *auf–, durch–, erbrechen, sprengen* ‖ ⟨tech⟩ (*Halbzeug*) *mahlen, aufschlagen* ‖ ⟨el⟩ (*Leitung*) *unterbrechen*, (*Strom*) *ausschalten* ‖ (*Glas*) *zerbrechen, –sprengen* ‖ (*Oberfläche*) *aufreißen; verletzen* ‖ (*Kuchen*) *anbrechen* ‖ (*Boden*) *umbrechen, urbar m* **2.** ⟨übtr⟩ *schonend mitteilen* (to a p *jdm*) ‖ (*Reise*) *unterbrechen*; *stören* ‖ (*Schlag*) *abschwächen, mildern* ‖ *übertreffen*; (*Rekord*) *brechen*; (*Gesetz*) *übertreten*; (*Wort*) *brechen*; (*Versprechen*) *nicht halten*; (*Verlobung*) *auflösen* ‖ (*Willen*) *brechen*; (*Leidenschaft*) *bändigen*; to ~ a p of a th *jdm etw abgewöhnen* ‖ (*Tiere*) *zähmen* ‖ (*Gesundheit*) *schwächen*; *entkräften* **3.** ⟨fig⟩ *vernichten*; (*jdn*) *zugrunde richten*; *bankrott m* ‖ (*jdn*) *degradieren* (*to zu*) **4. Wendungen**: to ~ the back *od* neck of a th *das Schwerste e–r S hinter sich bringen* ‖ to ~ the bank *die Bank sprengen* ‖ to ~ bounds *über den erlaubten Bezirk hinausgehen* (*v Schülern*) ‖ → butterfly ‖ to ~ camp ⟨mil⟩ *das Lager abbrechen* ‖ to ~ cloud *Flugzeug durchziehen* (*durch Wolkendecke*) ‖ to ~ cover [s] ‖ to ~'s fast *etw essen, etw zu sich nehmen* ‖ to ~ formation *Verbandsflug auflösen* ‖ to ~ ground ⟨aero⟩ *sich abheben* ‖ to ~ (new) ground *neues Feld umbrechen*; ⟨fig⟩ *neues Gebiet erschließen* ‖ to ~ a p's heart *jdm das Herz brechen* ‖ to ~ the ice ⟨fig⟩ *das Eis brechen* ‖ to ~ the key den (*Code*)-*Schlüssel entziffern* ‖ to ~ a lance with *mit* (*jdm*) *e–n Strauß fechten* or *die Klingen kreuzen* ‖ to ~ open *er–, aufbrechen, öffnen* ‖ to ~ the ranks ⟨mil⟩ *wegtreten* ‖ to ~ the silence *od* spell *das Schweigen, den Zauber brechen* ‖ ~ step! *ohne Tritt – marsch!* ‖ to ~ water *emportauchen, an die Oberfläche k* **5.** [mit adv] to ~ **down** *niederreißen, abbrechen*; (*Zwang* etc) *beseitigen*; ⟨fig⟩ *zerstreuen, brechen, zugrunde richten*; *aufgliedern, –schlüsseln, –teilen; analysieren; klassifizieren* ‖ to ~ in *bändigen; abrichten*; (*Pferd*) *zureiten* ‖ to ~ off (*etw*) *abbrechen*; *lösen, unterbrechen* ‖ to ~ out (*Fahne*) *entfalten* ‖ to ~ up *zerschmettern; auflösen*; (*Menge*) *aus–e–atreiben*; (*Geld*) *kleinmachen*, (*um*)*wechseln* (to ~ up half a crown into 2 shillings and 6 d) ⟨fig⟩ *zerrütten* ‖ ⟨hunt⟩ to ~ up the fox *dem Fuchs Standarte, Pfoten* etc *abschneiden* **II. vi 1.** *brechen, zerspringen, reißen, zerreißen, entzweigehen, platzen, aufbrechen, bersten*; to ~ to pieces *in Trümmer gehen* ‖ (of waves, etc) *stürzen* (over *über*) **2.** *aus–, hervor–, losbrechen*; to ~ from a p's lips *sich jds Lippen entringen* ‖ ~ loose *ausbrechen, sich losreißen* ‖ *anschwellen* (to *zu*) ‖ (of the day) *anbrechen, grauen* ‖ (of the sun) *zu scheinen beginnen* (on *auf*) **3.** *zerfallen, brechen* (with a p *mit jdm*) ‖ (of the voice) *wechseln, umschlagen; brechen* ‖ (of the weather) *sich* (z *Schlechten*) *verändern* ‖ (of a ball) *abweichen, die Richtung ändern*; (of a horse) *die Gangart ändern* ‖ *fallieren, bank*(*e*)*rott w* ‖ to ~ even ⟨Am fam⟩ *sich gerade noch rentieren*; ~-even point *Rentabilitätsgrenze* f ‖ (in health) *verfallen, abnehmen, schwächer w, nachlassen, verblühen* **4.** [mit prep] to ~ **into** *einbrechen in* (the house was broken into *in das Haus wurde eingebrochen*); ⟨fig⟩ (*jds Zeit*) *in Anspruch nehmen* ‖ *ausbrechen in* (a laugh); *plötzlich beginnen* ‖ to ~ out of *ausbrechen aus* ‖ to ~ through *durchbrechen durch*; *durchbrechen*; *-dringen, -entwinden* ‖ to ~ with *brechen mit (jdm)*; *ablassen v, aufgeben* 5. [*mit adv*] to ~ **away** *sich losmachen, -reißen (from von)*; *sich davonmachen, -stürzen* ⟨mil⟩ *sich (vom Feinde) absetzen, lösen*; ⟨aero⟩ *abdrehen* | to ~ **down** *zus-brechen*; *steckenbleiben, versagen*; *nicht funktionieren*; *e-e Panne h,* °*kaput gehen* ‖ *abnehmen*; *aus-, z Ende gehen* ‖ (*in Prüfung*) *durchfallen* | to ~ **even** ⟨Am com fam⟩ *mit dem Einsatz herauskommen* ‖ to ~ **forth** *hervorbrechen, -quellen*; *ausbrechen* | to ~ **in** *einbrechen, -dringen*; *unterbrechen*; to ~ **in upon** ⟨fig⟩ *hereinplatzen in*, *einfallen in, stören, unterbrechen* | to ~ **off** *abbrechen, aufhören*; ⟨bill⟩ *den ersten Stoß h, anfangen* | to ~ **out** *ausbrechen*; *geraten (into in)*; *losplatzen* | to ~ **through** *durchbrechen* (the sun ~s through) | to ~ **up** *sich auflösen*; *in Stücke gehen*; *schwach w*; *aus-e-a-gehen*; *dem Ende entgegengehen*; (of schools) (*f die Ferien*) *schließen*

break [breik] s *Brechen* n; *Bruch, Riß* m, *Lücke* f ‖ ⟨for⟩ *Querrinne* f | ⟨tech⟩ ~ *in the web Reißen der Papierbahn* ‖ *Wettersturz* m; ⟨Am⟩ *Börsensturz* m ‖ *Schnitzer* m (*unüberlegter faux pas*) (*a bad* ~) ‖ *Anbruch* m (~ *of day Tages-*) | ⟨fig⟩ *Einschnitt* m ‖ *Unterbrechung* (in a th *e-r S*; *without a* ~ *ohne U.*), *Pause* f, at ~ *in der Pause* | (in a wood) *Lichtung* f ‖ (in writing) *Gedankenstrich* m; ⟨typ⟩ *Absatz* m, *Spatium* n | ⟨crick⟩ *Effet* n ‖ ⟨bill⟩ *Tour, Serie* f ‖ ⟨Am sl⟩ *günstige Gelegenheit* f, *Chance* f; (bad) *lucky* ~ (*un*)*glücklicher Zufall* m; ⟨fig⟩ *give me a* ~ *gib mir e-e Chance* ‖ ⟨mus⟩ *plötzlicher Wechsel* m; ⟨jazz⟩ *Solopartie* f ‖ ⟨el⟩ ~ *pulse Öffnungsstromstoß* m ‖ ⟨arch⟩ *Vorsprung* m **~able** [´~əbl] 1. a *zerbrechlich* 2. ~s [pl] *zerbrechl. Sn* f pl **-age** [´~idʒ] s *Brechen, Zerbrechen* n ‖ (of wares) *Bruch, Schaden* m ‖ *Unterbrechung* f **~-away** [´~əwei] s *Abfallen, -gehen*; *Loslösen* n (from) ⟨~daun, ´-´-⟩ s *Zus-bruch* m ‖ *Auf-, Ver-, Unter-, Einteilung, Aufgliederung* (in Sparten), *Aufschlüsselung, Analyse, Klassifizierung* f ‖ *Arbeitseinteilung* f | *Verkehrsstörung durch Maschinendefekt* (~ *gang* ⟨rail⟩ *Hilfskolonne* f); ⟨mach⟩ *Ausfall* m; ⟨el⟩ *Durchschlag* m; ⟨telv⟩ (*Bild-*) *Störung* f; ⟨mot⟩ *Panne* f ‖ ⟨fig⟩ *Nieder-, Zus-bruch* m (nervous ~ *Nerven-*); *Schiff-* ‖ *e-e Art Negertanz* m ‖ [attr] ~ *park Autofriedhof* m; ~ *vehicle Abschlepp-, Werkstattwagen* m **~-in** [´breik´in] s *Einbruch(sdiebstahl)* m ‖ *Austreten, Einlaufen* n (neuer Schuhe) **-er** [´~ə] s 1. *Übertreter* m 2. *Brecher, Stürzer* m, *kurze steile Welle, Sturzwelle* f; ~s [pl] *Brandung* f; ~s *ahead Gefahr in Sicht* ‖ ⟨fig⟩ *gr Stürme* 3. ⟨tech⟩ *Halbzeug-Holländer* m; *heavy* ~ *Aufbruchhammer* m ‖ *Unterbrecher* m; ~ *contact -kontakt* f ‖ ~ *strip* ⟨mot⟩ (*Reifen-*)*Leinwandeinlage* f **neck** [´]: ~ *speed rasende, halsbrecherische Fahrt* f → *breakneck*

breaker [´breikə] s ⟨mar⟩ *Fäßchen*

breakfast [´brekfəst] 1. s *Frühstück* n; [a attr] ‖ to *think about* ~ ⟨m.m.⟩ *über die Unsterblichkeit der Maikäfer nachdenken* s ‖ ~ *food Frühstücksspeise* f (aus Cere·alien), vgl ,,*Studentenfutter*'' n 2. vi/t *frühstücken* | vt (jdm) ein *Frühstück geben*

breaking [´breikiŋ] s (*Zer-*)*Brechen* n, *Bruch* m; ⟨gram⟩ *Brechung* f ‖ [attr] *Brech-, Bruch-*; ~ *cord* (*Fallschirm-*)*Reißleine* f ‖ ~ *factor Bruchlastvielfaches* n ‖ **~-in** *Einbruch* m, *Einbrechen* n; *Zureiten, Abrichten* n ‖ ~ *length tester* ⟨tech⟩ *Reißlängenprüfgerät* n ‖ ~ *load Bruchbelastung* f ‖ **~-off** *Abbruch* m ‖ **~-off**

height ⟨aero⟩ (*Lande-Mindest-*)*Abbruchshöhe* f ‖ **~-out** *Ausbruch* m; ⟨med⟩ (*Haut-*)*Ausschlag* m ‖ ~ *strain*, ~ *strength Reißfestigkeit* f

breakneck [´breiknek] a *halsbrecherisch, gefährlich* **breakthrough** [´breikθru:] s ⟨mil⟩ *Durchbruch* m ‖ [attr] ~ *artillery Sturmartillerie* f

break-up [breik´ʌp] s *Aufhören* n; *Auflösung* f; (*Schul-*)*Schluß* m; ⟨fig⟩ *Niedergang* m, *Verfall* m

breakwater [´breik‚wɔ:tə] s *Wellenbrecher* m ‖ *Hafendamm* m

bream [bri:m] s [pl ~] ⟨ich⟩ *Brassen* m

bream [bri:m] vt ⟨mar⟩ (*Schiff*) *reinigen, reinbrennen*

breast [brest] 1. s *die weibliche Brust* f (a child at [*od on*] the ~ *..an der B.*); to *give* (a child) the ~ *die B. geben, stillen* ‖ *Busen* m | *Brust* f *als Nährquell* ‖ *oberer Teil* m *des menschlichen Körpers der Kleidung* | ⟨fig⟩ *Busen* m, *Herz* n | *Gemüt* n; to *make a clean* ~ *of a th etw offen heraussagen, eingestehen*, ⟨fam⟩ *frei v der Leber* f *reden* ‖ ⟨cul⟩ *stuffed* ~ *of veal gefüllte Kalbsbrust* f ‖ [attr & comp] *Brust-*; ~*-beam* ⟨weav⟩ *Brustbaum* m ‖ **~-bone** *-bein* n ‖ **~-deep**, **~-high** *brusthoch, bis an die Brust reichend* ‖ to ~*-feed* (Kind) *stillen* ‖ **~-pin** *Busen-, Schlipsnadel* f ‖ **~-plate** *Brustharnisch* m; *-riemen* m ‖ ~ *stroke -schwimmen* n ‖ **~-summer** ⟨carp⟩ *Rähm(stück* n) m ‖ ~ *transmitter -mikrophon* n ‖ **~-wall** *Brüstungs-, Schutz-, Stützmauer* f 2. vt *mutig, gerade losgehen auf*; to ~ *a hill e-n Hügel hinaufsteigen* ‖ ⟨fig⟩ *sich stemmen gegen*; *trotzen* **~ed** [´~id] a [in comp] *-brüstig*, | *flat-~, narrow-~ flach-, engbrüstig* ‖ *double-~ zweireihig, mit zwei Knopfreihen*; *single-~ einreihig*

breastsummer, bressumer [´bresəmə] s ⟨arch carp⟩ *Querbalken* m (über Fenster etc), *Trägerschwelle* f, *Rähm(stück* n) m

breastwork [´brestwə:k] s ⟨mil⟩ *Brustwehr* f

breath [breθ] s 1. *Atem* m ‖ *Hauch* m (a ~ *of fresh air*); *Lüftchen* n; *ein- u ausgeatmete Luft* f ‖ *Atemzug* (last ~); *Augenblick* m | *Kraft z Atmen* ‖ ⟨phon⟩ *Stimmlosigkeit* f | (*bloßes*) *Wort* n, *Hauch* m, *Spur* (~ *of scandal*), *leiseste Andeutung* f ‖ *Flüstern, Murmeln* n ‖ ⟨fig⟩ *Duft, Geruch* m 2. **Wendungen**: *shortness of* ~ *Kurzatmigkeit* f ‖ in one ~ *in e-m Atem* ‖ in the same ~ *with in demselben Augenblick wie, zugleich mit* ‖ out of ~ *außer Atem, atemlos* ‖ under, below one's ~ *leise, flüsternd* ‖ ~ *bated* | to *draw a deep* ~ *tief aufatmen* ‖ to *draw one's last* ~ *den letzten Atemzug, Hauch*, (˟*Schnapper*) *tun (sterben)* ‖ to *gasp for* ~ *nach Luft schnappen* ‖ to *get one's* ~ *Atem holen* ‖ to *hold one's* ~ *den A. anhalten* ‖ *keep your* ~ *to cool your porridge schone deine Lunge, spare d-e Worte* ‖ to *knock a p's* ~ *out of him jdm den Atem rauben* ‖ to *waste one's* ~ *in den Wald reden* ‖ to *take* ~ *A. holen, ausruhen* ‖ to *take a p's* ~ *away jdm den Atem nehmen, in Erstaunen setzen* 3. [in comp] **~-taking** a (~ly adv) *atemraubend*

breathe [bri:ð] vi/t 1. vi *atmen, Atem holen*; to ~ *of youth Jugend atmen, aushauchen, verbreiten* ‖ *ausruhen, sich erholen*; to ~ *again od freely wieder frei aufatmen* | *leben* ‖ ⟨fig⟩ (of air) *wehen* ‖ to ~ *upon beflecken, -sudeln* 2. vt *atmen, einatmen* | *ausatmen, -hauchen*, to ~ *one's last den letzten Atemzug tun, verscheiden* ‖ *ausdunsten, -düften* | *sprechen, ausdrücken, verlauten* l; (*Drohung*) *ausstoßen* ‖ *hauchen, leise sprechen, flüstern* | ⟨fig⟩ *atmen, verraten, an den Tag legen* (to ~ *simplicity*); to ~ *vengeance Rache schnauben* | *verschnaufen* l, *ruhen* l; to *be* ~*d erholt* s | *außer Atem bringen* **~d** [~d] a ⟨phon⟩ *stimmlos*

breather [´bri:ðə] s *Atmende(r* m) f ‖ *Luftschöpfen* n, to *take a* ~ ⟨fig⟩ *Luft holen, Ruhe-*

pause f *m* ‖ *(angestrengte)* *(Atem-)Übung* f *im Freien*
   breathing ['bri:ðiŋ] **1.** s *Atmen* n ‖ ⟨fig⟩ *Hauch* m, *Wehen* n ‖ *Atemübung* f *(im Freien)*, *deep* ~ *Atemgymnastik* f ‖ ⟨gram⟩ *Hauchlaut* m, *Aspiration* f | [attr] ~-*space*, ~-*time (Atem-)Pause* f, *Zeit* f *z Erholung* ‖ ~ *pipe*, ~ *tube Schnorchel* m **2.** a ⟨*bes* fig⟩ *lebenstreu*; *sprechend*
   breathless ['breθlis] a (~ly adv) *außer Atem*; *tot* ‖ *atemlos* ⟨*a* fig⟩ (~ *attention*) ‖ *windlos*, *schwül* (day) ~**ness** [~nis] s *Atemlosigkeit* f
   breathy ['breθi] a *(of voice) mit Hauchgeräusch*; *tonarm*
   breccia ['bretʃə, 'breʃjə] s It ⟨geol⟩ *Breccie*, *Brekzie* f *(Gesteinsbruchstück* n); *Trümmergestein* n
   bred [bred] pret & pp *v* to breed ‖ [in comp] → *high*; *ill*; *low*; *thorough*; *well* ‖ → *born*
   breech [bri:tʃ] **1.** s **a.** *Gesäß* n, *Hinterer*, *Steiß* m ‖ *der hintere Teil e-s Dinges*: *(of trousers) Boden* m; *(of a gun) Boden*, *Stoß*; *Verschluß* m ‖ ~-*block Verschlußstück* n; ~-*b. hole Ladeloch* n **b.** ~es ['britʃiz] pl *Knie-*, *Reithose* f, *a pair of* ~es *e-e Hose* f; *to wear the* ~es ⟨fig⟩ *(v Frau) die Hosen anhaben*, *im Hause herrschen* ‖ ~es *buoy* ⟨mar⟩ *Hosenboje* f **c.** [attr] ~-*loader Hinterlader* m; [attr] *v hinten z laden*, *Hinterlader-* ‖ ~-*loading Hinterladung* f; [attr] ~-*ladungs-* **2.** vt *(e—m Knaben) die erste Hose anziehen* | ~**ed** [~t] *a hosentragend*; *to be* ~ *Hosen tragen* ~**ing** ['~iŋ] s *(of a horse) Anhalt-*, *Schwanzriemen* m ⟨mar⟩ *Seilwerk* n, *die Brooktaue* pl *am Geschütz*
   breed [bri:d] **I.** vt/i [bred/bred] **1.** vt *erzeugen*, *gebären* (T) *(aus)brüten*, *(aus)hecken*, *fortpflanzen* | *züchten*, *aufziehen*, bred by *gezüchtet* v; → *bone* ‖ *erziehen*; *auferziehen*, *ausbilden* (to *für*; to the law); *ausbilden als*, *erziehen z*: to be *bred a lawyer als Jurist*, *z Juristen ausgebildet w* | *erregen*, *-zeugen*, *hervorbringen* (bred of ⟨fig⟩ *erzeugt* v) **2.** vi *zeugen*, *brüten* ‖ *erzeugt* w; *entstehen*, *sich bilden*, *wachsen*, *sich vermehren* ‖ *to* ~ *in and in immer in die eigene Familie heiraten*, *sich durch Inzucht fortpflanzen* **II.** s *Brut*, *Zucht*; *Rasse* f ‖ *Art*, *Klasse* f ~**er** ['~ə] s *Erzeuger* m; *Zuchttier* n ‖ *Züchter* m ‖ ~ *reactor* ⟨at⟩ *Brüter(reaktor)* m ~**ing** ['~iŋ] s *Erzeugen*, *Gebären* n; *Brüten* n ‖ *Aufziehen*, *Züchten* n; *cross-* ~ *Kreuzung* f ‖ *Erziehung*; *Bildung*, *Lebensart* f *(good* ~ *feine L.)* | [attr] *Brut-*; *Zucht-*; *Nähr-* (~-*ground* *-boden)*
   breeze [bri:z] s ⟨ent⟩ *(Pferde-)Bremse* f
   breeze [bri:z] s *Lösche* f; *Kohlenklein* n *(beim Ziegelbrennen* n *verwendet)*
   breeze [bri:z] **1.** s *Brise* f (land-~, sea-~); *Wind* m ‖ ⟨fig⟩ *Gerücht* n ‖ ⟨sl⟩ *Zank*, *Streit* m **2.** vi *blasen*, *wehen* (it's beginning to ~) ‖ ⟨mil fam⟩ *angeben*, *aufschneiden* ‖ *to* ~ *along daher-gewetzt* k ‖ *to* ~ *in hereingeschneit* k | ~**r** ['~ə] s ⟨Am⟩ *(überdachter) Verbindungsgang* m *(zw Haus u Garage)* **breezy** ['bri:zi] a *luftig*, *windig* ‖ ⟨fig⟩ *frisch*, *flott*
   bregma ['bregmə] s ⟨anat⟩ *Bregma* n *(Vorderkopf)*
   Brehon ['bri:hən] ⟨hist⟩ *irischer Richter*; ~ *Laws irisches Gesetzbuch*
   brekker ['brekə] s ⟨univ sl⟩ = *breakfast*
   Bren [bren] s [*nach tschech. Stadt* ~] *leichtes Maschinengewehr* ‖ ~ *carrier* ⟨mil⟩ *Schützenpanzerwagen* m *(mit MG)* ‖ ~ *gunner MG-Schütze* m
   brent-goose → brant(-goose)
   bressumer → breastsummer
   brethren ['breðrin] s [† pl *(v brother)*] *Brüder* m pl *(in Kirche*, *religiösen u Ordens-Gesellschaften)*; my ~! *liebe Brüder!*

   Breton ['bretən] **1.** a *bretonisch* **2.** s *Bretone*, *Bewohner der Bretagne* m
   breve [bri:v] **1.** s ⟨hist⟩ *päpstl. Breve* n **2.** ⟨typ⟩ *Kürzezeichen* n (.) ‖ ⟨mus⟩ *doppelte ganze Taktnote* f
   brevet ['brevit] **1.** s *offenes Privilegschreiben* n ‖ ⟨mil⟩ *Patent* n, *Charakter* m; ~ *major Hauptmann mit dem Rang e-s Majors*, *charakterisierter M.* **2.** vt *Offizierscharakter*, *-patent verleihen*; to be ~ed a major *den Charakter e-s Majors erhalten* ~**cy** [~si] s *Titul·arrang* m
   breviary ['bri:viəri] s ⟨R.C.⟩ *Brevier* n **brevier** [brə'viə] s ⟨typ⟩ *Petitschrift* f
   brevity ['breviti] s *Kürze* f
   brew [bru:] **1.** vt/i ‖ *(Bier) brauen* ‖ ⟨übtr⟩ *(Getränk) brauen*, *bereiten* ‖ ⟨fig⟩ *ausbrüten*, *anzetteln* | vi *brauen*, *Brauer* s; to ~ up ⟨sl⟩ *Tee „brauen"* ‖ ⟨fig⟩ *sich zus–ziehen*, *im Anzug s* | as you have ~ed, so you must drink *was man sich eingebrockt hat*, *muß man auslöffeln*, → bed 3 ‖ a storm is ~ing *ein Gewitter zieht auf* **2.** s *Bräu* n; *Gebräu* n ‖ ~-*house outfit Sudwerk* n ~**age** ['~idʒ] s *bereitetes Getränk* n; *Gebräu* n, ⟨*a* fig⟩ ~**er** ['~ə] s *Brauer*, *Bierbrauer* m ‖ ~'s *grains* [pl] *Biertreiber* pl ~**ery** ['~əri] s *Brauerei* f
   briar ['braiə] → brier
   bribable ['braibəbl] a *bestechlich*
   bribe [braib] **1.** s *Geschenk* n *(z Bestechung)*, *Bestechung* f; to take a ~ *sich bestechen l* **2.** vt *bestechen*; *durch Bestechung verleiten* (to *zu*; to *do*) | ~**r** ['~ə] s *Bestecher* m ~**ry** ['~əri] s *(aktive) Bestechung* f, ~ *corruption*; attempt at ~ *Bestechungsversuch* m; open to ~ *bestechlich*
   bric-a-brac ['brikəbræk] s [Fr] *Raritäten*, *Antiquitäten*; *Nippsachen* f pl
   brick [brik] **1.** s *Ziegel*, *Ziegel-*, *Backstein*; *Mauerstein* m; ~s are burnt in a kiln; a wall made of ~(s) *e-e Backsteinmauer* ‖ dried ~ *Luftziegel* m ‖ ⟨übtr⟩ *Klumpen* m, *Stück* n ‖ *Würfel*, *Bauklotz* m ‖ ⟨fam⟩ *famoser Kerl*, °*Pfundskerl* m; like a ~, like ~s *daß es nur so e-e Art hat*; *tüchtig* ‖ to swim like a ~ *schwimmen wie e-e bleierne Ente* ‖ to drop a ~ ⟨sl⟩ *ins Fettnäpfchen treten* ‖ to make ~s without straw *Fleischbrühe ohne Fleisch m* ‖ like a ton of ~(s) ⟨fam⟩ *mit gewaltigem Krach*; ~ to drop **2.** a *Ziegel-*, *ziegelförmig* ‖ [attr] ~ *bat Ziegelbrocken* m; *steinernes Wurfgeschoß* n ‖ ~-*built mit Ziegeln gebaut* ‖ ~ *cheese* ⟨Am cul⟩ *Backsteinkäse* m ‖ ~ *chisel Steinmeißel* m ‖ ~-*clay*, ~-*earth Ziegelerde* f ‖ ~-*field*, ~-*yard Ziegelei* f ‖ ~-*kiln Ziegelofen* m, *-brennerei* f ‖ to talk to a ~-*wall tauben Ohren predigen* **3.** vt ~ *Ziegelsteinen bauen* ‖ to ~ up *zumauern* ~**bat** ['~bæt] *Stück* n *Ziegelstein* ~**dust** ['~dʌst] *Ziegelmehl* n ~**layer** ['~ˌleiə] *Maurer* m ~**laying** ['~ˌleiiŋ] *Maurerei* f ~**maker** ['~ˌmeikə] *Ziegelstreicher*, *-brenner* m ~**work** ['~wə:k] *Maurerarbeit* f ‖ ⟨arch⟩ *Backsteinbau* m
   bricole ['brikoul] s ⟨ten⟩ *Rückprall* m
   bridal ['braidl] **1.** s [*a* pl ~s] *Hochzeit* f, *-feierlichkeit* f **2.** a *Hochzeits–* *bräutlich*, *Braut-*; ~ *gown* *-kleid* n; ~-*veil Brautschleier* m
   bride ['braid] s *die Braut am Hochzeitstage u einige Tage vorher*; *neuvermählte Frau* f | ~-*cake Hochzeitskuchen* m ~**groom** ['~grum] s *Bräutigam*, *junger Ehemann* m ~**smaid** ['~zmeid] *Brautjungfer* f ~**sman** ['~zmən] s = best man
   bridewell ['braidwəl] s *Strafanstalt* f, *Gefängnis* n
   bridge [bridʒ] **1.** s *Brücke*, *Landungsbrücke*; ⟨mar⟩ *(Kommando-)Brücke* f; chain-~ *Ketten-* f; floating ~ *schwimmende B.*; ~ foot-~; pontoon-~, ~-train *Pontonbrücke* f; ~ of boats *Schiffsbrücke* f *(B. aus Booten)* ‖ ⟨*bes* rail⟩ under *(Weg-)Unterführung*; ~ over *(Weg-)Überführung* f; folding ~ → draw ~; suspension ~

Hänge-, Kettenbrücke f; revolving ~, swing ~ *Dreh-* f; ⟨fig⟩ a golden ~ *e–e goldene B.* ‖ ⟨mar⟩ *(Kommando-)Brücke* f **|** (of the nose) *Rücken, Sattel* m ‖ ⟨mus⟩ *Steg* m *(der Streichinstrumente)* ‖ ⟨dent⟩ *Brücke* f [attr] ~ approach *Brückenrampe* f ‖ ~-building *–bau* m ‖ ~ chamber *Sprengkammer* f *(in e–r B.)* ‖ ⟨el⟩ ~ circuit *Brückenschaltung* f; ~ duplex system *–gegensprechsystem* ‖ ~-head ⟨fort & tact fig⟩ *Lande-, Brückenkopf* m ‖ ~ pier *–pfeiler* m ‖ ~ train *–kolonne* f ‖ ~ trestle *–bock* m **2.** vt *überbrücken, e–e Brücke schlagen über* **|** to ~ over [adv] ⟨fig⟩ *überbrücken* **~able** ['~əbl] a *überbrückbar* **~less** ['~lis] a *ohne B.*

bridge [bridʒ] s *Bridge, ein Kartenspiel* n *(heute mst* auction ~; contract ~ *B., bei dem gereizt wird)*

bridle ['braidl] **1.** s *Zaum; Zügel* m, to give a horse the ~ *e–m Pferd die Zügel schießen l;* (a horse) is going well up to his ~.. *geht gut am Z.* ‖ ⟨fig⟩ *Zaum, Zügel* m **|** [attr] ~-hand *linke Hand* f *(welche die Zügel hält)* ‖ ~-path, ~-way *Reitweg* m ‖ ~-rein *Zügel* m **2.** vt/i *aufzäumen* ‖ ⟨fig⟩ *zügeln, zähmen, bändigen, im Schach, Zaume halten* **|** vi (to ~ up) *sich stolz in die Brust werfen, beleidigt tun* (at *über)*
bridoon [bri'du:n] s *Trense* f

brief [bri:f] **1.** s *päpstl. Breve* n *[mst* pl ~s] *kz Unterhose* f; *Schlüpfer* m **|** ⟨jur⟩ *schriftl. Instruktion* f *(des* Solicitor *an den* Barrister); *Schriftsatz* m *(des Anwalts);* reply ~ *Schriftsatz der Gegenpartei;* trial ~ *Verhandlungsschriftsatz;* to hold a ~ *e–e S vor Gericht vertreten,* to hold a ~ for *sprechen f, eingenommen s f;* to hold no particular ~ for *nicht viel übrig h für* ‖ ⟨Am⟩ *(Zeitung) Kurznachricht* f; *(beinlose) Dreiecksunterhose* f *f Jungen u Mädchen* ‖ → watching **|** ~-case *Aktentasche* f **2.** a (~ly adv) *kurz, knapp, bündig,* to be ~ *sich kurz fassen;* in ~ *kz, mit kz Worten* **3.** vt *kurz zus–fassen in e–m* brief; *informieren, einweisen, orientieren, unterrichten;* (Barrister) *informieren; in Anspruch nehmen* (jdn) *in Kenntnis setzen* **~ing** ['~iŋ] s ⟨aero⟩ *Flugbesprechung, –beratung* f; *Einsatz–, Fluganweisungen* f pl; pre-flight ~ *Flugvorbesprechung* f; ⟨pol etc⟩ *Communiqué* n **|** ~less ['~lis] a (of barrister) *ohne Praxis* **~ness** ['~nis] s *Kürze, Knappheit, Bündigkeit* f

brier, briar ['braiə] s ⟨bot⟩ *Dornbusch* m, *bes der wilden Rose;* Sweet ~ *Wein–, Dünenrose* f ‖ ~-rose *Heckenrose* f **~y** [~ri] a *dornig, stachelig, rauh*

brier, briar ['braiə] s ⟨bot⟩ *das weiße Heidekraut* n ‖ *Bruyèreholz* n; (a ~ pipe) *–pfeife (kurze Tabakspfeife)* f

brig [brig] s ⟨mar⟩ *Brigg* f
brigade [bri'geid] Fr **1.** s ⟨mil⟩ *Brigade* f ‖ *organisierte, oft uniformierte Vereinigung* f (fire ~ *Feuerwehr);* Household ~ ⟨mil⟩ *Leibgarde* f ‖ ~-major ⟨mil⟩ *Brigadeadjutant* m **2.** vt *z e–r Brigade formieren; gruppieren*
brigadier [ˌbrigə'diə] s ⟨mil⟩ *(seit* 1928; *früher* ~-general, colonel-commandant [pl ~-g.s, c.s-c.t] *Brigadekommandeur* m
brigand ['brigənd] s *Brigant,* (Straßen-)*Räuber* m **~age** [~idʒ] s *Räuberwesen* n ‖ *Räuberei* f **~ine** [~i:n] s *Ringharnisch* m, *Schuppenpanzer-(jacke f)* m
brigantine ['brigəntain, –ti:n] s ⟨mar⟩ *Brigantine* f *(kl Zweimaster)*

bright [brait] **1.** a (~ly adv) *glänzend, scheinend, leuchtend,* to be ~ with *strahlen vor* ‖ ~ finish, ~ lustre *Hochglanz* m ‖ *lebhaft* (~ red) **|** *klar* (beer) ‖ ⟨fig⟩ *heiter, freundlich;* ~er besser ‖ (of children) *aufgeweckt, klug; neunmalweise,* „gescheit" ‖ *berühmt, glorreich* **2.** adv *glänzend* ‖ ⟨el⟩ *mit Hochspannungsfaden* (valve) ‖ ~ and early *recht früh* **|** ~en ['braitn] vt/i ‖ vt *hell* m, *er-*

hellen, –leuchten ‖ *glänzen, polieren, glätten* **|** ⟨fig⟩ *aufhellen, geweckt* m; *aufklären, erläutern;* (a to ~ up) *auf-, erheitern* ‖ *freundlich* m (a room, etc) **|** vi *(oft* to ~ up) *sich aufklären, sich aufhellen, hell* w; *belebt* w; *wieder Mut fassen* **~ness** ['~nis] s *Glanz* m, *Helligkeit, Klarheit* f ‖ ⟨paint⟩ *Leuchtkraft* f ‖ *Heiterkeit* f ‖ *Geist* m ‖ *Pracht* f ‖ ⟨telv⟩ *Grundhelligkeit* f ‖ ⟨el⟩ *Leuchtdichte* f **~work** ['~wə:k] s *polierte Beschläge* m pl

Bright's disease ['braits di'zi:z] ⟨med⟩ *Brightsche Krankheit* f
brill [bril] s ⟨ich⟩ *Meerbutt* m
brilliance ['briljəns], **–cy** ['briljənsi] s *Glanz* m, *Pracht* f, *Helligkeitsgrad* m ‖ ⟨paint⟩ *Leuchtkraft* f ‖ (of jewels) *Feuer* n ‖ ⟨fig⟩ *geistige Schärfe* f, *Scharfsinn* m
brilliant ['briljənt] **1.** a (~ly adv) *strahlend, glänzend, prächtig* ‖ ⟨tech⟩ ~ polish *Hochglanz* m; ~ white *Alabasterweiß* n ‖ ⟨fig⟩ *brillant; hochbegabt, ausgezeichnet; blendend, genial* (idea) ‖ *Meister–* (~ player) **2.** s *Brillant* m ‖ ⟨typ⟩ *Brillantschrift* f **~ine** [ˌbriljən'ti:n] s *Brillantine* f *(Haarpräparat* n)

brim [brim] **1.** s (of glass etc) *Rand* m; to fill to the ~ *bis an den Rand füllen* ‖ (of a hat) *Krempe* f **2.** vt/i ‖ *ganz vollfüllen* **|** vi *bis an den Rand voll* w ‖ ⟨fig⟩ *ganz erfüllt* w, *voll s* (with von) ‖ to ~ over *übervoll s;* ⟨fig⟩ *übersprudeln* (with *von)* **~ful** ['~ful] a *voll bis z Rande, übervoll* (of *von, an)* **~med** [~d] a *mit e–r Krempe* ‖ *voll* **~mer** [~ə] s *voller Becher* m, *volles Glas* n ‖ (Stroh-)*Hut* m **~stone** ['brimstən] s † *Schwefel* m; ~ and treacle *Sch. u Melasse*

brindled ['brindld], **brindle** ['brindl] a *scheckig, gefleckt, gestreift*
brine [brain] **1.** s *Salzwasser* n, *Sole, Lake* f ‖ ⟨fig⟩ *See(wasser* n) f, *Meer* n ‖ ~-pan *Salzpfanne, –grube* f **2.** vt (ein)*salzen, einpökeln, laugen*

bring [briŋ] vt/i [brought/brought] **1.** vt **1.** (her)*bringen (z Sprecher –)* ~ me the book *bring mir das Buch)* ‖ *mitbr.* (~ your brother with you *bring d–n Bruder mit)* **|** *herbeischaffen, –br., –tragen, –führen* ‖ *(Publikum) zus–br., anziehen* ‖ *einbr.* (a p ah *jdm etw); eintragen, verschaffen;* (Hilfe) *angedeihen l;* (Charakter) *verleihen* (to a' the *e–r S);* to ~ a character to life *e–m Charakter Leben verleihen* ‖ *einbe–, hineinziehen* (into in) **2.** (etw) *bewirken, versuchen,* (Gelächter) *auslösen; mit sich br.;* to ~ a th from a p *etw hervorrufen bei jdm, jdm etw entlocken* ‖ (jdn) *dahin br., bewegen* (to do); to ~ o.s. *sich dahin br., sich überwinden z tun* **3.** to ~ a th into contact *in Berührung bringen* (with); ..into notice *bekanntmachen;* ..into play *in Gang br.;* ..into the world *erzeugen* **|** to ~ to account *in Rechnung stellen,* ..to book *(jdn) z Rechenschaft ziehen,* ..to a close *z Abschluß,* ..to an issue *z Austrag,* ..to reason *z Vernunft br.,* ..to subjection *unterwerfen;* to ~ a p to himself *jdn wieder z sich br.* **|** to ~ under *(e–e Gruppe) einschließen in* **|** to ~ upon o.s. *sich* (etw) *zuziehen* **|** to ~ home to a p *jdm nahebr., eindringlich vorstellen, z Gemüte führen* → bacon ‖ to ~ a p low *jdn niederwerfen; erniedrigen* **|** to ~ to bear *anwenden;* to ~ to pass *zustande br.* **4.** [mst adv] to ~ **about** *verursachen, bewerkstelligen* ‖ to ~ **away** *wegbringen, –führen, –schaffen* ‖ to ~ **back** *zurückbringen;* ..a th back to a p *jdn an etw erinnern* **|** to ~ **down** *herunterbr., –tragen; –führen* (to bis *auf); angleichen* (to an), → to ~ up; *mit sich* (herunter)*reißen;* (Flugzeug) *abschießen;* ~ing –down ⟨aero⟩ *Abschuß* m ‖ to ~ down upon a p *jdm zufügen* (.. upon o.s. *sich zuziehen);* to ~ down the House *stürmischen Beifall hervorrufen* ‖ ⟨fig⟩ (jdn) *herunterbr., schwächen* ‖ (Stolz) *demütigen;* (Preise) *herabsetzen* **|** to ~ **forth** *gebären, zeugen;* (T) werfen; ⟨fig⟩ *ans Licht br.* | to ~ forward *vor-wärtsbr.*; (*Termin*) *früher beginnen l, vorverlegen* (by 2 weeks *um 2 W.*) || *bei-, vorbringen; zitieren*; (*Gesetz*) *einbr.* || ⟨com⟩ *über-, vortragen* | to ~ in *ein-, herein-, hineinbr.* || *einführen* | *eintragen, abwerfen* || *einbr., verschaffen* || ⟨parl⟩ *einbr.*; ⟨jur⟩ to ~ a p in *guilty* (*not guilty*) *jdn* (*un*)*schuldig erklären* | to ~ off *fortbr.* | *befreien* || ⟨fam⟩ *zustande br.* || to ~ on *heranbr.* || *herbeiführen, veranlassen, verursachen* | to ~ out *herausbr.*; ⟨fig⟩ *ans Licht br., erweisen; herausstellen; hervorheben* || (*jdn*) (*in die Gesellschaft*) *einführen* || *herausgeben, veröffentlichen*; ⟨com⟩ *auf den Markt bringen*; ⟨theat⟩ *aufführen; z Gehör br.* || ~ing *oil out of the earth Technik* f *der Ölförderung* f || to ~ over *herüberbr., transportieren* || *herüberziehen* (to *zu*), *gewinnen* | to ~ round *wieder z Bewußtsein br.,* (*jdn*) *wiederherstellen* || *überreden, bekehren* (to *zu*) | to ~ through *durchbr.*; (*jdn*) *wiederherstellen* | to ~ to ⟨med⟩ (*jdn*) *wieder z sich br.* || ⟨mar⟩ (*Schiff*) *beilegen* | to ~ together *zus-bringen; versöhnen* | to ~ under *bezwingen, überwältigen* | to ~ up *herauf-, hinaufbringen; angleichen* (to *an*), → to ~ down; (*Kind*) *erziehen, aufziehen*; (*etw*) *z Sprache br., anführen* || (*Speise*) *aus-, herausbrechen* || ⟨fig⟩ *z Stillstand br., aufhalten* || ⟨mar⟩ *vor Anker legen* | to ~ up *the rear* ⟨mil⟩ *den Nachtrab bilden; den Rückzug decken;* ⟨fig⟩ *letzter s* II. vi to ~ to ⟨mar⟩ *beidrehen, anhalten* || ..up ⟨mar⟩ *vor Anker gehen* ~er [′~ə] s *Überbringer* m ~ing [′~iŋ] s → to bring I. out of doing *im Begriffe s z tun*

brink [briŋk] s *Rand* m | *Ufer* n; to shiver on the ~ ⟨fig⟩ *unschlüssig s* || ⟨fig⟩ *Rand*; to be on the ~ of an event *nahe, kz vor e–m Ereignis,* ..of doing *im Begriffe s z tun*

briny [′braini] 1. a *salzig* 2. s ⟨sl⟩ *Meer n*

brio [′bri:ou] s It *Schneid* m, *Lebendigkeit* f

briquet [bri′ket] s ⟨Am⟩ = briquette

briquette [bri′ket] s Fr *Preßkohle* f, *Brikett* n | ~d grease *Blockfett* n

brisk [brisk] 1. a (~ly adv) *frisch, munter, lebhaft* (~ fire)*, flink* || *frisch, belebend; moussierend, prickelnd* 2. vt/i || (to ~ up) *anfeuern, aufmuntern, beleben* | vi (to ~ up) *frisch od lebendig w; wieder aufleben* | *schnell herbeikommen* ~en [′~n] vt/i = to brisk ~ness [′~nis] s *Lebhaftigkeit, Geschwindigkeit*; *Munterkeit, Frische* f

brisket [′briskit] s *Brust* f, *Bruststück* n (*e–s Tieres*)

bristle [′brisl] 1. s *Borste* f || to set up one's ~s *in Zorn geraten,* ..a p's ~s *jdn in Zorn versetzen* | ~-fly *Raupenfliege* f 2. vi/t | *sich sträuben* | ⟨fig⟩ *auffahren* || to ~ with *strotzen v* | vt *sträuben, in die Höhe richten*

bris(t)ling [′brisliŋ] s ⟨ich⟩ *Brisling* m (*Sprotte*)

bristly [′brisli] a *borstig, stachelig*

Bristol [′bristl] s (*Stadt in Gloucestersh.*) ~-board *Bristolpapier* n (*z Zeichnen*)

Britain [′britən] s (a Great ~) *Großbritannien* (*England, Schottland, Wales*) || *Brit. Weltreich*; Greater ~ *Großbritannien, Dominions u Kolonien*

Britannia-metal [bri′tænjə′metl] s *Britannia-metall* (*Zinnantimonlegierung*) n

Britannic [bri′tænik] a *großbritannisch,* [*nur in*]: His (Her) ~ *Majesty*

British [′britiʃ] a (~ly adv) *britisch* || *großbritannisch; englisch* (~ nationality) || the ~ Isles [pl] *die Britischen Inseln* f pl || the ~ Empire *das Britische Weltreich* n || ~ Armed Forces Special Vouchers [pl] (BAFSV) *Militärgeld* n || ~ Double Summer Time ⟨engl⟩ *Doppel-Sommerzeit* f (*2 Stunden vorverlegt*) || ~ Forces Network ⟨wir⟩ *Soldatensender* m || ~ thermal unit ⟨phys⟩ = 252 *Kalorien* f pl | ~er [′~ə] s ⟨Am⟩ *der Brite, Engländer* m

Briton [′britən] s *Brite* m || *Angehöriger* m *v* Great Britain *od des* British Empire; *Engländer* m

brittle [′britl] 1. a *spröde, zerbrechlich* || ⟨minr⟩ *brüchig* | ⟨fig⟩ *brüchig, schwach*; ⟨Am fam⟩ = brash 2. s ⟨Am cul⟩ (*Erdnuß-*)*Krokant* n ~ness [~nis] s *Sprödigkeit, Zerbrechlichkeit* f **bro** [brou] s ⟨sl⟩ f brother

broach [broutʃ] 1. s ⟨cul⟩ *Bratspieß* m || *Ahle, Pfrieme* f || ⟨arch⟩ *Turmspitze* f 2. vt (*Faß*) *anzapfen, –stechen* || *abzapfen, –ziehen* | ⟨fig⟩ *anzapfen, auf Tapet bringen*; to ~ a subject *das Gespräch auf e–n Gegenstand br.*

broad [brɔ:d] 1. a *breit* || *ausgedehnt, weit* || *voll, hell, klar* (~ day) || *ausgesprochen, deutlich*; a ~ hint *ein Wink mit dem Zaunpfahl* || *unverfälscht, –geschminkt, –geziert* (~ Scotch) | ⟨fig⟩ *umfangreich, –fassend* (in the ~est sense); *großzügig, aufgeklärt, weit* (~ views *weite Gesichtspunkte*) || *liberal, tolerant* (~ Church) || *z weitgehend, frei, derb* || *groß; allgemein; hauptsächlich* | it is as ~ as it is long ⟨fig⟩ °*es ist Hose wie Jacke,* (*es läuft auf eins hinaus*) | ⟨comp⟩ ~ arrow *breitköpfiger Pfeil* m; ~-arrow ⟨engl⟩ *Pfeilspitze als Eigentumssignum or –stempel der Regierung* (*auf Vorräten etc*) || ~-axe *Streitaxt* f; *Breitbeil n* || ~ bean *Puff-, Saubohne* f || ~-brim ⟨Am fam⟩ *Quäker* m || ~-brimmed *breitrandig, –krempig* || ~-gauge(d) *breitspurig, Breitspur–*; ⟨fam⟩ *großzügig, liberal* || ~ jump ⟨Am⟩ *Weitsprung* m; standing (running) ~ j. W. *ohne* (*mit*) *Anlauf* || ~-minded *weitherzig, tolerant* || ~-set *untersetzt* || ~-stitch *Plattstich* m || ~-ways, ~-wise [adv] *der Breite nach* || adv *offen, frei*; to speak ~ || *völlig* (~ awake) 3. s *Breite, Weite* f || ~s [pl] ⟨fam⟩ *Spielkarten* f pl; ⟨telv⟩ *Beleuchtungsbühne* f || the Norfolk ~s *die seeartigen Flußerweiterungen* f *v* Norfolk || ⟨Am vulg⟩ *Weibsbild* n | ~ly [′~li] adv *breit, allgemein*; ~ speaking *allgemein gesprochen, offen heraus* ~ness [′~nis] s *Grobheit*; *Schlüpfrigkeit* f

broadaxe [′brɔ:dæks] 1. s → broad-axe 2. vt to ~ a path *sich e–n Weg bahnen*

broadcast [′brɔ:dkɑ:st] 1. a ⟨hort⟩ *breitwürfig, mit der Hand gesät* [a adv to sow ~] || ⟨fig⟩ *weit verbreitet* || ⟨wir⟩ *Rundfunk–, Radio–* (~ receiver) 2. vt/i [~/~; *~ed/~ed] || *breitwürfig säen* || ⟨fig⟩ *verbreiten* || ⟨wir⟩ *durch Rundfunk verbreiten, rundsenden* | vi *im Rundfunk sprechen, singen* 3. s *Rundfunk*(*übertragung*) f m || outside ~ (*s' commentator*) *Fernsehreportage* f (*–reporter* m) || transcription ~, recorded ~ (Ggs live ~) *Schallplatten–, Bandwiedergabe* f || live ~ *Original–, Direktübertragung* f | ~ amateur *Funkbastler* m ~er [′~ə] s *Rundfunkgesellschaft* f; *Rundfunksender* m; R.-Sprecher, –Sänger, –Vortragender m ~ing [′~iŋ] s *Rundfunk* m; *Funken* m; *Senden* s; [attr] *Rundfunk–* || ~ license *Sendelizenz* f || ~ listener *Rundfunkhörer* m || ~ network *Sendenetz* n, *Rundfunkgesellschaft* || ~ power *Sendestärke* f || ~ receiver *Empfänger* m || ~ reception *Empfang* m || ~ station *Sender* m, *Sendestation* f || (~) studio *Senderaum* m || ~ time *Sendezeit* f || ~ transmitter *Sender* m

broadcloth [′brɔ:dklɔθ] s *feines breitliegend schwarzes Tuch* n || ⟨Am⟩ *feiner Wäschestoff* m

broaden [′brɔ:dn] vt/i || *breit(er) m, verbreitern; ausdehnen* | vi *breiter w, sich erweitern*

broadsheet [′brɔ:dʃi:t] s *großes, nur auf e–r Seite bedrucktes Blatt, Plakat, Flugblatt* n

broadside [′brɔ:dsaid] s ⟨mar⟩ *Breitseite* f || *Geschütze* pl, *die nach e–r Seite abgefeuert w können; Breitseite, volle Lage* f; to give a ~ *e–e Lage geben* || ~ on, to *mit der Breitseite nach dem Ziel zu* || = broadsheet **broadsword**

['brɔ:dsɔ:d] s *breites Schwert* n **broadtail** ['brɔ:dteil] s *Breitschwanz* m (*Pelz*)

Broadway ['brɔ:dwei] s *verkehrsreichste Straße in New York* (on ~ *auf dem* ~)

Brobdingnag ['brɔbdiŋnæg] s *Land der Riesen* (Swift) ~**ian** [‚brɔbdiŋ'nægiən] a *riesig, Riesen–*

brocade [bro'keid] **1.** s *Brokat* m **2.** vt *mit Brokatmuster schmücken* | ~**d** [~id] a *Brokat–*

broccoli ['brɔkəli] s It 〈bot〉 *Brokkoli, Spargelkohl* m

broch [brɔx] s *prähist. runder Steinturm* m

brochure [bro'ʃjuə] s Fr *Flugschrift, Broschüre* f

brock [brɔk] s *Dachs* m

brocket ['brɔkit] s *Spießer, Hirsch* m *v zweiten Kopf* (*im 3. Jahr*)

brogue [broug] **1.** s 〈Ir Scot〉 *plumper, derber Schuh* m **2.** *irischer Akzent* m, *irisches Englisch* n

broil [brɔil] s *Lärm, Zank, Streit* m ~**er** ['~ə] s *Zänker* m

broil [brɔil] **1.** vt/i *auf dem Roste braten*; 〈fig〉 *schmoren* | vi *braten* || 〈fig〉 *schmoren*, ~ing *brennend heiß* **2.** s *gebratenes Fleisch* n ~**er** ['~ə] s 〈Am〉 (*Brat*-)*Pfanne* f; 〈cul〉 ˟*Backhendel* n; 〈fig〉 *Backfisch* (P) || 〈sl〉 °*knuffig heißer Tag*

broke [brouk] **1.** pret v to break **2.** pp v to break || *gepflügt* (new ~) || 〈fam〉 *nicht bei Kasse, „abgebrannt"*; *bankrott,* °*pleite* (*ruiniert*); to go ~ °*pleite m*; 〈Am〉 Go for ᴄ *Regiment vgl Himmelfahrtskommando* n **3.** s *Papierausschuß, Bruch* m, *Abfälle* m pl, *Ausschußpapier* n, *Kollerstoff* m

broken ['broukən] [pp v to break] (~ly adv) || *ge–, zerbrochen*; ~ *stones* [pl] *Steinschlag*; *Schotter* m, *coating with* ~ *stones Aufschotterung* f || ~ *line Strichlinie* f || *Klein–* (~ *money*) || ~ *bread Brotreste* m pl || *unterbrochen* (~ *sleep,* ~ *time Arbeitsunterbrechung* f); *lückenhaft*; *unvollk., gebrochen* (~ *English*) || *übriggeblieben* (~ *meat*) || *gebrochen* (*colour, tint*) || *schwach, geschwächt; gedrückt* (~ *spirits*) || *zerrüttet* (~ *health*); a ~ *heart ein gebrochenes Herz* || *gezähmt, zugeritten* (*Pferd*) || *heruntergekommen* || (*of the ground*) *uneben*; (*of the sea*) *bewegt* | [in comp] ~-**backed** *gekrümmt*; 〈mar〉 (*Schiff*) *mit e–m Katzenrücken* || ~-*down* (*nieder*)*gebrochen*; 〈mot〉 *liegengeblieben* (*vehicle*) 〈fig〉 *ruiniert. heruntergekommen; klapperig; verbraucht, unbrauchbar* || ~-*hearted mit gebr. Herzen* || ~-*kneed lahm* || ~-*wind* 〈hors vet〉 *Dampf* m, *Kurzatmigkeit* f; ~-*winded* 〈vet〉 *kurzatmig, dämpfig*

broker ['broukə] s *Trödler, Pfandleiher* m, *Unterhändler* m; *Vermittler*; *Makler* m ~**age** [~ridʒ] s *Maklerberuf* m; *–gebühr, Courtage* f

brokes [brouks] s pl *kurzfaserige Wolle* f

broking ['broukiŋ] s *Maklergeschäft* n, *–beruf* m

brolly ['brɔli] s 〈sl〉 = *umbrella* || 〈aero sl〉 *Fallschirm* m || ~-*hop –absprung* m

bromate ['broumeit] s 〈chem〉 *bromsaures Salz* n **mio** ['broumik] a 〈chem〉 *Brom–*; ~ *acid* 〈chem〉 *–säure* f **–mide** ['broumaid] s 〈chem〉 *Bromid* n || 〈fam〉 (= ~ *of potassium*) *Bromkalium* n | 〈fig sl〉 *Hohlkopf* m; *„Schlafmittel "* n, *Langweilerei, Binsenwahrheit* f ~**midic** [brou'midik] a 〈fig〉 (*sterbens*)*langweilig* ~**midity** [⸗'miditi] *Phrasenhaftigkeit* f **–mine** ['broumin] s 〈chem〉 *Brom* n **–mism** ['broumizm] s 〈med〉 *Bromvergiftung* f

bronchi ['brɔŋkai], ~**a** ['brɔŋkiə] s pl 〈anat〉 *Bronchien* f pl (sg bronchus [–kəs]) ~**al** ['brɔŋkiəl] a *bronchi·al, Luftröhren–*; ~ *asthma* 〈med〉 *Asthma* n *bronchiale* (*L*); ~ *tubes* [pl] = *bronchia* ~**tis** [brɔŋ'kaitis] s 〈med〉 *Bronch·itis* f, *Bronchialkatarrh* m

bronchocele ['brɔŋkosi:l] s 〈med〉 *Kropf* m

bronco ['brɔŋkou] s 〈Am〉 [abbr bronc] *wildes Pferd* n || ~-*buster* 〈sl〉 *Zureiter* m

Bronx [brɔŋks] the ~ 〈Am〉 *Stadteil* m *v New York* || *Bronx-Cocktail* || ~ *cheer* 〈sl〉 *Verachtungsschnalzer* m, 〈m. m.〉 *Rhabarber-Rh.-Rufen* n || ~ *vanilla* 〈sl〉 *Knoblauch* m

bronze [brɔnz] **1.** s *Bronze* f || *Bronzefarbe* f || *Bronze*(*figur*) f **2.** a *bronzen, Bronze–* (the ~ *age –zeitalter*); *bronzefarben* **3.** vt/i *bronzieren* | vi *braun w* | ~**d** [~d] a *gebräunt, braun*

brooch [broutʃ] s *Brosche, Spange* f.

brood [bru:d] **1.** s *Brut, Hecke* f || 〈fig〉 *Geschlecht* n, *Nachkommenschaft* f || 〈vulg〉 *Hure* f | *Schwarm, Haufen* m **2.** a *Brut–; Zucht–*; ~-*mare –stute* f **3.** vi/t *brüten*; 〈fig〉 *brüten* (*over, on über*) || (*of clouds*) *sich zus–ziehen, liegen* (*over*); 〈fig〉 *schwer lasten* (*over, on auf*) | vt (*Eier*) *ausbrüten*; (*Küken*) *mit den Flügeln schützen*; (*Junge*) *hudern* || 〈fig〉 *brüten über* ~**er** ['~ə] s *Brüter; Brutapparat* m | ~**y** ['~i] a *brütig; Brut–* (~ *hen*) || 〈fig〉 *brütend* (*nachdenklich*)

brook [bruk] s *Bach* m ~**let** ['~lit] s *Bächlein* n, *kl Bach* m ~**lime** ['~laim] s 〈bot〉 *Bachbunge* f

brook [bruk] vt [neg] *dulden, ertragen*

broom [bru:m, brum] **1.** s 〈bot〉 *Ginster* m, *Besenpfrieme* f || *Besen* m; a new ~ 〈fig〉 *ein Auskehrer* m || 〈bot〉 Black ᴄ, Dwarf ᴄ, Hairy ᴄ, Purple ᴄ *Schwarzer, Niedriger, Behaarter, Roter Geißklee* m; Butcher's ᴄ *Mäusedorn* m; Dwarf ᴄ (a) *Kopfginster*; Scotch ᴄ *Besen–*; Spanish ᴄ *Spanischer* (*Pfriemen-*) *Ginster* m **2.** vi *fegen* ~**stick** ['~stik] s *Besenstiel* m | to jump (*over*) the ~, to hop the ~ *sich vom Dompfaff* 〈orn〉 *trauen l*

brose [brouz] s *Art Hafermehlgrütze* f

broth [brɔ:θ, brɔθ] s *Fleisch–, Kraftbrühe* f || 〈Ir〉 a ~ *of a boy ein famoser Kerl* m

brothel ['brɔθl] s *Bordell* m

brother ['brʌðə] s [pl ~s; → brethren] **1.** *Bruder* m, ~ *on the father's side Bruder väterlicherseits* | ~s *Brüder* pl (the ~s Grimm *die B. G.*); 〈com〉 [abbr Bros] *Gebrüder* pl (Brown Bros *G. B.*) || ~s *and sisters Geschwister* pl (three ~s *and sisters drei G.*) | 〈übtr〉 *Bruder, Freund; Mitbruder, –bürger, Landsmann; Gefährte, Kollege* m: ~ *blade Waffenbruder*; ~ *of the brush Meister* m *Klecksel*; ~ *of the quill Federfuchser* m; ~ *smut Schmutzfink* m **2.** [attr [vor pl ~] *clergyman Amtsbruder* m; my ~ *officers* [pl] *m–e* (*Regiments-*)*Kameraden* pl; his ~ Scots [pl] *s–e schottischen Landsleute* pl **3.** [in comp] ~-*german* [pl ~s-g.] *Vollbruder* m || ~-*in-arms Waffenbruder* m || ~-*in-law* [pl ~s-in -l.] *Schwager* m || ᴄ Jonathan *Bruder Jonathan* (*Spitzname f das amer. Volk*) ~-**hood** [~hud] s *Bruder–, Brüderschaft* f || *Gewerkschaft, Berufsvereinigung* f || *legal* ~ *Juristen* m pl || 〈rel〉 *Orden* m ~**like** [~laik] a & adv *brüderlich* ~**ly** [~li] a *brüderlich, Bruder–*

brougham [bru:m, 'bru:əm] s *Coupé* n, *Brougham* m (*Wagen*)

brought [brɔ:t] pret & pp v to bring

brow [brau] s *Augenbraue* f [*mst* pl ~s]; *Stirn* f; to bend, knit one's ~s *die Stirn runzeln* || 〈hunt〉 (*Geweih-*)*Augsproß* m || 〈fig〉 *Gesichtsausdruck* m, *Aussehen* n || (*of a cliff*) *Abhang, Vorsprung* m; 〈bes mot〉 *höchster Punkt e-r Steigung* || ~ *band Stirnriemen* m ~**beat** ['~bi:t] vt [~/~en] *durch Arroganz einschüchtern*

brown [braun] **1.** a *braun; gebräunt; brünett* || to do ~ 〈sl〉 *betrügen, hineinlegen*; to do up ~ 〈Am sl〉 (etw) *sehr gründlich tun* [in comp] *Braun–*; → *bread*; 〈sl〉 ~-*noser* °*Arschkriecher* m; ~ *spar* 〈minr〉 *–spat* m; ~ *state* 〈Am〉 *Katzenjammer* m; ~ *study Nachsinnen, –denken* n (*in a* ~ *study in tiefes N. versunken*); ~ *ware Steingutwaren* **2.** s *braune Farbe* f, *Braun* n || the

~ [koll] *braune Wildhühner* pl; *to fire into the* ~ ⟨übtr⟩ *blindlings in e–e Menge schießen* || *brauner Schmetterling* m || ⟨tech⟩ *soluble* ~ *Saftbraun* n || ~ *scout* = *girl scout* **3.** vt/i || *bräunen, braun beizen, brünieren* | *blindlings schießen auf* || ⟨mil sl⟩ *to* ~ *off* °*anniesen*, °°*anscheißen*; I'm ~ed off °*ich mopse mich, ich hab's dick (bin's leid)* || *to* ~ *out teilweise verdunkeln* | vi *sich bräunen, braun w* ~**ish** [′~iʃ] a *bräunlich* || ⟨tech⟩ *naturfarben* (paper) ~**ness** [′~nis] s *Bräune, braune Farbe* f ~**wort** [′~wə:t] s ⟨bot⟩ *Braunwurz* f

brownie [′brauni] s *guter Hausgeist* m, *Heinzelmännchen* n || *Mitglied* n *des Jungvolks der girl guides,* → *wolf-cub*

Browning [′brauniŋ] s *Browning (-Selbstladepistole)* f

browse [brauz] **1.** vt/i || *abäsen, –fressen* | vi *weiden, äsen* || ⟨for⟩ *to* ~ *on verbeißen* || *flüchtig lesen* **2.** s *junge Triebe* m pl (*bes f Viehfutter*), *junges Laub* | ⟨for⟩ *Sprößling* m || *Weiden, Äsen* n ~**sing** [′~iŋ] s (by game) (*Wild-*)*Verbiß* m

  brucine [′bru:si:n] s ⟨chem⟩ *Bruzin* n (*Alkaloid*)

bruin [′bruin] s *Braun* m (*Bär in der Fabel*)

bruise [bru:z] **1.** vt/i || *quetschen* (to ~ one's arm *sich den Arm q.*) || *zerreiben, –stoßen*; to ~ *malt Malz schroten* || ⟨fam⟩ *wund, grün u blau schlagen* | ⟨fig⟩ *schwächen; vernichten* | vi *to* ~ *along* ⟨sl sport⟩ *über Stock u Stein reiten* **2.** s *Quetschung, Brausche* f | ~**r** [′bru:zə] s ⟨cont⟩ *Box–, Preiskämpfer* m; *Kraftmeier* m || ⟨tech⟩ *Schleifschale; Quetsche, Presse* f

bruit [bru:t] **1.** s * Gerücht* n **2.** vt * (to ~ *about, abroad*) *aussprengen, verbreiten*

brumal [′bru:məl] a *winterlich, Winter–*

brumby [′brʌmbi] s ⟨Austr fam⟩ *wildes, unzugerittenes Pferd* n

brume [bru:m] s *Nebel, Dunst* m

Brummagem [′brʌmədʒəm] (= Birmingham) **1.** s *billige in Birmingham verfertigte Waren* || *falsches Geld* n **2.** a *minderwertig, schlecht, unecht*

brumous [′bru:məs] a *neblig*

brunch [brʌntʃ] s ⟨univ sl⟩ *spätes (Gabel-)Frühstück (zugleich Mittagessen)* n [*aus*: breakfast *u* lunch]

brunette [bru:′net] **1.** Fr s *Brünette* f **2.** a *brünett*

brunt [brʌnt] s *heftiger Angriff, Anfall* m; *Wucht* f (to bear the ~ *der W. ausgesetzt s*)

brush [brʌʃ] s ⟨Am⟩ *Gebüsch, Unterholz; Dickicht, Strauchwerk* n || ~-**hook** ⟨for⟩ *Heppe* f || → *u.* 1.

brush [brʃ] **1.** s *Bürste* f; *bath* ~ *Frottier–* | *Pinsel* m; *the* ~ *die Malkunst; from the same* ~ *v demselben Maler;* brother of the ~ *Kunstgenosse* m, → brother || *Abbürsten, Bürstenstrich* m, to give a p a ~ *jdn abbürsten* || ⟨el⟩ (*Kupferdraht–, Schleif-*)*Bürste* f; (*a* ~ *discharge*) *bürstenartige Entladung*; (*Strahlen-*)*Büschel* m | ⟨hunt⟩ *Bruch* m || (of a fox) (*Schwanz* m) *Lunte* f || ⟨Am⟩ *Hinterwald* m, ~*–land* || ~*–fire war* ⟨Am⟩ *kurzer lokaler Konflikt* m | ~*–light* ⟨el⟩ *Büschellicht* n || ~*–proof* ⟨typ⟩ *Bürstenabzug* m || ~*–wheel* ⟨tech⟩ ~*–rad* n || ~*–work* ⟨paint⟩ *Art, Manier* f **2.** vt/i || *bürsten, to* ~ *one's teeth sich die Zähne b., putzen, to* ~ *clean rein–* || *abbürsten, –wischen* (from *v*) || (*etw*) *leicht streifen, berühren* ⟨paint⟩ (*a* ~ *in*) (*etw*) *mit Pinsel eintragen* | *to* ~ *away, off abbürsten, wegfegen, –wischen, –bürsten;* ⟨fig⟩ *etw übergehen, ignorieren* || *to* ~ *up glattbürsten; reinigen, aufbessern;* ⟨fig⟩ *auffrischen, erneuern* | vi (*rasch malen*) ⟨fam⟩ *pinseln* || *to* ~ *against streifen, leicht berühren* || *to* ~ *up sich herausputzen, sich erfrischen*

brush [brʌʃ] **1.** vi/t || *rasch eilen, to* ~ *by vorbeieilen an* || *to* ~ *against a p jdn anstoßen* | vt *vorwärtstreiben* || *to* ~ *off* ⟨bes Am fig⟩ *beiseiteschieben, entlassen*; (jdm) *e–e Abfuhr erteilen* **2.** s *der Anstoß, Kampf, Zus–stoß* || *Wettkampf* m

brushland [′brʌʃlənd] s ⟨bes Am⟩ *Buschland* n, *Hinterwald* m; → *o.* brush & brush [s]

brush-off [′brʌʃɔf] s ⟨fig⟩ °*Korb* m, *Abfuhr* f (*Abweisung* f); to give a p the ~ *jdm e–e Abfuhr erteilen, jdn rausschmeißen*

brush-up [′brʌʃ′ʌp] s *Glattbürsten; Reinigen, Auffrischen* n

brushware [′brʌʃwɛə] s *Bürstenwaren* pl

brushwood [′brʌʃwud] s *Unterholz, Dickicht* n; *Reisig* n || *Buschwald* m

brushy [′brʌʃi] a **1.** *gestrüppartig* **2.** *buschig; struppig, borstig*

brusque [brusk] a (~ly adv) Fr *kz angebunden, geradezu, schroff* ~**ness** [′~nis] s *kz angebundenes Wesen* n, *Schroffheit* f

Brussels [′brʌslz] a sg *Brüssel* ~ [attr] ~*–carpet Brüsseler Teppich* m || ~*–lace Brüsseler Spitzen* pl || ~*–sprouts* [pl] ⟨bot⟩ *Rosenkohl* m

brut [bryt] a Fr (of wine) *ungesüßt; Natur–*

brutal [′bru:tl] a (~ly [–təli] adv) *wild, viehisch, tierisch* || *roh, brutal, unmenschlich* || ⟨sl⟩ *widerwärtig* ~**ity** [bju:′tæliti] s *viehisches Wesen* n || *Brutalität, Roheit* f ~**ize** [′bru:təlaiz] vt/i || *unmenschlich m or behandeln* || vi *viehisch, unmenschlich w, verwildern*

brute [bru:t] **1.** a *tierisch, unvernünftig* | *seelen–; sinn–; gefühllos, roh* (~ *force*) **2.** s *unvernünftiges Wesen; Tier, Vieh* n || ⟨fig⟩ *Scheusal* n; *roher Mensch, Unmensch* m ~**tish** [′bru:tiʃ] a (~ly adv) *viehisch, tierisch* || ⟨fig⟩ *roh; gefühllos; dumm*

bryologist [brai′ɔlədʒist] s *Kenner(in)* v *Moosen*

bryony [′braiəni] s ⟨bot⟩ *Zaunrübe* f

Brythonic [bri′θɔnik] **1.** p *brythonisch* **2.** s *brythonische Sprache* f

bub [bʌb] s ⟨Am fam⟩ [voc] *Bub, Junge, Kleiner* m

bubble [′bʌbl] **1.** s (Luft-)*Blase, Wasser–* f; *to* rise in ~s *aufsprudeln, wallen* || ⟨fig⟩ *leerer Schein* m; *Schwindel* m || *Brodeln, Rauschen, Rascheln* n || *to* prick the ~ *den Schwindel aufdecken, die S z Platzen bringen* **2.** [attr] ~ *bath Schaumbad* n || ~ *gum Knall(kau)gummi* m **3.** vi *Blasen aufwerfen, sprudeln, perlen; schäumen; aufwallen; brodeln* || *murmeln, rauschen, rieseln* || *to* ~ *over* ⟨fig⟩ *aufwallen, übersprudeln* (with *von*) | ~**r** [~ə] s ⟨Am⟩ *Trinkwasser-Brunnen* m

bubbly [′bʌbli] **1.** a *voll Blasen; sprudelnd* || ~ *cut* ⟨cosm⟩ *Pudelschnitt* m || ~ *gum = bubble gum* **2.** s ⟨sl⟩ *Champagner* m

bubby [′bʌbi] s ⟨sl⟩ °*Pietze, Titte* f

bubo [′bju:bou] s [pl ~es] ⟨med⟩ *Leistenbeule* f ~**nic** [bju:′bɔnik] a ⟨med⟩ *Beulen–*; ~ *plague–pest* f

buccaneer [ˌbʌkə′niə] **1.** s *Seeräuber, Freibeuter* m **2.** vi *seeräubern*

bucephalus [bju′sefələs] s ⟨fig⟩ *Buzephalus* m; ⟨hum⟩ *Reitpferd* n

Buchmanism [′bʌkmənizm] s ⟨rel⟩ *Oxford-(Gruppen-)Bewegung* f, *moralische Aufrüstung* f ~**ite** [–ait] s *Anhänger* m *der O. B.*

buck [bʌk] **1.** s *Bock, Rehbock* m; ~ *of the* first head *Bock v ersten Kopf* || (*Damwild*) bare ~ *Damhirsch im 5. Jahr,* great ~ *kapitaler Schaufler* (*im 7. Jahr*) || ~ *with two points* (*Reh-*)*Gabelbock* || *Bock* m (*Männchen v Kaninchen* etc, *Ratte* etc), → doe || ⟨fig⟩ *Lebemann* m; *Stutzer, Modeheld,* °*Angeber* m; [voc] old ~ = old fellow || ⟨gym⟩ *Bock* m || *Sägebock* || ⟨Am ftb⟩ *Angriff* m || ⟨Am sl⟩ *Dollar* m; *Neger, Indianer* m || ⟨poker⟩ *Gegenstand, der ans Geben er-*

innert; to pass the ~ ⟨fam⟩ *die Verantwortung abschieben* (to *auf*), *sich vor der V. drücken* || | [attr] *männlich*; ⟨Am sl⟩ ~ *nigger Neger* m | ~-bean ⟨bot⟩ *Sumpfklee* m || ~-fever *Jagdfieber* n || ~-horn *Hirschhorn* n || ~-hound *Hund* m (*früher z Jagd auf Rehböcke*) || ~-jumper *störrisches Pferd* n || ~-party ⟨Am sl⟩ *Kameradschaftsabend* m || ~-passing ⟨fam⟩ „*Kneifen*", *Sich-drücken* n || ~ *private* ⟨Am mil sl⟩ *Gemeiner* m || ~-stick ⟨sl⟩ °*Angeber* m **2.** vi/t || ⟨hors⟩ *bocken, stoßen* || *stolzieren, sich brüsten*; °*angeben*; *bocken* (*against*); *Sturm laufen* (at *gegen*) | vt to ~ *off abwerfen* || to ~ *out* (*Radar*) *ausschalten*

buck [bʌk] vi/t || *rasen* (into); to ~ *up sich beeilen* || *sich putzen* || ⟨fig⟩ *sich zus–reißen* | vt (*jdn*) *ermutigen*; ~ed *up ermutigt*

buck [bʌk] A Ind **1.** s *Geschwätz* n, *Prahlerei* f **2.** vi *schwatzen*; *aufschneiden*

buckboard [ˈbʌkbɔːd] s ⟨Am⟩ *leichter Wagen* m

bucket [ˈbʌkit] **1.** s *Eimer*; *Schöpfeimer, Kübel* m || *Pumpenkolben* m || ⟨arch⟩ *Balken* m || I didn't come up in the last ~ ⟨mar fam⟩ *ich bin nicht v gestern* || to kick the ~ ⟨fam⟩ *ins Gras beißen* (*sterben*) | ~-shop ⟨Am⟩ *Winkelbörse* f | ~-bag (*Damen-*)*Kübeltasche* f || ~-(-)*seat* ⟨aero, mot⟩ *Not–, Klappsitz, Einzelsitz* m *mit runder Lehne* || ~-dredge *Eimerbagger* m **2.** vi *Pferd müde reiten, erschöpfen*; *schlecht reiten* || *schlecht* (*übereilt u ruckweise*) *rudern* ~ful [~ful] s [pl ~s] (*ein*) *Eimervoll* m; im ~ *eimerweise*

buckle [ˈbʌkl] **1.** s *Spange, Schnalle* f, *shoe-*~ *Schuh–* f || *Schließe* f, *Schließhaken* m, *Verschlußband*; ⟨tech⟩ *Federband* n | ~-shoe *Schnallenschuh* m **2.** vt/i (*zu*)*schnallen*, to ~ *on an–, um–* || ⟨tech⟩ *biegen, krümmen*; *zusknicken* | vi *sich* (*ver*)*biegen, sich krümmen* || to ~ *to* [prep] *sich eifrig m an, frisch gehen an, sich stürzen auf* || to ~ *to* [adv] *eifrig an die Arbeit gehen, beginnen* || to ~ *under* ⟨fam⟩ *klein beigeben* | ~d [~d] a *Schnallen–* (~ *shoes*) | ~r [~ə] s *kl runder Schild* m || ⟨fig⟩ *Schutz, Beschützer* m

bucko [ˈbʌkou] s ⟨mar sl⟩ *Prahlhans, Wichtigtuer* m

buckram [ˈbʌkrəm] **1.** s *Steifleinwand* f || ⟨fig⟩ *Geziert–, Steifheit* f **2.** a *steifleinen* || ⟨fig⟩ *steif* **3.** vt (*P & S*) *wichtiger, stärker erscheinen l*

buckshee [ˈbʌkˈʃiː] s ⟨mil sl⟩ *Sonderzulage*, → bakshee **buckshot** [ˈbʌkʃɔt] s *Rehposten* m (*Schrot*) **buckskin** [ˈbʌkskin] s *Bock–, Wildleder* n; *Buckskin* m; ~s [pl] *-hose* f | [attr] *Wildleder–*; *Buckskin–* **buckstay** [ˈbʌkstei] s ⟨tech⟩ *Ankersäule* f **buckthorn** [ˈbʌkθɔːn] s ⟨bot⟩ *Kreuz–, Wegedorn* **buckwheat** [ˈbʌkwiːt] s ⟨bot⟩ *Buchweizen* m

bucolic [bjuˈkɔlik] **1.** a *bukolisch, ländlich* **2.** s [*mst pl* ~s] *Hirtengedicht* n || *Landmann* m || ~ *carmen, eclogue*

bud [bʌd] **1.** s ⟨bot⟩ (*Blatt-*)*Knospe* f, *-nansatz* m; *Auge* n || *Blütenknospe* f || ⟨Am fam⟩ = *debutante* || ⟨sl⟩ = *buddy* || *terminal* ~ ⟨for⟩ *Gipfelknospe* f || ⟨zoo⟩ *Keim* m; ⟨fig⟩ *Unreifes* n | in ~ ⟨bot⟩ *in der Knospe*; in the ~ *im Keime, im Entstehen*; ⟨fig⟩ to nip in the ~ *im Keime ersticken* **2.** vi/t || *knospen, ausschlagen, keimen* || ⟨fig⟩ *sich entwickeln* (*into zu*), *aufblühen* || to ~ *off sich abzweigen, neu entstehen* (from *aus*) | vt ⟨hort⟩ *okulieren, pfropfen*

Buddhism [ˈbudizm] s *Buddhismus* m

Buddhist [ˈbudist] **1.** s *der Buddhist* m **2.** a *buddhistisch* | ~ic [buˈdistik] a = Buddhist [a]

buddy [ˈbʌdi] s ⟨Am fam⟩ [voc] *Kumpel, Kamerad* m

budge [bʌdʒ] vi/t || *sich regen, sich rühren* | vt [neg] *bewegen, v der Stelle bringen*

budge [bʌdʒ] s *Art Pelz* m

budgerigar [ˈbʌdʒəriɡɑː] s ⟨Austr orn⟩ *Liebes-Papagei* m

budget [ˈbʌdʒit] **1.** s *Inhalt* m; *Bündel* n; *Vorrat* m || ⟨parl⟩ *Budget* n, *Staatshaushalt, Etat* m | [attr] *Budget–, Haushalts–* || ~ *estimate Haushaltsv oranschlag* m || ~ *plan* ⟨Am⟩ *Ratenzahlung(sgeschäft* n) f || ~-*priced* ⟨com⟩ *preisgünstig* **2.** vi to ~ for a th *etw im Budget vorsehen*; *rechnen mit etw* **3.** vt *im Haushaltsplan unterbringen* || *planen* || *einteilen* (~ *your time*) ~ary [~əri] a *etatsmäßig, Budget–, Haushalts–* (*appropriations –mittel*)

budgie [ˈbʌdʒi] s ⟨fam⟩ = budgerigar

buff [bʌf] **1.** s *Büffel–, Sämischleder* n || *Ledergelb, Chamois* n || ⟨tech⟩ *Schwabbelscheibe* f || *die menschl. Haut*; in ~ *nackt* || the Buffs *das East-Kent-Linienregiment* n **2.** a *lederfarben, –artig* **3.** vt (*mit Leder*) *polieren, glätten, schwabbeln*

buffalo [ˈbʌfəlou] **1.** s [pl ~oes, ⟨bes hunt⟩ ~: a herd of ~; 20 ~ are ..] [abbr buff] ⟨zoo⟩ *Büffel* m || ~-*hide*, ~-robe *–haut* f **2.** vt ⟨Am sl⟩ *täuschen, irreführen, ins Bockshorn jagen* || *einschüchtern* (she's got him ~ed)

buffer [ˈbʌfə] s ⟨rail⟩ *Puffer* m; ⟨artill⟩ (*Rohr-*)*Rücklaufbremse* f || *Stoßpolster* n, *–scheibe* f || ~ *state* ⟨fig⟩ *Pufferstaat* m | ~-*bar* ⟨mot⟩ *Stoßstange* f || ~-block, ~-stop ⟨rail⟩ *Prellbock* m || ~ *stocks* ⟨com⟩ *Ausgleichs–, Stützungsvorräte* m pl

buffer [ˈbʌfə] s ⟨sl⟩ *old* ~ *alter gutmütiger Tropf* m || ⟨mar sl⟩ *Oberbootsmannsmaat* m ~ism [~rizm] s *diskretes Vertrottelsein* n

buffet 1. [ˈbʌfit] s *Büfett* n **2.** [ˈbufei] s *Bar* f || *Imbißstand* m || *Restaurant* n | ~ *car* ⟨rail⟩ *Barwagen* m || ~ *lunch Automaten–, Selbstbedienungs-Mittagessen* n

buffet [ˈbʌfit] **1.** s *Puff, Faustschlag, Stoß* m; ⟨fig⟩ *Schlag* m (~ *of fate Schicksals–*) **2.** vt/i *puffen, mit der Faust schlagen* || ⟨fig⟩ *schlagen, bekämpfen* | vi *kämpfen* (with *mit*) ~ing [~iŋ] s *Schlagen* n || ⟨aero⟩ *Leitwerkschütteln* n

buffoon [bʌˈfuːn] s *Possenreißer, Hanswurst, Narr* m ~ery [~əri] s *Possenreißen, –spiel(erei* f) n, *Possen* f pl

buffy [ˈbʌfi] a ⟨sl⟩ *beschwipst* (*betrunken*)

bug [bʌɡ] s ⟨ent⟩ *Wanze* f || ⟨Am⟩ *Insekt* n; ~s *Käfer* m pl *etc*; *Bakterien* f pl || ⟨Am⟩ *verrückter Einfall* m; *Fanatiker* m (baseball ~) || *big* ~ *gr Tier* n (*P*); °*Bonze* m || ~s [pl] ⟨fig Am fam⟩ *Schwierigkeiten* f pl, *Mängel* m pl || ⟨Am fam⟩ to be ~ *on erpicht s auf* ~house [ˈ~haus] **1.** s ⟨Am sl⟩ „*Klapsmühle*" f (*Irrenhaus*) **2.** a „*plempl·em*", „*bekloppt*" (*verrückt*)

bugaboo [ˈbʌɡəbuː]; **bugbear** [ˈbʌɡbɛə] s *Popanz* m, *Schreckgespenst* n

bugger [ˈbʌɡə] **1.** s ⟨jur⟩ *Sodomit* m || ⟨vulg⟩ *Kerl, Bursche* m **2.** vt *Unzucht treiben mit* | ~y [~ri] s *Unzucht* f

buggy [ˈbʌɡi] s *leichter zweirädr. Kutschwagen* m

buggy [ˈbʌɡi] a *verwanzt* || ⟨Am fam⟩ *vernarrt*

bugle [ˈbjuːɡl] **1.** s ⟨mus⟩ *Jagdhorn* n; ⟨mil⟩ *Signalhorn*; ~-call *Hornsignal* n **2.** vi/t || *auf dem Horn blasen* | vt (*Horn*) *blasen* | ~r [~ə] s *Hornist, Signalbläser* m

bugle [ˈbjuːɡl] s (*schwarze*) *Glas–, Schmelzperle* f

bugle [ˈbjuːɡl] s ⟨bot⟩ *Günsel* m

bugloss [ˈbjuːɡlɔs] s ⟨bot⟩ *Natternkopf, Blauer Heinrich* m

buhl [buːl] s *auf Holz eingelegte Arbeit aus Schildpatt* (a ~-work)

build [bild] **I.** vt/i (build/built) **1.** vt *bauen, er–* (to a p's plan *nach jds Plan*; upon a plan *nach e–m Muster*); the house is ~ing *das Haus ist im Bau begriffen, befindet sich im Bau* || ⟨übtr⟩

(*Anzug*) *bauen*, m; ⟨fig⟩ *bilden, gestalten* || (*Truppen*) *aufbauen, sammeln* || ⟨el⟩ *aufschaukeln, einschwingen* | [*mit prep*] to ∼ into (*etw*) *einbauen in* || to ∼ upon (*etw*) *bauen, setzen auf* | [*mit adv*] to ∼ in *ver–, zubauen, einschließen* || to ∼ up *zu–, verbauen*; ⟨fig⟩ *sich (etw) aufbauen; aufbauen*; (*Gesundheit*) *stärken* (his health is ∼ing up) || to ∼ up stocks *Vorräte ansammeln* || (*jdn, etw*) *lancieren*; (*Truppe*) *aufmarschieren* | 2. vi *bauen* | to ∼ on, upon *bauen* or *sich verlassen auf*, (*etw*) *als Grundlage benutzen* (for) || to ∼ up *sich (hinauf) entwickeln* (to *zu*) **II.** s *Bau* m, *Bauart* f | *Form* f; (of dress) *Schnitt* m || ⟨fig⟩ *Körperbau* m, *Figur* f | ∼-up ⟨Am⟩ (*übertriebene*) *Propaganda, Aufbauschung* f || ⟨tech⟩ *Zus–bau, Aufbau* m || ⟨mil⟩ (*Truppen-)Aufstellung* f ∼**er** [′∼ə] *Baumeister* m (master ∼ *Baumeister, –herr*); *Macher*; ∼'s merchant *Baustoffhändler* m ∼**ing** [′∼iŋ] s *Bauen* n || (*Hoch–)Bau* m || *Gebäude* n; ∼s *Nebengebäude* pl | [attr] *Bau–* || ∼ control office *Baubehörde* f || ∼ loan contract *Bausparvertrag* m || ∼ pit *Baugrube* f || ∼ rights *Erbbaurecht* n || ∼ society contract *Bausparvertrag* m || ⟨Am⟩ ∼ (and) loan society *od* association *Bausparkasse* f || ∼ society loan contract *Bausparvertrag* m

built [bilt] a *gebaut*; British ⌣ ⟨ad⟩ *In England gebaut* || [*oft in comp*] (well–∼) | ∼-in *eingebaut*; ⟨fig⟩ *gesichert, fest* (Haltung, Stimmung etc) || ∼-in *furniture*, ∼-ins *Einbaumöbel* n pl || ∼-in *metal protector Einbaublättchen* n (*im Schuhabsatz*) || ∼-up *zus–gesetzt, montiert* || ∼-up area *geschlossene, zus–hängende Ortschaft, bebautes Gebiet* n, *Wohngegend* f

bulb [bʌlb] **1.** s ⟨bot⟩ *Zwiebel, Knolle* f || *Kugel* f (e–s *Thermometers*) || *Glaskolben* m || *Glühbirne*, (Elektronen-)*Röhre* f || ⟨anat⟩ *Wurzel* (der Haare, Zähne) f || ⟨arch⟩ *Zwiebel(kuppel* f) **2.** vi *Knollen bilden* ∼**ed** [∼d] a *Knollen–* (∼ plant) ∼**iform** [′∼ifɔːm], ∼**ous** [′∼əs] a *zwiebelartig, –förmig; knollig; rund*

bulbul [′bulbul] s *persischer Singvogel* m (*Nachtigall*)

Bulgarian [bʌl′gɛəriən] **1.** a *bulgarisch* **2.** s *Bulgare* m, *–rin* f || *das Bulgarische* n

bulge [bʌldʒ] **1.** s *Ausbuchtung, Anschwellung* f || ⟨arts⟩ *zierliche Rundung*; ⟨Gr ant⟩ *Entasis, Säulenschwellung* f || ⟨tact⟩ *Ausbeulung* f, °*Sack* m || *vorübergehende Zunahme* f || ⟨school⟩ *geburtenstarke Jahrgänge* m pl || ⟨mar⟩ *Torpedowulst* m; = *bilge* || ⟨Am sl⟩ *Vorteil* m, *Überlegenheit* f; *Preisanstieg* m **2.** vi *sich ausbauchen, hervorragen, –stehen* (–ging eyes); *anschwellen* || ∼d *geschweift* **bulgy** [′bʌldʒi] a *bauchig; aufgedunsen*

bulimia [buː′laimiə] a Gr *krankhafter Hunger* m; ⟨fig⟩ *Heißhunger* (for *nach*)

bulk [bʌlk] **1.** s (*Schiffs-)Ladung* f; to break ∼ ⟨mar⟩ *die L. z löschen anfangen* || *Größe* f, *Umfang* m, *Volumen* n || *Masse, Menge, Hauptmasse* f; the ∼ of *die größere Menge, Mehrzahl* v | ⟨med cul⟩ → *roughage* | by the ∼ *im ganzen* || in ∼ ⟨mar⟩ *in losen Haufen, unverpackt* || *Massen–, Gesamt–* || to sell in ∼ *in gr Mengen verkaufen*; in the ∼ *in Bausch u Bogen* || [attr] ∼ cargo, ∼ goods *Schüttgut* n; ∼ density *Raum–, Schüttgewicht* n; ∼ film *laufende Meterware* f (*Film*) || ∼ lorry *Tankwagen* m **2.** vi/t | v *gr Umfang* s || to ∼ large *gr U. h*, ⟨fig⟩ *gr Bedeutung h*; to ∼ up *anschwellen* (to *zu*) || high ∼ing *board voluminöse, dicke Pappe* f | vt *aufhäufen* || (*Umfang e–r Ware*) *abschätzen* ∼**iness** [′∼inis] s *Größe* f, *Umfang* m || ∼**y** [′∼i] a *groß, dick, umfangreich; unhandlich*; ∼ goods *Sperrgut* n; ∼ paper *auftragendes Papier* n

bulkhead [′bʌlkhed] s ⟨mar⟩ *wasserdichte Wand* f, *Schott* n

bull [bul] **1.** s *Bulle, Stier* m, → to *bellow*;

⟨Am⟩ *Eselei, Dummheit* f; °*Angabe* (*Prahlerei*) f; like a ∼ in a china shop ⟨fig⟩ *wie ein Elefant im Porzellanladen*; to take the ∼ by the horns ⟨fig⟩ *den Stier bei den Hörnern fassen* || *Bulle* m (*Männchen gr Tiere, Büffel, Kamel, Elefant*) || ⟨st exch⟩ *Haussier* m || ⟨astr⟩ *Stier* m || ⟨Am⟩ „*Polyp*" m (*Polizist*) || ⟨Am sl⟩ to shoot the ∼ *quatschen* (*Unsinn reden*) **2.** a *bullen–, stierartig* **3.** [comp] ∼-baiting *Stierhetze* f || ∼-calf *Bullenkalb* n; ⟨fig⟩ *Einfaltspinsel* m || ∼ edition *Morgenausgabe* f || ∼-fest ⟨Am sl⟩ *Kameradschaftsabend* m || ∼ fiddle ⟨Am sl⟩ *Baßgeige* f || ∼-fight *Stierkampf* m || ∼-head ⟨fam fig⟩ *Dummkopf* m (P); ∼-headed *dickköpfig, dumm* || ∼-necked *stiernackig* || ∼-ring *Stierkampfarena* f || ∼-roarer *Rassel* f || ∼'s eye ⟨mar⟩ *Bullauge* n; *Deckglas* n (*rundes Fensterchen*); ⟨mot etc⟩ *Katzenauge* f; to hit the ∼'s eye *den Nagel auf den Kopf treffen*; ∼'s eye pane *Butzenscheibe* f || *Konvexlinse* f || *Blendlaterne* f || (*e–e Art*) *Zuckerzeug* n || *Mittelpunkt* m, *das Schwarze* n *der Scheibe, Zentrum* n | ∼ screen ⟨tech⟩ *Splitterfänger* m || ∼-session f ⟨Am sl⟩ *Männergesellschaft* f, *–abend* m | ∼-terrier *Bullterrier* m (*Kreuzung v Bulldogge u Terrier*) | ∼-trout ⟨ich⟩ *Lachsforelle* f **4.** vt/i || [comp] (*Preise etc*) *in die Höhe treiben* | vi *auf Hausse spekulieren*

bull [bul] s (*päpstl.*) *Bulle* f

bull [bul] s (*oft* Irish ∼) *Unsinn* m, *drollige Ungereimtheit* f

bullace [′bulis] s (*Pflaume*) *Krieche, Haferschlehe* f

bulldog [′buldɔg] **1.** s *Bullenbeißer* m, *Bulldogge* f || ⟨fig⟩ *Starrkopf* m || ⟨univ sl⟩ *Diener* m *des proctor* **2.** vt *roh behandeln* || ⟨Am⟩ (*Kalb*) *bei den Hörnern packen u z Boden werfen*

bulldoze [′buldouz] ⟨sl⟩ vt *einschüchtern, terrorisieren; mit Räumpflug planieren* | ∼**r** [′∼ə] s ⟨mot⟩ *Räumpflug* m, *Schuttramme, Planierraupe* f; ⟨tech⟩ *Stauchpresse* f || ⟨fig⟩ *Tyrann* m

bullet [′bulit] s (*Flinten–, Revolver–*) *Kugel* f, *Geschoß* n || every ∼ has its billet *e–e jede Kugel trifft ja nicht*. || ⟨sl⟩ *Bolchen, Bonchen* n || ∼-headed *rundköpfig* || ∼-hole *Schußloch* n || ∼-proof *kugelfest*; ∼-p. glass *Panzerglas* n

bulletin [′bulitin] s Fr *Bulletin* n; *Tagesbericht* m, *kurzer Bericht, Ankündigung* f, (*offizielle*) *Bekanntmachung* f || *Nachrichten* f pl; ⟨wir⟩ *Tagesnachrichten* || *Zeitschrift* f || *Wehrmachtbericht* m

bullfinch [′bul-fintʃ] s *Dompfaff, Gimpel* m | *Hecke* f

bullfrog [′bulfrɔg] s *Ochsen–, Brüllfrosch* m, → to *trump*

bullhead [′bulhed] s ⟨ich⟩ *Kaulkopf* m, *Groppe* f | ∼**ed** [∼id] a *dick–, starrköpfig*

bullion [′buljən] s *Gold–, Silberbarren* m || *Gold–, Silberfranse* f

bullish [′buliʃ] a ⟨Am st exch⟩ *Hausse–*

bullock [′bulək] s *Ochse* m || ⟨hunt⟩ (*Hirsch im 2. Jahr*) *Schmalspießer* m

bullshit [′bulʃit] ⟨sl⟩ **1.** s *Quatsch*, „*Mist*" n **2.** vi/t ⟨mil sl⟩ *wienern*

bully [′buli] **1.** s *Renommist*, °*Angeber*; *Raufbold* m; *Tyrann* m (*unter Knaben*) || ⟨mot⟩ *Ellbogenfahrer* m || *gedungener Räuber* m || *Zuhälter* m **2.** a ⟨Am fam⟩ *famos*, °*pfunds, Pfunds–* || ∼ for you! *bravo! gut gemacht!* **3.** vt *tyrannisieren, einschüchtern; sch'urigeln, quälen* || ⟨mil⟩ *anschnauzen, schikanieren* || don't ∼ the troops! ⟨mil fam⟩ *mach die Gäule nicht scheu! (schwätz nicht so'n Mist!)* ∼**rag** [∼ræg] vt *einschüchtern*

bully [′buli] **1.** s ⟨hock⟩ (a ∼-off) *Abschlag* m **2.** vt/i || ⟨hock⟩ (*dem Ball*) *den ersten Schlag geben* | vi to ∼ off *abschlagen*

bully ['buli] s (a ~-beef) *gesalzenes Rindfleisch*; *Büchsenfleisch* n
bulrush ['bulrʌʃ] s ⟨bot⟩ *Seesimse, Binse* f
bulsh [bulʃ] s ⟨sl⟩ *Quatsch, „Mist"* m → bullshit
bulwark ['bulwək] s *Bollwerk* n, *Bastei* f ‖ *Verschanzung* f; *Mole* f ‖ ⟨mar⟩ *Schanzkleid* n; ~s [pl] *Reling* f ‖ ⟨fig⟩ *Stütze* f, *Schutz* m
bum [bʌm] s *Gesäß* n, *der Hintere, Steiß* m ‖ ~-bags [pl] ⟨fam⟩ *Badehose* f ‖ ~-bailiff *Gerichtsdiener* m ‖ ~-boat *Proviantboot* n ‖ ~-money *Falschgeld* n ‖ ~-sucking *Arschkriechen* n, -kriecherei f
bum [bʌm] **1.** s ⟨Am⟩ *Landstreicher, Bummler* ‖ *Trunkenbold* m ‖ *Schnorrer; Faulpelz* m ‖ *Bummel* m, *Sauferei* f (on the ~) ‖ ⟨sl⟩ on the ~ *entzwei* **2.** a ⟨sl⟩ *kläglich, °mistig, faul* **3.** vi *herumlungern* ‖ ⟨Am fam⟩ *nassauern; saufen, betteln, stehlen* **4.** vt ⟨Am⟩ he ~ med his way home *er schlug sich nach Hause durch* ~mer ['~ə] s ⟨Am⟩ *Bummler* m
bumbershoot ['bʌmbəʃu:t] s ⟨Am sl⟩ „*Musspritze"* f (*Regenschirm*)
bumble ['bʌmbl] s *Wichtigtuer* m ~dom [~dəm] s *Wichtigtuerei* f; *Bürokratismus* m
bumble-bee ['bʌmblbi:] s ⟨ent⟩ *Hummel* f
bumble-puppy ['bʌmbl,pʌpi] s *zwangloses Whist* n
bumbo ['bʌmbou] s *gewürztes alkohol. Getränk* n
bumf [bʌmf] s ⟨sl⟩ °*Klo–, Locuspapier* n ‖ *Schnitzeljagd* f ‖ snowed down with ~! *d·er Pap·ierkrieg*!
bummeree [bʌmə'ri:] s ⟨sl⟩ *Schieber* m, *Zwischenhändler* m (am Fischmarkt Billingsgate, London)
bump [bʌmp] **I.** vt/i **1.** vt *schlagen* or *stoßen gegen*; to ~ one's head *sich gegen den Kopf stoßen*; *mit dem K. stoßen* (against *gegen*, on *auf*) ‖ to ~ one's way (of vehicles) *holpern* ‖ (of boats) *ein– u überholen, berühren*; ~ing race ⟨Oxf & Cambr⟩ *Ruderrennen (mit Einholen u Anstoßen des vorherfahrenden Bootes)* ‖ ⟨Am sl⟩ *rausschmeißen (entlassen)* ‖ to ~ off ⟨sl⟩ *hinmachen, abmurksen* **2.** vi *heftig stoßen, bumsen* (against) ‖ (of vehicles) *holpern, hin u her springen* **II.** s **1.** *Stoß, Puff, Schlag* m ‖ *Ein–, Überholen* n; to make a ~ *ein Boot einholen* ‖ ⟨aero a⟩ *Luftloch* n, *Steig–, Aufwindbö* f **2.** *Beule, Geschwulst* f ‖ (*Schädel*) *Höcker* m **3.** *Organ* n, *Sinn* m (of *für*); ~ of locality *Orts–, Orientierungssinn* m **4.** [attr] ~-supper ⟨Oxf & Cambr⟩ (*Sieges-*)*Festessen* n **III.** adv *plötzlich, heftig* (to go, come ~) ~er ['~ə] s (*bes Am mot*) (a ~-bar) *Stoßstange* f, ⟨rail⟩ *Puffer* m
bumper ['bʌmpə] s *volles Glas* n, *Humpen* m ‖ ‖ ⟨sl⟩ *ungewöhnlich Großes* or *Reichhaltiges* n; ⟨theat⟩ *volles Haus* n ‖ [a attr] ~ car *Auto-Scooter* m (*Jahrmarkt-*)*Selbstfahrer* (-*Auto* n) m ‖ ~ crop *reiche Ernte* f ‖ (at whist) *Gewinnen* n *des ersten u zweiten Spieles nach-e-e*
bumpkin ['bʌmpkin] s *Bauernlümmel* m
bumptious ['bʌmpʃəs] a (~ly adv) *anmaßend, aufgeblasen*
bumpy ['bʌmpi] a *höckrig, uneben, holprig* ‖ *böig* (air) ‖ ~ landing ⟨aero⟩ *Bumslandung* f
bun [bʌn] s *gewölbtes Stück Feinbrot* n, *süße lockere Semmel* f *mit Korinthen*; to take the ~ ⟨sl⟩ *in allem den Vogel abschießen, das Rennen* m; hot-cross-~ *warmer Karfreitagskuchen* m ‖ *Kauz* m (*Frisur* f *am Hinterkopf*) ‖ ~-fight ⟨fam⟩ *Kinder(tee)gesellschaft, Kaffeeschlacht* f
buna [b(j)u:nɔ] s (**bu**tadiene, **na**trium, sodium) ⟨tech⟩ *Buna* n, ~ tyre ⟨mot⟩ -*reifen* m
bunch [bʌntʃ] **1.** s *Bund* (~ of keys *Schlüssel–*), *Bündel* n, *Strauß* m (~ of flowers); ~ of grapes *Weintraube* f ‖ (of hair) *Schopf, Büschel* m ‖ ⟨sl⟩ *Menge, Gruppe, Gesellschaft* f (she is the best of

the ~ ..*das beste Stück in der Wirtschaft*); ~ of fives ⟨sl⟩ *fünfzinkige Gabel (Faust)* f ‖ **2.** vt/i ‖ *zus–binden, –häufen; falten* ‖ ~ed circuit ⟨el⟩ *Leitungsbündel* n, *gebündelte Leitung* f, ⟨telph⟩ *Simultan–, Sammelschaltung, –verbindung* f ‖ vi ⟨Am⟩ *sich zus–schließen* ‖ ~ing ['~iŋ] s ⟨el⟩ *Bündelung* f (v *Elektronen in Vakuumröhren*) ‖ ~y ['~i] a *hervorstehend, bauschig* ‖ *in Büscheln wachsend, traubenförmig*.
bunco ['bʌŋkou] ⟨Am sl⟩ **1.** s *Schwindel* m; *betrügerisches (Glücks-)Spiel* n ‖ ~ steerer *Betrüger, Schwindler* m **2.** vt *betrügen* (out of *um*)
buncombe ['bʌŋkəm] s ⟨Am⟩ → bunk(ombe)
bund [bʌnd] s ⟨AInd⟩ *Damm, Kai* m
bundle ['bʌndl] **1.** s *Bündel* (~ of sticks), *Paket* n ‖ (of paper) *Rolle* f ‖ ⟨fig⟩ *Haufen* m (in a ~) **2.** vt/i ‖ *zus–packen, einpacken* ‖ to ~ away, off, out (jdn) *schnell wegbefördern* or *wegschicken* ‖ to ~ up *auf–, zus–rollen, –packen* ‖ vi to ~ off, out *sich packen, sich in Eile davonmachen*.
bundobust ['bʌndobʌst] s ⟨Ind⟩ *Einrichtung* f
bung [bʌŋ] **1.** s *Spund, Zapfen* m; ~-hole *Spundloch* n **2.** vt *spunden*; to ~ up *verspunden, –stopfen*; ~ed up (of eyes) *verschwollen*
bung [bʌŋ] ⟨sl⟩ **1.** vt (*Steine*) *werfen* ‖ to ~ in *hineinwerfen* ‖ to ~ up ⟨sl⟩ *verdreschen, –wamsen* **2.** adv to go ~ °*zus–krachen* ‖ ⟨fam⟩ *stracks*
bungaloid ['bʌngəloid] a *Bungalow–* -**alow** ['bʌŋgəlou] s *leichtes einstöck. Landhaus* n
bungle ['bʌŋgl] **1.** vi/t ‖ *pfuschen, stümpern*; ⟨fig⟩ *stolpern* ‖ vt *verpfuschen* **2.** s *Pfuscherei, Stümperei* f; *Durcheinander* n ‖ ~r [~ə] s *Stümper, Pfuscher* m
bungling ['bʌŋgliŋ] **1.** s *Stümpern, Pfuschen* n **2.** a (~ly adv) *stümperhaft, ungeschickt; Pfusch–, Mach–* (~ work *Pfuscharbeit*)
bunion ['bʌnjən] s ⟨med⟩ (*Ballen-*)*Entzündung* f
bunk [bʌŋk] **1.** s *Schlafkoje* f, *Bettkasten* m ‖ ⟨fam⟩ *Flucht* f; to do a ~ *ausreißen* **2.** vi *in e–r Koje schlafen* ‖ ⟨fam⟩ *schlafen gehen* ‖ *ausreißen, verschwinden* **3.** ~ plant *Rostbeschikkungsanlage* f
bunk [bʌŋk], ~ombe, ~um ['~əm] s ⟨Am⟩ *polit. Schaumschlägerei* f; *leeres Geschwätz* n; *Quatsch, Unsinn* m
bunker ['bʌŋkə] **1.** s *Kohlenbunker* m; ~s (a ~ coal) *Bunkerkohlen* f pl ‖ ⟨mil⟩ *Bunker* m ‖ ⟨golf⟩ *Sandloch* n; *schwieriger Boden* m **2.** vt/i ‖ (*Kohlen*) *einnehmen* ‖ ⟨golf⟩ [mst pass] to be ~ed *im Sandloch verfangen* s; ⟨fig⟩ *in der Patsche, Klemme sitzen, in Schwierigkeiten* s ‖ vi *bunkern*
bunned ['bʌnd] a ⟨Am⟩ *beschwipst, besoffen*
bunny ['bʌni] s „*Herzblättchen"* n (*Kaninchen* n etc) ‖ ~-hug *exzentrischer Tanz* m
bunt [bʌnt] s ⟨mar⟩ (of a net, sail) *Bauch* m ‖ *mittelster Teil e–r Rahe*
bunt [bʌnt] s ⟨bot⟩ *Brand* m (des Weizens)
bunt [bʌnt] s ⟨aero⟩ *Abschwung* m (im Kunstflug)
bunt [bʌnt] ⟨Am⟩ **1.** vt/i (*Ball*) kz *schlagen* ‖ vi e–n kz *Schlag tun* **2.** kz *Schlag* m
bunting ['bʌntiŋ] s *Flaggentuch* n ‖ [koll] *Flaggen* pl, –*schmuck* m, –*girlanden* f pl
bunting ['bʌntiŋ] s ⟨orn⟩ *Ammer* f; black-headed ~ *Kappenammer* f; corn ~ *Grau–*; Lapland ~ *Sporn–*; Cretzschmar's ~ *Grauer Ortolan*; little ~ *Zwerg–*; ortolan ~ *Ortolan* m; reed ~ *Rohrammer*; rock ~ *Zipp–*; rustic ~ *Wald–*; snow ~ *Schnee–*; yellow-breasted ~ *Weiden–*
bunyip ['bʌnjip] s ⟨Aust⟩ *Fabeltier, Ungeheuer* n ‖ ⟨fig⟩ *Schwindler* m
buoy [bɔi] **1.** s ⟨mar⟩ *Boje* f ‖ life-~ *Rettungsboje* f ‖ ⟨fig⟩ *Anhaltspunkt* m, *Stütze* f **2.** vt ⟨mar⟩ (etw) *durch Bojen kennzeichnen* ‖ to ~ up

flott or *schwimmend erhalten*; ⟨fig⟩ *aufrecht-erhalten, emporheben* **~age** ['bɔiidʒ] s [koll] *Betonnung* f; *Bojensystem* n **~ancy** ['~ənsi] s *Schwimmkraft* f, *Tragvermögen* n || ⟨fig⟩ *Elastizität, Schwung–, Lebenskraft, Heiterkeit* f **~ant** ['~ənt] a (~ly adv) *schwimmkräftig, tragfähig, leicht* || ⟨fig⟩ *elastisch; unbekümmert* || *sich hebend, steigend* (prices); *lebhaft*

bur, burr [bə:] s ⟨bot⟩ *Klette* f || ⟨fig⟩ *Klette* f (P) || (Metall-)Grat m

burberry ['bə:bəri] s *wasserdichter Stoff* m; *Mantel* m *daraus*

burble ['bə:bl] **1.** vi/t *murmeln; rauschen* **2.** s ⟨aero-dyn⟩ *Wirbel* m

burbot ['bə:bət] s ⟨ich⟩ *Aalraupe, Quappe* f

burden ['bə:dn], ⟨poet & †⟩ **burthen** ['bə:ðn] **I.** s **1.** *Bürde; Last* f (beast of ~ *–tier* n) || *Belastung* f (on a th e–r S) | *drückende Abgabe, Last* f (to a p *f jdn; jdm*); to be a ~ to a p *jdm e–e L. s, zur L., auf die Tasche fallen;* ⟨com⟩ *Gemeinkosten* pl; equalization of ~s ⟨bes Ger⟩ *Lastenausgleich* m || ⟨jur⟩ to have the ~ of proof *beweispflichtig* s || ~-bearer ⟨arch⟩ *Simsträger* m, *Tragfigur* f || *Verantwortlichkeit* f || ⟨met⟩ *Möller* m, *Gicht, Beschickung* f **2.** (oft burthen) ⟨mar⟩ *Tragkraft* f, *Tonnengehalt* m; a ship of 500 tons ~ *ein Schiff v 500 Tonnen* **3.** ⟨fig⟩ (of sin) *Druck* m, *Last* f **II.** vt *beladen, –lasten,* ⟨a fig⟩ (with *mit*) **~some** [~səm] a (~ly adv) *beschwerlich, lästig, drückend*

burden ['bə:dn] s *Schlußvers, Refrain* m; *Ritornell* n; ⟨fig⟩ *Leitmotiv* n; *Kern, Hauptgedanke* m

burdock ['bə:dək] s ⟨bot⟩ *Klette* f

bureau [bjuə'rou, '~] s Fr (pl ~x, * ~s [~z]) *Schreibtisch* m, *Schreibpult* n || ⟨Am⟩ *Kommode* f || *Bür·o, Kontor* n || *Regierungsdepartement* n || employment ~ *Stellenvermittlungs–,* information ~ *Auskunfts–,* travel ~ *Reisebüro* n || ~ of Vital Statistics ⟨Am⟩ *Standesamt* n **~cracy** [‚bjuə'rɔkrəsi] s *Bürokratie* f; *bürokratischer Staat* m; [koll] *Beamten* m pl **~crat** ['bjuərokræt] s *Bürokr·at, Aktenmensch* m **~cratic** [‚bjuəro'krætik] a *bürokratisch; Bürokraten–* **~cratism** [‚bjuə'rɔkrətizm] (*Unwesen* n der Bürokratie f, *bürokratisches Verhalten* n

burette [bjuə'ret] s Fr *Bürette* f (Meßglas)

burgee [bə:'dʒi:] s ⟨mar⟩ *Schwalbenschwanz-Wimpel* m

burg [bə:g] s ⟨poet⟩ *Burg* f; ⟨Am sl⟩ *Städtchen*

burgeon ['bə:dʒən] **1.** s *Sproß* m, *Knospe* f; *Keim* m **2.** vi *sprossen, keimen*

–burger [–bə:gə] ⟨Am⟩ *lebendes Suffix z Bildung v Subst. mit der Bedeutung v belegtes Brötchen mit..; beef~, cheese~, egg~ (vgl ham~)*

burgess ['bə:dʒis] s *Bürger* m || ⟨hist⟩ *Abgeordneter* f borough etc

burgh ['bʌrə] s ⟨Scot⟩ = borough | **~er** ['bə:gə] s ⟨a-engl⟩ *Bürger* m

burglar ['bə:glə] s *Einbrecher* m **~ious** [bə:-'glɛəriəs] a (~ly adv) *Einbruchs–* **~ize** ['bə:gləraiz] vt/i *einbrechen* in | vi *einbrechen* (u *stehlen*) **~y** [~ri] s *Einbruch, –sdiebstahl* m (insurance against ~ and theft *–versicherung* f)

burgle ['bə:gl] **1.** vi/t || ⟨fam⟩ *in ein Haus einbrechen* | vt (Haus) *plündern* **2.** s *Einbruch* m

burgomaster ['bə:gɔ‚mɑstə] s ⟨a-engl⟩ *Bürgermeister* m

burgonet ['bə:gənet] s Fr ⟨hist⟩ (*urspr Burgunder-)Sturmhaube* f

burgoo [bə:'gu:] s ⟨mar sl⟩ *Haferbrei* m

burgoyne [bə:'gɔin] s *Schanzgerät* n

burgundy ['bə:gəndi] s *Burgunder(wein)* m

burial ['beriəl] s *Beerdigung* f, *Begräbnis* n; ~-ground *–platz, Friedhof* m; ~-place *Grabstätte* f; ~-service *Trauerfeier* f ⟨bes C. E.⟩, *Totenmesse* f

burin ['bjuərin] s ⟨engr⟩ *Grabstichel* m

burke [bə:k] vt *heimlich ermorden, ersticken* || ⟨fig⟩ *vertuschen*

burl [bə:l] **1.** s *Knoten* m (im Tuche) || ⟨Am⟩ *Knoten* (im Holze) **2.** vt (Tuch) *noppen, durch Entfernung der Noppen zurichten*

burlap ['bə:læp] s *grobe Leinwand* f

burlesque [bə:'lesk] **1.** a *burlesk, possenhaft, possierlich* **2.** s *possenhafte Darstellung* f || ⟨theat⟩ *Burleske, Posse, Parodie* f || ⟨Am⟩ *Tingeltangel, Variété* n **3.** vt *lächerlich m, possenhaft behandeln; parodieren* (e.g. cf. Chaucer's Sir Topas; Hudibras; Pope's The Rape of the Lock; the mine worthies in Shak's LLL, etc)

burly ['bə:li] a *dick, stark, stämmig, beleibt*

Burmese [bə:'mi:z] **1.** a (a Burman) *birmanisch, Birma–* **2.** s *Birmane* m, *–nin* f; the ~ *die Birmanen* pl | *das Birmanische* n

burn [bə:n] s *Quell, Bach* m

burn [be:n] **I.** vt/i [~t/~t; *~ed/~ed] **A.** vt **1.** *auf–, verbrennen;* ⟨Am sl⟩ *auf dem el. Stuhl hinrichten* || to ~ to death (jdn) *verbr.;* to ~ alive *lebendig verbr.* **2.** *in Brand stecken, anzünden* **3.** *durch Feuer, Hitze beschädigen;* (Speise) *anbr.* (l); to ~ a hole *in ein Loch br.* in | (of the sun) (jdn) *verbr., bräunen* | (etw) *trocknen, dörren* **4.** *mit Hitze behandeln;* (Ziegel) *br., härten* **5.** ⟨fig, bes Am sport⟩ (Ball) *pfeffern;* to ~ a th into a p's mind *jdm etw einhämmern, –prägen* **6.** *z Brennen verwenden, durch Brennen verbrauchen;* (Gas) *brennen* **7. Wendungen:** to ~ one's boats ⟨fig⟩ *alle Brücken hinter sich abbrechen* || to ~ the candle at both ends *mehrere Dinge zugleich tun, s–e Kraft vergeuden* || to ~ daylight *offene Türen einrennen* || to ~ one's fingers *sich die Finger verbrennen* ⟨a fig⟩ || the money ~s a hole in his pocket *das Geld brennt* (juckt) ihm in der Tasche **8.** [mit adv] to ~ **down** *ab–, niederbrennen* (to the ground *bis auf den Grund*) || to ~ **in** *einbrennen* || to ~ **out** *ausbrennen, –räuchern* || to ~ **through** (etw) *durchbrennen* || to ~ **up** *aufbrennen,* ⟨Am sl⟩ *fuchsteufelswild m,* (jdn) *herunterputzen* **B. vi 1.** *brennen;* ⟨Am sl⟩ *auf dem el. Stuhl hingerichtet* w || *glühen, funkeln* **2.** *anbrennen;* (of the skin) *brennen; verbr.* **3.** ⟨fig⟩ *heiß s, glühen* || *br. vor;* to do) || (vor Wut) *platzen* | *entbr., aufflammen; wüten* | to ~ **into** *sich einbr. in* | to have money to ~ *Geld wie Heu h* || my ears ~, m–e Ohren klingen **4.** [mit adv] to ~ **down** *niederbr.* || to ~ **out** *ausbr.* || to ~ **up** *stark br., aufflammen; gänzlich verbr.* || ~-up(s) ⟨at⟩ *Abbrand* m, *Brenndauer* f **II.** s *Brandwunde* f **~able** ['~əbl] a (ver)brennbar **~er** ['~ə] s *Verbrenner* m || *Brenner* m (Flamme) (Bunsen ~) **~ing** ['~iŋ] **1.** s *Brennen, Verbrennen* n; *Brand* m (smell of ~ *–geruch*) || [attr] *Brenn–* (~-glass *–glas,* ~rate, ~time ⟨mil⟩ *Brenndauer* f) || ~-bush ⟨bot⟩ *D·iptam* m **2.** a *heiß, glühend* | *brennend, heftig verlangend* | ⟨fig⟩ *brennend, hochwichtig* (a ~ question); *feurig, leidenschaftlich* || *abscheulich, empörend,* a ~ shame *e–e wahre Schmach* f

burnet ['bə:nit] **1.** s ⟨bot⟩ *Pimpinelle* f **2.** ⟨ent⟩ sixspotted ~ *Steinbrech-Widderchen* n

burnish ['bə:niʃ] **1.** vt/i || *glänzend m, polieren, glätten* | *brünieren* || *vi glänzend w, leuchten* **2.** * s *Glanz* m **~er** [~ə] s *Polierer* m | *Polier–, Brünierstahl, Glättzahn* m

burnous [bə:'nu:s], **~e** [–'nu:z] s Fr *Burnus* m

burnt [bə:nt] a *gebrannt* | *verbrannt;* (of food) to have a ~ taste *angebrannt schmecken* || a ~ child dreads the fire *gebranntes Kind scheut das Feuer* || ~-offering, ~-sacrifice *Brandopfer* n || ~-sienna *hellgelber Ocker, Si·enaerde* f

burp [bə:p] ⟨bes Am, Can⟩ **1.** s *Rülpser* m **2.** vi *rülpsen* | ~ gun ⟨sl⟩ *Maschinenpistole* f

burr [bə:] s *rauher Rand* m (an Metall etc) ||

kieselhaltiger Stein, Schleifstein m || ⟨hunt⟩ (= *coronet*) (*Geweih-*)*Rose* f || ⟨tech⟩ (*Walz-, Bohr-, Preß-*)*Grat* m **burr** [bə:] s → bur

burr [bə:] **1.** s ⟨phon⟩ *Schnarren* n, (*Aussprache des rauhen Zäpfchen-*r *in Northumberland*) || (*gewissen Dialekten eigene, bes. in Westengland übliche*) *langgezogene unartikulierte Aussprache* (Westcountry ⁓) **2.** vi/t ⟨phon⟩ (r-*Laut*) *schnarren* | vi *unartikuliert sprechen*

burro [ˈbʌrou] s ⟨Am fam⟩ (*Pack-*)*Esel* m

burrow [ˈbʌrou] **1.** s *Höhle* f, *Bau* m (*v Kaninchen* etc) **2.** vt/i | *aufwühlen, unterhöhlen* | vi *sich eingraben, sich verkriechen*; ⟨fig⟩ to ⁓ *into sich vertiefen in, tief greifen in* (purse) **⁓ing** [⁓iŋ] a *sich eingrabend* || ⁓ *owl amerikan. Höhleneule* f

bursa [ˈbə:sə] s L *Schleimbeutel* m; **–sitis** [bə'saitis] s *–entzündung* f

bursar [ˈbə:sə] s *Säckel-, Schatzmeister* m, *Quästor* m (*bes e-s* College) || ⟨Scot univ⟩ *Stipendiat* m **⁓ial** [bə:ˈsɛəriəl] a *Schatzmeister-* | **⁓y** [⁓ri] s *Schatzamt* n; ⟨univ⟩ *Quästur, Kasse* f || ⟨Scot⟩ *Stipendium* n

burst [bə:st] **I.** vi/t [burst/burst] **A.** vi **1.** *bersten, platzen, zerspringen* || (*of buds*) *aufspringen* | *explodieren* | *auffliegen* || to ⁓ *open* (*of doors*) *aufspringen* **2.** ⟨fig⟩ (*a to* ⁓ *up*) *zusbrechen, bankrott w*; → *to bust* | *platzen* (with *vor*); *ready to* ⁓ *dem Bersten nahe*; *to be* ⁓ing *überfließen* (with *v*) **3.** ⟨fig⟩ *ausbrechen; hereinplatzen* (into *in*) || to ⁓ *upon plötzlich stoßen auf; unerwartet hereinbrechen auf*, to ⁓ *upon a* p *jdn plötzlich treffen* **4.** [*mit adv*] *to* ⁓ **asunder** *auseinander-, entzweispringen* || to ⁓ *forth ausbrechen, hervorsprudeln* || to ⁓ *in hineinplatzen* || to ⁓ *out ausbrechen* (into *in*); *–rufen*; to ⁓ *out laughing in Lachen, Gelächter ausbrechen*; to ⁓ *out with* ⟨fig⟩ *herausplatzen mit* **B.** vt **1.** *sprengen; zerbrechen, z Bersten, Platzen bringen* || (*of rivers*) (*Damm*) *durchbrechen* || to ⁓ *open* (*Tür*) *aufsprengen, plötzlich aufreißen* **2.** ⟨fig⟩ *zerstören* || ⟨sl⟩ (*Geld*) *verschwenden* **3.** I have ⁓ a *bloodvessel mir ist im Blutgefäß geplatzt* || to ⁓ *one's bounds an den Grenzen platzen* || to ⁓ *one's buttons with food essen, daß e–m die Knöpfe abreißen* || to ⁓ *one's sides with laughing vor Lachen platzen* **II.** s **1.** *Bersten, Platzen* n || ⟨mil⟩ *fire by* ⁓s *Feuerstöße* m pl (*automatischer Waffen*) || *Explosion* f || *Riß, Bruch* m || ⟨sl⟩ *to make a* ⁓ *die Gewohnheit durchbrechen* **2.** ⟨fig⟩ *plötzl. Ausbruch* m; *heftige Anstrengung* f; *Spurt* m || *Betrieb*; → *bust* || ⟨mil⟩ *Feuerstoß* m, (*Schuß-*)*Garbe* f, *Feuerüberfall* m || *plötzl. Auftauchen, Sichtbarwerden* n (a ⁓ *of landscape*) | ⁓ *cloud*, ⁓ *smoke* ⟨mil⟩ *Sprengwolke* f || ⁓ *spotting Aufschlag-, Sprengpunkt-Beobachtung* f || ⁓-*up Zus–bruch* m | **⁓er** [⁓ə] s ⟨mil⟩ *Sprengladung* f **⁓ing** [ˈ⁓iŋ] s ⁓ *in the bore Rohrkrepierer* m; ⁓ *point* ⟨mil⟩ *Sprengpunkt* m; ⁓ *tester* ⟨tech⟩ *Berstdruckprüfer* m

burthen [ˈbə:ðən] s → burden

bury [ˈberi] vt *begraben, bestatten* || *durch Tod verlieren* || *ein-, vergraben*; *to be –ried under begraben w unter, verschüttet w v* || *verbergen* || ⟨fig⟩ *begraben* (*s l*) || to ⁓ *o.s. sich vergraben, –zurückziehen* | to ⁓ *the hatchet* ⟨fig⟩ *die Streitaxt begraben* **⁓ing** [⁓iŋ] s [attr] *Grab-, Begräbnis-*: ⁓-*ground*, ⁓-*place Grab-, Begräbnisstätte* f

bus [bʌs] **1.** s (pl ⁓es) [abbr *f omnibus*] *Omnibus* m; (*a motor-*⁓) *Autobus* m || ⟨fam⟩ *fahrbarer Untersatz* m (*Auto*); ⟨aero fam⟩ "*Kiste, Mühle* f (*Flugzeug*) || *to miss the* ⁓ ⟨sl⟩ *den Anschluß, die Gelegenheit verpassen* | **⁓-bar** ⟨el⟩ *Sammelschiene* f || ⁓-*conductor Busschaffner* m || ⁓-*driver Busfahrer*, ⟨aero sl⟩ *Bomberpilot* m || ⁓ *station*, ⁓ *stop Bushaltestelle* f **2.** vi to ⁓ *it* ⟨fam⟩ *mit dem Omnibus* (etc) *fahren*

busby [ˈbʌzbi] s ⟨mil⟩ *Kalpak* m, (*Husaren-*)*Pelzmütze* f

bush [buʃ] s *Busch, Strauch* m || *Gebüsch, Buschdickicht* n || ⁓es [pl] ⟨Am⟩ *Busch, Urwald* m; *to take to the* ⁓ *Strauchdieb w* || (*of hair* etc) *Büschel* m; (*Laub-*)*Kranz* m | → *to beat* || *good wine needs no* ⁓.. *gute Ware lobt sich selbst* | ⁓-*fighting Buschkrieg, Guerillakrieg* m || ⁓-*fruit Buschobst* n || ⁓-*harrow Buschegge* f **⁓man** [ˈ⁓mən] ⁑ *Buschmann* m || ⟨Aust⟩ *Hinterwäldler* m **⁓ranger** [ˈ⁓reindʒə] s *Buschklepper, Strauchdieb* m **⁓-whacker** [ˈ⁓wækə] s ⟨Am⟩ *Guerillakrieger* m || kz *Sense* f

bush [buʃ] **1.** s ⟨mech⟩ *Büchse, Buchse* f, *Metallfutter* n (*e–s Zapfenlagers*) **2.** vt *ausbuchsen*

bushel [ˈbuʃl] s *Scheffel* m (36,35 l); *to hide one's light under a* ⁓ ⟨fig⟩ *sein Licht unter den Sch. stellen*

bushy [ˈbuʃi] a *buschig*; *dicht* (hair etc)

busily [ˈbizili] adv (*v busy*) *geschäftig*; *eifrig* || *neugierig* **business** [ˈbiznis] s → busyness **1.** [abstr *ohne* pl] *Aufgabe* (his ⁓ *to do*); *Pflicht* f, *Beruf* m || *kaufm. Beruf* m, *Gewerbe*; *Geschäftsleben* n, *Handel* m || (*ernste*) *Beschäftigung, Arbeit* f, *Geschäft* (*some important* ⁓, *an important piece of* ⁓ *ein wichtiges G.*); *Geschäfte* pl (⁓ *before pleasure erst die Arbeit dann das Vergnügen*); *quite a* ⁓ ⟨fam⟩ *gar nicht so einfach! kein Kinderspiel!* || *Geschäft mit Zubehör* | *S* f, *Geschäft, Angelegenheit* f; *schwierige S* f (*what a* ⁓); ⟨cont⟩ *Betrieb* m || ⟨theat⟩ *Rollendarstellung* f, (*Mienen-*)*Spiel* n etc **2.** [konkr pl ⁓es] *das einzelne Geschäft, Gewerbe, Geschäftslokal* n; *several* ⁓es *verschiedene Firmen* **3.** *Wendungen*: *line of* ⁓ *Geschäftsbranche* f, *-zweig*; *Gebiet* n || *man of* ⁓ *Geschäftsmann* m || *good* ⁓, *a good stroke of* ⁓ *ein gutes Geschäft* || *no* ⁓ *done ohne Umsatz* | *on* ⁓ *geschäftlich, in geschäftlichen Angelegenheiten* | *to attend to one's* ⁓, *to go about one's* ⁓ *sich s–n Geschäften widmen* || *that is my* ⁓ *das ist m–e S* (to do) || *that did his* ⁓ *das hat ihm den Hals gebrochen* | *to get, come to* ⁓ *z S k* || *to go into* ⁓ *Kaufmann w* || *to go about one's* ⁓ *s–e eigenen Angel–n verrichten* | *he has no* ⁓ *to do er hat kein Recht z tun*; *what* ⁓ *have you to ask? wie k Sie dazu z fragen?* || *to make it* (*od a* th) *one's* ⁓ (*to do*), *to make a* ⁓ (*of doing*) (*es*) *sich angelegen s l* (*z tun*) || *to mean* ⁓ *Ernst m, nicht spaßen* || *to mind one's own* ⁓ *sich um s–e eigenen Angel–n kümmern* || *to retire from* ⁓ *sich geschäftlich z Ruhe setzen* || *to send a* p *about his* ⁓ *jdn entlassen; jdm die Tür weisen* || *to settle down to* ⁓ ⟨fig⟩ *energisch ans Werk gehen*; *to settle a* p's ⁓ *for him* ⟨fam⟩ *jdn gehörig zurechtsetzen* || *to stick to one's* ⁓ *stetig s–r Arbeit nachgehen* || *to talk* ⁓ *geschäftliche Verhandlungen führen* || *to transact* ⁓ *geschäftliche Verbindungen h, pflegen* (with) **4.** [attr] *Geschäfts-* (⁓ *meeting*), *geschäftlich* | *Kaufmanns-* (⁓ *hand*) || *Handels-* (⁓ *news*) || *Betriebs-*; ⁓ *hours* [pl] *Geschäftsstunden* f pl **5.** [in comp] ⁓ *college*, ⁓ *school* ⟨Am⟩ *Handelsschule* f || ⁓ *girl* "*Gewerbetreibende*" f, *Mädchen* n *für's Geld* || ⁓-*like geschäftsmäßig; gewandt* || ⁓-*looking geschäftsmäßig aussehend* || ⁓-*man Geschäftsmann* m || ⁓-*outlook Geschäftslage, Konjunktur* f || ⁓ *relationship Geschäftsverbindung* f, *to enter into* ⁓ *r. in G. treten* || ⁓ *reply card* ⟨com⟩ *Antwortpostkarte* f || ⁓ *suit Straßenanzug* m || ⁓ *trip Geschäftsreise* f

busk [bʌsk] s *die Planchette, Korsettstange* f

busker [ˈbʌskə] s ⟨sl⟩ *Wandermusikant, –schauspieler* m

buskin [ˈbʌskin] s *Halbstiefel, Kothurn* m || ⟨fig⟩ *tragischer Stil* m; *Trauerspiel* n, *to put on the* ⁓(s) *ein T. schreiben* `

busman ['bʌsmən] s *Autobus–, Kraftwagenführer* m ‖ to enjoy a ~'s holiday *in der Freizeit dasselbe tun wie bei der Arbeit*
busmobile ['bʌsməbi:l] s *Bus* m, → *–mobile*
buss [bʌs] **1.** † s *Kuß* m, *Busserl* n **2.** † vt *küssen*
bust [bʌst] s *Büste* f ‖ *Frauenbrust* f ‖ ~-bodice, ~-improver *Büstenhalter* m
bust [bʌst] ⟨Am sl⟩ **1.** vt/i ∣ *zerbrechen, –schmettern*; to ~ one's neck *sich den Hals brechen*; *schlagen* ‖ (jdn) *bankrott m* ‖ (etw) *in Wert* or *Rang mindern* ‖ ⟨mil sl⟩ (*Panzer*) °*knacken* ‖ (*Pferd*) *lähmen* ∣ vi (*a* to go ~) *bankrott m* **2.** [s] to go on the ~ *e–e Bierreise m, auf den Bummel gehen, sumpfen* ∣ ~-up ⟨sl fig⟩ *Ausbruch* m; *Krach, Streit* m ∣ **~er** ['~ə] s *Zerbrecher* m
bustard ['bʌstəd] s ⟨orn⟩ *Große Trappe, Trappgans* f ‖ little ~ *Zwergtrappe* ‖ houbara ~ *Kragentrappe*
bustle ['bʌsl] s *Bausch* m; *Turnüre* f
bustle ['bʌsl] **1.** vi/t ‖ *geschäftig s, sich tummeln, (to* ~ *about) herumhantieren, –scharwenzeln; geschäftig hin u her rennen* ∣ vt (jdn) *in Bewegung setzen, antreiben, hetzen* **2.** s *eifrige Geschäftigkeit, Rührigkeit* f ‖ *Tumult, Lärm* m, *Getöse, Geräusch, Gewühl* n ∣ **~r** ['~ə] s *geschäftiger, lebendiger Mensch* m
busy ['bizi] **1.** a (*–sily adv s d*) *aufmerksam beschäftigt* (~ at work; with a th); *in Anspruch genommen* (with *von*); aren't they ~! *Was h sie z tun!* ‖ *geschäftig*; *emsig* (~ as a bee), *fleißig, eifrig*; to be ~ doing *eifrig tun* ∣ *voll besetzt* (day); *lebhaft, belebt* ‖ *zudringlich, lästig* ∣ ⟨telph⟩ *besetzt* (Leitung), not ~ *frei*; ~ signal, ~ tone *Besetztzeichen* n **2.** s ⟨sl⟩ *Detektiv* m **~body** [~bɔdi] s *Wichtigtuer,* ˣ *Gschaftlhuber* m **~ness** [~nis] s *Beschäftigtsein* n, *Geschäftigkeit* f; → business
busy ['bizi] vt (jdn) *beschäftigen*; to ~ o.s. *sich beschäftigen, beschäftigt s* (about, in *in*; with *mit*; in, with doing *z tun*)
but [bʌt; w f bət] **A. adv 1.** *nur, bloß* (he is ~ a child); *gerade erst,* (~ yesterday) **2.** all ~ *fast* (he all ~ refused it); → all II. 2. **3.** *ohne:* ~ for my father *wenn mein Vater nicht gewesen wäre* (I should have been ruined) **4.** ~ that → C. 2. 3. **B. prep** *außer*; → save, except; (they have all died) ~ him *außer ihm* ‖ *bis auf:* all ~ one were present *.. bis auf e–n*; he has paid all ~ 50 s; the last ~ one *der vorletzte*; nothing ~ misery *nichts als Unglück*; no statesman ~ a fool *nur ein Narr v Staatsmann* **C. conj 1.** *außer*; (they all have died) ~ he *außer ihm, nur er nicht* **2.** [*nach neg od interr*] **a.** [*vor inf*]: *außer* (nothing more remains) ~ to thank *außer* or *als z danken*; what can he do ~ yield? *was bleibt ihm übrig als nachzugeben?* you cannot (choose) ~ refuse *du kannst nicht umhin z verweigern* **b.** [*vor Nebensatz*]: *ohne daß, daß nicht* (it never rains ~ it pours); not ~ that he believed it *nicht als ob er es nicht glaubte*; *freilich, er glaubte es* **c.** ~ that *daß, I do not doubt, deny* ~ that *ich zweifle, leugne nicht, daß..* ‖ ⟨Am vulg⟩ I declare ~ what he ain't no good *.., daß ..* **3.** *wenn nicht,* (ten to one) ~ it was you *wenn du es nicht warst* ∣ ~ that *wenn nicht* (I should punish him ~ that..) **4.** *aber; jedoch, andererseits, dennoch, nichtsdestoweniger, allein* ‖ sondern ∣ ~ then *aber andererseits*; ~ for all that *nichtsdestoweniger; not only.. but also nicht nur.. sondern auch* **D.** [*im Sinn e–s* neg rel pron *nach* neg] *der* (die, das) *nicht*; no one ~ hopes *niemand, der nicht hofft*; few of us ~ fear *wenige v uns, die nicht fürchten* ∣ ~, ~ that *daß nicht,* (I am not such a fool) ~ (that) I can see that *daß ich das nicht sehen kann*
but [bʌt] **1.** s [pl ~s → 2.] *Aber* n; *Einwen-*

dung f **2.** vt ~ me no ~s *komme mir nicht mit wenn u aber* ∣ **~ter** ['~ə] s ⟨fam⟩ *Einwändemacher, „Widerspruchsgeist"* m [konkr]; → butt, ~er
butadiene [ˌbju:tə'daii:n] s (butane, di–, –ene) ⟨chem⟩ *Butadien* n
butane ['bjutein] s ⟨chem⟩ *Butˑan* n
butanone ['bju:tənoun] s ⟨chem⟩ *Butanon* n (f *Kunststoffe*)
butcher ['butʃə] **1.** s *Fleischer, Metzger, Schlächter* m ‖ ⟨fig⟩ *Menschenschlächter, –mörder, blutgieriger Mensch* m ∣ ~-bird ⟨orn⟩ *Würger* m ‖ ~ (boy) ⟨Am rail & film⟩ *Verkäufer* m (v *Erfrischungen, Zeitungen* etc) ‖ ~'s broom ⟨bot⟩ *stacheliger Mäusedorn* m ‖ ~'s meat *Schlächterfleisch* n (Ggs fish etc) ‖ ~'s-shop *Schlachter–, Fleischerladen* m **2.** vt *schlachten* ‖ ⟨fig⟩ *abschlachten, niedermetzeln* ∣ **~ly** [~li] a *mörderisch, grausam* ∣ **~y** [~ri] s *Schlachthaus* n, *Schlächterei* f ‖ *Fleischerhandwerk* n ‖ ⟨fig⟩ *Metzelei* f
butler ['bʌtlə] s *Kellermeister; oberster Diener, Silberdiener* m
butt [bʌt] **1.** s **a.** (*a* ~-end) *dickes Ende* (bes v *Waffen u Werkzeugen*) n, *Kolben* m ‖ (of a tree) *unterer Stamm* m; ⟨for⟩ *Bloch* m; ~ block *Klotz* m; ~-end *Stock–, Stammende* n; ~-log *Stammabschnitt* m ‖ ⟨fig vulg⟩ = buttock(s pl) *Hinterbacke(n pl)* f ‖ ⟨Am⟩ *Zigarrenstummel* m, (*Zigaretten-*)*Kippe* f ∣ ~ end *Heftende* n (e–r *Säge*) ‖ ~ joint *Stumpfstoß* m ∣ ~-welding *Stumpfschweißen* n **b.** *verschiedene Arten v Plattfischen* pl; *Butt* m ∣ ~-headed *dickköpfig, quadratschädelig* **2.** vt/i ‖ (Bretter) *an den Enden an–e–a–fügen, stumpf gegen–e–a–setzen* ∣ vi *an den Enden in e–r Linie zus–stoßen*
butt [bʌt] s *Schießdamm* m; the ~s [pl] *der Schieß–, Scheibenstand* m ‖ *Zielscheibe* f; ⟨fig⟩ *Ziel(scheibe* f) n; *Gegenstand* m (des *Spottes* etc)
butt [bʌt] s (Stück-) *Faß* n, *Butte* f (Wein- u *Biermaß*)
butt [bʌt] **1.** vt/i ‖ (T) (jdn mit dem *Kopfe*) *stoßen*; ⟨übtr⟩ *stoßen, schlagen* ∣ vi *rennen* (against); to ~ in (with one's opinion) *s–n* °*Senf dazu geben*; to ~ into a p *jdm in den Hals rennen; sich einmischen* (in *in*) ‖ *hervorspringen* **2.** s (*Kopf-*)*Stoß* m; to come (full) ~ against a p = to ~ into a p **~er** ['~ə] s *bockiges Tier* n, *„Bock"* m, → but, ~ter
butte [bju:t] s ⟨Am⟩ *isolierter steiler Hügel* or *Berg* m
butter ['bʌtə] **1.** s *Butter* f; melted ~ *zerlassene B.*; ~ beans [pl] *Wachsbohnen* f pl; ~ bread ‖ ⟨fig⟩ *plumpe Schmeichelei* f; (he looks) as if ~ would not melt in his mouth (..) *als ob er kein Wässerchen trüben könnte* ∣ [attr] ~-curler *Butterformer* m ‖ ~-dish *–dose* f ‖ ~-fingered *ungeschickt im Gebrauch der Hände* ∣ ~-fingers [sg konstr] ⟨fam⟩ *e–r, der nicht gut fangen kann* ‖ ~-knife *Buttermesser* n ∣ ~-scotch (Art) *Karamelle* (aus *Zucker u Butter*) f **2.** vt *mit Butter bestreichen;* → bread ‖ ⟨fig⟩ (oft to ~ up) (jdm) *schmeicheln;* ~-cup [~kʌp] s ⟨bot⟩ *Butterblume* f **~fly** [~flai] **1.** s ⟨ent⟩ *Schmetterling* m; (a fig) (P) ∣ Apollo ~ *Apollo* m; wall ~ *Mauerfuchs* m ∣ to break a ~ on a wheel *mit Kanonen nach Spatzen schießen* **2.** [attr] *flatterhaft, oberflächlich* ‖ ⟨tech⟩ ~ bolt *Flügelschraube* f ‖ ~ valve *Drosselklappe* f, *Klappenventil* n ‖ ~ wing top ⟨mot⟩ *aufklappbarer Dachflügel* m (in *Sportwagen* etc) ‖ **~ine** [bʌtə'ri:n] s *Kunstbutter, Margarine* f **~milk** [~milk] s *Buttermilch* f ∣ **~y** ['bʌtəri] a *butterig, Butter–; butterähnlich*
buttery ['bʌtəri] s *Speisekammer* f ‖ *Kantine* f, ~-hatch *Halbtür* (f *Speisendurchgabe*) f
buttock ['bʌtək] s *Hinterbacke* f; ~s [pl] *–teil, Gesäß* n (on the ~s *am G.*) ‖ *Kunstgriff* (beim *Ringen*) m ∣ [vt] to ~ a p *jdn im K. werfen*

button [ˈbʌtn] **1.** s *Knopf* m; not worth a ~ *k–n Deut wert*; at the touch of a ~ ⟨tech⟩ *auf e–n Knopfdruck* ⟨a fig⟩; boy in ~s *Page (Diener)* m *in Livree* || ~s [sg konstr] ⟨fam⟩ *Page* m (a ~s *ein P.*) | **Wertloses** n; not to care a ~ for *sich nicht das geringste m aus* | (*Klingel–*etc) *Knopf* m, to press the ~ *auf den K. drücken*; ⟨a fig⟩ *Schritte tun, sich bemühen* | *Knospe* f; *junger Pilz* m | *Knauf* m ⟨met⟩ *Korn* n | ~-boot *Knopfstiefel* m || ~-boy *Hotelpage* m, a: ~s: he works as a ~s || ~ control *Druckknopfsteuerung* f || ~-hook *Stiefelknöpfer* m || ~-on [attr] *Anknöpf–* (collar) **2.** vt/i || *mit Knöpfen versehen* || *zuknöpfen* | to ~ up *zuknöpfen*; to ~ up one's mouth *den Mund halten* | vi (*zu)geknöpft* w; *sich (zu)knöpfen* (l) ~hole [~houl] **1.** s *Knopfloch* n | *kl Strauß* m (*f das Knopfloch*) | ~ stitch *Langettenstich* m **2.** vt *Knopflöcher nähen* || (*jdn*) *beim Knopf halten*; *zurückhalten*

buttress [ˈbʌtris] **1.** s ⟨arch⟩ *Strebepfeiler* m; ⟨fig⟩ *Stütze* f **2.** vt *stützen*; ⟨fig⟩ to ~ up *kräftigen, stärken*

butty [ˈbʌti] s *Vorarbeiter* m; ⟨min⟩ *Akkordmeister* m

butyl [ˈbjuːtil] s (*a ~ rubber*) *But·yl* n (*synthetischer Gummi*)

butyraceous [ˌbjuːtiˈreiʃəs] a ⟨chem⟩ *butterartig, –haltig; Butter–*

butyric [bjuːˈtirik] a ⟨chem⟩ *butterig, Butter–*

buxom [ˈbʌksəm] a *frisch u gesund aussehend, drall, stramm*

buy [bai] **I.** vt [bought/bought] || (*etw*) *kaufen* (for a p *jdm*; of, from *v*) || (*jdn*) *durch Bestechung k.* || (*etw*) *erkaufen* (with *mit*) | to ~ and sell ⟨com⟩ *handeln* | to ~ a packet ⟨sl⟩ *verwundet w* || to ~ a pig in a poke *die Katze im Sack kaufen* || (*Fahrkarte*) *lösen* || ⟨Am fam⟩ (*Meinung*) *annehmen* | [mit adv] to ~ **in** (*Waren*) *einkaufen; sich eindecken mit*; (*bei Auktionen*) *zurückkaufen* || to ~ off (*etw*) *er–*; (*jdn*) *loskaufen; abfinden* | to ~ out (*jdn*) *auskaufen* | (*Verpflichtung*) *ablösen; loskaufen* || to ~ over *durch Bestechung gewinnen* || to ~ up *aufkaufen* **II.** s *Kauf* m | ⟨Am fam⟩ *gutes Geschäft* n, *gekaufter Gegenstand* m ~able [ˈ~əbl] *käuflich* | ~er [ˈ~ə] s *Käufer* m; *Abnehmer* m || ⟨st exch⟩ *Geld*; ~s over *mehr G. als Brief* | ~s' strike ⟨com⟩ *Käuferstreik* m ~ership [ˈ~əʃip] s *Käufertum* n, *Käuferschaft* f, *Kunden* m pl, → –ship ~ing [ˈ~iŋ] s [attr] *Kauf–* (~ power –kraft f) || ~-in *Eindeckung* f (~-in day) ~manship [ˈ~mənʃip] s *Kunst* f *des richtigen Einkaufs*, → salesmanship

buzz [bʌz] **1.** vi/t || *summen, brummen* || *schwirren*, to ~ about *herum–* | [übtr] *summen; dröhnen, klingen* (with *von*) || *murmeln* | ⟨sl⟩ to ~ off *verduften* | to ~ off ⟨sl telph⟩ *ab–, anhängen* | vt *werfen* || ⟨telph⟩ (*Nachricht*) *summen* || ⟨aero⟩ *niedrig* (*u schnell) überfliegen, hinwegbrausen über* (troops); *herabstoßen auf* (airfield) || (*Gerücht*) *heimlich verbreiten* **2.** s *Summen, Brummen* n | ⟨fig⟩ *Gesumme, Geflüster, –rede* n | ~-bike ⟨fam⟩ *Moped* n || ~ bomb *Vergeltungswaffe* m, *V1-Geschoß* m || ~-nagger ⟨mil fam⟩ *Herr Gedöhns* m || ~-saw ⟨Am⟩ *Kreissäge* f | ~er [ˈ~ə] s *Dampfpfeife* f; ⟨el & telph⟩ *Summer* m (*Apparat z Signalisieren* etc); ⟨fam telph⟩ *Quasselstrippe* f; works-~ (*Fabrik–*) *Sirene* f | *elektr. Klingel* f

buzzard [ˈbʌzəd] ⟨orn⟩ *Mäusebussard* m || honey ~ *Wespen–* || rough-legged ~ *Rauhfuß–* || long-legged ~ *Adler–*

by [bai; *w f* bi] **I.** prep **A. Bedeutungen: 1.** (*Raum*) *bei, neben, nahe bei, an* || (*Richtung*) *an.. vorüber, über*; *durch* (~ the door), *auf* **2.** (*Zeit*) *bei*; *bis zu, um, gegen*; *während* **3.** (*Verhältnis, Maß*) *gemäß, nach* (~ the day *tageweise*); *um*; (*too long*) ~ a foot.. *um e–n Fuß*; (5 feet broad)

~ 3 deep.. *u 3 tief* **4.** (*Ursache*) *durch, von*, a poem ~ Keats *ein Gedicht von K.*; (*beim pass*) *von*; your dismissal ~ him is.. *daß du von ihm entlassen bist, ist..* **5.** (*Mittel, Art u Weise*) *bei* (~ lamplight); *durch, vermittelst, vermöge*; ⟨com⟩ *per, mit*, ~ post *mit der Post* **B. Wendungen:** | ~ the bye → bye || man ~ man *M. f M.* || side ~ side *S. an S.* | ~ birth *v Geburt*; ~ blood *der Abstammung nach*; ~ day *bei Tage*; ~ far *bei weitem*; ~ degrees *allmählich*; ~ heart *auswendig*; ~ the hour *stundenweise*; ~ hundreds *zu Hunderten*; ~ name *mit Namen*; ~nature *v Natur*; ~ next Monday *bis spätestens Montag*; ~ now *inzwischen, mittlerweile; jetzt schon*; ~ o.s. *allein, aus eigener Kraft* | ⟨sl⟩ go ~ Berlin *über B.*; ~ boat *zu Schiff*; ~ rail *mit der Eisenbahn*; ~ the 5 o'clock train *mit dem 5-Uhr-Zug* || ~ the way *nebenbei bemerkt, übrigens* **C. an** [dat]; (→ at, near) to sit ~ the window, fireside, a p's bedside; to fight side ~ side || (→ past) we went ~ the school (= we passed the school); the train passes ~ us | to seize a p ~ the arm; to take a baby ~ the hand, a cup ~ its handle; the dog got him ~ the leg; to lead a p ~ the nose ⟨fig⟩ || to be distinguishable ~ *kenntlich s an* || ⟨übtr⟩ take example ~ your brother *nimm dir ein Beispiel an d–m Br.*; his life hangs ~ (*od* upon) a thread | (*Mittel*) **auf** (→ I. 5.) ~ land, sea, air *auf dem Land–, See–, Luftwege* || ~ the nearest way *auf kürzestem Wege*; → *zu*, at | ⟨übtr⟩ ~ order of the king; || ~ special request *auf besonderen Wunsch*; ~ all means *auf alle Fälle* (= *jedenfalls*); christened ~ the name of George *auf den Namen G. getauft* || to pay ~ instalments *auf Raten zahlen* | **aus:** I see ~ your letter *ich ersehe ..* || a son by his, her first marriage *ein Sohn aus erster Ehe* || to know ~ experience || by his own strength *aus eigener Kraft* || ~ mistake *aus V.* | **bei** (*Raum*) [dat] we live (close, hard, near) ~ the church.. (*nahe*) *bei..* || to pass ~ the school *bei der Sch vorbeigehen* || he sat ~ me | he stood ~ the door (→ at) | ⟨fig⟩ you must take time ~ the forelock *die Gelegenheit beim Schopfe fassen!* | (*Zeit*) night, ~ moon–, candle-light | ⟨übtr⟩ ~ far the best *bei weitem ..* | **bis** (*spätestens*): ~ 10 o'clock; ~ tomorrow night; ~ the end of the year *bis Jahresende*; ~ that time *bis dahin*; ~ today week (*bis*) *heute in 8 Tagen* | **durch** [acc]: we passed ~ Exeter *wir kamen durch E.*, the entrance is only ~ the front-door.. *nur durch..* (→ at) | **durch** (*Mittel, Ursache*) ~ great courage; ~ a bargain || ~ his clumsiness || (*Ursache*) [pass]: impressed, alarmed, dazzled, caused, spoilt ~ | 20 divided ~ 4 are 5 *20 geteilt durch 4 (20 : 4 = 5)* | (*Mittel, Art u Weise, Schuld, Ursache, Veranlassung*): to influence, learn, die ~.. | ~ patience, poison, work; ~ lot *durchs Los*; ~ (mere) chance *durch reinen Zufall*; ~ the kind intervention of X *durch gütige Vermittlung v X* | **für:** man ~ man, piece ~ piece, step ~ step.. *für..* | (*Isolierung*) to live ~ o.s. *für sich leben* || a chapter ~ itself *ein Kapitel für sich* || put it ~ itself *lege es für sich* (= *beiseite*) | **in** [+ abstr] ~ order *od* request of..; ~ contrast with; ~ proxy *in Vertretung* (*i. V.*) || (*Art u Weise*) to buy, sell ~ retail, wholesale; to take .. ~ storm ⟨a fig⟩ | **mit** (*Verkehrsmittel*) a journey ~ rail *mit der Bahn*; to go ~ train, bus, car, ship, air .. *Flugzeug*; to send ~ post; (~ book-post = *als Drucksache*) | (*Mittel, Umstand*) ~ my leave and permission *mit m–r ausdrücklichen Erlaubnis*; ~ force; made ~ hand; to mention.. ~ name; to pay ~ cheque; ~ 50 votes to (*gegen*) 40; ~ a majority of votes *mit Stimmenmehrheit* | what do you mean ~ that? *was meinst du damit*?; to mean well ~ a p *es mit e–m gut meinen*; to multiply a number ~ another.. *multiplizieren* *mit*.. **| nach** (*Urteil, Maß*): to judge ~ actions, appearances || ⟨übtr⟩ ~ blood *der Abstammung nach*; ~ my computation *nach m—r Schätzung*; ~ my watch .. *Uhr*; ~ your own confession, description || to sing ~ ear.. *nach dem Gehör*; to act ~ instinct; ~ rules of diet; to sell ~ the pound (*a: pfundweise*); to know ~ name *dem N. nach*; to set a watch ~ the church clock **| über** (*Ort*) [acc]: ~ Cologne, Munich, Flushing, Dover; ~ way of France **| um** (*Maß*): reduced ~ a third *um* ⅓ *ermäßigt*; too long ~ a foot; the thermometer is down ~ 6 degrees.. *ist um 6° gefallen*; too many ~ half *um die Hälfte zuviel*; the price rose ~ 10 per cent; I anticipated him ~ a day *ich kam ihm um e—n Tag zuvor* **|** [+ compr] longer, shorter ~ 5 feet; taller ~ a head; he is older than I ~ 3 years = he is my senior ~ 3 years = he is 3 years [acc] my senior; you will not be richer ~ a penny = .. not be a penny the richer **| unter** (*vgl mit*): ⟨übtr⟩ what do you understand by it? *..darunter*?; known ~ the name of N. *unter dem Namen N. bekannt* **| von** (*Existenzgrundlage*): to live, subsist ~ brainwork, hunting, gambling, etc. **|** (*Urheberschaft*) music ~ Handel; he has two sons ~ his second wife (~ his first marriage = *aus erster Ehe*) **|** [*nach* pass]: favoured ~ good weather; frequented ~ foreigners; affected, moved, touched ~; owned ~; torn ~ pain; superseded ~; surrounded ~ flatterers; run over ~ a car; parched ~ heat and dust; signals given ~ policemen *Zeichen v* or *der Polizeibeamten* **|** (*Beruf, Titel, Herkunft, Art, Grad*): he is a butcher ~ trade *er ist Metzger v B.*; he is a teacher ~ profession *L. v B.*; a German ~ birth *D. v G.*; kind ~ nature *gütig v Natur*; George VI, ~ the Grace of God King of Great Britain; ⟨Scot⟩ ~ Divine Right *v Gs. Gn.* **| von.. ab..** I shall be there ~ Monday, ~ 5 o'clock **| vor** [dat]: an animal enraged ~ pain *wütend vor Schmerz* **| zu** (*Mittel*) to travel ~ land, sea *zu Land, Wasser reisen*; → *auf*; he came in ~ the (back) door *er kam zur* (*Hinter-*)*Tür herein* **|** (*Ziel*) sit down ~ your friend *setz dich z d—m Fr.*; how did you come ~ that money? **|** (*Zeit*): ~ night *zur Nachtzeit* **|** [*distributiv*] ~ couples *zu Paaren*; ~ twos, threes, two ~ two *zu zweien, zu dritt*; to perish ~ thousands *zu Tausenden umkommen* **D.** [*mit Verben*] → *bes* to abide, come, do, end, go, judge, mean, measure, recognize, stand, swear, understand **II. adv** *nahe dabei*; full and ~ ⟨mar⟩ (*of sails*) *voll u dicht beim Winde*; close ~, hard ~ *dicht bei, nahe*

dabei, nebenan; to stand ~ *untätig dabeistehen* || *beiseite*, to put, lay, set ~ *-legen, -stellen, -setzen*; ⟨fig⟩ *aufsparen* **|** *vorbei*, to march, pass ~ *-marschieren, -gehen*; to pass a p ~ ⟨fig⟩ *jdn übergehen* **|** ~ and ~ 1. adv *bald, nächstens, später* (*einmal*) 2. s *Zukunft* f || ~ and large *im großen u ganzen*

by, bye [bai] attr a (*mst* bye) *seitlich, abgelegen, Neben–* (bye effect); *untergeordnet*

..-by-.. [–bai–] [attr] *-weise*, → phase-~-phase

by– [bai] [in comp] *Neben–, Seiten–, Bei–* || ~-bidder (*Auktions-*)*Scheinbieter* m || ~-blow *Bastard* m || → election || ~-farm *Vorwerk* n || ~-lane *Neben–, Seitengäßchen* n || ~-law *Ortsstatut* n; [pl] bye-laws *Statuten* n pl, *Satzungen* f pl || ~-line *Nebenleitung* f; ⟨Am⟩ *Untertitel* m (*mit Autornamen*) *e–s Zeitungsartikels*, to get a' ~ *gedruckt w* || ~-name *Beiname*; *Spitzname* m || ~-pass **1.** *Dauerflamme* f, *Kleinbrenner* m (*an Gasbrennern*) || *Entlastungs–, Umgehungsstraße* f || *Nebenleitung* f **2.** vt *ab–, umleiten*; (*Ort*) *umg·ehen* || *vernachlässigen* || *vermeiden* || ⟨mil⟩ *umg·ehen* || ⟨el⟩ *vorbeileiten*; *überbrücken* || *vorbeigehen an* ⟨a übtr⟩ || ~-passage *Seitendurchgang* m || ~-path *Seitenweg* m || ~-product *Nebenprodukt* n, *-nutzung* f; ⟨fig⟩ *Neben–, Folgeerscheinung* f || ~-road *Nebenstraße* f || ~-stander || ~-street *Seitenstraße* f || ~-talk *Geschwätz* n || ~-way *Fußweg* m

bye [bai] s *etw Untergeordnetes*; by the ~ *nebenbei* (*bemerkt*) || ⟨crick⟩ *ein v den batsmen gemachter run, ohne daß der Ball getroffen ist*; ⟨ten⟩ *Freilos* n (*beim Turnier*)

bye-bye ['baibai] **1.** s ⟨fam⟩ (*Ammensprache*) *Schlaf* m, *Bett* n **2.** intj ['bai'bai] = good-bye

bygone ['baigɔn] **1.** a *vergangen, früher* **2.** s *Vergangenes* n; let ~s be ~s *laßt die Vergangenheit ruhen*

byplay ['bai-plei] s ⟨theat⟩ *Nebenspiel*, *stummes Spiel* n **byplot** ['baiplɔt] s (in a drama) *Nebenhandlung* f

byre ['baiə] s *Kuhstall* m

Byronic [bai'rɔnik] a *Byron–* || *zynisch* || ~ *stanza* = *ottava rima*

bystander ['bai,stændə] s *Zuschauer* m, *zufälliger Augenzeuge* m; ~s [pl] *Umstehende* pl

byway ['baiwei] s *Seiten–, Nebenweg* m, ⟨a fig⟩

byword ['baiwɔːd] s *Spitzname* m; *Schlag–, Sprichwort* n; to become a ~ *sprichwörtlich w* || *warnendes Beispiel* n

Byzantine [bai'zæntain] **1.** a (*a* of style) *byzantinisch* **2.** s ⟨ant⟩ *Byzant·iner* m

C

C, c [si:] s (pl ~s, ~'s) *C, c* n || ⟨mus⟩ *C* || ~ flat *Ces* n || ~ sharp *Cis* n || ~ Major *C-Dur* n || ~ minor *c-Moll* n || C-bomb *Kobaltbombe* f

cab [kæb] s ⟨mot⟩ *Fahrer–, Führerhaus* n || *Cab* n, *Droschke* f; (*a* taxi-~) *Taxi, Auto* n || (of a locomotive) *Führerstand* m || ~-driver *Droschkenkutscher* m || ~-rank, ~-stand *Droschkenstand, Autohalteplatz* m **2.** vi *im Cab fahren* (*a* to ~ it)

cabal [kə'bæl] **1.** a (*aus* Clifford, Arlington, Buckingham, Ashley, Lauderdale [*Kabinett unter Karl II.*]) *Kabale*, polit. *Ränkeschmiederei* f **2.** vi *Ränke schmieden* **|** ~ler [~ə] s *Ränkeschmied* m

cabana [ka'bɑːna] s Sp ⟨Am⟩ *Hütte* f, *Strandzelt* n

cabaret ['kæbəret, 'kæbərei] s Fr *Kabar·ett* n; *bunte Bühne* f

cabbage ['kæbidʒ] **1.** s ⟨bot⟩ *Kohl, Kohlkopf*

m; turnip ~ *Kohlrabi* m || ⟨Am fig sl⟩ „*Birne*" (*Kopf*) || ⟨aero sl⟩ °*Koffer* m (*Bombe*) **|** [attr] ~-butterfly ⟨ent⟩ *Kohlweißling* m || ~-head ⟨Am sl⟩ *Ekel* n (*P*) || ~-lettuce ⟨bot⟩ *Kopfsalat* m || ~-rose ⟨bot⟩ *Zentifolie* f || ~-tree ⟨bot⟩ *Kohlpalme* f **2.** vt/i ⟨Am sl⟩ *mausen, klauen*; *abschreiben*

cab(b)alistic [,kæbə'listik] a (~ally adv) *kabbalistisch*

cabby ['kæbi] s ⟨fam⟩ = cabman

caber ['keibə] s ⟨Scot⟩ *Balken* m (*Fichtenstamm*); ⟨sport⟩ *Wurfstange* f, *tossing the* ~ *Baumstammwerfen* n

cabin ['kæbin] **1.** s *Hütte* f || ⟨mar⟩ *Kajüte* f || *full-view* ~ *Allsichtkabine* f **|** [attr] *Kajüten-*: ~ *airplane Kabinenflugzeug* m || ~ *blower*, ~ *supercharger Kabinenluftmotor* m || ~-boy *Schiffsjunge* m || ~ *class erste Klasse* f || ~-companion *Kajütkappe* f (*Öffnung im Hinterdeck*) || ~

scooter ⟨mot⟩ *Kabinenroller* m **2.** vt (*in e–r Hütte*) *einsperren* [*bes in* pp]

cabinet ['kæbinit] s *Kabinett, kl Zimmer* n || *Studier–, Privatzimmer* n | *Schrank* m; *Porzellan–* | *Sammlung* f *v wertvollen Gegenständen* || ⟨phot⟩ *Kabinettformat* n (∼ *size*) || ⟨wir⟩ *Gehäuse* n | ⟨parl⟩ *Kabinett* n, *Ministerium* n; ⟨fig⟩ a ∼ *question Kabinetts–, Vertrauensfrage*; to have a seat in the ∼ *e–n Sitz im Kabinett* (*Ministerium*) h | [attr] ∼ *clamp* ⟨tech⟩ *Schraubknecht* m || ∼ *cooker Kochschrank* m || ∼-*council* ⟨parl⟩ *Ministerrat, (mst* ∼-*meeting) Kabinettsrat* m || ∼-*maker Kunsttischler* m | ∼-*making,* ∼-*work Kunsttischlerei, –tischlerarbeit* f || ∼-*picture Kabinettstück* n || ∼ *saw* (*Tischler-)Steifsäge* f

cable ['keibl] **1.** s ⟨mar⟩ *Kabel, Tau*; *Ankertau* n (to slip the ∼ *das A. schießen l*), –*kette* f; a ∼, a ∼'s *length e–e Kabellänge* f (engl = 231 m; Ger = 185,5 m) | ⟨el⟩ *high-tension* ∼ *Hochspannungskabel,* ⟨mot⟩ *Zündkabel* | ⟨telph⟩ *Kabel, Telegraphenkabel* | ⟨arch⟩ *Seilornament* n | [attr] ∼ *address Telegrammadresse, Drahtanschrift* f || ∼ *armour(ing) Kabel-Bewehrung, –Armierung* f || ∼ *assembly –Anschlußstück* n || ∼ *binding screw –klemme* f || ∼ *brake Seilbremse* f || ∼-*code Telegrammcode* m || ∼ *crane Kabelkran* m || ∼ *ferry Seilfähre* f || ∼-*jointing party* ⟨telph⟩ *Kabellöttrupp* m || ∼-*laying party* ⟨telph⟩ *K.-bautrupp* m || ∼ *moulding* ⟨arts⟩ *Tauverzierung* f || ∼-*offer telegraphisches Angebot* n || ∼ *pulley Seilführungsrolle* f || ∼ *release* ⟨phot⟩ *Drahtauslöser* m || ∼ *shackle K.-schloß* n || ∼ *sleeve K.-muffe* f || ∼ *socket K.-schuh* m || ∼ *splice K.-verbindung* f, *–spleiß* m || ∼ *tap K.-abzweigung* f || ∼ *terminal K.-klemme* f || ∼-*tier* ⟨mar⟩ *Kabelgatt* n **2.** vt/i || *mit e–m Tau befestigen* | *kabeln* (a th to a p *od* a p a th *jdm etw*; a p that *jdm, daß*) | vi *kabeln* **∼gram** [∼græm] s *Kabeldepesche* f **∼railway** [∼reilwei] s *Seilschwebebahn* f

cablese [kei'bli:z] s *Telegrammstil* m

cablet ['keiblit] s *kl Ankertau* n

cabling ['keibliŋ] s ⟨arch⟩ *Füllstab* m, *Verstäbung* f

cabman ['kæbmən] s *Droschkenkutscher*; *Taxichauffeur* m

cabochon [kabɔ'ʃɔ:] s Fr *Caboch·on* m [–ɔ:] (*gewölbter Edelstein*); en ∼ *mugelig* (*rundlich gewölbt*) || ∼ *gem Cabochon, Dickstein* m

caboodle [kə'bu:dl] s ⟨sl⟩ the whole ∼ *die ganze Gesellschaft, Sippschaft* f, *alle zus–*; *der ganze Kram, Klimbim, Zimt* m

caboose [kə'bu:s] s ⟨mar⟩ *Kombüse, Schiffsküche* f || *Bremswagen* f *Schaffner u Bremser*

cabotage ['kæbota:ʒ] s Fr *Küstenhandel* m, *–schiffahrt* f

cabriole ['kæbrioul] s ⟨hist⟩ *als Tierpfote geschnitztes Stuhlbein* n | **∼t** [ˌkæbrio'lei] s Fr *leichter zweirädriger Wagen* m *mit Haube u e–m Pferd*

ca'canny [kɔ:'kæni, kɑ:'–] **1.** vi ⟨Scot com⟩ (*in Gewerkschaftspolitik*) *die Arbeit* (*Produktion*) *einschränken* || ⟨fig⟩ *vorsichtig* s **2.** s *Produktionsverlangsamung, Arbeitseinschränkung* f || *passiver Widerstand* m

cacao [kə'kɑ:ou] s ⟨bot⟩ *Kakao* m

cachalot ['kæʃələt] s Fr ⟨zoo⟩ *Pottwal* m

cache [kæʃ] Fr **1.** s *Versteck* n, *Schlupfwinkel* m; *geheimes* (*Waffen-* etc) *Lager·* n **2.** vt *verbergen, aufbewahren*

cachet ['kæʃei] s Fr ⟨fig⟩ *Stempel* m or *äußeres Zeichen* n *der Auszeichnung* f

cachexy [kæ'keksi] s Gr ⟨med⟩ *Kachexie* f, *schlechte Körperbeschaffenheit* f; *Kräfteverfall* m

cachinnate ['kækineit] vi *laut lachen* **–ation** [ˌkæki'neiʃən] s *lautes Gelächter* n

cachou [kə'ʃu] s Fr *Cachou* n; *Pille* f *gegen Tabaksgeruch*

cachucha [kə'tʃu:tʃə] s *ein spanischer Tanz* m

cacique [kæ'si:k] s ⟨Span⟩ *Kaz·ike* m || ⟨orn Am⟩ *Beutelstar* m

cack [kæk] ⟨vulg⟩ **1.** s (a ∼y) °*Kacke* f **2.** * vi *kacken*

cackle ['kækl] **1.** vi *gackern, schnattern* || ⟨fig⟩ *plappern, schwatzen* **2.** s *Gegacker, Geschnatter* n || ⟨fig⟩ *Geplapper, Geschwätz; Gekicher* n || ⟨sl⟩ cut the ∼! *Halt's Maul!* „*Schluß der Debatte*"! | **∼r** [∼ə] s *gackerndes Huhn* n, *schnatternde Gans* f | *Schwätzer(in* f) m

caco– ['kæko] Gr [*in comp*] *schlecht, schädlich* **∼epy** [∼epi] s *schlechte Aussprache* f **∼graphy** [kæ'kɔgrəfi] s ⟨gram⟩ *schlechte Handschrift* f; *falsche Schreibung* f **∼logy** [kæ'kɔlədʒi] s *fehlerhafte Ausdrucksweise*; *schlechte Aussprache* f **∼phonous** [kæ'kəfənəs] a *übeltönend, mißlautend* **∼phony** [kæ'kəfəni] s *Mißklang, –ton* m, ⟨fam⟩ *Katzenmusik* f

cactaceous [kæk'teiʃəs] a ⟨bot⟩ *kaktusartig, Kaktus–* **cactus** ['kæktəs] s L [pl ∼es, * ⟨scient⟩ –ti] ⟨bot⟩ *Kaktus* m [pl *Kakt·een*]

cad [kæd] s *ungehobelter Mensch* || *gemeiner Kerl, Schuft* m

cadastral [kə'dæstrəl] a z *Kataster gehörig, Kataster–*

cadaver [kə'deivə] s L ⟨med⟩ *Kad·aver* m | **∼ic** [kə'dævərik] a ⟨med⟩ *Kadaver–* | **∼ous** [kə'dævərəs] a *Leichen–* || *totenblaß*

caddie, –ddy ['kædi] s ⟨Scot golf⟩ *Träger, Golfjunge* m

caddis ['kædis] s ⟨ent⟩ (a ∼-*worm*) *Larve* f *der Köcherfliege* | **∼-fly** *Köcherfliege* f

caddish ['kædiʃ] a (∼ly adv) *ungehobelt* || *gemein, schuftig*

caddy ['kædi] s (*Tee-*)*Büchse* f | → caddie **–cade** [–keid] *lebendes Suffix* z *Bildung* v *Subst. mit der Bedeutung* v: *Zug* v.., *Programm* v; → *caval∼, motor∼, aqua∼*

cadence ['keidəns] s *Rhythmus* m || (of voice) *Ton, Tonfall* m || ⟨mus⟩ *Rhythmus, Takt* m, *Tempo* n; *Kad·enz* f, *Schluß* m | ⟨Am mil⟩ *Gleichschritt* m | **–d** [∼t] a *rhythmisch*

cadency ['keidənsi] ⟨her⟩ *Abstammung* f *v e–r jüngeren Linie*

cadenza [kə'denzə] s ⟨It mus⟩ *Schlußverzierung* f

cadet [kə'det] s Fr *jüngerer, jüngster Sohn* m || ⟨mil & mar⟩ *Kadett, Offizieranwärter* m || ⚩ *Corps milit. Schulungskorps* n | ⟨Am⟩ *Kuppler* m

cadge [kædʒ] vi/t || ⟨fam⟩ *schmarotzen, schnorren, nassauern; betteln* (for *um*); *hausieren* | vt *durch Schmarotzen erhalten* || to ∼ *o.s. sich selbst einladen* (to *zu*) | **∼r** [∼ə] s *Hausierer, Trödler* m | *Schmarotzer, Nassauer* m

cadi ['kɑ:di] s *Kadi* m (*türkischer, persischer Richter*)

cadmium ['kædmiəm] s ⟨chem⟩ *Kadmium* n

cadre [kɑ:dr] s Fr ⟨fig⟩ *Rahmen* m, *Gerippe* n || ⟨mil⟩ *Stamm* m *e–r Truppe*; *Kader* m (a ⟨SBZ⟩) || ∼ *personnel Kader–, Rahmenpersonal* n

caduceus [kə'dju:siəs] s L ⟨ant⟩ *Merkurstab* m || *Äskulapstab* m **∼ciary** [kə'dju:siəri] a ⟨jur⟩ *dem Heimfallsrecht unterworfen* **–city** [kæ-'dju:siti] s *Vergänglich–*; *Hinfälligkeit* f **–cous** [kə'dju:kəs] a ⟨bot⟩ *schnell eingehend or verwelkend* || *vergänglich*

cæcal ['si:kl] a ⟨anat⟩ z *Blinddarm gehörig, Blinddarm–* **cæcum** ['si:kəm] s L ⟨anat⟩ *Blinddarm* m

Cæsar ['si:zə] s L ⟨übtr⟩ *Kaiser* m; *Selbstherrscher* m || ⟨fig⟩ *herrschende Gewalt* f **∼ean, ∼ian** [si'zɛəriən] a *cäsarisch, den Kaiser betreffend* || ∼-*operation* ⟨surg⟩ *Kaiserschnitt* m **∼ism** ['si:zərizm] s *Cäsarismus* m, *Cäsarentum* n

cæsious ['si:ziəs] a ⟨bot⟩ *bläulichgrün* or *grau*
cæsura [si'zjuərə] s L [pl ~s] *Zäsur* f (e.g.: A time there was / ere England's grief began)
café ['kæfei] s Fr ⟨a-engl⟩ *das Café, Kaffeehaus* n || ⟨engl⟩ *alkoholfreies Restaurant* n **café** [kæ'fei] s Fr *der Kaffee;* ~ au lait [ˏkæfeo'lei] *Milchkaffee* m; *K. verkehrt*
cafeteria [ˏkæfi'tiəriə] s ⟨Span⟩ *Restaurant* n *mit Selbstbedienung, Automat(enrestaurant* n) m || ~ car ⟨rail⟩ *Barwagen* m
caffeine ['kæfii:n] s ⟨chem⟩ *Koffe·in* n, *Kaffeestoff* m
caftan ['kæftæn] *Kaftan* m
cage [keidʒ] **1.** s *Käfig* m || ⟨min⟩ *Fahrkorb* m || ⟨fig⟩ *Käfig* m, *Gefängnis* n **2.** vt *in e–n Käfig tun* || ⟨fig⟩ *einsperren* **~r** ['~ə], **~ster** ['~stə] s ⟨Am fam⟩ *Baseballspieler* m **~ling** ['~liŋ] s *Vogel* m *im Käfig*
cag(e)y ['keidʒi] a ⟨bes Am fam⟩ *gerissen, gerieben* ⟨fig⟩, *übervorsichtig* **–giness** [~nis] s *auffallende (Verdacht erregende) Vorsicht* f
cahoot [kə'hu:t] s *Teilhaberschaft* f || to be in ~s *unter e i n e r Decke stecken*
caiman = cayman
cainozoic [ˏkaino'zouik], ⟨Am⟩ **cenozoik** [ˏsinə'zouik] **1.** a *känoz·oisch* **2.** ⚳ *Käno–, Neozoikum* n
caique [kə'i:k] s *K·aik* m, *türkisches Ruderboot* n
caird [kɛəd] s ⟨Scot⟩ *herumziehender Kesselflicker* m
cairn [kɛən] **1.** s *Steinhügel, –haufen* m (*als Grenz–* or *Grabzeichen*); ⟨fig⟩ a ~*-terrier) kl zottiger Terrier* m **~gorm** ['~'gɔ:m] s *gelblicher Edelstein* m
caisson ['keisən] s Fr ⟨mil⟩ *Pulverwagen* m || *Senkkasten* m (*z Tiefbau unter Wasser*)
caitiff ['keitif] s ⟨† poet⟩ *Elender, feiger Lump* m
cajole [kə'dʒoul] vt (*jdm*) *schmeicheln, um den Bart gehen* || *täuschen, beschwatzen, verführen* (into *zu*); *abbringen* (out of *von*) **~ment** [~mənt], **~ry** [~əri] s *Schmeichelei, Liebedienerei* f
cake [keik] **1.** s *Kuchen* m || it sells like hot ~s *es geht weg wie warme Semmeln* || ⟨übtr⟩ *fish~, Fisch–*; oil~~ *Ölkuchen* m; ~ of chocolate *Tafel* f *Schokolade;* ~ of soap *Stück* n *Seife* | ~s and ale *Lustbarkeit, Freude* f; not all ~s and ale *nicht eitel F. u Sonnenschein* || to take the ~ ⟨fam⟩ *den Preis davontragen; alles übertreffen* (that takes the ~ *nun schlägt's 13, das schießt den Vogel ab, das schlägt dem Faß den Boden aus* || you can't eat your ~ and have it *man kann nicht gleichzeitig auf zwei Hochzeiten tanzen* (*entweder..oder*) | ~ mix(ture) *Mehlspeis-Mix* f || ~-walk ⟨Am⟩ (*e–e Art*) *Negertanz* m (*Schrittanz*) || *Schaukelbahn* f **2.** vt/i ⟨Am⟩ || *zus–backen, kneten* || ~-d with *überzogen mit* | vi *sich zus–ballen*
calabash ['kæləbæʃ] s ⟨bot⟩ *Kalabasse* f (*Flaschenkürbis*)
calaboose [kælə'bu:s, –u:z] s ⟨Am⟩ *Kittchen* (*Gefängnis*) n
calamanco [ˏkælə'mæŋkou] s *Kalmank* m (*Wollstoff*)
calamary ['kæləməri] s ⟨ich⟩ *Kalmar* m
calamine ['kæləmain] Fr s *Zinkerz* n; ⟨minr⟩ *Galmei* m
calamint ['kæləmint] s ⟨bot⟩ *Bergminze* f
calamitous [kə'læmitəs] a (~ly adv) *unglücklich, Unglücks-*
calamity [kə'læmiti] s gr *Unglück, –heil* n || *Elend* n
calamus ['kæləməs] s L ⟨bot⟩ *Schilfrohr* n; *–feder* f
calash [kə'læʃ] s ⟨hist⟩ *Kal·esche* f
calcareous [kæl'kɛəriəs] a *kalkig, kalkhaltig, Kalk–* (~ deposit *–ablagerung* f) || ~ spar *Kalkspat* m

calceolaria [ˏkælsiə'lɛəriə] s L ⟨bot⟩ *Kalzeolarie, Pantoffelblume* f
calcic ['kælsik] a *Kalzium–*
calcicolous [kæl'sikələs] a ⟨bot⟩ *kalkliebend*
calciferous [kæl'sifərəs] a *kalkhaltig* **–fication** [ˏkælsifi'keiʃən] s (*a med*) *Verkalkung* f **–fugous** [kæl'sifjugəs] a ⟨bot⟩ *kalkfliehend* **–fy** ['kælsifai] vt/i || *verkalken, –härten* | vi *sich verhärten, hart w*
calcimine ['kælsimain] ⟨Am⟩ **1.** s *Tünche* f **2.** vt *tünchen, kalken*
calcination [ˏkælsi'neiʃən] s *Verkalkung, Kalzinierung* f
calcine ['kælsain] vt/i ⟨met⟩ (*ab*)*brennen, rösten, kalzinieren* || (*durch Brand*) *verzehren* | vi *z Kalk w;* (*durch Glühen*) *gereinigt w; oxydieren*
calcite ['kælsait] s ⟨minr⟩ *Kalz·it, Kalkspat* m
calcium ['kælsiəm] s ⟨chem⟩ *Kalzium* n || ~ bleach, ~ chloride *Chlorkalk* m
calculable ['kælkjuləbl] a (–bly adv) *berechenbar* || *verläßlich*
calculate ['kælkjuleit] vt/i || *aus–, be–, verrechnen, kalkulieren;* –ting roughly *nach ungefährer Berechnung* || [mst pass] *berechnen, planen, bestimmen* (for *f, z;* to do) | ⟨Am fam⟩ *vermuten, glauben* (that) | vi *rechnen, sich verlassen* (upon *auf*) | **~d** [~id] a *geeignet* (for *für;* to do); *beabsichtigt, wohl überlegt*
calculating ['kælkjuleitiŋ] **1.** *Berechnen* n; [attr] *Rechen–,* ~ machine *–maschine* f **2.** a (~ly adv) ⟨fig⟩ *berechnend, schlau* **–ation** [ˏkælkju'leiʃən] s *Berechnung, Schätzung* f; *Veranschlagung* f; to make a ~ *e–e Berechnung anstellen;* to be out in one's ~ *sich verrechnet h* || *Rechnung* f; *Ergebnis* n | *Berechnung* f (without ~), *Plan* m **–ative** ['kælkjulətiv] a *berechnend* **–ator** ['kælkjuleitə] s *Berechner* m || *Rechenmaschine* f
calculus ['kælkjuləs] s L [pl –li] ⟨med⟩ *Blasen–, Nierenstein* m | [pl mst ~es] ⟨math⟩ *Rechnung* f (differential-~ *od* the ~ *Differential–*)
caldron ['kɔ:ldrən] = cauldron
Caledonian [ˏkæli'dounjən] **1.** a *kaledonisch;* ~ locks *schottische (rote) Haare* || ~ Market *Markt* m (*in London*) *f alte Sachen* **2.** s *Kaledonier; Schotte* m
calefacient [ˏkæli'feiʃənt, –siənt] **1.** a ⟨med⟩ *erwärmend, erhitzend* **2.** s ⟨med⟩ *erwärmendes Mittel* n
calefactory [ˏkæli'fæktəri] **1.** a *erhitzend* **2.** s *Heiz–, Wärmstube* f
calendar ['kælində] **1.** s *Kalender* m; ~-month *–monat* m || ~ of cases ⟨jur⟩ *Terminkalender* || ~ inspection *Terminüberprüfung* f; ~ watch *Kalender–, Datum(s)uhr* f || *Almanach* m || *Verzeichnis* n, *Tabelle* f **2.** vt ⟨fig⟩ *einschreiben, registrieren*
calender ['kælində] **1.** s ⟨tech⟩ *Kal·ander* m, *Glätt–, Satiniermaschine, Glanzpresse; Zeugrolle, Mangel* f **2.** vt ⟨tech⟩ *kalandern, glätten, satinieren*
calends ['kælindz] s pl *die Kalenden* (*1. Tag des Monats*); on the Greek ~ *am Nimmerleinstag*
calenture ['kæləntjuə] s Fr ⟨med⟩ *hitziges Fieber, Tropenfieber* n
calf [ka:f] s [pl calves] *Kalb* n (*a v Büffel, Kamel, Elefant, Wal*); ⟨hunt⟩ *Hirschkalb* (*im 1. Jahr*) || in, with ~ (of cows) *trächtig* || (of deer etc) *das Junge* n || ⟨übtr⟩ *Kalb* n, *Dummkopf* m || *Kalbleder* n, *Franzband* m (bound in ~) | ~-dozer *kl bull-dozer, kl Räumpflug,* (*Erd-*)*Räumer* m || ~-love *erste* (*od Jugend-*)*Liebe, Primanerliebe* f || calvesfoot ~ *jelly Kalbsfußgall·erte* f (*Kinderkrankenkost*)
calf [ka:f] s [pl calves] (of the leg) *Wade* f
Caliban ['kælibæn] s *Kaliban, halb tierischer Mensch* m
calibrate ['kælibreit] vt to ~ a tube *das*

Kaliber e–s Rohrs ausmessen || (*Maß*) *kalibrieren, abgleichen*; (*Tank, Gefäß* etc) *auslitern*; ⟨wir⟩ (*Skala*) *genau bestimmen, aufstellen* || ~d *airspeed* (abbr CAS) *berichtigte angezeigte Eigengeschwindigkeit* f –ation [ˌkæliˈbreiʃən] s ⟨artill⟩ *Vergleichsschießen* n || ~ *flight Meßflug* m || ~ *tester Eichinstrument* n || ~ *transmitter* ⟨wir⟩ *Eichsender* m

calibre, ⟨*bes* Am⟩ **–ber** [ˈkælibə] s *Kaliber* n; the rifle is ·30 ~ (point three nought ~) *das Gewehr hat e–n inneren Durchmesser v 0,3 Zoll* || ⟨fig⟩ *Befähigung; Eigenschaft* f, *Gehalt, Wert* m; *Artung* f | ~d [~d] a *kalibrig*

calicle [ˈkælikl] s ⟨biol⟩ *kelchartiges Körperchen* n

calico [ˈkælikou] s [pl ~es] *Kaliko, Zitz*, (*gedruckter*) *Kattun* m || *printed* ~ *gedruckter Kattun* m || ~-printing *Kattundruckerei* f

Californian [ˌkæliˈfɔːnjən] **1.** a *kalifornisch* **2.** s *Kalifornier* m

calipash [ˈkælipæʃ] s ⟨Ind⟩ *Gallerte* f *der Schildkrötenmuschel*

caliper [ˈkælipə] s ⟨*bes* Am⟩ → calliper

caliph [ˈkeilif] s *Kalif* m ~ate [~it] s *Kalifat, Kalifentum* n

calisthenic [ˌkælisˈθenik] ⟨Am⟩ → callisthenic

calix [ˈkeiliks] s L (pl –ices [–isiːz]) ⟨anat⟩ *Kelch* m; *kelchförmiges Organ* n

calk [kɔːk] vt *durchpausen, –zeichnen*

calk [kɔːk] vt ⟨Am⟩ → caulk

calkin [ˈkælkin] s *Eisstollen, Stollen* m *am Hufeisen*

call [kɔːl] vi/t **I. vi 1.** *rufen, schreien* (for *nach*); (*Polizei*) *alarmieren* || ⟨telph⟩ *telephonieren* (for *nach*) **2.** (*e–n*) *Besuch* m (at a house; upon a p *jdm*), *vorsprechen*; has the postman ~ed? *ist der Postbote dagewesen?* || (of ship) *anlegen* (at *in*); to ~ at a port *e–n Hafen anlaufen* **3.** [*mit prep*] to ~ for *rufen nach, fordern, bestellen; abholen*, to be ~ed for *post–, bahnlagernd*; ~ed for ⟨com⟩ *begehrt*; not ~ed for = *uncalled for* || *erfordern, –heischen* | to ~ to a p *jdm zurufen* | to ~ (up)on a p *jdn besuchen; auffordern* (to do); to ~ upon a p for a th *jdn ersuchen um etw*; to feel ~ed upon *sich gedrungen fühlen* (to do); to ~ on a p's services *jds Dienst* or *Gefälligkeit in Anspruch nehmen* **4.** [*mit adv*] to ~ **in** *kz vorsprechen* (at a house; on a p *bei jdm*) || to ~ **out** *aufschreien* **II. vt 1.** *rufen* ⟨a wir⟩ || *alarmieren* (the police) || (*jdn*) *wecken* | *herbeirufen*; (*Versammlung*) *einberufen, zus–rufen* || ⟨ec⟩ *berufen, ernennen* (to *zu*; to do) || ⟨com⟩ (*Schuldverschreibung einfordern, kündigen* || ⟨st exch⟩ *kaufen, nehmen* || ⟨cards⟩ (*jdn*) (*zum Ausspielen e–r Karte*) *auffordern, reizen* **2.** *nennen, heißen* (to call a p George, by the name of G.); hardly a moment to ~ one's own *k–n Augenblick für sich h*; to call a p names *jdn beschimpfen*; ~ yourself a man! *u das nennt sich ein Mann!* || *bezeichnen, –nennen* | to be ~ed *heißen, genannt w* (after *nach*) || what do you ~, what is ~ *wie* or *wie heißt?* | *finden, halten f, nennen* **3.** *Wendungen:* to ~ a p's attention to *jds Aufmerksamkeit richten auf* || to ~ the banns ⟨ec⟩ *öffentlich aufbieten* || ~ coal || to ~ a halt *Halt machen* || let's ~ it a day *m wir Feierabend!, gehn wir heim!, laß genug s des grausamen Spiels* ⟨fig⟩ || to ~ the roll *die Namen verlesen* || ~ spade || I ~ed the whole street (*Bettler:*) *ich habe die ganze Str. abgeklappt* **4.** [*mit prep*] to ~ things **by** their names *die Dinge beim* (*richtigen*) *Namen nennen* || to ~ in question *in Frage stellen* || to ~ **into** *being ins Leben rufen*, to ~ **into** *play in Tätigkeit setzen* || → *account* s; bar s; *stress* s **5.** [*mit adv*] to ~ **aside** *beiseiterufen, auf die Seite ziehen* || to ~ **away** *weg–, abrufen* || to ~ **back** *zurück–, ·widerrufen* || to ~ **down** (*Segen* etc) *herabrufen*

(on *auf*); *auf sich ziehen* || ⟨Am fam⟩ *tadeln* || to ~ **forth** *hervorrufen*; *aufrufen*; (*Kraft*) *aufrufen, –bieten* || to ~ **forward** (e. g. a p for emigration) *ab–, aufrufen* (a schriftlich) || to ~ **in** *hereinrufen*, (*Arzt*) *hinzuziehen*; *zus–berufen*; (*Zeugnis*) *einholen*; (*Münzen, Schuld*) *einziehen*, (*Geld*) *kündigen* || to ~ **off** (*jdn*) *abrufen*; (*Waren*) *abrufen*; *rückgängig m, absagen, –blasen* || to ~ **out** *ausrufen, laut rufen, aufrufen*; (*heraus*)*fordern*; ⟨Am fam⟩ z *Streik auffordern* || ⟨mil⟩ *aufrufen, –bieten* || to ~ **over** (*Namen*) *verlesen* || to ~ **together** *zus–rufen, berufen, einberufen* || to ~ **up** *herauf–, aufrufen*; ⟨mil⟩ *einziehen* || ⟨telph⟩ *anrufen* || *im Geiste hervorrufen*

call [kɔːl] **1.** s *Ruf* m (for *nach*) || *Ruf, Lockruf* m; ⟨telph⟩ *Anruf* m, *Gespräch* n || ⟨fig⟩ *Anziehung*(*skraft*) f | ⟨theat⟩ *Hervorruf* m; to take a ~ (of actors) *vor dem Vorhang erscheinen* **2.** *innere Berufung* f (to *zu*), *Beruf* m; *Mission* f; ⟲ of the Apostles *Berufung* f *der Apostel* | *Berufung* f (to *auf*), ⟨univ⟩ *Ruf* m (to a chair *auf e–n Lehrstuhl*) **3.** *kz Besuch* m; a ~ at a p's house, (up)on a p *ein B. bei jdm*; to make a ~ on a p *e–n B. m bei jdm* || ⟨mar⟩ *Anlaufen* n; to make a ~ at a port *e–n Hafen anlaufen* **4.** *Aufforderung* f (to *zu*), to make a ~ on *e–e A. richten an*; *Befehl* m; ~ of duty *Pflicht–,* ~ of life *Lebensgebot* n || ⟨mil⟩ *Signal* n | [*mst pl* ~s] *Inanspruchnahme* f (upon a p's time *der Zeit jds*) | [neg] *Veranlassung* f (for *zu*); no ~ *k–e V.* (to do); *Notwendigkeit* f, *Recht* n (no ~ to do) | ⟨cards⟩ ~ for trumps *Trumpfbedienen* n **5.** ⟨telph⟩ *Anruf* m; I had 4 ~s *ich wurde 4 mal angerufen*; give me a ~ *rufe mich an*; *teleph. Gespräch* n, *Verbindung* f **6.** ⟨com⟩ *Nachfrage* f (for *nach*) || *Abruf* m (money at *od on* ~ *Geld auf A.*) || *Zahlungsaufforderung*; *Nachzahlung* f | *Einlösungsaufforderung* (*auf Schuldverschreibungen*) || ⟨st exch⟩ *Prämiengeschäft n auf Nehmen*; first ~ *erste Notierung* f || to have the first ~ on a th *Vorrecht h* **7.** *bes* **Verbindungen:** close ~ ⟨Am⟩ *Entkommen* n *mit knapper Not, knappes E.* || postman's ~ *Kommen des Postboten* | house of ~ *Gasthaus* n; place of ~ *Geschäftshaus* n || to arms ⟨mil⟩ *Einberufung* f z *den Waffen* | at ~ *des Rufes gewärtig, bereit*; ⟨com⟩ *auf tägliche Kündigung*, (*sofort*) *greifbar*; ⟨com⟩ *auf tägliche Kündigung* within ~ *in Rufweite*; z *erreichen* (to be within ~) **8.** [*attr*] ~-**bell** *Ruf–, Alarmglocke, Klingel* f || ~-**bird** *Lockvogel* m || ~-**box** (*öffentl.*) *Fernsprechzelle* f || ~-**boy** *Schiffsjunge* m || ~ *contract Vertrag m auf Abruf* (*der Lieferung*) || ~-**loan** *Darlehen n auf tägl. Kündigung* || ~ *mission* ⟨tact⟩ *Auftrag m auf Abruf* || ~-**money** *tägl. Geld* n || ~-**note** *Lockruf* m || ~ *number Rufnummer* f || ~-**office** *Fernsprechamt* n || ~-**point** *Fernmeldestelle* f || ~-**prefix** ⟨telph⟩ *Vorwähler* m || ~-**sign** ⟨wir⟩ *Rufzeichen* n

called [kɔːld] a *genannt, geheißen* || commonly ~ *gemeinhin genannt* || properly so-~ *im eigentlichen Sinne, richtig, sogenannt* || so-~ *sogenannt*

callant [ˈkælənt] s *junger Bursche* m

caller [ˈkɔːlə] s *Rufer* m | *Besucher* m || ⟨telph⟩ *Sprecher* m

caller [ˈkælə] a ⟨Scot⟩ *frisch* (fish etc); *kühl* (air)

calligraphic [ˌkæliˈɡræfik] a (~ally adv) *kalligraphisch* –**graphy** [kəˈliɡrəfi] s *Kalligraphie, Schönschreibekunst* f

calling [ˈkɔːliŋ] s *Beruf* m, *Geschäft* n || ⟨rel⟩ *Berufung* f

calliope [kəˈlaiəpi, ⟨vulg⟩ ˈkælioup] s ⟨Am⟩ *Zirkusorgel* f

cal(l)iper [ˈkælipə] **1.** s ~s [pl] *Zirkel* m *mit krummen Schenkeln, Taster*(*zirkel*) m (a pair of ~s *ein T.*); *Lehre* f || ⟨for⟩ *Gabelmaß* n || ⟨pap⟩ *Dicke* f (in ~s ranging from.. to..) | ~ *gauge,*

⟨Am⟩ ~ gage *Rachen–, Gabellehre* f; adjustable ~ g. *verstellbares Strichmaß* n || ~ rule *Schieblehre* f 2. vt *mit dem T. messen*; (ab)*lehren*; (*Maße*) *abnehmen*

cal(l)isthenic [ˌkælis'θenik] 1. [a] *gymnastische Übungen betreffend*; *Körper–* 2. [s] ~s [sg konstr] *Gymnastik* f (*bes der Mädchen*)

callosity [kæ'lɔsiti] s *Schwiele* f || ⟨fig⟩ *Gefühllosigkeit* f

callous ['kæləs] 1. a (~ly adv) *schwielig, verhärtet*; ⟨fig⟩ *gefühllos* 2. vt [~ed/~ed] *verhärten* ⟨a fig⟩ ~**ness** [~nis] s *Gefühllosigkeit* f

callow ['kælou] 1. a *kahl, ungefiedert* || ⟨fig⟩ *unreif, unerfahren* | ⟨Ir⟩ *tiefliegend* (meadow) 2. s *tiefliegende Wiese* f

callus ['kæləs] s L [pl ~es] ⟨med⟩ *Schwiele, Verhärtung* f (*der Haut*) || ⟨bot⟩ *verhärteter Pflanzenteil* m

calm [kɑːm] 1. s *Ruhe, Stille* f || ⟨mar⟩ *Windstille* f || dead ~ *völlige W., Flaute* f || ⟨fig⟩ *Ruhe* f, *Friede* m 2. a (~ly adv) *ruhig, still*; to fall ~ ⟨mar⟩ *windstill w* || *regelmäßig* (*Puls*) || *friedlich* || ⟨fam⟩ *unverschämt* (of a p v jdm) 3. vt/i || *stillen, beruhigen, besänftigen* | vi (a to ~ down) *ruhig w, sich beruhigen, sich legen* ~**ative** ['kælmətiv] 1. a ⟨med⟩ *beruhigend* 2. s *Beruhigungsmittel* n ~**ness** ['kɑːmnis] s *Stille, Ruhe* f || ⟨fig⟩ *Gemütsruhe* f

calomel ['kæləməl] s Fr ⟨med⟩ *K·alomel, Quecksilberchlorür* n

calor gas ['kælə 'gæs] s *Flaschen–, Propangas* n

calorescence [ˌkælə'resns] s ⟨phys⟩ *Übergang* m v *Wärmestrahlen in Lichtstrahlen*

calori– [in comp] *Wärme–*: ~**facient** [ˌkæləri-'feisiənt] a *Wärme erzeugend* ~**meter** [ˌkælə-'rimitə] s *Wärmemesser* m

caloric [kə'lɔrik] s ⟨phys⟩ *Wärme* f, *Wärmestoff* m || ~ engine *Heißluftmaschine* f

calorie ['kæləri] s *Wärmeeinheit* f (major ~; lesser ~)

calorific [ˌkælə'rifik] 1. [a] *Wärme erzeugend, Wärme–*; *Heiz–* (value *–wert*) 2. [s] ~s [pl] *Wärmelehre* f ~**ation** [kəˌlɔrifi'keiʃən] s *Wärmeerzeugung* f

calotte [kə'lɔt] s Fr ⟨R. C.⟩ *Priestermütze* f

caltrop ['kæltrɔp] s ⟨mil hist⟩ *Fußangel* f || ⟨bot⟩ *Stern–, Wegedistel* f

calumet ['kæljumet] s Fr *Friedenspfeife* f

calumniate [kə'lʌmnieit] vt *verleumden* ~**niation** [kəˌlʌmni'eiʃən] s *Verleumdung* f ~**niator** [kə'lʌmnieitə] s *Verleumder, Ehrabschneider* m ~**nious** [kə'lʌmniəs] a *verleumderisch* ~**ny** ['kæləmni] s *Verleumdung* f; *falsche Anschuldigung* f

Calvary ['kælvəri] s *Golgatha* n, *Schädelstätte* f || ⟨arts⟩ *Kreuzigung(sgruppe)* f, *Kalv·arienberg* m; The Procession to ~, Christ on the way to ~ *die Kreuztragung*

calve [kɑːv] vi/t || *kalben, ein Kalb werfen* | vt (*Kalb*) *werfen* || (of glaciers) *kalben*

Calvert ['kælvət] s ~ approach lighting system ⟨aero⟩ *Calvert-Anflugbefeuerungsanlage* f

Calvinism ['kælvinizm] s ⟨ec⟩ *Kalvinismus* m **calvinist** ['kælvinist] s *Kalvinist* m | ~**ic** [ˌkælvi'nistik] a *kalvinistisch*

calx [kælks] s L (pl –lces [–lsi:z]) *Metallkalk* m, *–oxyd* n

calyx ['keiliks] s L (pl ~es, calyces [–isi:z]) ⟨bot⟩ *der Kelch* m

cam [kæm] s ⟨tech⟩ *Kamm* (*Holzzähne bei Zahnrädern*); *Knagge* f, *Mitnehmer* m; *Kurven–, Steuerscheibe* f; *Daumen, Nocken* m (*Vorsprünge auf e–r Welle*); ~ plate *Kurvenstück* n || ~-shaft *Nockenwelle* f; ~-s. casing *Steuerwellengehäuse* n; ~-s. drive *St.w.antrieb* m || ~-wheel *–rad* n

camaraderie [ˌkæmə'rɑːdəri] s Fr *Kameradschaft* f

camber ['kæmbə] 1. s *Biegung, Krümmung,*

Wölbung f; ⟨mot⟩ *Sturz* m | ~ angle ⟨mot⟩ *Sturzwinkel* m 2. vt *biegen, krümmen, schweifen*; *wölben* || ~ed road *gewölbte Straße* f

cambist ['kæmbist] s *Wechsler* m, *Wechselmakler* m; *–kundiger* m

cambium ['kæmbiəm] s L ⟨bot⟩ *Kambium* n (*Bildungsgewebe*)

cambrel ['kæmbrəl] s *Haken* m (z *Aufhängen* v *Fleisch*)

Cambrian ['kæmbriən] 1. a *walisisch* || ⟨geol⟩ *kambrisch* 2. s ⟨geol⟩ *Kambrische Formation* f, *Kambrium* n

cambric ['keimbrik] s *Kambrik, Batist* m

came [keim] pret v to come

camel ['kæməl] s *Kamel* n, → *bull, calf, cow* || ⟨mar⟩ *Kamel* n (*Hebevorrichtung*) || ⟨aero⟩ *Art Flugzeug* | ~-backed *kamelrückig, buckelig* | ~-('s)-hair *Kamelhaar* n; *Kamelhaar* n (*Stoff*) | ~**back** ['kæmlbæk] s (*Art*) *Kunstgummi* m ~**eer** [ˌkæmi'liə] s *Kameltreiber* m ~**ious** [kə'mi:liəs] a *Kamels–* ~**oid** [~ɔid] s *Kamel* v ~**ry** ['kæmələri] s [koll] *Zug Kamele* m || ⟨mil⟩ *die Kamelreiter* m pl

camellia [kə'mi:liə] s ⟨bot⟩ *Kam·elie* f

cameo ['kæmiou] s [pl ~s] *Kam·ee* f, *erhabener, geschnittener Stein* || ~-cutter *Steinschneider* m

camera ['kæmərə] s L ⟨jur⟩ *Richterzimmer* n; in ~ *unter Ausschluß der Öffentlichkeit* || *Kamera* f, *photographischer Apparat* m | ~ obscura ⟨phys⟩ *Dunkelkammer* f || ~ printer ⟨phot⟩ *Kopierkamera* f || ~ truck *Kamerafahrgestell* n

camerlengo [ˌkæmə'leŋgou] s ⟨It⟩ *päpstl. Schatzverwalter* m

Cameronian [ˌkæmə'roujən] 1. a *cameronianisch* 2. s *schott. Presbyterianer* m || the ~s [pl] *erstes schott. Schützenbataillon* n

cami ['kæmi] ≐ ~sole || ~-bockers, ~-knickers pl *Damen-Hemdhose* f || ~-boxers *Herrenhemdhose* f

camion ['kæmiən] s *Lastkraftwagen* m

camisole ['kæmisoul] s Fr *Kamisol*; *Hemd* n, (*Damen-)Hemd*

camlet ['kæmlit] s *Kamel·ott* m (*Wollgewebe*)

cammock ['kæmək] s ⟨bot⟩ *die Hauhechel* f

camomile ['kæməmail] s ⟨bot⟩ *Kamille* f, ~ tea *–ntee* m

camouflage ['kæmuˌflɑːʒ] Fr 1. s ⟨mil⟩ *Maskierung, Tarnung*; *Scheinstellung, Attrappe* f; ⟨fig⟩ *Irreführung* f || ~ cape ⟨mil⟩ *Tarnzeltbahn* f || (~) ski-smock *Schneehemd* n 2. vt *verschleiern*; *verdecken*; ⟨mil⟩ *tarnen*; ⟨tact⟩ *verschleiern* || ~d identity card *Tarnausweis* m

camp [kæmp] 1. s ⟨mil⟩ *Lager* n, *Lagerplatz* m; to break ~ *das L. abbrechen* || to go into ~ *in die Sommerquartiere gehen* || to pitch one's ~ *das L. aufschlagen* || *militärisches Leben* n | ⟨übtr⟩ *Lager* n, *vorübergehender Aufenthalt* m || *Zelten, Lager* n *im Freien* || *im Freien zeltende, lagernde P–n* | ⟨fig⟩ *Lager* n | *Anhänger* pl *e–r Richtung* etc | [attr] ~-bed *Feldbett* n || ~-chair, ~-stool *Feld–, Klappstuhl* m || ~ commander *Lagerkommandant* m || ~-fever *epidem. Fieber* n, *bes Typhus* m || ~-follower ⟨fig⟩ *Schlachtenbummler* m || ~-meeting ⟨Am⟩ *Gottesdienst* m *im Freien* || ~ service *Feldgottesdienst* m 2. vi/t || (to ~ out) (*im Freien*) *zelten, kampieren, lagern* || ⟨übtr⟩ *kampieren, wohnen* | vt (*Truppen*) *in e–m Lager unterbringen*

campaign [kæm'pein] 1. s ⟨mil⟩ *Feldzug* m || ⟨übtr tech⟩ *Kampagne, jährl. Betriebszeit, Erntezeit* f ⟨a fig⟩ || building ~ *Bauabschnitt* m || [attr] *Kampf–* || ~ medal *Erinnerungsmedaille* f || ~ plan *Schlachtplan* m 2. vi *e–n Feldzug mitmachen, kämpfen* | ~**er** [~ə] s old ~ *alter Soldat, Veteran* m

campanile [ˌkæmpəˈniːli] s ⟨It arch⟩ *Kampanile* m, *einzeln stehender Glockenturm* m

campanology [ˌkæmpəˈnɔlədʒi] s *Glockenkunde* f

campanula [kəmˈpænjulə] s L ⟨bot⟩ *Glockenblume* f | **~te** [kəmˈpænjuleit] a ⟨zoo & bot⟩ *glockenförmig*

camphor [ˈkæmfə] s ⟨chem⟩ *Kampfer* m; **~**-tree ⟨bot⟩ *–baum* m **~ated** [~reitid] a *mit Kampfer durchsetzt*; *Kampfer–* (~ oil) **~ic** [kæmˈfɔrik] a *kampferhaltig, Kampfer–*

campion [ˈkæmpjən] s ⟨bot⟩ *Feuer–, Lichtnelke* f

camporee [kæmpəˈriː] s (camp + jamboree) *regionales Pfadfindertreffen* n

camp-shed [ˈkæmpʃed] vt (*Ufer*) *mit Bohlen einfassen* **camp-shot** [ˈkæmpʃɔt] s *Uferbohlenwand* f

campus [ˈkæmpəs] s L [pl ~es] ⟨Am school & univ⟩ *Schulterrain* n, *–anlagen* f pl

camwood [ˈkæmwud] s (= barwood) *Kambalholz, Rotholz* n

can [kæn] 1. s *Kanne* f | (*Konserven-*)*Büchse* f | *blown ~ Bombage* f | ⟨Am sl⟩ *Kittchen* n (*Gefängnis; in the ~*) || *Dollar* m | °*Klo(sett)* n, *Lokus* m | ⟨fig⟩ *to be in the ~ fix u fertig s* | **~**-opener *Büchsenöffner* m 2. vt *in Blechbüchsen einmachen* | ⟨Am sl⟩ *fortjagen; entlassen;* ~ *it! halt's Maul!* || → *to eat, canned*

can [kæn; *w f* kən, kn]; pret **could** [kud; *w f* kəd] v aux [*ohne inf*; *nur*] pres & pret; 2. sg † ⟨poet⟩ canst; 3. sg ~; [neg] cannot; ⟨fam⟩ can't; pret 2. sg ⟨† poet⟩ couldst; [neg] could not; ⟨fam⟩ [couldn't] 1. *kann* (do), *bin* (etc) *fähig, vermag; habe die Fähigkeit (do z tun);* I *cannot but do ich kann nicht umhin z tun* | *could konnte* || [subj] *könnte;* I *could have done it ich hätte es tun können* | *as clever as* ~ *be unsagbar klug* 2. *darf, kann, mag* (etc) | *could durfte*

Canadian [kəˈneidjən] 1. a *kanadisch* 2. s *Kanadier*(*in* f) m

canal [kəˈnæl] s *künstlicher Kanal* m (~ *lock –schleuse* f) || *Kiel* ~ *Kaiser Wilhelm-K.* || ⟨anat⟩ *Röhre* f, *Gang, Kanal* m **~ization** [ˌkænəlaiˈzeiʃən] s *Kanalisation* f, *Kanalbau* m **~ize** [ˈkænəlaiz] vt *kanalisieren; in e–n Kanal verwandeln*

canapé [ˈkænəpei] s (*Sardellen-*)*Schnittchen* n; a tray of ~s *kalte Platte* f

canard [kəˈnɑː] s Fr *haltloses Gerücht* n, *Zeitungslüge, Ente* f || ⟨aero⟩ *kopfgesteuertes Flugzeug* n

canary [kəˈnɛəri] s (a ~-bird) *Kanarienvogel* m | † *der Kanarienwein, –sekt* m | **~**-creeper (a **–riensis** [kəˌnɛəriˈensis]) ⟨bot⟩ *Kanarien–, Kapuzinerkresse* f

canaster [kəˈnæstə] s *Knaster* (*Tabak*) m

cancan [ˈkænkæn] s Fr *Cancan* (*Tanz*) m

cancel [ˈkænsəl] 1. vt/i [–ll–] | *aus–, durchstreichen; streichen; ungültig m;* (*Marken*) *entwerten* || ⟨mot⟩ *to* ~ *the direction indicator den Winker ausschalten* | *widerrufen, aufheben, annullieren; until ~led bis auf Widerruf; to* ~ *one's engagement absagen* || ⟨math⟩ *streichen, heben* | *to* ~ *out aufheben; gegenseitig widerlegen* | *~led trade-name gelöschte Firma* f 2. *Durchstreichung; Annullierung* f || *Aufheben* n | *pair of ~s Lochzange* f (*f Billette*) **~late** [ˈkænselit], **~lated** [ˈkænseleitid] a *gegittert; netzförmig* **~lation** [ˌkænseˈleiʃən] s *Durchstreichung, Streichung; Abschaffung; Aufhebung; Entwertung* f (etc) || ⟨ins⟩ ~ *of a contract Ristorno* n

cancer [ˈkænsə] s L ᴸ ⟨astr⟩ *Krebs* m || ⟨zoo & med⟩ *Krebs* m || ⟨fig⟩ *Krebsübel* n **~ous** [~rəs] a (~ly adv) *krebsartig; Krebs–*

cancroid [ˈkænkrɔid] 1. a *krabben–, krebsartig; Krebs–* 2. s *krebsartige Krankheit* f

candelabrum [ˌkændiˈlɑːbrəm] s L (pl –bra [–brə]), **–bra** als sg (pl –bras) *Kandelaber, Kron–, Armleuchter* m; *Lampengestell* n

candescence [kænˈdesns] s *Weißglühen*

candescent [kænˈdesnt] a (*weiß-*)*glühend*

candid [ˈkændid] a (~ly adv) *aufrichtig, offen; ehrlich* (~ *friend*) || ~ *camera* ⟨phot⟩ „*Blitzkamera*" f (*f kürzeste Belichtung*); *Mikro–, Kleinstbild–, Geheimkamera* f **~ness** [~nis] s *Offenheit, Ehrlichkeit* f

candidate [ˈkændidit] s *Kandidat, Bewerber* m (for *um*), *Prüfling* m **–dacy** [~dəsi] *Bewerberschaft* f **–dature** [ˈkændiditʃə] s *Kandidatur, Bewerbung* f (for) | *Anwartschaft* f

candied [ˈkændid] a *kandiert, gezuckert;* ~ *peel Zitronat* n

candle [ˈkændl] 1. s *Kerze* f, *–nlicht* n; → *dip;* ~ *mould* || = ~ *power* | → *to burn* || *he cannot hold a* ~ *to er kann* (*ihm*) *nicht das Wasser reichen* || *the game is not worth the* ~ *die S ist nicht der Mühe* (*Opfer, Kosten* etc) *wert* | ~ *bomb Leuchtgranate, –kugel* f || **~**-end *Lichtstumpf* m || **~**-light *Kerzenlicht* n || **~**-nut tree *Candlenußbaum* m || **~**-power (*Lichteinheit*) *Lichtstärke, Normalkerze* f (300 ~-power) || **~**-wick *Kerzendocht* m 2. vt (*Eier*) *durchleuchten* **~berry** [–beri] s ⟨bot⟩ *Kerzenbeere* f **⁀mas** [–məs] s *Lichtmeß* (2. *Febr.*) f **~stick** [–stik] s *Leuchter* m || *triangular* ~ ⟨R C⟩ *Lichterrechen* m

candour, ⟨Am⟩ **–dor** [ˈkændə] s *Offenheit, Redlichkeit* f || *Unparteilichkeit* f

candy [ˈkændi] 1. s *Kandiszucker* m || ⟨Am⟩ *Zuckerwerk* n, *Süßigkeiten* f pl | **~**-store ⟨Am⟩ *Schokoladengeschäft* n 2. vt/i || (*Zucker*) *kristallisieren* || *kandieren, in Zucker einmachen* | vi *kristallisieren*

candytuft [ˈkændi,tʌft] s ⟨bot⟩ *Dolden–, Schleifenblume* f

cane [kein] 1. s *Schilf–, Zuckerrohr* n (*Pflanzen-*)*Stamm* m | *Rohr* n, [*oft attr*] | *Rohr–, Spazierstock* m; ⟨med⟩ *Stock*(*stütze* f) m | [attr] **~-brake** ⟨Am⟩ *Rohrdickicht, Röhricht* n || **~**-chair *Rohrstuhl* m || **~**-sugar *Rohrzucker* m || **~**-trash *Bagasse* f (*ausgepreßtes Zuckerrohr*) || ~ *tripod* ⟨phot⟩ *Stockstativ* n 2. vt (*Stuhl*) *mit Rohr beziehen* || *durchprügeln, schlagen;* (*etw*) *einbleuen* (into a p *jdm*)

canephorus [keiˈniːfərəs] s Gr ⟨ant⟩ *Kanephore* f (*Korbträgerin*)

canicular [kəˈnikjulə] a: ~ *days* [pl] *Hundstage* m pl

canine [ˈkeinain, ˈkæn–] a *Hunde–; Hunds–* || ~ [ˈkænain] *teeth* [pl] *Eck–, Augenzähne* m pl

caning [ˈkeiniŋ] s *die Tracht Prügel* f (*to give a p a ~*)

canister [ˈkænistə] s 1. *Blechbüchse* f (*f Tee, Kaffee*) 2. (a ~-shot) ⟨mil⟩ *Kartätsche* f, *–tschen* pl

canker [ˈkæŋkə] s 1. s ⟨med⟩ *Krebs* m || *Rost, Fraß* m || ⟨bot⟩ *Brand* m; ~ *worm schädliche Raupe* f | ⟨fig⟩ *Krebsschaden* m, *–übel* n || *Wurm* m; *nagender Kummer* m 2. vt/i | *an–, zerfressen;* ⟨fig⟩ *anstecken, vergiften* | vi *angefressen w;* *verderben* | **~ed** [~d] a *zerfressen* || ⟨fig⟩ *giftig, verdrießlich* **~ous** [~rəs] a *krebsartig; zerstörend, fressend*

canna [ˈkænə] s ⟨bot⟩ *Blumenrohr* n

canned [ˈkænd] a *in Büchsen eingemacht, Büchsen–* (~ *meat*); *Konserven–* (~ *vegetables*) || ⟨Am⟩ *mechanisch, Maschinen–,* ~ *music* °*Musik in Dosen* (*Grammophon–, Radiomusik*); ~ *drama Film* m | ⟨sl⟩ *betrunken*

cannel [ˈkænəl] s (a ~-coal) *Kannelkohle* f

canner [ˈkænə] s *Konserveneinmacher, –fabrikant* m | **~y** [~ri] s *Konservenfabrik* f

cannibal [ˈkænibəl] 1. s *Kannib·ale, Menschenfresser* m 2. a *kannibalisch* **~ism** [~izm] s *Kan-*

nibalismus m ~**ize** [–aiz] vt (*Auto* etc) *ausschlachten* ~**ization** [‚~ai'zeiʃn] s ⟨mot⟩ *Ausschlachtung* f

cannikin ['kænikin] s *Kännchen* n

canning ['kæniŋ] s [attr] *Konserven–* (~ factory *–fabrik*)

cannon ['kænən] s ⟨mil⟩ († *f* gun) *Kanone* f, *Geschütz* n; ⟨aero⟩ *Bordgeschütz* n; [koll] *Geschütze* pl (a thousand ~, several ~[s]) ‖ ⟨mech⟩ *zylindrische, um e–e Welle sich drehende Röhre* f ‖ [attr] ~-ball ⟨mil⟩ *Kanonenkugel* f ‖ ~-bone ⟨anat⟩ (of a horse) *Sprungbein* n; *Mittelfußknochen* m ‖ ~ engine ⟨aero mot⟩ *Kanonenmotor* m ‖ ~ fighter *K.-Jagdflugzeug* n ‖ ~ fodder ⟨fig⟩ *Kanonenfutter* n ‖ ~-foundry *Stück–, Kanonengießerei* f ‖ ~-shot ⟨mil⟩ *Kanonenkugel*(n pl) ~**eer** [kænə'niːə] ⟨Am⟩ *Kanonier* m

cannon ['kænən] ⟨bill⟩ **1.** s *Karambol·age* f **2.** vi *karambolieren* ‖ *rennen, stoßen* (against; into)

cannonade [‚kænə'neid] **1.** s *Kanonade* f **2.** vt/i *bombardieren*

cannonry ['kænənri] s ⟨mil⟩ [koll] *die Geschütze* n pl ‖ *Beschießung* f

cannula ['kænjulə] s L [pl ~s] ⟨med⟩ *Kan·üle* f

canny ['kæni] a ⟨Scot⟩ (–nily adv) *gescheit, schlau* ‖ *um–, vorsichtig; besonnen* ‖ *sparsam* ‖ *gemessen, sanft; nett* ‖ → ca'canny

canoe [kə'nuː] **1.** s *Kanoe, Kanu, Paddelboot* n (Canadian ~ *P. mit einfachem Paddel*; Rob Roy ~ *P. mit Doppelpaddel*) ‖ to paddle one's own ~ ⟨fig⟩ *sein eigener Herr s* **2.** vi (~s, ~d, ~ing) *in e–m Kanoe fahren; paddeln* ‖ ~**ist** [~ist] s *Kanoefahrer, Paddler* m

canon = canyon

canon ['kænən] s *kirchl. Vorschrift, Richtschnur* f, *K·anon* m; ~ law *Kirchenrecht* n; ~-table *Kanontafel* f ‖ *die kanonischen Schriften* f pl *der Bibel* ‖ *die anerkannt echten Schriften e–s Autors* etc (the Shakespearian ~) ‖ *Meßkanon* m, *Meßgebet* n ‖ *Gesetz* n, *Vorschrift* f ‖ ⟨fig⟩ *Wertmesser* m, *Kennzeichen* n ‖ ⟨typ⟩ *Kanon* (*-schrift*) f ‖ ⟨mus⟩ *Kanon* m ‖ ~**ical** [kə'nɔnikəl] **1.** [a] (~ly adv) *kanonisch, vorschriftsmäßig*; ~ hours *offiz. Gebetzeiten* f pl ‖ *domherrlich* **2.** [s] ~s [pl] *geistliche Amtstracht* f ~**icity** [‚kænə'nisiti] s *das Kanonische* n, *Kirchengesetzmäßigkeit* f; *Echtheit* f ~**ist** ['kænənist] s *Kirchenrechtslehrer* m ~**ization** [‚kænənai'zeiʃn] s *Kanonisation, Heiligsprechung* f ~**ize** ['kænənaiz] vt *kanonisieren, in den Heiligenkanon aufnehmen*; *heiligsprechen* ‖ *als kanonisch, echt anerkennen*

canon ['kænən] s *Kan·onikus, Stifts–, Domherr* m (*Anschrift* The Rev. ⁓ N.) ~**ess** [~is] s *Stiftsdame* f ~**ry** [~ri] s *Stiftspfründe* f; *Domherrnwürde* f

canoodle [kə'nuːdl] vi ⟨Am sl⟩ *liebkosen, schmeicheln*

canopic [kæ'noupik] a: ~ jars [pl] ⟨ant⟩ *Kan·open* f pl (*steinerne Eingeweidekrüge*)

canopy ['kænəpi] **1.** s *Baldachin, Traghimmel* m ‖ ⟨fig⟩ *Firmament* n, *Himmel* m ‖ ⟨arch⟩ *dachartiger Vorsprung* m, *Vordach* n ‖ ⟨aero⟩ *Kabinendach* n ‖ ⟨for⟩ (*Baum-*)*Bestandsschluß* m **2.** vt (*wie*) *mit e–m Baldachin* etc *bedecken, überdachen* *–pied* ['kænəpid] a *Himmel–* (~ bed)

canorous [kə'nɔːrəs] a *melodisch, widerhallend*

cant [kænt] **1.** s † *Gewinsel* n ‖ *Berufssprache* f, *Jargon* m ‖ *nichtssagendes Schlagwort* n ‖ *unaufrichtige, scheinheilige Sprache* f ‖ *Heuchelei, Scheinheiligkeit* f **2.** vi † *betteln* ‖ *scheinheilig reden* or *handeln; Frömmigkeit vortäuschen* ‖ ~**er** ['~ə] s *Frömmler, Heuchler* m ~**ing** ['~iŋ] a ⟨her⟩ ~ arms *redendes Wappen*(*bild*) n ~**ly** ['~li] adv *im Jargon, Slang ausgedrückt*

cant [kænt] **1.** s *geneigte Fläche* or *Lage*; *Schrägung* f ‖ *plötzliche seitliche Wendung* f ‖

~-dog, ~-hook ⟨Am⟩ *Kanthaken* m **2.** vt/i ‖ (*etw*) *auf die Seite legen*; (a ~ over) *umstürzen, –kippen, kanten* ‖ ~ed *angle abgestumpfte, abgeschrägte Ecke* f ‖ vi *sich auf die Seite legen*

can't [kɑːnt] = cannot → can v aux

Cantab ['kæntæb] s (abbr *f* ~rigian) ⟨fam⟩ *Angehöriger* m *der Cambridger Universität*

cantabile [kæn'tɑːbili] a It *gesangartig, Gesangs–*

cantaloup ['kæntəluːp] s *Warzenmelone* f

cantankerous [kən'tæŋkərəs] a (~ly adv) *streitsüchtig, giftig, mürrisch* ~**ness** [~nis] s *mürrisches, giftiges Wesen* n

cantata [kæn'tɑːtə] s [pl ~s] It ⟨mus⟩ *Kantate* f

Cantate [kæn'teiti] s L *der 98. Psalm* (*Hymnus in* C. E.)

canteen [kæn'tiːn] s ⟨mil⟩ *Kant·ine* f, *Feldküche* f; *Speise–, Verkaufsraum* m (*in Kasernen* etc) ‖ *Bartheke* f ‖ (*niedriger*) *Besteck–, Geschirrschrank* m ‖ *Feldflasche* f; *Feldkessel* m; *Kochgeschirr* n ‖ *Menagekorb* or *–koffer der Offiziere*

canter ['kæntə] **1.** s *kurzer, leichter Galopp, Kanter* m ‖ to win in a ~ *spielend* (*leicht*) *gewinnen* **2.** vi/t ‖ *im kz Galopp reiten, kantern* ‖ vt (*Pferd*) *im Kanter laufen l*

canterbury ['kæntəbəri] s *Noten–, Papierständer* m ‖ ⁓ bell ⟨bot⟩ *Glockenblume* f ‖ The ⁓ Tales is Chaucer's best work

cantharides [kæn'θæridiːz] L s pl *spanische Fliegen* f pl, *Blasenkäfer* m pl

canticle ['kæntikl] s (*bes* ec) *Gesang, Lobgesang* m; the ⁓s [pl] *das Hohelied* n *Salomonis*

cantilena [kænti'liːnə] s *Kantilene, Notenfolge, Sequenz* f

cantilever ['kæntiliːvə] s ⟨arch⟩ (*aus der Mauer*) *vorspringender Träger* m ‖ ⟨engin⟩ *Ausleger* m (~ bridge) ‖ [attr] *freitragend*

cantle ['kæntl] s *Ausschnitt; Teil* m; *Bruchstück* n ‖ (of a saddle) *Hinterpausche* f, *–bogen, –zwiesel* m

canto ['kæntou] It s [pl ~s] *Gesang* m (*Abteilung e–r Dichtung*)

canton 1. ['kæntən] s (*Schweizer-*)*Kanton, Bezirk* m **2.** ⟨her⟩ ['kæntən] **a.** s *viereckiges Feld* n *im Schild* **b.** vt (*ein* ~ *in m Felde anbringen* ‖ ~**al** ['kæntənl] a *kantonal, Bezirks–*

canton [kən'tuːn] vt ⟨mil⟩ *in Quartier legen, einquartieren* ~**ment** [~mənt] s [*mst* pl ~s] ⟨mil⟩ *Quartier* n; *Wohnort* m; *Ortsunterkunft* f; *Barackenlager* n; *Einquartierung* f ‖ ~ area *Unterkunftsbereich, –raum* m

cantoris [kæn'tɔːris] s L ⟨mus⟩ *Chor der Nordseite der Kirche* m

Canuck [kə'nʌk] s ⟨sl⟩ (*bes französischer*) *Kanadier* m

canvas ['kænvəs] s *Segeltuch* n ‖ ⟨arts⟩ *Malerleinwand* f, *Drillich, Stram·in, Kanevas* m ‖ ⟨mil⟩ *Zeltbahn* f, under ~ *im Zeltlager* ‖ ⟨übtr⟩ *Gemälde* n; an empty ~ ⟨fig⟩ (*P*) *ein unbeschriebenes Blatt* ‖ ‖ ⟨mar⟩ *die Segel* n pl; under ~ *unter S.* ‖ [attr] *Segeltuch–* ‖ ~-back (duck) ⟨Am⟩ *Kanevasente* f

canvass ['kænvəs] **1.** vt/i ‖ *genau erörtern, erwägen; untersuchen, prüfen* ‖ (jdn) *sondieren, ausfragen* ‖ (*Wahldistrikt*) *bearbeiten, werben um* (jds Stimme); ⟨univ⟩ (jdn) *keilen* ‖ (*als Handlungsreisender*) *bereisen, um Aufträge z werben* ‖ vi *sich* (*persönlich*) *bewerben* (for *um*); *Stimmen werben* (for *für*) **2.** ⟨parl⟩ *Stimmenwerbung* f ‖ ~**er** [~ə] s *Stimmenwerber* m ‖ *Sammler* m (*v Aufträgen*); *Kundenwerber, Abonnentensammler* m

canyon, cañon ['kænjən] s ⟨Span⟩ *tiefe Gebirgsschlucht, Klamm* f

caoutchouc ['kautʃuːk; –ʃuk] s *Kautschuk, Gummi* n, m; [*a* attr]

cap [kæp] **I.** s **1.** *Kappe, Haube, Mütze* f; ⟨Camb & Oxf⟩ *viereckige M.* ‖ ⟨sport⟩ *farbige Klub-, Mannschafts-* f; *Ehrenmütze,* to get one's ~ *ausgezeichnet w* ‖ ⟨mot fam⟩ *Neuprofilierung* f (*e–s Reifens*) **2.** *Deckel* m ‖ *Zündhütchen* n ‖ ⟨mar⟩ *Eselshaupt* (*Verbindungsteil zw. Mast u Stange*) n **3.** ~ of maintenance ⟨hist⟩ *Schirmhaube* f; *Symbol der Autorität* ‖ fool's-~ = foolscap ‖ forage-~, foraging ~ ⟨mil⟩ *Feldmütze* f ‖ night-~ (→ *d*) *Nacht-, Schlafmütze* f ‖ toe-~ *Schuhspitze* f ‖ travelling-~ *Reisemütze* f, *-hut* m ‖ ~ and bells *Narrenkappe* f ‖ ~ and gown *Universitätstracht* f ‖ ~ in hand *mit entblößtem Haupt, demütig* | that is a feather in his ~ *das kann er sich hinter den Spiegel stecken, darauf kann er stolz s* ‖ if the ~ *fits, wear it wen's juckt, der kratze sich, der getroffene Hund bellt* ‖ to put on one's thinking ~ *die Gedanken zus-nehmen* ‖ to set one's ~ at a p (of women) *nach jdm angeln, jdm z gefallen suchen* **4.** [attr] ~-*paper Packpapier* n; *Papierformat* n ‖ ~ *pistol Zündhütchenpistole* f ‖ ~-*stone* ⟨arch⟩ *Schlußstein* m, *Mauerkappe* f **II.** vt **1.** (*jdn*) *mit e–r Mütze bedecken;* ⟨Scot univ⟩ (*jdm*) *e–n Grad verleihen* ‖ (*etw*) *bedecken; mit e–m Deckel versehen* **2.** to ~ a p *vor jdm die Mütze abnehmen; jdn grüßen* **3.** ⟨fig⟩ *oben liegen auf, krönen* | *ausstechen, schlagen, übertreffen;* to ~ an anecdote *e–e Anekdote überbieten;* to ~ verses *um die Wette Verse zitieren* ‖ ⟨sport⟩ (*jdm*) *die Mütze verleihen,* (*jdn*) *auszeichnen;* to be ~ped *als repräsentativer Mannschaftsspieler gewählt w*

capability [ˌkeipə'biliti] s *Fähigkeit* f (of a th *z etw;* of doing, to do *z tun*); *Tauglichkeit* f (for *zu*)

capable ['keipəbl] a (*–bly* adv) *fähig, imstande* (of a th *z etw;* of doing *z tun*) | *tauglich* (of *z*), *empfänglich* (of *f*); to be ~ of a th *etw zulassen* ‖ ~ of flying *flugtauglich*

capacious [kə'peiʃəs] a (~ly adv) *geräumig, weit; aufnahmefähig* ~**ness** [~nis] s *Geräumigkeit, Weite* f

capacitate [kə'pæsiteit] vt *fähig, geschickt m* (for a th; to do); (*rechtlich*) *befugt m* (to do)

capacitor [kə'pæsitə] s ⟨mot⟩ *Kondensˈator* m

capacity [kə'pæsiti] s *Inhalt* m; measure of ~ *Hohlmaß* n | *Gehalt, Umfang* m ⟨a fig⟩ ‖ *Raum* m, *Geräumigkeit, Aufnahmefähigkeit* f; ⟨mot⟩ *Hubraum* m; ⟨el, eco⟩ *Kapazität* f; expansion in ~ *K.sausweitung* f; installed ~ *Nennleistung* f ‖ filled, full to ~ *ganz voll, voll besetzt,* ⟨theat⟩ *ausverkauft* ‖ ⟨mar⟩ *Ladungsfähigkeit* f | *Befähigung; Fassungskraft; carrying* ~ ⟨demog⟩ *Maximalbevölkerung* f; *Leistungsfähigkeit, Fähigkeit* f (of, for *zu;* to do) ‖ ⟨jur⟩ ~ of disposing *Geschäftsfähigkeit* f; ~ to be sued *Passivlegitimation,* ~ to sue *Aktivlegitimation* f; ~ for *criminal responsibility Zurechnungsfähigkeit* f ‖ *Charakter* m, *Eigenschaft* f; in the ~ of *in der E. als,* in his ~ *as in s–r E. als* ‖ to work to ~ *unbelastet s* ‖ to serve *in an honorary* ~ *ehrenamtlich tätig s* | [attr] *äußerst zahlreich,* ⟨theat⟩ *voll* (~ houses)

cap-à-pie [ˌkæpə'pi:] adv *v Kopf bis z Fuß* (*gerüstet*)

caparison [kə'pærisn] s [*oft* pl ~s] *Schabracke, Pferdedecke* f ‖ ⟨fig⟩ *Ausrüstung, Ausstattung* f

cape [keip] s *Mantelkragen, Umhang* m, *Cape* n

cape [keip] s *Kap, Vorgebirge* n ‖ The ⁓ = the ⁓ of Good Hope *Kap der Guten Hoffnung* n | a *Kap-* (⁓ wine); ⁓ *Dutch –holländisch* | ⁓-*primrose* ⟨bot⟩ *Drehfrucht* f ‖ ⁓ smoke ⟨SAfr⟩ *Kapbranntwein* m

capelin ['keipəlin] s Fr ⟨ich⟩ *Dickmaul* n

caper ['keipə] **1.** s *Kapriˈole* f, *Luft-, Bocksprung* m; to cut ~s *Kapriolen, Dummheiten m* **2.** vi *Freudensprünge od Kapriolen* m; *hüpfen*

caper ['keipə] s ⟨bot⟩ *Kapernstrauch* m ‖ [*mst* pl ~s] *Kaper* f

capercailye, –cailzie, ⟨Am *mst*⟩ **capercaillie** [ˌkæpə'keilji] s ⟨orn⟩ *Auerhahn* m

capful ['kæpful] s *e–e Mützevoll* f; ~ of wind ⟨mar⟩ *vorübergehender Wind*

capias ['keipjæs] s L ⟨jur⟩ *Haftbefehl* m

capillarity [ˌkæpi'læriti] s ⟨phys⟩ *Kapillarität* f **-llary** [kə'piləri] **1.** a *haarförmig, haarfein; Haar-;* ~ attraction *-röhrchenanziehung* f; ~ repulsion *-röhrchenabstoßung* f **2.** s *Haargefäß* n

capital ['kæpitl] a (of crimes) *kapital, todeswürdig, Todes-* (~ punishment *-strafe*) | *hauptsächlich, vorzüglich, Haupt-;* ~ ship *Kriegs-, Panzerschiff* n ‖ *glänzend, herrlich, köstlich* (a intj) ⟨typ⟩ ~ letter *gr Anfangsbuchstabe* m | ~-*stock Kapital-, Stammaktien* f pl, ⟨Am⟩ ~-*stock Aktienkapital* n, → share ~ | ~**ly** [~li] adv *glänzend*

capital ['kæpitl] s *gr Buchstabe* m; block ~s (*Name in*) *Großbuchstaben* pl ‖ *Hauptstadt* f ‖ *Kapital* n, ⁓ and Labour *Unternehmertum* n *u Arbeiter*(schaft f) m pl; fixed ~ *festes Kapital;* floating ~ *Betriebskapital* n; invested ~ *Anlagekapital* n; → to invest, sink | ⟨fig⟩ *Kapital* m, *Vorteil* m; to make ~ out of ⟨fig⟩ *Kapital schlagen aus, Nutzen ziehen aus* | ⟨com⟩ ~ balance *Bilanzkonto* n ‖ ~ cost *Kapitalaufwand* m ‖ ~ flight *Kapitalflucht* f ‖ ~ goods *Investitionsgüter* n pl ‖ ~ reserve *Rücklagen* f pl ‖ (our) ~ resources [pl] *Eigenkapital* ‖ ~ tax *Vermögenssteuer* f ‖ ~ yields tax *Kapitalertragssteuer* f

capital ['kæpitl] s ⟨arch⟩ *Kapitˈäl, -rell* n, *Knauf* m ‖ ~ composite ~ *Komposˈitkapitäl;* crocked ~ *Knospen-;* cubical ~, cushion ~ *Würfel-;* foliated ~ *Laub-;* figured ~, historiated ~ *Figuren-*

capitalism ['kæpitəlizm] s *Kapitalismus* m

capitalist ['kæpitəlist] s *Kapitalist* m | ~**ic** [ˌkæpitə'listik] a (~ally adv) *kapitalistisch; Kapital-*

capitalization [kəˌpitəlai'zeiʃən] s *Kapitalisierung* f ‖ *Schreiben* n *mit gr Anfangsbuchstaben* **-ize** [kə'pitəlaiz] vt/i ⟨com⟩ *kapitalisieren; in Kapital umsetzen; nutzen; -wert* (*e–r S*) *berechnen* | [vi] to ~ on *Kapital schlagen aus; ausnützen; sich konzentrieren auf*

capitation [ˌkæpi'teiʃən] s *Kopfzählung* ‖ *Kopfsteuer* f

Capitol ['kæpitl] s *Kapitˈol* n ‖ ⟨Am⟩ *Kongreßgebäude* n ~**ine** [kə'pitəlain] a *Kapitol-*

capitular [kə'pitjulə] **1.** a *z Kapitel gehörig; Stifts-* **2.** s *Mitglied* n *e–s Domkapitels* | ~**y** [~ri] s *das* (*bes fränkische*) *Kapitulare* n

capitulate [kə'pitjuleit] vi ⟨mil⟩ *kapitulieren* (to *vor*), *sich unterwerfen* (to a p *jdm*), *sich ergeben* ‖ *nachgeben;* ⟨fig⟩ *s–n Tribut zahlen* (to a th *e–r S*); *kapitulieren* (to *vor*) **-ation** [kəˌpitju-'leiʃən] s *Kapitulation, Übergabe* f; ~s [pl] *völkerechtl. Verträge, durch die ein Staat gewisse Vorrechte or Exterritorialrechte in e–m anderen genießt*

capon ['keipən] s *Kapaun* m | ~**ize** [~aiz] vt *kastrieren*

caponier [ˌkæpə'niə] s Fr ⟨fort⟩ *Grabenwehr* f (*sicher eingedeckter Hohlraum*)

capot [kə'pɔt] **1.** s *Spiel* n *or Partie* f *im Pikettspiel* **2.** v (–tt–) (*jdn*) *durch e–e Partie schlagen*

capric ['kæprik] a ⟨chem⟩ *Kaprin-*

caprice [kə'pri:s] s Fr *Kaprice, Laune, Grille* f

capricious [kə'priʃəs] a (~ly adv) *unbeständig, launisch; unberechenbar* ~**ness** [~nis] s *launisches, mutwilliges Wesen* n; *Launenhaftigkeit* f

Capricorn ['kæprikɔ:n] s ⟨astr⟩ *der Steinbock* m (in ~ *im St.*)

caprification [ˌkæprifi'keiʃən] s *künstl. Reifungsverfahren* n *der Feigen durch Gallwespen*

caprine ['kæprain] a *ziegenartig, Ziegen-*

capriole ['kæprioul] **1.** s *Kapri·ole* f, *Bocks–*, ⟨hors⟩ *Hirsch–*, *Luftsprung* m **2.** vi *Kapriolen m*

capsicum ['kæpsikəm] s [pl ~s] L ⟨bot⟩ *spanischer Pfeffer* m ‖ ~s *Paprikaschoten* f pl

capsize [kæp'saiz] **1.** vt/i ‖ (*Schiff*) *umwerfen* ‖ vi *kentern, umschlagen* **2.** s *das Kentern* n

capstan ['kæpstən] s ⟨mar⟩ *Gangspill* n (*Ankerwinde*); *Drehkreuz* n; ⟨rec⟩ *Tonrolle* f ‖ ~ *lathe Revolverdrehbank* f

capsular ['kæpsjulə] a *kapselförmig, Kapsel–* **–ule** ['kæpsju:l] s *Kapsel* f ‖ ⟨bot⟩ (*Samen–*) *Kapsel, Hülle* f ‖ ⟨chem⟩ *Schmelztiegel* m, *Schale* f ‖ ⟨med⟩ *Kapsel* f (*f Arznei*) ‖ ~ *flash* ⟨phot⟩ *Kapselblitz* m

captain ['kæptin] **1.** s ⟨mil⟩ *Hauptmann* m; ~ of foot *H. der Infantrie*, ~ of horse *Rittmeister* m; ~ (in the navy) *Kapitän z See* m (*~* Smith, R. N. *Herrn K. z See* Smith); → flag ‖ (*Schiffs-*) *Kapitän* m ‖ ⟨sport⟩ *Führer, Anführer* m ‖ (of a school) *Hauptschüler, Primus* m ‖ ⟨fig⟩ *Führer*; *Pionier* m ‖ ~ of industry *Industriekapitän, –magnat* m **2.** vt ⟨nicht mil⟩ *anführen, leiten* ‖ **~cy** [~si] s *Stelle or Rang e–s Hauptmanns, Führers* (etc); *Führerschaft* f **–ship** [~ʃip] s *Rang or Stelle e–s Hauptmanns; Führerschaft, Führung* f

captation [kæp'teiʃən] s *Gunsterschleichung* f, *Haschen* n *nach Beifall* (etc)

caption ['kæpʃən] **1.** s *Wegnahme* f ‖ ⟨jur⟩ *Verhaftung* f ‖ ⟨jur⟩ *Einleitungsformel* f *e–r Urkunde*; *Rubrum* n ‖ *Beschriftung*; *Schlagzeile*; *Überschrift* f, *Kopf, Titel* m ‖ *Text z e–m Bilde, Bildertext* m ‖ ⟨film⟩ *Text zwischen den Bildern* **2.** vt *mit Titel etc versehen*; ⟨Am⟩ *am Kopf e–s Briefes anführen*

captious ['kæpʃəs] a (~ly adv) *spitzfindig*; *verfänglich* (question) ‖ *tadel–, zanksüchtig* **~ness** [~nis] s *Spitzfindigkeit* f ‖ *Tadelsucht* f

captivate ['kæptiveit] vt ⟨fig⟩ *fesseln*; *bestricken, –zaubern*, (jdn) *einnehmen* **–ating** ['kæptiveitiŋ] a (~ly adv) *gewinnend, bezaubernd* **–ation** [kæpti'veiʃən] s ⟨fig⟩ *Bestrickung, –zauberung* f

captive ['kæptiv] **1.** a *gefangen* (to take ~ *g.-nehmen*); ~ balloon *Fesselballon* m; ~ purse *Geldtasche an der Kette* **2.** s *Gefangene(r m*) f **–vity** [kæp'tiviti] s *Gefangenschaft* f (the *~ die babylonische G.*); *Knechtschaft* f

captor ['kæptə] s L *Gefangennehmender, Erbeuter*; *Kaper* m (*Schiff*); *Aufbringer* m *e–s Schiffes, bevollmächtigter Freibeuter* m

capture ['kæptʃə] **1.** s *Wegnahme*; *Gefangennahme* f ‖ *Fang* (to make a ~); ⟨phys⟩ *Einfangen* n; ~-to-fission ratio ⟨at⟩ *Verhältnis* n *Einfangen zu Spaltung*; ~ gamma experiment *Einfangenexperiment* n *mit Gammastrahlen* ‖ *Raub* m, *Beute* f, ⟨mar⟩ *Aufbringung*; *Prise* f ‖ ⟨at⟩ (a fission ~) (*kernspaltungbewirkender*) *Einfang* m **2.** vt *fangen* ‖ ⟨mil⟩ *erobern*; *gefangennehmen* ‖ *erbeuten*; ⟨mar⟩ *kapern* ‖ (*Macht*) *ergreifen* ‖ ~d gun *Beutegeschütz* n

Capuchin ['kæpjuʃin] s Fr *Kapuz·iner* m ‖ *~ Frauenmantel mit Kapuze* ‖ [attr] *~ Hauben–* (*pigeon*) ‖ ~-monkey ⟨zoo⟩ *Roll(schwanz)affe* m

car [ka:] **1.** s *Karren, Wagen* m; *jaunting-*~ ⟨Ir⟩ *leichter zweirädriger W.* m; *triumphal ~ Triumph–* m ‖ *Straßenbahn–* m ‖ *Motorwagen* m; *Auto* n (by ~ *mit dem A.*) ‖ ~ *air ferry* ⟨engl⟩ *Flugfähre* f *f Autos* (z *& v Kontinent*) ‖ ~ *baggage service* ⟨mot⟩ *Huckepackdienst* m ‖ ~ *body works Karosser·iewerk* n ‖ ~ *park Parkplatz* m ‖ ~ *port* ⟨Am⟩ *überdachter Abstellplatz* m, *Sommer–, Stockwerkgarage* f ‖ used ~ *Gebrauchtwagen* m, used ~ *mar(ke)t od dealer Autobasar* m ‖ ⟨aero⟩ *Gondel* f ‖ ⟨rail Am⟩ *Waggon, Eisenbahnwagen* m ‖ *dining-*~ *Speisewagen, sleeping-*~ *Schlaf–* m; *by* ~ *per Achse* ‖ ~-hop *Kellner m etc in e–m Autorestaurant* ‖

~(-)load ⟨bes Am⟩ *Wagenladung* f **2.** vi *im Wagen fahren*

carabao [kærə'bæou] s ⟨Am⟩ *Wasserbüffel* m *der Philippinen*

carabineer [kærəbi'niə], **carbineer** [ka:b–] s ⟨mil⟩ *Karabinier* m; the *~s* [pl] **6.** *Dragoner-Gardekorps* n

caracal ['kærəkæl] s Fr ⟨zoo⟩ *Karakal, Wüstenluchs* m

caracole ['kærəkoul] **1.** s Fr ⟨hors⟩ *halbe Wendung* f, *Seitensprung* m **2.** vi *mit Seitensprüngen, halben Wendungen, im Zickzack reiten*

carafe [kə'ra:f] s Fr *Karaffe* f

caramel ['kærəmel] s Fr *Karamel* m, *braungebrannter Zucker* m ‖ *Karamelle* f

carapace ['kærəpeis] s Fr ⟨anat⟩ *Rückenschild* m (*der Schildkröte etc*)

carat ['kærət] s Fr *Karat* n (*Juwelengewicht*) ‖ *Goldfeingehalt* m (*reines Gold* = 24 ~s) ‖ [attr] *karätig, 18–*~ *18-karätig* ‖ → Band II, S. 1311

caravan [kærə'væn] s Fr *Karawane* f ‖ *Zigeuner–*; *Zirkuswagen* m ‖ *Reise–, Wohnwagen* (~ *car for sleeping out*) m ‖ ~ *site Camping–, Lagerplatz* m **~serai** [~sərai], **~sary** [~səri] s *Karawanserei, gr Herberge* f ‖ ⟨fig⟩ *Riesenhotel* n

caraway ['kærəwei] s ⟨bot⟩ *Kümmel* m

carbide ['ka:baid] s *Karb·id* n

carbine ['ka:bain], **carabine** ['kærəbain] s ⟨mil⟩ *Karabiner* m ‖ **carbineer** s = carabineer

carb(o)- ⟨chem⟩ [in comp] *Kohlenstoff–*; ~-hydrate ['ka:bou'haidreit] s *Kohlehydrat* n

carbolic [ka:'bɔlik] **1.** a *Karbol–*; ~ acid ⟨chem⟩ *–säure* f, *Karbol* n **2.** s ⟨fam⟩ *Karbolsäure* f **carbolize** ['ka:bəlaiz] vt *mit Karbolsäure tränken*

carbon ['ka:bən] s ⟨chem⟩ *Kohlenstoff* m (~-disulphide *Schwefel–*) ‖ ⟨el⟩ *Kohlestift* m ‖ ~-copy *Durchschlag* m ‖ ~ *dioxide Kohlensäure* f ‖ ~-lamp ⟨el⟩ *Bogenlampe* f ‖ ~ *monoxide Kohlenoxyd* n ‖ ~-paper ⟨phot⟩ *Kohlepapier* n; *Durchschlag–* n ‖ ~-printing, ~-process ⟨arts⟩ *Kohledruckverfahren* n ‖ ~ *steel Kohlenstoffstahl* m **~aceous** [ka:bə'neiʃəs] a ⟨chem⟩ *kohlenstoffhaltig* ‖ ⟨geol⟩ *kohlenhaltig, –reich, Kohlen–* **~ate** ['ka:bənit] **1.** s ⟨chem⟩ *Karbonat, kohlensaures Salz* n, ~ of soda *–saures Natron* n **2.** ['ka:bəneit] vt ⟨chem⟩ *mit Kohlensäure sättigen*; *karbonisieren* ‖ **~ic** [ka:-'bɔnik] a *Kohlen–*; ~ acid ⟨chem⟩ *–säure* f; ~ acid gas ⟨chem⟩ *–säuregas* n ‖ ~ oxide ⟨chem⟩ *Kohlenoxyd* m **~iferous** [ka:bə'nifərəs] a *Kohle enthaltend, Kohlen–*; ⟨geol⟩ ~ formation *Karbon* n **~ization** [ka:bənai'zeiʃən] s *Verkohlung* f; ⟨geol⟩ *Inkohlung* f ‖ ~ *plant Kokerei(anlage)* f **~ize** ['ka:bənaiz] vt *verkohlen*; *karbonisieren*; ~d gar (*Koks*)

carboy ['ka:bɔi] s (*gläserner Korb-*)*Ballon* m (*f Säuren*); *Korbflasche* f

carbuncle ['ka:bʌŋkl] s ⟨minr⟩ *Karfunkel* m ⟨med⟩ *Karbunkel* m **–ncular** [ka:'bʌŋkjulə] a ⟨med⟩ *Karbunkel–*

carburation [ka:bju'reiʃən] s *Vergasung* **carburet** ['ka:bjuret] vt [–tt–, ⟨Am⟩ ~ed] ⟨chem⟩ *mit Kohlenstoff verbinden*; *vergasen* **~ted** [~id] a ⟨chem⟩ *mit K. verbunden*; ~ hydrogen ⟨chem⟩ *Kohlenwasserstoffgas* n **~ter**, **~tor**, ⟨Am⟩ **~er**, **~or** [~ə] s ⟨mot⟩ *Vergaser* m ‖ ~ *freezing od icing V.-vereisung* f ‖ ~ *heating V.-vorwärmer* m ‖ ~ *linkage V.-gestänge* n ‖ ~ *needle Schwimmernadel* f ‖ *starting* ~ *control cable Start-V.-zug* m ‖ ~ *throttle controls* [pl] ⟨aero⟩ *Gasgestänge* n

carburization [ka:bjurai'zeiʃən] s ⟨tech⟩ *Aufkohlung*; *Zementierung*; *Einsatzhärtung* f

carcass, carcase ['ka:kəs] s (*Tier–*)*Kadaver*; *Rumpf* m ‖ ⟨mot⟩ *Karkasse* f (*e–s Reifens*) ‖ ~ *meat Schlachter–, Frischfleisch* n (*Ggs Fleisch-*

konserve) ‖ ⟨cont⟩ *Leichnam* m ‖ ⟨cont⟩ *menschl. Körper* m; *Skelett, Gerippe* n ‖ ⟨fig⟩ *Gerippe* n, *Rumpf* m ‖ ⟨mil⟩ *Brandgranate* f

carcinogen [kɑː'sinodʒən] s *Krebserreger* m, *Krebs-erregende Substanz* f **~(et)ic** [kɑː'sinə-'dʒenik —dʒi'netik)] a *krebserregend*

carcinoma [ˌkɑːsi'noumə] s L ⟨med⟩ *Krebs* m

card [kɑːd] s **1.** *Karton(papier* n) m ‖ (*a playing* ~) *Spielkarte* f, a pack of ~s *ein Spiel Karten*; → court | *Karte* f; *Visitenkarte* f, to leave ~s on a p *bei jdm s–e Karten abgeben*; → post ‖ (of a compass) *Kompaß–, Windrose* f | *Programm* (*bei Rennen* etc) n, the correct ~ *die richtige Liste* f; *das Richtige* n | ⟨fam⟩ *Kauz* m (a queer ~ *ein seltsamer K.*) **2.** dance-~ *Tanzkarte* f ‖ doubtful ~ *zweifelhafte, safe* ~ *sichere S* or *P* ‖ knowing ~ ⟨sl⟩ *Schlauberger* m ‖ visiting ~ *Visitenkarte* f ‖ trump ~ *Trumpf* m, *Trumpfblatt* n ‖ game of ~s, ~-game *Kartenspiel* n ‖ house of ~s ⟨fig⟩ –*haus* n | on the ~s *durchaus möglich, denkbar* ‖ to have a ~ up one's sleeve *e–n Plan in Reserve h* ‖ to play with one's ~s (*od* lay one's ~s) on the table ⟨fig⟩ *mit offenen Karten spielen* ‖ to play (at) ~s *K. spielen* ‖ to throw up, to show one's ~s *die K. aufdecken*; to throw up one's ~s ⟨fig⟩ *die K. hinwerfen, die S aufgeben* **3.** [attr] *Karten–* (playing) ‖ ~-case *lederne Visitenkartentasche* f ‖ ~-catalogue, ~-index *Kartei, Kartothek* f ‖ ~-party *Spielgesellschaft* f ‖ ~-room *Spielzimmer* n ‖ ~-sharper *Falschspieler, Bauernfänger,* °*Mogler* m ‖ ~-table *Spieltisch* m ‖ ~-vote ⟨parl⟩ *Stimmenabgabe* f *nach Karten*

card [kɑːd] **1.** s (in wool-combing) *Karde, Kardätsche, Krempel* f **2.** vt (*Wolle*) *krempeln, kardätschen* | **~er** ['~ə] s *Wollkämmer* m **~ing** ['~iŋ] s [attr] *Kratz–, Krempel–, Rauh–*

cardamine ['kɑːdəmain] s ⟨bot⟩ *Wiesenkresse* f

cardan ['kɑːdən] s (*nach* G. Cardano, † 1576) [attr] *Kardan–*; ~ joint –*gelenk* n; ~ shaft –*welle* f | **~ic** [kɑː'dænik] a ~ suspension *Kardanische Aufhängung,* → gimbal

cardboard [kɑː'dbɔːd] s *Kartonpapier* n; *Pappe* f, *Karton* m; ~-box *Pappkasten,* –*karton* m ‖ ~ façade ⟨fig⟩ *Potemkinsche Dörfer* n pl

cardiac ['kɑːdiæk] **1.** a ⟨anat⟩ *Herz–* (~ weakness) ‖ *den Magenmund betr.* **2.** s *herzstärkendes Mittel* n

cardigan ['kɑːdigən], ⟨fam⟩ **cardie** ['kɑːdi] s (*nach the Earl of* ⌖) *gestrickte Wollweste,* –*jacke* f

cardinal ['kɑːdinļ] **1.** a *hauptsächlich, vornehmst* ‖ *Haupt–, Kardinal–*; ~ *numbers* [pl] *Grundzahlen* f pl ‖ ~ *points* [pl] (of the compass) *Himmelsrichtungen* f pl ‖ ~ *point of lens* ⟨opt⟩ *Linsengrundpunkt* m ‖ ~ *signs* [pl] ⟨astr⟩ *Hauptsternbilder* n pl (*im Tierkreis*) ‖ ~ *virtues* [pl] *Kardinaltugenden* f pl | *scharlachfarben, hochrot* **2.** s ⟨ec⟩ *Kardinal* m (His Eminence *⌖..*) ‖ *das Kardinals–, Hochrot* n **3.** (a ~-bird) ⟨orn⟩ *Kardinal* m ‖ ~ *flower* ⟨bot⟩ *Kardinalsblume* f | **~ate** ['kɑːdinəleit] s *Kardinalswürde* f; [koll] *die Kardinäle* pl

cardio– ['kɑːdio] [in comp] *Herz–* **~gram** ['~græm] s *Elektrokardiogramm* n (*EKG*) **~meter** [ˌkɑːdi'əmitə] s *Herzmesser* m

cardom ['kɑːdəm] s *Kraftfahrzeugwesen* n

cardoon [kɑː'duːn] s ⟨bot⟩ *Kard·one, Artischockenart* f

cardsharp ['kɑːdʃɑːp] s ⟨Am⟩ *Falschspieler* m → card-sharper

care [kɛə] → C.A.R.E., CARE

care [kɛə] **I.** s **1.** *Sorge* f (without any ~s *sorglos*); *Besorgnis* f (for *um*); *Gegenstand* m *der Sorge* (~s of [the] state) **2.** *Obhut, Pflege, Aufsicht* f (to have the ~ of); in, under a p's ~ *in jds Obhut, Schutz* ‖ *Vorsicht, Aufmerksamkeit*

f **3.** *Mühe, Sorgfalt* f (with great ~), *Fleiß* m **4.** free from ~ *sorgenfrei* ‖ with ~! *Vorsicht!* ‖ c/o (= ~ of) *per Adresse, bei* → attention ‖ to entrust to the ~ of a p *der Obhut jds anvertrauen* ‖ to take ~ *sich in acht nehmen, sich hüten* (not to do); take ~, have a ~ *Achtung! Vorsicht!* ‖ to take ~ *acht geben* (of *auf*); *sorgen* (of a th *f etw*; that *daß*); ..of a p *sich jds annehmen* ‖ to take ~ *to do trachten, nicht vergessen z tun* **5.** [attr & in comp] ~-and-maintenance [attr] *Unterhaltungs–* ‖ ~-take *verwalten, beaufsichtigen* ‖ ~-taker ['–,–] *Wärter(in* f) m; *Aufseher*; *Hausmeister,* –*wart* m; to put in a ~-t. *status* (*nicht benutztes Gerät*) „*einmotten*"; ~-t. *government Interimsregierung* f, *Übergangskabinett* n ‖ ~-taking *sorgsam* ‖ ~-worn *abgehärmt, sorgenvoll* **6.** → CARE (*Abkürzungen*) **II. vi 1.** *besorgt s* (about *um*); *sich sorgen, sich aufregen* (about a th *über, um etw*; about doing) ‖ [*oft* neg] *sich* (*etw*) *daraus m* (about doing *z tun*; if, whether *ob*); I don't ~ if I do *ja!* *meinetwegen, ich sag nicht nein!*; not to ~ about *sich nichts m aus*; I don't ~ (a pin, damn, dash, fig, hoot, rap, snap, two straws) *ich mache mir* (*absolut*) *nichts daraus*; *meinetwegen, ich scher mich den Teufel darum*; who ~s? *wer kümmert sich darum?* *wer fragt danach?* what do I ~? *was kümmert's mich? was geht's mich an?* | for all (*od* aught) you ~ *was du dir schon daraus machst; wenn es nach dir ginge; deinetwegen* **2.** to ~ for *sich kümmern um, sorgen f*; ~-d-for *gepflegt* ‖ to ~ for a p *jdn gern h, lieben, schätzen* **3.** [*oft* neg] *Lust h* (to do); *es gern h* or *sehen*; I should not ~ to be seen *ich möchte nicht gesehen w*; would you ~ to try it? *möchten Sie es versuchen?* would you ~ for me to send it? *möchten Sie gern, daß ich es schicke?* **III.** vt → II. 1.

careen [kə'riːn] vt/i ‖ ⟨mar⟩ to ~ a ship *kielholen, ein Schiff umlegen* | vi ⟨mar⟩ *sich nach der Seite legen; krängen; kippen* | **~age** [~idʒ] s ⟨mar⟩ *Krängen* n ‖ *Kielgeld* n | *Kielholplatz* m

career [kə'riə] **1.** s *schneller Lauf* m; in full ~ *in vollem L., in schnellster Gangart* ‖ *Laufbahn* f; to enter upon a ~ *e–e L. einschlagen*; *Karriere* f | [attr] *Berufsdiplomat* m; ~ *woman berufstätige* (*ledige*) *Frau* f ‖ ~s *master* ⟨engl⟩ *Studium–, Ausbildungsberater* m (⟨Am⟩ → *guidance counselor*) **2.** vi *schnell laufen, rasen, jagen, dahinfliegen* **~ist** [~rist] s *Streber* m ‖ *homemaker and* ~ *berufstätige Hausfrau* f

carefree ['kɛəfriː] a *sorgenlos*

careful ['kɛəful] a (~ly adv) (*P*) *besorgt* (for *für*; of *um*) ‖ *behutsam bedacht, achtsam* (of *auf*); to be ~ of a th *etw sorgsam beachten* ‖ *vorsichtig* (to do; that; in doing) ‖ be ~! *Vorsicht! nimm dich in acht!*; to be ~ *ja nicht vergessen* (to do); *sich wohl hüten* (not to do) ‖ *sparsam* | (*S*) *sorgfältig, gründlich, genau* (investigation) **~ness** [~nis] s *Acht–, Aufmerk–, Behutsamkeit, Sorgfalt* f | *Vorsicht* f | *Gründlichkeit* f

careless ['kɛəlis] a (~ly adv) *sorglos* ‖ *unbekümmert* (of *um*) ‖ *unbedachtsam, überlegt, –achtsam*, to be ~ of *nicht achten auf* ‖ *nachlässig, liederlich; untauglich* **~ness** [~nis] s *Sorglosigkeit, Unachtsamkeit* f ‖ *Nachlässigkeit* f; *Fahrlässigkeit* f

carena [kɑː'riːnə] s ⟨Am mot sl⟩ (= car arena) *Auto–, Parkplatzkino* n

caress [kə'res] **1.** s *Liebkosung* f **2.** vt *liebkosen, herzen, streicheln* ‖ *schmeicheln* **~ing** [~iŋ] s (~ly adv) *liebkosend, einschmeichelnd; liebevoll* (look)

caret ['kærət] s *Einschaltungszeichen, Auslassungszeichen* n (ʌ)

caretaker ['kɛəteikə] s → care-taker

carex ['kɛəreks] s L (pl –rices [–risiːz]) ⟨bot⟩ *Riedgras* n

carfax ['kɑ:fæks] s *Punkt, wo 4 Straßen sich treffen*

cargo ['kɑ:gou] **1.** s [pl ~es] *Schiffsladung, Fracht* f ‖ mixed ~, general ~ *Stückgutladung* f; return-~ *Rückfracht* ‖ ~ aircraft, ~ airplane *Fracht-, Transportflugzeug* n ‖ ~ capacity *Laderaum* m; ~ c. tonnage *Beladegrenze* f ‖ ~ glider *Lastensegler* m ‖ ~-parachute *Lastenfallschirm* m ‖ ~-space *Laderaum* m ‖ ~-steamer *Frachtdampfer* m ‖ ~ truck ⟨Am⟩ *Lastkraftwagen* m, (abbr. *Lkw*) **2.** vt *beladen* (with)

caribou, –boo ['kæribu:] s [pl ~] ⟨zoo⟩ *amerik. R entier* n

caricature ['kærikə'tjuə] **1.** s ⟨arts⟩ *Karikatur* f ‖ ⟨fig⟩ *Spott-, Zerrbild* n **2.** vt ⟨arts⟩ *karikieren, im Zerrbilde darstellen* ‖ ⟨fig⟩ *lächerlich m* –**turist** [,kærikə'tjuərist] s *Karikatorist, Karikaturenzeichner* m

caries ['kɛərii:z] s L *Knochenfraß* m, *Zahnfäule* f

carillon [kə'riljən] s Fr ⟨mus⟩ *Glockenspiel* n; *Melodie* f *e–s G–s*

carina [kə'rainə] s L ⟨zoo & bot⟩ *Kiel* m ‖ ~**te** ['kærineit] a ⟨bot⟩ *kielförmig*

Carinthia [kæ'rinθiə] s *Kärnten* ‖ ~**n** [~n] a *Kärntner–* (~ Alps)

carious ['kɛəriəs] a *angefressen, faul, verfault*

carking ['kɑ:kiŋ] a *kummervoll*; ~ *care nagender Kummer* m

carl(e) [kɑ:l] s ⟨Scot⟩ *Mann, Bursche* m

carline ['kɑ:lin] s ⟨Scot⟩ *alte Frau* f

carline ['kɑ:lin] s ⟨bot⟩ *Eberwarz* f

Carlovingian [,kɑ:lo'vindʒən], **Carolingian** [,kærə'lindʒən] a *karolingisch*

carman ['kɑ:mən] s *Kärrner, Fuhrmann* m

Carmelite ['kɑ:milait] **1.** s *Karmeliter* m **2.** a *Karmeliter–*

carmen ['kɑ:mən] s L = incantation (cf. charm) ‖ *Lied* n (⟨a⟩ *ohne Worte*) ‖ *Dichtung* f (*Ggs Prosa*) ‖ Bucolicum ∼ *Ekloge* f (e.g. Petrarch's & Boccaccio's eclogues)

carminative [kɑ:'minətiv] **1.** a ⟨med⟩ *Blähungen zerteilend* or *vertreibend* **2.** s *ein Mittel* n *dafür*

carmine ['kɑ:main] **1.** s *Karmin* m, *Karminrot* n **2.** a *karminrot* –**inic** [kɑ:'minik] a *Karmin–*

carnage ['kɑ:nidʒ] s *Gemetzel, Blutbad* n

carnal ['kɑ:n] a (~ly adv) *fleischlich* ‖ *sinnlich, geschlechtlich* ‖ *weltlich* ‖ ~ knowledge of *geschlechtlicher Umgang mit*; to have ~ *intercourse with geschlechtlichen Umgang h mit* ‖ ~**ity** [kɑ:'næliti] s *Fleischlichkeit, Sinnlichkeit* f

carnassial [kɑ:'næsiəl] s (⟨a⟩ ~ [a] tooth) (*Raubtier-)Reißzahn* m (*nicht Eckzahn!*)

Carnatic [kɑ:'nætik] s ⟨Ind⟩ the ~ *Karn atik* (*Landschaft in Südindien*)

carnation [kɑ:'neiʃən] s *Fleischfarbe* f, *Blaßrot* n ‖ ⟨bot⟩ (*rote*) *Nelke* f

carnelian [kə'ni:ljən] s ⟨minr⟩ *Karne ol* m

carn(e)y ['kɑ:ni] vt *schmeicheln*; *betören*

carnival ['kɑ:nivəl] s Fr *Karneval, Fasching* m ‖ ⟨fig⟩ *ausgelassenes Vergnügen* n, *Lustbarkeit* f; *Kostümfest* n (to hold ~ *ein K. feiern*) ‖ ⟨fig⟩ *Schwelgen* n (*of in*)

carnivore ['kɑ:nivɔ:] s ⟨zoo⟩ *Raubtier* n, *Fleischfresser* m –**vorous** [kɑ:'nivərəs] a *fleischfressend*

carob ['kærəb] s *Johannisbrot* n ‖ ⟨bot⟩ ~–tree–*baum* m

carol ['kærəl] **1.** s (of birds etc) *Jubellied* n ‖ *Lied* n; Christmas ~ *Weihnachtslied* n **2.** vi (of birds) *jubilieren, singen*

Carolean [kæro'li:ən], **Caroline** ['kærəlain] a *aus der Zeit Karls I. u II.* v *England* (~ *poets*)

Carolingian a → Carlovingian

carom ['kærəm] s ⟨bes Am bill fam⟩ *Karambolage* f

carotene ['kærəti:n] s ⟨opt med⟩ *Karot in* n

carotid [kə'rɔtid] **1.** a ⟨anat⟩ *Halsschlagader–* **2.** s *Halsschlagader* f

carousal [kə'rauzəl] s *Trinkgelage* n, *Zecherei* f ‖ ⟨Am⟩ *Karuss ell* n

carouse [kə'rauz] **1.** vi *zechen, reichlich trinken* **2.** s *Trinkgelage* n

carp [kɑ:p] s [pl ~] ⟨ich⟩ *Karpfen* m

carp [kɑ:p] vi *kritteln, nörgeln, °„meckern"* (at *über, an*)

carpal ['kɑ:pəl] **1.** a ⟨anat⟩ *Handwurzel–* **2.** s *Handwurzel* f

carpel ['kɑ:pel] s ⟨bot⟩ *Fruchtblatt* n

carpenter ['kɑ:pintə] **1.** s *Zimmermann* m; ~'s rule *Zollstock* m ‖ ~'s line *Zirkelschnur* f ‖ ~-bee *Holzbiene* f **2.** vi/t ‖ *zimmern* ‖ vt ⟨fig⟩ *bauen, zus–stellen* ‖ ~**ing** [~riŋ] s *Zimmermannsarbeit* f **carpentry** ['kɑ:pintri] s *Zimmerhandwerk* n ‖ *Zimmermannsarbeit* f

carpet ['kɑ:pit] **1.** s *Teppich* m ⟨a übtr⟩ ‖ *Belag* m, *Straßendecke* f ‖ on the ~ ⟨fig⟩ *auf dem* (or *das*) *Tapet, unter Erwägung*; ⟨fam⟩ *getadelt* ‖ ⟨mil⟩ *Bombenteppich* m (*der den Truppen den Weg bahnt*) ‖ [attr] ~-bag *Reisetasche* f, –*sack* m ‖ ~-bagger ⟨Am hist⟩ *Postenjäger* m *des Nordens* (*in Südstaaten*) ‖ ~-bed ⟨hort⟩ *Teppichbeet* n ‖ ~ bombing *Teppichbombenabwurf* m ‖ ~-dance *improvisierter Tanz* m ‖ ~-knight *Salonheld* m; ⟨mil⟩ *Drückeberger* m, °*Etappenschwein* m ‖ ~-rod *Läuferstange* f ‖ ~-sweeper *Teppichkehrmaschine* f **2.** vt [pp ~ed] (*mit e–m Teppich*) *bedecken* ⟨a übtr⟩ ‖ ⟨fam⟩ (*jdm*) *e–n Verweis erteilen* ‖ ~**ing** [~iŋ] s *Teppichstoff* m ‖ (*Boden-)Bedeckung* f

carpo– ['kɑ:po] [in comp] *Handwurzel–*

carpo– ['kɑ:po] [in comp] *Frucht–* ~**lite** ['kɑ:polait] s *fossile Frucht* f ~**logy** [kɑ:'pɔlədʒi] s *Lehre* f v *den Pflanzenfrüchten* ~**phagous** [kɑ:-'pɔfəgəs] a *fruchtessend*

carpus ['kɑ:pəs] s L ⟨anat⟩ *Handwurzel* f

carrageen ['kærəgi:n] s ⟨Ir bot⟩ *irländ. Moos* n

carriable, carryable ['kæriəbl] a *tragbar*

carriage ['kæridʒ] s **1.** *Fahren, Tragen* n; *Beförderung* f, *Transport* m; ~-forward (*z Lande*) *unter Frachtnachnahme, unfrankiert*; ~(-)(pre-)paid, ~-free (*fracht-, porto*)*frei*; ~ by rail, *Eisenbahn–*, ~ by sea *Seetransport* m ‖ *Fuhr–, Roll–, Frachtgeld* n, *Transportspesen* pl **2.** ⟨übtr⟩ (*of sounds*) *Fortpflanzen* n ‖ *Durchführung, Annahme* f (*e–s Antrags*) ‖ *Haltung* f (~ *of the head*); (*Körper-)Haltung* f **3.** *Fuhrwerk* n, *Wagen* m; one-horse ~ *einspänniger Wagen, Einspänner* m; ~ and pair *Zweispänner* m ‖ ⟨rail⟩ *Personenwagen, Waggon* m; by ~ *per Achse* f (*of a printing-press*) *Karren* m, *Laufbrett* n ‖ (*of a typewriter*) *Schlitten* m ‖ ⟨mech⟩ *Wagen* m, *Gestell* n; ⟨aero⟩ *Fahrgestell* n ‖ (*of a cannon*) *Lafette* f **4.** [attr] ~-body *Karosserie* f ‖ ~-building *Wagenbau* m ‖ ~-dog *Dalmatiner* m ‖ ~-drive *Auffahrt* f (*vor e–m Herrenhause*) ‖ ~-entrance *Einfahrt* f, *Torweg* m ‖ ~-horse *Wagen–, Zugpferd* n ‖ ~ leg (*Spreiz-)Lafettenholm* m ‖ ~-road, ~-way *Fahrweg, –damm* m, –*bahn* f ‖ single ~-way! ⟨mot⟩ *Fahrbahnwechsel!* ‖ ~**able** [~əbl] a *transportierbar* ‖ (*of roads*) *fahrbar*

carrier ['kæriə] s *Überbringer, Träger* m, ⟨fig⟩; (*Bakterien-)Träger* m; (*immuner*) *Bazillenträger* m (*P*) ‖ *Lohnfuhrmann* m; (*a common ~*) *bahnamtl. Spediteur* m ‖ ⟨phot⟩ *Haltrahmen* m ‖ (*of a bicycle etc*) *Gepäckhalter* m ‖ ⟨tech⟩ *Zwischenrad* n; *Verteilungswalze* f; *Träger* m ‖ ⟨Am aero a⟩ *Luftverkehrsgesellschaft* f ‖ ⟨aero⟩ *aircraft* ~ *Flugzeugmutterschiff* n, –*träger* m ‖ ~-based *od* ~-borne *aircraft Trägerflugzeug* n ‖ ~-pigeon *Brieftaube* f ‖ ~ transmission ⟨wir⟩ *Drahtfunk* m

carriole ['kærioul] s Fr *leichter Wagen* m f *eine Person*

carrion ['kæriən] **1.** s *Aas, verdorbenes Fleisch* n ‖ ⟨fig⟩ *Unrat, Abfall* m ‖ ~-beetle ⟨ent⟩ *Aaskäfer* m ‖ ~-crow *Aaskrähe* f **2.** a *verfault*; ⟨fig⟩ *ekelhaft*

carronade [ˌkærə'neid] s ⟨mil⟩ *Art kurze Schiffskanone* f
carrot ['kærət] s ⟨bot⟩ *Möhre, Mohrrübe* f ‖ ~ **and stick policy** *Zuckerbrot u Peitsche* ‖ ~s [sg konstr] ⟨sl⟩ *rothaarige P* f; *Rotkopf* m | ~y [~i] a *rötlich, rot* (hair)
carry ['kæri] vt/i **I. vt 1.** *tragen, befördern, fahren, schaffen* ‖ *überbringen* ‖ *zurückbringen, apportieren* ‖ *tragen*; (jdn) *führen, bringen* **2.** *mitführen, -nehmen*; *bei* or *an sich* h or *tragen*; *zeigen* | (*Krankheit*) *weitertragen, verbreiten* ‖ (*Hecke*) *ziehen* **3.** ⟨fig⟩ *nach sich ziehen, in sich schließen,* it carries with it *es bringt mit sich* ‖ (*Erzählung*) *ausdehnen, fortführen, -setzen* **4.** ⟨com⟩ (*Zinsen*) *tragen; über-, vortragen;* ⟨arith⟩ 4 down and ~ 2 4 *niederschreiben u 2 übertragen* ‖ ⟨Am⟩ (*Waren*) *führen* **5.** *tragen, stützen, halten;* to ~ o.s. *sich halten* **6.** ⟨mil⟩ *gewinnen, einnehmen, erobern, stürmen* | ⟨fig⟩ *gewinnen, erhalten, -langen* ‖ to ~ *into effect ausführen* ‖ (*Antrag*) *durchbringen, -setzen, annehmen,* to be carried *durchgehen;* carried unanimously *einstimmig angenommen* **7. Wendungen:** to ~ *arms Waffen tragen* ‖ he ~ried all before him *er riß alles mit sich weg* ‖ to ~ the audience with one *die Zuhörer mit sich fortreißen* ‖ to ~ the baby ⟨fam⟩ *die Verantwortung (f etw Unangenehmes) aufgehalst bek* ‖ to ~ the can ⟨mil sl⟩ *f e–n anderen den Kopf hinhalten* (*müssen*) ‖ to ~ *coals to Newcastle Eulen nach Athen tragen* ‖ to ~ *conviction, weight überzeugend, v Bedeutung s;* *überzeugen* ‖ to ~ the day *siegen, die Oberhand gewinnen* ‖ to ~ *things too far es zu weit treiben* ‖ to ~ *it with a high hand gebieterisch auftreten* ‖ to ~ *one's point sein Ziel erreichen, s–n Willen durchsetzen* ‖ to ~ *all sail* ⟨mar⟩ *mit vollen Segeln fahren* **8.** [adv] to ~ **about** *herum–, umhertragen* ‖ to ~ *along mit–, forttragen; weiterführen* | to ~ *away wegtragen, -führen;* ⟨fig⟩ *verleiten, -führen; mit sich fortreißen;* to let o.s. be ~ried away *sich fortreißen l* (to do; into doing) ‖ ⟨mar⟩ *wegreißen, abbrechen* | to ~ **back** *zurücktragen, -führen; -lenken* ‖ to ~ *down hinunterbringen, -führen, -tragen* ‖ to ~ *forth hinausführen, -tragen* ‖ to ~ *forward fortsetzen;* ⟨com⟩ *übertragen, vortragen, -ried forward der Übertrag* ‖ to ~ *in hineinbringen, -tragen* | to ~ **off** *wegtragen, abführen* (to prison); ⟨fig⟩ *entführen; wegraffen* ‖ to ~ it off well *mit Erfolg keck auftreten* | to ~ *on anführen, -treiben; betreiben, (Geschäft) führen, fortsetzen* ‖ to ~ *out hinausführen, -tragen, wegtragen; aus–, durchführen;* (*Urteil* etc) *vollziehen, -strecken* ‖ to ~ *over hinüberführen, -tragen;* ⟨com⟩ = to ~ *forward* ‖ ⟨st exch⟩ *prolongieren* | to ~ **through** *durchführen, -setzen, ausführen;* (jdm) *durchhelfen,* (jdn) *-bringen* ‖ to ~ up *hinaufführen, -bringen, -tragen* **II. vi 1.** *tragen,* to fetch and ~ *apportieren* **2.** (of the voice) *vernehmbar s, tragen; getragen w* ‖ (of a gun) *schießen, reichen* ‖ ⟨hors⟩ *den Kopf halten* **3.** to ~ **on** *stark ins Zeug gehen; sich aufregen;* ⟨fam⟩ *sich betragen;* don't ~ on m *Sie k–e Szene* ‖ *sich auffällig, närrisch, aufgeregt, ungehörig benehmen* ‖ *verkehren, anbändeln* (with) ‖ ⟨sl⟩ *weiterarbeiten, -machen, -existieren;* ~ on! ⟨mil⟩ *weitermachen!* **III.** [in comp] ~**-all** *leichter, vierrädriger Wagen* m | [attr] *Mehrzweck–, Allzweck–;* ~ *truck Kombiwagen* m ‖ *Reisetasche* f ‖ ⟨mot⟩ gr *Lastkraftwagen* m *mit 2 Längsbänken* ‖ ~**-cart** (*Kleinkind-*)*Sportwagen* m ‖ ~**-cot** *Kindertrage* f ‖ ~**-forward** ⟨com⟩ *Übertrag,* (*Saldo-*)*Vortrag* m; *arrangements* [pl] *for* ~*-f. Ausgleichmaßnahmen* f pl ‖ ~**-over** ⟨st exch⟩ *Prolongation* f

carry ['kæri] s *senkrechte Gewehrhaltung* f (*vor rechter Schulter*), at the ~ *unter Gewehr* ‖ *Trag–, Schußweite* f ‖ ⟨Am⟩ *Überführung* f (v *Booten über Land*) → *portage;* *Überführungsstrecke* f ‖ ⟨Am⟩ *Gütertransport* m, *Frachtkosten* pl ‖ ⟨com⟩ *Übertrag* m (*bes an Büromaschinen*)
carrying ['kæriiŋ] s *Tragen* n, ~ of the Cross (*Christi*) *Kreuztragung* f; *Transport* m, *Fuhrwesen* n; [attr] *Speditions–, Transport–;* ~ *capacity Ladegewicht* n; *Trag(e)–, Ladefähigkeit* f; *Verkehrslast, Belastungs–, Tragfähigkeit* f (*e–r Brucke*) ‖ ~ *container Transportbehälter* m ‖ ~ *handle Tragegriff* m ‖ ~**-out laws** *Ausführungsgesetze* n pl ‖ ~ *pad* (*MG-*)*Tragepolster* n ‖ ~ *strap Tragriemen* m ‖ ~**-trade** *Speditionsgeschäft* n | ~**-s-on** [pl] ⟨fam⟩ (*lose*) *Streiche* m pl, *nette* (oft: *üble*) *Geschichten* f pl; *Poussieren, Flirten* n
cart [kɑːt] **1.** s *Karren* m, *Fuhrwerk* n, *Wagen* m ‖ *zweirädr. Wagen f Personen,* → dog-cart | in the ~ ⟨fam⟩ *in übler Lage;* ⟨sl fig⟩ *ihs Hintertreffen* ‖ to put the ~ *before the horse das Pferd beim Schwanze aufzäumen* (*e–e S verkehrt anfangen*) | [attr] ~**-horse** *Zugpferd* n ‖ ~**-load** *Fuder* n, *Fuhre, Wagen–, Karrenladung* f, *a als Maß;* ⟨fam⟩ gr *Menge;* to come down on a p *like a* ~**-load of bricks** *jdn gehörig abkanzeln* ‖ ~**-racks** [pl] *Wagenleiter* f ‖ ~**-road** *Fahrweg* m ‖ ~**-rut** *tiefe Wagenspur* f ‖ ~**-wheel 1.** s *Wagenrad* n ‖ *das Radschlagen* n (to turn ~**-wheels** *radschlagen*) ‖ ⟨Am⟩ *Silberdollar* m ‖ ⟨aero⟩ *Kreiskorn* n (*altes Visier*) **2.** vi ⟨aero⟩ *auf e–m Flügelende landen* ‖ ~**-wright** *Wagenbauer, Stellmacher* m; ⟨hist⟩ *Wagner* m **2.** vt/i ‖ *mit e–m Karren befördern, (weg)fahren;* to ~ *about mit sich tragen, schleppen* ‖ ⟨fig mil sl⟩ (jdn) *nas-führen* | vi *karren* ~**-age** ['~idʒ] s *Karren, Fahren* n ‖ *Fuhrlohn* m, *Rollgeld* n ‖ ~ *service Rollfuhrdienst* m
carte, quarte [kɑːt] s Fr ⟨fenc⟩ *Quart* f
carte [kɑːt] Fr *Karte* f; ~ **blanche** ['kɑːt'blɑːʃ] s Fr ⟨fig⟩ *unbeschränkte Vollmacht* f ~**verte** ['kɑːt'vert] *grüne Karte* (*internat. Kraftfahrzeug-Haftpflichtversicherungsschein* m)
carte-de-visite ['kɑːtdəvi'ziːt] s Fr ⟨phot⟩ *Visitformat* n (3½ × 2¼ *Zoll*)
cartel ['kɑːtel] s Fr *schriftl. Aufforderung* f *z Zweikampf* ‖ ⟨pol⟩ *Auslieferungsvertrag* m (*f Gefangene*) ‖ ⟨com⟩ *Kart·ell* n ~**ism** [~izm] s *Kartellwesen, -system* n
carter ['kɑːtə] s *Fuhrmann, Fuhrunternehmer* m ‖ ~**'s cloak** *Fuhrmannsmantel* m
Cartesian [kɑː'tiːziən] **1.** a *kartesianisch* **2.** s *Kartesianer* m (*Anhänger v* Descartes)
Carthusian [kɑː'θjuːziən] **1.** a *Kartäuser–* **2.** s *Kartäuser* m
cartilage ['kɑːtilidʒ] s ⟨anat⟩ *Knorpel* m **-ginoid** [ˌkɑːti'lædʒinɔid], **-inous** [ˌkɑːti'lædʒinəs] a *knorp(e)lig; knorpelartig, Knorpel–*
cartographer [kɑː'tɔgrəfə] s *Kartograph, Kartenzeichner* m **-graphic(al)** [ˌkɑːto'græfik(əl)] a *kartographisch* **-graphy** [kɑː'tɔgrəfi] s *Kartographie* f **-mancy** ['kɑːtomænsi] s *Kartenlegekunst* f
carton ['kɑːtən] s *Pappschachtel* f, *Karton* m ‖ *weiße Scheibe* f *im Zentrum der Schießscheibe,* ⟨m.m.⟩ (*das*) *Schwarze*
cartoon [kɑː'tuːn] **1.** s ⟨arts⟩ *Musterzeichnung, Vorzeichnung* f ‖ gr *Deckengemälde* n; *Karton* m; *Vollbild* n (*in Witzblättern* etc), *Spott–, Zerrbild* n, *Karikatur* f (*political* ~); (a ~*-film*) *Zeichen-Trickfilm* m (a animated ~) | ⟨übtr⟩ *Zeichnung, Schilderung* f **2.** vi/t *skizzieren, Karikaturen zeichnen* | vt *im cartoon darstellen, karikieren* ~**ist** [kɑː'tuːnist] s *Karikaturenzeichner* m
cartouche [kɑː'tuːʃ] s Fr ⟨arch⟩ *Kartuschenornament,* (*Zier-*)*Rollwerk* n ‖ ⟨Eg archæol⟩ *Kartusche* f (*um Namen u Titel der Pharaonen* etc)

cartridge ['kɑːtridʒ] s ⟨mil⟩ *Patrone* f; *ball-~ scharfe P.*, *blank-~ Platzpatrone* f ‖ *~-belt* ⟨mil⟩ *Patronengürtel* m; *(MG-)Patronen-, Ladegurt* m; *~* b. feed *Patronengurtzuführung* f ‖ *~-box* ⟨mil⟩ *Patronentasche* f ‖ *~* case *(Kartusch-, Treibladungs-, Patronen-)Hülse* f; *~* c. detent ⟨artill⟩ *Hülsensperre* f ‖ *~* chamber ⟨artill⟩ *Ladungs-, Kartuschraum* m ‖ *~* clip *Ladestreifen* m ‖ *~-type ground signal Leuchtpatrone* f

cartulary ['kɑːtjuləri] s *Urkundenbuch, -sammlung* f

caruncle ['kærəŋkl] s *Fleischauswuchs* m ‖ ⟨bot⟩ *Auswuchs* m *an der Fruchthülle*

carve [kɑːv] vt/i ‖ ⟨arts⟩ *schnitzen, meißeln; ausschnitzen, −meißeln; aushöhlen;* (*Namen*) *einschneiden* ‖ (*Fleisch*) *zerlegen, tranchieren* ‖ ⟨fig⟩ *gestalten;* to *~* out a career for o.s. *sich e−n Weg bahnen* ‖ vi ⟨arts⟩ *schnitzen, meißeln* ‖ *vorschneiden −ver* ['kɑːvə] s ⟨arts⟩ *Bildhauer, Holzschnitzer* m ‖ (at table) *Vorschneider* m ‖ *Vorlegemesser* n; *~s* [pl] *V. u Gabel* −**ving** ['kɑːviŋ] s *Schnitzen, Meißeln* n ‖ *Vorlegen* n ‖ *Schnitz-, Bildwerk* n ‖ *~-knife Vorlegemesser* n

carvel-built ['kɑːvel̩bilt] a ⟨mar⟩ *kraw·eelgebaut; ~* boat *Kraweelboot* n (*B. mit glatter Außenhaut; Ggs* clinker-built)

carvitron ['kɑːvitrən] s ⟨dent⟩ *Ultraschallbohrer* m

cascade [kæs'keid] **1.** s Fr *Kask·ade* f, *Wasserfall* m ‖ ⟨fig⟩ *etw Wellig-Herabfallendes* n (*~* of lace) ‖ *~* generator ⟨at⟩ *Stufengenerator* m **2.** vi ⟨fig⟩ *wellig (herab)fallen* ‖ (of letters, etc) (*herein*)*regnen*

case [keis] **1.** s ⟨a mot⟩ *Gehäuse* (*z. B. Uhr−*); *Futteral, Bündel* n, *Behälter* m, *Fach* n ‖ *Kiste* f (*~* of wine *K. Wein*) ‖ ⟨med⟩ *Besteck* n ‖ → packing; *Kasten* m ‖ *Hülle, Scheide* (*des Schwerts*); *Kapsel* f ‖ (of a pillow) *Überzug* m ‖ *Tasche* f, *Etui* n (cigar-*~*); → dressing, writing; brief *~* (*Akten-*)*Mappe* f; suit-case *lederne Reisetasche* f, *Handkoffer* m ‖ ⟨tech⟩ *Mantel* m, *Bekleidung* f ‖ *~* of instruments ⟨med⟩ *Besteck* n ‖ upper, lower *~* ⟨typ⟩ *Setzkasten* m *f gr, kl Buchstaben* ‖ [in comp & attr] *~-bearer* moth (Coleophoridae) ⟨ent⟩ *Sackträger* m ‖ *~-harden* ⟨tech⟩ *verstählen, hart gießen;* ⟨fig⟩ *abhärten* ‖ *~-hardened* ⟨tech⟩ *hartgegossen, glas-, stahlhart* ‖ ⟨fig⟩ *abgehärtet, −brüht* ‖ *~-knife Hirschfänger* m ‖ *~-shot* ⟨mil⟩ *Kartätsche* f **2.** vt *mit e−m Gehäuse etc umgeben, in ein Gehäuse etc stecken; einhüllen* (in), *umkl·eiden*

case [keis] s **1.** *Fall, Umstand; Vorfall* m; *Sache, Frage* f (*~* of conscience *Gewissens-*) ‖ *Zustand* m, *Lage* f ‖ ⟨gram⟩ *Kasus, Fall* m **2.** ⟨jur⟩ *Rechtsfall; Prozeß* m; *~* at bar *vorliegender Rechtsfall* ‖ [koll] *Tatsachen, Beweise* pl; *rechtlicher Grund, Anlaß* m (for *für, zu*); there is a *~* for *es gibt gewichtige Gründe f* ‖ *Wichtigkeit* f, *Belang* m, there is no *~ es ist ohne B.* (for having *zu h*) ‖ *Hauptargument* n (his *~* is that) **3.** ⟨med⟩ *Krankheitsfall* m; *Fall* m (*P*); a hard *~ ein abgebrühter Geselle* m **4. Wendungen:** *~* in point *typisches charakteristisches Beispiel* ‖ leading *~* ⟨jur⟩ *Präzedenzfall* m ‖ in *~ im Falle daß, falls* ‖ in any *~ in jedem F., jedenfalls;* in any and every *~ in allen nur denkbaren Fällen* ‖ in *~* of *im F.* [gen], *f den F.;* in *~* of need *im Notfalle* ‖ in that *~ wenn das so ist* ‖ in the *~* of *betreffs, im Falle* (in the *~* of Smith *im F. S.*) ‖ that alters the *~ das ändert die S* ‖ the *~* is this *die S liegt so* ‖ that is not the *~ das ist dort der Fall* ‖ as is the *~* with *wie es der Fall ist mit;* it is not the *~* with Byron *es ist nicht der Fall bei B.;* the same is the *~* with *dasselbe ist der F. bei* ‖ as the *~* may be *je nachdem* ‖ as the *~* may require *wie es die Sachlage erheischen mag* ‖ as

the *~* stands *wie die Dinge liegen* (*stehen*) ‖ to come down to *~s* ⟨Am⟩ *z S k* ‖ to have a good *~ nahezu das Recht auf s−r Seite h* ‖ to make out a *~* for o.s. *sich z verteidigen wissen;* a good (weak) *~* can be made for *es läßt sich viel* (*wenig*) *sagen f* (or *zugunsten v*) ‖ put the *~* that *gesetzt den Fall, daß* ‖ to state one's *~ s−n Standpunkt auseinandersetzen, vertreten* **5.** [attr] ‖ ⟨med⟩ *~* **book** *Krankenbuch* n; *~* history *Anamnese, Vorgeschichte* f ‖ *~-law* ⟨jur⟩ *durch Präzed·entien geschaffenes Recht* n (*Ggs* statute law) ‖ *~(-)loads* [pl] *z bearbeitende Fälle* m pl ‖ *~* record *Krankenbericht* m ‖ *~* system *juristische Lehrmethode* f *durch Studium v Präzedenzfällen* ‖ *~* work *soziale Einzelarbeit, individuelle Fürsorge(arbeit)* f ‖ *~* worker ⟨med, soc⟩ *Sachbearbeiter* m

casein ['keisiin] s ⟨chem⟩ *Kase·in* n

casemate ['keis-meit] s ⟨fort & mar⟩ *Kasematte* f *~d* [*~id*] a *mit Kasematten versehen*

casement ['keizmənt] s (a *~* window) *Fensterrahmen* m ‖ *Klapp-, Flügelfenster* n (*Ggs* sash-window); *Fensterflügel* m ‖ *~* cloth *Gardinenstoff* m; (*Kleider-*)*Kattun* m ‖ *~* curtain *Scheibengardine* f

caseous ['keisiəs] a *käsig, käseartig, Käse− casern(e)* [kə'zɔːn] s ⟨mil⟩ *Baracke* f

cash [kæʃ] **1.** s (*bares*) *Geld* n, *Kasse* f; *Barzahlung* f, 'to sell for *~ gegen B. verkaufen* ‖ ⟨fam⟩ °*Moos* n, *Moneten* pl ‖ loose *~ Münzgeld* n ‖ (for) prompt *~*, ready *~* (*gegen*) *sofortige Kasse, bei sofortiger Zahlung;* 3% for *~* within 14 days *3% bei Barzahlung innerhalb v 14 Tagen* ‖ *~* in bank *Bankguthaben* n ‖ *~* in hand *Kassenbestand* m ‖ *~* and carry clause (*seit* 1. V. 1937) ⟨Am⟩ *Klausel f, nach der Waren bar bezahlt u auf eigenen Schiffen transportiert w müssen* ‖ *~* on delivery (abbr C.O.D.) *unter Nachnahme, zahlbar bei Lieferung* ‖ *~* down *gegen Barzahlung, bar* ‖ *~* over *Kassenüberschuß* m ‖ to be in (out of) *~* (*nicht*) *bei Kasse* or *Gelde s* ‖ to be short of *~ knapp an Geld s* ‖ to turn into *~ z Gelde m* ‖ [attr] *Kassa-, Kassen-, Bar-* (payment, price) ‖ *~-account* ⟨com⟩ *Kassakonto* n, *-rechnung* f ‖ *~* advance *Vorschuß* m ‖ *~* balance *Kassenabschluß, −bestand* m ‖ *~-book Kassabuch* n ‖ *~-box Geldschatulle, Kasse* f ‖ *~-crop* (*bot*) *Handelsgewächse* n pl ‖ *~-register Registrier−, Kontrollkasse* f **2.** vt/i *einlösen* (to *~* a cheque); *aus-, bezahlen, z Geld m, einkassieren* ‖ vi to *~* in ⟨Am⟩ *bezahlen, Schluß m;* ⟨fig a engl fam⟩ °*abkratzen* (*sterben*) ‖ vt/i to *~* in on *verdienen an*

cashew [kə'ʃuː] s ⟨bot⟩ *Nierenbaum* m; *~-nut Elefantenlaus* f

cashier [kæ'ʃiə] s *Kassierer* m ‖ *~'s* office *Kasse, Zahlstelle* f

cashier [kə'ʃiə] vt ⟨mil & nav⟩ (*jdn*) *kassieren, ausstoßen,* (*jdm*) *den schlichten Abschied geben*

cashmere ['kæʃmiə] s *Kaschmir* m (*Wollstoff* m); [attr] *Kaschmir−*

casing ['keising] s *Ein-, Umhüllen; Einstecken* n ‖ *Gehäuse* n; *Futteral* n, *Scheide* f ‖ *Bekleidung* f ‖ *Holzverkleidung* f ‖ artificial sausage *~ Kunstdarm* m

casino [kə'siːnou] s It [pl *~s*] *Gesellschaftshaus; Musik-, Spiel-, Tanzlokal* n

cask [kɑːsk] s *Faß* n (*~* of butter *F. Butter*); *Tonne* f

casket ['kɑːskit] s *Kästchen* n ‖ ⟨Am⟩ *Sarg* m

Caspian ['kæspiən] a *kaspisch* (the *~* Sea)

casque [kæsk] s † *Helm* m

cassation [kæ'seiʃən] s ⟨jur⟩ *Aufhebung, Kassation* f ‖ Court of Cassation ⟨a-engl⟩ *Kassationshof* m

casserole ['kæsəroul] s Fr *gestielter Tiegel* m, *Schmorpfanne* f

cassette [kə'set] s ⟨phot⟩ *Kassette, Patrone* f

cassia ['kæsiə] s L ⟨bot⟩ *K·assie* f
cassock ['kæsək] s *Obergewand* n *des Priesters, Soutane* f ‖ *Schoßjacke* f
  cassolette [‚kæsə'let] s Fr *Gefäß* n *f Parfüm*
  cassone [ka'soune] s It *geschnitzte Truhe* f (*f Mitgift*)
  cassowary ['kæsəwɛəri]·s ⟨orn⟩ *Kasu·ar* m
cast [kɑːst] vt/i [cast/cast] **I. vt 1.** (⟨poet †⟩ *f* to throw) *werfen* ‖ ⟨übtr⟩ (*Blick*) *werfen, richten* (at *auf*); (*Licht* etc) *werfen* (on, upon *auf*) ‖ (*Angel*) *auswerfen* ‖ (*Haut*) *abwerfen*; to ~ a shoe *ein Hufeisen verlieren* ‖ (*T*) *werfen, gebären* **2.** (*Metall*) *gießen*; to ~ en bloc [Fr] *in einem Stück gießen*; (*Statue*) *formen, modeln*; to be ~ in the same mould *aus demselben Holze geschnitzt s* ‖ ⟨arts⟩ *entwerfen, zeichnen* **3.** ⟨com⟩ *ausrechnen* (to ~ accounts); (*Saldo*) *ziehen*; ⟨typ⟩ (*Manuskriptumfang*) *schätzen* ‖ *anordnen* ‖ ⟨theat⟩ (*Rollen*) *verteilen*, (*Rolle, Stück*) *besetzen* (the play is perfectly ~) **4.** *verwerfen*; *entlassen* ‖ ⟨jur⟩ (*z Kosten*) *verurteilen* ‖ ⟨naut⟩ (*Tau, Leine* etc) *lockern, lösen* **5. Wendungen**: to ~ anchor *Anker* (*aus*)*werfen* ‖ ..*dice würfeln*; the die is ~ *der Würfel ist gefallen* ‖ ..*a horoscope ein Horoskop stellen* ‖ ..*lots losen* (for *um*) ‖ ..*a spell on a p jdn behexen, –zaubern* ‖ ..*a vote e–e Stimme abgeben* ‖ to ~ a th in a p's teeth *jdm etw vorwerfen* **6.** [mit adv] to ~ **aside** *beiseitelegen, verwerfen* ‖ to ~ away *ver–, wegwerfen*; *verschwenden*; ⟨mar⟩ to be ~ away *verschlagen w, scheitern* ‖ to ~ down *niederwerfen*; (*Stimmung*) *dämpfen, demütigen* (to be ~ down *niedergeschlagen s*); (*Augen*) *senken, niederschlagen* ‖ to ~ in one's lot with *das Schicksal teilen, gemeinsame S m mit* ‖ to ~ off *abwerfen, –legen*; (*Sohn*) *verstoßen* ‖ (*Maschen*) *abnehmen*; *fertig m* ‖ to ~ on (*die ersten Maschen*) *aufnehmen* ‖ to ~ up *aufwerfen, in die Höhe werfen* ‖ *aus–, berechnen* **II. vi 1.** *die Angelleine auswerfen* ‖ ⟨mar⟩ *lavieren, wenden* ‖ *sich formen l, e–e Form annehmen* **2.** [mit adv] to ~ **about** *umhersuchen, sich umsehen* (for *nach*); ⟨fig⟩ *sinnen* (for *auf*, to do); ⟨mar⟩ *umherlavieren* ‖ to ~ back *zurückgehen, –greifen* (to *auf*)

cast [kɑːst] pp *v* to ~ ‖ ~ iron *Gußeisen* n ‖ ~-iron *gußeisern*; ⟨fig⟩ *fest* (rule), *starr*; *unbeugsam*

cast [kɑːst] s **1.** *Werfen* n, *Wurf* m ‖ *Wurfweite* f ‖ *Wurf* (*mit Würfeln*) m; ~ of fortune *Zufall* m ‖ *Auswerfen* n (*des Fischnetzes*); *Angelhaken mit Köder* ‖ *Abgeworfenes, –streiftes* n **2.** *Guß,* (*Gips-*)*Abguß* m, *–form* f, *–stück* n ‖ *Abdruck* m, *Modell* n, *Form* f ‖ *Faltenwurf* m **3.** *Berechnung* f ‖ ⟨theat⟩ *Rollenverteilung, –besetzung, –zus–setzung* f; with the full ~ *mit vollem Ensemble, in voller Besetzung* **4.** *Schattierung, Färbung* f ‖ *angeborene Art* (~ of mind *Geistes–*); *Manier* f, *Typ* m ‖ *falsche Richtung, Neigung* f (*des Auges*), to have a ~ in one's eye *etw schielen*

castanets [‚kæstə'nets] s pl *Kastagn·etten, Tanzklappern* f pl

castaway ['kɑːstə‚wel] **1.** s *Verworfener* m ‖ ⟨mar⟩ *Schiffbrüchige(r* m) f **2.** a *verworfen* ‖ ⟨mar⟩ *schiffbrüchig, gescheitert*

caste [kɑːst] s ⟨Ind⟩ *Kaste* f ‖ *exklusive Gesellschaftsklasse* f ‖ ⟨fig⟩ *gesellschaftliche Stellung* f; to lose ~ *gesellschaftlich herabsinken*

castellan ['kæstələn] s *Kastellan, Burgvogt* m

castellated ['kæsteleitid] a *mit Zinnen, Türmchen versehen* ‖ *reich an Schlössern* (etc)

caster ['kɑːstə] s *Gießer* m ‖ *Berechner* m; → castor

castigate ['kæstigeit] vt *züchtigen, streng bestrafen* ‖ (*Werk*) *verbessern*; *emendieren* **–gation** [‚kæsti'geiʃən] s *Züchtigung* f ‖ *kritische Durchsicht*; *Verbesserung* f

castigator ['kæstigeitə] s *Züchtiger* m ~y [~ri] a *Züchtigungs–*
Castilian [kæs'tiliən] **1.** a *kastilisch* **2.** s *Kastilianer*(*in* f) m
casting ['kɑːstiŋ] **1.** a *werfend* ‖ *entscheidend, den Ausschlag gebend,* ~ vote *die entscheidende Stimme* f **2.** s *Guß* m; ~s [pl] *Stahlformguß* m; *Gußwaren* f pl ‖ [attr] *Wurf–* (~-net); *Gieß–*; ~ cycle *–takt* m, ~ ladle *–pfanne* f; ~ workshop ⟨met⟩ *Gießhütte* f
castle ['kɑːsl] **1.** s *Schloß* n, *Burg* f ‖ ⟨Ir⟩ The Castle *die Regierung (des früheren Vizekönigs) in Irland (Dublin)* ‖ ⟨chess⟩ *Turm* m (→ rook) ‖ ~ in the air, in Spain *Luftschloß* n ‖ [attr] ~-builder *Projektenmacher, Phantast* m ‖ ~ nut ⟨tech⟩ *Kronenmutter* f **2.** vi ⟨chess⟩ *rochieren*
castor ['kɑːstə] s L ⟨zoo⟩ *Biber* m ‖ ⟨pharm⟩ *Bibergeil* n
castor, –ter ['kɑːstə] s *Streubüchse* f (*f Pfeffer* etc) ‖ ~-sugar *Puder–, Streuzucker* ‖ ~s [pl] (*Platt-*)*Menage* f
castor, –ter ['kɑːstə] s *Rolle* f (*unter Möbeln*) ‖ ~ (wheel) ⟨tech⟩ *Lenkrad* n, *–rolle* f ‖ ⟨mot⟩ *Vor–, Nachlauf* m ‖ ⟨aero⟩ *Nachlauf* m (*Sporn*) ~ing ['~riŋ] ⟨aero⟩ *Schwenken* n ‖ ~ tail-(nose-)wheel *schwenkbares Sporn-*(*Bug-*)*rad* n
Castor ['kɑːstə] s L ~ and Pollux ⟨myth⟩ *die Dioskuren* pl; ⟨astr⟩ *die Zwillinge* pl
castor-oil ['kɑːstər'ɔil] s ⟨med⟩ *Rizinusöl* n
castrate [kæs'treit] vt *kastrieren, verschneiden* ‖ (*Stellen*) *ausmerzen* (*im Buch*) **–tion** [kæs'treiʃən] s *Kastrierung* f ‖ ~ complex ⟨psych⟩ *Kastrationskomplex* m
casual ['kæʒuəl] **1.** a (~ly adv) *zufällig; gelegentlich; beiläufig* ‖ *unbestimmt* ‖ *unregelmäßig*; *inkonsequent; nachlässig, gleichgültig*; (*gewollt*) *lässig, salopp* ‖ ~ jacket *Strapazjacke* f ‖ ~ labourer, ~ worker *Gelegenheitsarbeiter* m; ~ payment ⟨mil⟩ *Soldzahlung* f *in besonderen Fällen* ‖ ~ ward *Asyl* n, *Station f f Obdachlose* **2.** s *Gelegenheitsarbeiter*; *gelegentl. Almosenempfänger* m ‖ ⟨Am mil⟩ *Abkommandierter* m; ~s [pl] *Durchgangspersonal* n ~**ism** [~izm] s *Kasualismus* m (*Lehre v der Zufälligkeit der Dinge*) ~**ize** [~aiz] vt *zu Gelegenheitsarbeitern m* ~**ness** [~nis] s *Zufälligkeit*; *Nachlässigkeit* f ~**ty** [~ti] s *Un*(*glücks*)*fall, zufälliger Tod*(*esfall*) m; *Verkehrsopfer* n; *Verunglückte(r* m) f; ⚕ Clearing Station ⟨mil⟩ *Verbandplatz, Feldlazarett* m ‖ ~ collecting point *od* post *od* station *Krankensammelstelle* f ‖ ~ evacuation *Verwundetenabschub* m ‖ ~ figure *Verlustziffer* f ‖ ~ insurance *Unfallversicherung* f ‖ –ties [pl] ⟨mil⟩ *Verluste* m pl; (*a* ~ list) *Verlustliste* f
casuarina [kæsjuə'rainə, –'riːnə] s *Kasuar·ine* f (*Baum*)
casuist ['kæʒjuist] s *Kasu·ist* m ~**ic(al)** [‚kæʒju'istik(əl)] a (*–cally adv*) *kasuistisch; spitzfindig, pfiffig* ~**ry** [~ri] s *Kasuistik* f; *Spitzfindigkeit, Pfiffigkeit* f; *Knifflehre* f
cat [kæt] s ⟨zoo⟩ **1.** *Katze* f; → *kitten*, to mew ‖ (*Raubtier–*) *Katze* f [the ~s] ‖ ⟨fig⟩ *Katze, falsche Schlange* f (*Frau*). old ~ (*fam*) *Zicke* f (*boshaftes Frauenzimmer*) **2.** ⟨mar⟩ *Kattanker* m, *Katt* f (*z Aufwinden des Ankers*) ‖ = ~-o'nine-tails *doppelter Dreifuß* m **3. Verbindungen**: he-~, male ~, tom-~ *Kater* m ‖ she-~, female ~ *Katze* f ‖ domestic ~ *Hauskatze* f ‖ the ~ mews.. *miaut*, caterwauls, *miauls schreit*, purrs *schnurrt* ‖ to act like a ~ on hot bricks *wie die K. um den heißen Brei gehen* ‖ not a ~'s (*od* ~-in-hell's) chance *nicht die geringste Aussicht* ‖ a ~ may look at a king *sieht doch die K. den Kaiser an* ‖ to live like ~ and dog, to lead a ~ and dog life *wie Hund u K. leben* ‖ it's enough to make a ~ laugh *da lachen ja die (ältesten Suppen-)Hühner* ‖ to put the ~ among the pigeons *den Bock z Gärtner m* ‖ to rain ~s and

dogs *Bindfäden* (*in Strömen*) *regnen* || when the
~'s away the mice will play *ist die K. nicht z
Haus, tanzt die Ratze mit der Maus* || (see) how
(which way) the ~ jumps *wie der Hase läuft* | →
to bell || to let the ~ out of the bag *die K. aus
dem Sack l, (aus der Schule) plaudern* || ⟨vulg⟩ to
shoot the ~ °*kotzen* | → to swing **4.** [attr &
comp] **~-block** ⟨mar⟩ *Kattblock* m || **~-burglar**
Fassadenkletterer m || **~-cracked** g:°oline
Spalt-, Krackbenzin n || **~-eyed** *katzenäug. ·* (*im
Dunkeln sehend*) || **~-fall** ⟨mar⟩ *Kattläufer* m ||
~-harpings [pl] ⟨mar⟩ *Schwichtungsleine* f ||
~-ice *unsicheres Eis* n || ~ ladder *Dach*(*decker*)-
leiter f || **~-lap** ⟨sl⟩ *Gesöff* n || **~-o'-nine-tails**
⟨mar⟩ *neunschwänzige Katze* f || **~-party**
Damengesellschaft f, ⟨m. m.⟩ *Kaffeeklatsch* m ||
~'s-cradle *Fadenabnehmen* n (*Kinderspiel*) ||
~'s-eye ⟨minr & traffic⟩ *Katzenauge* n || **~'s-**
paw *Katzenpfote* f; ⟨fig⟩ *Gefoppter* m, *Werkzeug* n; to make a ~'s-paw of a p *sich v jdm die
Kastanien aus dem Feuer holen l* || ⟨mar⟩ *leichte
Brise* f || the ~'s, the ~'s pajamas ⟨Am sl⟩ *die
,,Masche", Pfundssache, der Pfundskerl* || the ~'s
whiskers pl ⟨sl⟩ = the ~'s pajamas; ⟨meteor sl⟩
Federwolke f || ~(-)walk ⟨mach tech⟩ *Laufsteg* m
cat [kæt] vi/t || ⟨fam⟩ °*kotzen* (*sich übergeben*)
| vt (*Anker*) *katten* (*aufwinden*)

cata-, cat-, cath- ['kætə, kæt, kæθ] pref *herab,
weg, miß-*; *unter*; *auf*; *wider, gegen*; *gemäß*;
gänzlich

catachresis [ˌkætə'kri:sis] s Gr ⟨rhet⟩ *Kata-
chr·ese* f, L *abusio* (*unlogischer Gebrauch e–s bildl.
Ausdrucks*: *z.B.* laute Tränen, blind mouths
[Milton, Lycidas]; children should be seen and
not hurt [*statt* heard]) **–chrestic** [–'krestik] a
mißbräuchlich

cataclysm ['kætəklizm] s *Überschwemmung* f;
⟨geol⟩ *Erdumwälzung* f || ⟨fig⟩ *völliger Umsturz*
m **~al** [ˌkætə'klizməl], **–ic** [ˌkætə'klizmik] a
umwälzend, –stürzend, aufwühlend

catacomb ['kætəkoum] s *Katak·ombe, unterirdische Grabstätte* f

catafalque ['kætəfælk] s Fr *Kataf·alk* m,
Trauergerüst n

Catalan ['kætələn] **1.** a *katalonisch* **2.** s *Kata-
lonier*(*in* f) m

catalectic [ˌkætə'lektik] a ⟨pros⟩ *katalektisch,
unvollzählig* (verse, metre)

catalepsy ['kætəlepsi] s ⟨med⟩ *Katalepsie* f,
Starrkrampf m **–ptic** [ˌkætə'leptik] a *katalep-
tisch, Starrkrampf-*

catalogue, ⟨Am⟩ **catalog** ['kætələg] **1.** s *Katalog*
m, *Verzeichnis* n (~ of books *Bücher-*) ; *Liste* f (~
of prices *Preis-*) ; descriptive ~ *ausführlicher K.* ||
Jahrbuch n **2.** vt *katalogisieren, e–n K. aufstellen v*

catalpa [kə'tælpə] s ⟨bot⟩ *Katalpa-, Trom-
petenbaum* m

catalysis [kə'tælisis] s Gr *Katalyse* f **–lyse**
['kætəlaiz] vt *e–e K. bewirken in* (*etw*) || **–lyser**
['kætəlaizə], **–lyst** ['kætəlist] s *Katalys·ator* m

catamaran [ˌkætəmə'ræn] s *Floß* n || *Doppel-
boot* || *Xanthippe* f (*zänkisches Weib*)

catamount ['kætəmaunt], **~ain** [ˌkætə'maunt-
in] s ⟨zoo⟩ *Wildkatze* f || ⟨Am⟩ *Luchs* m

cataphoresis [ˌkætə'fərisis] s ⟨scient⟩ *Kata-
phor·ese* f

cataplasm ['kætəplæzm] s ⟨med⟩ *Kataplasma*
n, *Breiumschlag* m

catapult ['kætəpʌlt] **1.** s ⟨ant⟩ *Katapult* m,
Wurfmaschine f || ⟨aero⟩ *Katapult* m, *Start-
schleuder* f || *Wurfgabel, Zwille* (*Spielzeug*) f |
⟨aero⟩ *Schleuder* f; ~-ship *Flugzeugschleuder-
schiff* n; ~ launching, ~ take-off ⟨aero⟩ *Schleu-
derstart* m **2.** vt/i *schleudern* || ⟨aero⟩ *katapul-
tieren* | vi *mit e–r Zwille schießen*

cataract ['kætərækt] s *Katarakt, Wasserfall*
m; *Regenguß* m || ⟨med⟩ *Grauer Star am Auge* m
~ cylinder ⟨mot⟩ *Bremszylinder* m

catarrh [kə'ta:] s *Katarrh, Schnupfen* m **~al**
[~rəl] a *katarrhalisch, Katarrh-*

catarrhine ['kætərain] **1.** a ⟨zoo⟩ ~ apes [pl]
Schmalnasen f pl, *Altwelt-, Ostaffen* m pl **2.** s =
~ ape

catastrophe [kə'tæstrəfi] s [pl ~s] (in a
drama) *Katastrophe* f || ⟨fig⟩ *Verhängnis* n,
Schicksalsschlag m || ⟨geol⟩ *Umwälzung* f
–strophic [ˌkætə'strɔfik] a *katastr·ophisch,
–ph·al, verhängnisvoll*

catawba [kə'tɔ:bə] s (*Fluß* in USA) *Catawba-
rebe* f; *–wein* m

catbird ['kætbə:d] s ⟨orn⟩ *amer. Spottdrossel* f

catboat ['kætbout] s *kl Segelboot* (*mit Mast
am Bug*) n

catcall ['kætkɔ:l] **1.** s ⟨theat⟩ *Pfeifen* n (*als
Zeichen der Mißbilligung*) || *schrille Pfeife* f **2.**
vi/t || *zischen, pfeifen* | vt *mit Zischen empfangen*

catch [kætʃ] vt/i [caught/caught] **I. vt 1.** (*jdn*)
fangen, fassen, packen; *haschen* || (*Ball*) (*auf*)-
fangen || (*jdn*) *einholen*; (*Zug*) *erreichen*; (*Situa-
tion*) *festhalten* **2.** (*übtr*) *fangen, einfangen*; (*jdn*)
abfangen; *überraschen, erwischen, –tappen* (at, in
a th *bei etw*; a p doing *daß jd tut*); to ~ a p
napping (*jdn bei e–r Unaufmerksamkeit ertappen*;
~ me! *od* ~ me doing that! ⟨fam⟩ °*denkste*!
(= *denkst du*!) (*da hast du dich schon geirrt*), *das
fällt mir nicht* (*im Traume*) *ein*! || to ~ o.s.
thinking sich bei dem Gedanken ertappen ||
(*Blick*) *erhaschen, erhalten* || you will ~ it *du
wirst es gehörig kriegen* (*bestraft w*) **3.** (*etw*)
klemmen (to ~ one's fingers in *sich die Finger
kl. in*); *hängenbleiben mit* (to ~ one's foot in..
mit dem Fuß.. in); to be caught in *hineingerissen
w in, hängenbleiben in* || (*jdn*) *treffen, schlagen*
(on the nose); to ~ a p a blow ⟨fam⟩ *jdm eins
versetzen* **4.** *fesseln, gewinnen, erhalten* | ⟨med⟩
sich (*etw*) *holen, sich* (*etw*) *zuziehen* || ⟨fig⟩ *an-
gesteckt or ergriffen w v* (*etw*) (to ~ the enthu-
siasm) **5.** *richtig verstehen, begreifen, hören* ||
⟨aero⟩ (*Luftziel mit Radar*) *auffassen* **6. Wendungen**: to ~ a p's **attention** *jds Aufmerksamkeit
auf sich lenken* || to ~ one's breath *den Atem
anhalten*; *ruckweise u mühsam atmen* || to ~
(a) cold *sich erkälten*; to ~ one's death of cold
sich auf den Tod erkälten || to ~ a p's ear *jds
Ohr treffen* || to ~ a p's eye (S) *jdm ins Auge
fallen*; (P) *jds Blick auffangen*; ⟨parl⟩ to ~ the
Speaker's eye *das Wort erhalten* || → fire || to ~
hold of *ergreifen, fassen* || the wind ~es the sail
der Wind füllt das Segel || to ~ sight of, to ~ a
glimpse of *erblicken* || → Tartar **7.** [*mit* adv]
to ~ **out** ⟨crick⟩ (*den Schläger*) *ausmachen* || to ~
a p out *jdn bei e–m Fehler or Streich ertappen,
erwischen* || to ~ up (*Gedanken*) *aufgreifen,
–nehmen*; (*etw*) *aufraffen*; (*jdn*) *einholen*; *unter-
brechen* **II. vi 1.** (of a lock) *einschnappen* || (*fest*)-
halten, fassen, greifen; *ineinandergreifen* || *sich
ausbreiten* || *ansteckend s* (*v Krankheiten*) ||
|| she caught *bei ihr hat's geschnappt* || ~*-as-
~-can freier Ringkampf* m **2.** [*mit* prep] to ~ **at**
greifen, haschen nach || to ~ in *sich verfangen in*
3. [*mit* adv] to ~ on ⟨fig⟩ *gefallen, Erfolg h,
Anklang finden* || to ~ on to ⟨fig⟩ *erfassen*;
⟨Am⟩ *begreifen*, °*kapieren* || to ~ up on *od* to
herankommen an, einholen || to ~ up with (*bes
Am*⟩ *Schritt halten mit*, (*jds*) *Vorsprung ein-
holen* **III.** [in comp] **~-cry** *Schlagwort* n || ~-
drain ⟨tech⟩ *Abzugskanal* m || **~-fly** ⟨bot⟩
Mückenfang m, *Pechnelke* f; *Leimkraut* n || ~-
phrase = ~*-cry* || **~-water** ⟨for⟩ *Querrinne* f

catch [kætʃ] s **1.** *Fangen* n || *Griff* m || *Sich-
verfangen*, → hatches || *Steckenbleiben, Stocken*
n (a ~ in his voice) **2.** *das Gefangene*; *der gute
Fang, Zug* m; *Beute* f, *Gewinn* m | *begehrens-,
erstrebenswerte S or P* f; a great ~ ⟨sl⟩ *ein guter
Fang*; a splendid ~ *e–e glänzende Partie* f; a

safe ~ ⟨crick⟩ *ein sicherer, guter Fänger* m **3.**
Falle, Täuschung f, *Kniff* m; *Überraschung* f **4.**
Haken, Griff m; *Schnäpper* m || *Klinke* f, *Schließ-*
haken m; *Sperrung* f; *Anschlag, Mitnehmer,*
Schnapper m || ~ *of hood* ⟨mot⟩ *Haubenver-*
schluß m | ⟨fig⟩ *Haken* m, *Schwierigkeit* f **5.**
⟨hist⟩ *Lied in Kanonform* **~ing** [ˈkætʃiŋ] a [*mst*
pred] *ansteckend* || *leicht z behalten*(d), *leicht*
faßlich (air) || *fesselnd, gefällig* || *verfänglich*
~ment [ˈkætʃmənt] s *Wasserstauung* f; water ~
area *Wassersammelgebiet* n || ~ basin –*stau-*
anlage f, *Staubecken* n, –*see* m, *Talsperre* f
~penny [ˈkætʃˌpeni] **1.** s *etw, das e–m die Gro-*
schen aus der Tasche holt || *Flitterkram, Schund*
m **2.** a *marktschreierisch* **~poll,** –**pole** [ˈkætʃpoul]
s *Häscher, Büttel* m **~up** [ˈkætʃəp] s ⟨*bes Am*⟩
→ ketchup **~weed** [ˈkætʃwi:d] s ⟨bot⟩ *Kleb-*
kraut, kletterndes Labkraut n **~word** [ˈkætʃwə:d]
s ⟨*bes* pol⟩ *Schlagwort* n || *Stichwort* n ⟨*a* theat⟩
|| ⟨typ⟩ *Kustos* m

catchy [ˈkætʃi] a *packend*; (of tunes) *gefällig*;
einschmeichelnd, leicht zu behalten(d) || *unbe-*
ständig; *verfänglich, schwierig*

catechesis [ˌkæti'ki:sis] s Gr *Katech·ese* f
–**etic**(**al**) [ˌkæti'kɔtik(əl)] a (–cally adv) *katech·e-*
tisch –**etics** [ˌkæti'ketiks] s pl (sg konstr) *Kate-*
chetik f –**ism** [ˈkætikizm] s *Katechismus* m (the
⤳) || ⟨übtr⟩ *Reihe, Folge v Fragen* f || –**ize**
[ˈkætikaiz] vt *katechisieren* || ⟨fig⟩ *ausfragen*
–**umen** [ˌkæti'kju:men] s *Katechum·en* m || ⟨fig⟩
Anfänger m

catechu [ˈkætitʃu:] s *Katech·u* n (*Gerbstoff*)

categorical [ˌkæti'gɔrikəl] a (~ly adv) *kate-*
gorisch, bestimmt, unbedingt –**ory** [ˈkætigɔri] s
⟨philos⟩ *Kategorie* f || ⟨übtr⟩ *Kategorie* (he
comes in this ~ *er gehört in diese K.*), *Klasse,*
Ordnung f || ~ *of classification Geheimhaltungs-*
stufe f || ~ *of persons Personenkreis* m

catena [kə'ti:nə] s L *Kette, Reihe* f **~rian**
[ˌkæti'nɛəriən] a *kettenartig, Ketten–* **~ry**
[kə'ti:nəri] f **2.** a = catenarian
~te [ˈkætineit] vt *verketten*

cater [ˈkeitə] vi: to ~ for *Lebensmittel* etc *an-*
schaffen, einkaufen f, *sorgen* f, *bellefern*; ⟨fig⟩
sich bemühen um; schmeicheln (to ~ for the
senses) | **~er** [~rə] s *Versorger* m ⟨*a* fig⟩ ||
⟨com⟩ (*Lebensmittel–*)*Lieferant* m (for *od* of a
club *e–s Klubs*) | **~ing** [~riŋ] s *Versorgung* f
(*mit Verpflegung*); ⟨aero⟩ *Bordverpflegung* f; ~
facility *Versorgungseinrichtung* f; ~ firm *Gast-*
stättenbetrieb m; ~ officer (~ sergeant) *Ver-*
pflegungs(*unter*)*offizier* m

cateran [ˈkeitərən] s ⟨Scot⟩ *Räuber* m

cater-corner(**ed**) [ˈkeitəkɔ:nə(d)] a & attr
⟨Am⟩ *diagon·al*

caterpillar [ˈkætəpilə] s *Raupe* f || ⟨mech⟩ (*a*
~-tractor) *Raupenschlepper, Kettenschienen-*
wagen m || ~ track *Raupe*(*nkette*) f

caterwaul [ˈkætəwɔ:l] **1.** vi *miauen, schreien* **2.**
s *Miauen* m

catfish [ˈkætfiʃ] s ⟨ich⟩ *Katzenwels* m;
electric ~ *Zitterwels* m | *Seewolf* m

catgut [ˈkætɡʌt] s *Darmsaite* f

catharsis [kə'θɑ:sis] s Gr ⟨med⟩ *Reinigung,*
Abführung f; *Abreaktion* f *durch Psychoanalyse* ||
⟨fig⟩ *Katharsis* f (*im Drama*), → purgation

cathead [ˈkæthed] s ⟨mar⟩ *Kranbalken,*
Ankerkran m

cathedra [kə'θi:drə] s Gr *Bischofsstuhl* m; ex
~ *autoritativ, maßgebend, entscheidend* | **~l** [~l]
1. s *Kathedrale, Dom* m **2.** a *Kathedral–, Dom–*
Catherine-wheel [ˈkæθrinwi:l] s (*Feuerwerks-*)
Rad n || ⟨arch⟩ *Radfenster* n || *Radschlagen* n
(to turn ~s)

catheter [ˈkæθitə] s Gr ⟨surg⟩ *Kath·eter* m

cathode [ˈkæθoud] s ⟨el⟩ *Kathode* f || **~-ray**
direction finder *Sichtpeilgerät* n || **~-ray** tube

Kathodenstrahlröhre f, *Braunsche* (*Radar-*)*Röhre*
f || ~ tail *Kathodenableitung* f –**dic influx** *Ionen-*
strom m

catholic [ˈkæθəlik] **1.** a ⟨ec⟩ *allgemein, allum-*
fassend | *katholisch, bes* Roman ⤳ (*römisch-*)
katholisch **2.** s ⤳ *Katholik* m **~ism** [kə'θəlisizm]
s *Katholizismus* m **~ity** [ˌkæθo'lisiti] s *Allge-*
meinheit; *Vorurteilslosigkeit*; *Großzügigkeit* f
~ize [kə'θəlisaiz] vt *katholisch* m

catkin [ˈkætkin] s ⟨bot⟩ *Kätzchen* n –**like**
[ˈkætlaik] a *Katzen–* || ⟨fig⟩ *Leisetreter–* –**ling**
[ˈkætliŋ] s *Kätzchen* n || ⟨surg⟩ *feines Messer* n ||
Darmsaite f

catoptric [kə'tɔptrik] **1.** a ⟨opt⟩ *katoptrisch*
2. s **~s** [pl] ⟨phys⟩ *Katoptrik* f, *Lehre* f *v der*
Spiegelung

Cats [kæts] s pl: the ~, the Canadian Auxiliary Territorial Service

catsup [ˈkætsəp] s ⟨*bes* Am⟩ → ketchup

cattalo [ˈkætəlou] s *Kreuzung* f *zw Büffel u Kuh*

cattery [ˈkætəri] s *Katzenheim* m

cattiness [ˈkætinis] s *Katzenhaftigkeit* f, →

cattish [ˈkætiʃ] a *katzig* ⟨*a* fig⟩ → catty 2.

cattle [ˈkætl] s [koll] [*nur* sg-*Form*; *mst* pl
konstr] → to low; *Groß–, Rindvieh, Vieh* n; the
~ are grazing *das Vieh weidet*; many ~ *viel V.*,
these ~ *dies V.*; 3 head of ~ *3 Stück V.*; horned
~ *Hornvieh* || ⟨sl⟩ *Pferde* pl || ⟨cont⟩ *Viehzeug*
n (*P*) | [attr] *Vieh–* || **~-breeder** –*züchter* m ||
~-breeding –*zucht* f || **~-dealer** –*händler* m ||
~-lifter –*räuber* m || **~-plague** *Rinderpest* f ||
~-ranch, ~-run *Viehtrift,* –*weide* f || **~-show**
–*ausstellung, Tierschau* f || ~ truck ⟨rail⟩ *Vieh-*
wagen m

catty [ˈkæti] **1.** s „*Schlange*“ „*Giftzunge*“ f
⟨fig⟩ **2.** a *katzig* ⟨*a* fig⟩, (*heim*)*tückisch*

Caucasian [kɔ:'keiziən] **1.** a *kaukasisch*
(race) **2.** s *Kaukasier* m

caucus [ˈkɔ:kəs] **1.** s ⟨pol⟩ *Ausschuß z Wahl-*
vorbereitung f; *Wahlvorversammlung* f; *Partei-*
klique, –*organisation* f; *polit. Beeinflussung durch*
diese **2.** vt *durch* ~ *beeinflussen*

caudal [ˈkɔ:dl] a *Schwanz–* || –**ate** [ˈkɔ:deit] a
geschwänzt

caudle [ˈkɔ:dl] s *Glüh–; Stärkungstrank* m

caught [kɔ:t] pret & pp *v* to catch

caul [kɔ:l] s *Netz, Haarnetz* n || ⟨anat⟩
·*Amnion* n; *Eihaut* f; ⟨pop⟩ *Glückshaube* f (born
with a ~)

cauliculi [kɔ:'likjulai] s pl *Schneckenstengel-*
chen n pl (*e–s korinth. Kapitells*)

cauldron, cal– [ˈkɔ:ldrən] *gr Kessel* m

cauliflower [ˈkɔliflauə] s ⟨bot⟩ *Blumenkohl* m
|| ⟨fig Am sl⟩ *Ringkämpfer* m; *Dummkopf* m,
Ekel n

cauline [ˈkɔ:lain] a *Stengel–*

caulk [kɔ:k] a) calk [kɔ:k] vt ⟨mar⟩ *kalf·atern,*
dichten | **~er** [~ə] s *Kalfaterer* m

causal [ˈkɔ:zəl] a (~ly adv) *kausal, ursächlich*
~ity [kɔ:'zæliti] s *Kausalität* f, *Kausalnexus,*
–*zus–hang* m

causation [kɔ:'zeiʃən] s *Verursachung, Ur-*
sächlichkeit f; *law of* ~ *Kausalgesetz* n

causative [ˈkɔ:zətiv] a (~ly adv) *verursachend*
|| ⟨gram⟩ *kausativ*

cause [kɔ:z] **1.** s *Ursache* f (of a th *e–r S*) ||
Grund, Anlaß m (for *zu*; to do); to give ~ for *A.*
geben z | *gute S* f || *Anliegen* n (your ~ will be
mine) || ⟨jur⟩ *Streitsache* f; *Prozeß, Rechtsfall*
m; petty ~ *Bagatellsache* f; **~-list** *Terminliste* f
| living ~s *aktuelle Tagesfragen* || not without
some ~ *nicht ohne Gr.* || to gain one's ~ *ob-*
siegen || to make common ~ with *gemeinsame*
S m mit || to show ~ *s–e Gründe angeben* **2.** vt
[*nie mit* that-*Satz*] *verursachen* (a th *etw*; a p a
th *jdm etw*); *veranlassen* || to ~ a p to do *ver-*
anlassen or *bewirken, daß jd tut*; *jdn tun l* (I ~d
him to do); to ~ a th to be done *bewirken, daß*

etw geschieht, etw tun l; they ~d him to be killed *sie ließen ihn töten* || (*etw*) *hervorrufen* (to a p *bei jdm*) || ~d by stack gas *rauchgasseitig* (impurities *Verschmutzung*) **~less** ['~lis] a (~ly adv) *ohne Ursache*; *unbegründet, grundlos*

causeway ['kɔ:zwei], * **causey** ['kɔ:zei] **1.** s *Damm* m || *Fuß–, Bürgersteig* m **2.** vt *mit Damm* (etc) *versehen*

caustic ['kɔ:stik] **1.** a (~ally adv) *ätzend, brennend* || ⟨fig⟩ *kaustisch, sarkastisch, beißend, scharf* | ~ *curve* ⟨phys⟩ *Brennlinie* f || ~ *soda Ätznatron* n **2.** s *Ätzmittel, Abbeizmittel* n, *Beize* f **~ity** [kɔ:s'tisiti] *Schärfe* f || ⟨fig⟩ *Sarkasmus* m

cauterization [‚kɔ:tərai'zeiʃən] s *Beizung, Ätzung* f **–ze** ['kɔ:təraiz] vt ⟨med⟩ (*aus–, weg*)*brennen, –ätzen*; ⟨fig⟩ *abtöten*

cautery ['kɔ:təri] s *Brennmittel* n; *–eisen* n || *Brennen* n, *Ätzung* f

caution ['kɔ:ʃən] **1.** s *Vorsicht* f (*towards gegen*) || *Warnung, Verwarnung* f; ~! *Achtung!* f || ⟨sl⟩ *seltsamer* or *gefährlicher Mensch* m; *außergewöhnliche* S f | ~ *money* ⟨univ⟩ *Bürgschaftssumme, Kaution* f || ~ *plate Warnschild* n **2.** vt *warnen* (against leaving, not to leave *fortzugehen*); (*jdn*) *verwarnen* (to do) **~ary** [~əri] a *warnend, Warnungs–*; ~ *command* ⟨mil m.m.⟩ *Ankündigungskommando* n

cautious ['kɔ:ʃəs] a (~ly adv) *vorsichtig* (to do) **~ness** [~nis] s *Vorsicht; Behutsamkeit* f

cavalcade [‚kævəl'keid] s *Kavalk·ade* f, *Reiter-(auf)zug* m

cavalier [‚kævə'liə] **1.** s *Reiter* m || *Ritter*; *Edelmann* m || *Kavalier*; *Liebhaber* m || ⟨hist⟩ *Kavalier, Royalist* m (*Anhänger Karls I.*) **2.** a (~ly adv) *sorglos; ungezwungen* || *royalistisch* || *herrisch, stolz, hochmütig*

cavalry ['kævəlri] s ⟨koll⟩ ⟨mil⟩ *Kavallerie, Reiterei* f; *die Kavalleristen* pl (400 ~) || *heavy* ~ *schwere, light* ~ *leichte K.* | [attr] *Kavallerie–*; ~*-man Kavallerist* m

cave ['keiv] **1.** s *Höhle* f || ⟨pol⟩ *Absonderung, Austritt aus e–r Partei* || ⟨Am⟩ *Erdrutsch* m | [attr] ~*-dweller Höhlenbewohner* m || ~ *explorer Höhlenforscher* m || ~*-man Höhlenbewohner* m; ⟨übtr⟩ *Raubmensch* m; *Naturbursche* m, °*Urvieh* n, „*Neandertaler*" m; ⟨Am⟩ (*stürmischer Liebhaber*) || ~ *shelter Tiefbunker* m **2.** vt/i || *aushöhlen* | vi to ~ in *einstürzen*; ⟨fig⟩ *zurückweichen, nachgeben*

cave ['keivi] intj L ⟨school-sl⟩ *Aufpassen!* to keep ~ °*Schmiere stehen* (*den Aufpasser spielen*)

caveat ['keiviæt] s L ⟨jur⟩ *Einspruch* m (to enter a ~ *E. einlegen*) || ⟨fig⟩ *Warnung* f || ⟨Am⟩ *Patentanmeldung* f

cavendish ['kævəndiʃ] s *in Tafeln gepreßter Tabak* m

cavern ['kævən] s *Höhle* f **~ous** [~əs] a *hohl; porös* | *voll Höhlen* || ⟨fig⟩ *hohl* (cheeks); *tief*

caves(s)on ['kævisən] s *Kappzaum* m

caviar(e) ['kæviɑ:] **1.** s *Kaviar* m; ~ to the *general K. fürs Volk* **2.** vt ⟨sl⟩ (*durch Stempel*) *unkenntlich m*

cavil ['kævil] **1.** vi [–ll–] *kritteln, nörgeln* (at, about *an*) **2.** s *Spitzfindigkeit* f || *Nörgeln* n, *Nörgelei, Krittelei* f **~ler** [~ə] s *Nörgler, Krittler* m

cavity ['kæviti] s *Höhle* (mouth ~ *Mund–*); *Höhlung* f

cavort [kə'vɔ:t] vi ⟨Am sl⟩ *umherkarriolen, –springen; tänzeln*

cavy ['keivi] s ⟨zoo⟩ *Meerschweinchen* n

caw [kɔ:] **1.** s *Krächzen* n **2.** vi *krächzen*

cay [kei] s *Riff* n, *Sandbank* f

cayenne [kei'en] s (a ~*-pepper* ['keien–]) s *spanischer Pfeffer, Paprika* m

cayman, caiman ['keimən] s ⟨zoo⟩ *K·aiman* m

cease [si:s] vi/t || *aufhören, anhalten* (to do);

ablassen (from *von*; from doing *z tun*) | vt (*Arbeit* etc) *einstellen*; *aufhören mit* (~ talking) || ~ *combat das Gefecht abbrechen* || ~ *fire! Feuer einstellen! Feuerpause!* | ~*-fire Feuereinstellen* n; *Waffenruhe* f; *Einstellung* f *der Feindseligkeiten* **~less** ['~lis] a (~ly adv) *unaufhörlich*

cecity ['si:siti] s ⟨fig⟩ *Blindheit* f

cedar ['si:də] s ⟨bot⟩ *Zeder* f; [attr] *Zedern–* | **~n** [~n] a *Zedern–*

cede [si:d] vt (*Gebiet*) *abtreten, überlassen* (to a p *jdm*) || *zugeben*

cedilla [si'dilə] s *Cedille* f (ç = *c Cedille*)

cee [si:] s *Buchstabe C* m; ⟨tech⟩ ~*-spring,* C-spring *Blattfeder* f

ceil [si:l] vt (*Decke*) *verschalen, täfeln*; *gipsen* **~ing** ['~iŋ] s *getäfelte Decke* f || (of a room) *Decke* f (on the ~ *an der D.*) || ⟨mar⟩ *Wegerung, Garnierung* (*Innenbeplankung*) f || *coffered* ~ ⟨arch⟩ *Kassettendecke* f || ⟨aero⟩ *Steighöhe* f; *absolute* ~ *Gipfelhöhe* f || ⟨com⟩ *Leistungsspitze* f; *financial* ~ *Höchstbetrag* m f *Ausgaben, Etatmittel* n pl; *price* ~ *Höchstpreis* m; *Preisspitze* f || ⟨meteor⟩ *Maximum* n; *Maximal–*; *Bewölkungshöhe* f, *Wolkenuntergrenze* f; ~ *and visibility unlimited* (abbr CAVU) *unbegrenzte Sicht* f | ~*-high haushoch* ⟨fig⟩ || ~ *light,* ~ *projector Wolkenscheinwerfer* m

celadon ['selədən] Fr **1.** s *mattgrüne Farbe* f **2.** a *mattgrün*

celandine ['seləndain] s ⟨bot⟩ *Schellkraut* n || *lesser* ~ *Feigwurz* f

celanese [selə'ni:z] s *Azetatseide* f

celebrant ['selibrənt] s ⟨ec⟩ *Zelebrant* m || *birthday* ~ *Geburtstagskind* n **–ate** ['selibreit] vt/i *feiern, festlich begehen* || *preisen, verherrlichen* || ⟨ec⟩ *zelebrieren, abhalten* | vi *das Abendmahl spenden* **–ated** [~id] a *gefeiert* || *berühmt* || *berüchtigt* **–atee** [‚selibrə'ti:] s *Jubilar* m, → *–ee* **–ation** [‚seli'breiʃən] s *Feier* f || *Verherrlichung* f || ⟨ec⟩ *Zelebrierung, Abhaltung* f

celebrity [si'lebriti] s *Berühmtheit* f || *berühmte Persönlichkeit* f

celeriac [si'leriæk] s ⟨bot⟩ *Knollensellerie* m

celerity [si'leriti] s *Schnelligkeit, Geschwindigkeit* f

celery ['seləri] s ⟨bot⟩ *Sellerie* m

celesta [si'lestə] s It *Cel·esta* (*Stahlplattenklavier v 5 Oktaven*)

celestial [si'lestjəl] **1.** a (~ly adv) *Himmels–, astronomisch* || *himmlisch, himmlisch gut* or *schön* | ⌢ *Empire Himmlisches Reich* n (*China*) || ~ *guidance astronomische* (*Fernlenk-*)*Kurssteuerung* f **2.** s *–sbürger, Seliger* || *Chinese* m || °*Vivats-Nase* f (*in die es „hineinregnen" kann*) || ~ *altitude Gestirnhöhe* f || ~ *body Himmelskörper* m, *Gestirn* n || ~ *navigation Astronavigation* f

celibacy ['selibəsi] s *Zölibat* m & n, *Ehelosigkeit* f **–batarian** [‚selibə'tɛəriən] **1.** a *ehelos* **2.** s *Anhänger des Zölibats* m **–bate** ['selibit] **1.** a *unverheiratet, Junggesellen–* **2.** s *Junggeselle, Unverheirateter* m

cell [sel] s (*Kloster–, Gefängnis–*)*Zelle* f || ⟨biol⟩ *Zelle* f || ⟨el⟩ *galvanisches Element* n || ⟨pol⟩ *Arbeitszelle* f *Feld* n (*e–r Schlüsseltafel*) || ⟨arch⟩ *Gewölbekappe* f; ~*-enamel Zellenschmelz* m **~ular** ['~julə] a *zellig, aus Zellen bestehend, Zell–,* ~ *tissue –gewebe* n || *Netz–* (~ *shirt*) || ~ *radiator Zellenkühler* m || ~ *structure Zellenbau* m **~ularity** [–ju'læriti] s *Zellenförmigkeit* f **~ulate(d)** ['~juleit(id)] a *zellig, zellenförmig* **~ule** ['selju:l] s *kl Zelle* f **~ulitis** [selju'laitis] s ⟨med⟩ *Zellgewebsentzündung* f **~uloid** ['seljuləid] **1.** a *Zell–* **2.** s *Zellulo·id* n **~ulose** ['seljulous] **1.** a *zellig, Zellen–* **2.** s ⟨anat⟩ *Zellstoff* m, *Zellul·ose* f || ~ *finish Zelluloselack* m || ~ *lacquer Lackierung* f, *Zelluloselack, Nitrolack* m

cellar ['selə] **1.** s *Keller* m ‖ (*a* wine-~) *Wein*–(to keep a good ~) ‖ → salt **2.** vt *im Keller unterbringen, lagern* ~**age** [~ridʒ] s *Kellerei* f, *Kellerräume* m pl ‖ *Kellermiete* f ~**er** [~rə] s *Kellermeister* m ~**et** [ˌselə'ret] s (*Wein-*)*Flaschenschränkchen* n

cello ['tʃəlou] s = violoncello

cellophane ['selofein] s *Zellophanpapier* n **cellotape** ['seloteip] s *Zellophan-*(*Klebe-*)*Band* n **cellulose** → cell

Celsius ['selsjəs] s *Celsiusthermometer* n; → centigrade ‖ → Band II, S. 1319

Celt [kelt, selt] s *Kelte* m ‖ ~**ic, Keltic** ['~ik] **1.** a *keltisch*; the ~ fringe *die keltischen Randvölker der Brit. Inseln* ‖ Late ~ period ⟨praeh⟩ *Latenezeit* f **2.** s *das Keltische* (*Sprache*) ~**icism** ['keltisizm] s *keltischer Brauch* or *Ausdruck* m ~**ologist** [kel'tələdʒist] s *Keltoľog* m

celt [selt] s ⟨praeh⟩ *Kelt* m (*Beil* n)

cembran pine ['sembrən 'pain] s *Zirbe*(*lkiefer*) f

cement [si'ment] **1.** s *Zement* m; ⟨arch⟩ *Mörtel, Kitt* m ‖ ⟨fig⟩ *Band* n, *Kitt* m ‖ [attr] ~ nut ⟨Am sl⟩ °*Doofmann* m **2.** vt *zementieren, kitten, verkitten* ‖ ⟨mot⟩ *einsatzhärten* ‖ ⟨fig⟩ *befestigen, fest verbinden, schmieden* ~**ation** [ˌsiːmen'teiʃən] s *Zementieren* n; *Einsatzhärtung* f; ⟨fig⟩ *feste Fügung* f ‖ *Kohlung* v *Schmiedeeisen* z *Zementstahlverfertigung* f ~**ing** [si'mentiŋ]: ~ agent ⟨met⟩ *Trägermetall* n; ⟨mach⟩ *Dichtungsmittel* n

cemetery ['semitri] s *Friedhof* m (in the ~ *auf dem F.*) ‖ military ~ *Soldatenfriedhof*

cenotaph ['senətɑːf] s *Zenotaph* m (the ~ *der Z. in* Whitehall), (*leeres*) *Ehrengrabmal* n

Cenozoic [ˌsiːnoˈzouik] s *Känoz·oikum, Tertiär* n

cense [sens] vt *beweihräuchern* ‖ ~**r** ['sensə] s *Weihrauchfaß* n

censing ['sensiŋ] a ⟨arts⟩ ~ angel *Rauchfaß-*(*schwingender*) *Engel* m

censor ['sensə] **1.** s ⟨ant⟩ *Zensor, Sittenrichter* m (of *über*) ‖ (of books etc) *Zensor* m **2.** vt *zensieren* (*Buch* etc) ~**ial** [sen'sɔːriəl] a *zensorisch, Zensor*– ~**ious** [sen'sɔːriəs] a (~ly adv) *kritisch, streng*; *tadelsüchtig, krittlig* ~**iousness** [sen'sɔːriəsnis] s *Tadelsucht, Krittelei* f ~**ship** [~ʃip] s *Zensoramt* n ‖ (of the press) *Zensur* f

censurable ['senʃərəbl] a (–bly adv) *tadelhaft, tadelnswert*

censure ['senʃə] **1.** s *Rüge* f, *Verweis, Tadel* m; *Kritik* f (of *an*) ‖ ⟨parl⟩ vote of ~ *Tadelsvotum* n **2.** vt *tadeln, verurteilen*

census ['sensəs] s L [pl ~es] *Zensus* m, *Volkszählung* f; traffic ~ *Verkehrszählung* f; to take a ~ *e-e* V. *vornehmen* ‖ ~ area *Oberzählbezirk* m

cent [sent] s per ~ *Prozent* n (at three per ~ z 3 *Prozent*); 3 per ~s [pl] *dreiprozentige Wertpapiere* n pl; ~ per ~ *hundertprozentig*, ⟨fig⟩ *wucherisch* ‖ ⟨Am⟩ *Cent* m; not a (red) ~ *k–n* (*roten*) *Heller*, it doesn't matter a red ~ to them *es ist ihnen vollkommen* °*piepe* or *Wurst, schnuppe* ‖ ~**al** ['~l] s *100 Handelspfund*; *Zentner* m (*Korn*)

centaur ['sentɔː] s ⟨myth & astr⟩ *Zentaur* m ‖ ~**y** [~ri] s ⟨bot⟩ *Tausendgüldenkraut* n

centenarian [ˌsenti'nɛəriən] **1.** a *hundertjährig* **2.** s *der, die Hundertjährige* –**ary** [sen'tiːnəri] **1.** a *hundertjährig, Hundertjahr*– **2.** s *Zeit* f, *Alter* n v *100 Jahren* ‖ *hundertjährige* (*Jubel-*)*Feier, Hundertjahr*– f

centennial [sen'tenjəl] **1.** a (~ly adv) *100 Jahre alt*; *Jahrhundert*–; *hundertjährig* ‖ *einmal in 100 Jahren vorkommend* **2.** s *Hundertjahrtag* m, –*feier* f

center ['sentə] s ⟨Am⟩; → centre ~**ed** [~d] *rundbogig*, → centre

centesimal [sen'tesiməl] a *zentesimal, hundertteilig, hundertst*

centigrade ['sentigreid] (abbr C.; cent.) a *hundertgradig*, ~ thermometer *Celsiusthermometer* n; 30° C (= 30 degrees centigrade) *30 Grad Celsius* –**gramme** ['sentigræm] s *Zentigramm, ein hundertstel Gramm* n –**litre** ['sentiˌliːtə] s *Zentiliter, ein hundertstel Liter* n ~**metre**, ⟨Am⟩ –**ter** ['sentiˌmiːtə] s *Zentimeter* n –**metric** a [ˌsenti'metrik] ~ radar *Zentimeterwellen-Radar* m –**pede** ['sentipiːd] s ⟨zoo⟩ *Tausendfuß* m –**poise** ['sentipɔiz] s *Flüssigkeitsgrad* m (*nach CGS-System*) = 1/100 poise

centner ['sentnə] s ⟨Ger⟩ *Zentner* m

cento ['sentou] s L [pl ~s] *Flickwerk, –gedicht* n

central ['sentrəl] **1.** a (~ly adv) *zentral, den Mittelpunkt bildend* (to be ~ *im M. liegen*); *Mittel*– (~ Europe); *Innen*–; ⟨fig⟩ *Zentral*–; *Haupt*– (~ figure) ‖ ~ bureau of nuclear measurements *Zentralstelle* f *das Meßwesen auf dem Kerngebiet* ‖ ~ definition ⟨phot⟩ *Zentralschärfe* f ‖ ~ electric station *Kraft*–, *Elektrizitätswerk* n ‖ ~ Empires *Mittelmächte* (*Deutschland u Österreich-Ungarn*) ‖ ~ European time *mitteleuropäische Zeit* f ‖ ~ feeding *Gemeinschaftsverpflegung* f ‖ ~ field of vision *Mittelfeld* n ‖ ~ forces [pl] *Zentralkräfte* f pl ‖ ~ heating *Zentralheizung* f ‖ ~ office ⟨com⟩ *Zentr·ale* f ‖ ~ point *Mittelpunkt* m ‖ ~ Powers *Mittelmächte* f pl ‖ ~ power plant *Maschinenzentrale* f ‖ ~ radio station *Funkzentrale* f ‖ ~ station ⟨rail⟩ *Hauptbahnhof* m ‖ ~ time ⟨Am⟩ → Eastern time **2.** s ⟨Am telph⟩ *Amt* n ~**ism** [~izm] s *Politik* f or *System* n *der Zentralisierung* ~**ist** [~ist] s *Anhänger* m *der Zentralisierung* ~**ity** [sen'træliti] s *Zentralität, zentrale Lage* f ~**ization** [ˌsentrəlaiˈzeiʃən] s *Zentralisation* f ~**ize** [~aiz] vt *zentralisieren, in e–m Mittelpunkt vereinigen* ‖ ~d lubrication ⟨aero mot⟩ *Zentralschmierung* f ~**ness** [~nis] = centrality

centre, ⟨Am⟩ –**ter** ['sentə] **1.** s *Mittelpunkt* m ⟨a fig⟩ ‖ to strike the ~ ⟨arch⟩ *das Bogengerüst entfernen*, ~ centring ⟨Zentrale, Zentralstelle f; *Stelle* f, *Amt*; *Heim, Haus* n ‖ shopping ~ *Hauptgeschäftsviertel* n, training ~ *Ausbildungsstelle* f; youth ~ *Jugendheim* n ‖ *Sammelstelle* f, –*platz* m (shooting ~, rest ~); ⟨parl a-engl⟩ *Zentrum* n, *Mittelpartei* f ‖ ⟨mil⟩ *Zentrum* n ‖ ~ of gravity *Schwerpunkt* m; ~ of inertia *Trägheitsmittelpunkt* m; ~ of interest *Hauptinteresse* n ‖ ⟨mach⟩ *Dreh*–, *Körnerspitze* f ‖ *Seele e–s Seiles* ‖ ~ of pressure (abbr c.p.) ⟨aerodynamics⟩ *Druckmittelpunkt* m ‖ storm-~ *Sturmzentrum* n, ⟨fig⟩ *Unruheherd* m **2.** a *mittlere*(*r*, –*s*); *zentral* ‖ ~-bit engl. *Zentrumbohrer* m ‖ ~ disc wheel *Scheibenrad* n ‖ ~ distance *Achsabstand* m ‖ ~ electrode (*Zündkerzen-*) *Zündstift* m ‖ ~-forward ⟨ftb⟩ *Mittelstürmer* m ‖ ~-piece *Mittelstück* n ‖ ~ seconds hand *Zentral-Sekundenzeiger* m **3.** vt ‖ in den *Mittelpunkt stellen*; *das Zentrum bilden* v ‖ *konzentrieren* (to be ~d *sich konzentrieren*), *vereinigen* (in *in*; on *auf*) ‖ to ~ the bubble *die Libelle einspielen* l ‖ vi *sich konzentrieren* (in *in*, on *auf*, round *um*) ‖ *zus–laufen* (in) ‖ *beruhen* (on *auf*)

centring ['sentriŋ], ⟨Am⟩ **centering** ['sentəriŋ] s ⟨arch⟩ *Bogen*–, *Gewölbe*–, *Lehrgerüst* n ‖ ~ diaphragm ⟨phot⟩ *Zentrierblende* f; ~ lens –*glas* n

centric ['sentrik] a *zentral, im Mittelpunkt befindlich* ‖ ~**al** [~əl] a (~ly adv) = centric ‖ ~**ity** [sen'trisiti] s *zentrale Lage* f

centrifugal [sen'trifjugəl] a (~ly adv) *zentrifugal* ‖ ~ clutch ⟨aero mot⟩ *Fliehkraftkupplung* f ‖ ~ force ⟨phys⟩ *Zentrifugalkraft* f ‖ ~ machine *Zentrifuge* f ‖ ~ supercharger ⟨aero mot⟩ *Kreisellader* m

–**fugate** [–geit] vt *zentrifugieren* –**fuging test** *Schleuderversuch* m –**petal** [sen'tripitl] a (∼ly adv) *zentripetal*; ∼ *force* ⟨phys⟩ *Zentripetalkraft* f

centrist ['sentrist] s ⟨pol⟩ *Gemäßigter* m, *Mann der Mitte*

centrosymmetric [,sentrosi'metrik] a *zentralsymmetrisch*

centumvir [sen'tʌmvə] s L; ∼s [pl] *röm. Zivilgerichtshof* m *der Zentumvirn* [gen pl]

centuple ['sentjupl] **1.** a *hundertfach* **2.** vt *verhundertfachen*

centuplicate [sin'tju:plikit] **1.** a *hundertfach* **2.** s *hundert Exemplare* n pl (in ∼) **3.** vt [sin'tju:plikeit] = to centuple

centurion [sen'tjuəriən] s ⟨ant⟩ *Zenturio* m

century ['sentʃəri] s *Jahrhundert* n ‖ *ein Satz* (m) *v Hundert*; ⟨crick⟩ *100 Läufe* ‖ *100 Meilen*; ⟨sl⟩ £ *100*, ⟨Am⟩ $ *100* | –ries-old *jahrhundertealt*

cephalic [se'fælik] a *den Kopf betr*; *Schädel–* (∼ index)

cephalo– ['sefələ] Gr [in comp] *Schädel–* ∼**pod** [∼pəd] s ⟨zoo⟩ *Kopffüßler* m

cephalous ['sefələs] [in comp] –*köpfig* (brachy∼)

ceramic [si'ræmik] **1.** a *keramisch, die Töpferei betr, Töpfer–*; *einbrennbar* (*Abziehbild*) **2.** ∼**s** [∼s] [sg & pl konstr] *Keramik* f, *Töpferkunst* f: ∼s is an industrial art; *Keramiken* f pl, *Töpferware*(*n* pl) f: these ∼ are wonderful ‖ art ∼ *Kunstk.*, sanitary ∼s *Sanitärk.*, structural ∼ *Bauk.* f

cerato– ['serətə] [in comp] *Horn–*

Cerberus ['sə:bərəs] s ⟨ant⟩ *Zerberus* m; to give a sop to ∼ *jdn f den Augenblick beruhigen*

cere [siə] s ⟨orn⟩ *Wachshaut* f ∼**cloth** ['∼klɔθ] s *Wachsleinwand* f ‖ *Leichentuch* n ∼**ment** ['∼mənt] s [*mst* pl ∼s] *Leichengewand* n

cereal ['siəriəl] **1.** a *Getreide–* **2.** s [pl ∼s] *Zereˑalie, Getreidepflanze* f ‖ ⟨Am⟩ *Frühstücksspeise* f (*aus Getreide*) ‖ ∼s [pl] ⟨Ger⟩ *Nährmittel* n pl (*Getreideerzeugnisse*)

cerebellum [,seri'beləm] s L ⟨anat⟩ *Kleinhirn* n –**bral** ['seribrəl] a *Gehirn–* ‖ ⟨phon⟩ *Zerebrˑal–* ‖ –**bration** [,seri'breiʃən] s *Gehirntätigkeit* f –**bro–** ['seribrə] L [in comp] *Gehirn–*; ∼–spinal *meningitis* ⟨med⟩ *Genickstarre* f ‖ –**brum** [,seribrəm] s L *Großhirn* n

ceremonial [,seri'mounjəl] **1.** a (∼ly adv) *zeremoniˑell, förmlich, feierlich* **2.** s *Zeremoniell* n

ceremonious [,seri'mounjəs] a (∼ly adv) *zeremoniˑös* ‖ *steif, förmlich, umständlich* ∼**ness** [∼nis] s *zeremoniöses, förmliches Wesen* n

ceremony ['seriməni] s *Zeremonie; Feierlichkeit* (at the ∼ *bei der F.*) f ‖ *Höflichkeit, Förmlichkeit* f | *Master of* (the) *Ceremonies Zeremonienmeister* m ‖ no ∼! *keine Umstände!* ‖ without ∼ *ohne Umstände, ohne Förmlichkeit* ‖ to stand on ∼ *zeremoniˑell s*

ceriph ['serif] s = serif

cerise [sə'ri:z] Fr **1.** a *kirschrot* **2.** s *Kirschrot* n

cert [sə:t] s ⟨sl⟩ *f certainty*; dead ∼ *todsichere Sache*

certain ['sə:tn] a (∼ly adv) **1.** (*P*) [pred] *sicher*; not to know for ∼ *nicht sicher wissen*; *gewiß* (of a th *e–r S*) ‖ *fest überzeugt* (of a th *von etwas*; of doing; that); to feel ∼ *überzeugt s* ‖ ⟨fam⟩ for ∼ *sure todsicher* ‖ to make ∼ of a th *sich etw sichern*; *sich e–r S vergewissern* | [attr] *gewiß, irgendein, unbekannt* **2.** (*S*) *sicher, gesichert* (to take a th as ∼); *fest*; *zuverlässig* (*cure*); *wohlbegründet* (hope) | [*nur* attr] *festgesetzt, bestimmt* (date) ‖ *gewiß, irgendwelche* (under ∼ *circumstances*); *gewiß, ein wenig*; *nicht unbeträchtlich* (a ∼ *doubt*) **3.** s *Gewisse* [pl] (∼ *of the party*); *einige, einzelne* [pl] | ∼**ly**

[∼li] adv *sicher*(*lich*), *gewiß, zweifellos* ‖ *allerdings* ‖ *ja* | ∼**ty** [∼ti] s ⟨sl⟩ *cert*, → *d*) *Gewißheit; feste Überzeugung* f (of *v*; that) ‖ *Sicherheit* f (with absolute ∼) ‖ *Bestimmtheit* f | to bet on a ∼ *mit unehrlichen Mitteln wetten* ‖ a dead ∼ *ein todsicherer Gewinner, e–e todsichere S* | for a ∼ *ganz gewiß, ganz bestimmt*

certes ['sə:tiz] † adv *sicher, fürwahr, traun*

certifiable ['sə:tifaiəbl] a *z bescheinigen*(*d*) or *bestätigen*(*d*) ‖ ⟨med⟩ *anmeldungspflichtig* (*v Geisteskranken*)

certificate [sə'tifikit] s *Bescheinigung* f, *Zeugnis* n (to *für*); ⟨Am⟩ *Abgangs–* ‖ ∼ of baptism, birth, death, marriage *Tauf–, Geburts–, Toten–, Trauschein* m ‖ ∼ of airworthiness (CA) *Lufttüchtigkeitszeugnis* n; medical ∼ of death *Leichenschauschein* m; ∼ of destruction ⟨mil off⟩ *Vernichtungsverhandlung* f; ∼ of general education (at ordinary level), general ∼ of education (GCE) ⟨engl⟩ *Zeugnis* n *der mittleren Reife*; ∼ of good conduct *od* character ⟨mil⟩ *Führungszeugnis* n; ∼ of heirship *od* inheritance *Erbschein* m; ∼ of incorporation *Gründungsurkunde* f *e–r AG, e–s eingetragenen Vereins* etc; ∼ of loss ⟨mil off⟩ *Verlustverhandlung* f; ∼ of naturalization *Bürgerrechts–, Einbürgerungs–, Staatsangehörigkeitsurkunde*; ∼ of proficiency *Berechtigungs–*; ∼ of renewal *Erneuerungsschein* m | *baptismal*, birth, death ∼ *Tauf–, Geburts–, Totenschein* m; health ∼ *Gesundheitsattest* n; neutrality ∼ *Neutralitätszertifikat* n; nubility ∼ *Ehefähigkeitszeugnis* n

certificate [sə'tifikeit] vt (*jdm*) *ein Zeugniṣ ausstellen*; (*etw*) *bescheinigen* | ∼**d** [∼id] a [*nur* attr] *staatlich beglaubigt* or *anerkannt; Diplom–* (*z B.* ∼ *Interpreter*) –**fication** [,sə:tifi'keiʃən] s *Bescheinigung, Beglaubigung* f ‖ *seed* ∼ *Saatenanerkennung* f | ∼ *test* (*Flugzeug-*)*Zulassungsprüfung* f –**fy** ['sə:tifai] vt/i ‖ *bescheinigen*; this is to ∼ *hiermit wird bezeugt, bescheinigt* (that); I do hereby ∼ *ich bescheinige hiermit* (that) ‖ *bezeugen* (a th; that; to a p *jdm*) ‖ ⟨off⟩ (*Rechnung*) *feststellen* ‖ to ∼ a p as insane *jdn durch Attest f geisteskrank erklären* | –fied [*nur* attr] ∼ *accountant Rechnungsprüfer* m; –fied *check bestätigter Scheck* m; –fied (true) *copy amtlich, gerichtlich* or *notariell beglaubigte Abschrift* f → *engineer*; he is a ∼ *lunatic er ist anerkannt geisteskrank*; –fied *mail* ⟨Am⟩ (*nicht versicherte*) *eingeschriebene Sendung* (*Ggs registered mail*); –fied *midwife* ⟨engl⟩ *Diplom-Hebamme* f, → *certificated*; –fied *milk Tbc- u Bangfreie Milch* f; –fied *translater od interpreter Diplom-Dolmetscher* m ‖ **vi** to ∼ to a th *etw bestätigen, –zeugen*

certiorari [,sə:tiə:'rəərai] s L ⟨jur⟩ *writ of* ∼ *Aktenanforderung* f *durch ein höheres Gericht*

certitude ['sə:titju:d] s *innere Gewißheit, Überzeugung* f

cerulean [si'ru:liən] s *himmelblau*

cerumen [si'ru:men] s *Ohrenschmalz* n

ceruse ['siəru:s] s (= white lead) *Bleiweiß* n; *weiße Schminke* f

cervical ['sə:vikəl] a ⟨anat⟩ *den Nacken betr, Nacken–, Hals–*

cervine ['sə:vain] a *Rotwild–, Hirsch–*

Cesarewitch [si'za:rəwitʃ] s *Handikaprennen* (*z* Newmarket) n

cess [ses] s ⟨Ir⟩ *städtische Steuer* f; bad ∼ to you! *der Teufel hol dich!*

cessation [se'seiʃən] s *Aufhören* n, *Ruhe* f, *Stillstand* m ‖ ∼ of fire ⟨mil⟩ *Feuereinstellung* f

cesser ['sesə] s ⟨jur⟩ *Zuendegehen, Aufhören* n

cession ['seʃən] s *Verzicht* m (of *auf*); *Zession, Abtretung* f (to *an*) ∼**ary** (∼əri) s *Zessionˑär* m

cesspit ['sespit], **cesspool** ['sespu:l] s *Abtritts–, Senkgrube* f; *Pfuhl* m ⟨a fig⟩

cestoid ['sestɔid] s ⟨zoo⟩ *Eingeweide–, Bandwurm* m

cestui que trust ['setiki'trʌst] s ⟨jur⟩ *Nutz-nießer* m *e-s v e-m* trustee *verwalteten Vermögens*

cestus ['sestəs] s L *Gürtel* m

cesura [si'zjuərə] s (*neben* caesura ⟨Am⟩) → caesura

cetacean [si'teiʃiən] ⟨zoo⟩ 1. a *Wal(fisch)*- 2. s *Wal* m **cetaceous** [si'teiʃəs] a *Wal(fisch)*-

cetane [si'tein] s *Cet·an* n || ⟨mot⟩ ~ *booster Zündbeschleuniger* m || ~ *rating Cet·anzahl* f

ceteosaur ['si:tiə͵sɔ:], ~**us** [͵sitiə'sɔ:rəs] s ⟨zoo⟩ *Saurier* m

chaconne [ʃə'kən] s Fr *Chaconne* f (*Tanz*)

chadband ['tʃædbænd] s *Heuchler* m

chafe [tʃeif] 1. vt/i || *warm reiben* || *wund reiben* || *abnutzen*, ~*scheuern* || ⟨fig⟩ *reizen, erzürnen* | vi *sich reiben* (against, on *gegen, an*) || *sich auflehnen*; *sich entrüsten* || *sich härmen* || *toben, wüten* 2. s (*durch Reibung entstandene*) *Wunde* f || *Wut* f (in a ~)

chafer ['tʃeifə] s (*Mai*-)*Käfer* m

chaff [tʃɑ:f] 1. s *Kaff* m, *Spreu* f || *Häcksel* m || ⟨aero⟩ *Staniolstreifen* m pl, *Düppel*(-*Streifen*) m pl (*f Radarstörung*) || ⟨fig⟩ *wertloses Zeug* n || *Neckerei* f, *Aufziehen* n | ~-*blower* (*Mähdrescher-*)*Spreugebläse* n || ~-*cutter Häckselschneider* m, -*bank* f 2. vt *z Häcksel schneiden* || ⟨fig⟩ *necken, aufziehen*; *provozieren*

chaffer ['tʃæfə] 1. s *Handeln, Schachern* n 2. vi *handeln, schachern* (about *um*) (*a* fig)

chaffinch ['tʃæfintʃ] s ⟨orn⟩ *Buchfink* m

chafing ['tʃeifiŋ] s *Reiben, Wärmen* etc → to chafe | [attr] ~-*dish Wärmepfanne, -schüssel* f || ~-*gear* ⟨mar⟩ *Zeug* n *gegen Durchscheuerung* || ~ *strip* ⟨mot etc⟩ *Felgenband* n, *Schlauchschoner* m

chagrin ['ʃægrin] Fr 1. s *Ärger, Verdruß* m 2. vt *ärgern, kränken* (to feel ~ed at)

chain [tʃein] I. s 1. *Kette* f; ⟨hist⟩ *Frauengürtel* m, ~ chatelaine; ~s [pl] ⟨mar⟩ *Püttinge* pl || ⟨übtr⟩ *Kette*, ~ of mountains *Gebirgs-*; *Reihe* f; ~ of stores *Zweiggeschäfts-Unternehmen* n | ⟨fig⟩ ~s [pl] *Fesseln* f pl (in ~s), *Sklaverei, Gefangenschaft* f || *Meßkette* f; *Längenmaß* n (20,11 m) || ⟨mil⟩ ~ of command *Instanzen-, Dienst-, Befehlsverhältnisse* n pl, *Unterstellungsverhältnis* n || ⟨mot⟩ *timing* ~ *Steuerkette* f 2. Albert ~ *Albert-* (*kurze, im Knopfloch getragene*) *Uhrkette* f || to break, shake off one's ~s *s-e Fesseln zerreißen, s-e Ketten abschütteln* || to load with ~s *in Fesseln legen* 3. [attr] *Ketten-*; ~-*belt* ⟨tech⟩ -*transmission* f || ~-*bridge --Hängebrücke* f || ~ bucket dredge *Becherwerk* n || ~-*cable* ⟨mar⟩ *Ankerkette* f || ~-*course* ⟨weav⟩ *Kette* f, *Zettel* m | ~-*drive* ⟨mot⟩, ~-*gear* ⟨tech⟩ *Kettentrieb* m || ~-*mail -panzer* m || ~-*pump -pumpe* f (*Paternosterwerk* n) || ~ *reaction* ⟨phys⟩ *-reaktion* f || ~ *rule* ⟨math⟩ *Kettenregel* f || to ~-smoke *-raucher* s || ~-*smoker -raucher* || ~-*stitch -stich* m || ~-*store* ⟨Am⟩ *Filiale, Zweigverkaufsstelle* f; ~-*stores* [pl] *Filialgeschäfte* n pl; *Zweiggeschäfts-Unternehmen* n || ~ *wale* ['tʃæn:l] ⟨mar⟩ *Rüste* f || ~-*wheel Kettenrad* n II. vt (*jdn*) (*an*)*ketten; fesseln* (to *an*) || (*Tür*) *zuketten* || ⟨fig⟩ (*jdn*) *ketten*, ~ed to *gefesselt an*

chair [tʃɛə] I. s 1. *Stuhl* m; high ~ *Kinder-* (*hoch*)*stuhl* m || *nesting* ~, *stacking* ~ *Stapelsessel* m || to take a ~ *sich setzen*: take a ~ *nehmen Sie Platz*, I took a ~ *ich setzte mich*; → cane; easy ~ || ⟨univ⟩ *Lehrstuhl* m (in a ~ *auf e-m L.*); the ~ of Greek *der L. f Griechisch*; socialism of the ~ *Kathedersozialismus* m || *Bürgermeisterwürde* f | the ~ (⏀) *der Vorsitz*, to be in the ~ *den V. führen*; to leave the ~ *die Sitzung aufheben*; to take the ~ *den V. übernehmen, die Sitzung beginnen*; the ~ is taken *die S. ist eröffnet*; ~! ~! *Zur Ordnung!* | ⟨Am⟩

the ~ *Vorsitzender* m (to address the ~) 2. ⟨rail⟩ *Schienenstuhl* m || ⟨Am rail⟩ (*vorbestellter*) *Platz* m 3. [attr] *Stuhl-*; ~ attendant *-wächter, -vermieter* m || ~-*back Stuhllehne* f || ~-*car* ⟨Am rail⟩ *Salonwagen* m || ~-*lift, ~-way Sessellift* m II. vt (*jdn*) *auf e-n Stuhl setzen*; *auf e-m St. umhertragen*; (*jdn*) *auf die Schulter nehmen, auf verschränkten Händen tragen*

chairman ['tʃɛəmən] s *Vorsitzender, Präsident* m; *ständiger Vorsitzender* m *e-s Ausschusses* ~**ship** [~ʃip] s *Amt* n *e-s Vorsitzenden*

chairoplanes ['tʃɛərəpleinz] s [pl] -*Kettenkarussell* n

chaise [ʃeiz] s Fr *Chaise, Kal·esche* f

chalcedony [kæl'sedəni] s ⟨minr⟩ *Chalzed·on* m **chalco-** ['kælko] Gr [in comp] *Kupfer-*; ~**grapher** [kæl'kogrəfə] s *Kupferstecher* m

chaldron ['tʃɔ:ldrən] s *Kohlenmaß* n *v 36* Bushels (= 1163 l)

chalet ['ʃælei] s *Sennhütte* f || *Sommerhäuschen* n || *öffentliche Bedürfnisanstalt* f

chalice ['tʃælis] s *Becher* m || ⟨ec & bot⟩ *Kelch* m || ~-*veil* ⟨ec⟩ *Kelchdecke* f

chalk [tʃɔ:k] 1. s *Kreide* f || *Kreidestift* m; coloured ~ *Buntstift* || (*a* ~-*mark*) *Kreidelinie* f; ⟨fig⟩ *Rechnung* f | French ~ *Seifen-, Speckstein* m || black ~ ⟨arts⟩ *Reißkohle* f | brown ~ = umber || red ~ *Rötel* m || they are as like as ~ and cheese ⟨fam⟩ *sie gleichen e-a wie Tag u Nacht* || (not) by a long ~ ⟨fam⟩ *bei weitem* (*nicht*) || ⟨hum⟩ I'm still able to walk a ~ *ich kann noch auf dem Strich gehen* (*bin noch nicht ganz blau*) | [attr] ~-*cutter Kreidegräber* m || ~-*drawing -zeichnung* f || ~-*pit -grube* f || ~-*stone* ⟨med⟩ *Gichtknoten* m 2. vt (*etw*) *mit Kreide beschreiben* || *mit K. polieren* || *mit K. schreiben, zeichnen* | to ~ out *entwerfen, vorzeichnen* || to ~ up ⟨fig⟩ *ankreiden*; (*Programm*) *aufstellen* || ~ up one for him *e-n Pluspunkt f ihn* | ~**y** ['~i] a *kreidig; gipsartig; Kreide-* || *kreideweiß*

challenge ['tʃælindʒ] 1. s *Anrufen* n (sentry's ~ *Werda-Rufen* n) || *Herausforderung* f (to *zu*; *für*) || *Bedrohung* f (to a th *e-r S*), *Angriff* m (to *auf*); *Aufforderung* f (to *an*) || *Probe* f (to *auf*) the ~ is now to prove it *jetzt gilt es den Beweis* || ⟨hunt⟩ (of dogs) *Anschlagen* n || ⟨jur⟩ *Ablehnung* f (*e-s Geschworenen* or *Richters*); *Einwendungen* f pl *gegen Echtheit* or *Erheblichkeit e-s Beweismittels* || ⟨mil⟩ *Anruf* m (*Parole*) | ~-*cup* ⟨sport⟩ *Wanderpokal* m 2. vt (*jdn*) *anrufen, stellen* || (*jdn, etw*) *herausfordern* (to *zu*); -*ging → d.* || (*jdn*) *auffordern* (to *z*) || (*jdn*) *vor e-e neue Aufgabe, Frage stellen* || *beanspruchen, erregen, jdm abnötigen* (attention, admiration) || *in Frage stellen, bestreiten* || ⟨jur⟩ (*Geschworene*) *ablehnen* || ⟨sport⟩ to ~ a p pretty closely *jdm sehr nahe k, nicht hinter jdm zurückbleiben, es aufnehmen können mit jdm*; ⟨übtr⟩ *in Wettstreit treten mit jdm, jdm den Rang abzulaufen beginnen* ~**able** [~əbl] a *bestreitbar*; *anfechtbar* -*ging* [~iŋ] a ⟨a⟩ *erregend, anregend*; gr *Anforderungen stellend, (unerhört) schwierig*

chalybeate [kə'libiit] a *stahlhaltig*; *Stahl-* (~ spring *-quelle* f)

chamade [ʃə'mɑ:d] s Fr ⟨mil⟩ *Scham·ade* f

chamber ['tʃeimbə] I. s 1. ⟨poet †⟩ *Kammer* f, *Zimmer* n, *Stube* f || ⟨parl⟩ *Kammer* f, *Haus* n; ⏀ of *Länder* Governments' representatives ⟨Ger⟩ *Bundesrat* n || ⟨com⟩ *Kammer* f (⏀ of Commerce *Handels-*) 2. *hohler Raum, Hohlraum* m; (of a gun) *Kammer* f || ⟨anat⟩ *Höhlung* f 3. ~s [pl] *Flucht* f *v Zimmern, bes der* Inns of Court, *Richterzimmer* n pl || *Geschäftsräume* m pl, *Büro* n || (*Junggesellen-*)*Wohnung* f, *Logis* n 4. [attr] ~-*concert Kammermusikkonzert* n || ~-*counsel* ⟨jur⟩ *Barrister, der nur Privatpraxis treibt*; *Rechtskonsulent* m || ~-*maid* (*Hotel-*)

Zimmermädchen n || ~-*music Kammermusik* f ||
~-*pot Nachtgeschirr* n || ~-*practice* ⟨jur⟩
Privatpraxis f *e–s* ~-*counsel* **II.** vt *mit Kammern
versehen* (six-~ed *revolver sechsschüssiger
Kammerrevolver*) || *aushöhlen*
   chamberlain [ˈtʃeimbəlin] s *Kammerherr* m;
the Lord Great ~ of England *Großkämmerer* m;
the Lord ~ of the Householt *der Lord-Oberhof-
meister* m || *Oberhofmeister* m (*e–s Landsitzes*)
~**ship** [~ʃip] s *Amt* n *des Kammerherrn*
   chameleon [kəˈmiːljən] s ⟨zoo⟩ *Cham·äleon* n;
⟨fig⟩ *Wetterfahne* f
   chamfer [ˈtʃæmfə] **1.** s *Schräge* f, *Schrägkante,
Fase, Abfasung* f; *Hohlrinne, –kehle, Rille*;
Kannel·üre f (*e–r Säule*) **2.** vt ⟨arch⟩ *abkanten,
–schrägen* || *auskehlen; ab–, anfasen*
   chamois [ˈʃæmwɑː] **1.** s Fr [pl ~] ⟨zoo⟩
Gemse f **2.** [ˈʃæmi] s (*a* ~ leather) *Sämischleder,*
⟨mot⟩ *Wasch–, Polier–, Putzleder* n
   champ [tʃæmp] **1.** vi/t || ⟨hors⟩ *kauen* || ⟨fig⟩
mit den Zähnen knirschen (*vor Wut*) | vt (*etw*)
kauen, beißen auf, to ~ the bit *auf die Stange
beißen* **2.** s *Kauen* n
   champ [tʃæmp] s ⟨Am sl⟩ = champion
   champagne [ʃæmˈpein] s *Champagner, Schaumwein* m; ⟨a fig⟩
   champaign [ˈtʃæmpein] s *flaches, offenes Land,
Feld* n
   champerty [ˈtʃæmpəti] s ⟨jur⟩ *Abmachung* f
*e–s Dritten mit e–r Prozeßpartei, um evtl. e–n
Anteil am Streitobjekt zu erlangen; Prävarika-
tion* f, *Prozeßaufkauf* m
   champion [ˈtʃæmpjən] **1.** s (*Turnier-*)*Kämpfer*;
Kämpe, Held m || ⟨fig⟩ *Verfechter,* ⟨pol⟩ *Avant-
gardist* m || *Meister, Sieger* (*in Wettspiel* etc) m
| [attr] *Meisterschafts–* (~ boxer), *Preis–* (~
bull) || ⟨vulg⟩ *erstklassig, hochgradig,* °*prima*
[invar] **2.** vt *verteidigen; eintreten* f ~**ship** [~ʃip]
s *Verteidigung* f; *Eintreten* n (*of für*) || ⟨sport⟩
Meisterschaft f (~-*match*)
   chance [tʃɑːns] **1.** s **1.** *Schicksal, Geschick* n |
Zufall m | *gute Gelegenheit, Chance, Aussicht* f
(*of auf*; *of* doing, to do *z tun*); *Möglichkeit* f (*a
~ for him to do*), on the ~ *of seeing him auf
gut Glück hin, daß man ihn trifft; in der leisen
Hoffnung, ihn z treffen* || *Erfolg* m || *Wahrschein-
lichkeit* f [⟨engl⟩ *oft* pl]: the ~s are against it;
the ~s are that *es ist mit W. anzunehmen, daß..*
2. Wendungen: an even ~ *ebensoviel Aussicht*
(of getting) *wie k–e* || it was a happy ~ *es war ein
Glück* (that) || the main ~ *die beste Chance* f,
der eigene Vorteil m || a mere ~ *ein reiner Zufall*
m || doctrine of ~s *Wahrscheinlichkeitsrech-
nung* f || game of ~ *Glücksspiel* n || by (any) ~
zufällig || on the ~ f *den Fall, im Falle* (that) |
to give a p a ~ *es einmal versuchen mit jdm, ihm
e–e Chance geben* || to leave to ~ *dem Zufall
überlassen* || to run a ~ *of* doing *Gefahr* f *laufen
z tun* || to take the best ~ *going die beste Ge-
legenheit wahrnehmen, die sich bietet* || to take
one's ~ *es darauf ankommen* || ..of doing *auf
gut Glück versuchen* || to take ~s *sich* (*den*) *Ge-
fahren aussetzen, die G. auf sich nehmen*; to take
no ~s with a th *sich nicht den Gefahren aussetzen*
II. a *zufällig* || ~ child *Kind* n *der Liebe, unehe-
liches K.* || ~ comer *unerwarteter Ankömmling* m
|| ~ hit *Zufallstreffer* m **III.** vi/t || [impers] it
~d *es traf, fügte sich* (that) || I ~d to be there
*ich war zufällig da; es traf sich gerade, daß ich
da war* || to ~ upon ⟨fig⟩ *zufällig stoßen auf,
treffen* | vt ⟨fam⟩ *wagen, auf gut Glück ver-
suchen* (*oft* to ~ it); to ~ one's arm ⟨sl⟩ *auf gut
Glück versuchen, Erfolg* h
   chancel [ˈtʃɑːnsəl] s *Altarplatz, Chor* m; ~-
aisle *Altarschiff* n; ~-arch ⟨ec⟩ *Triumphbogen* m
   chancellery, –ory [ˈtʃɑːnsələri] s *Kanzleramt*
n; –*sgebäude* n
   chancellor [ˈtʃɑːnsələ] s *Kanzler* m || ⟨jur⟩

Vorsitzender m *e–s* court of chancery || ⟨univ⟩
Kanzler; Vice-~ *stellvertretender K., geschäfts-
führender Rektor* m || *erster Gesandtschafts-
sekretär* m || the Lord (High) ~ *Großkanzler* m
(*höchste richterliche Gewalt in England*) || ~ of
the Exchequer *engl. Finanzminister* m || the ~
⟨Ger⟩ *der Reichs–, Bundeskanzler* m || ~ of the
Diocese *Rechtsberater des Bischofs* m || ~-
tapestry *Kanzlerteppich* m ~**ship** [~ʃip] s
Kanzlerwürde f, *Kanzleramt* n
   chancery [ˈtʃɑːnsəri] s ⟨jur⟩ (*urspr Gericht des
Lord Chancellor*) *Kanzleigericht* n (*Abteilung* f
Equity-Fälle des High Court of Justice) || bill in
~ ⟨jur⟩ *Klage f beim Kanzlergericht* || ward in ~
Mündel n unter Aufsicht des Kanzleigerichtes ||
to be in ~ ⟨box⟩ *im* °*Schwitzkasten* (*mit dem
Kopf unter dem Arm des Gegners*) s; ⟨fig⟩ *in
schwieriger Lage* s || *Botschaftsgebäude* n, *Bot-
schaft* f (*Dienststelle*)
   chancre [ˈʃæŋkə] s ⟨med⟩ *Schanker* m –**croid**
[ˈʃæŋkrɔid] s *weicher Sch.* -**crous** [ˈʃæŋkrəs] a
Schanker–
   chancy [ˈtʃɑːnsi] a *unsicher, riskant*
   chandelier [ʃændiˈliə] s Fr *Arm–, Kronleuchter* m
   chandelle [ʃænˈdel] s *Chand·elle, hochgezogene
Kehrtkurve* f (*Kunstflug*)
   chandler [ˈtʃɑːndlə] s *Lichtzieher*; –*händler,
Krämer* m | ~**y** [~ri] s *Licht–, Krämerladen* m;
[koll] –*waren* f pl
   chanfron [ʃæfrɔ]s Fr (*Roß-*)*Stirnplatte* f
   change [ˈtʃeindʒ] **I.** s **1.** *Ablösung* f; *Abwechs-
lung* f (for a ~ *z A.*) || *Wechsel* m; *Umwelt–* ||
~ of air *Luft–* || ~ of life *Wechseljahre* pl; ~ of
voice *Stimmwechsel*; ~ of the moon *Mond–* ||
~ of clothes (linen) *Anzug* (*Wäsche*) *z Wechseln*
|| ⟨rail⟩ *Wagenwechsel* m || ⟨jur⟩ ~ of title
Eigentumsübertragung, Rechtsänderung f **2.** *Ort
der Umwechslung* m, [mst] 'Change (= exchange) *Börse* f, on 'Change *auf der B.*; to go on
'Change *die B. besuchen* **3.** *Abweichung* f (*from
v*); *Abänderung* f (*from* a th *e–r S*) || *Wandel* m,
Wandlung f, *Veränderung* f (~ in prices *Preis–*);
a ~ in the weather *od* of the weather *e–e V. des
Wetters*; ~ for the better *Besserung, günstiger
Umschwung* m; ~ for the worse *Verschlimmerung* f ⟨aero etc⟩ ~ of course *Kurswechsel* m;
~ of pitch *Luftschraubenverstellung* f **4.** *Wechsel–, Kleingeld* n (no ~ *od* no small ~); to have
no ~ about one *kein K. bei sich h*; *gewechseltes,
herausgegebenes Geld*; give me ~ for (£ 1) *geben
Sie mir heraus auf..*; *wechseln Sie mir..*; to get
one's ~ *Geld herausbek* **5. Wendungen:** to get
no ~ out of a p ⟨fig⟩ *aus jdm nichts herausbek* ||
⟨fam⟩ I get no ~ out of it °*was kaufe ich mir
dafür?* || to ring the ~s *das Thema ständig
wechseln, die verschiedensten Möglichkeiten aus-
probieren; der reinste Verwandlungskünstler s* ||
to take one's ~ out of a p *sich rächen an jdm,*
..out of *od* for a th.. *für etw* **6.** [attr & in comp]
~-gear ⟨mot⟩ *Wechselgetriebe* n ~-speed gear
⟨mot⟩ *Wechselgetriebe* n **II.** vt/i [changing] **A.**
vt **1.** *auswechseln, erneuern;* to ~ one's clothes
die Kleider wechseln, sich umziehen || to ~ baby..
trockenlegen, wickeln || to ~ colour *die Farbe
wechseln, blaß w* || ~ direction left turn! *links
schwenkt Marsch!* || to ~ hands *den Besitzer
wechseln* || ⟨mot⟩ *changing* oil *Ölwechsel* m;
changing of tyres *Reifenwechsel* m; to ~ the
inner tube *den Schlauch auswechseln, e–n neuen
Sch. einlegen* || to ~ *die Plätze wechseln;*
to ~ seats with a p *mit jdm die Plätze, den Platz
tauschen, wechseln* || to ~ sides *z anderen Seite,
Partei übergehen* || to ~ carriages *in e–n anderen
Wagen* (*um*)*steigen*; ⟨mot⟩ to ~ gears *smoothly
zügig schalten*; to ~ speed *schalten*; to ~ trains
⟨rail⟩ *umsteigen* **2.** (*Wache*) *ablösen* **3.** *um–,
verändern; umwandeln, –gestalten* (from *v*; to *z*;

into *in*) || to ~ one's condition *sich verändern*, *heiraten* || to ~ one's mind *sich anders besinnen* || to ~ step, to ~ foot, to ~ feet (*den*) *Tritt wechseln* **4.** (*Geld*) *umwechseln, –tauschen* (for *gegen*); (*Scheck*) *einwechseln* **B.** vi **1.** *sich umkleiden* **2.** *sich* (*ver*)*ändern* (from *von*; to *zu*; into *in*); to ~ to cigars *zu Z. übergehen* || to ~ for the better *sich verbessern*; ..for the worse *sich verschlimmern* or *verschlechtern* | the moon ~s *es ist Mondwechsel* | ⟨mot⟩ to ~ into higher (lower) gear *aufwärts* (*abwärts*) *schalten*; to ~ up *aufwärts schalten* **3.** ⟨rail⟩ *umsteigen* (for *nach*); all ~*! alle umsteigen!* **C.** [in comp] ~-over ⟨tech⟩ *Umschaltung* f; ⟨off⟩ *Austausch* m (*in Stellenbesetzung*); a smooth ~-over *reibungslose Umstellung* f (to *auf*); ~-over jet *Übergangsdüse* f; ~-over switch *Umschalthebel* m; ⟨telph & mot⟩ *Umschalter* m || ⟨fig⟩ *Übergang* m, *Umstellung* f (from.. to *von.. auf*); *Änderung, Umwälzung* f, *Wechsel* m (in *in*); ~-speed lever *Schalthebel* m ~**ability** [ˌtʃeindʒə-'biliti] s *Veränderlichkeit* f, *Wankelmut* m ~**able** ['tʃeindʒəbl] a (–ly adv) *veränderlich, unbeständig; wandelbar* ~**ableness** ['tʃeindʒəbəlnis] s = *changeability* | ~**er** ['~ə] s ⟨rec⟩ *Plattenwechsler* m ~**ful** ['~ful] a *wechselvoll, veränderlich; unbeständig* ~**fulness** ['~fulnis] s *Veränderlichkeit* f ~**less** ['~lis] a *unveränderlich, beständig* ~**lessness** [~lisnis] s *Unveränderlichkeit* f ~**ling** ['~liŋ] s *untergeschobenes Kind* n, *Wechselbalg* m

changing-room ['tʃeindʒiŋ-rum] s ⟨sport etc⟩ *Umkleideraum* m

channel ['tʃænl] **1.** s *Flußbett, Fahrwasser* n; *Fahrrinne* f || *Kanal* m; the ⁓ *der* (*Ärmel-*)*K.* (*zw Nordsee u Atlant. Ozean*); *Straße* f: Yukatan ⁓ *Straße v Y.* (*Mittelamerika*) | *Rinne* f; ~-stone *Rinnstein* m | ⟨arch⟩ *Hohlkehle* f || ⟨wir⟩ *Frequenzband* n; *Fernsehkanal* m, *Station* f | ⟨fig⟩ *Weg* (through the usual ~s *auf dem übl. W*; through official ~s *auf dem Dienstwege*); *Kanal* m; *Mittel* n; ~s of commerce *Handelswege* pl | ~ iron *U-Eisen* n **2.** vt [–ll–] *rinnenförmig aushöhlen, aus–, einkehlen* || (*in Kanäle*) *leiten*; *fließen l., lenken*; (all matters must be ~led through this office .. *sind über diese Dienststelle zu leiten*)

channel ['tʃænl] s [*mst* pl ~s] ⟨mar⟩ *Rüsten* f pl (= chain-wales)

chant [tʃɑ:nt] **1.** s *Gesang* m, *Weise, Kirchenliedmelodie* f || *Psalm* m || *Rezitativ* n; *eintöniges Lied* n; *Sing-Sang* m **2.** vi/t || *singen* | vt *intonieren* || *preisen,* to ~ a p's praises *jdm ein Loblied singen* | (*herunter*)*leiern* | ~**er** ['~ə] s *Sänger* m | (in a choir) *Vorsänger* m || *Diskant-, Tenorpfeife* (*des Dudelsacks*) f

chantage ['ʃɑ̃'tɑ:ʒ] s Fr *Erpressung* f

chanterelle [ˌtʃæntə'rel] s Fr *Pfifferling* m

chant(e)y ['tʃɑ:nti] s *Matrosenarbeitslied* n; → shanty

chanticleer [ˌtʃænti'kliə] s *Hahn* m (*bes bei* G. Chaucer)

chantry ['tʃɑ:ntri] s *Stiftung v Seelenmessen* || *Kapelle* f *in e–r Kirche*

chaos ['keiɔs] s *Chaos* n || ⟨fig⟩ *völlige Verwirrung* f **chaotic** [kei'ɔtik] a (~ally adv) *chaotisch, verworren, wirr*

chap [tʃæp] **1.** vt/i || *spalten, aufreißen* | vi *e–n Spalt bilden; sich spalten; klaffen*; (of the hands) *aufspringen*; ~ped hands *aufgesprungene Hände* **2.** s [*mst* pl ~s] *Spalt, Riß* m

chap [tʃæp], **chop** [tʃɔp] s *Kinnlade, –backe* f || [*mst* pl ~s] *Kinnbacken* m; *Maul* n

chap [tʃæp] s ⟨fam⟩ *Junge, Kerl* m; dear old ~ *alter Junge*; good, fine ~ *guter, tüchtiger Kerl* ~**pie, ~py** ['~i] s *kl Kerl* m

chaparejos [tʃæpə're:hous], **–rajos** [tʃæpə-'rɑ:hous] s (abbr chaps) ⟨Span⟩ pl *dicke Lederhose* f

chap-book ['tʃæpbuk] s *Volksbuch* n; *Flugschrift* f

chape [tʃeip] s *Schlaufe* f || ⟨praeh⟩ *Ortband* n

chapel ['tʃæpəl] s *Kapelle* f (*bes privater Institutionen*); ~ royal *königliche Kapelle* f; ~ of ease *Filialkirche* f; ⟨hum⟩ „*Waldkapelle*" f (*Abort* m) || *Betkapelle* f *in Kathedrale* || *Gotteshaus* n *der Katholiken u bes Dissenters* | ⟨univ Oxf & Cambr⟩ *Gottesdienst* m, to keep a ~ (one's ~s *regelmäßig*) *dem Gottesdienst beiwohnen* | *Druckerei* f | ~**ry** [~ri] s *Kapellbezirk, Sprengel* m

chaperon ['ʃæpəroun] **1.** s *Anstandsdame* f, *Beschützer*(*in* f) m; *Falkenhaube* f **2.** vt *chaperonieren, bemuttern, als Anstandsdame begleiten* ~**age** [~idʒ] s *Begleitung* f, *Schutz* m

chap-fallen ['tʃæpˌfɔ:lən] a ⟨fig⟩ *niedergeschlagen, entmutigt*

chapiter ['tʃæpitə] s ⟨arch⟩ *Kapitäl* n, *Säulenknauf* m

chaplain ['tʃæplin] s *Kaplan* or *Geistlicher e–r Privatkapelle; Hausprediger* m || *Feld-, Marineseelsorger, –geistlicher* m | ~**cy** [~si] s *Kaplanswürde, –stelle* f; *Seelsorge* f

chaplet ['tʃæplit] s *Kranz* m (*um den Kopf*) || ⟨ec⟩ *Rosenkranz* m

chapman ['tʃæpmən] s *Hausierer, Händler* m

chapstick ['tʃæpstik] s ⟨fam⟩ *Lippenpomade* f

chapter ['tʃæptə] **1.** s (of a book) *Kapitel* n (abbr cap., ch., c.) || ⟨fig⟩ *Kapitel* n, *Gegenstand* m || *Stück* (*e–r Erzählung*) n; *wichtige Episode* f | ~ of accidents *Reihe v Unglücksfällen* || to the end of the ~ *bis z Ende, bis zum bitteren Ende* (*Tode*) || ~ and verse *genaue Angabe f e–e Behauptung* **2.** (*Ordens-*)*Kapitel* n; ⟨ec⟩ (*Dom-*)*Kapitel* n || *Gesamtheit* f *der Mitglieder e–s Kapitels* **3.** [attr] ~-house ⟨ec⟩ *Kapitelhaus* n, *–saal* m

char [tʃɑ:] s ⟨ich⟩ *Saibling* m, *Rotforelle* f

char [tʃɑ:] **1.** s = ~woman **2.** vt/i || (*Haus*) *scheuern; schrubben; reinigen* | vi als *Scheuerfrau tätig s*

char [tʃɑ:] s → chare

char [tʃɑ:] **1.** vt/i || *schwarz brennen, verkohlen* | vi *verkohlen* **2.** s *Knochen-, Tierkohle* f, *Beinschwarz* n || ⟨sl⟩ *Tee* m

char-a-banc ['ʃærəbæŋ] s [pl ~s] gr *Wagen* m *mit Längssitzen f Ausflüge*; *Kremser* m

character ['kæriktə] s **1.** *eingeschnittenes Zeichen* n; *Stempel* m, *Mal* n; *Kenn-, Merkzeichen* n | *Schriftzeichen* n, *Buchstabe* m || *Schrift* f, *Alphabet* n || *Handschrift* f **2.** *kennzeichnendes Merkmal* n, *bezeichnender Zug* m, *typische Eigentümlichkeit* f; *Beschaffenheit* f; *Gepräge* n, to set the ~ of a th *e–r S das G. geben* | ⟨biol⟩ *Merkmal* n, generic ~ *Gattungs-,* specific ~s *Artmerkmale* pl **3.** *best. Willensrichtung* f; *Charakter* m | *–stärke* f (a man of ~); decision of ~ *–festigkeit* f | *Persönlichkeit* f; a bad ~ *ein ehrloser Mensch* | *Original* n, *Sonderling* m || *he's quite a ~* (*bes Am*) *er ist schon ein sonderbarer Kauz* **4.** *Rang* m, *Stellung* f (*guter*) *Ruf* m (for); to bear a good ~ *e–n g. R. h*; to get a ~ for bravery *in den R. der Tapferkeit k*; to take away a p's ~ *jdm den guten R. nehmen* | *Eigenschaft* f (in the ~ of), *Beschaffenheit* f **5.** *Zeugnis* n, to give a p a ~ *jdm ein Z. ausstellen* **6.** ⟨Lit & theat⟩ *Figur, Gestalt* f (in a novel); *Rolle* f (in a play); in ~ *dem Charakter, der Rolle gemäß, in Übereinstimmung* (with *mit*); out of ~ *im Widerspruch mit dem Ch.* **7.** [attr] *Charakter-* || ~-actor *–darsteller* m || ~-building *1. –bildung* f *2. charakterbildend* | ~-drawing *–zeichnung* f || ~-sketch *–skizze* f ~**istic** [ˌkæriktə'ristik] **1.** a (~ally adv) *charakteristisch, bezeichnend* (of *f*); to be ~ of *kennzeichnen* ||

Haupt– ‖ ~ letter *Kennbuchstabe* m (*auf Banknoten* etc) ‖ ~ radiation ⟨phys⟩ *Eigenstrahlung* f ‖ ~ time ⟨el⟩ *Durchlaufzeit*, (*Radar-*)*Eigenbewegungszeit* f ‖ ~ value *Kennwert* m ‖ ~ vibration ⟨tech⟩ *Eigenschwingung* f **2.** s [*oft pl* ~s] *kennzeichnender Zug* m, (*charakteristische*) *Eigenschaft* f, *bezeichnendes Merkmal*, ⟨tech⟩ *Leistungsmerkmal* n; *military* ~s *militärische Forderungen* f pl ‖ ⟨math⟩ *Kennziffer* f **~istical** [͵kærɪktəˈrɪstɪkəl] a [attr] = *characteristic* **~ization** [͵kærɪktəraiˈzeiʃən] s *Charakterzeichnung, Charakterisierung, Kennzeichnung* f **~ize** [~raiz] vt *charakterisieren; beschreiben* ‖ *kennzeichnen, charakteristisch s f* ‖ (*e–r Figur*) *Charakter verleihen* **~less** [~lis] a *charakterlos* ‖ *ohne Zeugnis*

charactonym [ˈkærɪktənim] s *Berufs–, Eigenschaftspseudonym* n

charade [ʃəˈrɑːd] s Fr *Schar·ade* f, *Silbenrätsel* n

charcoal [ˈtʃɑːkoul] s *Holzkohle, Kohle* f ‖ *animal ~ tierische Kohle* f | ~-*burner Kohlenbrenner, Köhler* m

chare [tʃɛə], **char** [tʃɑː], ⟨bes Am⟩ **chore** [tʃɔː] **1.** s [*mst pl* ~s] *Tagelohnarbeit* f **2.** vi *im Tagelohn arbeiten*

charge [tʃɑːdʒ] **I. s 1.** *Geschützladung* f ‖ *depth* ~ (*Unter-*)*Wasserbombe* f ‖ *elektrische Ladung* f ‖ ⟨met⟩ *Beschickung* f, *Einsatz* m **2.** ⟨her⟩ *Wappenbild* n **3.** ⟨fig⟩ *Last* f (on *für*); *Belastung* f (on a house *e–s Hauses*) **4.** *Forderung* f, *Preis* m (at ~s *z Preisen*); *Kosten* pl (at his own ~ *auf s–e eigenen K.*); *deferred* ~s ⟨com bal⟩ *Posten der Rechnungsabgrenzung; operating* ~s *Betriebskosten* **5.** *Aufsicht, Verwaltung* f (of *über*); *Obhut* f; to be in ~ of a th *od* a p *etw, jdn in O. h; ..in* ~ of a p *unter jds O. s* ‖ *Verantwortung* f (of *für*) **6.** *Schützling* m; *Mündel* n, ~s [pl] *Herde* f (*kirchliche Gemeinde* f) **7.** *Befehl, Auftrag* m ‖ ⟨jur⟩ (*Straf-*)*Anzeige* f, ~ *notice; (Teil der) Anklageschrift* f, *Rechtsbelehrung* f (*an die Geschworenen*) **8.** *Beschuldigung, Anklage* f; to *bring, prefer a* ~ *against a p e–e A. vorbringen gegen jdn*; he will have to answer a ~ of *manslaughter er wird sich wegen Totschlags z verantworten h* **9.** ⟨mil⟩ *Angriff* m, *Attacke* f; *Ansturm* m, *Signal* n *z Angriff* ‖ ⟨ftb⟩ *Anrempeln* n **10.** ⟨arts⟩ *Zerrbild* n **11. Wendungen:** *extra* ~ ⟨com⟩ *Neben–, Extrakosten* pl; *extra* ~ *on overdue payment Säumniszuschlag* m ‖ *no* ~, *free of* ~ *unberechnet, kostenlos* | *petty* ~s [pl] ⟨com⟩ *kl Spesen* pl | *at our* ~ *z unseren Lasten* ‖ ⟨com⟩ to the ~ of a p *z Lasten jds* ‖ to be in ~ of *leiten* ‖ to give a p in ~ *jdn der Polizei ausliefern, übergeben* ‖ to *lay to a p's* ~ *jdm z Last legen* ‖ to make a ~ *for a th etw berechnen* ‖ to put o.s. *od a p* to ~s *sich or jdn in Unkosten stürzen* ‖ to take ~ *of die Sorge f (etw) übernehmen* ‖ to take a p in ~ *jdn in s–e Obhut nehmen; jdn in Haft nehmen* **II. vt/i A. vt 1.** (*Gewehr*) *laden*; ⟨a el⟩ *laden* (with); to ~ *the battery die B. aufladen* | *füllen* (with) ‖ ⟨med⟩ to ~ (a syringe) *.. aufziehen* | ⟨fig⟩ *beladen, belasten,* (*Gedächtnis*) *beschweren* ‖ to ~ o.s. with *unternehmen* **2.** (*etw*) *z Last legen* (on a p *jdm*) | (*jdn*) *anklagen, bezichtigen, beschuldigen* (with a *crime e–s Verbrechens*; with doing *getan z h*) **3.** ⟨com⟩ (*etw*) *z Last schreiben*; to ~ a th to a p's *account jdm etw in Rechnung stellen, jdn or jds Konto m etw belasten* **4.** to ~ a p with a th *jdm etw anvertrauen, ans Herz legen* ‖ (*jdn*) *feierlich ermahnen* (to do); ⟨jur⟩ (*der Jury*) *Richtlinien geben* ‖ (*jdm*) *befehlen,* (*jdn*) *beauftragen* (to do; with *mit*) **5.** (*Preis*) *fordern; berechnen* (he ~d me 1 sh for it *er berechnete mir 1 Sch. dafür*); *anrechnen* **6.** ⟨mil⟩ *angreifen; anfallen; anstürmen gegen* | ⟨ftb⟩ (*jdn*) *anrempeln* **B. vi** *e–n Angriff m; stürmen; rasen* ‖ *fordern* **~able**

[ˈ~əbl] a: to be ~ with a th *z belasten s, z versteuern, –zollen s mit etw; schuld s an etw* | to be ~ on a p *jdm zuzuschreiben s* | to be ~ to a p *jdm z Last fallen*

chargé d'affaires [ˈʃɑːʒeidæˈfɛə] s Fr [pl ~s ~] ⟨pol⟩ *Geschäftsträger* m

charger [ˈtʃɑːdʒə] s *Chargenpferd* n ‖ ⟨mil⟩ *Schlachtroß* n

charging [ˈtʃɑːdʒiŋ] → to charge ‖ ⟨el⟩ ~ *current Ladestrom* m; ~ *current impulse Ladestromstoß* m; ~ *door* ⟨met⟩ *Arbeitstür* f ‖ ⟨jur⟩ ~ *order Pfändungsbeschluß* m (*hinsichtlich dem Urteilsschuldner gehörender Anteile an Unternehmungen*)

chariness [ˈtʃɛərinis] s *Sorgfalt, Behutsamkeit* f ‖ *Sparsamkeit* f

chariot [ˈtʃæriət] **1.** s *Streit–, Triumphwagen* m (~-*race Wagenrennen* n) **2.** vt/i (*jdn*) *in e–m T. fahren* | vi *im T. fahren* **~eer** [tʃæriəˈtiə] **1.** s *Wagenlenker* m **2.** vi/t ‖ *im Triumphwagen fahren* | vt (*jdn*) *im T. fahren*

charitable [ˈtʃæritəbl] a (–bly adv) *mild, wohltätig;* ~ *institution milde Stiftung* f; ~ *society Wohltätigkeitsgesellschaft* f ‖ *nachsichtig, gütig* **~ness** [~nis] s *Milde, Wohltätigkeit* f

charity [ˈtʃæriti] s *Nächstenliebe* f, in, out of ~ *aus Liebe* ‖ *Mildtätigkeit* f ‖ *milde Gabe* f, *Almosen* n | *Wohltat* f ‖ *Nachsicht, Güte* f | –ties [pl] *milde Stiftung* f, *wohltätige Einrichtungen* f pl | *sister of* ~ *barmherzige Schwester* f ‖ for ~'s *sake um der Liebe willen, um Gotteslohn* ‖ ~ *begins at home jeder ist sich selbst der Nächste* | [attr] ~ *ballot Wohltätigkeitskollekte* f ‖ ~-*school Armen–, Freischule* f

charivari [ʃaːriˈvaːri] s Fr *Katzenmusik* f, gr *Lärm* m

charlatan [ˈʃaːlətən] s Fr *Sch·arlatan, Quacksalber* m **~ic(al)** [ʃaːləˈtænik(əl)] a (–cally adv) *marktschreierisch* **~ism** [~izm] s *Quacksalbertum* n **~ry** [~ri] s *Marktschreierei* f

Charles's Wain [ˈtʃaːlziz'wein] s ⟨astr⟩ *der Große Bär* m

Charleston [ˈtʃaːlstən] **1.** s ⟨Am⟩ *Charleston* m (*Tanz in 4/4 Takt*) **2.** vi *Ch. tanzen*

Charlie [ˈtʃaːli] s ⟨hunt sl⟩ *Reineke* (*Fuchs*) m

charlock [ˈtʃaːlək] s ⟨bot⟩ *Feldsenf* m

charlotte [ˈʃaːlət] s Fr *Art* (*Apfel-*)*Pudding* m

charm [tʃaːm] **1.** s *Zaubersang* m; *–formel* f ‖ *Zauber* m | to break the ~ *den Z. or Bann brechen* ‖ *Amulett* n (*against a th*) ⟨fig⟩ *Zauber, Reiz,* [*oft pl* ~s] *Liebreiz* m, *Reize* pl: she flashes her ~s *sie geht mit ihren Reizen hausieren* | *Uhrgehänge* n **2.** vt/i ‖ *bezaubern* (to ~ *away wegzaubern;* ~ *to sleep in den Schlaf zaubern*) | (*Schlange*) *zähmen, bändigen* | ⟨fig⟩ *fesseln, entzücken; I shall be* ~ed *ich werde mich sehr freuen* | vi *entzücken* | **~er** [~ə] s *Zauberer* m, *Zauberin* f; snake~ *Schlangenbändiger*(*in* f) m ‖ ⟨hum⟩ *reizendes Geschöpf* n **~ing** [~iŋ] a (~ly adv) *bezaubernd, reizend, entzückend*

charmeuse [ʃaːmɔːz] s Fr *Scharmöse, Charmeuse* f (*gewirkter Seidenstoff*)

charnel-house [ˈtʃaːnlhaus] s *Karner* m, *Leichen–, Beinhaus* n

charpoy, –oi [ˈtʃaːpɔi] s ⟨AInd⟩ *leichte Bettstelle* f

chart [tʃaːt] **1.** s ⟨mar⟩ *Seekarte* f ‖ *Diagramm, Schaubild* n; *Übersicht(stafel)* f; *Tabelle, Kurve* f (*temperature* ~ *Fieberkurve*); *bar* ~ ⟨stat⟩ *Stäbchendiagramm* n ‖ ~ *sheet Kartenblatt* n ‖ ~ *table Meßtisch* m **2.** vt (*Karte*) *entwerfen, skizzieren*

charter [ˈtʃaːtə] **1.** s *Urkunde* f ‖ *Gnadenbrief* m, *Verleihungsurkunde* f, *Freibrief* m, *Privileg* n; the People's ~, *Manifest der Chartists* (1838) ‖ ⟨pol⟩ *Charta* (z. B. *der UNO*) ‖ *Verfrachtung* f, *Chartern* n | ~ *of incorporation Gründungs-*

urkunde f *e–r AG, e–s eingetragenen Vereins* etc ||
~ member *Gründungsmitglied* n; ~ *members*
Gründermächte f pl *(der UNO)* || ~-party ⟨mar⟩
Chartepartie f, *Schiffsverfrachtungsvertrag* m ||
~-room *Urkundensammlung* f **2.** vt *privilegieren*
|| ⟨mar⟩ *(Schiff) durch e–n Frachtvertrag heuern*,
chartern (⟨a hum⟩ *Wagen* ~) | ~ed [~d] a
privilegiert; verbrieft; Charter– || ~ *accountant*
beeidigter Bücherrevisor m; ~ *company privi-*
legierte, gesetzlich genehmigte Gesellschaft f |
~er [~rə] s ⟨mar⟩ *Befrachter* m
    Charterhouse ['tʃɑːtəhaus] s *Kartäuserkloster*
n; ~ School *berühmte* Public School *(in Go-*
dalming, Surrey) || *Armenstift* n
    chartism ['tʃɑːtizm] s *Reformbewegung* 1837
bis 1848 f **Chartist** ['tʃɑːtist] s *Anhänger* m *der-*
selben
    chartreuse [ʃɑːˈtrəːz] s Fr *Kartäuserkloster* n ||
Kartäuserlikör m
    charwoman ['tʃɑːˌwumən] s *Tagelöhnerin*,
Putz–, Scheuerfrau f
    chary ['tʃɛəri] a (–rily adv) *sorgfältig, behut-*
sam; scheu, abgeneigt (of doing z tun) || *sparsam*
(of mit)
    Charybdis [kəˈribdis] s Gr *Charybdis* f *(Meer-*
strudel)
    chase [tʃeis] **1.** s *Jagd* f *(after a p nach jdm);*
to give ~ *to (a p) J. m auf (jdn)* || ⟨übtr⟩ *Ver-*
folgung f, *in* ~ *of verfolgend* || → *stern* || →
wild-goose | *gejagtes Wild; verfolgtes Schiff* n |
(Jagd-)Revier, Gehege n || ⟨royal ten⟩ *Schasse* f |
[attr] ~-gun ⟨mar⟩ *Jagdstück, Buggeschütz* n **2.**
vt * *(Tiere) jagen | (jdn) hetzen, verfolgen;* ⟨übtr⟩
verscheuchen, –treiben (from von) || *to* ~ *away*
ver–, wegjagen || *to* ~ *o.s.* ⟨Am sl⟩ °*abhauen*
(weggehen) || ⟨tech⟩ *(Gewinde) schneiden,*
strählen **chaser** ['~ə] s *Verfolger* m | ⟨mar⟩
bow-~ *Buggeschütz z or gegen Verfolgung* ||
⟨Am fam⟩ *Schluck* m *Wasser or Bier (nach e–m*
Schnaps) || °,,*Rausschmeißer"* m *(Schlußmarsch*
etc) || ⟨tech⟩ *Gewindesträhler* m
    chase [tʃeis] s *Rinne, Furche* f *(f Rohr)*; *Längs-*
feld n *(im Geschützrohr)*
    chase [tʃeis] s ⟨typ⟩ *Formrahmen* m
    chase [tʃeis] vt ⟨tech⟩ *ziselieren, treiben,*
ausmeißeln ~r ['~ə] s *Ziseleur* m
    chasm [kæzm] s *Abgrund* m || ⟨fig⟩ *Leere* f ||
⟨fig⟩ *Kluft, Lücke* f; *Unterbrechung* f || *gr Unter-*
schied m *(in opinions* etc)
    chasse [[æs] s Fr *Likör* m *(nach dem Kaffee)*
    chassé ['ʃæsei] **1.** s Fr *Schassieren* n *(Tanz-*
schritt) **2.** vi *schassieren*
    chassis ['ʃæsis] s (pl ~ ['ʃæsiz]) Fr *Fahr–,*
Untergestell n *(e–s Autos)* || ~ *and cab Last-*
kraftwagen m *mit abgetrenntem Führerhaus* n
    chaste [tʃeist] a (~ly adv) *keusch, rein* || *(of*
style) edel, rein || *zurückhaltend, ungeziert, ein-*
fach || ⟨bot⟩ ~ Tree *(bot) Keuschlamm, –baum* m
    chasten ['tʃeisn] vt *züchtigen, strafen* || ⟨fig⟩
mäßigen, dämpfen || *(of style) v Fehlern reinigen,*
verfeinern
    chasteness ['tʃeistnis] s *Keuschheit* f || *(of*
style) Einfachheit, Korrektheit f
    chastise [tʃæsˈtaiz] vt *strafen, züchtigen; ver-*
mahnen ~ment ['tʃæstizmənt] s *Strafe, Züchti-*
gung f
    chastity ['tʃæstiti] s *Keuschheit* f || *Reinheit* f ||
(of style) Einfachheit f
    chasuble ['tʃæzjubl] s ⟨ec⟩ *Meßgewand* n
    chat [tʃæt] **1.** vi *schwatzen, plaudern* **2.** s
Plauderei, Unterhaltung f, *to have a* ~ *sich unter-*
halten | *zwanglose Ansprache* f, *populärer Vor-*
trag m | *Geschwätz* n, ⟨fam⟩ *Unverschämt-*
heiten f pl *(none of your* ~ !)
    chat [tʃæt] s ⟨for⟩ *Sprößling* m
    chat [tʃæt] s ⟨orn⟩ *Schmätzer* m
    château [ʃɑˈtou] s (pl ~x [~z]) Fr *Château,*

Schloß n || ⚘ [attr] *Château–* || ~-bottled
['ʃætou–] wine *Châteauwein-Kellerabfüllung* f
    chatelaine ['ʃætəlein] s Fr *Herrin, Wirtin* f |
Anhängsel n *an Damengürtel* f *Schlüssel*
    chatoyant [ʃæ'twɔiənt] **1.** a *buntschillernd* **2.** s
⟨minr⟩ *Katzenauge* n *(Stein)*
    chattel ['tʃætl] s ⟨jur⟩ *[mst pl* ~s] *bewegliche*
Habe f; *goods and* ~s *Hab u Gut* n || ~ *slavery*
Leibeigenschaft f
    chatter ['tʃætə] **1.** vi *plaudern, schwatzen;*
nachplappern || ⟨orn⟩ *zwitschern; schreien* || *(of*
a brook) plätschern | klappern, rattern; (of
teeth) klappern, his teeth ~ed *er klapperte mit*
den Zähnen **2.** s *Geplauder, Geschwätz* n || ⟨orn⟩
Gezwitscher n; *Schreien* n || *Plätschern* n ||
Rattern n ~box [~bɔks] s *Plappermaul* n,
Plaudertasche f || ⟨mil sl⟩ °*Rotzspritze* f (=
MG) | ~er [~rə] s *Schwätzer* m **chatty** ['tʃæti]
a *unterhaltsam, plaudernd; schwatzhaft*
    chauffeur ['ʃoufə] s Fr *Chauffeur, Kraft-*
wagenführer, Fahrer, Kraftfahrer; ⟨aero sl⟩
°*Kutscher (Flugzeugführer)* m
    chauffeuse [ʃouˈfəːz] s *Kraftfahrerin* f
    chauvinism ['ʃouvinizm] s Fr *Chauvin·ismus*
m —nist ['ʃouvinist] s *Chauvinist* m
    chaw [tʃɔː] vt ⟨vulg⟩ *laut kauen* || ~ *to* ~
up *gänzlich vernichten, schlagen; schwer ver-*
letzen
    cheap [tʃiːp] **1.** a (~ly adv) *billig, wohlfeil* ⟨a
fig⟩; ~ *and nasty billig u schlecht* || *minder-*
wertig; gering, gemein; niedrig im Kurs | *dirt-*
spottbillig; on the ~ *auf billigste Art* || *to feel* ~
⟨sl⟩ *sich schlecht fühlen* || *to hold a th* ~ *etw*
geringschätzen, verachten | *to make o.s.* ~ *sich*
gemein m, sich wegwerfen | ⚘-Jack *Straßen-*
verkäufer m || ~(-)skate ⟨Am fam⟩ *Geizhals,*
,,*Filz"* m **2.** adv *(mst* ~ly) *billig (to buy* ~)
| ~en ['~ən] vt/i † *handeln, feilschen um* |
herabsetzen | vi *billig w* ~ness [~nis] s *Billig-*
keit f
    cheat [tʃiːt] **1.** s *Betrug* m | *Betrüger* m **2.** vt/ı
betrügen | *to* ~ *a p of od out of jdn betrügen um*
|| *(Zeit) vertreiben* || *entwischen, –gehen* | vi *be-*
trügen
    check [tʃek] **I.** s **1.** *[als intj] Schach*!; ⟨übtr⟩
top! einverstanden! abgemacht!; *to give* ~ *Sch.*
bieten | *Einhalt* m, *Hemmung* f, *Hindernis* n *(to* f);
positive od Malthusian ~s *[pl] repressive*
Hemmungen pl || *Tadel, Verweis* m || ⟨mil⟩
Schlappe f || ⟨hunt⟩ *Verlust* m *der Fährte or der*
Beute | *Unterbrechung, Pause* f **2.** *Kontrolle (on*
über), ~s [pl] *Kontrollarbeiten* f pl; *Aufsicht* f;
maintenance ~ ⟨tech⟩ *Nachuntersuchung* f ||
Kontrollmarke f; *Coupon, Zahlzettel, Schein* m
f *Gepäck, Garderobe, Platz im Theater* etc ||
⟨Am⟩ *Spielmarke* f || *quality* ~ ⟨stat⟩ *Kontroll-*
erhebung f || *spot* ~, *snap* ~ *Stichprobe* f,
Überprüfung f *durch Stichproben* **3.** ⟨Am⟩ =
cheque **4. Wendungen:** *in* ~ ⟨chess⟩ *im Schach*
|| ⟨fam⟩ *to hand in one's* ~s °*abkratzen,*
abtreten (sterben) || *to keep in* ~ *im Zaume*
halten | *to impose, place a* ~ *e–e Grenze setzen,*
Einhalt tun (on a th e–r S) to suffer, sustain a
~ *in s–m Lauf aufgehalten w;* ⟨mil⟩ *e–e Schlappe*
erleiden **5.** [attr] *Kontroll–:* ~ *beam* ⟨aero
wir⟩ *Leit–, Landestrahl* m || ~ *bearing Kontroll-*
peilung f || ~-book *Kontrollbuch* n || ~ *flight*
Probeflug m || ~ *pilot Prüfluftfahrzeug* n
|| ~ *point Anhalts–, Bezugspunkt* m || ~ *target*
Einschieß–, Hilfsziel n || ~-up ⟨med⟩ *Nach-*
untersuchung f; *routine physical* ~-up *übliche*
Untersuchung f || ~ *valve Reglerventil* n **II.** vt/i
A. vt **1.** *(jdm) Schach bieten* || *hemmen, einhalten,*
(jdm) Einhalt tun || *zähmen, zügeln* || *verweisen,*
tadeln || ⟨com⟩ *bremsen* **2.** *kontrollieren, prüfen,*
nachsehen, untersuchen | *to* ~ *in* ⟨Am⟩ *(P, S)*
abfertigen || *to* ~ *off (ab)zählen* || *mit e–m*
Zeichen versehen || ⟨Am rail⟩ *(Gepäck) aufgeben,*

einschreiben l; *gegen Schein in Verwahrung geben* ‖ ⟨Am⟩ *to* ∼ *against vergleichen mit*; *to* ∼ *back over kollationieren*; *to* ∼ *over prüfen* (*u instandhalten l*) ‖ *to* ∼ *up* (⟨*a*⟩ *to* ∼ *up on*) (*etw*) *kontrollieren, genau prüfen, nachrechnen* | ∼*ing account* ⟨Am⟩ *laufendes Konto* n **B. vi** *haltmachen, stocken; scheuen; sich verletzt fühlen* (at *über*) ‖ ⟨Am⟩ *to* ∼ *in* (*in e–m Hotel*) *ankommen, absteigen*; *to* ∼ *out das Hotel verlassen*; *to* ∼ *with übereinstimmen mit* → I. s 1.

check [tʃek] s *kariertes Muster* n, *karierter* (*Schotten-*)*Stoff* m ∼*ed* [∼t] a *kariert* ∼*er* [′∼ə] s *kariertes Muster* n ‖ ∼s [sg konstr] ⟨Am⟩ *Damespiel* n ‖ → chequer ∼*y*, **chequee** [′∼i] a *bunt, kariert*; ⟨her⟩ *geschacht*

checkmate [′tʃek′meit] **1.** intj *schachmatt!* **2.** s *Schachmatt* n ‖ ⟨fig⟩ *Niederlage* f **3.** vt *schachmatt m* ‖ ⟨fig⟩ *matt setzen; vereiteln*

Cheddar [′tʃedə] s (*Stadt in* Somerset) *Käse* m *aus* ∼

chee-chee [′tʃi:tʃ:i] s ⟨Ind⟩ *Mischling* m; *dessen affektiertes Englisch*

cheek [tʃi:k] **1.** s *Wange, Backe* f (in the ∼ *auf der B.*) ‖ ∼ *by jowl dicht beieinander; intim* ‖ *to one's own* ∼ (*fam*) *ausschließlich f sich allein* | ⟨fam⟩ *Unverschämtheit, Dreistigkeit* f (to have the ∼ *to do*) | ⟨übtr⟩ ∼s [pl] ⟨vulg⟩ *Hinterbacken* pl; ⟨tech⟩ *Seitenstücke, –teile v Maschinen* pl | [attr] ∼*-bone Backenknochen* m ‖ ∼*-strap –riemen* m **2.** vt ⟨fam⟩ *frech s gegen* | ∼*ed* [∼t] a [in comp] *–wangig* | ∼*y* [′∼i] a (*–kily* adv) ⟨fam⟩ *unverschämt, dreist; keck*

cheep [tʃi:p] **1.** vi/t ‖ *piepen* | vt (*etw*) *piepen* **2.** *das Piepen* n ∼*er* [′∼ə] s *junger Vogel* m

cheer [tʃiə] **1.** s *Laune, Stimmung, Fröhlichkeit* f, *Frohsinn* m | *Speise, Kost, Bewirtung* f | *Ermunterung* f, *Trost* m | *Beifallsruf* m, *Hurra* m | *what* ∼? *wie geht's*? ‖ *be of good* ∼! *sei guten Mutes*! ‖ *to give three* ∼s *ein dreifaches Hoch ausbringen* (for *auf*), *dreimal Hoch* or *Hurra rufen* **2.** vt/i ‖ (*a to* ∼ *up*) *aufheitern, erfreuen, fröhlich m* (it ∼s me to see you); *aufmuntern, trösten* ‖ *mit Beifall* or *Hochrufen begrüßen* ‖ *to* ∼ *on anreizen, anspornen* (to *zu*) | vi *applaudieren, Hoch rufen, Hurra rufen* ‖ *to* ∼ *up Mut fassen, fröhlich w*; ∼ *up! komm, nur Mut*! *immer Mut*! ∼*ful* [′∼ful] a (∼*ly* adv) *heiter, froh* ‖ *freundlich* (room) ∼*fulness* [′∼fulnis], ∼*iness* [′∼rinis] s *Heiter-, Munterkeit* f, *Frohsinn* m ∼*less* [∼lis] a (∼*ly* adv) *freud-, trostlos* ∼*lessness* [′∼lisnis] s *Trostlosigkeit* f ∼*rio* [′∼ri′ou] intj ⟨fam⟩ *Heil! ahoi*! | *Auf Wiedersehen*! ‖ *nur Mut*! | *Prost*! | [attr] *fröhlich* | ∼*y* [′∼ri] a (*–rily* adv) *heiter, froh, munter*

cheese [tʃi:z] **1.** s *Käse* m ‖ *lean* (rich) ∼ *Mager-*(*Fett*)*Käse*; → Gruyère ‖ ⟨sl⟩ *hard* ∼ ⟨fig⟩ *Pech* (that was hard ∼! *so'n Pech*!) | [attr] ∼*-cake Quark–, Käsekuchen* m ‖ ∼*-curd Käsequark* m ‖ ∼*-cutter breites Käsemesser* n ‖ ∼*-knife* (mil sl) „*Käsemesser*" n (= *Säbel* etc) ‖ ∼*-mite Käsemilbe* f ‖ ∼*-paring* f **1.** *Käserinde*; ⟨fig⟩ *Knauserigkeit* f **2.** ⟨fig⟩ *knauserig* ‖ ∼*-scoop Käsestecher* m ‖ ∼ *spread Schmelz-, Streichkäse* m ‖ ∼*-straws* [pl] *–stangen* pl **2.** vt imp ∼ it °*halt's Maul, hör auf* ∼*monger* [′∼,mʌŋgə] s *–händler*

cheese [tʃi:z] s [*urspr* AInd] ⟨sl⟩ *quite the* ∼ °*die* „*Masche*" (*gerade das Richtige*) | ⟨Am sl⟩ *the big* ∼ *der* °*Obermotz*; *a big* ∼ *ein Narr*

cheesecake [′tʃi:zkeik] s ⟨Am sl⟩ *Sexi-Reklame*(*bild* n) f, *Sexi-Bild* n

cheesy [′tʃi:zi] a *käsig; Käse–* ‖ ⟨fig Am sl⟩ *schlecht, faul, °mistig*

cheetah [′tʃi:tə] s ⟨zoo⟩ *z Jagd abgerichteter ind.* Leopard m

chef [ʃef] s Fr *Hauptkoch, Küchenchef* m ∼*-d′œuvre* [ʃe′də:vr] s Fr (pl ∼(s)-d′œuvres [–z]) *Meisterwerk* n

cheiro– [kaiəro–] [in comp] *Hand–* ∼*ptera* [kaiə′rəptərə] s ⟨zoo⟩ *Gattung der Fledermäuse* f

chela [′tʃeilə] s ⟨AInd⟩ *buddh. Novize* m

chela [′ki:lə] s (pl -æ [–i:]) ⟨zoo⟩ (*Krebs-*) *Schere* f

Chellean [′ʃeliən] a ⟨praeh⟩ *Chelleen–*

chelonian [ki′louniən] **1.** a *Schildkröten–* **2.** s ⟨zoo⟩ *Schildkröte* f

Chelsea [′tʃelsi:] (*in London*) ∼ *bun Korinthenplätzchen* n

chemical [′kemikəl] **1.** a *chemisch* ‖ ∼ *agent* ⟨mil chem⟩ *Kampfstoff* m ‖ ∼ *barrier* ⟨tact⟩ *Kampfstoffsperre* f ‖ ∼ *constitution chemischer Aufbau* m ‖ ∼ *cooling Heißkühlung* f ‖ ∼ *defence Gasschutz* m ‖ ∼ *engineer* (*bes* Am) *Chemotechniker* m ‖ ∼ *fuel motor Raketenmotor* m ‖ ∼ *troops* pl *Nebeltruppen* f pl ‖ ∼ *warfare Gaskrieg* m ‖ ∼*-works* [pl] *chemische Fabrik* f **2.** s *chem. Präparat* n; ∼s [pl] *Chemikalien* pl | ∼*ly* [∼i] adv *chemisch; auf chemischem Wege*

chemico– [′kemiko] [in comp] *chemisch–*

chemise [ʃi′mi:z] s *Frauenhemd* n | ∼*tte* [ʃemi′zet] s Fr *Leibchen* n, (*Kleid-*)*Einsatz* m (*f Frauen*)

chemist [′kemist] s *Chemiker* m ‖ *Drogenhändler* m; ∼*'s shop Drogerie; Apotheke* f; *dispensing* ∼ *Apotheker* m | ∼*ry* [∼ri] s *Chemie* f

chemitype [′kemitaip] s *galvanische Druckplatte* f

chemurgy [′kemə:dʒi] s ⟨agr⟩ *Kunstdüngerchemie* f; *organische chemische Praxis* f

chenille [ʃe′ni:l] s Fr *Chenille* f (*raupenähnl. Schnur*)

cheque [tʃek] s ⟨com⟩ *Scheck* m (on London *auf* L.), *Zahlungsanweisung* f: a ∼ *for £5 ein Scheck über 5 Pfd.* ‖ *Scheckformular* n ‖ → *to cash* ‖ *to cross a* ∼ *e–n Sch.* „*Nur zur Verrechnung*" *querschreiben*; *crossed* ∼ *Verrechnungssch.*, *open* ∼ *Überbringersch.* ‖ *to make out a* ∼ *in a p's name e–n Scheck auf jds Namen, f jdn ausstellen* | ∼*-book Scheckbuch* n

chequer [′tʃekə] **1.** s [*oft* pl ∼s] *kariertes* or *buntes Muster* n **2.** vt *bunt, scheckig m, karieren* ‖ ⟨fig⟩ *bewegt* or *wechselvoll m, beleben* | ∼*ed* [∼d] a *kariert, bunt* ‖ *bewegt, wechselvoll* (∼ lot) ‖ ∼ *flag* ⟨sport⟩ *Zielflagge* f ‖ ∼ *shade Schattengitter*(*muster*) n

cherish [′tʃeriʃ] vt (*jdn*) *pflegen, sorgen f* ‖ *hochhalten, schätzen* ‖ ⟨fig⟩ (*Gefühl*) *warm halten, unterhalten, hegen*

cheroot [ʃə′ru:t] s ⟨Ind⟩ *Zigarre* (*an beiden Enden offen*) f, *Stumpen* m

cherry [′tʃeri] **1.** s ⟨bot⟩ *Kirsche* f ‖ (a ∼*-tree*) *Kirschbaum* m ‖ (a ∼*-wood*) *Kirschbaumholz* n ‖ ∼ *bite* ‖ Cornelian ∼ *Cornellkirsche, Dirlitze* f | [attr] ∼*-brandy Kirschlikör* m ‖ ∼*-fruitfly* ⟨ent⟩ *Kirschenfliege* f ‖ ∼*-pie* ⟨bot⟩ *Heliotrop* n ‖ ∼*-red kirschrot* ‖ ∼*-stone Kirschkern* m **2.** a *kirschfarben, –rot, rot*; ∼*-cheeked rotwangig*

cherryade [′tʃerieid] s ⟨Am⟩ *Kirschenlimonade* f

Chersonese [′kə:səni:s] s *Chersones* m ‖ ∼ *Halbinsel* f

chert [tʃə:t] s ⟨geol⟩ *Kieselschiefer* m

cherub [′tʃerəb] s [pl ∼s, –im] *Cherub* m ‖ ⟨übtr⟩ *unschuldiges Kind* n | ∼*ic* [tʃe′ru:bik] a *engelhaft*

chervil [′tʃə:vil] s ⟨bot⟩ *Kerbel* m

Cheshire [′tʃeʃə] s [attr] ∼ *cheese Käse aus* ‖ *to grin like a* ∼ *cat grinsen wie ein Honigkuchenpferd*

chess [tʃes] s *Schach* m ‖ ∼*-board –brett* n; ∼*-b. pattern –brettanlage* f; ∼*-men* [pl] *–figuren* f pl

chest [tʃest] s *Kiste, Truhe* f, *Kasten* m, *Lade* f;

~ of drawers *Kommode* f || *Kiste* f (*als Maß*) (~ of tea *K. Tee*) | *Finanzamt* n; *Kasse* f | ⟨anat⟩ *Brust* f; *Brustkasten* m; to have a cold on the ~ *es auf der Brust, e–n Katarrh h*; to get a th off one's ~ ⟨sl⟩ *sein Inneres befreien, sich e–e Last v der Seele wälzen*; °*es sich v der Leber reden, s–n Gefühlen k–e* °*Korsettstange anlegen* | ~ *freezer Tiefkühltruhe* f || ~-*pack parachute* ⟨aero⟩ *Brustfallschirm* m || ~-*trouble* (*chronische*) *Lungenkrankheit* f || ~-*type microphone* ⟨wir⟩ *Brustmikrophon* n || ~-*voice Bruststimme* f | ~*ed* [′~id] [in comp] –*brüstig* (broad–~; narrow–~) | ~*y* [′~i] ⟨Am sl⟩ *eingebildet; selbstsüchtig, anmaßend* | to be ~ *es auf der Lunge h*

chesterfield [′tʃestəfi:ld] s *langschößiger Überzieher* m | *Art tiefes Sofa* n

chestnut [′tʃesnʌt] **1.** s ⟨bot⟩ *Kastanie* f; ⟨fig⟩ to pull the ~ out of the fire for a p f *jdn die K–n aus dem Feuer holen* | (a ~-tree) *Kastanienbaum* m | –*braun* n || *Brauner* m (*Pferd*) | ⟨fam⟩ *alter, abgedroschener Witz* m ⟨m.m.⟩ *Kalauer, Meidinger* m **2.** a *kastanienbraun*

cheval [ʃə′væl] s Fr ~-de-frise, [*mst pl*] chevaux [ʃə′vou]-de-frise ⟨fort⟩ *spanischer Reiter* pl; *Stachelzaun* m || ~-glass gr *Drehspiegel* m || ~ *vapeur* (abbr cv) Fr (*metrische*) *Pferdestärke* f (75 m/kg/sec = 0,736 kW)

chevalier [ʃevə′liə] s Fr ⟨hist⟩ the ☨ = the Old Pretender; the Young ☨ = the Young Pretender

cheveril [′ʃevəril] s *Ziegenleder* n

chevet [ʃə′vei] s Fr ⟨arch⟩ *Apsis* f, *Apsengruppe* f

chevin [′tʃevin] s ⟨ich⟩ = chub

cheviot [′tʃeviət] s *Bergschaf* n (*der* ☨ Hills) || *Cheviot(stoff)* m

chevron [′ʃevrən] s Fr *Zeichen* n *in der Form* V | ⟨her⟩ *Sparren* m | ⟨mil⟩ (*Unteroffiziers-*) *Streifen* m, *Tressenwinkel* m, *Abzeichen* n (*am Ärmel, Kragen*) | ⟨arch⟩ *Zickzackleiste* f | ⟨mot⟩ ~ *tread* (*Reifen-*)*Pfeilprofil* m

chevrotain [′ʃevrətein] s Fr ⟨zoo⟩ *Zwergmoschustier* n

chevy [′tʃevi], **chivy, chivvy** [′tʃivi] **1.** s *Hetzjagd* f | *Barlaufspiel* n **2.** vt/i || (*jdn*) *hetzen, verfolgen, jagen* || ⟨fig⟩ *belästigen* | vi *rennen*

chew [tʃu:] **1.** vt/i || *kauen* || *überdenken, –legen* | to ~ the cud *wiederkäuen*; ⟨fig⟩ *nachsinnen* (upon, over *über*) || ⟨sl⟩ to ~ the cud °*über die Unsterblichkeit der Maikäfer nachdenken*; to ~ the rag *herumnörgeln* (at *an*) –*meckern*; °*quasseln,* °*quatschen* | vi *priemen; kauen* (on *auf*); *nachdenken* (on *über*) **2.** s *Kauen*; *Priemen* | ~*ing* [′iŋ] s [attr] *Kau–*; ~ *gum –gummi* m

chhatri [′tʃhatri:] s ⟨Ind⟩ *Schirm* m (*v Diener über Fürsten etc getragen*)

chianti [ki′ænti] s It *ital. Rotwein* m

chiaroscuro [ki,ɑ:rəs′kuərou] **1.** s It ⟨paint⟩ *Helldunkel* n, *Licht- u Schattenbehandlung, –wirkung* f || *Kontrastierung* f || ~ *woodcut Tonholzschnitt* m **2.** a *Helldunkel–*

chibouk, chibouque [(t)ʃi′bu:k] s *Tschibuk* m (*türk. Pfeife*)

chic [ʃi:k, ʃik] **1.** a *schick, elegant* **2.** s *Eleganz* f, *Schick* m

chicane [ʃi′kein] **1.** vi/t || *Spitzfindigkeiten* m; *böswillig kritteln* | vt (*jdn*) *schikanieren; übervorteilen* || *durch Kniffe verleiten* (into *zu*) **2.** s *Schik·ane* f; ⟨cards⟩ *Fehlfarbe* f | ~*ry* [~əri] s *Schikane* f, *Kniffe* m pl, *Rechtsverdreherei, Sophisterei* f

chick [tʃik] s *Küchlein* n || *Lockruf* m (*e-s Vogels*) || kl *Kind* n, the ~*s die Kinder e–r Familie* ~**abiddy** [′~ə,bidi] s ⟨fam⟩ *Liebling* m, *Schnuckchen, Häschen, Schnupperchen* n (*Zärtlichkeitsausdruck f Kind*) ~**adee** [′tʃikə′di:] s ⟨Am orn⟩

Kohlmeise f ~**aree** [′tʃikər′i:] s ⟨Am zoo⟩ *rotes Eichhörnchen* n

chicken [′tʃikin] s *Hähnchen, Hühnchen* n, → to peep, brood || to count one's ~s before they are hatched *ungelegte Eier zählen, den Tag vor dem Abend loben* (*z früh triumphieren*) || to catch it where the ~ got it ⟨Am⟩ *e–n tüchtigen Schlag ins Genick bek* ⟨fig⟩; *umgebracht w* | *Fleisch v Hähnchen* | ⟨fig⟩ *jugendliche P* f, °*Kücken* n; ⟨Am⟩ *Mädchen* n; no ~ *kein Kind mehr* | ~-breasted *hühnerbrüstig* || ~-feed ⟨Am fam⟩ *Bagatelle* f; *Kleingeld* n, *Münze* f | ~-hearted *feig, zaghaft* || ~-liver *Feigling* m | ~-livered *feige* || ~-pox [sg] *Windpocken* f pl || ~ *wire* ⟨mil sl⟩ (*Tarn-*)*Maschendraht* m, *Drahtnetz* n

chick-pea [′tʃikpi:] s ⟨bot⟩ *Kichererbse* f

chick-weed [′tʃikwi:d] s ⟨bot⟩ *Hühnerbiß* m, *Vogelmiere* f

chicory [′tʃikəri] s ⟨bot⟩ *Zich·orie* f || ⟨Am⟩ *Endivie(nsalat* m) f

chide [tʃaid] vi/t [chid/chidden, chid] || *schelten* | (*v Wind*) *toben*; (*v Hund*) *kläffen, toben* | vt *auszanken*

chief [tʃi:f] **1.** s *Anführer* m, *Haupt* n || (of Indians etc) *Häuptling* m || *Vorsteher; Vorgesetzter* m | ⟨fam⟩ *Alter, Prinzipal* m | *Hauptteil* m | in ~ *besonders, im besonderen; höchst, commander-in-chief Höchstkommandierender* m **2.** a *Haupt–, hauptsächlichst, wichtigst* || *höchst, oberst, Ober–* (Lord ☨ *Justice Lord Oberrichter* m) || *regimental* ~(-)*clerk Regimentsschreiber* m || ~ *counsel Hauptverteidiger* m || ~ *designer Chefkonstrukteur* m || ~ *engineer leitender Ingenieur, technischer Leiter* m || ~ *justice Gerichtspräsident* m || ~ *nurse Oberschwester* f || ~ *of air staff Chef des Luftwaffen-Generalstabes* || ~ *of chaplains Feldbischof* m || ~ *of naval operations* ⟨Am⟩ *Chef des Admiralstabes* | ~ *of staff Stabschef* m, *Chef des (General-)Stabes* || ~ *prosecutor Oberstaatsanwalt* m **3.** adv *hauptsächlich* (~ *of all*) ~*ly* [′~li] **1.** a *Führer–* **2.** adv *meistens, hauptsächlich*

chieftain [′tʃi:ftən] s *Häuptling* m ~*cy* [~si], ~**ship** [~ʃip] s *Häuptlingschaft, Führerschaft* f ~**ess** [~is] s *Frau e–s Häuptlings* || *Führerin* f

chiff-chaff [′tʃif-tʃæf] s ⟨orn⟩ *Zilpzalp, kl Weidenzeisig* m

chiffon [′ʃifən] s Fr *feiner dünner Stoff* m; ~s [pl] *Verzierungen* f pl, *Schmuck* (*am Kostüm*) m | ~**ier** [ʃifə′niə] s Fr kl (*Schubfach-*)*Schrank* m f *Schmucksachen* etc

chignon [′ʃi:njɔ:] s Fr (*Haar-*)*Knoten, Kauz,* × *Dutt, Schnatz* m (*am Hinterkopf*)

chigoe [′tʃigou] s ⟨zoo⟩ *Sandfloh* m

chilblain [′tʃilblein] s *Frostbeule* f, *Frostballen* m (on one's foot *am Fuße*)

child [tʃaild] s (pl ~*ren* [′tʃildrən]) **1.** *Kind* n; the ☨ *Jesus das Jesus–, Christkind(chen)* || *natural* ~ *natürliches K.* || ~ *at the breast Brustkind* n || *Knabe* m, *Junker* m (☨ *Harold*) || *Mädchen* n || *Sohn* or *Tochter*; this ~ ⟨sl⟩ °*m–e Wenigkeit* (*ich*) | from a ~ *v Kindheit auf, an, with* ⟨~⟩ *schwanger* || ⟨~⟩*s play* ⟨fig⟩ *Kinderspiel* n, *Kleinigkeit* f, *kinderleicht*; a ~'s play to *ein K. gegen* | *kindische P* || *Kindskopf* m (*unerfahrene, unreife P*) **2.** *Nachkomme, Abkömmling* m | *Anhänger, Schüler* m | ⟨übtr⟩ *Kind* n (a ~ *of nature*) || ⟨fig⟩ *Schöpfung* f, *Produkt, Erzeugnis* n, *Frucht* f (a ~ *of the Revolution*) **3.** [attr] *kindlich, Kindes–* || *Kinder–* || ~-bearing *Niederkunft* f; ~ *guidance Jugendpsychiatrie* f, *Heilpädagogik*; ~ g. clinic *Erziehungsberatungsstelle* f (*mit Therapie*); ~ *minder,* (⟨Am a⟩ ~ *monitor*), part-time ~ *nurse Kinderwärter(in* f) m || ~-*psychology –psychologie* f || ~-*stealing* ⟨jur⟩ *Muntbruch, Kindesraub* m || ~'s *allowance –beihilfe* f; children's books [pl] *Jugendschriften* f pl | *sehr jung, jugendlich*

(a ~ wife); *unmündig* (the ~ Queen) **~bed**
['~bed] s *Wochenbett* n (to die in ~) **~-birth**
['~bə:θ] s *Niederkunft* f **~hood** ['~hud] s
Kindheit f **~ish** ['~iʃ] a (~ly adv) *kindlich* ||
kindisch **~less** ['~lis] a *kinderlos* || **~ness**
Kinderlosigkeit f, ⟨demog⟩ *Unfruchtbarkeit* f
v *Ehen* **~like** ['~laik] a *kindlich, unschuldig*

Childermas-day ['tʃildəmæs'dei] s *Fest* n *der
Unschuldigen Kindlein* (*28. Dez.*)

Chili, Chile ['tʃili] s (*Chile*) [attr] ~ *saltpetre
Chilesalpeter* m || **~s** [pl] *lange* (*rote* or *grüne,
scharfe*) *Paprikaschoten* f pl **Chilian, –ean**
['tʃiliən] **1.** a *Chile–, chilenisch* **2.** s *Chilene* m

chiliad ['kiliæd] s *Tausend* n; *Jahrtausend* n
chiliasm ['tʃiliæzm] s *Chili·asmus* m (*Lehre v
Tausendjährigen Reich*)

chill ['tʃil] **1.** s *Kälte–, Frostgefühl* n; (*Fieber-*)
Schauer m || (of the air) *Kühle, Kälte* f | ⟨med⟩
Erkältung f | ⟨fig⟩ *Kälte, Lieblosigkeit; nieder-
drückende Stimmung* f (to cast a ~ on, over) | to
catch, contract, take a ~ *sich erkälten* || to take
the ~ off (a liquid) *verschlagen* m, (*leicht anwärmen*); water with the ~ off *verschlagenes
Wasser* | [attr] *Kühl–* (**~-room**) **2.** a *kühl,* (*unan-
genehm*) *kalt, schaurig* || ⟨fig⟩ *frostig, kaltherzig,
entmutigend* **3.** vt/i (*ab*)*kühlen, kalt m, (leicht anwärmen*) **~ed**
meat Kühlfleisch n || ⟨met⟩ *hart* m, *abschrecken*
|| ⟨fam⟩ *anwärmen* || ⟨fig⟩ *niederschlagen, mut-
los* m | vi *kühl* w, *erkalten* | **~ing** ['~iŋ] a *Kälte
verbreitend* or *verursachend* || ⟨fig⟩ *nieder-
drückend; frostig* (manner) || ~ effect ⟨found⟩
Abschreck–, Kühlwirkung f | **~y** ['~i] a *kühl,
kalt, frostig* ⟨a fig⟩ || to feel ~ *frösteln*

chilli, –y ['tʃili] s *getrocknete Schote des
spanisch. Pfeffers* f

Chiltern Hundreds ['tʃiltən'hʌndrədz] s pl
⟨parl⟩ *Kronland, das denen z Verwaltung übertragen wird, die ihr Mandat im H. C. niederlegen
wollen;* to apply for, to accept the ~ ~ *s–n Sitz
im H. C. aufgeben*

chime, chimb [tʃaim] s *Kimme* f (*e–s Fasses*)
chime [tʃaim] **1.** s ⟨mus⟩ *ein Satz abgestimm-
ter Glocken* m; [*oft* pl **~s**] *Glockenspiel* n || ⟨fig⟩
Einklang m, *Harmonie* f (of *zwischen*); in ~
harmonisch **2.** vi/t *klingen, tönen* || (*v der Uhr*)
schlagen || ⟨mus⟩ *stimmen* || *übereinstimmen*
(with) | *mechanisch wiederholen* | to ~ *in gele-
gentlich bemerken; zustimmen;* ⟨fig⟩ *überein-
stimmen* (with *mit*) | vt (*Glocken*) *läuten;* (*Ton*)
anschlagen

chimera, –mær- [kai'miərə] s ⟨fig⟩ *Schim·äre*
f; *Schreckbild* n || *Hirngespinst* n **–ric(al)** [kai-
'merik(əl)] a (*–cally adv*) *phantastisch*
chimere [tʃi'miə] s *Bischofsrobe* f
chimney ['tʃimni] s *Kamin* m (at the ~ *am
Kamin*) || *Schornstein, Schlot* m, *Esse* f || (of a
lamp) *Zylinder* m || *Ausbruchskanal* m (*es Vul-
kans*) || *Kamin* m (*enge* [*Fels-*]*Kluft*) | [attr] ~-
corner *Kaminecke* f || **~-piece** *Kaminsims* m ||
~-pot *Zugröhre, Kaminkappe, Schornsteinhaube*
f; ⟨fam⟩ *Angströhre* f (*Zylinderhut*) || **~-stack**
Satz m v *Schornsteinaufsätzen* || **~-stalk**
Schornsteinaufsatz m, *Fabrikschornstein* m ||
~-swallow ⟨orn⟩ *Rauchschwalbe* f || **~-sweep**(er)
Schornsteinfeger, Essenkehrer m

chimpanzee [,tʃimpən'zi:] s ⟨zoo⟩ *Schimpanse* m

chin [tʃin] s *Kinn* n (double-~, *Doppel–*) || up
to the ~, **~-deep** *bis ans K.;* ⟨fig⟩ *tief versunken,
bis über die Ohren* || ⟨Am sl⟩ to take it on the ~
viel einstecken können or *müssen;* he took it on
the ~ *er hielt gut durch; er versagte, hatte Miß-
erfolg* | [attr] **~-guard, ~-piece** (*Helm-*)*Bart-
haube* f, *Schönbart* m || **~-rest** *Kinnhalter* (*der
Geige*); **~-strap –riemen** m; Colonel ~ *Oberst*
m „*Kinnriemen*" (*Typ des jovialen Whisky-
Trinkers*)

chin [tʃin] ⟨sl⟩ **1.** vi/t || *plaudern, schwatzen*

(about *über*); *quasseln* | vt (*keck*) *anreden* **2.** s
Schwatzen; *Gespräch* n
china ['tʃainə] **1.** s *Porzellan* n **2.** a *Porzellan–*
| **~-aster** ⟨bot⟩ *chinesische Aster* f || **~-bark**
Chinarinde f || **~-clay** *Porzellan–, Kaol·in-Erde* f,
geschlämmtes Kaol·in n || **~-goods** [pl] *P.waren* f
pl || **~'s** cow ⟨fam⟩ *Sojabohne* f || **~-shop**
–laden m; → bull || **~-town** ⟨Am⟩ *Chinesen-
viertel* n || **~-tree** ⟨bot⟩ *Zedrachbaum* m || **~-
ware** *Porzellan* n **~man** [**~**mən] s *Chinese* m
chinch [tʃintʃ] s ⟨Am fam⟩ (*Bett-*)*Wanze* f
chinchilla [tʃin'tʃilə] s *Span Chinch·illa* f & n,
Hasenmaus f
chin-chin ['tʃin'tʃin] s ⟨sl⟩ *Ausdruck des
Grußes or Abschieds; adieu!* ⟨m. m.⟩ *tjüs!; prost!,
°prösterchen!* | *Gespräch* n
chine [tʃain] s *Rückgrat, Kreuz* n; *Rücken–,
Lendenstück* n || (of mountains) *Grat, Kamm* m
chine [tʃain] s *tiefes Tal* n (*auf* Isle of Wight *u
in* Hampshire)
Chinee [tʃai'ni:] s ⟨sl⟩ *Chinese* m
chinema ['tʃinəmə] s ⟨Am⟩ *Tonfilm* m
Chinese ['tʃai'ni:z; '~–; – '–'] **1.** a *chinesisch;*
→ lantern || ~ bells pl *Schellenbaum* m || ~
landing ⟨aero sl⟩ *Rückenwindlandung* || ~
shadow *Schattenspiel* n || ~ white *porcelain
weißglasiertes Porzellan* n **2.** s [pl **~**] *Chinese* m,
–sin f | *das Chinesische* (in ~ *auf Ch.*) | the
~ *die Chinesen* pl
chink [tʃiŋk] s *Spalt* m, *Ritze* f
chink [tʃiŋk] **1.** s *Klirren; Klingen* n, *Klang* m
(*des Geldes* etc) || ⟨fam⟩ *Pinke* f (*Geld*) **2.** vi/t
klirren, klingen, klimpern; anstoßen (*mit Gläsern*)
| vt *klingen* l; *klimpern* mit; they **~**ed their
glasses *sie stießen* (*mit–e–a*) *an*
Chink [tʃiŋk] s ⟨sl⟩ *Chinese* m
chinkapin ['tʃiŋkəpin] s ⟨Am bot⟩ *Zwerg-
kastanie* f
chinkers ['tʃiŋkəz] s pl *Pinke*(*-Pinke*) f (*Geld*) ||
Handschellen f pl
Chinook [tʃi'nuk] s ⟨Am⟩ *Tschin·uk* m (*India-
nerstamm*) | *Sprache der Tschinuken; Handels-
sprache* (*aus* ~ *u* Fr) | *feuchter Südwestwind* m
chintz [tʃints] s *Zitz, Kattun* m
chip [tʃip] **I.** s **1.** (*Holz-*)*Span* m; *Stückchen
Holz* n | *Abschabsel* n | (*Glas-*)*Splitter* m ||
ausgebrochene Stelle f *am Glas* (there's a ~ *out
of the glass od the glass has got a* ~ *on the edge*)
2. ⟨übtr⟩ *Stück, Glied* n | [*mst* pl **~s**] *Schnitt-
chen* n; **~**s *pommes frites* (fish and **~**s) || ⟨fam⟩
Pinke(*-Pinke*) f, *Geld*(*stücke* pl) n || ⟨fig⟩ *Spröß-
ling* m (*Kind*) **3. Wendungen:** as dry as a ~
ledern (*langweilig, uninteressant*) | a ~ of the
old block (of a child) *der leibhaftige Vater* || ⟨Am
fam⟩ to have a ~ on one's shoulder *°die ge-
kränkte Leberwurst spielen; herausfordernde
Haltung einnehmen* ⟨Am⟩ to pass in one's ~s
sich z gr Armee melden (*sterben*) || it's all ~s to
me *das ist mir °schnuppe* **4.** [attr] **~-axe** *Breit–,
Schlichtbeil* n || **~-basket** *Spankorb* m || **~-**(-)
board *Holzspanplatte* f || **~-bonnet, ~-hat**
Basthut m **II.** vt/i **1.** vt (*Holz*) *schneiden; in
Scheiben sch.* || *beschneiden, –hauen* || (a to ~
off) *abschneiden, –brechen, –hauen, –stoßen*
(from v) | to ~ in (*etw*) *beisteuern* | **~**ped stone
Splitterstein m **2.** vi *abspringen; –brechen;
–bröckeln* || to ~ *at sich lustig m über* | to ~ in
⟨sl⟩ *jdm in die Rede fallen, die Rede jds unter-
brechen* (with *mit*) || ⟨Am⟩ *mitmachen; mit-
wirken* (to *bei*), *beisteuern* | to ~ off (*sich*) *ab-
blättern* **~ping** ['~iŋ] s *Schnitzeln* n; **~**s [pl]
Späne m pl, *Stückchen* n pl; *Straßensplitt* m |
~py ['~i] a *voll Späne* etc || ⟨sl fig⟩ *ledern*
(*trocken, uninteressant*) || *unwohl; benebelt, be-
trunken, reizbar*

chip [tʃip] **1.** s *Trick* m *beim Ringkampf* **2.** vt
(*jdm*) *ein Bein stellen*

chipmuck ['tʃipmʌk], **–munk** ['tʃipmʌŋk] s ⟨zoo⟩ *amerik. gestreiftes Eichhörnchen* n

Chippendale ['tʃipəndeil] s (*nach* Th. ∼, † 1779) *Stil v Salonmöbeln* (18th c.); [attr] *Chippendale–, zierlich u leicht*

chipper ['tʃipə] a ⟨Am⟩ *lebhaft, munter, heiter, lustig* ‖ *geschwätzig*

chipper ['tʃipə] vi/t ‖ ⟨Am⟩ *zwitschern, schwatzen* ‖ to ∼ up *Mut fassen* | vt to ∼ up *aufmuntern*

chippy ['tʃipi] s ⟨Am⟩ *Sperling, Spatz* m ‖ ⟨fig⟩ *Schnepfe, Dirne* f

chirk [tʃə:k] **1.** vt/i *zwitschern* **2.** a ⟨Am fam⟩ *lebhaft*

chiro– ['kaiəro] Gr [in comp] *Hand–*; **∼graph** ['kaiərogra:f] s *ordnungsmäßig geschriebene Urkunde* f **∼mancer** ['kaiəromænsə] s *Chiromant, Handwahrsager* m **∼mancy** ['kaiəromænsi] s *Chiromantie, Handlesekunst* f **∼podist** [ki'rɔpədist] s *Hühneraugenoperateur, Pedikeur* m, *Pedikeuse* f, *Fußpfleger*(*in* f) m; *Facharzt* m f *Fußleiden* **∼pody** [ki'rɔpədi] s *Fußbehandlung, –pflege* f **∼practic** [kaiəro'præktik] s *Chiropraktik* f **∼practor** [–tə] s *–praktiker* m

chirp [tʃə:p] **1.** vi/t *zirpen, zwitschern* ‖ ⟨übtr⟩ *piepsen*; *sich freuen* | vt (*etw*) *zwitschern* ‖ *aufmuntern* **2.** s *Zirpen*, etc n | **∼y** ['∼i] a *lebhaft, heiter*

chirr [tʃə:] **1.** vi *zirpen* **2.** s *Zirpen* n

chirrup ['tʃirəp] **1.** vi *zirpen, zwitschern* ‖ *schnalzen* ‖ ⟨sl⟩ *aufmuntern, durch Zuruf ermuntern* **2.** s *Zirpen, Zwitschern*; *aufmunterndes Schnalzen* n | **∼y** [∼i] a ⟨fam⟩ *fröhlich, munter*

chisel ['tʃizl] **1.** s *Meißel* m, *Stemmeisen* n | the ∼ *der Bildhauermeißel*; *die Bildhauerkunst* f ‖ cold ∼ *Hartmeißel* (*aus Eisen* or *Stahl*) ‖ small ∼ *Grabstichel* m, *Punze* f ‖ *ripping* ∼ ⟨sculp⟩ *Zahneisen* n | ⟨agr⟩ *Meißel–, Untergrundpflug* m, → *subsoiler* **2.** vt (*aus*)*meißeln*; ⟨fig⟩ *formen, vervollkommnen* ‖ ⟨sl⟩ *betrügen, be–, erschwindeln* | **∼led** [∼d] a ⟨fig⟩ *feingeschnitten, wohlgeformt, ziseliert* **∼ler** [∼ə] s *Nassauer, Schwindler*; *Meckerer* m **∼ling** [∼iŋ] s (*a chiselwork*) *Ziselierarbeit* f

chit [tʃit] **1.** s (*of a plant*) *Keim* m, *Sproß* m **2.** vi *aufschießen, keimen*

chit [tʃit] s *junges Kind* n ‖ *Kindskopf* m (*junge unreife P*), *Persönchen* n (a ∼ of a girl), ⟨dero⟩ *Pflänzchen* n

chit [tʃit] s AInd ⟨mil & mar⟩ *kz Brief* m; *Bericht* m, *Zeugnis* n; *Zettel, Schein* m ‖ to have a good ∼ ⟨mil⟩ *e–e gute Beurteilung h, gut qualifiziert s* ‖ **∼-system** *Bon-System* n

chital ['tʃi:təl] s ⟨zoo⟩ *indischer* (*gefleckter*) *Hirsch* m

chit-chat ['tʃit-tʃæt] s *Geplauder* n, *Schnickschnack* m

chitin ['kaitin] s *Chit·in* n ‖ (*of lobsters etc*) *Schale* f **∼ous** [∼əs] a *Schalen–*

chiton ['kaitən] s ⟨zoo⟩ *Käferschnecke* f

chitter ['tʃitə] vi *zwitschern*; *quietschen*

chitterlings ['tʃitəliŋz] s pl *Gekröse* n

chivalric ['ʃivəlrik], **–rous** ['ʃivəlrəs] s (∼**ly** adv) *ritterlich*; *edel* **–ry** ['ʃivəlri] s *Rittertum, –wesen* n ‖ *Ritterlichkeit, Tapferkeit* f ‖ *Ritterschaft* f (*flower of* ∼)

chive [tʃaiv], **cive** [saiv] s ⟨bot⟩ *Schnittlauch* m **chiv(v)y** ['tʃivi] s & v → *chevy*

chlamys ['klæmis] s (pl –mides [–midi:z]) ⟨Gr ant⟩ *Überwurf, Mantel* m

chloral ['klɔ:rəl] s ⟨chem⟩ *Chlor·al* n; **∼-hydrate** ⟨chem⟩ *–hydrat* n **–rate** ['klɔ:rit] s ⟨chem⟩ *chlorsaures Salz* n **–ric** ['klɔ:rik] a *Chlor–*; **∼-acid** ⟨chem⟩ *–säure* f **–ride** ['klɔ:raid] s ⟨chem⟩ *Chlor·id* n ‖ ∼ of lime ⟨chem⟩ *Chlorkalk* m **–rinate** ['klɔ:rineit] vt *chloren* **–rine** ['klɔ:ri:n] ⟨chem⟩ *Chlor·* n **–rite** ['klɔ:rait] s *Chlor·it* m (*Mineral*) **–roform** ['klɔrəfɔ:m] **1.** s

Chloroform n **2.** vt *chloroformieren*; ⟨a übtr⟩ **-rophyll** ['klɔrəfil] s ⟨chem⟩ *Chlorophyll, Blattgrün* n **–rosis** [klə'rousis] s *Bleichsucht* f **–rotic** [klə'rɔtik] a *bleichsüchtig* **–rous** ['klɔ:rəs] a *chlorig* (∼ acid)

choc-ice ['tʃɔk-ais] s ⟨cul⟩ *Eis* n (*am Stiel*) *mit Schokoladenüberzug, Schokoeis* n

chock [tʃɔk] **1.** s (*Holz-*)*Klotz*, (–)*Keil* m, *Stauholz* n; *Bremsklotz* m; ⟨mar⟩ *Klampe* f **2.** vt *durch e–n Keil festlegen* | to ∼ up *ein–, verkeilen* ‖ *be–, überladen* **3.** adv *fest, dicht* | [in comp] **∼-a-block** ['tʃɔkə'blɔk] a & adv *fest verkeilt, festgeklemmt*; *vollgepfropft* (with *mit*), *zus-gepfercht*

chock-full ['tʃɔkful], **choke-full** ['tʃoukful] adv *übervoll, z Brechen voll* (of *von, an*)

chocolate ['tʃɔkəlit] s *Schokolade*; *Praline* f; → *cake*; ∼ *cream gefüllte Sch.*; **∼-liqueur** (*Schokoladen-*)*Likörbonbon* m ‖ *Schokoladenfarbe* f; [attr] (*a* ∼-coloured) *schokoladenfarben* ‖ *Schokolade* f (*Getränk*) (a cup of ∼)

chogie ['tʃougi] s ⟨Am mil sl⟩ *geographisches Wahrzeichen* n (*Berg etc*)

choice [tʃɔis] **I.** s **1.** *Wahl* f (of things *v*, zw *Dingen*); the ∼ is with *die W. liegt bei*; at od in the ∼ *bei der W.* (of a wife); *Auswahl* f (the girl of one's ∼ *die Auserwählte*) ‖ [mst neg] *Möglichkeit z Wahl* f | *Gefallen, Belieben* n | *Ausgewähltes* n; *Vorrat* m, *Auswahl* f | *Kern* m, *Auslese, Elite* f **2.** *Wendungen:* at ∼ *nach Belieben* ‖ by, for ∼ *mit Vorliebe, vorzugsweise, wenn ich die Wahl habe, wählen muß* ‖ Hobson's ∼ *keine Wahl, dies oder gar nichts* (to take ..) ‖ his ∼ fell on .. *s–e W. fiel auf* .. ‖ to have one's ∼ *die Wahl h, z wählen h* ‖ to have no ∼ *but nicht anders können als* ‖ to have no ∼ *keins* (*v beiden*) *bevorzugen* ‖ to make ∼ of (*aus*)*wählen* ‖ to make, take one's ∼ *e–e Auswahl treffen, nach Belieben wählen* ‖ the larger the ∼ the greater the puzzle *wer die Wahl hat, hat die Qual* **II.** a (∼**ly** adv) *auserlesen, vortrefflich, kostbar* | *sorgfältig ausgewählt, passend* | *wählerisch, genau* **∼ness** ['∼nis] s *Auserlesenheit* f etc → *choice* a

cholr ['kwaiə] **1.** s (*Kirchen-*)*Chor* m (*Sänger*) ⟨a übtr⟩ | *Ort f den Chor* | *Chor* m, **n*; *Altarplatz* m | **∼-screen** panel ⟨ec arch⟩ (*durchbrochene*) *Brüstungsplatte* f **2.** vt/i ‖ (*Hymne* etc) *im Chor singen* | vi *im Chor singen*

choke [tʃouk] s *Herz* n *der Artischocke*

choke [tʃouk] **I.** vt/i **A.** vt **1.** *ersticken*; *–würgen* (*Pflanzen*) *erdrücken*, *–sticken* **2.** (a ∼ up) *verstopfen, –schmutzen* ‖ ⟨tech⟩ *drosseln*; (*Gang e–r Maschine*) *hemmen, verlangsamen*; ⟨aero⟩ (*Motor*) *abwürgen* **3.** ⟨fig⟩ *hindern, hemmen* ‖ *dämpfen* **4.** [mit adv] to ∼ down *verschlucken*; (*Gefühle*) *mit Mühe unterdrücken* ‖ to ∼ a p off ⟨fam⟩ *jdn abschrecken* ‖ to ∼ up *verstopfen, –sperren* ‖ *anfüllen* **B.** vi *ersticken*; *würgen*; ⟨a fig⟩ he was ∼ -king from the fumes *er erstickte nahezu durch den Rauch* ‖ *sich verschlucken* ‖ to ∼ up *sich stopfen* **II.** s *Erstickungsanfall* m | ⟨tech⟩ *Abdrosselung* f | ⟨mot⟩ *Luft–, Starterklappe* f (a ∼-coil) ⟨wir⟩ *Drosselspule* f ‖ = ∼-bore **III.** [in comp] ∼-bore (of a gun) *Würgebohrung* f | ∼-damp ⟨min⟩ *Grubengas* n; *Schwaden* m ‖ ∼-pear *Würgbirne* f (*Marterinstrument*) | ∼ tube (*Vergaser-*)*Lufttrichter* m | ∼ valve (*Vergaser-*)*Luftklappenventil* n | **∼r** ['∼ə] s „*Würger*" m (*hoher Stehkragen*), ⟨sl⟩ *weißer Bindeschlips*, (*enge Halskette*) ‖ ∼ scarf *Halstüchlein* n

choky ['tʃouki] a *erstickend, –würgend*; *dem Ersticken nahe*

choky ['tʃouki] s AInd *Zollstation* f; *Sperre* f ‖ ⟨sl⟩ °*Kittchen, Loch* (*Gefängnis*) n

chole– ['kɔli] [in comp] *Gallen–*

choler ['kɔlə] s ⟨hist⟩ *Galle* f ‖ ⟨fig⟩ *Zorn* m;

to engender ~ *böses Blut* m **|** **~ic** [~rik] a ⟨fig⟩ *jähzornig*

cholera [ˈkɔlərə] s ⟨med⟩ Asiatic ~ *Cholera* f **||** summer ~, ~ nostras *Brechdurchfall* m, *Diarrhöe* f **|** **~ic** [ˌkɔləˈreiik] a *choleraähnlich, Cholera–*

cholerine [ˈkɔlərain, –ri:n] s ⟨med⟩ *Cholerine, Diarrhöe* f

chomp [tʃɔmp] vi *schmatzen; fressen*

choops [tʃu:ps] intj ⟨AInd mil⟩ *Schnauze! Halt's Maul!*

choose [tʃu:z] vt/i [chose/chosen] **A.** vt **1.** *wählen* (between); to ~ a p as *od* for (*od* to be) one's leader *jdn z Führer wählen;* he was chosen king *er wurde z König gewählt* **||** *auswählen* (the chosen *die Auserwählten* pl) **2.** [*vor* inf] *belieben, mögen, wollen; vorziehen* (to do); to do as one ~s *tun wie e–m beliebt* **3.** † he cannot ~ but *er kann nicht umhin z* **||** to pick and ~ *behutsam* (*aus*)*wählen* **||** there is nothing to ~ between them *der e–e ist so gut* (or *schlecht*) *wie der andere* **||** they ~ themselves „*gute Ware lobt sich selbst*" (*sie w selbstverständlich gewählt*) **B.** vi *die Wahl h* (between) **| ~r** [ˈ~ə] s *Wähler, Wählender* m **||** → beggar **| ~y** [ˈ~i] a ⟨sl⟩ *wählerisch, mäkelig, heikel*

chop [tʃɔp] **1.** vt/i **A.** vt *hauen, spalten; zerhacken, –schneiden, aufteilen* ⟨a fig⟩ **|** to ~ *down fällen* **||** to ~ off *abhauen, –hacken* **||** to ~ up *kleinhacken, –machen* **B.** vi *schlagen, hacken;* to ~ at *behauen* **|** to ~ up ⟨geol⟩ *an die Oberfläche k* **2.** s *Hauen, Hacken* n, to take a ~ at *hacken an, behauen* **|** *Geschnittenes* n; (*Fleisch-*)*Schnitte* f, *Stück* n **||** ⟨cul⟩ (*Hammel–* etc) *Kotelett* n **|** ~-house ⟨hist⟩ *billiges Speisehaus* **||** ~ suey *od* sooy [ˈsu:i] *chines. Gericht aus Fleisch, Zwiebeln, Bohnengemüse* etc (*als Soße z Reis*) n **~per** [ˈ~ə] s *Hacker, Schneider* m **||** *Häcksel–, Hackmesser* n **||** ⟨Am aero sl⟩ *Hubschrauber* m **||** ⟨weav⟩ ~ bar *Fallblech* n **~ping** [ˈ~iŋ] **1.** s *Hacken, Spalten* n **|** [attr] *Hack–* **||** ~-knife *Hack(e)messer* n **2.** a *abge–, unterbrochen;* ~ sea *kabbelige See* f

chop [tʃɔp] **1.** vt/i ~ * *tauschen;* to ~ logic, words with *hin u her streiten mit* **|** vi (of the wind) *umschlagen* **||** to ~ and change ⟨fig⟩ *hin u her schwanken* (*unentschlossen s*) **||** to ~ about, round *umspringen* (*vom Winde*) **2.** s: ~s and changes *Veränderungen, Schwankungen* f pl **~ping** [ˈ~iŋ] **1.** s: ~s and changings pl *ständiger Wechsel* m (of *v*) **2.** a *plötzlich umschlagend* (*Wind*)

chop [tʃɔp] s Ind *Siegel* n, *Stempel* m **||** *chines. Handelsmarke* f **||** ⟨fam⟩ *Qualität* f, first ~ *erste(r) Sorte,* [attr] °*prima* (*erstklassig*)

chops [tʃɔps] s pl °*Maul* n

choppy [ˈtʃɔpi] a (of the sea) *unruhig,* ~ sea *kabbelige See* **||** *ständig wechselnd* (*Wind*) **||** *abgehackt* (*Worte*)

chopstick [ˈtʃɔpstik] s [*mst* pl ~s] *Eßstäbchen* n (*der Chinesen*)

choral [ˈkɔ:rəl] a (~ly adv) *Chor–* (~ concert) **||** ~ society, ~ union *Gesangverein* m

choral(e) [kɔˈra:l] s ⟨ec⟩ *Choral* m **||** (*Opern–, Konzert–*)*Chor* m (*Sänger & Stück*)

chord [kɔ:d] s *Saite* f; ⟨fig⟩ *Ton* m, to strike a ~ *e–n T. anschlagen* **||** ⟨geom⟩ *Sehne* f **||** (*a* cord) ⟨anat⟩ *Band* n ~ spinal; vocal

chord [kɔ:d] s ⟨mus⟩ *Akkord* m **||** (*Farb-*)*Tönung* f

chore [tʃɔ:] s (*bes* Am) (*Gelegenheits-*)*Arbeit, Hausarbeit* f, → *chare*

choregus [kɔˈri:gəs] s ⟨Gr ant⟩ *Chorführer* m **||** ⟨übtr⟩ *Führer* m

choreograph [ˈkɔriəgra:f], **~er** [ˌkɔriˈɔgrəfə] s *Ballettmeister* m **| ~y** [ˌkɔriˈɔgrəfi] s *graphische Darstellung* f *der Tanzbewegungen, Tanzschrift, Choreograph·ie* f

choriamb [ˈkɔriæmb] s ⟨pros⟩ *Chori·ambus* m

choric [ˈkɔ:rik] a *chorartig, Chor–* (*im griechischen Drama*)

chorine [kɔˈri:n] s ⟨Am fam⟩ *Chor·istin* f

chorion [ˈkɔ:riɔn] s ⟨Gr anat⟩ *Zottenhaut* f, *äußerste Hülle des Embryos* f

chorist [ˈkɔ:rist] s *Chorist*(*in* f) m **| ~er** [ˈkɔristə] s *Chorsänger* m **||** ⟨Am⟩ *Chorleiter* m

choroid [ˈkɔ:rɔid] s *Ader–, Gefäßhaut* f (*des Auges*)

chorology [kɔˈrɔlədʒi] s *Studium* n *der örtlichen Verbreitung* (*v Lebewesen* etc)

chortle [ˈtʃɔ:tl] **1.** vi *laut* (*in sich hinein*)*lachen; frohlocken* **2.** s *triumphierendes Lachen* n

chorus [ˈkɔ:rəs] **1.** s L [pl ~es] *Chor, Sängerchor* m **||** (in drama) *Chor* m **||** *Chorgesang* m; *Refrain* m **||** *Chor(komposition* f) m **|** ⟨übtr⟩ *Chor* m, *gemeinsames Geschrei* n; in ~ *im Chor, zus* **|** ~-girl *Ensembletänzerin* f **2.** vt [pp ~ed] (*etw*) *im Chor singen* or *äußern*

chose [tʃouz], **~n** [ˈ~n] pret & pp *v* to choose

chose [ʃouz] s Fr ⟨jur⟩ ~ in action *Forderungsrecht* n

chough [tʃʌf] s ⟨orn⟩ *Dohle, Alpenkrähe* f; Alpine ~ *Alpendohle* f

chouse [tʃaus] **1.** vt *betrügen* **2.** s *Schwindel, Betrug* m

chow [tʃau] s **1.** ⟨Aust sl⟩ *Chinese* m **2.** *chines. Hunderasse* f

chow [tʃau] s ⟨Am fam⟩ °*Futter, Götterfraß* m (*Essen*) n **| ~-~** [ˈtʃauˈtʃau] s *chines. Gericht* n (*v mixed pickles*) **~-line** [~ lain] ⟨sl⟩ *Essenholer-Schlange* f ⟨fig⟩ **~-mein** [ˈ~ mein] s *chines. Eintopfgericht* n

chowder [ˈtʃaudə] s ⟨Am⟩ *Gericht* n *aus Fisch, Pökelfleisch u Schiffszwieback*

chowmobile [ˈtʃaumɔbi:l] s ⟨mot⟩ *fahrbarer Imbißstand* m

chrematistic [ˌkri:məˈtistik] **1.** [a] *Bereicherungs–* **2.** [s pl] ~s *Chremat·istik* f

chrestomathic [krestəˈmæθi] s *Chrestomathie* f

chrism [ˈkrizm] s *Salböl, Chr·isma* n

chrisom [ˈkrizəm] s *Taufkleid* n (*e–s Kindes*)

Christ [kraist] s *Christus* m, → temple **||** ~'s Agony in the Garden *Chr. am Ölberg* **||** ~ before the people *Schaustellung* f *Christi, Ecce Homo* n **||** ~'s Charge to Peter *die Schlüsselverleihung an P.* **||** ~ in Judgment *Pantokrator* m **||** ~ in Majesty *Thronender Chr.* **~hood** [ˈ~hud] s *Eigenschaft* f *des Gesalbten* **~like** [ˈ~laik] a *Christus ähnelnd*

christen [ˈkrisn] vt *taufen;* to be ~ed George *od* by the name of G. *Georg, auf den Namen G. getauft w* **||** *nennen* **~ing** [~iŋ] s (*Kind-*)*Taufe* f (at the ~ *bei, auf der T.*) **~dom** [ˈkrisndəm] s *die christliche Welt, Christenheit* f

Christer [ˈkraistə] s ⟨Am⟩ *Frömmler* m

Christian [ˈkristjən] **1.** s *Christ* m **||** ⟨fam⟩ *gesitteter „Mitteleuropäer"* (*Mensch*) **2.** a *christlich;* ~ name *Vorname* m **||** *human, nächstenliebend* **||** ~ Science *Szient·ismus* m (*religiöse Sekte*) **~ity** [ˌkristiˈæniti] s *Christentum* n, *christlicher Glaube* m **~ization** [ˌkristjənaiˈzeiʃən] s *Bekehrung* f *z Christentum* **~ize** [ˈkristjənaiz] vt *z Chr. bekehren* **~like** [~laik], **~ly** [~li] a *nächstenliebend, christlich*

Christmas [ˈkrisməs] (abbr Xmas) s [pl ~es] *Weihnachten, Christfest* n **||** ~ comes but once a year *man lebt nur einmal* **||** Father ~ *der Weihnachtsmann* m **||** ~! *Heiliger Strohsack! Sakra! Kruzitürken!* **|** [attr] *Weihnachts–* **||** ~-box *Weihnachtsgeschenk* (*aus Geld*) **||** ~ carol *Weihnachtslied* n **||** ~ Day *Christtag, erster Weihnachtsfeiertag* m **||** ~ Eve *Weihnachtsabend, Heiliger Abend* m **||** ~ pantomime ⟨theat⟩ *Weihnachts*(*märchen*)*stück* n, *–ballett* n, *–revue* **||** ~-tide, ~-time *Weihnachtszeit* f **||** ~ tree *Weihnachtsbaum* m; ⟨fam⟩ I didn't fall off a ~ t. °*das kannst du d–r Waschfrau erzählen* | ~y [~i] a ⟨fam⟩ *weihnachtlich*

  christology [kris'tɔlədʒi] s *Christuslehre* f

  chromate ['kroumit] s ⟨chem⟩ *chromsaures Salz* n

  chromatic [kro'mætik] **1.** a (~ally adv) *Farben betr, Farben–* || ⟨mus⟩ *chromatisch* **2.** s ⟨mus⟩ *Chrom·atik* f || ~s [pl] *[a sg konstr] Farbenlehre* f **chromatin** ['kroumatin] s ⟨biol⟩ *Farbe annehmendes Gewebe* n **chromato–** ['kroumətɔ], **chromo–** ['kroumo] [in comp] *Farben–* **chromatophore** ['kroumətəfə:] s ⟨biol⟩ *Farbstoffträger* m

  chromatrope ['kroumətroup] s *Art Farben-Lichtbilderapparat* m

  chrome [kroum] s *chromgelbe Farbe* f **chromic** ['kroumik] a *das Chrom betr, Chrom–* **chromium** ['kroumiəm] s ⟨chem⟩ *das Chrom* n

  chromolithograph ['kroumo'liθəgra:f] s (*Mehr-)Farben-Steindruck* m **–some** ['kroumə-soum] s *Chromos·om* n **–sphere** ['kroumə-sfiə] s *Chromosphäre* f

  chronic ['krɔnik] a (~ally adv) ⟨med⟩ *chronisch* || ⟨fig⟩ *beständig*; ~ *exposure lange Bestrahlung* f || ⟨vulg⟩ *schlecht, ekelhaft*; *heftig*: *something* ~! °*mit Pauken u Trompeten*! *unter aller Sau*! **~ity** [krɔ'nisiti] s *chronischer Zustand* m

  chronicle ['krɔnikl] **1.** s *Chronik* f, *Jahrbuch* n; the ~s [pl] ⟨bib⟩ *Bücher der Chronika* n pl || *Erzählung* f, *Bericht* m **2.** vt *verzeichnen, auf–* | **~r** [~ə] s *Chronist, Chronikenschreiber* m

  chrono– Gr [in comp] *Zeit–* **~gram** ['krɔnə-græm] s *Chronogramm* n, *Zahlbuchstabeninschrift* f (*z. B.* EXSTRVCTVM = 1120) **~graph** ['krɔnəgra:f] ⟨tech⟩ *Chronograph* m **~logic(al)** [krɔnə'lɔdʒik(əl)] a (–cally adv) *chronologisch* **~logist** [krɔ'nɔlədʒist] s *Erforscher* m *der Zeitrechnung* **~logize** [krɔ'nɔlədʒaiz] vt *chronologisieren* **~logy** [krɔ'nɔlədʒi] *Chronologie, Zeitrechnung* f; *–bestimmung*; *chronologische Anordnung, Tabelle* f **~meter** [krə'nɔmitə] s *Chronometer* n **~metric(al)** [krɔnə'metrik(əl)] a (–cally adv) *–metrisch* **~metry** [krɔ'nɔmitri] s *–metrie, Zeitmessung* f **~pher** ['krɔnəfə] s ⟨wir⟩ *Zeitzeichengeber* m **~scope** ['krɔnəskoup] s ⟨phys⟩ *Chronoskop* n

  chrysalis ['krisəlis] Gr s (pl –les [–liz]; –lides [kri'sælidi:z]), **chrysalid** ['krisəlid] s (pl ~s) *Puppe* f (*e–r Raupe*) | [attr] *Raupen–* **chrysid** ['kraisid] s *Goldwespe* f

  chrysanthemum [kri'sænθəməm] L s [pl ~s] ⟨bot⟩ *Chrys·anthemum* n, *Goldblume* f

  chryselephantine ['kriseli'fæntain] **1.** s *Gold-Elfenbeinwerk* n **2.** a *Gold-Elfenbein–*

  chryso– ['kriso] Gr [in comp] *Gold–* **~beryl** ['kriso'beril] s ⟨minr⟩ *Chrysoberyll* m (*Halbedelstein*) **~lite** ['krisolait] s ⟨minr⟩ *Chrysol·ith* m (*Edelstein*) **~prase** ['krisopreiz] s ⟨minr⟩ *Chrysopr·as* m

  chthonian ['θouniən], **chthonic** ['θɔnik] a *chthonisch, Unterwelt–*

  chub [tʃʌb] s ⟨ich⟩ *Döbel* m

  chubb [tʃʌb] s (a ~-lock) *Chubbschloß (Sicherheitsschloß)* n

  chubby ['tʃʌbi] a *dick* || ~-faced *pausbäckig*

  chuck [tʃʌk] **1.** vi *glucken* || *schnalzen* **2.** s *Glucken* n || *Schnalzen* n **3.** intj ~! ~! *gluck*! *gluck*!

  chuck [tʃʌk] s ⟨fam⟩ *Schätzchen* n

  chuck [tʃʌk] s ~ *Spann–, Klemmfutter* n (*Werkzeug*) **2.** vt *in das Sp. klemmen, spannen*

  chuck [tʃʌk] **1.** vt ⟨fam⟩ *werfen, schleudern* || (*jdn) sanft schlagen* (under the chin) || *aufgeben*; *im Stich l*; to ~ *it es aufgeben* | to ~ *away verschwenden* || to ~ out ⟨fam⟩ *hinauswerfen*; (*Gesetz) verwerfen* || to ~ over *one's sweetheart s–m Schatz den* °*Laufpaß geben* || to ~ up (*Stel-*

lung) aufgeben **2.** s *sanfter Schlag* m (under the chin) || ⟨sl⟩ the ~ *die Entlassung* f, to *give a p* the ~ *jdn entlassen*; *brechen mit jdm*; °*jdm den Laufpaß geben* **3.** [comp] ~-farthing *Wurfspiel* n *mit Münzen (Kinderspiel)* ⟨a übtr⟩

  chuck [tʃʌk] s ⟨sl⟩ *Futter (Essen)* n || hard ~ ⟨mar⟩ *Schiffszwieback* m

  chuckle ['tʃʌkl] **1.** vi *in sich hineinkichern, vergnügt lachen* (at, over *über*) || *sich freuen* (at *über*) **2.** s *vergnügtes Lachen* n || *Freude* f

  chuckle-head ['tʃʌklhed] s *Dummkopf* m **chuck-will's widow** ['tʃʌk-wilz-'widou] s ⟨orn Am⟩ *gr Ziegenmelker* m

  chuddar ['tʃʌdə] s ⟨AInd⟩ *Kopf–, Schultertuch* n

  chuff [tʃʌf] vi *puffen* || ⟨aero⟩ °*kotzen*

  chug [tʃʌg] **1.** s *Knall* m || **2.** vi *knallen, knattern* || ⟨Kinderspr. rail⟩ *puffen*

  chukka boots ['tʃʌkə bu:ts] *Après-Schi-Schuhe* m pl

  chukker ['tʃʌkə] s *jede der einzelnen Spielperioden (Polo)*

  chum [tʃʌm] **1.** s *intimer Freund, Busenfreund* m || *Partner* m; *Zimmergenosse* m || new ~ ⟨Am⟩ *Neuling* m **2.** vi *zus–wohnen* (with) || to ~ up with ⟨fam⟩ *mit (jdm) dicke Freundschaft schließen* | **~my** ['~i] a *eng befreundet*

  chump [tʃʌmp] s *unförmliches Stück Holz* n, *Klotz* m || (*Fleisch-)Keule* f || ⟨fam⟩ °*Birne* f, *Detz* m (*Kopf*); off one's ~ ⟨fig⟩ *verdreht* || ⟨sl⟩ *Narr, Dummkopf* m

  chunk [tʃʌnk] s (*kurzes, dickes) Stück* n (*Holz* etc), *Klotz* m ⟨a fig⟩ (*P, Pferd*) | **~y** ['~i] a *klotzig, klobig*

  chunk [tʃʌnk] vi *dröhnen*; *stampfen*

  chuprassi [tʃə'pra:si] s ⟨Ind⟩ *Amts–, Beamtendiener* m

  church [tʃə:tʃ] **I.** s **1.** *Kirche* f, *Gotteshaus* n **2.** *christliche Gemeinschaft*; *organisierte christliche Gesellschaft* f; the ~ *die englische Staatskirche* **3.** *Geistlichkeit* f; *geistlicher Beruf* m; to enter the ~, to go into the ~ *Geistlicher w* **4.** [ohne art] *Gottesdienst*; to attend ~ *die Kirche besuchen*, to go to ~ *z K gehen*; at, in ~ *in der K.*, after ~ *nach der K.*, ~ is over *die K. ist aus* **5.** Verbindungen: the Established ~ *die Staatskirche* f || the ~ of England *die Anglikanische Kirche* f, the High ~, Low ~, Broad ~ *einzelne Richtungen der C. E.* || States [pl] of the ~ *Kirchenstaat* m || *poor as a* ~ *mouse arm wie e–e Kirchenmaus* **6.** [attr] *kirchlich, Kirchen–* ~-burial *kirchliches Begräbnis* n || ~-goer *Kirchgänger* m || ~ music *Kirchenmusik* f || ~-rate *Kirchensteuer* f || ~-service *Gottesdienst* m || ~-text ⟨typ⟩ *mittelalterliche Druckschrift* f **II.** vt (*jdn) z Gebet in die Kirche bringen*; to be ~ed *den ersten Kirchgang* m | **~ing** ['~iŋ] s the ~ of Women *Dankgottesdienst* m (*nach Geburten*); *Einsegnung* f **~man** ['tʃə:tʃmən] s † *Geistlicher* m || *Mitglied* m *der Anglikanischen Kirche* **~manship** ['~ʃip] s *kirchliche Gesinnung* f **~warden** ['tʃə:tʃ'wɔ:dn] s *Kirchenvorsteher* m || *lange Tonpfeife* f **~y** ['tʃə:tʃi] a ⟨fam⟩ (*stantr*) *kirchlich gesinnt* **~yard** ['tʃə:tʃ'ja:d; '– –] s *Kirchhof* m (in the ~ *auf dem K.*)

  churinga [tʃu'riŋgə] s ⟨Aust⟩ *Amul·ett* n

  churl [tʃə:l] s ⟨hist⟩ *Person* f *niederer Geburt* || *Bauer, Grobian, Flegel* m || *Knicker, Filz* m **~ish** ['~iʃ] a (~ly adv) *bäurisch, grob* || *filzig, knauserig*

  churn [tʃə:n] **1.** s *Butterfaß* n; *gr Kanne* f **2.** vt/i || (*Rahm) z Butter kneten* | ⟨übtr⟩ *tüchtig mischen*; *schütteln* || (*Wellen) aufwühlen, –peitschen* || *z Schaum schlagen* | vi *buttern* || *aufwallen, schäumen* **~ing** ['~iŋ] s *Buttern* n || ⟨tech⟩ *Mahlen, Walken* n (*v Fett*) || ⟨fig⟩ *heftige Bewegung* f

  chute [ʃu:t] s *Flußschnelle* f || *Gleitbahn* f; *–kanal* m (*f Wasser*); *abschüssige Bahn, Rinne* f (*f Holz, Erz*); *Rettungsschlauch* m || (*in Geschäften*) *Rohrpost* f || *Rodelbahn* f || ⟨aero⟩ *Fallschirm* m; bomb ~ *Bombenschüttkasten* m || refuse (⟨Am *a*⟩ garbage) ~ ⟨arch⟩ *Müllschacht* m

chutney, –nee [ˈtʃʌtni] s Ind *indische Würztunke* f

chyle [kail] s ⟨physiol⟩ *Chylus* m, *Inhalt der Lymphgefäße des Darms*

chyme [kaim] s ⟨physiol⟩ *Chymus* m

ciborium [siˈbɔːriəm] s L *Kelchgefäß* (*f Hostie*) n; *Tabernakel* n || ⟨arch⟩ *baldachinartiger Überbau des Altars* m

cicada [siˈkeidə], **cicala** [siˈkɑːlə] s ⟨ent⟩ *Zik·ade, Singzirpe* f

cicatrice [ˈsikətris] s, **–trix** [ˈsikətriks] s (pl –trices [ˌsikəˈtraisiːz]) *Narbe* f **–tricial** [ˌsikəˈtriʃəl] a *Narben- –trization* [ˌsikətraiˈzeiʃən] s ⟨med⟩ *Vernarbung* f **–trize** [ˈsikətraiz] vt/i || ⟨med⟩ *vernarben l* | vi *vernarben*

cicely [ˈsisili] s ⟨bot⟩ *Myrrhe* f

cicerone [ˌtʃitʃəˈrouni] s It (pl ~s & –ni [–niː]) *Cicerone, Fremdenführer*

Ciceronian [ˌsisəˈrounjən] **1.** a *ciceronianisch*; *beredt* **2.** s *Ciceroforscher* m

cicisbeo [tʃitʃizˈbeio] s ⟨dero⟩ *Hausfreund* **–cide** [–said] *lebendes Suffix z Bildung v Subst. mit der Bedeutung v: –mord, –mörder, –vertilgungsmittel, –zerstörer, –zerstörung,* → rati~, teeni~

cider [ˈsaidə] s *Apfelwein* m

cigar [siˈgɑː] s *Zigarre* f | [attr] ~-box *Zigarrenkiste* f || ~-case *–etui* n, *–tasche* f || ~-cutter *–abschneider* m || ~-holder *–spitze* f || ~-lighter *–anzünder* m || **~ette** [ˌsigəˈret] s *Zigarette* f || [attr] → cigar | **~illo** [sigəˈrilou] s *Zigar·illo* m

cilia [ˈsiliə] s L pl *Augenlider* n, *–wimpern* f pl || ⟨bot⟩ *feine Härchen* pl **~ry** [~ri] a *Wimper-* **~te** [ˈsiliət], **~ted** [ˈsiliitid] a ⟨bot & zoo⟩ *mit Wimperhärchen besetzt*

cilice [ˈsilis] s *Haartuch* n

Cimbrian [ˈsimbriən] **1.** a *zimbrisch* **2.** s *Zimber* m **Cimbric** [ˈsimbrik] a *zimbrisch*

Cimmerian [siˈmiəriən] a *kimm·erisch, dunkel*

cinch [sintʃ] **1.** s *Sattelgurt* m || ⟨Am sl⟩ *sicherer Halt* m; *sichere* S f; *Leichtigkeit, Spielerei* f **2.** vt (*Gurt*) *befestigen* || ⟨Am⟩ *sicherstellen*

cinchona [siŋˈkounə] s ⟨bot⟩ *Chinarindenbaum* m || ⟨pharm⟩ *Chinarinde* f

cincture [ˈsiŋktʃə] **1.** s *Gürtel* m || ⟨arch⟩ *Kranz* m (*e–r Säule*) || ⟨fig⟩ *Ring* m **2.** vt *umgürten*

cinder [ˈsində] s *ausgeglühte Kohle*; *Schlacke* f || ~s [pl] (*Kohlen-*)*Asche* f | [attr] ~ *block* ⟨mas⟩ *Klinker* m || ~-man ⟨sport⟩ „*Mann v der Aschenbahn*“, *Läufer* || ~ track ⟨sport⟩ *Aschenbahn* f

Cinderella [ˌsindəˈrelə] s *Aschenbrödel* n ⟨*a* fig⟩ || ~(-dance) *Knospenball* m (*der nur bis Mitternacht dauert*)

cindery [ˈsindəri] a *schlackig, voll Asche*

cine- [sini] = cinema || ~-camera *Filmkamera* f || ~-diapositive *od* slide *Kinediapositiv* n || ~-film *Spielfilm* m || ~-gum ⟨aero⟩ *Film-MG* n (*z Beobachtung*) || ~-photomicrography *Mikroskop-Filmaufname* m || ~-projector *Vorführapparat* m

cinema [ˈsinimə] s (abbr *f* ~tograph) the ~ *das Kino, Lichtspieltheater* n || ~ctor (**–actress**) [ˈsinimæktə, –tris] s ⟨Am⟩ *Filmschauspieler(in* f) m **~ddict** [ˌsiniˈmædikt] s ⟨Am sl⟩ *Kinonarr* m **~-goer** s *Kino-Besucher* m **~scope** [ˌsiniməˈskoup] s *Cinemaskop* n, *Dreidimension·alfilm* m | **~tic** [siniˈmætik] a *Lichtspiel-, Kino-* | **~tics** [~s] pl [a sg *konstr*] *Filmkunst* f **~tograph** [ˌsiniˈmætəgrɑːf] s, | [attr] *Lichtbild-, Kino-, Film-* (~ actor) **2.** vt/i *verfilmen* | vi *filmen* **~tographic** [ˌsiniˌmætəˈgræfik] a (~ally adv) *kinematographisch* **~tography**

[ˌsiniməˈtɔgrəfi] s *Lichtbildkunst* f, *–wesen* n

cinemogul [ˌsiniˈmougəl] s (cinema + mogul) ⟨Am sl⟩ *Filmgewaltiger* m

cineplastik [ˌsiniˈplæstik] s ⟨rehab⟩ ~ hand *Kunsthand* f *mit kombiniertem Muskelkanal* m (*z aktiven Betätigung*)

cinerama [sinəˈrɑːmə] s (cinema + panorama) *Dreidimension·alfilm* m || *Panorama-, Breitwand* f || *Raumfilmverfahren* n

cineraria [ˌsinəˈrɛəriə] s L ⟨bot⟩ *e–e Gattung der Kompositen, Aschenkraut* n

cinerarium [ˌsinəˈrɛəriəm] s *Gebäude* n *zur Aufbewahrung v Aschenurnen*

cinerary [ˈsinərəri] a *Aschen-*; ~-urn *–urne* f **cinerous** [siˈniəriəs] a *aschgrau*

Cingalese [ˌsiŋgəˈliːz] **1.** a *singalesisch, Ceylon-* **2.** s [pl ~] *der Singalese* m || *das Singalesische* n || the ~ *die Singalesen* pl

cinnabar [ˈsinəbɑː] s ⟨minr⟩ *Zinnober* m

cinnamon [ˈsinəmən] **1.** s *Zimt* m, *Kaneel* m **2.** a *Zimt-*

cinque (*a* cinq) [siŋk] *die Fünf* (*im Spiele*) || ~-Ports [pl] *die Fünf Häfen* m pl (*an Südostküste Englands*) **~cento** [ˌtʃiŋkwiˈtʃentou] s It *ital. Kunst des 16. Jhs* **~foil** [ˈsiŋkfɔil] s ⟨bot⟩ *Fünffingerkraut* n || ⟨arch⟩ *Fünfblatt* n, *–paß* m

cipher, cy– [ˈsaifə] **1.** s *Null* f || *Ziffer, Nummer* f || *Chiffre* f, *Buchstabe* m || *Namens-, Schriftzug* m || *Geheimschrift* f; ~-code, ~-key *Codechiffre* f (*Telegraphenschlüssel*) || ~ clerk, ~ officer (*P*) *Ver-, Entschlüssler* m || ~ office *Chiffrierstelle* f || ~ text *Schlüsseltext* m || ⟨fig⟩ (*S & P*) *Null* f, *Nichts* n **2.** vt/i || *chiffrieren* || to ~ out *ausrechnen, rechnen* | vi *rechnen* || *in Geheimschrift schreiben*

cipolin [ˈsipəlin] s *Zwiebelmarmor* m

circa [ˈsəːkə] L ⟨prep⟩ *ungefähr um* || (adv) *ungefähr, etwa*

Circassian [səːˈkæsiən] **1.** a *tscherkessisch* **2.** s *der Tscherkesse* m

Circe [ˈsəːsi] s ⟨übtr⟩ *Zauberin, Verführerin* f **~an** [səːˈsiːən] a ⟨fig⟩ *zauberisch, Zauber-*

circinate [ˈsəːsineit] a ⟨bot⟩ *gerundet*

circle [ˈsəːkl] **I.** s **1.** *Kreis* m || ⟨astr⟩ *Ring* m **2.** *Umfang, Umkreis* m || ⟨theat⟩ *Rang* m, dress ~ *erster*, upper ~ *zweiter Rang* m || *Zyklus* m, *Periode* f **3.** ⟨log⟩ *Zirkel* m, vicious ~ *–schluß, –beweis* m **4.** ⟨übtr⟩ *Ring* (~ of trees); *Kreis* m (~ of acquaintance *Bekannten-*); *Gesellschaftsklasse* (upper ~s), *–sphäre* f || ⟨fig⟩ *Kreis*; *Spielraum, Bereich* m **5.** Wendungen: to argue in a ~ *e–n Zirkelschluß* m || to come full ~ *e–n vollen Kreis beschreiben, sich einmal im Kreise umdrehen,* (till we come full ~ *bis die Reihe herum ist*) || to describe a ~ ⟨geom⟩ *e–n Kreis*(*bogen*) *beschreiben* || to draw into the magic ~ *in den Bann ziehen* || to square] ~ *aiming* ⟨artill⟩ *Richtkreisverfahren* n **II.** vt/i || *sich bewegen um*; *umkreisen* | vi *im Kreise fliegen*; *sich drehen*; *kreisen* || circling area ⟨aero⟩ *Warteraum* (*e–s Flugzeugs in der Luft*) **~wise** [~waiz] adv *im Kreise*

circlet [ˈsəːklit] s *Reif, Ring* m

circs [səːks] s pl ⟨fam⟩ = circumstances

circuit [ˈsəːkit] **1.** s *Kreisbewegung, Umdrehung* f; *Um-, Kreislauf* m ⟨*a* fig⟩ **2.** *Fläche* f, *Umfang, Umkreis* m || *Bogen, Umweg* m; *Runde* f; to go, make the ~ *of herumgehen um* || ⟨aero⟩ *Rundflug* m, *Platzrunde* f (to fly a ~) || *Reihenfolge* (*v Ereignissen*) f | ⟨el⟩ *Strom, –kreis* m, *–leitung* f, (to fit the ~ *die St. anlegen*); short ~ *Kurzschluß* m **3.** ⟨jur⟩ *Rundreise* f *der Richter*; *Richter u* barristers *dieser Reise* pl; *Gerichtsbezirk* m; to gɑ on ~ ⟨jur⟩ *die Assisen abhalten* **4.** *Theater-, Kino-* etc *Gruppe* f (*unter gemeinsamer Leitung*) **5.** [attr] ~-breaker ⟨el⟩ *Unterbrecher* m || ~ diagram ⟨el⟩ *Schaltplan* m, *–bild* n, *–skizze* f || ~-rider ⟨Am⟩ *Wanderprediger* m

| **~ous** [sə:'kjuitəs] a (~ly adv) *in e–m Umkreis herumgehend*; ~ *route Umweg* m (by ~ *routes auf Umwegen*) || *indirekt*; *weitschweifig*

circular ['sə:kjulə] **1.** a (~ly adv) *rund, kreisförmig*; *Kreis–* (~ *saw –säge*) || *umlaufend, zirkulierend, wiederkehrend* || ~ *error probable Streuungsradius* m (*e–r Atomwaffe*) || ~ *front sight* (*Visier-*)*Kreiskorn* n || ~ *letter* ⟨com⟩ *Zirkular, Rundschreiben* n; *Laufzettel* m (*der Post*) || ~ *letter to dealers Kundendienst-Rundschreiben* n || ~ *note Zirkularkreditbrief* m || ~ *radio traffic* ⟨wir⟩ *Kreisverkehr* m || ~ *scanning* (*Radar-*)*Rundsuchverfahren* n || ~ *slide ruler Kreisrechenschieber* m || ~ *ticket Rundreisebillet* n || ~ *tour Rundreise, Rundfahrt* f (*of durch*) **2.** s *Zirkular, Rundschreiben* n; *Court ~ Hofnachrichten* (*in Zeitungen*) f pl | **~ity** [,sə:kju'læriti] s *Kreisform* f **~ize** [~raiz] vt *Rundschreiben richten an*; *durch R. benachrichtigen*

circulate ['sə:kjuleit] vi/t || *sich im Kreis(lauf) bewegen* (in, through) || ⟨Am⟩ *verkehren* || *im Umlauf s, zirkulieren* | vt *in Umlauf setzen*; (*Anwesenheitsliste*) *herumgehen l, –reichen, –geben*; (*Gerücht*) *verbreiten* || (*Wechsel*) *girieren*

circulating ['sə:kjuleitiŋ] s *umlaufend, kursierend*; *in Umlauf* || ~ *decimal* ⟨math⟩ *periodischer Dezimalbruch* m || ~ *library Leihbibliothek* f || ~ *lubrication Umlaufschmierung* f || ~ *medium Umlaufs–, Verkehrsmittel, Geld* n || ~ *oil Umlauföl* n || ~ *pump Umwälzpumpe* f

circulation [,sə:kju'leiʃən] s *Kreislauf* m (*des Blutes* etc) | ⟨com⟩ *Umlauf, Verkehr* m, *Papiergeldausgabe* f, *das im Umlauf befindliche Geld* n, in ~ *in Umlauf*, out of ~ *außer Kurs*; to withdraw .. from ~ *aus dem Verkehr* (*zurück*)*ziehen* || *Verbreitung* f; (*of books* etc) *Absatz, Verkauf* m; *Auflage* f || (*Wasser-*)*Durchfluß* m; (*Luft-*) *Ventilation* f; *Durchzug* m || ⟨Am⟩ *Verkehr* m (of people) | ~ *file Umlaufmappe* f **-lative** ['sə:kjulətiv] a *zirkulierend*

circulator ['sə:kjuleitə] s *jd, der in Umlauf setzt, Verbreiter* m | **~y** ['sə:kjulətəri] a *Blutkreislauf–*; *Durchfluß–* || ~ *lubrication* ⟨tech⟩ *Umlaufschmierung* f || ~ *trouble* (*Blut-*)*Kreislaufstörung* f || ~ *velocity Kreislaufgeschwindigkeit* f

circum– ['sə:kəm] L pref *um*; *herum* **~ambient** [,sə:kəm'æmbiənt] a *einschließend, rings umgebend* **~ambulate** [,sə:kəm'æmbjuleit] vt/i || *herumgehen um* | vi *herumgehen* || ⟨fig⟩ *auf den Busch klopfen* **~ambulation** [,sə:kəm,æmbju'leiʃən] s *Herumgehen* n **~cise** ['sə:kəmsaiz] vt *beschneiden*; ⟨fig⟩ *reinigen* **~cision** [,sə:kəm'siʒən] s *Beschneidung* f || the ~ *die Juden* pl || ⟨ec⟩ *Fest* n *der Beschneidung Christi* (*1. Januar*) **~ference** [sə'kʌmfərəns] s *Umkreis* m, *Peripherie* f (on the ~ *auf der P.*) || *Kreisumfang* m; ~ of a wheel *Radumfang* m **~ferential** [sə,kʌmfə'renʃəl] a *Umkreis–, Umfangs–* (*speed* ~ *–geschwindigkeit* f) || → circumurban **~flex** ['sə:kəmfleks] **1.** a *gebogen, gekrümmt*; ~ *accent* = s **2.** s ⟨gram⟩ *Zirkumflex* m **~fluent** [se'kʌmfluənt] a *umflutend, umfließend* **~fuse** [,sə:kəm'fju:z] vt (*Wasser* etc) *gießen* (about, round *über, um*); *umgeben* (with); *baden* (in) **~gyrate** [,sə:kəm'dʒaiəreit] vi *rollen, sich um s–e Achse drehen, kreisen* **~jacent** [,sə:kəm'dʒeisənt] a *umliegend*

circumlocution [,sə:kəmlə'kju:ʃən] s *Umschreibung* f; *Umschweif* m; *Weitschweifigkeit* f **~al** [~l], **~ary** [~ri], **-locutory** [,sə:kəm'ləkjutəri] a *weitschweifig*; *umschreibend* **-navigable** [,sə:kəm'nævigəbl] a *umschiffbar* **-navigate** [,se:kəm'nævigeit] vt *umfahren, umsegeln* **-navigation** ['sə:kəm,nævi'geiʃən] s *Umsegelung, Umschiffung* f **-navigator** [,sə:kəm'nævigeitə] s *Umsegler* m **-polar** [,sə:kəm'poulə] a ⟨astr⟩ *Zirkumpolar–*; *um den Pol befindlich* **-scribe** ['səkəm- | skraib] vt (*Figur*) *umschreiben, durch Kreislinie einschließen* || *einschränken, begrenzen* || ⟨log⟩ *definieren* **-scription** [,sə:kəm'skripʃən] s *Umschreibung* f || *Beschränkung* f || (of coins etc) *In–, Umschrift* f **-solar** [,sə:kəm'soulə] a *sich um die Sonne drehend*

circumspect ['sə:kəmspekt] a (~ly adv) *um–, vorsichtig, behutsam* **~ion** [,sə:kəm'spekʃən] s *Um–, Vorsicht, Behutsamkeit* f **~ive** [,sə:kəm'spektiv] a = circumspect

circumstance ['sə:kəmstəns] s **1.** *begleitender Umstand* m || *Einzelheit* f; *Fall* m || *Sachverhalt* m || *Ereignis* n, *Tatsache* f (the ~ that) **2.** *Ausführlichkeit*; *Formalität* f, *Getue* n; without ~ *ohne Formalitäten, Umstände* || *pomp and* ~ *Pomp u Staat* **3.** ~s [pl] (⟨fam⟩ circs) *Verhältnisse* n pl, *Umstände* m pl (of a death *bei e–m Todesfall*); *Lage* f **4.** in easy ~s *in guten Verhältnissen* || in all ~s *unter allen Umständen*; in, under the ~s *unter den obwaltenden U.*; under present ~s *bei den gegenwärtigen Verhältnissen*; under no ~s *unter k–n Umständen, auf k–n Fall* || that depends on ~s *das hängt v den U. ab*; ~s *alter cases neue Umstände ergeben neue Verhältnisse* | **~d** [~t] a *in e–r best. Lage befindlich*; *in e–e L. gestellt*; *gelagert*; to be awkwardly ~ *in unangenehmer Lage s*

circumstantial [,sə:kəm'stænʃəl] a (~ly adv) *umständlich*; *eingehend* || *zufällig* ~ *evidence* ⟨jur⟩ *Indizienbeweis* m **~ity** ['sə:... ...nʃi'æliti] s *Umständlichkeit* || *Einzelheit* f

circumurban [,sə:kəm'ə:bən] s ⟨Am⟩ (*bes Zwischenstaaten–, Stadt-*)*Umgehungsstraße* f

circumvallation [,sə:kəmvə'leiʃən] s *Umwallung, wallartige Verschanzung* f

circumvent [,sə:kəm'vent] vt (*jdn*) *hintergehen, überlisten, –vorteilen* || (*etw*) *vereiteln, –hindern, hintertreiben* **~ion** [,sə:kəm'venʃən] s *Überlistung* || *Vereitelung* f **~ive** [~iv] a *betrügerisch, überlistend*

circumvolution [,sə:kəmvə'lu:ʃən] s *Drehung*; *Umdrehung*; *Umwälzung* f ⟨a übtr⟩ || *Periode* f || *Windung* f

circus ['sə:kəs] s L [pl ~es] *Zirkus* m; *–gesellschaft*; *–vorstellung* f; ⟨Am⟩ *Schaustück* n ⟨a fig⟩ || *Platz, wo mehrere Straßen zus–treffen* (Oxford ~) || (a *travelling* ~) ⟨mil⟩ (*Wander-*)*Zirkus* m (z. B. *„fliegende" Division z.b.V.*) || ~ *parade festlicher Umzug* m *e–s Zirkus*; ⟨übtr⟩ *Mordsspektakel* m & n | **~sy** [~i] a *Zirkus–*

cire-perdue ['si:rper'dy] s Fr *Wachsmodell–*

cirque [sə:k] s Fr ⟨geogr⟩ *Kar* n

cirrhosis [si'rousis] s Gr ⟨med⟩ *Cirrhose* f

cirri– ['siri], **cirro–** ['sirou] [in comp] *Haar–, Büschel–, Ranken–* || *cirriped* ⟨zoo⟩ *Rankenfüß(l)er* m

cirro-cumulus ['sirou'kju:mjuləs] s L *Schäfchenwolke* f **—stratus** ['sirou'streitəs] s L *feine weißliche Schleierwolke* f

cirrous ['sirəs], **cirrose** [si'rous] a ⟨bot & zoo⟩ *rankenähnlich, mit Ranken versehen*; *lockig*

cirrus ['sirəs] s L [pl ~ri –rai]) ⟨bot⟩ *Ranke* f || ⟨zoo⟩ *rankenförmiger Körperanhang, Rankenfuß* m || *Haar–, Federwolke*

cis– [sis–] L pref *diesseits, –seitig* **~alpine** [~'ælpain] a *zisalpinisch, diesseits der Alpen gelegen* **~montane** [~'mɔntein] a *zismontan, diesseits der Berge* (*bes der Alpen*) *gelegen*

cissy ['sisi] s ⟨Am sl⟩ *Schwäch–, Weichling* m || [attr] *weichlich, weibisch*

cist [sist] s ⟨praeh⟩ *Steingrab* n || ⟨ant⟩ *Kiste* f, *Kästchen* n || *cinerary* ~ *Aschenkrug* m, *–urne* f

Cistercian [sis'tə:ʃən] **1.** a *Zisterzienser–* **2.** s *Zisterzienser* m

cistern ['sistən] s *Zisterne* f || *Wasserbehälter*; *Teich* m

cistus ['sistəs] s L [pl ~es] ⟨bot⟩ *Zistrose* f;

[koll] *Zistrosen* pl (covered with ~) || Gum ~ ⟨bot⟩ *Harz-Zistrose* f
cit [sit] s ⟨Am sl⟩ = citizen → cits
citable ['saitəbl] a *zitierbar, anführbar*
citadel ['sitədl] s *Burg, Zitadelle* f || ⟨fig⟩ *Zufluchtsort* m
citation [si'teiʃən] s ⟨jur⟩ *Vorladung* f || *Zitieren, Zitat* n, *Anführung* f || ⟨mil⟩ *namentliche Belobigung* f (z. B. *im Tagesbefehl*) **cite** [sait] vt ⟨jur⟩ *vorladen* || (*etw, jdn*) *zitieren, (als Beispiel) anführen*
cithern ['siθən], **cittern** ['sitən] s ⟨poet⟩ *Zither, Laute* f
citizen ['sitizn] s *Bürger; Städter* m || *Zivilist* m; *Staatsangehörige(r* m) f | fellow-~ *Mitbürger* m || ~ of the world *Weltbürger* m || [attr] *bürgerlich, Bürger-* | ~**ry** [~ri] s *Bürgerschaft* f ~**ship** [~ʃip] s (*Staats-)Bürgertum* n [abstr] || *Bürgerrecht* n || *Staatsbürgerschaft* f, *staatsbürgerliche Gesinnung*; good ~ *die staatsbürgerlichen Tugenden*, development of good ~ *Heranbildung* v *guten Staatsbürgern*
citrate ['sitrit] s ⟨chem⟩ *zitronensaures Salz* n –**ric** ['sitrik] a *Zitronen*–; ~ *acid –säure* f –**rine** ['sitrin] a *zitronenfarbig* –**ron** ['sitrən] s ⟨bot⟩ *Zitronat-Zitrone* f (*größere Art als* lemon); –**nbaum** –**ronella** [sitrə'nelə] s *Zitronelle* f (*ätherisches Öl z Fernhalten v Insekten*) || ⟨cul⟩ *Zitron·at* n, *Sukk·ade* f –**rus** ['sitrəs] *Zitrusgewächs* n
cits [sits] s pl ⟨Am⟩ = civvies → cit
city ['siti] s (*bedeutende*) *Stadt* (the ~ of Rome *die St. R.*); *Großstadt* f; Mexico ~ *die St. M.*; central ~ *Stadtkern* m || ⟨engl⟩ *inkorporierte Stadt*, (*bes*) *Kathedr·alstadt* || the ~ *die City, Altstadt v London*; *Geschäftsviertel* n v *London* || ⟨Am⟩ *Großstadt* f; ~ of Brotherly Love *Philadelphia* n | [attr] *Stadt-*, *städtisch* (*oft in bezug auf London*) | ~ article *Handels-*, *Börsenbericht* m; ~ clothes [pl] *Stadtkleidung* f; ~ Company *e–e der gr Londoner Gilden*; ~ hall ⟨Am⟩ *Rathaus* n; ~ man *Finanz-*, *Kaufmann* m; ~ news [pl] *Handelsnachrichten* f pl; ~-*ordinance* ⟨Am⟩ = bye-law; ~ prices [pl] *billigere Preise* m pl; ~-slicker ⟨Am sl⟩ „*Stadtfrack*" m (*P*)
cive [saiv] s ~ chive
civet ['sivit] s ⟨zoo⟩ (a ~-cat) *Zibetkatze* f || *Zibet* m (*Drüsenabsonderung*)
civic ['sivik] a (~ally adv) *Bürger-*, *bürgerlich*; *städtisch, Stadt-* 2. [s pl] ~**s** [sg konstr] *Staatsbürgerkunde, –wissenschaft* f
civies ['siviz] s pl ⟨Am⟩ ~ civvies
civil ['sivil] a (~ly adv) *Bürger-*, *bürgerlich*; *städtisch, Gemeinde-* || *zivil, Zivil-*; *standesamtlich* (marriage) || *Staats-* || *Laien-* | *zivilisiert, gesittet* || *höflich*; to keep a ~ tongue in one's head *immer hübsch h. bleiben* || ⟨jur⟩ *zivilrechtlich* | ~ case *Zivilklage* f, *–prozeß* m || ~ defence *ziviler Luftschutz* m || ~ disobedience *passiver Widerstand* m || ~ engineer *Bauingenieur* m || ~ flying *Zivilluftfahrt* f || ~ law *bürgerliches*, *Römisches Recht, Zivilrecht* n || ~ list *Zivilliste* f || ~ pilot's licence *Ziv·ilflugzeugführerschein* m || ~ Practice Act *Zivilprozeßordnung* f || ~ procedure *Zivilprozeß* m || ~ rights [pl] *Bürgerrechte* n pl || ~-servant *Beamter* m *der Zivilverwaltung, Staatsbeamter* || ~-service *Staats-*, *Verwaltungsdienst* m || ~ state *Bürgerstand* m || ~ war *der Bürgerkrieg* m (~ war was over) || ~ year *bürgerliches Jahr* n | ~**ian** [si'viljən] **1.** a *Zivil-*, *bürgerlich* **2.** s *Zivilist* m | *Mitglied des ind. Staatsdienstes* || *Zivilrechtler* m | ~ flying *Priv·atfliegerei* f ~**ianization** [–ai'zeiʃən] s *Wehrdienstentlassung* f ~**ianize** [–aiz] vt (*Kriegsgefangene*) *als Zivilistenarbeiter einsetzen* ~**ity** [si'viliti] s *Höflich-*, *Artig-*, *Gefälligkeit* f (in doing z *tun*) ~**izable** [~aizəbl] a *zivilisierbar*,

bildungsfähig ~**ization** [ˌsivilai'zeiʃən] s *Gesittung*; *Zivilisation*; *Kultur* f
civilize ['sivilaiz] vt *zivilisieren, gesittet* m, *verfeinern* | ~**d** [~d] a *zivilisiert, gebildet* | ~**r** [~ə] s *Zivilisator* m || *Bildungsmittel* n
civvies ['siviz], ⟨Am⟩ **civies** ['siviz] s pl ⟨fam⟩ *Zivilkleidung* f
Civvy Street ['sivi'striːt] s ⟨sl⟩ *Leben* n *des schlichten Bürgers*
clachan ['klæxən] s ⟨Scot⟩ *Dorf* n
clack [klæk] **1.** s *Klappern, Rasseln* n; ⟨fig⟩ *Geplapper* n || (a ~-valve) ⟨tech⟩ *Klappenventil* n **2.** vi *klappern, rasseln*; ⟨fig⟩ *laut plappern*
clad [klæd] a (*bes* liter) *angekleidet, bekleidet*; *gekleidet* (in *in*): ~ in shining armour *in prächtiger Rüstung* –**ding** ['~iŋ] s *Ummantelung* f ⟨a at⟩
clado– ['klædou, 'klei–] Gr [in comp] *Zweig-*
claim [kleim] **I.** s **1.** (*Rechts-)Anspruch* m, *Anrecht* n (to a th *auf etw*; to do, to doing z *tun*) || abandoned ~s, ~s abandoned *uneinbringliche Forderungen* f pl **2.** *Vergütungs-, Rückanspruch* m; (*Schadens-, Schuld-)Forderung* f (for *f, auf*; on *gegen*); ~ for compensation, ~ for reimbursement *Ersatzanspruch* m; ~ for damages *Schadenersatz-* || (*zugeteiltes*) *Stück Land* n; ⟨min⟩ *Mutung* f, *Grubenanteil* m | *Beanstandung* f (~ department) **3. Wendungen**: to enter a ~, to put in a ~ for *Anspruch erheben auf* || to have a ~ on a p, a p's help *A. h. auf jdn, jds Hilfe* || to lay ~ to a th *etw in A. nehmen, A. m auf etw* || to place a ~ *Schadenersatz beanspruchen* || to substantiate a ~ *in Rechtsanspruch (aufetw) er–, nachweisen* **4.** [attr] ~-jumper ⟨Am⟩ *jd, der e–n fremden Anteil* (→ o. 2.) *wegnimmt* **II. vt/i 1.** vt *beanspruchen, in Anspruch nehmen* (for o.s. *f sich*); *fordern* (a th *etw*; to be paid *bezahlt z w*; that .. should ..) || *berechtigt* s z; *verdienen* (to ~ attention) || *als Eigentum beanspruchen*; (*Billett*) *als sein Eigentum abholen* | *f sich beanspruchen, v sich behaupten* (to be; to have done); *behaupten* (a th to be *daß etw ist*) **2.** vi *Schadenanspruch erheben*; to ~ against *klagbar w gegen* ~**able** ['~əbl] a z *fordern(d)*, (in) *Anspruch z nehmen(d)* ~**ant** ['~ənt] s *jd, der Anspruch erhebt, Antragsteller* m; ~s should apply to .. *wer Forderungen z stellen hat, wende sich an*; to be a ~ for *Anspruch m auf* | *Bewerber* m; *Anwärter* m (to *auf*)
clairaudience [klɛər'ɔːdiəns] s *Hellhören* n –**obscure** [–rəb'skjuə] s Fr ⟨arts⟩ *Helldunkel* n –**voyance** [klɛə'vɔiəns] s Fr *Hellsehen* n –**voyant** [klɛə'vɔiənt] Fr **1.** a *hellsehend* **2.** s *Hellseher(in)*
clam [klæm] s ⟨zoo Am⟩ *eßbare Meeresmuschel* (as) close as a ~ *verschwiegen wie ein Grab*
clamant ['kleimənt] a *lärmend* || *dringend*; ⟨fig⟩ *schreiend* (abuse)
clamber ['klæmbə] **1.** vi (to ~ up) *mühsam klettern, klimmen* **2.** s *mühsames Klettern* n
clammy ['klæmi] a (–mily adv) (of soil) *feuchtkalt u klebrig* | *schweißig; feucht(kalt)*
clamorous ['klæmərəs] a (~ly adv) *laut, lärmend; ungestüm; drohend* || ⟨übtr⟩ *ständig klingend, rauschend* (etc) **clamour** ⟨Am⟩ –**mor**) ['klæmə] **1.** s *Geschrei* n, *Lärm* m | *Tumult* m; *laute Klage* f **2.** vi/t || *schreien* (for *nach*); to ~ against *laute Klage erheben gegen* | vt *lärmend äußern*; to ~ down *niederschreien*
clamp [klæmp] **1.** s *Klampe, Klammer*; *Einschiebleiste* f || *Spann-*, *Klemmschraube* f; *Zwinge* f; *Schelle* f, ⟨wir⟩ *Erdungsschelle* f; *Strammer* m (*des Schis*) **2.** vt *mit e–r Klammer, Zwinge befestigen; strammen*
clamp [klæmp] **1.** s *Haufen, Stoß* (*Steine*); *Abfallhaufen* m || *Kartoffelmiete* f **2.** vt *aufhäufen*; (*Kartoffeln*) *einmieten* || (*Sperre* etc) *verhängen* (on *über*) **3.** vi to ~ down on a p ⟨fig⟩ *scharf*

vorgehen gegen jdn; *bei jdm Fleisch ansetzen*; it
~s down on him *er setzt Fl. an*

clamp [klæmp] vi ⟨dial⟩ *stampfen*

clan [klæn] s ⟨Scot⟩ *Clan, Stamm* m; *Sippe* f;
Familie f; *Geschlecht* n; ~-spirit *enges Stammes-
bewußtsein* n ‖ ⟨fig⟩ *Clique, Sippschaft* f

clandestine [klæn′destin] a (~ly adv) *heimlich,
verstohlen, insgeheim*; *Schleich-*

clang [klæŋ] **1.** vi/t ‖ *klirren*; *erklingen,
–tönen, –schallen*; *tönen* | vt *z Klingen bringen,
erklingen l* | *klirren l, schallen l*; to ~ the bell *die
Glocke ziehen* **2.** s *Schall, Klang* m; *Getöse,
Geklirr* n

clangorous [′klæŋgərəs] a *laut klingend,
tönend; gellend, schrill*

clangour (⟨Am⟩ –**gor**) [′klæŋgə] s (*sich wieder-
holender*) *lauter Schall* m, *Geschmetter* n ‖ ⟨mil
sl⟩ to drop the ~ (*unangenehm*) *auffallen*

clank [klæŋk] **1.** vi/t ‖ *rasseln, klirren* | vt
rasseln l, rasseln mit (to ~ the chains) **2.** s *Ge-
rassel, Geklirr* n

clannish [′klæniʃ] a (~ly adv) *z e–m Clan gehörig, Clan–*; *Stammes–* (~ pride) ‖ *stammes-
verbunden, zus–haltend* **~ness** [~nis] s *Anhäng-
lichkeit* f *an den Clan* ‖ ⟨fig⟩ *Stammesgefühl* n;
Zus–halten n

clanship [′klænʃip] s *Clansystem* n; *Stamm-
verband* m ‖ *Stammesverbundenheit* f

clansman [′klænzmən] s *Angehöriger* m *e–s
Clans, Stammverwandter* m

clap [klæp] s *Knall* m ‖ *Beifallsklatschen* n ‖
~ of thunder *Donnerschlag* m | ~-board ⟨Am
arch⟩ *Verschalungsbrett* n (*f Holzhaus*); ~-net
Schlagnetz n (*f Vogelfang*) **~board** [′~bɔ:d]
⟨tech⟩ *Schindel* f ‖ *Faßdaube* f

clap [klæp] vt/i **A.** vt *schlagen* (to ~ to *z·us-
chlagen*); *klopfen* | (*hastig*) *stellen, setzen*; *wer-
fen*; (*Hut*) *stülpen* (on *auf*) | (*jdm*) *Beifall klat-
schen*; (*etw, jdn*) *beklatschen; applaudieren* ‖ to ~
eyes on *z sehen bek*; *bemerken* ‖ to ~ in [adv]
(*jdn*) °*einlochen,* °*–buchten* (–*sperren*) ‖ to ~
one's hands *in die Hände klatschen* ‖ to ~ spurs
to one's horse *dem Pferde die Sporen geben* **B.** vi
in die Hände klappen | **~per** [′~ə] s *Beifalls-
klatscher* m ‖ (*of a bell*) *Klöppel* m | *Klapper* f ‖
~-hanger *Hangeisen* n (*e–s Glockenklöppels*)
~perclaw [′~əklɔ:] vt *heftig angreifen, kritisieren*

clap [klæp] s ⟨vulg path⟩ *Tripper* m (*Gonor-
rhöe*)

claptrap [′klæptræp] s *Theaterkniff* m, *Effekt-
hascherei* f; *Phrasendrescherei* f | [attr] a *effekt-
haschend, auf Effekt zielend; trügerisch*

claque [klæk] s [koll] *Claqueure* m pl (*be-
zahlte Beifallsklatscher*)

clarabella [ˌklærə′belə] s L *ein Orgelregister* n

clarence [′klærəns] s *(nach* the Duke of ⅄
[William IV.]) *vierrädrige geschlossene Kutsche* f

Clarencieux [′klærensju:] s ⟨engl⟩ *Titel f
zweiten Wappenkönig* m

clarendon [′klærəndən] s ⟨typ⟩ *Fettdruck* m
(in ~)

claret [′klærət] s *Klaret* m (*Rotwein*) ‖ ⟨fig
sl⟩ „*rote Tinte*" (*Blut*) | [attr] *Rotwein–; rötlich*
‖ ~-cup *Rotweinbowle* f ‖ ~-red *bordeauxrot*

clarification [ˌklærifi′keiʃən] s (*of liquids*)
Abklärung, Läuterung f –**fy** [′klærifai] vt/i ‖
(*Flüssigkeit*) (*ab*)*klären*; (*brew*) *abläutern*; (*Luft*)
reinigen ‖ ⟨fig⟩ *klären, klar* m | vi *sich aufklären,
sich abklären* ⟨a fig⟩

clarinet [ˌklæri′net], **clarionet** [–riə′net] s
⟨mus⟩ *Klarinette* f

clarion [′klæriən] **1.** s ⟨mus hist poet⟩ *Zinke* f
(*hohe Solotrompete*). **2.** a *laut, schmetternd*

clarkia [′klɑ:kiə] s ⟨bot⟩ *Gattung der Onagra-
zeen* (*Zierpflanze*)

clarity [′klæriti] s ⟨fig⟩ *Klarheit* f; (*of sounds*)
Reinheit f

clary [′klɛəri] s ⟨bot⟩ *Scharlachkraut* n

clash [klæʃ] **1.** vi/t ‖ *rasseln; klirren; schmettern* ‖ *stoßen* (against); *zus–stoßen*; ⟨fig⟩ *zus-
fallen, kollidieren* (with *mit*) | ⟨übtr⟩ *im Wider-
spruch stehen* (with *mit*), *nicht z–e–a passen, sich
beißen* (the colours ~) | vt *klirren* or *schmettern
l*; (*Gläser*) *an–e–a–stoßen; zus–schlagen*; to ~ to
z·uschlagen **2.** s *Getöse, Geklirr* n ‖ *Zus–Stoß* m
⟨*a* mil⟩; *Kollision* f | *Widerstreit, –spruch* m
(with)

clasp [klɑ:sp] **1.** vt *an–, zuhaken; schnallen*
(round *um*); *an–, festschnallen* | *umklammern,
ergreifen* ‖ *umarmen, umfangen* ‖ to ~ a p *to
one's breast jdn ans Herz drücken* ‖ to ~ a p's
hands *jdm die Hände drücken* ‖ to ~ one's hands
die Hände falten **2.** s *Klammer* f, *Haken* m ‖
Schnalle f (to the belt *am Gürtel*); *Ordensschnalle, –spange* f; *battle* ~ *Erinnerungsspange*
f ‖ ⟨*bes* praeh⟩ *Mantelschloß* n, *–schließe* f,
Fürspan m, *Fibel* f; *Gewandnadel, –spange* f |
Umarmung f; *Erfassen* n, *Händedruck* m | ~-
knife *Einschnapp–, Taschenmesser* n ‖ ~-nail
Haken–, Schindelnagel m | **~er** [′~ə] s *Klam-
mer* f ‖ ⟨bot⟩ *Ranke* f

class [klɑ:s] **I.** s **1.** *Klasse, Sorte* f ‖ *Gruppe v
Schülern, Klasse* f; *Kursus* m; ~es [pl] *Unter-
richt* m ‖ ⟨a-engl⟩ *Rekruten* pl *e–s Jahres*; ⟨Am⟩
College-Studenten pl *e–s Jahrganges* ‖ ⟨univ⟩
Kategorie f *der honoursmen*; to get, obtain, take
a (First) ⅄ *die Honoursprüfung* (*mit Eins*) *bestehen* ‖ ⟨mil & school⟩ *Jahrgang* m ‖ ~ A ⟨Am⟩
kriegsverwendungsfähig ‖ ~ **2.** ⟨anat & com⟩
Klasse, Ordnung; *Gattung* f **3.** *Rang* m, *soziale
Stellung* f; the ~es (*Ggs* the masses) *die Reichen,
Gebildeten* **4.** ⟨übtr⟩ *Klasse, Güte* f, *Wert* m,
⟨*bes* Am⟩ *erste Qualität* ‖ above ~ *außer Wettbewerb*; in the same ~ with *gleichwertig mit*;
⟨fam⟩ no ~ *minderwertig, dürftig* ‖ ⟨rail⟩
Klasse f ⟨fam⟩ he's not ~ *enough er ist nicht
K. genug*, there's a good deal of ~ *about him
er ist schon hohe K.* **5.** first-~ *erster Klasse, erstklassig* ‖ third-~ *dritter K.*, fourth-~ *vierter
K.* or *Güte* ‖ low ~ *nicht vornehm* ‖ higher,
upper; lower, working ~es [pl] *höhere* or *obere*;
untere, arbeitende (*Gesellschafts-*)*Klassen* f pl ‖
middle ~(es) *Mittelstand* m **6.** [attr] *Klassen–*;
Schul– ‖ ~ A *amplifier A-Verstärker* m ‖ ~-
book *Klassenbuch* n ‖ ~-conflict, ~-struggle,
~-war(fare) *Klassenkampf* m ‖ ~-conscious
klassenbewußt; ~-consciousness *Klassenbewußt-
sein* n ‖ ~-fellow, ~-mate *Klassengenosse,
–kamerad* m ‖ ~-hatred *Klassenhaß* m ‖ ~-list
⟨univ⟩ *nach Klassen geordnete Liste* f *der
Honoursmen* ‖ ~-room *Klassen–, Schulzimmer*
n ‖ ~ spokesman *Vertrauens–, Obmann* m,
–männin f *der Kl.* **II.** vt *klassifizieren, klassieren,
in e–e Klasse einreihen* (with); to be ~ed as *gerechnet w z*; to be ~ed *e–e Klasse bei der
Honoursprüfung erreichen* (he was not ~ed)

classic [′klæsik] **1.** a (~ally adv) *erstklassig,
ausgezeichnet* ‖ ⟨ant⟩ *klassisch, griechisch-
römisch* ‖ ⟨Lit⟩ *klassisch* | *klassisch, harmonisch,
mustergültig, vollendet* ‖ the ~ *races* ⟨engl⟩ *die
5 großen Pferderennen* **2.** s *der Klassiker, klassische Schriftsteller* m ‖ ⟨ant⟩ *der griechisch-
römische Schriftsteller* m; ~s [pl, pl konstr] *die
klassisch-antike Literatur* f ‖ *der klassische
Philologe* m | **~al** [~əl] a (~ly adv) *erstklassig*
⟨*bes* in Lit⟩ ‖ *klassisch, griechisch-römisch*; ~
style (*antik-*)*klassischer Stil* m ‖ *klassisch-
gebildet* **~ism** [′klæsizim] s *Klassizismus* m,
Klassik f (German ~) ‖ *klassische Gelehrsam-
keit* f **~ist** [′klæsist] s *klassischer Philologe* m |
Bewunderer m *der Klassiker* **~ize** [′klæsaiz]
vt/i ‖ *klassisch* m; *klassischem Stil annähern* | vi
klassischen Stil nachahmen

classifiable [′klæsifaiəbl] a *einzuordnen(d), z
klassifizieren(d); aufgliederbar* –**fication** [ˌklæsifi-

'keiʃən] s *Klassifizierung* f, *Einteilung* f *in Klassen*; *Einstufung* f || ~ card, ~ record *Verwendungskarte* f || ~ firing *Schulschießen* n || ~ range *Schulschießstand* m || ~ track ⟨rail⟩ *Zugbildungsgleis* n; ~ yard *Zugbildungsbahnhof* m –ficatory ['klæsifikeitəri] a *klassenbildend*, *Klassifizierungs–* -fy ['klæsifai] vt *klassifizieren*, *in Klassen einteilen* || (*jdn*) *einstufen* || –fied ⟨*bes* Am mil⟩ *geheim*, –fied matter *Verschlußsache* f **classman** ['klɑːsmæn] s *Kandidat* m, *der in* Honours-Prüfung *e–e best. Klasse erreicht hat* **classy** ['klɑːsi] a ⟨sl⟩ °*klassisch* (*erstklassig*; *hochfein*, *stilvoll*) **clastic** ['klæstic] a ⟨geol⟩ *klastisch*, *Trümmer–* **clatter** ['klætə] **1.** vi/t | *rasseln*, *klirren*, *klappern* || *trappen*, *trapsen*; to ~ about *umhertrampeln* || *trappeln* | vt *klappern l, klappern or klirren mit* (to ~ the plates) **2.** s *Geklapper*; *Getrappel* || *Geplapper* n **clause** [klɔːz] s *kurzer Satz* m, –*teil* m; principal ~ *Hauptsatz* m; subordinate ~ *Nebensatz* m || ⟨jur⟩ *Klausel* f, *Vorbehalt* m; ~ of warranty *Eigenschaftszusicherungsklausel*; ~ reserving price *Preisvorbehaltsklausel* f **claustral** ['klɔːstrəl] a *klösterlich*, *Kloster–* –**rophobia** [ˌklɔːstrə'foubiə] s *Raumangst* f || ~ car ⟨hum⟩ *Kleinstkraftwagen*, °„*Brotkasten*" m **clavichord** ['klævikɔːd] s ⟨hist⟩ *Klavichord* n **clavicle** ['klævikl] s ⟨anat⟩ *Schlüsselbein* n –**cular** [klə'vikjulə] a *Schlüsselbein–* **claw** [klɔː] **1.** s *Klaue*, *Kralle* f, *Fang* m || ⟨fig⟩ to get one's ~s into a p *jdn heimtückisch anfallen*; to pare the ~s *of* a p *jdn entwaffnen* (of lobsters, etc) *Schere* f || ⟨cont übtr⟩ *Klaue* (*Hand*) || *Klaue*, *gespaltene Finne* f (*e–s Hammers*) | ~-bar *Geißfuß* m || ~ *feed system Greifersystem* n || ~-hammer *Splitt–*, *Klauhammer* m; ~-hammer coat ⟨sl⟩ *Schniepel*, *Schwalbenschwanz* m (*Frack*) **2.** vt/i || *die Krallen schlagen in*; *mit den K. greifen* || *zerkratzen*, *zerreißen* || ⟨fig⟩ *gierig ergreifen* | vi to ~ off ⟨mar⟩ *v der Küste abhalten*, *die hohe See gewinnen* | ~ed [~d] a *mit Klauen versehen* **clay** [klei] **1.** s *Ton*, *Lehm*, *Letten* m || ⟨fig⟩ (*menschlicher Körper*): *Erde* f, *Staub u Asche* || baked ~ *gebrannter Ton* m, *Terrakotta* f || to wet one's ~ *den Staub hinunterspülen*, °*e–n zischen* (*trinken*) || (*a* ~ pipe) *Tonpfeife* f | [attr] ~ *industry Keramik* f || ~-marl ⟨geol⟩ *Tonmergel* m || ~-pit *Lehm–*, *Tongrube* f || ~-slate *Tonschiefer* m **2.** vt *mit Ton*, *Lehm bedecken*, *verschmieren* | ~ey ['kleii] a (*compr more* ~) *tonig*, *lehmig*; *Ton–*, *Lehm–* **claymore** ['kleimɔː] s ⟨Scot⟩ *altes* (*zweischneidiges*) *Schwert* **clean** [kliːn] **I.** a (~ly adv) **1.** *rein*, *ohne Schmutz* || *frisch*, *gewaschen* (linen) || (as) ~ as a button-stick *wie aus dem Ei gepellt*, ⟨mil hist⟩ *wie mit dem Knopfgabel geputzt* | *rein*, *leer*, *unbeschrieben* (paper) | (*T*) *reinlich*, *sauber*, *stubenrein* |⟨fig⟩ *moralisch rein*; *schuldlos*, *fehlerfrei* || (of food) *einwandfrei* **2.** *eben*, *glatt* (cut) **3.** *gut geformt or ausgeführt* (blow) || *geschickt*, *tadellos* **4.** *vollständig*, *ganz*; to make a ~ *breast of it es frei v der Leber sagen* (*alles frei heraussagen*); → sweep **II.** adv *vollständig* (~ gone *vollst. verschwunden*) || *gänzlich*, *rein*, *ganz u gar*; *absolut* || *direkt*, *glatt* (~ impossible) **III.** [in comp] ~-cut ⟨fig⟩ *scharfgeschliffen*; *klar* || ~-handed ⟨fig⟩ *sauber*, *fehlerfrei*, *unschuldig* || ~-limbed *wohlgebaut* || ~-shaven *glattrasiert* || ~-up ⟨Am⟩ °„*reiche Ernte or Beute*" ⟨fig⟩ (= *Verdienst*) **clean** [kliːn] **1.** vt *reinigen*, *säubern*; *putzen* || *waschen*; to ~ one's hands *sich die Hände w.*; to ~ o.s. *sich w.* || (*Geflügel, Fisch*) *ausnehmen* | [*mit* adv] to ~ down *gründlich reinigen or abbürsten* || to ~ off *abputzen* || to ~ out *leeren*;

reinigen || (*jdn*) *erschöpfen*; ⟨sl⟩ *schröpfen*, *ausnehmen* || (*jdn*) *hinauswerfen*, –treiben || to ~ up *gründlich reinigen* || *in Ordnung bringen* || *einnehmen*, –*heimsen* || ⟨Am⟩ *heidenmäßig* (*daran*) *verdienen* **2.** s *Säubern* n | ~er ['~ə] s *Reiniger* m; *Reinigungsmaschine* f || ⟨arts⟩ *Restaurator* m || ~'s naphtha *Waschbenzin* n ~ing ['~iŋ] s *Reinmachen* n; ⟨met⟩ *Trommeln* n | [attr] *Reinigungs–*, *Putz–* **cleanliness** ['klenlinis] s *Reinlichkeit*, *Sauberkeit* f **cleanly** ['klenli] a (–lily adv) *reinlich*, *säuberlich* **cleanness** ['kliːnnis] s *Reinheit*, *Sauberkeit* f **cleanse** [klenz] vt († *or geziert im eig Sinn f to* clean) *reinigen* || ⟨fig⟩ *reinigen* (from *v*); *heilen*; *befreien* (from *v*) **clean-up** ['kliːn'ʌp] s *gründliche Reinigung*; ⟨mil⟩ *Auswäsche* f **clear** [kliə] **I.** a (~ly adv) **1.** *hell*, *klar*, → clerestory; *durchsichtig*, *rein* | (of sky) *heiter* || (of sound) *hell*, *klar* | *deutlich*, *verständlich* || *scharfsichtig* **2.** ⟨übtr⟩ *klar* (style); a ~ head *ein klarer Kopf* | (as) ~ as mud °*klar wie dicke Tinte*, .. *wie Kloßbrühe* || *sicher*, *zweifellos* (that) | (*P*) *klar* (about, on *über*; as to *betreffs*; that) | *zuversichtlich*, *sicher* **3.** *unbehindert*, *offen*, *frei* (of *von*); → coast | all ~! ⟨mil aero⟩ *Entwarnung*! || (*P*) *unbelastet* (of *mit*), *frei* (of *v*); ~ of debt *schuldenfrei* | *unbefangen* || ⟨fig⟩ *schuldlos*, *rein* (conscience), *frei* (from *v*) | *rein*, *vollständig*, *ganz* (3 ~ days) || ⟨com⟩ *ohne Abzug*, *netto*; *Rein–* (~ profit –*gewinn*) **4.** ⟨for⟩ *astfrei* (*Holz*) **5.** as ~ as a bell *glockenrein* || as ~ as crystal *kristallklar* || as ~ as (noon) day ⟨fig⟩ *sonnenklar* || to give the all ~ *den Alarm aufheben*; *entwarnen* | ~-cut ⟨for⟩ *kahlgehauen*, ⟨fig⟩ *eindeutig*, *klar* || ~-felling ⟨for⟩ [abstr] *Kahlschlag* m || ~-headed *klar im Kopf*; *klardenkend*, *scharfsinnig* || ~-sighted *scharfsichtig*; –*sinnig* || ~-starch [vt] (*Wäsche*) *stärken* || ~-vision cockpit ⟨aero⟩ *Vollsichtkanzel* f **II.** adv *klar*, *deutlich* (to speak loud and ~) || *ganz*, *gänzlich* (~ away, off, out) *getrennt*, *abseits*; to stand ~ of *abseits stehen*, *sich fernhalten v*; to get ~ of *loskommen v*; to get ~ off *frei ausgehen*, *davonkommen*; to keep ~ of *meiden*, *sich fernhalten v* || to drag a th ~ *etw* (*bei Gefahr*) *in Sicherheit or beiseite zerren*; he drove the car ~ of the blazing petrol *er fuhr den W. aus dem* (*Gefahren-*)*Bereich des brennenden Benzins* **III.** s: in the ~ *im Klartext* || with the ~ ⟨arch⟩ *im Lichten* (*e–s Gebäudes*) **clear** [kliə] vt/i **I.** vt **1.** *klären* || (*etw*) *erklären*, *aufklären* | *reinigen*, *säubern* (to ~ the air), → temple; ⟨*a* fig⟩ | *entlasten*, *reinwaschen* (of *v*); he has been ~ed *an ihm haftet kein Makel mehr*; *er ist* (*v Gesetz nicht betroffen*) *entnazifiziert*; to ~ o.s. *sich r.* (from *von*) || to ~ a pilot (*jdm*) *e–n Flug freigeben* **2.** *frei m*, *befreien*; *reinigen* (of *v*) | *leeren*, *räumen* (out of the way *aus dem Wege*) | *abdecken*, –*räumen*; ⟨mar fam⟩ to ~ decks *aufklaren* ([*Tische*] *abräumen*); ~ decks! *Klar Deck überall*! || to ~ the road *die Straße freimachen* || ⟨com⟩ (*Ware*) *räumen*, *ausverkaufen*; (*Güter*) *aus* (*dem*) *Zoll nehmen* || (*Land*) *roden* || (*Wald*) *roden*, *lichten*, *kahlhauen*, ⟨for⟩ *abholzen*, *ausasten*, *abtreiben* || ⟨min⟩ *ausraumen* **3.** *ins reine bringen*, *bezahlen*; (*Konto*) *ausgleichen*; (*Wechsel*) *einlösen*; (*Ware*) *klarieren*, *verzollen* | *rein verdienen* (by *an*); *netto einnehmen* **4.** (*Hindernis*) *nehmen*; *überspringen*; *passieren* **5.** to ~ the land ⟨mar⟩ *v Lande abhalten* || to ~ a ship ⟨mar⟩ *die Ladung löschen* || to ~ a ship for action ⟨mar⟩ *ein Schiff klar m z Gefecht* || to ~ for approach ⟨aero⟩ (*Flugzeug*) *f den Anflug freigeben* || to ~ interferences ⟨wir⟩ *entstören* || to ~ one's throat *sich räuspern* || to ~ the table

abdecken **6.** [*mit* adv] to ~ **away** *wegräumen,
fortschaffen* ‖ .. *down* (*Gebäude*) *dem Erdboden
gleichmachen,* (*Festung*) *schleifen* ‖ .. *off fortschaffen;* ⟨mas⟩ (*Stein*) *abrichten;* (*Vorräte*)
räumen; (*Schulden*) *bezahlen* ‖ .. *out hinaus-
schaffen, hinauswerfen, räumen, leeren;* ⟨fig sl⟩
(*jdn*) *ausplündern* ‖ .. *up aufräumen, ordnen; aufklären, aufhellen;* (*Rätsel*) *lösen* **II. vi 1.** *klar,
hell w* ‖ *sich aufklären, sich aufheitern* | *leer w* ‖
⟨mar⟩ *klarkommen* ‖ ⟨sl fig⟩ °*verduften,* °*abhauen* (*sich davonmachen*) ‖ *aus–, absegeln* **2.**
[*mit* adv] to ~ **away** *abräumen, abdecken; verschwinden* ‖ to ~ *off* °*verduften,* °*abhauen* (*weg-
gehen*); *fortgehen* ‖ (*of clouds*) *sich verziehen* ‖
.. *out die Ladung ausklarieren* ‖ *sich packen, sich
davonmachen* ‖ .. *up* (*of the weather*) *sich aufhellen*

    clearage [ˈkliəridʒ] s *Reinigung, Säuberung* f
    clearance [ˈkliərəns] s *Aufräumen* n; to make
a ~ *of aufräumen mit* ‖ *Ausräumung* f ‖ *Ab-
holzung, Lichtung* f | ⟨com⟩ *volle Bezahlung,
Tilgung* ‖ *Verrechnung* f | *Abrechnung* f ‖ ⟨mar⟩
Ausklarierung f, *Verzollung* f | *Zollgebühr* f ‖
Zollschein m | *Zwischen–, Spielraum* m | → *belly;
end* ~ *Längsspiel* n; *ground od road* ~ ⟨mot⟩
Bodenfreiheit, –höhe f, *–abstand* m | *lichte Höhe
or Weite* f ‖ ⟨aero⟩ *Freigabe; Abfertigung* f ‖
~ *axe* ⟨for⟩ *Mösel* n ‖ ~ *capacity Transport–,
Abschub-Kapazität* f ‖ ~ *certificate Unbedenk-
lichkeitsbescheinigung* f ‖ ~ *chit* ⟨mil⟩ *Laufzettel* m ‖ ~ *limit* ⟨aero⟩ *Freigabegrenze* f ‖
~ *of masks Überschießen* n *v Deckungen* | ~-
sale ⟨com⟩ *Räumungsausverkauf* m ‖ ~ *to take-
off* ⟨aero⟩ *Starterlaubnis, –freigabe* f
    clearing [ˈkliəriŋ] s → *temple* ‖ *Erhellen* n ‖
Rechtfertigung f | *Lichtung* f, ⟨for⟩ *Kahlstelle,
Blöße* f ‖ ⟨arch⟩ *Freilegung* f ‖ ⟨com⟩ *Ausver-
kauf* m; ~-*sale Räumungs–* ‖ [*oft attr*] *Wertaus-
gleich, –vergleich* m; *Ab–, Verrechnung* f (~
agreement –svertrag); *Klarierung* f | *Verrech-
nungsverkehr* m; ~-*House Ab–, Verrechnungs-
stelle* f (*der Banken*) | ~ *company Sanitäts-
kompanie* f ‖ ~ *office Verrechnungsamt* n, *Ab-
rechnungsstelle* f ‖ ~ *signal* ⟨telph⟩ *Schluß-
zeichen* n ‖ ~ *station* ⟨Am⟩ *Truppen–, Haupt-
verbandplatz* m
    clearness [ˈkliənis] s *Klarheit* f ‖ *Deutlichkeit* f
(*etc*) → *clear* ‖ ⟨phot⟩ (*Bild-*)*Schärfe* f ‖ ⟨for⟩
Astreinheit f
    cleat [kliːt] **1.** s *Querleiste* f; *Kreuzholz* n; *Keil*
m | ⟨mar⟩ *Klampe* f **2.** vt *durch e–n Keil ver-
stärken, befestigen*
    cleavable [ˈkliːvəbl] a *spaltbar*
    cleavage [ˈkliːvidʒ] s *Spaltung* f ‖ ⟨fig⟩ *Spal-
tung* f (*in in*); *Teilung* f ‖ ⟨minr⟩ *Spaltbarkeit* f
    cleave [kliːv] vt/i [*cleft/cleft & clove/cloven*]
‖ *spalten* (*asunder, in two entzwei–; into in*);
(*Weg*) *hauen, bahnen;* (*Luft*) *durchdringen* ‖
(*Holz, Stein*) *zuschneiden* ‖ → *cleft; cloven* | vi
bersten, aufspringen, sich spalten; reißen ‖ *sich
e–n Weg bahnen*
    cleave [kliːv] vi [~d *od* clave/~d] † *kleben,
hängenbleiben* (tö *an*) ‖ ⟨fig⟩ *anhängen, treu
bleiben* (to a p *jdm*)
    cleaver [ˈkliːvə] s *Hackmesser* n
    cleavers [ˈkliːvəz] s pl ⟨bot⟩ *Klebkraut* n
    cleek [kliːk] s *ein Golfstock* m
    clef [klef] s Fr ⟨mus⟩ *Notenschlüssel* m
    cleft [kleft] s *Spalte, Ritze* f, *Riß* m, *Kluft* f
    cleft [kleft] pret & pp *v* to *cleave;* ~-*palate
Gaumenspalte* f ‖ *in a* ~ *stick* ⟨fig⟩ *in der
Klemme*
    cleg [kleg] s ⟨ent⟩ *Regen–, Pferdebremse* f
    clem [klem] vt/i ‖ ⟨dial⟩ *verschmachten l;* (*he
looks*) ~*med hungrig, verhungert, ausgehungert*
| vi *verschmachten*
    clematis [ˈklemətis] s L ⟨bot⟩ *Waldrebe* f
    clemency [ˈklemənsi] s (*of weather*) *Milde* f ‖

Nachsicht, Gnade; *Begnadigung* f ‖ ~ *plea
Gnadengesuch* n **clement** [ˈklemənt] a (*of
weather*) *mild* ‖ *gütig, nachsichtig*
    clench [klentʃ] **1.** vt/i *vernieten* ‖ *festklam-
mern* ‖ *zus–pressen;* to clench one's fist *die Faust
ballen;* to ~ one's teeth *die Zähne auf–e–a–bei-
ßen* | ⟨fig⟩ (*Nerven*) *anspannen* (with all his ~ed
concentration) ‖ → to clinch | vi *sich zus–pressen*
2. s *Zus–pressen; Fassen, Ballen* n (*der Faust*);
Griff m
    clerestory [ˈkliəstəri] s ⟨ec arch⟩ (*a* ~ *win-
dows*) *Lichtgaden(fenster* n) m (*des Mittelschiffs*)
    clergy [ˈkləːdʒi] s ⟨koll (*mst* pl konstr; these
~)⟩ *Geistlichkeit* f, *Klerus* m; *Geistliche* pl (10 ~
zehn G.) ‖ *benefit of* ~ *Vorrecht n der Geistlichen, vor dem weltlichen Gericht nicht z erscheinen* (to plead one's ~ *dies Vorrecht geltend m*)
~**able** [~əbl] *a berechtigt z benefit of clergy;* ~
clergy ~**man** [~mən] s *ordin. Geistlicher* m (*bes
der C. E.*); ⟨Am⟩ *protestantischer Geistlicher* m
    cleric [ˈklerik] s *allg Geistlicher* m ~**al** [~əl]
1. a (~ly adv) *klerikal, geistlich* ‖ *Schreib–,*
~ *error –fehler* m **2.** s ⟨pol⟩ *Klerikaler, Pfaffe* m
~**alism** [~əlizm] s *Klerikalismus* m; *Pfaffentum*
n, *–herrschaft* f
    clerk [klɑːk; ⟨Am⟩ kləːk] **I. s 1.** † *Geistlicher*
m | *parish* ~ *Vorleser; Küster* m | † *Gelehrter* m
2. (*mst ein Jurist*) *Schriftführer, Sekretär* (the ⟳
of the H. C.) m; *Town* ~ *Stadtsekretär* | ⟨com⟩
Buchhalter, Schreiber, Kontorist m; *chief* ~,
head ~ *erster Buchhalter, Bürovorsteher;* sign-
ing ~ *Prokurist* m **3.** ⟨com⟩ *Kommis, Handlungs-
gehilfe, Verkäufer* m; bank ~ *Bankangestellter*
m ‖ *Bearbeiter* m (dispatch ~ *Versand–,* receipt
~ *– der Eingänge*) **4.** *Vorsteher, Leiter* m (the ⟳
of the Works *der L. der öffentlichen Bauten*;
⟨mil⟩ ~ *of work(s) Bauführer* | the ⟳ *of the
Weather* ⟨fig⟩ *Wettergott,* °*Petrus* m; *die
Wetterverhältnisse* pl **5.** ⟨Am⟩ *Postbeamter* m |
⟨fam com⟩ *Verkäufer* m **II.** vi *als Schreiber* (etc)
fungieren ~**dom** [ˈ~dəm] s *Schreibertum* n,
–stand m; *die Sekretäre* pl ~**ly** [ˈ~li] *a geistlich*
‖ † *gelehrt* | *Schreiber–; schönschreibend* (a ~
hand); *Schreib–* ~**ship** [ˈ~ʃip] s *Stellung* f *e–s
Buchhalters* (etc); *Schreiberstelle* f
    clever [ˈklevə] a (~ly adv) *gewandt, geschickt*
(a ~ *horse*) ‖ (*P* etc) *gewandt, tüchtig* (at *in*); to
be ~ *at doing es gut verstehen z tun* ‖ *klug, gescheit; intelligent, begabt* (at a th *f etw*), *geistreich* ‖ ⟨fam⟩ ~ *boots* [sg konstr] *Schlauberger*
m | ⟨Am⟩ *gutartig, freundlich, gefällig* | *ober-
flächlich;* ~ ~ *übergescheit; gerissen* ~**ness**
[~nis] s *Gewandtheit, Geschicklichkeit* f (etc)
    clevis [ˈklevis] s *U-förmiger Zughaken* m (*an
Wagendeichsel*)
    clew [kluː] **1.** s (*Garn-*)*Knäuel* n ‖ → clue ‖
⟨mar⟩ *Schothorn* n | ~ *garnet* ⟨mar⟩ *Geitau* n
des Hauptsegels ‖ ~ *line* ⟨mar⟩ *Geitau* n *der
kleineren Segel* **2.** vt to ~ *up aufwickeln, –rollen;*
⟨mar⟩ *aufgeien*
    cliché [ˈkliːʃei] s Fr *Klischee* n ‖ ⟨fig⟩ *Gemein-
platz* m, *Schlagwort* n, *abgedroschene, stereotype
Wendung* f
    click [klik] **1.** vt/i *ticken, knacken; schlagen,
klappern* ‖ *schnalzen* | *einrasten;* (*of locks*) *zu-
schnappen, einfallen* | ⟨sl⟩ *Glück h;* (*v* 2 *P–n*)
°*es gut mit–e–a können, sich in–e–a verlieben* ‖
then his memory ~ed into place *„dann fiel der
Groschen"* | vt *ticken* m, *klirren mit,* to ~ (the)
glasses (*mit den Gläsern*) *anstoßen;* to ~ one's
heels die Hacken zus–klappen (z *Gruß*) ‖ to ~
one's *tongue mit der Zunge schnalzen* (*Tür*) *ein-
klinken;* to ~ *to* [adv] (*Tür*) *z uklinken* **2.** s
Schlag m, *Ticken, Knacken* n | (*Tür-*)*Klinke* f;
Sperrhaken m | *Schnalzen* n | ~*-beetle Schnell-
käfer* m, → *wire-worm* ‖ ~*-spring Einklink-
feder* f ‖ ~*-stop* ⟨phot⟩ *Rastenblende* f ~**er**
[ˈ~ə] s *Vorarbeiter, Zuschneider* m

client ['klaiənt] s *Klient* m || **Kunde* m *~age* [~idʒ] s *Klientschaft, Klient·el* f *~al* [klai'entl] a *Kundschafts– ~èle* [ˌkli:ã:n'teil] s Fr *Klient·el; Kundschaft* f, *Kundenkreis* m *~ship* [~ʃip] s *Kliententum* n, *Klientschaft* f

cliff [klif] s *Klippe* f; *Schäre* f || ~-*dweller Höhlenbewohner* m

climacteric [klai'mæktərik] **1.** a *entscheidend, kritisch* **2.** s *kritische Periode* f; *kritisches Ereignis, Jahr* n *im menschl. Leben;* the grand ~ *das 63. Jahr* n || *Wechseljahre* pl, *krit. Alter* n || ⟨med⟩ *Menopause* f

climactic [klai'mæktik] a ⟨rhet⟩ *sich steigernd*

climate ['klaimit] s *Klima* n || *Himmelsstrich* m || ⟨fig⟩ „*Atmosphäre*" f (*e–r Gesellschaft* etc)

climatic [klai'mætik] a *Klima–; klimatisch* || ~ *resort Luftkurort* m *~ally* [~əli] adv *in klimatischer Hinsicht*

/**climato–** ['klaiməto] [in comp] *Klima– ~logy* [ˌklaimə'tɔlədʒi] s *Klimakunde* f

climax ['klaimæks] **1.** s L *Klimax, Steigerung* f || ⟨fig⟩ *Gipfel, höchster Grad, Höhepunkt* m, to find its ~ in *s–n H. erreichen in* || ⟨theat⟩ *Höhepunkt* m (in a play, e.g.: the play scene in Hamlet, the banquet scene in Macbeth) **2.** vi/t *sich steigern; auf den Höhepunkt k* | vt *auf den H. bringen*

climb [klaim] **1.** vi/t *klettern* (to a balcony *auf e–n Balkon*); *auf–, emporsteigen* (to *zu*) | to ~ *down hinunterklettern;* ⟨fig⟩ *s–e Ansprüche aufgeben; e–n Rückzieher* m; *nachgeben* || ~ in ⟨Am fam⟩ *sein Teil bek* || ~ up *sich hochziehen* | vt *hinaufklettern an* (to ~ a tree); (of plants) *umranken;* (*Berg*) *erklimmen, –steigen* ⟨a fig⟩ **2.** s *Klettern* n, *Aufstieg* m, *Besteigung* f || ⟨mot⟩ *Bergauffahrt* f || ⟨aero⟩ *Steigen* n, *Steigflug* m | ~ (and dive) *indicator* ⟨aero⟩ *Steig– (u Sink-) Geschwindigkeitsanzeiger* m, *Statoskop* n || ~-*down Auf–, Nachgeben* n; ⟨fig⟩ *Rückzug* m *~able* ['~əbl] a *ersteigbar ~er* ['~ə] s *Kletterer(in), Bergsteiger(in* f) m || ⟨bot⟩ *Kletter–, Schlingpflanze* f || ⟨fig⟩ *Streber, Hochstapler* m *~ing* ['~iŋ] **1.** s *Klettern, Bergsteigen* n | [attr] *Kletter– ~ ability, ~ capacity* ⟨aero⟩ *Steigfähigkeit* f, *–vermögen* n || ~-*irons* pl *Kletter–, Steigeisen* n pl || ~ *maximum* ⟨aero⟩ *größte Steighöhe* f || ~ *path* (of a rocket) *Aufstiegbahn* f || ~-*pole Kletterstange* f || ~ *take-off* ⟨aero⟩ *Kaval·ierstart* m **2.** a ⟨bot⟩ *Kletter–, Schling–, Stangen–* (~ *bean*)

clime [klaim] s ⟨poet⟩ *Landstrich* m

clinch [klintʃ] **1.** vt/i || (*Nagel* etc *an der Spitze*) *umschlagen* || *nieten; vernieten, –klinken* || *fest fassen, greifen* || ⟨box⟩ *umklammern* || ⟨fig⟩ *festmachen, entscheiden; fixieren* (an argument); that ~es the matter *damit ist die S entschieden* | vi ⟨box⟩ *sich umklammern* **2.** s *Niet* m; *Vernietung* f | *Griff* m; ⟨box⟩ *Umklammerung* f, *Nahkampf* m (in a ~) | ⟨fig⟩ *fester Halt* m | *~er* ['~ə] s *Klammer, Krampe* f || ⟨fig⟩ *treffendes Argument* n | ~-*built* ⟨mar⟩ = *clinker-built* || ~ *work* ⟨mar⟩ *Klinkerwerk* n

cling [kliŋ] vi [clung/clung] || *sich klammern, sich heften; sich halten* (to *an*); to ~ to a p *jdn umarmen* || (*S*) *festsitzen, haften* (to *an*); to ~ to a p *jdm anhaften* | ⟨übtr⟩ *sich nahe halten; nahe bleiben* (to) || ⟨fig⟩ *kleben* (to); *festhalten, hangen* (to *an*)

clinic ['klinik] s *medizinische Unterweisung* (*am Krankenbett*) f || *Kliniker* pl (*Studenten*) || *Klinik* f; at the ~ *in der K.* || *Poliklinik* f *~al* [~əl] (~*ly* adv) *klinisch* || ~ *conversion Bekehrung* f *auf dem Sterbebett* || ~ *record Krankenblatt* n || ~ *thermometer Fieberthermometer* n

clink [kliŋk] **1.** vi/t *klirren, tönen;* to ~ off *rasselnd losgehen* | vt *klirren l; klirren mit, klimpern mit* (to ~ one's money) || to ~ *glasses an*-

stoßen (with a p); to ~ *tankards mit den Bierseideln anstoßen* **2.** s *Geklirr* n || ⟨sl⟩ (*Gefängnis*) °*Kittchen, Loch* n (in ~) | *~er* ['~ə] s *Klinker, hartgebrannter Back–, Ziegelstein* m || *Steinkohlenschlacke* f || ⟨sl⟩ *Pfunds-S* f; *Prachtgaul; Pfundskerl* m | ~-*built* ⟨mar⟩ *klinkerartig gebaut; Klinker– ~ing* ['~iŋ] ⟨sl⟩ **1.** a *glänzend; famos,* °*pfunds* [a praed] **2.** adv (*überaus, höchst*) °*kolossal*

clino– ['klaino] [in comp] *Klino–, Neigungs– ~meter* [klai'nəmitə] s *Klinometer, Neigungsmesser* m

clip [klip] **1.** vt *beschneiden; stutzen, scheren* || (*Fahrschein*) *knipsen, lochen, einreißen* || *verkleinern;* (*Worte*) *abkürzen,* (*Buchstaben*) *verschlucken* | to ~ a p's wings ⟨fig⟩ *jdm die Flügel beschneiden* **2.** s *Beschneiden* n; *Schur* f | *~per* ['~ə] s ⟨mar⟩ *Klipper* m (*Schnellsegler*); ⟨aero⟩ *Typ e–s Trans-Ozean-Flugzeugs* || *Haarschneidemaschine* f || ⟨sl⟩ (*einzig–, großartige P* or *S*) *Prachtexemplar* n, °*Pfunds-Kerl, –S* | *~s* [pl] *Schere* f; *Haarschneidemaschine* f (a pair of ~s *e–e Sch., e–e H.*) *~pie* ['~i] s (*fam*) „*Fräulein Knips*", *Schaffnerin* f *~ping* ['~iŋ] **1.** s *Beschneidung* f, *Scheren* n || *Zeitungsausschnitt* m; ~-*bureau Korrespondenzbüro* n, *Zeitungsausschnittdienst* m || ~-*joint* ⟨Am sl⟩ „*Apotheke*" f, *Nepplokal* n || *~s* [pl] *Abfälle,* (*Papier-*)*Schnitzel* m pl; (*Gras-*)*Spitzen* f pl **2.** a ⟨sl⟩ (*großartig*) °*famos, pfunds, Pfunds–*

clip [klip] **1.** vt † *umarmen; –fassen* || *ein–, umschließen; festhalten* || *befestigen* **2.** s *Klammer;* (*Brief–, Papier–*) *Klammer* f || *film* ~ ⟨phot⟩ *Schuh* m f *Blitzgerät* || ⟨Am⟩ *Schlag* m; ⟨fam⟩ *Tempo* n *~-on* [~'ɔn] s ⟨fam⟩ *Anbaumotor* m

clique [kli:k] s Fr *Clique* f **cliquish** ['kli:kiʃ] a *cliquenhaft* **cliquy, –ey** ['kli:ki] a *Cliquen–, cliquenhaft*

cloaca [klou'eikə] s L (pl *–cae* [–ki:]) *Senkgrube* f; *Klosett* n || ⟨anat & fig⟩ *Klo·ake* f, *Pfuhl* m *~al* [~l] a *Klosett–*

cloak [klouk] **1.** s *Mantel* m || *Decke* f (~ of snow) || ⟨fig⟩ *Deckmantel* m, *Bemäntelung* f (for a th *e–r S*); *Vorwand* m (for *für*); under the ~ of) | ~-*room Garderobe; Toilette* f || ⟨rail⟩ *Gepäckabgabe* f *~-r. attendant Garderobefrau* f; ~-*r. ticket* od *check –marke* f, *–zettel* m **2.** vt *mit e–m Mantel bedecken* || ⟨fig⟩ *verbergen; bemänteln*

clobber ['klɔbə] s *Lederappretur, –paste* f **clobbering** ['klɔbəriŋ] ⟨aero sl⟩ *Bomben(groß)-angriff, –teppich* m

cloche [klouʃ] s Fr *Glasglocke* f (f *Pflanzen*) || (a ~ hat) (*Damen-*)*Topfhut* m

clock [klɔk] **1.** s (*Wand–, Turm-*)*Uhr* f || † what o'~ is it? *wieviel Uhr ist es?* || four o'~ *vier Uhr* || ⟨sl⟩ *Stoppuhr* [attr] ~-*bell Hammerglocke* f || ~-*case Uhrgehäuse* n || ~-*face Zifferblatt* n || ~-*maker Uhrmacher* m || ~-*tower –turm* m || ~-*work –werk; Räderwerk* n; like ~-*work* ⟨fig⟩ *wie am Schnürchen, wie ein Uhrwerk* (*sehr regelmäßig; mechanisch*) **2.** vi/t *Arbeitszeit registrieren,* to ~ in (on), ~ out (off) *Arbeitsanfang, –schluß stechen* (*registrieren*), *die Kontrolluhr passieren, stechen* || ⟨sport⟩ (*Sekunden*) (*erzielen*) *laufen, schwimmen* etc | vt *Ankunft* or *Abgang* (jds) *registrieren* || ⟨sport sl⟩ *stoppen*

clock [klɔk] s *gestickter Streifen* m *auf Strümpfen*

clockwise ['klɔkwaiz] a *sich in Uhrzeigerrichtung bewegend;* ~ *rotation Rechtsdrehung* f; counter-~ *der U. entgegengesetzt*

clod [klɔd] s *Erdklumpen* m, *Scholle* f || ⟨fig⟩ *Klumpen Erde* m | ⟨fig⟩ (*plumper Mensch*) *Klotz* m | ~ *crusher Erdschollenbrecher* m (*Maschine*) || ~-*hopper Bauernlümmel,* **Klutenpedder,*

–tramper m || ~-pole, ~-poll *Dummkopf, Tölpel* m **| ~dy** [′~i] a *klumpig*

clog [klɔg] **1.** s *Holzklotz* m || *Holzschuh, -pantoffel* m, *Schuh* m *mit Holzsohle* | ⟨tech⟩ *Verstopfung* f (*e–r Maschine*) || ⟨fig⟩ *Last, Bürde* f, *Hindernis* n | ~-dance *Holzschuhtanz* m **2.** vt/i | *hemmen; verstopfen* (by *durch*; with *mit*) || ⟨fig⟩ *belasten, hemmen, beschweren* | vi *sich verstopfen; gehemmt* w; *klumpig* w **| ~gy** [′~i] a *klumpig*

cloisonné [klwazo′nei, ⟨Am⟩ klɔizə′nei] s Fr (*a* ~-*work*) *Zellenschmelz* → enamel, cell-enamel

cloister [′klɔistə] **1.** s *Kloster* n || ⟨arch⟩ *Kreuzgang* m || ~ vaulting *Kloster–, Walmgewölbe* n **2.** vt (*jdn*) *in ein Kloster bringen* || ⟨fig⟩ to ~ o.s. *sich* (*aus der Gesellschaft*) *zurückziehen* **| ~ed** [~d] a *Kloster–* || ⟨arch⟩ *v Bogengängen umgeben* || ⟨fig⟩ *einsam* **cloistral** [′klɔistrəl] a *Kloster–*; ⟨fig⟩ *einsam*

clomb [kloum] † pret *v* to climb

clone [kloun] s ⟨bot⟩ (*Pflanzen-Sippe* f *aus Stecklingen* etc *v einer Mutterpflanze*) *Klon* m

clonic [′klɔnik] a ⟨med⟩ *krampfartig* **clonus** [′klounəs] s L ⟨med⟩ *Krampf* m

close [klous] s *eingeschlossener Raum* m, *Einfriedigung, Umzäunung* f || (of a cathedral) the ~ *der Machtbezirk des Bischofs, die Domfreiheit* || *Hofraum* m || ⟨Scot⟩ *Durchgang* m

close [klous] I. a (~ly adv) **A.** *nicht offen* **1.** *geschlossen* (carriage) || ⟨phon⟩ *geschlossen* (sound) **|** *eingeschlossen, umgeben* || ~ annealing ⟨met⟩ *Kastenglühung* f **2.** *abgeschlossen*; to keep o.s. ~ *sich abseits, verborgen halten* | *dumpf, schwül; drückend, erstickend, Stick–* (air) **3.** *zurückhaltend, verschwiegen* | *karg, sparsam, geizig* **4.** *nicht öffentlich* or *zugängig, geschlossen*; *begrenzt* **B.** eng **1.** *fest, dicht* (tissue) | *eng anliegend; gedrängt* (writing); *inhaltsvoll, knapp, kurz* (style) || ⟨typ⟩ *kompreß* **2.** [oft pred] *nahe an–e–a* | *order geschlossene Ordnung* f | *nahe*; ~ combat *Nahkampf* m || *getreu* (translation) **3.** *eng ansitzend* (cap) **4.** *vertraut, intim, innig* **5.** *eng, genau, stark* (resemblance); *gespannt* (attention) **|** *gründlich, gewissenhaft; zuverlässig* **6.** ⟨sport⟩ *unentschieden, beinahe gleich* (contest); a ~ thing *ein harter, scharfer Wettkampf*; to run a p ~ *jdm fast nahe* k **C. Verbindungen**: ~ air support ⟨mil⟩ *unmittelbare Luftunterstützung* f || ~ argument *lückenloser Beweis* m || ~ billets [pl] *Alarmunterkunft* f || ~ column (*auf*)*geschlossene Marschkolonne* f || ~ confinement *strenge Einzelhaft* f || ~ country *bewachsenes, bedecktes Gelände* n || ~-order drill *geschlossenes Exerzieren* n, ~-o. march formation (*aufgeschlossene*) *Marschkolonne* f || ~ prisoner *streng bewachter Gefangener* m || ~ pursuit ⟨mil⟩ *scharfes Nachdrängen* n || ~ quarters [pl] **1.** *Nähe* f (at ~ quarters *aus, in nächster N.*) **2.** *Handgemenge* n (*a .. fight*) || ~ scholarship *nur f bestimmte Bewerber offenes Stipendium* n || ~shave 1, (*a a* ~ thing) *knappes Entkommen* or *Erreichen* n **2.** *Ausrasieren* n || ~ time, ~ season ⟨hunt⟩ *Schonzeit* f || ~ translation *wortgetreue Übersetzung* f **II.** adv [mst ~ly] *eng, nahe* **|** ~ by *dicht bei, dicht dabei, dicht neben* || ~ on, upon *nahe an* (~ on 200) || ~ to *dicht bei, daneben, dabei* | to come ~ *nahe herank* || to cut ~ *kz abschneiden*; to sit ~ *eng ansitzen* **III.** [in comp] *Nah–* ⟨mil⟩ ~-range) || ~-bodied *eng anliegend* || ~-cropped *kz geschnitten* || ~-curtained *mit Vorhängen dicht verschlossen, dicht verhangen* || ~-fisted *filzig, karg* || ~-grained *dicht, ohne Zwischenraum, feinkörnig* || ~-hauled ⟨mar⟩ *dicht am Winde* || ~ ranked in *engen Reihen* || ~-support artillery *Nahkampfartillerie* f || ~-tongued *vorsichtig im Reden* **| ~ly** [′~li] adv *fest, dicht; eng* || ⟨fig⟩ *streng, genau*

|| *heftig, scharf; sehr* **~ness** [′nis] s *Festigkeit, Dichtheit* f || *Genauigkeit* f; ⟨fig⟩ *Treue* f (of a translation) || *Nähe* f (of relationship); ~ to life *Lebensnähe* f || (of confinement) *Strenge, Schärfe* f || *Verschwiegenheit, Verschlossenheit* f || *Schwüle* f

close [klouz] vt/i **I.** vt **1.** *ab–, verschließen, schließen, z–umachen*; ~d to *geschlossen* f | to ~ the door upon a p *die Tür hinter jdm zumachen*; ⟨fig⟩ *jdn verstoßen*; to ~ the door upon a th ⟨fig⟩ *etw unmöglich* m, *den Weg z etw abschneiden* || ~-time, ~d season ⟨hunt⟩ *Schonzeit* f || ~d shop ⟨Am⟩ *Betrieb* m, *der nur Gewerkschaftsmitglieder beschäftigt* || to ~ one's mind to a th *sich e–r S verschließen* **2.** (*etw*) *abschließen, endigen*; to ~ one's days *s–e Tage beschließen* (*sterben*) || *liquidieren*; (*Geschäft*) *abschließen*; to ~ accounts with *abrechnen mit* || ~d address ⟨mil⟩ *Deckanschrift* (*Feldpostnummer*) f **3.** *an–e–a–bringen*; to ~ the ranks *die Reihen schließen* || ⟨mar⟩ *herank an*; to ~ the wind *an den Wind* k **4.** [mit adv] to ~ **down** (*Betrieb*) *einstellen, schließen, stillegen* || to ~ in *einschließen* | to ~ up (*ver*)*schließen, –kleben* **II.** vi **1.** *sich schließen; schließen; geschlossen* w **2.** *enden* (in); *aufhören, schließen* (with) **3.** *sich zus–schließen* (round *um*); to ~ about a p *jdn umgeben, einschließen*; to ~ (up)on a p *jdn einschließen*; *überfallen* || to ~ with *handgemein* w *mit* (*jdm*); *zustimmen z* (*etw*); *annehmen* **4.** [mit adv] to ~ **down** (of shops) *schließen* || to ~ in *hereinbrechen*; *herank*; ⟨aero⟩ (*v Jägern: z Angriff*) *eindrehen* || to ~ in upon *sich nähern*; *hereinchen über, umkreisen* || (*jdn bes Verbrecher*) *stellen* || to ~ up *sich schließen*; *sich füllen*; *zus–rücken* || ⟨mil⟩ *aufrücken, die Reihen schließen*; → ~-up

close [klouz] s *Schluß* m, *Ende* n || *Handgemeinwerden* n, *Kampf* m || ⟨mus⟩ *Schlußverzierung* f | to bring to a ~ *beendigen, schließen* || to draw to a ~ *sich dem Ende nähern*

closer [′klouzə] s *Schließer* m || (*Schuh-*)*Stepper* m

closet [′klɔzit] **1.** s *Kabinett* n (*kl Zimmer*) || *Studierzimmer* n, ⟨a fig⟩ *Bücherwissen* n; ⟨Am a⟩ *Schrank* m; [attr] ~ play *Lesedrama* n **|** (= water-~) (*Wasser*)*klosett* n **2.** vt to be ~ed with a p *e–e geheime Unterredung mit jdm h*

close-up [′klous′ʌp] s [pl ~s] ⟨film⟩ *Nah–, Großaufnahme* f || ~ lens *Nahaufnahme-Vorsatzlinse* f; ~ view *Nahaufnahme* f

closing [′klouziŋ] **1.** s *Schließen* n, *Schluß, Abschluß* m **2.** a *Schluß–* || ~-out sale *Schlußverkauf* || ~ time *Geschäftsschluß*; *Feierabend* m (it is ~ time); *Polizeistunde* f

closure [′klouʒə] **1.** s *Verschließen* n, *Verschluß* m || ⟨parl⟩ (*Antrag auf*) *Schluß* m *der Debatte*; to apply the ~ ⟨parl⟩ *den Antrag auf Sch. der D. stellen* || ~-slab ⟨arch⟩ *Chorschranke* f **2.** vt (*Debatte*) *schließen*

clot [klɔt] **1.** s (*bes Blut-*)*Klumpen* m, *Klümpchen* n; ~ of blood *Blutgerinnsel* n, *-pfropf* m **2.** vi/t [–t–] || *gerinnen, dick, klumpig* w | vt *z Gerinnen bringen, gerinnen* m **~ted** [′~id] a *geronnen, klumpig*; ~ cream *verdickter Rahm* m || *verfilzt* (hair)

cloth [klɔθ, klɔθ] s [pl ~s [klɔθs] *Tuche, Tucharten*) (*bes Woll-*)*Tuch, Zeug, Gewebe* n; *Stoff* m || (*Staub-, Tisch-*)*tuch* n | *Leinwand* f; *Kaliko* m (bound in ~); ~ of estate *Baldachintuch*; American ~ *Art Wachstuch* n | *schwarzes* (*Kleider-*)*Tuch* n || (*bes: geistliche*) *Tracht* f; the ~ *Geistlichkeit* f; *geistlicher Stand* m | to cut one's coat according to the ~ *sich nach der Decke strecken* || to lay (remove) the ~ *den Tisch* (*ab*)*decken* | [attr] *Tuch–* || ~-beam *Weberbaum* m || ~-binding *Leinen*(*ein*)*band* m || ~-manufacture *Tuchfabrikation* f || ~-printing

Zeugdruck m ‖ ∼-worker *Tucharbeiter, -wirker*
m ‖ ∼-yard *Tuchelle* f (= *36 Zoll*)
  clothe [klouð] vt [∼d/∼d; ⟨liter⟩ clad/clad]
* *an-, bekleiden* (to ∼ o.s. *sich an-*) ‖ (*jdn*) *mit
Kleidung versorgen, kleiden* | ⟨fig⟩ (*Gedanken*)
kleiden (in *in*) | *einhüllen, bedecken* ‖ (*jdn*) *aus-
statten* (with *mit*), to be ∼d with *erfüllt s v*
  clothes [klouðz] s pl *Kleider* n pl († *small* ∼
Beinkleider); *Kleidung* f ‖ (*Bett-*)*Wäsche* (*z
Waschen*) f (*a* bed-∼) | to change one's ∼ *sich
umziehen* ‖ to put on one's ∼ *sich anziehen* ‖ to
take off one's ∼ *sich ausziehen* | [attr] ∼-airer
Wäschetrockner m (*an der Decke*) ‖ ∼-basket
Wäschekorb m ‖ ∼-beater *Kleider-, Ausklopfer*
m ‖ ∼-brush *Kleiderbürste* f ‖ ∼-hanger *-bügel*
m ‖ ∼-horse *Wäschetrockengestell* n; ⟨fig hum⟩
Kleiderfex m (*P*) ‖ ∼-line *Wäscheleine* f ‖ ∼-
moth *Kleidermotte* f ‖ ∼-peg, ∼-pin *Wäsche-
klammer* f ‖ ∼-post *-pfahl* m
  clothier ['klouðiə] s *Kleider-, Tuchhändler* m
  clothing ['klouðiŋ] s *Kleidung* f; article of ∼
-sstück n ‖ ⟨übtr⟩ *Decke, Hülle* f ‖ ∼ book
(*Kriegs-*)*Kleiderkarte* f ‖ ∼ monetary allowance
⟨mil⟩ *Kleidergeld* n, *Einkleidungsbeihilfe* f
  cloture ['kloutʃə] s ⟨Am⟩ (*im Kongreß*) →
closure
  clou [klu:] s Fr *Hauptattraktion* f, *-punkt* m
  cloud [klaud] **I. s 1.** *Wolke* f; → cirro-, cirrus
‖ piled ∼ *Haufenwolke* ‖ rising ∼ *Aufgleit-
wolke* ‖ ⟨übtr⟩ ∼ of dust *Staub-*, ∼ of smoke
Rauch- ‖ ∼s [pl] *obere, höhere Regionen* f pl
(in the ∼s); *Himmel* m | *Nebel, Dunst* m ‖
⟨aero⟩ thick ∼ *dichte Bewölkung* f, °*Dreck* m ‖
every ∼ has its silver lining *auf Regen folgt
Sonnenschein* **2.** *gr Haufe* m, *Schar, Zahl* f
3. ⟨fig⟩ *Schatten* m, *Dunkelheit* f ‖ *Verdüsterung*
f (on a th *e-r S*); to cast a ∼ on (over) *trüben*;
to lift the ∼ *den Sch. beseitigen* ‖ *Unglück* n,
Not f **4.** to be in the ∼s ⟨fig⟩ *in Gedanken vertieft s*; *in höheren Regionen leben* (*schweben*) ‖
under a ∼ *übel beleumundet, in Verruf* **5.** [attr]
∼-burst *Wolkenbruch* m ‖ ∼-cuckoo-town =
∼land ‖ ∼-drift *ziehende Wolken* f pl ‖ ∼
mushroom ⟨mil⟩ *Rauchpilz* m ‖ ∼ return
(*Radar-*)*Wolkenecho* n ‖ ∼ seeding ⟨aero
meteor⟩ *künstlicher Regen* m ‖ ∼-scape *Wolken-
landschaft* f ‖ ∼ symbol ⟨meteor⟩ *Bedeckungs-
symbol* n ‖ ∼-wrapt *in Wolken gehüllt* **II. vt/i**
bewölken ‖ ⟨fig⟩ *trüben, verdunkeln* | *ädern, flek-
ken*; (*Zeug*) *moirieren*; (*Stahl*) *flammen* | vi (*a* to
∼ over) *sich bewölken*; *sich trüben* ∼berry
['∼ˌberi] s ⟨bot⟩ *Mult(e)-, Sumpfbrombeere* f
∼ed ['∼d] a *umwölkt*; *ge-, betrübt* ‖ (of colours)
dunkel gestreift, moiriert ∼iness ['∼inis] s *Um-
wölkung* ‖ *Trübe, Trübung, Dunkelheit* ‖ *Umnachtung* f ∼ing ['∼iŋ] s *Äderung* f ‖ ∼ of lens
⟨opt⟩ *Linsentrübung* f ‖ (of colours) *Verblasen-
sein* n ∼land ['∼lænd] s *Region* f *der Wolken*;
⟨fig⟩ *R. der Träume, Phantasie* f; (*a* ∼-world)
Wolkenkuckucksheim n ∼less ['∼lis] a *wolken-
los, klar, hell* ∼let ['∼lit] s *Wölkchen* n ∼y
['∼i] a (*-dily adv*) *Wolken-, wolkig* ‖ *dunkel,
düster, trübe, getrübt* (with *von*) ‖ ⟨fig⟩ *traurig,
finster* | *unverständlich, dunkel* | *geädert*; *moi-
riert* ‖ ⟨fig⟩ = under a cloud → cloud I. 4.

  clough [klʌf] s *Kluft, Schlucht* f
  clout [klaut] **1.** s ⟨† & dial⟩ *Lappen, Lumpen,
Wisch* m ‖ † *Fleck, Flicken* m ‖ *Mittelpunkt* m
e-r Schießscheibe (in the ∼) | ⟨fam⟩ *Schlag* m, *a*
∼ on the ear *Ohrfeige*, ∼ on the head *Kopfnuß*
f ‖ ∼-nail *Blatt-, Schuhnagel* m **2.** vt ⟨† & dial⟩
flicken, beschlagen ‖ ⟨fam⟩ *schlagen*; to ∼ a p's
ears for him *jdn ohrfeigen*

  clove [klouv] s *Gewürznelke* f; [attr] *Nelken-*
‖ ∼-pink ⟨bot⟩ *Gartennelke* f

  clove [klouv] s ⟨bot⟩ *Brut-, Nebenzwiebel* f

  clove [klouv] pret *v* to cleave

  clove-hitch ['klouvhitʃ] s ⟨mar⟩ *Art Schiffer-
knoten* m
  cloven ['klouvn] a *gespalten, Spalt-* (∼ hoof)
‖ ⟨fig⟩ the ∼ hoof *der Ritter v Pferdefuß*
(*Teufel*); to show the ∼ hoof *den Pferdefuß*
(*sein wahres Gesicht*) *zeigen*
  clover ['klouvə] s ⟨bot⟩ *Klee* m ‖ to be, live in
∼ ⟨fig⟩ *wie die Ratte im Speck sitzen* (*üppig, im
Überfluß leben*) ‖ Grass-like ∼ *Krautiger
Backenklee* m ‖ [attr] *Klee-*
  clown [klaun] **1.** s *Bauer, Grobian, Tölpel* m ‖
⟨theat etc⟩ *Hanswurst, Clown* m **2.** vi/t ‖ to ∼ it
den Clown spielen | vt (*Rolle*) *clownartig dar-
stellen* ∼ish ['∼iʃ] a *bäuerisch, plump*
  cloy [klɔi] vt *übersättigen, überladen*; *an-
widern*
  club [klʌb] **I. s 1.** *Keule* f, *Knüttel, Prügel* m ‖
⟨aero sl⟩ *Propeller* m ‖ ⟨sport⟩ *Ballstock,
Schläger* m; Indian ∼s *Keulen* f pl (*z Sport*),
Indian ∼ exercise *Keulenschwingen* n | *knotiger
Auswuchs*; *Kauz* (*dicker Haarknoten*) m **2.**
⟨cards⟩ *Kreuz, Treff* n, *Eichel* f; ∼s [pl] *alle
Treffkarten* pl, *-farbe* f (∼s are trumps *Treff ist
Trumpf*); king of ∼s *Treffkönig* **3.** *Verein* m,
geschlossene Gesellschaft f; *Klub* m (at the ∼ *im
K.*); (*a* ∼-house) *-haus* n **4.** [attr] ∼ addict
eifriger Besucher v Klubs ‖ ∼-foot *Klumpfuß* m ‖
∼-haul vt ⟨mar⟩ *mit Hilfe des Leeankers wenden*
‖ ∼-law *Faustrecht* n ‖ ∼-moss ⟨bot⟩ *Bärlapp*
m, *Kolbenmoos* n ‖ ∼-room *Gesellschaftszimmer* n ‖ the ∼ run ⟨mar fam⟩ *der übliche
Zirkus* (= *Geleitzug*) ‖ ∼-rush ⟨bot⟩ *Simse* f ‖
∼-shaped *keulenförmig* **II.** vt | *mit e-r Keule
schlagen* ‖ to ∼ a musket *mit dem Kolben drein-
schlagen* | (*a* to ∼ up) (*Geld*) *zus-legen, verein-
igen*; to ∼ together *zus-werfen* | vi *sich ver-
einigen* ‖ ∼ together *beisteuern, zus-schießen*
∼bable ['∼əbl] a *klubfähig*; *gesellig* ∼bed [∼d]
a *keulenförmig*; *plump, massig*; *Klump-* ∼by
['∼i] a *Klub-* ∼man ['∼mən] s *Klubmitglied* n
∼mobile ['∼məbi:l] s ⟨mot⟩ *Klubwagen* m
  cluck [klʌk] **1.** vi *glucken* **2.** s *Gluckruf* m;
Glucken n
  clue [klu:] s ⟨fig⟩ (of a story) *Faden* m; *Anhaltspunkt, Schlüssel* m (to *zu*) ∼less ['∼lis] a
ohne Anhaltspunkt; ⟨aero mil⟩ °*schimmerlos wie
e-e Heeresgruppe*
  clumber ['klʌmbə] s: ∼ spaniel *schwerer, kurzbeiniger Spaniel* (*Stöberhund*) m
  clump [klʌmp] **1.** s (*Erd-*)*Klumpen*; *Haufen* m
| (*Holz-*)*Klotz* m | *Gruppe* f, ∼ of trees *Baum-
gruppe* f, *kl Gehölz* n | *dicke Doppelsohle* f |
Trampen | *Puff, Stoß* m **2.** vi/t | *trapsen, schwer-
fällig gehen, trampen* ‖ *sich zus-häufen* ‖ ∼ing
of grain ⟨phot⟩ *Kornanhäufung* f | vt *anhäufen* ‖
dick besohlen ‖ ⟨fam⟩ *schlagen*; *zwicken* | ∼y
['∼i] a *klumpig, massig*; *schwer* (boots)
  clumsiness ['klʌmzinis] s *Unbeholfen-, Unge-
wandtheit* f **clumsy** ['klʌmzi] a (*-sily adv*) *plump,
taktlos*; *unbeholfen, ungeschickt, schwerfällig*;
ungewandt (style)
  clung [klʌŋ] pret & pp *v* to cling
  cluniac ['klu:niæk] s ⟨ec⟩ *Kluniaz enser* m
  cluster ['klʌstə] **1.** s *Büschel* m, *Traube* f ‖
⟨fig⟩ *Haufen* m, *Menge, Gruppe* f; *Schwarm* m
‖ ⟨aero⟩ (*Bomben-*)*Bündel* n ‖ ∼ of columns
Säulenbündel n **2.** vt/i ‖ *in Haufen bringen,
zus-häufen* | vi *in Büscheln wachsen*; *sich winden*
(round *um*) ‖ *sich zus-scharen, sich sammeln*
(round *um*); *sich vereinigen* ‖ (of bees) ⟨m. m.⟩
schwärmen | ∼ed [∼d] a *büschelförmig, in
Büscheln gruppiert*; ∼ column ⟨arch⟩ *Bündel-
säule* f | ∼y [∼ri] a *in Büscheln wachsend*
  clutch [klʌtʃ] s ⟨orn⟩ *Gelege* n
  clutch [klʌtʃ] **1.** vt/i | (*etw*) *krampfhaft packen,
fassen* | vi *greifen* (at *nach*) **2.** s *Greifen* n; *Griff*
m (at *nach*), to make a ∼ at *greifen nach* | ⟨fig⟩
Klaue, Kralle (in the ∼es of); *Macht* f | ⟨tech⟩

Griff, Haken m ‖ ⟨mot⟩ *Kuppelung* f; cone type
~ *Kegelkupplung* | ~ coupling *Schaltkupplung* f,
Kupplungsgelenk n ‖ ~-disc (⟨Am⟩ disk) *-la-
melle, -scheibe* f; ~-disc lining *K.sscheiben-
belag* m ‖ ~ dog *K.sklaue* f ‖ ~ facing *K.sbelag*
m ‖ ~ feel *Gefühl* n f *richtiges Kuppeln*

clutter [ˈklʌtə] **1.** s *verwirrender Lärm, Wirrwarr* m; *Unordnung* f ‖ (*Radar-*)*Störzeichen* n pl
2. vt/i *verwirren*; (to ~ up) *vollstopfen, an-
häufen* (with) | vi *sich in Verwirrung bewegen*

   Clydesdale [ˈklaidzdeil] s (*Ort in Schottl.*)
schweres Zugpferd n ‖ ~ terrier *Seidenpinscher*
m

   clypeus [ˈklipiəs] s L ⟨ent⟩ *schildförmiger Teil*
m *auf dem Kopf v Insekten*

   clyster [ˈklistə] s ⟨med⟩ (* f enema) *Klist·ier*
n; ~-pipe ⟨med⟩ *-spritze* f

   co- [kou] L pref *mit, Mit–, zus–, gegenseitig,
zweiter* (*seltene Wörter mit Bindestrich*; ~-
inmate)

   coach [koutʃ] **1.** s *Kutsche* f; ~ and four,
~ and six *vier–, sechsspännige K., Vier–, Sechs-
spänner* m ‖ *Eisenbahnwagen* m ⟨univ⟩ *Ein-
pauker* m ‖ ⟨sport⟩ *Trainer, Sportlehrer* m | →
slow [a] | [attr] *Kutschen–, Wagen–* (~-horse)
‖ ~-and-pupil method ⟨engl⟩ *Lehrer-Schüler-
Methode* f ‖ ~-box *Kutschersitz, -bock* m ‖
~-builder *Stellmacher, Wagenschmied* m,
⟨mot⟩ *Karosseriebauer* m ‖ ~-built ⟨mot⟩ v
Stellmacher gebaut (*Karosserie*) ‖ ~-house
Wagenschuppen m, *Remise* f ‖ ~-work *Karosserie* f, *Wagenaufbau* m **2.** vi/t ‖ (a to ~ it)
*kutschieren, in e–r Kutsche, mit der Postkutsche
fahren* ‖ *als Einpauker tätig s*; *Unterricht h* (with
bei) | vt (*jdn*) *kutschieren* | *einpauken; trainieren*
~man [ˈ~mən] s *Kutscher* m ‖ *künstl. Fliege* f
~manship [ˈ~mənʃip] s *Fahrkunst* f

   coaction [kouˈækʃən] s *Zus–wirken* n **–tive**
[kouˈæktiv] a *zus–wirkend*

   coadjutor [kouˈædʒutə] s L *Gehilfe*; ⟨ec⟩
Koadj·utor m

   coagulate [kouˈægjuleit] vi/t ‖ *gerinnen* | vt
gerinnen m ‖ **–tion** [kouˌægjuˈleiʃən] s *Gerinnen*
n ‖ *das Geronnene* n

   coal [koul] **I.** s **1.** ⟨minr⟩ (*Stoff*) (engl *mst
Stein-*)*Kohle* f; bituminous-~ *Pech–, Fett–*;
brown-~ *Braun–*; → anthracite, lignite **2.** [koll]
Kohlen pl; there is not much ~ in the cellar *es
sind nicht viel K. im Keller*; ~ is found in
various parts; ~ is kept in a ~-scuttle; bed of
~ *-flöz* n **3.** ~s [pl] *die* (*einzelnen*) *Kohlen* pl;
-vorrat m; ⟨mst fig⟩ *Kohlen*: to blow the ~s *Öl
ins Feuer gießen* ‖ to call, haul over the ~s ⟨fig⟩
(*jdm*) *den Kopf waschen, die Flötentöne beibringen, die Leviten lesen*, etc (*[jdn] z Rechen-
schaft ziehen*) ‖ to carry ~s to Newcastle ⟨fig⟩
Eulen nach Athen tragen ‖ to heap ~s of fire on
a p's head *feurige Kohlen auf jds Haupt sammeln*
‖ to lay in ~s *sich mit Kohlen eindecken* **4.** [attr
& comp] European ~ and Steel Community
Mont·anunion f ‖ ~-black *kohlschwarz* ‖ ~-box
⟨rail⟩ *Kohlenkasten* m ‖ ~-bunker ⟨mar⟩
-raum m ‖ ~-cake *Preßkohle* f ‖ ~-carrier
Kohlenschiff n ‖ ~-cellar *-keller* m ‖ ~-dust
-staub m ‖ ~-fitter *-agent* m ‖ ~-
field ⟨min⟩ *-feld, -lager* n ‖ ~-fish ⟨ich⟩ *Köhler*
m ‖ ~-formation ⟨geol⟩ *Steinkohlenformation* f
‖ ~-gas ⟨chem⟩ *Leuchtgas* n ‖ ~-heaver
Kohlenträger m ‖ ~-hole *-raum* m ‖ ~-house
-schuppen m ‖ ~-master, ~-owner *-bergwerk-
besitzer* m ‖ ~-measures [pl] ⟨geol⟩ *-gebirge* n
‖ ~-merchant *-händler* m ‖ ~-mine, ~-pit
-bergwerk n ‖ ~-oil ⟨Am⟩ (= paraffin oil)
Petr·oleum n (*Leuchtöl* n) ‖ ~-scuttle *-eimer,
-kasten* m ‖ ~-seam *-flöz* n ‖ ~-tar *-teer* m ‖
~-tit(mouse) ⟨orn⟩ = ~mouse ‖ ~-whipper
-wipper m **II. vt/i** ‖ *mit Kohlen versorgen* ‖ vi *K.
einnehmen* | **~er** [ˈ~ə] s ⟨mar⟩ *Kohlen-Tender*

m, *-Beiboot* n ‖ ⟨rail⟩ *Bahn* f *Kohlentransport*;
~s [pl] *Kohlenaktien* f pl **~ing** [ˈ~iŋ] s *Kohlen-
einnehmen* n ‖ [attr] *Kohlen–*, ~ station *-station* f

   coalesce [ˌkouəˈles] vi *zus–wachsen* ‖ *sich verbinden, verschmelzen* (with) ‖ ⟨fig⟩ *sich vereinigen; übereinstimmen* **–nce** [~ns] s *Zus–wachsen* n; *Verschmelzung, Vereinigung* f **~nt** [~nt] a
zus–wachsend; sich vereinigend

   coalition [ˌkouəˈliʃən] s *Vereinigung*; ⟨pol⟩
Koalition f **~ist** [~ist] s *Anhänger* m *e–r Koalition*

   coalmouse [ˈkoulmaus] s ⟨orn⟩ *Tannenmeise* f

   coaly [ˈkouli] a *kohlenhaltig* ‖ *kohlschwarz*

   coamings [ˈkoumiŋz] s pl ⟨mar⟩ *Süll* m *der
Luken*

   coarse [kɔːs] a (~ly adv) *grob, gewöhnlich*
(food) ‖ *grob, rauh* (cloth); *grobkörnig* (sand);
~ adjustment ⟨tech⟩ *Grobeinstellung* f; ~ bread
Schrotbrot n ‖ ~ grains [pl] *Grob–, Futter-
getreide* n ‖ ~ pitch ⟨aero⟩ *gr Steigung* f ‖
~ surfacing *Vorschliff* m ‖ ~ tuning ⟨wir⟩
Grobabstimmung f | (*P* etc) *grob plump; roh, un-
geschliffen* (manners) ‖ *gemein, unanständig* ‖
~-grained *grobkörnig; -faserig* ‖ ⟨fig⟩ *roh, un-
fertig; kratzbürstig* **~ness** [ˈ~nis] s *Derb–, Grob-
heit* f ‖ *R·auheit* f ‖ *Gemeinheit* f

   coarsen [ˈkɔːsn] vt/i ‖ *grob* m; *vergröbern* | vi
grob w

   coast [koust] **1.** s *Küste* f (on the ~ *an der
K.*); bluff ~ *Steilküste,* low od alluvial ~ *Flach-
küste* | *Gestade* n; → to hug ‖ ⟨Am⟩ the ~ *die
Pazifische Küste* ‖ ⟨Am & Can⟩ *Rodelbahn* f ‖
the ~ is clear ⟨fig⟩ (*alles ist sicher*) *die Luft ist
rein* | [attr] *Küsten–* ‖ ~-guard *Küsten-, Zoll-
wache* f ‖ ~-line *Küstenlinie* f ‖ ⟨Am⟩ ~-to-~
[attr] *Transkontinent·al–* (aviator), ⟨wir⟩ *alle
Sender umfassend* (network, speech) **2.** vi ⟨mar⟩
längs der Küste (*hin*)*fahren* ‖ ⟨Am⟩ *rodeln,* ⟨fig⟩
sich mühelos fortbewegen ‖ ⟨cycl⟩ (*Berg*) *hinab-
fahren* (*mit Freilauf*) **~al** [ˈ~əl] a *Küsten–*; ~
escort *-geleitboot* n; ~ patrol vessel *-wachboot*
n **~er** [ˈ~ə] s ⟨mar⟩ *Küstenfahrer* m ‖ *Servierbrett* n (f *Wein*) ‖ ⟨cycl⟩ *Fußstütze* f (*an Vorder-
gabel*), *-hub Freilaufnabe* f ‖ ⟨Am⟩ *Rodel-
schlitten* m **~ing** [ˈ~iŋ] s *Küstenschiffahrt* f;
-handel m ‖ ⟨Am⟩ *Rodeln* n | [attr] ~-trade
Küstenhandel m ‖ ~-vessel *Küstenschiff* n **~wise**
[ˈ~waiz] **1.** a *Küsten–* (~ traffic) **2.** adv *an der
Küste hin* or *entlang*

   coat [kout] **I.** s **1.** (*Herren-*)*Rock*; frock-~
Gehrock m ‖ (f over~) *Mantel* m (fur ~ *Pelz–*);
Überrock; *Kittel* m ‖ (*Damen-*)*Mantel* m; *langes
Damenjackett* n (~ and skirt) ‖ ~ of arms
⟨her⟩ *Wappen* n, *-schild* m ‖ ~ of mail [pl ~s
of m.] *Ketten–, Panzerhemd* n, *Waffenrock* m |
Fell n, *Pelz* m ‖ ⟨anat⟩ *Haut* f **2.** *Bewurf, Anstrich* m (~ of paint *Farb–*); *Überzug* m, *Schicht*
f (~ of dust) **3.** ~ cloth ‖ to dust a p's ~ (for
him) *jdn verprügeln* ‖ to turn one's ~ ⟨fig⟩ *den
Mantel nach dem Winde hängen; sich auf die
andere Seite schlagen* ‖ to wear the king's ~
des Königs Rock tragen ⟨hist⟩ (*Soldat s*) **4.** [attr]
~-armour ⟨her⟩ *Wappen* n ‖ ~-hanger *Kleider-
bügel* m ‖ ~-shirt *ganz auf–, zuzuknöpfendes
Hemd* n ‖ ~-stand *Kleiderständer* m ‖ ~-tail
Rockschoß m, ⟨fig⟩ to hang on to a p's ~-tail
sich an jds R. klammern **II. vt** *überstreichen, überziehen* (with) ‖ **~ed** [ˈ~id] a *bekleidet; -röckig*
(long-~) ‖ black-~ ⟨fig⟩ *gelehrt; Kopf–* (worker)
‖ *bedeckt, überzogen* ⟨med⟩ *belegt* (tongue) ‖
⟨phot⟩ ~ed lens *antireflexvergütete Linse* f, *ver-
gütetes Objektiv* n ‖ **~ee** [ˈkouti:] s *eng anliegen-
der Rock* m ‖ *kurzes Damenjackett* n; *Spenzer*
m, *-jacke* f; (*Strick-*)*Jacke* f, (*Ärmel-*)*Weste* f
~ing [ˈ~iŋ] s *Bedeckung* f; *Überzug* m, *Schicht* f
‖ *Rockstoff* m ‖ ⟨phot⟩ (*lichtempfindliche*)
Schicht f

   coati [kouˈɑːti] s ⟨zoo⟩ *Nasenbär* m

coax [kouks] **1.** vt/i || (*jdn*) *beschwatzen, über-reden*; (*jdm*) *gut zureden* (to do, into doing); (*jdm*) *schmeicheln*; to ~ a th out of a p *jdm etw abschmeicheln* | vi *Überredung anwenden*; *zu-reden* **2.** s *Schmeichler, Überredungskünstler* m
coaxal [ˌkou'æksl], **–xial** [–ksiəl] a ⟨math⟩ *mit gemeinsamer Achse* || ~ cable *Koaxi·al-kabel* ⟨telph-telg-telv⟩ *Sammel–, Einheitskabel* n
cob [kɔb] s *männl. Schwan* m, → *pen* || *kl dickes Pferd, Halbblut* n || *Klumpen* m; *Kern* m, *rundl. Stein* m; ~-*loaf kl rundes Brot* n || (*a* ~*nut*) *gr Art Haselnuß* f || ⟨Am⟩ *Maiskolben* m ~**by** ['~i] a *kl u dick, untersetzt, pummelig*
cob [kɔb] s ⟨arch⟩ *Strohlehm* m
cobalt [ko'bɔ:lt] s ⟨minr⟩ *Kobalt* m || (*a* ~-blue) *Kobaltblau* n | ~-bloom *Kobaltblüte* f
cobble ['kɔbl] **1.** s *faustgroßer Kiesel–, Kopf-stein* m; ~s [pl] (*Kopf-*)*Steinpflaster* n (*Ggs* tar-macadam); *Stückkohlen* pl **2.** vt *mit Kopfsteinen pflastern*
cobble ['kɔbl] **1.** vt (*Schuhe*) *flicken* || ⟨fig⟩ *zus–flicken* **2.** s *Flickwerk* n | ~**r** [~ə] s *Schuh-flicker*; *Schuster* m; ~'s wax *–pech* n || ⟨fig⟩ *Stümper* m || (*oft* sherry ~) *Eisgetränk* (*aus Sherry, Zucker, Zitrone*) n
Cobdenism ['kɔbdənizm] s *Freihandelslehre* f *v* R. Cobden († 1865); *Manchestertum* n || **–ite** ['kɔbdənait] s *Anhänger v* R. Cobden; *Verfech-ter v Freihandel* m
coble [koubl] s ⟨mar⟩ (*e–e Art*) *flaches Fischerboot* n
cobra ['koubrə] s ⟨zoo⟩ *Brillenschlange, Kobra* f || sacred ~ *Uräusschlange* f (*der alten Ägypter*)
coburg ['koubə:g] s ⟨übtr⟩ *dünner Baumwoll–, Seidenstoff* m
cobweb ['kɔbweb] s *Spinngewebe* n; *feiner Faden* m; *feines Gewebe* n | ⟨fig⟩ ~s [pl] *Schleier, Nebel* m; to blow away the ~s from one's brain *sich e–n klaren Kopf schaffen* | *Netz* n, *Schlinge* f (of the law) ~**bed** [~d], ~**by** [~i] a *v Spinngeweben bedeckt* || *zart, fein*
coca ['koukə] s ⟨bot⟩ *Koka* f ~**ine** [ko'kein] s ⟨med⟩ *Koka·in* m ~**inism** [ko'keinizm] s *chronische Kokainvergiftung* f
coccus ['kɔkəs] s L (pl –ci ['kɔksai]) (*Mikro-*) *Kokkus* m n ⟨ent⟩ *Schildlaus* f
coccyx ['kɔksiks] s L ⟨anat⟩ *Steißbein* n
cochin-china ['kɔtʃin'tʃainə] s *Hühnerrasse aus Cochinchina* f
cochineal ['kɔtʃini:l] s ⟨ent⟩ *Koschenille(laus)* f; *–farbstoff* m, *Karmin* n || ~ scale insect *Ko-schenille-Schildlaus* f
cochlea ['kɔkliə] s L (pl ~s; –leae ['kɔklii:]) ⟨anat⟩ *Schnecke* f (*des Ohrinnern*)
cock [kɔk] s **1.** *Hahn* m; *Hähnchen* n, → to crow ⟨sport⟩ *männl. Fisch* m || ~ of the wood *Auerhahn* m || fighting ~ *Kampfhahn* m; ⟨fig⟩ to live like fighting–~s *leben wie die Ratte im Speck* (*üppig leben*); that ~ won't fight ⟨fig⟩ *der Gaul zieht nicht* (*der Plan ist unmöglich, das geht nicht*) || ⟨fam⟩ old ~ ⟨voc⟩ *alter Knabe* || ⟨prov⟩ as the old ~ crows, the young ones learn *wie die Alten sungen, so zwitschern die Jungen* **2.** *An-führer, Führer*; ~ of the school *Hauptanführer* (*der Knaben*) *in der Schule*; ~ of the walk *Hahn im Korbe* **3.** ⟨vulg⟩ *Pint* m (*männl. Glied*) **4.** ⟨tech⟩ (of a gun, etc) *Hahn* m; at half ~ *ge-stochen*; *entspannt*; at full ~ (*Hahn*) *gespannt* | *Absperrhahn* m; blow-off ~ *Ablaßhahn* m || (of a clock) *Unruhescheibe* f **5.** [attr] **a.** [*vor* pl ~] *männlich*, *Hahnen-*; ~-sparrow [pl ~-sparrows] *Sperlingsmännchen* n; ⟨a übtr⟩ **b.** ⟨oft iron⟩ *Haupt–*; *führend* (~-attorney; ~-ship) **6.** [in comp] ~-a-doodle-doo [ˌkɔkədu:dl'du:] *Kikeriki*; *Hahn* m || ~-a-hoop [a & adv] *froh-lockend, triumphierend, anmaßend* || ~-alley = ~-lane || ~-and-bull story *Lügengeschichte* f,

Ammenmärchen n, *Münchhauseni·ade* f || ~-and-hen [attr] *beide Geschlechter betr* | ~-boat *Beiboot* n || ~-crow *Hahnenschrei* (*Tagesan-bruch*) m || ~-eyed ⟨sl⟩ *schielend; schieläugig*; (*a* cock-eye) *schief*; ~-hipsed ~*beschwipst, ver-dreht* || ~-feather *Feder* f (*am Pfeil*) || ~-fight-(ing) *Hahnenkampf* m; that beats ~-fighting ⟨m. m.⟩ °*das geht mir über ein Bockbierfest mit Würstchen* || ~-lane ⟨sex-vulg⟩ °*Loch* n || ~-loft ⟨cont⟩ *Dachkammer* f || ~'s-foot ⟨bot⟩ *Knäulgras* n || ~-shy *Hahnenschlagen*; *Wurf-spiel* n || *Wurf* || *Zielscheibe* f || ~-smitten ⟨sex-vulg⟩ *scharf*, °*rossig* || ~-sure °*totensicher* (*ganz sicher*) (of a th *e–r* S); *siegesgewiß*
cock [kɔk] **1.** vt/i (*a* to ~ up) *in die Höhe richten, emporheben* || ⟨mil⟩ (*Hahn*) *spannen* | to ~ one's ears *die Ohren spitzen* || to ~ one's eye at a p ⟨fam⟩ *jdm zublinken* || to ~ one's hat *den Hut schief, keck aufsetzen* | * vi *stolzieren* **2.** s *Emporrichten* n; (of the eye) *Aufschlagen*; (of the nose) *Hochtragen*, (of the hat) *keckes Aufsetzen*; (of a gun) *Gespanntsein* n | ~**ed** [~t] a: ~ hat *Dreispitz* m (*Hut*); *Galahut* m; to knock into a ~ hat ⟨fam⟩ *in Stücke, z Brei schlagen*
cock [kɔk] **1.** s *Heuhaufen* m **2.** vt (*Heu*) *zus-häufen*
cockabondy [ˌkɔkə'bɔndi], **–bun–** [–'bʌn–] s [Welsh] *künstl. Fliege* (*z Angeln*) f
cockade [kə'keid] s *Kokarde* f
Cockaigne, **–ayne** [kɔ'kein] s *Schlaraffenland* n
cock-a-leekie → cocky-leeky.
cockalorum [ˌkɔkə'lɔ:rəm] s ⟨fam⟩ *Gernegroß* m; (*er ist*) *klein aber oho!*
cockatoo [ˌkɔkə'tu:] s ⟨orn⟩ *K·akadu* m
cockatrice ['kɔkətrais] s *Basil·isk* m || ⟨fig⟩ „*Circe*" f
cockchafer ['kɔkˌtʃeifə] s ⟨ent⟩ *Maikäfer* m
cocker ['kɔkə] vt (*mst* to ~ up) *verhätscheln*
Cocker ['kɔkə] s (*nach* E. ~, † 1675) accord-ing to ~ (*genau, korrekt*) *nach Adam Riese*
cocker ['kɔkə] s ~ spaniel *kl Spaniel* m (*Stöberhund*)
cockerel ['kɔkrəl] s *junger Hahn* m || ⟨fig⟩ *Hähnchen* n (*junger Mann*)
cocket ['kɔkit] s ⟨hist⟩ *königl. Zollsiegel* n, *Zollplombe* f
cocking ['kɔkiŋ] s [attr] ⟨mil⟩ ~ cam *Spann-stück* n, *–daumen* m, ~ lever *–hebel* m, ⟨phot⟩ (*Verschluß-*)*Aufzugritzel* m; ~ ring ⟨phot⟩ *Spannring* m
cockish ['kɔkiʃ] a *liederlich*; *geil*
cockle ['kɔkl] s ⟨bot⟩ *Kornrade* f
cockle ['kɔkl] s ⟨zoo⟩ *Herzmuschel* f; to warm the ~s of a p's heart *jds Herz erfreuen* | ~-shell *Muschelschale* f; „*Nußschale*" f (*sehr kl Boot*)
cockle ['kɔkl] **1.** vi/t || *sich runzeln, sich kräuseln* | vt *biegen, falten*; *runzeln* **2.** s *Runzel, Falte* f
cockle ['kɔkl] s *Kachelofen* m
cockney ['kɔkni] **1.** s *echtes Londoner Stadt-kind* n; *Angehöriger der unteren Klassen Londons* **2.** a ⟨oft cont⟩ *Cockney–, Londoner* ~**dom** [~dəm] s *das Cockneygebiet, –tum* n; *die Cock-neys* pl ~**ism** [~izm] s *Cockneymundart* f; *–aus-druck* m; *–manieren* f pl
cockpit ['kɔkpit] s *Platz* m f *Hahnenkämpfe* || ⟨fig⟩ *Kampfplatz* m | ⟨mar⟩ *Lazarettraum* m *auf dem Orlogdeck*; (*offener Sitzraum*) *Plicht* f (*e–s Bootes*) || ⟨aero⟩ *Flugzeugkanzel, Kabine* f; ~ canopy *Cockpitverkleidung* f; ~ starter *Bord-anlasser* m
cockroach ['kɔkroutʃ] s ⟨ent⟩ *Küchenschabe* f, *K·akerlak* m
cockscomb ['kɔkskoum] s *Kamm* m *des Hahnes* || ⟨bot⟩ *Hahnenkamm* m || → coxcomb
cocktail ['kɔkteil] s *halbblütiges Pferd* n *mit gestutztem Schweif* || *lächerlicher Angeber* m ||

⟨ent⟩ *Kurzflügler* m ‖ *Getränk* n *aus gemischten Spirituosen*; ⟨Am *a*⟩ *Obstsalat* m, *Hummermajonäse* f, etc (*kaltes Mischgericht*) ‖ atomic ~ ⟨med fam⟩ *Wasser* n *mit radioaktivem Jod*

cocky [ˈkɔki], **cocksy, coxy** [ˈkɔksi] ⟨sl⟩ a (-ckily adv) *keck, frech*

cocky-leeky, -ie [ˈkɔkiˈliːki], **cock-a-leekie** [ˈkɔkəˈliːki] s *Hühnersuppe mit Lauch* f

cockyolly bird [ˈkɔkiˈɔlibəːd] s *Kinderspr.* f *bird*

coco, *~a [ˈkoukou] s (*a coco tree*) *Kokospalme* f, *–baum* m **|** coco-nut (*a cocoa-nut, cokernut*) *Kokosnuß* f; ⟨vulg⟩ „*Birne*" f (*Kopf*): to have no milk in the ~ *nur Heu u Stroh im Kopf h* ‖ coco-palm *Kokospalme* f

cocoa [ˈkoukou] s (*der*) *Kakao* m (*Getränk*) ‖ ~ nibs [pl] *–bohnen* f pl

cocoon [kəˈkuːn] **1.** s *Kokon* m, *Puppe* f (*der Seidenraupe*); to form a ~ = to ~ ‖ ⟨fig⟩ *Schutzhülle* f (*aus Plastik*) **2.** vi *sich einspinnen* **|** vt ⟨mil⟩ (*nicht benutztes Gerät*) „*einmotten*"

cocotte [kouˈkɔt] s Fr *Kok·otte*; *Dirne* f

cocreditor [ˈkouˈkreditə] s *Gesamtgläubiger* m

cod [kɔd] s [pl ~] ⟨ich⟩ (*a ~fish*) *Kabeljau, Dorsch* m ‖ ~-liver oil *Lebertran* m

cod [kɔd] vt/i ⟨sl⟩ *foppen, narren*

coddle [ˈkɔdl] **1.** vt *verzärteln, verhätscheln, –pimpeln* **2.** s (→ molly~) *Weichling, Zärtling* m

code [koud] **1.** s ⟨jur⟩ *Gesetzbuch* n, *Kodex* m ‖ *Kodex* (*v Regeln*); ~ of honour *Ehrenkodex*; *⁓* of Civil Law *Zivilprozeßordnung* f; civil ~ *Bürgerliches Gesetzbuch* n; *⁓* of Military Law, military ~ *Militärgesetzbuch* n ‖ *Schlüsselschrift* f (in ~); *Depeschenschlüssel* m ‖ ⟨mar⟩ *Signalsystem* n; signal-~ *Signalbuch* n ‖ highway ~ *Straßenverkehrsordnung* f **|** [attr] *Chiffre–, Code–* (~-message) ‖ ~ beacon ⟨aero⟩ *Morseleuchtfeuer* n ‖ ~ call (telph etc) *Deckanruf* m ‖ ~ centre *Schlüssel–, Chiffrierstelle* f ‖ ~ chart ⟨wir⟩ *Signaltafel* f ‖ ~ converter *Schlüsselmaschine* f ‖ ~ group ⟨wir⟩ *Kurzsignal* n, *Schlüsselgruppe* f ‖ ~ section ⟨wir⟩ *Schlüsseltrupp* m ‖ ~ word *Deckwort* n **2.** vt *chiffrieren,* (*ver*)*schlüsseln* (*a f Büromaschinen*)

codebtor [ˈkouˈdetə] s *Gesamtschuldner* m

codefendant [ˈkoudiˈfendənt] s *Mitbeklagte(r* m) f

codeine [ˈkoudiain, –iːn] s ⟨chem⟩ *Kode·in* m

co-determination [ˈkouditəmiˈneiʃən] s right of ~ *Mitbestimmungsrecht* n

codex [ˈkoudeks] s L (pl –dices [–disiːz]) *Kodex* m, *alte Handschrift* f

codfish [ˈkɔdfiʃ] s → cod ‖ ~ aristocracy ⟨Am⟩ *die Plutokraten* m pl

codger [ˈkɔdʒə] s ⟨fam⟩ *wunderlicher, alter Kauz* m

codicil [ˈkɔdisil] s ⟨jur⟩ *Kodiz·ill* n, *Zusatz* m (*z e–m Testament*) **~lary** [ˌkɔdiˈsiləri] a *Nachtrags–*

codification [ˌkɔdifiˈkeiʃən] s ⟨jur⟩ *Kodifikation* f *–fy* [ˈkɔdifai] vt ⟨jur⟩ *kodifizieren*

coding [ˈkoudiŋ] s → code ‖ ~ scheme *Zahlenschlüssel* m

codling [ˈkɔdliŋ] s ⟨ich⟩ *junger* or *kl Kabeljau* m

codling [ˈkɔdliŋ] s *Art Kochapfel* m ‖ ~-moth (*Obst-*)*Motte* f

codress [ˈkoudres] s ⟨mil wir⟩ *verschlüsselte Anschrift, Schlüsselanschrift* f

co-driver [ˌkouˈdraivə] s ⟨mot⟩ *Beifahrer* m

coecilian [siːˈsiliən] s ⟨zoo⟩ *Blindschleiche* f

co-ed [ˈkouˈed] s ⟨Am sl⟩ *Schülerin e–r* co-education school; *Studentin* f **~ucation** [ˈkouˌedjuːˈkeiʃən] s *Koedukation, Gemeinschaftserziehung* f (*v Knaben u Mädchen*)

coefficient [ˌkouiˈfiʃənt, mst koiˈfiʃnt] **1.** a *mitwirkend* **2.** s *mitwirkender Umstand* m (etc) ‖ ⟨math⟩ *Koeffizi·ent* m

coel– [siːl], **coelo–** [ˈsiːlo] [in comp] *hohl*

~enterata [siːlentəˈreitə] s L [pl] *Zölenter·aten* pl

cœliac [ˈsiːliæk] a *Bauch–, Unterleibs–*

coeno–, ceno– [ˈsiːno] [in comp] *gemeinsam* **~bite** [~bait] s *Klostermönch* m **~bitic(al)** [ˌsiːnoˈbitik(l)] a *Kloster–*

coequal [kouˈiːkwəl] a (~ly adv) ⟨theol⟩ *gleich* **~ity** [ˌkouiˈkwɔliti] s *Gleichheit* f

coerce [kouˈəːs] vt (*jdn*) *zwingen* (into *zu*) ‖ (*etw*) *erzwingen* ‖ **–cible** [kouˈəːsibl] a *z zwingen(d)*; *zwingbar* **–cion** [kouˈəːʃən] s *Zwang* m ‖ *Zwangsgewalt* f (*bes in Irland:* the *⁓* Act 1833) **–cive** [kouˈəːsiv] a *zwingend; Zwangs–* (~ force) ‖ ~ly [adv] *zwangsweise*

co-essential [ˌkouiˈsenʃəl] a (~ly adv) ⟨theol⟩ *gleichen Wesens*

co-eternal [ˌkouiˈtəːnl] a ⟨theol⟩ *gleichewig*

coeval [kouˈiːvəl] a (~ly adv) *gleichzeitig, gleichaltrig*

co-executor [ˈkouigˈzekjutə] s *Mitvollstrecker* m

co-exist [ˈkouigˈzist] vi *zus–existieren* (with *mit*); *z gleicher Zeit da s* (with *wie*) **~ence** [~əns] s *Koexistenz* f, *gleichzeitiges Dasein* n; *bloßes Zus–leben* n; ⟨pol⟩ *Koexistenz* f, *friedliches Neben–e–a–leben der kommunistischen u der nichtkomm. Welt* (dazu: to co-exist) **~ent** [~ənt] a *zugleich vorhanden, gleichzeitig existierend*

co-extensive [ˈkouiksˈtensiv] a *v gleichem Umfang, gleicher Dauer* (with *wie*)

coffee [ˈkɔfi] s **1.** [koll] *Kaff·ee* m (*Samen der Beeren*); [pl] ~s *Kaffeesorten* f pl; → spirits **2.** *Kaffee* m (*Getränk*) **3.** = ~-tree **4.** [attr] *Kaffee–* ‖ ~-bean *–bohne* f; ~-cup *–tasse* f; ~-filter *–filter* m; ~-grinder *–mühle* f; ~-grounds [pl] *–satz* m ‖ ~-house **1.** s *Kaffeehaus* n **2.** vi ⟨sl sport⟩ *plaudern* ‖ ~-mill *–mühle* f; ~-plantation *–pflanzung, –plantage* f; ~-pot *–topf* m; ~-roaster *–brenner* m; *–trommel* f; *Kaffeeröster* m (*P & S*), *–rösterei* f; ~-room *–stube* f; ~-set *–service* n; ~-shop ⟨Am⟩ *Café* n; ~-substitute *–ersatz* m; ~-tree *–baum* m

coffer [ˈkɔfə] **1.** s *Koffer; (Geld–, Schmuck-) Kasten* m, *Truhe, Kiste* f ‖ ⟨arch⟩ (*Decken–*) *Feld* n, *Kassette* f ‖ ~s [pl] *Schatzkammer* f; *Schätze* m pl; *Hilfsquellen* f pl **|** ~-dam *Fangdamm* m (*beim Brückenbau*) **2.** vt *in e–n Kasten* (etc) *legen*

coffin [ˈkɔfin] **1.** s *Sarg* m; a nail in (*od* driven into) a p's ~ *ein Nagel z jds Sarge* ‖ ⟨typ⟩ *Karren* m **|** ~-bone *Hufbein* n ‖ ~-nail ⟨sl⟩ °*Sargnagel* m (*billige Zigarette*) **2.** vt *einsargen* ‖ ⟨fig⟩ *ein–, wegschließen*

coffle [ˈkɔfl] s *Zug* (of slaves etc)

cog [kɔg] s ⟨mach⟩ (*Rad-*)*Zahn, Kamm* m **|** ~-rail (*rail*) *Zahnschiene* f ‖ ~-wheel *Zahnrad* n; ~-wheel drive *–antrieb* m; ~-wheel railway *–radbahn* f **~ged** [~d] a *gezahnt, Zahnrad–*; ~ ingot ⟨met⟩ *Vorblock* m; ~ wheel *Kammrad* n

cog [kɔg] vt/i to ~ the dice *im Würfelspiel betrügen*; **~ged** dice *gefälschte* (*mit Blei beschwerte*) *Würfel* m pl **|** vi *mit falschen Würfeln spielen*

cogency [ˈkoudʒənsi] s *zwingende Kraft, Triftigkeit, Überzeugungskraft* f **cogent** [ˈkoudʒənt] a (~ly adv) *zwingend, überzeugend, triftig* ‖ *zwangsläufig*

cogitable [ˈkɔdʒitəbl] a *denkbar* **–tate** [ˈkɔdʒiteit] vi/t ⟨oft pl ~s⟩ *sinnen, denken, nachdenken* (upon *über*) **| *** vt (*etw*) *ausdenken, ersinnen*; ⟨philos⟩ (*etw*) *denken* **–tation** [ˌkɔdʒiˈteiʃən] s *Denken* n; (*oft pl* ~s) *Überlegung* f, *Gedanke* m **–tative** [ˈkɔdʒiteitiv] a (~ly adv) *denkend* ‖ *nachdenklich*

cognac [ˈkounjæk] s Fr *Kognak* m

cognate [ˈkɔgneit] **1.** a (*mst* fig) *verwandt* (~ words); ~ object *Objekt des Inhalts* (*z. B.* 'a life' *in:* 'to live a life') **2.** s ⟨jur⟩ *Verwandter* m ‖ *ver-*

wandtes Wort n (etc) *–tion* [kɔgˈneiʃən] s *Verwandtschaft* f ⟨*a fig*⟩

cognition [kɔgˈniʃən] s ⟨*philos*⟩ *Erkennungsvermögen* n; *Erkenntnis* f (∼ *a priori*) ‖ *Wahrnehmung* f, *Begriff* m ‖ *Kunde, Kenntnis* f, *Wissen* n *–tive* [ˈkɔgnitiv] a *Erkenntnis– –zable* [ˈkɔgnizəbl] a (*–bly adv*) *erkennbar, wahrnehmbar* ‖ ⟨*jur*⟩ *der Gerichtsbarkeit* (*e–s Gerichts*) *unterworfen*; *z verhandeln(d) –zance* [ˈkɔgnizəns] s *Erkenntnis, Kenntnis(bereich* m) f ‖ ⟨*jur*⟩ *gerichtliche Erkenntnis*; *Zuständigkeit* f ‖ *Anerkennung* f ‖ ⟨*her*⟩ *Ab–, Kennzeichen, Wappen* n ‖ *to fall within* (*to be beyond*) *a p's* ∼ *innerhalb* (*außerhalb*) *des Gebietes, der Befugnis jds liegen* ‖ *to have, take* ∼ *of Kenntnis* h *or nehmen* v *–zant* [ˈkɔgnizənt] a *wissend*; *to be* ∼ *of a th um etw wissen* ‖ ⟨*jur*⟩ *zuständig* ‖ ⟨*philos*⟩ *erkennend –ze* [kɔgˈnaiz] vt ⟨*philos*⟩ *erkennen*

cognomen [kɔgˈnoumen] s L *Beiname*; *Familien–, Zuname* m

cognoscible [kɔgˈnɔsibl] a *erkennbar*

cognovit [kɔgˈnouvit] s L ⟨*jur*⟩ *Anerkennung* f (*e–r Klage*)

cohabit [kouˈhæbit] vi *beisammenwohnen, zus–leben* (*wie Eheleute*); *in wilder Ehe leben* (*with mit*) ∼**ation** [ˌkouhæbiˈteiʃən] s *Beisammenwohnen* n; *wilde Ehe* f; *Zus–leben* n

co-heir [ˈkouˈɛə] s *Miterbe* m ∼**ess** [∼ris] s *–erbin* f

cohere [kouˈhiə] vi *zus–hängen, –kleben* ‖ ⟨*fig*⟩ *zus–halten, zus–gehalten* w; *zus–passen*; *übereinstimmen* (*with*) ∼**nce** [∼rəns] s *Zus–hang* m; ⟨*fig*⟩ *Zus–halt* m; *logischer Zus–hang* m; *Klarheit* f (*der Gedanken*); ∼ *of ideas gedanklicher Zus–hang* ‖ ∼**nt** [∼rənt] a (∼*ly adv*) *zus–hängend* ‖ *logisch zus–hängend or verbunden*; *einheitlich*; *klar, verständlich* ‖ ∼**r** [∼rə] s ⟨*wir*⟩ *Fritter* m, *Kohärer* m

co-heritor [ˈkouˈheritə] s *Miterbe* m

cohesion [kouˈhiːʒən] s *Zus–halt* m ‖ ⟨*phys*⟩ *Kohäsion* f ‖ ⟨*fig*⟩ *Zus–halt, –schluß* m, *Bindung* f **cohesive** [kouˈhiːsiv] a (∼*ly adv*) *fest zus–hängend*; ⟨*fig*⟩ *bindend, Binde–* (∼ *force*) ∼**ness** [∼nis] s *Festigkeit* f; *Bindekraft* f

cohort [ˈkouhɔːt] s *Kohorte* f; *Truppenabteilung* f ‖ ⟨*demog*⟩ → *generation*; *Kohorte, Generation* f; → *table* → *generation table*

coif [kɔif] s ⟨*hist*⟩ *Haube, Kappe* f; *weiße Kappe* f *der* "Sergeants-at-law"

coiffeur [kwaːˈfəː] s Fr *Friseur* m

coiffure [kwaːˈfjuə] **1.** s Fr *Haartracht* f, *Kopfputz* m **2.** vt *frisieren*

coign [kɔin] s *Ecke* f, *Eckstein* m; → *quoin* ‖ ∼ *of vantage* ⟨*fig*⟩ *vorteilhafte Stellung* f

coil [kɔil] **1.** vt/i *aufrollen, –wickeln*; (*Tau*) *aufschießen, in Ringen über–e–a–legen*; *spiralförmig winden* ‖ vi *sich winden*; *to* ∼ *up sich zus–rollen* **2.** s *Rolle* (∼*s of rope), Scheibe* f ‖ *Windung* f ‖ *gerollte Haarlocke* f ‖ *Drahtrolle* f; ⟨*el*⟩ *Rolle, Spule* f (*induction* ∼ *Induktions–, moving* ∼ *Schwingspule*) ‖ ∼ *ignition* ⟨*mot*⟩ *Batteriezündung* f ‖ ∼ *spring Schraubenfeder* f

coil [kɔil] s ⟨† & *poet*⟩ *Lärm, Wirrwarr* m (*this mortal* ∼ *dies irdische Wirrsal*)

coin [kɔin] **1.** s *Münze* f, *Geldstück* n ‖ ⟨*übtr*⟩ *Geld* n ‖ *base, false* ∼ *falsches Geld* n ‖ *current* ∼ *kursierende, gangbare Münze* f ‖ *small* ∼ ⟨*hist*⟩ *Scheidemünze* f; [*koll*] *Kleingeld* n, *Münze* f ‖ *to pay a p back in his own* ∼ ⟨*fig*⟩ *jdm mit gleicher Münze heimzahlen* ‖ ⟨*bank*⟩ ⟨*Am*⟩ (*bes Kinder-*)*Sparbüchse* f ‖ ∼**-box** *telephone Zelle* f f .., (*Aufschrift*) „*Ortsgespräche*" n pl **2.** vt *prägen, münzen, schlagen*; *to be* ∼**ing** *money* ⟨*fig*⟩ *Geld wie Heu verdienen* ‖ ⟨*fig*⟩ (*Wort*) *prägen*; *erfinden* ∼**age** [ˈ∼idʒ] s *das Münzen, Prägen* n; *das Recht, Münzen z prägen* ‖ *Münzen* pl, *gemünztes Geld* n ‖ *Münzgebühr* f ‖ *Münzsystem* n; *decimal* ∼ *Dezimalwährung* f

‖ ⟨*fig*⟩ *Prägung* f, *Gepräge* n ‖ ∼**er** [ˈ∼ə] s *Münzer* m; *Falsch–* m ‖ ∼**ing** [ˈ∼iŋ] s [*attr*] *Münz–, Präge–* (∼*-press –presse* f, ⟨*num*⟩ *Druckwerk* n)

coincide [ˌkouinˈsaid] vi *zus–treffen*, (*of events*) *zus–fallen, –treffen* (*with mit*); *übereinstimmen, sich decken* (*with*); *entsprechen* (*with a th e–r S*) ∼**nce** [kouˈinsidəns] s *Zus–treffen* n; *auffälliges Z. or Ereignis* n; *Zufall* m (*not a mere* ∼ *kein bloßer Z.*) ‖ *Übereinstimmung* f (*with mit*) ‖ ⟨*jur*⟩ *actual* (*nominal*) ∼ *of offences Real-*(*Ideal-*)*Konkurrenz* f ‖ ∼**nt** [kouˈinsidənt] a (∼*ly adv*) *zus–fallend, to be* ∼ *zus–fallen* (*with*); *gleichzeitig* (*with mit*); *übereinstimmend* (*with mit*) ∼**ntal** [kouˌinsiˈdentl] a *übereinstimmend*; *zufällig* ∼**ntally** [∼təli] adv *gleichzeitig* (*with mit*)

co-insurance [ˈkouinˈʃuərəns] s *Mitversicherung* f

coir [ˈkɔiə] s *Kokosfaser* f, *–bast* m

coition [kouˈiʃən] s, **coitus** [ˈkouitəs] s L *Beischlaf, K·oitus* m; *coitus interruptus* [L] *unterbrochener Beischlaf*

coke [kouk] **1.** s [*koll*] [*ohne pl*] *Koks* m ‖ ⟨*sl*⟩ °*Koks* m (= *Koka·in*) ‖ ⟨*Am fam*⟩ (= *coca*-*cola*) °*Koks* m ‖ ∼*-breeze Grude* f **2.** vt *verkoken*

coker-nut [ˈkoukənʌt] s → *coco*

col [kɔl] s (*Gebirgs-*)*Paß* m, *Joch* n ‖ ⟨*meteor*⟩ *Tief* n, *Tiefdruckrinne* f

cola, kola [ˈkoulə] s ⟨*bot*⟩ *Kolabaum* m; ∼ *nut –nuß* f

colander [ˈkʌləndə], **cullender** [ˈkʌlində] *Sieb* n, *Seiher, Durchschlag* m

colcannon [kəlˈkænən] s Ir *Gericht* n *aus gestampftem u gedämpftem Kohl u Kartoffeln*

colchicum [ˈkɔltʃikəm] s L ⟨*bot*⟩ *Herbstzeitlose* f ‖ ⟨*med*⟩ *Colchicum* n

colcothar [ˈkɔlkəθaː] s *Kolkoth·ar* m (*rotes Eisenoxyd*)

cold [kould] **I.** a (∼*ly adv*) **1.** *kalt, frostig, Frost–* **2.** ⟨*fig*⟩ *kalt, kühl* (∼ *welcome*); *zurückhaltend, teilnahmslos, gleichgültig* (*to gegen*) ‖ *kaltblütig, ruhig*; *nüchtern* **3.** (*of colour*) *kalt, matt*; ∼ *colours* (*die Farben blau, weiß etc im Ggs z rot, gelb*) **4.** *Wendungen:* ∼ *comfort schlechter Trost* ‖ *in* ∼ *blood kalten Blutes* ‖ ∼ *cream kühlende Hautkreme* f ‖ ∼ *douche kalte Dusche* f ‖ *to have* ∼ *feet* ⟨*fig fam*⟩ *kalte Füße* h (*Angst* h, *kneifen*) ‖ ∼ *meat* ⟨*cul*⟩ *kalte Küche* f ‖ → *shoulder* ‖ ∼ *snap Kältewelle* f ‖ ∼ *steel blanke Waffe* f (*im Ggs z Feuerwaffe*) ‖ ∼ *storage* (*house*) *Kühlhaus* n ‖ *to take a* ∼ *survey of a th etw nüchtern betrachten* ‖ → *water* ‖ *as* ∼ *as ice eiskalt* ‖ *as* ∼ *as charity* ⟨*iron*⟩ *hart wie Stein* ‖ *it is bitterly* ∼ *es ist bitter kalt* ‖ *I feel* ∼ *mich friert, ich friere* ‖ *to get a p* ∼ *jdn* (*auf Gnade u Ungnade*) *in die Hand bek* ‖ *it leaves me* ∼ *es läßt mich kalt* ‖ *to make a p's blood run* ∼ ⟨*fig*⟩ *jdn gruseln m* ‖ ∼ *war kalter Krieg* m **5.** [*in comp*] ∼*-blooded* (*–ly adv*) *kaltblütig* ⟨*a fig*⟩; *gefühllos* ‖ ∼*-chisel Hartmeißel* m ‖ ∼*-drawn kalt gepreßt* ‖ ∼*-hearted* (*–ly adv*) *kaltherzig, gefühllos* ‖ ∼*-heartedness Kaltherzigkeit, Gefühllosigkeit* f ‖ ∼*-pig* (*fam*) *kalte Dusche* f (*um Schläfer z wecken*) ‖ ∼*-short* (*minr*) *spröde, kaltbrüchig* ‖ ∼*-shoulder* (*jdn*) *ignorieren* ‖ ∼*-storage Kaltluftaufbewahrung* f; *Kühlhaus* n ‖ ∼*-store Kühlraum* m **II.** s *Kälte* f (*severe* ∼ *strenge K.*); *Frost* m ‖ ⟨*med*⟩ *Erkältung* f; *a bad* ∼ *e–e starke E.*, (*euph*) *Heidentrio* n, (*Mordstripper*); *a severe, heavy, violent* ∼ *e–e ganz üble E.* ‖ → *chest* ‖ ∼ *in· the head Schnupfen* m ‖ *to catch, take* (*a*) ∼ *sich erkälten, den Schnupfen bek* ‖ *to have a* ∼ *sich erkältet* h, *e–n Schnupfen* h ‖ *to keep out the* ∼ *die Kälte abhalten, vertreiben* ‖ *to be left out in the* ∼ *ignoriert, kalt gestellt w, s* ∼**ish** [ˈ∼iʃ] a *ziemlich kalt*; *unangenehm kühl, frisch* ∼**ness** [ˈ∼nis] s *Kälte* f, etc ⟨*a fig*⟩ → **I.**

coldslaw ['kouldslɔ:], **coleslaw** ['koulslɔ:] s ⟨Am⟩ *Kohlsalat* m
cole [koul] s [*mst in comp*] *Kohl* m ‖ ~-seed ⟨bot⟩ *Rübsen, Raps; Rübsamen* m ‖ ~-wort ⟨bot⟩ *Grünkohl* m
coleopter [ˌkɔli'ɔptə] s ⟨ent⟩ *Käfer* m | ~a [~rə] s *Gattung der K.* f ~**ous** [~rəs] a *Käfer*–
coli– ['koulai] [in comp] *Koli*– (bacillus ~)
colibri ['kɔlibri:] s ⟨orn⟩ *Kolibri* m
colic ['kɔlik] s ⟨med⟩ *K·olik* f ~**ky** [~i] a *Kolik*–
colitis [kou'laitis] s ⟨med⟩ *Dickdarmkatarrh* m
collaborate [kə'læbəreit] vi *zus–arbeiten* (with a p in a th *mit jdm in* or *bei etw*); *sich vereinigen* (to *zu*) ~**tion** [kəˌlæbə'reiʃən] s *Mitarbeit, Zus–arbeit* f (with; in *bei*); in ~ with *gemeinsam mit* –**tionist** [–ist] s *Kollaboration·ist* m, ⟨dero⟩ „*Quisling*" m ~**tor** [kə'læbəreitə] s *Mitarbeiter* m, *gemeinsamer Arbeiter* (with)
collage [kou'lɑ:ʒ] s ⟨arts⟩ *Koll·age* f, *Klebebild* n (*abstrakter Richtung*)
collagen ['kɔlədʒen] s *Kollag·en* n (*Knorpelleim*)
collapsable [kə'læpsəbl] a → –**sible**
collapse [kə'læps] **1.** s *Zus–bruch* m, *Zus–fallen* n, *Einsturz* m ‖ ⟨fig⟩ *Zus–bruch* m; *Sinken* n *der Kräfte; Vernichtung* f (of hopes) ‖ *Krach* m, ~ of a bank *Bank*–; *Sturz* m (of prices) ‖ ⟨med⟩ *Koll·aps* m **2.** vi *zus–brechen; einfallen, –stürzen* ‖ ⟨fig⟩ *nieder–, zus–brechen* (of, from *infolge v*); *z Fall k, zerbersten; vereitelt w; ins Wasser fallen* –**sible** [kə'læpsəbl] a *zus–klappbar, –legbar; Falt*– (~ boat *Faltboot* n)
collar ['kɔlə] **I.** s **1.** (*Hemd–, Rock–* etc) *Kragen* m; stiff double ~ *Stehumlege*–; standup ~ *Steh*–; turn-down ~ *Klapp–, Umlegkragen* | ⟨Austr fig⟩ soft ~ *Kinderspiel* n ⟨fig⟩, °*sauberes Pöstchen* (*Arbeitsstelle*) **2.** (*T*) *Halsband* n (dog–~); (*a horse* ~) *Kum(me)t* n **3.** *Hals–, Ordenskette* f; ⟨hist⟩ the ~ of SS *od Esses die Kette des* Lord Chief Justice etc (*urspr Ordenszeichen des* House of Lancaster) | *Kollier* n (~ of pearls) **4.** ⟨zoo⟩ *Halsstreifen* m ‖ against the ~ *gegen den Strich* ⟨a fig⟩ **5.** ⟨tech⟩ *Reif; Ring, Bund; Prägering* m ‖ *Gesenke* n (*des Schlosses*); *Pfanne* f, *Zapfenlager* n | ⟨fam fig⟩ „*Feldwebel*" m (*auf Bier*) **6.** [attr] ~-**beam** ⟨arch⟩ *Querbalken* m ‖ ~-**bone** ⟨anat⟩ *Schlüsselbein* n ‖ ~-**stud** *Kragenknopf* m ‖ ~-**work** *harte Arbeit* f ⟨a fig⟩ **II.** vt (*jdn*) *beim Kragen packen, festnehmen;* ⟨sport⟩ (*Gegner*) *aufhalten, hindern* ‖ (*Fleisch*) *zus–rollen* ‖ ⟨sl⟩ *sich (etw) aneignen; einnehmen* | ~-**ed** [~d] a *mit e–m Kragen* (*Halsband*) *versehen* ‖ (of meat) *gerollt, gewickelt* ~-**et(te)** [kɔlə'ret] s *kl* (*Spitzen*– etc) *Kragen* m (*f Damen*)
collate [kə'leit] vt *kollationieren, kritisch vergleichen* (with) ‖ *zus–setzen* ‖ (*Blätter*) *ordnen* ‖ ⟨ec⟩ *einsetzen* (to a living *in e–e Pfründe*) ‖ ⟨mil⟩ (*Nachrichten* etc) *auswerten*
collateral [kə'lætərəl] **1.** a *seitlich, Seiten*– *begleitend* (~ circumstances); *Neben*– (~ facts, ~ security); *indirekt* ‖ *gleichzeitig auftretend* ‖ *in der Seitenlinie verwandt;* ~ *consanguinity seitenlinige Verwandtschaft* f; ~ *descent Erbfolge* f *in der Seitenlinie;* **2.** s *Seitenverwandter* m ‖ ⟨jur⟩ *Nebensicherheit* f | ~**ly** [~i] adv *neben– e–a, gleichzeitig; indirekt* | *durch Seitenlinie*
collation [kə'leiʃən] s *Textvergleichung* f ‖ ⟨demog⟩ *statistische Aufbereitung* f ‖ ⟨ec⟩ *Einsetzung* f (to a th *in etw*) ‖ *leichte Mahlzeit* f, *Imbiß* m **collator** [kə'leitə] s (*Text-*)*Vergleicher* m; ⟨stat⟩ *Kartenmischer* m ‖ ⟨ec⟩ *Pfründenverleiher* m
colleague ['kɔli:g] s *Kollege, Amtsgenosse, –bruder* m ~**ship** [~ʃip] s *Amtsgenossenschaft; Kollegialität* f

collect ['kɔlekt] s ⟨ec⟩ *Kollekte* f, *kurzes Gebet* (*im* Common Prayer Book) n ‖ ⟨com⟩ *shipment* ~ *unfreie, unfranko Sendung* f
collect [kə'lekt] vt/i ‖ *sammeln* ‖ (*ab*)*holen* ‖ to ~ the letters *den Briefkasten leeren* ‖ (*Steuer*) *einziehen;* (*Geld*) *eintreiben,* ⟨post⟩ *nachnehmen* ‖ (*etw*) *aufnehmen, –lesen; an sich nehmen; erfassen* | ⟨übtr⟩ (*Gedanken*) *sammeln; zus–nehmen;* to ~ o.s. *sich zus–nehmen; sich sammeln, sich fassen* |* (*Schluß*) *ziehen* (from *aus*) | vi *sich ver–, ansammeln, sich anhäufen* | ~**ed** [~id] a (~ly adv) *gesammelt, gefaßt* ~**edness** [~idnis] s ⟨fig⟩ *Sammlung, Fassung* f ~**ing** [~iŋ] s [attr] *Sammel–* (~-box –*büchse*); *Inkasso*– | ~ brush ⟨el⟩ *Stromabnehmer* m, *Dynamobürste* f ‖ ~ company ⟨mil⟩ *Krankenträgereinheit* f ‖ ~ depot *Sammelplatz* m *f Altmaterial* ‖ ~ point, ~ station *Sammel–, Auffangstelle* (*f P & S*); ~ station ⟨a⟩ *Truppenverbandplatz* m ‖ ~ unit *Bergungskommando* n ~**ion** [kə'lekʃən] s *Sammeln* (*v Geld*) n; *Eintreibung, Erfassung* f; *Inkasso* n (for ~ *z I.*) | *Leerung* f *des Briefkastens* | ⟨ec⟩ *Kollekte* f | *Sammlung* f (~ of books); ⟨com⟩ *Kollektion* f, *Sortiment* n | *Ansammlung, –häufung, Menge* f | ⟨univ Oxf⟩ ~s [pl] *Schlußexamen* n ~**ive** [~iv] a *gesamt; gesammelt; vereint, zus–gefaßt, Kollekt·iv–; Verbands*– ‖ ~ *agreement Kollekt·ivvertrag* m (*zw Arbeitgeber u Gewerkschaft*) ‖ ~ *bargaining Recht* n *der Arbeiter, mit den Arbeitgebern geschlossen z verhandeln; Kollektiv–, Tarifverhandlung(en* pl) f ‖ ~ *call* ⟨bes mil⟩ *Sammelruf(zeichen* n) m ‖ ~ *carload Sammelladung* f ⟨a fig⟩ ‖ ~ *farm* ⟨SBZ⟩ *Kolchose* f ‖ ~ *fire Kollektivstrafe* f ‖ ~ *fire zus–gefaßtes, vereinigtes Feuer* n ⟨pol⟩ ~ *note Kollektivnote* f ‖ *Sammel–;* ~ *noun* ⟨gram⟩ *Kollektivum, Sammelwort* n ‖ ~ *ownership Gemeinbesitz* m ‖ ~ *permit Sammelausweis* m ‖ ~ *security kollektive Sicherheit* f ~**ively** [~ivli] adv *im ganzen, insgesamt, als Gesamtheit* ~**ivism** [~ivizm] s *Kollektivismus* m ~**ivist** [~ivist] s *Anhänger* m *des Kollektivismus* ‖ [attr] *kollektivistisch* ~**ivization** [~ivai'zeiʃən] s *Kollektivierung* f ~**ivize** [~ivaiz] vt *kollektivieren* ~**or** [~ə] s *Sammler* m; (*Lotterie-*)*Einnehmer* m ‖ ⟨Ind⟩ *oberster Verwaltungsbeamter e–s Bezirks* m | ⟨tech⟩ *Sammelapparat* m, *–scheibe* f; ⟨el⟩ *Bügel* m (*Stromabnehmer*) | *dust* ~ *Staubfänger* m, *–fangblech* n ‖ *tax-*~ *Steuereinnehmer* m ‖ *ticket-*~ ⟨rail⟩ *Fahrkartenabnehmer, Schaffner* m | ~ *brush* ⟨el⟩ = *collecting brush* ~**orship** [~əʃip] s *Amt* n, *Bezirk* m *e–s Einnehmers* etc
colleen ['kɔli:n; Ir kə'li:n] s [Anglo-Ir] *Mädchen* n
college ['kɔlidʒ] s *Kollegium* n (~ of physicians), Sacred ~ *Kardinalskollegium* n ‖ ⟨Am⟩ Electoral ~ (*v Volke gewähltes*) *Wahlkollegium* (*welches den Präsidenten u Vizepräsidenten wählt*) | ⟨engl⟩ *C·ollege* n, *unabhängige Korporation v Gelehrten* (*nebst Studenten*) *an Universität* f | ⟨fam⟩ *Universität* f; in ~ *auf der U.; to* enter ~, go to ~ *die U. beziehen; –sgebäude* n ‖ *Hochschule* f *gewisser Berufe* (naval ~); commercial ~ *Handels(hoch)schule;* military ~ *Kadettenanstalt* f | *große* Public School f; ⟨Ger⟩ *Gymnasium* n; *höhere Schule* f ‖ *training*–~ *Vorbereitungsanstalt* (*f Schuldienst*); ⟨Ger⟩ *Hochschule* f *Lehrerbildung* f | [attr] *Universitäts–, akademisch* ‖ ~-**widow** ⟨Am⟩ *Studentenmädel* n | ~**r** [~ə] s (Eton) *im College wohnender Schüler, Stiftsschüler* m

collegial [kə'li:dʒiəl] a *College–* –**gian** [kə'li:dʒiən] s *College-Angehöriger, Student* m *e–s* College ‖ ⟨sl⟩ *Sträfling* m –**iate** [kə'li:dʒiit] a *College–; Universitäts–; studentisch; akademisch* ‖ ~ *church Kollegiat–, Stiftskirche* f

collet ['kɔlit] s *Metallband* n, *Kapsel, Einfassung* f

collide [kə'laid] vi *kollidieren, zus–stoßen* (with); (of cars) to ~ with a tree *gegen e–n Baum rennen* ‖ *im Widerspruch stehen* (with)

collie, -y ['kɔli] s *schottischer Schäferhund* m

collier ['kɔliə] s *Gruben–, Kohlenarbeiter* m ‖ ⟨mar⟩ *Kohlenschiff* n; *Matrose auf diesem* ‖ ~y ['kɔljəri] s *Kohlengrube, –zeche* f

colligate ['kɔligeit] vt ⟨fig⟩ *verbinden, vereinigen* –**tion** [‚kɔli'geiʃən] s *Verbindung* f

collimate ['kɔlimeit] vt *zwei Linien zus–fallen l* ‖ (*Teleskop* etc) *richten* ‖ –ting lens ⟨opt⟩ *Kollimator* m; –ting sight –*fernrohr* n, *Abstimmvisier* n –**tion** [‚kɔli'meiʃən] s *Richten, Zielen* n ‖ line of ~ ⟨astr⟩ *Kollimations–, Ziel–, Absehenslinie* f ‖ error of ~ ⟨astr⟩ *Kollimationsfehler* m –**tor** ['kɔlimeitə] s *Kollim·ator* m

collinear [kɔ'linjə] a *in e–r geraden Linie* (with *mit*), *kolline·ar*

Collins ['kɔlinz] s (*nach* W. ~ *in* J. Austen's Pride and Prejudice) *Dankschreiben* n (f *Bewirtung*)

collision [kə'liʒən] s *Zus–stoß* m, °*Karambolage* f ‖ ⟨fig⟩ *Konflikt, Widerspruch, –streit* m, to come into ~ with *in* W. *geraten mit* ‖ ~ coverage (insurance) *Kaskoversicherung* f

collocate ['kɔlokeit] vt *stellen, ordnen* –**tion** [‚kɔlo'keiʃən] s *Stellung, Zus–stellung* ‖ *Ordnung* f; *Platzanweisung, Anordnung nach Reihenfolge* f

collocutor [kə'lɔkjutə] s *Teilnehmer an Gespräch* m

collodion [kə'loudiən] s ⟨chem⟩ *Koll·odium* n ~**ize** [~aiz] vt *mit Kollodium bestreichen*

collogue [kə'loug] vi Fr *sich heimlich besprechen, Pläne schmieden*

colloid ['kɔlɔid] **1.** a *leimartig; klebrig* **2.** s *das Kollo·id* n ~**al** [kɔ'lɔidəl] a *Kollo·id–*

collop ['kɔləp] s *Fleischschnitte, Scheibe* f ‖ ⟨Scot⟩ ~s [pl] *Klops, Fleischkloß* m

colloquial [kə'loukwiəl] a (~ly adv) *die Umgangssprache betr, Umgangs–, Gesprächs–; familiär* ~**ism** [~izm] s *Ausdruck* m *der Umgangssprache* ~**ize** [~aiz] vt *familiär m*

colloquist ['kɔləkwist] s *Gesprächsteilnehmer* m –**quy** ['kɔləkwi] s *formelle Unterhaltung* f, *Gespräch* n

collotype ['kɔlotaip] s (*im Lichtdruck*) *dünne mit Chromgelatineschicht überzogene Platte* f ‖ *Farbenlichtdruck* m

collude [kə'lju:d] vi † *in heimlichem Einverständnis stehen od handeln; d·urchstechen* (with) ‖ –**usion** [kə'lu:ʒən] s *Pflichtenkonflikt* m ‖ *geheimes betrügerisches Einverständnis* n (to act in ~); *Durchstecherei* f ‖ danger of ~ *Verdunkelungsgefahr* f –**usive** [kə'lu:siv] a (~ly adv) *verabredet, abgekartet*

collyrium [kə'liriəm] s *Augenwasser* n

collywobbles ['kɔliwɔblz] s pl ⟨fam⟩ *Magenknurren, Bauchgrimmen* n

colocynth ['kɔləsinθ] s ⟨bot⟩ *Koloquinte* f

Cologne [kə'loun] s ⟨Am⟩ = Eau de ~

colon ['koulən] s L ⟨gram⟩ *Kolon* n, *Doppelpunkt* m

colon ['koulən] s L ⟨anat⟩ *Dick–, Grimmdarm* m ~**ic** [ko'lɔnik] a *Dickdarm–*

colonel ['kə:nl] s ⟨mil⟩ *Oberst* m (To ~ N. N. *an den Herrn Oberst* N. N.) ‖ the ~ ⟨golf⟩ = ~ Bogey → bogey ‖ lieutenant-~ *Oberstleutnant* m; ~ commandant *Brigadekommandeur* m (*jetzt:* brigadier) ~**cy** [~si] s *Oberstenstelle* f, *Oberstenrang* m

colonial [kə'lounjəl] **1.** a (~ly adv) *kolonial, Kolonial–*, ~ Office ⟨engl⟩ *Kolonialamt* n ‖ ~ Preference *Vorzugszölle zw England u Kolonien* ‖ ~ architecture ⟨Am⟩ *Architektur um 1800* (Georgian style) **2.** s *Bewohner* m *e–r* (*bes unab-*

hängigen brit.) *Kolonie* ~**ism** [~izm] s *Eigentümlichkeit* f v *Kolonisten* ‖ *in Kolonien gebräuchlicher Ausdruck* m ‖ *Kolonialsystem* n

colonist ['kɔlənist] s *Kolonist, Ansiedler* m –**ization** [‚kɔlənai'zeiʃən] s *Kolonisation, Besiedelung* f –**ize** ['kɔlənaiz] vt/i *kolonisieren, besiedeln* ‖ (*jdn*) *ansiedeln* ‖ vi *sich ansiedeln* –**izer** [~ə] s *Kolonisator* m; *Kolonist* m

colonnade [‚kɔlə'neid] s ⟨arch⟩ *Säulenhalle* f ‖ *Allee* f

colony ['kɔləni] s *Kolonie* f; the Colonies (→ crown) ⟨engl⟩ *die Kronkolonien*; the Secretary of State for the Colonies *der Minister* f *die Kronkolonien* m ‖ ⟨übtr⟩ *Kolonie, Siedlung* f (labour ~ *Arbeiter–*) ‖ ⟨zoo etc⟩ *Gruppe* f

colophon ['kɔləfən] s L *Koloph·on* n; *Schlußstück* n *alter Handschriften*

colophony [kə'ləfəni] s *Geigenharz, Kolophonium* n

Colorado beetle [‚kɔlə'ra:dou'bi:tl] s ⟨ent⟩ *Kartoffelkäfer* m

coloration, (*–lour–) [‚kʌlə'reiʃən] s *Färbung, Farbenanordnung, –gebung* f –**atura** [‚kɔlərə'tuərə] s It ⟨mus⟩ *Koloratur* f –**rific** [‚kɔlə'rifik] a *färbend, Farben–; farbenfreudig* –**imeter** [kələ'rimitə] s *Farbenmesser* m

colossal [kə'ləsl] a (~ly adv) *kolossal, riesig, Riesen–, massig, ungeheuer* ‖ ⟨fam⟩ *großartig, herrlich*

colossus [kə'ləsəs] s L (pl –ssi [–sai]) *Kol·oß* m, *Riesengestalt* f

colour, ⟨Am⟩ **color** ['kʌlə] **I.** s **1.** *Farbe* f, vitrified ~s pl *Schmelzfarben* pl **2.** *Farbkunst, Farbgebung* f **3.** *Gesicht–, Hautfarbe* f ‖ ⟨cards⟩ *rote od schwarze Farbe* f **4.** ⟨fig Lit etc⟩ *Färbung* f; *Kolor·it* n (local ~); *Farbenpracht, Stilverzierung* f ‖ ⟨mus⟩ *Klangfarbe* f ‖ *Charakter* m, *Art* f, *Ton* m, *Stimmung; Bedeutungsschattierung* f **5.** *Anschein* (~ of truth); *Anstrich* m ‖ *Deckmantel, Vorwand* m **6.** ~s [pl] ⟨paint⟩ *Farben* pl (to lay on the ~s *die* F. *auftragen*) ‖ ⟨sport etc⟩ *farbige Bänder* pl, to get one's ~s *sein Mitgliedsband erhalten; ausgezeichnet w* ‖ ⟨mil⟩ *Fahne* f; → to troop **7.** *Verbindungen:* **a.** → body; oil; water ‖ → complementary, fast, fugitive, local, primary, prismatic, secondary **b.** gentleman of ~ *Farbiger, Neger* m ‖ play of ~s *Farbenspiel* n **c.** off ~ *unpäßlich; erschöpft, entkräftet,* °*misepeterig* ‖ under ~ of *unter dem Vorwande* v **d.** to change ~ ⟨fig⟩ *die Farbe wechseln, rot od blaß w* ‖ his ~ comes and goes *er wird abwechselnd rot u blaß* ‖ to come off with flying ~s *den Sieg davontragen* ‖ to come out in one's true ~s *sich in s–m wahren Lichte zeigen* ‖ to give *od* lend ~ to a th *e–r* S *den Anschein v Wahrscheinlichkeit geben, e–r* S *Vorschub leisten* ‖ to the ~s z *Fahne eilen, Soldat w* ‖ to lower one's ~s ⟨fig⟩ *die Flagge streichen* (*die Stellung räumen; nachgeben*) ‖ to nail one's ~s to the mast, to stick to one's ~s ⟨fig⟩ *s–e Stellung bis z äußersten halten* (*hartnäckig an s–m Standpunkt festhalten*) ‖ painted the same ~ *in derselben Farbe gemalt, mit gleichem Anstrich* ‖ to be recalled to the ~s z *e–r milit. Übung eingezogen w* ‖ to sail under false ~s *unter falscher Flagge segeln* ‖ he will not see the ~ of my money *er wird das Geld v mir in den Schornstein schreiben* (*wird v mir kein Geld erhalten*) ‖ to serve with the ~s *im Heere dienen* ‖ to show one's ~s *Farbe bekennen* ‖ to take one's ~ from a p *jdn nachahmen* **8.** [attr & comp] *Farb–, Farben–* ‖ ~ adjustment ⟨phot⟩ *Farbabstimmung* f ‖ ~ balance *Farbausgleich* m ‖ ~ bar ⟨pol⟩ *Farbschranke* f ‖ ~ bearer *Fahnenträger* m ‖ ~-blind f.*nblind* ‖ ~-blindness –*blindheit* f ‖ ~-box *Farben–, Malkasten* m ‖ ~ cast *Farbstich* m; *Farbfernsehsendung* f ‖ ~ chart *Farbenskala* f ‖ ~-line *soziale Tren-*

*nungslinie zw Weiß u Farbig, Rassengrenze,
–schranke, –diskriminierung* f ‖ ~ *photography
Farbphotographie* f ‖ ~ print ⟨phot⟩ *–kopie* f,
–abzug m; ⟨arts⟩ *Farbstich* m ‖ ~-printing
Bunt–, Farbendruck m ‖ ~ reversal material
⟨phot⟩ *Farbumkehrmaterial* n ‖ ~ scheme *Far-
benzus–stellung* f ‖ ~-sergeant ⟨mil⟩ *Fahnen-
unteroffizier* m ‖ ~ service *Wehrdienst* m ‖ ~
star ⟨phot⟩ *Farbstern* m ‖ ~-television *Farb-
fernsehen* n ‖ ~ tinge ⟨phot⟩ *Farbstich* m ‖ ~
transparency *Farbdia(positiv)* n ‖ ~ vision
Farbensehen n, *–sinn* m **II. vt/i** ‖ *färben; kolo-
rieren, (an)streichen* ‖ *(Pfeife) anrauchen* ⟨fig⟩
*(e–r S) e-n Anstrich geben; färben; übertreiben;
beschönigen; bemänteln; entstellen* (~d detail̠s)
‖ [oft pass] *sich abfärben auf, beeinflussen* [vi
sich färben ‖ *Farbe annehmen* ‖ ⟨fig⟩ *rot w; sich
verfärben, erröten* ~**able** [~rəbl] a (–*bly* adv)
plaus`ibel, annehmbar ‖ *vorgeblich, fingiert* ~**ed**
[~d] a *gefärbt, farbig, koloriert, bunt, Farb–* (~
pencil *–stift* m); fancy-~ *buntgefärbt, vielfarbig;*
~ gentleman ⟨Am⟩ *Neger, Farbiger* [[als Subst
gebraucht] ‖ ~s [pl] ⟨fam⟩ *farbige Wäsche* f
~**ful** [~ful] a *farbenreich, –freudig, –prächtig*
~**ing** [~riŋ] **1.** s *Farbe* f, *Kolor`it* n, *Färbung* f ‖
Farbkunst, Farbgebung f, *Kolorit* n ‖ *Gesichts-
farbe* f ‖ ⟨tech⟩ *Feinstbearbeitung* f **2.** a *Farb–* ‖
~ composition *Hochglanzpoliermittel* n ‖ ~-
matter *F.stoff* m ~**less** [~lis] a (~*ly* adv) *farblos*
‖ *bleich* ‖ *klar* (water) ‖ *düster, grau* (sky) ‖
⟨fig⟩ *farblos (ohne Leben, matt; uninteressant,
nichtssagend)* ‖ *unverbindlich, neutral* ‖ ~**man**
[~mən] s *(Öl-)Farbenhändler* m [~**y** [~ri] a
⟨com⟩ *qualitätsfarben*

colporteur [ˈkɔlpɔːtə] s Fr *Hausierer* m *mit
(religiösen) Büchern*

  colt [koult] s *(nach S.* ↗, † *1862) Revolver* m
  colt [koult] **1.** s *Füllen, Fohlen* n ‖ ⟨fig⟩ *Grünschnabel* m ‖ ⟨crick⟩ *jüngerer Spieler* m ‖ ⟨mar⟩
Tauende n **2.** vt *mit dem Tauende verprügeln*
~**ish** [ˈ~iʃ] a *wild, ausgelassen*

  colter [ˈkoultə] s ⟨Am⟩ → coulter
  coltsfoot [ˈkoultsfut] s ⟨bot⟩ *Huflattich* m
  colubrine [ˈkɔljuːbrain] a *Nattern–*
  Columbian [kəˈlʌmbiən] a *kolumbisch, amerikanisch*

  columbiferous [ˌkɔləmˈbifərəs] a *tant`alhaltig*
  Columbine [ˈkɔləmbain] s ⟨theat⟩ *Kolomb`ine*
f *(in der Pantomime; weibliche Maskenfigur)*
  columbine [ˈkɔləmbain] s ⟨bot⟩ *Akel`ei* f
  column [ˈkɔləm] s ⟨arch⟩ *Säule* f ‖ bundle-~,
clustered ~ *Bündelsäule;* imbedded ~ *Halb–;*
spiral ~ *gewundene S.* ‖ ⟨anat⟩ → spinal ‖
⟨übtr⟩ *(Rauch-)Säule* f ⟨print⟩ *Kolumne, Spalte* f
(there are four ~s to a page *auf e–r S. sind
4 Spalten*); our ~s *unser Blatt* [⟨mil⟩ *Kolonne* f,
~ of twos *Doppelreihe* f ‖ in ~ of company
in Kompagniekolonne; in ~s *kolonnenweise* ‖
⟨mar⟩ *Flotte (bes in Kiellinie)* f [~ of figures
Zahlenkolumne f ‖ ~ of mercury *Quecksilber-
säule* f ‖ ~ control ⟨aero⟩ *Knüppelsteuerung* f
[~**ar** [kəˈlʌmnə] a *säulenförmig, Säulen–* ~**ed**
[ˈkɔləmd] a *mit Säulen versehen* ~**ist** [ˈ~ist] s
⟨bes Am⟩ *(Zeitungs-Artikel–, Spaltenschreiber,
Kommentator* m, *Kolumnist(in* f) m

  colure [kɔˈljuə, ˈkoul–] s ⟨astr⟩ *Kolur* m
(Deklinationskreis)

  colza [ˈkɔlzə] s ⟨bot⟩ (= coleseed) *Raps* m ‖
~-oil *Rapsöl* m

  coma [ˈkoumə] s Gr ⟨med⟩ *Schlafsucht* f;
Dämmerzustand m ~**tose** [~tous] a *schlafsüchtig*

  coma [ˈkoumə] s L (pl *–ae* [ˈkoumiː]) ⟨bot⟩
Haarbüschel m, *Härchen* n pl ‖ ⟨astr⟩ *Schweif* m

  comb [koum] **1.** s *Kamm* m; → small ‖ *Striegel* m [(of a cock etc) *Kamm* m; to cut the ~ of
a p *jdn erniedrigen* [*Honigwabe* f; ~-honey
Waben–, Scheibenhonig m [⟨übtr⟩ *Kamm m (e–s*

Berges) [⟨tech weav⟩ *Blatt* n, *Hechel* f, *Kamm* m
2. vt/i ‖ *kämmen* ‖ *striegeln* ‖ *(Wolle) krempeln;
(Flachs) hecheln* ‖ *(Gegend) absuchen; genau
untersuchen* [to ~ off ⟨fig⟩ *beseitigen* ‖ to ~
out *aus–, durchkämmen;* ⟨fig mil⟩ *sieben u einziehen;* ⟨mil⟩ *(Gegend mit Feuer) durchkämmen* [
vi (of waves) *sich brechen, sich überstürzen* [~**er**
[ˈ~ə] s *Wollkämmer, Krempler* m ‖ *Krempelmaschine* f ‖ *Brecher* m, *Sturzwelle* f ~**ing** [ˈ~iŋ]
s *Kämmen* n etc ‖ ~s [pl] *ausgekämmte Haare* pl

  combat [ˈkɔmbət, ˈkʌm–] **1.** s *Kampf; Streit* m
‖ single ~ *Einzel–, Zweikampf* m [[attr] ~
activity *Kampftätigkeit* f ‖ ~ advanced landing
ground ⟨aero⟩ *Gefechtslandeplatz* m ‖ ~ aircraft *Kampfflugzeug* n ‖ ~ airfield *Feldflugplatz*
m ‖ ~ allowance *Front–, Kampfzulage* f ‖ ~
arm *fechtende Truppe* f ‖ ~ aviation claps *Frontflugspange* f *(Orden)* ‖ ~ car ⟨Am⟩ *Kampfwagen* m ‖ ~ effectiveness *Kampfkraft* f ‖ ~
element *Kampftruppe* f ‖ ~ engineer *Sturm-
pionier* m ‖ ~ exercise *Gefechtsübung* f ‖ ~
flyer *Frontflieger* m ‖ ~ message *Gefechtsmel-
dung* f ‖ ~ mission *Kampfauftrag* m ‖ ~ order
Gefechtsbefehl m ‖ ~ patrol *Gefechtspatrouille*
f, *Stoßtrupp* m ‖ ~ pay *Frontzulage* f ‖ ~-
practice firing *gefechtsmäßiges Schießen* n ‖
major ~ ship *gr Schlachtschiff* n ‖ ~ situation
Gefechtslage f ‖ ~ task *Kampfaufgabe* f, *–auftrag* m ‖ ~ team ⟨Am⟩ *Kampfgruppe* f ‖ ~ training *Gefechtsausbildung* f **2.** vi/t ‖ *kämpfen*
(against; for) [vt *bekämpfen, kämpfen gegen*
~**ant** [~ənt] **1.** a *kämpfend, Kampf–; aktiv*
(officer) **2.** s *(Front-)Kämpfer, Streiter* m ‖ non–
~ *Nichtkämpfer* m ~**ive** [~iv] a (~*ly* adv)
kampflustig, streitsüchtig; Kampf– (measure)
~**iveness** [~ivnis] s *Kampflust* f

  combe [kuːm] s = coomb
  combination [ˌkɔmbiˈneiʃən] s *Verbind–, –einigung* (with); *–knüpfung* f; all possible ~s *alle
Möglichkeiten* pl ‖ *Zus–schluß* m; *Bündnis* n ‖
Kart`ell n, *Gewerkschaft* f ‖ ⟨chem⟩ *Verbindung*
f ‖ ⟨math⟩ *Kombination* f ‖ ⟨biol⟩ ~ of simul-
taneously linked components *Simult`anver-
schränkung* f [*Motorrad* n *mit Beiwagen, Bei-
wagenmaschine* f ‖ ~s pl *Hemdhose* f (a pair of
~s *e–e H.*) ‖ ~ (overall) *Monteuranzug* m [~-
room ⟨Cambr⟩ *Zimmer der* Fellows *nach dem*
Dinner ‖ ~ salad ⟨Am⟩ *Obstsalat* m *mit Essig,
Öl u Majonäse*

  combinative [ˈkɔmbineitiv] a ⟨phil⟩ *kombi-
niert* ‖ *Kombinations–* (power)

  combine [kəmˈbain] vt/i ‖ *verbinden, (in sich)
vereinigen, kombinieren* ‖ ~d arms [pl] ⟨mil⟩
verbundene Waffen f pl *(Truppengattungen);* ~d
arms operation *Operation* f *verbundener Waffen;*
~d arms team *od* unit *gemischter Verband* m;
~d carload *Sammelladung* f; ~d force *kombi-
nierter Verband* m *(der Alliierten);* ~d training
Ausbildung f *im Zus–wirken mehrerer Truppengattungen;* ~d works ⟨SBZ⟩ *Kombinat* n [vi *sich
vereinigen* (to do) ‖ ⟨chem⟩ *sich verbinden* ‖
zus–wirken (to do) [*e–e Einheit bilden*

  combine [ˈkɔmbain] s ⟨com⟩ *Verband, Ring,
Trust* m ‖ ⟨agr⟩ *Mähdrescher* m *(a* ~ *harvester)*

  combo [ˈkɔmbou] s *kl Jazzkapelle* f

  combustibility [kəmˌbʌstəˈbiliti] s *Brennbar-
keit; leichte Entzündbarkeit* f **–tible** [kəm-
ˈbʌstəbl] **1.** a *brennbar, (leicht) entzündbar* ‖
⟨fig⟩ *leicht erregbar, jähzornig* **2.** s *Brennstoff* m
–tion [kəmˈbʌstʃən] s *Verbrennung* f; spontaneous ~ *Selbstentzündung* f ‖ [attr] ~ chamber
⟨mot⟩ *Verbrennungsraum;* ⟨turbo⟩ *Brennkam-
mer* f ‖ ~ fuse *Brennzünder* m ‖ ~ turbine
Brennkraftturbine f ‖ ~-type starter ⟨aero⟩
Gasanlasser m

  come [kʌm] **A.** vi [came/come] **I. Bedeutungen: 1.** *kommen* (from, into, out of, to, within) ‖
to ~ a p's way *denselben Weg gehen wie jd* (do

you ~ my way?); (S) ⟨fig⟩ *jdm begegnen*; no work came his way *er fand k–e Arbeit* ‖ *der Reihe nach k*; to ~ next *darauf folgen* ‖ Easter ~s on the 8th of April *O. fällt auf den 8. A.* ‖ *ank*; first ~, first served *wer zuerst kommt, mahlt zuerst* ‖ *gelangen, geraten* **2.** *z Vorschein k*; *sich entwickeln* ‖ (of the voice) *ertönen* ‖ *sich ereignen, ausfallen* ‖ *sich belaufen* (to *auf*) ‖ *befallen, zustoßen* (to a p *jdm*) ‖ to ~ cle⸗n ⟨sl⟩ *mit der Sprache herausrücken* **3.** best. *Form annehmen* (the butter will not ~) ‖ *sich erweisen als*; *werden* (it ~s expensive); the pages have ~ loose *die Seiten h sich gelöst* ‖ to ~ asunder *in Stücke aus–e–a–gehen* ‖ to ~ short of *versäumen, verfehlen, z kz k mit* ‖ *spielen* (to ~ the great man); to ~ the bully over a p *den Tyrann spielen gegenüber jdm* **4.** [vor inf] he has ~ to be a good cyclist *er ist ein guter Radfahrer geworden*; I have ~ to believe *ich bin dahingek z* (or *ich muß*) *glauben*; to ~ to know *kennenlernen*; it came to be used *es wurde allmählich gebraucht* **5.** ⟨Am⟩ *fohlen, kalben* **II.** how do you ~ to do *wie k Sie dazu, z tun?* ‖ how ~s that? *wie kommt das? wie ist das möglich?* ‖ (he is as decent) as they ~ (..) *wie nur möglich* ‖ to ~ and go *abwechseln*; (of colour) *wechseln* ‖ to ~ and see *besuchen*; *sich* (*etw*) *ansehen* ‖ to ~ home *nach Hause, zurückk*; to ~ home to a p *jdm nahegebracht w, nahegehen* ‖ that's what ~s of doing *das kommt davon, wenn man* .. | ⟨sl & fam⟩ to ~ it *handeln*; to ~ it too strong *z viel, z stark s, übertreiben*, °*zu laut auf die Pauke schlagen* ⟨fig⟩; *lügen, daß sich die Balken biegen* ‖ to ~ the heavy °*große Bogen spucken, hochstapeln* **III.** idiomatische Verwendung: **1.** ~ [imp als intj] *bitte, nun*; ~ ~, ~ now *ach gar! sachte, sachte! na nu!* **2.** ~ [subj] to ~ what may *komme, was wolle*; † ~ nächst(e, –r, –s), a year ~ Christmas *Weihnachten in e–m Jahr* **3.** to ~ **1.** [a] *zukünftig* (for a year to ~; the life to ~) **2.** [s] the to ~ *die Zukunft* **4.** [prs p] **coming** (*f* I am coming)! *Gleich! ich komme!* **IV.** [mit prep] to ~ **across** *stoßen auf, zufällig treffen, finden* ‖ to ~ after *nachfolgen*; *k, um etw z holen* or *z erhalten* ‖ to ~ along (.*Straße*) *entlang k* ‖ to ~ at *losk auf*; *erlangen* | to ~ **by** *k z, an*; *erhalten* ‖ to ~ for *k wegen, abholen* ‖ to ~ from *herk, –rühren v*; *stammen aus* (he ~s from France) | to ~ **into** ⟨fig⟩ *eintreten in*; .. into force *in Kraft treten*; .. into a fortune *ein Vermögen erben*; .. into a p's head *jdm in den Sinn kommen*; .. into one's own *z Geltung kommen*; .. into play *in Tätigkeit treten*; .. into sight *in Sicht kommen* | to ~ **near** a p ⟨fig⟩ *jdm nahe–, gleichk*; .. near doing *beinahe etw tun* | to ~ **of** *abstammen v* (.. of noble parents); no good will ~ of it *nichts Gutes wird daraus w* ‖ to ~ off duty *mit dem Dienst fertig s* ‖ ⟨sl⟩ to ~ off the grass! °*nu man sachte mit die* [statt: *den*] *jungen Pferde*[*n*] ‖ the light ~s on ⟨sl⟩ .. *geht an*; ~ on over to him *komm mit z ihm hinüber* ‖ to ~ over ⟨fig⟩ *sich legen über*; *befallen*; ⟨sl⟩ *überlisten* ‖ what's ~ over you? *was ist in dich gefahren?* ‖ to ~ **round** (a p) *betören, übertölpeln* ‖ to ~ through a th *sich e–r S entledigen* | to ~ to an end *aufhören*; .. to harm *z Schaden k* ‖ the idea came to him *ihm kam der Gedanke*; the solution came to him *er fand die Lösung*; it came to him as a blow *es traf ihn wie ein Schlag* ‖ it's ~ to this! °*jetzt schlägt's 13!* .. to a p's knowledge *jdm z Ohren k*, .. to light *an den Tag k* ‖ .. to nothing *z Wasser w, ins Wasser fallen* ‖ .. to o.s., to one's senses *wieder z sich k, sich erholen* ‖ .. to pass *sich zutragen* ‖ .. to a point *in e–e Spitze z·ulaufen* ‖ .. to rest *z Ruhe k* ‖ it ~s to the same thing *es läuft auf eins hinaus*; if you ~ to that *wenn du so willst, wenn man genau zusieht* ‖ .. to terms *sich einigen* ‖ ⟨aero fam⟩ they're coming

to town *feindliche Luftverbände im Anflug* | to ~ **under** *k, fallen unter*; *unterst·ehen* ‖ to ~ upon *stoßen auf*; *überraschen, hereinbrechen über* **V.** [mit adv]: to ~ **about** *sich ereignen, passieren*; ⟨mar⟩ (*v Wind*) *sich drehen* ‖ his gags ~ across ⟨theat⟩ .. *k* (beim Publikum) *an* ‖ ⟨Am fam⟩ to ~ across *blechen* (*zahlen*) ‖ to ~ along *heran–, mitk*; *mitm*; should anything ~ along for you *wenn sich e–e Gelegenheit f Sie bieten sollte* ‖ ~ along! *vorwärts! also los!* ‖ to ~ away *fortk* ‖ *abgehen, sich loslösen* ‖ to ~ away from *scheiden, fortgehen v* ‖ to ~ **back** *zurückk*; ⟨Am *a*⟩ *erwidern*; to ~ back to a p *jdm wiedergeben w* ‖ *wieder ins Gedächtnis k* ‖ ⟨Am⟩ *erwidern* ‖ to ~ by *vorüberk* | to ~ **down** *herabk, fallen, einstürzen*; to ~ down before the wind ⟨mar⟩ *mit dem Winde fahren*; .. down in the world ⟨fig⟩ *herunterk, gedemütigt w*; .. down on a p *herfallen über*; .. down to heruntergehen *auf*; it has ~ down to us *es ist uns überliefert worden* ‖ .. down a peg or two ⟨fam⟩ (*etw*) *kleinlaut w*; .. down handsomely *sich nobel zeigen*; .. down with the money *mit dem Geld herausrücken* ‖ ⟨aero⟩ ~ down *heruntergehen*; ~ down in a spin *abtrudeln* ‖ ~ down through the overcast *die Wolkendecke durchstoßen* | to ~ **forth** *herausk* ‖ to ~ forward *auf–, hervortreten, sich melden* | to ~ **in** *hereink, –treten*; (of trains) *einlaufen, ank* ‖ *sich einstellen*; *z Macht, ins Parlament k*; *ans Ziel k*; to ~ in third *den 3. Platz erreichen, einnehmen*; (of money) *einlaufen*; (of fashion) *aufk*, → hair; *entstehen*; (of the tide) *eintreten*; (of months) *s–n Einzug halten*; to ~ in for *erhalten*; *erben* ‖ to ~ in useful *sich als nützlich erweisen* ‖ where do I ~ in? *wo bleibe ich? wo bleiben m–e Interessen?* ‖ ⟨aero⟩ to ~ in for a landing *z Landung ansetzen* | to ~ **near** to ⟨fig⟩ *Ähnlichkeit h mit* ‖ to ~ **off** *abgehen, sich loslösen* ‖ *stattfinden*; *erfüllt w, glücken*; *ausfallen*; *ablaufen* (.. off badly); (*P*) *abschneiden*; *davonk* ‖ (of plays) *abgesetzt w* (*v Repertoire*) ‖ ⟨Am sl⟩ *aufhören* | to ~ **on** *heran–*; *mitk*; *vorwärtsschreiten*, he has ~ on tremendously *er hat gr Fortschritte gemacht* ‖ (of seasons etc) *eintreten, hereinbrechen*; (of lawcases) *an die Reihe k, angesetzt s*; ⟨theat⟩ *z Aufführung k* (at a theatre); *auftreten* ‖ [imp] ~ on (*z Tieren, oft* [ˈkumˈɔn]) *komm hier! Los! Vorwärts!* | to ~ **out** *herausk*; *hervorgehen als* (he came out winner); to ~ out (on strike) *in Streik treten*; (of the hair) *ausfallen, ausgehen*; (of stains) *herausgehen*; ⟨cards⟩ *aufgehen* (his Patiences always came out); (of the sun etc) *hervorbrechen*; ⟨fig⟩ to ~ out with *herausplatzen mit*; (of publications) *herausk, erscheinen*; ⟨fig⟩ *bekannt w*; *in die Gesellschaft eingeführt w*; *auf Bälle gehen* ‖ ⟨arts & phot⟩ *hervortreten, werden* (the details have not ~ out well) | to ~ **round** *vorbei, vorsprechen*; (of a carriage) *vorfahren*; (of seasons) *wiederkehren, –k*; *sich jähren* ⟨mar⟩ (of a ship) *lavieren*; (of the wind) *sich drehen*; ⟨fig⟩ *sich bekehren* (to *zu*) ‖ *sich erholen* | to ~ **through** *hörbar w*; the call came through *es wurde durchtelephoniert* (that) ‖ *sich v schwerer Krankheit erholen* ‖ ⟨Am⟩ *Erfolg h, sich* (*erfolgreich*) *durchkämpfen*; ⟨fam⟩ *blechen* (*zahlen*) | to ~ **to** [ˈkʌmˈtuː] *z sich k, wieder z Bewußtsein k* ‖ *haltmachen* | to ~ **up** *heran–, heraufk*; to ~ up to a p *herantreten an jdn*; *zutreten* (to *auf*); *z Universität, nach London k* ‖ (of plants) *keimen, aufgehen*; (of numbers etc) *herausk*; (of the tide etc) *steigen*; (of a question etc) *sich aufwerfen, zur Sprache k, aufgerollt w*; to ~ up for discussion *z Diskussion k* ‖ to ~ up smiling *mit Lächeln übernehmen, gute Miene z bösen Spiel m* ‖ .. up against *auftreten gegen, sich aus–e–a–setzen mit* (*etw*); ⟨fig⟩ *stoßen auf* (opposition) ‖ .. up to *reichen bis z, an*; *entsprechen*;

⟨fig⟩ *gleichk, gleichtun*; .. up with *erreichen, einholen* **VI.** [in comp] **~-and-go** *das Kommen u Gehen, Hin u Her* n ‖ **~-back** ⟨fam⟩ *Rückkehr, Wiedererringung der Macht* f etc; ⟨fig theat⟩ *erneutes Auftreten, Wiederauftreten* n; to make a ~ *wieder auftreten,* ⟨film⟩ *wieder filmen*; *neuer Ankauf* m; *schlagfertige Antwort* f ‖ **~-down** *Abstieg* m; *Erniedrigung* f; *Reinfall* m, *Blamage* f ‖ **~-hither** [a] *anziehend, aufreizend*: **~-h.** *lock Schmachtlocke* f ‖ **~-off** [ˈkʌmˈɔːf] *Ausflucht* f, *Vorwand* m ‖ **~-on** ⟨Am sl⟩ *Schwindler* m ‖ **~-on** *Aufforderung* f; **~-on** *girl Animierdame* f **B.** vt [*nur in*]: to ~ it ⟨sl⟩ → A. III.

come-at-able [kʌmˈætəbl] a *erlangbar, leicht erreichbar* ‖ ⟨fig⟩ *zugänglich*

comeback [ˈkʌmbæk] s ⟨*bes* Am⟩ *Rückkehr* f ‖ *Erholen* n; *erneuter Versuch* m; ⟨sl⟩ *schlagfertige Antwort* f ‖ to stage a ~ ⟨theat etc⟩ *wieder auftreten*; ⟨pol⟩ *wieder ans Ruder k*

comedian [kəˈmiːdiən] s ⟨theat⟩ *Komiker* m *Lustspieldichter* m ‖ ⟨fig⟩ *Komödiant* m **–ic** [kəˈmiːdik] a *Lustspiel–, komisch* **–ienne** [ˌkɔmediˈɛn] s Fr *Komikerin* f **–ietta** [ˌkɔmediˈetə] s It *kz Lustspiel* n

comédie de mœurs [kɔmedi də məːrs] s Fr = comedy of manners

comedo [ˈkɔmiːdou] s L [pl ~s] ⟨med⟩ *Mitesser* m

comedy [ˈkɔmidi] s *Komödie* f, *Lustspiel* n; light ~ *Schwank* m; → *musical* ‖ *komischer Vorfall* m ‖ ~ of manners *Sittenkomödie* f (e.g. A. Dumas fils, La Dame aux camélias) ‖ → *commedia dell' arte*

comeliness [ˈkʌmlinis] s *Schönheit, Anmut, Grazie* f **comely** [ˈkʌmli] a *hübsch, schön, anmutig*

comer [ˈkʌmə] s *der (die) Kommende* (f) ‖ the first ~ *der, die zuerst Kommende*; ⟨fig⟩ *der, die erste beste, x-beliebige* ‖ ⟨Am sl: arts, com etc⟩ *Mann des schnellen Erfolges; kommender Mann* m ‖ all ~s *all u jeder, jedermann* ‖ new-~ *neuer Ankömmling* m

comestible [kəˈmestibl] **1.** a *eßbar* **2.** s [*mst pl* ~s] *Eßware* f, *Nahrungsmittel* n

comet [ˈkɔmit] s ⟨astr⟩ *Komet* m **~ary** [~əri], **~ic** [kəˈmetik] a *kometenartig, Kometen–*

comfit [ˈkʌmfit] s *Konfekt, Zuckerwerk* n, *–ware* f

comfort [ˈkʌmfət] **1.** s *Trost* m (to *für*); → cold ‖ *Erquickung, Stärkung* f (to *f*) | *Gemütlichkeit, Behaglichkeit* f; *Komfort, Luxus* m | *~*s [pl] ⟨mil⟩ *Liebesgaben* f pl; creature *~*s *leibliche Genüsse* m pl; instinct of *~* ⟨eth, biol⟩ *Körperpflegeinstinkt* m ‖ what a *~*! *welch ein Trost! Gott sei Dank!* ‖ to derive *~* from *Trost finden in* ‖ to take *~* *sich trösten, Mut fassen* | ⟨Am⟩ *~*-stall, *~*-station *öffentliche Bedürfnisanstalt* f **2.** vt *trösten; erfreuen, erquicken* **~able** [~əbl] a (–bly adv) *trostreich* (words) | *bequem, behaglich, gemütlich*; → comfy ‖ *bequem gelegen* | *ausreichend, einträglich* **~er** [~ə] s *Tröster* m, the *~* *der Heilige Geist*; Job's *~* *schlechter Tröster* m ‖ *wollenes Halstuch* n ‖ ⟨Am⟩ *Bettdecke* f | *~* cap *Mütze* f *mit Ohrenschützern* **~ing** [~iŋ] a *tröstlich* **~less** [~lis] a *trostlos, unbehaglich, unbequem* | *untröstlich*

comfrey [ˈkʌmfri] s ⟨bot⟩ *Schwarzwurz* f ‖ Bulbous *~*, Tuberous *~* ⟨bot⟩ *Zwiebelige, Knollige Wallwurz* f

comfy [ˈkʌmfi] a ⟨fam⟩ *behaglich*

comic [ˈkɔmik] **1.** a *Lustspiel–, komisch* (~ opera) ‖ *Heiterkeit erregend, heiter* (~ side); ~ paper *Witzblatt* n; ~ strip ⟨Am⟩ *Karikaturstreifen* m ‖ *possierlich, drollig* **2.** s *Komiker* m ‖ *Witzblatt* n ‖ *~*s [pl] ⟨bes Am⟩ *humoristische Ecke, „Humor"* (in Zeitungen), (lustige) *Bildgeschichte* f | **~al** [~əl] a (–ly adv) *Heiterkeit erregend, spaßig* ‖ *wunderlich*

coming [ˈkʌmiŋ] **1.** s *Kommen* n, *Ankunft* f; ~ of age *Mündigwerden* n | ~-in *Eintritt* m | ~-on *Anrücken, Herannahen* n | [attr] ~ *flight* ⟨aero⟩ *Anflug* m **2.** a *kommend, künftig* ‖ ⟨sex vulg⟩ *scharf* ‖ the ~ *man der kommende Mann* ‖ ⟨Am fam⟩ he has it ~ to him *er verdient es*

Cominform [ˈkəminfɔːm] s *Komintern-Informationsbüro* n

Comintern [ˈkɔmintəːn] s (*aus* **Com**munistic **Intern**ational) the ~ *die Organisation der Komintern, der internat. Kommunisten, Bolschewisten*; [*a* attr]

comity [ˈkɔmiti] s *Höflichkeit* f ‖ *gutes Einvernehmen* n (the ~ of nations) ‖ ⟨jur⟩ *höfliche Anwendung* f *des Rechts e–s anderen Staates*

comma [ˈkɔmə] s [pl ~s] *Komma* n; inverted ~s *Gänsefüßchen, Anführungsstriche* pl ('yes' *od* "yes") ‖ ~ *bacillus Cholerabazillus* m ‖ ~ *butterfly C-Falter* m

command [kəˈmɑːnd] **I.** vt/i **A.** vt **1.** *befehlen* (a p to do *jdm z tun*; a p to be brought *daß jd gebracht wird*; that .. should) ‖ (etw) *verfügen*; *fordern, beanspruchen* | *beeindrucken* | *gebieten*; to ~ respect *Achtung gebieten, einflößen* **2.** ⟨mil⟩ (*Heer*) *befehligen, führen* ‖ (*Lage* etc) *beherrschen*; to ~ o.s. *sich b.* | (etw) z *Verfügung h, verfügen über; aufweisen; –bieten* | (of rooms etc) *besitzen* (to ~ a fine view) **3.** *erhalten, verdienen*; (*Preis*) *einbringen*; (*Absatz*) *finden* **B.** vi *befehlen, den Befehl führen, herrschen, gebieten* **II.** s **1.** *Befehl* m (at a p's ~ *auf jds B.*); ~ *performance Aufführung auf Allerhöchsten B.*; ⟨parl⟩ ~ *Paper* (abbr Cmd.) *dem Parl. vorgelegter formulierter Beschluß der Krone* | *Auftrag* m | I have it in ~ from the king *ich habe v König den Auftrag* (to do) **2.** ⟨fig⟩ *Herrschaft, Gewalt* f (of *über*); *Verfügung* f (of *über*), at a p's ~ *z jds V.* ‖ ~ of *German des Deutschen*); ~ of *language Redegewandtheit* f **3.** ⟨mil & mar⟩ *Oberbefehl* m; *Kommando* n (Northern ~), to take ~ of *das K. übernehmen über* **4.** Verbindungen: the higher ~ ⟨engl⟩ *Generalstab* m ‖ word of ~ *Kommandowort* n, *Losung* f | at ~ *auf Bestellung*; z *Verfügung* ‖ by ~ *auf Befehl* ‖ in ~ *als Führer*; in ~ of *befehligend*, second in ~ *zweiter im Kommando* ‖ under the ~ of *befehligt v* **5.** ~-in-chief 1. s [pl ~s-in-chief] *Oberbefehl* m **2.** vi *den O. h* **6.** [attr] ~ *airplane Führerflugzeug* n ‖ ~ *car* ⟨Am⟩ *Befehlswagen* m ‖ ~ of execution ⟨tact⟩ *Ausführungsbefehl* m; ~ ⟨Drill⟩ *Ausführungskommando* n ‖ ~ *post* ⟨artill⟩ *Feuerleitung(sstelle)* f; ⟨Am⟩ *Befehlsstelle* f ‖ ~ *post exercise Rahmenübung* f ‖ preparatory ~ ⟨Drill⟩ *Ankündigungskommando* n ‖ ~ *supervision* ⟨mil⟩ *Dienstaufsicht* f **~ant** [ˌkɔmənˈdænt] s ⟨mil⟩ *Kommandant, Befehlshaber* m **~eer** [ˌkɔmənˈdiə] vt ⟨mil⟩ z *Kriegsdienst zwingen, einziehen* ‖ ⟨mil⟩ *requirieren* ‖ ⟨fam⟩ *sich aneignen* ‖ ~ed *person Dienstverpflichteter* m **~er** [kəˈmɑːndə] s *Befehlshaber, Kommandant* m | (v *Bataillon an aufwärts*) *Kommandeur* m, (*Kompanie-)Chef* m, (*Zug–, Einheits-)Führer* m ‖ (of an order) *Komtur* m ⟨nav⟩ *Fregattenkapitän* m ‖ ⟨aero⟩ *Wing-~* (*unter dem* Group-Captain) *Fliegeroberstleutnant* m | ~-in-chief [pl ~s-in-chief] ⟨mil⟩ *Höchstkommandierender, Oberbefehlshaber* m; ⟨mar⟩ *Stationschef* m **~ery** [~əri] s *Komturei* f **~ing** [~iŋ] a (–ly adv) *befehlend, kommandierend*; ~ *general Armeekommandeur*, ~ *officer Kommandeur, Disziplinarvorgesetzter, Einheitsführer* m; ~ *(be)herrschend* ‖ *hervor–, überragend* (~ position), *achtunggebietend; dominierend, eindrucksvoll, imponierend* (~ presence ~ *Auftreten*); *weit* (view) **~ment** [~mənt] s *Vorschrift* f, *Gesetz* n ‖ The Ten Commandments ⟨ec⟩ *die Zehn Gebote* n pl ‖

⟨mil sl⟩ to obey the eleventh ~ *sich nicht erwischen l*

commando [kə'mɑ:ndou] s [pl ~s] *Truppenkommando* n; *Expedition* f ‖ *Kommando* n (*Abteilung f bes Auftrag*); *Stoßtrupp* m ‖ ⟨bes Am⟩ *Kommandosoldat* m ‖ ~ sole *Profilsohle* f

commedia dell' arte [kə'me:dia del' ɑ:ti] s = comedy of the guild (arte = guild) *Stegreifkomödie* f

commemorate [kə'meməreit] vt (*jds*) *gedenken*; (*jds Gedächtnis*) *feiern* ‖ *gedenkend erwähnen* ‖ *erinnern an* –**tion** [kə,memə'reiʃən] s *Gedächtnisfeier* f ‖ ⟨Oxf univ⟩ *Stiftergedenkfest* n (~ Day) ‖ in ~ of a p *z Gedächtnis jds* –**tive** [kə'memərətiv] a *Erinnerungs–, Gedächtnis–*

commence [kə'mens] vt/i ‖ *anfangen, beginnen* (a th; doing) | vi *beginnen* (to do) ‖ † *beginnen als* (he ~d poet *er begann als Dichter*) ‖ to ~ M. A. *den* M. A. *erwerben* ‖ ~ firing! *Feuererlaubnis!* f ~**ment** [~mənt] s *Anfang, Beginn* m (at the ~ of a th *bei B. e–r S*) ‖ ⟨Cambr & Am⟩ *Feier der Übertragung des* M. A. *u des Doktorgrades* ‖ ~ of an action ⟨jur⟩ *Erhebung* f *der Zivilklage* ‖ ~ of firing ⟨mil⟩ *Feuereröffnung* f ‖ ~ of hostilities *Ausbruch* m *der Feindseligkeiten*

commend [kə'mend] vt *anvertrauen* (to a p *jdm*); (*jdn, etw*) *empfehlen* (to ~ one's soul to God) ‖ (*S*) to ~ o.s. *sich empfehlen* ‖ (*jdn, etw*) *loben* ~**able** [~əbl] a (–bly adv) *löblich, empfehlenswert* ~**ation** [,kɔmen'deiʃən] s *Lob* n, *Belobigung*; *Empfehlung* f ~**atory** [kə'mendətəri] a *empfehlend, Empfehlungs–; lobend*

commendam [kə'mendæm] s L ⟨hist ec⟩ *Kommende(npfründe)* f

commensal [kə'mensl] **1.** a *an demselben Tische essend*; ⟨biol⟩ *Schmarotzer–, parasitisch* **2.** s *Tischgenosse* m; ⟨biol⟩ *Parasit* m

commensurability [kə,mensjərə'biliti] s *Kommensurabilität* f –**able** [kə'menʃərəbl] a (–bly adv) *kommensur.abel, mit demselben Maße z messen(d) or meßbar* (with *wie*) –**ate** [kə'menʃərit] a (~ly adv) *v gleichem Umfang, gleicher Dauer* (with *wie*); *angemessen* (to, with a th *e–r S*)

comment ['kɔment] **1.** s *Bemerkung; Erklärung* f (on *über, f*), *Stellungnahme* f (on *z*) ‖ *erklärende* or *kritische Erläuterung, Anmerkung* f ‖ *krit. Bemerkungen* pl, *Kritik* f (to cause ~) **2.** vi *kritische Anmerkungen* m (on *z*) ‖ (*ungünstige*) *Bemerkungen* m (on *über*) ‖ *hinweisen* (on *auf*); *näher ausführen* (that) ~**ary** ['kɔməntəri] s *Komment.ar* m (on *z*); running ~ on *laufender K. z* ‖ ⟨wir⟩ *Funk–, Hörbericht* m (on *über*) | ~ broadcast *Rundfunkkommentar* m ~**ation** [,kɔmen'teiʃən] s *Kommentierung* f ~**ator** [~eitə] s *Kommentator, Ausleger* m ‖ ⟨wir⟩ *Berichterstatter, Komment.arsprecher* m

commerce ['kɔməs, –ə:s] s *Handel* m; *Auslandshandel* (*Ggs* trade); *öffentl. Verkehr* m; Chamber of ~ *Handelskammer* f ‖ ⟨fig⟩ *Verkehr, Umgang* m (with)

commercial [kə'mə:ʃəl] **1.** a (~ly adv) *kommerzi.ell, kaufmännisch, Geschäfts–, Handels–* | ~ academy *Handelshochschule* f; ~ airplane *Handels–, Verkehrsflugzeug* n; ~ artist *Gebrauchs–, Werbegraphiker* m; ~ broadcasting *Werbefunk* m ‖ ~ hotel *Hotel niederen Grades ohne Schankkonzession*; ~ item *handelsüblicher Artikel* m; ~ loading *raumsparende Verladung* f; ~ grade, ~ quality *handelsübliche Q.*; ~ quantities *marktfähige Mengen* f pl; ~ school *Handelsschule* f; ~ television (CTV) *Reklamefernsehen* n; ~ traveller *Handlungsreisender, Vertreter* m; ~ vehicle *Nutzfahrzeug* n **2.** s ⟨fam⟩ *Handlungsreisender* m ‖ ⟨Am wir⟩ *Reklameprogramm* n, *Werbung* f *im Rundfunk*; ~s [pl] ⟨wir⟩ *Werbesendungen* f pl ~**ese** [kə,mə:ʃə'li:z] s *Kaufmannstil, Handelsjargon* m ‖ [attr]

Kaufmanns– ~**ism** [~izm] s *Handelsgeist* m ~**ize** [~aiz] vt *z Gegenstand des Handels* m; *marktfähig* m ‖ *in den Handel bringen*

Commie ['kɔmi] s ⟨fam⟩ *Kommunist* m

commination [,kɔmi'neiʃən] s ⟨rel⟩ (*Straf-*) *Androhung* f (C. E. ~ service [*am Aschermittwoch*]) ‖ –**tory** ['kɔminətəri] a *drohend*

commingle [kə'miŋgl] vt/i ‖ *vermengen* | vi *sich vermischen*

comminute ['kɔminju:t] vt *zerkleinern*; (*Gut*) –*stückeln* | ~d fracture ⟨med⟩ *Splitterbruch* m ‖ –**tion** [,kɔmi'nju:ʃən] s *Zerkleinerung*; ⟨fig⟩ *Verringerung* f

commiserate [kə'mizəreit] vt/i ‖ (*jdn*) *bemitleiden* | vi *bemitleiden* (with a p *jdn*); –ting *mitleidig* –**tion** [kə,mizə'reiʃən] s *Mitleid, Erbarmen* n (with *mit*) –**tive** [kə'mizərətiv] a (~ly adv) *mitleidsvoll*

commish [kə'miʃ] s ⟨com fam abbr⟩ *commission Kommission* f, *Prozente* n pl

commissar [,kɔmi'sɑ:] s *russ. Volkskommissar* m ~**ial** [,kɔmi'sɛəriel] a *kommissarisch, Kommissar–* ~**iat** [,kɔmi'sɛəriət] s (*bes* mil) *Verpflegungsamt* n, *Intendantur* f ‖ *Nahrungsmittelversorgung* f ‖ *russ. Kommissariat* n

commissary ['kɔmisəri] s *Kommissar, Beauftragter* m; = commissar ‖ ⟨mil⟩ *Intendanturbeamter, –rat* m; ~–general ⟨mil⟩ *Generalproviantmeister* m ‖ ⟨ec⟩ *Vertreter* m *des Bischofs* ‖ ⟨Am mil⟩ *Verpflegungsamt, –lager* n; *Furierstelle* f, ⟨hist⟩ *Intendanzoffizier* m | [attr] ~ roll *Furierliste* f

commission [kə'miʃən] **1.** s **1.** *Auftrag* m, *Instruktion, Bestellung* f | *Kommission* f, *Patent* n; *Vollmacht* f (on the ~ *V. h–d*) ‖ Preparatory ~ *Vorbereitender Ausschuß* m **2.** *übertragene Stelle* f, *Amt* n; *Offizierspatent* n ‖ to receive one's ~ *z Offizier ernannt* w ‖ to resign one's ~ *den Abschied nehmen* ‖ employees not holding Civil Service ~s *nichtbeamtete Pn* pl **3.** ⟨com⟩ *Kommission* f (on ~ *in Kommission*), *Auftrag* m ‖ ⟨com⟩ *Kommission, Provision* f (on ~ *gegen P.*) **4.** (*Pn*) *Kommission* f; *Ausschuß* m, *Komitee* n (on the ~ *in der Kommission, z der K. gehörig*); *die Enquete* f, *Untersuchungsausschuß* m (on *f*) ‖ Court of High ~ ⟨hist⟩ *kirchl. Gerichtshof* **5.** *Verübung* f *e–s Verbrechens etc* **6.** to discharge a ~ *e–n Auftrag ausführen* ‖ to put in od into (out of) ~ (*Schiff*) *in* (*außer*) *Dienst stellen* ‖ out of ~ *außer Betrieb* **7.** [attr] *Kommissions–* (~-business); ~–agent, ~–merchant ⟨com⟩ *Kommissionär, Agent; Vermittler* m **II.** vt/i ‖ *beauftragen, bevollmächtigen, bestellen* ‖ ⟨mar⟩ (*Schiff*) *dienstbereit* m; *in Dienst stellen* ‖ (*Offizier*) *abordnen*; to be ~ed *zum Offizier ernannt or befördert* w; ~ed service *Dienstzeit* f *als O.* | vi (of ship) *in Dienst stellen* ~**aire** [kə,misjə'nɛə] s Fr *Dienstmann* m; (*Laden-*)*Portier* m ~**ed** [~d] a *bevollmächtigt*; ~ officer *patentierter Offizier* m ~**er** [~ə] s *Kommissionär, Bevollmächtigter* m ‖ *Kommissionsmitglied* n (*bes v Regierungsausschüssen*); ~s [pl] *Aufsichtsbehörde* f (~s of works) ‖ *hoher Verwaltungsbeamter* m *in Indien* ‖ *hoher Staatsbeamter* m ‖ High ~ *offizieller Vertreter, Gesandter der Brit. Dominien in London* (the High ~ for Canada *der .. Kanadas*) ‖ *Hochkommissar* m ‖ ⟨jur⟩ *beauftragter Richter* m ~**ership** [~əʃip] s *Stelle* f *e–s Commissioner* ~**ing** [~iŋ] s *Indienststellung* f

commissure ['kɔmisjuə] s Fr ⟨anat⟩ *Verbindung* f, *Bindeglied* n; ~s [pl] *Kommiss.uren* (*Nervenfaserbündel*) f pl

commit [kə'mit] vt **1.** *übergeben*; (*Truppen*) *an–, einsetzen* ‖ to ~ a p to prison *jdn inhaftieren, einliefern*; to ~ a prisoner for trial → trial ‖ (*Bill*) *an e–n Ausschuß überweisen* ‖ *anvertrauen* (a th to a p *jdm etw*) ‖ to ~ to memory (*etw*) *dem Gedächtnis einprägen* ‖ to ~ to paper

z *P. bringen* **2.** (*jdn*) *verpflichten, binden;* to
~ o.s. *sich verpflichten* (to *zu;* to do; to doing
z *tun*); *sich binden;* they are ~ted against *sie h
sich festgelegt, verpflichtet gegen* **3.** *kompro-
mittieren;* to ~ o.s. *sich k., sich e–e Blöße geben*
4. (*etw*) *begehen, verüben* (on a p *an jdm*) **~ment**
[~mənt] s *Übergeben* n; *Einsatz* (*v Truppen*) m
‖ ⟨fig⟩ *Auslieferung* f (to *an*) ‖ *Verhaftung* f |
geldliche Verpflichtung f; to undertake a ~ *e–e
V. eingehen* ‖ ⟨pol⟩ *Bindung* f (to *an*); *Verpflichtung* f (to *zu*), without any ~ *unverbindlich*
‖ due to heavy ~s *wegen starken Arbeits-
anfalls, wegen Überlastung;* these ~s (in addition to our normal work) *diese Aufgaben* ..
~table [əbl] a *leicht z begehen(d)* **~tal** [~əl] s
Übergeben, Überweisen n (to *an*); ~ *service
Worte* pl *des Geistlichen am Grabe* ‖ *Verhaftung*
f ‖ *Ausübung* f (of a crime) **~tee** [~i] s *Komi-
t·ee* n; *Ausschuß* m, *Kommission* f (on *f*) (to
be, to sit on the ~ *der K. angehören*), standing ~, joint ~ *ständiger, zus–gesetzter Ausschuß* m; Economic and Social ~ *Wirtschafts-
u Sozialausschuß,* ~ monetary; ⟨SBZ⟩ *action
~,* executive ~ *Aktionskomitee* n; central
~ *Zentral–* ‖ ⟨parl⟩ to go into ~ in *Einzel-
beratungen eintreten, eingehend beraten* ‖
to refer to a ~ *e–m Ausschuß überweisen* **~tee**
[‚kɔmi'ti:] s ⟨jur⟩ *Kurator, Vormund* m (*v
Geisteskranken*)

commix [kɔ'miks] † vt/i ‖ *vermengen* | vi *sich
vermengen* **~ture** [~tʃə] s *Vermengung* f, *Gemisch* n
  commode [kə'moud] s *Kommode* f ‖ (a night-
~) *Nachtstuhl* m
  commodious [kə'moudiəs] a (~ly adv) *bequem, geräumig*
  commodity [kə'mɔditi] s (*Handels–, Ge-
brauchs-*)*Artikel* m; *Ware* f ‖ –ties [pl] *Güter*
n pl
  commodore ['kɔmədə:] s ⟨mar⟩ ~ 1st and
2nd class *Flotillenadmiral* m (*unter dem Konteradmiral*); ⟨aero⟩ *Kommodore* m (*unter dem Vice-
Marshal*)
  common ['kɔmən] **I.** a (~ly adv) **1** *gemeinschaftlich, gemeinsam,* ~ to all *allen g.*; to make
~ cause with *gemeinsame S m mit*; to be on ~
ground with a p ⟨fig⟩ *v den gleichen Voraus-
setzungen ausgehen, auf den gleichen Grundlagen
fußen wie jd* **2.** *öffentlich; allgemein;* by ~ con-
sent *mit allgemeiner Zustimmung* | *Gemeinde–,*
~ council *–rat* m; ~ school *Volksschule* f ‖
Stadt–; ~ talk *–gespräch* n **3.** *gewöhnlich, alltäglich, üblich* **4.** *gewöhnlich, ohne Rang, gemein*
(~ soldier); *niedrig* (the ~ people) **5.** *gewöhnlich, vulgär, ordinär;* ~ woman *Hure* f **6.** ⟨bot⟩
gemein; ⟨oft⟩ *echt* (*Jasmin, Lorbeer* etc) **7. bes
Verbindungen:** ~ charges [pl] ⟨her⟩ *gemeine
Figuren* f pl ‖ ~ chord ⟨mus⟩ *Dreiklang* m ‖
~ debtor *Gemeinschuldner* m ‖ ~ divisor, ~
measure ⟨math⟩ *gemeinsamer Teiler* m ‖ ~ or
garden [attr] *gewöhnlich, gemein,* °*Feld–, Wald-
u Wiesen–;* ~ gender ⟨gram⟩ *doppeltes* (m *od* f)
Geschlecht n ‖ ~ grave *Massengrab* n ‖ ~
household *häusliche Gemeinschaft* f ‖ ~ informer
Denunziant m ‖ ~ land *Allm·ende* f; ~ law
(*ungeschriebenes englisches*) *Gewohnheitsrecht* n;
~ law marriage *durch formlosen Vertrag des
gemeinen Rechts geschlossene Ehe*; ~ law liability *Haftpflicht* f; ~ law obligatory third party
insurance *Zwangshaftpflicht(versicherung)* f ‖ ~
noun ⟨gram⟩ *Gattungsname* m ‖ Court of ~
Pleas ⟨hist jur⟩ *Zivilgerichtshof* m ‖ ~-Prayer
(*anglikanische*) *Liturgie* f (the Book of ~ Prayer)
‖ ~ property ⟨jur⟩ *Gesamtgut* n ‖ ~ repute
Ruf m, *Renommee* n ‖ ~-room ⟨Oxf⟩ *Zimmer
der Fellows* (*nach dem Dinner*); the masters
~-room *Lehrerzimmer* n ‖ ~ seal *Firmensiegel*
n ‖ ~ sense **1.** s *gesunder Menschenverstand* m

(the Philosophy of ~ Sense) ⟨fig⟩ *Nüchternheit,
Wirklichkeit* f **2.** a *verständig, vernünftig* | ~-
sensible *nüchtern* (*denkend*) ‖ ~ Sergeant *Ge-
richtsbeamter der* City of London ‖ ~ time
⟨mus⟩ *gerader Takt* m (*mst* 4/4 *Takt*) ‖ ~ weal
Gemeinwesen, –wohl n ‖ → welfare **II.** s *Gemeindeland* n ‖ (a right of ~) *Mitbenutzungs-
recht* n (of *an;* ~ of pasturage) ‖ *das Allgemeine,
Gemeinsame* n; ⟨vulg⟩ = ~ sense(: use a bit
of ~!) **| in** ~ *gemeinsam* (with *mit*), to have in ~
gemein h; in ~ with *in Übereinstimmung mit,
genau wie* (in ~ with all painters he ..) ‖ out of
the ~ *außergewöhnlich* | ~s [pl] → ~s **~able**
[~əbl] a *Gemeindelands–; Gemeindeweide–*
(~ cattle) **~age** [~idʒ] s *gemeinsames Nut-
zungsrecht; Gemeindeland* n ‖ [koll] *die Bürgerlichen* pl **~alty** [~əlti] s *Korporation* f ‖ *das
gemeine Volk* n **~er** [~ə] s *Nichtadliger; Bürger-
*(*licher*) m ‖ (*in einigen* colleges) *Student, der für
s–e Kost bezahlt* ‖ * *Mitglied des* H. C.; the First
~ ⟨parl⟩ = the Speaker ‖ the Great ~ ⟨Am⟩
= William Jennings (*Verteidiger der Monroe-
Doktrin*) **~ness** [~nis] s *Gemeinschaft* f ‖ *häufiges Vorkommen* n ‖ *Gemeinheit* f **~place** [~pleis]
1. s *Gemeinplatz* m (e.g.: if a man can be cured,
he can also fall ill; if a man has forgotten a th,
he once knew it; rain clouds presage rain, etc)
the ~ *die Abgedroschenheit, das Gewöhnliche,
Alltägliche, Platte* n ‖ ~-book *Kollektan·een–,
Notizbuch* n **2.** a *Alltags–, gewöhnlich, abgedroschen* **3.** vt *in ein Kollektaneenbuch eintragen*
  commons ['kɔmənz] s [pl] *Bürgerliche, Gemeine* m pl ‖ ⟨parl⟩ the ~, the House of ~ *das
Unterhaus* n ‖ [sg konstr; a ~] (*gemeinschaft-
liche*) *Kost, Rati·on* f; → doctor; short ~ *schmale
Kost* f
  commonwealth ['kɔmənwelθ] s *Gemeinwesen*
n; *Staat* m ‖ *Republik* f, *Freistaat* m; the ~
engl. Republik 1649–60; ⟨fig⟩ ~ of learning
Gelehrten– f ‖ The (*British*) ~ of Nations *der
Britische Staatenbund* m (1926) ‖ the ~ of
Australia *der Australische Bundesstaat* m ‖ ⟨Am⟩
Einzelstaat (*der* USA)
  commotion [kə'mouʃən] s *heftige physische
Bewegung* f; *Verwirrung* f (in ~) ‖ *innere Erregung* f ‖ ⟨fig⟩ *Aufruhr, Tumult* m ‖ to make a ~
Verwirrung hervorrufen, Aufsehen erregen
  communal ['kɔmjun!] a *Kommunal–, Gemeinde–;* ~ kitchen *Volksküche* f **~ism** [–nəlizm] s
Lehre f *v der Selbstverwaltung der Kommunen*
~ize [kə'mju:nəlaiz] vt *kommunalisieren, eingemeinden*
  commune ['kɔmju:n] s ⟨a-engl⟩ *Kommune*;
Gemeinde f **commune** [kə'mju:n] vi *sich unterhalten* (with); to ~ with o.s. *in sich gehen* ‖ ⟨ec⟩
kommunizieren
  communicability [kə,mju:nikə'biliti] s *Erzähl-
barkeit* f ‖ *Mitteilsamkeit* f *–able* [kə'mju:nikəbl]
a (–bly adv) *mitteilbar, erzählbar; übertragbar*
(disease) ‖ *mitteilsam* **–ant** [kə'mju:nikənt] s ⟨ec⟩
Kommunikant, (bes: *regelmäßiger*) *Abendmahls-
gast* m
  communicate [kə'mju:nikeit] vt/i ‖ *mitteilen*
(a th to a p *jdm etw*) ‖ (*Krankheit*) *übertragen*
(to *auf*) | vi *in Verbindung stehen, sich in Verbin-
dung setzen* (by *durch, per;* with *mit*); they were
~d with *man setzte sich mit ihnen in V.* ‖ (of
rooms) *verbunden sein, zus–hängen* (with) ‖ ⟨ec⟩
kommunizieren, das Abendmahl nehmen **–tion**
[kə,mju:ni'keiʃən] s (*Gedankenvermittlung durch
Wort* or *Schrift*) *Mitteilung* f (to *an*) ‖ *Nachricht* f ‖ *Verkehr* m; *Verbindung* f; to be in ~
with *in Verbindung stehen mit*; to break off all
~ *allen Verkehr abbrechen* ‖ *Durchgang* m;
Verkehrsweg m, *Verbindung* f ‖ lines of ~ ⟨mil⟩
rückwärtiges Armeegebiet n ‖ ~s [pl] *Informationen* f pl; *Nachrichten(verbindungs)wesen* n,
Nachrichtenverkehr m | ~ airplane *Verbin-*

dungsflugzeug n || ～ centre *Fernmeldezentrale* f || ～-cord ⟨rail⟩ *Notbremse, Notleine* f | ～ battalion *Fernmeldebataillon* n || ～ chief *Leiter* m *des Fernmeldedienstes (Uffz)* || ～ detail *Fernmeldetrupp* m || ～ facilities [pl] ⟨mil⟩ *Nachrichtenmittel* n pl || ～ intelligence *Fernmeldeaufklärung, -auswertung* f || ～ system *Verkehrswesen* n || ～ traffic *Fernmeldeverkehr* m || ～-trench *Laufgraben* m | ～s [pl] *Fernmeldewesen* n || ～s zone ⟨mil⟩ *rückwärtiges Gebiet* n, *Etappe* f

communicative [kə'mju:nikeitiv] a (～ly adv) *mitteilsam*; *redselig* **～ness** [～nis] s *Mitteilsamkeit* f

communicator [kə'mju:nikeitə] s *Mitteiler* m || ⟨telg⟩ *Zeichengeber* m || ⟨rail⟩ *Notbremse, Notleine* f

communion [kə'mju:njən] s *Gemeinschaft, Verbindung* f || *Verkehr* m; to hold ～ with *mit* (*jdm*) *Verkehr unterhalten* || ⟨übtr⟩ *Einkehr* (with o.s. *bei sich*) || *relig. Körperschaft* f || (*a* Holy ～) ⟨ec⟩ *das Heilige Abendmahl* n (to go to ～ *z A. gehen*) | [attr] ～-cloth *Altartischtuch* n || ～-cup *Abendmahlskelch* m || ～-service *-feier* f || ～-table *-tisch, Altar* m

communiqué [kə'mju:nikei] s Fr *amtliche Mitteilung, Verlautbarung* f

communism ['kɔmjunizm] s *Kommunismus* m, *Lehre* f *v der Gütergemeinschaft* f

communist ['kɔmjunist] **1.** s *Kommunist* m **2.** a = **～ic** [ˌkɔmju'nistik] a *kommunistisch* || **-itarian** [ˌkɔmju:ni'tɛəriən] *Mitglied e–r kommunistischen Gesellschaft* f **-ity** [kə'mju:niti] s *Gemeinsamkeit* f (of interests); *gemeinschaftlicher Besitz* m; *conjugal* ～ *eheliche Gemeinschaft* f; ～ of goods *Gütergemeinschaft* f; ～ singing *gemeinsames Singen* n, *Gemeinschaftsgesang* m | [konkr] *Gemeinschaft* f || *organisierte politische, gesellschaftl. Körperschaft*; *Gemeinde* | *kommunist. Genossenschaft* f | Coal and Steel ～ *Mont·anunion* f | the ～ *die Allgemeinheit* f | *Gemeinwesen* n, *Staat* m || ～ centre *Kommunal–, Gemeindezentrum*; *Gemeinde–, Bürgerhaus, städtisches Volksheim, Dorfgemeinschaftshaus* n || ～ chest, ～ fund ⟨Am⟩ *Armenkasse* f (*aus privaten Zuwendungen, aus öffentlichen Sammlungen*) || ～ effort *gemeinschaftliche Bemühungen* f pl || ～ property ⟨jur⟩ *Gemein–, Gesamtgut* n || ～ service *Dienst* m *an der Gemeinschaft*; ～ services [pl] *gemeinnützige Einrichtungen* f pl **-ize** ['kɔmjunaiz] vt (*etw*) z *Gemeingut* m || *kommunistisch* m

commutable [kə'mju:təbl] a *vertauschbar*; (*durch Geld*) *ablösbar* (offence) **-ation** [ˌkɔmju-'teiʃən] s *Tausch, Umtausch* m; *Ablösung* f (*durch Geld*) || ⟨jur⟩ *Herabsetzung* f *der Strafe* (to *zu, auf*) || ⟨el⟩ *Umschaltung* f || ⟨Am⟩ ～-ticket ⟨rail⟩ *Zeitkarte* f **-tative** [kə'mju:tətiv] a *auswechselbar*; *Ersatz–*; *gegenseitig* **-tator** ['kɔmju:teitə] s ⟨el⟩ *Umschalter*; *Gleichrichter* || *Stromabnehmer, -wender* m

commute [kə'mju:t] vt/i || *aus–, vertauschen*; *auswechseln* || (*Verpflichtung* etc) *umwandeln* (into *in*); (*Strafe*) *ablösen* (for, into *durch*) || ⟨jur⟩ (*Strafe*) *mildern* (to, into *z, in*) || ⟨el⟩ (*Stromrichtung*) *regulieren*; *in Gleichstrom umwandeln* | vi ⟨Am⟩ *reisen*; *auf Zeit–, Arbeiterkarte fahren, z Arbeit u zurückfahren* | **～r** [～ə] s **1.** *Zeitkarteninhaber(in* f) m, *-benutzer(in*), (*Berufs–, Ausbildungs-*)*Pendler(in*) || ～ train (*Arbeiter-*)*Vorortzug* m **2.** = *commutator*

comose ['koumous] a (*bot*) *haarig, behaart*

compact ['kɔmpækt] s *Vertrag, Pakt* m, *Übereinkunft* f (by, from ～ *laut Ü.*); *social* ～ *Gesellschaftsvertrag* m || (*bes* Am com) *Hartpuder-*(*etui* n) m (*mit Spiegel*); *double* ～ .. *mit zusätzl.* Rouge

compact [kəm'pækt] **1.** a (～ly adv) *kompakt,*

fest || *zus–gedrängt*; *voll* (of *v*); *gedrängt, bündig* (style) || ～ car ⟨mot⟩ *Wagen* m *der Mittelklasse* **2.** vt *fest mit–e–a verbinden, verdichten, zus–drängen, –setzen* **～ness** [～nis] s *Kompaktheit, Festigkeit* f || *Bündigkeit, Knappheit* f

compages [kəm'peidʒi:z] s L ⟨fig⟩ *Gerüst, Gebäude*; *System* n

companion [kəm'pænjən] **1.** s *Begleiter(in* f) m ⟨*a* fig⟩ || *Kamerad, Gefährte* m (*–tin* f), *Genosse* m (*–sin* f); ～-in-arms *Waffengenosse* || *Mitreisender* m || *Gesellschafterin* f; ～ housemaid *Haustochter* f | *Angehöriger des niedrigsten Grades des Ritterordens*, ～ of the Bath || *zugehöriges Ding*; *Gegen–, Seitenstück* n; [oft attr] *dazu passend*; ～ picture, ～ piece *Pendant, Gegenstück* n: ～ piece *Begleitstück* n; ⟨theat⟩ *–figur* (to *zu*) **2.** vt/i || *begleiten* | *verkehren* (with) **～able** [～əbl] a (–bly adv) *umgänglich, gesellig* **～ableness** [～əblnis] s *Umgänglichkeit* f **～ate** [～ite] a: ～ marriage ⟨Am⟩ *Kameradschafts–, Onkel–, wilde Ehe, keine-Kinder-Heirat* f || **～less** [～lis] a *alleinstehend, ohne Genossen* **～ship** [～ʃip] s *Begleitung, Gesellschaft* f || *Rang e–s Ordens-*Companion (→ *o*)

companion [kəm'pænjən] s ⟨mar⟩ *Deckfenster* n; (*a* ～-hatch) *Kajütskappe* f || (*a* ～-ladder, ～-way) ⟨mar⟩ *Fallreeps–, Kajütentreppe* f

company ['kʌmpəni] **I. s A.** [abstr *nur sg-Form*] **1.** *Begleitung, Gesellschaft* f; in ～ *in G., zus*; in ～ with *in G. mit, zus mit* (in ～ with Mr. N. he ..); to bear, keep a p ～ *jdm Gesellschaft leisten*; to part ～ *sich trennen* (with *v*); I sin *od* err in good ～ *ich befinde mich in guter G.* (*indem ich dies tue*); to weep for ～ *z G. mitweinen* || to be in the ～ of a p *od* in a p's ～ *in der Begleitung jds s* (he was in the ～ of Mr. N.) | he is good ～ *er ist ein guter Gesellschafter* || present ～ excepted! *Anwesende ausgenommen!* **2.** *Bekanntschaft* f, *Umgang* m, to keep bad, good ～ *schlechten, guten U. h* || *Verkehr* m, to keep ～ *verkehren, ein Verhältnis h* (with *mit*) **3.** *geselliges, gesellschaftliches Leben* n, *Geselligkeit* f; to be fond of ～ *die Gesellschaft lieben*, to see much (a great deal of) ～ (*sehr*) *viel in Gesellschaften gehen, viele G. geben* || *geladene Gäste* pl **4.** *Anzahl, Menge* f **B.** [konkr *pl –nies*] **1.** *Innung, Zunft* f; ⟨Ger⟩ "limited liability ～" ⟨m.m.⟩ *Gesellschaft mit beschränkter Haftung (G.m.b.H.)* **2.** ⟨theat⟩ *Truppe* f, *roving* ～, *strolling* ～, *touring* ～ *Wandertruppe* f **3.** ⟨com⟩ (abbr Co) (*Handels-*)*Gesellschaft, Kompagnie, Genossenschaft* f (Morris & Co; The East India ～); → *chartered*; *joint, limited* || ⟨jur⟩ ～ under *civil od* commercial law *Gesellsch. des bürgerlichen u Handelsrechts* || ～'s water *Leitungswasser* n || ⟨Am *a*⟩ *Geschäft* n (*ohne Partner*) || ～-buster ⟨Am⟩ *Berufs-Streikbrecher* m **4.** ⟨mil⟩ *Kompagnie* f; the nine –nies of angels *die neun Engelchöre* m pl || ⟨mar⟩ *Mannschaft, Besatzung* f (the ship's ～) **C.** [attr] (*mst* mil) *Kompagnie–*; ～ clerk *-schreiber* m; ～ commander *-chef* m; ～ officer *Subalternoffizier* m; ～ headquarters *K. führung* f; ～ h. detachment *-trupp* m; ～ lines [pl] *-revier* m *-bereich* m; ～-sized attack *Angriff* m *in –stärke* f **II.** vi *umgehen, sich abgeben* (with *mit*)

comparability [ˌkɔmpərə'biliti] s *Vergleichbarkeit* f

comparable ['kɔmpərəbl] a *vergleichbar* (to, with *mit*)

comparative [kəm'pærətiv] **1.** a (～ly adv) *vergleichend* (～ anatomy *vergleichende Anatomie* f) || *bedingt*; *verhältnismäßig*; *ziemlich* || ⟨gram⟩ *steigernd* **2.** s ⟨gram⟩ *Komparativ* m **-tist** [-tist] s ⟨fam⟩ = **-tivist** [-tivist] s *vergleichender Literaturwissenschaftler* m **-tor** [ˌkɔmpə'reitə] s *Meßinstrument* n f *Feinmechanik* f

compare [kəm'pɛə] **1.** vt/i ‖ *vergleichen* (with, to *mit*); *auf e–e Stufe stellen, gleichsetzen, gleichstellen* (to *mit*); *not to be* ∼d *to nicht z vergleichen mit* ‖ (as) ∼d *with,* to *im Vergleich mit, z* ‖ ⟨gram⟩ *steigern* ‖ to ∼ *notes* ⟨fig⟩ *Meinungen austauschen;* ❘ vi *sich vergleichen, wetteifern* (with *mit*) **2.** s ⟨poet⟩ *beyond, past, without* ∼ *unvergleichlich*

comparison [kəm'pærisn] s *Vergleich* m; *–smöglichkeit; Ähnlichkeit* f ‖ (*veranschaulichende*) *Vergleichung* f, *Gleichnis* n ‖ ⟨gram⟩ *Steigerung* f (degrees of ∼) ❘ *beyond all* ∼ *unvergleichlich* ‖ *by* ∼ *z Vergleich, vergleichsweise;* in ∼ *with in Vergleich mit, gegen, z:* you are young in ∼ with me *.. gegen mich* ‖ to *draw, establish, make* a ∼ *e–n V. anstellen, ziehen;* to *bear, challenge, sustain* ∼ *with den V. aushalten mit*

compart [kəm'pɑːt] vt *abteilen; zerlegen* **∼ment** [∼mənt] s *Abteilung* f; *Fach, Feld* n ‖ ⟨rail⟩ *Abteil* n; ⟨aero⟩ *Kabine* f; ⟨mar⟩ *wasserdichte Abteilung im Schiff* f (water-tight ∼) ‖ ∼ *of terrain gedeckter, nicht eingesehener Raum* m ‖ ⟨fig⟩ *abgeschlossene Gruppe* f

compass ['kʌmpəs] **I.** s **1.** *Umkreis, –fang* m; *Ausdehnung* f (in ∼ *an A.*) ❘ *Umweg* m; to fetch a ∼ *e–n U.* m ❘ ⟨fig⟩ *Umkreis, Bezirk, Bereich* m; *Schranken* f pl (within ∼ *in Sch.*) ❘ ⟨mus⟩ *Umfang* m (der *Stimme*) **2.** ⟨phys⟩ *Kompaß* m **3.** ∼es [pl] (*Einsatz-*)*Zirkel* m, a pair of ∼es *ein Z;* beam–∼es *Stab–;* proportional ∼es *Reduktionszirkel* **4.** [attr] ∼-box *Kompaßgehäuse* n ‖ ∼-card *–scheibe* f ‖ ∼ *declination K.mißweisung* f ‖ ∼ *deviation –ablenkung* f ‖ ∼ *heading –kurs* m ‖ ∼ *locator* (beacon) *Platzfunkfeuer* n ‖ ∼ *method Nadelverfahren* n ‖ ∼ *north mißweisend* or *magnetisch Nord* ‖ ∼-*plant* ⟨bot⟩ *–pflanze* f ‖ ∼ *point Strich* m ‖ ∼ *rhumb K. rose* f ‖ ∼-saw *Laub–, Loch–, Stichsäge* f ‖ ∼ *system K. anlage* f ‖ ∼-*timber* ⟨mar⟩ *Krummholz* n ‖ ∼-window *halbrundes Erkerfenster* n **II.** vt **1.** † (= to encompass) *umgeben, umfassen; herumgehen um; einschließen, belagern* **2.** (Zweck) *erreichen, durchsetzen, vollenden;* (*Resultat*) *zeitigen, erzielen* ❘ *planen; anstiften* **∼able** [∼əbl] a *erreichbar*

compassion [kəm'pæʃən] s *Mitleid, Erbarmen* n (for, with *mit*) ‖ to have, take ∼ (up)on *Mitleid empfinden mit* **∼ate 1.** [∼it] a (∼ly adv) *mitleidsvoll, mitleidig* ‖ for compassionate reasons *aus familiären Gründen* ‖ ∼ *leave* ⟨mil⟩ *Sonderurlaub* m (*bei Sterbefall* etc) **2.** [∼eit] vt *bemitleiden* **∼ateness** [∼itnis] s *Mitleid* n (for *mit*)

compatibility [kəm͵pætə'biliti] s *Vereinbarkeit* f (with *mit*) ‖ ∼ *of temper verträgliches Gemüt* n **–ible** [kəm'pætəbl] (–bly adv) *vereinbar* (with *mit*), *angemessen* (with a the *e–r S*)

compatriot [kəm'pætriət] s *Landsmann* m

compeer [kəm'piə] s *Genosse* m; to have no ∼ *nicht seinesgleichen h*

compel [kəm'pel] vt (*jdn*) *zwingen* (to a th *z etw;* to do); *unterwerfen* (to a p's *will jds Willen*) ‖ (*etw*) *erzwingen,* to ∼ *admiration Bewunderung abnötigen* **∼lable** [∼əbl] pred a *z zwingen* (to do) **∼ling** [∼iŋ] a (∼ly adv) *unwiderstehlich; gewinnend*

compend ['kɔmpend] s = compendium **∼ious** [kəm'pendiəs] a (∼ly adv) *kurz, –gefaßt* **∼iousness** [kəm'pendiəsnis] s *Kürze, Gedrängtheit* f **∼ium** [kəm'pendiəm] s L [pl ∼s; * –dia] *Leitfaden, Grundriß* m ‖ *Auszug* m; *gedrängte Darstellung, Zus–fassung* ‖ ⟨fig⟩ *Verkörperung* f

compensate ['kɔmpenseit] vt/i ‖ (*jdn*) *entschädigen* (for *f;* with *mit,* by *durch*) ‖ (*etw*) *ersetzen* (to a p *jdm*) ❘ *ausgleichen;* ⟨mech⟩ *gegen–e–a ausgleichen;* ∼d *elevator* ⟨aero⟩ *Höhenruder* n *mit Ausgleichsfläche* f *–ting Aus-*

gleich–, ausgleichend ‖ ⟨Am⟩ (*jdn*) *bezahlen* ❘ vi to ∼ for *Ersatz geben, bieten* f; *kompensieren, ausgleichen; aufwiegen*

compensation [͵kɔmpen'seiʃən] s (*Schaden-*)*Ersatz* m (to make ∼ for *E. leisten* f); as ∼, by way of ∼ *als E.* ‖ *Entschädigung* (to *an*), *Vergütung* f ‖ ⟨Am⟩ *Lohn* m, *Gehalt* n ❘ ⟨mech⟩ *Kompensation* f, *Ausgleich* m, *Ausgleichung* f (*entgegengesetzter Wirkungen*) ‖ *household* ∼ *Hausratsentschädigung* f; ∼ *for pain and suffering Schmerzensgeld* n ❘ [attr] *Kompensations–, Ausgleichs–* **∼al** [∼l] a *Ersatz–, Ausgleichs–*

compensative ['kɔmpenseitiv] a *entschädigend; kompensierend* (for a th *etw*)

compensator ['kɔmpenseitə] s *Ausgleicher* m; ⟨mech⟩ *Kompensator* m ❘ **∼y** [∼ri] a *Entschädigungs–* ‖ ∼ *lengthening* ⟨phil⟩ *Ersatzdehnung* f

compère ['kɔmpɛə] s ⟨theat⟩ *Conférencier* m, °„*Komm Franz u geh*"

compete [kəm'piːt] vi *in Wettkampf treten; mitkämpfen, sich mitbewerben* (for a th *um etw;* in doing); the cup is ∼d for *um den Pokal findet ein Wettstreit statt* ‖ *in Konkurrenz treten, konkurrieren, wetteifern* (for *um;* with *mit*) ‖ –ting *Wettbewerbs–; Konkurrenz––***tence** ['kɔmpitəns], **–tency** ['kɔmpitənsi] s *Fähigkeit, Befähigung, Tauglichkeit* f (for a th; to do); (*Leistungs-*)*Niveau* n (in teaching *im Lehrerberuf*) ‖ ⟨jur⟩ *Zuständigkeit* f ‖ *Auskommen* n **–tent** ['kɔmpitənt] a (∼ly adv) *ausreichend; angemessen* (*leistungs*)*fähig* ‖ ⟨jur⟩ *kompetent, zuständig* (to do) ‖ *statthaft, erlaubt* (for a p to do *daß jd tut*) **–tition** [͵kɔmpi'tiʃən] s *Konkurrenz* f, (*Leistungs-*)*Wettbewerb* m (for *um;* with *mit*); system of free ∼ *with special regard for its social aspects soziale Marktwirtschaft* f; unfair ∼ *unlauterer W.;* to enter a ∼ *an e–m W.* (for *um*) *teilnehmen* ‖ *Preisausschreiben* n ❘ *Wettstreit, –kampf* m ❘ ⟨AInd⟩ ∼-wallah *auf Grund v Wettbewerb gewähltes Mitglied n des* I. C. S. **–titive** [kəm'petitiv] a *Konkurrenz–; auf Wettbewerb eingestellt* (∼ *examination*), *konkurrenzfähig* ‖ *wetteifernd* **–titor** [kəm'petitə] s *Mitbewerber* (for *um*), *Konkurrent* m ❘ (*Wettbewerbs-*)*Kandidat* m; *Teilnehmer* m (in a match *an e–m Wettspiel*)

compilation [͵kɔmpi'leiʃən] s *Zus–stellung, Kompilation, Sammlung* f (from *aus*) ‖ *statistische Erhebung* f **–tory** [kəm'pailətəri] a *kompilatorisch*

compile [kəm'pail] vt *kompilieren, zus–tragen, –stellen* ‖ ⟨crick sl⟩ (*Läufe*) m ❘ **∼r** [∼ə] s *Kompilator* m

complacence [kəm'pleisns], **–ency** [kəm'pleisnsi] s *Behagen* n; *Selbstgefälligkeit* f ‖ –ent [kəm'pleisnt] a (∼ly adv) *selbstgefällig*

complain [kəm'plein] vi *klagen, nörgeln* (about, of *über*) ‖ *sich beklagen, sich beschweren* (about, of *über;* to *bei*); it was ∼ed *es wurde Klage geführt* (that) **∼ant** [∼ənt] s ⟨allg⟩ *Beschwerdeführer*(in f) m; ⟨jur⟩ *Kläger*(in f) m **∼ing** [∼iŋ] a *klagend, Klage–* (∼ *letter*); *murrend*

complaint [kəm'pleint] s *Klage* f (about *über*)❘ *Beanstandung, Beschwerde* f; ∼ *book –buch* n; to make ∼s about *Klage führen, sich beklagen, sich beschweren über;* there were ∼s *es wurden Klagen laut* (that) ‖ ⟨jur⟩ *Klage* f (against *gegen*) ❘ (*chronische*) *Krankheit* f, *Übel* n

complaisance [kəm'pleizəns] s *Gefälligkeit, Nachgiebigkeit, Höflichkeit* f **–sant** [kəm'pleizənt] a *gefällig, nachgiebig, höflich*

complement ['kɔmplimənt] s *Ergänzung* f, *–sstück* n ‖ *Vervollständigung; Vervollkommnung* f ‖ *Vollständigkeit; volle Anzahl, volle Besetzung* f ‖ ⟨math⟩ *Komplement* n ‖ ⟨mil⟩ *Besatzung, Bemannung; Sollstärke* f; *zusätzlich unterstellte Einheit*(en pl) f **∼al** [͵kɔmpli'mentl] a (∼ly adv) *ergänzend,* to be ∼ *to ergänzen* **∼ary**

[-'mentəri] a *ergänzend*; to be ~ (*P*) *sich ergänzen*; ~ colour *Komplementärfarbe* f

complement ['kɔmpliment] vt *ergänzen, e–e Ergänzung bilden z*; *vervollständigen*

complete [kəm'pli:t] a (~ly adv) *vollständig, –zählig, ganz*; ~ circuit ⟨el⟩ *geschlossener Stromkreis* || ~ overhaul ⟨tech⟩ *Grundüberholung* f || ~ penetration ⟨mil⟩ *Durchschlag* m || ~ with *zus mit* || *vollendet, fertig* || ⟨fig⟩ *vollkommen* (to *bis z*); *vollendet* ~**ness** [~nis] s *Vollständigkeit* f etc

complete [kəm'pli:t] vt *vervollständigen* || *vollenden, abschließen, erledigen*; *ausfüllen* –**ting** [kəm'pli:tiŋ] a *abschließend, Schluß–*; ~ volume *Schlußband* m –**tion** [kəm'pli:ʃən] s *Vervollständigung* f || *Erfüllung, Beendigung, Vollendung* f; *Abschluß* m; to bring to ~ *z A. bringen* || ⟨arch⟩ *Ausbau* m

completive [kəm'pli:tive], –**tory** [kəm'pli:təri] a *vervollständigend, ergänzend*; to be ~ of *vervollständigen*; *erfüllen*

complex ['kɔmpleks] **1.** s [pl ~es] *zus-gefaßtes Ganzes* n, *Inbegriff* m, *Gesamtheit* f || ⟨psych⟩ *Komplex* m; inferiority ~ *Minderwertigkeitsgefühl* n **2.** a (~ly adv) *zus-gesetzt*; ~ sentence *Satzgefüge* n || ⟨math⟩ *komplex* ⟨fig⟩ *kompliziert, verwickelt* ~**ion** [kɔm'plekʃən] s *Gesichtsfarbe* f, *Teint* m || ⟨fig⟩ *Ausschen* n; *Angesicht* n; *Charakter, Zug* m (to put a fresh ~ on a th *e–r S e–n neuen Zug verleihen*) ~**ity** [kɔm'pleksiti] s *Verzweigtheit*; *Verflechtung, Verwicklung* f

compliance [kəm'plaiəns] s *Einwilligung*; *Erfüllung* f (with a th *e–r S*); in ~ with *gemäß* || *Willfährigkeit*; *Unterwürfigkeit* f || –**liant** [kəm'plaiənt] a (~ly adv) *willfährig, nachgiebig* (with a p's wish *jds Wunsch gegenüber*)

complicacy ['kɔmplikəsi] s *Vielgestaltigkeit*; *Verwickelung* f –**cate** ['kɔmplikit] * a (*mst* ~d, → *d*) *kompliziert* –**cate** ['kɔmplikeit] vt *komplizieren, erschweren*; *verwickelt* m, *verwickeln* | ~**d** [~id] a *kompliziert, verwickelt* –**cation** [kɔmpli'keiʃən] s *Verwickelung, Verwirrung,* –*flechtung* f || ⟨med⟩ *Komplikation* f || ⟨theat⟩ *steigende Handlung* f (in a play) –**cative** ['kɔmplikətiv] a *komplizierend*

complicity [kəm'plisiti] s *Mitschuld* f (in *an*)

compliment ['kɔmplimənt] **1.** s *Kompliment* n | ~s [pl] *Empfehlungen* f pl (with a p's ~s); *Grüße* m pl | in ~ to a p *jdm z Ehren, aus Gefälligkeit, Höflichkeit gegen jdn* || with Mr. N.'s ~s *mit besten Empfehlungen v Herrn N.,* → regards || with (*od* wishing you all) the ~s of the season! *mit besten Wünschen f das Fest* || to do, pay a p the ~ *jdm die Ehre erweisen* (of doing *z tun*) || give my ~s to Mr. N. *empfehlen Sie mich Herrn N.* || to pay a ~ *ein Kompliment* n m || to send one's ~s *sich empfehlen* (to a p *jdm*) **2.** vt (*jdn*) *beglückwünschen,* (*jdm*) *gratulieren* (on *zu*) || *beehren* (with *mit*) ~**ary** [kɔmpli'mentəri] a *schmeichelhaft* || *Höflichkeits–, Ehren–* (~ dinner); ~ close *Höflichkeitsschlußformel* f (*in Briefen*) || ~ copy *Frei–, Gratisexemplar* n

complin(e) ['kɔmplin] s ⟨R. C.⟩ *letzter Gottesdienst* m *des Tages*

comply [kəm'plai] vi *sich fügen, nachgeben, einwilligen* || to ~ with *erfüllen*; *sich halten an, sich unterwerfen* (to ~ with the rules)

compo ['kɔmpou] s (abbr *f* composition) *Gips, Mörtel* m

component [kəm'pounənt] **1.** a *e–n Teil bildend*; ~ part *Bestandteil* m **2.** s *Bestandteil, Teil*; air ~ (of the B.E.F.) *Luftwaffe* f *der brit. Armee in Frankreich*; ⟨fig⟩ *Baustein* m

comport [kəm'pɔ:t] vt/i || to ~ o.s. *sich benehmen, sich verhalten* | vi to ~ with *übereinstimmen mit, passen z*

compose [kəm'pouz] vt *zus–setzen*; *ausmachen*; to be ~d of *sich zus–setzen, bestehen aus* | *verfassen*; *dichten*; ⟨mus⟩ *komponieren* || [abs] *schriftstellern, dichten, komponieren* || ⟨typ⟩ *setzen* | *ordnen* || *beilegen, schlichten* || *beruhigen* | to ~ o.s. *sich beruhigen, sich fassen*; *sich anschicken* (to *zu*; to do) | ~**d** [~d] a (~ly adv) *ruhig, gelassen, gesetzt* ~**dness** [kəm'pouzidnis] s *Ruhe, Gelassenheit* f | ~**r** [~ə] s *Verfasser* m; ⟨*mst* mus⟩ *Komponist* m ⟨typ⟩ *Setzer* m

composing [kəm'pouziŋ] **1.** s *Dichten* n; ⟨typ⟩ *Setzen* n | [attr] *Setz–, Setzer–* || ⟨typ⟩ ~–frame *Setzrahmen* m; ~–machine *Setzmaschine* f; ~–room *Setzersaal* m; ~–stick *Winkelhaken* m **2.** a *Beruhigungs–, Schlaf–* (~ draught)

composite ['kɔmpəzit] **1.** s *zus–gesetzt*; *gemischt* || ⟨bot⟩ *Kompositen–, Korbblüt(l)er–* || ~–candle *Kompositionskerze* f (*Stearinkerze*) || ⟨mot⟩ ~ (metal-wood) body *Holz-Stahl-Karosserie* f **2.** s *zus–gesetztes Ding* n || ⟨bot⟩ *Korbblüt(l)er* m

composition [kɔmpə'ziʃən] s **1.** *Zus–setzung* f || *Verbindung, Synthese* f || *Anordnung, Einrichtung* f || ⟨gram⟩ (*Wort–*)*Komposition* f || ⟨typ⟩ *Setzen* n, *Satz* m | ⟨übtr⟩ *Zus–setzung, Verbindung, Mischung* f || *Beschaffenheit, Natur* f | *künstlerische Anordnung, Ausarbeitung* or *Gestaltung* f; *Aufbau* m **2.** [konkr] *Aufsatz* m, *schriftliche Arbeit*; *Schrift* f, *Werk* n; ⟨mus⟩ *Komposition* f (a ~ by Brahms *e–e K. v B.*) **3.** *Kompromiß* m & n; ⟨com⟩ *Vergleich* m (*mit den Gläubigern*), → *accord* || *Abfindungssumme* f –tive [kəm'pɔzitiv] a *zus–setzend*; *verbindend* –**tor** [kəm'pɔzitə] s ⟨typ⟩ *Schriftsetzer, Setzer*

compos mentis ['kɔmpəs'mentis] L ⟨jur⟩ *bei gesunden Verstande*

compost ['kɔmpəst] **1.** s *Mischung* f; ⟨hort⟩ *Mischdünger, Kompost* m **2.** vt *düngen*; *z Dünger verarbeiten*

composure [kəm'pouʒə] s *Gemütsruhe, Fassung, Gelassenheit* f

compote ['kɔmpout] s *in Sirup eingemachtes Obst* n | *Kompott, Eingemachtes* n

compound [kəm'paund] vt/i **1.** *zus–setzen, mischen, vermischen* | *erledigen,* (*Summe*) *entrichten*; (*Schuld*) *tilgen*; (*e–e Pauschalsumme*) *entrichten* | (*Streit*) *beilegen*; to ~ a felony ⟨jur⟩ *ein Verbrechen infolge erhaltener Entschädigung nicht verfolgen*; to ~ one's liabilities *sich über s–e Schuld vergleichen* **2.** vi *sich vergleichen, akkordieren* (with *mit*; for *über*) || *sich abfinden* (with); *abgefunden w* (by *durch*); ⟨jur⟩ (*e–e strafbare Handlung infolge erhaltener Entschädigung*) *nicht verfolgen*; to ~ with a p *jdn abfinden* ~**ing** [~iŋ] s ⟨jur⟩ ~ a felony *strafbare Unterlassung* f *der Erhebung e–r Strafanzeige*

compound ['kɔmpaund] **1.** a *zus–gesetzt* || ~ eye *Facetten–, Netzauge* n || ~ fracture ⟨med⟩ *komplizierter Bruch* m || ~ interest *Zinseszins* m | ⟨tech⟩ *Verbund–*; ~ arrangement *–anordnung* f; ~ dynamo *–dynamo* m || ~ excitation *Compounderregung* f; ~ nucleus ⟨at⟩ *C.-kern* m || ~ number *Verbundzahl*; ~ steam engine *–dampfmaschine* f; ~ steel *–stahl* m; ~ vitamin tablet *Multi-Vitamintablette* f **2.** s *Zus–setzung, Mischung* f; ⟨bes chem⟩ *Verbindung* f; ⟨chem⟩ *Gemisch, Gemenge* n || ⟨gram⟩ *Kompositum* n

compound ['kɔmpaund] s ⟨AInd⟩ *eingezäuntes Gelände,* (*bebautes*) *Grundstück* n (*mit Garten* etc), ⟨SAfr⟩ *Einfriedigung* f, *in der eingeborene Arbeiter wohnen*, ⟨engl⟩ *Einzäunung* f; *Gefangenenlager* n

comprehend [kɔmpri'hend] vt *in sich fassen, einschließen, umfassen* || *verstehen*

comprehensibility ['kɔmpri,hensə'biliti] s *Faßlichkeit* f –**sible** [,kɔmpri'hensəbl] a (–bly adv)

faßlich, begreiflich, verständlich (to *für*) –**sion**
[ˌkəmpriˈhenʃən] s *Fassungsvermögen* n; *Ein-beziehung, Einschließung* f ‖ *einschließende Kraft* f; *Umfang* | *Verstand* m, *Einsicht* f, *Ver-ständnis* n (of *für*) –**sive** [ˌkəmpriˈhensiv] a (~ly adv) *umfassend, komplett, weit* ⟨a fig⟩ ‖ ~ **faculty** *Fassungsvermögen* n ‖ ~ **insurance** *Kaskoversicherung* f ‖ ~ **school** *Fortbildungs-schule*; *Einheitsmittelschule* f –**siveness** [–sivnis] s *Ausdehnung* f, *Umfang* m; *Weite* f

  compress [ˈkɔmpres] s ⟨med⟩ *Kompressi·ons-binde* f | *Kompr·esse* f

  compress [kəmˈpres] vt *ein–*; *zus–drücken, –drängen* (into *in*) | ~**ed** [~t] a *zus–gepreßt* (lips); *komprimiert*; ~ **air** *Druckluft* f; ~**-air atomizer** *–zerstäuber* m; ~**-air brake cylinder** *Bremsluftbehälter* m; ~**-air cylinder** (*Preß*–)*Luft-flasche* f; ~**-air receiver for starting** *Druckluft-anlaßgerät* n ‖ ~ **asphalt** *Stampfasphalt* m; ~ **charge** *verdichtete Ladung* f | *gedrängt* (style) ~**ibility** [kəmˌpresiˈbiliti] s *Zus–drückbarkeit*; *Verdichtbarkeit* f ~**ible** [kəmˈpresəbl] a *zus–drück–*; *preßbar*; *verdichtbar*

  compression [kəmˈpreʃən] s *Zus–drückung*; *Verdichtung* f; *Druck* m ‖ ⟨fig⟩ *Zus–drängung* f ‖ ~ **chamber** ⟨mot⟩ *Kompressionsraum* m ‖ ~ **ignition** *Verdichtungszündung*, ~**-i. engine** *Dieselmotor* m ‖ ~ **leg** ⟨aero⟩ *Federbein* n ‖ ~ **seal** ⟨tech⟩ *Abdichtung* f *bei Verdichtung* ~**ssive** [kəmˈpresiv] a: ~ **strength** ⟨tech⟩ *Druck-festigkeit* f –**ssor** [kəmˈpresə] s ⟨tech⟩ *Kom-pressor, Verdichter* m; (a air–~) *Druck–, Preß-luftmaschine* f ‖ ⟨aero-mot⟩ *Verdichter*; *Lader* m; ⟨turbo⟩ *Läufer* m ‖ ~ **intercooler** *Ladeluft-kühler* m ‖ ~ **rotor** ⟨aero-mot⟩ *Laderlaufrad* n

  comprise [kəmˈpraiz] vt *einschließen, um-fassen*; *enthalten*

  compromise [ˈkɔmprəmaiz] **1.** s *Kompromiß*, (*gütlicher*) *Vergleich* m ‖ *Gefährdung* f (*v Ge-heimem*) | [attr] *Kompromiß*– **2.** vt/i ⟨Streit⟩ *beilegen* | *gefährden*; *aufs Spiel setzen* | *bloß-stellen* (to ~ o.s. *sich b.*) | vi *übereinkommen, sich vergleichen* (on *über*); *Entgegenkommen zeigen* (on *betreffs*)

  comptometer [kəmˈtɔmitə] s *Rechenmaschine* f

  comptroller [kənˈtroulə] s = controller;
Finanzkontrolleur m

  compulsion [kəmˈpʌlʃən] s *Zwang* m ⟨a psych⟩; *under, upon* ~ *unter Z., gezwungen* –**sive** [kəmˈpʌlsiv] a (~ly adv) *zwingend, Zwangs–*

  compulsorily [kəmˈpʌlsərili] adv *durch Zwang*; *zwangsweise* | –**sory** [kəmˈpʌlsəri] a *obligat·o-risch* (for *für*; on a p to do *f jdn z tun*) | *Zwangs–* | ~ **administration** *–verwaltung* f; ~ **auction** *–versteigerung* f ‖ ~ **education** *allgemeine Schulpflicht* f; ~ **military service** *allgemeine Wehrpflicht* f

  compunction [kəmˈpʌŋkʃən] s *Gewissensbiß* m, *–bisse* pl (without ~); *Reue* f, ‖ *Bedenken* n (without ~) –**tious** [kəmˈpʌŋkʃəs] a (~ly adv) *Gewissens–*; *reuevoll*

  compurgation [ˌkɔmpə·ˈgeiʃən] s *Rechtferti-gung, Unschuldigsprechung* f ‖ ⟨hist & jur⟩ *Reinigung* f *durch Eideshilfe* –**tor** [ˈkɔmpə:geitə] s ⟨hist⟩ *Eideshelfer* m

  computable [kəmˈpju:təbl] a *berechenbar, z berechnen(d)*

  computation [ˌkɔmpju·ˈteiʃən] s *Berechnung* f; *An–, Überschlag* m, *Schätzung* f; *by my* ~ *nach m–r Sch.* **compute** [kəmˈpju:t] vt/i | *berechnen, schätzen* (at *auf*; that); *überschlagen*; *to be* ~d *to be geschätzt w auf* ‖ ⟨aero phot⟩ *auswerten* | vi *rechnen* (by *nach*) ‖ **computing station** ⟨aero phot⟩ *Auswertstelle* f; ~ **sight** ⟨aero⟩ *selbst-rechnendes Visier* n | ~**r** [–ə] s *Rechner* m, *Rechengerät* n, *Dreiecksrechner, Rechenstanzer* m ‖ **electronic** ~ *Großrechenanlage* f

  comrade [ˈkɔmrid] s *Kamerad, Genosse, Ge-fährte* m (~**-in-arms** *Waffen–*) ~**ly** [~li] a *kameradschaftlich* ~**ship** [~ʃip] s *Kamerad-schaft*; *–schaftlichkeit* f

  Comstockery [ˈkɔmstəkəri] s (*nach* A. Com-stock) ⟨Am⟩ *Sittlichkeitsversessenheit, –wut* f

  Comtism [ˈkɔ̃:tizm] s *Positivismus* m

  con [kɔn] (abbr *f* contra) **1.** adv *pro and* ~ *für u gegen* **2.** s *the pros and* ~s [pl] *die Gründe für u wider* pl

  con [kɔn] vt (a *to* ~ over) *durchlesen, stu-dieren*; *auswendig lernen*

  con [kɔn] vt ⟨mar⟩ *leiten, steuern, führen* ~**ning** [~iŋ] s [attr] *Kommando–*; ~**-tower** ⟨mar⟩ *Kommandoturm*

  con [kɔn] ⟨Am abbr⟩ *f* confidence **1.** s [attr] *Vertrauens–* **2.** vt *betrügen*

  con [kɔn] s (abbr *f* conversion) ⟨aero fam⟩ ~ **course** *Umschulungskurs* m ‖ (abbr *f* con-necting) ~ **rod** *Pleuelstange* f

  con [kɔn] s ⟨Am a⟩ abbr *f* convict, conductor, consumption

  conacre [ˈkɔneikə] s Ir *Verpachtung* kl *Stücke bearbeiteten Landes* f *e–e Ernte*

  conation [kouˈneiʃən] s ⟨philos⟩ *Begehren* n, *Trieb, Willenstrieb* m –**tive** [ˈkounətiv] a *trieb-haft*

  concatenate [kɔnˈkætineit] vt ⟨fig⟩ *verketten* –**nation** [kɔnˌkætiˈneiʃən] s *Verkettung* f (the ~ of events)

  concave 1. [ˈkɔnˈkeiv; –´–; [attr] ´– –] a (~ly adv) *konkav, hohl, ausgehöhlt*; *hohlgeschliffen*; *Hohl–*(~ **mirror** *–spiegel* m) ‖ ~ **window** *gebo-gene Auslagenscheibe* f **2.** [ˈkɔnkeiv] s *Höhlung*; *konkave Fläche, Wölbung* f –**vity** [kɔnˈkæviti] s *Höhlung*; *Wölbung* f

  concavo– [kɔnˈkeivou] [in comp] *konkav–* .. ‖ ~**-concave** *bikonkav, auf beiden Seiten hohl*; ~**-convex** *konkav-konvex, hohl-erhaben*

  conceal [kənˈsi:l] vt *verbergen* (from *vor*); *to* ~ **o.s.** *sich verbergen* | (*etw*) *verschweigen, –hehlen, –heimlichen , –tuschen* (from a p *jdm, vor jdm*) ‖ ⟨mil⟩ ~**ed battery** *gec–, verdeckte B.*; ~**ed** (machine) **gun** *Schweigegeschütz* n, (–*MG*) n ~**ing** [~iŋ] s ⟨jur⟩ ~ **persons** *od* fugitives *Personenhehlerei* f ~**ment** [~mənt] s *Verheim-lichung, Verbergung* f; *Verschweigung* f (~ of birth) ‖ *Verborgenheit* f, in ~ *verborgen* ‖ *Ver-steck* n; ⟨mil⟩ (*Sicht–*)*Deckung* f, → cover II. **3.**; ~ **by smoke** *Vernebelung* f

  concede [kənˈsi:d] vt *zugeben, zugestehen* (a th; that) | *gewähren, zubilligen, zugestehen* (a th *to* a p *jdm etw*) ‖ ⟨sl⟩ (*Punkte*) *verlieren*; *ein-büßen*

  conceit [kənˈsi:t] **1.** s *Idee* f, *Einfall* m; ⟨Lit⟩ *gesuchter Einfall* m, *manierierte gedankliche Spielerei* f (e.g.: dew-drops ~ *tears of the sky for the loss of the sun*) ‖ *Eitelkeit, Eingebildetheit* f ‖ in *my own* ~ ⟨fig⟩ *in m–n Augen* ‖ *out of* ~ *with unzufrieden mit, über* **2.** vt (*etw*) *glauben, denken* (of *v*); *well–*~d *wohl ausgedacht*; *to* ~ *o.s. sich einbilden* (to be) | ~**ed** [~id] a (~ly adv) *eitel, eingebildet* (about, of *auf*)

  conceivability [kənˌsi:vəˈbiliti] s *Denkbarkeit* f –**ble** [kənˈsi:vəbl] a (–bly adv) (*er*)*denkbar*; *be-greiflich*

  conceive [kənˈsi:v] vt/i **1.** vt *schwanger w v*; (*Kind*) *empfangen* | (*Neigung*) *fassen* (for *z*), *hegen* | *begreifen* | *ausdenken, ersinnen*; ~d in *ausgedrückt in* ‖ *denken*; *dafürhalten, meinen* (that); *sich vorstellen* (a th *etw*; a p *doing daß jd tut*) **2.** vi *schwanger w, empfangen* | [oft neg] *to* ~ *of a th sich etw denken or vorstellen, an etw denken können* (I cannot ~ of ..)

  concentrate [ˈkɔnsentreit] vt/i **1.** vt *konzen-trieren, zus–ziehen*; ~d **charge** *geballte Ladung* f; ~d **fire** ⟨mil⟩ *zus–gefaßtes Feuer* ‖ ⟨chem⟩ *sättigen* | ⟨fig⟩ (*Gedanken*) *konzentrieren, richten* (on *auf*) **2.** vi *sich zus–ziehen* || ⟨fig⟩ *sich konzen-trieren* (upon *auf*) **–ation** [ˌkɔnsen'treiʃən] s *Zus-ziehung, –fassung; Massierung, Ballung*; ⟨mil⟩ *Bereitstellung, Schwerpunktbildung* f, °*Klotzen* n; *Aufmarsch* m; *Konzentration* f (~ *camp –slager* n) || ⟨fig⟩ *Zus–fassung, Konzentrierung* f (on *auf*) || ⟨chem⟩ *Sättigung* f || ⟨mil⟩ ~ *area Aufmarsch-gebiet* n, *Bereitstellungsraum* m, *Zielgebiet* n f *zus–gefaßtes Feuer* || ~ of fire *Feuerzus–fassung, –vereinigung* f || ⟨agr⟩ ~ (of scattered holdings) *Umlegung* f **–ative** ['kɔnsentreitiv] a *konzen-trierend*

concentre [kɔn'sentə] vt/i || *in e–m Punkt zus–ziehen* | vi *in e–m Punkte zus–treffen*

concentric [kɔn'sentrik] a (~ally adv) *kon-zentrisch, zus–gefaßt* (~ fire) || *denselben Mittel-punkt h–d* (with *wie*) **~ity** [ˌkɔnsen'trisiti] s *kon-zentrische Beschaffenheit* f

concept ['kɔnsept] s ⟨philos⟩ *(feststehender Allgemein–, Gesamt-)Begriff* m, *Konzeption* f || ⟨jur⟩ *Sachinbegriff* m **~ion** [kɔn'sepʃən] s (of women) *Empfängnis; period of* ~ *Empfängnis-zeit* f | *Auffassungsvermögen, Begreifen* n, *Fas-sungskraft* f || *Vorstellung, Begriff* m | *ur-sprüngliche Idee; Auffassung* f (of *v*); *Konzipie-rung; Schöpfung* f || (of a building) *Anlage, Durchführung* f; *Plan* m **~ional** [kɔn'sepʃnəl], **~ive** [kɔn'septiv] a *begrifflich* **~ual** [kɔn-'septjuəl] a *begrifflich, Begriffs–*

concern [kɔn'sə:n] vt **1.** *v Wichtigkeit sein* f; *(jdn) betreffen, interessieren, angehen*; to whom it may ~ ⟨jur⟩ *an alle, die es angeht*; my honour is ~ed *es geht um m–e Ehre, m–e E. steht auf dem Spiel* **2.** to ~ o.s. (*mst P*) *sich beschäftigen* (with); *sich kümmern* (about *um*) **3.** to be ~ed **a.** (*P*) *sich angelegen sein* s l (to do); *beschäftigt s* (in doing *z tun*); *besorgt s* (about, at *über*; for *wegen, um*) || *verwickelt s* (in *in*); *beteiligt s* (in *bei, an*) || I am not ~ed *ich habe kein Interesse z tun*; I am ~ed to hear *es tut mir leid z hören, (daß ..)* **b.** (*S*) *betroffen, berührt w*; to be ~ed with *sich beschäftigen, sich befassen mit, behandeln* (the lecture is ~ed with ..); to be ~ed in *beteiligt s bei* | **~ed** [~d] a (~ly [–nidli] adv) *besorgt* (for *um*) || *beteiligt, interessiert*; those ~ *die Beteiligten* pl **~ing** [~iŋ] prep *betreffend, be-treffs; über* [acc] (I want some information ~ him) **~ment** [~mənt] s *Angelegenheit* f || *Wich-tigkeit* f || *Teilnahme* (in *an*); *Sorge* f (for *um*)

concern [kɔn'sə:n] s **1.** *Beziehung* f, *Verhältnis* n (with), to have no ~ with *nichts z tun h mit* **2.** *Interesse* n (to have a ~ in *I. h an*), *Anteil* m; *Teilnahme* f (with deep ~) **3.** *Beunruhigung* f (at, over *über*); *Unruhe, Besorgnis, Sorge* f (about *über*; for *um*) **4.** [oft pl ~s] *Sache, Angelegenheit* f; *that is no* ~ *of mine das geht mich nichts an*; ⟨fam⟩ *Ding* n || *Wichtigkeit* f, *Belang* m, the supreme ~s *die höchsten Belange* pl **5.** *Geschäft* n, *Firma* f, *a paying* ~ *ein ren-tables Geschäft*

concert ['kɔnsət] s *Einverständnis* n; in ~ (with) *im E.* (*mit*) || *Harmonie* f; ⟨pol⟩ the ⁓ of Europe *Europäisches Konzert* n || ⟨mus⟩ *Konzert* n (at a ~ *bei, in an K.*) || ~-pitch ⟨mus⟩ *Kam-mer–, Konzertton* m; up to ~-pitch ⟨fig⟩ *auf der Höhe, in Form; in Bereitschaft* **~ina** [ˌkɔnsə-'ti:nə] **1.** s ⟨mus⟩ *Ziehharmonika* f || ⟨mil⟩ *(a* ~ roll) *(aufziehbare) Drahtwalze* f **2.** vt *zus–drük-ken* || ~ed attack *geschlossener Angriff* m **~ino** [ˌkɔntʃə'ti:nou] s It ⟨mus⟩ *kl Solokonzert* n | **~o** [kɔn'tʃə:tou] s It ⟨mus⟩ *Solokonzert mit Orchesterbegleitung*

concert [kɔn'sə:t] vt/i *verabreden, planen* || *(Kräfte) vereinigen, zus–fassen* | vi *zus–arbeiten* (with) | **~ed** [~id] a *gemeinsam; einverständlich* (action) || *Zus–* (~ *acting, –spiel*); ⟨mus⟩ *mehr-stimmig*

concession [kɔn'seʃən] s *Konzession* f (to make

~s to a p *jdm Konzessionen m*); *Zugeständnis* (to *an*); *Entgegenkommen* n || *Konzession, Verlei-hung, Zuwendung* f || ⟨Am & Col⟩ *überlassener Grund u Boden* m **~aire** [kɔnˌseʃə'nɛə] s Fr *In-haber e–r Konzession, e–s Monopols* **~ary** [~əri] a *Deputat–* (~ *coal –kohle*) **concessive** [kɔn-'sesiv] a *Zugeständnisse machend* || ⟨gram⟩ *ein-räumend*

concetto [kɔn'tʃetou] s It (pl –tti [–ti:]) *zuge-spitzter, witziger Einfall* m → conceit ⟨Lit⟩

conch [kɔŋk] s ⟨zoo⟩ *Seemuschel* f || *Muschel-(schale)* f || ⟨arch⟩ *Halbkuppel* f | **~a** ['~ə] s L *Ohrmuschel* f **~iform** ['~ifɔ:m] a *muschelförmig* **~oid** ['~ɔid] s ⟨geom⟩ *Konchoïde* f (*Schnecken-linie*) **~ology** [kɔŋ'kɔlədʒi] s *Muschelkunde* f

conchy ['kɔnʃi] s ⟨sl⟩ = conscientious objector

conciliar [kɔn'siliə] a *Konzil–*

conciliate [kɔn'silieit] vt *beschwichtigen, aus-söhnen, gewinnen* (to *für*) **–ation** [kɔnˌsili'eiʃən] s *Aussöhnung, Versöhnung* f; *Ausgleich* m || ~ *board Schlichtungsamt* n || ~ *hearing Vergleichs-termin* m || ~ *proceeding Güte–, Sühnever-fahren* n **–ative** [kɔn'silieitiv] a *vermittelnd, ver-söhnend*

conciliator [kɔn'silieitə] s *Vermittler, Ver-söhner* m **~y** [~ri] a *versöhnend* || ~ *officer Schiedsmann*, ⟨jur⟩ *Schlichter* m

concinnity [kɔn'siniti] s (of style) *Ausgegli-chenheit, Feinheit* f

concise [kɔn'sais] a (~ly adv) *kurz, bündig, gedrängt; prägnant, knapp* **~ness** [~nis] s *Kürze* f etc

concision [kɔn'siʒən] s *Verstümmelung* f || = conciseness

conclave ['kɔnkleiv] s ⟨ec⟩ *Konkl·ave* n; *ge-heime Versammlung* f; to sit in ~ *geheime Sitzung halten, tagen*

conclude [kɔn'klu:d] vt/i || (*etw*) (be)*endigen, schließen*; to be ~d *Schluß folgt* || (*Vertrag, Frieden*) *(ab)schließen* || (*etw*) *folgern* (from *aus*; that) || *sich entschließen, beschließen* (to do) | vi *endigen* (in *in*); *aufhören, schließen* (with a word; by saying) || *entnehmen, folgern, schließen* (from *aus*) || to ~ *schließlich, z Schluß* **-uding** [~iŋ] a *schließend, End–, Schluß–* (~ *scene*) **-usion** [kɔn'klu:ʒən] s *Schluß* m; in ~ *z Sch., schließ-lich* | *Ende, Ergebnis* n; to try ~s with a p *sich mit jdm messen* | *Schlußfolgerung, Schluß* m; to come to the ~ *z dem Sch., der Überzeugung k* (that) | *Beschluß* m, *Entscheidung* f | *Abschluß* m (of a treaty etc); to bring to a ~ *z A. bringen*

conclusive [kɔn'klu:siv] a (~ly adv) *entschei-dend, überzeugend, endgültig* **~ness** [~nis] s *das Entscheidende, Endgültige, Überzeugende* n

concoct [kɔn'kɔkt] vt *zus–brauen* || ⟨fig⟩ *aus-sinnen, –hecken* | **~ion** [kɔn'kɔkʃən] s *Brauen, Bereiten* n; ⟨med⟩ *Mischung* f; ⟨cont⟩ *Präparat; Gebräu* n || ⟨fig⟩ *Aushecken* n, *Erfindung* f

concomitance [kɔn'kɔmitəns], **–ancy** [–si] s *gleichzeitiges Zus–sein, –bestehen* n **–ant** [*Zus-'kɔmitənt*] **1.** a (~ly adv) *begleitend* (circum-stances) **2.** s *begleitender Umstand* m

concord ['kɔŋkɔ:d] s *Einmütigkeit, Eintracht* f; all is ~ *alles ist in bester E.* || ⟨a gram⟩ *Über-einstimmung* f || *Vertrag* m || ⟨mus⟩ *Zus–klang* m, *Harmonie* f **~ance** [kɔn'kɔ:dəns] s *Überein-stimmung* (in ~ with); *Einhelligkeit* f || *Konkor-danz* f (the ~ of the Bible); a ~ to *e–e K. z* **~ant** [kɔn'kɔ:dənt] a (~ly adv) *übereinstimmend* (with); *harmonisch*

concordat [kɔn'kɔ:dæt] s ⟨ec⟩ *Konkordat* n || ⟨übtr⟩ *Übereinkommen* n

concourse ['kɔŋkɔ:s] s *Zus–treffen* n, *Verbin-dung* f (of atoms) | *Gewühl* n; *Menge* f || ⟨Am *a*⟩ *Versammlungsraum* m

concrescence [kɔn'kresns] s ⟨biol⟩ *Zus-wachsen* n; *Vereinigung* f

concrete ['kɔnkri:t] **1.** a (~ly adv) *fest, dicht, massig, kompakt* || ⟨log⟩ *konkret*; ~ noun ⟨gram⟩ *Konkretum, Dingwort* n || *dinglich, greifbar, wirklich* || in the ~ *in Wirklichkeit, in konkretem Sinn* **2.** s *konkretes Ding* n || *Beton, Steinmörtel* m; armoured ~, steel ~, reinforced ~ *Eisenbeton*; foam ~ *Schaumbeton*; prestressed ~ *Spannbeton* m | [attr] *Beton–* **3.** vt *mit Beton belegen, betonieren*

concrete [kɔn'kri:t] vt/i || *z e–r Masse verbinden*; ⟨fig⟩ *fest m, festigen* | vi *fest w, gerinnen*

concretion [kɔn'kri:ʃən] s *Zus–wachsen* n, *feste, geronnene Masse* f || ⟨geol⟩ *Konkreti·on* f (*Zus–häufung*) **~ary** [~əri] a ⟨geol⟩ *konkretion·är*

concubinage [kɔn'kju:binidʒ] s *Konkubin·at* n, *wilde Ehe* f || **–binary** [kɔn'kju:binəri] a *Konkubinat–* **–bine** ['kɔŋkjubain] s *Konkubine* f

concupiscence [kɔn'kju:pisns] s *sinnliche Begierde* f **–cent** [kɔn'kju:pisnt] a *lüstern; begierig*

concur [kɔn'kə:] vi (of events) *zus–treffen, –wirken; beitragen* (to *zu*; to do) || *übereinstimmen* (in *in*; in doing *z tun*; with *mit*) **~rence** [kɔn'kʌrəns] s (of events) *Zus–treffen* n || ⟨math⟩ *Schnittpunkt* m || *Übereinstimmung* f; *Einverständnis* n || *Zus–wirken* n **~rent** [kɔn'kʌrənt] **1.** a *neben–e–a bestehend, gleichzeitig*; *zus–wirkend* || *übereinstimmend* || *mitwirkend* (~ *fire insurance .., bei der mehrere Gesellschaften beteiligt sind*) || two ~ applications *2 Anmeldungen gleichzeitig* or *mit–e–a* || ~ *report* ⟨Am⟩ *Ergänzungsbeurteilung* f || ⟨math⟩ *in e–m Punkt zus–treffend, sich schneidend* **2.** s *mitwirkender Umstand* m **~rently** [kɔn'kʌrəntli] adv ~ *with zus mit, in gleicher Weise wie*

concuss [kɔn'kʌs] vt ⟨mst fig⟩ *heftig schütteln*; *erschüttern* || *durch Drohung zwingen* (to do); *einschüchtern* **~ion** [kɔn'kʌʃən] s *Erschütterung* f; ~ of the brain ⟨med⟩ *Gehirn–* f **~ive** [~iv] a *erschütternd*

condemn [kɔn'dem] vt *verdammen* || *mißbilligen, tadeln* | ⟨jur⟩ *verurteilen* (to *z*); *schuldig sprechen* (of a crime *e–s Verbrechens*) || his looks ~ him *s–e Augen verraten ihn* | (*Kranken*) f *unheilbar erklären, aufgeben* | (*etw*) f *untauglich erklären* | (*Ware*) *beschlagnahmen* | (*Speise*) f *ungenießbar erklären* **~able** [~(n)əbl] a *z verdammen(d), z verurteilen(d); verwerflich* **~ation** [kɔndem'neiʃən] s *Verurteilung* f; his ~ of me *s–e V. m–r P*; his ~ *der Grund f s–e V.* || *Tadel* m (to incur a p's ~ *sich jds T. zuziehen*); *Mißbilligung* f | *Beschlagnahme* f | *Unbrauchbarkeits–, Ungenießbarkeitserklärung* f **~atory** [kɔn'demnətəri] a *verurteilend, verdammend* | **~ed** [~d] a: **~-cell** *Zelle* f *f die z Tode Verurteilten*

condensability [kɔnden,densə'biliti] s *Kondensierbarkeit* f **–able** [kɔn'densəbl] a *kondensierbar, verdichtbar* **~ation** [kɔnden'seiʃən] s *Verdichtung* f || ⟨fig⟩ *Zus–fassung, gedrängte Kürze* f

condense [kɔn'dens] vt/i || *zus–drängen, kz darstellen; zus–fassen; abkürzen* || ⟨chem⟩ *verdichten, kondensieren, eindicken* (~d milk) || *verflüssigen* | vi (übtr) *sich kondensieren, sich verdichten* | *sich verflüssigen* | **~r** [~ə] s ⟨mach & phys⟩ *Kondensator, Verdichter* m; *–flüssiger*; *Kühler* m || ⟨el⟩ *Apparat z Ansammeln*; ⟨wir⟩ block ~, fixed ~ *Block–* m, variable ~ *Drehkondensator* m || ⟨opt⟩ *Kondensor* m (*z Vergrößern*) **~ry** [~əri] s *Kondensmilchfabrik* f

condescend [kɔndi'send] vi *sich herablassen* (to a th *z e–r S*; to do); *geruhen* | *leutselig s* (to *gegen*) | *sich so weit erniedrigen* (to do) || *Distanz bewahren* (to a p *gegenüber jdm*) | ⟨Scot⟩ to ~ *upon erwähnen, bezeichnen* **~ing** [~iŋ] a (~ly adv) *herablassend* || *leutselig*

condescension [kɔndi'senʃən] s *Herablassung* || *Leutseligkeit* f

condign [kɔn'dain] a (~ly adv) *verdient, angemessen* (punishment)

condiment ['kɔndimənt] s ⟨cul⟩ *Würze, Zutat* f || [attr] **~s** [pl] set *Menage* f

condition [kɔn'diʃən] **I. s 1.** *Voraussetzung, Bedingung* f (of *für*); on ~ *freibleibend*; on (the) ~ *that unter der Bed., daß*; on ~ of his leaving *unter der B., daß er abreist*; to make it a ~ *es zur B. m* (that) || *Gegebenheit* f (*e–s Krieges*) ⟨jur⟩ ~ *concurrent Zug– um Zug–Bedingung*, ~ *precedent Vorbedingung* f **2.** *Beschaffenheit* f, *Zustand* m; *Familienstand* m; in ~ *in guter Verfassung, imstande*, out of ~ *in schlechter Verfassung*; → to change; interesting || ~ of matter *Aggreg·atzustand* m **3.** *Rang, Stand* m, *Stellung* f **4.** ~s [pl] (*wesentliche*) *Umstände* m pl (under existing ~s) || ~s of marketing goods *Absatzbedingungen* f pl **II.** vt *z Bedingung m, bedingen* (that); to be ~ed by *abhängen v* || *bestimmen, ausmachen* || *in e–n gewünschten* or *guten Zustand bringen*; *beeinflussen*; *formen* || ⟨Am⟩ *unter Vorbehalt aufnehmen* || ⟨com⟩ (*Seide* etc) *prüfen* || ~ing work *Instandhaltungsarbeit* f | **~al** [~l] **1.** a *bedingt* (on *durch*), *abhängig* (on *von*) || *freibleibend* || ⟨gram⟩ *konditional* (~ clause) || ~ *sale Koppelgeschäft* n, –(*ver*)*kauf* m **2.** s *der bedingende Ausdruck*; ⟨gram⟩ *der Konditional* m (*Bedingungsform*) **~ality** [kɔn,diʃə'næliti] s *Bedingtheit* f **~ally** [~əli] adv ~ *upon the payment of unter der Bedingung der Bezahlung v* | **~ed** [~d] a *bedingt* | [in comp] *beschaffen* (well–~, ill–~)

condolatory [kɔn'doulətəri] a *Beileid bezeigend, Beileids–*

condole [kɔn'doul] vi *sein Beileid bezeigen, –zeugen*; to ~ with a p on a th *jdm sein Beileid z etw ausdrücken* **~nce** [~əns] s [oft pl ~s] *Beileid* n, *–bezeigung* f; to express one's ~ with a p in a th *jdm wegen* or *z e–r S sein B. ausdrücken*; to present one's ~s to a p *jdm sein B. bezeigen* || letter of ~ *Beileidsschreiben* n; visit of ~ *–besuch* m

condom ['kɔndəm] s ⟨sex⟩ *Präservativ* n

condonation [,kɔndou'neiʃən] s *Verzeihung*; *Entschuldigung* f || **–done** [kɔn'doun] vt (*etw*) *verzeihen, vergeben*; *entschuldigen, gutheißen* (in a p *bei jdm*)

condor ['kɔndə:] s ⟨orn⟩ *Kondor* m

conduce [kɔn'dju:s] vi to ~ to (*S*) *beitragen z, dienen z*; *führen z, herbeiführen* **–cive** [kɔn'dju:siv] a (~ly adv) *dienlich*; to be ~ to *beitragen z, führen z; fördern*

conduct ['kɔndəkt] s *Führung* (the ~ of war); *Leitung*; *Verwaltung* f || *Verhalten* (towards, to *gegen*), *Betragen* n; disorderly ~ *ordnungswidriges Benehmen* n || → safe | [attr] *Führungs–* || ~ *book Führungsbuch*, ⟨engl⟩ *Strafbuch* n || ~ *sheet* ⟨mil⟩ *Strafbuchauszug* m

conduct [kɔn'dʌkt] vt/i || *führen, geleiten*; ~ed tour *Gesellschaftsreise* f (*Feldzug*) *führen*; (*Geschäft*) *leiten*; ⟨mus⟩ *dirigieren, leiten* || *verwalten*; *leiten* || *durchführen, vornehmen* || ⟨phys⟩ *leiten* || *to* ~ o s *sich aufführen, sich betragen* | vi ⟨phys⟩ *leiten* **~ance** [~əns] s ⟨phys el⟩ *Leitungsvermögen* n **–ibility** [kɔn,dʌkti'biliti] s ⟨phys⟩ *Leitungsfähigkeit* f **~ible** [kɔn'dʌktəbl] a ⟨phys⟩ *leitend*; *leitungsfähig* **~ing** [kɔn'dʌktiŋ] a ⟨bes phys⟩ *Leit–, leitungsfähig* **~ion** [kɔn'dʌkʃən] s ⟨phys⟩ *Leitung* f; (of liquids) *Leitung, Zuführung* f **~ive** [~iv] a ⟨phys⟩ *leitend, Leitungs–* **~ivity** [kɔn,dʌk'tiviti] s ⟨phys⟩ *Leitungsvermögen* n **~or** [~ə] s *Führer, Leiter, Begleiter* m || *Leiter, Vorsteher*; *Verwalter* m; ~ of a (coach–)*tour Reiseleiter* m || ⟨mus⟩ *Dirigent* m || (of a tram etc) *Schaffner* m || ⟨Am rail⟩ *Zugführer, Schaffner* m | ⟨phys⟩ *Konduktor, Leiter* m (good ~, non–~; lightning–~) **~orette** [kɔn,dʌktə'rət] s ⟨Am⟩ *Schaff-*

nerin f **~orship** [~əʃip] s *Stellung e–s Dirigenten etc* **~ress** [~ris] s *Leiterin*; ⟨mus⟩ *Dirigentin* f
  conduit [ˈkɔndjuit; ˈkɔndit] s (*Wasser-*)*Leitung, Röhre* f; *Kanal* m ‖ ⟨übtr⟩ *Kanal, Weg* m
  condyle [ˈkɔndail] s ⟨anat⟩ *Gelenkhöcker* m
  condyloma [kɔndiˈloumə] s L ⟨med⟩ *Feigwarze* f
  cone [koun] **1.** s ⟨math⟩ *Kegel* m ‖ ⟨bot⟩ *Zapfen* m ‖ ⟨anat⟩ *rods and* ~s [pl] *Stäbchen u Zapfen* (*der Netzhaut des Auges*) ‖ ~ *of rays Lichtkegel* m ‖ ~ *type selector valve* ⟨tech⟩ *Kegel–, Wahlschalter* m ‖ ⟨geol⟩ *Bergkegel* m ‖ ⟨Am *a*⟩ *Eishütchen* n (*aus Waffel*) | ~-shaped *kegelförmig* **2.** vt: to be ~d ⟨aero⟩ *ins zus–gefaßte Licht mehrerer Scheinwerfer genommen w*
  coney [ˈkouni] s = cony
  confab [ˈkɔnfæb] s & v ⟨fam abbr⟩ *f* confabulation *u* –late **~ulate** [kɔnˈfæbjuleit] vi *plaudern, vertraulich schwatzen* **~ulation** [kɔnˌfæbjuˈleiʃən] s *Geplauder; vertrauliches, gemütliches Gespräch* n; *Konfabulation* f ⟨*a* psych⟩
  confection [kɔnˈfekʃən] **1.** s *Zubereitung, Mischung* f ‖ *in Zucker Eingemachtes; Konfekt* n; ~s pl *Konfitüren* f pl ‖ ⟨med⟩ *Latwerge* f ‖ ⟨com⟩ *Konfektionsartikel* m (*f Damen*) **2.** vt *einmachen* ‖ ⟨com⟩ *fabrikmäßig anfertigen, herstellen* ‖ *Konfektion anfertigen* **~ary** [~əri] *a Konfekt–* **~er** [~ə] s *Zuckerbäcker, Konditor* m ‖ ~'s *shop Konditorei* f **~ery** [~əri] s *Konfekt* n, *Pralinen* f pl, *Zuckerwerk* n ‖ *Konditorei* f; *–waren* pl
  confederacy [kɔnˈfedərəsi] s *Bündnis* n; (*Staaten-*)*Bund* m ‖ ⟨jur⟩ *Komplott* n, *Verschwörung* f *–ate* [kɔnˈfedərit] **1.** a *verbündet, verbunden, Bundes–* ‖ ⟨Am hist⟩ *konföderiert*; the ⁀ *States* of America *die Südstaaten v Amerika* pl **2.** s *Verbündeter; Mitschuldiger, Helfershelfer* m ‖ ⟨Am⟩ *Konföderierter, Südstaatler* m *–ate* [kɔnˈfedəreit] vt/i ‖ (*jdn*) *verbünden* (with) | vi *ein Bündnis bilden; sich verbünden* (with) *–ation* [kɔnˌfedəˈreiʃən] s *Bund* m, *Bündnis* n; *föderativer Zus–schluß* m ‖ *Staatenbund* m; ⟨Can⟩ *Gründung* f *des Kanadischen Bundesstaats* (1. 7. 1867)
  confer [kɔnˈfəː] vt/i ‖ (*etw*) *verleihen, erteilen, übertragen* (upon, on *a p jdm*); to be ~*red* (*Orden*) *verliehen bek* ‖ [imp] ~ (abbr cf) *vergleiche* | vi *sich beraten* (with) **~ee** [ˌkɔnfəˈriː] s ⟨Am⟩ *Tagungs–, Konferenzteilnehmer* m **~ence** [ˈkɔnfərəns] s *Konferenz* (at the ~ *auf der K.*); *General* ⁀ *General–;* the *Ottawa* ⁀ (1932) *die K. z O.* ‖ *Besprechung; Tagung* f | *three* ⁀ *Areas* ⟨aero geog⟩ *drei Verkaufsräume* m pl (*Amerika, Eurafrika, Austrasia*) ‖ ~ *interpreter Kongreß–,* ⟨mod⟩ *Konferenzdolmetscher* m **~ential** [ˌkɔnfəˈrenʃəl] *a Konferenz–* **~ment** [kɔnˈfəːmənt] s *Verleihung* f (upon *an*) **~rable** [~rəbl] a *übertrag–, verleihbar* (degree)
  confess [kɔnˈfes] vt/i ‖ (*etw*) *bekennen* (a crime; that) ‖ ⟨fam⟩ *zugeben* (a th *od a p* to be *daß etw, jd ist*; that); I ~ *myself* (to be) his *friend ich bekenne mich als s–n Freund* ‖ ⟨ec⟩ (*jdm*) *die Beichte abnehmen* | vi *sich bekennen* (to a th *z etw*; to doing *getan z h*) ‖ ⟨ec⟩ *beichten* | **~ed** [~t] a *zugestanden, offenbar* ‖ to stand ~ *as a rebel als Rebell dastehen* **~edly** [kɔnˈfesidli] adv *zugestandenermaßen; offenbar* ‖ **~ion** [kɔnˈfeʃən] s *Einräumung* f, *Zugeständnis* n, *Bekenntnis; Geständnis* n; by, on your own ~ *nach d–m eigenen G.* | (*a* ~ of faith) *Glaubensbekenntnis* n ‖ ⟨ec⟩ *Beichte* f, auricular ~ *Ohrenbeichte* f ‖ *dying* ~ *Bekenntnis* n *auf dem Sterbebett* ‖ to go to ~ ⟨ec⟩ *z Beichte gehen, beichten* ‖ ⟨jur⟩ *judgement by* ~ *Anerkenntnisurteil* n **~ional** [kɔnˈfeʃən] **1.** a *Beicht–* ‖ *Konfessions–, konfessionell* **2.** s *Beichtstuhl* m **~ary** [kɔnˈfeʃənəri] a *Beicht–* **~ionist** [kɔnˈfeʃənist] s *Anhänger e–s best. Glaubensbekenntnisses* (*bes luth.*); *Be-*

kenntnistreuer m **~or** [kɔnˈfesə] s *Bekenner* m; *Glaubens–* (the ⁀ *König Eduard, der Bekenner*) ‖ ⟨ec⟩ *Beichtvater* m
  confetti [kɔnˈfeti] s [It pl] *Konfetti* pl ‖ ⟨bes Am aero sl⟩ °*Rotz* m (*MG-Feuer*)
  confidant [ˌkɔnfiˈdænt] s *der Vertraute, Mitwisser* m | **~e** [~] s *die V.*; *Mitwisserin* f
  confide [kɔnˈfaid] vi/t ‖ *vertrauen* (in *auf*) ‖ to ~ *in a p about vertraulich mit jdm sprechen über* | vt (*etw*) *vertraulich mitteilen* (to a p *jdm*); (*etw*) *anvertrauen* (to a p *jdm*)
  confidence [ˈkɔnfidəns] s *Vertrauen* n (in *zu, auf*); ⟨parl⟩ vote of 'No Confidence' *Mißtrauensvotum* n; *–antrag* m ‖ *Zuversicht* f ‖ *Dreistigkeit* f | [*oft* pl ~s] *vertrauliche Mitteilung* f, *Vertrauensbeweis* m | in (strict) ~ (*streng*) *vertraulich* ‖ with ~ *zuversichtlich* ‖ to give ~ *Vertrauen einflößen* | to place, put, repose one's ~ in *V.* *setzen auf* ‖ to take a p into one's ~ *jdn ins V. ziehen* | [attr] ~ *course* ⟨mil⟩ *Mutprobebahn* f ‖ ~ *game* = ~ *trick* ‖ ~ *man,* ~ *trickster Bauernfänger* m ‖ ~ *trick Schwindelmethode, Bauernfängerei* f ‖ → con
  confident [ˈkɔnfidənt] a *vertrauend*; to be ~ of, in *vertrauen auf* ‖ *überzeugt* (that); *zuversichtlich, sicher* (of a th *e–r S*; that; of being able); to be ~ that .. *zuversichtlich erwarten, daß ..* ‖ *v sich überzeugt; dreist; keck* **~ial** [ˌkɔnfiˈdenʃəl] a *vertraulich* (document); *geheim*; to keep strictly ~ (*Auskunft* etc) *streng vertraulich behandeln* ‖ *Vertrauens–* (~ *person Vertrauensperson* f); ~ *agent Vertrauensmann* m; ~ *clerk Prokurist* m **~ially** [ˌkɔnfiˈdenʃəli] adv *unter dem Siegel der Verschwiegenheit, vertraulich* ‖ *privatim, intim* | **~ly** [ˈkɔnfidəntli] adv *vertrauensvoll*
  configuration [kɔnˌfigjuˈreiʃən] s ⟨geog⟩ *Gestaltung, äußere Gestalt* f; *Struktur* f ‖ ⟨astr⟩ *Stellung der Gestirne* f ‖ ⟨philos⟩ *Gestalt* f **–figure** [kɔnˈfigə] vt *gestalten* (to *nach*) ⟨*a* fig⟩
  confine [ˈkɔnfain] s [*mst* pl ~s] *Grenze* f; ⟨fig⟩ on the ~s of a th *am Rande e–r S*
  confine [kɔnˈfain] vt/i **1.** vt *begrenzen, einschränken* (to *auf*, within *in*) ‖ to ~ *o.s.* to *sich beschränken auf* ‖ (*jdn*) *einsperren*, to be ~d to one's room *ans Zimmer gefesselt s*; to be ~d to the bed *bettlägerig s* | to be ~d *niederkommen*, to be ~d of a child *v e–m Kinde entbunden w, ein Kind bek* **2.** * vi *grenzen* (with *an*) ‖ **~d** [~d] a *eng, beengt* ‖ ⟨fig⟩ *gefesselt* ‖ ⟨med⟩ *verstopft* **~ment** [~mənt] s *Einschränkung* f; *Beengtheit* f ‖ *Haft, Gefangenschaft* f (to place under ~ in *G. setzen*) ‖ ~ to barracks (CB) *Kasernenarrest* m, *Ausgangsbeschränkung* f ‖ ~ to quarters *Stubenarrest* m | *Niederkunft* f, *Wochenbett* n | [attr] ~ *facility* (*Militär-*)*Arrestlokal* n, *Strafanstalt* f ‖ ~-order, ~ *rank* ⟨stat⟩ *Zahl* f *der Niederkünfte*
  confirm [kɔnˈfəːm] vt (*jds Stellung, Macht*) *festigen;* (*jds Entschluß*) *bekräftigen* ‖ (*Gerücht, Vertrag*) *bestätigen;* this ~s sale arranged with you *wir bestätigen dankend den Abschluß mit Ihnen* ‖ (*jdn*) *bestätigen* (in a position) ‖ ⟨ec⟩ *konfirmieren, firmeln* | (*jdn*) *bekräftigen, bestärken* (in) ‖ ~ed *battery* ⟨mil⟩ *erkannte B.* **~ation** [ˌkɔnfəˈmeiʃən] s *Festigung* f ‖ *Bestätigung* (in ~ of a th *zur B. e–r S*) ‖ *Bekräftigung* f; *Beweis* m ‖ ⟨ec⟩ *Konfirmation, Firmelung* f **~ative** [~ətiv] a (~ly adv), **~atory** [~ətəri] a *bestätigend, bekräftigend* **~ed** [~d] a (~ly [–ˈfəːmidli] adv) *gefestigt* | *eingewurzelt, eingefleischt* (~ *bachelor*); *chronisch* (~ *drunkard*; a ~ *invalid*) **~ee** [ˌkɔnfəːˈmiː] s ⟨ec⟩ *Konfirmand* m
  confiscable [kɔnˈfiskəbl] a *konfiszierbar* **–cate** [ˈkɔnfiskeit] vt *konfiszieren, einziehen* **–cation** [ˌkɔnfisˈkeiʃən] s *Konfiskation, Einziehung* f ‖

⟨fam⟩ *Räuberei, Plünderung* f | ∼ *order Beschlagnahmeverfügung* f

confiscator [ˈkɔnfiskeitə] s *Konfiszierender* m | ∼**y** [∼ri] a *konfiszierend*; *Einziehungs–*

confiteor [kənˈfitiə:] s L ⟨ec⟩ *öff. Beichtgebet* n

conflagration [ˌkɔnfləˈgreiʃən] s *Feuersbrunst* f, *Brand* m ⟨a fig⟩

conflate [kənˈfleit] vt *verschmelzen*; *zwei Lesarten vereinigen* (into *in*) **tion** [kənˈfleiʃən] ɑ *Verschmelzung* f *zweier Lesarten z einer*

conflict [ˈkɔnflikt] s *Zus–stoß* m || *Konflikt, Kampf, Streit, Krieg* m; ∼ *of interest Interessenkonflikt*; ∼ *of laws Statutenkollision* f (*im internationalen* or *zw–staatlichen Privatrecht*); *regulation in* ∼ *with* [dat] *entgegenstehende Bestimmung* f || *Widerspruch, Widerstreit* m; *to come in od into* ∼ *with in W. geraten* m || ⟨Lit⟩ *Konflikt* m (1. *zw 2 Pn, Held u Schurke* [*Melodrama*], 2. *zw P u Gesellschaft* (Dickens) 3. *zw zwei Werten, z. B. Pflicht u Liebe in einer P*); *inner and outer* ∼ *innerer u äußerer K.* (e.g. *in* A Tale of Two Cities)

conflict [kənˈflikt] vi *kämpfen, streiten* (with) || *widersprechen, widerstreiten* (with a th *e–r S*); *in Widerspruch stehen, kollidieren* (with *mit*) ∼**ing** [∼iŋ] *widerstreitend, widersprechend, entgegengesetzt* (∼ views)

confluence [ˈkɔnfluəns] s (of rivers) *Zus–fluß, –lauf* m; ⟨fig⟩ *Vereinigung* f || (*P*) *Zulauf* m; *Gewühl* n; *Menge* f –**fluent** [ˈkɔnfluənt] **1.** a *zus–fließend; –treffend* ⟨anat & bot⟩ *verwachsen* **2.** s *Fluß* m, *der sich mit e–m anderen vereinigt*; *Nebenfluß* m

conflux [ˈkɔnflʌks] s *Zus–fließen* n, *Zus–fluß* m || *Zulauf* m (to *zu*); *Hinzukommen* n

conform [kənˈfɔ:m] vt/i ⟨fig⟩ *anpassen* (to *an*), *to* ∼ *o.s. to sich anpassen an* | vi *sich an–* (to a th *e–r S*); *entsprechen* (to a th *e–r S*) || *sich richten* (to *nach*); *sich unterwerfen, gehorchen* (to a th *e–r S*) ∼**ability** [kənˌfɔ:məˈbiliti] s *Gleichförmigkeit, Übereinstimmung* (to *mit*) f ∼**able** [∼əbl] a (–bly adv) *konform, gleichförmig*; *übereinstimmend, vereinbar* (to *mit*); *to be* ∼ *to entsprechen* || *sich fügend, nachgiebig* (to a p's will) | ⟨geol⟩ *gleich gelagert* ∼**al** [∼əl] a ⟨math⟩ *konform, winkeltreu* ∼**ance** [∼əns] s *Übereinstimmung* f (in ∼ *with in Ü. mit*; *gemäß*); *Anpassung* f (to *an*) ∼**ation** [kɔnfɔ:ˈmeiʃən] s *Angleichung*; *Anordnung*; *Gestaltung* f ∼**ist** [kənˈfɔ:mist] s ⟨ec⟩ *Anhänger* m *der englischen Staatskirche* (*Ggs* Nonconformist) ∼**ity** [kənˈfɔ:miti] s *Gleichförmigkeit, Übereinstimmung* (with *mit*); *in* ∼ *with in Ü. mit, gemäß* || *Anpassung, Erfüllung* f (with, to a th *e–r S*) || ⟨engl ec hist⟩ *Konformität* f || *enforced* ∼ *Gewissenszwang* m

confound [kənˈfaund] vt *vermengen*; *verwechseln* (with *mit*) || ⟨bib⟩ (*jdn*) *beschämen, bestürzt* m, *verwirren* || ⟨fig⟩ *verderben*, *vernichten* || ∼ *it! hol's der Henker! z Teufel!* || ∼ *his* (etc) *impudence! so e–e Frechheit!* | ∼**ed** [id] a (ly adv) *verfluoht*; °*verflixt*; (fam) *verflucht*; *confoundedly cold verflixt kalt*

confraternity [ˌkɔnfrəˈtə:niti] s *Brüderschaft* f ∼**frère**, ⟨Am⟩ –**frere** [ˈkɔnfrɛə] s Fr *Genosse*; *Kollege* m

confront [kənˈfrʌnt] vt (*jdm*) *entgegentreten*; (*e–r S*) *mutig entgegensehen, begegnen*; *to* ∼ *a p with a th jdm etw entgegenhalten*; *to be* ∼*ed with a th* ⟨fig⟩ *e–r S gegenüberstehen, stehen vor etw* || ∼**ed** ⟨arts⟩ *affrontiert* || ⟨jur⟩ *konfrontieren* (with *mit*) ∼**ation** [ˌkɔnfrʌnˈteiʃən] s ⟨jur⟩ *Gegenüberstellung* f

Confucian [kənˈfju:ʃən] a *Konfuzius betr*
confuse [kənˈfju:z] vt ⟨fig⟩ *vermengen, –wechseln* || *verwirren* (oft *pass*) | ∼**d** [∼d] a (∼ly [∼idli] adv) *verwirrt*; *verworren, wirr* (∼ *report*)

|| (*P*) *verlegen, bestürzt, verwirrt* ∼**dness** [∼idnis] s *Verwirrung* f

confusion [kənˈfju:ʒən] s *Verwirrung* (to cause, work ∼); *Unordnung* f || *Aufruhr, Lärm* m || *Bestürzung, Verwirrung* f (to put to ∼ *in V. bringen, bestürzt* m) || *Vermengung, Verwechslung* f (of a th with another) | (*als Verwünschung*) ∼*! z Teufel! Nieder mit!*

confutation [ˌkɔnfju:ˈteiʃən] s *Überführung, Widerlegung* f || **fute** [kənˈfju:t] vt (*jdn*) *des Irrtums überführen*; *widerlegen*

congé [ˈkɔ:nȝei] s Fr *Entlassung* f, *Abschied* m (to give a p his ∼); ∼ *d'élire königl. Erlaubnis* f, *e–n Bischof z wählen*

congeal [kənˈdȝi:l] vt/i *z Gerinnen bringen, gefrieren* or *gerinnen* m; *to be* ∼*ed erstarren* | vi *gefrieren*; *gerinnen*; *erstarren* ∼**able** [∼əbl] a *gefrierbar, gerinnbar* ∼**ment** [∼mənt] s *Gefrieren, Gerinnen* n

congee [ˈkɔndȝi] † s *Abschied* m (to make one's ∼s *A. nehmen*)

congelation [ˌkɔndȝiˈleiʃən] s *Gefrieren, Gerinnen* n; *point of* ∼ *Gefrierpunkt* m || *Erstarrung* f || *gefrorene* or *geronnene Masse* f

congener [ˈkɔndȝinə] s *gleichartiges, verwandtes Ding* or *Wesen* n; *Art–, Stammverwandte*(r m) f ∼**ic(al)** [ˌkɔndȝiˈnerik(əl)] a *gleichartig, verwandt* ∼**ous** [kənˈdȝenərəs] a *gleichartig*; *übereinstimmend, verwandt* (with *mit*)

congenial [kənˈdȝi:niəl] a (∼ly adv) *gleichartig, geistesverwandt* (with) || *sympathisch* (to a p *jdm*) || *angemessen, entsprechend* (to); *to be* ∼ *to a p jdm passen, zusagen* ∼**ity** [kənˌdȝi:niˈæliti] s *Geistesverwandtschaft* f || *Angemessenheit* f (to)

congenital [kənˈdȝenitl] a *angeboren* (∼ *defect*) ∼**ly** [–təli] adv v *Geburt* (∼ *deaf*)

conger [ˈkɔŋgə] s ⟨ich⟩ (a ∼ eel) *Meeraal* m

congeries [kənˈdȝiəri:z] s L, –**ry** [ˈkɔndȝəri] s *Anhäufung, Masse* f (a ∼ of stars)

congest [kənˈdȝest] vt/i (*S*) *anhäufen, –sammeln*; *to* ∼ *o.s. sich anhäufen* | vi *sich ansammeln* | ∼**ed** [∼id] a *überfüllt* (with *von*); ⟨med⟩ *mit Blut überfüllt* || (of districts) *übervölkert u unzureichend f die Ernährung* || *verstopft* (*Straße*) ∼**ion** [kənˈdȝestʃən] s *Ansammlung, Anhäufung* f, *Andrang* m; ∼ *of population Übervölkerung* f; (of traffic) *Stockung, Stauung* f || ⟨med⟩ *Kongestion* f, *Blutandrang* m; ∼ *of the brain* ⟨med⟩ *B. nach dem Gehirn* ∼**ive** [∼iv] a *Kongestion erzeugend*

conglobate [ˈkɔnglobeit] **1.** a *zus–geballt, kugelig*; *geballt* **2.** vt *zus–ballen* –**bation** [kənglouˈbeiʃən] s *Sich–Zus–ballen* n; *Anhäufung* f |–**be** [kənˈgloub] vt/i (*sich*) *zus–ballen*

conglomerate [kənˈglɔmerit] **1.** a *zus–geballt; –gewürfelt*; *gemischt*; *gehäuft* **2.** s ⟨geol⟩ *Konglomerat* n; ⟨fig⟩ *Anhäufung* f; *Gemisch* n
conglomerate [kənˈglɔmereit] vt/i || *zus–ballen*; *fest verbinden* (into *zu*) | vi *sich zus–ballen, sich verbinden* (into *zu*)
conglomeration [kənˌglɔməˈreiʃən] s *An–, Zus häufung*; *Masse* f || *Gemisch*; ⟨fig⟩ *Knäuel* n || ⟨demog⟩ *Agglomeration* f

conglutinate [kənˈglu:tineit] vt/i || *zus–leimen, –kitten* | vi *zus–kleben*; *sich miteinander vereinigen* –**ation** [kənˌglu:tiˈneiʃən] s *Zus–kleben* n; ⟨fig⟩ *Vereinigung* f

congo, –gou [ˈkɔŋgou] s *ein schwarzer chinesischer Tee* m || Congo snake ⟨zoo⟩ *Kongo-Aal* m (*Salamanderart*)
Congolese [ˌkɔŋgəˈli:z] s *Kongolese* m, –*sin* f
congrats [kənˈgræts] s ⟨sl⟩ ∼! *gratuliere!*
congratters [kənˈgrætsz] s ⟨sl⟩ ∼! *gratuliere!*
congratulant [kənˈgrætjulənt] **1.** a *Gratulations–* **2.** s *Gratulant*(*in* f) m –**late** [kənˈgrætjuleit] vt (*jdn*) *beglückwünschen*, (*jdm*) *Glück wünschen, gratulieren* (on a th *z e–r S*); [a refl] *to* ∼ *o.s.*

-lation [kənˌgrætjuˈleiʃən] s *Glückwunsch* m, *Beglückwünschung* f (on *zu*) –**lator** [kənˈgrætjuleitə] s *Gratulant* m –**latory** [kənˈgrætjuleitəri] a *(be)glückwünschend, Glückwunsch–*
  congregate [ˈkɔŋgrigeit] vt/i ‖ *sammeln* | vi *sich (ver)sammeln*
  congregation [ˌkɔŋgriˈgeiʃn] s *Ansammlung, Versammlung* f ‖ ~ ⟨Oxf⟩ *akademische Versammlung*; ⟨Cambr⟩ *Senatsversammlung* f ‖ ⟨ec⟩ *Gemeinde* f | **~al** [~l] a *gottesdienstlich, Gemeinde–* ‖ ~ *independ·ent, z Kongregationalismus gehörig* ~**alism** [~əlizm] s *System* n *der Selbstverwaltung der Kirchengemeinde* ~**alist** [~əlist] s *Kongregationalist, Independent* m
  congress [ˈkɔŋgres] s *Versammlung, Tagung* f, *Kongreß* m (at a ~ *auf e–m K.*); ~ of Chemical Medicine *Internistenkongreß* m ‖ ⟨Am⟩ ~ *[ohne art] der Kongreß* m, *die gesetzgebende Versammlung* f; ~**-man** *Mitglied* n *des* ~ ‖ ⟨Ind⟩ (the) ~, *the National* ~ *die extreme Reformpartei* f, *die Swarajisten* pl ~**ional** [kɔŋˈgreʃənl] a *Kongreß–*
  congruence [ˈkɔŋgruəns], –**ency** [–si] s *Übereinstimmung* f (with; between) ‖ ⟨math⟩ *Kongruenz* f ‖ –**ent** [ˈkɔŋgruənt] a *übereinstimmend* (with); *entsprechend*; *kongruent* –**ity** [kɔŋˈgruiti] s *Übereinstimmung* (with); *Angemessenheit* f ‖ *Folgerichtigkeit, innere Geschlossenheit* f –**ous** [ˈkɔŋgruəs] a (~ly adv) *übereinstimmend*; *angemessen*; *innerlich zus–hängend, folgerichtig*
  conic [ˈkɔnik] 1. a (~ally adv) *konisch, kegelförmig, spitz*; ~ *sections* [pl] ⟨math⟩ *Kegelschnitte* m pl 2. s: ~s [pl] ⟨math⟩ *Lehre v den Kegelschnitten* | ~**al** [~əl] a (~ly adv) *konisch, kegelförmig*; ⟨math⟩ *Kegel–*; ⟨for⟩ *abfällig, very* ~ *abholzig*
  conifer [ˈkounifə] s ⟨bot⟩ *Konif·ere* f; ~s [pl] *Nadelhölzer* pl ~**ous** [kouˈnifərəs] a ⟨bot⟩ *Nadelholz–, Nadel–* (~ *wood*)
  coniform [ˈkounifɔ:m] a *kegelförmig*
  conine [ˈkounain], **coniine** [ˈkouniain] s ⟨chem⟩ *Koni·in* n
  conjecturable [kənˈdʒektʃərəbl] a (–bly adv) z *vermuten(d)*
  conjectural [kənˈdʒektʃərəl] a (~ly adv) *auf Vermutung beruhend, mutmaßlich*
  conjecture [kənˈdʒektʃə] 1. s *Vermutung, Mutmaßung* f; a ~ *e–e Konjekt·ur*; ⟨stat⟩ *Bewertung* f 2. vt/i ‖ *mutmaßen, vermuten* (a th; a th od a p to be *daß etw, jd ist*) ‖ ⟨Konjektur⟩ *vorschlagen* | vi *Mutmaßungen anstellen*
  conjoin [kənˈdʒɔin] vt/i (*sich*) *verbinden*; (*sich*) *vereinigen* ~**ed** [~d] a *zus–treffend* (events) ~**t** [~t] a *verbunden, vereinigt, gemeinsam* ~**tly** [~tli] adv *gemeinsam*; ~ *with zus– mit*
  conjugal [ˈkɔndʒugəl] a (~ly adv) *ehelich, Ehe–* ~**ity** [ˌkɔndʒuˈgæliti] s *Ehestand* m
  conjugate [ˈkɔndʒugeit] vt/i ‖ ⟨gram⟩ *konjugieren* | vi *konjugiert w* ‖ ⟨biol⟩ *sich paaren*
  conjugate [ˈkɔndʒugit] a ⟨gram⟩ *wurzelverwandt* ‖ ⟨phys⟩ *e–a zugeordnet* ‖ *gepaart*, ⟨bot⟩ *paarweise stehend* 2. s *das wurzelverwandte Wort* n –**gation** [ˌkɔndʒuˈgeiʃən] s ⟨gram⟩ *Konjugation* f ‖ ⟨biol⟩ *Vereinigung* f (of cells)
  conjunct [kənˈdʒʌŋkt] a (~ly adv) *verbunden, vereint* ~**ion** [kənˈdʒʌŋkʃən] s *Verbindung, Vereinigung* f (in ~ with); *taken in* ~ *with zus–genommen mit* ‖ *Zus–treffen* n (of events) ‖ ⟨gram⟩ *Konjunktion* f, *Bindewort* n ‖ ⟨astr⟩ *Konjunktion* f ~**ional** [kənˈdʒʌŋkʃənl] a *Bindewort–* ~**ive** [~iv] a *verbindend, Binde–* ‖ ⟨log⟩ *konjunkt·iv* (*Urteil*) ‖ ⟨gram⟩ *konjunktional*; *konjunktivisch* (~ *mood Konjunktiv* m)
  conjunctiva [ˌkɔndʒʌŋkˈtaivə] s L ⟨anat⟩ *Bindehaut* f –**ivitis** [kɔnˌdʒʌŋktiˈvaitis] s ⟨med⟩ *Bindehautentzündung* f
  conjuncture [kənˈdʒʌŋktʃə] s *Verbindung* f, *Zus–treffen* n (*v Umständen* etc) ‖ *Krise* f

  conjuration [ˌkɔndʒuəˈreiʃən] s *feierliche Anrufung*; *Beschwörung, Zauberei* f
  conjure [kənˈdʒuə] vt (*jdn*) *beschwören, inständig bitten* (*to do*)
  conjure [ˈkʌndʒə] vt/i ‖ (*Geist*) *beschwören*; *bezaubern* ‖ to ~ *away bannen, weghexen* | to ~ up (*Geister*) *heraufbeschwören, zitieren* ‖ (etw) *im Geiste hervorrufen* ‖ vi *zaubern, hexen* | a name to ~ *with ein Name v gewaltigem Einfluß, ein Mann, der den Papst z Vetter hat* ⟨a fig⟩
  conjurer, –ror [ˈkʌndʒərə] s ⟨fig⟩ *Zauberer* m ‖ *Taschenspieler* m ‖ *he is no* ~ *er hat das Pulver nicht erfunden* –**ring** [~riŋ] 1. s *Hexerei, Taschenspielerei* f 2. a *Zauber–*
  conk [kɔŋk] 1. s ⟨sl⟩ °„*Gurke*“ f, „*Zinken*“ m (*Nase*) 2. vi ⟨sl⟩ °*abkratzen* (*sterben*)
  conk [kɔŋk] vi ⟨fam⟩ (*a* to ~ *out*) (of engines) *versagen, stehenbleiben, kaputt gehen* | vt ⟨aero fam⟩ (*Motor*) °*abwürgen*; to ~ *a p over the head jdm eins über den Kopf geben*
  conkers [ˈkɔŋkəz] s pl (*Kastanien-*)*Schlagspiel* n (*Kinderspiel*)
  conman [ˈkɔnmən] s ⟨Am fam⟩ (= confidence man) *Bauernfänger, Schwindler* m
  conn [kɔn] vt (*ein Schiff*) *führen*, → conning, to con
  connate [ˈkɔneit] a *angeboren* (with a p *jdm*); z *gleicher Zeit geboren* ‖ ⟨bot⟩ *verwachsen* –**tural** [kəˈnætʃrəl] a *angeboren* (to a p *jdm*) ‖ *v gleicher Natur*
  connect [kəˈnekt] vt/i 1. vt *verbinden* (with) ‖ ⟨telph⟩ *verbinden* | (*im Geiste*) *in Verbindung bringen*; to be ~ed with *in V. stehen, sich berühren mit* 2. vi *in Zus–hang stehen* ‖ *in logischem Z. stehen* (with), *sich logisch anschließen* (with an) | (of trains) *Anschluß h* (with an) | ~**ed** [~id] a *verknüpft, logisch zus–hängend* | *verbunden, –wandt*; *to be well–* ~ *hohe, einflußreiche Verwandte h* ‖ *verwickelt* (with in) ~**edly** [~idli] adv *in logischem Zus–hang*; to think ~ *logisch denken* ~**edness** [~idnis] s *logischer Zus–hang* m ‖ *Folgerichtigkeit* f ~**ing** [~iŋ] a *Binde–*; ~-**link** *Bindeglied* n; ~-**rod** ⟨mach⟩ *Pleuel–, Kurbel–, Schubstange* f ‖ ~-**rod** *angle Pleuelstangenausschlag* m; ~-**rod** *assembly* ⟨mot⟩ *Kurbelantrieb* m; ~-**rod** *blade Pleuelschaft* m ~**ive** [~iv] a *verbindend*; ⟨biol⟩ *Binde–*, ~ *tissue* –*gewebe* n ~**or, ~er** [~ə] s ⟨tech⟩ *Verbindungsröhre, –schraube*; ⟨mot⟩ *Kabelschlauch* m (*f Beleuchtung*)
  conner [ˈkɔnə] s ⟨mil sl⟩ *Essen* n, *Verpflegung* f ‖ *snifty* ~ *Pfundsverpflegung*
  connexion, connection [kəˈnekʃən] s 1. *Verbindung* f, *to be in* ~ *with in V. stehen mit* ‖ to *establish new* ~s *neue Beziehungen anbahnen, anknüpfen* ⟨tech⟩ *Anschlußmöglichkeit* f ‖ ⟨telph⟩ *Verbindung* f, *Anschluß* m ‖ ⟨rail⟩ *Anschluß, to achieve* ~ *den A. erreichen*; *to run in* ~ *with* (of trains) *A. h an* 2. (*gedanklicher*) *Zus–hang* m; *Beziehung* f; *in this* ~ *in diesem Zus–hang, in dieser B., Hinsicht*; *in* ~ *with in bezug auf, betreffs*; *anläßlich* [gen] 3. *persönliche Beziehung* f; ~s [pl] *Beziehungen, Konnexionen* f | *geschlechtlicher Verkehr* (with) 4. *Verwandtschaft* f; *Verwandter* m | *Klient·el, Kundschaft* f 5. ⟨mech⟩ *verbindender Teil* m; *hot water* ~s [pl] *Heißwasseranlage* f; *lighting* ~ *Lichtleitung* f ‖ ⟨el⟩ *Schaltung* f
  connie, conny [ˈkɔni] s ⟨fam⟩ *Flugzeug v Typ* “Lockheed **Con**stellation”
  conning [ˈkɔniŋ] s → to con
  conniption [kəˈnipʃən] s ⟨Am sl⟩ (*a* ~ *fit*) *hysterischer Anfall* m; *Erregung, Wut* f
  connivance [kəˈnaivəns] s *wissentliches Gewährenlassen* n; *Nachsicht* f (at, in bei), *Übersehen* n (in a th *e–r S*); *stillschweigende Einwilligung* f (at, in, with *in*)
  connive [kəˈnaiv] vi to ~ *at a th ein Auge zu-*

drücken bei e–r S, etw stillschweigend dulden, gewähren l **|** **~nt** [~ənt] a ⟨biol⟩ *sich e–a nähernd, konvergierend*

connoisseur [ˌkɔniˈsəː] s *Kenner, Kunstkenner* m (in wine) **~ship** [~ʃip] s [koll] *die Kunstkenner* pl || *Kennerschaft* f

connotation [ˌkɔnouˈteiʃən] s *Mitbezeichnung, Mit–, Nebenbedeutung* f || ⟨log⟩ *Begriffsinhalt* m; individual ~ *persönlicher B. z.B. bei Idiosynkrasie; group* ~ *B. f e–e Berufsgruppe, Rasse* etc (e.g.: Baudelaise, Albatros); general ~ *allgemeiner B.* (z.B. *Rose, Schlange* etc) **–tive** [kəˈnoutətiv] a *mitbedeutend* || ⟨log⟩ *umfassend*

connote [kəˈnout] vt *mit einbegreifen, in sich schließen, mitbezeichnen* || *bedeuten*

connubial [kəˈnjuːbiəl] a (~ly adv) *ehelich* **~ity** [kəˌnjuːbiˈæliti] s *Ehestand* m; –ties [pl] *eheliche Zärtlichkeiten* f pl

conny [ˈkɔni] s → *connie*

conoid [ˈkounɔid] **1.** a *kegelförmig* **2.** s ⟨geom⟩ *das Konoʿid*

conquer [ˈkɔŋkə] vt/i **1.** vt (*Land*) *erobern, unterwerfen; durch Eroberung nehmen* (from a p *jdm*) **|** *erringen; bewältigen* **|** (*jdn*) *besiegen, überwinden* **|** ⟨fig⟩ (*Leidenschaft* etc) *bezwingen, Herr* w *über* **2.** vi *siegen* **~able** [~rəbl] a *z erobern(d)* || *besiegbar, überwindlich* **~ing** [~riŋ] a (~ly adv) *siegreich, überwältigend* **~or** [~rə] s *Eroberer, Sieger* m; the ≍ *Wilhelm der Eroberer*

conquest [ˈkɔŋkwest] s **1.** *Unterwerfung, –jochung, Eroberung* f; the ≍ *die Normannische E.* || ⟨fig⟩ *Eroberung* f, to make a ~ of a p *jdn gewinnen* **2.** ⟨fig⟩ *Sieg* m (over *über*) **|** *Überwindung* f **3.** *Eroberung* f, *erobertes Land* n

conrod [ˈkɔnrəd] s ⟨fam⟩ = connecting rod *Pleuelstange* f

consanguine [kɔnˈsæŋgwin], **–neous** [ˌkɔnsæŋˈgwiniəs] a *blutsverwandt; –neous marriage Heirat* f *zw Blutsverwandten* **–nity** [ˌkɔnsæŋˈgwiniti] s *Blutsverwandtschaft* f

conscience [ˈkɔnʃəns] s **1.** *Gewissen* n (the human ~) **|** a good, clear, bad, guilty, tender ~ *ein gutes, reines, böses, schuldiges, zartes G.* || my ~! *mein Gott!* || matter of ~ *Gewissenssache, –frage* f **|** for ~ od ~' sake *um das G. z beruhigen* || in all ~ *sicherlich, wahrhaftig* || upon my ~ *auf mein Wort!* || with a safe ~ *mit ruhigem Gewissen* **|** to compound with one's ~ *sich mit s–m G. abfinden* **|** to have sth on one's ~ *etw auf dem G. h* || to have the ~ to do *die Frechheit h z tun* || to make it a matter of ~ *sich ein G. daraus m* (to do) **2.** [attr] ~-clause ⟨parl⟩ *Gewissensklausel* f || ~-money f *hinterzogene Steuer in die öffentliche Kasse gezahltes Geld* n || ~-proof *ohne Gewissensregungen* || ~-smitten, ~-stricken *reuevoll, reuig* **~less** [~lis] a *gewissenlos*

conscientious [ˌkɔnʃiˈenʃəs] a (~ly adv) *gewissenhaft* || *Gewissens–* (~ scruples) || ~ objector *Kriegsdienstverweigerer* (⟨fam⟩ conchy); *Impfgegner* m **~ness** [~nis] s *Gewissenhaftigkeit* f

conscious [ˈkɔnʃəs] a (~ly adv) **1.** [pred] *im Besitz des Bewußtseins* **|** *bewußt* (of a th *e–r S*); to be ~ *wissen* (that); to be, feel ~ of (etw) *wohl wissen, überzeugt s v* **|** to make a p beauty ~ *in jdm den Sinn f Schönheit wecken* **|** [in comp] ⟨Am *a*⟩ *begeistert* (~, air–~ *flugbegeistert*) **|** damage ~ *bemüht, Schaden z vermeiden* **2.** [attr] *Bewußtsein habend* (a ~ being) || *bewußt, überzeugt* (a ~ artist) || *selbstbewußt* || *ins Bewußtsein gehoben, dem B. gegenwärtig* (~ power) **|** **~ly** [~li] adv *bewußt; wissentlich* **~ness** [~nis] s *Sich-Bewußtsein, Wissen* (of a th *um etw*; of being *z s*) || *Bewußtsein* n **|** *Bewußtsein*(*szustand* m); to lose ~ *das B. verlieren* ⟨Lit⟩ *compounding of* ~ *Mischung, Vertiefung* f *der Bewußtseinsinhalte* (*dadurch, daß mehrere Sinne*

angesprochen w [*Auge, Ohr* etc] *z.B. in* Keats' Ode to Autumn); stream of ~ *Bewußtseinsstrom* m (e.g. in Joyce's Ulysses, in Sterne's Tristram Shandy)

conscribe [kənˈskraib] vt ⟨mil⟩ *zwangsweise ausheben, einziehen*

conscript [ˈkɔnskript] **1.** a *zwangsweise ausgehoben;* ~-fathers [pl] ⟨ant⟩ *die Senatoren* m pl *Roms* **2.** s ⟨a-engl⟩ (*Zwangs-*)*Rekrut* m

conscript [kənˈskript] vt *zwangsweise ausheben, einziehen* **~ion** [kənˈskripʃən] s *Zwangsaushebung* f; *milit. Dienstpflicht* f

consecrate [ˈkɔnsikreit] **1.** vt *weihen, einsegnen; –weihen* || (*Leben* etc) *widmen* (to a th *e–r S*) || ⟨ec⟩ *heiligsprechen* **2.** a *geweiht* (to a th), *geheiligt* **–tion** [ˌkɔnsiˈkreiʃən] s *Weihung, Weihe; Weihe* (e–r *Kirche*, e–s *Bischofs*); *Einsegnung* f || *Widmung* f (to a th) || ⟨RC⟩ *Wandlung* f (*Teil der Messe*) –tor [ˈkɔnsikreitə] s *Weihender* m

consecution [ˌkɔnsiˈkjuːʃən] s *logische Aufeinanderfolge* f || *Folge* f; *Wortfolge* f

consecutive [kənˈsekjutiv] a (~ly adv) *aufeinanderfolgend, zus.–hängend;* for five ~ days *fünf Tage hinter–e–a* || ~ clause ⟨gram⟩ *Folgesatz* m || ~ly numbered *fortlaufend numeriert* **~ness** [~nis] s *logische Aufeinanderfolge* f

consensual [kənˈsensjuəl] a ⟨physiol⟩ *unwillkürlich* (action)

consensus [kənˈsensəs] s L *Übereinstimmung* f; ~ of opinion *übereinstimmende Meinung* f

consent [kənˈsent] **1.** s *Einwilligung* (to *in, z*), *Zustimmung* (to *zu*) f || ⟨jur⟩ age of ~ *Mündigkeitsalter* n, *Ehemündigkeit* f || with one ~, by common ~ *einmütig, einstimmig* || with the ~ of *mit Genehmigung v* || silence gives ~ *Stillschweigen bedeutet Zustimmung* **2.** vi (*freiwillig*) *zustimmen* (to a th *e–r S*); *sich bereit erklären* (to do); *einwilligen* (to a th *in etw*; to do; that) **~aneity** [ˌkɔnsentəˈniːiti] s *Übereinstimmung, Einmütigkeit* f **~aneous** [ˌkɔnsənˈteinjəs] a *übereinstimmend* (to, with *mit*); *einmütig*

consequence [ˈkɔnsikwəns] s *Folge* f (bad ~s to a p *schlechte Folgen* f *jdn*); ~s [pl] „*gefüllte Kalbsbrust*" f (*Spiel*); to accept, take the ~s *die Konsequenz ziehen, die Folgen tragen* **|** *Wirkung* f; *Ergebnis* n (with the ~ that) || ⟨log⟩ *Schluß* m, *Folgerung* f || *Wichtigkeit, Bedeutung* f || *soziale Stellung* f, *Einfluß* m (person of great ~) **|** in ~ *folglich* || in ~ of *zufolge, wegen, infolge v* || in ~ of the continual rains *durch anhaltenden Regen* || of ~ *wichtig, bedeutend;* of no ~ *unwichtig, unbedeutend* (to *für*)

consequent [ˈkɔnsikwənt] **1.** a (~ly adv) *folgend* (on, upon *auf*); ~ on *infolge v*; to be ~ on *die Folge s v* *folgerichtig* **2.** s *Folge; Wirkung* f || *Folgerung* f; *Schluß* m || ⟨math⟩ *Hinterglied* n (e–s *Verhältnisses*) **~ial** [ˌkɔnsiˈkwenʃəl] a (~ly adv) *folgernd;* to be ~ on *folgen, resultieren, sich ergeben aus* || *folgerecht* **|** *wichtigtuend; überheblich* **~ly** [~li] adv & conj *folglich; deshalb*

conservancy [kənˈsəːvənsi] s *Kontrollbehörde* f *über Forst, Häfen u Schiffahrt;* the Thames ≍ *Board K. f die Reinhaltung der Themse, f alte Fischerei u den Verkehr auf der Th.* || *Forsterhaltung, –kontrolle* f

conservation [ˌkɔnsəˈveiʃən] s *Erhaltung* (~ of energy); *Bewahrung* f; *Schutz* m (of forests) || ≍ Act (*Zugvögel–*)*Schutzgesetz* n || ~ of natural beauty *Naturschutz* m

conservatism [kənˈsəːvətizm] s *Konservatismus* m; *konservative Grundsätze* pl **–tive** [–tiv] **1.** a *erhaltend;* to be ~ of *erhalten* || ⟨parl⟩ *konservativ; am Hergebrachten festhaltend* || *mäßig, vorsichtig* (estimate) **2.** s ⟨parl⟩ *Konservativer* m **–toire** [–twaː] s Fr ⟨mus⟩ *Konservatorium* n

conservator 1. [kənˈsəːvətə] s *amtlicher Konservator* m; *Direktor* (e–s *Museums*) || *Mitglied des* conservancy → d; ~s [pl] = conservancy

2. ['kɔnsəveitə] s *Erhalter, Beschützer* m **|** ~y [kɔn'sɔ:vətri] s *Treibhaus* n, *Wintergarten* m **||** 〈Am mus〉 *Konservatorium* n

conserve [kɔn'sɔ:v] **1.** vt *erhalten; bewahren* **2.** s [mst pl ~s] *Konserve* f, *Eingemachtes* n

consider [kɔn'sidə] vt/i **1.** vt *geistig betrachten*, I ~ him (to be) a rich man *ich betrachte ihn als e–n reichen Mann* (he is ~ed a rich man); to ~ a th on its artistic merits *etw auf s–n künstlerischen Wert hin betrachten* **||** *der Meinung s, finden* (that *daß*); I ~ him to have acted foolishly *ich finde, daß er .. gehandelt hat* **|** *Rücksicht nehmen auf; berücksichtigen; achten* **|** *nachdenken über* (to ~ o.s. *über sich n.*); *erwägen, in Betracht ziehen* (doing *z tun*); *ins Auge fassen, überlegen* (doing *z tun*; that, whether); I do hope that you will ~ calling me .., *daß Sie mich gegebenenfalls rufen w* **||** ~ed *wohlerwogen, überlegt*; all things ~ed *wenn man alles in Betracht zieht* **2.** vi *bedenken, überlegen, glauben* ~able [~rəbl] a (–bly adv) *beträchtlich; bedeutend, ansehnlich* **||** 〈Am〉 *sehr viel*; ~ of *ein gr Teil, e–e Menge v* ~ing [~riŋ] prep *betreffend, in Anbetracht* (a th e–r S; that) (~ his behaviour) **|** adv 〈fam〉 he is quite well, ~ (= ~ the circumstances) *es geht ihm ganz gut, den Umständen nach* **||** pretty well, ~ *so weit ganz gut*

considerate [kɔn'sidərit] a (~ly adv) *überlegt; wohldurchdacht; aufmerksam, rücksichtsvoll* (to *gegen*) ~ness [~nis] s *Rücksichtnahme, Aufmerksamkeit* f

consideration [kɔn,sidə'reiʃən] s **1.** *Betrachtung* f, *Überlegung, Erwägung* f **2.** *Berücksichtigung, Rücksicht* f (for, of *auf*); out of ~ for *aus R. auf*) **||** *z berücksichtigender Beweggrund* m, *Grund* (that is a ~); cost ~s *Erwägungen* f pl *finanzieller Art* **3.** *Wichtigkeit, Bedeutung* f (of some ~ *v einiger B.*); to be a ~ *v B. s*, money is no ~ *auf Geld or Preis kommt es nicht an, .. spielt k–e Rolle, ..* (*ist*) *Nebensache* f, *Ansehen* n **4.** *Entgelt* n, *Entschädigung* f (for a ~ *als E.*); (*vertragliche*) *Gegenleistung* f **||** 〈jur〉 failure of ~ *Mangel* m *an G.*; valuable ~ *G. in Geldwert* m **5. Wendungen:** favourable ~ *wohlwollende Prüfung* f **||** in ~ of *in Anbetracht v, hinsichtlich* [gen] **||** on, under no ~ *unter k–n Umständen* **||** on cool (further) ~ *bei ruhiger (weiterer) Überlegung, Betrachtung* **||** to be under ~ *erwogen w* **|** to bring before a p's ~ *jds Erwägung anheimstellen* **||** it falls under your ~ *es muß v dir berücksichtigt w* **||** to give a th one's careful ~ *e–e S ernstlich erwägen* **||** to take into ~ *in Betracht ziehen, berücksichtigen*

consign [kɔn'sain] vt *übergeben, –liefern; anvertrauen* (a th to a p *jdm etw*) **||** (*Geld*) *hinterlegen* (in) **||** 〈com〉 *übersenden, adressieren; verschicken* (to *nach*) ~ation [,kɔnsig'neiʃən] s 〈com〉 *Hinterlegung* (*v Geld*) f **||** 〈com〉 *Übersendung, Verschickung* f **||** to the ~ of *an die Adresse v; nach* **||** ~ee [,kɔnsai'ni:] s 〈com〉 *Warenadressat, –empfänger* m ~ment [~mənt] s *Übergabe; Zustellung; Konsignation* f **||** *Hinterlegung* f, *Deponierung* f **||** *Verschickung, Versendung* f (*v Waren*); ~-note *Frachtbrief* m **||** *Lieferung, Ladung, Sendung* f ~or [~ə] s 〈com〉 *Übersender, –weiser* m **||** *Hinterleger* m **||** *Konsignant, Ab–, Versender, Verfrachter* m

consilience [kɔn'siliəns] s *Zus–treffen* n, *Übereinstimmung* f **||** –ent [kɔn'siliənt] a *zus–treffend; übereinstimmend*

consist [kɔn'sist] vi *sich zus–setzen, bestehen* (of *aus*) **|** to ~ in *ausmachen, enthalten, bestehen in* (to ~ in a th; in *being*) **|** *sich vertragen, vereinbar s* (with *mit*) ~ence [~əns] s *Dichtigkeit; Grad der Festigkeit, Konsistenz* f; 〈fig〉 *Haltbarkeit* f, *Bestand* m ~ency [~ənsi] s = consistence **||** *Übereinstimmung* (with); *Konsequenz, Folgerichtigkeit* f **||** 〈Lit〉 *innere Gleichgestimmtheit* f

(*der Teile e–s Werks*) ~ent [~ənt] a *übereinstimmend, verträglich, vereinbar* (with) **||** *bekömmlich, kräftig* (food) **||** *konsequent, folgerichtig* ~ently [~əntli] adv *im Einklang* (with) **||** *durchweg, als Ganzes* (~ a work of scholarship)

consistorial [,kɔnsis'tɔ:riəl] a *Konsistorial–, Presbyterial–* –ry [kɔn'sistəri] s 〈R.C.〉 *Kardinalsversammlung* f **||** 〈C.E.〉 *bischöfliches Konsistorium* n **||** 〈Presb〉 *Körperschaft* f *der Presbyter*

consociate [kɔn'souʃiit] **1.** a *verbunden* **2.** s *Teilhaber, Genosse* m

consociate [kɔn'souʃieit] vt/i (*sich*) *verbinden* (with)

consolable [kɔn'souləbl] a *z trösten*(d) –ation [,kɔnsə'leiʃən] s *Trösten* n; *Trost* m (to a p *f jdn*); sorry ~ *schlechter T.* **||** ~ prize *Trostpreis* m, ~ race –*rennen* n –**atory** [kɔn'sələtəri] a *tröstend, tröstlich*

console [kɔn'soul] vt *trösten*; to ~ o.s. with *sich trösten mit* (for *über*) **|** ~r [~ə] s *Tröster* m

console ['kɔnsoul] s 〈arch〉 *Konsole* f, *Krag–, Tragstein* m **||** ~ table *Wand–, Pfeilertischchen* n **||** → radio ~ **||** 〈tech〉 *Pult*; control ~ 〈wir〉 *Regelpult* n

consolidate [kɔn'səlideit] vt/i **1.** vt *verdichten, (be)festigen* **||** 〈fig〉 (*Macht*) *stärken etc* **|** *vereinigen* **||** 〈com〉 (*Staatsschulden*) *konsolidieren*; (*Emissionen*) *vereinigen*; (*Aktien*) *zus–legen* **2.** vi *fest w* **|** ~d [~id] a *fest, dicht, kompakt* **||** ~ carload, ~ shipment *Sammelladung* f **||** 〈com〉 *vereinigt; konsolidiert*; ~ annuities = consols; ~ Fund *konsolidierter Staatsfonds* m –**tion** [kɔn,səli'deiʃən] s *Verdichtung, Konsolidierung* f **||** 〈com〉 *Vereinigung* f; *Fusion* f; 〈Am *a*〉 *Filialengeschäft* n (= *Geschäft mit Filialen*) **||** 〈mil〉 ~ of a position *Stellungsausbau* m **||** 〈agr〉 ~ of landholdings *Feld–, Flurbereinigung* f

consols [kɔn'səlz] s pl (→ consolidated) 〈engl〉 *Konsols, konsolidierte Staatsanleihen* pl; consol market *der Markt f St.* **||** *konsolidierte Aktien* f pl

consommé [kɔn'səmei] s Fr *klare Kraftbrühe* f

consonance ['kɔnsənəns] s *Konsonanz* f, *Einklang* m **||** 〈fig〉 *Übereinstimmung* f

consonant ['kɔnsənənt] **1.** a (~ly adv) 〈mus〉 *konsonant* **||** 〈fig〉 *übereinstimmend; vereinbar* (with) **|** *passend, gemäß* (with) **2.** s 〈phon〉 *Konsonant, Mitlaut* m; ~-shift *Lautverschiebung* f **|** ~al [,kɔnsə'næntl] a *konsonantisch*

consort ['kɔnsɔ:t] s *Gemahl, Gatte* m **||** *Gemahlin, Gattin* f; the King-~ *Gemahl e–r regierenden Königin*; the Prince-~ *Prinzgemahl* m; the Queen-~ *Gemahlin* f *des Königs* **|** 〈mar〉 *Begleitschiff* n

consort [kɔn'sɔ:t] vi *verkehren; paktieren* (with) **||** *übereinstimmen* (with *mit*), *passen* (with *zu*)

consortium [kɔn'sɔ:tiəm] s L *Kons·ortium* n

conspectus [kɔn'spektəs] s [pl ~es] L *allgemeine Übersicht; Zus–fassung* f

conspicuity [,kɔnspi'kju:iti] s *Deutlichkeit* f **||** *Hervortreten* n, *Augenfälligkeit* f

conspicuous [kɔn'spikjuəs] a (~ly adv) *deutlich*, to be ~ *in die Augen fallen* **||** *bemerkenswert, hervorragend* (for *wegen*); to be ~ by one's absence *durch Abwesenheit glänzen* **||** *auffällig* (to make o.s. ~ *sich a. benehmen, auffallen*) ~ness [~nis] s = conspicuity

conspiracy [kɔn'spirəsi] s *Verschwörung* f, *Komplott* n; 〈jur〉 *Vereinigung v 2 oder mehr Pn z rechtswidrigem Handeln* **||** ~ of silence *verabredetes Stillschweigen* n **||** 〈fig〉 *Verkettung* f (*v Umständen*) –**rator** [kɔn'spirətə] s *Verschwörer* m **|** –**re** [kɔn'spaiə] vi/t **|** *sich verschwören* (against); *sich vereinigen* (to do) **|** * vt *anzetteln, planen*

conspue [kən'spju:] vt ⟨fig⟩ (*jdn*) *anspucken*; *verachten*

constable ['kʌnstəbl] s *der Konnetabel* (⁂ of France) ‖ *Lord High* ⁂ *of England hohe Kron–, Reichswürde* f *in E.* | (*a police* ∼) *Polizist, Schutzmann*; special ∼ *Hilfspolizist* m; *Chief* ⁂ *Polizeipräsident* m ‖ ⟨fig⟩ *to outrun the* ∼ *Schulden m* –**bulary** [kən'stæbjuləri] 1. a *Konstabler–, Polizei–* 2. s *Polizeimannschaft* f

constancy ['kɔnstənsi] s *Dauer* f, *Bestand* m; *Beständigkeit*; *Unveränderlichkeit* f ‖ *Treue* f –**ant** ['kɔnstənt] 1. a (∼ly adv) *beständig, fest, unveränderlich* ‖ *standhaft, treu* ‖ *fortwährend, unaufhörlich* ‖ ⟨aero⟩ ∼-speed airscrew *Luftschraube* f *gleichbleibender Drehzahl*; ∼-speed control unit *Drehzahlregler m* 2. s ⟨math & phys⟩ *Konst·ante, unveränderliche Größe* f

constellate ['kɔnsteleit] vt/i ‖ *zus–stellen, vereinigen* | vi *sich vereinigen* (around) –**ation** [‚kɔnstə'leiʃən] s ⟨astr⟩ *Konstellation* f, *Sternbild* n ‖ *glänzende Versammlung* f (*v Berühmtheiten* etc) ‖ ⟨Am⟩ *Typ e–s Weitstreckenflugzeugs*

consternate ['kɔnstəneit] vt *verwirren, –blüffen* –**ation** [‚kɔnstə'neiʃən] s *Bestürzung* f (with ∼) **constipate** ['kɔnstipeit] vt ⟨med⟩ [*bes* pass] *verstopfen* –**ation** [‚kɔnsti'peiʃən] s ⟨med⟩ *Verstopfung* f

constituency [kən'stitjuənsi] s ⟨parl⟩ *Wählerschaft* f ‖ ⟨parl⟩ *Wahlbezirk* m ‖ ⟨fam⟩ *Abonnenten–, Leserkreis* m –**ent** [kən'stitjuənt] 1. a *e–n Teil bildend v* or *ausmachend*; *Teil–*; ∼ *part Bestandteil*; to be ∼ of *ausmachen* ‖ *während, Wahl–* ‖ *konstituierend, verfassunggebend* 2. s *Bestandteil* ‖ *Vollmachtgeber* ‖ ⟨parl⟩ *Wähler* m **constitute** ['kɔnstitju:t] vt 1. (*jdn*) *ernennen, einsetzen*; to ∼ a p *a judge jdn als Richter einsetzen* 2. *ein–, errichten, gründen*; *konstituieren*; they ∼ themselves a group *sie k. sich als e–e Gruppe* 3. *ausmachen, bilden*; to be ∼d *beschaffen s*

constitution [‚kɔnsti'tju:ʃn] s 1. *Anordnung, Ein–, Errichtung* f ‖ ⟨hist⟩ *Verordnung, Satzung* f 2. *Zus–setzung* f, *Struktur* f, *Bau m* ‖ *Körperbeschaffenheit* f ‖ *Gemütsart, Natur* f (by ∼ *v N.*) | ⟨jur⟩ (*Staats–*)*Verfassung* f | ∼**al** [∼l] 1. a (∼ly adv) *in der Konstitution begründet, körperlich bedingt*; *angeboren*; *v Natur angeboren*; ∼ types *Konstitutionstypen* m pl ‖ *wesentlich* ‖ *der Gesundheit dienlich* | *verfassungs–, gesetzmäßig, konstitutionell*; ∼ state *Rechtsstaat m* 2. s (*m–e* etc) „*tausend Schritte*", *Verdauungsspaziergang* m, *ein* (*der Gesundheit dienender*) *Spaziergang* m ∼**alism** [∼əlizm] s *konstitutionelle Regierungsform* f; *Befolgung dieser R.* ∼**alist** [∼əlist] s *Anhänger* m *der konstitutionellen Regierungsform* ∼**ality** [‚kɔnstitjuʃə'næliti] s *Verfassungsmäßigkeit* f (*e–r Handlung*) ∼**alize** [‚kɔnsti'tjuːʃnəlaiz] vt *konstitutionell m*

constitutive ['kɔnstitju:tiv; *mst* kən'stitjutiv] a (∼ly adv) *objektiv bestimmend*; *richtunggebend, aufbauend, gestaltend* ‖ *grundlegend, wesentlich* ‖ *e–n Teil ausmachend*; to be ∼ of *ausmachen*

constrain [kən'strein] vt [*oft* pass] (*jdn*) *drängen, nötigen, zwingen* (to a th *z etw*; to do) ‖ (*etw*) *erzwingen* ‖ ⟨poet⟩ *einsperren* ∼**ed** [∼d] (∼ly [kən'streinidli] adv) *gezwungen, unnatürlich*; *verlegen* | *eingezwängt*

constraint [kən'streint] s *Zwang* m, under ∼ *zwangsweise, gezwungen* ‖ *Beschränkung*; *Haft* f | *Gezwungenheit, Verlegenheit*; *Zurückhaltung* f **constrict** [kən'strikt] vt/i *zus–ziehen*; *einengen, pressen* | *sich ein–, zus–schnüren* (the cytoplasma ∼s) ∼**ion** [kən'strikʃən] s ⟨anat⟩ *Zus–ziehung, –pressung* f; *Beengtheit* f ∼**ive** [∼iv] a *zus–ziehend, –pressend* ∼**or** [∼ə] s ⟨anat⟩ *Schließmuskel* m ‖ = boa-constrictor, → boa

constringe [kən'strindʒ] vt *zus–ziehen* ∼**ncy**

[∼ənsi] s *Zus–ziehen* n ∼**nt** [∼ənt] a *zus–ziehend*

construct [kən'strʌkt] 1. vt *errichten, aufführen, bauen* ‖ ⟨math⟩ *konstruieren* | (*Satz*) *richtig anordnen*; (*Theorie*) *ausbauen*; *–arbeiten*; *formen*; *ersinnen* 2. s ⟨philos⟩ *konstruiertes Gebilde* n (*des Geistes*) ∼**ion** [kən'strʌkʃən] s *Bauen* n; *Gebäude* n ‖ *Bau* (under ∼ *in B.*); *Aufbau* m; *Form, Bauart* f | *Auslegung, Deutung* f; to place a similar ∼ on a th *etw ähnlich auffassen, auslegen*; to put the best ∼ upon *im besten Sinne auffassen, auslegen* ‖ ⟨gram, geom, arts⟩ *Konstruktion* f | ∼ area *Bauland* n ‖ ∼ battalion *schweres Pionierbataillon* n ‖ ∼ chief *FernmeldeBautruppführer* m ‖ ∼ detail, ∼ squad, ∼ team, ∼ unit *Bautrupp* m, *–kolonne* f ∼**ional** [kən'strʌkʃən] a *Konstruktions–*; *Bau–, Aufbau–, baulich* ∼**ive** [kən'strʌktiv] a (∼ly adv) *baulich, Bau–*; *Konstruktions–*; *Raum–* (∼ conception) ‖ *aufbauend, konstruktiv, schöpferisch, positiv* (∼ criticism) ‖ *gefolgert, abgeleitet* (∼ permission) ‖ ⟨film⟩ *politically* ∼ *politisch wertvoll*, → *meritorious* ∼**ivism** [∼ivizm] s Russ (Soviet literary work group formed in 1924) *Konstruktivismus* m (*bes bei* I. L. Selvinski, Tairov etc) ∼**or** [kən'strʌktə] s *Erbauer*; *Konstrukteur* m

construe [kən'stru:] vt/i ‖ ⟨gram⟩ *konstruieren, richtig verbinden*; to be ∼d with *konstruiert w mit* ('to 'hearken' is ∼d with 'to') ‖ *wortwörtlich übersetzen*; *erklären, auslegen, deuten*; to ∼ s.th. as meaning *etw dahingehend auslegen, daß* | vi ⟨gram⟩ *konstruieren*; *sich grammatisch erklären l* (this sentence does not ∼)

consubstantial [‚kɔnsəb'stænʃəl] a ⟨ec⟩ *des gleichen Wesens*; ∼ unity *Wesenseinheit* f ∼**ity** [‚kɔnsəbstænʃi'æliti] s ⟨ec⟩ *Wesenseinheit* f

consubstantiate [‚kɔnsəb'stænʃieit] vt (*z e–m Wesen*) *vereinigen* –**tiation** ['kɔnsəb‚stænʃi'eiʃən] s ⟨ec⟩ *die Lehre* f, *nach der beim Abendmahl in dem* (*Brot bleibenden*) *Brote der Leib Christi genossen wird*

consuetude ['kɔnswitju:d] s *Gewohnheit* f, *Brauch* m –**tudinary** [‚kɔnswi'tu:dinəri] a *gewohnheitsmäßig, Gewohnheits–*

consul ['kɔnsəl] s *Konsul* m; ∼ general [pl ∼s g.] *General–* m ∼**ar** ['kɔnsjulə] a *Konsul–*; *konsularisch* (representative of a state); *v Konsulat beglaubigt* (invoice); *Konsulats–* ∼**ate** ['kɔnsjulit] s *Konsulat* n (*a Gebäude*); ∼ general [pl ∼s g.] *Generalkonsulat* n ∼**ship** [∼ʃip] s *Konsulswürde* f

consult [kən'sʌlt] vt/i ‖ *um Rat fragen, z Rate ziehen*; ⟨med⟩ (*Arzt*) *konsultieren*; to ∼ a book *in e–m Buch nachschlagen* ‖ *in Betracht ziehen, ins Auge fassen, berücksichtigen* ‖ to ∼ one's *watch nach der Uhr sehen* | vi *sich beraten, beratschlagen* (about *über*; with) ∼**ant** [∼ənt] s *fachärztlicher Berater* m; *ärztl. Autorität* f ∼**ation** [‚kɔnsəl'teiʃən] s *Beratschlagung, Konferenz* f; *Rücksprache* f (on ∼ with *nach R. mit*); *Aussprache* f (on *über*; with *mit*) ‖ ⟨med⟩ *Konsultation* f ∼**ative** [kən'sʌltətiv] a *beratend* ∼**ee** [‚kɔnsʌl'ti:] s *fachl. Berater, Ratgeber* m ∼**ing** [∼iŋ] a *beratend*, ∼ engineer *technischer Berater*; ∼-physician *fachärztlicher B.* m; ∼ practice *fachärztliche Praxis* f

consumable [kən'sju:məbl] a *verzehrbar* ‖ *zerstörbar* ‖ *Verbrauchs–* (article)

consume [kən'sju:m] vt/i 1. vt *zerstören, vernichten* ‖ ⟨fig⟩ *verzehren*; ∼ming desire *brennender Wunsch*; ⟨fig⟩ to be ∼d with *sich verzehren vor, erfüllt s v* | *konsumieren, auf–, verbrauchen, verschwenden, durchbringen*; (*Zeit*) *hinbringen* 2. vi (a to ∼ away) *abnehmen, sich verzehren* (with *vor*); *sich abnutzen* ∼**dly** [∼midli] adv *ungeheuer, höchst* | ∼**r** [∼ə] s *Verzehrer, Konsument, Verbraucher*; *Abnehmer* m ‖ ∼ goods [pl]

Verbrauchs-, Konsumgüter n pl (*Ggs Produktiv-güter*); ~ durables *dauerhafte Konsumgüter* (*Ggs Verbrauchsgüter*) ‖ ~ resistance *Kaufunlust* f ‖ ~s' cooperative society *Verbrauchergenossenschaft* f

consummate [kən'sʌmit] a (~ly adv) *vollendet* (artist; skill)

consummate ['kɔnsəmeit] vt *vollenden*; (*den Eheakt*) *vollziehen* –ation [ˌkɔnsə'meiʃən] s *Vollendung*; *Vollziehung* (*des Eheaktes*) f ‖ (*ersehntes*) *Ziel, Ende*; *Vollendung* f ‖ ~ of marriage *Vollziehung* f *der Ehe* –atory ['kɔnsʌmeitəri] a *End–, ~* act ⟨eth, biol⟩ *–handlung* f, *–instinkt* m (*z. B. Trinken, Begattung, Schlaf*)

consumption [kən'sʌmpʃən] s *Verzehren* n ‖ *Verbrauch* m (of *an*); coal ~ *Kohlenverbrauch*; ~-to-mileage ratio ⟨mot⟩ (*Kraftstoff-)Strecken-verbrauch* m, *Kraftstoffwirtschaftlichkeit* f ‖ *Absatz, Konsum* m (*Ggs* production); for ~ (*Ware*) *im freien Verkehr* ‖ ⟨übtr⟩ *Bedarf*; *Genuß* m ‖ ⟨med⟩ *Schwindsucht* f (galloping ~ *gallopierende Sch.*) –tive [kən'sʌmptiv] 1. a *verzehrend, zerstörend, verheerend* ‖ ⟨med⟩ *schwindsüchtig* 2. s *Schwindsüchtige(r* m) f

contact ['kɔntækt] 1. s a. *Berührung, Fühlung* f, *Kontakt* m (by ~ with; in ~ with); ⟨Am *a*⟩ *Bekanntschaft* f ‖ to avoid ~ ⟨mil⟩ *ausweichen* ‖ to come in *od* into ~ with, ⟨el *a*⟩ to make a ~ with *in B. k mit*; point of ~ *–spunkt* m ‖ ⟨el⟩ *Kontakt* m, *B. zweier Stromleiter* f; to make ~ *Kontakt, Anschluß herstellen* (with *mit*), to break ~ *den K. unterbrechen* ⟨a fig⟩ ‖ ⟨math⟩ angle of ~ *Berührungswinkel* m b. *Bazillenträger* m (*P*) c. [attr] ⟨el⟩ *Kontakt–* (~-button; ~ lens *–schale, –glas, Haftg+las* [*Brillenersatz*]) ‖ ~ area ⟨tech⟩ *Berührungsfläche* f ‖ ~ flight *Flug* m *mit Bodensicht* f ‖ ~ fuse *Aufschlagzünder* m ‖ ~ light ⟨aero⟩ *Landebahnfeuer* n ‖ ~ man *Verbindungsmann* m ‖ ~ mission ⟨mil⟩ *Fühlunghalten* n ‖ ~ navigation *Sichtnavigation* f ‖ ~ patrol ⟨mil⟩ *Verbindungstrupp* m ‖ ~ poison, ~ insecticide *Kontaktmittel* n ‖ ~ print ⟨phot⟩ *Kontaktabzug* m 2. vt ⟨Am⟩ *in Verbindung treten mit* (to ~ a p); to ~ a p *Beziehungen, den K. aufnehmen, z erstenmal sprechen mit jdm*

contagion [kən'teidʒən] s *Ansteckung* f (*durch Berührung*; → infection) ‖ *Ansteckungsstoff* m ‖ *ansteckende Krankheit* f; *Seuche* f ‖ ⟨fig⟩ *Seuche, Verseuchung* f

contagious [kən'teidʒəs] a (~ly adv) *anstekkend*; ⟨fig⟩ (of habits) *ansteckend*; *schädlich* ~ness [~nis] s *das Ansteckende* n

contagium [kən'teidʒiəm] s L *Ansteckungsstoff* m

contain [kən'tein] vt *enthalten, umfassen* ‖ *messen* (a foot ~s twelve inches) ‖ *Raum h f, fassen*, to be ~ed in *enthalten s in* ‖ ⟨pol⟩ *eindämmen* ‖ ⟨mil⟩ (*Kräfte*) *binden, festhalten* ‖ to ~ o.s. (*an*) *sich halten, sich zügeln* ‖ ~ ing action ⟨mil⟩ *Fesselungsangriff* m ‖ ~er [~ə] s *Behälter* m, *Gefäß* n ~ment [~mənt] s *Beschaulichkeit* f ‖ *Machtpolitik* f *z Zweck e–r Verständigung*

contaminant [kən'tæminənt] s [*mst* pl] ~s *Verunreinigungsstoffe* m pl, *Unreinigkeiten* f pl –ate [–neit] vt *beschmutzen, verunreinigen* ‖ ⟨fig⟩ *anstecken*; *vergiften*; ⟨mil⟩ *verseuchen*, ⟨at⟩ *verstrahlen* (~d area) –ation [kən,tæmi'neiʃən] s *Verunreinigung*; *Besudelung* f ⟨a fig⟩ ‖ ⟨mil⟩ *Vergiftung, –seuchung*, ⟨at⟩ *–strahlung* f; radio-active ~ *radioaktive Verseuchung, schädlicher Befall* m ‖ (of texts) *Kontaminati-on* f

contango [kən'tæŋgou] 1. s ⟨st exch⟩ *Report-* (*prämie* f) m, *Aufgeld* n ‖ ~ rate *Reportsatz* m, *Prolongationsgebühr* f 2. vi *Reportgeschäfte m*

contemn [kən'tem] vt *verachten, geringschätzen*

contemplate ['kɔntempleit] vt/i 1. vt *betrachten, beschauen* ‖ *erwägen, im Sinn h, bedenken*,

überlegen ‖ *ins Auge fassen, vorhaben, beabsichtigen* (doing *z tun*), to ~ placing an order with a p *jdn f Vergebung e–s Auftrags in Aussicht nehmen* ‖ *rechnen mit, voraussehen, erwarten* 2. vi *nachdenken, nachsinnen* (on *über*) –ation [ˌkɔntem-'pleiʃən] s *Betrachtung, Beobachtung* f ‖ *Kontemplation, Beschaulichkeit* f ‖ *Erwartung* f ‖ *Vorhaben n, Absicht* f; to have in ~ *beabsichtigen*; to be in ~ *geplant w, in Betracht gezogen w*

contemplative ['kɔntempleitiv] a (~ly adv) *nachdenklich*; *tiefsinnig, gedankenvoll* ‖ ⟨rel⟩ *kontemplat∙iv, beschaulich* ‖ ~ness [~nis] s *Nachdenklichkeit* ‖ *Beschaulichkeit* f

contemplator ['kɔntempleitə] s *Betrachter*; *Beschauer* m ‖ *Denker* m

contemporaneity [kənˌtempərə'ni:iti] s *Gleichzeitigkeit* f

contemporaneous [kənˌtempə'reinjəs] a (~ly adv) *gleichzeitig* (with *mit*) ‖ ~ness [~nis] s = contemporaneity

contemporary [kən'tempərəri] 1. a (–rily adv) *zeitgenössisch*; *gleichzeitig*; to be ~ with *zeitlich zus–fallen, mit, gehören z* ‖ ~ table *Surrealtischchen* n, → kidney 2. s *Zeit–, Altersgenosse* m ‖ *zeitgenössische Zeitung* f, our ~ *unsere Kollegin* (*Bezeichnung e–r zeitgenöss. Zeitung*)

contemporize [kən'tempəraiz] vt *gleichzeitig m, zus–fallen l* (with)

contempt [kən'tempt] s 1. *Verachtung* f (for a th *e–r S*); ~ of death *Todesverachtung* f; to deserve the ~ of a p *die V. jds verdienen*; to feel ~ for *verachten* ‖ *Geringschätzung* f (for, of *gegen*); *Vernachlässigung* (for a th *e–r S*) 2. *Schande, Schmach* f 3. ⟨jur⟩ *Gehorsamsverweigerung* f; ~ of legislature *od* court ⟨jur⟩ *vorsätzliches Nichterscheinen n vor Gericht, Mißachtung des Gerichts, Ungebühr* f, *Ungehorsam* m *vor G.* 4. **Wendungen**: to be beneath ~ *ganz verächtlich s* ‖ to bring into ~, to expose to ~ *verächtlich m* ‖ to fall into ~ *in Schande geraten* ‖ to hold a p in ~ *jdn mit Verachtung strafen, verachten* ‖ to hold a p up to ~ *jdn verächtlich m* ~ibility [kənˌtemptə'biliti] s *Verächtlichkeit, Gemeinheit* f ~ible [kən'temptəbl] a (–bly adv) *z verachten(d)*; *verächtlich*; *gemein*; The Old ~s *britisches Expeditionskorps in Frankreich* (1914) ~ibleness [kən'temptəblnis] s *Verächtlichkeit* f ~uous [kən'temptjuəs] a (~ly adv) *verachtend*; *–tungsvoll, geringschätzig, verächtlich* (of *gegen*); to be ~ of *verachten* ~uousness [kən'temptjuəsnis] s *geringschätziges Wesen* n

contend [kən'tend] vi *kämpfen* (with *mit*; for *für*) ‖ *ringen, wetteifern* (with *mit*; for *um*) (*mit Worten*) *streiten, auftreten* (against) ‖ *hadern, streiten* (about *über*) ‖ *behaupten* (that) ~ing [~iŋ] a *widerstreitend*; (*sich*) *gegenüberstehend*

content ['kɔntent] s 1. [sg] *Fassungsvermögen* n, *Rauminhalt* m, *Volumen* n; *Umfang* m ‖ *Wesen* n, *Gehalt* (fat ~ *Fett–*); ⟨met⟩ *Gehalt*: the gold ~ of these coins; the intellectual ~ *der geistige G.* ‖ *Inhalt* (i. *Ggs z Form*) m 2. ~s [pl] *stofflicher Inhalt* m (*e–s Gefäßes* etc; *e–s Buches* etc); table of ~s *Inhaltsverzeichnis* n ‖ ~s indicator ⟨tech⟩ *Vorratsanzeiger* m

content [kən'tent] 1. [*nur* pred; → ~ed] a *zufrieden* (with); *bereit* (to do); well ~ *befriedigt* ‖ ~, not ~ (House of Lords *bei Abstimmung*) *ja, nein* 2. s *Zufriedenheit, Genügsamkeit* f; to one's heart's ~ *nach Herzenslust, nach Belieben* ‖ ~s [pl] ⟨H. of L.⟩ *diejenigen, die 'Content' stimmen* 3. vt *befriedigen, zufriedenstellen* ‖ to ~ o.s. *zufrieden s, sich zufrieden geben* (with *mit*); *sich damit begnügen* (with doing *z tun*) ‖ ~ed [~id] a (~ly adv) [pred & attr] *zufrieden* (with); *genügsam*; to be ~ *sich damit zufrieden geben, begnügen* (to do); *sich gefallen l* ~edness [~idnis] s *Zufriedenheit, Genügsamkeit* f ~ment [~mənt] s *Zufriedenheit* f (with)

contention [kən'tenʃən] s *Streit* m || *Wort-streit* m || *Argument* n; *Behauptung* f (that); → bone

contentious [kən'tenʃəs] a (~ly adv) *zänkisch, streitsüchtig* || ⟨jur⟩ *streitig*; *non-~ freiwillig* (jurisdiction) || *strittig* (point) **~ness** [~nis] s *Streit-, Zanksucht* f

conterminal [kən'tə:minl] a *grenzend* (to *an*) **-inous** [kən'tə:mines] a *grenzend* (to *an*); *to be ~ e–e gemeinsame Grenze h* (with) | *zus–fallend; gleichbedeutend* (with *mit*)

contest ['kɔntest] s *Wortwechsel* m || *Kampf, Streit* m (over, about *über*) || *Wettkampf* m (for *um*)

contest [kən'test] vt/i || (*etw*) *bestreiten; an-fechten* || *streiten um* (*mit Waffen* etc); *streitig* || *sich bewerben um; z gewinnen suchen; to ~ a seat* (*in e–m Wahlkreis*) *kandidieren* || (*Wett-kampf*) *austragen* | vi *streiten, wetteifern* (with) **~able** [~əbl] a *strittig, bestreitbar* **~ant** [~ənt] s *Streiter* m, *streitende Partei* f || *Wettkampf-teilnehmer* m, *Bewerber* m **~ation** [ˌkɔntes'teiʃən] s *Kontroverse* f || ⟨Scot⟩ *Wettbewerb* n || *Bestrittenwerden* n, *Einspruch* m; *in ~ strittig* **~ed** [~id] a *um-, bestritten, streitig*

context ['kɔntekst] s *Zus–hang* m (in this ~); *Wortlaut, Text* m **~ual** [kɔn'tekstjuəl] a (~ly adv) *dem Zus–hang entsprechend; vom Z. ab-hängig, aus dem Z. ersichtlich*

contexture [kən'tekstʃə] s *Gewebe* n || *Bau* m; *Struktur, Zus–setzung* f

contiguity [ˌkɔnti'gjuiti] s *Angrenzen* n; *Be-rührung* f (with); *Nähe, Nachbarschaft* f | ⟨psych⟩ *Kontiguität* f || *zus–hängende Masse, Strecke* f **-guous** [kən'tigjuəs] a (~ly adv) *an-grenzend, anstoßend* (to *an*); *sich berührend* || *benachbart*

continence ['kɔntinəns] *Enthaltung, Mäßig-keit* f || *geschlechtliche Enthaltsamkeit, Keusch-heit* f **-nent** ['kɔntinənt] a (~ly adv) *enthaltsam, mäßig* | *keusch*

continent ['kɔntinənt] s ⟨geog⟩ *Kontinent* m (on the ~ *auf dem K.*), *Festland* n (the ~ of Asia *das F. Asien*); *the ⁓ das europäische F., Europa* n | **~al** [ˌkɔnti'nentl] **1.** a *kontinen-tal, z Festland gehörig; fremd, nichtenglisch* **2.** s *der Bewohner des Kontinents; Fremder* m ⟨Am⟩ *während der Revolution z den 13 konföderierten Kolonien gehörig; Papiergeldschein* m || *not to care a ~ sich nichts m* (about *aus*); *I don't care a ~ for it das ist mir °Wurscht* **~alism** [ˌkɔnti'nentəlizm] s *der Kontinentalismus* (*cha-rakteristische Züge der Kontinentbewohner*) **~ally** [ˌkɔnti'nentəli] adv *als Kontinent; nach Art e–s Kontinentalen; in Kontinenten* (to think ~)

contingency [kən'tindʒənsi] s *Zus–hang* m (with); *Berührung* f || *mögliches Eintreffen* n; *Zufälligkeit; Möglichkeit* f, *Zufall* m; *zufälliges Ereignis* n || *-cies* [pl] *unvorhergesehene Aus-gaben* f pl **-gent** [kən'tindʒənt] **1.** a (~ly adv) *eventuell, möglich, Eventual–; zufällig, ungewiß* | *bedingt;* ⟨philos⟩ *nicht notwendig wahr; nicht wesentlich* | *~ (up)on verbunden mit, bedingt durch, abhängig v; ~ fee Erfolgshonorar n; ~ remainder bedingter Erbanspruch m, -te An-wartschaft* f **2.** s (*Pflicht-*)*Anteil; Beitrag* m, *Beteiligungsquote* f; *Kontin·ent* n; ⟨mil⟩ *z stellende Truppenzahl* f; ⟨übtr⟩ *auf ein Land fallende Anzahl* f

continuable [kən'tinjuəbl] a *fortsetzbar* | **-al** [kən'tinjuəl] a (~ly adv) *sehr häufig, oft wieder-holt* (a ~ shouting) | * fortwährend, beständig* (mst continuous) **-ance** [kən'tinjuəns] s *Fort-bestehen* n, *-dauer* f; *-gang* m, *Anhalten* n (of a quarrel) || *Dauer, Beständigkeit* f || *Bleiben, Ver-weilen* n **-ant** [kən'tinjuənt] s ⟨phon⟩ *Dauer-laut* m **-ation** [kənˌtinju'eiʃən] s *Fortdauer* f;

Weiterführung, -erhaltung f || *Fortsetzung* f; *-sstück* n || ⟨st exch⟩ *Prolongation(sgeschäft* n) f | [konkr] *Erweiterung* f (to a house) || *Verlänge-rung(sstück* n) f | ~ school *Fortbildungsschule* f || ~ training *berufliche Fortbildung* f **-ative** [kən'tinjuətiv] a *fortsetzend, fortführend* **-ator** [kən'tinjueitə] s *Fortsetzer* m

continue [kən'tinju:] vi/t || *sich fortsetzen; an-halten, noch im Gange s; fortdauern* || *verweilen, bleiben* (at a post *auf e–m Posten*); *to ~ happy glücklich b.*); *beharren* (in *in*) || *fortfahren* (in a th; to do); *the play will ~ to be played das Stück wird weitergespielt* w || *to ~ um fort-zufahren, nun weiter* || ⟨mil⟩ ~*! weitermachen!* | vt *fortsetzen, fortführen, fortfahren mit* (doing) || *verlängern; beibehalten; erhalten, belassen* || ⟨jur⟩ *vertagen, aufschieben* || *to be ~d Fort-setzung folgt* | **~d** [~d] a *fortgesetzt, stetig, an-haltend, unaufhörlich, kontinuierlich* || ~ buzz ⟨telph⟩ *Dauerton* m || ~ fraction ⟨math⟩ *kon-tinuierlicher Bruch* m || ~ proportion *stetige Proportion* f

continuity [ˌkɔnti'njuiti] s *Kontinuität* f, *un-unterbrochener Zus–hang* m; *Fortsetzung; Stetig-keit; gleichmäßige Folge* f || *innerer Zus–hang*; ⟨fig⟩ *roter Faden* m || ~ wdr (*vorbereiteter*) *Zwischentext*; ⟨film⟩ *vollständiges Drehbuch* n; (*richtiger*) *Anschluß* m (*in Kleidung, Stellung* etc): ~ girl „*Anschlußdame*" f || ~ writer ⟨film⟩ *Drehbuchautor* m **-uous** [kən'tinjuəs] a (~ly adv) *ununterbrochen; fortdauernd, –laufend, stetig; ~ current* (abbr C. C.) ⟨el⟩ *Gleichstrom* m || ~ ewig (the ~ *life of the universe*) ~ con-tinual || ~ cloud *geschlossene Wolkendecke* f || ~ dash ⟨telg⟩ *Dauerstrich* m || ~ fire ⟨mil⟩ *anhaltendes Feuer, Dauerf.* n || ~ output od power ⟨mot⟩ *Dauerleistung* f || ~ wave ⟨wir⟩ *ungedämpfte Welle* f; ~-w. communication *Tast(funk)verkehr* m **-uum** [kən'tinjuəm] s L *zus–hängende Menge* or *Substanz* f, *ununter-brochene Reihe* f (*v Elementen*) || ⟨math⟩ *Kon-tinuum* n

cont-line ['kɔntlain] s *Zwischenraum* m *zw den Schäften e–s Taues*

contort [kən'tɔ:t] vt *zus–ziehen, krümmen*; (*Gesicht*) *verziehen, –drehen, –zerren* **~ion** [kən'tɔ:ʃən] s *Krümmung, Verdrehung, –zerrung* f **~ionist** [kən'tɔ:ʃənist] s *Schlangenmensch, Kautschukmann* m

contour ['kɔntuə] **1.** s *Kont·ur* f, *Umriß* m; *Außen-, Umrißlinie* f; || *facial ~* ⟨euph⟩ *Ge-sichts-, Altersfalten* f pl || ~ farming ⟨agr⟩ *Pflügen* n *entlang der Höhenlinien* (*zur Vermei-dung der Erosion*) || ~ line ⟨cart⟩ *Höhenschicht-linie* f; ⟨geog⟩ *Höhenlinie, Isohypse* f **2.** vt *mit Konturen versehen; als K. dienen* f

contra ['kɔntrə] L **1.** prep *gegen, wider* **2.** adv (abbr con) pro & ~ *für u wider* **3.** s *Gegen-, Kreditseite* f; per ~ *dagegen, als Gegenrech-nung dafür*

contra- L pref *gegen;* ~-account *Kreditseite; Gegenrechnung* f || ⟨mus⟩ *Kontra-*

contraband ['kɔntrəbænd] **1.** s *Schleichhandel* m || *Schmuggel-, Bannware* f, ~ of war *Kriegs-konterbande* f; ~ control base ⟨mar⟩ *K.-Kon-trollhafen* m **2.** a *gesetzlich verboten, einge-schmuggelt, Schmuggel-* **~ist** [~ist] s *Schmugg-ler, Pascher* m

contrabass ['kɔntrə'beis] s ⟨mus⟩ *Kontrabaß* m

contraception ['kɔntrə'sepʃən] s *Empfängnis-verhütung; Schwangerschaftsverhinderung* f **-cep-tive** ['kɔntrə'septive] **1.** a *empfängnisverhütend* **2.** s *empfängnisverhütendes Mittel, Empfängnis-verhütungsmittel* n

contract ['kɔntrækt] s *Vertrag* (to enter into, make a ~); *Kontrakt* m; ~ price (at auction) *Zuschlagspreis* m; ~ under hand *durch einfache*

Unterschrift beurkundeter V. || ~ *for material and labour Werk–;* ~ *for services Dienst–;* ~ *for the supply of goods Liefer–* || ~ *of bailment Verwahrungs–;* ~ *of employment Arbeits–;* ~ *of loan for use Leih–;* ~ *of sale Kauf–* || *party to a* ~ *Vertragspartei* f | ~ *surgeon Vertragsarzt* m || ~ *ticket* ⟨rail⟩ *Zeitkarte* f | *Lieferungsvertrag, Akkord* m (*by* ~ *in Submission, in Akkord*), *Verdingung* f || (*a* ~ *bridge*) ⟨cards⟩ *Abart des* auction bridge | *marriage* ~ *Ehevertrag* m || *by private* ~ *unter der Hand* || *to give by* ~ *in Submission vergeben* || *under* ~ *to a p jdm kontraktlich verpflichtet*

contract [kən'trækt] vt/i **A. vt 1.** *zus–ziehen;* *to* ~ *one's forehead, one's eyebrows die Stirn runzeln* || *verengen, beschränken; (Geist) be–, einengen* || *verkürzen, abkürzen* || ⟨gram⟩ *kontrahieren, zus–ziehen* **2.** *sich (etw) zuziehen* (*to* ~ *disease*) || *(Schulden) machen; (Verpflichtung) eingehen* || *(Gewohnheit) annehmen; erlangen* **3.** *(Vertrag) schließen, eingehen; (Heirat) schließen* (*with*) **B. vi 1.** *sich zus–ziehen, einschrumpfen; kleiner w* **2.** *Geschäfte abschließen; einig w; to* ~ *for a th etw eingehen* || *sich kontraktlich verpflichten* (*to do*) **3.** *to* ~ *out of a th sich lösen, befreien, frei m aus; sich freizeichnen v etw* | *to* ~ *out sich frei m* | **~ed** [~id] a (~*ly* adv) *zusgezogen; verkürzt* || ⟨fig⟩ *engherzig* **~ibility** [kən‚træktə'biliti], **~ility** [‚kəntræk'tiliti] s *Zusziehbarkeit* f; *Zus–ziehungsvermögen* n **~ible** [~əbl] a *zus–ziehbar* **~ile** [~ail] a (*sich*) *zus–ziehend, –ziehbar* **~ing** [~iŋ] a *Vertrag schließend; beteiligt, Vertrags–, the* ~ *parties die –parteien* f pl, *die Kontrahenten* m pl **~ion** [kən'trækʃən] s *Zus–ziehung* f; *Verkleinerung* f || *Abkürzung, Zus–fassung* f || ⟨tech⟩ *Schrumpfung, Schwindung* f (~ *crack Schrumpfriß* m) || *Eingehen* n (*e–r Schuld*) || *Abschließung* f (*e–s Vertrags*) || *Zuziehung* f (*e–r Krankheit*) **~ive** [~iv] a *zus–ziehend* **~or** [~ə] s *Vertragsschließender* m || *Unternehmer, Lieferant* m; army—/ *Armee–* || *builder and* ~ *Bauunternehmer;* ~'s *estimate Baukostenanschlag* m || ⟨anat⟩ *Schließmuskel* m **~ual** [~juəl] a *vertraglich, vertragsmäßig, Vertrags–*

contradict [‚kəntrə'dikt] vt (*etw*) *widerrufen* || (*jdm*) *widersprechen* || *widerstreiten; to* ~ *each other sich widersprechen* **~ion** [–'dikʃən] s *Widerspruch* m (*in* ~ *to im W. z*), *spirit of* ~, *–sgeist* m || *Widerrede* f | *Unvereinbarkeit* f; → term I. **4.** **~ious** [–'dikʃəs] a *widerspruchsvoll; widerstreitend* || *streitsüchtig* **~iousness** [–'dikʃəsnis] s *Streitsucht* f **~oriness** [–'diktərinis] s *Widerspruch, –sgeist* m **~ory** [–'diktəri] **1.** a (~*rily* adv) *direkt entgegengesetzt, widersprechend* || *sich widersprechend, unvereinbar* **2.** s *Widerspruch; Gegensatz* m

contradistinction [‚kəntrədis'tiŋkʃən] s *Unterscheidung* f *durch Gegenüberstellung; in* ~ *to, from im Ggs z* **–tinguish** [–'tiŋgwiʃ] vt *durch Gegenüberstellung unterscheiden* (*from*)

contrail ['kɔntreil] s (*fam*) = *condensation trail* ⟨aero⟩ *Kondensstreifen* m

contralto [kən'træltou] **1.** s ⟨mus⟩ *Alt* m, *Altstimme; Altistin* f **2.** a *Alt–* (~ *voice*)

contraposition [‚kəntrəpə'ziʃən] s *Entgegenstellung;* ⟨log⟩ *Kontraposition* f

contraprop ['kɔntrəprɔp] s *gleichachsiger Gegen(drehungs–)propeller* m

contraption [kən'træpʃən] s ⟨fam⟩ *neue Erfindung, techn. Neuheit* f

contrapuntal [‚kɔntrə'pʌntl] a ⟨mus⟩ *kontrapunktisch* **–puntist** ['kɔntrəpʌntist] s *Kontrapunkt·ist* m

contrariant [kən'trɛəriənt] **1.** a *entgegengesetzt* **2.** s *Gegensatz* m

contrariety [‚kɔntrə'raiəti] s *Widerspruch,*

Gegensatz m (*to*) || *Unvereinbarkeit* f || *Widrigkeit* f

contrariness ['kɔntrərinis, kən'trɛərinis] s ⟨fam⟩ *Widerspenstigkeit,* °*Widerborstigkeit* f

contrarious [kən'trɛəriəs] a *widrig, ungünstig; widerwärtig*

contrariwise ['kɔntrəriwaiz, kən'trɛərwaiz] adv *umgekehrt; im Gegenteil* n

contrarotating ['kɔntrərou‚teitiŋ] a *gegenläufig*

contrary ['kɔntrəri] **1.** a (~*rily* adv) *widersprechend, entgegengesetzt* (*to a th e–r S*); ~ *to order(s) befehls–, ordnungswidrig;* ~ *to rule regelwidrig; Gegen–* || *ungünstig, widrig* || ⟨log⟩ *konträr* | [kən'trɛəri] ⟨fam⟩ *widerspenstig, mürrisch* **2.** adv *im Ggs* (*to zu*); ~ *to gegen, zuwider* || ~ *to the regulations gegen die Bestimmungen* || ~ *to expectations wider Erwarten* **3.** s *the* ~ *das Gegenteil* n (*to z, v;* she is quite the ~ *to her sister*); *quite the* ~ *ganz im G.* || *on the* ~ *im G.* || *to the* ~ *dagegen; gegenteilig; the reports to the* ~ *die gegenteiligen Berichte* m pl **~wise** [kən'trɛəriwaiz] adv ⟨Am⟩ *umgekehrt*

contrast ['kɔntræst] s *Kontrast* m (*between zwischen; to z*), *to form, make a* ~ *e–n K. bilden* (*to z*) || *Gegensatz* m (*to z;* black is a ~ *to white*); *by* ~ *with im Vergleich mit; in* ~ *to* (*od with*) *im Ggs z; to be in* ~ *to im Ggs stehen z* | **~y** [~i] a ⟨phot⟩ *kontrastreich*

contrast [kən'træst] vt/i *entgegensetzen, gegenüberstellen, kontrastieren* (*one th with another*) | vi *kontrastieren* (*with mit*); *sich abheben, abstechen* (*with gegen*) | **~ed** [~id] a *Gegensatz–,* ~ *pair –paar* n (*in* ~ *pairs*)

contrate ['kɔntreit] a: ~ *wheel Steigrad* n (*in Uhren*)

contravene [‚kɔntrə'vi:n] vt *zuwiderhandeln; (Gesetz) übertreten* || *im Widerspruch stehen mit* || *bestreiten, widersprechen* **–vention** [‚kɔntrə'venʃən] s *Übertretung, Zuwiderhandlung* (*of gegen*) f || *in* ~ *of a th e–r S entgegen, zuwider; im Widerspruch z e–r S*

contretemps ['kɔ̃:trətɑ̃:] s Fr *unglückl. Zufall* m, *widrige Lage* f

contribute [kən'tribju:t] vt/i (*etw*) *beitragen, beisteuern* (*to zu*); *to be* ~*d to gemeinsam aufgebracht w* (*by von*) | vi *mitwirken* (*to an*); *beitragen* (*to, towards z; to do*); *to* ~ *to a newspaper f ein Blatt schreiben* **–tion** [‚kɔntri'bju:ʃən] s *Beitragen* n, *Mitwirkung* (*to an*) f || *Beisteuer* f, *Beitrag* m (*to zu*) || *Kriegssteuer, Brandschatzung* f; *to lay under* ~ ⟨fig⟩ (*Buch* etc) *ausschöpfen, sich nutzbar m, benutzen*

contributor [kən'tribjutə] s *Beisteuernder, Beitragender* m (*to a th z e–r S*) || *Mitarbeiter* m (*to* [*bei, an*] *a newspaper*) || *to be* ~(*s*) *to beitragen zu* | **~y** [~ri] **1.** a *beisteuernd, beitragend* (*to z*); ~ *negligence Mitverschulden* n || *beitragspflichtig; nachzahlungs–, nachschußpflichtig* **2.** s *Nachschußpflichtiger* m

contrite ['kɔntrait] a (~*ly* adv) *reuig, zerknirscht; reumütig* **~ness** [~nis], **contrition** [kən'triʃən] s *Zerknirschung, Reue* f

contrivable [kən'traivəbl] a *herstellbar, erfindbar, erdenkbar*

contrivance [kən'traivəns] s *Erfindung, Bewerkstelligung; Findigkeit* f || *Plan, Kunstgriff, Kniff* m | *Ein–, Vorrichtung* f (*adjusting* ~ *Stell–,* lighting ~ *Beleuchtungs–*) || *Apparat* m

contrive [kən'traiv] vt *ersinnen, sinnen auf* (*etw*); *erdenken, erfinden* || (*etw*) *zustande bringen, bewerkstelligen; fertigbringen, es verstehen, ermöglichen, es einrichten* (*to do*); *he* ~*d to do es gelang ihm z tun*

control [kən'troul] **I.** s **1.** *Macht, Gewalt, Herrschaft* f (*of, over über*); ~ *of the air Luftherrschaft* f || *Aufsicht, Kontrolle* f (*of, over über*) || *area of* ~ *Überwachungsgebiet* n **2.** *Zwang,*

Einhalt m, *Einschränkung* f, *Zwangswirtschaft*, (*a* State ⤵) *Bewirtschaftung* f; *Bekämpfung* f (*v Ungeziefer, Epidemien* etc) **3.** ⟨mech⟩ *Kontrollvorrichtung* f; *Regler* m (volume ~ *Lautstärke*~): *Leitung* f (fire ~ *Feuer*~); ⟨mot⟩ forward ~ *Frontlenker* m, normal ~ *Schnauzenbauart* f (*e–s Lkw*); ⟨aero⟩ *Steuerung* f; remote ~ *Fernsteuerung* f; ~s pl *Leitwerk* n ‖ ~ and reporting *Fliegerleit– u Flugmeldedienst* m **4. Wendungen**: to be in ~ of a th *etw unter sich h, dirigieren* ‖ to get beyond a p's ~ *jdm über den Kopf wachsen* ‖ under ~ *unter Kontrolle* ‖ without ~ *unbeaufsichtigt, frei, uneingeschränkt* **5.** [attr] *Kontroll–* (~ check *–kasse* f; ~ tag *Laufzettel* m); ⟨typewr⟩ *Taste*, → backspace; ~ board ⟨tech⟩ *Schalttafel* f; ~ centre ⟨aero⟩ *Flugleitung, –sicherung(sdienst* m) f; ~ column, ~ lever ⟨aero⟩ *Steuersäule*; remote ~ device *Fernbedienungseinrichtung* f; ~ knob *Bedienungsknopf* m; ~ room ⟨wir⟩ *Regieraum* m (*für Ton*) ‖ ⟨aero⟩ *Steuer–* (~ *cable –seil* n) ‖ ~ steam gauge *Dampfdruckmesser* m ‖ ‖ ⟨aero⟩ ~ stick *Steuerknüppel* m; ~ system *Steuerung(sanlage)* f; ~ test *Prüfmessung* f; ~ touch ⟨sl⟩ *fliegerisches Gefühl* n; ~ tower *Kommando–, Befehls–, Kontrollturm* m (*der Flugleitung*) ‖ ~ valve ⟨wir⟩ *Steuerröhre* f; ~ wires [pl] *Seilzüge* m pl **II.** vt *einschränken, im Zaume halten* ‖ *beherrschen* (to ~ o.s. *sich b.*); *leiten* ‖ *kontrollieren, beaufsichtigen, prüfen* ‖ *unter Zwangswirtschaft stellen, (zentral) bewirtschaften* ‖ ~led price *Stopp-Preis* m ‖ ~led prices *gebundene Preise* pl ‖ (*Ungeziefer, Epidemie*) *bekämpfen* ‖ ~led ⟨artill, aero⟩ *ferngelenkt* (missiles) ‖ (*Flugzeug*) *führen*; (*Luftschraube*) *regeln*; ⟨aeromot⟩ *steuern*; ⟨Flugsicherung⟩ (*Flugzeug*) *leiten* ‖ (*Feuer*) *eindämmen* ‖ ⟨mil⟩ .. are ~led at corps level .. *unterstehen dem Korps* ~**ism** [~izm] s *staatliche Wirtschaftslenkung* f ~**lable** [~əbl] *a kontrollierbar* ‖ *lenkbar, –sam* ~**ler** [~ə] (*a comptroller*) s *Kontrolleur, Aufseher, Revisor* m ‖ ⟨fig⟩ *Leiter* m ‖ ⟨el⟩ *Stromregler* m; *Fahrschalter* m *f Motor* ‖ ⟨aero⟩ *Leitoffizier*; *Flugsicherungslotse* m ‖ (*mst comptroller*) *staatlicher Rechnungsprüfer* m ~**lership** [~əʃip] s *Aufseheramt* n, *Kontrolleurstelle* f ~**ling** [~iŋ] s [attr] ~ *apparatus* ⟨tech⟩ *Schaltanlage* f

controversial [ˌkɔntrə'vɔ:ʃəl] *a* (~ly adv) *Kontrovers–, Streit–*; *polemisch*; *strittig, umstritten* ‖ *streitsüchtig* ~**ist** [~ist] s *Polemiker* m ~**versy** ['kɔntrəvə:si] s *Kontroverse* f; *Streit* m, *Diskussion* f, *beyond* ~, *without* ~ *fraglos –***vert** ['kɔntrəvə:t] vt (*etw*) *bestreiten, bekämpfen*; (*jdm*) *widersprechen*

contumacious [ˌkɔntju'meiʃəs] *a* (~ly adv) *widerspenstig, halsstarrig* ‖ ⟨jur⟩ *ungehorsam* ~**ness** [~nis] s = contumacy ~**macy** ['kɔntjuməsi] s *Widerspenstigkeit, Halsstarrigkeit* f ‖ ⟨jur⟩ *Kontum az* f; *Ungehorsam* m; *Versäumnis* f *–***melious** [ˌkɔntju'mi:liəs] *a* (~ly adv) *schändlich, verächtlich* ‖ *frech, unverschämt –***mely** ['kɔntjum(i)li] s *Hohn* m, *Verachtung* f ‖ *Schmach* f, *Schimpf* m; *Beschimpfung* f

contuse [kɔn'tju:z] vt (*Haut*) *quetschen –***sion** [kɔn'tju:ʒən] s *Kontusi·on, Quetschung* f

conundrum [kə'nʌndrəm] s *Scherzfrage* f; *–rätsel, Rätsel* n; to set ~s *R. stellen*

conurbation [ˌkɔnə:'beiʃn] s *Eingemeindung* f [abstr & konkr]

convalesce [ˌkɔnvə'les] vi *gesund w, genesen* ~**nce** [~ns] s *Rekonvaleszenz, Genesung, Gesundung* f ~**nt** [~nt] **1.** *a* (~ly adv) *genesend*; *Genesungs–, ~ home, ~hospital –heim* n; ~ leave *–urlaub* m **2.** s *Rekonvaleszent* m

convection [kɔn'vekʃən] s ⟨phys & el⟩ *Konvekti·on* f; [attr] *Konvektions–* ~**al** [~l] *a Konvektions–* **convector** [~tə] s *Luftheizung* f

convene [kɔn'vi:n] vi/t ‖ *zus–k, –treffen*; *sich*

versammeln ‖ vt *zus–rufen, einberufen, versammeln, berufen* ‖ ⟨jur⟩ *vorladen* (before) ‖ ~**r** [~ə] s *Einberufer* m

convenience [kən'vi:njəns] s **1.** *Angemessenheit* f **2.** *Annehmlichkeit, Bequemlichkeit* f ‖ *Vorteil* m (it is a great ~ to have); marriage of ~ *Verstandes–, Vernunftheirat* f; to make a ~ of a p *jdn ausnutzen* **3.** *bequeme Einrichtung* f; *Spülklosett* n; ~s [pl] *materielle Bequemlichkeiten* f pl **4. Wendungen**: at one's ~ *nach Belieben, gelegentlich, wenn es paßt* ‖ at your earliest ~ *bei erster Gelegenheit, baldmöglichst* ‖ every ~ *jede Bequemlichkeit* f, *aller Komfort* m ‖ suit your own ~ *tu das ganz nach d–m Belieben*; any time that suits your ~ *jede Zeit, die Ihnen paßt* **5.** [attr] ~ hotel ⟨engl⟩ *Stundenhotel* n *–***nient** [kən'vi:njənt] *a* (~ly adv) *passend, dienlich, geeignet*; *bequem, passend* (for *zu*); to be ~ to a p *jdm passen*; to be ~ for a p to do *jdm passen z tun* ‖ to make it ~ *es einrichten, ermöglichen* (to do) ‖ ⟨Am⟩ *bequem gelegen*; ~ to *nahe an, bei*

convent ['kɔnvənt] s ⟨ec⟩ *Kloster(gebäude)* n, *bes Nonnenkloster*; to go into a ~ *Nonne w*

conventicle [kən'ventikl] s (of dissenters) *Konvent·ikel* n ‖ *Versammlungsgebäude* n (*f Andachten der Nonkonformisten*)

convention [kən'venʃən] s **1.** *Versammlung, Vereinigung, Tagung* f, ⟨bes Am⟩ *Kongreß* m; ⟨Am pol⟩ *Parteiversammlung* f (*f Aufstellung der Wahlliste u des Parteiprogramms*) ‖ ⟨hist⟩ *aus eig. Recht erfolgte Versammlung des Parlaments* (1660 *u* 1688) **2.** *Vertrag* m, *Übereinkommen* n ‖ ⟨mil⟩ *Konvention* f ‖ *stillschweigende Übereinkunft, gesellschaftliche K.*; [*oft* pl ~s] *Übereinkünfte* f pl; *anerkannter Brauch* m, *feste Regel* f ‖ [attr] a ~ country *ein der K. angeschlossenes Land* ‖ ~**al** [~l] a (~ly adv) *herkömmlich, üblich, konventionell*; *traditionell*; *vertragsmäßig, Vertrags–* ‖ ~ bomb *Sprenghombe* f (*Ggs Atom–*); ~ weapons *herkömmliche Waffen* ‖ ~ power sources [pl] *klassische Energiequellen* f pl ⟨fig⟩ *alltäglich –***alism** [~əlizm] s *Konventional·ismus* m; *Schablonenwesen* n ~**alist** [~əlist] s *Anhänger* m *des Konventionalismus* ~**ality** [kən,venʃə'næliti] s *Herkömmlichkeit, (übliche) Gewohnheit* f; *Schablonenhaftigkeit* f ~**alize** [~əlaiz] vt *konventionell m or darstellen* ~**ary** [~əri] a *vertragsmäßig* ~**eer** [kən,venʃə'niə] s *Versammlungsteilnehmer* m

conventual [kən'ventjuəl] **1.** *a klösterlich, Kloster–* **2.** s *Mönch* m, *Nonne* f; ⤴s [pl] *Zweig der Franziskaner* m

converge [kən'və:dʒ] vi/t ‖ *konvergieren, zuslaufen*; *sich zus–ziehen* (on *auf*) ⟨a fig⟩ ‖ vt *zuslaufen l* ‖ → *–ging* ~**nce** [~əns], ~**ncy** [~ənsi] s ⟨a biol⟩ *Konvergenz, Annäherung* f, *Gleichangepaßtsein n bei verschiedener Abstammung* f ~**nt** [~ənt] a *konvergent, zus–laufend* ‖ ~ lens ⟨opt⟩ *Sammellinse* f

converging [kən'və:dʒiŋ] **1.** *a konvergierend*; *Sammel–* **2.** s [attr] ~-point *Knotenpunkt* m

conversable [kən'və:səbl] a (*blv adv*) *gesprächig, unterhaltend, gesellig* ~**ness** [~nis] s *Gesprächigkeit, Geselligkeit* f

conversance ['kɔnvəsns], **–ncy** [–nsi] s *Vertrautheit* (with) f

conversant ['kɔnvəsnt] a (~ly adv) *bekannt, vertraut* (with *mit*) ‖ *geübt, bewandert* (with, in *in*)

conversation [ˌkɔnvə'seiʃn] s **1.** ⟨liter⟩ *Umgang, Verkehr* m; *geschlechtlicher Verkehr*, criminal ~ (abbr crim. con.) *Ehebruch, außerehelicher Geschlechtsverkehr* m **2.** *Konversation, Unterhaltung* f, *Gespräch* n (~ by telephone *Telephongespräch*); Holy ⤴ ⟨arts⟩ *Heilige Unterhaltung* f (*Madonna mit Heiligen*); by way of ~ *gesprächsweise*; to draw a p into (the) ~

jdn ins Gespräch ziehen || to enter into ~ with a p *ein Gespräch mit jdm anknüpfen* ||¸the subject of ~ was *das Gesprächsthema war* **3.** (*a* ~ piece) *Genrebild* n | ~**al** [~l] a *gesprächig* || *Unterhaltungs*- (~ style) ~**alist** [~əlist] s *gewandter Erzähler, guter Gesellschafter* m ~**ally** [~əli] adv *in der Unterhaltung, durch U., auf dem Wege der U.*

conversazione ['kɔnvəˌsætsi'ouni] s It [pl ~s] *Abendunterhaltung* f || *literarischer Gesellschafts-, Unterhaltungsabend* m; *literarische Abendgesellschaft* f

converse [kən'vəːs] vi *sich unterhalten, sprechen* (with *mit*; on *über*)

converse ['kɔnvəːs] s ⟨poet & †⟩ *Unterhaltung* f; *gesellschaftl. Verkehr* m

converse ['kɔnvəːs] **1.** a (~ly adv) *gegenteilig, umgekehrt* **2.** s *Umkehrung* f; *Gegensatz* m (of *von*)

conversion [kən'vəːʃən] s *Um-, Verwandlung* f (into *in*) || ⟨ec⟩ *Bekehrung* f (to *z*), *Übertritt* m (from *v*, to *z*) || ⟨log⟩ *Umkehrung* f || ⟨com⟩ *Konvertierung, Einlösung* f || ⟨psych⟩ *Somatisierung* f (*verdrängter Komplexe*) || ⟨jur⟩ *widerrechtl. Verwendung* f (to *f*), *widerrechtl. Aneignung* (*fremder S*) || ~ constant *Umrechnungskonstante* f || ~ factor, ~ value *Umrechnungszahl* f, *-faktor* m; *Fasson* f (*als Preisgestalterin*) || ~ table *Umrechnungstabelle* f

convert [kən'vəːt] vt **1.** *um-, verwandeln* (into *in*, z); (*Eisen*) *in Stahl verwandeln*; to ~ into *money z Geld m* || *umwandeln, aufteilen*, a ~ed *villa e–e in kl Wohnungen aufgeteilte Villa*; ~ed *flat Teilwohnung* f **2.** ⟨log⟩ *umkehren* || ⟨ec⟩ *bekehren* (to *zu*); *erwecken* **3.** ⟨jur⟩ (*oft*; *widerrechtlich*) *verwenden* (to *z*); *sich widerrechtl. aneignen* **4.** ⟨com⟩ *konvertieren, einlösen*; *umrechnen, -wechseln* | ~**er** [~ə] s *Bekehrer* m || ⟨tech⟩ *Umformer* (welding ~ *Schweiß*-); *Konverter* m; *Bessemer* ~ ⟨tech⟩ *Bessemerbirne* f

convert ['kɔnvəːt] s *Bekehrter* m; to become a ~ to (an idea) *sich bekehren z*; to make a ~ *e–n Proselyten* m ~**ibility** [kənˌvəːtə'biliti] s *Um-, Verwandelbarkeit* f (into) || ⟨com⟩ *Umsetzbarkeit* f ~**ible** [kən'vəːtəbl] **1.** a (–bly adv) *um-, verwandelbar*; ~ couch *Bettcouch* f || *umsetzbar*; *gleichbedeutend* (~ terms) || ~ *wendbar* (to *z*) || *bekehrbar* || ⟨com⟩ *umwechselbar*; *konvertierbar*; *einlöslich* || ~ husbandry *Fruchtwechselwirtschaft* f **2.** s ⟨mot⟩ *Kabriolett* n ~**iplane** [kən'vəːtiplein] s *Hubschrauberflugzeug* n

convex ['kɔn'veks] ('– –; '–'–) a (~ly adv) *konvex, erhaben, auswärts gewölbt* ~**ity** [kən'veksiti] s *konvexe Eigenschaft* or *Form* f || *Ausbauchung, Wölbung* f | ~**o-** [kən'veksou] [in comp] ~-concave *konvex-konkav*; ~-convex *bikonvex*

convey [kən'vei] vt **1.** *transportieren, befördern*; *versenden* || *übermitteln, -geben, -senden* (a th to a p *jdm etw*) || (*Schall, Geruch*) *fortpflanzen* **2.** (*etw*) *mitteilen*; *vermitteln* (to a p *jdm*), the words ~ *no sense die Wörter geben k–n Sinn* **3.** (*Eindruck*) *erwecken*; *andeuten, sagen* (that); (*etw*) *nahelegen* **4.** ⟨jur⟩ *übertragen, abtreten* (to *an*) ~**able** [~əbl] a *übertragbar* ~**ance** [~əns] s *Wegführen, Fortschaffen* n, *Transport* m, *Übersendung, Beförderung, Spedition* f; *means of* ~ *Beförderungsmittel* n || ⟨el⟩ *Leitung* f || *Überbringung, Vermittlung, Mitteilung* f (to *an*) | *Fuhrwerk, Transportmittel* n; *public* ~ *öffentliches Verkehrsmittel* n | ⟨jur⟩ *Übertragung, Abtretung* (*v Grundeigentum*); *Übertragungsurkunde* f ~**ancer** [~ənsə] s ⟨jur⟩ *Notar* m *f Eigentumsübertragungen* ~**er** [~ə] s *Beförderer* m | (*a* ~or [~ə]) ⟨tech⟩ *Beförderungsmittel* n || *Fließband, laufendes Band* n (*a band* ~) || ~-belt *Förderband, laufendes Band* n;

~-system *System* n *am laufenden B.* ~**ing** [~iŋ] a *Zuführungs-, Förder-* (~ case *-büchse* f)

convict ['kɔnvikt] s (*überführter*) *Missetäter* m || *Sträfling* m, ~ colony *Sträflingskolonie* f

convict [kən'vikt] vt (*jdn*) *überführen* || ⟨jur⟩ *f schuldig erklären* (of a crime) || to ~ a p of a th *jdm etw* (*bes Irrtum*) *z Bewußtsein bringen* ~**ion** [kən'vikʃən] s ⟨jur⟩ *Schuldigerklärung, -sprechung* f; *Verurteilung, Überführung* (*jds*) | *Bewußtsein* n; *Überzeugung* f (the ~ of being *die Ü. z s*); *innere Gewißheit* f, the ~ of sin *erwachtes Schuldgefühl* n || by ~ *aus Ü.* || to carry ~ to a p *jdn überzeugen* || to live up to a ~ *e–r Ü. leben*

convince [kən'vins] vt (*jdn*) *überzeugen* (of *v*; that); to ~ a p of a th *jdm etw z Bewußtsein bringen* -**cing** [kən'vinsiŋ] a (~ly adv) *überzeugend*, to be ~ *überzeugen* || *schlagend* (~ proof) || *Überzeugungs-* (~ power) -**cingness** [-nis] s (of style) *Unmittelbarkeit, Eindringlichkeit* f

convivial [kən'viviəl] a (~ly adv) *festlich, Fest-* || *gesellig*; *heiter, lustig* ~**ist** [~ist] s *lustiger Gesellschafter* m ~**ity** [kənˌvivi'æliti] s *Fröhlichkeit* f *bei Tafel*; *Gesellgkeit* f

convocation [ˌkɔnvo'keiʃən] s *Ein-, Zus-berufung* f || *Versammlung* f | ⅍ *gesetzgebende Versammlung der Universitäten Oxford u Durham* (a member of ⅍) || ⟨C. E.⟩ ⅍ *Provinzialsynode* f

convoke [kən'vouk] vt *ein-, zus-berufen* (*bes amtlich*)

convolute ['kɔnvəluːt] a ⟨bot⟩ (*zus-*)*gerollt, -gewickelt*; *ringelförmig* | ~**d** [~id] a ⟨zoo⟩ *gewunden, -bogen*

convolution [ˌkɔnvə'luːʃən] s *Zus-wickelung, Zus-rollung* f || *Windung* f; *cerebral* ~s *Gehirnwindungen* [pl]

convolve [kən'vɔlv] vt/i `*auf-, zus-rollen, -wickeln* | vi *sich über-e–a-, sich zus-rollen*

convolvulus [kən'vɔlvjuləs] s L [pl ~ses] ⟨bot⟩ *Winde* f; [koll] *Winden* pl

convoy 1. s ['kɔnvəi] (*Schutz-*)*Begleitung* f, *Geleit* n || ⟨mil⟩ *Eskorte* f || *Geleitzug* m; ~ ship *-schiff* n || *unter Bedeckung segelnde Kauffahrteiflotte* f || ~ of vehicles *Fahrzeugkolonne* f | ~ *destroyer* ⟨mar⟩ *Geleitzerstörer* m || ~ light *Nachtmarschbeleuchtung* f **2.** [kən'vəi] vt *schützend geleiten, decken, eskortieren*

convulse [kən'vʌls] vt *erschüttern* ⟨a fig⟩ || to be ~d with *erschüttert w v*; *sich krümmen vor* (with pain *vor Schmerz*; with laughter *vor Lachen*)

convulsion [kən'vʌlʃən] s ⟨med⟩ *Zuckung* f, *Krampf* m; [oft pl] *nervöse Zuckungen*; to be seized with, to fall into a fit of ~s *in z. geraten, Krämpfe bek* || ~s [pl] *schallendes Gelächter*; to go into ~s of laughter *Lachkrämpfe bek*; to throw a p into ~s of laughter *in jdm Lachkrämpfe hervorrufen* | *politische Erschütterung* f || (*Boden-*)*Erschütterung* f, *Erdbeben* n

convulsive [kən'vʌlsiv] a (~ly adv) ⟨fig⟩ *erschütternd* || *v Krämpfen befallen*; *krampfartig, -haft*

cony, coney ['kouni] s ⟨zoo⟩ *Kaninchen* n; *-fell* n

coo [kuː] intj ~! *Menschenskind!* n

coo [kuː] **1.** vi/t [~es; ~ed; ~ing] | *girren, gurren*; to bill and ~ *liebkosen, sich schnäbeln* | vt *girrend* or *zärtlich äußern* **2.** s *Girren* n

cooee, cooey ['kuːi] s *australischer Signalruf* m

cook [kuk] **I.** s *Koch* m, *Köchin* f; too many ~s spoil the broth *viele Köche verderben den Brei* | [attr] ⟨Am⟩ ~-book *Kochbuch* n || ~-house *Feldküche* f; ⟨mar⟩ *Kombüse, Schiffsküche* f || ~ official ⟨mil⟩ °*Latrinengerücht* n || ~-maid *Küchenmagd, Köchin* f || ~-shop *Garküche* f **II.** vt/i **A.** vt **1.** (*etw*) *kochen, backen*; *zubereiten* || to ~ a p's goose ⟨fig⟩ *jdm die Suppe* *versalzen* (*jds Pläne zerstören*), *jdm den Garaus m* ‖ (*P*) ~ed ⟨fig fam⟩ „*erschossen*" (*erschöpft*), *ruiniert, erledigt*; ⟨Am fam⟩ *beschwipst* (*betrunken*) | to ~ out ⟨Am⟩ (*im Freien*) *abkochen*; to ~ up *aufwärmen* 2. (*jdn*) *der Hitze aussetzen* 3. (*a* to ~ up) ⟨fig⟩ (*zus-*)*brauen; fälschen;* to ~ *accounts* ⟨fam⟩ *den Rechenschaftsbericht schminken, frisieren, fälschen* B. *vi kochen* ‖ *sich kochen l* (the pears ~ well) ‖ ⟨fig fam⟩ what's ~ing? *was gibt's?* | **~er** [´~ə] s *Kocher, Kochapparat* m; electric ~ *Elektroherd* m ‖ *Kochgefäß* n ‖ *Kochfrucht* f; *Frucht, die sich kochen läßt;* the pears are good ~s *die Birnen l sich gut k.* | ⟨fig⟩ *Brauer* m (of tales) **~ery** [´~əri] s *Kochen* n, *Kochkunst, Kocherei* f (art of ~) ‖ **~-book** *Kochbuch* n **~ing** [´~iŋ] s [abstr] *Küche* f ‖ [attr] *Koch-* (~ apple *-apfel;* ~-range *-herd* m); ⟨mil⟩ ~ pit *Kochloch* n; ~ set *Feldküchenherd* m

cookie, -ky [´kuki] s ⟨Scot⟩ *Brötchen* n ‖ ⟨Am⟩ (*kl*) *Kuchen*

cooky, -kie [´kuki] s ⟨fam⟩ *Köchin* f

cool [ku:l] I. a (~ly adv) 1. *kühl, frisch; abgekühlt;* to get ~ *sich abkühlen;* ~ *chamber Kühlraum* m ‖ *ohne Fieber* 2. ⟨fig⟩ *Kühle ausstrahlend* (a ~ hat) | *ruhig, kaltblütig, gelassen;* ~ as a cucumber „*kalt wie e-e Hundeschnauze*", *kaltblütig; gelassen* ‖ *überlegt, kühl* ‖ *gleichgültig, leidenschaftslos* | *unverfroren, frech;* a ~ *customer od fish ein unverfrorener Bursche,* ~ *cheek* ⟨fig⟩ *Stirn* f, *Frechheit* f | ⟨fam fig⟩ *glatt,* to lose a ~ hundred ⟨fam⟩ *glatt hundert* (*Pfd.*) *verlieren* 3. ~-headed *kaltblütig* II. s *Kühle, Frische* f III. vi/t | *sich abkühlen; erkalten; kühl, kalt w* ‖ ⟨fig⟩ (*a* to ~ down) *schwächer w, sich beruhigen* | vt *kühlen, erfrischen* ⟨fig⟩ *abkühlen, besänftigen, mäßigen* ‖ to ~ one's *coppers °einen zischen* (*trinken*) ‖ to ~ one's heels „*sich kalte Füße holen*" (*vergeblich stehen u warten*) | **~er** [´~ə] s *Kühler* (*Gefäß*); wine-~ *Wein-* | surface ~ ⟨brew⟩ *Kühlschiff* n **~erator** [´~əreitə] s *Klimaanlage* f **~ing** [´~iŋ] s *Kühlung* f ‖ deep ~ *Tiefkühlung* f | [attr] *Kühl-* (plant; fin, rib, water); ~ vessel ⟨brew⟩ *Kühlschiff* n; ~-water circulating pump *Kühlwasserpumpe* f; ~-w. circulation system *Kühlkreislauf* m **~ness** [´~nis] s *Kühle, Kühlung* f | ⟨fig⟩ *Kaltblütigkeit, Bärenruhe* f ‖ *Entfremdung* f (between *zw*) ‖ ⟨fam⟩ *Unverfrorenheit* f | **~th** [~θ] s *Kühle* f

coolant [´ku:lənt] s ⟨tech⟩ *Gleitflüssigkeit* f *f Fräser* etc, *Kühlmittel, -wasser* n; water ~ *wässeriges K.*

coolie, -ly [´ku:li] s ⟨Ind & Chin⟩ *K·uli, Lastträger, Handarbeiter* m ‖ ~ hat *Chinesenhut* m

coomb, combe [ku:m] s *Talmulde; Senkung* f (*an Abhang*)

coon [ku:n] s (*f* rac[c]oon) ⟨Am zoo⟩ *Waschbär* m ‖ *Neger*(*in* f) m (~ song *Negerlied*) ‖ ⟨fig⟩ *schlauer Kerl, Fuchs* m; a gone ~ ⟨sl⟩ *ein rettungslos verlorener Mensch* m; *e-e hoffnungslos verfahrene S,* °*verfahrener Laden*

co-op [kou´əp] s [abbr] = co-operative [s] *od* co-operative store *Konsum*(*laden*), *-(verein)* m

coop [ku:p] s ⟨Am vulg⟩ ~ *coupé*

coop [ku:p] 1. s *Brut-, Hühnerkorb* ‖ *Korb* m (*z Fischfang*) ‖ ⟨sl⟩ *Kittchen, Loch* n (*Gefängnis*) 2. vt *einsperren, -schließen* ‖ to ~ up (*jdn*) *einpferchen* ‖ ~ed-up ⟨sl⟩ *im Loch* (*Gefängnis*)

cooper [´ku:pə] 1. s *Faßbinder, Küfer, Böttcher* m 2. vt (*Fässer*) *ausbessern, binden* **~age** [´~ridʒ] s *Böttcherei* f

co-operate [kou´əpəreit] vi *zus-wirken, -arbeiten* (with *a* p; in *a* th; to *a* purpose; to do); *mitwirken, helfen* (to do) ‖ ~ting unit ⟨mil⟩ *auf Zus-arbeit angewiesene Einheit* f **-tion** [kou-ˌəpə´reiʃən] s *Zus-arbeiten* n; *Mitwirkung* f, *Zus-wirken* n; in ~ with *in Verbindung mit* ‖ ⟨com⟩ *genossenschaftlicher Zus-schluß, Konsum-*

---

verein m | army ~ *aeroplane* ⟨aero⟩ *Arbeitsflugzeug* n **-tive** [kou´əpərətiv] 1. a *zus-arbeitend; mitwirkend* ‖ *genossenschaftlich;* ~ *advertising Gemeinschaftswerbung* f (*f Milch, Obst* etc); ~ apartments, ⟨Am⟩ ~ apartment *Eigentumswohnung* f; ~ marketing society *Absatzgenossenschaft* f; ~ society *Konsumverein* m; ~ store *Konsumvereinsladen* m, *-lager* n 2. s = co-operative store (abbr co-op); ⟨SBZ⟩ production ~ *Landwirtschaftl. Produktionsgenossenschaft* f **-tor** [kou´əpəreitə] s *Mitarbeiter* m ‖ *Mitglied* n *e-s Konsumvereins*

co-opt [kou´əpt] vt *k·opt·ieren, hinzuwählen* **~ation** [ˌkouəp´teiʃən] s *Kooptierung, Zuwahl* f

coordinate [kou´ə:dnit] 1. a (~ly adv) *koordiniert; bei-, nebengeordnet* ‖ *gleichartig* (with); a ~ element with *dasselbe Element wie* 2. s *Bei-, Nebengeordnetes; Gleichwertiges* n ⟨math⟩ *Koordinate* f; ~ grid system ⟨cart⟩ *Koordinatennetz* n; ~ map *Gitternetzkarte* f; ~ number *Hochwert* m

coordinate [kou´ə:dineit] vt *koordinieren, bei-, gleichordnen, -stellen, -schalten* ‖ *richtig* (*an*)*ordnen, in Ordnung or Einklang bringen* ‖ (*Organisationen*) *zus-fassen;* ⟨mil⟩ *einheitlich leiten, führen; auf-e-a abstimmen;* ~d flight (*vorschriftsmäßig*) *ausgeglichenes Fliegen* n ‖ to assist in -ting *das Zus-wirken erleichtern*

coordination [kou,ə:di´neiʃən] s *Neben-, Beiordnung* ‖ *richtige Anordnung* f ‖ *harmonische Vereinigung* f; *Zus-fassung* f (of the defence); *Zus-arbeit* f (*a biol*) **-tive** [kou´ə:dineitiv] a *bei-, gleichordnend; zus-fassend*

coot [ku:t] s ⟨orn⟩ *Bläßhuhn* n; crested ~ *Kamm-* n; ~ covert; as bald as a ~ *kahl wie e-e Billardkugel* | *Tölpel* m

cootie [´ku:ti] s ⟨Am fam⟩ *Kleiderlaus* f

cop [kəp] s *kl Haufen or Hügel* m ‖ ⟨spin⟩ *Garnwickel, Kötzer* m, *Knäuel* n ‖ ⟨arch⟩ *Mauerzacke* f

cop [kəp] 1. vt ⟨sl⟩ *jdn erwischen, abfassen* (at *bei*); to ~ it *Saures kriegen, Prügel bek, e-n Reinfall erleben;* to ~ the bullet ⟨fam⟩ *auf die Straße gesetzt w, herausgeschmissen w* ⟨fig⟩ 2. s ⟨sl⟩ *Erwischen* n; a fair ~ *ein Ertapptwerden auf frischer Tat* n ‖ ⟨sl⟩ „*Polyp*" (*Polizist*) m

copacetic [koupə´setik] a ⟨fam sl⟩ °*prima*

copaiba [kə´paibə] s ~ *Kopa·ivabalsam* m

copaiva [kə´paivə] s ⟨bot⟩ *Kopa·ivabaum* m

copal [´koupəl] s *Kopal* m, *-harz* n

coparcenary [´kou´pa:sinəri] s ⟨jur⟩ *gemeinschaftlicher Besitz v Land durch Erbschaft*

coparcener [´kou´pa:sinə] s *Miterbe e-s Landsitzes* m

copartner [´kou´pa:tnə] s *Teilhaber, Mitinhaber, Kompagnon* m **~ship** [~ʃip] s *Teilhaberschaft* f; *Mitbeteiligung*(*ssystem* n) f; labour ~ *Gewinnbeteiligung* f *der Arbeitnehmer*

cope [koup] 1. s ⟨ec⟩ *Chor-, Priesterrock* m; *Chormantel* m, *-kappe* f ‖ ⟨fig⟩ *Mantel* m (~ of night); *Decke* f; *Dach, Firmament* n (~ of heaven) | ⟨arch⟩ *Mauerkappe* f ‖ ~-stone *Deck-, Kappenstein* m, ⟨mst fig⟩ *Krönung, Krone* f 2. vt *mit e-m Chorrock bedecken* ‖ ⟨arch⟩ *decken; bedecken* ⟨fig⟩

cope [koup] vi *es aufnehmen, sich messen* (with *mit*); *gewachsen s* (with *a* th *e-r S*)

Copec [´koupek] s (= C.O.P.E.C.) *f* Conference on Christian Politics, Economics, and Citizenship) *Gesellschaft z Förderung christl. Geistes* (*ggr.* 1924)

copeck [´koupek] s *Kopeke* (*russische Kupfermünze*) f

copepod [´koupipəd] s ⟨zoo⟩ ~s [pl] *Ruderfüßer* pl (*Krebstiere*)

coper [´koupə] s *Pferdehändler* m

coper ['koupə] s *Branntweinschiff* n (*i. Nordsee*)

Copernican [ko'pə:nikən] a *kopernikanisch*

co-pilot ['kou'pailət] s *zweiter Flugzeugführer* m

coping ['koupiŋ] s ⟨arch⟩ *Mauerhut* m, *-kappe, -krönung* f; *Giebel* m || ~-stone = cope-stone

copious ['koupjəs] a (~ly adv) *reichlich, reich*; ⟨min⟩ *ergiebig, Ausbeute-* (*Zeche*) || *wortreich, weitläufig*; *-schweifig* ~**ness** [~nis] s *Fülle* f, *Überfluß* m || *Weitläufigkeit* f

coplaintiff ['kou'pleintif] s *Neben-, Mitkläger*, ⟨jur⟩ *aktiver Streitgenosse* m

copper ['kɔpə] **1.** s *Kupfer* n || *Kupfergefäß* n, *-kessel* m; ⟨brew⟩ *Würzepfanne* f | [*oft* pl ~s] *Kupfermünze* f, *-geld* n; ~s [pl] *-werte* m pl || *hot* ~s ⟨fig⟩ *Brand* m (*vom Trinken*) **2.** a *kupfern, Kupfer-*; *rot* (~ *Indian roter Indianer* m) **3.** [in comp] ~ *azeto-arsenite Schweinfurter Grün* n || ~-bottomed *am Boden mit Kupfer verkleidet*; *seetüchtig*; ⟨fig⟩ *gesund* || ~-cap *Zündhütchen* n || ~ *captain* ⟨m.m.⟩ *Hauptmann v Köpenick* || ~-coloured *kupferfarbig, kupferrot* || ~-engraving *Kupferstechkunst* f || ~-glance ⟨minr⟩ *Kupferglanz* m || ~-nose *Kupfernase* f || ~-ore *-erz* n || ~-smith *-schmied* m || ~-works [pl] *Kupferwerk* n, *-hütte* f

copper ['kɔpə] vt *verkupfern, mit K. beschlagen*

copper ['kɔpə] s ⟨sl⟩ „*Polyp*" (*Polizist*) m

copper ['kɔpə] s ⟨ent⟩ *large* (*small*) *Gr* (*Kl*) *Feuerfalter* m

copperas ['kɔpərəs] s ⟨chem⟩ *Vitriol* m & n (*blue* ~ *Kupfer-*; *green* ~ *Eisen-*; *white* ~ *Zink-*)

copperhead ['kɔpəhed] s ⟨zoo⟩ *Mokassinschlange* f

copperplate ['kɔpəpleit] **1.** s *Kupferplatte* f; *Kupferstich* m; ~ *engraving* ⟨arts⟩ [abstr] *Linienmanier* f **2.** a *Kupferstech-, Kupferstich-* || (of handwriting) *wie gestochen*

coppery ['kɔpəri] a *Kupfer-, kupfern, kupferhaltig*

coppice ['kɔpis] s *Dickicht* n *aus Unterholz*, *Gestrüpp* n; *Gebüsch* n || ⟨for, hort⟩ *Stockausschlag* m; ~ *system Stockschlagbetrieb* m

copra ['kɔprə] s [koll] *Kopra* f, *getrocknete Kerne* m pl *der Kokosnüsse*

co-principal ['kou'prinsipəl] ⟨jur⟩ *Mittäter* m

copro- ['kɔprou] Gr [in comp] *Dung-, Kot-, Mist-* ~**lite** [~lait] s *Koprolith* m (*versteinerter Kot*) ~**logy** [kə'prɔlədʒi] s ⟨Lit⟩ *Schmutz(literatur* f) m

copse [kɔps] s = coppice ~**wood** ['~wud] s *Unterholz* n

copsy ['kɔpsi] a *mit U. bewachsen*

Copt [kɔpt] s *Kopte* m, *Koptin* f ~**ic** ['~ik] **1.** a *koptisch* **2.** s *das Koptische* n

copter ['kɔptə] s ⟨Am fam⟩ = heli~

copula ['kɔpjulə] s L ⟨gram⟩ *Kopula* f || ⟨anat⟩ *verbindendes Glied* n ~**te** ['kɔpjuleit] vi *sich paaren, sich begatten* ~**tion** [ˌkɔpju'leiʃən] s *Paarung, Begattung* f ~**tive** ['kɔpjulətiv] **1.** a *verbindend, Binde-* **2.** s *Bindewort* n ~**tory** ['kɔpjulətri] a *Begattungs-*

copy ['kɔpi] **I.** s **1.** *Kopie, Abschrift* f (*true* ~ *getreue A.*) || ⟨jur⟩ *Abschrift e-r Urkunde, Urkunde* f | *Nachbildung, Nachahmung* f **2.** *Muster, Modell* n **3.** ⟨typ⟩ [*ohne art*] *druckfertiges Manuskript* n **4.** (of books) *Abdruck* m, *Exemplar* n **5.** *literarisches Material* n, *Zeitungsstoff* m (the incident will yield good ~ *das Ereignis wird guten Stoff liefern*) **6.** *Wendungen*: *fair, clean* ~ *Reinschrift* f || *rough, foul* ~ *erster Entwurf* m, *Konzept* n, *Kladde, Skizze* f || to set copies *Schreibvorlagen geben* || to take a ~ *e-e Abschrift nehmen* (from v) **7.** [attr] ~-book

Schreibheft n (*mit Vorlagen*); *Alltags-, abgedroschen* (~-book maxims); his flying is ~ [a] *er fliegt großartig, wie e-e Eins* || ~ *chief* ⟨Am⟩ *Redaktionschef* m **II.** vt/i *abschreiben, -zeichnen, kopieren* (from) || *e-e Kopie* m v (*etw*) || *nachahmen, -bilden*; to be ~-pied *Nachahmung finden* | vi ~ *out ins Reine schreiben, abschreiben* | vi *kopieren* (from v); *abzeichnen* || *vom Nachbar abschreiben* ~**ing** [~iŋ] s *Kopieren* n || [attr] *Kopier-* || ~-book *Kopierbuch* n || ~-cat! ⟨Am fam⟩ *alle Affen m alles nach*! || ~-ink *Kopiertinte* f || ~-(ink) *pencil Tintenstift* m || ~-press *Kopierpresse* f ~**ist** [~ist] s *Kopist, Abschreiber* m

copyhold ['kɔpihould] **1.** s *Zinslehen, mehr oder weniger fester Besitz gewordenes Bauerngut* (*e-r Grundherrschaft*) n **2.** a *Lehngut-* || ~**er** [~ə] s *Besitzer e-s* copyhold

copyright ['kɔpirait] **1.** s (*das*) *Verlagsrecht* n (*in über*), (*das*) *Urheberrecht* n **2.** a *verlagsrechtlich, gesetzlich geschützt* (~ *edition*) **3.** vt *das Urheberrecht* (*e-s Buches* etc) *erwerben*, (*urheberrechtlich*) *schützen*

coquet [kou'ket] **1.** a *kokett* **2.** vi *kokettieren, flirten* (with *mit*); ⟨fig⟩ *liebäugeln, spielen* (with) ~**ry** ['koukitri] s *Koketterie, Gefallsucht* f; ⟨fig⟩ *Niedlichkeit* f ~**te** [kou'ket] s Fr *Kokette, Gefallsüchtige* f ~**tish** [kou'ketiʃ] a (~ly adv) *kokett, gefallsüchtig* || *liebreizend*

coquito [ko'ki:tou] s *Span* ⟨bot⟩ *Coquito* (*Palme*) f

cor [kɔ:] s L ⟨mus⟩ *Horn*; ~ *anglais* ⟨mus⟩ *Englischhorn* n (*Altoboe*)

coracle ['kɔrəkl] s *aus Weiden geflochtenes u mit Leder überzogenes Boot* n

coracoid ['kɔrəkɔid] a: ~ *bone* ⟨zoo & anat⟩ *Rabenbein* n; ~ *process Rabenschnabelfortsatz* m

coral ['kɔrəl] **1.** s *Korallenpolyp* m || *Koralle* f || (*unbefruchtete*) *Hummereier* n pl **2.** a *Korallen-*; ~-island *-insel* f; ~-reef *-riff* n ~**lin** [~in] s *Korall-in* (*roter Farbstoff*) ~**line** [~ain] **1.** s *Korallenalge* f **2.** a *korallenrot*; *-artig, Korallen enthaltend* ~**lite** [~ait] s *fossile Koralle* f ~**loid** [~ɔid] a *korallenartig, -ähnlich*

corbel ['kɔ:bl] **1.** s ⟨arch⟩ *Kragstein* m; *Konsole* f; *Balkenträger, Sparrenkopf* m || ~-table ⟨arch⟩ *auf Kragsteinen ruhender Mauervorsprung, Bogenfries* m **2.** vt *mit Kragstein versehen, durch K. stützen* ~**led** [~d] a *aus-, übergekragt* ~**ling** [~iŋ] s *Aus-, Überkragung* f, *Verkröpfung* f

corbie [kɔ:bi] s ⟨Scot⟩ *Rabe* m || ~-steps ⟨arch⟩ *Giebelstufen* m pl

corbond ['kɔ:bənd] s ⟨min⟩ *Erznest* n

cord [kɔ:d] **1.** s *Seil* n, *Leine* f, *Strick, Strang* m; ⟨bes el⟩ *Schnur, Leitungsschnur, Anschlußlitze* f || *gerippter Stoff* m; (= corduroy) *Kord* m; ~s [pl] *Hose aus K.* || ⟨anat⟩ *Strang* m, *Band* n, *Schnur* f || ⟨fig⟩ [*oft* pl ~s] *Band* n; *Fessel* f | (*Holzmaß* 128 cub. ft.) *Klafter* (*Holz* etc) f, ~-wood *Klafterholz* n | [attr] ~-maker *Seiler* m **2.** vt *fest ver-, zuschnüren, festbinden* | ⟨for⟩ *aufklaftern, -setzen* ~**age** [~idʒ] s *Tauwerk* n ~**ed** [~id] a *verschnürt* || *gestreift* (cloth); *gerippt*

cordate [kɔ:deit] a *herzförmig*

Cordelier [ˌkɔ:di'liə] s ⟨hist⟩ *Franziskaner* m

cordial ['kɔ:diəl] **1.** a (~ly adv) *herzlich* || *aufrichtig* || (*magen*)*stärkend, belebend* **2.** s *herzstärkendes Mittel* n || *Magenlikör* m || ⟨fig⟩ *Labsal* m ~**ity** [ˌkɔ:di'æliti] s *Herzlichkeit, Wärme* f

cordillera [ˌkɔ:di'ljɛərə] s Span *Bergkette* f; the ~s [pl] *die Kordilleren* pl

cordite ['kɔ:dait] s ⟨engl⟩ *rauchschwaches Schießpulver* n

cordon ['kɔ:dən] Fr **1.** s ⟨fort⟩ *Wallmauer-*

kranz, –sims m **|** ⟨mil⟩ *Kordon* m (sanitary ∼ *Sanitäts–*); *Posten–, Sperrkette* (∼ of police); *Kette* f (a ∼ of persons); to form a ∼ *Spalier bilden* **||** *breites Ordensband* n **||** ⟨hort⟩ *Kordon, Schnurspalierbaum* m **||** ⟨mil⟩ ∼ of forts *Festungsgürtel* m; ∼ of sentries *Postenkette* f **2.** vt *umzingeln, einschließen* **||** to ∼ off *absperren*

   cordovan [ˈkɔːdəvən] s *K·orduan* n (feines *Ziegenleder* n)

   corduroy [ˈkɔːdjurəi, –dər–] s *Kord* m (*schwerer gerippter Baumwollstoff*); ∼s [pl] *Hose aus K.* (a pair of ∼s *e–e H.*) **|** ∼-road ⟨Am⟩ *Knüppeldamm* m

   cordwainer [ˈkɔːdweinə] s (*nur als Gildenname*) the ∼s' Company *die Gilde der Schuhmacher der* City of London; → livery

   core [kɔː] **1.** s *Kerngehäuse* n, *Griebs, Kern* m **||** *Kern, innerer Teil* m (*e–s Dinges*); (of a rope) *Seele*; (of a cable) *Ader* f; 3-core cable ⟨el⟩ *3-adriges Kabel* n **|** ⟨fig⟩ *Kern* m, *Mark, das Innerste* n; rotten at the ∼ *im Innersten faul*; to the ∼ *bis ins Mark* (*Innerste*); *tief* **2.** vt *entkernen*

   Corean [kəˈriən] **1.** a *koreanisch* **2.** s *Koreaner* m

   co-regent [ˈkouˈriːdʒənt] s *Mitregent* m

   co-relation [ˈkouriˈleiʃən] s = correlation

   co-religionist [ˈkouriˈlidʒənist] s *Glaubensgenosse* m

   co-respondent [ˈkourisˌpɔndənt] s ⟨jur⟩ *mitbeklagter Mann, mit dem e–e Frau Ehebruch begangen hat*

   corf [kɔːf] s [pl ∼s] ⟨min⟩ *Förderkorb* m **||** *Fischkorb* m (*im Wasser*)

   corgi [ˈkɔːgi] s *kl walisischer Hund* m

   coriaceous [ˌkɔriˈeiʃəs] a *Leder–, lederartig, ledern; zäh*

   coriander [ˌkɔriˈændə] s ⟨bot⟩ *Kori·ander* m

   Corinthian [kəˈrinθiən] **1.** a *korinthisch*; ∼ column ⟨arch⟩ *korinthische Säule* f **2.** s *Korinther*(*in* f) m ∼**esque** [kəˌrinθiəˈnesk] a ⟨arch⟩ *korinthisch*

   corium [ˈkɔːriəm] s L ⟨anat⟩ *Lederhaut* f

   co-rival [ˈkouˈraivəl] s *Mitbewerber* m

   cork [kɔːk] **1.** s *Rinde der Korkeiche*; *Korkrinde* f **|** *Kork* m; *der Kork(stöpsel), Pfropfen* m **2.** [attr od a] *aus Kork, Kork–* **||** ∼-jacket *Kork-Schwimmjacke* f **||** ∼-sock, ∼-sole *Korkeinlegesohle* f **||** ∼-tree ⟨bot⟩ *Korkeiche* f **3.** vt (to ∼ up) (*ver*)*korken, zustöpseln* **||** (*mit gebranntem Kork*) *schwärzen, schwarz schminken* ∼**age** [ˈ∼idʒ] s *Ver–* or *Entkorken v Flaschen* n **||** *Kork–, Pfropfengeld* n ∼**ed** [∼t] a *verkorkt, zugestopft* **||** (of wine) *korkig, nach dem Kork schmeckend* (the wine is ∼ .. *schmeckt nach dem K.*) ∼**er** [ˈ∼ə] s ⟨sl⟩ *das, was etw entscheidet, erledigt*; it's a ∼ *es ist nicht z übertreffen* **||** *blendender Kerl* m; *unglaubliche* or *famose S* (that's a ∼); *Lüge* f ∼**ing** [ˈ∼iŋ] a ⟨Am⟩ *großartig, blendend, °knorke, prima*

   corkscrew [ˈkɔːkskruː] **1.** s *Korkzieher* m **||** ∼! (= God's truth!) × *weeß Kneppchen*[1] (= *weiß Gott!*) **||** ∼s [pl] *Korkzieherlocken* f pl **2.** a *spiralförmig* (path), ∼ staircase *Wendeltreppe* f **3.** vt/i **||** ⟨fam⟩ (*sich*) *spiralförmig bewegen*

   corkwood [ˈkɔːkwud] s *Korkholz* n

   corky [ˈkɔːki] a *korkig, korkartig, Kork–* (taste) **||** ⟨fam⟩ *lebhaft; unbeständig*

   corm [kɔːm] s ⟨bot⟩ *Kormus, beblätterter Sproß* m

   cormo– [ˈkɔːmou] [in comp] *Stamm–* m

   cormorant [ˈkɔːmərənt] s ⟨orn⟩ *Kormor·an, Seerabe* m, *Scharbe* f; pygmy ∼ *Zwergscharbe* f **||** ⟨fig⟩ *Vielfraß*

   corn [kɔːn] **I.** s **1.** (*einzelnes*) *Korn* n **2.** [koll] *Korn(frucht), Getreide* n (*bes* ⟨engl⟩ *Weizen*, ⟨Scot Ir⟩ *Hafer* m, ⟨Am⟩ [a Indian ∼] *Mais*

m); ∼ in the ear *K. in Ähren* **3.** [koll] *Korn* n· (*Pflanze*) (to cut the ∼) **||** ∼ in Egypt *die Fleischtöpfe Ägyptens* **4.** ⟨übtr⟩ *Korn, Körnchen* n, *kl Teil* m **||** ⟨Am⟩ *Maiswhisky* m **||** ⟨arts Am sl⟩ *Schmarren, Kitsch* m **5.** [attr]∼-belt⟨Am⟩ *Maisdistrikt* m, *Hinterland* n (Indiana, Illinois, Iowa, Kentucky, Nebraska, Ohio) **||** ∼-bin *Kornlade* f **||** ∼-bind ⟨bot⟩ *Ackerwinde* f **||** ∼-bread ⟨Am⟩ *Maisbrot* n **||** ∼-chandler *Korn–, Samenhändler* m **||** ∼-cob ⟨Am⟩ *Maiskolben* m; *Pfeife aus M.* **||** ∼-cockle ⟨bot⟩ *Kornrade* f **||** ∼-crib ⟨Am⟩ *Maisschuppen* m **||** ∼-cutter *Mähmaschine* f **||** ∼-dodger ⟨Am⟩ *Maispfannkuchen* m **||** ∼-exchange *Getreidebörse* f **||** ∼-factor *Kornmakler, –händler* m **||** ∼-fed ⟨Am⟩ *maisgemästet* **||** ∼-field *–feld* n **||** ∼-flag ⟨bot⟩ *Schwertlilie* f **||** ∼-flakes [pl] *Weizenknusperflocken* f pl; ⟨Am⟩ *Maisflocken* f pl **||** ∼-flour *Maismehl, Monda·m·in* m **||** ∼-flower ⟨bot⟩ *Kornblume* f **||** ∼-juice ⟨Am fam⟩ *Maiswhisky* m **||** ∼-land *Getreide–, Ackerland* n **||** ∼-laws [pl] *Kornzollgesetze* n pl (1846 *aufgehoben*) **||** ∼-loft *Kornboden, –speicher* m **||** ∼-mill ⟨Am⟩ *Getreidemühle* f **||** ∼-pone ⟨Am⟩ *Maisbrot* n **||** ∼-poppy, ∼-rose ⟨bot⟩ *Klatschrose* f **||** ∼-rent *in Korn bezahlter Pachtzins* m **||** ∼-salad ⟨bot⟩ *Feldsalat* m **||** ∼-stalk *Kornhalm* m; ⟨fam⟩ *Australier* m **||** ∼-starch ⟨Am⟩ (*Mais-*)*Puddingpulver* n **||** ∼-trade *Korn–, Getreidehandel* m **II.** vi/t **||** vi (of cereals) *Korn ansetzen* **|** vt (*Land*) *mit Korn besäen* **|** ∼**ed** [kɔːnd] a ⟨Am fam⟩ *beschwipst, –zecht*

   corn [kɔːn] vt *einsalzen, einpökeln*; ∼ed beef *eingesalzenes Rindfleisch, Büchsenfleisch* n

   corn [kɔːn] s ⟨anat⟩ *Hornhaut* f, *Hühnerauge* n (∼s on the feet); to acknowledge the ∼ ⟨Am fam⟩ *den* or *s–n Fehler etc zugeben, sich geschlagen geben* **||** to tread on a p's ∼s ⟨fig⟩ *jdm auf die Hühneraugen treten* **|** ∼-plaster *Hühneraugenpflaster* m

   cornbrash [ˈkɔːnbræʃ] s ⟨geol⟩ *Art rauher Kalksandstein* m

   corncrake [ˈkɔːnkreik] s ⟨orn⟩ *Wachtelkönig* m, *Wiesenläufer* m, *Wiesenknarre* f

   cornea [ˈkɔːniə] s L *Hornhaut* (*des Auges*) f **|** ∼**l** [ˈkɔːniəl] (a ∼ lens) ⟨opt⟩ *Corneaschale* f; ∼ graft (operation) *Hornhauttransplantation* f

   cornel [ˈkɔːnel] s ⟨bot⟩ *Korn·eliuskirschbaum, Hartriegel* m

   cornelian [kɔːˈniːljən] s ⟨minr⟩ *Karne·ol* m

   corneous [ˈkɔːniəs] a *hornig*

   corner [ˈkɔːnə] **I.** s **1.** (*Straßen–* etc) *Ecke* f (at·the ∼ *an der E.*; on the ∼ *auf der E.*); to turn the ∼ *um die Ecke* (*e–r Straße*) *gehen*, ⟨fig⟩ *über den Berg hinwegk* **|** ⟨mot⟩ *Kurve* f (to take a ∼ *e–e K. nehmen*) **2.** *Ecke* f, *Winkel* m **3.** ⟨fig⟩ (*Verlegenheit*) *Klemme* f (in a ∼ *in der Klemme*; to drive into a ∼ *in die Enge treiben*); he is in a tight ∼ *er sitzt verdammt in der Klemme*; it's a tight ∼ *es ist e–e verteufelte Lage* **4.** (*versteckter*) *Winkel* m, *verborgene Stelle* f **|** *Gegend* f (all the ∼s of the earth) **5.** ⟨com⟩ *Korner* m, *Schwänze* f (*Aufkaufen* n *z Preissteigerung*); (*Großhändler-*)*Ring* m **6.** ⟨ftb⟩ = ∼-kick **7.** [attr] *Eck–;* ∼ cupboard *–schrank* m; ∼ house *–haus* n **||** ∼-kick ⟨Ass-ftb⟩ (*freier*) *Eckstoß* m **||** ∼-man *Landstreicher* m **||** ∼-stone ⟨arch⟩ *Eckstein* m; ⟨fig⟩ *Grundstein* m; ∼-stone laying ceremony *Grundsteinlegung* f **||** ∼-wise [adv] *eckig, diagonal* **II.** vt *mit Ecken versehen*: ∼ed *–eckig* **||** ⟨fig⟩ *in die Enge treiben, in Verlegenheit bringen* **|** ⟨com⟩ (*Ware*) *aufschwänzen*, *kornern*; ([*Spekulanten*] *zwingen, teuer z kaufen*); to ∼ the market *den Markt aufkaufen* **|** vi *ein Kornergeschäft m* ⟨Am⟩ *sich in e–r Ecke treffen* ∼**ing** [∼riŋ] s ⟨mot⟩ ∼ ability *Wendigkeit* f; ∼ characteristics *Kurvenlage·* f; ∼ stability *Neigungsstabilität* f

cornet ['kɔ:nit] s ⟨mus⟩ (*a* ∼-à-piston[s]) *Vent·ilkornett* n (*Blechblasinstrument*); *der Spieler e–s* ∼ ‖ (*Eis-*)*Waffeltüte* f, *–hütchen* n ‖ *Art Glockenärmel* m

cornet ['kɔ:nit] s ⟨hist⟩ *Morgenhaube*; *weiße* (*Schwestern-*)*Haube* f ‖ ⟨hist †⟩ *Fahnenjunker*, *Korn·ett* m ∼**cy** [∼si] s ⟨hist †⟩ *Kornett–*, *Fahnenjunkerstelle* f

cornice ['kɔ:nis] s ⟨arch⟩ (*Dach-*)*Kranzgesims* n, *Sims* m; *Karnies* m ‖ *Wächte, überhängende vereiste Schneemasse* f

corniferous [kɔ:'nifərəs] a ⟨geol⟩ *hornsteinhaltig*

Cornish ['kɔ:niʃ] **1.** a *kornisch* **2.** s *die kornische Sprache* f ∼**man** [∼mən] s *der Bewohner v Cornwall*

cornopean [kɔ:'noupiən] s ⟨mus⟩ = cornet-à-piston(s)

Cornopolis [kɔ:'nɔpəlis] s ⟨Am fam⟩ *Chikago*

cornstone ['kɔ:nstoun] s *roter or grüner Kalkstein* m

cornucopia [ˌkɔ:nju'koupjə] L s [pl ∼s] *Füllhorn* n; ⟨fig⟩ *Fülle* f

cornute(d) [kɔ:'nju:t(id)] a *gehörnt, hornförmig*

corny ['kɔ:ni] a *Korn–, kornreich*; *körnig* ‖ ⟨sl⟩ *faul* (*Witz*)

corolla [kə'rɔlə] s L ⟨bot⟩ *Blumenkrone* f

corollary [kə'rɔləri] s *Zusatz, Folgesatz* m ‖ *Ergebnis* n; *natürliche Folge* f (of, to *v*; as a ∼ to this *als e–e Folge hiervon*)

corona [kə'rounə] s L (pl ∼s; –nae [–ni:]) *kl* (*Sonnen–*, *Mond-*)*Lichtkranz, Hof* m; ⟨astr⟩ *Krone* (*Sternbild*) f ‖ ⟨arch⟩ *Kranzleiste* f; *–gesims* n, *G·eison* n (*e–r Säule*) ‖ ⟨anat⟩ *Krone* f, *oberer Teil e–s Körperteils* ‖ *Zahnkrone* f ‖ *Havannamarke* f ‖ ⟨bot⟩ *Kranz* m *der Randblüten*

coronach ['kɔrənəx] s ⟨Scot Ir⟩ *Totenklage* f

coronal ['kɔrənl] **1.** s (*Kopf-*)*Reif* m, *Diadem* n; (*Blumen-*)*Kranz* m **2.** a *Kronen–, Kranz–, Scheitel–*; ⟨astr⟩ *Hof–* ‖ ⟨anat⟩ ∼ *bone Stirnbein* n; ∼ *suture Kranznaht* f

coronate ['kɔrəneit] vt * *krönen* **-ary** [–əri] a ⟨anat⟩ *Kranz–* **-ation** [ˌkɔrə'neiʃən] s *Krönung* f ‖ ∼ *of the Virgin K. Mariä,* → *crowning* ‖ [attr] *Krönungs–* (∼-*oath*)

coroner ['kɔrənə] s *amtlicher Leichenschauer, staatlicher Untersuchungsrichter* m ‖ ∼'s *inquest amtliche Totenschau* f

coronet ['kɔrənit] s *kl Krone; Adelskrone* f ‖ ⟨fig⟩ (*Frauen-*)*Kopfputz* m, *Diadem* n ‖ ⟨hunt⟩ (*Geweih-*)*Rose* f ∼**ed** [∼id] a *ein Diadem tragend; Adels–*

coronoid ['kɔrənɔid] a ⟨anat⟩ *gekrümmt*

corozo [kə'rouzou] s ⟨bot⟩ *Elfenbeinpalme* f ‖ ∼-nut *Elfenbein–, Corossosnuß* f

corporal ['kɔ:pərəl] **1.** a (∼ly adv) *körperlich, leiblich*; ∼ *punishment körperliche Züchtigung* f ‖ *persönlich* **2.** s ⟨ec⟩ *Meßtuch, Korpor·ale* n ∼**ity** [ˌkɔ:pə'ræliti] s *körperliche Beschaffenheit or Existenz* f; *Körper* m

corporal ['kɔ:pərəl] s ⟨mil⟩ *Korporal* m (*unter dem* sergeant); lance-∼ *Gefreiter* m

corporate ['kɔ:pərit] a (∼ly adv) *vereinigt, verbunden, korporat·iv, körperschaftlich* ‖ *z e–r Korporation gehörig, inkorporiert* ‖ *body* ∼ *od* ∼ *body juristische P, Körperschaft* f *–tion* [ˌkɔ:pə'reiʃən] s **1.** *Korporation, Körperschaft* f (∼ *profits tax –ssteuer*), *juristische P* (∼ *aggregate aus mehreren Gliedern,* ∼ *sole aus e–r P, Einmanngesellschaft* f); *public* ∼ *Körperschaft des öffentlichen Rechts*; *religious* ∼ *Religionsgesellschaft* f (*z. B. Rundfunk–*) ‖ *Innung, Zunft* f ‖ ∼ *counsel,* ∼ *lawyer Syndikus* m **2.** *Stadtbehörde* f; *municipal* ∼ *Stadtgemeinde, Stadtbehörde* f **3.** ⟨Am⟩ *Handels–, Aktiengesellschaft* f; ⟨Ger⟩ "stock ∼" *Aktiengesellschaft* f

(*A.G.*); ⟨Am⟩ ∼-tax *Körperschaftsteuer* f **4.** ⟨fam⟩ *Schmerbauch* m *–tive* ['kɔ:pərətiv] a *korporat·iv* *–tor* ['kɔ:pəreitə] s *Mitglied* n *e–r Körperschaft*

corporeal [kɔ:'pɔ:riəl] a (∼ly adv) ⟨scient philos⟩ *körperlich, materi·ell* ∼**ity** [ˌkɔ:pɔ:ri'æliti] s *Körperlichkeit, körperl. Form* f **corporeity** [ˌkɔ:pɔ'ri:iti] s *Körperlichkeit, körperl. Substanz* f

corposant ['kɔ:pouzænt] s ⟨phys⟩ *Sankt-Elms-Feuer* n

corps [kɔ:] s (pl ∼ [kɔ:z]) ⟨mil⟩ *Armeekorps* n; *Truppenkörper* m; ∼ *artillery commander Artillleriekommandeur* m; ∼ *headquarters Korpskommando* n; ∼ *of volunteers Freikorps* n ‖ (*übtr*) *Korps* n (∼ *de ballet*; the diplomatic ∼)

corpse [kɔ:ps] s *Leichnam* m ‖ ⟨Am sl⟩ *Kerl* m (who is the ∼?) ‖ ∼-*reviver Schnaps* m: it's a ∼ *der* (*Schnaps*) *weckt die Lebensgeister* ‖ ∼-**y** ['∼i] a: to look ∼ ⟨fam sl⟩ *aussehen wie Braunbier u Spucke*

corpulence ['kɔ:pjuləns], **-ency** [–si] s *Korpul·enz, Beleibtheit* f **-ent** ['kɔ:pjulənt] s *korpul·ent, beleibt*

corpus ['kɔ:pəs] s L [pl –pora] *Korpus* n, *Sammlung* f ‖ ⟨jur⟩ ∼ *delicti Tatbestand e–s Verbrechens* ‖ ∼ *Christi* ⟨ec⟩ *Fronleichnam(sfest* n) m

corpuscle ['kɔ:pʌsl], **-cule** [kɔ:'pʌskjul] s ⟨phys⟩ *kl Teilchen, Atom* n ‖ ⟨biol⟩ (*Blut-*)*Körperchen* **-cular** [kɔ:'pʌskjulə] a *Korpuskul·ar–* ‖ *atomistisch*

corral [kɔ:'rɑ:l] **1.** s (*Vieh-*)*Hürde* f, *Gehege* n, *Pferch* m ‖ *Wagenring* m ‖ ⟨SAfr⟩ *Kra(a)l* m, n **2.** *vt Wagen in e–n Ring zus–stellen*; *einschließen*; *–pferchen* ‖ ⟨Am sl⟩ *sich* (*etw*) *sichern*; *fangen, ergreifen; einheimsen*

corrasion [kə'reiʒən] s ⟨geol⟩ *Korrasion* (*Abschleifung*) f

correct [kə'rekt] **1.** a (∼ly adv) *fehlerfrei, richtig, genau*; *to be* ∼ (*S*) *stimmen*; (*P*) *recht h* (in doing *z tun*) ‖ (of behaviour) *korrekt*, it is the ∼ *thing es gehört sich nun einmal, es ist das Gegebene* (for *für*) ‖ → okay ‖ the ∼ *card* °*die* „*Masche*" (*das Richtige*) **2.** vt *verbessern* (to ∼ o.s. *sich v.*), *korrigieren, berichtigen*; to ∼ *proofs Korrekturen lesen* ‖ *strafen, zurechtweisen, züchtigen*; *to stand* ∼*ed sein Unrecht eingestehen* ‖ ⟨fig⟩ *mildern, ausgleichen*; (*Defekt*) *abstellen*; (*Fehler*) *ausschalten*; (*Ladehemmung*) *beheben* ‖ ⟨phys⟩ *regulieren* ‖ ∼*d map fire verbessertes Planschießen* n ‖ ∼*ing device* ⟨wir⟩ *Entzerrungsgerät* n **-ion** [kə'rekʃən] s *Verbesserung, Berichtigung; Korrektur* f; ⟨mil⟩ ∼ *of the front Frontberichtigung* f ‖ *I speak under* ∼ *dies ist m–e unmaßgebliche Meinung* (*ich weiß, ich kann mich irren*); *subject to* ∼ *ohne Gewähr* ‖ *Züchtigung, Bestrafung* f ‖ *house of* ∼ *Besserungsanstalt* f; *Zuchthaus* n ∼**ional** [kə'rekʃən] a *verbessernd, Besserungs–, Straf–* ∼**ive** [kə'rektiv] **1.** a (∼ly adv) *verbessernd; Besserungs–* (∼*institution –anstalt* f); ⟨chem⟩ *mildernd* **2.** s *Korrekt·iv; Gegenmittel* n (of, to *gegen*) ‖ *Abhilfe* f, *Milderungsmittel* n ∼**ness** [∼nis] s *Richtigkeit; Korrektheit* f ∼**or** [∼ə] s *Verbesserer* m ‖ *Kritiker, Zurechtweiser* m ‖ ⟨typ⟩ *Korr·ektor* m ‖ *Besserungs–, Berichtigungsmittel* n

correctitude [kə'rektitju:d] s (of conduct) *Korrektheit* f

correlate ['kɔrileit] **1.** vi/t ∼ *sich auf–e–a beziehen, in gegenseitigem Verhältnis, in Wechselbeziehung, –wirkung stehen* (to, with *zu*) ‖ vt *in Wechselwirkung bringen* (with) **2.** s *Korrel·at* n (of a th)

correlation [ˌkɔri'leiʃən] s *Wechselbeziehung* f (with); *gegenseitiges Verhältnis* n *–tive* [kə'relətiv] **1.** a (∼ly adv) *in Wechselbeziehung stehend* (with); *von–e–a abhängig* ‖ *entsprechend*

2. s *Korrel·at* n, *Wechselbegriff* m

correspond [ˌkɔris'pɔnd] vi *übereinstimmen* (with *mit*); *entsprechen, passen* (to a th *e–r S*) | *korrespondieren, in Briefwechsel stehen* (with) **~ence** [~ɔns] s *Übereinstimmung* (with; between), *Angemessenheit, Entsprechung* f (to) | ⟨Lit⟩ *Entsprechungen* pl (*z.B. im Symbolismus, Surrealismus, vgl.* Baudelaire, Correspondences; Rimbaud, Voyelles) | *Verbindung* f, to break off all ~ with *alle V. abbrechen mit* | *Korrespondenz* f, *Briefwechsel* m; to be in ~ with *in B. stehen mit*; to carry on, keep up a ~ with *e–n B. unterhalten mit* || *Briefverkehr* m, *Briefe* pl (to have a large ~) | [attr] ~ course *Fernkurs(us)* m || foreign ~ clerk *Fremdsprachen-, Auslandskorrespondent* m, ~ correspondent **~ent** [~ɔnt] **1.** s *Briefschreiber; Korrespondent* m || *Berichterstatter* m (*e–r Zeitung*) || *Geschäftsfreund, Kunde* m || foreign ~ *Auslandskorrespondent* m (*Journalist*), → f. correspondence clerk **2.** a *entsprechend* (to a th *e–r S*); *übereinstimmend* (with *mit*) **~ing** [~iŋ] a (~ly adv) *entsprechend* || *korrespondierend* (~ member)

corridor ['kɔridɔ:] s *Korridor, Flur, Gang* m, *Galerie* f; ~ train ⟨rail⟩ D-Zug (*Durchgangszug*) m || ⟨pol⟩ *Streifen Land durch fremdes Gebiet* (the Polish ∿) || *Rundteil, -gang um e–e Arena* m || ⟨aero⟩ *Flugschneise* f || ⟨geog⟩ *Durchgangstal* n

corrie ['kɔri] s ⟨Scot⟩ *Bergschlucht* f, *-kl Tal, Kar* n

corrigendum [ˌkɔri'dʒendɔm] s L (*Druck-)Berichtigung* f, *-da* [pl] *Druckfehler(verzeichnis* n) m pl

corrigible ['kɔridʒɔbl] a *verbesserlich; lenksam*

corroborant [kɔ'rɔbɔrɔnt] **1.** a *stärkend* || *bekräftigend* **2.** s ⟨med⟩ *Stärkungsmittel* n || ⟨fig⟩ *Bekräftigung* f

corroborate [kɔ'rɔbɔreit] vt *bekräftigen, bestätigen, erhärten* **–ation** [kɔˌrɔbɔ'reiʃɔn] s *Bekräftigung, Erhärtung, Bestätigung* f, in ~ *zur B. (of von)* **–ative** [kɔ'rɔbɔrɔtiv] a (~ly adv) *bekräftigend* **–ator** [kɔ'rɔbɔreitɔ] s *Bestätiger* m **–atory** [kɔ'rɔbɔreitɔri] a (*–rily* adv) *bekräftigend*

corroboree [kɔ'rɔbɔri] s (*Mondschein-)Tanz* m *australischer Eingeborener*

corrode [kɔ'roud] vt/i || *weg–, zerfressen* || *beizen* (with) || ⟨fig⟩ *zerfressen* | vi *sich einfressen* (into in) || *verfallen* **–ding** [~iŋ] ~ agent *od* medium ⟨tech⟩ *Korrosionsbildner* m **corrosion** [kɔ'rouʒɔn] s *Zerfressung* f; (*Geweb-)Zerstörung* f ⟨a fig⟩ || ~-proof, ~-resistant *korrosions-, rostbeständig*

corrosive [kɔ'rousiv] **1.** a (~ly adv) (*zer)fressend* || *ätzend, Ätz–*; ~-sublimate ⟨chem⟩ *Ätzsublimat* m || ⟨fig⟩ *nagend, quälend* **2.** s *Ätzmittel* n **~ness** [~nis] s *ätzende Schärfe* f

corrugate ['kɔrugeit] vt/i || (*Stirn*) *runzeln, runzelig* m; ~d *gewellt, Well–*, ~d *cardboard -pappe* f; ~d iron, ~d sheet *Wellblech* n | vi *sich runzeln, sich furchen* **-ation** [ˌkɔru'geiʃɔn] s *Runzeln; Furchen* n || ~s [pl] *Runzeln* pl

corrupt [kɔ'rʌpt] **1.** a (~ly adv) *verdorben, schlecht* (air); *faul*; ~ in blood ⟨jur⟩ *geächtet, ehrlos* || ⟨fig⟩ (*moralisch*) *verderbt* || *unredlich, schlecht; bestechlich*; ~ *practices* [pl] *Bestechung* f (*bei Wahlen*) || *unecht, -rein; verfälscht* | (of texts) *verderbt* **2.** vt/i || *verderben; verschlechtern; anstecken* || ⟨fig⟩ *verleiten, verführen* || *bestechen, erkaufen* || *verfälschen* | vi *verderben, verfaulen* | **~er, ~or** [~ɔ] s *Verderber; Bestecher* m **~ibility** [kɔˌrʌptɔ'biliti] s *Verderblichkeit* f || *Bestechlichkeit* f || *Mißwirtschaft* f **~ible** [~ɔbl] **1.** a (*-bly* adv) *verderblich; vergänglich* || *bestechlich* **2.** s *das Vergängliche* n **~ion** [kɔ'rʌpʃɔn] s *Fäulnis* f; *Verfall* m || *moral. Verderb-*

nis, Verderbtheit, Verdorbenheit, Entartung f || ~ of blood *der durch* attainder (→ d) *eintretende Ehrverlust* m || (*Text-)Verfälschung* f || (*passive*) *Bestechung* f, → bribery **~ive** [kɔ'rʌptiv] a *verderbend; ansteckend* **~ness** [kɔ'rʌptnis] *Verderbtheit* f

corsac, -ak ['kɔ:sæk] s ⟨zoo⟩ *Steppenfuchs* m

corsage [kɔ:'sa:ʒ] s Fr *Taille* f, *Mieder* n || (*Ansteck-)Sträußchen* n (of orchids)

corsair ['kɔ:sɛɔ] s *Seeräuber, Kors·ar* m || *Seeräuberschiff* n

corse [kɔ:s] s ⟨poet †⟩ = corpse

corset ['kɔ:sit] s Fr *Kors·ett* n **~ed** [~id] a *geschnürt*

Corsican ['kɔ:sikɔn] **1.** a *korsi(kani)sch* **2.** s *Korsikaner, Korse* m

corslet, -selet ['kɔ:slit] s (*leichter) Brustharnisch* m || ⟨ent⟩ *Brustschild* m

cortège [kɔ:'teiʒ] s Fr *Zug* m, *Gefolge* n || *Leichenzug* m

cortex ['kɔ:teks] s L (pl *–ices* [–isi:z]) ⟨bot⟩ *Rinde* f; ⟨anat⟩ *äußerer Teil* m (*bes des Großhirns*) ⟨cerebral⟩ *Großhirnrinde* f

cortical ['kɔ:tikɔl], **corticate** ['kɔ:tikit] a ⟨bot⟩ *rindig, rindenartig*

corundum [kɔ'rʌndɔm] s ⟨minr⟩ *Kor·und* m

coruscate ['kɔrɔskeit] vi *glänzen, funkeln, blitzen* || ⟨fig⟩ *glänzen* **–ation** [ˌkɔrɔs'keiʃɔn] s *Glanz* m, *Funkeln, Blitzen* n; ~ of wit *Geistesblitz* m

corvée ['kɔ:vei] s Fr ⟨feud hist a-engl⟩ *unbezahlte Arbeitsleistung* f, *Frondienst* m ⟨a fig⟩

corvette [kɔ:'vet] s Fr ⟨mar⟩ *Korvette* f (*kl Kriegsschiff, schnelles Geleitboot*)

corvine ['kɔ:vain] a *krähen-, rabenartig, Raben–*

Corybantian [ˌkɔri'bæntiɔn], **–tic** [–tik], **–tine** [–tain] a *koryb·antisch, wild, rasend, toll*

Corydon ['kɔridɔn] s L ⟨Lit⟩ *Name* f *Schäfer; Bauernbursche* m

corymb ['kɔrimb] s ⟨bot⟩ *Doldentraube* f

coryphæus [ˌkɔri'fi:ɔs] s *Chorführer* || ⟨fig⟩ *Koryph·äe* f, *Führer* m

coryza [kɔ'raizɔ] s L ⟨med⟩ *Erkältung* f, *Schnupfen* m

cos [kɔs] s (*a* cos-lettuce) *Art Lattich* m

cos [kɔs] s [abbr] f *cosine*

cosaque [kɔ'za:k] s *Knallbonbon* n

co-scripter ['kou'skriptɔ] s *Mitbearbeiter* m

cosecant ['kou'si:kɔnt] s ⟨math⟩ *K·osek·ante* f

cosh [kɔʃ] ⟨sl⟩ **1.** s *dicker Knüppel* m **2.** vt *mit e–m K. schlagen*

cosh [kɔʃ] s (abbr f *cosinus hyperbolicus*) ⟨math⟩ *hyperbolischer Kosinus* m

cosher ['kɔʃɔ] vt (*a* to ~ up) *verhätscheln*

co-signatory ['kou'signɔtɔri] **1.** a *mitunterzeichnend* **2.** s *Mitunterzeichner* m

cosine ['kousain] s (abbr *cos*), ⟨math⟩ *Kosinus* m

cosiness ['kouzinis] s *Behaglichkeit, Gemütlichkeit* f

cosmetic [kɔz'metik] **1.** a *kosmetisch, verschönernd* || ⟨med⟩ ~ *restoration kosmetische Wiederherstellung* f (*künstl. Nase* etc), *Kosmetik* f **2.** s *Schönheitsmittel* n; [*a* ~s pl] *Kosmetik* f **~ian** [kɔzmɔ'tiʃɔn] s ⟨Am⟩ *Spezialist* m f *Schönheitspflege* f

cosmetology [ˌkɔzmɔ'tɔlɔdʒi] s ⟨Am⟩ *Kosm·etik* f

cosmic(al) ['kɔzmik(ɔl)] a (*–cally* adv) *kosmisch* (*–ic rays*); *Weltall–*; *geordnet* || *großartig, gewaltig*

cosmism ['kɔzmizm] s *Auffassung* v *der selbständigen Entwicklung des Weltalls*

cosmo– ['kɔzmo–] Gr [in comp] *Welt–, Kosmo–* **~gony** [kɔz'mɔgɔni] s *Weltentstehung* f **~graphic(al)** [ˌkɔzmo'græfik(ɔl)] a *kosmographisch, weltbeschreibend* **~graphy** [kɔz'mɔgrɔfi] s *Weltbeschreibung* f **~logy** [kɔz'mɔlədʒi] s *Kosmolog·ie* f **~plastic** [ˌkɔzmo'plæstik] s *welt-bildend, –formend* **~politan** [ˌkɔzmo'pɔlitən] **1.** a (~ly adv) *kosmopolitisch, weltbürgerlich* **2.** s *Kosmopol·it,* *Weltbürger* m **~politanism** [ˌkɔzmo'pɔlitənizm] s *Kosmopolit·ismus* m, *Weltbürgertum* n **~polite** [kɔz'mɔpəlait] s & a = *cosmopolitan* **~political** [ˌkɔzmopə'litikəl] a *kosmopol·itisch* **~rama** [ˌkɔzmo'rɑːmə] s *Bilder der Welt im Guckkasten*

cosmos ['kɔzmɔs] s **1.** *Kosmos* n ‖ *(Welt)Ord-nung* f **2.** ⟨bot⟩ *e–e Kompos·ite* f

co-sponsor ['kou'spɔnsə] **1.** s *Mit-Bürge, –Pate* m, → sponsor ‖ *he is ~ of the resolution er gehört zu den Unterzeichnern der Entschlie-ßung* **2.** vt *gemeinsam eintreten für* ‖ ~ed by France v F. *gemeinsam mit anderen Mächten ein-gebracht (Entwurf etc)*

Cossack ['kɔsæk] s *Kos·ak* m

cosset ['kɔsit] vt *(ver)hätscheln*; to ~ up *auf-päppeln*

cost [kɔst] **I.** vi [cost/cost] [nie pass] **A.** *kosten, z erwerben s f* (it ~s £3) **B.** [mit dat der P] **1.** *kosten, it ~ him 3 shillings es kostete ihn* (or ihm) 3 sh ‖ (jdm) *z stehen k, it ~ him dear(ly) es kam ihm teuer z stehen* **2.** *kosten, bringen um, it ~ him his life es kostete ihn das Leben* **3.** *ein-bringen, verursachen* (it ~ him a sleepless night) **C.** ⟨com⟩ *Preise festsetzen* **II.** s **1.** [nur sg] *C.~ zahlender, gezahlter) Preis m, Kosten pl; ~ of living Lebenshaltungs–, Unterhaltskosten* pl ‖ ⟨fig⟩ *Opfer* n (of time *an Zeit*); *Verlust, Nachteil, Schaden* m ‖ at ~ ⟨bes Am bal⟩ *z Ankaufskursen*; at the lower of ~ ⟨bes Am bal⟩ *z jeweils nie-drigeren Einstandswert* **2.** ~s [pl] ⟨jur⟩ *Ge-bühren,* (Gerichts-)Kosten pl **3. Wendungen:** prime ~ *Gestehungspreis*; apportionable ~s, indirect ~s *Schlüssel–, Gemeinkosten*; ~s of production *Gestehungskosten* pl ‖ at any ~, at all ~s *um jeden Preis* ‖ at a heavy ~ *unter schweren Opfern* (in an) ‖ at the ~ of a th *auf Kosten, z Schaden e–r S* (at the ~ of health) ‖ to my ~ *z m–m Schaden* ‖ ⟨jur⟩ (to dismiss) with ~s *kostenpflichtig (abweisen); die Kosten fallen der verurteilten Partei z Last* ‖ to find one's ~s *repaid auf s–e Kosten k*; ⟨jur⟩ to tax ~ *Kosten festsetzen* **4.** [attr] ~-book ⟨min⟩ *Kalkulations-buch* n ‖ ~-of-living *Teuerungs–, Unterhalts–* (– allowance) ‖ ~-price ⟨com⟩ (Selbst-)Kosten–, *Einkaufspreis* m, *Gestehungskosten* pl **~ing** ['~iŋ] s *Kostenberechnung* f; *Herstellungspreis* m ‖ *Preisfestsetzung* f **~liness** ['~linis] s *Kost-spieligkeit*; *Kostbarkeit* f **~ly** ['~li] a *kostspielig*; *kostbar, teuer*

costal ['kɔstl] a *Rippen–*

costard ['kɔstəd] s *engl. Apfelsorte* f ‖ †°*Birne* f (*Kopf*)

costate ['kɔsteit] a *gerippt*

costean [kɔs'tiːn] vi *nach Erzadern bohren, graben*

coster ['kɔstə] s ⟨fam⟩ = **~monger** ['kɔstə-ˌmʌŋgə] s *Obsthändler(in), Höker(in* f) m

costive ['kɔstiv] a ⟨med⟩ *verstopft* ‖ ⟨fig⟩ *zu-geknöpft*; *sparsam, geizig* **~ness** [~nis] s ⟨med⟩ *Verstopfung* f; ⟨fig⟩ *Sparsamkeit* f, *Geiz* m

costmary ['kɔstmɛəri] s ⟨bot⟩ *Frauenminze* f, *Balsamkraut* n

costume **1.** s ['kɔstjuːm] *Kostüm* n, *Tracht* f ‖ (Damen-)*Kostüm* n ‖ ~ *jewellery Modeschmuck* m **2.** vt [kɔs'tjuːm] *kostümieren* **–mier** [kɔs-'tjuːmiə] s Fr *Kostüm–, Theaterschneider* m

co-survival ['kousə'vaivəl] s ⟨a⟩ *policy of* ~) *Politik* f *des gemeinsamen Überlebens*

cosy ['kouzi] **1.** a (–sily adv) *behaglich, be-quem, traulich, gemütlich warm* **2.** s (a tea ~) (Tee-)*Kannenwärmer* m

cot [kɔt] **1.** s (Schaf-)*Stall* m ‖ ⟨poet⟩ *Hütte, Kate* f **2.** vt (Schafe) *in den Stall bringen*

cot [kɔt] s AInd *leichte Bettstelle* f ‖ ⟨mar⟩ *Hängematte, Koje* f ‖ *Kinderbett* n

cot [kat] s ⟨Am⟩ = apricot

cot [kɔt] s [abbr] = **cotangent** ['kou'tændʒ-ənt] s ⟨math⟩ *K·otangente* f

cote [kout] s (Tier-)*Hütte* f, *Tierstall* m; dove-~ *Taubenschlag* m

co-tenant ['kou'tenənt] s *Mitpächter* m

coterie ['koutəri] s Fr *geschlossene Gesell-schaft* f; *Gesellschaftszirkel* m; *Clique* f, *Klün-gel* m

coterminous [kou'təːminəs] a = conterminous

cothurnus [kou'θəːnəs] s L *Kothurn* m; ⟨fig⟩ *erhabener Stil* m; → sock

cotill [kə'tiljən] s Fr *K·otillon* m (*Figuren-tanz mit Partnerwechsel*)

cotoneaster [kə'touni'æstə] s ⟨bot⟩ *Gattung der Rosazeen* f

cottage ['kɔtidʒ] s (Wohn-)*Hütte*; *Kate* f ‖ *Landhaus* n, *Villa* f ‖ ⟨Am⟩ *Sommerwohnung* f ‖ Swiss ~ *Schweizerhaus* n ‖ ~-piano *Pianino* n ‖ **~r** [~ə] s *Hüttenbewohner* m ‖ kl *Bauer, Häusler* m

cottar, –ter ['kɔtə] s ⟨Scot⟩ (Frei-)*Häusler* m; kl *Bauer, Kotsasse, Kossäte* m **cottier** ['kɔtiə] s *Häusler* m ‖ ⟨Ir⟩ (Pacht-)*Häusler* m ‖ kl *Bauer* m

cotter ['kɔtə] s (Schließ-)*Keil, Pflock*; (Siche-rungs-)*Stift, Splint* m

cotton ['kɔtn] **1.** s *Baumwolle* f ‖ (a ~-plant) *Baumwollstaude* f ‖ *Baumwollgarn* n; –*zwirn* m ‖ *Baumwollzeug* n, *Kattun* m; ~s [pl] *Baumwoll-waren, –sorten* pl ‖ reel of ~ *Baumwollenrolle, –haspel* f **2.** [attr od a] *baumwollen, Baumwoll–* (~ tree) ‖ **~-batting** ⟨Am⟩ *Baumwoll-Lage* (f *Polsterung*) ‖ ~-belt ⟨Am⟩ *Baumwolldistrikt* m (*Südstaaten*) ‖ ~-cake –*kuchen* m (f *Vieh*) ‖ ~-gin *Entkörnungsmaschine* f ‖ ~-grower *Baumwollenpflanzer* m ‖ ~-lord *reicher Baum-wollfabrikant* m ‖ ~-print *gedruckter Kattun* m ‖ ~-reel *Zwirnrolle* f ‖ ~-tail ⟨Am⟩ *Weiß-schwanzkaninchen* n ‖ ~-waste *Putzwolle* f, (*Baumwollenabfall*) ‖ ~-wool *Rohbaumwolle, Watte* f **3.** vi ⟨fig⟩ *übereinstimmen, sympathi-sieren* (with a p) ‖ to ~ to a p jdn *gern h*; .. to a th *sich befreunden mit etw*; to ~ up to *sich an-freunden mit* (a p) **~ocracy** [kɔt'nɔkrəsi] s ⟨fam⟩ *die Magnaten des Baumwollhandels* **~opolis** [kɔt'nɔpəlis] s *Manchester* ‖ **~y** ['kɔtni] a *baum-wollartig*; *wollig, weich*

cotyledon [ˌkɔti'liːdən] s L ⟨bot⟩ *Samen-lappen* m ‖ ~ ⟨bot⟩ *Nabelkraut* n **~ous** [~əs] a *kotyled·onisch*

couch [kautʃ] **I.** s *Ruhe–, Liegesofa* n, –*stuhl* m, *Chaiselongue* f; (Ruhe-)*Bett* n; ⟨poet⟩ *Bett* n ‖ *Lager* n, –*stätte* f ‖ *Lage, Schicht* f (~ of paint) **II.** vt/i **1.** vt a. [nur pass] to be ~ed *liegen* (on auf) **b.** (*Glied*) *niederlegen*; (*Lanze*) *einlegen* ‖ (*Gedanken*) (*ein*)*kleiden, ausdrücken, fassen* (in); *verbergen* ‖ ⟨med⟩ (den *Star*) *stechen* **2.** vi (T) *sich niederlegen, sich lagern* ‖ *kauern, sich ducken* ‖ *versteckt liegen* **~ant** ['~ənt] a ⟨her⟩ (*mit erhobenem Kopf liegend* (a lion ~) **~ette** [kuːˈʃet] s ⟨mot⟩ *Platz* m im (Sport-)*Liegewagen*

couch [kautʃ], **~-grass** ['~grɑːs] s ⟨bot⟩ *Queckengras* n, *Quecke* f

cougar ['kuːgə] s ⟨zoo⟩ *Puma, K·uguar* m

cough [kɔːf, kɔf] **1.** vi/t ‖ *husten* ‖ ⟨mot⟩ *sich verschlucken* ‖ vt [mit adv] to ~ down *nieder-husten, durch Husten z Schweigen bringen* ‖ to ~ out, up *aushusten* ‖ to ~ up ⟨sl⟩ *heraus-rücken mit, vorzeigen*; (*Geld*) *blechen* **2.** s *Husten* m; to give a ~ *husten* ‖ churchyard ~ ⟨fam⟩ °*Kirchhofsjodler* (*schwindsüchtiger Husten*) m ‖ [attr] ~-drop, –*lozenge Hustenbonbon* n ‖ ~-mixture *Hustentropfen* m pl

could [kud] pret v can (I, you, he ~ [*ohne Infinitiv*])

coulee ['ku:li:] s ⟨Am⟩ *trockene Felsschlucht* f
coulisse [ku:'li:s] s Fr ⟨theat⟩ *Kulisse* f
couloir ['ku:lwɑ:] s Fr *Bergschlucht* f
coulomb ['ku:ləm] s (*nach* C. A. de ⤳, † 1806)
⟨el⟩ *Coulomb* n (*Einheit der Elektrizitätsmenge*),
Ampᵉresekunde f
coulter, col– ['koultə] s *Pflugschar* f
coumarin ['ku:mərin] s Fr ⟨chem⟩ *Kumarin*
n

council ['kaunsl] s *Rat* m, *Ratsversammlung* f
|| ⟨ec⟩ *Konzil* n || *beratende Versammlung* f;
Kirchenversammlung f | *Körperschaft* v *Rat-
gebern* f; ⟨hist⟩ *Staatsrat* m, the Privy ⤳
⟨engl⟩ *der geheime Staatsrat* || → cabinet ||
common–⤳ *Gemeinderat* m | County–⤳ *Graf-
schaftsrat* m | ⤳ of State ⟨a-engl⟩ *Staatsrat* m ||
⤳ of War *Kriegsrat* m ⟨a fig⟩ | ⟨com, pol⟩ *Dach-
verband* m, –*organisation* f; *Verband* m, *Zen-
trale* f | [attr] ⤳-board *Ratstisch* m; *Ratsver-
sammlung* f || ⤳-chamber *Ratsstube* f || (county)
⤳ school *Volksschule* f ⤳lor, ⟨Am⟩ ⤳or [⤳ə] s
Ratsmitglied n
counsel ['kaunsəl] **I. s 1.** *Beratung* f || *Rat*,
–*schlag* m || to keep one's (own) ⤳ *etw f sich
behalten, schweigen* || to take ⤳ *sich beraten*
(with) **2.** ⟨jur⟩ *Rechtsbeistand, Anwalt* (⤳ said
der A. sagte); *Sachwalter* m || [koll; pl konstr]
die juristischen Berater pl (*im Prozeß*), the ⤳ are
prepared to do *die Berater wollen tun*; three ⤳
drei B. | King's ⤳ (abbr K. C.) *Anwalt der
Krone* (*höchste Stellung e–s* barrister) || con-
veyancing ⤳ *Fachanwalt* m *f Grundstücks-
angelegenheiten*; tax ⤳ *Fachanwalt f Steuer-
sachen* **II.** vt (*jdm*) *raten, e–n Rat geben* (to do);
empfehlen (a th to a p *jdm etw*) ⤳lor, ⟨Am⟩
–elor [⤳ə] s *Ratgeber*(in f) m || ⟨Ir Am jur⟩
Rechtsbeistand, Barrister m
count [kaunt] **I. s 1.** *Zählen, Rechnen* n;
Rechnung f; to keep ⤳ *genau zählen* (*können*);
to lose ⤳ *die Zahl vergessen h, bis zu der man
gezählt, gerechnet hat*; *sich verzählen*; to take ⤳
of *zählen* m || ⟨box⟩ *Auszählen* (*in 10 Sekunden*);
to take the ⤳ *ausgezählt w* **2.** *Anzahl; Endzahl* f,
Ergebnis n; to have one great ⤳ to one's *credit
ein gr ehrenvolles Verdienst h* (in a th *durch etw*)
3. ⟨jur⟩ *der einzelne Klagegrund,* –*abschnitt* m:
he was found guilty on all ⤳s .. *in allen Punkten* .. **4.** *Berücksichtigung* f; upon the ⤳ of
character was den Charakter anbetrifft; to leave
out of ⤳ *unberücksichtigt l*; to take no ⤳ of
nicht berücksichtigen **5.** (a ⤳-out) ⟨parl⟩ *Vertagung, Aufhebung* f **II.** vt/i A. vt **1.** *zählen, rechnen, berechnen*; (a to ⤳ over) *nachzählen* **2.** *in
Rechnung stellen, mitzählen,* –*rechnen*; ⤳ing *mit-
rechnend,* –*gerechnet* (⤳ the members *die Mitglieder mit*–); without ⤳ing *ohne z zählen, abgesehen v* **3.** halten *f* (to ⤳ life a curse; to be ⤳ed
a gentleman); to ⤳ o.s. happy *sich glücklich
schätzen* **4.** [mit adv] to count down (*Raketen-
abschuß*) *vor-abzählen,* → B. **4.** || to ⤳ in *ein-
rechnen, mitzählen* | to ⤳ out *auszählen*; (*jdn*)
ausnehmen, nicht berücksichtigen; ⤳ me out!
ohne mich' | ⟨parl⟩ *vertagen* || ⟨box⟩ to be ⤳ed
out *ausgezählt w, k. o. verlieren* || to ⤳ up *zus-
zählen* B. vi **1.** *zählen, rechnen*; to ⤳ without
one's host *die Rechnung ohne den Wirt m* **2.** *zählen, ins Gewicht fallen, v Wert s*; that does not ⤳
das ist ohne Belang, Bedeutung; das zählt nicht
3. [mit prep] to ⤳ for (much, little) (*viel, wenig*)
gelten, v (*gr, geringem*) *Belang s* || to ⤳ on *rech-
nen auf, sich verlassen auf* **4.** [mit adv] ⟨mil⟩ ⤳
off! *abzählen!* | ⤳-down (*Raketenabschuß*)*Zeit-
kontrolle* f; [attr] ⤳-down ready, ⤳-down
crew, → A. **4.** || ⤳-out chant *Ab–, Auszählvers* m
count [kaunt] s ⟨a-engl⟩ *Graf* m
countenance ['kauntinəns] **1. s** *Gesicht* n,
Gesichtsbildung f || *Miene* f, *Ausdruck* m | *Ge-
mütsruhe, Fassung* f | ⟨fig⟩ *Gunst, Unterstützung*

f, to give, lend ⤳ to a p *jdm U. angedeihen l* | to
change (one's) ⤳ *die Farbe wechseln* || to keep
one's ⤳ *die Fassung, ernste Miene bewahren* ||
to keep in ⤳ *ermuntern, unterstützen* || to put
out of ⤳ *aus der Fassung bringen, verblüffen*
2. vt (*etw*) *gutheißen, dulden, hingehen l* | (*jdn*)
unterstützen, begünstigen; ermutigen
counter ['kauntə] s **1.** *Zähler, Zählapparat* m
(meter ⤳ *Meter*–) **2.** *Rechen–, Zahlpfennig* m;
Spielmarke f || *Perle, Kugel* f (*e–r Rechen-
maschine*) **3.** (*Kassen-*)*Schalter* m; (*Post-*)*Schal-
ter* m; ⟨st exch⟩ *Schranke* f || *Ladentisch* m,
Zahltisch m || (from) under the ⤳ (*v*) *unter dem
L.* ⟨a fig⟩ (*verkaufen*) | ⤳-jumper *Thekenhupser,
Ladenschwengel* m || ⤳ word *abgedroschenes
Wort* n, *Binsenwahrheit* f
counter ['kauntə] s (of a horse) *Brustgrube* f ||
⟨mar⟩ *Gilling, Gillung* f
counter ['kauntə] s *Hacken–, Fersenleder* n
counter ['kauntə] **1.** adv *in entgegengesetzter
Richtung* (to go, run ⤳) || ⟨fig⟩ *entgegen, zu-
wider*; to act, run ⤳ to a th *e–r S zuwiderlaufen,
–sein, etw durchkreuzen* **2.** a [*mst* attr] *entgegengesetzt, Gegen*– **3.** s ⟨fenc⟩ *Parade* f, *Gegenschlag*
m **4.** vt/i ⟨fig⟩ *entgegenwirken; entgegnen;
widersprechen* | vi ⟨box⟩ *e–n Gegenschlag tun*;
entgegnen
counter– ['kauntə] pref *gegen, entgegen,
Gegen–* || ⤳-agent *entgegenwirkende Kraft* |
⤳-attack *Gegenangriff* m || ⤳-attraction *An-
ziehung* f, *die e–r anderen entgegenwirkt* || ⤳-
battery fire *Bekämpfung* f *der gegnerischen
Artillerie* || ⤳-clockwise *in entgegengesetzter
Richtung der Uhrzeiger, entgegengesetzt dem
Uhrzeigersinn* || ⤳-espionage, ⤳-intelligence
(*Spionage-*)*Abwehr* f, (*Ger mod*) (*Militärischer*)
Abschirmdienst m (*M. A. D.*) || ⤳-evidence
Gegenbeweis m || ⤳-irritant ⟨med⟩ –*reizmittel* n
|| ⤳-irritation ⟨med⟩ –*reizung* f || ⤳-measure
–*maßnahme* f (as a ⤳ *als G.*) || ⤳-motion ⟨parl⟩
–*antrag* m || ⤳-movement –*bewegung* f || ⤳-
offensive –*offensive* f || ⤳-order **1.** s *Gegenbefehl*
m **2.** vt *Befehl geben gegen; aufheben; widerrufen*
|| ⤳-proof *Abklatsch; Gegenabzug* m, *probe* f ||
⤳-reformation (*Kunst* etc *der*) *Gegenreforma-
tion* f || ⤳-revolution *Konterrevolution* f || ⤳-
signature –*zeichnung* f || ⤳-tenor ⟨mus⟩ *erster
Tenor* m || ⤳-trace *Gegenabzug* m
counteract [,kauntə'rækt] vt *entgegenhandeln,*
(*jdm, e–r S*) *entgegenarbeiten*; (*Mine*) *neutrali-
sieren* | *widerstehen* | *vereiteln, hintertreiben*
⤳ion [,kauntə'rækʃən] s *Entgegenwirkung* f;
Widerstand m ⤳ive [⤳iv] **1.** a *entgegenwirkend*
2. s *Gegenmittel* n
counterbalance 1. ['kauntə,bæləns] s *Gegengewicht* n (to *gegen*), *Gleichgewicht* **2.** vt (*e–r S*)
*das Gegengewicht, die Waage halten; aufwiegen,
ausgleichen* –**blast** ['kauntəblɑ:st] s *Gegenstoß*
m; ⟨fig⟩ *kräftige Entgegnung* f –**change** [,kauntə-
'tʃeindʒ] vt *aus–, vertauschen* || *wechselvoll ge-
stalten* –**charge** ['kauntə-tʃɑ:dʒ] **1.** s *Gegenbeschuldigung, Gegenklage* f **2.** vt to a p *Gegenbeschuldigung, anklage erhoben gegen jdn* (with
wegen) –**check** ['kauntətʃek] s *Gegenwirkung* f;
⟨fig⟩ *Hindernis* n; to be a ⤳ to a th *e–r S Einhalt tun, etw hindern* –**claim** ['kauntə-kleim]
1. s *Gegenanspruch* m **2.** vt/i || (*Summe*) als
Gegenforderung beanspruchen | vi to ⤳ for a th
etw als G. verlangen –**feit** ['kauntəfit] **1.** a *nach-
gemacht, unecht, falsch* || ⟨fig⟩ *verstellt, erheu-
chelt* **2.** s *das Nachgemachte, Ge–, Verfälschte* n
|| *falsches Geld* n | *unerlaubter Nachdruck* m ||
Schwindler m **3.** vt *nachahmen, nachmachen* ||
fälschen; nachdrucken | *vorgeben, heucheln*
–**feiter** [⤳fitə] s *Nachmacher* m | (*Geld-*)*Fäl-
scher* m | *Heuchler, Betrüger* m –**foil** ['kauntə-
fɔil] s *Kontrollabschnitt,* –*zettel* m; (*Empfangs-*)
Quittung f || *Abschnitt, Appoint; Kupon; Talon* m

-fort ['kauntəfə:t] s ⟨arch⟩ *Strebepfeiler* m –mand [ˌkauntə'mɑ:nd] **1.** vt *abbestellen, absagen; widerrufen, (Befehl) umstoßen* **2.** ['kauntəmɑ:nd] s *Gegenbefehl* m, *Widerrufung* f; ⟨jur⟩ *Annulierung* f –**march** ['kauntəˌmɑ:tʃ] **1.** s ⟨mil⟩ *Rückmarsch* m ‖ *Gegenstufe* f (*e–r Treppe*) **2.** vi *e–n Rückmarsch* m –**mark** ['kauntəmɑ:k] s *Gegenzeichnen* n –**mine** ['kauntəmain] **1.** s ⟨mil⟩ *Gegenmine* f ‖ ⟨fig⟩ *Gegenanschlag* m **2.** vt *gegen–, unterminieren* ‖ ⟨fig⟩ (*etw*) *durch Gegenanschlag vereiteln* –**pane** ['kauntəpein] s *Bett–, Steppdecke* f –**part** ['kauntəpɑ:t] s (*S & P*) *Gegenstück, Seitenstück* n (*to zu*) ‖ *Duplikat* n, *Kopie* f ‖ ∼ *funds* [pl] *Gegenwertmittel* n pl –**plot** ['kauntəplɔt] **1.** s *Gegenanschlag, –plan* m **2.** vi/t ‖ *e–n G. m* ‖ vt *entgegenarbeiten* –**point** ['kauntəpɔint] s ⟨mus⟩ *Kontrapunkt* m ‖ *Begleitmelodie* f –**poise** ['kauntəpɔiz] **1.** s *Gegengewicht* (*to gegen, zu*); *ausgleichende Kraft* f; *Gleichgewicht* n **2.** vt *als Gegengewicht wirken z; im Gleichgewicht halten* ‖ *entgegenwirken; aufwiegen* –**scarp** ['kauntə-skɑ:p] s ⟨fort⟩ *äußere Grabenböschung* f –**shaft** ['kauntəʃɑ:ft] s ⟨tech⟩ *Vorgelege(welle* f) n –**sign** ['kauntəsain] **1.** s ⟨mil⟩ *Parole* f, *Losung(swort* n) f ‖ *Erkennungszeichen* n **2.** vt *gegen–, mitunterzeichnen; bestätigen* –**sink** [ˌkauntə'siŋk] **1.** vt [–sunk/–sunk] ⟨tech⟩ (*Loch*) (*aus*)*fräsen;* (*Bolzen*) *versenken; einlassen* **2.** ['kauntəˌsiŋk] s *Senkschraube* f ‖ ⟨carp⟩ *Krauskopf* m (*Bohrer*) –**stroke** ['kauntəstrouk] s *Gegenstoß, Rückschlag* m –**vail** ['kauntəveil] vt/i ‖ *aufwiegen; ausgleichen* ‖ vi *stark genug sein, ausreichen* (*against gegen*) ‖ ∼ing *Ausgleichs–;* ∼ing *duty Ausgleichszoll* m –**weigh** ['kauntəwei] vt = *to counterbalance* ‖ –**weight** ['kauntəweit] s *Gegengewicht* (*to gegen*) –**work** ['kauntəwə:k] **1.** s *Gegenoperation* f ‖ ⟨fort⟩ *Abwehrbefestigung* **2.** vt/i ‖ (*jdm*) *entgegenarbeiten;* (*etw*) *vereiteln* ‖ vi *sich entgegenarbeiten*

countess ['kauntis] s (*Gemahlin e–s earl*) *Gräfin* f (*Anschrift*: The Right Hon. The Countess of N.; *Anrede*: My Lady) ‖ (*Gemahlin or Tochter e–s count*) *Gräfin* f ‖ *die Gräfin durch Geburt* (*aus eigenem Recht*)

counting ['kauntiŋ] s *Zählen, Rechnen* n | [attr] *Rechen–* ‖ ∼*-house* ⟨com⟩ *Kontor, Büro* n, *Buchhalterei* f

countless ['kauntlis] a *zahllos, unzählig*

countrified, –try– ['kʌntrifaid] a *bäurisch, ungeschliffen; ländlich*

country ['kʌntri] **1.** s *Gegend* f, *Landstrich* m | ⟨fig⟩ *Gebiet* n (*a new* ∼ *to me*) **2.** *politisches Gebiet* (*e–s Volkes*), *Land* n; ⟨Am⟩ *God's* (*own*) ∼ *die Vereinigten Staaten* pl; (*a native* ∼) *Heimat* f, *Vaterland* ‖ *das Volk* n *des Landes, Nation* f **3.** *Land* n (*Ggs z town, bes z London*) **4. Wendungen:** *one's* (*native*) ∼, *mother* ∼ *jds Vaterland, Geburtsland* n ‖ *from all over the* ∼ *aus allen Teilen des Landes* ‖ *in the* ∼ *auf dem Lande* ‖ *to go* (down) *into the* ∼ (*v London*) *aufs Land gehen* ‖ *to go, appeal to the* ∼ ⟨parl⟩ *an das Volk appellieren, das Parlament auflösen, die Entscheidung des Volks einholen* (*on über*) ‖ ∼ *of destination Bestimmungsland* n ‖ ∼ *of origin Heimatstaat* m, *Ursprungsland* n **5.** [comp & attr] *ländlich; Land–* ‖ ∼*-bred auf dem Lande erzogen* ‖ ∼ *cousin* ⟨hum⟩ *der Vetter, die Unschuld vom Lande* ‖ ∼*-dance Bauerntanz, jede Art volkstümlichen Tanzes* m ‖ ∼*-gentleman Landedelmann* m ‖ ∼*-house Landhaus* n, *Villa* f ‖ ∼*-life Landleben* n ‖ ∼ *party* ⟨pol⟩ *Landbund* m, *Agrarier* pl ‖ ∼*-seat Landsitz* m ‖ ∼*-wide über das ganze Land hin ausgedehnt*

countryman ['kʌntrimən] s *Landmann, Bauer* m ‖ *Landsmann, Einwohner* m –**side** ['kʌntri-'said] s *Gebiet e–s Landes, Landstrich* m, *Gegend* f; *Landschaft* f ‖ *plattes Land* ‖ *Landbevölke-*

rung f –**woman** ['kʌntriˌwumən] s *Bauersfrau, Bäuerin* f ‖ *Landsmännin* f

county ['kaunti] s *Grafschaft* f (*the* ∼ *of Durham od* ⤳ *Durham od Durham* ⤳) ‖ *Kreis* m ‖ ∼ *corporate Stadt als Grafschaftsbezirk;* ∼ *borough desgl.* (*über 50 000 E.*) | [attr] *Grafschafts–, Kreis–* ‖ ∼ *college* (*Pflicht-)Fortbildungsschule* f ‖ ∼ *council* ‖ ∼*-court Amtsgericht* n ‖ ∼ *family Adelsfamilie* f *in e–r Grafschaft* ‖ ∼*-farm* ⟨Am⟩ *Armenhaus* n ‖ ∼ *school* (*öffentliche) höhere Schule* f (*in Kreisstadt*) ‖ ∼*-town Hauptstadt e–r Grafschaft; Kreisstadt* f

coup [ku:] s Fr *Coup, Streich; bemerkenswerter, erfolgreicher Schlag or Zug* m; ∼ *d'état Staatsstreich* m; ∼ *de main Handstreich* m

coupé ['ku:pei] s Fr *Coupé* n (*Wagen*) ‖ ⟨rail⟩ *Halbabteil* n ‖ ⟨mot⟩ *geschlossener Zweisitzer* m; *zweitürige Limousine* f *mit Kofferraum*

coupla ['kʌplə] ⟨Am vulg fam⟩ = couple of; → -a

couple ['kʌpl] **1.** s *Koppel, Kette* f, *Riemen* f *2 Jagdhunde* m (*to go, hunt in* ∼s) | [pl *oft* ∼] *Paar Hunde* n (*five* ∼) ‖ ⟨übtr⟩ *Paar* n, a ∼ *of ein paar* (a ∼ *of hours*); ⟨Am fam *a*⟩ a ∼ *miles* | [pl konstr] *Ehe–, Liebes–, Tanzpaar* **2.** vt/i **A.** vt *koppeln, kuppeln, verbinden* (with) ‖ ⟨rail⟩ *zus–koppeln* | *verbinden, paaren; ehelich verbinden* ‖ *in Gedanken ver–; zus–bringen, –stellen* (with) ‖ ⟨wir⟩ *kuppeln* ‖ ∼d ⟨arch⟩ *gekoppelt* (*Säulen*) **B.** vi *sich paaren*

coupler [∼ə] s *jd, der or etw, das verbindet* ‖ ⟨mus⟩ (*Orgel-)Kopplung, Koppel* f

couplet ['kʌplit] s (*mst reimendes*) *Verspaar* n (*oft am Ende e–r Szene in* blank verse), → heroic ∼

coupling ['kʌpliŋ] s *Verbindung* f ‖ *Paarung* f ‖ ⟨tech⟩ *Kuppelung* f | [attr] *Kuppel–* (∼*-rod –stange* f; ∼*-screw –schraube* f) ‖ *Kuppelungs–* (∼*-box –hülse, –muffe* f; ∼*-chain –kette* f, ∼*-chains* [pl] *Kettenkuppelung* f); ∼ *gear Kupplungs–, Anhängevorrichtung* f ‖ ⟨wir⟩ *Kopplungs–;* ∼*-coil –spule* f

coupon ['ku:pɔn] s Fr (*Papier–* etc) *Abschnitt* m; *Billett* n ‖ *Kassenzettel, Bòn; Gutschein, Scheck* m ‖ *Abschnitt* (*am Dividendenbogen*), *Coupon* m; *Abschnitt* (*der Lebensmittel–, Kleider–* etc *Karte*); *to surrender od spend* ∼s *Marken abgeben;* ∼ *goods* [pl] *markenpflichtige Ware* f ‖ ⟨ftb⟩ *Tippschein* m

courage ['kʌridʒ] s *Mut* m; *Kühnheit* f (*to have the* ∼ *to do*) | Dutch ∼ *angetrunkener Mut* m ‖ *the* ∼ *of one's convictions Zivilcour·age* f | *to cool, damp a p's* ∼ *jds M. abkühlen, dämpfen* ‖ *to lose* ∼ *den M. verlieren* ‖ *to pluck up, to take* ∼ *M. fassen* ‖ *to screw up, summon up all one's* ∼, *take one's* ∼ *in both hands sein Herz in beide Hände nehmen, sich aufraffen, s–n M. zus–nehmen* ∼**ous** [kə'reidʒəs] a (∼ly adv) *mutig, beherzt*

courier ['kuriə] s Fr *Kurier, Eilbote* m ‖ *Reisemarschall* m ‖ *Kurier* m (*Zeitung*)

course [kə:s] **I.** s **1.** *Gang* m, *Fahrt, Reise* f ‖ *Weg* m ⟨mar aero⟩ *Kurs* m; *Richtung* f; *to change* ∼ *through 180 degrees vollkommen umschlagen, sich um 180° wenden* ⟨fig⟩ ‖ *Lauf* m, *Rennen* n; → *to stay* ∼ **2.** (*a race–*∼) *Lauf–, Rennbahn* f; *outside* ∼ *Außenbahn* f; *Rennplatz* m; *golf–* ∼ *Golfplatz* m ‖ *Hasenhetze* f **3.** ⟨com⟩ (*Geld–* etc) *Kurs* m; *Notierung* f **4.** *natürlicher Lauf, Verlauf; Fortschritt* m | *Karriere, Lebens–, Laufbahn* f **5.** *Verfahren* n, *Art u Weise* f ‖ *Gewohnheit, Handlungsweise* f (*evil* ∼s) **6.** *zus–hängende Reihe* f (*a* ∼ *of lectures*); *Kursus, Lehrgang* m ‖ *regelmäßiger Wechsel, Turnus* m; (*a* ∼ *of treatment*) ⟨med⟩ *Kur* f (*to take a* ∼ *e–e K. m*) **7.** ⟨cul⟩ *Gang* m, *Gericht* n ‖ ⟨arch⟩ *Lage, Schicht* f **8.** ⟨mar⟩ (*unteres*) *Segel, Großsegel* n (*a main course*) **9.** ∼s [pl] ⟨med⟩ *Periode, Menstruation* f

10. Wendungen: ~ of action *Handlungsweise,*
Maßnahme(n pl) f ‖ ~ of exchange *Wechselkurs*
m ‖ ~ of law *Rechtsgang* m ‖ ~ of nature
natürlicher Verlauf der Dinge **| by** ~ of *entspre-*
chend, gemäß ‖ **in** due course *z gehöriger Zeit,*
z s–r Zeit ‖ in the ~ of (a lecture) *im Verlauf*
(e–s Vortrags) ‖ in ~ of construction *im Bau*
begriffen; in ~ of post *postwendend*; in ~ of
time *im Laufe der Zeit; (aber:)* in the ~ of
2 weeks *im L. zweier Wochen* ‖ **of** ~ (⟨fam⟩ ~)
natürlich, selbstverständlich; matter of ~ *selbst-*
verständliche S f **|** to **adopt** a ~ *e–n Weg ein-*
schlagen ‖ to take one's ~ *s–n Weg verfolgen* or
gehen (let the world take its ~) ‖ ⟨aero⟩ ~ and
distance calculator *Kursrechengerät* n; ~ and
speed calculator *od* computer (abbr CSC) *Drei-*
ecksrechner m **|** ~ deviation *Kursabweichung* f ‖
~ recorder *Fahrtschreiber* m **II. vt/i** ‖ *(Wild, bes*
Hasen) mit Hunden jagen, treiben, hetzen ‖
⟨übtr⟩ *verfolgen, jagen* ‖ *rennen, jagen über* or
durch **|** vi *jagen, rennen* (through)

  courser [ˈkɔːsə] s *Rennpferd* n ‖ ⟨orn⟩ (cream-
coloured) ~ *Rennvogel* m

  coursing [ˈkɔːsiŋ] s ⟨sport⟩ *Hetze, Hetzjagd* f

  court [kɔːt] **I. s 1.** *Hof; Vorhof* (a ⟨ec arch⟩
„Paradies" n *e–r Kirche)* ‖ *(kl) Platz* m ‖ *Spiel-*
platz m (tennis–~) **2.** *(fürstlicher) Hof* or *Haus-*
halt m; *fürstl. Familie* f ‖ [koll; pl konstr]
Höflinge pl ‖ *(königliche) Regierung* f (the ~ of
St. James's *die Großbritannische R.)* **3.** *Hofstaat*
m (to keep ~); *Hof* m, *Cour* f (to hold a ~ *e–e*
Cour abhalten) ‖ *offizieller Empfang bei Hofe*
(to be presented at ~ *bei H. vorgestellt w)*
4. ⟨jur parl⟩ *Versammlung* f (the High ~ of
Parliament); General ~ ⟨Am⟩ *gesetzgebende*
Versammlung f **|** *Gerichtshof* m, *Gericht* n; *indu-*
strial ~ *Arbeitsgericht*; provost ~ *Feldgericht*;
~ below *Vorderinstanz* f; ~ of arbitration
Schiedsgericht; ~ of Chancery *Kanzleigericht* n;
~ of hono(u)r *Ehrengericht*; ~ of inquiry
Untersuchungsg.; ~ of judicature, ~ of justice,
~ of law, law–~ *Gerichtshof* m, *Gericht* n;
~ of record *ordentliches Gericht*; the High ~ of
Justice *oberster Gerichtshof f England u* Wales *in*
London; the ~ of Appeal *Berufungsinstanz* f
diesen; the ~ of Session *oberster Zivilgerichts-*
hof m *(in Schottland)* **5.** ⟨fig⟩ *Hof* m, *Aufwar-*
tung f; to pay one's ~ to a p *jdm den H., s–e A.*
m **6. Wendungen:** at ~ *bei Hofe* ‖ in ~ *im, vor*
Gericht (to appear in ~); *in der Sitzung*; in open
~ *öffentlich vor Gericht, in öffentlicher Verhand-*
lung ‖ to bring into ~ *vor Gericht bringen; ver-*
klagen ‖ to go into ~ *klagen* ‖ to put into ~
vor Gericht stellen ‖ out of ~ *nicht z S gehörig;*
außergerichtlich; indiskutabel **|** to come to ~ *(of*
actions) *vor Gericht k, verhandelt w* **7.** [attr]
Hof– ‖ ~–baron ⟨hist⟩ *Gutsgericht* n ‖ ~–card
Spielkarte f *mit Bild* ‖ ~–chaplain *Hofprediger* m
‖ ~ circular *Hofnachrichten* f pl ‖ ~–day *Ge-*
richtstag m ‖ ~–dress *Hoftracht* f, *Hofkleid* n ‖
~ fees *Gerichtsgebühren* f pl ‖ ~–hand *gotische*
Kanzleischrift f ‖ ~–house *Gerichts–*, ⟨Am
a⟩ *Amtsgebäude* n ‖ ~–martial ⟨mil⟩ **l.** s
[pl ~s–m.] *Kriegsgericht* n; ⟨school sl⟩ *Prel-*
len n **2.** vt *vor ein K. stellen* ⟨school sl⟩ *(mit*
e–r Decke) prellen ‖ ~–plaster *Englisches*
Pflaster n ‖ ~ roll *Gerichtsakten* f pl **II. vt**
(jdm) huldigen, den Hof m ‖ *werben um, freien*
um (jdn) **|** *buhlen um (etw)* **|** *auffordern, ver-*
leiten (to do) **|** ⟨fig⟩ *sich bemühen um; suchen*
(to ~ sleep); *(Unglück) herausfordern*

  courteous [ˈkɔːtiəs] a (~ly adv) *höflich, ver-*
bindlich, liebenswürdig ‖ ~ driver *Verkehrs-*
kavalier m; ~ driving *rücksichtsvolles Fahren* n
~**ness** [~nis] s *Höflichkeit, Artigkeit* f

  courtesan, –**zan** [ˌkɔːtiˈzæn] s *Buhlerin, Dirne* f

  courtesy [ˈkɔːtisi] s *Höflichkeit, Artigkeit, Ver-*
bindlichkeit f ‖ *Gefälligkeit, Gunstbezeigung* f

| by ~ *aus Höflichkeit, Artigkeit, mit Erlaubnis*
(gedruckt etc) ‖ road ~ *Höflichkeit* f *im Ver-*
kehr; ~ on the road *Verkehrsdisziplin* f;
~ light *Innenlampe* f; ~–title *aus Höflichkeit*
beigelegter (nicht rechtlicher) Titel m

  courtier [ˈkɔːtjə] s *Höfling* m **courtly** [ˈkɔːtli]
a *höflich* ‖ *höfisch* **courtship** [ˈkɔːt-ʃip] s *Hof-*
machen, Freien n; *Werbung* f ‖ ⟨orn⟩ *Balz* f

  courtyard [ˈkɔːtˈjɑːd] s *Hof, –raum* m (in the
~ *auf dem H.)* ‖ principle ~ ⟨arch⟩ *Ehrenhof* m

  cousin [ˈkʌzn] s *Vetter, Cousin* m; *Base,*
Cousine f ‖ (of sovereigns) *Vetter* **|** first ~s *leib-*
liche Vettern, Geschwisterkinder n pl ‖ second
~s *Kinder der Geschwisterkinder* (sc *der* first
~s), *Vettern zweiten Grades* ‖ *my* first ~ *once*
removed *Kind m–s leiblichen Vetters; leiblicher*
V. m–r Eltern ‖ ~ Jacky *Spitzname* f *Bewohner*
v Cornwall ‖ to call ~s *sich auf Verwandtschaft*
berufen (with) ~**hood** [~hud] s *Vetterschaft*
~**ship** [~ʃip] s = ~hood; ⟨fig⟩ *Verwandtschaft*
f ~**ly** [ˈkʌznli] a *vetterlich*

  couvade [kuːˈvɑːd] s Fr *Männerkindbett* n

  cove [kouv] **1.** s *Bucht, kl Bai* f **|** *sicherer Ort*
m, *Schlupfwinkel* m **|** ⟨arch⟩ *Wölbung* f **2.** vt
⟨arch⟩ *überwölben*

  coving [ˈkouviŋ] s *Wölbung* f; *gewölbtes Dach*
n ‖ *Seitenwand* f *(e–s Kamins)*

  cove [kouv] s ⟨sl⟩ *Bursche* m

  coven [ˈkʌvən] s *Hexenversammlung* f

  covenant [ˈkʌvinənt] **1.** s *Vertrag* m; breach of
~ *–sbruch* m ‖ ⟨jur⟩ *durch Siegel ratifizierter*
Formalkontrakt (~ of the League of Nations
[1919]) ‖ (of a deed) *Vertragsklausel* f ‖ ~ in
restraint of trade *Konkurrenzklausel* ‖ restrictive
~ *dinglich gesicherter Vorbehalt* m ‖ ~ running with the land *ein Realservitut begründende*
Verpflichtung f **|** *Bündnis* n; ⟨bib⟩ *Bund* (Old and
New ~); ark of the ~–*eslade* f; *Versprechung* f
(land of the ~) **|** ⟨ec Scot⟩ *Bund* (The Solemn
League and ~ [1643 *zwischen Engländern u*
Schotten z Erhaltung des Presbyterianismus])
2. vi/t ‖ *übereinkommen* (with a p), *sich ver-*
pflichten, gegenseitig geloben (to do; that) **|** vt
vereinbaren; gewähren **|** ~**ed** [~id] a *durch Ver-*
trag verpflichtet or *gesichert* **|** ~**ee** [ˌkʌvənənˈtiː] s
durch Vertrag berechtigte P **|** ~**er** [~ə] s *Ver-*
tragskontrahent m **|** ~ ~ ⟨ec Scot⟩ *Anhänger des*
Covenant v 1643

  Covent Garden [ˈkʌvənt ˈgaːdn] s *Markthalle*
f *in London*

  Coventry [ˈkʌvəntri] s *(Stadt in Warwickshire)*
to send a p to ~ *jdn schneiden, vom Verkehr aus-*
schließen, den V. mit jdm abbrechen **coventrate**
[treit], –**trize** [–traiz] vt ⟨aero⟩ *koventrˑieren*

  cover [ˈkʌvə] **I. vt 1.** *decken, bedecken* (with
mit); to ~ one's head *sich bedecken;* be ~ed,
sir *bitte bedecken Sie sich;* to ~ o.s. *sich be-*
decken (with) ‖ to be ~ed *bedeckt, voll s* (with);
⟨fig⟩ *wimmeln* (with *v)* ‖ *bestreuen* (with) **|** *über-*
z'iehen, einschlagen, –hüllen (in) **|** *(Tier) decken,*
bespringen **2.** *verdecken,* to ~ one's tracks *die*
Spuren v.; ⟨a übtr⟩ *verhüllen* **|** ⟨fig⟩ *verhehlen* **|**
schützen (from vor, gegen); versichern ‖ ⟨a mil⟩
*decken; ⟨*tact⟩ *(mit Feuer) schützen, decken, ab-*
*schirmen; sichern; ⟨*mil⟩ *mit Feuer belegen, be-*
streichen ‖ *(Radar) erfassen* **|** to ~ a p *genau*
hinter jdm stehen, jdn als Vordermann nehmen;
to be ~ed *auf Vordermann stehen* ‖ ~! *Dek-*
kung! **|** ⟨mil⟩ to ~ a p *auf jdn zielen* (with one's
pistol *mit der Pistole)* **3.** ⟨com⟩ *decken, aus-*
gleichen; bestreiten (to ~ expenses); ⟨banking⟩
einschließen (all deposits); *[a* abs] f *Deckung*
sorgen, sich eindecken **4.** *genügen* f; *umfassen,*
einschließen, enthalten **|** ⟨übtr⟩ *sich ausdehnen* or
erstrecken über, umfassen, behandeln; the book
~s old ground *das Buch behandelt ein altes Ge-*
biet ‖ *(Quelle) heranziehen* ‖ ⟨Am⟩ *berichten*
über; (Angelegenheit, Ereignis) verfolgen, be-

obachten | (*Distanz*) *zurücklegen* (they ~ed
3 miles) **5.** [*mit adv*] to ~ *in* (*Haus* etc) *decken,
bedachen* || ~ *off!* ⟨*mil*⟩ *Vordermann!* || to ~
over *überd'ecken* || to ~ *up zu–, verdecken*;
⟨fig⟩ *bemänteln* **II. s 1.** *Decke* f || (of a vessel)
Deckel m | (*Bett-*)*Bezug, Überzug* m; *Möbel-
überzug* m || *Hülle* f; *Futter'al* n || (*Brief-*)*Um-
schlag* m, *Kuv'ert* n (under separate ~ *mit ge-
trennter Post, gesondert, besonders verpackt*);
(*Buch-*)*Deckel, Einband* m; *from* ~ *to* ~ *v
A bis Z* (*v Anfang bis z Ende*) || (of a tire) *Mantel*
m **2.** *Kuvert, Gedeck* n **3.** *Deckung* f, *Schutz* m
(*from gegen*) ⟨*a* mil & aero⟩ → *concealment*;
~! *Deckung!*; ~ *from air attack od observation
Fliegerdeckung* f || *Obdach, Lager* n (*v Tieren*);
Dickicht n | *Deckmantel* m **4.** (*Geld-*)*Deckung,
Sicherheit* f **5. Wendungen:** *under* ~ ⟨*mil*⟩ *gedeckt, unter Deckung*; (of letters) *eingeschlagen*;
beiliegend || *under* (*the*) ~ *of* a *tin unter dem
Schutze*; ⟨fig⟩ *unter dem Vorwand e–r S* | (of
game) *to break* ~ *aus dem Lager hervorbrechen,
ins Freie gehen* || *to lay two* ~s *zwei Gedecke
auflegen* || *to take* ~ ⟨*mil*⟩ *Deckung suchen*
6. [attr] ~-belt ⟨*tact*⟩ *Sicherungsgürtel* m;
~(-)fire *Deckungsfeuer* n, ⟨*tact*⟩ *Feuerschutz* m
|| ~(-)girl *Titelblatt-Schönheit* f (*P*) || ~ *letter
An–, Begleitschreiben* n || ~ *name Deckname* ||
~-point ⟨*crick*⟩ *Deckfänger* m || ~ *sheet Ab-
deckblech* n; *Deckblatt* n (*z e–r Vorschrift*) || ~-
up *Vertuschung* f ~age [~ridʒ] s *Bildbericht-
erstattung* f || ⟨*ad*⟩ *Wirkungsbereich* m ⟨*ins*⟩
Risikodeckung f || ⟨*stat*⟩ *complete* ~ *vollständige
Erhebung* f | ~ed [~d] a *gedeckt* (~ *way*);
~ *wagon Planwagen* m; ~ *wire umsponnener
Draht* m ~er [~rə] s ⟨*mil*⟩ *Hintermann* m
~ing [~riŋ] **1.** s *Bedeckung, Bekleidung, Klei-
dung* f || ⟨*aero*⟩ *Beplankung* f || ⟨fig⟩ *Deckmantel*
m | [attr] ⟨*mil*⟩ *Deckungs–* (~ *party –mann-
schaft* f) **2.** a *Deck–* || ~ *letter Begleitbrief* m
coverlet [ˈkʌvəlit] s *Bettdecke* f
covert [ˈkʌvət] a (~ly adv) * *geschützt, ge-
deckt* || *heimlich, verborgen, –steckt* (threat) ||
⟨*jur*⟩ *verheiratet*; ~ *feme*
covert [ˈkʌvə; –vət] s *Obdach* n, *Schutz* m;
Zufluchtsort m || *Dickung* f, *Dickicht* n; *Lager*
(*v Tieren*) n; *Brut* f *des Wasserhuhns*, ~ *coot*; to
break ~ = to break cover | ~s [pl] *Deckfedern*
f pl | ~-coat [ˈkʌvətˈkout] *kurzer Sommermantel*
m
coverture [ˈkʌvətjuə] s *Decke, Deckung* f,
Schutz m || ⟨*jur*⟩ *Stand* m *der Ehefrau*; *during* ~
während des Bestehens der Ehe
covet [ˈkʌvit] vt *begehren, sich gelüsten l nach,
trachten nach* ~able [~əbl] a *begehrenswert*
~ous [~əs] a (~ly adv) *begierig* (of *nach*) ||
geizig, habsüchtig ~ousness [~əsnis] s *Begierde*
f, *heftiges Verlangen* n | *Geiz* m, *Habsucht* f
covey [ˈkʌvi] s *Brut* f (*bes Reb–, Schnee–,
Moorhuhn*); *Volk* n (*junger Rebhühner*) ⟨fig⟩
Schar, Gesellschaft f
covin [ˈkʌvin] s ⟨*jur*⟩ *arglistige Täuschung* f,
geheimes Einverständnis n, *Betrug* m, *Kollusion* f
cow [kau] s *Kuh* f (*a weibl. Büffel, Kamel, Wal*)
⟨*a* fig⟩; *holy* ~! *heiliger Strohsack!* || *Weibchen*
n, *Mutter* f (*v Elefant, Rhinozeros, Walfisch* etc)
| [attr] *Kuh–*; *weiblich*; ⟨*Am a*⟩ *Hinterland–,
West–* || ~-bane ⟨*bot*⟩ *Wasserschierling* m ||
~-boy *Kuhjunge*; ⟨*Am*⟩ *Rinderhirt* m || ~-
brawl *Kuhreigen* m || ~-catcher ⟨rail *Am*⟩
Bahn–, Schienenräumer m (*e–e Vorrichtung*) ||
~-dung *Kuhdünger, –mist* m || ~-grass ⟨*bot*⟩
Art wilder Klee m || ~-hand ⟨*Am* agr⟩ *Schwei-
zer* m || ~-herd *Kuhhirt* m || ~-hide **1.** s *Kuh-
haut* f; *Ochsenziemer* m **2.** vt *mit dem O. schlagen*
|| ~-house *Kuhstall* m || ~-parsley ⟨*bot*⟩
Wiesenkerbel m || ~-parsnip ⟨*bot*⟩ *Bärenklau* f
|| ~-puncher ⟨*Am*⟩ = *cow-boy* || ~-pox *Kuh-
pocken* pl || ~-shed *Kuhstall* m || ~-shot ⟨sl

crick⟩ *heftiger Stoß in geduckter Stellung*
cow [kau] vt *einschüchtern, entmutigen* || to ~
(a p) into *durch Einschüchterung bewegen z*
cow(h)age [ˈkauidʒ] s ⟨*bot*⟩ *Kratz–, Juck-
bohne* f
coward [ˈkauəd] **1.** s *Feigling* m, *Memme* f
2. a *feige* ~ice [~is], ~liness [~linis] s *Feig-
heit* f ~ly [~li] **1.** a *feige, zaghaft* || *gemein* (lie)
2. adv *feige*
cower [ˈkauə] vi *kauern*; *sich ducken*; *nieder-
hocken* || ⟨fig⟩ *sich verkriechen*
cowl [kaul] s *Kapuze, Mönchskappe* f ||
Kaninmantel m, *Rauchfang(haube* f) m; (*beweg-
liche*) *Schornsteinkappe* || ⟨aero mot⟩ *Hauben-
verkleidung* f ~-light ⟨*Am* mot⟩ *Seitenlicht* n
~ing [ˈ~iŋ] s ⟨aero mot⟩ *Haube* f
cowlike [ˈkaulaik] a (*übtr*) *Kuh–* (~ *eyes
–augen*)
cowman [ˈkaumən] s *Kuhknecht, Schweizer* m
|| ⟨*Am*⟩ *Herdenbesitzer* m
cowrie, **–ry** [ˈkauri] s *Kauri* m (*Porzellan-
schnecke*) || *Muschelgeld* n
cowslip [ˈkaus-lip] s ⟨*bot*⟩ *Primel, Schlüssel-
blume* f || ⟨*Am*⟩ *Sumpfdotterblume* f
cox [kɔks] **1.** s (abbr f *coxswain*) *Rennboot-
führer* m **2.** vt *als R. steuern*
coxa [ˈkɔksə] s L *Hüfte* f ~l [~l] a *Hüft–*
coxcomb [ˈkɔkskoum] s *Stutzer, Geck* m
~ical [ˌkɔksˈkoumikəl] a (~ly adv) *albern,
geckenhaft* ~ry [ˈkɔkskoumri] s *Albernheit,
Geckenhaftigkeit*; *Affektiertheit* f
coxswain [ˈkɔkswein, ˈkɔksn] (abbr cox) s
⟨*mar*⟩ *Bootführer, –steuermann*; *Rennboot-
führer* m ~ed [~d] a: ~ *four Vierer* (*Boot*) *mit
Steuermann* m ~less [~lis] a: ~ *four Vierer
ohne Steuermann*
coxy [ˈkɔksi] a → *cocky*
coy [kɔi] a (~ly adv) *bescheiden, spröde* ||
scheu, blöde || *zurückhaltend*, ~ *of speech wort-
karg* || (of place) *abgeschlossen* ~ness [ˈ~nis] s
Sprödigkeit, Scheu f
coyote [ˈkɔiout, ⟨*Am*⟩ kaiˈouti] s ⟨*zoo*⟩
Steppen–, Präriewolf m
coypu [ˈkɔipu:] s ⟨zoo⟩ *Koipu* m
coz [kʌz] † abbr = *cousin*
cozen [ˈkʌzn] vt *täuschen, betrügen* (of, out
of *um*); *betören* (into doing *z tun*)
crab [kræb] **1.** s ⟨zoo⟩ *Krabbe* f, (*Taschen-*)
Krebs m (hen ~ *weibl. K.*); → *cray-fish* || ⟨fig
fam⟩ „*Filzbiene*" (*Filzlaus*) f || *calling* ~,
fiddler ~ *Winkerkrabbe*; *coco-nut* ~ ⟨zoo⟩
Palmendieb m; *masked* ~ *Maskenkrabbe*;
shore ~ *Strand–,* × *Dwarslöper* m || to catch
a ~ ⟨*mar*⟩ *krebsen* (*mit dem Ruder im Wasser
steckenbleiben durch falschen Schlag*) || ⟨astr⟩
the ~ *der Krebs* m | ⟨tech⟩ *Winde* f; *Laufkatze* f
|| ⟨aero⟩ *Seitenwind* m (*bei Seitenwind*) |°~s [pl]
niedrigster Wurf beim Würfelspiel; to turn out
~s *e–n Fehlwurf tun* || it turned out ~s *die S
ging schief* ⟨fam⟩ *Nachteil* m || ~ *angle* ⟨aero⟩
Luvwinkel m; ⟨artill⟩ *Seitenabweichung* f ||
~-louse ⟨zoo⟩ *Filzlaus* f **2.** vt: to be ~bed off
abgetrieben w
crab [kræb] **1.** vt/i || (of hawks) to ~ *each
other sich kratzen u beißen* | *nörgeln an*; *bekrit-
teln, scharf tadeln, heruntermachen* || *schädigen,
beeinträchtigen* | *sich kratzen* || ⟨*Am*⟩ *sich drücken*
2. s *Einwand, Tadel* m (to an) | (*P*) *Griesgram* m,
Kratzbürste f; *Miesmacher*; *Drückeberger* m
crab [kræb] s (*a* ~-apple) s *Holzapfel-
(baum)* m
crabbed [ˈkræbid] a (~ly adv) *griesgrämig,
mürrisch, kratzbürstig* || *herb, sauer* || *dunkel,
verworren* || *verzwickt, unleserlich, kritzlig,
kratzig* ~ness [~nis] s *mürrisches Wesen* n ||
Rauheit f etc
crabby [ˈkræbi] a *mürrisch* || *sauer*
crack [kræk] **I.** vt/i **A.** vt **1.** *knallen l; knallen*

mit (to ~ a whip *mit e–r Peitsche k.*) | *laut äußern*; to ~ up ⟨fam⟩ *herausstreichen, rühmen*; *über den grünen Klee loben* **2.** (*Nuß) aufknacken* ‖ *spalten*; *zersprengen, –brechen, –spalten*; the cup is ~ed *die Tasse hat e–n Sprung*; the voice is ~ed *die Stimme wechselt, schlägt um* ‖ *zerstören, vernichten* ‖ (*Erdöl) unter Überdruck erhitzen, auflösen* ‖ ⟨aero⟩ to ~ down (*Flugzeug) abschießen*, ⟨fig⟩ (*P*) „*abschießen*" (*z Rechenschaft ziehen*); to ~ her up ⟨sl⟩ *aus ihm* (*dem Flugzeug) Kleinholz m* **3.** **Wendungen**: → *bottle , crust* ‖ to ~ a book ⟨Am sl⟩ *ochsen, büffeln* ‖ to ~ a crib ⟨fam⟩ *in ein Haus einbrechen* ‖ to ~ an egg *ein Ei aufschlagen* ‖ to ~ one's fingers *mit den Fingergelenken knacken* ‖ to ~ jokes *Witze reißen* **B.** *vi zerspringen, Risse bek* ‖ *platzen*; *knallen, krachen*; *knistern* ‖ ~ed *geborsten, aufgesprungen* ‖ ⟨sl⟩ let's get ~ing! *nun aber los* or °*dalli! nun aber Tempo!* ‖ (of the voice) *brechen, umschlagen* ‖ ⟨sl⟩ *erlahmen, nachlassen* ‖ ⟨Am⟩ to ~ down *Razzia m* ‖ to ~ up *altern*; ⟨aero sl⟩ °*hinrotzen* (*Bruch m*) ‖ to ~ wise ⟨*bes* Am⟩ *klugschnacken*, °*–scheißen* **C.** [in comp] ~-jack ⟨fam⟩ **1.** *a zungenbrecherisch* **2.** *s Zungenbrecher* m ‖ ~-up ⟨sl⟩ *Katastrophe f, Unglück* n; *Nervenzus–bruch* m **II. s 1.** *Knall, Krach* m ‖ the ~ of doom *der Jüngste Tag* m, *die letzte Posaune* f | ⟨fam⟩ *tüchtiger Schlag* m; in a ~ *im Nu* ‖ ⟨sl †⟩ *Prahlerei, Lüge* f ‖ ⟨Scot⟩ *lebhaftes Gespräch* n **2.** *Spalt, Ritz, Riß, Sprung* m ‖ ⟨sl⟩ *Einbruch* m ‖ *Verrückt–, Gestörtheit* f; ~-brained *hirnverbrannt* (*verrückt*); *sinnlos* **3.** *famoses Rennpferd* n; *ausgezeichneter Spieler* etc (the Harrow ~) ‖ °*Pfundskerl* m **III.** *a* ⟨fam⟩ *Elite–, feudal*; °*prima* (*erstklassig*), *famos* (a ~ shot *Meisterschütze*) ; ~ flyer ⟨aero⟩ °*alter Hirsch* ⟨fig⟩ **IV.** intj *krach! platsch!* | ~ed [~t] *a zerbrochen, gesprungen*; *rissig* ‖ ⟨fam⟩ *verrückt* ‖ °*pleite* | ~er ['~ə] *s Brecher, Knacker* m; ~s (*a* nut~) [pl] *Nußknacker* m (a pair of ~s *ein N.*); ~s ⟨cul⟩ *Knusperschwarte* f *des Schweinebratens* ‖ ⟨Am⟩ *armer Weißer* m ‖ *Schwärmer, Frosch* m (*Feuerwerk*) ‖ *Knallbonbon* n ‖ ⟨Am⟩ *Biskuit, Keks* m | *Zus–hruch* m | ⟨sl⟩ *gr Lüge* f ~erjack ['~əd͡ʒæk] **1.** s *Mordssache* (*glänzende S*) f; *Mords–, Prachtkerl* m **2.** *a glänzend, fam·os*

crackle ['krækl] **1.** *vi knistern, knattern, krachen, bersten* ‖ ~d *gesprüngelt* (*Keramik*); ~d glaze *Sprüngelung* f **2.** *s Krachen, Knistern*; *Geknatter* n ‖ ~-china, ~-glass *Krakel·ee-Porzellan, –Glas* n | –ling ['~iŋ] *s Knistern, Knackern* n ‖ ⟨cul⟩ *Knusperschwarte* f *des Schweinebratens*

cracknel ['kræknl̩] *s grobes Backwerk* n; *Brezel* f

crackpot ['krækpət] **1.** *s sonderbarer Kauz* m **2.** *a närrisch, unpraktisch*

cracksman ['kræksmən] *s* ⟨fam⟩ *Einbrecher* m

cracky ['kræki] *a rissig* ‖ ⟨fam⟩ *verrückt*

cradle ['kreidl] **1.** s *Wiege* f ⟨*a* fig⟩ (*Kindheit* f); ~ of our Lord (*Weihnachts-)Krippe* f; *Anfangsstadium* n; from one's, the ~ ν s–j (*der*) *Kindheit an, v Kindesbeinen an* ‖ in the ~ *in der Wiege*; ⟨fig⟩ *in den ersten Anfängen* | ⟨übtr⟩ *wiegenartiges Gerät* n ‖ *Gestell* n ‖ ⟨med surg⟩ *Beinschiene* f ‖ ⟨mar⟩ *Schlitten* m ‖ (of a scythe) *Sensengerüst* n, –*korb* m, *Reff* n ‖ ⟨engr⟩ *Grundungseisen, Wiegenmesser* n; ⟨telph⟩ *Gabel* f (*f den Hörer*) ‖ ⟨typ⟩ *Laufbrett* n ‖ *Schwingtrog* z *Goldwaschen* m ‖ (a cradling) *Paketierung* f (*e–s Gemäldes*) | ~ carriage *Wiegenlafette* f | ~-robber, ~-snatcher ⟨Am fam⟩ (*Frau; die viel jüngerem Mann nachstellt*) ⟨m.m.⟩ *Potiphar* f **2.** vt *in die Wiege legen*; *wiegen, einschläfern* ‖ ⟨fig⟩ *aufziehen, pflegen* | (*Korn) mit Sensengerüst mähen* ‖ (*Erde) im Schwingtrog waschen*

craft [krɑːft] **1.** s *Fertigkeit, Geschicklichkeit, Kunst* f; [in comp] –*craft* –*arbeit*, –*kunst* (*handi*~) **2.** *List, Geriebenheit* f **3.** *Gewerbe* n, *Profession* f, *Handwerk* n; → art; the ~ *Freimaurerei* f; the gentle ~ *das Angeln* n **4.** [pl ~] *Schiff, Fahrzeug* n; *Schiffe* pl (three ~); *small ~ kl Fahrzeuge* pl **5.** [attr] ~ ability *Fachtüchtigkeit* f ~**iness** ['~inis] s *List, Schlauheit, Geriebenheit* f ~**sman** ['~smən] s *gelernter Handwerker*; *Künstler* m ~**smanship** ['~smənʃip] s *Kunstfertigkeit, Fachtüchtigkeit* f; *Künstlertum* n (*e–s Dichters*) ‖ *Technik* f | ~**y** ['~i] a (–ily adv) *schlau, listig, gerieben*; *knifflig*

crag [kræg] s *Felsenspitze, Klippe* f ~**ged** ['~id] a *schroff, felsig*; *uneben* ~**gedness** ['~idnis], ~**giness** ['~inis] s *Schroffheit, felsige Beschaffenheit*; *Unebenheit* f ~**gy** ['~i] a = **cragged**

crag [kræg] ⟨geol⟩ *Muschelmergel* m (*in Norfolk, Suffolk*)

cragsman ['krægzmən] s *geübter Bergsteiger* m

crake [kreik] **1.** s ⟨orn⟩ *Wiesenläufer* m ‖ Bayon's ~ *Zwergsumpfhuhn* n ‖ little ~ *kl Sumpfhuhn* n ‖ spotted ~ *Tüpfelsumpfhuhn* n; → corn~ ‖ *Schrei* m *des W.* **2.** *vi krächzen*

cram [kræm] **1.** vt/i *anfüllen, vollstopfen* (with) ‖ *überladen, überfüttern* (with); (*Geflügel) nudeln, mästen* | *hineinzwängen, hineinstopfen, hineintreiben* (into, down); to ~ a th down a p's throat ⟨fig⟩ *jdm etw einhämmern* (*wiederholt einschärfen, recht deutlich m*) ‖ (*jdn) mit Kenntnissen vollpfropfen*; (*etw) einpauken* | vi *gierig essen, stopfen*; *sich überladen* ‖ *büffeln, ochsen* ‖ ⟨sl⟩ *lügen* **2.** s *Gedränge* n ⟨fam⟩ *Einpaukerei, Büffelei* f; *Eselsbrücke* f ‖ ⟨sl⟩ *Lüge* f **3.** [in comp] ~-full ['kræm'ful; '– –] a *gestopft voll* (of *von*)

crambo ['kræmbou] s *Reimspiel* n ‖ dumb-~ *Schar·ade* f

crammer ['kræmə] s *Einpauker* m ‖ ⟨fam⟩ *Lüge, Aufschneiderei* f

cramp [kræmp] **1.** s ⟨med⟩ *Krampf* m (writer's ~ *Schreib*–); to be seized with ~ *e–n K. bek* **2.** *a schwierig z lesen*(d) etc ‖ *eng*

cramp [kræmp] s ⟨tech⟩ *Krampe, Klammer, Schraubzwinge* f ‖ ~-iron ⟨tech⟩ *eiserne Klammer* f, *Kropfeisen* n

cramp [kræmp] **1.** vt ⟨med⟩ *krampfen, krampfhaft verziehen*; (*Stil) verkrampfen* **2.** *befestigen, verklammern*; (*a* to ~ up) *einengen, einzwängen* ‖ ⟨fig⟩ *hindern, hemmen* | ~**ed** [~t] a *beengt, eng* ‖ *verkrampft*; *schwierig z lesen* ⟨fig⟩ *eng*(*stirnig*)

crampon ['kræmpən] s *eiserne Klammer* f ‖ [*mst* pl ~s] *Eis–, Steigeisen* n

cran [kræn] s ⟨engl⟩ *Maß f frische Heringe* (170,5 l)

cranage ['kreinidʒ] s *Krangebühr* f

cranberry ['krænbəri] s ⟨bot⟩ *Moos–*; *Krons–, Preiselbeere* f ‖ Fragrant ‖-Bush *Wohlriechender Schneeball* m

crane [krein] **1.** s *Kranich* m, → to trumpet; *demoiselle* ~ *Jungfernkranich* m | ⟨tech⟩ *Kran* m, *hoisting–* ~ *Hebe–*; travelling–~ *Laufkran*; → derrick; slewing | [attr] ~-fly ⟨ent⟩ (Tipula) *Schnake* f ‖ ~'s-bill ⟨bot⟩ *Storchschnabel* m (*Geranium*) **2.** vt/i (*Hals) ausrecken* (for *nach*) | (*mit Kran) hochheben, –winden* | vi *sich strecken, den Hals ausrecken* ‖ ⟨fig⟩ *haltmachen, zögern*; *zurückschrecken* (at *vor*)

cranial ['kreiniəl] a *Kopf–, Schädel–, Hirn–* | **cranio-** ['kreini'ə–] s Gr [in comp] *Schädel–* ~**logy** [ˌkreini'ɔlədʒi] s *Schädellehre* f ~**meter** [ˌkreini'ɔmitə] s –*messer* m ~**metry** [ˌkreini'ɔmitri] s –*messung* f

cranium ['kreiniəm] s L [pl –ia] ⟨anat⟩ *Hirnschale* f, *Schädel* m

crank [kræŋk] **1.** s ⟨tech⟩ *Kurbel* f; ⟨mot⟩

Tretkurbel f; *Hebel, Schwengel* m **|** [attr] *Kurbel–* **||** ~-handle *–handgriff* m **||** ~-shaft ⟨mach⟩ *–welle* f **2.** vt *biegen, krümmen* **|** to ~ (up) ⟨mot⟩ *ankurbeln, –lassen, –werfen* **||** ~ing [´~iŋ] ~ handle ⟨mot⟩ *Handandrehkurbel* f; ~ motor *Anlasser, Starter* m **|** ~ speed *Anwerfdrehzahl* f; ~ torque *–drehmoment* n

crank [kræŋk] s (*wunderliche*) *Verdrehung* (*e–s Wortes*) f, *Wortspiel* n **||** *verschrobener Gedanke* or *Einfall* m; *Laune* f **||** *verschrobener Mensch*; °*komische Kruke* f

crank [kræŋk] a (of buildings etc) *wacklig, baufällig, unsicher* **||** (P) *schwach, anfällig*

crank [kræŋk] a ⟨mar⟩ *rank, sich neigend, in Gefahr umzukippen*

crankiness [´kræŋkinis] s *Wunderlichkeit, Grillenhaftigkeit* f

cranky [´kræŋki] a (–kily adv) *kränklich* **||** *wacklig, unsicher* **||** *launisch; voreingenommen; verschroben; exzentrisch* **||** *voll v Windungen*

crannog [´krænəg] s ⟨Scot Ir praeh⟩ *Pfahlbau* m (*auf Seen*)

cranny [´kræni] s *Ritze, Spalte* f

crap [kræp] s ⟨Am⟩ *Verliererwurf im craps-Spiel* **|** ⟨Am vulg⟩ °*Scheiße* f, ⟨fig⟩ „*Mist*", *Unsinn* m **||** to take a ~ °*scheißen* ~shooter [´~ ʃu:tə] s ⟨Am⟩ *craps-Spieler* m

crape [kreip] **1.** s *Krepp* **||** (*Trauer-*)*Flor* m (~-band) **2.** vt *mit Krepp versehen* or *bekleiden* **||** *kreppen*

craps [kræps] s [pl] ⟨Am⟩ (*Hasard-*)*Würfelspiel* n, to shoot ~ *Würfel spielen* **|** [attr] **crap** [kræp] *Würfel–* (*crapgame*) → *crap*

crapulence [´kræpjuləns] s *Völlerei, Sauferei* f **||** °*Kater* m **||** **–lent** [´kræpjulənt], **–lous** [´kræpjuləs] a *verkatert* **||** *unmäßig* (*in Essen or Trinken*)

crash [kræʃ] **1.** vi/t **|** *krachen, zerbrechen; zerschmettert, vernichtet w; einstürzen;* ⟨aero⟩ (*ab*)*stürzen* (into the sea); ⟨fig⟩ *zus–krachen* **||** *krachend fallen, stürzen* (down a hill *e–n Hügel hinunter*); ⟨aero⟩ *abstürzen,* °*abschmieren* (into *in*) **||** *krachend rasen, jagen* (into *in*); to fall ~ *mit e–m Krach fallen* **|** vt *zerschmettern* **||** ⟨aero⟩ (*Flugzeug*) *z Absturz bringen* **||** to ~ the gates ⟨Am fam⟩ *sich ohne Einlaßkarte hineinmogeln* **2.** s *Krachen* n, *Krach* m **||** ⟨bes mot⟩ *Zus–stoß* m **||** ⟨aero⟩ *Absturz; Bruch* m **||** ⟨fig⟩ *Krach, Zus–bruch* m; *Ruin* m **|** [attr] ~-dive [vi] (*v U-Boot*) *steil tauchen* **||** ~ fire ⟨aero⟩ *Aufschlagbrand* m **||** ~-helmet *Sturzhelm* m, *–haube* f **||** ~-landing ⟨aero⟩ *Bauch–, Bruchlandung* f **||** ~ program ⟨Am⟩ *Sofortprogramm* n

crash [kræʃ] s *rauhes Leinen* n

crasis [´kreisis] s Gr ⟨gram⟩ *Krasis* f (*Zusziehung v Vokalen*)

crass [kræs] a *derb, grob* **||** ⟨fig⟩ *grob, kraß* (stupidity); *vollkommen* ~itude [´~itju:d], ~ness [´~nis] s *Derbheit, grobe Beschaffenheit* f **||** *krasse Dummheit* f

cratch [krætʃ] s *Futterkrippe* f

crate [kreit] s *Lattenkiste* f **||** **|** *Kasten* m (~ of beer) **||** *gr Korb* m **||** ⟨mot sl⟩ „*Kiste*" f (*Auto*) **||** ⟨aero sl⟩ °„*Kiste*" f (*Flugzeug*); the ~ flies asunder *die K. montiert ab*

crater [´kreitə] s L *Krater* m **||** (*Granat-*)*Trichter* m **||** ⟨astr⟩ *Becher* m ~iform [~rifɔ:m] a *Krater–*

cratur [´kreitə] s Ir → creature

cravat [krə´væt] s † *Kravatte* f, (*altmodische*) *Halsbinde* f

crave [kreiv] vt/i *bitten, flehen um* **|** vi *sich sehnen* (for *nach*)

craven [´kreivn] **1.** a (~ly adv) *feige, zaghaft*; to cry ~ *sich ergeben* **2.** s *Memme* f; *Feigling* m

craving [´kreiviŋ] s *lebhaftes Verlangen* n, *Sehnsucht* f (for *nach*)

craw [krɔ:] s (of birds) *Kropf* m

crawfish [´krɔ:fiʃ] **1.** s ⟨bes Am⟩ → crayfish **||**

⟨fig Am fam⟩ *Drückeberger, Ausreißer, Kneifer* m **2.** vi ⟨fig⟩ *e–n Rückzieher m* (about *bei*)

crawk [krɔ:k] vi *schreien, quaken*

crawl [krɔ:l] s *Fischbehälter* m; *Reservoir* n (*f Krebse*) **||** = kraal

crawl [krɔ:l] **1.** vi *kriechen;* ⟨a fig⟩ *schleichen;* ⟨mot⟩ *im Schrittempo fahren* **||** *wimmeln* (with *von*) **||** *kribbeln;* a ~ing sensation *kribbelndes Gefühl* n, *Gänsehaut* f **||** ⟨swim⟩ *kraulen* **||** ⟨mil sl⟩ what's ~ing on you *was ist in dich gefahren, was ist los mit dir?* **2.** s *Kriechen, Schleichen* n; to go at a ~ (*sehr gemächlich gehen*) (*dahin*)*kriechen* **|** the ~ *das Kraulen, Kriechstoßschwimmen* n; to swim ~ *kraulen* **|** ~er [´~ə] s *Gewürm, kriechendes Ungeziefer* n **||** *Kraulschwimmer* **||** ⟨fig⟩ *Kriecher* m **|** *langsam fahrende, Fuhre suchende Droschke* f **||** ⟨tech⟩ *Raupenkette* f (*e–s* ~ tractor *Raupenschleppers*) **||** ~s [pl] *Überkleidchen* n (*f baby*)

crayfish [´krei-fiʃ], **crawfish** [´krɔ:-fiʃ] s ⟨zoo⟩ (*Bach–, Fluß-*)*Krebs* m

crayon [´kreiən, –ən] **1.** s Fr *Zeichen–, Bunt–, Ölkreide–, Pastellstift* m; red ~ *Rotstift* m; in ~ *in Pastell* **|** (a ~-drawing, ~-study) *Krayon–, Kreidezeichnung; Pastell* n, *–zeichnung* f **2.** vt *mit e–m Krayonstifte zeichnen* **||** ⟨fig⟩ *entwerfen*

craze [kreiz] **1.** vt (*Steingut*) *künstlich rissig m* **||** [*mst im pp*] *toll m, zerrütten;* ~d with *wahnsinnig vor* **2.** s *Verrücktheit;* °*Fimmel* m, *Manie* f (for *f*; for doing *z tun*); *fixe Idee* f **||** the latest ~ *die neueste Modetorheit* f, *Mode* f **||** to be the ~ *sehr beliebt* or *begehrt s*

craziness [´kreizinis] s *Verrücktheit* f

crazing-mill [´kreiziŋ ˌmil] s *Zinnpochwerk* n

crazy [´kreizi] a (–zily adv) **1.** *rissig, voll v Rissen, Spalten* **||** *baufällig, wacklig, unsicher* **||** ~ driving ⟨mot⟩ *Raserei* f **||** ~ paving (*Natur-*)*Steinplatten*(-*Pflaster* n) f pl **2.** *begeistert; verrückt* (with *vor*); °*fimmelig* **||** *versessen, erpicht* (about *auf*; to do) **||** ~ for her grandchildren *vernarrt in ..* **||** ~-bone ⟨Am⟩ = *funny-bone* **3.** *Flicken–* (~ quilt *–decke*); ⟨fig⟩ *Mosa·ik–; bunt*

creak [kri:k] **1.** vi/t **|** *knarren* **|** vt *knarren mit* (to ~ the chair) **2.** s *Knarren* n **|** ~y [´~i] a *knarrend*

cream [kri:m] **1.** s *Rahm* m, *Sahne* f **||** *Creme-*(*speise*)*, Krem, –speise* f, *Schaumgericht* n **||** *Salbe* f; ⟨cosm⟩ anti-wrinkle ~ *Antifaltenkrem* f; cold ~ *Kühlsalbe* f; cleansing ~ *Reinigungs–, Abschminkkrem;* foundation ~, vanishing ~ *Tageskrem;* nourishing ~ *Nährkrem* f **||** *Cremefarbe* **|** ⟨fig⟩ *Krem, Auslese* f, *Beste* n, *Blüte* f (the ~ of society); *Kern* m, *Pointe* f **|** clotted ~ *verdickter Rahm* m **||** whipped ~ *Schlagsahne* f **||** ~ of tartar ⟨chem⟩ *gereinigter Weinstein* m **|** [attr] *Krem–, Sahnen–;* ~-cake *–käse* m **||** ~-coloured *blaß–, rahmfarbig* **||** ~-ice jack ⟨fam⟩ (*Speise-*)*Eismann* m **||** ~-jug, ~-pot *Rahmtopf* m, *Sahnenkännchen* n **||** ~-laid (of paper) *gelblichweiß u gerippt* **||** ~-wove paper *gelblichweißes Vel·inpapier* n **2.** vi/t *Rahm ansetzen, bilden* **|** *schäumen* **|** vt *abrahmen* **||** (*Milch*) *aufrahmen l* **||** (*Eigelb* etc) *z Krem schlagen* **||** ⟨fig⟩ *den Rahm* (*das Beste*) *abschöpfen v* **||** ⟨Am fam⟩ (*jdn*) *z Mus schlagen* **||** to ~ one's face *sich das G. einkremen* **|** ~ery [´~əri] s *Butterei, Buttergenossenschaft* f **||** *Milchladen* m, *–geschäft* n **|** ~y [´~i] a *sahnig*; ⟨fig⟩ *ölig; saftig*

crease [kri:s] **1.** s *Falte* f; *Bügelfalte* f; *Kniff* m **||** (in a book) *Eselsohr* n **||** ⟨crick⟩ *Aufstellungslinie* f; bowling-~ *Torlinie* f, *–strich* m, *Schockmallinie* f; popping-~ *Schlagmallinie* f **2.** vt/i **|** *knittern* **|** *falten; kniffen; bügeln* **|** vi *Falten bekommen* **|** ~-resistant *knitterfrei* (*Stoff*)

create [kri´eit] vt/i **1.** vt (*er*)*schaffen* **||** *hervor-*

bringen, schaffen; ⟨theat⟩ *kre·ieren, (e–r Rolle)
die richtige Gestaltung geben* | *(jdn) ernennen*
(to ∼ a peer); *(jdn) m z*, to ∼ a man a peer *jdn z
Peer m*; he was ∼d an earl *er wurde in den
Grafenstand erhoben* | *(Lage) schaffen*; *ver-
ursachen*; *(Eindruck) m, hervorrufen* **2.** vi ⟨sl⟩
Aufhebens m (about *über*)
   creatine [ˈkriːətain; –tin] s ⟨chem⟩ *Kreat·in* n
(Bestandteil des Muskelfleisches)
   creation [kriˈeiʃən] **1.** s *Erschaffung* f | *Schöp-
fung* f; *Geschöpf* n **2.** ⟨übtr⟩ *Hervorbringung*;
(künstlerische) Schöpfung f | ⟨theat⟩ *Gestaltung* f
(e–r Rolle) | *Schaffung, Ernennung* f (the ∼ of
peers) | *Schaffung, Erzeugung*; *Errichtung, Bil-
dung* f; *Modeschöpfung* f || *Erzeugnis* n **∼ism**
[∼izm] s *Theorie v bes Schöpfungsakt Gottes*
(Ggs evolutionism)
   creative [kriˈeitiv] a (∼ly adv) *erschaffend*;
Schöpfungs– || *schöpferisch* (genius) **∼ness** [∼nis]
s *Schöpferkraft* f; *schöpferische Kraft* f
   creator [kriˈeitə] s *Schöpfer*; *Erzeuger* m
   creature [ˈkriːtʃə] s *Geschöpf, Wesen* n |
Kreat·ur f, *Tier* n *(im Ggs z* man) | *Geschöpf* n
(a poor ∼); *Kreat·ur (P)* f | ⟨fig⟩ *Kreat·ur* f,
Sklave m; *Werkzeug* n | the ∼ *[oft:* cratur] ⟨Ir⟩
Whisky m | dumb ∼ *stumme Kreat·ur* f, *Tier* n |
fellow ∼ *Mitgeschöpf* n, *–mensch* m | living ∼
lebendes Wesen, Lebewesen n | [attr] ∼ comforts
[pl] *die materiellen Annehmlichkeiten des Da-
seins* f pl | **∼ly** [∼li] a *das Geschöpf, die Ge-
schöpfe betr*; *Geschöpf–*; *menschlich*
   crèche [kreiʃ] s Fr *öffentliche Kleinkinder-
bewahranstalt* f
   credence [ˈkriːdəns] s *Glaube* m, to give ∼ to
a th *e–r S Glauben schenken* | ⟨ec⟩ *Kredenztisch
(beim Abendmahl)* m || letter of ∼ *Beglaubi-
gungs–, Empfehlungsschreiben* n
   credentials [kriˈdenʃəlz] s [pl] *Beglaubigungs-
schreiben* n || *Ausweis* m; *Zeugnisse* pl || *Empfeh-
lungsschreiben* n
   credibility [ˌkrediˈbiliti] s *Glaubwürdigkeit* f
–ble [ˈkredəbl] a *glaubwürdig* || *glaublich, z
glauben(d)* **–bly** [ˈkredəbli] adv *in glaubwürdiger
Weise*; *zuverlässig*
   credit [ˈkredit] **1.** s **1.** *Glaube* m **2.** *Glaub-
würdigkeit, Zuverlässigkeit* f | *Ruf, guter Ruf* m |
Ansehen, Ehre f | *Einfluß* m | *Verdienst* n (of
doing *getan z h*); *Anerkennung* f; to have the ∼
of a th *die A. e–r S genießen*; to get ∼ for a th
A. erhalten f etw || ⟨Am⟩ *Abgangszeugnis* n
3. ⟨com⟩ *Kred·it* m; *Borg* m | *Guthaben* n |
Kr·editseite f, *Haben* n || *Entlastung* f || [konkr]
(commercial) ∼, letter of ∼ *Akkredit·iv* n **4.**
blank ∼ ⟨com⟩ *Blankokredit* m | letter of ∼
⟨com⟩ *Kreditbrief* m || at one month's ∼ *auf ein
Monat Ziel* | on ∼ *auf Kredit* | to a p's ∼ *z jds
Gunsten* pl | with ∼ *ehrenvoll* | to take a ∼ to a
p, to do a p ∼ *jdm Ehre m*; he will do you ∼ *mit
ihm wirst du Ehre einlegen* || to enter, place, put
to a p's ∼ ⟨com⟩ *jdm gutschreiben* || to give ∼
to a story *e–r Geschichte Glauben schenken* || to
give a p ∼ for £100 *jdm Kredit geben in Höhe
v* ,.; to give a p ∼ for a th *jdm etw hoch od als
Verdienst anrechnen*; *jdm etw zutrauen*, .. for
being *daß er ist* || to open a ∼ *e–n Kredit er-
öffnen*; I had a ∼ opened with you *mir wurde
ein Kredit bei Ihnen eröffnet* || to reflect great ∼
on a p *jdm gr Ehre einbringen, m*; *jdm z E. gerei-
chen* || to take ∼ for a th *sich* [dat] *etw z Ver-
dienst anrechnen* **5.** [attr] ∼ advice *Gutschrift-
anzeige* f || ∼–balance *Guthaben* n || ∼ card ∼
⟨Am⟩ *Kreditkarte* f *(f bargeldlosen Bezug v
Brennstoff)* || ∼ column *Anerkennungsspalte* f
(in e–r Zeitung) || ∼–line ⟨typ⟩ *(die Zeile:) mit
Genehmigung v* .. || ∼–note *Gutschriftsaufgabe* f,
Überweisungsauftrag m; to pass a ∼–note in a
p's name *e–n Ü. auf jds Namen ausstellen* (for *f*)
II. vt *(jdm) glauben, Glauben schenken* || *(jdm)*

trauen | ⟨com⟩ *(Summe) kreditieren, gutschrei-
ben* (to a p *jdm*), *(jdn) erkennen* (with *od* for a
sum *f e–e Summe*) || to ∼ a p with a th ⟨fig⟩
jdm etw zuschreiben; *beilegen* **∼able** [∼əbl] a
(–bly adv) *achtbar, ehrenwert, rühmlich* (to *für*);
to be ∼ to a p *jdm Ehre m* **∼or** [∼ə] s *Gläubiger*
m; deferred ∼ *Nachzugs–, preferred* ∼ *Vor-
zugsgl.* || ⟨com⟩ (abbr Cr) *Kreditseite* f
   credo [ˈkriːdou] s L *Kredo, Glaubensbekenntnis* n
   credulity [kriˈdjuːliti] s *Leichtgläubigkeit* f
   credulous [ˈkredjuləs] a (∼ly adv) *leichtgläubig* (over–∼ *allzu l.*) **∼ness** [∼nis] s =
credulity
   creed [kriːd] s *Glaube* m, *Glaubensbekenntnis*
n; the Apostles' ∼ *Apostolisches Gl.* || *Welt-
anschauung* f
   creek [kriːk] s *kl Bucht* f || *kl Hafen* m || ⟨Am⟩
kl Fluß; *Neben–* m; ⟨Am⟩ up the ∼ *im Pech*
⟨fig⟩ || *enge Ebene* f *zw Bergen*
   creel [kriːl] s *Weidenkorb* m *(f Fische), Fisch-
korb* m || ⟨tech⟩ *(Rahmen-)Gestell* n; ⟨weav⟩
Gatter n
   creep [kriːp] **I.** vi [crept/crept] **1.** *kriechen*;
schleichen (to ∼ about *herum–*) || (of plants)
kriechen, sich ranken | *sich dehnen* **2.** ⟨fig⟩
kriechen | to ∼ into *sich einschleichen in*; .. into
a p's favour *sich bei jdm einschmeicheln* || to ∼
upon a p ⟨fig⟩ *Besitz nehmen v jdm* **3.** *schaudern*;
my flesh, skin ∼ *sich mich überläuft e–e Gänsehaut*
f; it makes my flesh ∼ *es macht mich schaudern*
4. [mit adv] to ∼ in *hineinkriechen, hereink* || to
∼ up *heranschleichen, unbemerkt herank*; (of
prices, etc) *langsam steigen* **5.** [in comp] ∼–hole
Schlupfloch n || ∼–mouse *furchtsam* **II.** s *Krie-
chen* n | *Schlupfloch* n *(in e–r Hecke)* || ⟨geol⟩
Rutsch; mountain ∼ *Bergsturz* m | the ∼s [pl]
Schauder m, *Erschaudern, Kribbeln* n; it gives
you the ∼s *es macht e–n schaudern* | **∼er** [ˈ∼ə] s
Kriecher m ⟨a fig⟩ | *Kriechtier* n || ⟨orn⟩ tree ∼
Waldbaumläufer m; short-toed tree ∼ *Garten-
b.–l.* m; wall ∼ *Mauerl.* m || ⟨bot⟩ *Ranken-
gewächs* n, *Schlingpflanze* f || the Virginia–∼
⟨bot⟩ *Wilder Wein* n; *Doldenrebe* f || ∼s [pl]
Eissporen, Schuheisen pl **∼ie-peepie** [ˈkriːpi-
ˈpiːpi] s ⟨telv fam⟩ → walkie-lookie | **∼y** [ˈ∼i]
a *kriechend*; *langsam* | *schaudernd, gruselig*; *un-
heimlich* | ∼–crawly ∼ creepy
   creese [kriːs], **kris** [kris] s *Kris (malaiischer
Dolch)* m
   cremate [kriˈmeit] vt *(Leichen) verbrennen,
einäschern*
   cremation [kriˈmeiʃən] s *(Leichen-)Verbren-
nung* f **∼ist** [∼ist] s *Anhänger* m *der Leichenverbrennung*
   cremator [kriˈmeitə] s *Leichenverbrenner* m ||
Ofen m *(f Leichenverbrennung)* **∼ium** [ˌkremə-
ˈtɔːriəm] s *Krematorium* n, *Feuerbestattungs-
anstalt* f | **∼y** [ˈkremətəri] **1.** s ⟨Am⟩ = crema-
torium **2.** a *Verbrennungs–*
   cremnitz [ˈkremnits] s *Kremser–, Bleiweiß* n
   Cremona [kriˈmounə] s *Cremonenser Geige* f
   crenate(d) [ˈkriːneit(id)] a ⟨bot⟩ *gekerbt,
zackig* **–tion** [kriːˈneiʃən], **–ture** [ˈkrenətʃə] s
⟨bot⟩ *Auszackung, Kerbung* f
   crenel [ˈkrenəl], **crenelle** [kriˈnel] s *Schießscharte* f
   crenel(l)ate [ˈkrenileit] vt *mit Schießscharten
versehen* **–tion** [ˌkreniˈleiʃən] s *Zacken–, Zinnen-
bildung* f; *Basti·on* f
   creole [ˈkriːoul] **1.** *Kre·ole* m, *Kreolin in West-
indien* etc a. *Abkömmling v Europäer* (a ∼ white)
b. *Abkömmling v Neger* (a ∼ negro) **2.** a *kreo-
lisch*
   creosote [ˈkriəsout] s ⟨chem⟩ *Kreos·ot* n
   crêpe [kreip] s Fr ∼ de Chine *(gestickter)
Seidenkrepp* m | [attr] ∼ paper *Kreppapier* n

~line ['kreipəlin] s *leichter Seidenstoff*; *Garnkrepp* m

crepehanger ['kreiphæŋə] s ⟨Am fam⟩ *Miesmacher, Schwarzseher, Spielverderber* m

crepitant ['krepitənt] a *knisternd, knackend, Knack- -tate* ['krepiteit] vi *knarren, knacken, knistern -tation* [,krepi'teiʃən] s *Krachen, Knarren, Knistern* n ‖ ⟨med⟩ *Krepitation* f

crépon ['krepɔ:] s Fr *Krepon* m (*wollener Kleiderstoff*)

crept [krept] pret & pp v to creep

crepuscular [kri'pʌskjulə] a *dämmrig, Dämmerungs-* ‖ ⟨zoo⟩ *im Zwielicht erscheinend -cule* ['krepəskju:l] s Fr *Zwielicht* n

crescendo [kri'ʃendou] It ⟨mus⟩ **1.** adv *mit zunehmender Lautstärke* **2.** s [pl ~s] *das Crescendo* [a attr]; ⟨fig⟩ *zunehmende Stärke* f **3.** vi *stärker w, steigen*

crescent ['kreznt] **1.** s *Form des zu- or abnehmenden Monds*; *Halbmond* m ‖ *halbmondförmige Straße* f ‖ ⟨mil mus⟩ *Schellenbaum* m ‖ *Halbmond* (*als Symbol der Türkei, mohammed. Macht, mohammed. Religion*) ‖ ⟨Am⟩ *Hörnchen* n (*Gebäck*) ‖ ~ City ⟨Am⟩ = New Orleans **2.** a **a.** (*halb*)*mondförmig, Mond-* **b.** *zunehmend; wachsend*

cresol ['kresəl, 'kri:–] s ⟨chem⟩ *Kres·ol* n

cress [kres] s ⟨bot⟩ *Kresse* f

cresset ['kresit] s ⟨hist⟩ *Art Fackel* f, *Beleuchtungskörper* m

crest [krest] **1.** s (*Feder-, Haar-*)*Schopf* m, *Haube* f; (*Hahnen-*)*Kamm* m ‖ *Feder-, Helmbusch*; *Helm* m ‖ *Hals* m, *Mähne* f ‖ ⟨her⟩ *Helmzier* f, *Zim·ier* f & n; ~ (of arms), family ~ *Familienwappen, Wappensiegel* n ‖ *Schmuck, Kranz* m ‖ (of a mountain, wave) *Rücken, Kamm, Gipfel* m; on the ~ of the wave ⟨fig⟩ *auf dem G. des Glücks* ‖ ~-fallen *niedergeschlagen* ‖ ~-tile *Firstziegel* m **2.** vt/i ‖ *mit Kamm, Kranz etc versehen* ‖ *überragen, krönen* ‖ (den *Bergkamm*) *erreichen, -steigen* ‖ vi (of waves) *sich* (z e–m *Kamm*) *erheben*

cretaceous [kri'teiʃəs] **1.** a *kreidig, kreideartig, Kreide-* (~ formation) **2.** s the ~ ⟨geol⟩ *die Kreideformation* f

Cretan ['kri:tən] **1.** a *kretisch* **2.** s *Kreter(in* f) m

cretic ['kri:tik] s ⟨pros⟩ *Kretikus* m

cretify ['kretifai] vt *mit Kalksalzen imprägnieren*

cretin ['kretin] s Fr *der Kret·in* ~**ism** [~izm] s *Kretin·ismus* m

cretonne [kre'tɔn] s Fr *Kretonne* f, *Zitz* m (*bedruckter Baumwollstoff*)

crevasse [kri'væs] s Fr (*Gletscher-*)*Spalte* f ‖ ⟨Am⟩ (*Fluß-*)*Dammbruch* m **crevice** ['krevis] s (*Fels-* etc) *Spalte* f; *Riß* m

crew [kru:] s *Haufe* m, *Schar* f; ⟨dero⟩ *Rotte* f ‖ *Schiffsbesatzung; -mannschaft* f ‖ *Belegschaft* f ‖ ⟨Am aero⟩ ~ chief *erster Wart* m ‖ ~ cut ⟨Am⟩ *Bürstenfrisur* f ‖ ~ member *Besatzungsmitglied* n

crew [kru:] pret v to crow

crewel ['kru:il] s *feine Stickwolle* f ‖ ~-work *Leinen-, Buntstickerei* f

crib [krib] **1.** s (*Futter-*)*Krippe* f ‖ *Stand* (in *Ställen*) m ‖ *Hütte* f; *Häuschen* n; ⟨sl⟩ „*Stall*" m, „*Bude*" f (*Haus*) (→ to crack); „*Ausschank*" m (*Laden*) ‖ *Kinderbettstelle* f ‖ ⟨Am⟩ *Maiskasten* m ‖ ⟨tech⟩ *Holzgerüst* n ‖ *abgelegte Karten* f pl (*beim Kribbagespiel*) ‖ ⟨fam⟩ *Plagiat* n; *kl Diebstahl* m ‖ *Eselsbrücke* (*unerlaubte Übersetzung*) f ‖ ~-biting ⟨vet⟩ *Koppen, Krippensetzen* n **2.** vt/i ‖ *einsperren* ‖ *mit Krippe, Holzgerüst versehen* ‖ ⟨fam⟩ *stibitzen, mausen*; (*geistiges Gut*) *stehlen, abschreiben* (from v) ‖ vi *e–e Eselsbrücke benutzen*; *abschreiben* (out of

aus) ~**bage** ['~idʒ] s ⟨engl cards⟩ *Kribbage* n ~**ber** ['~ə] s *Abschreiber, Plagi·ator* m

cribriform ['kraibrifə:m] a *siebförmig*

crick [krik] **1.** s *Krampf* m, (*Muskel-*)*Reißen* n ‖ ~ in one's neck *steifer Hals* m; ~ in one's back *Hexenschuß* m **2.** vt *verrenken* (to ~ one's neck *sich den Hals v.*)

cricket ['krikit] s ⟨ent⟩ *Grille* f, *Heimchen* n ‖ ⟨aero⟩ (*deutscher*) *Nachtjäger* m

cricket ['krikit] **1.** s *Kricket, Schlagballspiel* n (*gespielt v 1. Mai bis 1. Sept.*) ‖ not ~ ⟨fam⟩ *nicht fair, nicht ehrlich*; to play ~ ⟨fig⟩ *ehrlich spielen* ‖ [attr] ~-field, ~-ground *Krickett-(spiel)platz* m ‖ ~-match *-partie* f ‖ ~-pitch *der Teil des Platzes zw den beiden Dreistäben* **2.** vi *Kricket spielen* ‖ ~**er** [~ə] s *Kricketspieler* m

cricoid ['kraikɔid] **1.** a *ringförmig* **2.** s (a ~ cartilage) ⟨anat⟩ *Ringknorpel* m

crier ['kraiə] s *Schreier* m ‖ *Ausrufer* m; town-~ *öffentlicher* or *städtischer Ausrufer* m

crikey ['kraiki] intj ⟨sl⟩ *herrje*!

crime [kraim] **1.** s *Verbrechen* n ‖ to commit a ~ *ein V. begehen*; capital-~ *Kapitalverbrechen* n ‖ ~ passionel Fr ⟨jur⟩ *Affekthandlung* f ‖ ⟨fig⟩ *Frevel* m, *Übeltat* f **2.** vt ⟨mil⟩ *beschuldigen*

crimes [kraimz], **crimine** ['krimini] intj *oh jemers*!

criminal ['kriminəl] **1.** a (~ly adv) *verbrecherisch* (offence); *strafbar* (act *Handlung*); ~ conversation *Ehebruch* m ‖ ⟨jur⟩ *Straf-, Kriminal-*; ~ law *-recht* n; ~ procedure *Strafrechtsverfahren* n, code of ~ p. *Strafprozeßordnung* f, ~ record *Vorstrafenverzeichnis* n **2.** s *Verbrecher(in* f) m; habitual ~ *Gewohnheits-*; violent ~ *Gewalt-* ~**ity** [,krimi'næliti] s *Strafbarkeit, Schuld* f ‖ *Kriminalit·ät* f; *Verbrecher(tum* n) pl

criminate ['krimineit] vt *anklagen, beschuldigen, inkriminieren* ‖ *schuldig erklären -tion* [,krimi'neiʃən] s *Anklage, Beschuldigung* f *-tive* ['kriminətiv] a *inkriminierend* ‖ *-tory* ['kriminətəri] a *anklagend, beschuldigend*

criminology [,krimi'nələdʒi] s *Strafrechtslehre* f; *wissenschaftliche Erforschung* f *der Kriminalität* **-nous** ['kriminəs] a *nur in*: ~ clerk *verbrecherischer Geistlicher* m

crimp [krimp] **1.** s *Werber, Matrosenmakler* m **2.** vt (*Matrosen, Soldaten*) *pressen, gewaltsam anwerben*

crimp [krimp] **1.** vt *falten; fälteln* ‖ *knittern* ‖ *kräuseln*; ~ed nylons [pl] *Kräuselstrümpfe* m pl; (*Haar*) *künstlich kräuseln* ‖ to ~ fish *Fisch schlitzen* (*um das Fleisch z festigen*) **2.** s *Falte* f ‖ ~**y** ['~i] a *gekräuselt, wellig*

crimson ['krimzn] **1.** a *karmesinrot* **2.** s *Karmes·in, Hochrot* n **3.** vt/i ‖ *karmesinrot färben* ‖ vi (*hoch*)*rot w, erröten*

cringe [krindʒ] **1.** vi [-ging] *kriechen, sich ducken* ‖ ⟨fig⟩ *sich beugen, kriechen* (to *vor*) **2.** s *kriechende Verbeugung* or *Höflichkeit* f

cringle ['kriŋgl] s ⟨mar⟩ (*Metall-*)*Tauring* m (*am Segel*); ~s [pl] *die Legel* n pl

crinite ['krainait] a ⟨bot zoo⟩ *haarig, behaart*

crinkle ['kriŋkl] **1.** vi/i ‖ *sich krümmen; sich winden* ‖ *sich falten; Falten werfen* ‖ vt *faltig m, krümmen* ‖ *kräuseln* **2.** s *Windung, Falte* f

crinkly ['kriŋkli] a *faltig; wellig, gekräuselt*

crinkum-crankum ['kriŋkəm'kræŋkəm] **1.** s *Gewirr* n, *Irrgarten* m **2.** a *vielverschlungen, verzwickt*

crinoid ['krainɔid] **1.** a ⟨zoo⟩ *lilienförmig* **2.** s ⟨zoo⟩ *Haarstern* m

crinoline ['krinəli:n] s Fr *Roßhaarstoff* m ‖ *Krinol·ine* f, (*weiter*) *Reifrock* m ‖ ⟨mar⟩ *Torpedoabwehrnetz* n

cripes [kraips] intj ⟨vulg⟩ by ~! *beim Zeus*! *wahrhaftig*!

cripple ['kripl] **1.** s *Krüppel* m **2.** vt/i ‖ *z Krüppel m* ‖ ⟨fig⟩ *schwächen, lähmen*; (*z. B. Flugzeug*) *beschädigen* | vi *humpeln* | **~d** [~d] a *ver-krüppelt*; *lahm, krüppelhaft* ‖ ⟨fig⟩ *lahmgelegt* **~dom** [~dəm] s *Gelähmtsein* n

crisis ['kraisis] s L (pl –ses [–si:z]) *Wende–, Entscheidungspunkt* m; *Krise* f (in the present ~)

crisp [krisp] **1.** a (~ly adv) (of hair) *kraus*; *gekräuselt* ‖ *bröckelig, mürbe*; *knusperig*; ~ bread *Knäckebrot* n ‖ (of air) *frisch, scharf* ‖ (of manners) *kz, entschieden* ‖ (of style) *klar* **2.** vt/i ‖ *kräuseln* ‖ *knusperig, mürbe* m ‖ *braun rösten* | vi *sich kräuseln* | *knusperig w* ‖ *knistern* **3.** [s] ~s [pl] (geröstete) *Kartoffelflocken* f pl **~ation** [kris'peiʃən] s *Kräuseln* n ‖ *krampfhafte Zus–ziehung, Gänsehaut* f **~ies** ['~iz] s pl (*Reis–* etc) *Flocken* f pl, *Knusperle* n pl **~ness** ['~nis] s *Krausheit* f ‖ *Knusperigkeit* f ‖ *Frische* f | **~y** ['~i] a *kraus*; *lockig* ‖ *knusperig* ‖ *frisch*

criss-cross ['kriskrəs] **1.** s *Kreuz* n (*statt Unterschrift*) ‖ *Netz* n, *Wirrwarr* m *sich schneidender Linien, Gewirr* n (a ~ of streets) ‖ *Kreuzworträtsel* n **2.** a *gekreuzt, Kreuz–* ‖ *mürrisch* **3.** adv *kreuz u quer, in die Quere*; ⟨fig⟩ *quer* **4.** vt *kreuzen, wiederholt durchkreuzen*

cristate ['kristeit] a ⟨zoo⟩ *mit e–m Kamm versehen*

criterion [krai'tiəriən] s Gr [pl –ia, ~s] *Kriterium, Merkmal, Kennzeichen* n; he is no ~ *er ist nicht maßgebend* (for *f*)

crith [kriθ] s ⟨phys⟩ *Krith* m (*Volumengewichtseinheit*)

critic ['kritik] s (*Kunst-*)*Richter* m ‖ *Rezensent, Kritiker* m (textual ~ *Text–*) ‖ *Tadler* m (of *an*) **~al** [~əl] a (~ly adv) *kritisch* (of *gegen*; of a p *jdm gegenüber*); to be ~ of a th *etw kritisieren, e–r S kritisch gegenüberstehen* ‖ *kunstverständig* ‖ *tadelsüchtig, krittlig* ‖ *gefährlich, brenzlig, kritisch* ‖ *entscheidend* ‖ ~ material ⟨bes Am mil⟩ (*beschränkt verfügbares*) *Mangelmaterial* n ‖ ~ temperature ⟨tech⟩ *Umwandlungstemperatur* f **~ism** ['kritisizm] s *kritisches Beurteilen* n; *Kritik* f (of *an, über*; to make ~ *Kritik üben*); textual ~ *Text–*; above ~ *über jeden Tadel erhaben*; open to ~ *anfechtbar* ‖ New ⚹ *nur auf das Werk gerichtete Kritik der Literatur des beginnenden 20. Jhs* ‖ ⟨philos⟩ *Kritizismus* (*Kants*) m ‖ *Tadel* m **~izable** ['kritisaizəbl] a *z tadeln(d)*; *anfechtbar* **~ize** ['kritisaiz] vt *kritisieren, rezensieren* ‖ *tadeln, kritteln*

critique [kri'ti:k] s Fr *Kritik, Rezension* f ‖ *Beurteilungskunst* f

critter ['kritə] s ⟨Am vulg⟩ = creature „*Aas*“ n, „*Satansbraten*“ m

croak [krouk] **1.** vi/t ‖ *quaken, quäken* ‖ *krächzen* | *Unglück prophezeien, unken* ‖ *jammern* ‖ ⟨sl⟩ *abfahren,* °*kratzen* (*sterben*) | vt *jammernd äußern* ‖ ⟨Am sl⟩ *abmurksen* (*töten*) **2.** s *Quaken, Gequake* n ‖ *Krächzen* n | **~er** ['~ə] s *Krächzer, Quaker* m ‖ *Miesmacher, Unglücksprophet* m ‖ ⟨Am⟩ *Quacksalber* m | **~y** ['~i] a (of the voice) *krächzend*

Croat ['krouæt] s *Kroat(in* f) m **~ian** [kro'eiʃən] **1.** a *kroatisch* **2.** s = Croat ‖ *das Kroatische* n

crochet ['krouʃei] Fr **1.** s (a ~-work) *Häkelei* f | [attr] *Häkel–* (~-hook) **2.** vt [~ed/~ed] ['krouʃeid] *häkeln*

crock [krɔk] s *Topf, Krug* m ‖ *Topfscherbe* f

crock [krɔk] **1.** s ⟨Scot⟩ *altes Mutterschaf* n ‖ *ausgedientes Pferd* n ‖ ⟨sl⟩ *Krüppel* m (*unbrauchbarer Mensch*) **2.** vi/t ‖ ⟨sl⟩ (a to ~ up) *zus–brechen, versagen* | vt [*mst* pp] (*kampf*)*unfähig m* | **~y** ['~i] a *gebrechlich*

crockery ['krɔkəri] s *irdenes Geschirr* n ‖ (a ~-ware) *Steingut* n, *Töpferware* f

crocket ['krɔkit] s ⟨arch⟩ *Krabbe, Kriechblume* (*Giebelornament*) f

crocodile ['krɔkədail] s ⟨zoo⟩ *Krokodil* n; ~-tears [pl] –*stränen* f pl | *Pension·atsschlange* f, *Mädchenpensionat* (*z zwei u zwei gehend*) n **–dilian** [krɔkə'diliən] a *krokodilartig, Krokodil–*

crocus ['kroukəs] s L (pl ~es [~iz]) ⟨bot chem⟩ *Krokus, Safran* m ‖ ⟨tech⟩ *Polierrot* n

croft [krɔft] s *kl Stück Ackerland* n ‖ *kl Farm* f **~er** ['~ə] s ⟨Scot⟩ *kl Ackerbauer* m

Cro-Magnon [kro'mænjɔ:] a Fr ~ race ⟨praeh⟩ *Cromagnonrasse* f

cromlech ['krɔmlek] s ⟨praeh⟩ *Kromlech* m (*druidischer Steinkreis*)

cromorne [kro'mɔ:n], **–na** [–nə] s *Orgelpfeifenregister* n

crone [kroun] s *altes Weib* n

crony ['krouni] s *alte(r) Bekannte(r* m) f **~ism** [~izm] s *Vettern–, Freunderlwirtschaft* f

crook [kruk] **1.** s *Haken* m, *Häkchen* n ‖ *Hirten–, Bischofs–, Krummstab* m ‖ *Krümmung, Windung*; *Kurvat·ur, Stabkrümme* f | *Schwindler, Hochstapler* m; ~-drama *Kriminalstück* n | → hook ‖ on the ~ *unter der Hand* (*unehrlich*) | ~-back(ed) *buckelig* **2.** a ~ crooked **3.** vt/i ‖ *krümmen, biegen* ‖ (of umbrella) ~ed [~t] *eingehängt* (on *über*) | vi *sich kr., sich b.* | **~ed** ['~id] a **1.** (~ly adv) *krumm*; *gekrümmt* ‖ *verwachsen*; *gebeugt* ‖ *schief, verrutscht* (stocking seam) ‖ *verbogen* ‖ ⟨fig⟩ *nicht ehrlich* (*erworben*); *schlecht, krumm* (~ ways) **2.** [~t] *Krück–* (~stick –*stock*) **~edness** ['krukidnis] s *Krummheit, Krümmung* ‖ *Verdorbenheit* f

croon [kru:n] **1.** vt/i ‖ *summen, leise singen* (to o.s. *vor sich hin*) | vt (*etw*) *summen* **2.** s *Summen* n **~er** ['~ə] s ⟨mus⟩ *Schlagersänger* m

crop [krɔp] **I.** s **1.** (in birds) *Kropf* m **2.** (*Peitschen-*)*Stock* m; *Reitgerte* f **3.** *Feldfrucht* f; *Getreide* n *auf dem Halm*; *eingebrachtes Getreide* n; *Ernte* (*jeder Art*) (potato ~ *Kartoffel–*), *Ernteertrag* m; foregoing ~ ⟨agr⟩ *Vorfrucht* f; the ~s [pl] *die* (*gesamte*) *Ernte*; in ~ *in Bebauung*, under ~ *unter B., angebaut, unter dem Pflug* | ⟨for⟩ *Bestand*; mixed ~ *Mischbestand* m **4.** ⟨übtr⟩ *Wachstum* n | *Stoß* m (~ of letters); *Menge* f ⚹ *ganzes Rinderfell* n **5.** *Stutzen des Haars*; *Stutzkopf* m ‖ *abgeschnittenes Stück* n ‖ → neck **7.** [in comp & attr] ~-eared *mit gestutzten Ohren*; green ~ loader *Grünfutterlader* m **II.** vt/i **1.** vt *abschneiden*; (*Schwanz*) *stutzen*; (*Haar*) *scheren* ‖ (*Blattspitze*) *ab–, beschneiden* ‖ *abweiden, abfressen* ‖ *mähen, ernten* ‖ *besäen, bebauen* (with) **2.** vi *grasen, weiden* ‖ *Ernte geben, tragen* (to ~ heavily *reich t.*) | to ~ up ⟨geol⟩ *ausgehen, –streichen, –beißen* (*zutage treten*); ⟨fig⟩ *auftauchen* **~per** ['~ə] s *Ab–, Beschneider* m ‖ *Drahtschere* f ‖ *Kropftaube* f | (of plants) *Träger* m (a good ~) ‖ ⟨Am sl⟩ *Pächter* m (share-~ *P. mit Beteiligung*) ‖ ⟨sl⟩ *schwerer Sturz* m, to come a ~ *e–n Sturz drücken* or *bauen* = *gefährlich fallen*, ⟨fig⟩ *Mißerfolg h, entgleisen* **~py** ['~i] s *der Kurzgeschorene* (*bes irischer Rebell 1798*)

croquet ['kroukei] s Fr **1.** *Krocketspiel* n **2.** vt (~ed/~ed ['kroukeid]); (prs p ~ing ['kroukeiiŋ]) *krockieren* **3.** s *das Krockieren*

croquette [krou'ket] s Fr ⟨cul⟩ *Bratklößchen* n

croquis ['krouki] s Fr ⟨mil⟩ *Kroki* n

crore [krɔ:] s ⟨AInd⟩ *zehn Millionen* f pl (2 ~s of rupees)

crosier, –zier ['krouʒə] s ⟨ec⟩ *Krumm–, Bischofsstab* m

cross [krɔs, krɔ:s] **I.** s **1.** (*Märtyrer-*)*Kreuz* n ‖ *Kruzifix* n ‖ *Denkmal in Kreuzform* | the ⚹ *das Kreuz, Leiden* n *Christi*; Way of the ⚹ *Kreuzweg, Leidensweg* m *des Herrn* ‖ *christliche Religion* (the ⚹) f **2.** ansated ~ (♀) *Henkelkreuz* n, hooked ~ (卐) *Haken–*; jewelled ~ *Gemmen–*;

Greek ~(✝), *Latin* ~(†) *griechisches, lateinisches K.*; tau ~ ⟨T⟩ *Antonius–*; ~ *potent*(✠) *Krücken–* ‖ *Iron* ⁓ ⟨Ger⟩ *Eisernes Kr.* ‖ ⟨her⟩ St. Andrew's ~ *Andreaskreuz* n (✗), the ~ of St. Anthony (T) *Antonius–* ‖ *Ehrenzeichen* n *in Ritterorden* (Grand ⁓ *Großkreuz*); *Victoria* ⁓ ⟨mil & nav⟩ *Viktoriakreuz* ‖ ⟨ftb⟩ *Querpaß* m **3.** ⟨typ⟩ *Kreuzzeichen* n (to place a ~ against *ein Kreuz setzen vor*); *Querstrich* m (the ~ of a t) **4.** ⟨fig⟩ *Kreuz, Leiden* n, *Trübsal* f ‖ *Widerwärtigkeit, Not* f ‖ no ~, no crown ⟨m.m.⟩ *ohne Fleiß k–n Preis* **5.** (of races) *Kreuzung, Mischung* f ‖ ⟨fig⟩ *Mischung* (between) ‖ ⟨sl⟩ *Schiebung* f (*unehrliche Handlungsweise*) **6.** **Wendungen:** → fiery ‖ the Southern ⁓ ⟨astr⟩ *das Kreuz des Südens* ‖ on the ~ *schräg* ; ⟨fam⟩ *durch Schiebung* (*auf betrügerische Weise*) ‖ to make the sign of the ~ *sich bekreuzigen* ‖ to take up one's ~ *sein Kreuz auf sich nehmen* **II. vt/i A. vt 1.** *kreuzen, kreuzweise legen* (to ~ one's legs *od* one leg over the other) ‖ to ~ one's fingers, to keep one's fingers ~ed (*f jdn*) *den Daumen drücken* ‖ *das Zeichen des Kreuzes m*; to ~ o.s. *sich bekreuzigen* **2.** *Querstrich ziehen durch* (to ~ a t); (*Scheck*) *kreuzen*, ~ed cheque *Verrechnungsscheck* m ‖ to ~ off, to ~ out *aus–, durchstreichen* **3.** *überschreiten; gehen etc über; durchqueren*; (*Pferd*) *besteigen* ‖ to ~ each other *sich kreuzen, sich überschneiden; sich treffen* **4.** ⟨fig⟩ (*etw*) *durchkreuzen, vereiteln* ‖ to be ~ed *in gehindert w in* ‖ *ärgern* **5.** (*Rassen*) *kreuzen, mischen* **6.** to ~ the floor ⟨pol⟩ *z anderen Seite übergehen* ‖ my letter ~ed yours *unsere Briefe kreuzten sich* ‖ to ~ a p's mind *jdm einfallen, in den Sinn k* ‖ to ~ a p's path *jds Weg kreuzen, jdm in die Quere k* ‖ to ~ the threshold *die Schwelle überschreiten* **B. vi** *quer liegen; sich kreuzen* (the two letters ~ed) ‖ *sich im Zickzack bewegen* (a to ~ over) *hinübergehen* (to z); *übersetzen* (to *nach*) **III. a 1.** *quer* (*liegend*), *kreuzweise gerichtet, schief; schräg, Quer–* ‖ *Kreuz–; gegen–, wechselseitig* **2.** *entgegengesetzt, zuwider* (to a th *e–r S*) ‖ *widerwärtig, ärgerlich* ‖ ⟨fam⟩ *mürrisch, verdrießlich, unwirsch, verstimmt,* °*eingeschnappt*; as ~ as two sticks *überaus verdrießlich* ‖ ⟨sl⟩ *unehrlich* **IV. adv** ⟨fig⟩ *quer* (to go ~ *fehlgehen* ‖ **~ly** ['~li] adv *zuwider, ungünstig; mürrisch*

cross– [krɔs, krɔ:s] (s, a, adv) [in comp] ⟨mach⟩ *Plan–, Quer–* ‖ **~-acceptance** *Wechselreiterei* f ‖ **~-action** ⟨jur⟩ *Widerklage* f ‖ **~-arch** ⟨arch⟩ *Kreuzgurt* m ‖ **~-armed** *mit verschränkten Armen* ‖ **~-axle** ⟨aero⟩ *durchgehende Fahrwerkachse* f ‖ **~-bar** *Querbalken, Querriegel* m, –*stange* f, –*scheit* n; ⟨ec arch⟩ *Querschiffarm* m; (*Fenster-*)*Sprosse* f; ⟨ftb⟩ *Torlatte* f; ⟨a-engl⟩ *Teppichstange* (*z Überhängen des Teppichs beim Klopfen*) ‖ **~-beam** ⟨tech⟩ *Querbalken* m ‖ **~-bearer** *Kreuzträger* m ‖ **~-bell** *Patronengürtel* m ‖ **~-bench** 1. s ⟨parl⟩ *die den Bänken der Parteien gegenüberliegende Bank für die, die k–r Partei angehören* 2. a *unparteiisch* ‖ **~-bill** *Rückwechsel* m ‖ **~-bones** [pl] *gekreuzte Knochen* m pl, *Figur f v zwei gekreuzten Skelettknochen* ‖ **~-bow** ⟨hist⟩ *Armbrust* f ‖ **~-bred** *durch Kreuzung erzeugt* ‖ **~-breed** *Mischrasse* f; *Mischling* m *ein Wurf m im Ringkampf* ‖ **~-check** of instruments ⟨aero⟩ *gleichzeitige Überprüfung aller Instrumente* ‖ **~-complaint** *Widerklage* f ‖ **~-connection** ⟨el⟩ *Querverbindung* f ‖ **~** controls of ⟨aero⟩ *entgegengesetzt wirkende Ruderausschläge* m pl ‖ **~-country** *querfeldein*; **~-country** capacity ⟨mot⟩ *Geländegängigkeit* f; **~-c.** car *Geländewagen* m; **~-c.** driving *Geländefahren* n; **~-c.** highway *Autobahn* f; **~-c.** tyre *Geländereifen* m ‖ **~-country** race *Gelände–, Waldlauf* m; **~-** countries [pl] *Überlandflüge* m pl ‖ **~** course

⟨min⟩ *Gangkreuz* n ‖ **~-cut** 1. s *Querweg* m; ⟨min⟩ *Querschlag* m 2. vt *quer durchschneiden* ‖ **~-cut** saw *Quer–, Wald–, Trummsäge* f ‖ **~-defendant** *Widerbeklagter* m ‖ **~** drift ⟨min⟩ *Querschlag* m ‖ **~-entry** ⟨com⟩ ♦*Gegeneintragung; Umbuchung* f ‖ **~-examination** ⟨jur⟩ *Kreuzverhör* n; **~-examine** [vt] *ins Kr. nehmen, kreuzverhören* ‖ **~-eyed** *schielend* ‖ **~-fire** ⟨mil⟩ *Kreuzfeuer* n ‖ **~-grained** *wider den Strich geschnitten* (wood); ⟨fig⟩ *widerhaarig, eigensinnig* ‖ **~-hatch** [vt] ⟨engr⟩ *durch sich kreuzende Linien schraffieren* ‖ **~-hatchings** [pl] *Kreuzschraffierung* f ‖ **~-head** ⟨tech⟩ *Kreuzkopf* m ‖ **~-heading** *Zwischenüberschrift* f, *kz Inhaltsangabe* f (*innerhalb e–s Artikels*) ‖ **~-hilt** ⟨fenc⟩ *Parierstange* f ‖ **~** landing-gear axle ⟨aero⟩ *durchgehende Fahrwerkachse* f ‖ **~-legged** *mit übergeschlagenen Beinen* ‖ **~-light** ⟨fig⟩ *Beleuchtung v verschiedenen Seiten* ‖ **~-lined** *kariert* ‖ **~-lots** *querfeld·ein* ‖ **~-pass** ⟨ftb⟩ *Querpaß* m ‖ **~-patch** ⟨fam⟩ *Griesgram* m (*mürrische P*) f ‖ **~-piece** *Querbalken* m ⟨mar⟩ *Netzbaum* m, *Nagelbank* f ‖ **~** piece ⟨aero⟩ *Querbalken* m (*Landekreuz*) ‖ **~-posting** ⟨mil⟩ *Austauschversetzung* f ‖ **~-purposes** [pl] *Frage-u Antwortspiel* n, to be, pay, work at ~-purposes *e–a unbewußt entgegenhandeln, an–e–a vorbeireden* (to talk at .. *sich mißverstehen*) ‖ **~-** question [vt] = **~-examine** ‖ **~-reference** *Kreuzverweis* m, *Querverweisung* f ‖ **~-ribbed** vault *Kreuzrippengewölbe* n ‖ **~-road** *Querstraße* f; **~s** [pl; *a sg konstr*] *Kreuzung* f; **~s** are dangerous; (at a ~s *an e–r K.*); at the ~s ⟨fig⟩ *am Scheideweg, Wende–, Scheidepunkte* ‖ **~-ruff** (at whist) *Zwickmühle* f ‖ **~-section** *Querschnitt* m ‖ **~-stitch** *Kreuzstich* m ‖ **~-talk** ⟨telph wir⟩ *Übersprechen* n ‖ **~-tie** ⟨rail Am fam⟩ *Schlafwagen* m ‖ **~-trees** [pl] ⟨mar⟩ *Saling* m (*Gestell am Topp der Masten*) ‖ **~-wind** landing ⟨aero⟩ *Seitenwindlandung* f ‖ **~** wire ⟨opt⟩ *Fadenkreuz* n ‖ **~-word** puzzle *Kreuzworträtsel* n

crossbill ['krɔsbil] s ⟨orn⟩ *Fichtenkreuzschnabel* m ‖ parrot ~ *Kiefernk.* ‖ two-barred ~ *Bindenk.*

crossfall ['krɔsfɔ:l] s ⟨mot⟩ *Wölbung* f (*Fahrbahn*); *Quergefälle* n, –*neigung* f

crossing ['krɔsiŋ] s *Hinübergehen* n ‖ ⁓ of the Red Sea ⟨bib⟩ *Durchzug* m *durch d. R. M.* ‖ *Übergang* m (*in e–r Straße* etc) ‖ *Durchquerung, Überfahrt, Reise* f (of *durch*); the ~ of the continent *die Reise durch den Kontinent* ‖ *Kreuzung* f (*zweier Straßen* etc) ‖ ⟨rail⟩ level ~ *schienengleicher Bahnübergang* m; *Gleisüberschneidung* f; (un)guarded level ~, (⟨mot⟩ etc) ~ no gates) (*un*)*beschrankter Bahnübergang* m; level ~ gate *Eisenbahnschranke* f ‖ *Durchkreuzen* (*e–s Schecks*) n ‖ (T) *Kreuzung* f ⟨ec arch⟩ *Vierung* f ‖ [attr] **~-place** *gekennzeichneter Übergang über belebte Straßen* ‖ **~-sweeper** *Straßenkehrer* m

crossness ['krɔsnis] s *üble Laune, Verdrießlichkeit* f

crosswalk ['krɔswɔ:k] s *Fußgängerüberweg, Übergang* m

crosswise ['krɔswaiz] adv *kreuzweise; quer*

crotch [krɔtʃ] s (of a tree etc) *Gabelung* f

crotchet ['krɔtʃit] s Fr ⟨mus⟩ *Viertelnote* f; → minim; quaver; semibreve ‖ ⟨fig⟩ *Grille* f **~iness** [~inis] s *Verschrobenheit* f ‖ **~y** [~i] a *verschroben, verdreht*

croton ['kroutən] s Gr ⟨bot⟩ *Purgierkr·oton* m ‖ **~-oil** ⟨med⟩ *Krotonöl* n

crouch [krautʃ] **1.** vi *sich bücken, sich ducken*; to be ~ed *kauern*; ~ed position ⟨praeh⟩ *Hockerstellung, –bestattung* f ‖ ⟨fig⟩ *sich demütigen, kriechen* (to *vor*) **2.** s *Sich-Ducken* n

croup [kru:p] s ⟨med⟩ *Krupp* m ‖ *falscher Krupp* m

croupade [kru′peid] s Fr ⟨hors⟩ *Krupp·ade* f

croup(e) [kru:p] s Fr *Kruppe* f, *Kreuz (des Pferdes)* n

croupier [′kru:piə] s Fr *Bankhalter* m (*beim Glücksspiel*) ‖ *Kontrapräses* m (*bei Diners*)

croûton [′kru:tɔ:n] s Fr ⟨cul⟩ (*geröstetes Brot*) *Bröckchen* n (*z Suppe*)

crow [krou] s *Krähe* f; → to caw ‖ *carrion* ~ *Rabenk.* ‖ hooded ~ *Nebelk.* ‖ a white ~ *ein weißer Rabe (Seltenheit)* ‖ → hooded; *humble* ‖ as the ~ *flies, in a* ~ *line in der Luftlinie, schnurgerade* ‖ to eat ~ ⟨Am fam⟩ *klein beigeben* ‖ to have a ~ *to pick with a p ein Hühnchen mit jdm z pflücken h* ‖ [attr] ~*-bar* ⟨tech⟩ *Brecheisen* n, *Hebestange* f ‖ ~*-flower* ⟨bot⟩ *wilder Meerrettich* m ‖ ~*-foot Fußangel* f ‖ ~*-quill Krähenfeder* f; *feine Stahlfeder* f ‖ ~*'s-feet* [pl] *Krähenfüße* m pl, *Fältchen* n pl (*am Auge*) ‖ ~*'s-nest* ⟨mar⟩ *Krähennest* n (*Ausguck*) ‖ ~*-toe* ⟨bot⟩ *wilde Hyazinthe* f

crow [krou] **1.** vi [~ed/~ed; ⟨poet bib⟩ the cock crew] ‖ *krähen* ‖ (*of children*) *vor Freude krähen* ‖ ⟨fig⟩ *jauchzen; frohlocken; triumphieren* (*over über*) **2.** s *Krähen* n ‖ *lautes Schreien* n (*vor Freude*)

crowberry [′kroubəri] s ⟨bot⟩ *Schwarze Rauschbeere* f

crowd [kraud] vi/t **1.** vi *sich drängen, strömen* ‖ ⟨Am⟩ *eilen* | to ~ *forth, out herausströmen* ‖ to ~ *in sich hineindrängen; hineindringen* ‖ to ~ *in upon a p* ⟨fig⟩ *jdn bestürmen, bedrängen* **2.** vt *zus-pressen, –drängen* (*into in*) ‖ ⟨Am⟩ *bedrängen* ‖ *beschleunigen* ‖ *füllen, anfüllen*; (*über*)*füllen, vollstopfen* (*with mit*); to be ~ed *with wimmeln v* | to ~ *sail* ⟨mar⟩ *alle Segel beisetzen* | to ~ *out wegen Platzmangels ausschließen* ‖ ⟨Am⟩ (*jdn*) *ausschalten, verdrängen* | ~**ed** [′~id] a *zus-gedrängt; beengt* (*by*) ‖ *gefüllt, voll* (*with von*) ‖ *verkehrsreich* (*street*) ‖ ⟨for⟩ *geschlossen (Bestand)* ~**ing** [′~iŋ] s *Gedränge* n etc ‖ ⟨demog⟩ *degree of* ~ *Wohndichte* f

crowd [kraud] s *gr (dichte) Menschenmenge* f; ~s of people *gr Menschenmassen* ‖ the ~ *die Massen* pl, *der Pöbel, das gemeine Volk* | ⟨fam⟩ *Gesellschaft, Clique, Bande* f | ⟨übtr⟩ (*S*) *gr Menge* f (a ~ *of hats*) | (*he, it*) *may pass in a* ~ *fällt in der Menge nicht auf* (*ist Durchschnitt*)

crowfoot [′krou-fut] s [pl ~s] ⟨bot⟩ *gelber Hahnenfuß* m ‖ ⟨mil⟩ *Fußangel* f ‖ ⟨mar⟩ *Hahnepot* m

crown [kraun] **I.** s **1.** *Krone* f, *Kranz* m; *martyr's* ~ *Märtyrerkranz* m | ~ *of thorns Dornenkrone* f ‖ *Königskrone* f ‖ *königliche Macht; höchste Gewalt* f *im Königreich*; to succeed to the ~ *König* w ‖ *Träger der K.* | *König(in* f) m **2.** ⟨fig⟩ *Krone, Belohnung* f; *Ehre* f, *Ruhm* m | *Krone, Vollendung* f; *Krönung* f, *Schlußstein* m **3.** *Gipfel* m, *Baumkrone* f ‖ *Scheitel, Wirbel; Kopf* m ‖ *shaven* ~ ⟨RC⟩ *Tons·ur* f **4.** *Krone* f (*5-Schilling-Silbermünze*); *half a - · o e halbe Krone* f ‖ ⟨mar⟩ *Ankerkreuz* n ‖ *Papierformat* (15×20 inch.) n ‖ ⟨arch⟩ *Krone e–s Bogens* ‖ ⟨tech⟩ *Kuppel* f (*e–s Glasofens*) ‖ *Zahnkrone* f ‖ *Krone (e–r Glocke)* **5.** [attr] ~*-Colony Kron-Kolonie* f, *die direkt dem Mutterland untersteht* (Ggs Dominion) ‖ ⟨for⟩ ~*-cover Bestandsschluß* m ‖ ~*-glass Mond–, Kronglas* n ‖ ~*-jewels* [pl] *Kronjuwelen, Reichskleinodien* n pl ‖ ~*-land Kronland* n, ~*-lands* [pl] *Krongüter* n pl, *Staatsdomänen* f pl ‖ ~*-law Strafrecht* n ‖ ~*-prince* ⟨a-engl⟩ *Kronprinz* m ‖ ~*-princess Kronprinzessin* f ‖ ~*-wheel Kronrad (der Uhr)* n **II.** vt **1.** *krönen, bekränzen* | ⟨König⟩ *krönen* (*they* ~*ed him king sie krönten ihn z König*) | ⟨übtr⟩ *krönen, schmücken* (*with*) **2.** *die Krone or den Gipfel bilden v; zieren* ‖ ⟨fig⟩ (*e–r*

S) *die Krone aufsetzen*; *krönen*; *vollenden*; to ~ *all alles (Bisherige) überbietend, als Höchstes* (to ~ *all he* ..) ‖ *krönen, belohnen* **3.** ⟨dent⟩ to ~ *a tooth e–n Zahn überkronen* | (*at draughts*) to ~ *a man e–n Stein z Dame m* ~**ing** [′~iŋ] **1.** a *alles überbietend; höchst* **2.** s ⟨arch⟩ *Krönung* f, *Abschluß* m; ~ (*of a reredos*) *Gespreng* n ‖ ~ *with thorns Dornenkrönung* f

croydon [krɔidn] s (*nach Stadt in* Surrey) *zweirädriger Wagen* m

crucial [′kru:ʃiəl] a ⟨anat⟩ *kreuzförmig, Kreuz–* ‖ *entscheidend, kritisch*; ~ *point Kernpunkt* m; ~ *test Feuerprobe* f ‖ *schwierig* (question)

crucian [′kru:ʃən] s (*ich*) (a ~ *carp*) *Seekarausche* f

crucible [′kru:sibl] s *Schmelztiegel* m; ~ *steel Tiegelgußstahl* m ‖ ⟨fig⟩ *Feuerprobe* f

cruciferous [kru:′sifərəs] a ⟨bot⟩ ~ *plant Kreuzblütler* m

crucifix [′kru:sifiks] s *Kruzifix* n ~**ion** [,kru:si′fikʃən] s *Kreuzigung* f, the ~ *die Kreuzigung Christi* (a arts)

cruciform [′kru:sifɔ:m] a *kreuzförmig*

crucify [′kru:sifai] vt *kreuzigen* ‖ ⟨fig⟩ (*Begierden* etc) *abtöten*

crude [kru:d] a (~*ly* adv) *natürlich* (~ oil), *roh* (~ sugar); *Roh–* (~ iron) ‖ *roh, ungekocht* ‖ *unverdaut* ‖ *unreif* (fruit) | ⟨fig⟩ *unverarbeitet, undurchdacht; unreif; unfertig* | (*of actions*) *ungehobelt, roh, grob* ‖ ⟨demog stat⟩ *roh* (rate), → *gross, general* ‖ *grell* (colour) ‖ *ungeschminkt, nackt* (facts) ~**ness** [′~nis], **crudity** [′kru:diti] s *roher or unreifer Zustand* m ‖ ⟨fig⟩ *Unreifheit* f; *unreifer Gedanke* m | *Grobheit* f

cruel [′kru:əl] **1.** a (~*ly* adv) *grausam* (to ~ *gegen*); it is ~ *of you es ist grausam v dir* ‖ *schrecklich; blutig* | *hart, schmerzlich, entsetzlich* **2.** adv ⟨fam⟩ °*gemein, verdammt (höchst, sehr)* (~ cold) | ~**ty** [~ti] s *Grausamkeit* (to *gegen[über]*); ~ *to animals Tierquälerei* f ‖ *Härte, Schwere* f

cruet [′kru:it] s (*Essig–, Öl-*)*Fläschchen* n; ⟨RC⟩ *Meßkännchen* n ‖ ~*-stand Men·age* f

cruise [kru:z] **1.** vi ⟨mar⟩ *kreuzen* ‖ ⟨aero⟩ *fliegen* ‖ ⟨mar⟩ *e–e Vergnügungsreise zur See* m (etc) ‖ *Kreuzerkrieg führen* **2.** s *See–, Segelfahrt, Vergnügungsreise* f (to go on a ~) ‖ ⟨mil⟩ *Kreuz–, Aufklärungsfahrt* f ‖ ⟨aero⟩ *Reiseflug* m ‖ *travel* ~ *director Reiseleiter* m ‖ ~ *ship Vergnügungsdampfer* m ‖ ~ *train (internat.) Rundreisezug* m

cruiser [′kru:zə] **1.** s ⟨mar⟩ *Kreuzer* m ‖ *armoured* ~ *Panzer–* **2.** *Jacht* f **3.** *Segler* m **4.** ~*-weight* ⟨box⟩ = light heavy weight **5.** ⟨fig fam⟩ *Dirne* f

cruising [′kru:ziŋ] s ⟨aero⟩ ~ *altitude Reiseflughöhe* f ‖ ~ *flight Reiseflug* ‖ ~ *gear* ⟨mot⟩ *Schongang* m ‖ ~ *power Reiseflug–, Schonleistung* f ‖ ~ *range Aktionsradius* m ‖ ~ *speed Reisegeschwindigkeit, Autobahn(dauer)geschwindigkeit* f

cruller [′krʌləl] s ⟨Am⟩ *Kringel* m (*Gebäck*)

crumb [krʌm] **1.** s *Krume* f, *Krümchen* n; *Brosame* f ‖ *Krume* f (*das weiche Innere des Brotes* [Ggs crust]) ‖ ⟨fig⟩ *Bißchen, Atom* n (a ~ *of comfort*) | [attr] ~*-brush Tischbesen, Krumenbesen* m ‖ ~*-cloth über den Teppich gelegte Decke* f **2.** vt *mit Krumen bestreuen, panieren* ‖ *zerkrümeln*

crumble [′krʌmbl] vt/i ‖ *zerkrümeln, –bröckeln, –stückeln* ⟨a fig⟩ vi *krümeln, zerbröckeln* ‖ ⟨fig⟩ *zerbröckeln, –fallen* (to dust); *zergehen, vergehen, zus–schmelzen* (into *in*)

crumbling [′krʌmbliŋ], **-ly** [′krʌmbli] a *krümelig, bröckelig*

crumby, crummy [′krʌmi] a *krümelig, weich* ‖ ⟨sl⟩ (*of women*) *drall, mollig, pummelig* ⟨Am sl⟩ *hübsch (Mädchen)* ‖ ⟨dero⟩ *billig, armselig,* °*miserabel, lausig, Scheiß–*

crump [krʌmp] s ⟨sl⟩ *Krachen* n ‖ *schwere explodierende Granate* f

crumpet ['krʌmpit] s *(weicher, schwach gebackener) Kuchen* m ‖ ⟨sl⟩ „*Birne*" f *(Kopf)*; → *barmy* ‖ *to be off one's* ∼ °*meschugge s, plemplem s*

crumple ['krʌmpl] vt/i ‖ *zerknüllen, zerknittern*; *to* ∼ *up zus–knüllen* ‖ ⟨fig⟩ *(Gegner) überwältigen* | vi *faltig w*; *zerknittert w* ‖ *to* ∼ *up einschrumpfen*; ⟨fig⟩ *zus–brechen* (under); *fallen*

crunch [krʌntʃ] **1.** vt/i *zerknirschen (mit den Zähnen)*; *zermalmen* | vi *knirschen* ‖ *(unter knirschendem Geräusch) sich bewegen* **2.** s *knirschendes Geräusch* n

crupper ['krʌpə] s *(of horse) Schwanzröhre* f, *Schweifriemen* m ‖ *Kruppe* f

crural ['kruərəl] a ⟨anat⟩ *Bein–, Schenkel–*

crusade [kru:'seid] **1.** s *Kreuzzug* m; ⟨a fig⟩ *(Temperance* ∼) **2.** vi *e–n K. unternehmen* | ∼**r** [∼ə] s *Kreuzfahrer* m

cruse [kru:z] † s *Krug* m, *Trinkgefäß* n ‖ ⟨fig⟩ *unerschöpflicher Vorrat* m

crush [krʌʃ] **I.** vt/i **A.** vt **1.** *zerquetschen, –drücken* ‖ *zermalmen, –stampfen* ‖ *zus–drükken, eindrücken*; *zerknittern* **2.** ⟨fig⟩ *niederwerfen, unterdrücken*; *vernichten, niederschmettern* (a ∼ing *defeat*) **3.** *trinken, leeren* (to ∼ a *bottle of wine*) **4.** [mit adv] *to* ∼ *down niederdrücken*; *zerdrücken, zermalmen, –stäuben* (into *zu*) ‖ ⟨fig⟩ *niederwerfen, unterdrücken*; *überwältigen* | *to* ∼ *out ausdrücken, –pressen* ‖ *to* ∼ *up zerstampfen, –kleinern*; *zerdrücken, zus–drükken* **B.** vi *zus–gedrückt w, faltig w, sich falten, zerknittern* | ⟨Am sl⟩ °*poussieren* ‖ *sich drängen, sich drängeln* (into *in*) **II.** s **1.** *Quetschung* f; *Druck* m **2.** *Gedränge* n ‖ *dichte Menge Menschen* f; ⟨fam⟩ *gr Gesellschaft, gesellschaftl. Aufmachung* f **3.** ⟨Am sl⟩ *Flirt* m, °*Pouss·age* f; *to have a* ∼ *on vernarrt s in* **4.** [attr] ∼*-hat Klapphut* m ‖ ∼*-room* ⟨fam⟩ *(Theater-)Foy·er* n | ∼**ed** [∼t] a: ∼ *malt* ⟨brew⟩ *Schrot* m | *sugar gestoßener Zucker* m ‖ ∼ *stone Splitt* m | ∼**er** [∼ə] s *Zerstoßer* m; ⟨fig sl⟩ °*Polyp* m *(Polizist)*; ⟨Am fam⟩ °*Poussierstengel* m ‖ ⟨tech⟩ *(a* ∼ing *machine) Quetsche, Mörtelmühle* | *Brechmaschine* f ‖ ⟨fam⟩ *überwältigende S* (on *f)* ∼**ing** [∼iŋ] **1.** a ⟨fig sl⟩ *prima*; °*knorke, dufte, schnafte* **2.** s ⟨tech⟩ *Grobmahlung, Zerkleinerung* f ‖ ∼ *machine Zerkleinerungsmaschine* f ‖ ∼ *mill Brechwalzwerk* n

crust [krʌst] **1.** s *(of bread) Kruste, Rinde* f; *hartes, trockenes Stück Brot*; *Knust* m; *to crack a (tidy)* ∼ *sich schlecht u recht durchschlagen (leben wie Gott in Frankreich)* ‖ *(of a pie) Rand, Teig* m | *Grind, Schorf* m ‖ ⟨bot zoo⟩ *Schale* f ‖ ⟨geol⟩ *Rinde, Kruste* f, *Inkrustation* f ‖ ∼ *of wine Niederschlag* (in *Flaschen)* m | ⟨fig⟩ *Kruste, Schale* f | ⟨Am sl⟩ *Unverschämtheit* f **2.** vt/i ‖ *mit e–r Kruste. Rinde überziehen* | *sich bekrusten, e–e Rinde bek* or *bilden* | ∼**ed** ['∼id] a *bekrustet,* (of wine) *abgelagert* ‖ ⟨fig⟩ *veraltet; alt; ehrwürdig* ‖ ∼ *up* ⟨Am⟩ *unverschämt* ‖ *ärgerlich* ∼**iness** ['∼inis] s *Krustigkeit* f ‖ ⟨fig⟩ *mürrisches Wesen* n | ∼**y** ['∼i] a (–ily adv) *krustig* ‖ ⟨fig⟩ *reizbar; mürrisch*

crustacea [krʌs'teiʃiə] s L [pl] ⟨zoo⟩ *Krusta-z·een, Krustentiere* pl | ∼**n** [∼n] **1.** a *Krustentier–* **2.** s *Krustentier* n, *Krebs* m

crustaceology [ˌkrʌsteisi'ɔlədʒi] s *Lehre v den Krustentieren* f

crustaceous [krʌs'teiʃiəs] a *krustenartig*; *Krustentier–*

crutch [krʌtʃ] s *Krücke* f (a pair of ∼es *ein Paar Krücken*); *to go on* ∼es *an* (⟨med⟩ *Achsel-) Krücken gehen* ‖ ⟨fig⟩ *Stütze, Hilfe* f ‖ ⟨mar⟩

gabelförmige Stütze f | ∼*-stick Krückstock* m

crux [krʌks] s L ⟨bes her⟩ *Kreuz* n ‖ ⟨fig⟩ *Schwierigkeit, Krux* f

cry [krai] **1.** s *Schrei, lauter Ruf* m (for *nach)* | *Geschrei* n; → *hue* ‖ *Ausrufen (der Warenhändler)* n ‖ ⟨hunt⟩ *Hatzlaut* m; *in full* ∼ *(of hounds) mit hellem Halse* or *Laut (hetzen)*, → *music* **2.** *Bitte* f, *Flehen* n | *Weinen* n; *Wehklagen* n **3.** *Zuruf* m | *Schlag–, Losungswort* n | *Gerücht*; *the popular* ∼ *die Volksstimme* f **4.** *(of dogs) Anschlagen, Gebell* n; *Koppel, Meute (Hunde)* f **5. Wendungen:** *a far* ∼ *e–e weite Entfernung*; *.. from it himmelweit davon entfernt* ‖ *in full* ∼ *laut bellend, in voller Jagd*; ⟨fig⟩ *mit gr Begeisterung* ‖ *to cries of .. the curtain falls unter den Rufen v .. fällt der Vorhang* ‖ *within* ∼ *in Rufweite* ‖ *to have a good* ∼ *sich tüchtig ausweinen* ‖ *much* ∼ *and little wool (Zuruf) viel Geschrei u wenig Wolle* | [attr] ∼*-baby kl Schreihals* m

cry [krai] vi/t **A.** vi **1.** *schreien, rufen* ‖ *ausrufen, verkünden* ‖ *weinen, wehklagen*; *to* ∼ *over spilt milk unnütz wehklagen* ‖ *laut schreien, heulen, jammern* ‖ *anschlagen, bellen* **2.** [mit prep] *to* ∼ *against murren gegen, sich laut beklagen über* ‖ *to* ∼ *for verlangen nach (for the moon nach Unmöglichem)*; *(etw) dringend erfordern (the situation cries for bold ideas)* ‖ *to* ∼ *to a p jdm zurufen*; *jdn anrufen, –flehen* **3.** [mit adv] *to* ∼ *off sich lossagen, zurücktreten (from v)* ‖ *to* ∼ *out laut aufschreien* ‖ *to* ∼ *out against öffentl. mißbilligen, tadeln, sich beklagen (über)*; *.. out for* ⟨fig⟩ *laut rufen, verlangen nach* **B.** vt **1.** *(etw) rufen, schreien* ‖ *ausrufen, –schreien, –bieten*; *verkünden* | *weinen (to* ∼ *bitter tears)* **2.** *to* ∼ *one's eyes od heart out sich das Herz aus dem Leibe, die Augen aus dem Kopfe weinen*; *to* ∼ *mercy um Gnade flehen* ‖ → *quits* ‖ *to* ∼ *shame upon protestieren gegen, empört s über* ‖ *to* ∼ *o.s. to sleep sich in den Schlaf weinen* **3.** [mit adv] *to* ∼ *down untersagen; verdammen; in Verruf bringen; niederschreien* ‖ *to* ∼ *out ausrufen* ‖ *to* ∼ *up rühmen, laut preisen*; *.. up to the skies in den Himmel heben* ∼**ing** [∼iŋ] a *schreiend, rufend* | *weinend* ‖ ⟨fig⟩ *himmelschreiend,* ∼ *shame schreiendes Unrecht* n ‖ *dringend (a* ∼ *need)*

cryogen ['kraiədʒen] s Gr ⟨chem⟩ *Kryog·en-farbstoff* m

cryolite ['kraiəlait] s Gr ⟨minr⟩ *Kryol·ith* m *(Eisstein)*

crypt [kript] s ⟨arch⟩ *Krypta, Gruft* f ‖ ⟨anat⟩ *Absonderungsdrüse* f | ∼**ic** [∼ik] a *geheim, verborgen*

cryptanalize [krip'tænəlaiz] vt *(bei unbekanntem Schlüssel) entziffern* –**lysis** [ˌkriptə'næləsis] s *Geheimschriftanalyse* f

crypto- ['kripto–] Gr [in comp] *Geheim–, Krypto–* ∼**-aid** [–'eid] s *(Geheimschrift-)Schlüssel-mittel* n ∼**gam** [∼gæm] s ⟨bot⟩ *Kryptogame* f ∼**gamia** [ˌkripto'gæmiə] s L [pl] ⟨bot⟩ *Krypto-g·amen* pl ∼**gamic** [ˌkripto'gæmik], ∼**gamous** [krip'təgəməs] a ⟨bot⟩ *kryptogamisch* ∼**gram** [∼græm], ∼**graph** [∼grɑ:f] s *Schriftstück* n *in Geheimschrift; verschlüsselter Text* m ∼**grapher** [krip'təgrəfə] s *Entschlüßler* m *(P)* (v *Geheimnachrichten)* ∼**graphy** [krip'təgrəfi] s *Geheimschrift* f ∼**mechanism** ['kripto'mekənizm] s ⟨mech & el⟩ *Schlüsselmaschine* f ∼**-security violation** [∼si'kjuəriti ˌvaiə'leiʃən] s *Schlüsselbruch* m *(Verstoß gegen die Schlüsselsicherheit)*

crystal ['kristl] **1.** s ⟨chem & minr⟩ *Kristall* m; *rock–, Berg–* | *(Kristall-)Glas* n | ⟨Am⟩ *Uhrglas* n ‖ ⟨wir⟩ *Quarz* n | [attr] ⟨wir⟩ ∼ *control Quarzsteuerung* f | ∼ *clear* ⟨fig⟩ *sonnenklar* ‖ ∼*-gazing Kristallsehen (Zukunftsdeuten)* n ‖ ∼*-set* ⟨wir⟩ *(Empfangsapparat* m *mit) Kristalldetektor* m **2.** a *kristallen, Kristall–, kristallhell* ∼**line** ['kristəlain] a *krist·allen*; *Kristall–* (∼ *lens*

⟨anat⟩ *–linse*), *kristallhell* **~lizable** ['kristə-laizəbl] a *kristallisierbar* **~lization** [‚kristəlai-'zeiʃən] s *Kristallisierung* f **~lize** ['kristəlaiz] vi/t ‖ *sich kristallisieren*; ⟨a fig⟩ (into *zu*) | vt *kristallisieren*; ⟨fig⟩ *feste Form geben* | (*Frucht*) *kandieren* (~d fruits) **~lography** [‚kristə'ləgrəfi] s *Lehre* f *v den Kristallen* **~loid** ['kristələid] **1.** a *kristallähnlich* **2.** s *Kristallo·id* n
C-spring ['si:'spriŋ] s → cee
ctenoid ['kti:nəid] Gr **1.** a *kammartig*; *Kamm*– **2.** s ⟨ich⟩ (a ~ fish) *Kammschupper* m
cub [kʌb] **1.** s *Welpe* m (*noch nicht 1jähriger, junger Fuchs*) ‖ *Junges* n (*e–s wilden Tieres* ⟨hunt⟩ *Leopard, Löwe, Tiger, Wolf, Fuchs, Bär, Dachs, Otter, Seehund* etc) | *Mitglied des Jungvolks der Boy Scouts*; ⟨Ger⟩ *Pimpf* m ‖ ⟨fig⟩ *roher Bengel*; *Tolpatsch* m, unlicked ~ *jd, der noch nicht trocken hinter den Ohren ist* | [attr] ~ *reporter* °*Reportersäugling* m **2.** vi *Junge werfen* | *junge Füchse jagen* **~hood** ['hud] s *Jugend* f
cubage ['kju:bidʒ] s *Kubikinhalt* m; *–sberechnung, Kubierung* f **cubature** ['kju:bətʃə] s (*Kubik-*)*Inhaltsberechnung* f
cubby ['kʌbi], **~-hole** [~houl] s *kl behaglicher Raum*; *Kämmerchen* n
cube [kju:b] **1.** s ⟨math⟩ *K·ubus, Würfel* m ‖ (*a ~ number*) *Kubikzahl, dritte Potenz* f | [attr] *Kubik–* ‖ **~-root** ⟨math⟩ *Kubikwurzel* f ‖ **~-**sugar *Würfelzucker* m **2.** vt ⟨math⟩ *kubieren, in die dritte Potenz erheben*; three *~d* (3³) *drei hoch drei* ‖ *den* (*Kubik-*)*Inhalt berechnen v* | (*mit Würfeln*) *pflastern*
cubeb ['kju:beb] s *Kub·ebe* f, *Frucht des Kubebenpfeffers*
cubic ['kju:bik] a *würfelförmig, Würfel–* | *Raum–, Kubik–*; ~ content *–inhalt* m; ~ foot *Kubikfuß* m (a ~ foot of water [62,3 lbs.] *ein K. Wasser*) | *kubisch* (~ equation); ~ number ⟨math⟩ *Kubikzahl* f | **~al** [~əl] a *würfelförmig, Würfel–*
cubicle ['kju:bikl] s *Schlafkabin·ett* n (*in Schlafsälen*)
cubiform ['kju:bifə:m] a *würfelförmig*
cubism ['kju:bizm] s ⟨arts⟩ *Kub·ismus* (→ vorticism) m **cubist** ['kju:bist] s *Kub·ist* m
cubit ['kju:bit] s ⟨ant⟩ *die Elle* f (18–22 inches) **~al** [~l] a *ellenlang, Kubit·al–*
cubo– ['kjubou] ⟨math⟩ [in comp] **~-cube** *sechste Potenz* f; **~-~-cube** *neunte Potenz*
cuboid ['kju:bəid] **1.** a *würfelförmig* **2.** s ⟨anat⟩ (a ~ bone) *Würfelbein* n
cuckold ['kʌkəld] **1.** s *Hahnrei* m **2.** vt *z Hahnrei m*
cuckoo ['kuku:] **1.** s *Kuckuck* m; great spotted ~ *Häherkuckuck* m; ~ call, ~ note *–sruf m* | ⟨fam⟩ *Einfaltspinsel* m; ⟨aero⟩ (*deutscher*) *Bomber* m ‖ ⟨Am sl⟩ to go ~ °*abkratzen* (*sterben*) | [attr] **~-clock** *Kuckucksuhr* f ‖ **~-flower** ⟨bot⟩ *Kuckucksblume* f ‖ *Wiesenschaumkraut* n ‖ **~-pint** ⟨bot⟩ *Gefleckter Aron* m ‖ **~-spit** *Kuckucksspeichel* m ‖ ⟨ent⟩ *Schaumzikade* f **2.** intj *kuckuck!* **3.** a ⟨Am sl⟩ *plempl·em* (*verrückt*)
cucullate(d) ['kju:kʌleit(id)] a ⟨bot zoo⟩ *mit e–r Kappe bedeckt*
cucumber ['kju:kəmbə] s *Gurke* f; → cool | ⟨Am⟩ **~-tree** ⟨bot⟩ *Gurkenmagn·olie* f ‖ ~ time ⟨com fam⟩ *Saure-Gurken-Zeit* f
cucurbit [kju:'kə:bit] s *Kürbis* m **~aceous** [kju:‚kə:bi'teiʃəs] a *Kürbis–*
cud [kʌd] (of ruminants) *vorgekautes Futter* n | to chew the ~ *wiederkäuen*, ⟨fig⟩ *überlegen, nachsinnen*; → to chew
cudbear ['kʌdbeə] s *rotes Färbepulver* n
cuddle ['kʌdl] **1.** vt/i *umarmen, hätscheln, hegen* | vi *sich schmiegen*; (a to ~ up) *sich* (*im Bett*) *warm einmummeln, –packen* **2.** s *Umarmen* n

cuddy ['kʌdi] s ⟨mar⟩ *Kajüte* f ‖ *kl Raum* m, *Kammer* f
cuddy ['kʌdi] s ⟨Scot⟩ *Esel* m ⟨a fig⟩
cudgel ['kʌdʒəl] **1.** s *Knüttel* m ‖ to take up the ~s for a p ⟨fig⟩ *jdm die Stange halten* (*f jdn Partei nehmen, eintreten*) | **~-play** *Stockfechten* n **2.** vt *prügeln* ‖ to ~ one's brains *sich den Kopf zerbrechen* (about *über*; for *um*)
cudster ['kʌdstə] s ⟨Am sl⟩ *Kuh* f
cudweed ['kʌdwi:d] s ⟨bot⟩ *Ruhrkraut* n
cue [kju:] s ⟨theat⟩ *Stichwort* n ‖ *Wink, Fingerzeig* m; to give a p his ~ *jdm die Worte in den Mund legen*; to take one's ~ *from a p sich nach jdm richten* ‖ *Rolle, Aufgabe* f | *Laune, Stimmung* f
cue [kju:] s (*Haar-*)*Zopf* (*mst* queue) m ‖ *Queue* n, *Billardstock* m **~ist** ['~ist] s *Billardspieler* m
cuesta ['kwestə] s Span ⟨geol⟩ *Schichtstufe* f ‖ ~ topography *Schichtstufenlandschaft* f
cuff [kʌf] s *Mansch·ette* f ‖ (of a coat etc) *Ärmelaufschlag* m, *Stulpe* f | **~-link** *Manschettenknopf* m
cuff [kʌf] **1.** vt *knuffen, puffen, schlagen*; (a to ~ a p's ears) *jdn ohrfeigen* **2.** s *Knuffen* n, *Knuff* m
cuirass [kwi'ræs] s ⟨mil⟩ *K·üraß, Harnisch, Panzer* m **~ier** [‚kwirə'siə] s Fr *Kürassier* m
cuisine [kwi'zi:n] s Fr *Küche, Kochkunst* f
cuisse [kwis], **cuish** [kwiʃ] s [*mst* pl *–sses*] *Beinharnisch* m
cuke [kju:k] s ⟨Am⟩ = cucumber
cul-de-sac ['kuldə'sæk] s Fr *Sackgasse* f ⟨a fig⟩
culex ['kju:leks] s L ⟨ent⟩ *Stechmücke* f
culinary ['kju:linəri] a *kulinarisch, Koch–, Küchen–*
cull [kʌl] **1.** vt *pflücken* ‖ *aussuchen, auslesen* **2.** s *Brack–, Merzvieh* n
cullender ['kʌlində] = colander
cullet ['kʌlit] s *Bruchglas* n
cully ['kʌli] s ⟨sl⟩ *Dummkopf, Tropf* m | ⟨sl⟩ *Kamerad, Genosse* m
culm [kʌlm] s *Kohlenstaub* m; *Staubkohle* f ‖ ⟨geol⟩ *Kulm* m (*unteres Karb·on*)
culm [kʌlm] s ⟨bot⟩ (*Gras-*)*Halm, Stengel* m ‖ ~s [pl] → malt sprouts
culminant ['kʌlminənt] a ⟨astr⟩ *kulminierend*
culminate ['kʌlmineit] vi/t ‖ ⟨astr⟩ *kulminieren* ‖ ⟨fig⟩ *gipfeln* (in *in*); *den Höhepunkt erreichen* (with *bei, mit*); *–ting point* ⟨fig⟩ *Gipfel, Höhepunkt* m ‖ *sich steigern, zunehmen* | vt ⟨fig⟩ *auf den Höhepunkt bringen* **–tion** [‚kʌlmi-'neiʃən] s ⟨astr⟩ *Kulmination* f ‖ ⟨fig⟩ *höchster Stand, Gipfel*, ⟨fig⟩ *Höhepunkt* m (to reach one's ~ in)
culottes [ky'lɔt] s [pl] Fr *Hosenrock* m, ⟨mil⟩ *Arbeitshose* f (*f Frauen*)
culpability [‚kʌlpə'biliti] s *Schuld, Strafbarkeit, Straffälligkeit* f
culpable ['kʌlpəbl] a (*–bly* adv) *tadelnswert*; *strafbar; sträflich* **~ness** [~nis] s = culpability
culprit ['kʌlprit] s *Verbrecher* m ‖ ⟨jur⟩ *Angeklagter* m
cult [kʌlt] s *Kultus* m ‖ *Verehrung, Huldigung* f; *Kult* m (the Shelley ~) ‖ *Liebhaberei* f; *Mode* f **~ic** ['~ik], **~ual** ['~juəl] a *kultisch, Kult–*
cultivable ['kʌltivəbl], **-vatable** ['kʌltiveitəbl] a ⟨agr⟩ *anbaufähig* ‖ *kultivierbar* ⟨a fig⟩
cultivate ['kʌltiveit] vt *kultivieren*; *bearbeiten, bebauen* ‖ (*Gemüse, Pflanzen*) *bauen, ziehen, züchten* | ⟨fig⟩ *veredeln, gesittet m; entwickeln; bilden* ‖ *üben, betreiben* | *hegen, pflegen* (a p's acquaintance, friendship) **–ated** [~id] a *bebaut, kultiviert*; ~ area ⟨agr stat⟩ *tatsächliche Kulturfläche* f ‖ ⟨fig⟩ *gebildet; zivilisiert, verfeinert* **–ation** [‚kʌlti'veiʃən] s *Kultivierung, Bestellung* f,

Anbau m, *Urbarmachung* f; (*Acker-*)*Bau* m ‖ (*Pflanzen-*)*Zucht* f | ⟨fig⟩ *Ausbildung, Veredelung, Gesittung* f ‖ *Übung; Pflege* f **-tor** [ˈkʌltiveitə] s *Bebauer* m; *Landwirt*; *Pflanzer* m ‖ ⟨agr⟩ *Kultivator* m (*Gerät*)

cultrate [ˈkʌltreit] a *scharfkantig*

cultural [ˈkʌltʃərəl] a *kultur·ell; Kultur–* (∼ film *–film* m; ∼ convention *–abkommen* n; ∼ director ⟨SBZ⟩ *–direktor* m; ∼ heritage *–erbe* n) ‖ ∼ landscape ⟨geog⟩ *Kulturlandschaft* f | **∼ly** [∼i] adv *in kultureller Beziehung* f

culture [ˈkʌltʃə] s *Kultur, Zucht* f (∼ of silk *Seiden–*) ‖ ⟨bact⟩ ∼ medium *künstl. Nährboden* m f *Bakterienzucht* ‖ ⟨fig⟩ *Kultur; Zivilisation*; *Bildung* f ‖ [attr] *Kultur–* | **∼d** [∼d] a *kultiviert, gebildet*

culturine [ˈkʌltʃərain] a ⟨Am fam⟩ *in Kultur machend*

culver [ˈkʌlvə] s ⟨orn⟩ *Waldtaube* f

culverin [ˈkʌlvərin] s ⟨mil hist⟩ *Feldschlange* f (*Geschütz*)

culvert [ˈkʌlvət] s ⟨tech⟩ *unterirdische* (*Wasser-*)*Leitung* (*unter e–r Straße*) f; *Durchlaß* m, *Do*(*h*)*le* f

–cum– [kʌm] prep L [*als Bindewort*] *mit* ‖ gardener-cum-chauffeur *Gärtner* m *mit Führerschein*; office-cum-apartment block *Büro- u Wohnblock* m; shopping-cum-handbag *Mehrzweckhandtasche* f

cumber [ˈkʌmbə] **1.** vt *beschweren, überladen* ⟨a fig⟩ ‖ *hindern, hemmen* **2.** s *Hindernis* n, *Last* f

cumbersome [ˈkʌmbəsəm], **cumbrous** [ˈkʌmbrəs] a (∼ly adv) *schwerfällig, schwer z handhaben*; ⟨übtr⟩ *–some* (and slow) *schwerfällig* (administrative machinery) ‖ ⟨fig⟩ *lästig, hinderlich* **∼ness** [∼nis] s *Schwerfälligkeit* f ‖ *Lästigkeit* f

Cumbrian [ˈkʌmbriən] **1.** a *kumbrisch* **2.** s *der Bewohner v Cumberland*

cummer [ˈkʌmə] s ⟨Scot⟩ *Gevatterin* f; *Frau* f

cummerbund [ˈkʌməbʌnd] s ⟨AInd⟩ *Leibgurt* m

cum(m)in [ˈkʌmin] s ⟨bot⟩ *Stachel–, Kreuzkümmel* m

cumquat [ˈkʌmkwət] s ⟨bot⟩ *kl Orange* f

cumulate 1. [ˈkju:mjulit] a *gehäuft* **2.** [ˈkju:mjuleit] vt/i | *häufen* | vi *sich anhäufen* ‖ **–ation** [ˌkju:mjuˈleiʃən] s (*An-*)*Häufung* f **–ative** [ˈkju:mjulətiv] a *sich* (*an*)*häufend* ‖ *hinzukommend, verstärkend* (∼ evidence) ‖ *sich steigernd* (tension) ‖ *Zusatz–*; *kumulativ* ⟨tech⟩ ∼ percentage of oversize (undersize) *Rückstands-* (*Durchgangs-*)*Summenprozente* n pl

cumulo– [ˈkju:mjulou] [in comp] **∼-nimbus** *Gewitterwolke* f ‖ **∼-stratus** *Wolkenwulst* m v *hellgrauer Farbe* **–lous** [ˈkju:mjuləs] a *angehäuft*; *in Haufen* (to be ∼) ⟨a⟩ [ˈkju:mjuləs] s L (pl –li [–lai]) *Haufe* m ‖ ⟨astr⟩ *Haufenwolke* f

cuneate [ˈkju:niit] a *keilförmig*

cuneiform [ˈkju:niifɔ:m] **1.** a *keilförmig*; *Keil–* | ∼ inscription *Keilinschrift* f **2.** s *Keilschrift* f (in ∼ *in K.*)

cunning [ˈkʌniŋ] **1.** s *List, Schlauheit, Arglist* f ‖ *Geschicklichkeit* f **2.** a (∼ly adv) *klug, geschickt* ‖ *verschmitzt, schlau* ‖ ⟨Am fam⟩ *anziehend, niedlich, reizend* | **∼ly** [∼li] adv *verschmitzt, mit e–m verschmitzten Lächeln or Augenzwinkern* ⟨oft⟩ *klüglich*(*erweise*), „*wohlweislich*"

cup [kʌp] **I. s 1.** *Tasse* f; tea–∼ *Tee–* | *Becher* m; loving ∼ *Willkommen*(*becher* m) ‖ ⟨ec⟩ (*Abendmahls-*)*Kelch* m; *Abendmahlswein* m ‖ (*Preis-*)*Pokal* m, → Davis ∼ **2.** *Tasseninhalt* m, *Tasse*(*voll*) f, ∼ of tea *e–e Tasse Tee*; ∼ **5.**; *Becher*(*voll*) m; ⟨übtr⟩ *Trunk; Wein* m (to be fond of the ∼ *gerne bechern*) ‖ (*kalte*) *Bowle* f **3.** *becherartiger Gegenstand* m; (*Blumen-*)*Kelch* m |

Talmulde f ‖ ⟨anat⟩ *Pfanne, Gelenkkapsel* f ‖ ⟨hunt⟩ ([3] *oberste Sprossen des Hirschgeweihs*) (*becherförmige*) *Krone* f **4.** ⟨fig⟩ *Schicksal, Los* n, *Kelch* (*der Freude, des Leids*) (a bitter ∼; his ∼ was full) → slip **5. Wendungen**: challenge ∼ ⟨sport⟩ *Wanderpreis* m; the ⚔ final ⟨ftb⟩ *Endspiel um den Pokal* ‖ drinking-∼ *Trinkbecher* m ‖ parting ∼ *Abschiedstrunk* m ‖ in one's ∼s *im Rausch, betrunken* ‖ a ∼ too low *nicht in Stimmung* ‖ ∼ and saucer *Tasse u Untertasse* f ‖ that's not my ∼ of tea ⟨fam⟩ *das ist nicht m'ein Fall* **6.** [attr] ∼ anemometer ⟨meteor⟩ *Schalenkreuzwindmesser* m ‖ ∼-bearer *Mundschenk* m ‖ ∼ grease *Staufferfett* n **II.** vt ⟨med⟩ *schröpfen* ‖ (*etw*) *wölbend decken* (over); *.. legen*(in); (chin) in ∼ped hands *.. in die Hand geschmiegt*; he ∼ped the match in his hand *er verbarg .. in, schloß d. H. über ..* **∼ful** [ˈ∼ful] s *Tasse–* f, *Bechervoll* m (a ∼ of)

cupboard [ˈkʌbəd] s *Schrank; Speise–, Geschirrschrank* m | ∼-love *Liebe, die durch den Magen geht, berechnende Liebe*(*nswürdigkeit*) f

cupel [ˈkju:pel] **1.** s ⟨chem⟩ *Versuchstiegel* m, *Kapelle* f **2.** vt ⟨chem⟩ *kapellieren; läutern* **∼lation** [ˌkju:peˈleiʃən] s ⟨chem⟩ *Kapellieren* n, *Läuterung* f

Cupid [ˈkju:pid] s *Kup·ido, Amor* ‖ ∼'s bow (*obere*) *Bogenlinie* f *der Oberlippe*

cupidity [kju(:)ˈpiditi] s *Begierde* f, *Gelüst*(*e*) n ‖ *Habgier* f

cupola [ˈkju:pələ] s It ⟨arch⟩ *Kuppel* f, *–dach, –gewölbe* n ‖ ⟨mar⟩ *Panzerturm* m ‖ (a ∼-furnace) ⟨met⟩ *Kuppel-, Schachtofen* m

cupping [ˈkʌpiŋ] s ⟨surg⟩ *Schröpfen* n ‖ ∼-glass *Schröpfkopf* m, *–glas* n

cupreous [ˈkju:priəs] a *kupfern; kupferhaltig*; *–farbig* **–ric** [ˈkju:prik], **–rous** [ˈkju:prəs] a ⟨chem⟩ *Kupfer–* **–riferous** [kju:ˈprifərəs] a *kupferhaltig, Kupfer–* **–rite** [ˈkju:prait] s ⟨minr⟩ *Rotkupfererz* n

cupule [ˈkju:pju:l] s ⟨bot⟩ *Fruchthülle* f, *–becher* m

cur [kə:] s *Köter* m ‖ *Schurke* m ‖ ∼-dog ⟨engl hunt⟩ *jeder Hund außer dem foxhound*

curability [ˌkjuərəˈbiliti] s *Heilbarkeit* f **–ble** [ˈkjuərəbl] a *heilbar*

curaçao, –çoa [ˌkjuərəˈsou] s *Curaçao*(*likör*) m

curacy [ˈkjuərəsi] s *Hilfsgeistlichenstelle, Unterpfarre* f

curare, –ri [kjuˈrɑ:ri] s *Pfeilgift* n (*der Indianer*); → wourali

curate [ˈkjuərit] s ⟨C. E.⟩ *Hilfsgeistlicher, Unterpfarrer* m ‖ ∼-in-charge *stellvertretender Pfarrer* m

curative [ˈkjuərətiv] **1.** a *heilend, Heil–* **2.** s *Heilmittel* n

curator [kjuəˈreitə] s *Vorsteher; Museums–, Bibliotheks–, Verwaltungsdirektor* m ‖ ⟨Oxf univ⟩ *Mitglied* n *des Kuratoriums* ‖ ⟨jur Scot⟩ *Kur·ator, Vormund* m ‖ ∼ absentis L *Abwesenheitspfleger* m **∼ship** [∼ʃip] s *Amt*(*szeit* f) n *e–s* curator

curb [kə:b] **1.** s ⟨hors⟩ *Kand·are; Kinnkette* f; ∼-bit *–nstange* f ‖ *Brunnenrand* m ‖ ⟨fig⟩ *Zaum, Zügel, Einhalt* m (to a th *e–r S*) ‖ ⟨vet⟩ *Hasenfuß, Spat* m | ⟨Am⟩ *Bordkante* f, → kerb, ∼-side *Außenseite* f (*des Bürgersteigs*) ‖ ∼-market ⟨Am st exch⟩ *Freiverkehr* m ‖ ∼-roof ⟨arch⟩ *Mansardendach* n **2.** vt ⟨hors⟩ (*ein Pferd*) *an die Kandare nehmen* ‖ ⟨fig⟩ *bändigen, zügeln*

curcuma [ˈkə:kjumə] s ⟨bot⟩ *Gelbwurz* f

curd [kə:d] s *Quark* m, *geronnene Milch* f ‖ to turn to ∼s *gerinnen* ‖ ∼s and whey *dicke Milch* f | ∼-soap *weiße Kernseife* f

curdle [ˈkə:dl] vt/i | *gerinnen* m, *z Gerinnen bringen*; ⟨a fig⟩ (to ∼ the blood) | vi (of milk) *gerinnen* ‖ *erstarren*; my blood ∼d *es ging mir durch Mark u Bein* (with terror)

curdy ['kɔ:di] a *dick*; *dicklich, klumpig*

cure [kjuə] **I. s 1.** ⟨ec⟩ *seelische Fürsorge*; *Pfarre* f; ~ *of souls Seelsorge* f **2.** *Heilmittel* n (for *f*) **3.** *Heilverfahren* n, *Behandlung, Kur* f (milk ~); ⟨a fig⟩ ‖ *under* ~ *unter Behandlung, in der Kur*; to take a ~ *e-e Kur durchm* **4.** *Heilung, Genesung* f; to effect a ~ *gründlich kurieren* **5.** = vulcanization **6.** [attr] *Kur-* **II. vt/i 1.** vt (*jdn*) *heilen* (of *v*) ⟨a fig⟩ ‖ (*Krankheit*) *heilen*; ⟨a fig⟩ (to ~ *laziness*) | *einpökeln, -salzen* ‖ (*Fisch*) *räuchern* ‖ (*Heu*) *trocknen* | = *vulcanize* **2.** vi *pökeln* ‖ *trocken w* **3.** [in comp] ~*-all Universalheilmittel* n ~**less** ['~lis] a *unheilbar* | ~**r** ['~rə] s *Helfer, Heiler* m ‖ *Einpökler* m

cure [kjuə] s ⟨sl⟩ *überspannte P* f; *komischer Kauz* m

curette [kju'ret] Fr ⟨surg⟩ **1.** s *scharfrandiges Abschabinstrument* n **2.** vi *mit e–m A. operieren, behandeln*

curfew ['kɔ:fju:] s ⟨hist⟩ *Läuten* n *der Abendglocke* ‖ *Zeit des Läutens* f ‖ (a ~*-bell*) *Abendglocke* f ‖ ⟨pol⟩ *Ausgehverbot* n, *Ausgangsbeschränkung* f; *Ausnahmezustand* m

curia ['kjuəriə] s L (*röm.*) *Kurie* f

curio ['kjuəriou] (abbr *f* curiosity) s [pl ~s] *Rarität* f

curiosity [ˌkjuəri'əsiti] s *Wißbegierde* f ‖ *Neugier* f | *Rarität, Merkwürdigkeit* f (a ~) ‖ ⟨sl⟩ *komischer Kauz* m | (old) ~ *shop Raritäten-, Antiquitätenladen* m

curious ['kjuəriəs] a *wißbegierig* ‖ *neugierig* (about *betreffs*; to do) | *sorgfältig, genau* | *seltsam, merkwürdig* ~**ly** [~li] adv *höchst, sehr*; ~ *enough äußerst merkwürdig* ~**ness** [~nis] s *Seltsamkeit* f ‖ *Neugierde* f

curl [kɔ:l] **1.** s *Locke, Haarlocke* f; ~ *of butter Butterröllchen* n ‖ *Wallung, Kräuselung* f; in ~ *gekräuselt*; to come, go out of ~ *aufgehen* (*v Locken*) ‖ *Windung* f; *Ring* m (~ *of smoke*); ~ *of the lip* (*verächtliches*) *Kräuseln, Aufwerfen der* (*oberen*) *Lippe* m ‖ ⟨agr⟩ *Kräuselkrankheit* f | ~*-paper* (*Papier-*)*Haarwickel* m **2.** vt/i (*Haar*) *kräuseln, locken, ringeln, frisieren* (to ~ up) ‖ *winden, drehen*; (*Wasser*) *kräuseln*; to ~ *one's lip verächtlich die Lippe aufwerfen* ‖ (*Blech*) *bördeln* | vi *sich locken, sich kräuseln*; *sich wellen* ‖ *sich winden, sich drehen* ‖ *wogen* ‖ to ~ up *sich zus-rollen*; ⟨sport sl⟩ *zus-brechen* | ~**ed** [~d] a *gekräuselt, gelockt, lockig, wellig* | ~**er** ['~ə] s *Lockenwickler* m ~**iness** ['~inis] s *Lockigkeit, Krausheit* f ~**ing** ['~iŋ] s *Kräuseln, Frisieren* n ‖ ⟨Scot sport⟩ *Eisschießen* n (*Spiel auf dem Eise*) | ~*-irons* [pl] *Kräusel-, Brennschere* f; ~*-tongs* [pl] *Ondulierschere* f | ~**y** ['~i] a *sich kräuselnd* ‖ *gekräuselt, lockig* | *Locken tragend*; ~ *cabbage, ~ greens* [pl] *Kraus-, Grün-, Winterkohl* m; ~*-headed lockenköpfig*; ~*-pate Lockenkopf* m (*P*)

curlew ['kɔ:lju:] s *Brachvogel* m ‖ *stone* ~ *Triel* m; *slender-billed* ~ *Dünnschnabel-Brachvogel* m

curlicue ['kɔ:likju] ʊ ⟨Am fam⟩ *Schnörkel* m, *Rolle, Spirale* f

curmudgeon [kɔ:'mʌdʒən] s (*P*) *Griesgram, Geizhals, Knicker* m ~**ly** [~li] a *griesgrämig, geizig, filzig*

curragh ['kʌrə] s Ir = coracle ‖ ⟨Ir⟩ *Marschboden* m

currant ['kʌrənt] s *Korinthe* f ‖ *Johannisbeere* f (red ~ *rote J.*)

currency ['kʌrənsi] s *Umlauf* m; to give ~ to a th *etw in U. bringen*; *Zirkulation* f ‖ ⟨com⟩ *Lauffrist* f *e–s Wechsels* ‖ ⟨com⟩ *Umlauf, Kurs* m ‖ *Umlaufmittel* n ‖ *kursierendes Geld* n, *Währung, Valuta* f (in English ~) ‖ ⟨fig⟩ *allg Annahme, Geltung* f ‖ [attr] ~*-note Schatzanweisung* f (*bes v* £1 *u* 10s.) ‖ old ~ *credit balances* [pl] *Altgeldguthaben* n pl; → App.

current ['kʌrənt] **1.** a * *laufend, fließend* ‖ ~ *handwriting Kurrentschrift, Kursive* f | (of time) *laufend* (the ~ *year*); *gegenwärtig*; *augenblicklich, jetzig*, at the ~ *exchange z Tageskurse*; ~ *affairs* [pl] *Tagesereignisse* n pl, ⟨school⟩ (*a* ~ *events*) *Gegenwartskunde* f; ~*-price Tagespreis* m, ~*-rate Tageswert* m ‖ on the 6th of this ~ *am 6. dieses Monats* | (of money) *kursierend*; *kurant, gangbar, gültig* ‖ ⟨übtr⟩ *umlaufend, zirkulierend*; *verbreitet* (rumour) ‖ *allg angenommen* or *anerkannt*; to pass ~ *f gültig, voll angenommen w, gang u gäbe s* **2.** s *Strom* m ‖ *Strömung* f ‖ (of air) *Zug* m ‖ ⟨el⟩ *Strom* m; *closed* ~ *geschlossener St.* m; *continuous* ~ (abbr C. C.), *direct* ~ (abbr D. C.) *Gleichstrom*; *alternating* ~ (abbr A. C.) *Wechselstrom* m | ⟨fig⟩ *Strom, Gang, Lauf* m (*v Meinungen* etc) ‖ ⟨com⟩ ~s *of exchanges Handelsströme* m pl | ~**ly** [~li] adv *allgemein, gemeinhin, überall*

curricle ['kʌrikl] s *zweirädrige Kutsche* f *mit zwei Pferden*

curricular [kə'rikjulə] a ⟨univ⟩ *Lehrplan*- ~**lum** [kə'rikjuləm] s L [pl -la] *Lehrplan* m ⟨school⟩ *Pensum* n ‖ ~ *vitae Lebenslauf* m

currier ['kʌriə] s *Lederzurichter* m

currish ['kʌriʃ] a (~ly adv) *knurrig, bissig* ‖ ⟨fig⟩ *mürrisch*; *gemein* ~**ness** [~nis] s *bissiges, bösartiges Wesen* n

curry ['kʌri] **1.** s *Curry* m & n (*Gewürz f Reisgerichte*) | *ein mit* ~ *od* ~*-powder gewürztes Gericht* n | ~*-powder Currypulver* n **2.** vt *mit curry würzen, bereiten*

curry ['kʌri] vt (*Pferd*) *abreiben, striegeln* ‖ (*Leder*) *bereiten*; *zurichten* ‖ ⟨fig⟩ *prügeln* ‖ to ~ *favour with a p sich bei jdm einschmeicheln, um jds Gunst buhlen* | ~*-comb Striegel* m

curse [kɔ:s] **1.** s *Fluch* m, to lay a ~ *upon e–n F. legen auf, verfluchen*; ⟨ec⟩ *Verdammnis* f; *Bann* m | *Fluch* m, *Verwünschung* f | I don't care a (tinker's) ~ *od cuss ich frage k–n Pfifferling danach* ‖ ⟨fig⟩ *Elend* n, *Fluch* m (to *f*); *Unglück* n ‖ the ~ *of Scotland* ⟨cards⟩ *die Karoneun* f **2.** vt/i *verfluchen*; *verdammen*; *exkommunizieren* | *fluchen auf* (*jdn*); *verfluchen, –wünschen* ‖ [*bes* pass] to be ~d *with bestraft, gequält w or s mit* ‖ ~ *him! hol' ihn der Teufel! z T. mit ihm!* | vi *fluchen* | ~**d** ['kɔ:sid] a *verflucht, verwandt* ‖ ⟨fam⟩ *verflucht, –flixt, elend* ‖ → cussed ~**dly** ['kɔ:sidli] adv *verflucht,–teufelt* ~**dness** ['~idnis] s *Verfluchtsein* n, *Verfluchtheit* f

cursive ['kɔ:siv] **1.** a (of handwriting in Mss.) *Kursiv-* **2.** s *Kursive* f

cursor ['kɔ:sə] s *Läufer* m (*auf dem Rechenschieber*)

cursoriness ['kɔ:sərinis] s *Oberflächlichkeit, Flüchtigkeit* f ~**ry** ['kɔ:səri] a (*–rily adv*) *flüchtig, oberflächlich*

curst [kɔ:st] a († & dial) *bösartig, zänkisch*

curt [kɔ:t] a (~ly adv) *kurz* (*gefaßt*), *knapp* ‖ *kz angebunden* (with *mit*), *barsch* (to *gegen*) ~**ness** ['~nis] s *Kürze, Knappheit* f ‖ *Barschheit* f

curtail [kɔ:'teil] vt *ab-, verkürzen, beschneiden, kürzen*; ~ed *word Kurzwort* ‖ ⟨fig⟩ *beschränken*; (*Lohn*) *herabsetzen*; *berauben* (of *um*) ~**ment** [~mənt] s *Abkürzung, Beschneidung* f ‖ ⟨fig⟩ *Beschränkung, Kürzung* (in a th *e–r S*) f

curtain ['kɔ:tn] **I. s 1.** *Vorhang* m, *Gardine* f | ⟨fig⟩ *Wand* f (a ~ *of cloud*); *Hülle* f, *Schleier* m ‖ ⟨pol⟩ *iron* ~ *Eiserner Vorhang* m (*des Kommunismus nach Westen*); *bamboo* ~ *Bambusvorhang* m (*des kommunistischen China*) ‖ *paper* ~, *red-tape* ~ *wiehernder Amtsschimmel* m ‖ *security* ~, *classification* ~ *Geheimhaltung(sbestimmungen* pl) f ‖ *silken* ~ *britische Nachrichtenzensur* f ‖ *uranium* ~ (*angebliche*) *Nichtzulassung brit. Atomwissenschaftler z amerik. Projekten* **2.** ⟨theat⟩ *Vorhang* m ‖ ⟨fig⟩ *Abschluß, Ausklang* m (a clever ~) **3.** ⟨fort⟩

Kurt·ine f, *Zwischenwall* m **4. Wendungen**:
behind the ~ *hinter den Kulissen* ‖ to draw the
~(s) *den Vorhang (die Gardinen) auf-* or *zuziehen*; ⟨fig⟩ to draw the ~ over a th *etw begraben, zudecken* ‖ ⟨theat⟩ the ~ comes down,
drops, falls *der Vorhang fällt* ‖ ⟨fig⟩ to lift the
~ *den Schleier lüften* ‖ ⟨theat⟩ the ~ rises, goes
up *der Vorhang geht hoch* ‖ to take one's
last ~ *z letzten Male auftreten* ‖ ~! (intj)
Tableau! **5.** [attr] ~-fall *Niedergehen des Vor-
hangs* n (at ~-fall) ‖ ~-fire, ~ of fire *Sperr-
feuer* n ‖ ~ hanger *Dekorateur* m ‖ ~-lecture
Gardinenpredigt f ‖ ~-raiser ⟨sl theat⟩ *Einakter* m (als *Eröffnungsstück*) ‖ ~-rod *Gardinen-
stange* f ‖ ~ wall *Blend–, Außenwand* f (an *Stahl-
skelettbauten*); ⟨fort⟩ *Zwischenmauer* f, *–wall* m
‖ ~ walling *Aluminiumstahlbauweise* f *mit
Wandverkleidungselementen* **II. vt** *mit Vorhän-
gen versehen, umh·ängen* ‖ ⟨fig⟩ *verschleiern, ver-
hüllen* | to ~ off (*durch Vorhänge*) *abschließen*
  curtana [kə·'teinə, –'ta:nə] s ⟨engl⟩ *Schwert* n
*ohne Spitze, das dem König bei der Krönung vor-
angetragen wird*
  curtilage ['kə:tilidʒ] s ⟨jur⟩ *kl z Haus gehöriger Hof, Platz* m (o. ä.)
  curtsy, –sey ['kə:tsi] **1.** *Knicks* m ‖ to drop
(make) a ~ *e–n K. m, sich verneigen* (to *vor*)
2. vi *e–n Knicks* m (to *vor*); *sich verbeugen* (to
the ground *bis auf den Boden*)
  curvaceous [kə:'veiʃəs] a °*„kurvenreich", voll-
busig* (lady)
  curvature ['kə:vətʃə] s *Krümmung, Biegung*;
~ of the spine *Rückgratsverkrümmung* f ‖
Bogenlinie f
  curve [kə:v] **1.** s *krumme Linie, Krümmung,
Kurve* f; winding ~ *Wellenlinie* f ‖ ⟨mot⟩ to
enter a ~ *in die Kurve gehen*; to fly off the ~
aus der K. fliegen; to leave a ~ *aus der K. gehen*;
to negotiate a ~ *in der K. liegen*; to round a ~
e–e K. ausfahren; to take a ~ *e–e K. nehmen* |
⟨Am typ⟩ *Klammer* f ‖ ~ fitting ⟨demog stat⟩
analytische Ausgleichung f **2.** vt/i *krümmen,
biegen* ‖ *schweifen* | vi *sich krümmen, sich biegen*
  curvet [kə:'vet] ⟨hors⟩ **1.** s *Kurb·ette* f (*Bogen-
sprung*) **2.** vi *kurbettieren*
  curvi– ['kə:vi–] [in comp] *krumm–* **~lineal**
[ˌkə:vi'liniəl], **~linear** [ˌkə:vi'liniə] a *krummlinig*
  cuscus ['kuskus] s ⟨zoo⟩ *Phal·anger* m (*Kletter-
beutler*)
  cushat ['kʌʃət] s *Ringeltaube* f
  cushion ['kuʃin] **1.** s *Kissen, Polster* n ‖ ⟨bill⟩
Bande f | ~ pad ⟨arch⟩ *Wulst* m ‖ ~-tire *Polster-
reifen* m, ⟨mot⟩ *Vollgummireifen* m **2.** vt *mit
Kissen versehen; abfedern, polstern* ‖ *durch ein
Kissen schützen; (Fall) dämpfen* | ⟨fig⟩ *still-
schweigend unterdrücken* | **~ed** [~d] a *Polster-
*(~ seat) ‖ ⟨fig⟩ *sanft, weich* | **~y** [~i] a *weich*
  cushy ['kuʃi] a ⟨sl⟩ *„sauber" (leicht, angenehm, bequem)* (job)
  cusp [kʌsp] s ⟨anat arch⟩ *Spitze* f ‖ ⟨arch⟩
Absatz m, *Abstufung, Zacke* f ‖ *Horn (des Mondes)* n ‖ ~ point ⟨math⟩ *Umkehrpunkt* m **~idal**
['~idəl] a *zugespitzt* **~idate(d)** ['~ideit(id)] a
Spitz– (~ tooth)
  cuspidor ['kʌspidɔ:] s ⟨Am⟩ *Spucknapf* m
  cuss [kʌs] s ⟨vulg⟩ f (~ curse) **1.** s (*bes* Am sl)
Fluch m, *Verwünschung* f; I don't care a
(tinker's) ~ *ich mache mit nicht die Bohne daraus*
| *Kerl* m, *Ekel* n (P) **2.** vi (*bes* Am sl) *fluchen* | **~ed**
['~id] a (*~ly adv*) *verflucht* ‖ *widerhaarig*; *boshaft* **~edness** ['~idnis] s *Bosheit, Widerhaarig-
keit* f
  custard ['kʌstəd] s *Eiercreme* f | ~-apple ⟨bot⟩
Frucht f *des Flaschenbaumes*
  custodial [kʌs'toudiəl] **1.** a *den Schutz betr,
Vormundschafts–* **2.** s *Gefäß* n *z Aufbewahrung v
Heiligtümern* **–dian** [kʌs'toudiən] s *Hüter, Wäch-*

ter, Kustos m ‖ ~ country *Treuhänderstaat* m,
federführender Staat m
  custody ['kʌstədi] s *Bewachung* f, *Schutz* m,
to be in the ~ of a p *in jds Sch. stehen*; *Obhut,
Aufsicht* f (of *über*) ‖ *Gewahrsam* m, *Haft* f (*protective ~ Schutz–*); in ~ *in H.*; to take into ~
in Schutzhaft nehmen
  custom ['kʌstəm] s **1.** *Brauch* m, *Gewohnheit* f
(of doing *z tun*), as was his ~ *wie es s–e G. war*
| *Brauch* (~ of trade *Handels–*, ~s of war
Kriegsbrauch); *Gebrauch* m, *Sitte* f ‖ ⟨jur⟩ *her-
kömmlicher, fester Brauch* m; *Gewohnheitsrech*
n; ~s [pl] *Brauchtum* n **2.** ⟨com⟩ [abstr] *Kundschaft* f **3.** ~s [pl] (a ~s *duty*) (*Einfuhr-*)*Zoll* m;
His Majesty's **~**s *die königliche Zollbehörde* f;
board of ~s *Zollbehörde* f **4.** [attr] ~s *Zoll–* ‖
~s clearance, ~s clearing *Zollabfertigung* f; ~s
entry, ~s declaration *Zollangabe, –deklaration* f
‖ ~s examination *Zollrevision* f ‖ ~s fine *Zoll-
buße* f ‖ ~s frontier *Zollgrenze* f ‖ ~s offence
Zollvergehen n ‖ ~s seal, ~s leads *Zollver-
schluß* m ‖ ~s union *Zollunion* f **5.** [in comp]
~-free *zollfrei* ‖ ~-house *Zollamt* n, *Zollbehörde* f ‖ ~-house officer *od* official *Zollbeamter* m ‖ ~-made ⟨Am⟩ *nach Maß an-
gefertigt* ‖ ~-order *Maß–, Sonderanfertigung* f ‖
~-penny *Eingangszoll; Rückzoll* m **~able** [~əbl]
a *zollpflichtig* **~ary** [~əri] **1.** a (*–rily adv*) *gebräuchlich, üblich* (as is ~ .. *wie es üblich ist ..*),
gewöhnlich; herkömmlich ‖ *Gewohnheits–* (~
law *–recht*) **2.** s *Gewohnheitsrecht* n (*e–s manor*)
| **~er** [~ə] s *Kunde, Käufer* m; regular ~ (at a
restaurant) *Stammgast* m; ~s [pl] [konkr]
Kundschaft f | ⟨fam⟩ queer ~ *seltsamer Kunde*,
rough ~ *roher Bursche* m
  custos ['kʌstəs] s L (pl *–odes* [kʌs'toudi:z])
Hüter, Aufseher; **~** *Rotulorum Archivar* m
  cut [kʌt] vt/i [cut/cut] **I. vt A. Bedeutungen:**
1. *e–n Schnitt* m *in (etw), schneiden in* (he has ~
the cloth); I ~ my finger *ich schnitt mich in den
Finger*; to ~ o.s. *sich schneiden* | (T) *kastrieren,
verschneiden* ‖ ⟨for⟩ (*Holz*) *einschlagen* | ⟨übtr⟩
(*jdm*) *Schmerz verursachen; verwunden* | (*Pferd*)
hauen, schlagen (with) ‖ (of the wind etc) *schneiden*, the wind ~s my face *der Wind schneidet mir
ins Gesicht* | ⟨fig⟩ *verletzen, kränken*, it ~ him
to the heart *es schnitt ihm ins Herz* **2.** *schneiden,
zerschneiden, –teilen* (in, into *in*); to ~ in two
entzweischneiden ‖ (*Fleisch*) *vorschneiden* ‖
(*Buch*) *aufschneiden* **3.** (*Stein*) *aushauen*; *schnit-
zen*; (*Edelstein*) *schleifen* | (*etw*) *ritzen, ein-
schneiden, –gravieren* (into *in*) | (*Weg* etc) *aus-
graben*; (*Graben*) *stechen, ziehen*; (*Tunnel*)
bohren **4.** *zurechtschneiden, zuschneiden* |
formen; ausführen, m; ⟨a übtr⟩ **5.** *abschneiden,
–hauen*; to ~ one's nails *sich die Nägel schneiden*
‖ (*Haar*) *scheren; stutzen, beschneiden* | (*Korn*)
schneiden, mähen | ⟨übtr⟩ (*Weg*) *abkürzen* ‖
⟨mot⟩ to ~ a bend, corner *e–e Kurve, Ecke
schneiden* ‖ (*etw*) *einschränken; abkürzen*; (*Artikel*) *beschneiden, kürzen* ‖ ⟨com⟩ (*Preise*)
herabsetzen ‖ (*Verlust*) *abbuchen, –schreiben* |
⟨fig⟩ (*Verbindung*) *abbrechen, –schneiden, aufgeben* ‖ (*jdn*) *schneiden (nicht grüßen*); to ~ a p
dead *jdn wie Luft behandeln* ‖ *fernbleiben* v
(*etw*), (*Vorlesung*) *schwänzen* **6.** (of lines) *durch-
schn·eiden, kreuzen*, the lines ~ each other *die
Linien schneiden sich* **7.** ⟨sport⟩ (*Ball*) *schneiden*
‖ ⟨crick⟩ (*Ball*) *nach rechts u nach hinten schla-
gen* | ⟨cards⟩ (*Karte*) *abheben*; to cut the cards
abheben **8.** ⟨Am⟩ (*Wein*) *verschneiden; mixen*
B. to ~ a *caper tanzen, e–n Luftsprung* m | to ~
a .. figure *e–e .. Rolle spielen* ‖ to ~ no ice ⟨sl⟩
*nicht ins Gewicht fallen (ohne Belang s); nicht
imponieren* (with a p *jdm*) | to ~ the knot (*fig*)
den Knoten durchhauen ‖ to ~ a record *e–e
Schallplatte bespielen* ‖ to ~ the record *den
Rekord brechen* ‖ to ~ the gun ⟨aero sl⟩ °*die*

Pulle rausnehmen (den Motor drosseln) || to ~ one's teeth *Zähne bek, zahnen* || ⟨mil hum⟩ I was ~ting barbed wire while you were ~ting your teeth *ich war längst an der Front, als du noch in die Windeln machtest,* → wire || to ~ one's way *sich e–n Weg bahnen* | to ~ **fine** ⟨sl⟩ *genau berechnen, knapp bemessen;* to ~ it *fine noch eben zur Zeit k, etw (den Zug) noch eben erwischen* || to ~ loose *trennen, lösen* (from); to ~ o.s. loose *sich lossagen v* || to ~ open *aufschneiden* || to ~ a p short *jdn unterbrechen;* to ~ a story short *e–e Geschichte abkürzen* || to ~ to bits *od* to pieces ⟨fig⟩ *in Stücke hauen, zerstückeln* || ~ that! *still davon!* **C.** [*mit adv*] to ~ **away** *abschneiden, abhauen* | to ~ down *fällen, niederhauen;* ⟨fig⟩ *dahin–, wegraffen* || *verkürzen, verringern, (Preise) herabsetzen* || *(Manuskript) zus–streichen* | to ~ **in** *einschneiden, –kerben;* ⟨mot⟩ *(andere Fahrzeuge ab–),,schneiden"* | to ~ **off** *abhauen, abschneiden; (Zufuhr etc) abschneiden;* to ~ off *a p's sight od view jdm die Sicht nehmen (e–r S) ein Ende m* || to ~ off the engine ⟨aero⟩ *den Motor abstellen* || ~-off value *Grenzwert m* || *(jdn) ausschließen* (from *v*) to ~ a p off with a shilling *jdn (bis auf e–n sh.) enterben* | ⟨fig⟩ *dahinraffen, umbringen; vertilgen* || ⟨telph⟩ *trennen* (to ~ a p off) || ⟨mus⟩ *abklopfen (Dirigent)* | to ~ **out** *ausschneiden, aushauen* | *zuschneiden* || *ausstechen, ausgraben* || ⟨Am⟩ *v der übrigen Herde absondern* || ⟨wir⟩ *(Geräusche, Sender) ausschalten; fernhalten* || ⟨mot⟩ *(Motor) ab–, ausschalten* || *wegkapern* || *aufgeben, unterlassen* || ⟨mot⟩ *(entgegenkommenden Wagen) durch Überholen behindern* || ⟨fig⟩ *ausstechen; (jdn) verdrängen* (with a p *bei jdm*) || *ersinnen, erdenken;* his work is ~ out for him *er hat s–e bestimmte Arbeit, hat genügend z tun;* he is ~ out for this work *er ist f diese Arbeit wie geschaffen* || to ~ **up** *zerschneiden, zerstückeln; zerlegen* || *vernichten, zerstören* || ⟨fig⟩ *kritisieren, heruntermachen* || *(jdn) mitnehmen; betrüben* || he's ~ up ⟨fam⟩ *er sitzt in der Patsche, Tinte, Klemme* f **II. vi 1.** *schneiden* (in, into *in*); *⟨a* übtr⟩ || *hauen* (through) || *stechen* || *sägen* || *bohren* | *sich schneiden l* | ⟨cards⟩ *abheben* | ⟨fig⟩ *wegrennen, schnell laufen;* ~! *fort mit dir!* **2. Wendungen:** ~ and come again *greif tüchtig zu, iß tüchtig* || to ~ and contrive *sparsam wirtschaften, mit wenigem ausk* || to ~ and run ⟨fam⟩ *sich aus dem Staube m* || to ~ for deal *z Geben abheben* || it ~s both ways *es ist zweischneidig; es wird beiden Seiten gerecht* || to ~ loose *sich befreien* (from); *sich gehen l* **3.** [*mit prep*] to ~ **at** *schlagen nach;* ⟨fig⟩ *gefährden* || to ~ **into** ⟨fig⟩ *einfallen in* **4.** [*mit adv*] to ~ **across** *e–n kürzeren Weg einschlagen* (to *nach*) || to ~ away to the right *nach rechts abschwenken* || to ~ **back** ⟨film⟩ *auf vorher gezeigtes Bild zurückgreifen;* I shall ~ back to bed ⟨sl⟩ *ich hau mich wieder hin* || to ~ in *plötzlich eintreten; eingreifen (in Unterhaltung);* ⟨mot⟩ *Wagen überholen, wenn ein dritter entgegenkommt, beim Überholen zu früh einschwenken* || to ~ **out** ⟨mot⟩ *aussetzen* || to ~ out West ⟨fam⟩ *nach Westen durchbrennen* || to ~ **up** ⟨Am fam⟩ *Streiche spielen* || to ~ up rough *rauhbeinig w* || to ~ up well *ein gr Vermögen hinterlassen* **III.** [in comp] ~-and-come again [s] *Vorrat in Hülle u Fülle* || ~-back ⟨film⟩ *Wiederholung e–s früheren Bildes;* ⟨com⟩ *Produktionseinschränkung* f || ~-off [ʹkʌtɔːf] *Seitenkanal; Durchbruch* m || ⟨tech⟩ *Dampfabsperrung* f; ⟨rec⟩ *Stopp(taste* f) m, quick ~ *Schnellstopp* m || ⟨Am⟩ *Richtweg* m || ~-out [ʹkʌtaut] [pl ~-outs] *Ausschnitt* m; *ausgeschnittene Figur* f || ⟨el⟩ *selbsttätiger Aus–, Umschalter* m; *Sicherung* f || ⟨mot⟩ *Auspuffklappe* f || ~-up ⟨Am sl⟩ *Racker* m

cut [kʌt] a *be–, geschnitten; Schnitt– (~ flowers)* || *behauen* || *verwundet* || *kastriert;* ⟨~ horse⟩ *Wallach* m || *geschnitzt, geschliffen* || *gekürzt, herabgesetzt* || ⟨sl⟩ *beschwipst* | ~-and-dry (*od* dried) *abgemacht; fix u fertig; schablonenhaft* || ~ rate [attr] *scharf beschnitten (Preis)*

cut [kʌt] s **1.** *Schnitt* m | *(Schnitt-)Wunde* f (in one's finger) || *Hieb* m (with); *(Peitschen-)Hieb* m || *Hau* m (*e–r Feile*) || ⟨met⟩ *Schliff* m | *Stich* m ⟨*a* fig⟩ || *Schnitt, Einschnitt* || *Graben* m, *Rinne* f | *Anschnitt* m, *Schnitte* f (a ~ of pork); *Stück* n; *Aufschnitt* m (cold ~) || (of timber) *Schnitt* m; *Gebinde* n (*Maß f Leinen, Wollgarn*) | ⟨engr⟩ *(Kupfer-)Stich* m | *Schnitt, Zuschnitt* m; *Form, Fasson* f || ⟨film⟩ *Schnitt* m (*Einzel- u Gesamtschnitt*) **2.** *Streichung, Kürzung* f; *Beschränkung, Beschneidung* f; *Ausschnitt* (of a play) m || *Beschneidung (der Löhne)* f, *Abstrich* m (~ in pay *Lohnabzug*) || *Wegabkürzung* (to take a [short] ~) f; *Durchgang;* ⟨Am⟩ *Tunnel* m **3.** ⟨fig⟩ *Schneiden (Nichtkennenwollen)* n || ⟨Am⟩ *Schwänzen* n **4.** ⟨cards⟩ *Abheben* n || ⟨crick⟩ *scharfer Schlag* m *nach rechts hinten;* ⟨ten⟩ *Schnittball* m **5.** ⟨cosm⟩ *curly* ~s [pl] *Kräusellocken* f pl; *poodle* ~, *bubbly* ~ *Pudelschnitt* m **6. Wendungen:** short-~ *nächster Weg, Richtweg* m || ~-and-thrust *Hieb- u Stoßfechten* n || the ~ of a p's jib *od* rig *jds Aussehen* n || it is your ~ ⟨cards⟩ *Sie heben ab* || he is a ~ above him *er steht e–e Stufe über ihm* || to give a p the ~ direct *jdn ostentativ schneiden* || to make a ~ in ⟨fig⟩ *etw beschneiden*

cut [kʌt] s [*nur in:*] to draw ~s *Hölzchen ziehen, losen*

cutaneous [kjuː)ʹteiniəs] a *die Haut betr, Haut–*

cutaway [ʹkʌtəwei] **1.** a ~ coat *Rock* m *mit stark abgerundeten Vorderschößen* || ⟨tech⟩ ~ drawing *Schnittansicht* f **2.** s *der Cutaway* (→ morning coat)

cutback [ʹkʌtbæk] a [attr] ~ bitumen *Verschnittbitumen* n

cutcha [ʹkʌtʃə] ⟨Ind⟩ *minderwertig*

cutcherry [kʌʹtʃeri], **-chery** [ʹkʌtʃəri] s ⟨AInd⟩ *Verwaltungsamt, –haus* n

cute [kjuːt] a (~ly adv) ⟨fam⟩ *klug; scharfsinnig; verschmitzt, schlau* || ⟨Am⟩ *nett, anziehend* ~ness [ʹ~nis] s ⟨fam⟩ *Scharfsinn* m; *Verschmitztheit* f

cutey, cutie [ʹkjuːti] s ⟨Am sl⟩ *fesches* or *kesses Mädchen* n

Cuthbert [ʹkʌθbət] s ⟨mil sl⟩ °*Drückeberger* m

cuticle [ʹkjuːtikl] s ⟨anat & bot⟩ *Oberhaut, Epidermis* f || ~ remover *Nagelhautentferner* m

cutis [ʹkjuːtis] s L ⟨anat⟩ (*innere*) *Haut* (*unter der Epidermis*)

cutlass [ʹkʌtləs] s ⟨mar⟩ *Stutzsäbel, Dienstdolch* m || ⟨hunt⟩ *Hirschfänger* m

cutler [ʹkʌtlə] s *Messerschmied* m | ~y [ʹkʌtləri] s *Messerschmiedhandwerk* n || *Messerwaren* f (a case of ~ *Löffel, Messer u Gabeln*); *Stahlwaren* (plate and ~) || *table-* ⟨com⟩ *Bestecke* n pl

cutlet [ʹkʌtlit] s *Kotelett* n || *Kalbsschnitzel* n

cutpurse [ʹkʌtpəːs] s *Beutelschneider, Dieb* m

cutter [ʹkʌtə] **1.** s *Schneidender;* hair ~ *Haarschneider* m; tailor's ~ *Zuschneider* || *Hauer* m || ⟨film⟩ ,,*Schnitt"* m **2.** *Schneidewerkzeug* n | ⟨mar⟩ *Beiboot* n (*auf Kriegsschiffen*) || *Kutter* m || ⟨Am⟩ *kl Schlitten* m

cutthroat [ʹkʌtθrout] s *Halsabschneider, Mörder, Räuber* m | [attr] *halsabschneiderisch, mörderisch* ⟨a fig⟩ || ~ bridge *Bridgespiel z dreien* || ~ competition *Konkurrenzkampf auf Leben u Tod*

cutting [ʹkʌtiŋ] **1.** s *Schneiden* n, *Behauen* n (*der Steine* etc) → to cut | (*Zeitungs-)Ausschnitt* m (press-~) || ‹film› *Lichtschnitt* m- || *Aushöhlung* f || ‹rail› *Durchstich*, (*Berg-*)*Tunnel* m || ‹hort, for› *Steckling, Ableger* m, *Setzreis* n; ‹for› [abstr] *Schlag* m | ~s [pl] *Abfälle, Schnitzel* m pl | [attr] *Zuschneide-, Schneide-* (~-machine) || ~ die *Stanzwerkzeug* n || ~ *torch* ‹tech› *Schneidbrenner* m **2.** a (~ly adv) *schneidend*; ~ edge (of a knife) *Schneide* f || (of wind etc) *scharf, beißend* || ‹fig› *beißend, kränkend, scharf* || *durchdringend* (glance)

cuttle [ˈkʌtl] s (*mst* ~-fish) ‹zoo› *Gemeine S·epie* f, *Blackfisch* m || ~-bone *Schulpe* f, *Blackfischbein* n

cutty [ˈkʌti] **1.** a ‹Scot› *kurzgeschnitten, sehr kurz* **2.** s *die kurze Pfeife* f || ~ *stool* ‹ec› *Armesünderstühlchen* n

cutwater [ˈkʌtˌwɔːtə] s ‹mar› *Gal(l)i·on* n (*Vorbau am Bug*)

cutworm [ˈkʌtwəːm] s *Kohlpflanzen abfressende Raupe, Larve* f || ~s [pl] *Raupen* f pl *der Agrotis-, Saateulen* ‹ent›

cwm [kum] s ~ coomb

cyanic [saiˈænik] a *blau*; ‹chem› *Zyan-*; ~ acid *Zyansäure* f || -ide [ˈsaiənaid] s ‹chem› *Zyan·id* n (*blausaures Salz*)

cyano- [in comp] *Blau-* ~**gen** [saiˈænədʒin] s ‹chem› *Zy·an* n; di-~ *Dizyan* n

cyberneticist [ˌsaibəˈnetisist] s *Kybern·etiker* m —**tics** [ˌsaibəˈnetiks] s [sg konstr] ‹mod (el) tech› *Kybernetik* f (*Wissenszweig der Steuermechanismen*)

cycad [ˈsaikæd], **cycas** [ˈsaikæs] s ‹bot› *Sagobaum* m

cyclamen [ˈsikləmən] s ‹bot› *Alpenveilchen* n

cycle [ˈsaikl] **1.** s *Kreislauf, Zyklus* (lunar ~ *Mond-*, solar ~ *Sonnen-*); *Umlauf* m || *Periode* f ‹a fig›; business ~ *Konjunkturrhythmus* m (→ boom, recession, depression, recovery) || *Folge, Reihe* (*v Schriften*) || *zus–hängende Gruppe* f *v Gedichten*; *Zyklus* m (e.g. Charlemagne, Arthur, Troy, Alexander); Norse ~ (Beowulf, Nibelungenlied, Edda etc) || ‹wir› 30 to 20.000 ~ per second (c/s) *v 30 Hertz* (*Hz*) *bis 20 Kilohertz* (*kHz*) ‹mot› *Takt* m || ‹tech› *Arbeitsgang* m | ‹fam› (abbr *f* bicycle) *Fahrrad* n; high ~ *Hochrad* n || motor-assisted pedal ~, motorized ~ *Fahrrad* n *mit Hilfsmotor*, Moped n; ~-race *Radrennen* n | ~-car ‹mot› *kl leichter dreirädriger Kraftwagen, Kleinstwagen* m; *Kabinenroller* m, *Rollermobil* n, *Motokupee* n || ~-motor *Moped* n || ~ path, (~ track) *Radweg* m **2.** vi *sich* (*um*)*drehen* || *radeln, radfahren* | ~**r** [ˈsaiklə] s ‹Am› = cyclist –**ling** [~iŋ] s *Radfahren* n, *Radfahrsport* m; [attr] *Radfahr-*; ~ track *Radrennbahn* f

cyclic(al) [ˈsiklik(əl)] a *zyklisch* || *Zyklus– kreisförmig* || ‹com› *konjunkturrhythmisch* || –ic alcohol *Ringalkohol* m; ~ flow *Kreisströmung* f

cyclist [ˈsaiklist] s *Radfahrer*(*in* f) m

cyclo- [ˈsaiklo–] [in comp] *rund, Kreis–, Zyklo-* ~**id** [ˈsaikləid] **1.** s ‹math› *Zyklo·ide* f (*Radlinie*) **2.** a ‹zoo› *Zyklo·id-* ~**idal** [saiˈklɔidl] a *radlinig* ~**meter** [saiˈkləmitə] s *Zyklometer* n, *Wegmesser* m ~**pædia, –ped**– [ˌsaiklo·piːdiə] s (abbr *f* encyclopædia), (*kl*) *Konversationslexikon* n ~**pædic** [–ˈpiːdik] a *universal, umfassend* ~**pean** [ˌsaiklo·piːən] **1.** a *zyklopisch* || ‹fig› *riesig* **2.** s *Zyklopenmauer*(*werk* n) f ~**ps** [ˈsaikləps] s *Zyklop* m ~**rama** [ˌsaiklo·ˈrɑːmə] s *Rund-Panorama* n || ‹theat› *Betonwand* (*f Lichteffekte*) ~**stome** [ˈ~stoum] s ‹ich› *Rundmaul* n ~**style** [ˈ~stail] s *Druckform* (*f Vervielfälti-*

gung) f ~**thymic** [ˌsaikləˈθimik] a ‹psych› *zyklothym* (personality *Habitus*) –**tomy** [sai·ˈklətəmi] s ‹math› *Kreisteilung* f ~**tron** [ˈsaiklətrən] s *Zyklotr·on* n (*Apparat f elektromagn. Beschleunigung geladener Atome* etc)

cyclone [ˈsaikloun] s *Wirbelsturm* m; ‹meteor› *Tiefdruckgebiet* n –**nic** [saiˈklɔnik] a *Zyklon–*

cyder [ˈsaidə] s = cider

cygnet [ˈsignit] s *junger Schwan*, → swan

cylinder [ˈsilində] s ‹math› *Zylinder* m || *Walze, Röhre* f, (*Dampf-*)*Zylinder* m, *Walze* f || improved ~ *Flintenlauf* m *mit geringer Schock–, Würgebohrung* ~ (*Treppen-*)*Spille, Spindel* f || ~ block ‹aero-mot› *Motorblock* m || six-~ car ‹mot› *Sechszylinderwagen* m | ~-capacity ‹mot› *Hubraum* m; ~ displacement *Zylinderinhalt* m; ~-jacket ‹tech› *Zylindermantel* m || ~-press ‹Am typ› *Zylinderpresse* f –**drical** [siˈlindrikəl] a (~ly adv) *zylindrisch, Zylinder–*; *walzenförmig* ~**droid** [ˈsilindrɔid] **1.** s ‹math› *Zylindroid* n **2.** a *zylinderförmig*

cyma [ˈsaimə] s L [pl ~s] ‹arch› ~ recta *Hohlkehle, Hohlleiste* f

cymar [siˈmɑː] s *leichtes Untergewand* n *f Frauen, Hemd* n

cymbal [ˈsimbəl] s ‹mus› *Zimbel* f, *Becken* n | ~**o** [~ou] s [pl ~s] ‹mus› *Hackbrett* n

cymbiform [ˈsimbifɔːm] a ‹anat bot› *nachenförmig*

cyme [saim] s ‹bot› *zymöser Blütenstand* m (*Ggs* raceme)

Cymric [ˈkimrik] a *kymrisch, walisisch*

cynic [ˈsinik] **1.** a ⊁ *die zynischen Philosophen betr* **2.** s ⊁ *der zynische Philosoph, Zyniker* m | *Spötter* m ~**al** [~əl] a (~ly adv) *zynisch, frivol; höhnisch* || *schamlos* ~**ism** [ˈsinisizm] s *Zynismus* m; *Hohn* m

cyno- [in comp] *Hunde-* ~**sure** [ˈsinəzjuə] s ‹astr› *kl Bär* m || ‹fig› *Anziehungspunkt* m

cypher [ˈsaifə] s = cipher

cy près [siːˈprei] Fr **1.** adv ‹jur› *so nahe wie möglich* (*an den Wortlaut des Testaments jds*) **2.** a *annähernd richtig*

cypress [ˈsaipris] s ‹bot› *Zypresse* f; ‹a fig› (*Sinnbild der Trauer*)

cypress [ˈsaipris] s *Art Krepp* m

Cyprian [ˈsipriən] s *Zypri·ote* m, –*tin* f (*Bewohner v Zypern*) || † *ausschweifender Mensch* m, *Dirne* f

cyprinid [ˈsiprinid] s ‹ich› ~s [pl] *Gattung der Karpfen*

Cypriote [ˈsipriout] **1.** a *zyprisch* **2.** s *Zypri·ote* m, –*tin* f (*Bewohner v Zypern*)

cyroscope [ˈsairoskoup] s *Gefrierpunktmesser* m

cyst [sist] s ‹biol› *Zyste* f (*mit flüssigem Inhalt gefüllter* [*krankhafter*] *Hohlraum*); *Kapselhülle* f || *Zelle* f ~**ic** [ˈ~ik] a ‹biol› *Blasen–* ~**itis** [sis·ˈtaitis] s ‹med› *Blasenentzündung* f

cyto- [ˈsaito] [in comp] ‹biol› *Zellen–* ~**logy** [sai·ˈtələdʒi] s *Zellenlehre* f

czar, tsar [zɑː] s *Zar* m || ‹übtr sl› *Magnat* m (cinema ~) ~**evitch** [ˈ~rivitʃ] s *Zarewitsch, Großfürst-Thronfolger* m ~**ina** [zɑːˈriːnə] s *Zarin* f

Czech, Czekh [tʃek] **1.** s *Tscheche* m, *Tschechin* f **2.** a *tschechisch*

Czechoslovak [ˈtʃekouˈslouvæk] **1.** *tschechoslowakisch* **2.** *Tschechoslowak*(*in* f) m ~**ia** [ˈtʃekoslou·ˈvækiə] s [*ohne* art] *die Tschechoslowakei* f (*seit* 1918) ~**ian** [ˈtʃekouslou·ˈvækiən] a *tschechoslowakisch*

D

D, d [di:] s [pl ~s, ~'s] *D, d* n ‖ ⟨mus⟩ *D* n ‖ ~ flat *Des* n ‖ ~ sharp *Dis* n; → A ‖ D-day *der Tag X* (*vgl.* H-Hour), *bes: der Tag* m *der anglo-amerik. Landung in Nordfrankreich* (6. 6. 1944) ‖ D & P laboratory (= development and printing l.) ⟨phot⟩ *Entwicklungs- u Kopieranstalt* f ‖ D-ration ⟨Am mil⟩ *Einsatz-Ration* f (1800 *Kal. je Stange*); → K-ration ‖ D. V. finder ⟨phot⟩ = direct vision f. *Durchsichtsucher* m ‖ D + x-day *der xte Tag nach* D-day: he went in on D plus eleven

'd ⟨fam⟩ = had, would

da [da:] s ⟨fam⟩ *Papa* m

dab [dæb] **1.** vt (*jdn*) *schlagen* (in the eye) ‖ *sanft beklopfen, antippen* ‖ *betupfen, abtupfen* (*Fläche*) *bestreichen* ‖ ~ on (*Farbe*) *auftragen* **2.** s *Klaps, gelinder Schlag* m ‖ *Betupfen, Tupfen* n | ⟨arts⟩ *Tonklumpen, -patzen* m | *Klümpchen* n; *Klecks, Spritzer* m **~ber** ['~ə] s *Tupfballen* m; ⟨typ⟩ *Filzwalze* f

dab [dæb] s ⟨ich⟩ *Platt-, Flachfisch, Butt* m; *Kliesche* f

dab [dæb] s ⟨fam⟩ *erfahrener Mann, Kenner* m (at a th *e-r S*; at doing)

dabble ['dæbl] vt/i ‖ *benetzen, bespritzen* (one's hands *sich die Hände*) | vi *plätschern, planschen, manschen* (in) ‖ ⟨fig⟩ *sich aus Liebhaberei befassen* (in *mit*); (*hinein*)*pfuschen* (in *in*) | **~r** [~ə] s *Dilettant*; *Pfuscher* m

dabchick ['dæbtʃik] s ⟨zoo⟩ *Zwergsteißfuß* (*Tauchentchen*) m

dabster ['dæbstə] s ⟨Am⟩ = dabbler

dace [deis] s ⟨ich⟩ *Weißfisch* m

dachshund ['dækshund, 'dæʃənd] s ⟨Ger⟩ *Dachshund,* ° *Dackel* m

dacoit [də'kəit] ⟨AInd⟩ *Bandit* m | **~y** [~i] s *Räuberunwesen* n

dacron ['deikrən] s ⟨Am⟩ *Dakron* n (*Kunststoff aus Polyesterfaser*)

dacryo– ['dækriou] [in comp] *Tränen–*

dactyl ['dæktil] s ⟨pros⟩ *Daktylus* m **~ic** [dæk'tilik] a *daktylisch*

dactylo– ['dæktilo] [in comp] *Finger–* **~gram** [~græm] s *Fingerabdruck* m

dad [dæd], **dada** ['dædə], **daddy** ['dædi] s *Papi* m (*Väterchen*) ‖ daddy-long-legs ⟨zoo⟩ *Weberknecht, Kanker* m | ⟨ent⟩ „*Schneider*" m, *Bachmücke* f; *Schnake* f (*Tipula*)

dada ['da:da:] s ⟨Am⟩ *Narr, Verrückter* m

dadaism ['da:daizm] s ⟨arts & Lit⟩ *Dadaismus* m (*seit etwa 1917; entwickelte sich um 1924 z Surrealismus*)

dado ['deidou] s [pl ~s] ⟨arch⟩ (of a pedestal) *Würfel, Sockel* m ‖ (of a wall) *untere Wandbekleidung* f

dado ['deidou] vt ⟨tech⟩ (*lang*)*lochen* ‖ ~ planer *Langlochhobel* m

Daedalian, –ean [di:'deilian] a *Dädalus–, geschickt* ‖ *labyrinthisch, verwickelt*

dæmon ['di:mən] s *Schutzgeist* m; *innere Stimme* f ‖ → demon

daffodil ['dæfədil] **1.** s ⟨bot⟩ *gelbe Narzisse* f **2.** a *blaßgelb* **~ly** [~i], **daffadowndilly** ['dæfədaun'dili] s = daffodil

daffy ['dæfi] s ⟨fam abbr *f*⟩ daffodil

daffy ['dæfi] a ⟨sl⟩ „*toll*", *plemplem* (*verrückt*)

daft [da:ft] a (~ly adv) *albern, verdreht* ‖ ⟨sl⟩ *verrückt*

dag [dæg] vi ⟨mil fam⟩ to ~ up *sich in Wichs werfen*

dagger ['dægə] s *Dolch* m; ~ of mercy *Gnadgott* m | *Kreuz–, Anmerkungszeichen* (†) n | ~s [pl] = dog-shores ‖ ⟨fig⟩ *Feindschaft* f; to look ~s at a p *jdn mit den Blicken durchbohren* ‖ to be at ~s drawn *auf dem Kriegsfuße stehen* (with) ‖ ⟨mar fam⟩ ~ E, ~ G, ~ N *qualifizierter Offizier* in engineering, gunnery, navigation

daggle ['dægl] vt/i ‖ *beschmutzen* | vi *durch den Schmutz gehen*

dago ['deigou] s ⟨cont⟩ *Name* m *f den Spanier, Italiener, Portugiesen*

daguerreotype [də'gerotaip] s (*nach* L. Daguerre † 1851) *Daguerreotypie* f (*Lichtbild auf Jodsilberplatte*)

dahlia ['deiljə] s ⟨bot⟩ *Dahlie, Georg·ine* f

Dail Eireann ['dail'εərən, 'də:l–] s *Parlament v* Eire (*ir. Freistaat*) n

daily ['deili] **1.** a & adv *täglich* ‖ ~ allowance *Tagegeld* n, *Tageszuteilung* f ‖ to do one's ~ dozen ⟨gym⟩ „*müllern*" ‖ ~ report, ~ return *Tagesmeldung* f ‖ ~ schedule *–dienstplan* m ‖ ~ strength report (*tägliche*) *Iststärkemeldung* f ‖ ⟨fig⟩ *ständig* **2.** (a ~-paper) s [pl –ies] *Tageszeitung* f ‖ *Tagmädchen* n

daintiness ['deintinis] s *Schmackhaftigkeit* f ‖ *Leckerhaftigkeit* f, *wählerisches Wesen* n ‖ *Niedlichkeit, Zierlichkeit* f, *Eleganz, Nettigkeit* f

dainty ['deinti] **1.** a (~ily adv) *delikat, schmackhaft* ‖ *zierlich, niedlich, nett, elegant* | (*P*) *leckerhaft, wählerisch*; *geziert, umständlich* **2.** s *Leckerbissen* m ⟨a fig⟩; *Leckerei* f

dairy ['dεəri] s *Milchraum* m | *Milchwirtschaft, Molkerei* f (~ produce *–produkte* pl) ‖ *Milchgeschäft* n ‖ ⟨a⟩ dairies [pl] ⟨sex hum⟩ „*Milchwirtschaft*" f | ~-farm *Meierei, Molkerei* f ‖ ~ husbandry *Milchviehhaltung* f **~ing** [~iŋ] s *Milchwirtschaft* f; [attr] *Meierei–, Molkerei–* (~ industry) **~maid** [~meid] s *Milchmädchen* n **~man** [~mən] s *Milchmann, händler* m

dais ['deiis] s (pl ~es [~iz]) *Podium* n, *erhöhter Sitz* m

daisied ['deizid] a *mit Maßliebchen übersät*

daisy ['deizi] **1.** s ⟨bot⟩ *Maßliebchen* n, *Gänseblume* f ‖ ⟨Am fig fam⟩ *Prachtstück* n; *knochenloses Schinkenstück* n ‖ to be under the –sies, to push up –sies ⟨sl⟩ *sich die Radieschen v unten begucken* (*tot s*) ‖ to pick a ~ ⟨fam⟩ „*die Blümchen gießen*" (*pinkeln*); „*e–n Kaktus pflanzen*" ‖ Christmas ~ *Aster, Sternblume* f | ~-cutter ⟨sl⟩ *Pferd mit schleppendem Gang*; ⟨crick⟩ *Ratscher* m (*flach fliegender Ball*); ⟨aero⟩ *glatte Landung,* °*Eierlandung* f **2.** a ⟨sl⟩ *reizend, großartig*

dak [da:k] → dawk

dal [da:l] s *ind. Bohnenfrucht* f

dalai-lama ['dælai'la:mə] s *kirchl. Oberhaupt* n *des Lamaismus* m

dale [deil] s *Tal* n **~sman** ['~zmən] s *Talbewohner* m

dalle [dæl] s ⟨Am⟩ *Platte* f (*Pflasterstein*) | ~s [pl] *Stromschnelle* f

dalliance ['dæliəns] s *Liebelei* f; *Tändelei* f, *Flirt* m ‖ *Verzögerung* f **dally** ['dæli] vi *tändeln, spielen*; *liebeln* (with) ‖ ⟨fig⟩ *liebäugeln* (with) ‖ *die Zeit vergeuden* or *vertändeln*

Dalmatian [dæl'meiʃiən] **1.** a *dalmatinisch* **2.** s *Dalmatiner(in* f) m ‖ (a ~-dog) *Dalmatiner-* (*hund*) m

dalmatic [dæl'mætik] s ⟨ec⟩ (*weitärmeliges*) *Diakons-Gewand* n, *Dalmatika* f

daltonism ['dɔːltənizm] s (*nach* J. Dalton, † 1844) *Farbenblindheit* f

dam [dæm] **1.** s *Damm, Deich* m; *Buhne* f; *Wehr* n, *Talsperre* f ‖ *eingedeichtes Wasser* n ‖ ⟨tech⟩ *Abweiser, Flügel* m; ~ reservoir *Stausee* m; ~ stone ⟨met⟩ *Wallstab, –stein* m **2.** vt (to ~ up) *dämmen, abdämmen, eindeichen* ‖ ~ming-up *Rückstau* m ‖ ⟨fig⟩ *dämmen, beschränken, hemmen*

dam [dæm] s *Mutter der vierfüßigen Tiere* f

damage ['dæmidʒ] **1.** s *Schade(n)* m (to *an*); to my ~ z *m–m Sch., Nachteil*; to do ~ *Sch. anrichten*; *Sch. zufügen* (to a p *jdm*); ~ due to irradiation (to mining) *Strahlen-(Berg-)Schaden* m ‖ *Beschädigung* f (to a th *e–r S*) | (*Kosten-)Preis* m; what's the ~? *was macht der Schaden*? *was kostet es*? ‖ *Zeche* f ‖ ⟨at⟩ *Zersetzung* | ~s [pl] *Schadenersatz* m; liquidated ~s *Vertragsstrafe* f, *vereinbarter Schadenersatz*; to pay ~s *Sch. leisten* | ~ assessment *Schadenfestsetzung, –schätzung* f; ~ claim *–ersatzanspruch* m; ~ control *–bekämpfung* f, ⟨mar⟩ *Lecksicherung* f **2.** vt *beschädigen* ‖ (*jdm*) *Schaden zufügen*; (*jdn*) *schädigen* ~able [~əbl] a *leicht z beschädigen(d)* | ~d [~d] a *schadhaft, defekt*

damaging ['dæmidʒiŋ] a *schädlich* (to *für*)

damascene ['dæməsiːn] **1.** a *damasziert* (~ work) **2.** s = damson **3.** vt *damaszieren*

damask ['dæməsk] **1.** s *Damast(seide u -leinen)* m | *Damaszenerstahl* m **2.** [attr & a] *Damaszener-* (~ rose) ‖ *damasten, gemustert* (linen *Tischzeug*) ‖ *rosenrot* **3.** vt *damaszieren* ‖ *damastartig weben* ‖ *mit Gold* or *Silber auslegen*; *verzieren* ‖ (*Stahl*) *flammig ätzen* ~eening [,dæməs'kiːniŋ] s *Tauschierkunst* f; *damaszierte Arbeit* f

dame [deim] s ⟨poet⟩ *Dame* f; ⟨Am fam⟩ *Frau* f, *Mädchen* n; ⁓ Nature *Mutter Natur* ‖ *Leiterin* v Eton Boarding House f | *Titel der Gemahlin e–s* knight *od* baronet; *Titel der weiblichen Besitzer des* British Empire-*Ordens* (*stets mit Vornamen* ⁓ Mary N.) ‖ ⟨hunt⟩ *bes: weibl. Gans* f

damfino ['dæmfai'no] intj ⟨Am⟩ = damned if I know

damfool [dæm'fuːl] **1.** s *Narr* m **2.** a *verflucht; dumm*

dammar ['dæmɑː] s *Dammarharz* n

dammy ['dæmi] intj (= damn me) *verflucht*

damn [dæm] **I.** vt/i **1.** vt ⟨ec⟩ *verdammen* ‖ *verurteilen, tadeln*; *verwerfen*; (*Stück*) *ablehnen* ‖ *in Verruf bringen, gefährden*; *ruinieren* | [opt *od* imp] ~, ~ me, ~ it, ~ed *verwünscht, verflucht*!; ~ you *der Teufel hol' dich, soll dich holen*! ‖ ~ed *verflucht*!; ~ed *od* I'll be ~ed (if) *ich freß 'nen Besen* (*wenn*) ‖ to know ~ all *absolut nichts wissen* **2.** vi *fluchen* **II.** a ⟨fig⟩ *verflucht, –flixt*, a ~ sight *verdammt viel* **III.** adv ⟨fam⟩ *then they ~ well ought to! dann s'ollten sie es, verflixt noch mal*! or *verdammt u zugenäht*! **IV.** s *Fluch* m; *Fluchen* n; I do not care a (two-penny) ~ *ich mache mir nicht die Bohne daraus, ich scher mich den Teufel darum* | ~ed [~d] **1.** a *verdammt* ‖ *verwünscht, verflucht, abscheulich* ‖ the ~ ⟨ec⟩ *die Verdammten* **2.** adv ⟨fig⟩ *verdammt (äußerst)* (~ hot) ~ing ['~iŋ] a *verdammend; belastend*, ~ evidence *erdrückendes Beweismaterial* a –able [~əbl] a ⟨fig⟩ *verdammlich* ‖ *verdammungswürdig, verdammt, verflucht, abscheulich* –ably ['~əbli] adv *verflucht, –flixt* (~ hot), *sehr* –ation [dæm'neiʃən] s *Verurteilung, Verdammung* f ‖ ⟨ec⟩ *Verdammnis* f ‖ ~! *verflucht*! –atory ['dæmnətəri] a *verdammend; Verdammungs-* –ify ['dæmnifai] vt (*jdn*) *schädigen*

Damocles ['dæməkliːz] s the sword of ~ *das Damoklesschwert* n

damosel, –zel ['dæmozel] s ⟨poet⟩ = damsel

damp [dæmp] **1.** s *Feuchtigkeit* f ‖ *Dunst* m; ~s [pl] ⟨min⟩ *schädliche Ausdünstungen* pl, *Schwaden* m; → to choke ‖ ⟨fig⟩ *Niedergeschlagenheit, Mutlosigkeit* f ‖ to cast a ~ over, on *lähmend wirken auf, lähmen* ‖ ⟨Am fam⟩ ,,*Halbfeuchter*" m (*der Wein u Bier zuläßt, aber Schnaps ablehnt*) | ~-dry *bügelfeucht* ‖ ~-course *vor Nässe schützende Schicht* f ‖ ~-proof *vor Nässe schützend* **2.** a (~ly adv) *feucht, naß*; *dunstig; dumpfig* **3.** vt/i ‖ (*be)feuchten, benetzen* ‖ (a to ~ down) *dämpfen, auslöschen* (a fire) **4.** ⟨fig⟩ *dämpfen, niederschlagen; entmutigen* ‖ *schwächen* ‖ ~ed wave ⟨wir⟩ *gedämpfte Welle* f | vi to ~ off *verwelken* | ~en ['~ən] vt/i ‖ *feucht* m ‖ ⟨fig⟩ *dämpfen, niederschlagen* ‖ ⟨wir⟩ (*Senderaum*) *mit Schalldämpfung ausstatten* | vi *feucht w* | ~er ['ə] s *Anfeuchter* m ‖ *Dämpfer* m ‖ (of a stove etc) *Schieber* m, *Klappe* f ‖ ⟨mus⟩ *Dämpfer* m ‖ ⟨el⟩ (*Wärme-)Regler* m | ~s [pl] *Ausgleichsgewichte* n pl (*Kurbelwelle*) | ⟨fig⟩ *Dämpfer* m (to *für*); to be a ~ to, to cast a ~ on *dämpfen, entmutigen* | ~ing ['~iŋ] acoustical ~ *Schalldämpfung* f ~ish ['~iʃ] a *etw feucht, dumpfig* ~ness ['~nis] s *Feuchtigkeit* f; *Dunst* m

damsel ['dæmzəl], ⟨† poet⟩ **damozel** ['dæmozel] s (*junges Mädchen, Fräulein*) *Jungfrau, Jungfer* f

damson ['dæmzən] s ⟨bot⟩ *Damaszenerpflaume* f; ~-cheese *D.nmus* n

dance [dɑːns] **1.** vi/t **A.** vi *tanzen* (to a tune *nach e–r Melodie*); to ~ to a p's tune, pipe *nach jds Pfeife t.* ‖ *hüpfen* (for joy *vor Freude*) ‖ to ~ with rage *vor Wut rasen* | ⟨übtr⟩ *sich tanzend bewegen*; *schaukeln*; *auf u ab gehen* ‖ *surren* **B.** vt (*e–n Tanz*) *tanzen* ‖ [kaus] *tanzen l*; *schaukeln, wiegen* (up and down) ‖ to ~ attendance on, upon a p *antichambrieren bei jdm, jdm den Hof* m | to ~ away, ~ off *vertanzen*; *verscherzen, –lieren* (one's chance) **2.** s *Tanz* m ‖ ⟨mus⟩ *Tanz* m ‖ *Ball* m (at a ~ *auf e–m B.*), *Tanzgesellschaft* f | ~ of death, death-~ *Totentanz* m ‖ St. Vitus's ~ *Veitstanz* m ‖ to join the ~ ⟨fig⟩ *den Tanz mitm* ‖ to lead the ~ ⟨fig⟩ *den Reigen eröffnen* ‖ to lead a p a ~ ⟨fig⟩ *jdm das Leben schwer m*; *jdm Mühe bereiten* | [attr] ~-hall *Tanzlokal* n ‖ ~ hostess *Animierdame* f, → taxi-dancer ‖ ~ interlude *Tanzpause(nzwischenspiel* n) f ‖ ~-music *Tanzmusik* f ‖ ~-program(me) *Tanzkarte* f

dancer ['dɑːnsə] s *Tänzer(in* f) m

dancing ['dɑːnsiŋ] s *Tanzen* n, *Tanzerei* f ‖ *Ballett-, Tanzkunst* f; ballroom ~, social ~ *Gesellschaftstanz* m | ~-floor *Tanzfläche* f ‖ ~-girl *Tänzerin* f | ~-jack *Hampelmann* m ‖ ~-lesson *Tanzstunde* f ‖ ~-school *Tanzschule* f

dandelion ['dændilaiən] s ⟨bot⟩ *Löwenzahn* m

dander ['dændə] s ⟨fam⟩ *Ärger* m; to get a p's ~ up *jdn auf die Palme* (in *Wut*) *bringen*

dandiacal [dæn'daiəkl] a *stutzerhaft, Stutzer-*

Dandie Dinmont ['dændi 'dinmənt] s ⟨Scot⟩ *kurzbeiniger, länglicher, rauhhaariger Terrier* m

dandify ['dændifai] vt *stutzerhaft herausputzen*

dandle ['dændl] vt (*Kind*) *in den Armen, auf den Knien schaukeln*

dandruff ['dændrəf] –riff [–rif] s *Kopfschorf* m, *-schuppen*; *Schuppen* f pl

dandy ['dændi] **1.** s *in Formen aufgehender Aristokrat*; *Modeherr* m ‖ *Stutzer, Geck* m ‖ *etw Großartiges*; the ~ ,,*die Masche*" (*das Richtige*) ‖ ⟨mar⟩ (*e–e Art*) *Kutter* m ‖ (a ~-cart) *leichter, gefederter Wagen* m **2.** a *stutzer-, geckenhaft* ‖ ⟨sl⟩ *famos, °prima*; ~-note ⟨com⟩ (*Zoll-)Ausfuhrschein* m ~ish ['dændiiʃ] a *stutzer-, geckenhaft* ~ism ['~izm] s *stutzer-, geckenhaftes Wesen* n

Dane [dein] s *Däne* m, *Dänin* f | ⟨zoo⟩ (a Great ~) *Dogge* f ~geld ['~geld] s ⟨hist⟩

Staatssteuer auf Grundbesitz (seit 10. Jh.) || ⟨fig⟩
Tribut m **~law, ~lagh** [*'~lɔ:*] s ⟨hist⟩ *dän.
Recht in Engl. z Zeit der dän. Eroberung || Teil
Nordenglands unter diesem Recht*

danger [*'deindʒə*] s *Gefahr* f (to *für*); ~ of
risk *Risiko* n; ~ of war *Kriegsgefahr* f; to be in ~
of (losing) *G. laufen z (verlieren)*; to go in ~ of
one's life *in ständiger Lebensgefahr schweben* ||
to run the ~ *G. laufen (of doing z tun)* || ⟨rail⟩
Warnsignal n || ~! *Lebensgefahr! Achtung!*;
~ of skidding ⟨mot⟩ *Schleudergefahr* f || is there
any ~ of (a summons)? *hat man .. z befürchten?*
| [attr] *Gefahr–*; ~ area *–zone* f; *Sperrgebiet* n
(auf e–m Schießplatz) || ~ flag *Warnflagge* f;
~ notice *Warntafel* f || ~ pay *Gefahrenzulage* f ||
~-point *Gefahrenpunkt* m || **~-signal** *Notsignal*
n || ~ spot *(allg) Gefahrenstelle* f **~ous** [*'deindʒ-
rəs*] *(~ly adv) gefahrvoll (to f); bedenklich; gefährlich (~ly adv) lebensgefährlich erkrankt* or
krank) || *aufgebracht, ärgerlich (to look ~)*

dangle [*'dæŋgl*] vi/t || *(herab)hängen, baumeln
(from v)* || to ~ after a p *jdm nachlaufen, nicht
vom Leibe gehen* | vt *baumeln l, hin u her b. mit
(etw)*; ⟨übtr⟩ to be ~d *verführerisch flattern
(before vor)* | **~r** [*~ə*] s ~ after women *Schür-
zenjäger* m

Danish [*'deiniʃ*] 1. a *dänisch* 2. s *das Dänische
(Sprache)*

dank [*dæŋk*] a *(~ly adv) feucht, dumpfig, naßkalt*

dannert wire [*'dænət 'waiə*] ⟨fam⟩ „*Stachel-
beeren*" f pl *(Stacheldraht)*

Danse macabre [*dãs ma'kabr*] s Fr ⟨arts⟩
Totentanz m

Dantean [*'dæntiən*] 1. a *dantisch* 2. s *Dante-
forscher* m

Danubian [*dæ'nju:biən*] a *Donau–*

dap [*dæp*] 1. vi/t || *(of balls) (auf u ab) springen*
| vt *(Köder) sanft ins Wasser fallen l* 2. s *Springen
(des Balls)* m

Daphne [*'dæfni*] s Gr ⟨bot⟩ *Kellerhals, Seidelbast* m

dapper [*'dæpə*] a *nett, schmuck; flink*

dapple [*'dæpl*] 1. vt/i *sprenkeln, tüpfeln,
scheckig m*; ~d *bunt* | vi *bunt w* 2. s *das Bunte;
Gefleckte* n | **~-grey** 1. a *apfelgrau* 2. s *(a ~-
grey horse) Apfelschimmel* m

darb [*da:b*] s ⟨Am sl⟩ *Narr* m || °*prima Kerl*
or *S* || °*Pfundsfrau* f

darbies [*'da:biz*] s [pl] ⟨sl⟩ *Fesseln, Handschellen* f pl

dare [*dɛə*] **I. v aux/t** 1. v aux (3. sg prs ~, *
~s/pret ~d, ⟨obs⟩ durst, pret des [conj] ~,
durst/pp ~ed) *wagen, sich getrauen, sich
erdreisten*; ~ he do it? *(aber does he ~ to do
it?) getraut er sich, es z tun? (desgl. he ~ go,
he ~s to go; he ~ not go dare he does not ~
to go); I ~d, durst not go, I did not ~ to go
ich wagte nicht z gehen; he ~ not have done it
(if) er hätte sich nicht erdreistet, es z tun (wenn)
|| how ~ you? wie können Sie sich unterstehen
(to do)? you ~! untersteh dich!* | I ~ say *ich
glaube wohl, gebe zu; das kann man wohl sagen,
ich darf wohl behaupten; freilich, jedenfalls;
jawohl* | I ~ swear *ich möchte schwören (bin
sicher)* 2. vt *(Gefahr etc) wagen, unternehmen,
riskieren* || *herausfordern, Trotz bieten* 3. [in
comp] ~-devil 1. s *Wagehals, Teufelskerl* m
2. a *waghalsig, tollkühn* || ~-devilry *Waghalsig-
keit, Tollkühnheit* f **II.** s *Wagestück* n || *Heraus-
forderung* f

darg [*da:g*] s ⟨Scot⟩ *Tagewerk* n

daring [*'dɛəriŋ*] 1. s *(Abenteuer–, Wage-)Mut*
m, *Kühnheit* f 2. a *(~ly adv) kühn, tapfer, ver-
wegen* || *dreist, anmaßend, unverschämt*

dark [*da:k*] **I.** a *(~ly adv)* 1. *dunkel, finster* ||
schwarz, dunkel; (of colour) dunkel || *(of
hair) dunkel, brünett* 2. ⟨fig⟩ *düster, finster* ||

düster, trostlos, trübe; to look on the ~ side of
things ⟨fig⟩ *schwarzsehen* 3. *dunkel, geheimnis-
voll, verborgen* || *unaufgeklärt* (the ~ Ages [pl]
das dunkle [frühe] Mittelalter); unklar || ⟨hors⟩
(auf der Rennbahn noch) unbekannt 4. *böse, verbrecherisch, schwarz* 5. as ~ as pitch *pechschwarz*; ~ as a pocket, ~ as the inside of a
cow *stockfinster* || to keep a th ~ *etw geheim
halten, verschweigen, f sich behalten*; keep it
~! *kein Wort darüber!* 6. [in comp] (of
colour) *dunkel–* (~-eyed, ~-haired); *tief–* (~
blue) | **~-browed** *ernst, finster, streng* || ~
lantern *Blendlaterne* f || ~ night fighting ⟨aero⟩
Dunkelnachtjagd f || **~-room** ⟨phot⟩ *Dunkel-
kammer* f || **~-slide** ⟨phot⟩ *Kassette* f **II.** s *Dun-
kel* n (in the ~ *im D.); –heit* f; after ~ *nach Ein-
tritt der D.*; at ~ *bei Dunkelwerden* || ⟨fig⟩ a
leap in the ~ *ein Sprung ins Dunkle, Ungewisse*
|| *dunkle Farbe* f, *Schatten* m (the lights and ~s)
| ⟨fig⟩ *Unwissenheit*, to keep a p in the ~ *jdn im
ungewissen l* | **~en** [*'~ən*] vt/i || *verdunkeln, trü-
ben* || *schwärzen* | ~ed *nachgedunkelt (Bild)* ||
verdüstern, trüben || not to ~ a p's door again
jds Schwelle nicht wieder betreten | vi *dunkeln,
finster w* **~ish** [*'~iʃ*] a *dunkel, schwärzlich* **~ness**
[*'~nis*] s *Dunkelheit; Nacht, Finsternis* (in the
~) f || ⟨fig⟩ *Undeutlichkeit* f; *Unwissenheit* f ||
Heimlichkeit, Verborgenheit f || *Reich* n *der
Finsternis* (the Prince of ~ *Satan*); the powers of
~ *Mächte* f pl *der F.* **~some** [*'~səm*] a ⟨poet⟩
finster, dunkel || *traurig; trübe* | **~y, –ey** [*'da:ki*]
s ⟨fam⟩ *Neger* m

darkle [*'da:kl*] vi *dunkel w; verborgen liegen* ||
⟨fig⟩ *finster w*; to ~ at *finster anblicken* **–ling**
[*'da:kliŋ*] 1. a *im Dunkeln* **2.** a *düster, dunkel*

darling [*'da:liŋ*] 1. s *Liebling, Günstling* m, the
~ of fortune *ein Glückskind* n || *Liebling* m,
Herzblatt n; she is a ~! *sie ist ein Engel!* my ~!
mein Engel! mein Schatz! 2. a *lieb, teuer, Her-
zens–; süß* || ⟨fig⟩ *Lieblings–*

darn [*da:n*] 1. vt *stopfen* || to ~ up *ausbessern*
2. s *das Gestopfte* || *gestopftes Loch* n, *Ausbesse-
rung* f **~er** [*'~ə*] s *Stopfei* n, *–kugel* f; *–nadel* f;
–maschine f **~ing** [*'~iŋ*] s *Stopfen* n | [attr] ~-
ball *Stopfei* n, *–kugel* f || **~-needle** *Stopfnadel* f;
⟨Am fig ent⟩ *Libelle, Wasserjungfer* f || **~-wool,
~-yarn** *Stopfgarn* n

darn [*da:n*] 1. vt ⟨sl⟩ *(in Verwünschungen)* =
damn [v]; ~ed *verflixt, kolossal* 2. [a & adv]
⟨fig⟩ *verflixt*

darnel [*'da:nl*] s ⟨bot⟩ *Lolch* m

dart [*da:t*] 1. s *Wurfspeer, –spieß* m || *(Insek-
ten-)Stachel* m || *(plötzliche Vorwärtsbewegung)
Sprung; Wurf* m || ⟨aero⟩ *Jagdflugzeug* n || ~s
[pl] *Pfeilwurfspiel* n *(nach e–m Korkbrett)*; ~s-
board *Brett mit Korkauflage* || to leave a ~
behind one ⟨fig⟩ *e–n Stachel hinterlassen* || to
make a ~ for *losstürzen auf* 2. vt/i || *werfen,
schießen, schleudern*; *(Strahlen) aussenden*;
(Blick) zuwerfen (at a p jdm) | vi *fliegen, schießen
(through)*; to ~ on *herfallen über, sich stürzen
auf* | to ~ away *wegfliegen, fortschießen, davon-
eilen* || to ~ forth, out *hervorschießen, hervor-
brechen (from aus)* | **~er** [*'~ə*] s ⟨zoo⟩ *Schlan-
genhalsvogel* m || ⟨ich⟩ *Spritzfisch* m

dartre [*'da:tə*] s Fr ⟨med⟩ *(Hautkrankheit)
Flechte* f

Darwinian [*da:'winiən*] 1. a *darwinisch* 2. s *(a
–nist) Darwinist* m

Darwinism [*'da:winizm*] s *Darwinismus* m

dash [*dæʃ*] vt/i **A. vt** 1. *stoßen* or *schlagen
gegen* || *zerschlagen* (to pieces *in Stücke*); *zer-
schmettern* | ~ed *gestrichelt,* → ~ s 3. 2. *schleu-
dern (against); werfen* (to the ground *z Boden*) |
⟨fig⟩ *zerstören, vernichten; vereiteln; (Hoffnung)
zunichte m* || *(jdn) entmutigen, verwirren* 3.
*(Wasser) ausschütten; spritzen (in a p's face); be-
spritzen, besprengen, übergießen (with)* | ⟨übtr⟩

vermischen, –mengen (with); ⟨*a* fig⟩ (joy ~ed with pain) **4.** ⟨sl⟩ (*in Verwünschungen*) = damn; ~ it (all) *verwünscht! Donnerwetter!* °*verflixt noch mal! verdammt u zugenäht!* **5.** [*mit* adv] to ~ **down** *hinunterschleudern*; schnell *niederschreiben* ‖ to ~ off (*etw*) *schnell hinwerfen, flüchtig entwerfen* ‖ to ~ out a p's brains *jdm den Schädel einschlagen* **B.** *vi* **1.** *sich werfen; stürmen* (for *nach*); *sich stürzen, jagen* (after a p *hinter jdm her*; from *aus*; into *in*; through *durch*); to ~ by, past a p *an jdm vorbeieilen*; *sich losreißen* (from *v*) ‖ to ~ off *forteilen, dahinsprengen* ‖ (of water) *sich wälzen, strömen, rauschen* (through *durch*) **2.** *schlagen* (on *auf*); *heftig stoßen* (against *gegen*) ‖ ⟨fig⟩ *scheitern* (against *an*) ‖ **~er** ['~ə] s *schneidige P* f ‖ *Butterstößel* m **~ing** ['~iŋ] a (~ly adv) *schlagend, klatschend, rauschend* ‖ *feurig, stürmisch, forsch, schneidig; verwegen* ‖ *elegant, glänzend, fesch, patent*

dash [dæʃ] **1.** s *Schlagen* n; (of water) *Fallen, Schlagen, Klatschen* n (of water) *Aufschlag* m **2.** *kl Menge* f, *Klecks* (*Farbe*) m; *Beimischung* f, *Tröpfchen* n; *Zusatz, Schuß* m (a ~ of brandy); ⟨fig⟩ *Anflug* m (of *v*) **3.** *Federzug;* ⟨*a* mus⟩ *Strich* m ‖ *Gedankenstrich, Strich f Ausgelassenes* m (—) ‖ ⟨mot⟩ *Instrumentenbrett* n **4.** *Drängen* n (for *nach*); *Vorstoß, Angriff, Anlauf* m; to make a ~ for *losgehen auf; eiligst suchen* ‖ *Wagemut, Schneid* m; *Kühnheit* f ‖ *Eleganz* f, *Glanz* m **5. Wendungen:** at one ~ *mit e–m Schlage, Zuge, auf einmal* ‖ milk with a ~ *Milch mit e–m Schuß Kaffee, Kaffee verkehrt* ‖ to cut a ~ *e–e Rolle spielen, v sich reden m, Aufsehen erregen* ‖ he made a (sudden) ~ for cover *er suchte schleunigst Deckung* **5.** [attr] **~-board** *Spritzbrett* n; ⟨mot⟩ *Schutzblech* n, *Kotflügel* m; *Schalttafel* f, *Instrumenten–, Armaturenbrett* n; **~-b.** light *Instrumentenleuchte* f ‖ **~-dot** line *Strichpunktlinie* f ‖ **~-pot** ⟨el⟩ *Puffervorrichtung* f, *Stoßdämpfer* m

dastard ['dæstəd] s *Memme* f, *Feigling* m **~liness** [~linis] s *Feigheit* f **~ly** [~li] a *feige; heimtückisch*

dasy– ['dæsi] [in comp] *dicht* ‖ **~meter** [dæ'simitə] s *Dichtemesser* m (*v Gasen*) **~pod** [~pəd] s ⟨zoo⟩ *Gürteltier* n

data ['deitə] s pl → datum ‖ basic ~ ⟨stat⟩ *Rohergebnisse* n pl ‖ ~ case ⟨aero⟩ *Vorschriftenfach* n ‖ ~ computer ⟨artill⟩ *Rechengerät* n ‖ ~ processor (*Büromaschinen–*) *Datenverarbeiter* m ‖ electronic ~ processing machine *elektronische Daten-verarbeitende M.* f ‖ ~ receiver *Empfänger* m (*f Schußwerte* etc) ‖ ~ sheet ⟨artill⟩ *Schußwertrechenzettel* m ‖ ~ transmission *Meßwertübertragung* f; ~ t. system *–sanlage* f, ⟨artill⟩ (*Feuerleitung-*) *Geber* m

datable ['deitəbl] a *datierbar, z datieren(d)* **dataller** s → day-taler

date [deit] s *Dattel* f ‖ (*a* ~ palm) ⟨bot⟩ *Dattelpalme* f

date [deit] **1.** s *Datum* n, *Monatstag* m; ~ as shown on postal cancellation hereof *D. des Poststempels* ‖ ⟨com⟩ *Ausstellungstag* (*e–s Wechsels*) ‖ *Zeitangabe, Jahreszahl* f (at what ~? *z welcher Zeit?*) ‖ ⟨num⟩ *Jahrzahl* f ‖ *Epoche, Zeit* f ‖ *Zeitpunkt; Termin* m, *Frist* f; the latest ~ *der letzte, äußerste T.* ‖ ⟨Am fam⟩ *Verabredung, Stelldichein* n (to have a ~ with); to make a ~ *sich verabreden*; my ~ *m–e V.* (*P*); heavy ~ °*„schwere S“*; he has a heavy ~ °*er geht „aufs Ganze“;* blind ~ *durch Dritte(n) eingefädelte Verabredung mit Unbekanntem*, *–ter* ‖ six months after ~ *6 Monate nach dato* ‖ at a long ~ *auf lange Sicht*; at an early ~ *in nicht z langer Zeit, in Bälde, bald* ‖ the first in ~ *zeitlich der, die, das erste* ‖ out of ~ *veraltet*, ⟨com⟩ *verfallen* ‖ of this ~ *vom heutigen*

Datum; of recent ~ *neu, modern* ‖ to ~ *bis auf den heutigen Tag* ‖ under ~ of *unter dem Datum des ..* ‖ up to ~ *modern, auf der (die) Höhe der Zeit* ‖ **to fix** a ~ *e–e Zeit festsetzen, e–e Frist bestimmen* ‖ [attr] **~-block** *Terminkalender* m ‖ **~-stamp** *Datum–, Poststempel* m **2.** vt/i ~ (*etw*) *datieren;* ⟨arts⟩ *ansetzen; Zeit festsetzen f* (*etw*) ‖ (*etw*) *herleiten* (from *von*) ‖ (*jdn*) *als veraltet kennzeichnen* ‖ (*etw*) *überleben* (the play has ~d dozens of plays) ‖ vi *datieren, datiert s, rechnen* (from *von*); *aus e–r Zeit stammen, sich herleiten* (from) ‖ *veralten, sich überleben* ‖ to ~ **back** *zurückgehen, zurückreichen* (to a time *auf, bis in e–e Zeit*)

dateless ['deitlis] a *undatiert; unbestimmt; zeitlos* ‖ ⟨Am⟩ *frei* (night); (*P*) *langweilig, unanziehend, dumm:* she's ~ *bei der beißt k–r an*

dating ['deitiŋ] s *Datierung* f

dative ['deitiv] **1.** a *dativisch, Dativ–* ‖ ⟨jur⟩ *vergebbar, –fügbar; widerruflich* **2.** s ⟨gram⟩ *Dativ* m

datum ['deitəm] s L [*mst* pl *–ta*] *gegebene Größe* or *Tatsache* f; *Voraussetzung; Grund–, Unterlage* f ‖ ⟨aero⟩ *Meßwert* m, ⟨tact⟩ *Zielunterlage* f; data obtained during flight *erflogene Meßwerte* m pl ‖ ~ line *Bezugs–, Orientierungslinie* f; ⟨artill⟩ *Standlinie* f ‖ ~ plane, ~ level *Bezugsebene* f ‖ ~ level ⟨aero⟩ *Ausgangshöhe, Bezugsebene* f; ⟨tech⟩ *Normalnull* f; ~ mark *Fest–, Fixpunkt* m, *Höhenmarke* f; ~ peg ⟨surv⟩ *Grund–, Ausgangspfahl* m; ~ point *Normalfixpunkt* m

datura [dæ'tjuərə] s ⟨bot⟩ *der gemeine Stechapfel* m

daty ['deiti] a ⟨mil sl⟩ he's ~ *er hat'n Klaps* or *Sonnenstich*

daub [dɔːb] **1.** vt/i ~ *überziehen, verputzen* ‖ (*Farbe*) *grob auftragen; beschmieren, beschmutzen* ⟨*a* fig⟩ ‖ vi *klecksen; schmieren, sudeln* **2.** s *Lehm* m ‖ *Klecks, Fleck* m ‖ *„Schinken“* m, *Kleckserei* f (*schlechtes Gemälde*) ‖ ~ [~], **~er** ['~ə], **~ster** ['~stə] s *(Farben-)Kleckser* m

daughter ['dɔːtə] s *Tochter* f; *weibl. Abkomme* m ‖ ⟨fig⟩ *Tochter* f ‖ **~-in-law** *Schwiegertochter* f ‖ [attr] *Tochter–* ‖ **~-language** *Tochtersprache* f **~ly** [~li] a *töchterlich, kindlich*

daunt [dɔːnt] vt *erschrecken, einschüchtern; entmutigen* **~less** ['~lis] a (~ly adv) *furchtlos, unerschrocken* **~lessness** ['~lisnis] s *Unerschrockenheit* f

dauphin [doːˈfɛ̃, a ˈdɔːfin] s Fr ⟨hist⟩ *Dauphin* m **~ess** ['dɔːfinis] s *Gemahlin f des Dauphin*

davenport ['dævnpɔːt] s *Sekretär, Schreibtisch* m ‖ ⟨Am⟩ *Divan* m

Daventry ['dævntri] s (*Stadt in* Northamptonsh.) *engl. Rundfunksender* m; → Droitwich

Davis Cup ['deivis kʌp] s ⟨ten⟩ *Davispokal* m (*Wanderpreis*)

davit ['dævit] s ⟨mar⟩ *Davit* n, *Bootskran* m

davy ['deivi] s ⟨sl⟩ *Eid* m, to take one's ~ *schwören* (that)

Davy ['deivi] (*a* ~-lamp) s (*nach* H. ~, † 1829) ⟨min⟩ *Davysche Sicherheitslampe* f ‖ ~-man ⟨min⟩ *Lampenwärter* m

Davy-Jones's locker ['deiviˈdʒounziz ˈlɔkə] s ⟨mar⟩ *der blanke Hans* (*die alles verschlingende See*), *Grab* (*in Meerestiefe*) n

daw [dɔː] s ⟨orn⟩ *Dohle* f

dawdle ['dɔːdl] **1.** vi/t ‖ *trödeln, bummeln, die Zeit vergeuden* ‖ vt (to ~ away) *vertrödeln,* (*Zeit*) *totschlagen* **2.** s *Trödeln* n ‖ **~r** [~ə] s *Mudel–, Bummelfritze* m; *Schlafmütze* f

dawk, dak [dɔːk] s ⟨AInd⟩ *Relais–, Fahrpost* f

dawn [dɔːn] **1.** vi *dämmern, tagen* ‖ ⟨fig⟩ *heraufdämmern, erwachen, anfangen, sich entfalten* ‖ it ~ed upon him that *es ging ihm ein Licht auf, dämmerte ihm* (kam ihm z Bewußtsein), *daß* **2.** s *Morgen* m, *–dämmerung* f (at ~ *bei*

-anbruch) || ⟨fig⟩ *der erste Lichtstrahl* m; *Erwachen* n, *Morgen; Beginn* m **~ing** [*ˈ~iŋ*] s ⟨poet⟩ *Tagesanbruch* m || ⟨fig⟩ *Erwachen, erstes Erscheinen* n (the first ~s)

day [dei] s (→ daily) **1.** *Tag* m (*Ggs* night); *Tageslicht* n (→ broad); *heller Schein* m || *Tag* (v 24 Stunden) m; civil ~ *bürgerl. Tag* (v *Mitternacht z M.*); → sidereal **2.** *festgesetzter Tag, Empfungstag; Termin* m **3.** *Tagewerk* n | *Kampf* m, *Gewoge* n (in the ~ of battle) **4.** [oft pl ~s] *Tage* pl, *Lebenszeit, Zeit* f | *Blüte-, Glanzzeit* f **5.** **Wendungen: a.** → clear || for the rainy ~ ⟨fig⟩ *für schlechtere* (or *Not-*)*Zeiten* || a p's younger ~s *jds jüngere Tage, Jugendzeit*; a p's student ~s *jds Studentenzeit* || a ten-~ *tour e–e zehntägige Tour* | ~s of grace [pl] ⟨jur⟩ *Verzugs-, Respekttage* m pl || break of ~, peep of ~ *Tagesanbruch* m || the men of the ~ *die bedeutenden Männer der Zeit* || order of the ~ ⟨parl⟩ *Tagesordnung* f **b.** all (the) day *den ganzen Tag*, as the ~ is long *den lieben langen T*; → livelong || every ~ *alle Tage* || every other od second ~ *alle zwei Tage, e–n um den anderen Tag* || to work ~ and ~ *about e–n um den anderen Tag arbeiten* || these ~s *heutzutage* || this ~ *heute* || this ~ fortnight *heute über 14 Tage* or *heute vor 14 Tagen* || this many a ~ *jetzt schon lange Zeit* || twice a ~ *zweimal täglich* **c.** at an early ~ *bald* | by ~ *bei Tage* | by the ~ *tageweise* | from this ~ forth *v heute an* | from ~ to ~ *v Tag z Tag* | from one ~ to another *v e–m Tage z andern* | in our ~ *zu, in unserer Zeit, in unseren Tagen* || in those ~s *damals* || in the ~s of old *in alten Zeiten, vormals*; in the ~s to come *in zukünftigen Z.* || late in the ~ ⟨fig⟩ *reichlich spät* (for f) | in the face of ~ *im Angesicht des Tages* | on a given ~ *an e–m bestimmten Tag* | (on) the ~ before yester-~, ⟨Am fam⟩ ~ b. y.~ *vorgestern* | to a ~ *genau auf den Tag* || to this ~ *bis auf den heutigen Tag* | within the last few ~s *innerhalb der letzten paar Tage* | ~ after ~ *Tag f Tag* || the ~ after *tags darauf* || the ~ after to-morrow *übermorgen* || the ~ before *tags vorher*; the ~ before yesterday *vorgestern* | ~ by ~ *Tag f Tag, täglich, mit jedem Tage* || ~-to-~ *dauernd, ununterbrochen*; ~-to-~ administration *laufende Verwaltung* (Arbeit etc); ~-to-~ matters *laufende Angelegenheiten*; ~-to-~ money *tägliches Geld* || ~ in, ~ out *tagein, tagaus* **d.** one ~ *e–s Tages, einst* || some ~ [nur v der Zukunft] *e–s Tages, dermaleinst* || one ~ or (an)other, some ~ or other (*irgend*)*einmal* || one of these ~s *in diesen Tagen, nächstens* || the other ~ *neulich* || to ask a p the time of ~ *jdn fragen, wieviel Uhr es ist* || it was ~s (before) *es dauerte Tage,* (ehe) || to carry, win the ~ *den Sieg davontragen* || to end one's ~s *s–e Tage beschließen* (sterben) || to fall on evil ~s *ins Unglück geraten* || to give a p the time of ~, to wish a p good ~ *jdm guten Tag sagen, jdm begrüßen* || to have had one's ~ *überlebt s*; every dog has his ~ *alles hat s–e Zeit, hört mal auf* || to keep one's ~ *pünktlich s* || to know the time of ~ *genau Bescheid wissen* || to lose the ~ *die Schlacht verlieren* || to turn ~ into night *die Nacht z Tage m* **6.** [attr & comp] ~-**boarder** *Halbpensionär* m (*der nicht im college schläft*) || ~ bomber ⟨aero⟩ *Tagbomber* m || ~-**book** *Tagebuch* n || ~-**boy,** ~-**scholar** *Tagschüler* (*der z Hause ißt u wohnt*) || ~-**fighter** ⟨aero⟩ *Tagjäger* m || ~-labourer *Tagelöhner*(*in* f) m || ~-**lily** ⟨bot⟩ *Taglilie* f || ~-**long** [a & adv] *den ganzen Tag dauernd* || ~-**nursery** (*Klein-*)*Kindergarten* m || ~-**on** ⟨mar⟩ *O. v. D.* (*Offizier vom Dienst*) || ~-**out** *freier Tag, Ausgang* m || ~-room *Aufenthaltsraum* m || ~-**school** *Externat* n, *Schule* f *ohne Pensionat* || ~-**shift** *Tagschicht* f

|| ~'s run (of ships) *Etmal* n (*die in e–m Tage zurückgelegte Strecke*) || ~-**star** *Morgenstern* m || ~'s objective *od* target ⟨tact⟩ *Tagesziel* n || ~'s work *Tagewerk* n; it is all in the ~'s work *das gehört so mit dazu, das muß man mit in Kauf nehmen* || ~-**time** *Tageszeit,* in the ~-time *bei Tage* || ~-**turn** *Tagesschicht* f

daybreak [ˈdeibreik] s *Tagesanbruch* m

day(-)coach [ˈdeikoutʃ] s ⟨Am rail⟩ „*Tageswagen*" m (*ohne Schlafgelegenheit*)

daydream [ˈdeidriːm] s *Träumerei* f; *Wachtraum* m, *Phantasiegebilde* n **~er** [~ə] s *Träumer* m

dayfly [ˈdeiflai] s ⟨ent⟩ *Eintagsfliege* f

daylight [ˈdeilait] s *Tageslicht* n; at, before ~ *bei, vor Tagesanbruch*; in broad ~ *am hellen lichten Tage* || ⟨fig⟩ *Bewußtwerden* n, I see ~ *es geht mir ein Licht auf* || *Öffentlichkeit* f; to let ~ into a th *etw der Ö. zugängig m* | ~ developing tank ⟨phot⟩ *Entwicklungsdose* f || ~ lamp *Tageslichtlampe* f || ~ loading cartridge ⟨phot⟩ *Tageslichtpatrone* f || ~ printing paper *Lichtpauspapier* n || ~-saving ~ Summer Time || ~ shaft *Lichtschacht* m || ~ traffic line ⟨tact⟩ *Fahrzeuggrenze* f *bei Tage*

day-taler, dataller [ˈdeitələ] s *Tagelöhner* m

daze [deiz] **1.** vt *verwirren; betäuben* || *blenden* **2.** s *Betäubung, Verwirrung, Bestürzung* f **~dly** [ˈ~idli] adv *verwirrt, wirr*

dazzle [ˈdæzl] vt *verwirren; blenden;* ⟨a fig⟩ (~d by) || (Schiff) *tarnen* || ~ paint(ing) ⟨mil⟩ *Schutz-, Tarnanstrich* m **2.** s *Blenden* n || ~ lamps, ~ lights [pl] ⟨mot⟩ *Blendlaterne* f **~ment** [~mənt] s *Blenden, Geblendetsein* n

dazzling [ˈdæzliŋ] a (~ly adv) *blendend*

de- [di] **1.** [altes totes pref] *von, weg, fort* (detect) **2.** [diː] [lebendiges pref] *auseinander, ent-* (decompose) || ~-caffeinated *koffeinfrei* || ~-'-Stalinization *Rückkehr z Stalinismus* || ~-dusting device *Entstaubungsanlage* f || ~-emphasize *abschwächen, mildern* || ~-kink (Haar) *entkräuseln, glätten,* → kink || ~-Stalinization *Entstalinisierung* f || → decartelization etc

deacon [ˈdiːkən] s ⟨ec⟩ *Diakonus* m || ⟨C. E.⟩ *Geistlicher* m *dritten* (*niedersten*) *Weihegrades* (bishop, priest, ~) || **~ess** [diːkəˈnes] s ⟨ec⟩ *Helferin, Pflegerin* f || *Diakonissin* f **~ship** [~ʃip], **~ry** [~ri] s *Diakonat* n

deactivate [diːˈæktiveit] vt (*Munition*) *entschärfen* || (*Einheit*) *auflösen* **–ation** [diːˌækti-ˈveiʃən] s *Entschärfen* n || *Auflösung* f

dead [ded] **I.** a **1.** (P) *tot*; legally ~ *f tot erklärt* (*bei Verschollenen or Vermißten*) || ⟨fig⟩ *unempfänglich* (to f), *unempfindlich* **2.** (S) *tot, leblos* || (of plants) *abgestorben, dürr* (*todähnlich*) *bewegungslos, still* (~ point); *tief* (sleep); *leer, öde* | *verloschen* (fire) || *empfindungslos, erstarrt* || ⟨geol⟩ *taub* || ⟨el⟩ *strom-, spannungslos* | ⟨com⟩ *tot* (capital); *flau* (market) || *tot* (language); *veraltet* | *kraft-, leb-*; *wirkungslos* (of colour) *tot, glanzlos, unbelebt, matt* (~ gold) || (of sound) *dumpf* | *vollkommen, völlig* | *unfehlbar, sicher* **3.** as ~ as a doornail, as ~ as mutton *mausetot* || half ~ *halbtot* || to be a ~ man *ein Kind des Todes s* || to be ~ to the world *sinnlos betrunken s* || to come to a ~ stop *plötzlich anhalten* || to shoot a p ~ *jdn totschießen* || to stop ~ *schlagartig z Stehen gebracht w* || to strike ~ *erschlagen* **4.** [Verbindungen & comp] **~-and-alive,** ~-alive ⟨fig⟩ *langweilig; halbtot* || ~ angle ⟨fort⟩ *toter Winkel* m || → arcade || ~ area ⟨mil⟩ *toter Schußwinkel*(*bereich*) m || ~ axle ⟨rail⟩ *Laufachse* f || ~ **bargain** *spottbillige Waren* f pl; *Spottpreis* m || ~-**beat** 1. a *völlig erschöpft; todmüde* 2. s ⟨mech⟩ *Totpunkt* m; ⟨Am sl⟩ *Bummler; Schmarotzer, Schuldenmacher, fauler Kunde* m || ~

black *tiefschwarz* ‖ ~ broke ⟨fam⟩ → broke ‖ **~ calm** ⟨mar⟩ *(gänzliche) Windstille, Flaute* f ‖ ~-centre, ~-point ⟨tech⟩ *toter Punkt* m ‖ ~ certainty *positive Gewißheit* f ‖ ~ colouring ⟨arts⟩ *Grundierung* f ‖ ~ drunk *tot·al, sinnlos betrunken* (°*besoffen*) ‖ **~ earnest** *Handgeld, das nicht als Anzahlung gilt* ‖ ~ easy *leicht (Mädchen), kinderleicht (S)* ‖ ~-end *Sackgasse* f; ⟨rail⟩ *Abstellgleis* n; to come to a ~-end *in e-e S. geraten* ‖ ~-end station *Kopfbahnhof* m ‖ ~ engine *ausgefallener or abgestellter Motor* ‖ ~-eye ⟨mar⟩ *Jungfer* f *(Block)* ‖ ~ fall ⟨film⟩ *Wildwestreiter* m ‖ ~ freight *Ballast(fracht* f) m, *Fautfracht* f ‖ ~ gear ⟨mot⟩ *toter Gang* m ‖ ~ ground ⟨mil⟩ *im toten Winkel liegendes Gelände* n ‖ **~ hand** ⟨übtr⟩ *Tote Hand* f, → *mortmain* ‖ ~-heat → heat ‖ ~-house *Leichenhalle* f ‖ **~-letter** *toter Buchstabe* m, *nicht mehr geltendes Gesetz* n; *unbestellbarer Brief* m; ~-letter office *Bureau* n f *unbestellbare Briefe* ‖ ~ level *einförmige Ebene;* ⟨fig⟩ *höchste Eintönigkeit, Wirkungslosigkeit* f ‖ ~-lift, ~-pull *schwere Anstrengung* f ‖ ~-lights [pl] ⟨mar⟩ *Blenden* f pl *vor den Kajütenfenstern* ‖ ~-lock ⟨tech⟩ *Riegelschloß* n; ⟨fig⟩ *Stillstand* m, *Erliegen* n, *völlige Stockung* f (to come to a ~-lock *auf den toten Punkt gelangen);* ~-lock of operation *Betriebsstockung* f ‖ ~ lode ⟨min⟩ *tauber Gang* m ‖ ~ loss *Totalverlust* m ‖ **~-march** ⟨mus⟩ *Trauermarsch* m ‖ they are waiting for ~ men's shoes ⟨m. m.⟩ *die lachenden Erben warten schon* ‖ ~-nettle ⟨bot⟩ *Taubnessel* f ‖ ~-pan ⟨sl⟩ *ausdrucksloses Gesicht* n, (P) „*Maske*" ⟨übtr⟩ ‖ [attr] *Masken–* (~ face) ‖ ~ reckoning ⟨mar⟩ *Koppeln, gegißtes Besteck* n; ~ r. computer ⟨mar⟩ *Koppelnavigationsrechengerät* n ‖ ~ sock *taubes Gestein* n ‖ the **~ Sea** *das Tote Meer* n; **~ Sea** apples *od* fruit *Sodomsäpfel* m pl; ⟨fig⟩ *täuschende Schönheit* f; *Wermut* m ‖ ~ season *geschäftslose Zeit* f ‖ ~-set ⟨hunt⟩ *Stehen* n *(des Hundes);* ⟨fig⟩ *Angriff* m ‖ ~ shot *Meisterschütze* m ‖ ⟨hum⟩ ~ soldiers *od* marines „*verschossene Batterien*" *(geleerte Flaschen)* f pl ‖ ~ space *toter Winkel* m; ⟨tact⟩ *gedeckter Raum* m ‖ ~ steam *Abgangsdampf* m ‖ ~ stock *nicht verkaufbare Waren* f pl ‖ ~ time ⟨artill⟩ *Ladeverzug(szeit* f) m ‖ **~-wall** *blinde Mauer* f ‖ ~-water *stilles Wasser;* ⟨mar⟩ *Kielwasser* n ‖ ~-weight *totes Gewicht, Eigen–, Leergewicht* n; *Ladung (nach Gewicht bezahlt)* f; ⟨fig⟩ *schwere, drückende Last* f **II. adv** *tief; absolut; völlig* (~ asleep; ~ sure; ~ drunk); ~-tired *todmüde;* ~-t. routines °*müder* „*Laden*" ⟨fig⟩; ~ against *direkt, völlig gegen* ‖ ~ slow! ⟨mot mil⟩ *schrittfahren!* ‖ ~-slow speed *kl Fahrt* f **III. s** the ~ *der Tote* ‖ the ~ *die Toten* pl; many ~ *viele Tote;* to rise from the ~ *v den Toten auferstehen* | *totes Stadium* n, *Totenstille* f, at ~ of night *mitten in der Nacht, in stockfinsterer N.;* in the ~ of winter *mitten im kalten Winter* | ~s [pl] ⟨min⟩ *Totliegendes* n, *Berge* m pl

deadbeat [′ded′bi:t] a ⟨el⟩ *gedämpft, aperiodisch*, → dead-beat

deaden [′dedn] vt *(ab-)schwächen, dämpfen, abstumpfen* (to *gegen*)

deadfall [′dedfɔ:l] s ⟨min⟩ *Sturzbühne* f ‖ ⟨Am⟩ *Falle* f

deadhead [′dedhed] **I. s 1.** *Freikarteninhaber, berechtigter Theaterbesucher mit Freikarte; blinder Passagier; Nassauer* m **2.** ⟨tech⟩ *verlorener Kopf* m **II.** vi *nassauern*

deadline [′dedlain] **1. s** ⟨Am⟩ *Sperrlinie* f *um ein Gefängnis* ‖ ⟨Am⟩ *Redaktionsschluß* m (*– e-r Zeitung*) ‖ (10 minutes) after the ~ ⟨fam⟩ .. *nach Toresschluß;* to meet the ~ *den Termin einhalten* **2.** vt *(zur Überholung) stillegen*

deadliness [′dedlinis] s *Tödlichkeit* f

deadly [′dedli] **1.** a *tödlich; giftig; höchst schädlich* (to *f*) ‖ ⟨fig⟩ *Tod–* (~ enemy *–feind*), *unversöhnlich; schrecklich* (combat) ‖ *totenähnlich* (~ paleness) ‖ *außerordentlich, groß, stark* (in ~ haste); *ewig, unerträglich* ‖ ~-nightshade ⟨bot⟩ *Tollkirsche* f ‖ ~ sin *Todsünde* f **2.** adv [*nur vor* adj] *totenähnlich;* ~ pale, ~ white *totenblaß* ‖ *äußerst* (~ tired *todmüde*)

deadman [′dedmən] s *Anker–, Verankerungspflock* m; *(Zelt-)Hering* m

deadness [′dednis] s *Leblosigkeit* f ‖ *Erstarrung; Empfindungslosigkeit* f ‖ *Mattheit; Flauheit* f

deadwood [′dedwud] s ⟨Am⟩ *Plunder* m ‖ *Ladenhüter* m

deaf [def] a (~ly adv) *taub* (of an [*od* in one] ear *auf e-m Ohre*); *schwerhörig* ‖ ⟨fig⟩ *unempfindlich; taub* (to *gegen*) ‖ ⟨bot biol⟩ *taub* (*Nuß*); ~ nut ⟨fig⟩ *Niete* f, *Versager,* °*Blindgänger* m ⟨fig⟩ | as ~ as a post *stocktaub* ‖ to turn a ~ ear to t. s *gegen* ‖ ~-and-dumb *taubstumm* ‖ ~-mute 1. a *taubstumm* 2. s *der (die) Taubstumme* | **~en** [′~n] vt *taub* m, *betäuben* ‖ *(Wand) schalldicht* m, *abdämpfen* **~ness** [′~nis] s *Taubheit* (to *gegen*) f ⟨a fig⟩

deal [di:l] **s 1.** [*nur mit attr* adj] *Masse, Menge* f; a good ~ *ziemlich viel, beträchtlich;* a great ~ *sehr viel* (a great ~ of truth *ein gut Teil Wahrheit;* to travel a good ~ *ziemlich viel reisen*) ‖ not by a great ~! *bei weitem nicht!* **2.** ⟨sl⟩ a ~ of etw v, *ziemlich viel, sehr viel* (a ~ of truth) | a ~ *viel, weit* (a ~ better)

deal [di:l] **1. s** *Brett* n *(aus Kiefern–, Tannenholz); Diele, Bohle* f ‖ *Kiefern–, Tannenholz* n **2.** [attr] *Kiefern–, Tannen–* (~ board *Bohle v* 9" *Breite u* 1½" *Dicke* (~ floor *Dielenfußboden* m

deal [di:l] **1.** vt/i [dealt/dealt] **A.** vt (*mst* to ~ out) *austeilen; zuteilen* ‖ (*Karten*) *geben* ‖ *(Schlag) versetzen,* to ~ a p a blow *jdm e-n Schlag versetzen;* to ~ a blow at a p *jdm e-n Sch. versetzen; jdn kränken;* .. a blow at a th *etw schädigen; vernichten* **B.** vi *handeln, Handel treiben* (in a th *in, mit e-r S;* with a p); to ~ in wool *Wolle führen* ‖ ⟨cards⟩ *geben* ‖ *handeln* (by a p *an jdm*) | to ~ with a p ⟨com⟩ *Geschäfte* m *mit, kaufen bei jdm; verkehren, verfahren mit jdm, jdn behandeln; mit jdm streiten, fertig w;* to have to ~ with a p *z tun h mit jdm* ‖ to ~ with a th *sich befassen mit, handeln v etw, etw behandeln* ‖ *kämpfen mit etw* (to ~ with difficulties) **2. s** ⟨cards⟩ *Austeilen, Geben* n; it is my ~ *ich muß geben* | ⟨com⟩ *Geschäft* n; to do a ~ with *e-n Abschluß m mit* | *Abkommen* n (naval ~); to make a ~ *ein A. treffen* ‖ ⟨Am⟩ new ~ *die neue Wirtschaftspolitik Roosevelts seit 1933* ‖ ⟨Am⟩ *zweifelhaftes Geschäft* n, *Schiebung* f ‖ to wet the ~ ⟨fam⟩ *den Handel, das Geschäft* „*begießen*" | **~er** [′~ə] s *Händler* (in a th *mit e-r S), Krämer, Handelsmann* m ‖ ⟨cards⟩ *Geber* m **~ing** [′~iŋ] s *Austeilen* n ‖ *Verfahren* n, *Handlungsweise* f ‖ *Verkehr, Umgang* m (with) ‖ *Handel* m, *Geschäft* n; *rapacious* ~s, *predatory* ~s [pl] *gewinnsüchtiges Geschäftsgebaren* n; to have ~s with a p *mit jdm z tun h* ‖ there is no ~ with him *es ist nicht auszuk mit ihm* ‖ ⟨st exch⟩ in early ~s *zu Beginn der Börse*

dean [di:n] s ⟨ec⟩ *Dechant, Dekan, Vorsitzender des Domkapitels* m, ⟨engl⟩ *Dean* m (*Anschrift:* The Very Reverend, the ~ of N.) ‖ ⟨univ⟩ *Dekan* m, ⟨Oxf Cambr⟩ *Fellow mit bes Funktionen* ‖ rural ~ *Landdekan* m ‖ ⟨Am univ⟩ College-*Direktor* m | **~ery** [′~əri] s *Dechanten–, Dekanswürde* f ‖ *Verwaltungsbezirk* m *e-s rural dean* ‖ *Dekanei* f, *Amtshaus* n *e-s Dechanten* **~ship** [′~ʃip] s *Würde e-s dean*

dean, dene [di:n] s *Tal* n

dear [diə] **1.** a (~ly adv) *lieb, teuer* ‖ *liebwert,* *anziehend* || there's a ~ *child! sei lieb!* || ⋨ Sir, ⋩ Mr. Brown *Sehr geehrter Herr, Sehr geehrter Herr B.* | *teuer, kostspielig* | near and ~ *teuer u lieb* (to), *nahestehend* | for ~ life *als wenn es ums Leben ginge* **2.** s *Schatz* m (my ~); *Liebling* m; my ~s *m–e Lieben pl* || she is a ~! *sie ist* (*zu*) *reizend! sie ist ein Engel!* || there is a ~! *sei lieb, sei doch so gut!* || the poor ~! *der Ärmste!* || the ~ knows what .. *weiß der Himmel, was ..* **3.** adv *teuer* (to buy, sell ~) || ⟨fig⟩ it cost him ~ *es kam ihm teuer z stehen*; to pay ~ for ⟨fig⟩ *teuer bezahlen* **4.** intj (oh ~!) *ach je, ach Gott!* || ~, ~! ~ me! *du m–e Güte! Herr Gott!* | **~ly** ['~li] adv *innig* (to love ~) || ⟨fig⟩ to buy ~ *teuer erkaufen*

dearie, –ry ['diəri] s ⟨fam⟩ *Liebling* m, *Liebchen* n

dearness ['diənis] s *hoher Wert* m (to *f*), her ~ to him *ihre Liebe z ihm* || *teurer Preis* m, *Kostspieligkeit* f

dearth [də:θ] s *Teu(e)rung* f || *Mangel* m (of *an*)

death [deθ] s **1.** *Sterben* n; *Tod* m (at his ~ *bei s–m Tode*); *Ende* n *des Lebens* || [pl ~s] *Todesfall* m || *Tod* (*Ursache des Todes*) (it will be his ~) | ⟨fig⟩ *Vernichtung* f, *Ende* n **2.** **Wendungen**: ~ by hanging, shooting (*der*) *Tod durch Erhängen, Erschießen* || civil ~ *bürgerlicher Tod* m, *Ächtung* f || easy ~ *leichter Tod* || violent ~ *gewaltsamer Tod* || everlasting ~ *ewige Verdammnis* f || like (grim) ~ *wie der Deibel or Teufel* || sure as ~ *tod–, bombensicher* || certificate of ~ *Totenschein* m || field of ~ *Schlachtfeld* n || hour of ~ *Todesstunde* f | at the point of ~, at ~'s door *an der Schwelle des Todes* || to bleed to ~ *sich verbluten* || to (the) ~ *bis zum T.*; to ~ *z T.* || sick to ~ *of a th e–r S höchst überdrüssig*; tired to ~ *todmüde* | to be in at the ~ ⟨hunt⟩ *beim Töten des Fuchses anwesend s*; ⟨fig⟩ *den Schluß mitm* | he, this will be the ~ of me! *er, das wird mein Tod s* || to be ~ on a th ⟨sl⟩ *sehr geschickt s in etw*; to be ~ on a p *vernarrt s in* || this is a case of life and ~ *hier geht es um Leben u Tod* || to catch one's ~ *sich den Tod holen* || to come by one's ~ *z Tode k* || to die a natural ~ *e–s natürlichen Todes sterben* || to do to ~ *töten* || he fell 400 feet to his ~ *er fand den Tod durch e–n Sturz v 400 Fuß* || to put to ~ *hinrichten* || to send a p to his ~ *jdn dem Tode entgegenschicken* **3.** [attr] **~-agony** *Todeskampf* m || **~-bed** *Sterbebett, Totenbett* n (at his ~ *an s–m St.*) || **~-bell** *Sterbe–, Totenglocke* f || **~-blow** *Todesstreich* m; ⟨fig⟩ *tödlicher Schlag, Todesstoß* m (to *f*) || ~ certificate *Totenschein* m, *Sterbeurkunde* f || **~-duty** *Erbschafts–, Nachlaßsteuer* f || ~ function ⟨demog⟩ *tafelmäßig Gestorbene pl* || ~ instinct ⟨psych⟩ *Todesinstinkt* m || **~**-mask *Totenmaske* f || ~ penalty *Todesstrafe* f || **~-rate** *Sterblichkeitsziffer* f; ⟨demog⟩ central ~ rate *Sterbetafel, –ziffer* f, *–koeffizient*; instantaneous ~ rate *Sterblichkeitsintensität, –kraft* f || **~**rattle *Todesröcheln* n || ~ ray *Todesstrahl* m || **~-roll** ⟨mil⟩ *Verlustliste* f || **~-sentence** *Todesurteil* n || **~**'s-head *Totenkopf* m; ⋨ ⋩ Head Hussar *Totenkopfhusar* m || **~-struggle,** ~-throes [pl] *Todeskampf* m || **~-trap** *Todesfalle* f || **~-warrant** *Todesurteil* n ⟨a fig⟩; ⟨mil a⟩ *Hinrichtungsbefehl* m || **~-watch** ⟨ent⟩ *Totenuhr* f, *Klopfkäfer* m || **~-wound** *Todeswunde* f | **~less** ['~lis] a (~ly adv) *unsterblich* **~lessness** ['~lisnis] s *Unsterblichkeit* f | **~ly** ['~li] **1.** a *totenähnlich, Toten–, tödlich, Todes–* **2.** adv *toten–* (~ pale)

de-attenuation ['di:ə,tenju'eiʃən] s *Dämpfungsminderung* f

deb [deb] s ⟨sl⟩ = débutante

débâcle, ⟨Am⟩ debacle [dei'ba:kl] s Fr ⟨geol⟩ *Murgang, Schlamm- u Gesteinsmassen* pl, *Bodenfluß* m || ⟨fig⟩ *Zus–bruch* m

debar [di'ba:] vt (*jdn*) *hindern* (from doing *z tun*); *ausschließen* (from *v*); he is ~red the crown *er ist v der Krone ausgeschlossen* || *verstopfen, verhindern*

debark [di'ba:k] vt/i = disembark **~ation** [,di:ba:'keiʃən] s *Ausschiffung, –bootung, –ladung* f || ~ officer *Ausschiffungsoffizier* m; ~ schedule *–plan* m

debase [di'beis] vt *verschlechtern*; *–derben* || (*Münzen*) *verfälschen* || **~d** *abgegriffen* (word) **~ment** [~mənt] s *Verringerung, Verschlechterung*; *Verfälschung, Entwürdigung* f || ⟨arts⟩ *Fälschung* f

debatable [di'beitəbl] a *fraglich*; *anfechtbar, strittig*; *heiß umstritten* (ground *Boden*)

debate [di'beit] **1.** vt/i *debattieren, erörtern, disputieren* || *überlegen* | vi *debattieren* || *überlegen* (with o.s. *bei sich*) **2.** s *Wortstreit* m || ⟨parl⟩ *Verhandlung, Debatte* f (the ~s [pl] *gedruckter Bericht derselben*); warm ~ *lebhafte D., hitziger* (*Wort-*)*Kampf* m; beyond ~ *unbestreitbar* | **~r** [~ə] s *Disputant, Debattierender*; ⟨parl⟩ *Redner* m **~ting** [di'beitiŋ] s [attr] ~ club, ~ society *Debattierklub* m

debauch [di'bɔ:tʃ] **1.** vt (*moral.*) *verderben* (*Mädchen*) *verführen* **2.** s *Schwelgerei, Ausschweifung* f | **~ed** [~t] a *ausschweifend, verderbt, unzüchtig* | **~ee** [,debɔ:'tʃi:] s *Schwelger, Wüstling* m | **~ery** [di'bɔ:tʃəri] s *Schwelgerei, Wollust, Ausschweifung* f

debenture [di'bentʃə] s *Schuldschein* m, *–verschreibung, Obligation* f; ~ bonds [pl] *tilgbare festverzinsliche Schuldverschreibung* (*e–r juristischen P*) *in bestimmter Stückelung* (~ stock *Sch. auf beliebige Beträge*) || *Rückzollschein* m | **~d** [~d] a *Rückzoll–* (~ goods)

debilitate [di'biliteit] vt *schwächen, entkräften* **–ation** [di,bili'teiʃən] s *Schwächung* f

debility [di'biliti] s (of health) *Schwäche* f

debit ['debit] **1.** s ⟨com⟩ *Debet, Soll* n, *Schuldposten* m; (*Konto-*)*Belastung* f || *Debetseite* f *des Hauptbuches* || to the ~ of a p's account *z jds Lasten*; to place a sum to a p's ~ *jds Konto mit e–r Summe belasten* | ~ balance *Schuldsaldo* m; *Fehlbetrag* m || ~ entry *Belastung* f; *Abschreibung* f || **~-side** ⟨com⟩ *Debetkonto* n, *–seite* f || ~ voucher *Lastschrift*(*beleg* m) f **2.** vt ⟨com⟩ *debitieren, belasten* (with *mit*); *z Last schreiben* (to a p *jdm*) || ⟨fig⟩ *belasten* (with) | **~or** [~ə] s L = debtor; ~ cessus *Schuldner* m, *dessen Verpflichtung Gegenstand e–r Abtretung ist*

debonair [,debə'nɛə] a (~ly adv) *höflich, anmutig*; *heiter*

debouch [di'bautʃ] vi ⟨mil⟩ *aus e–m Engpaß herausk* || (of a river) *sich ergießen, einmünden* (into *in*) **~ment** [~mənt] s ⟨mil⟩ *Hervorbrechen* (*aus Engpaß*) m || *Mündung* f

debriefing [di'bri:fiŋ] s (a ~ room) *Flugberatung* f *nach Landung*

debris ['debri:] s Fr *Bruchstücke* n pl || ⟨geol⟩ *Trümmer* m pl, heap of ~ *Haufwerk* n

debt [det] s *Schuld* f; ⋨ ⋩s Conference ⟨pol⟩ *Schuldenkonferenz* f || ⟨fig⟩ *Schuld, Pflicht, Verpflichtung* f | active ~s [pl] *Außenstände* pl; bad ~s *schlechte Außenstände* pl || doubtful ~s ⟨bal⟩ *dubiose Forderungen* f pl || floating ~ *schwebende Schuld, Forderung* f || public ~, national ~ *Staatsschuld*; ~ of honour *Ehren– f*; recoverable ~ *beitreibbare Forderung* f | to be in ~ *verschuldet s, Schulden h* || to be in a p's ~ *in jds Schuld stehen, jdm verpflichtet s* || to place a p in one's ~ *sich* [dat] *jdn verpflichten* || to fall, get, run into ~ *in Schulden geraten*; to contract, incur, run up ~s *Schulden m* || to pay one's ~s *s–e Schulden bezahlen* || to pay the ~ of nature *od* one's ~ to nature *der Natur ihren Sold zahlen, den Weg alles Irdischen gehen (sterben)* **| ~or** ['~ə] s *Schuldner; Debitor* m **|** (*a* ~-side) (abbr Dr.) *Debetseite* f **||** principal ~ *Hauptschuldner* m **||** ⟨bal⟩ **~s** [pl] *Debitoren* m pl, *Forderungen* f pl

debunk [di'bʌŋk] vt ⟨Am⟩ to ~ a p *jdn des Nimbus berauben, in das rechte Licht setzen; jds wahres Wesen enthüllen; entlarven* **||** ⟨arts⟩ *versachlichen*

deburr [di'bə:] vt *entgraten*

debus [di:'bʌs] vi/t ⟨mil sl⟩ (of troops) (*aus Lastautos*) *aussteigen* **|** vt (*Truppen*) *ausladen*

début, ⟨Am⟩ **debut** ['deibu:] s Fr *Debüt, erstes Auftreten* n **~ant** [,debu:'tã:] s *Debütant* m **~ante** [,debu:'tã:t] s (abbr deb) *Debütantin* f; *junge Dame, die erstmalig in die Gesellschaft, bei Hofe eingeführt wird*

dec– [dek], **deca–** ['dekə] [in comp] *zehn-* **–adal** ['dekədl] a *zehnjährig* **||** **–ade** ['dekəd] s *Zeit v 10 Jahren, Dekade* f **||** *Serie* f v *Zehn*

decadence ['dekədəns], **–cy** [–si] s *Verfall* m; *Abnahme* f **||** ⟨arts etc⟩ *Dekadenz* f **–dent** ['dekədənt] **1.** a (~ly adv) *verfallend; dekadent, angekränkelt* **2.** s [pl] **~s** ⟨Fr⟩ *Dichterschule* f *Ende des 19. Jhs, Symbolisten* m pl

de-caffeined [di:'kæfii:nd] a *koffeïnfrei* (coffee)

decagon ['dekəgən] s ⟨math⟩ *Zehneck* n **~al** [de'kægən] a *zehneckig* **–gram(me)** ['dekəgræm] s *Dekagramm* n **–hedron** [,dekə'hi:drən] s ⟨math⟩ *Zehnflächner, Dekaeder* m

decalage [dekə'lɑ:ʒ] s ⟨aero⟩ *Schränkung* f (*der Doppeldeckertragflächen*), *Verstellwinkel* m

decalcify [di:'kælsifai] vt *entkalken*

decal(comania) [di,kælko'meiniə, ⟨fam⟩ 'dikæl] s Fr *Abziehbild* n

decalitre ['dekə,li:tə] s *Dekaliter* m (*Maß v zehn Litern*) **–logue** ['dekələg] s ⟨ec⟩ *Dekalog* m, *die zehn Gebote* n pl **–metre** ['dekə,mi:tə] s *Dekameter* m & n

decamp [di'kæmp] vi ⟨mil⟩ *ein Lager abbrechen; aus dem L. aufbrechen* **||** *sich aus dem Staube m, ausreißen* **~ment** [~mənt] s *Aufbruch* m; *Abmarschieren* n

decanal [di'keinl] a *Dekans–*

decani [di'keinai] s L ⟨ec⟩ *südl. Seite des Chors; die dort sitzenden Sänger* pl

decant [di'kænt] vt *vorsichtig abgießen, umfüllen* **~er** [~ə] s (*Wein-*)*Karaffe* f

decapitate [di'kæpiteit] vt *enthaupten; köpfen* **||** ⟨Am pol⟩ *ohne Federlesen entlassen* **–tation** [di,kæpi'teiʃən] s *Enthauptung* f **||** ⟨Am pol⟩ *plötzliche Entlassung* f

decapod ['dekəpɔd] ⟨zoo⟩ **1.** **~s** [s pl] *Zehnfüßer* pl **2.** a *Zehnfüßer–*

decarbonize [di:'kɑ:bənaiz], **–burize** [di:-'kɑ:bjuəraiz] vt ⟨chem & min⟩ v *Kohlenstoff befreien, entkohlen*

decartelization [di'kɑ:təlai'zeiʃn] s *Kartell-entflechtung, Entflechtung* f (v *Konzernen*)

decasualize [di:'kæʒjuəlaiz] vt (*Arbeit*) *ihres Gelegenheitscharakters entkleiden*

decasyllabic ['dekəsi'læbik] **1.** a ⟨pros⟩ *zehnsilbig* **2.** s *Zehnsilber* m **–syllable** ['dekə'siləbl] s ⟨pros⟩ *Zehnsilber* m

decathlon [de'kæθlən] s Gr ⟨sport⟩ *Zehnkampf* m **||** The modern ~ consists of a 100-meter race, a 400-m. r., a 110-m. hurdle r., a 1500-m. r., putting the shot, throwing the discus, hurling the javelin, the running broad jump, the running high j., the pole vault *der mod. Z. besteht aus 100-m-Lauf, 400-m-L., 110-m-Hürdenl., 1500-m-L., Kugelstoßen, Diskuswerfen, Speerwerfen, Weitsprung mit Anlauf, Hochspr. m. A., Stabhochsprung*

decatize ['dekətaiz] vt (*Tuch*) *dekatieren, krümpen*

decauville [de'kouvil] engine s *Feldbahnlokomotive* f **||** ~ railway *Feld(eisen)bahn* f

decay [di'kei] **1.** vi *in Verfall geraten, verfallen* **||** *verfaulen, verwesen* **||** (of teeth) *schlecht w* **||** ⟨fig⟩ *abnehmen, sinken* **2.** s *Verfall* m; *Zerfall* m (*radioaktiver Substanzen*); to fall into ~ *in V. geraten* **||** *Verfaulen* n, *Verwesung* f **||** (of teeth) *Schlechtwerden* n **||** ⟨fig⟩ *Verblühen* n; *Kraftabnahme,* (*Alters-*)*Schwäche* f **| ~ed** [~d] a *verfallen* **||** *verfault; verblüht* (beauty) *verarmt, heruntergek* **||** (of teeth) *schlecht, hohl* **||** ~ with age *altersschwach* **||** partially ~ ⟨bes for⟩ *angefault*

Decca ['dekə] ~ flight log *Decca-Flugwegschreiber* m **||** ~ receiver *Decca-Empfänger* m

deccometer [de'kɔmitə] s *Decca-Phasenmeßinstrument* n

decease [di'si:s] **1.** s ⟨bes jur⟩ *Ableben* n, *Tod* m **2.** vi ⟨bes jur⟩ *verscheiden, sterben* **| ~d** [~t] **1.** a *verstorben* **2.** s the ~ *der Verstorbene*

decedent [di'si:dənt] s ⟨Am⟩ the ~ *der Verstorbene, Erblasser* m

deceit [di'si:t] s *Täuschung* f, *Betrug* m; *List, Tücke* f; *Betrügerei* f; *Ränke* pl **||** wilful ~ *arglistige Täuschung* f **–ful** [~ful] a (~ly adv) *arg–, hinterlistig; falsch* **||** *trügerisch* **~fulness** [~fulnis] s *Hinterlist, Falschheit* f **||** *das Trügerische* n

deceivable [di'si:vəbl] a (–bly adv) *leicht z betrügen(d)*

deceive [di'si:v] vt/i **||** *täuschen; betrügen, durch Täuschung verleiten, hintergehen* **||** to be ~d *sich täuschen l* (by); to ~ o.s. *sich täuschen, sich e–r Täuschung hingeben* (on *über*) **||** *betrügen, hintergehen* **|** vi *täuschen, sich täuschen*

decelerate [di:'seləreit] vt/i **||** *verzögern, –langsamen;* to ~ a train *die Geschwindigkeit e–s Zuges vermindern* **||** –ting electrode *Bremselektrode* f **|** vi *die G. verringern; langsamer fahren* **–ation** [,di:selə'reiʃən] s *Geschwindigkeitsverminderung* f **||** *negative Beschleunigung* f

decelerometer [,di:selə'rɔmitə] s ⟨bes mot⟩ *Bremsprüfer* m

December [di'sembə] s *Dezember* m (in ~ *im D.*)

decemvir [di'semvə] s (*röm.*) *Dezemvir* m **~ate** [di'semvirit] s *Dezemvirat* n

decency ['di:snsi] s *Anstand* m, *Schicklichkeit;* *Wohlanständigkeit, Sittsamkeit* f

decennary [di'senəri], **decenniad** [di'seniæd] s *Jahrzehnt* n

decennial [di'senjəl] a *zehnjährig* **~ly** [~i] adv *alle zehn Jahre*

decennium [di'senjəm] s L *Jahrzehnt, Dezennium* n

decent ['di:snt] a (~ly adv) *schicklich, anständig, sittsam; bescheiden* **|** ⟨fam⟩ *annehmbar, ganz nett od hübsch* **||** *gütig, gutmütig; freigebig*

decentralization [di:,sentrəlai'zeiʃən] s *Dezentralisation, Entflechtung* f (v *Konzernen*) **–ize** [di:'sentrəlaiz] vt *dezentralisieren*

deception [di'sepʃən] s *Betrug* m, *Täuschung* f **||** *Irreführung* f **||** (*Sinnes-*)*Täuschung* f **||** ~ signal traffic ⟨wir mil⟩ *Verschleierungsverkehr* m

deceptive [di'septiv] a (~ly adv) *täuschend, trügerisch; irreführend* **||** ~ movement ⟨mil⟩ *Scheinbewegung* f **~ness** [~nis] s *Täuschung* f

decerebrate [di:'seribreit] vt ⟨zoo scient⟩ *enthirnen*

deci– ['desi–] [in comp] *Zehntel–* **~gram(me)** ['desigræm] s *Zehntelgramm* n **–litre** ['desi,li:tə] s *Deziliter* n **~metre** [,desi,mi:tə] s *Dezimeter* n

decibel ['desibl] s (abbr db, DB, dB) ⟨ac⟩ *Dezibel, ¹/₁₀ Bel, Phon* n, → phon; *logarithmisches Dämpfungsmaß* n **||** to take ~ *readings Phonmessungen* m

decidable [di'saidəbl] a *entscheidbar, z entscheiden(d)*

decide [di'said] vt/i || (*Schlacht*) *entscheiden*; (*etw*) *entscheiden*; *bestimmen* (that); (*etw*) *entscheiden* (between; for, in favour of; against) || (*jdn*) *z Entschluß bringen* (in) || *sich darüber entscheiden* (what; how) || *z dem Schluß k, einsehen* (that) | vi *die Entscheidung treffen, entscheiden*; *den Ausschlag geben* (between) || *sich entschließen*; *sich entscheiden* (on a th *f, über etw*; to do, on doing *z tun*; against doing *nicht z tun*) | **~d** [~id] a *entschieden* (attitude); *bestimmt* || (*P*) *entschlossen* || *unzweifelhaft, deutlich* **~dly** [~idli] adv *bestimmt* || *sicher, fraglos* || he is ~ an artist *allerdings ist er ein Künstler, er ist fraglos ein K.*

decider [di'saidə] s (sport) *Entscheidungsspiel* n, *–kampf* m (*nach e–m Unentschieden*)

deciduous [di'sidjuəs] a (bot zoo) (of leaves etc) *jedes Jahr abfallend*; *Laub–*; with ~ leaves (for) *sommergrün*; ~ wood *Laubwald* m || (fig) *vergänglich*

decimal ['desiməl] **1.** a *dezimal, Dezimal–*; ~ *arithmetic –rechnung* f; ~ *fraction –bruch* m; ~ *place –stelle* f; ~ *system –system* n || ~ *point* (math) *Komma*; point three (engl .3 = 0,3) *Null Komma drei*; one point two five *1,25* **2.** s (math) *Dezimalbruch* m *–zahl* f; circulating ~ *periodische –zahl* f; repeating *od* recurring ~ *unendliche D.* **~ism** [~izm] s *Dezimalsystem* n **~ize** [~aiz] vt *auf das Dezimalsystem zurückführen* **~ly** [~i] adv *nach dem Dezimalsystem*

decimate ['desimeit] vt (mil) *e–n v je Zehn töten* || *töten, dezimieren, vernichten*; *Verheerung anrichten unter* **–ation** [,desi'meiʃn] s *Dezimierung* f

decimetric [,desi'metrik] a (wir) ~ *wave Dezimeterwelle* f

decipher [di'saifə] **1.** vt *entziffern* || (fig) *entziffern, –rätseln* **2.** s *Entzifferung, Übersetzung* f **~able** [~rəbl] a *entzifferbar* **~ment** [~mənt] s = decipher [s]; *entschlüsselter Text* m

decision [di'siʒn] s (jur) *Urteil* n, *Entscheidung* f || *Entscheidung* f (of a th *e–r S*; over *über*); to take a ~ *e–e E. treffen*; *Entschluß* m (to come to a ~) || *Festigkeit, Entschlossenheit* f; man of ~ *entschlossener Mann* m; ~ *of character Charakterfestigkeit* f

decisive [di'saisiv] a *Entscheidungs–, entscheidend* (battle) || *bestimmend, ausschlaggebend, maßgebend* (for *f*); to be ~ *entscheidend beitragen* (in doing *z tun*); to be ~ *of entscheiden* || *entschieden*; *entschlossen* | **~ly** [~li] adv *in entscheidender Weise* **~ness** [~nis] s *Entschiedenheit* f; *Entschluß* m

deck [dek] s (mar) *Deck, Verdeck* n; half–~ *Halbdeck* n; → main; lower, orlop, poop, spar, 'tween, upper || (Am) ~ *of cards Spiel, Pack* (*Spiel–*)*Karten* | on, below ~ *auf, unter Deck*; to go on ~ *an Deck gehen* || (sl) (*Erd–*)*Boden* m || (fig) on ~ (Am) *z Hand*; *sichtbar* || to clear the ~s (mar) *das Schiff klar z Gefecht m* (*a* fig) || → to sweep || (attr) *Deck–* (~-cabin) || ~-chair *Liegestuhl* m || ~ officer *O. an Deck* || ~-runway (aero) *Decklandebahn* f

deck [dek] vt (*a* to ~ out) (*aus*)*schmücken, zieren* (with) | (mar) *mit e–m Verdeck versehen*

decker ['dekə] s [in comp]: two-, three-~ *Zwei-, Dreidecker* m

deckle ['dekl] s (pap) *Deckel* m (*der Form*) || *beliebig lange Papierbahn* f || ~-edge *rauher Rand* m *des Büttenpapiers*; (phot) *Büttenrand* m

declaim [di'kleim] vi/t || *deklamieren, öffentlich reden* || *eifern, losziehen* (against *gegen*) | vt (*etw*) *vortragen* **declamation** [,deklə'meiʃn] s *Deklamation* n || *Deklamation* f || *schwungvolle Rede* f **–atory** [di'klæmətəri] a *deklamatorisch*; *pathetisch*

declarable [di'klɛərəbl] a *steuer–, zollpflichtig* **–ant** [–rənt] s (jur) *Erklärender, Deklarant* m

–ation [,deklə'reiʃən] s *Erklärung*; to make a ~ *e–e E. abgeben; Aussage* f || *feierliche Erklärung* f || *schriftliches Manifest* n (~ of Rights 1689) || (jur) (*jetzt*: statement of claim) *Klageschrift* f || (*Zoll–*)*Deklaration* f || ~ *of death Todeserklärung* f || (Am) ~ *of Independence Unabhängigkeit*(*surkunde*) f, *–serklärung* f || ~ *of intent Willens–*; ~ *of majority Volljährigkeits–* || ~ *of nullity Nichtigkeits–* || ~ *of war Kriegs–* **–ative** [di'klærətiv] a (~ly adv) *Erklärungs–, Aussage–*; to be ~ *of ausdrücken* **–atory** [di'klærətəri] a (–rily adv) *erklärend; erläuternd*; (jur) *feststellend, deklaratorisch*; (jur) ~ *action Feststellungsklage* f; ~ *judgment –urteil* n; to be ~ *of erläutern*

declare [di'klɛə] vt/i **A.** vt **1.** (*jdn, etw*) *erklären, verkündigen, mit Bestimmtheit nennen*; I ~ him (to be) my friend *ich erkläre ihn f m–n Freund*; to ~ o.s. (to be) the heir *sich als* or *z Erben erklären* || to ~ a th open *etw f eröffnet erklären* || ~ war **3.** b. || to ~ the state of siege *den Belagerungszustand verhängen* **2.** (*etw*) *erklären, kundtun; aussagen, die Erklärung abgeben* (that *daß*; to a p that *jdm, daß*) **3.** to ~ o.s. *sich erklären, s–e Meinung kundtun* || *sich im wahren Lichte zeigen* || (*S*) *sich zeigen* **4.** (com) (*Waren*) *deklarieren* (have you anything to ~?) || (cards) (*Farbe*) *als Trumpf erklären* **B.** vi *sich erklären, sich entscheiden* (for *f*; against *gegen*) | I ~ *ich muß sagen, wahrhaftig* | (crick) *e–n* (*Spiel–*)*Gang vorzeitig abschließen* | to ~ off *zurücktreten* (from *v*) | **~d** [~d] a *offen* || *offen erklärt* **~dly** [di'klɛəridli] adv *erklärtermaßen, offen*

declassify [,di:'klæsifai] vt (bes Am) (*Geheimmaterial*) *freigeben*; *Geheimhaltungsstufe* (*e–r S*) *aufheben*

declension [di'klenʃn] s *Abweichung* f (from) || *Abhang* m, *Neigung* f || *Verfall* m || (gram) *Beugung, Deklination* f

declinable [di'klainəbl] a (gram) *deklinierbar* **–ation** [,deklineiʃn] s *Neigung, Abschüssigkeit* f || (astr & phys) *Abweichung, Deklination* f || (Am) *Ablehnung* f (of a p)

declinator ['deklineitə] s (phys) *Abweichungsmesser* m | **~y** [di'klainətəri] a *abweichend* || *ablehnend*

decline [di'klain] **1.** vi/t || *sich neigen; sich senken, abfallen* || (fig) *abnehmen; verfallen, abnehmen, abzehren* || (of prices) *sinken, fallen* || *–ning* (for) *abfällig* | vt * (*Kopf*) *hängen l, beugen* || (*etw*) *verweigern, ausschlagen*; (*Einladung*) *nicht annehmen*; [abs] to ~ *with thanks dankend ablehnen* || *abweisen, ablehnen* (doing; to do) || (gram) *beugen, deklinieren* **2.** s (fig) *Verfall, Niedergang, Rückgang* m || *Verminderung, Abnahme* f (of *an* in strength *der Kräfte*); to go into a ~ *siechen, dahinwelken* || (of prices) *Fallen* n; *Sturz* m || (med) *Auszehrung, Schwindsucht* f; to fall into a ~ *Sch. bek* || (of stars) *Untergang* m | the ~ *of life der Lebensabend* || to be on the ~ *auf die Neige gehen, sinken; im Preise fallen* **–nometer** [dəkli'nɔmitə] s (phys) *Deklinometer* m **–vitous** [di'klivitəs] a *abschüssig, steil* **–vity** [di'kliviti] s *Abschüssigkeit* f, *Abhang* m **–vous** [di'klaivəs] a *abschüssig*

declutch [di'klʌtʃ; '–'] vt (mot) *auskuppeln* || to double-~ *Zwischengas geben*

decoct [di'kɔkt] vt *auskochen, absieden* **~ion** [di'kɔkʃən] s *Abkochung* f || (chem) *Absud* m

decode [di'koud] vt (*Codetelegramm*) *dechiffrieren, entziffern*

decollate [di'kəleit] vt *enthaupten* **–ation** [,di:kə'leiʃən] s *Enthauptung* f

décolleté [dei'kɔltei] a Fr *ausgeschnitten* (dress) || **~e** [~] a *dekolletiert* (lady)

decolo(u)r [di:'kʌlə], **~ize** [~raiz] vt *entfärben, bleichen*

decolo(u)rant [di:ˈkʌlərənt] **1.** a *bleichend* **2.** s *Bleichmittel* n

decolo(u)ration [ˌdi:kʌləˈreiʃən], **-rization** [di:-ˌkʌləraiˈzeiʃən] s *Entfärbung* f

decomposable [ˌdi:kəmˈpouzəbl] a *zersetzbar, zerlegbar*

decompose [ˌdi:kəmˈpouz] vt/i ‖ *zersetzen, zerlegen* | vi *sich zersetzen; verwesen* **-posite** [di:ˈkɔmpəzit] **1.** a *doppelt zus–gesetzt* **2.** s *doppelt zus–gesetztes Wort* n **-position** [ˌdi:kɔmpəˈziʃən] s *Zerlegung* f ‖ *Zersetzung* f **-press** [ˌdi:kəmˈpres] vt/i (⟨a⟩ jdm) *den Druck stufenweise entlasten* **-pression** [–ˈpreʃən] s ⟨tech⟩ *(langsame) Druckentlastung* f

deconcentration [ˈdi:kɔnsenˈtreiʃən] s ⟨com⟩ *Entflechtung* f (v *Konzernen*)

'deconsecrate [di:ˈkɔnsikreit] vt *der Weihe entkleiden, verweltlichen*

decontaminant [ˌdi:kənˈtæminənt] s *Entseuchungsmittel* n, **-stoff** m **-ate** [ˌdi:kənˈtæmineit] vt ⟨aero⟩ (*Gebiet*) *entseuchen,* (v *Gasen* etc) *entgiften;* (P) v *Giftstoffen reinigen* **-ation** [ˌdi:kənˌtæmiˈneiʃən] s *Entgiftung; –seuchung* f ‖ ~ *ointment Hautentgiftungssalbe* f ‖ ~ *squad Entgiftungstrupp* m

decontrol [ˈdi:kənˈtroul] **1.** vt (*Zwangswirtschaft*) *abbauen;* (*Ware*) *freigeben, aus der Bewirtschaftung herausnehmen* | z *freien Verkauf zulassen* ‖ ~led *unbewirtschaftet* **2.** s *Freigabe* f; *Abbau* m (*der Zwangswirtschaft*)

decorate [ˈdekəreit] vt (*aus*)*schmücken, zieren* ‖ (*jdn*) *auszeichnen, dekorieren* (with) ‖ ~d *style* ⟨arch⟩ *englische Gotik des 14. Jhs* **-ating** [–iŋ] [attr] ~ *kiln* ⟨ceram⟩ *Dek·orofen* m **-ation** [ˌdekəˈreiʃən] s *Ausschmückung* f ‖ *Schmuck* m, *Verzierung, Dekoration* f; ⟨Am⟩ ⋊ *Day Kriegergedenktag* m (*30. Mai*) ‖ *Ehrenzeichen* n, *Orden* m **-ative** [ˈdekərətiv] a (~ly adv) *dekorativ, Dekorations–; schmückend, Zier–, Schmuck–* ‖ ~ *fitting Beschlagteil* n **-ator** [ˈdekəreitə] s *Dekorationsmaler; Dekorateur; Anstreicher u Tapezierer;* ⟨arts⟩ *Ornament·ist, –m·entiker* m ‖ (a *indoor* ~, *interior* ~) *Innenarchitekt* m **-ous** [ˈdekərəs] a (~ly adv) *schicklich, anständig, geziemend*

decorticate [di:ˈkɔːtikeit] vt *abrinden, abschälen* **-ation** [di:ˌkɔːtiˈkeiʃən] s *Abrindung, Ab–, Ausschälung* f

decorum [di:ˈkɔːrəm] s L *Würde* f, *Anstand* m, *Schicklichkeit* f; *to keep up* ~ *das Dekorum wahren* ‖ ⟨arts⟩ † *Gefälligkeit u Annehmlichkeit* f

decoy [di:ˈkɔi] **1.** s *Entenfalle* f ‖ (a ~-duck) *Lockvogel* m ⟨a fig⟩ ‖ ⟨fig⟩ *Köder* m, *Lockspeise* f ‖ ~ *aircraft Lockflugzeug* n ‖ ~ *airfield Scheinflugplatz* m ‖ ~ (*ship*) *U-Bootfalle* f **2.** vt *ködern, locken* ⟨fig⟩ *verleiten, verlocken; locken* (*into in; out of aus*)

decrease [di:ˈkri:s] vi/t ‖ *abnehmen, sich vermindern* | vt *vermindern, –ringern* **2.** [ˈdi:kri:s] s *Verminderung,* ~ *Abnahme* f (*in* a *the e–r S*) **-singly** [di:ˈkri:siŋli] adv: *to be* ~ *scarce immer knapper w*

decree [di:ˈkri:] **1.** s *Dekret, Edikt* n, *Erlaß, Bescheid* m, *Verordnung, Vorschrift* f ‖ ⟨jur⟩ (*in Ehescheidungsprozessen*) *Entscheid* m, *Urteil* n; ~ *absolute endgültiges Scheidungsurteil* n, ~ *nisi provisorisches Sch.* ‖ ⟨ec⟩ *Ratschluß* m (*of God*); *Bestimmung* f (~ *of fate Schicksals–*) ‖ ⟨jur⟩ ~ *of nullity Nichtigkeit(serklärung)* f *e–r Ehe* ‖ **2.** vt (*etw*) *verfügen; verordnen, anordnen* (*that*)

decrement [ˈdekrimənt] s *Abnahme* f **-meter** [diˈkrimitə] s ⟨wir⟩ *Dämpfungsmesser* m

decrepit [diˈkrepit] a *abgelebt, altersschwach* ‖ ⟨for⟩ *abgängig* ‖ ⟨fig⟩ *wurmstichig, klapprig* **~ude** [~ˈjuːd] s *Gebrechlichkeit, Altersschwäche, Hinfälligkeit* f

decrepitate [diˈkrepiteit] vt/i ‖ ⟨chem⟩ *dekre-*

pitieren | | vi *verpuffen, zerknistern* **-ation** [diˌkrepiˈteiʃən] s ⟨chem⟩ *Dekrepitation, Verknisterung* f

decrescendo [ˈdiːkriˈʃendou] It ⟨mus⟩ **1.** adv & a *abnehmend* **2.** s *Abnehmen* n

decrescent [diˈkresnt] a *sich vermindernd, abnehmend* (~ *moon*)

decretal [diˈkriːtəl] **1.** a *ein Dekret enthaltend, Dekretal–* **2.** s (*päpstliche*) *Dekretale* f; ~s [pl] *Sammlung v Dekretalen* **-tive** [diˈkriːtiv] a *dekretorisch* **-tory** [diˈkriːtəri] a = *decretive* ‖ *entscheidend*

decry [diˈkrai] vt (*jdn*) *herabsetzen; heruntermachen; in Verruf bringen*

decrypt [diˈkript] vt ⟨bes Am⟩ (*Geheimschrift*) *entschlüsseln, dechiffrieren* **~ion** [–pʃən] s *Entschlüsselung, Dechiffrierung* f

decubitus [diˈkjuːbitʌs] s L *Wundliegen* n

decuman [ˈdekjumən] a (*of waves*) *sehr groß, gewaltig*

decumbence [diˈkʌmbəns], **-cy** [–si] s *Liegen, Lagern* n ‖ **-bent** [diˈkʌmbənt] a ⟨bot⟩ *am Boden liegend or rankend;* ⟨zoo⟩ *anliegend*

decuple [ˈdekjupl] **1.** a *zehnfach* **2.** s *das Zehnfache* s **3.** vt/i *verzehnfachen*

decussate 1. [diˈkʌsit] a (~ly adv) *gekreuzt, in X-Form* **2.** [diˈkʌseit] vt/i (*sich*) *kreuzweise schneiden*

dedicate [ˈdedikeit] vt (*Kirche* etc) *weihen, einweihen;* ⟨Am⟩ *feierlich eröffnen* ‖ *weihen* (*to God Gott*) ‖ (*Zeit*) *widmen* (*to* a p *jdm*) ‖ (*Buch*) *widmen, zueignen, dedizieren* (*to* a p *jdm*) | **~e** [ˌdedikəˈtiː] s *jd, dem etw zugeeignet ist* **-ation** [ˌdediˈkeiʃən] s ⟨ec⟩ *Weihe, Weihung* f ‖ (*Sich-*) *Widmen* n (*to* a *the e–r S*), *Hingabe* f (*to an*) ‖ *Widmung, Dedikation* f (*to*)

dedicator [ˈdedikeitə] s *Widmer, Zueigner* m | **~y** [~ri] a *Widmungs–, Zueignungs–*

deduce [diˈdjuːs] vt *zeitl. verfolgen; ab–, herleiten* (*from* v) ‖ *folgern, schließen* (*from aus*) ‖ **-cible** [diˈdjuːsəbl] a *herzuleiten(d), z schließen(d)*

deduct [diˈdʌkt] vt (*Teile, Stücke*) *abziehen, abrechnen* (*from von*); ~ *subtract* ‖ *after* ~*ing nach Abzug* v; ~*ing expenses abzüglich der Unkosten* **~ible** [~əbl] a *abziehbar* **~ion** [diˈdʌkʃən] s *Abziehen* n, *Abzug* m (*from* v); ~ *at source Steuerabzug* v *Kapitalertrag, .. an der Stelle des Gehalts-etc-zahlers;* ~ *from pay Gehalts–,* ⟨mil⟩ *Soldabzug* m ‖ ⟨com⟩ *Abzug, Rabatt* m ‖ ⟨philos⟩ *Deduktion* (*Ggs induction*), *Schlußfolgerung* f; *Schluß* m **~ive** [~iv] a (~ly adv) *deduktiv; folgernd*

dedud [diˈdʌd] **1.** vi/t *Blindgänger beseitigen* **2.** *Blindgängerbeseitigung* f

deed [diːd] **1.** s *Handlung, Tat* f ‖ *Heldentat* f ‖ ⟨jur⟩ *unity of* ~ *Tateinheit; plurality of* ~ *–mehrheit* f ‖ ~s *of the Apostles* ⟨bib⟩ *Apostelgeschichte* f, ⟨arts⟩ *Taten* f pl *der Apostel;* ~s *of Hercules Herkulestaten* f ‖ *Tat, Ausführung* f ‖ ⟨jur⟩ *Urkunde* f, *Dokument* n; *mit Siegel versehene Vertragsurkunde* f (*bes bei Grundeigentumsübertragung*), *Notariatsvertrag* m, *Vertrag mit Formzwang;* ~ *of conveyance Grundstücksübertragungsurkunde;* ~ *of trust Trusterrichtungsurkunde* f ‖ *in word and in* ~ *in Wort u T.* ‖ *in very* ~ *in der T., in Wahrheit* ‖ *to take the will for the* ~ *den (guten) Willen f die T. nehmen* | **~-poll** ⟨jur⟩ *Urkunde über einseitiges Rechtsgeschäft* f **2.** vt ⟨Am jur⟩ *urkundlich übertragen*

deem [diːm] vt/i ‖ *erachten, betrachten, halten* f (I ~ *it right, my duty to do ich halte es f recht, m–e Pflicht z tun*) ‖ *glauben* (*that*) | vi (*nur in Parenthese*) *glauben* ‖ *denken* (*of* v, *über*), *to* ~ *highly of hochschätzen*

deemark [ˈdiːmɑːk] s ⟨Am⟩ *Deutsche Mark* f (*DM sprich: D-Mark*)

deemster ['di:mstə] s (*auf der* Isle of Man) *Richter* m

deep [di:p] **I. a** (~ly adv) **1.** *tief* ‖ *tief hinein- gehend*; *–liegend, niedrig gelegen* ‖ *tief, breit* (border *Rand*) ‖ *Tiefen–* (~ therapy) ‖ ⟨agr⟩ *tiefgründig* (soil) ‖ *hoch*: the snow is a foot ~ .. *liegt e–n F. hoch, es liegt e–n F. hoher Schnee* **2.** ⟨übtr & fig⟩ *geheim, ungründlich, dunkel* ‖ *versteckt, geheim* (design) ‖ (of colours) *dunkel* (~-blue) ‖ *durchdringend*; *tieftönend* ‖ (of feel- ings) *tief, innig empfunden*; *inbrünstig, aufrichtig* ‖ *tief* (*gehend*); *mächtig, stark* (influence) ‖ *schwer, bitter* (grief) ‖ *groß, äußerst, vollkom- men, höchst* (disgrace) **3.** (*P*) *tief, gründlich* (scholar); *scharfsinnig* ‖ *listig, verschlagen*, a ~ one ⟨sl⟩ *ein schlauer Fuchs* **4. Verbindungen**: ~ colour *satte Farbe* f ‖ ~ disappointment *schwere Enttäuschung* f ‖ ~ end ‖ ~-freeze (chest), ~(-)freezer *Tiefkühltruhe* ‖ ⟨hum⟩ Expe- dition ~-Freeze *Expedition ,,Gefrierfleisch''* or *,,Tiefkühlung''* (*z* Antarktis); ~(-)frozen food *Tiefkühlkost* f ‖ ~ mourning *tiefe Trauer* f ‖ ~ poverty *äußerste Armut* f ‖ in ~ thought *in Ge- danken vertieft* ‖ two feet ~ *zwei Fuß tief*; drawn up four feet ~ *in vier Gliedern aufgestellt* ‖ ~ in *tief versunken in, in Anspruch genommen v*; ~ in debt *tief verschuldet* **5.** [in comp] ~-**chested** *mit hoher, gewölbter Brust*; ⟨fig⟩ *mit tiefem Ton* ‖ ~ drawing ⟨tech⟩ *Tiefziehen* n ‖ ~-**mined** output *Untertagförderung* f ‖ ~-mouthed (of dogs) *v tiefer Stimme*; *tieftönend* ‖ ~-sea *Tief- see* f; ~-sea fishing *Hochseefischerei* f ‖ ~- throated, ~-toned *tief klingend* **II. adv** *tief*; to dig ~er *tiefer graben* ‖ to drink ~ *reichlich trinken* ‖ (to sit up) ~ into the night *bis tief in die Nacht* ..; still waters run ~ *stille Wasser sind tief* ‖ ~ black *tiefschwarz* ‖ ~-drawn *tief hervor- geholt* ‖ ~-felt *tief empfunden* ‖ ~-laid *klug* or *schlau angelegt* ‖ deep-mined *unter Tag ge- wonnen* (~ coal) ‖ ~ read *sehr belesen* ‖ ~- rooted *tiefwurzelnd*; ⟨fig⟩ *–verwurzelt* ‖ ~- seated *fest–, tiefsitzend* ‖ ~-set *tiefliegend* (eyes) **III.** s the ~ ⟨poet⟩ *die See* f ‖ the ~s [pl] *die Tiefen* pl ‖ ~**ie** f ['~i] s ⟨fam⟩ *Dreidimension* , *Raumfilm* m, → depthie ‖ ~**ly** ['~li] adv *tief* ‖ *inbrünstig*; *stark* ‖ to drink ~ *tief ins Glas sehen*; to play ~ *hoch spielen* ‖ ~ hurt *schwer gekränkt* ~**ness** ['~nis] s *Tiefe* f ‖ ⟨min⟩ *Teufe* f ‖ *Scharfsinn* m ‖ *Schlauheit* f

deepen ['di:pən] vt/i ‖ *vertiefen, tiefer m* ‖ *breiter m* ‖ (*Farben*) *verdunkeln* ‖ (*Gefühle*) *ver- stärken* ‖ vi *sich vertiefen, tiefer w* ‖ *dunkel w* ‖ *stärker w* ~**ing** [~iŋ] s ⟨min⟩ *Abteufung* f

deer [diə] s [pl ~] ⟨zoo⟩ *Rot–, Hochwild, Reh* n ‖ [attr] ~-hound *Jagdhund* m ‖ ~-hunt *Hochwildjagd* f ‖ ~-park *Wildpark, Tiergarten* m ‖ ~ pass ⟨mot⟩ *Wildwechsel* m ‖ ~-shot *Rehposten* m ‖ ~-skin *Wildleder* n ‖ ~-stalker *Pirscher* m ‖ *Jagdmütze* f ‖ ~-stalking *Pirsch* f

deevey ['di:vi] a ⟨fam⟩ *köstlich*; *reizend*

deface [di'feis] vt *verunstalten, entstellen* ‖ *unleserlich m* ~**ment** [~mənt] s *Entstellung* f ‖ ⟨arts⟩ *Beschädigung, Verwitterung* †

de facto [di:'fæktou] L adv *tatsächlich* ‖ ⟨jur⟩ ~ separation *tatsächliche Trennung* f (*in der Ehe*)

defalcate [di'fælkeit] vi *Unterschlagungen* or *Veruntreuungen m* –**ation** [ˌdi:fæl'keiʃən] s *Ver- untreuung, Unterschlagung* f, *Unterschleif* m ‖ *das veruntreute Geld*

defamation [ˌdefə'meiʃən] s *Verleumdung, Schmähung, Ehrenkränkung, Beleidigung* f ‖ –**tory** [di'fæmət(ə)ri] a *verleumderisch, beleidi- gend, ehrenrührig* ‖ to be ~ of *verleumden*

defame [di'feim] vt *verleumden, beleidigen* ‖ ~**r** [~ə] s *Ehrabschneider* m

default [di'fɔ:lt] **1.** s † *Fehlen* n; *Mangel* m † *Versehen, Vergehen* n ‖ *Unterlassung, Ver- säumnis, Nichterfüllung, Insolvenz* f; *Zahlungs-*

einstellung f (on a debt *e–r Schuld*) ‖ ⟨jur⟩ *Nicht- erscheinen* (*vor Gericht*) n; wilful ~ *vorsätzliche Versäumnis*; judgement by ~ *Versäumnisurteil* n ‖ to be in ~ *im Verzug s* ‖ in ~ of *in Ermangelung v*; in ~ whereof *widrigenfalls* ‖ to make ~ *nicht erscheinen* **2.** vi/t ~ *s–n Verpflichtungen nicht nachk*; *im Verzug s*; *die Zahlung einstellen* (on a debt *e–r Schuld*) ‖ ⟨jur⟩ (*vor Gericht*) *nicht er- scheinen* ‖ vt ⟨jur⟩ *wegen Nichterscheinens ver- urteilen* ‖ ~**er** [~ə] s ⟨jur⟩ *Nichterscheinende(r* m) f *vor Gericht* ‖ *jd, der im Verzug ist, säumiger Zahler* m ‖ *Insolvent* m ‖ *Veruntreuer* m ‖ *Schuldner m im Verzug* ‖ *säumige Partei* f ‖ ⟨mil⟩ *Delinquent* m ‖ ~ book ⟨mil⟩ *Strafbuch* n ‖ ~ sheet ⟨mil⟩ *Strafbucheintrag, –auszug* m

defeasance [di'fi:zəns] s ⟨jur⟩ *Aufhebung, Annullierung* f ‖ *Nichtigkeitsklausel* f –**sibility** [diˌfi:zə'bility] s *Anfechtbarkeit* f –**sible** [di- 'fi:zəbl] a *anfechtbar*

defeat [di'fi:t] **1.** vt (*Heer*) *vernichten, schla- gen*; *vernichtend schlagen* ‖ (*Antrag*) *z Fall brin- gen*; *vereiteln*, (*Hoffnungen* etc) *zunichte m*; (*Angriff*) *niederschlagen* ‖ ⟨jur⟩ *aufheben, an- fechten* **2.** s *Niederlage* f, to inflict a ~ on a p *jdm e–e N. beibringen*; *Niederwerfung* f ‖ *Ver- eitelung* f ~**ism** [~izm] s ⟨pol⟩ *Flaumacherei* f, *Defaitismus* m ~**ist** [~ist] s *Flau–, Miesmacher* m

defeature [di'fi:tʃə] vt *unkenntlich m, ent- stellen*

defecate ['defikeit] vt/i ‖ *läutern*, (*ab*)*klären* ‖ *reinigen* ⟨a fig⟩ ‖ vi *den Darm leeren*; *ausleeren* –**ation** [ˌdefi'keiʃən] s *Stuhlgang m, Ausleerung* f

defect [di'fekt] s *Mangel* m (of *an*) ‖ *Fehler, Defekt* m (in a machine *an e–r Maschine*) ‖ *Gebrechen* n; ‖ ~ of form *Formfehler* m; ~ of quality *Sachmangel* m ‖ free from ~ *mangelfrei* ‖ hidden ~ *verborgener Mangel* m ~**ion** [di- 'fekʃən] s *Abfall* m (from); *Treubruch* m; (of hope) *Versagen* n ~**ive** [di'fektiv] **1.** a (~ly adv) *fehler–, schad–, mangelhaft, unvollständig*; to be ~ in *mangeln an* ‖ ⟨gram⟩ *unvollständig, defek- tiv* ‖ *gebrechlich* **2.** s *ein mit geistigem* (etc) *Defekt Behafteter* m ~**iveness** [~ivnis] s *Fehler–, Schad–, Mangelhaftigkeit* f

defence, ~nce ⟨Am⟩ [di'fens] s *Verteidigung* f; civil ~ *ziviler Luftschutz* m; ⟨mil⟩ ~ in depth *tiefgegliederte Verteidigungsanlagen* f pl, *Tiefen- gliederung* f ‖ necessary ~ *Notwehr* f; in ~ of *z V. v*; *Schutz* m (against); ~ of the Realm Acts (abbr D. O. R. A.) *Kriegsnotstandsgesetze* pl (*1419 ff.*); → Dora ‖ ⟨jur⟩ *Einrede* f, *Einwand* m; *Verteidigung, Rechtfertigung* f; to conduct one's own ~ *s–e V. selbst führen* ‖ ⟨fort⟩ *Ver- teidigungswerk* n; ~s [pl] *Befestigungsanlagen* pl ‖ counsel for the ~ ⟨jur⟩ *Verteidiger* m; witness for the ~ *Entlastungszeuge* m ‖ in one's own ~ *z s–r Rechtfertigung* ‖ to come to the ~ of a p *jdn verteidigen* ‖ to conduct one's own ~ *sich selbst verteidigen* ‖ to make a good ~ *sich tüchtig wehren, sich gut verteidigen* ‖ [attr] *Wehr–*; *Verteidigungs–* ‖ ~ counsel *Verteidiger* m ‖ ~ effort *V.-maßnahme(n* pl) f; civil ~ organisation *Luftschutzbund* m; ~ program(me) *Rüstungsprogramm* f *die (Bedürfnisse der) Landesverteidigung*; civil ~ worker *Luftschutz- helfer* m; ⟨Ger⟩ ~-tax *W.-steuer* f ~**less** [~lis] a (~ly adv) *wehr–*; *schutzlos, unbefestigt*; *hilflos* ~**lessness** [~lisnis] s *Schutz–, Wehrlosigkeit* f

defend [di'fend] vt *verteidigen* (to ~ o.s. *sich verteidigen*); ~ed locality ⟨mil⟩ *Stützpunkt* m, ~ed post *Widerstandsnest* n ‖ ~ing counsel ⟨jur⟩ *Verteidiger* m ‖ *schützen* (from, against *vor*); (*Interessen*) *wahren* ‖ *rechtfertigen*; *auf- rechthalten* ‖ ⟨jur⟩ *(jdn) verteidigen* ‖ (*Aussage des Klägers*) *entkräften* ~**ant** [~ənt] s ⟨jur⟩ *An- geklagte(r), Beklagte(r)* f (m) (Ggs plaintiff) ‖ ~ alleging counterclaim *Widerkläger(in* f) m;

majority of ∼s (passive) Streitgenossenschaft f
∼er [∼ə] s Verteidiger, Beschützer m (∼ of the
Faith Titel der engl. Könige seit 1521), Kämpfer
m (of .. f ..)
 defense [di'fens] s ⟨Am⟩, → defence
 defensible [di'fensəbl] a z verteidigen(d); haltbar; z rechtfertigen(d)
 defensive [di'fensiv] **1.** a (∼ly adv) Abwehr–,
Verteidigungs–, Schutz–; verteidigend, schützend
‖ ∼ battle Abwehrschlacht f ‖ ∼ coastal area
Küstenverteidigungsbereich m ‖ ∼ fighter
⟨aero⟩ Abwehrjäger m ‖ ∼ installation Vertei-
digungsanlage f ‖ ∼ post Widerstandsnest n ‖
∼ stores Stellungsbaustoffe m pl **2.** s Defens'ive,
Verteidigung f ‖ to be on the ∼ sich in der D.
befinden; to act, stand on the ∼ sich in der D.
halten
 defer [di'fə:] vt/i ‖ aufschieben (doing z tun) | vi
zögern ∼red [∼d] a: ∼ annuity nach e–r best.
Zeit fällig werdende Rente; ∼ payment Ab–,
Ratenzahlung f ‖ ∼red cable(gram) ⟨Am⟩ Telegramm nach Geschäftsschluß (z ermäßigtem
Preis) ‖ ∼red message ⟨mil⟩ nicht dringliche
Meldung (Erledigung innerhalb 24 Stunden)
∼(r)able [∼rəbl] a aufschiebbar
 defer [di'fə:] vi sich beugen (to vor), nachgeben
(to a p jdm) –ence ['defərəns] s Nachgiebigkeit,
Unterwerfung f (to unter) ‖ Achtung f; to pay,
show ∼ to a p jdm A. zollen; Ehrerbietung f;
with all due ∼ to bei aller Hochachtung vor ‖
Rücksicht f (out of ∼ to aus R. auf, gegen), in ∼
to mit R. auf, aus R. gegen, aus Achtung vor
–ential [,defə'renʃəl] a (∼ly adv) ehrerbietig
–ment [di'fə:mənt] s Aufschub m
 defiance [di'faiəns] s Herausforderung f ‖
Trotz (in ∼ of him ihm z T.), Hohn m | in ∼ of
ungeachtet, trotz; zuwider ‖ to bid ∼ to a p, set
a p at ∼ jdm Trotz bieten, Hohn sprechen –ant
[di'faiənt] a (∼ly adv) herausfordernd, keck,
trotzig
 deficiency [di'fiʃənsi] s Mangel m, Unzulänglichkeit f (of an); –cies [pl] fehlende Stücke,
Lücken pl (in); to make good a ∼ das Fehlende
ergänzen ‖ Fehlbetrag, Ausfall m, D'efizit n (of
v) ‖ ∼ disease Avitamin'ose, Mangelkrankheit,
–erkrankung f ‖ ∼ goods –ware(n pl) f ‖ ∼
report Fehlmeldung f, → negative, nil –cient [di-
'fiʃənt] a (∼ly adv) mangelhaft, unzulänglich,
unzureichend (mentally ∼) ‖ to be ∼ in a th
e–r S ermangeln –cit ['defisit] s L Defizit n,
Fehlbetrag, Ausfall m
 defilade [,defi'leid] **1.** vt ⟨fort⟩ (Schanzen)
sicherstellen (gegen Feuer) **2.** s Verdeckung,
Deckungsstellung, Sichtdeckung f ‖ in ∼ in ver-
deckter Stellung ‖ area in ∼ uneingesehener
Raum m, –es Gelände n ‖ ∼ position verdeckte
Feuerstellung f –ding [∼iŋ] s ⟨fort⟩ Defilement n
 defile 1. [di'fail] vi vorbeimarschieren, defi-
lieren **2.** ['di:fail] s ⟨mil⟩ Defilee n, Hohlweg,
Engpaß m
 defile [di'fail] vt besudeln, beschmutzen ‖
⟨fig⟩ verderben; schänden, entehren ‖ ⟨ec⟩ entweihen ∼ment [∼mənt] s Befleckung f ‖ Schändung f
 definable [di'fainəbl] a (–bly adv) definierbar,
genau bestimmbar, erklärbar
 define [di'fain] vt ab–, um–, begrenzen (a th);
bestimmen; (gemeinsame Politik) festlegen; as
∼d in the Basic Law im Sinne des Grundgesetzes
‖ genau bezeichnen (∼ one's position); (of
properties) kennzeichnen, charakterisieren; to ∼
o.s. sich deutlich abheben (against) ‖ definieren,
erklären (a th as etw als) ‖ –ning equation
⟨math⟩ Bestimmungsgleichung f
 definite ['definit] a (∼ly adv) fest begrenzt,
genau festgesetzt ‖ bestimmt, endgültig, definit'iv
(answer); abschließend ‖ ⟨gram⟩ bestimmt (∼
article); past ∼ das einfache Präteritum ‖

∼ly! (als Antwort) entschieden!, durchaus! ∼ness
[∼nis] s Bestimmtheit f –tion [,defi'niʃən] s
Definition, Begriffsbestimmung, Erklärung f ‖
Deutlichkeit f; (of a lens) Schärfe, Präzision f ‖
⟨phot⟩ Bildschärfe f ‖ he wished to see a precise
∼ er wollte näher festlegen, genauer bestimmen,
schärfer umreißen –tive [di'finitiv]'a (∼ly adv)
definit'iv, bestimmt, endgültig; endgültig festgelegt (∼ edition)
 deflagrate ['defləgreit] vt/i schnell ab–, ver-
brennen | vi in Brand geraten, verbrennen –ation
[,deflə'greiʃən] s ⟨phys⟩ Abbrennen n; Verbrennung, Verpuffung f –ator ['defləgreitə] s ⟨el⟩
Deflagr'ator m (Voltasches Element)
 deflate [di'fleit] vt Luft ablassen aus (etw);
(Ballon) entleeren ‖ to ∼ a tyre ⟨mot⟩ aus e–m
Reifen die Luft ablassen ‖ (inflatierte Währung)
herabsetzen (to auf); [abs] Zahlungsmittelumlauf
einschränken. –ation [di'fleiʃən] s (of air) Ent-
leerung f ‖ ⟨com⟩ Deflation f (Ggs inflation)
–ationary [∼əri] a Deflations– (movement Bewegung)
 deflect [di'flekt] vt/i ‖ ablenken; (Urteil) um-
biegen | vi abweichen (from) ∼ion [di'flekʃən] s
⟨arch⟩ Achsenverschiebung f ∼ive [∼iv] a ab-
lenkend
 deflexion, deflection [di'flekʃən] s Abbiegung
f; Ausschlag m (des Pendels) ‖ Abweichung, Ablenkung f (from ⟨a fig⟩; ⟨artill⟩ (Seiten-)Ver-
schiebung f; Schieber m; Seitenabweichung f
(des Geschosses) ‖ ∼ angle Vorhaltewinkel m ‖
∼ dispersion Seitenstreuung f; ∼ error –fehl-
lage f ‖ ∼ field (Radar-)Ablenkfeld n ‖ ∼
pattern ⟨artill⟩ Seitenstreuungsbild n
 deflorate [di:'flo:rit] a ⟨bot⟩ abgeblüht –ation
[,di:flo:'reiʃən] s Entjungferung f ‖ ⟨fig⟩ Blüten-
lese f
 deflower [di:'flauə] vt entehren, entjungfern ‖
⟨fig⟩ schänden
 defoliate [di'foulieit] vt ⟨bot⟩ entblättern
–ation [di,fouli'eiʃən] s Blätterfall m, Entblätte-
rung f
 deforce [di'fo:s] vt ⟨jur⟩ gewaltsam vorent-
halten (a th from a p jdm etw)
 deforest [di:'forist] vt entwalden, abholzen
 deform [di'fo:m] vt verunstalten, entstellen;
∼ed entstellt, häßlich ∼ation [,di:fo:'meiʃən] s
Entstellung, Verunstaltung f; Mißbildung f ∼er
[di'fo:mə] s Verunstalter m ∼ity [di'fo:miti] s
Häßlichkeit, Mißgestalt f ‖ körperl. Mißgestal-
tung f
 defraud [di'fro:d] vt betrügen (of um) ‖ to ∼
the revenue Steuern hinterziehen
 defray [di'frei] vt (Kosten) bestreiten, bezahlen, tragen ∼al [∼əl], ∼ment [∼mənt] s Be-
streitung f der Kosten
 defroster [di'frostə] s ⟨mot⟩ Entfroster m,
(Auftau-)Heizvorrichtung f; ⟨aero⟩ Enteisungs-
anlage f
 deft [deft] a (∼ly adv) flink, gewandt; geschickt ∼ness [∼nis] s Flinkheit, Gewandtheit,
Geschicklichkeit f
 defunct [di'fʌŋkt] **1.** a verstorben; nicht mehr
bestehend **2.** s the ∼ der (die) Verstorbene m (f)
 defuse [di:'fju:z] vt (Bombe etc) entschärfen
 defy [di'fai] vt herausfordern (to do); I ∼
anyone to know them ich möchte den sehen, der
sie kennt ‖ (jdm) Trotz bieten, trotzen; Hohn
sprechen; sich widersetzen, (S) trotzen, unmöglich m
 degas [di:'gæs] vt [–ss–] entgasen
 degauss [di'go:s] vt (Schiff) entmagnetisieren
 degeneracy [di'dʒenərəsi] s Entartung, Verderbtheit f –ate [di'dʒenərit] **1.** a (∼ly adv) ent-
artet ‖ verderbt, niedrig **2.** s verderbtes Wesen n
–ate [di'dʒenəreit] vi abgehen (from ∼); ent-
arten, ausarten (into in, z) –ation ['di,dʒenə-
'reiʃən] s Entartung f ‖ Abbau m (v Kartoffel-

sorten etc) || ⟨path⟩ *Gewebeentartung* f **-ative** [di'dʒenərətiv] a *Entartungs–* || ⟨el⟩ ~ feedback *Gegenkopplung* f

degerminate [di'dʒə:mineit] vt (*Getreide, Malz* etc) *entkeimen*

deglutition [‚di:glu:'tiʃən] s *Schlucken, Verschlucken* n

degradation [‚degrə'deiʃən] s *Degradation, Absetzung* f || (*Kräfte-*)*Verminderung* f || *Erniedrigung, Entwürdigung* (of doing); *Herabwürdigung* f || *Verderbtheit*; ⟨biol⟩ *Entartung* f **degrade** [di'greid] vt/i (*jdm*) *absetzen* (from v), *degradieren* (to, into z) || *heruntersetzen, verringern; erniedrigen, vermindern* || ⟨geol⟩ *abtragen, abnutzen* || ⟨fig⟩ *entwürdigen, erniedrigen* (it ~s a p to do); *entehren* || ~d *colours* ⟨bes phot⟩ *bezogene Farben* | vi *heruntersinken, entarten*

degree [di'gri:] s *Grad* m, *Stufe* f; ~ of classification ⟨mil⟩ *Geheimhaltungsstufe* f; ~ of priority *Dringlichkeitsgrad* m || *Rang, Stand* m || *Ordnung, Klasse* f || *Verwandtschaftsgrad* m | ⟨univ⟩ *akademischer Grad* m (the ~ of doctor, doctor's ~), *Würde* f; honorary ~ *Ehrengrad* m; an honours ~ *ein akad. Grad höherer Ordnung* (→ pass) || ⟨math, phys⟩ (abbr deg), ⟨geog, gram⟩ *Grad* m (20 ~s of frost 20 *Grad Frost*); ~ of latitude *Breitengrad* m || ⟨mus⟩ *Tonstufe* f, *Intervall* n || → third | by ~s *grad–, stufenweise, allmählich* || by slow ~ *langsam, ganz allmählich* || in the highest ~ *in höchstem Grade*; in no small ~ *in nicht geringem G.*; in an extraordinary ~ *in außerordentlichem Maße* || of high, low ~ *hoch–, geringgradig* || to a high ~, to the last ~ (⟨fam⟩ *a to a* ~) *in hohem Maße* || to a certain ~ *bis z e–m gewissen Grade, ziemlich* || to take one's ~ *e–n akad. Grad (e–s B. A., M. A., Doctor) erlangen*

degression [di:'greʃən] s *Absteigen* n (*der Steuer*) **–ssive** [di:'gresiv] a: ~ *taxation degressive Steuer* f

dehisce [di'his] vi ⟨bot⟩ (of seed-vessels) *aufspringen* **~nce** [~ns] s *Aufspringen* n; ⟨a übtr⟩

dehortation [‚di:hɔ:'teiʃən] s (*nol* to do) **–tative** [di:hai'dreiʃən] a *abratend*

dehumanize [di:'hju:mənaiz] vt *entmenschlichen; –seelen*

dehumidify [‚di:hju'midifai] *entwässern; trocknen; trockenlegen (a Schiff), (Kriegsschiff) außer Dienst, in Reserve stellen*

dehydrate [di:'haidreit] vt *trocknen* || ~d egg ⟨cul⟩ *Ei-Pulver* n; ~d *vegetables Trockengemüse* n **–tion** [di:hai'dreiʃən] *Entwässerung* f **dehyptnotize** [‚di:'hipnətaiz] vt *aus dem hypnotischen Zustand erwecken*

de-icer [di:'aisə] s ⟨aero⟩ *Enteisungsanlage* f **deicide** [‚di:isaid] s *Tötung e–s Gottes* f || *Töter* m *e–s G.*

deictic ['daiktik] a *hinweisend; zeigend, vormachend*

deification [‚di:ifi'keiʃən] s *Vergötterung* f **–fier** ['di:ifaiə] s *Vergötterer* m **–form** ['di:ifɔ:m] a v *göttlicher Gestalt, göttlich* **–fy** ['di:ifai] vt *vergöttlichen* || ⟨fig⟩ *vergöttern*

deign [dein] vi/t || *geruhen; belieben* (to do) | *sich herablassen, sich erniedrigen* (to do) | vt (*sich herablassen z*) *gewähren* (to ~ an answer)

deism ['di:izm] s *De·ismus* m **deist** ['di:ist] s *De·ist* m **–ic(al)** [di:'istik(əl)] a *de·istisch*

deity ['di:iti] s *Gottheit* f; the ⟵ *Gott*

dejam [di:'dʒæm] vt ⟨wir⟩ *entstören*

déjà vu [de:ʒa vy] s Fr *déjà-vu-Erlebnis* n (*Erinnerungsfälschung*)

deject [di'dʒekt] vt *entmutigen* **~ed** [~id] a (~ly adv) *niedergeschlagen, betrübt* **~edness** [~idnis] s *Niedergeschlagenheit* f **~ion** [di-** 'dʒekʃən] s *Niedergeschlagenheit* f || ⟨med⟩ *Ausleerung* f, *Stuhlgang* m

de jure ['di:'dʒuəri] L-adv *rechtlich, gesetzlich, auf Grund e–s Rechtstitels, der Rechtslage entsprechend* || ~ *government rechtmäßige Regierung* f

dekko ['deko] s ⟨sl⟩ *Blick* m

delaine [di'lein] s *leichter bedruckter Damenkleidstoff* m

delate [di'leit] vt (*jdn*) *anzeigen, denunzieren* **–ation** [di'leiʃən] s ⟨jur⟩ *Anzeige, Denunziation* f **–ator** [di'leitə] s *Denunziant* m

delay [di'lei] **1.** vt/i (~ed/~ed) || *verschieben, verzögern; aufschieben* (doing z tun) || (*jdn*) *aufhalten, hindern* || ~ed-action bomb *Bombe mit Verzögerungszünder* m; ~-a. mine *Verzögerungsmine* f || ~ed correction *discrepancy list Liste der Beanstandungen u Reparaturen, die nicht sofort ausgeführt w können* || ~ed fuse *Aufschlagzünder* m *mit Verzögerung (Az. m. V.)*; ⟨tech⟩ *Verzugszünder* m | vi *zögern, zaudern* || *sich aufhalten, Zeit verlieren* **2.** s *Aufschub, Verzug* m, *Verzögerung* f (in a th *e–r S*) || *without* ~ *ohne Aufschub, unverzüglich* || ~ of obligation ⟨tech⟩ *Leistungsverzug* m | ~ detonator *Verzögerungszünder* m **~ing** [~iŋ] ⟨tact⟩ ~ action *hinhaltender Kampf* m, *–des Gefecht* n || ~ defence *hinhaltende Verteidigung* f, ⟨hist⟩ *–der Widerstand* m

del credere [del'kreideri] It *Bürgschaft* f || [attr] *Bürgschafts–*

dele ['di:li] L **1.** s (abbr δ) ⟨typ⟩ *Dele·atur* n, *Tilgungszeichen* n (*₰*) **2.** vt *tilgen*

delectable [di'lektəbl] a (–bly adv) *köstlich; ergötzlich, erfreulich* **–ation** [‚di:lek'teiʃən] s *Ergötzung* f, *Vergnügen* n

delectus [di'lektəs] s L [pl ~es] (*Schul-*)*Lesebuch (aus lat. Schriftstellern)* n

delegacy ['deligəsi] s [abstr] *Abordnung, Absendung* f || [konkr] *Abordnung* f, *Ausschuß* m **delegate 1.** ['deligit] s *Delegierter, Abgeordneter, Bevollmächtigter* m; the ~s [pl] *der (Verwaltungs-)Ausschuß, Vorstand* m **2.** ['deligeit] vt *abordnen; bevollmächtigen* || *übertragen, anvertrauen* (a th to a p *jdm etw*); to ~ authority to a p *jdm Vollmacht erteilen* || ~d legislation *Parlamentsbeschlüsse* m pl *mit Gesetzeskraft* **–ation** [‚deli'geiʃən] s *Absendung, Abordnung; Bevollmächtigung* f || [konkr] *Ausschuß* m; ⟨Am⟩ *die (Kongreß-)Abgeordneten (e–s Staates)* pl

de lege ['di 'li:dʒi] L adv ~ ferenda *nach künftig z gestaltendem Recht* || ~ lata *nach geltendem Recht* n

delete [di'li:t] vt (*Wort*) *(aus)löschen, (aus)streichen, –radieren*

deleterious [‚deli'tiəriəs] a (~ly adv) *giftig, schädlich*

deletion [di'li:ʃən] s *Ausstreichung, Tilgung* f

delf [delf], **delft** [delft] s (a ~-ware) *Delfter Fayence* f, *Delfter Steingut* n

deliberate [di'libərit] a (~ly adv) *überlegt, wohlerwogen; absichtlich* | *bedächtig; vorsichtig* || ~ attack ⟨tact⟩ *Angriff* m *nach Bereitstellung* || ~ fire ⟨mil⟩ *langsames Feuer* m; *verlangsamte Salvenfolge* f || ~ shelter *ständiger Unterstand* m **~ly** [~li] adv *mit Bedacht* **~ness** [~nis] s *Bedachtsamkeit, Vorsichtigkeit, Bedächtigkeit* f

deliberate [di'libəreit] vt/i || *sich bedenken* || *sich beraten, beratschlagen* (on, upon *über*) | vt [nur mit Objektsatz] *erwägen, überlegen* (how, what to do) || **–ation** [di‚libə'reiʃən] s *Überlegung* f (on mature ~ *nach reiflicher Ü.*) || *Beratung* (of a society) || *Behutsamkeit, Vorsicht* f **–ative** [di'libəreitiv] a (~ly adv) *überlegend* || *beratend (~ assembly)*

delicacy ['delikəsi] s *Niedlichkeit, Zierlichkeit* f || *Eleganz; Feinheit* f || *Kitzligkeit* f | *Genauigkeit, Feinheit* f | *Feingefühl* n, *Takt* m; ~ of mind

Zartgefühl n || *Empfindlichkeit* f || *Weichlichkeit,*
Zartheit, Schwächlichkeit f | *Schmackhaftigkeit,*
Köstlichkeit, Delikatesse f, *Leckerbissen* m

delicate ['delikit] a (∼ly adv) (of food) *köst-*
lich, schmackhaft || *herrlich* || (*P*) *wählerisch,*
leckerhaft, lecker | *zart, leicht* || *dünn, fein* ||
niedlich, elegant, zart, fein | *taktvoll; feinfühlig,*
zartfühlend; leise (hint) | *empfindlich* || *schwäch-*
lich, zart; in a ∼ condition *in anderen Um-*
ständen | *bedenklich, kitzlig, heikel* ∼**ssen** [delikə-
'tesən] s [pl] ⟨*bes* Am⟩ *Feinkost(geschäft* n) f,
Delikatessen f pl

delicious [di'liʃəs] a (∼ly adv) *köstlich, lieb-*
lich; herrlich ∼**ness** [∼nis] s *Köstlichkeit* f

delict [di'likt] s *Del·ikt, Vergehen* n

delight [di'lait] **1.** vt/i (*jdn*) *entzücken, er-*
freuen (with a th); to be ∼ed *entzückt s, sich*
freuen (with, at *über*; to do); I shall be ∼ed *to*
mit größtem Vergnügen || ∼ed! ⟨fam⟩ *mit dem*
größten °*„Frachtwagen"* (*Vergnügen*)! | vi *ent-*
zückt s; schwelgen; sich (er)*freuen* (in an; to do);
∼ed in *geliebt, –schätzt* (by v) **2.** s *Ergötzen* n
(to the ∼ of *z E. v*); *Vergnügen* n, *Freude,*
Wonne f (to a p f *jdn*; of doing *z tun*); to take ∼
in *Vergnügen finden an* ∼**ful** [∼ful] a (∼ly adv)
reizend, köstlich, entzückend ∼**fulness** [∼fulnis]
s *Ergötzlichkeit* f

delimit [di:'limit], ∼**ate** [di'limiteit] vt *ab-*
grenzen ∼**ation** [di͵limi'teiʃən] s *Abgrenzung* f ||
∼ commission *Grenzkommission* f

delineascope [di͵liniə'skoup] s ⟨opt⟩ *Episkop* n

delineate [di'linieit] vt *skizzieren, entwerfen* ||
beschreiben, darstellen, schildern (a character)
–**ation** [di͵lini'eiʃən] s *Skizzieren* n | *Entwurf* m,
Skizze f || *Schilderung* f, ∼ of character *Charak-*
terzeichnung f –**ator** [di'linieitə] s *Darsteller,*
Schilderer m

delinquency [di'liŋkwənsi] s *Pflichtvergessen-*
heit f, *Vergehen, Verbrechen* n, *Schuld* f || *Ver-*
brechertum n, *Kriminalität* || *Häufigkeit der Ver-*
brechen || habitual ∼ *Gewohnheits-,* juvenile ∼
Jugendkriminalität f || ∼ report *Tatbericht* m
–**ent** [di'liŋkwənt] **1.** a *pflichtvergessen, verbre-*
cherisch **2.** s *Missetäter, Verbrecher* m

deliquesce [͵deli'kwes] vi ⟨chem⟩ *zergehen,*
–schmelzen ⟨a fig⟩ ∼**nce** [∼ns] s ⟨chem⟩ *Zer-*
gehen, –schmelzen n ∼**nt** [∼nt] a ⟨chem⟩ *zer-*
schmelzend, –gehend || *hygroskopisch*

delirious [di'liriəs] a (∼ly adv) *mit Fieber-*
wahn behaftet, phantasierend, irre redend; to be
∼ *irre reden* || ⟨fig⟩ *wahnsinnig, rasend* (with
vor) –**rium** [di'liriəm] s L [pl ∼s] *Phantasieren,*
Irrereden n || ⟨fig⟩ *Raserei* f, *Wahnsinn* m ||
∼ *tremens* (abbr D. T.) ⟨med⟩ *Del·irium* n,
Säuferwahnsinn m

delitescence [͵deli'tesns] s *Verborgenheit* f,
–sein n –**ent** [͵deli'tesnt] a *verborgen, latent*
(state)

deliver [di'livə] vt **1.** (*jdn*) *befreien* (from v);
erlösen; retten | (*Frau*) *entbinden;* to be ∼ed of
entbunden w v || to ∼ o.s. of an opinion *e–e*
Meinung äußern **2.** (etw) *aus–, einhändigen, über-*
geben (to a p *jdm*); *abliefern, –geben; überbrin-*
gen, ausrichten (to a p *jdm*); *liefern* (to an); to be
∼ed in a week *in e–r Woche lieferbar* || (*Briefe*)
zustellen, austragen; [a abs]; to ∼ the goods
⟨Am⟩ *die Erwartungen erfüllen;* ∼ed *free domicile*
frei Haus n **3.** v *sich geben;* (*Schlag*) *versetzen,*
austeilen; to ∼ one's blow *losschlagen;* to ∼
one's fire *losfeuern* | (übtr) (*Worte*) *äußern, vor-*
tragen; (*Vortrag*) *halten* (to *vor*); (*Urteil*) *ab-*
geben; (*Warnung*) *loslassen, aussprechen* **4.** [mit
adv] to ∼ up *aufgeben, abtreten;* (*jdn*) *überant-*
worten (to justice) || to ∼ o.s. up *sich ergeben;*
sich stellen (to) ∼**able** [∼rəbl] a *z liefern(d)*
∼**ance** [∼rəns] s *Befreiung, Rettung* f (from) ||
Äußerung, geäußerte Meinung f ∼**er** [∼rə] s *Be-*
freier || *Überbringer, Austräger* m

delivery [di'livəri] **1.** s *Entbindung, Nieder-*
kunft f **2.** *Übergabe; An–, Ablieferung, Lieferung*
f (to an) || *Transport, Versand* m; fuel ∼ ⟨mot⟩
Kraftstofförderung f || (of letters) *Austragung,*
Zustellung f (the seven o'clock ∼) || to refuse ∼
Annahme verweigern || ∼ of the Keys *Schlüssel-*
verleihung f *an Petrus;* ∼ of the Law-scroll
Gesetzesübergabe f *an Petrus* **3.** *Vortragen* n;
Vortrag m ⟨crick⟩ *Geben* n, *Wurf* m (a good ∼)
4. bill of ∼ *Lieferungsschein* m || on ∼ *bei*
Lieferung, ∼ cash **5.** [attr] *Lieferungs-, Liefer-*
|| ∼-hatch *Durchgabe* f ⟨arch⟩ [konkr] || ∼ hose
Zapf-, Abgabeschlauch m || ∼-man *Lieferbote* m
|| ∼ meter *Durchflußmesser* m || ∼ output
Förderleistung f || ∼ obligations *Ablieferungs-*
soll n || ∼-pipe *Ausflußrohr* n, *Druckleitung* f ||
∼ price *Einstandspreis* m || ∼ quota, ∼ target
Ablieferungssoll n || ∼ spool ⟨phot⟩ *Abwickel-*
spule f || ∼-van *Lieferwagen* m

dell [del] s *enges Tal* n

delouse [di:'lauz] vt *entlausen*

Delphian ['delfiən], –**phic** [–fik] a *delphisch* ||
dunkel, zweideutig

Delphinium [del'finiəm] s L ⟨bot⟩ *Ritter-*
sporn m

delta ['deltə] s *Delta* (*griechischer Buchstabe*) n
|| (*Fluß–*)*Delta* n || ∼ connexion ⟨el⟩ *Dreieck-*
schaltung f ∼**ic** [del'teiik] a *Delta–*

deltoid ['deltɔid] **1.** a *deltaförmig* (∼ muscle)
2. s ⟨anat⟩ *Deltamuskel* m

delude [di'lu:d] vt *täuschen, betrügen, irre-*
führen || *verleiten* (into a th *z etw*; into doing) ||
to ∼ o.s. *sich Illusionen hingeben* (as to)

deluge ['delju:dʒ] **1.** s *Überschwemmung* f ||
the ∼ *die Sintflut* f || ⟨fig⟩ *Flut, Menge* f **2.** vt
überschwemmen, überfluten ⟨a fig⟩; to be ∼d
überschüttet w (with *mit, v*)

delusion [di'lu:ʒən] s *Täuschung* f, *Irrtum* m;
Einbildung, Selbsttäuschung, Verblendung f,
Wahn m || ∼ of grandeur *Größen–,* ∼ of per-
secution *Verfolgungs–,* ∼ of reference *Bezie-*
hungswahn m || to be, labour under the ∼ that
in dem Wahne leben, daß

delusive [di'lu:siv] a *trügerisch, täuschend;*
Schein– ∼**ness** [∼nis] s *Trüglichkeit* f, *trügeri-*
sches Wesen n

de luxe [də'lyks ⟨*mst*⟩ di'lʌks] Fr ∼ model
Luxusausführung f

delve [delv] **1.** vt/i ⟨*bes* dial⟩ (*auf*)*graben* | vi
graben, ⟨fig⟩ (for *nach*); *sich eingraben* (into *in*)
2. s *Grübchen* n; *Runzel* f

dem, demn [dem] a ⟨fam⟩ → *damn* II.

dem [dem] s ⟨mil fam⟩ f *demolition*

demagnetize [di:'mægnitaiz] vt *entmagnetisie-*
ren

demagogic(al) [͵demə'gɔgik(əl)] a *demagogisch*
–**agogue** ['deməgɔg] s *Demag·og* m –**agogy**
['deməgɔgi] s *Demagogie* f

demand [di'mɑ:nd] **1.** s *Forderung* f, *Begehren*
n || *Forderung, Verlangen* n (for *nach;* that; on a
p *an jdn;* to do *z tun*); *Inanspruchnahme* f (on
my time *m–r Zeit*) || ⟨com⟩ *Bedarf* m, *Nachfrage*
f (for *nach*), *Warenbedarf* m; ∼s for credit
Kreditbedarf m; postponed ∼ *Nachholbedarf* m
|| ⟨jur⟩ (*Rechts-*)*Anspruch* m, *Forderung* f (upon
an) | small ∼ *Kleinbedarf* m || supply and ∼
Angebot u Nachfrage || in (great) ∼ (*sehr*) *be-*
gehrt, gesucht || on, upon ∼ *auf Verlangen, auf*
Sicht; bill payable on ∼ *Sichtwechsel* m || to
make great ∼s on (a p) *gr Anforderungen stellen*
an (*jdn*) **2.** vt *verlangen, fordern* (a th; a th of od
from a p *etw v jdm;* of od from a p that *v jdm,*
daß; that) || *gebieterisch or forschend fragen nach,*
⟨Am⟩ *fragen* || *erfordern* (care; to be done)
∼**able** [∼əbl] a *z fordern(d)* ∼**ant** [∼ənt] s
Forderer m || ⟨jur⟩ *Kläger* m ∼**er** [∼ə] s *Nach-*
frager, Käufer m

demarcate ['di:mɑ:keit] vt *abgrenzen* ⟨a fig⟩

(from *von, gegen*) –**ation** [͵diːmɑːˈkeiʃən] s *Abgrenzung* f; line of ~ *Grenz–, Scheidelinie* f
demarch [ˈdiːmɑːk] s ⟨ant⟩ *Demˈarch* m ‖ ⟨mod⟩ *griech. Bürgermeister* m
démarche [deiˈmɑːʃ] s Fr *diplomatischer Schritt* m
dematerialize [ˈdiːməˈtiəriəlaiz] vt *entmaterialisieren*
demean [diˈmiːn] vt *erniedrigen'*; [*mst*] to ~ o.s. *sich herabwürdigen, sich erniedrigen* (to do; by doing)
demean [diˈmiːn] vrefl to ~ o.s. *sich betragen* (like men) **~our** [diˈmiːnə] s *Betragen, Benehmen, Auftreten* n
dement [diˈment] vt *wahnsinnig* m **~ed** [~id] a (~ly adv) *wahnsinnig* **~ia** [diˈmenʃiə] s L *Geisteskrankheit* f, *Schwachsinn*; (*Alters-)Blödsinn* m
démenti [diˈmenti] s (pl ~s [~]) Fr *Demˈenti* n, *Ableugnung, Richtigstellung* f
demerara [͵deməˈrɛərə] s *Art brauner Rohrzucker* m
demerger [diːˈməːdʒə] s ⟨com⟩ *Entfusionierung* f
demerit [diːˈmerit] s *Verschulden* n ‖ *Unwürdigkeit* f ‖ *Mangel, Fehler* m **~orious** [͵diːmeriˈtɔːriəs] a *unwürdig, tadelnswert*
demersal [diˈməːsl] a *auf den Meeresboden sinkend; auf dem M. liegend, wohnend*
demesne [diˈmein, –ˈmiːn] s *Erbgut* n, *Domäne* f, ⟨bes⟩ *der nicht verpachtete Teil e–s Gutes* (*Parks* etc); Royal ~ *Kronland* n ‖ *freies Grundeigentum* n, to hold in ~ *als G. besitzen* ‖ ⟨fig⟩ *Gebiet* n
demi– [ˈdemi] Fr [in comp] *halb, Halb–* **~god** [ˈ~gɔd] s *Halbgott* m **|** **~-lune** [~ˈljuːn] ⟨fort⟩ *halbmondförm. Außenbollwerk* n ‖ **~-**mondaine *Halbweltdame* f ‖ ~-**monde** [ˈ–ˈ–] s Fr *Halbwelt* f ‖ **~-rep** (abbr f demireputable) ⟨fam⟩ *Frau* f v *zweifelhaftem Ruf* ‖ **~-semi** ⟨cont⟩ *halb* (**~-semi** *educated*) ‖ **~-tasse** [ˈdemitæs] ⟨Am⟩ *Mokkatasse* f
demijohn [ˈdemidʒən] s *gr Korbflasche* f, *Ballon* m
demilitarize [diːˈmilitəraiz] vt *entmilitarisieren*
demisable [diˈmaizəbl] a ⟨jur⟩ *übertrag–, verpachtbar*
demise [diˈmaiz] **1.** vt *übertragen; vermachen* (to a p *jdn*) ‖ *verzichten auf* (to ~ the crown) **2.** s (*Besitz-)Übertragung, Verpachtung* f ‖ *Ableben* n, *Tod* m ‖ ~ *of the crown Freiwerden* n *des Thrones* (*durch Tod*)
demisemiquaver [ˈdemisemi͵kweivə] s ⟨mus⟩ *die Zweiunddreißigstel-Note* f
demission [diˈmiʃən] s *Niederlegen* (*e–r Würde*) n; *Demissiˈon* f
demister [diˈmistə] s ⟨mot⟩ *Scheibenklärer, –hitzer* m, –*heizung* f
demit [diˈmit] vt/i ‖ (*Amt*) *niederlegen* **|** vi *abdanken, zurücktreten*
demiurge [ˈdemiəːdʒ] s ⟨ant⟩ *Weltschöpfer* m, *ꜱeele* f
demob [diˈmɔb] vt ⟨sl⟩ = demobilize ‖ ~ *suit* ⟨mil⟩ *Entlassungsanzug* (1945) **~ilization** [ˈdi͵moubilaiˈzeiʃən] s *Demobilisierung; Abrüstung, Auflösung* (*e–s Heeres*) f **~ilize** [diːˈmoubilaiz] vt (*Truppen*) *entlassen,* (*Heer*) *auflösen;* (*Schiff*) *außer Dienst stellen;* (*jdn*) *aus dem Heere entlassen*
democracy [diˈmɔkrəsi] s *Demokratie* f ‖ *die niederen Klassen* pl ‖ ⟨Am⟩ the *⸛ die Demokratische Partei* f; *deren Grundsätze* m pl
democrat [ˈdemokræt] s *Demokrat* m ‖ ⟨Am⟩ *Mitglied der demokr. Partei* **~ic** [͵demoˈkrætik] a (~ally adv) *demokratisch* **~ism** [diˈmɔkrətizm] s *Demokratˈismus* m **~ize** [diˈmɔkrətaiz] vt *demokratisieren*

demode [diˈmoud] vt ⟨wir⟩ *demodulieren*
démodé [deiˈmoudei] a Fr, **demoded** [diːˈmoudid] a *außer Mode, altmodisch*
demographer [diˈmɔgrəfə] s *Bevölkerungswissenschaftler, –statistiker* **–graphic** [͵deməˈgræfik] a *demographisch, Bevölkerungs–* (statistics) **–graphy** [–fi] s *Bevölkerungswissenschaft, –statistik* f; economic ~ *Wirtschaftsdemographie* f; historical ~ *Bevölkerungsgeschichte* f; social ~ *Gesellschaftsdemographie* f
demoiselle [͵demwaˈzel] s *Mädchen, Fräulein* n ‖ ⟨orn⟩ *Jungfernkranich* m
demolish [diˈmɔliʃ] vt *ab–, niederreißen, zerstören* ⟨a fig⟩ ‖ ⟨fam⟩ *aufessen, verzehren*
demolition [͵demoˈliʃən] s *Niederreißung; Zerstörung* f ‖ *Sprengung* f (*v Munition*) ‖ ~ *bomb Sprengbombe* f; ~ *detail* –*kommando* n (*P*); ~ *ground* –*platz*; ~*team* –*trupp* m
demon [ˈdiːmən] s ⟨ant⟩ *niedere Gottheit* f; → **dæmon** ‖ *Dˈämon, böser Geist* m ‖ ⟨fig⟩ *teuflische, bösartige P* f; *Teufelskerl* m; a ~ *for work ein Arbeitstier* n (*P*) **~ess** [~is] s (*weiblicher*) *Dämon* m, *Teufelin* f
demonetization [diː͵mʌnitaiˈzeiʃən] s *Entwertung, Außerkurssetzung* f –**ize** [diːˈmɔnitaiz] vt (*Münze*) *entwerten, außer Kurs setzen*
demoniac [diˈmouniæk] **1.** a *dämonisch; vom Teufel besessen* **2.** s *Besessener* m **~al** [͵diːməˈnaiəkəl] a (~ly adv) *dämonisch; teuflisch* ‖ ⟨fig⟩ *besessen*
demonic [diːˈmɔnik] a *dämonisch, teuflisch* ‖ (*mst* daem–) v *übermenschlichen Kräften beseelt*
demonism [ˈdiːmənizm] s *Dämonenglaube* m –**ize** [ˈdiːmənaiz] vt *z e–m Dämon* m, *teuflisch* m ‖ *als D. darstellen* ‖ *unter dämonischen Einfluß bringen* –**olatry** [͵diːməˈnɔlətri] s *Teufelsdienst* m, *Teufelsverehrung* f –**ology** [͵diːməˈnɔlədʒi] s *Dämonenlehre* f
demonstrability [di͵mɔnstrəˈbiliti] s *Beweisbarkeit* f –**able** [ˈdemənstrəbl] a (–bly adv) *sichtbar* (to *für*) ‖ *beweisbar* –**ant** [diˈmɔnstrənt] s *Demonstrˈant* m, *Teilnehmer an Demonstration* m
demonstrate [ˈdemənstreit] vt/i ‖ *anschaulich* m, *zeigen, darstun*; (*Tatsache*) *beweisen* (*uf a p in bezug auf jdn*); (*etw*) *erweisen* **|** vi *demonstrieren; öffentliche Kundgebung veranstalten* –**ation** [͵demənsˈtreiʃən] s *Demonstration, anschaul. Darstellung* or *Vorführung* f (to a public *vor e–m Publikum*); [*attr*] *der Anschauung* or *Ausbildung dienend* (~ flight) ‖ *Beweis* m, *Beweisführung* f; *deutlicher Beweis* (of *f*); to ~ *übergezeugend* **|** *Äußerung, Kundgebung* f ‖ ⟨mil⟩ *Scheinangriff* m, *–manöver* n ‖ *öffentliche Kundgebung* f (at a ~ *auf, bei e–r K.*); to make a ~ *e–e K. veranstalten*
demonstrative [diˈmɔnstrətiv] **1.** a (~ly adv) *anschaulich zeigend* ‖ *überzeugend, beweisend*; to be ~ of *beweisen, deutlich zeigen* ‖ *die Gefühle z Schau tragend; auffällig; ausdrucksvoll; überschwenglich* ‖ ⟨gram⟩ *hinweisend* **2.** s ⟨gram⟩ *hinweisendes Fürwort* n **~ness** [~nis] s *Überschwenglichkeit* f
demonstrator [ˈdemənstreitə] s *Beweisführer, Erklärer* m ‖ ⟨anat⟩ *Prosektor* m ‖ = demonstrant
demoralization [di͵mɔrəlaiˈzeiʃən] s *Sittenverderbnis* f –**ize** [diˈmɔrəlaiz] vt *entsittlichen, verderben* ‖ *entkräften, zermürben* –**izing** [~iŋ] a *verderblich, deprimierend* (to *für*)
demos [ˈdiːmɔs] s Gr *das gemeine Volk* n –**otic** [diˈmɔtik] **1.** a *demotisch; Volks–* ‖ *gewöhnlich* **2.** s *Demˈotisch* n (*Volksschrift*)
demote [diˈmout] vt ⟨bes Am⟩ *degradieren* (to *z*) ‖ *Beförderung rückgängig* m *bei* –**tion** [diˈmouʃən] s ⟨bes Am⟩ *Degradierung* f
demulcent [diˈmʌlsənt] a *lindernd*
demur [diˈməː] **1.** vi *Bedenken äußern, Schwierigkeiten* m; *Einwendungen* m (to *gegen*);

⟨jur⟩ (e–n) *Einspruch erheben, e–n Rechtsein-wand geltend m*; to ∼ to *abwehren; sich wehren gegen* **2.** s *Einwendung* f (without ∼; no ∼) ‖ *Zweifel* m; to make ∼ to *bezweifeln* ∼**rage** [di-ˈmʌridʒ] s *Überliegezeit* (*v Schiffen*) f; to be on ∼ *die Liegezeit überschritten h* ‖ *Überliegegeld* n ∼**rer** [diˈmʌrə] s ⟨jur⟩ *Rechtseinwand* m (to *gegen*) ‖ *Einwand* m

demure [diˈmjuə] a (∼ly adv) *gesetzt, ernst; zu-rückhaltend* ‖ *zimperlich, spröde* ∼**ness** [∼nis] *Gesetztheit; Zimperlichkeit* f

demy [diˈmai] s *ein englisches Papierformat* (*Druckpapier 17½ × 22½ Zoll*) ‖ ⟨Magdalen College Oxford⟩ *Stipendiʿat, Studienstiftler* m

den [den] **1.** s (of wild beasts) *Lager* n, *Bau*; *Käfig* m ‖ ⟨übtr⟩ ⟨*Diebes-*⟩*Höhle* f; *Loch* n, *Hütte* f ‖ ⟨fam⟩ °*Bude* f, *Zimmer* n **2.** vi to ∼ up *sich z Winterschlaf begeben*

denarius [diˈnɛəriəs] s L (pl –rii [–riai] ⟨ant⟩ *Denar* m (= 8 d); → penny **denary** [ˈdiːnəri] a *zehn enthaltend, Zehn–; Dezimal–*

denationalize [diːˈnæʃnəlaiz] vt (*jdm*) *die Staatsangehörigkeit aberkennen* ‖ (*Volk*) *des Status als Nation berauben* ‖ (*etw*) *dem natio-nalen Leben entziehen, –fremden* ‖ ⟨com⟩ (*Be-trieb*) *entstaatlichen, reprivatisieren*

denaturalize [diːˈnætʃrəlaiz] vt (*etw*) *s–r Natur berauben* or *entkleiden* ‖ (*jdn*) *des Heimat-rechts berauben*; to ∼ o.s. *sich des Heimatrechts entkleiden*

denaturant [diːˈnætjurənt] s *Vergällungs–, Denaturierungsmittel* n

denature [diːˈneitʃə] vt ⟨chem⟩ *denaturieren*

denazification [diːˌnɑːtsifiˈkeiʃn] s *Entnazifi-zierung* f ‖ ∼ court (*Haupt-*)*Spruchkammer* f; ∼ panel *Spruchkammer*; ∼ proceedings *Ent-nazifizierungsverfahren* n **| –fy** [diːˈnɑːtsifai] vt *entnazifizieren*

dendriform [ˈdendrifɔːm] a *baumförmig*

dendrite [ˈdendrait] s ⟨minr⟩ *Dendrʿit* m

dendro– [ˈdendro] Gr [in comp] *Baum–* ∼**logy** [denˈdrɔlədʒi] s *Baumkunde* f

dene [diːn] s (*Sand-*)*Düne* f

dene [diːn] → dean s

denegation [ˌdiːniˈgeiʃn] s *Leugnung, Ab-lehnung* f

dene-hole [ˈdiːnhoul] s ⟨praeh⟩ *Kalkhöhle* f (*in* Kent)

dengue [ˈdengei] s *Dʿenguefieber* n

deniable [diˈnaiəbl] a *z leugnen(d), verneinbar*

denial [diˈnaiəl] s *Verweigerung*, ∼ of justice *Rechtsverweigerung* f ‖ *abschlägige Antwort, Absage* f ‖ *Demʿenti* n; *Verneinung, Leugnung* f; ∼ of Peter *Petri Verleugnung* f ‖ ⟨psych⟩ *un(ter)bewußte Leugnung* ‖ to give a ∼ to a th *etw in Abrede stellen; e–r S entgegentreten*

denigrate [ˈdiːnigreit] vt *schwärzen* ‖ ⟨fig⟩ *verunglimpfen* –**ation** [ˌdeniˈgreiʃn] s ⟨fig⟩ *An-schwärzung* f

denim [ˈdenim] s *grober Drillich* m **| ∼**s [pl] ⟨mil⟩ *Drilchzeug* n, *–anzug* m ‖ ∼ blouse *Drillichbluse*, ∼ jacket *–jacke* f, ∼ pants [pl] *–hose* f, ∼ suit *–anzug* m

denitrate [diːˈnaitreit], –**trify** [–trifai] vt ⟨chem⟩ *denitrieren*

denization [deniˈzeiʃn] s *Teileinbürgerung* f –**zen** [ˈdenizn] **1.** s ⟨übtr & fig⟩ *Bürger, Be-wohner* m (a ∼ of the forest) ‖ *eingebürgerte(r) Fremde(r* m) f ‖ *teilweise eingebürgerter Aus-länder* m ‖ ⟨fig⟩ *eingebürgertes Ding* (*Wort* etc) n **2.** vt *naturalisieren* ⟨a fig⟩ ‖ *bevölkern*

denominate [diˈnəmineit] vt *benennen; nennen* (they ∼ him a Captain)

denomination [diˌnɔmiˈneiʃn] s *Benennung* f ‖ *Klasse* f ‖ *Sekte, Konfession* f ‖ ⟨arith⟩ (*Maß-*)*Einheit* f; *Nennwert* (*e–r Banknote*) m (money of small ∼s) –**al** [∼l] a (∼ly adv) *konfessionell, Sekten–*, ∼ school *konfessionelle Schule* f

–**ative** [diˈnəminətiv] a (∼ly adv) *benennend* ‖ ⟨gram⟩ v *e–m Nomen abgeleitet* –**ator** [di-ˈnəmineitə] s ⟨math⟩ *Nenner* m, common ∼ *Generalnenner* m ⟨a fig⟩

denotation [ˌdiːnouˈteiʃən] s *Bezeichnung* f ‖ *Bedeutung* (of a term) f; ⟨log⟩ *Begriffsumfang* m ‖ –**ative** [diˈnoutətiv] a *andeutend, bezeichnend*, to be ∼ of *anzeigen, –deuten* **denote** [diˈnout] vt *be–, kennzeichnen* (by *durch*) ‖ (*etw*) *anzeigen, –deuten* (that) ‖ *bedeuten*

dénouement [deiˈnuːmãːŋ] s Fr *Lösung* (*des Knotens*) *im Drama* f etc; *Entscheidung; Kata-strophe* f

denounce [diˈnauns] vt *drohend ankündigen*; (*Strafe*) *androhen* ‖ *anzeigen, denunzieren* ‖ *öffentlich rügen, brandmarken* ‖ *kündigen* (a treaty) ‖ to ∼ to the authorities *denunzieren*, → delate ∼**ment** [∼mənt] s *öffentl. Anklage* (against); *Brandmarkung* f

dense [dens] a (∼ly adv) *dicht* (crowd); *kom-pakt, dick* (fog) ‖ ⟨fig⟩ *beschränkt, dumm, schwerfällig* ‖ ⟨phot⟩ *gut belichtet*; too ∼ *über-belichtet* ∼**ness** [ˈ∼nis] s *Dichtigkeit* f ‖ *Be-schränktheit* f

densimeter [denˈsimitə] s *Dichtemesser* m –**ity** [ˈdensiti] s *Dichtigkeit*; *Dicke* f; ⟨phys⟩ *Dichte* f ‖ ⟨fig⟩ *Beschränktheit* f **|** ⟨demog⟩ ∼ of population *Stärke* f *der Bevölkerung*; ∼ of (agricultural) pop. per unit of cultivable area *physiologische* (*landwirtschaftliche*) *Dichte* f .. **|** [attr] ⟨demog⟩ ∼ index *Bevölkerungsdichte* f, comparative ∼ index *Dichtemaßzahl* f

dent [dent] **1.** s *Kerbe* f, *Einschnitt* m ‖ ⟨Am⟩ *Loch* n (to make a ∼ in) ‖ ⟨übtr⟩ *Beule* f (in a can, etc) **2.** vt *auszacken, kerben; einbeulen*; ⟨mil⟩ (*e–e* [*befestigte*] *Linie*) *eindrücken*

dent [dent] s ⟨Am fam⟩ = dentistry student

dental [ˈdentl] **1.** a *zahnärztlich; Zahn–*; ∼ formula ⟨zoo⟩ –*formel* f; ∼ hospital –*klinik* f; ∼ surgeon –*arzt* m ‖ ⟨gram⟩ *Zahn–* (∼ con-sonant) **2.** s ⟨gram⟩ *Dental, Zahnlaut* m –**ate(d)** [ˈdenteit(id)] a (∼ly adv) ⟨bot⟩ *gezähnt* –**ation** [denˈteiʃən] s ⟨bot⟩ *Bezahnung, Kerbung* f

denti– [ˈdenti] L [in comp] *Zahn–*

denticle [ˈdentikl] s *Zähnchen* n

denticulate [denˈtikjuleit], ∼**d** [∼id] a *ge-zähnelt, gezahnt* –**ation** [ˌdentikjuˈleiʃən] s *Aus-zackung* f

dentiform [ˈdentifɔːm] a *zahnförmig* –**frice** [ˈdentifris] s *Zahnputzmittel* n, –*pasta* f ‖ –**gerous** [denˈtidʒərəs] a *Zähne tragend*

dentil [ˈdentil] s ⟨arch⟩ *Zahnschnitt* m, –*ver-zierung* f; [a attr] –**ine** [ˈdentiːn] s *Dentʿin, Zahn-bein* n

dentist [ˈdentist] s *Zahnarzt* m ‖ –**ry** [∼ri] s *Zahnheilkunde* f

dentition [denˈtiʃən] s *Zahnen* (*der Kinder*) n ‖ *Zahnanordnung* f

denture [ˈdentʃə] s *Zahnreihe* f; *künstliches Gebiß* n

denudation [ˌdiːnjuˈdeiʃən] s *Entblößung* f ‖ ⟨geol⟩ *Abtragung* f

denude [diˈnjuːd] vt *entblößen*; ⟨geol⟩ *bloß-legen* ‖ ⟨fig⟩ *berauben* (of a th *e–r S*) **| ∼**d ⟨for⟩ *offen* (soil)

denunciate [diˈnʌnsieit] vt *denunzieren, an-zeigen; vor Gericht angeben; brandmarken* –**ation** [diˌnʌnsiˈeiʃən] s *drohende Ankündigung* f ‖ *An-klage, Denunziation* f –**ative** [diˈnʌnsiətiv] a *an-geberisch, denunzierend*

denunciator [diˈnʌnsieitə] s *Denunziʿant* m ∼**y** [∼ri] a *anklagend, brandmarkend*

deny [diˈnai] **1.** vt *verneinen, in Abrede stellen*; *dementieren* ‖ *ableugnen, leugnen* (a th; a th to be *daß etw ist*; that; doing *getan z h*); there is no ∼ing, it cannot be *–nied es ist nicht z leugnen* (that) ‖ (*etw*) *ab–, bestreiten* ‖ *als unwahr zu-geben, zurücknehmen* (to ∼ one's word) **2.** (*etw*) *verleugnen, nicht anerkennen, nicht kennen wollen*; (*die Anwesenheit jds*) *leugnen*, to ~ o.s. *sich verleugnen l* (to *vor*) **3.** *verweigern, abschlagen, versagen* (a th to a p *od* a p a th *jdm etw*), I have been –nied this pleasure *dies Vergnügen ist mir versagt gewesen*, to ~ o.s. a th *sich etw versagen* || (*jdn*) *abweisen*, he will not be –nied *er will sich nicht abweisen l*

deodand [′dioudænd] s ⟨jur hist⟩ *dem Staat anheimfallender Gegenstand, der e–n Tod verursacht hat*

deodar [′dioudɑ:] s ⟨bot⟩ *Himalaja-Zeder* f

deodorant [di:′ədərənt] **1.** a *v schlechten Gerüchen befreiend, desinfizierend* **2.** s *Desinfektionsmittel* n, *Mittel gegen Schweißgeruch*; *De•odorans* n, *geruchtilgendes, desodorierendes Mittel* n **–rize** [di:′ədəraiz] vt *v Gerüchen befreien*; (*etw*) *desinfizieren* | **–rizer** [~ə] s *Desinfektionsmittel* n

deontology [ˌdi:ən′tələdʒi] s *Pflichtenlehre* f

deoxidize [di:′ɔksidaiz] vt ⟨chem⟩, *deoxydieren* || ⟨met⟩ *frischen*

depart [di′pɑ:t] vi/t **A.** vi † *weggehen, abreisen* (from) | (of trains) *abfahren, –gehen* || ⟨aero⟩ *abfliegen* || *dahinscheiden* (to ~ from life), *sterben* | *abweichen* (from *v*); to ~ from one's plan *s–n Plan ändern, aufgeben*, .. from one's word *sein Wort brechen* **B.** vt [*nur*]: to ~ this life *aus dem Leben gehen, sterben* | **~ed** [~id] **1.** a *verstorben*, ⟨fig⟩ *vergangen* **2.** s the ~ *der Verstorbene*; *die Verstorbenen* pl

department [di′pɑ:tmənt] s *Abteilung* f; *Dienststelle* f, *Geschäftskreis* m, *Branche* f; ~ store *Warenhaus* n || *Departement* n, (*Verwaltungs-*)*Bezirk* m || ⟨Am⟩ *Ministerium* (⁓ of War) n; ⁓ of Defense, ⟨Can⟩ ⁓ of National Defence *Verteidigungsministerium*; ⟨Am⟩ ⁓ of State *Ministerium* n *des Äußeren, Auswärtiges Amt* n; ⁓ of the Army (of the Air Force) *Heeres-*(*Luftwaffen-*)*Ministerium* n (*unterstehen beide dem* ⁓ of Defense); ⁓ of Defense *Verteidigungsministerium*; ⁓ of the Interior *Innenministerium*; Treasury ⁓ *Finanzministerium* n || ⟨arts⟩ ~ of drawings and prints *Handzeichnungen- u Kupferstichkabinett* n || ⟨übtr⟩ *Zweig* m, *Seite, Linie* f | **~al** [ˌdi:pɑ:t′mentl] s *Abteilungs-* || *Bezirks-* || ⟨Am⟩ *ministeriell*; ~ section *Referat* n (*als Dienststelle*) || *Departements-*; ~ government *Beamten* pl *der Ministerien* || ~ stores [pl] *Warenhaus* n

departure [di′pɑ:tʃə] s *Abreise* f (for *nach*), *Weggang, –zug* m; to take one's ~ *fortgehen, sich verabschieden* || ⟨aero⟩ *Abflug* m; ~ corridor *A.-Schneise* f; ~ message *Startmeldung* f || ⟨mil⟩ *Ab-, Ausmarsch* m, *Abrücken* n || (of trains & ships) *Abgang* m, *Abfahrt* f; ~ platform *–s-bahnsteig* m | ⟨fig⟩ *Abweichung* f (from); *Abwendung* f (from *v*); *Aufgeben* n (from a plan *e–s Plans*); a new ~ *ein neuer Anfang*; quite a new ~ *etw ganz Neues*; to make a ~ from *abgehen v*; to make a new ~ *e–n neuen Weg einschlagen*

depasture [di:′pɑ:stʃə] vt/i || (*Gras*) *abweiden, abfressen* || (*Vieh*) *weiden l* | vi *weiden, grasen*

depauperate [di:′pɔ:pəreit] vt *arm m*; *entkräften*; *verringern* **–erize** [di:′pɔ:pəraiz] vt *der Verarmung entreißen*

depend [di′pend] vi ⟨poet⟩ *herunter–, herabhangen* (from *von*) || *abhängen, abhängig s* (on *v*); *bedingt s* (on *durch*); *angewiesen s* (on *auf*); that ~s *je nachdem, es kommt darauf an* || *sich verlassen* (on, upon *auf*); ~ upon it! *verlaß dich darauf!* | ⟨jur⟩ *schweben, in der Schwebe s*, (*mst*) to be ~ing **–dable** [di′pendəbl] a (*–bly adv*) *verläßlich, zuverlässig* || ~ in service ⟨tech⟩ *betriebssicher* **–dant, –dent** [di′pendənt] **1.** a ⟨demog⟩ (*v e–r Erwerbsperson*) *erhalten*; *unver-*

sorgt (children) **2.** s *Abhängiger* m; *Anhänger, Vasall*; *Diener* m || surviving ~ *Hinterbliebene*(*r* m) f || ⟨demog⟩ *Angehörige*(*r* m) f *ohne Hauptberuf* m **–dence** [di′pendəns] s *Abhängigkeit* f (upon, on *von*) || *Bedingtsein* n (the chain of ~) || *Vertrauen* n, *Verlaß* m (on *auf*) || ⟨jur⟩ *Schwebe* f **–dency** [di′pendənsi] s *Abhängigkeit* f (upon, on *von*) || ⟨pol⟩ the ~ *das abhängige, schutzherrliche Gebiet, Kolonie* f || ~· needs [pl] *Abhängigkeitsbedürfnis* n **–dent** [di′pendənt] **1.** a *abhängig, abhängend* (on *v*); *bedingt* (on *durch*); *angewiesen* (on *auf*) || *nicht selbständig*; *unterworfen* (on a p *jdm*) || ⟨jur⟩ ~ agreement *gegenseitig bedingte* (*korrespektive*) *Verpflichtungen* f pl **2.** s *mitberechtigte*(*r*) (*Familien-*)*Angehörige*(*r* m) f; *Unterstützungsbedürftige*(*r* m) f

depersonalization [diˌpə:snəlaiˈzeiʃən] s ⟨psych⟩ *Entpersönlichung* f

dephosphorize [di:′fəsfəraiz] vt (*Erz*) *v Phosphor befreien*

depict [di′pikt] vt (*ab*)*malen*; *zeichnen*; *bildlich darstellen* || *anschaulich schildern, beschreiben*; *darstellen* **~ion** [di′pikʃən] s *Malen, Zeichnen* n || *Bild* n, *Zeichnung* f || *Schilderung, Darstellung* f **~ure** [di′piktʃə] vt = to depict || to ~ to o.s. *sich vorstellen*

depilate [′depileit] vt *enthaaren* **–ation** [ˌdepiˈleiʃən] s *Enthaarung* f **–atory** [de′pilətəri] **1.** a *enthaarend*; to be ~ *enthaaren* **2.** s *Enthaarungsmittel* n

deplane [di:′plein] vi ⟨aero⟩ *v Bord gehen*; *aussteigen*

deplenish [di′pleniʃ] vt *entleeren*

deplete [di′pli:t] vt *leeren*; *entleeren* (of a th *e–r S*); to play to ~d houses ⟨theat⟩ *vor leeren Häusern spielen* || ⟨fig⟩ *erschöpfen* || ⟨med⟩ (*Darm*) *entleeren, erleichtern* || ~d ⟨tech⟩ *erschöpft, ausgebrannt* (fuel) **–tion** [di′pli:ʃən] s *Entleerung* f; *Erschöpfung* f || ⟨med⟩ *Entleerung* f (*v Blut* etc) **–tive** [di′pli:tiv], **–tory** [di′pli:təri] a ⟨med⟩ *entleerend*

deplorable [di′plə:rəbl] a (*–bly adv*) *beklagenswert*; *bedauerlich* || *erbärmlich, kläglich*

deplore [di′plə:] vt *beklagen, beweinen* || *bedauern*; *mißbilligen*

deploy [di′plɔi] **1.** vt/i || ⟨mil⟩ (*Truppen*) *entfalten, aus Kolonnen in Linie*(*n*) *aufstellen* | vi *sich in breiterer Front aufstellen, sich entfalten* || ~d formation *entfalteter Verband* m; *Fliegermarschbreite* f || ~ing approach ⟨tact⟩ *Anmarsch* m *mit Entfaltung* f **2.** s ⟨mil⟩ *das Aufstellen* n *in breiterer Front, Aufmarschieren* n *in Linie*(*n*), *Entfaltung* f **~ment** [~mənt] s = deploy || *Entfaltung* f (*v Kräften, Truppen*); ~ in depth (width) ⟨tact⟩ *Tiefengliederung* f (*Seitenstaffelung* f); ~ zone *Aufmarschgebiet* n

deplume [di′plu:m] vt (*Geflügel*) *rupfen* || ⟨fig⟩ (*jdn*) *rupfen*

depolarization [′di:ˌpouləraiˈzeiʃən] s *Depolarisierung* f **–ize** [di:′pouləraiz] vt ⟨phys⟩ *depolarisieren· der Polarität berauben*; ⟨opt⟩ *die Richtung der Polarisation* (*e–s Strahls*) *verändern* || ⟨fig⟩ (*Überzeugung*) *erschüttern*

depone [di′poun] vt/i ⟨Scot⟩ *eidlich aussagen* (a th; that)

deponent [di′pounənt] **1.** a ⟨gram⟩ ~ verb *Dep·onens* n **2.** s ⟨jur⟩ *unter Eid aussagender Zeuge* m || ⟨gram⟩ *Deponens* n

depopulate [di:′pəpjuleit] vt/i (*sich*) *entvölkern* **–ation** [′di:ˌpəpjuˈleiʃən] s *Entvölkerung* f

deport [di′pə:t] vt *fortschaffen*; *deportieren, verbannen* || (*Ausländer*) *abschieben* || *internieren* | to ~ o.s. *sich benehmen* (like a gentleman) **~ation** [ˌdi:pə:′teiʃən] s *Deportation, Verbannung* f || *Ausweisung aus e–m Lande* f **~ee** [ˌdi:pə:′ti:] s *der Deportierte* m **~ment** [di-

'pɔ:tmənt] s *Betragen* n | (*S*) *Verhalten* n | *Haltung* f

deposable [di'pouzəbl] a *absetzbar* **depose** [di'pouz] vt/i || *absetzen, entsetzen* || (*König*) *entthronen* | ⟨jur⟩ *eidlich bezeugen* (a th; that) | vi *eidl. aussagen, bezeugen* (to a th *etw*; to doing *getan z h*)

deposit [di'pɔzit] **1.** s *anvertrautes Pfand* n || *Unterpfand* n || *Deponierung* f || *Depot, Depositum, eingezahltes Geld* n, *Einlage* f; ∼ *account Depositenkonto* n; on ∼ *als Depot, deponiert*; *to place on* ∼ *deponieren* || *Angeld* n, *Anzahlung* f (*to make a* ∼ *e–e A. leisten*) || ⟨chem⟩ *Niederschlag, Bodensatz* m || ⟨geol⟩ *Lagerstätte* f **2.** vt/i || *niederlegen* || (*Eier*) *legen* || ⟨chem⟩ *absetzen, ablagern* || (*Geld*) *einzahlen, deponieren, hinterlegen* (with *bei*) || (*Geld*) *anzahlen* | vi *sich ablagern* ∼**ary** [∼əri] s *Verwahrer; Deposit·ar* m || = *depository* ∼**ion** [ˌdepə'ziʃən] s *Niederlegen; Herunternehmen* n, *Abnahme* f *Christi vom Kreuz* || *Absetzung, Entthronung* f || ⟨jur⟩ (*schriftliche, eidliche*) *Aussage, Vernehmung* f; *Beweisaufnahme* f (*vor beauftragtem* or *ersuchtem Richter*) || ⟨geol⟩ *Ablagerung, Aufschüttung, Aufschwemmung* f ∼**or** [di'pɔzitə] s ⟨com⟩ *Hinterl·eger* m; *Einzahler* m; *Bankkunde* m ∼**ory** [di'pɔzitəri] s (*Bank-*) *Niederlage* f; *Verwahrungsort* m; ⟨fig⟩ *Fundgrube* f || = *depositary*

depot ['depou] s Fr *Depot, Lagerhaus* n; *Niederlage* f || ⟨Am⟩ *Bahnhof* m || ⟨mil⟩ *Depot*; (*Regiments-*)*Hauptquartier* n || *Sammelstelle* f, *–lager* n || ∼ *battalion* ⟨engl⟩ *Ersatzbataillon* n

depravation [ˌdeprə'veiʃən] s *Schlechtwerden, Verderben* n, *Verschlechterung* f || *moral. Entartung, Verderbtheit* f

deprave [di'preiv] vt *moral. verderben, schlecht* m | ∼**d** [∼d] a *entartet, verdorben*

depravity [di'præviti] s *Verderbtheit, Verworfenheit* f || ⟨theol⟩ *angeborene · Verderbtheit* f

deprecate ['deprikeit] vt † (*etw*) *durch Gebet, Bitten abzuwenden suchen* (to ∼ a p's *anger*) || *mißbilligen, tadeln*; *weit v sich weisen* || to be ∼d *an Wert, Achtung verlieren, verloren h* **–ating** ['deprikeitiŋ] a (∼ly adv) *bittend, flehentlich* || *abwendend, –weisend* **–ation** [ˌdepri'keiʃən] s *flehentliche Bitte* f (*z Abwendung v Unglück* etc); *Abbitte* f || *Mißbilligung* f, *Tadel* m **–ative** ['deprikeitiv] a *bittend, abbittend* || *ablehnend* **–atory** ['deprikeitəri] a *bittend* || *mißbilligend; ablehnend*

depreciate [di'pri:ʃieit] vt/i || *an Wert vermindern, entwerten; im Preise herabsetzen* || *herabwürdigen; gering-, unterschätzen* | vi *im Werte sinken; im Preise fallen* **–ating** [∼iŋ] a (∼ly adv) *geringschätzend, verächtlich* **–ation** [diˌpri:ʃi'eiʃən] s (*Wert-*)*Herabsetzung,* (*Wert-*)*Verminderung* f; *Wertverlust* m *durch Abnutzung; Abschreibung wegen A.; Entwertung* f || *Gering-, Unterschätzung* f || ⟨com bal⟩ *accumulated* ∼ *Gesamtsumme* f *der Abschreibungen* f pl **–atory** [di'pri:ʃieitəri] a *herabsetzend, geringschätzig*

depredation [ˌdepri'deiʃən] s [*mst* pl ∼s] *Plünderung, Verwüstung* f, ⟨a übtr⟩ (∼ *of the sea*) **–ator** ['deprideitə] s *Plünderer, Verwüster* m

depress [di'pres] vt *herunter-, niederdrücken* || (*Handel*) *niederdrücken, einschränken* || (*Preis* etc) *herabsetzen, herabdrücken* || (*Rohrmündung*) *senken* || (*Stimme*) *senken* || ∼ed ⟨st exch⟩ *gedrückt* ∼**ant** [∼ənt] **1.** a *herab-, niederdrückend* || *beruhigend* **2.** s *niederdrückendes Mittel; Beruhigungsmittel* n ∼**ed** [∼t] a (∼ly [–sidli] adv) *niedergedrückt, gesenkt* || *niedergeschlagen, gedrückt*; ⟨of trade⟩ *flau* || ∼ *area Notstandsgebiet* n || ∼ *classes* ⟨euphem⟩ *niedrigste Klasse Indiens* (the untouchables) ∼**ible** [∼əbl] a (*leicht*) *niederzudrücken(d)* ∼**ing** [∼iŋ] a (∼ly adv)

niederdrückend; erbärmlich aussehend ∼**ion** [di-'preʃən] s *Niederdrückung; Landsenke, Depression* f || *Senkung, Vertiefung* f (on a surface) || ⟨geog⟩ *structural* ∼ *Einbruchsgebiet* n | *Gedrücktheit, Depression, Niedergeschlagenheit* f || ⟨med⟩ *Entkräftung, Schwäche* f | ⟨com⟩ *Geschäftsstille, Flauheit* f, *Tiefstand* m; *the Great* ∼ *die Weltwirtschaftskrise* || ⟨phys astr⟩ *Depression* (of a star) || (of the barometer) *Sinken* n; ⟨meteor⟩ *Tief* n | ∼ *angle* (*Geschützrohr-*)*Senkungswinkel* m ∼**or** [∼ə] s *Bedrücker* m || ⟨anat⟩ *Niederziehmuskel* m

depridate [di'praideit] vt *plündern, verwüsten* **–ation** [ˌdi:prai'deiʃən] s *Plünderung, Verwüstung* f

deprivation [ˌdepri'veiʃən] s *Beraubung* f (of a th) || *Aberkennung* (of civic rights); *Enteignung* f || *empfindlicher Verlust* m, *Entbehrung* f || ⟨jur⟩ *Absetzung* f (*e–s Geistlichen*); to commit ∼ *of services abwerben* || ∼ *of civic rights Aberkennung* f *der bürgerlichen Ehrenrechte* || ∼ *of possession Besitzentziehung* f || ∼ *of right Rechtsentziehung* f

deprive [di'praiv] vt (*jdn*) *berauben* (of a th) || ⟨fig⟩ (*jdn*) *berauben* (of a th *e–r S*) (this ∼s me *of the pleasure dies beraubt mich des Vergnügens*); *ausschließen, fernhalten* (of a th *v etw*) || *aberkennen, enteignen, entziehen* || (*Geistlichen*) *entsetzen, absetzen*

depth [depθ] **1.** s [pl ∼s] *Tiefe* || *Breite* || *Höhe* f || ⟨mil⟩ *Tiefe* f || ⟨min⟩ (*Förder-*)*Teufe* f || ⟨mar⟩ *Fahr*(*wasser*)*tiefe* f **2.** ⟨übtr⟩ (of feeling etc) *Tiefe* f || ⟨mus⟩ *Tiefe* f || (of meaning) *Tiefe* f; *Dunkelheit, Unverständlichkeit* f || *Tiefe* f, *Scharfsinn* m || (of colours) *Stärke* f || ⟨phot⟩ ∼ *of focus Tiefenschärfe; Bildweite* f; ∼ *focusing Tiefeneinstellung* f || ⟨artill⟩ *Längenstreubereich* m || ∼ *of marching column Marschtiefe* || ∼ *of modulation* ⟨wir⟩ *Modulationsgrad* m **3.** [*mst* pl ∼s] *Tiefe* f, *Abgrund* m; *Meer* n (*to live at* ∼s *in Tiefen des Meeres leben*); ∼ *bomb Unterwasserbombe* f **4.** ⟨fig⟩ [*mst* pl ∼s] *Tiefe* f, *innerster Teil* m, *Innerstes* n (*to cry from the* ∼s); the ∼s *of poverty tiefste Armut* || *Mitte* f (in the ∼ of winter) **5.** *Wendungen*: six feet in ∼ *sechs Fuß tief* || *beyond od out of* one's ∼ *z tief* (*im Wasser*), *um den Boden z finden*, ⟨fig⟩ *über jds Kräfte*; *to get out of* one's ∼ *den Boden unter den Füßen verlieren* ⟨a fig⟩ (*sich vor e–r z schwierigen Aufgabe sehen*) || *defence in* ∼ ⟨tact⟩ *Tiefengliederung, –staffelung* f **6.** [attr] ∼ *bomb,* ∼ *charge Tiefen–, Unterwasserbombe, –ladung* f || ∼ *psychology Tiefenpsychologie* f | ∼**ie** ['∼i] s ⟨fam⟩ = *deepie*

depurate ['depjuəreit] vt ⟨chem⟩ *reinigen, läutern* **–ation** [ˌdepju'reiʃən] s ⟨chem & med⟩ *Reinigung* f

deputation [ˌdepju'teiʃən] s *Abordnung, Absendung* f || ⟨konkr⟩ *Deputation, Abordnung* f

depute [di'pju:t] vt *abordnen, bevollmächtigen* || (*Aufgabe*) *übertragen* (to a p *jdm*)

deputize ['depjutaiz] vt/i || ⟨Am⟩ (*jdn*) *abordnen, –senden* | vi *als Vertreter fungieren*; to ∼ *for a p jdn vertreten, f jdn einspringen*

deputy ['depjuti] s ⟨jur⟩ *Stellvertreter* m; *Vertreter* m *im Amt*; to do ∼ *for* ⟨fig⟩ *ersetzen*; by ∼ *durch Stellvertretung* || ⟨Scot⟩ *Vorarbeiter*, ⟨min⟩ *Steiger* m || ⟨Am⟩ (*-sheriff*) *Adjutant e–s Polizeipräsidenten; Schutzmann* m *in Zivilkleidung; Flurschütz* m || (⟨Ger⟩ *Reichstags–, Bundestags-*)*Abgeordneter; Abgesandter, Geschäftsträger* m || *Bevollmächtigter* m || Fr *Deputierter* m | [attr] *Vize–, stellvertretend* || ∼ *consul* [pl ∼ c. s] *Vizekonsul* m

deracinate [di'ræsineit] vt *entwurzeln, ausrotten* ⟨a fig⟩

derail [di'reil] vt/i || (*Zug*) z *Entgleisung brin-*

gen | vi *entgleisen* ~**ment** [~mənt] s *Entgleisung* f (of a train)

derange [di'reindʒ] vt *verwirren, in Unordnung bringen; stören; unterbrechen* | (*Geist*) *zerrütten*; ~d *geistesgestört; verrückt* ~**ment** [~mənt] s *Verwirrung, Unordnung* f | *Geisteszerrüttung, –störung* f | ~ of senses *Bewußtseinsstörung* f

derate [di:'reit] vt (*Industrien* etc) *v städt. Steuerlast befreien*

de(-)ration ['di:'ræʃən] vt *die Zwangsbewirtschaftung (e–r S) aufheben, abbauen; (Waren) z Freiverkauf zulassen* | ~ed *unbewirtschaftet* (*z. B.* fuel)

Derby ['dɑ:bi] s (*nach the Earl of* ~) *the ~ jährliches Pferderennen in Epsom,* ~ Day (*im Juni*) | ⟨Am⟩ ⁓ ['dɔ:bi] s (*a* ⁓-hat) *steifer Hut* m ~ **Scheme** ['dɑ:bi'ski:m] s *Lord Derbys Aushebungsplan* m (1915)

derecognition ['di:rekəg'niʃən] s *Aufhebung* f *der diplomatischen Anerkennung* f

dereistic ['di:ri:'istik] a ⟨psych⟩ *wirklichkeitsfremd*

derelict ['derilikt] **1.** a (*als wertlos*) *verlassen, aufgegeben, herrenlos* **2.** s *Wrack, herrenloses Gut* n | *Hilfloser* m **3.** vt (*etw*) *verlassen*; ⟨jur⟩ *den Besitz (e–r S), das dingliche Recht (an e–r S) aufgeben* ~**ion** [,deri'likʃən] s *Aufgeben, Verlassen* n | ⟨jur⟩ *dingliche Besitzaufgabe* f | *Zurücktreten (der See)* n; *trocken gelegtes Land* n | *Vernachlässigung, Versäumnis* f; (*a* ~ of duty) *Pflichtvergessenheit* f

de(-)requisition ['di:rekwi'ziʃən] **1.** vt (*Beschlagnahmtes*) *freigeben* **2.** *Freigabe* f

derestrict ['di:ris'trikt] vt (*Geschwindigkeits-etc)Beschränkungen aufheben* (a road, etc f e–e *Straße*) ~**tion** [,di:ris'trikʃən] s *Lockerung* f *der Einschränkungsmaßnahmen* f | ~ of traffic *Verkehrserleichterung* f

deride [di'raid] vt *verlachen, verhöhnen; verächtlich behandeln* | ~**r** [~ə] s *Verspotter, Spötter* m

derision [di'riʒən] s *Hohn, Spott* m; to hold in ~ *verspotten,* to be in ~ *verspottet w* | *Zielscheibe* f *des Spottes* –**sive** [di'raisiv] a (~ly adv), –**sory** [di'raisəri] a *spöttisch, höhnisch; Hohn*– | *lächerlich (gering)*

derivable [di'raivəbl] a (–bly adv) *ab–, herleitbar (from v)*; to be ~ from *sich herleiten v* | z *erhalten, erreichbar (from aus)*

derivate ['derivit] s ⟨math⟩ *the ~ die Abgeleitete* –**ation** [,deri'veiʃən] s *Ab–, Herleitung* f (from v) | *Abstammung, Herkunft* f, *Ursprung* m; ⟨gram⟩ *Ableitung* f –**ative** [di'rivətiv] **1.** a *abgeleitet; sekundär* **2.** s *abgeleitete S* f; *Nebenprodukt* n | ⟨math⟩ *Differentialkoeffizient* m | ⟨gram⟩ *abgeleitetes Wort* n | ⟨chem⟩ *Derivat* n (opium ~)

derive [di'raiv] vt/i **A.** vt (*etw*) *ableiten, herleiten* | (*Wort*) *ableiten, herleiten;* to be ~d from *sich herleiten, herstammen,* –*rühren v* | (*etw*) *bek, erhalten,* (*Gold*) *gewinnen (from);* (*etw*) *ver-* ⸺⸺⸺⸺ ⸺⸺⸺⸺⸺ ⸺⸺⸺⸺ *profit from Nutzen h v or ziehen, herausholen aus;* to ~ pleasure from *Freude h an* **B.** vi *sich ab–, herleiten, herkommen, ausgehen, abstammen* (from)

derm [də:m], ~**a** ['~ə] s L ⟨anat⟩ *Haut* f ~**al** ['də:məl], ~**ic** ['də:mik] a *Haut*– | ~**atitis** [də:mə'taitis] s ⟨med⟩ *Hautentzündung* f

dermato– ['də:məto] Gr [in comp] *Haut*– ~**logy** [,də:mə'tɔlədʒi] s ⟨med⟩ *Dermatologie, Hautlehre* f

dermis ['də:mis] s L = derm

dermitonsor ['də:'mitənsə] s ⟨Am hum⟩ *Hautschaber* m (*Barbier*)

dermo– ['də:mo] [in comp] *Haut*– –**id** ['də:məid] a *hautartig, –ähnlich*

derogate ['derogeit] vi *Abbruch tun* (from a th e–r S); *schmälern, beeinträchtigen* (from a th e–e S); *schaden* (from a p *jdm*); to ~ from o.s. *s–r unwürdig handeln, sich erniedrigen* | *sich z s–m Nachteil entfernen* (from) | *verlieren (from an)* | *sich etw vergeben, sich erniedrigen* (if) –**ation** [,dero'geiʃən] s *teilweise Aufhebung* f (e–s *Gesetzes*) | *Schmälerung, Beeinträchtigung* f (from a th e–r S), *Abbruch* m (from a th e–r S) | *Herabsetzung; Entwürdigung* f | *Nachteil* m

derogatory [di'rɔgətəri] a (–rily adv) *beeinträchtigend, schadend, nachteilig;* to ~ to *beeinträchtigen, schaden,* ~ to o.s. *s–r unwürdig herabsetzend, entwürdigend* | *abfällig* (remark)

derrick ['derik] s ⟨tech⟩ *Derrickkran* m (*Dreh- u Wippkran*); ⟨mar⟩ *Ladebaum* m | ⟨oil⟩ *Bohrturm* m

derring-do ['deriŋ'du:] s *verwegenes Handeln, Wagnis* n; *Tollkühnheit* f; *Wagemut* m

derringer ['derindʒə] s *kl Pistole mit gr Kaliber* f

dervish ['də:viʃ] s *Derwisch* m

desaturated [di'sætjureited] a; ~ colours [pl] *blasse Farben* f pl

descale [di:'skeil] vt *v Kesselstein befreien*

descant **1.** ['deskænt] s ⟨mus hist & poet⟩ *Melodie* f | *Diskant, Sopran* m | ⟨hist⟩ *polyphone Musik* f | *Variation e–s Themas* f **2.** [dis-'kænt] vi (*nach e–r Melodie*) *Sopran singen, trillern* | ⟨fig⟩ *sich verbreiten, sich* (*mst:* lobend) *auslassen* (on über)

descend [di'send] vi/t **A.** vi **1.** *herab–, hinab–, niedersteigen, –fließen, –fallen; niedergehen, –k* (from v; in in) | ⟨aero⟩ *niedergehen, landen* | ⟨astr⟩ *sinken, fallen* | ⟨mus⟩ *tiefer w, absteigen, detonieren* | ⟨min⟩ *einfahren* **2.** [*mit* prep] to ~ **from,** (*mst*) to be ~ed from (→ to be II. 1.) *abstammen v* | to ~ on *einfallen in, herfallen über, stürzen auf;* ⟨fig⟩ *ein–, hereinbrechen über;* to ~ on a p *jdn überfallen, –raschen* | to ~ to a p *übergehen, sich vererben auf jdn; jdm anheimfallen* | to ~ to a th *übergehen z, sich einlassen auf etw* | *sich erniedrigen* (to a th z e–r S; to do) **B.** vt (*Hügel, Treppe* etc) *herunter–, hinuntergehen, –steigen* (to ~ a hill) | ⟨min⟩ (e–n *Schacht*) *befahren* ~**able** [~əbl], ~**ible** [~ibl] a *vererbbar* (to an) ~**ant** [~ənt] s *Nachkomme, Abkömmling* m; *participating* ~ *anteilsberechtigter Abkömmling* ~**ing** [~iŋ] ~ by the rope ⟨min⟩ *Seilfahrt* f

descent [di'sent] **1.** s *Abstieg* m, *Hinabsteigen* n (from v); ⁓ from the Cross ⟨bib arts⟩ *Kreuzabnahme* f; ⁓ of the Holy Ghost *Ausgießung des H. G.*; ⁓ to Hell (*Christi*) *Höllenfahrt* f | *der Weg hinab* m | *Abhang; Abfall* m; *Senkung* f, *Fallen* n | ⟨astr & phys⟩ *Fall* m | *Einfall* m (on in); *feindliche Landung* (on *auf,* in) | ⟨aero⟩ *Sinkflug* m; *Höhenaufgabe* f; ~ by parachute *Fallschirmabsprung* m; ~(-)through(-)cloud *Durchstoßen, Durchstoßverfahren* n | ⟨min⟩ *Einfahrt* f | ⟨met⟩ *Niedersinken* n (*der Gicht*) | ~ area ⟨aero⟩ *Absprunggebiet* n; ~ path ⸺⸺⸺⸺ ⸺⸺⸺⸺⸺ ⸺⸺⸺⸺⸺ *Abstieg* m; *Fall* m, *Erniedrigung* f **2.** *Abstammung, Herkunft, Geburt* f | (S) *Übertragung, Vererbung* f | *title by* ~ *Rechtstitel* m *auf Grund v Intestaterbfolge* f

describable [dis'kraibəbl] a *beschreibbar*

describe [dis'kraib] vt *beschreiben, schildern* (a th to a p *jdm etw*); to ~ as (*jdn*) *hinstellen als* | [*a* abs] ⟨geom⟩ *zeichnen, beschreiben* (to ~ a circle *e–n Kreis b.*); (*Kurve*) *durchlaufen* | ~**r** [~ə] s *Beschreiber* m

description [dis'kripʃən] s *Beschreibung, Darstellung, Schilderung* f | *das Beschriebene* n; ⟨jur⟩ *Aussonderung* f (*der gekauften Ware*) *aus der Gattung* | *Güte, Sorte, Art, Gattung* f (a tyrant of the worst ~) | *past od beyond all* ~

unbeschreiblich ‖ to beggar ∼ *jeder Beschreibung spotten* ‖ to take the ∼ of a p *das Signalement jds aufnehmen*

descriptive [dis'kriptiv] a (∼ly adv) *beschreibend* ‖ *darstellend, erläuternd, schildernd*; *Darstellungs-* (∼ *power*); to be ∼ of *beschreiben, bezeichnen* ‖ *anschaulich wirkend*; *vielsagend* ‖ ∼ catalogue, ∼ list *beschreibender, ausführlicher Katalog* m ‖ ∼ geometry *darstellend Geometrie* ‖ ∼ writer *Schriftsteller* m *v gr D. stellungsgabe* f

descry [dis'krai] vt *gewahren, erspähen* ‖ *wahrnehmen*

desecrate ['desikreit] vt *entheiligen, entweihen*; ⟨ec⟩ (*Kirche*) *profanieren* ‖ (*Ort*) *weihen, ausliefern* (to evil) **-ation** [.desi'kreiʃən] s *Entheiligung, Entweihung* f

desegregation ['di:segri'geiʃən] s ⟨Am school⟩ *Aufhebung* f *der Rassentrennung*

desensitize [di:'sensitaiz] vt ⟨phot⟩ *unempfindlich* m ‖ ⟨med⟩ (*jdn*) *v neurotischen Symptomen befreien* ‖ (*jdn*) *desensitivieren*; *gegen hypnotische Suggestion immun* m ‖ ∼r [∼ə] s ⟨phot⟩ *Desensibilisator* m

desert [di'zə:t] s *Verdienst* n; *–lichkeit* f; *Wert* m [*oft* pl ∼s] *Lohn* m; *verdiente Strafe* f (to get one's ∼s)

desert ['dezət] 1. a *verlassen, öde, wüst* 2. s *Wüste, Einöde* f ‖ [attr] *Wüsten-* (∼ tribe)

desert [di'zə:t] vt/i ‖ *verlassen, im Stich l*; *untreu w* (a party *e–r Partei*); ⟨ec⟩ (*Kirche*) *profanieren* ‖ vi ⟨mil & mar⟩ *desertieren, fahnenflüchtig w*; *überlaufen* (to z) ‖ ∼er [ə] s *Deserteur*; *Überläufer* m ∼ion [di'zə:ʃən] s *Verlassen*; *Imstichlassen* n; ⟨fig⟩ *Abgehen* (of duty *v der Pflicht*) n ‖ *Verlassenheit* f, *Verlassenwerden* n ‖ ⟨mil⟩ *Desertion, Fahnenflucht* f

deserve [di'ze:v] vt/i *verdienen, verdient h* ([to get] a thrashing *e–e Tracht Prügel*); to ∼ to be punished *Strafe verdient h* ‖ *verdienen*, (*e–r S*) *würdig s*; *Anspruch h auf* (to ∼ mention *od* to be mentioned) ‖ vi *sich verdient m*; to ∼ well of (a p, a th) *sich verdient m um* (*jdn, etw*), to ∼ well of a p *sich* [dat] *jdn z Dank verpflichten* ∼dly [∼idli] adv *verdientermaßen*; *nach Verdienst, mit Recht* **deserving** [di'zə:viŋ] 1. s *Verdienst* n 2. a *verdienstvoll*; *würdig, wert*, to be ∼ of *verdienen* (praise)

deshabille ['dezæbi:l], **déshabillé** [.deizæ'bi:jei] s = dishabille

desiccate ['desikeit] vt (*aus*)*trocknen*; ∼d milk *Trockenmilch* f **-ation** [.desi'keiʃən] s *Austrocknung* f **-ative** ['desikətiv] a (*aus*)*trocknend* **-ator** ['desikeitə] s ⟨chem⟩ *Trockenapparat* m **-atory** [-əri] a (*aus*)*trocknend*

desiderate [di'zidəreit] vt *ersehnen*; *bedürfen, vermissen* **-ation** [di.zidə'reiʃən] s *Bedürfnis* n **-ative** [di'zidəreitiv] 1. a ⟨gram⟩ *ein Verlangen ausdrückend* 2. s ⟨gram⟩ *Desiderativum* n **-atum** [di.zidə'reitəm] s L (*mst* pl *–ta* [-tə]) *das Desideratum, Ge–, Erwünschte, Bedürfnis, Erfordernis* n (a great ∼)

design [di'zain] vt/i A. vt *ausdenken, ersinnen, im Geiste erdenken* ‖ *sich* [dat] *vornehmen*; *vorhaben, planen, beabsichtigen* (a th; to do; doing) ‖ (*jdn*) *ausersehen, bestimmen* (for *f*; to be a lawyer *z Juristen*; to do); (*jdn f ein Amt*) *vorsehen* ‖ *entwerfen, skizzieren, aufzeichnen, –reißen* ‖ *anlegen, ausführen, konstruieren* (a plan *nach e–m Plan*) ‖ *beautifully* ∼ed *in geschmackvoller Ausführung* ‖ ∼ registration *Gebrauchsmustereintragung* f **B.** vi *skizzieren, entwerfen* ∼edly [di'zainidli] adv *absichtlich, vorsätzlich* ∼er [∼ə] s (*Muster-*)*Zeichner* m ‖ *Konstrukteur, Konstruktionszeichner, Gestalter* m ‖ ⟨fig⟩ *Projektemacher* m; *Ränkeschmied* m ∼ing [∼iŋ] a (∼ly adv) *ränkevoll*

design [di'zain] s *Plan* m; *Absicht* f, *Vorhaben*

n (with the ∼ to do); whether by accident or by ∼ *ob durch Zufall oder beabsichtigt* ‖ *Endzweck* m ‖ *Anschlag* m; to have ∼s on, against a p *etw gegen jdn im Schilde führen*; .. on a th *es abgesehen h auf* ‖ *Entwurf, Plan, Abriß* m ‖ *Muster auf Stoffen, Dessin* n; protection of ∼s, copyright in ∼s *Musterschutz* m; industrial *od* registered ∼ *Gebrauchsmuster* n; ∼s Act ⟨m. m.⟩ *Musterschutzgesetz* n ‖ ⟨Lit⟩ *Plan* m, *Anlage, Anordnung*; *Erfindungskraft* f ‖ ⟨tech⟩ *Konstruktion, Ausführung, Bauart, –weise*; *Gestaltung, Formgebung* f, *Bau* m ‖ ∼ engineer *Konstrukteur* m; ∼ features *Konstruktionseinzelheiten* f pl; ∼-paper *Zeichenpapier* n

designate ['dezignit] a (*nach dem* subst) *designiert, ausersehen* (the bishop ∼)

designate ['dezigneit] vt *be–, kennzeichnen*; (*jdn*) *bezeichnen* (as *als*; a p a poet *jdn als Dichter*); (*jdn f ein Amt*) *vorsehen*; *betiteln, benennen* ‖ ⟨mil⟩ (*Ziel*) *ansprechen* ‖ *bestimmen, ernennen, ausersehen* (to, for *zu*) **-ation** [.dezig'neiʃən] s *Bezeichnung* f; *Benennung* (of *f*) ‖ *Bestimmung, Ernennung* f (to a th *z etw*) ‖ ⟨mil⟩ ∼ of a target *Zielansprache* f

desilverize [di:'silvəraiz] vt *entsilbern*

desinence ['desinəns] s *Ende* n, *Schluß* m ‖ ⟨gram⟩ *Endung* f

desintegrator ['desintigreitə] s ⟨tech⟩ *Schlagmühle* f

desipience [di'sipiəns] s *Torheit* f

desirability [di.zaiərə'biliti] s *Erwünschtheit* f; *wünschenswerte S, erwünschter Zustand*

desirable [di'zaiərəbl] a (*–bly* adv) *wünschenswert, erwünscht* (that .. should); *angenehm* ∼ness [∼nis] s = desirability

desire [di'zaiə] 1. vt *begehren, wünschen* (a th; to do) ‖ *w.., verlangen* (a p to do *daß jd tut*; a th to be done [⟨Am⟩ a th done] *daß etw geschieht*; that), [a abs] ‖ (*jdn*) *bitten, ersuchen* (to do); as ∼d *wie gewünscht*; if ∼d *auf Wunsch*; to leave nothing to be ∼d *nichts z w übriglassen* 2. s *Wunsch* m, *Verlangen* n (for *nach*; to do), to satisfy a ∼ *e–n W. befriedigen* ‖ *W.., Bitte* f; in accordance with your ∼ *wunschgemäß, wie gewünscht* ‖ *Lust, Begierde* f ‖ *Erwünschtes* n; *Sehnsucht* f

desirous [di'zaiərəs] pred a *begierig, verlangend* (of *nach*) ‖ to be ∼ of doing *danach verlangen, trachten z tun*; to be ∼ to learn *gern wissen mögen*

desist [di'zist] vi *abstehen, ablassen* (from *v*) ∼ance [∼əns] s *Abstehen, Ablassen* n (from *v*)

desk [desk] s (*Lese–, Schreib-*)*Pult* n, *Schreibtisch* m ‖ to sit at the .. ∼ *Dezernent f* .. ‖ ∼ blotter *Löschwiege, –rolle* f; ∼ machine *Büromaschine* f; ∼ telephone *Tischapparat* m; ∼-work *Büroarbeit* f ‖ → roll [s]

desman ['desmən] s ⟨zoo⟩ *Desman* m

desolate ['desolit] a (∼ly adv) *verlassen, einsam* ‖ *wüst, öde* ‖ (*P*) *vereinsamt*; *trostlos, niedergeschlagen* ‖ *traurig* ∼ness [∼nis] s *Vereinsamung* f; *Elend* n

desolate ['desoleit] vt *verwüsten, verheeren* ‖ *betrübt* m **-ation** [.deso'leiʃən] s *Verwüstung, Einöde, Verödung* f ‖ *Einsamkeit* f ‖ *Elend* n, *Trostlosigkeit* f **-ator, -ater** ['desoleitə] s *Verwüster, Verheerer* m

despair [dis'pɛə] 1. vi *verzweifeln, ohne Hoffnung s, die Hoffnung aufgeben* (of a th *an, auf etw*; to doing *z tun*); his life is ∼ed of *man glaubt nicht, daß er am Leben bleibt* 2. s *Verzweiflung* (at *über*), *Hoffnungslosigkeit* f; to drive a p to ∼ (*jdn*) *z Verzweiflung bringen* ‖ *Gegenstand der Verzweiflung* (he is the ∼ of his parents *er bringt s–e E. z V.*) ∼ing [∼riŋ] a (∼ly adv) *verzweiflungsvoll*

despatch [dis'pætʃ] v & s = dispatch

desperado [.despə'ra:dou] s [pl ∼es] *jd, der*

in Verzweiflung alles wagt; *polit. Heißsporn* ||
Bandit, Schurke m
desperate ['despərit] **1.** a (~ly adv) *hoffnungslos, verzweifelt*; *hemmungslos*; rendered ~ *z Ver-
zweiflung gebracht* (by *durch*) || *verwegen, toll-
kühn* || ⟨fam⟩ *schlimm*; *toll* (*äußerst schlecht*)
(a ~ night); *hoffnungslos* (a ~ fool) **2.** adv
⟨fam⟩ *ungeheuer, äußerst, sehr* **~ness** [~nis] s
Hoffnungslosigkeit f
desperation [,despə'reiʃən] s *Verzweiflung*;
Raserei, Wut f; to drive to ~ *z Verzweiflung
bringen, rasend* m
despicable ['despikəbl] a (–bly adv) *verächtlich*
despise [dis'paiz] vt *verachten, geringschätzen*
despite [dis'pait] **1.** s *Beschimpfung* f; *Akt der
Bosheit* m || *Haß* m, *Tücke* f | *Trotz* m; *Wider-
setzlichkeit* f | in ~ of *you dir z Trotz*; in ~ of
myself (etc) *ohne es z wollen*; in one's own ~ *sich
selbst z Trotz, wider s–n Willen* || ~ of *trotz* **2.**
prep *ungeachtet, trotz* **~ful** [~ful] a (~ly adv) †
boshaft, tückisch
despoil [dis'pɔil] vt [~ed/~ed] *berauben* (of
a th); *plündern* **~ment** [~mənt], **despoliation**
[dis,pouli'eiʃən] s *Beraubung, Plünderung* f
despond [dis'pɔnd] vi *verzweifeln, verzagen*
~ence [~əns], **~ency** [~ənsi] s *Verzweiflung,
Mutlosigkeit* f **~ent** [~ənt], **~ing** [~iŋ] a (~ly
adv) *mutlos, verzweifelnd, –zagend*
despot ['despət] s *Despot*; *Tyrann* m **~ic**
[des'pɔtik] a (~ally adv) *despotisch*; *tyrannisch*;
herrisch **~ism** ['despətizm] s *Despot*ismus m,
Gewaltherrschaft f
desquamate ['deskwəmeit] vt/i (*sich*) *ab-
schuppen* || **~d** [~id] a *abgeschuppt* **–ation**
[,deskwə'meiʃən] s ⟨med⟩ *Abschuppung* f; ⟨geol⟩
Abblättern n
dessert [di'zə:t] s *Dessert* n, *Nachtisch* m |
[attr] *Dessert–*
destination [,desti'neiʃən] s *Bestimmung* f ||
Bestimmungsort m, *Reiseziel* n; *Adresse* f;
place of ~ *Zuzugsort* m; *station of* ~ *Bestim-
mungsbahnhof* m || ~ *bearing* ⟨aero⟩ *Ziel-
peilung* f
destine ['destin] vt (*durch höhere Macht* or
Umstände) *bestimmen, ausersehen* (for *f*; to *z*);
[mst pass] to be ~d to do *tun sollen*, he was ~d
to die *er sollte sterben*
destiny ['destini] s *Schicksal, Geschick* n ||
Schicksalsgewalt; *unabwendbare Notwendigkeit* f
destitute ['destitju:t] **1.** a *entblößt* (of *v*);
ermangelnd (of a th *e–r S*) || *notleidend, hilf–,
mittellos, verarmt* **2.** s [pl ~s] *der Hilf–, Mittel-
lose* m **–ution** [,desti'tju:ʃən] s *Fehlen* n, *Mangel*
m (of *an*) || *Armut, bittere Not* f
destroy [dis'trɔi] vt *zerstören*; *vernichten*; *ver-
tilgen* || *töten* | (*Gesundheit*) *zerrütten*; (*Hoff-
nung*) *zunichte* m || ⟨physiol⟩ *abbauen* **~able**
[~əbl] a *zerstörbar* **~er** [~ə] s *Zerstörer* m ||
⟨mar⟩ (a *torpedo-boat* ~) *Zerstörer* m **~ing**
[~iŋ] a *Würg– (~ angel –engel)*
destructibility [dis,trʌkti'biliti] s *Zerstörbar-
keit* f **–ible** [dis'trʌktəbl] a *zerstörbar*
destruction [dis'trʌkʃən] s *Zerstörung*; *–trüm-
merung*; *Vernichtung* f || *Tötung* f || ⟨fig⟩ *Ver-
derb*(en n) m, *Untergang* m (it is our ~) | ~ *fire*
⟨mil⟩ *Vernichtungsfeuer* n
destructive [dis'trʌktiv] **1.** a (~ly adv) *zer-
störend*, to be ~ of (*zerstören, untergraben* || *ver-
derblich, schädlich* (to *f*) || ~ *distillation trockene
Destillation* f || ~ *fire* ⟨mil⟩ *Vernichtungsfeuer* n
|| (of *criticism*) *bloß ablehnend, vernichtend,
negativ* (*Ggs constructive*) **2.** s *zerstörende, negative Kraft* **~ness** [~nis] s *Verderblichkeit*, *zer-
störende Gewalt* f || *Zerstörungswut* f
destructor [dis'trʌktə] s *Zerstörer* m || ⟨tech⟩

Verbrennungsapparat m || ⟨artill⟩ *Fernlenk-
sofortzünder* m
desuetude [di'sjuitju:d, 'deswitju:d] s *Auf-
hören* n *e–s Gebrauchs* || to fall into ~ *außer
Gebrauch* k
desulphurate [di'sʌlfəreit], **–urize** [–raiz] vt
⟨chem⟩ *entschwefeln*
desultoriness ['desəltərinis] s *Flüchtigkeit,
Oberflächlichkeit*; *Planlosigkeit* f **–ory** ['desəltəri]
a (–orily adv) *unbeständig, flatterhaft* || *ober-
flächlich, flüchtig* || *unzus–hängend*; *planlos, un-
methodisch* || ⟨mil⟩ ~ *fire vereinzeltes Feuer* n
detach [di'tætʃ] vt (*ab*)*trennen, absondern, los-
lösen* (from *v*) || ⟨mil & mar⟩ *detachieren*, (*ab*)-
kommandieren, abstellen, abgeben; **~able** [~əbl]
a *abnehmbar, –trennbar* (from) **~ed** [~t] a (~ly
[~li; –tʃidli] adv) *getrennt, abgesondert*; *einzeln*
(*events*) || (of *houses*) *frei–, alleinstehend*; →
semi– ⟨mil & mar⟩ *detachiert* || ~ *duty, ~
service* ⟨mil⟩ *Abkommandierung* f; *Kommando* n
|| ~ *fort Außenfort* n || ~ *unit Kommando* n ||
⟨arts⟩ *sich abhebend*; ~ *statuary Frei–, Voll-
plastik* f || (of *mind*) *objekt·iv, unparteiisch* ~
gleichgültig (about *über*) **–ment** [di'tætʃmənt] s
Absonderung, Trennung f (from *v*) || *Abgeson-
dert–, Losgelöstsein, (inneres) Freisein* n (*v der
Welt*), *Freiheit* f || (of *mind*) *Objektivität* f ||
⟨mil & mar⟩ *Detachement* n, *Abteilung* f, *Trupp*
m, *Kommando* n, *Außenstelle* f
detail ['di:teil] s *Detaildarstellung, –behand-
lung* f || *genaue Beschreibung* or *Darstellung* f ||
einzelner Punkt m, *Einzelheit* f || but that's a
(mere) ~ *aber das sind Bagatellen* || ⟨arts⟩ *ein-
zelner untergeordneter Teil*; *Detailarbeit* f ||
Nebensache f ⟨mil⟩ *Tagesbefehl* m || kl *Abtei-
lung* f | **~s** [pl] *nähere Einzelheiten, Angaben* pl,
Näheres n (of *über*); *Nebenumstände* pl | in
(great) ~ (*sehr*) *ausführlich*; to go into ~ *od* ~s
ins einzelne gehen, es ausführlich behandeln;
down to the smallest ~ *bis ins einzelne*; to
come down to ~ *ausführlich w, ins einzelne
gehen*
detail [di'teil] vt *detaillieren, genau beschrei-
ben, umständlich erzählen* || ⟨mil⟩ *auswählen*;
detachieren, abkommandieren; (*z Dienst*) *einteilen* **~ed** [~d] a *eingehend, ausführlich*; *um-
ständlich* || ~ *considerations Einzelerwägungen*
f pl
detain [di'tein] vt ⟨jur⟩ *in Haft behalten*;
festhalten | (*etw*) *zurück–, vorenthalten* || (*jdn*)
ab–, aufhalten, hindern; *warten* l; ⟨school⟩ *nachsitzen* l **~ee** [ditei'ni:] s *Häftling* m **~er** [~ə] s
⟨jur⟩ *widerrechtliche Vorenthaltung* f || *Haft* f;
writ of ~ *Haftverlängerungsbefehl* m
deteccer [di'tekə] s ⟨sl⟩ *Detektiv–, Kriminalroman* m, ⟨fam⟩ *Krimi* m
detect [di'tekt] vt (*jdn*) *ausfindig* m; *ermitteln*;
entlarven ([sin] stealing *beim Stehlen*);
(*etw*) *entdecken, finden* **~able** [~əbl] a
auf–, entdeckbar **~ion** [di'tekʃən] s *Entdecken*;
Entdecktwerden n, *Ermittlung* f, to baffle *od
escape* ~ *nicht entdeckt* w || ⟨mil⟩ *Ortung* f ||
⟨wir⟩ *Demodulation* f, *Gleichrichten* n || (*Radar-*)
Zielauffassung f | ~ *device* ⟨at, chem, biol⟩
Spürgerät n **~ive** [~iv] **1.** a *z Ermitteln be-
stimmt* | *Detektiv–* [~ *story* ~ *camera*), *Ge-
heim–* (~ *police*) **2.** s *Detektiv, Geheimpolizist* m
~or [~ə] s *Entdecker, Enthüller* m || *Det·ektor*
m, *Anzeigevorrichtung* f || ⟨wir⟩ *Gleichrichter* m
(*der Wechsel– in Gleichströme verwandelt*);
Detektor, Wellenanzeiger m || ⟨at, chem, biol⟩
Spürgerät n
detent [di'tent] s ⟨tech⟩ *Sperrhaken, –kegel* m
(*bes an Uhren*)
détente [dei'tɑ̃:t] s Fr ⟨dipl⟩ *Entspannung* f
detention [di'tenʃən] s ⟨jur⟩ *Gefangenhaltung* f;
~ *pending trial Untersuchungshaft* f || *right of*
~ *Zurück*(*be*)*haltungsrecht* n; ~ *camp Anhalte-*

lager, ⟨engl⟩ *Internierungslager* n; ∼ colony *Strafkolonie* f; → preventive ‖ ∼ room ⟨mil⟩ *Arrestlokal* n ‖ *Vorent–, Zurückhaltung* f; ∼ of pay ⟨mil⟩ *Soldeinbehaltung* f ‖ (P) *Ab–, Zurückhaltung* f; ⟨school⟩ *Nachsitzen* n, *Arrest* m

deter [di´tə:] vt *abschrecken, –halten* (from *v*)

detergent 1. [di´tə:dʒənt] a ⟨med⟩ *reinigend* **2.** [´detədʒənt] s *Reinigungsmittel* ‖ *Waschmittel* n

deteriorate [di´tiəriəreit] vt/i ‖ *verschlechtern*; *vermindern* | vi *sich verschlechtern, entarten, verderben* **–ation** [di͵tiəriə´reiʃən] s *Verschlechterung, –schlimmerung* ⟨a med⟩; *Entartung* f ‖ *Verschleiß* m ‖ **–ative** [di´tiəriəreitiv] a *verschlechternd*

determent [di´tə:mənt] s *Abschreckungsmittel* n, for the ∼ of a p *als A. f jdn*

determinable [di´tə:minəbl] a *bestimmbar, entscheid–, festsetzbar* **–ant** [di´tə:minənt] **1.** a *bestimmend* **2.** s *das Bestimmende* n ‖ ⟨math⟩ *Determin´ante* f **–ate** [di´tə:minit] a (∼ly adv) *bestimmt, deutlich sichtbar* ‖ *festgesetzt, entschieden* ‖ *endgültig* ‖ *entschieden, entschlossen* ‖ **–ateness** [∼nis] s *Bestimmtheit*; *Entschiedenheit* f **–ation** [di͵tə:mi´neiʃən] s ⟨jur⟩ *Ablauf* m, *Ende* n (of a contract) | *Bestimmung, Entscheidung; Festsetzung* f ‖ *Schluß* m, *Lösung* f ‖ *Entschluß* m, to come to the ∼ z *dem E. k* (to do) ‖ *Entschlossenheit* f; man of ∼ *entschlossener Mann* | *Richtung, Neigung* f, *Streben* n; ⟨med⟩ ∼ of blood *Blutandrang* m ‖ ⟨jur⟩ ∼ of the measure of a penalty *Strafzumessung* f **–ative** [di´tə:mineitiv] **1.** a. *bestimmend; einschränkend* **2.** s *das Bestimmende, Charakteristische* n ‖ ⟨gram⟩ *Determinativum* n

determine [di´tə:min] vt/i **A.** vt **1.** ⟨jur⟩ *entscheiden, beendigen; aufheben* ‖ *schlichten, entscheiden* **2.** *bestimmen* (a th; that) ‖ ⟨scient⟩ (*etw*) *bestimmen, feststellen;* (*Zeit*) *ansetzen* (to *auf*) ‖ (*Ursache*) *aufklären, –decken* ‖ (*Winkel*) *messen* ‖ ⟨bes Am⟩ (*Ursachen, Wirkungen*) *feststellen, ermitteln* **3.** (*jdn*) *bestimmen, veranlassen* (to do); I am ∼d to know *ich will unbedingt wissen*; to be ∼d by ⟨fig⟩ *bestimmt, getragen w von* **4.** *richten, treiben* (to) **B.** vi *aufhören* (with *mit*); *endigen* (in) ‖ *beschließen* (to do; on doing z *tun*; on a th *etw*; that) | **∼d** [∼d] a (∼ly [∼li] adv) *bestimmt* ‖ *entschlossen; entschieden* **–inism** [di´tə:minizm] s ⟨philos⟩ *Determin´ismus* m

deterrence [di´terəns] s *Abschreckung* f (from *gegen*) **–ent** [di´terənt] **1.** a *abschreckend* **2.** s *Abschreckungsmittel* n (to a p *f jdn*)

detersive [di´tə:siv] **1.** a ⟨med⟩ *reinigend* **2.** s *Reinigungsmittel* n

detest [di´test] vt *verabscheuen* (doing z *tun*) **∼ability** [di͵testə´biliti] s *Abscheulichkeit, Verabscheuungswürdigkeit* f **∼able** [∼əbl] a (–bly adv) *abscheulich; verabscheuungswürdig* **∼ableness** [∼əblnis] s = destestability **∼ation** [͵di:tes´teiʃən] s *Verabscheuung* f, *Abscheu* m (of, for *vor, gegen*) ‖ to hold *od* have in ∼ *verabscheuen*

dethrone [di´θroun] vt *entthronen* ⟨a fig⟩ **∼ment** [∼mənt] s *Entthronung* f

detinue [´detinju:] s ⟨jur⟩ action of ∼ *Vindikationsklage* f

detonate [´detəneit] vi/t ‖ *explodieren, puffend zerplatzen* ‖ ⟨mot⟩ *knattern* | vt z *Explosion bringen, verpuffen* | **–ating** [∼iŋ] a *Knall–* (∼ gas, ∼-powder); *Zünd–*; ∼-tube ⟨chem⟩ *Verpuffungsröhre* f **–ation** [͵detə´neiʃən] s *Explosion, Detonation* f, *Knall* m ‖ ⟨mot⟩ (*Kraftstoff-*)*Klopfen* n **–ator** [´detəneitə] s *Zündpatrone, Sprengkapsel* f ‖ *Knallkapsel*; ⟨rail⟩ *Knallsignal* n

detour [di´tuə], **détour** [´deituə] **1.** Fr s ⟨eig⟩ *Abweg; Umweg* m (to make a ∼) | ∼ (road) *Umleitung* f **2.** vi ⟨Am⟩ *e–n U. m*

detoxicate [di:´tɔksikeit] vt *entgiften*

detract [di´trækt] vt/i ‖ (*etw*) *entziehen* (from a th *e–r S*); to ∼ s.th *od much from a th e–e S etw* or *sehr heruntersetzen, beeinträchtigen* ‖ * (jdn) herabsetzen, verunglimpfen* | vi: to ∼ from a th *etw vermindern, herabsetzen, schmälern*; *e–r S Abbruch tun* **∼ion** [di´trækʃən] s *Herabsetzung, Beeinträchtigung* f (from a th *e–r S*) ‖ *Verleumdung* f **∼ive** [di´træktiv] a *verleumderisch* ‖ to be ∼ from *herabsetzen* **∼or** [di´træktə] s *Verleumder* m

detrain [di:´trein] vt/i ‖ ⟨rail⟩ (P) *absetzen* ‖ ∼ing point *Ausladebahnhof* m | vi *aussteigen* **∼ment** [∼mənt] s *Ausladung* f

detribalization [di͵traibəlai´zeiʃən] s ⟨SAfr⟩ *Entwurzelung* f *der Eingeborenen*

detriment [´detrimənt] s *Schaden, Nachteil, Abbruch* m (to the ∼ of z *Schaden* [gen]; without ∼ to *ohne Sch. f*) ‖ ∼al [͵detri´mentl] **1.** a (∼ly adv) *schädlich, nachteilig* (to *f*), to be ∼ to *schaden* **2.** s ⟨sl⟩ *nicht ernst z nehmender* or *unerwünschter Freier* m

detrital [di´traitl] a ⟨geol⟩ *Gesteinschutt–* **–ted** [di´traitid] a *abgenutzt* ‖ *Geröll–* **–tion** [di´triʃən] s *Abnutzen, –reiben* n **–tus** [di´traitəs] s L *Gesteinschutt* m

de trop [də´trou] Fr pred a *zuviel, unerwünscht*

detruck [di´trʌk] vt/i (*aus Lkw*) *ab–, aus–, entladen* | vi *absteigen* ‖ ∼ing area *Ausladegebiet* n

detruncate [di:´trʌŋkeit] vt *abstutzen, –kappen* ‖ *beschneiden* ‖ **–ation** [͵di:trʌŋ´keiʃən] s *Stutzen, Abkappen; Beschneiden* n

detune [di´tju:n] vt *verstimmen*

deuce [dju:s] **1.** s ⟨dice, cards⟩ *die Zwei*; *Daus* n, ∼s [pl] *Däuser* pl; ∼-ace *der Wurf Zwei u Eins* ‖ ⟨ten⟩ *Einstand* m **2.** vt ⟨ten⟩ z „*Einstand*“ *bringen*

deuce [dju:s] s (in *Verwünschungen*) *Unglück* n; *Teufel* m | a ∼ of a mess *e–e tolle Schweinerei*! ‖ ∼ a bit *durchaus nicht* ‖ who, where, what the ∼? *wer, wo, was z Teufel*? ‖ the ∼ is in it if I cannot *der T. hol´ es* or *das wär´ gelacht, wenn ich nicht könnte* ‖ the ∼ he isn't *unglaublich, daß er es nicht sei* ‖ ∼ knows *weiß der Teufel*; (the) ∼ take it *der T. hol´ es*! ‖ to play the ∼ with *verderben, ruinieren* | **∼d** [∼t] **1.** a (∼ly [´dju:sidli] adv) ⟨fam⟩ *verteufelt, verflucht* **2.** adv *verflixt, verteufelt* (he is ∼ tall)

deutero– [´dju:təro] Gr [in comp] *zweite, zweit–* **∼nomy** [͵dju:tə´rənəmi] s ⟨bibl⟩ *Deuteron´omium* n, *fünftes Buch* n *Mose*

deutoplasm [´dju:to͵plæzm] s ⟨biol⟩ *Nährmaterial des Eies* n

Deutzia [´dju:tsiə] s (*nach I. Deutz,* 1781) ⟨bot⟩ *Deutzia, Deutzie* f

devaluate [di:´væljueit] vt *entwerten* **–ation** [di:͵vælju´eiʃən] s ⟨com⟩ *Ab–, Entwertung* f

devastate [´devəsteit] vt *verwüsten, –heeren*; *–nichten* **–ating** [∼iŋ] a *verheerend,* ⟨oft fig⟩; *großartig* **–ation** [͵devəs´teiʃən] s *Verwüstung* f ⟨for⟩ *Insektenfraß* m **–ator** [´devəsteitə] s *Verwüster* m ‖ ⟨Am⟩ *die amerik. Kultur verunglimpfender Schriftsteller* m

develop [di´veləp] vt/i **A.** vt *entwickeln* (into z; out of *aus*); *entfalten* ‖ ⟨mach⟩ *konstruieren* ‖ ⟨tact⟩ *entwickeln* ‖ (*Fortschritt*) *fördern* ‖ (*Gelände*) *er–, aufschließen* ‖ (*Methode, Theorie*) *ausbauen, –arbeiten* | to ∼ o.s. *sich entwickeln, sich entfalten* ‖ ⟨Am⟩ *enthüllen* ‖ *hervorbringen*; to ∼ a disease *sich e–e Krankheit zuziehen* ‖ ⟨übtr⟩ (*Gedanken*) *entwickeln, herausarbeiten,* ⟨fig⟩ *ausbauen, fördern* ‖ ⟨phot⟩ *entwickeln* **B.** vi *sich entfalten, sich entwickeln* (into *zu*) ⟨a fig⟩ ‖ ⟨Am⟩ *bekannt w* ‖ to be ∼ing ⟨S a⟩ *sich anbahnen* ‖ less ∼ed countries *Entwicklungsländer* n pl **∼able** [∼əbl] a z *entwickeln(d)*; ⟨phot⟩ *entwickelbar* **∼er** [∼ə] s ⟨phot⟩ *Entwick-*

ler m **~ing** [~iŋ] s [attr] *Entwicklungs–* **~ment** [~mənt] s *Entwickelung, Nutzbarmachung* f; *Fortschritt; Auf–, Ausbau* m; rational ~ *Rationalisierung* f ‖ ⟨phot⟩ *Entwicklung* f ‖ *Wachstum* n, *Entfaltung* f (to bring to a full ~); nuclear ~ *Vordringen* n *der Atomenergie* ‖ *Produkt* n | [attr] *Aufbau–* (~ *programme*) ‖ ~ area = distressed area *Notstands–, Förderungsgebiet* n ‖ ~ of traffic ⟨a⟩ *Verkehrszunahme* f **~mental** [di͵veləp'mentl] a (~ly adv) *Entwicklungs–, Wachstums–* (~ *disease*)

deviant ['di:viənt] **1.** a *abweichend* **2.** s *gesellschaftlicher Außenseiter* m –**ate** ['di:vieit] vi ⟨*mst* fig⟩ *abweichen; –gehen,* ⟨aero⟩ *abkommen* (from *v*) ‖ –**ation** [͵di:vi'eiʃən] s ⟨phys⟩ *Abweichung;* *Ablenkung* f *der Magnetnadel, Mißweisung* f ‖ ⟨fig⟩ *Abweichung* f, *Abweichen* n, ⟨aero⟩ *Versetzung* f (from *v*) ‖ (*Links–, Rechts–*)*Abweichung* f (*v der kommunist. Doktrin*) ‖ **~ationist** [–ist] s *Abtrünniger, „Tito'ist", nicht linientreuer Kommunist,* (*Rechts–*)*Abweichler, Diversant* m

device [di'vais] s *Einfall, Plan* m; *Neigung* f; to leave a p to his own ~s *jdn sich selbst überlassen* ‖ *Erfindung; Vorrichtung, Einrichtung* f; *Apparat* m; *Gerät* n; *mechan. Anlage* f (for *f*) ‖ *Kunstgriff, Anschlag* m | *Zeichnung* f; *Muster* n, *Entwurf* m ‖ ⟨her⟩ *Sinnbild* n; *Sinn–, Wahlspruch* m

devil ['devl] **I.** s **1.** *Teufel* m, The ~ *Satan* | *böser Geist* m; *Götze* m; *Laster* n (the ~ of greed); the ~ inside *der innere Schweinehund* **2.** ⟨fig⟩ *Teufel* (*schlechter Mensch*) m | ⟨jur⟩ *Hilfsanwalt, Anwärter* m | *Handlanger* m **3.** ⟨fam⟩ *Kampfmut* m, *Energie* f | *stark gewürztes Gericht* n | ⟨tech⟩ *Wolf* m **4.** the ~'s advocate ⟨fig⟩ *der Widerpart* m ‖ cheeky ~ *Frechdachs* m ‖ little *od* young ~ *kl Racker* m ‖ a poor ~ *ein armer Teufel* m ‖ printer's ~ *Laufbursche* m *in e–r Druckerei* ‖ a ~ in petticoats, a she-~ *ein Teufelsweib* n ‖ a ~ of a fellow *ein verteufelter Kerl, Teufelskerl* m; a ~ of a time *e–e verdammt schlechte Zeit* ‖ the ~! *z Teufel! z Henker!*; how the ~ ..? *wie zum T.?* ‖ the ~ a bit! *Pustekuchen! nicht das geringste!* ‖ the ~ a one *Kuchen! nicht einer* ‖ like the ~ *wie der T.*, *wie wild* ‖ between the ~ and the deep sea *zw Scylla u Charybdis, zw 2 Feuern, zw Hammer u Amboß* | the ~ is in it if *es geht mit dem T. zu, wenn* ‖ that is the (very) ~ *das ist e–e tolle S*; this fire is the ~ *dies Feuer ist verflucht heiß* ‖ that is the ~ of it! *da liegt der Hund begraben!* ‖ there is the ~ to pay! *der Teufel ist los!* ‖ go to the ~! *geh z Teufel!* ‖ the ~ take him! *hol' ihn der Teufel!* | to cast out the ~ in a p *den Teufel in jdm austreiben* ‖ to give the ~ his due *jdm das Seine einräumen* ‖ to go to the ~ *vor die Hunde gehen* ‖ to make the ~'s own noise *e–n Teufelslärm* m ‖ to play the ~ with *Schindluder treiben mit* ‖ talk of the ~, and he is sure to appear *wenn man den Teufel nennt, kommt er gerennt* **5.** [attr] ~-dodger (*eifernder*) *Prediger, Geistlicher* m, „*Kanzelpauker"* m ‖ ~-tish ⟨ich⟩ *Seeteufel* m ‖ ~-may-care *sorglos; burschik·os; verwegen;* °*wurstig* ‖ ~'s bed posts ⟨cards⟩ *Treff-Vier* f ‖ ~'s bones *Würfel*(*spiel*n) m pl ‖ ~'s books *Teufels Bilderbuch* n (*Spielkarten, Kartenspiel*) ‖ ~'s claw ⟨tech⟩ *Kropfeisen* n, *Wolf* m, *Steinklaue* f ‖ ~'s-milk ⟨bot⟩ *Teufels–, Wolfsmilch* f ‖ ~'s own luck *verteufeltes Glück or Pech* ‖ ~'s smiles ⟨fam⟩ *Aprilwetter* n ‖ to beat the ~'s-tattoo *mit den Fingern* (*auf den Tisch*) *trommeln* ‖ ~-worship *Teufelsdienst* m **II.** vt/i ‖ *stark gepfeffert rösten* ‖ ⟨tech⟩ (*Wolle*) *wolfen, krempeln* ‖ ⟨Am⟩ *belästigen* | vi *Hilfs–, Handlangerdienste tun* (for) ~**dom** [~dəm] s *Reich* n *der Teufel* ~**ish** [~iʃ] **1.** a *teuflisch, verdammt* **2.** adv *sehr, kolossal* ~**ishly** [~iʃli] adv

teuflisch; ⟨fam⟩ *kolossal* (*sehr*) ~**ishness** [~iʃnis], ~**ism** [~izm] s *das Teuflische* n; *Teufelei* f ~**ment** [~mənt] s *Schelmerei* f, *Unfug* m, *böse Possen* f pl ~**ry** [~ri], ⟨dial & Am⟩ ~**try** [~tri] s *Teufelei, diabolische Kunst* f ‖ *Schlechtigkeit, Grausamkeit* f ‖ *böser Ulk, Übermut* m ‖ *Teufelsgesellschaft* f

devious ['di:viəs] a (~ly adv) *abgelegen* ‖ *sich windend, gewunden,* ~ paths [pl] *Abwege* m pl, ~ step *Fehltritt* m ‖ ⟨fig⟩ *abwegig; umherirrend; falsch, irrig; unaufrichtig* ~**ness** [~nis] s *Abweichung* f ‖ ⟨fig⟩ *Verirrung* f

devisable [di'vaizəbl] a *erdenkbar, erdenklich* ‖ *vermachbar, vererbbar*

devise [di'vaiz] **1.** vt (*Immobilien*) *letzwillig vermachen, hinterlassen* (to a p *jdm*) | *aus–, erdenken; –sinnen* ‖ *erfinden; herrichten, m, drechseln* **2.** s ⟨jur⟩ *Vermachen* n ‖ *Testament, Vermächtnis, Legat* n (*v Immobilien*) –**see** [͵devi'zi:] s ⟨jur⟩ *Testamentserbe, Vermächtnisnehmer, –empfänger, Legat ar* m (*v Immobilien*) –**ser** [di-'vaizə] s *Erfinder, Planmacher* m –**sor** [͵devi'zɔ:] s *Erblasser* m (*v Immobilien*)

devitalize [di:'vaitəlaiz] vt *der Lebenskraft berauben, entkräften, schwächen*

devitrification [di:͵vitrifi'keiʃən] s *Entglasung* f –**fy** [di:'vitrifai] vt *entglasen*

devoid [di'vɔid] a: ~ of *leer an, frei v, ohne;* ~ of ornament *schmucklos*

devoir ['devwɑ:] s Fr *Pflicht* f, to do one's ~ *sein möglichstes tun* ‖ ~s [pl] *Höflichkeitserweisungen* f pl; to pay one's ~s *s· e Aufwartung m* (to a p *jdm*)

devolution [͵di:və'lu:ʃən] s ⟨fig⟩ (of time) *Abrollen* n, *Ablauf, Verlauf* m ‖ ⟨fig⟩ · *Übergehen* n; *Übergang* m (*e–s Rechtes*) (on *auf*); *Übertragung* f, *Heimfall* m; ~ of property *Eigentumsübergang* m ‖ ⟨biol⟩ *Entartung* f ‖ ⟨fig⟩ *Abwälzung* (*v Pflichten* etc); *Übertragung* f (*auf Kommissionen*) ‖ ⟨Ir pol⟩ *Plan* m *als Ersatz f* Home Rule

devolve [di'vɔlv] vt/i (*Arbeit* etc) *abwälzen, übertragen* (on *auf*) | vi *sich entwickeln* (out of) ‖ to ~ to, on a p *auf jdn übergehen; jdm durch Erbschaft zufallen, anheimfallen* (the crown ~d on his son) ‖ to ~ on a p *jdm* (*als Pflicht*) *zufallen, obliegen, auf jdn fallen*

Devonian [de'vounjən] **1.** a *Devonshire–* ‖ ⟨geol⟩ *devonisch* **2.** s *Eingeborener v Devonshire*

devote [di'vout] vt *weihen, widmen* (to a th *e–r S*, to a p *jdm*) ‖ (*Leben, Zeit* etc) *widmen, zuwenden, überlassen, hingeben* (to a th *e–r S*); to ~ o.s. *sich widmen, sich ergeben* (to) | ~**d** [~id] a (~ly adv) **1.** attr *hingebungsvoll, treu* ‖ *dem Untergang geweiht* (~ head) **2.** pred *ergeben* (to) ~**dness** [~idnis] s *Ergebenheit* f (to)

devotee [͵devou'ti:] s *Religionsfanatiker, Frömmler* m ‖ ⟨fig⟩ *Verehrer, begeisterter Anhänger* (*e–s Sports, des Jazz* etc)

devotion [di'vouʃn] s *Andacht, Frömmigkeit* f; ~s [pl] ⟨ec⟩ *Andacht* f, *–sausübung* f, *Gebet* n (to be at one's ~s) ‖ *Weihung, Widmung* f (to) | *Ergebenheit, Treue* f (*to gegen*); *Zuneigung, innige Liebe* f (to, for *z*) ‖ *Sich-Widmen, Überlassen* n (to); *Hingabe* f (to an); *Eifer* m (to *f*) ~**al** [~l] a (~ly adv) *andächtig, Andachts–*

devour [di'vauə] vt *verschlingen, verzehren* ‖ ⟨übtr⟩ (of fire) *verzehren; wegraffen, vernichten* | (*Buch*) *verschlingen* ‖ (*jdn, etw*) *mit Blicken verschlingen* ‖ (*jdn*) *vollkommen in Anspruch nehmen, überwältigen* ~ed with ambition *vor Ehrgeiz brennend* ~**ing** [~riŋ] a (~ly adv) *verschlingend, verzehrend;* ~ curiosity *brennende Neugierde* f

devout [di'vaut] a (~ly adv) *andächtig, fromm* ‖ *innig, inbrünstig* ‖ *eifrig* ~**ness** [~nis] s *Frömmigkeit* f ‖ *Innigkeit* f

dew [dju:] **1.** s *Tau* m ‖ ⟨poet fig⟩ *ursprüng-*

liche Frische f **|** [attr] ∼-*berry* ⟨bot⟩ *Ackerbeere*
f **||** ∼-*drop Tautropfen* m **||** ∼-*fall Taufall*;
Abend m **||** ∼-*point* ⟨phys⟩ *Taupunkt* m **||** ∼-
pond Tauteich m **2.** vt *betauen*; –*feuchten* ∼*iness*
[′∼inis] s *Feuchtigkeit* f **|** ∼*y* [′∼i] a (*dewily* adv)
tauig, betaut, feucht
   dewater [di′wɔ:tə] vt *entwässern* **||** ⟨min⟩
(*Schacht*) *freipumpen*
   dew-claw [′dju:-klə:] s *Nebenklaue* f; ∼s [pl]
Ge·äfter n
   dewlap [′dju:læp] s *Wamme* f (*Halslappen*) ⟨a
fig fam⟩ (*Unterkinn*)
   dexter [′dekstə] a L *recht, rechtsseitig* (⟨her⟩
links vom Beschauer aus) ∼*ity* [deks′teriti] s *Ge-
schicklichkeit, Gewandtheit* f (*of in*) **||** *Rechts-
händigkeit* f ∼*ous* [∼rəs], –*trous* [′dekstrəs] a
(∼*ly* adv) *geschickt, gewandt* **||** *rechtshändig*
   dextral [′dekstrəl] a *rechtshändig* ∼*ity* [deks-
′træliti] s *Rechtshändigkeit* f
   dextrin [′dekstrin] s *Dextr·in* n (*Stärke-
gummi*)
   dextro– [′dekstro] L [in comp] *nach rechts*;
rechts– **||** ∼*gyrate rechtsdrehend*
   dextrose [′dekstrous] s *Traubenzucker* m;
⟨Am⟩ *T. aus Mais*
   Dey [dei] s *Titel* m *des Befehlshabers der
Janitscharenmiliz*
   dhobi [′doubi] s ⟨Ind⟩ *Waschmann* m; →
dobeying
   dhole [doul] s ⟨zoo⟩ *wilder Hund in Indien* m
   dhoti [′douti], **dhootie** [′du:ti] s ⟨Ind⟩ *weißes
Männer–, Lendentuch* n (*v Hüften z den Füßen*)
   dhow [dau] s *Dau* f (*arabisches Segelfahrzeug*)
   dhurrie [′dʌri] s ⟨Ind⟩ *rechteckiger Baum-
wollteppich* m *mit Fransen*
   di– pref ⟨chem⟩ [in comp] *zwei; zweimal,
doppelt*
   dia– [′faiə], **di–** [*vor Vok.*] pref (*hin*)*durch;
gänzlich*
   diabetes [ˌdaiə′bi:ti:z] s ⟨med⟩ *Zuckerkrank-
heit* f –*tic* [ˌdaiə′betik] **1.** a *zuckerkrank* **2.** s
Diabetiker m
   diablerie [di′ɑ:bləri] s Fr *Teufelshandwerk* n;
Teufelei f **||** *Hexenkessel* m
   diabolic(al) [ˌdaiə′bɔlik(əl)] a (–*cally* adv)
teuflisch **|** *böse; boshaft, grausam* *–**ism** [dai-
′æbəlizm] s *Teufelswerk* n, *Teufelei*; *Zauberei* f **||**
Teufelsverehrung f –*ize* [dai′æbəlaiz] vt *teuflisch
m* **||** *als Teufel darstellen*
   diabolo [dai′æbəlou] s *Diabolo*(*spiel*), *Joujou* n
   diachylon, –um [dai′ækilən, –əm] s L ⟨med⟩
Di·achylon–, Bleipflaster n
   diaconal [dai′ækən] a *Diakons–; Diakonats–*
–**ate** [dai′ækənit] s *Diakonat* n **||** *Diakonen* pl
   diacoustics [ˌdaiə′ku:stiks] s pl [sg konstr]
Diak·ustik, Schallbrechungslehre f
   diacritic [ˌdaiə′kritik] **1.** s *diakritisches Zeichen* n **2.** a *diakritisch, unterscheidend* ∼**al** [∼əl]
a = diacritic a
   diadem [′daiədem] s *Diad·em* n ⟨a fig⟩ (*Herrschaft, Hoheit*)
   diæresis [dai′iərəsis] s (pl –*reses* [–rəsi:z]) Gr
⟨gram & pros⟩ *Di·äresis* f, *Diär·ese* f; *Trema* n
   diagnose [′daiəgnouz] vt *diagnostizieren,*
(*Krankheit*) *bestimmen* –**sis** [ˌdaiəg′nousis] s Gr
(pl –*oses* [–ousi:z]) ⟨med⟩ *Diagnose* f; to make
a ∼ *e–e D. stellen* ⟨a fig⟩ –**stic** [ˌdaiəg′nɔstik]
1. a (∼*ally* adv) *diagnostisch* **2.** s [pl] ∼s
Diagnostik f –**stician** [ˌdaiəgnɔs′tiʃən] s *Diagno-
stiker* m
   diagonal [dai′ægən] **1.** a (∼*ly* [–nəli] adv)
diagon·al; Schräg–; querlaufend; ∼ *eye Schlitz-
auge* **2.** s *Diagonale* f **||** *Diagon·al* n
   diagram [′daiəgræm] s ⟨geom⟩ *Schau–, Kur-
venbild, Diagramm, Schema* n **||** *Grundriß* m *e–r
Blüte; erläuternde Figur; graphische Darstellung
v Kräften* etc; ⟨el⟩ *Schaltbild, –schema* n;
Tabelle, Tafel f ∼**matic** [ˌdaiəgrə′mætik] a: ∼

layout schematische Darstellung f; ∼ *plan sch.
Zeichnung* f; ∼ *section sch. Z. im Querschnitt*
–**graph** [′daiəgrɑ:f] s *Diagr·aph* m (*Werkzeug z
projektivischen Zeichnungen* etc)
   dial [′daiəl] **1.** s (*mst* sun–∼) *Sonnenuhr* f **||**
(*a* ∼-*plate*) *Zifferblatt* n **||** ⟨telph⟩ *Wähl–,
Nummernscheibe* f; ∼-*service Wählvermittlung* f;
long distance ∼-*service Landesfernwahl* f; ∼-
system Selbstanschlußanlage f; *to* ∼(-)*phone*
⟨Am⟩ *durch Selbstwähler sprechen*; ∼ *telephone Selbstanschlußfernsprecher* m; ∼ *tone
Amtszeichen* n **|** ⟨tech⟩ ∼ *feed Revolvertisch* m
(*e–r Presse*) **||** ⟨wir⟩ *Skalenscheibe* f; *single* ∼
turning Einskalen-Einstellung f **||** ⟨sl⟩ *Ziffer-
blatt* n (*Gesicht*) **2.** vt ⟨telph⟩ (*Nummer*) *auf e–r
Scheibe wählen, andrehen* **|** ⟨wir, telv⟩ (*Sender*)
einstellen ∼**ling** [∼iŋ] ⟨telph⟩ ∼ *tone Amts–,
Freizeichen* n **||** direct distance ∼ *Selbstwähler-
dienst* m
   dialect [′daiəlekt] s *Dialekt* m (to speak ∼
D. sprechen), *Mundart, Sprachform* f **||** [attr] **|**
∼**al** [ˌdaiə′lektl] a (∼*ly* adv), ∼**ic(al)** [dai-
′lektik(əl)] a (–*cally* adv) *dialektisch, Dialekt–*
∼**ician** [ˌdaiəlek′tiʃən] s *Dialekt–, Mundarten-
forscher* m ∼**ology** [ˌdaiəlek′tɔlədʒi] s *Mund-
artenkunde* f
   dialectic [ˌdaiə′lektik] I. s **1.** ⟨philos⟩ [*nur* sg]
Dialektik f (the method of ∼); *die mod. Dialektik Kants u Hegels*; → ∼s **2.** *Dialektiker* m
II. a *dialektisch, logisch* **|** ∼**al** [∼əl] a (∼*ly* adv)
*die Dialektik betr; dialektisch; logisch; spitz-
findig* **||** ∼ *materialism Marxismus* m ∼**ian**
[ˌdaiəlek′tiʃən] s *Dialektiker, Logiker* m **|** ∼**s**
[∼s] [pl] [pl konstr] *prakt. Kunst der Ge-
sprächsführung* f
   diallage [′daiəlidʒ] s ⟨minr⟩ *Diall·ag* m
(*Mineral*)
   dialogic [ˌdaiə′lɔdʒik] a *Dialog–* –**logue**
[′daiələg] s *Dial·og* m, *Zwiegespräch* n **||** ⟨Lit⟩
Werk in Form e–s Dialogs
   dialyse [′daiəlaiz] vt ⟨chem⟩ *durch Dialyse
trennen* –**ser** [′daiəlaizə] s *Dialysator* m **||** –**sis**
[dai′ælisis] s (pl –*ses* [–si:z]) ⟨chem⟩ *Dialyse* f
–**tic** [ˌdaiə′litik] a *dialytisch*
   diamagnetic [ˌdaiəmæg′netik] a (∼*ally* adv)
diamagnetisch
   diamantiferous [ˌdaiəmən′tifərəs] a *diamant-
haltig*
   diameter [dai′æmitə] s *Durchmesser* m (in ∼
im D.) **||** ∼ *of pipes Rohrweite* f **||** ∼ *at butt-end*
⟨for⟩ *Unterstärke* f **||** ∼-*gauge* ⟨for⟩ *Gabelmaß*
n –**tral** [dai′æmitrəl] a *Diameter–*
   diametrical [ˌdaiə′metrikəl] a *diametrisch* **||**
diametr·al, genau entgegengesetzt ∼*ly* [∼i] adv
genau, direkt (∼ *opposed*)
   diamond [′daiəmənd] **1.** s ⟨minr⟩ *Diamant,
Demant* m **|** *Glaserdiamant* m **||** *Rhombus* m **||**
⟨cards⟩ *Karo* n, *Schellen* pl; *Karokarte* f; ∼s
[pl] –*farbe* f (seven of ∼s –*sieben*) **||** ⟨Am⟩
Baseballfeld n **||** ⟨typ⟩ *Diamantschrift* f **|** black
∼ *dunkler Diamant; Steinkohle* f **||** ∼ in the
rough, rough ∼ *Rohdiamant, ungeschliffener
Diamant; Mensch* m *v gutem Kern aber rauher
Schale* f **||** ∼ cut ∼ *List gegen List, Wurst wider
Wurst*; it became a case of ∼ cut ∼ *es ging hart
auf hart* **|** [attr & a] *Diamant–; diamanten* **||** ∼
crossing ⟨Am rail⟩ *Kreuzungsstück* n **||** ∼-*cutter
Diamantenschleifer* m **||** ∼-*dust*, ∼-*powder*
–*staub* m, –*pulver* n **||** ∼-*mine* –*grube* f **||** ∼-
point Diamant z Gravieren; ⟨rail⟩ *Kreuzungs-
weiche* f **||** ∼-*setter Diamantenfasser* m **||** ∼-
shaped rautenförmig, ∼-*sh.* antenna *Rhombus-
antenne* f **2.** vt *mit Diamanten schmücken*
   dianthus [dai′ænθəs] s L ⟨bot⟩ *Gattung der
Dianth·een, Nelken* f
   diapason [ˌdaiə′peisn] s ⟨mus⟩ *harmonisches
Ganze* n; *Melodie* f **||** *Umfang e–r Stimme* m **||**

⟨fig⟩ *Umfang, Bereich* m ‖ open ∼ *Prinzipal* n (*Orgelstimme*)

diaper [ˈdaiəpə] **1.** s *rautenförmig gewebte Leinwand* f ‖ ⟨*bes* Am⟩ *Windel* f ‖ *Lätzchen* (*f baby*) n ‖ ⟨*arch*⟩ *rautenförmiges Muster* or *Ornament* n **2.** vt *rautenförmig mustern*

diaphane [ˈdaiəfein] s *Diaphanbild, Transparent* n **–nous** [daiˈæfənəs] a *diaphˈan, lichtdurchlässig, durchsichtig* ⟨a fig⟩

diaphoretic [ˌdaiəfəˈretik] **1.** a *schweißtreibend* **2.** s ⟨*med*⟩ *schweißtreibendes Mittel* n

diaphragm [ˈdaiəfræm] s ⟨*anat*⟩ *Zwerchfell* n ‖ *poröse Scheidewand* f ‖ ⟨*phys*⟩ *Membran*(e) f ‖ ⟨*opt* & *phot*⟩ *Blende*(*nöffnung*) f ‖ ∼ *pessary Okklusˈivpessar* n ‖ ∼ *pointer Blendenringanzeiger* m

diaphysis [daiˈæfisis] s ⟨*bot*⟩ *Durchwachsung* f

diapositive [ˌdaiəˈpəzitiv] s ⟨*phot*⟩ *Diaposiˈtiv* n ‖ ∼ *film* ⟨*phot*⟩ *Umkehrfilm* m

diarchy [ˈdaiɑːki] s *Diarchie* f

diarial [daiˈɛəriəl] a *Tagebuch–* ‖ **–rist** [ˈdaiərist] s *Tagebuchschreiber*(*in* f) m **–rize** [ˈdaiəraiz] vi/t ‖ *ein Tagebuch führen* ‖ vt *in ein T. eintragen*

diarrhœa, ⟨Am⟩ **–rhea** [ˌdaiəˈriə] s ⟨*med*⟩ *Diarrhˈöe* f, *Durchfall* m ‖ ∼l [∼l] a *Diarrhöe–*

diary [ˈdaiəri] s *Tagebuch, Journal* n ‖ *Taschenkalender* m

Diaspora [daiˈæspərə] s (*Juden-*)*Vertreibung* f

diastase [ˈdaiəsteis] s Fr ⟨chem⟩ *Diastˈase* f

diastole [daiˈæstəli] s ⟨*med*⟩ *Diˈastole* f; *systole and* ∼ ⟨fig⟩ *Wirkung u Gegenwirkung* f, *Auf u Ab* n

diastrophism [daiˈæstrəfizm] s *Deformation der Erdkruste* f

diathermic [ˌdaiəˈθəːmik] a *diathermˈan* **–mize** [–maiz] vt *mit Diathermie behandeln* **–my** [ˈdaiəθəːmi] s *Diathermie* f

diathesis [daiˈæθisis] s Gr ⟨*med*⟩ *Diathˈese, Krankheitsanlage* f

diatom [ˈdaiətəm] s ⟨*bot*⟩ *Diatomˈee, Kieselalge* f **∼aceous** [daiətəˈmeiʃəs] a *Diatomˈeen–* (∼ *earth –erde*) **∼ite** [ˈdaiətəmait] s *Kieselgur* f

diatomic [ˌdaiəˈtɔmik] a ⟨chem⟩ *zweiutomig*

diatonic [ˌdaiəˈtɔnik] a ⟨mus⟩ *diatonisch*

diatribe [ˈdaiətraib] s *starke Kritik* f (on *über*); *Protest* m (against); *Stichelei* f

diazo– [daiˈæzou] [in comp] ⟨chem⟩ *Diˈazo–* **dib** [dib] s *Spielmünze, –marke* f ‖ ∼s [pl] *Kinderspiel* n *mit* (*Schafs-*)*Knöcheln* or *Steinchen*; ⟨sl⟩ (*Geld*) *Moos* n, *Moneten* pl

dibasic [daiˈbeisik] a ⟨chem⟩ *zweibasisch*

dibble [ˈdibl] **1.** s *Dibbelstock* m, *Setz–, Pflanz–, Steckholz* n **2.** vt/i ‖ (*den Boden*) *mit e–m Pflanzstock bearbeiten*; *pflanzen, säen* ‖ ⟨for⟩ *einstufen* ‖ vi *mit e–m Pflanzstock arbeiten* ‖ dibbling-machine *Dibbel*(*sä*)*maschine* f; d.-mallet (for) *Saathammer* m

dice [dais] **1.** s [pl] (v die → d) *Würfel* pl ‖ ∼box *Würfel–, Knobelbecher* m **2.** vi/t ‖ *würfeln, knobeln* ‖ vt to ∼ away *beim Würfeln verspielen* ‖ ∼r [ˈ∼ə] s *Würfler, Würfelspieler* m ‖ ⟨Am⟩ „*Knobelbecher*" m (*steifer Hut*)

dichlamydeous [ˌdaikləˈmidjəs] a ⟨bot⟩ *mit doppelter Blütenhülle*

dicho– [ˈdaiko/ˈdiko] Gr [in comp] *entzwei, in zwei Teilen* **∼tomy** [daiˈkɔtəmi] s ⟨bot⟩ *Dichotomˈie, Gabelförmigkeit, Zweiteiligkeit* f

dichroic [daiˈkrouik] a *zweifarbig*; ⟨minr⟩ *dichroˈitisch* **–ism** [ˈdaikrouizm] s ⟨minr⟩ *Zweifarbigkeit* f **–matic** [ˌdaikrouˈmætik] a *zweifarbig*

dick [dik] s ⟨sl⟩ to take one's ∼ *schwören* (that)

dick [dik] s ⟨sl⟩ = dictionary ‖ *Kinderwagen* m ‖ ⟨Am⟩ v *Verhafteten gegebenes Protokoll* n, .. *gemachte Aussage* f; ⟨Am sl⟩ °„*Polyp*", *Detektˈiv* m (*Schutzmann*) ‖ *Reitpeitsche* f

dickens [ˈdikinz] s ⟨fam⟩ (*in Verwünschungen*) *Teufel* m (what, why the ∼!)

dicker [ˈdikə] **1.** s *zehn Stück* (*bes Häute*) pl **2.** vi ⟨Am⟩ *Tauschhandel treiben, schachern* **3.** s *Tauschhandel* m ‖ ⟨sl⟩ = dictionary

Dicksonia [dikˈsouniə] s ⟨bot⟩ *Dicksˈonie* f

dicky, –ey [ˈdiki] s ⟨sl⟩ *Esel* m ‖ (a ∼-bird) *Piepmatz* m ‖ *Lätzchen* n, *Schürze* f ‖ (*Oberhemd vortäuschendes*) *Vorhemd, Chemisette* n, °*Kotzbrettchen* n ‖ (of a carriage) *Bedientensitz* m; ⟨mot⟩ *Klappsitz* m

dicky [ˈdiki] a ⟨sl⟩ *ungesund, kränklich* ‖ ⟨fig⟩ *wackelig* (business), *unsicher, mau, faul*

dicotyledon [ˈdaikɔtiˈliːdən] s ⟨bot⟩ *Dikotyledˈone* f **∼ous** [∼əs] a *zweikeimblättrig*

dicrotic [daiˈkrɔtik] a ⟨med⟩ *dikrˈot, doppelschlägig* (pulse)

dictaphone [ˈdiktəfoun] s *Diktaphˈon* n, *Diktierapparat* m

dictate [ˈdikteit] s *Befehl* m, *Diktat* n ‖ (*innere*) *Mahnung* f, *Gebot* n (the ∼s of reason); *Eingebung* f

dictate [dikˈteit] vt/i **A.** vt (*Brief* etc) *diktieren* (to a p *jdm*) [a abs] ‖ (*etw*) *diktieren, auferlegen, verschreiben; befehlen, gebieten* (to a p *jdm*; for a p to do *daß jd tun soll*) ‖ *eingeben* (to a p *jdm*) **B.** vi *Befehle geben, befehlen* (to a p *jdm*); to be ∼d to *beherrscht, befehligt w, sich befehlen l* (by v) ‖ –ting machine *Diktiermaschine* f

dictation [dikˈteiʃən] s *Diktieren*; *Diktatschreiben* n; *Diktat* n; from ∼ *nach Diktat* ‖ *Geheiß* n (at a p's ∼ *auf jds G.*); *Vorschrift* f

dictator [dikˈteitə] s *Diktator; Gewalthaber* m **∼ial** [ˌdiktəˈtəːriəl] a (∼ly adv) *diktatorisch* ‖ ⟨fig⟩ *unumschränkt; gebieterisch, befehlshaberisch* **∼ship** [dikˈteitəʃip] s *Diktatur* f; *unumschränkte Macht* f (the ∼ of the proletariat)

diction [ˈdikʃən] s *Diktion* f, *Ausdrucksweise* f, *Stil* m, *Sprache* f ‖ ⟨Am⟩ *gute korrekte Aussprache*

dictionary [ˈdikʃənri, ⟨Am⟩ ˈdikʃənæri] s *Wörterbuch* n; pronouncing ∼ *Aussprache–*; walking od living ∼ ⟨fig⟩ (P) *lebendiges Lexikon* n, *wandelndes Wörterbuch* n

dictograph [ˈdiktogrɑːf] s *Diktograph* m (*f weite Entfernungen*)

dictum [ˈdiktəm] s L (pl –ta [–tə], ∼s) *Ausspruch* m ‖ *geflügeltes Wort* n ‖ ⟨jur⟩ *in e–r Entscheidung z Ausdruck gebrachte, auf den konkreten Fall k–n Bezug habende richterliche Ansicht*

did [did] pret v to do

didactic [diˈdæktik] **1.** a (∼ally adv) *didˈaktisch, lehrhaft*; ∼ poem *Lehrgedicht* n ‖ (P) *belehrend* **2.** s ∼s [sg konstr] *Didaktik, Unterrichtslehre* f

didapper [ˈdaidæpə] s ⟨orn⟩ *Taucher* m

didder [ˈdidə] vi ⟨Am⟩ *zittern*

diddle [ˈdidl] vt ⟨sl⟩ (*jdn*) *betrügen* (out of *um*)

diddums [ˈdidəmz] s pl (*Ausdruck des Mitleids*) *heile, heile Segen!*

didn't [ˈdidnt] = did not

die [dai] **1.** s (pl dice [dais]) *Würfel* m; one of the dice *ein W.* ‖ the cast of the dice ⟨fig⟩ *Spiel* n *des Zufalls* m ‖ the ∼ is cast *der Würfel ist gefallen*; the dice are loaded against the poor *die Armen ziehen den kürzeren* ‖ to risk all on the turn of a ∼ *alles auf e–e Karte setzen* **2.** [pl dies] (of a pedestal) *Würfel* m ‖ *Prägestock; Grabstichel* m ‖ *Münzstempel* m; *Matrize* f, *Gesenk* n; *Stanze* f (*f Bleche*); ⟨found⟩ *Form* f ‖ ∼-block *Gesenkblock* m ‖ ∼-burnishing *Polierdrücken* n ‖ to ∼-cast *spritzgießen* ‖ ∼-casting machine *Preß–, Spritzgußmaschine* f ‖ ∼-sinker *Münzen–, Stempelschneider* m ‖ ∼-stamping *Prägedruck* m

die [dai] vi [part prs dying] **1.** *sterben* (by *durch, vermittelst* [the sword]; for *f; um .. willen*;

from *an, infolge* [a wound]; of *an* [a malady]; through *durch, infolge* [neglect]; with, of *vor* [laughing]); she ∼d a widow *sie starb als Witwe* ‖ *krepieren* | (of plants) *eingehen* **2.** ⟨übtr⟩ *ausgelöscht w, vergehen, aufhören, dahinschwinden* ‖ *sich lossagen* (to *v*; to ∼ to the world) | to be dying *schmachten* (for a th *nach etw*), *innig* or *rasend gern wünschen* (to do) **3.** to ∼ an early death *e–n frühen Tod st.* ‖ to ∼ game *bis z Äußersten standhalten* ‖ to ∼ hard *nicht leicht, furchtlos sterben*; ⟨fig⟩ *schwer aussterben, ein zähes Leben h*; to ∼ in one's own bed *e–s natürlichen Todes* (*durch Krankheit* etc) *st.*, to ∼ in one's shoes *e–s gewaltsamen, plötzlichen Todes* (*durch Unfall*) *st.* ‖ to ∼ in harness (*od*: in the shafts) *in den Sielen st.* ‖ to ∼ in the last ditch *bis z Äußersten standhalten* ‖ never say ∼! *nur nicht nachgeben*! ‖ were I to ∼ for it! *sollte es mir den Kopf kosten*! **4.** [*mit* adv] to ∼ **away** (of sound) *verhallen, sich verlieren, ersterben* ‖ (of wind) *sich legen* ‖ to ∼ **down** *allmählich vergehen, (ver)schwinden*; (of plants) *absterben*; (of sound) *verhallen* ‖ to ∼ **off** (of a family) *dahin–, aussterben; hinsiechen, aus–, eingehen* ‖ to ∼ **out** *aussterben*; (of fire) *erlöschen* **5.** [in comp] ∼-**away** [a] *ersterbend; dahinschwindend; (ver)schmachtend* ‖ ∼-**hard** *jd der bis z Äußersten kämpft*; *Unentwegter* m; *hartnäckiger Politiker*; ⟨engl⟩ (*sturer*) *Extrem-Konservativer* m (*seit 1922*)

dielectric [‚daii'lektrik] **1.** a *dielektrisch* **2.** s *Nichtleiter* m *der Elektrizität*

dieresis [dai'iərəsis] s ⟨Am⟩, → **diæresis**

Diesel ['di:zəl] s (*nach R.* ∼, † 1913) [attr] ∼ engine *Dieselmotor* m ‖ ∼ engined passenger car *Diesel-Pkw* m ∼-**ize** [∼aiz] vt ⟨rail⟩ (*Strecke*) *auf Dieselbetrieb umstellen*

diesis ['daiəsis] s ⟨typ⟩ *doppeltes Kreuz* n

dies non ['daii:z'nɔn] s L ⟨jur⟩ *gerichtsfreier Tag* m ‖ *geschäftsfreier T.* ‖ ⟨fig⟩ *Tag, der nicht zählt*

diet ['daiət] s *Konferenz, Tagung* f ‖ ⟨a-engl⟩ *dtsch. Reichstag* (*bis 1866*); *Landtag* (*bis 1934*); *Bundestag* m

diet ['daiət] **1.** s *Ernährung* f ‖ ⟨med⟩ *Diät* f; to put a p on a ∼ *jdn auf Diät setzen* ‖ *Speise, Nahrung, Kost* f; *Nährwert* m; full ∼ *reichliche Kost* f; low ∼ *magere K.* ‖ [attr] ∼ expert = ∼ician **2.** vt/i (*jdn*) *auf Diät setzen* | vi (*nach*) *Diät leben* ∼**ary** [∼əri] **1.** s *Diät* f; *Beköstigung*; *Ration* f **2.** a *diätetisch, Diät–* ∼**etic** [‚daii'tetik] **1.** a *diätetisch, Diät–* **2.** ∼s [sg konstr] *Diät'etik* f ∼**ician**, ∼**itian** [‚daii'tiʃən] s *Diät·etiker* m ∼**otherapy** [‚daiəto'θerəpi] s *Ernährungstherapie* f

diff [dif] s ⟨Am sl⟩ abbr *f* difference

differ ['difə] vi *verschieden s*, ⟨tech⟩ *ungleich ausfallen* (in *in*); *sich unterscheiden* (from *v*; in *in*; in doing *dadurch, daß man tut*) ‖ *anderer Meinung s* (from a p *als jd*); *nicht übereinstimmen* (with a p); I beg to ∼ *ich bin leider anderer Meinung* ‖ to ∼ from *o.s. sich selbst widersprechen* ‖ → to agree

difference ['difrəns] **1.** s *Unterschied* m (to make a ∼ between) | *Verschiedenheit* f ‖ (in amount) *Differenz* f (a ∼ of £ 10); to split the ∼ *sich in die D. teilen, sich vergleichen* ‖ *unterscheidendes Merkmal* n, *unterscheidende Eigenschaft* f | *Uneinigkeit, Streit* m (to adjust, settle a ∼ *e–n St. beilegen*); *Streitpunkt* m | ∼ in price *Preisunterschied* m ‖ ∼ of opinion *Meinungsverschiedenheit* f ‖ that makes a ∼ *das ändert die S*; *das ist v Bedeutung* (to *f*) ‖ that makes all the ∼ *das gibt der S ein ganz anderes Gesicht*; that makes no ∼ *das macht nichts aus* ‖ ⟨stat⟩ calculus of finite ∼s *Differenzmethode* f | ∼ chart ⟨artill⟩ *graphische Schußtafel* f **2.** vt *unterscheiden* (from *v*)

different ['difrənt] a *verschiedenartig*; *abweichend*; *verschieden* (from, to, than *von*); *andere*(r, *–s*) (from, to, than *als*); in a ∼ way than *anders als* ‖ ⟨sl⟩ *ungewöhnlich* ∼**ly** [∼li] adv *verschieden*; *anders* (from *als*); he did not fare ∼ *ihm erging es nicht anders* ‖ *unterschiedlich* (from)

differentia [‚difə'renʃiə] s *charakteristischer Unterschied* m; *charakteristisches Merkmal* n

differential [‚difə'renʃəl] **1.** a (∼ly adv) *unterscheidend*; *Unterscheidungs–, Differential–*; ∼ tariff *Staffeltarif* m; *Lohngefälle* n ‖ *besonder, charakteristisch* ‖ ⟨math, phys & mech⟩ *Differential–*; ∼ calculus *Differentialrechnung* f; ∼ gear *–getriebe* n, *Achsantrieb* m **2.** s ⟨math⟩ *Differenti·ale* f; = ∼ gear

differentiate [‚difə'renʃieit] vt/i (*etw*) *unterscheiden, sondern* (from *v*) ‖ *in s–m Unterschied erkennen* ‖ *differenzieren*; to be ∼d *sich differenzieren, sich verschieden entwickeln* | vi *sich differenzieren, sich entfernen* (from *v*) –**tiation** [‚difərenʃi'eiʃən] s *Differenzierung, Unterscheidung* f

difficult ['difikəlt] a *schwer, schwierig* (to do); *beschwerlich*; *mühsam* ‖ (*P*) *schwer z behandeln*(*d*), *eigensinnig* | ∼ of access *schwer zugänglich*; ∼ of explanation *schwer z erklären*

difficulty ['difikəlti] s *Schwierigkeit* f (the ∼ of doing; a ∼, no ∼ in doing .. *z tun*), to find great ∼ with a th *große Sch. finden bei e–r S*; he has some ∼ in walking *er ist leicht gehbehindert*; have you any ∼ in understanding me? *macht es Ihnen Schwierigkeiten, mich z verstehen*?; to present a ∼ *e–e Sch. bieten*; with ∼ *mit Mühe, nicht leicht* ‖ *schwierige S, schwierige Angelegenheit* f ‖ *Unverständlichkeit* f ‖ the text is full of ∼ties *bereitet gr Sch.en* ‖ *Hindernis* n, *Widerstand* m; ∼ties crop up *Sch.en tauchen auf*; to make ∼ties *Sch.en m* ‖ [*mst* pl ∼ties] *Verlegenheit, schwierige Lage* f (to be in ∼ties *in Geldnot s*)

diffidence ['difidəns] s *mangelndes Selbstvertrauen* n (in *z*) ‖ *Schüchternheit* f (in doing *z tun*) –**dent** ['difidənt] a (∼ly adv) *mißtrauisch* (of gegen) ‖ *schüchtern, blöde*; to be ∼ in doing *sich scheuen z tun*

diffluence ['difluəns] s *Zerfließen, Flüssigwerden* n ⟨a fig⟩ –**ent** ['difluənt] a *zerfließend*; *flüssig werdend* ⟨a fig⟩

diffract [di'frækt] vt ⟨opt & el⟩ (*Licht*) *beugen* ∼**ion** [di'frækʃən] s ⟨opt & el⟩ *Ablenkung, Beugung, Brechung, Diffraktion* f

diffuse [di'fju:s] a (∼ly adv) *zerstreut, weitverbreitet* ‖ *weitschweifig, –läufig*; *wortreich* ∼**ness** [∼nis] s *weite Verbreitung, Zerstreuung* f ‖ *Weitschweifigkeit* f

diffuse [di'fju:z] vt/i *ausgießen, ausschütten* ‖ *aus–, verbreiten* ‖ ⟨phys⟩ *sich vermischen mit*, to be ∼d *sich vermischen* | vi *sich verbreiten*; *sich vermischen*; to ∼ out ⟨fig⟩ *zerfließen* (into *in*)

diffusibility [di‚fju:zə'biliti] s *Verbreit–, Ergießbarkeit* f; *Diffusionsvermögen* n –**ible** [di'fju:zəbl] a *verbreitbar, ergießbar*; *diffusionsfähig* –**ion** [di'fju:ʒən] s *Verbreitung*; ⟨fig⟩ *Ausstreuung* f ‖ ⟨chem⟩ *Diffusion* f; fast ∼ *D. schneller Neutronen*; gaseous ∼ plant ⟨at⟩ *Gasdiffusionsanlage* f

diffusive [di'fju:siv] a *sich weit verbreitend*; *ausgebreitet* ‖ *weitläufig* ‖ ⟨phys⟩ *Diffusions–* ∼**ness** [∼nis] s *Verbreitung*; *Ausdehnung* ‖ *Weitschweifigkeit* f

dig 1. vt/i [dug, (obs) ∼ged/dug] **A.** vt *graben; umgraben ‖ aushöhlen, ausgraben*; ⟨fig⟩ *ausgraben* (from *aus*); to ∼ a pit for a p ⟨fig⟩ *jdm e–e Grube graben, e–e Falle stellen*; to ∼ one's way *sich e–n Weg bahnen* ‖ (*etw*) *eingraben, –stecken* (into *in*) ‖ ⟨fam⟩ *stoßen, puffen* (a p in the ribs); to ∼ a horse *ein Pferd anspornen* (with one's spurs) | [*mit* adv] to ∼ **in** *eingraben*; to ∼

o.s. in *sich verschanzen* || to ~ *out ausgraben* ⟨*a* fig⟩ || to ~ **up** *ausgraben*; *umgraben*; ⟨mil sl⟩ „*aufklaren*" (–*räumen*) **B.** vi *graben* (for *nach*); ⟨Am school sl⟩ °*ochsen, büffeln*; to ~ into *eindringen in*; to ~ through *sich graben, dringen durch* || ⟨fam⟩ *wohnen* | to ~ in *sich eingraben* || to ~ up ⟨Am fam⟩ *blechen* (*zahlen*) **2.** s *Graben* n || ⟨archæol fam⟩ *Ausgrabung*(*sexpedition*); *Grabung* f | ⟨fam⟩ *Puff, Stoß* m (in the ribs) || ⟨fig⟩ *sarkastische Bemerkung* f (at *gegen*); *Hieb* m (at *auf*) || ⟨Am school sl⟩ *Büffler* m | ~*ging* ⟨mil⟩ *Ausheben* n *v Gräben, Schanzarbeiten* f pl, *Erdarbeiten* f pl; ~*ging-in Stellungsbau* m

digamma [dai'gæmə] s Gr *das Dig·amma* n, *Buchstabe F* (*des urspr griechischen Alphabets*)

digamy ['digəmi] s *zweite Heirat, Wiederverheiratung* f

digastric [dai'gæstrik] **1.** a ⟨anat⟩ *zweibauchig* (muscle) **2.** s *zweibauchiger Unterkiefermuskel* m

digest ['daidʒest] s *Abriß, Auszug* m || *Sammlung* f || *Gesetzessammlung* f; the ~ *die Dig·esten, Pand·ekten* pl

digest [di'dʒest] vt/i **A.** vt *ordnen* (into *z*), *in ein System bringen; überdenken* | (of the stomach) *verdauen* || (of drugs) *die Verdauung* (*e–r Speise*) *fördern* | ⟨fig⟩ (of the mind) *durchdenken; verarbeiten, –dauen* || ⟨fig⟩ *verkraften* || ⟨fig⟩ *ertragen, hinunterschlucken, sich* (*etw*) *verbeißen* | ⟨chem⟩ *auflösen, digerieren* **B.** vi *verdauen; sich verdauen l*; ⟨chem⟩ *sich auflösen* | ~**er** [~ə] s *Dampfkochtopf* m ~**ibility** [di,dʒestə'biliti] s *Verdaulichkeit* f ~**ible** [~əbl] a *verdaulich* ~**ion** [~ʃən] s *Verdauung* f (to aid [the] ~ *die V. fördern*); –*stätigkeit* f ⟨*a* fig⟩ || hard, easy of ~ *hart–, leichtverdaulich* || ⟨chem⟩ *Digestion* f ~**ive** [~iv] **1.** a (~ly adv) *die Verdauung befördernd; bekömmlich* || *Verdauungs–* **2.** s *Verdauungsmittel* n ~**iveness** [~ivnis] s *Verdaulichkeit; Bekömmlichkeit* f ~**er** [~ə] s ⟨tech⟩ *Kocher* m

digger ['digə] s *Gräber*; (*Gold–*)*Gräber* m || ⟨sl⟩ *Australier* m; ~s [pl] *ein Indianerstamm* m || *Grabscheit* n **diggings** ['diginz] s [pl] *Goldfelder* n pl, *Goldmine* f || ⟨fam⟩ (abbr digs) °*Bude* f (*Wohnung*)

dight [dait] vt ⟨poet⟩ *schmücken*

digit ['didʒit] s ⟨anat zoo⟩ *Finger* m, *Zehe* f || *Fingerbreite* f || *einstellige Zahl*; –*fache Z. unter* 10 || ⟨astr⟩ *ein Zwölftel* n *des Sonnen–* or *Monddurchmessers* ~**al** [~əl] **1.** a *Finger–* **2.** s ⟨mus⟩ *Taste* f –**alin** [,didʒi'teilin] s *Digital·in* n (*Herzgift*) –**alis** [,didʒi'teilis] s L ⟨bot⟩ *Fingerhut* m; *Medizin aus* ~ *gewonnen* f –**ate** ['didʒitit], –**ated** [–teitid] a ⟨zoo⟩ *gefingert*; ⟨bot⟩ *fingerförmig* (*geteilt*) –**igrade** ['didʒitigreid] **1.** a ⟨zoo⟩ *auf den Zehen gehend* **2.** s ⟨zoo⟩ *Zehengänger* m

diglyph ['daiglif] s ⟨arch⟩ *Diglyph, Zweischlitz* m

dignified ['dignifaid] a *würdevoll, würdig* –**fy** ['dignifai] vt *ehren, zieren; auszeichnen* || *hochtrabend bezeichnen*

dignitary ['dignitəri] s *Würdenträger* m || ⟨ec⟩ *Prälat* m

dignity ['digniti] s *Würde* f; *Adel* m; *Erhabenheit* f || *ehrenwerte Stellung, Würde* f (beneath my ~ *unter m–r W.*) || *hoher Rang* m, *Würde* f

digraph ['daigrɑ:f] s *Verbindung v 2 Buchstaben z e–m Laut* (sh)

digress [dai'gres] vi *abschweifen,* ⟨mst fig⟩ (from *v*, into *in*) ~**ion** [dai'greʃən] s *Abschweifung* f, ⟨mst fig⟩ ~**ive** [dai'gresiv] a (~ly adv) ⟨fig⟩ *abwegig; abschweifend*

digs [digz] s [pl] → diggings

dihedral [dai'hi:drəl] **1.** a: ~ angle ⟨aero⟩ *V–Form–Winkel* m **2.** s ⟨aero⟩ *V–Form, V–Stellung* f

dik-dik ['dikdik] s ⟨zoo⟩ *kl afr. Antilope* f

dike, dyke [daik] **1.** s *Graben* m || *Deich,*

Damm m | ⟨fig⟩ *Schutzwall* m || ⟨geol⟩ *mächtiger Eruptivgang* m; ~ rocks *Ganggesteine* pl | ~-reeve *Deichhauptmann* m **2.** vt (*Land*) *eindämmen, –deichen* || dike [daik] vi ⟨Am sl⟩ *sich putzen*

dilapidate [di'læpideit] vt/i *einreißen, zerstören; in Verfall geraten l* || *vergeuden* | vi *verfallen* –**ated** [~id] a *baufällig* || *schäbig* –**ation** [di,læpi'deiʃən] s *Zerstörung* f, *Verfall* m; *Verfallenlassen* n (*v Gebäuden*)

dilatability [dai,leitə'biliti] s ⟨phys⟩ *Ausdehnbarkeit* f –**able** [dai'leitəbl] a (*aus*)*dehnbar* –**ation** [,dailei'teiʃən] s *Ausdehnung* f; *Erweiterung* f (cardiac ~ *Herz–*) || ⟨tech⟩ (*Wärme–*)*Ausdehnung* f

dilate [dai'leit] vt/i || *ausdehnen, erweitern*; ~d ⟨fig⟩ *weitgeöffnet* (with ~d eyes) | vi *sich ausdehnen, sich verbreiten* || ⟨fig⟩ *sich weitläufig verbreiten* (on, upon *über*) –**ation** [dai'leiʃən] s *Ausdehnung* f –**ator** [dai'leitə] s ⟨anat⟩ *der ausdehnende Muskel* m

dilatometer [,dailei'tɔmitə] s *Wärmedehnungsmesser* m

dilatoriness ['dilətərinis] s *Zaudern, Zögern* n ; *Saumseligkeit, Langsamkeit* f –**ory** ['dilətəri] a (–orily adv) *dilatorisch, hinhaltend; zögernd; saumselig, säumig, langsam* || ~ plea ⟨jur⟩ *anspruchshemmende, aufschiebende Einrede* f

dilemma [di'lemə] s L [pl ~s] *Dil·emma* n, *Verlegenheit, Klemme* f; on the horns of ~ °*in e–r Zwickmühle*

dilettante [,dili'tænti] It **1.** s (pl ~s, –ti [–ti:]) *Kunstliebhaber* m || *Dilettant; Nichtfachmann; Halbkünstler* m **2.** a *dilettantisch* –**antism** [,dili'tæntizm] s *Dilettantismus* m

diligence ['dili·ʒɑːns] s Fr ⟨a-engl⟩ *Postkutsche* f

diligence ['dilidʒəns] s *Fleiß, Eifer* m; *Sorgfalt* f || due ~ *gehörige Bemühungen* f pl –**ent** [–ənt] a (~ly adv) *fleißig, emsig; sorgfältig*

dill [dil] s ⟨bot⟩ *Dill* m

dilly-dally ['dili'dæli] vi ⟨fam⟩ *trödeln, tändeln, zaudern*

diluent ['diljuənt] **1.** a *verdünnend* **2.** s *Streckungs–, Verdünnungsmittel* n

dilute [dai'lju:t] **1.** vt (*Wein* etc) *verdünnen* || ⟨fig⟩ *mildern; verwässern, abschwächen*; to ~ labour *ungelernte Arbeiter einstellen* **2.** a *verdünnt; geschwächt;* ⟨fig⟩ *verwässert* –**tee** [,dailju:'ti:] s *ungelernter Arbeiter auf Facharbeiterposten, Hilfsarbeiter* m –**tion** [dai'lju:ʃən] s *Verdünnung, Verflüssigung, Streckung, Versetzung* f; ⟨fig⟩ *Verwässerung, Arbeitskraft–* f

diluvial [dai'lu:viəl] a *sintflutlich* || ⟨geol⟩ *diluvi·al* –**vian** [dai'lu:viən] a *Flut–; Sintflut–* –**vium** [dai'lu:viəm] s L ⟨geol⟩ *Dil·uvium* n

dim [dim] **1.** a (~ly adv) *düster, dunkel* || *trübe* (eyes) || *matt, verschwommen, blaß* (colour); *schwach, undeutlich* (sound) || ⟨fig⟩ *unklar, dunkel, schwach*; ⟨fam⟩ „*trübe*" (*pessimistisch*) (*Ansichten*) **2.** vt/i || *verdunkeln* || *matt m, trüben,* (*scharfes Licht*) *abblenden* || ⟨mot⟩ ~med light *Abblendlicht* n, ~med beam of headlight *Abblendlichtstrahl* m | vi *dunkel w*; *trübe, matt w* ~-**out** [~'aut] s ⟨fig⟩ *Abblendung, Teilverdunkelung* f; cultural ~ *Drosselung* f *der kulturellen Betätigung* ~-**wit** [~'wit] s ⟨Am sl⟩ °*Doofmann* m

dime [daim] s ⟨Am⟩ (*silbernes*) *Zehncentstück* n; ⟨urspr Am⟩ it isn't worth a ~ *es ist k–n Pfifferling wert* || ⟨mot⟩ to turn on a ~ *auf dem* „*Treller*" *drehen* || [attr] *billig*; ~ novel *50 Pfennig-*(*Kriminal–* or *Liebes-*)*Roman* m

dimension [di'menʃən] s *Dimension* f | ~ diagram *Zeichnung* f *mit Anschlußmaßen* | ⟨math⟩ *Dimension* f || ~s [pl] *Ausdehnung* f, *Umfang* m, *Maß; Ausmaß* n; of great ~s *sehr groß* | ~**al** [~l] a [in comp] –*dimensional*

(*three-~*) *~ed* [*~*d] *~* drawing *Maßzeichnung* f *~ing* [*~*iŋ] s *Bemaßung* f *~less* [*~*lis] a *ohne Ausdehnung, winzig*
dimeter ['dimitə] s ⟨pros⟩ *D·imeter* m
dimidiate [di'midiit] a *halbiert*
diminish [di'miniʃ] vt/i ‖ *verringern*; *-mindern, ~ed interval* ⟨mus⟩ *vermindertes Intervall* ‖ *verkleinern, schwächen* | vi *abnehmen* (in *an*); *sich vermindern ~able* [*~*əbl] a *verminderbar*
diminuendo [di‚minju'endou] It 1. adv (*an Tonstärke*) *abnehmend* 2. s *Diminu·endo* n
diminution [‚dimi'nju:ʃən] s (of columns) *Verminderung, Verkleinerung* f ‖ ⟨arch⟩ *Verringerung, Verjüngung* f ‖ ⟨mus⟩ *Verkürzung der Notenwerte* f *–utival* [di‚minju'taivəl] a ⟨gram⟩ *verkleinernd*
diminutive [di'minjutiv] 1. a (*~ly* adv) *klein, winzig* ‖ ⟨gram⟩ *verkleinernd* 2. s ⟨gram⟩ *Diminut·iv* n *~ness* [*~*nis] s *Kleinheit, Winzigkeit* f
dimity ['dimiti] s *geköperter Barchent* m
dimmer ['dimə] s ⟨Am⟩ = dime
dimness ['dimnis] s *Dunkelheit* f ‖ *Mattheit* f ‖ ⟨fig⟩ *Undeutlichkeit* f
dimorphic [dai'mɔ:fik], **–phous** [–fəs] a *zweigestaltig* **–phism** [–fizm] s *Zweigestaltigkeit* f
dimple ['dimpl] 1. s *Grübchen* n (in the cheek) ‖ *Kräuselung* (*des Wassers*) f ‖ *Vertiefung* f 2. vt/i ‖ *Gr. m or bilden auf*, in ‖ (*Wasser*) *kräuseln* | vi *Gr. bek* ‖ *sich kräuseln* ‖ *–led* [*~*d], *–ly* [dimpli] a *mit Gr. versehen, voll Gr.*
din [din] 1. s *Lärm* m, *Getöse, Geklirr, Gerassel* n 2. vt/i ‖ *durch Lärm betäuben* ‖ ⟨fig⟩ (*etw*) *dauernd vorpredigen* (into a p *jdm*); to *~* into a p's ears *jdm* (*etw*) *in die Ohren schreien* | vi *tönen, widerhallen, klingen*
dinar [di:'nɑ:] s *Din·ar* m (*Währungseinheit in Irak* [= *1000 Fils*]; *desgl. in Südslawien* [= *100 Para*])
dinaric [di'nærik] a *dinarisch* (*~* Alps; *~* race)
din-din ['dindin] s (= dinner) ⟨Kinderspr⟩ *Esse-esse* n
dine [dain] vi/t A. vi *speisen, essen, dinieren* (with a p *bei jdm*); to *~* with Duke Humphrey ⟨m. m.⟩ *statt z Mittag z essen stramme Haltung annehmen* ‖ to *~* off (on) *cold meat kaltes Fleisch z Mittag essen* | to *~* out *z Tisch geladen s, außer dem Hause essen* B. vt (*jdn*) *bei sich z Gaste h, speisen* ‖ a room *capable of dining* 100 persons *ein Raum, in dem* 100 *Personen z Tisch sitzen können* | *~r* ['*~*ə] s *Tischgast* m ‖ ⟨Am rail⟩ *Speisewagen* m, *Restaurant in Form e-s Sp-w-s* ‖ *~-*out *jd, der oft außer dem Hause ißt*
dinero [di'neirou] s ⟨Am fam⟩ *Zech·ine* f (*Geld*)
dinette [di'net] s ⟨Am⟩ *Eßnische* f ‖ *~* set *Eßnischenmöbel* n pl
ding [diŋ] vi/t ‖ *ertönen, erklingen* ‖ ⟨Am⟩ *betteln* (*~*bat *Bettler*) | vt to *~* into a p's ears *jdm* (*etw*) *ständig vorpredigen*
ding-dong ['diŋ'dɔŋ] 1. adv *klingklang; bimbam*(*bum*) 2. s *Bimbambum* n, *Klingklang* m 3. a *heiß* (*fight*)
dinge [dindʒ] s ⟨aero fam⟩ *Verdunkelung* f ‖ ⟨Am hum⟩ *Neger* m
dinger ['diŋə] s ⟨Am fam⟩ *Pfundskerl* m
dinghy, dingey ['diŋgi] s ⟨mar⟩ *Beiboot* n, *kl Boot*; (a rubber *~*, inflatable *~* *Schlauchboot* n
dinginess ['dindʒinis] s *Schmutzigbraun* n, *dunkle Farbe* f
dingle ['diŋgl] s *Talschlucht* f, *enges Tal* n
dingo ['diŋgou] s [pl *~*es] ⟨zoo Aust⟩ *wilder Hund* m ‖ ⟨fig fam⟩ *Panzerspähwagen* m
dingus ['diŋəs] s ⟨Am fam⟩ *Dings*(*da*) n (S)
dingy ['dindʒi] a (*–gily* adv) *schmutzig; schäbig* ‖ (*moralisch*) *anrüchig*
dingy ['diŋgi] s ⟨mar⟩ = dinghy
dining ['dainiŋ] s [attr] *~-*car ⟨rail⟩ *Speise-*

wagen m; *~* nook *Eßnische* f; *~-*room *Eß–, Speisezimmer* n; *~-*room chairs [pl] ⟨hum⟩ °„*Eßzimmereinrichtung*" f (*Zähne*) ‖ *~-*r. orderly *Kasinoordonnanz* f
dinkum ['diŋkəm] a ⟨Aust⟩ *echt, ehrlich*
dinkum ['diŋkəm] s ⟨fam⟩ *Plackerei, °Schufterei* f (*schwere Arbeit*)
dinky ['diŋki] a ⟨fam⟩ *schmuck, nett* ‖ ⟨Am⟩ *klein, minderwertig*
dinky ['diŋki] s ⟨fam⟩ *Maulesel* m, *-tier* n [pl *Mäuler*]
dinner ['dinə] s *Mittagessen* n, *Hauptmahlzeit* f; after *~* nach *dem Essen, nach Tisch*; to stay for *~* z *M. bleiben*; what are we to have for *~*? *was w wir z M. bek*?; to ask, expect a p to *~* jdn z M. bitten, erwarten* | *Festessen, Diner* n (at a *~* auf, bei e–m *D.*) | [attr] *~-*bell, *~-*gong *Glockenzeichen* n z *Essen, Gong* m ‖ *~-*jacket *Smoking* m ‖ *~-*hour, *~-*time *Tischzeit* f ‖ *~-*pail ⟨Am⟩ (*Arbeiter-*)*Eßgeschirr* n ‖ *~-*party *Tisch–, Abendgesellschaft* f, *Diner* n ‖ *~-*ring ⟨Am⟩ *Brillantring* m ‖ *~-*service *Tafelgeschirr* n ‖ *~-*set ⟨fam⟩ °„*Eßzimmereinrichtung*" f (*Zähne*) ‖ *~* table *Speisetisch* m ‖ *~-*wagon *fahrbarer Serviertisch* m
dinoceras [dai'nɔsərəs] s *Dinozer·at, fossiles Huftier* n
dinornis [dai'nɔ:nis] s *Moa* m (*ausgestorbene Vogelgattung* f *auf Neuseeland*)
dinosaur ['dainəsɔ:] s ⟨zoo⟩ *Dinosaurier* m
dinothere ['dainoθiə], **–therium** [‚daino'θiəriəm] s *Dinoth·erium* n
dint [dint] 1. s † *Schlag, Streich* m; ⟨fig⟩ *Kraft* f, [*nur in:*] by *~* of *kraft, vermittelst* [gen] | *Vertiefung* f, *Eindruck* (*Druckspur*) m, *Beule*; *Strieme* f 2. vt *einbeulen; schlagen auf; sich eingraben in*
diocesan [dai'ɔsisən] 1. a *Diözes·an–* 2. s *Diözesanbischof* m ‖ *–cese* ['daiəsis] s *Diöz·ese* f (the *~* of N. *die D. N.*), *Sprengel* m
Dionysiac [‚daiə'naisiæk], **–sian** [–siən] a *dionysisch*
dioptric [dai'ɔptrik] 1. a *dioptrisch* 2. s ⟨opt⟩ *Dioptrie* f (*Brechungseinheit* f f *Linsen*) | *~*s [sg konstr] *Di·optrik* f
diorama [‚daiə'rɑ:mə] s *Dior·ama* n (*Durchscheingemälde*) *–mic* [‚daiə'ræmik] a *dioramisch*
diorite ['daiərait] s ⟨geol⟩ *Dior·it* m
dioxide [dai'ɔksaid] s ⟨chem⟩ *D·ioxyd* n
dip [dip] 1. vt/i A. vt (*ein*)*tauchen; eintunken* (in, into *in*) ‖ *anfeuchten; färben* (in) ‖ (*Lichte*) *ziehen* ‖ (⟨a⟩ to *~* headlights) ⟨mot⟩ (*Licht*) *abblenden* ‖ *schöpfen* (from, out of) | ⟨fig⟩ (*Fahne z Gruß*) *herablassen, senken*, ⟨mar⟩ *dippen* ‖ ⟨fam⟩ *in Schulden verwickeln*; ⟨fam⟩ (*etw*) *versetzen* ‖ to be *~*ped ⟨sl⟩ (*im Examen*) *durchrasseln* B. vi *eintauchen, untertauchen* (in, into, under), *dippen* ‖ *sinken* (below *unter*) ‖ (of land) *sich neigen* | ⟨fig⟩ *sich flüchtig einlassen, e–n Blick werfen* (into in) ‖ to *~* deep into the future *in die Zukunft untertauchen*; to *~* deeply into one's purse *tief in die Taschen fassen, üüchtig zahlen, viel ausgeben* | *~*ping needle (*Kompaß-*)*Inklinationsnadel* f; 2. s *Eintauchen, Tauchen* n (in *in*) | *kurzes Bad* n ‖ ⟨übtr⟩ *flüchtiger Blick* m (into *in*) | *Tiefe* f *or Grad* m *des Untertauchens* (*e–s Gegenstandes*) | *Neigung, Senkung* f; *~* of the horizon *Depression des Horizontes*, *~* of needle *Inklination der Magnetnadel* f ‖ ⟨geol⟩ *Einfallen* n (*der Schicht*) ‖ *Höhlung, Vertiefung* f ‖ ⟨Am fam⟩ °*Deckel* m (*Hut*); *Taschendieb* m ‖ ⟨euph⟩ *allg. Geschäftsrückgang* m, → *disinflation* | (*a ~*-candle) *gezogenes Licht* n | *Flüssigkeit, in die eingetaucht wird* (sheep-*~*) ‖ (*Pudding-*)*Sauce* f | [attr] *~* angle *Kimmtiefe* f; *~*-pipe ⟨tech⟩ = seal I. 4.; *~* stick ⟨tech, mot⟩ (*Benzin–* etc) *Meßstab* m; *~* switch ⟨mot⟩ *Abblendschalter* m

diphtheria [dif'θiəriə] (⟨fam⟩ dip [dip]: 3 ~s *3 Diphtheriefälle*) s ⟨med⟩ *Diphtherie*, –*ritis* f **| ~l** [~l], **–eric** [dif'θerik], **–eritic** [ˌdifθə'ritik] a *diphth·erisch*

diphthong ['difθəŋ] s *Diphthong, Doppelvokal* m **~al** [dif'θəŋəl] a *diphthongisch* **~ization** [ˌdifθəŋgai'zeiʃən] s *Diphthongierung* f **~ize** [~gaiz] vt *diphthongieren*

diplo– ['diplo] Gr [in comp] *doppelt, zweifach* **|| ~docus** [di'plɔdəkəs] s ⟨zoo⟩ *ausgestorbener amer. Riesendinosaurier* m

diploma [di'ploumə] s L [pl ~s] *Urkunde* f **||** *Diplom* n **|| ~**-work ⟨arts⟩ *akademisches Aufnahmestück* m **~ed** [~d] a *mit Diplom versehen* **~cy** [di'ploumǝsi] s *Diplomatie* f **||** *politischer Takt* m **||** *Schlauheit* f **~t** ['diplomæt], **~tist** [di-'ploumǝtist] s *Diplomat* m

diplomatic [ˌdiplo'mætik] **1.** a (~ally adv) *urkundlich* **||** *diplomatisch* (~ *body, corps*) **||** *klug; berechnend* **2.** s [*mst pl*] ~s *Urkundenlehre* f **–tize** [di'ploumǝtaiz] vi *als Diplomat tätig s*

dipnoi ['dipnǝi] s Gr [pl] ⟨ich⟩ *Lurch*–, *Lungenfische* m pl

dipole ['daipoul] s ⟨phys⟩ *Dipol* n (⟨a wir⟩ *kurze, abgestimmte Line·arantenne*)

dipolar [dai'poulə] a *zweipolig*

dipolarize [di'poulǝraiz] vt ⟨opt⟩ = depolarize

dipper ['dipǝ] s ⟨a orn⟩ *Taucher* m, ⟨orn⟩ *Wasseramsel* f **||** ⟨bes Am tech⟩ *Schwimmer* m **||** *Wiedertäufer* m **||** *Schöpfgefäß* n, *–löffel* m **||** ⟨fam⟩ *the* (Great) *⋄* ⟨astr⟩ *der Große Bär* m

dippy ['dipi] a ⟨Am⟩ *verrückt*, *–dreht*

dipsomania [ˌdipsou'meiniǝ], ⟨fam⟩ **dipso** ['dipsou] s ⟨med⟩ *Trunksucht* f **| ~c** [ˌdipso-'meiniæk] s *der Trunksüchtige* m

diptera ['diptǝrǝ] s L [pl] ⟨zoo⟩ *Zweiflügler* m pl **| ~l** [~l] a **1.** (*a –rous* [–rǝs]) *zweiflüglig*; *Dipter·al*– (*–tempel*) **2.** ⟨arch⟩ (*Tempel*) *mit doppeltem Säulengang* m

diptych ['diptik] s ⟨ant⟩ *D·iptychon* n (*Schreibtafel*)

dire ['daiǝ] s *gräßlich, schrecklich* (~ *sisters Furien*); *furchtbar, blutig* (*Rache*) (upon *an*), → to wreak; *äußerst groß* (dangers) **||** ⟨fam⟩ *unangenehm*; *minderwertig* **~ful** [~ful] a *schrecklich* **~fulness** [~fulnis] s *Grauenhaftigkeit* f

direct [di'rekt] vt/i **A.** vt (*Augen, Tätigkeit*) *richten* (to, towards *auf, nach*) **||** (*Brief*) *adressieren, richten* (to an); to be ~ed to *gerichtet s gegen* **||** to ~ a p *jdm den Weg zeigen* (to *nach*); can you ~ me to ...? *wo ist, bitte, ..?* **||** (*jdn*) (*ver*)*weisen* (to *an*) **|** (*Geschäft* etc) *leiten, beaufsichtigen* **||** (*jdn*) *beauftragen, anweisen,* (*jdm*) *befehlen* (to do) **||** *anordnen* (a th to be done *daß etw geschieht*); as ~ed *nach Vorschrift, laut Verfügung* f **B.** vi *befehlen, anordnen* (that) **~ion** [di-'rekʃǝn] s **1.** *Richten* n, *Richtung* f (of *nach*); in the ~ of *in der R. nach, auf* **||** *R.*, *Seite* f; ⟨fig⟩ *Gebiet* n; from all ~s *v allen Seiten*; in all ~s *nach allen Richtungen* **||** *Adressieren* n; *Aufschrift, Adresse* f **||** ~s and signals given by policemen *Weisungen* f pl *u Zeichen* n pl *v Polizeibeamten* **2.** *Leitung* (under the ~ *of*), *Direktion* f; *Direktorium* n **||** [*mst pl* ~s] *Anweisung, Anordnung* f, *Befehl* m (by ~ of *auf A. v*) **3.** ~-finder ⟨wir⟩ *Funkpeiler, Richtungfinder* m **||** ~ *finding apparatus Peilgerät* n; ~ *finding loop* (abbr D/Floop) *Peilrahmen* m **||** (advance) ~ *board* ⟨mot⟩ (*Vor*-)*Wegweiser* m; **||** *flashing* ~ *indicator* ⟨mot⟩ *Blinker* m; (semaphore) ~ *indicator* ⟨mot⟩ *Winker* m, ⟨aero⟩ *Kursweiser* m **||** ~ *sign Hinweisschild* n **~ional** [–'re(k)ʃǝnǝl] a *Leitungs*–, *Richt(ungs*–) = (signal) **||** [*mst* wir⟩ *Richt*–, *Orts*–, *Nah*– **||** ~ *control* ⟨aero⟩ *Richtungskontrolle* f; ~ *controls* ⟨aero⟩ *Seitensteuerung* f, *–ruder* m; ~ *gyro Kurs*–, *Richtkreisel* m; ~ *microphone Richtmikrophon* n; ~ *reception* ⟨wir⟩ *Richtempfang* m; ~ *trans-*

mitter ⟨wir⟩ *Peilsender* m **~ive** [~iv] a *anweisend, leitend; Richtung gebend*

direct [di'rekt] **1.** a *gerade, direkt* (the ~ route) **||** ⟨übtr⟩ (of descent) *gerade* (in the ~ line); *direkt* (tax) **||** *genau* (the ~ opposite) **||** *unmittelbar; persönlich; spezifisch* (~ costs) **||** *offen, gerade, klar* **|** ~ *action* ⟨pol⟩ *direkte Aktion* f; ~ a. fuse *Aufschlagzünder* m **||** ~ *current* ⟨el⟩ *Gleichstrom* m **||** ~-drive *engine Achsmotor* m **||** ~ *fire sight Notvisier* n **||** ~· *hit Volltreffer* m (*e–r Granate*) **||** ~ *laying position Geschützstellung* f f *direktes Richten* **||** ~ *pressure,* ~ *pursuit* ⟨tact⟩ *Nachdrängen* n **||** ~-*sighting telescope Zielfernrohr* n **||** ~ *speech direkte Rede* f **||** ~ *train durchgehender Zug* m **2.** adv *gerade, direkt; unmittelbar* (to go ~ to Berlin; to write to a p ~) **| ~ly** [~li] **1.** adv *gerade, direkt; unmittelbar* **||** a ['drekli] *sofort; gleich, bald* **2.** conj *oft* ['drekli] *sobald als* **~ive** [~iv] **1.** s ⟨bes Am off⟩ *Verordnung, Verfügung* f **2.** a ⟨biol⟩ *gerichtet* **~iveness** [~ivnis] s ⟨bes eth⟩ *Zielstrebigkeit* f **~ness** [~nis] s *Geradheit, gerade Richtung* f **||** *Unmittelbarkeit* (of observation) **||** *Offenheit, Deutlichkeit* f

director [di'rektǝ] **1.** s *Direktor* m (*⋄*-General *General*– [pl *⋄*s-*G.*]); *Leiter, Vorsteher* m; → prosecution **||** *Mitglied* n *des Verwaltungs*–, *Aufsichtsrats;* board of ~s *Aufsichtsrat* m **||** *Unterweiser, Lehrer* m **||** ⟨R. C.⟩ *Beichtvater* m **||** ⟨film⟩ *Aufnahmeleiter, Regisseur* m; ~'s *microphone Regiemikrophon* n **2.** ⟨tech⟩ *Richtgerät* n **||** ⟨artill⟩ *Rundblickfernrohr* n **~ate** [~rit] **1.** s *Direktoramt* n **2.** *Direktorium* n **~ial** [ˌdirǝk'tɔ:riǝl] a *direktori·al* **~ship** [~ʃip] s *Direktoramt* n; *Amtsdauer e–s Direktors* f **| ~y** [~ri] **1.** a *leitend, anweisend, beratend* **2.** s ⟨ec⟩ *Leitfaden* m **||** *Direktorium* n **||** *Adreß*–, *Fernsprechbuch* n

directress [di'rektris], **–trix** [di'rektriks] s (pl –ices [–isi:z]) *Leiterin, Vorsteherin* f

dirge [dǝ:dʒ] s *Grabgesang* m, *Klage*–, *Trauerlied* n; *Klage* f

dirigible ['diridʒǝbl] **1.** a *lenkbar* **2.** s *lenkbares Luftschiff* n **–gisme** [–dʒizm] s *Dirig·ismus* m, *Planwirtschaft* f, *staatliche Sozial- u Wirtschaftskontrolle* f

diriment ['dirimǝnt] a *anullierend, aufhebend*

dirk [dǝ:k] **1.** s *Dolch* m, *Dolchmesser* n; ⟨sex vulg⟩ „*Lanze*" f **2.** vt *mit e–m Dolch stechen, erdolchen*

dirndl ['dǝ:ndl] s *Dirndl(-Kleid)* n

dirt [dǝ:t] s *Dreck, Kot* m **||** *Schmutz* m (spot of ~ –fleck); *Staub* m **|** *Boden* m, *Erde* f **||** ⟨fig⟩ *Schund, Plunder, Dreck* m; ⟨fam⟩ *what's the* ~? *was ist los?*; as cheap as ~ *spottbillig* **||** ⟨fig⟩ „*Kies*" m (*Geld*) **||** ⟨fig⟩ *Schmutz* m, *Gemeinheit* f **|** to have to eat ~ *sich demütigen müssen* **||** to fling, throw ~ *at a p jdn mit Schmutz bewerfen, in den Sch. ziehen* **||** to treat a p like ~ *jdn wie s–n Schuhputzer behandeln* **||** ⟨mil sl⟩ *Zunder* m (*Feuer, Geschosse*) **|** [attr & comp] ~-and-trash *law Schmutz- u Schundgesetz* n **||** ~ *carriage-way Sommerweg* m **||** ~-*cheap spottbillig* **||** ~ *farmer* ⟨Am⟩ *Klutentramper* m **||** ~ *road ungepflasterte Straße* f, *Feldweg* m **||** ~-*track Aschenbahn* (~-track *racing Motorrennen auf der A.*; ~-track [speed] *rider* [*Motorrad-*]*Rennfahrer*), *weiche Sandbahn* f **~iness** ['~inis] s *Schmutzigkeit* f, *Schmutz* m **||** ⟨fig⟩ *Gemeinheit* f **| ~y** ['~i] **1.** a (*–tily adv*) *schmutzig; Schmutz–* (~ *hands*); ~ *track* ⟨mot⟩ *Aschenbahn* f, ⟨racing⟩ *Flachrennbahn* f; *nicht rein, septisch* (wound); ~-brown *schmutzigbraun* **||** (of weather) *rauh u regnerisch* **||** ⟨fig⟩ *gemein; schmutzig; niederträchtig; verächtlich*; ~ *work niedrige Arbeit* f **|** to do a p's ~ *work for him niedere Arbeit f jdn verrichten* **||** ⟨fam⟩ to do the ~ *on a p jdn gemein behandeln, an* (*e–m Mädchen*) *schändlich handeln* **2.** vt/i ‖ *beschmutzen, besudeln* ⟨*a* fig⟩ | vi *schmutzig w*

dis— [dis] pref *auseinander–*; *weg–*, *ab–* ‖ *ent–*, *un–*, *zer–*

disability [͵disə'biliti] s *Unvermögen*; *Unfähigkeit* ‖ *Dienst–, Arbeits–,* ⟨mil⟩ *Kampfunfähigkeit*; *Invalidität* f ‖ ⟨jur⟩ *Rechtsunfähigkeit* f (to lie under a ~ *rechtsunfähig s*) ‖ [oft pl –ties] (*Rechts-*)*Nachteil* m, *Unzulänglichkeit* f **|** ~ allowance, ~ benefit, ~ compensation, ~ pension *Versehrtenrente* f ‖ ~ incurred in line of duty ⟨mil mar⟩ *Wehrdienstbeschädigung* f ‖ ~ insurance *Invalidenversicherung* f

disable [dis'eibl] vt (*jdn*) *unfähig m, außer Stand setzen* (from doing *z tun*); *unbrauchbar m* (for work) ‖ *entkräften* ‖ *verkrüppeln* ‖ (*z. B. Flugzeug*) *beschädigen* ‖ ⟨jur⟩ *rechtsunfähig m* ‖ ⟨mil⟩ *kampfunfähig m*; ~d *kriegsbeschädigt, arbeitsunfähig, geschäftsunfähig* ‖ ~d ex-soldier *Kriegsbeschädigter* m ~**ment** [~mənt] s (*Arbeits–, Erwerbs-*)*Unfähigkeit* f; *Invalidität* f ‖ ⟨mil⟩ *Kampfunfähigkeit* f; [attr] *Invaliden–, Invaliditäts–*; ~ insurance *–sversicherung* f; ~ pension *Invalidenrente* f

disabuse [͵disə'bju:z] vt (*jdn, der im Irrtum befangen*) *befreien, erleichtern* (of *v*); to ~ o.s. od one's mind of a th *sich befreien v etw, etw ablegen*

disaccord [͵disə'kɔ:d] **1.** s *Nichtübereinstimmung* f (with); *Mißverhältnis* n, *Widerspruch* m **2.** vi *nicht übereinstimmen* (with)

disaccustom [͵disə'kʌstəm] vt to ~ a p to a th *jdm etw abgewöhnen, jdn e–r S entwöhnen*

disadvantage [͵disəd'va:ntidʒ] s *ungünstige Lage* f; *Nachteil, Schade, Verlust* m (to *f*) **|** to sell to ~ *mit Verlust verkaufen* ‖ to be at a ~, to labour under a ~ *im Nachteil s*, to labour under the ~ of being *den Nachteil h z s* ‖ to put o.s. at a ~ with a p *sich jdm gegenüber in den Nachteil setzen* ‖ to take a p at a ~ *jds ungünstige Lage ausnutzen* ‖ ~**tageous** [͵disædvən'teidʒəs] a (~ly adv) *nachteilig, schädlich, ungünstig* (to)

disaffected [͵disə'fektid] a (~ly adv) *unzufrieden*; ~ to(wards) the government *der Regierung abgeneigt* ~**tion** [͵disə'fekʃən] s *Abgeneigtheit* f (for *gegen*) ‖ (*polit.*) *Unzufriedenheit, Unruhe* f; *Treubruch* m, ~ Bill (1934) *Gesetz gegen kommunist. Zersetzung der Marine* etc

disaffirm [͵disə'fə:m] vt ⟨jur⟩ (*Entscheidung*) *aufheben*; (*Rechtsgeschäft*) *rückgängig m*

disafforest [͵disə'fɔrist] vt *des Forstrechts berauben* ‖ (*Wald*) *abholzen* ~**ation** [͵disəfɔris'teiʃən] s *Abholzung* f

disagree [͵disə'gri:] vi *nicht übereinstimmen, im Widerspruch stehen* (with *mit*), *nicht zustimmen* (with a th *e–r S*) ‖ *uneins, uneinig s* (on *über*) ‖ (of food etc) *nicht* od *schlecht bek* (with a p *jdm*) ~**able** [~əbl] a (–bly adv) *unangenehm, unliebenswürdig, –gnädig* ~**ableness** [~əblnis] s *Unannehmlichkeit* f ~**ment** [~mənt] s *Verschiedenheit* f ‖ *Widerspruch* m (between) ‖ *Mißhelligkeit* f; ~ in opinion *Meinungsverschiedenheit* f; in ~ from *abweichend v, z Unterschied v*

disallow [͵disə'lau] vt (*etw*) *nicht zugeben, nicht gestatten*; (*jdm*) *nicht erlauben* (to do) ‖ *nicht anerkennen*; *nicht gelten l*; *verweigern, zurückweisen* ‖ ~d ⟨jur⟩ *nicht anerkannt* (claim) ~**ance** [~əns] s *Nichtanerkennung, Verweigerung* f

disappear [͵disə'piə] vi *verschwinden* (from *von, aus*; to *nach*); *verlorengehen*; *in Verschollenheit geraten*; *in Verlust geraten* (S) ‖ ~ing carriage *Verschwindlafette* f ~**ance** [~rəns] s *Verschwinden* n, *Verschollenheit* f

disappoint [͵disə'pɔint] vt *enttäuschen*; to be ~ed *enttäuscht s* (at, with a th *über etw*; in a p *in jdm*); agreeably ~ed *angenehm enttäuscht*; to be ~ed of *gebracht w um* (one's hope); (*Erwartetes*) *nicht erhalten* ‖ (*Hoffnung*) *vereiteln,*

täuschen ~**ing** [~iŋ] s (~ly adv) *enttäuschend*, he is ~ing *er entspricht nicht den Erwartungen* ~**ment** [~mənt] s *Enttäuschung* f (at a th; in a p); to meet with a ~ *enttäuscht w*; the ~ at his doing *die E., daß er getan hat* ‖ *Mißerfolg, Fehlschlag* m ‖ *Vereitelung* f

disapprobation [͵disæpro'beiʃən] s *Mißbilligung* f –**bative** [dis'æprobeitiv], –**batory** [dis'æprobeitəri] a *mißbilligend*

disapproval [͵disə'pru:vəl] s *Mißbilligung* f; *Mißfallen* n (of *über*); *Mängelrüge* f

disapprove ['disə'pru:v] vt/i ‖ (*etw*) *mißbilligen*; (*jdn*) *tadeln* **|** vi to ~ of *mißbilligen*; to be ~d of *Mißfallen erregen*

disarm [dis'a:m] vt/i ‖ *entwaffnen*; (*Sprengkörper*) *entschärfen* ‖ ⟨fig⟩ *entwaffnen, unschädlich m* ‖ *besänftigen* **|** vi ⟨mil⟩ *abrüsten* ~**ament** [~mənt] s *Entwaffnung* f ‖ ⟨mil⟩ *Abrüstung* f

disarrange ['disə'reindʒ] vt *verwirren, in Unordnung bringen* ~**ment** [~mənt] s *Verwirrung, Unordnung* f

disarray ['disə'rei] **1.** s *Unordnung, Verwirrung* f **2.** vt *verwirren* ‖ ⟨poet⟩ (*jdn*) *entkleiden* (of a th *e–r S*) ⟨*a* fig⟩

disarticulate ['disa:'tikjuleit] vt *zergliedern, trennen* –**ation** ['disa:͵tikju'leiʃən] s ⟨med⟩ (of the hip) (*Hüft-*)*Exartikulation* f

disassemble [͵disə'sembl] vt ⟨tech⟩ *zerlegen, aus–e–a–nehmen, de–, abmontieren*

disaster [di'za:stə] s *Unglück* (to *f*), *Mißgeschick, Verderben* n; *Unstern* m; to bring to ~ *ins V. bringen* ‖ *Katastrophe* f ‖ ~ control *Katastrophenbekämpfung* f; ~ relief *Hilfe* f *bei Katastrophen, Katastrophenhilfe* f; ~ unit, ~ crew --*Hilfsmannschaft* f –**strous** [di'za:strəs] a (~ly adv) *unglücklich, unheilvoll, schrecklich* (to *für*)

disavow ['disə'vau] vt *ableugnen, in Abrede stellen, nicht wahrhaben wollen*; *abrücken* v; *nicht anerkennen* ‖ ⟨jur⟩ *widerrufen*, (*e–r S*) *die Genehmigung verweigern* ~**al** [~əl] s *Ableugnen* n; *Verwerfung* f; *Dementi* n ‖ *Widerruf* m, *Genehmigungsverweigerung, Nichtanerkennung* f

disband [dis'bænd] vt/i ‖ (*Truppen*) *entlassen; auflösen* **|** vi *sich auflösen; auseinandergehen* ~**ment** [~mənt] s ⟨mil⟩ *Auflösung* f

disbar [dis'ba:] vt ⟨jur⟩ (*jdm*) *die Rechte e–s Barrister entziehen*; (*jdn*) *aus dem Anwaltsstand ausstoßen*

disbelief ['disbi'li:f] s *Unglaube* m; *Nichtglauben* n, *Zweifel* m (in *an*) –**lieve** [–'li:v] vt/i ‖ (*etw*) *nicht glauben, bezweifeln* ‖ (*jdm*) *nicht glauben* **|** vi *nicht glauben* (in *an*)

disbench [dis'benʃ] vt (*jdm*) *die Mitgliedschaft e–s der Inns of Court entziehen*

disbud [dis'bʌd] vt (*Baum*) *v* (überschüssigen) *Knospen befreien*

disburden [dis'bə:dn] vt (*jdn*) *entlasten, befreien* (of *v*); to ~ one's mind *sein Herz ausschütten* ‖ (*Wut*) *entladen*

disbursal [dis'bə:səl] s *Auszahlung* f

disburse [dis'bə:s] vt/i ‖ *ausgeben, auslegen, verauslagen; aus–, bezahlen* **|** vi *Ausgaben h* ‖ –sing agent od officer ⟨Am⟩ *Zahlmeister* m ~**ment** [~mənt] s *Ausgabe, Auslage* f; *Auszahlung* f

disc [disk] s = disk

discard [dis'ka:d] vt/i ‖ (*Karten*) *abwerfen, –legen* ‖ (*Kleider, Gewohnheit*) *ablegen, aufgeben* ‖ (*jdn*) *entlassen; verabschieden* **|** vi *Karten abwerfen*

discard ['diska:d] s ⟨cards⟩ *Ablegen, Abwerfen* n ‖ *abgeworfene Karte* f ‖ ⟨Am⟩ *Abfall* m

discarnate [dis'ka:nit] a *fleisch–, körperlos*

discern [di'sə:n] vt/i ‖ *sinnlich wahrnehmen, erkennen* ‖ *geistig wahrnehmen, erkennen* ‖ † *unterscheiden* (from *v*) **|** † vi *unterscheiden* ~**ible** [~əbl] a (–bly adv) *sichtbar, merklich*; *erkenn-*

bar ~**ing** [~iŋ] a (~ly adv) *urteilsfähig* || *scharf-
sinnig* ~**ment** [~mənt] s *Erkennen* n; *Wahr-
nehmungskraft* f || *Scharfsinn* m, *Urteilskraft* f;
Einsicht f (of *in*)
   discerptible [di'sə:ptəbl] a *teil–, trennbar* –**tion**
[di'sə:pʃən] s *Zerteilung, –stückelung* f
   discharge [dis'tʃɑ:dʒ] **I.** vt/i **A.** vt **1.** (*Schiff*)
ausladen, löschen; abladen || (*Geschütz*) *entladen,
abfeuern;* (*Gewehr, Pistole*) *abdrücken* || ⟨el⟩
entladen | (*jdn*) *befreien* (of, from *v*; from doing
z tun) || (*jdn*) *freilassen, entlassen* (from *aus*)
(*jdn*) *aus dem Dienst entlassen,* → *dismiss* || (*jdn*)
entbinden (from *v*); ⟨mar⟩ *entlassen; ablohnen* |
⟨jur⟩ (*jdn*) *entlasten;* he was ~d on a charge of
theft *er wurde v der Anklage des Diebstahls frei-
gesprochen* **2.** (*Waren* etc) *ab–, ausladen;* (*jdn*)
absetzen, ausschiffen || (*Geschoß*) *abschießen,
–feuern* | (*etw*) *ausströmen;* (*Rauch*) *aussenden;*
the river ~s itself into *der Fluß ergießt sich,
mündet in* || *auswerfen,* the ulcer ~s matter *das
Geschwür eitert* || (*Ärger*) *auslassen* | (*Seide*) *v
Farbe befreien, reinigen* **3.** ⟨jur⟩ *tilgen;* (*Be-
schluß*) *aufheben* | (*Schulden*) *bezahlen; entrich-
ten;* (*Wechsel*) *einlösen* | *ausführen;* (*Pflicht*) *er-
füllen* **B.** vi *sich entladen;* (of a river) *sich er-
gießen, münden* (into) || *eitern* **II. § 1.** *Ausladen,
Löschen* n || (of a cannon) *Abfeuern* n || ⟨el⟩
Entladung f **2.** *Entlastung* f, in full ~ of our
account z (*vollen*) *Ausgleich unseres Kontos;
Befreiung;* *Freisprechung* f (from *v*); ~ of a
bankrupt Aufhebung des Konkursverfahrens ||
order of ~ ⟨jur⟩ (*Konkurs-*)*Freistellungs-
beschluß* m | *Entlassung;* ⟨mil⟩ *Dienstentlas-
sung* f (*a:* ~ from service *od* office); *dishonour-
able* ~ *Ausstoßung* f **3.** (of water) *Ausfluß* m,
–strömen m, *Wasserführung* f || ⟨med⟩ *Auswurf,
Abfluß, Eiterauswurf* m **4.** *Erfüllung* f (of obliga-
tion) || *Bezahlung* f || *Quittung* f; ~ in full *voll-
ständige Q.;* in ~ of *z Begleichung v* **5.** [attr] ~
centre ⟨mil⟩ *Entlassungsstelle* f || *electric* ~ *ma-
chiningElektro-Erosion(sverfahren* n) f (*z Schärfen
v Werkzeugen*) || ~ *nozzle* ⟨aero⟩ *Strahl–, Schub-
düse* f || ~ *opening Abzugsöffnung* f || ~ *pipe
Abflußleitung* f, *–rohr* n –**ger** [dis'tʃɑ:dʒə] s *Ent-
lader* m || ⟨aero⟩ *Abwurfbehälter* m || ⟨el⟩ *Ent-
lader* m; (spark ~) *Funkenstrecke* f –**ging** [dis-
'tʃɑ:dʒiŋ] **1.** s [attr] *Lösch–* (~ *expenses*) **2.** a
Entlade–; *Ausfluß–* || ⟨arch⟩ *Entlastungs–*
(~-*arch*) || ~ *point Ausladestelle* f, *–kopf* m
   disciple [di'saipl] s ⟨ec⟩ *Jünger* m || *Schüler,
Anhänger* m ~**ship** s ⟨ec⟩ *Jüngerschaft; Anhängerschaft* f
   disciplinable ['disiplinəbl] a *gelehrig, folgsam
–inal* ['disiplinəl, ˌdisi'plainəl] a *schulend, erzieherisch* –**inarian** [ˌdisipli'nɛəriən] s *Zucht-
meister* m || ⟨engl hist⟩ *Presbyterianer* m –**inary**
['disiplinəri] a *zuchtbildend, erzieherisch, schu-
lend, Zucht–* || *disziplinarisch;* *Disziplinar–;* ~
action –verfahren n (against); to take ~ *action
disziplinarisch vorgehen;* ~ *barracks* [pl] ⟨Am⟩
Militär-Strafanstalt f; ~ *court Disziplinar-
gericht* n; ~ *measures* [pl] *Zuchtmittel* n pl; ~
power Disziplinargewalt f; ~ *proceedings* [pl]
(*gerichtliches*)(-)*Verfahren* n; ~ *segregation*
⟨Am⟩ *Einzelhaft* f
   discipline ['disiplin] **1.** s *Diszipl·in, Dienst–,
Kirchen–, Schuldisziplin* || *Zucht, Manneszucht* f
|| † *militärischer Drill* m || *Zucht, Aufsicht* f ||
Gehorsam m; *moral. Erziehung* | *Disziplin* f,
Unterrichtsfach n; ~ of the mind *Geisteswissen-
schaft* f | *Bestrafung, Züchtigung* f **2.** vt *z Zucht
anhalten; schulen; erziehen, unterrichten, bilden
| bestrafen*
   discipular [di'sipjulə] a *Schüler–;* *Anhänger–*
   disclaim [dis'kleim] vt/i || (*Verantwortung*) *ab-
lehnen, nicht anerkennen; verleugnen* || *Verzicht
leisten auf, nicht beanspruchen* | vi *Verzicht*

leisten | ~**er** [~ə] s *Verzichtleistung* f || *Wider-
ruf* m, *Dementi* n
   disclose [dis'klouz] vt *ans Licht bringen, auf-
decken* || *offenbaren, enthüllen* –**sure** [dis'klouʒə]
s *Enthüllung* f (about *über*); *Verbreitung, Preisgabe*
f (of *secrets*); *Erschließung* f || *das Enthüllte* n,
⟨fam⟩ *Mitteilung* f
   disco– ['disko] Gr [in comp] *Scheiben–* ~**bolus**
[dis'kɔbələs] s L ⟨ant⟩ *Diskuswerfer* m ~**graphy**
[dis'kɔgrəfi] s ⟨hum⟩ „*Schallplattenkunde*" f
~**id** ['diskɔid], ~**idal** [dis'kɔidəl] a *scheiben-
förmig*
   discoloration, –**lour–** [disˌkʌlə'reiʃən] s *Ver-
färbung* f, *Farbverlust* m || *Fleck* m –**lour** ⟨Am⟩
discolor) [dis'kʌlə] vt/i || *der Farbe berauben;
verfärben;* ⟨fig⟩ *entstellen* | vi *sich verfärben, die
Farbe verlieren* ⟨a fig⟩ || ~ed *verfärbt; blaß* ||
verschossen, fleckig
   discomfit [dis'kʌmfit] vt *schlagen, besiegen* ||
⟨fig⟩ *verwirren, aus der Fassung bringen* ~**ure**
[~ʃə] s *Niederlage* (in *der Schlacht*) f || ⟨fig⟩
Verwirrung f; *Enttäuschung* f
   discomfort [dis'kʌmfət] **1.** s *Unbehagen* n;
Unangenehmes n || (*körperl.*) *Beschwerde* f,
abdominal ~ *Leibschmerzen* m pl || *Mißbehagen*
n, *Verdruß, Kummer* m **2.** vt (*jdm*) *Unbehagen
verursachen, unbehaglich s;* ~ed *mißvergnügt*
   discommode [ˌdiskə'moud] vt (*jdm*) *Unbequemlichkeit verursachen;* (*jdn*) *belästigen*
   discommon [dis'kɔmən] vt ⟨univ⟩ (*Geschäfts-
mann*) in *Verruf erklären* || (*Gemeindeland*) *ein-
friedigen*
   discommons [dis'kɔmənz] vt ⟨univ⟩ (*Studen-
ten*) *v gemeinschaftlicher Tafel ausschließen* ||
= *discommon*
   discompose [ˌdiskəm'pouz] vt *aus der Fassung
bringen, aufregen, ärgern* –**sure** [ˌdiskəm'pouʒə]
s *Verwirrung; Aufregung* f
   disconcert [ˌdiskən'sə:t] vt *aus der Fassung
bringen, verwirren; beunruhigen* || (*Plan*) *ver-
eiteln* ~**ment** [~mənt] s *Aufregung, Unruhe* f
   disconnect [ˌdiskə'nekt] vt *trennen* (with, from
v) || ⟨tech⟩ *abstellen;* ⟨el⟩ *ausschalten* ~**ed** [~id]
a (~ly adv) *losgelöst* (from) || *unzus–hängend*
~**ing** [~iŋ] ~ *switch* ⟨el⟩ *Aus–, Trennschalter* m
~**ion, –nexion** [ˌdiskə'nekʃən] s *Trennung* f
   disconsolate [dis'kɔnsəlit] a (~ly adv) *trostlos,
untröstlich, –glücklich* ~**ness** [~nis] s *Untröst-
lichkeit* f
   discontent ['diskən'tent] **1.** s *Unzufriedenheit* f
(at, with *über*) **2.** [nur pred] a (~ly adv) *unzufrieden* (with *mit, über*) **3.** s * *der Unzufriedene*
m **4.** vt *unzufrieden m* ~**ed** [~id] [attr & pred] a
(~ly adv) *unzufrieden* (with *mit, über*) ~**edness**
[~idnis], ~**ment** [~mənt] s *Unzufriedenheit* f
   discontiguous ['diskən'tigjuəs] a (of parts) *nicht
zus–hängend, nicht an–e–a–grenzend*
   discontinuance [ˌdiskən'tinjuəns] s *Unter-
brechung* f || *Einstellung* f, *Aufhören* n || ⟨jur⟩
Unterbrechung f, *Absetzung* (*e–s Prozesses*) f
–**ation** [ˌdiskənˌtinju'eiʃən] s *Trennung, Unter-
brechung* f || ⟨jur⟩ *Einstellung, Zurückziehung* f
(*e r Klage*)
   discontinue ['diskən'tinju] vt *unterbrechen,
aussetzen* || *aufgeben, einstellen* (a habit; doing
z tun); (*Zeitung*) *abbestellen* –**tinuity** ['disˌkɔnti-
'njuiti] s *Unterbrechung* f; *mangelnder* (*logischer*)
Zus–hang m || *Unstetigkeit* f –**tinuous** ['diskən-
'tinjuəs] a *unterbrochen, unzus–hängend;* un-
stetig
   disconvince [diskən'vins] vt (*jdn*) *vom Gegenteil überzeugen*
   discord 1. ['diskɔ:d] s *Mißhelligkeit, Zwie-
tracht* f || ⟨mus⟩ *Dissonanz* f, *Mißton* m || ⟨fig⟩
Mißklang, Mißton m || to be at ~ with *in
Widerspruch stehen mit* (*zu*) **2.** [dis'kɔ:d] vi
nicht übereinstimmen, uneins s (with) ~**ance** [dis-
'kɔ:dəns], ~**ancy** [–ənsi] s *Mißhelligkeit* f; *Miß-*

klang m **~ant** [dis'kɔ:dənt] a (~ly adv) *nicht übereinstimmend, widersprechend* (with a th *e–r S*) || (of sounds) *mißtönend, unrein* || ~ junction ⟨geog⟩ *Stufenmündung* f || ~ *music atonale Musik* f

discount ['diskaunt] s ⟨com⟩ *Rabatt* (to allow ~ *R. gewähren*; what ~ is there? *wieviel R. geben Sie*?); *Abzug; Diskont, Zinsabzug* m || *der diskontierte Wechsel* m || *Verlust* m, *Dis'agio* n; to be at a ~ *unter Pari stehen*; ⟨fig⟩ *in Mißkredit stehen; unbeliebt, nicht geschätzt s; entwertet s*; to sell at a ~ *mit Verlust verkaufen* | **~-broker** ⟨com⟩ *Diskont-, Wechselmakler* m

discount [dis'kaunt] vt ⟨com⟩ (*Wechsel*) *diskontieren* | ⟨fig⟩ (*etw*) *beeinträchtigen, verringern* || *mit Vorsicht hinnehmen, nur teilweise glauben; früh genug rechnen mit* || *nicht mitrechnen, –zählen* **~able** [~əbl] a *diskontierbar*

discountenance [dis'kauntinəns] vt *offen mißbilligen; nicht unterstützen, z hindern suchen* **~d** *entmutigt, verwirrt* (at *über*)

discourage [dis'kʌridʒ] vt (*jdn*) *entmutigen* | (*jdn*) *abschrecken* (from *v*; from doing *z tun*) || (*etw*) *z verhindern, –eiteln, –hüten suchen, einzuschränken suchen; abraten v; nicht gern gesehen w, unerwünscht s* **~ment** [~mənt] s *Entmutigung; Enttäuschung* f || *Abschreckung(smittel* n) f || *Verhinderung* f

discourse [dis'kɔ:s] **1.** s † *Unterhaltung* f, *Gespräch* n || *Vortrag* m, *Predigt*; * *Abhandlung* f **2.** vi/t || *sich unterhalten* (on *über*) || *e–n Vortrag halten* (on *über*) | vt (*Musik*) *vortragen, spielen*

discourteous [dis'kɔ:tiəs] a (~ly adv) *unartig, unhöflich* || **–esy** [dis'kɔ:tisi] s *Unhöflichkeit* f

discover [dis'kʌvə] vt * *aufdecken, entblößen* || † *enthüllen* | (*Land* etc) *entdecken; ausfindig m* | ⟨übtr⟩ *entdecken* (from *aus*); *einsehen, finden* (that) || to ~ check *maskiertes Schach bieten* || **~t** [~t] a ⟨jur⟩ *unverheiratet, verwitwet* **~able** [~rəbl] a *entdeckbar* || *sichtbar* **~er** [~rə] s *Entdecker* m **~y** [~ri] s *Entdeck–, Enthüllung* f; (*Eisenerz-etc)-Fund* m; ⟨jur⟩ *zwangsweise Mitteilung* f *v Tatsachen an den Prozeßgegner* | *Entdeck–, Auffindung* || ~ proceeding *Verfahren* n *zwecks Enthüllung v dem Prozeßgegner bekannter Tatsachen durch diesen, zwangsweiser Aufschluß des Urkundenmaterials durch Angaben*

discredit [dis'kredit] **1.** s *schlechter Ruf*; *Mißkredit* m, to bring ~ on a p, to bring a p into ~ *jdn in M. or Verruf bringen* || *Schande* f || *Mißtrauen* n, *Zweifel* m; to throw ~ on a th *etw zweifelhaft erscheinen l* **2.** vt *bezweifeln, nicht glauben* | (*jdn*) *in schlechten Ruf bringen* (with *bei*); (*jdm*) *den Kredit, das Vertrauen entziehen* **~able** [~əbl] a (–bly adv) *entehrend, schimpflich*

discreet [dis'kri:t] a (~ly adv) *verständig, besonnen, um–, vorsichtig* || *taktvoll, verschwiegen*

discrepancy [dis'krepənsi] s *Zwiespalt, Widerspruch* m; *Diskrepanz* f; *Verschiedenheit* f *in Meinungen u Handlungen* | *Unstimmigkeit* f (*z. B. Fehlbestand*) **–ant** [dis'krepənt] a (~ly adv) *widerstreitend; verschieden* (from *von*)

discrete [dis'kri:t] a *getrennt* || ⟨math⟩ *diskret, unstetig* (~ *quantity*)

discretion [dis'kreʃən] s *Umsicht, Besonnenheit, Klugheit* f; *Diskretion* f, *Takt* m || *Freiheit* f, *Ermessen* n; age *od* years of ~ *gesetztes, mündiges Alter* n (*14. Jahr nach englischem Recht*); judicial ~ *richterliches Ermessen* n | at ~ *nach Gutdünken*, (*eigenem*) *Belieben*; at your ~ *nach Ihrem B.* || to be at the ~ of a p *v jds Gutdünken abhängig s* || it is within your ~ to do *es steht dir frei z tun* || to surrender at ~ (*Mil*) *sich auf Gnade u Ungnade ergeben* || to use one's own ~ *nach Gutdünken handeln* **~ary** [~əri] a *willkürlich, beliebig; unumschränkt*; ~ powers [pl] *unumschränkte Vollmacht* f

discretive [dis'kri:tiv] a (~ly adv) ⟨log & gram⟩ *trennend; disjunktiv*

discriminate [dis'krimineit] vt/i *unterscheiden* (from), *absondern, –heben* (from) | vi *unterscheiden, e–n Unterschied m* (between); to ~ *between unterschiedlich behandeln* | to ~ against a p *sich gegen jdn wenden, gegen jdn Stellung nehmen, jdn diskriminieren, herabsetzen; nachteilig behandeln, benachteiligen* **–ating** [dis'krimineitiŋ] a (~ly adv) *unterscheidend; Differential–* (~ duty *Differentialzoll*) || *umsichtig, scharfsinnig; urteilsfähig* | **–ation** [dis,krimi'neiʃən] s *Unterscheidung* f || *Unterschied* m || *unterschiedl. Behandlung* f; *Begünstigung or Benachteiligung* f (against a p *jds*) || *Urteilskraft, Einsicht* f || ~ sensivity ⟨eth⟩ *Unterschiedsempfindlichkeit* f **–ative** [dis'krimineitiv] a (~ly adv) *unterscheidend, charakteristisch* | ~ *e–n Unterschied machend or beobachtend* **–atory** [dis'krimineitəri] a = *discriminative; unterschiedlich* || *benachteiligend, nachteilig*

discrown [dis'kraun] vt (*jdn*) *der Krone* (⟨fig⟩ *der Würde*) *berauben*

discursive [dis'kɔ:siv] a (~ly adv) *unstet, unbeständig* || ⟨philos⟩ *diskurs'iv, durch Schlußfolgerung fortschreitend* (Ggs *intuitive*) **~ness** [~nis] s ⟨log⟩ *Fortschreiten durch Schlußfolgerung* n, *diskursives Denken* n

discus ['diskəs] s L *Diskus* m (~-throw –wurf); *Wurfscheibe* f

discuss [dis'kʌs] vt [*nicht mit Objektsatz*] to ~ a th *od a p reden über etw or jdn* || (*etw*) *diskutieren, erörtern, besprechen, verhandeln*; please ~ this with me (*auf Schriftstück*) *bitte Rücksprache!* || *behandeln, untersuchen* || (*Nahrung*) *genießen; gemütlich verzehren or trinken* **~ant** [~ənt] s *Vortragender, Autor* m **~ible** [~əbl] a *diskutabel* **~ion** [dis'kʌʃən] s *Diskussion, Erörterung* (under ~ *z E. stehend*), *Besprechung* f (of *über*); matter for ~ *Diskussionsgegenstand* m || to enter into, upon a ~ *in e–e Debatte eintreten* (of *über*) || *Verzehren* n, *lebhafter Genuß* (*v Nahrung*)

disdain [dis'dein] **1.** vt/i *verachten* || *verschmähen*; f *unter s–r Würde halten* (a th; to do; doing) **2.** s *Verachtung, Geringschätzung* f, in ~ *geringschätzend* **~ful** [~ful] a (~ly adv) *verächtlich, geringschätzig*; to be ~ of *verachten*

disease [di'zi:z] s *Krankheit* f; ~ *caused by conditions of work Betriebs–, Berufskrankheit*; ⟨fig⟩ *geistige, moralische Krankheit* f **~d** [~d] a *krank*

disembark ['disim'ba:k] vt/i || *ausschiffen, landen* | vi *aussteigen, landen* || **~ing** *exercise* ⟨mil⟩ *Landungsübung* f **~ation** [,disemba:'keiʃən] s *Landung, Ausschiffung* f; ⟨aero⟩ *Aussteigen* n

disembarrass ['disim'bærəs] vt *aus der Verlegenheit ziehen*; to ~ o.s. of *sich freimachen v* | *loslösen, befreien* (from *v*) **~ment** [~mənt] s *Befreiung* f (*aus der Verlegenheit* etc); *freie Bewegung* f

disembodiment [,disim'bɔdimənt] s *Entkörperlichung* f || ⟨mil⟩ *Auflösung* f (*v Truppen*) **–dy** [,disim'bɔdi] vt *entkörperlichen* || ⟨mil⟩ *entlassen*

disembogue [,disim'boug] vi/t || *sich ergießen, münden*; ⟨fig⟩ *sich ergießen, sich entladen* (into) | vt (*etw*) *entladen, ausgießen*; the river ~s itself *der Fluß ergießt sich* (into) || ⟨fig⟩ *entladen*

disembosom [,disim'buzəm] vt/i || *v der Brust wälzen; enthüllen*; to ~ o.s. *sich offenbaren* | *sich offenbaren* (to a p *jdm*)

disembowel [,disim'bauəl] vt *ausweiden*; to ~ a p *jds Bauch aufschlitzen*

disenchant ['disin'tʃa:nt] vt *entzaubern, ernüchtern; befreien* (of *v*) **~ment** [~mənt] s *Entzauberung; Enttäuschung* f (with *über*)

disencumber ['disin'kʌmbə] vt *entlasten, befreien (of a)* ⟨a fig⟩
disendow ['disin'dau] vt *(Kirche) der Pfründe berauben*
disenfranchise ['disin'fræntʃaiz] vt *entrechten;* *(jdm) das Wahlrecht entziehen*
disengage ['disin'geidʒ] vt/i || *losmachen, herausziehen, befreien* ⟨a fig⟩ *(from v)* | vi *sich freimachen; loskommen* | **~d** [~d] *a frei, z sprechen, unbeschäftigt; driver, are you* ~? *Kutscher, sind Sie frei?* **~ment** [~mənt] s *Losgelöstsein, Freisein* n *(from v); Befreiung; Muße* f || *Entlobung* f || ⟨mil-pol⟩ *Aus-e-a-rükken* n, *Entflechtung* f; *(bes) Aus-e-a-rücken der Großmächte in Mitteleuropa*
disentail ['disin'teil] vt ⟨jur⟩ *die Erbfolge (f ein Grundstück) aufheben*
disentangle ['disin'tæŋgl] vt/i || *entwirren, befreien* (from v) | vi *sich befreien, sich freimachen* (from) **~ment** [~mənt] s *Entwirrung, Befreiung* f
disenthrall ['disin'θrɔ:l] vt *befreien (from aus den Banden v)*
disentomb ['disin'tu:m] vt *aus dem Grab nehmen;* ⟨fig⟩ *ausgraben, ans Tageslicht ziehen*
disequilibrium ['disekwi'libriəm] s *gestörtes Gleichgewicht* n, *Unausgeglichenheit* f
disestablish ['disis'tæbliʃ] vt *(Festeingerichtetes) abschaffen, aufheben* || *(Kirche) entstaatlichen* **~ment** [~mənt] s ⟨ec⟩ *Entstaatlichung* f
disfavour ['dis'feivə] **1.** s *Mißgunst* f, *Ungunst, Ungnade* f, *(to fall into* ~); *in* ~ *with in U. bei; in my* ~ *z m-n Ungunsten* **2.** vt *ungnädig behandeln* || *mißbilligen*
disfeature [dis'fi:tʃə] vt *entstellen*
disfiguration [dis,figjuə'reiʃən], **–urement** [dis'figəmənt] s *Entstellung, Verunstaltung* f || **–ure** [dis'figə] vt *entstellen, verunstalten*
disforest [dis'fɔrist] vt *(e–m Walde) das Forstrecht nehmen* || *(Land) entforsten, –walden; abholzen*
disfranchise ['dis'fræntʃaiz] vt *(e–r Stadt) die Freiheiten u Vorrechte entziehen* || *(jdm) das Wahlrecht nehmen; entrechten* **~ment** [dis'fræntʃizmənt] s *Entziehung der Vorrechte des Wahlrechtes; Entrechtung* f
disgorge [dis'gɔ:dʒ] vt/i || *ausspeien, ausstoßen* || *entladen (into)* || ⟨fig⟩ *wieder herausgeben; [a abs]* | vi *sich entladen (into)*
disgrace [dis'greis] **1.** s *Unehre, Schande* f *(to f); to bring* ~ *on a p jdm Sch. bereiten* || *unwürdige S or P, he is a* ~ *to er ist ein Schandfleck f* || *Ungnade* f; *to fall into* ~ *with in U. fallen bei* **2.** vt *(jdm) die Gnade entziehen; to be* ~d *in Ungnade fallen* || *entehren, schänden* **~ful** [~ful] *a (~ly adv) schändlich, schmachvoll, entehrend (for a p to do); to be* ~ *z Schande gereichen* **~fulness** [~fulnis] s *Unehre, Schande* f
disgruntled [dis'grʌntld] *a verstimmt, unzufrieden (at über)*
disguide [dis'gaid] vt *(Geschoß) aus der Bahn werfen,* → missile
disguise [dis'gaiz] **1.** vt *verkleiden (in in; as als); to* ~ *o.s. as sich verkleiden als* || *ent–, verstellen* || ⟨fig⟩ *verbergen (from a p jdm); verhüllen (one's opinion)* || ~d *restrictions [pl] verschleierte Beschränkung f* **2.** s *Verkleidung, Vermummung* f; *in* ~ *maskiert;* → *blessing* || ⟨fig⟩ *Maske, Verstellung f, Schein, Vorwand m (under the* ~ *of)*
disgust [dis'gʌst] **1.** s *Ekel, Widerwille m (at über, vor; for gegen); to take a* ~ *at e–n Ekel bek vor* **2.** vt *anekeln; it* ~s *me es ekelt mich (to do); to* ~ *a p with a th jdm etw zuwider m* || *to be* ~ed *Ekel empfinden (with vor, at über); sich sehr ärgern (with a p über jdn)* **~ful** [~ful] *a (~ly adv);* **~ing** [~iŋ] *a widerlich, ekelhaft; abscheulich* **~ingly** [~iŋli] *adv ekelhaft;* ⟨fam⟩ *entsetzlich; klotzig (~ rich)*

dish [diʃ] **1.** s *a. Schüssel, Platte* f || *fireproof* ~, *heatproof* ~ *feuerfestes Glas(gefäß n) n;* Pyrex ~, *vgl Jenaer Glas* || *Speise f, Gericht n (a* ~ *of fish)* || *made* ~ *bunte Schüssel mit Leckerbissen (she's a* ~ *sie ist ein L.)* || *side-* ~ *Zwischengericht n* || *standing* ~ *ständiges, tägliches G.* ⟨a fig⟩ **b.** *schüsselartige Höhlung* f; *Radsturz m* **c.** [attr] *~-cloth, ~-clout Abwasch–, Wischtuch n, Spüllappen m* || ~-cover *Schüsselstürze f, –deckel m* || ~-rag ⟨Am⟩ = ~-cloth || ~-washer ⟨Am⟩ *Spüler(in f) m, Geschirrspülmaschine* f || ~-water *Aufwaschwasser n* **2.** vt *anrichten, auftragen, auftischen* || ⟨fig⟩ *vereiteln; hintergehen, betrügen* || ⟨fam⟩ *(jdn) abtun, erledigen; niederwerfen* || ⟨tech⟩ *wölben* | *to* ~ *up* (⟨Am a⟩ *out) auftischen* ⟨a fig⟩ *(a story), (Speisen) auftragen*
dishabille [,disæ'bi:l] s *nachlässiges Gekleidetsein n (in* ~) || *Haus–, Morgenkleid n*
disharmony ['dis'hɑ:məni] s *Disharmonie* f
dishearten [dis'hɑ:tn] vt *entmutigen, niedergeschlagen m* **~ment** [~mənt] s *Entmutigung, Verzagtheit* f
dishevel [di'ʃəvəl] vt *zerzausen* **~led** [~d] *a (of hair) zerzaust, aufgelöst, fliegend; unordentlich; wirr*
dishonest [dis'ɔnist] *a (~ly adv) unehrlich, betrügerisch, unredlich;* ⟨fig⟩ *unsauber* | **~y** [~i] s *Unredlichkeit, Untreue, Unehrenhaftigkeit* f
dishonour [dis'ɔnə] **1.** s *Schmach, Schande f, Schimpf m; to bring* ~ *on .. [dat] Unehre m* || ⟨com⟩ *Nichteinlösung, Zahlungsverweigerung* f **2.** vt *entehren, schänden* | *beleidigen, verächtlich behandeln* || ⟨com⟩ *(Wechsel) nicht honorieren; (Wort) nicht einlösen* **~able** [~rəbl] *a (–bly adv) ehrlos; entehrend, schimpflich; gemein* || ~ *discharge* ⟨mil⟩ *Ausstoß m, Entlassung f wegen Wehrunwürdigkeit* f **~ableness** [~rəblnis] s *Schändlichkeit, Unehrenhaftigkeit* f
dishorn [dis'hɔ:n] vt *(T) der Hörner berauben*
dishouse [dis'hauz] vt *(jdn) der Wohnung berauben;* ~d *wohnungslos*
disillusion [,disi'lu:ʒən] **1.** s *Ernüchterung, Enttäuschung* f **2.** vt *v Illusionen befreien* || *ernüchtern* **~ize** [~aiz] vt = *to disillusion* **~ment** [~mənt] s *Enttäuschung (with über); Ernüchterung* f
disincentive [disin'sentiv] s *Abschreckungsmittel n* || [attr] *lähmend*
disinclination [,disinkli'neiʃən] s *Abneigung* f *(for, to gegen; to do)* **–cline** ['disin'klain] vt *abgeneigt m (for, to gegen; to do)* || ~d *abgeneigt*
disinfect ['disin'fekt] v *desinfizieren; (Saatgut) beizen* **~ant** [~ənt] **1.** *a desinfizierend* **2.** s ⟨chem⟩ *Desinfektionsmittel n* **~ion** [disin'fekʃən] s *Desinfektion* f || *seed* ~ *Saatgutbeize f, Beizen n v Saatgut*
disinfestation ['disinfes'teiʃən] s *Säuberung f (v Ungeziefer), Entwesung, Entlausung* f
disinflation [,disin'fleiʃən] s ⟨com⟩ *Deflation f* **~ary** [~əri] *a Inflati·on-verhütend, –hemmend;* ⟨euph⟩ *Deflations– (movement –Bewegung)*
disingenuous [,disin'dʒenjuəs] *a (~ly adv) unredlich, –aufrichtig, hinterlistig* **~ness** [~nis] s *Unredlichkeit* f
disinherit ['disin'herit] vt *enterben* **~ance** [~əns] s *Enterbung* f
disintegrate [dis'intigreit] vt/i || *auflösen, zersetzen* | vi *sich auflösen, sich zersetzen; bersten; verfallen* || **–ation** [dis,inti'greiʃən] s *Zersetzung, Auflösung f; Bersten n* || ⟨at⟩ *Zerfall m* || ⟨geol⟩ *Verwitterung, Zerstörung f;* ⟨fig⟩ *Zerstückelung f (of a novel)* || **–ator** [dis'intigreitə] s *Stampfmaschine* f
disinter ['disin'tə:] vt *wiederausgraben* || ⟨fig⟩ *ans Licht bringen* **~ment** [,disin'tə:mənt] s *Wiederausgrabung f* ⟨a fig⟩
disinterest [dis'intrist] vt *to* ~ *o.s. from a th*

e–r S sein Interesse versagen, uninteressiert s an etw || ⟨pol⟩ *auf (das Recht der) Intervention verzichten*

disinterested [dis'intristid] a (∼ly adv) *desinteressiert (in an)* || *unparteiisch*; ⟨jur⟩ *unbeteiligt (Zeuge)* || *selbstlos, nicht auf Lohn or Vorteil bedacht, uneigennützig* || ⟨Am fam *a*⟩ *uninteressiert* ∼**ness** [∼nis] s *Unparteilichkeit f* || *Uneigennützigkeit f*

disject [dis'dʒekt] vt *aus–e–a–reißen, zerstreuen*

disjoin [dis'dʒɔin] vt *trennen*

disjoint [dis'dʒɔint] vt *aus den Fugen bringen, ausrenken* || *aus–e–a–nehmen; trennen; zerlegen, zerstückeln* | ∼**ed** [∼id] a (∼ly adv) *zertrennt* || ⟨fig⟩ *unzus–hängend; zus–hangslos; wirr*

disjunction [dis'dʒʌŋkʃən] s *Trennung, Absonderung f* || –**tive** [dis'dʒʌŋktiv] a (∼ly adv) *trennend* || ⟨log & gram⟩ *disjunkt·iv*

disk, disc [disk] s *Wurfscheibe f, Diskus m* || *(of the sun) Scheibe f* || *runde Fläche f* || *Blatt n (e–r Kreissäge)* || ⟨num⟩ *Schrötling m* | *Dreh–, Signalscheibe f* || *(Metall-)Teller m*; ∼**-valve** *Tellerventil* || *runder Deckel m, runde Platte or Marke f* || ⟨telph⟩ *Nummern–, Wählscheibe* || *Grammophonplatte f* | ∼**-jockey** ⟨Am wir sl⟩ *Schallplattenansager m, Ansager eigener Schallplatten* || ∼**-thrower** ⟨arts⟩ *Diskuswerfer m*

dislike [dis'laik] **1.** vt *nicht lieben, nicht mögen* (a th; doing; to do) **2.** s *Widerwille m, Abneigung f (of gegen); to take a ∼ to e–e A. fassen gegen*

dislocate ['dislokeit] vt ⟨med⟩ *aus–, verrenken (to ∼ one's knee sich das Knie –)* || ⟨fig⟩ *in Verwirrung bringen, erschüttern* –**ation** [‚dislo'keiʃən] s *Verschiebung, –rückung*; ⟨geol⟩ *Dislokation f* || ⟨med⟩ *Verrenkung f* || ⟨fig⟩ *Verwirrung f*; ∼ *of traffic Verkehrsstörung f*

dislodge [dis'lɔdʒ] vt *entfernen; vertreiben, verjagen* (from *v*) || ⟨übtr⟩ *(Ziegel) lockern, losreißen* ∼**ment** [∼mənt] s *Entfernung; Vertreibung f*

disloyal ['dis'lɔiəl] a (∼ly adv) *treulos, ungetreu* (to a p *jdm*); *verräterisch* ∼**ty** [∼ti] s *Untreue* (to) f

dismal ['dizməl] **1.** a (∼ly adv) *düster, trübe* || *traurig, elend, schrecklich* **2.** s the ∼s [pl] *niedergeschlagene Stimmung f* ∼**ness** [∼nis] s *Düsterkeit f* || *Traurigkeit; Schrecklichkeit f*

dismantle [dis'mæntl] vt *entkleiden, entblößen (of a th e–r S); (Haus) vollständig ausräumen* || *(Schiff) abtakeln; niederreißen, abbrechen*; ⟨fort⟩ *(ein Fort) schleifen* –**ling** [∼iŋ] s *Demontage f*

dismast [dis'mɑːst] vt ⟨mar⟩ *(Schiff) des Mastes berauben*

dismay [dis'mei] **1.** vt *bange or bestürzt m, erschrecken* **2.** s *Bestürzung, Furcht f, Schreck m*

dismember [dis'membə] vt *zergliedern, zerstückeln* ∼**ment** [∼mənt] s *Zerstückelung f*

dismiss [dis'mis] vt *(jdn) fortschicken, verabschieden*; ⟨mil⟩ *wegtreten l,* ∼! *wegtreten!* || *(aus disziplinaren Gründen) entlassen* (from the army); *to be* ∼*ed the service aus dem Dienst entlassen w* || ⟨jur⟩ *ab–, zurückweisen, ablehnen; to ∼ with costs kostenpflichtig abweisen* | *(etw; jdn) ablehnen; (etw) abweisen* || *aufgeben; fallen l; (Frage) unbeantwortet l; über (etw) hinweggehen* || ⟨jur⟩ *(Berufung) abweisen* || *to ∼ bankruptcy* ⟨jur⟩ *Konkurs ablehnen* | ∼**al** [∼əl] s *Entlassung f (from aus)* || ⟨jur⟩ *Abweisung f*; ∼ *of an indictment Ablehnung f der Eröffnung der Hauptverhandlung* ∼**ible** [∼əbl] a *entlaß–, absetzbar*

dismount [dis'maunt] vi/t *absitzen, absteigen (from);* ∼! *absitzen!;* ∼*ed drill Fußexerzieren n;* ∼*ed messenger Melder m zu Fuß* | vt *absteigen v* (to ∼ a horse) || *vom Pferde werfen, aus dem Sattel heben* | *demontieren*

aus–e–a–nehmen | ∼ *line* ⟨tact⟩ *Fahrzeuggrenze f*

disobedience [‚diso'biːdjəns] s *Gehorsamsverweigerung f, Ungehorsam m (of, to gegen)* || –**ient** [‚diso'biːdjənt] a (∼ly adv) *ungehorsam (to gegen)*

disobey ['diso'bei] vt/i *ungehorsam s gegen (jdn), (jdn) nicht gehorchen; I will not be* ∼*ed ich dulde k–n Ungehorsam* || *(Befehl) nicht befolgen, verletzen, übertreten; (Vorschriften [dat]) zuwiderhandeln* | vi *nicht gehorchen*

disoblige ['diso'blaidʒ] vt *to ∼ a p ungefällig s gegen jdn; jdn verletzen, kränken* –**ging** ['diso'blaidʒiŋ] a (∼ly adv) *ungefällig, –freundlich, –artig* ∼**gingness** [∼nis] s *Ungefälligkeit f*

disorder [dis'ɔːdə] **1.** s *Unordnung, Verwirrung f* || *Aufruhr, Tumult m* || *körperl. or geistige Störung f; Krankheit f, Übel n* **2.** vt *in U. bringen; verwirren, stören* || *krank m, zerrütten; verderben, my stomach is* ∼*ed ich habe mir den M. verdorben* ∼**liness** [∼linis] s *Unordnung, Verwirrung f* ∼**ly** [∼li] **1.** a *verwirrt, unordentlich* || *gesetzwidrig; aufrührerisch* | *liederlich (conduct Lebenswandel);* ∼ *doings [pl] Zügellosigkeit f;* ∼ *house Bordell n;* ∼ *p gegen Ordnungsvorschriften verstoßende P* **2.** s *Ruhestörer, Raufbold m*

disorganization [dis‚ɔːgənai'zeiʃən] s *Auflösung, Zerrüttung f* –**ize** [dis'ɔːgənaiz] vt *auflösen, zerrütten* || *(Verkehr) stören, unterbinden*

disorientate [dis'ɔːriənteit] vt ⟨fig⟩ *(jdn) in ungewohnte Lage bringen; verwirren* | ∼**d** [∼id] a *(of churches) nicht nach Osten gerichtet* | ⟨fig⟩ *wirr, ziellos* –**tation** [–'teiʃən] ⟨psych⟩ *Desorientierung f (in Raum, Zeit & Person)*

disown [dis'oun] vt *verleugnen, nicht als sein eigen anerkennen, ablehnen (jds Autorität) nicht anerkennen*

disparage [dis'pæridʒ] vt *in Verruf bringen, verkleinern, herabsetzen* || *verachten, geringschätzen* ∼**ment** [∼mənt] s *Verruf m, Herabsetzung f* || *Verächtlichmachung f* || *no* ∼*, without* ∼ *to you ohne Ihnen nahetreten z wollen* –**aging** [dis'pæridʒiŋ] a (∼ly adv) *geringschätzend, –schätzig*

disparate ['dispərit] **1.** a (∼ly adv) *ungleichartig; unvereinbar (with)* **2.** s [mst pl] ∼*s verschiedene, unvergleichbare Dinge n pl*

disparity [dis'pæriti] s *Verschiedenheit, Ungleichheit f (in)* || ∼ *of number zahlenmäßiger Unterschied m*

dispart [dis'pɑːt] **1.** s *Visierwinkel m* || *Teil der Visiereinrichtung; (a* ∼*-sight)* ⟨mil⟩ *Richtkorn n* **2.** vt *auf ein genaues Maß bringen, kalibrieren*

dispart [dis'pɑːt] vt/i || *trennen or spalten* | vi *sich t.*

dispassionate [dis'pæʃnit] a (∼ly adv) *leidenschaftslos, ruhig, abgeklärt* || *unparteiisch, unbefangen*

dispatch, des– [dis'pætʃ] **1.** vt *ab–, versenden; befördern; is being* ∼*ed at once (Ware) wird sofort auf den Weg gebracht* || *schnell erledigen, abmachen* | *abtun, töten,* °*hinmachen* | *schnell aufessen, verzehren* **2.** s *(schnelle) Absendung, Abfertigung; schnelle Erledigung f* | *Töten n; happy* ∼ *Harak·iri n* | *Eile f (with* ∼ *eiligst)* || *Depesche f; by* ∼ *durch Eilboten* | ∼*es [pl]* → *hatches* | [attr] ∼*-boat Depeschenboot n* || ∼*-case Akten–,* ⟨mil⟩ *Meldetasche f* || ∼*-goods [pl] Eilgut n* || ∼*-rider* ⟨mil⟩ *Eildienst–, Motor–, Meldefahrer, Kradmelder m* || ∼*-r. service Kurierdienst m* || ⟨aero⟩ *Flugberatung f; air* ∼ *service Flugmeldedienst m*

dispauper(ize) [dis'pɔː'pɔ(raiz)] vt *(jdm) das Armenrecht entziehen*

dispel [dis'pel] vt *zerstreuen, zerteilen* || *(Zweifel etc) verbannen, –treiben*

dispensable [dis'pensəbl] a *erläßlich; entbehrlich, unwesentlich*

dispensary [dis'pensəri] s *Armenklinik* f ‖ *Apotheke* f

dispensation [‚dispen'seiʃən] s *Verteilung, Austeilung* f ‖ ⟨fig⟩ *Einrichtung, Fügung* (heavenly ~ *göttliche F.*); *Ordnung* f; *göttliche Gesetzes-* ‖ ⟨ec⟩ *Erlassung, Dispensation* f (with, from *v*) ‖ *Verzicht* m (with *auf*)

dispense [dis'pens] vt/i **1.** vt *verteilen,* (*Sakrament*) *austeilen; spenden, walten l* ‖ ⟨med⟩ *nach Rezept verfertigen* ‖ *entheben, befreien* (from) **2.** vi *Dispensation erteilen* ‖ *Medizin verabreichen* | to ~ with a th *etw erlassen; ohne etw fertig w; entbehren; verzichten auf etw;* it may be ~d with *es kann unterbleiben* **-ser** [dis'pensə] *Arzneihersteller* m ‖ soap ~ *Seifenspender* m **-sing** [dis'pensiŋ] a ~-chemist *Apotheker* m

dispeople [dis'pi:pl] vt *entvölkern*

dispersal [dis'pə:səl] s *Zerstreuung; Verbreitung* f (of seeds, etc) (over *über .. hin*); *Zersplitterung, Auflösung* f ‖ ⟨mil⟩ *Abmarsch* m (*v Truppen nach Übung*); *Aus–e–a–ziehen* n; ⟨tact⟩ *Auflockerung* f | ~ area *Abstellplatz* m, *Auflockerungsgebiet* n ‖ ~ landing field *Ausweichlandeplatz* m ‖ ~ pan, ~ bay *Abstellplatz* m

disperse [dis'pə:s] vt/i ‖ *zerstreuen,* to be ~d *zerstreut s* (over) ‖ *ver–, ausbreiten* ‖ (*Truppen*) *auflockern* (~d formation), ~d formation in depth (width) *Fliegermarschtiefe,* (*–breite*) f | vi *sich zerstreuen, zerstreut w; aus–e–a–gehen* **~dly** [~idli] adv *hier u da; verstreut*

dispersion [dis'pə:ʃən] s *Zerstreuung; Farben–| Streuung* f (*beim Schießen*) ‖ ⟨fig⟩ *Ver–, Ausbreitung* f ‖ measure of ~ ⟨stat⟩ *Streuungsindex* m, *–maß* n **-sive** [dis'pə:siv] a (~ly adv) *zerstreuend, Zerstreuungs–* **-sivity** [‚dispə:'siviti] s *Beugungsdifferenz* f

dispirit [dis'pirit] vt *entmutigen, niederdrücken* **~ed** [~id] a (~ly adv) *mutlos*

displace [dis'pleis] vt *versetzen, verrücken* ‖ (*jdn*) *entheben, absetzen, entlassen* ‖ (*Wasser*) *verdrängen* ‖ *ersetzen* ‖ ~d p (abbr DP) *Zwangsumsiedler(in* f) m, *Verschleppte(r* m) f **~ment** [~mənt] s *Versetzung, –rückung, –schiebung, –schleppung* f; ~ of population *Umsiedlung* f ‖ *Absetzung, Ersetzung* f; *Ersatz* m ‖ ⟨psych⟩ *Übertragung* f ‖ ⟨mar⟩ *Wasserverdrängung* f, *Deplacement* n (a ship with a ~ of) ‖ → activity ‖ ~ correction ⟨artill⟩ *Parallaxverbesserung* f

display [dis'plei] **1.** vt *ausbreiten, entfalten; ausstellen, z Schau aushängen* ‖ *zeigen; entfalten, erkennen l, offenbaren* ‖ ⟨typ⟩ *hervorheben* ‖ (*Radar*) *wiedergeben* **2.** s *Entfaltung, Schaustellung* f ‖ ⟨eth⟩ *Imponiergehaben* n ‖ (*Radar-*) *Wiedergabe* f, *Bildschirm* m ‖ *Pomp, Prunk* m; to make a great ~ *großen P. entfalten;* to make great ~ of a th *etw auffällig or berechnend z Schau tragen* | ~ board *Schautafel* f, *Anschlagbrett, „Schwarzes Brett"* n ‖ ~ box *Aushängekasten* m ‖ ~ cabinet *Glasschrank, Schaukasten* m ‖ ~ handkerchief *Ziertaschentuch* n ‖ ~ man *Schaufensterdekorateur* m ‖ ~ system (*Radar-*) *Wiedergabeanlage* f

displease [dis'pli:z] vt (*jdn*) *mißfallen* ‖ (*Geschmack*) *verletzen;* (*Auge*) *beleidigen* ‖ to be ~d *unzufrieden, ungehalten s* (at, with *über*) **-sing** [dis'pli:ziŋ] a (~ly adv) *mißfällig, anstößig, unangenehm* **-sure** [dis'pleʒə] **1.** s *Mißfallen* (of *über*); to incur a p's ~ *sich jds M. zuziehen; Mißvergnügen* n ‖ *Unwille, Verdruß* m (at, over *über*) **2.** vt to ~ a p *jds Mißfallen erregen*

displume [dis'plu:m] vt ⟨poet⟩ *der Federn berauben; entfiedern*

disport [dis'pə:t] vrefl/i ‖ to ~ o.s. *sich belustigen* | vi *sich belustigen, sich vergnügen*

disposable [dis'pouzəbl] a *dispon·ibel, verfügbar* ‖ *nach Gebrauch wegzuwerfen(d), einmalig z benutzen(d)* (*Windel* etc)

disposal [dis'pouzəl] s *Erledigung* (of a th *e–r S*); *Beseitigung,* ⟨bes at⟩ *Ableitung* f (of waste) ‖ *Übergabe, Veräußerung* f, *Verkauf* m ‖ *Macht* f, *freie Verfügung* (of *über*); to be at a p's ~ *jdm z V. stehen;* to place at a p's ~ *jdm z V. stellen* ‖ *Anordnung; Verwendung* f | ~ list ⟨off, mil⟩ *Liste* f *über Aktenverbleib* ‖ ~ standard *festgelegte Aufbewahrungszeit* f f *Akten*

dispose [dis'pouz] vt/i **1.** vt (*etw*) *zurechtlegen* ‖ *anordnen, verteilen; einrichten* | (*jdn*) *geneigt m, bewegen, verleiten* (to *zu;* to do) **2.** vi a. *verfügen; ordnen, lenken;* man proposes, God ~s *der Mensch denkt, Gott lenkt* b. to ~ of *Gewalt h über, verfügen über;* (*etw*) *veräußern;* to ~ of a th by will *etw testamentarisch vermachen* ‖ *endgültig erledigen; beseitigen, abtun* ‖ *wenden* ‖ *wegschaffen, wegschicken* ‖ (*jdn*) *vernichten* ‖ (of food) *verzehren; trinken* ‖ *verwerten, veräußern* | **~d** [~d] a *geneigt, bereit* (to *z*) ‖ *ill–* ~ *schlecht gelaunt, mürrisch* ‖ *well–* ~ *gut gestimmt* ‖ ~ of *verfügt, –äußert* **~dly** [~idli] adv: very ~, high and ~ *würdevoll*

disposing [dis'pouziŋ] a ⟨jur⟩ ~ mind (*bei Testamentserrichtung*) *voller Besitz* m *der Geisteskräfte*

disposition [‚dispə'ziʃən] **1.** s *Anordnung, Einrichtung, Ein–, Verteilung* f; *Anlage* f, *Plan* m ‖ ⟨eth⟩ (innate) ~ to learn *Lernvermögen* n ‖ ⟨mil⟩ *Aufstellung* f; ~ in depth ⟨tact⟩ *Tiefengliederung* f ‖ ⟨jur⟩ power of ~ *Verfügungsbefugnis* f; testamentary ~ *letztwillige Verfügung* f ‖ ~s [pl] *Dispositionen, Vorbereitungen, Vorkehrungen* f pl (to make ~s *V. treffen* [to do]) **2.** *Verleihung* (*durch Urkunde*) f **3.** *freie Verfügung, Gewalt* f (of *über*) **4.** *Gemüts–, Natur–, Charakteranlage* f; *Fähigkeit; Neigung* f, *Hang* m (to *z;* to do)

dispossess [‚dispə'zes] vt *aus dem Besitz vertreiben; enteignen* ‖ ⟨fig⟩ *berauben* (of a th) ‖ *befreien* (of *v*) ‖ (*Vorurteil*) *ver–, austreiben* **~ion** [‚dispə'zeʃən] s *Entsetzung, –eignung; Beraubung* f (from a th *e–r S*)

dispraise [dis'preiz] **1.** vt *tadeln; herabsetzen* **2.** s *Herabsetzung, Geringschätzung;* in ~ *geringschätzig* ‖ *Tadel* m

disproof ['dis'pru:f] s *Widerlegung* f

disproportion ['dispro'pə:ʃən] s *Mißverhältnis* n **-ate** [‚dispro'pə:ʃnit] a (~ly adv) *unverhältnismäßig;* to be ~ to *nicht im Verhältnis stehen z* | *übertrieben* (views)

disprove ['dis'pru:v] vt *als falsch erweisen; widerlegen*

disputable [dis'pju:təbl] a (~bly adv) *strittig, bestreitbar; unsicher* **-ant** [dis'pju:tənt] **1.** a *disputierend* **2.** s *Streiter, Disputant* m **-ation** [‚dispju'teiʃən] s *Disputation* f, *Wortstreit* m **-atious** [‚dispju'teiʃəs], **-ative** [dis'pju:tətiv] a (~ly adv) *streitsüchtig* **-ativeness** [~nis] s *Streitsucht* f

dispute [dis'pju:t] **1.** vi/t ‖ *disputieren, debattieren* (with, against a p; on *über*) ‖ *sich streiten* (about *um*); *zanken* | vt *erörtern, diskutieren* ‖ *widerstehen, widerstreben* | *bestreiten, in Zweifel ziehen* ‖ *beanstanden* | to ~ a th to a p *jdm etw streitig m; streiten um* (*etw*) **2.** s *Kontroverse, Debatte* f; *heftiger Streit* m | Trade ~s (= strikes and lock-outs) *Streiks u Aussperrungen* pl (Trade ~s Act 1906) | *matter od point in* ~ *strittige, umstrittene S* f, *streitiger Punkt* m; *Streitfall* m ‖ beyond, past, without ~ *unstreitig, fraglos;* in ~ *streitbefangen*

disqualification [dis‚kwɔlifi'keiʃən] s *Unfähigmachung* f ‖ *Untauglichkeit* f (for *f*) ‖ ⟨sport⟩

Ausschließung f, (*Wertungs-)Ausschluß* m ‖ *Grund z Ausschluß*; *Nachteil* m (for *f*) –*fy* [dis-'kwɔlifai] vt *unfähig, untüchtig m* (for *z*) ‖ *f untauglich erklären* (for *z*); to be –*fied untauglich s* (for); he was –*fied from driving ihm wurde der Führerschein entzogen* (for 2 years *auf* ..) ‖ 〈sport〉 *ausschließen*

disquiet [dis'kwaiət] **1.** vt *beunruhigen* **2.** a **unruhig* **3.** s *Unruhe, Gärung*; *Angst* f ~**ude** [dis'kwaiitju:d] s *Unruhe* f

disquisition [ˌdiskwi'ziʃən] s *lange, eingehende Abhandlung* or *Rede* f (on a th *über etw*) ~**al** [~l] a *nach Art e–r Abhandlung*; *erklärend*; *eingehend*

disrate [dis'reit] vt 〈mar〉 *degradieren*

disregard [ˌdisri'gɑːd] **1.** vt *mißachten, nicht beachten* ‖ *nicht achten auf, außer acht l*; (*e–r S*) *k–e Beachtung schenken*; *nicht anrechnen* **2.** s *Miß–, Nichtachtung* (of, for *vor, gegenüber*); *Vernachlässigung*; *Geringschätzung* (of, for *gegenüber, für*) ~**ful** [~ful] a (~ly adv) *unachtsam* ‖ *nicht achtend* (of *auf*); to be ~ of *mißachten, vernachlässigen*

disrelish [dis'reliʃ] **1.** s *Abneigung* f, *Widerwille* m (for *gegen*) **2.** vt *Abneigung empfinden vor*

disremember [ˈdisri'membə] vt/i 〈AIr, bes Am〉 *vergessen*

disrepair [ˈdisri'pɛə] s *Baufälligkeit* f (to be in ~); *Verfall* (to fall into ~)

disreputability [disˌrepjutə'biliti] s *Unehre* f; *schlechter Ruf* m –**able** [dis'repjutəbl] a (–ably adv) *v schlechtem Ruf, unsittlich, verrufen* ‖ *schimpflich, niedrig, gemein* ‖ ~ *life ehrloser Lebenswandel*

disrepute [ˈdisri'pju:t] s *Verruf* m ‖ *Unehre, Schande* f

disrespect [ˈdisris'pekt] **1.** s *Unehrerbietigkeit* (to *gegen*); *Nichtachtung, Geringschätzung* f (to *gegenüber*) **2.** vt *nichtachten, geringschätzig behandeln* ~**ful** [~ful] a (~ly adv) *unehrerbietig*; *unhöflich*; *rücksichtslos* (to *gegen*) ~**fulness** [~fulnis] s *Unehrerbietigkeit* f

disrobe [dis'roub] vt/i ‖ *entkleiden* (from, of *v*); to ~ o.s. *sich entkleiden* ‖ 〈fig〉 *befreien* (of *v*) ‖ vi *sich entkleiden*

disroot [dis'ru:t] vt *entwurzeln* ‖ 〈fig〉 *entfernen*; *vertreiben*

disrupt [dis'rʌpt] vt (*aus–e–a–)sprengen, spalten*; 〈fig〉 *aus–e–a–, zerreißen*; *trennen* ‖ to ~ the economy *die Wirtschaft zerrütten* ‖ 〈mil〉 (*Verkehrsverbindungen des Feindes) unterbrechen* ~**ion** [dis'rʌpʃən] s *Zerreißung, –schlagung, –setzung*; *Spaltung* f ‖ *Zerrissenheit* f ‖ *Zerrüttung* f ~**ive** [~iv] a (*zer)spaltend*; 〈el〉 *disruptiv*; to be ~ of 〈fig〉 *auflösen*

dissatisfaction [ˈdisˌsætisˈfækʃən] s *Unzufriedenheit* f (at, over, with *über, mit*) –**tory** [ˈdisˌsætisˈfæktəri] a (–torily adv) *unbefriedigend*

dissatisfy [dis'sætisfai] vt *nicht befriedigen*; *unzufrieden, verdrießlich m*; (*jdm*) *mißfallen* ‖ –**fied** [~d] a *unzufrieden* (with, at); *verdrießlich*

dissect [di'sekt] vt *zerlegen, zergliedern*; 〈com〉 *verteilen* ‖ 〈anat〉 *sezieren* ‖ 〈fig〉 *zergliedern, analysieren* ~**ing** [~iŋ] s [attr] ~-knife 〈anat〉 *Seziermesser* n; ~-room –*raum* m ~**ion** [di'sekʃən] s *Zerlegung* f ‖ 〈anat〉 *Sezieren* n; *Sektion* f ‖ 〈fig〉 *Zergliederung* f ~**or** [di-'sektə] s *Zergliederer* m ‖ *Sezierer* m

disseise, –eize [ˈdisˈsiːz] vt 〈jur〉 *widerrechtlich enteignen*; *berauben* (of a th *e–r S*); *aus dem Besitz vertreiben*

disseisin, –zin [ˈdisˈsiːzin] s 〈jur〉 *Besitzberaubung* f

dissemblance [di'sembləns] s *Unähnlichkeit, Verschiedenheit* f (between) ‖ *Verstellung* f

dissemble [di'sembl] vt/i ‖ *verhehlen, verbergen, nicht merken l* (that) ‖ vi *sich*

verstellen, heucheln; –ling *heuchlerisch* ‖ ~**r** [~ə] s *Heuchler* m ‖ *Verhehler* m

disseminate [di'semineit] vt (*Saat) ausstreuen* ‖ 〈fig〉 (*Lehre) verbreiten, aussprengen* ‖ ~**d** 〈minr〉 *eingesprengt* –**ation** [diˌsemi'neiʃən] s *Ausstreuung*; *Verbreitung* f (z. B. v *Nachrichten*) –**ator** [di'semineitə] s *Ausstreuer, Verbreiter* m

dissension [di'senʃən] s *Uneinigkeit* f, *Zwist* m ‖ ~**s** [pl] *Unstimmigkeiten* f pl

dissent [di'sent] **1.** vi *anderer Meinung s* (from *als*), *nicht übereinstimmen* (from *mit*) ‖ 〈ec〉 *v der established church abweichen* **2.** s *Meinungsverschiedenheit* f ‖ 〈ec〉 ~ *der Dissˈent* m, *Abweichung* f *v der established church*; *die Dissenters* pl ‖ ~**er** [~ə] s 〈ec〉 *Dissident, Dissenter, Nonkonformˈist* m ‖ 〈Am〉 = *dissentient* **2.** ~**ient** [di'senʃiənt] **1.** a *andersdenkend* (*als die Majorität*), without a ~ *vote einstimmig* ‖ *abweichend*; *nicht übereinstimmend*; ~ *Liberals* = *Liberal Unionists* **2.** s *Andersdenkender* m; *abweichende Stimme* f ~**ing** [~iŋ] a (~ly adv) *abweichend* ‖ ~ *minister* 〈ec〉 *nonkonformistischer Geistlicher* m

dissepiment [di'sepimənt] s 〈bot & zoo〉 *Scheidewand* f (*in Organen etc*)

dissert [di'səːt] vi *sich auslassen, schreiben* (upon *über*) ~**ate** ['disəteit] vi = to *dissert* ~**ation** [ˌdisə'teiʃən] s *gelehrte Abhandlung, Dissertation* f (on *über*)

disserve [ˈdisˈsəːv] vt (*jdm*) *e–n schlechten Dienst erweisen*; *schaden* –**vice** [ˈdisˈsəːvis] s *schlechter Dienst* (to a th; to a p); to do a p a ~ *jdm e–n schlechten D. erweisen* ‖ *Nachteil* m

dissever [ˈdisˈsevə] vt *trennen, absondern* (from *von*); *teilen* (into *in*) ~**ance** [~rəns], ~**ment** [~mənt] s *Trennung, Absonderung* f

dissidence ['disidəns] s *Meinungsverschiedenheit*; *Uneinigkeit* f –**ent** ['disidənt] **1.** a *abweichend* (from *von*); to be ~ *anderer Meinung s* **2.** s *Andersdenkender*; *Dissident*; *Dissenter* m

dissight [di'sait] s *unschönes Ding* n, *Schandmal* n

dissimilar ['di'similə] a (~ly adv) *ungleich-* (*artig), unähnlich* (to); *verschieden* (to, from *v*) ~**ity** [ˌdisimi'læriti] *Ungleichheit, Verschiedenartigkeit* (to *v*); *Verschiedenheit* f

dissimilate [di'simileit] vt 〈phil〉 *dissimilieren, unähnlich m* –**ation** ['disimi'leiʃən] s 〈phil〉 *Dissimilation* f

dissimilitude [ˌdisi'militju:d] s *Verschiedenartigkeit* f

dissimulate [di'simjuleit] vt/i ‖ (*Gefühl) verdecken, verbergen* ‖ vi *heucheln, sich verstellen* –**ation** [diˌsimju'leiʃən] s *Verstellung, Heuchelei* f

dissipate [di'sipeit] vt/i ‖ *zerstreuen, zerteilen* ‖ 〈übtr〉 (*Sorge) vertreiben, –bannen* ‖ *auflösen, vernichten* ‖ 〈fig〉 *vergeuden, verschwenden* ‖ *sich zerstreuen*; *zerstreut w*; *sich auflösen* (into); 〈mil〉 *sich zersplittern* (v *Truppen*); *sich verflüchtigen* (z. B. v *Nebel*) ‖ 〈fig〉 *sich zerstreuen*; *sich Ausschweifungen hingeben* ‖ ~**d** [~id] a *liederlich, ausschweifend* –**ation** [ˌdisi'peiʃən] s *Zerstreuung* f ‖ *Verflüchtigung*; *Zerteilung*; *Vertreibung* f ‖ *Verschwendung* (of powers, money etc) f ‖ ~ of *forces* 〈tact〉 *Kräftezersplitterung* f ‖ ~ of *heat Wärmeableitung* f ‖ *Amüsement* n, *Zeitvertreib* m ‖ *Ausschweifung* f –**ative** ['disipeitiv] a *zerstreuend, –teilend*

dissociable 1. [di'souʃiəbl] a *trennbar, z trennen(d)* **2.** [di'souʃəbl] a *unsozial* –**ate** [di'souʃieit] vt *trennen, absondern* (from); to ~ o.s. *sich lossagen, abrücken* (from) ‖ 〈psych〉 ~**d** *personality Persönlichkeit mit Doppelbewußtsein* –**ation** [diˌsousi'eiʃən] s *Trennung, Absonderung* f ‖ 〈psych〉 *Dissoziation* f; *Störung* f *der Assoziation*; *Doppelbewußtsein* n

dissolubility [diˌsɔlju'biliti] s *Auflösbarkeit*,

Trennbarkeit f ‖ **-uble** [di'sɔljubl] a (*auf*)*lösbar*; *trennbar* (marriage)

dissolute ['disɔlu:t] a (~ly adv) *liederlich, ausschweifend* **~ness** [~nis] s *Ausschweifung, Liederlichkeit* f

dissolution [‚disɔ'lu:ʃən] s *Auflösung*; *Zersetzung* f ‖ ⟨übtr⟩ (of marriage) *Auflösung* f (*der ehelichen Gemeinschaft*); *Trennung* f ‖ ⟨fig⟩ *Auflösung, Aufhebung* f (the ~ of Parliament) ‖ *Zerstörung* f; *Tod* m

dissolvable [di'zɔlvəbl] a *auflösbar, –löslich*

dissolve [di'zɔlv] **1.** vt/i ‖ *auflösen; schmelzen*; to be ~d in tears *in Tränen aufgelöst s* ‖ (*Versammlung*) *auflösen, aufheben* ‖ ⟨film⟩ (*Bild*) *abblenden; überblenden, übergehen l* (into another) ‖ (*Ehe*) *scheiden, lösen*; *aufheben, umstoßen* | vi *sich auflösen*; *schmelzen* ‖ *hin–, verschwinden, –gehen* ‖ (of parliament) *sich auflösen*; *aus–e–a–gehen* **2.** s ⟨film⟩ *Verschwindenlassen n*; *Überblendung f, Übergehenlassen e–s Bildes* (*in ein anderes*) **-vent** [di'zɔlvənt] **1.** a *auflösend* ‖ ⟨fig⟩ *zersetzend* **2.** s ⟨chem⟩ *auflösende Substanz* f (*a fig*); to act as a ~ *auflösend wirken* (upon *auf*)

dissonance ['disənəns] s *Dissonanz* f, *Mißklang* m ‖ ⟨fig⟩ *Uneinigkeit* f **-ant** ['disonənt] a (~ly adv) *mißtönend, dissonant* ‖ ⟨fig⟩ *abweichend* (from, to *v*)

dissuade [di'sweid] vt to ~ a p *jdm abraten* (from *v*; from doing *z tun*); *jdn abbringen* (from *von*) **-asion** [di'sweiʒən] s *Abraten n* (from *v*); *Abbringen n*; *warnender Rat* m **-asive** [di'sweisiv] a (~ly adv) *abratend*

dissyllabic ['disi'læbik] a → *disy–*

dissymmetrical ['disi'metrikəl] a *unsymmetrisch* ‖ *gleichförmig in entgegengesetzten Richtungen* **-try** [di'simitri] s *Mangel* m *an Symmetrie* f ‖ *Gleichförmigkeit* f *in entgegengesetzten Richtungen*

distaff ['dista:f] s [pl ~s] *Spinnrocken* m, *Kunkel* f ‖ ⟨fig⟩ *Frauenarbeit* f ‖ the ~-side *weibliche Linie* (*e–r Familie*; *Ggs* spear-side) f

distal ['distəl] a ⟨anat⟩ *v der Körpermitte entfernt gelegen* (*Ggs* proximal); *vordere* (part, end)

distance ['distəns] **I.** s **1.** *Entfernung* f (from *v*); *Ferne* f ‖ *Abstand* (within striking ~), *Zwischenraum* m, ⟨sport⟩ *Strecke* f, to cover a ~ *e–e Str. zurücklegen* ‖ ~ (to be) flown *Flugentfernung* f ‖ ⟨racing⟩ *Distanz* f | ⟨fig⟩ *Distanz, Reserve, Zurückhaltung* f ‖ ⟨arts⟩ *Hintergrund*; *Zwischenraum* m ‖ ⟨mil⟩ *Abstand*; ~ between march units *Marschabstand* m | *Zeitraum* m; *Ferne* f ‖ ⟨mus⟩ *Intervall n* **2. Wendungen:** a good ~ off *ziemlich weit entfernt* | [*nach prep*] **at** a ~ *v weitem, v ferne, weit entfernt* (from *v*); ⟨fig⟩ to keep at a ~ *sich* (*jdn*) *vom Leibe halten* ‖ at an equal ~ *gleich weit* ‖ at this ~ of time *bei diesem Zeitabstand* | **from** a ~ *aus einiger Entfernung* ‖ **in** the ~ *in der Ferne* ‖ in the middle ~ ⟨paint⟩ *im Mittelgrund* (*Ggs* fore–, background) ‖ **to** some ~ *bis in einige Entfernung* ‖ **to keep** one's ~ *Distanz halten*; *zurückhaltend s* ‖ **to know** one's ~ *wissen, wie weit man gehen darf* **3.** [attr] ~ measuring equipment (abbr DME) *Entfernungsmeßgerät n* ‖ ~-post *Distanzpfahl* m; short-~ [attr] *Nah–* (traffic) ‖ long-~ truck driver *Fernlastfahrer* m **II.** vt *sich distanzieren v*; *hinter sich l* ‖ ⟨fig⟩ *überholen, überflügeln*

distant ['distənt] a (~ly adv) *entfernt* (from *v*); two miles ~ *zwei Meilen weit* (*entfernt*) ‖ *fern* ‖ ~ air reconnaissance *strategische Luftaufklärung* f ‖ ~ control *Fernsteuerung* f ‖ ~ reading compass *Fernkompaß* m ‖ ~ signal ⟨rail⟩ *Vorsignal* n (*Scheibensignal*) | ⟨fig⟩ *entfernt*; *gering, unbedeutend*; ~ relation *entfernte(r)*, *weitläufige(r) Verwandte(r* m) f; ~ resemblance *entfernte Ähnlichkeit* f ‖ *zurückhaltend, kalt*

distaste [dis'teist] s *Widerwille* m (for *gegen*)

~ful [~ful] a (~ly adv) *dem Geschmack zuwider* ‖ *ekelhaft, widerwärtig, zuwider* (to a p *jdm*) **~fulness** [~fulnis] s *Widerwärtigkeit* f; *Unangenehmes* n

distemper [dis'tempə] **1.** vt [*mst pp*] (*jdn*) *verstimmen* ‖ *krank m, zerrütten* **2.** s *Verstimmung* f ‖ *Unpäßlichkeit, Krankheit* f ‖ (in dogs) *Staupe* f ‖ *politische Unruhe* f | **~ed** [~d] a *unpäßlich, krank* ‖ (of the brain) *zerrüttet, gestört* ‖ ⟨fig⟩ *wirr, verirrt*

distemper [dis'tempə] **1.** s *Tempera–, Wasserfarbe* f (to paint in ~); *Temperamalerei* f **2.** vt *mit Wasserfarben streichen, in Temperamanier malen*

distend [dis'tend] vt/i ‖ *ausdehnen,* (*Ballon*) *aufblasen* | vi *anschwellen, sich ausdehnen*

distensibility [dis‚tensi'biliti] *Ausdehnbarkeit* f **-sible** [dis'tensəbl] a *dehn–, ausdehnbar* **-sile** [dis'tensil] a *ausdehnbar*; *sich ausdehnend* ‖ **-sion** [dis'tenʃən] s *Strecken* n; *Ausdehnung*; *Weite* f

distich ['distik] s *D·istichon* n; *Doppelvers* m **~ous** [~əs] a ⟨bot⟩ *in 2 Reihen angeordnet*

distil [dis'til] vi/t **1.** vi *traufen, triefen, herabtropfen, rinnen, rieseln* **2.** vt *herabträufeln l, herabtropfen l*; *langsam strömen l*; to be ~led *sich niederschlagen* (on *auf*) ‖ ⟨chem⟩ *destillieren*; *brennen* | ⟨fig⟩ *das Beste entnehmen, abziehen aus*; *aussieben* ‖ *gewinnen, erhalten* (from *aus*) **~late** ['distilit] s *Destillʹat n* **~lation** [‚disti'leiʃən] s ⟨chem⟩ *Destillieren n*; *Destillation* f; ⟨fig⟩ *Extrakt, Auszug* m **~ler** [dis'tilə] s *Destillateur, Branntweinbrenner* m ‖ ~'s wash *Kartoffelschlempe* f **~lery** [~əri] s *Branntwein–, Whiskybrennerei* f

distinct [dis'tiŋkt] a (~ly adv) *unter–; verschieden* (from) ‖ *getrennt, einzeln* ‖ *deutlich*; *klar*; *bestimmt*; *entschieden, ausgeprägt* **~ion** [dis'tiŋkʃən] s *Unterscheidung* f ‖ *Unterschied* m (to draw a ~ *between e–n U. m zw*), ~ without a difference *ein nur nomineller U.* ‖ *unterscheidendes Merkmal* (*Name, Titel*) | *ausgezeichnete Leistung* f ‖ *Auszeichnung, Würde, Bedeutung* f, *Ruf* m ‖ *auszeichnende Eigenschaft, Qualität* f; *Vornehmheit*; (of style) *Individualität* f **~ive** [~iv] a (~ly adv) *unterscheidend, besonder*; *charakteristisch, ausgeprägt, spezifisch*; *bezeichnend* (of *f*); to be ~ of *kennzeichnen* **~iveness** [~ivnis] s *Deutlichkeit, charakteristische Eigentümlichkeit* f **~ness** [~nis] s *Deutlichkeit*; *Klarheit*; *Bestimmtheit* f

distinguish [dis'tiŋgwiʃ] vt/i **1.** vt *unterscheiden* (from *v*) ‖ *kennzeichnen, charakterisieren* ‖ *erkennen, sehen, bemerken* | *auszeichnen*; to ~ o.s. *sich auszeichnen*; to be ~ed *ausgezeichnet w*; *sich auszeichnen* (by) **2.** vi *unterscheiden* (to ~ rigorously *streng* ~), *e–n Unterschied m* (between) **~able** [~əbl] a (–bly adv) *unterscheidbar* ‖ *einteilbar* (into) ‖ *bemerkbar, kenntlich* **~ed** [~t] a *bemerkenswert* (for *wegen*; by *durch*); *kenntlich* (by *an*) ‖ *hervorragend*; *berühmt* ‖ *distinguiert, vornehm* ‖ ~ p *hochstehende Persönlichkeit* f ‖ ~ Flying Cross *Fliegervordienstkreuz* n ‖ ~ marksman *Scharfschütze* m ‖ ~ Service Cross (Medal) ⟨Am⟩ *Militärverdienstkreuz* n (*–medaille*) ‖ ~ Service Order (abbr D.S.O.) *Verdienstorden* m (*seit 1886*) f *Offiziere*; ~ Service Medal (abbr D.S.M.) *Verdienstmedaille* f **~ing** [~iŋ] a *unterscheidend*; *charakteristisch*

distoma ['distomə] s L ⟨zoo⟩ *Saugwurm* m

distort [dis'tɔ:t] vt/i ‖ *verdrehen, verbiegen, verrenken* ‖ ⟨tech⟩ *deformieren* ‖ ⟨fig⟩ (*Tatsachen*) *verdrehen*; *entstellen* | vi *sich verziehen, sich werfen, sich verzerren* **~ion** [dis'tɔ:ʃən] s *Verdrehung, –werfung, –zerrung, –biegung* f, ⟨geol⟩ *Verbiegung* f; ⟨opt⟩ *–zeichnung, –zerrung* (~-free *verzerrungsfrei*) ‖ ⟨fig⟩ *–drehung, –zerrung, Entstellung* f ‖ ~ of truth *wissentlich* *falsche (Sach-) Darstellung* f **~ionist** [dis'tə:ʃənist] s *Gliederakrobat, Schlangenmensch* m

distract [dis'trækt] vt *(Aufmerksamkeit) ablenken* (from) || *aus–e–a–reißen; beunruhigen;* ⟨fig⟩ *verwirren, quälen; zerrütten* || *to be ~ed gequält w* (with pain), *außer sich s* (with *vor*, at *über*) | **~ed** [~id] a (~ly adv) *verstört; zerrüttet; wahnsinnig* (to drive ~ *w. m*) **~ion** [dis-'trækʃən] s *Zerstreutheit* || *Zerstreuung, Ablenkung; Erholung* f || *Verwirrung* f; *(innere) Zerrüttung* f; *Wahnsinn* m; to ~ *bis z Raserei, rasend* (to love to ~ *r. lieben*)

distrain [dis'trein] vi ⟨jur⟩ *pfänden* (on a p *jdn*; for *wegen*); *mit Beschlag belegen* (on a th *etw*) **~able** [~əbl] a *mit Beschlag belegbar; pfändbar* **~ee** [,distrei'ni:] s *der Gepfändete* m **~er** [~ə], **~or** [,distrei'nɔ:] s ⟨jur⟩ *Pfänder* m

distraint [dis'treint] s ⟨jur⟩ *Pfändung, Beschlagnahme, Zwangsvollstreckung* f

distrait [dis'trei] a *in Gedanken, zerstreut*

distraught [dis'trɔ:t] a *zerrüttet* (with *v*); *heftig erregt* || *wahnsinnig, toll*

distress [dis'tres] **1.** s *(Seelen-)Kummer* m, *Trübsal, Qual* f (to *für*) || *(Körper-)Schmerz* m || *Elend* n, *Not* f; *Unglück* n; *Notlage* f, *–stand* m | *Gefahr, Seenot* f | ⟨jur⟩ *Beschlagnahme, Pfändung, Zwangsvollstreckung* f; to levy a ~ on a th ⟨jur⟩ *etw mit Beschlag belegen, .. a ~ on a p jdn pfänden* l | [attr] ~ *frequency* ⟨wir⟩ *Notfrequenz* f || **~-gun**, **~-rocket**, **~-signal** ⟨mar⟩ *Notsignal* (of a ship) n **2.** vt *plagen, quälen, betrüben*; to ~ *o.s. sich beunruhigen* (about *über*) || *erschöpfen* || ⟨jur⟩ *mit Beschlag belegen, pfänden* | **~ed** [~t] a (~ly [–sidli] adv) *unglücklich, bedrängt; notleidend* || *tief betrübt* || ~ *aircraft in Not befindliches Flugzeug* n || ~ *area Notstandsgebiet* n **~ful** [~ful] a (~ly adv) *schmerzlich, qualvoll; unglücklich, jämmerlich* **~ing** [~iŋ] a (~ly adv) *drückend; schmerzlich*

distributable [dis'tribjutəbl] a *ver–, austeilbar* **–utary** [–təri] s *(Fluß-)Mündungsarm* m **–ute** [dis'tribju:t] vt *ausschütten; aus–, verteilen* (among *unter*; to an); ⟨tact⟩ *gliedern*; to be ~d *verteilt, –breitet s* (over); ~d in depth ⟨tact⟩ *tiefgegliedert; –ting point Verteiler–, Ausgabestelle; –ting station Verteilerbahnhof* m || *zuteilen, spenden* | *einteilen* (into *in*) || ⟨typ⟩ *ablegen* | ~d charge *gestreckte Ladung* f; ~ *fire* ⟨artill⟩ *Breitenfeuer* n **–utee** [,distribju'ti:] s *Intestaterbe* m *(des aus beweglichen Sachen bestehenden Nachlasses)*

distribution [,distri'bju:ʃən] s *Aus–, Zu–, Verteilung* f; *Güterverteilung* || *Aus–, Verbreitung* f || *Einteilung* f | ⟨film etc⟩ *Verleih, –trieb* m || ⟨log⟩ *Anwendung e–s Begriffs auf jeden einzelnen u alle e–r Klasse* || ⟨typ⟩ *Ablegen* n || ⟨tact⟩ ~ in width *Breitengliederung* f **~** list ⟨off⟩ *Verteiler* m || ~ of ammunition *Munitionsausgabe* f || ~ of forces ⟨tact⟩ *Kräfteverteilung* f || ⟨jur⟩ ~ in kind *Sachausschüttung* f || ⟨demog⟩ age ~ *Altersaufbau* m; stable age ~ *stabiler Altersaufbau*; geographical *od* spatial ~ *Standort* m, *örtliche Verteilung* f; prolificacy ~ *Familienstatistik* f | **~al** [~əl] a *Verbreitungs–*

distributism [dis'tribjutizm], **–tivism** [–tivizm] s *Lehre* f *v der Zuteilung persönl. Besitztumes an alle*

distributive [dis'tribjutiv] **1.** a (~ly adv) *aus–, ver–, zuteilend* || ⟨gram⟩ *distributiv;* ⟨log⟩ *nur auf jeden einzelnen e–r Klasse bezüglich* (Ggs collective) | ~ *justice ausgleichende Gerechtigkeit* f **2.** s ⟨gram⟩ *das Distributivum*

distributor [dis'tribjutə] s *Großhändler* m, *Vertriebsstelle* f, *Auslieferungslager* n || *manure* ~ *Düngerstreumaschine* f || ⟨mot⟩ *Verteiler* m

district ['distrikt] **1.** s *Distrikt, Bezirk* (the ~ of Franconia *der Distrikt Franken*); *Kreis*; ⟨Ger⟩ *Gau* m || ⟨Am⟩ *Wahlbezirk* m || *Land-*

strich m, *Gegend* f | [attr] ~ *command Militärbereich* m || **~-council** *Bezirksrat* m || **~-court** ⟨Am⟩ *Gericht* n *erster Instanz (in einigen Staaten),* (⟨a⟩ Federal ⚹ C. *Bundesgericht erster Instanz* || **~** *headquarters* ⟨mar⟩ *Abschnittskommando* n, ⟨SBZ⟩ *Kreisleitung* f || ~ *heating Fernheizung* f *(f Wohnungen)* || **~-Railway** *e–e der Londoner Vorortbahnen* f || **~-school** ⟨Am⟩ *Dorfschule* f *(mit 1 Lehrer)* || **~-visitor** ⟨ec⟩ *Pfarrkreisgehilfe* m **2.** vt *in Bezirke einteilen*

distringas [dis'triŋgæs] s L ⟨jur⟩ *Pfändungsbefehl* m *(an den sheriff)*

distrust [dis'trʌst] **1.** s *Mißtrauen* n (of *gegen*); with ~ *mit M.*; to hold a p in ~ *mißtrauisch sein gegen jdn* **2.** vt *(jdm) mißtrauen* **~ful** [~ful] a (~ly adv) *mißtrauisch* (of *gegen*), *voll von of mißtrauen* || ~ of o.s. ⟨fig⟩ *voll Hemmungen; gehemmt* **~fulness** [~fulnis] s *Mißtrauen* n *(of gegen)*

disturb [dis'tə:b] vt *(Land) aufregen, –rühren, beunruhigen; stören* (to ~ the peace) || *unterbrechen* || *verwirren* **~ance** [~əns] s *Störung* f || *Aufregung* f; *Verwirrung* f; *Unruhe* f, *Tumult* m || *Belästigung* f || ⟨jur⟩ ~ of possession *Besitzstörung* f || *morbid* ~ of the balance of mind *krankhafte Störung* f *der Geistestätigkeit* f | ~ *allowance Zuschuß* m *(z Umzugskostenentschädigung)* f *Fensterbehänge* etc **~ing** [~iŋ] a *beunruhigend* (to *für*)

disunion [dis'ju:njən] s *Trennung, Spaltung;* *Uneinigkeit* f

disunite ['disju:'nait] vt/i | *trennen* || ⟨fig⟩ *entzweien* | vi *sich trennen*

disuse ['dis'ju:s] s *Aufhören* n *e–s Brauches, Nichtgebrauch* m; to fall into ~ *ungebräuchlich w*

disuse ['dis'ju:z] vt *nicht mehr gebrauchen; aufgeben* | **~d** [~d] a *außer Gebrauch, veraltet* || ⟨ec⟩ *profaniert (Kirche)*

disyllabic, **dissy–** ['disi'læbik] a *zweisilbig* **–able** [di'siləbl] s *zweisilbiges Wort* n

ditch [ditʃ] **1.** s *Graben* m | open ~ ⟨mot⟩ *Querrinne* f || ⟨Am⟩ under the ~ *künstlich bewässert* || *Gosse* f | *Wasser–, Dräniergraben* m | to be in a dry ~ ⟨bes Am⟩ *hübsch trocken sitzen (sich wohlbefinden)*; to be in the last ~ *in Notlage s*, °*auf dem letzten Loche pfeifen* || ~ to die | **~-water** *trübes, abgestandenes Wasser*; as dull as **~-water** *z Auswachsen* (°*Kotzen*) *langweilig*; (as) clear as **~-w.** *klar wie dicke Tinte* f **2.** vi/t | *e–n Graben ziehen* || ⟨aero sl⟩ *notlanden, –wassern* | vt *mit e–n Graben umgeben* od *versehen* || ⟨Am⟩ *in e–n Gr. werfen*; ⟨fig⟩ *beiseite tun, verstecken; ruinieren* | **~er** ['~ə] s *Grabenbauer* m | *Grabenbagger* m || (a **~**ing-machine) *Grab–, Dräniermaschine* f || last **~** e–r, *der den letzten Gr. bis zur letzten Patrone verteidigt,* ⟨übtr⟩ *Unentwegter* m

ditheism ['daiθiizm] s *relig. Dualismus* m

dither ['diðə] ⟨sl⟩ **1.** vi *zittern*; to ~ *about unschlüssig s* || °*sich vertattern*; °*dummes Zeug reden* **2.** s *Zittern* n, °*Tatterich* m; all of a ~, in a ~ *ganz verdattert,* °*tatterig*

dithyramb ['diθiræm] s *Dithyrambus* m, *Lobeshymne* f **~ic** [,diθi'ræmbic] a (~ally adv) *dithyrambisch, schwungvoll*

dittany ['ditəni] s ⟨bot⟩ *D·iptam* m

ditto ['ditou] (abbr d°, do) It **1.** adv *desgleichen, dito* **2.** s [pl **~s**] *das gleiche, das Besagte; Ähnliches* n || **~s** [pl] *od* a ~ *suit, a suit of* **~s** *ein ganzer Anzug aus dem gleichen Stoff* m || to say ~ to *übereinstimmen mit* **3.** vt *dasselbe tun* or *sagen* **~graphy** [di'təgrəfi] s *fehlerhafte Wiederholung e–s Buchstaben* (etc)

ditty ['diti] s *kurzes, einfaches Lied* n

ditty-bag ['ditibæg], **ditty-box** [–bɔks] s ⟨mar⟩ *Arbeitstäschchen* n *(des Seemanns* etc)

diuretic [‚daijuə'retik] **1.** a ⟨med⟩ *urintreibend* **2.** s *urintreibendes Mittel* n

diurnal [dai'ə:nəl] a (~ly adv) *täglich*; *Tages–, Tag–*

div [div] s ⟨mil fam⟩ = division

divagate ['daivəgeit] vi *schweifen*; *herum–*; *abschweifen* **–ation** [‚daivə'geiʃən] s *Abschweifung* f; *–wendung, Abkehr* f (from *von*)

divalent ['dai‚veilənt] a ⟨chem⟩ *zweiwertig*

divan [di'væn] s *D·iwan* m (*türkischer Staatsrat*); *Empfangssaal* m *f den* ~ || *Polsterliege* f || (*a cigar–*~) *Rauchzimmer* n || *pers. Liedersammlung* f

divaricate [d(a)i'værikeit] vi *sich gabeln, sich spalten* **–ation** [d(a)i‚væri'keiʃən] s *Gabelung* f || ⟨fig⟩ *Abweichung, Mißhelligkeit* f

dive [daiv] **1.** vi [~d (⟨Am *a*⟩ *dove*)/~d] (*unter*)*tauchen, e–n Kopfsprung* m | (*als Taucher*) *tauchen* || ⟨aero⟩ *e–n Sturzflug* m, *im St. niedergehen* | ⟨übtr⟩ *untertauchen*; *plötzlich verschwinden* (into) || *mit den Händen eintauchen, hineinstecken* (into *in*); *to* ~ *into the purse in die Börse greifen* || ⟨fig⟩ *tief eindringen* (into) **2.** s *Tauchen* n || *Kopfsprung* m; *to take a* ~ *e–n K. m*; ⟨fig⟩ *sich vertiefen* (into) || ⟨aero⟩ (*a nose* ~, *power* ~, *steep* ~) *steiler Flug* m *nach unten or oben, Sturzflug* m || *to* ~*-bomb im St. mit Bomben belegen*; ~*-bomber –kampfflugzeug* n, *Stuka* n; (*–flieger*); ~ *bombing Sturzbombenangriff* m; ~*-b. attack Sturzangriff* m || ~ *brake,* ~ *flap Sturzflugbremse* f || ⟨fig⟩ *plötzliches Verschwinden* n || ⟨Am⟩ (*obskures, verrufenes Lokal*) (*a low* ~) *Flüsterkneipe,* (*finstere*) *Kneipe, Kasch·emme, Spel·unke* f | **~r** ['~ə] s (*Berufs-*)*Taucher* m || ⟨orn⟩ *Taucher* m; *black-throated* ~ *Prachtt.*, *great northern* ~ *Eis–, white-billed* ~ *Gelbschnäbliger E.*, *redthroated* ~ *Sternt.*

diverge [dai'və:dʒ] vi/t *divergieren, aus–e–agehen, –laufen* || *abweichen* (from) ⟨*a* fig⟩ | vt *divergieren l, ablenken* **~nce** [~əns], **~ncy** [~ənsi] s *Diverg·enz, Abweichung; Verschiedenheit* f (from *von*), ⟨*a* fig⟩ **~nt** [~ənt] a (~ly adv) *divergierend, abweichend* (from) ⟨*a* fig⟩ || ~ *lens Zerstreuungslinse* f

divers ['daivəz] a *etliche, verschiedene, mehrere*

diverse [dai'və:s] a (~ly adv) *verschieden, ungleich; mannigfaltig*

diversification [dai‚və:sifi'keiʃən] s *Veränderung, Mannigfaltigkeit* f **–fied** [dai'və:sifaid] a *abwechslungsreich; mannigfaltig* **–form** [dai'və:sifə:m] a *verschiedenartig* **–fy** [dai'və:sifai] vt *verschieden m* || *Abwechslung bringen in*; *wechselvoll gestalten*

diversion [dai'və:ʃən] s *Ablenkung* f; ⟨mil⟩ *–smanöver* n || ⟨mot⟩ *Umleitung* f || *Zerstreuung* f, *Zeitvertreib* m, *Erholung* f **~ary** [~əri] a *Ablenkungs–* (*attack, operation*)

diversity [dai'və:siti] s *Verschiedenheit*; *Mannigfaltigkeit* f; *Abwechslung* f

divert [dai'və:t] vt *ablenken, abwenden* (from *v*); *lenken* (to *auf*); *verwenden* (to *z*) || *Aufmerksamkeit lenken* (from .. to *v .. z*) || (*Verkehr*) *umleiten* || *belustigen, zerstreuen* **~ing** [~iŋ] a (~ly adv) *ergötzlich, unterhaltsam*

Dives ['daivi:z] s L ⟨bib⟩ *der reiche Mann*

divest [d(a)i'vest] vt *entkleiden* (of a th *e–r S*) ⟨*a* fig⟩ || *berauben* (of a th *e–r S*); *to* ~ *o.s. of a th etw ablegen*; *verzichten auf etw*; *sich e–r S begeben* (of a right *e–s Rechtes*) **~iture** [~itʃə], **~ment** [~mənt] s *Entkleidung* f || *Beraubung* f

divi ['divi] s ⟨sl⟩ *Dividende* f

divide [di'vaid] **1.** vt/i **A.** vt *teilen* (into *in*) || *einteilen* (into) || *trennen* (from); *scheiden* || *verteilen* (among, between); *sich in* (*etw*) *teilen* (with a p) | *entzweien, veruneinigen*, opinions are ~d on *die Meinungen sind geteilt über* || *to* ~ *the House das Haus abstimmen l* (on *über*)

|| ⟨math⟩ *dividieren* (to ~ eight by two); *aufgehen in* (8 ~s 32) **B.** vi *sich teilen* || *sich trennen* (from *v*); *getrennt w*; *sich auflösen* (into *in*) || ⟨parl⟩ *abstimmen*; *z Abstimmung schreiten* **2.** s ⟨Am⟩ *Wasserscheide* f; *the Great* ~ ⟨fig⟩ *die Scheidelinie, der Tod*

dividend ['dividend] s ⟨math⟩ *Dividend* m, *Teilungszahl* f || ⟨com⟩ *Gewinnanteil* m, *Dividende* f (cum ~ *mit D.*, ex ~ *ohne D.*) || *Rate, Quote* f (*e–r Konkursmasse*) | ~ *rights* [pl] *Dividendenberechtigung* f; ~*-warrant* ⟨com⟩ *Dividendenschein* m

divider [di'vaidə] s *Teiler, Verteiler* m | ~s [pl] *Handzirkel* m *mit 2 Stahlspitzen* (a pair of ~s *ein H.*) **–ing** [di'vaidiŋ] a *Trennungs–, ~line Scheide–, Trennungslinie* f **–dual** [di'vidjuəl] a *getrennt; einzeln*

divination [‚divi'neiʃən] s *Weissagung* f || ⟨fig⟩ *Ahnung* f

divine [di'vain] **1.** a (~ly adv) *göttlich, Gottes–*; *the* ~ *right of kings das Königtum v Gottes Gnaden*; ~ *service Gottesdienst* m || ⟨fig⟩ *göttlich* || ⟨fam⟩ „*gottvoll*“ (*Ereignis*), „*göttlich*“ (*S*) **2.** s *Theologe*; ⟨fam⟩ *Geistlicher* m **3.** vt/i *ahnen, erraten* || *sich hineinversetzen in* | vi *wahrsagen* | ~**r** [~ə] s *Errater* m || *Wahrsager* m || *Rutengänger* m

diving ['daiviŋ] s *Tauchen* n || ~ *duck Tauchente* f (*Ggs Schwimm–*); ~ *tank* (*U-Boot*) *–tank* m || ~*-bell Taucherglocke* f; ~*-dress –anzug* m || ⟨aero⟩ *Stuka–*; *Sturzflug–*; ~ *attack Sturzangriff* m; ~ *attitude –lage* f; ~ *brake Sturzflugbremse* f; ~ *photograph Luftaufnahme* f *aus dem Sturz*

divining-rod [di'vainiŋrəd] s *Wünschelrute* f

divinity [di'viniti] s *Göttlichkeit* f || *Gottheit* f; *the* ~ *Gott* || *Theologie, Gottesgelehrsamkeit* f; *Doctor of* ~ *Doktor der Theologie* (abbr D.D.)

divisibility [di‚vizi'biliti] s *Teilbarkeit* f **–ible** [di'vizəbl] a (–ibly adv) *teilbar*

division [di'viʒən] **1.** s *Teilung* f; *Einteilung* f (into); *Gradeinteilung* f; *Verteilung* f; ~ *of business Geschäftsverteilung* f; ~ *of labour Arbeitsteilung* f; ~ *of shares Stückelung* f || *Trennung, Abteilung* f | ⟨parl⟩ *namentliche Abstimmung* f (upon a ~ *nach A.*); *to go into* ~ *z A. schreiten* || ⟨Am⟩ *Stimmenzählung* f; ⟨Ger⟩ *Hammelsprung* m | ⟨fig⟩ *Uneinigkeit, Spaltung* f | ⟨math⟩ *Division* f: *sum in* ~ *–saufgabe* f **2.** *Grenzlinie, Grenze* f | *Teilstrich* m || *Abteilung* f, *Abschnitt, Teil* m || (*Wahl-*)*Bezirk, Kreis* m || *Abteilung* f; *Stufe* f; ⟨bot zoo⟩ *Klasse* f || ⟨jur⟩ *Senat* (*e–s Gerichts*) || ⟨mil & mar⟩ *Division* f || ⟨Am univ⟩ *lower* ~ = *freshmen & sophomores,* *higher* ~ = *juniors & seniors* | ~ *sign* ⟨typ⟩ *Trennungsstrich* m **3.** vt *to* ~ *off abteilen* | ~**al** [~l] a (~ly adv) *Teilungs–*; *Divisions–*; *Abteilungs–*

divisor [di'vaizə] s ⟨math⟩ *Div·isor, Teiler* m

divorce [di'və:s] s ⟨jur⟩ *Ehescheidung* f; ⟨fig⟩ *Scheidung, Trennung* (between *zw*; from *v*) || *action for* ~ *Ehescheidungsklage* f; ~*-court* ⟨jur⟩ *Gerichtshof* m *f Ehesachen* **2.** vt *to* ~ *a p* ⟨jur⟩ *die Ehe jds scheiden*; (*Ehemann, –frau*) *trennen* (from *v*); *to* ~ *one's wife s–e Frau verstoßen, sich trennen v s–r Frau*; *to be* ~d *from geschieden s v*, *to* ~ *o.s. from sich scheiden l v* | ⟨fig⟩ *trennen* (from); *to* ~ *a word from its context ein Wort aus dem Zushang reißen* | ~**e** [‚divə:'si:] s *der* (*die*) *Geschiedene*

divorcé [di'və:sei] a Fr *Geschiedener* m | ~**e** [~] *Geschiedene* f

divot ['divət] s ⟨Scot⟩ *Sode* f, *Stück Rasen*; *Stück* n *Torf* m

divulgation [‚daivʌl'geiʃən] s *Verbreitung, Enthüllung* f

divulge [dai'vʌldʒ] vt *verbreiten, aussprengen, bekanntgeben, ausplaudern*; *enthüllen* **~ment**

[∼mənt], **∼nce** [∼əns] s *Verbreitung, Enthüllung* f

divvy ['divi] ⟨Am fam⟩ **1.** s = division, dividend **2.** vi = to divide profits

Dixie ['diksi] s ⟨Am fam⟩⟩ *der Süden (der USA)* ‖ *das* ∼*-Lied* ‖ ∼crat [∼kræt] s *Mitglied* n *der demokratischen Partei (südstaatlicher Prägung)*

dixy, -ie ['diksi] s *Feldkessel* m

dizen ['daizn] vt (*a* to ∼ out, up) *putzen, ausstaffieren*

dizygotic ['daizi'gɔtik] a *zwei-eiig* (twins)

dizziness ['dizinis] s *Schwindel(anfall)* m

dizzy ['dizi] **1.** a (–zily adv) *schwindelig* ‖ *benommen, verwirrt*; *unbesonnen* ‖ *schwindelig machend*; *schwindelerregend, schwindelnd* (height etc) ‖ *schwindelnd hoch* (building); *sch. schnell* (river) ‖ ⟨fam⟩ *that's the* ∼ *limit! das ist aber denn doch die Höhe!* **2.** vt *schwindelig m, verwirren*

do [du:] vt/i & aux ([I etc] don't = do not; 3. sg prs does; doesn't = does not; pret did; didn't = did not; pp done) **I. vt A.** [mit nur e–m Objekt] **a.** (S) **1.** (*etw*) *tun, m, verrichten* (to *an*); he did no more than open the door *er öffnete nur die Tür* (*trat nicht ein*); what can I ∼ for you? *Womit kann ich Ihnen dienen?* what have you done to my hat *was hast du an* or *mit m–m Hut gemacht?* ‖ can't you ∼ anything with my son? *können Sie nichts mit m–m Sohne anfangen?* **2.** *vollbringen, ausführen, tätigen*; I wonder if he'll ∼it! *ob er's wohl tun, schaffen wird?*; *vollenden* ‖ ⟨com⟩ *herstellen, abgeben* (we can ∼ the article at 3/6 *zu* ..) ‖ (*Weg*) *zurücklegen* (to ∼ 3 miles) ‖ *ausüben, üben*; to ∼ writing *schriftstellern* ‖ (*Zimmer*) *ausräumen*; *ordnen* ‖ *bereiten*; *kochen* (*Aufgabe*) *lösen* ‖ *übersetzen* (into *in*) ‖ (*Rolle*) *spielen*, (*Charakter*) *darstellen* (to ∼ Hamlet) ‖ ⟨theat⟩ *aufführen, geben*, ⟨mus⟩ *spielen* (we hear it every time it's done) ‖ ⟨fam⟩ *besehen, besichtigen* (to ∼ the British Museum) ‖ ⟨sl⟩ (*Strafe*) *absitzen* **3. Verbindungen:** to ∼ battle *kämpfen* ‖ to ∼ better *sich verbessern, Besseres leisten*; to ∼ one's best (⟨sl⟩ one's damnedest) *sein möglichstes tun* (to do *um z tun*) ‖ to ∼ one's bit (*im Kriege*) *Soldat* s ‖ ⟨mil sl⟩ to ∼ a bishop *e–n Türken drehen* ‖ to ∼ business *Geschäfte* m ‖ to ∼ good *Gutes tun* ‖ to ∼ one's hair *sich das Haar* m ‖ ∼ it now! *verschiebe es nicht auf morgen*; to ∼ the polite *den Höflichen spielen* ‖ ⟨vulg & mil⟩ to ∼ one's nut *den Kopf verlieren* ‖ to ∼ right (wrong *un*)*recht tun* ‖ to ∼ a mean th *gemein handeln* ‖ the car does 20 miles on the gallon *auf 32 km verbraucht der W.* **4.** *4 Liter* ‖ to ∼ (all) the talking (*allein*) *das Wort führen* ‖ they did Italy in but a week *sie h f I. in nur 8 Tage gebraucht, h I. in 8 T. erledigt,* °*abgeklappert*; let's ∼ a show first *laß uns erst ins Theater gehen*; **b.** (*P*) (*jdn*) *erschöpfen,* –*müden* ‖ ⟨sl⟩ (*jdn*) *betrügen, beschwindeln*; *anführen*; *bringen* (out of *um*); → eye ‖ ⟨fam⟩ (*jdn*) *bewirten*; to ∼ o.s. well *sich gütlich tun* (on *an*); ⟨sl⟩ he did her proud *er bewirtete sie fürstlich* ‖ (*jdn*) *bedienen*; they will ∼ you well at the hotel *Sie sind in dem Hotel gut aufgehoben* ‖ to ∼ a p to death *jdn töten* **B.** [mit zwei Objekten]: *gewähren, erweisen, geben*; *verursachen, einbringen, zufügen* ‖ it does him credit, it does credit to Keats, to his country *es macht ihm, Keats, s–m Lande Ehre* ‖ ∼ me a favour *tun Sie mir e–n Gefallen* ‖ to ∼ a p good *jdm gut tun, jdm bek* ‖ to ∼ a p harm *jdm schaden* ‖ will you ∼ me the honour? *wollen Sie mir die Ehre erweisen?* ‖ to ∼ p justice, to ∼ justice to a th *jdm, e–r S gerecht w* ‖ you ∼ me an injustice *Sie tun mir Unrecht* ‖ to ∼ a p an ill turn *jdm e–n bösen Streich spielen* **C.** [mit adv] to ∼ **away** *wegschaffen, beseitigen* ‖ by → **II.** 5. ‖ to

∼ **down** ⟨fig fam⟩ (*jdn*) *übers Ohr hauen* ‖ to ∼ **in** ⟨fam⟩ (*jdn*) *um die Ecke bringen* (*töten, ermorden*); *bei der Polizei denunzieren* ‖ to ∼ **out** *ausfegen,* –*räumen*; (*Zimmer*) *machen:* I can ∼ your room out tomorrow ‖ to ∼ **over** *über z'iehen,* –*streichen:* ∼ it over! *streich es neu an!* (*Haus* etc) ‖ to ∼ **up** (*etw*) *reparieren, herrichten, zurechtm*; *schminken*; (*etw*) *einpacken* ‖ ⟨fam⟩ [*mst pp*] (*jdn*) *erschöpft s* **II. vi 1.** *handeln, vorgehen* (∼ as I ∼); you ∼ wisely *du tust klug* (in doing *z tun*) ‖ *sich betätigen, arbeiten* ‖ *fort–, vorankommen* **2.** *ergehen, sich befinden*; he is ∼ing well *es geht ihm gut*; how ∼ you ∼? *wie geht es Ihnen?* (*als allg Begrüßungsformel:*) *Guten Tag!* (etc) **3.** *passen, genügen* (for a p *jdm*); *dem Zweck entsprechen* or *dienen*; to ∼ for *bestimmt s* f; that will ∼ *das genügt*; we'll make it ∼ *wir w schon damit auskommen*; that will not ∼ *das geht nicht an*; that will ∼ me *od for me das genügt mir*; it will ∼ to-morrow *es hat Zeit bis morgen* **4.** to ∼ well *sich wohl befinden*; *sich or s-e S gut m*; ⟨theat⟩ *gut gehen*; *gut abschneiden* (in *bei, in*), *Erfolg h* (with *mit, bei*) **5.** [*mit prep*] to ∼ **by** a p *jdn behandeln, an jdm handeln*; he thinks he is ill done by *er fühlt sich schlecht behandelt*; ∼ as you would be done by *was du nicht willst, das man dir tu', das füg auch k–m andern zu* ‖ to ∼ **for** ⟨fam⟩ *jdm den Haushalt führen*; (*jdn bedienen*); *verderben, zugrunde richten, ruinieren*; *abtun, töten*; ⟨sl⟩ that will ∼ for him °*er hat sein Fett weg* (*hat genug*), I'm afraid that 'll ∼ for him *das wird ihn wohl pleite gehen l* (*zugrunde richten*); I'm done for *ich bin erledigt, „erschossen" (erschöpft)* ‖ to ∼ **up** *zugemacht w* (these jackets ∼ up with zip-fasteners) ‖ to ∼ **with** *fertig w mit, auskommen mit*; *sich begnügen mit* ‖ *brauchen können*; I could ∼ with a drink *ich könnte e–n Trunk vertragen*; we could ∼ with another 50 seats *wir könnten noch 50 Plätze mehr brauchen* ‖ to ∼ **without** a th *ohne etw fertig w, auskommen*; *etw entbehren, auf etw verzichten können* **6.** [*mit adv*] to ∼ **away with** *beseitigen, abschaffen*; to ∼ away with o.s. *sich töten* **III.** [als Ersatzverb vi & vt]: I speak as well as you ∼ *ich spreche so gut wie du* ‖ (he was feeling so much fitter) than he had done for 2 years (..) *als er sich seit 2 Jahren gefühlt hatte* ‖ (May I ?) – Please, ∼! .. *Bitte schön!* ‖ (Did you see him?) I did *Jawohl* ‖ (She likes you) doesn't she? (..) *nicht wahr?* ‖ (He does not believe it) does he? (..) *nicht wahr?* ‖ (I paid sixpence for it) Did you? (..) *So? Ach was?* ‖ (I wanted to see him) and I did so (..) *u ich sah ihn* ‖ he chose his wife as she did her wedding gown *er wählte .. wie sie ihr B.kl.* ‖ I said so and still do .. *u sage es noch immer* **IV. v/aux 1.** [∼, did *z Umschreibung einfacher Zeiten im Fragesatz*]: ∼ you agree? *stimmst du zu?* ‖ ⟨vulg⟩ ∼ yer (= you) feel like that? °*kann man da nichts gegen tun?* ‖ [*in Sätzen verneint (nur) durch* not]: I ∼ not agree *ich stimme nicht zu*; don't! *nur ja nicht* ‖ don't they look strange? *sehen d·ie aber merkwürdig aus!* ‖ [*in einschränkenden Sätzen*]: only once did it happen *nur einmal ereignete es sich* **2.** [*im bejahten Aussagesatz*] **a.** I ∼ believe *ich glaube tatsächlich, doch* (*Ggs* I do not believe) ‖ I ∼ speak French *natürlich spreche ich F.* **b.** (he could) and did talk to everybody (..) *u sprach in der Tat mit jedem* **c.** ∼ tell me *bitte, sage mir*; ∼ come k *Sie ja!* ∼! *doch!* **V.** [**idiomatischer Gebrauch**] **1.** inf ∼; to ∼ or die °*friß, Vogel, oder stirb!* (*kämpfen or untergehen*) (a ∼ or die spirit); ∼ what he would *er mochte anfangen, was er wollte* ‖ a to ∼ *ein Aufhebens* ‖ well-to-∼ *wohlhabend* ‖ to have to ∼ with (*es*) *z tun, z schaffen h mit, Beziehung h z*; this has nothing to ∼ with you *dies betrifft Sie nicht, geht Sie nichts an* **2.** (to)

have done *Schluß m, aufhören*; [imp] have done!
Genug! Hör auf! we had done eating *wir waren
mit Essen fertig*; he won't have done talking
er wird nicht aufhören z reden ‖ to have done
with *fertig s mit*; *nichts mehr z schaffen h mit,
aufgeben* 3. to be done *z tun*; *geschehen* (it can't
be done *es kann nicht geschehen*), to be done
with *Schluß m mit* ‖ it isn't done *es schickt sich
nicht, es ist unerhört* ‖ what is to be done? *was
ist z tun*? 4. **doing** [*mit pass Sinn*]: (there is)
nothing doing ⟨fam⟩ (*es*) *geht nicht,* (*es ist*)
nichts z m, ausgeschlossen!; what's ∼ing? *was
gibt's*?; anything ∼ing? *was Neues*? → doing;
→ up 5. **done!** *abgemacht!* well done! *Bravo!*
this done *nachdem dies geschehen war*; after all
is said and done *alles in allem*; no sooner said
than done *gesagt, getan*; → done **VI.** [in comp]
∼-it-yourself book *Bastelbuch* n; ∼-it-yourselfer
⟨fam⟩ *Bastler* m ‖ ∼-nothing 1. s *Faulenzer,
Taugenichts* m 2. a *nichtstuend*

do [du:] s ⟨sl⟩ *Schwindel, böser Streich* m ‖
e~e gr S, *Festivität* (etc) f ‖ ⟨mil sl⟩ °*Mords-
unternehmen* n (*Angriff*) ‖ (a list of) "∼'s" and
∼n't's *od* ∼nt's *Gebote u Verbote* n pl

do [dou] s ⟨mus⟩ *das C*

doable ['du:əbl] a *z tun* (*tuend*); *tunlich, ausführbar*

doat [dout] vi → to dote

dob [dɔb] s *Rohdiamant* m

dobbin ['dɔbin] s (*altes, frommes*) *Zug-,
Arbeitspferd* n; *Schindmähre* f

dobeying ['doubiiŋ] s ⟨mar⟩ *Kleiderwäsche* f;
→ dhobi

doc [dɔk] ⟨fam abbr⟩ = doctor

doch-an-doris ['dɔxən'dɔris] s ⟨Scot⟩ *Abschiedstrunk* m

docile ['dousail] a (∼ly adv) *gelehrig, fügsam*;
gefügig **docility** [dou'siliti] s *Gelehrigkeit, Fügsamkeit* f

dock [dɔk] s ⟨bot⟩ *Ampfer* m

dock [dɔk] 1. s *abgestumpfter Pferdeschwanz,
Stumpf* m ‖ *Schwanzriemen* m 2. vt *(Haar)
stutzen,* (*Hundeschwanz*) *kupieren*; ⟨fig⟩ (*Lohn*)
beschneiden, kürzen, vermindern ∼**age** ['∼idʒ] s
Kürzung f, *Abzug* m

dock [dɔk] s ⟨mar⟩ *Dock* n; the ∼s [pl]
die Hafenanlagen pl, *die Werft* f; ∼s operating
company *Hafenbetriebskompanie* f | airship ∼
Luftschiffhalle f ‖ dry-∼, graving-∼ ⟨mar⟩
Trockendock n; in dry ∼ ⟨fam fig⟩ *arbeitslos* ‖
floating ∼ *Schwimmdock* n ‖ wet ∼ *Dockhafen-
bassin* n | [attr] ∼ dues [pl] *Dockgebühren* f pl ‖
∼-master *Dockmeister* m ‖ ∼-warrant *Dock-
schein* m 2. vt/i ⟨mar⟩ *ins Dock bringen* | vi
ins Dock gehen, k ∼**age** ['∼idʒ] s *Dockgebühren*
f pl ‖ *Unterbringung* f *im Dock* ‖ ∼**er** ['∼ə] s
Hafen-, Dockarbeiter m ∼**ize** ['∼aiz] vt (*Docks*)
in e~m Fluß (etc) *anlegen* ∼**yard** ['∼jɑ:d] s
Schiffswerft f

dock [dɔk] s ⟨jur⟩ *Anklagebank* f, to be in the
∼ *auf der A. sitzen*

docket ['dɔkit] 1. s ⟨jur⟩ *Liste v Gerichts-
urteilen* ‖ ⟨Am⟩ *Prozeßliste* f ‖ *Pack-, Adreß-
zettel* m; *Etikett* n ‖ *Inhaltsverzeichnis* n, *-ver-
merk* m (*z Akten*) ‖ *Zollquittung* f ‖ *Bestell-,
Lieferschein* m ‖ ⟨com⟩ (*Vorzugs-*)*Kunden-
eintragung* f 2. vt (*etw*) *mit Vermerk, Aufschrift
or Etikett versehen*; (*Akten*) *mit Inhaltsvermerk
versehen*

doctor ['dɔktə] 1. s * *Gelehrter* m; ⟨ec⟩
Kirchenvater | ⟨univ⟩ *mit Doktortitel Aus-
gestatteter, Doktor* (abbr D.; *vor Namen* Dr.);
Dr. Brown *Herr* Dr. *B.*; Dear Doctor *Sehr
geehrter or Lieber Herr Doktor!* ‖ to take one's
∼ *od* one's degree *promovieren* ‖ ⟨fam⟩ *Arzt,
Doktor* m; lady ∼ [pl lady ∼s] *Ärztin* f ‖ to be
under the ∼ (*P*) *in ärztlicher Behandlung s* |
Name f verschiedene technische Werkzeuge |

∼s'-Commons [pl] ⟨hist⟩ *Speisesaal* m; *Gebäude des Rechtsgelehrtenkollegiums in London*;
dieses Kollegium selbst ‖ ∼'s-stuff ⟨fam⟩ *Medizin* f, „*Gift*" n 2. vt/i ‖ *z Doktor m*; *als D. anreden* ‖ *ärztlich behandeln, kurieren* ‖ ⟨übtr⟩
(*Maschine*) *ausbessern* ‖ (*Wein* etc) *vermischen,
panschen* | ⟨fig⟩ *fälschen*; *zurechtmachen* | vi *als
Arzt praktizieren*; *doktern* | ∼**al** [∼rəl] a
Doktor- ∼**and** [∼rənd] s *Doktor'and* m ∼**ate**
[∼rit] s *Doktorat* n, *Doktorwürde* f

doctrinaire [ˌdɔktriˈnɛə] Fr 1. s *Stubengelehrter*; *Prinzipienreiter* m 2. a *doktrinär, schul-
meisterlich* –**nal** [dɔk'trainl] a (∼ly adv) *lehr-
mäßig, Lehr-*; *dogmatisch*

doctrinarian [ˌdɔktri'nɛəriən] s & a =
doctrinaire ∼**ism** [∼izm] s *Prinzipienreiterei* f

doctrine ['dɔktrin] s *Lehre*; *Doktrin*; *Lehr-
meinung* f ‖ *polit. Grundsatz* m (Monroe ∼)
–**nism** ['dɔktrinizm] s *Überschätzung der Theorie*
f, *des Wissens* etc

document 1. ['dɔkjumənt] s *Schriftstück,
Dokument* n, *Urkunde* f ‖ basic ∼ ⟨off stat
demog⟩ *Erhebungsbogen* m ‖ ∼-file *Schnellhefter*
m ‖ ∼s [pl] ⟨oft⟩ *Papiere* n pl, *Unterlagen* f pl;
supporting ∼s *Belege* m pl 2. ['dɔkjument] vt
beurkunden; ∼ed *urkundlich belegt* ‖ *mit
Urkunden versehen* | ∼**al** [ˌdɔkju'mentl], ∼**ary**
[ˌdɔkju'mentəri] a *urkundlich*; *Kultur-*(*Film*) ‖
–ary analysis ⟨chem⟩ *Beweisanalyse* f ‖ –ary
film *Dokument'ar-*, *Kulturfilm* m ∼**ation**
[ˌdɔkjumen'teiʃən] s *Urkundenbenutzung,* –*heran-
ziehung* f ‖ *Nachweisführung* f (of *über*); ∼ of
vehicles *Fahrzeugnachweise* m pl

dodder ['dɔdə] s ⟨bot⟩ *Klebe, Seide* f (*Schmarotzerpflanze*)

dodder ['dɔdə] vi *zittern*; *schwanken*; *wackeln*;
∼ing *zittrig, schwach* ‖ *quasseln* | ∼-grass ⟨bot⟩
Zittergras n ‖ ∼**y** [∼ri] a *zittrig, schwankend* ‖
närrisch

doddered ['dɔdəd] a *gekappt* (oak)

dodeca- Gr [in comp] *zwölf* ∼**gon** [dou'dekə-
gən] s ⟨math⟩ *Zwölfeck* n ∼**hedron** ['doudikə-
'hi:drən] s *Dodeka'eder* n

dodge [dɔdʒ] 1. vi/t ‖ *sich hin u her wenden*;
ausweichen, ausweichend schlüpfen (about, round
um herum; behind *hinter*) ‖ *listig z Werke gehen,
Winkelzüge* m ‖ *sich drücken* | vt (*e~r S*) *aus-
weichen*; *aus dem Wege gehen*; *vermeiden* (doing
z tun) ‖ (*jdn*) *irreführen, z besten h* ‖ *hin u her or
außer der Reihe fragen* 2. s *Seitensprung* m ‖
Schlich, Kniff, Trick m ‖ ⟨fam⟩ *Handhabe* f,
Hilfsmittel n (for *z*) ‖ *kluge Vorrichtung, Erfindung* f **dodgem** ['∼əm] s (= dodge 'em) *Auto-
scooter* m (*Jahrmarkt*) **dodger** ['dɔdʒə] s *hinter-
hältiger, verschlagener Mensch* m ‖ *Schwindler*
m ‖ *Drückeberger* m ‖ ⟨mar⟩ *Understand* (auf
der Kommandobrücke) m ‖ ⟨Am⟩ *kl Reklame-
prospekt* m; (a corn-∼) *Maispfannkuchen* m;
kl Schuldschein m **dodgy** ['dɔdʒi] a *gerieben,
listig* ‖ *verflixt*

dodo ['doudou] s ⟨orn⟩ *Dodo* m, *Dronte* f
(*ausgestorb. Taubenvogel*) ‖ ⟨Am fig⟩ *Ekel* n (*P*)

doe [dou] s ⟨zoo⟩ *Ricke* f, *Schmalreh,* –*tier* n;
Hirschkuh f (*bes im 3. Jahr*); *Zippe* f (*Weibchen
v Hasen, Kaninchen, Ratte*), → buck

doer ['du:ə] s *jd, der handelt* ‖ *Täter* m ‖ evil
∼ *Übeltäter* m ‖ a good ∼ *e~e gutgedeihende
Pflanze* f

does [dʌz] 3. sg *v* to do

doeskin ['dou-skin] s *Rehfell* n ‖ *Rehleder* n ‖
Doeskin m (*Gewebe*)

doest ['du:ist] † 2. sg *v* to do

doff [dɔf] vt *ablegen, ausziehen*; (*Hut*) *abnehmen*; ⟨fig⟩ (*Manieren*) *ablegen*

dog [dɔg] **I.** s 1. *Hund* m, → bitch; to bark,
growl, snarl; *Rüde* m (*männlicher Hund*); *Wolf*
m; *Männchen v Fuchs, Otter* (etc) (∼-fox *Fuchs-
Rüde*) | (*unwürdiger Mensch*) „*Hund*" m; a

crafty ~ *ein schlauer Fuchs* m || ⟨sl⟩ *Kerl, Bursche* m (a jolly, sly ~) | ⟨astr⟩ *Hundstern, Sirius* m | ⟨tech⟩ *Bock* m, *Gestell* n || *Klaue* f, *Greifhaken* m, *Klammer* f, *Mitnehmer* m || (a fire-~s) *Kaminbock* m || ⟨min⟩ *Hund, Förderwagen* m **2. Wendungen:** gay young ~ *lustiger junger Bursche* m || old ~ *alter, schlauer Fuchs* m || sad ~ *Schwerenöter, Wüstling* m || sly ~ *verschlagener Gesell* m || young, little ~ *junger, kl Kerl* m || hunting-~ *Jagdhund* m || Newfoundland ~ *Neufundländer* m (*Hund*) | not a ~'s chance *nicht die geringste Aussicht* || to die a ~'s death *e-s elenden Todes sterben, im Elend umkommen* || to go to the ~s *vor die Hunde gehen* (*umkommen*); *auf den H. k* || to help a lame ~ *over a stile jdm aufhelfen* || to lead a ~'s life *ein Hundeleben führen*, to lead a p a ~'s life *jdm ein H. bereiten* || → name || to put on ~ ⟨fam⟩ *sich großtun, sich brüsten* || to throw to the ~s *wegwerfen*; ⟨fig⟩ *opfern,* °*an den Haken hängen* || *not to have a word to throw at a ~ nicht ein Wort übrighaben* (*sehr unzugänglich s*) | ~ in a blanket *Kloß aus Korinthen, Fruchtpudding* m || ~ in the manger „*Neidhammel*" m (*P*) **3.** [attr & comp] **~-bane** ⟨bot⟩ *Hundskohl* m || ~-berry *-beere* f || ~-biscuit *Hundekuchen* m || ~-box ⟨rail⟩ *-abteil* n || ~-cart *Gig* n, *Dogcart* m (*zweirädr. Einspänner*) || ~-collar *Halsband* n || *steifer, hoher, hinten geschloss. Kragen der Geistlichen der C. E.* || ~ curve ⟨aero sl⟩ °*Hundekurve* f || ~-days [pl] *Hundstage* m pl || ~-fancier *Hundeliebhaber, -züchter* m || ~-fight *Handgemenge* n, ⟨aero⟩ *Kurvenkampf* m; (*Panzer-*)*Einzel-, Nahkampf* m || ~-grass ⟨bot⟩ *Hundsquecke* f || ~-handler *Hundeführer* m || ⟨Am fam⟩ he is in the ~-house *s-e Frau ist schlecht auf ihn z sprechen* || ~-kennel *Hundehütte* f || ~-Latin *Küchenlatein* n || ~-lead *Hundeleine* f || ~-licence *-steuer* f || ~-like [a] *-artig* || ~-racing *-wettrennen* n || **~-rose** ⟨bot⟩ *wilde Rose* f || ~'s age ⟨Am⟩ *lange Zeit* f || ~'s-ear **1.** s *Eselsohr* (*im Buch*) in **2.** (a ~-ear) vt (*ein Buch*) *durch ein E. verunstalten*; ~'s-eared *mit -ohren* || ~-shores [pl] ⟨mar⟩ *Schoren* pl || ~-show *Hundeausstellung* f || ~-skin *Hundsleder* n || ~-sleep *leichter, oft unterbrochener Schlaf* m || ~'s life °*Hundeleben* n || ~'s mercury ⟨bot⟩ *Bingelkraut* n || **~-star** ⟨astr⟩ *Hundsstern, Sirius* m || ~'s-trick *tückischer Streich* m || ~-tag ⟨mil sl⟩ *Erkennungsmarke* f || ~-tired °*hunds-, todmüde* || ~-tooth ⟨arch⟩ *Zahnornament* n || ~-violet *Hundsveilchen* n || ~-watch ⟨mar⟩ *Hundswache* f (*kz Halbwachen 4–6, 6–8 p. m.*) || ~-whip *Hundepeitsche* f || ~ wood ⟨for bot⟩ *Hartriegel* m **II.** vt (*jdm*) *auf dem Fuße folgen, nachspüren*; ⟨fig⟩ (*jdn*) *verfolgen* | *mit or an e-r Klammer befestigen* | **~-ged** [′~id] a (~ly adv) *störrisch, verbissen* || *zäh, hartnäckig*; it's ~ *does it die Zähigkeit macht es, siegt* **~-gedness** [′~idnis] s *störrisches Wesen* n; *Hartnäckigkeit* f

doge [doudʒ] s *Doge* m

dogfish [′dɔgfiʃ] s ⟨ich⟩ small-(large-)spotted ~ *Hunds-*(*Katzen*)*hai* m

dogger [′dɔgə] s ⟨mar⟩ *Dogboot* n (*zweimastiges Fischerfahrzeug*)

doggerel [′dɔgərəl] ⟨pros⟩ **1.** a *Knüttel-* **2.** s (a ~ rhyme, ~ verse) *Knüttelvers* m

doggish [′dɔgiʃ] a (~ly adv) *hündisch* || ⟨fig⟩ *bissig, mürrisch*

doggo [′dɔgou] adv ⟨sl⟩ to lie ~ *regungslos liegen; sich versteckt halten*

doggone [′dɔgɔn] a ⟨Am sl⟩ *verflucht*

doggy, -ie [′dɔgi] s *Hündchen* n

doggy [′dɔgi] a *Hunde-*; *hundelieb* || ⟨Am sl⟩ *fesch, keß*

dogie [′dougi] s ⟨Am⟩ *mutterloses* (*Herden-*)*Kalb* n

dogma [′dɔgmə] s L [pl ~s, *~ta] *Dogma* n; *Glaubens-, Lehrsatz; Grundsatz* m **~tic** [dɔg′mætik] **1.** a (~ally adv) *dogmatisch* || *entschieden* | *gebieterisch, anmaßend* **2.** [s] ~s [sg konstr] *die Dogmatik* f **~tical** [dɔg′mætikəl] a = dogmatic[a] **~tism** [′dɔgmətizm] s *Dogmatismus* m **~tist** [~tist] s *Dogmatiker* m **~tize** [~taiz] vi/t | *sich dogmatisch äußern* (on *über*) | vt *mit Bestimmtheit behaupten* || *z Dogma erheben*

Dogra [′dougrə] s *Angehörige*(*r* m) f *e-s nordwestindischen Kriegerstammes*

dogwood [′dɔgwud] s ⟨bot⟩ *Gemeiner Hartriegel* m

doily [′dɔili] s *kl Teller-, Tortenunterlage, -spitze* f; *Deckchen* n

doing [′du:iŋ] s *Tun* n, *Tat* f, it is all your ~ (*that*) *es ist alles d-e Schuld, du bist allein schuld* (*daß*) | ~s [pl] *Handlungen* f pl, *Betragen, Treiben* n; fine ~s these! ⟨fam⟩ *das sind mir schöne Geschichten!* || *Sachen* f pl, *Zubehör* n

doit [dɔit] s *Deut, Heller* m (not worth a ~ *k-n H. wert*); *Pfifferling* m

doited [′dɔitid] a ⟨Scot⟩ *verblödet, -rückt*

doldrums [′dɔldrəmz] s pl *Niedergeschlagenheit, Depression* f; in the ~ *übelgelaunt, verdrießlich*; ⟨fig⟩ *lahmgelegt* || ⟨mar⟩ *Stilliegen* n; *Windstillen* f pl || *Gegend der Windstillen* f

dole [doul] **1.** s *milde Gabe* f, *Almosen* n; the ~ *die Arbeitslosen-, Erwerbslosenunterstützung* f; ⟨fam⟩ to be, go on the ~ *A. beziehen,* °*stempeln gehen* || ~-bob ⟨sl⟩ *Schmerzensgeld* n **2.** vt (to ~ out) *austeilen,* (*Almosen*) *spenden* (to a p *jdm*)

dole [doul] s ⟨poet⟩ *Kummer* m; *Klage* f; to make ~ *wehklagen* **~ful** [′~ful] a (~ly adv) *traurig; mißmutig* **~fulness** [′~fulnis] s *Kummer* m, *Betrübnis* f

dolichocephal [ˌdɔliko′sefəl] s *Langschädel* m | **~ic** [′dɔlikouse′fælik] a (of skull) *lang; langköpfig*

doll [dɔl] **1.** s *Puppe* f, ~'s-house *-nhaus* n, *-nstube* f; *kl Häuschen* n || ⟨fig⟩ *Puppe* (*hübsche, aber einfältige Frau*) **2.** vt (a to ~ up) *herausputzen, ausstaffieren* **~ish** [′~iʃ] a *puppenhaft, zimperlich* || °*aufgedonnert*

dollar [′dɔlə] s (abbr $; $ 50 = 50 *Dollar*) *Dollar* m (= 100 cents; *Geldeinheit in Amerika, Kanada etc*) || the almighty ~ *das Geld, der Mammon* || ⟨sl⟩ *Fünfschillingstück* n

dollop [′dɔləp] s *Klumpen* m (a ~ of fat *ein K. Fett*), *Menge* f || *Guß* m (~ of rain *Regen-*)

dolly [′dɔli] s *Püppchen* n, *Puppe* f; the sand is out of my ~ *ich habe k-n Mumm mehr, habe z nichts* (*mehr*) *Lust, bin niedergeschlagen* || ⟨tech⟩ *Stößel; Stampfer* m; *Rührstock* m || *Gegen-, Vorhalter, Nietstock* m || *Schwabbelscheibe* f || *Transport-, Munitionskarre* f || ⟨Am mot⟩ *Anhängerdrehgestell* n f *Sattelschlepper* || ⟨film fam⟩ *Kran* m || ⟨minr⟩ *Rammapparat* m || ~-tub *Waschfaß* n || ⟨tech⟩ *Rührpumpe* f, *-bottich* m

Dolly Varden [ˌdɔli′vɑːdn] s *phantastische Damenkleidung* f, *-hut* m

dolman [′dɔlmən] s *Dolman* m (*Schnürenjacke*) || *Husarencape* n

dolmen [′dɔlmen] s ⟨praeh⟩ *Steingrabmal* n, *Dolmen, Hühnengrab* n; *Kromlech* m (*Steinkreise*)

dolomite [′dɔləmait] s ⟨minr⟩ *Dolomit* m || the ~s [pl] ⟨geog⟩ *die Dolomiten* pl

dolorous [′dɔlərəs] a ⟨mst poet⟩ (~ly adv) *schmerzlich, traurig*

dolose [do′lous] a ⟨jur⟩ *dol·os, böswillig*

dolour [′doulə] s ⟨poet⟩ *Schmerz* m; *Qual, Pein* f

dolphin [′dɔlfin] s ⟨zoo⟩ *Delphin* m || ⟨ich⟩

Dor'ade f (*Goldbrasse*) || ⟨mar⟩ *Dalbe* f (*Anlege-pfahl*) || *Eisbrecher* m

dolt [doult] s *Tölpel* m **~ish** ['~iʃ] a (~ly adv) *tölpelhaft* **~ishness** ['~iʃnis] s *Tölpelhaftigkeit* f **–dom** [–dəm] *lebendes* ⟨suff⟩ *–tum, –heit, –schaft; –gebiet*

domain [do'mein] s *erbliches Eigentum*; *Herrengut* n, *Domäne* f || *Herrschaft* f, *Gebiet* n || *Eminent* ⊻ ⟨Am⟩ *souveräne Gewalt* f || ⟨fig⟩ *Sphäre* f, *Bereich* m || **domanial** [~iəl] a *Domänen–*

dome [doum] **1.** s ⟨poet⟩ *Dom* m (*Gebäude*) || *Dom* m, *Kuppel* f || *Gewölbe* n; *Wölbung* f; gr *Dach* n || ⟨Am⟩ *Ölquelle* f || ⟨Am sl⟩ *Kopf* m **2.** vt/i || *mit Kuppel versehen* | vi *kuppelartig anschwellen, sich erheben* | **~d** [~d] a *gewölbt, mit e–r Kuppel versehen*

Domesday ['du:mzdei] s ⟨hist⟩ (*a ~ Book*) *Reichsgrundbuch* n *Wilhelms des Eroberers* (1086)

domestic [do'mestik] **1.** a (~ally adv) *Haus–* (~ *music*), *häuslich, Familien–, Privat–;* ~ *accomodation Wirtschaftsgebäude* n [pl]; ~ *servant Dienstbote* m, *Hausangestellte(r* m) f || ⟨Lit⟩ *bürgerlich* (~ *drama, tragedy*) || (*fond of home*) *häuslich;* ~ *coal Hausbrandkohle* f; ~ *science Hauswirtschaft* f || *zahm, Haus–* (~ *animal*) | *inländisch, einheimisch, Landes–, Innen–* (~ *policy*); *Binnen–* (~ *market*); ~ *disturbances* [pl] *innere Unruhen* f pl; ~ *emergency nationaler Notstand* m; ~ *law eigene Gesetzgebung* f || ~ *procurement Inlandbeschaffung* f, ~ *service* ⟨aero⟩ *–flugdienst* m; *Binnen–* (~ *trade*) **2.** s *Dienstbote* m **~able** [~əbl] a *zähmbar* (*animal*) **~ate** [~eit] vt *ans häusliche Leben gewöhnen, eingewöhnen* || *naturalisieren, heimisch m* || (*T*) *zähmen* **~ation** [do,mesti-'keiʃən] s *Eingewöhnung* f (*with bei*) || (*T*) *Zähmung* f **~ity** [dəmes'tisiti] s *Häuslichkeit* f, *häusliches Leben* n; *the* –ties [pl] *die häuslichen Angelegenheiten* f pl

domett(e) ['dəmit] s *Art Flanell*

domical ['doumikl] a *Dom–; gewölbt*

domicile ['dəmisail] **1.** s *Wohnort, Wohnsitz* m || ⟨jur⟩ *Gerichtsstand* m || ~ *by operation of law gesetzlicher Wohnsitz;* ~ *of choice Wahlwohnsitz;* ~ *of origin Wohnsitz kraft Abstammung;* *natural* ~ *Geburtswohnsitz* || *right of* ~ *Niederlassungsrecht* n || ⟨com⟩ *Zahlungsort* m or *Zahlstelle* f *e–s Wechsels* **2.** vt *ansiedeln* || ⟨com⟩ (*Wechsel*) *domizilieren, auf e–n best. Ort ausstellen* | **~d** [~d] a *ansässig*

domiciliary [,dəmi'siljəri] a *Wohnungs–, Haus–;* ~ *visitation Haussuchung* f **–iate** [dəmi'silieit] vt *ansiedeln*

dominance ['dəminəns] s *Herrschaft* f, *Vorherrschen* n, *Einfluß* m **–ant** ['dəminənt] **1.** a (~ly adv) (*vor)herrschend* || *hoch–, emporragend* || ~ *chord* ⟨mus⟩ *Domin'antakkord* m; *the* ~ *sex das herrschende Geschlecht* n **2.** s ⟨mus⟩ *Dominante* f || ⟨biol⟩ *dominierende Eigenschaft* f

dominate ['dəmineit] vt/i || *beherrschen* (*a* fig) | *beherrschen, emporragen über* | vi *vorherrschen;* *to* ~ *over herrschen über, beherrschen* **–ation** [,dəmi'neiʃən] s *Herrschaft* f

domineer [,dəmi'niə] vi *despotisch herrschen* (*over über*); *to* ~ *over herrschen, tyrannisieren* **~ing** [~riŋ] a (~ly adv) *herrisch, tyrannisch, anmaßend*

dominical [do'minikəl] a *des Herrn* (*Christi*), *the* ~ *year das Jahr des H.* || *sonntäglich, Sonntags–,* ~ *day Sonntag* m; ~ *letter –sbuchstabe* m; ~ *prayer Vaterunser* n

dominican [do'minikən] **1.** a *dominikanisch* **2.** s *Dominikaner* m

dominie ['dəmini] s ⟨Scot⟩ *Schulmeister* m

dominion [də'minjən] s (*Ober–)Herrschaft, Gewalt* f (*over über*) || *Herrschaftsgebiet, Gebiet* n || ⟨brit⟩ *die gr selbständige Kolonie* f, *the* ⊻s [pl] *die Dominions* (*selbständige Staaten im brit. Staatenbund, seit 1926*); *the* ⊻ *of Canada das D. Kanada;* ~*–status Rang* m *e–r selbständigen Kolonie* || ⟨jur⟩ *Besitzrecht* n (*over*)

domino ['dəminou] s [pl ~es] *Domino* m, *Maskenmantel* m || *P im D.* | *Dominostein* m; ~es [pl; sg konstr] *Domino(spiel)* n; ~es is *a fine game* || ⟨sl⟩ *it is* ~ *with es ist aus mit*

domy ['doumi] a *domartig*

don [dən] s ⊻ *spanischer Titel, Don* m (⊻ *Juan Lebemann, Genießer*) || *Spanier* m || (*gewichtige P*) ⟨m. m.⟩ *dicker Wilhelm, Angeber,* **Großkopfeter* m || *Kenner* m || ⟨univ⟩ *Graduierter, fellow od tutor* m, *akad. Respektsperson* f

don [dən] vt (*etw*) *anziehen;* (*Hut*) *aufsetzen*

dona(h) ['dounə] s ⟨sl⟩ *Frau; Liebste* f

donate [dou'neit] vt *schenken, verleihen* (*to a* p *jdm*) || (*Blut*) *spenden* **–tion** [dou'neiʃən] s *Schenkung* f, (*Geld–,* etc) *Gabe* f || *Spende* f (*to für*) || *pertaining to* ~ *donat'iv* **–ative** ['dounətiv] **1.** s ⟨ec⟩ *die ohne Präsentation etc übertragene Pfründe* f || *offizielle Schenkung, Gabe* f **2.** a *durch Schenkung, ohne Präsentation etc übertragen*

done [dʌn] pp *von* to do, vt/i → *d* | *vorbei, fertig, to be* ~ *with fertig s mit* || ⟨st exch⟩ *bezahlt* | (*a* ~ up) *ermüdet, erschöpft* (*with v*); ⟨fam⟩ *übers Ohr gehauen, „eingeseift"* | *gar, fertig, well–* ~ *gut gekocht, durchgebraten;* ~ *to a turn ausgezeichnet gekocht* || ⟨sl⟩ (*a* ~ *brown*) *betrogen* || *not* ~ *gegen die Konvention, unpassend: it simply isn't* ~ *so was tut man nun mal nicht;* → *do* || ⟨Am vulg⟩ (*Negersprache*) = *have* (: I ~ *told him*) [*od pleonastisch*] (: *he's* ~ *runaway*)

donee [dou'ni:] s ⟨jur⟩ *the* ~ *der* (*die*) *Beschenkte* m (f), *der* (*die*) *Begünstigte* m (f), *Schenkungsempfänger(in* f) m

donga ['dɔŋgə] s ⟨SAfr⟩ (*Fluß–)Rinne, Schlucht* f

donjon ['dɔndʒən] s Fr *Schloßturm* m, *Burgverlies* n

donkey ['dɔŋki] s *Esel* m, → *bray* || ⟨fig⟩ *Esel, Dummkopf* m | ~*–engine* ⟨tech⟩ *kl Hilfsmaschine* f || ~*'s breakfast* ⟨sl⟩ *„Kreissäge"* f (*Strohhut*) | ~ *walloper* ⟨mil sl⟩ *Kavallerist* m

donnish ['dɔniʃ] a *wie ein Don; steif, gravitätisch; pedantisch*

donor ['dounə:] s ⟨jur⟩ *Schenker, Geber* m, *Stifter(in* f) m; *blood* ~ *Blutspender(in* f) m

don't [dount] = *do not* || ~! *nicht! bitte nicht! nicht doch!* | s *Verbot* n

doodah, doo-da ['du:dɑ:] s ⟨sl⟩ *all of a* ~ *aufs höchste erregt, aus dem °Häuschen*

doddle ['du:dl] **1.** s ⟨Am⟩ *Einfaltspinsel* m **2.** vi *geistesabwesend kritzeln* || ~*bug* [~bʌg] s ⟨fam⟩ *„Brummer"* m (*V-Geschoß*)

doolie, –ly ['du:li] s ⟨Ind⟩ *Sänfte; Krankenbahre* f

doom [du:m] **1.** s † ⟨a jur⟩ *Urteil* n || *Schicksal,* (*böses*) *Geschick* n || *Verderben* n, *Untergang, Tod* m || *Jüngstes Gericht* n (⟨bes⟩ *the crack od the day of* ~) **2.** vt *verurteilen, verdammen* (*to death z Tode*) || (*jdn, etw*) *verurteilen* (*to z; to do*); (*jdn*) *bestimmen* (*to; to do*); ~ed *gerichtet, verloren;* ⟨fig⟩ *verurteilt* (*to z*) **~sday** ['~zdei] s *Jüngstes Gericht* n, *till* ~ *bis z Jüngsten Tag* (*immerfort*) → *Domesday*

door [dɔ:] **1.** s *Tür* f; *front* ~ *Haus–* || *Eingang, Torweg* m || ⟨fig⟩ *Eingang* m || *double* ~ *Doppeltür* f; *fancy* ~ *aufgedoppelte T.; folding* ~ *zweiflügelige T.* **2.** *at death's* ~ *am Rande des Grabes* || *at our* ~s ⟨fig⟩ *vor unseren Türen* || *out of* ~s *außer* (or *aus dem*) *Hause, im Freien;* → *out* I. || *packed to the* ~s *voll besetzt* || *within* ~s *im Hause* || *from* ~ *to* ~ *v Haus z Haus* || *next* ~ *im nächsten Hause* or *Zimmer,* *nebenan* ‖ next ~ to ⟨fig⟩ *fast, beinahe* | to bang the ~ on a th ⟨fig⟩ *e–r S den Weg abschneiden*; *etw unmöglich m* ‖ → to close ‖ to close, shut one's ~s against (*jdm*) *die Tür verschließen* ‖ → to darken to enter, escape by (*od* through) the ~ *durch die Tür eintreten, entkommen* ‖ to lay at a p's ~ *jdm z Last legen, in die Schuhe schieben*; that lies at your ~ *das kommt auf d·ein Konto* ‖ to lie at a p's ~ *jdm z Last gelegt w* ‖ there's the ~ the carpenter made! *°da hat der Zimmermann das L·och gelassen!* ‖ to open the ~ to a p *jdm öffnen, jdn hereinlassen*; to open a ~ to *od* for a th *etw möglich m* ‖ to show a p the ~, to turn a p out of ~s *jdm die Tür weisen* ‖ to throw the ~ open to ⟨fig⟩ *die Tür öffnen f (etw)* **3.** [attr] **~-bell** *Türklingel* f ‖ **~-case**, **~-frame** *–rahmen* m ‖ **~-closer** (*automatischer*) *Türschließer* m ‖ **~-handle** *–griff* m ‖ **~-keeper** *Pförtner* m ‖ **~-knob** *Türknopf* m ‖ **~-man** *Portier* m ‖ **~-mat** *–matte* f, *Abtreter* m; ⟨hum⟩ „*Fußsack*" m (*Vollbart*); ⟨Am fig⟩ *Kriecher (P)* ‖ **~-money** *Eintrittsgeld* n ‖ **~-nail** *Tür–, Tornagel* m, dead as a **~-nail** *mausetot* ‖ **~-plate** *Türschild* n ‖ **~-post** *–pfosten* m; **~-post(s pl)** ⟨arts⟩ *Gewände* n ‖ **~-scraper** *Fußabstreicher* m ‖ **~-spring**, **~-closer** *automatischer Türschließer* m ‖ **~-step** *Stufe vor der Haustür* ‖ ~ *steps* [pl] *Frei–, Vortreppe* f ‖ **~-to–** ⟨Am⟩ [attr] *Haus-zu-Haus* (sale) ‖ **~-way** *Torweg, (Tür-)Eingang* m

doorless [ˈdɔːlis] a *türlos, ohne Zugang*
dooryard [ˈdɔːjaːd] s *kl Garten am Hause*
dop [dɔp] s *Trinkgefäß* n, *Schüssel* f ‖ *Kap-Branntwein* m
dope [doup] **1.** s *dicke Flüssigkeit* f *als Nahrung* or *Schmiermittel*; *Lack, Firnis* m ‖ ⟨sl⟩ *Gift, Opium, Narkotikum* n; *Narkotiker* m | *geheime Informationen, Pressenachrichten* f pl; *Falschnachricht*, „*°Ente*" f, *Schwindel* m **2.** vt *lackieren, firnissen* ‖ ⟨sl⟩ (*Pferde, Hunde*) (*durch narkotisches Getränk*) *dopen*; (*Motoröl*) *mit Zusätzen versehen* ‖ ⟨fig sl⟩ *hinters Licht führen* | to ~ *out ausfindig m, entdecken, –larven* ‖ *ausarbeiten* **dopey** [ˈdoupi] a ⟨sl⟩ *benommen, –nebelt; tranig* ⟨fig⟩
dor [dɔː] s ⟨ent⟩ *Roß–; Maikäfer* m
Dora [ˈdɔːrə] s ⟨hum⟩ = D.O.R.A. (Defence of the Realm Act [1914]) ‖ ⟨fig⟩ *großväterliche Gesetzgebung* f; → defence
Dorcas [ˈdɔːkəs] (*a* ~ society) s *wohltätiger Frauenverein* m
Dorian [ˈdɔːriən] ⟨ant⟩ **1.** a *dorisch* **2.** s *Dorier* m
Doric [ˈdɔrik] **1.** a *dorisch*; ~ *Order* ⟨arch⟩ *dorische Ordnung* f; (*of dialect*) *grob, breit, bäuerisch* **2.** s *der dorische Dialekt* ‖ *grober englischer Dialekt* m
Dorking [ˈdɔːkiŋ] s (*Stadt in* Surrey) *englische Hühnerrasse* f
dorm [dɔːm] s [*mst* pl ~s] ⟨fam⟩ = dormitory *Schlafraum* m
dormancy [ˈdɔːmənsi] s *Schlafzustand* m; *Ruhe* f *–ant* [ˈdɔːmənt] a *schlafend* (*a her*) (lion ~) ‖ ⟨fig⟩ *ruhend, untätig* ‖ *ungebraucht*; *unbenutzt* ‖ *schlummernd, verborgen, geheim* ‖ ⟨com⟩ ~ *capital totes Kapital* n; ~ *partner stiller Teilhaber* m; ~ *tree* ⟨arch⟩ *Kämpfer* m; to lie ~ *tot liegen, sich nicht verzinsen*
dormer [ˈdɔːmə] s (*a* ~-window) ⟨arch⟩ *Dach–, Bodenfenster* n; *Grundschwelle* f
Dormition [dɔːˈmiʃən] s *Entschlafen, Hinscheiden* n (of the Virgin *Mariä*)
dormitory [ˈdɔːmitri] s *Schlafzimmer mit mehreren Betten* n, *Schlafsaal* m ‖ *Studentenheim* n
dormouse [ˈdɔːmaus] s ⟨zoo⟩ *Haselmaus* f ‖ fat ~ *Siebenschläfer* m

dormy [ˈdɔːmi] a ⟨golf⟩ *so viele Löcher vor jdm voraus habend wie noch z spielen sind* (to be ~ 4)
Dorothy bag [ˈdɔrəθiˌbæg] s *offene Damentasche* f
dorp [dɔːp] s ⟨SAfr⟩ *Dorf, Städtchen* n
dorsal [ˈdɔːsəl] a ⟨anat zoo bot⟩ *Dorsal–*; *Rücken–* ‖ ⟨aero⟩ ~ *fin Seitenflosse* f **~ly** [~i] adv *am Rücken, nach dem R. zu*
dors– [dɔːs], **~o–** [~o] [in comp] *Rücken–*; *dorso-lateral Rücken- u Seiten–* (parts)
dory [ˈdɔːri] s (*a* John ⟨fish⟩) ⟨ich⟩ *Heringskönig* m
dory [ˈdɔːri] s *kl Fischerboot* n
dosage [ˈdousidʒ] s *Dosierung* f
dose [dous] **1.** s *Dosis, Portion* f ⟨a fig⟩ ‖ ~ *rate* ⟨at⟩ *Dosisleistung* f **2.** vt (*jdm*) *e–e D. verschreiben, eingeben* ‖ *vermischen* (with)
doss [dɔs] **1.** s ⟨sl⟩ *Bett* n *in billigem Logierhaus* ‖ **~-house** *billiges L.* n, *Herberge*, *°Penne* f **2.** vi ⟨sl⟩ *in e–m L. übernachten, schlafen*
dossier [ˈdɔsiei] s Fr *urkundl. Unterlagen, Akten* f pl (*über e–e P* or *S* etc)
dossy [ˈdɔsi] a ⟨sl⟩ *elegant*
dost [dʌst] † **2.** sg *v* to do vt/i
dot [dɔt] **1.** s *Punkt, Tüpfel* m; *i-Punkt*; ⟨mus⟩ *Punkt* m; to a ~ *aufs Haar* ‖ **~-and-dash** [a] ⟨telg⟩ *Morse–* (~-and-dash signals *–signale*); ⟨telg⟩ *didd u da*; ~ *frequency Telegraphierfrequenz* f ‖ *Kindchen* n, *Knirps* m; *kl Gegenstand* m **2.** vt *punktieren, tüpfeln, sprenkeln*; *mit i-Punkt versehen*; to ~ one's i's and cross one's t's *bis auf den i-Punkt ausführen, klarmachen*; **~·ted** *punktiert* (line) | *verbreiten, verstreuen* (about, all over); **~ted** with *besät, besetzt mit*; **~ted** *print* ⟨arts⟩ *Schrottblatt* n | *schlagen*, to ~ a· p one *jdm eins versetzen* | ~ and carry (*beim Addieren*) *die Einer hinschreiben u die Zehner übertragen, .. hin, .. in'n Sinn* ‖ **~-and-go-one** **1.** s *das Hinken; der Hinkende* **2.** a *hinkend*
dot [dɔt] s Fr *Mitgift* f
dotage [ˈdoutidʒ] s (*geistige*) *Altersschwäche* f; to be in one's ~ *alt w* **–ard** [ˈdoutəd] s *kindischer Greis* m
dotation [douˈteiʃən] s *Dotierung, Ausstattung* f
dote, **doat** [dout] vi *kindisch w* or *s, faseln* (from old age) | to dote on *schwärmen* f, *vernarrt s in* **doting** [ˈdoutiŋ] a (**~ly** adv) *kindisch, faselnd* | *vernarrt, –liebt* (on in)
doth [dʌθ] † **3.** sg *v* to do
dotterel [ˈdɔtrəl] s ⟨orn⟩ *Morn·ellregenpfeifer* m
dottle [ˈdɔtl] s *Tabaksrest* m (*in e–r Pfeife*)
dotty [ˈdɔti] a *getüpfelt* | *unsicher* (gait); ⟨sl⟩ *schwachsinnig, verrückt*; *vernarrt* (on in)
double [ˈdʌbl] **1.** a (*–bly* adv) **a.** *doppelt, zweifach, Doppel–*; to give a ~ *knock zweimal klopfen*; ~ the number *die doppelte Zahl*; to ~ the number *auf, bis z zweimal so viel* ‖ f *zwei bestimmt*; *aus zwei Teilen bestehend* (~ doors) ‖ ⟨bot⟩ *doppelt, gefüllt* ‖ *verdoppelt, –mehrt, –stärkt* (~ ale) ‖ *doppelt; zweideutig, falsch, unaufrichtig* ‖ ⟨mus⟩ *um e–e Oktave tiefer* (~ trumpet) **b.** [*Verbindungen*]: to do the ~ *act* ⟨vulg⟩ *ins Joch der Ehe springen*, „*zweispännig ziehen*" (*verheiratet s*), ⟨a fam⟩ to run in ~ *harness*, ~ *corner S-Kurve* f ‖ ~ *first* ⟨univ⟩ *mit Auszeichnung bestandene* Honours *Prüfung in zwei Fächern* ‖ ~ Dutch *Kauderwelsch* n ‖ ~ *eagle* ⟨her⟩ *Doppeladler* m; ⟨Am⟩ *goldenes Zwanzigdollarstück* n ‖ ⟨phot⟩ ~ *exposure Doppelbelichtung* f; ~ *e. prevention automatische Verhinderung der D.* ‖ ~ *talk hochtrabendes Gequatsche* n **2.** adv *doppelt*; *d.* (or *noch einmal*) *so* (*viel*) ‖ ~ *as bright d. so hell* ‖ *paarweise*; it is forbidden to ride ~ *on a bicycle .. z zweien ..*; to see ~ *doppelt sehen*; to

sleep ~ *z zweit schlafen* || to deal ~ with *doppeltes Spiel treiben mit* (*betrügen*) **3.** [*als a od* adv] [in comp]: **~-acting** *doppelt wirkend*; ⟨tech⟩ *in doppelter Richtung wirkend* f || ~-action fuse *Doppelzünder* m || ~-apron *barbed-wire fence* ⟨mil⟩ *Flandernzaun* m || ~-bank (*od* –row) *radial engine* ⟨aero⟩ *Doppelsternmotor* m || ~-banking ⟨mot⟩ *Neben–e–a–parken* n || ~-barrelled [a] 1. ~-barrelled *gun Doppelflinte* f; ~-b. A.A. g. *Flakzwilling* m || **2.** ⟨fig⟩ *zweischneidig* || ~-bass ⟨mus⟩ *Kontrabaß* m || **~-bed** *Doppelbett* n || ~-breasted (*of a coat*) *zweireihig* || ~-chin *Doppelkinn* n || ~-cross 1. s ⟨sport⟩ *Betrug* m **2.** vt ⟨Am sl⟩ *verraten*; *betrügen* || ~ cut (*Feilen-*)*Kreuzhieb* m || **~-dealer** *Achselträger, Betrüger* m || ~-dealing l. s *Doppelzüngigkeit* f, *Betrug* m **2.** a –*züngig, falsch* || ~-decker ⟨aero⟩ *Doppeldecker* m || ~-dipping *headlight* ⟨mot⟩ *Bilux-Scheinwerfer* m || ~-dyed ⟨fig⟩ *Erz–* (scoundrel): *eingefleischt* || ~-edged *zweischneidig* ⟨*a fig*⟩ || **~-entry** ⟨com⟩ *doppelte Buchführung* f || ~ *envelopment* ⟨tact⟩ *Zangenangriff* m || ~-face *Heuchler* m; ~-faced *heuchlerisch* || ~ file ⟨mil⟩ *Doppelreihe* f || ~ fins and rudders [pl] ⟨aero⟩ *doppeltes Seitenleitwerk* n || ~-ganger [ˈgæŋə] [Ger] *Doppelgänger* m || **~ line** [attr] *zweigleisig* || ~-lock [vt] *doppelt verschließen* || ~ march! ⟨mil⟩ *Marsch, Marsch!* || ~-meaning l. s *Doppelsinn* m **2.** a *doppelsinnig* || ~-number *Doppelnummer* f || ~-quick [a] *sehr geschwind*; ⟨mil⟩ *Geschwind–, Laufschritt* m || ~-room *Schlafraum mit Doppelbett* || **~-stop** [vi] *in Doppelgriffen spielen* || ~-threaded *zweigängig* (*Schraube*) || ~thrust *bearing* ⟨tech⟩ *Wechsellager* n || ~-(-)talk *doppelzüngiges Gerede* n, *zweigleisige Sprache* f || ~-time, ~-quick *time Geschwindschritt* m; ~ *time, march! Laufschritt! Marsch, Marsch!* || to ~-time (*e–n*) *hinters Licht führen, übers Ohr hauen* || ~-(-)think [s] *Zwiedenken*, „*zweites Gesicht*" n || ~-tooth *Backzahn* m

double [ˈdʌbl] s *das Doppelte, Zweifache* n || ⟨fig⟩ *Duplik·at, Seitenstück, Ebenbild* n *Doppelgänger* m ⟨ten⟩ ~ *s* [pl] *Doppelspiel* n (men's ~s); ~s *match Doppelpartie* f; ~s *team Mannschaft in Paaren* || at the ~ ⟨mil⟩ *im Laufschritt* | *Ab–, Seitwärtsspringen* n, *Kreuz–, Seitensprung* m; *Windung* f, *Winkelzug* m

double [ˈdʌbl] vt/i **A.** vt **1.** *doppeln, verdoppeln, ums Zweifache vermehren* || to ~ a *part e–e Rolle mit übernehmen*, he ~d *the parts of N. & M. er trat in den zwei Rollen, N. & M., auf* || (*Schläge*) *verdoppeln, wiederholen* || (*jdn*) *einquartieren* (with) || ⟨racing⟩ *Doppelwette m* (*in 2 Rennen*) *mit Stehenlassen des Einsatzes* || **2.** *umfalten, kniffen, doppelt zus–legen*; *umlegen, umbrechen* || (*Faust*) *ballen* **3.** (*Garn*) *zwirnen* || ⟨mar⟩ *umsegeln, umschiffen* **4.** [mit adv] to ~ down (*Blatt*) (*um*)*falten* || to ~ in *nach innen falten* || to ~ up *zus–krümmen* (~d-up); || (*durch Schlag*) *niederschlagen* || ⟨fig⟩ *erledigen, abtun* **B.** vi *sich verdoppeln* || (*in der Flucht*) *e–n Haken, Kreuzsprung m* || ⟨mil⟩ *im Schnellschritt marschieren* | [mit adv] to ~ back *kehrtmachen u zurücklaufen* || to ~ up *sich falten* || *sich krümmen* (with *vor*); *sich zus–krümmen* || *zus–klappen, –brechen* **~ness** [ˈdʌblnis] s *das Doppelte* n || ⟨fig⟩ *Zweideutigkeit; Unentschiedenheit* f

doublet [ˈdʌblit] s ⟨hist⟩ *Wams* n || *Dubl·ette* f (*bes v Wörtern*) || ~s [pl] ⟨dice⟩ *Pasch* m

doubling [ˈdʌbliŋ] s *Verdopplung* f || *Ab–, Seitwärtsspringen* n, *Seitensprung* m; *Winkelzug* m

doubly [ˈdʌbli] adv *doppelt, zweifach*

doubt [daut] **1.** vi/t ~ *zweifeln* (of a *th an etw*; whether, if *ob*; that, [*in verneinten u fragenden Sätzen*] but, but that *daß*) || *schwanken*; *Be-*

denken *tragen, zögern* | vt (*etw*) *in Zweifel ziehen, bezweifeln*; I ~ it to be the wish *ich bezweifle, daß es der Wunsch ist* (that); I ~ his *coming ich zweifle, daß er kommt* || (*jdm*) *mißtrauen* **2.** s *Zweifel* m (of *an*, about *betreffs*; that *daß*; as to how *darüber wie*); to have no ~, not a ~ of *k–n Z. h an*; to harbour a ~ *Z. hegen*; I have no ~ that *ich bezweifle nicht, daß*; to be in ~ *im Z. s* if in ~ *im Z.sfall* | *Bedenken* n; *Ungewißheit* f | *Besorgnis* f (about *über*) | beyond ~, without a ~, no ~ *ohne Zweifel*, there is no ~ *es ist kein Z.* (that, but *daß*); not the smallest ~ *nicht der geringste Z.*; what is not in any ~ (is ..) *worüber kein Z. besteht*, (ist ..); out of ~ *außer Z.* | to dispel a ~ *e–n Z. zerstreuen* || to leave a p in no ~ *jdn nicht in Z. l* (about *über*) || to make no ~ *k–n Z. hegen, sicher s* || to give a p the benefit of the ~ (L *in dubio pro reo*) *im Zweifelsfalle die günstige Auslegung f jdn annehmen*; *f unschuldig erklären* || ~**ful** [ˈ~ful] a (~ly adv) *zweifelhaft, unschlüssig*, to be ~ *zweifeln* (of *an*) || *zweifelhaft, unsicher; ungewiß; unentschieden*; ~ *debts*, ⟨Am⟩ ~ *notes and accounts* ⟨com bal⟩ *dubi·ose Forderungen* || *dunkel, unklar* || *fragwürdig, verdächtig*; ⟨fig⟩ *finster* (place) ~**fulness** [ˈ~fulnis] s *Zweifelhaftigkeit, Bedenklichkeit* f || The ✝ing of St. Thomas *der ungläubige Th.* ~**less** [ˈ~lis] **1.** * a *unzweifelhaft* **2.** adv *sicherlich; fraglos; wohl; ich gebe z*

douce [duːs] a ⟨Scot⟩ *gelassen* –**ceur** [duːˈsəː] s Fr *Geschenk, Trinkgeld* n; *Bestechung* f (to a p *jds*)

douche [duːʃ] **1.** s Fr *Dusche* f; *Scheideninjektion* f; to throw a cold ~ *upon* ⟨fig⟩ (*etw*) *dämpfen* **2.** vt/i || (*jdn*) *duschen* | *sich d.*

doucine [duːˈsin] s Fr *Glock–, Kehlleiste* f

dough [dou] **1.** s *Teig* m || ⟨sl⟩ *Zaster*, „*Kies*" m, „*Moos*" n, *Moneten* pl **2.** vt ⟨brew⟩ to ~ in [adv] *einmaischen* **~boy** [ˈ~bɔi] s ⟨Am⟩ *gekochter Mehlkloß* m; ⟨sl⟩ „*Sandhase*", *Landser* (*Infanterist*) m **~face** [ˈ~feis] s ⟨Am⟩ (P) *Gimpel* m **~nut** [ˈ~nʌt] s *Krapfen*, (*Berliner*) *Pfannkuchen* m | **~y** [ˈ~i] a *weich, teigig* || ⟨fig⟩ *schwer v Verstand* || ~-nosed ⟨mar⟩ *verknallt* (*verliebt*)

doughtiness [ˈdautinis] s *Tapferkeit* f –**ty** [ˈdauti] a (–tily adv) *tapfer; tüchtig*

Douglas spruce [ˈdʌglæsˌspruːs] s ⟨bot Am⟩ *Douglastanne, Dougl·asie* f

Doukhobors [ˈduːkobəz] s pl *Duchob·orzen* m pl (*russ. quäkerartige Sekte*)

doum [daum, duːm] s ⟨bot⟩ (*a* ~-palm) *Doumpalme* f

dour [ˈduə] a (~ly adv) ⟨Scot⟩ *streng, ernst* || *hartnäckig; störrisch*

douse, dowse [daus] vt *Wasser gießen über* (*etw*); *begießen* (with) || ⟨mar⟩ (*ein Segel*) *laufen l* || (*Licht*) *auslöschen*

dove [dʌv] s *Taube* f → to coo; rock ~ *Felsen–*; stock ~ *Hohl–*; turtle ~ *Turtel–*; collared t. ~ *Türken–*; ring ~ *Ringel–* || ⟨fig⟩ *der Heilige Geist* m || *Sinnbild der Unschuld* n || *Bote guter Nachricht* m || *Täubchen* n, *Liebling* m (my ~) | [attr & comp] ~-coloured *taubengrau* || ~-cot(e) *Taubenschlag* m ⟨*a ubtr*⟩ || ~-eyed *taubenäugig*; ⟨fig⟩ *sanft* || ~-like –*artig* || ~'s-foot ⟨bot⟩ *Storchschnabel* m **~tail** [ˈ~teil] **1.** s ⟨arch⟩ *Schwalbenschwanz* m, *Zinke* f **2.** vt/i *schwalben, verzinken*; ⟨fig⟩ *fest verbinden; eingliedern* (into *in*) | vi ⟨fig⟩ *genau passen* (into *z*)

dove [douv] ⟨Am⟩ pret *v* to dive

dowager [ˈdauədʒə] s *Witwe* f (*v vornehmem Stande*) || queen ~ *Königin-Witwe*; ~ duchess *Herzoginwitwe* f

dowdiness [ˈdaudinis] s *Schlampigkeit* f –**dy** [ˈdaudi] **1.** s *die schlampige Frau, Schlampe* f **2.** a (–dily adv) *unelegant; unmodern, nachlässig, schlampig*

dowel ['dauəl] **1.** s *Dübel, Holzpflock*; *Zapfen* m **2.** vt *mit e—m Dübel befestigen*

dower ['dauə] **1.** s *Wittum, Witwengedinge* n || ⟨fig⟩ *natürliche Gabe* f **2.** vt *mit e—r Mitgift ausstatten* || ⟨fig⟩ *ausstatten* (with) **~less** [~lis] a *ohne Mitgift*

dowlas ['dauləs] s *grobe Leinwand* f

down [daun] s *offenes, hochgelegenes Land*; [bes pl] **~**s *Ketten* v *niedrigen dürren gewellten Kalkbergen* (*im südlichen England*) || the **~**s [pl] *die gr Reede* f (*an der Küste* v *Kent*)

down [daun] s *Flaumfeder, Daune* f; **~** *quilt* –ndecke f || (of the face, of plants) *Flaum* m

down [daun] **I. adv 1.** (*Richtung*) *her–, hinab, nieder, her–, hinunter*; *nach unten* || *strom(ab)-wärts* || *hinab auf niedere, geringeren Standort, Stand* or *niedere Stufe* | *herunter, abnehmend an Stärke, Grad* etc | *südwärts*; *weg* v *London,* v *der Universität* **2.** (*Ruhe*) *unten* (**~** *there dort unten*); *nieder, herunter* || *nicht in London* || *nieder-gestreckt* || £200 **~** *200 Pfd. bar* || *fällig* (of meetings) | *niedergedrückt* || *geschwächt*; *her-untergekommen*; *bettlägerig* **3. bes Verbindungen a. ~ and out** *kampfunfähig* || ⟨fig⟩ *erledigt, ruiniert, auf den Hund gek* || **~** under [adv] *in Australien, Neuseeland* (etc) || up and **~** *auf u nieder, auf u ab* **b. ~ at** heel *heruntergek* || a Bill **~ for** the second reading to-day *Gesetzes-vorlage, deren zweite Lesung auf der heutigen Tagesordnung steht*; to be **~** *for angesetzt sein* f (**~** for Monday) || **~ from** *von .. herab*; *fort* v; **~ from** town *fort* v *London* || **~ in** the mouth *mutlos, niedergedrückt* || **~ into** the country *aufs Land* || to be **~ on** a p ⟨fam⟩ *streng* or *grob gegen jdn* s; *herfallen über jdn*; to be **~ on** it *dagegen* s || his stockings were **~ over** his ankles *s–e Strümpfe waren über die Knöchel hinuntergerutscht* || **~ to** *bis hinunter* z: the coat only reached **~** to his knees; ⟨übtr⟩ **~** to the slightest details *bis ins einzelne* ; **~** to the country v *London in die Provinz*; from .. **~** to *von .. bis hinunter* z || **~** to the ground *voll-ständig, durchaus*; that suits me **~** to the ground ⟨fam⟩ *das paßt mir ausgezeichnet in den Kram* || **~** to date *zeitgemäß, modernst* || **~** to the year 1930 this was unknown *bis* z *J. 1930 ..* || to be **~ upon** one's luck ⟨fam⟩ *Pech* h; **~ with** ..! *nieder mit* ..! || to be **~** with *darniederliegen an* (an illness) **4. Wendungen** || the sun is **~** *die Sonne ist untergegangen* || he is not yet **~** *er ist noch nicht unten, noch im Schlafzimmer* || to be **~** *gefallen* s (by 6 degrees *um 6 Grad*); *billiger* s (bread is **~**); ⟨sport⟩ (*Punkte*) *zurück* s (he was four **~** .. *4 Punkte zurück*) || I was **~** *£50 ich war um 50 Pfd. ärmer, hatte 50 Pfd. verloren* || ⟨obs fam⟩ I was right **~** *certain ich war m–r S ganz sicher* | to clean the house **~** *das Haus* v *oben bis unten säubern* || to go **~** *in die Ferien gehen*; *die Uni-versität verlassen* || to run, track **~** at last (*etw*) *endlich finden* || to send **~** ⟨univ⟩ (*jdn*) v *der Universität verweisen* **5.** [in comp] **~-come** *Fall, Sturz* m ⟨a fig⟩ || **~** east ⟨Am⟩ *in die östl. Ge-biete*; **~**-easter ⟨Am⟩ *Neuengländer* m || **~**-stroke *Schlag* m *nach unten*; (in writing) *Grund-strich* m **II. prep 1.** (*Richtung*) (*die Straße, den Berg*) *hin–, herab, hin–, herunter, entlang*; v *oben bis unten*; (*Fluß*) *abwärts*; that goes **~** *south das* (*Geld*) *kommt auf die hohe Kante* or *in die Tasche*; **~** town *in die Stadt hinunter* || (of time) *hin-durch, durch .. hin* (all **~** the history of ..) || all **~** the line *auf der ganzen Linie* || *hinab, hinüber* || to go **~** town (*aus dem Vorort*) *in die Stadt gehen* || **~** (the) wind ⟨mar⟩ *unter, mit dem Winde* **2.** (*Ruhe*) *further* **~** the river *weiter unten am Flusse*; ⟨Am fam⟩ it's snowing **~** south *Fräu-lein, es blitzt* (*man sieht den Unterrock*) || **~** town ⟨Am⟩ *unten in der Stadt* [a attr]: **~**-t. heliport

⟨aero⟩ *Hubschrauberlandeplatz* m *in Stadtmitte* f **III.** a *abwärts* or *nach unten gerichtet* (**~** look); *absteigend, hinuntergehend* (**~** grade) || (of prices) *gefallen, gesunken* || **~** train v *London in die Provinz abfahrender Zug* m, **~** platform *der Bahnsteig für diese Züge,* **~** side *das Gleis* f *diese* || **~**-town *Geschäftsviertel* n **IV.** s *das Nieder* n, *die Tiefe* f || *Umschlag* m *des Glückes,* the ups and **~**s of life *die Wechselfälle des Lebens* m pl || ⟨fam⟩ to have a **~** on a p *jdn nicht gern mögen, nicht leiden können* **V.** vt ⟨fam⟩ (*jdn*) *ducken, be-zwingen, nieder–*; *abwerfen* || (*Getränk*) °*hin-untergießen* || to **~** tools *die Arbeit einstellen* || ⟨aero⟩ *abschießen,* z *Absturz bringen*

downcast ['daunkɑ:st] a *nach unten geschla-gen*; *niedergeschlagen* (eyes) **-cutting** ['daun-'kʌtiŋ] s ⟨geol⟩ *Tiefenerosion* f

downfall ['daunfɔ:l] s (*Herab-)Fallen* n, *Ein-sturz* m || *starker Regenfall* m || ⟨fig⟩ *Nieder–, Untergang* m

downgrade [daun'greid] vt *herabstufen* (*in Gehalt, Stellung*) || to **~** a security classification *e–e Geheimhaltungsstufe herabsetzen* **–ding** [~iŋ] s *Herabstufung* f

downhearted ['daun'hɑ:tid] a *mutlos, nieder-geschlagen, gedrückt*; are we **~**? ⟨sl⟩ *wir sind nicht bange, Bange-m gilt nicht!*

downhill ['daun'hil; '– –; – '–'] **1.** s *Abhang* m; ⟨fig⟩ *die absteigende Hälfte* (of life) **2.** a *ab-schüssig, bergab*; **~** race ⟨ski⟩ *Abfahrtslauf* m (to win the **~**-race) ⟨a fig⟩ **3.** adv *ins* or z *Tal*; *in abschüssiger Richtung, abwärts,* we are going **~** ⟨fig⟩ *es geht mit uns bergab*

Downing Street ['dauniŋ stri:t] s *Straße Londons, in der die Amtswohnung des* Prime Minister *liegt*; ⟨fig⟩ *die Großbritannische Regie-rung, das Kabinett*

downmost ['daunmoust] **1.** a *unterst* **2.** adv z or *nach unterst*

downpour ['daunpɔ:] s *Regenguß, Platzregen* m ⟨a fig⟩

downright ['daunrait] **1.** a † *gerade, senkrecht* | ⟨fig⟩ *gerade, offen*; *ausgesprochen, positiv, völlig* (**~** atheist), *bar* (**~** nonsense) **2.** adv *ge-hörig, tüchtig, positiv, gänzlich, durchaus, höchst* **~ness** [~nis] s *Offenheit, Geradheit* f

downsman ['daunzmæn] s *Bewohner der Downs,* → down

downstairs ['daun'stɛəz; '– –; – '–'] **1.** adv *unten* || *die Treppe hinunter*; *im unteren Stock-werk* **2.** a [attr a downstair] *unten befindlich*; *untere(r, –s)* (downstair[s] room)

downstream ['daun'stri:m] adv *stromabwärts, nach der Mündung* z **–(-)time** ['daun'taim] s ⟨tech⟩ *Ausfall–, Totzeit* f **-trodden** ['daun-'trɔdn] a ⟨fig⟩ *mit Füßen getreten, unterdrückt* **-town** ['daun'taun] s [attr] ⟨Am⟩ **~** *district Innenstadt* f, → down-town

downward ['daunwəd] **1.** adv *hinab, nieder-wärts, nach unten* || *stromabwärts* (v *Zeit*) *herab, abwärts* (**~** from Solon, from Solon **~**) **2.** a *sich neigend, absteigend* ⟨a fig⟩; *abwärts* (*gerichtet*) | **~**s [~z] adv = *downward*

downy ['dauni] a *flaumig, weich, wollig, mollig* ⟨a fig⟩ || ⟨sl⟩ *gerieben, schlau*

downy ['dauni] a (of country) *hügelig*; *gewellt*

dowry ['dau(ə)ri] s *Ausstattung, Mitgift* f; state **~** ⟨Ger⟩ *Ehestandsbeihilfe* f || ⟨fig⟩ *natür-liche Gabe* f

dowse [daus] vt → to douse

dowse [daus] vi *mit der Wünschelrute Wasser suchen* | **~r** ['~ə] s *Rutengänger* m || ⟨film⟩ *Feuerschutzklappe* f *am Projektor* **–sing** ['dausiŋ] s [attr] **~** rod *Wünschelrute* f

doxology [dɔk'sɔlədʒi] s *liturgische Hymne* f z *Lobpreisung Gottes*

doxy ['dɔksi] s *Geliebte*; *Dirne* f

doxy ['dɔksi] s ⟨fam⟩ *Meinung* (*in religiösen Dingen*) f

doyen ['dwaiɛ̃:ŋ; 'dɔiən] s *Sprecher, Wortführer* m *des Diplomatischen Korps*

doyley ['dɔili] s = doily

doze [douz] **1.** vi *schlummern; halbschlafen, dösen* || to ~ off *in leichten Schlaf fallen, einduseln* **2.** s *Schlummer* m, *Schläfchen* n

dozen ['dʌzn] s (abbr doz) **1.** [attr] [pl ~] *Dutzend* n (a ~, two ~, many ~, several ~ pencils *ein, zwei, viele* etc *Dutzend Bleistifte*) **2.** [abs] [pl ~s] ~s of, some ~s of people *Dutzende, einige D.* (v) *Pn*; [aber:] some ~ people *etwa ein D. Pn* || ~s of times *tausendmal* || *ein Satz v zwölf* (in ~s *z Dutzenden*); ~s of ⟨fam⟩ *Unmengen v* | a baker's, devil's, printer's ~, the ~ *od a long* ~ *dreizehn* || a round ~ *ein volles Dutzend* || by the ~ *dutzendweise* || to do one's daily ~ *tägliche Übungen* m, °*müllern* || to talk nineteen to the ~ *das Blaue vom Himmel schwatzen* | for the ~th time ⟨fam⟩ *zum tausendsten Mal*

dozy ['douzi] a *schläfrig, träge* || *dösig, dumm*

drab [dræb] **1.** s *Schlampe* f; *Dirne* f **2.** vi *huren*

drab [dræb] **1.** a (~ly adv) *graubraun, gelbbraun, schmutzfarben*; ⟨fig⟩ *düster; monoton; trübe* (days) **2.** s *grau–, gelblichbraune Farbe* f; *Tuch, Kleid in der Farbe* n || ⟨fig⟩ *Eintönigkeit* f

drabbet ['dræbit] s *grobes Leinen* n

drabble ['dræbl] vi/t | (*durch Schmutz*) *waten; gehen* (through) | vt *beschmutzen*

Dracaena [drə'si:nə] s Gr ⟨bot⟩ *Gattung der Liliazeen* f, *Drachen(blut)baum* m

drachm [dræm] s ⟨ant⟩ *Drachme* f (*Münze*) || ¹/₁₆ ounce Avoirdupois (= 1,772 g); ¹/₈ ounce *Apothekergewicht* | *Quentchen* n | ~a ['drækmə] s L ⟨ant⟩ *Drachme* f (*Gewicht*) || *Drachme* (*griech. Münzeinheit*)

Draconian [drei'kouniən] a, **draconic** [drei-'kɔnik] a (~ally adv) *drakonisch, streng, hart*

draff [dræf] s (*Malz–*)*Bodensatz* m; ⟨fig⟩ *Unrat* m

draft [drɑ:ft] **1.** s ⟨mil⟩ *Auswahl, Abordnung; –teilung* f; *Nachschub* m || *Inanspruchnahme* f | ⟨com⟩ *Tratte* f, *Wechsel* m; *Ziehung, Trassierung* f; to make a ~ on *abheben* v (*Konto*), ⟨fig⟩ *in Anspruch nehmen*; to make a ~ on a p *jdn schwächen, schröpfen* | *Konz*°*ept* n, *Skizze* f, *Entwurf* m || ⟨Am⟩ *Zwangsaushebung*; milit. *Dienstpflicht* f | ⟨Am a⟩ *Windzug* m | ~ *entry* ⟨demog⟩ *Standesamts-Zählblatt* n **2.** vt ⟨mil⟩ *auswählen, abordnen, detachieren* | *entwerfen, skizzieren; abfassen;* (*Kontrakt*) *aufsetzen* ~ee [~'i:], ~er [~ə] s ⟨Am mil fam⟩ *Eingezogener, Einberufener* m ~ette [~'et] s ⟨Am mil fam⟩ „*Blitzmädel*" n (*Eingezogene*) ~ing ['~iŋ] s *Entwurf* m, *Abfassung* f ~sman ['~smən] → draughtsman | ~y ['~i] a ⟨Am⟩ *zugig*

drag [dræg] **I.** vt/i **A.** vt **1.** *schleppen, schleifen, ziehen, zerren;* to ~ one's feet *mit den Füßen schlurren,* ⟨fig⟩ „*auf der Stelle treten*"; to ~ the anchor ⟨mar⟩ *den Anker schleifen, vor A. treiben* | ⟨übtr⟩ (*etw*) *hineinziehen* (*into in*) | ⟨mus⟩ (*Tempo*) *schleppend darstellen, verlangsamen* **2.** ⟨agr⟩ *eggen* | (*Teich*) *ausbaggern* || *mit e–m Grundnetz suchen* **3.** [mit adv] to ~ in ⟨übtr⟩ (*etw*) *ohne Notwendigkeit hineinziehen* || to ~ on *bis z Ermüdung fortsetzen, hinschleppen* || to ~ out *ausdehnen, hinschleppen* || to ~ up ⟨fam⟩ (*Kind*) *unsanft erziehen* **B.** vi *schleppen, schleifen; schlurren* || *zerren, ziehen,* to ~ at the oars *mühsam rudern* | *geschleppt w; sich* (*hin*)*schleppen; langweilig w or wirken; ermüden* | ⟨mus⟩ *langsam s; nachklappern* (behind *hinter*) | to ~ on, out *langsam ergehen, sich hinziehen* **II.** s **1.** *schwere Egge* f | *e–e Art Schlitten* m | *Art hoher langer Wagen mit vier Pferden* || (*a* ~-net) *Schlepp–, Baggernetz* n **2.** *Bremse*

Schleife f (to put on the ~) | ⟨hunt⟩ *Fuchsfährte* f *z Bau* (to hunt the ~); *Schleife* f (*künstl. Fuchsfährte*: to hunt a ~) || ⟨fig⟩ *gr Hindernis* n; *Widerstand* m; *Hemmung; Belastung* f (on a th *e–r S*) || *Ballast* m ⟨fig⟩ || *Hemmschuh* m; *Luftwiderstand* m || ⟨geol⟩ *Schleppung* f || ⟨fig⟩ *langsame schwerfällige Bewegung* f; *Schleppendes, Sich-hinziehendes, Langweiliges* n (in a book) **3.** [attr] ~ **aerial**, ~ **antenna** ⟨aero⟩ *Schleppantenne* f | ~ anchor *Treibanker* m || ~-bar ⟨rail⟩ *Kuppelstange* f || ~ boat *Modderprahm* m | ~-chain *Hemmkette* f; ⟨fig⟩ *Hindernis* n (upon a th *e–r S*) || ~-in ⟨aero⟩ *niedriges Anschweben* n *mit Gas* || ~-line *Schleppleine* f || ~-net *Schleppnetz* n || ~-rope *Zug–, Schlepptau* n || ~ spring *Sperrfeder* f | ~ strip ⟨mot⟩ *Rennstrecke* f ~ging ['~iŋ] **1.** a *schleppend; ziehend* (pain) **2.** s *Schleppendes, Langweiliges* n (the play has no ~ about it)

draggle ['drægl] vt/i **1.** vt *befeuchten, beschmutzen* | *schleppen, schleifen, nachschleifen* **2.** vi *im Schmutze geschleift w* **3.** [in comp] ~-tail *Schlampe* f [a attr] || ~-tailed *auf dem Boden schleifend;* ⟨fig⟩ *schlampig* | ~d [~d] a *schmutzig, schlampig*

dragoman ['drægomən] s [pl ~s, –men] *Dr*·*agoman, Dolmetscher* m

dragon ['drægən] **1.** s ⟨myth⟩ *Drache;* ⟨fig⟩ *Beschützer* m | ⟨bib⟩ *Wal–, Haifisch* m, *Schlange* f; the old ⚹ *Satan* || ⟨astr⟩ *Drache* || ⟨zoo⟩ *Fliegender D.* || ⟨übtr⟩ *D., Weib* n **2.** ⟨tech⟩ *Motorschlepper* m **3.** [attr] ~-fly ⟨zoo⟩ *Wasserjungfer* f || ~'s-blood *Drachenblut* n (*rotes Harz*) || ~'s teeth [pl] (*Panzer–*)*Höcker* m pl (*Hindernis*) || ~-tree ⟨bot⟩ *Drachenbaum* m | ~et [~it] s ⟨ich⟩ *Spinnenfisch* m

dragonnade [.drægə'neid] **1.** s Fr *Dragonade* f (*Protestantenverfolgung unter Ludwig XIV.*) || milit. *Verfolgung* **2.** vt *durch Militär verfolgen*

dragoon [drə'gu:n] **1.** s *Dragoner* m | *roher Bursche* m **2.** vt (*jdn*) *schinden; verfolgen, unterdrücken; zwingen* (into doing *z tun*)

drail [dreil] s *Angelhaken u –leine* f

drain [drein] **I.** vt/i **A.** vt (*Wasser*) *abfließen l, –tropfen l* || *trockenlegen, (aus)trocknen;* (*durch Gräben, Röhren*) *entwässern, dränieren* || *bis auf den Grund entleeren;* (*Krug*) *leeren* || ⟨brew⟩ *abläutern* || (*Eiter*) *abziehen, ableiten* || ⟨fig⟩ *verzehren, hinunterschlucken* || *berauben, entblößen* (of v); (*Land*) *verbluten l* || ⟨Haus⟩ *mit Abflußröhren versehen* | to ~ off *od away abziehen, ab–, wegleiten* **B.** vi (to ~ away, off) *ab–, wegfließen; sickern* (into *in*; through *durch*) || *entwässert w; trocken w* | ⟨fig⟩ to ~ away (*sich*) *verbluten* **II.** s *Abfließen* n; *Abfluß* m; *künstlicher Abflußgraben, Kanal* m; ~s [pl] *Abflußrohranlage, Kanalisation* f | to go down the ~(s) ⟨fig fam⟩ (*v Geld*) *z Fenster hinausgeworfen w* || ⟨hunt⟩ *Fuchsröhre, Einfahrt* f | ⟨fig⟩ *Abfluß* m (foreign ~ *Abfluß des Geldes nach dem Auslande*) || ⟨fig⟩ *Inanspruchnahme, Erschöpfung, Schwächung* f (on a th *e–r S*), it is a great ~ on my purse *es nimmt m–n Geldbeutel sehr in Anspruch* || ⟨fam⟩ *Trunk, Schluck* m (a ~ of milk) | ~ mill *Poldermühle* f || ~-pipe *Abflußdränröhre* f | ~-p. trousers *od* slacks (⟨fam⟩ ~-pipes) (*enganliegende Damenhose*), ×*Röhrenhose* f || ~ trap *Siphon* m, *Knie* n || ~ valve *Ablaßventil* n ~age ['~idʒ] s *Trockenlegung, Entwässerung* f | *Entwässerungsanlage* f, *–system* n, *Drän*·*age* f; *Kanalisation* f (*im Hause*) || (*Eiter–*)*Ablassung* f || ⟨fig⟩ *Entleerung* f | *abgeleitetes Wasser, Dünger* m | [attr] ~ *area* ⟨geog⟩ *Abfluß–, Einzugsgebiet* n || ~-basin *Entwässerungsgebiet* n || ~ culvert *Sickerkanal, Abflußgraben, Wasserdurchlaß* m || ~ engineer ⟨agr⟩ *Kulturtechniker* m || ~-tube ⟨med⟩ *Entleerungsröhre* ~er ['~ə] s

Ableiter m; *Tropfbrett* n **~ing** ['~iŋ] s [attr] ~-engine ⟨tech⟩ *Dräniermaschine* f ‖ ~ of mines *Wasserhaltung* f ‖ ~ rack *Abtropfgestell* n ‖ ~ well *Senkgrube* f

drake [dreik] s ⟨ent⟩ *Fliege* f (*als Köder*)

drake [dreik] s *Enterich* m; → *duck*

dram [dræm] s ⟨*bes* Am⟩ = *drachm* (*Gewicht*) ‖ *Trunk* or *Schluck* m *Branntwein* ‖ ~ *drinker Schnapsbruder* m ‖ ~-shop *Branntweinschenke* f

drama ['drɑːmə] s *Drama, Schauspiel* n ⟨a fig⟩; the ~ *die Schauspielkunst, Dramatik* f **~tic** [drə'mætik] **1.** a *dramatisch, Theater–, Schauspieler–* (~ *school*) *bühnenfähig* ‖ *handlungsreich, spannend* **2.** s [pl] ~s [sg konstr] *Theaterwissenschaft* f **~tically** [drə'mætikəli] adv *in dramatischer Hinsicht* **~tist** ['dræmətist] s *Dramatiker, Schauspieldichter* m **~tization** [,dræmətai'zeiʃən] s *Dramatisierung* f **~tize** ['dræmətaiz] vt *dramatisieren* **~turge** ['drɑːmətəːdʒ] s = *dramatist* **~turgic** [,dræmə'təːdʒik] a *Schauspiel–; dramaturgisch* **~turgy** ['drɑːmətəːdʒi] s *Dramaturgie; Theaterwissenschaft* f

dramatis personae ['dræmətis pəː'souni:] s L [pl] ⟨theat⟩ *die Personen* (*e–s Stückes*) pl

drape [dreip] **1.** vt (*Mantel*) *hängen* (round *um*) ‖ (*Stoffe*) *in Falten legen; malerisch behängen, drapieren* ‖ ~d ⟨sl⟩ *beschwipst, angeheitert* **2.** s *Draperie, Vorhang* m **| ~r** ['~ə] s *Tuch–, Zeug–, Schnittwarenhändler* m; a ~'s *Laden* m, *Geschäft* n *e–s solchen* ‖ ~'s board *Wickelpappe* f; ~s'hall *Tuchhalle* f, –*lauben* f pl, *Halle der Tuchhändler* **| ~ry** ['~əri] s *Tuch, Zeug* n, *Stoff* m ‖ *Tuchmachergewerbe* n; *Tuchhandel* m ‖ *Drapierung* f; *Faltenwurf* m

drastic ['dræstik] a (~ally [~əli] adv) *kräftig*(*wirkend*), *drastisch; eindringsam* (*Mittel*); *gründlich* ‖ ~ treatment *Pferdekur* f

drat [dræt] vt 3. sg subj ⟨vulg⟩ *verflucht*; z *Henker mit* (~ *your impudence*)

draught [drɑːft] I. s **1.** *Ziehen*; *beast of* ~ *Zugtier* n ‖ (of liquids) *Abziehen* n ‖ (*Fisch-*)*Zug* m; the miraculons ~ of fishes ⟨bib, arts⟩ *der wunderbare Fischzug* ‖ *Zug, Schluck* m, ⟨*a fig*⟩ *Tropfen* m (~ of joy) ‖ ⟨med⟩ *Dosis* f; a black ~ *ein Abführmittel* n ‖ (of air) (*Luft-*)*Zug* m; there is a ~ *es zieht* ‖ ⟨mar⟩ (of a ship) *Tiefgang* m **2.** *Zeichnung* f, *Ab–, Umriß* m ‖ (*mst* draft) *Entwurf* m, *Konzept* n, *Skizze* f **3.** [pl] ~s [sg konstr] *Brett–, Damespiel* n; ⟨Am⟩ → checkers **4.** ⟨Am⟩ = draft **5.** at a ~ *auf e–n Zug, mit e–m Male* ‖ in deep ~s *in langen Zügen* or *Schlucken* ‖ to feel the ~ ⟨sl⟩ *die Folgen* (*e–r S*) *z spüren bek, den kürzeren ziehen*, (*bei etw*) *das Nachsehen h* **5.** [attr] ~-beer, beer on ~ *Faßbier* n ‖ ~-board *Brett* n f *Damespiel* ‖ ~ excluder *Dichtungsstreifen* m (*gegen Luftzug, z. B. an Fenstern*) ‖ ~-hole ⟨tech⟩ *Zugloch*, ⟨arch⟩ *Schauloch* n ‖ ~-horse *Zugpferd* n ‖ ~-marks [pl] ⟨mar⟩ *Ahming, Ahmung* f (*Tiefgangmesser*) ‖ ~-ox *Zugochs* m **II.** ~, **draft** vt *entwerfen, skizzieren* **~(s)man** ['~(s)mæn] s *Damespielstein* m **~sman, drafts–** ['~smən] s *Zeichner* m ‖ (*Urkunden-*)*Entwerfer*; (*mst* draftsman) *Konzipist* m; ⟨arch⟩ *Steinausmesser* m **~smanship** ['~smənʃip] s *Zeichenkunst* f; *extraordinary* ~ *graphische Virtuosität* f **| ~y** ['~i] a *zugig*

draw [drɔː] vt/i [drew/drawn] I. vt A. Bedeutungen: **1.** *ziehen, zerren* ‖ *schleppen, schleifen* (*Gardine*) *auf–* or *zuziehen* ‖ (*Zügel*) *anziehen* ‖ (*Bogen*) *spannen* **2.** *herausziehen*; (*Zahn*) *ziehen* ‖ *herausziehen*; –*holen* (from) ‖ to ~ all the trumps) ‖ (*Bier*) *abziehen*, –*zapfen*; (*Wasser*) *schöpfen* **|** *ziehen aus, entleeren*; (*Geflügel*) *ausnehmen* ‖ ⟨hunt⟩ (*Dickicht*) *durchsuchen, –stöbern* **|** (*etw*) *durch Los ziehen*; (*Schuldscheine*) *auslosen* ‖ *ziehen aus* (*etw*) ‖ (*Preis*) *erhalten* ‖ (*Geld*) *abheben* (from a bank) ‖ (*Lohn*) *beziehen*,

in Empfang nehmen **|** ⟨übtr⟩ *ab–, herleiten* (from), (*Lehre, Schluß*) *ziehen* (from) ‖ (*etw*) *entnehmen* (from a th *e–r S*); (*Vorteil*) *ziehen*; (*Trost*) *schöpfen* (from *aus*) ‖ *herauslocken, –holen* (from) ‖ (*Beifall*) *entlocken; abringen* (from a p *jdm*); *erzwingen* (from *v*) ‖ ⟨fig⟩ (*jdn*) *auspumpen, –horchen* (on *über*) **3.** (*Gesicht*) *verziehen, entstellen* ‖ (*Metall*) *strecken, aus–, langziehen, dehnen* **4.** *einziehen*; (*Atem*) *holen* ‖ (*Tee*) *ziehen l* ‖ ⟨mar⟩ *ziehen*; the boat ~s six feet *das Boot erfordert* or *hat e–e Wassertiefe v 6 Fuß* **5.** (*jdn*) *anziehen, z sich ziehen* (*customers*); to ~ one's own ruin on o.s. *Ruin über sich bringen*; it drew after it .. *es zog* (*z. B. Unheil*) *nach sich* ..; it drew to it .. *es zog an sich* .. ‖ (*jdn*) *fesseln, anziehen*; to feel ~n to a p *sich hingezogen fühlen zu jdm* ‖ (*jdn*) *anlocken, bringen z*; *überreden, verleiten* (to, into a th *z etw*; to do) ‖ (*jdn*) *abziehen, –lenken* (from) **6.** (*Linie*) *ziehen, zeichnen* ‖ *entwerfen, malen*; (*etw*) *zeichnen* (from *nach*) ‖ *darstellen; in Worten beschreiben; schildern* (to ~ a p as a paragon) ‖ (*a* to ~ up, out) *ab–, verfassen* ‖ (*Vergleich*) *an–, aufstellen*; (*Parallele*) *ziehen* **|** ⟨com⟩ *ausstellen*; to ~ a bill on a p *e–n Wechsel ziehen auf jdn*; to ~ a cheque upon an account *sich e–n Scheck von e–m Konto auszahlen l* **B. Verbindungen**: at daggers ~n *auf gespanntem Fuße* ‖ to ~ (a p's) attention to *die Aufmerksamkeit* (*jds*) *lenken auf* ‖ → bead ‖ to ~ breath *Luft schöpfen* ‖ to ~ one's finger along *mit dem Finger fahren über* ‖ → mild ‖ to ~ the line at ⟨fig⟩ *Schluß m bei, nicht mehr mitmachen bei; nicht dulden* ‖ to ~ stumps ⟨crick⟩ *dem Spiel ein Ende m* ‖ to ~ one's sword *den Degen ziehen* (against a p), *angreifen* ‖ to ~ the sword *das Schwert ziehen* (*Krieg führen*) **C.** [mit adv] to ~ **along** *fortziehen*, (*mit sich*) *fortschleppen* ‖ to ~ **aside** (*jdn*) *beiseitenehmen* ‖ to ~ **away** *wegziehen, zurückziehen; ablenken* (a p's attention) **|** to ~ **back** (*Truppen*) *zurückziehen* ‖ to ~ **down** *herablassen, –ziehen, senken* ‖ *auf sich ziehen*, (*Fluch*) *herabbeschwören* ‖ to ~ **forth** *herausziehen*; ⟨fig⟩ *entlocken* ‖ to ~ **in** *ein–, zus–ziehen*; a ~-in table *Ausziehtisch* m; → horn ‖ *verlocken* (to do) ‖ *beschränken, –schneiden* **|** to ~ **off** (*Truppen*) *weg–, zurückziehen*; (*Aufmerksamkeit*) *ablenken*; ⟨brew⟩ *abläutern*; (*Bier* etc) *abziehen* **|** to ~ **on** (*Rock*) *anziehen*; *veranlassen*; *anlocken* **|** to ~ **out** *herausholen* (from *aus*) ‖ *verlängern, ausdehnen*; ⟨mil⟩ *detachieren*; *aufstellen* ‖ (*jdn*) *auspumpen, gesprächig m* ‖ (*etw*) *entwerfen, aufsetzen* ‖ to ~ **up** *aufrichten, heben*; to ~ o.s. up *sich stolz emporrichten, sich erheben* ‖ *aufheben*; ⟨mil⟩ *aufstellen*; *abfassen, aufsetzen* **II. vi 1.** *ziehen, zerren* ‖ *das Schwert, e–e Karte ziehen* **|** (of horses etc) *ziehen*; (of carriages etc) *fahren*; *sich nähern* **|** (to ~ well): *gespannt m* by **2.** *sich nähern* (to a th *e–r S*), *herankommen* (to *an*); to ~ to its close *zu Ende gehen* ‖ *sich begeben, sich bewegen*, to ~ round a table *um e–n Tisch e–n Kreis bilden* ‖ to ~ level with *herankommen, einholen* **|** *sich zus–ziehen; sich versammeln* ‖ *einschrumpfen* **3.** *zeichnen* **4.** (of pipes, cigars) *ziehen* ‖ (of sails) *vollstehen, tragen* ‖ (of tea) *ziehen* ‖ ⟨fig⟩ *ziehen, Anziehungskraft ausüben* **5.** ⟨sport⟩ *ein unentschiedenes Spiel spielen, sich unentschieden trennen* (they drew) **6.** [mit prep] to ~ **on** ⟨com⟩ *ziehen, trassieren auf*; to ~ on a p, on a th ⟨fig⟩ *jdn, etw in Anspruch nehmen, heranziehen; verwerten* (for a th *f e–e S*); *sich verlassen auf* **7.** [mit adv] to ~ **aside** z *Seite gehen, ausweichen* ‖ to ~ away from *sich entfernen v*; ⟨racing⟩ *hinter sich l* ‖ to ~ **back** *zurückweichen; sich zurückziehen, abfallen* ‖ to ~ **in** *abnehmen, sich neigen*; (of days) *kürzer w*; *sich einschränken* ‖ to ~ **near** *sich nähern, heranrücken* (to *an*) ⟨a fig⟩ ‖ to ~ **off** *sich ab-*

wenden; *sich zurückziehen* || to ~ **on** *nahen, anrücken, herankommen* || to ~ **out** (of days) *länger w* || ⟨sport⟩ *ausholen, vorgehen* || to ~ **up** *(an)halten, vorfahren* (before *vor*) || *herankommen* (to *an*) || ⟨sport⟩ *aufholen*; to ~ up with a p *jdn einholen* | **~-up** s ⟨mil⟩ *Aufstellung* f, *–marsch* m

draw [drɔ:] **1.** s *Ziehen* n, *Zug* m || quick on the ~ ⟨Am⟩ *schlagfertig* || *Ziehen* n (*e–s Loses, e–r Karte* etc); (to win a prize) in a draw .. *bei e–r Ziehung, Auslosung* f **2.** *Los, Schicksal* n || *Ver–, Auslosung, Ziehung* f **3.** *unentschiedenes Spiel* n; to end in a ~ *unentschieden s* **4.** *verfängliche Frage* f, *Fühler* m **5.** ⟨sl⟩ *Anziehungskraft* f (he is a big ~); *Glanz–, Zugstück* n, *Schlager* m (the play is a good ~, a box-office ~) **6.** ⟨Am⟩ *Tiefe, Senkung* f

drawback [ˈdrɔ:bæk] s [pl ~s] *Zollrückvergütung* f || *Abzug* m || ⟨fig⟩ *Hindernis* n; *Beeinträchtigung* f (to a th *e–r S*); *Nachteil* m, *Schattenseite* f (a serious ~ in a book)

drawbridge [ˈdrɔ:brɪdʒ] s *Zugbrücke* f

Drawcansir [ˈdrɔ:kænsə] s *Eisenfresser, Maulheld* m

drawee [drɔ:ˈi:] s ⟨com⟩ *Trass·at, Adressat, Bezogener* m

drawer [ˈdrɔ:ə] s ⟨com⟩ *Aussteller, Trassant, Zeichner* m

drawer [drɔ:] s (in a table) *Schubfach* n, *–lade* f; chest of ~s *Kommode* f

drawers [drɔ:z] s pl (*Herren-*)*Unterhose* f (a pair of ~ *e–e U.*); bathing-~ *Badehose* f || *Damenbeinkleid* n, *Schlüpfer* m (a pair of ~ *ein Sch.*)

drawing [ˈdrɔ:ɪŋ] s *Ziehen* n | *Zeichnung, Skizze* f, *Entwurf* m; *Aquarell* n; out of ~ *unperspektivisch, falsch gezeichnet* | *Bild* n | (in a lottery) *Ziehung* f || ⟨min⟩ *Förderung* f || ~s [pl] *Bezüge*; (*Geld-*)*Abhebungen* f pl | [attr] **~-account** *Girokonto* n || ~ *apparatus* ⟨tech⟩ *Ablauterungsbatterie* f || **~-block**, **~-pad** *Zeichenblock* m || **~-board** *Zeichen–, Reißbrett* n || ~ *card* ⟨theat⟩ *zugkräftiges Stück* n || ~ *engine* ⟨min⟩ *Fördermaschine* f || ~ *loft Schnürboden* m || **~-master** *Zeichenlehrer* m || **~-paper** *Zeichenpapier* n || **~-pen** *Zeichen–, Reißfeder* f || **~-pin** *Heft–, Reißzwecke* f || ~ *pit* ⟨min⟩ *Treibschacht* m || ~ *plant* ⟨met⟩ *Zieherei* f || ~ *pump Saugpumpe* f || ~ *roller* ⟨spin⟩ *Streckwalze* f || ~ *stage Zeichentisch* m, *–pult* n || **~-table** *Ausziehtisch* m

drawing-room [ˈdrɔ:ɪŋrum] s *Empfangs–, Gesellschaftszimmer* n, *Salon* m | *Cour* f, *Empfang* m; to hold a ~ *e–n Empfangsabend halten* (*bei Hofe*); ⟨Am rail⟩ *Salon(wagen)* m | ~ *music Kammermusik* f

drawl [drɔ:l] **1.** vi/t || *langsam u affektiert sprechen* | vt (*a* to ~ out) (*etw*) *langsam, affektiert sprechen* **2.** s *schleppendes, affektiertes Sprechen* n

drawn [drɔ:n] a *verzogen, verzerrt* (~ *face*) || *unentschieden* (~ *battle, game*) || *zerlassen* (~ *butter*) | **~-work** *Hohlsaumarbeit* f

draw-plate [ˈdrɔ:pleɪt] s ⟨tech⟩ *Zieheisen* n (*f Drähte*) **–rock** [–rɔk] s ⟨min⟩ *brüchiges Deckgebirge* n **–well** [–wel] s *Ziehbrunnen* m

dray [dreɪ] s (*a* ~*-cart*) *Bier–, Rollwagen* m || **~-horse** *Karrengaul* m **~man** [ˈ~mən] s *Bierfahrer, Rollfuhrmann* m

dray, drey [dreɪ] s (*Eichhörnchen-*)*Nest* n

dread [dred] **1.** vt (*jdn, etw*) *sehr fürchten*; a ~ed foe *ein gefürchteter Feind* m; *sich fürchten vor* (*etw*); *fürchten* (to do, that) **2.** a ⟨poet⟩ *furchtbar* || *gefürchtet*; *erhaben* **3.** s *gr Furcht* f; *Grauen* n (of a th *vor etw*; of doing *z tun*) || *Gegenstand der Furcht, Schrecken* m **~ful** [~ful] **1.** a (~*ly adv*) *schrecklich, furchtbar* || ⟨fig⟩ *furchtbar, kolossal, sehr* or *entsetzlich lang*

(time) **2.** s: a penny ~ *ein Groschen-Schauerroman* m **~nought** [ˈ~nɔ:t] s *dicker, wetterfester Stoff* m; *Mantel* m *aus diesem Stoff* || ⟨hist⟩ ⪙ *erstes gr brit. Linien–, Schlachtschiff* (1906); *Großkampfschiff* n

dream [dri:m] **1.** s *Traum* m; ⟨*a* fig fam⟩ she, he's a ~, that dress is a ~; *–zustand* m; as in a ~ *wie im Traume*; waking ~ *Traum in wachem Zustande* | *Einbildung, Träumerei* f; *Sehnsucht(straum* m) f || *ein Ding* n v *traumhafter Schönheit, Güte*; a perfect ~ ⟨fig⟩ *ein Wunder* n v *Schönheit* | [attr] **~-boat** ⟨Am fam⟩ *Ideal(mensch* m) n, *Schwarm* m (*P*) || **~-factory** ⟨film⟩ *Traumfabrik* f (*bes* Hollywood) || **~-reader** *Traumdeuter* m || **~-smitten** *wie in e–m Traum befangen, verzaubert* || **~-world**, **~-land** *Traumland* n **2.** vi/t (pret & pp ~t *od* ~ed [dremt]) || *träumen* (of *v*) || *träumen, träumerisch s* || [neg] *sich nicht träumen l, nicht im Traume denken* (of a th *an etw*; of doing *z tun*) | vt (*etw*) *träumen* (to ~ a dream, to ~ that); I ~ed .. *mir träumte..* || *sich im Traume einbilden, ersehen* (that); *ahnen* (without ~ing that) | to ~ **away** *verträumen* || to ~ **up** ⟨fam⟩ (*etw*) *ersinnen, erfinden* | **~er** [ˈ~ə] s *Träumer* m || *Phantast* m || *Müßiggänger* m **~ful** [ˈ~ful] a *träumerisch* **~iness** [ˈ~inis] s *träumerischer Zustand* m, *Verträumtheit* f **~ing** [ˈ~iŋ] a *verträumt* **~less** [ˈ~lis] a (~*ly adv*) *traumlos* **~like** [ˈ~laik] a *traumartig* | **~y** [ˈ~i] a (–*mily adv*) *voll v Träumen* || *träumerisch; verträumt* || *unklar, dunkel, verschwommen*

drear [drɪə] a ⟨poet abbr⟩ *f* dreary **~iness** [ˈdrɪərinis] s *Düsterkeit, Öde* f | **~y** [ˈdrɪəri] a (~*ily adv*) *traurig; düster, öde; langweilig*

dredge [dredʒ] **1.** s *Grund–, Schleppnetz* n; *Bagger* m **2.** vt/i || (to ~ away, out) *ausbaggern* || (to ~ up) *mit Schleppnetz fangen* || ⟨übtr⟩ *durchsuchen* (for *nach*) | [vi] to ~ for *mit Schleppnetz fangen* || ~*-ging machine Baggermaschine* f

dredge [dredʒ] vt *bestreuen*; (*Mehl*) *streuen* (over); (*Fleisch*) *panieren* (with flour) | **~r** [ˈ~ə] s (*a dredging-box*) (*Mehl-*)*Streubüchse* f

dredger [ˈdredʒə] s *Baggermaschine* f, *–schiff* n; bucket-ladder ~ *Eimerkettenbagger* m || *Erdarbeiter* m **~man** [~mən] s *Baggerführer* m

dree [dri:] ⟨Scot⟩ **1.** vt *ertragen* || to ~ one's weird *sich in sein Schicksal fügen* **2.** a *trübe* (day)

dreg [dreg] **1.** s *letzter Rest* m; *kl Menge* f **2.** [*mst* pl] ~s *Hefe* f, *Bodensatz* m; to the ~s *bis auf den Grund*; to drink to the ~s *bis auf die Neige kosten, auf die Hefe leeren* || *Auswurf, Unrat* m; ⟨fig⟩ *Hefe* f, *Abschaum, Auswurf* m **~gy** [ˈ~i] a (–*gily adv*) *heftig; unrein; trübe, dick*

drench [dren(t)ʃ] **1.** s *kräftiger* (*oft giftiger*) *Trank* m | *Trank* m, *Arznei* f (*f Vieh*) **2.** vt (*e–m Tier*) *Arznei gewaltsam eingießen* || *eintauchen, einweichen* || *durchnässen*; ~ed with rain *bis auf die Haut durchnäßt*; ~ed in sweat, tears *in Schweiß, Tränen gebadet* **3.** s *Durchnässen* m, (*Regen-*)*Guß* m | **~er** [ˈ~ə] s ⟨fam⟩ *Regenguß* m, „*Nassauer*" m

dress [dres] **I.** vt/i **A.** vt **1.** *richten, ordnen* || ⟨mil⟩ *richten*; to ~ the ranks *sich ausrichten*; to be ~ed *Richtung halten* **2.** *ankleiden; anziehen*, to ~ o.s. *sich anziehen* || (*an*)*putzen* | *bekleiden, mit Kleidung versorgen*; to ~ to kill ⟨fam⟩ °*aufgedonnert* || ⟨theat⟩ *mit Kostümen versehen* | (*Fenster*) *dekorieren, putzen, schmücken*; ⟨naut⟩ *beflaggen*; ~ed all over *ganz mit Festzeichen geschmückt* || (*Zimmer*) *einrichten* **3.** *zurechtmachen, zurichten*; (*Wunde*) *behandeln, verbinden* || *zurechtstutzen, beschneiden* || (*Stein*) *behauen*; (*Erz*) *aufbereiten* || (*Leder* etc) *bereiten, zurichten* || *zubereiten; zurichten*; (*Salat*) *anmachen* || (*Haar*) *kämmen, frisieren* || (*Tuch*) *glätten, appretieren* || *düngen* **4.** [*mit adv*] to ~

down *striegeln;* ⟨fig⟩ *(jdm) e–e Strafpredigt halten;* (*jdn*) *herunterputzen; durchprügeln* ‖ to ~ out *ausschmücken; aufputzen* ‖ to ~ up *an–, herausputzen* **B. vi** ⟨mil⟩ *sich richten,* ~! *richt euch!;* ~ *left,* ~! *nach links richt euch!;* ~ *right,* ~! *richt euch!;* to ~ *by the right sich nach rechts ausrichten* | *sich ankleiden, sich anziehen* (for dinner *z Diner*) ‖ to ~ *badly, well sich geschmacklos, geschmackvoll kleiden* | to ~ up *sich anputzen; sich verkleiden* **II.** s *Kleidung* f ‖ = *full* ~ (→ *d*); (for women) *Toilette* f; → *evening; fancy; morning* ‖ a ~ *ein Kleid* n (of birds) *Bekleidung* f ‖ ⟨fig⟩ *Gewand* n*, äußere Form* f | [attr] ~-*circle* ⟨theat⟩ *der erste Rang* m ‖ ~-*clothes* [pl] *Gesellschaftskleidung* f ‖ ~-*coat Frack* m ‖ ~ *regulations* ⟨mil⟩ *Bekleidungsvorschrift* f ‖ ~-*rehearsal Kostümprobe* f ‖ ~-*shield Schweißblatt* n ‖ ~-*shirt Frackhemd* n ‖ ~-*suit Gesellschaftsanzug* m ‖ ~ *uniform gr Dienst–, Parade–, Gesellschaftsanzug* m; *Ausgehuniform* f ~**age** [′~ɑːʒ] s ⟨hors⟩ *Dressur* f

dresser [′dresə] s (*Leder-*)*Bereiter* m ‖ *Ankleider*(*in* f) m*, Friseuse* f ‖ *Schaufensterdekorateur* m ‖ ⟨theat⟩ *Kostümier* m ‖ ⟨med⟩ *Assistenzarzt, chirurgischer Assistent* m

dresser [′dresə] s *Anrichte* f*, Küchen–, Geschirrschrank* m; ⟨hist⟩ *Stollenschrank* m ‖ ⟨Am⟩ *Toilettentisch* m

dresshole [′dreshoul] s ⟨min⟩ *Anzucht* f*, Saugloch* n

dressing [′dresiŋ] s *Zurichten, Zubereiten* n ‖ (*oft* ~ *down*) *Strafpredigt; Prügel* f*, Schläge* pl (to give a p a ~) | *Kleidung* f ‖ *Appret·ur* f ‖ ⟨cul⟩ *Zutat, Füllung; Sauce* f ‖ ⟨agr⟩ *Dünger* m; *Düngung* f ‖ ⟨med⟩ *Verband, Umschlag* m ‖ ⟨min⟩ *Aufbereitung* ‖ ⟨paint⟩ *Grundierung* f*, erster Anstrich* m | [attr] ~-**bag,** ~-*case Toilettenkästchen* n ‖ ~-*bell Ankleideglocke* (*z dinner*) f ‖ ~-*gown Ankleide–, Schlafrock* m ‖ ~-*jacket* (*Damen-*)*Frisiermantel* m ‖ ~-*plant Aufbereitungsanlage* f ‖ ~-*room An–, Umkleidezimmer* n ‖ ~-*table Toilette* f*, Putztisch* m

dressmaker [′dres‚meikə] s *Damenschneiderin* f –**making** [′dres‚meikiŋ] s (*Damen-*)*Schneiderei* f

dressy [′dresi] a (*P*) *sich gern gut kleidend, der Mode ergeben; geputzt, elegant gekleidet* ‖ (of clothes) *modisch, modern*

drew [druː] pret *v* to draw

drey [drei] s *Eichhörnchennest* n

dribble [′dribl] **1.** vi/t *tröpfeln; nachtropfen* ‖ (of children) *sabbern* | vt *tröpfeln* l ‖ ⟨ftb⟩ (*den Ball*) *dribbeln* **2.** s *Tröpfeln* n; ⟨fig⟩ *Tropfen* m*, kl Menge* f ‖ ⟨ftb⟩ *Vorsich-Hertreiben* n (*des Balles*)

driblet [′driblit] s *kl Teil* m*, Bißchen* n; by ~s *in kl Mengen*

dried [draid] a *getrocknet, Dörr–;* ~ *egg Eipulver* n; ~ *fruit Dörrobst* n

drier [′draiə] s ⟨Am chem⟩ *Trockner* m, → *dryer*

drift [drift] **I.** s **1.** *Treiben; Getriebenwerden* n ‖ *Lauf* m*, Richtung* f ‖ (of a current) *Strömung* f ‖ ⟨mar⟩ *Abtrift* f ‖ ⟨aero⟩ *Versetzung* f ‖ *Trift* f (*f Vieh*) ‖ (of rivers) *Sturz, Fall* m ‖ ⟨min⟩ *Strecke* f; *Stollen* m **2.** ⟨fig⟩ *Trieb, Antrieb* m*, Neigung* f ‖ *Absicht* f*, Zweck* m ‖ *Gedankengang* m; to catch a p's ~ *jdn verstehen; Sinn* m (the general ~ of a story) ‖ *Gehen–, Sichtreibenlassen* n*, Untätigkeit* f (the policy of ~) **3.** ⟨geol⟩ *Geschiebe, das Zus-getriebene* n ‖ (*Regen-*)*Schauer, Guß* m*, Haufen* m*, Wehe* f (*v Sand* etc) **4.** ⟨tech⟩ *Dorn; Lochhammer* m **5.** [attr] ~-*anchor Treibanker* m ‖ ~ *angle Abtriftwinkel* m ‖ ~-*ice Treibeis* n ‖ ~-*net* –*netz* n ‖ *continental* ~ *theory* ⟨geog⟩ *Kontinentalverschiebungstheorie* f; ⟨mar⟩ *Abtrift* f ‖ ~-*wood Treibholz* n **II.**

vi/t ‖ *getrieben w, treiben* ‖ (of snow) *sich häufen* ‖ ~*ing sand Flugsand* m ‖ ⟨fig⟩ *treiben, getrieben* or *gezogen w* (into *in*) ‖ ⟨aero⟩ *schieben* ‖ *sich willenlos treiben* l; (*S*) *sich entwickeln* l ‖ to ~ *away from sich trennen* v | vt *treiben* ‖ *aufhäufen, zus-treiben; mit Haufen bedecken* ~**age** [′~idʒ] s *Angetriebenes* n ~**er** [′~ə] s *Treibnetzfischerboot, Minensuchboot* n ‖ *zielloser Mensch* ~**ing** [′~iŋ] s ⟨geog⟩ *beach* ~ *Stranddriftung* f

drill [dril] **1.** s *Drill–, Steinbohrer* m; *Bohrklinge* f | *Drill* m*, Drillen, Exerzieren* n (at ~ *beim E.*); ⟨fig⟩ *strenge Schulung* f; *Swedish* ~ *Freiübungen* pl | [attr] ~-**book** *Instruktionsbuch, Exerzierreglement* n ‖ ~-**bow** *Drillbogen* m ‖ ~(-)*cartridge Exerzierpatrone* f ‖ ~-*sergeant* ⟨mil⟩ *Rekrutenunteroffizier, Ausbilder* m ‖ ~ *practice helmet Übungshelm* m ‖ ~ *regulations* [pl] *Exerziervorschrift* f ‖ ~ *training* –*ausbildung* f **2.** vt/i ‖ *drillen, bohren;* to ~ *through durchbohren* | ⟨agr⟩ *abschürfen* | ⟨mil & mar⟩ *ausbilden, drillen;* to ~ *in eindrillen;* ~*ed-in eingedrillt* | *jdn unterrichten, abrichten* (in a th; to do) | vi *ausgebildet, gedrillt w, exerzieren* ~**ing** [′~iŋ] s the ~ of a well ⟨oil⟩ *das Abteufen e–r Bohrung* | [attr] *Bohr–* (~-*machine*) | *Drill–* (~-*day*) ‖ ~ *bit Abbaumeißel* m ‖ ~ *chuck Bohrfutter* n ‖ ~-*plough Saatpflug* m ‖ ~ *tools Bohrgezähe* n

drill [dril] **1.** s *Rille, Furche* f ‖ (a ~-*plough*) *Sämaschine* f ‖ ~-*hoe* ⟨for⟩ *Rillenzieher* m → *hoe* **2.** vt (*Saat*) *in Reihen säen;* (*Land*) *in Reihen besäen* (with)

drill [dril] s *Drillich, Drell, Zwilch, Zwillich* m

drill [dril] s ⟨zoo⟩ *Drill* m (*Pavian*)

drink [driŋk] **I.** vt/i [drank/drunk, ⟨poet⟩ drunken] **A.** vt **1.** (*etw*) *trinken* ‖ (*T*) *saufen austrinken; leeren* ‖ (*Feuchtigkeit*) *absorbieren;* (*Luft*) *einsaugen, einschlürfen* ‖ *vertrinken* (one's earnings) **2.** to ~ *the health od the toast of a p auf jds Gesundheit* or *Wohl trinken* ‖ to ~ *the waters Brunnen trinken* (*im Badeort*) ‖ to ~ *one's fill sich satt trinken* ‖ to ~ *a p under the table jdn unter den Tisch trinken* ‖ to ~ *o.s. drunk sich betrinken;* to ~ *o.s. to death sich z Tode trinken;* to ~ *o.s. into an illness sich e–e Krankheit antrinken* **3.** [mit adv] to ~ **away** the *time die Zeit mit Trinken, im Trunk verbringen* ‖ to ~ *down* (*jdn*) *unter den Tisch trinken* ‖ to ~ *in einziehen, einsaugen;* ⟨fig⟩ *verschlingen* (a p's words) ‖ to ~ *off, up austrinken* **B.** vi *trinken* (out of *aus;* ⟨poet⟩ of *v*) ‖ (*T*) *saufen* ‖ (*übermäßig*) *trinken, saufen* ‖ to ~ *to a p jdm zutrinken, auf jdn trinken* ‖ to ~ *deep e–n tiefen Zug tun; stark, tüchtig trinken;* to ~ *like a fish* °*saufen wie ein Loch* **II.** s *Getränk* n, [koll] *Getränke* pl (food and ~) ‖ *Zug, Schluck, Trunk* m (a ~ of water *ein T. Wasser*); to have, take a ~ *e–n T. z sich nehmen* ‖ (a strong ~) (*geistiges*) *Getränk* n ‖ *Trunk, Rausch* m | in ~ *betrunken* ‖ to be on the ~ ⟨fam⟩ *dem Trunk frönen* ‖ have a ~ with me *trinken Sie eins mit mir* ‖ to stand a p a ~ *jdm einen ausgeben* ‖ to take to ~ *sich dem Trunke ergeben* | [attr] ~-**offering** *Trankopfer* n ‖ ~-*shop Kneipe* f ~**able** [′~əbl] a *trinkbar* ~**er** [′~ə] s (*starker*) *Trinker* m ‖ *Säufer* m (a hard ~) ~**ing** [′~iŋ] s *Trinken* n*, Trunk* m; given to ~ *dem T. ergeben* | [attr] *Trunk–, Zech–* ‖ ~-*bout Zechgelage* n ‖ ~-*fountain Trinkbrunnen* m ‖ ~-*horn Trinkhorn* n ‖ ~-*song Trinklied* n ‖ ~-*straw Trinkhalm* n ‖ ~-*water Trinkwasser* n

drip [drip] **1.** vi/t ‖ *tropfen, tröpfeln* (from *v*); *triefen* (with *v*) | vt *tropfen* l*, fallen l* **2.** s *Tröpfeln* n ‖ *tröpfelnde Flüssigkeit* f ‖ *tröpfelndes Geräusch* n ‖ = ~-*stone* | [attr] ~-*drop* **l.** s *ständiges Tröpfeln* **2.** vi *ständig tröpfeln* ‖ ~-*nose*

Wasserablaufrinne f; ∼-pipe *Ablaufrohr* n (*f Kondenswasser*); ∼-stone ⟨arch⟩ *Traufdach* n, *-rinne* f; *Fenster-, Türsims* m, ⟨ant⟩ *Kranzgesims* n ∼ping [′∼iŋ] 1. a *triefend, durchnäßt*; ∼ *wet triefend naß* 2. s *Tröpfeln, Herabtropfen* n || *das Herabtropfende*; [*a* pl ∼s] *Bratenfett, -schmalz* n | [attr] ∼-catcher, ∼-stopper *Tropfenfänger* m; ∼-pan *Tropf-, Bratpfanne* f

drive [draiv] vt/i [drove/driven] **I. vt A.** *Bedeutungen*: **1.** (*Vieh*) *treiben* (into; through) | (*Nagel*) *einschlagen*; (*Keil*) *treiben* (into) || (*Pfosten* etc) *einrammen* || (*Ball*) *heftig vorwärtsschlagen* **2.** *forttreiben, -tragen*; *werfen*; ∼n *snow frisch gefallener Schnee* || *forttreiben, verjagen* | ⟨hunt⟩ *hetzen, jagen, treiben* **3.** (*T*) *antreiben, lenken* | (*Wagen*) *fahren*; *lenken* | (*jdn*) *fahren* (to *nach*); (*etw*) *fahren, bringen* (to *nach*) | (*Maschine*) *treiben*; *führen* **4.** ⟨übtr⟩ (*jdn*) *treiben, einengen*, to ∼ *hard in die Enge treiben* || to ∼ the head of a gallery ⟨min⟩ *vor Ort arbeiten* || (*jdn*) *zwingen, nötigen*; *dahinbringen, veranlassen* (to, into a th *z etw*; to do) || *überanstrengen* **5.** ⟨übtr⟩ (*Gewerbe*) (*be*)*treiben* || (*Geschäft*) *abschließen* (to ∼ a good, bad bargain) || *aufschieben*; to ∼ it to the last minute *bis z letzten Minute hinausschieben* **6.** (*Tunnel*) *bohren*; ∼n well *Röhrenbrunnen* m || (*Straße*) *bauen, anlegen* **B.** to ∼ all before one *alles vor sich hertreiben, alle Hindernisse überwinden* || to ∼ a **coach** *kutschieren* || to ∼ a **pen**, a quill *schreiben* | to ∼ **home** (*Nagel ganz*) *einschlagen*; ⟨fig⟩ *z Gemüte führen* (to a p *jdm*) || he ∼s them home, he ∼s pigs to market *er ,,sägt 3 Klafter Holz''* (*schnarcht*) | to ∼ a p **mad** *jdn verrückt m* || to ∼ a th **into** a p *jdm etw einbleuen* || ∼ on the left! *links fahren!* | to ∼ a p out of his senses *od* mind *jdn um den Verstand bringen* || to ∼ a p **to** despair, distraction *jdn z Verzweiflung treiben, bringen* || to ∼ a p **to** death *jdn in den Tod tr.* **C.** [mit adv] to ∼ **away** *vertreiben*; (*Sorge*) *zerstreuen* | to ∼ **back** *zurücktreiben*; (*jdn*) *zurückfahren* || to ∼ **in** (*Nagel*) *einschlagen*; (*Vieh*) *eintreiben* || *einengen* | to ∼ **off** ⟨brew⟩ *abläutern* || to ∼ **out** (*hin*)*austreiben*; *verjagen* || (*jdn*) *aus-, spazierenfahren* || to ∼ **up** *in die Höhe treiben* (prices) **II. vi 1.** *treiben* (to ∼ before the wind); *dahintreiben*; *getragen, getrieben w* | *jagen, eilen, stürzen, rennen* || *stoßen, schlagen* (against) **2.** *e-n Wagen* (etc) *fahren* (*vgl* to ride) || ∼ yourself car ⟨mot⟩ *Selbstfahrer-Mietwagen* m || *fahren* (in a car, carriage, cab); (*spazieren*)*fahren* | (of a cricket-bat) *gut schlagen* | ⟨fig⟩ *stoßen, schlagen* **3.** [mit prep] to ∼ **at** *arbeiten an*; ⟨fam⟩ *meinen*; *hinzielen auf* (what is he –ving at?); to let ∼ at *losschlagen auf* **4.** [mit adv] to ∼ **in** *mit dem Wagen hineinfahren* || ∼-in [s & attr] ⟨Am mot⟩ (*Theater, Kino* etc), *das man im Wagen sitzend besucht*, ∼-in cinema *Autokino* n; ∼-in theater ⟨Am⟩ *Parkplatz-, Auto-, Freilichtkino* n || to ∼ **on** *weiterfahren*; ∼ on! *fahr zu! vorwärts!* || to ∼ **out** *ausfahren, spazierenfahren* || to ∼ **up** *vorfahren* (to a house *vor e m Hause*)

drive [draiv] **1.** s *Spazierfahrt*; to take a ∼, to go for a ∼ *e-e Sp. m*; *Ausfahrt, Fahrt* f (∼ back *Rückfahrt*) | (⟨Am⟩ ∼way) *Fahrweg* m, *Auffahrt* (*vor herrschaftlichem Hause*) f **2.** ⟨übtr mot⟩ *Antrieb* m; *Triebwerk* n; final ∼ *Achsenantrieb* m; fluid ∼ *Flüssigkeitsgetriebe* n || ⟨mst sport⟩ *Antrieb*; *Stoß, Schlag* m; ⟨crick⟩ *den Ball vorwärtstreibender Sch.* m; ⟨ten⟩ *Treib-, Triebschlag* m || ⟨golf⟩ *e-e Schlag* m, *Weitschlag* m || organized ∼ *Treibjagd* f **3.** ⟨fig⟩ *Vorstoß* ⟨a mil⟩; *Feldzug* m (against) || *Stoß-, Triebkraft* f; *Schwung* m, *Energie* f; *Druck* m **4.** ⟨bes Am⟩ *Geldsammlung* f, *Werbefeldzug* m || ⟨Am mil⟩ *Großangriff* m **5.** ⟨biol⟩ *Trieb, Antrieb* m, *Stimmung* f || ⟨psych⟩ *Drangzustand* m

driven [′drivn] a [in comp] pedal ∼ (boat *Boot*) mit *Pedalantrieb*

drivel [′drivl] **1.** vi/t || *sabbern, geifern* || *töricht schwatzen, faseln* || *gurren* | vt to ∼ away *vertändeln, –geuden* **2.** s *Faselei* f, *Unsinn* m ∼ler [∼ə] s *Faselhans, Schwätzer* m

driver [′draivə] s *Treiber* m || *Kutscher, Fuhrmann* m || ⟨mot etc⟩ *Kraftfahrer*; *Führer* m || ∼'s mate *Beifahrer* m | ⟨golf⟩ *bes Schläger* m *f weite Entfernungen* || ⟨tech⟩ *Ramme* f; *Triebrad* n

driving [′draiviŋ] **1.** s [attr] *Treib-, Trieb-, Fahr-* || ∼ band ⟨artill⟩ *Führungsring* m || ∼-belt *Treibriemen* || ∼-box, ∼-seat *Kutscherbock, -sitz* m || ∼ direction *Fahrtrichtung* f || ∼-gear *Triebwerk* n || ∼-iron ⟨golf⟩ *schwerer Schläger* m || ∼ jet ⟨turbo⟩ *Treibstrahl* m || ∼ licence ⟨mot⟩ *Führerschein* m || ∼ mirror ⟨mot⟩ *Rückspiegel* m || ∼ pupil *Fahrschüler* m || ∼ range ⟨mot⟩ *Übungsplatz* m; *Fahrbereich* m || ∼-shaft *Triebachse, -welle* || ∼-test *Fahrprüfung* f || ∼-wheel ⟨tech⟩ *Treibrad* n **2.** a *treibend*, ∼ force, power *Triebkraft, treibende Kraft* f

drizzerable [′drizrəbl] a ⟨hum⟩ (= drizzling + miserable) *naßkalt*, °*misepetrig* (*Wetter*)

drizzle [′drizl] **1.** vi *rieseln*; *fein regnen, nieseln* (it is –ling) **2.** s *Sprühregen, fallender Nebel* m

drizzly [′drizli] a *naß, regnerisch*; *feucht u nebelig*

drogher [′drougə] s *westindisches Küstenschiff* n

drogue [droug] s ⟨mar aero⟩ *Schlepp-, Windsack* m || ⟨mar⟩ *Treibanker* m

droit [drɔit] s ⟨jur⟩ *Recht* n; ∼s of Admiralty *Anspruchsrechte der Marinebehörde auf feindl. Schiffe*

Droitwich [′drɔitwitʃ] s (*Stadt in* Worcestersh.) ⟨wir⟩ *Englischer Rundfunk-Großsender* m

droll [droul] **1.** a (∼y adv) *drollig, possierlich* **2.** s *Possenreißer* m **3.** vi *Possen reißen* ∼ery [′∼əri] s *Posse, Spaß* m || *drolliges Wesen* n: *Komik* f

drome [droum] abbr *f* aerodrome

dromedary [′drʌmədəri] s ⟨zoo⟩ *Dromedar* n

drone [droun] **1.** s ⟨ent⟩ *Drohne* f || ⟨fig⟩ *Drohne* f, *Faulenzer, Müßiggänger* m || ⟨aero fam⟩ *Roboter-Flugzeug* n (*z Zieldarstellung*) **2.** vi/t || *faulenzen* | [vt] to ∼ away *müßig verbringen*

drone [droun] **1.** s *Summen* n; *monotone Sprache* f; *-ner Sprecher* m || *Baßpfeife am Dudelsack*; *ein Ton auf dieser* **2.** vi/t || *summen*; ⟨übtr⟩ *dröhnen* || *eintönig reden, leiern* | vt (*etw*) (*her*)*leiern*

drool [dru:l] ⟨Am⟩ vi & s = drivel

droop [dru:p] **1.** vi/t || *sich senken*; *hängen* (over) || *dahin sinken*; *ermüden*; *ermatten*; *den Kopf hängen l* (with *vor*) || (of plants) *schmachten*; (*ver*)*welken* | vt *sinken l, hängen l* **2.** s *Hängen, Senken* n || [pl] ∼s ⟨fam⟩ *flaues Gefühl* (*mid-morning* ∼s)

drop [drɔp] s **A.** *Tropfen* **1.** *Tropfen* m, *Tröpfchen* n, a ∼ of rain *ein Tropfen Regen*; the ∼s [pl] ⟨med⟩ *Medizin in Tr.*, (*Arznei-*)*Tropfen* m pl; by *od* in ∼s, ∼ by ∼ *tropfenweise* **2.** ⟨übtr⟩ *Tropfen* m (a ∼ of Moorish blood) | *sehr kl Quantum* n; a mere ∼ in the ocean *nur ein Tropfen auf den heißen Stein* | *Quantum berauschenden Getränks, Tropfen Schnaps*; to take a ∼ *e-n trinken*; a ∼ too much *ein Trunk über den Durst*; he has a ∼ in his eyes *sein Hut sitzt auf 7 Schoppen*; he's fond of his ∼s *er hebt* (trinkt) *gern e-n* (*lütten Köm*) **3.** *etw Tropfenförmiges* n: ear-∼s [pl] *Ohrringe* m pl || *Fruchtbonbon* n **B.** [*vom Verb*] **1.** *Fallen, Herab-* n; *Fall* m (from *aus*); *Rückgang* m; a ∼ of 8 feet *ein F. aus e–r Höhe v 8 Fuß*; an easy ∼ *ein unge-fährlicher F.* **|** *Sinken* n (in a th *e–r S*; a ∼ in prices *S. der Preise*) **||** ⟨Am⟩ to get the ∼ on a p *sich jds Nachteil zunutze m* **|** *Senkung* f, *Fallen* n *der Oberfläche* ⟨mar⟩ *Tiefe (e–s Segels)* f **||** *Abgrund* m **2.** *Fallvorrichtung* f **||** *(Schlüsselloch-) Klappe* f **||** (a ∼-curtain) ⟨theat⟩ *Vorhang* m **||** *Falltür (am Galgen)* f **C.** [attr & comp] ∼-catcher *Tropfenfänger* m **||** ∼-hammer, ∼-press ⟨tech⟩ *Hammerfall-, -preßwerk* n **||** ∼ kick ⟨Rugby ftb⟩ *Sprungtritt, Stoß* m *des Lalles (indem man ihn fallen läßt u stößt, wenn er hoch-springt)*; ∼-out *ein bes Stoß dieser Art* **||** ∼-leaf table *Tisch* m *mit teilweise herunterklappbarer Platte* f, *Klapptisch* m **||** ∼-letter ⟨Am⟩ *Stadt-postbrief* m **||** ∼-scene ⟨theat⟩ *Vorhang* m ⟨a fig⟩ **||** ∼-shot ⟨ten⟩ *kz Flugball* **||** ∼-shutter ⟨phot⟩ *Fallscheibe* f **||** ∼ tank ⟨aero⟩ *Abwurfbehälter* m **||** ∼-type parachute *Freifall-schirm* m **||** ∼-wort ⟨bot⟩ *doppelblütige Spier-staude* f

drop [drɔp] vi/t **A.** vi **1.** *tropfen* (from *v*); *triefen* (with *v*) **2.** *fallen* (from, out of *aus*) **|** *fallen, sinken* (to ∼ asleep, ∼ into a chair, a habit) **||** *sich senken*; (of the wind) *sich legen, abflauen, aufhören* **||** (of prices) *sinken* **||** *nieder-fallen*; *in Ohnmacht fallen, umfallen*; ⟨fig⟩ *ster-ben* **3.** ⟨übtr⟩ (of action) *fallen*, *k*; the remark ∼ped from him *die B. kam v ihm*; to ∼ into ⟨fig⟩ *plötzlich hereinbrechen, hereinschneien in*; to ∼ into a fortune *e–e Erbschaft m*; to ∼ on, upon *zufällig stoßen auf*; *ertappen*; *anfahren, herfallen über*; to ∼ out of ⟨fig⟩ *nicht mehr teil-nehmen an* **4.** *aufhören, im Sande verlaufen, eingehen* (our correspondence ∼ped); **5.** [*mit* adv] to ∼ **astern** ⟨mar⟩ *zurückbleiben* **||** to ∼ away, off (*allmählich*) *abtropfen*; *nachein-ander abfallen* **||** to ∼ **behind** *zurückbleiben* **||** ∼ **down** *niedersinken, -fallen*; *herab-, herunter-steigen* (from); ⟨mar⟩ *abwärts segeln or fahren* **|** to ∼ **in** *plötzlich hereinkommen, vorsprechen, e–n kz Besuch m*; *nach–e–a– hereinkommen*; (of orders) *einlaufen* **||** to ∼ **off** *abnehmen, geringer w* **||** *einschlafen* **||** to ∼ **out** *aus-, fortfallen* **B.** vt **1.** *tropfen l*; *tröpfeln* **||** *fallen l*; *(Geld) hinein-werfen* (in *in*) **|** *(T) werfen, gebären* **2.** *senken, niederlassen*; *(Augen) niederschlagen* **||** *(Passa-gier) absetzen* **3.** *z Fall bringen*; *fällen* *(Geld-tasche) verlieren*; *liegenlassen* **4.** *sich trennen v (jdm)*; *nichts mehr z tun h wollen mit (jdm)* **|** *auf-geben*; *aufhören* (doing *z tun*); ∼ it! ⟨fam⟩ *hör auf! laß das!* **||** *fallen l, fahren l* **5.** ⟨fig⟩ *fallen l, v sich geben* (to ∼ a hint) **6. Wendungen:** to ∼ **anchor** ⟨mar⟩ *den Anker auswerfen* **||** to ∼ a bird *e–n Vogel herunterschießen* **||** to ∼ a brick *ins Fettnäpfchen treten (unangenehm auffallen)* **||** to ∼ a **curtsy** *e–n Knicks m* **||** to ∼ one's flag *die Flagge streichen*, ⟨fig⟩ *klein beigeben, sich unter-werfen* **||** to ∼ a **goal** *ein Tor durch* ∼-kick *m* **||** to ∼ one's **h's** *das h nicht aussprechen*; ⟨m. m.⟩ *mir u mich verwechseln* **||** ∼ it! *laß das! hör auf!* **||** to ∼ a **line** to a p *od* ∼ a p a line *jdm e–e Zeile schreiben* **||** → stitch **||** to ∼ the **subject** *den Gegenstand or das Thema fallen l* **C.** [in comp] → drop **C.** ∼**ping** ['∼iŋ] **1.** s *Tropfen, Tröpfeln* n; *constant* ∼ *wears away the stone steter Tropfen höhlt den Stein* **||** ∼s [pl] *Tierexkre-mente* n pl, *Mist, Dung* m **|** ∼ angle ⟨aero⟩ *(Bombenwurf-)Vorhaltewinkel* m **||** ∼ area ⟨aero⟩ *Absprunggebiet, Absetzgelände* n **||** ∼-bottle ⟨med⟩ *Tropfflasche* f **||** → front **||** ∼-head [attr] *versenkbar (Nähmaschine)* **||** ∼-shorts [pl] ⟨mil artill⟩ *Kurzschüsse* m pl **||** ∼ station ⟨aero⟩ *(Versorgungs-)Abwurfplatz* m **||** ∼ zone ⟨aero⟩ *Landezone* f **2.** [a] ∼ fire ⟨mil⟩ *unregel-mäßiges Kleingewehrfeuer* n

dropsical ['drɔpsikəl] a (∼ly adv) *wasser-süchtig* -sy ['drɔpsi] s ⟨med⟩ *Wassersucht* f

Drosera ['drɔsərə] s L ⟨bot⟩ *Sonnentau* m **droshky** ['drɔʃki], -osky [-ɔski] s ⟨a-engl⟩ *Droschke* f

drosometer [drɔ'sɔmitə] s *Taumesser* m

dross [drɔs] s *Schlacke* f **||** *Auswurf, Schmutz, Unrat* m **|** *wertloses Zeug*; *Vergängliches* n **|** ∼**y** ['∼i] a *unrein*; *wertlos*; *vergänglich*

drought [draut] s *Dürre, Trockenheit* f, *trockenes Wetter* n (absolute ∼ *trockenes W. v 14 Tagen*) **|** † *Durst* m **|** ∼**y** ['∼i] a *dürr, trocken* **||** *durstig*; *z Trinken geneigt*

drouth [drauθ] s ⟨Scot & Am⟩ = drought

drove [drouv] s *(Vieh-)Herde* f **||** *Menge* f **|** ∼**r** ['∼ə] s *Viehtreiber* m **||** *Viehhändler* m

drove [drouv] pret *v* to drive

drown [draun] vi/t *ertrinken*; a ∼ing man *ein Ertrinkender* m **|** vt *(T etc) ertränken* **||** *über-schwemmen* **||** ⟨fig⟩ *ersticken, betäuben* **||** *(Stimme) übertönen, unhörbar m* **|** to be ∼ed *ertrinken*; *ersaufen* **||** ∼ed in tears *in Tränen ge-badet*; ∼ed-in-t. attitude *Weltschmerz* m **||** like a ∼ed rat *naß wie e–e Katze* **||** ∼ed shaft ⟨min⟩ *ersoffener Schacht* m

drowse [drauz] **1.** vi/t **||** *schlummern, schläfrig s*; *halb schlafen* **|** vt *schläfrig m* **||** *mit Schlafen verbringen* (to ∼ away) **2.** s *(Halb-)Schlummer, leichter Schlaf* m -**siness** ⟨'drauzinis⟩ s *Schläfrig-keit* f -**sy** ['drauzi] a (-sily adv) *schläfrig* **||** *ein-schläfernd* **||** *untätig, träge*

drub [drʌb] vt/i **||** *schlagen, prügeln* **||** ⟨fig⟩ *(etw) einhämmern* (into a p *jdm*) **|** vi *stampfen* (on the ground) ∼**bing** ['∼iŋ] s *Tracht* f *Prügel*

drudge [drʌdʒ] **1.** s *Handlanger, Knecht, Sklave* m; to be a ∼ ⟨fig⟩ *das Aschenbrödel s* (in) **2.** vi *schwere niedrige Arbeit verrichten* **||** ⟨fig⟩ *sich abplacken, sich schinden* (at *an*); -gingly adv *mühsam* ∼**ry** ['∼əri] s *schwere Arbeit* f **||** ⟨fig⟩ *Plackerei* f

drug [drʌg] **1.** s *Droge, Apothekerware* f **||** *Rauschmittel, -gift* n (the ∼ habit); ⟨fig⟩ *bes Am*⟩ it was a ∼ *es hatte or war etw Berauschen-des* **||** ⟨com⟩ (mst ∼ in the market) *unverkäuf-liche Ware* f, *Ladenhüter* m **|** [attr] *Drogen-*; ∼-fast ⟨med⟩ *(Arznei-)unempfindlich*; ∼-fast-ness *Therap·ieresistenz* f **||** ∼-store ⟨Am⟩ *Dro-gerie* f *(die auch ice-cream etc verkauft u oft e–e Leihbücherei führt)* **2.** vt/i **||** *mit Drogen, Arznei versetzen, verfälschen* **||** *(durch Narkotikum) be-täuben* ⟨a fig⟩ **|** vi *Rauschgiften frönen* ∼**gist** ['∼ist] s *Drogist*; ⟨Am⟩ *Apotheker* m

drugget ['drʌgit] s *rauher Wollstoff* m, ⟨a⟩ *Teppichunterlage* f

Druid ['dru:id] s *Druide* m ∼**ess** [∼is] s *Druidin* f ∼**ic(al)** [dru:'idik(əl)] a *druidisch, Druiden-* ∼**ism** [∼izm] s *Druidentum* n

drum [drʌm] **I.** s **1.** ⟨mus⟩ *Trommel* f; [pl] the ∼s *das Schlagzeug (im Tanzorchester)* **||** tight as a ∼ *sternhagelvoll (betrunken)* **||** *Trommelton*; (a beat of ∼) -schlag m **2.** ⟨anat⟩ *Höhle* f *des Mittelohrs*; *Trommelfell* n **3.** *zylindrischer Korb* m *(f getrocknete Früchte)* **4.** ⟨tech⟩ *Tr.* f; *Walze* f, *Zylinder* m; *Büchse* f; *Behälter* m **||** ⟨arch⟩ *Kapitälkelch* m; *Glocke* f; *(Kuppel-, Säulen-) Trommel* f; **5.** ⟨† fig⟩ *Abend-, Nachmittagstee-gesellschaft* f **6.** roll of ∼s *Trommelwirbel* m pl **||** with ∼s *beating mit* ∼*schlag, klingendem Spiel* **||** to beat the ∼ *die Tr. rühren, trommeln* **7.** [attr] ∼-fire ⟨mil⟩ *Trommelfeuer* n **||** ∼-fish ⟨ich⟩ *-fisch* m **||** ∼-head *Fell* n *der Trommel*; ⟨anat⟩ *-fell* n **||** ∼-head court-martial ⟨mil⟩ *Standgericht* n **||** ∼-head-service ⟨mil⟩ *Feld-gottesdienst* m **||** ∼-major ⟨mil⟩ *Bataillons-hornist, Tambourmajor* m **||** ∼ roll *Trommel-wirbel* m **||** ∼**stick** *Trommelstock* m; ⟨fig⟩ *(Hühner- etc) Schlegel* m, *Beinchen* n **II.** vi/t **1.** vi *trommeln* (on *auf*) **||** ⟨übtr⟩ *klopfen, pochen* (at the door); *klimpern* (on the piano) **||** *brummen, summen*; (of partridges) *burren (mit den Flügeln* *schlagen*); ⟨übtr⟩ *dröhnen* ‖ ⟨Am com⟩ *Kunden werben* or *zus–trommeln* **2.** vt (*Melodie*) *trommeln* ‖ *trommeln auf* (to ~ the table) ‖ to ~ into a p *jdm* (*etw*) *einpauken* ‖ to ~ out of (*jdn*) *hinaustrommeln*, *–werfen aus*; .. out of the regiment ⟨mil⟩ (*jdn*) *schimpflich aus dem Regimente ausstoßen* | to ~ up *zus–trommeln*; ⟨fam⟩ *werben* **~mer** [′~ə] s *Trommler* m ‖ ⟨Am⟩ *Handlungsreisender* m

drum [drʌm], **~lin** [′~lin] s ⟨geol⟩ *lange, wallartige Anhäufungen* f pl *v Moränenmaterial* **Drummond light** [′drʌmənd′lait] s *Kalk–, Knallgaslicht, Drummondsches Licht* n

drunk [drʌŋk] **1.** pred a (→ ~en) *betrunken*, to get ~ *sich betrinken* ‖ *beastly* ~, *blind* ~ *stiermäßig betrunken* ‖ *dead* ~, (as) ~ *as a lord sinnlos betrunken*; *stinking* ~ °*sternhagelv·oll*; *habitually* ~ °*versoffen* ‖ ⟨fig⟩ *trunken* (with *v, vor*), ~ *with delight freude–, wonnetrunken* ‖ ⟨paint⟩ ~ *in* [adv] *eingeschlagen, mattgeworden* **2.** s ⟨sl⟩ *Zechgelage* n ‖ *Anfall*, ⟨jur⟩ *Fall* m *v Trunkenheit* m ‖ *Trunkenbold* m; *Betrunkener* m (a ~) **~ard** [′~əd] s *Trinker(in* f) m, *Trunkenbold* m **~en** [′~ən] [attr a] *betrunken*; a ~ *man ein Betrunkener* m ‖ *dem Trunk ergeben, Sauf–* ‖ *v Tr.heit herrührend* (~ *sleep*; *his* ~ *habits s–e Trinkergewohnheiten, s–e Gewohnheiten, wenn betrunken*) **~enly** [′~ənli] adv *vor Tr.heit* ‖ **~enness** [′~ənnis] s *Tr.heit* ⟨a fig⟩; *Trunksucht* f

drupe [dru:p] s *Steinfrucht* f **~l(et)** [′dru:pl(it)] s *kl Steinfrucht* f

druse [dru:z] s ⟨geol⟩ *Druse* f

Druse [dru:z] s *Druse* m (*Angehöriger e–r rel. Sekte in Syrien*)

drusy [′dru:zy] a *drusig, nierenförmig, knollig*

dry [drai] a [drier/driest] (~ly, drily adv) **1.** *trocken*; *Trocken–*, ~ *shampoo* ~ *schampoon* n ‖ *ausgetrocknet*, to run ~ *trocken w*; ~ *cough trockener Husten* **2.** ⟨übtr⟩ *tränenlos*; *with* ~ *eyes ungerührt, ohne Rührung* | *regenlos, regenarm*; *durr* | ⟨fam⟩ *durstig*; *durstig machend* **3.** (of *wine*) *herb, trocken* ‖ *unter Alkoholverbot stehend*, to go ~ *das A. einführen* | (of cow) *k–e Milch gebend* (the cow is ~) ‖ *ohne Butter* (~ *bread*) **4.** ⟨fig⟩ *unauffällig*; *trocken* (*Humor*) ‖ *trocken* ⟨arts⟩ (*Zeichnung*) ‖ *sarkastisch* (~ *jest*) ‖ *teilnahmlos, kalt* ‖ *schmucklos, ungeschminkt, nüchtern* (~ *facts*) ‖ *trocken, langweilig* (as ~ *as dust z Auswachsen l.*) ‖ ⟨mil sl⟩ „*mit Platzpatronen*", *abgekartet*; *Rahmen–, markiert*; ~ *run* ⟨aero⟩ *Übungsflug* m **5.** ~ *battery* ⟨el⟩ *Trockenbatterie* f ‖ ~ *cell –element* n ‖ ~ *cleaning –reinigung, chemische Reinigung* ‖ *~distillation* (*Kokerei–)Entgasung* f ‖ ~ *dock* ⟨mar⟩ **1.** s *Trockendock* **2.** vt *ins T. bringen* ‖ ⟨Am⟩ *~-farming –farmen* n ‖ ~ *goods* [pl] *Kurz–, Schnittwaren* pl ‖ ~ *matter Trockensubstanz* f ‖ ~ *measure –maß* n ‖ ~ *wall –mauer* f ‖ ~ *yeast –hefe* f **6.** [in comp] **~-cure** vt (*Fleisch*) *einsalzen* ‖ ~ *firing* (*Schießausbildung ohne scharfe Munition*) *Ziel– u Anschlagübungen* f pl ‖ *~-fly* **1.** s *künstl. Fliege* f *z Angeln* **2.** vi *mit e–r F. angeln* ‖ ~ *nurse* **1.** s *trockene Amme* ⟨a fig⟩ **2.** vt ⟨fig⟩ (*jdn*) *bemuttern, –treuen* ‖ *~-pile* (el) *trockene Säule* f ‖ *~-plate* ⟨phot⟩ *Trockenplatte* f, *~-plate photography trockenes Kollodiumverfahren* n ‖ *~-point* ⟨engr⟩ *trockene Nadel* f; *Kalte Nadelarbeit* (*Ätzverfahren*) ‖ *~-rot* ⟨bot⟩ *Holz–, Trockenfäule* f; ⟨fig⟩ *Verfall* m ‖ ~ *running* ⟨mot⟩ *Leerlaufprüfung* f ‖ *~-salter Drogenhändler* m; *~-saltery Drogengeschäft* n ‖ *~-shod* (a ~) *trockenen Fußes*

dry [drai] **1.** vt/i **a.** vt *trocknen*; *dörren* ⟨a brew⟩ ‖ *abtrocknen*, to ~ *one's hands sich die Hände abtrocknen*; to ~ *o.s. ab –b* | to ~ *up austrocknen* ⟨a fig⟩, *erschöpfen, ausleeren*; → *dried* **b.** vi *trocknen*; *trocken w* ‖ ⟨Am⟩ to ~ *out aus–* ‖ to ~ *up ein–, vertrocknen, –dorren* ⟨a

fig⟩ ‖ ⟨sl⟩ *z reden aufhören* (~ *up!*); *steckenbleiben*, ⟨bes theat⟩ °*patzen* **2.** s **a.** [pl *dries*] *Trockenheit* f, *trockenes Wetter* n; *–ener Zustand* m, to arrive in the ~ *trocken ankommen* **b.** [pl *drys*] *Alkoholgegner* m **~er** [′~ə] s *Trockner* m (*hair–*~) → *drier* **~ing** [′~iŋ] s [attr] *Trocken–* (~-*chamber*) ‖ ~ *work* ⟨brew⟩ *Darrarbeit* f **-ness** [′~nis] s *Trockenheit* f ‖ *Dürre* f ‖ ⟨fig⟩ *Gefühllosigkeit, Kälte* f ‖ *Langweiligkeit*

dryad [′draiəd] s *Dry·ade, Baumnymphe* f

dryasdust [′draiəzdʌst] **1.** *trockener Stubengelehrter* m **2.** a ⟨fig⟩ *trocken*

dual [′dju:əl] **1.** a (~ly adv) *Zwei–, doppelt*; ~ *carriage-way* ⟨mot⟩ *Doppelfahrbahn* f ‖ ~ *control* ⟨aero⟩ *Doppelsteuerung* f; ~ *entry impeller* ⟨aero mot⟩ *doppelseitiger Verdichter* m; ~ *fuel pump doppelte Kraftstoffpumpe* f; ~ *ion Zwitterion* n; ~ *magneto Doppel(zünd)-magnet* m; ~ *oil ring Doppelölring* m; ~-*purpose* [attr] (*Geschütz, Waffe, Rakete*) *für Normal- u Atomsprengkörper*; ~-p. *reactor* ⟨at⟩ *Zweizweckreaktor* m **2.** s (a ~ *number*) ⟨gram⟩ *Du·al(is)* m **~ism** [~izm] s ⟨philos & pol⟩ *Dualismus* m **~istic** [dju:ə′listik] a (~ally adv) *dualistisch* **~ity** [dju′æliti] s *Zweiheit* f

dub [dʌb] s *kl Teich* m

dub [dʌb] s ⟨Am sl⟩ *Stümper*; *Tollpatsch*; °*Esel* m

dub [dʌb] vt *z Ritter schlagen*; to ~ *a p knight jdn zum R. sch., ernennen* ‖ (*jdm*) *e–n Titel-(Spitz-)Namen zulegen, jdn betiteln*, (*be)nennen* (~ *a p Doctor*) ‖ (*Leder*) *einfetten* ‖ (*Film*) (*mit Geräuschen, in e–r anderen Sprache* etc) (*nach)synchronisieren* **~bing** [′~biŋ], **~bin** [′~in] s *Lederfett* n **~by** [′~i] a *stumpf, plump*

dubiety [dju:′baiəti] s *Zweifelhaftigkeit, Ungewißheit* f

dubiosities [djubi′əsitiz] s pl *Unklarheiten* f pl

dubious [′dju:biəs] a (~ly adv) *zweifelhaft, ungewiß, unsicher* (of, about, over *über*) ‖ *unschlüssig* (what to do) ‖ *unzuverlässig, unseriös* ‖ *zweideutig, verdächtig* **~ness** [~nis] s *Unsicherheit* f

dubitation [ˌdju:bi′teiʃən] s *Zweifeln* n; *Zögern* n **-ative** [′dju:biteitiv] a (~ly adv) *zweifelnd, zögernd*

ducal [′dju:kəl] a (~ly adv) *herzoglich, Herzogs–*

ducat [′dʌkət] s *Dukaten* m (*etw* 9 *s.*) ‖ ⟨Am sl⟩ = *ticket* ‖ ~s [pl] ⟨fam⟩ *Dukaten, Mon·eten* pl

duchess [′dʌtʃis] s *Herzogin* f (*Anrede:* Your Grace)

duchy [′dʌtʃi] s *Herzogtum* n (the ⁓ of N. *das H. N.*) ‖ ⟨engl⟩ the Duchies of Cornwall and Lancaster *die Herzogtümer des königl. Hauses*

duck [dʌk] s **1.** ⟨orn⟩ *Ente* f [pl ~s; *oft koll* ⟨bes hunt⟩ ~; *three* ~(s) *drei Enten*]; → *drake*, to *quack* ‖ (*a wild* ~) *Wildente* [pl wild ~] ‖ *ferruginous* ~ *Moor–, long-tailed* ~ *Eis–, marbled* ~ *Marmel–, tufted* ~ *Reiher–, white-headed* ~ *Ruder–* ‖ *weibliche Ente* (Ggs *drake*) ‖ *Entenfleisch* n ‖ ⟨fig mil fam⟩ *Amphibienfahrzeug* n **2.** [*bes als voc*] *Liebling* m; a ~ *of a ein reizender .., ein Pracht–, a perfect* ~ *e–e reizende P* ‖ ⟨Am sl⟩ *Bursche* m ‖ ⟨crick⟩ (a ~′s *egg*) *kein Strich* m, *Null* f **3. Wendungen:** *lame* ~ ⟨übtr⟩ (P) *lahmes, krankes Huhn* n; ⟨dero⟩ *Waschlappen* m ⟨fig⟩, ⟨aero sl⟩ °*müder Vogel* m (*wenig leistungsfähiges Flugzeug*); ⟨sl com⟩ *Zahlungsunfähiger* m ‖ ~′s *weather Regenwetter* n ‖ *like a* ~ *in a thunderstorm wie e–e Gans wenn es donnert* ‖ *like water off a* ~′s *back wie Wasser v* or *auf e–r Regenhaut* (*ohne Eindruck* or *Erfolg*) ‖ *to play* (at) ~s *and drakes Wasserjungfern werfen* ‖ *to make* ~s *and drakes* of a th, to play ~s and drakes with a th ⟨fig⟩ *etw verschleudern, z Fenster hinauswerfen* ‖ he took to it like a ~ to water *er biß sofort darauf an* **4.** [attr] **~-bill** *englischer (roter) Weizen* m; ⟨zoo⟩ *Schnabeltier* n ‖ **~-boards** [pl] *Weg* m *aus Brettern über Schlamm, Lattenrost* m (*f feuchtkalte Fußböden*) ‖ **~-hawk** ⟨orn⟩ *Sumpfbussard* m ‖ **~-pond** *Ententeich* m ‖ **~'s** breakfast *Schluck* m *,,Gänsewein" (ohne Essen)* ‖ **~'s** disease ⟨hum⟩ *,,Entenbeine" (z kurze Beine)* n pl ‖ **~'s** egg *Entenei* n; ⟨crick⟩ *Null* f ‖ the **~'s** quack ⟨Am fam⟩ *die ,,Masche", das non-plus-ultra* ‖ **~-weed** ⟨bot⟩ *Wasserlinse* f

duck [dʌk] **1.** vi/t ‖ *untertauchen* ‖ ⟨fig⟩ *sich ducken (to vor)*; to ~ under *sich ducken* ⟨Am sl⟩ *ausreißen* | vt (*etw*) (*unter*)*tauchen*; to ~ one's head *den Kopf ducken* ‖ (*jdm*) *ausweichen*, ⟨Am⟩ (*jdn*) *streichen* **2.** s *schnelles Untertauchen* n ‖ *Ducken* n, *Neigen (des Kopfes)* n | **~er** [´~ə] s ⟨orn⟩ *Taucher* m ‖ *Entenzüchter* m **~ing** [´~iŋ] s *Tauchen* n, to get a good ~ *tüchtig naß w*

duck [dʌk] s (⟨Am⟩ ~ing) *starker grober Stoff f Segel u Kleidung, Segeltuch* n ‖ ~s [pl] *Hosen aus S.*

ducker [´dʌkə] s ⟨fam⟩ *Kopfsprung* m (*ins Wasser*)

duckling [´dʌkliŋ] s *Entchen* n ‖ ugly ~ ⟨fig⟩ *häßliches Entchen* n

ducky [´dʌki] **1.** a *lieb, niedlich* **2.** s *Herzchen* n

duct [dʌkt] s ⟨anat & bot⟩ *Gang, Kanal* m, *Röhre* f **~ile** [´~ail] a *biegsam, dehn–, streckbar* ‖ ⟨fig⟩ *fügsam, lenksam* **~ility** [dʌk´tiliti] s *Biegsam–, Dehnbar–, Geschmeidigkeit* f ‖ ⟨fig⟩ *Fügsamkeit* f **~less** [´~lis] a *ohne Kanal*, ~ glands [pl] *Blutgefäß–, Hormondrüsen* f pl

dud [dʌd] **1.** s ⟨mil sl⟩ *Blindgänger* m ‖ ⟨fig⟩ *Fehlschlag* m; *Niete* f, *Versager* m (*a P*) ‖ ~s [pl] *alte Kleider, Lumpen* pl **2.** a ⟨sl⟩ *falsch; wertlos, unbefriedigend, kläglich* ‖ ~ weather *kein Flugwetter* n ·

dude [dju:d] s ⟨Am⟩ *Gigerl, Geck, ,,Stadtfrack" (P)* m, *Nachahmer* m *englischer Sprache u Gewohnheiten* f

dudgeon [´dʌdʒən] s *Unwille, Groll* m; in ~ *sehr grollend*; to take in high ~ *sehr übelnehmen*

dud(h)een [du:´di:n; ⟨Ir⟩ du:´ði:n] s ⟨Ir⟩ *kz Tabakspfeife* f

dudine [dju:´di:n] s *Zierpuppe* f (*P*) → dude

due [dju:] **1.** a (duly adv, → d) **a.** [*nur pred*] *schuldig* | *fällig*; ~ from France *fällig seitens F.*; to become, fall ~ *fällig w*; *f e–e best. Zeit angesetzt, verpflichtet*, I am due at Mr. B's at one *ich muß um eins bei Herrn B.* s; when is your wife ~? *wann erwartest du ..?*; the train is ~ in (out) at eight *der Zug soll um acht ankommen (abfahren)*; to be ~ to do *tun müssen, sollen*; ⟨Am⟩ *im Begriff* s *z tun*; to be ~ to retire *die Altersgrenze erreicht h, abgehen müssen* | *veranlaßt* (*to durch*), to be ~ to *zurückzuführen sein auf*; to *infolge* [gen or *von*] **b.** [attr & pred] *gebührend* (with ~ respect); to be ~ to a p *jdm gebühren, zukommen*; it is ~ to him to say *um ihm gerecht z s*, (or *z s–r Entschuldigung*) *muß man sagen* ‖ *angemessen, passend, recht, richtig*; *genau, vorgesehen*; in ~ form *formgerecht, in gebührender Form, vorschriftsmäßig* ‖ in ~ time *z rechten Zeit*, in ~ course *z richtigen Zeit, z s–r Zeit* **2.** adv *genau, direkt* (the ship went ~ east) **3.** s *das was e–m rechtmäßig zusteht*; *Recht* n, *Anteil* m | *Schuld* f (to pay one's); ~s [pl] *Gebühren, Abgaben* f pl, *Zoll* m; ⟨Am⟩ *Vereinsbeitrag* m; **~s-payer** *zahlendes Mitglied* n, *Gebührenzahler* m | for a full ~ ⟨mar⟩ *gründlich, vollkommen* ‖ to give a p his ~ *jdm das Seine geben*; to give the devil his ~ *selbst dem Teufel Gerechtigkeit widerfahren l*

due-bill [´dju:bil] s ⟨Am⟩ *Schuldschein* m

duel [´dju:əl] **1.** s *Du·ell* n, *Zweikampf* m; *Kampf* m ⟨a fig⟩; ⟨Ger sport⟩ students' ~ *Mens·ur* f; to fight a ~ *sich duellieren* **2.** vi *sich duellieren* **~ling** [~iŋ] s *Duellieren* n; [attr] *Duell–* **~list** [~ist] s *Duellant* m

duenna [dju:´enə] s ⟨Span⟩ *Du·enja, Anstandsdame* f

duet [dju:´et] **1.** s ⟨mus⟩ *Du·ett* n; to play ~s od a ~ *vierhändig spielen* ‖ ⟨fig⟩ *Dialog* m; *Paar* n **2.** vi *Duett spielen*

duff [dʌf] s ⟨dial⟩ *Teig* m ‖ *Mehlpudding* m

duff [dʌf] a ⟨sl⟩ *stümperhaft*, °*murksig (wertlos)* ‖ ~ gen ⟨mil sl⟩ *,,Ente" f*, °*Latrinenparole* f

duff [dʌf] vt ⟨sl⟩ *neu aufbessern, –putzen* ‖ ⟨aero⟩ *zerstören*

duffel, –fle [´dʌfl] s *Düffel* m (*Wollstoff*) ‖ *Zeug, Kleidung* f ‖ **~-bag** ⟨Am mil⟩ *Segeltuchsack* m; **~-bag** (show) ⟨Am mil⟩ *Variété* n, ⟨m. m.⟩ *,,Leipziger Allerlei"* n ⟨fig theat⟩ ‖ **~-coat** *Düffeljacke* f, *–mantel* m

duffer [´dʌfə] s ⟨sl⟩ *Dummkopf, Tölpel*; *Stümper* m ‖ *falsche Münze* f ‖ *wertloses Ding* n

dug [dʌg] s *Euter* n, *Zitze* f *der Säugetiere*

dug [dʌg] pret, pp v to dig | **~-out** (´– –) s ⟨Am⟩ *Kanoe* n, *Einbaum* m ‖ *Erdwohnung* f ‖ ⟨mil⟩ *Unterstand* m ‖ ⟨sl⟩ *ausgegrabener (reaktivierter) Offizier* m, °*,,Zeughausmumie"* f

dugong [´du:gɔŋ] s ⟨zoo⟩ *Seekuh* f

duiker [´daikə] s ⟨zoo SAfr⟩ *kl Antilope* f

duke [dju:k] s *Herzog* m; Grand ~ ⟨Ger⟩ *Großherzog* ‖ ⟨engl⟩ *Herzog (Träger des höchsten Adelsranges; Anschrift:* To His Grace the ~ of; *Anrede:* My Lord ~; Your Grace); royal ~ *Herzog, der zugleich königlicher Prinz ist* (His Royal Highness the ~ of; *Anrede:* Sir *od* Your Royal Highness) ‖ ⟨sl⟩ *Hand, Faust* f **~dom** [´~dəm] s *Herzogtum* n (th ~ of N.); → duchy ‖ ⟨engl⟩ *Herzogswürde* f

Duk-duk [´dukduk] s (*Männer-*)*Geheimbund* m (*auf dem Bismarck-Archipel*)

Dukeries [´dju:kəriz] s pl the ~ *Distrikt in Nottinghamshire mit mehreren gr herzoglichen Besitztümern*

dulcet [´dʌlsit] a *lieblich, wohlklingend*; *–schmeckend*

dulcify [´dʌlsifai] vt *versüßen, lieblich m* ‖ ⟨tech⟩ *wässern, waschen, absüßen* ‖ ⟨fig⟩ *besänftigen*

dulcimer [´dʌlsimə] s ⟨mus⟩ *Hackbrett* n, *Schlagzither* f

dull [dʌl] **I.** a (~y adv) **1.** (*P*) *dumm*; (a ~ of understanding) *schwer v Begriffen* ‖ *unempfindlich*; *stumpfsinnig* ‖ *schwerfällig, träge, schläfrig* ‖ ~ of hearing *schwerhörig* | *untätig*; *–beschäftigt*; *gelangweilt*; to feel ~ *sich langweilen* | *betrübt, niedergeschlagen* **2.** (*S*) *dumpf, nicht heftig* (~ pain) | *stumpf (razor)* ⟨of⟩ *schwach, schwach brennend (fire)* | *langweilig (sermon)* ‖ *matt, verblichen, dunkel (colour)*; *blind* | *dumpf (sound)* ‖ *trübe (weather)* ‖ *leb–, glanzlos; matt (eye)* ‖ ⟨com⟩ (of goods) *nicht leicht verkauf– or absetzbar, nicht verlangt; flau, still (season)* ⟨st exch⟩ *lustlos* **3.** [in comp] **~-edged** ⟨for⟩ *wald–, wahnkantig (Holz)* ‖ **~-eyed** *trübe, schwermütig* ‖ **~-witted** *schwachköpfig, dumm* **II.** vt/i ~ (*Geist*) *abstumpfen* ‖ (*Schmerz*) *betäuben*; *mildern, dämpfen*; *vermindern* ‖ *stumpf m* (an edge) ‖ (*Blick*) *trüben; blind m, matt m* | ~ *stumpf w, abstumpfen* ‖ *sich abschwächen*; (of the wind) *sich legen* **~ard** [´~əd] s *Dummkopf m* **~ish** [´~iʃ] a *ziemlich langweilig or dumm* **~ness** [´~nis] s *Dummheit* f ‖ *Trägheit* f ‖ *Stumpfheit* f ‖ (of colour etc) *Mattheit* f ‖ (of sound) *Dumpfheit* f ‖ ⟨com⟩ *Flauheit* f

dullmajor [´dʌlmeidʒə] s ⟨mil fam⟩ (*Gefangenen-*)*Dolmetscher* m

dulse [dʌls] s ⟨bot⟩ *Rotalge* f

duly [dju:li] adv *gehörig, ordnungsmäßig*,

ordnungsgemäß; *richtig* (I have ~ received your letter); *regelrecht* || *rechtzeitig, pünktlich*

dumb [dʌm] **1.** a (~ly adv) *stumm*; the ~ *od* the deaf and ~ *die Taubstummen* pl | *ohne Sprache*, ~ *brutes*, ~ *friends stumme Geschöpfe* pl || ⟨Am fam⟩ ~ *Dora dumme Liese* f || *nicht z Geltung k–d* (the ~ *millions*) | *sprachlos*; to strike ~ *z Schweigen bringen, betäuben, sprachlos m*; *struck* ~ *with sprachlos vor, durch* || *schweigsam, nicht z Reden geneigt*; a ~ *dog ein schweigsamer Geselle* || ⟨Am fam⟩ *dumm* || *nicht klingend* (note) | [in comp] ~-*bells* [pl] *Hanteln* f pl || ~-*bell*, ~-*head* ⟨Am⟩ *Dummkopf, Tölpel* m || ~ *iron* ⟨mot⟩ *Federhand* f || ~ *piano stummes Klavier* (*z Fingerübung*) || ~-*show Gebärdenspiel, stummes Spiel* n; *Pantomime* f; → *crambo* || ~-*waiter Drehtisch* or *–aufsatz* m, *Stummer Diener* m; ⟨Am⟩ *Speiseaufzug* **2.** vt *z Schweigen, Verstummen bringen* ~**found** [dʌm'faund], ~**founder** [dʌm'faundə] vt *verblüffen, sprachlos m* ~**ness** ['~nis] s *Stummheit, Sprachlosigkeit* f

dum-dum ['dʌmdʌm] s *Dumdumgeschoß* n

dummy ['dʌmi] **1.** s *stumme P* f || (at whist) *Strohmann* m (= *vierter Spieler*), ~ *whist Whistspiel* n *mit Str.*; *double* ~ *Whistspiel mit zwei Strohmännern* || ⟨theat⟩ *Statist(in* f) m | *Attrappe* f, *Probeband* m, *Blindmuster* n | *Puppe, Figur* f | *Kleiderpuppe* f; tailor's ~ *Schneider–* | *Schnuller (f Babys)* || ⟨fam⟩ *Strohmann, bloße Null* f || ⟨ftb⟩ *to sell the* ~ *den Gegenspieler täuschen* **2.** a *unecht, nachgemacht* **3.** [attr] ~ *aerial künstliche Antenne* f; ~ *drift* ⟨min⟩ *Blindort* m; ~ *pass* ⟨tech⟩ *totes Kaliber*; ~ *rivet Heftniet* n; ~ *works* [sg konstr] ⟨ind⟩ *Scheinwerk* n, „*Schattenfabrik*"

dump [dʌmp] s *kl dicker Gegenstand* m || ⟨sl⟩ *kl Münze* f (not worth a ~) || *Art Bolzen* m || *untersetzte P*

dump [dʌmp] **1.** vt/i || *heftig hin–, niederwerfen, fallen l* || *umkippen, abladen* || ⟨mil⟩ *verstauen, unterbringen* || (*Waren*) *billig auf den Markt bringen*; *ins Ausland z Schleuderpreisen verkaufen (niedriger, als man im Inland fordert)* | vi *hinplumpsen* **2.** s *Plumps, dumpfer Schlag* m || *Abfallhaufen* m; *Abladestelle* f ⟨a fig⟩; *Stapelplatz* m; ⟨Am sl⟩ „*Nest*", „*Loch*" n (*Haus, Stadt*) || ⟨min⟩ (*Berg-)Halde* f || ⟨mil⟩ *Speicher* m, *Depot* m | ~-*cart Kipp–, Sturzkarren* m | ~**er** ['~ə] s *Schmutzkonkurrent* m || *Dumper, Kipper* m ~**ing** ['~iŋ] s *Dumpingpraktiken* f pl, *Unterbieten* n *der Preise*; *Ausfuhr* f *v Waren z Schleuderpreisen in das Ausland* || ~ *ground* ⟨Am⟩ *Abladeplatz* m, *Kipphalde* f ~**ling** ['~liŋ] s (*Mehl-)Kloß* m | *Apfel* m *im „Schlafrock"* (*Backwerk*) | ~**y** ['~i] **1.** a *untersetzt* **2.** s *untersetztes Wesen* n, *bes kurzbeinige schottische Hühnerart* f | (*P*) °*Stöpke* m | ~-*level Nivellierwaage mit Teleskop* f

dumps [dʌmps] s pl *schwermütige Stimmung* f; in the ~ *schwermütig, verdrießlich*

dun [dʌn] **1.** vt *ungestüm mahnen, treten*; ~*ning Mahn*(*letter*) || *belästigen, bedrängen* (with) **2.** s *ungestümer Gläubiger* m || *ungestüme Forderung* f

dun [dʌn] **1.** a *grau–, schwarzbraun, schwärzlich*; ⟨fig poet⟩ *dunkel* **2.** s *graubraune Farbe* f; *schwarzbraunes Pferd* n

dun [dʌn] s *Hügelfestung* f

dunce [dʌns] s *Dummkopf* m

dunderhead ['dʌndəhed] s *Dummkopf* m ~**ed** [~id] a *dumm*

dune [dju:n] s *Düne* f; shifting ~ *Wanderdüne* f

dung [dʌŋ] **1.** s *Dung, Dünger*; *Mist* m ⟨a fig⟩ | [attr] ~-*beetle* ⟨ent⟩ *Mistkäfer* m || ~-*cart –karren* m || ~-*fork –gabel* f **2.** vi/t || *düngen, misten* | vt (*Boden*) *düngen*

dungaree [,dʌngə'ri:] s *grobes indisches Kattunzeug* n || ~s [pl] *Arbeitsanzug* m

dungeon ['dʌndʒən] **1.** s = *donjon* | *Kerker* m, *Verlies* n **2.** vt *einkerkern*

dunghill ['dʌŋhil] s *Misthaufen* m | [attr] ~ *cock Haushahn*, cock on one's own ~ *Herr im Hause*

duniwassal ['dju:ni'wɔsl] s ⟨Scot⟩ *Hochlandedelmann* m

dunk [dʌŋk] vt/i ⟨bes Am⟩ (*Brot* etc) *tunken, stippen*

dunlin ['dʌnlin] s ⟨orn⟩ *Alpen–, Strandläufer* m

dunnage ['dʌnidʒ] **1.** s ⟨mar⟩ *Stauholz* n; *Unterlage* f (*f Waren* etc) **2.** vt (*Schiff*) *mit St. sichern* or *füllen*; *garnieren*

dunno [də'nou] ⟨fam⟩ = do not know

dunnock ['dʌnək] s ⟨orn⟩ *Heckenbraunelle* f

dunt [dʌnt] s ⟨Scot⟩ *Schlag* m

duo– ['dju:ou] L [in comp] *zwei, Zwillings–* **duodecimal** [,dju:o'desiməl] **1.** a (~ly adv) *duodezimal* **2.** s ~s [pl] *Multiplikation* f *nach dem Duodezimalsystem* **decimo** ['dju:o'desimou] s [pl ~s] ⟨typ⟩ (12mo) *Duod'ez*(*format*) n; *Buch im* ~ *Format* n | *kl Ding, Wesen* n; [attr] *Duodez–* **denal** [,dju:o'di:nəl] a ⟨anat⟩ *Duodenal–* (~ *ulcer*) **denary** [,dju:ou'di:nəri] a *die 12 betr*, ~ *system dodekadisches System* n **denitis** [,dju:odi'naitis] s *Entzündung* f *des Zwölffingerdarms* **denum** [,dju:o'di:nəm] s L ⟨anat⟩ *Zwölffingerdarm* m **logue** ['djuələg] s *Zwiegespräch* n || ⟨Lit⟩ *dramatisches Stück* n *f 2 P* **tone** [–toun] s *Zweifarbendruck* m

dupability [,dju:pə'biliti] s *Leichtgläubigkeit, Einfalt* f **able** ['dju:pəbl] a *leicht anzuführen(d), leichtgläubig*

dupe [dju:p] s (= *duplicate*) ~ *negative* ⟨phot⟩ *Dupnegativ* n

dupe [dju:p] **1.** s *Gimpel* m, *Opfer* n *e–r Täuschung*, to be the ~ of *sich täuschen l, sich anführen l v* **2.** vt *düpieren, anführen* | ~**ry** ['~əri] s *Täuschung* f, *Düpieren* n

duple ['dju:pl] a ⟨mus⟩ ~ *time zweiviertel Takt*

duplex ['dju:pleks] a *zweifach, doppelt*; *Doppel–, Duplex–*; ~ *communication* ⟨wir etc⟩ *Gegen*(*sprech*), ⟨wir⟩ *Duplexverkehr* m; ~ *gasburner Doppelbrenner* m; ~ *house* ⟨Am⟩ *Doppel–, Zweifamilienhaus* n; ~ *telegraphy Duplex-Telegraphie* f (*Gegensprecher*)

duplicate ['dju:plikit] **1.** a *doppelt* || *genau entsprechend* || ⟨tech⟩ ~ *casting Serienguß* m; ~ *film Kopierfilm* m; ~ *piece Reihenteil* n; ~ *production Reihenfertigung* f **2.** s *Duplik'at* n, *Abschrift* f || ⟨arts⟩ *Dublette* f || *Seitenstück* n || in ~ *in zwei Exemplaren, in doppelter Ausführung*; ⟨rail⟩ *in 2 Teilen* (*Zug u Vorzug*)

duplicate ['dju:plikeit] vt *verdoppeln* || *im Duplikat herstellen, kopieren*; *vervielfältigen*; *dasselbe noch einmal herstellen, senden* etc ~**ating** ['dju:plikeitiŋ] ~ *book Durchschreibbuch* n, ~ *paper Abzug–, Saugpostpapier* n **ation** [,dju:pli'keiʃən] s *Verdoppeln* n, *Verdoppelung* f || *Vervielfältigung* f || *Doppelarbeit* f **ator** ['dju:plikeitə] s *Vervielfältigungsapparat* m

duplicity [dju:'plisiti] s *Duplizität* f; *doppeltes Vorhandensein* n || ⟨fig⟩ *Doppelzüngigkeit, Falschheit* f

durability [,djuərə'biliti] s *Dauerhaftigkeit* f

durable ['djuərəbl] a (–bly adv) *dauerhaft, haltbar* || ~ *goods* [pl] *Gebrauchsgüter* n pl ~**ness** [~nis] s = durability

dural ['djuərəl], **duralumin** [djuə'ræljumin] s ⟨chem⟩ *Duralum'in* n

duramen [djuə'reimen] s L *Kernholz* n

durance ['djuərəns] s *Haft* f || in ~ *vile hinter Schloß u Riegel*

duration [djuə'reiʃən] s *Dauer* f; ~ of call

⟨telph⟩ *Gesprächsdauer*; ~ *of flight (Geschoß-) Flugdauer* f; ~ *flight Dauerflug* m ‖ *for the* ~ *f unbestimmte D., f lange Zeit; for the* ~ *of the war auf Kriegsdauer* f; *of short* ~ *v kurzer D.* **–ative** [ˈdjuərətiv] **1.** a *dauernd*; ⟨gram⟩ *Dauer–* **2.** s ⟨gram⟩ *Dauerform* f

durbar [ˈdə:bɑ:] s ⟨Ind⟩ *Galaempfang* m *bei ind. Fürsten or beim viceroy*

duress(e) [djuəˈres] s ⟨jur⟩ *Freiheitsberaubung* f; *Haft* f ‖ *Druck, Zwang* m; *Nötigung* f, *under* ~ *durch Nötigung*

durian [ˈdjuəriən] s ⟨bot⟩ *Durian* m ‖ *Frucht des Durianbaums*

during [ˈdjuəriŋ] prep *während* [gen]; ~ *the night im Laufe der Nacht, in der N.* ‖ (= on) ~ *my journey auf m–r Reise* ‖ ~ *his lifetime bei, z s–n Lebzeiten*; ~ *dinner über dem Essen*; ~ *the whole time die ganze Zeit über* ‖ → *pleasure* 3.

durio [ˈdjuəriou] s ⟨bot⟩ *ind. Durianbaum* m

durmast [ˈdə:mɑ:st] s ⟨bot⟩ *e–e Eichenart* f

durn [də:n] *f* darn = damn ~**ed** [~d] *f* darned = damned

durra, dh– [ˈdurə] s ⟨bot⟩ *ind. Hirse* f

durst [də:st] pret *v* to dare

dusk [dʌsk] **1.** a ⟨poet⟩ *dunkel, düster*; *dämmerig* **2.** s *Dunkelheit* f, *Dämmerung* f **3.** vi/t ‖ *dunkel, dämmerig w* ‖ vt *dunkel m* ~**iness** [ˈ~inis] s *dunkle (Gesichts-)Farbe* f ‖ ~**y** [ˈ~i] a (*–kily* adv) (*of colour*) *schwärzlich, dunkel* ‖ *dämmerig, düster*

dust [dʌst] **I.** s **1.** *Staub* m; *gold* ~ *Gold– Staubwolke* f (*what a* ~ *you are making was f Staub machst du!*) ‖ *Schmutz, Kehricht, Müll* m ‖ *Blütenstaub* m | ⟨fig⟩ *Staub* m (~ *and ashes St. u Asche*)*, Asche* f, *sterbliche Überreste* m pl; *der menschliche Körper* m; *Mensch* m **2.** ⟨fig⟩ *Erniedrigung* f; *in the* ~ *gedemütigt* | *Staub* m, *Verwirrung* f; *Auflauf* m ‖ ⟨sl⟩ „*Kies“* m, „*Moos“* n (*Geld*)*, down with the* ~ *heraus mit den Zechinen* **3. Wendungen:** *to bite the* ~ (*verwundet or tot*) *ins Gras beißen* ‖ *to drag down into the* ~ ⟨fig⟩ *in den Staub ziehen* ‖ *to have* ~ *in the eyes schläfrig s* ‖ *to lick the* ~ ⟨fig⟩ *Speichellecker s* (*kriechen*) ‖ *to make, kick up, raise a* ~ ⟨fig⟩ *Staub m, aufwirbeln, Lärm m* ‖ *to shake the* ~ *off one's feet* ⟨fig⟩ *den Staub v den Füßen schütteln*; *entrüstet fortgehen* ‖ *to take a p's* ~ *v jdm überholt w* ‖ *to throw* ~ *in a p's eyes jdm Sand in die Augen streuen* ‖ *to turn to* ~ *and ashes* ⟨fig⟩ *z Staub u Asche w* ‖ *to wipe off the* ~ *of ..* (*Wagen etc*) *abstauben* ‖ **4.** [attr] ~**-bin** *Aschen–, Kehrichtkasten* m ‖ ~ *bowl* ⟨Am⟩ „*Streusandbüchse“* f (*Gebiet, das durch Sinken des Grundwasserspiegels s–r Erdkrume beraubt ist*) ‖ ~**-cart** *Müllwagen* m ‖ ~**-cloth** (*Schutz-*)*Überzug* (*über Möbeln*) m ‖ ~**-coat, ~-cloak** *Staubmantel* m ‖ ~ *colour matte hellbraune Farbe* f ‖ ~**-cover** (*Schutz-*)*Umschlag* (*e–s Buches*) m ‖ ~**-heap** *Müllhaufen* m ‖ ~**-hole** *Aschengrube* f ‖ ~**-mote** *Stäubchen* m ‖ ~**-pan** *Kehrichtschaufel* f ‖ ~ *respirator Staubmaske* f ‖ ~ *road Feldweg* m **II.** vt/i **A.** vt *bestäuben; bestreuen; to* ~ *the eyes of a p jdm Sand in die Augen streuen, jdn täuschen; to* ~ *the public dem P. S. in die Augen str.* ‖ *staubig m* | *ausklopfen* | *abstäuben, ausbürsten; to* ~ *one's hands of a p mit jdm nichts mehr z tun h wollen*; *to* ~ *a p's jacket* (*for him*) ⟨fig⟩ *jdn durchprügeln* **B.** vi ⟨orn⟩ *ein Staubbad nehmen* ‖ ⟨Am sl⟩ *sich aus dem Staube m* | ~**er** [ˈ~ə] s *Streubüchse* f ‖ *Staubtuch* n | *–besen* m | *–reiniger* m ‖ ⟨Am⟩ *–mantel* m ~**ette** [~ˈet] s *Handstaubsauger* m ~**iness** [ˈ~inis] s *Staubigkeit* f ~**ing** [ˈ~iŋ] s *Abstauben* n ‖ a ~ *e–e Tracht* f *Prügel* ⟨mar⟩ *stürmisches Wetter* n ~**man** [ˈ~mən] s *Müllkutscher, –fahrer* m ‖ *Sandmännchen* n ‖ ~**'s** *hat gr Schlapphut* m | ~**y** [ˈ~i] a *staubig; staub-*

artig ‖ *–farben* ‖ *schmutzig, bestäubt* ‖ *langweilig* | ⟨sl⟩ *not so* ~! *gar nicht schlecht!*

Dutch [dʌtʃ] **1.** a *holländisch*; ~ *woman Holländerin* f ‖ *aus Holland kommend, in H. gemacht* (~ *cheese*)*; charakteristisch f die Holländer* | ⟨hist †⟩ *deutsch* (*high* ~, *low* ~) | → *auction* ‖ ~ *carpet Läufer(stoff)* m ‖ ~**-clover** ⟨bot⟩ *Weißklee* m ‖ ~ *comfort schlechter Trost* | → *courage* ‖ ~ *hoe Jätschaufel* f ‖ ~ *oven kl Bratofen* m ‖ ~ *tile glasierte Ofenkachel* f ‖ ~ *treat* (*od lunch etc*) *Repartitionsveranstaltung* f; *let's have a* ~ *treat wir w repartieren* | *to talk to a p like a* ~ *uncle jdn gehörig zurechtweisen: uncle strenger aber gerechter Kritiker* m **2.** s *das Holländische* n (*in* ~ *im Holländischen, auf holländisch*)*; double* ~ *Kauderwelsch* n: *to talk d.* ~ *kauderwelschen* | *the* ~ [pl] *die Holländer* m pl, *das holländische Volk; that beats the* ~ ⟨fam⟩ *das geht mit über die Hutschnur* | *my old* ~ °*m–e Alte, Antike* f (*Frau*) ~**man** [ˈ~mən] s [pl *–men*] *Holländer* m; ⟨Am⟩ „*Deutscher“* m; *or I'm a* ~ (*Beteuerung*) *oder ich will – heißen, I'm a* ~ *if ich will nicht – heißen, wenn* ‖ ⟨mar⟩ *ausländ. Seemann* m ‖ *the Flying* ~ *der Fliegende H.* (*Geisterschiff; Oper v Wagner*; ⟨rail⟩ *Expreß Paddington-Cornwall*) | ~**y** [ˈ~i] s ⟨fam⟩ *Holländer; Deutscher* m

duteous [ˈdju:tiəs]**, dutiful** [ˈdju:tiful] a (~*ly* adv) *pflichttreu, gehorsam; ehrerbietig* ~**ness** [~nis] s *Pflichttreue* f, *Gehorsam* m ‖ *Ehrerbietung* f

dutiable [ˈdju:tiəbl] a *steuer–, zollpflichtig*

Duto [ˈdju:tou] ⟨phot⟩ ~ *lens Weichzeichner* m

duty [ˈdju:ti] **1.** s *Pflicht* f (*to, towards gegen, gegenüber; by a p an jdm*); *to deem it one's sacred* ~ *es f s–e heilige Pflicht halten* ‖ *Ehrerbietung* f ‖ *moralische Pflicht* (a ~ *call ein Pflichtbesuch*) **2.** *Dienstpflicht* f; *amtlicher Dienst* m; *Geschäft* n | ⟨tech⟩ *Nutzleistung* (*e–r Maschine*) f **3.** *Abgabe, Gebühr* f, *Zoll* m (*upon auf*); ~ (*paid*) *on tobacco Tabakzoll* m; *customs* ~ *Einfuhrzoll* m; → *counter-vail; discriminating* ~ *ad valorem* ~ *Wertzoll* m **4. Wendungen:** *breach of* ~ (*grobe*) *Pflichtverletzung* f ‖ *in* ~ *to aus Ehrerbietung gegen,* (as) *in* ~ *bound pflichtschuldig, I am in* ~ *bound to say ich muß pflichtgemäß sagen* ‖ *on* ~ *im Dienst, diensttuend*; ~ *of furnishing maintenance Unterhaltspflicht*; ~ *of making compensation Ersatzpflicht*; *off* ~ *dienstfrei; to be on* ~ *Dienst h*; *.. off* ~ *nicht im D. s* ‖ *to do* ~ ⟨fig⟩ *benutzt w, dienen* (*for,* as *als*)*; Dienst tun* (*for a p*) ‖ *to do one's* ~ *by a p an jdm s–e Pflicht tun* **5.** [attr] *Pflicht–* (~ *dance*); *diensthabend*; ~ *officer O. v Dienst* ‖ ~ *assignment dienstliche Stellung, Kommandierung* f ‖ ~**-free** *zoll–, stempel–, abgabefrei* ‖ ~ *roster* ⟨mil⟩ *Dienstplan* m

duumvir [djuˈʌmvə] s *Du°umvir* m ~**ate** [djuˈʌmvirit] s *Duumvir°at* n (s *Duumvir*)

duvetyn [ˈdju:viti:n, ˈdʌvtin] s *festgewebter, geköperter Baumwollstoff* m

dwale [dweil] s ⟨bot⟩ *Belladonna, Gemeine Tollkirsche* f

dwarf [dwɔ:f] **1.** s [pl ~s] ⟨myth⟩ *Zwerg* m ‖ ⟨übtr⟩ *Zwerg* (*kl P etc*) **2.** a *klein,* (*bes* ⟨bot⟩) *Zwerg–* | ~**-palm** ⟨bot⟩ *Zwergpalme* f ‖ ~**-tree** ⟨bot⟩ *Zwergbaum* m ‖ ~**-wall** ⟨arch⟩ *Grundmauer e–r Palisade* f etc **3.** vt/i ‖ *im Wachstum hindern, verkrüppeln l* ‖ *kl erscheinen l*; *in den Schatten stellen* | vi *verkrüppeln, zus–schrumpfen* ~**ish** [ˈ~iʃ] a *zwerghaft, winzig; unentwickelt*

dwell [dwel] **1.** vi [*dwelt/dwelt*; ***~*ed/*~*ed*] | *wohnen* (*jetzt mst* to *live*) ‖ † *bleiben, verweilen* | *sich befinden, liegen* | ⟨hors⟩ *innehalten, zögern* | *to* ~ (*up*)*on a th nachdenken, brüten über etw*; (*im Geiste*) *bei e–r S verweilen*; *Nachdruck legen* *auf etw, (Thema) des langen u breiten behandeln, sich eingehend äußern* or *verbreiten über etw*; to ∼ on a note *e–n Ton anhalten, dehnen* **2.** s *kurzes regelmäßiges Aussetzen (e–r Bewegung)* n **| ∼er** [′∼ə] s *Bewohner* m; *Pferd, das (vor Hindernissen) stutzt* **∼ing** [′∼iŋ] s *Aufenthalt* m **||** *Wohnung* f, *Wohnsitz* m **||** ∼-house *Wohnhaus* n **||** ∼-place *Wohnort* m **||** ∼ unit *Wohnung* f

dwindle [′dwindl] vi *schwinden, abnehmen*; to ∼ away *dahinschwinden* **||** *verfallen, ausarten (into)*

dwine [dwain] vi † *verkümmern, dahinsiechen*

dyad [′daiæd] s *die Zahl Zwei*; *Paar* n **∼ic** [dai′ædik] a *die Zwei als Einheit nehmend*; ⟨arith⟩ *dyadisch*

Dyak [′daiæk] s *D·ajak* m *(Naturvolk auf Borneo)*; *die Sprache der Dajaks*

dyarchy [′daiəki] s *Zweiherrschaft* f

dyas [′dɑiæs] s ⟨geol⟩ *D·ias* f

d'ye [dji] ⟨fam⟩ = do you

dye [dai] **1.** s *Farbstoff* m **||** *Farbe* f **||** ⟨fig⟩ *Färbung, Tinte* f **|** fast ∼ *echte, haltbare Farbe* f **||** fugitive ∼ *unechte, empfindliche Farbe* f **||** a villain of the deepest ∼ *ein ausgekochter Schurke* m **|** [attr] *Farb–, Farben–* **||** ∼-house *Färberei* f **||** ∼-stuffs [pl] *Farbstoffe* m pl **||** ∼-wood *Farbholz* n **||** ∼-works [pl] *Farbwerke* pl, *Färberei* f **2.** vt/i **||** [dyed; dyeing] *färben*, to ∼ cloth red *Tuch rot färben*; to ∼ in the wool, in grain *in der Wolle färben*; to ∼ again *um-färben* **||** ⟨poet übtr⟩ *(ver)färben* **|** vi *sich färben*; *sich f. l* **| ∼d** [∼d] a *gefärbt, farbig*; ∼ in the grain *unverfälscht* **–ing** [′∼iŋ] s *Färben* n; *Färbereigewerbe* n **|** [attr] *Färbe–* **| ∼r** [′∼ə] s *Färber* m **||** ∼'s broom ⟨bot⟩ *–ginster* m **||** ∼'s weed ⟨bot⟩ *Wau* m

dying [′daiiŋ] → to die **1.** a *sterbend*; to be ∼ *im Sterben liegen* **||** *schmachtend* (look) **2.** s *Sterben* n **||** [attr] *Todes–*; *letzte(r)* (his ∼ words, wish) **||** ∼ declarations *auf dem Sterbebett* or *kurz vor dem Tode gemachte Enthüllungen* or *Erklärungen* f pl

dyke [daik] s → dike

dynameter [dai′næmitə] s *Dynameter* m

dynamic [dai′næmik] **1.** a (∼ally adv) *dyna-misch, wirksam, bewegend*; *stark, kräftig* **||** ∼ air speed indicator ⟨aero⟩ *Staudruckmesser* m **2.** s *wirkende Kraft* f **|| ∼** s **| ∼al** [∼əl] a (∼ly adv) *z Dynamik gehörig* **||** *dynamisch, wirksam*; *stark* **||** *seherisch, höher* (∼ inspiration) **∼s** [∼s] s [sg konstr] *Dyn·amik* f (∼ is ..) **||** ⟨übtr⟩ *Kräftespiel* n

dynamism [′dainəmizm] s ⟨philos⟩ *Dyna-m·ismus* m **||** *dynamische Kraft* f

dynamite [′dainəmait] **1.** s ⟨chem⟩ *Dynam·it* n **2.** vt *mit D. sprengen* ⟨a fig⟩ **| ∼r** [∼ə] *Dyna-mitverbrecher, Sprengstoffattentäter* m

dynamitic [‚dainə′mitik] a *Dynamit–*

dynamo [′dainəmou] s [pl ∼s] ⟨el⟩ *Gleich-strom–, Dynamo–,* ⟨mot⟩ *Lichtmaschine* f

dynamo– [′dainəmo] Gr [in comp] *Kraft–,* ∼-electric *elektrodynamisch* **∼meter** [‚dainə′mɔm-itə] s ⟨phys⟩ *Leistungs–, Kraftmesser* m

dynasonic [‚dainə′sɔnik] a ⟨wir⟩ ∼ feedback amplifier *Verstärker* m *mit Dynamiksteigerung u Gegenkopplung*

dynast [′dinəst] s *Dynast, Herrscher* m **∼ic(al)** [di′næstik(əl)] a (–cally adv) *dynastisch* **| ∼y** [′dinəsti] s *Dynastie* f, *Herrschergeschlecht* n

dyne [dain] s ⟨phys⟩ *Dyn* n; *Einheit* f *der Kraft, Zentimetergramm* s, → c.g.s. (1 dyne = 1 gm. × 1 cm. per sec.)

dys– [dis–] pref *schlecht; schwierig; nicht, un–*

dysarthria [dis′ɑ:θriə] s ⟨psych⟩ *Sprachstö-rung* f

dysenteric [‚disn′terik] a *Ruhr–, ruhrartig* **||** *ruhrkrank* **–tery** [′disntri] s ⟨med⟩ *Ruhr* f

dysgenic [dis′dʒenik] a ⟨biol, demog⟩ *dysgenisch (rasseschädlich, –mindern, –gefähr-dend)* (union)

dyslogistic [‚dislə′dʒistik] a (∼ally adv) *herabsetzend, abfällig*

dyspepsia [dis′pepsiə] s L ⟨med⟩ *schlechte, gestörte Verdauung* f **|| –peptic** [dis′peptik] **1.** a *magenschwach, –krank* **||** ⟨fig⟩ *mißgestimmt, schwermütig* **2.** s *Dysp·eptiker* m

dyspnœa [dis′ni:ə] s ⟨med⟩ *Atemnot* f

dysticus [′distikəs] s *Gelbrand(käfer)* m

E

E, e [i:] s (pl ∼s, ∼'s [i:z]) *E, e* n **||** ⟨mus⟩ *E* **||** ∼ flat *Es* n **||** ∼ sharp *Eïs* n **||** *zweitklassiges Schiff* n *in* Lloyd's register **||** E-boat *(f* Enemy-boat) *Torpedoschnellboot* n **||** e pluribus unum [i: ′pluribəs ′ju:nəm] L *aus vielen vereint (Devise der USA)*

e– pref = ex..

each [i:tʃ] pron **1.** attr a *jeder, jede, jedes*; *ein jeder, jedes, e–e jede* (= *jeder einzelne* v *e–r bestimmten Anzahl*), ∼ man *jeder* **||** ∼ one (⟨mod⟩ *mst* every one *od* ∼·) *jeder, ein jeder*; ∼ way (Wette etc) *auf Sieg u Platz* **2.** pron abs *jede(r, –s)* ∼ of us has his own place *od* we have our own place ∼ *jeder v uns hat s–n Platz*; a shilling ∼ *ein Schilling das Stück*; ∼ and all *jeder einzelne*; ∼ and every *all u jeder* **|** ∼ other *e–a (a* each .. the other*)*

eager [′i:gə] a (∼ly adv) *(P) eifrig, lebhaft* **||** *begierig* (after, for *nach*; to do); *erpicht* (for *auf*); *ungeduldig* (about *betreffs*) **|** *(S) grell, lebhaft (Farbe)* **| ∼ly** [∼li] adv *eifrig; spannend* (∼-awaited) **∼ness** [∼nis] s *Begierde* f, *Ungeduld* f, *heftiges Verlangen* n (to do; for *nach*)

eagle [′i:gl] s ⟨orn⟩ *Adler* m, → to scream **||** Bonelli's ∼ *Habichts–,* booted ∼ *Zwerg–,* golden ∼ *Stein–,* imperial ∼ *Kaiser–,* short-

toed ∼ *Schlangen–,* spotted ∼ *Schell–,* lesser spotted ∼ *Schrei–,* tawny ∼ *Raub–,* white-tailed ∼ *See–* **|** *Wappen des Adlers* n **|** ⟨golf⟩ *ein Loch mit 2 Schlägen unter* bogey **|** ⟨Am⟩ *Adler (goldenes Zehndollarstück, Rangabzeichen des Oberst)* **|** [attr] ∼-eyed *adleräugig, scharf-sichtig* **||** ∼-owl *Adlereule* f **–let** [′i:glit] s *junger Adler* m

eagre [′eigə] s ⟨engl⟩ *brandende Flutwelle* f *(bes des* Trent), → bore

ean [i:n] vt ∼ to *yean*

–ean, –aean, ∼**–(e)ian** [i:ən; *unbetont* iən] *mst betontes, lebendes* [suff] *z Bildung v Adjektiven u Substantiven „gehörig zu", gleich*

ear [iə] **1.** s ⟨anat⟩ *Ohr* n **||** ⟨mus⟩ *Gehör* n (for *f)* **||** ⟨fig⟩ *Ohr, Gehör* n, *Aufmerksamkeit* f; *Geschmack* m **|** *Henkel* m, *Öhr* n, *Öse* f, *Auge* n **2. Wendungen:** an ∼ for music *ein musikalisches Gehör* n **||** correct ∼ *feines Gehör* n **||** quick ∼ *scharfes Gehör* n **|** by ∼ *nach dem Gehör (spielen)* **||** a word in your ∼ *ein Wort im Vertrauen* **||** → head **||** up to the ∼s ⟨fig⟩ *bis über die Ohren* **||** with both ∼s *mit gespitzten Ohren* **|** to be all ∼s *ganz Ohr* s **||** to be, fall by the ∼s *sich bei den Ohren (Haaren) kriegen, handgemein* w **||** not to believe one's ∼s *s–n Ohren nicht trauen (es* *nicht für möglich halten*) || to bring (a th) about one's ~s ⟨fig⟩ *sich (etw) auf den Hals bringen, sich z Feinde m* || to burn a p's house about his ~s *jdm das Haus über dem Kopf anstecken* || were your ~s burning last night? *klangen dir die Ohren gestern abend?* || it came, got to the king's ~s *es kam dem König z Ohren* || to fall attractively on the ~s *angenehm z Gehör gehen*; his speech fell on deaf ~s *s–e Rede fand taube Ohren, er redete vor tauben Ohren* || I would give my ~s *ich würde kein Opfer scheuen* (for; to do) || it goes in at one ~ and out at the other *es geht zu e–m Ohr hinein u zum anderen hinaus* || to have the ~ of a p *jds Vertrauen, Aufmerksamkeit genießen* || walls have ~s *Wände h Ohren* || to keep an ~ to the ground ⟨bes Am⟩ *die öffentl. Meinung beobachten* || to lend an ~ *od* to give ~ to a p *auf jdn hören, jdm Gehör schenken* || to listen with all one's ~s *angespannt zuhören* || to meet the ~ *hörbar w* || to prick up one's ~s *die Ohren spitzen* || to send a p away with a flea in his ~ *jdm die nackte Wahrheit sagen* || to set (persons) by the ~s *gegen–e–a aufhetzen* || to stop (up) one's ~s *sich die Ohren verstopfen*; ⟨fig⟩ *sich taub stellen* || to turn a deaf ~ to *taub s gegen* 3. [attr & comp] **~-ache** *Ohrenschmerzen* f, *–reißen* n || ~ clamp, ~ clip ⟨wir rec⟩ *Ohrbügel* m || ~-drop *Ohrgehänge* n || ~-deafening *ohrenbetäubend* || ~-drum *Trommelfell* n || ~-flap 1. (a ~-lap) *Ohrläppchen* n 2. *Ohrenschützer* m || ~-glasses [pl] ⟨med⟩ *Ohrenbrille* f (Brille mit Hörgerät) || ~-greaser ⟨Am⟩ *Schmeichler* m || → earmark || ~ muffs [pl] ⟨Am⟩ *Ohrenschützer* m pl || ~-phones [pl] ⟨wir⟩ *Kopfhörer* m || ~-piece (Telephon-)*Hörer* m || ~-piercing (ohren)*betäubend, –zerreißend* || ~-ring *Ohrring* m || ~-shattering *–betäubend* || ~-shot *Hörweite* f || ~-trumpet *Hörrohr* n || ~-wax *Ohrenschmalz* n || ~-witness *Ohrenzeuge* m, *–gin* f | **~ed** [~d] a *mit Ohren versehen* || *mit Henkel versehen* | lop-~ *mit Hängeohren*; quick-~ v *scharfem Gehör* **~ing** ['~iŋ] s ~s [pl] ⟨mar⟩ *Nockgordinge* f pl

ear [iə] s *Ähre* f **~ed** [~d] a *mit Ähren versehen*; full-~ *vollährig*

earl [ə:l] s (dazugehöriges fem: countess) ⟨engl⟩ *Graf* m (Adelsrang zwischen marquis u viscount: The Right Hon. the ⁓ of; Anrede: My Lord) || ⁓ Marshal *Großzeremonienmeister* m **~dom** ['ə:ldəm] s *Grafenwürde* f

earless ['iəlis] a *ohrenlos, ohne Ohren* f

earlier ['ə:liə] compr v early 1. adv *früher, vorher*; four days ~ *vier Tage vorher* 2. a *früher* (in ~ times) **–liest** ['ə:liist] sup v early 1. adv *am frühesten, frühestens* 2. a *früheste(r, –s)*; at your ~ convenience *so bald wie möglich, umgehend* | [abs] at the ~ *frühestens* **–liness** ['ə:linis] s *Frühe, Frühzeitigkeit* f || *Frühaufsein* n

early ['ə:li] I. adv 1. *frühe, frühzeitig* (am Tage: ~ frost *Frühfrost*); you are ~ this morning *Sie sind schon früh auf heute morgen* || ~ in the morning *frühmorgens*; ~ in the day *früh am Tage*; ⟨fig⟩ *z früh* || to get up very ~ ⟨fig⟩ *früh auf s*, ×*vigilant* s 2. ⟨übtr⟩ *frühe*; ~ in May *Anfang Mai* || *früh im Jahre* | *früh im Leben, in der Geschichte*; as ~ as 1600 *schon im Jahre 1600*, as ~ as the reign of .. *schon unter der Regierung* f [gen] II. a 1. *frühe (am Tag), frühzeitig*; to give a matter ~ attention *e–r S umgehend nachgehen*; an ~ riser *od bird ein Frühaufsteher m*; to keep ~ hours *früh aufstehen u zu Bett gehen*; ~ closing *früher Ladenschluß* || ~-bird *price* ⟨fam⟩ *Einführungs-Reklamepreis* m || ~ *spark Frühzündung* f || ~ *warning* ⟨anti-aero⟩ *Vor-(feld)warnung* f, *Voralarm* m 2. *frühe im Jahre, frühreif, früh–*, ~ *vegetable Frühgemüse* 3. *frühe im Lebensalter*; *vor–, frühzeitig* (an ~ death);

in ~ life *in der Jugendzeit*; it is ~ days with him *er ist noch jung*; it is ~ days to do *es ist noch z früh z tun*; it is still ~ days with this *wir stehen damit erst noch am Anfang* 4. *frühe in der Geschichte, erst*; *Anfangs–*; ~ history *Frühgeschichte* f; the ~ 19. century *das frühe 19. Jh.*; ⁓ English ⟨arch⟩ *der Stil v 1175 bis 1275* 5. (call on me) on an ~ day: *baldigst*; ~ return *rascher Umsatz*

earmark ['iəma:k] 1. s *Kennzeichen, Eigentumsmerkmal* n || (in a book) *Eselsohr* n 2. vt *markieren, kenn–, bezeichnen* | (Geld etc) *bestimmen or zurückstellen, –legen* (for f); *sich (etw) vorbehalten* (for) || (Truppen) *versehen* (für) || ~ed *zweckbestimmt*

earn [ə:n] vt (etw) *erwerben, verdienen* || *verdienen* (to ~ fame) || *einbringen* (a th for a p *od* a p a th *jdm etw*) || ~ed *surplus* ⟨Am bal⟩ *unverteilter Gewinn, Gewinnvortrag* m

earnest ['ə:nist] s *Ernst* m || in ~ *ernst, im Ernst*; in good ~ *tatsächlich*; to be in ~ for a th *etw ernstlich wollen, erstreben*; in good, dead ~ *in vollem Ernst*; are you in ~? *ist das dein Ernst?* he is much in ~ about it *es ist ihm sehr ernst damit*

earnest ['ə:nist] a *ernst* || *emsig, stetig eifrig, inbrüstig* || *ernsthaft, dringend, ernstlich* **~ly** [~li] adv *angelegentlich* **~ness** [~nis] s *Ernst* m; *Eifer* m

earnest ['ə:nist] s (a ~-money) *Auf–, An–, Handgeld* n, *Draufgabe, Anzahlung* f (of auf); ~ *dead* || *Vorbote, Vorgeschmack* m

earnings ['ə:niŋz] s pl *Einkommen* n, *Lohn, Verdienst* m || ⟨com⟩ *Einnahmen* f pl, *Ertrag, Gewinn* m

earth [ə:θ] I. s 1. *Erde* f; *Erdboden* m || (a pl ~s) *Bau* m (e–s Tiers), *Fuchsbau*; (bes of fox) to go to ~ *einschliefen* || to put to an ~ ⟨fox hunt⟩ ~ *in Fuchsbau, e–e Röhre verlegen* || *trockenes Land* n 2. the ~ *die Erde* f, *der Erdball* m || *irdisches Dasein* n; *Welt* f 3. ⟨chem⟩ [pl ~s] *Erde* || ⟨el⟩ (a ~ connection) *Erde, Erdleitung, Erdung* f, *Erdschluß* m 4. *Wendungen*: of the ~, earthy ⟨fig⟩ *erdnahe, –gebunden*; on ~ *auf Erden*; what, why on ~? *was, warum in aller Welt?* || down to ~ ⟨fig⟩ *auf die Erde herunter*; near *od* close to ~ ⟨fig⟩ *erdnahe, –gebunden, naturhaft, urwüchsig* | to come, fall to (the) ~ *zur Erde, auf den Boden k, fallen* || to come back to ~ ⟨fig⟩ *aus allen Wolken fallen (wieder nüchtern denken)* || to run to ~ 1. vt ⟨fig⟩ (jdn or etw) *ausfindig m, ausgraben* 2. vi *sich verkriechen* || to sink into the ~ ⟨fig⟩ *in den Boden sinken (vor Scham)* 5. [attr & comp] ~-basket *Schanzkorb* m || ~-board *Streichblech* n (e–s Pflugs) || ~-born *erd–, staubgeboren, irdisch* || ~-closet *Streuklosett* n || ~ *coal erdige Braunkohle* f || ~-connected ⟨el⟩ *ge·erdet* || ~ connection ⟨mot el⟩ *Massenanschluß* m || ~ direction finder *Erdpeilgerät* n || ~ hunger *Landhunger* m || ~ lead *Erdantenne, –leitung* || ~-light, ~-shine ⟨astr⟩ *Erdschein* m || ~-nut ⟨bot⟩ *–nuß* f || ~ reference system *Gradeinteilungssystem* n *der Erde* || ~-shaking ⟨fig⟩ *welterschütternd* || ~ traverse ⟨telg⟩ *Unterriegel* m || ~-wire ⟨el wir⟩ *Blitzerdleitung* f II. vt/i ~ (to ~ up) *mit Erde bedecken, anhäufeln*; (Fuchs) in den Bau treiben || ⟨wir⟩ *erden* | vi (of a fox) *in den Bau schliefen* | **~ing** ['~iŋ] s ⟨wir⟩ *Erdung* f; [attr] *Erdungs–* (~ switch); ~ *lead* ⟨el mot⟩ *Massekabel* n

earthen ['ə:θən] a *Erd–, irden* **~ware** [~wɛə] s *Töpferware* f, *Steingut* n; [koll] *die Töpferwaren* pl || ~ *pipe Tonröhre* f

earthiness ['ə:θinis] s *Erdigkeit* f || ⟨fig⟩ *Weltlichkeit* f

earthly ['ə:θli] a *irdisch*; *weltlich* || ⟨fam⟩ *denkbar*: no ~ (good) *aussichtslos, hoffnungslos* (*schlecht*) ‖ of no ~ use *v nicht dem geringsten Nutzen* ‖ no ~ reason *kein denkbarer Grund* ‖ not an ~ ⟨sl⟩ *absolut k–e Chancen* | ~-minded *irdisch gesinnt*

earthquake ['ɔ:θkweik] s *Erdbeben* n; ⟨fig⟩ *Umwälzung* f **–ward(s)** ['ɔ:θwəd(z)] adv *erdwärts* **–work** ['ɔ:θwə:k] s ⟨fort⟩ *Erdwerk* n **–worm** ['ɔ:θwə:m] s *Regenwurm* m

earthy ['ɔ:θi] a *erdig*; *Erd–* (*taste*) ‖ ⟨fig⟩ *irdisch, sinnlich* ‖ *erdrüchig, –gebunden*, → earth 4.

earwig ['iəwig] **1.** s *Ohrwurm* m **2.** vt *durch Einflüsterung beeinflussen*

ease [i:z] **I.** s *Ruhe* f ‖ *Bequemlichkeit, Behaglichkeit* f; *Spielraum* m ‖ *Erleichterung* f (*from v*) ‖ *Entspannung*; *Ungezwungenheit* f ‖ *Sorgenlosigkeit*, to live at ~ *in guten Verhältnissen leben* ‖ *Leichtigkeit* f (with ~ *mit L., leicht*) | at ~ *bequem*; *ruhig, zwanglos*; ⟨mil⟩ *Rührt-euch-Stellung* f, at ~! *rührt euch*; at ~ march! *Marscherleichterung*! f, *ohne Tritt, Marsch!* ‖ at one's ~ *ungezwungen, ungeniert, wie z Hause* ‖ ill at ~ *unruhig, unbehaglich* ‖ with ~ *leicht* ‖ to be, feel at (one's) ~ *sich behaglich, sich wie z Hause fühlen* ‖ to give a p ~ *jdm Ruhe gönnen, Erleichterung verschaffen* ‖ to put, set a p at his ~ *jdm die Schüchternheit nehmen* ‖ (*stand*) at ~! ⟨mil⟩ *rührt euch!* ‖ to take one's ~ *es sich bequem m* **II. vt/i** [–sing] **A. vt** *erleichtern*; (*e–r S*) *abhelfen* ‖ *bequem(er)* m; (*Saum*) *auslassen* ‖ *locker* m; (*Tau*) *lockern*; ~ her! ⟨mar⟩ *langsam*! to ~ speed *Fahrt vermindern* | (*Schmerz*) *lindern* ‖ (*jdn*) *beruhigen, erleichtern*; *befreien, entlasten* (of a th *v etw*); to ~ o.s., one's mind *sich befreien* ‖ ⟨fam⟩ (*jdn*) *um etw erleichtern, berauben* | [*mit* adv] to ~ **away**, off ⟨mar⟩ *abfieren* ‖ to ~ **down** *lockern*; *vermindern* ‖ to ~ **off** ⟨fig⟩ *erleichtern, mildern* **B. vi** *nachlassen* ‖ to ~ **off** ⟨fig⟩ *leichter w, nachlassen*; (of shares) *fallen, abbröckeln*; *abflauen* (*Geschützfeuer*) **~ful** ['~ful] a (~ly adv) *erleichternd*; *wohlig*; *friedlich, ruhig* **~ment** ['~mənt] s † *Erleichterung* f ‖ ⟨jur⟩ *Realservitut* f; *Wege–, Betretungs–, Nutzungsrecht* n; negative ~ *Servitut des dienenden Grundstücks*; positive ~ *S. des herrschenden G.*

easel ['i:zl] s *Staffelei* f ‖ ~(-)piece *Staffeleibild* n

easily ['i:zili] adv *leicht, mühelos*; ~ steered ⟨mot⟩ *wendig* ‖ *ohne Zweifel*; *bei weitem* (~ the first) **–siness** [–inis] s *Behaglichkeit, Bequemlichkeit* ‖ *Ungezwungenheit* ‖ *Leichtigkeit* f **–sing** [–iŋ] s → to ease A; *Auflockerung* f; ~ of *restrictions Einschränkungserleichterung* f

east [i:st] **1.** s *Osten* m (in the ~ *im Osten*); (to the) ~ of *im O. v, östlich v* ‖ ⟨Am⟩ the ⤴ *die Oststaaten* ‖ The Far ⤴ *der Ferne Osten* (*China, Japan*); The Near ⤴ *der Nahe Osten* (*Türkei*) **2.** a *Ost–*; The ⤴-End *Ostteil v London* (*East-Ender Bewohner des E. E.*); The ⤴ Indies [pl] *Ostindien* n; the ⤴ Indiaman *Ostindienfahrer* m (*Schiff*) ‖ ⤴-Side *Teil v* New York City (*östl. v* 5th Avenue) **3.** adv *ostwärts, östlich* (due ~; to go ~); ⟨mil⟩ *ostwärts*

Easter ['i:stə] s *Ostern* n (at ~ *z Ostern*); *Osterfest* n | [attr] *Oster–* ‖ ~-egg *Osterei* n ‖ ~-tide *Osterzeit* f (*bis Himmelfahrt, Pfingsten* or *Trinitatis*)

eastering ['i:stəriŋ] s ⟨arch⟩ *Orientierung* f **easterly** ['i:stəli] **1.** a *östlich* (wind); *östlich gelegen, Ost–* **2.** adv *ostwärts*

eastern ['i:stən] **1.** a [*nur* attr] *östlich, morgenländisch* (the ⤴ Church); the ⤴ Question *die orientalische Frage* f ‖ *nach Osten, östl. gelegen* (⤴ England) ‖ ⤴ time „*Ostzeit*" f (⟨Ggs Central ~t., Mountain t., Pacific t.: *die 4 Zeitzonen entsprechen je 15 Grad u e–m Zeitunterschied v je 1 Stunde*) **2.** s *der Orientale* m; *Angehöriger der*

⤴ Church **~ize** [~aiz] vt/i *veröstlichen* **~most** [~moust] a *am meisten östlich gelegen*

easting ['i:stiŋ] s ⟨mar⟩ *zurückgelegter östlicher Kurs* m ‖ *östliche Richtung*; (of the wind) *Umschlagen* n *nach Osten*

eastward ['i:stwəd] **1.** a *ostwärts gerichtet* **2.** adv *ostwärts* **~s** [~z] adv = eastward

easy ['i:zi] **I.** a (–sily adv → *d*) **A.** Bedeutungen: **1.** *mühelos, leicht* (to do *z tun*; for a p *f jdn*; for a p to do *f jdn z tun*); an ~ th to find a stick to beat a dog (m. m.) *willst du e–n Grund h, mußt du e–n Hund graben* (*es ist leicht, sich am Schwächeren z vergreifen*); ~ of access *leicht zugängig*; ~ of belief *leichtgläubig* ‖ *leicht z erlernen(d)* (~ language); *leicht z bewältigen(d)* (task) ‖ ⟨mot⟩ ~ flow of traffic *Zügigkeit* f *des Verkehrs*; ~ riding *sanftes Fahren* n; ~-start jet *Startdüse* f **2.** *bequem, behaglich* ‖ (of clothes) *leicht, bequem* (*sitzend*) **3.** *frei v Schmerzen* | *ruhig, unbesorgt* (about *um*); ~ in one's mind *unbesorgt* ‖ *ungezwungen* (manners), *free and* ~ *ohne Formalitäten* ‖ *nachgiebig, gefügig* **4.** (of morals) *frei, locker* **5.** *leicht, natürlich* (style); *glatt, leichtgehend* ‖ *geläufig, fließend* ‖ (of money) *leicht, flüssig* **6.** ⟨com⟩ *ruhig, flau* (market); (of stocks) to be ~ *nicht gesucht, s* **B. Wendungen:** as ~ as falling off a log ⟨Am⟩ *kinderleicht* ‖ in ~ circumstances, ⟨Am⟩ on ~ street *in guten Verhältnissen* ‖ she's an ~ mark *sie ist nur allzu willig* ‖ ~ meat *leichte Arbeit*; he is ~ meat *er ist kein ernst z nehmender Gegner* ‖ on ~ terms ⟨com⟩ *unter günstigen Bedingungen* ‖ a woman of ~ virtue *e–e Dirne* | ⟨fam⟩ honours are ~ ⟨cards⟩ *die Waffen sind gleich*; *das Spiel ist unentschieden* ‖ it is ~ for you to talk *du hast gut reden* ‖ to make one's mind ~ *sich beruhigen*; to make o.s. ~ *es sich bequem m* **C.** [in comp] ~-chair *Lehn–, Liegestuhl* m **II.** adv ⟨fam⟩ *leicht, bequem* (to go ~) ‖ he got off pretty ~ *er kam noch gnädig davon* → to take **I. B. 2.** ‖ ~! ⟨mar⟩ *langsam!* ~ all! (in rowing) *halt!* ‖ stand ~! ⟨mil⟩ *rührt euch!* ‖ easier said than done *leichter gesagt als getan* | ~-going *bequem*; *träge*; *gemächlich*; ⟨Am⟩ to go a little ~ with lawn sprinkling *mit dem Rasensprengen ein bißchen sparsam s* **III.** ~-to-purchase terms ⟨com⟩ *Zahlungserleichterung* f **IV.** s (in rowing) *Nachlassen* n, *kl Ruhepause* f: to take an ~ *kurz Rast m* **V.** vi/t ‖ *langsam rudern* | vt (*jdn*) *langsam rudern l*

eat [i:t] **I.** vt/i (ate [et] & * eat [et] / eaten ['i:tn]) **A.** vt **1.** (*etw*) *essen* (~ what you can and can [*mache ein*] what you can't [sc eat]) ‖ *die Mahlzeit einnehmen, verzehren*; *–schlingen* ⟨bes Am⟩ where do we ~? *wo wollen wir essen?* come to eat with us! | (*T*) *fressen* | ⟨Am⟩ *quälen* **2.** don't ~ me *friß mich nur nicht auf* ‖ to ~ a p out of house and home *jdm die Haare v Kopfe essen*, ⟨fig⟩ *jdn zugrunde richten* ‖ to ~ one's dinners, terms ⟨jur⟩ *s–e Studienzeit an den Inns of Court absolvieren* ‖ to ~ dirt ⟨Am⟩ = to ~ one's words ‖ the horse ~s its head off *das Pferd frißt mehr als es wert ist* ‖ to ~ one's words *s–e Worte widerrufen, zurücknehmen* **3.** [*mit* adv] to ~ **away** *zerfressen*; ⟨fig⟩ *vernichten* ‖ to ~ **in** *sich einfressen in*; ⟨Am⟩ *zu Hause essen* ‖ to ~ **out** (*Land*) *ausfressen*; to ~ one's heart out *sich vor Gram verzehren* ‖ to ~ **up** *aufessen, verzehren*; *aufsaugen* ‖ to be ~en up by, with *sich verzehren, vergehen vor* (.. with passion) **B.** vi *essen*; good to ~ *gut zum Essen, als Nahrung* ‖ to ~ well *e–n guten Appetit h*; (*S*) *gut schmecken*, the cake ~s well .. *läßt sich essen* | ⟨fig⟩ *sich fressen* (through); to ~ **into** *sich einfressen, eindringen in*; *verzehren* **II.** s ⟨Am⟩ ~s [pl] *Eßwaren, Gerichte* pl; ⟨fig⟩ *Küche* f **~able** ['~əbl] **1.** a *eßbar*; *genießbar* **2.** s [bes pl] ~s *Eßwaren* f pl **~er** ['~ə] s *Esser* m;

no great ~ *kein starker E.* || *Frischobst* n (*z Roh-essen*) **~fest** ['~fest] s ⟨Am⟩ *Festessen* n, °*Fresserei* f **~ing** ['~iŋ] s *Essen* n || *Nahrung* f | [attr] *Eß–* (~ *apple*) || ~-*house Speisehaus* n
Eau de Cologne ['ou də kə'loun] s Fr *Kölnisches Wasser* n
Eau-de-Nil ['ou də 'ni:l] s *Mattgrün* n
eau-de-vie ['ou də 'vi:] s Fr = *brandy*
eaves [i:vz] s pl *Dachrinne, Dachtraufe* f || *under the* ~ *of* ⟨fig⟩ *unter dem Schutze v* | ~-*cornice* ⟨arch⟩ *Kranzgesims* n, *Traufrinne* f **~drop** ['~drɔp] vi *horchen, lauschen* **~dropper** ['~drɔpə] s *Horcher, Lauscher* m (*to play the* ~)
ebb [eb] **1.** vi (*of tide*) *zurückgehen*; *verebben* || ⟨fig⟩ *versiegen, abnehmen* || *to* ~ *and flow ebben u fluten*; ⟨fig⟩ *steigen u fallen* **2.** s *Zurückfluten* n; *Ebbe* f; ~ *and flow E. u Flut* || ⟨fig⟩ *Abnahme* f, *Verfall* m || *at a low* ~ *sehr schlecht, heruntergek*; *to be at a low* ~ *sehr traurig stehen, liegen* | ~-*tide Ebbe* f
ebon ['ebən] a ⟨poet⟩ *v Ebenholz* || *schwarz* **~ite** [~ait] s *Ebon it* m (*Hartgummi*) **~ize** [~aiz] vt *schwärzen, schwarz beizen* **~y** [~i] **1.** s *Ebenholz* n || *son of* ~ *Neger* m **2.** a *Ebenholz–*; *schwarz* || ~-*tree* ⟨bot⟩ *Ebenholzbaum* m
ebriate ['i:briit] a = *ebrious* **–iety** [i:'braiəti] s *Trunkenheit* f **–ious** ['i:briəs] * a *trunken*; *betrunken*
ebullience [i'bʌljəns], **–cy** [~si] ⟨eig⟩ **–ce** *Auf–, Überkochen* n || ⟨fig⟩ *Aufwallung, Überschwenglichkeit* f **–ient** [i'bʌljənt] a *kochend*; ⟨fig⟩ *sprudelnd* (*with* v); *aufwallend* **–ition** [ˌebə'liʃən] s *Aufwallen, Aufbrausen* n; *Aufwallung* f, *Ausbruch* (*v Leidenschaft* etc) m
écarté [ei'kɑ:tei] s *ein Kartenspiel f zwei Personen* n
eccentric [ik'sentrik] **1.** a (~*ally* adv) *exzentrisch*; *vom Mittelpunkt abweichend*; *nicht durch den M. gehend* | *nicht zentral*; ⟨astr⟩ *nicht rund* | ⟨fig⟩ *unregelmäßig*; *ungewöhnlich*; *überspannt* **2.** s *exzentrischer Mensch, Sonderling* m | ⟨tech⟩ *Exzenter* m (*auf e–r Welle befestigte Scheibe*) | [attr] ~-*rod* ⟨tech⟩ *Exzenterstange* f || ~-*strap* ⟨tech⟩ *–bügel* m **~ity** [ˌeksen'trisiti] s ⟨phys⟩ *Exzentrizität* f || *Sonderlichkeit* f || *Überspanntheit* f
ecclesiast [i'kli:ziæst] s *Verfasser* m *des* „*Prediger Salomonis*" **~es** [iˌkli:zi'æsti:z] s (abbr Eccles.) ⟨bib⟩ „*Prediger* m *Salomonis*" **~ic** [iˌkli:zi'æstik] **1.** s *Geistlicher* m **2.** * a = **~ical** [~əl] a (~*ly* adv) *kirchlich, Kirchen–*; *geistlich* **~icism** [iˌkli:zi'æstisizm] s *Kirchentum* n, *Kirchlichkeit* f **~icus** [iˌkli:zi'æstikəs] s ⟨bib⟩ *das Buch Jesus Sirach*
ecclesiology [iˌkli:zi'ɔlədʒi] s *Kirchen(bau)kunde* f
ecdemic [ik'demik] a (v) *fremder Herkunft* f
ecdysis ['ekdisis] s Gr *Häutung* f (*v Schlangen*)
echelon ['eʃələn] **1.** s ⟨mil⟩ *Staffel, Staffelstellung* f, *in* ~ *in Staffeln aufgestellt* || ~ *of command* ⟨mil⟩ *Befehlsebene* f || ⟨aero⟩ *Staffel* f || ⟨tact⟩ (*Angriffs-*)*Welle* f || ~ *formation* ⟨aero⟩ *Reihe* (*links/rechts*) **2.** vt *in Staffeln aufstellen* || ~*ed in depth* ⟨tact⟩ *tiefgestaffelt*
echidna [e'kidnə] s Gr ⟨zoo⟩ *Ameisenigel* m
echinite ['ekinait] s *fossiler Seeigel* m
echino– [i'kaino, ekinou] [in comp] *stachlig* **~cactus** ['ekino'kæktəs] s ⟨bot⟩ *Igelkaktus* m **~derm** [i'kainədə:m] s ⟨zoo⟩ *Stachelhäuter* m
echinus [e'kainəs] s L (pl **–ni** [–nai]) ⟨zoo⟩ *Seeigel* m || ⟨arch⟩ *Wulst am dorischen Kapitell* m
echo ['ekou] **1.** s [pl **~es**] *Echo* n, *Widerhall* m; *to cheer a p to the* ~ *jdm laut zujubeln* | *genaue Nachahmung* f || *Nachahmer, –heter* m || ⟨pros⟩ (*a echo* ~) *ein Vers, der die letzten Silben des vorhergehenden Verses wiederholt* | ~ *damping wall Schalldämpfungswand* f || ~-

sounder *Echolot* n || ~-*suppresser* ⟨telph⟩ *Echosperre* f **2.** vi/t [~es, ~ed, ~ing] *widerhallen* (*with* v); *tönen* (*through*) | vt (*Schall*) *zurückwerfen, widerhallen l* || ⟨fig⟩ (*jdm*) *nachsprechen, –beten* **~gram** [~græm] s *Echolotkurve* f **~ic** [e'kouik] a *echoartig*; *Echo–*; *schallnachahmend* **~lalia** [ˌeko'leiliə] s ⟨psych⟩ *Echolal ie* f (*sinnloses Nachsprechen*) **~less** [~lis] a *echolos, ohne Echo*
Ecks [eks] s ⟨fam⟩ → *Ekes*
éclair [ei'klɛə] s Fr *dünner, länglicher Cremekuchen* m
eclampsia [i'klæmpsiə] s L ⟨med⟩ *Eklampsie* f (*Krampfanfälle mit Bewußtlosigkeit*)
éclat ['eiklɑ:, e'klɑ:] s *sichtbarer Erfolg* m, *allg Beifall* m (*with great* ~) || *Auszeichnung* f
eclectic [ek'lektik] **1.** a (~*ally* adv) *eklektisch, auswählend*; *aus verschiedenen Quellen zus–gestellt u. ä.* **2.** s *Eklektiker* m **~ism** [ek'lektisizm] s *Eklektizismus* m
eclipse [i'klips] **1.** s ⟨astr⟩ *Verfinsterung, Finsternis* f, *the* ~ *of the sun Sonnen–*; *partial, total* ~ *partielle, totale F.* || ⟨fig⟩ *Dunkelheit, Verdunkelung* f; *Verlust* m *des Glanzes*; *to be in* ~ (*fig*) *im Sinken s, in* ~ *auf dem Nullpunkt* **2.** vt *verfinstern* || ⟨fig⟩ *verdunkeln, in den Schatten stellen* (*to* ~ *all records alles Dagewesene in den Sch. stellen*); *überstrahlen, –ragen*
ecliptic [i'kliptik] **1.** a *ekliptisch* **2.** § ⟨astr⟩ *Ekl iptik* f (*scheinbare Sonnenbahn*)
eclogue ['eklɔg] s *Ekl oge* f, *Hirtengedicht* n
ecologist, ecology, etc = oeco–
economic [ˌi:kə'nɔmik] a *volkswirtschaftlich, nationalökonomisch*; *wirtschaftlich, Wirtschafts–,* ~ *conditions* [pl] *–lage* f; ~ *development,* ~ *growth* (*Ablauf der*) *Wirtschaftsentwicklung* f; ~ *mobilization Mobilisierung* f *der Wirtschaft*; ~ *potential* (*for war Kriegs–*) *Wirtschaftspotential* n; ~ *region –gebiet* n; ~ *war(fare) Wirtschafts–, Handelskrieg* m || ⟨com⟩ *rentabel, rationell* || ⟨scient⟩ *angewandt* (~ *botany*) | **~al** [ˌi:kə'nɔmikəl] a (~*ly* adv) *haushälterisch, sparsam* (*of mit*); *billig* || *wirtschaftlich* (*Ggs un–*) **~ally** [~əli] adv **1.** *in* (*volks*)*wirtschaftlicher Hinsicht* **2.** *sparsam, billig*
economics [ˌi:kə'nɔmiks] s [sg *od* pl konstr; ~ *is od are*] *Volkswirtschaft* f || *Volkswirtschaftslehre* f; *social* ~ *Sozialwissenschaft* f **–ist** [i:'kɔnəmist] s *guter Wirtschafter, sparsamer Haushälter* m (*of mit*) || (*a political* ~) *Nationalökonom* m
economize [i:'kɔnəmaiz] vt/i || *haushälterisch gebrauchen, sparsam wirtschaften mit* || *der Industrie dienstbar m* | vi *sparen* (*we must* ~); *sich einschränken* (*in in*); *sparsam umgehen, sich kz fassen* (*on mit*; *in bezug auf*) | **~r** [~ə] s ⟨tech⟩ *Rauchgas–; Luftvorwärmer* m || ⟨mot⟩ *Kraftstoffsparer* m, *Spardüse* f || ~ *valve Sparventil* n
economy [i:'kɔnəmi] s *Ökonomie* f; *Wirtschaft* f (*domestic* ~, *national* ~); *planned* ~ *Planwirtschaft* || *Volkswirtschaft,* Political ~ *Volkswirtschaftslehre, Nationalökonomie* f | *Sparsamkeit* f || *Ausnützung* f (~ *of space*); *–mies* [pl] *Abstriche* (*in a th e–r S*), *Sparmaßnahmen* f pl: *I saved £10 by various –mies* | *Organisation, Verfassung* f; *Wirtschaftssystem* n: *the totalitarian –mies of the U.S.S.R. and its satellites* | [attr] *Spar–;* ~ *measures –maßnahmen* f pl; ~-*priced preisgünstig*; ⟨mot⟩ ~ *run Verbrauchswettbewerb* m
ecrasite ['ekrəsait] s *Ekras it* n
ecru [ei'kru:] a *hellbraun, ungebleicht*
ecstasize ['ekstəsaiz] vt/i || *in Ekstase bringen* | vi *in Ekstase geraten* **–sy** ['ekstəsi] s (*of joy*) *Ekst ase, Entzückung* f; *to be in –sies entzückt s* (*over über*) || *Aufregung* f || ⟨med⟩ *Ekst ase, krankhafte Erregung* f

ecstatic [eks'tætik] a (~ally adv) *verzückt, ekstatisch* || ⟨fig⟩ *begeistert, entzückt* || *hinreißend*

ecto– ['ektou] Gr [in comp] *außen–, äußere(r, –s)* **~blast** [~blɑ:st], **~derm** [~də:m] s ⟨biol⟩ *äußeres Keimblatt* n, *Ektod'ermis* f **~plasm** [~plæzm] s *Ektoplasma* n *(äußere Protoplasmaschicht)*

ecumenic(al) [ˌi:kju:'menik(əl)] ⟨bes Am⟩ = oecumenical

eczema ['eksimə] s Gr ⟨med⟩ *Ekzem* n

-ed suff **A. 1.** *altes* suff *z Bildung des* pp *u* pret *schwacher Verben* (youth are boarded, clothed, booked, washed [*mit Büchern u Wäsche versehen*]) → **2.** *lebendes* suff *z Bildung v Adjektiven in der Bedeutung „versehen mit", „im Besitze v"* **a.** *aus Subst.* (wooded) **b.** *aus der Verbindung Adj. u Subst.* (deep-rooted; broad-faced) **3.** im pl *lebendes* suff *z Bildung v Substantiven*: the requireds *das Gewünschte*, the unwanteds *das nicht Gewünschte* **B.** *Aussprache*: **1.** [t; d] **a.** *in* pp: knocked [nɔkt]; rubbed [rʌbd]; learned [lə:nd, –t] **b.** *in Adj.* (*aus Adj. u Subst.*): good-natured **c.** *in Adv. u Subst. v Adj. unter* b.: goodnaturedly; good-naturedness **2.** [id] **a.** *in* pp *nach* t, d: heated ['hi:tid] **b.** *in Adj.* learned ['lə:nid], wicked ['wikid] **c.** *in Adv. auf –ly u in Subst. auf –ness*: assuredly [ə'ʃuəridli], assuredness [ə'ʃuəridnis]

ed [ed] s ⟨Am fam⟩ *Student* m (*Ggs* co-ed)

edacious [i'deiʃəs] a (~ly adv) *gierig, gefräßig*; *verzehrend*

Edda ['edə] s ⟨Lit⟩ *Edda* f (the Younger *od* Prose ~; the Elder *od* Poetic ~)

eddy ['edi] **1.** s *Wasserwirbel, Strudel* m || (*Wind–, Luft–)Wirbel* m **2.** vi [~ed/~ed/~ing] *wirbeln*

Eden ['i:dn] s *Eden, Paradies* n

edentate [i'denteit] a *zahnlos*; (*T*) *ohne Schneide- u Eckzähne* f

edge [edʒ] **I. s 1.** (of a sword) *Schärfe, Schneide* f || *scharfe Kante, Ecke* f; *Zacke* f | *Grenze, Grenzlinie* f || *Rand* (on the ~ of), *Saum* m; milled ~ *Münzrand* m; (of a book) *Schnitt(fläche* f) m; gilt ~s *Goldschnitt* m | ⟨fig⟩ *Feinheit* f, *Schliff* m, *Abgeschliffenheit* f || ⟨fig⟩ *Schärfe* f; *Bitterkeit* f **2. Wendungen**: plenty of ~ ⟨sl⟩ *eingebildet* || on the ~ of ⟨fig⟩ *kz vor, im Begriffe* (of doing) || with uncut ~s *unbeschnitten* | to add, give an ~ to a th ⟨fig⟩ *etw verschärfen, –stärken*; *anspornen, –regen, –treiben* || to be on ~ *nervös* s (over *über*) || the knife has no ~ *das Messer schneidet nicht* || to have an ~ on [adv] *frech, ein Frechdachs* s || to have an ~ on a p ⟨Am⟩ *Groll hegen gegen jdn* || °*auf ihn* °*e–n Pik h* || ⟨sl⟩ to have the ~ on (⟨Am⟩ over) *im Vorteil s gegenüber* || (of teeth etc) to meet on ~ *Kante auf K. zus–treffen* || to put an ~ on a th *etw schärfen, schleifen*; ⟨fig⟩ *e–r S Wirkung verleihen* || to put a p on ~ *jdn reizen* || to set on ~ (*etw*) *hochkant stellen* || to set a p's nerves *od* teeth on ~ ⟨fig⟩ *jdn nervös m* || to take the ~ off *a th etw abstumpfen*; ⟨fig⟩ *etw der Wirkung berauben* **3.** [attr] ~ bond ⟨arch⟩ *Eckverband* m || ~-holding property ⟨tech⟩ *Schneidhaltigkeit* f || ~ mill *Kollergang* m, *Erzmühle* f || ~-plane [vt] (*Blech*) *besäumen* || ~-raise [vt] *bördeln* || ~ raising *Hochkanten* n || ~ runner ⟨tech⟩ *Kollermühle* f, –*gang* m || ~ stone *Bord–, Randstein* m || ~ tool *Beschneidemesser* n; to play with ~-tools *mit dem Feuer spielen*; ~-t. maker *Spengler, Zeugschmied* m **II. vt/i A. vt 1.** *schärfen, (ab)schleifen* || *beschneiden, abkanten* **2.** (*Schärfe, verstärken* **2.** *rändern, bördeln, mit e–m Rand versehen, (um)säumen; einschließen, –fassen* (with); ~d with ⟨fig⟩ *eingefaßt, durchsetzt mit* | to ~ off *abschaben, beschneiden* **3.** (*etw*) *unbemerkt*

rücken, drängen, bringen (into *in*; out of *aus*); to ~ o.s. into *sich eindrängen in* **B. vi** *sich seitwärts heranbewegen, langsam vorrücken* | to ~ away, off *abgehen, wegrücken, –schleichen* | **~d** [~d] a *schneidend* (~ tool); *scharf*; two-~, double-~ *zweischneidig* || *gesäumt, eingefaßt*

edgeless ['edʒlis] a *stumpf, abgestumpft*

edgeways ['edʒweiz], **edgewise** ['edʒwaiz] adv *seitlich, v der Seite*; *hochkantig*; *Kante an Kante* || not to get a word in ~ *auf k–e Art u Weise ein Wort einwerfen können, nicht z W. k können*

edging ['edʒiŋ] s *Einfassung* f; ⟨mil⟩ (*Mützen–)Vorstoß* m (*Streifen*); *Besatz* m, *Borde, Paspel, Litze* f || ~-shears [pl] (*Kanten-)Grasschere* f || ~ tool *Bördeleisen* n

edgy ['edʒi] a *kantig, scharf* || *gereizt, verdrießlich*

edibility [ˌedi'biliti] s *Eßbarkeit, Genießbarkeit* f **–ble** ['edibl] **1.** a *eßbar, genießbar* **2.** s *Nahrungs–, Lebensmittel* n

edict ['i:dikt] s *Edikt* n, (*öffentliche*) *Verordnung* f

edification [ˌedifi'keiʃən] s ⟨fig⟩ *Erbauung* f ⟨oft iron⟩

edifice ['edifis] s (*gr*) *Gebäude* n || ⟨fig⟩ *Gefüge* n

edify ['edifai] vt ⟨fig⟩ (*jdn*) *erbauen, moralisch bessern* ⟨oft iron⟩ **~ing** [~iŋ] a (~ly adv) ⟨fig⟩ *erbauend, erbaulich* (to *f*)

edit ['edit] vt *herausgeben, edieren* || *Herausgeber e–r Zeitung etc* s || (*Text*) *redigieren, druckfertig m* || ⟨film⟩ *schneiden u betiteln* **~ing** [~iŋ] s ⟨film⟩ *Schnitt* m, *Montage* f; ~ table ⟨film, rec⟩ *Schneidetisch* m **~ion** [i'diʃən] s *Ausgabe* f || *Art der A.* (cheap ~, etc) || *bes Ausgabe in Serienform* || *Auflage* f, the ~ is likely to be taken up (*od* out of print) *rapidly die Auflage wird wahrscheinlich schnell vergriffen* s || ⟨fig⟩ *Auflage* f, *Abklatsch* m **~or** ['editə] s *Herausgeber* | *Schriftleiter, Chefredakteur* m; *sub-~ Redakteur* m **~orial** [ˌedi'tɔ:riəl] **1.** a (~ly adv) *redaktionell, Redaktions–*; *Herausgeber–* **2.** s *Leitartikel* m (*des Schriftleiters*) **~orship** [~əʃip] s *Redaktion, Schriftleitung* f || *Amt* n *e–s Herausgebers* **~ress** [~ris] s *Herausgeberin* f

educable ['edjukəbl] a *erziehbar*

educate ['edju:keit] vt *aufziehen* || *erziehen*; *unterrichten*; (*aus*)*bilden*; ~d *gebildet* || (*ein*)*üben, trainieren*; to ~ o.s. *sich üben* (to do)

education [ˌedju'keiʃən] s *Erziehung, Bildung, Schulung* f; –*gang* m || *Erziehungs–, Schulwesen* n || *adult* ~ *Erwachsenenbildung* n *compulsory* ~ *allg. Schulpflicht* f; *elementary od primary* ~ *Volksschulwesen* n; *Elementarstufe* f; *secondary* ~ *höheres Schulwesen*; *Mittelstufe* f; *higher* ~ *Hochschulstufe* f; *Board of* ⚹ *Unterrichtsministerium* n; *level od stage of* ~ *Unterrichtsstufe* f **~al** [ˌedju'keiʃn̩l] a (~ly adv) *erzieherisch, pädagogisch, Erziehungs–*; *Bildungs–*; *Kultur–* (~ film) || ~ radio *program(me) Schul–, Kulturfunk* m || ~ *background (genossene) Schulbildung, Ausbildung* f || ~ *institution Bildungsstätte* f; ~ *status* –*grad* m; ~ *system* –*wesen* n **~alist** [ˌedju'keiʃnəlist], **~ist** [ˌedju'keiʃist] s *Schulmann, Pädagog* m

educative ['edjukeitiv] a *Erziehungs–, Bildungs–* **~tor** ['edjukeitə] s *Erzieher* m ⟨a fig⟩

educe [i'dju:s] vt (*Fähigkeit*) *heraus–, hervorholen*; *entwickeln* || (*Begriff*) *ableiten, ziehen* (from *aus*) **–cible** [i'dju:səbl] a *ableitbar, z entwickeln(d)*

educt ['i:dʌkt] s *Edukt* n (*durch tech. Tätigkeit gewonnener Körper*; *Ggs* product) || ⟨fig⟩ *Folgerung, Ableitung* f **~ion** [i'dʌkʃən] s *Hervorziehung*; *Entwickelung* f; *Ableitung* f | [attr] ~-pipe *Abzugs–, Blasrohr* n || ~-valve *Ausströmungsventil* n

edulcorate [i'dʌlkəreit] vt v *Säure befreien*; *auswässern, reinigen*

Edwardian [ed'wɔ:diən] a *aus der Zeit, charakteristisch f die Zeit der Eduards, Könige v Engl, bes Eduards VII.*

-ee [-'i:] *lebendes Suffix z Bildung v Subst. mit der Bedeutung „jd, dem etw (an)getan wird"*; → *advisee*, → *-er*, *-or*; *murderee der z Ermordende, das Opfer des Mordes*

eel [i:l] s *Aal* m ‖ as slippery as an ~ ⟨fig⟩ *glatt wie ein Aal* ‖ [~-buck, ~-pot *Aalreuse* f ‖ ~-pout *Aalraupe* f ‖ ~-spear *Aalgabel* f

e'en [i:n] = *even* ‖ **e'er** [ɛə] adv = *ever*

eerie, **-ry** ['iəri] a (~rily adv) *furchtsam* ‖ *unheimlich* -**riness** [~nis] s *Unheimlichkeit* f

efface [i'feis] vt *auslöschen, -streichen; tilgen* ‖ *austilgen; verwischen* ‖ *in Schatten stellen*; to ~ o.s. ⟨fig⟩ *sich im Hintergrund halten, sich zurückhalten* ~**able** [~əbl] a *auslöschbar, tilgbar* ‖ ~**r** [~ə] s *Löschkurbel* f (*e-r Addiermaschine*) ~**ment** [~mənt] s *Auslöschung, Tilgung*; *Vertilgung* f

effect [i'fekt] **I. s 1.** *Wirkung* f (on *auf*) (cause and ~) ‖ *Folge* f, *Ergebnis* n (the ~ of doing); *Erfolg* m (with telling ~) **2.** *Kraft, Gültigkeit* f, *legal* ~ *Rechtswirksamkeit* f ‖ *Inhalt, Sinn* m ‖ *Zweck, Nutzen* m ‖ ⟨phys⟩ *Leistung* f **3.** ⟨arts⟩ *Eindruck, Effekt* m (for ~ *um E. z erzielen*; with great ~ *mit gr E.*) **4.** ~s [pl] *Effekten* pl; *bewegliches Eigentum* n, *Habe* f, *Vermögenswerte, Aktiva* pl, *Bankguthaben* n (no ~s *kein* G.); *Barbestand* m **5.** *Wendungen*: ~ *im wesentlichen* ‖ of no ~, without ~ *vergeblich* ‖ to the ~ (that) *dem Sinne nach, des Inhalts* (*daß*); to the same ~ *desselben Inhalts*; to this ~ *dieses I.; diesbezüglich* ‖ to no ~ *umsonst* ‖ to good ~ *mit guter Wirkung, erfolgreich* ‖ with ~ *from* (w. e. f.) *mit Wirkung v* ‖ to be of ~ *wirken* ‖ to carry into ~, to bring to ~ *ausführen* ‖ to give ~ to a th *e-r S Wirkung, Kraft verleihen; etw in Kraft treten l, verwirklichen* ‖ to have an ~ *on wirken auf* ‖ to take ~ *in Kraft treten* **II. vt** [*nie mit Objektsatz*] ‖ (etw) *verursachen. be-, erwirken* ‖ *ausführen, vollziehen, besorgen, erledigen*; to ~ a policy ⟨ins⟩ *e-e Versicherung abschließen* ‖ ~**ive** [~iv] **1.** a (~ly adv) *wirkend* ‖ *wirksam, kräftig; erfolgreich, schlagkräftig*; to be ~ *gelten* (*Gesetz* etc), *wirken, Erfolg h*; ⟨Am⟩ *in Kraft treten* ‖ *eindrucks-, effektvoll* ‖ *tatsächlich, wirklich; Effektiv-*; ⟨tech⟩ *nutzbar* (*Arbeit*) ‖ ⟨mil⟩ *wirksam, einsatzbereit; aktiv; diensttauglich, kampffähig* ‖ ~ *capacity Nutz-, Wirkleistung* f ‖ ~ *date Tag* m *des Inkrafttretens* (*e-r Anordnung*); *Stichtag* m (*e-r Meldung*) ‖ ~ *head nutzbares Gefälle* n, *Druckhöhe* f ‖ ~ *horse-power nutzbare Pferdestärke* f ‖ ~ *radius* ⟨wir⟩ *Reichweite* f ‖ ~ *range Wirkungs-, Schußbereich* m ‖ ~ *resistance Wirkwiderstand* m ‖ ~ *steam pressure above atmospheric Dampfüberdruck* m **2.** s *diensttauglicher, aktiver Soldat* m [*mst* pl ~s] ~**iveness** [~ivnis] s *Wirksamkeit, Leistungsfähigkeit; Schlagkraft* ⟨bes mil⟩ f ~**less** [~lis] a *unwirksam, fruchtlos* ~**ual** [~juəl] a (~ly adv) *kräftig, wirksam*; to be ~ *wirken* ~**uate** [~jueit] vt *bewirken, ausführen, bewerkstelligen* ~**uation** [i͵fektju'eiʃən] s *Ausführung* f

effeminacy [i'feminəsi] s *Weichlichkeit, Verweichlichung* f ‖ *unmännliches Wesen* n

effeminate [i'feminit] **1.** a (~ly adv) *weibisch* ‖ *verweichlicht, weichlich; üppig* **2.** s *Weichling* m

efferent ['efərənt] a ⟨physiol⟩ *nach außen führend* (*vein*) *or befördernd* (*Ggs afferent*)

effervesce [͵efə'ves] vi (of liquids) *aufbrausen; moussieren, schäumen* ‖ ⟨fig⟩ *aufbrausen, aufwallen, gären* ~**nce** [~ns] s *Aufbrausen, Schäumen* (of champagne) ⟨a fig⟩ ~**nt** [~nt],

-**scing** [~iŋ] a *aufbrausend, schäumend, Brause-*; -**ent** powder -*pulver* n ‖ ~ *fermentation kochende Gärung* f

effete [e'fi:t] a ⟨fig⟩ *abgenutzt; erschöpft, entkräftet, kraftlos, schwach*

efficacious [͵efi'keiʃəs] a (~ly adv) *wirksam, kräftig* ~**ness** [~nis], -**acity** [͵efi'kæsiti], -**acy** ['efikəsi] s *Wirksamkeit, Wirkungs-, Zugkraft* f

efficiency [i'fiʃənsi] s ⟨tech⟩ *Wirkungsgrad, Nutzeffekt, -wert* m, *Leistung* f ⟨a übtr⟩ ‖ (P) *Tüchtigkeit, Leistungsfähigkeit, Leistung* f ‖ ~ *expert Refa-Mann* m → vol. II. p. 1301 ‖ ~ *principle of* ~ *Leistungsprinzip* n ‖ ⟨Am⟩ ~ *report Beurteilung* f, ~ *report* ‖ ~ *test Leistungsprüfung* f -**ent** [i'fiʃənt] **1.** a (~ly adv) *bewirkend* (cause); *wirksam* ‖ *tüchtig, leistungsfähig; brauchbar* **2.** s † *dienstfähiger Soldat*

effigy ['efidʒi] s *Bild, Bildnis* n ‖ to burn a p in ~ *jdn in effigie verbrennen*

effloresce [͵eflɔ:'res] vi ⟨bot⟩ (*auf*)*blühen, ausbrechen* ‖ ⟨fig⟩ *hervor-, ausbrechen* (into *in*); z *Entfaltung k, sich entwickeln* (into) ‖ ⟨chem⟩ *beschlagen, auswittern; Kristalle ansetzen* ~**nce** [~ns] s ⟨bot⟩ *Aufblühen* n; *Blüte* f ‖ ⟨fig⟩ *Blüte(zeit)* f ‖ ⟨chem⟩ *Auswittern* n, *Beschlag* m ‖ ⟨med⟩ *Hautausschlag* m ‖ ⟨minr⟩ *Anflug* m ~**nt** [~nt] a ⟨bot⟩ (*auf*)*blühend* ⟨a fig⟩ ‖ ⟨chem⟩ *auswitternd*

effluence ['efluəns] s *Ausströmen* n, *Ausfluß* m -**ent** ['efluənt] **1.** a *ausfließend, ausströmend* **2.** s *Ab-, Ausfluß* m

effluvium [e'flu:viəm] s L (pl -via [-viə]) *Ausdünstung* f

efflux ['eflʌks], ~**ion** [i'flʌkʃən] s L *Ausströmen* n; *Ausfluß, Erguß* m ‖ *Verlauf, Ablauf* m

effort ['efət] s *Anstrengung* (for a p f *jdn*; to do); *Mühe* f; no ~ *is spared k-e M. ist unterlassen* (to do); with an ~ *mühsam, widerstrebend* ‖ *Bemühung* f (towards, for *um*); *Versuch* m ‖ *Bestreben* n ‖ *Leistung* f (that was a fine ~) ‖ combined ~ *Sammelanstrengung* f ‖ community ~ (*Einsatz m z e-r*) *Gemeinschaftsleistung* f (*e-s Ortes* etc ⟨bes⟩ *im Kriege*) ‖ defence ~ ⟨tech⟩ *Leistungen* pl *zur Landesverteidigung* ‖ research ~ *Forschungsbemühungen* f pl ‖ war ~ ⟨tech⟩ *Kriegsleistungen* f pl ~**ful** [~ful] a *mühsam, mühevoll* ~**less** [~lis] a *k-e Anstrengung machend, müßig* ‖ *ohne Anstrengung, mühelos*

effrontery [e'frʌntəri] s *Frechheit, Unverschämtheit* f

effulge [e'fʌldʒ] vi *strahlen* ~**nce** [~əns] s *Glanz, Schimmer* m ~**nt** [e'fʌldʒənt] a (~ly adv) *strahlend, glänzend*

effuse [e'fju:s] a ⟨bot⟩ *sich ausbreitend*

effuse [e'fju:z] vt *aus-, vergießen* ‖ ⟨fig⟩ *aussenden, verbreiten*

effusion [i'fju:ʒən] s *Aus-, Vergießen* n (~ of blood *Blut-*); *Ausgießung* f (the ~ of the Holy Spirit) ‖ *Verlust* m (~ of blood *Blut-*); *Erguß* ⟨a fig, oft cont⟩ ‖ *Herzenserguß* m; *Überschwenglichkeit, Wärme* f

effusive [i'fju:siv] a (~ly adv) *überschwenglich* (in); *herzlich*; *warm* ‖ ~ *rock* ⟨geol⟩ *Effusivgestein* n ~**ness** [~nis] s *Überschwenglichkeit, Herzlichkeit* f

eft [eft] s *kl Eidechse* f; *Wassermolch* m

eftsoon(s) [eft'su:n(z)] † adv *bald nachher*

egad! [i'gæd] † intj *wahrhaftig! meiner Treu!*

egalitarian [i͵gæli'tɛəriən] s ⟨pol⟩ *Gleichmacher; Verfechter* m *der Gleichheit* f

egg [eg] **I. s 1.** *Ei* n ‖ ⟨biol⟩ *Ei* ‖ ⟨sl⟩ °*Ei*: ⟨aero⟩ *Fliegerbombe* f, ⟨mar⟩ *Mine* f ‖ → addle ‖ fried ~s [pl] *Spiegeleier* pl; buttered *od* scrambled ~s [pl] *Rühreier* pl; new-laid ~ *frisch gelegtes Ei*; poached ~s ⟨cul⟩ *verlorene Eier* pl; rotten ~s *faule E.* pl ‖ hard (soft) boiled ~ *hart* (weich) *gekochtes E.* ‖ waterglass ~ *eingelegtes*

Ei 2. ~ and dart, ~ and anchor ⟨arch⟩ *Eierstab* m → 3 ‖ a bad ~ ⟨sl fig⟩ *e–e faule S*; *ein Tunichtgut, übler Kerl* m; a good ~ *ein prächtiger K.*; good ~! *glänzend*!; old ~ ⟨sl⟩ *altes Haus (P)* ‖ as full as an ~ *vollgepfropft* ‖ as sure as ~s is (*od* are) ~s, as sure as ~s *so sicher wie das Amen in der Kirche*, °*wie nur was (unzweifelhaft)* ‖ like the curate's ~ „*durchwachsen*" *(teilweise gut)* ‖ in the ~ *in frühem Stadium* | to put all one's ~s into one basket ⟨fig⟩ *alles auf e–e Karte setzen* ‖ teach your grandmother to suck ~s *lehr e–n alten Affen Grimassen schneiden (lehre du mich die Welt kennen)* 3. [attr & comp] ~-*and*-tongue moulding ⟨arch⟩ *Eierstab* m → 2 ‖ ~-beater ⟨Am aero sl⟩ *Hubschrauber* m ‖ ~-cup *Eierbecher* m ‖ ~-dance *–tanz* m (⟨fig⟩ *verwikkelte Aufgabe)* ‖ ~-flip, ~-nog *–punsch* m ‖ ~-grading *Sortieren* n *v Eiern (nach Güteklassen)* ‖ ~-plant ⟨bot⟩ *–pflanze, Auberg'ine* f ‖ ~-shaped *eiförmig* ‖ ~-shell *–schale* f; ⟨fig⟩ *(zerbrechlich) wie ein rohes Ei*, „*Seifenblase*" f ‖ ~-stand *–ständer* m ‖ ~-timer *Eieruhr* f ‖ ~-whisk *Schlagbesen, Eierschlägel* m **II.** vt/i ‖ *mit faulen Eiern bewerfen* ‖ to ~ and crumb *panieren* | vi *Eier sammeln* ‖ ~**ing** [′~iŋ] s *Eierlegen* n; [attr] *Lege–* (~ season) ~**ler** [′~lə] s *Eiersammler, –händler* m

egg [eg] vt: to ~ a p on *jdn antreiben, an–, aufreizen* (to *z*; to do)

egger [′egə] s ⟨ent⟩ *(Baum–, Korn-)Motte* f

egghead [′eghed] s ⟨Am sl⟩ *Intellektueller* m

eglantine [′egləntain] s ⟨bot⟩ *wilde Rose, Heckenrose* f

ego [′egou] s ⟨philos⟩ *das Ich* n ‖ ~**centric** [ego′sentrik] a *egozentrisch* ~**ism** [~izm] s ⟨philos⟩ *Ego'ismus* m *Selbstsucht, Eigennützigkeit* f ~**ist** [~ist] s *Egoist* ~**istic(al)** [ˌego-′istik(əl)] a (*–cally adv*) *egoistisch* ~**mania** [ego-′meiniə] s *Gr krankhafte Selbstgefälligkeit* f ~**tism** [~tizm] s *Selbstbespiegelung; Eigendünkel* m; *Selbstgefälligkeit* f, *Geltungsbedürfnis* n ~**tist** [~tist] s *der oft v sich Sprechende* ~**tistic(al)** [ˌego'tistik(əl)] a (*–cally adv*) *oft v sich sprechend, selbstgefällig* ~**tize** [~taiz] vi *immer nur v sich reden*

egregious [i′gri:dʒəs] a (~ly adv) *ungeheuer, –lich (folly), unerhört, entsetzlich* (~ blunder) ‖ † *vortrefflich* ~**ness** [~nis] s *Ungewöhnlichkeit; Unerhörtheit* f

egress [′i:gres] s *Ausgang, –tritt* m; *Ausfluß* m ‖ *Recht des Ausgangs* m ‖ ⟨fig⟩ *Ausweg* m ~**ion** [i′greʃən] s *Ausgang, Austritt* m

egret [′i:gret] s. 1. s = aigrette 2. ⟨bot⟩ *Samenkrone* f

Egyptian [i′dʒipʃən] 1. a *ägyptisch*; ~ pound (abbr £E) *äg. Pfund* (= 20/6) 2. s *Ägypter(in* f) m ‖ † *Zigeuner(in* f) m ‖ *die ägypt. Sprache* f

Egypto– [i:′dʒipto] [in comp] *ägyptisch* ~**logist** [ˌi:dʒip′tɔlədʒist] s *Ägyptolog* m ~**logy** [ˌi:dʒip-′tɔlədʒi] s *ägyptische Altertumskunde* f

eh [ei] intj ⟨fam⟩ *wie? was?* ‖ *he? nicht wahr? nun?* ‖ ⟨dial⟩ *ei! sieh da!*

eidetic [ai′detik] a (~ly adv) *eidetisch, wesenhaltig, anschaulich empfindend*, ~ *ability eidetische Begabung* f

eider [′aidə] s (a ~-duck) *Eiderente* f; king ~ *Pracht–, Steller's* ~ *Scheckente* ‖ ~-down [koll] *Eiderdaunen* f pl ‖ *Daunendecke* f

eidolon [ai′doulən] s *Gr Phantom* n

eigenstate [′aigənsteit] s ⟨at⟩ *Eigenzustand* m –**value** [–vælju:] s *Eigenwert* m

eight [eit] 1. a *acht* 2. s *Acht* f; a figure of ~ *e–e A.* (sc *Figur*); ~ hours' day *Achtstundentag* m; to have one over the ~ *e–n z viel h (betrunken s)* ‖ *Achter* m *(Ruderboot); Achtermannschaft* f (the Oxford ~); the Eights *Ruderwettkämpfe zw den* Colleges 3. he is behind the black ~-ball (of the game of pool) ⟨fig Am fam⟩ *es*

geht ihm (°*saumäßig*) *dreckig* ‖ ~-ball ⟨wir⟩ *Kugelmikrophon* n ~**een** [′ei′ti:n; '– –; '–'] 1. a *achtzehn*; the ~ sixties *die 60er Jahre des* 19. *Jhs.* 2. s *die Achtzehn* f ‖ ~pence ⟨fig rhyming sl⟩ = common sense ~**eenth** [′ei′ti:nθ; '– –; '–'] 1. a *achtzehnte(r, –s)* 2. s *das Achtzehntel* n ~**fold** [′~fould] a *achtfach*

eighth [eitθ] 1. a *achte(r, –s)* 2. s *das Achtel* n ~**ly** [′~li] adv *achtens* –**tieth** [′eitiiθ] 1. a *achtzigste* 2. a *das Achtzigstel* n

eighty [′eiti] 1. a *achtzig* 2. s *die Achtzig*; the eighties *die achtziger Jahre (e–s Jhs)*

Eire [′ɛərə] s *(seit* 29. 12. 1937) *offiz. Name f den Irischen Freistaat* m

eirenicon [ai′ri:nikən] s Gr *Friedensangebot* n

eisteddfodd [eis′teðvəd, ⟨engl⟩ i′stedfəd] s ⟨hist⟩ *walisisches Dichter–, Sängerfest* n, *–tag*; *–wettkampf* m

either [′aiðə] **I.** a 1. *irgendeine(r, –s) v 2 Pn, Sn*; if ~ side (refuses to meet the other) *wenn e–e der beiden Parteien (..)*; (put the lamp) at ~ end *an irgendeins der beiden Enden (aber: there is one lamp at each end)* ‖ not .. ~ *kein(e)* 2. *jede(r, –s) v 2 Pn, Sn; beide*; in ~ case *in beiden Fällen*; on ~ side *auf beiden Seiten* ‖ ~ view is right *beide Ansichten sind richtig* **II.** pron [abs] 1. *irgendeine(r, –s) v beiden*; (which of the two books will you have?) ~ (of them) will do *eins v beiden genügt mir* ‖ (*v mehr als zweien*) ~ of you can leave *irgendeiner v euch kann gehen* 2. *beides*; ~ is correct *beides ist richtig* 3. [neg] not .. ~ *k–r v beiden*; I have not seen ~ *ich habe k–n v beiden, beide nicht gesehen (Vater u Sohn)* **III.** adv & conj ~ .. or *entweder .. oder* (~ you or I am, ~ you or he is, ~ his parents or his brother is, ~ his brother or his parents are wrong *entweder du or ich habe Unrecht* etc) ‖ [*nach negat. Ausdruck*] ~ .. or *weder .. noch* (it is seldom profitable ~ to author or publisher) ‖ I cannot go, nor my brother ~ (*od* neither can my brother) .. *noch kann mein Bruder* or *u mein Bruder auch nicht*; (if you do not sign) I shall not ~ (..) *so zeichne ich auch nicht* ‖ without ~ moral or physical help *sowohl ohne moralische wie physische Hilfe*

ejaculate [i′dʒækjuleit] vt (*Flüssigkeit) ausstoßen*; *v sich geben* ‖ (*Worte) ausstoßen* –**ation** [i,dʒækju′leiʃən] s *Ausstoßen* n (of liquids); *–senden* ‖ *Ausruf* m; *Stoßgebet* n, *–seufzer* m –**atory** [i′dʒækjuleitəri] a *Ausstoß–* ‖ *hastig, Stoß–*

eject 1. [i′dʒekt] vt (*jdn) hinauswerfen; vertreiben* (from) ‖ *entsetzen, entheben* (from office *des Amtes); exmittieren* ‖ (*Rauch) ausstoßen* 2. [′i:dʒekt] s ⟨philos⟩ *etw nur Gefolgertes, nicht dem eigenen Bewußtsein Angehöriges* ~**ion** [i′dʒəkʃən] s (of liquids etc) *Ausstoßung, Auswerfung* f ‖ *Auswurf* m ~**ive** [i′dʒektiv] a *Ausstoß–* (force) ‖ ⟨philos⟩ *nur gefolgert* ~**ment** [i′dʒektmənt] s ⟨jur⟩ *Exmission, Vertreibung* f *v Haus u Hof*; action of ~ *Besitzentziehungsklage* f ~**or** [~ə] s *Vertreiber, Verjager* m ‖ ⟨tech⟩ *Ejektor, Ausblase– Auswurfapparat* m ‖ ~ *pencil Druckbleistift* m ‖ ~ *seat* ⟨aero⟩ *Schleuder–, Katapultsitz (im Düsenflugzeug)*

eke [i:k] vt: to ~ out *verlängern; ergänzen* (with *mit, durch*); *ausfüllen* (with) ‖ ⟨fig⟩ *sich durchhelfen mit*; to ~ out a scanty livelihood *sich kümmerlich durchschlagen*

eke [i:k] † adv *auch*

Ekes [eks] s ⟨fam⟩ School of ~ = London School of Economics

eking [′i:kiŋ] s ⟨carp⟩ *Verlängerung* f ‖ ~piece *Ansatz–, V.sstück* n

ekker [′ekə] s ⟨school fam⟩ *Ekzer, Exer* n *(Exerzitium)*

elaborate [i′læbərit] a (~ly adv) *(sorgsam) ausgearbeitet, durchdacht* ‖ *vollendet, kunstvoll;*

gekünstelt, kompliziert || *ausgebaut* (road system)
~ly [~ly] adv *ausführlich* || *ausnehmend, überaus* (~ polite) **~ness** [~nis] s *sorgfältige Ausarbeitung* f

elaborate [i'læbəreit] vt/i *sorgfältig* or *im einzelnen ausarbeiten* || *(mühsam) herausarbeiten* || *entwickeln* | vi *sich entwickeln* **–ation** [i‚læbə-'reiʃən] s *Ausarbeitung*; *Vervollkommnung, –feinerung* f || *Entwickelung* f (of a theory) **–ative** [i'læbəreitiv] a *entwickelnd*; *to be* ~ *of entwickeln*

elaeo– [in comp] *Öl–* **~meter** [‚eli'ɔmitə] s *Öl-Aräometer* n

élan [ei'lɑ̃:] s Fr *Schwung* m, *Begeisterung* f
eland ['i:lənd] s ⟨zoo⟩ *afrikanische Elenantilope* f
elapse [i'læps] vi (of time) *verfließen, verstreichen*
elasmobranch [i'læzmobræŋk] s (a ~ fish) *Knorpelfisch* m
elastic [i'læstik] **1.** a (~ally adv) *elastisch*; *spannkräftig, federnd* || *Gummi–* (~ band *–band*); ~ *axle box* ⟨mot⟩ *federndes Achslager* n; ~ *cable Gummiseil* n; ~ *force* ⟨tech⟩ *Spannkraft* f; ~ *limit Elastizitätsgrenze* f; ~ *side boots* [pl] *Zugstiefel* m pl; ~ *stocking Gummistrumpf* m; ~ *tactics bewegliche Kampfführung* f | *biegsam*; *anpassungsfähig, geschmeidig*; *dehnbar* (~ conscience) || (of feelings) *leicht, heiter, lebhaft* **2.** s *Gummiband* n, *Gummizug* m **~ated** [~eitid] a ⟨tail⟩ *mit Gummizug* m **~ity** [‚elæs'tisiti] s *Elastizität, Schnell–, Spannkraft, Federung* f || ⟨fig⟩ *Spannkraft* f
elate [i'leit] **1.** vt *ermutigen, erheben*; *stolz m* **2.** a *erhaben*; *stolz* || *in gehobener Stimmung, freudig, übermütig* (at *über*, with v) | **~d** [~id] a (~ly adv) *stolz, erhoben* (with v) **~ment** [~mənt] s *freudige Erregung* f
elater ['elətə] s Gr ⟨bot⟩ *Springfaden* m | ⟨ent⟩ *Schnellkäfer* m
elation [i'leiʃən] s *Stolz* m || *Gehobenheit* f, *freudige Stimmung, Begeisterung* f
elbow ['elbou] **1.** s *Ell(en)bogen* m || *Bug* m; *Ecke, Biegung* f || ⟨tech⟩ *Winkel* m, *Knie(stück)* n | at a p's ~ *nahe bei jdm, z jds Verfügung* || out at ~s (of a coat) *schäbig, abgetragen*; (P) ⟨fig⟩ *heruntergek*; in at ~s *gut gekleidet* || *more power to your* ~! *nur mutig weiter!* || up to the ~s ⟨fig⟩ *tief versunken* (in) || to lift the ~ (too often) *den Arm gerne krumm m (unmäßig trinken)* | [attr] **~-chair** *Arm–, Lehnstuhl* m || **~-grease** gr *Kraft, Energie* f || **~** *pipe Knie(rohr)* n || **~** *place,* **~** *rest Armlehne, –stütze* f || **~-room** ['elbourum] s *Spielraum* m **2.** vt (*mit dem E.*) *stoßen, schieben, drängen*; to ~ a p out of *jdn beiseite sch., verdrängen* m; to ~ *one's way od o.s. sich drängen* (into *in*; through *durch*)
eld [eld] s ⟨† poet dial⟩ (hohes) *Alter* n || *alte Zeit* f
elder ['eldə] **1.** a [nur attr u nur v Pn] *älter* (v *Angehörigen e–r Familie*: my ~ brother; I have an ~ sister) || the ~ *Spencer der ältere Spencer* | ~ *hand* ⟨cards⟩ *der, welcher ausspielt* | [abs] the ~ *of them der Ältere v ihnen*; the ~ *der Ältere, Senior* m (Smith the ~) **2.** s [mst pl ~s] *ältere P, Angehöriger der älteren Generation,* m || ~s *ältere Leute als ich*; *m–e Vorgesetzten*; ~s *and betters Respektpersonen* || ⟨ec⟩ (Kirchen-)*Ältester* m | The twenty-four Ancient ~s *die Greise* m pl *der Apokalypse* | **~ly** [~li] a *ältlich* **~ship** [~ʃip] s *Erstgeburt* f, *Vorrang* m || ⟨ec⟩ *Ältestenamt* f
elder ['eldə] s ⟨bot⟩ *Schwarzer Holunder* m | ×*Flieder(baum)* m || **~-berry** *Holunderbeere* f
eldest ['eldist] [nur attr a] *ältest* (*an Jahren, v Angehörigen e–r Familie* [my ~ brother]); [a abs] (the ~ *of nine children*) || the ~**-born** *der Erstgeborene*

El Dorado [‚eldo'rɑ:dou] s ⟨Span⟩ *Eldorado, Dorado, Gold–, Wunderland* n
eldritch ['eldritʃ] a ⟨Scot⟩ *geisterhaft*; *unheimlich*
elecampane [‚elikæm'pein] s ⟨bot & med⟩ *Al·ant* m || *Zuckerwerk mit Alant gewürzt*
elect [i'lekt] **I.** vt **1.** (etw) *auswählen* (as *als*); *sich entschließen, f richtig halten* (to do) **2.** (jdn) *erwählen, wählen* (from among *aus, unter* ..; to an office *z e–m Amt*); they ~ed him (to be) their chief *sie wählten ihn z Führer*; to be ~ed to Parliament, to a council *ins Parlament, in e–n Rat gewählt w* **3.** ⟨theol⟩ *auserwählen* **II.** a *erwählt, designiert* (the bishop ~) || *bride* ~ *Braut, Verlobte* f **III.** s the ~ *der* (die) *Auserwählte* m (f); *die Auserwählten, Seligen* pl **~ion** [i'lekʃən] s *Wahl, Auserwählung* f (to z) || ⟨parl⟩ *Wahl* f (to z); at the last ~ *bei der letzten W.*; to call a general ~ *e–e allg. W. f das Parlament veranstalten* || by-~ *einzelne Wahl* e–s *Abgeordneten f eingetretene Vakanz*; *Vor–, Nachwahl* | ⟨theol⟩ *Erwählung, Gnadenwahl* f **~ioneer** [i‚lekʃə'niə] vi *agitieren, Wahlpropaganda treiben* **~ioneering** [i‚lekʃə'niəriŋ] s *Wahlagitation* f, *Wahlumtriebe* pl **~ive** [~iv] **1.** a (~ly adv) *gewählt, durch Wahl* || *wählend*; *wahlberechtigt* || *Wahl–*; ⟨Am⟩ *–frei* | ~ *affinity* ⟨chem & fig⟩ *Wahlverwandschaft* f; ~ *subject* ⟨Am univ⟩ *Wahlfach* n **2.** s ⟨Am⟩ = ~ *subject* **~or** [~ə] s *stimmberechtigter Wähler, Wahlmann* m || ⟨Ger hist⟩ *Kurfürst* m **~oral** [~ɔrəl] a (~ly adv) *Wahl–* (~ Act *–akte* f) | *Wähler–*; ~ *register,* ~ *roll –liste* f; ⟨Am⟩ ~ *college –kollegium* n (e–s *Staates*) | ⟨Ger⟩ *kurfürstlich* **~orate** [~ərit] s ⟨Ger hist⟩ *Kurwürde* f || *Kurfürstentum* n (Land) | [koll] ⟨parl⟩ *Wählerschaft* f **~orship** [~əʃip] s *Zustand* m, *Lage* f e–s *Wählers* **~ress** [~ris] s ⟨Ger⟩ *Kurfürstin* f | *weibl. Wähler*

Electra complex [i'lektrə 'kɔmpleks] s ⟨psych⟩ *unnatürliche Liebe der Tochter z Vater*
electric [i'lektrik] **1.** a (~ally adv) *elektrisch*; ~ *car el. Straßenbahnwagen* m; ~ *chair elektr. Stuhl*; ~ *charge* .. *Ladung,* ~ *circuit* .. *Leitung,* ~ *current* .. *Strom,* ~ *light* .. *Licht,* ~ *plant* .. *Anlage,* ~ *shock* .. *Schlag*; the ~ *tramway die elektr. Bahn, die Elektrische* f | ~ *arc furnace Lichtbogenofen* || ~ *baking oven Elektrobackofen* m || ~ *break alarm Drahtbruchmelder* m || ~ *bus Elektrobus* m | ~ *blue stahlblau* || ~ *eel* ⟨ich⟩ *Zitteraal* m || ~ *eye* ⟨wir⟩ *magisches Auge* n || ~ *hot plate el. Kochplatte* f || ~ *lifting gear Elektrohubwerk* n || ~ *machine Elektrisiermaschine* f || ~**-ray** ⟨ich⟩ *Zitterroche* m || ~ *seal Seal-Elektrik* n (*Sealbisamfellnachahmung*) || ~ *steel Elektrostahl* m || ~ *supply Stromversorgung* f; ~ *s. company Elektrizitätswerk* n, *–gesellschaft* f || || ~ *torch Taschenlampe* f || ~ *truck Elektrokarren* m || ~ *warming pad,* ~ *cushion* (el.) *Heizkissen* n || ~ *welding Elektroschweißen* n | ⟨fig⟩ *wie elektrisiert, tief erfüllt* (with v) **2.** s *der elektrische Körper*; *positive* ~s [pl] *Leiter, negative* ~s *Nichtleiter* m pl || the ~ = ~ *lamp,* ~ *light,* ~ *tramcar* | **~al** [~əl] a (~ly adv) *Elektrizitäts–*; *Elektro–*; ~ *engineer –techniker* m; ~ *engineering –technik* f | *elektrisch beheizt* (de-icer) | ⟨fig⟩ *elektrisiert* **~ian** [ilek'triʃən] s *Elektrizitätskundiger*; *Elektrotechniker, Elektriker* m **~ity** [ilek'trisiti] s *Elektrizität* f; *–slehre* f; ~ *supply company –sgesellschaft* f; ~ *works –swerk* (e pl)
electrification [i‚lektrifi'keiʃən] s *Elektrisierung* f ⟨a fig⟩; *Elektrifizierung* f, *Umwandlung in elektr. Betrieb* f **–fy** [i'lektrifai] vt *elektrisch m*; *elektrisieren* || *elektrifizieren* || ⟨fig⟩ *begeistern*; *durchzucken* || *–fied obstacle* ⟨tact⟩ *Starkstromsperre* f, *–hindernis* n
electrization [i‚lektri'zeiʃən] s *Elektrisierung* f;

⟨fig⟩ *Begeisterung* f –**ize** [i´lektraiz] vt *elektri-sieren*

electro [i´lektrou] s [pl ~s] & vt ⟨fam⟩ = electro-plate, electrotype

electro– [i´lektrou] [in comp] *Elektro*– || ~-chemistry *Elektrochemie* f || ~-convulsive therapy ⟨psych⟩ *Elektrosch·ocktherapie* f || ~-deposit *galvanischer Niederschlag* m || ~-dynamic *elektro-dynamisch* || ~-dynamics [sg konstr] *Elektrodynamik* f || ~-encephalo-gram ⟨psych⟩ *Hirnwellenbild* n || ~-kinetics [sg konstr] *Elektrokin·etik* f || ~-limit gauge *el. Toleranzmeßgerät* n || ~-magnet *Elektromagnet* m || ~-metallurgy *Elektrometallurgie* f || ~-negative *elektronegativ* || ~-plate 1. vt *galvanisch versilbern* 2. s *galvanisch versilberte Ware* f || ~-positive *elektropositiv* || ~-shock therapy ⟨psych⟩ *Elektrosch·ocktherapie* f || ~-technical *elektrotechnisch* || ~-technician *Elektrotechniker* m || ~-therapeutics [sg konstr], ~-therapy ⟨med⟩ *Elektrotherap·ie* f || ~-thermal, ~-thermic *elektrothermisch*

electrocute [i´lektrəkju:t] vt *durch Elektrizität hinrichten* or *töten* –**cution** [ˌlektrə´kju:ʃən] s *Hinrichtung* f *durch Elektrizität*

electrode [i´lektroud] s *Elektr·ode* f; → anode; cathode || ~ collar *Elektrodenfassung* f; ~ gap –*abstand* m || ~ wire *Poldraht* m

electrolier [iˌlektro´liə] s *elektr. Kronleuchter* m

electrolyse [i´lektrolaiz] vt ⟨phys⟩ *durch Elektrizität zersetzen* –**lysis** [ilek´trɔlisis] s ⟨phys⟩ *Elektrolyse* f –**lyte** [i´lektrolait] s ⟨phys⟩ *Elektrolyt, elektrisch zersetzbarer Körper* m –**lytic** [iˌlektro´litik] a *elektrolytisch* || –*lytically* oxidized *eloxiert* –**metallurgy** [–´metələ:dʒi] *Galvanoplastik* f –**meter** [ilek´trɔmitə] s *Elektrometer* m –**mobile** [iˌlektromo´bi:l] s *Elektromobil* n (*Kraftfahrzeug*) –**motive** [iˌlektro´moutiv] a *elektromotorisch*; ~ force (abbr E.M.F.) *elektromotorische Kraft* f –**motor** [iˌlektro´moutə] s *Elektromotor* m; [attr] *elektromotorisch* (~ force)

electron [i´lektrən] s Gr [pl ~s] ⟨phys chem⟩ *Elektr·on* n; *kleinstes Teilchen* n *negativer Elektrizität* || ~-ray tube *magisches Auge* n || ~ accumulation *Elektronenstauung* f; ~ attachment –*anlagerung* f; ~ capture –*einfangung* f; ~ gun –*schleuder* f; ~ impact –*stoß* m; ~ microscope –*mikroskop* n; ~ retardation –*abbremsung* f; ~ trapping –*einfang* m **~ic** [ˌelek´trɔnik] a *Elektronen*– (theory) || ~ brain, ~ calculator, ~ computer *Elektronenhirn* n, *Rechenroboter*, –*automat* m, ~ MANIAC || ~ deception *Funktäuschung* f **~ics** [–s] s [sg konstr] ⟨phys⟩ *Elektr·onik* f, *Funkmeß*–, *Radiowesen* n || ~ warfare *Hochfrequenzkrieg* m

electrophone [i´lektrofoun] s *Elektroph·on* n –**phore** [i´lektrəfo:], –**phorus** [ilek´trɔfərəs] s *Elektrophor* n (*z Erzeugung v Reibungselektrizität*) –**scope** [i´lektrəskoup] s *Elektrosk·op* n –**statics** [i´lektro´stætiks] [sg konstr] *Elektrostatik* f –**technics** [iˌlektro´tekniks] [sg konstr] *Elektrotechnik* f **~tome** [i´lektrotoum] s ⟨med⟩ *elektrisches Messer* n, *Elektrokauter* m –**type** [i´lektrotaip] 1. s *galvanoplastischer Abdruck* m, *Klischee* n || *Galvanotypie*, –*plastik* f | [attr] *galvanoplastisch* 2. vt *galvanoplastisch vervielfältigen*; *klischieren* –**typing** [i´lektrotaipiŋ] s *Galvanoplastik* f

electrum [i´lektrəm] s L *Goldsilberlegierung* f || *neusilberartige Legierung* || *silberhaltiges Gold* n

electuary [i´lektjuəri] s ⟨med⟩ *Latwerge* f **eleemosynary** [ˌelii·´məsinəri] a *Almosen betreffend, v Almosen lebend*; *Wohltätigkeits*–, *karitativ*; *Almosen*–; ~ gift *Almosenspende* f, *Wohltätigkeitsgabe* f

elegance [´eligəns] s *Eleganz* f, *geschmackvolle Form, Anmut, Feinheit* f || (of style) *Schönheit, Gewähltheit* f || *erfinderische Feinheit u Wirksamkeit* f || [konkr] *Reiz* m, *Annehmlichkeit* f –**ancy** [´eligənsi] s [konkr] *Reiz* m, *Annehmlichkeit* f –**ant** [´eligənt] a (~ly adv) *elegant, geschmackvoll, fein; gewählt, anmutig* || *zierlich, gefällig, nett, niedlich* || ⟨Am⟩ *großartig, ausgezeichnet; modern*

elegiac [ˌeli´dʒaiək] 1. a *elegisch*, ~ couplet *Distichon* n || *schwermütig, klagend* 2. [s pl] ~s *elegische Verse* pl *in Distichen* –**gize** [´elidʒaiz] vi/t *e–e Elegie schreiben* (upon *auf*) | vt to ~ a p *e–e E. schreiben auf jdn* –**gy** [´elidʒi] s *Elegie* f; *Klagegedicht*, –*lied* n

elegit [i´li:dʒit] s L ⟨jur⟩ *Exekutionsbefehl* m

element [´elimənt] 1. s *Element* n, *Ur*–, *Grundstoff* m; the four ~s *die vier Elemente* pl; the war of the ~s *das Toben der Elemente*; the ~s *das Wetter, die Wetterverhältnisse* pl || (*Grund*-) *Bestandteil*; ⟨chem & phys⟩ *Element*; *Atom* n ⟨el⟩ *Zelle* f; electric ~ *liquid heater Tauchsieder* m || ⟨mil⟩ *Einheit* f, *Truppenteil* m ⟨anat⟩ *Organ, Element, Bestimmungsstück* n 2. *Ursprung* m, *Grundlage* f || *wesentlicher Umstand*, –*ches Moment* n, *Faktor* m ⟨bes mil⟩ ~ of surprise *Überraschungsmoment* n 3. ⟨fig⟩ *gewohnte Umgebung* || *Sphäre* f; to be in one's ~ *in s–m Element s, sich wohl fühlen*, to be out of one's ~ *sich unbehaglich, unglücklich fühlen* | ⟨fig⟩ *ein bißchen, Körnchen* n (an ~ of truth) 4. the ~s [pl] *die Elemente, Anfangsgründe* pl; *Grundlage* f; ⟨stat⟩ *die Einheiten* f pl *der Grundgesamtheit* || the ~s ⟨theol⟩ *Brot u Wein (beim Abendmahl)* | **~al** [eli´mentl] 1. a *z den vier Elementen gehörig*, ~ tumults [pl] *Toben n der Elemente* || *element·ar* (~ forces), *Elementar*– (spirits); *natur*–, *urkräftig*; *Natur*–, *Ur*– ⟨a fig⟩ || *natürlich, einfach* || *wesentlich, notwendig* 2. s (*Natur*–, *Ur*–)*Geist* m **~ary** [eli´mentəri] a (–rily adv) *rudimentär, unentwickelt* || *Elementar*–, *Anfangs*–, *Einführungs*–; ~ school *Volksschule* f ⟨chem⟩ *einfach, nicht zerlegbar* (~ substance) || *einfach*; ~, my dear Watson! *das Ei des Kolumbus!* → Sherlock Holmes

elemi [´elimi] s *El·emiharz* n

elenchus [i´leŋkəs] s L ⟨log⟩ *Gegenbeweis* m, *Widerlegung* f

elephant [´elifənt] s ⟨zoo⟩ *Elefant* m, → to trumpet; [*als Reittier*: she]; Order of the ~ (*dänischer*) *Elefantenorden* m || *großes Zeichenpapierformat* (28 × 23 *Zoll*) | white ~ *lästiger, kostspieliger Besitz* m || ~'s ear ⟨bot⟩ *Beg·onie* f || to see the ~ ⟨Am sl⟩ *die Sehenswürdigkeiten* (*e–r Stadt*) *ansehen*; *das Leben kennenlernen* | [attr] *Elefanten*– || ~ hut *Nissenbaracke* f || ~-shrew ⟨zoo⟩ *Elefantenspitzmaus* f (*Rohrrüßler*) **~iasis** [ˌelifæn´taiəsis] ⟨med⟩ *Elephant·iasis* f (*Hautverdickung*) **~ine** [ˌeli´fæntain] a *elefantenartig*; *Elefanten*– | ⟨fig⟩ *ungeheuer, plump, schwerfällig* **~inely** [–li] adv *elefantenhaft* **~oid** [ˌeli´fæntɔid] a *elefantenartig, Elefanten*–

Eleusinian [ˌelju´siniən] a ⟨ant⟩ *eleus·inisch* (mysteries)

eleuthero– [i´lju:θəro–] Gr [in comp] *frei*; *Freiheits*–

elevate [´eliveit] vt *auf*–, *emporheben*; –*ziehen* || (*Augen*) *emporheben*; to ~ the voice *die Stimme heben, lauter sprechen* || ⟨artill⟩ (*Rohr*) *erhöhen, richten* | (*jdn*) *erheben* (to z), –*höhen* || ⟨fig⟩ *moral. heben, veredeln* || *heben, erheitern* | **~d** [~id] a *hoch; Hoch*–; ~ railway, ~ railroad ⟨Am⟩ *Hochbahn* f, → overhead || ⟨fig⟩ *erhaben* (*style*); *edel*; *erhebend* || *erhoben* (with *von*) || ⟨fam⟩ *angeheitert* –**ting** [~iŋ] ~ gear, ~ mechanism ⟨artill⟩ *Höhenrichtmaschine* f

elevation [ˌeli´veiʃən] s *Empor*–, *Hochheben* n; ~ of the Host ⟨ec⟩ *Elevation der Hostie* f ||

⟨fig⟩ *Erhebung, Erhöhung* f (to *z*) **|** *Höhe, Anhöhe*
f **|** ⟨fig⟩ *Erhabenheit, Vornehmheit, Würde* f;
Höhe f **|** ⟨arch⟩ *Aufriß* m **||** ⟨astr⟩ *Höhe* f **||**
⟨mil⟩ *Erhöhung(swinkel* m) f, *Höhenrichtung,*
Rohrerhöhung f; guns with high angle of ~
Steilfeuergeschütze n pl **||** ⟨aero⟩ *Höhe* or *Erhe-*
bung über NN **|** ~ angle *Höhenwinkel* m **||** ~
drum ⟨artill⟩ *Aufsatztrommel* f; ~ gear *Höhen-*
richtmaschine f; ~ setter *Höhenrichtkanonier,*
–mann m, *–nummer* f; ~table *Schußtafel* f (*f*
Erhöhungswinkel)
   elevator ['eliveitə] s ⟨anat⟩ *Hebemuskel* m **|**
⟨dent⟩ *Wurzelheber* m (*Instrument*) **||** ⟨tech⟩
Becher–, Hebewerk n, *Aufzug, Elev·ator, Zug* m
|| *Getreidespeicher* m *mit Aufzug* ⟨aero⟩
Höhensteuer, –ruder m **||** ⟨Am⟩ *Fahrstuhl, Auf-*
zug m **||** [attr] ~ assembly ⟨aero⟩ *Höhen-*
leitwerk n **||** ~ control ⟨aero⟩ *Höhensteuer(ung*
f) n **||** ~ orchestra-pit *versenkbares Orchester* n **||**
~ unit ⟨aero⟩ *Höhenleitwerk* n **|** ~y [~ri] a
emporhebend, Hebe-
   eleven [i'levn] **1.** a *elf* **2.** s (*die*) *Elf* **|** ⟨crick,
etc⟩ *Elfermannschaft, Elf* f ~ses pl [i'levənziz]
s ⟨fam⟩ *Frühstücksbrot* n ~th [~θ] **1.** a *elfte(r,*
–s) **2.** s *Elftel* m
   elf [elf] s (pl elves [elvz]) *Elf* m, *Elfe* f, *Kobold*
m **||** *Zwerg* m **|** ~-lock *Weichselzopf* m **||**
~-struck *verhext* **|** ~in [~in] **1.** a *Elfen–,*
Zwerg– **2.** s *Elf, Zwerg* m ~ish ['~iʃ], **elvish**
['elviʃ] a *elfisch, unheimlich; bos–, schalkhaft,*
verflixt
   elicit [i'lisit] vt ⟨mst fig⟩ *hervor–, heraus-*
locken (from *aus*) **||** (*Wahrheit*) *ans Licht*
bringen **||** *herausbekommen; entlocken* (from a p
jdm); (*Gefühl*) *auslösen, hervorrufen*
   elide [i'laid] vt ⟨gram⟩ *elidieren*
   eligibility [,elidʒə'biliti] s *Wählbarkeit* f **||**
[konkr] *–ties* [pl] *Vorzüge* m pl **–ble** ['elidʒəbl] a
(*–bly adv*) *wählbar* (for an office) **||** *vorzu-*
ziehen(d) **||** ⟨fig⟩ *annehmbar, passend; wün-*
schenswert; ⟨fam⟩ *heiratsfähig* **||** ⟨Am⟩ (of
cheque) *gut*
   eliminate [i'limineit] vt *aussondern, –scheiden*;
–schließen, entfernen (from *aus*) **||** ⟨math⟩ *elimi-*
nieren **–ation** [i,limi'neiʃən] s *Wegschaff–, Aus-*
scheid–, Aussonderung f (from) **||** ⟨sport⟩ *Aus-*
scheidung f **||** ⟨math⟩ *Elimination* **–ator** [i'limin-
eitə] s ⟨wir⟩ *Sieb–, Sperrkreis* m
   elinvar ['elinva:] s (*aus* **el**asticity in**var**iable,
⟨chem⟩ *Legierung v Eisen u Nickel u. a.*; *vgl*
invar
   elision [i'liʒən] s ⟨gram⟩ *Ausstoßung e–s*
Vokals, Elision f
   élite [ei'li:t] s Fr *El·ite* f; *das Beste; Krem* m,
die Oberschicht, Führerschaft (of society) f;
corps d'~ *Elitetruppen* f pl
   elivon ['elivən] s ⟨aero⟩ *kombiniertes Höhen-*
u Querruder n (*am Nurflügelflugzeug*)
   elixir [i'liksə] s L *Zaubertrank* m, *Elix·ier* n;
~ of life *Lebenselixier* n **||** *Quintessenz* f, *Kern* m
|| *Heilpräparat* n
   Elizabethan [i,lizə'bi:θən] **1.** a *elisabethanisch*
(*aus der Zeit Elisabeths I.* [1558–1603]) **2.** s *der*
(*die*) *Elisabethaner(in*)
   elk [elk] s [pl ~] ⟨zoo⟩ *Elch, Elk* m, *Elentier* n
   ell [el] **1.** s ⟨a-engl⟩ *Elle* f **2.** ⟨obs⟩ *English* ~
= *45 Zoll* (= 1,142 m) **||** give him an inch and
he'll take an ~ *wenn du ihm den kl Finger gibst,*
nimmt er die ganze Hand
   ell [el] s ⟨Am⟩ *Anbau, Flügel* m (*e–s Hauses*)
   ell [el] s ⟨tech⟩ (= elbow) *Winkel, Krümmer* m
   ellipse [i'lips] s ⟨math⟩ *Ellipse* f
   ellipsis [i'lipsis] L s (pl *–ses* [–si:z]) ⟨gram⟩
Ellipse f **–soid** [i'lipsɔid] s ⟨geom⟩ *Ellipso·id* n
–tic(al) [i'liptik(əl)] a (*–cally adv*) ⟨math⟩
Ellipsen–, elliptisch **–ticity** [,elip'tisiti] s ⟨geom⟩
Elliptizität f **–tical** [i'liptikəl] a (*~ly adv*)
⟨gram⟩ (*satz-*)*elliptisch, unvollständig*

elm [elm] s (*a* ~-tree) ⟨bot⟩ *Ulme, Rüster* f **||**
common ~ *Feldrüster* f **|** ~ bark beetle *Ulmen-*
splintkäfer m **||** ~ disease *Ulmenkrankheit* f ~y
['~i] a *Ulmen–*
   elmet ['elmit] s ⟨mil hist⟩ *Sturmhaube* f
   elocute ['eləkju:t] vi ⟨Am⟩ *ein guter Redner s*;
öffentlich sprechen
   elocution [,elə'kju:ʃən] s *rednerische Darstel-*
lung, Vortragskunst f, *Vortrag* m ~ary [,elə-
'kju:ʃnəri] a *rednerisch, Vortrags–* ~ist [,elə-
'kju:ʃnist] s *Vortrags–, Redekünstler* m
   Elohist [e'louhist] s ⟨bib⟩ *Quellenschrift des*
Pentateuchs f
   elongate ['i:lɔŋgeit] **1.** vt/i **|** *verlängern* **|** vi
⟨bot⟩ *sich verlängern; längliche Form* h **2.** a ⟨zoo
bot⟩ *länglich, zugespitzt* **|** **–d** [~id] *verlängert*;
sehr lang **||** ~ charge ⟨at⟩ *gestreckte Ladung* f
–ation [,i:lɔŋ'geiʃən] s *Verlängerung* f **||** *Aus-*
dehnung f **||** ⟨astr⟩ *Winkelabstand* (*e–s Planeten*
v der Sonne) m
   elope [i'loup] vi (*bes of a woman*) *entlaufen*
(*dem Gatten* or *den Eltern*); *d·urchgehen* (with a
lover) ~ment [~mənt] s (*of a woman*) *Ent-*
laufen n (*dem Gatten* or *den Eltern*)
   eloquence ['elokwəns] s *Redekunst, Beredsam-*
keit f; (*a burst of* ~) *Redefluß* m **–ent** ['elok-
wənt] a (~ly adv) *beredt; redegewandt* **||** ⟨fig⟩
sprechend, ausdrucksvoll (~ eyes); to be ~ of a
th *etw deutlich z Ausdruck bringen, e–r S deutl.*
A. verleihen
   else [els] adv **1.** [*hinter* pron indef *od* interr]
sonst, außerdem; weiter; s.th ~ *etw anderes*;
anything ~? *etw anderes?* sonst (*noch*) *etwas?*
where ~? *wo anders?* wo *sonst?* who ~? *wer*
sonst? wer *weiter?* nothing ~ *sonst nichts*;
nowhere ~ *sonst nirgends*; nobody ~'s *sonst*
niemandes; everybody ~'s *jedes sonst* **2.** *wenn*
nicht, sonst, oder; I must be off ~ (*od* or ~) I
shall miss him *ich muß fort, sonst verfehle ich ihn*
(or *wenn ich ihn nicht verfehlen soll*) ~where
['els'wɛə] adv *sonstwo; anderswo(hin), ander-*
wärts
   elucidate [i'lu:sideit] vt *aufhellen, –klären,*
erläutern **–ation** [i,lu:si'deiʃən] s *Erläuterung,*
Er–, Aufklärung, Aufhellung f; *Aufschluß* m (of
über) **||** **–dative** [i'lu:sideitiv], **–atory** [i'lu:si-
deitəri] a *aufhellend, erklärend, erläuternd*
   elude [i'lu:d] vt (*jdm*) *ausweichen*; (*e–r Ge-*
fahr) *ausweichen, entgehen* **|** (*Gesetz*) *umgehen*;
sich (*e–r S*) *entziehen* (to ~ obligation; payment) **2.** ⟨übtr⟩ *sich* (*der Erkenntnis e–r S*) *ent-*
ziehen (to ~ the grasp of a th) **|** to ~ a p (*S*) *jdm*
nicht glücken, nicht gelingen wollen; the sense ~s
me *der Sinn will mir nicht eingehen or –leuchten,*
nicht klar w **|** *sich* (*der Beobachtung*) *entziehen*;
to ~ observation *nicht bemerkt w*
   eludoric [,elu'dɔrik] a *Ölwasser–*; ~ manner
–malerei f
   elusion [i'lu:ʒən] s *Entweichen* n; *Umgehung*;
List f
   elusive [i'lu:siv] a (~ly adv) *ausweichend* (of
vor) **||** ⟨fig⟩ *schwer faß–, feststell–, definierbar;*
täuschend **||** *unzuverlässig* (memory) **||** he is ~
an ihn ist nicht heranzukommen ⟨fig⟩ ~ness
[~nis] s *Ausweichen* n (of *vor*); *ausweichendes,*
undefinierbares Verhalten n
   elusory [i'lu:səri] a *trügerisch*
   elvan ['elvən] s *feiner Granitporphyr* m
   elver ['elvə] s ⟨ich⟩ *junger, unreifer Aal* m
   elvish ['elviʃ] = *elfish*
   Elysian [i'liziən] a *elysisch; himmlisch* **–ium**
[i'liziəm] s L *Elysium; Paradies* n
   elytrum ['elitrəm], **–tron** [–trən] L s [pl *–tra*]
⟨ent⟩ *Flügeldecke* f
   elzevir ['elzeviə] ⟨typ⟩ **1.** a *Elzevir–* (~ letter,
~ edition) **2.** s *Elzevirdruck* m, *–ausgabe* f
   em [em] s *der Buchstabe M* (an ~ *ein M*) **||**

⟨typ⟩ *M* n (*Einheit f Messung des Satzes*) ‖ ⟨bes Am fam⟩ = morphine

'em [əm] ⟨fam⟩ = them

emaciate [i'meiʃieit] vt *ausmergeln, abzehren*; ~d *abgemagert* –**ation** [i‚meisi'eiʃən] s *Abmagerung, Abzehrung* f

emanate ['eməneit] vi *ausfließen, –strömen* (from) ‖ ⟨fig⟩ *herrühren, ausgehen, stammen* (from *aus*, v) ‖ ⟨ema'neiʃən⟩ s *Ausströmen* n, *–strömung* f, *–fluß* m; *–dünstung* f; *–strahlung* f (from); *Offenbarung* f ‖ ⟨phys⟩ *Emanation* f –**ative** ['eməneitiv] a *ausfließend*

emancipate [i'mænsipeit] vt *freigeben, befreien*; to ~ o.s. *sich freimachen* (from v) ‖ ~**d** [~id] a *frei*; *emanzipiert*; *vorurteilslos* –**ation** [i‚mænsi'peiʃən] s *Emanzipation, Freilassung, Freimachung, Befreiung* f (from); *Erteilung gleicher Rechte, Gleichstellung* f; *Volljährigkeitserklärung* f –**ationist** [~ist] s *Verteidiger m der Sklavenbefreiung*; *V. der polit. u relig. Freiheit* f **emancipator** [i'mænsipeitə] s *Befreier* m (from v) ‖ ~**y** [~ri] a *Befreiungs–, Emanzipations–* **emancipist** [i'mænsipist] s *entlassener Sträfling* m

emarginate [i'mɑ:dʒinit] a ⟨bot⟩ *ausgerandet, gekerbt*

emasculate [i'mæskjulit] a *kastriert, entmannt* ‖ ⟨fig⟩ *unmännlich, weibisch*; *weichlich, kraftlos* **emasculate** [i'mæskjuleit] vt *kastrieren* ‖ ⟨fig⟩ *verweichlichen, entnerven*; *ausmergeln, schwächen* –**ation** [i‚mæskju'leiʃən] s *Entmannung* f ‖ ⟨fig⟩ *Verweichlichung, Schwächung* f ‖ *Beschneidung, Verstümmelung* f (of a book) –**ative** [i'mæskjulətiv], –**atory** [i'mæskjulətəri] a *verweichlichend, schwächend*

embalm [im'bɑ:m] vt *salben, (ein)balsamieren* ‖ ⟨fig⟩ *(etw) vor Vergessenheit bewahren, erhalten*; *(jds Andenken) pflegen*; to be ~ed *fortleben* (in) ~**er** [~ə] s *Tierausstopfer, –präparator* m ~**ment** [~mənt] s *Einbalsamierung* f

embank [im'bæŋk] vt/i ‖ *(jdn) eindämmen, –deichen* ~**ment** [~mənt] s *Eindämmung, Eindeichung* f; *Damm* m ‖ ⟨rail⟩ (*Eisenbahn-*) *Damm* m ‖ (of a river) *Damm, Kai, Studen* m ‖ the (Victoria) ⚊ *Straße in London am linken Themseufer*

embargo [em'bɑ:gou] **1.** s [pl ~es] *Embargo* n, *Arrest* m, *Beschlagnahme* f (on a th *e–r S*); to be under an ~ *unter Beschlag* s; to lay an ~ on *Beschlag legen auf, sperren* ‖ *Handelssperre* f, *Sperre* f, *Verbot* (on goods v *Waren*), arms ~ *Waffensperre* f ‖ ⟨fig⟩ *Hindernis* n (on f) ‖ *Sperrfrist* f (f *Veröffentlichung*) **2.** vt *(Schiffe) unter Beschlag legen; (den Seehandel) sperren* ‖ (f den *Staat*) *in Beschlag nehmen*

embark [im'bɑ:k] vt/i ‖ *(jdn) einschiffen* ‖ vi *sich einschiffen* (for *nach*) ‖ ⟨aero⟩ *die Reise antreten* ‖ ⟨fig⟩ to ~ in a th *sich einlassen in* or *auf etw*; to ~ upon a th *etw beginnen* –**ation** [‚embɑ:'keiʃən] s *Einschiffung, Verladung* f; ⟨aero⟩ *Reiseantritt* m ‖ ⟨paint⟩ ⚊ for *Cythera Einschiffung nach C.* ‖ [attr] ~ area *Verlade–, Einschiffungsraum* m ‖ ~ point (*Ladungsunternehmen-*)*Verladeplatz* m ~**ing** [im'bɑ:kiŋ] s ⟨aero⟩ *Einsteigen* n

embarras de richesse [ɑ̃:ba'ra də ri'ʃes] s Fr (*des Guten zuviel, um leicht wählen z können*) *wer die Wahl hat, hat die Qual*

embarrass [im'bærəs] vt *(Bewegung) be–, erschweren, (be)hindern* ‖ (etw) *komplizieren, verwickeln* ‖ *(jdn) in Verlegenheit setzen, verwirren*; to be ~ed *bestürzt, außer Fassung* s (at *über*), *wie aus den Wolken gefallen* s (at hearing *z hören*) ‖ ~**ed** [~t] a (~ly [~tli] adv) *behindert* ‖ *verwickelt* ‖ *in Geldverlegenheit (befindlich)*; to become ~ *in Geldschwierigkeiten* k ~**ing** [~iŋ] a (~ly adv) *behindernd, ungelegen, –bequem* (to a p *jdm*) ~**ment** [~mənt] s *Verlegenwerden* n; *Verlegenheit, Verwirrung* f ‖ [oft pl ~s]

Geldverlegenheit f (in ~) ‖ *Hindernis* n, *Behinderung, Störung, Schwächung, Schwierigkeit* f

embassy ['embəsi] s → ambassador ‖ *Botschaft; Gesandtschaft* (The ⚊ to *die G. bei, an*) f ‖ on an ~ *in diplomatischer Mission* ‖ *Gesandtschaftsgebäude* n ‖ *Botschaftspersonal* n

embattle [im'bætl] vt *in Schlachtordnung aufstellen* ‖ [bes pp] *mit Zinnen, Schießscharten versehen*

embay [im'bei] vt (*Schiff*) *in e–e Bucht legen*; *in e–e Bucht treiben* ‖ *einschließen* ~**ment** [~mənt] s *Einbuchtung* f

embed, im– [im'bed] vt (*ein*)*betten*; *fest einmauern, verankern* (in); *ein–, vergraben* (in); to ~ in concrete *einbetonieren* ‖ ~**ded** *eingefügt, –gemauert*; to be ~ded *lagern* (in *in*) ‖ *fest um–, einschließen* (in)

embellish [im'beliʃ] vt *verschönern, schmücken* ‖ ⟨fig⟩ (*e–e Geschichte*) *ausschmücken* ~**ment** [~mənt] s *Verschönerung* f ‖ ⟨fig⟩ *erdichtete Ausschmückung, Verzierung* f

ember ['embə] s [mst pl ~s] *glimmende Kohlen* pl, *glühende Asche* f (live ~s) ‖ *Funken* m pl; life's last ~s *der letzte Lebensfunke*

ember ['embə] a *Quatember–*; ~-days [pl] ⟨ec⟩ *Quat'ember* m, *die vier Fastenzeiten des Jahres* ‖ ~-week *Quatemberwoche* f

ember ['embə] s (a ~-goose) ⟨orn⟩ *Imbergans* f, *Eistaucher* m

embezzle [im'bezl] vt *unterschlagen, veruntreuen* ~**ment** [~mənt] s *Unterschlagung* f ~**r** [~ə] s *Veruntreuer* m

embitter [im'bitə] vt ⟨fig⟩ to ~ a p's life *jdm das Leben verbittern* ‖ *erschweren; verschlimmern* ‖ *erbittern, aufbringen* (P) *verbittert* ~**ment** [~mənt] s *Er–, Verbitterung* f

emblazon [im'bleizən] vt *mit Waffenbildern bemalen; kunstgerecht ausmalen, schmücken* ⟨a fig⟩ ‖ *verherrlichen, ausposaunen* ~**ment** [~ment] s *Bemalen* n *mit Waffenbildern* ‖ *Wappenschmuck* m

emblem ['embləm] **1.** s *Embl·em, Sinnbild, Symbol* n ‖ (*charakteristischer*) *Typ* m, *Verkörperung* f **2.** * vt *versinnbildlichen* –**atic(al)** [‚embli'mætik(əl)] a (*–cally* adv) *sinnbildlich*; to be ~-ic of *versinnbildlichen* –**atize** [em'blemətaiz] vt *versinnbildlichen* ‖ *sinnbildlich darstellen*

emblement ['embləmənt] s [mst pl ~s] (*durch Arbeit erzeugt*) *Ertrag der Ernte* m; *Ernte* f; (⟨jur⟩ *nicht einbegriffen: Obst, Heu, Holz* etc)

embodiment [im'bɔdimənt] s *Verkörpern* n; *Darstellung* f (*e–r Rolle*) ‖ *Verkörperung* f

embody [im'bɔdi] vt *verkörpern* ‖ (*Gedanken* etc) *konkrete Form geben, verkörpern, –sinnbildlichen; darstellen* ‖ (*Land*) *einverleiben, aufnehmen* (in) ‖ *in sich vereinigen* ‖ *vereinigen; umfassen*

embog [im'bɔg] vt *in e–n Sumpf stürzen*; ⟨fig⟩ *verwickeln* (in)

embolden [im'bouldən] ermutigen, kühn m (to do)

embolism ['embəlizm] a ⟨med⟩ *Embol·ie* f

embonpoint [ɔ̃:bɔ̃:'pwɛ̃:] s Fr *Beleibtheit* f

embosom [im'buzəm] vt *umarmen, ans Herz drücken* ‖ ⟨mst fig⟩ *verbergen, einschließen*; ~ed in ⟨poet⟩ *eingehüllt in*, ~ed with *umgeben mit*

emboss [im'bɔs] vt *hohlprägen; bossieren; treiben; in erhabener Arbeit* or *erhaben ausarbeiten; in erh. A. anfertigen* or *prägen* ‖ *mit erh. A. bedecken* or *schmücken* ‖ ~ed *getrieben* (*Arbeit*); *gepunzt* (*Goldgrund*) ‖ ~ed *map Reliefkarte* f ~ed *work Hochrelief* n, *erhabene Arbeit* f ~**ing** [~iŋ] s [abstr] (*Hohl-*)*Prägen* n, *Hohlprägung*; [konkr] *getriebene Arbeit* f ‖ ~ die *Prägestanze* f. H. ‖ ~ *hammer Bossier-, Treibhammer* m ~**ment** [~mənt] *erh. A., Reliefarbeit* f

embouchure [͵ɔmbu'ʃuə] s *Mündung* f || ⟨mus⟩ *Mundstück* n (*e–s Instruments*)

embowed [em'boud] a *gebogen, –wölbt*

embowel [im'bauəl] vt *ausweiden; leeren* ⟨a fig⟩ **~led** [~d] a *verborgen; im Innern* (*befindlich*)

embower [im'bauə] vt (*wie*) *mit* or *in e–r Laube einschließen; umgeben*

embrace [im'breis] I. vt/i A. vt 1. *umarmen, umschließen* || (*of plants*) *umwinden, –ranken, –geben* 2. *umfassen, einschließen, in sich begreifen; zus–fassen* (in) 3. ⟨fig⟩ *sich z eigen m;* (*Gelegenheit*) *ergreifen* || (*Hoffnung*) *hegen* || (*Religion*) *annehmen* || (*Beruf*) *einschlagen, ergreifen* 4. (*mit dem Auge* or *Geiste*) *in sich aufnehmen, erfassen* B. vi *sich umarmen* II. s *Umarmung* f **~ment** [~mənt] s *Umarmung* f || *Umschließen* n

embracer [im'breisə] s ⟨jur⟩ *Bestecher* m **~y** [~ri] s ⟨jur⟩ *Bestechung* f *des Gerichts*

embracive [im'breisiv] a (*alles*) *umfassend* (title), *–schließend*

embranchment [im'brɑ:ntʃmənt] s *Gabelung* f || *Abzweigung* f, *Zweig* m ⟨a fig⟩

embrangle, imbrangle [em–, im'bræŋgl] vt *vermischen* (with), *–wirren* **~ment** [~mənt] s *Verwirrung* f

embrasure [im'breiʒə] s ⟨fort⟩ *Schießscharte* f || ⟨arch⟩ *Leibung* f, *Fenster–, Türvertiefung* f

embrocate ['embrokeit] vt ⟨med⟩ (*jdn*) *einreiben* **–ation** [͵embro'keiʃən] s *Einreibemittel* n

embroider [im'brɔidə] vt (*Muster*) *sticken;* **~ing** [s attr] *Stick–* || *mit Stickerei versehen; besticken* (with) || ⟨fig⟩ (*Geschichte*) *ausschmücken* || *pattern of* **~ed** *letters Tüpfelbogen* m **|~y** [~ri] s *Sticken* n *, Stickerei* f; **~** *on a groundwork Auflage–, Aufnäharbeit, –spitze* f || *to do* **~** *sticken;* flatstitch-**~** *Plattstichstickerei* f | ⟨fig⟩ *Ausschmückung* f; *„Schnörkel"* m pl | [attr] *Stick–* (**~** frame; **~** scissors)

embroil [im'brɔil] vt *verwirren* || (*jdn*) *verwickeln* (in *in*) || *in Streit ver–* (with) **~ment** [~mənt] s *Verwirrung, Verwickelung* f

embrown [im'braun] vt *braun m; bräunen*

embryo ['embriou] 1. s L [pl **~s**] ⟨anat⟩ *Embryo, Fruchtkeim* m || ⟨fig⟩ *Keim* m; in **~** *im K., im Werden, Entstehen* 2. a *Embryo–, unentwickelt* **~nic** [͵embri'ɔnik] a *Embryo–,* ⟨fig⟩ *unentwickelt*

embryo– [in comp] *Embryo–* **~logy** [͵embri'ɔlədʒi] s *–logie* f

embus [im'bʌs] vt/i || ⟨mil⟩ (*Truppen*) *in Lkw verladen* | vi *in Lkw steigen*

emcee ['em'si:] s [Am fam] [abbr] (*f* Master of Ceremonies) *Zeremonienmeister;* ⟨theat, wir⟩ *Conferencier,* °*„Komm Franz u geh"* m

eme [i:m] s ⟨Scot⟩ *Onkel; Freund* m

emend [i'mend] vt *verbessern, korrigieren; als Emendation vorschlagen* **~ation** [͵i:men'deiʃən] s *Emendation,* (*Text–*)*Verbesserung, Berichtigung* f **~ator** ['i:mendeitə] s *Textverbesserer, Berichtiger* m **~atory** [i'mendətəri] a *textverbessernd, Verbesserungs–*

emerald ['emərəld] s ⟨minr⟩ *Smaragd* m; *Smaragdfarbe* f || ⟨engl typ⟩ 6½-*Punkt-Schrift* f | [attr] *smaragdfarben;* the **~** *Isle Irland* || **~**-green *smaragdgrün* **~ine** [~i:n] a *smaragdfarben*

emerge [i'mə:dʒ] vi *herauskommen, hervorgehen* (from *aus*); he **~**d a prizeman *er ging als Preisträger hervor* || *z Vorschein k* (from *aus*) || *hervortreten, herausbrechen* (from) || *eintreten* (into *in*); *sich entwickeln* (into *z*) | ⟨fig⟩ *auftreten, in Erscheinung treten* (in *in*); *unerwartet auftauchen, sich erheben; entstehen* **~nce** [~əns] s *Sichtbarwerden, Heraus–, Hervortreten* n (from) || † **~** **~ncy** [~ənsi] s *unerwarteter Vorfall; Verwicklung der Umstände; Not*(*stand* m) f;

in an **~**, in case of **~** *im Notfall;* state of **~** ⟨pol⟩ *Ausnahmezustand* m | [attr] *Not–* (**~** Aid *Notopfer* n [*Berlin*]); *Aushilfs–* (**~** man *–kraft*); *Hilfs–* (**~** cable *–seil*) || **~**-brake *Notbremse* f || **~** clause *Notklausel* f || **~** credit *Überbrückungskredit* m || **~** decree *Notverordnung* f || **~** house *Behelfsheim* n || **~** door, **~** exit *Notausgang* m || ⟨aero⟩ **~** airfield *Behelfsflugplatz* m; **~** equipment *Notausrüstung* f; **~** field *Notlandeplatz* m; **~** landing *Notlandung* f || **~** legislation *Notstandsgesetzgebung* f || **~**-man ⟨Ir⟩ *Helfer* m *e–s Gerichtsdieners; Hilfskraft* f; ⟨sport⟩ *Ersatzspieler* m || **~** port *Nothafen* m || **~** Powers Act *Notstands–, Ermächtigungsgesetz* n || **~** ration(s) ⟨mil⟩ *eiserne Ration* f (*Notverpflegung*) || **~** release ⟨aero⟩ *Bombennotwurf* m || **~** staircase *Nottreppe* f || **~** stop *Bedarfshaltestelle* f || **~** tank ⟨mot⟩ *Reservebehälter* m || **~** teacher *Aushilfs–, Behelfslehrer* m || **~** valve *Sicherheitsventil* n | **~nt** [~ənt] 1. a *auftauchend, hervorgehend; aufsteigend, emporkommend* || *dringend* 2. s *Erstehen, Inerscheinungtreten* n || *Erzeugnis, Produkt* n (from)

emeritus [i:'meritəs] a L *emeritiert* (**~** Professor)

emersion [i'mə:ʃən] s *Auftauchen* n || ⟨astr⟩ *Austritt* (*aus e–r Bedeckung*) m

emery ['eməri] s ⟨minr⟩ *Schmirgel* m **|~** cloth *Sch.leinen* n || **~**-paper *–papier* || **~**-paste *Schleifpaste* f || **~**-wheel *–scheibe* f

emetic [i'metik] 1. a (*–ally* adv) *Erbrechen verursachend* 2. s ⟨med⟩ *Brechmittel* n

émeute [ei'mə:t] s Fr (*Volks–*)*Aufruhr* m, *Erhebung* f

emigrant ['emigrənt] 1. a *auswandernd; Emigranten–* (**~** ship) 2. s *Auswanderer, Emigrant* m

emigrate ['emigreit] vi/t **~** *auswandern;* (*um*)*ziehen* (to *nach*) | vt (*jdn*) *z Auswandern veranlassen; beim A. helfen* **–ation** [͵emi'greiʃən] s *Auswanderung* f; net **~** ⟨demog⟩ *Abwanderungsüberschuß* m **–atory** ['emigreitəri] a *Auswanderungs–*

eminence ['eminəns] s *Höhe, Anhöhe* f || *hohe Stellung* f (to rise to **~**) || *Ruhm* m, *Auszeichnung* f || ⟨R. C.⟩ **~** (*Kardinalstitel*) His, Your Eminence *Seine, Eure Eminenz* | éminence grise ['eiminã:s 'gri:z] Fr *inoffizieller Vertr·auensag·ent* m (*urspr* Richelieus *Privatsekretär*)

eminent ['eminənt] a *erhaben, vornehm; hervorragend; berühmt, ausgezeichnet* (in *in*, for *durch*) **~ly** [~li] adv *in hohem Maße, ganz besonders*

emir [e'miə] s *Emir* m **~ate** [~rit] a *Emir·at, Fürstentum* n

emissary ['emisəri] s *Emissär,* (*geheimer*) *Bote, Abgesandter* m

emission [i'miʃən] s (of light) *Aussenden, –fließen* n; *Ausströmung* f || *Ausfluß* m || *Emission, Ausgabe* f **–ive** [i'misiv] a *aussendend;* to be **~** of light *Licht aussenden* **–ivity** [͵i:mi'siviti] s ⟨phys⟩ *Strahlungskraft* f

emit [i'mit] vt [–tt–] *v sich geben, auswerfen, –strömen, –senden; herauslassen* || ⟨com⟩ *emittieren, ausgeben, in Umlauf setzen*

emma ['emə] s ⟨telph⟩ *der Buchstabe M*; **~** gee (*f* m. g. = machine gun) M. G. n (*Maschinengewehr*); → ack **~**

emmer ['emə] s *Spelz* m (*Weizenart*)

emmesh [i'meʃ] vt → enmesh

emmet ['emit] s ⟨ent⟩ *Ameise* f

emollescence [imə'lesəns] s ⟨met, chem⟩ *Erweichen* n (*vor dem Schmelzen*)

emollient [i'məliənt] 1. a *erweichend* 2. s [bes pl **~s**] ⟨med⟩ *erweichendes Mittel* n ⟨a fig⟩

emolument [i'məljumənt] **~s** [pl] (*Neben–*) *Einkünfte,* (*–*)*Einnahmen* f pl; ⟨jur⟩ *Nutzungen* f pl, *Amtsertrag* m, *Amtseinkünfte* f pl *u –vorteile* m pl

emotion [i'mouʃən] s *Gemütsbewegung*; *Erregung, Rührung* f ‖ ⟨psych⟩ *Gefühl* n ~**al** [i-'mouʃn‖] a *Gefühls-* (~ *man –mensch*); *Gemüts-*; *gefühlsmäßig*; *emotional* ‖ *leicht erregbar, gerührt* ~**alism** [i'mouʃnəlizm] s *Gefühlsseligkeit, Weichfühligkeit* f ~**ality** [i‚mouʃə'næliti] s *gefühlsmäßige Natur*; *Erregbarkeit* f ~**ally** [i'mouʃnəli] adv *in gefühlsmäßiger Hinsicht* ~**less** [~lis] a *frei v Erregung*; *ohne innere E.*

emotive [i'moutiv] a (~ly adv) *gefühlsmäßig, Gefühls- -*tivity [i‚imo'tiviti] s *Fähigkeit z Gefühlserregung*; *Gefühlserregbarkeit* f

empanel, im– [im'pæn‖] vt (*die Geschworenen*) *in e–r Liste eintragen, zus–rufen*

empathy ['empəθi] s ⟨psych⟩ *Einfühlung(svermögen* n) f, ⟨a arts⟩

empennage [em'penidʒ] s ⟨aero⟩ *Leitwerk* n

emperor ['empərə] s *Kaiser* m (the ~ Napoleon *K. Napoleon*) ‖ *Purple* ~ ⟨ent⟩ *Großer Schillerfalter* m ‖ ~-moth *Kl Nachtpfauenauge* n

emphasis ['emfəsis] s Gr **1.** (of the voice) *Betonung* f, *Akzent* m (on *auf*) ‖ ⟨fig⟩ *Betonung* (on a th *e–r S*); the ~ is on seeing .. *der Schwerpunkt liegt darauf z sehen* .. **2.** ⟨arts⟩ (*Umriß-*) *Schärfe* f; *Deutlichkeit* f **3.** ⟨rhet⟩ *Emphase* f, *Nachdruck* m (on *auf*); *Bestimmtheit* f (with all the ~ *mit aller B.*) ‖ to add ~ to a th *e–r S Nachdruck verleihen*; to lay, place ~ on a th *Nachdruck legen auf etw*; *etw betonen, hervorheben*

emphasize ['emfəsaiz] vt *nachdrücklich betonen* ‖ ⟨fig⟩ *hervorheben, unterstreichen* ‖ *betonen*; to ~ a th to a p *jdm etw nachdrücklich z Bewußtsein bringen*

emphatic [im'fætik] a (~ally adv) *betont*; *nachdrücklich* ‖ *ein-, ausdrucksvoll*; *eindringlich*; *deutlich* ‖ ~ally *ganz entschieden*; *ohne Zweifel* f

emphysema [‚emfi'si:mə] s Gr ⟨med⟩ *Emphysem* n

empire ['empaiə] **1.** s *Herrschaftsgewalt* f; *Herrschaft, Gewalt* f (over *über*) | *Kaiserreich* n; ⟨hist⟩ the Holy Roman ~ *das Heilige Römische Reich Deutscher Nation* ‖ the ~, the British ~ *das Britische Weltreich* (→ order); the Indian ~ *das Indische Kaiserreich* n ‖ [*a ohne Art*] an outpost of ~, all thunders of ~ .. *des* (*Brit.*!) *Imperiums* **2.** [attr] *Weltreichs-, Empire-*; ~ Day (*24. Mai*) ⟨engl⟩ *Reichsfeiertag* m ‖ ⟨Am⟩ ~ State *der Staat New York* | Fr (of style, dress) *Emp're-* (1804–15, 1851–70)

empiric [em'pirik] **1.** s ⟨philos⟩ *antiker Empiriker* m ‖ *e–r der nur auf Erfahrung baut* ‖ *Quacksalber* m **2.** a *empirisch, erfahrungsmäßig* ‖ ⟨math chem⟩ *aus Erfahrung abgeleitet* ~**al** [~əl] a = empiric ~**ally** [~əli] adv *auf empirischem Wege* ~**ism** [em'pirisizm] s **1.** (*a* empirism) *Empirismus* **2.** *Quacksalberei* f ~**ist** [em'pirisist] s ⟨philos⟩ *Empiriker* m

emplace [im'pleis] vt ⟨mil⟩ (*Geschütz*) *in Stellung bringen, aufstellen* ~**ment** [~mənt] s *Stellung, Lage* f ‖ *Bettung* f f *Geschütze*; *Unterstand* m

emplane [em'plein] vi/t ⟨aero⟩ ‖ *in ein Flugzeug steigen* | vt (*etw*) *in ein Flugzeug stellen, laden*

employ [im'plɔi] **1.** vt *anwenden, verwenden* (in, on *in, bei*); *gebrauchen* (for *f, z*) | (*jdn*) *beschäftigen* (for *f, z*; in *in*); *einsetzen*; to be ~ed *beschäftigt s* (in doing *z tun*; on a th *an, mit etw*); to ~ o.s. *sich beschäftigen* (with in *mit*) **2.** s *Beschäftigung* f, [*nur in*]: in ~ *beschäftigt*, out of ~ *beschäftigungslos*; in the ~ of *angestellt bei* ~**able** [~əbl] a *brauchbar, anwendbar* (for) ~**ed** [~d] a *angestellt* ‖ ⟨bes stat⟩ *Erwerbstätige(r* m) f, *Abhängige(r* m) f

employé [əm'plɔiei] Fr s, –**oyee** [‚emplɔi'i:] s

Arbeitnehmer, Angestellter, Arbeiter m; *Werkangehörige(r* m) f; *Gefolgschaftsmitglied* n –**oyer** [im'plɔiə] s *Arbeitgeber(in), Prinzipal(in* f) m; *Auftraggeber* m ‖ ⟨stat⟩ *Selbständige(r* m) f

employment [im'plɔimənt] s *An-, Verwendung* f, *Gebrauch* m ‖ *Beschäftigung* f, *Geschäft* n ‖ ~ of labour *Arbeitseinsatz* m | *Dienst* m, *Beruf* m, *Stellung* f, in ~ *in St.*; to be thrown out of ~ *arbeitslos w* ‖ ⟨mil, tact⟩ *Verwendung* f, *Einsatz* m ‖ ~ of smoke screen ⟨tact⟩ *Nebeleinsatz* m ‖ ~ reconnaissance ⟨tact⟩ *Einsatzaufklärung* f | [attr] ~ agency *Stellenvermittlungsbüro* n | ~ bureau, ~ exchange *Arbeitsnachweis* m, –*amt* n ‖ ~ contract *Arbeitsvertrag* m ‖ ~ market *Stellenmarkt* m

empoison [im'pɔizn] vt *vergiften* ‖ ⟨fig⟩ *verderben, zersetzen* | *verbittern* (against)

emporium [em'pɔ:riəm] L s *Haupthandels-, Stapelplatz* m; *Magazin*; *Handelszentrum* n ‖ ⟨vulg⟩ gr *Laden* m, ⟨Am⟩ „*Kaufhaus*" n, „*–hof*" m ‖ ⟨fig⟩ *Speicher* m

empower [im'pauə] vt *ermächtigen, bevollmächtigen* (to do) ‖ *befähigen, fähig m* (for *zu*)

empress ['empris] s *Kaiserin* f (the ~ Frederick) ‖ ⟨fig⟩ *Herrscherin* f | ~-cloth *Art Merinostoff* m

emprise [im'praiz] s ⟨poet & †⟩ (*ritterliches*) *Wagnis, Unternehmen* n

emptiness ['emptinis] s *Leere, Leerheit* f ‖ ⟨übtr⟩ *inhaltl. Leere* f, *Mangel* (of *an*) ‖ ⟨fig⟩ *Hohlheit, Nichtigkeit* f; ~es [pl] *Eitelkeiten* f pl

empty ['empti] **1.** a *leer* (of *an*) ‖ ~ weight plus accessories ⟨aero⟩ *Rüstgewicht* n; → weight ‖ ⟨übtr⟩ *ohne Inhalt*; to be ~ of a th *e–r S ermangeln, entbehren* ‖ *unbesetzt, –wohnt, wüst* ⟨fam⟩ *hungrig, nüchtern* ‖ ⟨fig⟩ *eitel, leer, nichtssagend, hohl* | ~-handed *mit leeren Händen* ‖ ~-headed *hohlköpfig, dumm* **2.** s empties [pl] *leere Fässer* pl, etc; *Leergut* n **3.** vt/i ‖ *leeren, aus-, entleeren* ‖ *ausräumen* ‖ *um-, verladen* (into, upon) ‖ *ausgießen*; (of rivers) to ~ o.s. *sich ergießen* ‖ ⟨übtr⟩ *befreien* (of *v*); to ~ a p of a th *jdm etw abnehmen, abzapfen* | vi *sich leeren, leer w* ‖ (of rivers) *sich ergießen, münden* (into)

empurple [im'pə:pl] vt *purpurrot färben*

empyema [‚empai'i:mə] s Gr ⟨med⟩ *Empy·em* n (*Eiteransammlung*)

empyreal [em'piriəl] a = **empyrean** [‚em-pi'riən] **1.** a *empyr·eisch, himmlisch* **2.** s *Feuer-, Lichthimmel* m

emu ['i:mju:] s ⟨orn⟩ *Emu, australischer Kasuar* m

emulate ['emjuleit] vt *wetteifern mit*, (*jdm*) *nacheifern* ‖ *nachahmen* –**ation** [‚emju'leiʃən] s *Wetteifer* m, *Nacheiferung* f (to awaken no ~); in ~ of a p *jdm nacheifernd* –**ative** ['emjuleitiv] a *nacheifernd*; to be ~ of *nacheifern* –**ator** ['em-juleitə] s *Nacheiferer* m

emulous ['emjuləs] a (~ly adv) *nacheifernd* (of a p *jdm*) | *begierig, eifersüchtig* (of *auf*)

emulsify [i'mʌlsifai] vt *emulgieren, in Emulsion verwandeln*

emulsion [i'mʌlʃən] s ⟨chem, phot, med⟩ *Emulsion* f | ~ side ⟨phot⟩ *Schicht(seite)* f ~**ize** [~aiz] vt *in E. verwandeln*

emunctory [i'mʌŋktəri] **1.** a ⟨anat⟩ *Ausscheidungs-* **2.** s *Ausscheidungsorgan* n

en [en] s *der Buchstabe N* (an ~ *ein N*) ‖ ⟨typ⟩ *N* n (*e–e Maßeinheit*)

en-, em– *lebendes* pref **1.** [in, im] *hinein-, ein-*; *machend z* (to enact, enforce) **2.** [en, em] *mst* Gr *in* (endemic)

enable [i'neibl] vt (*jdn*) *ermächtigen* (to do) ‖ (*jdn*) *befähigen, in den Stand setzen* (*to do*); to be ~d *imstande s* (to *z*; to do) ‖ *ermöglichen* (a th *etw*; a th to be done *daß etw geschieht*) ‖ Enabling Act (1920) *Ermächtigungsgesetz* n (*das* *der C. E. weite Befugnisse der Selbstverwaltung gab)*

enact [i´nækt] vt *gesetzlich verfügen, verordnen*; (*Gesetz*) *erlassen* || ⟨parl⟩ *Gesetzeskraft verleihen* | ⟨theat⟩ (*Stück*) *spielen*, (*Rolle*) *darstellen* ⟨a fig⟩; to be ~ed (of events) *sich abspielen, vor sich gehen* ~**ion** [i´nækʃən] s *Verfügung* f ~**ive** [i´næktiv] a *Verfügungs*- ~**ment** [i´næktmənt] s *gesetzliches Verfügen* n || *Verordnung, gesetzliche Verfügung* f || ⟨parl⟩ *Erhebung* f z *Gesetz, Gesetzesannahme, Gesetzkraftverleihung* f | *Spiel (auf der Bühne)* n; to be in the course of ~ *sich abspielen*

enallexis [enə´leksis] s Gr *Enallexe* f (e.g. but me no buts)

enamel [i´næml] **1.** s *Email* n, *Emaille* f; *Schmelz* m; champlevé ~, hollowed-out ~ *Gruben*-, cloisonné ~, cell-~, partitioned ~ *Zellenschmelz* m; painted ~ *Malerschmelz*, -*email*; translucent ~ *Transluzidschmelz, Silberemail* || *Glasur* f || (*Zahn*-)*Schmelz* m | [attr] *Email(le)*-, ~-painting -*malerei* f **2.** vt/i *emaillieren* || *mit Schmelz überziehen; glasieren* || *mit Farben schmücken* ~**ler** [~ə] s *Emailleur, Schmelzarbeiter* m ~**ling** [~iŋ] s *Schmelzkunst* f

enamour, ⟨Am⟩ **enamor** [i´næmə] vt *verliebt* m, [bes pass] to be ~ed of *verliebt* s *in*; ⟨fig⟩ *gefesselt* s v, *gern* h

enargia [ə´nɑ:dʒiə] s *Lieblichkeit* f (of sound)

enarthrosis [ˌenɑ:´θrousis] s ⟨anat⟩ *Enarthrose* f (*Nußgelenk*)

en bloc [ɑ̃:´blɔk] Fr *im ganzen, als Ganzes, in Bausch u Bogen*

encaenia [en´si:niə] s L ⟨Oxf⟩ *Jahresgründerfest (im Juni)*

encage, in– [in´keidʒ] vt *einsperren, einschließen*

encamp [in´kæmp] vt/i || ⟨mil⟩ *lagern* l | vi *ein Lager aufschlagen, sich lagern* ~**ment** [~mənt] s *Lagern* n || *Lager* n

encase [in´keis] vt (*in ein Gehäuse*) *einschließen* ~**ment** [~mənt] s *Einhüllen* n; *Hülle* f

encash [in´kæʃ] vt *in Geld umsetzen* || *einziehen, -kassieren* || *realisieren* ~**ment** [~mənt] s *Inkasso* n, *Einkassierung* f || *Einlösen* n (v *Schecks* etc) *in bares Geld*

encaustic [en´kɔ:stik] **1.** a *enkaustisch*; (*mit Farben*) *eingebrannt*; ~ brick, tile *glasierter Ziegel* m **2.** s *enkaustische Malerei, Enkaustik, Wachsfarbenmalerei* f

enceinte [ɑ̃:ŋ´sɛ̃:t] Fr **1.** a *schwanger* **2.** s ⟨fort⟩ *Umwallung* f

encephalic [ˌense´fælik] a *Gehirn*- –**alitis** [ˌensefə´laitis] s *Gehirnentzündung* f

enchain [in´tʃein] vt *anketten, verketten, fesseln* || ⟨fig⟩ *fesseln, hindern* || *ketten, festhalten* ~**ment** [~mənt] s *Fesselung, Verkettung* f (with)

enchant [in´tʃɑ:nt] vt *bezaubern, entzücken*; ~ed *Zauber*- (~ed *castle*); to be ~ed *entzückt* s (at *über*, with v) ~**er** [~ə] s *Zauberer* m ~**ment** [~mənt] s *Bezauberung* f; *Zauber* m ~**ress** [~ris] s *Zauberin* f

enchase [in´tʃeis] vt (*Stein*) *einfassen* (*in Gold* etc) || *eingraben, gravieren* (on *auf*), *ziselieren* || *mit erhabener Arbeit verzieren* || ⟨fig⟩ *schmücken* (with)

enchiridion [ˌenkai´ridiən] s Gr *Handbuch* n, *Leitfaden* m

enchorial [en´kɔ:riəl] a *Volks*-, *volkstümlich*

encircle [in´sə:kl] vt *einkreisen; umgeben* (with), *umfassen* || –ling *manœuvre* [~] *Einkreisungsmanöver* n; –ling m *in pursuit überholende Verfolgung* f ~**ment** [~mənt] s ⟨pol⟩ *Einkreisung* f

en clair [ɑ̃: ´klɛə] Fr ⟨telg⟩ *im Klartext, unchiffriert*

enclasp [in´klɑ:sp] vt (*jdn*) *umfassen*

enclave [ɑ̃´klɑ:v, in´kleiv] s *Enklave* f

enclitic [in´klitik] **1.** a (~ally adv) *enklitisch* **2.** s *Enklitikon* n

enclose [in´klouz] vt *einschließen, -friedigen, -fassen* (with *mit*; in *in*) || *umringen* || *in sich schließen, enthalten* || (*Brief* etc) *bei*-, *einlegen, beifügen* || the ~d *die Einlage* f

enclosure [in´klouʒə] s *Umzäumung, Einfriedigung* f (*bes* v *Gemeindeland, um es* z *Privateigentum zu* m; ≁ Act) || *Bezirk* m; *eingehegtes Grundstück* || ⟨ec⟩ *Klaus·ur(gebiet* n) f | *Staket* n, *Zaun* m || *An*-, *Bei*-, *Einlage* (in a letter) f

enclothe [in´klouð] vt *bekleiden, bedecken*

encloud [in´klaud] vt *einhüllen*

encode [in´koud] vi/t *verschlüsseln* –**ding** [~iŋ] s *Schlüsseln* || ~ and decoding chart *Schlüsselunterlage* f

encomiast [en´koumiæst] s *Lobredner* m; *Schmeichler* m ~**ic** [enˌkoumi´æstik] a (*lob*-)*preisend; lobend* –**mium** [en´koumiəm] s L [pl ~s] *Lobrede, Lobpreisung* f; -**lied** n; *Empfehlung* f

encompass [in´kʌmpəs] vt *einschließen, umringen, umgeben* (with); ⟨a fig⟩ ~**ment** [~mənt] s *Umgebensein* n; *Einschließung* f

encore [ɔŋ´kɔ:] Fr **1.** intj *dakapo! noch einmal!* **2.** s *Dakapo* n; *Wiederholung* f; *Zugabe* f **3.** vt *um Wiederholung* (*e–s Liedes* etc) *bitten* (to ~ a song); (*jdn*) *um e–e Zugabe bitten* (to ~ a p)

encounter [in´kauntə] **1.** vt (*jdn*) *treffen* || *zusstoßen mit, zus–treffen mit*; (*jdm*) *entgegentreten* || *zufällig stoßen auf* (*etw*), *begegnen* || (*Widerstand*) *finden; gewärtigen* **2.** s *Begegnung* f, *Zus–treffen* n (with) || *Gefecht, Treffen* n; *Duell* n

encourage [in´kʌridʒ] vt (*jdn*) *ermutigen, aufmuntern* (to z; to do) || *antreiben, anreizen* (to; to do) || (*jdn*) *unterstützen; bestärken* (in *in*) | (*etw*) *fördern, unterstützen; beleben* || (*etw*) *bestärken, verschlimmern* || (*etw*) *empfehlen*, (*jdm etw*) *nahelegen* (.. to take interest in sth); it is ~d *es ist erwünscht, wird gefördert, empfohlen* (participation is ~d) || *sich einsetzen für* (*etw*) –**agement** [~mənt] s *Aufmunterung, Ermutigung* f (to a p *für*; to do, of doing z *tun*); *Antrieb* m (to z); by way of ~ z *Aufmunterung* || *Gunst; Förderung, Unterstützung* f –**aging** [~iŋ] **1.** a (~ly adv) *ermutigend; hoffnungsvoll; entgegenkommend* **2.** s *Förderung* f etc

encrimson [en´krimzən] vt *hochrot färben*; ~ed *hochrot*

encroach [in´kroutʃ] **1.** vi *unberechtigt eindringen, eingreifen, übergreifen* (on, upon in *auf*); (of the sea) to ~ upon the land *Land wegreißen* || *über Gebühr in Anspruch nehmen* (on, upon a th *etw*); *mißbrauchen* (on, upon a p's kindness *jds Güte*) || *schmälern, beeinträchtigen* (on, upon a p's rights *jds Rechte*); *sich anmaßen* (on, upon a th *etw*) **2.** s *Übergreifen, Vordringen* n (into in) ~**ingly** [~iŋli] adv *in anmaßender Weise* ~**ment** [~mənt] s *Anmaßung* f, *Übergriff, Eingriff* m (on, upon in); (of the sea) *Übergreifen, Vordringen* n

encrust, in– [in´krʌst] vt/i *inkrustieren, mit e–r Kruste überziehen, überdecken* || *bekleiden; schmücken* (with) | vi *e–e Kruste bilden*

encrypt [en´kript] vt ⟨bes Am⟩ (*Geheimnachricht*) *verschlüsseln, chiffrieren* [en´kripʃən] s *Verschlüsselung* f, *Chiffrieren* n

encumber [in´kʌmbə] vt *(be)hindern, beschweren, belasten* (with) || (*Grundstück*) *belasten* (with debts) || *störend anfüllen; beladen* (with); *versperren; verwickeln, verwirren* –**brance** [in´kʌmbrəns] s *Hindernis* n (in walking *beim Gehen*); *Belastung, Last* f; without ~(s) *ohne Lasten, ohne Kinder* || ⟨jur⟩ *Hypotheken*-, *Schuldenlast* f –**brancer** [~ə] s *Pfandgläubiger* m,

encyclic(al) [en´s(a)iklik(əl)] **1.** s enzyklisch **2.** s *Enzyklika* f, *(bes päpstliches) Rundschreiben* n
encyclopædia, **–pedia** [en͵saiklo´pi:diə] s *Enzyklopädie* f, *Konversationslexikon* n **–pædic(al)**, **–ped–** [en͵saiklo´pi:dik(el)] a *enzyklopädisch*; *umfassend, universal* **–pædist**, **–ped–** [en͵saiklo´pi:dist] s *Enzyklopädist* m

encyst [en´sist] vt *[nur pass od refl]* ‖ *in e–e Kapsel, Blase einschließen; einkapseln ⟨a fig⟩* **~ation** [͵ensis´teiʃən], **~ment** [en´sistmənt] s *Einkapselung* f

end [end] s **I. Bedeutungen: 1.** (of a line etc) *Ende* n; the other ~ of the street *das andere E. der Straße* ‖ *Teil* m, *Gegend* f (the East ⤳) **|** *Endchen, Stück* n, shoemaker's ~ *Pechdraht* m ‖ ~s [pl] *Endstücke* n pl ‖ ⟨tech⟩ *Stirnfläche, –seite* f, *Ende, Kante, Nase* f, *Ansatz* m ‖ ⟨Am com⟩ *Abteilung* f **2.** *Zuendegehen, Aufhören* (of stores); *Ende* n, *Schluß* m ‖ *Ende* n, *Tod* m (to be near one's ~ *dem T. nahe s*) **3.** *Ergebnis* n, *Folge* f **|** *Ziel* n, *Absicht* f, *Zweck, Endzweck* m (an ~ in itself *ein Selbstzweck*); the ~ justifies the means *der Zweck heiligt die Mittel* **II. Verbindungen: 1.** one's own ~s, one's private ~s *s–e persönlichen, eigenen Zwecke* ‖ → odds ‖ the ~s of the earth *das (äußerste) Ende der Welt* ‖ this is the thin ~ of the wedge ⟨fig⟩ *(ein schwacher Anfang) das dicke E. kommt nach* **|** no ~ of *sehr viel, sehr groß*, no ~ of a quack *ein ungeheurer Quacksalber*; ⟨fam⟩ no ~ *disappointed höchst enttäuscht* **|** on *mit dem Ende nach vorn, mit dem vorderen E.*; [attr] ~-on fire ⟨mar⟩ *Feuer in Längsrichtung über den Bug* **2.** *[nach prep]* **a.** to be at an ~ *z E., vorbei, aus s* ‖ at our ~ *hier (bei uns)*; at your ~ *dort (bei Ihnen in der Gegend)* ‖ to have at one's fingers' ~s *(etw) am Schnürchen h, gründlich können, genau kennen* ‖ to be at the ~ of *am Ende s mit*; to be at one's wits' ~ *mit s–m Latein z E. s*; → tether ‖ to be off at a deep ~ *in Harnisch, Wut geraten,* °*vor Wut hochgehen* ‖ at a loose ~ *ohne (feste) Beschäftigung* **b.** by the ~ *am E., als das E. kam* **c.** for this ~ *z diesem Zwecke* ‖ to turn a th ~ for ~ *etw ganz umdrehen* **d.** from one ~ to the other *v Anfang bis z E.*; from ~ to ~ *v e–m E. z anderen, v Anfang bis zu E.*; *der Länge nach* **e.** in the ~ *am E., schließlich* **f.** to go off the deep ~ *den Boden unter den Füßen, die Fassung verlieren,* °*hochgehen* **g.** on ~ *aufrecht stehend; hochkant*; to put a th on its ~ *etw aufrecht hinstellen*; to stand on ~ (of hair) *z Berge stehen* **|** *ununterbrochen, hinter-e–a* (fours hours on ~) **h.** to no ~ *vergebens* ‖ to the ~ of the play *bis z Ende des Stückes* ‖ to the ~ that *dam·it* [conj] ‖ to this ~ *z diesem Zwecke*; to what ~? *z welchem Z.?* **|** to bring to an ~ *z E. bringen* or *führen, beendigen* ‖ to come to an ~ *z E. k, ein E. finden, endigen*; to come to a bad ~ *ein schlechtes E. nehmen* ‖ to fight to the bitter ~ *bis z Äußersten kämpfen* **|** ~ to ~ (→ d.) *v e–m E. z anderen*; to place ~ to ~ *mit den Enden an-e–a-legen, hinter-e–a stellen* **1.** world without ~ † *immer u immer s.* **|** *mit Verben*]: there is an ~ of everything *alles hat mal ein E.* ‖ there must be an ~ of *es muß ein E. h mit*; there's an ~ of (⟨vulg & dial⟩ on) ·it! *damit basta!* ‖ there would be an ~ to *es würde aus s mit* ‖ the ~ of it was that *das E. war, daß ..* ‖ you will be the ~ of me *du wirst mein Tod s, mich ins Grab bringen* **|** to foresee the ~ *[mst neg] das E. absehen* ‖ to gain one's ~s *s–n Zweck erreichen* ‖ to make an ~ of a th *e–r S ein E. m* ‖ to make both ~s meet *sich nach der Decke strecken, sich einrichten, mit s–n Mitteln auskommen* ‖ to put an ~ to a th *e–r S ein E. m* **III.** [attr] *End–* (~ rhyme –reim); *Schluß–*; block *Endmaß* n ‖ ~-bud ⟨for⟩ *Gipfelknospe* f ‖ ~ collar *Bundring* m ‖ ~ face *Planfläche* f,

Stirnende n; ⟨for, carp⟩ *Stirnfläche* f ‖ ~ milling *Stirnflächenfräsen* n ‖ ~-ornament *Abschluß* m, *Krönung* f ‖ ~ paper ⟨bookb⟩ *Vorsatzpapier* n ‖ ~ thrust *Längs–, Axi·aldruck* m

end [end] vt/i **1.** vt *beendigen, z Ende bringen* or *führen* (he ~ed his speech with a quotation) ‖ to ~ off *(Buch) abschließen, beendigen* **2.** vi *endigen* (in); *aufhören* **|** [mit prep] to ~ **by** *doing schließlich tun* ‖ to ~ **in** *endigen, ausgehen, auslaufen in* (a th); to ~ in a p's doing *schließlich dazu führen, daß jd tut*; to ~ in nothing, in smoke ⟨fig⟩ *z Wasser w* ‖ to ~ **with** *ein E. finden mit, bei; aufhören mit* **|** [mit adv] to ~ **off** *endigen* ‖ to ~ **up** *enden, schließlich geraten* (in in)

endamage [in´dæmidʒ] vt *(jdm, e–r S) schaden* ‖ *(jds Ruf) schädigen*
endanger [in´deindʒə] vt *gefährden, in Gefahr bringen* ‖ if it does not ~ other traffic *wenn es ohne Gefährdung des Verkehrs geschehen kann*
endear [in´diə] vt *teuer, wert, lieb m* (to a p *jdm*); to ~ o.s. *sich lieb Kind m* (to *bei*) **~ing** [~riŋ] a (~ly adv) *gefällig, reizend* ‖ (of words etc) *zärtlich* **~ment** [~mənt] s *Liebwerden* n, *Beliebtheit* f **|** *Zärtlichkeit, Liebkosung* f; terms of ~ *Kose–, Zärtlichkeitsbezeichnungen* f pl
endeavour, ⟨Am⟩ **–vor** [in´devə] **1.** vi *sich bestreben, sich bemühen, suchen, versuchen* (to do); *streben* (after *nach*) **2.** s *Bestreben* n, *eifrige Bemühung* f (to do; at doing); in the ~ *in dem B.* (to do) ‖ to do one's best ~s *eifrig bemüht sein, sich alle Mühe geben* ‖ spirit of ~ *Unternehmungsgeist* m ‖ ~s to achieve federation *Zus–schlußbestrebungen* f pl
endemic [en´demik] **1.** a (~ally adv) *end·e-misch*; *örtlich, einheimisch* **2.** s *endemische Krankheit* f **~al** [~əl] a = endemis [a]
endermic [en´də:mik] a ⟨med⟩ *auf die Haut wirkend*
ending [´endiŋ] s *Ende* n, *Schluß* m ‖ *Tod* m ‖ ⟨gram⟩ *Endung* f ‖ happy ~ *(nicht end!) guter, glücklicher Ausgang* m, *„happy End''* n
endive [´endiv] s ⟨bot⟩ *End·ivie* f; curly ~ *Kräuselendivie(n* pl) f
endless [´endlis] a (~ly adv) *endlos, unendlich* ‖ *sehr* or *lang* ‖ *ununterbrochen, ständig, unaufhörlich* **|** ⟨tech⟩ ~ belt *endloses Band, Raupen–* ‖ ~ chain *Kette ohne Ende* f ‖ ~ screw *Schraube ohne Ende*; *Schnecke* f **~ness** [~nis] s *Unendlichkeit* f; *gr Länge* f
end-man [´end͵mæn] s *Spieler an den beiden Enden e–r Sängertruppe* m
***endmost** [´endmoust] a *entferntest*
endo– [´endo] Gr [in comp] *innere(r, –s)*, *Innen–, inwendig* **~carditis** [͵endokɑ:´daitis] s ⟨med⟩ *Herzklappenentzündung* f **~cardium** [͵endo´ka:diəm] s L ⟨anat⟩ *Herzhaut* f **~carp** [´endoka:p] s ⟨bot⟩ *Endokarp* n *(innerste Fruchthaut)* **~crane** [´endokrein] s ⟨anat⟩ *innere Oberfläche* f *des Schädels* **~crine** [´endokrain] **1.** a (of glands) *mit innerer Sekretion* **2.** s *Drüse* f *mit innerer Sekretion* **~crinology** [͵endokri´nɔlədʒi] s *Hormonforschung* f **~derm** [´endodə:m] s ⟨bot anat⟩ *Endodermis* f *(Grenzschicht der Leitbündel)* **~gamy** [en´dɔgəmi] s *Endogamie* f *(Heirat innerhalb e–r best. Volksgruppe)* **~gen** [´endodʒən] s ⟨bot⟩ *Monokotyledone* f *(Ggs exogen)* **~genous** [en´dɔdʒənəs] a ⟨biol⟩ *endog·en* ‖ ⟨geol⟩ *im Erdinneren entstanden* **~plasm** [´endoplæzm] s ⟨biol⟩ *innere Plasmaschicht* f
endorse, in– [in´dɔ:s] vt *auf der Rückseite beschreiben; vermerken* (on *auf*) ‖ ⟨com⟩ *(Scheck) indossieren, girieren* (on a p *jdn*) ‖ *übertragen, überweisen* (to a p, over to a p *jdm*) **|** *bestätigen, bekräftigen, beipflichten* –see [͵endɔ:´si:] s ⟨com⟩ *Indoss·at* m **–sement, in–** [in´dɔ:smənt] s *Auf-*

schrift f *auf der Rückseite* ‖ ⟨com⟩ *Indossament*, *Giro* n; *Übertragung* f ‖ *Bestätigung, Bekräfti-gung* f ‖ ⟨mil⟩ *Stellungnahme* f (*bei Beurteilun-gen*) –ser, **in–** [in'dɔːsə] s ⟨com⟩ *Indoss·ant, Girant* m

endosperm ['endospə:m] s ⟨bot⟩ *Nähr-gewebe* n *in den Samen*

endow [in'dau] vt (*etw*) *schenken, stiften*; *subventionieren; dotieren*; to ~ a *professorship e–e Professur gründen*; ~*ed school Stiftsschule* f **|** *ausstatten* (with); ~*ed with begabt mit* ~**ment** [~mənt] s *Ausstattung* f ‖ *Dotation, Stiftung* f [*oft pl* ~*s*] *Begabung* f; *Gabe* f, *Talent* n **|** ~ *insurance abgekürzte Lebensversicherung* f

endue, in– [in'dju:] vt *anziehen; anlegen* ⟨*a fig*⟩ ‖ (*be*)*kleiden* (with) **|** *begaben* (with a quality), to be ~d *with ausgestattet s mit; be-sitzen*

endurable [in'djuərəbl] a (–bly adv) *erträglich, leidlich*

endurance [in'djuərəns] s *Dauer* f ‖ (*S*) *Dauerhaftigkeit* f; ⟨tech⟩ *Standfestigkeit, Stand-zeit* f **|** *Erduldung* f, *Aushalten* n; *Ausdauer, Geduld* f (in a th); ~ *test –sprobe* f, ⟨tech⟩ *Dauer–, Ermüdungsversuch* m ‖ *beyond* ~, *past* ~ *unerträglich* **|** [attr] *Dauer–*, ~ *run –lauf* m

endure [in'djuə] vt/i ‖ (*etw*) *aushalten, durch-machen, erfahren* ‖ (*etw*) *ertragen, –dulden*, not to be ~d *unerträglich* ‖ [neg] *ausstehen, leiden* (I can't ~ him) **|** vi (*fort*)*dauern, Dauer h* **|** *Geduld h, aushalten*

enduring [in'djuəriŋ] a *an–, fortdauernd, bleibend* ‖ ⟨tech⟩ *widerstandsfähig* ~**ly** [~li] adv *f die Dauer; f immer* ~**ness** [~nis] s *Aushalten* n; *Dauer* f

endways ['endweiz], **endwise** ['endwaiz] adv *mit dem Ende nach vorn* ‖ *hinter–e–a* ‖ *aufrecht, gerade*

enema ['enimə] s L ⟨med⟩ *Klistier* n; ~ *syringe Klistierspritze* f

enemy ['enimi] **1.** s *Feind, Gegner* m (of, to a p *jds*) ‖ *the* ~ *das feindliche Heer* n; *die feind-liche Macht* f ‖ *the* (Old) ~ ⟨ec⟩ *der böse Feind, Teufel* m **|** *a sworn* ~ *ein Todfeind* m **|** *to be one's own* ~ *sich selbst im Wege stehen* ‖ *to make an* ~ *of a p sich* [*dat*] *jdn z Feinde m* ‖ *the book made him many –mies das Buch machte ihm viele Feinde* ‖ *how goes the* ~? ⟨fam⟩ *wie-viel Uhr ist es?* **2.** a *feindlich, Feind–* (~ *country*) ‖ ~ *aircraft Feindflugzeug* n, "*Indianer*" m ‖ ~ *fire Feindbeschuß* m **|** ~ *penetration Feind-einbruch* m ‖ ~ *territory Feindesland* n

energetic [enə'dʒetik] **1.** a (~*ally* adv) *ener-gisch, tatkräftig* ‖ *nachdrücklich; wirksam* **2.** s ~s [sg konstr] *Lehre* f *v der Energie*

energid [e'nə:dʒid] s ⟨bot⟩ *Energ·id* n (*Zell-kern mit Protoplasma*)

energize ['enədʒaiz] vt/i ‖ *energisch m; kräftigen* ‖ ⟨tech⟩ *mit Energie füllen; betreiben*; (*Strom*) *verstärken* ‖ ~d (*el*) *unter Spannung* f **|** vi *tätig* s **|** ~**r** [~ə] s *Anregungsmittel* n

energumen [enə:'gju:men] s L *Besessener; Fanatiker* m

energy ['enədʒi] s *Energie, Tatkraft* f ‖ *Kraft-aufwand* m (of *an*); *Wirksamkeit* f; to apply, devote one's *–gies s–e ganze Kraft einsetzen* (to *f*) ‖ *Nachdruck, Volldampf* m ‖ ⟨phys⟩ *Energie, Arbeitsfähigkeit, Kraft* f (conservation of ~) ‖ ⟨mech⟩ *Wucht* f ‖ *potential, static* (*od latent*) ~ *potenti·elle E., E. der Lage*; *kinetic, actual, motive* ~ *kinetische E., Bewegungs-E.* **|** ~ *drop E.abfall* m; ~ *gap –sprung* m; ~ *release –frei-gabe* f; ~ *resolution –auflösung* f

enervate [i'nə:vit] a *entnervt* ‖ *kraftlos, schlaff*

enervate ['enə:veit] vt *entnerven, –kräften, schwächen* ⟨*a fig*⟩ **–ation** [enə:'veiʃən] s *Ent-nervung, Entkräftung, Schwäche* f

enface [in'feis] vt (*etw*) *auf die Vorderseite e–r*

Banknote (etc) *schreiben, drucken* ~**ment** [~mənt] s *Aufschrift* f, *Aufdruck* m

en famille [ã: fə'miːl] Fr *in der Familie, unter uns*

enfeeble [in'fiːbl] vt *schwächen, entkräften* ~**ment** [~mənt] s *Schwächung, Entkräftung* f

enfeoff [in'fef] vt ⟨jur⟩ *belehnen* (with) ‖ *über-geben, ausliefern* (to a p *jdm*) ~**ment** [~mənt] s ⟨jur⟩ *Belehnung* f ‖ *Lehnsbrief* m ‖ *Lehen* n

enfetter [en'fetə] vt *fesseln* ⟨*a fig*⟩

enfilade [enfi'leid] **1.** s ⟨mil⟩ *Enfil·ier–, Längsfeuer* n **2.** vt ⟨mil⟩ *der Länge nach or schräg beschießen*

enfold, in– [in'fould] vt *einhüllen* (in; with) ‖ *umfassen, –schließen* ‖ *falten*

enforce [in'fɔːs] vt (*Forderung* etc) *geltend m, z Geltung bringen* **|** (etw) *erzwingen* (upon a p *v jdm*); *durchsetzen* **|** (etw) *mit Nachdruck ein-schärfen, auferlegen* (upon a p *jdm*); *aufzwingen* (upon a p *jdm*) ~**able** [~əbl] a *durchsetz–, er-zwingbar; geltend z machen*(d) **|** ~**d** [~t] a *er-zwungen; aufgezwungen* ~**dly** [~idli] adv *ge-zwungen; notgedrungen* ~**ment** [~mənt] s *Er-zwingung; Einschärfung, D·urchsetzung* f; *ge-waltsame Durchführung, Kontrolle* f ‖ ~ *officer Aufsichtsbeamter* m (*bes f Rationierung*) ‖ (*traffic*) ~ *operations* [pl] *Verkehrsüber-wachungsmaßnahmen* f pl ‖ ~ *work Kontrolle* f

enframe [in'freim] vt (*Bild*) *einrahmen, –fassen* ⟨*a fig*⟩

enfranchise [in'fræntʃaiz] vt *befreien* ⟨*a fig*⟩ ‖ *politisch frei erklären*; (*e–r Stadt* or *jdm*) *das Bürger–, Wahlrecht erteilen*; to be ~d *das W. erhalten* ~**ment** [in'fræntʃizmənt] s *Befreiung* f ‖ *Einbürgerung* f, *Erteilung* f *des Bürger–, Wahl-rechts*

engage [in'geidʒ] vt/i **A.** vt **1.** (*jdn*) *verpflich-ten; binden*, to ~ o.s. *sich verpflichten* (to z; to do; that); to ~ o.s. *to a p sich jdm verdingen* ‖ * (*jdn*) *veranlassen, verleiten* (to do) **|** *verloben*; to ~ o.s., to get ~d *sich verloben* (to *mit*) **|** (*jdn*) *engagieren* (as secretary *od* to be one's *secretary als Sekretär*); *in Dienst nehmen, anstellen, dingen* **2.** (*Platz*) *bestellen*; (*Zimmer*) *belegen* **3.** (*jdn*) *beschäftigen*, [*bes* pass] to be ~d *beschäftigt, in Anspruch genommen* s (in writing *mit Schreiben*; in *od* on a task); to be ~d *eingeladen, versagt* s **4.** ⟨übtr⟩ (*Mit·d*) *in Anspruch nehmen; fesseln*; (*jdn*) *verwickeln* (in a conversation) **5.** ⟨mil⟩ (*Truppen*) *im Kampf einsetzen*; *z Kampf bringen* (with) ‖ *angreifen, handgemein w mit* **6.** ⟨arch⟩ *befestigen*; ⟨mech⟩ to ~ *each other in–e–a–grei-fen* ‖ ⟨tech⟩ *einkuppeln, –rasten*; *einschalten, –rücken*; *in Gang setzen* **B.** vi *sich binden, sich verpflichten* (to do; that) ‖ *Gewähr leisten* (for; that) ‖ *sich einlassen* (in in, auf), *sich abgeben, sich beschäftigen* (in *mit*); *sich beteiligen* (in *an*) ‖ *angreifen; in Kampf geraten* (with) ‖ ⟨tech⟩ *eingreifen, –klinken*

engaged [in'geidʒd] s *verpflichtet* ‖ (⟨*a*⟩ ~ to be married) *verlobt*; ~ *couple verlobtes Paar* n ‖ *beschäftigt* ‖ ⟨*a* telph⟩ *besetzt* (~ *tone Be-setztzeichen*); *nicht abkömmlich*

engagement [in'geidʒmənt] s **1.** *Verpflichtung, Verbindlichkeit* f (to a p *jdm gegenüber*); to be under an ~ *vertraglich verpflichtet* s (to a p *jdm*); ~s [pl] *Zahlungsverpflichtungen* pl, to meet one's ~s *s–n Verpflichtungen nachkommen* **|** *Ver-lobung* f (to *mit*); to break off the ~ *die V. auf-lösen* **2.** *Beschäftigung; Stellung* f ‖ ⟨theat⟩ *En-gagement* n **3.** *Übereinkommen* n; *Verabredung* f ‖ ⟨theat⟩ *Neueinstudierung, –aufführung* f ‖ *Ein-ladung* f **4.** ⟨mil & mar⟩ *Gefecht, Treffen* n, *Kampf*(*handlung* f) m **5.** ⟨tech⟩ *Eingriff* m (*v Zahnrädern*) **6.** [attr] ~*-book Merkbuch* f *Ver-abredungen* ‖ ~*-ring Verlobungsring* m

engaging [in'geidʒiŋ] a (~*ly* adv) *einneh-*

mend, gewinnend **~ness** [~ nis] s *einehmendes Wesen* n

engarland [in'gɑ:lənd] vt *bekränzen* (with); *umgeben*

engender [in'dʒendə] vt ⟨fig⟩ *(Gefühl etc) erzeugen; hervorbringen; hervorrufen, –bringen*

engine ['endʒin] **1.** s ⟨mil & tech⟩ *Maschine* f ‖ *Dampfmaschine, Lokomotive* f; (*a fire-engine) Feuerspritze* f; *Motor* m ‖ ⟨mot⟩ *backfiring of the* ~ *Spucken* n *des Motors*; labouring of the ~ *Quälen* n ..; oiling of new ~s *Öleinlauf*; racing of the ~ *Hochjagen* n ..; stalling *od* stuttering of the ~ *Spucken* n .. ‖ the ~ does not get spark .. *zündet nicht* ‖ ~ currently in production *Serienmotor* m; ~with revolving cylinders *Umlaufmotor* | ⟨fig⟩ *Mittel, Werkzeug* n | [attr] *Motoren–, Maschinen–*; ~-builder *–bauer* m | ~ change inspection *Überprüfung* f *bei Motorenwechsel* ‖ ~ compartment *Motorraum* m ‖ ~ controls [pl] *Motorbediengerät* n ‖ ~ drive *Motorantrieb* m ‖ ~ defect *Motorendefekt* m ‖ ~-driver *Lokomotivführer* m ‖ ~ failure *M·otorstörung* f, *–ausfall* m ‖ ~-fitter *Maschinenschlosser* m ‖ ~ governor ⟨aero⟩ *M·otorregler* m ‖ ~-house *Maschinenhaus* n, *Lok(omotiv)schuppen* m ‖ ~ primer *Einspritzanlasser* m ‖ ~ replacement *Motorwechsel* m ‖ ~ revolutions [pl], ~ speed *–drehzahl* f ‖ ~ test bed *–prüfstand* m ‖ ~ trouble *–störung, –panne* f, *–defekt* m ‖ ~-turning *Guillochieren* n, *Zierdruck* m (*auf Metall*) **2.** vt (*Schiff* etc) *mit Maschinen, Motoren versehen*

engineer [ˌendʒi'niə] **1.** s *Ingenieur* m, *Techniker* m; certified ~, commissioned ~, graduated ~ *Diplomingenieur* m; chief ~ *technischer Betriebsleiter* m; ~-in-chief (*Dienstrang) Oberingenieur* m; ship's ~ *Schiffsingenieur* m | (*a* civil ~) *Zivilingenieur* m ‖ *Maschinenbauer* m | *Maschinist* m; ⟨Am⟩ *Lokomotivführer* m ‖ chemical ~ *Chemot·echniker* m | ⟨mil⟩ *Pionier*; Royal ~s *Pioniere* m pl, *Genietruppen* f pl | ~ corps *Pioniertruppe* f; ~ officer *Pionieroffizier* m [*Hauptmann, Major, Oberst (Ing)*] **2.** vi/t *als Ingenieur tätig s* | *vt bauen, anlegen, konstruieren*; (*technisch) entwickeln* | ⟨fig⟩ (*mit Geschick) in Gang setzen; manövrieren* ‖ ⟨fam⟩ *herbeiführen; bewerkstelligen, deichseln* **~ing** [~riŋ] **1.** a *technisch* **2.** s *Ingenieurwesen* n, *Technik* f, *Maschinenbaukunst* f; electrical ~ *Elektrotechnik* f; marine ~ *Schiffbau* m ‖ ⟨fam⟩ *Umtriebe* pl, *Manöver* n, *Mache* f | [attr] *Ingenieur–, Maschinenbau–; technisch* (*process) ~ department Konstruktionsbüro* n ‖ ~ metals *Metalle* f *techn. Zwecke*

engineman ['endʒinmæn] s *Maschinist, Lokomotivführer* m

enginery ['endʒinəri] s [koll] *Maschinen* pl; *Maschinerie* f ⟨oft fig⟩

engird [in'gə:d] vt [pp –girt], **~le** [~l] vt *umgürten, –geben* (with)

England ['iŋglənd] s [attr] ⟨ftb⟩ ~ eleven *englische Nationalelf* f **~er** [~ə] s *Little* ~ *Gegner* m *der imperialistischen Politik*

English ['iŋgliʃ] **1.** a *englisch*; he is ~ *er ist Engländer* **2.** s the ~ *die Engländer* pl, *das englische Volk* n | ~ *das Englische, die englische Sprache*; ⟨school fam⟩ *Eselsbrücke, Klopp* f ‖ in ~ *auf englisch*; in plain ~ *auf gut englisch*; in einfachen *Worten, offen*; the king's ~, standard ~ *Standard-E.* ‖ Basic (abbr *f* British, American, Scientific, International, Commercial) ~ „*Grundenglisch*", *Art modernes Kunstenglisch* | ⟨typ⟩ *Mittelantiqua* | [attr] ~-speaking *englischsprechend* **3.** vt *ins Englische übersetzen, verenglischen* **~man** [~mən] s *Engländer* m; –men pl [koll] (= the English) *die E.* pl **~ry** [~ri] s *englische Abkunft* f ‖ *engl. Be-*

völkerung in Irland ‖ *Engländerkolonie* f **~woman** [~wumən] s *Engländerin* f

engorge [in'gɔ:dʒ] vt *gierig verschlingen*; to be ~d *voll, verstopft s* (with *v*) **~ment** [~mənt] s ⟨path⟩ *Überfüllung* f

engraft, in– [in'grɑ:ft] vt *(ein)pfropfen* (into *in*; upon *auf*) ‖ ⟨fig⟩ *tief einpflanzen, einprägen* (in the mind *dem Geiste*) ‖ (*etw) aufpfropfen* (upon a th *e–r S*), *noch hinzufügen* (upon *z*)

engrail [in'greil] vt *auszacken*; [mst pp] ~ed ring ⟨num⟩ *Perlrand* m **~ment** [~mənt] s *gezahnter Rand* m

engrain, in– [in'grein] vt *tief färben* ‖ ⟨fig⟩ *tief einpflanzen, –prägen* (in a p *jdm*); *in Fleisch u Blut übergehen l* **~ed** [~d] *fest verwurzelt* (habit); *vollendet; unverbesserlich eingefleischt, Erz–* (rogue)

engram ['engræm] s ⟨psych⟩ *Engramm* n (*dauernde Einwirkung, bleibender Eindruck*)

engrave [in'greiv] vt *eingraben, einschneiden* (on *auf*); *stechen, gravieren* (with *mit*; upon *auf*); ~d gem *Intaglio* n ‖ ⟨fig⟩ *tief einprägen* (upon a p's memory *dem Gedächtnis jds*) | **~r** [~ə] s *Graveur, Kunststecher* m; ~ on copper *Kupferstecher* m

engraving [in'greiviŋ] s ⟨arts⟩ *Gravieren* n; *Gravierkunst* f ‖ (*Kupfer–, Stahl-)Stich* m ‖ (*Kaltnadel-)Radierung* f; line ~ *Umrißradierung* f

engross [in'grous] vt *in gr Buchstaben schreiben; ins reine schreiben* ‖ *in gesetzlicher Form ausdrücken* | ⟨hist⟩ *aufkaufen* ‖ *an sich reißen*; (*Unterhaltung) ganz f sich in Anspruch nehmen* ‖ to be ~ed *in tief versunken s in*; to be ~ed by *sich einfangen l v* **~ing** [~iŋ] **1.** a *fesselnd, spannend* **2.** s [attr] *Kanzlei–*, ~ hand *–schrift* f **~ment** [~mənt] s *Abschrift* f *in gr Schrift*; *Urkunde* f | *Aufkauf* m | *Inanspruchnahme* f (of, with *durch*)

engulf [in'gʌlf] vt (*jdn in e–n od wie in e–n Abgrund) stürzen* ‖ *verschlingen* ⟨a fig⟩ **~ment** [~mənt] s *Absturz* m (*in den Abgrund*)

enhance [in'hɑ:ns] vt/i (*nur mit Sach-Obj.*) (*etw) steigern; (Ruf) erhöhen, vergrößern; übertreiben* | (*etw) zur Geltung bringen* | vi *sich erhöhen od vergrößern* **~ment** [~mənt] s *Erhöhung; Vergrößerung* f **–cive** [in'hɑ:nsiv] a *erhöhend*, to be ~ of *erhöhen*

enharmonic [ˌenhɑ:'mənik] a (~ally adv) ⟨mus⟩ *enharmonisch*

enigma [i'nigmə] s L *Rätsel* n ‖ *rätselhafte S* or *P* **~tic(al)** [ˌenig'mætik(əl)] a (–cally adv) *rätselhaft; dunkel* **~tize** [i'nigmətaiz] vt/i *rätselhaft m* | *in Rätseln sprechen*

enisle, in– [i'nail] vt *z e–r Insel m* ‖ (*jdn) auf e–r I. absetzen*; ⟨fig⟩ *isolieren*

enjambment [in'dʒæmmənt] s Fr ⟨pros⟩ *Versbrechung* f

enjoin [in'dʒɔin] vt (*etw) auferlegen, einschärfen* (on a p *jdm*) ‖ to ~ a p *jdm einschärfen, befehlen* (to do) ‖ *Anweisung erteilen, bestimmen* (that *daß*)

enjoy [in'dʒɔi] vt *sich erfreuen an, Gefallen finden an* (a th *etw*, doing *z tun), genießen, do you* ~ the cigar? *schmeckt Ihnen die Zigarre?* ‖ to ~ o.s. *sich gut unterhalten, sich amüsieren* (in doing) | *sich erfreuen* (a th *e–r S*); (*etw) besitzen* (to ~ good health) **~able** [~əbl] a (–bly adv) *genieß–, brauchbar* ‖ *genußreich, erfreulich* **~ment** [~mənt] s *Genuß* m (to *f*), *Freude* f ‖ *Genuß, Besitz* m; quiet ~ ⟨jur⟩ *ungestörter Besitz* m

enkindle [in'kindl] vt *anzünden*; ⟨mst fig⟩ *entflammen, –zünden*

enlace [in'leis] vt *fest umschlingen, –geben*; *verstricken, –flechten* **~ment** [~mənt] s *Umschlingung* f

enlarge [in'lɑ:dʒ] vt/i ‖ *erweitern*; ⟨a phot⟩ *vergrößern; ausdehnen*; to ~ o.s. ⟨fig⟩ *sich aus-*

dehnen || to ~ one's mind *s–n Gesichtskreis er-weitern*; to ~ the *od* one's heart *jdn weitherzig m*; ~d and revised edition *vermehrte u ver-besserte Auflage* f || ⟨Am †⟩ *in Freiheit setzen* | vi *sich erweitern, sich ausdehnen*; ⟨phot⟩ *sich ver-größern l* || *sich verbreitern, sich ausführlich aus-lassen* (on, upon *über*) | ~**d** [~d] a *liberal, weit-herzig* ~**ment** [~mənt] s *Erweiterung* f (~ of the heart *Herz–*) ⟨*a* fig⟩; *–sanbau* m (to z) || ⟨*a* phot⟩ *Vergrößerung, Ausdehnung* f || *Befreiung* f (from *aus*) | ~**r** [~ə] s ⟨phot⟩ *Vergrößerungsapparat* m
  enlighten [in'laitn] vt *erhellen, hell m*; ⟨paint⟩ *aufhellen* || ⟨fig⟩ *erleuchten, aufklären; be-lehren, unterrichten* (on, as to *über*) ~**ed** [~d] a ⟨fig⟩ *erleuchtet, aufgeklärt* (on *über*) ~**ment** [~mənt] s *Aufklärung* f; ⟨philos⟩ the Age of ∿ *das Zeitalter der A.*
  enlink [in'liŋk] vt *fest verbinden* (to, with *mit*)
  enlist [in'list] vt/i || *einschreiben, –tragen* || (*Soldaten*) *anwerben, einstellen*; the ~ed men *die Mannschaften* pl ⟨*bes* Am⟩ = ⟨engl⟩ other ranks || (*jdn*) (*her*)*anziehen*; to ~ a p's sympathies *jds Sympathie gewinnen* (for, in a th *f etw*; with a p *f jdn*) | vi ⟨mil⟩ *sich anwerben l, Soldat w* (in the Royal Artillery *bei der Artillerie*); ~ed personnel ⟨Am⟩ *Unteroffiziere* m pl *u Mann-schaften* f pl || ⟨fig⟩ *eintreten* (in *f*) ~**ment** [~mənt] s ⟨mil⟩ *Anwerbung*; *Einstellung* f | *Gewinnung* f | ~ allowance ⟨mil⟩ *Treuprämie* f
  enliven [in'laivn] vt *beleben; anfeuern, –reizen*; ⟨fig⟩ *–kurbeln* || *ermuntern, erheitern, beleben* || ⟨paint⟩ *erhöhen, steigern*
  en masse [ɑ̃:'mæs] Fr *in Mengen; als Ganzes*
  enmesh [in'meʃ], **emmesh, immesh** [i'meʃ] vt *umgarnen, verstricken* ⟨*a* fig⟩ **enmeshment** [in-'meʃmənt] s *Verstrickung, –wicklung* f
  enmity ['enmiti] s *Feindschaft, Feindseligkeit* f (of, against *gegen*) || at (in) ~ with *verfeindet, in Feindschaft mit* || he does not bear any ~ *er trägt nicht nach*
  ennead ['eniæd] s Gr *Satz or Serie v* 9 *Sn or Pn*
  ennoble [i'noubl] vt *in den Adelsstand erheben, adeln* || ⟨fig⟩ *veredeln* ~**ment** [~mənt] s *Erhe-bung* f *in den Adelsstand* || ⟨fig⟩ *Veredelung* f
  ennui [ɑ̃:'nwi, 'ɔnwi] s Fr *Langeweile* f
  enol ['i:nɔl] s Gr ⟨chem⟩ *Enol* n
  enormity [i'nɔ:miti] s *Ungeheuerlichkeit* f; *Abscheulichkeit* f || *Frevel, Greuel* m
  enormous [i'nɔ:məs] a (~ly adv) *enorm, unge-heuer groß or dick* (an ~ woman); *gewaltig, riesig* ~**ness** [~nis] s *ungeheure Größe or Dicke* f
  enough [i'nʌf] **1.** a *ausreichend*; ~ butter, butter ~ *genug Butter*; ~ plates, plates ~ *ge. Teller*; ~ joy, joy ~ *Freude g.* || [pred] three are ~ *drei sind g.*; that is ~ for me *das genügt mir*, it is ~ for me to know *es genügt mir z wissen* **2.** [abs *od* s] *Genüge* f, *genug*; (I have) quite ~ (..) *wahrhaftig g.*; I have had ~ of them *ich habe sie satt*; ~ of that! *g. davon!* to cry ~ *sich f be-siegt erklären*; I had ~ to do to get home *ich hatte m–e Mühe, nach Hause z k*; ~ is as good as a feast *allzuviel ist ungesund* (→ good a VI.); ~ and to spare *übergenug* **3.** adv *genug, hin-länglich*; you do not eat ~ *du ißt nicht g.* | are you warm ~? *bist du warm g.?* be kind ~ and come *sei so gut z k* || curiously ~ *eigentüm-licherweise*; that's right ~ *das ist soweit ganz richtig(, that g. ..)*; safe ~ *durchaus sicher*; second-rate ~ *nur sehr zweitklassig* | sure ~ *u richtig* (sure ~ there it was); *gewiß, freilich* || well ~ *ganz leidlich or schön; recht gut; gar sehr* | he was not man ~ (to do) *er war nicht Manns genug (z tun)*
  enounce [i'nauns] vt *ausdrücken* || *verkünden* || *äußern, aussprechen* ~**ment** [~mənt] s *Äuße-rung, Verkündung* f

  en passant [ɑ̃:'pæsɑ̃:ŋ] Fr *im Vorbeigehen, nebenbei* (*bemerkt*)
  enplane [in'plein] vi ⟨aero⟩ *an Bord gehen*
  enquire v, **-iry** s → inquire, inquiry
  enrage [in'reidʒ] vt *wütend m* ~**d** [~d] a *wütend, rasend* (at, with *über*)
  enrapture [in'ræptʃə] vt *entzücken, hinreißen* (to be ~d with)
  enregiment [in'redʒimənt] vt *in e–m Regiment zus–fassen, organisieren*
  enregister [in'redʒistə] vt *eintragen, auf-zeichnen*
  enrich [in'ritʃ] vt *reich m; wertvoll m*, (*Boden*) *fruchtbar m* || ⟨minr⟩ *anreichern* || ⟨mot⟩ (*Kraft-stoff|Luftgemisch*) *anreichern* || ~ed *vitamin-reich, angereichert* (bread) || *ausschmücken* || ⟨fig⟩ *bereichern; erhöhen, steigern* (a quality) ~**ment** s *Bereicherung* f; unjust ~ *ungerechtfertigte B.* || *Verzierung, Ausschmük-kung* f
  enrobe [in'roub] vt *kleiden* (in)
  enrol [in'roul] vt *eintragen, einschreiben, ver-zeichnen* || ⟨mil⟩ *anwerben* || *als Mitglied ein-tragen* (in a society); to ~ o.s. *sich als M. ein-tragen* || *amtlich aufzeichnen; gerichtlich nieder-schreiben; protokollieren* || ⟨fig⟩ *aufzeichnen, verewigen, ehren* ~**lee** [inrou'li:] s *Antragsteller, Bewerber*(in) m ~**ment** [~mənt] s *Eintragung* f *e–r Urkunde; Verzeichnis* n || ⟨mil⟩ *Anwerbung* f || *Beitrittserklärung* f
  en route [ɑ̃'ru:t] Fr *unterwegs; auf Strecke* f
  ensanguine [in'sæŋwin] vt *mit Blut beflecken* ~**d** [~d] a *blutig, blutbefleckt*
  ensconce [in'skɔns] vt *verbergen* || [*mst* refl] to ~ o.s. *sich verbergen*; ⟨fam⟩ *sich niederlassen, es sich* [dat] *bequem m*
  ensemble [ɑ̃:'sɑ̃:mbl] s Fr *Gesamteindruck* m || ⟨mus⟩ *Ensemble*(*spiel*) n || ⟨tail⟩ *3-teiliges Damenkostüm* n
  enshrine [in'ʃrain] vt *in e–n Schrein einschlie-ßen*; (*als Heiligtum*) *verwahren* ~**ment** [~mənt] s *Einschließung* f
  enshroud [in'ʃraud] vt *verhüllen, hüllen* (in *in*) ⟨*a* fig⟩
  ensign ['ensain] s *Sinnbild*, (*Hoheits-*)*Abzei-chen* n· || ⟨mil & naut⟩ *Fahne* f; to dip one's ~ to a p *die F. vor jdm senken; Kriegsflagge* f, ⟨engl⟩ the White ∿ *Flagge der engl. Kriegsmarine*, Blue ∿ *der Reserve,* Red ∿ *der Handelsmarine* || ⟨hist⟩ (*heute:* second lieutenant, ⟨Am⟩ ['ensin] sublieutenant) *Fähnrich* m; ⟨Am nav⟩ ['ensin] *Leutnant z See* | ~**cy** [~si] s ⟨mil⟩ *Fähnrichsstelle* f
  ensilage ['ensilidʒ] **1.** s *Einsäuerung* f (*v Grün-futter in e–m Silo*) || *Süßpreßfutter* n **2.** vt *in e–m Silo aufbewahren*; z *Süßpreßfutter bereiten* –**ile** [en'sail] vt = ensilage 2.
  enslave [in'sleiv] vt z *Sklaven m, unterjochen* || ⟨fig⟩ *binden, fesseln* (to *an*); to be ~d *verstrickt, befangen s* (in *in*) ~**ment** [~mənt] s *Unter-jochung* f, *Knechtschaft; sklavische Bindung* f (to *an*) | ~**r** [~ə] s *Unterjocher,* „*Circe*" f (*Frau, die Männer umgarnt*)
  ensnare [in'snɛə] vt *fangen* || ⟨fig⟩ *umgarnen, be-, verstricken*
  ensoul, in- [in'soul] vt *beseelen*
  ensue [in'sju:] vi *erfolgen, folgen, sich erge-ben* (from *aus*) –**uing** [in'sju:iŋ] a *folgend, darauffolgend, nächst* || *bevorstehend*
  ensure [in'ʃuə] vt (*jdn; etw*) *sichern, sicher-stellen* (against, from *gegen*); to ~ o.s. *sich sichern,* ⟨ins⟩ (*etw; jdn*) *versichern* (against fire) | to ~ a th *f etw Gewähr leisten*; *garantieren, dafür sorgen* (that; a p being *daß jd ist*) | to ~ a p a th *od* a th to (*od* for) a p *jdm etw sichern*
  enswathe [in'sweið] vt *einhüllen, umgeben* ~**ment** [~mənt] s *Einhüllung; Hülle* f
  entablature [en'tæblətʃə] s ⟨arch⟩ *Gebälk* n

(*über der Säule*) –**lement** [in'teiblmənt] s **1.** =
entablature **2.** *horizontale Plattform über dem
Sockel e–r Statue*

   entail [in'teil] **1.** vt ⟨jur⟩ *in ein Fideikommiß
verwandeln*, *als F. vererben* (on *auf*) ‖ *als unver-
äußerliches Gut vererben* (on *auf*) **|** (*etw*) *aufer-
legen*, *aufbürden* (on a p *jdm*) ‖ (*etw*) *mit sich
bringen*, *nach sich ziehen*, *z Folge h* **2.** s ⟨jur⟩ *bestimmte*, *unveränderliche Erbfolge* f; *Erblehen* n;
Fideikommiß n; to break, cut off an ∼ *die Erb
folge aufheben* ‖ ⟨fig⟩ *unveräußerliches Erbe* n
∼**ment** [∼mənt] s *Übertragung* f *als Fideikommiß*; *Schaffung* f *e–s Erblehens*

   entangle [in'tæŋgl] vt *verwickeln*, ⟨fig⟩ *verstricken* (in *in*); to ∼ o.s. *in sich verwickeln in*;
to become ∼d with *in kompromittierende Be-
ziehungen geraten mit* **|** *verwickelt* or *verworren*
m; *verwirren* ∼**ment** [∼mənt] s *Verwickelung*,
Verwirrung f (to unravel ∼s); ⟨fig⟩ *Fallstrick* m;
an ∼ with a woman ⟨fam⟩ *e–e Liebschaft* f **|**
⟨mil⟩ *Drahtverhau* n, (*Draht-*)*Hindernis* n

   entasis ['entəsis] s Gr ⟨arch⟩ *Ent·ase* f,
Säulenschwellung f

   entente [ā:'tã:t] s Fr *Bündnis* n; ∼ *cordiale
B. zwischen Großbrit. u Frankreich* (1904); the
Little ∼ *die Kl. E.* (1921)

   enter ['entə] vi/t **A. vi 1.** *eintreten* (**by a door**
durch e–e Tür) ‖ ⟨sport⟩ *sich* (*als Teilnehmer*)
anmelden (for a race) ‖ ⟨theat⟩ *auf–*, *eintreten*;
∼ [3. opt] Hamlet (*als Bühnenanweisung*)
Hamlet tritt auf **|** to ∼ **in** *eintreten* **2.** [*mit prep*]
a. to ∼ **into** *mitten hineintreten in* ‖ *eindringen
in*; to ∼ into one's mind *jdm in den Sinn k* **|** *sich
hineindenken in*; to ∼ into a p's feelings *jds Gefühle erfassen*, *verstehen*, *würdigen*; *sympathi-
sieren mit* ‖ *teilnehmen*, *beitreten*, *sich beteiligen
an*; *sich* (*e–r S*) *annehmen*, *sich einlassen auf* (to
∼ into details); to ∼ into an agreement *e–n
Vertrag schließen*; to ∼ into correspondence *in
Korrespondenz treten* (with); to ∼ into negotia-
tions *in Unterhandlungen treten*; to ∼ into
partnership *sich assoziieren* (with); to ∼ into
obligations *Verpflichtungen eingehen*; to ∼ into
relations *Beziehungen anknüpfen* (with); to ∼
into a treaty *e–n Vertrag abschließen* ‖ *e–n Bestandteil bilden v* **b.** to ∼ **upon** (*Gegend*) *betreten*
(to ∼ upon a scene) ‖ *sich einlassen in*, *eintreten
in*; *beginnen*; *anschneiden* (to ∼ upon a conversation), *Besitz ergreifen v*; *antreten* (.. an office)
B. vt 1. *hineintreten in* (**to ∼ a room** etc); *betreten*; *sich begeben in*; (*Krankenhaus*) *aufsuchen*
‖ *einlaufen in* (a harbour) ‖ (of rivers) *sich ergießen in* ‖ *eindringen in* ‖ *einreisen nach*
(foreigners ∼ing Germany *nach D. einreisende
Ausländer*) **2.** ⟨übtr⟩ *eintreten in*, *Mitglied w v*,
to ∼ the army *Soldat w*; to ∼ the lists *in die
Schranken treten* (against); to ∼ a profession
e–n Beruf ergreifen; to ∼ a p's service *in jds
Dienst eintreten*; to ∼ the university *die Hochschule beziehen*; to ∼ the war *in den Krieg eintreten* ‖ *antreten*, *beginnen* (to ∼ one's fifth
year) **|** to ∼ a p's head *jdm in den Sinn k*; the
thought ∼ed my head *es kam mir der Gedanke*
3. [kaus] **a.** *eintreten l*, *hineinbringen* (in); *einschreiben*, *eintragen* (in, into *in*; to a p f *jdn*); to
∼ to the credit of a p (*etw*) *jdm gutschreiben*, ..
to the debit of a p *jdm in Rechnung stellen* ‖ to ∼
one's name *sich eintragen*; to ∼ an action
against a p *jdn verklagen*; → protest ‖ (*Waren*)
deklarieren ‖ (*Schiff*) *anmelden bei Einfahrt* (to
∼ inwards) or *Ausfahrt* (to ∼ outwards) **|** (*T*)
anlernen, *dressieren* ‖ (*junge Hunde*) (⟨*for*⟩ *auf
den Fuchs*) *abrichten* **b.** (*jdn*) *anmelden* (for a
race) ‖ *als Schüler* etc *zulassen*, *aufnehmen*, *einstellen*; *aufnehmen l*; to be ∼ed (as) a student of
Oxford University *an der U. O. immatrikuliert w*
c. to ∼ a p into *jdn einweihen in*; ⟨tech⟩ to ∼ a
th into *etw einfügen*, *einführen in* **d.** to ∼ 'up

korrekt buchen ∼**able** [∼rəbl] a ⟨com⟩ *einführ-
bar* ∼**ing** [∼riŋ] s *Eintritt*; *Antritt*; *Eingang* m;
Eintragung f **|** [attr] ∼**-door** *Eingangstür* f;
∼**-ladder** *Fallreepstreppe* f; ∼**-port** *Fallreeps-
luke* f

   enteric [en'terik] **1.** a *enter·al*, *Darm–* **2.** s (*a
∼ fever*) ⟨med⟩ *Unterleibstyphus* m –**itis** [ˌentə-
'raitis] s ⟨med⟩ *Darmkatarrh* m **entero-**
['entəro] Gr [in comp] *Darm–*, *Eingeweide–*

   enterprise ['entəpraiz] s *Unternehmen* n,
Unternehmung f; business ∼ *Initiative* f *der
Unternehmer*; private ∼ *freie Wirtschaft* f;
within ∼s *auf Betriebsebene* ‖ *Wagstück* n;
⟨com⟩ *Spekulation* f ‖ *Unternehmungsgeist* m,
–luft f, *Wagemut* m (he has no ∼; a man of ∼)
–**ising** ['entəpraiziŋ] a (∼ly adv) *unternehmend*;
unternehmungslustig; *wagemutig*, *kühn*

   entertain [ˌentə'tein] vt **1.** *unterhalten*, *aufrechterhalten* (a correspondence) **2.** ⟨oft iron⟩
unterhalten, *ergötzen* (a refl to ∼ o.s.) **|** *gast-
freundlich aufnehmen*; (*Gäste*) *bei sich sehen*,
bewirten; (*jdn*) *einladen* (at *od* to dinner *z Abend-
essen*), [oft pass] to be ∼ed at dinner by a p *bei
jdm z A. als Gast s*; [abs] they ∼ a great deal
sie h oft Gäste **3.** (*Furcht*, *Verdacht* etc) *hegen* ‖
[oft neg] (*Vorschlag*) *in Erwägung ziehen*; (*e–r
S*) *Raum geben*, *eingehen auf* **|** ∼**er** [∼ə] s *Be-
wirter*, *Wirt*, *Gastgeber* m ∼**ing** [∼iŋ] a (∼ly
adv) *unterhaltend*, *ergötzend* ∼**ment** [∼mənt] s
Unterhaltung, *Ablenkung*, *Belustigung*; to my ∼
zu m–r B.; to afford ∼ to a p *jdn belustigen*,
amüsieren ‖ *Schauspiel* n, *Aufführung* f, to give
an ∼ *e–e A. veranstalten* **|** *Gastfreundschaft*,
Bewirtung f (house of ∼); ⟨arts⟩ ∼ of the three
Angels *Abrahams Gastfreundschaft*, *Bewirtung
der drei Engel* **|** * *Gastmahl*, *Fest* n ‖ *Aufnahme*,
Verpflegung f **|** *Erwägung* f **|** [attr] ∼**-tax** *Lust-
barkeitssteuer* f

   enthral(l) [in'θrɔ:l] vt * *unterjochen* ‖ ⟨fig⟩
einnehmen, *bezaubern*, *fesseln* –**alment** [in-
'θrɔ:lmənt] s *Unterjochung* f ‖ ⟨fig⟩ *Fesselung* f

   enthrone [in'θroun] vt *auf den Thron setzen*;
to be ∼d ⟨fig⟩ *thronen* ‖ ⟨ec⟩ *einsetzen* ∼**ment**
[∼mənt], –**nization** ['enθronai'zeiʃən] s *Erhebung* f *auf den Thron* ‖ ⟨ec⟩ *Einsetzung* f

   enthuse [in'θju:z] vi/t ⟨fam⟩ *sich begeistern* ‖
in Entzücken geraten, *schwärmen* (about *über*);
to ∼ about a p *jdn an–*, *umschwärmen* **|** vt ⟨*bes
Am*⟩ (*jdn*) *begeistern* –**siasm** [in'θju:ziæzm] s
Enthusi·asmus m, *Begeisterung* (for *f*; over *über*);
an outburst of ∼ *ein Ausbruch der B.* ‖ *Schwärmerei* f (for)

   enthusiast [in'θju:ziæst] s *Enthusiast*, *Schwärmer* m (for, of a *th f etw*); ∼ about skiing
Skifanatiker m ∼**ic** [inˌθju:zi'æstik] a (∼ally
adv) *enthusiastisch*, *begeistert* (at, about *über*);
schwärmerisch

   enthymeme ['enθimi:m] s L ⟨log⟩ *Enthym·em*
n (*verkürzter log. Schluß*)

   entice [in'tais] vt *an–*, *verlocken*; *locken*
(from .. to *v .. z*); *reizen*, *verleiten*, *–führen* to a
th *z etw*; to do, into doing *z tun*) ∼**ment** [∼mənt]
s *Anreizung*, *Lockung*, *Verleitung* f; *Reiz* m ∼**r**
[∼ə] s *Verlocker*, *–führer* m

   enticing [in'taisiŋ] a (∼ly adv) *reizend*, *verführerisch*, *–lockend*

   entire [in'taiə] **1.** a *ganz*, *vollständig*, *völlig* (∼
delusion); *vollzählig* ‖ *ganz*, *unversehrt*, *un-
beschadet* ‖ (of horse) *nicht kastriert* ‖ *uneingeschränkt*, *ungeteilt* (my ∼ affection); ⟨scient⟩
zus–hängend ‖ *echt*, *unvermischt* **2.** s *das Ganze*
n; *Vollständigkeit* f (in ∼ *vollständig*) ‖ *nicht-
kastriertes Pferd* n ‖ ⟨hist⟩ *Art Porterbier* n
∼**ly** [∼li] adv *völlig*, *gänzlich*; *durchaus*; *voll u
ganz* ‖ *lediglich*, *bloß* ∼**ness** [∼nis] s *Vollständigkeit*, *Ganzheit* f ∼**ty** [∼ti] s *Ganzheit* f ‖ *das
Ganze* n, *Gesamtheit* f; in its ∼ *in s–r G.*, *als
(ein) Ganzes* ‖ ⟨jur⟩ (*ohne Zustimmung aller*)

unteilbarer Besitz m; tenancy by the ~ *Gesamt-eigentum* n (*v Ehegatten*) *an Grundstücken*
  entitative [´entitətiv] a *wirklich vorhanden, bestehend*
  entitle [in´taitl] vt *betiteln* || (*jdn*) *berechtigen* (to *z*; to do); [*a abs*] to ~ to *berechtigen z* || to be ~d to *Anspruch h auf, berechtigt s z*; ~d to *obtain information auskunftberechtigt*; I am ~d to it ⟨*a*⟩ *es steht mir zu* ~**ment** [~mənt] s *Anwartschaft* f
  entity [´entiti] s *Dasein* n; *Wesen* n, *Wesenheit* f || *juristische Person* f
  ento- [´ento] Gr [in comp] *innen-, inner-*
  entomb [in´tu:m] vt *beerdigen, begraben* || ⟨fig⟩ *einschließen, vergraben* (in) ~**ment** [~mənt] s *Begräbnis* n, *Beerdigung* f
  entomic [en´tɔmik] a *Insekten-* || **-mological** [͵entəmə´lɔdʒikəl] a *entomol ogisch* **-mologist** [͵entə´mɔlədʒist] s *Entomol·og, Insektenkundiger* m **-mology** [͵entə´mɔlədʒi] s *Entomolog·ie, Insektenkunde* f || **-mophilous** [͵entə´mɔfiləs] a ⟨bot⟩ *insek tenblütig*
  entophyte [´entofait] s ⟨bot⟩ *Schmarotzerpflanze* f
  entourage [͵ɔntu´ra:ʒ] s Fr *Umgebung* || *jds Umgebung, Begleitung* f
  en-tout-cas [ã: tu: ka:] Fr *f alle Fälle* || *Sonnen-Regenschirm* m
  entozoon [͵ento´zouən] s [pl -zoa] *Eingeweidewurm* m
  entr·acte [´ɔntrækt] s *Zwischenakt* m
  entrails [´entreilz] s pl *Eingeweide* n pl || ⟨fig⟩ (*das*) *Innere* n (of the earth)
  entrain [in´trein] vt/i || ⟨mil⟩ (*Truppen*) *verladen* | vi *in den Zug einsteigen; verladen w* ~**ment** [~mənt] s (*Truppen-*)*Verladung* f || ⟨übtr⟩ *Mitführung* f
  entrammel [in´træməl] vt ⟨nur fig⟩ *verwickeln, hemmen, fesseln*
  entrance [´entrəns] **1.** s *Eintritt* m (into *in*); no ~! *E. verboten!* || *Einzug* m || *Einfahrt* f; carriage-~ *Einfahrt* f, *Torweg* m **2.** *Antritt* m (into, upon an office *e-s Amtes*); at (one's) ~ *into office beim Amtsantritt* || ⟨theat⟩ *Auftreten* n || *Zutritt, Einlaß* m (to force an ~ into) || ⟨mus⟩ *Einsatz* m (of the brass) **3.** [konkr] *Eingang* m (to *z*); at the ~ *am Eingang*; the ~ to the house is through the garden *der E. .. geht durch den Garten* **4.** [attr] ~*-examination Aufnahmeprüfung* f || ~*-fee –gebühr* f || ~*-fee, ~-money Eintritts-, Angeld* n || ~*-hall* (*Haus-*)*Flur*, (*Eingangs-*)*Halle* f || ~hatch *Einsteigluke* f ⟨*a* aero⟩
  entrance [in´tra:ns] vt *in Entrückungszustand versetzen; in Verzückung versetzen, entzücken; hinreißen, überwältigen* (with *vor*); to be ~d *wie im Traum versetzt w* (from .. to) ~**ment** [~mənt] s *Verzückung* f
  entrant [´entrənt] s *der Eintretende, Besucher* m; *der* (*als Mitglied*) *Beitretende* m (into a club *e–m Klub*) || ⟨sport⟩ *Teilnehmer, Bewerber* m (for a race, etc)
  entrap [in´træp] vt [-pp-] (*in e–r Falle*) *fangen*; ⟨fig⟩ (*jdn*) *be–, verstricken, –führen* (into, to a th *z etw*; into doing)
  entreat [in´tri:t] vt/i || (*jdn*) *ernstlich ersuchen, bitten, anflehen* (to do; that) || (*etw*) *erbitten* (of *v*) | * vi to ~ of a p to do *jdn bitten z tun* ~**ing** [~iŋ] a (~ly adv) *flehentlich* | ~**y** [~i] s *Gesuch* n, *dringende Bitte* f; at a p's ~ *auf jds Bitte*
  entrée [´ɔntrei] s Fr *Zutritt* (of a house *z e–m Hause*), *Eintritt* m || ⟨cul⟩ *Zwischengericht* n
  entremets [´ɔntrəmei] s (pl ~ [~z]) Fr ⟨cul⟩ *Zwischengericht* n
  entrench, in- [in´trenʃ] vt/i || ⟨mil⟩ *mit Schützengraben versehen, verschanzen;* to ~ o.s. *sich verschanzen, sich festsetzen* ⟨*a* fig⟩ | * vi to ~ upon a th *eingreifen in, übergreifen auf etw,*

sich etw aneignen ~**ment** [~mənt] s *Verschanzung* f; *Schützengraben* m
  entrepôt [´ɔntrəpou] s Fr *Waren-, Zollniederlage* f; *Stapelplatz* m
  entrepreneur [͵ɔntrəprə´nə:] s Fr ⟨*bes* theat⟩ *Unternehmer* m
  entresol [´ɔntrəsəl] s Fr ⟨arch⟩ *Zwischengeschoß* n
  entruck [in´trʌk] vi/t (*auf Lkw*) *aufsitzen* | (*auf Lkw*) *verladen*
  entropy [´entrəpi] s ⟨phys⟩ *Wärmegewicht* (*reduzierter Wärmeinhalt*) n
  entrust, in- [in´trʌst] vt (*etw, jdn*) *anvertrauen* (to a p *jdm*) || (*jdn*) *betrauen* (with a th *mit etw*) || (*etw*) *an-, zuweisen* (to a p *jdm*)
  entry [´entri] **1.** s *Eintreten* n, *Eintritt* (into *in*) m || *Eingang* (to *z*), *Einzug* m || no ~! *kein Zutritt!* || ~ to one-way street *Einfahrt* f *in Einbahnstraße* f || ~ prohibited! *Verkehrsverbot!* n (to *f*) **2.** ⟨com⟩ *Eintragung, Buchung* f, *Eintrag* m (in a book); *Posten* m; to make an ~ of a th *etw eintragen, buchen; credit* ~ *Gutschrift* f; cross-~ *Gegenbuchung* f; book-keeping by double (single) ~ *doppelte (einfache) Buchführung* f; ~ in the land registry *Grundbucheintragung* f **3.** ⟨jur⟩ *Antritt* m (into office *des Amtes*); *Besitzergreifung* f (upon a th *e–r S*); right of ~ *Recht* n *auf eigenmächtige Inbesitznahme e–s Grundstücks* **4.** ⟨übtr⟩ *Eingang* (*v Geldern*) m; upon ~ *nach E.* || the ~ [koll] *in Dressur befindliche Hunde* pl | ⟨sport⟩ *Nennung, Meldung* f, *Bewerber* m (few –ries) (for *f*); *Teilnehmer-, Nennungsliste* f | *Zolldeklaration* f **5.** [attr] ~*-fee* (*Vereins-*)*Beitrittsgebühr* f; ⟨sport⟩ *Start-, Nenngeld* n; ~ form *Anmeldeschein* m, *–formular,* ⟨sport⟩ *Nennungsformular* n; ~ permit *Einreiseerlaubnis* f
  entwine, in- [in´twain] vt *umschlingen, –winden, um-, verflechten* (a th with a th) ⟨*a* fig⟩; to ~ o.s. *sich winden* (about, round *um*) || *umfassen, umarmen* ⟨*a* fig⟩ || **entwist, in-** [in´twist] vt *flechten; um-, verflechten, umwinden* (with)
  enucleate [i´nju:klieit] vt (*Sinn*) *deutlich m, aufklären, erläutern* || ⟨med⟩ (*Geschwulst*) *herausnehmen* **-ation** [i͵nju:kli´eiʃən] s *Bloß-, Klarlegung* f
  enumerable [i´njumərəbl] a ⟨math⟩ *abzählbar* **-ate** [i´nju:məreit] vt *aufzählen, spezifizieren* **-ation** [i͵nju:mə´reiʃən] s *Zählungsvorgang* m, *Aufzählung; Liste* f **-ative** [i´nju:mərətiv] a *aufzählend,* to be ~ of *aufzählen*
  enunciate [i´nʌnsieit] vt *ausdrücken, formulieren; behaupten, aufstellen* (a principle) || *aussagen; verkünden* || *aussprechen* **-ation** [i͵nʌnsi´eiʃən] s *Ausdruck* m; *Formulierung* f; *Aufstellung* f || *Erklärung* f, *Ausspruch* m || *Aussprache* f; *Vortragsart, Ausdrucksweise* f || **-ative** [i´nʌnʃieitiv] a *ausdrückend,* to be ~ of *ausdrücken* || *Ausdrucks-* (~ power)
  enure [i´njuə] vt/i → inure
  enuresis [enju´ri:sis] s L ⟨med⟩ *Bettnässen* n
  envelop [in´veləp] vt *einschlagen, einwickeln* (in a th) (~ed in) || ⟨*a* fig⟩ *ein-, umhüllen, verhüllen* || ⟨mil⟩ (*Feind*) *umfassen* ~**ment** [~mənt] s *Einwicklung, Ein-, Umhüllung; Hülle* f ⟨tact⟩ *Umfassung(sangriff* m) f, *Umklammerung, Umgehung* f
  envelope [´ɔn-, ´enviloup] s Fr *Umschlag* m, *Decke,* ⟨aero⟩ *Hülle* f (balloon ~ *Ballon-*) | *Briefumschlag* m, *Kuvert* n || ⟨bot⟩ *Kelch* m | ⟨fort⟩ *Vorwall* m
  envenom [in´venəm] vt *vergiften* || ⟨fig⟩ *vergiften* || (*Gefühle*) *verbittern;* (*Geist*) *erbittert m*
  enviable [´enviəbl] a (–bly adv) *beneidenswert; z beneiden(d)* **-ier** [´enviə] s *Neider* m **-ious** [´enviəs] a (~ly adv) *neidisch* (of *auf, über*); to be ~ of a p because of *jdn beneiden um*
  environ [in´vaiərən] vt *umgeben, umringen*

(with); *umzingeln* **~ment** [~mənt] s *Umgebung* f (of a place, of a p & fig) || *Umgebung, Umwelt* f (= *Summe der umgebenden Einflüsse auf P or S*) || (home) ~ (*häusliches*) *Milieu* n **~mental** [~‚mentəl] a *Umgebungs–, umgebungs–, ortsbedingt* (disease); ~ *change Wechsel der Umgebung* m **~mentally** [~‚mentəli] adv *durch die Umgebung*

environs [in´vairənz] s pl *Umgegend, Umgebung* f (of a place, town), *die Vororte* m pl

envisage [in´vizidʒ] vt (*e–r Gefahr*) *ins Auge sehen* || *im Geiste betrachten, sich vorstellen; gedenken* (doing) || ⟨philos⟩ *durch Intuition wahrnehmen, anschauen*

envision [en´viʒən] vt *sich* (*etw*) *im Geiste vorstellen*

envoy [´envɔi] s † *Zueignungs–, Schlußstrophe* f

envoy [´envɔi] s *Gesandter* m *zweiten Grades* (*unter dem* ambassador) || *Bote, Agent* m

envy [´envi] **1.** s *Neid* m (of a p *auf jdn*; of, at a th *über etw*), *Mißgunst* f (of *gegen*) || *Gegenstand des Neides, der Eifersucht* (she is the ~ of ..) | demon of ~ *Neidteufel* m || to be eaten up with ~ *vor Neid vergehen* || to be green with ~ *blaß, grün w vor Neid* **2.** vt (*jdn*) *beneiden* (I ~ him) || I ~ their success, I ~ them their success *ich beneide sie um ihren Erfolg* m

enwind [in´waind] vt [–wound/–wound] ⟨poet⟩ *umw·inden*

enwrap, in– [in´ræp] vt [–pp–] *einwickeln* (in *in*), *umhüllen* ⟨a fig⟩

enwreathe [in´ri:ð] vt *umkränzen, umwinden, umgeben* (with)

enzootic [‚enzou´ɔtik] **1.** a (in cattle) *enzo·otisch* (disease) **2.** s *enzo·otische* (*an e–m Orte auftretende*) *Krankheit, Enzoot·ie* f

enzyme [´enzaim] s ⟨chem⟩ *Enzym* n, *Ferm·ent* n

eo– Gr [in comp] *sehr früh, frühest* **~cene** [´i:osi:n] s ⟨geol⟩ *das Eoz·än* (*untere Abteilung der Tertiärform*) **~lith** [´i:oliθ] a ⟨praeh⟩ *Eol·ith* m (*Feuersteinsplitter*), *Steinwerkzeug* n **~lithic** [‚i:o´liθik] a *frühsteinzeitlich* **~zoic** [i:o´zouik] a ⟨geol⟩ *eoz·oisch*

eon [´i:ən] s = æon

eosin(e) [´i:osin] s *Eos·in* n (*Farbstoff*)

epact [´i:pækt] s ⟨astr⟩ *Ep·akte* f

eparch [´epɑ:k] s ⟨ant⟩ *Eparch* m

epaulement [epɔl´mɑ̃] s Fr ⟨fort⟩ *Brust–, Schulterwehr* f

epaulet, –ette [´epɔ:let] s Fr ⟨mil⟩ *Epaulette* f, *Achselstück* n; to win one's ~s *z Offizier befördert w*

épée [ei´pei] s Fr ⟨fenc⟩ *Degen* m

epenthesis [e´penθisis] s Gr *Epenth·ese* f (*Einschaltung v Lauten*)

epergne [i´pə:n] s Fr *Tafelaufsatz* m

epexegesis [e‚peksi´dʒi:sis] s Gr *erklärende Hinzufügung, Zutat* f **–getic(al)** [e‚peksi´dʒetik(əl)] a *erklärend*

ephebe [e´fi:b], **–bus** [~əs] s ⟨ant⟩ *Eph·ebe* m (*18–20jähr. Jüngling*)

ephemera [i´femərə] s L [pl ~s] **–ron** [–rən] s Gr [pl –rons, –ra] *Eintagsfliege* f; ⟨fig⟩ *kurzlebiges Wesen* n

ephemeral [i´femərəl] a *ephem·er, eintägig; kurzlebig; flüchtig, schnell vorübergehend* **~ity** [i‚femə´ræliti] s *ephemere Eigenschaft* f

ephemerid [i´femərid] s ⟨ent⟩ *Eintagsfliege* f

ephemeris [i´feməris] s Gr (pl –rides [‚efi-´meridi:z]) *astron. Tabelle* f *über tägl. Stellung der Himmelskörper*

Ephesian [i´fi:ʒiən] s *Epheser*(*in* f) m

ephor [´efɔ:] s ⟨ant⟩ *Eph·or* m || ⟨mod⟩ *Leiter* m

epi– Gr pref *in der Bedeutung: auf, an, bei; daran, dazu, danach* **~blast** [´epiblæst] s ⟨biol⟩ *äußeres Keimblatt* n (*des Embryos*)

epic [´epik] **1.** a *episch*; ⟨übtr⟩ *heldenhaft, heldisch, Helden–* (~ *achievements –leistungen, –taten*) || ~ *laughter homerisches Gelächter* **2.** s (a ~ poem) *Epos, Heldengedicht* n, national ~ *Nationalepos* n **~al** [~əl] s (~ly adv) *nach Art des Epos; erzählend; episch*

epicedium [‚epi´si:diəm] s L *Grabgesang* m

epicene [´episi:n] **1.** a ⟨gram⟩ *beiderlei Geschlechts* ⟨a fig⟩ **2.** s *ein Wesen* n *beiderlei Geschlechts*

epicentre [´episentə], **–trum** [‚epi´sentrəm] s *Gebiet* n *über e–m Erdbebenherd*

epicontinental [‚epikɔnti´nentl] a ⟨geog⟩ ~ *sea Schelfmeer* n

epicure [´epikjuə] s *Feinschmecker, Genießer* m **~an** [‚epikjuə´riən] **1.** a *epikur·eisch* ⟨fig⟩ *genußsüchtig, sinnlich* **2.** s *Epikur·eer* m; *genußsüchtiger Mensch* m **~anism** [‚epikjuə´riənizm] s *Epikurismus* m, *Lehre* f *des Epikur* || ⟨fig⟩ *Genußsucht* f **–rism** [´epikjuərizm] s ⟨fig⟩ *Genußsucht*

epicycle [´episaikl] s ⟨astr⟩ *Epizykel* m **–cyclic** [‚epi´saiklik] a ~ *gear Planetengetriebe* n **–cycloid** [´epi´saiklɔid] s *Epizyklo·ide* f (*Radlinie*)

epidemic [‚epi´demik] **1.** a *epidemisch*; ⟨fig⟩ *grassierend* **2.** s *epidemische Krankheit, Seuche* f ⟨a übtr⟩ **~al** [~əl] a (~ly adv) = epidemic

epidemiological [‚epidi:miə´lɔdʒikəl] a *Seuchen–* (statistics)

epidermal [‚epi´də:məl], **–dermic** [‚epi´də:mik] a *Epidermis–* **–dermis** [‚epi´də:mis] s Gr *Epidermis* f

epidiascope [epi´daiəskoup] s *Epidiaskop* n **–gastrium** [‚epi´gæstriəm] s L *obere Bauchgegend* f **–genesis** [‚epi´dʒenəsis] s Gr ⟨biol⟩ *Epigen·ese* (*Entwicklung durch Neubildung*) f **~genetic** [‚epidʒi´netik] a ⟨minr⟩ *durch Neubildung entwickelt* **~gone** [´~goun] s *Epig·one, Nachfahre* m

epigram [´epigræm] s *Epigramm, Sinngedicht* n **~matic** [‚epigrə´mætik] a (~ally adv) *epigrammatisch*; ⟨fig⟩ *schlagkräftig, durchschlagend* **~matist** [‚epi´græmətist] s *Epigrammatiker* m **~matize** [‚epi´græmətaiz] vt *epigrammatisch behandeln, ausdrücken*

epigraph [´epigrɑ:f] s *Inschrift, Aufschrift* f; *Motto* n **~ic** [‚epi´græfik] a *epigraphisch* **~y** [e´pigrəfi] s *Epigraphik* f

epilepsy [´epilepsi] s ⟨med⟩ *Epilepsie, Fallsucht* f **–ptic** [‚epi´leptik] **1.** a *epileptisch* (~ *fit*) **2.** s *Epileptiker* m

epilogue [´epilɔg] s *Epil·og* m; *Schluß–, Nachwort* n

Epiphany [i´pifəni] s ⟨ec⟩ the ~ *das Epiphaniasfest, das Fest der Heiligen drei Könige* (6. *Januar*); = Twelfth Night || ~ *Manifestation, Offenbarung* f

epiphyte [´epifait] s ⟨bot⟩ *Epiphyt* m (*Scheinschmarotzer*)

episcopacy [i´piskəpəsi] s *bischöfliche Verfassung* f; the ~ [koll] *die* (*gesamten*) *Bischöfe*

episcopal [i´piskəpəl] a (~ly adv) *Bischofs–, bischöflich,* ~ *church Kirche* f *nach bischöflicher Verfassung* || ~ *gloves* [pl] *Pontifik·alhandschuhe* m pl **~ian** [i‚piskə´peiliən] **1.** a *z bischöflichen Kirche gehörig* **2.** s *Anhänger* m *der Episkopalverfassung; Mitglied* n *der Episkopalkirche* (*bes der C. E.*)

episcopate [i´piskəpit] s ⟨ec⟩ *Episkopat* n, *Bischofswürde* f || *Bistum* n || the ~ [koll] *die* (*gesamten*) *Bischöfe*

episcope [´episkoup] s ⟨opt⟩ *Epidiaskop* n

episode [´episoud] s *Episode* f; *Zwischen–, Nebenhandlung* f || *Abschnitt* m v *Ereignissen* (*aus größerem Ganzen*)

episodic(al) [‚epi´sɔu.k(əl)] a (–cally adv) *episodisch* || *gelegentlich or episodisch auftretend*

epistemology [i‚pisti:'mɔlədʒi] s ⟨philos⟩ *Erkenntnislehre, –theorie* f

epistle [i'pisl] s ⟨rhet⟩ *Brief* m | ∼ ⟨ec⟩ *Brief* m (the ∼ to the Romans), *Sendschreiben* n ‖ *Ep·istel* f, the ∼ *Auszug aus den Episteln beim heiligen Abendmahl* –olary [i'pistələri] a *brieflich, Brief–* (∼ *novel –roman*), ∼ *fiction Romane* m pl *in Briefform* (e.g. Richardson, Pamela [1740], Clarissa [1747–48]) –toler [i'pistələ] s *Briefschreiber* m ‖ ⟨ec⟩ *Epistelverleser* m

epistyle ['epistail] s ⟨arch⟩ *Architr·av* m

epitaph ['epitɑ:f] s *Grabschrift* f ‖ *Totengedicht* n

epitasis [e'pitəsis] Gr ⟨theat⟩ *Verschärfung, Vertiefung* f *des Konflikts, steigende Handlung* f

epithalamium [‚epiθə'leimiəm] s L [pl ∼s; –mia] *Hochzeitsgesang* m, *–gedicht* n

epithelial [‚epi'θi:liəl] a *Epithel–* **–elium** [‚epi-'θi:liəm] s L ⟨biol⟩ *Epith·el* n (*oberste Zellenschicht der Haut*)

epithet ['epiθet] s L *Ep·itheton, Attribut, Beiwort* n ‖ *Beiname* m | *bezeichnende Benennung* f **∼ic(al)** [‚epi'θetik(əl)] a (–cally adv) *Beiwort–*

epitome [i'pitəmi] s Gr *Auszug, Abriß* m; *gedrängte Inhaltsangabe* f ‖ *zus–fassende Darstellung; Zus–fassung; Darstellung* f (*e–s Dinges*) *im kleinen* (in ∼ *in verkleinerter Form*) **–mize** [i'pitəmaiz] vt *e–n Auszug* m *aus* or *von; e–e gedrängte Darstellung geben* v ‖ *zus–drängen, abkürzen*

epizoon [‚epi'zouən] s Gr *Außenschmarotzer;* [pl] –zoa *Epiz·oen* pl **–zootic** [‚epizo'ɔtik] **1.** a (*of cattle*) *epidemisch* (*disease*) → *abortion* **2.** s ⟨vet⟩ *Epizoot·ie, Landesseuche* f

epoch ['i:pɔk] s *Epoche* f (*to make an* ∼ *E. m*); *Zeitabschnitt* m ‖ *neuer Z.; Wendepunkt, Markstein* m; *this made* od *marked an* ∼ *in the history of dies bedeutete e–n M. in der Geschichte* [gen] | **∼–making,** ∼*–marking epochemachend, bahnbrechend* | **∼al** ['epəkəl] a *Epochen–* ‖ *epochemachend*

epode ['epoud] s ⟨ant⟩ *Ep·ode* f (*lyrische Gedichtform*)

eponym ['epənim] s L *Stammvater* m **∼ous** [i'pɔniməs] a *namengebend*

epopee ['epopi:] s Fr *episches Gedicht* n; *epische Dichtung* f

epos ['epɔs] s [pl ∼es] *frühe, ungeschriebene epische Dichtung* f ‖ *episches Gedicht* n | *f epische Darstellung geeignete Ereignisse* n pl

Epsom ['epsəm] (*Stadt in* Surrey) ∼ *salts Epsomer Bittersalz* n > Derby; oak

equability [‚ekwə'biliti] s *Gleichförmigkeit* f ‖ (*of temper*) *Gleichmut* m **–able** ['ekwəbl] a (–ably adv) *gleich, gleichförmig* ‖ (*of temper*) *gleichmäßig, ruhig, gleichmütig*

equal ['i:kwəl] **I.** a (∼ly adv, → *d*) **1.** *gleich* (*to a th e–r S*); *to be* ∼ *to* ⟨math⟩ *gleichen, gleich* s (*thrice three is* ∼ *to nine*) ‖ *to be* ∼ *to a th e–r S gleichkommen, entsprechen; entirely* ∼ *to the sample v genau gleicher Qualität wie* .. ‖ ⟨tech⟩ ∼ *angles gleichschenkliges Winkeleisen* n | ⟨fig⟩ *e–r S gewachsen* s; *wohl aufgelegt* s *z* or *f, nicht abgeneigt* s *gegen etw* (I am ∼ *to a glass of wine*); *to be* ∼ *to doing imstande, fähig* s *z tun* | *gleichförmig, –wertig* (in *an*); ∼ *in strength gleich an Stärke; of* ∼ *interest with v gleichem Interesse wie* **2.** *gleichmäßig; with* ∼ *ease mit gleichmäßiger Leichtigkeit* **3.** *gleichmütig, ruhig* (an ∼ *mind*) **II.** s *jd, der e–m anderen gleich ist; my* ∼s [pl] *meinesgleichen; his* ∼s *in age s–e Altersgenossen* pl; *he has not his* ∼, *he has no* ∼, *he is without* ∼ *er hat nicht seinesgleichen; to be the* ∼ *of a p jdm ebenbürtig* s ‖ ∼s [pl] *gleiche Dinge* n pl **III.** vt † *gleichmachen* | (*jdm*) *gleichkommen, –sein, gleichen* (in *an*) ‖ *to* ∼ *a*

record ⟨sport⟩ *e–n R. einstellen* **∼itarian(ism)** [‚i:kwɔli'tɛəriən(izm)] s *Gleichmacher(ei* f) m **∼ity** [i'kwɔliti] s *Gleichheit* f (between; with a p in *mit jdm in*); ∼ (*of status*) *politische Gleichberechtigung* f (between .. and .. *v* .. *u*); *to be on an* ∼ *with auf gleicher Stufe stehen mit* ‖ *Gleichförmigkeit* f **∼ization** [‚i:kwəlai'zeiʃən] s *Gleichstellung, Gleichmachung* f ‖ ⟨tech⟩ ∼ *of temperature Temperat·urausgleich* m ⟨tech⟩ *Entzerrung* f ‖ ⟨bank⟩ ∼ *claims Ausgleichsforderungen* f pl **∼ize** ['i:kwəlaiz] vt *gleichmachen, gleichstellen* (to, with); *ausgleichen* ⟨a sport⟩ **∼izer** [∼ə] s ⟨ftb⟩ *Ausgleichstor* n ‖ ⟨rec⟩ *Entzerrer* m **∼ly** [∼i] adv *in gleichem Maße; z gleichen Teilen; ebenso,* ∼ *good ebensogut* ‖ ∼ *with ebenso wie* (I .. ∼ *with you* ..); *zus– mit*

equanimity [‚i:kwə'nimiti] s *Gleichmut* m (with ∼ *mit G.*)

equate [i'kweit] vt (*jdn, etw*) *gleichstellen, –setzen* (with *mit*), *auf gleiche Stufe stellen* (with *mit*); *to be* ∼d *with auf gl. St. gestellt* w *mit* ‖ *to be* ∼d *to* (*e–r S*) *angepaßt* s (*the salaries are* ∼d *to the responsibilities*)

equation [i'kweiʃən] s *Ausgleichung* f ‖ ⟨math⟩ *Gleichung* f; *quadratic* ∼ ⟨math⟩ *quadratische G.; simple* ∼ ⟨math⟩ *G. ersten Grades* **∼al** [∼əl] a *Gleichungs–* ‖ *gleichmachend, ausgleichend*

equator [i'kweitə] s ⟨geog & astr⟩ *Äquator* m **∼ial** [‚ekwə'tɔ:riəl] **1.** a (∼ly adv) *äquatorial, Äquator–;* ∼ *current* ⟨mar⟩ *Passatströmung* f **2.** s (a ∼ *telescope*) *Äquatorial* n (*Refraktor* [*Fernrohr*])

equerry [i'kweri, 'ekwəri] s *Stallmeister* m; *Beamter der königlichen Haushalts* m

equestrian [i'kwestriən] **1.** a *Reit–, Reiter–;* ∼ *statue –statue* f **2.** s (*Kunst-)Reiter* m **∼ism** [∼izm] s *Reitkunst* f

equestrienne [i‚kwestri'en] s Fr (*bes Kunst-) Reiterin* f

equi– ['i:kwi–] [in comp] *gleich–* ‖ **∼angular** [‚i:kwi'æŋgjulə] a ⟨math⟩ *gleichwinkelig* **–distant** ['i:kwi'distənt] a (∼ly adv) *gleich weit entfernt* ‖ *abstandsgetreu* **∼lateral** ['i:kwi'lætərəl] a ⟨math⟩ *gleichseitig*

equilibrate [‚i:kwi'laibreit] vt/i ‖ *ins Gleichgewicht bringen; im G. halten* ‖ ∼d ⟨tech⟩ *entlastet* ‖ –ting ⟨a⟩ *Ausgleich* m | vi *im G.* s **–libration** [‚i:kwilai'breiʃən] s *Gleichgewicht* n (*to zu, with mit*) **–librist** [i:'kwilibrist] s *Seiltänzer, Akrobat* m **–librium** [‚i:kwi'libriəm] s *Gleichgewicht* n (*in a state of* ∼); *constant of chemical* ∼ *chemische Gleichgewichtskonstante* f; *to be in* ∼ *sich das G. halten;* ⟨a fig⟩ *political* ∼ *politisches G.* | [attr] ⟨tech⟩ ∼ *temperature Umwandlungstemperatur* f

equimultiple ['i:kwi'mʌltipl] s [mst pl ∼s] *gleichvielfache Größe* f

equine ['i:kwain] a *pferdeartig, Pferde–* **∼ly** [∼li] adv *wie ein Pferd* n

equinoctial [‚i:kwi'nɔkʃəl] **1.** a (∼ly adv) *äquinoktial; Äquinoktial–* (∼ *gale –sturm*) **2.** s *Äquinoktiallinie* f; *Himmelsäquator* m | ∼s [pl] *Äquinoktialstürme* m pl

equinox ['i:kwinɔks] s ⟨astr⟩ *Äquin·oktium* n, *Tag– u Nachtgleiche* f (*vernal* od *spring* ∼; *autumnal* ∼) ‖ *Äquinoktialsturm* m

equinuclear [‚i:kwi'nju:kliə] a ⟨at⟩ *gleichkernig*

equip [i'kwip] vt [–pp–] ⟨mil & mar⟩ *ausrüsten, equipieren* [a ⟨refl⟩] ‖ *mit geeignete Rüstzeug versehen, ausrüsten* (with) **∼age** ['ekwipidʒ] s ⟨mil⟩ *Ausrüstung* f ‖ *Begleitung* f, *Gefolge* n | *Kutschwagen* m *mit Pferden; Equipage* f ‖ *Besteck, Service* n (*tea* ∼) **∼ment** [∼mənt] s *Ausstattung* f ‖ ⟨tech⟩ *Apparat·ur, Anlage, Vor–, Einrichtung* f ‖ ⟨mil & mar⟩ *Ausrüstung* f,

Gerät n || ⟨com bal⟩ *Betriebs- u Geschäfts-ausstattung* f; ⟨fig⟩ *geistiges Rüstzeug* n
equipartition [ˌiːkwipɑːˈtiʃən] s *Gleichvertei-lung* f
equipoise [ˈekwipɔiz] **1.** s (*a moralisches*) *Gleichgewicht* n, *gleiche Stärke* f || *Gegen-gewicht* (to *gegen*) **2.** vt *aufwiegen*; *im Gleich-gewicht halten*
equipollence [ˌiːkwiˈpɔləns] s *Gleichwertigkeit* f **–ent** [ˌiːkwiˈpɔlənt] **1.** a *gleichstark, –wertig, –bedeutend* (with) **2.** s *Äquivalent* n, *Gleich-wertiges* n
equiponderant [ˌiːkwiˈpɔndərənt] a *gleich schwer, gleichwichtig, –gewichtig*
equipotential [ˌiːkwipəˈtenʃəl] a ⟨phys⟩: ~ field *Gleichspannungsfeld* n; ~ line *Linie* f *gleichen Potentials*
equisignal [ˌiːkwiˈsignəl] s ⟨aero wir⟩ *Ampli-tudengleichheit* f, *Dauerton* m
equitable [ˈekwitəbl] a (–bly adv) *billig, ge-recht, unparteiisch* || ⟨jur⟩ *billigkeitsgerichtlich, –rechtlich*; ~ *conversion durch Rechtsvermutung entstehende Umwandlung* f *beweglicher Sachen in unbewegliche u umgekehrt* **~ness** [~nis] s *Billig-keit* f; *Unparteilichkeit* f
equitation [ˌekwiˈteiʃən] s *Reiten* n; *Reitkunst* f
equity [ˈekwiti] s *Billigkeit, Unparteilichkeit, Gerechtigkeit* f || ⟨jur⟩ *das* (*ungeschriebene*) *Billigkeitsrecht* n (*ein das* common law *ergänzen-des Rechtssystem*); Court of ~ ⟨jur⟩ *Billigkeits-gericht* n; in ~ *im* "equity"*-Recht* || ⟨theat⟩ *Schauspieler-Gewerkschaft* f || –ties [pl] *nicht-festverzinsliche Wertpapiere* n pl || *Nettowert* m *e–s Pfandgutes nach Abzug der Lasten* || ~ of redemption *Rückkaufsrecht* n, *Differenz* zw *Hypothekenschuld u dem tatsächlichen Grund-stückswert*; one third ~ in the property being purchased *bei e–m Drittel Eigenkapital*
equivalence [iˈkwivələns], **–cy** [~si] s *Gleich-wertigkeit* f, *gleiche Geltung* or *Bedeutung* f –ent [iˈkwivələnt] **1.** a (~ly adv) *äquivalent, gleich-wertig, gleichbedeutend* (to *mit*) || ⟨chem⟩ *propor-tion·al* || ⟨aero⟩ ~ airspeed (abbr EAS) *äquiva-lente Eigengeschwindigkeit* f **2.** s *Äquivalent* n (of *f*); *volle Entsprechung* f, *Gegen–, Seitenstück* n (of *z*); *gleicher Wert, Betrag* m (in *in*); *Gegen-wert* m
equivocal [iˈkwivəkəl] a (~ly adv) *zweideutig, doppelsinnig* || *zweifelhaft* (~ success), *ungewiß* || (*P*) *fragwürdig, verdächtig* **~ity** [iˌkwivə-ˈkæliti], **~ness** [~nis] s *Zweideutigkeit* f
equivocate [iˈkwivəkeit] vi *zweideutig, doppel-züngig reden; Ausflüchte gebrauchen* **–ation** [iˌkwivəˈkeiʃən] s *Zweideutigkeit, Ausflucht* f **–ator** [iˈkwivəkeitə] s *Doppelzüngler, Wortver-dreher* m
equivoque, –voke [ˈekwivouk] s *Wortspiel* n || *Zweideutigkeit* f
–er [~ə] *lebendes Nominalsuffix z Bezeich-nung verschied. Beziehungen, z. B.* driver; hatter; (gas)burner; Londoner; fiver; → –or, –ee.
era [ˈiərə] s L [pl ~s] *Zeitrechnung, Ära* f, *Zeitalter* n (the Christian ~) || *neuer Zeitab-schnitt* m, *Epoche* f (to mark an ~) | ~-**making** *epochemachend*
eradiation [iˌreidiˈeiʃən] s *Ausstrahlung* f
eradicable [iˈrædikəbl] a *ausrottbar*; not ~ *nicht auszurotten*(*d*) **–ate** [iˈrædikeit] vt *ent-wurzeln, ausrotten* (*bes* fig) *ausjäten* **–ation** [iˌrædiˈkeiʃən] s *Entwurzelung, Ausrottung* f
erasable [iˈreizəbl] a *vertilgbar, verlöschbar*
erase [iˈreiz] vt *aus–, abkratzen* (from) || *aus-radieren, ausstreichen*; ⟨rec⟩ (*Tonband*) *löschen*; ⟨mot⟩ (*Reifen*) *radieren* || ⟨fig⟩ *auslöschen* (from *aus, v*); *vertilgen* | ~ signal ⟨wir⟩ *Irrungszeichen* n | ~**r** [~ə] s *Radiermesser* n; pencil-~, ink-~ *Radiergummi* m f Bleistift, Tinte || ⟨Am school⟩

Tafelwischer m || ~ pencil ⟨Am⟩ *Radier-*(*gummi*)*stift* m **–sing** [~iŋ] ~ key *Fehlertaste* f; ~ shield *Rad·ierschablone* f; ~ head (*Tonband-*) *Löschkopf* m
erasion [iˈreiʒən] s *Ausstreichung* f || ⟨surg⟩ *Auskratzung* f
Erastian [iˈræstiən] **1.** a *erastianisch* **2.** s *An-hänger* m *der Lehre des Erastus* († 1583) (*der die Kirche der Staatsgewalt unterordnet*)
erasure [iˈreiʒə] s *Ausradieren* n (from *aus, v*); *Ausradierung, Entfernung* f (from *aus, v*) || *aus-radierte Stelle, Rasur* f
erbium [ˈɔːbiəm] s ⟨chem⟩ *Erbium* n (*Grund-stoff*)
ere [ɛə] **1.** conj ⟨poet⟩ *ehe, bevor* **2.** prep *vor*; ~ this *schon vorher*
erect [iˈrekt] **1.** a (~ly adv) *aufrecht; erhoben* (with head ~) || *gerade*; to spring ~ *kerzen– in die Höhe springen*; to stand ~ g. *stehen*; ⟨fig⟩ *standhalten* || (of hair) z *Berge stehend* || *stand-haft* **2.** vt *aufrichten*; to ~ o.s. *sich auf–* || *auf-stellen* || *bauen, errichten*; to erect the scaffold *einrüsten* || ⟨fig⟩ *aufstellen* (a theory) || *erheben*, m (into *z*) **–ile** [~ail] a *aufgerichtet, hochste-hend*; ⟨biol⟩ *anschwellbar, erekt·il* (tissue) **–ing** [~iŋ] s *Aufbau* m, *Mont·age* f; ~ crane –*kran* m **~ion** [iˈrekʃən] s *Auf–, Errichtung, Aufführung* f || *Bau* m, *Gebäude* n || ~ drawing *Zus–bauzeich-nung* f || ⟨med⟩ *Erektion* f **~ness** [~nis] s *auf-rechte Haltung, Gradheit* f ⟨a fig⟩ **~or** [~ə] s *Errichter, Erbauer; Mont·eur* m || ⟨anat⟩ *Auf-richtmuskel* m
erelong [ɛəˈlɔŋ] adv ⟨poet⟩ *demnächst, bald*
eremite [ˈerimait] s *Einsiedler* m **–tic(al)** [ˌeri-ˈmitik(əl)] a *Eremiten–, Einsiedler-*
erenow [ɛəˈnau] adv *bereits, zuvor, bis jetzt*
erethism [ˈereθizm] s ⟨physiol⟩ *Reizbarkeit* f
erewhile [ɛəˈwail] adv *vor kurzem, früher*
Erewhonian [ˌeriˈwouniən] *(nach* Ercwhon [= nowhere], *Utopie v* S. Butler [1872]) **1.** a *Erewhon–* **2.** s *Bewohner v* Erewhon m
erg [ɔːg], **~on** [ˈɔːgɔn] s ⟨phys⟩ *Erg* n (*Einheit der Arbeit*)
ergatocracy [ˌɔːgəˈtɔkrəsi] s *die Herrschaft der Arbeiter*
ergo [ˈɔːgou] adv L ⟨*mst* hum⟩ *also, folglich*
ergot [ˈɔːgət] s ⟨bot⟩ *Brand* (*im Korn*) m, *Mutterkorn* (*Pilzkrankheit des Getreides*) n; *Arzneiware* f *aus* M. **~in** [~in] s *Extrakt aus* M. **~ism** [~izm] s *Kriebelkrankheit* f
Erhard [ˈɔːhɑːd] s → system
Erin [ˈiərin, ˈerin] s ⟨poet⟩ (*alter Name* f) *Irland*
eristic [iˈristik] **1.** a *Streit–, Disputier–* (~ art) **2.** s *Er·istik* f || *ein im Disputieren Geschul-ter* m
erk [ɔːk] s ⟨aero sl⟩ (f aircraftman) "*Hammel*" (*Rekrut*) m
ermine [ˈɔːmin] s ⟨zoo⟩ *Hermelin* n; *weißer* (*Winter-*)*Pelz* m *des Hermelins* || ⟨übtr jur⟩ *Rich-tertracht* f (→ silk, stuff); ⟨fig⟩ *Richteramt* n, *Richter· würde* f *des obersten Gerichtshofs*
erne [ɔːn] s ⟨orn⟩ *Fischgeier, Seeadler* m
erode [iˈroud] vt (of acids, diseases, etc) *zer–, wegfressen* || –**dent** [iˈroudənt], –**sive** [iˈrousiv] a *zerfressend* –**sion** [iˈrouʒən] s *Zerfressen* n, *Zer-fressung* f; ⟨med⟩ *Krebs* m || (of a stream) *Aus–, Unterwaschung* f; ⟨geol⟩ *Erosion* f; ⟨tech⟩ *Aus-kolkung* f, *Kolk* m, *Brack* n **~sional** [~əl] a *durch Erosion entst.*; *verursacht, Erosions–*; ~ surface ⟨geol⟩ *Verebnungsfläche* f
eros [ˈiərɔs] s Gr ·*Eros* m
erose [iˈrous] a (*am Rande*) *zerfressen*
erotic [iˈrɔtik] **1.** a *er·otisch*; *Liebes–* **2.** s *ero-tisches Gedicht* n **~ism** [iˈrɔtisizm] s *Erotik* f
erotisis [eˈrɔtisis] s ⟨rhet⟩ *rhetorische Frage* f
erotomania [eˌroutoˈmeiniə] s *Liebeswahn-sinn* m

err [ə:] vi † *sich verirren, abirren* (from *v*) ‖ (*sich*) *irren* (in a th, in doing) ‖ (of statements) *falsch sein, fehlgehen* ‖ *sündigen, auf Abwege geraten* **~ing** [´~riŋ] [attr *a*] *sündig* ‖ *unartig*

errand [´erənd] s *Botschaft* f ‖ *Auftrag, Gang* m; *Botengang* m | fool's-~ *Schustergang* m ‖ to go on an ~ *e–n Gang tun* ‖ to run ~s, to go on ~s *Wege besorgen* | ~-boy *Laufbursche* m

errant [´erənt] a *wandernd, fahrend*; knight-~ *fahrender Ritter* m; *umherreisend* ‖ *irrend* ‖ *abweichend* **~ry** [~ri] s *Umherirren, Umherschweifen* n ‖ (of a knight) *Irrfahrt* f

erratic [i´rætik] **1.** a (~ally adv) (of pains etc) *im Körper wandernd* ‖ *regel–, ziellos, unregelmäßig*; *sprunghaft*; *ungleichmäßig, unberechenbar, launenhaft* ‖ ⟨geol⟩ *err atisch* (~ blocks) **2.** s *Findling(sstein), erratischer Block* m

erratum [i´reitəm] L s (pl –ta [–tə]) (*Druck-*) *Fehler* m ‖ –ta [*a* sg konstr] *Druckfehlerverzeichnis* n

erroneous [i´rounjəs] a (~ly adv) *irrig, irrtümlich*; *falsch* **~ness** [~nis] s *Irrigkeit* f, *Irrtum* m

error [´erə] s *Irrtum* m; in ~ *im Irrtum*; *irrtümlicherweise*; to be in ~ *sich irren*; one ~ after another *ein I. nach dem anderen*; an often recurring ~ *ein oft wiederkehrender I.*; ⟨com⟩ ~s excepted (abbr E.E.) *Irrtum vorbehalten* ‖ *Fehler* m, *Versehen* n (to make, commit an ~); the margin of ~ *die Fehlergrenze* f ‖ ~ in indication ⟨tech⟩ *Fehlweisung, Falsch–, Fehlanzeige* f ‖ ~ function *Fehlerintegr al* n ‖ ⟨astr⟩ *Abweichung* f ‖ *Übertretung* f ‖ ⟨jur⟩ *Formfehler* m, clerical ~ *Schreibfehler* m; writ of ~ ⟨jur⟩ *Revisionsbefehl* m *wegen e–s Formfehlers*; *Berufungsklage* f, → tragic

Erse [ə:s] **1.** a [*fast obs*] *ersisch, gälisch* (*im schottischen Hochland*) ‖ ⟨vulg⟩ *irisch* **2.** s *das Ersische, Gälische* n (*Schottlands u Irlands*)

erst [ə:st] † adv *vormals, ehedem* **~while** [´ə:stwail] **1.** † adv = erst **2.** a *ehemalig, früher*

erubescence [₌eru´besns] s *Rotwerden, Erröten* n –ent [₌eru´besnt] a *errötend*

eruct [i´rʌkt], **~ate** [~eit] vi *aufstoßen, rülpsen* ‖ ⟨med⟩ [´i:rʌk´teiʃən] s *Aufstoßen, Rülpsen* n ‖ ⟨fig⟩ *Ausbruch* m (of a volcano)

erudite [´erudait] a (~ly adv) *gelehrt, belesen* –tion [₌eru´diʃən] s *Gelehrsamkeit, gelehrte Bildung*; *Belesenheit* f

eruginous [i´ru:dʒinəs] a *mit Grünspan beschlagen, kupfergrün*

erupt [i´rʌpt] vi (of teeth) *herauskommen* ‖ (of volcanoes) *ausbrechen* **~ion** [i´rʌpʃən] s (*Vulkan-*) *Ausbruch* m ‖ ⟨fig⟩ *Ausbruch* (of passion) ‖ ⟨med⟩ *Hautausschlag* m **~ive** [~iv] a *ausbrechend, hervorbrechend*; ⟨geol⟩ *Eruptiv–*; ⟨fig⟩ *losbrechend, stürmisch, gewaltsam* ‖ ⟨med⟩ *ausschlagartig, v Ausschlag begleitet*

–**ery** [–əri] *lebendes Suffix z Bildung v subst mit der Bedeutung v „Kolonie, Heim"*, → cattery, rookery

eryngo [i´riŋgou] s ⟨bot⟩ (*Meerstrands-*) *Mannstreue* f

erysipelas [₌eri´sipiləs] s Gr ⟨med⟩ *Wundrose, Rose* f

erythema [₌eri´θi:mə] s *Eryth em* n ‖ ~ therapy *Höhensonnenbestrahlung* f –**throcyte** [e´riθrəsait] s *rotes Blutkörperchen* n

escadrille [i:skə´dril] s *Geschwader* n *v mst 8 Schiffen bzw 6 Transportflugzeugen*

escalade [₌eskə´leid] **1.** s ⟨mil hist⟩ *Eskalade*, (*Mauer-*)*Ersteigung* f *mit Sturmleitern*; *Sturm* m **2.** vt ⟨hist⟩ *mit Sturmleitern ersteigen, erstürmen*

escalator [´eskəleitə] s *Rolltreppe* f ‖ ⟨com⟩ *Indexlohn* m ‖ [attr] *Roll–*; *Gleit–* ‖ ~ clause *Indexklausel* f

escallop [is´kɔləp] s *Kamm–, Jakobsmuschel* f

escapade [₌eskə´peid] s *Ausreißen* n ‖ (*Jugend-*) *Streich, toller Streich, Geniestreich* m

escape [is´keip] **I.** vi/t **1.** vi *entkommen*, –*wischen*, –*rinnen* (from *v, aus*) ‖ *mit dem Leben davonk* ‖ *ungestraft entk* | *ausströmen, entweichen* (from *aus*); (of steam) *auspuffen*, (of smoke) *abziehen* **2.** vt *entkommen*, –*rinnen*, –*fliehen aus* (to ~ *prison*) ‖ (*e–r S*) *entgehen*; to ~ *being laughed at der Gefahr entgehen, verlacht z w* | ⟨übtr⟩ to ~ *a p* (*S*) *jdm entgehen, übersehen w v jdm* (that fault ~d me); the sense ~s me *der Sinn leuchtet mir nicht ein* ‖ (*jdm*) *entfallen* (his name has ~d me) ‖ *entfahren* (the word ~d him) | to ~ (one's) notice *übersehen w* ‖ to ~ one's memory *jdm entfallen* **II.** s **1.** *Entrinnen*, –*kommen* n (from *aus, v*); his ~ from his pursuers *sein E. vor den Feinden* | *Bewahr–, Gerettetwerden* n (from *vor*) **2.** (of gas, smoke etc) *Ausströmung, Entweichung* f, *Ausfluß* m **3.** *verwilderte Gartenpflanze* f **4.** *Mittel* n *z Entkommen*; rope ~ *Seilrettungsgerät* n; ~ fire–~ **5.** (*P*) *zeitweises Versagen* n (*infolge v Überarbeitung* etc) **6. Wendungen:** a narrow ~ *ein Entrinnen mit genauer* (*knapper*) *Not*; he had a hairbreadth ~ *od* a narrow ~ *from drowning er wäre ums Haar ertrunken* ‖ to make one's ~ *sich aus dem Staube m* **7.** [attr] ~ apparatus, ~ gear *Tauchretter* m ‖ ~ clause *Ausnahme–, Rücktrittsklausel* f (*in e–m Vertrag*) ‖ ~ fillet ⟨arch⟩ *Abrundungsbogen* m (*e–s Säulenschaftes*) ‖ ~ gate ⟨tech⟩ *Bunkerauslauf* m, *Schurre* f ‖ ~-hatch *Notausstieg* m ‖ ~-ladder *Rettungsleiter* f ‖ ~-pipe ⟨tech⟩ *Abflußrohr* n ‖ ~-proof *ausbruchsicher* (jail) ‖ ~ steam *Auspuffdampf* m ‖ ~-valve ⟨tech⟩ *Abfluß–, Auslaßventil* n ‖ ~-wheel *Hemmungsrad (der Uhr)* | ~e [₌eskə´pi:] s ⟨pol⟩ *Flüchtling* m **~ment** [~mənt] s *Entkommen* n; *ein Mittel, Weg z entkommen* ‖ ⟨tech⟩ *Hemmung* f, *Stoßwerk* n (*an der Uhr*) ‖ (*Schreibmaschinen-*)*Schaltung* f

escapism [i´skeipizm] s *Weltflucht* f; *Leben* n *in e–r Phantasiewelt* f

escapologist [₌eskə´pələdʒist] s *Entfesselungskünstler* m

escarp [is´kɑ:p] **1.** s ⟨fort⟩ *vordere Grabenwand* (*e–s Schützengrabens*); *innere Grabenböschung* (*e–s Unterstandes*); ⟨*a* übtr⟩ **2.** vt *mit e–r Böschung versehen, zu e–r B. m* **~ment** [~mənt] s *Befestigungsanlage nach Art der escarp* ‖ ⟨geog⟩ *Böschung, Abdachung* f, *Steilabfall* m

eschalot [´eʃələt] s → shallot

eschar [´eskɑ:] s ⟨med⟩ *Schorf* m, *Kruste* f

eschatology [₌eskə´tələdʒi] s ⟨theol⟩ *Lehre* f *v den letzten Dingen*

escheat [is´tʃi:t] **1.** s ⟨jur⟩ *Heimfall* m (*e–s Lehns an den Lehnsherrn or Staat nach dem Tode sämtlicher Erben*) ‖ *das heimgefallene Gut* n **2.** vt/i *konfiszieren*; *als Heimfallsgut einziehen* | vi *anheimfallen*

eschew [is´tʃu:] vt *etw* (*ver*)*meiden, fliehen, scheuen*

eschscholtzia [i´ʃɔltsjə] s ⟨bot⟩ *Eschscholtzie* f, *Kalifornischer Mohn* m

esclandre [es´klä:dr] s Fr *Skandal(affäre* f) m

escort 1. [´eskɔ:t] s ⟨mil⟩ *Eskorte, Bedeckung* f ‖ *Geleit* n | *Schutz* m ‖ ⟨aero⟩ *Geleitschutz* m; ~ fighter *Begleitjäger* m; ~ of honour *Ehrengeleit*; ~ party ⟨mil⟩ *Bedeckungskommando* n **2.** [is´kɔ:t] vt *eskortieren, decken, geleiten* ‖ ⟨aero⟩ *Begleitschutz fliegen f*

escribed [i´skraibd] a ⟨math⟩ ~ circle *Ankreis* m (*äußerer Tangentialkreis*)

escritoire [₌eskri´twɑ:] s Fr *Schreibpult* n, –*tisch* m

escrow [is´krou] s *schriftliche Verpflichtungserklärung* f (*in Verwahrung e–s Dritten*)

escudo [es´kju:dou] s ⟨Span⟩ *Esc udo* m

(portugies. Währungseinheit [= *100 Centavos*])
esculent [´eskjulənt] **1.** a *eßbar, genießbar* **2.** s *Nahrungsmittel* n

escutcheon [is´kʌtʃən] s ⟨her⟩ *Wappenschild* m, *Wappen* n (a blot on a p's ∼ *ein Makel auf jds Namen, Ruf*) || *Schlüssellochschild, Schloß-blech* n, *Rosette* f || *Namenschild* n

-ese [–i:z] *lebendes betontes* suff **1.** *an Orts-namen* (Japanese; Londonese) **2.** *an Personen-namen* (Carlylese *im Stile Carlyles*) **3.** *z Bildung* v *Subst mit der Bedeutung* v *Sprache der Ein-wohner e–s Landes* (Japanese), *–geheimsprache, –schwulst, –stilverschrobenheit* (Journalese, med-icalese, offic(ial)ese, pedaguese, scientese)

esker, -kar [´eskə] s ⟨geol⟩ *Öser* m (*glaziale Kiesablagerung*)

Eskimo, Esquimau [´eskimou] s (pl ∼os, ∼oes; –maux [–mouz]) *Eskimo* m

esophagus [i:´sɔfəgəs] s ⟨Am⟩ → oesophagus
esoteric(al) [ˌesou´terik(əl)] a (–cally adv) *esot erisch*; f *Eingeweihte bestimmt*; *auserlesen*; *geheim, vertraulich*

espalier [is´pæljə] s Fr ⟨hort⟩ *Spalier* n || *Spalierbaum* m

espantoon [ispæn´tu:n] s ⟨Am⟩ *Polizei-knüppel* m

esparto [es´pɑ:tou] s ⟨bot⟩ *span. Pfriemen-gras* n, *span. Ginster* m (f *Flechtarbeit* etc)

especial [is´peʃəl] a *besonder, hauptsächlich, Haupt–* (my ∼ friend); *vorzüglich* (with ∼ dex-terity) **∼ly** [∼i] adv *besonders, in hohem Maße* || *hauptsächlich* (two scenes ∼)

Esperanto [ˌespə´ræntou] s *Esperanto* n (*Welt-hilfssprache*)

espial [is´paiəl] s *Spähen, Erspähen* n **-ier** [is´paiə] s *Späher, Erspäher* m **-ionage** [ˌespiə-´nɑ:ʒ] s Fr *Spionieren* n, *Spionage* f

esplanade [ˌesplə´neid] s *offener freier Platz* m, *Promenade* f || ⟨fort⟩ *Esplanade* f

espository [is´pɔzitəri] s ⟨R. C.⟩ *Monstranz* f
espousal [is´pauzəl] s † *Parteinahme* f; *Ein-treten* n (of f), *Anschluß* m (of an) | [mst pl ∼s] *Vermählung, Eheschließung* f

espouse [is´pauz] vt *heiraten* (v *Manne gebr.*) || (*ein Mädchen*) *verheiraten* (to an) || ⟨fig⟩ *Partei ergreifen* f, *eintreten* f, *sich* (e–r S) *an-nehmen*

espresso [is´presou] It (a: ∼ bar) (*Kaffee-*) *Espressostube* f

esprit [es´pri:] s Fr *Geist, Witz* m || ∼ de corps *Korpsgeist* m

espy [is´pai] vt *erspähen*; (*Fehler*) *entdecken*
-esque [–esk] *lebendes betontes* suff = „*im Stile v*" (Turneresque)

esquire [is´kwaiə] s † *Landedelmann, Guts-besitzer* m | *Titel* (*nachgestellt*) *bes auf Briefen* (abbr Esq.) *Hochwohlgeboren* (Robert Nelson, Esq. B.A. *Herrn R.N., B.A., Hochwohlgeboren*)

ess [es] s *Buchstabe S*; *S-Form* f (Collar of ∼es ⟨engl⟩ *Amtskette* f *des Lord Chief Justice* etc) || *S-Haken* m || *S-Nadel* f (Monotype)

essay 1. [´esei] s *Versuch* m (at a th *e–r S, mit e–r S*; at doing z *tun*) || *Aufsatz, Versuch* m, *Ab-handlung* f (on, in *über*); prize ∼ *Preisarbeit* f **2.** [e´sei] vt/i [∼ed/∼ed/∼ing] *probieren*; *ver-suchen* (a th; to do) || vi *versuchen* **∼ist** [´eseiist] s *Essay ist, Verfasser* m v *Essays*

essence [´esns] s *Geist* m, *innerstes Wesen* n, *Kern* m || *Wesentliches* n; *wesentliche, unent-behrliche Eigenschaft* f || *Ess enz* f; *Extrakt* m ⟨a fig⟩

essential [i´senʃəl] **1.** a (∼ly adv) *wesentlich, erforderlich* (it is ∼ [that he (should) come]), → *important*; *wichtig, unentbehrlich* (to f) || ∼ oil ⟨chem⟩ *ätherisches Öl* n || ∼ part *Bestandteil* m || ∼ supply service *lebenswichtiger Betrieb* m **2.** s [*oft* pl] *wesentlicher Umstand* m (a vital ∼ to *ein wesentlicher Umstand* f); *Hauptsache* f (to

f) **∼ity** [iˌsenʃi´æliti], **∼ness** [∼nis] s *das Wesent-liche* n
-est [–ist] ⟨† & poet bib⟩ *Endung der 2.* sg prs: goest [´gouist]

establish [is´tæbliʃ] **1.** vt *festsetzen* || *er–, ein-richten, einführen*; *verwirklichen*; (*Wege*) *fest-legen* ⟨fig⟩; *einsetzen*; to ∼ o.s. *sich niederlassen* or *etablieren, sich e–e Existenz gründen*; to be soundly ∼ed *fest im Sattel sitzen* ⟨fig⟩ || *unter-bringen* || *gründen* || ⟨mil⟩ (*Standrecht*) *ver-hängen* || ⟨jur⟩ (*Verfahren*) *festlegen* **2.** (*Ruhm*) *begründen*; *durchsetzen, erringen*; (*Ordnung*) *schaffen*; (*Rekord*) *aufstellen* | *be–, erweisen, außer Frage stellen* (a th, that) | *definitiv fest-stellen* || (*Kirche*) *verstaatlichen* | **∼ed** [∼t] a *fest, ständig, bestehend*; old ∼ *alteingesessen* || the ∼ Church *die Staatskirche* **∼ment** [∼mənt] **1.** s *Einricht–, Gründ–, Erricht–, Niederlassung* f | *Fest–, Einsetzung*; *Gestaltung* f (*e–r Politik*); the ∼ ⟨pol⟩ *das (jeweilige mst Links-)System*; the Church ∼, the ∼ *die staatskirchl. Verfas-sung, Staatskirche* || *Festsetzung, –stellung* f (of a text) || ⟨mar⟩ ∼ of a port *Hafenzeit* f **2.** *Haus-halt* m (separate ∼ *getrennter H.*, to have a separate ∼ *eine Mätresse halten*); to keep up a large ∼ *ein gr Haus führen* **3.** *Anstalt* f, *Institut* n || ⟨com⟩ *Etablissement* n, *Firma* f, *Betrieb* m, *Geschäft* n **4.** *Personal* n; *Mannschaft* f, *Bestand* m || (*a military* ∼) *stehendes Heer* n; peace ∼ *Friedens–*, war ∼ *Kriegsstärke* f; *Stellen-(besetzungs)plan* m; *Soll–, Planstärke* f; the ∼ provides for 3 captains *im St. sind 3 Hauptleute vorgesehen*; to bring up to ∼ *auf vollen Stand bringen*; the unit is up to ∼ .. *ist voll besetzt*; after a satisfactory period of employment ∼ takes place .. *findet endgültige Übernahme statt*

estate [is´teit] **1.** s ⟨† bib⟩ *Zustand, Stand* m || † *Rang, Stand* m | *Klasse* f (the third ∼) **2.** *Nutznießung* f *an beweglichem u unbeweg-lichem Besitztum, Besitzrecht* n; ∼ for life *Nieß-brauch* m *an e–m Grundstück* **3.** (*Bau-*)*Grund, Bauplatz* m, *Bodenparzelle* f; gr *Grundstück* n, *Landsitz* m, *Besitzung* f, *Gut* n; ∼ in fee simple *unbeschränktes (vererbliches) Grundeigentum* n, *Eigengut* n; ∼ in fee tail *auf Leibeserben be-schränktes Lehen* n; ∼ in severalty *Sondereigen-tum* n || *Besitztum, Vermögen* n, *Erbschafts-masse* f, *Nachlaß* m || (*a bankrupt's* ∼) *Kon-kursmasse* f **4.** man's ∼ *Mannesalter* n; at marriage ∼ *im Heirats–* || ⟨engl⟩ the Three ∼s of the Realm (Lords Spiritual, Lords Temporal u Commons) || the fourth ∼ ⟨hum⟩ *die Presse* f | personal ∼ ⟨jur⟩ *Mobiliarvermögen* n, *be-wegliche Habe* f || real ∼ ⟨jur⟩ *Immobiliarver-mögen* n, *unbewegl. Habe* f, *Grundbesitz* m || housing ∼ *Wohn–*, industrial ∼ *Fabrik–*, trading ∼ *Geschäftsviertel* n **5.** [attr] ∼ car ⟨mot⟩ *Kombiwagen* m || ∼-duty, ∼-tax *Nachlaß-steuer* f

esteem [is´ti:m] **1.** vt *achten, hochschätzen* (highly ∼ed) || *erachten als, f*; *halten* f (I ∼ it an honour, a favour) **2.** s *Wertschätzung* f; *Ach-tung* f (for, of vor); to hold in ∼ *achten*

ester [´estə] s ⟨chem⟩ *Ester* m **∼ification** [isˌterifi´keiʃən] s *Veresterung, Esterbildung* f

Esth [esθ], **Esthonian, Estonian** [es´touniən] **1.** a *estnisch, estländisch* **2.** s *Este, Estländer, m*; the ∼s *die Esten* pl || *das Estländische*

esthete [´i:sθi:t] s **esthetic** [is´θetik] a ⟨Am⟩ → æsthete, æsthetic

estimable [´estiməbl] a (–bly adv) *achtungs–, schätzungswert*

estimate 1. [´estimit] s *Schätzung* f (at a moderate ∼) || *Überschlag* m; *Vor–, Kosten-anschlag* m; rough ∼ *ungefährer Überschlag* m; the ∼s [pl] *der Voranschlag im Staatshaushalt, der Haushaltsv oranschlag, der veranschlagte Etat* m (the Navy ∼s etc); ∼ of expenditure *Aus-*

gabebudget n | ⟨übtr⟩ *Abschätzung, Beurteilung* f; ⟨mil⟩ ~ of situation *Lagebeurteilung* f; to form an ~ of *abschätzen, beurteilen* 2. ['estimeit] vt (*ab*)*schätzen, berechnen, veranschlagen* (at *auf*) || ~d compound meteorological message ⟨artill⟩ *Barbarabehelfsmeldung* f || ~d time of arrival (abbr ETA) (of departure (abbr ETD)) *geschätzte, voraussichtliche Ankunftzeit* f | ⟨übtr⟩ *beurteilen* –ation [ˌesti'meiʃən] s *Schätzung, Achtung* f; to be in ~ *in A. stehen*; to hold in ~ *hochschätzen* || *Schätzung, Veranschlagung* f || *Meinung, Ansicht* f; in my ~ (*m–r A. nach*)

estival [i:s'taivəl] a → aestival

estop [is'tɔp] vt † *verstopfen* || [*bes* pass] ⟨jur⟩ (*jdn*) *abhalten, hindern* (from a th *an etw*; from doing) ~**pel** [~əl] s ⟨jur⟩ *Hinderung* f *des Gegners an dem Nachweis e–r Behauptung, die im Widerspruch steht mit gerichtl. Protokoll* etc; *Arglisteinrede* f, *Schikaneverbot* n; *Unmöglichkeit* f, *e–e Tatsache z behaupten, z verneinen, oder ein Recht z beanspruchen, weil im Widerspruch z früherem Verhalten oder unwiderlegbaren Tatsachen stehend*

estovers [i'stouvəz] s pl ⟨jur⟩ *Deputat-* (*anrecht*) n (*an Holz* etc)

estrade [es'trɑ:d] s *Estrade* f; *leicht erhöhter Platz* m

estrange [is'treindʒ] vt (*jdn*) *abhalten, –wenden* (from *v*); (*jds Zuneigung*) *abwendig m, entfremden* (from a p *jdm*) ~**ment** [~mənt] s *Entfremdung* f (from *v*)

estray [es'trei] s *verirrtes Haustier* n

estreat [is'tri:t] vt *Strafe zahlen l*, (*jdn*) *in Geldstrafe nehmen*

estrich ['estritʃ], **estridge** [–idʒ] ~ wool *Heidschnuckenwolle* f

estrone [i'stroun] s *weibliches Hormon* n *im Urin trächtiger Tiere*

estuary ['estjuəri] s *Meeresbucht* f, *den Gezeiten ausgesetzte Flußmündung* f

esurience [i'sjuəriəns] s *Hunger* m; *Gefräßigkeit* f –**ent** [i'sjuəriənt] a *hungrig*; *gefräßig*

etcetera, et cetera [it'setrə, et'se–] 1. (abbr etc.) *u so weiter* 2. [s pl] ~s *Kleinigkeiten* f pl

etch [etʃ] vt/i || (*etw*) *ätzen, radieren* | vi *ätzen* (on *auf*) ~**er** ['~ə] s *Radierer* m ~**ing** ['~əŋ] s *Ätzen* n || *Radierung* f | [attr] ~-needle *Radiernadel* f

eternal [i'tə:nəl] 1. a (~ly adv) *ewig, immerwährend*; the ᴇ City *die Ewige Stadt* (*Rom*) || *unveränderlich* || ⟨fam⟩ *unaufhörlich* 2. s the ᴇ *der Allmächtige* (*Gott*) || ~s [pl] *ewige Dinge* pl ~**ize** [~aiz] vt *verewigen*

eterne [i'tə:n] a = eternal

eternity [i'tə:niti] s *Ewigkeit* f || ⟨übtr⟩ *sehr lange Zeit* f

eternize [i:'tə:naiz] vt *ewig m*; *unvergeßlich m*; *unsterblich m, verewigen* || (*Zustand*) *auf unbest. Zeit verlängern*

Etesian [i'ti:ʒien] a *Jahres–, periodisch*; ~ winds [pl] *passatartige Winde* m pl; *Et esien* pl –**eth** [–iθ] ⟨poet & bib⟩ *Endung der 3. sg prs*: *goeth* ['gouiθ]

ethane ['eθein] s *Eth an*(*gas*) n

ether ['i:θə] s ⟨poet⟩ *Äther* m; *Himmel* m || ⟨chem & phys⟩ *Äther* || ⟨übtr wir⟩ *the studio is no longer on the* ~ *der Senderaum sendet nicht mehr* | ~ waves [pl] *Ätherwellen* f pl ~**eal** [i'θiəriəl] a (~ly adv) *äth erisch* || ⟨fig⟩ *himmlisch, vergeistigt*; *zart*; *duftig* ~**eality** [iˌθiəri'æliti] s *ätherisches Wesen* n; *äther. Eigenschaft* f ~**ealize** [i'θiəriəlaiz] *ätherisieren* || ⟨fig⟩ *ätherisch m*; *vergeistigen, verklären*; *den geistigen Gehalt* (*e–r S*) *herausbringen* ~**ic** [i'θerik] a ⟨phys⟩ *Äther–* ~**ify** [i'θerifai] vt ⟨chem⟩ *in Äther verwandeln* ~**ize** ['i:θəraiz] vt ⟨chem⟩ *in Äther verwandeln* || ⟨med⟩ *mit Äther betäuben*

ethic ['eθik] 1. * a = ~al 2. * s = ~s ~**al**

[~əl] a *ethisch, moralisch, sittlich*; *nicht dem Berufsethos zuwider laufend, berufsethisch* || ~ dative *ethischer Dativ* [~əli] adv *in sittlicher Beziehung* ~**ist** ['eθisist] s *Ethiker*; *Moralist* m ~**s** ['eθiks] s [sg konstr] *Ethik, Sittenlehre*; *Moral* f; [*aber*]: *such* ~ *are abominable solche moralische Entgleisungen* ..

Ethiopian [ˌi:θi'oupjən] 1. a *äthiopisch* 2. s *Äthiopier*(*in* f) m –**pic** [ˌi:θi'ɔpik] 1. a *äthiopisch* 2. s *die äthiopische Sprache* f

ethnic(al) ['eθnik(əl)] a (–cally adv) *ethnisch, volklich, völkisch* || *heidnisch* ||–nic group *Volksgruppe* f | ~ German 1. a *deutschstämmig, volksdeutsch* 2. s *Volksdeutscher* m

ethno– ['eθno] Gr [in comp] *Völker–, Ethno–* ~**grapher** [eθ'nɔgrəfə] s *Ethnograph* m ~**graphic(al)** [ˌeθnə'græfik(əl)] a (–cally adv) *ethnographisch* ~**graphy** [eθ'nɔgrəfi] s *Völkerbeschreibung* f ~**logic(al)** [ˌeθnə'lɔdʒik(əl)] a (–cally adv) *ethnologisch* ~**logist** [eθ'nɔlədʒist] s *Ethnolog* m ~**logy** [eθ'nɔlədʒi] s *Völkerkunde* f

ethogram ['eθogræm] s ⟨biol⟩ *Ethogr amm* n (*Verhaltensinventar*)

ethology [i'θɔlədʒi] s *Wissenschaft* f *v der Charakterbildung* || (*T*) (*objektive*) *Verhaltensforschung, Etholog ie* f

ethos ['i:θɔs] s Gr *Ethos* n; *sittl. Gehalt* m

ethyl ['eθil] s ⟨chem⟩ *Äthyl* n; ~ acetate *Essigäther, –ester* m || ~ alcohol *Äthylalkohol* m ~**ene** [~i:n] s *Äthyl en* n (*Kohlenwasserstoffgas*)

etiolate ['i:tioleit] vt *bleichen* (*durch Ausschluß v Licht*) ⟨a fig⟩ –**ation** [ˌi:tio'leiʃən] s *Bleichen*; *Bleichwerden* n

etiology [i:ti'ɔlədʒi] s ⟨Am⟩ *Ursachenforschung* f, → aetiology

etiquette [ˌeti'ket] s Fr *Etikette* f; *Hofzeremoniell* n || (*Flaschen-*)*Schild* n

etna ['etnə] s *Art Spirituskocher* m

Eton ['i:tn] s (*Stadt in Buckinghamsh.*) ~ coat = ~ jacket | ~ collar *breiter, steifer Kragen* m *über dem Mantelkragen* || ~ crop *Knaben*(*haar*)*schnitt* m (*der Frau*) || ~ jacket *kurzes schwarzes Jackett des Eton-Schüler* ~**ian** [i'tounjən] s *Schüler* m *des* Eton-College | ~**s** [~z] s pl *Etontracht* f

Etruscan [i'trʌskən] 1. s *Etrusker* m 2. a *etruskisch*

et seq(q) [et sek] L *u folgende*

–**ette** [–et] *lebendes betontes* suff 1. *diminutivbildend* 2. ⟨com⟩ *im Sinne „nachgemacht"*, –*imitation* (leatherette *Kunstleder*)

etui [e'twi:] s Fr *Etui* n, *Hülle* f

etymolog(al) [ˌetimə'lɔdʒik(əl)] a (–cally adv) *etymologisch* –**ologist** [ˌeti'mɔlədʒist] s *Etymolog* m –**ologize** [eti'mɔlədʒaiz] vt/i || (*Wort*) *auf s–n Ursprung untersuchen*; *ableiten* | vi *Etymologie treiben* –**ology** [ˌeti'mɔlədʒi] s *Etymologie, Wortableitung* f –**on** ['etimən] s Gr *Grundwort* n

eu– [ju:] Gr pref *gut, wohl*

eucalyptus [ˌju:kə'liptəs] s ⟨bot⟩ *Eukalyptus* m; –*öl* n; *Fieberbaum* m

eucharis ['ju:kəris] s ⟨bot⟩ *Amazon-Lilie* f

eucharist ['ju:kərist] s ⟨ec⟩ *heiliges Abendmahl* n; *bes das Brot desselben* (to give, receive the ᴇ) –**ic(al)** [ˌju:kə'ristik(əl)] a *eucharistisch*

euchre ['ju:kə] 1. s *ein Kartenspiel* 2. vt (*jdn*) *im Spiel besiegen* || ⟨fig⟩ *schlagen*; *vereiteln*

Euclid ['ju:klid] (*euklidische*) *Geometrie* f

eud(a)emonic [ˌju:di:'mɔnik] 1. a *glückbringend* 2. [s pl] ~s *Mittel* n pl *z Glück* ~**al** [~əl] a = eud(a)emonic

eud(a)emonism [ju:'di:mənizm] s *Eudämon ismus* m

eudiometer [ˌju:di'ɔmitə] s ⟨phys⟩ *Eudiometer, Luftgütemesser* m

eugenic [ju:'dʒenik] 1. a *rassenhygienisch, –veredelnd*; ~ sterilization *eug enische Un-*

fruchtbarmachung f **2.** [s pl] ~s [sg konstr]
Eug·enik, Rassenhygiene f **~ally** [~əli] adv *in
rassenhygienischer Hinsicht*

euhemerism [juːˈhiːmərizm] s *Erklärung* f
*mythologischer Gestalten als vergöttlichter
Menschen*

eulogist [ˈjuːlədʒist] s *Lobredner* m **~ic(al)**
[juːləˈdʒistik(əl)] a (–cally adv) *lobend, preisend*
eulogium [juːˈloudʒiəm], **–gy** [ˈjuːlədʒi] s *Lobrede* (on *auf*); *Lobpreisung* f, *Lob* –**ize** [ˈjuːlədʒ-
aiz] vt *loben, preisen*

eunuch [ˈjuːnək] s *Eun·uch, Entmannter* m ‖
Schwächling m

euonymus [juˈɔniməs] s L ⟨bot⟩ *Spindelbaum*
m

eupepsia [juːˈpepsiə] s Gr *gute Verdauung* f
–**ptic** [juːˈpeptik] a *leicht verdaulich; gut verdauend* ⟨a übtr⟩; ⟨übtr⟩ *kerngesund u bester
Laune* f

euphemism [ˈjuːfimizm] s *Euphem·ismus, be-
schönigender Ausdruck* m; sprachl. *Verhüllung* f
(*e–s anstößigen Wortes*) –**istic(al)** [juːfiˈmistik-
(əl)] a (–cally adv) *euphemistisch, beschönigend,
mildernd*

euphonic(al) [juːˈfɔnik(əl)] a (–cally adv)
wohlklingend –**onious** [juːˈfouniəs] a ⟨oft iron⟩
wohlklingend; volltönend –**onium** [juːˈfouniəm] s
ein Blechblasinstrument n –**ony** [ˈjuːfəni] s *Wohlklang* m, ⟨a Lit⟩

euphorbia [juːˈfɔːbiə] s L ⟨bot⟩ *Wolfsmilch* f
euphoria [juˈfɔːriə], **–ry** [ˈjuːfəri] Gr *Eupho-
r·ie* f, *Gefühl* n *des Wohlbefindens*; ⟨sl⟩ (*wohliger*)
Dämmerzustand m, „*Narkose*" f

euphrasy [ˈjuːfrəsi] s ⟨bot⟩ *der Augentrost* m
euphuism [ˈjuːfjuizm] s ⟨Lit⟩ (*Stil des 17. Jhs*)
Euphu·ismus m ‖ *gezierte Ausdrucksweise* f ‖
–**ist** [ˈjuːfjuist] s *Nachahmer des Euphuismus*
–**istic** [juːfjuˈistik] a *euphuistisch* ‖ *geziert*
–**istically** [~əli] adv *in der Manier des Euphuismus*

Eurasian [juəˈreiʒən] **1.** a *eurasisch; europäo-
asiatisch* **2.** s *Eurasier* m (*Mischling v Europäern
u Eingeborenen v Brit. Indien*)

Euratom [juəˈrætəm] s = European Atomic
Energy Committee

eureka [juəˈriːkə] Gr intj *ich habe es* (*gefunden*)!

eurhythmics [juːˈriθmiks] s [sg konstr] *die
schöngegliederte Bewegung* f *bes im Tanz;
rhythmische Gymnastik* f, *Eurhythm·ie* f

European [juərəˈpiən] **1.** a *europäisch* ‖ ~
Atomic Energy Community *Eurat·om* n ‖ ~
Long Lines Agency (ELLA) *Europäisches Amt* n
f *Fernmelde-Weitverbindungen* ‖ ~ plan ⟨Am⟩
europäisches System (*der Einzelberechnung v
Speisen or Mahlzeiten*) (*Ggs* American plan) **2.** s
Europäer m

Eurovision [ju(ə)rəˈviʒən] s *Fernseh-Pro-
gramm-Austausch* m *in Europa, Eurovision(s-
netz* n) f

eusol [ˈjuːsəl] s ⟨chem⟩ *Eus·ol* n

Eustachian [juːsˈteikiən] a: ~ tube ⟨anat⟩
Eustachische Röhre f

euthanasia [juːˌθəˈneizjə] s ⟨Gr⟩ *leichter Tod* m
‖ ⟨med⟩ *Sterbehilfe, Euthanas·ie* f, *Gnadentod* m

euthenics [juːˈθeniks] s [sg konstr] *Umwelt-
lehre* f

Eva [ˈiːvə] ⟨fam⟩ = **~porograph** [ˌivə-
ˈpərəɡrɑːf] s *Nachtkamera* f, –*sehgerät* n (*f
Wärmestrahlenbild*)

evacuant [iˈvækjuənt] **1.** a ⟨med⟩ *abführend*
2. s *Abführmittel* n

evacuate [iˈvækjueit] vt *ausleeren, ausräumen*
‖ ~ air *luftleer m* ‖ *absaugen, entleeren* ‖ (*P*)
aussiedeln, evaku·ieren ‖ ⟨med⟩ to ~ the
bowels *den Darm leeren, öffnen* ‖ (*Gebiet*)
räumen; verlassen ‖ *fortschaffen*; (*Verwundete*)
abbefördern, ausfliegen –**ation** [iˌvækjuˈeiʃən] s

Ausleerung f ‖ ⟨med⟩ *Ausleerung* f, *Stuhlgang* m
‖ ⟨mil⟩ *Räumung* f, *Abschub, Abtransport* m (~
of casualties); *Aussiedlung, Evaku·ierung* f ‖ ~
hospital ⟨Am⟩ *Feldlazarett* n –**ee** [iˌvækjuˈiː]
Evaku·ierte(r m) f –**osis** [–ˈousis] s *Flüchtlings-
psychose* f

evade [iˈveid] vt *ausweichen* (an attack etc);
entwischen; (*Gesetz*) *umgehen* ‖ *sich* (*e–r S*)
entziehen (a duty); *umgehen* (a th; doing) ‖ to ~
definition *sich nicht definieren l*

evaluate [iˈvæljueit] vt *zahlenmäßig abschätzen, berechnen* ‖ (data) ⟨bes aero phot⟩ *auswerten* ‖ (*Lage*) *beurteilen* –**ation** [iˌvæljuˈeiʃən] s
*Abschätzung, Wertbestimmung, Berechnung, Aus-
wertung, Beurteilung* f

evanesce [ˌevəˈnes] vi (*ver*)*schwinden* **~nce**
[~ns] s (*Dahin-*)*Schwinden* n **~nt** [~nt] a (~ly
adv) (*ver*)*schwindend*; ⟨math & fig⟩ *unendlich
klein*

evangel [iˈvændʒel] s ⟨oft übtr⟩ *Evangelium* n
‖ ⟨Am⟩ = ~ist, ~ize **~ic** [iˈvænˈdʒelik] a
(~ally adv) *Evangelien–* (text); *evangelisch*
~ical [ˌiːvænˈdʒelikəl] **1.** a *evangelisch* (church)
2. s *Anhänger der evang. Partei* (= Low Church)
der C.E. **~icalism** [ˌiːvænˈdʒelikəlizm] s *Lehre* f
dieser Richtung **~ism** [iˈvændʒelizm] s *Verkündigung* f *des Evangeliums* ‖ = evangelicalism **~ist**
[iˈvændʒilist] s *Evangelist* m ‖ *Wanderprediger*
m **~ize** [iˈvændʒilaiz] vt (*jdm*) *das Evangelium
predigen* ‖ *bekehren*

evanish [iˈvæniʃ] vi *verschwinden, vergehen*
~ment [~mənt] s *Verschwinden* n

evaporate [iˈvæpəreit] vt/i ‖ *z Verdampfung
bringen, verdampfen l* ‖ (*etw*) *ab–, eindampfen* ‖
⟨fig⟩ *–schwinden l* ‖ vi *–dampfen, –dunsten*; ⟨fig⟩
–schwinden –**ation** [iˌvæpəˈreiʃən] s *Verdampfung*;
Ausdünstung f ‖ ~ ice *Verdunstungseis* n –**ative**
[iˈvæpərətiv] a *Ausdünstungs–; Verdampfungs–*

evasion [iˈveiʒən] s *Ausweichen, Umg·ehen*
n, *Umg·ehung* f (of a duty, of a law) *Ausflucht,
Ausrede* f

evasive [iˈveisiv] a (~ly adv) *ausweichend*
(answer) *schwer feststellbar* **~ness** [~nis] s *das
ausweichende Verhalten* n

eve [iːv] s ⟨liter & poet⟩ *Abend* m ‖ *Vorabend*
m; New Year's ≃ *Silvester* m ‖ on the ~ of *am
Vorabend* [gen] ⟨fig⟩ *nahe an, unmittelbar vor*

even [ˈiːvən] s ⟨poet⟩ *Abend* m

even [ˈiːvən] **I.** a (~ly adv) **1.** *eben, gerade;
glatt*; ~ wavy *leicht wellig* (*Haar*) ‖ *waagerecht,
horizontal* ‖ *flach* ‖ *platt* | *gleich, identisch* ‖
gleichförmig, gleich–, regelmäßig **2.** (of numbers)
gerade (*Ggs* odd) **3.** ⟨übtr & fig⟩ *gleich, quitt*;
~ *money Pari-Wetteinsatz* m | *gleichmütig,
ruhig* | *unparteiisch, gerecht* **4. Wendungen:** on
an ~ keel ⟨mar⟩ *im Gleichgewicht, gleich
schwer belastet* ‖ of ~ date ⟨com⟩ *gleichen
Datums* | odd or ~ *gerade oder ungerade* | to
be ~ with a p *mit jdm quitt s; mit jdm abrechnen*
‖ to get ~ with a p *mit jdm ins reine k, abrechnen*
‖ to make ~ with the ground (*etw*) *dem Boden
gleichmachen* **5.** [in comp] ~-~ *nuclei* ⟨phys⟩
g-g-Kerne m pl (*mit derselben Protonen u der
selben Neutronenzahl*) ‖ ~-*handed unparteiisch*
(justice) ‖ ~-*handedness Unparteilichkeit* f ‖
~-*minded gleichmütig, gelassen* ‖ ~-*runners*
[pl] ⟨sport⟩ *Bewerber* m pl (etc) *mit gleicher
Punktzahl* ‖ ~-*tempered gleichmütig, ruhig,
gelassen* **II.** adv **1.** † *gleich* ‖ † *gerade, genau* ‖
~ as *genau wie; gerade als ..* ‖ ~ so *so ist's*;
immerhin, jedoch, wenn schon; selbst dann | *das
heißt, nämlich* (God, ~ our own God) **2.** *sogar,
gar, selbst* (~ in France; in France ~) ‖ [*vor
compr*] *noch* (~ more) | ~ if, ~ *though selbst
wenn, wenn auch* | ~ *as if gerade als wenn* | ~
now *selbst jetzt; selbst heutzutage* | never ~,
not ~ *nicht einmal* ‖ or ~ *oder auch* (*nur*) **III.** vt
ebnen, gleichmachen, glätten ‖ ⟨fig⟩ * gleich-*

stellen (to *mit*) ‖ to ~ up *ausgleichen*; (*Geld-betrag*) *aufrunden* ‖ to ~ up on ⟨Am⟩ *mit* (*jdm*) *quitt w*

evening ['i:vniŋ] s *Abend* m, one ~ *e-s Abends*; this ~ *heute abend*; of an ~ (⟨Am⟩ ~s) ⟨liter⟩ *e-s Abends*; in the ~ *am Abend, abends* (late in the ~); in the ~s *abends, in den Abendstunden*; on the ~ of Jan. 3 *am A. des 3. Jan.*; on winter ~s *an Winterabenden*; last ~, yesterday ~ *gestern abend* | *geselliger Abend*, *music.* | ~ *musikalischer Abend* ‖ ⟨dial & Am⟩ *Nachmittag* m | ⟨fig⟩ (*a* ~ *of life*) *Lebensabend* m | [attr] *Abend-, abendlich* ‖ ~-dress *Gesellschafts-toilette* (for men: *Frack u weiße Binde*); (for women) *Balltoilette* f ‖ ~-party *Abendgesell-schaft* f ‖ ~-shirt *Frackhemd* n ‖ ~-star *Abendstern* m (*bes Venus*) ‖ ~-wrap *Abend-umhang* m

evenness ['i:vənnis] s *Ebenheit, Glätte* f ‖ *Geradheit, Gleichheit* ‖ -*förmigkeit, mäßigkeit* f ‖ ⟨fig⟩ *Gleichmut* m, *Ruhe* f ‖ *Unparteilich-keit* f

evensong ['i:vənsɔŋ] s ⟨C. E.⟩ *Abendgebet* n, *-gottesdienst* m

event [i'vent] **1.** s *Ereignis* n (the course of ~s), *Vorfall* m ‖ *besonderes Ereignis* n (it is quite an ~ *das ist ja ein seltenes Ereignis*, °*das ist schon 'ne S!* ‖ ⟨sport⟩ *sportliche Veranstal-tung* f; (*Programm-)Nummer* f | *Ausgang* m, *Ergebnis* n **2.** table of ~s *Festprogramm* n ‖ *athletic* ~s [pl] *Wettspiele* n pl ‖ *field* ~s *Sprung-, Wurf-, Gehsportwettkämpfe* m pl; *track* ~s *Lauf-, Hürden-, Staffellaufwett-kämpfe* pl | **at** all ~s *auf alle Fälle*, in any ~ *auf jeden Fall* ‖ in the ~ *schließlich* ‖ in the ~ of my absence (of his leaving) *im Falle m-r Ab-wesenheit* (*daß er abreist*); *falls ich abwesend s* (*er abreisen*) *sollte* ~**ful** [~ful] a (~ly adv) *ereignisvoll*

eventide ['i:vəntaid] s *Abendzeit* f ⟨*a* fig⟩

eventual [i'ventjuəl] a *etwaig, möglich, even-tuell* ‖ *erfolgend* | *schließlich, endlich* ~**ity** [i,ventju'æliti] s *mögliches Ereignis* n; *Möglich-keit, Eventualität* f ~**ly** [~i] adv *am Ende, schließlich*

eventuate [i'ventjueit] vi *ausfallen* (to ~ *well*); *endigen* (in *in*) ‖ ⟨Am⟩ *sich ereignen*

ever ['evə] ⟨poet⟩ e'er [ɛə] adv **I.** *immer* **1.** [*nur in folg. festen Verbindungen, sonst* poet]: for ~, for ~ and ~, for ~ and a day *f immer, in alle Ewigkeit*; liberty for ~ *es lebe die Freiheit!* ~ after(wards), ~ since *v der Zeit an*; *seit der Z.*; *solange, seit*; ~ and again, ~ and anon *dann u wann, immer wieder*; *im Briefschluß*: Yours ~ *immer der Ihrige* ‖ not .. ~ *niemals* (*stärker als* never) **2.** [*vor* a, *bes* compr] the ~ *quicker succession die immer schnellere Folge*; an ~ bigger crowd *e-e immer größere Menge*; ~(-)increasing *fortschreitend*; the ~ increasing horror *das immer wachsende Entsetzen* (→ never 3.) | *nach* a sup (⟨sl⟩ [ell] = that ~ was) the finest ~ ⟨m. m.⟩ *das Beste v Besten* **3.** [in comp] *immer, unaufhörlich*: ~-recurrent *immer-wiederkehrend* (noise) ‖ ~-married p ⟨stat⟩ *nicht ledige P* **II. 1.** *je, jemals, überhaupt* (did you ~ see him?, the best thing I ~ saw); *scarcely* ~ *fast nie* ‖ ⟨Am⟩ *je dagewesen* (it is the nicest [thing] ~) | *nur* (as good as ~, as quick as ~ you can .. *wie du nur kannst*) ‖ ⟨fam⟩ [*in Fragen*] *nur* (what ~ does he want *was will er nur?* who ~ can it be *wer kann es nur s?*) ‖ did you ~? = did you ~ see the like? *o. ä.* **2. Verbindungen:** before ~, or ~ ⟨poet⟩ *bevor* | ~ so [*in hypothet. Sätzen*] *noch so* (if I were ~ [*od* never] so rich); ⟨fam⟩ *sehr*: I like you ~ so °*ich hab dich furchtbar doll gerne*; thanks ~ so ⟨mst vulg⟩ °*nun sei bedankt, mein lieber Schwan*; ~ so long *sehr lange*, °*ewig lange*;

for ~ so long *wer weiß wie lange*; ~ so much *sehr viel*, not .. for ~ so much *nicht um alles in der Welt*; ~ so many *sehr viele*

everglade ['evəgleid] s [*oft* pl ~s] ⟨Am⟩ *sumpfige Steppe* f, *Küstensumpf* m

evergreen ['evəgri:n] **1.** a *immergrün* ⟨*a* fig⟩ ‖ ~ tree ⟨for⟩ *Nadelholz* n **2.** s ⟨bot⟩ *Immergrün* n, *Stechpalme, Kiefer* f ‖ ~s [pl] ⟨fig⟩ *unsterb-liche Schlager* m pl, *Melodien* f pl

everlasting [,evə'la:stiŋ] **1.** a (~ly adv) *ewig* ‖ ⟨fig⟩ *unaufhörlich* ‖ *lange dauernd* ‖ *dauerhaft, unverwüstlich* (material) **2.** s *dauerhafter Woll-stoff* m | (*a* ~ *flower*) ⟨bot⟩ *Immort'elle, Stroh-blume* f ~**ness** [~nis] s *unendliche Dauer* f

evermore ['evə'mɔ:] adv *stets, immerfort, ewig* ‖ for ~ *f immer, auf alle Zeiten*

ever(-)ready ['evəredi] a [attr] [,~ '–] ~ *case Bereitschaftstasche* f etc

eversharp ['evəʃɑ:p] s *Füll-, Druck-, Dreh-bleistift* m, → *pencil*

eversion [i'və:ʃən] s *Auswärts-, Umkehrung* f (of eyelids) ~**rt** [i'və:t] vt *das Innere nach außen kehren, umkehren* (the eyelid) ‖ ~ed *aufgewor-fen* (lips)

every ['evri] a **1.** [*nur* attr] **a.** *jede(r, -s)* (~ item; ~ year) | I expect him ~ minute .. *jede Minute* ‖ ⟨fam⟩ ~ time *jederzeit!*; ⟨übtr⟩ °*nu klar!, u ob!* | [*nach poss pron*] his ~ look *ein jeder s–r Blicke, jeder Blick v ihm, alle s–e Blicke*; an artist in his ~ *fibre bis in alle Fasern ein geborener K.* | ~ bit as much *ganz genau so viel* ‖ ~ day *täglich, alle Tage*; → ~ day ‖ ~ one ['– '–] *jeder einzelne*, ~ one of them *ein jeder v ihnen*; → ~one ‖ ~ place ⟨Am⟩ adv = ~where ‖ ~ which way ⟨Am⟩ adv *überallhin* | [*vor Zahlen*] ~ other day, ~ second day, ~ two days *jeden zweiten Tag, alle zwei Tage, e–n um den anderen Tag*; ~ third day, ~ three days *jeden dritten Tag*; ~ ten days *alle(r) zehn Tage* **b.** ~ now and then (*od* again) *ab u zu, v Zeit z Zeit, dann u wann, mit unter* ‖ ~ so often *immer wieder, in Abständen, gelegentlich* **2.** [abs *nur* in:] all and ~ ~ *all u jeder* ~-body ['evribədi] s [fam pl konstr] *jeder, jedermann* ~**day** ['evri-'dei; attr '– –] a *alltäglich, Alltags-, gewöhnlich* ~**man** ['–mæn] s *jedermann*; *Mensch* ~**one** ['–wʌn] s *jeder, -mann*; [fam pl konstr] ~ looked about them *jeder sah sich um*; [sg & pl konstr] ~ has a smile on their lips .. *hat .. s–n L.* ~**thing** ['–θiŋ] s *alles*; ~ that *alles, was*; that is ~ *das ist alles* ‖ ⟨fam⟩ *etw sehr Wichtiges*, that is ~! *das ist die Hauptsache!*; he is ~ to me *er ist mein ein u* (*mein*) *alles* ~**where** ['evriwɛə] adv *überall* ‖ *überallhin*

evict [i'vikt] vt ⟨jur⟩ (*jdn, bes Pächter*) *aus dem Besitz vertreiben* ~**ion** [i'vikʃən] s ⟨jur⟩ *gerichtliche Vertreibung* f *aus dem Besitz, aus der Pacht*

evidence ['evidəns] **I.** s **A.** [*nur* sg-Form] **1.** *Klarheit, Offenkundigkeit* f; in ~ *deutlich sichtbar, z sehen*; to be in ~ *auffallen* **2.** *Beweis* m, *Zeugnis* n (of, for *f*) ‖ to be ~ of a th *etw beweisen, bezeugen*, to be striking ~ of a th *etw schlagend beweisen* ‖ to give ~ of a th *Zeugnis ablegen v etw* (the garden gave ~ of careful cultivation); *etw unter Beweis stellen* (.. of one's loyalty) | [*koll*] *Beweismaterial* n; *Belege* m pl, *Unterlagen* f pl (convincing ~); much ~ *viel B.* ‖ *Nachweis* m (we are without ~ that *es fehlt uns der N., daß* | *Beweise, Zeugnisse* pl (some of the latest ~; there isn't enough ~ *es liegen nicht genug Beweisgründe vor*); external ~ *äußere Be-weise*; on very authentic ~ *auf Grund sehr authentischer Zeugnisse*; a piece of ~ *ein Beweis, Beleg* **3.** ⟨jur⟩ *Beweis* m; to admit in ~ *als B. zulassen*; to be in ~ *als B. gelten* ‖ the taking of ~ ⟨jur⟩ *Beweisaufnahme* f ‖ *Beweismittel, -recht* n ‖ *Zeugnis* n, *beeidigte Aussage* f ‖

circumstantial ~ *Indizienbeweis* m; parole ~ *mündliche Aussage* f; prima facie ~ *augenscheinlicher Beweis*; primary ~ *direktes Beweismittel* n; secondary ~ *in zweiter Ordnung zulässiges Beweismittel*; law of ~ *Beweisrecht* n ‖ to call a p in ~ *jdn als Zeugen anrufen*; to give ~ *Aussage m, Zeugnis ablegen* (against; for); to produce ~ *Beweis antreten*; to take ~ *B. erheben*; to turn king's ~ (of criminals) *Kronzeuge w, d. h.* (*bei Begnadigung*) *gegen s–e Mitschuldigen aussagen* ‖ ⟨bes Am⟩ *Nachweis* m; with ~ *of training in .. mit nachgewiesener, nachweislicher Ausbildung in ..* **B.** [pl ~s] *einzelnes Anzeichen* (of prosperity); *Zeichen* n, *Spur* f (of a th *e–r S*); the ~s (of an action) *die Spuren* pl **II.** vt *be–, erweisen*; *augenscheinlich m*; *zeigen*

evident ['evidənt] a (~ly adv) *augenscheinlich, offenbar, klar* (to a p *jdm*) **~ial** [ˌeviˈdenʃəl] a (~ly adv), **~iary** [ˌeviˈdenʃəri] a *Zeugnis–*; to be ~ of *beweisen*; ~ *facts beweiserhebliche Tatsachen* f pl

evil ['i:vl] **1.** a (~ly adv) *schlecht, gottlos, boshaft* (an ~ tongue); *übel, böse, schlimm* ‖ *unglücklich*; *Unglücks–*, → day ‖ the *Evil One der böse Feind* m ‖ to look with an ~ eye upon a p *jdn scheel, mit Mißfallen ansehen* ‖ [in comp] ~-affected *übelgesinnt* ‖ ~-eyed *mit bösem Blick behaftet* ‖ ~-favoured *häßlich* ‖ ~-minded *boshaft, bösartig* **2.** adv (*; *heute mst* ill) *in böser, schlechter Weise*, [*nur in*]: to speak ~ of ⟨bib⟩ *schlecht sprechen* ~ [in comp] ~-disposed *übelgesinnt, boshaft*; ~-speaking **1.** a *verleumderisch*, **2.** s *Verleumdung* f **3.** s *das Böse, Übel* (of two ~s choose the least) ‖ *Sünde* f ‖ *Unglück* n (to wish a p ~) ‖ for good and ~ *auf Gedeih u Verderb* ‖ the king's-~ *Skrofulose* f, *Skrofeln* f pl ‖ the powers of ~ *die Mächte der Finsternis*; the social ~ *die Prostitution* ‖ to do ~ *Böses tun*; *sündigen* ‖ to shun ~ *die Sünde meiden* or *fliehen* ‖ [attr] ~-doer ['~'duə] *Übeltäter* m

evince [i'vins] vt *beweisen, –kunden; dartun* (a th; that); *zeigen* –**cive** [i'vinsiv] a *be–, erweisend, dartuend, bezeichnend* (of *f*); to be ~ of *beweisen*

evirate ['i:vireit] vt *kastrieren, entmannen* ⟨*a* fig⟩

eviscerate [i'visəreit] vt *ausweiden* ‖ ⟨fig⟩ (*e–e S*) *des Kerns, Wesens berauben* –**ation** [iˌvisəˈreiʃən] s *Ausweidung* f ‖ ⟨fig⟩ *Vernichtung, Zerstückelung* f

evocation [ˌevoˈkeiʃən] s *Geisterbeschwörung* f ‖ *Hervorrufung, Erzeugung* f –**ative** [e'vokətiv] a (*im Geiste*) *hervorrufend*; to be ~ of *erinnern an*

evoke [i'vouk] vt (*Geister*) *beschwören* ‖ ⟨fig⟩ (*Gefühl*) *hervorrufen*

evolute ['i:vəlu:t] **1.** s ⟨math⟩ *Evolute* f **2.** vi/t (*sich*) *entwickeln*

evolution [ˌi:vəˈlu:ʃən] s *Entwickelung, Entfaltung* f ‖ *Reihe* (of events) f ‖ ⟨math⟩ *Wurzelziehen, Radizieren* n ‖ ⟨biol⟩ *Evolution* f (*Doctrine, Theory of* ↗) ‖ ⟨mil⟩ *taktische Bewegung, Schwenkung* ‖ [oft pl ~s] *Umdrehung*; *Bewegung* f ‖ **~al** [~l] a (~ly adv) *entwickelnd, Entwicklungs–* **~ary** [i:vəˈlu:ʃnəri] a *Entwicklungs–* ‖ ⟨mil⟩ *Schwenkungs–, Manövrier–* **~ist** [~ist] s *Anhänger* m *der Entwicklungslehre*; [a attr] **~ize** [~aiz] vt ⟨Am⟩ (*Tiere, Pflanzen*) *aufkreuzen*

evolve [i'vəlv] vt/i ‖ ⟨fig⟩ *entfalten, enthüllen*; *entwickeln* (faculties); *herausarbeiten* ‖ ⟨chem⟩ *v sich geben, ausscheiden* ‖ *hervorrufen, erzeugen* (from) ‖ vi *sich* (⟨zoo⟩ *stammesgeschichtlich*) *entwickeln*; *sich entfalten* (into *zu, in*); *entstehen* (from *aus*)

evulsion [i'vʌlʃən] s *gewaltsames Ausreißen, Ausziehen* n

ewe [ju:] s *Mutterschaf* n, → ram ‖ ~-lamb

Schaflamm n; ⟨fig⟩ *kostbarer Besitz* m ‖ ~-necked ⟨hors⟩ *hirschhalsig*

ewer ['juə] s *Wasserkanne* f, –*krug* m

ex [eks] prep ⟨com⟩ *aus*; *ab, von* (ex ship *aus dem Schiffe*; ~ mine, trains ~ Hook of Holland etc; *ab Bergwerk* etc) ‖ ⟨st exch⟩ *ohne, exklusive* (~ *dividend*, [abbr] ex div *od* x d)

ex [eks] s ⟨*mst*⟩ the ↗ = Exhibition

ex [eks] vt *bekreuzigen* (he ~-ed his chest)

ex [eks] s ⟨Am fam abbr⟩ = examination

ex– [eks] L [in comp] (*betont*) *vor engl. Wörtern: früher, ehemalig* (~-queen ['eks-'kwi:n]); *ehemals* (~-Russian) ‖ ~-army [attr] *ehemalige*(*r, –s*) *Militär–* (~-a. huts *–Baracken*)

exacerbate [eks'æsəbeit] vt *verschlimmern* ‖ (*jdn*) *reizen, erbittern* –**ation** [eksˌæsəˈbeiʃən] s *Erbitterung* f ‖ ⟨med⟩ *Verschlimmerung* f

exact [ig'zækt] **1.** a (~ly adv) *genau, exakt*; the ~ sciences [pl] *die exakten Wissenschaften* f pl ‖ *genau, richtig*; *eigentlich* (his ~ words, his ~ reason) ‖ *vollständig, total* (*Differential*) ‖ *pünktlich*; *sorgfältig, gewissenhaft* **2.** vt (*Zahlung*) *eintreiben, erpressen* (from a p *v jdm*) ‖ (*Gehorsam*) *dringend verlangen, erzwingen* (from *v*) ‖ *dringend erfordern, erheischen* **~ing** [~iŋ] a (~ly adv) *anspruchsvoll*; *hohe Anforderungen stellend* (an ~ piece of work); *little* ~ ⟨bes for, bot⟩ *genügsam* ‖ *genau, streng* ‖ ⟨tech⟩ *env* (*Toleranz*) **~ion** [ig'zækʃən] s *Eintreibung* (of fees) ‖ *übermäßige Anforderung*; (*ungesetzliche*) *Forderung* f ‖ *unstatthafte Überforderung* f, *erpreßte Abgabe* f, *Tribut* m **~itude** [ig'zæktitju:d] s *Exaktheit, Genauigkeit* f **~ly** [ig'zæktli] adv *genau, richtig* ‖ (*als Antwort*) *ganz recht* ‖ not ~ *nicht gerade, nicht eben* **~ness** [~nis] s *Genauigkeit, Pünktlichkeit*; *Richtigkeit, Regelmäßigkeit* ‖ *Sorgfalt* ‖ ⟨tech⟩ *Schärfe* f **~or** [ig'zæktə] s *Eintreiber* m ‖ (*ungebührlicher*) *Forderer* m

exaggerate [ig'zædʒəreit] vt/i ‖ *übertreiben*; *z viel m aus* ‖ *ungewöhnlich vergrößern* ‖ ⟨Lit etc⟩ *z stark betonen, hervorheben* ‖ *verstärken, –schlimmern* ‖ vi *übertreiben* ‖ ~-d [~id] a (~dly adv) *übertrieben* –**ation** [igˌzædʒəˈreiʃən] s *Übertreibung* f; *Vergrößerung* f ‖ *z starke Betonung* f (*e–r S*) –**ative** [ig'zædʒərətiv] a (~ly adv) *übertreibend*; *übertrieben*

exalt [ig'zɔ:lt] vt (*jdn*) *erheben* (to *z*) ‖ ⟨fig⟩ *erhöhen, verstärken, beleben*; *veredeln* ‖ *preisen*; to ~ to the skies ⟨fig⟩ *in den Himmel heben* **~ation** [ˌegzɔ:l'teiʃən] s *Erhebung, Erhöhung* f ‖ ⟨fig⟩ (*innere*) *Erregung*, (a ~ of mind) *gehobene Stimmung* f; *Verzückung* f ‖ *Verstärkung* f ‖ **~ed** [~id] a ⟨fig⟩ *erhaben*; *hoch* ‖ *gehoben* (style) ‖ *exalt·iert*; *begeistert*

exam [ig'zæm] s ⟨fam⟩ abbr *f* examination

examination [igˌzæmiˈneiʃən] s **1.** *Prüfung, Untersuchung, Beobachtung* f (of, into a th *e–r S*) ‖ *Prüfung* f, *Examen* n ‖ ⟨jur⟩ *Verhör* n, *Vernehmung* f (to take the ~ of a p *jdn vernehmen*) ‖ *Besichtigung*; *Durchsicht*; (*Zoll–*)*Revision* f **2.** *Verbindungen:* competitive ~ *Konkurrenzprüfung* f ‖ for ten days' free ~ *auf 10 Tage kostenlos zur Ansicht* ‖ oral, written ~ *mündliche, schriftliche Prüfung* f ‖ post mortem ~ *Leichenöffnung* ‖ on, upon ~ *bei näherer Prüfung* ‖ to be under ~ *erwogen w*; ⟨jur⟩ *unter Verhör stehen* ‖ board of ~(s) *Prüfungs–,* ⟨mil⟩ *Musterungskommission* f ‖ to make an ~ of *besichtigen* ‖ to pass an ~ *ein Examen bestehen*; to fail in an ~ *in e–r Prüfung durchfallen* (→ to plough, pluck); to go in for, to sit for, to take an ~ *sich e–r Prüfung unterziehen, ein E. ablegen* **3.** [attr] ~ paper *Liste f v Fragen bzw Antworten bei Prüfungen* **~al** [~l] a *Prüfungs–*

examine [ig'zæmin] vt/i **A.** vt (*etw*) *untersuchen* (to ~d by *sich untersuchen l v*) ‖ *prüfen* (to ~ one's own conscience) ‖ *besichtigen*; *revidieren* ‖ *vernehmen, verhören, ausfragen* (about *über*) | (*jdn*) *prüfen, examinieren* (in a subject) **B.** vi *prüfen, untersuchen* (into a th *etw*) **–inee** [igˌzæmiˈniːə] s *Examinand, Prüfling* m **–iner** [igˈzæminə] s *Untersucher* m (of) || *Examinator* m

example [igˈzɑːmpl] **I.** s **1.** (*typisches*) *Beispiel* n (of *f*); in him we have an ~ of this passion *in ihm h wir ein B. f* ..; for one ~ *um nur ein B. z nennen* || *Muster* n, *Probe* f, *Exemplar* n **2.** *Vorbild* n (a good, bad ~ to a p *ein gutes, schlechtes V. f jdn*); *vorbildl. Verhalten* n **3.** *warnendes B.*, *Warnung* f (to *f*; let this be an ~ to you *möge dir dies e–e W. s*) **4. Wendungen:** beyond, without ~ *beispiellos* || by way of ~ *um ein B. z geben*; (as) for ~ (*wie*) *zum B.* || to give, set a good (ill) ~ *ein gutes* (*schlechtes*) *B. geben, mit gutem B. vorangehen* || to hold up as an ~ to a p *jdm als B. hinstellen* || to make an ~ of a p *an jdm ein B. statuieren; jdn exemplarisch bestrafen* || to take ~ by a p *sich* [dat] *ein B. nehmen an* **II.** vt [*bes* pass] *als B. aufstellen*

exanimate [eksˈænimit] a *leblos, tot* || ⟨fig⟩ *mutlos*

exanthema [ˌeksænˈθiːmə] s L [pl ~ta] *Exanth·em* n (*Ausschlag*)

exasperate [igˈzɑːspəreit] vt (*jdn*) *aufbringen, erbittern, reizen* (to *z*; to do); *ärgern* (to be ~d by) || *verschlimmern, vergrößern* –**ating** [~iŋ] a (~ly adv) *ärgerlich; Ärger verursachend, aufregend* –**ation** [igˌzɑːspəˈreiʃən] s *Erbitterung* f, *Ärger* m || *Verschlimmerung* f

ex cathedra [ˈeksˈkəˈθiːdrə] L v *maßgebender Seite*

excavate [ˈekskəveit] vt *ausgraben, aushöhlen;* (*Höhle*) *graben, machen* || ⟨tech⟩ (*aus*)*baggern, ausschachten;* ~d *material, spoil, rubbish Baggergut* n || ⟨fig⟩ *ausgraben* –**ation** [ˌekskəˈveiʃən] s *Aushöhlung* f || *Höhle* f || *Ausgrabung* f || ⟨tech⟩ *Ausbaggern* n, *Ausschachtung* f, *Vertiefung* f –**ator** [ˈekskəveitə] s *Erdarbeiter* || *Ausgraber* m || *Ausgrabungsmaschine* f; *Aushöhlungsinstrument* n; (*Löffel-*)*Bagger, Greifer* m

exceed [ikˈsiːd] vt/i || *überschreiten, hinausgehen über* || ⟨fig⟩ *überschreiten* (one's limits) || (*etw, jdn*) *übertreffen* (in a th) | vi *sich auszeichnen* (in) || *unmäßig essen* ~**ing** [~iŋ] a [*mst* attr] *übermäßig, außerordentlich, äußerst* ~**ingly** adv *außerordentlich, äußerst, überaus* (~ pretty, ~ well)

excel [ikˈsel] vt/i || (*jdn*) *übertreffen* (in a th; in doing); not to be ~led *nicht z über–*; to ~ o.s. *sich über–* | vi *sich auszeichnen, sich hervortun* (in, at tennis; in doing; as *als*) ~**lence** [ˈeksələns] s *Vortreff–, Vorzüglichkeit, Güte* f; *vorzügl. Leistung* f ~**lency** [ˈeksələnsi] s (*Titel f* ambassadors, governors *u deren Gemahlinnen*) *Exzelenz* f (Your, His, Her ⁓) ~**lent** [ˈeksələnt] a (~ly adv) *vortrefflich, vorzüglich*

excelsior [ekˈselsiə] **1.** a L ⟨com⟩ *das Beste an, Prima–, alles übertreffend* (~ ink) **2.** s ⟨Am⟩ [koll] *feine Holzwolle* f (*z Polstern*)

except [ikˈsept] **1.** prep *ausgenommen, außer* (we were all there ~ you) **2.** conj ~ *es sei denn, daß; ausgenommen, außer daß* (~ it were lost) || ~ here *ausgenommen hier* (~ from Dublin) | ~ for *außer* [dat] (*in bezug auf*), *ausgenommen* [nom], *abgesehen v, bis auf* (~ for a few mistakes) || ~ where *otherwise provided soweit nichts anderes bestimmt ist* || → but, save

except [ikˈsept] vt/i || *ausnehmen, ausschließen* (from, out of *v, aus*) || ~ed [pp abs] *ausgenommen,* (the) present company ~ed *Anwesende aus–;* → error | vi *Einwendungen* m, *Einspruch erheben* (against a p *gegen jdn*) ~**ing** [~iŋ] **1.** prep [*nur nach* all, always, not, nothing, without] *ausgenommen* (not ~ the 5th form *die 10. Klasse nicht aus–*); *außer* **2.** * conj ~ *that ausgenommen daß*

exception [ikˈsepʃən] s **1.** *Ausnahme* f (an ~ to the general rule *e–e Ausnahme v der allg Regel*) || ~ to the rule ⟨tech⟩ *Abweichung v d. R.* || *Einwendung* f, *Einwand* m (to *gegen*) || ⟨jur⟩ *Einrede* f; *gerichtlicher Unterlassungsbefehl* m **2.** beyond ~ *unanfechtbar* || by ~ *ausnahmsweise* || without ~ *ausnahmslos* || with the ~ of *mit A. von, ausgenommen;* all were present with the ~ of Mr. N. .. *bis auf Herrn N.* || with this, that ~ *ausgenommen davon* | to admit of no ~ *k–e Ausnahme zulassen* || to make an ~ of a p *bei* or *mit jdm e–e Ausnahme m, jdn als A. betrachten* || the ~ proves the rule *die Ausnahme bestätigt die Regel* || to take ~ to *Einwendungen m, protestieren gegen; Anstoß nehmen, sich stoßen an* ~**able** [ikˈsepʃnəbl] a *anfechtbar; anstößig, tadelnswert* ~**al** [~l] a *außergewöhnlich; Ausnahme–* ~**ality** [ikˌsepʃəˈnæliti] s *außergewöhnlicher Zustand* m ~**ally** [~əli] adv *ausnahmsweise; außergewöhnlich*

exceptive [ikˈseptiv] a *e–e Ausnahme machend; Ausnahme–* || *überkritisch*

excerpt 1. [ˈeksəːpt] s *Auszug* m, *Exzerpt* n (from *aus*) || *Separatabdruck* m **2.** [ekˈsəːpt] vt *exzerpieren, ausziehen* (from) ~**ion** [ekˈsəːpʃən] s *Exzerpieren* n || *Auszug* m

excess [ikˈses] s **1.** *Übermaß* n (of *an*) || *Mehr* n, *Mehrbetrag* m (over *über*) || ⟨math⟩ *Überschuß, Unterschied* m | *Unmäßigkeit, Ausschweifung* f; ~es [pl] (*moral.*) *Exzesse* pl || in ~ of *über, mehr als,* to be in ~ of *übersteigen, –schreiten, hinausgehen über;* (*etw*) weit *überwiegen* || in ~ *im Übermaß;* in ~ of *establishment, etc* (⟨Am⟩ of TO & E) *überplanmäßig* || to carry a th to ~ *etw übertreiben;* to eat to ~ *übermäßig essen* | [attr, etc] *Über–* || ~ of *births over deaths* ⟨stat⟩ *Geborenenüberschuß* m || ~ *end* ⟨tech⟩ *Überstand* m || ~ *fare* ⟨rail⟩ *Zuschlag* m; ~-fare office *Nachlöseschalter* m || ~ *freight* ⟨rail⟩ *Überfracht* f || ~ *luggage* ⟨rail⟩ *Übergewicht,* ⟨bes aero⟩ *Übergepäck* n || ~ of *moisture Feuchtigkeitsüberschuß* m || ~ *mortality* ⟨stat⟩ *Übersterblichkeit* f || ~ *postage Strafporto* n || ~ *pressure Überdruck* m || ~ *profits duty* (⟨Am⟩ tax) *Über–, Kriegsgewinnsteuer* f || ~ *revolutions per minute Überdrehzahl* f || ~ *stock Mehrbestand* m || ~ *strain Überspannung* f **2.** vt/i || ⟨rail⟩ *Zuschlag– erheben auf* (to ~ a ticket) | vi *Z. bezahlen* ~**ive** [~iv] a (~ly adv) *übermäßig, übertrieben* || ~ *temperature Übertemperatur* f ~**iveness** [~ivnis] s *Übermäßigkeit* f

exchange [iksˈtʃeindʒ] **I.** s **1.** *Tausch, Austausch* m; commercial ~(s) *Handelsverkehr* m; volume of ~(s) *Handelsvolumen* n; ~ of all *goods gesamter Warenaustausch;* ~ of prisoners *Gefangenenaustausch;* ~ of views *Gedanken–, Meinungs–;* ~ of shots *Kugelwechsel* m || ⟨box⟩ *Wechsel* (v *Schlägen*) m **2.** ⟨com⟩ *Wechseln* n, *Umwechseln* n; *Wechselverkehr* m; par of ~ *Wechselparität* f | *Tratte* f; *Wechsel* m || *Wechselkurs* m, *Wechselgeld* n; *Wertunterschied* m *zwischen zwei Währungen* || ~s [pl] ⟨Am⟩ *Verrechnungsscheck* m pl **3.** (*oft 'Change*) (building) *Börse* f (at the ~ *auf der B.*); (telephone) ~ (*Fernsprech-*)*Amt* n || commodity ~ *Produktenbörse* f || (post) ~ (abbr PX) ⟨Am mil⟩ *Marketenderei* f **4. Verbindungen:** bill of ~ ⟨com⟩ *Wechsel* m || ~ *control authorities Devisenüberwachungsstelle* f || ~ *course, rate of* ~ ⟨com⟩ *Wechselkurs* m || ~ *foreign* ~ *Devisen* f pl (*fremde* or *ausländische Zahlungsmittel* n pl) || in ~ *for* (*als Entgelt*) *für, gegen* || on ~ *an, auf der Börse* || to go on 'Change ⟨com⟩ *z B. gehen* || to lose by the ~ (*bei e–m Handel*) *schlecht wegkommen* || to make an ~ *tauschen* **5.** [attr] ~ *advice Börsenbericht* m || ~-broker ⟨com⟩ *Wechselmakler* m || ⟨el⟩ ~ *correction*

Austauschkorrektur f; ~ frequency *–frequenz* f; ~ interaction *–wechselwirkung* f ‖ ~*-office Wechselstube* f ‖ ~ policies *Devisenpolitik* f **II. vt/i 1.** vt *(etw) umtauschen, (Geld) –wechseln* (for *gegen*) ‖ to ~ a th for *etw austauschen gegen, ersetzen durch* ‖ *(Gruß, Wort* etc) *austauschen* (with); to ~ presents of a th *sich gegenseitig etw schenken* **2.** vi *tauschen* ‖ *als Gegenwert bezahlt w* (for), *wert s* (for a th *etw*); a mark ~s for two shillings *f e–e Mark bekommt man* 2 sh ‖ ⟨mil⟩ *durch Stellentausch ·übergehen, sich versetzen l* (from one regiment into another) ~**ability** [iks͵tʃeind ʒə'biliti] s *Austauschbarkeit, Tauschbarkeit* f ~**able** [~əbl] a *austauschbar* (for *gegen*); *Tausch–,* ~ value *Tauschwert* m

exchequer [iks'tʃekə] s **1.** ⟨engl⟩ *Schatzamt* n, *Staatskasse* f, *Fiskus* m; the ⁓ *das Finanzministerium* ‖ Chancellor of the ⁓ *Schatzkanzler, Finanzminister* m ‖ ⟨hist⟩ Court of ~ ⟨jur⟩ *Finanzgericht* n ‖ ⁓ and Audit Department *Oberrechnungskammer* f **2.** (of a firm, etc) *Geldvorrat* m, *Kasse, Börse* f **3.** [attr] ~*-bill kurzfristiger, verzinslicher Schatzwechsel* m ‖ ~*-bond Schatzanweisung* f

excisable [ek'saizəbl] a *steuerbar*; (*v Waren*) *akzisepflichtig*

excise [ek'saiz] **1.** s *Akzise, Verbrauchsabgabe* f *auf inländische Waren,* (a ~ tax) *Umsatz–, Waren–, Verbrauchssteuer* f, *indirekte St.* ‖ the ⁓ *das Amt f diese Steuer (jetzt:* Department of Inland Revenue) ‖ ~*-duties* [pl] *verschiedene Arten v Steuerabgaben (Gewerbesteuern* etc) f pl **2.** vt *(jdn) besteuern; (jdm) zu viel abnehmen* ~**man** [~mæn] s *Akziseneinnehmer* m

excise [ek'saiz] vt *herausschneiden* (organs, etc); ⟨übtr⟩ *ausschneiden* (from *aus*)

excision [ek'si ʒən] s ⟨med⟩ *Ausschneidung* f ‖ *Ausscheidung, –rottung* f (from *aus*)

excitability [ik͵saitə'biliti], ~**ableness** [ik-'saitəblnis] s *Reiz–, Erregbarkeit, Nervosität* f ~**able** [ik'saitəbl] a (*–bly* adv) *erregbar, reizbar, nervös* ‖ ~**ant** ['eksitənt] **1.** a *erregend* **2.** s ⟨med⟩ *Reizmittel* n ‖ ~**ation** [͵eksi'teiʃən] s *An–, Erregung, Reizung* f ‖ ⟨el⟩ *Erregung* f ‖ ~ energy *Erregungs–, Anregungsenergie* f

excite [ik'sait] vt **1.** (*jdn*) *anreizen* (to *z*; to do) ‖ *(Aufmerksamkeit) erwecken; hervorrufen, –bringen* ‖ *(Nerv) reizen, affizieren* **2.** (*jdn*) *er–, aufregen*; to ~ o.s., to get ~d *sich aufregen, sich ereifern* (over *über*) ‖ ⟨fam⟩ [ell] don't ~! *nur nicht aufregen!* **3.** ⟨phot⟩ *f Licht empfänglich m, präparieren* ~**ment** [~mənt] s *Erregung, Aufregung* f (over *über*) ‖ *Aufgeregtheit* f ‖ ~[~ə] s *Er–, Anreger* m; *Reizmittel* n (of *f*) ‖ ⟨el⟩ *Erregerdynamomaschine* f ‖ ~ lamp ⟨el⟩ *Tonlampe* f

exciting [ik'saitiŋ] a (~*ly* adv) *er–, aufregend*; not really ~ °*nicht gerade aufregend, garnicht „komisch" (nichts Besonderes);* ~ cause *erregende Ursache* f ‖ ~ current ⟨el⟩ *Erregerstrom* m; ~ dynamo *–maschine* f ‖ *aufregend, gefährlich* ‖ *spannend*

exclaim [iks'kleim] vi/t ‖ *ausrufen, schreien* ‖ to ~ against *eifern gegen* ‖ vt (*etw) ausrufen*

exclamation [͵eksklə'meiʃən] s *Ausrufen* n; *Ausruf* m; ~s [pl] *Geschrei* n ‖ note of ~ ⟨gram⟩ *Ausrufungszeichen* (!) n *–atory* [eks-'klæmətəri] a *ausrufend, Ausrufungs–* (~ sentence) *eifernd; geräuschvoll*

exclosure [iks'klouʒə] s ⟨Am⟩ *umzäuntes Privatgrundstück, –gelände* n

exclude [iks'klu:d] vt *ausschließen* (from); not *–ding myself ich nicht ausgeschlossen*

exclusion [iks'klu:ʒən] s *Ausschluß* m, *Ausschließung* f (from) ‖ to the ~ of *unter Ausschluß v* .. ~ **exclusive** [iks'klu:siv] a (~*ly* adv) *ausschließend,* to be ~ of *ausschließen* ‖ ~ of *abgesehen v, ohne* ‖ *ausschließlich, alleinig, Allein–* (~ agent *–vertreter*) ‖ ⟨fig⟩ *exklusiv, vornehm;*

wählerisch; *unnahbar* ~**ly** [~li] adv *ausschließlich;* *nur* ~**ness** [~nis] s *Ausschließlichkeit* f ‖ *Exklusivität* f

excogitate [eks'kɔd ʒiteit] vt *ausdenken, ersinnen* **–ation** [eks͵kɔd ʒi'teiʃən] s *Aus–, Nachdenken* n; *Erfindung* f

ex-combatant ['eks'kɔmbətənt] s *ehemaliger Frontkämpfer* m *des Weltkrieges*

excommunicate [͵eksə'mju:nikeit] vt ⟨ec⟩ *exkommunizieren, in den Bann tun* **–ation** ['eksə͵mju:ni'keiʃən] s ⟨ec⟩ *Exkommunikation* f, *Kirchenbann* m **–ative** [͵eksə'mju:nikeitiv], **–atory** [͵eksə'mju:nikeitəri] a *Exkommunikations–*

ex-con ['ekskɔn] s ⟨Am fam abbr⟩ = *exconvict*

excoriate [eks'kɔ:rieit] vt *(Haut) abschälen, abschürfen, wund reiben;* ⟨path⟩ *die Haut abziehen v* ‖ ⟨fig⟩ *heruntermachen, –reißen* **-ation** [eks͵kɔ:ri'eiʃən] s *Abschälen, –schürfen* n; *Abrinden* n ‖ *Wundreibung* f; °*Wolf* m

excrement ['ekskrimənt] s [oft pl ~s] *Auswurf, Kot* m ~**al** [͵ekskri'mentl], ~**itious** [͵ekskrimen'tiʃəs] a *kotartig, Kot–*

excrescence [iks'kresns] s *Gewächs* n ‖ *Vorsprung* m, *Vorspringendes* n ‖ *Auswuchs* m; ⟨fig⟩ *Auswuchs* (on a tale *e–r Erzählung*) ‖ *sekundäre Entwicklung* f (from *aus*); *abnorme E.* **-ent** [iks'kresnt] a *e–n Auswuchs darstellend* ‖ *überflüssig, überschüssig* ‖ ⟨gram⟩ *sich einschiebend*

excreta [eks'kri:tə] s L pl *Ausscheidungs–;* *Auswurfstoff, Kot* m

excrete [eks'kri:t] vt *absondern; ausscheiden* (juice) **-etion** [eks'kri:ʃən] s *Ausscheidung, Absonderung* f ‖ *Auswurf* m **-etive** [eks'kri:tiv], **-etory** [eks'kri:təri] a *ausscheidend, Ausscheidungs–; absondernd*

excruciate [iks'kru:ʃieit, eks–] vt (*bes* pass) *empfindlich foltern, martern; quälen* ‖ **-ating** [~iŋ] a (~*ly* adv) *qualvoll, peinigend* **-ation** [iks͵kru:ʃi'eiʃən] s *Martern* n; *Qual* f

exculpate ['ekskʌlpeit] vt ⟨fig⟩ *rein waschen, rechtfertigen, freisprechen* (from) **-ation** [͵ekskʌl-'peiʃən] s *Entschuldigung, Rechtfertigung* f **-atory** [eks'kʌlpətəri] a *rechtfertigend, Rechtfertigungs–*

excurrent [eks'kʌrənt] a *herausfließend; Ausfluß gewährend*

excurse [iks'kə:s] vi ⟨fig⟩ *abschweifen*

excursion [iks'kə:ʃən] s *Ausflug* m, *Partie* f, *Abstecher* m, *Streifzug* m (into) ‖ ⟨fig⟩ *Abschweifung* f ‖ ⟨astr⟩ *Abweichung* (from) f ‖ ~*-ticket* ⟨rail⟩ *(Ausflugs-)Rückfahrkarte* f ‖ ~*-train* ⟨rail⟩ *(Ausflügler-)Sonderzug* m ‖ ~ vehicle ⟨mot⟩ *Aussichtswagen* m ~**ist** [iks-'kə:ʃnist] s *Ausflügler* m

excursive [eks'kə:siv] a (~*ly* adv) *abschweifend; sprunghaft; unzus–hängend*

excursus [eks'kə:səs] L s [pl ~es] (in an appendix) *Exk·urs* m, *ausführliche Erörterung, Bemerkung* f (on *über*)

excusable [iks'kju:zəbl] a (*–bly* adv) *verzeihlich, entschuldbar* **-al** [iks'kju:zəl] s *Befreiung* f (*v Steuern*) **-atory** [iks'kju:zətəri] a *entschuldigend, Rechtfertigungs–*

excuse [iks'kju:z] vt A. [mit 1 Objekt] **1.** (*jdn) entschuldigen; milde beurteilen; Nachsicht h mit (jdm); (jdm) verzeihen* ‖ ~ me! *Verzeihung!, bitte!* [(*oft) in Parenthese*]: *entschuldigen Sie!* ‖ ~ us for being late *od* ~ our being late *entschuldige, daß wir z spät k* **2.** (*etw) entschuldigen, übersehen* (~ my delay in returning it) ‖ [neg] *als Entschuldigung dienen f (etw); e–e E. finden f (etw); techtfertigen* (I cannot ~ his conduct) **3.** [*mst* pass] (*jdn) entheben* (from a th *e–r S) befreien* (from *v*); he was ~d from attendance *er wurde v dem Besuch, Erscheinen befreit;* I must be ~d from doing *ich muß leider ablehnen z tun* (*vgl unten* B. b) ‖ I beg to be ~d *bitte mich z entsch.* **4.** [refl] to ~ o.s. *sich entschuldigen, sich rechtfertigen* ‖ to ~ o.s. from doing *sich davon befreien z tun, verzichten z tun* **B.** [mit 2 Objekten *mst* pass] **a.** he may be ~d all those faults *ihm mögen alle Fehler verziehen w* **b.** to ~ a p a th *jdm etw erlassen* (they ~d him the fee); he was ~d the fee *ihm wurde die Gebühr erlassen*; I was ~d the task *mir wurde die Aufgabe erlassen*; he was ~d cricket ⟨school⟩ *er wurde v K. befreit* (*vgl oben 3*)

excuse [iks'kju:s] s *Entschuldigung* f, *Bitte um Verzeihung* or *Nachsicht* f ‖ *Milderungsgrund* m, *Rechtfertigung* f; *Ausrede* f, *Vorwand* m (a mere ~); to have some ~ for *e-n V. h f* ‖ in ~ of als or *z Entschuldigung f* ‖ not on any ~ *unter k–m Vorwande* ‖ to advance an ~ *e–e E. vorbringen* ‖ to make, offer an ~ *sich entschuldigen* ‖ make my ~s to him *entschuldige mich bei ihm* ‖ there is no ~ for it *dafür gibt es k–e Entschuldigung, Rechtfertigung, es läßt sich nicht entschuldigen*; no ~, sir! *k–e Ausrede, nichts ist unmöglich!*

exeat ['eksiæt] L s (in schools etc) *Urlaub* m

execrable ['eksikrəbl] a (–bly adv) *scheußlich, abscheulich*

execrate ['eksikreit] vt/i ‖ *verfluchen* ‖ *verabscheuen* ‖ vi *fluchen*–**ation** [,eksi'kreiʃən] s *Verwünschung* f ‖ *Abscheu* m; to hold in ~ *verabscheuen* ‖ –**ative** ['eksikreitiv], –**atory** ['eksikreitəri] a *verfluchend, Verwünschungs*–

execuphone ['eksikjufoun] s (⟨fam⟩ executive telephone) *Sekret'äranlage* f

executable ['eksikju:təbl] a *ausführ-, vollziehbar* –**ant** [ig'zekjutənt] s *Ausführer* m, ⟨bes mus⟩ *der Ausübende* m; *der Vortragende* m

execute ['eksikju:t] vt **1.** *aus-, vollführen, tun, verrichten* ‖ (*Amt*) *ausüben* ‖ ⟨mus & theat⟩ *vortragen, spielen* ‖ ⟨jur⟩ *ausfertigen; rechtsgültig m* (a deed) ‖ *vollstrecken* (judgement) **2.** (*jdn*) *hinrichten*

executer 1. s ['eksikju:tə] *Vollzieher, –strecker* m **2.** [ig'zekjutə] s v *Erblasser eingesetzter Testamentsvollstrecker* m; literary ~ *Nachlaßherausgeber* m (*unveröffentlichter Werke*)

execution [,eksi'kju:ʃən] s **1.** *Ausführung, Verrichtung, Vollziehung* f ‖ ⟨jur⟩ *Vollziehung* f; *Ausfertigung* f (of a deed) ‖ (*Zwangs-*)*Vollstrekkung* f; *Exekution, Pfändung* f (to be, take in ~) **2.** ⟨mus⟩ *Ausführung* f, *Spiel* n, *Vortrag* m; *Technik* f **3.** (*mst: schädliche*) *Wirkung* f; *Schaden* m, *Verheerung* f **4.** *Hinrichtung* f **5. Wendungen:** writ of ~ ⟨jur⟩ *Vollstreckungsbefehl* m ‖ exemption from judicial ~ *Vollstreckungsschutz* m ‖ minimum amount exempt from ~ *pfändungsfreier Betrag* m ‖ to levy ~ *pfänden* ‖ to carry, put into *od* in ~ *ausführen, vollziehen, bewerkstelligen* ‖ to do ~ (of weapons) *wirken, Wirkung h*; (*gr*) *Schaden anrichten* ⟨a fig⟩ ‖ **~er** [~ə] s *Vollzieher, Vollstrecker* m ‖ *Henker* m

executive [ig'zekjutiv] **1.** a *ausübend, vollziehend, Exekutiv*–; ~ government *Exekut'ive* f ‖ ⟨Am com⟩ *leitend* ‖ ~ committee *Hauptvorstand* m ‖ ~ officer ⟨Am mil⟩ *Batterieoffizier* m ‖ ~ Order = order in council ‖ ~ power *vollziehende Gewalt* f ‖ ~ secretary *Generalsekretär* m ‖ ~ session *Geheimsitzung* **2.** s *Exekutive, Vollziehungsgewalt, ausübende Gewalt (im Staat)* f (*Ggs* legislative) ‖ ⟨Am⟩ *erster geschäftsführender Beamter*; = ~ officer ‖ (*Staats-*)*Präsident*; *Gouverneur* m ‖ ⟨com⟩ *Hauptleiter* m; general ~s [pl] *Vorstand* m

executor [ig'zekjutə] s L *Testamentsvollstrekker* m ‖ *verantwortlicher Leiter* m (of a prize competition) **~ial** [ig,zekju'tɔ:riəl] a *Vollstreckungs*– **~ship** [ig'zekjutəʃip] s *Amt n e–s* (*Testaments-*)*Vollstreckers*

executory [ig'zekjutəri] a *Ausführungs-*; *Vollziehungs-, Ausübungs-*

executrix [ig'zekjutriks] L s (pl ~es; –trices [–trisi:z]) (*Testaments-*)*Vollstreckerin* f

exegesis [,eksi'dʒi:sis] s Gr ⟨*bes* theol⟩ *Exeg'ese, Auslegung, Erklärung* f –**getic(al)** [,eksi'dʒetik(əl)] a (–cally adv) *exegetisch, auslegend* –**getics** [,eksi'dʒetiks] s pl *Exeg'etik* f

exemplar [ig'zemplə] s *Muster, –beispiel, Vorbild*; *ähnliches* or *typisches Beispiel* n (of *f*) **~iness** [~rinis] s *Musterhaftigkeit* f ‖ **~y** [~ri] a (–rily adv) *mustergültig, –haft, beispielhaft, vorbildlich, Muster-*; *typisch* ‖ *abschreckend, exemplarisch*

exemplification [ig,zemplifi'keiʃən] s *Belegung* or *Erläuterung* f *durch Beispiele* (in ~ of *z Erläuterung v*) ‖ ⟨jur⟩ *gerichtliche Beglaubigung* f *unter Hinzufügung v zugehörigen Protokollen* ‖ *Beispiel, Muster* n ‖ (*beglaubigte*) *Abschrift* f –**fy** [ig'zemplifai] vt *durch Beispiele belegen, beweisen* (by *an*), *erläutern, illustrieren* ‖ *als Beispiel dienen f, exemplifizieren* ‖ *e–e beglaubigte Abschrift nehmen v, gerichtlich beglaubigen* (to ~ a deed)

exempt [ig'zempt] **1.** pred a *befreit, verschont; ausgenommen, frei* (from *v*); ~ from duty *gebührenfrei* **2.** s (*v Steuern* etc) *Befreite(r), Privilegierte(r* m) f ‖ → execution ‖ ~s [pl] *unpfändbare Gegenstände* m pl **3.** vt (*jdn*) *befreien* (from taxes, laws, penalties, duties); *ausnehmen* (from); to be ~ed from *ausgenommen w* or *s v* **~ion** [ig'zempʃən] s *Befreiung* f, *Freisein* n (from ~; from a law, duty etc), ~ from taxes *Steuerfreiheit* f

exenterate [ek'sentəreit] vt ⟨fig⟩ *ausziehen* (a book)

exequatur [,eksi'kweitə] L s *Exequ'atur* n, *amtliche Anerkennung e–s ausländ. Konsuls durch die Landesregierung* f

exequies ['eksikwiz] s pl *Leichenbegängnis* n, *Totenfeier* f

exercisable ['eksəsaizəbl] a *ausführ-, ausüb-, anwendbar*

exercise ['eksəsaiz] **I.** s **1.** *Übung, Anwendung* f, *Gebrauch* m ‖ *Ausübung* f (in ~ of a th *in A. e–r S*) ‖ (a religious ~) *Gottesdienst* m ‖ ⟨Am⟩ ~s [pl] *Feierlichkeiten* pl **2.** [oft pl ~s] *regelmäß., method. Übung*; *körperl. Bewegung* f (bodily ~), physical ~s *Leibesübungen* pl; ~s on the floor *Bodenturnen* n ‖ ~s ⟨Am *a*⟩ *Prüfungsaufgaben* f pl ‖ to take ~ *sich Bewegung m (im Freien)*; I take plenty of ~) ‖ *Exerzieren* n ‖ (*Schul-*)*Aufgabe, Übersetzung* f; *Aufsatz* m ‖ ~ area *Übungs-, Manövergelände* n ‖ ~ book *Schul-, Schreibheft* n ‖ ~ directing staff ⟨mil⟩ *Übungsleitung* f ‖ ~ paper *Konzept-, Entwurfpapier* n **II.** vt/i **A.** vt (*Glieder*) *gebrauchen* ‖ (*Geduld*) *üben, anwenden*, (*Recht*) *ausüben*, (*Einfluß*) *geltend m*; (*Amt*) *verwalten*; (*Herrschaft*) *besitzen* ‖ (*jdn*) *üben* (in *in*); (*jdn*) *drillen, einexerzieren*; to ~ o.s. in *sich üben in*, to be ~d in *geübt s in* ‖ (*jdn*) *in Bewegung halten* ‖ *beschäftigen*; to ~ one's mind *sich geistig beschäftigen* ‖ (*Pferd*) *bewegen* ‖ *beunruhigen, quälen* **B.** vi *sich üben*; *sich Bewegung m*; ⟨sport⟩ *trainieren*

exerciser ['eksəsaizə] s *Apparat* m *f Gymnastik*

exercitation [eg,zə:si'teiʃən] s (*ausübende*) *Tätigkeit* f ‖ *Übung* f ‖ *literar. Untersuchung* f

exergue [ek'zə:g] s (*auf Münzen*) *der unter dem Bilde befindliche Abschnitt* m (*f Datum* etc)

exert [ig'zə:t] vt *ausüben, in Anwendung bringen, anwenden* (a quality, an influence) ‖ to ~ o.s. *sich anstrengen, sich bemühen* (for *um, für*; to do) **~ion** [ig'zə:ʃən] s *Ausübung, Anwendung* f ‖ *Anstrengung* f; to use every ~ *sich* [dat] *alle Mühe geben*

exes ['eksiz] s pl ⟨sl⟩ abbr *f* expenses

exeunt [´eksiʌnt] L ⟨theat⟩ (*Bühnenanweisung*: *sie gehen*) *ab*

exfoliate [eks´foulieit] vi/t ‖ (of bones, etc) *sich abblättern, sich –splittern* | vt (*Haut*) *ablegen* ‖ *entfalten*; ⟨fig⟩ *entwickeln* **–ation** [eks-,fouli´eiʃən] s *Abblätterung* f

exhalation [,eksə´leiʃən] s *Ausdünstung, –atmung* f ‖ ⟨med⟩ *Blähung* f ‖ ⟨fig⟩ *Ausbruch* (of anger) | *Dunst, Nebel* m **–hale** [eks´heil] vt/i ‖ (*etw*) *ausdünsten* (from, out of); to be ~d *ausdunsten* ‖ v *sich geben*; *aushauchen* (life) ‖ ⟨fig⟩ *entladen,* (*e–r S*) *Luft* m (to ~ wrath) | vi *ausströmen* (from *aus*)

exhaust [ig´zɔ:st] **1.** vt/i **A.** vt (*Luft*) *herauspumpen, herausziehen* (from *aus*); to ~ the water in a well *e–n Brunnen auspumpen* | ⟨übtr⟩ (*Kraft, Geduld*) *aufbrauchen*; *ausschöpfen, auspumpen* | ⟨fig⟩ (*Gegenstand*) *erschöpfen, erschöpfend behandeln* ‖ *auskosten* ‖ (*jdn*) *erschöpfen* (~ o.s. in); (*jdn*) *aussaugen, schwächen*; *ermüden* **B.** vi (of steam) *entweichen, ausströmen*; ⟨mot⟩ *auspuffen* **2.** s ⟨mot⟩ *Dampfausströmung* f; *Auspuff*(*leitung*[*en*] f) m | [attr] *Ausströmungs–, Auslaß–, Auspuff–, Ab–* | ~ *box* ⟨mot⟩ *Auspufftopf* m ‖ ~ *cam Auslaßnocken* m ‖ ⟨mot⟩ ~ *cut-out Auspuffklappe* f; ~*-driven turbosupercharger Abgasturbolader* m; ~ *header Auspuffstutzen* m; ~ *manifold Auspuffrohr* n; ~ *muffler* ⟨Am⟩ *Auspufftopf* m; ~ *passage Abgaskanal* m; ~*-pipe Auspuffrohr* n, *Abgasleitung* f; ~ *port Auspuffschlitz* m; ~*-steam Abdampf* m; ~ *stroke Auspufftakt, –hub* m; ~*-valve Auspuffklappe* f; *Auslaßventil* n | ~**ed** [~id] a *verbraucht*; *erschöpft, ermattet*; the edition is ~ *die Auflage ist vergriffen* ~**er** [~ə] s *Exhaustor* m ~**ible** [ig´zɔ:stəbl] a *erschöpflich, z erschöpfen*(*d*) ~**ing** [~iŋ] **1.** a *ermüdend, anstrengend* **2.** s [attr] *Auspump–* ~**ion** [ig´zɔ:stʃən] s ⟨phys⟩ *Aufsaugung* f ‖ *Auspumpen* n ‖ *Ausströmen* n, *Entleerung* f ‖ *erschöpfender Verbrauch, Konsum* m ‖ ⟨math⟩ *Ausschöpfung, Exhaustion* f | *Erschöpfung* f ~**ive** [ig´zɔ:stiv] a (~ly adv) *erschöpfend*; *schwächend*; to be ~ of *erschöpfen* ‖ *erschöpfend, vollständig*; to be ~ of a subject *e–n Gegenstand erschöpfend behandeln* ~**less** [ig´zɔ:stlis] a *unerschöpflich*

exhibit [ig´zibit] **1.** vt/i ‖ *zeigen*; *entfalten*; *an den Tag legen, darlegen* ‖ *ausstellen* ‖ ⟨jur⟩ *vorlegen* (documents) ‖ *an–, vorbringen* (a petition) | vi *ausstellen* **2.** s ⟨jur⟩ *schriftliche Eingabe* f, *Beweisstück* n, *–urkunde* f, corpus delicti n; *Asserv at* n | *Ausstellungsgegenstand* m, *–stück* n; *Schau–, Musterstück* n ‖ *Ausstellung* f ~**ion** [,eksi´biʃən] s *Zeigen* n ‖ *Darleg–, Entfalt–, Bekundung* f ‖ *Ausstellung* f; ⸙ of the Royal Academy ⟨arts⟩ *Salon* m, (*Kgl.*) *Gemäldeausstellung* f; ⸙ of Hayter's Collective Works *Hayter Kollektiv-Ausstellung* ‖ ⟨Am⟩ *Wettbewerb* m | (*Jahres–*)*Stipendium* n | to be on public ~ *öffentlich ausgestellt* s; to come on ~ *aus– w, z sehen* s (at a show) ‖ to make an ~ of o.s. *sich z Gespött* m, *e–e lächerliche Figur* m ‖ ~ *flying Schauftiegen* n ‖ ~ *hall Ausstellungshalle* f ~**ioner** [,eksi´biʃnə] s *Stipendi at* m ~**ionism** [~ʃənizm] s *Sich-zur-Schaustellen* n, *Exhibitionismus* m ~**or** [~ə] s *Aussteller* m ‖ *Vorführer* (of a show) m

exhilarant [ig´zilərənt] a *aufheiternd, belebend*; *anregend* **–ate** [ig´ziləreit] vt *auf–, erheitern*; ~d *heiter*; *angeheitert* **–ating** [~iŋ], **–ative** [~iv] a *erheiternd* **–ation** [ig,zilə´reiʃən] s *Erheiterung, Heiterkeit* f

exhort [ig´zɔ:t] vt *ermahnen* ‖ *ermuntern, antreiben* (to *zu*; to do) ‖ (*etw*) *dringend empfehlen* ~**ation** [egzɔ:´teiʃən] s *Ermahnung* f ‖ *Ermahnungsrede* f ~**ative** [~ətiv], ~**atory** [~ətəri] a *ermahnend*; *Ermahnungs–* ~**er** [~ə] s ⟨Am⟩ *Wanderprediger, Evang elimann* m

exhumation [,ekshju:´meiʃən] s *Wiederausgrabung* f **–hume** [eks´hju:m] vt *ausgraben* ‖ ⟨fig⟩ *ans Tageslicht bringen*

exigeant [´eksidʒɔnt] a Fr *anspruchsvoll*

exigence [´eksidʒəns], **–cy** [´eksidʒənsi; ig´zidʒ–] s *dringendes Bedürfnis, Erfordernis* n; **–cies of affairs** *dringende Geschäfte* n pl ‖ *dringende Not* f, *Zwangs–, Notlage* f; *schwierige Lage* f

exigent [´eksidʒənt] a *dringend, dringlich* ‖ *viel verlangend, anspruchsvoll* ‖ to be ~ of *dringend brauchen*; *verlangen*

exigible [´eksidʒəbl] a *eintreibbar*; *einzutreiben*(*d*), *z verlangen*(*d*) (from a p)

exiguity [,eksi´gjuiti] s *Kleinheit, Spärlichkeit* f; *Geringfügigkeit* f; *Unerheblichkeit* f

exiguous [eg´zigjuəs] a *klein, unbedeutend, geringfügig* ~**ness** [~nis] s = exiguity

exile [´eksail] **1.** s *Exil* n, *Verbannung* f (to go into ~; to send into ~); ⟨fig⟩ *lange Abwesenheit, Abgeschiedenheit* f **2.** s *Verbannter* m **3.** vt *verbannen, verweisen* (from *aus*) ‖ ⟨fig⟩ *trennen* **–ilian** [eg´ziliən], **–ilic** [eg´zilik] a *exilisch, Exil–*

exility [eg´ziliti] s *Schwach–, Dünn–, Feinheit* f

exist [ig´zist] vi *existieren, vorhanden* s; *sich finden*; *begegnen* (in *in*); to ~ as *existieren in Form* v ‖ *leben*; *vegetieren* ‖ *dauern, bestehen* ~**ence** [~əns] s [abstr] *Existenz* f, *Dasein* n (struggle for ~ *–skampf*) ‖ *Leben* n (a wretched ~); to be in ~ *existieren* ‖ to call into ~ *ins Leben rufen* ‖ *Dauer* f, *Fortbestehen* n | [konkr] *Existenz* f, *Wesen* n

existent [ig´zistənt] a *existierend, vorhanden* ‖ *augenblicklich lebend* ~**ial** [,egzi´stenʃəl] a *Existenz–*; ⟨log⟩ *Existenzi al–* ~**ialism** [,egzi-´stenʃəlizm] s *Existenti alphilosophie* f, *Existential·ismus* m (*philosophische Richtung, nach der der Mensch nur durch das volle Bewußtsein s–r unlogischen Stellung in e m sinnlosen Universum frei s kann*)

existing [ig´zistiŋ] a *bestehend*; *augenblicklich* (*bestehend*)

exit [´eksit] L (3. sg prs) **1.** ⟨theat⟩ *als Bühnenanweisung*: (*es tritt*) *ab* (~ Macbeth) **2.** s ⟨theat⟩ *Abgang* m, *Abtreten* n ‖ *Ausgang* m; ~ *opening Dachluke* f ‖ *Ausreise* f ‖ ⟨fig⟩ *Tod* m ‖ to make one's ~ *abtreten* ⟨a fig⟩ (*sterben*) **3.** vi *abgehen, abtreten* (he ~ed) ‖ ⟨fig⟩ *sterben*

ex-libris [eks´laibris] s L *Exlibris, Bucheignerzeichen* n

Exmas [´eksməs] s ⟨vulg⟩ = Xmas f Christmas

exo– [´eksou] Gr pref *außerhalb*

exodontia [,eksou´dənʃə] s ⟨med dent⟩ *Extraktionslehre* f **–tist** [–tist] s *Extrakti onsspezialist* m

Exodus [´eksədəs] s L ⟨bib⟩ *Exodus* m, *das zweite Buch Mosis* ‖ ⟨fig⟩ *Auszug* m ‖ ⟨übtr⟩ *Ab–, Auswanderung, Katastrophenflucht* f; rural ~ *die Flucht vom Lande, Landflucht* f

ex officio [´eksə´fiʃiou] L v *Amts wegen*; [attr] *amtlich, Amts*

exogamic [ekso´gæmik], **–gamous** [ek-´səgəməs] a *exog amisch* **–gamy** [ek´səgəmi] s *Exogam ie* f (*Eheschließung zwischen Angehörigen verschiedener Stammesgruppen*)

exogen [´eksodʒən] s ⟨bot⟩ *Pflanze, deren Stamm durch Zuwachs an der Außenfläche wächst; Dikotyledone* f (*Ggs* endogen) ~**ous** [ek´sədʒinəs] a *exog en*; ⟨geol⟩ v *außen wirkend*

exon [´eksən] s (*aus* Fr exempt) ⟨engl⟩ *e–r der 4 Offiziere der kgl. Leibgardisten* (Yeomen of the Guard)

exonerate [ig´zənəreit] vt (*jdn*) *entlasten, befreien* (from a charge v e–r Anschuldigung); *entbinden* (from a duty) ‖ *reinigen, freisprechen, entschuldigen* **–ation** [ig,zənə´reiʃən] s *Entlastung,*

Befreiung f (from) –*ative* [ig'zɔnəreitiv] a *ent-lastend, befreiend*

exophthalmic [͵eksɔf'θælmik] a ~ goitre = Graves' disease ‖ –**mus** [͵eksɔf'θælmɔs] s Gr ⟨med⟩ *Vortreibung* f *des Augapfels*; *Glotzauge* n

exorbitance [ig'zɔ:bitəns], –**cy** [–si] s *Uberschreitung* f *des Maßes*; *Übermaß* n, *Maßlosigkeit* f (of charges) –**ant** [ig'zɔ:bitənt] a (~*ly* adv) *anormal, ungewöhnlich, übertrieben*; *übermäßig, maßlos, ungeheuer*

exorcism ['eksɔ:sizm] s *Exorzismus* m, *Teufelsbannung, Geisterbeschwörung* f –**cist** ['eksɔ:sist] s *Geisterbeschwörer* m –**cize** ['eksɔ:saiz] vt (*Geister*) *austreiben* (from, out *of*);*bannen* ‖ (*Ort*) *reinigen, befreien* (of evil spirits)

exordial [ek'sɔ:diəl] a *einleitend, Eingangs–* –**ium** [ek'sɔ:diəm] L s [pl ~s, –ia] *Einleitung* f, *Anfang* m (of a treatise)

exoskeleton ['eksous͵kelitən] s ⟨zoo⟩ *Hautskelett* n (*der Gliederfüßer*)

exoteric(al) [͵eksou'terik(əl)] a (–cally adv) ⟨philos⟩ *exoterisch*; f *Außenstehende bestimmt*; *populär, gemeinverständlich*

exotic [ig'zɔtik] 1. a *exotisch, ausländisch* (~ plant) ⟨a fig⟩ 2. s *ausländisches Gewächs* or *Wort* n –**ism** [ig'zɔtisizm] s *das Exotische* n ‖ ⟨Lit⟩ *Exotismus* m (*Vorliebe* f *das Exotische, z. B.* in Chateaubriands Atala)

expand [iks'pænd] vt/i ‖ *ausbreiten, ausspannen* ‖ *ausdehnen; weiten; entwickeln* (into z) ‖ *erweitern*; (*Rohre*) *ausweiten* ‖ (*Produktion*) *steigern* ‖ (*Abkürzungen*) *vollausschreiben* ‖ ~ed metal *Streckmetall* n ‖ vi *sich ausbreiten* or *ausdehnen, his heart* ~s *with joy sein Herz schwillt vor Freude* ‖ *aufblühen* (economy); *sich entwickeln* (into z); *freundlich, entgegenkommend w* ‖ ~**er** [~ə] s *Muskelstrecker* m ‖ ⟨mot⟩ *Spreizring* m ~**ing** [~iŋ] ~ *cone* ⟨tech⟩ *Spreizkonus* m

expanse [iks'pæns] s *weite Fläche* f, *ausgedehnter Raum* m; *Ausdehnung, Weite* f –**sibility** [iks͵pænsə'biliti] s *Ausdehnbarkeit* f –**sible** [iks'pænsəbl] a *ausdehnbar* ‖ –**sile** [iks'pænsail] a = expansible ‖ *Ausdehnungs–*

expansion [iks'pænʃən] s *Ausdehnen* n, *Ausbreitung, Ausdehnung* f; *Dehnung* (~ due to heat *Wärme*–); *Erweiterung* f ‖ *Umfang* m ‖ *Raum* m ‖ ⟨tech & pol⟩ *Expansion* f ‖ *economic* ~ *wirtschaftlicher Aufschwung* m, *Wirtschaftsauswei-tung* f; ~ *in capacity Kapazitätsausweitung* f; ~ *in exports Steigerung* f *der Ausfuhr* ‖ [attr] ⟨tech⟩ *Expansions–* ‖ ~*-circuit-breaker –schal-ter* m ‖ ~*-engine –maschine* f ‖ ~*-gear Spannungshebel* m, *Spannungsvorrichtung* f ‖ ~*-stroke Verbrennungs–, Arbeits–, Expansionstakt* m –**ist** [~ist] s *Anhänger* m *der Expansionspolitik*

expansive [iks'pænsiv] a (~*ly* adv) *ausdehnend, ausdehnungsfähig, Expansiv–* (~ force) ‖ *weit umfassend, ausgedehnt, breit* ‖ ⟨fig⟩ *mitteilsam; freundlich; überschwenglich* ~**ness** [~nis] s *Ausdehnung* f, –*fähigkeit* f ‖ ⟨fig⟩ *Mitteilsamkeit, Offenheit, Freundlichkeit* f

ex parte ['eks'pɑ:ti] L adv [*mst* attr] ⟨jur⟩ *v* (or *im Interesse*) *nur e–r Seite* (*Partei*) *gesehen, einseitig*

expatiate [eks'peiʃieit] vi * *sich tummeln, sich ergehen, sich ungehemmt bewegen* ‖ ⟨mst übtr⟩ *sich in Wort* or *Schrift auslassen, sich verbreiten* (on *über*) –**ation** [eks͵peiʃi'eiʃən] s *langatmige Auslassung, Äußerung* f; *weitläufige Ausführung* f –**atory** [eks'peiʃieitəri] a *sich in Reden ergehend*; *to be* ~ *sich gründlich ausreden*

expatriate [eks'pætrieit] vt *aus dem Vaterlande verbannen* ‖ *to* ~ *o.s. auswandern*; *die Nationalität aufgeben* –**ation** [eks͵pætri'eiʃən] s *Verbannung* f *aus dem Vaterlande* ‖ *Auswanderung* f

expect [iks'pekt] vt 1. (*jdn*) *erwarten* (to dinner *z Essen*); (*etw*) *erwarten* (a storm) ‖ *erwarten, hoffen* (to see you *Sie z sehen*); I ~ (that) he will come *ich erwarte, daß er kommt* ‖ I ~ *you to come* .., *daß du kommst* ‖ ~ed time of arrival (ETA) *voraussichtliche Ankunftszeit* f 2. (*etw*) *erwarten* (of, from a p *v jdm*), *just what I* ~ed of [from] him *ganz was ich v ihm erwartete*; [*oft neg*] *gefaßt s auf* (*etw*) (I had not ~ed his visit) ‖ (*e–r S*) *entgegensehen*, (*etw*) *vorhersehen* ‖ (*etw*) *bestimmt erwarten, rechnen auf* (*etw*) (to ~ payment); *verlangen* (what do you ~ me to do?) 3. ⟨fam⟩ *vermuten, denken, glauben* (I ~ so) ‖ ~**ed** [~id] a *erwartungsmäßig* (⟨stat⟩ deaths); the ~ *das Erwartete* (the ~ happened)

expectance [iks'pektəns] s † *Warten* n (after long ~) –**cy** [iks'pektənsi] s *Erwartung* f ‖ *Anwartschaft* f ‖ *Aussicht* f (in ~); *estate in* ~ ⟨jur⟩ *Anfallsrecht* n ‖ *life* –cy ⟨stat⟩ *Lebenserwartung* f ‖ *Anspruch* m

expectant [iks'pektənt] 1. a *erwartend* (of a th *etw*); *to be* ~ *of erwarten* ‖ *erwartungsvoll*; *Aussicht or Anwartschaft habend* (of *auf*); ~ *heir Thronanwärter* m; ⟨jur⟩ *z erwarten*(*d*) (the fee ~) ‖ ⟨med⟩ *abwartend* (~ method) ‖ *in Schwangerschaft befindlich*; ~ *mother werdende Mutter* 2. s ⟨jur⟩ *Anwärter* m (of *auf*); *Thronanwärter* m ⟨a fig⟩

expectation [͵ekspek'teiʃən] s *Erwartung* f; *das Erwarten* n; on the tiptoe of ~ ⟨fig⟩ *brennend vor E.* ‖ ~ of life *mutmaßliche, wahrscheinliche Lebensdauer* f, ⟨stat⟩ *Lebenserwartung* f; ~ of *unmarried life Lebenserwartung* f *der Ledigen als Ledige*; ~ of *working life durchschnittliche Erwerbstätigkeitsdauer* f ‖ *Gegenstand* m *der Erwartung* ‖ *Hoffnung* f ‖ [*oft* pl ~s] *Aussicht* f; *Aussicht auf e–e Erbschaft, Erbschafts–* ‖ **Wendungen:** beyond ~ *über Erwarten*; contrary to ~(s) *wider E.* ‖ in ~ of a th *e–r S entgegensehend*; in the ~ that *in der E., daß* ‖ to be in (momentary) ~ of *jeden Augenblick erwarten* ‖ the book falls short of (*od* does not come up to) my ~s *das Buch enttäuscht m–e Erwartungen* ‖ ~ value ⟨scient⟩ *Erwartungswert* m –**ative** [iks'pektətiv] a *ab–, erwartend* –**ing** [iks'pektiŋ] a ⟨bes Am⟩ to be ~ *in anderen Umständen, schwanger s*

expectorant [eks'pektərənt] s ⟨med⟩ *schleimlösende Arznei* f –**ate** [–eit] vt/i ‖ (*Schleim*) *auswerfen, –speien, –husten* ‖ vi *Blut husten*; *spucken* –**ation** [eks͵pektə'reiʃən] s *Ausspeien* n; *Schleimauswurf* m

expedience [iks'pi:diəns] s *Zweckdienlichkeit* f –**cy** [–iənsi] s *Schicklichkeit, Tunlichkeit* f ‖ *Nützlichkeit, Zweckdienlichkeit* f; *kluge selbstsüchtige Berechnung* f

expedient [iks'pi:diənt] 1. a (~*ly* adv) [*mst* pred] *passend, angebracht, ratsam* ‖ *nützlich, zweckdienlich* (for); *vorteilhaft* 2. s *Auskunfts–, Hilfsmittel* n ‖ *Ausweg* m, *Ausflucht* f; to hit (up)on an ~ *e–n Ausweg finden* ~**ial** [eks͵pi:di'enʃəl] a *Nützlichkeits–*

expedite ['ekspidait] vt *beschleunigen, fördern* ‖ *schnell ausführen* ‖ *befördern, expedieren, absenden*

expedition [͵ekspi'diʃən] s *Kriegs–, Feldzug* m ‖ *Reise, Fahrt, Expedition* f (on an ~ *auf e–r E.*) ‖ *Mitglieder* pl *e–r E.* ‖ *Geschwindigkeit, Eile* f (with ~) ~**ary** [~əri] a *Expeditions–*

expeditous [͵ekspi'diʃəs] a (~*ly* adv) *geschwind, schnell; schnell bereit, emsig, geschäftig*

expel [iks'pel] vt *hinaustreiben, hinauswerfen* (from *v, aus*); *to get a p* ~*led the city od* from the city *jdn aus der Stadt verweisen l* ‖ *ausstoßen, verbannen* (from) ‖ *ausstoßen, ausschließen*; he was ~led (from) the school *er wurde v der Schule relegiert* ‖ ~led p = ~lee ⟨tech

(*Dämpfe*) *abtreiben* | **~lee** [ˌekspeˈliː] s (*Heimat-*) *Vertriebene(r* m) f; → *–ee* **~lent** [~ənt] a *treibend, Stoß–*

expend [iksˈpend] vt * (*Geld*) *ausgeben* || (*Mühe, Zeit*) *aufwenden* (on a th *f etw*; in doing) || *verbrauchen*; ⟨fig⟩ *to* ~ *o.s. sich verausgaben* **~able** [~əbl] a *Verbrauchs–* || ~ *items, stores, supplies* [pl] *–material* n **~ables** [~əblz] s pl ⟨mil⟩ *Pn u Sn, die „abgeschrieben" w können* **~iture** [~itʃə] s *Verausgabung, Ausgabe* f, → *estimate* | *Aufwand* m (of energy *an Energie*); *Verbrauch* m (of *an*) | *verausgabter Betrag* m; *the* ~ *die Ausgaben* pl (on *f*), *Kosten* pl

expense [iksˈpens] s **1.** [*sg-Form*] a. (*Geld-*) *Ausgabe* f; *Aufwand, Verbrauch* m || [koll] (→ **2.**) *Kosten, Unkosten, Spesen* pl || *Auslagen* pl **b.** [*stets nach* prep]: *at an* ~ *of mit e–m Aufwand or Opfer v, unter Verlust v, to be at an* ~ *of mit e–m Aufwand an or e–m Verlust v ..geschehen* || *at my* ~ *auf m–e Kosten* || *at the* ~ *of auf Kosten v*; ⟨fig⟩ *z Schaden v* || *at any* ~ *um jeden Preis*; *at great, little* ~ *teuer, billig erkauft* || *free of* ~ *kostenfrei; franko* || *to go to the* ~ *of buying a th sich den Ausgaben f e–e S unterziehen*; *to go to great* ~ *sich gr Kosten m, es sich viel kosten l* || *to put a p to great* ~ *jdm gr Kosten verursachen, jdn in gr Kosten stürzen* **2.** **~s** [pl] *Auslagen,* (*Un-*)*Kosten, Ausgaben* pl; *current* **~s** *laufende A.*; *general* **~s** *Gemeinkosten; incidental* **~s** *Neben–, unvorhergesehene A.*; *manufacturing* (and commercial) **~s,** *factory* **~s** (*Vertriebs-*)*Gemeinkosten; petty* **~s** *kl A.*; *travelling* **~s** *Reise–, working* **~s** *Betriebsunkosten* pl || **~s** *of production Herstellungs–*; **~s** *of running Betriebskosten* f; *with out-of-pocket* **~s** *gegen Erstattung der Unkosten* || ⟨jur⟩ *Auf–, Verwendungen* f pl, *Aufwand* m | *to bear the* **~s** *die Kosten tragen* || *to cover* **~s** *die Auslagen decken,* **~s** *covered kostenfrei* || *all* **~s** *paid zusätzlich Spesen* || *not to spare* **~s** *k–e Kosten scheuen*

expense [iksˈpens] vt ⟨Am⟩ (*jdn*) *f Spesen belasten*

expensive [iksˈpensiv] a (**~ly** adv) *teuer* (*to come* ~ *t. kommen*), *kostspielig* **~ness** [~nis] s *Kostspieligkeit* f

experience [iksˈpiəriəns] **1.** s *Erfahrung, dem Wissen dienende praktische Beobachtung* f (daily ~, much ~ *gr E.*) | *Lebenspraxis* f, *Aus–e–a–setzung* f *mit dem Leben* | *Erlebnis* n | *in der Praxis erworbenes Wissen* n, *Kenntnisse* pl *f best. Gebiet*; ~ *of, in Erfahrung an, in*; *6 years'* ~ *sechsjährige E.* | *from, by my own* ~ *aus eigener Erfahrung* | *I know by* ~ *ich weiß aus E., kann ein Lied davon singen* || *a recent* ~ *e–e kürzlich gemachte E.* | *tell us about your* **~s** *.. v den E.en, die du gemacht hast* || [attr] *Wahrscheinlichkeits–* || **~-table** ⟨ins⟩ *Sterblichkeitstabelle* f **2.** vt *erfahren; aus Erfahrung wissen* | *erleben; stoßen auf* (*to* ~ *difficulties*) || *erleiden, durchmachen* | **~d** [~t] *erfahren, bewandert, sachkundig, bewährt* (in)

experient [iksˈpiəriənt] s ⟨psych⟩ *jd, der e–e Erfahrung macht* **~ial** [iksˌpiəriˈenʃəl] a *Erfahrungs–, empirisch*

experiment 1. [iksˈperimənt] s *Versuch* m, *Probe* f, *Experiment* n (on animals *an Tieren*; of *od* in doing a th) **2.** [iksˈperiment] vi *experimentieren, Versuche anstellen* (on, upon *an*; with *mit*), *to* ~ *with a th etw erproben, versuchen* || *to* ~ *with a th e–e S an eigener Erfahrung macht* **~al** [eksˌperiˈmentl] a (**~ly** adv) *Erfahrungs–, Erlebnis–* (~ *religion*) || *Erfahrungs–, auf Erfahrung gegründet* (~ *philosophy*) || *versuchend, Versuchs–* | ⟨phys⟩ *Experiment·al–, praktisch* | ~ *airplane Versuchsflugzeug* n | ~ *firing Schießversuch* m·|| ~ *department,* ~ *laboratory Versuchsabteilung* f, *–labor* n || ~ *plot* ⟨agr⟩ *–feld* n **~alist** [~əlist] s *Experimentierer* m

~alize [~əlaiz] vi *experimentieren* (on *an*) **~ally** [~əli] adv *durch Experiment or Erfahrung, auf dem Wege der E.* **~ation** [~ˈteiʃən] s *Experimentieren* n **~er** [~ə] s *Experiment·ator* m

expert 1. [ˈekspəːt]; pred *a* eksˈpəːt] a (**~ly** adv) *erfahren, kundig* | *fachmännisch* (work) || *geschickt, gewandt* (at, in) **2.** [ˈekspəːt] s *Sachverständiger, Gutachter* m (at, in *in*; on a th *e–r S, auf dem Gebiete e–r S*); a mining ~ *ein Bergbau-Sachverständiger* m || *Fachmann, Kenner* m (an ~ *at cricket hervorragender Kricketspieler*) || ⟨bes mil⟩ *ausgezeichneter Schütze* m | [attr] *Sachverständigen–* (~ *evidence*); ~ *knowledge Sachkenntnis* f; ~ *opinion Gutachten* n **~ise** [ˌekspəːˈtiːz] s Fr *Begutachtung, Untersuchung durch Sachverständige* || *Gutachterfähigkeit, –tätigkeit* f || *fachmännisches Geschick* n **~ness** [ˈekspəːtnis] s *Geschicklichkeit, Erfahren–, Gewandtheit* f

expiable [ˈekspiəbl] a *sühnbar* **–ate** [ˈekspieit] vt *sühnen, büßen, wiedergutmachen* **–ation** [ˌekspiˈeiʃən] s *Buße, Sühne* f **–atory** [ˈekspieitəri] a *sühnend* (of); *Sühn–, Buß–*; *to be* ~ *die Sühne s für, sühnen*

expiration [ˌekspaiˈreiʃən] s *Ausatmung* f || *Tod* m | *Ende* n, *Ab–, Verlauf* m; *at the time· of* ~ *z Zeit der Zahlung, z Verfallzeit*; *on the* ~ *of nach Ablauf v* || ~ *of protest period* ⟨com⟩ *Protestfristablauf* m **–atory** [iksˈpaiərətəri] a *ausatmend, Ausatmungs–*; *Atem–*

expire [iksˈpaiə] vi/t || *verscheiden, sterben* | (of a session) *enden, ablaufen*; *verfallen* (the ticket is [*od* has] ~d); *ungültig w* || (of a title) *erlöschen* | vt (*Luft*) *ausatmen* (from) || *aushauchen, ausatmen* **–ring** [iksˈpaiəriŋ] a *sterbend; Todes–*; *letzt* **–ry** [iksˈpaiəri] s *Ablauf* m, *Ende, Erlöschen* n

explain [iksˈplein] vt/i **1.** vt *erklären, darlegen, erläutern* (a th *to* a p *jdm etw*; [to a p] that, how [*jdm*] *daß, wie*; a th *to be daß etw ist*); *it* **~s** *itself es erklärt sich* || (etw) *verständlich m, aus–e–a–setzen* | *begründen, rechtfertigen* (a p's conduct); *to* ~ *o.s. sich recht–* | *to* ~ *away durch Erklären beseitigen* **2.** vi *e–e Erklärung geben, sich erklärend äußern* **~able** [~əbl] a *erklärlich,*

explanation [ˌekspləˈneiʃən] s *Erklärung* f (of *f*; *to give an* ~ of); *in* ~ *of z E. v, als E. f, um z erklären*; *here is the* ~ *of hier ist die E. f*; *to make some* ~ *e–e E. abgeben, sich erklären* | *Aus–e–a–setzung* f || * *Verständigung* f; *to come to an* ~ *with sich verständigen mit* **–atory** [iksˈplænətəri] a (*–rily* adv) *erläuternd, erklärend*

expletive [eksˈpliːtiv] **1.** a *ausfüllend; Ausfüll–* **2.** s *Füllwort* n; *Füllsel* n | *Lückenbüßer* m, *Fluch* m, *Verwünschung* f || **~s** pl *Füllsteine* m pl

explicable [ˈeksplikəbl] a *erklärbar, erklärlich* **explicate** [ˈeksplikeit] vt (*Begriff*) *entfalten; entwickeln* || * *erklären, aus–e–a–setzen* **–ation** [ˌekspliˈkeiʃən] s *Entfaltung, Entwicklung* f || *Erläuterung, Erklärung, Aufhellung* f **–ative** [ˈeksplikeitiv], **–atory** [ˈeksplikeitəri] a *erklärend, erläuternd*

explicit [iksˈplisit] a (**~ly** adv) *ausdrücklich, deutlich, klar* (*ausgesprochen*) || (P) *offen* (on *in bezug auf*) **~ness** [~nis] s *Bestimmtheit* f

explode [iksˈploud] vt/i || [*mst pass*] (*etw*) *verwerfen,* (*Brauch*) *vernichten, beseitigen*; *to be* **~d** *veraltet, überlebt s* || [kaus] *z Explosion bringen, explodieren l, losgehen l* | vi *explodieren, in die Luft fliegen* || ⟨fig⟩ *ausbrechen* (with laughter *in Lachen*); *platzen* (with fury *vor Wut*) || ⟨tech⟩ **~d** *view Teilmontagezeichnung, Schnittansicht* f, *Durchsichtbild* n **–der** [iksˈploudə] s *Zündgerät* n, *Zünder* m

exploit 1. [ˈeksplɔit] s *Heldentat* f **2.** [iksˈplɔit] vt *in Betrieb nehmen; kultivieren; erfolgreich ausnützen, –werten* || (*jdn*) *ausbeuten* || * **~age** [iksˈplɔitidʒ] s = **~ation** [ˌeksplɔiˈteiʃən] s

Inbetriebnehmung f; *Ausnützung* || *Ausbeutung* f, *Abbau* m || ~ of mineral deposits *Erzgewinnung* f || wasteful ~ *Raubbau* m | ~er [iks'plɔitə] s *Ausbeuter* m

exploration [ˌeksplo'reiʃən] s *Erforschung* | (of a country); *Untersuchung* f || ⟨min⟩ *Schürfen* n –ative [eks'plɔːrətiv] a *erforschend, Untersuchungs-* –atory [eks'plɔːrətəri] a *untersuchend, Forschungs-* || *informatorisch, Informations-* (~ visit)

explore [iks'plɔː] vt (*Land*) *erforschen; untersuchen; sondieren* || ⟨min⟩ *schürfen* | ~r [~rə] s *Forschungsreisender* m; African ~ *Afrikaforscher, –reisender* m

explosion [iks'plouʒən] s *Explosion* f, *Knall* m || ⟨fig⟩ *Ausbruch* m | ~ oil engine *Verpuffungs-Ölmotor* m || his irritation has reached ~ point ⟨fam⟩ *er ist auf neunzig*

explosive [iks'plousiv] **1.** a (~ly adv) *explosiv, Spreng–* || *Explosions-, Verpuffungs-* || ~ ordnance disposal unit *Munitionsräumtrupp* m; ~ rivet *Sprengniete* f; ~ thrust (*Raketen-*)*Verbrennungsdruck* m; ~ train *Zündsatz* m **2.** s *Sprengstoff* m || ⟨phon⟩ *Verschlußlaut* m || ~s area *Munitionslagerbereich* m || ~s expert *Sprengsachverständiger, –meister* m ~ness [~nis] s *Explosionsfähigkeit* f

exponent [eks'pounənt] s *Erklärer* m || ⟨fig⟩ *Expon'ent, Typ* m, *Repräsentant* m || ⟨math⟩ *Exponent* m ~ial [ˌekspo'nenʃəl] **1.** a *Exponenti'al–* || ~ assemblies *–aufbauten* m pl **2.** s *Exponentialgröße* f

export 1. [eks'pɔːt] vt ⟨com⟩ *ausführen, exportieren, versenden;* ~ing *Export–* **2.** ['ekspɔːt] s [abstr] *Ausfuhr* f, *Export* m | [konkr] *Ausfuhrartikel* m | ~s [pl] *Gesamtausfuhr* f; our ~s exceed our imports in value; an increase in ~s *e–e Ausfuhrsteigerung* f; oil is one of the chief ~s of Persia | [attr] ~-duty *Ausfuhrzoll* m || ~-trade *Ausfuhrhandel* m ~able [eks'pɔːtəbl] a *exportier–, ausführbar, Ausfuhr-* ~ation [ˌekspɔː'teiʃən] s *Exportieren* n, *Ausfuhr* f ~er [eks'pɔːtə] s *Exporteur* m

exposal [iks'pouzəl] s *Ausgesetzt-, Exponiertsein* n (to a th *e–r S*)

expose [iks'pouz] vt **1.** (*Kind*) *aussetzen; preisgeben* **2.** *bloßlegen, entblößen* || *enthüllen* || *aufdecken, entlarven* || ⟨tech⟩ ~d *wiring offene Verlegung, V. auf Putz* **3.** ⟨fig⟩ (*jdn, etw*) *unterwerfen, aussetzen* (to a th *e–r S*); to ~ o.s. ⟨fig⟩ *sich aussetzen* (to a th); *sich e–e Blöße geben, sich bloßstellen;* to ~ o.s. to ridicule *sich lächerlich m;* to be ~d *ausgesetzt s* (to a th *e–r S*); an ~d position *e–e exponierte* (*gefährdete*) *Lage* f || ⟨phot⟩ *belichten* **4.** *ausstellen, auslegen; feilhalten* (for sale *z Verkauf*) || ~d [~d] ⟨tact⟩ *offen, ungeschützt, eingesehen; unangelehnt* (*Flanke*) || ~ to risk *dem Risiko ausgesetzt* ~dness [~dnis] s *Ausgesetztsein* n (to)

exposé [eks'pouzei], s Fr, ⟨Am⟩ *expose* [eks'pouz] s *Exposé* n, *Darlegung* f || *Enthüllung, –larvung* f

exposition [ˌekspo'ziʃən] s (*Kindes-*)*Aussetzung* f; *Preisgabe* f || *Ausführung*(en pl) f (of *über*); *Darlegung*(en pl), *Erklärung* f || *Ausstellung* f

expositive [eks'pɔzitiv] a *erklärend, erläuternd;* to be ~ of *erklären*

expositor [eks'pɔzitə] s *Ausleger, Deuter, Erklärer* m | ~y [~ri] a = expositive

ex post facto [eks poust 'fæktou] a L *retrospekt iv, rückwirkend;* ~ law (*Straf-*)*Gesetz* n *mit rückwirkender Kraft*

expostulate [iks'pɔstjuleit] vi *protestieren* || (*ernste*) *Vorhaltungen m* (with a p *jdm*), *z Rede stellen, zurechtweisen* (with a p *jdn;* about, for, on a th *über etw*) –ation [iks,pɔstju'leiʃən] s

ernste Vorhaltung f || *Klage* f, *Protest* m –ative [iks'pɔstjuleitiv], –atory [iks'pɔstjuleitəri] a *Vorhaltungen machend; mahnend; Beschwerde–*

exposure [iks'pouʒə] s **1.** (of children) *Aussetzung* f | ⟨at⟩ *Aussetzung* f *gegenüber schädlichen Einflüssen* || *Aussetzen* n (to a th *e–r S*); *Ausgesetztsein* n (to a th *e–r S*); *ungeschützte Lage* f || ⟨phot⟩ *Belichtung; –szeit, Aufnahme* f; ~ latitude *Belichtungsspielraum* m; ~ multiplication factor *Verlängerungsfaktor* m; ~ threshold *Schwellenbelichtung* f; ~ value *Lichtwert* m || occupational ~s (*äußere*) *Einwirkungen, die der Beruf mit sich bringt* **2.** *Feilhalten* n, *Ausstellung* f (of goods for sale) **3.** *Aufdeckung* f (of a plot), *Enthüllung* f; *Entlarvung, Bloßstellung* f **4.** *Lage* f, southern ~ *Südlage* f | *gr freie, offene Fläche* f

expound [iks'paund] vt *auslegen, erläutern, erklären* ~er [~ə] s *Ausleger, Erklärer* m

express [iks'pres] **1.** a (~ly adv) *ausdrücklich, deutlich; expreß, besonder* | *genau gleich* | *Eil–* (~ letter); *Schnell–; Expreß–* (~ messenger; ~ train *Schnell–, D-Zug*); ~ delivery *Eilbeförderung* f || ⟨Am⟩ ~ highway, ~ road, ~ street, ~(-)way (*msl kreuzungsfreie*) *Schnellverkehrsstraße* f (*im Stadtgebiet, ohne Rampenzufahrt*), → freeway **2.** adv *expreß, eigens* || *durch Eilboten* (→ 4.); *als Eilgut* (to send ~) **3.** s *Eilbote* m || *Eil–, Expreßbrief* m, *Eil–, Expreßbotschaft* f || *Eilgut* n | *Eil–, Schnellzug* m; ⟨Am a⟩ *Eilgüterzug* m; = ~ company | by ~ *per Eilgut;* → 4. | [attr] ~-company ⟨Am⟩ *Paketfahrtgesellschaft* f || ~-office ⟨Am⟩ *Büro* n *der Paketfahrtgesellschaft* || ~ street ~way **4.** vt *als Eilgut senden; durch Eilboten* (⟨Am⟩ *durch Paketfahrtgesellschaft*) *befördern*

express [iks'pres] vt **1.** * (*Saft* etc) *ausdrücken, auspressen* (from, out of) **2.** ⟨übtr⟩ [*nie mit Objektsatz*] (*etw*) *z Ausdruck bringen* (one's opinion), *ausdrücken, äußern;* (*Dank*) *aussprechen* (let me ~ once again my very great thanks *ich darf Ihnen nochmals bestens danken*) || *bezeichnen, bedeuten, vor-, darstellen* || to ~ o.s. *sich zeigen, sich offenbaren; sich ausdrücken, sich äußern; sich erklären* || *bezeigen, an den Tag legen* || to ~ o.s. one way or the other *entscheidend Stellung nehmen* ~age [~idʒ] s ⟨Am⟩ *Expreßtransport* m, *Expreßgebühr* f ~ible [~əbl] a *ausdrückbar* ~ion [iks'preʃən] s * *Auspressung* f | *Äußerung, Erklärung* f, *Ausdruck* m; to give ~ to a th *e–r S Ausdruck verleihen;* beyond all ~ *unaussprechlich, über alle Beschreibung* || *Redensart* f, *Ausdruck* m || *Ausdrucksweise, Diktion* f || *Tonfall* m, *Betonung* f || ⟨math⟩ *Formel* f, *Ausdruck* m | (*Gesichts-*)*Ausdruck* m || ⟨arts & mus⟩ *Ausdruck* m (~-mark) | [attr] ~ form *Ausdrucksform* f || ~ lines ⟨euph⟩ *Gesichts-, Altersfalten* f pl ~ionable [iks'preʃənəbl] a *ausdrucksfähig, –voll* ~ional [iks'preʃən] a *Ausdrucks-* ~ionism [iks'preʃnizm] s ⟨arts⟩ *Expressionismus* m ~ionist [iks'preʃnist] s *Expressionist* m | [attr] *expressionistisch* ~ionistic [iks,preʃə'nistik] a *expressionistisch* ~ionless [iks'preʃənlis] a *ausdruckslos* ~ive [iks'presiv] a (~ly adv) *ausdrückend;* to be ~ of *ausdrücken* || *ausdrucksvoll; nachdrücklich, kräftig* ~iveness [~ivnis] s *das Ausdrucksvolle* n (*a der Gesichtszüge*); *–kraft* f || *Nachdruck* m ~ly [~li] adv *besonders, ausdrücklich, eigens*

expressman [iks'presmæn] s *Angestellter* m *der Paketfahrtgesellschaft*

expressway [iks'preswei] ⟨Am⟩ *Expreßstraße* f, *Schnellweg* m (*im Stadtgebiet*)

exprobration [ˌekspro'breiʃən] s *Vorwurf* m

expropriate [eks'prouprieit] vt (*Land*) *enteignen;* (*jdn*) *enteignen, berauben* (from an estate *e–s Gutes*) –ation [eks,proupri'eiʃən] s *Enteignung* f; *Eigentumsberaubung* f; *gerichtliche Enteignung*

expulsion [iks'pʌlʃən] s *Aus–*, *Vertreibung* f (from *aus*, from Eden *aus dem Paradies*), → temple || *Entfernung* (from *von*); *Ausstoßung* (from a school) || *Ausweisung* f; ~-*order* –*sbefehl* m –**sive** [iks'pʌlsiv] a *aus–*, *vertreibend*; *Stoß–* (~ force)

expunct [eks'pʌŋkt] vt = to expunge **~ion** [eks'pʌŋkʃən] s *Ausstreichung, Tilgung* f

expunge [eks'pʌndʒ] vt *tilgen, austilgen,* –*streichen*; to ~ a p's name *jdn streichen* (from a list)

expurgate ['ekspə:geit] vt *säubern, reinigen* (from *v*; to ~ a book from impurities) –**ation** [ˌekspə:'geiʃən] s *Reinigung* (of a book) f || *Ausmerzung* f; –*scheidung,* –*schließung* f; *Streichung* f (of members) –**atory** [eks'pə:gətəri] a *säubernd, reinigend*

exquisite ['ekskwizit; eks'kwizit] **1.** a (~ly adv) *ausgezeichnet, vorzüglich, höchst, ungemein* || *köstlich* || *äußerst fein* (an ~ ear) || *lebhaft, empfindlich* (~ sensibility); *heftig, hochgradig* (~ pain) **2.** s *Stutzer* m **~ness** [~nis] s *Vortrefflichkeit, Vorzüglichkeit* f || *Feinfühligkeit* f || *Heftigkeit* f (of pain)

exsanguinate [ek'sæŋgwineit] vt (*jdn*) *schröpfen* –**guine** [ek'sæŋgwin] a *blutlos,* –*leer*

exscind [ek'sind] vt *aus–, herausschneiden* ⟨a fig⟩

exsert [ek'sə:t] vt ⟨bot⟩ *vortreiben*; to be ~ed *hervorstehen* **~ion** [ek'sə:ʃən] s *Hervorstehen* n

ex-service ['eks'sə:vis] [attr] ~ man *ehemaliger Frontsoldat* m

exsiccate ['eksikeit] vt *austrocknen*

extant [eks'tænt; 'ekstənt] a (*noch*) *vorhanden,* (*noch*) *existierend* (the ~ types)

extemporaneous [eksˌtempə'reinjəs] a (~ly adv) (S) *unvorbereitet, aus dem Stegreif gesprochen* **~ness** [~nis] s *das Unvorbereitetsein* n

extemporary [iks'tempərəri] a (–rily adv) = extemporaneous

extempore [eks'tempəri] **1.** adv *aus dem Stegreif* (to speak ~) **2.** a *extemporiert, improvisiert, aus dem Stegreif geschaffen; unvorbereitet*

extempore [eks'tempə:(ri)] s ⟨gym⟩ *Kür* f

extemporization [eksˌtempərai'zeiʃən] s *Extemporieren* n, *Improvisation* f –**ize** [iks'tempəraiz] vt/i || (*etw*) *extemporieren, aus dem Stegreif reden, dichten, improvisieren; schaffen, erfinden* | *extemporieren* –**izer** [iks'tempəraizə] s *Improvisator, Stegreifdichter* m

extend [iks'tend] vt/i **A.** vt **1.** *ausstrecken* (one's hands *die Hände*) **2.** *ausdehnen, verlängern; fortsetzen,* –*führen*; || ⟨tech⟩ *längen, dehnen,* (*st*)*recken, spannen, weiten*; (*Leitung*) *weiterführen*; ⟨aero⟩ (*Fahrgestell*) *ausfahren* || to ~ a line *e–n Linie ziehen*; .. *a wire e–n Draht ziehen* (from .. to) || ~ed order ⟨mil⟩ *ausgeschwärmte Schützenlinie* f || ~ed formation ⟨aero⟩ *geöffnete, offene* (*Flug-*)*Ordnung* f || ~ed leave ⟨mil⟩ *Nachurlaub* m || ~ed play (abbr EP) *Langspielplatten* f pl | (*Abkürzungen*) *voll ausschreiben;* (*Kurzschrift*) *in gewöhnliche Schrift umsetzen* | *ausbauen,* (*Gebäude*) *vergrößern* **3.** ⟨übtr⟩ (*Macht* etc) *ausdehnen;* (*Zeit*) *verlängern* || to ~ the term of payment *Zahlungsaufschub* m *gewähren* | (*Freundlichkeit*) *erweisen,* –*zeigen, gewähren* (to, towards a p *jdm*) **4.** ⟨sport⟩ (*Pferd* etc) *bis z äußersten anstrengen* **5.** to ~ o.s. **a.** (of countries etc) *sich ausdehnen, sich erstrecken;* (of reputation) *sich vergrößern* **b.** (P & ⟨sport⟩) *sich anstrengen, sein möglichstes tun, sich ganz ausgeben,* °*sich recht ins Zeug legen* **B.** vi *sich ausdehnen* (from .. to *v* .. *bis*); *reichen* (to *bis*); to ~ to .. *auch .. umfassen* || *sich erstrecken* (over *über*); *hinausgehen* (beyond *über*)

extensibility [iksˌtensə'biliti] s *Dehnbar–, Ausdehnbarkeit* f

extensible [iks'tensəbl] a *dehn–, ausdehnbar* ⟨a fig⟩ || *ausstreckbar* **~ness** [~nis] s = extensibility

extensile [eks'tensail] a = extensible

extension [iks'tenʃən] s **1.** *Ausdehnung; Vergrößerung, Erweiterung* f || ⟨surg⟩ *Streckung* f || ⟨tech⟩ (*Längen-*)*Dehnung* f | *Umfang* m | ⟨aero⟩ *Ausfahren* n (des Fahrwerks) || ⟨tact⟩ *Aus–e–a–ziehen* n **2.** *Erweiterung* f, *Anbau* m (to a building *an ein*[*em*] *Gebäude*) || ⟨telph⟩ (*Neben-*)*Anschluß* m **3.** *Verlängerung* f; to put an ~ to *verlängern* || = ~-line | (of time) *Verlängerung, Hinausschiebung* f || ⟨com⟩ *Stundung* f (of time, of the debt) **4.** ⟨übtr⟩ (of influence, etc) *Ausdehnung* f (to *auf*) || University ⚹ *Volkshochschule* f **5.** [attr] ~-*bandage* ⟨surg⟩ *Streckverband* m || ~ cord *Verlängerungsschnur* f || ⟨Am⟩ ~ course *Fernlehrgang* m, *Korrespondenzkurs* m || ~-line ⟨telph⟩ *Nebenanschluß* m || ~-piece *Verlängerungsstück* n || ~-table *Ausziehtisch* m

extensive [iks'tensiv] a (~ly adv) *ausgedehnt* || *geräumig* || *umfassend* **~ness** [~nis] s *Ausdehnung, Weite, Größe* f; *Umfang* m –**someter** [eksten'səmitə] s *Dehnungsmesser* m –**sor** [iks'tensə] s ⟨anat⟩ *Streckmuskel, Strecker* m

extent [iks'tent] s *Ausdehnung, Länge, Weite, Größe, Höhe* f; ~ of frontage ⟨tact⟩ *Frontbreite* f; ~ of traverse ⟨artill⟩ *Seitenrichtfeld* n, *Schwenkbereich* m; *Umfang; Raum* m; *Strecke* f (an ~ of marsh) | ⟨übtr⟩ *Umfang; Grad* m, *Maß* n | ⟨hist jur⟩ *Bewertung* f (*v Land*) || *Beschlagnahme* f (*v Eigentum*) | **Wendungen**: in ~ *an Umfang* || to the full ~ *völlig, bis z vollen Umfange* || to a certain ~ *bis z e–m gewissen Grade, gewissermaßen*; to some ~ *einigermaßen* || to a great ~ *im hohen Grade, größenteils* || to the ~ of *bis z Höhe v, bis z Betrage v*

extenuate [eks'tenjueit] vt (*etw*) *schwächen; mildern* || *beschönigen* || –*ting circumstances* [pl] *mildernde Umstände* m pl –**ation** [eksˌtenju'eiʃən] s *Milderung, Abschwächung, Beschönigung* f || in ~ of a th *z Milderung e–r S, um etw z mildern* –**atory** [eks'tenjueitəri] a *mildernd, abschwächend, beschönigend*

exterior [eks'tiəriə] **1.** a (~ly adv) *äußerlich, äußere(r, –s)* (~ policy) || ~ to a th *abseits v etw, außerhalb e–r S*; a point ~ to the curve *ein Punkt außerhalb der Kurve* **2.** s *das Äußere* (a th) || (P) *äußeres Ansehen* or *Benehmen* n || ⟨film⟩ *Außenaufnahme* f **~ity** [eksˌtiəri'əriti] s *das Äußere* n, *Außenseite* f || *Äußerlichkeit* f **~ize** [eks'tiəriəraiz] vt *nach außen kenntlich* m, in *äußerer Form darstellen*

exterminant [eks'tə:minənt] s *Schädlings-Bekämpfungsmittel* n –**ate** [–eit] vt *ausrotten, vertilgen* –**ation** [eksˌtə:mi'neiʃən] s *Ausrottung, Vertilgung* f –**ator** [eks'tə:mineitə] s *Ausrotter, Vertilger* m –**atory** [~ri] a *Ausrottungs–*

extern [eks'tə:n] a ⟨poet⟩ *äußerlich; außen gelegen*

external [eks'tə:n(ə)l, attr 'ekstə:n(ə)l] **1.** a (~ly adv) *außen befindlich; Außen–* (~ aerial); *äußere(r, –s); äußerlich* (use) ⟨math⟩ *Außen–* (~ angle) | ⟨übtr⟩ *äußere(r, –s) ~ qualities; ~ evidence*) || ~ to a th *außerhalb e–r S* (~ to Christianity *außerhalb des Christentums*) | *sichtbar, wahrnehmbar; Erscheinungs–* (the ~ world –*welt*); *körperlich* | *auswärtig* (debt) || *Auslands–* (~ bonds –*obligationen*, ~ assets –*werte*) **2.** ~s [s pl] *das Äußere* n; *Äußerlichkeiten* pl; *Nebensächlichkeiten* f pl **~ism** [~izm] s *Neigung* f z *äußeren Formen, Äußerlichkeiten* **~ity** [ˌekstə:-'næliti] s *Äußerlichkeit* f; *äußere Eigenschaft* f; *äußerer Zug* m || *äußerer Gegenstand* m, [koll] *äußere Dinge* pl **~ization** [eksˌtə:nəlai'zeiʃən] s *Verkörper(lich)ung* f **~ize** [eks'tə:nəlaiz] vt *äußerlich m*; (*e–r S*) *e–e äußere Form geben*; *veräußerlichen*; *verkörper(liche)n*

exteroceptive [ˌekstərouˈseptiv] a *äußere Reize wahrnehmend* **–tor** [–tə] s *auf äußere Reize ansprechendes Sinnesorgan* n

exterritorial [ˈeksˌteriˈtɔːriəl] a (∼ly adv) *exterritorial* **∼ity** [ˈeksteriˌtɔːriˈæliti] s *Exterritorialität* f

extinct [iksˈtiŋkt] a *erloschen*; ∼ *volcano ausgebrannter Vulkan* m ‖ ⟨übtr⟩ *erloschen*; [pred] *aus, z Ende* ‖ *ausgestorben, tot* ‖ *abgeschafft, aufgehoben* **∼ion** [iksˈtiŋkʃən] s *Auslöschen* n, *Auslöschung* f ‖ *Tilgung, Löschung* f ‖ *Vernichtung* f, *Aussterben* n ‖ ⟨jur⟩ ∼ *of a right Rechtsuntergang* m, *–erlöschung* f **∼ive** [∼ktiv] a *tilgend*; *vernichtend*

extinguish [iksˈtiŋgwiʃ] vt **1.** (*Feuer*) *auslöschen, löschen* ‖ ⟨übtr⟩ (*Leben, Gefühl*) *auslöschen, ersticken, töten* ‖ ⟨fig⟩ (*jdn*) *in den Schatten stellen* ‖ (*jdn*) *z Schweigen bringen* **2.** *auslöschen, vernichten, zerstören*, (*e–r S*) *ein Ende m* ‖ *abschaffen, aufheben* ‖ (*Schuld*) *tilgen* **∼able** [∼əbl] a *auslöschbar*, (*ver-*)*tilgbar, aufhebbar* **∼er** [∼ə] s *Lösch–, Lichthütchen* n ‖ *Zigarettentöter* m ‖ *fire*— *Feuerlöschapparat* m **∼ment** [∼mənt] s *Auslöschung* f ‖ *Erlöschen, Aussterben* n ‖ ⟨jur⟩ *Aufhebung* f ‖ ⟨fig⟩ *Unterdrückung, Vertilgung* f, *Vernichtung* f

extirpate [ˈekstəːpeit] vt *ausrotten* ⟨*a* übtr⟩ ‖ ⟨med⟩ *ausschneiden*; *entfernen* **–ation** [ˌekstəːˈpeiʃən] s *Ausrottung* f ‖ ⟨surg⟩ *Ausschneidung* f **–ator** [ˈekstəːpeitə] s *Ausrotter, Vernichter* m

extol [iksˈtɔl] vt *erheben, preisen* (to ∼ *a p to the skies jdn in den Himmel heben*)

extort [iksˈtɔːt] vt (*etw*) *durch Gewalt erpressen* (from a p); (*etw*) *gewaltsam abringen, abzwingen* (from a p *jdm*); *erzwingen* (from *v*) ‖ (*Sinn*) *gewaltsam herausholen, –pressen* (from words) **∼ion** [iksˈtɔːʃən] s *Erpressung* f; *Wucher* m **∼ionate** [iksˈtɔːʃnit] a (∼ly adv) *erpresserisch, wucherisch* **∼ioner** [iksˈtɔːʃnə] s *Erpresser* m, *Wucherer* m

extra [ˈekstrə] L **1.** a *besondere(r, –s), außerordentlich, –gewöhnlich* (it is nothing ∼) ‖ *Extra–, Sonder–, Neben–* ‖ ∼ *allowance Zuschuß* m ‖ ∼ *charge* (*Preis-*)*Zuschlag* m, ⟨artill⟩ *Zusatzladung* f ‖ *to do* ∼ *drill nachexerzieren* ‖ ∼ *duty Sonder–, Strafdienst* m ‖ ∼ *pay Zulage* f ‖ ∼ *rim Hilfsfelge* f ‖ ∼ *wheel Reserverad* n **2.** adv [*oft* in comp] *extra* (to be charged for ∼); *besonders, ungewöhnlich*; ∼ *special edition Spätausgabe* **3.** s *Zugabe, Sonderleistung* f; *etw, das über das Übliche, den Tarif etc hinausgeht, f das bes z zahlen ist*; *Zuschlag* m, dancing is an ∼ *f Tanz wird ein Z. erhoben*; *fire and light are* ∼s *Heizung u Licht w besonders berechnet* ‖ ∼s [pl] *besondere* or *Neben-Ausgaben, Einnahmen* f pl ‖ *Extragericht* n; *–ausgabe*; *–nummer* f **4.** [in comp] *außerhalb*; *jenseits* ‖ ∼*-budgetary außeretatsmäßig* ‖ ∼*-judicial* ⟨jur⟩ *außerhalb des Gerichts–, Rechtsbereiches*; *inoffiziell*

extract [iksˈtrækt] vt (*Zahn* etc) *heraus–, ausziehen* ‖ (*Beispiele*) *ziehen* (from a book) ‖ ⟨chem⟩ *ausscheiden* (from *aus*); *auslaugen*; ⟨Am⟩ (*Wäsche*) *schleudern* ‖ ⟨übtr⟩ (*etw*) *herausholen* (from *aus*); *entlocken, abringen* (from a p *jdm*) ‖ *herausholen, gewinnen*, (from *aus*); (*Lehre*) *ab–, herleiten* (from *v*) ‖ ⟨math⟩ *to* ∼ *the root of a number die Wurzel ziehen aus e–r Zahl* ‖ ⟨off stat⟩ *erheben*, → *extraction* ⟨stat⟩ **∼able** [∼əbl] a *ausziehbar* ‖ *erhaltbar* (from) **∼ed** [∼id] ∼ *honey Schleuderhonig* m **∼ing** [∼iŋ] s [attr] *Gewinnungs–* (∼ *plant –anlage*) **∼ion** [iksˈtrækʃən] s *Ausziehen, Herausziehen* n ‖ ⟨stat⟩ *statistischer Auszug* m ‖ ⟨for⟩ *Aushieb* m ‖ ⟨chem⟩ *Ausscheidung* f, *Auslaugen* n; *Gewinnung* f (from *aus*) ‖ *Entlockung* f ‖ (*Dampf-*)*Entnahme* f ‖ *Ab–, Herkunft, Abstam-*

mung f ‖ ∼ *valve Anzapfventil* n **∼ive** [∼ktiv] **1.** a (*her*)*ausziehend* ‖ ∼ *industry Industrie* f, *die natürliche Produkte gewinnt* ‖ *Extrakt·iv–* (∼ *substance –stoff*) **2.** s *Extraktivstoff* m **∼or** [∼ə] s *Auszieher* m; *Werkzeug* n, *mit dem man auszieht*; ⟨med⟩ *Zange* f; ⟨artill⟩ (*Hülsen-*)*Auswerfer* m ‖ ⟨Am⟩ *Wäscheschleuder* f ‖ *honey* ∼ *Honigschleuder* f

extract [ˈekstrækt] s *Extr·akt* m (∼ *of beef Fleisch–*) ‖ *Ausschnitt, Auszug* m, *Zitat* n

extraditable [ˈekstrədaitəbl] a (*bes of criminals*) *auslieferbar, auszuliefern(d)* ‖ ∼ *offence in e–m Auslieferungsvertrag einbegriffene strafbare Handlung* f **–dite** [ˈekstrədait] vt *to* ∼ a *criminal* (*flüchtigen ausländischen*) *Verbrecher ausliefern*; *die Auslieferung e–s solchen erlangen* **–dition** [ˌekstrəˈdiʃən] s *Auslieferung* (*e–s Verbrechers*) f

extrados [eksˈtreidəs] s ⟨arch⟩ *Bogenrücken* m
extrality [eksˈtræliti] s = extraterritoriality
extra(-)marital [ˈekstrəˈmæritl] a *außerehelich* (*relations*)

extramundane [ˈekstrəˈmʌndein] a *außerweltlich* **–mural** [ˈekstrəˈmjuərəl] a (∼ly adv) *außerhalb der Mauern, der eigentlichen Grenzen*; ∼ *work* ⟨univ⟩ *Auslandskurse, Hochschulkurse* m pl

extraneous [eksˈtreinjəs] a (∼ly adv) *äußere(r, –s)*; *Außen–* ‖ *fremd* (to) ‖ *unwesentlich, nicht gehörig* (to *z*); *to be* ∼ *to nicht gehören z*

extraordinariness [iksˈtrɔːdnrinis] s *Außerordentlichkeit* f; *Ungewöhnlichkeit* f; *Merkwürdigkeit* f **–inary** [iksˈtrɔːdnri] a (*–rily adv*) *außerordentlich*; *ungewöhnlich*; *seltsam, unverständlich* (that) ‖ *besondere(r, –s), Extra–* ‖ [ˌekstrəˈɔːdinəri] (of officials) *nicht ordentlich, außerordentlich* ‖ *zweiten Grades, Hilfs–* (envoy ∼)

extra-parochial [ˈekstrəpəˈroukjəl] a *nicht z Kirchspiel gehörig*

extraprofessional [ˈekstrəprəˈfeʃnl] a *nicht z Beruf gehörig*

extrapolated [ˈekstrəpoˈleitid] a *extrapolarisiert* **–ation** [–ˈeiʃən] s *Extrapolation* f

extrasensory [ˌekstrəˈsensəri] a ⟨psych⟩ *übersinnlich, hellseherisch* (∼ *conception*) ‖ ∼ *perception Gedankenlesen* n

extraterritorial [ˈekstrəˌteriˈtɔːriəl] a *exterritorial, der Landeshoheit, den –gesetzen nicht unterworfen* **∼ity** [ˈekstrəˌteriˌtɔːriˈæliti] s *Exterritorialität* f

extra-time [ˈekstrəˈtaim] s ⟨sport⟩ (*a period* of ∼) *Verlängerungszeit* f, *–spiel* n, *Verlängerung* f

extravagance [iksˈtrævigəns] **1.** (*a* **–cy** [–si]) s *Übermaß* n, *Abgeschmacktheit, Übertriebenheit*; *Überspanntheit* f **2.** *Ausschweifung, Zügellosigkeit* f; ∼s [pl] *törichte Streiche* pl ‖ *Verschwendung* f **–gant** [iksˈtrævigənt] a (∼ly adv) *übermäßig, –trieben* ‖ *unsinnig, überspannt* ‖ *ausschweifend* ‖ *verschwenderisch, extravag·ant* **–ganza** [eksˌtrævəˈgænzə] s *phantastische, überspannte Dichtung* or *Komposition* f; *Posse, Burleske* f; *Operette* f **–gate** [iksˈtrævigeit] vi *z weit gehen, das Maß überschreiten*

extravasate [eksˈtrævəseit] vt/i ‖ (*Flüssigkeit, bes Blut*) *aus den Gefäßen treiben* [*mst* pass] ‖ vi (*aus den Gefäßen*) *heraustreten, ausfließen* **–ation** [eksˌtrævəˈseiʃən] s: ∼ *of blood Extravas·at* n (*ins Gewebe ausgetretenes Blut*)

extraversion [ˌekstrəˈvəːʃən] s = extroversion **–vert** [ˈekstrəvəːt] s = extrovert

extreme [iksˈtriːm] **1.** a *äußerst, weitest, End–* ‖ *letzt* (∼ *unction Letzte Ölung*) ‖ *äußerst, höchst, sehr groß, sehr hoch* (∼ *old age*, ∼ *danger*) ‖ *übertrieben*; *außergewöhnlich* (∼ *case Fall der Not*, in ∼ *cases in Härtefällen*) ‖ ⟨pol⟩ *radikal* ‖ *dringendst* (∼ *necessity*) ‖ *sehr streng*

2. s *das Äußerste* n; *die äußerste Grenze* f; *das äußerste Ende* n || *das (die) äußerste Maß(nahme* f) n; *Extr·em* n, *äußerster, höchster Grad* m || *Übermaß* n, *Übertreibung* f **|** at the other *~ am entgegengesetzten Ende* **|** in the *~*, to an *~ übermäßig* || to carry to an *~ (etw) z weit treiben* || to fly to the opposite *~ in das entgegengesetzte Extrem verfallen* || to go to *~s z Äußersten schreiten* || to go from one *~* to the other *aus e–m Extrem ins andre fallen* || *~s* meet *die Extreme berühren sich* || to run to an *~ bis z Äußersten gehen*; to run to *~s* in two directions *sich in zwei Richtungen in Extremen bewegen* **| ~ly** [~li] adv *äußerst, höchst; sehr*

extremism [iks'tri:mizm] s *Neigung f z Maß-losen*; ⟨a pol⟩ **–ist** [iks'tri:mist] s ⟨pol⟩ *Radikaler*; *Fanatiker* m **–ity** [iks'tremiti] s *das Äußerste*; *äußerstes Ende* n; *äußerste Grenze* f; *Spitze* f **|** *höchster Grad* m [*oft pl* **–ties**] *äußerste Maßnahme* f || *äußerste Verlegenheit, Not* f **|** the **–ties** *die Extremitäten* f pl **|** to the last *~ bis z Äußersten* || to go, proceed to **–ties** *die äußersten Maßnahmen ergreifen* (against) || to be reduced to **–ties** *in äußerster Not s*

extricate ['ekstrikeit] vt *(jdn) herauswinden, –ziehen, freimachen* (from *aus*) || ⟨chem⟩ *(Gas) freimachen* || to *~ o.s. sich freimachen* **–ation** [,ekstri'keiʃən] s *Befreiung* f

extrinsic [eks'trinsik] a (~ally adv) *äußere(r, –s)*; v *außen wirkend* || *unwesentlich* || *nicht gehörend* (to z)

extroversion [,ekstro'və:ʃən] s ⟨psych⟩ *Extrovertiertsein* n **–vert** ['ekstrovə:t] s *der Extrovertierte* m; *jd, der auf die Außenwelt eingestellt ist* (Ggs introvert)

extrude [eks'tru:d] vt *ausstoßen, verdrängen* (from) || ⟨tech⟩ *strang-, fließ-, kaltpressen; kaltspritzen*; *~d* shape *Preßprofil* n **–usion** [eks-'tru:ʒən] s *Vertreibung, –drängung* f || ⟨tech⟩ *Ziehen, Walzen* n || ⟨tech⟩ *die Preßform, –matrize, Preß-, Spritzstempel* m **–sive** [eks-'tru:siv] a *Stoß–* (~ power); *~* rocks ⟨geol⟩ *Ergußgestein* n pl

exuberance [ig'zju:bərəns] s *Überfluß* m, *Fülle* f **|** (a **–cy**) *Üppigkeit* f; *üppiger Reichtum* m; *Überschwenglichkeit* f; *(Rede-)Schwall* m **–ant** [ig'zju:bərənt] a (~ly adv) *reichlich, überschwenglich*; *~* spirits [pl] *sprudelnde Laune* f || *üppig* (growth; health); ⟨fig⟩ *fruchtbar* **–ate** [ig-'zju:bəreit] vi † *strotzen* (with *von*); *schwelgen* (in)

exudate ['eksju:deit] s ⟨met⟩ *Exsud·at* n **–dation** [,eksju:'deiʃən] s *Ausschwitzung* f **–de** [ig'zju:d] vi/t || *hervorkommen* (from *aus*) **|** vt *(Feuchtigkeit) ausschwitzen*; v *sich geben*

exult [ig'zʌlt] vi *frohlocken* (at, in, over a th *über etw*; to see) || *triumphieren* (over a p) **~ancy** [~ənsi], **~ation** [,egzʌl'teiʃən] s *Jubel* m, *Frohlocken* n **~ant** [~ənt], **~ing** [~iŋ] a (~ly adv) *jauchzend, frohlockend*

exurbanite [ig'zə:bənait] s *Stadtrandsiedler* m **–bia** [–biə], **–bs** ['eksə:bz] s pl *Stadtrand(siedlung f)* m ·

exuviæ [ig'zju:vii:] L s pl (*T*) *abgeworfene Häute, Schalen* f pl || ⟨geol⟩ *fossile Überreste* pl v *Tieren* ⟨a fig⟩ **–ial** [ig'zju:viəl] a *Fossilien enthaltend* | *abgelegt* **–iate** [ig'zju:vieit] vt/i || (*Haut*) *abwerfen* **|** vi *die Haut abwerfen*

eyas ['aiəs] s ⟨orn⟩ *Nestling, –falk* m

eye [ai] **1.** s *Auge* n [⟨fig⟩ *Auge(n* pl), *Gesicht* n, *Blick* m **2.** ⟨übtr⟩ (of a plant) *Auge* n, *Knospe* f || (of a feather) *Auge* n || (of a target) *Zentrum* n || (of a needle) *Öhr* n; *Öse* f || ⟨tech⟩ *Auge, Öhr* n, *Öse* f || ⟨arch⟩ *rundes Fenster* n || (of a dome) *Öffnung* f.**3. Wendungen: a.** the evil *~ der böse Blick*; she 'made the soft eyes' at him *sie machte ihm verliebte ʌugen*; ⟨wir⟩ magic *~*

Magisches A.; his mind's *~ sein geistiges A.*, *s–e Seele* f; *~* of menace *drohender Blick* m || *~s* front, right, left! ⟨mil⟩ *Augen geradeaus, rechts, die A.n links!* || all my *~ Unsinn, Unfug* (that is all my *~*) || my *~(s)! du lieber Gott!*, *ach, du m–e Güte!*, °*m–e Fresse!* || *~s* like saucers *Kuller–, Glotzaugen* pl || apple of the *~ Augapfel* m || in the twinkling of an *~ im Nu* **b.** [*nach prep*] an *~* for an *~ Auge um Auge*; a shade for the *~s Augenschirm* m; a sight for sore *~s ein Lichtblick* m **|** in the *~s of in jds Augen, nach jds Urteil*; in the wind's *~ luvwärts*; in the *~* of the law *vom Standpunkt des Gesetzes aus, nach den Regeln des Gesetzes* || to be wise in one's own *~s sich weise dünken* || to find favour in a p's *~s vor jdm Gnade finden* || to have in one's *~ im Auge h* **|** to do a p in the *~ jdm ein X f ein U vormachen*, °*jdn über die Löffel barbieren* || to hit a p in the *~ jdn ins A. treffen* || ⟨sl fig⟩ one in the *~* for a p *e–m ein Schlag* m *ins Kontor*; ⟨Am⟩ yes, in your *~! ja, so siehste* (= *siehst du*) *aus!* **|** into the wind's *~ gegen den Wind*; to our *~ nach unserer Ansicht* **|** up to the *~s* in work *bis über den Kopf in der Arbeit* || to see *~* to *~* with a p on a th *mit jdm völlig übereinstimmen über etw* **|** with an *~* to *mit Rücksicht auf* || with the naked *~ mit bloßem Auge* || with other *~s mit anderen Augen, v e–m anderen Standpunkt aus* || with one's *~s* shut *mit geschlossenen Augen* || to see with half an *~ mit halbem A., auf den ersten Blick sehen* **c.** to be all *~s s–e Augen überall h, hineinstecken* || his *~s äre bigger than his belly s–e Augen sind größer als der Magen* || to cast an *~* on, over *e–n Blick werfen auf, an* **|** to catch a p's *~ jds Blick treffen, jds Aufmerksamkeit fesseln*; to catch the Speaker's *~* ⟨parl⟩ *das Wort erhalten* || to clap *~s* on *z Gesicht bek* || to cry one's *~s* out *sich ausweinen* | ⟨fam⟩ get your *~s chalked!* *Hans-guckindieluft!* | to give an *~* to *ein Auge h auf* | to give a p the glad *~ jdm e–n einladenden Blick zuwerfen* || to have an (a good) *~* for *ein (offenes) Auge h* f; if you had half an *~ wenn du nicht ganz blind wärest*; to have an *~* to *ein Auge h auf, achten auf*; to have a cast in one's *~ schielen*; to have one's *~s* about one *die Augen überall h* || to keep a (close) *~* on *ein wachsames Auge h auf* || ⟨Am⟩ keep your *~s peeled aufgepaßt!* || to make *~s* (the sweet *~s*) at a p *jdm verliebte Blicke zuwerfen* | *mind your ~! Vorsicht!* || to offend, relieve the *~ das Auge beleidigen, erfreuen* | to open a p's *~s jdm die Augen öffnen* (to a th *für etw*) || he would require *~s* in the back of his head *er müßte 4 Augen h* || to set *~s* on a th *etw z Gesicht bek* || to shut one's *~s* to *die Augen verschließen gegen* || to strike the *~ (jdm) ins Auge fallen* || to turn a blind *~* on *(jdm, e–r S) gegenüber ein Auge zudrücken* **4.** [*attr & in comp*] *Augen–* || *~*–bolt *Schrauböse* f || *~,* black, *~,* make-up *Wimperntusche* f || *~*-catch(er) *Blickfang* m || *~*-cup ⟨opt⟩ *Augenmuschel* f || *~* hospital *Augenklinik* f || seeing *~ dog Blinden(führ)hund* m || *~* level *in ʌugenhöhe* f; *~*-level finder ⟨phot⟩ *Rahmensucher* m || *~*-offending *abstoßend, das Auge beleidigend* || *~*-opener *aufklärender Umstand* m; *Überraschung* f; ⟨fig fam⟩ ,,*Stärker*'' m; *Wecker* m *der Lebensgeister* (*Schnäpschen*) || *~*-piece ⟨opt⟩ *Okul·ar* n || *~* rhyme *Augenreim* m (z. B. *move-love*) || *~*-service *Augendienst* m, *Augendienerei* f || *~* shade ⟨med⟩ *Augenklappe* f || out of *~*-shot *außer Sichtweite* || *~*-slit *Sehspalt* m (*e–s Helmes*) || *~*-tooth *Augenzahn* m || *~*-wash *Augenwaschung* f; ⟨sl⟩ *leeres Geschwätz* n, *Quatsch, Bluff, Schwindel* m, *Spiegelfechterei* f || to *~*-wash a p *jdm Sand in die Augen streuen* || *~*-witness *Augenzeuge* m (to be an *~*-witness of); *~*-witness account ⟨wir⟩ *Hör–, Funkbericht* m **II.** vt [prs p ~ing, ⟨Am⟩ eying] (*jdn*) *betrachten, mustern* (from top to toe *od* up and down *v oben bis unten*); *beobachten* ⟨with curiosity, suspicion⟩; (*jdn*) *ins Auge fassen; beäugeln*

eyeball ['aibə:l] s *Augapfel* m **-bright** ['aibrait] s ⟨bot⟩ *Augentrost* m **-brow** ['aibrau] s *Augenbraue* f ‖ ~ pencil *Augenbrauenstift* m **-eyed** [aid] a [in comp] *–äugig* (*blue-*~)

eyeful ['aiful] s ⟨fam⟩ to get one's ~ *s–e Augen weiden l,* °*„frühstücken"* ‖ ⟨Am fam⟩ *übrig u genug v etw* **-glass** ['aigla:s] s *Augenglas, Monokel* n; *Lorgnon* n ‖ *Okul·ar* n **|** ~es [pl] *Pincenez* n, *Kneifer, Klemmer* m; *Lorgn·ette* f; a pair of ~es *ein Kneifer* (etc) **-hole** ['aihoul] s *Augenhöhle* f ‖ *Guckloch* n **-lash** ['ailæʃ] s

Augenwimper f ‖ ~ former ⟨cosm⟩ *Wimpernformer* m **-less** ['ailis] a *ohne Augen, blind* **-let** ['ailit] s *Öse* f, *Schnürloch* n; *Guckloch* n **-lid** ['ailid] s *Augenlid* n; to hang on by the ~s *an e–m Faden hängen, in gefährlicher Lage s* **-shot** ['aiʃət] s *Sehweite* f (within ~ *in S.*) **-sight** ['aisait] s *Sehkraft* f, *die Augen* pl **-sore** ['aisɔ:] s *Gerstenkorn* n; ⟨fig⟩ *häßlicher Zug* m; *unschöne Stelle* f ‖ *Ursache* f, *Gegenstand* m *des Ekels,* they are ~s to them *sie sind ihnen ekelhaft* (or *ein Ekel*)

eyot [eit] s *Inselchen* n **| ~y** ['~i] a *Insel–*

eyre [ɛə] s ⟨hist jur⟩ *Rundreise* f *der Richter;* justices in ~ ⟨zur *Abhaltung v Gerichtstagen*) *das Land bereisende Richter* pl

eyrie, -ry ['aiəri; 'ɛəri] s = aerie

F

F, f [ef] s [pl ~s, ~'s] *F* n, *der Buchstabe* F (an ~ *ein F*) ‖ ⟨mus⟩ *F* n **|** ~ flat *Fes* n ‖ ~ sharp *Fis* n; → A ⟨mus⟩ ‖ F-head engine *Motor* m *mit über-e–a angeordneten Ventilen* ‖ f number ⟨phot⟩ *relative Öffnung* f *e–s Objektivs*

fa [fa:] s ⟨mus⟩ *F* n

Fabian ['feibiən] **1.** a *fabianisch, zaudernd* (~ policy) ‖ ~ Society *sozialistische Gesellschaft* (gegr. *1884*) **2.** s *Mitglied* n *der* ~ Society **~ism** [~izm] s *Politik* f *dieser Bewegung*

fable ['feibl] **1.** s (*Tier-*)*Fabel* f ‖ *erdichtete Erzählung* f; *Märchen* n (the world of ~); [koll] *Mythen, Legenden* f pl ‖ *müßiges Geschwätz* n ‖ ⟨fig⟩ *Fabel, Erdichtung* f; *Lüge* f ‖ * *die Fabel* (of a play) f **2.** vt ⟨† *u poet*⟩ (*etw*) *fabeln, erdichten* **| ~d** [~d] a *in Mythen vorkommend; legendenhaft* ‖ *erdichtet*

fabric ['fæbrik] s *Gebäude* n, *Bau* m; ⟨arts⟩ ~s ‖ [pl] *Gartengebäude* pl; ~ roll ⟨arch⟩ *Baurechnung* f ‖ ⟨übtr⟩ *Bau, Gefüge* n; *Struktur* f; the social ~ *die soziale St.; die menschliche Gesellschaft* ‖ ⟨fig⟩ *System* n **|** *Zeug* n, *Stoff* m (~-gloves *–handschuhe*); *Gewebe; Fabrikat* n **~ate** [~eit] vt *verfertigen, herstellen* ‖ ⟨fig⟩ *erfinden, erdichten* ‖ *fälschen, schmieden* **~ation** [,fæbri'keiʃən] s *Fabrikation, Herstellung, Fertigung* f ‖ ⟨fig⟩ *Erdichtung; Fälschung* f **~ator** ['fæbrikeitə] s *Verfertiger* m; *Erdichter* m; *Fälscher* m

fabroid ['fæbrɔid] a ⟨tech⟩ ~ gear *Hartgewebezahnrad* n

fabulist ['fæbjulist] s *Fabeldichter* m ‖ *Erfinder* (*v Lügen*) m **-losity** [,fæbju'lɔsiti] s *Erdichtung, Fabelei* f **-lous** ['fæbjuləs] a (~ly adv) *Fabel-* (~ writer) ‖ *mythisch, legendenhaft* **|** ⟨fig⟩ *fabelhaft* (wealth); *ungeheuer* **~lousness** [~nis] s = fabulosity

façade [fə'sa:d] s Fr ⟨arch⟩ *Vorderseite, Fass·ade* f ‖ ⟨fig⟩ *Fass·ade* f

face [feis] **I. s 1.** *Gesicht, Antlitz* n ‖ (*Gesichts-*)*Ausdruck* m, *Miene* f; *Grimasse, Fratze* f ‖ ⟨fig⟩ *Stirn, Dreistigkeit* f **2.** *äußere Form or Erscheinung* f ‖ *Oberfläche* f; *Schlagfläche* f ⟨tech⟩ *Stirn-, End-, Ober-, Planfläche* f ‖ (of clothes) *rechte Seite* f ‖ (of a coin) *Bildseite* f ‖ (of a clock) *Zifferblatt* n ‖ (of a blade) *Schneide* f ‖ (of a building) *Vorderseite* (on the ~ *auf der V.*), *Front, Fassade* f **3.** **Verbindungen: a.** full-~ *Vorderansicht* f, *von vorn* ‖ half-~ *Profil* n ‖ wry ~ *Grimasse* f, *schiefes Gesicht* n ‖ ~ of brass *eherne Stirn* f **b.** [nach prep] ⟨min⟩ at the ~ *vor Ort* **|** before a p's ~ *vor jds Augen* **|** for a p's fair ~ *um jds schöner Augen willen* **| in** ~ of *gegenüber, direkt vor* ‖ in the ~ of *trotz; angesichts; im Hinblick auf; gegenüber; in the* ~

of day *am hellen, lichten Tage* ‖ with the wind in one's ~ *den Wind im Gesicht habend, gegen den Wind* ‖ (to be) full in the ~ *ein volles Gesicht* (h) ‖ he shut the door in my ~ *er machte mir die Tür vor der Nase zu* **|** on the face of it *auf den ersten Blick, augenscheinlich, äußerlich betrachtet* ‖ to travel on one's ~ *auf sein ehrliches Gesicht hin anschreiben l* **|** to a p's ~ (to say something ..), *direkt, offensichtlich* (to flatter a p to his ~), *direkt vor jdm, offen* ‖ ~ to ~ *Auge in Auge, unter vier Augen* (with) **| with** one's ~ *at half-past eight mit e–m G. w. wie 3 Tage Regenwetter* **c.** [bei Verben] to **fly** in a p's ~ *jdm z Leibe gehen* ‖ to fly in the ~ of a th *e–r S Hohn sprechen; im Widerspruch stehen z* ‖ to **have** the ~ to do *die Stirn h z tun* ‖ to laugh in a p's ~ *jdm ins G. lachen* ‖ to **look, stare** a p in the ~ *jdm direkt ins G. sehen, starren* ‖ to lose ~ *sein Ansehen verlieren* ‖ to **make,** pull a ~, ~s *ein G., Fratzen schneiden* ‖ to make, pull a long ~ *ein langes G. m* ‖ to **put** a good ~ on the matter *gute Miene z bösen Spiel m* ‖ to put on a ~ *sein Gesicht verziehen, ein böses G. m* ‖ to put a new ~ on *e–e neue M. aufsetzen* ‖ to **save** one's ~ *den Schein wahren, s–n guten Ruf nicht preisgeben* ‖ to **set** one's ~ *against sich heftig wenden, stemmen gegen;* (*etw*) *entschieden mißbilligen; gegen* (*etw*) *s* ‖ to **show** one's ~ *sich zeigen* ‖ to **shut** the door in a p's ~ *e–m die Tür vor der Nase zuschlagen* **4.** [attr & comp] *Gesichts-* **~-ache** *–schmerz* m, *-neuralgie* f ‖ ~ amount *Nennbetrag* m **-brick** ⟨arch⟩ *Verblendstein* m **|** ~-card ⟨cards⟩ *Bild* n, *Figur* f ‖ ~-centered ⟨tech⟩ *flächenzentriert* ‖ ~-cloth *Waschlappen* m (f *Gesicht*) ‖ ~ gear ⟨tech⟩ *Kronenrad* n ‖ ~-guard *Schutzmaske* f ‖ ~-lifting ⟨cosm⟩ *Gesichtsspannung* (operative *Gesichtspflege*) f; ⟨fig⟩ *Verschönerung* f; *Prestigewahrung, –wiederherstellung, „Ehrenrettung"* f [attr] *das Pr. wahrend, die „Ehre" rettend* (~-l. improvisations) ‖ ~ lotion *Gesichts-, Schönheitswasser* n ‖ ~-saving *den Anschein wahrend* ‖ ~-value ⟨com⟩ *Nennwert* m; to take a th at its ~-*v. etw f bare Münze nehmen* ‖ ~ width ⟨tech⟩ *Zahnbreite* f **II.** vt/i **A.** vt **1.** (*jdm*) *ins Gesicht sehen; ansehen;* ⟨rail⟩ to face the engine (*in der Eisenbahn*) *vorwärts fahren* ‖ *gegenüberstehen;* ⟨fig⟩ to be ~d with ruin *vor dem Ruin stehen* ‖ (*e–r S*) *gegenüberstehen; gegenüberliegen v* (the kiosk ~s the entrance to ..); [abs] *–cing was .. gegenüber war ..* **|** *stehen vor* ‖ ⟨mar⟩ *liegen vor* ‖ *sich darbieten* ⟨a fig⟩ ‖ (*S*) *liegen nach* (to ~ the east) ‖ (of windows) (*hinaus*)*gehen nach, auf* (the window ~s the garden) **2.** ⟨übtr⟩ (*jdm or* *e–r S*) *ins Angesicht sehen, entgegentreten, die Stirn bieten* ‖ problems we are facing *Probleme, denen wir begegnen, mit denen wir es z tun h, die uns bewegen* ‖ *sich abfinden mit* (to ~ facts) ‖ (*Karten*) *aufdecken* **3.** *einfassen; besetzen; belegen, be-, verkleiden* (~d with cement) ‖ *glätten* (a surface) ‖ ⟨tech⟩ *plandrehen, –fräsen*; (*Naben*) *anflächen*; ⟨Am⟩ ~d cloth = broadcloth **4. Verbindungen:** to ~ a coat *Aufschläge auf e–n Rock setzen* ‖ to ~ tea *Tee färben* or *fälschen* ‖ to ~ the music ⟨Am⟩ *s–n Mann stehen* **5.** [*mit adv*] to ~ **down** *glätten* ‖ (*jdn*) *verblüffen* ‖ to ~ out (*etw*) *durchsetzen* **B. vi** *sehen, blicken* (to, towards *nach*); *liegen* (to ~ eastwards; full to the south *direkt nach Süden*; on the lake *nach dem See z*), *gehen* (towards *nach, auf*) ‖ to ~ about *sich umwenden, kehrtmachen* ‖ right ~! ⟨mil⟩ *rechtsum*! left ~! *linksum*! ‖ right-about ~! *rechtsum kehrt*! ‖ to ~ up to (*etw*) *mit guter Miene* (*gelassen*) *hinnehmen, sich* (*e–m Problem*) *stellen* ‖ **~d** [~t] [in comp] full-~ *mit vollem Gesicht*; double-~ *doppelzüngig*

facer [ˈfeisə] s *Schlag m ins Gesicht,* ⟨fig⟩ .. °*Kontor* ‖ *gr u plötzliche Schwierigkeit* f

facet [ˈfæsit] s [*mst pl*] ~s *kl angeschliffene Flächen* (*an Edelsteinen*); *Rauten, Facetten* f pl, ⟨fig⟩ *Seiten* f pl ‖ **~ed** [~id] a *facettiert*

facetiæ [fəˈsiːʃiː] s L pl *Scherze, Witze* m pl ‖ *Bücher* n pl *humoristischen* or *schlüpfrigen Inhalts*

facetious [fəˈsiːʃəs] a (~ly adv) *witzig, drollig, scherz–, spaßhaft* **~ness** [~nis] s *Scherzhaftigkeit, Drolligkeit* f

facia [ˈfæʃə] s *Ladenschild* n ‖ (a ~ panel) ⟨tech⟩ *Instrumentenbrett* n

facial [ˈfeiʃəl] **1.** a *Gesichts–*; ~ angle *Gesichtswinkel* m; ~ cut *Schnitt* m *im Gesicht* **2.** s ⟨a⟩ ~ massage, ~ treatment) *Gesichtsmassage, –behandlung* f

facile [ˈfæsail] a *leicht* (*z tun*); *leicht* (*erworben*) ‖ *gefällig, gefügig, umgänglich*; *nachgiebig* (to) ‖ *leicht, gewandt*

facile princeps [ˈfæsiliˈprinseps] s L *anerkannter Führer* m

facilitate [fəˈsiliteit] vt [*nur mit Sachobj.*] (*etw*) *erleichtern, fördern* **–ation** [fəˌsiliˈteiʃən] s *Erleicht–, Förderung* f

facility [fəˈsiliti] s *Leichtigkeit* f; *Gewandtheit* f (in doing) ‖ *Neigung* f (to do); *Nachgiebigkeit* f ‖ *günstige Gelegenheit, Möglichkeit* f (for *f, z*; for doing); [*oft pl*] *–ties Erleichterungen*; *Anlagen* m (port *–ties Hafen–*); production *–ties Produktionsanlagen, –einrichtungen, –stätten*; recreational *–ties Einrichtungen f Spiel u Erholung*; treatment *–ties Behandlungsstätten*

facing [ˈfeisiŋ] s ⟨arch⟩ *Überzug m, Bekleidung, Verblendung* f; ~-brick *Verblendstein* m ‖ *Schicht* f (of stone) ‖ ⟨tech⟩ *Belag*; clutch ~ ⟨mot⟩ *Kupplungsbelag* m ‖ ~ cut *Planschnitt* m; ~ material *Schlichte* [~] ‖ ~ sand ⟨mot⟩ *Modellsand* m ‖ [*mst pl*] ~s (*Uniform-*)*Aufschläge* m pl, *Besatz* m ‖ ~s ⟨mil⟩ *Schwenkungs, Wendungsübungen* pl; ⟨fig⟩ to put a p through his ~s *jds „Gangarten"* (*Eigenschaften u Fähigkeiten*) *–prüfen*; to go through one's ~s *auf s–e „Gangarten"* (*Fähigkeiten*) *geprüft w.*

facsimile [fækˈsimili] **1.** s *Faksimile* n (in ~); *Nachbildung* f ‖ ⟨wir⟩ *Bildtelegramm* n ‖ [attr] ~ broadcasting *Bildfunk* m; ~ equipment, ~ set *Bildschreiber* m **2.** vt in F. *reproduzieren* ‖ ~d *in F.* (*reproduziert*)

fact [fækt] s **1.** *Tat, Handlung* f **2.** *Tatsache* f (the ~ that; of my having done *daß ich getan habe*) ‖ given ~ *Gegebenheit* f ‖ ~s [pl] *Tatumstände* m; hard ~s *nackte Tatsachen* f pl; statement of ~(s) ⟨jur⟩ *Tatbestand, Sachverhalt* m **3.** [*ohne unbest.* art & *ohne* pl] *Wirk-*

lichkeit f (founded on ~) ‖ ⟨jur⟩ *Tatbestand* m, *Sachverhalt* m **4. Verbindungen:** matter of ~ (*feststehende*) *Tatsache* f, [attr] *praktisch, nüchtern* (a matter of ~ p); as a matter of ~, in point of ~, as a ~ *tatsächlich, offen gesagt* ‖ the ~ (of the matter) is that *die S ist die, daß* ‖ after (before) the ~ *nach* (*vor*) *begangener Tat* ‖ in ~ *tatsächlich; eigentlich, vielmehr, in der Tat, wirklich; sogar* **5.** [in comp] ~-crammed *v Tatsachen vollgepfropft* ‖ ~-facing mind *Tatsachensinn* m ‖ ~ finding organ ⟨jur⟩ *Erhebungsorgan* n ‖ ~-proof *selbst durch Tatsachen nicht z überzeugen(d)*

faction [ˈfækʃən] s (*persönliches Interesse verfolgende*) *Partei* f; *Parteiung* f; ~-fight *Parteikampf* m ‖ *Vorherrschen n v Parteigeist*; *Parteisucht* f ‖ *Uneinigkeit, Zwietracht* f **~al** [~l], **~ary** [~əri] **1.** a *parteiisch, Partei–* **2.** s *Parteigänger* m **~ist** [~ist] s = factionary

factious [ˈfækʃəs] a (~ly adv) *Partei–* (~ spirit) ‖ *parteisüchtig* ‖ *aufrührerisch* **~ness** [~nis] s *Parteigeist* m, *–sucht* f

factitious [fækˈtiʃəs] a (~ly adv) *künstlich, nachgemacht* ‖ *gewohnheitsmäßig, äußerlich* **~ness** [~nis] s *Künstlichkeit* f

factitive [ˈfæktitiv] a (~ly adv) ⟨gram⟩ *faktitiv*, ~ verb *Verb mit Objekt u Ergänzung im Akk.* (*z. B.* they call him a fool) ‖ * *kausativ, bewirkend* (*z. B.* to run *laufen l*)

factor [ˈfæktə] s **1.** ⟨com⟩ *Agent, Faktor; Geschäftsführer; Vertreter* m ‖ ⟨Scot⟩ (of an estate) *Verwalter* m **2.** ⟨math⟩ *Faktor* m; invariant ~ *Elementarteiler* m ‖ ⟨tech⟩ ~ of safety *S·icherheitskoeffizi·ent* m ‖ ⟨fig⟩ (*mitwirkender*) *Umstand, Faktor* m (the determining ~ of *od* in der *bestimmende F. in ..*); to be a decisive ~ *entscheidend beitragen* (in *zu*); *Moment* n, *Einfluß* m ‖ ⟨biol⟩ *Erbanlage* f ‖ ⟨Am⟩ *Ereignis* n **~age** [~ridʒ] s *Kommissionsgeschäft* n, *–gebühr* f **~ial** [fækˈtɔːriəl] s ⟨math⟩ *Produkt* n *e–r Reihe v Faktoren in arith. Reihe* **~ship** [~ʃip] s *Geschäft, Amt* n *e–s Faktors*

factory [ˈfæktəri] s *Faktorei, Handelsniederlassung* (*im Ausland*) f ‖ *Fabrik* f, *–gebäude* n (*F.* Acts *Gesetze, die die –arbeit regulieren*) ‖ [attr] *Fabrik–*; ~-hand *–arbeiter(in* f) m ‖ ~-plant *anlage* f ‖ ~ serial number *Werk–, Seriennummer* f ‖ ~ shop *Werkhalle* f ‖ ~-system *–wesen* n

factotum [fækˈtoutəm] s [pl ~s] L *Fakt·otum* n, *Allerweltskünstler* m ‖ ⟨fig⟩ *rechte Hand, Stütze* f

factual [ˈfæktjuəl] a (~ly adv) *tatsächlich, Tatsachen–* (~ material *–material* n, ~ sense *–sinn* m); ~ situation *Sachverhalt* m ‖ *Tatsachen bringend* ‖ ⟨bes Am⟩ to say a th ~ly *etw sachlich sagen*

facultative [ˈfækəlteitiv] a *berechtigend* ‖ *wahlfrei, beliebig* ‖ *möglich*

faculty [ˈfækəlti] s *Fähigkeit* f (of doing *z tun*) ‖ ⟨bes Am⟩ *Geschicklichkeit, Gewandtheit* f ‖ *seelische, geistige Kraft* f; *Anlage, Gabe* f, *Talent* n (for *f;* for doing) ‖ ⟨univ⟩ *Fakultät* f, (*die*) *Mitglieder n pl der Fakultät*; ~ *salary Professorengehalt* n ‖ ⟨fam⟩ the ~ [koll] *die Mediziner* m pl ‖ ⟨Am⟩ *Lehrkörper* m ‖ ⟨jur ec⟩ *Erlaubnis, Ermächtigung* f, *Befugnis* f (for *z, f*)

fad [fæd] s *Liebhaberei* (for), *Marotte* f, *Steckenpferd* n ‖ *Mode* f **~dish** [ˈ~iʃ], **~dy** [ˈ~i] a *launisch, schrullig* **~dist** [ˈ~ist] s *e–r, der ein Steckenpferd hat, Fex* m

fade [feid] vi/t **A. vi** *welken, verwelken* ‖ (of colours) *verschießen, –bleichen, –blassen* ‖ ⟨wir⟩ *schwach* or *unhörbar w* ‖ (a to ~ away) *vergehen*; *ver–, dahinschwinden, abklingen*; *schwinden, scheiden* (from *aus*) ‖ to ~ out *in den Hintergrund treten* **B. vt** *verwelken* or *verblassen l, z Verblassen bringen* ‖ to ~ down ⟨wir, telv⟩

abblenden; to ~ up *od* in *aufblenden* | ⟨film⟩ to ~ in (*Bild*) *auf-, einblenden* (*langsam auftauchen l*); to ~ out (*Bild*) *ab-, ausblenden* (*verschwinden l*) | ⟨wir⟩ to ~ in *langsam einschalten*; *hörbar m*; to ~ out *unhörbar m*; *langsam verklingen l*; *abblenden* || **~less** [′~lis] a *unverwelklich*; *unauslöschlich* **~ometer** [~(i)′əmitə] s *Farbenfestigkeitsmesser* m | **~r** [′~ə] s ⟨wir⟩ *Abblendschalter* m, *Mischblende* f; ⟨phot⟩ *Überblender* m

fading [′feidiŋ] s ⟨wir⟩ *Fading* n, *Tonschwund, Schwund, Schwundeffekt* m, *plötzl. Schwankungen* f pl *der Lautstärke* || ⟨tech, mot⟩ (*Kupplung-, Bremsen-)Abnutzung* f | ⟨film⟩ *cross* ~ *Überblendung* f (*zweier Bildstreifen*); ~*-away Schwundbild*; ~*-out Funkschwund* m

faecal [′fiːkəl] a *fäk·al; Fäkal–, Kot–* **-ces** [′fiːsiːz] s L pl *Fäkalien* pl || *Exkremente* pl

faerie, -ry [′feiəri] **1.** s *Feen-, Märchen-, Traumland* n **2.** a *Feen-, Märchen-*; the Faerie Queene (*v* E. Spenser [† 1599]) *das Feenland der Königin* (sc Elisabeth)

fag [fæg] **1.** vi/t || *sich abmühen, sich placken*; °*ochsen,* °*büffeln* (at *an*) || ⟨school⟩ to ~ for a p ⟨m. m.⟩ *jds Fuchs s* | vt (*jdn*) *ermüden,* [a refl (to ~ *o.s.*)] || *jdn als* fag *od z irgendwelchen Diensten verwenden* **2.** s *harte Arbeit* || *unerfreuliche Arbeit* f, *Plackerei* f (what a ~!) || *Erschöpfung* f | ⟨school⟩ *Schüler* m, *der älteren Schülern Dienste leistet, „Fuchs"* m; ~ *master der ältere Schüler, der e–n ~ hat* || ⟨fig⟩ *Packesel* m | ⟨sl⟩ *„Stäbchen"* n (*Zigarette*)

fag-end [′fæg′end] s (*of cloth*) *Salleiste* f || *aufgedrehtes Tauende* || *letzter Rest* m; *Ende* n; *Stummel* m (*z. B.* of a cigar); ⟨*a fig*⟩

fag(g)ot, ⟨Am⟩ **fagot** [′fægət] **1.** s (*Reisig-*) *Bündel* n || ⟨for⟩ *Welle* f || ⟨fig⟩ *Bündel* n, *Reihe* f || *Bündel Stahlstangen* (*ein Maß* = 120 *Pfd.*) || *Paket* n *Eisen* etc || ⟨hist⟩ *Holzbündel z Ketzerverbrennung* f; *fire and* ~s *die Verbrennung* f (*Strafe* f *der V.*) **2.** vt/i || *zusbinden* | vi *Bündel binden*

fagotto [fə′gətou] s *Fagott* n, → *bassoon*

Fahrenheit [′færənhait] s (abbr F) ~ *thermometer das in England gebräuchliche Fahrenheit-Thermometer* (at 20° F), → *Bd.* II, *S.* 1319

faience [fai′ɑ:s] s Fr *Fayence* f

fail [feil] s [*nur in*]: *without* ~ *unfehlbar, ganz bestimmt, gewiß; unbedingt*

fail [feil] vi/t **A.** vi **1.** *fehlen, mangeln, water* ~s *es fehlt, mangelt an Wasser* || *nicht genügen* | [*mit dat der Person*]: (*jdm*) *mangeln, fehlen* (time would ~ *me* to tell); *water* ~s *us es mangelt uns an Wasser*; *words* ~ *me es fehlen mir Worte* **2.** *z Ende gehen; aufhören, schwinden, vergehen* (the music seemed to ~); *aussterben* **3.** *schwach w* (he is ~*ing*); *versagen* (her heart ~*ed*) **4.** *mißlingen, fehlschlagen* (his plan ~*ed*); *scheitern* (owing to *an*) || ⟨com⟩ *fallieren, Bankrott m* (he has ~*ed*) || *durchfallen* (in an examination *in e–r Prüfung*) **5.** [*mit prep*] **a.** to ~ *in fehlen an, ermangeln* (the play ~s in unity) || *es fehlen l an, versagen in, vernachlässigen* (he ~*ed* in his duty) || *mißlingen* (he ~*ed* in doing) **b.** to ~ *of ermangeln* (~*ing of any other remedy he* ..) || to ~ *of acceptance nicht angenommen w*; to ~ *of one's word wortbrüchig w* **6.** to ~ *to* **do**: *verfehlen* or *mißlingen z tun*; (*etw*) *nicht tun* (he ~*ed* to keep his word *er hielt sein Wort nicht*, to ~ to return *nicht zurückkehren*), I ~ *to see es ist mir unmöglich, einzusehen*; he ~*ed* *to come er kam nicht*; he will not ~ *to win er wird unfehlbar gewinnen*; he never ~*ed* to be present *er war regelmäßig zugegen* || *unterlassen* or *verabsäumen z tun* || [neg] it could not ~ *to influence him es konnte nicht verfehlen, nicht umhin, ihn z beeinflussen* **B.** vt **1.** * *fehlen*, I ~ *words to tell es fehlen mir Worte z sagen* **2.** (*jdn*)

enttäuschen; verlassen, im Stich l (chronology ~s us; I will never ~ you; his heart ~ed him) **3.** ⟨fam⟩ (*jdn*) *im Examen durchfallen l* (he ~ed them all) || to ~ *an examination in e–r Prüfung durchfallen* **~ing** [′~iŋ] **1.** s *Mangel, Fehler* m; *Schwäche* f **2.** prep *in Ermangelung* (*e–r S*) (~ wine); *ohne* | *im Falle des Ausbleibens, Sterbens v*; ~ this *wenn nicht, andernfalls*; ~ *Henry falls H. stirbt* (Richard is the next heir); ~ *which od which* ~ *widrigenfalls* **~ure** [′~jə] s *Ausbleiben, Fehlen* n; *Mangel* m (of *an*) || *Unterlassung, Versäumnis* f (of a th, to do) || *Abnahme* f, *Verfall* m (of) || *Mißlingen, Fehlschlagen* n (of a th; to do); to meet with (*od* end in) ~ *fehlschlagen* || ⟨fig⟩ *Schiffbruch, Zus–bruch* m || ⟨tech⟩ *Versagen* n, *Versager* m; *Bruch* m || ⟨mot⟩ *Panne* f, *Aussetzen* n || ⟨com⟩ *Bankrott* m, *Zahlungseinstellung* f | ~ of consideration ⟨com⟩ *Mangel* m *der Gegenleistung* or *des Entgelts*; ~ of intent *Willensmangel*; ~ of issue *Kinderlosigkeit* f; *Ermangelung* f *v Leibeserben*; ~ of performance ⟨com, jur⟩ *Nichterfüllung* f | [konkr] *fehlgeschlagene S* f; *untaugliche P* f, *Versager*; *Taugenichts* m; *verkrachte Existenz* f (he is a ~)

fain [fein] **1.** a [*nur pred*] *froh* (he was ~ to do) || *genötigt* (to do) || ⟨† dial⟩ *geneigt* (to do) **2.** adv *gern,* [*nur in*]: I, he etc would ~ *do it ich, er* etc *möchte es gern tun*

fain [fein], **fen** [fen] vt ~ I, ~s I *ich nicht; ich bin befreit* (doing *z tun*)

faint [feint] **1.** a (~*ly* adv) *schwach, kraftlos* || *ohnmächtig* || *zaghaft, kleinmütig* || *furchtsam, feig(e)* || *leicht, schwach, undeutlich* (recollection) || (of colours) *matt, glanzlos, blaß* || (of sounds) *leise*; ~*est leisest, geringst* (hope) | ~ *heart never won fair lady wer nicht wagt, der nicht gewinnt* | [in comp] ~*-heart* [′– –] *Feigling* m || ~*-hearted* [′– ′–] (–*ly* adv) *kleinmütig, zaghaft* || ~*-heartedness Verzagtheit* f, *Kleinmut* m **2.** vi ⟨poet⟩ *schwach w* || † *verzagen* || (a to ~ *away*) *in Ohnmacht fallen* (with *vor*) **3.** s (a ~*ing fit*) *Ohnmacht* f || *dead* ~ *tiefe Ohnmacht* f **~ish** [′~iʃ] a *etwas schwach* **~ness** [′~nis] s *Schwäche, Mattigkeit* f || *Ohnmachtsgefühl* n || *Verzagtheit* f [*nur in*: ~ of heart] || ⟨fig⟩ (of light etc) *Undeutlichkeit* f

faints [feints] s pl *der unreine Rückstand* m *bei der Branntweinbrennerei*

fair [fɛə] s *Jahrmarkt* m, *Messe, Kirmes* f (at a ~ *auf e–r M.*); a day after the ~ *°e–e Postkutsche z spät*; the Leipzig ⁓ *die Leipziger M.*; the ~ *was on, there was a* ~ *on es war Jahrmarkt* || *Ausstellung* f || *Bas·ar* m || ~*-ground Meßgelände* n, *Kirmesplatz* m; ~*-g.* stall *Kirmes-, Jahrmarkbude*; on a ~*-g.* stall *principle* ⟨übtr⟩ *nach dem „Kraut- u Rüben"-Prinzip* (= *kunterbunt*)

fair [fɛə] **I.** a **1.** *hübsch, schön* || *blond, hell* **2.** ⟨übtr⟩ *schön* (~ words); *gefällig* (~ speeches); *angenehm* | *günstig, gut, glücklich, befriedigend, reichlich* (a ~ heritage) **3.** *hell, rein, klar* (~ water) || *deutlich, sauber, leserlich*; ~ *copy Reinschrift* || *rein* | *offen, frei* **4.** *gerecht, billig, angemessen* || *unbescholten* (name), *ehrlich* || *unparteiisch, fair, anständig* || *artig, freundlich, heiter* **5.** *leidlich, ziemlich, ziemlich gut* (~ business); *pretty* ~ *ganz leidlich, ziemlich gut* **6. Verbindungen:** ~ *the sex das schöne Geschlecht* n || ~ *catch* ⟨ftb⟩ *Freifang* m || to have a ~ *chance* ⟨fig⟩ *freie Bahn h* || ~ *dealing Redlichkeit* f || ~ *game jagdbares Wild* n || to be a ~ *judge ein ziemlich gutes Urteil h* || by ~ *means anständig, auf ehrliche Weise; durch Güte, auf gutem Wege* || ~ *play ehrliches Spiel, ehrliches Vorgehen* n | a ~ *th* is a ~ th ⟨m. m.⟩ *was Recht ist, muß R. bleiben* || to give a p ~ *warning jdn zeitig u ernstlich warnen* || to be in a ~ *way gute Aussichten h* (to succeed) || ⟨mar fam⟩ give the salt a ~ wind (*bei Tisch*) *bugsiere das Salz mal ran* 7. [in comp] ~-faced *blond* ‖ ~-lead (*Seil-, Kabel-* etc) *Führung* f ‖ ~-trade *der Grundsatz* m, *daß der Freihandel nur auf Gegenseitigkeit beruhen sollte* ‖ ~-weather *friends* [pl] *Freunde im Glück, unzuverlässige Freunde* m pl **II.** adv *schön, gut*, to speak a p ~ *jdm gute Worte geben*; ~-spoken *höflich, artig* ‖ *sauber, rein*, to write out ~ *ins reine schreiben* ‖ *günstig*, to bid ~ *sich gut anlassen, versprechen* (to be); the wind sits ~ *der Wind ist günstig* ‖ *direkt, unmittelbar* (to strike a p ~ *in the face*) ‖ *gerecht, billig, ehrlich* (to fight, play ~) ‖ ~ and square [a & adv] *offen u ehrlich* **III.** s ⟨poet⟩ the ~ *die Schöne, Schönheit* f; [koll] *das schöne Geschlecht* ‖ ⟨Am⟩ for ~ *wirklich, endgültig* **IV.** vt ⟨tech⟩ *ausbeulen*; (*Dokument*) *ins reine schreiben*

fairing [ˈfɛəriŋ] s *Jahrmarkts-, Meßgeschenk* n

fairing [ˈfɛəriŋ] s ⟨mar & aero⟩ *Verkleidung* f (cable ~ *Kabel-*; wood ~ *Holz-*)

fairish [ˈfɛəriʃ] a *leidlich, ziemlich*

Fair Isle [ˈfɛərˈail] s (*e–e der Shetland-Inseln*) [attr] [ˈ--] *bunt gemustert* (sweater, etc)

fairly [ˈfɛəli] adv **1.** *gerecht, billig, unparteiisch* **2.** *richtig, passend* **3.** *ziemlich, leidlich* (~ good) **4.** *gänzlich, vollkommen, ganz u gar*; *wirklich*

fairness [ˈfɛənis] s *Schönheit, Blondheit* f ‖ *Ehrlichkeit, Unparteilichkeit, Gerechtigkeit* f; in ~ to him *um ihm gerecht z werden, Gerechtigkeit widerfahren z lassen*

fairway [ˈfɛəwei] s ⟨mar⟩ *Fahrwasser* n; ⟨golf⟩ (*kurz*)*geschnittene Bahn* f

fairy [ˈfɛəri] **1.** s *Fee, Zauberin* f, *Elf* m **2.** a (*–rily* adv) *feenhaft, Feen-, zauberisch* | [attr] ~-lamp *kl farbiges Glaslämpchen* n ‖ ~-like *feenhaft* ‖ ~-ring *Feenkreis* m ‖ ~-scene *Zauberposse* f ‖ ~-tale *Märchen* n ⟨a übtr⟩ ~land [ˈ~lænd] s *Feenland, Elfenreich* n | *Märchen-*; *Traum-, Wunderland* n

faith [feiθ] s **1.** *Vertrauen* n (in *auf*) ‖ ⟨ec⟩ *Glaube* m (in *an*); *Glaubensbekenntnis* n (the Christian ~) **2.** *Zusage* f, *Wort, Versprechen* n; to give, pledge, plight one's ~ *sein V. geben*, to keep (one's) ~ *sein V. halten*, to break, violate (one's) ~ *sein V. brechen* | *Redlichkeit, Treue* f; breach of ~ *Treubruch* m **3.** **Verbindungen:** ~!, in ~! *m–r Treu! fürwahr!* ‖ in (all) good ~ *gutgläubig* [adv], *in gutem Glauben, in guter Absicht*; in bad ~ *arglistig* [adv], *in böser Absicht* ‖ on the faith of a th *im Vertrauen auf die Sicherheit e–r S* ‖ to have, place, put ~ in (jdn) *Vertrauen setzen* ‖ to pin one's ~ to *od* upon *sein ganzes Vertrauen setzen auf* **4.** [attr] ~-cure, ~-healing *das Gesundbeten* n; ~-healer *Gesundbeter(in)* ~ful [ˈ~ful] a *treu* (to a p *jdm*) ‖ *ehrlich*; *glaubwürdig, gewissenhaft*; *wahr, zuverlässig* | *genau, getreu* | the ~ *die Gläubigen* pl ~fully [ˈ~fuli] adv *treu, ergeben, Yours ~ (formeller Briefschluß gegenüber entfernten Personen) Ihr sehr ergebener* ‖ *genau, getreu*; *klar* (to deal ~ with) ‖ ⟨fam⟩ *nachdrücklich* (to promise ~) ~fulness [ˈ~fulnis] s *Treue* f, *Pflichttreue* f (to) ‖ *Ehrlichkeit* f ‖ *Genauigkeit* f ~less [ˈ~lis] a (~ly adv) *ungläubig* ‖ *treulos, untreu* ‖ *unzuverlässig, trügerisch* ~lessness [ˈ~lisnis] s *Unglaube* m ‖ *Treulosigkeit* f (to, towards *gegen*)

fake [feik] s ⟨mar⟩ *Windung* f *e–s rund zus–gelegten Taues*

fake [feik] **1.** vt ⟨sl⟩ *aus schlechtem Material herstellen, nachmachen, imitieren* ‖ *zurechtmachen*; *aufputzen* ‖ *fälschen* | to ~ up a screw *e–n Dietrich* (*Nachschlüssel*) *m* **2.** s ⟨sl⟩ *Kniff, Schwindel, Betrug* m ‖ *Fälschung*; *Imitation* f ‖ [attr] *imitiert* ~aloo [~əˈluː] ⟨Am⟩ *Finte* f ~ment [ˈ~mənt] s ⟨theat fam⟩ *Schminke* f |

~r [ˈ~ə] s ⟨sl⟩ *Höker* ‖ *Schwindler* m ‖ ⟨Am⟩ *Hausierer* m

fakir [fæˈkiə] s *Fakir* (*moham.* or *hindust. Bettelmönch*) m

falbala [ˈfælbəlaː] s *Falbel* f, *Faltenbesatz* m (*am Kleide*)

falcate [ˈfælkeit] a ⟨anat, bot, zoo⟩ *sichel-, hakenförmig*; *gekrümmt*

falchion [ˈfɔːltʃən] s *Pallasch* (*kurzer krummer Säbel*) m ‖ ⟨arch⟩ *Fischblase* f

falciform [ˈfælsifɔːm] a ⟨anat⟩ = falcate

falcon [ˈfɔːlkən] ⟨sport⟩ *ˈfɔːk-*] s ⟨orn⟩ *Falke* m ‖ Eleonora's ~ *Eleon·oren-*, gyr ~ *Gier-*, lanner ~ *Feldegg-*, red-footed ~ *Rotfuß-*, saker ~ *Würgfalke* m ‖ ⟨hist⟩ *leichtes Geschütz* n ~er [~ə] s *Falken·ier, Falkner, Beizjäger* m ~et [~et] s ⟨hist⟩ *kl Feldschlange* f ~ry [~ri] s *Falkenbeize, Falknerei* f

falderal [ˈfældəˈræl], **fold-** [ˈfɔːld-] s (*Refrain*) *Faldera* n ‖ *leichter, wertloser Gegenstand, Tand* m

faldstool [ˈfɔːldstuːl] s ⟨ec⟩ *Bischofsfaltstuhl* m (*ohne Lehnen*) | *Betpult* n

Falernian [fəˈləːniən] a *falernisch* (wine)

fall [fɔːl] vi/t [fell/~en] **A.** vi I. **1.** *herunter-, niederfallen* (on *auf*); *stürzen* (out of the window *aus dem Fenster*); to ~ to the earth *z Erde fallen* ‖ (of leaves etc) *abfallen* (from *v*) ‖ (of a curtain) *fallen, niedergehen*; to let ~ *fallen l* ‖ (of hair) *fallen, liegen* (on *auf*), *hängen* (over *über*) | (of lambs etc) *geboren w* ‖ ⟨übtr⟩ (of words) *fallen, geäußert w, kommen* (the remark fell from him) **2.** *sinken, sich senken* ‖ (of roads) *abfallen, sich neigen* ‖ (of rivers) *fallen, sich ergießen* (into) ‖ (of the wind) *abnehmen, sich legen* ‖ (of eyes) *sich senken*; *fallen* (on *auf*) ‖ (of the face) *länger w* (vor *Enttäuschung*) ‖ (of prices) *fallen, sinken, abnehmen, heruntergehen* **3.** *um-, z Boden fallen* or *stürzen*; to ~ to the pavement *auf das Pflaster fallen* ‖ *abgeworfen w*; ⟨crick⟩ the wicket ~s *der Schläger ist „aus"* ‖ (of states) *zus–fallen, –brechen, untergehen* ‖ *fallen, erliegen*; *genommen w* (the fortress fell) **4.** ⟨übtr⟩ (P) *fallen* (many statesmen fell); *gestürzt w* (through intrigue) ‖ *fallen, getötet w* ‖ *moralisch fallen, sinken*; → **5.** (of time and events) *eintreffen, geschehen, eintreten* (night is ~ing); *fallen* (Easter ~s early); the centenary ~s this year *die Jahrhundertfeier fällt in dieses Jahr* ‖ *hereinbrechen, eintreten* (vengeance fell) **II.** [mit *Prädikatsnomen*] **1.** [mit *Subst.*] to ~ heir to *erben*; to ~ a prey to a th *e–r S zur Beute fallen*; → victim **2.** [mit *Adj.*]: *werden* ‖ to ~ calm *windstill w*; .. due *fällig w* ‖ to ~ foul of ⟨fig⟩ *zus–stoßen, in Konflikt geraten mit, e–n Angriff m auf* ‖ → ill ‖ to ~ short *knapp w, nicht reichen, mangeln* (of *an*); *our provisions have ~en short*; we fell sh. of provisions); to ~ short of *nicht erreichen*; *zurückbleiben hinter* (the book ~s short of my expectations; he fell short of the mark); this ~s short of a miracle *dies grenzt an ein Wunder* **III.** [vor passivem *Inf.*] *müssen*, brauchen (the errors ~ to be considered under different heads .. *müssen betrachtet w* ..); it does not ~ to be described *es braucht hier nicht beschrieben z w* **IV.** [mit prep] to fall a– [*aus* on]: to ~ a-crying *z weinen beginnen*; ~ asleep *einschlafen* ‖ to ~ among *geraten unter* ‖ to ~ behind *zurückbleiben hinter* ‖ to ~ by the ears *sich in die Haare geraten* ‖ to ~ for ⟨fam⟩ *gefesselt w v*, (her)*reinfallen auf* ‖ to ~ from *abfallen v*, to ~ from grace *in Sünde geraten* ‖ to ~ in love with *sich verlieben in* | to ~ into *fallen in* (a p's hands); *zerfallen in* (into two parts) ‖ *fallen, gehören in* (a category) | *verfallen in*, to ~ into error, rage *in Irrtum verfallen*; *in Wut geraten*; to ~ into weakness *schwach w* ‖ to ~ into conversation *Unterhaltung beginnen*; to ~

into disuse *außer Gebrauch k*; the details will easily ~ into their places *die Einzelheiten w leicht zurechtkommen* || to ~ into line ⟨mil⟩ *sich einreihen, sich formieren; antreten*; → line 2. || to ~ into pattern again *wieder normal w*; to ~ into a p's plans *sich jds Plänen fügen; auf jds Pläne (her)reinfallen* | I didn't ~ **off** a Christmas tree *Mensch, ich bin doch nicht v gestern* | to ~ **on, upon** *fallen auf*; to ~ upon a p's ear *an jds Ohr schlagen, v jdm gehört w* || to ~ upon a p *z Lasten jds f.* || *über–, herfallen über, angreifen* || to ~ on one's feet ⟨fig⟩ *auf die Füße fallen* || to ~ on one's sword *sich ins Schwert stürzen* || he fell upon her neck *er fiel ihr um den Hals* || *stoßen auf, treffen* (on a theme); to ~ upon an expedient *auf ein Aushilfsmittel verfallen* | to ~ **out of** *herausfallen aus*; to ~ out of cultivation *nicht mehr bebaut w*; to ~ out of love ⟨fam⟩ „*sich entlieben*" | to ~ **to** a p *fallen an, k an jdn*; *jdm zufallen, zuteil w*; it ~s to me *es liegt mir ob* (to do); it fell to my lot *es fiel mir zu, traf mich* (to do) || *zurückfallen an* || to ~ to a th *sich e–r S widmen* (he fell to religion); *etw beginnen* (to ~ to doing *b. z tun*); the audience fell to talking .. *begann z schwatzen* || to fall to pieces *in Stücke fallen*; to ~ to the ground ⟨fig⟩ *vernichtet w*; *scheitern, fehlschlagen, aufgegeben w* || three lions fell to his rifle .. *erlagen s–r Büchse, fielen durch s–e Büchse* | to ~ **under** ⟨fig⟩ *gehören, gerechnet w unter* (under what class does this ~ ?) || *unterworfen w* || to ~ within ⟨fig⟩ *eingeschlossen, gerechnet w in* **V.** [*mit* adv] to ~ **astern** (of a ship) *zurück–, hintenbleiben* | to ~ away *abfallen, abtrünnig w* || *verfallen, übergehen* (into); *abfallen, abmagern; abnehmen* ⟨*a* fig⟩; (of ground) *abfallen, sich senken* | to ~ **back** *ab–, zurücktreten; –weichen; –fallen, –bleiben; –gehen*; *sich zurückziehen, sich vermindern; nachgeben*; *sinken* || to ~ back upon *sich zurückziehen auf, s–e Zuflucht nehmen z*; *wieder zurückkommen auf* | to ~ **behind** *zurückbleiben*; *im Rückstand bleiben* (with *mit*) | to ~ **down** *niederfallen*; *auf die Knie sinken*; (of houses) *einfallen* || *z Schaden k*; *versagen*; °*Pech; kein Glück h* (in *in*; on *mit*; on doing *z tun*) | to ~ **in** *einfallen, einstürzen*; *fällig w*; *z Ende gehen* || *zustimmen z* ⟨mil⟩ *sich formieren, antreten*; ~ **in!** *angetreten!*; ~ in *at the double! Alarm!* || to ~ in behind a p *sich jdm anschließen, hinter jdm einschwenken* || to ~ in upon *unerwartet besuchen* || to ~ **in with** *stoßen auf, treffen*; *übereinstimmen, einverstanden s mit* || *passen z, entsprechen* | to ~ **off** *abfallen, sich zurückziehen*; (of ship) *abgehen, abweichen* (from a course); ⟨aero⟩ (*über e–n Flügel*) *abkippen, –rutschen* || ⟨fig⟩ *abfallen* (from a p *von jdm*) || *sinken, sich vermindern, abnehmen, –flauen, nachlassen* (the demand for .. has ~en off) | to ~ **on** (in den Kampf) *eingreifen, angreifen* | to ~ **out** *sich zutragen; ausfallen* || *sich überwerfen, sich veruneinigen* (with) || ⟨mil⟩ *wegtreten, austreten*; ~ **out!** *weggetreten!* || to ~ **over** backwards *sich (rein) umbringen* (*etw z tun*) || to ~ **through** *durchfallen*, ⟨fig⟩ *ins Wasser fallen, mißlingen* || to ~ **to** *beginnen* || *zulangen* (let us ~ to) || *in Streit geraten* **B. *** vt kaus **1.** ⟨Am & dial⟩ (*Bäume*) *fällen* **2.** to ~ in ⟨mil⟩ *in e–r Linie aufstellen*

fall [fɔ:l] s **1.** *Fall, Sturz* m (from a horse *vom Pferde*; from, out of a window *aus dem Fenster*) || *Abfallen* (of leaves) || *Fallen, Niedergehen* n (of a curtain) || ⟨hunt⟩ *Einfall* m (*v Waldschnepfen*) || ~ of rain *Regen–*, ~ of snow *Schneefall* m; there was a great ~ of snow *es fiel viel Schnee* ⟨Am⟩ (a ~ of the year) *Herbst* m | (*T*) *Geburt* f; *Wurf* m **2.** *Sinken* n, *Niedergehen; Fallen* n (of the tide), *Abnahme* f; ⟨fig⟩ *Niedergang, Abstieg* m || *Ende* n (the ~ of life) | [*oft* pl] ~s *Wasserfall* m (the Niagara ⁓s) ||

Abhang m, *Böschung, Senkung* f || *Gefälle* n (a ~ of 10 feet) | *Sinken, Fallen* n (of a barometer etc); a ~ in prices *ein F. der Preise*; sudden ~ *Preissturz* m || ⟨mus⟩ *Kad·enz* f **3.** *Hin–, Niederfallen* n; *Zus–fall* m || ⟨wrestling⟩ *Niederwurf* m; *Ringkampf, Gang* m | *Fällen* n (of trees); *gefälltes Holz* || *Fall* m, *Einnahme* f (of a fortress) | *Niederlage* f, *Sturz, Zus–bruch* m; *Vernichtung* f | *moral. Verfall* m; the ⁓, the ⁓ of man *der Sündenfall* **4.** heavy ~ *schwerer Sturz* m || to be on the ~ ⟨com⟩ *fallen* || to break a p's ~ *jdn im Fallen auffangen*; ⟨fig⟩ *jds Sturz mildern* || to give a p a ~ *jdn z Falle bringen, niederwerfen* || to have, sustain a ~ *z Falle k; fallen* || to speculate on the ~ ⟨com⟩ *auf Baisse spekulieren* || to try a ~ with *sich im Ringen messen, es aufnehmen mit* ⟨*a* fig⟩ **5.** [attr] ~-*bureau* → *tambour table* || ~-*guy* ⟨Am⟩ *Gimpel* m ⟨fig⟩ || (atomic) ~(-)*out Atomregen, Abfall, radioaktiver Niederschlag* m; ~(-)*out deposits* [pl] *radioaktiver Staub* m; ~-*out disposal Abfallbeseitigung* f; ~-*out pattern radioaktives Niederschlagsgebiet* n; ~-*out shelter Atombunker* m || ~-*trap Falle, Kastenfalle* f

fallacious [fəˈleiʃəs] a (~ly adv) *trügerisch, täuschend, trüglich, verfänglich* ~**ness** [~nis] s *Trüglichkeit, Verfänglichkeit* f

fallacy [ˈfæləsi] s *Trugschluß* m; *Sophisterei* f | *Irrtum* m (to fall into the ~ of a p *in jds I. verfallen*) | *Irrigkeit* f, *Trüglichkeit* f

fal-lal, fallal [ˈfæˈlæl] s [*mst* pl] ~s °*Kinkerlitzchen* pl; *Tand, Flitterkram* m; *Affektiertheit* f

fallen [ˈfɔ:lən] **1.** pp *v* to fall **2.** a *gefallen* (~ statesman); ~ angel *gestürzter Engel*; a ~ woman *ein gefallenes Mädchen* n | [abs] the ~ *die Gefallenen* pl ~**ness** [~nis] s *Verderbtheit* f

fallibility [ˌfæliˈbiliti] s *Fehlbarkeit* f –**ble** [ˈfæləbl] a (–bly adv) *fehlbar*

falling [ˈfɔ:liŋ] **1.** s *Fallen* n, etc → to fall | [in comp] ~-*away*, ~-*off Abnahme* f, *Rückgang* m || ~-*off* ⟨aero⟩ *Abrutschen, Abkippen* n || ~-*out Veruneinigung* f; *Zank* m **2.** [a] ~-*sickness Fallsucht* f || ~-*star Sternschnuppe* f

Fallopian [fæˈloupiən] a (*nach G. Fallopio*, † 1562) ~ tube = *oviduct*

fallout [ˈfɔ:laut] s → fall-out

fallow [ˈfælou] **1.** s *Brache* f, *Brachfeld* n **2.** a *brach*; to lie ~ –*liegen* ⟨*a* fig⟩ **3.** ~-*crop Brachernte* f **4.** vt (*Land*) *aufbrechen, –pflügen* ~**ness** [~nis] s *Brachliegen* n, *Unfruchtbarkeit* f

fallow [ˈfælou] a *falb*; [*nur in*]: ~-*deer Damwild* n

false [fɔ:ls] **I.** a (~ly adv) **1.** *falsch, unrichtig, irrig* (~ quantity) | *ungesetzlich, widerrechtlich* (~ arrest, imprisonment) **2.** *unwahr; trügerisch, täuschend* (~ mirror) || *verräterisch, treulos* (to gegen); *untreu* (to a th *e–r S*); ~ *coin Meineid* m; ~ *pretences* ⟨jur⟩ *falsche Behauptungen or Angaben* f pl, under ~ pr. *unter Vorspiegelung falscher Tatsachen*; ~ *swearing* (*außergerichtlicher*) *Falscheid* m **3.** *falsch, gefälscht; unecht* (~ coin, ~ teeth, ~ hair); *nachgemacht*; to sail under ~ colours *unter falscher Flagge segeln* || *vorgetäuscht*; *blind* || *vorgeblich*; *Falsch–, Schein–*; *irrig so genannt* **4.** *Verbindungen*: ~ *alarm blinder Alarm* m; ⟨Am fig⟩ *geschiedene Frau* || ~ *bottom blinder Boden* m || ~ *cap Geschoßhaube* f || ~ *door blinde Tür* f || ~ *key Nachschlüssel* m || ~ *ogive* = ~ *cap* → *pretence* || ~ *shame falsche Scham* f || ~ *report Falschmeldung* f || ~ *step Fehltritt* m || ~ *take-off* ⟨aero⟩ *Fehlstart* m **5.** [in comp] ~-*hearted falsch, treulos* || ~-*heartedness Falschheit, Treulosigkeit* f **II.** adv *verräterisch, treulos*, to play a p ~ *falsches Spiel mit jdm treiben, jdn betrügen* ~**face** [ˈ~feis] s ⟨Am⟩ *häßliche Frau, der ein anderer Kopf „aufgeschraubt" gehört* ~**hood** [ˈ~hud] s *Falschheit* f

|| *Unwahrheit* f, *etw Unwahres* n, *Lüge* f **~ness** ['~nis] s *Falschheit* f || *Unaufrichtigkeit* f; *Treulosigkeit* f (to *gegen*); *Verrat, Betrug* m

falsetto [fɔ:l'setou] s It *Fals·ett* n, *Fistelstimme* f (in ~) | [attr] *Fistel-* (~ tone)

falsies ['fɔ:lsiz] s pl *Büstenformer* m *aus Gummi*

falsification ['fɔ:lsifi'keiʃən] s *Verfälschung, Fälschung* f **–fier** ['fɔ:lsifaiə] s *Fälscher* m **–fy** ['fɔ:lsifai] vt (*ver-*)*fälschen; entstellen* || *als falsch erklären* or *erweisen; enttäuschen; vereiteln, durchkreuzen*

falsity ['fɔ:lsiti] s *Falschheit, Unrichtigkeit* f || *Unaufrichtigkeit* f || *trügerischer Irrtum* m

falter ['fɔ:ltə] vi/t || *stolpern, straucheln* || *stammeln, stottern* | *stottern, stocken; zaudern, schwanken* | vt (etw) *stammeln*; to ~ out *stammelnd äußern*

fame [feim] s * *Gerücht* n, *allg Ansicht* f (of *v*); ill ~ *übler Ruf, Geruch* | *Ruf, guter Ruf* m | *Ruhm* m, *Berühmtheit* f

fame [feim] vt [*mst* pass] to be ~d *bekannt* s (as, for), *in dem Rufe stehen* (to be); to **~d** [~d] a *berühmt* (for *wegen*); ill~d *berüchtigt*

familial [fə'miliəl] a *Familien-* (tradition)

familiar [fə'miljə] **1.** a (~ly adv) † *Familien-* (~ circle) | *vertraut, intim* (with); ~ *spirit Schutzgeist* m | (*P*) *wohlbekannt, -vertraut*; *bekannt* (with a subject), to be ~ with *Bescheid wissen über* or *mit* (etw) || (*S*) *bekannt* (to a p *jdm*) | *gewöhnlich, alltäglich* || *familiär, ungezwungen, frei* | ~ *quotation das geflügelte Wort* n || to be on ~ *terms with auf vertrautem Fuße stehen mit* || to make o.s. ~ *with sich vertraut* m *mit* **2.** s ⟨R. C.⟩ *Hausangestellter* m (*des Papstes* or *Bischofs*) | *Vertrauter* m || *Hausgeist* m **~ity** [fə,mili'æriti] s *Vertrautheit, Intimität* f (with a p) || *Aufdringlichkeit, plumpe Vertraulichkeit* f, [*oft* pl] *–ties* || *Vertrautheit, Bekanntschaft* f (with a th) || *Ungezwungenheit, Leutseligkeit* f (~ *breeds contempt*) **~ization** [fə,miljərai-'zeiʃən] s *Gewöhnung* f (with *an*) | ~ *flight Einweisungsflug* m **~ize** [fə'miljəraiz] vt *gewöhnen* (with *an*) || to ~ a p (*od a p's mind*), o.s. *with jdn, sich vertraut* m *mit*

family ['fæmili] s **1.** *Familie* f, *Haushalt* m || *Familie* f (*Eltern, Kinder u Verwandte*); a *vicar's* ~ *e–e Vikarsfamilie*; a ~ of *Miltons e–e F. Milton* | *die Kinder* pl (he has a large ~ *er hat viele Kinder*); → *young* || *Familienzuwachs* m (to have a little ~ *F. bek*) **2.** *Stamm* m, *Vorfahren* pl, *Geschlecht* n (a man of good ~) | (of animals, plants) *Geschlecht* n; *Gattung* f || ⟨chem⟩ *Familie, (Elementen-)Gruppe* f (*mit gleichen Eigenschaften*) **3.** ancient *od* old ~ *altes Geschlecht* n || human ~ *Menschen-* || in a ~ way *ungezwungen* || in the ~ way *in anderen Umständen, schwanger, guter Hoffnung* || accidents will happen in the best-regulated ~*lies das kommt in den besten –lien vor* || ⟨Am⟩ official ~ *Kabinettsmitglieder* pl **4.** [attr] *Familien–*; ~ *affair –angelegenheit* f; ~ *allowance Kinderzulage* f; ~ *circle –kreis* m; ~ *estate gut* n, ~ *helpers* [pl] (*a* unpaid ~) *workers* ⟨stat⟩ *mithelfende –mitglieder* n pl, *–angehörige* m & f pl || ~ *hotel –hotel* n; ~ *likeness –ähnlichkeit* f; ~*-man –vater* m; *häuslicher Mensch*; ~ *size* ⟨stat⟩ *-größe* f | *Haus–*; ⚓ *Bible –bibel* f; ~ *doctor –arzt* m | ~*-tree Stammbaum* m

famine ['fæmin] s *Hungersnot* f || ⟨übtr⟩ *Mangel* m (coal ~, water ~) || *Nahrungsmangel, Hunger* m

famish ['fæmiʃ] vt/i || *aushungern* l, *darben* l, *verschmachten* l | vi *hungern, darben, verhungern*; ⟨fam⟩ to be ~ing *gr Hunger* h || *Not leiden*

famous ['feiməs] a *berühmt* (for *wegen*) || ⟨fam⟩ *ausgezeichnet, fam·os* | **~ly** [~li] adv

⟨fam⟩ *glänzend, fam·os* **~ness** [~nis] s *Berühmtheit* f

famulus ['fæmjuləs] L s (pl –li [–lai]) *Gehilfe, Helfer* m; ⟨univ⟩ *Hilfskraft* f

fan [fæn] **1.** s ⟨hist⟩ *Kornsieb* n (*flacher Korb*) || (*Korn-*)*Schwinge, Wanne* f | *Fächer* m || *fächerartiger Gegenstand* m (*Schwanz e–s Vogels, Blatt o. ä.*); alluvial ~ ⟨geol⟩ *Schuttfächer* m | ⟨tech⟩ *Ventilator* m (electric ~), *Lüfter* m || ⟨aero fam⟩ *Propeller* m || *Flügel* m *der Schiffsschraube* | [attr] ~ *convector Heizlüfter* m || ~*-light* ⟨arch⟩ *Fächerfenster* n, *Lün·ette* f || ~*-palm* ⟨bot⟩ *Fächerpalme* f || ~*-tail Pfautaube* f || ~ *tracery*, ~ *vaulting* ⟨arch engl⟩ (*spätgotisches*) *Fächergewölbe* n || ~*-wheel* ⟨tech⟩ *Windrad* n **2.** vt/i || (*Korn*) *schwingen* | *fächeln* (to ~ o.s. *sich f.*); *wedeln* | ⟨fig⟩ *anfachen, entflammen, entfachen* (into *z*); to ~ the flame *Öl ins Feuer gießen* | *sanft wehen* or *gleiten über, bestreichen* || ⟨sl⟩ *schlagen* | vi *leicht dahingleiten* || to ~ out ⟨mil⟩ *sich fächerförmig entfalten*

fan [fæn] s ⟨Am sl⟩ abbr f fanatic *leidenschaftlicher Liebhaber e–s Sports* etc (film ~); football ~ *Fußballfex* m || [attr] ⟨Am bes theat⟩ ~ *mail begeisterte Zuschriften* f pl, *Verehrerpost* f

fanatic [fə'nætik] **1.** a ~al **2.** s *Fan·atiker* m (on *in bezug auf*); *blinder Eiferer, Schwärmer* m **~al** [~əl] a (~ly adv) *fanatisch, schwärmerisch* **~ism** [–isizm] s *Fanat·ismus* m, (*religiöse*) *Schwärmerei* f **~ize** [–isaiz] vt/i || *fanatisch* m, *aufbringen* (against) | vi *Fanatiker w*

fancier ['fænsiə] s *Liebhaber, Kenner*; *Züchter* m (dog ~)

fanciful ['fænsiful] a (~ly adv) *phantastisch, schwärmerisch* | *launisch, grillenhaft* || *eingebildet, unwirklich* **~ness** [~nis] s *Phantasterei* f || *Grillenhaftigkeit* f

fancy ['fænsi] **I.** s **1.** *Einbildung, Phantasie* f, *Wahngebilde* n | *spielerisch-belebende u launenhafte Kraft der Einbildung, erfinderische Gabe* f *der bildlichen Darstellung u Ausschmückung* (*Ggs* imagination), → Wordsworth, Preface; Coleridge, Biog. Lit. XIII || *Erfindung*; *eingebildete irrige Idee* or *Vorstellung* f **2.** *Laune, Grille* f, *Einfall* m (I have a ~ that) **3.** *individueller Geschmack* m; *Neigung, Vorliebe* f (for a th f *etw*, for doing *od* to do *z tun*); *Liebhaberei* f; to take, catch the ~ of a p *jdm in die Augen stechen* (*gefallen*) || to take a ~ to *e–e Neigung fassen z* | *die Kunst* f *der Tierzüchtung* (pigeon ~) || the ~ (= fanciers) ⟨fam⟩ *die Liebhaber–, Sportwelt* f **II.** a [*nur* attr] **1.** *Phantasie–, Einbildungs–, Erfindungs–* | *Liebhaber–, Luxus–, Mode–, Galanterie–*; *bunt, gemustert* || *Phantasie–, übertrieben hoch* (~ *price*); *Spekulations–* (~ stocks) || *Zucht–* **2.** *Verbindungen:* ~*-ball Maskenball* m || ~ *cakes* [pl] *feines Gebäck* n; *Torten* f pl || ~*-dress Maskenkostüm* n; ~*-dress ball Maskenball* m || ~*-fair Wohltätigkeitsbasar* m || ~*-goods* [pl] *Modewaren* f pl || ~(-)*lady* ⟨Am⟩ *Freudenmädchen* n || ~*-man Geliebter, Schatz* m; ⟨sl⟩ *Zuhälter* m || ~ *paper Ausstattungs–, Bunt–, Fantasie–, Luxuspapier* n || ~*-pastries* [pl] *gemischte feine Backwaren* pl || ~*-price Liebhaberpreis* m || ~*-shirt farbiges (Herren-)Hemd* n || ~*-stationery Luxusschreibwaren* f pl || ~*-waistcoat bunte Weste* f || ~*-work feine Handarbeit* f **III.** vt **1.** *sich* [dat] (*jdn, etw*) *vorstellen, sich denken*, to ~ a p doing *sich jdn vorstellen, wie er* (*etw*) *tut*; she –cied him (to be *od* that he was) an artist *sie stellte sich ihn als Künstler vor*; he –cied himself (to be) dead *er stellte sich vor, tot z s* || [imp] ~!, just ~! only ~! *denken Sie sich nur*; ~ them (the boys) being whipped .. *daß sie* (..) *geprügelt wurden* **2.** *sich einbilden* (that); *meinen, wähnen* (I ~ he is in town) **3.** *gern h, eingenommen s f;* I don't ~ (being stood up) *ich mag nicht gern* .. || to ~ a th ⟨fam⟩ *sich etw einbilden auf etw;* to ~ o.s. *sich wichtig vorkommen* **4.** *(Tiere* etc) *züchten*

fandangle [fæn'dæŋgl] s ⟨fam⟩ *phantastisches Ornament* n, *Narretei* f

fandango [fæn'dæŋgou] s ⟨Span⟩ *Fand·ango* m *(spanischer Nationaltanz)*

fane [fein] s ⟨poet⟩ *Tempel* m

fanfare ['fænfɛə] s Fr ⟨mus⟩ *Fanf·are* f; *Tusch* m, to sound a ~ *e-n T. blasen;* ~ of trumpets *Trompetenfanfare* [‚fænfɛə-'nɑ:d, -'neid] s Fr *Großsprecherei* f, *Prahlerei* f

fang [fæŋ] **1.** s *Fang, Hauer, Hauzahn* m || *Giftzahn* m *(der Schlange)* || *Zahnwurzel* f || *Zapfen, Stift* m || ~**-farrier** ⟨mil sl⟩ *Zahnathlet, -klempner* m **2.** vt *(Pumpe) in Tätigkeit setzen (durch Eingießen v Wasser)* | ~**ed** [~d] a *mit Fängen versehen;* keen ~ *scharfzähnig* ~**less** ['~lis] a *ohne Fänge, ohne Hauzähne*

fango ['fæŋgou] s It *Fango, vulkanischer Schlamm* m; ~**-pack** *Fangopackung* f

fanner ['fænə] s *jd, der mit dem Fächer fächelt* || ⟨agr⟩ *Kornschwinge* f || ⟨tech⟩ *Ventilator* m

fanny ['fæni] s ⟨vulg Am⟩ °*Popo* m; park your ~ *setz dich auf d-e 4 Buchstaben* | °*Döschen, Möschen* n | ~ ⟨mil fam⟩ *Mitglied der* First Aid Nursing Yeomanry

fanon ['fænən] s Fr ⟨R. C.⟩ *gestreiftes seidenes Schultertuch* n *des Papstes (bei der Messe)*

fantad ['fæntæd], **-tod** [-təd] s *närrischer Anfall* m || *Unruhe, Aufregung* f, (to be in a ~)

fantasia [‚fæntə'ziə] s It ⟨mus⟩ *die Fantasie* f

fantast, ph- ['fæntæst] s *Phant·ast, Schwarmgeist* m

fantastic [fæn'tæstik] a (~ally adv) *Phantasie-, eingebildet* || *wunderlich, phantastisch, exzentrisch;* [a abs] *phantastischer Mensch* m || *unbeständig, launisch* ~**ality** [fæn‚tæsti'kæliti] s *grotesker, phantastischer Charakter* m ~**alness** [~əlnis] s *Phantasterei, Launenhaftigkeit* f

fantasy, ph- ['fæntəsi] s *Phantasie, Einbildung* f; *Bild-, Einbildungskraft* f || *geistiges Bild* n; *Traumgebilde* n, *Träumerei* f || *Hirngespinst* n || *Laune* f; *Einfall* m

fantoccini [‚fæntə'tʃi:ni] s It pl *Marion·etten* pl || *Puppenspiel* n

fantod ['fæntəd] s = fantad

faquir [fæ'kiə] s = fakir

far [fɑ:] **I.** adv [comp ~ther, further, sup ~thest, furthest] **1.** *fern, entfernt; weit, weit entfernt* (from *v*); ~ away off *weit weg;* ~ into *weit, tief hinein* (in); ~ out *weit weg; weit draußen;* ~ up *hoch oben* || ~ od so ~ *from doing weit entfernt z tun;* ~ from *completed weit entfernt vollendet z s;* ~ from it *weit entfernt, keineswegs;* he is ~ from well *es geht ihm gar nicht gut* || ~ be it from me to do *es sei fern v mir, es liegt mir fern z tun* | (of time) *spät;* ~ back in the past *weit zurück in der Vergangenheit;* ~ in the day *spät am Tage;* ~ into the night *bis spät in die Nacht* | **Verbindungen:** so ~ *so weit; bis jetzt;* so ~, so good *soweit ganz gut;* not so ~ as I am aware *nicht, daß ich wüßte;* thus ~ *so weit;* as ~ as *so weit wie, so viel wie, bis* (nach, an), as ~ as London *bis (nach) L.; bis* (translate as ~ as line ten); *bis an* (the mountains extend as ~ as to the sea); ⟨übtr⟩ ~ as II. 1.; as ~ as that goes *was das betrifft;* so ~ as it goes *bis z e-m gewissen Grade;* he is too ~ gone now *er ist ein hoffnungsloser Fall geworden;* from as ~ as *sogar v;* how ~? *wie weit?;* the reason isn't ~ to see *der Grund liegt auf der Hand;* not ~ to seek *nicht weit z suchen;* ~ and near *nahe u fern;* ~ and wide *weit u breit* || to carry a th too ~ *e-e S zu weit treiben;* this went ~ to convince me *dies überzeugte mich geradezu;* he will go ~ *er hat e-e gr Zukunft vor sich;* the

day was ~ spent *es war spät am Tage* **2.** *bei weitem, weit,* ~ different *sehr verschieden;* [mst vor compr & sup] (~ better, ~ best, ~ the best); ~ and away *bei weitem* **3.** [in comp] ~-away *entfernt; lange vergangen;* ⟨fig⟩ *träumerisch* (a ~-away look) ~-between [bes pred] *nicht häufig, selten* (few and ~-between) || ~-famed *weitbekannt* || ~-fetched *weit hergeholt, gesucht, an* or *bei den Haaren herbeigezogen* || ~-flung *weit ausgedehnt* || ~-gone (of diseases) *in vorgerücktem Stadium; stark benebelt* || ~ off *entfernt* || ~-reaching *weitreichend, -tragend* (consequences) || ~-seeing, ~-sighted *weitsichtig;* ⟨fig⟩ *weitsehend* || ~-sightedness *Weitsichtigkeit* f; ⟨fig⟩ *Scharfsinn* m **II.** s *die Ferne;* from ~ *v weitem;* from ~ away *aus weiter Ferne;* from ~ and near *v fern u nah;* by ~ *bei weitem;* in so ~ as *insofern als* **III.** a [compr ~ther, further, sup ~thest, furthest] *weit, entfernt;* in the ~ corner *in der gegenüberliegenden Ecke;* the ~ East *der Ferne Osten;* on the ~ side *auf der anderen Seite*

farad ['færəd] s *(nach M. Faraday, † 1867)* ⟨el⟩ *Far·ad (Einheit der elektrischen Kapazität)* n ~**aic** [‚færə'deiik], ~**ic** [fə'rædik] a *faradisch* (current)

Faraday ['færədi] s [attr] *Faraday-* (~ effect)

farce [fɑ:s] **1.** s *Posse, Farce* f, *Schwank* m || *Ausrede* f **2.** † vt ⟨cul⟩ *füllen, farcieren, würzen,* ⟨a fig⟩ ~**-cical** ['~ikəl] a (~ly adv) *possenhaft* || *absurd* ~**cicality** [‚fɑ:si'kæliti] s *possenhafte* or *würzige Eigenschaft* f; *Posse* f ~**ceur** [fɑ:'sə:] s Fr *Witzbold, Humorist* m

farcy ['fɑ:si] s ⟨vet⟩ *Rotz* m *der Pferde* || ~**-bud,** ~**-button** *Rotzgeschwür* n

fardel ['fɑ:dl] † s *Bündel* n || ⟨fig⟩ *Last, Bürde* f

fare [fɛə] **1.** s *Fahrgeld* n, what is the ~? *was kostet die Fahrt, Fahrkarte?* | *Kost, Speise* f; there is poor ~ *to-day heute gibt's schmale Kost;* bill of ~ *Speisekarte* | *Fahrgast, Passagier* m | [attr] *Fahrpreis-* || ~**-stage** *Fahrstrecken-, Tarifgrenze; Teilstrecke* f **2.** vi ⟨poet †⟩ *reisen, fahren, gehen* | *ausfallen* (to ~ ill) | *sich befinden, jdm ergehen, gehen* (how did you ~ *wie erging es dir?* I ~d well); ~ thee well ⟨poet⟩ *laß es dir gut gehen* || to ~ alike *gleich daran s, in derselben Lage s, gleich abschneiden; dasselbe erleben* || to go farther and ~ worse *aus dem Regen in die Traufe k* | *essen, trinken* (to ~ well) | [in comp] to a ~-you-well ⟨Am fam⟩ *tüchtig, gehörig*

farewell ['fɛə'wel; '-–; –'–] **1.** intj *lebe wohl! leben Sie wohl!* ~ to it *nichts mehr davon!* **2.** s *Abschied* m, *Lebewohl* n; to bid a p ~ *jdm L. sagen, Abschied nehmen v jdm;* to make one's ~s *sich verabschieden* | [attr] *Abschieds-*

farina [fə'rainə] s *Mehl* n || *Stärkemehl* n ~**ceous** [‚færi'neiʃəs] a (~ly adv) *mehlig, mehlhaltig, Mehl-;* ~ food *Mehlspeisen* f pl

farinose ['færinous] a *mehlartig*

farm [fɑ:m] **1.** s ⟨hist⟩ *Pachthof* m | *landwirtschaftlicher Betrieb* m; *Bauerngut* n; home ~ *selbstbewirtschaftetes Gut* || *Gutshaus* n || *(Siedlungs-)Farm* f *(a z B Fuchsfarm)* (on the ~ *auf der F.); Zucht* f *(z B Austern-, Fisch-)* || dairy-~ *Meierei* f; poultry-~ *Hühnerfarm* f || ⟨sport⟩ *Lehr-, Drillklub* m | [attr] *Farm-, Land-* || ~**-bailiff** *Gutsinspektor, Verwalter* m || ~**-labourer** *Landarbeiter* m || ~**-servant** *Bauernknecht* m; *Bauernmagd* f || ~**-stead** *Gehöft* n || ~ tractor *Ackerschlepper* m || ~**-yard** *Guts-, Wirtschaftshof* m **2.** vt/i **A.** vt *(den Erlös aus e-r S; Zölle* etc) *pachten* (to ~ the mines) | (a to ~ out) * *(Land) verpachten* || *(den Erlös aus e-r S) verpachten; verdingen* | to ~ (out) a p *den Unterhalt f jdn gegen Bezahlung übernehmen;* *(Kinder) gegen Bezahlung in Pflege nehmen* | *(Land) be-*

bauen, bewirtschaften, beackern **B. vi** *Landwirtschaft betreiben* | **~er** ['~ə] s *jd, der Steuern etc pachtet* || *Pächter; Landwirt* m (*kleiner als* landowner *u* squire); *Bauer* m **~erette** [~ə'ret] s ⟨Am⟩ *Landwirtin* f etc **~hand** ['~hænd] s *Landarbeiter* m **~house** ['~haus] s *Farm–, Gutshaus* n **~ing** ['~iŋ] **1.** s *Landwirtschaft* f, *Ackerbau* m; dry ~ ⟨agr⟩ *Trockenkultur* f **2.** a *landwirtschaftlich, Acker–* **~land** ['~lænd] s *Acker–* (*u Weide*)*land; landwirtschaftlich genutztes* (or *nutzbares*) *Land* n

faro ['fɛərou] s ⟨cards⟩ *Pharo* n (*Glücksspiel*)
Faroese [ˌfɛərou'i:z] **1.** a *färöisch, Föröer–* **2.** s [pl ~] *Färinger* m
farouche [fə'ru:ʃ] a *Fr* (*menschen*)*scheu; zurückhaltend u abstoßend*
farraginous [fə'reidʒinəs] a *ge–, vermischt; wirr*
farrago [fə'reigou] s L ⟨fig⟩ *Mischmasch* m, *Gemisch, Gemenge* f
farrier ['færiə] s *Hufschmied* m || ⟨mil⟩ *Fahnenschmied* (*Unteroffizier*) m || **~'s** tongs *Beschlagzange* f | **~y** [~ri] s *Hufschmiedehandwerk* n || † *Roßarzneikunde* f
farrow ['færou] **1.** s *Wurf* m *Ferkel* (20 at one ~ *20 F. in e–m W.*); *in od* with ~ (of sows) *trächtig* **2.** vt/i || (*Ferkel*) *werfen* | vi *Ferkel werfen, ferkeln*
fart [fɑ:t] **1.** s ⟨vulg⟩ *Wind, Furz* m | like a ~ in a bottle, etc °*wie ein wildgewordener F.* || get a ~ of a dead man! ⟨m. m.⟩ *v e–m traurigen Arsch kann man k–n fröhlichen F. erwarten* **2.** vi *farzen, furzen* || to ~ about „*herumfurzen*", –*trödeln*
farther ['fɑ:ðə] **1.** adv **a.** [*bes in eig. Sinne*] *weiter, ferner* (it is ~ *to the bank than to my office*) || I'll see you ~ (*od* further) first → further || → *to fare* **b.** * [*mst* further] *außerdem, mehr* **2.** a *weiter, ferner, mehr* || –**thest** ['fɑ:ðist] **1.** a *weitest, fernst* || at the ~, at ~ *am fernsten* **2.** adv *weitestens; spätestens*
farthing ['fɑ:ðiŋ] s *Farthing* m (*aus Kupfer* = ¼ penny) || ⟨übtr⟩ *Deut, Heller* m (not to care a ~ *sich nicht die Bohne draus m*)
farthingale ['fɑ:ðiŋgeil] s *Reifrock* m
fasces ['fæsi:z] s L pl *Liktorenbündel* n
fascia ['fæʃiə] s L (pl **–iae** ['fæʃii:]) ⟨arch⟩ *Streifen* m, *Band* n (*aus Stein, Holz*); *Gurtsims* m || *Namenschild* m || ⟨anat⟩ *Binde* f, *Gürtel* m; *e–n Muskel umhüllende Haut* f | ~ board ⟨carp⟩ *Trauf–, Stirnbrett* n | **~ted** ['fæʃieitid] a ⟨bot⟩ *zus–gewachsen* | *gestreift* **~tion** [ˌfæʃi'eiʃən] s *Verwachsensein* n
fascicle ['fæsikl] s ⟨bot⟩ *Bündel; Büschel* n || (of a book) *Teil* m, *Lieferung* f **–cular** [fæ'sikjulə], **–culate** [fæ'sikjulit] a ⟨bot⟩ *Büschel–, büschelförmig* **–cule** ['fæsikju:l] s = fascicle
fascinate ['fæsineit] vt *bezaubern, –stricken, faszinieren* **–ation** [ˌfæsi'neiʃən] s *Bezauberung, –strickung, Faszinierung* f || *Zauber, Reiz* m **–ator** ['fæsineitə] s *Zauberer* m; *bezaubernde P* || † *leichtes Kopftuch* n
fascine [fæ'si:n] s *Faschine* f (*Reisigbündel*)
Fascism ['fæʃizm] s ⟨pol⟩ *Faschismus* m **–ist** ['fæʃist] **1.** s *Faschist* m **2.** a *faschistisch*
fash [fæʃ] ⟨Scot⟩ **1.** vt *plagen, quälen, ärgern;* to ~ o.s. *sich erregen* (about *über*) **2.** s *Plage, Sorge f, Ärger* m **~ious** ['~əs] a *störend, lästig*
fashion ['fæʃn] **I.** s **1.** *Form, Gestalt* f || *Schnitt* m, *Fasson* f, *Muster* n || *Mode* f | *Art u Weise; Sitte, Art* f || *feine Lebensart* f, *gute Manieren* f pl; the ~ *der feine Lebensstil, die geltende Mode;* people of ~ *die Modewelt;* rank and ~ *die vornehme Welt* **2. Wendungen:** after the ~ *od nach der Art v; gleich, wie* || after a ~, in a ~ *halb u halb, einigermaßen; leidlich; oberflächlich; nachlässig* || in (the) ~ *modisch, nach*

der Mode; (*P*) *modern* || out of ~ *außer Mode, veraltet* | it is the ~ (to do) *es ist Sitte, M.* (*z tun*) || to **bring** into ~ *in M. bringen* || to launch a ~ *e–e M. einführen* || to lead the ~ (of) *den Ton angeben* || to **set** the ~ *of a th etw in Mode bringen* || to **walk** crab ~ *wie e–e Krabbe gehen* **3.** [attr] **~-monger** *Modeheld, Stutzer* m || **~-parade** *Modeschau* f || **~-plate** *farbige Modezeichnung* f, *Modebild* n **II.** vt *gestalten, bilden, formen* (after *nach;* from, out of *aus;* into *in;* to *zu*) ⟨a fig⟩ || (*e–r S*) *Fasson geben;* fully **~ed** *fassoniert, Paßform–* (stockings) || * *machen, verfertigen* || * *anpassen* (to *an*) **~able** [~əbl] a (–bly adv) *modisch–fein; Mode–; modern, elegant* **~ableness** [~əblnis] s (of dress etc) *Beliebt–, Modesein* n; *das Moderne* n; *Eleganz* f **~er** [~nə] s *Gestalter* m || * *Modeschneider* m **~less** [~lis] a *formlos*
fashy ['fæʃi] a (Fr *fâché*) ⟨mil sl⟩ *böse, eingeschnappt*
fast [fɑ:st] **1.** vi *fasten* || *nichts z sich nehmen* **2.** s *Fasten* n; to break one's ~ *frühstücken* | **~-day** *Fastentag* m **~ing** ['~iŋ] s *Fasten* n || [attr] *Fasten–;* **~-day** *–tag* m
fast [fɑ:st] **I. a A. 1.** ⟨eig⟩ **a.** [*nur* pred] *fest, unbeweglich* (a nail ~ *in the board*); the door is ~ *ist fest verschlossen* || to make ~ *befestigen* (*Tür*) *verschließen, zumachen* **b.** to take ~ hold of *ergreifen* **2.** ⟨übtr⟩ *tief, fest* (a ~ sleep) | *standhaft, treu* (a ~ friend) | ⟨phot⟩ *lichtstark* (lens) || *beständig, dauernd, haltbar, dauerhaft* (a ~ colour); ~ to light *lichtecht* **B.** *schnell, geschwind;* a ~ train *ein Schnellzug;* ~ freight ⟨Am⟩ *Expreßgut* n; a ~ football ground *ein Platz, auf dem sich flott spielen läßt* || (of a watch) *vorgehend* (my watch is ~, I'm ~ *m–e Uhr geht vor*); ⟨fig⟩ *flott, locker, leichtlebig* | *frei, emanzipiert; verwegen;* don't you be so ~! *kümmere dich um d–e eigenen Sn!* **II.** adv [~er/~est] **1.** *fest* (eyes ~ shut); to hold ~ *festhalten;* to stick ~ *feststecken, nicht weiterkönnen* || ⟨† poet⟩ ~ beside, ~ by *dicht an, nahe bei* || *tief, fest* (to sleep ~; ~ asleep) || *stark, tüchtig* (it is raining ~) **2.** *schnell, geschwind;* to live ~ *die Lebenskraft schnell verbrauchen; schnell–, leichtlebig s* || **~-growing** *schnellwüchsig* || to play ~ and loose *wetterwendisch s; .. with a p od a th mit jdm* or *etw* °*Schindluder treiben* || → **~ness** ⟨fig⟩
fasten ['fɑ:sn] vt/i **A.** vt **1.** *verschließen, fest zumachen* || *befestigen* (to *an;* on, upon *auf*) | *vereinigen, zus–fügen* (to ~ together) || (*mit Blei*) *vergießen* || (*Blick*) *fest richten, heften* (on, upon a p) || ⟨tech⟩ *verspannen, montieren* || ⟨übtr⟩ to ~ a crime (a nickname, a quarrel) on a p *jdn e–s Verbrechens beschuldigen* (*mit e–m Spitznamen belegen, mit jdm Streit beginnen*) **2.** [mit adv] to ~ down *fest zumachen* (a lid) | to ~ off (*Faden* etc) *mit Knoten sichern* **B.** vi *schließen* (the door will not ~) || *befestigt w* (with) | to ~ upon *sich heften an, sich stürzen auf, überfallen, verfolgen;* ⟨fig⟩ *sich klammern* or *halten an* | **~er** [~ə] s *Befestiger* m || ⟨tech⟩ *Verschluß* m; *Schloß* n; *Befestigungsmittel* n; (*Flachkopf–*)*Klammer, Musterklammer* f; patent ~ (*Patent–*)*Druckknopf* m; → zip **~ing** [~iŋ] s *Befestigungsmittel* n, *Verschlußvorrichtung* f; *Riegel* m, *Schloß* n; patent ~ (*Patent–*)*Druckknopf* m (am Kleid)
fasti ['fæstai] s L pl *Terminkalender* m || *chronol. Liste f Veranstaltungen etc*
fastidious [fæs'tidiəs] a (~ly adv) *wählerisch, schwer z befriedigen(d), eigen* (*im Geschmack*) | little ~ ⟨bes for, bot⟩ *genügsam* **~ness** [~nis] s *wählerisches Wesen* n || *zu Genauigkeit* f
fastigiate [fæs'tidʒiit] a ⟨bot⟩ *zugespitzt; gipfel–, kegelförmig*
fastish ['fɑ:stiʃ] a *ziemlich schnell* or *flott*

fastness ['fɑ:stnis] s *Festigkeit* f || *fester Platz* m, *Feste* f | *Schnelligkeit* f || ⟨fig⟩ (of men) *Leichtlebigkeit* f; (of women) *emanzipiertes Wesen* n

fat [fæt] **I.** a **1.** (*P*) *dick, plump, korpulent* || (*T*) *fett* | *fett, fettig, fett–, ölhaltig* || (of coal) *fett, bitumin·ös* || ∼ lime *Fett–, Weißkalk* m || ∼ print ⟨typ⟩ *Fettdruck* m || *klebrig* **2.** *fett; fruchtbar* (∼ lands); *einträglich* (job); *reich* (a ∼ benefice) **3.** ⟨fig⟩ *selbstgefällig, stumpfsinnig* **4. Wendungen:** ∼ chance ⟨Am⟩ „*nette* (= *k–e*) *Aussichten*"; a ∼ lot ⟨sl⟩ *sehr viel*; ⟨mst iron⟩ *herzlich wenig* || (the goose is) as ∼ as butter (..) *sehr fett*; as ∼ as a pig *fett wie e–e Spinatwachtel, kugelrund* || to cut it ∼ *sich aufspielen* || to cut up ∼ *viel Geld hinterlassen* || ⟨Am⟩ ∼ nerve *dreiste Stirn* f: you have a ∼ n.! *du bist ja garnicht bange!* **5.** [in comp] ∼-brained, ∼-headed, ∼-witted *dumm, dickköpfig* || ∼-head *Dummkopf* m **II.** s **1.** *Fett* n || ∼s [pl] ⟨chem⟩ *einfache Fette*; *Glyzerin\ester* pl; vegetable ∼ *Pflanzenfett* n **2.** ⟨fig⟩ *Fett, Beste* n; ⟨theat⟩ *effektvolle Rolle* f **3.** to live on (⟨Am⟩ off) the ∼ of the land *üppig, wie Gott in Frankreich, herrlich u in Freuden leben* || then the ∼ would be in the fire *das hieße Öl ins Feuer gießen, dann wäre der Teufel los* || (all) the ∼ is in the fire *der Karren steckt im Dreck* **4.** [attr] *Fett–*; ∼ content *–gehalt* m; ∼ formation *–bildung* f **III.** vt/i || (a to ∼ up) *fett m, mästen* || to kill the ∼ted calf for a p *jdn mit Freuden aufnehmen* | vi *fett w*

fatal ['feitl] a (∼ly [–təli] adv) *schicksalmäßig, Schicksals–*; *unvermeidlich*; the ∼ sisters [pl] *die Parzen* pl; the ∼ thread *der Lebensfaden, die Lebensspanne* f || *schicksalsvoll; –schwer* | *unheilvoll, verderblich, gefährlich, verhängnisvoll* (to *f*) || *tödlich* ∼ism ['feitəlizm] s *Fatal·ismus* m; *Schicksalsglaube* m ∼ist ['feitəlist] **1.** s *Fatalist* m **2.** a = fatalistic ∼istic [.feitə'listik] a (∼ally adv) *fatalistisch, schicksalsmäßig* ∼ity [fə'tæliti] s *Schicksal, Verhängnis* n || *unglückbringende Eigenschaft* f, *gefährlicher Einfluß* m || *Unglück* n; *Todesfall* m || *tödlich Verunglückter*, ⟨mot⟩ *Verkehrstoter* m || number of –ities (*Verkehrs-*) *Totenzahl* f | case ∼ rate ⟨stat⟩ *Lätalitätsziffer* f ∼ize ['feitəlaiz] vi/t || *z Fatalismus neigen* | vt (*etw*) *vom Schicksal abhängig m*

fata morgana ['fɑ:tə mɔ:'gɑ:nə] s It *Luftspiegelung* f

fate [feit] **1.** s *Schicksal* n, *die Schicksalsmacht* f || *Schicksalsgöttin* f, the Fates *die Parzen* f pl || *Schicksal, Geschick, Los* n (it has often been his ∼ to lose); my ∼ ⟨hum fam⟩ *mein „Verhängnis"* n (*Braut, Bräutigam*) || to decide, seal a p's ∼ *jds Geschick entscheiden, besiegeln*; to go to one's ∼ *s–m Schicksal entgegengehen* || *Verhängnis* n, *Untergang* m, *Verderben* n | [attr] *Schicksals–*; ∼-line *–linie* f (*in der Hand*) **2.** vt [mst pass] to be ∼d *vom Schicksal verhängt, bestimmt s* (to do; that) | ∼d ['∼id] a *vom Schicksal bestimmt* || *dem Sch. verfallen, dem Verderben geweiht* ∼ful ['∼ful] a (∼ly adv) *schicksalhaft, Schicksals–*; *prophetisch* || *schicksalsschwer, entscheidend* || *verhängnisvoll* ∼fulness ['∼fulnis] s *das Schicksalsvolle* || *das Verhängnisvolle* n

father ['fɑ:ðə] **I.** s **1.** *Vater* m; *Stiefvater*; (a adoptive ∼) *Pflegevater* m; (a ∼-in-law) *Schwiegervater* | *Vorfahr, Stammvater* m || ⌀'s Day ⟨Am⟩ *Vatertag* m (*3. Sonntag im Juni*) || ⟨fig fam⟩ the ∼ of a .. *e–e gehörige* (*Tracht Prügel*); ∼'s brother ⟨hum fam⟩ *Pfandleiher* m **2.** ⟨übtr⟩ *Urheber* m (the ∼ of English poetry); the ⌀ of lies *der Teufel* m | *Gründer, erster Lehrer* m (the ⌀s of the Church *die Kirchenväter*) || *religiöser Lehrer* m **3.** *Gott, der Vater* (Almighty ⌀) **4.** ⟨ec⟩ *Pater, Vater* m; The Most Reverend ⌀ in God *form. Titel f Erzbischof der C. E.*; The Holy ⌀ *der Heilige V.* (*Papst*) | *ein ehrfurchteinflößendes Wesen* n (⌀ Christmas *der Weihnachtsmann* m ⟨fam a fig⟩; ⌀ Time) **5.** (*dienst*)*ältestes Mitglied* n; the ∼s [pl] *die Ältesten* (the City ⌀s) **6. Wendungen:** from ∼ to son *v Geschlecht z Geschlecht* || like ∼, like son *der Apfel fällt nicht weit vom Stamme* || to be gathered to one's ∼s *z s–n Vätern versammelt w* (*sterben*); to sleep with one's ∼s *tot sein*; the child is ∼ to the man *aus Kindern w Leute* || the wish is ∼ to the thought *der Wunsch ist der Vater des Gedankens* **7.** [attr] *Vater–* (∼-right; ∼-rule) **8.** [in comp] ∼-in-law [pl ∼s-in-law] *Schwiegervater* m **II.** vt *Vater w v; zeugen* || ⟨fig⟩ *hervorrufen, ins Leben rufen* || *adoptieren* | *sich als Vater ausgeben* or *bekennen* || *sich als Urheber* (*e–r S*) *bekennen; verantwortlich s f* || *väterlich betreuen* | to ∼ a child on, upon a p *jdm ein Kind zuschreiben*; (he asked her) to ∼ the child upon the gardener (..) *den Gärtner als Vater anzugeben*; ⟨fig⟩ to ∼ on a p *jdm zuschreiben* (a book) ∼hood [∼hud] s *Vaterschaft* f; *Verhältnis* n *v Vater z Kind*; ⟨a fig⟩ ∼land [∼lænd] s *Vaterland* n, the ⌀ *Deutschland* n ∼less [∼lis] a *vaterlos* ∼lessness [∼lisnis] *Vaterlosigkeit* f ∼like [∼laik] **1.** a *väterlich* **2.** adv *wie ein Vater* ∼liness [∼linis] s *Väterlichkeit* f ∼ly [∼li] **1.** a *väterlich* (with *gegen*) **2.** adv *in väterlicher Art* ∼ship [∼ʃip] s *Vaterschaft* f ⟨a fig⟩

fathom ['fæðəm] **1.** s [pl *nach Zahlen oft* ∼; six ∼] *Faden, Klafter* m (*Längen– u Tiefenmaß = 6 Fuß = 1,83 m*) || *Klafter* m (*Raummaß f Holz = sechs Quadratfuß im Durchschnitt*) || [attr] ∼-line ⟨mar⟩ *Lot–, Senkleine* f || ∼-wood *Klafterholz* n **2.** vt *mit dem Faden messen; sondieren* || ⟨fig⟩ *erforschen, ergründen; eindringen in* ∼eter [fæ'ðɔmitə] s *Tiefenmesser* m ∼less [∼lis] a *unergründlich*

fatidical [fə'tidikəl] a *mit prophetischer Kraft begabt*

fatigue [fə'ti:g] **1.** s *Ermüdung, Ermattung* f || ∼ of material *Werkstoffermüdung* f || *nervous* ∼ ⟨biol⟩ *Ermüdung* f || *Strap·aze, schwere Arbeit* f || ⟨mil⟩ (a ∼-duty) *Extra–, Arbeitsdienst* m (on ∼) || ∼s [pl] *Arbeitsanzug* m | [attr] ∼-detail = *party* || *Ermüdungs–* (∼ products *–stoffe*) || ∼-dress ⟨mil⟩ *Arbeitsanzug* m || ∼ failure ⟨tech⟩ *Ermüdungsbruch* m; ∼ life *–festigkeit* f || ∼ limit *Dauer–, Schwingungsfestigkeit* f; ∼ load *Dauer(schwing)beanspruchung* f; ∼ meter *Materialermüdungsmesser* m; || ∼-party *Arbeitskommando* n || ⟨tech⟩ ∼ impact test *Dauerschlagversuch* m; ∼ test *Dauerprüfung*; ∼-proof *ermüdungsfrei* **2.** vt/i *ermüden; schwächen* || ∼d driver *übermüdeter Fahrer* m | vi ⟨tech⟩ *altern, ermüden* ∼less [∼lis] a *nicht z ermüden*(d); *unermüdlich* ∼uing [fə'ti:giŋ] a (∼ly adv) *ermüdend, mühsam*

fatless ['fætlis] a *ohne Fett; mager* (meat) –ling ['fætliŋ] s *das junge Masttier* m –ly ['fætli] adv *in reichem Maße* || *unbeholfen, plump* –ness ['fætnis] s (*P*) *Dicke, Beleibtheit* f || (*T*) *Fettheit* f

fatten ['fætn] vt/i || *mästen*; to ∼ o.s. on *sich mästen v* || *düngen* | vi *fett w; sich mästen* (on *v*); ⟨fig⟩ *sich bereichern* (on *an*)

fattiness ['fætinis] s *Fettheit, Fettigkeit* f –ish ['fætiʃ] a *ziemlich fett* or *dick* –y ['fæti] **1.** a *fettig, Fett–* || ∼ degeneration ⟨med⟩ *Verfettung* f || ∼ heart *Fettherz* n, *Herzverfettung* f **2.** s ⟨fam⟩ *dicke P*; [mst im Vok.] *Dickchen* n, *Dicky* f & m

fatuitous [fə'tjuitəs] a = fatuous –ity [fə'tjuiti] s *plumpe Albernheit, Einfältigkeit* f, *Dummheit* f

fatuous ['fætjuəs] a (∼ly adv) *schwachköpfig; albern, einfältig, dumm; sinnlos* ∼ness [∼nis] s = fatuity

faubourg ['foubuəg] s Fr *Vorort* m
faucal ['fɔːkəl] a *Rachen-, Kehl-* **—ces** ['fɔːsiːz] s L pl ⟨anat⟩ *Rachen, Schlund* m, *Rachenhöhle* f
faucet ['fɔːsit] s ⟨dial & Am⟩ *Zapfen, Hahn* m (*an Fässern*); *Wasserhahn* m
faugh [fɔː] intj *pfui!* °*pfui Teufel!*
fault [fɔːlt] **I.** s **1.** *Fehler* m; *Defekt* m; *if there was a* ~ *with* (..) *wenn etw auszusetzen war an* .. (*so* ..) || *Fehltritt* m; *Vergehen, Versehen* n || ⟨ten⟩ (*falsch gegebener Ball*) „*Fehler*" m | *Schuld* f; *the* ~ *was mine, it was my* ~ *ich war schuld, es war m—e Sch.*; *whose* ~ *is it? wessen Sch. ist es? wen trifft die Sch.?*; *the* ~ *is od lies with him die Sch. liegt an or bei ihm* | ⟨hunt⟩ *verlorene Spur* f || ⟨geol⟩ *Verwerfung* f || ⟨telph⟩ *unvollkommene Isolierung* f **2.** *Wendungen*: *at* ~ *auf falscher Fährte; in Verlegenheit; I am at* ~ *in not sending es ist nicht recht v mir, nicht geschickt z h* || *not from my* ~ *nicht durch m—e Schuld* || *in* ~ *schuldig* (*he is in* ~); *z tadeln, im Unrecht* || *to a* ~ *bis z Übermaß; generous to a* ~ *allzu freigebig* | *to commit a* ~ *e—n Fehler m, sich versehen, e—n Fehltritt begehen* || *to find* ~ *mißbilligen, tadeln, kritteln, nörgeln; to find* ~ *with auszusetzen h or finden an; I have no* ~ *to find with him ich habe an ihm nichts auszusetzen* **3.** [attr & comp] ~-*block depression* ⟨geol⟩ *Grabenbruch* m || ~-*finder Tadler, Nörgler* m; ⟨tech⟩ *Leitungsprüfer* m || ~-*finding tadelnd, krittelnd, nörgelnd* || ~ *line* ⟨geol⟩ *Bruchlinie* f || ~ *localization* ⟨tech⟩ *Fehlerbegrenzung* f || *truncated* ~ *rock* ⟨geol⟩ *Rumpfscholle* f || ~ *scrap* ⟨geol⟩ *Bruchfront* f || ~ *trough* ⟨geol⟩ *Graben* m **II.** vt ⟨geol⟩ *e—e Verwerfung verursachen in; verwerfen* ~**iness** ['~inis] s *Fehlerhaftigkeit* f; *Schuld* f ~**less** ['~lis] a (~*ly* adv) *fehlerfrei, untadelig* ~**lessness** ['~lisnis] s *Fehler-, Tadellosigkeit* f || ~**sman** ['~smən] s ⟨telph⟩ *Störungssucher* m ~**y** ['~i] a (~*tily* adv) *fehlerhaft, mangelhaft; unvollkommen, schlecht; tadelnswert* || ~ *dimension Maßfehler* m || ~ *exposure* ⟨phot⟩ *Fehlbelichtung* f

faun [fɔːn] s ⟨myth⟩ *Faun* m
fauna ['fɔːnə] s L [pl —ae] *Fauna, Tierwelt* f | *zoologische Abhandlung* f || *rich* ~*ed mit e—r reichen F.* ~**nal** ['fɔːnəl] a *Fauna-, Tierwelt—nally* ['fɔːnəli] adv *in bezug auf die F.* ~**nist** ['fɔːnist] s *Tierkundler, —geograph* m ~**nistic** [fɔːˈnistik] a *Fauna-; tiergeographisch*
fauteuil ['foutəːi] s Fr *Lehnsessel* m || ⟨theat⟩ *Sperrsitz* m
faux pas ['fou pɑː] s Fr *Taktlosigkeit* f; *Mißgriff* m || *Fehltritt* m
favour, ⟨Am⟩ **favor** ['feivə] **I.** s **1.** *Gunst* f, *Wohlwollen* n (*with* ~) || *Hilfe; Unterstützung* f, *Schutz* m **2.** *Gefälligkeit* f (*I should esteem it a* ~); *Gefallen* m (*do me the* ~ *of answering*) || *Gunstbezeigung* f; *your* ~ *of* .. *Ihr Schreiben vom* ..; *the* ~*s die Gunst, Liebe seitens e—r Frau; the last* ~ *intimer Verkehr* m | *Kotillongeschenk* n || *Bandschleife, Ros'ette* f **3.** *Erlaubnis, Genehmigung* f; *by* ~ *of mit gütiger G. v* **4.** *Bevorzugung, Begünstigung* f || *Vorteil* m; *a balance in your* ~ *ein Saldo m z Ihren Gunsten* **5.** † *Aussehen; Gesicht* n **6.** *Wendungen*: **by** ~ *of begünstigt durch*; (*auf e—m Brief*) *überreicht v* || *in my* ~ *z m—n Gunsten* || *to be in* ~ *of f (etw, jdn)* s || *to be high in a p's* ~ *in jds bes. Gunst stehen, bei jdm sehr gut angeschrieben* s || **under** ~ *of night unter dem Schutze der Nacht* | *to ask a* ~ *of a p od ask a p a* ~ *v jdm e—e Gefälligkeit erbitten, jdn um e—n Gefallen bitten* || (*of a woman*) *to bestow one's* ~*s on a p jdm s—e Neigung, Liebe schenken* || *to curry* ~ *with a p jdm schmeicheln, sich bei jdm einschmeicheln* || *to fall out of* ~ *in Ungnade fallen* || *to find* ~ *with a p od in the eyes of a p bei jdm Gunst or Gnade finden*

|| *give me the* ~ *of your name darf ich um Ihren Namen bitten* || *to grant a* ~ *e—e Gunst gewähren* || *to look with* ~ *on a p jdn mit Wohlwollen betrachten* || *to plead in a p's* ~ *f jdn eintreten* || *I have received your* ~ *of the* 10th *inst. ich habe Ihr geehrtes Schreiben vom 10. d. Mts. erhalten* || *to* **request** *the* ~ *of a p's company sich beehren jdn einzuladen* || *the* ~ *of an early answer is requested um gefällige baldige Antwort wird gebeten* || (*of events*) *to* **turn** *in a p's* ~ *sich z jds Gunsten wenden* **II.** vt **1.** (*etw*) *begünstigen*; (*e—r S*) *geneigt s*; (*Mode*) *gerne tragen*; *to* ~ *doing geneigt s, f günstig halten z tun* | (*jdn*) *beehren* (*with*); *will you* ~ *us with a song wollen Sie uns die Ehre geben, ein Lied z singen? may I be* ~*ed with an answer? darf ich um e—e Antwort bitten?* **2.** *unterstützen* || *bevorzugen* (*a th before the other etw vor der anderen S*) **3.** (*S*) (*e—e Ansicht etc*) *bestätigen, bekräftigen; hinweisen auf, anzeigen* (*to* ~ *rain*) **4.** *begünstigen, erleichtern* || ⟨fam⟩ *schonen* (*one's off-leg*) **5.** ⟨fam⟩ *to* ~ *a p jdm im Aussehen gleichen, ähnlich sehen* ~**able** [~rəbl] a (~*bly* adv) *freundlich, gewogen* (*to a p jdm*); *gefällig* || *vorteilhaft, günstig* (*to, for f*); *vielversprechend* (*a* ~ *aspect*) | *passend, gelegen* ~**ableness** [~rəblnis] s *Gunst* f (*the* ~ *of the weather*) ~**ed** [~d] a *begünstigt; highly* ~ *in hohem Grade begünstigt* (*of v*); *most-* ~ *meistbegünstigt; most-* ~ *nation clause Meistbegünstigungsklausel* f [*in* comp] *ein* .. *Aussehen habend; ill-* ~ *häßlich; well-* ~ *wohlgestaltet, hübsch* ~**ing** [~riŋ] a *günstig*

favourite, ⟨Am⟩ **favorite** ['feivərit] **1.** s *Günstling* m (*at court*) || *Liebling* m; *he was his* ~ *er war ihm der liebste; to be the* ~ *of od with a p bei jdm in bes Gunst stehen; she was the* ~ *of the village sie war bei jedermann im Dorfe beliebt* || ⟨racing⟩ *the* ~ *der Favorit, der mutmaßliche Sieger* **2.** a *begünstigt, Lieblings—* (*my* ~ *poet*) ~**itism** ['feivəritizm] s *Günstlingswesen* n, *Günstlingswirtschaft* f
favus ['feivəs] s L *Grind* m, *Pustelflechte* f (*der Kopfhaut*)
fawn [fɔːn] **1.** s ⟨zoo⟩ *Rehkalb, weibl. Rehkitz* n *im ersten Jahre, Damkitz* n; *in* ~ *trächtig* | (*a* ~-*colour*) (*hellbraune*) *Rehfarbe* f **2.** a *hellbraun* **3.** vt/i | (*Rehkalb*) *setzen, werfen* | vi *Junge werfen*
fawn [fɔːn] vi (*of dogs*) *schwänzeln, schweifwedeln; sich anschmeicheln* (*on, upon a p bei jdm*) || ⟨übtr⟩ (*P*) *kriechen* (*on, upon a p vor jdm*) ~**ing** ['~iŋ] a (~*ly* adv) *sich anschmeichelnd* || *schmeichlerisch, kriecherisch*
fay [fei] s *Fee, Elfe* f ⟨a übtr⟩
fay [fei] vt/i ⟨tech⟩ *gut zus—passen*
faze [feiz] vt ⟨Am fam⟩ *beunruhigen, stören*
fealty ['fiːəlti] s ⟨jur⟩ *Lehnstreue* f; *to swear* ~ *to a p jdm L. schwören* || ⟨fig⟩ *Treue* f (*to z*); *Anhänglichkeit* f (*to an*)
fear [fiə] **I.** s **1.** *Furcht, Angst* f (*of vor*; *that; lest daß,* .. *he might come*; *A, er könne k*); *for* ~ *of aus Furcht vor* || *Ehrfurcht* f (*of God vor Gott*) | *Besorgnis* f; *Angst, Sorge* f (*für um*), ~**s** [pl] *Befürchtungen* f pl | *z befürchtende Gefahr or Wahrscheinlichkeit* f; *there is no* ~ *of it das ist nicht zu befürchten;* .. *no* ~ *of his doing* .. *es ist nicht z b., daß er tut* || *for* ~ *of* .. *da* .. *z befürchten ist or sind; for* ~ *of accidents da Unfälle z befürchten sind, um U. z verhüten; for* ~ *of meeting him um ihn nicht z treffen* **2.** *Wendungen*: *no* ~ *k—e Bange*; ⟨fam⟩ *auf k—n Fall* || *deadly* ~ *Todesangst* f, *gr Angst*; *in* ~ *of death Furcht vor dem Tode, Todesangst* || *from, out of, through* ~ *aus Angst* || *to be in* ~ *of a p sich vor jdm fürchten* || *to go in* ~ *of one's life in ständiger Todesangst leben* **II.** vi/t **A.** vi *Furcht h, sich fürchten; never* ~*! seien Sie unbesorgt!* °*nur k—e Angst!* || *sich fürchten* (*to do*) || *e—e*

unangenehme Ahnung h, (be)fürchten (that *daß*);
I ~ you might catch a cold *ich fürchte, Sie
könnten sich erkälten*; you need not ~ but *od*
but that *du brauchst nicht z befürchten, daß* .. |
fürchten, Besorgnis hegen (for *um*), we ~ed for
his recovery *wir waren besorgt um s–e Genesung*
B. vt *(jdn) fürchten, scheuen* || *Ehrfurcht h vor*
(to ~ God) || *sich fürchten, Angst h vor* (he ~s
no man) | *(etw) befürchten*; he ~s falling *er hat
Angst z fallen* | († refl) I ~ me *ich fürchte, ~**ful**
['~ful] a (~ly adv) *furchtsam, sich fürchtend*
(of a th *vor etw*; to do; that *od* lest); to be ~ *sich
fürchten* || *ehrfürchtig* | *furchtbar, fürchterlich,
schrecklich* [*oft rein intensiv*] (a ~ mess)
~**fulness** ['~fulnis] s *Furchtsamkeit, Ängstlich-
keit* f | *Furchtbarkeit, Schrecklichkeit* f ~**less**
['~lis] a (~ly adv) *furchtlos, unerschrocken*
~**lessness** ['~lisnis] s *Furchtlosigkeit* f ~**nought**
['~nɔ:t] s *dicker wollener Schutzstoff, Schutz-
rock* m ~**some** ['~səm] a (~ly adv) *schrecklich,
furchtbar*

feasibility [,fi:zə'biliti] s *Durchführbarkeit,
Möglichkeit* f || ~ test *Verwendungstest* m
feasible ['fi:zəbl] a (–bly adv) *aus–, durch-
führbar*; *möglich z tun*; *tunlich* || *leicht* or *bequem
z handhaben(d), passend* || *möglich*; *wahrschein-
lich* ~**ness** [~nis] s = feasibility
feast [fi:st] **1.** s *kirchl. Fest* (movable, im-
movable ~s) | *K irmes* f | *Öffentl. Fest. Festmahl* n |
Gastmahl n (to have a ~ *ein G. abhalten*); the ⁓
of Herod *das G. des H.*; *Schmaus* m || ⟨fig⟩
Leckerbissen, hoher Genuß m **2.** vi/t || *schmausen,
schlemmen* || ⟨fig⟩ *sich ergötzen, sich weiden* (on
an) | vt *(jdn) festlich bewirten* || ⟨fig⟩ *ergötzen,
unterhalten*, to ~ one's eyes on *s–e Augen
weiden an*
feat [fi:t] s *(Groß-)Tat, Heldentat* f; ~ of
arms *Waffentat* f || *Kraft–, Kunststück* n ||
⟨tech⟩ *Leistung* f; an engineering ~ *e–e (bedeutende) technische L.*
feat [fi:t] s (⟨fam⟩ abbr) = feature *Sonder-
meldung* f (*in e–r Zeitung*)
feat [fi:t] a (~ly adv) † *gewandt, flink, geschickt*
feather ['feðə] **I. s 1.** *Feder* f; ~s [pl] *Ge-
fieder* n; live ~ *Feder* f v *e–m lebendigen Vogel* |
⟨übtr⟩ [koll] *Gefieder* n, ⟨fig⟩ *Anzug, Staat* m;
in high *od* full ~ *in gehobener, guter Stimmung*,
°*in voller Kriegsbemalung* || *Vogelart* f, ⟨fig⟩
Art f, *Schlag* m || *Federvieh* n; *fur* & ~ *Wild u
Federwild* **2.** *(Pfeil-)Feder* | *Hutfeder* f; a ~ in
a p's cap *Ehre, Auszeichnung* f; that is a ~ in his
cap *darauf kann er sich etw einbilden* | *Leichtig-
keit* f (I could have done it with a ~ .. *mit dem
kl Finger*); light as a ~ *federleicht* **3.** *e–r Feder
ähnlicher Gegenstand: hochstehender Haar-
büschel* m; ~ of smoke *Rauchfahne* f || *Stirn-
haare* pl (*e–s Pferdes*) || *schaumiger Kamm* (*e–r
Welle*) | ⟨tech⟩ *Feder* f || *Band, Strebeband* n **4.**
⟨rowing⟩ *Federn* n **5. Wendungen:** birds of a ~
flock together *gleich u gleich gesellt sich gern* |
fine ~s make fine birds *Kleider m Leute* || to
crop a p's ~s *jdn demütigen* || to show the
white ~ *(feige) kneifen, das Hasenpanier ergreifen* **6.** [attr & comp] ~-bed *Federbett* n;
to ~-b. [vt] ⟨fam⟩ *mit Glacéhandschuhen anfassen*; ~-bedding ⟨pol⟩ *Futterkrippenwirtschaft*
f || ~-brush, ~-duster *Flederwisch, –besen* m ||
~-edge *zugeschärfte Kante* f (*e–s Brettes*);
~-edged ⟨tech⟩ *keilförmig geschärft* || ~-grass
⟨bot⟩ *Federgras* n || ~-head *Dummkopf* m; ~-
headed, ~-brained, ~-pated *dumm* || ~-stitch
⟨embr⟩ **1.** s *Hexenstich* m **2.** vt *im Zickzack
nähen* || ~-weight *federleichter Gegenstand* m;
⟨racing⟩ *leichtestes Gewicht* n; ⟨box⟩ *Feder-
gewicht* n (*nicht über 114 Pfd.*; engl 126 lbs)
II. vt/i 1. vt *mit Federn füllen, versehen* or
schmücken ⟨a übtr⟩ || *befiedern, mit Federn be-*

decken || *(Vogel) anschießen, so daß er Federn
verliert* | to ~ one's nest ⟨fig⟩ *sein Schäfchen ins
Trockene bringen* || to ~ the oars *die Ruder,
Riemen flach drehen*; *abscheren* | ~ed *auf Segel-
stellung gefahren* (air screw) **2.** vi *federn*; *sich
federnd, zitternd, unruhig bewegen* | *Ruder flach
drehen* | ~**ed** [~d] a *be–, gefiedert*; the ~ tribes
[pl] *die Vogelwelt* f ~**iness** [~rinis] s *reiche Be-
fiederung* f || *Federartigkeit* f || *Leichtigkeit, Un-
beständigkeit* f ~**ing** [~riŋ] s *Befiedern* n || *Be-
fiederung* f, *Gefieder* n ⟨a übtr⟩ ~s [pl] *Spitzen*
f pl *e–r Maßwerkverzierung* ~**less** [~lis] a *un-
befiedert, nackt* ~**let** [~lit] s *kl Feder* f | ~**y**
[~ri] a *gefiedert* || *federartig* || *federleicht*;
~*weich*
feature ['fi:tʃə] **1.** s [*mst* pl ~s] *Gesichts-
bildung* f, *–zug, Zug* m, → turned-up | (S)
Grundzug m, *Merkmal, Charakteristikum* n
(internal ~ *inneres M.*; characteristic ~
charakteristisches M.) || *wichtiger (Bestand-)
Teil, Punkt* m || to make ~ of doing *sich ange-
legen s l, sich bes hervortun z tun* || ⟨Am *a*⟩
Hauptfilm; *Reißer* m (in *e–r Zeitung*) ~s [pl]
⟨film⟩ *Spiel–, Hauptfilm* m; *Filmkunst, –epik* f;
⟨tech⟩ *Konstruktionen* f, *Teile* m pl | ~-film
Charakter–, Spielfilm m (*in dem berühmter
Schauspieler auftritt*); ⟨Am *a*⟩ *Hauptfilm* || ~
programme ⟨wir⟩ *Hörfolge* f | ~s editor *Redak-
teur m des Unterhaltungsteils* **2.** vt (*etw, jdn*)
kennzeichnen; *bezeichnend s f* || *die Hauptzüge
(jds, e–r S) schildern*; *charakterisieren* | *an-
ziehend ausstellen, z Schau stellen, großartig auf-
ziehen* || ⟨Am⟩ (*jdn*) *im Film darstellen, zeigen,
in der Hauptrolle aufweisen*; a film, ~ring N. N.
ein Film mit N. N. in der Hauptrolle || (*Ereignis*)
filmdramatisch aufmachen | ~**d** [~d] a: hard-~
mit harten Gesichtszügen | ill-~ *häßlich* ~**less**
[~lis] a *ohne bestimmte Züge*; *uninteressant*
~**tte** [fi:tʃə'ret] s *Neben–, Kurzfilm* m
feaze [fi:z] ⟨Am⟩ **1.** vt *beunruhigen* **2.** vi
sich b.
febrifugal [fe'brifju:gl] a *fiebermildernd,
–vertreibend* ~**fuge** ['febrifju:dʒ] s ⟨med⟩ *Fieber-
mittel* n ~**le** ['fi:brail] a *Fieber–* (~ patient, ~
state); *fiebernd*; *fieberhaft*
February ['februəri] s *Februar* m (in ~ *im F.*)
feces ['fi:si:z] s ⟨Am⟩ = faeces
fecit ['fi:sit] L [3. sg perf] (*hinter Namen des
Künstlers*) *hat es* (sc. *das Bild*) *gemacht* (N. N. ~)
feck [fek] s ⟨Scot⟩ *Wirksamkeit*; *Kraft* f || *gr
Menge* f ~**less** ['~lis] a (~ly adv) *ohne Wirkung*;
wertlos || *schwach*; *hilflos, unfähig* || (*bes in
Geldsachen*) *unbedacht, unbesorgt, –sonnen,
leichtsinnig, –fertig*
fecula ['fekjulə] s L ⟨chem⟩ *Satz–, Stärke-
mehl* n ~**lence** [~ns] s *das Schlammige, Trübe* n ||
Bodensatz m, *Hefe* f || *Schmutz* ⟨a fig⟩ ~**lent**
[~nt] a *hefig, trübe* || *schmutzig*; ⟨fig⟩ *gemein*
fecund ['fekənd] a *fruchtbar*; ⟨*mst* fig⟩ *pro-
duktiv, schöpferisch* || ⟨biol⟩ *potent* ~**ability** [fi-
,kʌndə'biliti] s *Empfängniswahrscheinlichkeit* f |
~**ate** ['fi:kʌndeit] vt *befruchten*; *fruchtbar m*
~**ation** [,fi:kʌn'deifən] s *Befruchtung* f ~**ity**
[fi'kʌnditi] s *Fruchtbarkeit* f || *Produktivität* f ||
befruchtende Kraft, Potenz f

fed [fed] pret & pp v to feed || well-~ *wohl-
genährt* || ~ up ⟨fam⟩ *gelangweilt, überdrüssig*
(with *v*); I'm ~ up with it °*es hängt mir z Hals
raus*
federacy ['fedərəsi] s *Staatenbund* m
federal ['fedərəl] **1.** a ⟨pol⟩ *föderativ,
Bundes–*; ⟨Am⟩ *National–*; ⁓ Reserve Bank
–reservebank | ⁓ German Armed Forces
(*Deutsche*) *Bundeswehr* f || ⁓ Government
Bundesregierung f | ⁓ Republic ⟨Ger⟩ *–republik*
f; ⁓ Central Bank *Bundesbank* f, *Bank Deutscher
Länder*; ⁓ Council *–rat* m; ⁓ Court *–gericht* n;
~ state *–staat* m; ⁓ Lower House *–tag* m;

⁀ Upper House –*rat* m; ⁀ Minister for Atomic Affairs *od* Energy *Bundesminister f Atomfragen* | ~ specification *US-Spezifikation* f || ~ state –*staat*; *bundesstaatlich*, –*mäßig* || ⟨Am hist⟩ *föderalistisch, die Zentralregierung or Unionsgewalt begünstigend*; (*im amerik. Bürgerkrieg* 1861–65) *z nördlichen Partei gehörig* **2.** s ⟨Am⟩ *der Föderalist* m **~ism** [~izm] s *Föderalismus* m **~ist** [~ist] s *Föderalist* m; ⟨Am⟩ *Mitglied der nördl. Staaten* (→ federal) **~ize** [~aiz] vt ⟨pol⟩ (*Staaten*) *z e–m Bunde vereinigen; verbünden*

federate 1. ['fedərit] a *z e–m Bunde vereint; Bundes–, verbündet* **2.** ['fedəreit] vt/i || *z e–m Bunde vereinigen* | vi *sich verbünden* **–ation** [ˌfedə'reiʃən] s ⟨pol⟩ *Vereinigung v Staaten z e–m Bund* | *Vereinigung, Bund, Bund* m, *Bündnis* n **–ative** ['fedərətiv] a (~ly adv) *föderativ, bundesmäßig*

fee [fi:] **1.** s ⟨hist⟩ *Lehen* n; *Lehns–, Erbgut; estate in* ~-*tail begrenztes, eingeschränktes Lehen; estate in* ~ *simple Eigengut* n; *to hold in* ~ *simple od in* ~ *als volles Eigen besitzen* || ~-farm *Erbzinsgut* n | *Lohn* m, *Belohnung, Bezahlung* f | *Remuneration, Vergütung* f, *Honorar* n (*to charge a* ~ *for*) || *Gebühr* f | *Aufnahmegebühr* f, *Eintrittsgeld* n (*at a* ~ *of z e–m E. von*) || [*oft pl* ~s] *Schulgeld* n | *Trinkgeld* n **2.** vt *bezahlen* || *honorieren* | ⟨fam⟩ (*jdn*) *ein Trinkgeld geben*, (*jdn*) °*schmieren* | **~d** [~d] a *bezahlt, honoriert*

feeble ['fi:bl] a (–bly adv) (*physisch*) *sehr schwach, kraftlos* || (*moral. u geistig*) *schwach* || *schwach* (*pulse*); *undeutlich; leise; unbedeutend,* ~ *jokes billige Witze* | ~-minded *schwachsinnig* || ~-mindedness *Schwachsinn* m **~ness** [~nis] s *Schwäche* f

feebling ['fi:bliŋ] s *Schwächling* m

feed [fi:d] **1.** vt/i [fed/fed] **A.** vt **1.** *mit Nahrung versehen; to* ~ *a cold tüchtig essen, wenn man erkältet ist* || (*jdn*) *füttern, nähren;* (*jdm*) *z essen geben; he cannot* ~ *himself er kann sich nicht selbst nähren* (*braucht Hilfe*) || (*Tiere*) *füttern* (*on, with mit*); *mästen; weiden* | || (*Menschen*) *ernähren* (*on v*) || *als Nahrung dienen f* || *to* ~ *the fishes Neptun* [dat] *opfern* (*seekrank s*); *ertrinken* **2.** (*Gras etc*) *als Nahrung geben, z fressen geben* (*to cattle dem Vieh*) || *to* ~ *the eyes on das Auge weiden an; to* ~ *a p jd* (*ver*)*trösten* (*with*) **3.** ⟨fig⟩ (*e–m Gefühl*) *Nahrung geben;* (*etw*) *nähren; befriedigen* | *versorgen mit, unterhalten* (*to* ~ *the fire*) || ⟨theat sl⟩ (*jem*) *gute Stichwörter zuspielen* || ⟨ftb⟩ (*jdm*) *zuspielen* || ⟨tech⟩ *speisen, beschicken, schalten;* ⟨phot⟩ (*Rollfilm*) *transportieren* **4.** [*mit adv*] *to* ~ **down** *od* **off** (*Land*) *abweiden l, abfressen l* || *to* ~ *in* ⟨rec etc⟩ (*Band etc*) *einlegen* || *to* ~ *off* (*Vieh*) *aufmästen* (*z Verkauf*) || *to* ~ **up** *kräftig ernähren; mästen; übersättigen* → fed **B.** vi (*P*) ⟨fam⟩ *essen* (*to* ~ *at the high table*); *to* ~ *out of a p's hand* ⟨fig⟩ *jdm aus der Hand fressen* (*gefügig s*) || ⟨fig⟩ *leben, sich nähren* (*on, upon v*) || (*T*) *fressen; weiden* || ⟨phot⟩ *transportieren* **II. s 1.** *Füttern* n, *to be off one* ~ ⟨fam⟩ *k–n Appetit h* | *Weide* f **2.** ⟨Am⟩ *Nahrung* f; *Futter* m | *Viehfutter* n; *Futterration* f; *a* ~ *of oats e–e Metze* f *Hafer* (*f ein Pferd*) || ⟨fam⟩ *Mahlzeit* f, *Essen* n, *Festessen* n (*he gave them plenty of* ~s); *at* (*one's*) ~ °*beim „Futterschütten"* (*Essen*) | ⟨tech⟩ *Zuführung, Beschickung,* ⟨at⟩ *Einspeisung* f (*Wasser, Kohlen etc*) || ⟨mil⟩ *Ladung* f (*of a gun*) **3.** ⟨theat sl⟩ *jd, der dem anderen gute Stichwörter gibt* **4.** ⟨tech⟩ *Zuführung* f, *Vorschub* m **5.** [attr] *Futter–; Beschickungs–; Zuführungs–; Vorschub–; Ladungs–; Speisungs–;* ~-back *Rückkoppelung* f || ~-cock *Einfüllstutzen* m || ~ belt (*MG-Patronen-*)*Gurt* m || ~ control ⟨tech⟩ *Vorschubschaltung* f || ~ chute ⟨mil⟩ *Munitionszuführung* f || ~ gear *Vorschubgetriebe* n || ~ heater *Dampfvorwärmer*

m || ~ hopper *Schütt–, Fülltrichter* m || ~ line ⟨rail⟩ *Zubringerlinie* f || ~ pipe ⟨tech⟩ *Speiseleitung* f || ~-pump *Speisepumpe* f || ~ press *Stanzautomat* m || ~ pressure ⟨mot⟩ *Förderdruck* m || ~ reel ⟨phot⟩ *Abwickelspule* f || ~-table *Einlagetisch* m || ~-water ⟨tech⟩ *Speisewasser* n | **~er** ['~ə] s **1.** *Fresser; Fütterer; Esser* (*a large, gross* ~); *to be a* ~ *on sich nähren v* || *Nährer, Ernährer* | ⟨Am⟩ *Viehhalter, –mäster* m; *zur Mast verkauftes Rind* **2.** *Saugflasche* (*f Kinder*) f; *Kinderlätzchen* n **3.** *Speisungs–, Beschickungs–, Versorgungsanlage* f (*MG-*)*Zuführer* m || ⟨el⟩ *Speiseleitung* f || ⟨aero⟩ *Zufuhrkanal* || *Nebenfluß* m || ⟨tech⟩ *Speiser, Beschicker etc* | ⟨fig⟩ *Versorgungsapparat* m || ⟨theat⟩ ~ = feed **3. 4.** [attr] ~ control *Schaltsteuerung* f; ~-line ⟨rail⟩ *Verbindungs–, Zubringer–, Nebenbahn, –linie, –strecke* f; *Zweigfluglinie* f **~ing** ['~iŋ] **1.** a *speisend, versorgend; immer stärker werdend* (a ~ *gale*) || *it's* ~ *es ist* (°*z Kotzen*) *langweilig* || ~ *value* ⟨agr⟩ *Futterwert* m **2.** s *Sich-Nähren* n; *Nahrung, Fütterung;* ⟨bib⟩ *Speisung* f (*der 5000*) || ⟨dial⟩ *Weide* f || *Futter* n | [attr] *Futter–* || ~-barley *Futtergerste* f || ~-bottle *Saugflasche* f

fee-faw-fum ['fi:'fɔ:'fʌm] **1.** intj (*um Kinder z schrecken*) *buh! hu!* **2.** s (*Schreck-*)*Schabernack* m

feel [fi:l] **I.** vt/i [felt/felt] **A.** vt **1.** *durch Fühlen erkunden,* (*be*)*fühlen, betasten* (*to* ~ *a p's pulse jdm den P. fühlen*); ⟨übtr⟩ *to* ~ *one's way sich einfühlen in; vorsichtig vorgehen;* .. *one's way back to sich zurückfinden z;* ⟨a fig⟩ (*into a matter*) || ⟨mil⟩ *erkunden* || *to* ~ *one's way to the ground sich an den Boden herantasten* **2.** *durch Fühlen wahrnehmen, fühlen* (I ~ *the heat, etc; felt him to be cold*); I *felt a pain come, coming ich fühlte e–n Schmerz k* || *to* ~ *one's legs, feet sicheren Boden fühlen, ruhig w* **3.** *bewußt erleben, tief empfinden, merken, wahrnehmen; to* ~ *o.s. comfortable sich behaglich fühlen; to* ~ *one's eyes dazzled sich geblendet fühlen; he felt himself a great man er fühlte sich als ein großer Mann* || *erfahren, deutlich spüren; to* ~ *the draught* ⟨fig⟩ *die Unannehmlichkeit z spüren bek; a felt want ein dringendes Erfordernis* **4.** *glauben; halten f;* I ~ *it my duty to tell you ich halte es f m–e Pflicht, dir z sagen; he felt this to be a turning-point in his career er glaubte, daß dies ein Wendepunkt in s–m Leben war; the act was felt to be inexpedient man hielt die Handlung f untunlich* **B.** vi **1.** *mit den Händen etc f., tasten* (*after, for nach; he felt in his pockets for his key*) || *durch F. feststellen* (*if, whether, how*) || *to* ~ *of* ⟨Am⟩ *fühlen an* **2.** *das Gefühl h v, sich bewußt w, sich f.* (I ~ *warm;* .. *indebted to you*); *to* ~ *cold frieren;* .. *quite o.s. again sich wieder ganz wohl fühlen; to* ~ *sure of überzeugt s v; to* ~ *hurt at sich beleidigt fühlen über* || *to* ~ *obliged to make glauben m z müssen* || ⟨Am⟩ *to* ~ *bad, good sich schlecht, wohl fühlen* **3.** *ein gewisses Gefühl h* (I ~ *certain that*); I *felt like sleeping ich hatte Lust z schlafen;* I *felt as if es war mir als wenn* .. **4.** *tief empfinden, sich z Herzen nehmen; Mitleid empfinden, h* (*with mit*); *to* ~ *for a p mit jdm fühlen* **5.** *den Eindruck hervorrufen v* (*the air* ~s *chilly*); *sich anfühlen; velvet* ~s *soft Sammet fühlt sich weich an* || *it* ~s *to me ich habe das Gefühl* (*like wie*) **II.** s *Fühlen, Gefühl* n (*a homely* ~ *ein anheimelndes G.*); ⟨aero sl⟩ ~ *of the stick fliegerisches Gefühl* n, *Einfühlungsvermögen* (*f ein Flugzeug*); *road* ~ *"Straßenkontakt"* m (*des Fahrers*); ~ *of a brake* ⟨mot⟩ *Bremsgefühl* n; *Empfindung* f || *Tastsinn* m, [*nur in*]: *to the* ~ *dem Anfühlen, Gefühl nach; it is soft to the* ~ *es fühlt sich weich an* | **~er** ['~ə] s ⟨zoo⟩ *Fühler* m; *Fühlhorn* n || ⟨mot⟩ *kerb* ~ *Bordsteintaster, Reifenwächter* m || ⟨mil⟩ *Kundschafter* m | ⟨fig⟩

Fühler, to throw out a ~ *e–n Fühler ausstrecken* (to *nach*); *sondieren* || ~*-sword* ⟨hist⟩ *Antennenschwert* n ~**ing** ['~iŋ] **1.** s *Fühlen* n; *Gefühlssinn* m || *Empfindung* f, *Gefühl* n (a ~ *of having ein Gefühl zu h*) | *Rührung, Aufregung* f; the ~ *went high die Erregung ging hoch* | *Feingefühl* n; to arouse (the people's) ~s *die Gemüter erregen*; to hurt a p's ~s *jdm weh tun*; a man of ~ *ein Mann v Gefühl*; good ~ *Feingefühl, Entgegenkommen* n; ill ~ *Unwille* m | *gefühlsmäßige Haltung* or *Meinung* f | ⟨psych⟩ *Gefühl* n | ⟨arts⟩ *ästhetisches Gefühl* n (a ~ for) | [attr] *Gefühls–* (~ tone *–ton*); ~*-life –leben* n **2.** a *fühlend* || *mitfühlend, gefühlvoll* ~**ingly** ['~iŋli] adv *in gefühlvoller Weise*

feet [fi:t] pl *v* foot || the ⤳ ⟨fam⟩ *die „Fußfantristen"* (= *Infanteristen*) m pl

fegs [fegz], † **fecks** [feks] ⟨Scot⟩ intj *fürwahr, m–r Treu!*

feign [fein] vt/i || *erdichten, heucheln* (he ~s *madness;* to *be mad;* that *he is mad*); *sich stellen;* to ~ o.s. mad *sich wahnsinnig stellen, Wahnsinn vortäuschen* | *vorgeben* (a th; to do) | vi *sich verstellen, heucheln* | ~**ed** [~d] a *verstellt, falsch, Schein–, vorgeblich* ~**edly** ['feinidli] adv *z Schein* ~**er** ['~ə] s *Heuchler* m

Feinne [fi:n] s = *Fian(n)*

feint [feint] **1.** s *Verstellung* f; to make a ~ of doing *sich stellen, als ob man tun wollte* || ⟨mil⟩ *Täuschungsmanöver* n, *Scheinangriff* m, *Finte* f; ~ attack *Schein–, Ablenkungsangriff* m **2.** vi ⟨mil⟩ *e–e Finte m* (at, upon, against) **3.** * a *erdichtet, verstellt*

feint [feint] **1.** a ⟨com⟩ (= faint) *undeutlich, schwach* (lines) **2.** adv *undeutlich*

Feis [feʃ, feiʃ] s Ir *Versammlung* f *v Königen, Häuptlingen* || ir. *Sängerwettstreit* m

feldsher ['feldʃə] s ⟨mil⟩ *Feldscher* m

feldspar ['feldspɑ:] ⟨bes Am⟩ = felspar

felicide ['fi:lisaid] s *Tötung* f *v Katzen*

felicific [ˌfi:li'sifik] a *glücklich m–d, beglückend*

felicitate [fi'lisiteit] vt * *glücklich m* | (*jdn*) *beglückwünschen* (on, upon *zu*) –**ation** [fiˌlisi-'teiʃən] s *Glückwunsch* m, *Beglückwünschung* f (on *zu*) | [attr] *Glückwunsch–* –**ous** [fi'lisitəs] a (~ly adv) *glücklich, gut gewählt, treffend* (a ~ illustration) | –**y** [fi'lisiti] s *Glück* m; *Glückseligkeit* f | *glücklicher Gedanke* m (it was a ~ of Cromwell to do) || *gutgewählter, treffender Ausdruck, Einfall* m || *glücklicher Griff* m (with customary ~), *Sicherheit* f

felid ['fi:lid] s *Tier* n *der Familie der Katzen*

feline ['fi:lain] **1.** a *katzenartig; Katzen–* || ⟨fig⟩ *schleichend* **2.** s = felid –**inity** [fi'liniti] s *katzenartige Eigenschaft* f

fell [fel] s *Hügel* m || *Moorland* n (*in Nordengland*)

fell [fel] s (*Tier-*)*Fell* n; (*Tier-*)*Haut* f, *Vlies* n || (*Menschen-*)*Haut* f || *dichtes, wirres Haar*

fell [fel] s ⟨weav⟩ *Webkante* f

fell [fel] a (~y adv) ⟨poet⟩ *grimmig, wild, grausam, unmenschlich;* at one ~ sweep ⟨fam⟩ *auf einen Schlag* (we can do these two jobs ..)

fell [fel] **1.** vt *jdn niederstrecken* || (*Baum*) *fällen;* ⟨for⟩ (*Holz*) *einschlagen* || (*Rand*) *umnähen, einsäumen* **2.** s *Fällen* n; *Menge* f *gefällten Holzes* || *Saum, Einschlag* m | ~**er** ['~ə] s *Holzfäller* m || ⟨sew⟩ *Einnäher, Einschlagapparat* m | ~**ing** ['~iŋ] s ⟨for⟩ *Schlag* m [attr]; clear ~ *Kahlschlag* m || ~ area ⟨for⟩ *Schlag* m (*Kahlfläche*)

fell [fel] pret *v* to fall

fellah ['felə] (pl fellaheen [~hi:n]) s *Fell·ache* m

feller ['felə] s ⟨vulg & *affektiert*⟩ = fellow; young ~-me-lad *junges lockeres Bürschchen* n

fellmonger ['felmʌŋgə] s *Fellhändler*; *–bearbeiter* m

felloe ['felou], **felly** ['feli] s *Radfelge* f | [attr] *Felgen–*

fellow ['felou] **I.** s [*oft* pl ~s] **1.** *Gefährte, Genoß, Kamerad* m (good *od* jolly ~) | *Gegenstück* n, *das andere Stück e–s Paars, das gleiche, ähnliche Wesen* or *Stück* (I have only one glove), I have lost the ~ *ich habe den andern verloren;* he has not his ~ *er hat nicht·seinesgleichen;* to be ~s *zusammengehören* (two shoes that are not ~s) | *Mitmensch* m || *Zeitgenosse* m (he surpassed all his ~s) **2.** *Mitglied* n || ⟨univ⟩ *Stipendi·at* m (*zugewähltes graduiertes Mitglied e–s College im Besitze e–r fellowship*); *Mitglied andrer Körperschaften* (~ *of the Royal Society* [F. R. S.] etc) **3.** *Mensch, Bursche; Kerl, Junge* m; (this ~ *of a barber dieser Kerl v Barbier*) | a ~ *man, eine(r, –s)* (a ~ can't work all day long; let a ~ alone *laß mich in Frieden*) **4.** *Verbindungen:* cunning ~ *schlauer Bursche* m || fine, good ~ *netter Kerl, famoser Mensch* m || poor ~ *armer Kerl* || dear old ~ *altes Haus, alter Junge* || my dear ~ *lieber Freund* | my good ~ *mein lieber Mann* **II.** [attr] [*vor* pl ~] *Mit–, Neben–* || ~*-being* [pl ~*-beings*] *Mitmensch* m || ~*-countryman Landsmann* m || ~*-creature Mitgeschöpf* n || ~*-citizen Mitbürger* m || ~*-feeling Mitgefühl* n || ~*-member of a party Parteigenosse* m || ~*-passenger Mitreisende(r* m) f || ~ *soldier Kamerad* m || ~*-sufferer Leidensgefährte* m, *–tin* f; ⟨pol⟩ *Mitläufer; Gesinnungsgenosse* m ⟨Am *bes*⟩ *des Kommunismus* ~**ship** [~ʃip] **I.** s **1.** [abstr] *Gesellschaft, Gemeinschaft* (with *mit*); *gegenseitige Verbundenheit, Kameradschaft* f; (a good ~) *Kameradschaftlichkeit, Herzensbrüderschaft* f **2.** [konkr] *Körper–, Brüder–, Gesell–, Gemeinschaft* f **3.** ⟨univ⟩ *Würde u Einkommen e–s fellow* (he was elected to a ~ at Trinity College) || *Stipendium* n **II.** ⟨Am rel⟩ vi/t || *z gleichen Sekte gehören* | vt *in e–e S. aufnehmen*

felly ['feli] ~s → felloe

felo de se ['feloudi:'si:] s L ⟨jur⟩ *Selbstmörder* m || *Selbstmord* m

felon ['felən] **1.** a ⟨poet⟩ *böse, verräterisch; grausam, wild* **2.** s *Verräter, Verbrecher; Missetäter* m ~**ious** [fi'lounjəs] a (~ly adv) ⟨poet⟩ *böse, schlecht, schurkisch* || ⟨jur⟩ *verräterisch, verbrecherisch* | ~**ry** ['felənri] s [koll] *Verbrecherchertum* m ~**y** ['feləni] s ⟨jur⟩ *Felonie* f, *Verrat* m (*gegen Lehnsherrn*), *grobe Untreue* f |

felon ['felən] s *Nagelgeschwür* n

felspar ['fel-spɑ:] s ⟨minr⟩ *Feldspat* m –**spathic** [fel'spæθik] a *Feldspat–* –**stone** ['felstən] s ⟨geol⟩ *Feldstein, Fels·it* m

felt [felt] **1.** s *Filz* m || ⟨mil fam⟩ to take ~ *sich den Zylinder kaufen (ausscheiden)* || ~*-hat Filzhut* m || ~ pad *Filzunterlage* f || ~*-roofing Dachpappe* f **2.** vt/i || *filzen, z Filz m, verfilzen* | vi *sich verfilzen* ~**maker** ['~meikə] s *Filzmacher* m; ~**making** ['~meikiŋ] s *Filzmacherei* f |

felt [felt] **1.** pret & pp *v* to feel **2.** a *fühlbar* (want)

felteric ['feltrik] s *Hautkrankheit (der Pferde)* f

felucca [fe'lʌkə] s It ⟨mar⟩ *Fel·uke* f (*kl Küstenfahrzeug mit Lateinsegel*)

female ['fi:meil] **1.** a ⟨biol⟩ *weiblich* || ~ child *Mädchen* n; ~ clerk *Handlungsgehilfin* f; ~ companion *Begleiterin* f; ~ friend *Freundin* f; ~ slave *Sklavin;* ~ student *Studentin* f | *Frauen–* (~ education, ~ labour) | ⟨übtr bot⟩ *fruchttragend | v geringerer Stärke, Farbe* etc (~ sapphire) | ~ screw ⟨tech⟩ *Mutter, Schrauben–* f **2.** s *Weib* n; *Weibchen* n (T) || ⟨vulg⟩

Frau f, *Mädchen* n **~ness** [~nis] s ⟨biol⟩ *weibliche Natur* f

feme [fi:m] s ⟨jur⟩ *Frau* f ‖ ~ *covert* ['fi:m-'kʌvət] (~ *sole un*)*verheiratete F.*, → *discovert*

femic ['femik] a ⟨minr⟩ (*aus* ferro-magnesian) *f emisch*

femicide ['femisaid] s *Frauenmord* m ‖ *–mörder* m

feminality [ˌfemi'næliti], **-neity** [–'ni:iti] s *Weiblichkeit* **-nine** ['feminin] 1. a (~ly adv) *weiblich* ‖ ⟨gram⟩ *weiblich* ‖ ~ *rhyme weibl. Reim* ‖ *Frauen–* (~ voice); ~ *education –erziehung* f; ~ *pursuits* [pl] *–beschäftigungen* ‖ (of men) *weibisch* ‖ *zart, sanft* 2. [s] the ~ *das Weibliche* (the eternal ~); *weibliche P* f ‖ ⟨gram⟩ *weibliches Geschlecht* n **-ninity** [ˌfemi-'niniti], **-nity** [fe'miniti] s *Weiblichkeit* f; *weibl. Natur* f ‖ *Unmännlichkeit* f ‖ *Weibergeschlecht* n **–nism** ['feminizm] s *Frauenrechtlertum* n ‖ **–nist** ['feminist] s *Frauenrechtler* m **–nize** ['feminaiz] vt/i (*jdm e–r S*) *e–n weiblichen Charakter, Zug verleihen* ‖ vi *das weibl. Wesen zeigen*

femoral ['femərəl] a ⟨anat⟩ *Oberschenkel–* **–mur** ['fi:mə] s L (pl ~s; *femora* ['femərə]) ⟨anat⟩ *Oberschenkelbein* n; (of insects) *drittes Beinglied* n

fen [fen] s *Sumpf* m, *Moor, Ried, Marschland* n; the ~s [pl] *sumpfige Niederungen in* Cambridgeshire, etc ‖ ~-*berry Moosbeere* f ‖ ~ *fire Irrlicht* n ‖ ~-*fowl* (*wilder*) *Moorvogel* m, *Sumpfhuhn* n ‖ ~-*reeve Aufsichtsbeamter der* Fens ‖ ~-*runners* [pl] *Schlittschuhe f die* Fens

fen [fen] vt → *fain*

fence [fens] I. s 1. † *Abwehr* f, *Schutz* m 2. *Einzäunung* f, *Gehege* n; *Zaun* m, *Stak·et* n; *Hürde* f, *Hindernis* n; ⟨sport⟩ *Hürde* f ‖ to *stand, sit on the* ~ ⟨Am⟩ *zuschauen* ⟨fig⟩, *unentschlossen s, neutral bleiben*; *abwarten* ‖ *over the* ~ ⟨aero⟩ *im letzten Anschweben* (*kurz vor dem Aufsetzen*) 3. *Fechtkunst* f; *master of* ~ *geübter Fechter* m; ⟨a fig⟩ 4. *Reguliervorrichtung f an Maschinen, Führungslineal* n, *Anschlag* m 5. ⟨sl⟩ *Hehler* m; *Hehlernest* n 6. [attr] ~-*month*, ~-*season*, ~-*time* ⟨hunt⟩ *Schonzeit* f II. vi/t 1. vi *fechten* ‖ ⟨fig⟩ *parieren, abwehren*; *Spiegelfechterei treiben*; to ~ *with the question der Frage ausweichen* ‖ ⟨hors⟩ *die Hürde nehmen* ‖ *Diebesgut verbergen* 2. vt *verteidigen, schützen, sichern* (from, against *gegen*) ‖ *einzäunen, einhegen* ‖ to ~ *about umgeben* (with *mit*) ‖ to ~ *in ·ein–, umz·äunen* ‖ to ~ *off, out abhalten, abwehren*; *absperren* ‖ to ~ *round, up umz·äunen, –g·eben* **~less** ['~lis] a *uneingezäunt*; *offen* ‖ *schutzlos*

fencible ['fensəbl] 1. a ⟨Scot⟩ *verteidigungsfähig* 2. s ⟨hist⟩ *Landwehrsoldat* m, the ~s [pl] *die Miliz, Landwehr* f

fencing ['fensiŋ] s *Fechten* n, *Fechtkunst* f ⟨a fig⟩ ‖ *Umzäunen* n; *Einfriedigung, Einhegung* f; *Zäune* pl ‖ [attr] ~-*cully Hehler* m ‖ ~-*foil Rap·ier* n ‖ ~ *glove Fechthandschuh* m ‖ ~-*ken Hehlernest* n ‖ ~-*master Fechtmeister* m ‖ ~-*room Fechtboden* m ‖ ~-*school Fechtschule* f

fend [fend] vt/i (*a to* ~ *off*) *Schlag etc*) *abhalten*; *abwehren* (from *v*); *schützen* (from *gegen*) ‖ vi ⟨fam⟩ to ~ *for sorgen f* (*mst* to ~ *for o.s.*) **~er** ['~ə] s *Schutzvorrichtung* f, *Schutz* m; *Puffer*, (*Schiffs-*)*Fender* m, *Schutzholz* n ‖ *Schutzblech, Schutzbrett* n; ⟨bes Am mot⟩ *Kotflügel* m ‖ *Kamingitter* n, *–vorsetzer, –vorsatz* m ‖ ~ *beam* ⟨tech⟩ *schräger Holm*; ⟨rail⟩ *Prellbock* m ‖ ~ *flap* ⟨mot⟩ *Spritzschutz* m ‖ ~-*stool Kaminschemel* m

fenestella [fenis'telə] s L ⟨arch⟩ *Nische* f *in der Wand an der Südseite des Altars* ‖ *kl Fenster* n

fenestrate [fi'nestreit] a ⟨bot & zoo⟩ *mit kl Löchern versehen* ‖ **–ation** [ˌfenis'treiʃən] s

⟨arch⟩ *Fensteranlage, Befensterung* f, *Fenster–, Maßwerk* n ‖ ⟨anat⟩ *Durchlöcherung* f

Fenian ['fi:niən] 1. s *F·enier* m (*Mitglied des* [*1858 in Amerika gegr.*] *irisch-republikanischen Bundes gegen englische Herrschaft in Irland*) 2. a *fenisch, Fenier–* **~ism** [~izm] s *Lehre u Politik der Fenier* f

fenks [feŋks] s pl *Abfälle* m pl *des geschmolzenen Walfischspecks*

fenman ['fenmən] s *Bewohner der Fens* (→ fen)

fennec ['fenek] s ⟨zoo⟩ *F·enek, Wüstenfuchs* m

fennel ['fenl] s ⟨bot⟩ *Fenchel* m ‖ ~-*flower* ⟨bot⟩ *Gretchen im Busch* n; *Schwarzkümmel* m

fenny ['feni] a *sumpfig, moorig*

fenugreek ['fenjugri:k] s ⟨bot⟩ *Kuh–, Bockshornklee* m

feoff [fef] s & vt → *fief* **~ee** [fe'fi:] s ⟨jur⟩ *Belehnter* m **~ment** ['fefmənt] s *Belehnung* f **~or**, **~er** ['fefə] s ⟨jur⟩ *Lehnsherr* m

feral ['fiərəl] a (~ly adv) *wild, unkultiviert*

feretory ['feritəri] s *Reliquienschrein* m

ferial ['fiəriəl] a ⟨ec⟩ ~ *day Wochen–, Alltag* m

ferine ['fiərain] a = *feral*

Feringhee [fə'riŋgi] s ⟨Ind⟩ *Name f Ausländer, Europäer*; *Eur·asier* m

ferment 1. ['fə:ment] s *Gärungsstoff* m; *Ferm·ent* n ‖ *Gärung* f ‖ ⟨fig⟩ *Gärung* f, *Aufruhr* m ‖ in a ~ *gärend* 2. [fə'ment] vi/t ‖ *in G. s, gären* ⟨a fig⟩ ‖ vt *in G. bringen* ⟨a fig⟩ **~able** [fə-'mentəbl] a *gärungsfähig* **~ation** [ˌfə:men'teiʃən] s *Gärung* f; ⟨fig⟩ *Aufregung* f ‖ (the) ~ *comes through* ⟨brew⟩ *die Hefe kommt an* **~ative** [fə:'mentətiv] a *gärend, Gärungs–* ‖ *Gärung bewirkend* **~ment** [fə:'mentiŋ] s [attr] *Gär–* ‖ ~ *cellar* ⟨brew⟩ *Gärkeller* m ‖ ~ *trough* ⟨pap⟩ *Faulbütte* f ‖ ~ *tub* (*a fermentor*) ⟨brew⟩ *Gärbottich* m

fern [fə:n] s ⟨bot⟩ *Farn* m, *Farnkraut* n; [koll] *Farngewächse* pl ‖ [attr] *Farn–* ‖ ~-*owl* ⟨orn⟩ *Ziegenmelker* m ‖ ~-*seed Farnspore*(*n* pl) f **~ery** ['~əri] s *Farnkrautpflanzung, –schonung* f **~like** ['~laik] a *farnartig, –ähnlich* ‖ **~y** ['~i] a *voll Farnkraut*; *Farn–* ‖ *farnartig*

ferocious [fe'rouʃəs] a (~ly adv) *wild, grausam* ‖ *scharf, bissig* (dog) **~ness** [~nis] s *Grausamkeit* f **-city** [fə'rɔsiti] s *Wildheit, Grausamkeit* f

–ferous *lebendes* suff *z Bildung v Adj.*; *–tragend, –hervorbringend*

ferox ['ferɔks] L s [pl ~] ⟨ich⟩ *die gr Bachforelle*

ferrate ['fereit] s ⟨chem⟩ *Ferr·at* n (*Salz der Eisensäure*) **–rreous** ['feriəs] a ⟨chem⟩ *eisenhaltig*

ferret ['ferit] 1. s ⟨zoo⟩ *Frettchen* n ‖ ⟨fig⟩ *geheimer Späher, Detektiv* m ‖ ⟨mil⟩ *Spürfahrzeug* n (*f elektromagnetische Strahlungen*) ‖ ~-*eyed rotäugig* 2. vi/t ‖ *mit Frettchen jagen, frett·ieren* ‖ to ~ *about* (*herum*)*suchen* (for *nach*) ‖ vt *mit Frettchen erjagen* ‖ to ~ *away, out* (*aus dem Versteck*) *herausjagen, –treiben*; *vertreiben* ‖ to ~ *out* ⟨fig⟩ *ausspüren*; *aufstobern, auskundschaften* (secrets) ‖ **~y** [~i] a *Frettchen–*

ferret ['ferit] s *festes Band aus Baumwolle or Seide* n

ferret ['ferit] s *Eisenstab* m *beim Glasblasen*

ferri– ['feri] [in comp] *Eisen–, Ferri–*

ferriage ['feriidʒ] s *Überfahrt in e–r Fähre* f ‖ *Fährgeld* n

ferric ['ferik] a ⟨chem⟩ *Eisen–* ‖ ~ *acid* ⟨chem⟩ *Eisensäure* f **–iferous** [fe'rifərəs] a *eisenhaltig*

ferris ['feris] s (*nach G. W. G.* ♈) ~ *wheel Riesenrad* n (*gr russische Schaukel*)

ferro– ['ferou] [in comp] *Eisen–*, **~-concrete** *Eisenbeton* m

ferrotype ['ferotaip] s *ältere Art Schnell-*

photographie (auf Eisenblech als Positiv) f
ferrous ['ferəs] a ⟨chem⟩ *eisenhaltig; Eisen–* ‖
~ corrosion *Rostangriff* m; ~ oxide *Eisen-oxyd·ul* n
ferruginous [fe´ru:dʒinəs] a *eisenhaltig, Eisen–* ‖ *rostfarbig, rotbraun*
ferrule ['feru:l, 'ferəl], **ferrel** ['ferəl] s *Eisen-band* n; *Metallring* m; *(Stock-)Zwinge* f | **~d** [~d] a *mit e–m Metallring, e–r Zwinge versehen*
ferry ['feri] **1.** vt/i (*jdn*) *in e–r Fähre hinüber-setzen, befördern* ‖ ⟨aero⟩ *(Flugzeug)* v *der Fabrik z Flughafen fliegen* | vi *to* ~ *across in e–r F. hinüberfahren* **2.** s *Fähre* f (*Ort der* ~) ‖ (*a* ~-boat) *Fähre* f, *Fährboot* n ‖ ⟨jur⟩ *Recht des · Übersetzens in der Fähre* | ~-bridge *Trajekt* m, *Eisenbahnfähre* f ‖ ~ rope *Giertau, Fährseil* n |
~ service *Fährbetrieb* m; ~ site *-stelle* f **~man** [~mən] s *Fährmann* m
fertile ['fə:tail] a (~ly [~li] adv) *fruchtbar, reich* ⟨a fig⟩ (of, in an) ‖ ⟨at⟩ z *Aufbereitung geeignet* (residues) **–lity** [fə:´tiliti] s *Fruchtbar-keit* f; ⟨demog⟩ ~ *of non-contracepting couples natürliche F.*; completed ~ *endgültige Nach-kommenschaft* f; cumulative ~ *tatsächliche N.*; general ~ rate *Gesamtfruchtbarkeitsziffer* f; illegitimate ~ (rate) *uneheliche F.(sziffer)*; incomplete ~ *vorläufige N.*; male ~ rate *männl. F.sziffer* f; marital ~, ~ of marriage *Produktivität* f *der Ehen*; marital ~ schedule *Tafel der ehelichen Pn*; total ~ *gesamte Gebore-nenhäufigkeit* f, *Index* m *der Gesamtfruchtbarkeit* | *Reichtum* m (of *an*); ⟨a fig⟩ **–lization** [ˌfə:tilai-´zeiʃən] s *Fruchtbarmachung* f; *Befruchtung* f **–lize** ['fə:tilaiz] vt *fruchtbar* m | *befruchten* **–lizer** ['fə:tilaizə] s ⟨agr⟩ *Düngemittel* n, *Düng-stoff, Dünger* m; artificial ~ *Kunstdünger* m; compound ~ *Mischdüngemittel* n
ferula ['ferulə] s L ⟨bot⟩ *Steckenkraut* n ‖ =
ferule ['feru:l] **1.** s *Rute* f, *Lineal* n (z *Züchtigung*) **2.** vt *mit dem Lineal züchtigen*
fervency ['fə:vənsi] s *Hitze, Glut* f ‖ *Inbrunst* f (with ~); *Eifer* m **-vent** ['fə:vənt] a (~ly adv) *heiß, glühend, brennend* ‖ ⟨fig⟩ *glühend* (hatred); *inbrünstig* (~ love) **-vid** ['fə:vid] a (~ly adv) ⟨poet †⟩ *heiß* ‖ ⟨fig⟩ *glühend, inbrünstig* **–vour** ['fə:və] s *Hitze* f ‖ ⟨fig⟩ *Leidenschaft, Glut* f (~ of love *Liebesglut*), *Inbrunst* f
Fescennine ['fesinain] a: ~ verses [pl] *altital. zotige Hochzeitslieder*
fescue ['feskju:] s *kl Stock, Stab, Zeiger* m ‖ (*a* ~ grass) ⟨bot⟩ *Schwingelgras* n; *Wiesen-schwingel* m
fesse [fes] s ⟨her⟩ *horizontaler Querbalken* m
festal ['festl] a (~ly ['festəli] adv) *festlich*; *Fest–* (~ speech *-rede*); *freudig*
fester ['festə] **1.** vi/t ‖ *schwären, eitern* ‖ ⟨fig⟩ *um sich fressen; nagen* ‖ *verfaulen, verwesen* | vt *z Eitern, Schwären bringen* ‖ ⟨fig⟩ *zernagen* **2.** s *eiternde Wunde* f, *Geschwür* n
festival ['festivəl] **1.** s *Festtag* m (on this ~ *an diesem F.*) | *Festfeier* f | *Festspiele* n pl (the *Handel* ~) **2.** a [*nur attr*] *festlich, z e–m Feste gehörig* or *passend, Fest–* (~ robes) **-ive** ['festiv] a (~ly adv) *festlich, Fest–* (~ games) ‖ ⟨fig⟩ *fröhlich, heiter* ‖ *gesellig* **-vity** [fes´tiviti] s *Fest* n; [*oft pl* –ties] *Festlichkeit* f | *festliche Stim-mung, Fröhlichkeit* f
festoon [fes´tu:n] **1.** s *Laubgehänge* n, *Frucht-schnur, Girlande* f, *Gewinde* n ‖ ⟨arch⟩ **~s** [pl] *Gehänge* n v *Blumen etc* **2.** vt *mit Girlanden schmücken, bekränzen* ‖ *zu G. zus-fügen* **~ery** [~əri] s *Gehänge* n, *hängender Schmuck* m
fetch [fetʃ] **I.** vt/i **A.** vt **1.** (*jdn, etw*) *holen* (~ a doctor *od* go and ~ a doctor *hol e–n Arzt*) ‖ *abholen* **2.** *hervorholen* (from *aus*) ‖ *fließen* l (blood); *k l, hervorlocken* (tears) | (*Summe*) *ein-bringen* **3.** ⟨fam⟩ (*jdn*) *reizen, anziehen, locken* ‖ *erfreuen, ergötzen* **4.** ⟨mar⟩ (*Ufer*) *erreichen*

5. Wendungen: to ~ a breath *Atem holen* ‖ to ~ a high price *e–n guten Preis erzielen* ‖ to ~ a sigh *seufzen* | to ~ a p a blow, a box on the ears *jdm e–n Schlag, e–e Ohrfeige versetzen* **6.** [*mit* adv] to ~ **down** *herunterholen, niederschießen* (a bird) ‖ to ~ **out** *herausholen, herauslocken* ‖ to ~ **up** *herauf-, einholen* (lost ground etc) **B.** vi **1.** ⟨mar⟩ *Kurs nehmen* ‖ ⟨fam⟩ *reizend wirken* ‖ to ~ and carry (*niedrige*) *Dienste verrichten; appor-tieren* **2.** [*mit* adv] to ~ **away** *vom Platz rücken, verrücken; sich lockern* ‖ to ~ **up** *z Stehen k* **II.** [s] a far *od* long ~ *e–e weite Strecke, ein weiter Weg* (to *nach*) | *schlauer Kunstgriff, Kniff* m, *Finte* f ‖ ⟨fam⟩ *Erfolg* m ‖ the very ~ of him *sein °gespeuztes* (= *gespucktes*) *Ebenbild* n | **~ed** [~t] a: far-~ *weit hergeholt*
fetch [fetʃ] s *geisterhafte Erscheinung* f *e–r noch lebenden P*; *Doppelgänger* m
fetching ['fetʃiŋ] a ⟨fam⟩ *einnehmend, fesselnd, reizend, bezaubernd*
fête [feit] **1.** s Fr *F·ete, Festlichkeit* f ‖ *Bas·ar* m | ~ champêtre *Festlichkeit im Freien* ‖ ~ day *Festtag* m **2.** vt (*Ereignis*) *feiern* ‖ (*jdn*) *feiern; festlich bewirten*
fetial ['fi:ʃl] ⟨ant⟩ **1.** a: ~ law *röm. Gesetz über Kriegserklärung etc* **2.** s *Mitglied* n *des altröm. Priesterkollegiums*
fetid, foetid ['fetid] a (~ly adv) *schlecht riechend, stinkend* **~ness** [~nis] s *übler Ge-stank* m
fetish, fetich ['fi:tiʃ] s *F·etisch, Gegenstand* m *abergläubischer Verehrung* **-shism** [~izm] s *Fetich·ismus* m **-shist** [~ist] s *Fetichanbeter* m
fetlock ['fetlək] s *Kötenhaar* n ‖ *Fessel–, Kötengelenk* n (*der Pferde*) ‖ *Fußfessel* f
fetor, foet- ['fi:tə] s L *Gestank* m
fetter ['fetə] **1.** s *Fessel* f ‖ **~s** [pl] *Fesseln* pl, *Gefangenschaft* f **2.** vt *fesseln; zügeln* ⟨a fig⟩ **~less** [~lis] a *ohne Fesseln; zwanglos* **~lock** [~lək] s = fetlock ‖ ⟨her⟩ *Fesselgelenk* n
fettle ['fetl] **1.** s *Zustand* m, *Form* f; *Ver-fassung* f (in good ~) **2.** vt ⟨tech⟩ (*ab*)*putzen, beschroten;* ⟨Am⟩ *reparieren*
fetus ['fi:təs] (*bes Am*) → foetus
feu [fju:] ⟨Scot⟩ **1.** s *Lehen* n, *Lehnbesitz* n **2.** vt (*Land*) z *Lehen geben* **~ar** ['~ə] s *Belehnter, Lehnsmann* m
feud [fju:d] s *Fehde* f (a deadly ~ between) ⟨a fig⟩; to be at ~ with *in F. leben mit*
feud [fju:d] s ⟨jur⟩ *Lehen* n, *Lehnsgut* n **~al** ['~əl] a (~ly adv) *feudal, Lehns–;* ~ system *-system;* ~ law *System* n *des Feudalrechts;* under ~ l. *lehnsrechtlich;* ~ tenure *Lehen* n **~alism** ['~əlizm] s *Feudalsystem, Lehnswesen* n **~alistic** [ˌfju:də´listik] a *feudalistisch* **~ality** [fju:´dæliti] s *Lehnbarkeit, Lehnverfassung* f **~alize** ['fju:dəlaiz] vt *lehnbar* m **~atory** ['fju:-dətəri] **1.** a *feudal, Lehns–; lehnspflichtig* (to a p *jdm*) **2.** s *Lehnsmann* m
feuilleton ['fə:itɔ̃:] s Fr *Feuilleton* n, *Unter-haltungsteil* m
fever ['fi:və] **1.** s ⟨med⟩ *Fieber* n; gastric ~ *gastrisches F.* n; intermittent ~ *Wechselfieber* n; yellow ~ *gelbes F.* ‖ ⟨vet⟩ red ~ (*Schweine-*) *Rotlauf* m | ⟨fig⟩ *Fieber* n, *Erregung* f, in a ~ *in fieberhafter Auf-, Erregung* | [*attr*] ~ heat *Fieberhitze* f; ⟨fig⟩ *fieberhafte Erregung* f (to rise to ~-heat) **2.** vt *in Fieber versetzen* | **~ed** [~d] a *fiebrig;* ⟨fig⟩ *fieberhaft erregt* **-few** ['fi:vəfju:] s ⟨bot⟩ *Fieber-, Mutterkraut* n **-ish** ['fi:vəriʃ] a (~ly adv) *fieberkrank, Fieber–; fieberig* (he is ~ *er hat Fieber*) ‖ ~ cold *Schnupfenfieber* n, *fieberhafte Erkältung* f | ⟨fig⟩ *fieberhaft; heiß* (desire); *aufgeregt* ‖ (of climate) *Fieber verursachend* **-ishness** [~nis] s *Fieber-haftigkeit* f ⟨a fig⟩
few [fju:] a & s **1.** ~ *wenige* a. [a] *a man of* ~ words *ein Mann v wenig Worten;* visitors are ~

der Besucher sind wenige; the ~ police die wenigen Schutzleute pl **b.** [s] ~ know the truth wenige kennen die Wahrheit (~ of you fellow-creatures); some ~ einige wenige || the ~ die Minorität f (Ggs the many) || ~ and far between spärlich gesät (sehr selten) **2.** a ~ einige **a.** [a] a ~ words einige Worte; a ~ square feet einige Quadratfuß || he's a ~ pence short in the shilling ⟨fam⟩ °er hatse (die 5 Sinne) nicht alle bei–e–a, er hat nicht alle Tassen im Schrank || ⟨fam⟩ a good ~ e–e ziemliche Anzahl v (a good ~ apples; of cannon a good ~); every ~ days alle paar Tage **b.** [s] a ~ of his friends einige s–r Freunde; those ~,* that ~ jene or die wenigen || a select ~ einige Auserwählte pl **3.** a ~ wenige (nach einschränkenden u verneinenden Wörtern) [a & s] only a ~ nur wenige || not a ~ nicht wenige; viele **4.** a ~ [s] ⟨dial⟩ ein wenig || ⟨iron⟩ sehr viel (it will cost him a ~); not a ~ beträcht-lich | **~er** ['~ə] compr [vor pl subst]: weniger (~ friends; no ~ than 20 boys); one rogue the ~er ein Schuft weniger **~ness** ['~nis] s Wenig-keit f; geringe Anzahl f

fey [fei] a ⟨Scot⟩ dem Tode geweiht; über-mütig, durch Übermut (etc) den Tod herauf-beschwörend

fez [fez] s [pl ~es] Fes n & m

fiancé [fi'ã:nsei; fjã:'se] s Fr der Verlobte m **–cée** [~] die Verlobte, Braut f

Fian(n) [fi:n] s Ir Mitglied der alten ir. Miliz; F·enier m || Fianna Fail ['fiənə'fɔ:l] s Partei de Valeras

fiasco [fi'æskou] s [pl ~s] It Fi·asko n, Miß-erfolg m (of a play) || Reinfall m; Blam·age f

fiat ['faiæt] L **1.** s ⟨jur⟩ Erlaubnis f || Macht-spruch, Befehl m || ~-money ⟨Am⟩ Papiergeld ohne Deckung **2.** vt (etw) bestätigen; gutheißen **Fiat** [fiət] s It (aus Fabbrica Italiana Auto-mobile Torino) ital. Kraftwagen(fabrik) m

fib [fib] **1.** s ⟨fam⟩ (kl) Lüge, Schwindelei, Flunkerei, Notlüge f; to tell a ~ flunkern **2.** vi flunkern, aufschneiden **~ber** ['~ə] s Flunkerer, Schwindler m

fib [fib] **1.** s Schlag m **2.** vt/i (jdn) schlagen | vi los– (at auf)

fibre, ⟨Am a⟩ **fiber** ['faibə] s Fiber; Faser f; → vulcanize || artificial ~ Zellwolle f; crude ~ Rohfaser | Fädchen n || kl Wurzel f | Faser-gefüge n; Text·ur f || ⟨fig⟩ Struktur f; Charakter, Wille m (a man of coarse ~) || Geist m (his ~ lives on) | Stärke f, Rückgrat n | ~(-)board Hartfaserpappe f || ~-needle Vulkanfiber-grammophonnadel f | **~d** [~d] a faserig (finely ~) || ⟨fig⟩ fein, zart **–bering** ['faibəriŋ] s Faser-bildung, Faserung, Faserstruktur f **~less** [~lis] a faserlos | ⟨fig⟩ kraftlos, entnervt

fibriform ['faibrifɔ:m] a faserförmig

fibril ['faibril] s Fäserchen n, feinste Faser f || Wurzelfaser f **~lar(y)** [~ər(i)] a feinfaserig **~late** [~it], **~lated** [~eitid] a faserig, aus feinen Fasern bestehend **~lation** [ˌfaibri'leiʃən] s Faser-bildung f, –masse f –iform [fai briflɔ.m] a faser-förmig

fibrin ['faibrin] s ⟨chem⟩ (Blut–)Faserstoff m | Fibr·in– (~ ferment) **~ous** [~əs] a Fibr·in–

fibro– ['faibrou] [in comp] Fibro–, Faser– **–id** ['faibrɔid] **1.** a Faser– || Bindegewebs– **2.** s Faser-geschwulst f **–in** ['faibrouin] s Seidensubstanz f || **–ma** [fai'broumə] s L Fasergeschwulst f, Fibr·om n

fibrous ['faibrəs] a (~ly adv) faserig, Faser–, ~ tissue –gewebe n; ~ tumour –geschwulst f **~ness** [~nis] s faserige Beschaffenheit f

fibrose ['faibrous] vi Bindegewebsfasern bilden **fibster** ['fibstə] s = fibber

fibula ['fibjulə] L s (pl ~s, –lae [–li:]) ⟨ant⟩ Fibel, Spange f || ⟨anat⟩ Wadenbein n

fice [fais] s ⟨Am⟩ Köter m

ficelle [fi'sel] Fr s [attr] Bindfaden–

fichu ['fi:ʃu:, 'fiʃu] s Fr Hals–, Busentuch n

fickle ['fikl] a wankelmütig, launisch; unbe-ständig **~ness** [~nis] s Wankelmut m, Unbe-ständigkeit f

fictile ['fiktail] a erdig, irden, tönern, Ton– (lamp); ~ art Töpferkunst f; ~ ware Steingut n

fiction ['fikʃən] s Erdichtung, Erfindung f || ⟨jur⟩ Fiktion f | Prosadichtung f, ⟨bes⟩ Roman-literatur f; a work of ~ ein Roman m | [koll] Romane pl (e–s Autors) | [attr] ~ film Spiel-film m **~al** ['fikʃənl] a (~ly adv) erdichtet, unecht | Roman– **~er** ['fikʃənə], **~ist** ['fikʃənist] s Prosa–, Romanschriftsteller m

fictitious [fik'tiʃəs] a (~ly adv) unecht; nach-gemacht; ~ bill Reitwechsel m | (of names) angenommen | ⟨jur⟩ fikt·iv, fingiert, ~ issue Scheinstreitfrage f, –fall m | erdichtet, –funden, unwirklich || scheinbar, vermeintlich (wealth) || Roman– **~ness** [~nis] s das Erdichtete n; die Unechtheit f

fictive ['fiktiv] a Erfindungs– (~ art) || fikt·iv, angenommen; unecht

fid [fid] **1.** s Stützholz; ⟨mar⟩ Schloßholz n (z Stütze des Topmastes) || Marlspieker m (z Öffnen v Tausträhnen) || ~s [pl] Haufen, Mengen pl (~s of ..) **2.** vt mit e–m Schloßholz befestigen

fiddle ['fidl] **1.** s ⟨mus⟩ Fiedel, Geige f; ⟨fam⟩ Violine f; to play the ~ od on the ~ V. spielen || to play first, second ~ erste, zweite Geige, ⟨fig⟩ Haupt–, Nebenrolle spielen | **Wendungen:** fit as a ~ in guter (bester) Verfassung or Laune; a face as long as a ~ ein langes, trauriges Gesicht n || to hang up one's ~ when one comes home das Maul an den Nagel hängen, wenn man nach Hause kommt, (zu Hause) ein Pantoffelheld s | [attr] ~-bow Fiedelbogen m | ~-de-dee! dummes Zeug! Unsinn! | ~-faddle **1.** s Lapp·alie f; Un-sinn m **2.** a geringfügig; nichtssagend; geschwätzig **3.** vi (herum)tändeln || ~-string Geigensaite f **2.** vi/t ~ fiedeln | tändeln, spielen (at a th an, with a th mit etw); sich z tun m (with); to ~ about herumtändeln, nichts tun | vt (Melodie) spielen || ⟨sl⟩ °behumsen (betrügen) || to ~ away vertändeln | **~d** [~d] a ⟨Am fam⟩ be-schwipst | **~r** [~ə] s Geiger, Fiedler, Spielmann m | Art kl Krebs m | Tändler m **~stick** [~stik] s Geigenbogen m | etw Wertloses: a ~! ~s! [pl] intj Unsinn, dummes Zeug!

fiddling ['fidliŋ] a läppisch; unnütz, trivial; widerlich, knifflig

fidei-commissum [ˌfaidiai kə'misəm] s L ⟨jur⟩ Fide|ikommiß n

fideism ['faidiizm] s ⟨theol⟩ (Symbolo-) Fide·ismus m

fidelity [fi'deliti] s Treue f (to a p gegenüber, z jdm); wifely ~ weibliche T. || ⟨übtr⟩ getreues Festhalten n (to an) || genaue Übereinstimmung f mit dem Original; high ~ ⟨wir⟩ tongetreue Wiedergabe; with ~ wortgetreu

fidget ['fidʒit] **1.** s nervöse Unruhe f [oft pl the ~s]; to have the ~s nicht still sitzen können, herumzappeln || unruhige, auf die Nerven fallende P f, Zappelphilipp m **2.** vi/t unruhig sein, sich unruhig bewegen, umherzappeln (don't ~) | vt beunruhigen, nervös m **~iness** [~inis] s (nervöse) Unruhe, Herumzappelei f **~y** [~i] a unruhig, nervös, zappelig

fidibus ['fidibəs] s F·idibus m

Fido ['faidou] s (abbr f Fog Investigation Dispersal Operation) ⟨aero⟩ Nebelvertilger m (f den Landestreifen)

fiducial [fai'dju:ʃjəl] a ⟨astr⟩ Vergleichs– (a ~ line, point)

fiduciary [fai'dju:ʃiəri] **1.** a Treuhänder– || (of a trust) anvertraut, Vertrauens–; ~ currency, money Kreditgeld n; ~ issue ungedeckte

(*Noten-*)*Ausgabe* f **2.** s *Vertrauensmann, Treu-händer* m
 fie! [fai] intj *pfui!*; ~ upon you! *schäme dich!*
~-~, fi-fi ['fai'fai] a *unschicklich, unanständig*
fief [fi:f], **feoff** [fef] s [pl ~s] *Lehn, Lehngut* n
 field [fi:ld] **I. s 1.** *Feld* n; ~ of grain *Getreide-feld* n; three-~ system *Dreifelderwirtschaft f*, open
~-system *offene Feldwirtschaft* f || *Gelände* n (*Ggs Labor.*) → **5.** ⟨übtr⟩ coal-~ *Kohlen-*,
ice-~ *Eisfeld* n || *Spielfeld* n || (*a* ~ of battle)
Schlachtfeld n || ⟨aero⟩ *Flugplatz* m || ⟨el⟩
Kraftfeld; (*Leitungs-*)*Baustrecke* f **2.** *Fläche* f,
Grund, Hintergrund m || *Gebiet* n; ⟨*a* fig⟩ *G.*,
Feld der Betrachtung (the ~ of history); in this
~ *auf, in diesem Gebiete*; ~ of vision *od* view
Blick-, Gesichtsfeld n || ⟨her⟩ *Feld* | (*in* Algebra)
Körper m **3.** the ~ ⟨sport, hunt⟩ (*P*) *das Feld* ||
⟨crick⟩ *die Seite* or *Mannschaft, die nicht am
Schlagen ist* ⟨sport⟩ *Besetzung* f (a big ~ *e–e
gute B.*) || *Feld* (*Gesamtheit der am Rennen teil-nehmenden Pferde*); ⟨übtr⟩ *Gesamtheit der
Wettbewerber* f **4.** *Wendungen:* fair ~ and no
favour *gleiche Bedingungen f alle* || in the ~
⟨mil⟩ *im Felde, im Kampfe*; ⟨crick⟩ *nicht schla-gend, als Fänger*; ⟨fig⟩ *im Wettbewerb* | to bet,
back against the ~ *auf Sieg setzen* || to bring
into the ~ ⟨mil⟩ *ins Gefecht bringen* || to hold
the ~ *das Feld behaupten* || to keep the ~ ⟨mil⟩
den Kampf fortsetzen, sich behaupten || to take
the ~ ⟨mil⟩ *ins Feld rücken*; ⟨sport⟩ *den Spiel-platz betreten* **5.** [attr] *Feld–* || ~-allowance
⟨mil⟩ *Kriegszulage* (*f Offiziere*) f || ~-artillery
Feldartillerie f; ~ a. intelligence *Artillerie-Nachrichtendienst* m; ~ a. observer *Artillerie-beobachter* m || ~ bag *Brotbeutel* m || ~-bakery *Feldbäckerei* f || ~-battery *Feldbatterie* f
|| ~-bed *Feldbett* n || ~ book ⟨surv⟩ *Aufzeich-nungsbuch* n || ~ cap *Feldmütze* f || ~-cornet
⟨SAfr⟩ *Stadtrichter* m *in* Cape Colony || ~-day
⟨mil⟩ gr *Felddienstübungstag* m, *Paradetag* m;
⟨fig⟩ *ereignisvoller Tag* m; ⟨Am *a*⟩ *Sportfest* n ||
~-dressing *Notverband* m || ~-duck ⟨orn⟩
Zwergtrappe f || ~-duty ⟨mil⟩ *Felddienst* m;
Dienst bei der Truppe || ~ enquiry ⟨stat⟩
direkte Befragung f || ~-equipage ⟨mil⟩ *Feld-ausrüstung* f || ~-events → event || ~ firing
Gefechtsschießen n || ~-glass *Fernglas* n, *Feld-stecher* m || ~ grade officer *Stabsoffizier* m ||
~-grey *Feldgrau* n; [attr] *Feldgrau–* (uniform)
|| ~-greys [pl] ⟨mil⟩ (*deutsche*) *Feldgraue* m pl
|| ~-gun, ~-piece ⟨mil⟩ *Feldgeschütz* n ||
~-hospital ⟨mil⟩ *–lazarett* n || ~-house ⟨Am⟩
Sporthalle f; *Hallenbad* n || ~-jacket *Windjacke*
f || ~-kitchen *Feldküche* f || ~ lens ⟨phot⟩ *Vor-sammellinse* f || ~ manual ⟨mil⟩ *Dienst–,
Druckvorschrift, Felddienstordnung* f || ~-maple
⟨bot⟩ *Maßholder* m || ~-marshal ⟨mil⟩ *–mar-schall* m || ~-mouse ⟨zoo⟩ *–maus*; longtailed ~
Waldmaus f || ~-night *wichtige Abendveranstal-tung, –debatte* f || ~ office *Außen–, Felddienst-stelle* f || ~-officer ⟨mil⟩ *Stabsoffizier* m || ~
official, ~ officer *Außenbeamter* m || ~-preacher
Prediger im Freien || ~ radio set *Tornisterfunk-,
Funksprechgerät* n || ~-sports [pl] *Vergnügun-gen* f pl, *Sport* m *im Freien* || ~ studies, ~ trials
Geländestudien f pl, *Untersuchungen* f pl *in der
freien Natur; praktische Versuche* m pl (*Ggs
Labor-V.*) || ~ test ⟨mot⟩ *praktischer Versuch* m
|| ~ survey ⟨stat⟩ *direkte Befragung* f || ~
training *Geländeausbildung* f || ~ vegetables [pl]
Grobgemüse n || ~-work [abstr] *Außendienst* m;
[konkr] ⟨mil⟩ *Feldschanze* f || ~-worker (*Ver-sicherungs-* etc) *Agent* m; ~-workers [pl]
Außendienstpersonal n, ⟨stat⟩ *Zähler* m pl **II.** vt/i
|| ⟨crick⟩ to ~ a ball *e-n Ball auffangen u
zurückwerfen*; ⟨übtr sport⟩ (*jdn*) *aufstellen, ins
Feld, in den Kampf stellen* | vi *als Fänger spielen*
| **~er** ['~ə] s ⟨crick etc⟩ *Fänger* m || **~fare**

['~fɛə] s ⟨orn⟩ *Wacholderdrossel* f, *Krammets-vogel* m **~ing** ['~iŋ] a: the ~ side ⟨crick⟩ *die
nichtschlagende Partei* f, *Fang–, Feldpartei*
~kit ['~kit] s ⟨mil⟩ *Wasch–, Flick– u Putzzeug* n
~sman ['~zmən] s ⟨crick⟩ ~ = fielder **~ward(s)**
['~wəd(z)] adv *nach den Feldern z, in die Felder*
 fiend [fi:nd] s *der böse Feind, Teufel* m ||
⟨fig⟩ *Unhold* m; *Furie* f | *Besessener, Fex, Narr,
Fanatiker* m; drug ~ *Süchtiger, e–m Rauschgift
Verfallener*; fresh-air ~ *Luftfanatiker, –narr*
~ish ['~iʃ] a (ly adv) *teuflisch*; *unmenschlich* ||
verflucht, –flixt **~ishness** ['~iʃnis] s *teuflische
Bosheit* f **~like** ['~laik] a *teuflisch*
 fierce [fiəs] a (ly adv) *wild* || *grimmig, wütig* ||
hitzig, leidenschaftlich, ungestüm; *heiß, glühend*
(desire) || *grell* (light) ⟨Am⟩ *miserabel* **~ness**
['~nis] s *Wildheit* f || *Grimmigkeit, Wut* f ||
Ungestüm n
 fieriness ['faiərinis] s *Hitze* f; *Feuer* n **–ry**
['faiəri] s (–rily adv) *in Feuer stehend*; *brennend*;
feurig, Feuer– (cloud); ~ pit *Höllenpfuhl* m ||
heiß, glühend || ⟨fig⟩ *feurig, heftig, hitzig, jäh-zornig* || *leidenschaftlich, glühend, brennend* ||
⟨hors⟩ *feurig, unbändig* || *feuergefährlich* (a ~
district) | ~ cross ⟨Scot hist⟩ *Feuerkreuz* n (*Ruf
z den Waffen*) | ~-red *feuerrot* || ~ wicket
⟨crick⟩ *harter Spielplatz* m (*so daß der Ball hoch
aufspringt*)
 fife [faif] **1.** s [pl ~s] ⟨mus⟩ *Querpfeife* f ||
~ and drum *Pfeifen u Trommeln* pl || ~ fifer
~-rail ⟨mar⟩ *Reling* f *um den Hauptmast* **2.** vi/t
|| *auf der Querpfeife blasen, spielen* | vt (etw) *auf
der Q. spielen* | **~r** ['faifə] s *Querpfeifer* m
 Fifer ['faifə] s *Bewohner der Grafschaft* Fife
(*Schottld.*)
 fifteen ['fif'ti:n] '–––; – '–] **1.** a *fünfzehn* **2.** s
die Rugby-*Fußballmannschaft*; the ~ (abbr *f*
1715) *der Aufstand der Jakobiten 1715* | **~th**
[~θ] **1.** a *fünfzehnte*(*r, –s*) **2.** s *der, die, das fünf-zehnte* || ⟨hist⟩ *der Fünfzehnte* m (*als Steuer*) |
das Fünfzehntel n
 fifth [fifθ] **1.** a *fünfte*(*r, –s*); ~-Amendment
Communist ⟨Am m.m.⟩ *Kryptokommunist* m ||
~ column *fünfte Kolonne* f (*die f den Feind
arbeitet*); *Verräter, Spione* m pl || ~ echelon
maintenance ⟨mil⟩ *Parkinstandsetzung* f || to
smite a p under the ~ rib *jdn töten*; the ~ wheel
das fünfte Rad am Wagen; [attr] *überflüssig* ||
⟨hist⟩ ~-monarchy-man *Eiferer des 17. Jhs,
der das zweite Kommen Christi erwartete* **2.** s
der, die, das fünfte || *Fünftel* n || ⟨mus⟩ *Quinte* f
| **~ly** ['~li] adv *fünftens*
 fiftieth ['fiftiiθ] **1.** a *fünfzigste*(*r, –s*) **2.** s *der,
die, das fünfzigste* || *Fünfzigstel* n
 fifty ['fifti] **1.** a *fünfzig*; ~-one *einundfünfzig*
(~-two; ~-first, etc) || *tausenderlei* (he had ~
things to tell us) | **~-~** ⟨Am⟩ **1.** adv *halb u
halb, z gleichen Teilen* (to go ~-~) **2.** a *z gleichen
Teilen gehend* (on a ~-~ basis) **2.** s *Satz v
50 Personen or Dingen*; by –ties *zu fünfzig* (*zu
fünfzig*); the –ties *die fünfziger Jahre* pl **~fold**
[~fould] **1.** a *fünfzigfach* **2.** adv *um das Fünfzig-fache*
 fig [fig] s *Feige* f; ⟨fig⟩ °*Pflaume* f || ⟨bot⟩
Feigenbaum m || *etw Kleines, Wertloses* n || bar-berry ~ *Gemeiner Feigenkaktus* m, *Gemeine
Op*·*untie* f | a ~ of tobacco *ein Priem* m (*Stück
Kautabak*) | a ~ for ..! *was frage ich nach, z
Teufel mit ..!*; he does not care a ~ for him *er
macht sich nicht das geringste aus ihm* | [attr]
~-eater, ~-pecker ⟨orn⟩ *Feigenfresser* m ||
~-leaf *–blatt* n || ~-tree ⟨bot⟩ *–baum* m; I am
under my vine & ~-tree *Nord, Süd, Ost, West,
tohus* (= *zu Hause*) *is best* || ~-wort ⟨bot⟩
Feigwurz f
 fig [fig] **1.** s (abbr *f* figure) *Kleidung, Aus-rüstung* f [*nur in:*] in full ~ ⟨sl⟩ *in vollem Wichs*

| *Form* f, *Zustand* m (in good ∼) **2.** vt to ∼ out (*jdn*) *herausputzen*

figger [ˈfigə] s *Bierpumpe* f *z Füllen der Fässer*

fight [fait] **I.** **vi/t** [fought/fought] **A.** vi *kämpfen* (against *gegen*; with *mit*; for a p *für jdn*); *fechten, sich schlagen* (about *über*, for *wegen*, *um*) ‖ ⟨übtr⟩ to ∼ against a th *sich e–r S widersetzen*; for a th *e–e S verfechten*; to ∼ shy of a p *jdn meiden, jdm aus dem Wege gehen* **B.** vt **1.** to ∼ a battle *e–e Schlacht schlagen*; to ∼ a duel *sich duellieren* ‖ to ∼ a good fight *sich wacker schlagen* **2.** (*etw*) *bekämpfen, kämpfen gegen* (to ∼ a fire) **3.** *verteidigen, verfechten* (to ∼ a question, a case) ‖ to ∼ one's way *sich durchschlagen* **4.** to ∼ a p *kämpfen mit, sich schlagen, boxen mit jdm* (I will ∼ him); (of a ship) to ∼ the gale *mit dem Sturm kämpfen* **5.** [kaus] *kämpfen l, z Kampf anstacheln* (to ∼ dogs) ‖ ⟨fig⟩ *kommandieren, handhaben; manövrieren l* (to ∼ troops, ships); to ∼ the guns ⟨mar⟩ *die Geschütze bedienen* **6.** [*mit adv*] to ∼ **back** *abwehren, widerstehen* ‖ to ∼ off *sich befreien v; abwehren* ‖ to ∼ it out *es ausfechten* **II.** s **1.** ⟨† *od* rhet⟩ *Gefecht* n, *Kampf* m ‖ *Boxerei, Schlägerei* f (*v mehr als 2 Pn*) | ⟨übtr⟩ *Kampf, Konflikt* m | *Kampfmut* m, *Kampflust* f **2. Wendungen:** hand to hand ∼ *Handgemenge* n ‖ stand-up ∼ *offener, regelrechter Kampf* m | sham ∼ *Scheingefecht, Manöver* n | they had a ∼ *sie schlugen sich* ‖ he has ∼ in him yet *er ist noch kampffähig, noch nicht geschlagen* ‖ to make a ∼ *kämpfen* (for *um*) ‖ to make a ∼ of it *tapfer kämpfen; sich kräftig z Wehr setzen* ‖ to show ∼ *kampfbereit s, sich z Wehr setzen* | ∼**er** [ˈ∼ə] s *Kämpfer, Fechter, Streiter* m ‖ ⟨aero⟩ (*a* ∼-aircraft, ∼-plane) *Kampf–, Jagdflugzeug* n, *Jäger, Zerstörer* m; ∼-bomber ⟨aero⟩ *Jagdbomber* m (abbr *Jabo*); ∼ command ⟨Am⟩ *Kommando* n *der Jagdflieger* ‖ ∼ cover ⟨aero⟩ *–schutz* m, *–sicherung* f ‖ ∼ defence *–abwehr* f ‖ ∼ escort *–schutz* m ‖ ∼ aeroplanes [pl] *–geschwader* n ‖ ∼ pilot *Jagdflieger* m ‖ ∼ protection *–schutz* f ‖ ∼ reconnaissance *–aufklärung* f ‖ ∼ screen *–sperre* f ‖ ∼ squadron *–staffel* f ‖ ∼ wing *–gruppe* f, ⟨Am⟩ *–geschwader* n ∼**ing** [ˈ∼iŋ] s *Gefecht* n, *Kampf* m; [koll] *Kämpfe* [pl] ‖ the way of ∼ *die Kampfesart* f | [attr] *Kampf–* ‖ ∼ chance *Erfolgsaussicht* f *nur bei äußerstem Kräfteeinsatz* ‖ ∼-cock *–hahn* ‖ ∼-force *–truppe* f; ∼-man *Kämpfer* m ‖ ∼-services [pl] *Wehrmacht* f ‖ ∼-top ⟨mar⟩ *Gefechtsmars* m ‖ ∼-zone *Kampfgebiet* n

figment [ˈfigmənt] s *Erdichtung* f ‖ *Produkt* n *der Einbildung* f

figurant [ˈfigjurənt] s Fr *Ballettänzer* m ‖ ⟨theat⟩ *Statist* m, *stumme P* f *–ante* **1.** [ˌfigjuˈraːt] s Fr *Ballettänzerin* f ‖ ⟨theat⟩ *Statistin* f **2.** [ˌfigjuˈrænti] s It (pl *–ti* [*–tiː*]) *Ballettänzer(in); Statist(in* f) m

figuration [ˌfigjuˈreiʃən] s *Gestaltung* f; *bildl. Darstellung, äußere Form* f ‖ ⟨mus⟩ *Figurierung* (*Ausschmückung*) f

figurative [ˈfigjurətiv] a *figürlich, bildlich* ‖ *bilderreich* ∼**ly** [∼li] adv *in bildlichem, übertragenem Sinne* ∼**ness** [∼nis] s *bildl. Darstellung; Bilderreichtum* m

figure [ˈfigə] **I.** s **1.** *Form* f ‖ (*Körper-*)*Figur, Gestalt* f (he has a well-developed ∼) ‖ *Statue* f ‖ *Figur* f (*äußere Erscheinung*) | (in a play, etc) *Person* f, *Charakter* m, *Persönlichkeit* f | *bemerkenswerte Erscheinung* f; *Wichtigkeit* f, *Ansehen* n (a p of ∼) **2.** ⟨geom⟩ *Figur* f; *Diagramm* n, *Zeichnung* f ‖ *Muster* n | *Symbol, Vorbild* n, *Bild* n ‖ (*Tanz-*)*Figur, Tour* f **3.** *Zahl, Ziffer* f (double ∼s *zweistellige Zahl[en]*); ∼ of merit *Gütezahl* ‖ (*Geld-* etc) *Summe* f ‖, ⟨jur (etc) typ⟩ *Ziffer* f **4.** (*Rede-, Stil-*)*Figur* f; ∼ of speech

sprachliches Bild n, *bildhafte Sprachform* f (e. g. man's inward laboratory) ‖ ⟨log⟩ *Figur* f ‖ ⟨mus⟩ *Figur, Phrase* f **5. Wendungen:** academical ∼ *Studie* f ‖ lay ∼ ⟨arts⟩ *Gliederpuppe* f ‖ rhetorical ∼, ∼ of speech *Redefigur* f ‖ solid ∼ ⟨geom⟩ *Körper* m | a ∼ of fun *e–e komische Figur, groteske P* f | to cut, make a poor ∼ *e–e armselige Rolle spielen* ‖ I got it at a low ∼ *ich erhielt es billig* ‖ to keep one's ∼ *e–e gute Figur behalten, nicht dick w* ‖ to reach three ∼s ⟨crick⟩ *100 Läufe m* ‖ it runs into six ∼s *es geht in die Hunderttausende* **6.** [attr] ∼-dance *Figurentanz* m | ∼-head ⟨mar⟩ *Galionsfigur* f, *Bugschmuck* m ‖ ⟨fig⟩ *Dekorationsstück* n, *Repräsentationsfigur* f; *Puppe* f (a mere ∼-head) | ∼ skating *Figurenlaufen, Kunst(schlittschuh)laufen* n ‖ ∼-stone ⟨minr⟩ *Agalmatolith, Bildstein* m **II.** **vt/i A.** vt **1.** *in e–r Figur darstellen; abbilden* ‖ *mit Figuren versehen* | *mustern, blümen* (∼d satin) ‖ ⟨fig⟩ *symbolisch darstellen; figürlich brauchen* ‖ *im Geiste vorstellen;* [oft:] to ∼ to o.s. *sich* (*etw*) *vorstellen* ‖ *mit Zahlen* or *Preisen bezeichnen* **2.** [*mit adv*] to ∼ **out** *ausrechnen, be–, errechnen;* ⟨fig⟩ *ausfindig m* ‖ to ∼ up *addieren* **B.** vi *figurieren, sich zeigen; auftreten, e–e Rolle spielen, erscheinen* (as *als*; he ∼s in the play as the hero) ‖ to ∼ on ⟨Am⟩ *überlegen, ins Auge fassen* (.. on doing z *tun*) | to ∼ out at *veranschlagt w z* | ∼**d** [∼d] a *gemustert, geblümt* (a ∼ shawl) ‖ *bildlich, bilderreich* (a ∼ language) ‖ *Figuren–* (a ∼ dance) ‖ ⟨mus⟩ *geschmückt, verziert;* ∼ bass *bezifferter Baß* m

figurine [figjuˈriːn] s Fr *kl* (*bes antike*) *Statue, Nebenfigur* f ‖ ⟨mod⟩ *Statuette* f, *Figur* f, *Figürchen* n ‖ ⟨theat⟩ *Kostümzeichnung* f

Fijian [fiːˈdʒiːən] **1.** a *Fidschi–* **2.** s *Eingeborener* m *der Fidschi-Inseln*

filament [ˈfiləmənt] s *Faser* f, *Fäserchen* n; *Nesselfaser(n* pl) ‖ ⟨übtr⟩ *feiner Faden* m ‖ ⟨bot⟩ *Staub–* ‖ ⟨el⟩ *Faden* (*der Glühbirne, –lampe*), wire ∼ *Drahtfaden* m | ∼ battery *Heizbatterie* f ‖ ∼ energy *Heizenergie* f ‖ ∼ lamp *Glühlampe* f ‖ ∼ resistor *Heizregler* m ∼**ary** [ˌfiləˈmentəri], ∼**ous** [ˌfiləˈmentəs] a *faserig; fadenförmig*

Filaria [fiˈlɛəriə] s ⟨zoo⟩ *Gattung der Fadenwürmer* f ‖ *Fadenwurm* m

filature [ˈfilətjuə] s Fr (*Faden-*)*Spinnen* n; *Abhaspeln* n ‖ (*Seiden-*)*Haspel* f ‖ (*Faden-*)*Spinnerei* f

filbert [ˈfilbət] s *Haselnuß* f (*a* ∼-tree) ⟨bot⟩ *Haselnußstrauch* m

filch [filtʃ] vt °*mausen, stibitzen*

file [fail] **1.** s *Feile* f; smooth ∼ *Schlicht–, Polier–*; to bite, gnaw a ∼ *sich die Zähne ausbeißen, auf Granit beißen, gegen Windmühlenflügel kämpfen* ‖ ⟨sl⟩ *geriebener Mensch* m; an old ∼, a deep ∼ *ein Schlaufuchs, Pfiffikus* | [attr] ∼-cutter, ∼-maker *Feilenhauer* m ‖ ∼-dust *Feilstaub* m ‖ ∼-fish *Hornfisch* m | ∼ tang *Feilenheft* n **2.** vt *feilen* ‖ ⟨fig⟩ *feilen an;* (*Stil*) *glätten, feilen* ‖ *zurechtfeilen, formen* (into z) ‖ to ∼ away *weg–, fortfeilen*

file [fail] **1.** s *Aufreihfaden, –draht* m (*f Papiere, Zeitungen*); on ∼ *aufgereiht* ‖ *Brief–, Papier–, Aktenordner, Dokumenten–, Zeitungshalter* m ‖ *im Ordner befindl. Briefakten* f pl (on the ∼ *bei den Briefen, Akten*); *Aktenbündel* n, *Stoß* m (∼ of papers *St. Papiere*) ‖ *Aktenheft* n, *Sammelmappe* f ‖ [attr] *Akten–* (∼ copy); ∼ number *–zeichen* n **2.** vt (*etw*) *aufreihen* (an *e–m Faden* etc) ‖ *ordnen, heften, registrieren, ablegen, abheften* ‖ (*Dokumente*) *aufbewahren* ‖ ⟨jur⟩ (*Urkunde*) *einreihen;* ⟨Am⟩ (*etw*) *amtlich –reichen* ‖ to ∼ an appeal *Berufung einlegen;* to ∼ suit (*e–e*) *Klage erheben*

file [fail] **1.** s ⟨mil⟩ *Rotte, Reihe* f *v Soldaten* or *Pn hinter–e–a* (a ∼ of men); ∼ of two's ⟨mil⟩ *Doppelreihe* f; in ∼ *e–r hinter dem anderen*, in double ∼ *z zweien hinter–e–a*; riding in ∼ *Hinter–e–a–fahren* n ‖ close ∼ ⟨mil⟩ *geschlossene Reihe* f ‖ connecting ∼ ⟨mil⟩ *Verbindungsleute* pl (*auf dem Marsch*) ‖ Indian ∼, single ∼ *Gänsemarsch* m ‖ rank and ∼ ⟨mil⟩ *Mannschaften* f pl; ⟨fig⟩ *Masse* f **|** [attr] ∼-leader *Vordermann, Rottenführer* m **2.** vi/t ‖ in *e–r Reihe marschieren, gehen* (to ∼ in *hinein–*, to ∼ out *hinaus–*) ‖ ⟨mil⟩ *defilieren*; to ∼ off, away in *e–r Reihe abmarschieren* ‖ to ∼ past in *Reihen vorbeimarschieren an* **|** vt (*Truppen*) *in Reihe marschieren l*

filemot ['filimət] **1.** a *bräunlichgelb* **2.** s *das Braungelb* n

filer ['failə] s ⟨bes Am⟩ *Registrator, Ordner* m (P)

filet ['fi:lei] s Fr *Filet* n, *Netzarbeit* f ‖ ⟨mot⟩ *Netz* n (f *Päckchen*); [attr] *Filet–* (∼-net)

filial ['filjəl] a (∼ly adv) *kindlich; Kindes–* ⟨übtr⟩ *Tochter–* (∼ church) ∼ relation(s pl) ⟨biol stat⟩ *Zeugungsschritte* m pl –**ate** ['filieit] vt = affiliate –**ation** [,fili'eiʃən] s *Kindschaft* f ‖ *Abstammung* f (from v) ‖ (of languages etc) *Verwandtschafts–, Abhängigkeitsverhältnis* n; *Abhängigkeit* f (from v) ‖ *Abzweigung* f, *Zweig* m ‖ ⟨jur⟩ *Feststellung* f *der unehelichen Vaterschaft*

filibeg ['filibeg] s ⟨Scot⟩ = kilt

filibuster ['filibəstə] **1.** s *Flib·ustier, Freibeuter* m ‖ ⟨pol Am sl⟩ *Obstruktionspolitiker* m ‖ *Obstruktion(srede)* f, *Lahmlegung* f *durch Dauerreden* **2.** vi *freibeute(r)n* ‖ ⟨Am⟩ *Obstruktion treiben*

filicic [fi'lisik] a ⟨chem⟩ *Farn–* (acid)

filigree ['filigri:] s *Filigran* n, *Fein–, Zierdrahtgeflecht* (*aus Gold, Silber*) n **|** [attr] *Filigran–*; ∼-work *Filigranarbeit* f **| ∼d** (∼d] a *mit F. geschmückt*

filing ['failiŋ] s *Aufreihen, Heften* n; ∼ of inventory *Inventarerrichtung* f **|** [attr] ∼-cabinet *Aktenschrank, Zettelkasten* m, *Kartothek* f ‖ ∼ card *Karteikarte* f ‖ ∼ office *Auf–, Annahmestelle* f

filings ['failiŋz] s pl *Feilspäne* m pl

Filipino [fili'pi:nou] s *Eingeborener* m *der Philippinen, Filipino*

fill [fil] **I.** vt/i **A.** vt **1.** *füllen* (with *mit*); to ∼ one's glass *sich einschenken*, a p's glass *jdm einschenken* **|** (*Pfeife*) *füllen, stopfen*; (*Zahn*) *plombieren, füllen* ‖ (*Loch*) *zuschütten* (*Fugen*) *ausschmieren, –gießen* **|** *sättigen* (to be ∼ed with) **|** *aufblasen* ‖ ⟨mar⟩ to ∼ the sails *die Segel mit Wind füllen* **2.** *ausfüllen* (*Posten, Freistelle*) *besetzen* ‖ ⟨mil⟩ to ∼ the belt (*MG-*)*Munition gurten* ‖ to ∼ the bill *vor anderen bes hervortreten*; ⟨Am⟩ *den Ansprüchen genügen*; *der gegebene, geeignete Mann f etw s* ‖ (*Posten*) *ausfüllen*; ⟨theat⟩ to ∼ a role *e–e Rolle darstellen* ‖ (*Platz*) *einnehmen*; (*Amt*) *bekleiden* ‖ ⟨com⟩ (*Auftrag*) *ausführen* **3.** ⟨fig⟩ *befriedigen, ganz in Anspruch nehmen* ‖ ⟨Am⟩ (*Befehl*) *ausführen* **4.** [*mit* adv] to ∼ in (*etw, ein Formular*) *ausfüllen, ergänzen* ‖ (*Namen*) *einsetzen*; *hineinschreiben* ‖ to ∼ out *aus–, vollfüllen*; *einschenken* (a glass of wine) ‖ to ∼ up *aus–, vollfüllen*; *z·uschütten* ‖ (*Formular*) *ausfüllen* ‖ ⟨mot⟩ ∼ up with shell *tanken Sie voll mit Sh.* **B.** vi *voll w* (with *v*), *sich füllen* **|** to ∼ out (of sails) *schwellen*; *sich ausdehnen*; (*in den Schultern*) *breiter w* ‖ to ∼ up *sich anfüllen* **II.** s *Fülle, Genüge* f; she cried her ∼ *sie weinte sich aus*; to eat one's ∼ *sich satt essen*; to have one's ∼ of *genug h v* ‖ *Füllung* f **| ∼er** ['∼ə] s *Füller, Ausfüller* m ‖ *Füllapparat*; *Trichter* m ‖ (*Zigarren-*)*Einlage* f, *Wickel* m; ∼ leaves [pl] *Füllblätter* n pl ‖ ⟨tech⟩ *Streckmittel* n ‖ ⟨tech⟩ *Spachtel* f;

⟨weav⟩ *Schuß* m ‖ *Ersatzmann* m **∼erup** ['filə'rʌp] ⟨Am mot fam⟩ = fill her up *tanken, bitte!*

fillet ['filit] **1.** s *Kopfbinde* f; *Stirnband* n ‖ *dünner, enger Streifen* m; *Band* n ‖ *Lendenstück, Filet* n (∼ of beef, fish); *Roul·ade* f; ∼ of veal *Kalbsnuß* f ‖ ⟨arch⟩ *Fase, schmale Leiste* f; *Reif* m; *Rippe* f ‖ ⟨bookb⟩ *Goldstreif, Goldzierat* m ‖ ⟨telg⟩ *Papierstreifen* m **2.** vt *mit e–r Kopfbinde schmücken* ‖ ⟨bookb⟩ *mit Goldstreifen schmücken* ‖ ⟨arch⟩ *mit Reifen* or *Leisten zieren* ‖ (*Fisch*) *in Filets teilen, in Bratstückchen schneiden, entgräten*

filling ['filiŋ] **1.** s *Füllung, Befüllung, Auffüllung* f ‖ *Füllmasse* f; *Einlage* f; *Plombe* f; *Füllsel* n; ∼ with mortar *Ausfugung* f ‖ ⟨weav⟩ *Einschlag* m ‖ ∼-in, ∼-out, ∼-up *Ausfüllung* f [attr] ∼ aperture *Einfüllöffnung* f ‖ ∼ hose *Zapf–, Füllschlauch* m ‖ ∼-in *Ausfüllung* f, *Füllwerk* n; ∼-in pieces [pl] ⟨arch⟩ *Ausfüllstücke* n pl ‖ ∼-putty *Spachtelkitt* m ‖ ∼-station *Tankstelle* f; ∼-st. attendant *Tankwart* m ‖ ∼-up ⟨mot⟩ *Be–, Auffüllung, Betankung* f **2.** a *füllend; sättigend; stopfend*

fillip ['filip] **1.** s (*Nasen-*)*Stüber* m; °*Fips*; *Schneller* m, *Schnippchen* n (*mit dem Finger*) ‖ *Kleinigkeit, Lapp·alie* f (not worth a ∼) ‖ ⟨fig⟩ *Anregung* f, *–reiz* m (to f) **2.** vt/i ⟨jdm⟩ *e–n Nasenstüber geben*; (*Münze*) *mit dem Finger hoch–, vorwärtsschnellen* ‖ ⟨fig⟩ (*Gedächtnis*) *antreiben* **|** vi *schnellen* (with one's finger)

fillister ['filistə] s *Falzhobel* m

filly ['fili] s *weibliches Füllen, Fohlen* n ‖ ⟨fig⟩ *ausgelassenes Mädchen* n; (Fr fille) ⟨fam⟩ *Tochter*

film [film] **1.** s *Membran(e)* f, *dünnes Häutchen* n; *Überzug* m; → self-adhesive ‖ ⟨übtr⟩ *krankhafte Trübung* f *des Auges* ‖ *Schleier* m ‖ ⟨phot⟩ *Film* m; ⟨Am a⟩ *Photo* n ‖ ⟨theat⟩ *Film* m, educational ∼ *Dokument·ar–, Kulturfilm* m; the ∼s [pl] *Filmvorführung* f, *Lichtspiele* n pl, on the ∼s *auf der Leinwand, weißen Wand, im* od *beim Film, im Kino* **|** *Faden* m, *Faser* f ⟨a fig⟩ **|** [attr] *Film–* ‖ ∼ actor (actress) *Filmschauspieler(in* f) m ‖ ∼ advancement knob *Filmtransportknopf* m ‖ ∼ camera *Filmkamera* f ‖ ∼ cartoon (a ∼ c. comedy) (*Zeichen-*)*Trickfilm* m ‖ ∼ cartridge *Rollfilm(spule* f) m, *Filmpatrone* f; → edit ‖ ∼ director *Aufnahmeleiter* m ‖ ∼ distribution *Filmverleih, –vertrieb* m ‖ ∼-drive mechanism *Filmlaufwerk* n ‖ ∼ editing *Schnitt* m ‖ ∼-fan *eifriger Kinobesucher* m ‖ ∼-goer *Kinobesucher* m ‖ ∼ library *Filmothek* f ‖ ∼-pack *Filmpack* m ‖ ∼ producer *Filmhersteller, Herstellungsleiter* m ‖ ∼ scenario *Drehbuch* n ‖ ∼ short *Kurzfilm* m ‖ ∼ speed rating *Filmempfindlichkeitswert* m ‖ ∼-star *Filmstar* m ‖ ∼-strip *Film–, Bildstreifen* m ‖ ∼ studio *Atelier* n **2.** vt/i *überz·iehen* (with) ‖ ⟨theat⟩ f *den Film herstellen, (ver)filmen* **|** vi *mit e–m Häutchen überziehen* ‖ *sich z Filmen eignen* **∼able** ['∼əbl] a *filmbar, f Verfilmung geeignet* **∼ic** ['∼ik] a *Film–* (∼ time *Filmzeit*) **∼ically** ['∼ikəli] adv *filmgemäß, filmartig* **∼ize** ['∼aiz] vt *verfilmen* **∼land** ['∼lænd] s *Filmparadies* n (*Hollywood*) **| ∼y** ['∼i] a *häutig, mit e–m Häutchen bedeckt* ‖ (of eyes) *trübe, verschleiert* ‖ *dünn, zart; duftig; hauchdünn* (*Strumpf*)

filoselle ['filosel] s Fr *Art Florettseide* f (*Stoff aus Seidenabfall*)

filter ['filtə] **1.** s *Filter, poröser Stoff* m ‖ *Filtrierapparat* m ‖ ⟨phot⟩ *Filter* m ‖ ⟨wir⟩ *Siebgebilde* n, *–kette* f **|** [attr] ∼-bed *Rieselfeld* n, *Kläranlage* f (*der Wasserwerke*) ‖ ∼ centre *Flugwachkommando* n ‖ ∼ circuit ⟨aero⟩ *Sperrkreis* m ‖ ∼ factor ⟨phot⟩ (*Filter-*)*Multiplikator* m ‖ ∼-paper *Filtrierpapier* n ‖ ∼ step ⟨phot⟩ *Filterstufe* f ‖ ∼ tip *Filtermundstück* m (*an Zigaretten*) **2.** vt/i || (*Flüssigkeit*) *filtern, filtrieren, durchseihen*; *reinigen* || ⟨übtr⟩ (*Flugmeldungen*) *auswerten* | vi *durchsickern, durchlaufen* (through *durch*; into *in*) || to ~ in *sich* (*in den Verkehr*) *einreihen* || ⟨fig⟩ *allmählich hervorkommen, bekanntwerden* **~able** [~rəbl] a *filtrierbar* **~ing** [~riŋ] s ⟨aero⟩ *Auswerten* n *der Flugmeldungen* || [attr] *Filtrier–* || ~-bag *Filtrierbeutel* m

filth [filθ] s *Schmutz, Dreck, Kot* m || ⟨übtr⟩ *Schmutz* m **~iness** [~inis] s *Schmutz* m ⟨fig⟩ *Gemeinheit* f, *Schmutz* m | **~y** [~i] a (–thily adv) *schmutzig* || ⟨fig⟩ *gemein; unflätig* || ⟨Am⟩ ~ with money *klotzig reich* || –thily *scheußlich, bannig, koloss·al* (= *sehr*) | s ⟨hum⟩ the ~ = ~ lucre ~ lucre

filtrate 1. [ˈfiltrit] s *Filtr·at* n (*durchgelaufene Flüssigkeit*) **2.** [ˈfiltreit] vt/i = to filter **–ation** [filˈtreiʃən] s *Filtrieren* n; *Filtrierung* f

fimbriate [ˈfimbrieit], **~d** [~id] a ⟨bot zoo⟩ *mit fransigem, behaartem Saum, befranst*

fin [fin] s ⟨anat⟩ *Flosse, Finne* f || ⟨tech⟩ *Grat* m, *Gußnaht* f || ⟨aero⟩ *Kiel–, Leitflosse* (horizontal ~ *Höhen–*) || cooling ~ ⟨mot⟩ *Kühlrippe* f || ⟨sl⟩ (*Hand*) °*Pfote* f (tip us your ~ *gib mir d–e* °*Flosse*) || ⟨Am sl⟩ **5**-*Dollarnote* f | [attr] ~-back, ~-fish ⟨zoo⟩ *Finnwal* m || ~-footed, ~-toed *mit Schwimmfüßen versehen* || ~-like *flossenförmig*

finable [ˈfainəbl] a *mit Geldbuße strafbar*; a ~ offence *ein Vergehen, auf dem e–e Geldstrafe steht*

finagle [fiˈneigl] vt ⟨Am sl⟩ „*organisieren*", „*erbeuten*", „*sicherstellen*"

final [ˈfain] **1.** a *letzt, endlich* || *entscheidend, endgültig, Fin·al–*; to become ~ ⟨jur⟩ *rechtskräftig w* || ~ act *Schlußakte* f || ⟨for⟩ ~ age *Abtriebsalter* n; *Räumungs–*; ~ cutting *–hieb* m, ~ stage *–schlag* m ⟨aero⟩ ~ approach *Endanflug* m; ~ descent (*End-*)*Anschweben* n || ⟨mot⟩ ~ assembly *Fertig–, Endmontage*; ⟨tact⟩ *Bereitstellung* f || ~ drive *Radantrieb, (Hinter-)Achsantrieb* m || ⟨com⟩ ~ account *Schlußabrechnung* f; ⟨jur⟩ ~ hearing *–termin* m, ~ judgment *Endurteil* n || ⟨phon⟩ *auslautend, End–, Schluß–*; ~ consonant *Endkonsonant* m || ⟨gram⟩ *Absichts–*; ~ clause *Absichtssatz* || ~ date *Endtermin* m **2.** s *Endspiel, –rennen* n, *Schlußrunde* f | *Nachtausgabe* f (*e–r Zeitung*) | ~s [pl] ⟨univ⟩ *das Schlußexamen* n **~ist** [ˈfainəlist] s ⟨sport⟩ *Teilnehmer* m *an der Schlußrunde, am Endspiel* **~ize** [~laiz] vt (*etw*) in (*s–e*) *endgültige Form bringen, beenden* **~ly** [ˈfainəli] adv *zuletzt, z Schluß, schließlich; endgültig*

finale [fiˈnɑːli] s It ⟨mus⟩ *Fin·ale* n, *Schlußsatz* m

finality [faiˈnæliti] s *endgültiger Abschluß* m; *Endgültigkeit* f; *abschließende Handlung* or *Äußerung* f || ⟨philos⟩ *Zweckbestimmtheit* f

finance [f(a)iˈnæns] **1.** s *Finanz* (high~ ~ *Hoch–*); *Geldwirtschaft; Finanzwissenschaft* f | ~ e [pl] *Finanzen, Einkünfte* pl (*bes des Staates*) || ⟨übtr⟩ my ~s are low *mit m–n F. steht es schlecht, ich bin nicht bei Kasse* || [attr] *Finanz–* (~-bill); *Finanzierungs–* (costs) **2.** vt/i || (*etw*) *finanzieren, durch Geld unterstützen* | vi *Geldgeschäfte m* **–cial** [fiˈnænʃəl] a (~ly adv) *finanzi·ell, Geld–, Rechnungs–*; ~ year *–jahr* n **–cier** [fiˈnænsiə] s *Finanzmann* || *Kapitalist* m **–cier** [ˌfinænˈsiə] vi/t ⟨mst cont⟩ *Finanzgeschäfte m* | vt *finanzieren* || ⟨Am⟩ (*jdn*) *beschwindeln*, to ~ a p out of a th *jdm um etw betrügen* || ⟨Am⟩ to ~ away (*Geld*) *verschieben*

finch [fin(t)ʃ] s ⟨orn⟩ *Fink* m || citril ~ *Zitronenzeisig* m

find [faind] **I.** vt/i [found/found] **A.** vt **1.** *finden*; you will ~ it between .. *es befindet sich*

zw .. || ⟨euph⟩ „*finden*", „*organisieren*" (*stehlen*) || *treffen, stoßen auf, begegnen; antreffen* (I trust this ~s you well) || *erhalten*; (*Gunst*) *gewinnen, erreichen*; to ~ one's feet *od* legs ⟨fig⟩ *stehen, gehen lernen*, ⟨übtr⟩ *s–e Fähigkeiten entwickeln*; *sich hinein–, zurechtfinden*; to make a p ~ his legs *jdm Beine m* **2.** *finden, erkennen* (I ~ no sense in it); *anerkennen* || *sehen* (he found the sun shining) || [refl] to ~ o.s. *sich befinden; sich sehen*; I found myself surrounded by *ich sah mich umgeben v* | (*etw*) *durch Erfahrung feststellen, finden*; *erfahren* (I ~ rest agreeable); I found other methods fail *od* to fail, I found (that) other methods failed *ich fand, daß andere Methoden mißlangen*; we found him (to be) a swindler *wir fanden, daß er ein Schwindler war* (he was found a swindler); he was found telling a lie *er wurde beim Lügen ertappt*; you ~ yourself doing *man ertappt sich dabei, daß man tut*; I ~ it impossible to decline *ich finde es unmöglich abzulehnen* || → fault | (*durch Suchen*) *entdecken*; (*Wild*) *gewahr w* || (*etw*) *ermitteln*; to ~ one's way *sich* (*zurecht*)*finden* (to *nach*) || [refl] to ~ o.s. *s–e Kräfte entdecken, erkennen* **3.** (*etw*) f *sich auftreiben, aufbringen* (I cannot ~ time to do); *besorgen* (money); *sich verschaffen*; (*S*) to ~ expression *sich ausdrücken* (in); I could not ~ it in my heart *ich konnte es nicht übers Herz bringen* (to do) **4.** ⟨jur⟩ f *Recht befinden, erklären* (they found him guilty; that he was guilty; he was found guilty); to ~ a true bill *die Klagegründe f gültig erklären* **5.** (*etw*) *liefern, stellen* (the hotel does not ~ breakfast); you must ~ everything *Sie müssen alles Material selbst stellen* || all found *volle Beköstigung, alles frei; freie Station* | (*jdn*) *ausstatten, versorgen* (in *mit*); they found him in food and lodging *sie gaben ihm Kost u Logis* | to ~ o.s. *sich selbst versorgen, beköstigen*; to be found in *versorgt s mit* | to ~ a p a th *od* a th for a p *jdm etw verschaffen* (his manners found him many friends) || *jdm etw suchen, holen* (I'll ~ you a chair); ~ me a car *holen Sie mir ein Auto* **6.** [mit adv] to ~ out (*jdn*) *ertappen, erwischen* | *feststellen, herausbek* (a th; a th to be *daß etw ist*); *entdecken, enträtseln* **B.** vi ⟨hunt⟩ *Wild entdecken* || to ~ for z *jds Gunsten entscheiden*; to ~ for defendant *die Klage abweisen*, (*Strafrecht*) *den Angeklagten freisprechen*; to ~ for plaintiff *der Klage stattgeben* **II.** s [abstr & konkr] *Fund* m; *Befund* m *Erwerbung* f | **~er** [ˈ~ə] *Finder* m || ⟨phot⟩ *Sucher* m | (of a telescope) *Suchglas* n || ~'s reward *Finderlohn* m **~ing** [ˈ~iŋ] s *Fund* m, *Finden* n, *Entdeckung* f || ⟨jur⟩ *Urteil* n, *Wahrspruch* m *der Geschworenen*; ~s of fact *festgestellter Tatbestand* m, *Tatsachenfeststellung* f || ⟨med⟩ *Befund* m | ~s [pl] ⟨Am⟩ *Handwerkszeug* n, *Bedarfsartikel* m pl (f *Handwerker*); *Feststellungen* f pl (z. B. *e–r Prüfungskommission*)

fine [fain] **1.** s *Geldstrafe, –buße* f; on the spot ~ *gebührenpflichtige Verwarnung* f || *Abstandssumme* f (*bei Übertragung v Grundstücken*); *Abfindung* f || in ~ *schließlich, kurz* **2.** vt/i z *e–r Geldstrafe verurteilen* (he was ~d £2 *er wurde z 2 Pfd. G. verurteilt*) | vi *e–e G. entrichten*

fine [fain] **I.** a (~ly adv) **1.** *fein, verfeinert* || ⟨met⟩ *rein, ohne Legierung*, (of gold, silver) *fein*, twelve carats ~ *zwölfkaratig*; ~ weight *Feingewicht* n **2.** ⟨com⟩ *gut*, a ~ bill *ein guter Wechsel* m **3.** *scharf, spitz* (~ pen) || *fein* (dust); *dünn; subtil* || *diffiz·il* **4.** *zart* (hands) || *zierlich, nett* || *elegant* **5.** *ausgezeichnet, glänzend* (time) || *schöngebaut, groß, hübsch; schmuck* || *edel* || *schön, fein* || ⟨fam⟩ *großartig, vortrefflich* (~ weather ~ 6) **6. Wendungen:** the ~ arts *die schönen Künste* f pl, [attr] ~ art *Kunst–* || you are a ~ fellow! *du bist mir ein netter Kerl!* || a ~

gentleman *ein vornehmer Herr* (*der Arbeit nicht schätzt*) ‖ a ~ pencil *ein harter Bleistift* m ‖ ~ pitch ⟨aero⟩ *kl Steigung* f (*bei gr Drehzahl*) ‖ a ~ scholar *ein gr Gelehrter* m ‖ one of these ~ days *e–s schönen Tages* (*d. Zukunft*) ‖ ~ day *od* weather for the ducks! *heute regnet's nur einmal* ‖ these are ~ doings *das sind mir schöne Geschichten* ‖ ~ words butter no parsnips *davon wird der Kohl nicht fett* ‖ that is all very fine, but .. *das ist alles recht gut u schön, aber ..* **7.** [in comp] ~-draw [vt] *fein zus–nähen, fein stopfen*; (*Draht*) *fein ausziehen* ‖ ~-drawn *sehr dünn, leicht* ‖ ⟨fig⟩ *subtil, fein gesponnen* ‖ ~-fingered *geschickt* ‖ ~ grain developer ⟨phot⟩ *Feinkornentwickler* m ‖ ~ grained *feinfaserig, –porig* (*Holz*) ‖ ~ pitch blade *Sägeblatt* n *mit enger Zahnteilung*; ~ pitch screw *feingängige Schraube* f ‖ ~-tooth comb *Staubkamm* m **II.** s *schönes Wetter* n (in rain or ~ *bei Regen oder schönem W.*) **III.** adv *gebildet, elegant* (to talk ~) ‖ *sehr nett, gut* (I could see it all ~) ‖ to cut *od* run it ~ *mit der Zeit in die Enge k* ‖ ~-spoken *schönredend* ‖ ~-spun *fein gesponnen, dünn; subtil* **IV.** vt/i ‖ *reinigen. läutern, frischen, klären,* [*nur in:*] to ~ (down) beer ‖ to ~ away, to ~ down *dünn m; abschleifen; zuspitzen* ‖ vi (of beer) *sich abklären, klar w* ⟨a fig⟩ ‖ to ~ away, down, off *fein, dünn w; sich abschleifen; hinschwinden* ~ness ['~nis] s ⟨met⟩ *Reinheit* f; *Feingehalt* m ‖ (of feelings etc) *Feinheit, Zartheit* f ‖ *Dünnheit; Schlankheit; Zierlichkeit* f ‖ *Genauigkeit* f; *Schärfe* f ‖ *Eleganz* f; *Schönheit* f ‖ (of speech) *Subtilität* f, *schöner Bau* m ‖ ⟨tech⟩ ~ ratio *Schlankheitsverhältnis* n ‖ ⟨poet⟩ *Schlauheit* f ‖ ~ry ['fainəri] s *Putz, Staat* m, *Flitterwerk* n ‖ ⟨tech⟩ *Frischofen, Frischherd* m; *Raffinerie* f

finee [fi'ni:], **finni, finny** ['fini] a [*nur attr*] (Fr: fini) ⟨mil sl⟩ *naplü* (Fr: il n'y en a plus)

finesse [fi'nes] **1.** s Fr *Fin'esse; Feinheit* f ‖ *Spitzfindigkeit* f; *List* f ‖ ⟨cards⟩ *Impaß* m, *Schneiden* n **2.** vi/t ‖ *Kniffe anwenden* ‖ vt ⟨cards⟩ *schneiden, impassieren*

finger ['fiŋgə] **I.** s **1.** *Finger* m ‖ (Handschuh-) *Finger* m ‖ *Fingerbreit* m ‖ *fingerförmiger Gegenstand* ‖ ⟨dial⟩ *Zeiger* (*der Uhr*) m **2. Wendungen:** with a wet ~ *mit Leichtigkeit, leicht* ‖ my ~s itch *mir jucken die Finger* (*vor Ungeduld*), *mich verlangt, reizt* (to do) ‖ his ~s are all thumbs *er hat 2 linke Hände* (*ist ungeschickt*) ‖ to have a ~ in the pie, to have a ~ in *die Hand im Spiel h;* → end ‖ to lay, put a ~ on (a p; a th) *den F. legen an* ‖ to lay, put one's ~ on a th *den Finger legen auf etw* (*etw deutlich kennzeichnen*); I can't put my ~ on it (*ich weiß, wo es ist*) *kann es aber gerade nicht finden* ‖ to keep one's ~s crossed *den Daumen drücken* ‖ to number on the ~s *an den Fingern abzählen* ‖ to slip through one's ~s *jdm entwischen, entschlüpfen* ‖ to stir a ~ *den Finger rühren* (in a matter) ‖ to turn, twist a p round one's little ~ ⟨fig⟩ *jdn um den F. wickeln* (*beschwatzen*) **3.** [attr] *Finger–* ‖ ~-board ⟨mus⟩ *Griffbrett* n (*der Geige*); *Klaviatur* f ‖ ~-bowl, ~-glass *Fingerschale, –kumme* (*z Obst*) f ‖ ~-grass ⟨bot⟩ *Blut–, Fingerhirse* f ‖ ~-language *–sprache* f ‖ ~-nail *–nagel* m; to one's ~-nails *bis in die –spitzen* ‖ ~ plate ⟨telph⟩ *Lochkranz* m *der Nummernscheibe* ‖ ~-post *Wegweiser* m ‖ ~-print **1.** s *Fingerabdruck* m **2.** vt to ~-print a p *den F. jds nehmen* ‖ ~-stall *Fingerling, Däumling* m ‖ ~-tight *handfest* ‖ ~-tip *Fingerspitze* f; to have at one's ~-tips *od* ~-ends *am Schnürchen h;* to one's ~-tips *bis in die F.-spitzen* (*durchaus*) **II.** vt/i ‖ *mit den Fingern befühlen, betasten, bearbeiten; in die Finger nehmen; befingern,* °*befummeln* ‖ ⟨mus⟩ (*Instrument*) *mit den Fingern spielen;* (*Stelle*) *mit bes Fingersatz versehen, spielen* ‖ vi

herumfingern (at *an*); *spielen* (with) ‖ ~ed [~d] a [in comp] *mit Fingern*; –*fing(e)rig*; light–~ *langfingerig, diebisch* ~er [~rə] s ⟨vulg⟩ *Fingerer, Fummler* m ~ing [~riŋ] s *Fingerspur* f ‖ ⟨mus⟩ *Fingertechnik* f, *Fingersatz* m ~less [~lis] a *ohne Finger*

fingering ['fiŋgəriŋ] s *Strumpfwolle* f, *Strumpfgarn* n

finial ['fainiəl] s ⟨arch⟩ *Kreuzblume* f, *Blätterknauf* m *auf Turmspitzen, Giebeln*

finical ['finikəl] a (~ly adv), **finicking** ['finikiŋ], **finikin** [–kin], ⟨Am⟩ **finicky** ['finiki] a (*P*) *geziert; zimperlich, übertrieben genau, peinlich; knifflig*

finicality [‚fini'kæliti], **finicalness** ['finikəlnis] s *Geziertheit, übertriebene Peinlichkeit* f

fining ['fainiŋ] s *Reinigen, Klären* n ‖ ~ forge ⟨tech⟩ *Frischfeuer* n ‖ [*oft pl*] ~s *Reinigungsmittel* n

finis ['fainis] s L *Ende* n ‖ *Tod* m

finish ['finiʃ] **I.** vt/i **A.** vt **1.** (*etw*) *beendigen, vollenden*; to ~ doing *aufhören z tun* ‖ *auf–, verbrauchen, aufessen, austrinken* ‖ ⟨fam⟩ ×*hinmachen* (*töten*); (*jdm*) *den Rest geben, den Garaus m* **2.** (a to ~ off, up) *vervollkommnen; ausbilden* (a p) **3.** to ~ off *fertig m, abtun; zerstören* ‖ to ~ up *beendigen* **B.** vi (to ~ off, up) *aufhören, endigen, enden* (in *in;* by doing *z tun*); (all trains) ~ here .. *enden hier; sein Ende erreichen, verschwinden* (in *in*): to ~ with *aufhören bei, s–e Rede abschließen mit* (he ~ed with an account of ..); to have ~ed with *fertig s mit* ‖ ⟨racing⟩ *ans Ziel k* **II.** s *Schluß* m, *Ende* n; ⟨tech⟩ *feine Ausführung* f; ⟨sport⟩ *End–, Schlußkampf* m, *Entscheidung* f (to be in at the ~ *mit in den Schlußkampf k*); to fight to a ~ *bis z Entscheidung kämpfen* ‖ ⟨arts⟩ *Vollendung* (with ~) ‖ *letzter Schliff* m, *letzte Hand* f ‖ ⟨arch⟩ *Putz* m; *Appretur; Aufmachung* f ‖ ~ed [~t] a *beendigt* ‖ *vollendet, vollkommen* (a ~ gentleman); *ausgebildet* ‖ ⟨tech⟩ *fertig, Fertig–,* (goods); *End–, Deck–;* ~ to your requirements *Ihren Erwartungen* or *Bedingungen entsprechend* ~er [~ə] s *Beender, Vollender* m ‖ *P* or *Maschine* f, *die die letzte Arbeit verrichtet;* *Fertigmacher; Schlußredakteur* m ⟨fam⟩ *vernichtender Schlag* m; *das letzte Ende* (*e–r S*) n ~ing [~iŋ] **1.** s ⟨bookb⟩ *Beenden, Vollenden* n ‖ *Verzierung* f ‖ ~ machine *Ausputzmaschine* (*f Schuhe*) ‖ ~-school *Schule* f, *die den letzten Schliff geben soll* **2.** a *vollendend;* to give the ~ touch, to put the ~ hand (stroke) to *die letzte Hand legen an* ‖ ~ post ⟨racing⟩ *Ziel* n

finite ['fainait] a (~ly adv) *endlich, begrenzt* ‖ ⟨gram⟩ ~ verb *Verbum finitum* n ~ness [~nis], –**tude** ['fainitju:d] s *Endlichkeit, Begrenztheit* f

fink [fiŋk] s ⟨Am⟩ *Streikbrecher; Schwindler* m

Finlander ['finləndə], **Finn** [fin] s *Finnländer, Finne* m

finless ['finlis] a *ohne Flossen* f

finnan ['finən] s ⟨ich⟩ *geräucherter Schellfisch* m (a ~-haddock)

finned [find] a *mit Flossen versehen*

finner ['finə] s ⟨zoo⟩ (a ~-whale) *Finnwal* m

Finnic ['finik] a = Finnish

Finnish ['finiʃ] **1.** a *finnisch* **2.** s *das Finnische* (*Sprache*) ‖ **Finno–** ['finou] [in comp] *finno–*

finnock ['finək] s ⟨ich⟩ *Meer–, Lachsforelle* f

finny ['fini] a *Flossen–* (*monster*); *Fisch–* (*life*)

Finsen ['finsən] s [attr] (*nach N. R.* ~, † 1904) ~ light treatment *Finsenlichtheilverfahren* n

fiord, fjord [fjɔ:d] s *Fjord* m; Kiel ~ *die Kieler Förde* f

fiorin [ˈfaiərin] s ⟨bot⟩ *Fior·ingras* n

fir [fəː] s ⟨bot⟩ (a ~-tree) *Tanne* f; *Fichte* f || Scotch ~ *Föhre, Kiefer* f || silver ~ *Silber-, Weiß-, Edeltanne* f | spruce ~ *Gemeine Fichte, Rottanne* f | *Tannen-, Fichtenholz* n | [attr] ~-apple, ~-cone *Kienapfel, Tannenzapfen* m || ~-needle *Fichtennadel* f || ~-wood *Nadelwald* m

fire [ˈfaiə] **I.** s **1.** *Feuer* n, *Flamme* f || *die Feuersglut (feurige Kohlen)* f || *Brand* m; *(Groß-)Feuer, -sbrunst* f | ⟨mil⟩ *Feuer* n, advancing ~ ⟨artill⟩ *Feuerwalze* f | ⟨ins⟩ *–schaden* m | ⟨fig⟩ *F., Glanz* m || *Leidenschaft, Glut, Begeisterung* f; *Hitze* f, *Fieber* n **2. Verbindungen: a.** St. Anthony's ~ ⟨med⟩ *Rose* f, *Rotlauf* m | St. Elmo's ~ ⟨naut⟩ *St. Elmsf.* n || the ~ of his imagination *s–e lebhafte Einbildungskraft* f || ~! *F.*!; ⟨fam fig⟩ where's the ~? °*wo brennt's (warum so eilig)*? || sheet of ~ *F.-meer* n **b.** [nach prep] **at** the ~ *am F.* || between two ~s *zw zwei F.n* ⟨a fig⟩ | **on** ~ *brennend, in Brand*; ⟨fig⟩ *F. u Flamme*; to set on ~ *in Brand stecken*; ⟨fig⟩ *aufregen*; to set the Thames on ~ *etw Außergewöhnliches leisten*; he won't set the Th. on ~ *er hat das Pulver nicht erfunden* || on a slow ~ ⟨cul⟩ *bei langsamem F.* | **under** ~ ⟨mil⟩ *im (Trommel-)F.*; to be under ~ ⟨mil⟩ *unter F. liegen*; ⟨fig⟩ *heftig angegriffen w*; to keep under ~ *unter Beschuß halten* || with ~ and sword *mit F. u Schwert* || no smoke without ~ *v nichts kommt nichts* **c.** to **add** fuel to the ~ ⟨fig⟩ *Öl ins F. gießen* || to catch ~ *F. fangen* || to go through ~ and water for a p *f jdn durchs F. gehen* || to **hang** ~ *z spät losgehen*; ⟨fig⟩ *nicht zünden (sich verzögern, ohne Wirkung* or *Erfolg sein* or *bleiben)* || to keep up a ~ *ein F. unterhalten, immerfort schießen* || to **make** up the ~ *das F. schüren* || to miss ~ *nicht zünden (versagen)* || to **open** (cease) ~ ⟨mil⟩ *das F. eröffnen (einstellen)* || to put, set on the ~ *aufs F. setzen; ansetzen* || to set ~ to *anzünden, in Brand stecken*; to set a ~ ⟨Am⟩ *e–n B. anlegen* || to **sit** by the ~ *am Ofen sitzen* || to sit over the ~ ⟨fam⟩ *in den O. kriechen* || to strike ~ *Funken schlagen* || to take ~ *Feuer fangen; erregt w, in Wut geraten (at über)* **3.** [attr] *Feuer–* | **~-alarm** *–lärm, –melder* m | ~-arm certificate *Waffenschein* m | ~-arms [pl] *Schußwaffen* f pl || ~-ball *Feuerkugel* f; ⟨mil⟩ *Brandkugel* f; ⟨meteor⟩ *Mete·or* m | ~-balloon *Feuerballon* m || to lay down a ~ barrage *Riegel* m or *Sperrfeuer* n *schießen* || ~-blast *Brand* m *(der Pflanzen)* || ~-boat *Feuerlöschboot* n || ~-bomb *Brandbombe* f || ~-box ⟨tech⟩ *Feuerraum* m, *–büchse* f || ~-brand *brennendes Stück Holz* m; ⟨fig⟩ *Unruhestifter* m || ~-break ⟨Am⟩ *Feuer(schutz)schneise* f || ~-brick ⟨tech⟩ *Brandziegel* m; *feuerfester Stein* m || ~-brigade *Feuerwehr* f || ~ bronze *Goldbronze* f || ~-bug ⟨Am⟩ *Leuchtkäfer* m; ⟨fig fam⟩ *Brandstifter; Aufwiegler* m || ~ burst *Feuerstoß* m *(e–s MGs)* || **~-clay** *feuerfester Ton* m, *Scham·otte* f || ~-cracker *(Feuerwerk-)Schwärmer* m || ~-crest ⟨orn⟩ ~ goldcrest || ~-curtain *Sicherheitsvorhang*, ⟨theat⟩ *eiserner V.* m || ~-damage *Feuerschaden* m *(to an)* || ~-damp ⟨chem⟩ *Grubengas* n, *schlagende Wetter* n pl || ~ department ⟨Am⟩ *Feuerwehr* f || ~ detector *selbsttätiger Feuermelder* m || ~ direction ⟨mil⟩ *F.-leitung* f; ~ d. centre ⟨artill⟩ *Leitstand* m || ~ director ⟨artill⟩ *Kommandogerät* n, ⟨mar⟩ *Zentralrichtgerät* n || ~-dog *–bock* m || ~-drill training *–alarmübung* f || **~-eater** *–esser* m; ⟨fig⟩ *Raufbold, Renommist* m || ~-engine *–spritze* f || ~-escape *Rettungsapparat* m, *–leiter* f; *Nottreppe* bei *–sgefahr*; *–leiter* f || ~-extinguisher *–löschapparat,* ⟨Am sl⟩ *Anstandswauwau* m || ~-fighter ⟨Am⟩ *–wehrmann* || ~-fighting ⟨aero⟩ *–bekämpfung* f; [a] *–abwehr–* (services) || ~-fly *Leuchtkäfer* m || ~ gilding *Feuervergoldung* f ||

~-guard *Feuergitter* n; ⟨P⟩ *Brandwart* m *(a ~-fighter)* || ~-hose *Schlauch* m *f –spritzen* || ~-insurance *–versicherung* f || ~-irons [pl] *Kamingerät* n || ~-kiln *Brennofen* m || ~-lane, ~-line ⟨for⟩ *Feuergestell* n *(Schneise)* || ~-lighter *–zünder* m || ~-lines [pl] ⟨Am⟩ *abgesperrter Raum bei Feuersbrunst* || ~ loss assessor ⟨ins⟩ *Brandschätzer* m || ~-new *(funkel)nagelneu* || ~-office *–versicherungsanstalt* f || ~ picket ⟨mil⟩ *Brandwache* f || **~-place** *Kamin* m || ~-plug *Hydr·ant* m || ~-power ⟨artill⟩ *Feuergeschwindigkeit* f || ~-proof *feuerfest* || ~-raiser *Brandstifter* m; ~-raising *–stiftung* f || ~-screen *Ofenschirm* m || ~-ship ⟨mar⟩ *Brander* m || ~-shovel *(Feuer-)Kohlenschaufel* f || ~-sign ⟨Am⟩ *Lichtreklame* f || ~-squad *Löschkommando* n || ~-station *Feuerwehrwache* f, *–wehrdepot* n || ~-stone ⟨minr⟩ *Feuerstein* m || ~-tongs [pl] *Feuerzange* f || ~-walk *Lauf* m *über glühende Kohlen* (etc) || ~-warden ⟨Am for⟩ *Brandwart* m || ~-watcher = ~-guard ⟨P⟩ || ~-water *Feuerwasser* n *(Branntwein)* || ~-wood *Brennholz* n || ~-worship *Feueranbetung* f **II. vt/i A. vt 1.** *an–, entzünden, in Brand stecken* || *rot* m, *röten* | *Ziegel brennen* || *(Tabak) beizen; ausbrennen, wegbeizen* | *feuern, mit Feuerung versehen* **2.** [kaus] *(oft* to ~ off) ⟨mil⟩ *abfeuern, losschießen*; to ~ salute *Salut feuern* **3.** ⟨fig⟩ *entflammen, anfeuern; begeistern, mit Begeisterung füllen; beleben* (into *z*) **4.** to ~ off *abfeuern;* ⟨fig⟩ *los–, ablassen* (a postcard) || to ~ (out) ⟨Am fam⟩ *entlassen, hinausfeuern, –werfen* **B. vi 1.** *Feuer fangen, anbrennen* | *rot w, erröten* **2.** ⟨mil⟩ *feuern, schießen* (at, on *auf*; into *in*) **3.** ⟨biol⟩ „*feuern*" *(Impulse senden)* **4.** to ~ away *losschießen* ⟨a fig⟩, ⟨fig⟩ *den Anfang* m | to ~ up *feuern, heizen*; ⟨fig⟩ *in Hitze geraten (at über)*

firehouse [ˈfaiəhaus] s ⟨Am⟩ = fire-station

fireless [ˈfaiəlis] a *ohne Feuer* –lit [ˈfaiəlit] a *durch Feuer beleuchtet* –**lock** [ˈfaiəlɔk] s *Luntenschloß* n *am Gewehr; Musk·ete* f –**man** [ˈfaiəmən] s *Heizer* m || *Feuerwehrmann* m || ⟨min⟩ *Wetterwart* m || **firer** [ˈfaiərə] s ⟨mil⟩ *Schütze* m **fireside** [ˈfaiə-said] s *häuslicher Herd, Kamin* m; ⟨fig⟩ *häusl. Leben* n, *Häuslichkeit* f | [attr] *häuslich;* ~ chat *Plauderei* f *am Kamin* –**wood** [ˈfaiəwud] s *Brennholz* n –**work** [ˈfaiəwəːk] s *Feuerwerk* n || ~s [sg konstr] *–werk* (a ~s); ⟨Am st exch⟩ *plötzliche Hausse* f | [attr] a ~(s) display *e–e –sveranstaltung* f

firing [ˈfaiəriŋ] s ⟨mil⟩ *Feuern, Schießen, Abfeuern* n | *Heizung* f | *Feuerung* f || cease ~! ⟨mil⟩ *Stopfen! F. einstellen!* | [konkr] *Feuerung* f | [attr] ~ azimuth ⟨artill⟩ *Gesamtseitenrichtung* f || ~ data computer *Schußwerteberechner* m || ~ hour *Heizstunde* f || ~ lane ⟨mil⟩ *Schießbahn* f || ~-line ⟨mil⟩ *Feuerlinie; Kampffront* f || ~ order *Zündfolge* f || ~-party *z Ehrensalve abkommandierte Abteilung* f *Soldaten* || ~ pin ⟨Am⟩ *Schlagbolzen* m, *(Zünder-)Zündnadel* f || ~ point ⟨artill⟩ *Geschützstand* m || ~ position ⟨infantry⟩ *Anschlag(sart* f) m, ⟨artill⟩ *Feuerstellung*; in ~ p. *feuerbereit* || ~ problem ⟨artill⟩ *(Gefechts-)Schießaufgabe* f || ~ range *Schußentfernung, –weite* f; *Schießplatz, –stand* m || ~ regulations [pl] *Schießvorschrift* f || ~ rules [pl] *Schießregeln* f || ~ squad *Erschießungskommando* n || ~ step *Schützen(graben)auftritt* m || ~ table *Schußtafel* f

firkin [ˈfəːkin] s *Viertelfaß* n *(f Bier 40,8 Liter; f Butter 56 Pfd.)* || *(Butter-)Fäßchen* n

firm [fəːm] s ⟨com⟩ *Firma* f *(the ~ of N. die F. N.)* || *Betrieb* m

firm [fəːm] **1.** a *(~ly adv) fest, solide*; ⟨phot⟩ *standfest* (tripod); *hart* | *unveränderlich; fest; eng* (friends); *standhaft* || *entschlossen* || ⟨com⟩

behauptet, ~ bid, ~ offer *festes Angebot* n
2. adv *fest* (to buy ~; to hold ~ to; to stand ~);
to hold ~ *aufrechterhalten* **3.** vt/i || *befestigen,
fest* or *kompakt* m || *verdichten; fest einsetzen* |
fest w

firmament ['fɔ:məmənt] s *Firmament* (in the
~ *am F.*), *Sternenzelt* n ~**al** [͵fɔ:mə'mentl] a
Firmaments–; Himmels–
firman ['fɔ:mən] s (*türk.*) *Ferman* m (*Dekret
des Landesherrn*)
firmness ['fɔ:mnis] s *Festigkeit* f; *Standhaftig-
keit* f || *Entschlossenheit* f
firry ['fɔ:ri] a *Tannen–, Kiefer–, Föhren–*
first [fɔ:st] **I.** a (~ly adv) **1.** (*zeitl. u räumlich*)
erste(r, –s) (the ~ man you meet); ~ *floor*
⟨Am⟩ *Parterre* n (⟨engl⟩ ground floor); ~ *form*
⟨school⟩ *1.* (*unterste*) *Klasse* f; the ~ *man* to
invent *der erste, der erfand*, → *last*; at ~ *sight*,
view *beim ersten Blick, Anblick*; in the ~ *place
zuerst, erstens, an erster Stelle*; ~ *thing zuerst,
zuallererst, an erster Stelle, gleich nach dem
Aufstehen, früh am Morgen* (I shall do it ~
thing); the ~ *two die ersten beiden* || *head* ~
mit dem Kopf voran || he came ~ *er kam zuerst*;
he comes ~ *in my favour er steht in m–r Gunst
an erster Stelle*; ~ *come*, ~ served *wer zuerst
kommt, mahlt zuerst* || to go ~ *vorangehen* |
[abs] he was the ~ *to arrive er war der erste, der
ankam* **2.** *erst, hauptsächlich, Haupt–* (⚓ Lord of
the Admiralty; ~ mate) || *erstbeste*(r, –s) (I
shall take the ~ train) **3.** **Verbindungen** &
[comp] ~ **aid** *erste Hilfe* f; to render ~ aid
erste Hilfe leisten; ~-aid dog *Sanitätshund* m;
~-aid kit *Reiseapotheke* f, *Verbandzeug* n;
~-aid man *Sanitäter* m; ~-aid outfit *Not-
verbandskasten* m; ~-aid packet *Verbands-
päckchen* n; ~-aid post *Sanitätswache* f ||
~-born **1.** a *erstgeboren* **2.** s *Erstgeborene*(r m) f
|| ~-chop *erstklassige S* or *P*; [attr] *erstklassig* ||
~-class **1.** s *erste Klasse, höchste Stufe* f **2.** a
erstklassig (~-class article); ~-class matter
⟨Am⟩ *Briefpost* f **3.** adv *erster Klasse* (he travels
~-class); ⟨fam⟩ *famos* || ~-**comer** *der Erste* m ||
⟨fig⟩ *der erstbeste, erste x-beliebige* m || ~ cost
Selbstkosten–, Gestehungs–, Einkaufspreis m ||
~-day *Sonntag* m || ~-foot ⟨Scot⟩ *erster Besuch*
m *am Neujahrstage* || ~ form *Elementarklasse* f
|| ~-fruits [pl] *Erstlinge* m pl (*erste Früchte*);
⟨fig⟩ *Erstlingserfolge* m pl || ~-hand [a] *un-
mittelbar*, at ~-hand *aus erster Hand, unmittel-
bar* || ⟨Am⟩ I haven't the ~ idea (*hab'*) *k–e
blasse Ahnung, k–n Schimmer* || ~-**night** ⟨theat⟩
Erstaufführung f || ~-nighter *gewohnheitsmäß.
Besucher v Erstaufführungen* || → offender ||
~-rate **1.** a (–ly adv) *vorzüglich, ersten Ranges*
2. adv ⟨fam⟩ *glänzend, famos* **3.** s *Schlachtschiff*
n *I. Ordnung* || ~ right of purchase *Vorkaufs-
recht* n **II.** s the ~ *die zuerst erwähnte P* or *S* f ||
der erste Tag m (*des Monats*); the ~ of May *der
1. Mai*; the ⚓ *der 1. September* (*Beginn der
Rebhuhnjagd*); *1. Teil* (of the year) | [pl ~s] ⟨rail⟩
Wagen erster Klasse (to go ~) || ⟨univ⟩ *1. Stufe* f
(*in der Prüfung*) || *Erstausgabe* f || ⟨mus⟩ *Ober-
stimme* f || ⟨com⟩ a ~ of exchange *Prima-
wechsel* m || ~s [pl] *erste Qualität* f (*v Waren*)
| at ~ *anfangs, im Anfang, zuerst* || from the ~
v Anfang an; from ~ to last *durchaus, immerfort*
III. adv *vor anderen, an erster Stelle, zuerst*;
~ **of all**, ~ and foremost *zuallererst, in erster
Linie, vor allen Dingen* || ~ and last *alles in allem,
im ganzen*; ~ or last *über kurz oder lang, früher
oder später* || *z ersten Male, zuerst* (when did you
wear it ~?) || when ~ I came *sofort, als ich
kam* || *lieber, eher* (I will see him damned ~);
→ *further* || ~, last, and all the time *ein f allemal*
firstling ['fɔ:stliŋ] s [*mst* pl ~s] *Erstling* m
–**ly** ['fɔ:stli] adv (*nur bei Aufzählungen*) *erstens,
erstlich, z ersten* (~ .., secondly)

firth [fɔ:θ], **frith** [friθ] s *Meeresarm* m; *Mündung* f; *Förde* f
fisc, fisk [fisk] s ⟨ant⟩ *röm. Fiskus* m ||
⟨Scot⟩ *Fiskus* m
fiscal ['fiskəl] **1.** a *fiskalisch, Finanz–, Rech-
nungs–* || ~ officer ⟨mil⟩ *Haushaltsoffizier* m;
~ year *Rechnungs–, Haushaltsjahr* n **2.** ⟨a-engl⟩
s *Fiskal* m, *Beamter des Fiskus*
fish [fiʃ] s [pl ~es & ~; ~ are dear; three ~]
1. *Fisch* m (⟨sport⟩ he); [koll] *Fische* pl (Is there
~ in it? It's full of them) || ⟨astr⟩ the ⚓ *der F.*
m **2.** ⟨cont⟩ *Kerl* m; loose ~ ⟨fam⟩ *lockerer
Vogel* m || odd, queer ~ ⟨fig⟩ *wunderlicher
Kauz* m || ⟨Am fig⟩ „*Ei*" n (= *Dollar*) ⟨Am
fam⟩ *Neuling* (*im Gefängnis*) **3.** *Fisch, –fleisch* n
4. **Wendungen**: ~ and chips [attr] ⟨übtr⟩
trocken || *archer* ~ *Schützen–*; band ~, oar ~,
ribbon ~ *Riemen–* || flying ~ ⟨ich⟩ *fliegender
Fisch* || hatchet ~ *Beil–*; pilot ~ *Lotsen–*;
pipe ~ ⟨ich⟩ *Seenadel* f || salt-~ *eingesalzener
Fisch* m || salt-water ~ *Seefisch* m || wolf ~
⟨ich⟩ *Seewolf* m | pretty kettle of ~ *schöne Be-
scherung* or *Verwirrung* f || drunk as a ~ *total
betrunken* || neither ~ nor flesh *weder F. noch
Fleisch*; it is neither ~, flesh nor fowl *od* it is
neither ~, flesh nor good red herring *es ist un-
definierbar* | to be *od* feel like a ~ out of water
sich nicht in s–m Element fühlen (*sich verlassen
vorkommen*) || all's ~ that comes to my net
ich nehme alles mit || there are as good ~ in the
sea as ever came out of it *es gibt k–n, der nicht
z ersetzen wäre* || to drink like a ~ *trinken wie
ein Loch* || → to feed | I have other ~ to fry *ich
habe andre Dinge z tun* || **5.** [attr] *Fisch–* || ~-
ball ⟨Am cul⟩ *Fischklops* m || ~-basket *Fisch-
korb* m || ~-bone *Gräte* f || (gold–)~ bowl
⟨Am fam⟩ *der Öffentlichkeit zugänglicher
Sitzungssaal* m etc; [attr] *öffentlich, nicht ge-
heim* || ~-carver *Fischmesser* n || ~-eyes [pl]
⟨hum⟩ „*Froschlaich*" m (*Tapiokapudding*) ||
~-globe *Goldfischglas* n || ~-glue *Fischleim* m
|| ~-hawk ⟨orn⟩ *Fischadler* m || ~-hook *Angel-
haken* m || ~-knife *Fischmesser* n || ~-market
–markt m || ~-poaching *Fischwilderei* f ||
~-skin *Haifischhaut* f || ~-slice *–kelle* f ||
~-sound *Schwimmblase* (*des Fisches*) f || ~-
story ⟨Am⟩ „*Märchen*" n
fish [fiʃ] **1.** vt/i || *angeln, fischen* || the river is
~ing well *in dem Fluß angelt es sich gut* || ⟨fig⟩
angeln, haschen (for *nach*), to ~ for compliments
nach Komplimenten angeln || to ~ in troubled
waters *im Trüben fischen* | vt (*Fische*) *fangen* ||
(*jdn*) *fischen, ziehen, holen* (out of *aus*); ⟨a fig⟩
fangen (out of) || (*Fluß* etc) *abfischen* || *absuchen*
⟨a fig⟩ | to ~ out (*Teich*) *ausfischen* || ⟨fig⟩
herausholen (a fact, an opinion) || to ~ up (*jdn*)
auffischen, retten **2.** ⟨fam⟩ *Fischen* n; to have a
~ *fischen* or *angeln gehen*
fish [fiʃ] **1.** s *Lasche* f; (a ~-plate) ⟨rail⟩
(*Schienen-*)*Lasche* f | ~-bolt *Laschenbolzen* m ||
~-joint ⟨rail⟩ *verlaschter Schienenstoß* m,
Schienenstoßverbindung f **2.** vt *verlaschen, ver-
binden* || to ~ the anchor *den Anker fest* m ||
~**ing** ['~iŋ] s ⟨rail⟩ *Verlaschung* f, (*Schienen-*)
Verbindung f
fish [fiʃ] s *Spielmarke* f
fisher ['fiʃə] s † *Fischer* m || (a ~-boat)
Fischerboot n, *–kahn* m || ⟨zoo⟩ *Zobel* m, *Zobel-
wiesel* n
Fisher ['fiʃə] s (*nach* Sir W. Fisher) ⟨sl⟩
Schatzanweisung f (*bes f ein Pfd.*)
fisherman ['fiʃəmən] s *Fischer* m || *Angler* m
–**wife** ['fiʃəwaif] s = fishwife
fishery ['fiʃəri] s *Fischerei* f, *Fischfang* f ||
Fischereidistrikt m; –*erlaubnis* f || –*ries* [pl]
Fischerei f; the Fisheries Division –*departement
des engl. Wirtschaftsministeriums*

fishiness ['fiʃinis] s *das Fischartige* n || ⟨fig⟩ *Zweifelhaftigkeit, Mißlichkeit* f

fishing ['fiʃiŋ] s *Fischen* n, *Fischerei* f | [attr] ~-boat *Fischerboot* n || ~-fly *künstliche Fliege* f z *Angeln* || ~-gear, ~-tackle *Fischer(ei)gerät, Angelgerät* n || ~-hook *Angelhaken* m || ~ licence *Angelkarte* f || ~-line *Angelschnur* f || ~-rod *Angelrute* f

fishlet ['fiʃlit] s *kl Fisch* m –like ['fiʃlaik] a *fischartig, fischähnlich* –monger [mʌŋgə] s *Fischhändler* m –pond [-pɔnd] s *–teich* m –tail ['-teil] s *–schwanz* m –wife [–waif] s *–weib* n, *–verkäuferin* f

fishy ['fiʃi] a *fischartig, fischreich, Fisch–* || ⟨fig⟩ *trübe, ausdruckslos* (eye) || ⟨fam⟩ *verdächtig, faul, mißlich; anrüchig*; there is s.th ~ about it *die S stinkt* || he is ~ about the gills °*er hat die Wamme voll* (*ist betrunken*)

fissi– ['fisi] [in comp] *Spalt–, Fissi–*

fissible ['fisib!] a, **fissile** ['fisail] a *spaltbar* –ility [fi'siliti] s *Spaltbarkeit* || –ion ['fiʃən] s ⟨biol⟩ *Spaltung* ⟨a at⟩, *Teilung* f (*der Zelle*); nuclear ~ (*Atom–*)*Kernspaltung* f || ~ bomb, ~ weapon *Atombombe, –waffe* f || ~ burst *Kernspaltungsexplosion* f | ~ fungus *Spaltpilz* m || ~ products ⟨at⟩ *Spaltprodukte* n pl || ~ reaction *Kernspaltungsreaktion* f ~ionable [-əbl] a *spaltbar* (*Kernbrennstoff*) –ure ['fiʃə] **1.** s *Spaltung* f, *Riß, Sprung, Spalt* m || ⟨path⟩ *Fiss'ur* f **2.** vt/i | *spalten* | vi *sich sp.*

fist [fist] s *Faust* f; to clench one's ~ *die F. ballen*; to shake one's ~ *at a p jdn mit der F. bedrohen* || ⟨fam hum⟩ „*Pfote*" f (give us your ~); (*Handschrift*) *Klaue* f (he writes a good ~, I know his ~) | ~-law *Faustrecht* n **2.** vt *mit der Faust schlagen* ⟨mar⟩ *handhaben* (sail) ⟨fam⟩ just you ~ that (*z. B.* brush) and .. *schnapp dir* .. (*u fang an*)! | ~ed ['-id] a *–fäustig* (hard-~) ~ic(al) ['-ik(əl)] a ⟨hum⟩ *den Faustkampf betr, Faust–, Box–* ~icuff ['fistikʌf] s **1.** ~s [pl] *Faustschläge* m pl, *Faustkampf* m **2.** [attr] *Faust–*

fistula ['fistjulə] s L ⟨path⟩ *Fistel* f || ⟨mus⟩ (*Orgel–*) *Rohrflöte* f || –lar ['fistjulə], –lous ['fistjuləs] a ⟨path⟩ *Fistel–* || *röhrenartig, Röhren–*

fisty ['fisti] a ⟨Am⟩ *gschaftlhuberisch* || *eingeschnappt; empfindlich* || *dickköpfig* || *lebhaft* || *wütend* || *ärgerlich*

fit [fit] s (*plötzlicher*) *Anfall; Paroxysmus* m; *Ausbruch* m (*e–r periodischen* or *schweren Krankheit*); ~ of coughing *Hustenanfall* m; cold ~ *Frostschauer* m | drunken ~ *Zustand* m *der Trunkenheit* f; fainting ~ *Ohnmachtsanfall* m; ~ of apoplexy *Schlag–*; ~ of epilepsy *epileptischer Anfall* || ⟨übtr⟩ ~ of rage *Wutanfall* | *Anwandlung* f (a ~ of *e–e A.* v); ~ of jealousy *Eifersuchtsanwandlung* f; ~ of laughter *Lachkrampf* m; || *Stimmung, Laune* f | by ~s (and starts) *stoß–, ruckweise, dann u wann, v Zeit z Zeit* || to beat a p into ~s, to give a p ~s *jdn vollkommen u leicht besiegen, schlagen* || to give a p a ~ *jdn überraschen* || to have a ~ *e–n Anfall bek* || when the ~ was on him *od* when the ~ took him *wenn er gutgelaunt war* || to scream o.s. into ~s ⟨fam⟩ °*sich die Lunge aus dem Halse schreien*

fit [fit] s † *Fitte* f (*Teil e–s Lieds*)

fit [fit] a (~ly adv) **1.** *passend; angenehm; angemessen* (for a p f *jdn*; to do); *anpassungsfähig* (the survival of the ~test) **2.** [*nur* pred] *tauglich, richtig, schicklich* (it is ~ that *od* to do); to keep ~ *sich gesund erhalten*, ⟨sport⟩ *in Form bleiben*; to see, think ~ to do *es f richtig halten z tun*; more than is ~ *übermäßig*; it is not ~ *es schickt sich nicht* || *tüchtig, tauglich, fähig* (for a th *od* to do); ~ for active service *od* active duty *od* field duty *kriegs–, feldverwen-*

dungsfähig || to be ~ for *taugen z, reif s f*; I laughed ~ to burst *ich lachte mich krumm u schief* || *geeignet, bereit* (for a th *z etw od* to do); [abs] ⟨aero fam⟩ *startbereit* (*P*) ⟨a fig mil fam⟩ | ⟨fam⟩ *geneigt* (to do), ~ to sink *z Umsinken erschöpft* || [*adverbial*] he cried ~ to break his heart *er weinte sich fast die Augen aus*; he ran ~ to burst *er lief so toll, daß ihm die* °*Puste ausging* | ⟨sport⟩ *in guter Form*; ~ as a fiddle *gut z Wege, gesund wie ein Fisch im Wasser, in bester Verfassung*

fit [fit] vt/i **I.** vt **1.** (*jdm*) *passen, anstehen* || *passen* f or *auf* (*jdn*), *angemessen s f*; your description ~s him to a T *d–e Beschreibung v ihm stimmt aufs Haar*; it ~s her to a T *es sitzt ihr wie angegossen*; to ~ the occasion *der Gelegenheit angemessen s* **2.** *passend* or *tauglich m* (a th *od a* p for a th; for doing; to do); she came to be ~ted *sie kam z Anprobieren* | (*etw*) *einrichten, montieren, anbringen; einbauen; richten*; to ~ with tyres ⟨mot⟩ *bereifen* || (*Leitung*) *anlegen*, (*Rohr*) *legen; anpassen, einordnen, –passen* (in, into *in*); a tube was ~ted to it *e–e Röhre wurde daran angebracht* | (*jdn*) *befähigen* (for *z*; to do) | *versehen, versorgen* (with *mit*) **3.** [*mit* adv] to ~ in *einfügen*; to ~ o.s. in *sich –passen* (to *in*) || to ~ on *anpassen* (a garment); *auflegen*; to ~ on a tyre ⟨mot⟩ *e–n Reifen aufziehen* || to ~ out *ausrüsten* || to ~ up *einrichten, ausrüsten*; ~-up town *Stadt.* f *ohne eigenes Theater* **II.** vi *sich schicken, tauglich s* | *genau passen* (into, in *in*); not to ~ tight *undicht s* || to ~ in [adv] *hineingehen*; to ~ in a p's plan *in jds Plan passen*; to ~ into *sich* (*hin*)*einpassen in* || (of clothes) *passen, sitzen* | [*mit* adv] to ~ in *sich einpassen* (to *in, an*); to ~ in with *passen z*

fit [fit] s *genaues Passen; Sitz* m (of a garment); it is a good (bad) ~ *es sitzt gut* (*schlecht*), a tight ~ *paßt genau*; it's a tight ~ *es geht mit knapper Not hinein* || to a ~ *aufs Haar*

fitch [fitʃ] s *Fell, Haar des Iltis* n ~et ['fitʃit], ~ew ['fitʃu:] s ⟨zoo⟩ *Iltis* m

fitful ['fitful] a *Ein–, Zufällen unterworfen; veränderlich* || *unbeständig, launenhaft* ~ly adv *ungleichmäßig* ~ness [~nis] s *Ungleichmäßigkeit* f; *Launenhaftigkeit* f

fitment ['fitmənt] s [*mst* pl ~s] *Einrichtung* f, *–gegenstand* m; *Ausstattung* f, *–sstück, Möbelstück* n

fitness ['fitnis] s *Angemessenheit, Schicklichkeit* f || *Tauglichkeit, Tüchtigkeit* f; *Eignung* f; ~(of goods) *Tauglichkeit* .. *z Gebrauch* || *Gesundheit* f; certificate of ~ *–sattest* n || ~ report ⟨Am mar⟩ *Beurteilung* f || ~ test *Eignungsprüfung* f

fit-out ['fit'aut; '– –] s *Ausrüstung* f

fitter ['fitə] s *Ausrüster, Einrichter* m || *Anpasser* m (of clothes) || ⟨tech⟩ *Monteur* m; *Installateur* m (electric ~) || *Maschinenschlosser* m

fitting ['fitiŋ] **1.** a (~ly adv) *passend* || *schicklich* **2.** s *Ausrüstung* f || *Montage* f; ⟨mot⟩ ~ of tyres *Reifenmontage* f || *Anprobe* f (of clothes) | ~s [pl] *Ausrüstungs–, Montierungs–, Beleuchtungs–, Ausstattungsgegenstände* m pl; *Armaturen* f pl; *Einrichtung, Ausstattung* f || builder's ~s *Installationsmaterial* n | [attr a in comp] *Mont'age–* (~ shop *–raum*) || ~ edge *Anlegekante* f || ~-out *Ausstattung* f || ~-up *Einrichtung* f ~ness [~nis] s *Einpassung* f (into *in*)

fit-up ['fit'ʌp; '– –'] s *provisorische Bühne* f; *Bühnenrequisiten* n pl; ~ company *Wandertruppe* f

five [faiv] **1.** a *fünf* (twice ~ is ten *zweimal fünf sind zehn*) | [in comp] ~ and ten ⟨Am m.m.⟩ *Ehap'e–* (= **Einheits**preis*–)Geschäft* n *mit Artikeln z 5 u 10 cents* || ~-figure tables [pl] *fünfstellige Tafeln* || ~-finger exercises [pl] ⟨mus⟩

Fingerübungen f pl || ~-lined ⟨parl⟩ *fünfmal unterstrichen, dringend* (whip) || ~-o'clock tea *Fünfuhr-Tee* m || ~-per-cents [pl] *Aktien* (etc) *mit 5 Prozent Zinsen* **2.** s [pl ~s] *die Zahl 5*; in ~s *z fünfen* (P) || *ein Satz* v *5 Dingen* (at fives *z fünfen*) || ⟨sport⟩ it was ~ up in the seventh *es stand in der 7. Runde noch unentschieden* || ⟨crick⟩ *Schlag f 5 Läufe* m || *die 5 Finger, bunch of* ~s ⟨m.m.⟩ *„fünfzinkige Gabel'' f* (*Hand*) || *best. Größe, Nummer* f (of gloves etc) ~**fold** ['~fould] **1.** a *fünffach* **2.** adv *um das Fünffache* ~(**spot**) ['~spɔt] s ⟨Am sl⟩ *5-Dollar-Note* f

   fiver ['faivə] s *Fünfpfundnote* f || ⟨crick⟩ = five

   fives [faivz] s *e–e Art Ballspiel* n

   fix [fiks] vt/i **I.** vt **1.** *befestigen* (to *an*), *anheften*; *einpflanzen* (in *in*; on *auf*); ~ bayonets! *Seitengewehr pflanzt auf!* || (*Augen* etc) *fest richten, heften* (on, upon *auf*); her eyes ~ed on space .. *ins Leere starrend* || (*Aufmerksamkeit*) *fesseln*; *anziehen* (a p's eyes etc) || ⟨mil⟩ (*Feind*) *stellen* || ⟨übtr⟩ *befestigen* (in *in*) || (*jdn*) *fixieren* (with one's eyes) **2.** *dicht, steif, fest* m; *verhärten, erstarren l* || ⟨phot⟩ *fixieren* **3.** (etw) *einrichten, –setzen, unterbringen*; *reparieren*; to ~ o.s. *sich niederlassen*; to be ~ed ⟨sl⟩ *angestellt* w **4.** (*Ort, Zeit*) *genau bestimmen* || *an–*, (*Datum*) *festsetzen*; *anberaumen*; ⟨jur⟩ to ~ a day *e–e Termin anberaumen* || (*e–r S*) *e–e feste Form geben*; (*Schreibung*) *festlegen, fixieren* || (*Summe*) *festsetzen* (at *auf*) || (*Am*) (*jdn*) *in Ordnung bringen*; to ~ it *die S in O. bringen* **5.** to ~ up (*Datum*) *festsetzen* || *einrichten, organisieren* || (*Streit*) *beilegen* || (*jdn*) *unterbringen* || ⟨Am⟩ *ausführen, in Ordnung bringen* **6.** ⟨Am⟩ [*als Universalwort*] ⟨fam⟩ to ~ the beds *die Betten* m; to ~ the fire *Feuer anmachen*; to ~ one's hair *sich das Haar m, sich kämmen*; to ~ the judge .. *bestechen, beeinflussen*; *übertölpeln*; to ~ the meal *das Essen anrichten*; to ~ a picture .. *aufhängen*; to ~ a p *e–n fertig* m; to ~ a pipe *ein Rohr reparieren*; to ~ the table *den Tisch decken*; to ~ a tire *e–n Reifen montieren* || I'll ~ him *ich werde ihn verhauen* || the whiskey ~ed him .. *hat ihn betrunken gemacht, hat ihm den Rest gegeben* | ~-it shop *Reparaturwerkstatt* f **II.** vi *fest, steif* w; *erstarren* || *sich niederlassen* || *sich entscheiden*; *bestimmen* (to do; for a th; for doing) || ⟨mar⟩ *Standort durch Peilen bestimmen* || to ~ on, upon *sich entschließen* f; *wählen* || ⟨Am⟩ *sich vorbereiten* (for; to do) | to ~ up ⟨Am⟩ *sich herausputzen*

   fix [fiks] s ⟨fam⟩ *Verlegenheit, Klemme* f (to be in a nice ~) || ⟨Am⟩ *Zustand* m, *Verfassung* f (in good ~) || ⟨mil⟩ *Ortung* f ~**able** ['~əbl] a *verdichtbar* || *fixierbar*

   fixate ['fikseit] vt *fest, unveränderlich* m || (*Augen*) *richten* (on *auf*) –**ation** [fik'seiʃən] s *Festlegung, Festsetzung, Bestimmung* f; *Fixierung* f; ~ of a period *Fristbestimmung* f || *feste Formgebung, Verdichtung* f || ⟨psych⟩ *Komplex* m | [attr] *Fixations–* (abscess) –**ative** ['fiksətiv] **1.** a *Fixier–* (~ *process*) **2.** s *Fixiermittel* n, *Fixat·iv* n –**ature** ['fiksətʃə] s *Haarpomade* f; *Fixativ* n

   fixed [fikst] a (~ly ['fiksidli] adv) *fest*; the ~ pole *der feste Pol* m; ~ sight *Standvisier* n (*starr*) *eingebaut* (machine gun) || *starr* (eyes) || *festgelegt, beständig* (~ *income*) || ~ charge *feste Belastung*; ~ charges [pl] ⟨Am⟩ *feste Spesen* f | ~ idea *fixe Idee* f; ~-point *Fixpunkt*; ~ star *Fixstern* m; to be ~ *sich festgelegt* h || *ausgemacht*; *bestimmt* (~ sum); ~ prices [pl] *feste or stehende Preise* m pl || ⟨chem⟩ *fix*; *feuerbeständig* | ~ ammunition ⟨artill⟩ *Patronenmunition* f || ~ antiaircraft artillery *ortsfeste Flak* f || ~ distance column *Marschkolonne* f

mit festen Abständen || ~ echo (*Radar-*)*Festzeichen* n || ~ electron *kernnahes Elektron* n || ~ equipment *ständige Ausrüstung* f || ~ force ⟨phys, tech⟩ *feststehende Kraft* f || ~ gun *starres MG* etc || ~ gun mount *ortsfeste Lafette* f || ~ landing gear ⟨aero⟩ *starres Fahrwerk, Festfahrwerk* n || ~ light ⟨mar, aero⟩ *Dauerfeuer* n || ~ point *Vermessungspunkt* || ~ surface ⟨aero⟩ *Flosse* f || ~ tail surfaces ⟨aero⟩ *Dämpfungsflächen* f pl || ~ target *stehendes Ziel* n || to be well ~ *gut gestellt* s ~**ness** ['fiksidnis] s *Festigkeit* f

   fixer ['fiksə] s **1.** ⟨Am theat⟩ *Mit–, Überarbeiter* m || ⟨Am sl⟩ *„Deichsler'' m* (*der e–e faule S in Ordnung bringt*) **2.** *Fixiermittel* n

   fixing ['fiksiŋ] s *Festmachen, Befestigen* n || *Niederlassen* n || ⟨phot⟩ *Fixieren* n || ⟨Am⟩ ~s [pl] ⟨cul⟩ *Zutaten* f pl, *Beilage, Garnierung* f; *Ausstattung* f, *Zubehör* n | ~-bath ⟨phot⟩ *Fixierbad* n || ~ station *Peilstation* f

   fixity ['fiksiti] s *Festig–; Beständigkeit f, Stabilität*; ~ of purpose *Zielstrebigkeit* f

   fixture ['fikstʃə] s *Festigkeit, Festheit* f || *feste Anlage* f; *Körper* m (lighting-~) || *feste Verabredung* f || ⟨jur⟩ *Zubehör, Inventarstück* n; to be a ~ *ein altes I. s* ⟨a fig⟩; ~s [pl] *Einrichtung(sgegenstände* m pl) f || ⟨sport⟩ *festgesetzte Veranstaltung* f (athletic ~s); *angesagtes Treffen* n (*Wettkampf* etc) (~ list ⟨sport⟩ *Spielplan*); ⟨theat⟩ *in Aussicht genommenes Stück* n, *festgesetzte Aufführung* f || ⟨st exch⟩ *kurzes Darlehn* n

   fizgig ['fizgig] s *leichtfertiges Frauenzimmer* n || *Knallfeuerwerk* n, *Schwärmer* m | [attr] *leichtfertig*

   fizz [fiz] **1.** vi *zischen*; *aufwallen*; *sprudeln* **2.** s *Zischen, Sprudeln* n || ⟨fam⟩ °*Schum, Schampus* (*Champagner*) m || ⟨fam⟩ *Schneid, Schmiß* m || ⟨fig⟩ *sprudelnder Geist* m ~**er** ['~ə] s ⟨sl⟩ *Prachtstück* n || ⟨crick⟩ *Flitzer* (*schneller Ball*) m

   fizzle ['fizl] **1.** vi *zischen*; *sprühen*; *brausen* || *verpuffen* | to ~ out *mißglücken*; ⟨Am⟩ *durchfallen* || (of plays) *an Spannung abnehmen* **2.** s *Zischen* n; to have a ~ *zischen* || *Mißerfolg* m, °*Pleite* f | ⟨Am⟩ *Durchfallen* n

   fizzy ['fizi] a *sprudelnd*

   fjeld [fjeld] s (Norwegian) *Fjeld* n, *felsiges Hochplateau* n

   flabbergast ['flæbəgɑːst] vt ⟨fam⟩ *verblüffen*; he was ~ed *es verging ihm Hören u Sehen, er war* °*platt*

   flabbiness ['flæbinis] s *Schlaffheit* f –**bby** ['flæbi] a (–bbily adv) *schlaff, matt, schlapp*; ⟨fig⟩ *kraft–, gehaltlos*

   flabellate [flæ'belit], –**lliform** [flæ'belifə:m] a *fächerförmig*

   flaccid ['flæksid] a (~ly adv) *schlaff, schlapp, weich* | *welk* || ⟨fig⟩ *kraftlos* ~**ity** [flæk'siditi], ~**ness** ['flæksidnis] s *Schlaffheit*; *Welkheit* f

   flag [flæg] s ⟨bot⟩ *Ilge, Wasserschwertlilie* f; sweet ~ *Kalmus* m | [koll] [a pl ~s] *großes Gras* n

   flag [flæg] **1.** s *Fliese, Steinplatte* f; ~s [pl] *Pflaster* n *aus Fliesen* | ~-dresser *Fliesenleger* m; ~-stone = ~, → ~stone **2.** vt *mit Fliesen bedecken* ~**ged** [~d] *mit Fliesen belegt*

   flag [flæg] s **1.** ⟨mil⟩ *Fahne* f || ⟨mar⟩ (*Admirals-*)*Flagge* f || *Schweif* m *e-s Vorstehhundes* || ⟨Am⟩ *Klappe* f (the red ~ of the mailbox) **2.** *Verbindungen:* black ~ *schwarze Flagge* f (*des der Seeräuber*) || red ~ *rote Fahne, Blut–* f (*der Revolution*) || white ~, ~ of truce *weiße Fahne, Parlamentärfahne* f || yellow ~ *Quarantäneflagge* | to deck with ~s *beflaggen* || to dip the ~ *die Flagge dippen* (*z Gruß niederholen u hissen*) || to drop the ~ ⟨sport⟩ *das Zeichen z Start geben* || to hang out the white ~ ⟨fig⟩ *sich* *übergeben, nachgeben* ‖ to hoist (strike) one's ~ (of the admiral) *den Befehl übernehmen (aufgeben)*; to strike one's ~ *die Flagge streichen (als Gruß or Zeichen der Übergabe)* ‖ to keep the ~ flying *die Fahne hochhalten* ‖ ⟨fam fig⟩ to show the ~ *sich zeigen, sich sehen l* 3. [attr] *Flaggen–* ‖ ~-captain *Kommandant des Admiralsschiffes* ‖ ~-day *Sammel–, Opfertag*; ⟨m. m.⟩ *Blumentag* m; ⟨Am⟩ *Jahres– der Nationalflagge, Jahres– der* Stars and Stripes ‖ ~-lieutenant *Flaggleutnant* m ‖ ~-list *Liste der –offiziere* f ‖ ~ marshal *Sportwart* m ‖ ~-officer *Flaggoffizier,* (*Vize–, Konter-*)*Admiral* m ‖ ~-pole *Fahnenmast* m ‖ ~-(-)*ship Flaggschiff* n ‖ ~-signal [vi] *winkern* ‖ ~-wagging *Signalisieren mit Flaggen* (~-w. message *Winkspruch* m) ‖ patriotic ~-waving *patriotische Stimmungmache* f

flag [flæg] vt *beflaggen;* (*Rennkurs*) *ausflaggen;* (*Wild*) *anlocken;* (*jdn*) *durch Flaggenzeichen benachrichtigen* ‖ *signalisieren* (a th; that); *winken* m (*Taxi*) *anhalten*

flag [flæg] s *Kielfeder (des Vogelschwanzes)* f

flag [flæg] vi *erschlaffen, ermatten, mutlos w;* °*schlapp m* ‖ *langweilig w;* (of interest) *erlahmen, nachlassen;* ~ *sinken* ~-**ging** [´~iŋ] a *schlaff, schlapp*

flagellant [´flædʒilənt] 1. s *Flagell·ant, Geißler* m ‖ ⟨a übtr & fig⟩ 2. a *geißelnd, schlagend* –**ate** [´flædʒileit] 1. a *Geißel–* ‖ ⟨bot⟩ *Schößlings–* 2. s ⟨zoo⟩ *Flagell·at* m, *Geißeltierchen* n 3. vt *geißeln* –**ation** [‚flædʒi´leiʃən] s *Geißelung* f –**ator** [´flæʒeleitə] s *Geißler* –**atory** [´flædʒeleitəri] a *Geißel–, Prügel–* –**um** [flə´dʒeləm] s L [pl –la] *Geißel* f ‖ ⟨bot⟩ *Schößling* m ‖ ⟨zoo⟩ *Flag·elle* f, *Geißelfaden* m (*der Flagellaten*) (*Bewegungsorgan*)

flageolet [‚flædʒo´let] s Fr ⟨mus⟩ *Flötchen* n; *Flageol·ett* n

flageolet [‚flædʒo´let] s Fr ⟨bot⟩ *Schminkbohne* f

flaggy [´flægi] a *Fliesen–*

flaggy [´flægi] a ⟨bot⟩ *Ilgen–*

flagitious [flə´dʒiʃəs] a (~ly adv) *schlecht; schandlich, abscheulich* ~-**ness** [~nis] s *Schändlichkeit* f

flagman [´flægmən] s *Signalgeber; Winker* m; ⟨rail⟩ *Bahnwärter* m

flagon [´flægən] s gr *Flasche* f; (*Deckel-*)*Krug* m ‖ *kugelförmige Tafelflasche* f (*f Wein*)

flagrancy [´fleigrənsi] s *offenkundige Schamlosigkeit, Abscheulichkeit* f (of a crime) –**ant** [´fleigrənt] a (~ly adv) *abscheulich; schreiend, schamlos, offenkundig*

flagship [´flægʃip] s *Flagg–, Admiralsschiff* n

flagstaff [´flægstɑ:f] s *Flaggstock* m

flagstone [´flægstoun] s *Fliese, Steinplatte* f ‖ ~ pavement *Fliesenboden* m

flail [fleil] s *Dreschflegel* m ‖ ⟨hist⟩ *Kriegsflegel, Morgenstern* m ‖ ~ tank *Minenräumpanzer* m

flair [flɛə] s Fr *Spürsinn, feiner Instinkt* m; *natürliche Begabung* f (*for*); ~ *för acting Schauspielergabe* f ‖ *Witterung, feine Nase* f (for a th; for doing)

flak [flæk] s ⟨Ger⟩ *Flak* f; ~ *analysis map* –*lagekarte* f; ~ *cruiser –kreuzer* m

flake [fleik] s *Gerüst* n *z Aufbewahren, Trocknen*

flake [fleik] s ⟨ich cul⟩ *Seeaal* m

flake [fleik] 1. s (of snow) *Flocke* f; ⟨a übtr⟩ (of cotton, corn, etc) ‖ *Steinsplitter, –span;* ⟨praeh⟩ *–gerät* n ‖ *Schicht* (in ~ *schichtweise*), *Lage* f, *Blatt* n, *Platte* f ‖ ~ of ice *Eisscholle* f ‖ (*Feuer-*)*Funke(n)* m ‖ ⟨bot⟩ *gestreifte Gartennelke* f **|** ~ powder *Blättchenpulver* m ‖ ~-white ⟨arts⟩ *Farbe aus feinstem Bleiweiß* f 2. vt/i

‖ *z Flocken* m; ~d oats [pl] *Haferflocken* f ‖ mit F. bedecken ‖ *abblättern, abschuppen, –spalten* **|** vi (of snow) *z Flocken w, sich flocken* ‖ *sich schuppen* ‖ to ~ off *sich abblättern*

flaky [´fleiki] a *Flocken–, flockig* ‖ *in Schichten liegend; schuppig*

flam [flæm] s *Kniff, Schwindel* m; *Unsinn* m 2. vt *betrügen, –schwindeln*

flam [flæm] s *Trommelsignal* n

flambé [´flɑ:bei] a Fr *mit schillernder Glasur bedeckt, geschmückt* (*vase*) –**beau** [´flæmbou] s Fr (pl ~s od ~x [~z]) *Fackel* f; *Leuchter mit mehreren Lichtern*

flamboyance [flæm´bɔiəns], –**ancy** [–si] s *überladener Schmuck* m –**ant** [flæm´bɔiənt] 1. a ⟨arch⟩ *wellenförmig; wiegend;* ~ style (*got.*) *Flammenstil* m ‖ *überladen dekoriert; auffällig* 2. s ⟨arch⟩ = ~ style ‖ ⟨bot⟩ *Pflanze* f *mit flammenfarbiger Blüte*

flame [fleim] 1. s *Flamme* f, *Feuer* n; the ~s *die Flammen, das Feuer* **|** ⟨fig⟩ *Hitze, Glut, Leidenschaft* f (to fan the ~) ‖ ⟨fam⟩ *Geliebte, Flamme* f **|** to be (all) in a ~, in ~s *ganz in Fl. stehen* ‖ to burst into ~ *od* ~s *in Fl. ausbrechen* ‖ → oil ‖ [attr & comp] *Flamm(en)–* ~ *arrester* ⟨tech⟩ *Flammschutz–, Flammenrückschlagsicherung* f, *Rückschlagtopf* m ‖ ~-coloured *feuerfarben* ‖ ~ cutter *Schneidbrenner* m ‖ ~ jet *Flammenstrahl* m ‖ ~-projector, ~-thrower *Flammenwerfer* m; ~-thr. fuel *Flammöl* n ‖ ~-(-)*proof unentflammbar, feuerfest* ‖ ~ propagation *Flammenfortpflanzung* f; rate of ~ p. *Zündgeschwindigkeit* ‖ ~ trap ~ arrester ‖ ~-tube ⟨aero⟩ *Zündrohr* n 2. vi/t A. vi *flammen, lodern* (to ~ away, forth *auf–*); *züngeln* ‖ ⟨übtr⟩ *rot glühen; leuchten* (with v) ‖ ⟨fig⟩ (P) *auffahren* ‖ *stark erröten* **|** to ~ out *aufflammen; in Zorn geraten* ‖ (*Düsentriebwerk*) *aussetzen* ‖ to ~ up *aufflammen; erröten; in Zorn geraten* B. vt *durch Flammenzeichen senden* (a message) ~-**less** [´~lis] a *ohne Flammen* ⟨a fig⟩ ~-**let** [´~lit] s *Flämmchen* n

flaming [´fleimiŋ] a (~ly adv) *flammend; sehr heiß brennend* ‖ *hell* (colours); *glänzend* **|** ⟨fig⟩ *lodernd, feurig, heiß* (patriotism) ‖ *farbenreich, übertrieben, überschwenglich* (~ description) ‖ ⟨Am⟩ ~ *youth Jugend, die sich rückhaltlos ausleben will* **|** ⟨tech⟩ *Flamm–*

flamingo [flə´miŋgou] s [pl ~s] ⟨orn⟩ *Flamingo* m

flamy [´fleimi] a *flammend, flammenförmig*

flan [flæn] s ⟨cul⟩ (*Frucht-*)*Torte* f, *Törtchen* n (jam ~)

Flanders [´flɑ:ndəz] 1. s [sg konstr: ~ *was* ..] *Flandern* 2. [attr] *flandrisch* (the ~ coast)

flânerie [´flɑ:nəri] s Fr *Bummeln* n –**neur** [flɑ:´nə:] s Fr *Bummler* m

flange [flændʒ] 1. s ⟨tech⟩ *hervorspringender Rand; Flansch* m (*ringartiger Ansatz an Röhren z Verbindung*); *Spurkranz; Radkranz* m **|** [attr] *Flanschen–* 2. vt *mit e–m Flansch versehen*

flank [flæŋk] 1. s (T) *Weiche, Flanke* f ‖ ⟨arch⟩ *Winkel* m (e–s *Gewölbes*) ‖ ⟨fig⟩ *Seite, Flanke* f ‖ ⟨mil⟩ *Flanke* f, *Flügel* m, to take the enemy in ~ *dem Feinde in die Flanken fallen* ‖ by the left, right ~, march! (*im Marsch*) *links, rechts um!* **|** [attr] ⟨mil⟩ *Flanken–* ‖ ~ *attack –angriff* m ‖ ~-guard *–deckung* f ‖ ~ *man Flügelmann* m ‖ ~ march *Flankenmarsch* m (*Abmarsch nach e–r Seite*) ‖ ~ patrol *Flankenpatrouille* f ‖ ~ *protection –schutz* m ‖ ~ *wind Seitenwind* m 2. vt *die Flanke* (*e–r Festung*) *decken, stärken* ‖ *die Flanke* (*e–r Truppe*) *bedrohen;* (*Truppe*) *in der Flanke angreifen; flankieren, seitlich beschießen* ‖ to ~ a p *jdn flankieren, z e–r Seite jds liegen* (high mountains ~ed us) ‖ to ~ a th *seitlich um etw herumgehen* or –*marschieren* **|** ~ed ⟨arch⟩ *kantoniert,* → cell

| vi *grenzen an* | *~er* ['~ə] s ⟨fort⟩ *Flankenwerk* n ‖ [*mst* pl *~s*] *Flankierer,* (Flanken-)*Plänkler* m *~ing* ['~iŋ] a [attr] *~ fire Flankierungsfeuer*; *Flankenfeuer* n ‖ *~ march Flankenmarsch* m ‖ *~ movement Flankierungs–, Flankenbewegung* f | *~ penetration Flankeneinbruch* m

flannel ['flænl] **1.** s *Flan·ell* m ‖ *Waschlappen* m, *Waschtuch* n | *~s* [pl] *Flanellunterzeug* n ‖ *Flanellanzug* m, *bes Flanellhose* f; *weiße Tennis- kleidung* f | *~-mouthed ⟨bes* Am⟩ *leisetrete- risch*; *~-m.* p *Leisetreter* m **2.** a *Flanell– ~ette* [‚flæn'et] s *Flanellimitation* f *~led* [*~d*] a *in Flanellanzug* (etc) *gekleidet ~ly* [*~i*] a *Flanell–, flanellartig*

flap [flæp] **1.** vt/i **A.** vt *schlagen*; to *~ away fortschlagen, –treiben* ‖ *schlagen mit* (to *~ the* wings *mit den Flügeln sch.*); *klappen mit* ‖ *schlagen auf*; (durch Schlagen) *bewegen* ‖ (Hut- krempe) *niederschlagen, nach unten klappen* | to *~ down niederwerfen* **B.** vi *sich auf u nieder be- wegen*; *fliegen* ‖ *lose herunterhängen* ‖ ⟨sl⟩ *plappern* (about über) | to *~ down sich nieder- werfen* **2.** s *flatternde Bewegung* f, *Flattern* n ‖ *Klaps*; (Flügel-)*Schlag* m | [konkr] *Patte* f (*an Taschen* etc), *Taschenklappe* f ‖ *Rockschoß* m ‖ (of a shoe) *Lasche* f ‖ (of a hat) *Krempe* f ‖ (of a table) *Klappe* f ‖ ⟨anat⟩ *Ohrläppchen* n ‖ ⟨aero⟩ *Landeklappe* f; *~s down* (up)! *L.n aus– (ein)fahren!* | [in comp] *~ control* ⟨aero⟩ *Klappenbetätigung* f; *~-eared schlappohrig, mit Hängeohren ~-doodle* ['~‚du:dl] s *Unsinn,* °*Mumpitz* m, *Quatsch* m *~jack* ['~dʒæk] s ⟨Am⟩ *Pfannkuchen* m; *Apfelauflauf* m ‖ (flache) *Puderdose* f *~per* ['~ə] s *Klaps* m; *Denkzettel* m | *Fliegenklatsche* f ‖ *Vogelscheuche, Klapper* f ‖ *Klöppel, Schlegel* m | *breite Flosse* f ‖ ⟨sl⟩ *Hand* f | *junge Wildente* f ‖ ⟨fam⟩ *Backfisch* m | *~-bracket* ⟨mot⟩ *Sozius-*(°*Klammermäuschen-*) *Sitz* m ‖ *~ valve Klappventil* n

flare [fleə] **I.** vt/i **A.** vt *vor den Augen ent- falten, blenden mit* (to *~ one's skill*) ‖ (etw) *hin u her schwenken* | *ausdehnen, –weiten; –breiten* ‖ *hell erleuchten; scheinen* l; to *~ a candle at a p jdm mit e–r Kerze ins Gesicht leuchten* ‖ to *~ out* (Alarm) *aussenden*; ⟨aero⟩ (Flugzeug vor dem Aufsetzen) °*aushungern* **B.** vi *sich bauschen, sich nach außen erweitern*; ⟨mar⟩ (of the bow) *überhängen* | *flackern, flammen, lodern* ‖ to *~ into ashes in Flammen aufgehen* | to *~ out* ⟨fig⟩ *in Zorn ausbrechen* (against) ‖ to *~ up auf- flammen, aus–, losbrechen*; ⟨fig⟩ *aufbrausen* **C.** [in comp] *~(-)back Flammenrückschlag* m ‖ *~-up Aufflammen* n; ⟨fam⟩ *Aufbrausen* n, *Unwille* m; °*Mordsulk, –skandal* m **II.** s *blenden- des, aufflackerndes Licht* n, *plötzlicher Licht- schein* m; *Flackerfeuer* n; ⟨mil⟩ *Leuchtkugel* f, *~s* [pl] ⟨aero⟩ °„*Weihnachtsbaum*" m ‖ ⟨mar⟩ (a *~-up*) *Licht-Signalzeichen* n; ⟨aero⟩ *Leucht- kugel* f, *~ bomb –bombe* f; *~ composition* (Geschoß-)*Leuchtsatz* m; *~ path* ⟨aero⟩ *–pfad* m (beleuchteter Landestreifen); *~ pistol –pistole* f | ⟨fam⟩ *Protzigkeit* f, *Gepränge* n | *Erweiterung, Schwellung* f *nach außen*

flaring ['fleəriŋ] a (*~ly* adv) *flackernd, auf- flammend* ‖ *grell, auffallend, protzig* ‖ ⟨mar⟩ *überhängend* (bow)

flaser ['fleizə] s Ger ⟨geol⟩ *Flaser* f (Ader im Gestein) | [attr] *flaserig*

flash [flæʃ] **I.** vi/t **A.** vi **1.** *aufblinken, auf- blitzen, glitzern* ‖ ⟨fig⟩ *aufleuchten, glänzen* ‖ to *~ in the pan versagen*; ⟨fig⟩ *erfolglos s* **2.** *plötz- lich hervor–, ausbrechen* (into); *plötzlich ge- langen, erwachen* (into z); *plötzlich sichtbar w*; it *~ed upon me, across me, across od into my mind that es fuhr mir plötzlich durch den Sinn, daß* ‖ to *~ round upon a p sich plötzlich nach jdm umwenden* | *sich schnell bewegen, flitzen* **3.** (of glass) *sich ausdehnen* (into a sheet) ‖ (of water)

sich ergießen **4.** [mit adv] to *~ out plötzlich er- scheinen* (like a hero) ‖ *~ over ·überschlagen* (Funken) ‖ to *~ up aufbrausen* **B.** vt **1.** (Licht) *blitzartig aussenden, schießen*; (Blick) *werfen* (at auf); *his eyes ~ed fire .. sprühten Feuer*; to *~ back widerspiegeln* ‖ (etw) *plötzlich aufleuchten l*; I had a lantern *~ed in my face e–e Laterne strahlte mir plötzlich ins Gesicht* ‖ ⟨fam⟩ *zur Schau tragen*; to *~ one's ivories* (lachend) *die Zähne fletschen* **2.** (Botschaft) ⟨telg⟩ *drahten,* ⟨wir⟩ *funken* **3.** (Glas) *sich ausdehnen l*; *flach* m ‖ (Fluß) *künstlich mit Wasser füllen* **II.** s **1.** *schnell auflodernde Flamme* f, *Aufflammen, Auf- lodern* n, *Blitz* m; *~ of lightning –strahl* m **2.** ⟨übtr⟩ *Augenblick* m, *kurze Zeit* f; in a *~ sofort, im Nu* ‖ *= ~ message* **3.** ⟨fig⟩ *Aufflammen* n (of a hope); *plötzlicher Ausbruch* m; ⟨fig Am bes ftb⟩ „*Kanone*" f (P); ⟨Am⟩ *gemeiner Slang* m ‖ *~ of wit witziger Einfall* m ‖ *~ in the pan* ⟨fig⟩ *Schlag* m *ins Wasser* (mißlungener Ver- such) **4.** *prunkende Entfaltung* f, *Gepränge* n **5.** (aus e–r Schleuse) *freigelassener Wasserstrom* m **6.** [attr] *blitzschnell* (*~-heated, ~-drying*) *~(-)back* ⟨film, Lit⟩ *kz Rückblick* m (auf Vor- hergegangenes); ⟨tech⟩ *Flammenrückschlag* m ‖ *~-bomb Leuchtbombe* f; ⟨phot⟩ *Blitzlicht- bombe* f ‖ *~ bulb Blitzlichtlampe, –birne* f, *Kolbenblitz* m ‖ *~ beacon Blinkbake* f, ‖ *~ call* ⟨telph⟩ (eiliges) *Blitzgespräch* n ‖ *~ compound Knallzündsatz* m ‖ *~ exposure Blitzlichtauf- nahme* f ‖ *~ gun Blitzlampe* f ‖ *~-lamp* ⟨phot⟩ *Blitzlichtlampe* f; ⟨el⟩ *Taschenlampe* f ‖ *~-light* ⟨phot⟩ *Blitzlicht* n; *~-light photograph –auf- nahme* f ‖ *Blinklicht* n ⟨bes mot⟩ ‖ ⟨Am el⟩ *Taschenlampe* f ‖ *~ message Blitznachricht, –meldung* f ‖ *~-over Funkenüberschlag* m ‖ *~-point Flammpunkt* m; *high ~-p. liquid schwer entflammbare Flüssigkeit* f ‖ *~-ranging = ~-spotting* ‖ *~-reducer* ⟨artill⟩ *Kartusch- vorlage* f ‖ *~-signal Blinksignal* n ‖ *~-spotting* ⟨mil⟩ *Lichtmeßverfahren* n; *~-sp. battery Lichtmeßbatterie* f **III.** a ⟨fam⟩ *prunkend, flimmernd*; *aufgedonnert;` auffällig* | *falsch, unecht* (*~ money*) | *gerissen*; ⟨Am⟩ *flink, munter*; *Diebes-, Gauner-*; *~ language –sprache* f *~iness* ['flæʃinis] s *auffallender Prunk, äußerer Glanz* m *~ing* ['flæʃiŋ] a *aufleuchtend, auf- blitzend* ‖ *~-light Blinkfeuer* n *~y* ['flæʃi] a (–ily adv) *glitzernd* ‖ *prunkhaft, grell; ober- flächlich*

flask [flɑ:sk] s (a powder-*~*) *Pulverflasche* f, *Pulverhorn* n ‖ *Reise-, Feldflasche* f ‖ ⟨chem⟩ *Glaskolben* m ‖ (mould) ⟨met⟩ *Formkasten* m

flat [flæt] s *Stockwerk* n ‖ ⟨mar⟩ (Kabinen- etc) *Flur* m ‖ *Miets-, Etage(nwohnung)* f (to live in *~s*) | *~-house* ⟨bes Am⟩ *Mietskaserne* f *~let* [*~lit*] s *Ein–, Zwei-Zimmer-Wohnung mit Zubehör, Kleinwohnung* f

flat [flæt] **I.** a (*~ly* adv) **1.** *eben, flach, platt* | *ausgestreckt, am Boden liegend* | (of the face, etc) *platt, stumpf* ⟨paint⟩ *flach, ohne Höhen u Tiefen*; *einförmig, leblos* **2.** ⟨übtr & fig⟩ *platt, plump, geschmacklos*; *grob* (lie) ‖ *flach, ober- flächlich*; *fade, monot·on* (of beer etc) *schal, matt* ‖ *wirkungslos*; *matt* | *mutlos, niedergeschla- gen* | *entschieden* ‖ *glatt* (a *~ denial*); *unbedingt, klar*; *that is ~ das ist klar, rund herausgespro- chen, das ist mein letztes Wort, ich hoffe, du hast mich verstanden!* | ⟨com⟩ *einheitlich, gleich- mäßig*; *~ rate Einheitssatz* m (Gebühr); *danieder- liegend, leblos, flau, wenig begehrt* ‖ ⟨artill⟩ *ras·ant* | ⟨mus⟩ *vermindert, 1/2 Ton er- niedrigt* (Ggs sharp), E *~ Es* n **3.** [in comp] *~-bed trailer* ⟨mot⟩ *Rungen–, Tiefladeanhänger* m ‖ *~-bottomed* (⟨Am⟩ *~) boat Prahm* m ‖ *~ car* ⟨Am rail⟩ (offener) *Plattform–, Flach- wagen* m ‖ *~ correction* ⟨artill⟩ *Faustverbesse- rung* f ‖ *~-fish Plattfisch* m ‖ *~-foot –fuß* m,

⟨Am fam⟩ „Polyp" (Polizist) m | ~-footed *plattfüßig*; he is ~-footed *er hat -füße* || ⟨Am⟩ *selbständig, entschlossen* | ~-head *Plattkopf* m; ~-heads [pl] *amer. Indianerstamm* m || ⟨Am sl⟩ *Flach-, Dummkopf* m || ~-iron *Plätteisen* n || ~paint *Grundierfarbe* f || ~-(nose[d]) pliers *Flachzange* f || ~-price *Einheitspreis* m || ~-race, ~-racing *Flachrennen* n || ~-rate ⟨com⟩ *Einheitssatz* m || ~ spin: I was in a ~ spin ⟨fam⟩ .. *in die Enge getrieben* || ~ spring *Bandfeder* f || ~ tile *Biberschwanz* m (*Dachziegel*) || ~-tire ⟨Am mot⟩ °„*Plattfuß*" m || ~-top ⟨Am fam⟩ *Flugzeugträger* m || ~-tread tyre *Flachprofilreifen* m || ~-twin engine *Zweizylinderboxermotor* m || ~-ware ⟨Am⟩ *Tafelgeschirr* n **II.** adv *platt, ausgestreckt* || to fall ~ *lang hinfallen* (on the ground); ⟨fig⟩ *mißglücken, fehlschlagen*; *k–n Eindruck* m, *matt wirken* || to lay ~ *platt legen, lie* ~ *p. liegen* | *direkt, glatt; rundweg* || ~ out ⟨mot fam⟩ *mit Vollgas* || ~ out for it! ⟨mil fam⟩ *entschieden daf‵ür!* | to sing ~ *z niedrig, falsch singen* || ⟨Am⟩ *ohne Zinsvergütung* **III.** s *Fläche, Ebene* f | *ebener Boden* m (on the ~ *auf ebenem B.*) || *flaches Land* n || *Niederung* f; alluvial ~ *Alluvialland* n || *Untiefe, Sandbank* f || *ebene Oberfläche* f *an e–m Gegenstande* || *breite, flache Seite* (*des Schwertes*) f; to use the ~ of one's sabre *mit der flachen Klinge eingreifen* | ⟨mus⟩ *B, Verminderungszeichen* n, sharps and ~s *Kreuze u B's* || ⟨theat⟩ (*tragbarer*) *Kulissenteil* m | ⟨sl⟩ *Flachkopf,* °*Pinsel* m || ⟨Am univ sl⟩ „*krasser Fuchs*" m, *erstes Semester(chen)* n (P) || ⟨mot sl⟩ *Platter,* °„*Plattfuß*" m (*Reifenpanne*) **IV.** vt/i || *flach, eben, platt* m | vi *flach, langweilig* w || to ~ out ⟨Am⟩ *dünner* w; ⟨fig⟩ *scheitern* ~ling [~liŋ] adv *platt, der Länge nach*; *mit der flachen Seite* ~ness ['~nis] s *Flach-Platt-* | *Entschiedenheit* f | *Eintönigkeit*; ⟨tech a⟩ *Ebenheit, ebene Beschaffenheit* f; ⟨com⟩ *Flauheit* f ~ten ['~n] vt/i **1.** vt *ebnen; flach* m, *breitschlagen; abflachen; strecken* || ⟨fig⟩ *unschmackhaft* m || *abstumpfen* | ⟨mus⟩ *um e–n halben Ton vermindern* | to ~ out *glatt streichen, glatt drücken* || ⟨met⟩ *strecken* | *verwirren* || ~ed *abgeflacht* | ~ing mill *Eisen(blech)walzwerk* n **2.** vi *sich ebenen, flach* w || to ~ out ⟨aero⟩ *ausschweben; das Flugzeug ab–, wieder fangen* || ⟨fig⟩ *schal or geistlos* w ~ter ['~ə] s ⟨tech⟩ *Planierer* m | *Werkzeug* n *z Planieren, Plattmachen*

flatter ['flætə] vt (jdm) *schmeicheln, den Hof* m; she was ~ed *es schmeichelte ihr or sie* || (jdm) *Komplimente* m; to ~ o.s. *sich beglückwünschen* (on z) | (*Eitelkeit*) *befriedigen*; (jds Ohr) *gefallen* | (jdn) *mit unbegründeter Hoffnung erfüllen*; to ~ o.s. that *sich in dem Gedanken gefallen, daß*; *sich einbilden, daß ..* | (of portraits) *z schmeichelhaft, z günstig darstellen* (this portrait ~s me .. *schmeichelt mir*) | *im besten Lichte zeigen*, (jdm) *zustatten k* ~ing [~riŋ] a (~ly adv) *schmeichelnd, schmeichlerisch*; *geschmeichelt* (portrait) | *schmeichelhaft* (to ʃ; it is ~ to me) || ~-sweet *schmeichelnd süß* | ~y [~rı] s *Schmeichelei* f (of a p *gegenüber jdm*) | *Schmeichelhaftes* n

flattie ['flæti] s ⟨fam⟩ *zweidimensionaler Film* m || ~s [pl] ⟨fam⟩ *Damenschuhe mit flachen Absätzen, „Sportschuhe"* m pl

flatting ['flætiŋ] s ⟨tech⟩ *Platthämmern, Plätten* n || ~ coat *matter Anstrich* m || ~ furnace ⟨glass⟩ *Streckofen* | ~ hammer *Breit-, Plattenhammer* m || ~-mill *Walzwerk* n
flattish ['flætiʃ] a *etw flach*

flatulence ['flætjuləns], **-ency** [–si] s ⟨med⟩ *Blähung, Blähsucht* f | ⟨fig⟩ *Nichtigkeit, Eitelkeit* f || *Schwülstigkeit* f **-ent** ['flætjulənt] a (~ly adv) *blähend, blähsüchtig* || ⟨fig⟩ *nichtig, leer* || *schwülstig*

flatus ['fleitəs] s L *Blähung* f
flatways ['flætweiz], **flatwise** ['flætwaiz] adv *mit der flachen Seite nach vorn or oben; der Länge nach, platt*
flaunt [flɔ:nt] **1.** vi/t *paradieren, stolzieren*; to ~ it *prunken, stolzieren* | (S) *prangen* || *wehen, flattern* | vt mit (etw) *prunken*, (etw) *prunkhaft z Schau tragen* [a refl] | (etw) *prunkend wehen, flattern l, prunken mit ..* **2.** s *Prunken* n ~ing ['~iŋ] a (~ly adv), ~y ['~i] a (–tily adv) *prunkend*
flautist ['flɔ:tist] s ⟨mus⟩ *Flöt·ist* m
flavescent [flei'vesnt] a *gelb werdend, gelblich*
flavin ['fleivin] s *Flav·in* n (*gelber Farbstoff*)
flavorous ['fleivərəs] a *schmackhaft, wohlschmeckend; duftig*; ⟨a fig⟩
flavour, ⟨Am⟩ **flavor** ['fleivə] **1.** s *Wohlgeruch* m, *Duft* m, *Aroma* n, *Blume* f (*des Weins* etc) | *Wohlgeschmack* m | ⟨fig⟩ *Duft* m, *Würze* f **2.** vt/i || *schmackhaft* m; *würzen*; (e–r S) *Geschmack or Geruch geben* | vi ⟨fig⟩ to ~ of *riechen nach* ~ed [~d] a *schmackhaft; würzig* | full-~ (of wine) *vollblumig*; (of cigars) *stark, schwer* ~ing [~riŋ] s *Würzen* n | *Würzessenz* f; ⟨fig⟩ *würzender Zug* m | ⟨fig⟩ *Würz-* ~less [~lis] a *geschmacklos, fade, schal* ~some [~səm] a *schmackhaft, würzig*
flaw [flɔ:] **1.** s *Sprung, Riß, Bruch* m | (in gems, etc) *Flecken* m, *Blase* f | *Fehler, Defekt* m; *schwacher Punkt* m | ⟨jur⟩ *Formfehler* m | ⟨Lit bes theat⟩ → tragic, tragic ~ *tragische Schuld* f **2.** vt/i || *brüchig* m, *brechen, knicken* | ⟨fig⟩ *entstellen, verunstalten* | vi *brüchig* w, *brechen*
flaw [flɔ:] s *Bö* f, *Windstoß* m
flawless ['flɔ:lis] a *ohne Sprünge or Risse* | ⟨fig⟩ *fehlerfrei, makellos*
flax [flæks] s ⟨bot⟩ *Flachs, Lein* m || *gehechelter Flachs* m | *Flachsfasern* f pl; *Stoff* m *aus Fl.* | [attr] *Flachs-* || ~-brake *-hrechmaschine* f || ~-comb *-hechel* f || ~-dressing *-bereitung* f | ~-mill *-spinnerei* f || ~-seed *Leinsamen* m || ~-weed ⟨bot⟩ *Leinkraut* n | ~en [~ən] a *flachsen, Flachs-* || *flachsartig, -farben* (hair); ~-haired *flachshaarig* | ~y ['~i] a *Flachs-*
flay [flei] vt (*Vieh*) *schinden, die Haut abziehen*, → flint | (jdn) *schinden, ausplündern* | (a to ~ off) (*Rinde v Baum*) *abschälen* | (jdn) *kritisieren, heruntermachen*
flea [fli:] s ⟨ent⟩ *Floh* m || with a ~ in one's ear *entmutigt, niedergeschlagen*; to send a p away a ~ in his ear *jdm gehörig den Kopf waschen* | [attr] *Floh-* || ~-bane ⟨bot⟩ *-kraut* n || ~-beetle ⟨ent⟩ *Erd-, Blattfloh, Flohkäfer* m || ~-bite *Flohstich* m; ⟨fig⟩ *bloßer Nadelstich* m; *geringfügige Kleinigkeit* f || ~-bitten *v Flöhen gebissen, mit Flohstichen bedeckt*; ⟨fig⟩ *rötlich gefleckt* (horse) || ~-louse ⟨ent⟩ *Blattfloh* m, *Springlaus* f || ~-pit °„*Flohkiste*" f (*Mietwohnung*)
fleam [fli:m] s ⟨vet⟩ *Lanzette* f, *Fliete* f
fleasome ['fli:səm] a *voll v Flöhen*
fleawort ['fli:wə:t] s ⟨bot⟩ *Flohkraut* n
flèche [fleiʃ] s Fr ⟨fort⟩ *Flesche* f | ⟨arch⟩ *schlanker Turm* m
fleck [flek] **1.** s *kl Fleck* m; ~s of sunlight [pl] *Sommersprossen* pl || *Teilchen* n; ~ of dust *Staub-* || ⟨fig⟩ *Fleck* m **2.** vt *sprenkeln* ~er ['~ə] vt *sprenkeln, flecken* ~less ['~lis] a *fleckenlos* | *ohne Tadel*
flection ['flekʃən] s = flexion
fledge [fledʒ] vt/i | *befiedern; mit Federn bedecken* || ⟨übtr⟩ *schmücken, bedecken* | vi *flügge* w | ~d [~d] a *befiedert, flügge; beschwingt* | full-~ *flügge, erwachsen*; ⟨fig⟩ *fertig* ~less ['~lis] a *ungefiedert* ~ling [°~liŋ] s *eben flügge gewordener Vogel* m || ⟨fig⟩ „*Gelb-, Grün-*

schnabel" *(unerfahrener Mensch)* m –gy ['fledʒi] a *gefiedert*

flee [fliː] vi/t [fled/fled] [prs flee *u* prs p fleeing *sind verdrängt durch* fly, flying] || *fliehen* (from *v, aus;* before, from *vor;* to *nach*) || ⟨fig⟩ *abweichen, sich fernhalten* (from *v*) || *(a* to ~ away) *ver–, dahinschwinden* | vt *fliehen aus* or *v; plötzlich u schnell verlassen* (to ~ one's country) || *meiden*

fleece [fliːs] 1. s *Vlies;* the Order of the Golden ⌖ ⟨a-engl⟩ *das Goldene V. (österr. u span. Ordenszeichen)* || ⟨übtr⟩ *wollige Masse* f (~ of hair); *etw Vliesähnliches (weiße Wolke* etc) 2. vt *scheren* || ⟨fig⟩ *(jdn) rupfen, plündern, berauben* (of *a* th *e–r S)* || *wie mit e–m V. überziehen* ~**able** ['~əbl] a *z plündern(d), z rupfen(d)*

fleech [fliːtʃ] vt *beschwatzen, (jdm) schmeicheln*

fleecy [fliːsi] a *wollig, flockig; weich*

fleer [fliə] 1. vt *spottend lachen, höhnen (at über)* 2. s *höhnisches Lachen* n; *Spott* m

fleet [fliːt] s ⟨mar⟩ *Flotte, ⟨mst⟩ Kriegsflotte* f (the ⌖); the Admiral of the ⌖ *Höchstkommandierender der engl. Flotte;* a ~ in being *e–e F., die durch bloßes Vorhandensein wirkt* || ⟨übtr⟩ *Park* m, „*Geschwader*" n (~ of taxis); ~ of vehicles *Wagen–, Fuhrpark* m | [attr] *Flotten–* || ~ spotter ⟨aero⟩ *Seeaufklärer* m ~**ful** ['~ful] s *gr Anzahl* f (a ~ of students)

fleet [fliːt] s *Bucht, Bai* f

fleet [fliːt] a (~ly adv) ⟨poet & liter⟩ *flink, schnell; flüchtig* || ~-footed *schnellfüßig*

fleet [fliːt] 1. a ⟨dial⟩ *(of water) seicht, flach* 2. adv *nicht tief* (to plough ~ ⟨agr⟩ *schälen*)

fleet [fliːt] vi/t || *schnell dahineilen, –gleiten; fliehen; flitzen (by a p an jdm vorüber)* | vt *(Zeit) verbringen* || ⟨mar⟩ *verschieben, zus–rücken* ~**ing** ['~iŋ] a (~ly adv) *flüchtig, vergänglich* || ~ target *Augenblicksziel* n ~**ness** ['~nis] s *Schnelligkeit, Flüchtigkeit* f

Fleet Street ['fliːt striːt] s ⟨übtr⟩ *Londoner Presseviertel* n; ⟨fig⟩ *die Presse, der Journalismus; die Journalisten* m pl

Fleming ['flemiŋ] s (abbr **Flem**) *Flame, Flamländer* m –**ish** ['flemiʃ] 1. a *flämisch* 2. s *das Flämische*

flench [flentʃ], **flinch** [flintʃ], **flense** [flens] vt *(Walfisch) (auf–, zerschneiden) flensen* || *(e–m Seehund) die Haut abziehen*

flesh [fleʃ] I. s 1. *Fleisch (v Menschen, Tieren u Früchten)* n || ⟨arts⟩ *Fleischteile* n pl || * *Fleisch als Nahrung (im Ggs z* fish *u* poultry); → fish | *der menschl. Körper* m | *sündiger Mensch* m, *Fleischeslust* f (sins of the ~); all ~ *die menschl. Natur* (the way .. *allen Fl.s)* 2. Wendungen: proud ~ ⟨med⟩ *wildes Fleisch* n || ~ and blood *Fl. u Blut;* [attr] *leibhaftig;* my own ~ and blood *mein Fl. u Blut, m–e Verwandten* || ~ and fell *Haut u Haar* || in the ~ *lebendig, im Leben* || in ~ *fett, korpulent* | to become one ~ *ein Leib u e–e Seele* w || to lose ~ *abmagern* || to put on ~, run to ~ *dick* w || to wear the ~ *off one's bones sich abarbeiten, sich °abrackern* 3. [attr] *Fleisch–* || ~-brush *Frottierbürste* f || ~-colour *Fleischfarbe* f || ~-coloured *fleischfarben* || ~-diet *Fleischkost* f || ~-eater *Fleischesser* m || ~-hook *Fleischhaken* m || ~-pots [pl] *Fleischtöpfe* m pl || ~-tights = fleshings || ~-tints [pl] *Fleischfarben* f pl || ~-wound *Fleischwunde* f II. vt *(Hund) mit dem ersten Wild füttern; Fleisch kosten l; kampfmutig m* || *(jdn) (in Kriegsführung) einweihen, abrichten* || *(Waffe) ins Fleisch bohren;* to ~ one's sword *(z ersten Male) das Schwert üben* (⟨a fig⟩ to ~ one's pen) || *mit Fleisch bedecken, ausfleischen* || *(Tierhaut) v Fleisch befreien* ~**er** ['~ə] s ⟨Scot⟩ *Fleischer* m ~**iness** ['~inis] s *Fleischigkeit* f ~**ings** ['~iŋz] s pl *fleischfarbene Trikot* m ~**less** ['~lis] a *fleischlos, mager* ~**liness** ['~linis] s *Fleischlich-*

keit, Sinnlichkeit f ~**ly** ['~li] a *(of appetites) fleischlich, sinnlich, irdisch* || * *körperlich, sterblich* || * *weltlich, diesseitig* ~**y** ['~i] a *Fleisch–, fleischig; fleischartig*

Fletcherism ['fletʃərizm] s *(nach dem Amer. H. Fletcher, † 1919) Fletschern* n *(Feinkauen der Speise)*

Flettner balance ['fletnə 'bæləns] s ⟨aero⟩ *Flettner Hilfsruder* n

fletz formation ['flets fɔːˈmeiʃən] s ⟨min⟩ *Flözgebirge* n

fleur-de-lis ['fləːdəˈliː] s Fr [pl fleurs-de-lis], ⟨poet & Am⟩ *flower-de-luce* ⟨her⟩ *Lilie* f *(königl. Wappen Frankreichs)* || ⟨bot⟩ *Schwertlilie* f

fleuret ['fluəret] s Fr *kl Blumenornament* n –**ron** ['fləːrən] s Fr ⟨arch⟩ *Blumenornament* n

fleury ['fləːri], **flory** ['fləːri] a ⟨her⟩ *mit Lilien geschmückt*

flew [fluː] pret *v* to fly

flews [fluːz] s pl *die Lefzen (des Hundes)* f pl

flex [fleks] vt/i ⟨scient⟩ *beugen, biegen* | vi ⟨bes Am⟩ *sich biegen*

flex [fleks] s (abbr *f* flexible) ⟨el⟩ *Litze, Schnur f, Litzendraht* m, *Kontaktschnur* f

flexibility [ˌfleksəˈbiliti] s *Biegsamkeit* f ⟨übtr⟩ *Anpassungsfähigkeit* f, *Einfühlungsvermögen* n; *Geschmeidigkeit; Lenksamkeit; Nachgiebigkeit* f

flexible ['fleksəbl] 1. a (–bly adv) *biegsam; geschmeidig; gelenkig* || ⟨tech⟩ *(frei) beweglich, nicht starr, bewegungsfrei* (~ axle *Schwing–, Lenkachse;* ~ joint *Scharnier,* ⟨mot⟩ *Kardangelenk); elastisch, federnd (Ggs* fixed) || ⟨fig⟩ *anpassungsfähig; fügsam, nachgiebig* || *dehnbar* || *unzerbrechlich* (record) || *elastisch* (defence) || *schwenkbar* (gun) 2. s *Litze f, Kontaktschnur* f

flexile ['fleksail] a *biegsam; lenksam, geschmeidig*

flexion, flection ['flekʃən] s *Biegung, Beugung* f || *Wendung* f || ⟨gram⟩ = inflexion ~**al** [~əl] a ⟨gram⟩ *flektierend, Flexions–* || ⟨tech⟩ *Biegungs–* ~**less** [~lis] a *flexionslos*

flexor ['fleksə] s ⟨anat⟩ *Beugemuskel, Beuger* m

flexuose ['fleksjuous], –**uous** ['fleksjuəs] a *sich schlängelnd, gekrümmt;* ⟨bot⟩ *gewunden* –**uosity** [ˌfleksjuˈɔsiti] s *Gewundenheit; Biegung* f

flexural test ['flekʃərəl test] s ⟨Am⟩ *Biegeversuch* m

flexure ['flekʃə] s *Biegen* n || *das Gebogene; Biegung, Beugung; Krümmung;* ⟨geol⟩ *Flexˈur* f, *Umbiegen* n; *Verbirgung* f

flibbertigibbet ['flibətiˈdʒibit] s *schwatzhafte, unbeständige P* f || *Kobold* m (a ~ of a man *ein K. v Mensch)*

flick [flik] 1. vt/i || *(etw) schlagen* (from, off *v;* with *mit);* to ~ away *fort–, weg–;* ⟨crick⟩ *(Ball) „aus dem Handgelenk" schlagen* || *leicht berühren* || to ~ the headlight beam ⟨mot⟩ *den Scheinwerfer aufblinken l* || *schlagen* mit (to ~ a towel) || to ~ alight *(Licht, Feuerzeug) anknipsen* || to ~ off *(Zigarettenasche) abschnippen* | vi *sich im Schwung bewegen; flattern* 2. s *schwungvoller Schlag (of* mit); *leichter Hieb* m; ⟨crick⟩ *schnellende Wendung des Handgelenks* f || *kl Stück* n (~ of news) || ~**s** [pl] ⟨sl⟩ *Kino* n, °*Kintop;* ⟨aero sl⟩ *Flakscheinwerfer* m pl

flicker ['flikə] 1. vi/t || *(of birds) flattern* || *flackern; funkeln, flimmern* || to ~ up ⟨fig⟩ *aufflackern* | vt *(etw) flackern l; flackernd andeuten* 2. s *Flattern* n; *Zucken* n (the ~ of an eyelid) | *Flackern, Flimmern* n || *flackerndes Licht* n [attr] *Flacker–* || ⟨fig⟩ *Funken* (a ~ of hope) m

flicker ['flikə] s ⟨orn⟩ *amer. Spechtart* f

flier ['flaiə] → flyer

flight [flait] s **1.** (of birds) *Flug* m | ⟨übtr⟩ *Flug* m; swift of ~ *schnellen Fluges* || ⟨aero⟩ *Luftfahrt* f; *Fliegen* n; to take a ~ *od one's* ~ *fliegen* || *(die) Art des Fluges* f || (of time) *Flug* m | *die Strecke* f, *die ein Vogel etc fliegt* | ⟨übtr⟩ *Flug, Ausbruch, Schwung* m (the ~ of fancy) **2.** (a ~ of stairs) ⟨arch⟩ *Treppenflucht* f **3.** [konkr] (of birds) *Flug, Schwarm* m, *Schar*; *Brut* f; ⟨aero⟩ *Schwarm* m, *Fluggruppe* f || (of missiles) *Hagel, Regen* m; in the first ~ *in der Vorhut, der vordersten Reihe* || ⟨aero engl⟩ *Kette* f (*3*), *Schwarm* m (*4–6 Flugzeuge*) **4.** *Wettkampf* m *im Weitschießen* **5.** [attr] ~-arrow *Pfeil* m *z Weitschießen* || ⟨aero⟩ *Flieger*—; ~ control *Bewegungskontrolle* f (*Sicherung*); ~ control surface *Ruder, Leitwerk* n; ~ crew *Flugzeugbesatzung* f || ~-deck *Abflugdeck* n || ~-echelon *fliegendes Personal* n || ~-engineer *Bordmechaniker, -monteur* m || ~ indicator *Steigungsanzeiger* m || ~ instructor *Fluglehrer* m || ~ leader *Kettenführer* m; ~-lieutenant *Hauptmann* m || ~-log *Bordbuch* n || ~ operating instructions *Bedienungsanweisung* f *f Flugzeug* || ~ path *Flugbahn* f || ~-performance *Flugleistung* f || ~ schedule *Flugplan, Luftverkehrsplan* m || ~ strip *Landebahn* f, *kl Flugplatz* m || ~-test 1. s *Flugprüfung, -erprobung* f 2. vt *einfliegen* || ~ visibility *Flugsicht* f **~iness** ['~inis] s *Flüchtigkeit, Fahrigkeit* f **~y** ['~i] a (–tily adv) *flüchtig, fahrig* || *leichtsinnig* || *närrisch*

flight [flait] vt/i || (*Vogel*) *aus e–m Flug schießen* || (*Pfeil*) *befiedern* | vi *im Fluge, Schwarm fliegen*; (of ducks, etc) *einfallen*

flight [flait] s *Flucht* f || to put to ~ *in die Fl. schlagen, verjagen*; to take ~, to take to ~, to betake o.s. to ~ *fliehen, flüchten* || ↗ *into Egypt Fl. nach Ä.*

flim-flam ['flimflæm] **1.** s *Unfug, Unsinn,* °*Mumpitz* m **2.** vt *betrügen*

flimsiness ['flimzinis] s *lockeres, loses Gewebe or Gefüge* n; *Dünnheit* f || *Nichtigkeit* f

flimsy ['flimzi] **1.** a (–sily adv) *locker, lose, dünn; schwach* || *nichtig; dürftig* || *oberflächlich* **2.** s *dünnes Kopierpapier* n || ⟨sl⟩ *Banknote* f; *Telegramm* n

flinch [flin(t)ʃ] vi *abstehen* (from *v*) || *zurückweichen, -schrecken* (from *vor*); *wanken* (don't ~) || *zurückschaudern; zucken*

flinders ['flindəz] s pl *Splitter* m pl, *Bruchstücke*; *kl Stückchen* n pl (to break in ~)

fling [fliŋ] **I.** vi/t (flung/flung) **A.** vi *eilen, stürzen* (out of the room) | ⟨hors⟩ *hinten ausschlagen*; (*P*) (*mst to* ~ out) *in Wut ausbrechen, toben* || ⟨mot⟩ *schleudern* **B.** vt **1.** *schleudern* || *werfen* (a p into prison; troops on the enemy); to ~ *in a p's teeth jdm* (*etw*) *ins Gesicht schleudern*; to ~ open (*Tür*) *aufreißen* || (*Arm*) *werfen* (round *um*) || to ~ o.s. *sich werfen* (into a p's arms); ⟨fig⟩ to ~ o.s. *into an enterprise sich in ein Unternehmen stürzen*; to ~ o.s. *on a p sich jdm anvertrauen* | (wrestling) *niederwerfen*; ⟨fig⟩ *z Fall bringen* | (*Strahlen, Schall*) *werfen, aussenden, schießen* **2.** [mit adv] to ~ **away** *wegwerfen, verschleudern; entlassen* || to ~ **back** *hastig erwidern* || to ~ down *niederwerfen* || to ~ off *abwerfen; entlassen* || to ~ out *hinauswerfen*; (*Arme*) *plötzlich ausstrecken*; ⟨fig⟩ (*Worte*) *äußern* || to ~ to (*Tür*) *zuwerfen* || to ~ up *in die Höhe werfen*; ⟨fig⟩ *aufgeben* **II.** s *Wurf* m; to have a ~ *at a th werfen nach* || ⟨fig⟩ *Anwurf* m, *Hieb* m; *Stichelei* f; to have a ~ *at a p jdn sticheln* | *heftige, übermütige Bewegung* f || *lebhafter schott. Tanz* m (to have a ~ with) || ⟨hors⟩ *Ausschlagen* n | ⟨fig⟩ *Austoben* n; to have one's ~ *sich amüsieren; sich austoben* (let him have his ~)

flint [flint] s ⟨minr⟩ *Flint, Feuerstein* m (⟨*a* übtr⟩ *im Feuerzeug*) || ⟨fig⟩ a *heart of* ~ *ein*

H. v Stein || *Kieselstein* m | ~ *and steel Feuerzeug* n || to skin *od flay a* ~ *jeden Fünfer erst zweimal herumdrehen, bevor man ihn ausgibt* || to wring water from a ~ *Wunder verrichten* | [attr & comp] ~-glass *Flint–, Kristallglas* n || ~-hearted *hartherzig* || ~-knapper *Steinhauer* m || ~-lock *Feuersteinschloß* n || ~ pebble *Feuersteinknolle* f || ~ ware *Wedgwood, Steingut* n (*engl. Halbporzellan*) **~iness** ['~inis] s *steinige Beschaffenheit* f || *Hartherzigkeit* f **~y** ['~i] a *kieselhaltig, –artig, Kiesel– || hart*; ⟨fig⟩ *hart– (herzig)*

flip [flip] **1.** vt/i || *leicht schlagen, klapsen*; *schnellen* | vi *schnippen, schnipsen* | *sich flink u leicht bewegen* **2.** s *leichter Schlag, Klaps*; *Ruck* m | ⟨aero sl⟩ *kz Flug* m

flip [flip] s *warmes Getränk* (*aus Bier, Branntwein u Zucker*) n; egg–~ *Eierpunsch* m || ⟨vulg⟩ *Schmiergeld* n

flip-flap ['flipflæp], **flip-flop** ['flipflɔp] s (*auf*)*schlagendes Geräusch* n || *Feuerwerk* n, *Schwärmer* m | *Purzelbaum* m || ⟨Am sl⟩ °*Quatsch, Mumpitz* m | ~-connection ⟨el⟩ *Kippschalter* m

flippancy ['flipənsi] s *Keckheit* f, *vorlautes Wesen* n | *Leichtfertigkeit* f (*in Reden*), *Frivolität* f **–ant** ['flipənt] a *leicht, keck, vorlaut* || *leichtfertig, –sinnig, friv·ol* **–antly** ['flipəntli] adv *leichthin*

flipper ['flipə] s *Flosse* f (⟨*a* fig sl⟩ *Hand*)

flipperty-flopperty ['flipəti-'flɔpəti] a *lose, hängend, baumelnd*

flirt [flə:t] **1.** vt/i || *schnellen*; *schnell bewegen* | vi *springen, fliegen* (to ~ up *auf–*) | *kokettieren, liebeln* (with); ⟨übtr⟩ *liebäugeln, spielen* (with) **2.** s *Ruck* m || *die Kokette*; *der Courschneider, Schäker* m **~ation** [flə:'teiʃən] s *Flirt* m, *Liebelei* f **~atious** [flə:'teiʃəs], **~y** ['flə:ti] a *flirtend, kok·ett || Flirt–*

flit [flit] **1.** vi *sich entfernen, wandern, wegziehen* || ⟨Scot⟩ *umziehen* | *flitzen, huschen*; *flattern* || to ~ about *umher–, herum–*, to ~ by *vorbei–*; to ~ to and fro *hin u her fl., h., fl.* **2.** s *Umzug* m || *Flattern* n

flitch [flitʃ] **1.** s *geräucherte Speckseite* f; the *Dunmow* ~ *Wettbewerb der glücklichsten Ehepaare um e–e Speck–* || (*Fisch–*)*Schnitte* f || (*Holz–*)*Scheibe, Schwarte* f **2.** vt *in Scheiben schneiden*

flite, flyte [flait] ⟨Scot⟩ vi/t *sich zanken* | vt (*jdn*) *schelten, tadeln*

flitter ['flitə] vi *flattern* | ~-mouse *Fledermaus* f

flivver ['flivə] **1.** s ⟨Am sl⟩ „*Kiste*" f (*billiges Auto, Flugzeug*); °*Murks* m (*schlechte S*); *Reinfall* m || ~ boob ⟨Am sl⟩ *leichtsinniger Fahrer* **2.** vi ⟨Am sl⟩ °*schiefgehen* (*mißlingen*)

flix [fliks] s *Fell* n; *Flaum* m

float [flout] **I.** vi/t **A.** vi *obenauf schwimmen*; to ~ *with the current mit dem Strom schwimmen* || *treiben, schweben, fluten; gleiten, sich leicht bewegen* || ⟨com⟩ *in Umlauf s* **B.** vt **1.** *überschwemmen, bewässern*; ⟨fig⟩ *überfluten* (with) | ~ed *ceiling* ⟨arch⟩ *Stuckdecke* **2.** *tragen; befördern* (*Schiff*) *flott* m **3.** ⟨fig⟩ *tragen, heben* (*into power*) | *in Gang bringen*; *in Umlauf setzen, verbreiten* || ⟨com⟩ *gründen* (a company), *auflegen, ausgeben* (a loan) **4.** to ~ off *abschwemmen* **II.** s **1.** * *Schwimmen, Treiben* n **2.** *das, was auf dem Wasser schwimmt or treibt* || *Floß* n || (in fishing) *Kork,* (*Feder–*)*Kiel* m || ⟨aero⟩ *Schwimmkörper, Schwimmer* m || *Floßsack* m || *Fischblase* f **3.** ⟨theat⟩ the ~ *od* ~s [pl] *das Rampenlicht* n **4.** *Förder–, Viehkarren* m || *Plattform* f *auf Rädern* || *Festwagen* m | *Reibebrett* n (*der Maurer*) || (of a paddle-wheel) *Schaufel* f **5.** ⟨com⟩ *Emission* f (coupon ~) **6.** [attr] ~-board ⟨tech⟩ *Radschaufel* f || ~-bridge *Floßbrücke* f || ~ chamber ⟨tech⟩ *Schwimmer* m; the ~ ch. is flooded *der Schw. ist ersoffen* ||

~ file *Umlaufmappe* f || ~ gear ⟨aero⟩ *Schwimmwerk* n || ~-stone ⟨minr⟩ *Saugkiesel, Polierschiefer* m ~**able** [´~əbl] a *schwimmfähig* || *flößbar* ~**age** [´~idʒ] s *Schwimmen* n || *das Schwimmende* n || *Strandgut* n || *die schwimmenden Schiffe (auf e–m Fluß)* pl || *Schwimmkraft* f ~**ation** [flou´teiʃən] *Schwimmen, Schweben* n; ⟨min⟩ ~ *process Flotationsverfahren* n | ⟨com⟩ *Gründung* f (of a company), *Gründungsaktienemission* f; *Auflegen* n (of a loan); *neugegründete Unternehmung* f ~**er** [´floutə] s *schwimmende S* or *P* | *Gründer* m | ⟨st exch⟩ ⟨m. m.⟩ *(mündelsicheres) Deckungs-Papier* n || ~ *insurance, all risks* ~ *Pauschalversicherung* f || ⟨Am parl⟩ *(käuflicher) parteiloser Wähler, Wahlbetrüger; Vagabund* m ~**ing** [´floutiŋ] a (~ly adv) *schwimmend; Schwimm–* (~ dock); *Treib–* (~ anchor; ~ ice) || *im Umlauf befindlich* || *variabel, beweglich; schwankend, unsicher* | ~ *assets* [pl] ⟨com⟩ *Ausstände, Aktiva* pl || ~ *axle* ⟨mot⟩ *Schwingachse, fliegende Achse* f || ~ *base* ⟨aero⟩ *Flugstützpunkt* m *(auf dem Meere)* || ~ *battery schwimmende Batterie* f *(armiertes Fahrzeug)* || ~ *bridge* ⟨tech⟩ *schwimmende Brücke* f; *Floß–, Schiffbrücke* f; *Kettenfähre* f || ~ *capital* ⟨com⟩ *Betriebskapital* n || ~ *channel* ⟨for⟩ *Triftbach, –kanal* m || ~ *charge* ⟨com, jur⟩ *Pfandrecht* n *am ganzen Unternehmen in s–m wechselnden Bestande* || ~ *debt schwebende Schuld* f || ~ *dock Schwimmdock* n || ~ *harbour Flughafen (auf dem Meere)* || ~ *kidney Wanderniere* f || ~ *light* ⟨mar⟩ *Leuchtschiff* n || ~ *supply laufendes Angebot* n || ~ *valve Schwimmerventil* n || ~ vote *unsichere (Wahl-)Stimme* f

floccose [´fləkous] a ⟨bot⟩ *wollig, flockig*

flocculate [´fləkjuleit] vi/t *ausflocken* –**lent** [–lənt] a *(woll)flockig, flockenartig; wollig* –**lus** [´fləkjuləs] s L *(Woll-)Flocke* f, *Büschel* m || –**li** [pl] *(Sonnen-)Flocken* pl

flock [flɔk] **1.** s *Herde* f; ~s [pl] ⟨fig⟩ *Lämmerwolken* f || (of birds) *Flug* m || *Haufen* m, *Schar* f (to come in ~s) || ⟨ec⟩ *Gemeinde* f, *Herde* f || ~-book *(Schafe-)Herdbuch* n || ~-master *Schafzüchter* m **2.** vi *zus–strömen* (in *in*); *hineinströmen* (into *in*); to ~ to a p *jdm zuströmen* | to ~ out *hinauswandern* (to *nach*); to ~ together *sich zus–scharen*

flock [flɔk] **1.** s *(Woll-)Flocke* f; ~s [pl] *Polsterflocken* pl, *Stopfmaterial* n *aus Wollabfall* | ~-bed, ~-mattress *Wollmatratze* f || ~-paper *Flock–, Samttapete* f **2.** vt *mit Wolle (voll)stopfen* || *(Papier) mit Flockmuster versehen*

floe [flou] s *schwimmendes Eis(feld)* n

flog [flɔg] vt *peitschen, schlagen; prügeln, züchtigen* | *(Pferd) antreiben;* to ~ *along vorwärts–* | ⟨crick⟩ to ~ the bowling *tüchtig schlagen* | ⟨fig⟩ to ~ a th into a p *jdm etw mit Gewalt einbleuen,* ~ a th out of a p *jdm etw austreiben* || ⟨sl⟩ *übertreffen, schlagen;* ⟨etw⟩ *verkloppen, –scherbeln, –scheuern, losschlagen (verkaufen)* || to ~ a dead horse *offene Türen einrennen, gegen Windmühlen kämpfen* || to ~ a willing horse ⟨fig⟩ *e–m die letzte Puste aus dem Halse treiben* || ⟨mil sl⟩ to ~ it °*tippeln* ~**ging** [´~iŋ] s *Peitschen* n; *Züchtigung* f || ⁓ *of Christ Christi Geißelung* f || to give a p a ~ *jdn durchprügeln*

flong [flɔŋ] s *Papier* n z *Stereotypieren*

flood [flʌd] **1.** s (a ~-tide) *Flut* f, *Steigen des Wassers* n (Ggs ebb); to be at the ~ *steigen* || ⟨poet⟩ *Fluß, Strom* m; *Meer* n | (a ~s [pl]) *Überschwemmung* f; the ⁓ *die Sintflut* f | ⟨fig⟩ *Erguß* m; *Flut, Fülle, Menge* f (~s of rain, words); to come in a ~ *in gr M. auftreten* | ~-gate *Schleusentor* n; *Schleuse* f ⟨a fig⟩ || ~-lamp ⟨phot⟩ *Weichstrahler* m || ~-mark *Hochwasserstandszeichen* n || ~-tide *Flut* f **2.** vt/i *überschwemmen, –fluten* || *mit Wasser füllen, be-*

gießen || ⟨fig⟩ *(etw) überschwemmen, –fluten;* to ~ the carburettor ⟨mot⟩ *am Vergaser tippen* | vi *überfließen* || (of the tide) *steigen* || *fließen, strömen;* to ~ in *hinein–;* ⟨fig⟩ to ~ in upon a p *sich ergießen über jdn, jdn überfluten*

floodlight [´flʌdlait] **1.** s [pl] ~s *Scheinwerfer–, Flut–, Bühnenlicht* n (a display under ~s *e–e Schaustellung im Sch.*); ⟨fig⟩ *Schlaglicht* n **2.** vt *mit Scheinwerfern beleuchten* || ~ *lamp,* ~ *projector Lichtfluter, Flutlichtscheinwerfer* m || ~ *match* ⟨sport⟩ *Flutlicht-Spiel* n ~**ing** [~iŋ] s *Scheinwerferbeleuchtung* f –**lit** [´flʌdlit] a v *Scheinwerfern beleuchtet*

flooey [´flui] a ⟨Am sl⟩ to go ~ °*schief gehen* (= *versagen*)

floor [flɔ:] **I.** s **1.** *Fußboden* m, *Diele* f || *Grund (des Meeres)* m | ⟨film⟩ to be on the ~ *gedreht w* **2.** *Stockwerk, Geschoß* n; the second ~ is the third storey, → storey; ground ~ *Parterre* n; on the first ~ *im ersten Stock* || ⟨bes Am parl⟩ *Sitzungssaal* m | ⟨mar⟩ ~s [pl] = ~-timbers **3.** *(Scheunen-)Tenne* f || *(Wiesen-)Flur* f **4.** French ~, inlaid ~ *Parkett* n || to be on the ~ ⟨Am⟩ *das Wort führen;* to get (take) the ~ *das Wort erhalten (–greifen)* || to hold the ~ of the House ⟨parl⟩ *die Versammlung durch e–e Rede fesseln* || to take the ~ *tanzen;* ⟨Am⟩ *die Bühne betreten;* to go on the ~ ⟨film fam⟩ *gedreht w* || to wipe the ~ with a p ⟨fig⟩ *jdn gehörig zurichten, erledigen* **5.** ⟨com⟩ *Tiefstpreis, –stand* m (Ggs ceiling) **6.** [attr] ~-**cloth** *Fußbodendecke aus Linoleum* || ~-leader ⟨Am⟩ *Führer der Debatte* || ~-scrubber *Schrubber* m || ~-show *Dielendarbietung* f *(im Nachtclub);* Modenschau f *inmitten des Publikums* || ~-space *Bodenfläche* f || ~-timbers [pl] ⟨mar⟩ *Kielplanken* pl || ~-walker = shop-walker || ~-wax *Bohnerwachs* n **II.** vt **1.** *(Raum) mit Fußboden versehen, dielen* || *täfeln* **2.** *(jdn) z Boden strecken* | ⟨fig⟩ *bewältigen, überwinden* | ⟨univ sl⟩ to ~ the paper *alle Fragen beantworten* | ⟨fam⟩ *auf den Sand setzen, verblüffen* (to be ~ed) | ~**er** [´~rə] s *niederwerfender Schlag* m || ⟨fig⟩ *unerwartete, unangenehme Nachricht* f; ⟨sl⟩ *verblüffende Frage* f || ⟨skittles⟩ a ~! *alle Neune!* ~**ing** [´~riŋ] s *Fußboden* m, *Dielung* f; *Täfeln* n ~**less** [´~lis] a *ohne Fußboden*

floozie [´flu:zi] s *Flittchen* n *(Mädchen)*

flop [flɔp] **1.** vi/t ⟨fam⟩ *lose hin u her schwingen, schlagen* (against); *herunterhängen* (*hin)plumpsen; plumpsend fallen* (into *in*) || *mit den Flügeln schlagen* (a to ~ over) *umschwenken* (to *z*) || ⟨sl fig⟩ *zus–brechen; scheitern* || ⟨Am parl⟩ = to rat || ⟨Am sl⟩ °*sich hinhauen* (= *hinlegen, z Bett gehen);* °*rollen* (= *schlafen)* | vt *niederwerfen; plumpsen l,* to ~ o.s. *sich niederwerfen* (down, into). || *auf u nieder schlagen* (to ~ one's wings etc); *herunter–* **2.** s ⟨fam⟩ *Hinplumpsen* n || *Plumps* m || ⟨fig⟩ *Umschwenken* n | ⟨sl⟩ *Mißerfolg* m, *Scheitern* n || *Weichling* m | he is a ~ *er ist e–e Niete* **3.** [attr] ~ house ⟨Am⟩ *Herberge* f **4.** adv, intj ⟨fam⟩ *plumpsend; plumps* ~**per** [´~ə] s ⟨Am⟩ *Überläufer, Farbenwechsler* m ~**py** [´~i] a *schlappig, schlapp* || *liederlich, schluderig, nachlässig (style)*

flora [´flɔ:rə] s ⟨bot⟩ *Flora, Pflanzenwelt* f ~**l** [~l] a (~ly adv) z *Flora gehörig, Floren–* (~zone) || *Blumen–, Blüten–* || ~ *games* [pl] *Blumenspiele* n pl

Florentine [´flɔrəntain] **1.** a *florentinisch* **2.** s *Florentiner* m || *Florentiner Atlas* m

florescence [flɔ´resns] s ⟨bot⟩ *Blüte(zeit)* f ⟨a fig⟩ –**ent** [flɔ´resnt] a *aufblühend*

floret [´flɔ:rit] s ⟨bot⟩ *Blümchen* n

floriate [´flɔ:rieit] vt *blümen* –**ation** [ˌflɔ:ri´eiʃən] s *Verzierung* f

floriculture [´flɔ:rikʌltʃə] s *Blumenzucht* f –**rist**

[ˌflɔːriˈkʌltʃərist] s Blumengärtner, –züchter m

florid [ˈflɔrid] a (∼ly adv) † blühend, blüten-reich | ⟨fig⟩ auffallend, grell, schreiend, über-laden | (of language) blumenreich, gesucht || ⟨mus⟩ figurʿal || ⟨arch⟩ dekorativ; im Flammen-stil || gerötet, rot ∼ity [flɔˈriditi] Blumenpracht f || Grellheit f, Überladenheit f; blumenreicher Stil m ∼ness [∼nis] s = floridity

Florida [ˈflɔridə] s [attr] Florida–; ∼ moss ⟨bot⟩ Greisenbart m

Floridian [flɔˈridiən] 1. a Florida– 2. s Be-wohner m v Florida

floriferous [flɔːˈrifərəs] a ⟨bot⟩ blütentragend, –reich

florilegium [ˌflɔːriˈliːdʒiəm] s L Blüten–, Blumenlese; ⟨mst fig⟩ Auswahl f

florin [ˈflɔrin] s ⟨engl⟩ Zweischillingstück n || (holländ.) Gulden m || ⟨hist⟩ engl. Goldmünze (6/8)

florist [ˈflɔːrist] s Blumenhändler, –liehaber m ∼ic [flɔˈristik] 1. a (∼ally adv) floristisch, Pflanzen– 2. s ∼s [pl] Florʿistik f

floruit [ˈflɔːruit] L s Blüte–, Schaffenszeit f (of an author)

flory [ˈflɔːri] a = fleury

floscular [ˈflɔskjulə], –lous [ˈflɔskjuləs] a ⟨bot⟩ aus Blümchen zus–gesetzt

floss [flɔs] s (a ∼-silk) (Kokon-)Rohseide f; ungezwirnte Seidenfäden m pl; ∼ silk Florett-seide f || weiche, seidenartige Substanz f | ∼y [ˈ∼i] a seidenähnlich, seidenweich, florettseiden || ⟨Am sl⟩ unverschämt; fesch, elegant

flotation [flouˈteiʃən] s ⟨bes Am⟩ = floataation

flotilla [fləˈtilə] s Span Flottʿille f (3 or mehr Geschwader) || ∼ leader –führer m

flotsam [ˈflɔtsəm] s Seetrift f, Strand–, (trei-bendes) Wrackgut n; ⟨fig⟩ the ∼ and jetsam of life die niederen Elemente des Lebens n pl

flounce [flauns] 1. vi (P) erregt stürzen, stür-men (to ∼ away, out) | (a to ∼about, up) um-herspringen; tanzen (a to ∼ it); ⟨hors⟩ scheuen, springen 2. s plötzliche, hastige Bewegung f, Ruck m

flounce [flauns] 1. s Falbel f, Krause f, loser Besatz, Volant m 2. vt mit Falbeln, Volants be-setzen –cing [ˈflaunsiŋ] s Material n f Volants –cy [ˈflaunsi] a mit V. besetzt; Volant–, Falten–

flounder [ˈflaundə] s [pl ∼s] ⟨ich⟩ Flunder f

flounder [ˈflaundə] 1. vi sich abarbeiten, zappeln; sich wühlen (through) || taumeln, stol-pern (into in) | ⟨fig⟩ mühsam umhertappen || stocken (in e–r Rede); ratlos umherirren 2. s Gestolper, Zappeln, Umhertappen n

flour [ˈflauə] 1. s (feines) Mehl n || ⟨übtr⟩ Mehl, feines Pulver n | [attr] Mehl– | ∼-box, ∼-dredge(r) Mehlstreumaschine f || ∼ (⟨Am⟩ ∼ing)-mill Getreidemühle f 2. vt z Mehl mahlen; mit M. bestreuen

flourish [ˈflʌriʃ] 1. vi/t || blühen, gedeihen || (of authors) tätig, erfolgreich s (in, at, about a time) || Schnörkel, Floskeln m; sich geziert, blumenreich ausdrücken || prahlen, aufschneiden | vt blümen, verzieren; ausschmücken || (Waren) auslegen (im Schaufenster) || (Fahne) schwenken, (Schwert) schwingen || ⟨vulg⟩ to ∼ it sich zur Schau stellen 2. s* Blüte f; in full ∼ in voller B. | Schnörkel m | Floskel f || Schwenken, Schwingen n (of a weapon) | ⟨mus⟩ improvisiertes Vorspiel n || Trompetenstoß m, –geschmetter n, Tusch m, Fanfʿare f ⟨a fig⟩ | ∼y [∼i] a schnörkelig, Schnörkel–

floury [ˈflauəri] a mehlig

flout [flaut] 1. vt/i | verächtlich m; verhöhnen, verspotten, aufziehen || to ∼ an order e–n Befehl verweigern | vi spotten (at über), höhnen 2. s Gespött n, Hohn m ∼ing [ˈ∼iŋ] a (∼ly adv) spöttisch

flow [flou] 1. vi [∼ed/∼ed, † ∼n] fließen,

strömen || sich ergießen | ⟨übtr⟩ (of words etc) fließen, strömen (to ∼ in herein–) || fluten, sanft dahingleiten || (of garments) wallen, lose herab-hängen; –fallen (from v) | entfließen, –strömen (from a source e–r Quelle); ⟨fig⟩ sich ergeben, herrühren, entspringen, –stehen (from v, aus) | (of the tide) fluten, steigen (Ggs to ebb) || im Überfluß fließen; † überfließen (with v) 2. s Flut f, Strom m || Zu–, Abfluß m || fließende Menge; Produktionsmenge f || (of the tide) Flut f (Ggs ebb) || (of dress) Wogen, Wallen n | ⟨fig⟩ (of words) Fluß, Schwall, Erguß m; Ergie-ßung f; Überfluß m || ∼ of spirits heitere, sprudelnde Laune f | ∼ chart ⟨tech⟩ Schaubild n; ∼ diagram Strömungsbild n; ∼ meter –messer m; ∼ regulation Verkehrsregelung f; ∼ sheet Flußbild n (schematische Darstellung e–r Anlage) ∼age [ˈ∼idʒ] s ⟨jur⟩ Abwässerungsdienstbar-keit f

flower [ˈflauə] I. s 1. ⟨bot⟩ Blume, Blüte f; cut ∼s Schnittblumen pl; say it with ∼s laß(t) Blumen sprechen || ⟨arch⟩ End–, Giebel–, Kreuz-blume f || printer's ∼ Vignette f | ⟨übtr⟩ Blüte f, the ∼s of speech ⟨oft iron⟩ Redeblüten, Floskeln f pl || ⟨fig⟩ Blüte f (the ∼ of chivalry); Zierde f, Schmuck m || das Beste, Feinste n, Kern m || Blütezeit, Blüte f; in ∼ in Blüte; ⟨fig⟩ in the ∼ of his age | ∼s [pl] ⟨chem⟩ pulveriger Nieder-schlag m; the ∼s of sulphur Schwefelblumen pl 2. [attr] Blumen–; Blüten– | ∼-bed Blumenbeet n || ∼-garden –garten m || ∼ girl –mädchen n || ∼-painting, ∼-piece ⟨paint⟩ (Stilleben) –stück n || ∼-pot –topf m || ∼-pot cover Topfmantel, Übertopf m || ∼-show –ausstellung f || ∼-stalk Blütenstiel m II. vi/t blühen || ⟨fig⟩ blühen, in höchster Blüte stehen | to ∼ into sich entwickeln z | vt blümen || z Blüte bringen ∼age [∼ridʒ] s Blüten pl, –reichtum m || ⟨fig⟩ Blüte f ∼ed [∼d] a geblümt, blumig, gemustert (Damast) ∼er [∼rə] s Blütenträger m (Pflanze) ∼et [∼rit] s Blümchen n ∼iness [∼rinis] s Blüten–, Blumenreichtum m || ⟨fig⟩ blumenreicher Schmuck (e–r Rede) ∼ing [∼riŋ] 1. s Aufblühen n; ⟨fig⟩ Blüte f | [attr] Blüte–; ∼ time ⟨fig⟩ –zeit f 2. a blühend || blütentragend; Blumen– ∼less [∼lis] a blütenlos | ∼y [∼ri] a blumig, blütenreich; Blumen–; the ∼ Land China || ⟨fig⟩ blumenreich, geziert

flower-de-luce [ˈflauədəˈljuːs] s ⟨poet & Am⟩ = fleur-de-lis

flowing [ˈflouiŋ] a (∼ly adv) (of streams) strömend, fließend || ⟨übtr⟩ fließend; fortschrei-tend || (of language) fließend, gewandt || (of flags) wehend, flatternd || wallend (a ∼ beard); in Falten fallend or hängend (∼ garments) | stei-gend, zunehmend (tide); ∼ tide ⟨fig⟩ wachsende Neigung f || voll, überschäumend (∼ cups)

flown [floun] pp v to fly

flown [floun] † pp v to flow || ⟨fig⟩ geschwol-len (with insolence)

flu, flue [fluː] s abbr f influenza

flubdub [ˈflʌbdʌb] s ⟨Am⟩ Schwulst m, Ge-fasel n, Faselei f

fluctuant [ˈflʌktjuənt] a fluktuierend, schwan-kend –ate [ˈflʌktjueit] vi fluktuieren; steigen u fallen –ation [ˌflʌktjuˈeiʃən] s Fluktuieren n; Wogen n || ⟨fig⟩ Schwanken n; ∼ of price Preis-schwankung f

flue [fluː] s Fisch–, Schleppnetz n

flue [fluː] s Rauchfang m || Heizkanal, Feuer-zug m || ⟨fam⟩ in od up the ∼ „versetzt" (im Pfandhaus) || Heiz–, Wärmerohr n | Spalt m e–r Orgelpfeife | [attr] ∼-gas Rauchgas n || ∼-pipe Orgelpfeife f || ∼-work Orgelpfeifen f pl

flue [fluː] s Flaum m; Staubflocke f, [koll] –flocken pl ∼y [ˈ∼i] a flaumig, Flaum–

flue [fluː] vi/t | ausgeschrägt s | vt (Fenster) ausschrägen; nach innen or außen weiten

fluency [ˈfluːənsi] s Fluß m (der Rede); Ge-

läufigkeit f **–ent** ['flu:ənt] **1.** a (~ly adv) *fließend* (speech); *geläufig, gewandt* **2.** s ⟨math⟩ *Flu·ente* f, *veränderliche Größe* f *in Differentialen*

fluff [flʌf] **1.** s *Flaum* m; *weichwollige Masse*; *Fussel* f; °*little bit of* ~ ⟨Austr⟩ *Mädchen* n ‖ *erster Bartwuchs* m ‖ ⟨theat sl⟩ *schlecht gelernte* or *vorgetragene Rolle* f; *to do a* ~ *patzen* **2.** vt/i ‖ *z Flaum, Werg* m ‖ ⟨sport⟩ *(etw) verpfuschen,* °*–hauen* ‖ *to* ~ *out, up* (of birds) *aufplustern* (to ~ *out one's feathers*); [refl] *to* ~ o.s. *out, up sich aufplustern* ‖ vi *sich leicht bewegen, sich sanft niederlassen* ‖ ⟨theat sl⟩ *e–e Rolle stümperhaft vortragen* **–iness** ['~inis] s *Flaumigkeit, Flockigkeit* f **~y** [~i] a *flaumig, flockig* ‖ (of hair) *flockig, locker, weich* ‖ *mit Flaum bedeckt* ‖ *weichlich; schlapp* ‖ ⟨sl⟩ *betrunken* ‖ ⟨theat⟩ *stümperhaft; patzend, schwimmend* ‖ ~-*dry schrankfertig* (laundry)

fluid ['flu:id] **1.** a *flüssig, gasförmig,* → *liquid;* ⟨fig⟩ *in Bewegung, fließend, im Fluß;* ~ *drive* ⟨mot⟩ *automatische Schaltung* f **2.** s [konkr] *Flüssigkeit* f; *lighter* ~ *Feuerzeugbenzin* n; *mechanics of* ~s *Strömungslehre* ‖ ⟨el⟩ *Fl·uidum* n ‖ *Saft* m, *Sekreti·on* f ‖ ~ *coupling* ⟨mot⟩ *Flüssigkeitskupplung* f **–al** [~əl] a ⟨geol⟩ *Fluid·al–* (structure) **~ify** [flu'idifai] vt *flüssig* m **~ity** [flu'iditi] s *flüssiger Zustand* m ‖ [abstr] *Flüssigkeit* f ⟨a fig⟩

fluke [flu:k] s ⟨ich⟩ *Plattfisch; Flunder* f ‖ (a ~-worm) *Plattwurm* m ‖ *liver* ~ *Leberegel* m **fluke** [flu:k] s *Ankerhand* f, *–flügel* m; ~s [pl] *Schwanz* (des Wals) m

fluke [flu:k] s ⟨bill⟩ *Fuchs* m ‖ *der glückliche Zufall* m; *by a* ~ *durch glücklichen Zufall* **fluky** ['flu:ki] a *Glücks–; Zufalls–* ‖ *unsicher* (~ etymology)

flume [flu:m] ⟨bes Am⟩ **1.** s *künstl. Kanal* m; *Gerinne* m ‖ *v e–m Strom durchzogene Talschlucht* f ‖ ⟨for⟩ *Wasserriese* f, *Triftkanal* m **2.** vi/t *e–n künstl. Kanal anlegen* ‖ vt *in e–m K. befördern*

flummery ['flʌməri] s ⟨cul⟩ *Flammeri* m ‖ ⟨fig⟩ *leere Komplimente* n pl, *leeres Gewäsch* n, *Humbug* m

flummox ['flʌməks] vt ⟨sl⟩ *verwirren, –blüffen* **flump** [flʌmp] **1.** vi/t ‖ *sich schwer, unbeholfen bewegen; fallen, plumpsen* ‖ vt *to* ~ *down plumpsend niedersetzen, –werfen* **2.** s *Plumps* m

flung [flʌŋ] pret & pp v *to fling*

flunk [flʌŋk] ⟨Am⟩ vi/t ‖ *sich drücken,* °*kneifen* ‖ *durchfallen* ‖ *patzen* ‖ vt (jdn) *durchfallen l* ‖ (etw) *verpatzen*

flunkey ['flʌŋki] s *Livree-Bedienter, Lakai* m ‖ ⟨fig⟩ *Bedientenseele* f, *Speichellecker* m ‖ ⟨Am⟩ *Hilfskoch* **~dom** [~dəm] s [koll] (die) *Bedienten* pl ‖ (a **~ism** [~izm]) s *Speichelleckerei* f, *Knechtssinn* m

fluor ['fluə:] s ⟨minr⟩ *Flußspat* m ‖ ~-*spar* = *fluor*

fluoresce [fluə'res] vi ⟨phys⟩ *fluoreszieren* ‖ *schillern* **~nce** [~ns] s ⟨phys⟩ *Fluoresz·enz* f **~nt** [~nt] a *fluoreszierend;* ~ *screen Leuchtschirm* m; ~ *lamp* ⟨el⟩ *Leuchtröhre, –lampe* f; ~ *light Leuchtstofflicht* n

fluoric [flu'ərik] a ⟨chem⟩ *Fl·uor–* ‖ ~ *acid Flußsäure* f **–ide** ['fluərid] s ⟨chem⟩ *Fluorid* n (*Fluormetall*) **–ine** ['fluəri:n] s ⟨chem⟩ *Fl·uor* n **–ite** ['fluərait] s = *fluor*

fluoroscope ['fluərəskoup] s *(Röntgen-) Fluoroskop* n

flurry ['flʌri] **1.** s *Windstoß* m; ⟨bes Am⟩ *Schauer, Guß* m (~ *of rain*), *Gestöber* n (~ *of snow*) ‖ *nervöse Aufregung, Verwirrung, Unruhe* f; *in a* ~ *aufgeregt* ‖ *Todeskampf* m (*e–s Wales*) **2.** vt *aufregen, beunruhigen, nervös* m

flush [flʌʃ] **1.** vi/t ‖ *auf–, hoch–, fortfliegen* ‖ vt (*Vögel*) *aufscheuchen, aufjagen* **2.** s (*aufgescheuchter*) *Vogelschwarm* m

flush [flʌʃ] vi/t **A.** vi (*aus*)*strömen* ‖ (of blood) *sich ergießen;* the blood ~ed in her face *das Blut stieg ihr ins Gesicht* ‖ (of shoots) *sprießen* ‖ (er)*glühen; erröten; sich erhitzen* (into a rage) **B.** vt **1.** *ab–, ausspülen;* (*mit Wasser*) *reinigen* ‖ *überschwemmen; bewässern* ‖ *sprießen l* **2.** *erröten* m, *röten; erregen; erhitzen* (~ed with wine *erhitzt v Wein;* with anger *vor Wut*) ‖ ⟨fig⟩ *glänzend färben* **3.** *erheben, stolz* m; *ermutigen,* ~ed with joy *freudetrunken* **4.** (*Schafe*) *mästen* **~er** ['~ə] s *Kanalreiniger* m **~ing** ['~iŋ] s [attr] *Spül–* (~-box); ~ *press Druckspüler* m (*am Klosett*)

flush [flʌʃ] s **1.** *Wasserzufluß* m; *Ausspülung* f ‖ ⟨fig⟩ *Überfluß* m ‖ ~ *pan Klosettschüssel* f **2.** *Aufwallung, Flut* f (the ~ of emotion); *frohe Erregung* f **3.** *frisches Wachstum* n (in full ~) **4.** *Erröten* n; *Fieberhitze* f ‖ ⟨fig⟩ *Glut, Röte* f **5.** *Kraft; Blüte* f (the ~ of beauty; life); *Fülle* f ‖ *Glanz* m

flush [flʌʃ] **1.** [s] ⟨cards⟩ *lange Farbe, Flöte,* straight ~ *regelrechte Flöte,* royal ~ *As-Flöte* f **2.** [a] ~ sequence *Sequenz derselben Farbe*

flush [flʌʃ] **1.** a *voll, überfließend* ‖ * *frisch, blühend, kräftig; zuversichtlich* ‖ [mst pred] *reichlich versehen* (of mit), *reich* (of an), ~ of money *gut bei Kasse* ‖ *verschwenderisch* (with mit) ‖ *gedeihlich, glücklich* ‖ *eben, in gleicher Ebene, Höhe* (with); *versenkt, versenkbar* (fitting); *eingelassen* (headlight) ‖ ~-deck ⟨mar⟩ *Glattdeck* n ‖ *glatt* (Tür) (~ without panels) ‖ ~ *rivet Senkniet* m **2.** [adv] *to come* ~ *on a p auf jdn platzen, stoßen* **3.** vt *eben, glatt* m ‖ (*Fugen*) *ausfüllen, ausstreichen* **~ness** ['~nis] s *Geldfülle* f

fluster ['flʌstə] **1.** vt *durch Trinken erhitzen* ‖ *aufregen, verwirren* ‖ vi *erhitzt, aufgeregt w* or *s; sich aufgeregt, hastig bewegen* **2.** s *Aufregung, Verwirrung* f; *to be all in a* ~ *sehr aufgeregt s*

Flustra ['flʌstrə] s L ⟨zoo⟩ *Gattung der Moostierchen*

flute [flu:t] **1.** s *Flöte* f; ~-à-bec *Schnabelflöte;* German ~, transverse ~ *Querflöte* f, → *pipe* ‖ ⟨arch etc⟩ (*Säulen-*)*Rille, Riefe, Rinne* f ‖ *Kräusel, Rüsche* f (a ~-player) *Flötenspieler, Flötist* m ‖ (a ~-stop) ⟨mus⟩ *Flötenregister* n, *Flageol·ettzug* m (e–r Orgel) ‖ ~ glass *Stangenkelch* m, *Spitzglas* n **2.** vi/t ‖ *auf der F. spielen* ‖ *flöten, mit weichem Tone singen* ‖ vt (*Melodie*) *auf der F. spielen* ‖ ⟨arch⟩ *kannelieren, riefen* (~d with gold *mit goldenen Riefen versehen*); *furchen; auskehlen* ‖ *kräuseln, in Falten legen* **–ting** ['flu:tiŋ] **1.** s ⟨arch⟩ *Kannelierung* f; *spiral* ~ *geschweifte Kannelüre* f ‖ *Auskehlen, Nuten* n ‖ *Kräuseln, Rüschen* pl **2.** a *wohlklingend* **–tist** ['flu:tist] s *Flöt·ist* m

flutter ['flʌtə] **1.** vi/t **a.** vi (of birds) *flattern; sich unruhig bewegen;* (of flags) *wehen* ‖ (of water) *sich kräuseln;* (of the heart) *schnell schlagen* ‖ *zittern; erregt s* (with hope) ‖ ⟨tech⟩ *schwingen, flattern* **b.** vt [kaus] *in flatternde Bewegung bringen, hin u her bewegen; to* ~ a kiss *flüchtig e–n Kuß geben* (on auf) ‖ *erregen* ‖ *beunruhigen, verwirren; to* ~ the political dovecotes *das politische Leben beunruhigen* **2.** s *Geflatter* n ‖ *flatternde Bewegung* f ‖ ⟨aero⟩ *Vibrieren* n (of the propeller) ‖ *Auf–, Erregung, Unruhe* f (to be in a ~) ‖ ⟨sl⟩ *Glücksspiel* n; *Spekulation* f; *to have a* ~ *spekulieren*

fluty ['flu:ti] a *flötend, flötenartig, sanft u klar* **fluvial** ['flu:viəl] a *Fluß–;* *Fluvi·al–* **–iatile** ['flu:viətail] a *Fluvi·al–; v Flüssen herrührend; in F. lebend, wachsend* **–io–** ['flu:viou] [in comp] *fluvio–;* ~-*glacial* *–glazi·al*

flux [flʌks] **1.** s *Fluß; Ausfluß* m; *Ausströmen* n; *Strom* m ⟨a fig⟩ ‖ bloody ~ ⟨med⟩ *rote Ruhr* f ‖ *Flut* f; ~ and reflux *Ebbe u Flut* f ‖ ⟨fig⟩ *Flut* (of talk) ‖ *Umlauf* m; *beständiger Wechsel*

m (in a state of ~); in ~ *im Fluß* | ⟨chem met
el⟩ *Fluß* m; ⟨met⟩ *Flußmittel* n; (*Emaille-
schmelzungsmittel*) *Fluß* m || ⟨at⟩ (*Neutr·onen-*)
Fluß m; ~ density *Kraftflußdichte* f; ~ plot
Strömungsverlauf m; high ~ testing *Versuche*
m pl *mit hohem Neutronenstrom* **2.** vi/t ~ *aus-
strömen, ausfließen* | vt *schmelzen, in Fluß
bringen* ~**ion** ['flʌkʃən] s *Fließen* n, *Fluß* m ||
⟨med⟩ *Fluß* m || ⟨math⟩ *Fluxion* f, *Differential*
n; method of ~s *Differentialrechnung* f ~**ional**
['flʌkʃənl] a ⟨math⟩ *Fluxions-, Differential-* ||
flüssig ~**ionary** ['flʌkʃnəri] a *Differential-* ||
fließend, schwankend

fly [flai] s [–ies] ⟨ent⟩ *Fliege* f || bristle-~
Raupenfliege; deer ~ *Blindbremse* f; (lesser)
house-~ (*Kl*) *Stubenfliege*; louse-~ *Laus-*;
scorpion-~ *Skorpions-*; stable-~ *Stech-*;
turnip-~ *Rübenblattwespe* f; vinegar-~ *Essig-
fliege*; warble-~ *Dassel-* | ~ flies [pl] (*bekann-
tere Familien*) assassin f.s, robber ~ (Asilidae)
Raubfliegen; bee – (Bombyliidae) *Wollschweber*
m pl; big-headed – (Pipunculidae) *Augenfliegen*;
black – (Simuliidae) *Kriebelmücken* f pl; dance –
(*Empidae*) *Tanzfliegen*; flesh – (Sarcophagidae)
Fleisch-; frit – (Chloropidae) *Frit-*; small
fruit – (Drosophilidae) *Tau-, Frucht-*; flower –,
hover – (Syrphidae) *Schweb-*; snipe – (Rhagio-
nodae) *Schnepfen-*; soldier – (Stratiomidae)
Waffen- | ⟨fig⟩ a ~ in the ointment *ein Haar
in der Suppe*; no flies! *ohne kohlen z wollen*!
ehrlich!; there are no flies on him *es ist kein
Makel an ihm*; → wheel || [mst koll] ⟨bot⟩
Erkrankung durch Blasenfüße || ~ agaric *Flie-
gen-, Blätterpilz, -schwamm* m (a good deal
of ~) *künstl. Fliege* (z *Angeln*) | [attr &
comp] *Fliegen-* (~-paper etc) ~**-bane** ⟨bot⟩
Leimkraut n || ~-bitten v *Fliegen ge-, zer-
stochen* || ~-blow *Fliegenei, -schmutz* m ||
~-blown v *Fliegen beschmutzt*; ⟨fig⟩ *besudelt* ||
~-by-night [a] *unstet, unzuverlässig* ||
catcher ⟨orn⟩ *Fliegenschnäpper* m; ⟨fig⟩ ~-r, *der
Maulaffen feilhält*; ⟨Am fam st exch⟩ *Spekulation* f; collared ~ *Halsbandschn.*, pied ~
Trauer-, red-breasted ~ *Zwerg-*, spotted ~
Grau- | *Fliegenfänger* m || ~-fish [vi] *mit
künstl. Fliegen angeln* || ~-flap *Fliegenwedel* m ||
~-trap *-falle* f || ~-weight ⟨box⟩ *Fliegen-
gewicht* n (*nicht über 100 Pfd.* [engl 112 lbs])

fly [flai] vi/t (flew/flown) **I.** vi **1.** (of birds)
fliegen ⟨übtr a aero⟩: to ~ by contact *mit
Bodensicht fliegen*; to ~ on instruments *blindfliegen*; to ~ by the seat of one's pants ⟨sl⟩
über den Daumen peilen (*gepeilt fliegen*) || to be
used for ~ing at herons *z Reiherbeize ver-
wendet w* | ⟨fig⟩ to ~ high, at high game *ehr-
geizige Ziele h*; to ~ at higher game *höher hin-
auswollen* || to ~ (rather) high °*sich die Nase
begießen* || the bird is flown ⟨fig⟩ *der Vogel ist
ausgeflogen* | (of flags) *wehen, flattern* || (of
time) *fliegen, fliehen, entfliehen* || *eilen, stürzen*
(to ~ to arms) || (*fort*)*getrieben w* (to make
sparks ~); ⟨fam⟩ to make it (the money) ~ *das
Geld sehr lose in der Tasche h* || to ~ open (of
doors) *auffliegen* || (a to ~ in pieces) *zerbrechen,
zerspringen* | to let ~ *ab-, losschießen* (a missile);
[abs] *losschlagen* (he let ~ with his fists); to let
~ at a p *jdn anfahren* **2.** *fliehen* [= to flee *nur im
prs, inf u prs p*] **3.** [*mit prep*] to ~ at, upon *her-
fallen über* || to ~ in a p's face *jdn anfahren,
reizen, herausfordern* || to ~ into a rage *in Wut
geraten* || (of a car) to ~ off the curve ⟨mot⟩
aus der K. fliegen; to ~ off the handle (*P*) ⟨fam⟩
in Wut geraten, fuchsteufelswild w **4.** [*mit adv*]
to ~ about *herum~*; .. away *fortfliegen* || to ~
off *fortfliegen*; *-eilen*; → tangent | to ~ out
herausstürzen, ausbrechen; ⟨fig⟩ *in Wut geraten,
schimpfen* (° *wie ein Rohrspatz*); to ~ out at a p
auf jdn losgehen; *ausfallend w gegen jdn* **II.** vt **1.**

⟨aero⟩ to ~ a flag *e–e Flagge führen*; to ~ the
ocean *über den Ozean fliegen*; ⟨mil⟩ to ~ a
sortie *Einsatz fliegen*, → beam **2.** (= to flee)
fliehen aus, meiden (to ~ the country); *fliehen
vor* (to ~ a danger) **3.** [kaus] *fliegen m or l*; to ~
hawks *mit Falken jagen*; to be flown at herons *z
Reiherbeize verwendet w*; to ~ the river *Wasser-
hühner jagen* || to ~ a kite *e–n Drachen steigen l*;
⟨sl⟩ *auf Wechsel borgen* || ⟨aero⟩ *fliegen mit*; to ~
an aeroplane *ein Flugzeug führen*; (*jdn*) *im F.
befördern* ⟨fam⟩ *senden* (I will ~ you a line) ||
(*Fahne*) *wehen l, führen, hissen*; every house was
~ing its flag *jedes Haus hatte geflaggt* **III.** [in
comp] ~away **1.** a (of dress) *fliegend, wehend,
flatternd*; (*P*) *flatterhaft, unbeständig* **2.** s *Flücht-
ling* m; *flatterhafte P* || ~-by-night *Nacht-
schwärmer* m (*P*) || ~-in (⟨*a*⟩ ~-in theater)
⟨Am⟩ *Flugkino, Freilichtkino* n (*f kl Privat-
flugzeuge*), → drive-in ~**able** ['~əbl] a *anflieg-
bar* (airport); the weather is ~ *es ist* or *wir h
Flugwetter*

fly [flai] s *Flug* m; ⟨aero⟩ to have a ~ *fliegen*;
on the ~ *in Bewegung*; a ~ past ⟨aero⟩ *Luft-
parade* f, *Vorbeiflug* m | *Droschke* f; *Einspänner*
m | *Unruhe* (*an Uhren*) f || ⟨typ⟩ *Ausleger* m |
Stück Tuch z Verdecken (*e–r Knopfleiste etc*);
Hosenlatz m, *Zelteingangsklappe* f || ⟨theat⟩
flies [pl] *Soffitten* pl | [attr] ~-leaf *Vorsatzblatt*
n (*im Buche*) || ~-sheet *Flugblatt* n || ~-wheel
→ ~wheel

fly [flai] a ⟨sl⟩ *gerissen, schlau, pfiffig* | *be-
hende*

flyer, flier ['flaiə] s (of birds etc) *Flieger* (a
high ~); *schnellaufendes Tier, Fahrzeug* n;
Rennpferd n || *Flüchtling* m ⟨fig sl⟩ °*hübscher
Racker* m (*Mädchen*) || ⟨aero⟩ *Flieger* | ⟨tech⟩
Spindelflügel m || ⟨arch⟩ (*a flying buttress*)
Strebebogen m || ~s [pl] ⟨arch⟩ *Freitreppe* f

flying ['flaiiŋ] **1.** s *Fliegen* n || ⟨aero⟩ *Fliegen*
n; *Fliegerei*; *Flugtätigkeit* f; *Flugwesen* n (the
art of ~ *–kunst*) || ~ by contact *Fliegen mit
Bodensicht*; ~ by instrument *Blindflug* m |
[attr] ~ accident *Flugunfall* m || ~ activity
-tätigkeit f || ~ allowance *Fliegerzulage* f ||
~ altitude *Flughöhe* f || ~ boat *Flugboot* n || ~
characteristics [pl] *–eigenschaften* f pl || ~ cor-
ridor *Flugschneise* f || ~ deck *Flugdeck* n || ~
distance *–weite* f || ~ field *-platz* m || ~ forma-
tion *–formation* f || ~ ground *Flugplatz* m || ~
instructor *-lehrer* m || ~ instruments [pl]
–überwachungsinstrumente n pl || ~ K. P. (=
Kitchenpolice) ⟨aero sl⟩ *Propellerputzer* m [a pl]
|| ~-machine *Flugzeug* n || ~-officer *Flieger-
offizier* (*unter dem* flight-lieutenant); *Ober-
leutnant der RAF* || ~ schedule *Luftverkehrsplan*
m || ~ school *Fliegerschule* f || ~ speed *Flug-
geschwindigkeit* f || ~ time *Flugzeit* f **2.** a *flie-
gend* || ⟨fig⟩ *flüchtig, kurz* (a ~ visit *ein Blitz-
besuch*) || ~ jump *Sprung mit Anlauf* || to come
off with ~ colours ⟨fig⟩ *glänzend* or *mit Ehren
bestehen* | ~ buttress ⟨arch⟩ *Strebepfeiler,
Strebebogen* m || ~ bomb *Luft-, Raketenbombe*
f || ~ boxcar ⟨Am sl⟩ *Frachtflugzeug* n || ~
corps *Fliegertruppe* f || ~ fortress ⟨Am⟩ „*Flie-
gende Festung*" || ~ column ⟨mil⟩ *Fliegende
Kolonne* f || ~ disk = ~ saucer || ~ dust *Flug-
staub* m || ~ elephant „*Wurst*" f (*Sperrballon*) ||
~-fish ⟨ich⟩ *Fliegender Fisch* m || ~-fox ⟨zoo⟩
Fliegender Hund m || ~-jib ⟨mar⟩ *Außenklüver*
|| ~ saucer „*Fliegende Untertasse*" f || ~-squad
Überfallkommando n || ~-squirrel ⟨zoo⟩ *Flug-
hörnchen* n || ~ wing *Nurflügelflugzeug* n || ~
woman *Fliegerin* f

flyman ['flaimən] s *Droschkenkutscher* m ||
⟨theat⟩ *Soffittenarbeiter* m

flyway ['flaiwei] s *Zugstraße* (*der Zugvögel*)

flyweight ['flaiweit] s ⟨tech⟩ *Schwung-, Flieh-
gewicht* n

flywheel [ˈflaiwi:l] s ⟨tech⟩ *Schwungrad* n, *-scheibe, -masse* f, *-kranz* m ‖ ~ action *Schwungmoment* n ‖ ~ brake *Getriebebremse* f ‖ ~ force *Schwungkraft* f

foal [foul] **1.** s *Füllen, Fohlen* n ‖ in, with ~ *trächtig* ‖ ~ and filly dance °„Lämmerhüpfen" n, *Knospenball* m **2.** vi/t ‖ *fohlen* | vt (*Fohlen*) *werfen* ~**foot** [ˈ~fut] s ⟨bot⟩ *Huflattich*

foam [foum] **1.** s *Schaum* m; ~ bath *Schaumbad* n; ~ concrete *Schaumbeton* m ‖ ~-crested *schaumgekrönt*; ~ extinguisher *Schaumlöschgerät* n; ~ rubber *Schaumgummi* m; ~ tablets *Quelltabletten* f pl | ⟨poet⟩ *Meer* n **2.** vi *schäumen* ‖ he ~ed at the mouth *sein Mund schäumte* ⟨aˈfig⟩ (with rage) ‖ *vor Wut schäumen, wüten* (at *über*) ‖ *schäumend fließen* (into *in*) ~**less** [ˈ~lis] a *ohne Schaum* ~**y** [ˈ~i] a *schaumig, schäumend*

fob [fɔb] **1.** s *Uhrtasche* f (in der Hose) ‖ ⟨Am⟩ *Uhrkette* f *mit Anhänger* m **2.** vt *in die Uhrtasche stecken*

fob [fɔb] vt *foppen, betrügen* ‖ to ~ off (*jdn*) *abfertigen, abspeisen* (with *mit*) ‖ to ~ off a th on a p *jdm etw aufhängen, aufhalsen*

focal [ˈfoukəl] a *den Brennpunkt betr*, *im Brennpunkt stehend, fokˈal* ‖ ~ distance ⟨phys⟩ *Brennweite* f ‖ ~ plane *–fläche, –linie* f; ~-p. shutter ⟨phot⟩ *Schlitzverschluß* m ‖ ~ point *–punkt*; *Mittelpunkt* m ~**ization** [ˌfoukəlaiˈzeiʃən] s *Vereinigung* f *in e–m Brennpunkt* ~**ize** [ˈfoukəlaiz] vt *in e–m B. vereinigen*

focimeter [fouˈsimitə] s *Fokomˈeter, Linsenprüfer* m

foˈc's'le [ˈfouksl] s = forecastle

focus [ˈfoukəs] **1.** L s (pl ~es; –ci [–sai]) *Brennpunkt* m ‖ in ~ *im B.*; *richtig eingestellt*; *scharf dargestellt*; out of ~ *nicht im B.*; *nicht richtig eingestellt*; *unscharf*; ⟨fig⟩ *entstellt* ‖ to bring into ~ *in den B. rücken* ‖ *Brennweite* f ‖ ⟨med⟩ *Herd* m | ⟨fig⟩ *Brenn–, Mittelpunkt*; *Herd* m | ~ number ⟨phot⟩ *Lichtstärke* f (*Brennweite/Objektivdurchmesser*) **2.** vt/i (~ses; ~sed; ~sing; ⟨Am⟩ ~ses; ~ed, ~ing] ‖ ~ (*Instrument*) (*richtig*) *einstellen* (on *auf*) ‖ *in den B. bringen* ‖ *in e–m B. konzentrieren* (attention) ‖ ([*Elektronen–*]*Strahlen*) *bündeln*; ~sing *Bündelung* f; ~sing coil *Bündelspule* ~; ~sing electrode *Bündelelektrode* f ‖ ~sing screen ⟨phot⟩ *Mattscheibe* f | vi *sich in e–m B. vereinigen* ‖ ⟨phot⟩ to ~ for infinity *auf unendlich einstellen*

fodder [ˈfɔdə] **1.** s *Dürr–, Trocken–, Viehfutter* n; *Fütterung* f ‖ cannon ~ *Kanonenfutter* n **2.** vt (*Vieh*) *füttern*

foe [fou] s ⟨poet⟩ *Feind* m ‖ ⟨übtr⟩ *Gegner* m (to a th *e–r S*); a ~ to liberty *ein G. der Freiheit*; to be a ~ to a th *e–r S schädlich* s ~**man** [ˈ~mən] s *Feind* ⟨aˈübtr⟩

Foehn, Föhn [fə:n] s ⟨Ger⟩ *Föhn* m (*trockener, warmer Fallwind*)

foetal, fet– [ˈfi:tl] a *Fötus–, fötal*; ~ deaths ⟨stat⟩ *intra-uterine Sterblichkeit* f –**ation** [fi:-ˈteiʃən] s *Bildung* f *des Fötus* ‖ –**icide** [ˈfi:tisaid] s *Abtreibung* f –**us** [ˈfi:təs] s L *Leibesfrucht* f, *Fötus* m

fog [fɔg] **1.** s *unabgemähtes, grobes Gras*; *Wintergras* n **2.** vt (*Land*) *mit W. stehen* l; (*Vieh*) *mit W. füttern* ~**gy** [ˈ~i] a *Wintergras–*

fog [fɔg] **1.** s *dichter, über dem Erdboden schwebender Nebel* m; ⟨aero⟩ °*Dreck* m; → pea-soup ‖ *Rauch, Dunst, Dampf* m ‖ ⟨fig⟩ *nebelhafter Zustand* m; *Dunkel* n, *Verwirrung* f (in a ~ *in Verlegenheit*) | [attr & comp] ~-bank *Nebelschicht, –bank* f ‖ ~-bell *–glocke* f ‖ ~-bound v *N. zurückgehalten* (ship) ‖ ~-bow *–bogen* m ‖ ~-horn *–horn* n ‖ ~-signal *–signal* n **2.** vt/i *umnebeln, in N. hüllen* ‖ *undeutlich* m ‖ ⟨fig⟩ *verdüstern, verwirren* | vi *neblig* w ‖ ⟨rail⟩ *Nebelsignale geben* ~**ged** [ˈ~d] a ⟨fam⟩

°„*benebelt*" (*angeheitert*) ~**ger** [ˈ~ə] s ⟨rail⟩ *Signalgeber* m ~**giness** [ˈ~inis] s *Nebligkeit* f ~**gy** [ˈ~i] a (*–gily adv*) *neblig* ‖ ⟨fig⟩ *umnebelt, dunkel, wirr, unklar* (a ~ idea)

fogy, fogey [ˈfougi] s ⟨mst⟩ old ~ *alter, altmodischer Kauz, alter Knopf, Philister, alter* °*Kracher* m ~**dom** [~dəm], ~**ism** [~izm] s (old ~) *Philistertum* n

foible [ˈfɔibl] s ⟨fig⟩ *Schwäche, schwache Seite* f (Ggs forte) ‖ *biegsamer Teil e–r Klinge* f (*oberstes Drittel*) ‖ ⟨jur⟩ *stichhaltlose Begründung* f

foil [fɔil] **1.** s ⟨arch⟩ *Blattverzierung, Nase* f (am got. *Maßwerk*), *Laubwerk* n | [ohne pl] *Metall–, Blechblättchen* n; *Folie* f ‖ (of a gem) *Glanzblättchen* n | *Einfassung, Unterlage* f | ⟨fig⟩ *Folie* f, *Hintergrund* m (for, to *f, z*); to act, serve as a ~ to, to form a ~ to a th *od a p e–r S, jdm z Folie dienen* **2.** vt *mit Blattverzierung, Folie versehen*

foil [fɔil] **1.** vt/i ⟨hunt⟩ (*Spur*) *verwischen, –wirren* ‖ *überwinden* ‖ *vereiteln, zunichte* m | vi *die Spur verwischen* **2.** s *Fährte* (*e–s gejagten Tieres*) f ‖ † *Niederlage f, Fehlschlag* m

foil [fɔil] s ⟨fenc⟩ (*stumpfes*) *Florett* n

foison [ˈfɔizn] † s *gr Menge*; *Fülle* f (a ~ of)

foist [fɔist] vt *heimlich hineinbringen, –schieben* (into *in*); to ~ in *einschmuggeln* ‖ to ~ a th on a p *jdm etw aufhängen, –halsen*, (*Kind*) *unterschieben*; *jdn mit etw* °*anschmieren*

Fokker [ˈfɔkə] s (*nach A. H. G.* ~) ⟨Ger aero⟩ *Fokker-Eindecker* m

fold [fould] **1.** s (mst *sheep*~) *Hürde* f, *Pferch* m ‖ ⟨ec⟩ *Herde, Gemeinde*; *Kirche* f **2.** vt (*Schafe*) *einpferchen* ‖ (*Land*) *mit Schafdung düngen*

fold [fould] **I.** vt/i **A.** vt **1.** *falten*; to ~ together *zus–falten* ‖ *umbiegen, kniffen, falzen* ‖ ⟨tech a⟩ *abkanten, bördeln* | *legen* (one's arms . round a th) ‖ to ~ one's arms *die Arme über–e–a–legen, kreuzen* (a übtr); to ~ one's hands *die Hände falten*; to ~ together *zus–legen* **2.** *einhüllen* (in) ‖ to ~ a p in one's arms *jdn umarmen* **3.** to ~ down *umkniffen* ‖ ~ up *zus–legen*; ⟨aero⟩ *das Fahrwerk einziehen* **B.** vi *sich falten*; (*sich*) *schließen* ‖ *sich zus–legen* l; to ~ up ⟨fam⟩ *schlapp* m, ⟨aero sl⟩ °*abschmieren*; **II.** s *Falte* f; *Falz, Kniff, Bruch* m ‖ (of a screen) *Flügel* m | *Wind–, Krümmung* f ‖ *Senkung, Falte* f (des *Bodens*); ⟨geol⟩ *Falte, Faltung* f; plunging ~ *Tauchfalte*, truncated ~ *Faltenrumpf* m | ~ed *mountains*, ~-mountains [pl] *Faltengebirge* n

–fold [fould] suff *–fältig, –fach* (two~)

foldboat [ˈfouldbout] s ⟨sport⟩ *Faltboot* n

folder [ˈfouldə] s *Falzer* m; *Faltende(r* m) f ‖ *Falzbein* n (*Papierfalter*) ‖ ⟨Am⟩ *zus–faltbare Karte* f (etc) ‖ (*Papier-*)*Hefter* m, *Mappe* f; *Aktendeckel* m; *kl Broschüre* f; *Prospekt* m *mit Bildern* ‖ ~s [pl] (*Klapp-*)*Kneifer* (a pair of ~s *ein K.*) m

folderol [ˈfɔldəˈrɔl] s → falderal

folding [ˈfouldiŋ] **1.** s *Falten, Falzen* n ‖ *Türflügel* m ‖ [attr] *Falz–* (~-stick *–bein*) **2.** a *zus–legbar* (~-head *–bares Verdeck*); *Flügel–, Klapp–, Umschlage–* | ~-bed *Falt–, Feld–, Klappbett* n ‖ ~-boat *Faltboot* n | ~-chair *Klappstuhl* m ‖ ~-doors [pl] *Flügeltür* f | ~-hat *Klapphut* m ‖ ~ hood, ~ roof ⟨mot⟩ *Klappverdeck, Faltdach* n ‖ ~ money ⟨Am sl⟩ *Papiergeld* n ‖ ~ press ⟨tech⟩ *Abkantpresse* f | ~ rule *Gliedermaßstab* m ‖ ~-screen *spanische Wand* f ⟨mot⟩; ~ seat *Klapp–, Notsitz* m; ~ top *zus–klappbares Verdeck* n; ~ weatherproof fabric top *aufklappbares Allwetterverdeck* n

foliaceous [ˌfouliˈeiʃəs] a ⟨bot⟩ *blätterig, Blatt–, Blätter–* ‖ –**age** [ˈfouliidʒ] s *Blatt–, Laubwerk* n ⟨a arts⟩ ‖ ~-plant *Blattpflanze* f –**aged**

[–d] a ⟨for⟩ *belaubt, benadelt* **-ar** [ˈfouliə] a
⟨bot⟩ *Blatt– ‖ –***ate** [ˈfouliit] a *blätterig; blatt-
artig ‖ blattreich* **-ate** [ˈfoulieit] vi/t ‖ *sich in
Blättchen spalten ‖* ⟨bot⟩ *Blätter treiben* | vt
⟨geol⟩ *schiefern ‖* ⟨arch⟩ *mit Blattverzierung
schmücken ‖ mit Folie belegen ‖ (Buch) nach
Blättern zählen* **-ation** [ˌfouliˈeiʃən] s *Schlagen n
der Metalle z Blättern ‖* ⟨bot⟩ *Blattentwicklung* f,
Blätterwuchs m, *Blattstellung* f ‖ ⟨geol⟩ *Schiefe-
rung, schichtenförmige Lagerung* f ‖ *Belegen mit
Folie (of a mirror) ‖* ⟨arch⟩ *Blätterschmuck* m
‖ *Blattzählung* f *(of a book)*

folio [ˈfouliou] **1.** s [pl ~s] *Blatt* n *Papier, das
nur auf der Vorderseite numeriert wird ‖* ⟨bookb⟩
prefixed ~ *Vorsatzblatt* n ‖ ⟨bookkeep⟩ *die
zwei gegenüberliegenden Seiten des Haupt-
buches* pl ‖ *Seitenzahl* f *(of a book) ‖* ⟨jur⟩
Längeneinheitsmaß n *e–r Urkunde (aus 72 or
90 Wörtern) ‖ Folio* n, *–blatt* n; *–format* n (in ~);
a ~ *volume Foliant* m | [attr] *Folio– (~ edition)*
2. vt [~ing] *(Buch) nach Blättern zählen, mit
Seitenzahlen versehen*

folk [fouk] **1.** s † *Volk* n **2.** [pl konstr] *Leute*
pl (the ~ *were ..;* they are (a) strange ~);
[*oft* in comp] *(gentle* ~, etc) **3.** ~s [pl] *Leute* pl;
Angehörige m pl (the old ~s at home, my ~s)
4. [attr] *Volks–;* ~-dance *–tanz* m; ~-land
⟨jur⟩ *Gemeine* f, *Gemeinland* n; ~-lore *–kunde*
f; ~-lorist *–kundler* m; ~-play *–stück* n; ~-
song *–lied* n (e.g. "Home, sweet Home", ⟨Am⟩
"Dixie"); ~-tale *–sage, –erzählung* f ~**sy**
[ˈ~si] a ⟨Am⟩ *leutselig, gesellig, freundlich*
~**way** [ˈ~wei] s ⟨Am⟩ *Volksbrauch* m, *Den-
kungsweise* f *des Volks*

follicle [ˈfɔlikl] s ⟨anat⟩ *Follˑikel* m, *Drüsen-
grübchen* n ‖ ⟨bot⟩ *Balgfrucht* f **-cular** [fɔ-
ˈlikjulə] a *Follikel–*

follow [ˈfɔlou] vt/i **I.** vt **1.** *(jdm, e–r S) folgen,
nachgehen ‖ (Weg) verfolgen* **2.** *sich anschließen
an;* (jdm) *folgen, dienen; gehorchen ‖ sich halten
an (etw); annehmen, –erkennen; (e–m Rat)
folgen; (etw) befolgen, beobachten* **3.** *folgen auf
(etw); nachfolgen ‖ folgen auf or aus; im Gefolge
s v (trade* ~s the flag) *die Folge s v* (this ~s the
murder of ..); *to be* ~ed by *sich schließen an*
4. (jdn) *verfolgen* | *(etw) erstreben ‖ (etw) treiben,
ausüben, (e–r S) obliegen, nachgehen; to* ~ *the
plough hinter dem Pfluge gehen (Landmann s);
~ the sea zur See fahren (Seemann s)* **5.** *verstehen* **6.** [mit adv] *to* ~ *out durchführen, befolgen ‖ to* ~ **up** *eifrig verfolgen; (auf e–e S e–e
andere) folgen l; verfolgen* (a clue); *ausnutzen*
(an advantage) **7. Wendungen:** *to* ~ *close (jdm)
auf dem Fuße folgen ‖ to* ~ *the fashion die
Mode mitmachen ‖ to* ~ *the hounds jagen ‖ to
~ one's nose* ⟨fig⟩ *der Nase nachgehen; ~ your
n.! immer der N. nach! ‖ to* ~ *suit* ⟨cards⟩
Farbe bedienen, bekennen; ⟨fig⟩ *jds Beispiel
folgen, sich jdm anschließen* **II.** vi **1.** *folgen, nachfolgen* (in a p's footsteps) *‖ to* ~ *after a p jdm
nachfolgen, dienen* **2.** *zeitlich folgen* (on, upon
a th *auf etw) ‖ sich später ereignen; folgen; sich
ergehen (from aus); it* ~s *that es folgt daraus,
daß ..* **3.** [mit adv] *to* ~ **on** *später folgen; weitergehen ‖* ⟨crick⟩ *gleich wieder z Schlagen antreten ‖ to* ~ *through* ⟨sport⟩ *e–n Schlag durchziehen, –schwingen ‖ to* ~ **up** ⟨mil⟩ *nˑach-
drängen, –stoßen ‖ as* ~s *folgendermaßen, wie
folgt* (his proposals are as ~s .. *sind folgende);
~ing is the text .. es folgt der Text .. ‖* ⟨com⟩
to ~ *wird, w folgen* (Byron's works to ~) *‖* what
do you want to ~? *was soll dann folgen or k ?
was wollen Sie dann h?* **III.** [in comp] ~-**on**
⟨crick⟩ *sofortiges Wiederantreten n,* → *to follow*
II. 3. ~-**through** *Durchziehen* n, *–schwingen
des Schlages ‖* ~-**up** *weitere Verfolgung* f *(e–r
S); Nachstoßinserat* n | **-er** [~ə] s *Folgender* m
‖ *Verfolger* m ‖ *Anhänger, Schüler, Jünger* m ‖

Begleiter m ‖ ⟨fam⟩ *Verehrer, Liebhaber* m ‖
⟨pol⟩ *Mitläufer* m ~**ing** [~iŋ] **1.** s *Anhang* m,
Gefolge n, *Anhänger–, Gefolgschaft* f ‖ [konkr]
Gefolg–, Belegschaft f **2.** a *folgend* (the ~ *year
od the year* ~) ‖ [abs] *the* ~ *das folgende; die
folgenden ‖* ~ *wind Rückenwind* m **3.** [*in der
Funktion e–r* prep] ~ a th *als Folge e–r S* (~ an
infection he ..); *im Anschluß an e–e S, am Ende
e–r S; nach e–r S* (~ her visit she ..)

follow [ˈfɔlou] s ⟨bill⟩ *Nachläufer* m ‖ *Nach-
bestellung* f *(e–s Gerichts) ‖* ~-up *Mahnung* f

folly [ˈfɔli] s *Narrheit, Torheit* f ‖ *törichtes
Unternehmen* n ‖ ~ *literature* ⟨Ger⟩ *Narren-
literatur* f (e.g. *Sebastian Brants Narrenschiff* n)

foment [fo(u)ˈment] vt ⟨med⟩ *erwärmen,
bähen ‖ in warmem Wasser baden* | ⟨fig⟩ *pflegen,
fördern; anfachen, erregen, schüren* ~**ation**
[ˌfoumenˈteiʃən] s ⟨med⟩ *Bähung* f ‖ *Bähmittel* n
‖ ⟨fig⟩ *Anreizung, Schürung* f ~**er** [fouˈmentə] s
⟨fig⟩ *Schürer, Unterstützer (of discord)*

fond [fɔnd] a (~ly adv) *närrisch, albern ‖
übertrieben zuversichtlich; leichtgläubig ‖ übertrieben zärtlich; blind ‖ zärtlich, liebevoll; vernarrt (of in); to be* ~ *of gern h, lieben ‖ to be* ~
of dancing gern tanzen | ~**ly** [ˈ~li] adv *in über-
triebener Zuversicht; in Unwissenheit, he* ~
*imagined in s–r U. bildete er sich ein ‖ mit Liebe;
gern*

fondant [ˈfɔndənt] s Fr *gefülltes Zuckerwerk* n
fondle [ˈfɔndl] vt/i ‖ *liebkosen; herzen ‖
streicheln* | vi *(liebevoll) spielen* (with) **-ling**
[ˈfɔndliŋ] s *Liebling* m **-ness** [ˈfɔndnis] s *Zärt-
lichkeit* f ‖ *Hang* m (for *z); Vorliebe* f (for *f) ‖
Liebe* f (for *z) ‖* ~ *for skiing Freude* f *am
Skisport*

fondu [fɔ̃dy] a Fr *in–e–a–fließend, verschwim-
mend (Farbe)*

foney [ˈfouni] a ⟨Am⟩ → phoney

font [fɔnt] s ⟨ec⟩ *Taufstein* m, *–becken* n,
Fünte f ‖ ⟨poet⟩ *Quelle* f ‖ *Ölbehälter* m (of a
lamp) ‖ ⟨Am⟩ = fount ~**al** [ˈ~əl] a *ursprünglich, Ur– (~ source) ‖ Tauf–*

fontanel(le) [ˌfɔntəˈnel] s Fr ⟨anat⟩ *Fonta-
nˑelle* f

food [fuːd] s *Essen* n, *Speise, Nahrung* f;
infant ~ *Kindernahrung* f, *–mehl* n ‖ *Futter* n ‖
Nahrungsmittel n ‖ *an article of* ~ *ein Lebensmittel* n ‖ ⟨fig⟩ *Nahrung* f (mental ~); *Stoff* m
(~ for meditation) | [attr] ~-card *Lebensmittel-
karte* f ‖ ~-controller (in war-time) *Ernährungs-
minister* m ‖ ~-growing *Anbau* m *v Nahrungs-
u Futterpflanzen ‖* ~-hoarder *Hamsterer* m ‖
~ office *Lebensmittelkartenstelle* f ‖ ~ *preparation machine Küchenmaschine* f ‖ ~ *ration
card Lebensmittelkarte* f; ~ *ration ticket
Lebensmittelmarke* f ‖ ~ *safe Fliegenschrank* m
‖ ~ *shortage Lebensmittelknappheit, –not* f ‖
~-stuff *Nährstoff* m; *Nahrungsmittel* n ‖
~-supply *Lebensmittelvorrat* m, *–versorgung,
–zufuhr* f ‖ ~ *ticket Lebensmittelmarke* f ‖
~-value *Nährwert* m ~**less** [ˈ~lis] a *nahrungs-
los; –arm*

fool [fuːl] **I.** o **1.** *Tor, Narr* m (the ~ of a
cabman) | *Narr, Hanswurst* m ‖ *Betrogener,
Gimpel* m **2.** ~'s errand *„Schustersgang" (ver-
geblicher Gang, vergebliches Bemühen) ‖* ~'s
paradise *„Schlaraffenland"* n *(verhängnisvoller
Irrtum:* to live in a .. *sich im Schl. wähnen) ‖*
~'s parsley ⟨bot⟩ *Gartenschierling* m | he is a ~
to him *er ist ein Waisenknabe im Vergleich z ihm
‖* there is no ~ *like an old* ~ *Alter schützt vor
Torheit nicht ‖* to make an April ~ *of a p jdn in
den April schicken ‖* one ~ *makes many ein
Narr macht zehn ‖* to make a ~ *of a p jdn z
Narren h ‖* to make a ~ *of o.s. sich lächerlich* m
‖ to play the ~ *Possen treiben* **II.** a ⟨Am⟩ *närrisch, töricht, dumm* **III.** vi/t ‖ *Possen treiben;
Faxen* m ‖ *tändeln, spielen* (with) *‖ to* ~ about,

⟨Am⟩ around *sich herumtreiben*; ∼ing around at the piano *Geklimper* n **|** vt *z Narren h, äffen* **||** *betören, täuschen*; (*jdn*) *betrügen* (out of *um*); *verleiten* (into doing *z tun*) **||** to ∼ away *vertun, verschwenden*

fool [fu:l] s (*Frucht-*)*Creme* f (gooseberry ∼); *Mus* n

foolery ['fu:ləri] s *Torheit, Narrheit* f

foolhardiness ['fu:l͵ha:dinis] s *Tollkühnheit* f –**hardy** ['fu:l͵ha:di] a *tollkühn*

foolish ['fu:liʃ] a (∼ly adv) *dumm, töricht, albern* **||** *unklug* **||** *läppisch, lächerlich* ∼**ness** [∼nis] s *Torheit, Narrheit* f

foolproof ['fu:lpru:f] a °*idioten–, narrensicher*; ⟨tech⟩ *absolut sicher*; *betriebs–, mißbrauchsicher* **||** *einfach; kinderleicht*

foolscap 1. ['fu:lzkæp] s *Narrenkappe* f **2.** ['fu:lskæp] s *Akten–, Kanzleipapier, Folioformat* n

foot [fut] **I. s A.** [pl feet] **1.** *Fuß* m **2.** (*als Maß*) *Fuß* m (= *12 Zoll* = 0,3048 m); 3 feet long *3 F. lang*; 5 ∼ (*od* feet) three *5 Fuß u 3 Zoll*; a 6-∼ pole *e–e 6 Fuß lange Stange*; a man 5 ∼ 2 (= 5 ft. 2 in.) **||** *Fuß, Schritt* m, swift of ∼ *schnellfüßig* **3.** ⟨pros⟩ *Versfuß* m **4.** *Füßling* m (*an Socken*) **5.** (of a glass, etc) *Fuß* m; *Basis* f; *Grund* m **|** (of a bed, a page, etc) *unteres Ende, Fußende* n **6.** [koll] ⟨mil⟩ *Fußsoldaten* m pl (6000 ∼); *Infanterie* f (a captain of ∼; a regiment of ∼); the 5th ∼ *das 5. –regiment*; ∼ and horse *Infanterie u Kavallerie* **7. Wendungen: a.** [*nach* prep] **at** ∼ *am Schlusse, unten*; at his feet *ihm z Füßen*; *z s–r Verfügung* f **||** from head to ∼ *v Kopf z Fuß* **||** **on** ∼ *z Fuße, auf den Beinen*; *in Tätigkeit, am Werke*; to be on one's feet ⟨fig⟩ *auf den Beinen, bei Kräften s* **||** (to spring) **to** one's feet *auf die Füße (springen)* **||** **under** ∼ *unter dem Fuße*; *auf dem Boden*; ⟨fig⟩ *unter die Füße* **b.** to **carry**, sweep a p off his feet *jdn überwältigen*; ⟨fig⟩ *fortreißen* **||** to **fall** at a p's feet *jdm z Füßen fallen* **||** to fall on one's feet ⟨fam⟩ *immer auf die Füße fallen (Glück h)* **||** → to find ∼ he has got his ∼ in *er hat sich hineingedrängt* **||** to **have** both feet on the earth *mit beiden Füßen auf der Erde stehen* **||** to have one ∼ in the grave *mit e–m Fuß im Grabe stehen* **||** to **help** a p to his feet ⟨fig⟩ *jdm auf die Beine helfen* **||** to know the length of a p's ∼ *jds Schwächen* or *jdn genau kennen* **||** to **put** one's ∼ down *energisch auftreten* (against), *auftrumpfen* **||** to put one's ∼ in it *od* into it ⟨fam⟩ *e–n Fauxpas begehen; sich blamieren, hereinfallen, ins Fettnäpfchen treten* **||** to put one's ∼ on the floor ⟨mot fam⟩ °*auf die Tube drücken (Gas geben)* **||** to put one's best ∼ foremost *kräftig ausschreiten, sich nach Kräften anstrengen* **||** to **run** off one's feet ⟨fig⟩ *z Tode hetzen* (a contrast) **||** to **set** ∼ in a country *ein Land betreten* **||** to set on ∼ *in Gang bringen* **||** to set a p on his feet ⟨fig⟩ *jdn auf die Beine bringen* **||** to **show** the cloven ∼ *den Pferdefuß zeigen* **||** to trample, tread under ∼ *mit Füßen treten* **||** to **tread** from one ∼ to the other *v e–m F. auf den anderen treten* **8.** [in comp & attr] *Fuß–* **||** ∼-and-mouth diesease *Maul– u Klauenseuche* f **||** ∼-bath *Fußbad* m **||** ∼-brake *–bremse* f **||** ∼-bridge *Brücke* f *f –gänger, –gänger-Überführung* f **||** ∼-fault ⟨ten⟩ *–fehler* m **||** ∼-(-)gauge *Schuhröntgenapparat* m **||** ∼-gear *–bekleidung* f; *Schuhwerk* n **||** ∼-hill ⟨Am⟩ *Vorberg* m; ∼-hills [pl] ⟨bes Am⟩ *Vorberge* m pl, *Vorgebirge* n **||** ∼-loose *unbehindert, frei* **||** ∼-muff *Fußsack, –wärmer* m **||** ∼-note **1.** s *–note, Anmerkung* f **2.** vt *mit –noten versehen* **||** ∼-operated *Fuß–*; ∼-o. air pump *–luftpumpe* f; ∼-o. brake *–bremse* f; ∼-o. gear-shift ⟨mot-cyel⟩ *–schaltung* f; ∼-o. (starting) switch (*Anlasser–*)*Fußschalter* m **||** ∼-pace *Spazierschritt* (at a ∼-pace *im Sp.*); *langsamer Schritt* m; ⟨arch⟩ *erhöhter*

Platz (*f Altar*); *Absatz* m **||** ∼-page *Page* m **||** ∼-passenger *Fußgänger* m **||** ∼-plate ⟨rail⟩ *Stand des Heizers* **||** ∼-race *Dauer–, Wettlauf* m **||** ∼-rest *Stützholz* n (*am Kreuz Christi*) **||** ∼-rule *Zollstock* m; *Schmiege* f **||** ∼-scraper (*Fuß-*) *Abtreter* m, *Fußkratze* f **||** ∼-(-)shifter ⟨mot⟩ *Fußschaltung* f **||** ∼-slog (*mühsam z Fuß gehen*) °*tippeln, latschen* **||** ∼-slogger ⟨sl⟩ *Fußgänger*, °*–latscher*; ,,*Sandhase*|| (*Infanterist*) **||** ∼-stone *Grundstein* m **||** ∼-warmer ⟨rail⟩ *Fußwärmer* m; *Wärmflasche* f **||** ∼-worn *abgenutzt, –getreten*; *vom Gehen ermüdet* **B.** [pl ∼s] *Bodensatz* m, *Hefe* f **II.** vi/t ** z Fuß gehen*; to ∼ it *tanzen, trippeln* **||** (of ships) *schnell fahren* **||** to ∼ up to ⟨fam⟩ *sich belaufen auf* **|** vt *treten auf; betreten* (*Tanz*) *tanzen* **||** (*Füßling*) *anstricken* **||** (*mst* to ∼ up) *summieren* **||** to ∼ a bill ⟨Am⟩ *e–e Rechnung bezahlen* **| ∼age** [′∼idʒ] s ⟨min⟩ *Bezahlung nach Fuß* **||** ⟨film⟩ *Länge* f; ∼ capacity (*Film-*)*Fassungsvermögen* n ∼**ed** [′∼id] a [in comp] *mit .. Füßen, –füßig*; four-∼ *vierfüßig* ∼**er** [′∼ə] s ⟨sl⟩ *Fußballspiel* n

football ['futbə:l] s *Fußball* m **||** *–spiel* n ∼**er** [∼ə] s *–spieler* m **–board** ['futbə:d] s *Fußbrett* n, *Tritt* m **–boy** ['futbɔi] s *Page* m **–fall** ['futfə:l] s *Geräusch e–s Schrittes* n; *Schritt, Tritt* m **–guards** ['futga:dz] s pl *Garderegiment* n *z Fuß, Gardeinfanterie* f **–hold** ['futhould] s *Platz, Raum* m *z Stehen; fester Stand* m **||** ⟨fig⟩ *Stütze* f, *Halt* m

footing ['futiŋ] s *Setzen der Füße* n **||** *Halt, fester Fuß, Stand* m **||** ⟨arch mas⟩ (*verstärkte*) *Grundlage, –mauer* f **||** ⟨fig⟩ *fester Fuß; Stützpunkt* m **|** *Zustand* m, *Lage* f, *Verhältnis* n; to be on a friendly ∼ *auf freundschaftl. Fuße stehen* (with) **|** *Anstricken* n; *Spitzenrand* m **|** *Gesamtsumme* f **| good** ∼ *leichtes Stehen* or *Gehen* **||** on a peace, war ∼ *auf Friedens–, Kriegsstand, –stärke* **||** on the same, on one, on a ∼ with *auf gleichem Fuße mit* **||** to gain, get a ∼ *festen Fuß fassen* **||** to lose one's ∼ *ausgleiten* **||** to pay (for) one's ∼ *Aufnahme–, Eintrittsgeld bezahlen, Einstand zahlen*

footle ['fu:tl] **1.** vi ⟨sl⟩ *sich albern benehmen* **2.** s ⟨sl⟩ *Unsinn* m; *Kinderei* f

footless ['futlis] a *fußlos; ohne Füße* ⟨Am⟩ *nutzlos* **–lights** ['futlaits] s pl ⟨theat⟩ *Rampe* f, *–nlicht* n; ⟨fig⟩ to get across the ∼ *das Publikum beeindrucken, auf das P. wirken*

footling ['fu:tliŋ] a ⟨sl⟩ *albern, blöde, schwatzhaft*

footman ['futmən] s *Infanterist* m **||** *Bedienter, Lakai* m **–mark** ['futma:k] s *Fußspur* f **–pad** ['futpæd] s *Straßenräuber* m **–path** ['futpa:θ] s *Fußpfad* m **–plate** [–pleit] ⟨arch⟩ *Stichbalken* m **–print** ['futprint] s *Fußstapfe* f **–rot** ['futrət] s *Fußfäule* f (*bei Schafen*) **–soldier** ['fut͵souldʒə] s *Infanterist* m **–sore** ['futsɔ:] a *mit wunden Füßen, wund an den Füßen; fuß–, marschkrank* **–stalk** ['futstɔ:k] s *Stengel, Stiel* m **–stall** ['futstɔ:l] s *Säulenfuß* m **|** *Damensteigbügel* m **–step** ['futstep] s *Fußtritt, Tritt* m (to hear ∼s) **||** *Fußstapfe, Spur* f; to follow, tread in a p's ∼ ⟨fig⟩ *in jds Fußstapfen treten* (*jds Beispiel folgen*) **–stool** ['futstu:l] s *Fußschemel* m; *–bank* f **–way** ['futwei] s *Fußweg* m **–wear** ['futwɛə] s = footgear ∼**work** ['futwə:k] s ⟨sport⟩ *Fußarbeit* f, ⟨fig⟩ *Flucht* f, *Laufen* n; ⟨Am sl⟩ *Lauferei* f, *Gehen* n

foozle ['fu:zl] **1.** vt/i ⟨sl⟩ *verhunzen, verpfuschen* **|** vi ⟨sl⟩ *pfuschen, stümpern* **||** ⟨skittles⟩ *ein Pümpchen schieben* **2.** s *Stümper* m **||** *Stümperei* f; *stümperhafter Schlag* m (etc)

fop [fɔp] s *Stutzer, Geck, Fex* m ∼**ling** [′∼liŋ] s *Fatzke* m

foppery ['fɔpəri] s *Afferei; Ziererei* f

foppish ['fɔpiʃ] a (∼ly adv) *geziert, geckenhaft* ∼**ness** [∼nis] s = foppery

for [fɔ:; *w f* fɔ, fo, f] **I. prep A.** (*mit selbständiger Bedeutung*) **1.** (*als Vertretung*, **Ersatz**, *Umtausch*) *für*: take the will ~ the deed *nimm den guten W. f die T.*; to return good ~ evil *B. mit G. vergelten*; I shall compensate, recompense you ~ this loss *.. schadlos halten, entschädigen f ..*; I mistook him ~ someone else *ich hielt ihn f e–n anderen*; (*Briefunterschrift*) John Smith ~ .. *im Auftrage* (abbr *i. A.*) || ⟨parl⟩ he sits ~ Bristol *er vertritt B.* || *anstatt, als; um;* once ~ all *ein f allemal* || *gegen:* to exchange gold ~ paper money; he changed his flannels ~ an evening suit; we only sell ~ cash *.. gegen bar*; he was released ~ ransom *f in:* ~ want of anything better *in Ermangelung e–s Besseren*; ~ the rest *im übrigen* **2.** (*zugunsten*) *für* (I am ~ free-trade); what are you ~ *wofür bist du*?; that speaks ~ itself; keep it ~ yourself **3.** (*mit der Absicht*) *zu, für*; → to come, go, send, etc || to go ~ a walk *spazierengehen*; I cannot do it ~ the life of me *ich kann es für die Welt nicht tun*; he gave up law for the church *.. um Theologie z studieren*; all ~ nothing *alles umsonst*; ~ good *f immer*; he is designed ~ the navy, destined ~ a great cause *.. ausersehen f ..*; intended ~ the bar *bestimmt f ..*; I can answer ~ him *bürgen f ..*; → to atone, provide ~; to read ~ *sich vorbereiten auf, f*; to propose a p ~ an office *.. vorschlagen f* || *nach:* the desire ~ power, the search ~ truth, the hunger ~ glory; the call ~ a strong man; to fish ~ trout; he felt in his pocket ~ his key; to dig ~ potatoes, gold; to ring ~ the maid; to call ~ a cab; send, phone ~ the doctor; eager ~ revenge; to advertise, inquire, ask, search, pant, long, seek, look ~; have I been asked ~? *ist nach mir gefragt worden*?; they asked me ~ my passport; ⟨übtr⟩ I am hunting ~ a book on it *ich suche nach .. darüber* || *um:* to struggle ~ existence; a contest, competition ~; to ask ~ bitten um; may I trouble you ~ it? *.. darum bemühen*? || *zu:* he was late ~ dinner *er kam z spät zum Essen*; ~ the first time *zum ersten Mal*; → 14 **4.** (**Richtung**) *nach:* (the train ~; to be off ~, leave ~, sail ~), depart ~, ship ~, set out ~, embark ~, make ~, change ~ Bristol || *auf:* (**Zeitpunkt**) the meeting was called ~ 3 o'clock, fixed ~ the first of July; it is getting on ~ five o'clock *es geht auf fünf Uhr* || (*strebend* etc) *nach* (to long ~); oh ~ a horse! *daß ich ein Pferd hätte!* ; now ~ it! *nun ans Werk! nun los!* | ⟨übtr⟩ *auf:* (**Hinblick**) what does the doctor treat him ~?; they are pressing ~ an answer; a claim ~ damages, to sue a p ~ damages *.. auf Schadenersatz verklagen*; to prepare a p ~ a th *.. auf etw vorbereiten*; to be prepared ~ the worst *aufs Schlimmste gefaßt s*; to have an appetite ~ *A. h auf* | *über:* so much ~ his sonnets | *für:* I can recommend him ~ this post *.. empfehlen f ..* **5.** (**geeignet, fähig**) *für* (fit ~); that is the man ~ me *das ist mein Mann!* there's a man ~ you *das ist mir ein tüchtiger Kerl, das nenne ich e–n K* ; a sight ~ the gods *ein Anblick f Götter*; gift ~ music *Anlage f ..*; receptivity ~ *Empfänglichkeit f*; passion ~; → responsibility, liking, predilection, taste | *zu:* good ~ nothing *z nichts nütze*; I am ready ~ everything *.. z allem bereit*; resolute ~ war *entschlossen z ..*; clear ~ action *klar zum Gefecht*; talent ~ drawing; love ~ humanity *Liebe zur M.* || to write ~ Christmas (*jdm*) *z W. schreiben*; he will see ~ himself *er wird selbst sehen*; he is not long ~ this world *er wird bald sterben*; there is nothing ~ it but to leave *abreisen ist der einzige Weg*; it is ~ you to write *es liegt an Ihnen z schreiben* **6.** [*nach Adj.*] [*vor acc & inf*] it is usual ~ him to talk like that *es ist üblich, daß er so spricht*; it is usual ~ hats to be worn *.. daß Hüte getragen w*

7. (*in der* **Eigenschaft**) *als* (→ to mistake, take) | *für:* he was taken ~ a spy *.. irrtümlich gehalten f ..*; whom do you take me ~? *f was or wen hältst du mich*?; ~ certain *sicherlich*; ~ lost *als, f verloren*; let him go ~ a coward *fort mit dem Feigling*; I ~ one *ich z. B.*; ~ the first time *z ersten Male*; ~ example, ~ instance *z Beispiel* **8. um .. willen**, *wegen, vor, aus* || *vor:* he could not sleep ~ noise, pain, anxiety, delight, excitement; nearly dying ~ heat || out of respect ~ *aus A. vor*; distaste ~ *Ekel vor* | *wegen:* I pity her ~ it; punished ~ theft; to fine ~ driving a car; admired ~ his courage; dismissed ~ neglect of duty; despised ~ his pride; valued ~ it; famous ~; notorious ~ smuggling; valuable ~ its mines; I apologize ~ it | *aus:* (**Grund, Ursache**) ~ reasons of health *aus Gesundheitsgründen*; ~ fun *aus Spaß*; she married ~ love *.. aus L.*; ~ want of money *aus Mangel an G.*; ~ lack of space *aus Raummangel* | *durch:* this book is to be recommended ~ its reliability *.. empfiehlt sich durch ..* | *um:* to mourn, tremble, fear ~; to try, apply ~ a place, employment *sich bewerben um ..*; an eye ~ an eye, a tooth ~ a tooth *A. um A., Z. üm Z.*; it is a pity (= *schade*) ~ him, ~ the sum; I would not do it ~ the world *.. nicht um alles in der W.*; to run ~ one's life; to come ~ advice *um R. k* | *für:* he got a prize ~ his novel; take that ~ your pains; what can I do ~ you? | *über:* sorrow ~ *Reue über* (*Handlungsweise*); ~ me *meinetwegen*; ~ shame! pfui! *schäme dich!*; ~ your life *wenn dir dein Leben lieb ist*; what ~? *weshalb?* || you are a fool ~ believing him *.., daß* (= *weil*) *du ihm glaubst* || to be in ~ it, ⟨sl⟩ to be ~ it *„reif s"* (*e–r Bestrafung entgegensehen, z Verantwortung gezogen w*); → in II. 2. || *trotz:* ~ all that *trotz alledem* || were it not ~, but ~ *wenn nicht wäre, abgesehen v, ohne* (but ~ you *ohne dich*) **9. im Vergleich**, *Verhältnis z, für:* (he is) tall ~ his age *groß f sein Alter*; ~ his short legs he jumps well; ~ a foreigner he speaks French well; measure ~ measure; word ~ word *Wort f Wort,* → 12 **10. in Anbetracht;** *betreffs;* ~ my part *meinerseits;* ~ that matter *was das betrifft;* ~ all I know *wenn ich nicht falsch unterrichtet bin* (there might be a divorce); he is hard up ~ money *.. knapp an Geld;* as ~ me *was mich betrifft* **11. a.** (**Entfernung**, *Länge*) to run for a mile *e–e Meile laufen* **b.** (*Zeit*) *während, lang; seit* || *für, auf* (*Zeitdauer*) he left the room ~ a moment, ~ a short time *f, auf e–n Augenblick, auf kz Zeit;* ~ a period of *f, auf die Dauer v;* ~ ever *f, auf immer,* Smith ~ ever! *Schmidt soll leben!;* ~ years *auf Jahre hinaus;* a pension ~ life *.. auf Lebenszeit, lebenslänglich;* ~ good → 3 | *seit:* I have been here ~ an hour, ~ 10 days (past), ~ some time (past) *seit längerer Zeit;* he was missing ~ 3 days; I have lived in this house ~ a year *ich wohne schon ein Jahr in diesem Haus;* I have not seen you ~ ages *.. (schon) ewig nicht ..;* → this II. 2.; the first film ~ 3 months *(.. a: in 3 M.);* | *in:* ~ the moment *im Augenblick* (= *f den A.*); ~ the future *in Z., künftig* | *vor:* he won't be back ~ five days *er wird vor 5 Tagen nicht zurück s* **12. für** (**Reihenfolge**, *Regelmäßigkeit*) translate word ~ word, line ~ line → 9. **13. über** (**Menge**) a draft, banknote, postal order ~ £ 20; a contract ~ 1000 tons; to make out a receipt ~ £ 20 **14.** (**Zweck**) *zu:* ~ selection *zur Auswahl;* ~ the benefit of *zum Besten* [gen]; it is ~ your good *z d–m B.;* ~ perusal and return (*Akten*) *zur Einsicht u Rückgabe;* ~ use in schools; ⟨mus⟩ ~ four hands; ~ sale; ~ your information | ⟨übtr⟩ (**Ziel**) *zu:* a change ~ the worse *e–e Wendung zum Schlechten;* the signal ~ departure; no need ~ hurry **B.** [z Bildung des **Dativs**] → to buy, earn, ensure, find, etc || he had spoiled their trip for them *er hatte ihnen den Ausflug verdorben* **II. conj** *denn*

forage ['fɔridʒ] **1.** s ⟨bes mil⟩ *Fur·age* f, *Vieh–, Pferde–, Trockenfutter* n; *Mundvorrat* m || ~-cap ⟨mil⟩ *Feldmütze* f **2.** vt/i (*Land*) *in bezug auf Lebensmittel ausplündern* || (*Tier*) *mit Futter versehen* | vi *herfallen* (on *über*) ⟨a fig⟩ || *furagieren, Futter suchen* || ⟨fig⟩ (*a* to ~ *about*) *umherstöbern* (for *nach*) –**ger** ['fɔridʒə] s *Fur·ier* m

foramen [fɔ'reimen] s L (pl –mina [fɔ-'ræminə]) ⟨anat, zoo & bot⟩ *Loch* n, *Öffnung* f –**minate** [fɔ'ræminit], –**minated** [fɔ'ræmineitid] a *durchlöchert* **Foraminifera** [fɔˌræmi'nifərə] s pl L *Gattung der Foraminif·eren*

forasmuch [fərəz'mʌtʃ] adv: ~ as *insofern als*

foray ['fɔrei] **1.** s *Raubzug, räuberischer Einfall* m **2.** vt/i | *plündern, verheeren* | vi *einfallen* (into); *plündern*

forbad(e) [fɔ'bæd, fɔ'beid] pret v to forbid

forbear ['fɔ:bɛə] s *Vorfahr, Ahne, Ahnherr* m

forbear [fɔ:'bɛə] vt/i [–bore/ –borne] || *abstehen* v (*etw*), *sich enthalten* (a th *e–r* S); (*etw*) *unterlassen*; I cannot ~ *doing ich kann nicht umhin z tun* || *nicht erwähnen, f sich behalten* | vi *ablassen, abstehen* (from v); *unterlassen* (to do) || *Geduld h* (with *mit*) || ⟨jur⟩ *Klagerhebung unterlassen* **~ance** [~rəns] s *Unterlassung, Enthaltung* f (of doing *z tun*) | *Nachsicht, Geduld* f || ⟨jur⟩ *Klagunterlassung* f **~ing** [~riŋ] a (~ly adv) *langmütig, geduldig, nachsichtig* (with *mit*)

forbid [fɔ'bid] vt [–bad(e)/–bidden] || (*jdm*) *verbieten* (to do; from doing *z tun*); to ~ a p a th *jdm etw verbieten*; he was ~den meat *ihm wurde Fleisch verboten*; he was ~den to eat, it was ~den to him to eat *ihm wurde z essen verboten* | (*etw*) *verbieten* | (*jdn*) *hindern* (to do) || (of circumstances) (*etw*) *unmöglich m*; *verhindern* || God ~! *Gott bewahre, behüte!* **~dance** [~əns] s *Verbot* n **~den** [fɔ'bidn] a *verboten* (the ~ fruit); *unerlaubt*; ⟨a übtr⟩ **~ding** [~iŋ] a (~ly adv) *verbietend* | *abstoßend, abschreckend* || *bedrohlich, gefährlich* (coast) **~dingness** [~iŋnis] s *Widerwärtigkeit* f

forbore [fɔ:'bɔ:] pret, **forborne** [fɔ:'bɔ:n] pp v to forbear

force [fɔ:s] **I. s 1.** *Stärke, Kraft* f (to gather ~ *an K. gewinnen*); to be well to the ~ *auf der Höhe s* || *Gewalt* f; ~ majeure [Fr] *höhere Gewalt* | *Zwang; Druck* m (by ~) (by ~) **2.** ⟨mil⟩ *Kriegsmacht* f (in ~ *in gr Stärke, Zahl*); ~s *Truppen* pl; Armed ~s *Wehrmacht*; members of the A. ~s *Militärpersonen* f pl; antiaircraft ~ *Flugabwehrwaffe* f || *Polizeimannschaft* f; the (police) ~ *die [gesamte] Polizei* || ⟨Am⟩ *Arbeitermannschaft* f **3.** *geist. u moral. Kraft* f | *Einfluß* m, *Macht* f (the ~ of circumstances); *Gewicht* n, *Nachdruck* m (with much ~) || *Wirkung* f **4.** ⟨jur⟩ *bindende Kraft, Gültigkeit* f; in ~ *in Kraft, gültig*; to put in ~ *in K. treten l*; to come into ~ *in K. treten*; the coming into ~ *das Inkrafttreten* n (of a treaty) **5.** *Bedeutung* f, *Gehalt* m (of a word) **6.** ⟨phys⟩ *Kraft* f; natural ~s [pl] *Naturkräfte* pl **7.** by ~ *gewaltsam*; by ~ of *vermittels* || by main ~ *mit aller Kraft, durch bloße Gewalt*; by open ~ *mit offener G.*; to employ ~ *mit Waffengewalt einschreiten* **8.** ⟨tech⟩ *Kraft, Gewalt, Wucht* f; ⟨met⟩ *Druck* m **9.** [attr] ~-bill ⟨Am⟩ *Zwangsmaßnahmegesetz* n || ~ fit ⟨tech⟩ *Klemm–, Preßsitz* m; *Edelpassung* f || ~-**pump** *Druck–, Kompressionspumpe* f **II. vt 1.** *zwingen, nötigen* || (*Weib*) *schänden* || to ~ a p's hand ⟨fig⟩ *e–n Druck auf jdn ausüben* (im Sinn) *Gewalt antun* | (*jdn*) *zwingen* (to do, into doing); ~ to *sich z. z* **2.** *aufs äußerste anspannen*; *beschleunigen*

(to ~ the pace) || (*Wachstum*) *künstlich beschleunigen*; *hochzüchten* ⟨a übtr⟩ || *überanstrengen*; z Tode hetzen (a simile) **3.** *überwältigen, erstürmen* (a stronghold); (*a to* ~ *open*) *auf–, erbrechen* (a door); to ~ an open door *offene Türen einrennen* **4.** (*vorwärts*)*treiben* || *aufzwingen, aufdrängen* (a th upon a p *jdm etw*); to ~ o.s. upon a p *sich jdm aufdrängen* || (*mit Gewalt*) *hervorbringen, erzwingen* (a smile); to ~ one's way *sich e–n Weg er–* || (*etw*) *erzwingen, abringen* (out of a p *jdm*) **5.** ⟨tech⟩ *drücken, pressen, treiben; spritzen* || ~ed *lubrication Druckschmierung, –ölung* f **6.** [mit adv] to ~ **along** *vorwärtstreiben* || to ~ **away** *wegreißen* || to ~ **back** *zurücktreiben, –schlagen* || to ~ **down** *hinunterzwingen*; to be ~d down ⟨aero⟩ *notlanden* || to ~ **on** *antreiben* || to ~ **up** *hinauftreiben*; (*Steine*) *in die Höhe treiben, lockern*; (*Wasserspiegel*) *erhöhen* | **~d** [~t] a (~ly ['fɔ:sidli] adv) *er–, gezwungen; forciert*; ~ *abortion Abtreibung* f; *Zwangs–* (~ *labour –arbeit*; ~ *loan –anleihe*; ~ *sale –verkauf*; *Not–* (~ *landing* ⟨aero⟩ *Notlandung*); ~ *march* ⟨mil⟩ *Eil–, Gewaltmarsch* m || *gekünstelt, unnatürlich* (~ style; ~ mirth); *künstl. erzeugt* **~ful** ['~ful] a (~ly adv) *kräftig*; *eindrucksvoll*; *eindringlich* (style); *gehaltvoll* || *ungestüm* **~fulness** ['~fulnis] s ⟨fig⟩ *Wucht* f; *Ungestüm* n; *Schwung, Schmiß* m **~less** ['~lis] a *kraftlos*

force majeure [ˌfɔ:s mɑ'ʒə:] s Fr *höhere Gewalt* f

force-meat ['fɔ:smi:t] s ⟨cul⟩ *gehacktes Füllfleisch, Füllsel* n, *Füllung* f || ~ *stuffing* (*Kalbsbraten–* etc) *Füllsel* n

forceps ['fɔ:seps] s [pl ~] L ⟨surg & zoo⟩ *Zange* f (a ~, a pair of ~ *e–e Z.*), ⟨surg⟩ *Pinzette* f, ⟨tech⟩ *Zange* f

forcer ['fɔ:sə] s *Kolben e–r Druckpumpe* m

forcible ['fɔ:səbl] a (–bly adv) *gewaltsam*; *Zwangs–* || *eindringlich, wirksam* || ~-**feeble** *Kraftmeier, Maulheld* m **~ness** [~nis] s *Stärke, Gewaltsamkeit* f

forcing ['fɔ:siŋ] s *Zwingen; Treiben* n | [attr] ~ *hose Druckschlauch* m || ~-**house** ⟨hort⟩ *Treibhaus* n || ~-**pump** = force-pump

forcite ['fɔ:sait] s *Art Dynamit* n

ford [fɔ:d] **1.** s *Furt* f **2.** vt *durchwaten*, –*schreiten* ['~əbl] a *durchwatbar* **~less** ['~lis] a *ohne Furt*

Ford [fɔ:d] s (nach H. ~) ⟨mot⟩ *Ford*(*wagen*) m

fordo [fɔ:'du:] vt [–did/–done] † *töten, vernichten* –**done** [fɔ:'dʌn] a *erschöpft*

fore [fɔ:] **1.** adv: ~ and aft ⟨mar⟩ *vorn u hinten, über das ganze Schiff hin, überall* || ~-and-aft sail *Stagsegel* n; ~-and-aft schooner, ~-and-after ⟨mar⟩ *Gaffelschoner* m **2.** a *vorder, Vor–* **3.** s *Vorderteil* m, *Front* f || to the ~ z *Stelle, z Hand*; *vorhanden, am Leben*; *am Ruder*; *sichtbar*; to be (well) to the ~ (*sehr*) *im Vordergrund m stehen*; to come to the ~ *in den V. treten*; *z Vorschein k* **4.** prep (*in Flüchen u Beteuerungen*) *bei* (~ George!) **5.** intj ⟨golf⟩ ~! *Achtung!*

fore– [fɔ:] pref *vordere(r, –s)*, (~*part*), *Vorder–, Vor–* || ~-**deck** ⟨mar⟩ *Vorderdeck* n || ~-**edge** ⟨bookb⟩ *Schnitt* m || ~-**end** *Vorderteil* n | *vorher* **~arm** ['fɔ:rɑ:m] s *Unterarm* m **~arm** [fɔ:r'ɑ:m] vt *im voraus bewaffnen* (against); –**wappnen** **~bear** ['fɔ:bɛə] s → forbear [s] **~bode** [fɔ:'boud] vt *vorhersagen, –verkündigen, weissagen* || *anzeigen, –kündigen* | *ahnen* || **~boding** [fɔ:'boudiŋ] s *Vorherverkündigung, Prophezeiung* f | *Anzeichen* n || (*böse*) *Ahnung* f **~cabin** ['fɔ:ˌkæbin] s *vordere Kajüte* f (*f II. Klasse*) **~cast 1.** [fɔ:'kɑ:st] vt (~/~;–*;*~-ed/~-ed) *vorher entwerfen, planen* || *vorhersehen, voraussagen, im voraus schätzen* **2.** ['fɔ:kɑ:st] s (*Kosten–*)

Voranschlag m; *Voraus–, Vorhersage* f ‖ weather ~ *Wettervoraussage* f, *–bericht* m **~castle**, fo'c's'le ['fouksl] s ⟨mar⟩ *Back* f, *Vorderdeck* n ‖ (*in Handelsschiffen*) *vorderer Teil unter Deck* (*f die Mannschaft*; *Ggs* quarterdeck) **~close** [fɔ:'klouz] vt/i ‖ (*jdn*) *ausschließen* (of a th *v dem Genuß e–r S*) ‖ ⟨jur⟩ *abweisen*; (*Hypothek*) *f verfallen erklären* ‖ *im voraus erledigen* ‖ vi ⟨jur⟩ *präkludieren* **~closure** [fɔ:-'klouʒə] s ⟨jur⟩ *Ausschließung* f ‖ ⟨jur⟩ *Verfall* m *des Rechtes der Einlösung, Präklusion* f; *Verfallserklärung* f (*e–r Hypothek*); *Zwangsvollstreckung* f *e–s dinglich gesicherten Anspruchs, Ausschließung* f; ~ of a mortgage *Befriedigung aus e–r H.* | ~ action ⟨jur⟩ *Zwangsvollstreckungsklage* f *auf Grund e–s dinglich gesicherten Anspruchs* **~(-)course** ['fɔ:kɔ:s] s ⟨mar⟩ *Focksegel* f **~doom** [fɔ:'du:m] vt ⟨*mst* fig⟩ *vorher bestimmen*; *im voraus verurteilen* (to z) **~father** ['fɔ:ˌfɑ:ðə] s *Ahne, Vorfahr* m **~field** ['fɔ:ˌfi:ld] s ⟨mil⟩ *Vorfeld* n **~finger** ['fɔ:ˌfiŋgə] s *Zeigefinger* m **~foot** ['fɔ:fut] s [pl *–feet*] *Vorderfuß* m ‖ ⟨mar⟩ *vorderes Kielende* n **~front** ['fɔ:frʌnt] s *Vorderseite* f ‖ *vorderste Reihe* f ⟨*mst* fig⟩, to be, stand in *od* to the ~ *im Vordergrund stehen* **~gather** → forg- **~gift** ['fɔ:gift] s (*Pacht-*)*Auf–, Prämiengeld* n **~go** [fɔ:'gou] vt/i [–went/–gone] ‖ (*jdm*; *e–r S*) *vorangehen*; *vorhergehen* | vi *vorhergehen* **~goer** [~ə] s *der Vorangehende* ‖ *Vorgänger* m **~going** [~iŋ] a *vorhergehend* ‖ the ~ *das Vorhergehende* n; *die Vorgehenden* pl **~gone** [fɔ:-'gɔn, [attr] 'fɔ:gɔn] a *vorgefaßt*; *v vornherein feststehend*; *unvermeidlich* ‖ ~ opinion *vorgefaßte Meinung* f; ~ conclusion *ausgemachte Sache* f **~ground** ['fɔ:graund] s *Vordergrund* m; ⟨*a* fig⟩ in the (right) ~ *im Vordergrund* (*rechts*) **~hammer** ['fɔ:hæmə] s *Vorschlaghammer* m
   forehand ['fɔ:hænd] **1.** s ⟨hors⟩ *Vorhand* f ‖ ⟨ten⟩ on the ~ = **~ed 2.** a ⟨ten⟩ *Vorhand–* (~ stroke) **~ed** [~id] a *mit Vorhand* (to play ~) ‖ ⟨Am⟩ *wohlhabend, sparsam, haushälterisch*
   forehead ['fɔrid] s *Stirn* f (on the ~ *auf der St.*) ‖ ⟨min⟩ *Ort* m **–hold** ['fɔ:hould] s ⟨mar⟩ *Vorderraum* m
   foreign ['fɔrin] a **1.** *fremd* (from, to a th *e–r S*; to a p *jdm*), *nicht gehörig, nicht passend* (to z) ‖ *auswärtig* ‖ ⟨rail engl⟩ *ander* | *ausländisch*; *nicht englisch* **2.** ~ affairs [pl] *Außenpolitik* f ‖ ~ bill *Auslandswechsel* m ‖ ~-born *im Ausland geboren* ‖ ~ exchange *ausländischer Wechselverkehr* or *–kurs, Devisenkurs* m, *ausländische Zahlungsmittel* n pl, *Devisen* f pl; ~ e. assets *Devisenbestände* m pl, *–guthaben* n pl; ~ excitation ⟨phys⟩ *Fremderregung* f ‖ ~-going ⟨mar⟩ *gr Fahrt* f ‖ ~ law *Auslandsrecht* n ‖ ~ legion *Fremdenlegion* f ‖ ~ matter *Fremdkörper* m ‖ ~ Office *Ministerium* n *des Äußern*; → secretary ‖ ~ parts [pl] *Ausland* n ‖ ~-plea ⟨jur⟩ *Einspruch* m *gegen die Kompetenz* (*des Richters*) ‖ ~ trade *Außenhandel* m | **~er** [~ə] s *Ausländer, Fremder* m ‖ *fremdes Tier* or *Schiff* n etc **~ism** [~izm] s *fremdes Idiom* m **~ness** [~ nis] s *Fremdheit,* *Nichtzugehörigkeit* f
   forejudge [fɔ:'dʒʌdʒ] vt *im voraus entscheiden* ‖ *im voraus* or *voreilig beurteilen*
   foreknow [fɔ:'nou] vt [–knew/–known] *vorherwissen, –sehen* **–ledge** [fɔ:'nɔlidʒ] s *Vorherwissen* n, *Erwartung* f
   forel, forrel ['fɔrəl] s *Art glattes Pergament* n (*f Deckel*)
   foreland ['fɔ:lənd] s *Vorgebirge, Kap* n, *Landspitze* f ‖ *Vorland* n **–leg** ['fɔ:leg] s *Vorderbein* n (*e–s Tiers*) **–lock** ['fɔ:lɔk] s *Stirnlocke* f ‖ to take (time) by the ~ (*die Gelegenheit*) *beim Schopfe fassen* **–lock** ['fɔ:lɔk] **1.** s ⟨mar⟩ *eiserner Vorsteckkeil* m **2.** vt *durch e–n V. sichern* **–man** ['fɔ:mən] s *Werkführer, Werkmeister, Aufseher, Vorarbeiter; Polier* m ‖ ⟨min⟩ *Steiger* m ‖ (of

a jury) *Obmann* m ‖ *–men Angestellte* pl *in einfacher Stellung* ⟨*a* stat⟩ **–mast** ['fɔ:mɑ:st] s ⟨mar⟩ *Fockmast* m ‖ ~-hand ⟨mar⟩ *gemeiner Matrose* m **–mentioned** [ˌfɔ:'menʃənd] a *vor-* (*her*)*erwähnt* **–most** ['fɔ:moust] **1.** a *vorderst, vornehmst, erst* ‖ head ~ *mit dem Kopf z vorderst* **2.** adv *an erster Stelle, zuerst*; first and ~ z *allererst* **–name** ['fɔ:neim] s *Vorname* m **–noon** ['fɔ:nu:n] s *Vormittag* m
   forensic {fə'rensik] a (~ally adv) *gerichtlich*; ~ eloquence *Redekunst vor Gericht, als Anwalt*; ~ medicine *Gerichtsmedizin* f
   foreordain ['fɔ:rɔ:'dein] vt ⟨ec⟩ *vorher bestimmen* (to zu) **–dination** [ˌfɔ:rɔ:di'neiʃən] s ⟨ec⟩ *Vorherbestimmung* f
   fore-peak [fɔ:pi:k] s *Sattelknopf* m
   fore-quarters ['fɔ:kwɔ:təz] s pl ⟨hors⟩ *Vorhand* f
   forereach [fɔ:'ri:tʃ] vi/t ‖ ⟨mar⟩ *übersegeln, überholen* (on a p *jdn*) | vt (*jdn*) *übersegeln; überholen* ⟨*a* fig⟩
   forerun [fɔ:'rʌn] vt [–ran/–run] ‖ ⟨fig⟩ *überholen* ‖ ⟨fig⟩ *Vorläufer s v*; (*e–r S*) *vorangehen* **~ner** ['fɔ:rʌnə] s. ⟨fig⟩ *Vorbote* m ‖ *Vorläufer* m; *Wegbereiter* m ‖ *Vorfahr* m
   foresail ['fɔ:seil; ⟨mar⟩ 'fɔ:sl] s *Focksegel* n
   foresee [fɔ:'si:] vt [–saw/–seen] ‖ *voraus–, vorhersehen, –wissen* (a th; that); *absehen* **~able** [~əbl] a *voraus–, vorhersehbar*
   foreshadow [fɔ:'ʃædou] vt *vorher andeuten, ahnen l* **~ing** [~iŋ] s *Vorahnung* f
   foresheet ['fɔ:ʃi:t] s ⟨mar⟩ *Fockschot* f **–ship** ['fɔ:ʃip] s ⟨mar⟩ *Vorderteil m des Schiffes* ‖ **–shore** [fɔ:ʃɔ:] s *Uferland* n; *Strand* m **–shorten** [fɔ:'ʃɔ:tn] vt ⟨paint⟩ (*Figuren*) *verkürzen; perspektivisch in der Verkürzung zeichnen* ‖ ~ing ⟨arts⟩ *Verkürzung* f **–show** [fɔ:'ʃou] vt [~ed/~n] ‖ *vorhersagen* ‖ *vorher anzeigen, vorbedeuten*
   foresight ['fɔ:sait] s *Voraussicht* f, *Vorhersehen* n ‖ *Vorsicht, Vorsorge* f ‖ (of a gun) *Korn, Vordervisier* n ‖ to put the ~ below the object aimed at ⟨mil⟩ *das Ziel aufsitzen l* **~ed** [~id] a *voraussehend*
   foreskin ['fɔ:skin] s ⟨anat⟩ *Vorhaut* f
   forest ['fɔrist] **1.** s *Forst; Wald* m ‖ *Hügel–, Heideland* n ‖ ⟨fig⟩ *Menge* f, *Wald* m (a ~ of spires) | [attr] *Forst–, Wald–* (~ fire *–brand*) ‖ ~-economist *Forstwirt* m ‖ ~-guard *Forstschutzbeamter* m ‖ ~ office *Forstamt* n ‖ ~ officer, ~ official *Förster* m ‖ ~-warden *Forstwart* m **2.** vt *auf–, beforsten* **~al** [~əl] a *Wald–* **~er** [~ə] s (*a* ~-ranger) *Förster, Forstmann* m ‖ *Waldarbeiter; –bewohner* m **~ry** [~ri] s *Forstwirtschaft, Forstkultur* f, *Forstwesen* n ‖ *Waldgebiet* n; *Wälder* pl ‖ ~ association *Waldgenossenschaft* f ‖ ~ office *Forstamt* n
   forestall [fɔ:'stɔ:l] vt ⟨hist⟩ *vorweg, im voraus aufkaufen*; to ~ the market *durch Aufkauf den Markt beherrschen* ‖ (*etw*) *vorwegnehmen* ‖ (*jdm*) *zuvorkommen* ‖ (*e–r S*) *vorbeugen* **–stalling** ['fɔ:stɔ:liŋ] s (*Brücken-*)*Vorbau* n **–stay** ['fɔ:stei] s ⟨mar⟩ *Fockstag* n **–taste 1.** ['fɔ:teist] s *Vorgeschmack* m **2.** [fɔ:'teist] vt *e–n Vorgeschmack h v*; *ahnen* **–tell** [fɔ:'tel] vt [–told/–told] ‖ *vorhersagen* ‖ *im voraus anzeigen* **–thought** ['fɔ:θɔ:t] s *Vorbedacht* m ‖ *Vorsorge* f **–time** ['fɔ:taim] s *Frühzeit* f (of a state, etc); *Vergangenheit* f **–token 1.** ['fɔ:toukən] s ⟨poet⟩ *Omen* m, *–zeichen* n, *Vorbedeutung* f **2.** [fɔ:'toukən] vt *ein Vorbote s v*; *vorbedeuten* **–top** ['fɔ:təp; ⟨mar⟩ *–təp] s Fock–, Vormars* m
   fore-topgallant ['fɔ:təp'gælənt] a ⟨mar⟩ *Vorbram–*; ~ mast *–stenge* f **–topmast** [fɔ:'təp-mɑ:st] s *Fock–, Vormarsstenge* f **–topsail** ['fɔ:-'tɔpseil; ⟨mar⟩ *–sl*] s *Vormarssegel* n
   forever [fə'revə] **1.** adv (⟨engl *mst*⟩ for ever) f *immer; ewig*; z *aller Zeit, immer* **2.** s *Ewigkeit* f

forewarn [fɔ:'wɔ:n] vt *vorher warnen* (of *vor*); *warnend vorhersagen* –**woman** ['fɔ:‚wumən] s *Aufseherin, Direktr·ice, Vorsteherin*; *Werkführerin* f –**word** ['fɔ:wɔ:d] s *Vorwort* n –**yard** ['fɔ:jɑ:d] s ⟨mar⟩ *Fockrahe* f

Forfar ['fɔ:fə] s (*Stadt in Schottland*) [attr] *Forfar–*, ~ *linen –leinen* n | ~s [pl] *grobes, ungebleichtes Leinentuch* n *aus* ~

forfeit ['fɔ:fit] **1.** s *Verwirkung* f || *verwirktes Pfand, verfallenes Gut* n; *his life was the* ~ of *his crime sein Leben war verwirkt durch sein Verbrechen* | *Buße, Geldstrafe* f, *Reugeld* n (to pay the ~) || *Pfand* n, to pay a ~ *ein Pfand geben*; ~s [pl] *Pfänderspiel* n; to play ~s *Pfänderspiele* m **2.** a *verwirkt, verfallen* **3.** vt (*durch eigene Schuld*) *verwirken* || ⟨übtr⟩ *einbüßen, verlieren; verscherzen* ~**able** [~əbl] a *verwirkbar* ~**ure** [~ʃə] s *Verwirkung* f, *Verlust* m, *Einbuße* f; ~ of service ⟨mil⟩ *Aberkennung* f *der Dienstzeit*

forfend [fɔ:'fend] vt *verhindern; fernhalten*; *God* ~! *Gott verhüte!* || ⟨Am⟩ *schützen* (against)

forficate ['fɔ:fikit] a ⟨ent⟩ *scherenartig*

forgather [fɔ:'gæðə] vi *zus–k, sich treffen, sich amüsieren, verkehren* (with) || *zufällig zus–treffen* (with)

forgave [fɔ'geiv] pret v to forgive

forge [fɔ:dʒ] **1.** s *Schmiede* f ⟨a übtr⟩ *Schmiedeherd* m, *–esse* f, *–feuer* n; *Glühofen* m | *Eisen–, Hüttenwerk* n | ~ iron *Schmiedeeisen, Puddelroheisen* n **2.** vt/i || *schmieden; durch Schmieden formen* || ~d blank *Schmiederohling* m | ⟨fig⟩ *erfinden, ersinnen, erdichten* | *nachmachen; fälschen* (a document); to ~ coin *falschmünzen* | vi *schmieden* || *fälschen* ~**able** ['~əbl] a *schmiedbar* | ~**r** ['~ə] s *Schmied* m || *Erdichter* m || *Fälscher* m ~**ry** ['fɔ:dʒəri] s *Fälschen* n || *Fälschung* f || ~ of an instrument *Urkundenfälschung* f

forge [fɔ:dʒ] vi (of a ship) *sich mit Gewalt Bahn brechen, mit Wucht dahinfahren* (a to ~ one's way); to ~ ahead ⟨fig⟩ *nach vorwärts, an die Spitze drängen, die Führung übernehmen*

forget [fɔ'get] vt/i (–got/–gotten, ⟨poet⟩ –got; † –gat [–gæt]) **A.** vt (*bisher Gewußtes*) *vergessen* (a th, that); *aus der Erinnerung verlieren* (to ~ a face); *never to be –gotten unvergeßlich* || (*durch Unachtsamkeit*) *vernachlässigen, unterlassen* (to do) || *nicht denken an* (~ luncheon) || (*jdn*) *außer acht l*; *nicht berücksichtigen, mißachten* | to ~ o.s. *sich vergessen* (*an andere denken*); *sich vergessen, sich vergeben* **B.** vi to ~ *about* a th *etw vergessen* (I –got about it) || I ~ *ich habe* (es) *vergessen, ich weiß* (es) *nicht mehr* || to ~ *how to do* (a th) (*etw*) *nicht mehr können* || *one must not* ~ *that the man is an artist allerdings ist er* (*ein*) *K·ünstler!* **C.** [in comp] ~-me-not [pl ~-me-nots] ⟨bot⟩ *Vergißmeinnicht* n ~**ful** [~ful] a (~ly adv) *vergeßlich* || to be ~ of *vergessen* ~**fulness** [~fulnis] s *Vergeßlichkeit* f || *Vergessensein* n *Vernachlässigung* f ~**table** [~əbl] a (*leicht*) z *vergessen*(d)

forging ['fɔ:dʒiŋ] s *Schmieden* || *Schmiedestück* n | ~ *die Schmiedegesenk* n || ~ drop *–hammer* m || ~ *practice –technik* f

forgivable [fɔ'givəbl] a *verzeihlich*

forgive [fə'giv] vt/i [–gave/–given] **A.** vt **1.** (*etw*) *erlassen* (to ~ a debt); to ~ a p (a th) jdm *e–e Schuld erlassen* **2.** (*etw*) *verzeihen* | (jdm) *verzeihen* (for doing getan z h); *he is* ~n *ihm ist verziehen* | to ~ a p a th jdm *etw vergeben, verzeihen*; *he was* ~n *his conduct od his conduct was* ~n him *sein B. wurde ihm verziehen* **B.** vi *vergeben* ~**ness** [~nis] s *Vergebung, Verzeihung* f

forgiving [fə'giviŋ] a (~ly adv) *versöhnlich, mild* ~**ness** [~nis] s *Versöhnlichkeit* f

forgo [fɔ:'gou] vt [–went/–gone] *abstehen v,*

verzichten auf (to ~ a comparison); *aufgeben* (I ~ my advantage)

forisfamiliate [‚fɔrisfə'milieit] vt/i || ⟨Scot jur⟩ (*Sohn*) *bei Lebzeiten abfinden* | vi *abgefunden w* –**ation** ['fɔrisfəmili'eiʃən] s ⟨jur⟩ *Abfindung* f (*des Sohnes*)

forjudge [fɔ:'dʒʌdʒ] vt (jdn) ⟨jur⟩ *enteignen*

fork [fɔ:k] **1.** s (*Heu–, Mist–*)*Forke, Gabel* f || (*Eß–*)*Gabel* f | ⟨Am⟩ *Flußarm* m; ⟨mot⟩ *telescopic* ~ *Teleskopfeder* f; ⟨anat⟩ *Hodengegend* f || *Abzweigung* f; ⟨for⟩ *Zwiesel* m || ⟨chess⟩ *Gabel* f || ⟨fam⟩ [*nur* pl] ~s „*fünfzinkige Gabel*(n" *pl) f (*Hände*) || ~-lift truck *Gabel–, Hubstapler* m **2.** vi/t || *sich gabeln (into in*) || to ~ out ⟨fig⟩ *bluten, zahlen* | vt *mit e–r Gabel aufladen, hochheben*; to ~ *in mit e–r G. hineinwerfen* ⟨sl⟩ to ~ out, over (*Geld*) *herausrücken, bezahlen* | ~**ed** [~t] a ⟨poet⟩ ~**y** ['~i] a (~kily adv) *gabelförmig, gespalten*; ⟨for⟩ *zwieselig, gezwieselt*

forlorn [fɔ'lɔ:n] a (~ly adv) *verlassen, einsam*; ⟨poet⟩ *beraubt* (~ of light); *hoffnungs–, hilflos* || *unglücklich, elend* | ~-hope ⟨mil⟩ *Sturmtrupp* m; *verlorener Posten* m; *aussichtsloses Unternehmen* n || *letzte verzweifelte Hoffnung* f || to lead a ~-hope *e–n verlorenen Haufen, e–e v. S. anführen*

form [fɔ:m] **I.** s **1.** *Form, Gestalt, Figur* f | *Anordnung* f; *Ordnung, Regelmäßigkeit* f; (*innere*) *Form* f (of a piece of art) | *Art u Weise des Seins or Geschehens, Erscheinungsform, –weise* f (in, under the ~ of; to take the ~ of) **2.** *Form* f, *Modell* n, *Aufmachung* f || *Formular* n, *Vordruck* m **3.** *herkömmliche, gesellschaftl. Form* f || *Formalität, Zeremonie, Förmlichkeit* f (a mere ~, a matter of ~, a mere matter of ~ *reine Formsache*) || *Äußerlichkeit* f | *Sitte* f, *Gebrauch* m || *Verhalten* n || *lack of statutory* ~ ⟨off⟩ *Formfehler* m **4.** ⟨sport⟩ *Zustand* m, *Verfassung*; *Leistungsfähigkeit* f: *in* ~ *in Form; in guter V.*; *out of* ~ *in schlechter V.*; *in great* ~ *in bester V.* **5.** ⟨gram⟩ *Form* f; to make a ~ *e–e F. bilden* **6.** *Schulbank* f, *Sitz* m || *Schulklasse* f | [*mst* forme] ⟨typ⟩ *Form* f **7.** **Wendungen:** ~ *and matter* ⟨m.m.⟩ *Gehalt* m *und Gestalt* f || *bad* ~ *Unschicklichkeit* f; *that is bad* ~ *das schickt sich nicht* || *defect of* ~ *Formmangel* m; to comply with ~ *die F. wahren*; *for* ~'s sake z *Schein, der bloßen Form wegen, pro forma* || *good* ~ *guter Ton, Takt* m || *in due* ~ *gehörig, vorschriftsmäßig* || *without* ~ *formlos* || a ~ of feeling *e–e Art Gefühl* || to take ~ (*e–e bestimmte*) *Gestalt* f *annehmen* **8.** [attr] ~-letter ⟨Am⟩ *Rundbrief* m, *–schreiben* n || *Klassen–*, ~-master *–lehrer, Ordinarius* m; ~-room *–zimmer* m **II.** vt/i **A.** vt *formen, gestalten* (into z; after, by, from, upon a th *nach e–r S*) | *pressen* || (*aus*)*bilden, formen* (a p, the mind) | *entwickeln* | *einrichten,* (*an*)*ordnen* (into *in*) | ⟨el⟩ (*Platten*) *formieren* | *bilden, schaffen, hervorbringen, m* (from, out of *aus*) | *annehmen* (a habit) | *entwerfen, fassen, ersinnen* (an idea) | *sich* [dat] *bilden* (an opinion) | *ausmachen, bilden*; *dienen als* ~ ⟨gram⟩ *bilden* | ⟨mil⟩ *aufstellen, formieren* (a line of battle) | *vereinigen* (into *in*, z) **B.** vi *sich formen or gestalten, sich bilden* | (a to ~ up) ⟨mil⟩ *sich formieren* (into line *in e–r Linie*) | ~**al** ['~əl] **1.** a ⟨metaph⟩ *wesentlich* || *förmlich, Formal–* || ⟨log⟩ *formal* || *in vorgeschriebener Form*; *gehörig*; *bindend*; *theoretisch* (demography); ⟨jur⟩ ~ contract *Vertrag* m *mit Formzwang* m || *rein gewohnheitsmäßig* || *formell, umständlich, feierlich* | *peinlich, genau, steif*; *streng* || *äußerlich, scheinbar* **2.** s ⟨Am⟩ *Abendkleid* n; = ~ *dance*

form– [fɔ:m] [in comp] = *formic* ~**aldehyde** [fɔ:'mældihaid] s ⟨chem⟩ *Formaldehyd* n (*giftiges Gas*) ~**alin** ['fɔ:məlin] s ⟨chem⟩ *Formalin* n

forma ['fɔ:mə] s L ⟨jur⟩ to sue in ～ pauperis *auf Armenrecht klagen*

formalism ['fɔ:məlizm] s *Formalismus* m; *Formenwesen* n ‖ **–ist** ['fɔ:məlist] s *Formenmensch* m **–ity** [fɔ:'mæliti] s *Formalität, Förmlichkeit* f; *Formsache* f ‖ *Steifheit, Strenge* f (of style) ‖ without –ties *ohne Umstände* **–ize** ['fɔ:məlaiz] vt *feste Form geben; in feste F. bringen; formen* ‖ z *(bloßen) Formsache* m ‖ **–ly** ['fɔ:məli] adv *in bezug auf (die) Form* ‖ *ausdrücklich*

format ['fɔ:mæt, 'fɔ:mɑ:] s Fr *Form·at* n (of a book)

formate [fɔ:'meit] vi ⟨aero⟩ *in Formation fliegen*

formation [fɔ:'meiʃən] s *Formung, Bildung, Gestaltung* f ‖ ⟨geol & mil⟩ *Formation* f; *Aufbau* m (e–s *Gebirges*); ⟨mil⟩ *Verband* m; ～ attack *Angriff im V.*; ～ in depth ⟨tact⟩ *Tiefengliederung* f; ～ training *Verbandsausbildung* f; the ～s [pl] *die Gliederungen (e–r Organisation)* ‖ ⟨el⟩ *Formieren* n ‖ ～ bombing ⟨aero⟩ *Verbandsbombenwurf* m ‖ ～ flying *Verbandsflug* m **–ative** ['fɔ:mətiv] **1.** a *formend; bildend* ‖ ⟨geol & gram⟩ *formbildend;* ⟨arts⟩ *plastisch* **2.** s *formbildendes Element* n

forme [fɔ:m] s ⟨typ⟩ *Form* f

former ['fɔ:mə] s *Former, Bildner* m ‖ *Werkzeug z Formen* n ‖ ⟨aero⟩ *Spant* m

former ['fɔ:mə] a & pron *früher* (in ～ times), *vorig, vorherig, vorhergehend;* Mrs Smith, ～ N. *Frau S., geborene N.* **|** *erstwähnt (v zweien), ersterer* ‖ the ～ *der, die, das erstere; jener, –e, –es* (Ggs the latter) ‖ ⟨Am⟩ *ehemalig* **| ～ly** [～li] adv *vormals, ehedem, früher*

–former ['fɔ:mə] [in comp] fifth–～ *Schüler der 10. Klasse*

formic ['fɔ:mik] a ⟨chem⟩ *Ameisen–* (～ acid) **～ary** [～əri] s *Ameisenhaufen* m, –nest n **～ate** ['fɔ:mikeit] vi *wimmeln* (with v) **～ation** [ˌfɔ:mi-'keiʃən] s ⟨med⟩ *Kribbeln, „Ameisenlaufen"* n

formidable ['fɔ:midəbl] a (–bly adv) *furchtbar, schrecklich* **～ness** [～nis] s *Furchtbarkeit* f

forming-up ['fɔ:miŋ·ʌp] s ⟨tact⟩ *Bereitstellung* f ‖ ⟨artill⟩ *Instellungbringen* n ‖ ⟨aero⟩ *Versammlung* f *(nach dem Start)*

formless ['fɔ:mlis] a *formlos* **～ness** [～nis] s *Formlosigkeit* f

formula ['fɔ:mjulə] s L (pl ～s; ⟨math scient⟩ –lae [–li:]) ⟨chem & math⟩ *Formel* f ‖ ⟨ec⟩ *(Gebets– etc) Formel* f; to seek a ～ *nach e–r gemeinsamen F. suchen* ‖ ⟨med⟩ *Rezept* n

formular ['fɔ:mjulə] a *Formel–, Formeln–* **～ize** [～raiz] vi *in e–e Formel fassen; ausdrücken* **| ～y** [～ri] **1.** s *Formelsammlung* f, *Formelbuch* n **2.** a *Formel–, förmlich, formelhaft* ‖ *vorgeschrieben, vorschriftsmäßig*

formulate ['fɔ:mjuleit] vt *formulieren, erarbeiten; in e–r Formel ausdrücken; geordnet dar–, klarlegen; (Voranschlag, Richtlinien) aufstellen* **–ation** [ˌfɔ:mju'leiʃən] s *Formulierung* f **–ism** ['fɔ:mjulizm] s *Formalismus* m, *Formelkram* m; *Form·alien* f pl **ize** ['fɔ:mjulaiz] vt – m *formularize*

fornent [fɔ:'nent] prep ⟨Scot⟩ *gegenüber*

fornicate ['fɔ:nikeit] vi *Unzucht treiben, huren* **–ation** [ˌfɔ:ni'keiʃən] s *Hurerei, Unzucht* f **–ator** ['fɔ:nikeitə] s *Hurer,* °*Hurenbock* m ‖ *Flying* ～ ⟨rail hum⟩ °*„Lumpensammler"* m *(letzter Zug)*

forrader ['fɔrədə] s = forwarder

forrel ['fɔrəl] s = forel

forsake [fə'seik] vt [–sook/–saken] ‖ *aufgeben; entsagen (a habit; the world)* ‖ *(jdn) verlassen, im Stich l* **| ～n** [～ən] a *verlassen;* ～ of *God and man v Gott u der Welt verlassen* ‖ *einsam*

forsooth [fə'su:θ] adv ⟨iron⟩ *fürwahr, wahrlich, wirklich*

forspent [fɔ:'spent] a *erschöpft*

forswear [fɔ:'swɛə] vt/i [–swore/ –sworn] *unter Eid entsagen, geloben z meiden* (a p's company) ‖ † *abschwören, schwörend ableugnen* (a debt) ‖ to ～ o.s. *falsch schwören* **|** vi *falsch schwören* ‖ **–sworn** [fɔ:'swɔ:n] a *meineidig*

forsythia [fɔ:'saiθiə] s L *(nach W. Forsyth;* † 1804) ⟨bot⟩ *Forsythie* f

fort [fɔ:t] s *Fort* n; *Festungswerk* n, *Feste* f ⟨a fig⟩ ‖ ⟨aero sl⟩ *„fliegende Festung"* f ‖ *Handelsstützpunkt* m ‖ to hold the ～ ⟨fam fig⟩ *die „Stellung" halten* **～alice** ['～əlis] s kl *Festung* f; ⟨fig⟩ *Feste* f

forte [fɔ:t] s Fr *Stärke* f; *starke Seite* f; *bes Fähigkeit* f (for)

forte ['fɔ:ti] It ⟨mus⟩ **1.** a & adv *forte, laut* **2.** s *Forte* n **| ～-piano** a & adv *fortepi·ano*

forth [fɔ:θ] **1.** adv *vorwärts, [nur in:]* back and ～ *hin u her* ‖ (of time) *weiter, fort, [nur in:]* from this time ～ v *jetzt an* [& in comp] hence～ ‖ *hervor, her, vor* (to bring, come ～, show ～); *heraus, hinaus* (to sail ～); *draußen* ‖ and so ～ *und so weiter or fort* ‖ so far ～ (as) *insoweit (wie)* **2.** † prep *fort v or aus*

forthcome [fɔ:θ'kʌm] vi *hervorkommen, erscheinen* ‖ to be –ming *eintreten, z Vorschein k, erscheinen* **–ming** [fɔ:θ'kʌmiŋ] a *hervor–, herauskommend; bevorstehend* ‖ (of books) *im Erscheinen begriffen* ‖ *entgegenkommend*

forthright 1. ['fɔ:θrait] adv *geradeaus* **2.** ['fɔ:θrait] a. a *gerade;* ⟨fig⟩ *offen* b. s *gerader Weg* m ⟨a fig⟩

forthwith ['fɔ:θ'wiθ] adv *sofort, sogleich*

fortieth ['fɔ:tiiθ] **1.** a *vierzigste(r, –s)* **2.** s *der Vierzigste* **|** *Vierzigstel* n

fortifiable ['fɔ:tifaiəbl] a *z befestigen(d)*

fortification [ˌfɔ:tifi'keiʃən] s *Stärken* n, *Verstärken* (of wine) (with alcohol *mit Alkohol*) ‖ *Befestigung(skunst)* f **|** [konkr mst pl] ～s *Befestigungen* f pl, *Befestigungs–, Festungswerk* n, *Festungsbau* m ‖ *Roman* – *röm. Kast·ell* n

fortifier ['fɔ:tifaiə] s *Stärkungsmittel* n **fy** ['fɔ:tifai] vt/i ‖ *stärken, verstärken* ‖ *(Wein) verstärken* (with alcohol) ‖ *erhärten, bestärken, ermutigen* ‖ to ～ o.s. against *sich wappnen gegen* ‖ ⟨mil⟩ *befestigen;* –fied church ⟨arch⟩ *Wehrkirche* f ‖ –fied → enriched (bread) ‖ well –fied *mit angetrunkenem Mut* m **|** vi *Befestigungen anlegen*

fortissimo [fɔ:'tisimou] adv It ⟨mus⟩ *sehr laut*

fortitude ['fɔ:titju:d] s *Seelenstärke* f, *Mut* m

fortnight ['fɔ:tnait] s *Zeitraum* m v *14 Tagen;* ～'s *vierzehntägig* (holiday); in a ～ *in 14 Tagen* ‖ this day ～, Wednesday ～ *heute, Mittwoch über* (or *vor*) *14 Tage(n)* ‖ this ～ *seit 14 Tagen,* → week **| ～ly** [～li] **1.** a *vierzehntägig* **2.** adv *alle 14 Tage*

fortress ['fɔ:tris] **1.** s *Festung* f; the ～ of N. *die F. N.* ‖ confinement in a ～, ～ confinement ⟨Ger⟩ *Festung(shaft)* f **2.** vt *befestigen; schützen*

fortuitous [fɔ:'tjuitəs] a ⟨…⟩ *zufällig* **～ness** [～nis], **–ty** [fɔ:'tjuiti] s *Zufall* m; *Zufälligkeit* f

fortunate ['fɔ:tʃnit] **1.** a *glücklich* (in *in*), to be ～ in a th *glücklich s, etw z besitzen* ‖ *glückverheißend, günstig* **2.** s v *Glück begünstigte P* **| ～ly** [～li] adv *glücklicherweise*

fortune ['fɔ:tʃən] s **1.** *Glück* n ‖ *(Glücks-)Fall, (glücklicher) Zufall* m ‖ *Erfolg* m, *Glück* n **2.** [a pl ～s] *Geschick, Schicksal* n (his ～s are bound up with those of .. *sein Sch. ist verbunden mit dem der ..*) **·** *Schicksalsgöttin* f **3.** *Vermögen* n; gr *Reichtum* m; *Mitgift* f **4.** Wendungen: fallen ～s *verlorenes Glück* n ‖ good ～ *Glück* ‖ bad, ill ～ *Unglück* ‖ turn of ～ *Schicksals–, Glückswechsel* m ‖ by good ～ *glücklicher–*

weise, z Glück | to be the architect of one's own ~s *s–s Glückes Schmied s* || to come, step into a ~ *ein Vermögen erben* || to follow, share a p's ~s *jds Schicksal teilen, sich jdm anschließen* || to make, seek one's ~ *sein Glück m, suchen* || to make a ~ *sich* [dat] *ein Vermögen erwerben* || to marry a ~ *e–e reiche Partie m, reiche Erbin heiraten* || to spend a small ~ on *ein kl Vermögen ausgeben f* || to tell ~s *wahrsagen* (on the cards) || to try one's ~ *sein Schicksal versuchen* 5. [attr & comp] ~-favoured *v Glück begünstigt* || ~-hunter *Geldfreier, Mitgiftjäger* m || ~-teller *Wahrsager(in* f) m || ~-telling *Wahrsagen* n ~less [~lis] a *vermögenslos*

forty ['fɔ:ti] 1. a *vierzig* (~-one *einundvierzig* etc; ~-first); ~ winks ⟨fam⟩ *Schläfchen* n 2. s *Alter* n *v 40 Jahren* (over ~); (a man) in the forties *in den Vierzigern*; the –ties *die 40 Faden tiefe See zw Schottland u Südnorwegen*; the –ties ⟨Am⟩ *die Straßen 41–49 bei ihren Kreuzungen mit dem Broadway, New York* (a: the roaring –ties); the roaring –ties *stürmischer Teil* m *des Ozeans (zwischen 39. u 50. Breitengrad)* || the ~-five *die jakob. Erhebung 1745*

forum ['fɔ:rəm] s L [pl ~s] *F·orum* n || ⟨jur⟩ *Tribunal, Gericht* n ⟨a fig⟩; open ~ *öffentliche Diskussion* f, *Forum der Öffentlichkeit*

forward ['fɔ:wəd] 1. a *vorn befindlich, vordere(r, –s)* (~ staircase) || ~ air controller (abbr FAC) *vorgeschobener Fliegerleitoffizier* || *Vorwärts–*; *vorwärts gerichtet* (~ movement); great ~ strides *gr Schritte vorwärts, gr Fortschritte* m pl || *fortschrittlich* (~ opinion) || ⟨com⟩ *in der Zukunft z bezahlen(d), z liefern(d), Termin–* || *vorgerückt, vorgeschritten; früh*; ⟨a bot⟩ *frühreif* || *bereit(willig)* || *voreilig, nasewels* || ⟨mot⟩ ~ control *vorgezogener Fahrersitz* m; || ⟨artill⟩ ~ observer *vorgeschobener Beobachter* m || ~ slope *Vorderhang* m || ⟨tech⟩ ~ stroke *Arbeitsgang* m (*e–s Maschinenteils*); *Vorlauf* m (*e–s Kolbens*) 2. s ⟨ftb⟩ *Stürmer* m

forward ['fɔ:wəd] (⟨Am⟩ *mst* ~s) adv (of time) *in der Zukunft, weiter, fort* (from this time ~ *v jetzt an*); freight(age) ~ *Fracht v Empfänger z bezahlen* | *nach vorn* (to play ~ ⟨crick⟩ *mit linkem Bein nach vorn gestreckt schlagen*); *vorwärts* (~! *vorwärts! Marsch!*) || → to bring ~ *brought, carried* ~ *Übertrag* m, ⟨bal⟩ *aus dem Vorjahr* || to put o.s. ~ *sich hervortun* | *voraus* (to send ~); → to look ~ | ⟨fig⟩ *voran*, to go ~ ⟨fig⟩ *fortschreiten* || ⟨mot⟩ ~ gear, ~ speed *Vorwärtsgang* m

forward ['fɔ:wəd] vt *beschleunigen* || *fördern, begünstigen* || ⟨hort⟩ *früh z Reife bringen* || *befördern, weiter befördern*; (*Brief*) *nachschicken*; *senden, expedieren* || to be ~ed! *nachsenden!* | ~er [~ə] 1. s *Spediteur; Absender* m 2. a & adv ⟨fam⟩ *forrader* (→ d) *weiter* (to go ~); *vorwärts*; to get (no) ~ (*nicht*) *weiter k*; there is no getting any ~ *Fortschritte sind unmöglich* ~ing [~iŋ] s *Beförder–, Versendung* | [attr] *Spedi-tions–*; ~ advice *Versandanzeige* f; ~-agent *Spediteur* m; ~ office *Güterabfertigung* f

forwardly ['fɔ:wədli] adv *nach vorn* —**wardness** ['fɔ:wədnis] s *Frühzeitigkeit* || ⟨bot⟩ *zeitiges Reifen* or *Blühen* n || (of children) *Frühreife* f | *Eifer* m; *Dreistigkeit, Keckheit* f —**wards** ['fɔ:-wədz] adv 1. ⟨engl⟩ = forward: *vorwärts, backwards and* ~ *rückwärts u vor–*; [*stets*:] to move ~ (of wheels) *sich vor– bewegen* (→ forward) 2. ⟨Am *mst*⟩ *f* forward

fossa ['fɔsə] s L (pl –ssae [–si:]) ⟨anat⟩ *Höhle, Rinne* f

fosse [fɔs] s Fr ⟨fort⟩ *Graben, Kanal* m || ⟨anat⟩ *Grube, Höhle* f | ~-way ⟨engl hist⟩ *e–e der gr röm. Straßen in Britannien* ~**tte** [fɔ'set] s Fr *kl Vertiefung* f, *Grübchen* n

fossick ['fɔsik] ⟨Aust min⟩ vi/t || ⟨sl⟩ *graben*

(for *nach*); ⟨sl⟩ (*herum*)*stöbern, suchen* (for) | vt (*Gold*) *ausgraben* ~**er** [~ə] s *Goldgräber* m

fossil ['fɔsl] 1. a ⟨geol⟩ *ausgegraben* || *foss·il, versteinert* || ~ tripoli *Kieselgur* f, *versteinerter Tripel* m || ⟨fig⟩ *verknöchert, veraltet, rückständig* 2. s ⟨geol⟩ *Foss·il* n, *Versteinerung* f || *verknöcherte, rückständige P* f ~**iferous** [‚fɔsi-'lifərəs] a ⟨geol⟩ *Fossil–, fossilienhaltig* ~**ist** ['fɔsilist] s ⟨geol⟩ *Fossilienkundiger* m ~**ization** [‚fɔsilai'zeiʃən] s *Versteinerung* f ~**ize** ['fɔsilaiz] vt/i || *versteinern, z Stein m* || *starr, leblos m* | vi *versteinern*; ⟨fig⟩ *verknöchern*

fossorial [fɔ'sɔ:riəl] a ⟨zoo⟩ *grabend, Grab–* (~ wasp)

foster ['fɔstə] 1. s [obs *außer* in comp] || ~-brother, ~-sister *Pflegebrüder* m, *–schwester* f || ~-child *–kind* n; ~-daughter, ~-son *–tochter* f, *–sohn* m || ~-father *–vater* m || ~-mother *–mutter* f; *Brutapparat* m || ~-parent *–vater* m, *–mutter* f 2. vt *nähren, pflegen*; (a to ~ up) *aufziehen* (a plant) || *fördern, begünstigen*; (*Geflügel*) *hegen* ~**age** [~ridʒ] s *Pfleger, Erhaltung* f | *Benutzung* f *v Brutapparaten* | ~**er** [~rə] s *Pflegevater* m; *Amme* f || ⟨fig⟩ *Förderer* m, *Förderin* f ~**ling** [~liŋ] s *Pflegekind* n, *Schütz-ling* m

fostress ['fɔstris] s *Pflegerin, Erhalterin* f

foto– → photo–

fougasse [fu:'gɑ:s] s Fr *Fladder–, Landmine* f

fought [fɔ:t] 1. pret & pp *v* to fight 2. a [in comp] *gekämpft* (well–~) ~**en** ['~n] 1. † pp *v* to fight 2. a ⟨poet⟩ *Kampf–* (~ field)

foul [faul] I. a (~ly ['~li] adv) 1. *schmutzig* (~ linen), *unrein*; *verrußt, –schmutzt*; *kotig* || *faul, verdorben* (water); *trübe* || *durch Schmutz verstopft* (~ gun-barrel) || *voll v Unkraut* | ⟨übtr⟩ *unsauber*; ~ copy *Konzept, Unreines* n || *voll v Korrekturen* (~ proof) 2. *widerlich, –wärtig, ekelhaft*; *stinkend* (with *v*); *übelriechend* (~ breath) 3. *häßlich* [*nur* in:] fair or ~ ⟨*sonst* dial⟩ 4. *moralisch anrüchig, gemein, zotig* (talk); the ~ fiend *der Teufel*; ~ tongue *böse Zunge* f 5. *unredlich, falsch, unehrlich* (~ means) || ~ play *falsches Spiel* n, ⟨fig⟩ *Verräterei* f, *Ver-brechen* n || ~ dealings, ~ doings [pl] *Betrüge-rei* f, *Schandtaten* f pl 6. (of weather, etc) *stür-misch, schlecht, garstig*; *naß* || *widrig* (~ wind) 7. (of a rope, anchor) *verwickelt, unklar* || to fall, run ~ of ⟨mar⟩ *festfahren auf*; (*jdn*) *an-segeln*; *zus–stoßen mit*; ~ of *jdg herfallen über* II. s *etw Widerliches, Schmutziges, Unreines, Gemeines* n (through ~ and fair ⟨fig⟩ *durch dick u dünn*) || ⟨racing, etc⟩ *Zus–stoß* m || ⟨sport⟩ *re-gelwidriger Schlag* or *Stoß* (etc) m, *Aus* n III. adv *regelwidrig* (to hit a p ~); *unehrlich* (to play a p ~) | ~-spoken *verleumderisch, schmähend* IV. vt/i || *be–, verschmutzen*; ⟨fig⟩ *besudeln* || ⟨mar⟩ (*Schiff*) *anfahren, ansegeln* || *verwickeln* (the anchor) || (*ver*)*sperren, verstopfen, hemmen* | vi *schmutzig, trübe w* || ⟨mar⟩ *e–n Zus–stoß h* || *sich verwickeln*

foulard ['fulɑ:d] s Fr *Foulard* m, *seidenes Tuch* n

fouling ['fauliŋ] s (*Geschützrohr-*)*Rückstände* m pl

foul-mouthed ['faul'mauðd, '– –], —**tongued** ['faul'tʌŋd] a *schmutzige, zotige Reden führend*

foulness ['faulnis] s *Schmutz* m, *Unreinheit* f || *Trübheit* f || *Gemeinheit* f

foumart ['fu:mɑ:t] s ⟨zoo⟩ *Iltis* m

found [faund] pret & pp *v* to find

found [faund] vt/i || *den Grund legen v, er-richten, gründen* || *stiften* || *einrichten, –führen* (an institution) || ⟨fig⟩ *bauen, gründen, stützen* (on, upon *auf*); to be ~ed on *beruhen auf* | vi ⟨*bes* Scot⟩ *sich gründen, gegründet s* (on, upon *auf*) ~**ed** ['~id] a [in comp] well ~ *gut begründet*; ill–~ *schlecht, ungenügend b.*;

~ upon fact *auf Tatsachen beruhend, stichhaltig*

found [faund] vt *schmelzen, gießen, durch Guß formen* || ~ing house → foundry

foundation [faun'deiʃən] s 1. *Grundlegung* f || ⟨fig⟩ *Gründung* f | *Ursprung, Anbeginn* m (*der Welt*), from the ~ v *Anbeginn* 2. ⟨arch⟩ *Grund* m, *Fundament* n || *steife Unterlage* f, *Steifleinen* n (etc) z *Stützen* | ⟨fig⟩ *Grundlage* f (to shake a country to its ~s) || *Unterlage* f (a moral ~) || 3. [konkr] *Stiftung* f | *Anstalt* f, *Stift* n 4. in its very ~s *in den Grundfesten* || to be on the ~ of a school *Stipendiat e–r Schule s* || to lay the ~(s) of *den Grund legen* z 5. [attr] *Gründungs-, Stiftungs-* (members); *Grund-* || ~ bolt ⟨tech⟩ *Ankerschraube* f || ~ washer *Ankerplatte* f || ~ garment *gesteiftes Kleid, Korsett* n, *Hüfthalter* m etc || ~-scholar *Stiftsschüler, Freischüler* m || ~-school *Stiftsschule* f || ~-stone ⟨arch⟩ *Grundstein*; to lay the ~-stone of *den G. legen* z, ⟨fig⟩ *Anlaß geben* z | ~er [~ə] s *Stipendiat* n

founder ['faundə] s *Gründer* | *Stifter* m || ~s' day *Stiftergedenktag* m || ~s' shares [pl] *Gründeraktien* pl ~ship [~ʃip] s *Eigenschaft, Stellung* f *e–s Gründers*

founder ['faundə] s *Schmelzer, (Erz-)Gießer* m; [*oft* in comp] (iron-~)

founder ['faundə] s ⟨vet⟩ *Rehe* f; *Verschlag* m

founder ['faundə] vi/t || (of buildings) *sinken, einfallen* | ⟨mar⟩ *vollaufen u sinken; scheitern, zerschellen* (on *auf*) || ⟨hors⟩ *steif w, lahmen* | vt (*Schiff*) *z Sinken bringen* || (*Pferd*) *lahm reiten*

foundling ['faundliŋ] s *Findling* m, *Findelkind* n || ~-hospital *Findelhaus* n

foundress ['faundris] s *Stifterin, Gründerin* f

foundry ['faundri] s *Gießen* n; *Gießerei* f; (a founding house) (*Gieß-)Hütte* f || ~-iron *Gießereiroheisen* n

fount [faunt] s ⟨poet rhet⟩ = *fountain* || *Behälter* m (f *Öl* etc)

fount [faunt; fɔnt] s ⟨typ⟩ (*Schrift-)Guß* m (a ~ of type)

fountain ['fauntin] s *Quelle* f || ⟨fig⟩ *Ursprung* m, *Herkunft* f || *Font·äne* f, *Springbrunnen* m; illuminated ~·, lighted ~ *Leuchtbrunnen* m; *Wasserwerk* n; ~ ⚮ of *Youth Jungbrunnen* m; ~ maker *Brunnenmeister* m | *Behälter* m (f *Öl, Tinte*) | ~-head *Quelle* f; ⟨fig⟩ *Urquell* m, *eigentliche Quelle* f; *erste Hand* f || ~-pen *Füllfeder(halter)* m f

four [fɔ:] 1. a *vier* (thirty-~ etc); within the ~ seas *in Großbritannien* || ~ figures [pl] *Betrag e–r vierstell. Zahl* | *vier Uhr* (at ~) || carriage and ~ *Vierspänner* m | [in comp] ~-ale *billiges Ale* n (z 4 d *das Quart*) || ~-barrel(l)ed antiaircraft gun *Flakvierling* m || ~-by-~ ⟨mot⟩ (*4rädriger*) *Wagen* m mit *Vierradantrieb* || ~-cornered *viereckig* || ~-engined *-motorig* || ~-flusher ⟨Am sl⟩ *Mogler, Schwindler; Angeber, Hochstapler; Bluffer, Blender* m || ~-footed *vierfüßig* || ~-handed *-händig*; ~-~ seat *Kreuzgriff-Sitz* m (b. *Krankentransport*) || ~-horse(d) v 4 *Pferden gezogen* || ~-in-hand 1. s *Vierspanner, Viererzug* m; ⟨Am fam⟩ °,,*Fliege*" f (*Querbinder*) 2. adv *mit V.* (to drive ~-in-hand) || ~-lane *vierspurig* (*Autostraße*) || ~-legged *vierbeinig* || ~-lobed *vierlappig* || ~-oar (*Boot*) *mit vier Rudern, Vierer* m || ~ o'clock *4 Uhr*; ⟨bot⟩ *falsche Jal·ape* f || ~-part ⟨mus⟩ *Satz* m f *vier Stimmen*; [attr] *vierstimmig* || ~-poster *Himmelbett* n || ~-row radial engine ⟨aero⟩ *vierfacher Sternmotor* m || ~-seater ⟨mot⟩ *Viersitzer* m || ~-square *viereckig, -kantig*; ⟨fig⟩ *unerschütterlich* || ~-stroke (*od* 4 cycle) engine *Viertaktmotor* m || ~-wheel *Vierrad-* (brake, drive *-antrieb*) || ~-wheeled *vierräd(e)rig* || ~-wheeler *vierrädrige Droschke* f; *-s Auto* n, *Zweiachser* m || ~-year [attr] *Vier-*

jahres- (plan) 2. s *die Zahl 4*; *Satz* m v 4 Pn, *Sn*·; in ~s z *vieren* || *Vierer* m; *die -mannschaft* f ~s [pl] *vierprozentige Papiere* n pl | on all ~s *auf allen vieren*; ⟨fig⟩ *ganz u gar einverstanden, analog*; to be on all ~s *genau entsprechen* (with a th *e–r S*) ~fold ['~fould] 1. a *vierfach* || *vierteilig* 2. adv *um das Vierfache* ~pence ['~pəns] s *Wert* v 4 pence; (*früheres*) *Vierpencestück* n (*Silbermünze*) ~penny ['~pəni] 1. a *Vierpence-* 2. s *etw* (*bes. Bier*) *das 4 pence kostet* || *Vierpencestück* n ~score ['~'skɔ:; '– –] a *achtzig* ~some [~səm] 1. a *Vierer-, Vier-* 2. s ⟨golf⟩ *Vierer(spiel)* m; ⟨fam⟩ *Vierergesellschaft, -gruppe* f

fourteen ['fɔ:'ti:n; '––; '–'] 1. a *vierzehn* 2. s *Vierzehn* f ~th ['fɔ:'ti:nθ] 1. a (~ly adv) *vierzehnte(r, -es)* 2. s *Vierzehnte(r* m) f || *Vierzehntel* n

fourth [fɔ:θ] 1. a *vierte(r, -s)* || ~ arm *Luftwaffe* f || ~-rate ⟨mar⟩ *vierter Klasse* 2. s *der Vierte des Monats* (the ~ of April); ⟨Am⟩ the ⚮ of July *Jahrestag m der Unabhängigkeitserklärung* (*1776*) | *vierter Teil* m, *Viertel* n | ⟨mus⟩ *Quarte* f ~ly ['~li] adv *viertens* (*bei Aufzählungen*)

fowl [faul] 1. s [pl ~] ⟨dial⟩ *Vogel* m; [koll] ⟨dial⟩ *Vögel* pl (all the ~ are ..) | (a barndoor ~) *Haushuhn* n; ~s [pl] *Federvieh, Geflügel* n || *Fleisch* n v *Huhn* | ~-run *Auslauf* m 2. vi *Vögel fangen* ~er ['~ə] s *Vogelfänger* m | ⚮ wing flap ⟨aero⟩ *Fowlerflügel* m ~ing ['~iŋ] s *Vogelfang* m, *Vogeljagd* f || ~-piece *Schrot-, Vogelflinte* f

fox [fɔks] 1. s [pl ⟨hunt⟩ ~] ⟨zoo⟩ *Fuchs* m; old ~ ⟨hunt⟩ *alter F.* (*über 3-jährig*) || ~ and geese *Art Brettspiel* m ,,*Wolf u Schäfchen*" || *-pelzkragen* m | ⟨fig⟩ *Schlaukopf* m; cunning, sly ~ *schlauer F.* m; with ~es one must play the ~ *mit den Wölfen muß man heulen* | [attr] ~-brush *Lunte* f (*schwanz*) || ~-earth *–bau* m || ~-hole ⟨mil⟩ *Ein-Mannloch* n || ~-hound *Hund* m z *–jagd* f || ~-hunt(ing) *-jagd*; ~-hunter *-jäger* m || ~-terrier *der Foxterrier* || ~-trot 1 s *Foxtrott* m (*amerik. Gesellschaftstanz*) 2. vı *F. tanzen* 2. vi/t || ⟨sl⟩ *schlau verfahren, sich verstellen* | vt *stockfleckig m* | ~ed [~t] a *verschossen, stockfleckig* || ⟨Am fam⟩ ,,*blau*" (*betrunken*) ~glove ['~glʌv] s ⟨bot⟩ *Fingerhut* m ~iness ['~inis] s *Schlauheit* f ~ing ['~iŋ] s *Rostflecken* nm (*auf Papier*) ~tail ['~teil] s ⟨a bot⟩ *Fuchsschwanz* m | ~y ['~i] a *fuchsartig*; *listig, schlau* | *fuchsig, rotbraun*; *stockfleckig*; *kernfaul* (timber)

foyer ['fɔiei, 'fwaiei] s Fr ⟨theat⟩ *Wandelgang* m

Fra [frɑ:] s It (*vor Namen*) *Fra* (*Anrede* f *Ordensbruder*)

fracas ['frækɑ:] s Fr (pl ~ [~z]) *Aufruhr, Spektakel* m

fraction ['frækʃən] s *Brechen, Zerbrechen* n || *Bruchstück* n; *Bruchteil* m || *kl Stück* n (not a ~ *nicht ein bißchen*); by a ~ of an inch ⟨fig⟩ *um ein Haar* n | ⟨math⟩ *Bruch* m (~ line *-strich*), simple, vulgar ~ *gemeiner Bruch* | [attr] ~ boxes *angebrochene Kisten* f pl | ~al [~l] a *Bruch-*, *Teil-*; ⟨minr⟩ *fraktioniert* || ~ currency *Scheidemünze* f || minimal, unbedeutend ~ary [~əri] a *Bruch-, Teil-*; *Bruchstück-* || *zersetzend, Wühl-* (~ work) ~ate [~eit] vt ⟨chem⟩ *fraktionieren* ~ize [~aiz] vt *in Teile trennen*

fractious ['frækʃəs] a (~ly adv) *zänkisch, widerspenstig* | ~ness [~nis] s *Zanksucht, Widerspenstigkeit* f

fracture ['fræktʃə] 1. s ⟨surg⟩ *Fraktur* f, *Knochenbruch* m; ~ of the skull *Schädelbruch* m || ⟨minr⟩ *Bruch(fläche* f) m || ⟨gram⟩ *Brechung* f

2. vt/i ‖ *zerbrechen*; to ~ one's arm *sich den Arm brechen* | vi *brechen*

fragile ['frædʒail] a (~ly [~li] adv) *zerbrechlich*; *brüchig* (ice) ‖ *gebrechlich*; *schwach*, *zart* –**ility** [frə'dʒiliti] s *Zerbrechlich–, Brüchigkeit* ‖ *Gebrechlichkeit, Zartheit* f

fragment ['frægmənt] s *Bruchstück*; *Fragment* n ~**al** [fræg'mentl] a ⟨geol⟩ *Trümmer–* (~rocks) ~**ary** ['frægməntəri] a (–rily adv) *bruchstückartig*; *fragmentarisch* ~**ation** [,frægmən'teiʃən] s *Zertrümmerung* f; [attr] *Splitter–* (~ bomb)

fragrance ['freigrəns], –**cy** ['freigrənsi] s *Wohlgeruch, Duft* m –**ant** ['freigrənt] a (~ly adv) *wohlriechend, duftend*; to be ~ with *duften* v ‖ *lieblich*

frail [freil] s *Binsenkorb* m ‖ *Korbvoll* m (a ~ of raisins)

frail [freil] **1.** a (~ly [~li] adv) *zerbrechlich* ‖ *vergänglich* (~ life) ‖ ⟨fig⟩ (in health) *zart, schwach* ‖ *moralisch schwach, sündhaft; unkeusch* **2.** s ⟨Am⟩ *Mädchen* n ~**ness** ['~nis], ~**ty** ['~ti] s *Zerbrechlichkeit* f ‖ ⟨fig⟩ *Schwäche; Schwachheit* f ‖ ⟨fig⟩ (moral.) *Schwäche; Fehltritt* m

frail [freil] vt ⟨Am⟩ *schlagen*

fraise [freiz] **1.** s Fr ⟨fort⟩ *Palisade* f, *Pfahlwerk* n **2.** vt *durch Palisaden schützen*

fraise [freiz] s ⟨tech⟩ *Bohrfräse* f

frambœsia [fræm'bi:ziə] s ⟨med⟩ = *yaws*

frame [freim] **I.** vt/i **A.** vt **1.** (im Geiste) *aufbauen, gestalten* (on a principle *nach e–m Grundsatz*); *bilden, formen* (thoughts, actions) ‖ *einrichten, anpassen* (to a th e–r S) ‖ *zus–fügen, –setzen* (Plan etc) *ersinnen, erfinden, entwerfen* ‖ *ausdrücken, sprechen* (words) ‖ (oft to ~ to o.s.) *sich* (etw) *vorstellen* **2.** (a to ~ in) *einfassen, einrahmen* ⟨a fig⟩ **3.** *intrigieren gegen, wühlen gegen* (jdn), *verleumden* ‖ to ~ up ⟨Am sl⟩ *heimlich anstiften; aushecken; abkarten, fälschen, nachmachen* **B.** vi *Form annehmen*; *sich entwickeln* ‖ *sich anlassen; sich anschicken* (to do) **C.** [in comp] ~-up ⟨Am sl⟩ *geheimer Anschlag* m, *Machenschaft; Täuschung; Schwindel* m, *Komplott* n, *abgekartete S* f **II.** s **1.** *Gestalten* n, *Gestaltung* f; *Gebäude, Gefüge, Gebilde* n; *Bau* m (the ~ of society) ‖ *Verfassung* f (~ of mind *Geistes–, Gemütsverfassung, Stimmung*) **2.** [konkr] *Bau* m ‖ *Rohbau* m ‖ *Körperbau* m, *Gestalt, Figur* f (a man of a strong ~ *ein starkgebauter Mann*) ‖ *Gerüst, Gestell; Gehäuse* n **3.** (of a picture etc) *Einfassung* f, *Rahmen* m; (Ornament-)*Bordüre* f; window-~ *Fensterrahmen* m ‖ ⟨typ⟩ *Regal* n ‖ ⟨hort⟩ *Schutz–, Glasfenster* n ‖ ⟨naut⟩ *Spant* n **4.** *Rahmenerzählung* f (e. g. Chaucer's Canterbury Tales) **5.** [attr] ~-aerial *Rahmenantenne* f ‖ ~-church ⟨Am⟩ *Holzkirche* f ‖ ~-house *Holzhaus* n; ⟨bes Am⟩ *Fachwerkbau* m ‖ ~-maker → ~r ‖ ~-saw *Gatter–, Spannsäge* f | ~**r** ['freimə] s *Bildner, Erfinder; Verfasser* m ‖ *Rahmenmacher, Einrahmer* m ~**work** ['freimwə:k] s *Fachwerk* n ‖ *Gerippe, Gestell, Gerüst* n ‖ *Dachstuhl* m, *Sparrwerk* n ‖ ⟨fig⟩ *Bau* m, *Einrichtung* f, *System* n ‖ *Rahmenarbeit* f ‖ within the ~ of the agreement *im Rahmen der Vereinbarungen*, .. of law .. *der gesetzlichen Bestimmungen*

framing ['freimiŋ] s *Bilden, Bauen* n; *Erfindung* f ‖ *Einrahmung, Einfassung* f ‖ (Text-)*Formulierung* f

franc [fræŋk] s Fr *Frank* m

franchise ['fræntʃaiz] s ⟨hist⟩ *Vorrecht* n, *Gerechtsame* f ‖ *Bürgerrecht* n ‖ *Stimmrecht, Wahlrecht* n

Franciscan [fræn'siskən] **1.** s ⟨ec⟩ *Franziskaner(mönch)* m **2.** a *Franziskaner–*

Franco– ['fræŋko] [in comp] *fränkisch* (~-Gallic) ‖ *französisch*; ~-German *französischdeutsch* ‖ ~**phil(e)** [~fil] **1.** a *franzosenfreundlich* **2.** s *Frankophile* m ‖ ~**phobe** [~foub] **1.** a

franzosen-feindlich **2.** s *Franzosenfeind* m

francolin ['fræŋkolin] s Fr *Feld–, Rebhuhn* n (in Afrika)

franc-tireur [,frɑ̃:ti'rə:] s [pl francs-tireurs] Fr *Freischärler* m

frangibility [,frændʒi'biliti] s *Zerbrechlichkeit* f –**gible** ['frændʒibl] a *zerbrechlich*

frangipane ['frændʒipein] s Fr *Jasminparfüm* n ‖ *Mandelbackwerk* n

Frank [fræŋk] s *Franke* m ‖ ⟨poet⟩ *Franzose* m ~**ish** ['~iʃ] a *fränkisch*

frank [fræŋk] a (~ly adv) *offen, frei, aufrichtig*; ~ly [adv]*frank u frei* ~**ness** ['~nis] s *Freimütigkeit, Offenheit* f

frank [fræŋk] **1.** vt a. ⟨hist⟩ (Brief) *portofrei* m or *versenden* b. (jdm) *den Zutritt, die Reise erleichtern* (through) ‖ v *Zahlung befreien, verschonen* (against, from vor) **2.** s ⟨hist⟩ *portofreie Postsendung* f; *Frankovermerk* m; *portofreier Brief* m

frankalmoign(e), –**moin** [,fræŋk'ælmoin] s ⟨jur ec⟩ *freies Almosen* n (e–e Belehnungsart)

Frankfort black ['fræŋkfət 'blæk] s *Frankfurterschwarz* n (f Druckerfarbe)

frankincense ['fræŋkinsens] s ⟨ec⟩ *Weihrauch* m

franklin ['fræŋklin] s ⟨hist⟩ *Freisasse; kl Gutsbesitzer* m

frankpledge ['fræŋkpledʒ] s ⟨hist jur⟩ *Freibürgschaft* f innerhalb e–r *Zehnerschaft* f

frantic ['fræntik] a (~ally, * ~ly adv) *wahnsinnig, toll, rasend* (with vor); ⟨fam⟩ *furchtbar* (hurry) ~**ness** [~nis] s *Wahnsinn* m, *Tollheit* f

frap [fræp] vt *zurren*, ⟨mar⟩ *sorren*

frappé ['fræpei] Fr ⟨Am⟩ **1.** a *eisgekühlt* **2.** s *eisgekühlte Fruchtmaische* f

frass [fræs] s *Kot* m v *Larven* f pl

frat [fræt] vi/t ⟨mil sl⟩ = ~**ernize** ~**ter** ['~ə] s *Verbrüderer* m

frate ['frɑ:te] s It *Mönch, Ordensbruder* m; → Fra

frater ['freitə], ~**y** [~ri] s ⟨hist⟩ *Speisesaal* m

fraternal [frə'tə:nl] a (~ly [–nəli] adv) *brüderlich*; *Brüderschafts–* ‖ ~ twins [pl] *zweieiige Zwillinge* m pl ‖ ~ly yours (Gewerkschaften) *mit kollegialem Gruß* m –**nity** [frə'tə:niti] s *Brüderlichkeit* f ‖ *Brüderschaft, Gilde* f ‖ *Vereinigung*, ⟨bes Am stud⟩ *Verbindung* f; ⟨Ger⟩ → vol. II p. 1285 –**nization** [,frætənai-'zeiʃən] s *Verbrüderung* f –**nize** ['frætənaiz] vi/t ‖ *sich verbrüdern, brüderlich leben* (with) ‖ vt *brüderlich vereinigen*

fratricidal [,frætri'saidl] a *brudermörderisch*; *sich gegenseitig vernichtend*

fratricide ['frætrisaid] s *Brudermord* m | *Brudermörder* m

frau [frau] s ⟨Ger⟩ *Frau* **fräulein** ['froilain] s ⟨Ger⟩ *Fräulein* n; *Gouvernante* f | ['fraulain] *leichtes Mädchen* n

fraud [fro:d] s ⟨jur⟩ *Betrug* m (Statute of ~s *Gesetz z Verhütung von B.*, 1677); in ~ of, to the ~ of a p *um jdn z betrügen* ‖ *Trick* m, *List* f; *Schwindel* m ‖ ⟨fam⟩ *Schwindler, Hochstapler* m ~**ulence** ['~juləns], –**cy** [–si] s *Betrügerei* f ~**ulent** ['~julənt] a (~ly adv) *betrügerisch* ‖ ~ transfer of property *Vermögensverfügung* f in *betrügerischer Absicht*

fraught [fro:t] pred a ⟨poet⟩ (of a ship) *beladen* ‖ *versehen* (with) ‖ ⟨fig⟩ ~ with *voll* v; ~ with danger *gefahrvoll*, ~ with mischief *unheilschwanger*

frawn [fro:n] s ⟨Ir⟩ *Heidelbeere* f

fraxinella [,fræksi'nelə] s L ⟨bot⟩ *Weißer Diptam* m

fray [frei] s *Schlägerei* f, *Kampf* m; eager for the ~ *kampfeifrig*

fray [frei] vt/i ‖ (Stoff) *durchreiben, –scheuern*,

abreiben, abnutzen | vi *sich abnutzen, sich durch-scheuern, sich (am Rande) ausfasern*

fray [frei] vt ⟨poet⟩ *(jdm) Furcht einflößen*

frazil ['freizil] s ⟨Am⟩ *Grundeis* n

frazzle ['fræzl] ⟨Am sl⟩ **1.** vt/i || *zerfetzen, –reißen;* ⟨fig⟩ *zermürben* | vi *sich ausfasern* **2.** s *Zersetzen* n; ⟨fig⟩ *erschöpfter Zustand* m, *Erschöpfung* f (*to a ~ bis z E.*)

freak [fri:k] **1.** s *Laune, Grille* f, *Einfall* m, *Launenhaftigkeit* f (*out of mere ~*) || (*a ~ of* nature) *Mißgeburt* f, *Monstrum* n; *komischer Kauz* **2.** a = **~ish** ['~iʃ] a (~ly adv), **~y** ['~i] a *launen–, grillenhaft* || *grotesk*

freak [fri:k] vt [*bes im pp*] *flecken, sprenkeln*

freckle ['frekl] **1.** s *Sommersprosse* f || *Fleck-chen* n **2.** vt/i || *tüpfeln, sprenkeln* || (*Haut*) *mit So.n bedecken* | vi *So.n bek* | **~d** [~d] a *mit So.n bedeckt*

free [fri:] a [~r ['~ə]/~st ['~ist]] (~ly adv) **1.** *frei, nicht in Knechtschaft* (etc) | *politisch frei; unabhängig* || *ungebunden, frei* (*~ love*), *frei, uneingeschränkt, ungehemmt* (*~trade*); *frei, nicht wörtlich* (*~ translation*) || *unentgeltlich zugänglich, öffentlich* || *frei; erlaubt* (to be, to do); *to be ~ for* (*od* to) *a p to do jdm freistehen z tun* **2.** *frei, rein* (from, of); *~ of debt schuldenfrei* || *~ and unencumbered* ⟨jur⟩ *unbelastet, hypothekenfrei* || *freiliegend, abgesondert;* ⟨chem⟩ *nicht gebunden* || *frei, lose* **3.** *frei–, gutwillig, ungezwungen* || *of my own ~ will aus freiem Willen;* I am *~ to confess ich bin bereit z gestehen* **4.** *freigebig* (of, with *mit, ~ of money*) || *offenherzig* || *frei, ungezwungen, zwanglos, intim; dreist* (of talk) *derb, zügellos* **5.** *frei, befreit, verschont* (*~ from rules, disease*); *~ from care sorgenfrei; ~ from debt schuldenfrei; ~ from encumbrances lastenfrei* | *privilegiert* (to make a p *~ of the city jdm Bürgerrecht verleihen*) || *frei, nicht unterworfen* (of a th *e–r S*); *~ of charge gebührenfrei, kostenlos; ~ of duty zollfrei* || *to be ~ of hinaus s über aus* (.. of the harbour *aus dem Hafen heraus s*) || *~ on board* (abbr f. o. b.) *frei Schiff, ~ on rail* (abbr f. o. r.) *frei Eisenbahn; carriage ~ Fracht bezahlt;* post *~ franko* **6. Wendungen:** to be (made) *~ of freien Zutritt h z* .. || to get *~* (*etw*) *freim; losbek;* vi *frei w* || to have a *~* hand *freie Hand h;* to give a p *~* hand *jdm freie Hand geben;* to make a p *~ of one's house jdm sein Haus öffnen* || to make *~,* to set *~ befreien, freilassen;* to be set *~* ⟨chem⟩ *frei werden* || to make *od* be *~ with a p sich gegenüber jdm z viel herausnehmen;* .. with a th *etw wie sein Eigentum behandeln, mit e–r S frei schalten u walten* || to run *~* ⟨tech⟩ *leer laufen* **7.** [in comp] **~ agent** *unabhängige P* || **~-and-easy 1.** s *fideler Kneip–, Kameradschaftsabend* **2.** a *ungezwungen, zwanglos, ungeniert; frank u frei* || **~ bench** ⟨hist jur⟩ *Wittum* n || **~-board** *Freibord* n (*zw Deck u Wasserlinie*) || **~-born** *freigeboren* || **~ church** *Freikirche* f || **~ city** ⟨Ger⟩ *Freie Stadt* f || **~** *tight,* ⟨Am⟩ **~-for-all** [pl **~-for-alls**] *allgemeine Schlägerei* f || **~ fit** ⟨tech⟩ *Gleitfitz* m || **~ gangway** ⟨mar⟩ *allg Landurlaub* m || **~-hand 1.** a *freihändig* **2.** s (a **~-hand** drawing) *Freihandzeichnen* n || **~-handed** *freigebig* || **~-hearted** (–ly adv) *freimütig; freigebig* || **~-heartedness** *Freimut* m, *Freigebigkeit* f || **~-kick** ⟨ftb⟩ *Freistoß* m || **~ labour** *unorganisierte Arbeiterschaft* f || **~ lance** ⟨hist⟩ *Freischärler* m; *rückfällige Ehebrecherin, Gefährtin* f; ⟨übtr⟩ *freier (nicht e–r Organisation angehöriger) Ausüber e–r Kunst* etc; [attr] *frei, unabhängig,* **~-lance** painter *freier Kunstmaler* m; **~-lance** fighter patrol, **~-lancing** ⟨aero⟩ *freie Jagd* f || **~-line** signal ⟨telph⟩ *Freizeichen* n || **~-list** *Liste* f *zollfreier*

Artikel or *der Empfänger* m pl v *Freibilletts* or *Freiexemplaren* || *~* liver *Schlemmer* m || **~-minded** *frei u aufgeschlossen* || *~* movement ⟨tech⟩ *Spiel* n || *~*-pass *Freibillett* n || *~*-port *Freihafen* m || *~* quarters [pl] *Freiquartier* n; to have *~* quarters *umsonst wohnen* || *~* rocket *ballistische Rakete* f || **~-school** *Freischule* f || *~* scope *freie Hand* f || *~*-soil [attr] ⟨Am hist⟩ *sklavengegnerisch* || *~* space ⟨tech⟩ *Spielraum* m, *Spiel* n || *~*-spoken *offen, leutselig* || *~*-spokenness *Offenheit* f || *~*-standing furniture (Ggs built-ins) *Stückmöbel* n pl || *~* state *Freistaat* m || *~*-stone *Art Pfirsich* m || *~*-thinker *Freidenker* m || *~*-thinking, *~*-thought **1.** s *Freidenkerei, Freigeisterei* f **2.** a *freidenkend, freidenkerisch* || **~-trade** *Freihandel* m || *~*-trader *Anhänger des Freihandels* m || *~* travel ⟨tech⟩ *Spiel* n || *~* turn *toter Gang* m ⟨a mot-Lenkung⟩ || *~*-wheel **1.** ⟨cycl⟩ *Freilauf* m **2.** vi *mit F. fahren* || *~*-will **1.** s *Freiheit* f *des Willens* **2.** a *freiwillig*

free [fri:] vt [~d/~d] *befreien; entlasten; erlösen* (from v); [a refl] *to ~ o.s.* (*from*)

freeboot ['fri:bu:t] vi *seeräubern* **~er** [~ə] s *Freibeuter* m

freedman ['fri:dmæn] s *Freigelassener* m

freedom ['fri:dəm] s **1.** *Freiheit* f || *Unabhängigkeit* f || *Freisein, Befreitsein* n (from v; to do) || *Willensfreiheit, Selbstbestimmung* f || *~ from fear Furchtlosigkeit* f; *~ of religion, speech, the press Religions–, Rede–, Pressefreiheit* f || *~ Corner* ⟨hum⟩ = Hyde Park Corner **2.** *Ungezwungenheit* f, *Vertraulichkeit* f; to take *~s with a p sich gegenüber jdm Vertraulichkeiten herausnehmen* || *Leichtigkeit* f || *Kühnheit* f (of conception) **3.** *Vorrecht* n; *~ of a city Bürgerrecht* n; *~ of a company Meisterrecht* n **4.** *Nutznießungsrecht* n (of über), *freier Zutritt* m (of z), *freie Benutzung* f (he has the *~* of the library)

freehold ['fri:hould] s ⟨jur⟩ *(gemäß Feudalrecht)* [bis 1925] *altes freies Bauerngut, Freisassengut* n || *(nach dem Kriege) freier Grundbesitz* (*in Stadt u Land*) | *flat Eigen(tums)-wohnung* f || *~* and leasehold properties ⟨com, bal⟩ *unbebaute u bebaute Grundstücke* f **~er** [~ə] s *der Besitzer e–s* freehold

freeman ['fri:mən] s *freier Mann* m || *Bürger* (of a city); *Wahlberechtigter; Meister* m (of a gild) || *Ehrenbürger* m

freemartin ['fri:mɑːtin] s *unfruchtbare Kuh* f

freemason ['fri:ˌmeisn] s *Freimaurer* **~ry** [~ri] s *Freimaurerei* f || *instinktive Zuneigung* f

freesia ['fri:ziə] s L ⟨bot⟩ *Freesia* f (*Gattung der Iridaz·een*)

freestone ['fri:stoun] s *Sandstein, Quaderstein* m

freeway ['fri:wei] s ⟨Am⟩ (gr *zwischenstaatliche) Autobahn, Schnell–, Fern(verkehrs)straße* f (*mit Kleeblattrampen-Zu- u Abfahrten*), → expressway

freeze ['fri:z] **1.** vi/t [froze/frozen] **A.** vi [imps] *it ~s es friert* || *(ge)frieren;* the pond had frozen (over) *der Teich war (zu)gefroren || festfrieren (to an);* ⟨sl⟩ *to ~ on to (sich) festhalten an || frieren, sich kalt fühlen; ~ to death z Tode frieren; erfrieren* || ⟨fig⟩ *erstarren* **B.** vt *z Eis* m, *(ge)frieren* m *z Gefrieren bringen;* (Fleisch) *durch Gefrieren haltbar* m *erfrieren* m; *sich* (etw) *er–* || ⟨fig⟩ *erstarren;* (Preise, Löhne) *stabilisieren;* (jdn) *mit Verachtung strafen;* to be frozen ⟨fig⟩ *eisigkalt w (by durch)* | to *~ in, up up ein–, fest–, zufrieren* (the ship was frozen in; the river is frozen up) ⟨a übtr⟩ || ⟨Am⟩ to *~ (out)* ⟨fig⟩ *ausschließen* || ⟨fam⟩ (jdn) *ausschalten, boykottieren,* °*kaltstellen, hinausekeln* || to *~* wages (prices) *Lohnstopp (Preisstopp) durchführen* || *~-out* [s] *Ausscheide-Poker* m **2.** s

Frieren n, *Frost* m || deep ~ ⟨cul tech⟩ *Tiefkühlung* f || to do a ~ *frieren wie ein Schneider* | **~r** ['~ə] s *Gefriermaschine* f; *Gefrierkammer* f || home ~ *Tiefkühltruhe* f || ⟨fam⟩ *eiskalter Tag* m || ⟨school sl⟩ *schoßlose Etonjacke* f

freezing ['fri:ziŋ] **1.** a *eisig* ⟨a fig⟩ (~ looks) **2.** s *Frost* m, *Gefrieren* n | [attr] ~-*machine Gefrier-*, *Eismaschine* f || ~-*mixture Kältemischung* f || ~-*point* ⟨phys⟩ *Gefrierpunkt* m | **~ly** [~li] adv: ~ cold *eiskalt*

freight [freit] **1.** s *Fracht* f; *Mieten* n *e–s Schiffes* ⟨Am⟩ *Transportieren* n (of goods) || *Frachtgeld* n, *–lohn*, *–satz* m | ~ out and home *Aus- u Rück-* | *Ladung* f (of a ship) || ⟨Am⟩ *Speditionsgüter* n pl, fast ~ *Eilgut* n || ~ by volume *Raumfracht* f || ~ (un)paid (*unfrankiert*) *franko* | [attr] *Fracht–*; ⟨Am⟩ *Güter–* (~ train *–zug*; ⟨engl⟩ goods-train) || ~ movement *Fracht(gut)beförderung* f || ~-*steamer Frachtdampfer* m || ~ warrant *Frachtbrief* m **2.** vt (*Schiff*) *befrachten* ⟨a fig⟩; *heuern, mieten* || (*Waren*) *als Fracht befördern* || ~-**age** ['~idʒ] s *Fracht* f; *Transport* m; *Schiffsladung* f || *Frachtgebühr* f **~er** ['~ə] s *Befrachter* m || *Verfrachter* m || *Frachtschiff* n || *Frachtflugzeug* n, *Transporter* m

French [fren(t)ʃ] **1.** a *französisch* || to take ~ leave *sich heimlich °drücken, sich französisch empfehlen* | ~ beans [pl] *grüne Bohnen* f pl || ~-*chalk Schneiderkreide* f || ~ curves [pl] *Kurvenlineal* n || ~ horn ⟨mus⟩ *Waldhorn* n || ~ letter °,,*Pariser*" m || ~ polish **1.** s *Schellackpolitur* f **2.** vt (to ~-polish) *mit Sch. polieren* || ~ roll *Franzbrot, Weißbrötchen* m || ~ roof ⟨arch⟩ *Mansardendach* n || ~ window ⟨arch⟩ (*bis z Fußboden reichendes*) *Flügelfenster* n, *Salon–, Verandatür* f **2.** s *die französische Sprache* f (in ~ *auf Französisch*) || the ~ *die Franzosen* **~ify** ['frenʃifai] vt *französieren; verwelschen* **~man** ['frenʃmən] s *Franzose* m **~woman** ['frenʃ͵wumən] s *Französin* f

frenetic [fri'netik] a → phrenetic

frenzied ['frenzid] a (~ly adv) *wahnsinnig, rasend* **–zy** ['frenzi] **1.** s *Wahnsinn* m, *Raserei; rasende Wut* f **2.** vt *wütend* m, *rasend* m

freon ['fri:ən] s *Freon(gas)* n (*f Kühlschränke* etc) (*Firmenname*)

frequency ['fri:kwənsi] s *Häufigkeit* f; cell ~, class ~ ⟨stat⟩ *absolute H.* || ⟨el⟩ *Frequ·enz*, *Schwingungszahl* f; high ~ *Hochfrequenz* f; very *od* ultra high ~ *Ultrakurzwellen* f pl || ~ Modulation ⟨wir⟩ *Frequenzmodulation* f; ~ M. broadcasting (abbr F. M.) ⟨Am⟩ *frequenzmodulierter Rundfunk* m || ~ range *Frequenzbereich* m || ~ selection ⟨wir⟩ *Grobeinstellung* f **–ent** ['fri:kwənt] a *häufig; häufig wiederkehrend, häufig wiederholt;* to be ~ *häufig auftreten or vorkommen;* a ~ *visitor ein fleißiger Besucher* m || ⟨el⟩ high-~ *hochfrequent* **–ently** [~li] adv *häufig, öfters, oft*

frequent [fri'kwent] vt *frequentieren, oft auf–, fleißig besuchen* **–ation** [͵fri:kwen'teiʃən] s *häufiger Besuch* (of a theatre etc) m; *Verkehr* m (with a p) **~ative** [~ətiv] **1.** a ⟨gram⟩ *frequentativ* **2.** s ⟨gram⟩ *Frequentativum* n | **~er** [~ə] s (*fleißiger or regelmäßiger*) *Besucher* m

fresco ['freskou] It **1.** s [pl ~s, ~es] *Freskomalerei* f (to paint in ~); *Fresko, Freskogemälde* n **2.** vt *in Fresko malen*

fresh [freʃ] **I.** a (~ly adv) **1.** *neu, frisch, ander, verschieden* (page); *kürzlich gemacht* (narrative); *kürzlich angek* (~ from India) || *unerfahren;* a ~ man *ein Neuling* m **2.** *ungesalzen* (~ butter; ~ herrings) || (of water) *süß, trinkbar* || (of eggs etc) *frisch* || (of air, weather) *frisch; rein; stärkend, erfrischend, kühl* **3.** *lebhaft; blühend, frisch* (a ~ complexion) || ~ as a daisy *od rose*, ⟨hum⟩ as paint *kerngesund, gesund wie der Fisch*

im Wasser || ⟨hors⟩ *munter* || *angeheitert* || ⟨Am⟩ *frech, anmaßend;* don't be ~! ⟨sex⟩ *bitte k–e Zudringlichkeiten!;* he was ~ *er nahm sich Freiheiten heraus* **II.** adv *frisch, neu, kürzlich,* [bes in comp] ~-*blown frisch aufgeblüht* || ~-*coloured frisch aussehend* || ~-*killed frisch geschlachtet* **III.** s *erster Teil, Anfang* m (of the year etc); *Frische, Kühle* f (of the morning) || *Hoch–, Oberwasser* n; *süßes Wasser* n | **~en** ['~n] vt/i || *erfrischen, beleben* || *auffrischen* | vi *frisch* w; *aufleben* || (of the wind) *zunehmen* | **~er** ['~ə] s ⟨univ sl⟩ = freshman | **~et** ['~it] s *Hochwasser* n; *Überschwemmung* f; ⟨fig⟩ *Flut* f (~ of circulars) **~man** ['~mən] s *Neuling* m || ⟨univ⟩ *Fuchs* m (*Student*); *–men* [pl] *die ersten Semester, Studenten des 1. Jahres* **~ness** ['~nis] s *Frische* f | *Neuheit* f; *Unerfahrenheit* f **~water** ['~͵wɔ:tə] a *Süßwasser–* || ⟨Am⟩ *Binnenlands–, ländlich* (town *Kleinstadt* f)

fret [fret] **1.** s (a Greek ~) *Mäander* m || *geflochtenes Gitterwerk* n | [attr] ~ pattern *Zinnenfries* m; ~-*saw Laubsäge* f; ~-*work geschnitzte, durchbrochene Arbeit* f; *Laubsäge–, Mäanderstreifen* m **2.** vt ⟨arch⟩ (*Decke*) *mit geschnitzter, durchbrochener Arbeit verzieren* || *bunt* m

fret [fret] **1.** vt/i **A.** vt *zerfressen, aushöhlen;* to ~ away *wegfressen* || *aufreiben, verzehren* | ⟨fig⟩ *aufregen; reizen, ärgern, kränken;* to ~ one's life away, out *sein Leben verhärmen;* to ~ o.s. *sich aufregen, sich ärgern* | [kaus] (*Wasser*) *kräuseln; aufrühren* **B.** vi ⟨tech⟩ *fressen, sich abscheuern* || *sich quälen, sich grämen, sich Sorgen* m | *sich auflehnen* (against); to ~ and fume *vor Wut schäumen* | (of water) *sich kräuseln* **2.** s *Auf–, Erregung* f, *Verdruß* m (the ~ and fume of life *die Widerwärtigkeiten des Lebens*); to be on the ~ ⟨fig⟩ *aufgeregt* s, *gären*

fret [fret] s ⟨mus⟩ [*mst* pl] ~s (*an Saiteninstrumenten*) *Bünde* m pl (*schmale Querleisten, die das Griffbrett in Tonabstände einteilen*)

fretful ['fretful] a (~ly adv) *leicht reizbar, verdrießlich, ärgerlich* **~ness** [~nis] s *Reizbarkeit, Verdrießlichkeit* f

fretty ['freti] a *mit verflochtener Arbeit geziert*

Freudian ['frɔidiən] a (*nach S. Freud*) *Freud–*

friability [͵fraiə'biliti] s *Zerreibbarkeit, Bröcklichkeit* f **friable** ['fraiəbl] a *zerreibbar, bröcklig* **~ness** [~nis] s = friability

friar ['fraiə] s ⟨ec⟩ *Mönch, bes Bettelmönch* m || Austin ~s *Augustiner* pl || Black ~s *Dominikaner* pl || Grey ~s *Franziskaner* pl || White ~s *Karmeliter* pl || ~'s-cowl ⟨bot⟩ *Mönchskappe* f || ~'s-lantern *Irrwisch* m

friary ['fraiəri] s *Bettelmönchkloster* n

fribble ['fribl] **1.** vi *tändeln, trödeln, oberflächlich leben* **2.** s *Tändler* m; *Fant* m

fricandeau ['frikəndou] s Fr ⟨cul⟩ *Frik·andeau* n

fricassee [͵frikə'si:] **1.** s Fr ⟨cul⟩ *Frikass·ee* n **2.** vt *zu Frikassee* m

fricative ['frikətiv] **1.** a ⟨phon⟩ *Reibe–* **2.** s *Reibelaut* m

friction ['frikʃən] s *Reibung* f (without ~) || *Frottieren* n || ⟨fig⟩ *Reibung, Reiberei* f; *Schwierigkeit* f; *Gegensatz* m | [attr] *Reibungs–, Friktions–* (~ wheel); ~-*gear Reibrädergetriebe* n | **~al** [~l] a (~ly adv) *Reibungs–* **~ize** [~aiz] vt *reiben* **~less** [~lis] a *reibungslos*

Friday ['fraidi] s *Freitag* m (on ~ [*am*] *F.*); on ~(s) *freitags* || Good-~ ⟨ec⟩ *Karfreitag* m

fried [fraid] a *gebraten, Brat–* ⟨Am fam⟩ *,,blau"* (*betrunken*)

friend [frend] **I.** s **1.** *Freund* m, *Freundin* f, → boy | *Gefährte; Bekannter* m | *one's* ~s *s–e Verwandten* pl | ~s [pl] *die Quäker* pl (the Society of ~s) **2.** *Freund, Helfer, Förderer* m

(the ~ of; a ~ of *od* to a p *der F., ein F. jds*);
a ~ at court *der Papst zum Vetter* **3.** *Freund,
Kollege* m (my honourable ~ ⟨parl⟩ *ein Parla-
mentsmitglied z andern*); my learned ~ *mein
Kollege (ein Jurist in der Gerichtssitzung z
andern*); our ~ has said *der Herr Vorredner* ..
4. Wendungen: bosom-~ *Busenfreund(in* f) m ‖
next ~ ⟨jur⟩ *Prozeßpfleger* m (*e–s Minder-
jährigen*) ‖ to be ~s with *befreundet s mit* ‖ a ~
in need is a ~ indeed *in der Not erkennt man
s–e Freunde* ‖ to make a ~ *sich e–n Freund gewinnen* ‖ to make ~s *sich befreunden* (with) ‖
to stand a p's ~ *jdm als Freund zur Seite stehen*
II. vt ⟨poet⟩ (*jdm*) *helfen* **~less** ['~lis] a *freund-
los* **~lessness** ['~lisnis] s *Freundlosigkeit* f
~liness ['~linis] s *freundschaftliche Gesinnung* f,
Wohlwollen n **~ly** ['~li] **1.** a (–*lily adv*) *freundlich, freundschaftlich* (to, with); *befreundet* (a ~
nation), *freundlich gesinnt* (to a p *jdm*) ‖ *günstig*
(to) ‖ to be on ~ terms with *auf freundschaft-
lichem Fuße stehen mit* ‖ ⁓ *Society Unter-
stützungsverein* m *auf Gegenseitigkeit* ‖ ~
troops ⟨mil⟩ *eigene Truppen* f p₁ **2.** adv *freundschaftlich, freundlich* **~ship** ['~ʃip] s *Freundschaft* f (with); to make ~s with *Freundschaften
schließen* (with *mit*) ‖ *freundschaftl. Gesinnung* or
Achtung f (for *vor*)
  frier ['fraiə] s → fryer
  Friesian ['fri:ziən] s *friesisches Rindvieh* n
  Friesic ['fri:zik] a & s = Frisian
  frieze [fri:z] s *Fries* m (*gerauhtes, grobes
Wollzeug*)
  frieze [fri:z] s ⟨arch⟩ *Fries* m; *schmaler
Streifen* m *z Schmuck* m
  frigate ['frigit] s ⟨hist mar⟩ *Fregatte* f (*drei-
mast. Segelschiff*) ‖ *dem mod. Kreuzer entspr.
Kriegsschiff* n, *Kreuzerfregatte*; *kl Zerstörer* m ‖
(a ~-*bird*) ⟨orn⟩ *Fregattvogel* m
  frige [fridʒ] s ⟨fam⟩ = refrigerator
  fright [frait] **1.** s *Schreck* m, *Entsetzen* n ‖ to
get a ~, to take ~ *in Schrecken geraten*; ⟨hors⟩
scheuen, scheu w ‖ ⟨fam⟩ *Scheusal, Schreckbild*
n, *Fratze* f; he looks a perfect ~ *er sieht einfach
verboten aus* **2.** vt ⟨poet⟩ *erschrecken* **|** **~en** ['~n]
vt (*er*)*schrecken*; *entmutigen*; (*jdn*) *durch Schreck
dahin bringen* (into doing *z tun*); *durch Schreck
abbringen* (out of doing *z tun*); to ~ a p out of
his senses *jdn z Tode ängstigen* ‖ to ~ to death
(*jdn*) *in Todesangst versetzen* ‖ to be ~ed *er-
schreckt s* (at *über*), *sich fürchten* (of *vor*); ~ed
of ⟨fam⟩ (= afraid of) *bange vor* ‖ to ~ away,
off *verscheuchen* **~ful** ['~ful] a *schrecklich,
gräßlich; häßlich* ‖ **~fully** ['~fuli] adv *schrecklich* ‖ *äußerst, höchst, sehr* **~fulness** ['~fulnis] s
Schrecklichkeit f ‖ ⟨mil⟩ *Bedrohung* f *der Zivil-
bevölkerung* f
  frigid ['fridʒid] a (~*ly adv*) *sehr kalt, Eis–,
eisig kalt* ‖ ⟨fig⟩ *frostig, eisig; abstoßend* **~aire**
[fridʒ'deə] s *Eisschrank* m **~ity** [fri'dʒiditi],
~ness ['fridʒidnis] s *Kälte* f ‖ ⟨fig⟩ *Frostigkeit,
Kälte* f ‖ ⟨sex⟩ *Frigidit·ät, Kontaktschwäche* f
  frigo ['frigou] s ⟨Am sl⟩ *Gefrierfleisch* n
  frill [fril] **1.** s *Rüsche, Hals–, Hängelenk-
krause* f; (*Papier-*)*Krause* f *z Garnieren* ‖ *Rand* m
v *Federn* ‖ ⟨Am fam⟩ *Mädchen* n ‖ ~s [pl]
Schmuck; Tand m, °*Brimb·orium* n; without ~s
ohne Umschweife; to put on ~s *sich heraus-
putzen* **2.** vt/i ‖ *mit e–r Krause schmücken* **|** vi *sich
falten, sich kräuseln* **~ery** ['~əri] s *Volantbesatz*
m, *Krausen, Falbeln* f pl **~ing** ['~iŋ] s *Kräuseln* n
‖ *Stoff* m *z Rüschen, Krausen* n **| ~y** ['~i] **1.** a
mit Rüschen (etc) *besetzt; gekräuselt* **2.** s *frillies*
[pl] *Unterwäsche* f (etc) *mit Volantbesatz* m
  fringe [frindʒ] **1.** s *Franse* f; *Besatz* m, *Zierat*
m ‖ *Saum, Rand* m ‖ (a ~s pl) *Ponyfrisur* f **|**
⟨übtr⟩ *äußerer Rand* m, *Grenze* f **|** ⟨com⟩ ~s
(a ~ *benefits*) *zusätzliche Sozialaufwendungen* f
pl **|** [attr] *Fransen–; Rand–* (~ *population*) **2.** vt

---

befransen, mit Fransen besetzen **|** *als Rand dienen
f* (*etw*); *ein–, umsäumen* **-gy** ['frindʒi] a *Fransen–;
fransig* ‖ *befranst*
  frippery ['fripəri] **1.** s *Plunder, Flitterkram* m;
⟨fig⟩ *Blendwerk* n **2.** a *Flitter–; gering, wertlos*
  frisette [fri'zet] s Fr *Reihe* v *Löckchen* f
  friseur [fri'zə:] s *Friseur, Frisör* m
  Frisian ['frizian] **1.** a *friesisch* **2.** s *der Friese* m
‖ *das Friesische*
  frisk [frisk] **1.** s *Hüpfen, Springen* n *vor Freude*
f **2.** vi/t ‖ *hüpfen u springen* **|** vt (*etw*) *lebhaft be-
wegen* ‖ (*jds Taschen, jdn*) *durchsuchen* **~iness**
['~inis] s *Munter–, Lustigkeit* f **| ~y** ['~i] a
(–*kily adv*) *lustig, ausgelassen; hüpfend*
  frisket ['friskit] s ⟨typ⟩ *Rahmen* m, *Rähm-
chen* n
  frisky ['friski] a ⟨rhyming sl⟩ (*zu* whisky)
I am so ~ *ich könnt' ein Schnäpschen vertragen*
  frit [frit] **1.** s ⟨glass⟩ *Fritte* f (*Glasschmelz-
masse*) ‖ *Weich–, Knochenporzellanmasse* f ‖
~-*porcelain* ⟨engl⟩ *Frittenporzellan* n **2.** vt (*e–e
Masse*) *fritten* (*zus-backen, -kleben*)
  frit-fly ['fritflai] s ⟨ent⟩ *Frit–, Haferfliege* f
  frith [friθ] s = firth
  frith [friθ] s *Waldgebiet, –land* n ‖ *Unterholz,
Gebüsch* n ‖ *Hecke* f
  fritillary [fri'tiləri] s ⟨bot⟩ *Schachbrettblume* f
‖ ⟨ent⟩ dark ~ *gr Perlmutterfalter* m; queen of
Spain ~ *kl P.*; heath ~ *Scheckenfalter* m;
silver-washed ~ *Kaisermantel* m
  fritter ['fritə] **1.** s ⟨cul⟩ [*mst pl*] ~s (*Apfel-*)
Beignets, Krapfen m pl **2.** vt/i *zerschneiden, zer-
stückeln* ‖ to ~ away *vergeuden, vertrödeln* **|** vi
to ~ away *zerbröckeln*
  Fritz [frits] s ⟨sl⟩ *deutscher Michel* m (a ~-
Jerry)
  frivol ['frivəl] vi/t *tändeln* **|** vt: to ~ away
vertändeln, vergeuden **~ity** [fri'vɔliti] s *Nichtigkeit, Wertlosigkeit* f ‖ *Frivolität, Leichtfertigkeit, Oberflächlichkeit; geistige Trägheit* f **~ous**
['frivələs] a (~*ly adv*) (S) *geringfügig, wertlos,
nichtig* ‖ (P) *friv·ol, leichtfertig, leichtsinnig* ‖
⟨jur⟩ ~ plea *Verschleppungsschriftsatz* m
~ousness [~nis] s = frivolity
  frizz, friz [friz] **1.** vt (*Haar* etc) *kräuseln*
(*Leder*) *zubereiten* **2.** s *gekräuseltes Haar* n, *ge-
kräuselte Perücke* f
  frizz [friz] vi ⟨cul⟩ *brutzeln, zischen*
  frizzle ['frizl] **1.** vi/t ‖ (of hair) *sich kräuseln*
(to ~ up) **|** vt (*Haar*) *kräuseln* **2.** s *gekräuseltes
Haar* n, *Haarlocke* f
  frizzle ['frizl] vi/t ‖ *zischen; schmoren*; ⟨a
übtr⟩ (P) **|** vt *braten; rösten*
  frizzly ['frizli], **frizzy** ['frizi] a *kraus, gekräuselt*
  fro [frou] adv [*nur in:*] to and ~ *hin u her,
auf u ab*
  frock [frɔk] **1.** s *Mönchskutte* f; *Stellung e–s
Mönchs, Priesters* m **|** (*Arbeits-*)*Kittel* m ‖
wollene Seemannsjacke f ‖ *Kinderröckchen* n ‖
(*Haus–, Alltags-*)*Damenkleid* n ‖ ⟨mil⟩ *Über-
rock* m **|** *Politiker* m **| ~-**coat *Gehrock* m **?** vt
in e–n Rock etc kleiden ‖ (*jdn*) *mit e–m Amt bekleiden* ‖ **~ed** [~t] a *in e–e Kutte, e–n Rock gekleidet*
  frog [frɔg] s ⟨zoo⟩ *Frosch* m (→ to croak) **|**
leap-~ *Bockspringen* n ‖ tree-~ *Laubfrosch* m ‖
to have a ~ in the throat *e–n Fr. im Hals h*
(*heiser s*) **|** [attr] ~-bit ⟨bot⟩ *Froschbiß* m ‖
~-eater ⟨fam⟩ *Froschesser* m (*Spottname f
Franzosen*) ‖ ~-hopper ⟨ent⟩ *Schaumzikade,
-zirpe* f; (~-)man *Kampfschwimmer, Frosch-
mann* m; ~-pond *Froschteich* m ‖ ~'s march
vt (*jdn mit Kopf nach unten*) *fortschleppen* ‖
~-spawn *Froschlaich* m; *Arten v Süßwasser-
algen* pl
  frog [frɔg] s *Strahl* m, *Gabel* f (*am Pferdehufe*)
  frog [frɔg] s ⟨mil⟩ „*Schlappschuh*" m (*Tasche*

am Koppel f Seitengewehr, ⟨hist⟩ *Schwert)* || *Schnürbesatz, –verschluß* m (*auf der Brust des Rockes)* **~ged** [~d] a *mit Sch. versehen*

frog [frɔg] vi ⟨mil sl⟩ *to ~ it tippeln*

frog [frɔg] s ⟨rail⟩ *Kreuzungs–, Herzstück* n (*e–r Schiene)*

froggy [frɔgi] **1.** a *froschreich* || *froschartig* **2.** s ⟨sl⟩ *Froschesser* m (*Spitzname f Franzosen)*

frolic [ˈfrɔlik] **1.** a † *fröhlich, lustig* **2.** vi [–icked; –icking] *ausgelassen s, tollen; Possen treiben, scherzen, spaßen* **3.** s *Ausgelassenheit* f; *lustiger Streich, Spaß* m, *Posse* f; *Lustbarkeit* f, *Fest* n **~some** [~səm] a (~ly adv) *lustig, fröhlich, vergnügt* **~someness** [~səmnis] s *Fröhlichkeit, Ausgelassenheit* f

from [frɔm, w f frəm] prep **1.** *von, von .. her; aus, aus .. heraus* (~ *the window)* || *von .. weg* (~ *home); von* (cut off ~); ~ *.. to von .. zu* || *von .. herab* (to hang ~) | *seit, von .. an;* (he *became ..)* ~ *being an Anglican ..* (*er wurde ..) seit or nachdem er Anglikaner gewesen war ..* | [*in Verbindung mit* verb u subst] *von, aus, weg; vor, gegen;* to steal, take a th ~ a p *jdm etw stehlen,* (*weg)nehmen;* to hide a th ~ a p *etw vor jdm verbergen, jdm etw verbergen;* → to defend, protect **2.** ⟨übtr⟩ *von* (*unterscheidend)* to know black ~ white | *nach, gemäß* (~ my point of view *m–r Ansicht nach); in betreff* | *nach* (*dem Muster* v); ~ *life nach dem Leben* | *infolge* v, *wegen* (he died ~ *fatigue)* **3.** [vor adv & prep] **~ above** v *oben herab* || ~ *before aus der Zeit vor* (~ *before the revolution)* || ~ *between zwischen .. hervor* || ~ *beyond* v *jenseits* || ~ *on high aus der Höhe, v oben* || ~ **out** *aus, aus .. heraus* (~ *out the cave)* || ~ *over* v *jenseits .. her* || ~ *under unter .. hervor* || ~ *within* v *innen,* ~ *without* v *außen* **4. Wendungen**: apart ~ *abgesehen* v || ~ *most booksellers* v *den meisten B. z beziehen* || I am far ~ *saying es liegt mir fern z sagen* | ~ *the beginning* v *Anfang an* || ~ *a child* v *Kindheit an* || ~ *home verreist, nicht z Hause* | *.. ~ .. into .. v Land in die Stadt* (*um)ziehen* | ~ *end to end* v *e–m Ende z anderen* || ~ *front to back v A bis Z* || ~ *hand to hand v H. z H.* || ~ *mouth to mouth v M. z M.* || ~ *title to colophon* v *A bis Z, durch das ganze Buch* || to transfer a sum ~ *one bank to another .. v .. auf ..* || to turn ~ *side to side v .. auf ..* || ~ *beginning to end* v *.. bis* (z) || to travel ~ *B. to L.* v *.. nach ..* || the thermometer ranged ~ *10 to 15 degrees .. schwankte zw .. u* | (*Zeit)* the night ~ *Sunday to Monday .. v .. auf* || ~ *4 to 6 v .. bis* || ~ *generation to g. v .. z* || ~ *day to day täglich* || ~ *one day to the next v e–m T. zum anderen* || ~ *1914 till 1918 v .. bis;* ~ *morning till night v früh bis spät* || ~ *time to time v Z. z Z.* | ~ *year's end to year's end jahr aus, jahr ein* | ~ *what you say nach dem, was Sie sagen* || where are you ~? *woher stammen Sie?* **5. an**: to prevent, suffer, die ~ *hindern, leiden, sterben an* | **aus**: to bleed ~ *the nose* || a passage ~ *Dickens* || visitors ~ *all over the world aus aller Herren Länder* || ~ *a great height* || ~ *England;* ~ *church, school, a concert* || the wind blows ~ *the north .. aus N.* || ~ *the air* ⟨übtr⟩ *aus der Vogelschau* | to copy ~ *a book;* to emigrate ~ *France;* to release ~ *prison;* it faded away ~ *our view es entschwand* (*aus) unserem Blick* || to drink ~ *a cup;* to pull from one's pocket | *beer made ~ *barley* he did it ~ *malice, fear;* ~ *memory aus dem Gedächtnis;* ~ *good motives;* ~ *a good source;* ~ *the papers aus den Zeitungen;* words seperated from the context *aus dem Zus–hang gerissene Worte* || to draw a moral ~ *e–e Lehre ziehen aus* | **bei**: to buy, order, get, have, obtain, receive .. ~ | **durch**: (= *unter der Einwirkung* v) trade is suffering ~ *the war* | **gegen**: immune ~ *influenza* || (*Schutz)* screen

~ *the sun, the fire; shelter* ~ *rain, wind* || *what a change* ~ *last year! .. gegen letztes Jahr!* | **nach**: to judge ~ *urteilen nach* | ~ *our point of view nach unseren Begriffen;* ~ *what you say nach dem, was Sie sagen* || to write ~ *dictation nach Diktat ..* || to paint ~ *nature, life nach der Natur, nach dem Leben ..* | **seit**: I have known her ~ *her childhood,* ~ *a child .. seit ihrer Kindheit* || ~ *time immemorial,* ~ *time out of mind seit unvordenklichen Zeiten* | **von** (*Ort):* to open ~ *outside* || ~ *above, beneath, beyond* || *far* ~ *the station weit weg vom B.* || to observe ~ *the balcony vom B. aus beobachten* || *three miles* ~ *London 3 M. v L.* | to lift ~ *the floor* || to stray ~ *a path* ~ *e–m Pfad abirren;* to alight ~ *a horse v e–m Pferd absitzen* || *not to move* ~ *the spot sich nicht v der Stelle rühren* || (*Zeit)* ~ *the very beginning,* ~ *the outset,* ~ *the very first* v *Anfang an* || ~ *then on,* ~ *that time on v da an, v dieser Zeit an* || ~ *my birth v Geburt an* || ~ *today on v heute an* || ~ *the third century onwards von 3. Jh. an* || ~ *a child,* ~ *childhood* v *Kindheit an;* ~ *the cradle,* ~ *infancy v Kindesbeinen an* || [*Verben*] I am absolved ~ *my promise,* ~ *sin* || to abstain ~ *drinks ablassen* v || to clear o.s. ~ *suspicion sich reinigen* v ⟨fig⟩ || I copied this passage ~ *the original abschreiben* v || to depart ~ *a custom abgehen v* || he is descended ~ *a good family* || don't detain me ~ *going .. abhalten* v || to deviate ~ *the truth abweichen* v || to differ ~ *abweichen v, sich unterscheiden* v || to dissuade a p ~ *e–m abraten* v || to distinguish one ~ *another* v || to divert a p ~ *his purpose e–n v s–r Absicht ablenken* || to exclude a p ~ *e–n ausschließen* v || I cannot excuse you ~ *attending ich kann dich v der Teilnahme nicht befreien;* I was excused ~ *the task die Aufgabe wurde mir erlassen* || to exempt ~ *befreien v* || to expect ~ *erwarten v* || you have nothing to fear ~ *him .. nichts z fürchten v* || to recover ~ *an illness sich erholen* v || to release ~ *erlösen v* || to require ~ *fordern* v || to rescue a boy ~ *drowning;* he saved his friend ~ *death* || to rest ~ *work* || his pain results ~ *a blow .. rührt her* v || to retire ~ *business sich vom Geschäft zurückziehen* || to seclude o.s. ~ *sich abschließen v* || to stray ~ *the path of virtue abirren v ..* | I cannot tell him ~ *his brother .. unterscheiden* v || this edition varies ~ *the first one weicht ab v, unterscheidet sich v* || to withdraw from a contract *zurücktreten* v ..; *the parents withdrew their son* ~ *school .. nahmen weg v* || apart ~ *abgesehen v* || free ~ *danger frei v;* exempt ~ *taxes befreit* v *..* || ⟨school⟩ he is excused ~ *singing .. befreit v ..* || **vor**: saved ~ *drowning vor dem Ertrinken bewahrt* || to preserve ~ *harm vor Unrecht bewahren* || to flee ~ *the enemy* || to faint ~ *hunger* || *sheltered* ~ (*od against)* || preservation ~ *decay* || ⟨übtr⟩ I have no secret ~ *you .. vor dir*

front [frɔnd] s ⟨bot⟩ (*Farnkraut–)Wedel* m **~age** [ˈ~idʒ] s *Blattwerk, Laub* n, *Blätter* pl **~iferous** [frɔnˈdifərəs] a ⟨bot⟩ *laub–, wedeltragend*

frondescence [frɔnˈdesəns] s ⟨bot⟩ *Frondeszenz* f (*Zeit der Blattbildung)* || *Laub* n **–descent** [frɔnˈdesənt] a *blattbildend, sich belaubend* **–dose** [frɔnˈdous] a ⟨bot⟩ *mit Laub, Wedeln bedeckt; dicht belaubt*

front [frʌnt] **I.** s **1.** ⟨poet⟩ *Stirn* f || *Antlitz, Gesicht, Angesicht* n (~ *to* ~ *v A. z A.)* || ⟨fig⟩ *Stirn, Kühnheit, Frechheit* f **2.** ⟨mil⟩ *Front* f; at the ~ *an der F.;* on the Eastern ~ *an der Ostfront;* to go to the ~ *an die Front gehen* || ⟨pol⟩ *Front* f || the ~ *die Strandpromenade* || ⟨mil⟩ ~ *of march column Marschbreite f* **3.** ⟨arch⟩ *Schau–, Vorderseite, Vorderfront, Fassade,*

Stirnwand f ‖ drop ~, fall-down ~ *Schreib–,*
Fallklappe f, *Klappdeckel* m ‖ *Frontpromenade* f
‖ *vorderer Teil e–s Dinges*; (of hair) (*falscher*)
Scheitel m; (of a shirt) *Einsatz* m | [*nach prep*]
vordere Lage f **4. Wendungen:** in ~ *vorn, an der*
(*die*) *Spitze, davor*; *von vorn*; three-pair ~
Zimmer or *Mieter im dritten Stock nach vorne*
heraus ‖ in ~ of *vor* [*nicht dahinter*] [*hat before*
vielfach verdrängt], *gegenüber* ‖ in ~ of our
house *vor unserem H.* (*stehen Bäume*) ‖ in ~ of
the stage *vor der Bühne* ‖ the road passes in ~ of
our house *der W. führt vor u H. vorbei* ‖ in ~ of
me *vor mir, vor mich* ‖ he stared in ~ of him
er starrte vor sich hin ‖ to the ~ *nach vorne,*
voraus, voran | to come to the ~ ⟨fig⟩ (*sich aus-*
zeichnen) *in den Vordergrund treten* ‖ to show a
bold ~ *mit dreister Miene auftreten* ‖ ⟨Am⟩ he
puts up a big front! *alles Fassade!* **5.** [attr]
Vorder– (~ door, ~-room, ~ wheel); *Vor–*
(~ garden) ‖ ~ axle drive = ~ drive ‖ ~ box
Vorderloge f ‖ ~ control ⟨aero⟩ *Kopfsteuerung* f
‖ ~ door *Haustür* f ‖ ~ drive ⟨mot⟩ *Vorderrad-*
antrieb m ‖ ~ gunner ⟨aero⟩ *Bugschütze* m ‖
~ line *vorderste Linie* f, ~-l. officer *Front-*
offizier m ‖ ~ page (*Zeitungs–* etc) *Vorderseite*
f; ⟨Am⟩ to ~-page [vt] (*in der Presse*) *groß*
herausstellen ‖ ~ ring sight (*Visier-*)*Kreiskorn* n
‖ ~ runner *Spitzenkandidat* m ‖ ~ soaring
⟨aero⟩ *Frontensegeln* n, *Gewitterflug* m ‖ ⟨Am⟩
~-yard *Vor–, Vordergarten* m ‖ ~-piece ⟨theat⟩
Stück, das vor dem Vorhang gespielt wird |
Front– (~-line; ~ Line soldiers' League ⟨Ger⟩
„*Stahlhelm*" m, *Bund der Frontsoldaten*) *Feld–*
| ⟨phon⟩ *Vorderzungen–* | ⟨Am⟩ ~ man °*Ober-*
motz m **II.** vt/i (*jdm, e–r S*) *gegenüberstehen,*
–liegen ‖ *mit der Front liegen an, nach* (the house
~s the park) ‖ (*jdm*) *gegenübertreten, Trotz*
bieten ‖ ⟨arch⟩ (*Haus*) *mit e–r Front versehen* ‖
⟨mil⟩ (*Truppe*) *e–e Front, Linie bilden* l | vi *mit*
der Front liegen, die Front h (on, to, towards
nach) ‖ cyes ~! *Augen geradeaus!* ~**age** ['~idʒ]
s *Land* n *an der Front e–r Straße* etc ‖ ⟨mil⟩
Frontbreite f; ~ in attack *Angriffsbreite* f; ~ of
penetration *Einbruchsfront* f ‖ (*Haus-*)*Front,*
Vorderfront f | ~ road ⟨Am⟩ *Autobahn-*
Parallelstraße f (*mit Tankstellen, Motels* etc)
~**ager** ['~idʒə] s *Inhaber* m *e–s Hauses an der*
Straße; *Vorderhausbewohner* m ~**al** ['~əl] **1.** s
Front·al n, *Altardecke* f, *–vorhang, –vorsatz* m ‖
⟨arch⟩ *Fassade* f **2.** a *Vorder–*; *Front–* (~ attack)
‖ ⟨anat⟩ *Stirn–*; *Front·al–* | ~ attack *od*
assault *Frontalangriff* m ‖ ~ drag, ~ resistance
⟨aero⟩ *Stirnwiderstand* m

frontier ['frʌntjə] s *Grenze* f (on the ~ *an, auf*
der Grenze) ⟨a übtr⟩ ‖ ⟨Am⟩ *Grenz–, Neuland* n,
Zivilisations–, Siedlungsgrenze f, *noch uner-*
schlossenes Gebiet n | [attr] *Grenz–*; ~ station
Grenzposten m, *–übergang* m; ~ guard forces
Grenzschutztruppen f pl, ~ life *Pionierleben* n; ~
worker *Grenzgänger* m ~**sman** [~zmən] s
Grenzbewohner m; *Grenzer* m

frontispiece ['frʌntispi:s] s ⟨arch⟩ *Vorder–,*
Giebelseite f ‖ ⟨typ⟩ *Titelbild neben dem Titel-*
blatt n

frontless ['frʌntlis] a *ohne Front* ‖ † *unver-*
schämt ~**let** ['frʌntlit] s *Stirnband* n ‖ (*T*) *Stirn* f
‖ *schmales Tuch* n *über der Altardecke*

fronto– ['frɔnto] [in comp] *Stirn–*
fronton ['frʌntən] s Fr *Vordergiebel* m
frood [fru:d] s ⟨sl⟩ = frozen food
frore [frɔː] a ⟨poet⟩ *eisig, kalt*
frost [frɔst] **1.** s *Frost* m (ten degrees of ~
10 *Grad Kälte*) ‖ *Eis* n (covered with ~); white
~ *Reif*; hoar ~ *Rauhreif* m; black ~ *trockener*
Frost m ‖ ⟨fig⟩ *Frostigkeit, Kälte* f ⟨sl⟩
Mißerfolg m | ~-cracked *frostrissig*; ~ damage
Frostaufbrüche, –schäden m pl; ~-hardy ⟨for⟩
frosthart; ~ heaving (*Straßen-*)*Frostaufbrüche*

m pl; ~-resistant *frostsicher*; ~ shake *Eiskluft* f,
Frostriß m **2.** vt *durch Frost beschädigen* ‖ ⟨bes
fig⟩ *durch Frost or eisiges Benehmen ersticken,*
abstoßen ‖ *mit Reif überziehen*; the window is
~ed .. *ist überfroren* ‖ (*Glas*) *mattieren* ‖ ⟨cul⟩
mit Puderzucker bestreuen; *glasieren* ~**bite**
['~bait] s *Erfrierung* f, *Erfrieren* n (of the skin,
limbs etc) ‖ *starker Frostschaden* m ~**bitten**
['~bitn] a *erfroren* (~ ears); *mit erfrorenen*
Gliedern ⟨a fig⟩ ~**ed** ['~id] a *überfroren*;
bereift ‖ *mit Puderzucker bestreut*; ~ cake
Kuchen m *mit Zuckerguß* m ‖ ⟨tech⟩ *rauh, matt*
‖ ~ glass *mattiertes Glas, Milchglas* n ~**iness**
['~inis] s *Frost* m, *Eiskälte* f ‖ ⟨fig⟩ *Kälte* f
~**ing** ['~iŋ] s ⟨Am⟩ *Zuckerguß* m ~**work**
['~wə:k] s *Eisblumen* f pl; *Arbeit* f *mit rauher*
Oberfläche | ~**y** ['~i] a (–tily adv) *frostig,*
eisig; *mit Eis bedeckt* ‖ (of hair) *eisgrau* ⟨fig⟩
frostig

froth [frɔθ] **1.** s *Schaum* m; (of beer) *Blume* f ‖
Abschaum m ⟨a fig⟩ ‖ ⟨fig⟩ *Seichtheit*; *Nichtig-*
keit, Wertlosigkeit f; *Gerede* n, °„*heiße Luft*" f |
~-blower ⟨hum⟩ *Biertrinker* m **2.** vi/t ‖
schäumen; ⟨a fig⟩ *Schaum schlagen* | vt *z*
Schäumen bringen; *z Schaum schlagen*; to ~ up
aufschäumen l ‖ *mit Schaum bedecken* ~**iness**
['~inis] s *Schäumen* n, *das Schaumige* ‖ ⟨fig⟩
Nichtigkeit, Hohlheit, Schaumschlägerei f | ~**y**
['~i] a (–thily adv) *voll Schaum*; *schaumig* ‖
⟨fig⟩ *nichtig, phrasenhaft, schaumschlägerisch*

frou-frou ['fru:fru:] s Fr (of silk) *Rascheln,*
Rauschen n ‖ ⟨fig⟩ *weibliche Geschäftigkeit* f,
weibl. Getue n

frounce [frauns] † **1.** vt *kräuseln*; ⟨fig⟩
putzen **2.** s *äußerer Schmuck* m

froward ['frouəd] † a (~ly adv) *eigensinnig,*
trotzig ~**ness** [~nis] † s *Eigensinn, Trotz* m,
Widerspenstigkeit f

frown [fraun] **1.** vi/t ‖ *die Stirn runzeln, finster*
dreinsehen; to ~ at *od* on, upon a p *jdn finster,*
scheel ansehen | vt (*etw*) *durch finsteren Blick*
ausdrücken; (a to ~ off) (*jdn*) *abstoßen*; to ~ a
p *into silence jdn z Schweigen bringen*; to ~
down (*jdn*) *einschüchtern* **2.** s *Stirnrunzeln* n,
finsterer Blick m ~**ing** ['~iŋ] a (~ly adv)
finster, mürrisch

frowst [fraust] **1.** s *stickige, muffige Luft* or
Hitze f (in a room) **2.** vi *faul umherliegen* | ~**y**
['~i] a *stickig, muffig*

frowzy, frowsy ['frauzi] a *muffig, moderig*;
ranzig ‖ *schmutzig, unordentlich, schlampig,*
schlumpig

froze [frouz] pred a ⟨sl⟩ *schon bald nicht mehr*
wahr! so'n Bart! (*uralter Witz!*)

frozen ['frouzn] **1.** pp *v* to freeze ‖ ~ up,
over *zugefroren* **2.** a *gefroren*; ⟨fig⟩ *versteinert* ‖
⟨Am⟩ *hart, kalt* (facts); ⟨com⟩ *nicht verwertbar,*
tiefgekühlt (*Lebensmittel*), *preisgestoppt* (*Miet-*
preis), *eingefroren* (*Kredit, Aktiva*) ‖ ~ account
blockiertes, gesperrtes Konto n ‖ the ~ limit!
die Höhe! ‖ ~ meat *Gefrierfleisch* n ‖ the ~
ocean *das Eismeer* ‖ the ~ zones ⟨geogr⟩ *die*
kalten Zonen f pl

fructiferous [frʌk'tifərəs] a *fruchttragend*
~**tification** [frʌktifi'keiʃən] s ⟨bot⟩ *Frucht-*
bildung, Befruchtung f ~**tify** ['frʌktifai] vt/i ‖
befruchten ⟨a fig⟩ | vi *Früchte tragen or bringen*
⟨a fig⟩ ~**tose** ['frʌktous] s *Fruchtzucker* m
~**tuous** ['frʌktjuəs] a *fruchtbar*; ⟨fig⟩ *frucht-*
bringend, ergebnis–, erfolgreich

frugal ['fru:gəl] a (~ly adv) *sparsam*; *genüg-*
sam ‖ *frug·al, mäßig* ~**ity** [fru:'gæliti] s *Frugali-*
tät, Mäßigkeit; *Sparsamkeit* f

frugivorous [fru:'dʒivərəs] a ⟨zoo⟩ *v Früchten*
lebend

fruit [fru:t] **I.** s **1.** *Frucht* f (*jeder Art*), [*oft* pl]
~s *Früchte* pl (the ~s of the earth); *Obstsorten* f
pl **2.** (*Pflanzen-*)*Frucht* f ‖ [*oft* koll] *Früchte*

(the tree has lost its ~); *Obst* n (~ is dear *das O. ist teuer*) ‖ citrus and tropical ~, exotic ~ *Südfrüchte* ‖ ⟨bot⟩ *Frucht* f **3.** ⟨fig⟩ [*mst* pl ~s] *Ertrag, Nutzen, Gewinn* m; *Ergebnis* n, *Folge* f **4.** ⟨wir⟩ *Störimpulse* m pl **5. Verbindungen:** → dead ‖ dried— *Dörr–, Backobst* n ‖ stone–~ *Kern–, Steinobst* n ‖ wall–~ *Spalierobst* n ‖ to bear, yield ~ *Frucht bringen, Früchte tragen*; *Nutzen gewähren* ‖ to reap the ~s of *die Früchte ernten* v **6.** [attr] *Frucht–*; *Obst–* ‖ ~-bearer *fruchttragender Baum* m; ~-bearing *fruchttragend* ‖ ~-cake *Königs–, Rührkuchen* m (*mit Rosinen*) ‖ ~-knife *Obstmesser* n ‖ ~ machine *Spielautomat* m ‖ ~ salad ⟨cul⟩ *Obstsalat* m; ⟨fig fam⟩ „*Lametta*" n (*Ordensschnalle*[*n*]) ‖ ~-tree ⟨hort⟩ *Obstbaum* m ‖ sparkling fruit wine *Fruchtschaumwein* m **II.** vi/t **1.** *Frucht tragen* ‖ vt (*Früchte*) *z Reifen bringen* ~**age** ['~idʒ] s (*Frucht–*)*Tragen* n ‖ [koll] *Früchte* f pl, *Fruchternte* f ‖ ⟨fig⟩ *Ertrag* m ~**arian** [fru:-'tɛəriən] s (*Frucht–*)*Rohköstler* m ~**er** ['fru:tə] s *Obstschiff* n ‖ *fruchttragender Baum* m ‖ *Obstzüchter* m ~**erer** ['fru:tərə] s *Obsthändler* m

fruitful ['fru:tful] a (~ly adv) *fruchtbar, ergiebig*; ⟨fig⟩ *reich, ergebnisreich* (in, of *an*) ~**ness** [~nis] s *Fruchtbarkeit* f ⟨a fig⟩

fruition [fru(:)'iʃən] s *Genuß, Vollgenuß* m

fruitless ['fru:tlis] a (~ly adv) *unfruchtbar* ‖ ⟨fig⟩ *fruchtlos; vergeblich* ~**ness** [~nis] s *Unfruchtbarkeit* f ⟨fig⟩ *Frucht–, Nutzlosigkeit* f

fruity ['fru:ti] a *frucht–, obstartig* ‖ (of wine) *voll, würzig* ‖ *klangvoll* ‖ ⟨fig⟩ *würzig, interessant*; ⟨fam⟩ *saftig, gepfeffert* (*Witz, Redensart*)

frumentaceous [ˌfru:mən'teiʃəs] a *weizen–, getreideartig, Getreide–*

frumenty ['fru:mənti], **furmety** ['fə:məti] s ⟨cul⟩ *gewürzter u gesüßter Weizenbrei* m

frump [frʌmp] s (*altmodisch gekleidetes Frauenzimmer*) „*Vogelscheuche*" f ~**ish** ['~iʃ], ~**y** [~i] a *altmodisch* ‖ *verdrießlich*

frustrate 1. ['frʌstreit] † a *vereitelt* **2.** [frʌs-'treit] vt *vereiteln; zuschanden m* ‖ *enttäuschen*; to ~ a p's expectations *jdn in s–n Erwartungen täuschen* ~**ation** [frʌs'treiʃən] s *Vereitelung* f ‖ *Enttäuschung* f; *Unheil* n

frustule ['frʌstju:l] s *zweischalige Zelle* f *der Kieselalge*

frustum ['frʌstəm] s L ⟨math⟩ *Stumpf* m; ~ of a cone *Kegel–*; ~ of a pyramid *abgestumpfte Pyramide* f

frutescent [fru:'tesnt] a *Strauch–* ~**tex** ['fru:teks] s L *Strauch* m ~**ticose** ['fru:tikous] a *buschig, Strauch–*

fry [frai] s *Fischrogen* m, *Fischbrut* f; *Fisch im 1. Jahr*, → salmon ‖ ⟨fig⟩ *Menge* f, *Schwarm* m; small ~ ⟨fig⟩ *kl Kindervolk*; *unbedeutende Menschen, kl Dieb*(*e m* pl)

fry [frai] vt/i **1.** ‖ vt *in der Pfanne* f *braten, schmoren, backen*; fried eggs *Spiegel–, Setzeier* n pl, fried potatoes *Bratkartoffeln* pl ‖ vi ⟨fig fam⟩ to ~ in one's own grease (*P*) *im eigenen Saft schmoren* **2.** s *Gebratenes* n ‖ *Gekröse* n, *Kaldaunen* f pl ‖ ~**er**, ⟨*bes* Am⟩ **frier** ['~ə] s *jd, der brät* ‖ *Bratgefäß* n; ×*Backhendl* n ~**ing-pan** ['fraiiŋˌpæn] s ⟨cul⟩ *Bratpfanne* f ‖ out of the ~ into the fire *aus dem Regen in die Traufe*

fubsy ['fʌbzi] a *fett, kurz u dick*

fuchsia ['fju:ʃə] s ⟨bot⟩ *Fuchsie* f

fuchsine ['fu:ksin] s *Fuchsʼin* n (*Farbstoff*)

fuck [fʌk] vi/t ⟨vulg⟩ *ficken* ‖ ~ off! *hau ab! verdufte!* ‖ ~ up (*etw*) *verpatzen,* °*versaubeuteln*

fucus ['fju:kəs] s (pl ~ci [sai]) L *Gattung der Braunalgen, Tang*

fuddle ['fʌdl] **1.** vi/t ‖ *sich betrinken, kneipen* ‖ vt *betrunken m*; *berauschen* ⟨a fig⟩ **2.** s ⟨sl *od* fam⟩ *Trunk* m (on the ~ *beim Saufen*); *Trunkenheit* f ‖ ⟨fig⟩ *Rausch* m

fudge [fʌdʒ] **1.** vt/i ‖ *zurechtmachen, –frisieren, –pfuschen* ‖ vi (of events) *ausgehen* **2.** s ⟨fig⟩ *Blech* n, *Flausen* f pl ‖ *Aufschneiderei, Täuschung* f ‖ *weiches granuliertes Zuckerwerk* n ‖ (*Zeitungs-*)*Füllartikel* m **3.** intj ~! *Unsinn!* °*Quatsch!*

fuel ['fjuəl] **1.** s *Brennstoff* m, –*material* n; *Betriebsstoff* m; *Feuerung* f; ⟨mot⟩ *Treib–, Kraftstoff* m; *Benzin* n (aviation ~) ‖ nuclear ~, reactor ~ *Atombrennstoff* m ‖ ⟨fig⟩ *Nährstoff* m, *Nahrung* f ‖ to add ~ to the fire *Öl ins Feuer gießen* ‖ [attr] *Brennstoff–* ‖ ~-air mixture ⟨mot⟩ *Kraftstoff-Luft-Gemisch* n ‖ ~ booster pump ⟨mot⟩ *Kr.-Förderpumpe* f ‖ ~ consumption *Brennstoff–*, ⟨mot⟩ *Kraftstoffverbrauch* m; ~ dump *Tanklager* n ‖ ~ engine *Brennstoffmotor* m ‖ ~ feed ⟨mot⟩ *Kraftstoffförderung* f; ~ filter ⟨mot⟩ –*filter* m ‖ ~ gauge *Tank–, Benzinuhr* f, *Kraftstoffstandanzeiger* m ‖ ~ gas *Treib–, Heizgas* n ‖ ~ industry *Kraftstoff– u Rohölindustrie* f ‖ ~ inhibitor *Antiklopfmittel* n ‖ ~ injection *Kraftstoffeinspritzung* f; ~ i. nozzle *Einspritzdüse* f ‖ ~ lift pump *Kraftstoffpumpe* f ‖ ~ mileage *Kraftstoffergiebigkeit* f ‖ ~ mixture *Kraftstoffgemisch* n ‖ ~ oil *Treib–, Heizöl* n ‖ ~ point orderly ⟨mil⟩ *Tankwart* m ‖ ~ servicing trailer *Betriebsstoffanhänger* m ‖ ~ starvation *ungenügende Kraftstoffzufuhr* f ‖ ~ value *Brennwert* m **2.** vt *mit Brennstoff versehen*; [abs] ⟨aero⟩ *tanken* ‖ ⟨fig⟩ *nähren* ~**ling** ['~iŋ] s (*bes* aero) (*Flug-*)*Betankung, Auftankung* f ‖ ~ machines [pl] *Lade– u Entladevorrichtungen* f pl

fuff [fʌf] s ⟨Scot⟩ *Windstoß* m ‖ ⟨fig⟩ *Wutanfall* m

fug [fʌg] **1.** s *stickige Luft* f; *Mief* m ‖ *Staub, –schmutz* m **2.** vi *in der* (*muffigen*) *Stube hocken, ein Stubenhocker* s

fugacious [fju:'geiʃəs] a (~ly adv) *flüchtig, vergänglich* ‖ *frühzeitig abfallend* –**ity** [fju:'gæsiti] s *Flüchtig–, Vergänglichkeit* f

fugal ['fju:gəl] a ⟨mus⟩ *Fugen–* ~**ly** [~i] adv *nach der Art e–r Fuge* f

fuggle ['fʌgl] s ⟨bot⟩ *Hopfenart* f

fuggy ['fʌgi] a *stickig, muffig* ‖ (*P*) *Stubenhocker–*

fugitive ['fju:dʒitiv] **1.** a (~ly adv) *fliehend, flüchtig* ‖ *unruhig, –beständig* ‖ *leicht verschwindend* (colour) ‖ ⟨fig⟩ *flüchtig, vergänglich, vorübergehend, kurzlebig* **2.** s *Flüchtling* m; *Ausreißer* m

fugle ['fju:gl] vi *als Flügelmann* (⟨fig⟩ *als Muster*) *dienen* (for) ‖ ~**man** ['fju:glmæn] s *Flügelmann* m ‖ ⟨fig⟩ *Anführer* m ‖ *Sekundʼant, Sprecher* m, *rechte Hand* f (of a p)

fugue [fju:g] s ⟨mus⟩ *Fuge* f ~**uist** ['fju:gist] s *Fugenkomponist* m

–**ful** [ful] *lebendes* suff *–voll*; hand~ [pl hand~s] *Handvoll* f

fulcrum ['fʌlkrəm] s L (pl –ra [–rə]) ⟨tech⟩ (*Hebel-*)*Stütz–, Ruhepunkt*; *Gelenk–, Drehpunkt* m ‖ ~ pin *Drehzapfen* m

fulfil [ful'fil] vt [–ll–] *erfüllen, vollbringen, vollziehen* ‖ *beenden* ‖ to ~ o.s. *sich voll entwickeln* ~**ment** [~ mənt] s *Erfüllung, Vollziehung* f (in ~ of)

fulgent ['fʌldʒənt] a (~ly adv) ⟨poet & rhet⟩ *glänzend, schimmernd*

fulgurant ['fʌlgjuərənt] a *funkelnd, glänzend* –**ate** ['fʌlgjuəreit] vi *blitzen, blitzartig zucken* –**ite** ['fʌlgjuərait] s *Blitzröhre* f (*im Sande*)

fuliginous [fju:'lidʒinəs] a *Ruß–, rußig, rauchig*

full [ful] **I.** a (fully adv → d) **1.** *voll* (of *v*); (a ~ up) *voll besetzt* ‖ ~ of o.s. *sehr v sich selbst eingenommen* ‖ *gesättigt* (a ~ stomach) ⟨Am sl⟩ „*voll*" (*satt*), „*voll*" (*betrunken*) **2.** *weit*; *reichlich, genügend, ausführlich* (~ details); to have one's hands ~ *die Hände voll h, vollauf z* *tun h* ‖ *unumschränkt* (∼ *power*) **3.** *ganz*; *vollständig, völlig* (a ∼ *hour*; ∼ *membership*); *rein, echt* (sister); *of the* ∼ *blood echtrassig, leiblich* ‖ (of light) *kräftig*; (of colour) *tief* ‖ (of motion) *stark, kräftig* (a ∼ *pulse*) **4.** *voll, dick, plump* ‖ *voll, reif* **5.** [**Verbindungen** & in comp] *voll–* (∼-edged *–kantig*); *Voll–* (∼ citizen *–bürger*); *ganz–* (∼-page [attr] *ganzseitig*) ‖ ∼ *age Volljährigkeit, Mündigkeit* ‖ ∼-armed *in voller Rüstung* f ‖ ∼-back ⟨ftb⟩ (Rugby) *Schlußmann*; *Verteidiger* ‖ ∼-blooded *echtblütig*; *kräftig* ‖ ∼-bodied *beleibt*; (of wine) *schwer* ‖ ∼-boled f *vollholzig* ‖ ∼ face ⟨aero fam⟩ *mit 1000 Sn* (*mit Vollgas*) ‖ ∼-bottomed *mit gr Boden*; *breit*; ∼-bottomed *wig All'ongeperücke* f ‖ ∼-charged *vollgeladen* ‖ ⟨jur⟩ ∼ *covenant deed Grundstücksübereignungsurkunde* f, *folgende Zusicherungen* (covenants) *enthaltend*: **1.** *des Eigentums– u Verfügungsrechts des Verkäufers,* **2.** *des ungestörten Besitzes,* **3.** *der Lastenfreiheit,* **4.** *des einwandfreien Rechtstitels,* **5.** *der Gewährleistung* f *Rechtsmängel* ‖ ∼-dress *Gesellschafts–, Paradeanzug* m, *Gala*; ∼-d. *belt* ⟨mar⟩ *Feldbinde* f ‖ ∼-faced *pausbäckig, mit rundem Gesicht*; ⟨typ⟩ *fett* ‖ ∼-fledged *flügge*; ⟨fig⟩ *selbständig werdend* ‖ ∼ *gallop gestreckter Galopp* m ‖ ∼ *headlight beam* ⟨mot⟩ *Fernlicht* n | ∼ *length* **1.** *adv* (at) ∼ l. *in ganzer Länge*; at ∼ l. *ausführlich* **2.** [attr a] ∼-l. *portrait ein Porträt in Lebensgröße*; ∼-l. *film Hauptfilm* m **3.** *s Porträt in L.* | ∼ *lift* ⟨mil aero⟩ *Globaltransport* m (*e–r ganzen Einheit*) ‖ ∼-moon *Vollmond* m ‖ ∼-mouthed *starktönend* (voice) ‖ ∼-orbed *moon Vollmond* m ‖ ∼-page [attr] *ganzseitig* ‖ ∼-pay *voller Arbeitslohn* m ‖ ∼-rigged ⟨mar⟩ *völlig getakelt* ‖ ∼-scale [attr] *in Normalgröße, in natürlicher Gr.*; °*richtig gehend*; ∼-sc. *automatic vollautomatisch,* ∼-sc. *attack Großangriff* m ‖ ∼ *speed volle Fahrt* f ‖ ∼-stop ⟨gram⟩ *Punkt* m; *to come to a* ∼ *stop plötzlich stillstehen, ins Stocken geraten* ‖ ∼ *throttle Vollgas* n ‖ ∼-time [attr] *voll*; *–bezahlt*; *in voller Stundenzahl* ‖ ∼-track *vehicle Gleiskettenfahrzeug* n, *Raupen-Lkw* ‖ ∼-view *od* ∼-vision *cockpit* ⟨aero⟩ *Vollsichtkanzel* f **II. s 1.** *das Ganze* | *in* ∼ *vollständig, unabgekürzt, ausgeschrieben, to spell in* ∼ *ausschreiben* ‖ *ausführlich*; *völlig, voll*; *to pay in* ∼ *voll bezahlen, to receipt in* ∼ *per Saldo bezahlen* | *to the* ∼ *vollkommen*; *durchaus*; *in vollem Maße*; *bis ins kleinste*; *to the* ∼est *of my power was irgend in m–r Kraft steht* **2.** *Fülle, Vollheit* f; *Höhepunkt* m; *the* ∼ *of the moon der Vollmond* (the moon is at ∼, *past the* ∼); *at the* ∼ *auf dem Höhepunkt,* at ∼ (of the) *tide beim höchsten Stande der Flut* **III. adv** ⟨*bes poet*⟩ *sehr, recht, gar*; ∼ *well gar sehr* | *ganz, völlig* ‖ ∼ *against it entschieden dagegen* ‖ ∼-blown *ganz aufgeblüht*; ⟨fig⟩ *voll entfaltet or entwickelt*; ∼-grown *ausgewachsen, voll erwachsen* | *gerade, direkt* (I hit him ∼ in the face) **IV. vt** (*Kleid*) *voll, weit* m

full [ful] *vt* ⟨tech⟩ (*Tuch*) *walken* ∼er ['∼ɪə] s *Walker* m ‖ *Streckgesenk* n, *Ballhammer* m ‖ ∼'s *earth* ⟨minr⟩ *Fuller–, Walk(er)erde* ∼**ing** ['∼ɪŋ] s *Walken* n ‖ [attr] *Walk–*; ∼-mill *Walkmühle* f

fuller ['fulə] **1.** s *runder Setzhammer* m ‖ *Rinne* f **2.** *vt mit e–m Setzhammer aushöhlen*

ful(l)ness ['fulnis] s *Vollheit*; *Fülle* f, *Reichtum* m (of *an*); ⟨arts⟩ *Sättigung, Klangfülle* f | *Vollständigkeit* f; *in the* ∼ *of time zur rechten Zeit, da die Zeit erfüllt war* | *Weite, Ausdehnung* f; *Geräumigkeit* f; *Umfang* m; *Plumpheit, Dicke* f

fully ['fuli] *adv völlig, völlig*; ∼ *two days volle zwei Tage*; [in comp] *voll* (∼ *entitled –berechtigt*) ‖ *ausführlich* | ∼ *automatic vollautomatisch*; ∼-tracked *vehicle Voll-Kettenfahrzeug* n

fulmar ['fulmə] s ⟨orn⟩ *Eissturmtaucher* m

fulminant ['fʌlminənt] a *donnernd*; *wetternd, feurig* | *plötzl. ausbrechend* (disease) –**ate** ['fʌlmineit] **1.** s ⟨chem⟩ *knallsaures Salz*; ∼ of *mercury Knallquecksilber* n **2.** *vi/t* ‖ *explodieren, krachen, donnern* ‖ ⟨fig⟩ (*los*)*donnern, wettern* (against) | *vt zur Explosion bringen* ‖ ⟨fig⟩ (*Dekret*) *schleudern* (against) –**ating** [∼iŋ] a *knallend, donnernd*; ∼ *powder Knallpulver* n | *plötzlich ausbrechend* (disease) –**ation** [ˌfʌlmi-'neiʃən] s *Explodieren* n ‖ *Knall* m, *Donnern* n ‖ ⟨fig⟩ *schwere Drohung* f, *Fluch*; *Bannstrahl* m –**atory** ['fʌlminətəri] a *donnernd*; *Droh–* | –**e** ['fʌlmin] *vi/t* = *to fulminate* –**ic** [fʌl'minik] a ∼ *acid Knallsäure* f –**ous** ['fʌlminəs] a *blitzartig, donnernd*

fulsome ['fulsəm] a (∼ly *adv*) *übermäßig* ‖ *widerlich, ekelhaft* (flattery) ∼**ness** [∼nis] s *Ekelhaftigkeit, Widerlichkeit* f

fulvescent [fʌl'vesənt] a *ins Rötlichgelb neigend* –**vous** ['fʌlvəs] a *rötlichgelb, dunkelgelb*

fumade [fju:'meid] s *geräucherter Fisch* m –**arole** ['fju:məroul] s *vulkanische Gasausstrahlung* f –**atory** ['fju:mətəri] **1.** a *Räucher–* **2.** s *Räucherkammer* f

fumble ['fʌmbl] **1.** *vi/t* ‖ *umherfühlen, umhergreifen*; *to* ∼ *with täppisch spielen mit*; (*herum*)*fummeln an* | *tappen, tastend suchen* (for, *after nach*) | *vt ungeschickt betasten, behandeln* ‖ *befummeln* ‖ (*Ball*) *verhauen, nicht richtig auffangen* **2.** s *stümperhafter Versuch* m ‖ ∼**r** [∼ə] s *Stümper* m; *Tölpel* m –**ling** ['fʌmbliŋ] a (∼ly *adv*) *täppisch, linkisch*

fume [fju:m] **1.** s *Rauch* m; *Dampf, Dunst* m ‖ ⟨fig⟩ *Aufwallung, Aufregung* f; *to be in a* ∼ *aufgebracht s*; → *fret* **2.** *vt/i* ‖ *räuchern*; ∼d *oak* (a *mit Räucherbeize*) *Eiche geräuchert* (*Möbel*); *durchdüften, ausräuchern* | *vi rauchen, dunsten, dampfen, to* ∼ *away verdunsten* ‖ ⟨fig⟩ *aufgebracht, erregt s*; *wüten*; → *to fret* **fuming** ['fju:miŋ] a *aufgebracht*

fumigate ['fju:migeit] *vt* (*durch-*)*räuchern*; *desinfizieren, entlausen* ‖ ∼d *geschmaucht* (*Ware*) –**ation** [ˌfju:mi'geiʃən] s (*Aus-*)*Räucherung* f

fumigator ['fju:migeitə] s *Räucherapparat* m | ∼**y** [∼ri] a *Räucher–*

fumitory ['fju:mitəri] s ⟨bot⟩ *Erdrauch* m, *'Feldraute* f ‖ *Hohlwurz* f, *Lerchensporn* m ‖ *climbing* ∼ *klimmender Erdrauch* m

fumy ['fju:mi] s *rauchig, dunstig*

fun [fʌn] **1.** s *Scherz, Spaß* m; *Ausgelassenheit* f | *for, in* ∼ *z, aus Spaß, im Scherz* ‖ *for the* ∼ *of the th des Spaßes halber* | *it is* ∼ *es macht Spaß* (to do); *it was great* ∼ *es war ein Hauptspaß or sehr amüsant* ‖ ⟨fam⟩ *he is great* ∼ *er ist sehr amüsant*; *there is no* ∼ *like work es geht nichts über die Arbeit* ‖ *to get one's* ∼ *out of a th e–r S das Spaßhafte abgewinnen* ‖ *to have capital, good* ∼ *sich ausgezeichnet amüsieren* | *to make* ∼ *of, to poke* ∼ *at a p jdn z besten h* | I do not see the ∼ *of it ich sehe k–n vernünftigen Grund dafür, ich werde mich schön hüten* **2.** *vi scherzen, spaßen*

funambulist [fju:'næmbjulist] s *Seiltänzer* m

function ['fʌŋkʃən] **1.** s *Funktion* f; *Wirken* n, *Tätigkeit* f ‖ ⟨tech⟩ *Arbeitsweise* f ‖ *bes Obliegenheit* f; *Aufgabe* f; *Zweck* m (to do) ‖ *Notdurft* f; *to perform one's* ∼ *s–e N. verrichten* ‖ *Amtsverrichtung, –handlung* f (the first ∼ of the king); *–tätigkeit* f ‖ *Amt* n, *Beruf, Dienst* m, *amtliche Pflicht* f; *official* ∼ *Repräsentation* f | *Feier–, Zeremonie* f, ⟨fam⟩ *gesellschaftl. Fest* n | ⟨math⟩ *Funktion* f ‖ ⟨jur⟩ ∼ *of courts relating to unlitigated matters freiwillige Gerichtsbarkeit* f **2.** *vi funktionieren, tätig s*; *arbeiten*; *Dienst tun, e–e Stellung bekleiden, ein Amt ausüben* (as *als*) | ∼**al** [∼l] a *amtlich, dienstlich*; *formell*; *repräsentativ* ‖ *funktionell, Funktions–* (∼

foreman) || ~ area ⟨geog⟩ *Einzugsgebiet* n, *–bereich* m || ~ testing ⟨wir⟩ *Geräteprüfung* f || *angewandt* (~ photography) **~ally** [~əli] adv *was die Funktion(en) betrifft, in funktioneller Hinsicht* **~ary** [~əri] **1.** s *Amtsleiter, –walter*; *Beamter* m **2.** a *Funktions–; dienstlich* **~ate** [~eit] vi = to function

fund [fʌnd] **1.** s (*Betriebs–)Kapital* n, *Fonds* m || *Vorrat, Schatz* m, *Fülle* f (of *an*; of *knowledge*) **|** ~s [pl] *Gelder, Geldmittel* pl (in ~s *bei Kasse*); *to furnish with* ~s; *for lack of* ~s; *we should appreciate your forwarding to us a remittance to put your account in* ~s *wir wären Ihnen dankbar, wenn Sie Ihr Debet (durch e–e Überweisung) ausgleichen wollten* || *fundierte Staatsschulden, –papiere* pl **|** ~-holder *Inhaber* m v *englischen Staatspapieren* **2.** vt (*Staatsschulden) fundieren* (~ed debts) || (*Geld) in Staatspapieren anlegen*

fundament ['fʌndəmənt] s *Gesäß* n **~al** [ˌfʌndə'mentl] **1.** a *als Grundlage dienend, grundlegend* (to *f*) || *grundsätzlich, ursprünglich, Grund–* (~ truths) || ~ plans *Baupläne* m pl || *wesentlich, Haupt–* (~ research *Grundlagenforschung* f **2.** s *Grundton* m **|** [pl] ~s *Grundlagen* f pl; *Grundwahrheiten* f pl; *Hauptsachen* f pl **~alism** [ˌfʌndə'mentəlizm] s ⟨Am⟩ *buchstabentreuer Bibelglaube* m **~ally** [ˌfʌndə'mentəli] adv *im Grunde; im wesentlichen*

funebrial [fju'ni:briəl] a *Begräbnis–* || *Grabes–, düster*

funeral ['fju:nərəl] **1.** a *Begräbnis–, Grab–; Trauer–; Leichen–* || ~ art *sepulkrale Kunst* f || ~ detachment ⟨mil⟩ *Begräbniskommando* n || ~ director ⟨Am⟩ *Leichenbestatter, Beerdigungsunternehmer* m || ~ pile *Scheiterhaufen* m || ~ procession *Leichenzug* m || ~ service *Trauergottesdienst* m || ~ urn *Totenurne* f **2.** s *gr Leichenbegängnis, Begräbnis* n (at the ~ *bei dem B.*); *feierliche Beisetzung* f || *Leichenzug* m || ⟨sl⟩ it's your ~ *das ist d–e S, du trägst die eigene Haut zu Markte; none of your* ~ *das geht dich nichts an* **~ary** ['fju:nərəri] a *Begräbnis–* **–eal** [fju:'niəriəl] a (~ly adv) *begräbnismäßig, Trauer–, Leichen–* || *traurig, düster*

funfest ['fʌnfest] s ⟨Am⟩ *,,Fasching"* m, *Fastnacht* f

fungal ['fʌŋgəl] a *Pilze betr, Pilz–, Schwamm–*

fungible ['fʌndʒibl] **1.** a ⟨jur & st exch⟩ *vertretbar; durch Gebrauch aufzehrbar* || ~ articles [pl] *fungible Waren, bei denen ein Stück derselben ein anderes ersetzen kann* **2.** s: ~s [pl] *Gattungswaren, –sachen* f pl

fungicide ['fʌndʒisaid] s *Mittel* n *gegen Schmarotzerpilze* || ~ dust ⟨agr⟩ *trockenes Beizmittel* n **–giform** ['fʌndʒifɔ:m] a *pilzförmig* **–goid** ['fʌŋgoid], **–gous** ['fʌŋgəs] a *pilzartig, schwammig* || ⟨med⟩ *fung*ös

fungus ['fʌŋgəs] L s (pl –gi [–ŋgai, ⟨Am⟩ –dʒai]; ~es) ⟨bot⟩ *Schwamm, Pilz* m || *Schmarotzerpilz* m || ⟨med⟩ *krankhafte Geschwulst* f; ~ rayed ~ *Strahlenpilz* m **|** [attr] *Pilz–* (~-eater) **|** ~y [~i] a ⟨med⟩ *fung*ös

funicular [fju'nikjulə] **1.** a *Strang–, Band–; Seil–*; ~ railway = ~ s **2.** s *Kabel–, Seilstandbahn, Drahtseilbahn* f

funk [fʌŋk] ⟨sl⟩ **1.** s *gr Angst* f (of *vor*); blue ~ *Mords–*; to be in a blue ~ of °*Dampf, Schiß, e–n* °*Bammel, e–n* °°*Mordsschiß* h *vor*; to get into ~ *Angst bek*; he got into a ~ *ihm fiel das Herz in die Hose* **|** *Angsthase, Feigling, Kneifer, Drückeberger* m **|** ~-hole ⟨mil sl⟩ *,,Heldenkeller"* m (*Unterstand*); ⟨übtr⟩ *sicherer Zufluchtsort* m **2.** vi/t || *in Angst geraten* (at *bei*) **|** vt *sich drücken* v or *um* (to ~ it) || *sich fürchten vor; A. h* (doing *z tun*) || *ängstigen* **| ~er** ['~ə] s ⟨sl⟩ *Angsthase; Drückeberger,* °*Scheißkerl* m **| ~y** ['~i] a *bange; feige*

Funkia ['fʌŋkiə] s (*nach* H. C. Funck, † 1839) ⟨bot⟩ *F·unkie, Trichterlilie* f

funnel ['fʌnl] s *Trichter* m || *Schornsteinröhre* f, *Rauchfang* m || *Lampenzylinder* m || (of an engine, a ship) *Schornstein* m **~led** [~d] a *trichterförmig* ⟨a fig⟩

funnies ['fʌniz] s pl ⟨Am⟩ *,,Humor"* (*in Zeitschriften; Karikaturstreifen* (= comic strips)

funniment ['fʌnimənt] s *Scherz, Spaß* m **–iosity** [ˌfʌni'ɔsiti] s *erheiternder Spaß* m || (*P) komischer Kauz* m

funny ['fʌni] a (–nily adv) *spaßhaft, drollig, komisch, ulkig* || *seltsam, sonderbar,* to feel ~ *sich unbehaglich fühlen* (about *betreffs*), *sich krank fühlen;* she came over ~ *es wurde ihr elend* || a ~ business *e–e unheimliche S;* no ~ stuff *kein Scherz, nicht z Spaßen* || too ~ for words! *zu komisch!* || ⟨Am sl⟩ *vernarrt* (for *in*) || ⟨fam⟩ *unredlich* || ⟨euph⟩ *beschwipst* **|** ~-bone *Musikantenknochen* m || ~ man *Zirkusclown,* ⟨fam⟩ = comedian

funny ['fʌni] s *leichtes Klinkerboot* n

fur [fə:] **1.** s *Fell* n, *Pelz* m || [koll] *Pelztiere* n pl (~ and feather) | *Pelzwerk* n, *–mantel* m; ⟨vulg⟩ *,,Pelzbesatz"* m **|** ⟨Am⟩ to make the ~ fly (*drein)schlagen, daß die Fetzen fliegen;* ⟨übtr⟩ *Staub aufwirbeln* **|** ~s [pl] *Pelzwaren* f pl **|** ⟨med⟩ (*Zungen–)Belag* m || *Kesselstein* (etc) m **|** ~-dressing *Pelzverarbeitung, –aufbereitung* f **2.** vt/i || *mit Pelz besetzen, kleiden* or *füttern* || (*mit Belag) überziehen; mit Kesselstein bedecken* || ⟨carp⟩ *mit Futterholz bekleiden* **|** vi *sich* (*mit Belag) überziehen* **~red** [~d] a *mit Pelz besetzt; belegt* (a ~ *tongue*) || to be ~ up ⟨tech⟩ *viel Kesselstein* h

furbelow ['fə:bilou] **1.** s *Falbel* f; *Faltensaum* m || ~s [pl] ⟨fig⟩ *Putz, Staat,* ⟨dero fig⟩ *Firlefanz* m **2.** vt *mit e–r Falbel besetzen*

furbish ['fə:biʃ] vt *blank putzen; polieren* || ⟨fig⟩ (a to ~ up) *aufputzen, auffrischen*

furcate ['fə:keit] **1.** a *gabelförmig* **2.** vi *sich gabeln* **–ation** [fə:'keiʃən] s *Gabelung* f

furfuraceous [ˌfə:fju'reiʃəs] a *schorfig, Schorf–; schuppig* || *kleiig*

furfurol ['fə:fjurəl] s ⟨chem⟩ *Furfur·ol* n (*farbloses Öl*)

furibund ['fjuəribʌnd] a *wütend, rasend*

furious ['fjuəriəs] a (~ly adv) *wütend, rasend;* ⟨a übtr⟩ (~ storm) **~ness** [~nis] s *Wut, Raserei* f

furl [fə:l] **1.** vt/i || (*Segel) zus–rollen u festmachen* || (*Fahne; Schirm) aufrollen;* (*Fächer) zus–legen;* (*Vorhang) aufziehen* **|** vi *aufgerollt w; wegziehen* (like clouds) **2.** s *Zus–rollen* n

furlong ['fə:lɔŋ] s ⟨engl⟩ *Achtelmeile* f (= 220 yards = 201,16778 m); ⟨sport⟩ the ~ *der Lauf e–r A.*

furlough ['fə:lou] ⟨Am⟩ **1.** s *Urlaub* m (on ~ *auf Urlaub);* ~ from the combat zone *Fronturlaub* m **2.** vt *beurlauben*

furmety ['fə:məti] s → frumenty

furnace ['fə:nis] **1.** s *Ofen, Schmelz–, Hochofen* m || *Heizraum* m *e–r Zentralheizung* || ⟨übtr⟩ *Schmelzofen* m, *Feuerprobe* f (to come through the ~ of war) **|** [attr] *Ofen–* || ~ transmutation glaze *geflammte Glasur* f **2.** vt *in e–m Ofen erhitzen*

furnish ['fə:niʃ] vt *versehen* (with *mit*) || *ausrüsten; ausstatten* (a house); *ausstaffieren; möblieren* (a room), ~ed rooms *möblierte Zimmer* pl || (*etw) liefern; darbieten, gewähren* (to a th *e–r S, für e–e S*) **| ~er** [~ə] s *Lieferant* m; *Möblierer* m || *as* and upholsterer *Dekorateur* m **~ing** [~iŋ] s *Ausrüstung, Möblierung* f || ~s pl *Schmuck* m, *Dekoration* f || *Möbel* n pl, *Mobili·ar* n

furniture ['fə:nitʃə] s [*nur sg-Form u sg konstr*] (of a horse) *Geschirr* n || (*geistige) Ausrüstung* f ||

(of a ship etc) *Ausrüstung*; *Schiffsgerät* n ‖
⟨tech⟩ *Zubehör* n **|** *Hausrat* m, *die Möbel* n pl,
Mobiliar n, *Innendekoration* f, a piece of ∼ *ein
Möbel–*, *Einrichtungsstück* n; set of ∼ *Möbel-
garnitur* f; sectional ∼, module ∼ *Auf–*, *Anbau-
möbel* n pl **|** [attr] *Möbel–* **|** ∼-remover
–spediteur m

furore [fjuə'rɑːri, 'fjuərɔ:] s It *Aufsehen* n; to
make a ∼ *Furore* m

furrier ['fʌriə] s *Kürschner*, *Pelzhändler* m
∼**y** [∼ri] s *Pelzhandwerk*; *Pelzwerk* n

furring ['fə:riŋ] s *Pelzwerk* n, *–besatz* m;
Pelze m pl ‖ *Kesselsteinansetzung* f, *–belag* m ‖
(Planken-)Bekleidung f (*e–s Schiffes*); *Futter-
bretter* n pl

furrow ['fʌrou] **1.** s *Furche, Rinne* f ⟨a fig⟩ ‖
Runzel f ‖ *(of torpedo) Blasenbahn* f ‖ *Schrauben-
gang* m ‖ ∼s [pl] *Fugenschnitt* m; *Lagerfugen*
f pl **2.** vt *furchen; aushöhlen, auskehlen ‖ durch-
furchen* **|** ∼**y** [∼i] a *gefurcht* ‖ *runzlig*

furry ['fə:ri] a *Pelz–, pelzartig*

Furry Dance ['fʌridɑ:ns] n ⟨dial⟩ *Freuden-
tanz* m *durch die Straßen*

further ['fə:ðə] (*in abgeleiteten Bedeutungen*;
→ *farther*) **1.** adv *ferner, weiter* (some lines ∼
on *einige Zeilen weiter*); *mehr*; no ∼ *nicht
weiter* ‖ ∼ from *weiter entfernt v* **|** *weiterhin*,
überdies **2.** a *entfernter, weiter, ferner*; till ∼
notice *bis auf weiteres* ‖ ∼ *particulars* [pl]
Näheres n ‖ I'll see you ∼ *first (ablehnend) ich
pfeif dir was* **3.** vt *fördern, unterstützen* ∼**ance**
[∼rəns] s *Förderung* f; in ∼ of *z Förderung v,
um z fördern* ∼**more** [∼'mɔ:] adv *außerdem,
überdies, ferner* ∼**most** ['∼moust] a *fernst,
weitest*

furthest ['fə:ðist] **1.** a *weitest, fernst* **2.** adv *am
weitesten*

furtive ['fə:tiv] a (∼ly adv) *heimlich, unbemerkt* ‖ (of persons) *heimlich tuend; hinterhältig, –listig* ‖ *verstohlen* ‖ *diebisch* ∼**ness**
[∼nis] s *Verstohlenheit* f

furuncle ['fjuərʌŋkl] s *Fur·unkel* m ∼**cular**
[fju'rʌŋkjulə], ∼**culous** [fju'rʌŋkjuləs] a *furun-
kul·ös*; *Furunkel–*; ∼**culosis** [fju,rʌŋkju'lousis] s
⟨med⟩ *Furunkul·ose* f

fury ['fjuəri] s *Wut* (against, with a *p gegen,
über jdn*; at a th *über etw*); *Raserei* f; in a ∼
wütend ‖ *Ungestüm* n; *Heftigkeit* f (like ∼ *wie
toll*) ‖ *Furie* f, [mst pl] *–ries Rachegeister* pl ‖
⟨übtr⟩ *Furie* f, *wütendes Weib* n **|** ∼*-fighter*
⟨aero⟩ *Jagdflugzeug* n

furze [fə:z] s ⟨bot⟩ *Stechginster* m *–zy* ['fə:zi]
a *voll v Stechginster*

fusain 1. [fy'zɛ̃:] s Fr *Holzkohlenstift* m;
–zeichnung f **2.** ['fju:zein] s *Fus·it* m, *Fusa·in* n
(*Bestandteil der Steinkohle*)

fuscous ['fʌskəs] a *dunkelfarbig*

fuse[1], **fuze** [fju:z] **1.** s *Zünder* m; point-
detonating ∼ *Aufschlag–* (*AZ*); delay ∼ *AZ m
V (mit Verzögerung)*; proximity ∼ *Näherungs–*;
time ∼ *Brenn–, Zeitzünder* **|** ∼ lighter *(Zeit-)
Zündschnuranzünder* m ‖ ∼ range *Zünderlaufzeit* f ‖ ∼ setter *Zünder stellschlüssel m, –maschine*
f ‖ ∼ setting operator (*P*) *Zündereinsteller* m ‖
∼ time *Zünderlaufzeit* f **2.** vt *mit e–m Z. versehen*

fuse[2], [fju:z] vt/i ‖ (*Metall*) *(aus)schmelzen;
gießen* ‖ *verschmelzen* ‖ ⟨fig⟩ *durchtränken*
(with) **|** vi *schmelzen, zerfließen* ‖ ⟨übtr⟩ *sich
verschmelzen* or *–mischen*

fuse[3], ⟨Am * a⟩ **fuze** [fju:z] **1.** s ⟨el⟩ *(Schmelz–)
Sicherung* f **|** the ∼ is gone *od blown die S. ist
durchgeschlagen* **2.** vi/t ⟨el⟩ *durchbrennen* **|** vt
to ∼ a fuse *e–e S. durchbrennen*

fusee [fju:'zi:] s *Windstreichholz* n; *Schwefel-
hölzchen* n ‖ (of a watch, clock) *Schnecke* f

fuselage ['fju:zilidʒ; –lɑ:ʒ] s ⟨aero⟩ *Rumpf* m,
Außenseite f (*e–s Flugzeuges*) ‖ ∼ section
Rumpfquerschnitt m ‖ ∼ tank *Rumpfbehälter* m

fusel oil ['fju:z]'ɔil] s ⟨chem⟩ *Fuselöl* n

fusibility [,fju:zə'biliti] s *Schmelzbarkeit* f
–ble ['fju:zəbl] a *schmelzbar*; *Schmelz–* (∼ plug)

fusiform ['fju:zifɔ:m] a *spindelförmig*

fusil ['fju:zil] s *Steinschloßgewehr* n

fusile ['fju:sail] a *schmelzbar* ‖ *geschmolzen,
flüssig*

fusilier [,fju:zi'liə] s ⟨mil⟩ *Füsil·ier* m

fusillade [,fju:zi'leid] **1.** s *Gewehrfeuer* n,
Salve f ‖ ⟨fig⟩ *Hagel* m (∼ of stones) **2.** vt (*Ort*)
beschießen; (*jdn*) *erschießen, füsilieren*

fusing ['fju:ziŋ] s *Schmelzen* n; [attr] *Schmelz–*
(∼ point)

fusion ['fju:ʒən] s *Schmelzen* n ‖ *Schmelz-
masse* f, *Fluß* m ‖ ⟨phys⟩ *Umwandlung* f **|**
⟨übtr⟩ *Verschmelzung, Vereinigung* f (into, to
zu); *Fusi·on* f ‖ ∼ bomb *Wasserstoffbombe* f
∼**ist** [∼ist] s *Fusionsanhänger* m

fuss [fʌs] **1.** s *Lärm* m; *Getue, Wesen, Aufheben* n ‖ to make a ∼ about *viel Aufhebens m
um* ‖ *Aufregung* f **2.** vi/t ‖ *viel Aufhebens m*
(about *über*); *sich aufregen; sich aufgeregt be-
wegen* (to ∼ up and down) ‖ ⟨Am sl⟩ *flirten* **|** vt
(*jdn*) *er–, aufregen* **|** ∼-pot *Umstandskrämer* m
∼**er** [∼ə] a ⟨Am⟩ *Pouss·ierstengel* m ∼**iness**
['∼inis] s *unnötige Geschäftigkeit, Aufregung* f
| ∼**y** ['∼i] a (*–ssily* adv) *unnötig geschäftig, auf-
geregt, viel Aufhebens machend* ‖ (of style) *übertrieben, geziert*

fust [fʌst] s *Mief, muffiger Geruch* m

fustanella [,fʌstə'nelə] s It *Fustan·ella* f
(*Faltenrock*)

fustian ['fʌstiən] **1.** s *Barchent* m ‖ ⟨fig⟩
Bombast, Schwulst m **2.** a *aus Barchent, barchen*
‖ ⟨fig⟩ *hochtrabend, schwülstig*

fustic ['fʌstik] s *Gelbholz* n, *Alter Fustik* m ‖
Farbstoff daraus

fustigate ['fʌstigeit] ⟨hum⟩ vt *prügeln* **–ation**
[,fʌsti'geiʃən] s *Prügelstrafe* f

fustiness ['fʌstinis] s *Modergeruch* m

fusty ['fʌsti] a *moderig, muffig* ‖ ⟨fig⟩ *verstaubt, –altet; altmodisch*

fut [fʌt] adv to go ∼ *entzweigehen*; ⟨fig⟩
zus·brechen, scheitern; → phut

futchel(l) ['fʌtʃəl] s *Deichselarm* m, *Achsschere* f

futharc ['fu:ðɑ:k], **–thorc** [–ðɔ:k] s *Runen-
alphabet* n

futile ['fju:tail] a (∼ly [∼li] adv) *leer, nichtig,
nutzlos, wirkungs–, zwecklos* ‖ *oberflächlich*

futility [fju:'tiliti] s *Leerheit, Nichtigkeit* f;
Wertlosigkeit f; *Unzulänglich–*; *Unfruchtbar–* ‖
Oberflächlichkeit f

futtock ['fʌtək] s ⟨mar⟩ *gebogenes Stück Holz*
n, *Rippe* f *an der Kiellinie des Schiffes*

future ['fju:tʃə] **1.** a (*zu)künftig; Zukunfts–*;
⟨com⟩ *Termin–* ‖ ∼ tense ⟨gram⟩ *Fut·urum* n ‖
∼ position (of target) *Vorhaltepunkt, theoreti-
scher Treffpunkt* m; ∼ range *Treffentfernung* f ‖
∼ right, ∼ estate *zukünftiges Recht* n **2.** s
Zukunft f (in the near ∼); for the ∼, in the ∼
in Zukunft, künftig ‖ to have a great ∼ *e–e gr
Zukunft h* ‖ ⟨gram⟩ *Futurum* n ‖ ∼s [pl] ⟨com⟩
Termingeschäfte; –waren pl

futurism ['fju:tʃərizm] s ⟨paint⟩ *Futur·ismus*
m (*Kunstrichtung*)

futurity [fju:(:)'tjuəriti] s *Zukunft* f; *zukünftiges
Ereignis* n ‖ *zukünftiges Leben* n, *Nachwelt* f ‖
→ stake

fuze [fju:z] = fuse[1]; ⟨Am * a⟩ fuse[3]

fuzz [fʌz] **1.** s *feiner Flaum* m; *Fussel* f;
flaumiges Haar n **|** ∼-ball ⟨bot⟩ *Bovist* m (*ein
Bauchpilz*) **2.** vi (*a* to ∼ out) *aus–, zerfasern, sich
in Fasern auflösen*

fuzzy ['fʌzi] a *flockig, flaumig; faserig*; (of
hair) *struppig, kraus* (∼-haired) ‖ *verwischt,
trübe* ‖ ⟨fam⟩ *beschwipst* ‖ ∼-wuzzy *Sudan-
krieger* m; *Angorapullover* m

fylfot ['filfət] s *Hakenkreuz* n

G

G, g [dʒi:] s (pl ~s, ~'s) *G, g* n ‖ ⟨mus⟩ *G* n ‖ ~ *flat Ges* n ‖ ~ *sharp Gis* n ‖ ~ *clef Violinschlüssel* m ‖ **G-gas** (*geruchloses*) *Nervengas* n ‖ **G-M angle** ⟨cart, surv⟩ *Winkel* m *zw Gitter-Nord u Magnetisch-Nord* ‖ **G-man** ⟨sl⟩ (= *Government man*) *Kriminal·ist, Untersuchungsbeamter* m ‖ **G-suit** ⟨aero⟩ *G-Anzug* m (*Schutzanzug geg Überdruck & Erdbeschleunigungskräfte*) | ⟨Am mil⟩ **G-1** *Führergehilfe* (*Personal*); **G-2** *F.* (*Feindnachrichten u Sicherheit*); **G-3** *F.* (*Organisation, Ausbildung u Operationen*); **G-4** *F.* (*Logistik*)
gab [gæb] s ⟨fam⟩ *Plaudern, Geplauder* n; *Schwatzen* n; stop your ~ *halt den Mund* ‖ the gift of the ~ *Gabe* f *des Sprechens, ein gutes Mundwerk* ~**by** ['~i] a ⟨Am sl⟩ *geschwätzig*
gabardine ['gæbədi:n] s → gaberdine
gabble ['gæbl] **1.** vi/t ‖ *schwatzen, schnattern* | vt (*etw*) *schnell, undeutlich sprechen*; (*etw*) *her-, herunterplappern* **2.** s *Geschwätz, Geschnatter* n | ~**r** [~ə] s *Schwätzer* m
gabbro ['gæbrou] s It ⟨geol⟩ *G·abbro* n (*basisches Tiefengestein*)
gabby ['gæbi] a ⟨Am⟩ *schwatzhaft, geschwätzig*
gabelle [gæ'bel] s Fr ⟨a-engl⟩ *Steuer* f, *Zoll* m
gaberdine ['gæbədi:n] s *Kittel, Kaftan* m (*der Juden*) | (*a* gabardine) *G·abardine* m (*Kammgarnstoff*)
gabfest ['gæbfest] s ⟨Am⟩ *Quasselei(-Veranstaltung* f) f
gabion ['geibiən] s Fr ⟨mil⟩ *Schanzkorb* m (*Reisigkorb*) ~**ade** [,geibiə'neid] s *Schanzkorb-, Sandsackbefestigung* f
gable ['geibl] s ⟨arch⟩ *Giebel* m; recessed ~ *abgetreppter G.*, stepped ~ *Treppen*—; (*a* ~-end) *Giebelwand* m ‖ ⟨arch arts⟩ *Hochdreieck* n, *Wimperg, Ziergiebel* m | [attr] *Giebel-* (~ window) | ~**d** [~d] a *giebelig, Giebel-*
gaboon [gə'bu:n] s *Gab·unholz* n
gaby ['geibi] s *Tropf, Einfaltspinsel* m
gad [gæd] intj (*f God*) ~! by ~! *m–r Treu!*
gad [gæd] s *Pfeil-, Speerspitze* f ‖ *Eisenkeil* m ‖ *Stachelstock* m
gad [gæd] **1.** vi [*mst*] to ~ about *sich umhertreiben; umherstreifen, umherlaufen* ‖ (*of plants*) *wuchern* **2.** s *Umherstreichen* n [*nur in*:] to be on, upon the ~ *sich umhertreiben* ~**about** ['~əbaut] s *Bummler, Pflastertreter* m
gadder ['gædə] s ⟨Am⟩ *Bummler, Herumlungerer* m
gad-fly ['gædflai] s ⟨ent⟩ *Viehbremse* f ‖ ⟨fig⟩ *Störenfried, lästiger Bursche* m
gadget ['gædʒit] s ⟨fam⟩ *kl techn. Errungenschaft, Erfindung, Vorrichtung* (*z. B. Büchsenöffner, Feuerzeug,* ⟨el⟩ *Toaster* etc) ‖ ⟨übtr⟩ *Kleinigkeit* f; *Zubehör* n, *Teilchen* (*e–r Maschine* etc) n ‖ *Spielerei* f, °*Kinkerlitzchen, Ding(es)* n, *Klimbim* m; the ~! °*die Masche!* (*das Richtige*)
Gadhelic [gæ'delik] a & s = Gaelic
gadi ['gɑ:di], **gaddi** ['gadi] s ⟨Ind⟩ *gepolsterter Thron* m
Gadidae ['gædidi:] s L pl ⟨ich⟩ *Gattung der Schellfische* ‖ **gadoid** ['gædɔid] a *Schellfisch-*
gadroon [gə'dru:n] s; ~s [pl] *rund geschweifte Randverzierung* f
gadwall ['gædwɔ:l] s ⟨orn⟩ *Schnatterente* f
Gael [geil] s *Gäle* m ~**ic** ['~ik] **1.** a *gälisch*; ~ coffee *Kaffee* m *mit Whisky* **2.** s *die gälische Sprache* f
gaff [gæf] **1.** s *Fischhaken* m (*z Lachsfang*) ‖

⟨mar⟩ *Gaffel* f **2.** vt *mit Fischhaken fangen*
gaff [gæf] s ⟨sl⟩ *Unsinn, -fug* m ‖ *Faux pas* m to blow the ~ (on a th) *das Geheimnis* (*e–r S*) *verraten* ‖ to stand the ~ *etw ruhig hinnehmen, ertragen*
gaff [gæf] s ⟨sl⟩ *Art* f *niederen Theaters, Varietés,* °*Bums* m
gaff [gæf] s ⟨Am sl⟩ *Müh' u Not* f ‖ *Anstrengung* f ‖ °*Gequassel, Gewäsch* (*Geschwätz*) n ‖ °*Sich-dicke-tun* n
gaff(e) [gæf] s *Fehler* m, *Dummheit* f
gaffer ['gæfə] s *Alter* m, *Väterchen* n, *Gevatter* m ‖ *Vorarbeiter, Aufseher* m ‖ ⟨sl⟩ *Chef* m
gag [gæg] **1.** s *Knebel* m ‖ *Hemmung, Knebelung* f (on a th *e–r S*); ⟨parl⟩ *Schluß der Debatte* m ‖ ⟨theat⟩ kom. *Improvisation,* (*gute*) *Klamotte* f; *Ulk* m ‖ ⟨sl⟩ *Täuschung* f, *Schwindel* m ‖ ~-**man** *Gag-Spezialist, Regie-Assistent* m f *Gags* **2.** vt/i ‖ *knebeln* ‖ (*Mund*) *durch Knebel öffnen* ‖ *verstopfen*; ⟨fig⟩ *mundtot m* ‖ ⟨sl⟩ *täuschen* | vi *würgen* ‖ ⟨theat⟩ *extemporieren, improvisieren* ‖ ⟨sl⟩ *täuschen*
gaga ['gɑ:gɑ:] ⟨sl⟩ **1.** a *albern, verrückt*; *unbrauchbar;* °*„verkalkt"* (*P*) **2.** (⟨bes⟩ *Film-*)*Narr*
gage [geidʒ] **1.** s *Pfand, Unterpfand* n, *Bürgschaft* f ‖ *Fehdehandschuh* m; *Herausforderung* f **2.** vt ⟨fig⟩ *verpfänden* (one's life)
gage [geidʒ] s = gauge
gaggle ['gægl] **1.** vi *gackern, schnattern* **2.** s *Geschnatter* n ⟨a übtr⟩
gaiety ['geiəti] s *Lustigkeit, Fröhlichkeit* f ‖ *Lustbarkeit* f ‖ *Pracht* f, *Putz* m
gaily ['geili] adv v gay [a]
gain [gein] **1.** vt/i **A.** vt *gewinnen* (from *v*, by *durch*) ⟨mil⟩ to ~ by force *erkämpfen* ‖ *erwerben, erhalten, erlangen* (from) ‖ ⟨pol⟩ (*Stimmen*) *auf sich vereinigen können* ‖ *verdienen*; to ~ a p a th *jdm etw einbringen* ‖ *erreichen; ankommen an* or *in* ‖ ⟨carp⟩ *nuten, Nuten schneiden* | to ~ the day *obsiegen* ‖ to ~ the ear of *Gehör finden bei* ‖ to ~ ground (*an*) *Boden gewinnen; sich durchsetzen; um sich greifen*; to ~ ground on a p *jdn beeinträchtigen* ‖ to ~ the upper hand *die Oberhand gewinnen* | to ~ over (*jdn*) f *sich gewinnen* **B.** vi *gewinnen* (in *an*) ‖ *Vorteil h* ‖ *Einfluß* or *Boden gewinnen* (by) ‖ (*of clocks*) *vorgehen* | to ~ (up)on a th (of the sea) *übergreifen auf, sich ausbreiten über* (*das Land*); (*e–r S*) *näherkommen* ‖ .. (up)on a p *jdm den Vorteil abgewinnen, jdn ein-, überholen*; *Einfluß erlangen, Anklang finden bei jdm, jdn gewinnen* **II.** s *Gewinn* m (clear ~ *Rein-*); *Profit* m; *Lohn* m, ~s [pl] *Einkünfte, -nahmen* pl ‖ ⟨übtr⟩ *Vorteil, Gewinn* m (a ~ to *ein G.* f) ‖ *Zunahme, Steigerung* f ‖ ⟨aero⟩ ~ in altitude *Höhengewinn* m ~**able** ['~əbl] a *gewinn-, erreichbar* ~**er** ['~ə] s *Gewinner* m; to be the ~ by *gewinnen durch* ~**ful** ['~ful] a *einträglich* ‖ *auf Gewinn bedacht*; ⟨stat⟩ *auf Erwerbseinkommen ausgerichtet* (occupation); ⟨Am⟩ *bezahlt* | employed ~ly, ~ly occupied *erwerbstätig* ~**ings** ['~iŋz] s pl *Gewinn* m; *Einkünfte* pl
gainly ['geinli] a *höflich, artig; taktvoll*
gainsay [gein'sei; 'geinsei] vt *bestreiten, leugnen* (a fact) ‖ (*jdm*) *widersprechen*
gainst, 'gainst [geinst, genst] prep ⟨poet⟩ = against
gait [geit] s *Gang(art* f) m; *Haltung* (*beim Gehen*) f ‖ ⟨Am⟩ *Schritt* m

gaiter ['geitə] **1.** s *Gamasche* f **2.** vt *mit Gamaschen versehen*

gal [gæl] s ⟨vulg⟩ = *girl: Mädchen, Mädel* n ‖ (*Dienst-)Mädchen* ‖ *Schatz* m (*Mädchen*)

gala ['gɑːlə, 'geilə] s Fr *Festlichkeit* f; *Hoffest* n, *Gala* f ‖ ∼ *dress Galaanzug* m

galactic [gə'læktik] a *Milchstraßen–*

galacto– [gə'læktou] [in comp] *Milch–*

galago [gə'leigou] s ⟨zoo⟩ *L·ori, Nachtaffe* m

galantine ['gælənti:n] s Fr *kaltes Gericht aus Fleischscheiben*

galanty-show [gə'lænti∫ou] s *Schattenspiel* n

galaxy ['gæləksi] s *Milchstraße* f ‖ ⟨fig⟩ *glänzende Versammlung, Schar* f

galatea [gælə'ti:ə] s (*blau-weiß-)gestreiftes Baumwollzeug* n

galbanum ['gælbənəm] s L *Galb·anharz* n

gale [geil] s *frischer Wind* (it blew a ∼ *es ging ein frischer Wind*); ⟨mar⟩ *steife Brise* f, *Sturm* m; ∼ *warning Sturmwarnung* f ‖ ⟨Am⟩ *Taumel* m; *Aufregung* f

gale [geil] s (*periodische) Pacht–, Zinszahlung* f

gale [geil] s ⟨bot⟩ (*mst* sweet ∼) *Brabanter Myrte* f, *Gagelstrauch* m

galea ['geiliə] s L ⟨bot & zoo⟩ *helmartige Bedeckung* f ∼**te(d)** ['geilieit(id)] a ⟨bot⟩ *wie mit e–m Helm bedeckt*

galeeny [gə'li:ni] s ⟨orn⟩ *Perlhuhn* n

galena [gə'li:nə] s L ⟨minr⟩ *Galen·it, Bleiglanz* m

galenic(al) [gə'lenik(əl)] a (*nach Galenos,* † 201) *gal·enisch*

Galician [gə'li∫iən] **1.** a *galizisch* **2.** s *Galizier(in* f) m

Galilee ['gælili:] s ⟨ec⟩ *Kapelle, Vorhalle* f, *–raum* m *e–r Kathedrale* f

galimatias [gæli'mætiæs, –'mæsia:] s Fr *Galimath·ias, verworrenes Geschwätz, Gewäsch* n

galingale ['gæliŋgeil] s ⟨bot⟩ *Zyperwurzel* f

galipot ['gælipət] s *Fichtenharz* n; ⟨for⟩ *erhärtetes Harz* m

gall [gɔːl] s ⟨anat⟩ *Galle* f ‖ ⟨fig⟩ *Galle, Bitterkeit, Erbitterung, Bosheit* f ‖ ⟨Am sl⟩ *Unverschämtheit* f ‖ [attr] ∼**-bladder** *Gallenblase* f ‖ ∼**-duct** *–gang* m ‖ ∼**-stone** *–stein* m ‖

gall [gɔːl] **1.** s *bloß–, wundgeriebene Stelle* f; °*Wolf* m ‖ ⟨fig⟩ *Qual, Pein* f, *Blöße* f *unfruchtbaren Landes* **2.** vt/i ‖ *wundreiben, –scheuern* ‖ ⟨tech⟩ *scheuern, fressen, abnutzen* ‖ ⟨fig⟩ *quälen, peinigen; belästigen; ärgern, reizen* | vi *wund w*; ⟨fig⟩ *quälen* ∼**ing** ['–iŋ] a *kränkend; ärgerlich, beunruhigend; störend*

gall [gɔːl] s *Galle, Mißbildung, Wucherung* f *an Bäumen;* (a ∼*-nut) Gallapfel* m | ∼**-fly** ⟨ent⟩ *Gallwespe* f ∼**ic** ['gælik] a *Gallus–* (∼ *acid*)

gallant ['gælənt] **1.** a (∼*ly adv) schön, stattlich, prächtig* ‖ *tapfer; ritterlich, gal·ant* | [gə'lænt] *artig, höflich (gegen Damen); Liebes–* (∼ *adventures*) **2.** s *vornehmer, ritterlicher Mann* m | a [gə'lænt] *Kurmacher, Gal·an* m ∼**ry** ['gæləntri] s *Tapferkeit* f, *Edelmut* m | *Galanter·ie, Artigkeit* f (*gegen Damen*) ‖ *Buhlerei* f

galleas, –ias ['gæliæs] s *Gale·asse, gr Galeere* f

galleon ['gæliən] s *Gale·one, Galli·one* f

galleried ['gælərid] a *mit e–r Galerie versehen* –**ry** ['gæləri] s ⟨arch⟩ *langer gedeckter Gang* m, *Galerie* f; ⟨Am⟩ *Veranda* f ‖ ⟨fort⟩ *Minengang, bedeckter Gang* m (listening ∼ *Horch–); Strecke* f; *Stollen* m | *Balkon* m ‖ *Empore* f (*in Kirchen*) ‖ *Korridor* m ‖ ⟨theat⟩ *Galerie* f, °*Olymp* m; the ∼ *die Zuschauer der G.;* ⟨sport⟩ *die Zuschauer* pl (they are playing it up to the ∼ .. *f die Olympier*) ‖ *to play to the* ∼ ⟨fig⟩ *nach Volksgunst streben, nach Effekt haschen* ‖ ⟨mar⟩ *Galerie* f, *Laufgang* m ‖ ⟨arts⟩ *Galerie;* picture-∼ *Gemälde–* | [attr] ∼ *frame Minierrahmen* m; ∼**-hit,** ∼**-play** *Schaustück* n;

∼ practice *Kleinkaliberschießen* n –**ryite** ['–ait] s ⟨bes Am⟩ *Galerieplatzinhaber,* → –ite

galley ['gæli] s ⟨mar⟩ *Gal·eere* f; to be sent to the ∼s z *Galeerenstrafe verurteilt w* ‖ *offenes Ruderboot* n | ⟨mar⟩ *Kombüse, (Schiffs-)Küche* f ‖ ⟨typ⟩ (*Setz-)Schiff* n | [attr] ∼**-proof** *Fahnenabzug* m ‖ ∼**-slave** *Galeerensklave, –sträfling* m ‖ ∼**-west** [adv] ⟨Am fam⟩ °*futsch* ‖ ∼**-worm** ⟨ent⟩ *Tausendfüßler* m

galliambic [gæli'æmbik] ⟨pros⟩ **1.** a *galliambisch* **2.** s *Galli·ambus* m

galliard ['gæljɑːd] s *Galliarde* f (*Tanz*)

Gallic ['gælik] a *gallisch;* ⟨hum⟩ *französisch* ∼**an** [∼ən] a *gallikanisch, französisch-katholisch* ∼**ism** ['gælisizm] s *Gallizismus* m ∼**ize** ['gælisaiz] vt/i *französ·ieren*

galligaskins [gæli'gæskinz] s pl *Hose* f ‖ ⟨dial⟩ *Gam·aschen* pl

gallimaufry [gæli'mɔːfri] s ⟨fig⟩ *Mischmasch* m

gallinacean [gæli'nei∫ən], –**aceous** [gæli'nei∫əs] a *hühnerartig, Hühner–*

gallinule ['gælinju:l] s ⟨orn⟩ *Wasserhuhn* n ‖ purple ∼ *Purpurhuhn* n

Gallio ['gæliou] s [pl ∼s] L *gleichgültige P.*

galliot ['gæliət] s *kl schnelle Gal·eere* f

gallipot ['gælipət] s *Apotheker–, Marmeladentopf* m

gallium ['gæliəm] s L *Gallium* n (*Metall*)

gallivant [gæli'vænt] vi *flirten, schäkern* (with); *sich herumtreiben* (with)

Gallo– ['gælou] [in comp] *Gallo–, französisch*

gallon ['gælən] s *Gallone* f (*englisches Hohlmaß* = 4 quarts = 4,54 [Am 3,78] *Liter*)

galloon [gə'lu:n] s *Tresse, Borte* f

gallop ['gæləp] **1.** s *Gal·opp* m ‖ flying ∼, full ∼ *gestreckter G., Karriere* f; ⟨fig⟩ *größte Eile* f ‖ at a ∼ *im Galopp* | *Ritt* m *im G.* **2.** vi/t ‖ (*los)galoppieren* (at *auf*) ‖ ⟨fig⟩ *eilen, rasen* (through, over) | vt (*Pferd*) g. l ∼**ade** [gælə'peid] s Fr *Galopp* m, *–ade* f (*Tanz*) ∼**er** ['gæləpə] s **1.** *galoppierendes Pferd, –render Reiter; Melder* m **2.** ⟨mil⟩ *leichtes Feldgeschütz* ∼**ing** ['gæləpiŋ] a ∼ consumption *galoppierende Schwindsucht* f

Gallovidian [gælou'vidiən] **1.** a *Galloway–* **2.** s *Bewohner v* **Galloway** ['gælowei] s, *kl starkes Pferd aus G.* (*Schottl.*) ‖ *Mastrind* m

gallows ['gælouz] s [*mst* sg konstr: a ∼ was erected, pl ∼es] *Galgen* m; to come to the ∼ *an den G. k, gehängt w;* to end on the ∼ *am Galgen enden* ‖ ∼es [pl] ⟨Am sl⟩ ⟨a⟩ *galluses) Hosenträger* m | [attr] ∼**-bird** *Galgenvogel* m ‖ ∼**-look** *Galgengesicht* n ‖ ∼**-tree** *Galgen* m

galoot [gə'lu:t] s ⟨sl⟩ °*Bursche, Kerl, Tölpel* m

Gallup man ['gæləp 'mæn] s *Meinungsforscher* m

galop ['gæləp] **1.** s *Galopp* m (*schneller Tanz im* 2/4*Takt*) **2.** vi *G. tanzen*

galoptious [gə'lɔp∫əs], **galuptious** [–ʌ–] a ⟨sl m.m.⟩ °*bonfortion·ös* [bɔŋ–], *komfortion·ös*

galore [gə'lɔ:] **1.** adv *in Fülle, in Menge* **2.** s *Menge* f (in ∼)

galosh, golosh [gə'lɔ∫] s *Gal·osche* f, *Uber–, Gummischuh* m

galumph [gə'lʌmf] vi *triumphierend einherstolzieren*

galvanic [gæl'vænik] a (∼*ally adv*) ⟨el⟩ *galvanisch* –**nism** ['gælvənizm] s ⟨el⟩ *Galvanismus* m ‖ *Galvanotherap·ie* f –**nization** [gælvənai'zei∫ən] s *Galvanisation* f –**nize** ['gælvənaiz] vt *galvanisieren, mit galvanischem Strom behandeln* ‖ ⟨fig⟩ *anspornen* (to *zu*), *beleben;* to ∼ *into new life z neuem Leben wecken, mit neuem L. erfüllen, neu beleben* | (*im elektr. Bad*) *mit e–r Metallschicht überziehen; verzinken;* ∼**d** sheet *Zinkblech* n ‖ ∼**d** ironwire *verzinkter Eisendraht* m

galvano– ['gælvəno] [in comp] *Galvano–*

~meter [gælvə'nəmitə] s ⟨el⟩ *Galvanometer* n
~plasty [͵gælvəno'plæsti] s *Galvanoplastik* f
gambade [gæm'beid] s Fr, **-bado** [gæm'beidou] s [pl ~es] *Luftsprung* m *e–s Pferdes* || ⟨übtr⟩ *Sprung* m, *Kapri·ole* f, °*Mätzchen* n
gambeson ['gæmbisən] s ⟨hist⟩ *Wams* m *über der Rüstung*
gambier ['gæmbiə] s *Gamb·ir, gelbes Katech·u* n
gambit ['gæmbit] s *Gambit* n (*Spieleröffnung im Schachspiel*); ⟨fig⟩ *erster Schritt* m*, gewagtes Spiel* n
gamble ['gæmbl] **1.** vi/t || *Hasard* (*um Geld*) *spielen*; *hoch spielen* || ⟨st exch⟩ *wild spekulieren* || ⟨fig⟩ to ~ with *spielen mit, aufs Spiel setzen* || you can *od* may ~ on that ⟨fam⟩ *darauf kannst du Gift nehmen* | vt to ~ away *verspielen* **2.** s *Hasardspielen* n (to be on the ~ *Hasard spielen*); *Glücksspiel* n; ⟨fig⟩ *Wagnis* n | **~r** [~ə] s *Spieler* m **~some** [~səm] a *dem Spiel ergeben*
gambling ['gæmbliŋ] s *Glücksspiel* n | [attr] *Spiel–* || ~ debt *Spielschuld* f; ~-house *Spielhölle* f
gamboge [gæm'bu:ʒ] s ⟨chem⟩ *Gummigutt* n
gambol ['gæmbəl] **1.** s *Luft–, Freudensprung* m **2.** vi *freudig hüpfen, tanzen*; *Luftsprünge* m
game [geim] s **1.** *Spiel* n (*nach Regeln*); the ~ of billiards *das Billardspiel*; at the ~ *beim Spiel* || *einzelnes S., Partie* f (a ~ of chess *e–e P. Schach*); to play a ~ *ein S. spielen* || ~s [pl] (*Schul-*)*Sportspiele* n pl **2.** *Spiel* n; *Belustigung* f, *Spaß* m (what a ~!) **3.** *geheime Absicht* f, *Plan* m; *Schlich* m (that's your little ~ *das sind d–e kl Schliche*) **4.** ⟨hunt⟩ *Beute* f || [koll sg & pl konstr] *jagdbare Tiere* pl, *Wild* n (three head of ~ *drei Stück W.*); *–bret* n **5. Wendungen:** losing ~ *Spiel, bei dem man schlecht steht* or *verliert* || ~ of chance *Glücksspiel* || ~ of skill *Geschicklichkeitsspiel* n, *Spiel, das gelernt s will* | to be on (off) one's ~ (*nicht*) *in Form* s || the ~ is up *das Spiel* ⟨a fig⟩ *ist verloren* || the ~ is not worth the candle *die S lohnt der Mühe nicht* || to beat, outdo a p at his own ~ *jdn mit s–n eigenen Waffen schlagen* || to give the ~ away *den Plan, das Geheimnis verraten* || to give up, throw up the ~ *das Spiel aufgeben* || to make ~ of *z besten h, ins Lächerliche ziehen* || to play a good (poor) ~ *gut* (*schlecht*) *spielen* || to play the German ~ *zu Gunsten der Deutschen handeln* || to play the (strict) ~ *richtig spielen*, ⟨fig⟩ *mit ehrlichen Mitteln kämpfen* || to try a ~ on a p *bei jdm e–n Trick versuchen* **6.** [attr] **a.** ~ *Jagd–, Wild–* || ~-bag *Jagdtasche* f || ~ bird *Stück* n *Federwild* n; ~ birds *Federwild* n || ~-cock *Kampfhahn* m || ~ falcon *Beizfalke* m || ~ laws [pl] *Jagdgesetz* n || ~-licence *Jagdschein* m || ~ path *Wildwechsel* m || ~-tenant *Jagdpächter* m **b.** ~s *Spiel–*; ~s master *Sportlehrer* m; ~s room *Spielzimmer* n
game [geim] a (~ly adv) *mutig, entschlossen* (to die ~) || *aufgelegt, bereit* (for a th *zu etw*; to do) **~ness** ['~nis] s *Mut* m, *Entschlossenheit* f
game [geim] vi/t || (*um Geld*) *spielen* | vt (to ~ away) *verspielen*
game [geim] a (of limbs) *lahm*, ~-leg *lahmes Bein* n
gamekeeper ['geim͵ki:pə] s *Wildhüter, Heger, Förster* m
gamesome ['geimsəm] a (~ly adv) *lustig, munter*; *mutwillig* **~ness** [~nis] s *Lustigkeit* f, *Mutwille* m
gamester ['geimstə] s *Spieler* (*um Geld*) m
gamete [gæ'mi:t] s Gr ⟨biol⟩ *geschlechtl. Fortpflanzungszelle* f
gamey ['geimi] a = gamy
gaming ['geimiŋ] s (*Glück-*)*Spielen* n | [attr] *Spiel–*; ~ debt *–schuld* f; ~-house *–haus* n || ~-table *–tisch* m, *–bank* f

gamma ['gæmə] s Gr *Gamma* n (*3. griech. Buchstabe*) || ~ plus ⟨school, etc⟩ *besser als drittrangig* | ⟨el⟩ ~ rays [pl] *Gammastrahlen* pl; ~ background *–spiegel* m | ⟨ent⟩ (a ~-moth) *Gammaeule* f (*Schmetterling*)
gammer ['gæmə] s *Mütterchen* n, *Gevatterin* f
gammon ['gæmən] **1.** s *geräucherter Schinken* m; *durchwachsener Speck* m **2.** vt (*Schinken*) *salzen, räuchern*
gammon ['gæmən] **1.** s *Gewinn* m v *zwei Spielen* (*beim Puffspiel*) **2.** vt *beim Puffspiel* (*jdn*) *zweimal schlagen*
gammon ['gæmən] ⟨mar⟩ **1.** vt (*Bugspriet*) *durch Tau befestigen* **2.** s *Befestigung des Bugspriets*
gammon ['gæmən] **1.** s *Täuschung* f; *Schwindel, Unsinn, Quatsch*, ×*Stuß* m **2.** vi/t || *vorgeben, sich stellen* (to do *als täte man*) | vt *beschwindeln, anführen*
gamo– ['gæmou] [in comp] *Gamo–, verbunden*
gamp [gæmp] s ⟨fam⟩ (*schlumpig aussehender*) *Regenschirm* m
gamut ['gæmət] s ⟨mus⟩ *Tonleiter* f || ⟨fig⟩ *Stufenleiter, Reihe* f*, Umfang* m
gamy, gamey ['geimi] a *angegangen*; *mit Wildgeruch* || *mutig*
gander ['gændə] s *Gänserich* m || ⟨fig⟩ ~-party *Herrenabend* m, *vgl* stag-party (*Ggs* hen-party)
gang [gæŋ] **1.** s (of workmen) *Trupp* m, *Abteilung, Kolonne, Schicht* f || *Bande, Rotte* f; *Sippschaft* f | *Satz Geräte* etc | ~-board ⟨mar⟩ *Laufplanke, Steg* m || ~ boss *Vorarbeiter* m || ~ cutter *Satzfräser* m || ~ days [pl] ⟨rel⟩ *Bittgänge* m pl || ~-plank *Landungssteg* m || ~ switch ⟨el⟩ *Gruppenschalter* m **2.** vi/t ⟨Scot⟩ *gehen* | to ~ up on a p *sich gegen jdn zus–tun* | vt (*Werkzeug* etc) *zur Zus–arbeit ordnen* || to ~ one's gait *s–r Wege gehen* | **~er** ['~ə] s *Werkführer, Vorarbeiter* m
'gang [gæŋ] s ⟨Am⟩ (= chain gang) *Gruppe* f (*angeketteter*) *Zuchthäusler* (*in den Südstaaten*)
gange [gændʒ] vt (*Angelhaken*) *mit Draht umwickeln*
gangle ['gæŋgl] vi ⟨Am⟩ „*steigen*" (*schwingend gehen*)
gangliated ['gæŋglieitid] a *Ganglien–* **–liform** ['gæŋglifə:m] a *ganglienförmig* **–ling** ['gæŋliŋ] a ⟨Am⟩ *hochgewachsen*
ganglion ['gæŋgliən] s Gr (pl –ia [–iə]; * ~s) ⟨path⟩ *Überbein* n || ⟨anat⟩ *Nervenknoten* m || ⟨fig⟩ *Knoten–, Mittelpunkt* m | [attr] *Ganglien–* **~ated** [~eitid], **~ic** [͵gæŋgli'ɔnik] a *Ganglien–*
gangrene ['gæŋgri:n] **1.** s ⟨med⟩ (*Wund-*)*Brand* m; frost ~ *Erfrierung* f || ⟨fig⟩ *Fäulnis, Verderbtheit* f **2.** vi/t || *brandig* w | vt *brandig* m; *abtöten* **–renous** ['gæŋgrinəs] a *brandig*; *Fäulnis-*
gangster ['gæŋstə] s ⟨Am⟩ *Angehöriger* m *e–r Verbrecherbande, bewaffneter Verbrecher* m | [attr] ⟨theat⟩ *Krimin·al–* (~ play) **~ism** ['~rizm] s *Verbrecherunwesen* n
gangue [gæŋ] s Fr ⟨minr⟩ *Gang* m (*Gesteinsmasse mit Erz*); ~ minerals [pl] *Gangarten* f pl
gangway ['gæŋwei] s *Durchgang* m (*zwischen Sitzreihen*) || *schmaler Quergang* m *im* House of Commons; to sit below the ~ ⟨parl⟩ „*Wilder*" s || ⟨min⟩ *Strecke* f || ⟨mar⟩ *Fallreep* n; *Laufplanke, Stelling* f || ⟨aero⟩ *Durchgang* m
gannet ['gænit] s ⟨orn⟩ *Baßtölpel, Weißer Seerabe* m
gan(n)ister ['gænistə] s *Gan·ister* (*tonhaltiger Kohlensandstein*)
ganoid ['gænɔid] **1.** a *glatt, glänzend* (scale); *schmelzschuppig* (fish) **2.** s ⟨ich⟩ *Schmelzschupper, Gano·ide* m
gantlet ['gɑ:ntlit] s ⟨Am⟩ → gauntlet
gantline ['gæntlain] s ⟨mar⟩ *Jolltau* n
gantry ['gæntri], **-aun-** ['gɔ:ntri] s *vierfüß.*

Stützblock f Fässer; *Gerüst* n, *Unterbau* m (*f Kran* etc || ⟨rail⟩ *Gleisübergang*)

Ganymede [ˈgænimiːd] s ⟨übtr⟩ *Mundschenk*, *Kellner* m || ⟨astr⟩ *Mond* m *des Jupiter*

gaol, ⟨*bes* Am⟩ **jail** [dʒeil] **1.** s *Gefängnis* n; *Kerker* m | *Gefängnishaft* f | [attr] ~-*bird* „*Galgenvogel*" m (*Gewohnheitsverbrecher*) || ~ *delivery Kerkerentleerung, Gefangenenabur-teilung* f; ⟨Am⟩ *Ausbruch aus dem K.* || ~-*fever Typhus* m **2.** vt *einkerkern* ~**er**, ~**or** [ˈ~ə] s *Kerkermeister*; *Gefangenenaufseher* m ~**eress**, ~**oress** [ˈ~ɔris] s –*wärterin* f

gap [gæp] s *Spalte, Öffnung* f; ⟨for⟩ *Blöße* f | *Riß* m || *Kluft, Schlucht* f; water ~ *Durchbruchs-tal* n || ⟨mil⟩ *Bresche* f; *Gasse* f (*im Minenfeld*) || ⟨fig⟩ *Lücke* f; *weites Aus–e–a–gehen* n (in views) || to leave a ~ *e–e Lücke hinterlassen* (in) || to stop, fill, supply a ~ ⟨fig⟩ *e–e Lücke ausfüllen*; stop your ~! ⟨vulg⟩ *halt's Maul*! ~**py** [ˈ~i] a *viele Lücken aufweisend*; *lückenhaft*

gape [geip] **1.** vi *gähnen* || *starren, glotzen*; to ~ at a p *jdn angaffen, anstarren* || *sich spalten, sich öffnen*; *offen stehen* **2.** s *Gähnen, Gaffen* n || the ~s [pl] *e–e Schnabelkrankheit der Vögel* f; ⟨fig⟩ *Anfall* m *v Gähnen* | ~**r** [ˈ~ə] s *Gaffer* m

garage [ˈgæraːʒ, –ridʒ] **1.** s *Garage* f || what is the ~ fee? *was verlangen Sie Standgeld?* || ~ *manager Garagenleiter* m **2.** vt *in –gen unter-bringen*; (*Wagen*) *unterstellen*

Garand rifle [ˈgærənd ˈraifl] s ⟨Am⟩ *ein Selbst-ladegewehr* n *im 2. Weltkrieg*

garb [gɑːb] **1.** s *Kleidung, Tracht* f (in the ~ of) || ⟨fig⟩ *Mantel* m, *Decke* f **2.** vt (*an)kleiden*

garb [gɑːb] s ⟨her⟩ (*Korn-)Garbe* f

garbage [ˈgɑːbidʒ] s (*Küchen-)Abfall* m || ⟨fig⟩ *Auswurf, Schmutz* m || ⟨*bes* Am⟩ ~ *can Mülleimer* m; ~ *chute –schlucker* m; ~ *man –kutscher* m

garble [ˈgɑːbl] **1.** vt * *auslesen*; *sortieren* || ⟨fig⟩ *entstellen, verstümmeln*; *zustutzen*, „*frisie-ren*" (a ~d account) **2.** s ⟨wir⟩ (*Fremd-)Störung* f; *Verstümmelung* f

garboard [ˈgɑːbɔːd] s ⟨mar⟩ (a ~ strake) *Kielgang* m

garden [ˈgɑːdn] **I.** s **1.** *Garten* m || ~s [pl] *Gartenanlagen* f pl (Botanical ~s) || *hanging* ~ *hängender G.* || *market-*~ *Handelsgärtnerei* f || to lead a p up the ~(-path) *jdn nasführen*, °*auf den Arm nehmen* || she's been sitting in the ~ with the gate unlocked ⟨euph⟩ *bei ihr hat's ge-schnappt* **2.** *fruchtbare Gegend* f | ~s [pl] *als Bezeichnung f Straßen* **3.** [attr] *Garten–* || ~ *city Gartensiedlung, –stadt* f || ~ *craft Gartenkunst* f || ~-*glass Glasglocke* f (*f Pflanzen*) || ~-*Latin Küchenlatein* n || ~-*mould Gartenerde* f || ~-*party –fest* || ~-*plot –anlage* f || ~-*stuff Gemüse* n, *Gartengewächse* n pl **II.** vi *–bau treiben* | ~**ed** [~d] a *gartenartig, kultiviert* || *im Garten liegend* ~**er** [~ə] s *Gärtner* m; *jobbing* ~ *Aushilfs-* ~**esque** [ˌgɑːdˈnesk] a *gartenähnlich*, *Garten–* (~ *style)* ~**ing** [~iŋ] s *Gartenarbeit* f, –*bau* m, *Gärtnerei* f

gardenia [gɑːˈdiːniə] s ⟨bot⟩ *Gardenia* (*Gattung der Rubiazeen*) f || Fortune's ~ *groß-blütige Gardenie* f

garefowl [ˈgɛəfaul] s [pl ~] ⟨orn⟩ *Großer Alk* m

garfish [ˈgɑːfiʃ] s ⟨ich⟩ *Hornhecht* m

garganey [ˈgɑːgəni] s ⟨orn⟩ *Knäckente* f

gargantuan [gɑːˈgæntjuən] a *ungeheuer, riesig*

garget [ˈgɑːgit] s ⟨vet⟩ *Blutfleckenkrankheit* f (*des Rindviehs*); *Euterentzündung* f

gargle [ˈgɑːgl] **1.** vt/i (*Mund*) *ausspülen* (with) | vi *gurgeln* **2.** s *Gurgelwasser* n; ⟨fig fam⟩ *Zungenbad* n (*Trunk*), „*Rachenputzer*" m (*starker Schnaps*)

gargoyle [ˈgɑːgɔil], **gurg–** [ˈgɔːg–] s ⟨arch⟩ *Wasserspeier* m

garibaldi [ˌgæriˈbɔːldi, –ˈbældi] s (*nach* ~, † 1882) *Art weite Bluse f Frauen* f

garish [ˈgɛəriʃ] a (~ly adv) *grell, auffallend, prunkend* ~**ness** [~nis] s *Grellheit* f; ⟨fig⟩ *Prunken* n

garland [ˈgɑːlənd] **1.** s *Girlande, Laubwinde* f, *Blatt–, Blumengewinde, –gehänge* n || *Ehren–, Siegespreis* m | *Blumenlese* f || *Fragrant* ~-*Flower wohlriechender Seidelbast* m **2.** vt *be-kränzen*

garlic [ˈgɑːlik] s ⟨bot⟩ *Knoblauch* m ~**ky** [~i] a *Knoblauch–*

garment [ˈgɑːmənt] **1.** s *Kleid, Gewand* n || ⟨fig⟩ *Hülle, Decke* f | ~ *bag Motten–, Staub-sack* m **2.** vt *kleiden*; *hüllen* (in)

garn [gɑːn] intj ⟨vulg⟩ (*f go on*) *Quatsch!*

garner [ˈgɑːnə] **1.** s *Kornspeicher* m, –*kammer* f || ⟨fig⟩ *Menge, Zahl* f; *Sammlung* f, *Kreis* m **2.** vt *aufspeichern*

garnet [ˈgɑːnit] s ⟨minr⟩ *Granʿat* m

garnish [ˈgɑːniʃ] **1.** vt ⟨poet & rhet⟩ *besetzen*; *zieren, schmücken* || ⟨cul⟩ *garnieren* | ⟨jur⟩ (*jdm*) *den Beschlagnahmungsbefehl e–r Forderung zu-kommen l* **2.** s *Schmuck, Zierat* m, *Garnierung* f ⟨a fig⟩ ~**ee** [ˌgɑːniˈʃiː] **1.** s ⟨jur⟩ *Dritter, bei dem e–e Forderung des Schuldners beschlagnahmt wird, Drittschuldner* m | [attr] ~ *order Be-schlagnahmungsbefehl* m **2.** vt (*Forderung e–s Schuldners*) *bei e–m Dritten beschlagnahmen* ~**ing** [ˈgɑːniʃiŋ] s = garnish [s] ~**ment** [ˈgɑːniʃ-mənt] s *Schmuck, Zierat* m || ⟨jur⟩ *Beschlag-nahme*; *Forderungspfändung* f, → attachment; ~ *of wages Lohnpfändung* f

garniture [ˈgɑːnitʃə] s Fr *Zubehör* f || *Garni-tʿur* f, *Schmuck* m; *Garnierung* f ⟨a fig⟩

garret [ˈgærət] s ⟨arch⟩ *Bodenkammer, Dach-stube* f; ⟨fig fam⟩ *Oberstübchen* n (*Kopf*) ~**eer** [ˌgærəˈtiə] s *Dachstubenbewohner* m

garret [ˈgærət] vt (*Lücken e–r Mauer*) *durch Steinstückchen ausfüllen*

garrison [ˈgærisn] **1.** s ⟨mil⟩ *Standort* m | *Garnison, Besatzung* f; to be in ~ *in G. stehen* | [attr] *Garnison–* (~ *town*); ~ *administrative headquarters Standortverwaltung* f || ~ *belt Leibriemen* m || ~ *cap Feldmütze* f, „*Schiffchen*" n || ~ *command Standortbereich* m || ~-*hack* „*Batterie etc –Krokodil*" n (*Soldatenliebchen*) || ~ *headquarters Ortskommandatur* f || ~ *routine order Standortbefehl* m **2.** vt *besetzen, mit e–r Besatzung versehen*; (*Truppen*) *in Garni-son legen*; to be ~*ed in G. liegen*

garron [ˈgærən] s ⟨Scot⟩ *Klepper* (*Pferd*) m

garrot [ˈgærət] s ⟨orn⟩ *Schell–, Klangente* f

garrote, ⟨Am⟩ **garrote** [gəˈrɔt] Span **1.** s *Garrʿotte* f (*Halseisen z Erdrosseln*) **2.** vt *garrot-ʿieren, erdrosseln*

garrulity [gæˈruːliti] s *Geschwätzigkeit* f **-lous** [ˈgæruləs] a (~ly adv) *geschwätzig, schwatzhaft* |~*plätschernd* ~**lousness** [~nis] s = garrulity

garter [ˈgɑːtə] **1.** s *Strumpfband* n; *Socken-halter* m; ⟨Am *a*⟩ *Ärmelhalter* m | ⟨engl⟩ the ~ *Abzeichen* n *des Hosenbandordens*; (*a Order of the* ~) *H.* m; *Zugehörigkeit z H.* || (*a* ~ *King at Arms*) *erster Wappenkönig* m **2.** vt *mit e–m Strumpfband binden* | (*jdn*) *mit dem H. belehen*

garth [gɑːθ] s *Hof*; –*garten*; *Kloster–* m

gas [gæs] **1.** s (pl ~es [~iz]) *Gas* n || ⟨mil⟩ *Giftgas* n; *anti-gas* [attr] *Gasschutz–*; *laughing-*~ *Lachgas* n || ⟨Am mot⟩ = gasolene *Benzin* n; to step on the ~ *Gas geben*; ⟨fam⟩ *step on the* ~ ⟨fig⟩ „*drück auf die Tube*" | ⟨fam⟩ the ~ = *der Gasmann* | *leeres Geschwätz* n, „*Gas*", „*heiße Luft* (*u Steine*)"; „*Säbelrasseln*" n (*leere Drohun-gen*) | to light the ~, turn on the ~ *das G. an-drehen*; to turn down, off, out the ~ *das G. ab-stellen, ausdrehen* | [attr] *Gas–* || ~-*attack Gas-angriff* m || ~-*bag* ⟨mot⟩ (*Gas-)Ballon* m;

Schwätzer m ‖ ~ bomb *Kampfstoffbombe* f ‖ ~-bracket *Gasarm* m ‖ ~-burner, ~-jet *(Gas-)Brenner* m ‖ ~ case, ~ casualty *-kranker* m ‖ ~ chamber *-raum, -kammer* f ‖ ~ defence *-schutz* m ‖ ~-engine *Gasmotor* m ‖ ~-fitter *Gas-Installateur, Rohrleger, Klempner* m ‖ ~-fittings [pl] *Gasanlage* f ‖ ~-gangrene *(med) -brand* m *(Infektion)* ‖ ~-helmet *-maske* f ‖ ~(-)holder *Gasometer* m *(Gasbehälter)* ‖ ~-light *-licht* n; ⟨phot⟩ *Gaslichtpapier* n ‖ ~-man *-mann* m ‖ ~-mantle *Glühstrumpf* m ‖ ~-mask *Gasmaske* f ‖ ~-meter *-messer* m, *-uhr* f ‖ ~-operated gun *-durchlader* m ‖ ~ outlet ⟨tech⟩ *-abführung* f ‖ ~-pipe *-rohr* n ‖ ~ pliers *Gasrohrzange* f ‖ ~ producer *Gasgenerator* m ‖ ~-proof *gassicher, gegen G. geschützt*; *Luftschutz-* (~-proof room) ‖ ~ pump (pillar) *Tanksäule* f ‖ ~ release valve *-ablaßventil* n ‖ ~ ring ⟨aero mot⟩ *Dichtungsring* m ‖ ~ scrubber *Gaswäscher* m ‖ ~-shell *-granate* f ‖ ~ starter ⟨mot⟩ *-anlasser* m ‖ ~-stove *-ofen* m ‖ ~ torch *Gasschweißbrenner* m ‖ ~ trap *-abscheider* m ‖ ~-war(fare) *-krieg* m ‖ ~ welding *Autog·enschweißen* n ‖ ~-works [pl] *-anstalt* f **2.** vt/i ‖ *(Raum* etc) *mit Gas versehen, füllen* ‖ ⟨mil⟩ *vergasen*; *mit G. angreifen*; *durch G. vergiften*, to be ~sed *durch G. vergiftet w* ‖ vi *schwatzen, prahlen*

gas(-)a(-)teria [ˈgæsəˈtiəriə] s ⟨Am sl⟩ *Selbstbedienungstankstelle* f

Gascon [ˈgæskən] s Fr *Gaskogner* m ~ade [ˌgæskəˈneid] **1.** s *Prahlerei, Aufschneiderei* f **2.** vi *aufschneiden*

gaseity [gæˈsi:iti] s *Gasförmigkeit* f *-elier* [ˌgæsəˈliə] s *Gaskronleuchter* m *-eous* [ˈgeiziəs, ˈgæsiəs] a *gasförmig, gasartig, Gas-*

gash [gæʃ] **1.** s *klaffende Wunde, Schmarre* f, *Schmiß* m ‖ *Spalt* m **2.** vt *(jdm) e-e tiefe ,Wunde schlagen*; *aufschlitzen*

gasification [ˌgæsifiˈkeiʃən] s *Vergasung, Gasbildung* f (*(a aus ungeförderter Kohle)*

gasiform [ˈgæsifə:m] a *gasförmig -fy* [ˈgæsifai] vt ⟨chem⟩ *vergasen (in Gas verwandeln)*, → to gas

gasket [ˈgæskit], **-kin** [ˈgæskin] s ⟨mar⟩ *(oft* pl ~s) *Zeising* f, *Seising* f *(Tau aus Kabelgarn)* ‖ ⟨tech⟩ *(Gummi-, Metall-)Dichtung* f, *-sscheibe, -smanschette* f ‖ ⟨mach⟩ *(Hanf-)Dichtung* f

gasogene [ˈgæsədʒi:n] s = gazogene *-lene, -line* [ˈgæsoli:n] s *Gasol·in* n, *Gasäther* m ‖ ⟨Am⟩ *(abbr gas, → d) Benzin* n ‖ leaded ~ *verbleites B.*; motor ~ *Fahr-*; regular grade of ~ *Normal-*; sweet ~ *geruchfreies B.* ‖ ~ engine *Vergaser-, Benzin-*, ⟨mil⟩ *.Ottomotor* m ‖ ~ gauge *Benzinuhr* f, *-standanzeiger* m ‖ ~-oil mixture *Zweitaktgemisch* n ‖ ~ station *Tankstelle* f ‖ ~ trap *Benzinabscheider* m **-meter** [gæˈsəmitə] s *Gasometer, Gasbehälter* m

gasp [ga:sp] **1.** vi/t ‖ *schwer atmen, keuchen*; *schnaufen* ‖ to ~ for breath *nach Luft schnappen* | vt *(a* to ~ out) *(Leben) ausatmen, -hauchen*; to ~ out *seufzend äußern* **2.** s *schweres Atmen*; *Keuchen* n ‖ at the *od* one's last ~ *in den letzten Zügen* | ~er [ˈ~ə] s ⟨sl⟩ *(billige) Zigarette* f ~ing [ˈ~iŋ] a (~ly adv) *keuchend*; *krampfhaft*

gaspirator [ˈgæspireitə] s ⟨sl⟩ *Gasmaske* f

gassy [ˈgæsi] a *gasig*; *gasreich* ‖ *wortreich, geschwätzig*

gast(e)ropod [ˈgæst(ə)rəpəd] s ⟨zoo⟩ *Gastrop·ode, Bauchfüßer* m, *Schnecke* f ~ous [ˌgæst(ə)-ˈrəpədəs] a *Bauchfüßer-*

gastraea [gæsˈtri:ə] s L *Gastr·aea* f *(Ahnenform der vielzelligen Tiere)*

gastric [ˈgæstrik] a ⟨med⟩ *gastrisch, Magen-* ‖ ~-juice ⟨anat⟩ *Magensaft* m ‖ ~ ulcer *-geschwür* n *-ritis* [gæsˈtraitis] s L *akuter Magenkatarrh* m

gastro- [ˈgæstro] [in comp] *Magen-* ‖ ~-

intestinal tract *Magendarmkanal* m ~**loger** [gæsˈtrɔlədʒə] s *Feinschmecker* m ~**logy** [gæsˈtrɔlədʒi] s *Kochkunst* f ~**nome** [ˈgæstrənoum], ~**nomer** [gæsˈtrənəmə] s *Feinschmecker* m ~**nomic(al)** [ˌgæstrəˈnəmik(əl)] a (~ally adv) *feinschmeckerisch*; *Schlemmer-* ~**nomist** [gæsˈtrənəmist] s *Feinschmecker* m ~**nomy** [gæsˈtrənəmi] s *Kochkunst, Feinschmeckerei* f

gat [gæt] s ⟨sl⟩ *(Revolver)* °*Schießeisen* n, *(Gewehr) -prügel* m ‖ ⟨Am sl⟩ to ~ up *mit dem .. in Schach halten*

gate [geit] **I.** s **1.** *Tor* n ‖ *Pforte* f (⟨*a* geog⟩: the Golden ~ in San Francisco) ‖ ⟨fig⟩ *Weg, Zugang* m (to open a ~ for *od* to) ‖ *Schranke*; *Sperre* f **2.** *Schleusentor* n ‖ ⟨tech mot⟩ *Spalt-, Schlitzvorrichtung in Form v* H; *Gußloch* n **3.** [*a* pl ~s] ⟨sport⟩ *die durch das Eingangstor eingetretene Menge Pn*; *Besucher(zahl* f) m pl; *das durch sie eingenommene Eintrittsgeld* **4.** ⟨aero⟩ *Anflugschneise* f, ⟨aero-phot⟩ *Bildfenster* n ‖ to go through the ~ ⟨fam⟩ *mit Vollgas* °*abhauen* **5.** ⟨found⟩ *Gießtrichter, Anschnitt* m **6.** [attr] ~-crash [vt/i] ⟨fam⟩ *Eintritt schinden (bei), ungeladen erscheinen* (in, *bei*) ‖ ~-crasher *Einlaß-, Eintrittschinder* m *(P)* ‖ ~-keeper *Pförtner, Torwärter*; *Bahnwärter* m ‖ ~-leg, ~-legged table *Klapptisch* m ‖ ~-man, ⟨Am⟩ ~-keeper ⟨rail⟩ *Sperrenschaffner* m ‖ ~(-)money ⟨Am sport⟩ *Eintrittsgeld* n ‖ ~-post *Torpfosten* m, → between **II.** vt *(jdm) das Verlassen des college verbieten* (he was ~d for a fortnight) ~**house** [ˈ~haus] s *Torhaus, Pförtnerhäuschen* n ~**way** [ˈ~wei] s *Torweg* m, *Einfahrt* f; ⟨fig⟩ *Tor* n, *Eingang* m

gate [geit] s ⟨Scot⟩ *Straße, Gasse* f, *Weg* m

gather [ˈgæðə] **I.** vt/i **A.** vt **1.** *versammeln*; to be ~ed to one's fathers *z s–n Vätern versammelt w (sterben)* ‖ *zus–bringen, –häufen* **2.** *pflücken, lesen* ‖ *einsammeln, ernten* **3.** ⟨übtr⟩ *(Kräfte* etc) *sammeln*; to ~ breath *z Atem k*; to ~ strength *Kräfte sammeln, z Kräften k* ‖ ~ o.s. together *sich zus–nehmen* | *erwerben, gewinnen*; to ~ information *Erkundigungen einziehen*; to ~ speed *od* momentum *an Fahrt gewinnen, F. aufnehmen, schneller fahren*; to ~ way (of ships) *in Fahrt k*, ⟨fig⟩ *sich durchsetzen* **4.** *(etw) folgern, schließen* (from; that) **5.** *(Stoff) aufreihen, kräuseln, falten*; *zus–ziehen* **6.** [*mit* adv] to ~ in *einbringen* (crops); *einsammeln* ‖ to ~ up *aufsammeln*; *zus–nehmen*; *(Beine) einziehen* ‖ ⟨fig⟩ *zus–fassen*; *zus–raffen* (one's thoughts); to ~ o.s. up *sich zus–raffen* **B.** vi *sich (ver)sammeln* ‖ *sich häufen* ‖ *sich vergrößern* ‖ *folgern, schließen* (from *aus*) ‖ *sich zus–ziehen, dichter w* ‖ (a to ~ to a head) ⟨med⟩ *reifen, eitern* **II.** [s pl] ~**s** [~z] *Kräuseln, Falten* f pl (of a dress) ~**er** [~rə] s *(Ein-)Sammler* m ~**ing** [~riŋ] s *Sammeln* n; *Sammlung* f ‖ *Versammlung* f (at a ~ *auf e–r Versammlung*) ‖ *Kräuseln* n ‖ *Eitern, Geschwür* n ‖ ⟨bookb⟩ *Lage* f

Gatling [ˈgætliŋ] s *(nach R. J.* ~, † 1903) *(a* ~ gun) *Revolvergeschütz* n

gauche [gouʃ] a Fr *taktlos*; *linkisch* ~**rie** [ˈ~əri:] s Fr *Taktlosigkeit*; *Plumpheit* f

gaucho [ˈgautʃou] s Span *Pampahirt* m

gaud [gɔ:d] s ⟨rhet⟩ *Schmuck, Tand, Flitter* m ‖ ~s [pl] *Pomp* m, *Schaugepränge* n ~**iness** [ˈ~inis] s *Flitterstaat, geschmackloser Putz* m

gaudy [ˈgɔ:di] s ⟨univ⟩ *(jährliches) gr Festmahl* n; to hold one's ~ *ein F. abhalten* ‖ *(College-)Stiftungsfest* n

gaudy [ˈgɔ:di] a (-dily adv) *flitterhaft aufgeputzt*; *bunt, grell* ‖ *geziert* ‖ .. only got one .., and that's not very ~ *hab nur ein .. u damit ist auch nicht (mehr) viel los*

gauffer [ˈgɔ:fə] = goffer

gauge, ⟨mar & Am⟩ **gage** [geidʒ] **1.** s *(Normal-)Maß* n *(Eichmaß)* ‖ *Umfang* m; *Maßstab*

m, to take the ~ of *abschätzen* || *Kaliber* n ||
Stärke, Dicke f; *Durchmesser* m (of wire) ||
⟨rail⟩ *Spurweite* f | (gage) *Wind-, Luvseite* f (*des
Schiffes*); to have the weather gage of *windwärts
liegen v*, ⟨fig⟩ *Vorteil gewinnen über* || ⟨mar⟩
Tiefgang m | *Messer* m, *Meßgerät* n (rain-~);
Pegel m || *Lehre* f || *Schmiege* f || (pressure) ~
Manom·eter n || ~s and controls [pl] *Über-
wachungs- u Bedienungseinrichtungen* f pl ||
⟨fam⟩ that's about the ~ of it °*ja, so in der
„Preislage"* f ⟨fig⟩ (*so ungefähr*) || ~ glass
Standglas n, *-anzeiger* m || ~ pressure *Über-
druck* m **2.** vt (*ab-, aus*)*messen; eichen*; *kali-
br·ieren*, (*ab*)*lehren* || ⟨fig⟩ *abschätzen, beurteilen*
(by *nach*) || -*ger* [ˈgeidʒə] s *Ausmesser, Eich-
meister* m -*ging* [ˈgeidʒiŋ] s *Eichen* n | [attr]
Eich-; ~-rod Eichmaß n; -*stab* m

Gaul [gɔːl] s *der Gallier* m; *Franzose* m ~**ish**
[ˈ~iʃ] **1.** a *gallisch* **2.** s *gallische Sprache* f

gault [gɔːlt] s ⟨geol⟩ *Lagerungen* f pl *v Ton
zwischen oberem u unterem Grünsand*

gaunt [gɔːnt] a (~ly adv) *dürr, hager, mager* |
finster, unheimlich (wood) ~**ness** [ˈ~nis] s
Hagerkeit f

gauntlet [ˈgɔːntlit] s ⟨hist⟩ *Eisen-, Panzer-
handschuh* m || *Reit-, Fecht-* || ⟨fig⟩ *Fehde-* m ||
to pick up, take up the ~ *die Herausforderung
annehmen* || to throw down, fling down the ~
to a p *jdn herausfordern*

gauntlet [ˈgɔːntlit] s: to run the ~ *Spieß-
ruten laufen*, ⟨fig parl⟩ *die Hürden* (*z. B. des
Parlaments*) *nehmen*; to run the ~ of a p °*jdm
in den Rachen laufen*

gauntry [ˈgɔːntri] s = gantry

gaup, gawp [gɔːp] vi *gaffen*

gaur [ˈgauə] s ⟨Ind⟩ *Gaur* m (*wildes Rind*)

gauze [gɔːz] s *Gaze* f, *Flor* m (silk ~) || ⟨übtr⟩
dünner Nebel m -*zy* [ˈgɔːzi] a *gazeähnlich, flor-
artig; duftig, dünn*

gave [geiv] pret *v* to give

gavel [ˈgævl] s ⟨bes Am⟩ *kl Hammer* m (*des
Auktionators* etc)

gavelkind [ˈgævlkaind] s ⟨jur⟩ (*in* Kent *u*
Wales *erhaltene*) *Art des Lehnsbesitzes, nach der
beim Tode der Besitz den Söhnen z gleichen
Teilen zufällt*

gavial [ˈgeiviəl] s ⟨zoo⟩ *Gavi·al* m (*Schnabel-
krokodil*)

gavotte [gəˈvɔt] s Fr ⟨mus⟩ *Gav·otte* f

gawk [gɔːk] **1.** s *Tölpel, Einfaltspinsel* **2.** vi
⟨Am⟩ °*dummgucken* | ~**y** [ˈ~i] **1.** a *tölpelhaft*;
linkisch; schlacksig **2.** s *Tölpel, Schlacks* m

gay [gei] a (gaily, gayly adv; → gaiety) *lustig,
heiter* | *lebhaft, bunt, glänzend, strahlend*; ~
with *belebt v*; to be ~ with *glänzen v*; (of sounds)
widerhallen v || *sehr geputzt* | *flott, lebenslustig*;
~ dog *Schwerenöter* m || *ausschweifend, lieder-
lich* || ⟨hum vulg⟩ to feel ~ *scharf s*; ~ bit
leichtes Mädchen n || ⟨Am sl⟩ *frech* (with *gegen*)

gaze [geiz] **1.** vi *fest sehen, starren* (into *in*;
on *auf*), to ~ at *anstarren*; to ~ down upon a p
⟨fig⟩ *auf jdn herabblicken*; to ~ up at *hinauf-
starren* z ? s *fester, starrer Blick* m, *Anstarren* n;
to stand at ~ *gaffen, staunen*

gazebo [gəˈziːbou] s *Aussichtstürmchen* n;
Balkon m

gazelle [gəˈzel] s ⟨zoo⟩ *Gazelle* f || ⟨hunt †⟩
Schmalreh n (*im 2. Jahr*)

gazette [gəˈzet] **1.** s Fr *Staatsanzeiger* m
(London, Edinburgh, Belfast ⤳) || *Amtsblatt* n;
Zeitung f; official ~ *Amtsblatt* n **2.** vt (*Beförde-
rung* etc) *im Amtsblatt bekanntgeben*, [*bes* pass]
he has been ~d colonel | ~**er** [ˌgæziˈtiə] s *amt-
licher Zeitungsschreiber* m || *geographisches
Lexikon* n

gazogene [ˈgæzədʒiːn], **gaso-** [ˈgæsə-] s
Apparat m *z Herstellung kohlensaurer Wässer*

gear [giə] **1.** s (*Pferde-*)*Geschirr* n || *Gerät*,

Zeug n, *Zubehör* f | *Hausgerät, Gut* n, *Habe* f |
⟨mach & tech⟩ ⟨a⟩ ~s [pl] *Schaltung* f; *Trieb-
werk, Getriebe* n || ⟨mot⟩ driving ~ *Antriebs-
rad* n; central ~, sun ~ *Sonnen-, Mittenrad* n;
timing ~ *Steuerrad* n; differential ~ *Achsen-
antrieb* m || ⟨aero⟩ ~ down! *Fahrwerk aus-
fahren*!; in ~ *im Gange*; ⟨fam fig⟩ get yourself
in ~ *raff dich zus* || out of ~ *außer Betrieb, in
Unordnung*, to throw out of ~ *in Unordnung
bringen* || ⟨mot⟩ *Gang* m, low ~ *erster Gang*
m; to go into low *od* bottom ~ *den ersten Gang
einschalten*; → top; (on) top ~ *mit größter
Geschwindigkeit*; ⟨fig⟩ *fieberhaft* || ⟨cycl⟩ *Über-
setzung* f (high ~ *gr Ü.*; low ~ *kl Ü.*) || ⟨fam⟩
that's the ~! °(*das ist*) *die Masche*! | [attr]
~-**box**, ~-**case** *Getriebe-, Zahnradkasten* m;
Getriebe n, *Schaltung* f || ~-**change** *Gangschal-
tung* f (special ~-change *Spezial-*) || ~-**chang-
ing** *Schalten, Umschalten* n || ~ drive *Triebwerk*
n; ~ d. mechanism *Zahnradantrieb* m || ~
grease *Getriebefett* n || ~ hub *Zahnradnabe* f ||
~-(shift)lever *Schalthebel* m || ~ ratio *Über-,
Untersetzungsverhältnis* n || ~ reduction *Räder-
über(unter)setzung* f || ~ transmission ratio
Übersetzungsverhältnis n || ~-**wheel** *Getriebe-,
Zahnrad* n **2.** vt/i (*Pferd*) *anschirren* | *in
Betrieb setzen* || to ~ down *die Gangart* (*e-r
Maschine*) *durch Übersetzung herab-*, to ~ up
die G. heraufsetzen | vi: to ~ into ⟨tech⟩ *genau
eingreifen in* (.. into each other *in-e-a-*); to ~
(industry, factory) to *abstellen auf, einschalten
in*; to ~ with *arbeiten mit* ~**ing** [ˈ~riŋ] s ⟨tech⟩
Triebwerk n || ⟨cycl⟩ *Übersetzung* f

gecko [ˈgekou] s ⟨zoo⟩ *Gecko* m (*Kletter-
eidechse*)

gee [dʒiː], ~-~ [ˈdʒiːdʒiː] s ⟨fam⟩ *Pferd* n
| ~! [dʒiː], ~-**ho** [dʒiːˈhou], ~-**up** [dʒiːˈʌp]
intj *hotteühü! jüh! hott!* ~ whoa [wou] intj (*z
Pferd*) *brr*!

gee [dʒiː] intj ⟨Am⟩ *uh! mein Gott!* ~-**whiz**
[ˈdʒiːwiz] intj (*f Jesus*) *J·emers* ([*freudige*] *Überraschung ausdrückend*)

geese [giːs] s pl *v* goose

geezer, geeser [ˈgiːzə] s ⟨sl⟩ *Mummelgreis*;
alter Knopf m || ⟨Am sl⟩ *komischer Kauz* m,
ulkige Kruke f

Gehenna [giˈhenə] s Gr *Geh·enna, Hölle* f

Geiger counter [ˈgaigə ˈkauntə] s ⟨at phys⟩
Geigerzähler m

geis [geʃ, giːʃ] s [pl geasa] Ir *Ehrenverpflich-
tung* f, *Tabu* n

geisha [ˈgeiʃə] s *Geisha* f (*japan. Tänzerin*)

gel [dʒel] s ⟨can ~atine⟩ *Gel* n

gelatin(e) [ˈdʒeləti:n, ˌdʒeləˈti:n] s (*tierische*)
G·allerte f (*Knochenleim*) –**niform** [ˌdʒelə-
ˈtinifə:m] a *gallertförmig* –**nize** [dʒiˈlætinaiz]
vt/i | *z Gallerte m*; ⟨brew⟩ *verkleistern* | vi *z G.
werden, gelatinieren* –**noid** [dʒiˈlætinɔid] a
gallertähnlich, Gallert- –**nous** [dʒiˈlætinəs] a
gallertartig

gelation [dʒeˈleiʃən] s *Festwerden* n *z Eis,
Vereisung* f

geld [geld] [·ed/ ·ed & * gelt/* gelt] || *ver-
schneiden, kastrieren* ~**ing** [ˈ~iŋ] s **1.** *Verschneiden, Kastrieren* n **2.** *Wallach* m

gelid [ˈdʒelid] a *eiskalt* ⟨a fig⟩

gelignite [ˈdʒelignait] s *Gelatinedynam·it* n

gem [dʒem] **1.** s *Gemme* f, *Edel-, Schmuck-
stein* m; ~s [pl] *Geschmeide* n, *Schmuck* m ||
⟨bot⟩ *Auge* n, *Knospe* f || ⟨fig⟩ *Perle* f, *Glanz-,
Prachtstück* n **2.** vt *mit Edelsteinen schmücken*;
⟨fig⟩ [*mst* pass] ~**med** *glänzend* (weapons);
~med with *besetzt mit* (the night sky ~med
with stars *der sternübersät Nachthimmel*)

geminate 1. [ˈdʒeminit] a *doppelt, paarweis
verbunden* **2.** [ˈdʒemineit] vt *verdoppeln* || ~d
⟨a⟩ *gekoppelt* –**ation** [ˌdʒemiˈneiʃən] s *Ver-
doppelung* f || ⟨gram⟩ *Gemination* f

gemini ['dʒemini] intj *jemine*!
Gemini ['dʒeminai] s L ⟨astr⟩ *Zwillinge* m pl
gemma ['dʒemə] s L *(Blatt-)Knospe* f ‖ ⟨zoo & bot⟩ *Gemme* f, *Fortpflanzungskörper* m | ~**te** ['dʒemeit] **1.** a *Knospen–, knospig* ‖ ⟨zoo⟩ *Gemmen–* **2.** vi *Knospen treiben*; ⟨zoo⟩ *sich durch Gemmen fortpflanzen* ~**tion** [dʒe'meiʃən] s *Knospenbildung* f ‖ *Fortpflanzung durch Gemmen* f
gemmiferous [dʒe'mifərəs] a *knospentragend* ‖ *sich durch Gemmen fortpflanzend* –**iparous** [dʒe'mipərəs] a *knospentreibend*; *sich durch Gemmen fortpflanzend* –**ule** ['dʒemju:l] s *kl Knospe* f; ⟨zoo⟩ *kl Gemme* f, → gemma
gemmy ['dʒemi] a *edelsteinartig*; *glänzend*
gen [dʒen] s ⟨mil sl⟩ (f: ~*eral information* = IId-*Nachrichten* f pl, *Tagesbefehl* m *f alle Dienstgrade) Nachricht* f: *pukka* ~ *richtige N.*, *duff* ~ *unrichtige N.*, *phoney* ~ *zweifelhafte N.*
gendarme ['ʒã:dɑ:m] s Fr **1.** *Gendarm* m **2.** *steile Felsspitze* f ~**rie** [ˌ~ə'ri:] d Fr *Gendarmer'ie* f
gender ['dʒendə] s ⟨gram⟩ *Genus, Geschlecht* ‖ ⟨hum⟩ *Geschlecht* n ~**less** [~lis] a *geschlechtslos*
gene [dʒi:n] s ⟨biol⟩ *Gen* n *(Erbeinheit)*
genealogical [ˌdʒi:niə'lədʒikəl] a (~*ly* adv) *genealogisch* ‖ ~ *research Familienforschung* f ‖ ~ *tree Stammbaum* m –**logist** [ˌdʒi:ni'ælədʒist] s *Genealog* m –**logize** [ˌdʒi:ni'ælədʒaiz] vt/i ‖ *den Stamm jds feststellen* | vi *den St. feststellen* –**logy** [ˌdʒi:ni'ælədʒi] s *Genealogie* f ‖ *Stammbaum* m
general ['dʒenərəl] **I.** a **1.** *allgemein, allg eingeführt, verbreitet, gener'ell, durchgängig* (interest); *allg gebräuchlich, üblich, gewöhnlich* (in a ~ way) **2.** *allumfassend* (education); *nicht eingeschränkt, nicht begrenzt* or *spezialisiert* ‖ ~ *map Übersichtskarte* f **3.** *f alle geltend*; *Gattungs–, Allgemein–* (~ *term*); *Gemein–; Massen–* (~ *levy, tomb*) ‖ *General–* (meeting); *f alle Male geltend* (~ *invitation*) ‖ ~ *pardon Amnestie* f ‖ ~ *purpose vehicle All–, Mehrzweckfahrzeug* n **4.** *allg, nur in Umrissen; unbestimmt* (impression); ⟨stat⟩ *roh* (~ *death rate*), → *crude, gross* **5.** ⟨mil⟩ *General–* (~ *staff*) ‖ *officer General*; ~ *officer commanding-in-chief Oberbefehlshaber* m **6.** [*nach verschied. Titeln*] *haupt–; führend*; *General–* (Director ⅄ –*direktor* pl: D.s ⅄ *are directors*, → II. 2.; *Colonel* ⅄ –*oberst*) **7.** **a.** ⅄ *Assembly* ⟨com⟩ *Generalversammlung*, ⟨pol⟩ *Vollversammlung* f ‖ *the* ⅄ *Board Universitätsverwaltung* f ‖ ~ *cargo gemischte Ladung* f; *Stückgut* n ‖ ~ *dealer Krämer* m ‖ ~ *delivery* ⟨Am⟩ *postlagernd* ‖ ⅄ *Manager Generaldirektor* ‖ ~ m. *Betriebsführer* m; ~ *meeting Generalversammlung* f ‖ ~ *orders* [pl] ⟨mil⟩ *Tagesbefehl* m ‖ *the* ⅄ *Post Office* (abbr G. P. O.), ⟨fam⟩ *the* ⅄ *das Hauptpostamt* ‖ ~ *practitioner praktischer Arzt* ‖ ~ *quarter* ‖ *the* ~ *reader* [koll] *die gr Zahl der Leser* f ‖ ⅄ *Schools* ⟨school fam⟩ = ⅄ *School Leaving Examination* ⟨m. m.⟩ °*Abi(t'ur)* n (= *Abiturientenexamen*) ‖ *the* ~ *servant Mädchen* n *f alles* ‖ ~ *strike Generalstreik* m **b.** as a ~ *rule in den meisten Fällen, meistens* ‖ in (the) ~ *im allgemeinen*; *commerce in* ~ *Handelswesen* **II.** s **1.** *the* ~ *das Publikum*; *die Allgemeinheit, das Volk* (caviare to the ~) ‖ *das Allgemeine* ‖ ⟨mil⟩ *Tagesbefehl* m (*f alle Dienstgrade*), → gen **2.** ⟨mil⟩ *Gener'al der Infanterie* (or *unter dem* Field-marshal; To ⅄ N. N. *an den Herrn G. N. N.*); *Brigadier* ⅄ [pl B. ⅄s] *Brigadekommandeur* m; *Major* ⅄ (G.s ~ *are generals*, → I. 6) *Generalmajor* m; *Lieutenant* ~ *Generalleutnant*; ⅄ *of the Army, höchstkommandierender General*; ⅄ *of the Air Force Generaloberst* m ‖ ⟨Ger⟩ Air Force ⅄ *G. der Flieger* ⟨übtr⟩

Feldherr, Strat'ege m ‖ ⟨übtr⟩ ⅄ *Mud „General Schlamm“*, ⅄ *Winter „General Winter“* **3.** ⟨ec⟩ *Vorsteher* m (*v Orden*) **4.** ⟨fam⟩ *Mädchen* n *f alles* ~**issimo** [ˌdʒenərə'lisimou] s It [pl ~s] *Generalissimus, oberster Heerführer* m ~**ity** [ˌdʒenə'ræliti] s *Allgemeinheit* ‖ *allg Äußerung* | [pl konstr] *Mehrzahl* f, *größter Teil* m (the ~ *are against it*) ~**ization** [ˌdʒenərəlai'zeiʃən] s *Verallgemeinerung* f ~**ize** ['dʒenərəlaiz] vt/i *verallgemeinern* ‖ *aus einzelnem ableiten* ‖ *auf e–e allg Formel bringen* ‖ *das Allgemeine* (*e–r S*) *betonen* ‖ *allgemein* m | vi *allg Schlüsse, Urteile ziehen* (from) ~**ly** ['dʒenərəli] adv *meistens*; *in den meisten Fällen* ‖ *im allgemeinen*; *überhaupt*; *gewöhnlich*; ~ *speaking allg gesprochen, im allgemeinen* ~**ship** ['dʒenərəlʃip] s *Generalstelle, Generalswürde* f ‖ *Feldherrnkunst* f ‖ *(Krieg-) Führung*; *geschickte Leitung* f
generate ['dʒenəreit] vt *erzeugen, hervorbringen*; –*ting plant* ⟨el⟩ *Stromerzeugungsanlage* f; –*ting station Elektrizitäts–, Kraftwerk* n ‖ ⟨übtr⟩ *verursachen, bewirken* ‖ ⟨math⟩ (*e–e Gerade) erzeugen* –**ation** [ˌdʒenə'reiʃən] s *Zeugung* f, *Fortpflanzung* f ‖ *Erzeugung, Hervorbringung* f ‖ ⟨tech⟩ *Erzeugung* (~ *of pressure*) ‖ *Generation* f, *Geschlecht* n ‖ *Menschenalter* n (the rising ~) ‖ *Individuen* pl *e–r Generation, Altersgenossenschaft* f | ⟨stat demog⟩ ~ *reproduction rate Generations-Reproduktionsziffer* f; ~ *rate Längsschnittziffer* f, ~ *table L.-tafel* f –**ative** ['dʒenəreitiv] a *zeugend, Zeugungs–* (~ *force*) ‖ *fruchtbar* ‖ –**ator** ['dʒenəreitə] s *Erzeuger* m ‖ ⟨tech⟩ *Gaserzeuger*; *Dampfkessel* m; *Licht–, Dynamomaschine* f, ⟨el⟩ *Stromerzeuger* m ‖ ⟨mus⟩ *Grundton* m ‖ ~ *condenser* ⟨mot⟩ *Entstörungskondensator* m ‖ ~ *frame Polgehäuse* n ‖ ~ *furnace Gasgenerator* m ‖ ~ *gas* ⟨mot⟩ *Gengas* m –**atrix** ['dʒenəreitriks] s ⟨math⟩ *Erzeugende, Gener'atrix* f
generic [dʒi'nerik] a (~*ally* adv) *gen'erisch, Gattungs–* (~ *character*); *allgemein*; ~ *term Gattungsbezeichnung* f, –*ausdruck* m
generosity [ˌdʒenə'rositi] s *Edelmut* m, *Großmut* f ‖ *Freigebigkeit* f –**rous** ['dʒenərəs] a (~*ly* adv) *großmütig, edelmütig* ‖ *freigebig* ‖ *reichlich, üppig*; *voll* ‖ *reich*; (of soil) *fruchtbar* ‖ (of wine) *stark, würzig, voll*
genesis ['dʒenisis] s L ⅄ *die G'enesis, das erste Buch Moses* (from ⅄) ‖ *Entstehung, Genesis* f
genet ['dʒenit] s ⟨zoo⟩ *Gen'ette* (*Ginsterkatze*) f
genetic [dʒi'netik] **1.** a *gen'etisch, Entstehungs–*; ~ *constitution* ⟨biol⟩ *Erbmasse* f **2.** s [pl] ~s [sg konstr] *Gen'etik, Entstehungslehre* f ‖ ⟨biol⟩ *Vererbungs–, Erblehre* f ~**al** [~əl] a ~ *genetic* ~**ally** [~əli] adv *in genetischer Hinsicht* f
geneva [dʒi'ni:və] s *Wacholderbranntwein* m
Geneva [dʒi'ni:və] s [attr] *G'enfer* m (~ *Convention, 1864*); ~ *Cross Rotes Kreuz* n –**van** [dʒi'ni:vən] **1.** a *G'enfer* ‖ *kalvinisch* **2.** s *Genfer* m –**vese** [ˌdʒeni'vi:z] **1.** a *Genfer* **2.** s [pl ~] *Genfer(in)* ‖ *the* ~ *die Genfer* pl
genial ['dʒi:njəl] a (~*ly* adv) * ⟨poet⟩ *fruchtbar* ‖ (of weather) *mild, warm* ‖ *aufheiternd, belebend, anregend* ‖ *wohltuend, freundlich, herzlich* ‖ * *Genie–* (~ *period*) ~**ity** [ˌdʒi:ni'æliti] s (of weather) *Milde* f ‖ *Freundlichkeit, Wärme, Herzlichkeit* f ~**ize** [~aiz] vt *gütig* m; *erwärmen*
genial [dʒi'naiəl] a ⟨anat⟩ *Kinn–*
geniculate [dʒi'nikjulit], –**d** [–leitid] a ⟨bot & zoo⟩ *knieförmig* ‖ *knotig*
genie [dʒi'ni:] s (pl ~s; genii ['dʒi:niai] (*böser) Geist, Kobold* m
genio [dʒi'naio] [in comp] *Kinn– u Zungen–*
genista [dʒi'nistə] s L ⟨bot⟩ *Ginster* m
genital ['dʒenitl] **1.** a *z Zeugung gehörig,*

Zeugungs–; *Geschlechts–*, *Genit·al–* **2.** s [pl] ~s *Geschlechtsteile* pl –**tival** [ˌdʒeni'taivəl] a *genitivisch* –**tive** ['dʒenitiv] s ⟨gram⟩ *Genitiv* m

genius ['dʒiːnjes] s L (pl ~es; –nii ['dʒiːniai]) **1.** [*mst* sg] *Schutzgeist, Genius* m (good, evil ~) **2.** [*mst* pl] genii *Dämonen, Genien* pl ‖ (of a nation etc) *das Charakteristische, Eigentümliche* n; ~ loci *charakteristische Atmosphäre* (etc) *e–s Ortes* ‖ *besondere Naturgabe, Anlage, Begabung* f (for *für*) **3.** [*abstr ohne* pl] *Genie* n, *geniale, schöpferische Kraft* f, *das Geniale* n (a flash of ~); a man of ~ *ein Genie* **4.** [konkr pl ~es] *das Genie* n, *der geniale Mensch*

genocide ['dʒenosaid] s *Rassen–, Gruppen–, Volksmord* m, *–ausrottung* f

Genoese [ˌdʒenou'iːz] **1.** a *genuesisch* **2.** s [pl ~] *Genu·eser(in* f) m ‖ the ~ *die Genueser* pl

genotype ['dʒenotaip] s *erbmassebedingte Erscheinungsform* f

genre [ʒãːr] s Fr *Genre* n, *Gattung, Art* f; ~ painting *Genremalerei* f

genro [dʒenrou] s *Art japanischer Staatsrat* m

gens [dʒens] s [*a* sg konstr] ⟨fam⟩ f *General Quarters*

gent [dʒent] s ⟨fam⟩ (abbr f ~leman) (*feiner*) *Herr* m ‖ ⟨Am⟩ ~s' *furnishing store Herrenbekleidungsgeschäft* n

genteel [dʒen'tiːl] a (~ly [~li] adv) ⟨*mst* iron⟩ *fein, vornehm* (*tuend*) ‖ *fein, elegant* ~**ism** [~izm] s *gewählter, vornehmer Ausdruck* (*z. B.* perspire *transpirieren* f sweat *schwitzen*)

gentian ['dʒenʃən] s ⟨bot⟩ *Enzian* m; ~*bitter* (*Enzian-*)*Bittermedizin* f

gentile ['dʒentail] **1.** a *heidnisch* **2.** s *Heide* m, *Heidin* f ~**dom** [~dəm] s *Heidentum* n, *Heiden* pl **gentilitial** [ˌdʒenti'liʃl] a *Volks–, National–* (*Familien–* ‖ *Adels–* ‖ –**tility** [dʒen'tiliti] s ⟨*mst* iron⟩ *die gesuchte Vornehmheit* f

gentle [dʒentl] **I.** a (–tly adv) **1.** *vornehm*; [abs] ~ and simple *V. u Gering*; → craft ‖ *edel*; *höflich* **2.** (T) *zahm, fromm* ‖ (of the weather) *milde, ruhig* ‖ (of rule) *gelinde, sanft*; *glimpflich* ‖ (of a river) *ruhig dahinfließend* ‖ *mäßig, milde wirkend* ‖ *leicht, allmählich* (a ~ slope) **3.** *zart, gütig* (the ~[r] sex *das zarte G.*); ~-**hearted** *gutherzig, gütig* ‖ the ~ reader *der geneigte Leser* m **II.** s **1.** ~s [pl] = gentlefolk(s) **2.** *Made, Larve* f (*z Angeln*) | ~ craft *Angelsport* m **III.** vt (*Pferd*) (*mit weicher Hand*) *z·ureiten* ~**folk** [~fouk] s [koll pl konstr *od* pl] ~s *vornehme Leute* ~**hood** [~hud] s *Charakter* m *der Vornehmheit*

gentleman ['dʒentlmən] s (pl –men [–men]) **1.** ⟨hist⟩ *vornehmer Mann, Mann v Stand* ‖ ⟨hist⟩ *Edelmann* (country ~) **2.** *Mann v ritterlich-vornehmer Denkungsart, Ehrenmann, Gentleman* m (he is a ~, no ~) | *der gesellschaftsfähige, gebildete Mann* m (fine ~ *der feine Herr*) ‖ *unabhängiger, wohlhabender, v s–m Gelde lebender Mann* **3.** *Herr* m; –men! *Herren!* ‖ –men, the commanding officer (etc) ⟨mil⟩ *m–e Herren, ich melde* .. **4.** the old ~ ⟨hum⟩ *der Ritter mit dem Pferdefuß* (*Teufel*) m (how the old ~ ..? *wie z Teufel* ..?) **5.** [in comp] ~*-at-arms Mitglied v der königlichen Leibwache* **6.** [attr] **a.** ~ [*vor* pl –men] *Herren–*, ~*-rider* [pl –men-riders] *Herrenreiter* m ‖ ~*-commoner* ⟨Oxf univ⟩ *vornehmer Student* m ‖ ~*-farmer vornehmer Landwirt* m ‖ ~*-usher Zeremonienmeister* m **b.** ~'s, gentlemen's *Herren–* (–men's gloves *–handschuhe*) ‖ –men's (*od* –man) agreement *Übereinkommen zwischen Gentlemen, Freundschaftsvertrag* m ‖ ~'s ~ *Diener* m ~**hood** [~hud] s *Gentlemantum* m ~**like** [~laik], ~**ly** [~li] a *vornehm, fein*; *anständig, gesittet, gebildet* ~**liness** [~linis], ~**ship** [~ʃip] s *Gentlemantum* n; *Vornehmheit, Feinheit* f; *Bildung* f

gentleness ['dʒentlnis] s *Güte, Milde* f; *Sanft–, Zartheit* f

gentlewoman ['dʒentlˌwumən] s *vornehme, gebildete Dame* f ‖ ~**like** [~laik], ~**ly** [~li] a *e–r vornehmen Dame eigen, geziemend*

gentry ['dʒentri] s [koll pl konstr] *die* (*nach dem hohen Adel kommenden*) *gebildeten, besitzenden Stände* m pl, *niederer Adel* m (nobility and ~) ‖ ⟨cont⟩ *Leute* pl (these ~)

genual ['dʒenjuəl] a *Knie–* (~ joint)

genuflect ['dʒenjuflekt] vi *die Knie beugen* (*z Andacht*) –**flectory** [ˌdʒenju'flektəri] a *kniebeugend* –**flexion**, –**flection** [ˌdʒenju'flekʃən] s *Kniebeugung* f; ⟨fig⟩ *Verbeugung* f (before vor)

genuine ['dʒenjuin] s (~ly adv) *echt*; *authentisch* ‖ *wahr, lauter, unverfälscht* ~**ness** [~nis] s *Echtheit* f ‖ *Wahrheit* f

genus ['dʒiːnəs] s L (pl genera ['dʒenərə]) ⟨biol⟩ *Geschlecht* n, *Gattung* f ‖ *Art, Sorte* f

geo– ['dʒiːou] Gr [in comp] *Erd–, Geo–* ~**centric** [ˌdʒiːo'sentrik] a *geoz'entrisch*

geode ['dʒiːoud] s Fr ⟨geol⟩ *Adlerstein* m ‖ *Druse* f

geodesic [ˌdʒiːou'desik] a *geod·ätisch* –**desist** [dʒiː'ədisist] s *Geod·ät* m –**desy** [dʒiː'ədisi] s *Geodäsie, Feldmeßkunst* f –**detic(al)** [ˌdʒiːou'detik(l)] a (–cally adv) *geodätisch*

geog [dʒɔg] s ⟨school sl⟩ (= geography) °*Geo* f

geognosy [dʒiː'ɔgnəsi] s *Geologie* f (*e–r bes Gegend*)

geographer [dʒiː'ɔgrəfə] s *Geograph* m –**phic(al)** [dʒio'græfik(əl)] a (–cally adv) *geographisch* (–cal mile) –**phy** [dʒiː'ɔgrəfi] *Geographie, Erdbeschreibung, –kunde* f ‖ *geograph. Beschaffenheit* f *e–r Gegend* etc; *geograph. Lage* f

geoid ['dʒiːɔid] s *Gestalt der Erde* f

geologic(al) [dʒio'lɔdʒik(əl)] a (–cally adv) *geologisch* (a –ical student) –**gist** [dʒiː'ələdʒist] s *Geolog* m –**gize** [dʒiː'ələdʒaiz] vi/t ‖ *geolog. Studien* m | vt (*Gegend*) *geologisch untersuchen* –**gy** [dʒiː'ələdʒi] s *Geologie* f ‖ *geolog. Charakter e–r Gegend* m

geom [dʒɔm] s ⟨school fam⟩ *Geometrie* f (*vgl Mathe[se]* f *Mathematik*)

geomancer ['dʒiːoumænsə] s *Wahrsager* m → ~**ncy** [–si] s *Geomantie* f (*Wahrsagung aus in den Sand gezeichneten Figuren*) ‖ –**ntic** [ˌdʒio'mæntik] a *geom·antisch*

geometer [dʒiː'ɔmitə] s *Geom·eter* m ‖ ⟨ent⟩ *Spanner* m –**tric(al)** [dʒio'metrik(əl)] a (–cally adv) *geometrisch* (–cal progression, proportion) ‖ ⟨tech⟩ ±cal precision *Formgenauigkeit* f –**try** [dʒiː'ɔmitri] s *Geometrie* f; ~ set *Reißzeug* n

geophagy [dʒiː'ɔfədʒi] s *Erdeessen* n –**physical** [ˌdʒiːə'fizikəl] a *geophysikalisch* –**physics** [ˌdʒiːə'fiziks] s pl [sg konstr] *Geophysik* f –**politics** [ˌdʒiːə'pɔlitiks] s pl [sg konstr] (*Lehre v der*) *Geopolitik* f

George [dʒɔːdʒ] s St. ~ *St. Georg, englischer Schutzheiliger* m (St. ~'s Day *23. April*); *Figur* f *des Heiligen im Hosenbandorden* m ‖ hy ~! *beim heiligen G.!* | brown ~ *gr brauner irdener Krug* m | ⟨aero sl⟩ *Kurssteuerung* f | ~ Cross *Georgskreuz* (1943)

georgette [dʒɔː'dʒet] s Fr *Seidenkrepp* m

Georgian ['dʒɔːdʒiən] **1.** a *georgisch* **2.** s *Georgier* m

Georgian ['dʒɔːdʒiən] a ⟨engl⟩ *zur Zeit der vier Georgs v England gehörig* ‖ *z Zeit Georgs V. gehörig*

geostatics [ˌdʒio'stætiks] s pl [sg konstr] *Geostatik* f

geotropism [dʒiː'ɔtrəpizm] s ⟨bot⟩ *Geotropismus* m

geranium [dʒi'reinjəm] s L ⟨bot⟩ *Storchschnabel* m, *Ger·anium* n ‖ Strawberry ~ *ran-*

kender Steinbrech m, *Altmanns–, Judenbart* (Saxifraga) m
  gerbera [dʒə:'biərə] s ⟨bot⟩ *Gerb·era* f
  gerfalcon ['dʒə:ˌfɔ:lkən; –ˌfɔ:kən] s *Gierfalke* m
  geriatrician [ˌdʒeriə'triʃən] s *Gerontologe* m –**trics** ['dʒeriətriks] s [sg konstr] *Gerontolog·ie* f (*Lehre v den Alterserscheinungen*) ~**trist** ['dʒeriətrist] s = geriatrician, → gerontologist
  germ [dʒə:m] **1.** s *Keim* m ⟨a fig⟩ (in ~) | [attr] *Keim–* (~ cell) || ~-carrier *Bazillenträger* m || ~-proof *keimfrei* || ~ warfare *Bazillenkrieg* m **2.** vi ⟨fig⟩ *keimen*
  german ['dʒə:mən] a (*nachgestellt*) *leiblich* (*nur in*: brother ~, etc)
  German ['dʒə:mən] **1.** a *deutsch* | ~ black *Frankfurter Schwarz* n || ~ cal(l)ipers [pl] *Tast–, Greifzirkel* m || ~ clock *Schwarzwälderuhr* f || ~ italics [pl] *Schwabacher Schrift* || the ~ Legion *engl. Legion aus hannoverschen Soldaten* (*ggr. 1803*) || ~ measles [pl] ⟨med⟩ *Röteln* pl || ~ Ocean *Nordsee* f || ~ print *gotische Schrift* f || ~ shepherd dog ⟨Am⟩ *deutscher Schäferhund* m || ~ silver *Alpaka, Neusilber* n || ~ steel *Schmelzstahl* m || ~ text *Frakturschrift* f || ~ toys [pl] *Nürnberger Spielsachen* pl || ~ yeast *Preßhefte* f | Anglo-~ Brotherhood *anglo-deutsche Brüderschaft* f || North-~ Lloyd ⟨Ger⟩ *Norddeutscher Lloyd* m **2.** s *das Deutsche* (in good ~ *auf gut deutsch*; High, Low ~ *Hoch–, Nieder–*) | [pl ~s] *Deutsche*(r m) f; ~ living abroad *Auslandsdeutscher* m; ~ of foreign citizenship *Volksdeutscher* m
  germander [dʒə:'mændə] s ⟨bot⟩ *gemeiner Gam·ander* m
  germane [dʒə:'mein] [pred *a*] *verwandt, wesentlich, entsprechend, zugehörig, passend, gehörig* (to *z*), *in Beziehung stehend* (to *z*); *angemessen* (to a th *e–r S*); to be ~ to *gehören z*
  Germanic [dʒə:'mænik] **1.** a *germanisch* (East, West, North ~) **2.** s *das Germanische* (primitive ~ *Ur–*) –**ism** ['dʒə:mənizm] s *Germanismus* m –**ity** [dʒə:'mæniti] s *deutsche Eigenart* f, *Deutschtum* n
  germanium [dʒə:'meiniəm] s L ⟨chem⟩ *Germanium* n
  Germanization [ˌdʒə:mənai'zeiʃən] s *Germanisierung* f || –**ize** ['dʒə:mənaiz] vt/i *germanisieren* || *eindeutschen*
  Germano– ['dʒə:məno] [in comp] *deutsch, Germano–* ~**phil** [dʒə:'mænofil] s *Deutschenfreund* m ~**phobe** [dʒə:'mænofoub] s *Deutschenhasser* m
  germen ['dʒə:men] s L ⟨bot⟩ *Fruchtknoten* m
  germicidal [ˌdʒə:mi'saidl] a *keim–, bazillentötend* –**cide** ['dʒə:misaid] **1.** s *bazillentötendes Mittel* n **2.** a = germicidal
  germinal ['dʒə:minl] a *Keim–* || ⟨fig⟩ *im Keim befindlich; unentwickelt; Anfangs–, Ur–* –**ant** ['dʒə:minənt] a ⟨fig⟩ *keimend, sprossend* –**ate** ['dʒə:mineit] vi/t || *keimen, sprossen; sich entwickeln* ⟨a fig⟩ | vt *z Keimen bringen, keimen l; entwickeln* –**ation** [ˌdʒə:mi'neiʃən] s *Keimen, Sprossen* n, ⟨a fig⟩ –**ative** ['dʒə:minətiv] a *Keim–* || *keim–, entwicklungsfähig*
  germon ['dʒə:mən] s ⟨ich⟩ *Germon* (*Thunfisch*) m
  gerontologist [dʒerən'tɔlədʒist] s *Facharzt* m *f Alterskrankheiten* f –**gy** [–dʒi] s *Gerontolog·ie, Geriatr·ie* f, → geriatrician
  gerrup [ge'rʌp] intj ⟨fam⟩ = get up
  Gerry ['dʒeri] s (*a* Jerry) *deutscher Michel* m
  gerrymander ['gerimændə] vt *durch Manipulationen beeinflussen; irreleiten* || ⟨bes Am⟩ „*schieben*", *durch Schiebung ins Amt bringen* || *beschönigen*
  gerund ['dʒerənd] s ⟨gram⟩ *Gerundium* n ||

⟨*bes* Am school sl⟩ ~ grinder °„*Pauker*" m (*Lehrer*); ~ grinding °„*Paukerei*" f; ~ grindery „*Penne*" f (*Schule*) ~**ial** [dʒi'rʌndiəl] a *Gerundial–* ~**ive** [dʒi'rʌndiv] s ⟨gram⟩ *Gerundivum* n
  gesso ['dʒesou] s It *Pariser Gips* m; ⟨arts⟩ *Gipsflachrelief* n || ~-ground ⟨paint⟩ *Kreidegrund* m
  Gestapo ['gestɑ:po] s ⟨nazi-Ger⟩ *Gestapo* f (*Geheime Staatspolizei*)
  gestation [dʒes'teiʃən] s ⟨med⟩ *Schwangerschaft* f; *Trächtigkeit* f (*bei Tieren*) || *period of* ~ *Schwangerschaftsperiode* f, ⟨stat demog⟩ (*Mindest-*) *Dauer* f *der Schwangerschaft*
  gestatorial [ˌdʒestə'tɔ:riəl] a: ~ chair *Tragstuhl* m (*des Papstes*)
  gesticulate [dʒes'tikjuleit] vi/t || *gestikul·ieren, sich lebhaft gebärden, herumfuchteln* | vt *durch Gebärde ausdrücken* –**ation** [dʒesˌtikju'leiʃən] s *Gestikulation* f, *Gebärdenspiel* n –**ative** [dʒes'tikjuleitiv] a *Gebärden–* –**atory** [dʒes'tikjuleitəri] a *gestikulierend*
  gestural ['dʒestʃərəl] a *Gebärden–* –**re** ['dʒestʃə] **1.** s *Gebärde* f || *Gebärdenspiel* n || (*noble, vornehme*) *Geste* f; a generous ~ *e–e noble G.*; it is only a ~ *es ist bloß e–e G.* **2.** vi/t = to gesticulate
  get [get] vt/i [got/got; ⟨Am⟩ gotten]; [⟨engl⟩: *ill-gotten gains never prosper unrecht Gut gedeiht nicht gut*; ⟨engl min⟩ *per ton gotten je Fördertonne*] **I.** vt A. *erhalten; beschaffen* **1.** (*durch Arbeit* etc) *erhalten; –werben, gewinnen*; → better; hand | (*Wissen*) *erwerben*; to ~ by heart *auswendig lernen* | ⟨min⟩ *gewinnen, fördern* | ⟨racing⟩ (*etw*) *aus–, durchhalten* | *bekommen; ausfindig m* || ⟨wir⟩ (*Ort, Station*) *bek* | (*jdn*) *verstehen*; to ~ a p wrong *jdn falsch ver–* **2.** (*etw*) *erhalten, bek,* °*kriegen* (from *v*); (*Geld*) *verdienen*; → glimpse, hold, possession, sight | (*Eindruck*) *bek*; to ~ it *into one's head sich etw in den Kopf setzen* **3.** *sich* (*etw*) *zuziehen*; (*Krankheit*) *bek*; → wind | (*Schlag*) *erhalten; erleiden*; you'll ~ it (hot) *du wirst* (*tüchtig*) *dein* °*Fett bek*; → sack **4.** (*etw*) *beschaffen, –sorgen; verschaffen*; ~ me the book *verschaff mir das Buch*; to ~ o.s. a th *sich etw ver–*; to ~ a p a th od a th for a p *jdm etw ver–* **5. a.** (*jdn*) *fassen, fangen, ertappen* (I've got you) || (*jdn*) *ergreifen, packen* **b.** ⟨Am sl⟩ *umbringen* || °*schlauchen* (*riding soon* ~s me) || *quälen, ärgern* || (*jdn*) *reizen; rühren, bewegen* || it ~s me *es geht über m–e Begriffe,* °*mein Kapee, m–n Horizont* **c.** ⟨fam⟩ (*etw*) *zu sich nehmen, essen* (~ *your lunch*) **d.** I don't ~ it ⟨fam⟩ *das kapiere ich nicht; do you* ~ me? *verstehst du, was ich meine?* **6.** ⟨fam⟩ I have got (*a* I got [*aus* I've got]) *ich habe, besitze; it has got to be done es muß geschehen* **B.** (T) *zeugen, hervorbringen* **C.** [**mit Ergänzung**] **1.** (*jdn*) *bringen, befördern, schaffen* (from *v, aus;* out of *aus;* into *in;* through *durch*); *holen* (from, out of) || ⟨Am⟩ to ~ a rise *out of* (*jdm*) *e–e Niederlage beibringen* || to ~ o.s. back *sich zurückbegeben* (to *nach*) | ⟨übtr⟩ (*jdn*) *bringen* (into *in;* upon a subject *auf e–n Gegenstand*); to ~ *under control bändigen, zähmen*; to ~ a p with child *jdn schwängern* **2.** [mit prs p] to ~ going (*etw*) *in Gang bringen* **3.** [mit pp] *veranlassen, lassen*; let it done *ich ließ es m*; to ~ o.s. shaved *sich rasieren l*; to ~ things done *etw fertig bringen* | *erfahren, erleiden*; I got my arm dislocated *mir wurde der Arm verrenkt, ich verrenkte mir den A.* | ~ you *gone mach dich fort* **4.** [mit adj] to ~ a th quite right *etw ganz richtig fertigkriegen*; to ~ a p nervous *jdn nervös m*; to ~ ready *fertigmachen* **5.** [mit inf] (*jdn*) *bewegen, überreden, dahin bringen* (to do) **D.** [mit adv]: to ~ along *vorwärts bringen* || to ~ a p alongside one *jdn auf s–e Seite kriegen* || to ~ away *fortschaffen, fort-*

bringen ‖ to ~ back *zurückerhalten* ‖ to ~ down *hinunterbringen, hinunterholen*; *herunterschlucken* ‖ ⟨fam⟩ to ~ a p down °*jdn auf die Palme bringen* ‖ to ~ **in** *einschieben, hineintun*; *z Aufnahme bringen, hineinbringen*; to ~one's hand *in geübt w, sich üben* ‖ to ~ **off** *losmachen, loskriegen*; *wegschaffen*; (*Waren*) *unterbringen* ‖ (*Kleider*) *ausziehen* ‖ *lernen* ‖ ⟨fam⟩ (*Töchter*) *unter die Haube bringen* ‖ to ~ on (*Kleider*) *anziehen* ‖ to ~ out *herausbringen, –ziehen, –locken* (a fact) ‖ to ~ over *hinüberbringen*; *hinter sich h, überwinden* ‖ to ~ through ⟨fam⟩ (*Geld* etc) *durchbringen* ‖ to ~ together *zus–bringen, zus–stellen* ‖ to ~ under *unterkriegen, bewältigen* (a fire) ‖ to ~ **up** *aufbessern, heben* ‖ *aufwecken* ‖ *einstudieren*; *veranstalten, ins Werk setzen*; *einrichten*; *herausputzen*; ⟨theat⟩ (.. for the stage) *in Szene setzen, vorbereiten, aufführen*; ~ting up *Inszenierung* f ‖ to ~ up a p's back *jdn erzürnen* ‖ to ~ up steam *Dampf aufmachen*, ⟨fig⟩ *in vollen Gang k*; *Mut fassen* **II. vi 1.** *gelangen, kommen*; *sich begeben, gehen* (across, beyond *über*; from *v*; out of *aus*; into *in*); to ~ as far as London *bis L. k* ‖ *ank* (to ~ there *dort –*); to ~ over there *herüberk, drüben ank*; to ~ home *zu Hause ank, nach H. k*; ⟨fig⟩ to ~ there ⟨Am fam⟩ *sein Ziel erreichen* ‖ → blow ‖ *sich aus dem Staube m* **2.** [*mit inf*] *dahink* (to do); to ~ to be friends *Freunde w*; to ~ to know *erfahren, kennenlernen*, to ~ to hear *zu hören bek, erfahren*; to ~ to sleep *es fertigbringen einzuschlafen, endlich einschlafen* **3.** [*mit prs p*] *beginnen* (they got **talking** together) ‖ ⟨sl⟩ to ~ cracking *sich tummeln* ⟨fig⟩ ‖ to ~ going *in Gang* or *Schwung k* **4.** [*mit pp, adj, compr*] *werden*; to ~ **better** *sich erholen*; to ~ clear *frei w*; to ~ drunk *sich betrinken*; to ~ **lost** *verloren gehen*, ⟨aero⟩ °*sich verfranzen*; ⟨Am⟩ to ~ left *hereinfallen*; to ~ married (*sich ver–)heiraten*; to ~ rid of *loswerden*; ⟨Am fam⟩ to ~ wise to .. *klug w aus, hinter (etw) k*; **5.** [*mit prep*] to ~ **above** o.s. ⟨fam⟩ °*die Nase reichlich* or *zu hoch tragen* ‖ to ~ at *erreichen*; *k an*; *herausbek, erfahren*; ⟨fam⟩ (*jdn) herumkriegen*; *bestechen* ‖ to ~ behind a p *jdn unterstützen*; .. a th ⟨fig⟩ *hinter etw k* ‖ to ~ into *hineink, –geraten in*; to ~ into a habit *e–e Gewohnheit annehmen* | to ~ off *absteigen v*; *losk v, sich entziehen* (to ~ off the contract) ‖ to ~ **on** a p's nerves *jdm auf die Nerven fallen* ‖ to ~ out of *herausk aus*; to ~ out of doing *umgehen z tun* ‖ to ~ over a th *etw überwinden*; .. a p ⟨sl⟩ *jdn überlisten* ‖ to ~ round (*jdm) um den Bart gehen, (jdn) gewinnen*; to ~ through *erledigen*; to ~ through the day *den Tag verbringen* (with) ‖ to ~ **to** a place *e–n Ort erreichen* ‖ ⟨Am fam⟩ to ~ to religion *sein katholisches* (etc) *Herz entdecken*; to ~ to doing .. *sich an (etw) m*; to ~ under a p's skin *sich bei jdm einkratzen* (*lieb Kind m*); to ~ up a ladder *auf e–e L. steigen* **6.** [*mit adv*] to ~ **about**, abroad *sich bewegen (können)*; *herumk, bekannt w* ‖ to ~ across *Eindruck m, wirken*, *Erfolg h*, ⟨Am *a*⟩ *verstanden w* ‖ to ~ ahead, along, forward *vorwärts–, weiterk* ⟨*a* fig⟩ ‖ to ~ along with *auskommen mit* ‖ ⟨fam⟩ to ~ along with you! °*pack dich!, halt's Maul!, hör auf!* | to ~ away *davon–, fort–, wegk* (from); to ~ away from *in Abrede stellen* ‖ to ~ away with a th *etw mit sich nehmen*; to ~ away with it *Erfolg h, den Vogel abschießen*; *mit „e–m blauen Auge"* (=. *ungeschoren) davonk* ‖ to ~ away with you *fort mit dir, geh los* | to ~ **back** *zurückk*; to ~ back at *od on a p* ⟨Am⟩ *sich rächen an jdm* ‖ to ~ behind *zurückbleiben* ‖ ⟨fig⟩ *in Schulden geraten* ‖ to ~ by *durchk* (with a th *mit etw*) ‖ to ~ down *hinuntersteigen, absteigen*; to ~ down to ⟨fig⟩ *sich heranmachen an*; .. down to

business (⟨Am *a*⟩ to cases, turnips) *z S k* ‖ to ~ in *eintreten, hineink*; *gewählt w* ‖ to ~ off *absteigen* (from *von*); *davonk, freigesprochen w* ‖ ⟨aero⟩ *losk (vom Boden)* ‖ ⟨fam⟩ *he got off with her, she got off with him bei denen hat's geschnappt (sie h sich in–e–a verliebt)* ‖ to ~ off ⟨fam⟩ *sich verloben* ‖ they ~ off ⟨vulg⟩ *bei ihnen klappt's* ‖ ⟨bes Am fam⟩ I told him where to ~ off *ich „leuchtete ihm heim"* | to ~ **on** *Fortschritte m*; *vorwärtsk*; to ~ on in life *älter w*; to be –ting on for ⟨fig⟩ *zugehen auf, sich nähern* ‖ *sich vertragen*; *ausk* (with) ‖ to ~ on to a p ⟨telph⟩ *jdn anrufen* ‖ to ~ on to business *an die Arbeit gehen, zur S k* | to ~ out *aussteigen*; ⟨fig⟩ *herausk, sich* [dat] *heraushelfen* ‖ to ~ over *hinüberk*, ⟨Am fig fam⟩ *s–n Zweck, sein Ziel erreichen, verstanden w* ‖ to ~ round *sich erholen* ‖ to ~ round to it *dazu Zeit finden, dazu k* ‖ to ~ through *durchk*; to ~ through (it) (*mit der Arbeit) fertig w*; *ein Examen bestehen* ‖ ⟨telph⟩ *verbunden w* or *s* ‖ to ~ together *zus–k*; ⟨Am⟩ *sich einigen* ‖ to ~ up *aufstehen, sich erheben*; *emporsteigen*; *steigen*

get [get] s (*T*) *Nachkommen* m pl **~-at-able** [get'ætəbl] a *erreichbar* ‖ (*P*) *zugänglich* **~-away** ['getəwei] s *Flucht* f (*bes aus e–m Gefängnis*), *Entkommen* ‖ *Starten*; ⟨aero⟩ *Abheben* n; ⟨mot⟩ *Anzugsvermögen* n; *quick ~ rasantes A., rasche Beschleunigung* f **~-off** ['getə:f] s ⟨aero⟩ *Loskommen, Starten* n ‖ to make a ~ *entkommen*

  getter ['getə] s ⟨min⟩ *Häuer* m (*P*)

  get-together ['get-tə'geðə] s *Zus–kunft* f, *zwangloses, gemütliches Beisammensein*; *social* ~s [pl] *gesellige Zus–künfte*

  get-up ['getʌp] s *Anzug, Staat, Putz* m ‖ *Ausstattung, Inszenierung*; *Aufmachung* f ‖ ⟨Am fam⟩ (*a:* ~-and-go) *Unternehmungsgeist* m, *Energie* f

  „**get-you-home"** **service** [getju'houm sə:vis] s ⟨mot⟩ *Verkehrswacht* f

  geum ['dʒi:əm] s L ⟨bot⟩ *G·eum, Nelkenwurz* f ‖ *Sumpfnelke* f

  gewgaw ['gju:gə:] s *Spielzeug* n, *Tand* m ‖ ⟨fig⟩ ~s [pl] *Nichtigkeiten, Kinkerlitzchen* pl ‖ [attr] *unbedeutend, nichtig*

  geyser 1. ['gaizə] s *Geiser* m (*heiße Springquelle*) **2.** ['gi:zə] s *Heißwasserspender* m ‖ (*Gas-)Badeofen* m

  gharry ['gæri] s ⟨AInd⟩ (*Pferde-)Mietskutsche* f

  ghastliness ['gɑ:stlinis] s *gräßliches, geisterhaftes Aussehen* n ‖ *Totenblässe* f **-ly** ['gɑ:stli] **1.** a (–lily adv) *gräßlich*; *grausig* ‖ ⟨fam⟩ *entsetzlich, furchtbar, haarsträubend* ‖ *don't be a ~ idiot sei kein solcher* or *vollkommener Narr* m | *geisterhaft* ‖ *totenblaß* **2.** adv [in comp] *toten–, tod–* (~ *pale*, ~ *sick*) ‖ ⟨übtr fam⟩ ~ *early* °*verflixt früh*

  gha(u)t [gə:t] s ⟨AInd⟩ *Gebirgspaß* m ‖ *Landungstreppe*, *–stelle* f ‖ the ~s *Gebirgszüge, –wälle* pl

  ghazi ['gɑ:zi] s *fanatischer Kämpfer* m *gegen Ungläubige, oft als Ehrentitel* m

  ghee [gi:] s ⟨Ind⟩ *Butter* f *aus Büffelmilch* f

  gherkin ['gə:kin] s *Essig–, Pfeffergurke* f

  ghetto ['getou] s *Getto* m; *Judenviertel* n

  Ghibelline ['gibilain] **1.** s *Gibell·ine* m **2.** a *gibellinisch*

  ghillie ['gili] s ⟨hunt⟩ *Jagdgehilfe* m

  ghost [goust] s **1.** *Seele* f, *Geist* m, [*nur in*]: to give up the ~ *den Geist aufgeben* ‖ *Geist Gottes* [*nur in*]: the Holy ~ **2.** *Geist* (*Verstorbener*) m; *Gespenst* n; to lay a ~ *e–n Geist bannen* ‖ ⟨theat sl⟩ the ~ *walks heute ist Zahltag* m **3.** ⟨fig⟩ *Schatten* m (a mere ~ of); *Anflug* m, *Spur* f; *not the ~ of a chance nicht die geringste Aussicht* ‖ [abs] I haven't the ~ of it ⟨fam⟩ °*k–e Ahnung!* ‖ ⟨Lit⟩ *Handlanger, Mietling* m

jds **4.** [attr] *Geister–* ‖ ~*-story Geister–,
Gespenstergeschichte* f ‖ ~*-word durch Volks-
etymologie gebildetes Wort* n ‖ ~ *writer
Schattenautor, Mietschreiber* m **~ed** ['~id] a:
~ view ⟨tech⟩ *Durchsichtbild* n **~like** ['~laik]
a *geisterhaft* **~ly** ['~li] a † *geistig; geistlich* ‖
geisterhaft **~liness** ['~linis] s *Geisterhaftigkeit* f
    ghoul [gu:l] s *Ghul* m (*eine Art orient.
Dämon*)
~ish ['~iʃ] a *däm'onisch*
    ghyll [gil] s ⟨dial⟩ *Bergschlucht* f
    GI ['dʒi:'ai] s ⟨Am sl⟩ (*f* General Issue) *Land-
ser* m ‖ ~ boot *Kommißstiefel* m ‖ ~ bread
Kommißbrot n
    giant ['dʒaiənt] **1.** s ⟨myth⟩ *Riese* m ‖ ⟨übtr⟩
Riese m; *riesengroßes Tier* (etc) ‖ *Mensch* m *v gr
geistiger Kraft* ‖ ~*('s) stride* ⟨gym⟩ *Rundlauf* m
2. a *riesig, groß; riesenhaft; Riesen–* (~ *strides
–schritte*); the **⟨** *Mountains* [pl] ⟨Ger⟩ *das
Riesengebirge* n ‖ ~ *tyre* ⟨mot⟩ *Überballon-
reifen* m **~ess** [~is] s *Riesin* f **~ism** [~izm] s
abnorme Körpergröße f **~like** [~laik] a *riesen-
ähnlich, ungeheuer*
    giaour ['dʒauə] s ⟨cont⟩ *Nichtmohammedaner;
Christ* m
    gib [dʒib; gib] s ⟨mach⟩ *Haken–, Gegenkeil*
m; *Keil, Bolzen* m
    gib [dʒib; gib] s ⟨tech⟩ *Führungslineal* n
    Gib [dʒib] s abbr *f* Gribraltar
    gib [dʒib; gib] s (abbr *f* Gilbert) (a ~*-cat)
Kater* m
    gibber ['dʒibə] **1.** vi *kauderwelsch sprechen*
2. s *Geschnatter* n **~ish** ['gibəriʃ] s *Kauderwelsch* n
    gibbet ['dʒibit] **1.** s *Galgen* m (on the ~ *am
G.)* ‖ ⟨tech⟩ *Kranbalken* m, *Querholz* n **2.** vt *an
den Galgen hängen* ‖ ⟨fig⟩ *an den Pranger stellen;
lächerlich* m
    gibbon ['gibən] s ⟨zoo⟩ *Gibbon* m (*Menschen-
affe)*
    gibbosity [gi'bəsiti] s *das Buckelige* n; *Höcker,
Buckel* m ‖ *Wölbung* f **–ous** ['gibəs] a (~ly adv)
buckelig, höckerig ‖ *gewölbt;* the ~ moon *der
Mond zwischen Halb– u Vollmond*
    gibe, jibe [dʒaib] **1.** vt/i ‖ *höhnen, verspotten*
‖ vi *spotten* (at *über)* **2.** s *Spott* m, *Stichelei* f
    gibing ['dʒaibiŋ] a (~ly adv) *höhnisch, spöttisch*
    giblets ['dʒiblits] s pl *Gänse–, Entenklein* n
    gibus ['dʒaibəs] s Fr *Klapp-Zylinder* m (*Hut)*
    giddiness ['gidinis] s *Schwindel* m (in the
head) ‖ *Unbeständigkeit* f ‖ *Leichtsinn* m, *Unbesonnenheit* f **–dy** ['gidi] **I.** a (–dily adv) **1.** [nur
pred] *benommen; schwindelig* (with *v, vor)* **2.**
schwindelnd, schwindelerregend (a ~ *precipice)* ‖
kreisend, wirbelnd **3.** (P) *unbeständig* ‖ *unbesonnen, leichtsinnig* ‖ *absurd, albern, blöd* **II.** vt/i
‖ *schwindelig* m ‖ vi *sch. w*
    gift [gift] **1.** s *Schenkung* f; *deed of* ~ *–sur-
kunde* f; *not .. at a* ~ *nicht geschenkt;* to make
a ~ *of schenken;* by way of ~ *schenkungsweise* ‖
Geschenk n, *Gabe* f (from a p *v jdm;* to a p *an,
für jdn)* ‖ *Recht der Verleihung;* to be in the ~
of a p (*S) v jdm vergeben, verliehen w* ‖ *Begabung,
Gabe* f (of doing *z tun); Talent* n (for *f); →* gab
‖ [attr] *Geschenk–; geschenkt;* ~ *coupon Gutschein* m ‖ not to look a ~ *horse in the mouth
e–m geschenkten Gaul nicht ins Maul sehen* **2.** vt
beschenken; to be **~ed** *bedacht w* (with) ‖ **~ed**
['~id] a *begabt* (with) ‖ **~edness** ['~idnis] s
Begabung f
    gig [gig] s *Gig* n (*zweirädriger Einspänner)* ‖
Boot n *des Kommandanten* ‖ *langes, leichtes
(Renn-)Ruderboot* n ‖ *Rauhmaschine* f ‖ ~*-lamps*
[pl] ⟨sl⟩ *Brille* f; ⟨übtr⟩ [sg konstr] °*Brillen-
kaspar* m
    gig [gig] s *Art Harpune* f
    gigantean [dʒai'gænti(:)ən] a, **–tic** [dʒai-
'gæntik] a (~ally adv) *gigantisch, riesenhaft,
Riesen–* (~ dome) **–tomachy** [ˌdʒaigæn'təməki] s
⟨ant⟩ *Gigantenkampf* m

    giggle ['gigl] **1.** vi *kichern* **2.** s *Kichern, Ge-
kicher* n ‖ ⟨fam⟩ it's no ~ *being in gaol im
Kittchen gibt's nichts z lachen* ‖ **~r** [~ə] s *der
Kichernde*
    gigolette [dʒigə'let] s *Taxitänzerin* f
    gigolo ['dʒigələ] s *Eintänzer* m
    gigot ['dʒigət] s Fr *Hammelkeule* f ‖ ~*-sleeve
Keulenärmel* m
    gigue [ʒi:g] s Fr ⟨hist mus⟩ *Vi'ola, Fiedel* f ‖
= jig
    gila ['hi:lə] s ⟨zoo⟩ (a ~ monster) *Gilatier* n;
Krustenechse f
    Gilbertian [gil'bə:tiən] a (*v* W. S. Gilbert)
possenhaft, komisch
    gild [gild] s → guild
    gild [gild] vt [~ed/~ed; * gilt/gilt *mst* in
comp] *vergolden* ‖ ⟨fig⟩ *verschönen; schmücken,
übertünchen;* to ~ the pill ⟨fig⟩ *die Pille versüßen* **~ed** ['~id] a *vergoldet, golden* ⟨a fig⟩
~er ['~ə] s *Vergolder* m **~ing** ['~iŋ] s *Vergoldung* f; ⟨fig⟩ *Verschönung* f ‖ ~ metal
Tombak m
    Gill, Jill [dʒil] s (abbr *f* Gillian, Jillian *aus*
Juliana) *Liebste* f ‖ Jack and ~ *Hans u Grete*
    gill [gil] s [mst pl] **~**s *Kiemen* f pl ‖ *Lam'ellen*
f pl (*der Pilze)* ‖ ⟨mot⟩ (*Kühler-)Rippe* f ‖ ⟨orn⟩
Kehllappen m pl ‖ *Wamme* f (a °P); rosy about
the ~s *gesund–, frischaussehend* ‖ ⟨sl⟩ blue,
green, yellow, queer about the ~s *deprimiert,
nicht auf dem Damm, verkatert* ‖ to grease the
~s °*sich den Bauch vollschlagen* ‖ ⟨sl⟩ °*Vater-
mörder;* stewed about the ~s *total bezecht* ‖
[attr] *Kiemen–*
    gill [dʒil] s *Viertelpinte* f (*0,14 Liter)* ‖ *Gefäß*
e–r V.
    gill [gil] s ⟨dial⟩ *Bergschlucht* f ‖ *kl Fluß,
Bach* m
    gill [gil] s ⟨Am fam⟩ (= girl) *Mädel* n, *Freun-
din* f
    gillie ['gili] s ⟨hist Scot⟩ *Page, Diener;
Angel–, Jagdgehilfe* m
    gillyflower ['dʒili,flauə] s ⟨bot⟩ *Goldlack* m ‖
Nelke f ‖ *Levk'oje* f
    gilt [gilt] **1.** a ⟨eig⟩ *vergoldet; Gold–;* ~*-
edged mit Goldschnitt* m ‖ ⟨fig⟩ *erstklassig, prima*
(bill); *mündelsicher* (stock); ⟨fam⟩ °*prima (erstklassig)* **2.** s *Vergoldung* f ‖ ⟨fig⟩ *äußerer Glanz*
m; to take the ~ off the gingerbread *e–e S des
Glanzes, der Anziehung berauben*
    gimbal ['dʒimbəl] s *kardanischer Bügel* m;
[mst pl] **~**s *Art kard'anische Aufhängung* f (*aus
2 Ringen f Uhren, Kompasse* etc *auf Schiffen); →*
cardanic
    gimcrack ['dʒimkræk] **1.** s *Spielzeug* n, *Tand,
Flitter* m **2.** a *wertlos, nichtig; überladen,
prahlend* **~ery** [~əri] s *Spielkram, Plunder* m
    gimlet ['gimlit] **1.** s *Handbohrer* m *mit Griff*
(*f Holz)* **2.** vt *mit e–m H. bohren*
    gimp, gymp [gimp] s *Gimpe* f, *Besatzschnur* f
    gimmick ['gimik] s ⟨sl⟩ °*Dings* n (*praktischer
Behelf, Trick); Trickmechanismus* (e–s *Zaube-
rers);* ⟨Am⟩ it was a ~ *es hatte* or *war etw
Bezauberndes*
    gimp [gimp] s ⟨embr⟩ *Gimpe(nspitze)* f
    gimzo ['gimzou] s ⟨Am sl⟩ *Dingsda* n (S)
    gin [dʒin] **1.** s *Fallstrick* m; *Falle, Schlinge* f
⟨a fig⟩ ‖ *Dreibein* n; *Art Kran* m, *Hebemaschine*
f ‖ (*Baumwoll-)Egreniermaschine* f **2.** vt *fangen,
verstricken* ‖ (*Baumwolle) egrenieren, entkörnen*
    gin [dʒin] **1.** s *Wacholderschnaps* m ‖ ⟨fam⟩
~ and it (= Italian) *Gin* [dʒin] *u italienischer
Wermut* ‖ pink ~ *Angostura-Gin;* ~*-lane „hohle
Gasse"* (= *Gurgel)* f ‖ ⟨Am⟩ **~**-fizz
Schnaps mit Selters; ~*-mill Likörstube* f ‖ ~*-
and-water* [attr] *Schnaps–* (nose), *Säufer–*
(voice) ‖ [attr] ~*-palace feine Branntweinschenke* f ‖ ~*-sling* ⟨Am⟩ *Eisgetränk* n *mit W.*

2. vt; to ~ up (*jdn*) (*durch Eingangsschnäpschen* [pl]) *in Stimmung bringen*

gin [gin] conj ⟨Scot⟩ *wenn*

gingall, jing– ['dʒiŋgəːl] s ⟨Ind⟩ *kl Kanone; schwere Muskete* f

Ginge ['dʒindʒ] s ⟨sl⟩ „*Barbarossa*" m

ginger ['dʒindʒə] **1.** s *Ingwer* m | ⟨sl fig⟩ *Mut, Schneid,* °*Mumm* m ‖ *braungelbe Farbe* f | [attr] *Ingwer–*; ⟨fig⟩ *belebend* ‖ ~-ale *–bier* n (*mit Hopfen versetztes* ~-beer) ‖ ~-beer, ⟨fam⟩ ~-pop *Ingwersprudel* m ‖ ~-cordial *Ingwerlikör* m ‖ ~-group ⟨pol⟩ *Scharfmacher* m pl (*innerhalb e–r Partei*) ‖ ~-nut = ~bread *nut* ‖ ~-snap *kl mürber Ingwerkeks* m ‖ ~-wine *Ingwerwein* m **2.** vt *mit Ingwer würzen*; *mit I. anfeuern* ‖ ⟨fig⟩ *anfeuern, beleben, auffrischen* ~**bread** [~bred] s *Ingwer–, Honig–, Pfefferkuchen* m ‖ ~-nut *Ingwerkeks* m ~**ly** [~li] **1.** a *zimperlich*; *behutsam* **2.** adv *sachte*; *leicht* | ~**y** [~ri] a *Ingwer–* | *gelblich, rötlich* | *scharf gewürzt* ‖ *hitzig, reizbar*

gingham ['giŋəm] s *G·ingang* m (*gestreifter Baumwollstoff*) ‖ ⟨fam⟩ (*baumwollener*) *Regenschirm* m

gingival [dʒin'dʒaivəl] a *Zahnfleisch–* **–vitis** [„dʒindʒi'vaitis] s ⟨med⟩ *Zahnfleischentzündung* f

gingko ['giŋkou], **ginkgo** ['giŋgou] s ⟨bot⟩ *Japanischer Ginkgo–, Nußbaum* m

ginglymus ['dʒiŋglimǝs] s L ⟨anat⟩ *Winkel–, Scharn·iergelenk* n

gink [giŋk] s ⟨Am sl⟩ *Bursche, Geselle* m

ginned ['dʒind] a ⟨Am fam⟩ „*beschnapst*", *beschwipst*

ginney ['gini] s ⟨Am sl⟩ *Kastel–, Katzelmacher* m (*Italiener*)

ginormous [dʒi'nɔːmǝs] a ⟨fam sl⟩ (great + immense + enormous) ⟨m. m.⟩ °*kolossiv* (*kolossal* + *massiv*)

ginseng ['dʒinseŋ] s ⟨bot⟩ *chines. Kraftwurz* f ‖ *Ginseng–, Heilwurzel* f

gip [gip] vt (–pp–) (*Fisch*) *ausweiden*

gipo, gypo ['dʒipo] s ⟨sl⟩ = *gipsy*

gipper ['dʒipə], **gippo** ['dʒipo] s *Fleischsaft* m; *Fett* n

gippy ['dʒipi] s ⟨sl⟩ *ägyptischer Soldat* m

gipsy (*a* gypsy) ['dʒipsi] **1.** s *Zigeuner*(*in* f) m ‖ ⟨übtr⟩ *Schelmin* f | *Zigeunersprache* f | = ~-winch **2.** a *Zigeuner–*; *zigeunerhaft*; ~ bonnet *breitrándriger Hut* m; ~-flower, ~-rose ⟨bot⟩ *Wilde Skabi·ose* f; ~ moth ⟨ent⟩ *Schwammspinner* m; ~ table *runder dreibeiniger Tisch* m ‖ ~-winch ⟨mar⟩ *kl Winde* f **3.** vi *nach Zigeunerart leben* ~**dom** [~dəm], ~**hood** [~hud] s *Zigeunertum* n ~**fied** [~faid] a *zigeunerhaft* ~**ism** [~izm] s *Zigeunerwesen* n

giraffe [dʒi'rɑːf] s ⟨zoo⟩ *Gir·affe* f ‖ ⟨Am fig sl⟩ (p who necks) *Pouss·ierstengel, Fummler* m

girandole ['dʒirǝndoul] s Fr *gr Armleuchter* m ‖ *Feuergarbe* f (*Feuerwerk*)

girasole ['dʒirǝsoul] s Fr ⟨minr⟩ *F·euer·op·al* m

gird [gəːd] **1.** vi *sticheln; spotten, höhnen, to* ~ at *verspotten* | *nörgeln* ⟨at über⟩, *sich reiben* (at *an*) **2.** s *Stichelei* f; *Spott* m

gird [gəːd] vt [~ed/~ed; * girt/girt *mst* ⟨liter⟩ & in comp] ⟨*mst* liter & poet⟩ **1.** (*Kleid*) *gürten,* (*jdn*) *umg·ürten* (with) ‖ to ~ o.s. *sich umgürten* (with); *sich gürten, bereit m* (to do) | ⟨übtr⟩ *umschließen, –geben* | ⟨fig⟩ (*jdn*) *ausstatten, versehen* (with) **2.** (a to ~ on) (*Gürtel, Schwert*) *umg·ürten, an–, umlegen* ~**er** ['~ə] s *Träger, Trag–, Bindebalken; Durchzug; eiserner Brückenträger* m | [attr] *Träger–*

girdle ['gəːdl] **1.** s *Gurt, Gürtel* m ‖ *Knotenschnur* f | ⟨übtr⟩ *Ring, Kreis; Umfang* m **2.** vt *umg·ürten* | *umgeben*

girdle ['gəːdl] s ⟨dial⟩ *Blech* n *z Backen* etc, → *griddle*

girl [gəːl] s *Mädchen* n; the ~s *die Töchter* f pl *des Hauses* | *Dienstmädchen* n; shop ~ *Ladenmädchen* | ⟨fam⟩ *Liebste, Geliebte* f; his best ~ *s–e Liebste, sein Schatz*; poor old ~ *die Ärmste* | [attr] [*vor pl* ~] *weiblich*; *jugendlich*; ~ friend *Freundin* f ‖ ~ guides ⟨Am⟩ ~ scouts) [pl] *Pfadfinderinnen* f pl ~**hood** ['~hud] s *die Mädchenjahre* n pl, *Mädchenzeit* f; [koll] *die Mädchen* n pl ~**ish** ['~iʃ] a (~ly adv) *Mädchen–* ‖ *mädchenhaft* | *weichlich* ~**ishness** ['~iʃnis] s *das Mädchenhafte*

girt [gəːt] **1.** s *Umfang* m **2.** vt/i ‖ *umgürten*; *–geben* ‖ *messen*; the tree ~s twelve inches .. *mißt 12 Zoll im Umfang* | vi *messen*

girth [gəːθ] **1.** s *Sattelgurt* m ‖ (S) *Umfang* ⟨a for⟩ (in ~ *an U.*); (*Körper-*)*Umfang* m **2.** vt/i *umgeben* ‖ (*Pferd*) *gürten* ‖ (to ~ on, up) *fest–, aufschnallen* (a saddle) | vi (*an Umfang*) *messen*

gist [dʒist] s *Wesen* n; *Hauptpunkt, Kern* m; *des Pudels Kern*

git [git] vt/i ⟨Am fam⟩ = get → *d* ‖ ~-up-and-go *Murr* m (*Energie*) *in den Knochen*

gittern ['gitəːn] s ⟨mus⟩ = *cithern*

give [giv] vt/i [gave/given] **I.** vt **A.** *mit zwei Objekten*: **Konstruktion**: **a.** [*Dativ der P u Akk. der S*] to ~ a p (⟨liter⟩ to a p) a th *neben* a th to a p *jdm etw geben* (etc); [pass] I was ~n a ticket *od* a ticket was ~n (to) me *mir wurde ein Billet geschenkt* **b.** [*Dativ der S u Akk. der S*] to ~ a th to a th *etw e–r S verleihen* (they ~ their time to this work) **1.** (*etw*) *als Geschenk geben*; *schenken* ‖ (*Macht*) *verleihen*; *erteilen*; *gewähren* ‖ ⟨übtr⟩ (*etw*) *angedeihen* l (to a th *e–r S*); *schenken*, to ~ a p one's confidence *jdm sein Vertrauen schenken* | it was not ~n to him to do *es war ihm nicht gegeben, er hatte nicht die Gabe z tun* | ~ me *da lobe ich mir, ich ziehe vor, bewundere* (~ me the old good times) **2.** *hin–, hergeben*; (*etw*) *übergeben* ‖ *übermitteln*; her my love *grüße sie herzlich v mir* ‖ *anvertrauen* **3.** (*etw*) *opfern, hergeben*; (*Zeit*) *widmen* (to a th *e–r S*) **4.** (*Schlag*) *geben, versetzen* ‖ to ~ a p a look *jdm e–n Blick zuwerfen* ⟨fam⟩ to ~ a p sth for himself *jdm e–e gehörige Tracht Prügel geben, jdm e–e Abreibung* (= *Tadel*) *verpassen* **5.** *bieten, an–, darbieten*; to ~ a p one's hand *jdm die Hand reichen* ‖ to ~ a p the time of day *jdm die Tageszeit bieten* | I ~ you the ladies *ich trinke auf das Wohl der Damen,* → **B.** | *vortragen, z besten geben* (~ us a song) **6.** *weitergeben, übertragen*; he has ~n me his cold *er hat mich mit s–r Erkältung angesteckt* ‖ *mitteilen;* ~ me the names *nennen Sie mir die Namen*; to ~ a p a piece of one's mind *jdm s–e Meinung sagen* **7.** *zuerteilen; zuschreiben* **8.** *hervorrufen, bewirken, verursachen* (it gave me much pain); *bereiten, machen* (to ~ pleasure, work, an impression; it will ~ me much pleasure); *verschaffen* (satisfaction); to ~ o.s. an account of *sich Rechenschaft geben über* **9.** *erlauben* (~ me two hours) | to ~ o.s. a rest *sich e–e Ruhe gönnen* ‖ *zugeben* (all right I ~ you that) **B.** [*mit engverbundenem Sachobjekt u* to-*Dativ*]: to ~ battle *z e–r Schlacht kommen l* (to a p *mit jdm*), *e–e Sch. liefern* (to a p *jdm*); ~ birth; to ~ chase *Jagd* m (to a p *auf jdn*); → effect, offence, place, rise, tongue, way, weight | ⟨fam⟩ to ~ it: to ~ it to a p *jdm verprügeln*; *jdm gehörig die Meinung sagen* **C.** [*mit Dativ der P u Inf.*]: to ~ a p to eat *jdm z essen geben* ‖ to ~ a p to understand *jdm z verstehen geben*; I was ~n to understand *mir wurde zu verstehen geben* **D.** [*mit nur e–m Akk.-Objekt* (*mst der S*)]: **1.** (*etw*) *verpfänden* (one's word *sein Wort*) ‖ (*etw*) *als Tausch geben* (for f); (*Summe*) *zahlen* (for); I would ~ the world *ich würde alles geben* (for; to have *z h*) | (*etw*) *v sich geben, äußern*; to ~ a cry *aufschreien*; to ~ a knock *anklopfen*;

to ~ a laugh *auflachen* || signals ~n *by police-men Zeichen v den Polizeibeamten* | (*Urteil* etc) *abgeben, aussprechen, fällen* (against) || *anzeigen, erwähnen; vorbringen;* to ~ a toast *e–n Toast ausbringen,* → *oben* A. 5. | ⟨*theat* & *mus*⟩ (*Stück*) *aufführen, geben* | (*als Resultat*) *ergeben, liefern* 2. (*jdn*) *überliefern, einliefern* (into custody *in Schutzhaft*) E. [*mit* adv] to ~ **away** *fortgeben, verschenken; verteilen* || (*die Braut*) *dem Bräutigam übergeben* || ⟨sl⟩ *verraten* (to ~ o.s. *away sich* –); *bloßstellen;* → show | to ~ **back** *zurückgeben; vergelten* | to ~ **forth** *v sich geben; aussprechen, veröffentlichen* | to ~ **in** (*Bericht*) *einliefern, –reichen* | to ~ **off** *v sich geben; ausströmen, ausstrahlen* | to ~ **out** *ankündigen, bekanntmachen, aussprengen* || *ausströmen* || *aus–, verteilen;* ⟨school⟩ (*Hefte*) *zurückgeben* | to ~ **over** *übergeben, überlassen* (to a p *jdm*) || *ablassen von, aufgeben* | to ~ **up** *aufgeben, preisgeben, verzichten auf, übergeben* || *abstehen v* (to ~ up *doing .. z tun*) || (*Zeit*) *widmen, hingeben* (to a th *e–r S*); to ~ o.s. up *to a th sich e–r S er–, hingeben;* to ~ o.s. up *sich freiwillig stellen* || (*jdn*) *aufgeben, verloren geben* II. vi 1. (*S*) *nachgeben* (⟨*a*⟩ of branches); *weichen; schlapp w* || *sich anpassen* (to *an*); *elastisch s, federn* 2. [*mit* prep] (of roads etc) *führen* (into, in *in;* on to *auf*); (of doors) *führen* (on to the hall *in die Halle*); (of windows etc) *gehen* (on, on to, upon *auf*) 3. [*mit* adv] to ~ **in** *nachgeben, weichen* (to ~ in *to an opinion e–r Ansicht beitreten*) || to ~ **in** *that .. eingestehen, daß ..* || to ~ **out** (*P*) ⟨fig⟩ *zus–brechen; nachlassen* || (*S*) *ausgehen, z Ende gehen, alle w; aufhören, versiegen* || to ~ **over** ⟨fam⟩ *aufhören* || to ~ **up** *aufhören; z Ende gehen*

give [giv] s *Nachgeben* n, *Elastizität* f | ~ **and take** *Abwechslung v Gegensätzen; Meinungsaustausch* m, *Wortgefecht* n || [attr] *z gegenseitigem Entgegenkommen geneigt; Wortgefechts-* | ~**-away** *unbeabsichtigter Verrat* m; *Enthüllung;* *Preisgabe* f

given [ˈgivn] 1. pp (*v* to give); ~ *that zugegeben or gesetzt, daß;* [abs] ⟨jur⟩ *datiert* || *als Grundlage gegeben* (~ *an amount of*) 2. a **a.** [*pred*] ~ *to a th geneigt z etw, e–r S ergeben;* ~ *up to doing geneigt z tun* **b.** [attr] *gegeben, bestimmt, festgesetzt* (any ~ *trait irgendein beliebiger Zug*) || ⟨math⟩ *gegeben, bekannt* || ~ **name** ⟨Am⟩ *Vorname* m

giver [ˈgivə] s *Geber, Verleiher* m || ⟨com⟩ *Verkäufer* m || *Aussteller* m (of a bill)

gizzard [ˈgizəd] s *Magen* m (*e–s Vogels*) || ⟨zoo⟩ *Kaumagen* m || ⟨fam⟩ *Kehle* f; that sticks in my ~ *das ist mit zuwider*

glabrous [ˈgleibrəs] a *kahl, glatt*

glacé [ˈglæsei] a Fr *Glacé–, Glanz–* (*z. B. –zwirn*) || *glaciert, kandiert* (fruits)

glacial [ˈgleisiəl] a (~ly adv) *eisig, eiskalt;* ⟨*a* fig⟩ *Glazial–;* *Gletscher–, Eis–;* ~ *epoch, era, period* ⟨geol⟩ *Eiszeit* f ~**ist** [~ist] s *Eis–, Gletscherforscher* m

glaciate [ˈgleisieit] vt *vereisen, –gletschern* –**ation** [ˌglæsiˈeiʃən] s *Vereisung, Vergletscherung* f

glacier [ˈglæsjə] s Fr *Gletscher* m

glaciology [ˌgleisiˈɔlədʒi] s *Gletscherkunde* f

glacis [ˈglæsis] s Fr (pl ~ [–siːz]) ⟨fort⟩ *Glacis* n (*Erdanschüttung*)

glad [glæd] 1. a (~ly adv ~ *d*) a. [pred] *froh, erfreut,* I am ~ *ich freue mich* (of, at *über;* of doing, to do *z tun*); I am ~ to *hear z m–r Freude höre ich;* I am ~ to say *z m–r Freude kann ich sagen;* ~ (that) *you like it es freut mich, daß es dir gefällt* b. [attr] (*S*) *heiter, fröhlich* || *angenehm* || ⟨sl⟩ to give a p the ~ *eye jdm verliebte Blicke zuwerfen;* ~ *clothes,* ~ *rags Sonntagskleider* n pl || ~ **hand** ⟨Am fam⟩

herzlicher Willkomm m 2. vt *erfreuen* || ~**den** [ˈ~n] vt *erfreuen, erheitern*

glade [gleid] s ⟨for⟩ *Lichtung,* (⟨*a*⟩ straight ~) *Schneise* f

gladiator [ˈglædieitə] s ⟨hist⟩ *Gladiator* m || ⟨fig⟩ *Wortfechter* m ~**ial** [ˌglædiəˈtɔːriəl] a *gladiatorisch, Gladiatoren–*

gladiolus [ˌglædiˈouləs] s [pl ~es; –li] L ⟨bot⟩ *Gladiole; Schwertlilie* f; Illyrian ⚹ *Sumpf–, Siegwurz* f

gladly [ˈglædli] adv *mit Freuden, gern* –**ness** [ˈglædnis] s *Fröhlichkeit, Freude* f –**some** [ˈglædsəm] a (~ly adv) *fröhlich, freudig* || *erfreulich*

Gladstone [ˈglædstən] s (*nach* W. E. ~, † 1898) (*a* ~ bag) *leichter Handkoffer* m

glair [glɛə] **1.** s *Eiweiß z Bestreichen* n || *klebrige, schleimige Substanz* f **2.** vt *mit Eiweiß bestreichen* ~**eous** [ˈ~riəs], ~**y** [ˈ~ri] a *Eiweiß–; klebrig, schleimig*

glaive [gleiv] s ⟨poet⟩ *breites Schwert* n

glamour [ˈglæmə] **1.** s *Blendwerk* n; *Zauber* m, to cast a ~ over *bezaubern* | *bezaubernde Schönheit* f, –*nder Glanz* m | the ⚹ *Boys* °*unsere blauen or feldgrauen* °*Jungs* || ~ **girl** *Film–, Theater–, Reklame– etc –Schönheit* f || ~ **lighting** *Effektbeleuchtung* f **2.** vt *bezaubern* (by *durch*) –**o(u)rize** [~raiz] vrfl: to ~ o.s. *sich schön m* –**o(u)rous** [ˈglæmərəs] a *zauberisch, bezaubernd* –**oury** [ˈglæməri] s = glamour

glance [glɑːns] **1.** vi/t A. vi (*a* to ~ aside, off) (of weapons) *abgleiten, vorbeigehen; abprallen* (from *v*) || (of talk) *schnell gleiten* (over); *abschwenken* (from) || to ~ **at** *kz berühren, anspielen auf* | (of light) *blitzen, glänzen* || (of the eye) *flüchtig blicken* (at *auf;* into *in*); to ~ **over** *flüchtig streifen über, überblicken* || to strike a –**cing** blow ⟨Am mot⟩ *streifen* (at *an*) || –cing *incidence* (of rays) *streifender* (*Strahlen-*) *Einfall* m B. vt to ~ *one's eye das Auge werfen* (at *auf*); *mit dem A. streifen* (over *über*) **2.** s *Abprallen* n; ⟨crick⟩ *Schlag* m *mit schräger Haltung des Schlagholzes* | *Blitz, plötzlicher Lichtstrahl, Schimmer, Schein* m | *flüchtiger Blick* m (at *auf;* into *in;* over *über*) || *Betrachtung* f | at a ~, at first ~ *auf den ersten Blick* | to cast a forward ~ *e–n Blick in die Zukunft werfen* || to take a ~ at a th *etw flüchtig betrachten*

glance [glɑːns] **1.** s *Glanz* m *der Metalle u Mineralien* (copper ~ *Kupfer–,* lead ~ *Blei–*) | ~ **coal** *Glanzkohle* f **2.** vt *glänzend m, polieren*

gland [glænd] s ⟨anat⟩ *Drüse* f; → ductless, endocrina || ⟨bot⟩ *drüsige Haarbildung* f || ⟨tech⟩ *Flansch, Rand* m ~**ular** [ˈ~julə] a *drüsig, Drüsen–* ~**ule** [ˈ~juːl] s *kl Drüse* f || *kl Geschwulst* f ~**ulous** [ˈ~juləs] a *Drüsen–*

glandered [ˈglændəd] a *rotzkrank* –**erous** [ˈglændərəs] a ⟨vet⟩ *Rotz–* –**ers** [ˈglændəz] s [pl] [sg konstr] *Rotzkrankheit* f (*der Pferde*) –**iferous** [glænˈdifərəs] a *eicheltragend* –**iform** [ˈglændifɔːm] a *eichelförmig* || *drüsenförmig*

glans [glænz] s ⟨anat⟩ *Eichel* f

glare [glɛə] **1.** vi/t *funkeln, strahlen, glänzen* || *blenden* | *starren;* to ~ **at,** upon a p *jdn anstarren* | vt *durch* (*starren*) *Blick ausdrücken* (hate) **2.** s *grelles Licht* n; ⟨fig⟩ *blendender Glanz* m || *wilder, durchdringender Blick* m || ⟨mot⟩ (*Straßen-*)*Blendung* f | ~ **eliminator** ⟨mot⟩ *Sonnen–, Blendschutz* m || ~ **nuisance** *Blendebelästigung* f

glaring [ˈglɛəriŋ] a (~ly adv) *funkelnd, blendend, prall* (~ sun); *grell; auffallend, schreiend* (contrast, colour) || *offenkundig; unverhüllt, schamlos, schreiend* (~ crime)

glass [glɑːs] **I.** s 1. s *Glas* n; domestic ~ *Kabinettscheibe* f; frostened ~ *Eisglas* m; ground ~ *Matt–;* heraldic ~ *Wappenscheibe* f;

wire reinforced ~ *Drahtglas* n **|** [koll] *Gegenstände aus Glas*; *Glassachen, Fenster* pl, *Gewächshäuser* pl **2.** *Glasgefäß* n; *Trinkglas* n || ⟨fig⟩ *Glas* n, *Trunk* m (to have, take a ~ with; he has had a ~ too much) **|** *Stundenglas* n (*a pane of* ~) *Glasfenster* n, *–scheibe* f (*bes of a* carriage) || *Spiegel* m || *Augen–*; ~es [pl] *Brille* f, *Kneifer* m (a pair of ~es *e–e Brille*); to look through blue ~es *e–n falschen, ungünstigen Eindruck gewinnen*, (*etw*) *nicht durch e–e rosarote Brille sehen* || *Fern–, Opern–* || *Barometer* n (the ~ says; what is the ~ doing?) **3.** ~ *after* ~ *of brandy ein Gl. Schnaps nach dem anderen* || *looking–~ Spiegel* || *magnifying* ~ *Vergrößerungs–* || *plate–* ~ *Spiegel–* || *stained* ~ *buntes Gl., Glasmalerei* f || *pane of* ~ *Fensterscheibe* f **4.** [attr] *Glas–, gläsern* || ~-blower *Glasbläser* m || ~ *case –kasten, –schrank* m; *Schaukasten* m || ~-cutting *Glasschneiden, Glasschleifen* n || ~-eel ⟨ich⟩ *junger, unreifer Aal* m || ~ *eye –auge* n || ~-founder *–macher* m || ~-foundry *Glashütte* f || ~-fronted *unter Glas befindlich* (~-fronted *notice board*) || ~ *glaze Glas·ur* f (*glasartige Masse*) || ~-grinder *Glasschleifer* m || ~-house *Glashaus, Gewächshaus* n; *people in* ~*ses shouldn't throw stones wer im Glashaus sitzt, soll nicht mit Steinen werfen* || ~-making *Glaskunst* f || ~-man *Glashändler* m; *–macher* m || ~-painter *–maler* m || *coloured* ~ *pastes* [pl] *Zellenverglasung* f || ~-picture *Hinterglasmalerei* f || ~-shade *Glas–, Lampenglocke* f || ~ *sight optisches Visier* n || ~-staining (*eingebrannte*) *Glasmalerei* f || ~ *thread –gespinst* n || ~-ware [koll] *Glaswaren* f pl || ~ *wool Glaswolle* f || ~-work *Glasarbeit* f; *–hütte* f || ~-works [pl] *Glashütte* f **II.** vt *mit Glas versehen, bedecken* || *to* ~ *o.s.* (*S*) *sich spiegeln* (*in*)

    glassful [ˈglɑːsful] s [pl ~s] *das Glasvoll* (*a* ~ *of*)

    glassiness [ˈglɑːsinis] s *glasiges Aussehen* n; *Durchsichtigkeit, Glätte* f

    glasswort [ˈglɑːswəːt] s ⟨bot⟩ *Glaskraut* n

    glassy [ˈglɑːsi] a (*–sily adv*) *gläsern* || (*of the eye*) *glasig, starr* || (*of water*) *durchsichtig*; *glatt*

    Glaswegian [glæsˈwiːdʒiən] **1.** a *Glasgow–* **2.** s *Bewohner v Glasgow* m

    glauberite [ˈglaubərait, ˈglɔːb–] s ⟨minr⟩ *Glauber·it* n

    Glauber's salt(s) [ˈglɔːbəz ˈsɔːlt(s)] s *Glaubersalz, Natriumsulf·at* n

    glaucoma [glɔːˈkoumə] s ⟨med⟩ *Glauk·om* n (*Grüner Star*) ~**tous** [~təs] a *Glaukom–*

    glauconite [ˈglɔːkənait] s ⟨minr⟩ *Glaukon·it* n (*Grünerde*)

    glaucous [ˈglɔːkəs] a *graugrün, bläulich grün* || ⟨bot⟩ *mit weißlichem Flaum bedeckt*

    glaze [gleiz] **1.** vt/i || *mit Glasscheiben versehen, verglasen* || *glasieren, polieren*; (*Papier*) *satinieren* || ⟨paint⟩ *lasieren* **|** vi *gläsern w* || ⟨fig⟩ *gläsern or glasig, kraft–, leblos erscheinen* **2.** s *Glasur* ‡ || *Glanz* m, *Glätte* f || ~ *of i·o Glatteis* n **|** ~ *baking Glasurbrand* m || ~ *frits* [pl] *Glasurfritten* f pl || ~**d** [~d] a *Glas–* || *blank, Glanz–* (~ *paper*); ~ *cardboard Preßpappe* f || *verglast, glasig* (*eye*) || *vereist* (*road surface*); *the streets are* ~ *with ice es ist Glatteis*; ~ *frost,* ~ *ice Glatteis* n **|** ~**r** [ˈ~ə] s *Glasierer* m || *Glasiergerät* n

    glazier [ˈgleiziə] s *Glaser* m || *is your father a* ~? *dein V. ist doch kein G.!* (*geh mir aus dem Licht*)

    glazing [ˈgleiziŋ] s *Glasieren* n || *Glasur* f || ⟨paint⟩ *Lasierung* f **|** [attr] *Glasier–, Glätt–, Hochglanz–*

    glazy [ˈgleizi] a *glänzend, blank* || *glasiert* || *glasig, leblos*

    gleam [gliːm] **1.** s *Schimmer, Schein* m ⟨a fig⟩

(*a* ~ *of hope*; *not a* ~ *of*) **2.** vi *glänzen*; *schimmern, scheinen* || ⟨fig⟩ *strahlen, sich zeigen*

    glean [gliːn] vt/i || (*Ähren*) (*nach–, auf*)*lesen* || ⟨fig⟩ *sammeln, schöpfen*; *zus–bringen* (*information*) **|** vi *Ähren lesen* ~**er** [ˈ~ə] s *Ährenleser* m; *Sammler* m ~**ing** [ˈ~iŋ] ~s [pl] *Nachlese* f; ⟨fig⟩ *Blütenlese* f

    glebe [gliːb] s ⟨poet⟩ (*Erd–*)*Scholle* f || (*a* ~-*land*) *Pfarrland* n, *Pfarracker* m ⟨min⟩ *Erzstufe* f

    Glecoma [gliˈkoumə] s L ⟨bot⟩ *Gundermann* m

    glede [gliːd] s ⟨orn⟩ (*Königs–*)*Weih* m, *Weihe* f

    glee [gliː] s *Fröhlichkeit, Heiterkeit, Freude, Lust* f || ⟨mus⟩ *Art Wechselgesang* m; ~-club *Gesangverein* m ~**ful** [ˈ~ful] a *fröhlich, lustig, heiter* ~**man** [ˈ~mən] † s *Minstrel, Barde* m ~**some** [ˈ~səm] a = *gleeful*

    gleep [gliːp] s (*graphite low energy experimental pile*) (*ein brit.*) *Versuchs-Atomreaktor* m

    gleet [gliːt] s ⟨med⟩ *eitriger Ausfluß* m

    gleg [gleg] a ⟨Scot⟩ *schnell auffassend*; *gewandt*; *schnell bei der Hand* (*with*)

    glen [glen] s *enges Tal* n, *Bergschlucht* f

    glengarry [glenˈgæri] s ⟨Scot⟩ *enganliegende Hochlandmütze* f

    glib [glib] a (~ly adv) *glatt*; *schlüpfrig* || *zungenfertig*; *fließend, geölt* ~**ness** [ˈ~nis] s *Glätte* f; *Zungenfertigkeit* f

    glide [glaid] **1.** vi/t || *gleiten* || *leicht dahingleiten, dahinfließen, dahinfliegen* || *leise, heimlich gehen* (*out of aus*; *into in*) || *gleiten, geraten* (*into debt*) || ⟨aero⟩ *e–n Gleitflug* m; *to* ~ *for a landing anschweben* **|** vt *gleiten l* || *im Segelflugzeug durchqueren* **|** ~ *path* (abbr GP) ⟨aero⟩ *Gleitweg* m; ~-path *equipment Gleitweggerät* n **2.** s *Gleiten* n || ⟨aero⟩ *Gleitflug* m **|** ~**r** [ˈ~ə] s ⟨aero⟩ *Gleit–, Segelflugzeug* n || *Segelflieger* m

    gliding [ˈglaidiŋ] s ⟨aero⟩ *Segelfliegen* n, *–flug* m **|** [attr] *Gleit–* || ~ *approach Gleitanflug* m || ~ *certificate Segelflugschein* m || ~ *club Segelflugverein* m || ~ *ratio Gleitzahl* f || ~ *turn Gleitflugkurve* f

    glim [glim] s ⟨sl⟩ *Licht* n; *Laterne* f || ~s [pl] ⟨Am⟩ „*Lichter*" (*Augen*) n pl

    glimmer [ˈglimə] **1.** vi *glimmen, schimmern*; *flackern* ⟨a fig⟩ || *to go* ~*ing* ⟨Am sl⟩ *abhauen, sich verdrücken* **2.** s *Schimmer* m ⟨a fig⟩, *not a* ~, *not the* ~ *of an idea!* *k–e Ahnung!*; *Schein* m || ⟨minr⟩ *Glimmer* m

    glimpse [glimps] **1.** vt/i || *plötzlich erblicken* **|** vi *plötzlich erscheinen*; *flüchtig blicken* (*at auf*) **2.** s *Lichtblick, Schimmer* m ⟨a fig⟩ || *flüchtiger Blick* m (*of auf*), *Anblick* m, *Eindruck* m (*of v*); *kurzer Einblick* m (*of in*); *to afford a* ~ *of e–n E. gewähren in*; *to get, catch a* ~ *of a th od a p etw, jdn nur flüchtig z sehen bek*; *e–n kz Blick tun in etw*; (*give us*) *a* ~ *of her art .. eine Probe ihrer Kunst* ‡

    glint [glint] **1.** vi/t || *glänzen, glitzern, schimmern* **|** vt (*etw*) *erleuchten*; *to* ~ *back zurückstrahlen* (*light*) **2.** s *Glanz* m, *Lichtstrahl, Licht schein* m

    glioma [glaiˈoumə] s (pl ~ta [~tə]) ⟨path⟩ *Gli·om* n (*Geschwulst*) ~**tous** [~təs] a *Gliom–*

    glissade [gliˈsɑːd] **1.** s *Abrutsch* m, *Abfahrt* f (*den Eis–, Schneeabhang entlang*); ⟨a fig⟩ *Schleifschritt* m (*im Tanz*) **2.** vi *stehend hinunterfahren, hinuntergleiten*

    glisten [glisn], **glister** [ˈglistə] **1.** vi *glistern, glänzen, glitzern, strahlen* **2.** s *Funkeln* n; *Glanz* m

    glitter [ˈglitə] **1.** vi *glitzern, schimmern* (with *v*) || ⟨fig⟩ (*P*) *glänzen* **2.** s *Glanz* m ⟨a fig⟩

    gloaming [ˈgloumiŋ] s (*Abend–*)*Dämmerung* f

    gloat [glout] **1.** vi: *to* ~ *on, upon, over sich hämisch freuen über, sich ins Fäustchen lachen* *über*; *sich freuen, weiden an* **2.** s ⟨obs⟩ (*Schaden-*) *Freude, Lust, Wonne*(*gefühl* n) f **~ing** ['~iŋ] a *schadenfroh*

global ['gloubəl] a *die Gesamtheit* (*e–r Klasse* etc) *betr*; *Gesamt–, umfassend* ‖ *weltumfassend, Welt––***bate** ['gloubeit] a *kugelförmig*

globe [gloub] **1.** s *Kugel* f ‖ *the ~ die Erdkugel, Erde* f ‖ ⟨geog⟩ *Globus* m ‖ *runder Gegenstand; Lampenglocke* f, *–schirm* m (*aus Glas*) ‖ *~ of the eye Augapfel* m ‖ [attr] *Kugel–* ‖ *~-fish* ⟨ich⟩ *Kugelfisch* m ‖ *~-flower* ⟨bot⟩ *Kugelranunkel* f ‖ *~-trotter* ⟨fam⟩ *Weltbummler* m **2.** vt/i *kugelförmig m, zus–ballen* ‖ vi *kugelförmig w*

globose [glo'bous] a (*~ly* adv) *kugelförmig, Kugel–* ‖ *rundlich; konvex* **–osity** [glo'bəsiti] s *Kugelform, –gestalt* f **–ular** ['gləbjulə] a *kugelförmig* **–ule** ['gləbju:l] s *Kügelchen* n **–ulin** ['gləbjulin] s *Globul·in* n (*Eiweißkörper*)

glochidiate [glou'kidieit] a ⟨bot⟩ *mit Widerhaken versehen* (hair) **–dium** [glou'kidiəm] s L [pl *–dia*] *Larve* f *der Flußmuscheln* f pl

glomerate ['gləmərit] a *knäuelförmig, zus–geballt* **–rule** ['gləmərul] s ⟨bot⟩ *kugelige Form des Blütenstandes* ‖ *feines Gefäßknäuel* n

glomm [gləm] vt ⟨Am sl⟩ *grapschen nach*

gloom [glu:m] **1.** s *Dunkel* n, *Düsternis* f ‖ ⟨fig⟩ *Schwermut* f, *Trübsinn* m **2.** vi/t ‖ *verdrießlich or schwermütig blicken*; (of the sky) *düster, trübe aussehen or* s ‖ vt *verdunkeln, verdüstern* **~iness** ['glu:minis] s *Düsternis* f; *Schwermut* f **~y** ['glu:mi] a (*–mily* adv) *dunkel, düster* ‖ ⟨übtr⟩ *düster, hoffnungslos* ‖ *schwermütig*; *verdrießlich*

glorification [ˌglɔːrifi'keiʃən] s *Verherrlichung* f; *Lobpreisung* f **–fy** ['glɔ:rifai] vt *verherrlichen* ‖ *erhellen, verklären* ‖ *preisen, lobpreisen* ‖ *–fied* ⟨fam⟩ °*Pfunds–*, (a ~ *hat der Hut!*) **–ole** ['glɔ:rioul] s Fr *Strahlenkrone* f; *Heiligenschein* m **–ous** ['glɔːriəs] a (*~ly* adv) *glorreich, ruhmvoll* ‖ *strahlend*; *herrlich, prächtig* (a ~ *view*) ‖ *köstlich, entzückend*; ⟨iron⟩ *gehörig* (a ~ *muddle*) ‖ ⟨fam⟩ *voll des süßen Weines*; °*sternhagelvoll*

glory ['glɔ:ri] **1.** s *Ruhm* m, *Ehre* f (*to the ~ of God*) ‖ *Zier, Zierde* f ‖ *Pracht, Herrlichkeit* f, *Glanz* m; *Höhe–, Glanzpunkt* m (*at one's ~ auf dem H.*); *to be in one's ~ in Ekst·ase* s, *beglückt* s ‖ *himmlische Herrlichkeit* f ‖ *Glorie* f, *Heiligenschein, Strahlenkranz* m; *almondshaped ~ M·andorla* f ‖ *~-hole* ⟨sl⟩ *Rumpelkammer* f ‖ *~-pea* ⟨bot⟩ *Prachtblume, D·onie* f **2.** vi *sich freuen, frohlocken* (in *über*); *s–n Stolz suchen* (in *in*); *stolz* s (in a th *auf etw; to do; that*)

gloss [gləs] **1.** s *Glosse* f; *Erklärung* f **2.** vt/i *erklären* ‖ *willkürlich deuten*; *wegdeuten; to ~ over hinweggehen über* ‖ vi *Erklärungen, Bemerkungen m* **~ed** [~t] a *glossiert*

gloss [gləs] **1.** s *oberflächlicher Glanz* m; ⟨fig⟩ *Firnis, Anstrich* m ‖ *~-board* ⟨pap⟩ *Preßspan* m ‖ *~ ink Glanzfarbe* f **2.** vt *glänzend m, polieren* ‖ *to ~ over* ⟨fig⟩ *beschönigen, bemänteln*

glossarial [glə'sεəriəl] a *Glossar–*; *Wort–* (*~ index*) **–ary** ['gləsəri] s *Gloss·ar*, (*Erklärungs–, Spezial–*)*Wörterbuch* n

glossiness ['gləsinis] s *Glanz* m, *Glätte, Politur* f

glosso– ['gləsou] [in comp] *Glosso–, Sprach–, Wort–* **~grapher** [glə'səgrəfə] s *Glossenschreiber* m

glossy ['gləsi] a (*–sily* adv) *blank* (with *v*); *glänzend, glatt* ⟨a fig⟩

glottal ['glɔtl], **–ic** ['glɔtic] a *Stimmritzen–*; *~ stop* ⟨phon⟩ *Knacklaut* m **–is** ['glɔtis] s L ⟨anat⟩ *Stimmritze* f **–ology** [glɔ'tələdʒi] s *Sprachwissenschaft* f

glove [glʌv] **1.** s *Handschuh* m; *driving ~s Fahrhandschuhe* pl ⟨a mot⟩ ‖ *to fit like a ~*

passen wie angegossen ‖ *to take the ~s off* ⟨fig⟩ *e–e S nicht mit Glacéhandschuhen* (*unsanft*) *anpacken*; *derb w* ‖ *Fehdehandschuh* m; *to throw down the ~ to a p jdn herausfordern* ‖ *→ hand* ‖ [attr] *~-fight Faustkampf* m (*in Handschuhen, Ggs prize-fight*) ‖ *~-stretcher(s)* [pl] *Handschuhweiter* m **2.** vt *mit e–m Handschuh bedecken, versehen* ‖ **~r** ['~ə] s *Handschuhmacher* m

glow [glou] **I.** vi/t **1.** [vi] z *Glühen erhitzt w, glühen; glimmen* ‖ (of light) *glühen, strahlen* ‖ (of colours) *glänzen, hellrot s, strahlen* ‖ *rot w*; *erröten* (with *vor*) ‖ ⟨fig⟩ *brennen, glühen* (with *vor*) **2.** [vt] *to ~ indignation feuerrot s vor Wut, Wut schnauben* **3.** [in comp] *~-worm* ⟨ent⟩ *Glühwürmchen* n **II.** s **1.** *Glühen* n, *Glut* f; in a *~ glühend* ‖ ⟨übtr⟩ *Wärme* f, *Wohlbehagen* n ‖ (of colours) *Glanz* m, *Helle* f ‖ ~ (of a fire) *Gleisch, Feuergleisch* m ‖ ⟨fig⟩ *Röte* f ‖ ⟨fig⟩ *Glut* f, *Feuer* n **2.** [attr & in comp] *~-ignition Glühzündung* f; *~-lamp Glühlampe, –birne* f **~ing** ['~iŋ] a *glühend* (*rot*) ‖ ⟨fig⟩ *warm*; *glühend, heiß, inbrünstig; lebendig, begeisternd* (account) ‖ (of colours) *strahlend, glänzend* ‖ ⟨Am fig⟩ *angeheitert, beschwipst*

glower ['glauə] **1.** vi *stieren, glotzen; to ~ at anstieren* ‖ *finster blicken or aussehen* **2.** s *Stieren* n; *finsterer Blick* m

gloxinia [glɔk'sinjə] s L ⟨bot⟩ *Glox·inie* f

gloze [glouz] vt/i ‖ *mst* to ~ over (adv) *beschönigen, vertuschen; hinwegsehen über* ‖ vi *schmeicheln, kriechen*

glucinum [glu:'sainəm] s ⟨chem⟩ *Beryllium* n **–cose** ['glu:kous] s *Glyk·ose* f (*Traubenzucker*); *Gluc·ose* f (⟨allg⟩ *Zucker*) **–coside** ['glu:kousaid] s ⟨chem⟩ *Glykos·id* n

glue [glu:] **1.** *Leim* m ⟨a fig⟩ ‖ *~-foot* ⟨Am fam⟩ °*Lahmpopo* n ‖ *~-pot Leimtopf* m ‖ *~-press Leimknecht* m, *–zwinge* f ‖ *~-priming Leimgrund* m **2.** vt *to ~s*; *~d/–d*; *gluing*) (*etw*) *leimen, kleben* (on *auf*; to, unto *an*) ‖ ⟨fig⟩ [*mst* pass] *heften* (to *an*); (*Auge, Ohr*) *heften* (to *auf, an*) **gluey** ['~i] a [*gluier/–iest*] *leimig, klebrig*

glum [glʌm] a (*~ly* adv) *mürrisch, verdrießlich*

glumaceous [glu:'meiʃəs] a ⟨bot⟩ *spelzblütig, ~ plants* [pl] *Glumaz·een, Glumifl·oren* f pl ‖ **–al** ['glu:məl] a *spelzig* **–e** [glu:m] s *Spelze* f

glumatic acid [glu:'mætik 'æsid] s *Glumat·insäure* f

glumpy ['glʌmpi] a ⟨Am fam⟩ = glum

glut [glʌt] **1.** vt *überfüllen, –sättigen, –laden* ‖ ⟨fig⟩ *sättigen, stillen, befriedigen* ‖ *to ~ the market den Markt überschwemmen* **2.** s *Überfüllung, –sättigung* f ‖ ⟨fig⟩ *Überfluß* m (of *an*); *Überfüllung* f (a *~ in the market Ü. des Marktes*)

gluten ['glu:tən] s *Glut·en* n, *Kleber* m **–tinous** ['glu:tinəs] a *klebrig, leimig*

glutton ['glʌtn] s *Fresser, Schlemmer* m ⟨zoo⟩ *Vielfraß* m ‖ ⟨fig⟩ *Schwelger, der Unersättliche* m (of *in*); *Gierige* m (for *nach*; a ~ for work) **~ous** [~əs] a (*~ly* adv) *gefräßig, gierig* ⟨a fig⟩ (of *nach*) ‖ **~y** ['glʌtəni] s *Gefräßigkeit, Schlemmerei* f

glycerin(e) ['glisəri:n] s ⟨chem⟩ *Glyzer·in* n **glyco** ['glaiko, 'gliko] [in comp] *süß* **–gen** ['glikodʒen] s *Glykog·en* (*tierisches Stärkemehl*)

glycol ['glikəl] s ⟨chem⟩ *~s* [pl] *Glyk·ole* n pl (*zweiwertige primäre Alkohole*) ‖ ~ *cooling* ⟨mot⟩ *Heißkühlung* f ‖ ~ *tank* ⟨aero⟩ *Kühlstoffbehälter* m

glyph [glif] s ⟨arch⟩ *Rille, Furche* f ‖ *geschnittene Figur, Glypte, Skulptur* f **–ography** [gli'fəgrəfi] s *Glyphographi·e* f

glyptic ['gliptik] **1.** a *Steinschneide–* (~ *art*) **2.** s pl *~s* [~s] *Steinschneidekunst* f

glyptodon ['gliptədən] s ⟨zoo⟩ *Riesengürteltier* n

glyptograph ['gliptəgrɑ:f] s ⟨arts⟩ *geschnitte-*

ner Stein m, *Gemme* f ‖ **~y** [glip'təgrəfi] s
Gemmenkunde f

gnarl [nɑ:l] s *Knorren* m (*am Baum*) **~ed** [~d],
~y ['~i] a *knorrig* ⟨*a* fig⟩

gnash [næʃ] vi/t ‖ *knirschen* (with the teeth)
‖ vt to ~ one's teeth *mit den Zähnen k.*

gnat [næt] s ⟨ent⟩ *Mücke* f (*allgemeiner als*
midge) ‖ **~s** [pl] ⟨mst⟩ (Culicidae) *Stech-*
mücken f pl; buffalo ~s, turkey ~s (Simulidae)
Kriebel–; fungus ~s (Mycetophilidae) *Pilz–*;
dark-winged fungus ~s (Sciaridae) *Trauer–* ‖
[attr] *Mücken–*

gnathic ['næθik] a *Kinnbacken–, alveol·ar*

gnaw [nɔ:] vt/i [~ed/~ed ⟨obs⟩ gnawn)] ‖
nagen an; zernagen, –fressen ⟨fig⟩ *quälen,*
zermürben ‖ vi to ~ at *nagen an, zernagen,* ⟨fig⟩
fressen an, zermürben ‖ to ~ into *sich einfressen in*

gneiss [nais] s Ger *Gneis* m

gnome [noum] s Fr *Gnom, Erdgeist* m

gnome [noum, 'noumi] s Gr *Sinn–, Denk-*
spruch m **gnomic(al)** ['noumik(l)] a *gn·omisch*

gnomish ['noumiʃ] a *gnomenhaft*

gnomon ['noumən] s Gr ⟨astr⟩ *Sonnenzeiger*
m, *–uhr* f ‖ ⟨math⟩ *Gnomon* m

gnosis ['nousis] s Gr *tiefe, religiöse Erkennt-*
nis f

gnostic ['nɔstik] **1.** a *gnostisch* **2.** s [mst pl]
~s *die Gnostiker* m pl **~ism** ['nɔstisizəm] s
Gnostiz·ismus m

gnu [nu:] s [pl ~s] ⟨zoo⟩ *Gnu* n

go [gou] vi/t [went/gone] (3. sg prs goes
[gouz], † goeth ['gouiθ]) **A. vi I.** *gehen* **1.** † *z*
Fuß gehen **2.** *gehen* (on foot *z Fuß*); *laufen;*
reisen; fahren (by train *mit dem Zuge*); → *pace*
‖ *e–e Distanz* (etc) *gehen,* → errand, journey,
pilgrimage, way **3.** ⟨übtr⟩ → bail ‖ to ~ parallel
with *parallel laufen z, mit* ‖ to ~ sick ⟨mil fam⟩
sich krank melden ; to ~ wrong *sich verirren;*
auf Abwege geraten; sich irren; fehlgehen. miß-
lingen ‖ to ~ (up)on (*P*) *sich richten, handeln*
nach ; to have nothing to ~ upon *k–e Unter-*
lagen, Vorlagen h ‖ to ~ by (*S*) *geleitet, be-*
stimmt w durch, gehen nach **4. a.** (*mit Ergänzung*)
sich gewöhnlich befinden (in rage); her maid
went ill on her .. *wurde ihr krank*; the eggs went
bad on her .. *wurden ihr schlecht*; to ~ hungry
hungern; to ~ native *verkaffern*; → short, waste
‖ to ~ with child *schwanger s* **b.** as men ~ *was*
man bei Männern so nennt; as hotels ~ *wie man*
es in Hotels gewohnt ist; as things ~ *unter den*
Umständen **5.** *in Bewegung s* **a.** *sich bewegen, sich*
rühren; who ~es there? *wer da?* ‖ (of ships etc)
fahren; verkehren ‖ (of engines etc) *arbeiten,*
gehen, funktionieren ‖ (of clocks etc) *gehen* ‖ to
keep ~ing *im Gange erhalten*; to set ~ing *in*
Gang bringen **b.** (of sound): (of bells) *tönen;*
ertönen (when the sirens ~) ‖ (of clocks)
schlagen (the clock went 6) ‖ [mit intj] → bang,
pop, smash **c.** (of time) *vergehen, –fließen*; how
~es the time? *wie spät ist es?* **d.** (of coins) in
Umlauf s; *angenommen w* ‖ (of dishes) to be
· ing *noch z h r* (is stewed steak still ~ing?)
e. (of reports) *in Umlauf s, gehen* (the story ~es)
bekannt s (under *od* by the name of N. *unter*
dem Namen N.) **f.** (of documents) *lauten* ‖ (of
songs) *gehen* (to the melody *nach der Melodie*)
‖ (of verses) *dahingehen, –fließen* **g.** (of events)
sich entwickeln, sich gestalten; verlaufen (to ~
well); *ausgehen, –fallen, –laufen* (against); to ~
contrary to a th *e–r S entgegenwirken*; to ~
Liberal *Liberal wählen* **h.** *gehen, gelingen, Erfolg*
h ‖ → to say ‖ *angenommen s*; *gelten; gültig s*
II. *fortgehen* **1.** *sich fortbegeben* (to nach); to ~
on an expedition *e–e Expedition unternehmen*;
to ~ on one's way *sich auf den Weg m, s–n Weg*
m; to ~ one's way *s–s Wegs gehen* ‖ to ~ from
one's word *sein Wort brechen* ‖ ⟨theat⟩ (of
actors) *abgehen* ‖ let ~ → to let I. 3. ‖ *losgehen,*

starten, ~! *los!* ‖ → there; touch ‖ still a
moment to ~ *noch e–n Augenblick, bis es losgeht,*
bis z Abfahrt (etc) **2.** [mit Adj.] *davonkommen*
(to ~ unpunished) **3.** *verkauft w* (to ~ cheap);
~ing, ~ing, gone! *z ersten, z zweiten, z –*
dritten! let it ~ at that *laß es dabei bewenden* ‖
ausgegeben w (the money went in cigars) ‖ *auf-*
gegeben w, geopfert w (Greek must ~); *abge-*
schafft w, fortfallen (the comma will have to ~)
‖ *sterben* ‖ [pp] ~ne: be ~ne! *mach dich fort!*
I must be ~ne *ich muß fort* ‖ to be (dead and)
~ne *tot* (*u begraben*) *s* **4.** (*S*) *(zer)brechen,*
zus–krachen; to ~ into holes *Löcher bek* ‖ *ver-*
sagen, zus–brechen, erliegen **III.** (*auf ein Ziel zu*)
gehen **1.** *sich begeben* (into in); *sich aufmachen*
(to *nach*); → bed, church, court, press, school;
to ~ to sleep *einschlafen* ‖ ⟨übtr⟩ → bar,
college, sea; stage **2. a.** [mit inf] *sich anschicken*
(to do; ⟨fam⟩ and do); ~ fetch! *hol es!* ‖ ⟨übtr⟩
to ~ to (⟨fam⟩ and) do *so töricht s z tun* (he had
~ne and died) ‖ to be ~ing to do *im Begriff s*
z tun; tun wollen or w; tun müssen (what was
~ing to be done?) **b.** [mit **ing**-Form] to ~
begging *betteln gehen*; to ~ motoring *e–e Auto-*
fahrt m, Auto fahren ‖ don't ~ telling him *erzähl*
es ihm ja nicht, untersteh dich, es ihm z erz.! ‖
⟨Am⟩ *anfangen* (*z tun, w*) **c.** [mit Subst.] → bail
d. [mit inf] ⟨Am fam⟩ I'll ~ see her = ~ to
see her **3.** *beginnen, sich wenden, greifen* (to z);
→ blow, law, war, work ‖ there you ~ again
with .. *da fängst du schon wieder an mit ..* ‖ *bis z*
e–m Punkte gehen; he will ~ far *er wird es weit*
bringen; ~ length, way; to ~ to much trouble
sich gr Mühe geben (to do); to ~ as high as
£50 *bis z 50 Pfd. hinaufgehen* ‖ to ~ to a p's
heart *jdm z Herzen gehen* **4.** *enthalten s* (into in);
6 into 13 ~s twice and one over *6 geht in 13 zwei-*
mal u eins bleibt übrig ‖ *sich fassen l* (in in); to ~
to *fallen auf, gehören z* (12 inches ~ to the foot)
‖ *s–n Platz h, gehören* (the book ~es on the
shelf); *aufgestellt w* ‖ to ~ to a p *fallen an jdn, jdm*
zufallen; übergehen (to an) **5.** *verwendet w*
(towards *z*; to do) ‖ *führen* (to z); *beitragen,*
helfen, dienen (to *z*; to do) **6.** *gehen, sich er-*
strecken, reichen (to bis); so far as it ~es *bis z*
e–m gewissen Grade; to ~ halves *teilen* (with);
to ~ a long way *lange (aus)reichen*, to ~ a short
way *nicht aus–* (to doing *z tun*) **7.** ·*übergehen* (to
in); *werden* (to z); → piece, ruin ‖ [mit Adj.]:
werden; to ~ vacant *frei w*; ~ dry ‖ he went
the colour of .. *er färbte sich wie ..* **IV.** [mit prep]
to ~ **about** *herangehen, sich –machen an* (work)
‖ to ~ against *widerstreben* [dat] ‖ to ~ at *an-*
greifen; in Angriff nehmen ‖ to ~ behind *unter-*
suchen ‖ to ~ for *gehen nach, holen, sich stürzen*
auf; ⟨Am⟩ she ~es for it *sie schwärmt dafür* ‖
gelten als, für (it ~es for nothing) ‖ to ~ into
eintreten in ‖ *teilnehmen an, unternehmen* ‖ *auf-*
bringen f, leisten f ‖ *erleben* (the book went into
a second edition) ‖ *sich beschäftigen mit* ‖ *ein-*
gehen auf, untersuchen ⟨Am mot⟩ to ~ into
high, low *den größeren, kleineren Gang schalten*
‖ → mourning ‖ to ~ **on** (a p) ⟨Am⟩ [neg] (jdn)
gern h, schätzen ‖ ⟨fam⟩ I don't ~ much on it
ich mach mir nichts daraus ‖ ⟨bes Am⟩ to ~ on
the air ⟨wir⟩ *senden* ‖ he is ~ing on 80 ⟨fam⟩
er geht auf (die) 80 z, er wird bald 80 Jahre alt ‖
to ~ out of business *das Geschäft aufgeben* ‖ to
~ over *untersuchen; durchgehen, –lesen; über-*
denken, –pr·üfen ‖ to ~ through *durchgehen,*
erörtern; ausführen; durchmachen, erleben, aus-
halten; to ~ through a lot of trouble *vieles*
durchm.; to ~ through a fortune *ein V. durch-*
bringen, vertun ‖ to ~ **to** it! *ans Werk!* ‖ to ~ with
begleiten; es halten mit; passen z ‖ *verstehen* (do
you ~ with me?) ‖ to ~ without *sich behelfen*
ohne (etw); entbehren, (e–r S) entraten; that ~es
without saying *das versteht sich v selbst, das ist*

selbstverständlich **V. [mit adv]** to ~ **about** *umhergehen, –reisen; sich bemühen* (to do) || to ~ *abroad auf Reisen gehen* || to ~ *across* ⟨Am⟩ *Erfolg h, angekommen w* || to ~ *ahead vorwärtsgehen* | to ~ *along dahin–, weiter gehen, as we* ~ *along we shall see im folgenden w wir sehen* | to ~ *around Flugzeug durchstarten* | to ~ **back** *zurückgehen, –fahren* ⟨a übtr⟩ | to ~ *back on a th e–r S ausweichen, etw im Stich l, nicht anerkennen* (.. *on one's signature*); *nicht erfüllen, zurücknehmen* (.. *on one's word*) | .. *back on a p jdn verraten, hintergehen, desavouieren* || to ~ *back to* (*zeitlich*) *zurückgehen auf*; *–greifen auf*; *heranziehen* (to a book *ein B.*) | to ~ *by vorübergehen* (let no day ~ by) | to ~ **down** *hinunter–, untergehen* | *hinabgehen, reichen* (to *bis*) || *unterliegen, fallen* (before) || to ~ *down one* ⟨fam⟩ *e–n* (*Platz*) *herunterkommen* || *Wirkung h, Annahme, Anklang, Glauben finden* (with *bei*); *that won't* ~ *down with me das glaube ich nicht*; to ~ *down well with a p jdm lieblich eingehen* || *sich niederlegen* (with an illness) | to ~ **in** *hineingehen*; ~ *in and win dem Mutigen gehört die Welt* || to ~ *in for* ⟨fig⟩ *sich legen auf, sich widmen*; *do you* ~ *in for tennis? spielen Sie* (*gerne*) *T.?*; to ~ *in for sports* (*viel*) *Sport treiben*; to ~ *in for money hinter dem Gelde hersein*; *verdienen wollen*; to ~ *in for an examination ein Examen m* | to ~ **off** *weg–*; (of trains) *abgehen* || °*abkratzen* (*sterben*); (v *Veranstaltung*) *stattfinden, nicht stattfinden*, °*flach fallen* || *losgehen, explodieren* | *verlaufen, sich abspielen* | *sich ergehen* (into) | *Abgang finden* | *vergehen* | *schlecht w.*; *sich verschlechtern* | *einschlafen* | to ~ **on** *fortfahren* (doing *z tun*; with a th *mit etw*), *he went on crying er schrie weiter* | *weitergehen, beginnen* (to do); *he went on to say als nächstes or darauf sagte er* | *fertig w*; *vor sich gehen* || *weiterbestehen, –existieren, fortdauern* | (of clothes) *sich anziehen l* | ⟨fig⟩ *losfahren* (at *auf*) || ⟨fam⟩ *reden* (about *über*) || to be ~*ing on for sich nähern* (e–r *S*); *gehen auf* | to ~ **out** *ausgehen*; *erlöschen*; *z Ende gehen*; ⟨Am⟩ *ohnmächtig w* | *abgehen, ausscheiden* || (of the heart) *sich hingezogen fühlen* (to *z*); *entgegenschlagen* (to a p *jdm*) || to ~ *out with the ebb* ⟨mar fam⟩ *absacken* (*sterben*) || ⟨Am⟩ to ~ *out for* (*etw*) *beabsichtigen, vorhaben; eifrig bedacht s auf* | to ~ *over* °*übergehen*, °*übertreten* (to *z*); *umfallen* || (of a play) ⟨sl⟩ *wirken, Erfolg h* | to ~ **through** *durchgehen, Annahme finden*; to ~ *through with durch–, z Ende führen*; (*etw*) *hinter sich bringen, wegarbeiten* | to ~ **to** → to adv | ~ *to! sachte!* | to ~ *together zus–gehen, zus–passen* | to ~ *under unter–, zugrunde gehen* | *unter–, erliegen* | to ~ **up** *hinaufgehen*; (*S*) *in die Luft fliegen* (*explodieren*); to ~ *up to town nach der Hauptstadt, London, reisen* || ⟨Am⟩ *zugrunde gehen* | (*auf*)*steigen* || ~ *up one! e–n* (*Platz*) *rauf!* (*gut gemacht*) **B. vt** *aushalten, er–, vertragen* | → *hog* | *wagen*; to ~ *one better than a p jdn überbieten, –treffen* | *I'll* ~ *you ich nehme die Wette an* | ~ *it!* (*nur*) *los!*; *vorwärts!*; *nur drauf!, immer zu!*; to ~ *it strong entschlossen ausführen or auftreten* | ⟨Am fam⟩ to ~ *it blind ins Blaue handeln, fahren etc*; to ~ *the limit, the whole figure = to ~ the whole hog → hog* | [*mit adv*] to ~ *around* (*Flugzeug*) *durchstarten* **C. [in comp]** ~-*ahead energisch, tätig, unternehmend*; *aufstrebend, emporkommend; fortschrittlich, modern* || ~-*ahead*(ative)*ness* ⟨Am⟩ *Unternehmungslust f, Draufgängertum n* || ~-*ashores* [pl] ⟨mar⟩ *Landurlaubskluft f* || ~-*as-you-please Sichgehenlassen n; Freiheit f; Planlosigkeit f* [*a* attr] || ~-*as-you-please ticket* ⟨London rail etc⟩ *Tages-*(*netz*)*karte f* || ~-*between Vermittler m* || ~-*by* [s]: *to give a p the ~-by jdn ignorieren, schneiden* || ~-*cart Gängelwagen m* (*f Kinder*) ⟨a fig⟩ ||

~-*fever nervöse Unruhe f* || ~-*getter* ⟨Am⟩ *Draufgänger m, „Krieger"* (*e–r, der kriegt, was er will*) || ~-*off Anfang m* (at the *od* one's first ~-*off beim ersten Male, auf Anhieb*) || ~-*slow strike Bummelstreik m*; || ~-*slow tactics Arbeitsverschleppung f* || ⟨Am⟩ ~-*to-meeting* [attr] *Sonntags*(*ausgeh*)-(*Anzug m*)

go [gou] s [pl ~*es*] *Gehen n, Gang m*; *come-and-go Verkehr m, Getriebe n* || ⟨fam⟩ *it is no ~ das geht nicht, ist zwecklos*; *it is all od quite the* ~ *es ist die Mode*; *on the* ~ *in Bewegung*; (*P*) *rührig* | ⟨fam⟩ (*unangenehme*) *Geschichte f* (*here's a* ~!) | *Schwung, Schneid m* (there is no ~ *in the show*) | *Versuch m* (of,·at *bei*); *to have a* ~ *at a th etw versuchen* || *Dosis f, Schluck m* || *Anfall m* (a ~ *of measles*) | *Abmachung f* (*is it a* ~ *?*) | ⟨univ Cambr⟩ *great* ~ *Haupt–, Schlußexamen n*; *little* ~ *Aufnahmeprüfung f* | ⟨fam⟩ *it was a near* ~ *das hieß, mit e–m blauen Auge davonk* | *it's no* ~! °*nicht in die Tüte!*

goad [goud] **1.** s *Stachel–, Treibstock m* || ⟨fig⟩ *Sporn, Antrieb m* **2.** vt *antreiben* || ⟨fig⟩ (*jdn*) *treiben, anstacheln* (to *z* [to fury]; to do, into doing *z tun*)

goaf [gouf] s ⟨minr⟩ = *gob* 1.

goal [goul] s *Mal, Grenzmal n* || *Ziel n, Bestimmungsort m* | ⟨fig⟩ *Zweck m, Ziel, Ende n* | ⟨ftb⟩ *Tor n, Torschuß m*; *to get, make, score a* ~ *ein Tor m or schießen* | [attr] *Mal–* (~-*line*) || ~-*keeper* ⟨ftb⟩ *Tormann, –wart m* ~-**ee** [gou′li:], ~**ie** [′~li] s °*Theodor m im Fußballtor* (*Torwart*)

goat [gout] s **a.** ⟨zoo⟩ *Ziege, Geiß f*; *he– Ziegenbock m* || ⟨astr⟩ *the ♑ der Steinbock* || ⟨übtr⟩ *geiler Bock* (*Mensch*) *m* (an old ~) || ⟨fam⟩ *Narr, Tölpel m*; *to play the giddy* ~ *sich leichtfertig, unverantwortlich benehmen*; *to get a p's* ~ *jdn ärgern, reizen* (it gets my ~) **b.** ⟨Am sl⟩ *Sündenbock m* **c.** [attr] ~ *Ziegen– m* || ~-*herd –hirt m* || ~-*moth* ⟨ent⟩ *Holz–, Weidenbohrer m* || ~'s *beard Geißbart*; *Bocks–, Ziegenbart m* || ~'s *rue* ⟨bot⟩ *Geißraute f* ~**skin** [′~skin] s *Ziegenfell n* ~**sucker** [′~sʌkə] s ⟨orn⟩ *Ziegenmelker m*

goatee [gou′ti:] s *Ziegenbart, Spitzbart m* [attr] [′gouti:] ~ *beard* = ~ **goatish** [′goutiʃ] a *ziegenartig, bockig* || ⟨fig⟩ *geil*

gob [gɔb] s ⟨vulg⟩ °*„Qualle" f, Qualster m* (*Auswurf*)

gob [gɔb] s ⟨min⟩ **1.** ⟨min⟩ *„Alter Mann" m* || ⟨Am mar⟩ *Seebär m* || ⟨Am fig⟩ *Masse f, Summe f, Stück n, Kloß m* **2.** *taubes Gestein n* ~**bing** [′~iŋ] s *Versatz m*

gobang [gou′bæŋ] s *japan. Brettspiel n*

gobbet [′gɔbit] s *Stück Fleisch or Nahrung n* || *Extrakt m* (*aus e–m Text*)

gobble [′gɔbl] vt/i || *gierig verschlingen* | vi *gierig essen, schlingen* | ~**r** [~ə] s *Vielfraß m*

gobble [′gɔbl] vi (of turkeys) *kollern* ⟨a fig⟩ | ~**r** [~ə] *Truthahn m*

gobble [′gɔbl] s ⟨golf⟩ *schneller Schlag m ins Loch n*

gobbledygook [′gɔbldi′guk] s ⟨sl⟩ *„Truthahngekollere" n, geschwollener Stil m, Geschwollenheit f des Stils, Amtsjargon m, Wiehern n des Amtsschimmels*

Gobelin [′gɔbəlin] Fr **1.** a *Gobelin–* **2.** s *Gobelin; Bild–, Wandteppich m*

goblet [′gɔblit] s † *Becher, Pokal m* || *Glas n mit Fuß m*

goblin [′gɔblin] s *Elf, Kobold m*

goby [′goubi] s ⟨ich⟩ *Grundel f*

god [gɔd] s *Gottheit f* (a feast, sight for the ~s .. f *Götter*) | *Götze m*; ⟨fig⟩ *Abgott m* || ⟨theat⟩ *the* ~s *der Olymp, die Galerie*; ~ *from the machine deus ex machina* ⟨a fig⟩ | ♂ *Gott m*; ♂ *the Father Gottv·ater m* || *my* ♂, *good* ~ *mein Gott, gr Gott*; *by* ♂ *bei G.!* *for* ♂'s *sake um Gottes willen*; ♂ *bless you! Gesundheit!, z Wohl–*

sein! *(beim Niesen)*; ⤴ forbid *Gott behüte*; ⤴ grant *gebe Gott*; ⤴ knows (when) *weiß Gott*; thank ⤴ *G. sei Dank*; ⤴ willing *so G. will*; would to ⤴ *wollte G.* | ∼'s-acre *Gottesacker, Kirchhof* m || ∼'s country ⟨Am⟩ *Amerika* n || ⤴'s image *Gottes Ebenbild* n; *Mensch* m | [attr] ⤴-botherer ⟨mil sl⟩ °*Sündenabwehrkanone* f *(Militärpfarrer)* || ∼-damn ['gɔdæm] a *gottverflucht* || ∼-fearing *gottesfürchtig* || ∼-forsaken *gottverlassen, erbärmlich* || ∼-given *v Gott gesandt* || ∼-speed *Behüt-dich-Gott* n; to bid a p ∼-speed *jdm glückliche Reise wünschen* ∼**child** ['gɔdtʃaild] s *Patenkind* n, *Täufling* m ∼**daughter** ['gɔd‚dɔ:tə] s *Pate* f

goddess ['gɔdis] s *Göttin* f || ⟨*a* übtr⟩ || ∼-like *e–r Göttin gleich*

godet ['goude] s *dreieck. Einsatz* m, *Zwickel* m

godetia [go'di:ʃə] s ⟨bot⟩ *God·etie* f

godfather ['gɔd‚fɑ:ðə] **1.** s *Taufzeuge, Pate* m (to *bei*); to stand ∼ to *P. stehen bei* **2.** vt *Gevatter stehen bei* –**head** ['gɔdhed] s *Gottheit, göttliche Natur* f

godless ['gɔdlis] a (∼ly adv) *gottlos*; the ∼ *die Gottlosen* pl (⤴ League –*bewegung*) ∼**ness** [∼nis] s *Gottlosigkeit* f

godlike ['gɔdlaik] a *gottähnlich, göttlich* –**liness** ['gɔdlinis] s *Gottseligkeit, Frömmigkeit* f || –**ly** ['gɔdli] a *fromm, gottesfürchtig*; the ∼ ⟨iron⟩ *die Überfrommen* pl –**mother** ['gɔd‚mʌðə] s *Taufzeugin, Patin* f

godown ['goudaun] s ⟨AInd⟩ *Speicher* m, *Magazin* n

godparent ['gɔd‚pɛərənt] s *Taufpate* m, –*tin* f –**send** ['gɔdsend] s *Glücksfall, unverhoffter Fund* m || *Segen* m (to *f*); a perfect ∼ *ein wahrer S.* –**ship** ['gɔdʃip] s *Gottestum* n –**son** ['gɔdsʌn] s *Pate* m –**speed** ['gɔd'spi:d] s → god-speed –**ward** ['gɔdwəd] **1.** adv *nach, z Gott*; *auf G. bezügl.* **2.** a *nach Gott strebend, gerichtet*

godwit ['gɔdwit] s ⟨orn⟩ *(a* black-tailed ∼) *Uferschnepfe* f; bar-tailed ∼ *Pfuhlschnepfe* f

goer ['gouə] s ⟨fam⟩ *Geher, Gänger, Läufer* m *(a T)*; to be a good ∼ *gut gehen*; *(P) gut z Fuß s*

goffer ['gɔfə] **1.** vt *kniffen u kräuseln; plissieren* **2.** s *Falte* f; –*nsaum, Pliss·ee* m

goggle ['gɔgl] **1.** vi/t | *glotzen, stieren* | *mit den Augen rollen* (his eyes ∼d) | vt *(die A.)* ver-drehen **2.** [s pl] ∼s *Schutzbrille* f (a pair of ∼s *e–e Sch.*), a good pair of lady's ∼s *e–e gute Sch. f Damen* **3.** a *glotzend,* ∼-eyed *glotzäugig, mit Kulleraugen | rollend* (∼ eyes)

goggly ['gɔgli] a *groß, starr* (eyes) || ∼-eyed *mit gr Kulleraugen* f

goglet ['gɔglit], **gugglet** ['gʌg–] s *irdener Wasserkrug* m

Goidelic [gɔi'di:lik] a *goid·elisch; gälisch*

going ['gouiŋ] **1.** s *Gehen* n || *Abfahrt* f (∼s and comings) | *Bodenbeschaffenheit* f, *Boden* m, *Bahn* f (the ∼ *was good*); to go while the ∼ *is good einlenken, handeln, solange es Zeit ist* || ∼s-on [pl] *Verfahren, Benehmen* n; *Techtel-mechtel* n | ∼ flight ⟨aero⟩ *Abflug* m **2.** a *gehend,* *im Gange* || *gut gehend* (a ∼ concern)

goitre ['gɔitə] s ⟨med⟩ *Kropf* m || –**rous** ['gɔitrəs] a *mit Kropf behaftet, Kropf–*

Golconda [gɔl'kɔndə] s ⟨fig⟩ *Goldgrube* f, *Schatz* m

gold [gould] s **1.** *Gold* n || *Münze* (etc) *aus G.* || *Reichtum* m, *Geld* n || *Glanz* m, *Schönheit* f || *Goldfarbe* f || *Goldstandard* m, the countries on ∼ *die dem Goldstandard folgenden Länder* n pl; to go off ∼ *den G.-st. aufgeben* **2. Wendungen:** as good as ∼ ⟨fig⟩ *sehr artig, kreuzbrav, mustergültig brav* || worth one's (its) weight in ∼ *un-schätz–, unbezahlbar,* (*was mit G. aufgewogen w kann)* || all that glitters *od* glisters is not ∼ *es ist nicht alles Gold, was glänzt* || of ∼ ⟨fig⟩ *goldig, golden* (a voice of ∼); *gediegen, auf-*

richtig (a heart of ∼) **3.** [in comp & attr] ⟨eig⟩ *Gold–, golden* (∼ watch) || ∼-beater *Goldschläger* m; ∼-beater's skin –*haut* f || ∼ brick ⟨Am sl⟩ *Talmi* n, *Unechtes* n; *Schein* m, to sell a p a ∼ brick *jdn* °*anschmieren* || ∼-coast ⟨Am⟩ *vornehmes Viertel* n || ∼-crest ⟨orn⟩ *Wintergoldhähnchen* n → fire-crest || ∼-digger *Goldgräber* m; ⟨fig⟩ *Nepperin* f || ∼-dust –*staub* m || ∼-edged *goldumrandet* || ∼-fever *Goldfieber* n || ∼-foil, ∼-leaf –*blatt* n, –*folie* f; [ohne pl] *Blattgold* n; ∼ plate [konkr] *Goldarbeit* f (*Geschirr*) || ∼-hammer ⟨orn⟩ –*ammer* f || ∼-lace –*tresse* f || ∼-mine –*grube, –mine* f ⟨*a* fig⟩ ∼-size –*grund* m || ⤴ stick in waiting *Oberst* m *der königlichen Leibgarde* || ⤴ Stripe *Verwundetenabzeichen* n || worked with ∼ wire *mit Goldlahn durchwirkt*

gol-darn ['gɔldɑ:n] a & adv ⟨Am⟩ *gottverflixt*

goldbrick ['gouldbrik] s ⟨Am mil sl⟩ *auf ein sauberes Pöstchen Abkommandierter; Drückeberger* m

golden ['gouldən] a **1.** ⟨eig † & poet⟩ *aus Gold, golden* (⤴ Fleece) **2.** ⟨übtr⟩ *goldgelb, –hell, glänzend* **3.** ⟨fig⟩ *wertvoll, kostbar; nützlich; günstig* (∼ opportunity) | *golden; glücklich* | the ∼ age *das Goldene Zeitalter* || ∼-eye ⟨orn⟩ *Schellente;* Barrow's ∼-eye *Spatelente* f || ∼ mean *goldener Mittelweg* m || to win ∼ opinions *hohe Anerkennung gewinnen* || ∼-pheasant ⟨orn⟩ *Goldfasan* m || ∼-rod ⟨bot⟩ –*rute* f || ∼ wedding *Goldene Hochzeit* f

goldfinch ['gouldfinʃ] s ⟨orn⟩ *Stieglitz* m

goldfish ['gouldfiʃ] s ⟨ich⟩ *Goldfisch* m

goldilocks ['gouldilɔks] s ⟨bot⟩ *goldgelber Hahnenfuß* m | ⟨fig⟩ *Blondchen, Goldchen* n

goldsmith ['gouldsmiθ] s *Goldschmied* m

golf [gɔlf] **1.** s *Golfspiel* n || ∼-club *Golfschläger* m || ∼-hose *Waden–, Sport–, Kniestrümpfe* m pl || ∼-links [sg konstr] *Golfplatz* m *(an der Küste)* **2.** vi *Golf spielen* ∼**er** ['∼ə] s *Golfspieler* m

Goliath [go'laiəθ] s *der Riese G.* m; ⟨übtr⟩ *Riese* m

golliwog ['gɔliwɔg] s *häßliche Puppe* f ⟨*a* übtr⟩

gollop ['gɔləp], **gollup** [–ʌp] vt ⟨fam⟩ *gierig verschlingen,* °*verkasematuckeln*

golly ['gɔli] intj ∼! by ∼! *bei Gott*!

golosh [gə'lɔʃ] s = galosh

goluptious [gə'lʌpʃəs], –**lop**- [–ləp–] a *köstlich, lecker,* °*bonfortion·ös* [bɔŋ–]

gom [gɔm] s ⟨Ir⟩, ∼**eral** ['gɔmərəl] s ⟨Scot⟩ *Schlaks*; *Idi·ot* m

gombeen [gɔm'bi:n] s ⟨Ir⟩ *Wucher* m || ∼-man *Wucherer* m

gombroon [gɔm'bru:n] s *Art persisches Porzellan* n

gompholite ['gɔmfolait] s ⟨geol⟩ *Nagelfluh* f *(Gesteinsart der Alpen)*

gomuti [gou'mu:ti] s ⟨bot⟩ *Areng–, Gom·uti-palme* f

gonad ['gɔnəd] s *Gon·ade, Geschlechtsdrüse* f

gondola ['gɔndələ] s It ⟨aero⟩ *Gondel* f || ⟨Am⟩ *offen. Güterwagen* m –**lier** [‚gɔndə'liə] s *Gondoliere, Gondelführer* m

gone [gɔn] **1.** pp *v* to go **2.** a *verloren, ruiniert; hoffnungslos* || *vergangen; vorgeschritten;* [pred] *fort, dahin* | *besetzt, vergeben* ∼ *dis* ⟨sl⟩ °*übergeschnappt* || ∼ on ⟨sl⟩ *verliebt in*

goner ['gɔnə] s ⟨sl⟩ *ruinierter Mensch* m; *Mann des Todes*

gonfalon ['gɔnfələn], –**fanon** [–fənən] s ⟨hist⟩ *Banner* n

gong [gɔŋ] **1.** s *Gong* m; to hit the ∼ *gongen* || ⟨fig mil sl⟩ *Medaille* f; ∼s [pl] „*Lametta*" n **2.** vt *durch –signal stoppen*

gonidium [gɔ'nidiəm] s L (pl –ia [–iə]) *Algenzelle der Flechten* f

goniometer [‚gouni'ɔmitə] s *Winkelmesser* m
gonna ['gɔnə] ⟨Am vulg⟩ = going to ‖ it
ain't ~ rain no more! *heute regnet's nur einmal!*
gonococcus [‚gɔno'kɔkəs] s (pl –cci [–kai])
Gonokokkus m ‖ **-rrhoea** [‚gɔnə'ri:ə] s Gr
Gonorrh·öe f, *Tripper* m
goo [gu:] s ⟨Am sl⟩ „*Klebe*" (*klebrige Masse*) f
goober ['gu:bə] s ⟨Am⟩ (= peanut) *Erdnuß* f
good [gud] a [better/best] **I.** (*v Natur*) *gut*
1. *gut, frisch* (meat) ‖ *echt, gangbar* (money) ‖
gut ausgeführt; not ~ enough ⟨fam⟩ *miserabel*
2. ⟨a iron⟩ *gut, verehrt, lieb* (your ~ lady *Ihre
liebe Frau*) ‖ ~ old Chester *das liebe alte Ch.*
3. (of qualities) *wertvoll* ‖ *zufriedenstellend*
(health) ‖ [pred] *wünschenswert* (it looks ~ to
me); *empfehlenswert* (to do); to think ~ *es f
richtig halten* (to do) | intj ~! *Gut! Sehr recht!*;
~ for you! ⟨fam⟩ *recht v dir!, gut gemacht!, das
freut mich z hören* ‖ ~ hunting! *Weidmannsheil!*
n ⟨a fig⟩ ‖ ~ show! *gut gemacht! bravo!*
II. *moralisch gut, tugendhaft* ‖ (of God) *gütig*;
~ God, ~ Lord *du großer Gott, mein G.!* |
gütig (to *gegen*); be so ~ as to do, be ~ enough
to do *sei so gut z tun* ‖ *Gutes bewirkend* (~ word
gutes W.) | *fromm* | *artig, brav* (child) ‖ ⟨hum⟩
(*beim Abschied*) be ~ and if you can't be careful
⟨m. m.⟩ *sei brav und daß mir k–e Klagen k*; →
gold **III.** *günstig* **1.** *vorteilhaft, angenehm*; a ~
Press *gute Aufnahme in der Presse* ‖ ~ day!
Guten Tag! ~ morning (etc)! *G. Morgen!* ‖ ~
night ⟨fig fam⟩ (*verzweifelt*) *gute Nacht, lieber
Herrgott!*; (*zweifelnd*) *das glaubst du doch wohl
selbst nicht*; (*erfreut*) *nicht möglich!* ‖ have a ~
time! *amüsier dich gut! viel Vergnügen!* ‖ ⟨mot⟩
~ going *glatte Strecke* f **2.** *unterhaltend; köstlich*
that's a good 'un *das ist ein großartiger Witz;
e–e schöne Lüge* **3.** *nützlich, heilsam* (for *f*); not
~ for *nicht gut f*; not ~ for a p to do *nicht gut,
daß jd tut* ‖ (fruit) is ~ for you *.. ist gesund* **IV.**
wirksam (for *gegen*); *tauglich, brauchbar* (for *z*);
not ~ for much *nicht viel wert* ‖ (P) *tüchtig, ge-
schickt* (at *in*; at painting *im Malen*) | *zuver-
lässig*, ⟨com⟩ *kredit–, zahlungsfähig*; ~ debts
sichere Schulden ‖ to be ~ for *gut s f; fähig s f;
geneigt s z* (are you ~ for a cup of tea?); are
you ~ for £1? *nicht ich auf ein Pfund rechnen?*
V. *passend* **1.** *ausreichend, genügend*; in ~ time
z rechten Zeit | *gültig, annehmbar, triftig*
(reason) **2.** *reichlich, tüchtig, gehörig* (a ~
beating) | a ~ deal *ziemlich viel*; a ~ many
ziemlich viele **3.** [*vor Adj.*] *ziemlich, leidlich; sehr*
(a ~ long time) **4.** *voll, ganz* (a ~ hour) **VI.**
Wendungen: as ~ as [a adv] *so gut wie, im
Grunde*; to be as ~ as *auf dasselbe hinauslaufen,
dieselbe Wirkung h wie* (enough is as ~ as a
feast → enough); to be as ~ as one's word *sein
Wort halten*; he has as ~ as declined *.. so gut
wie abgelehnt* ‖ to hold, stand ~ *noch gelten,
noch bestehen* | to make ~ **1.** vt *vergüten, er-
setzen* (a loss to a p) | *erfüllen, halten* (a promise);
glücklich bewerkstelligen ‖ (*Anspruch*) *erweisen*;
(*etw*) *rechtfertigen* (to do) ‖ *wahrmachen* ‖
sichern, durchsetzen, behaupten; instand setzen
2. vi *Erfolg h, sich bewähren* **VII.** [in comp etc]
~ breeding *gute Erziehung, (feine) Lebensart* f ‖
~-bye *Lebewohl* n (to bid, say ~-bye to a p);
~-bye! *adieu! leb wohl!* ‖ ~-class [attr] *erstklassig* ‖ ~ fellowship *gute Kameradschaft* f ‖
~-for-nothing **1.** a *unbrauchbar; nichtsnutzig*
2. s [pl ~s] *Taugenichts* m ‖ Good-Friday ⟨ec⟩
Karfreitag m ‖ ~ humour *gute Laune* f ‖ ~-
humoured (–ly adv) *gutmütig, aufgeräumt* ‖ ~
landing ⟨aero⟩ *glatte Landung* f ‖ ~-looking
schön, stattlich ‖ ~ looks [pl] *Schönheit* f ‖ ~
luck *Glück* n; [attr] *Glücks–* ‖ *Erfolg* m ‖ ~
nature *Gutmütigkeit, Güte* f ‖ ~-natured (–ly
adv) *gutmütig, gefällig* ‖ ~-offices committee
Vermittlungsausschuß m ‖ ~ sense *gesunder*

Menschenverstand m ‖ ~-tempered *gutartig,
–mütig* ‖ ~ title ⟨jur⟩ *einwandfreier Rechtstitel*
m ‖ → ~will
good [gud] adv ⟨Am⟩ *gut, tüchtig* ‖ to feel ~
⟨fam⟩ (*verdammt*) *in Form s* ‖ to hold ~ *gelten*
‖ ~ and *durchaus, sehr, ganz* (~ and ready)
‖ ~-going *gutgehend*
good [gud] **1.** [*subst.* adj] the ~ *die Guten*;
~ and bad *Gut u Böse* **2.** s *das Gute, Wohl, Beste,
Rechte* n; a power for ~ *e–e Kraft z Guten*; for
the ~ of *z Besten v*; to be to the ~ *z Guten ausschlagen* ‖ to the ~ ⟨com⟩ *gut, obendrein, in den
Kauf* ‖ to do ~ *Gutes tun* (to a p *jdm*); for ~
für, auf immer ‖ for ~ and all *ein f allemal*;
endgültig; *ganz u gar; f immer u ewig* | *Nutzen,
Vorteil* m; to be much, no ~ *viel, nichts nützen*;
what is the ~ of it *was nützt es?* it is no ~ *es hat
k–n Zweck*; it is no ~ doing *es ist unnütz z tun* ‖
he is no ~ *er ist nichts nütze* **3.** s [pl ~s] *Gut*;
gutes Ziel n | ~s [pl] *bewegl. Habe* f ‖ ⟨com⟩
Waren; capital ~s *Investitionsgüter*, consumer's
~s *Konsumgüter* pl; ⟨rail⟩ *Güter* pl | ⟨Am sl⟩
to be the ~s *das* (*od der*) *Richtige s* (she's a bit
of ~s) ‖ to deliver the ~s ⟨Am⟩ *den Erwartungen entsprechen, sich bewähren* ‖ a lively
piece of ~s *ein junges Ding* | [attr] *Güter–*; ~
airplane *Lastenflugzeug* n ‖ ~s car ⟨rail⟩
Güterwagen m ‖ ~s compartment ⟨aero⟩
Frachtraum m ‖ ~s lift *Lastenaufzug* m ‖ ~s
traffic *Gütertransport, –verkehr* m; ~s-station
–*bahnhof* m, ~s-train –*zug* m
goodliness ['gudlinis] s *Anmut* f ‖ *Güte* f ‖
-ly ['gudli] a *schön, anmutig* ‖ *beträchtlich,
tüchtig*; *stattlich* (a ~ number) | *prächtig,
glänzend* ⟨oft iron⟩
goodman ['gudmæn] s ⟨Scot ⟨†⟩⟩ *Hausvater,
Ehemann* m ‖ **-ness** ['gudnis] s *Güte, Tugend* ‖
Freundlichkeit, Güte f; have the ~ to do *sei so
gut z tun* | *das Gute, Wertvolle*; *Kraft* f | (*in Aus-
rufen*) *Gott*, in the name of ~ *um Himmels
willen*; ~ gracious *du m–e Güte*; ~ knows *weiß
Gott*; I wish to ~ *wollte Gott*
goodwife ['gudwaif] s ⟨Scot⟩ *Hausfrau* f
goodwill ['gud'wil] s *Wohlwollen* n, *Zuneigung* f (to *z*) ‖ *Bereitwilligkeit* f ‖ ⟨com⟩ *guter
Ruf* m (*e–r Firma*); *Kundschaft* f ‖ ~ cruise
Besuchsfahrt f
Goodwood ['gudwud] s (in Sussex) *jährl.
Pferderennen* n (*im Juli*)
goody ['gudi] s (a ~-~) [*mst* pl –dies]
Bonbon m
goody ['gudi] **1.** a (~-~) *frömmelnd; zimperlich, sentimental* ‖ (s)he's ~-~ (*die*) *der Gute!*
(= *Schwache*) **2.** s *Frömmler(in* f) m, *Schein-
heilige(r* m) f
goody ['gudi] s ⟨übtr⟩ *Mütterchen* n
gooey ['gu:i] a ⟨Am sl⟩ *klebrig, zähflüssig*
goof [gu:f] s ⟨sl⟩ *Idi·ot, Tropf* m ~y ['~i] a
⟨sl⟩ *blöd, dumm, vernarrt*
googly ['gu:gli] s ⟨crick⟩ *Ball* m *mit anderem
Effet als der Schläger erwartet*
googly ['gu:gli] a *starr* (eyes) ‖ *verliebt*
goo-goo ['gu:gu] a ⟨sl⟩ *verliebt* (glance)
gook [guk] s ⟨vulg⟩ *Vagab·und* m ‖ ⟨Am⟩
°„*Schlangenfraß*" m; ⟨cont⟩ *Kore·aner* m
goon [gu:n] s ⟨Am⟩ (*gewalttätiger*) *Streikbrecher* m; ⟨mil sl⟩ °„*Hammel*" (*Rekrut*); ⟨aero⟩
Flugschüler m, °*Halbidiot*, °*Simpel*, °*Döskopp* m;
Deutscher
goop [gu:p] s ⟨sl⟩ *Narr* m ~y ['~i] a *vernarrt*
goosander [gu:'sændə] s ⟨orn⟩ *Gänsesäger* m
goose [gu:s] s **1.** (pl geese [gi:s]) ⟨orn⟩ *Gans* f;
weibl. G., → *gander, gosling*, to cackle, wild ~
→ to honk ‖ barnacle ~ *Weißwangengans* f;
bean ~ *Saat–*, brent ~ *Ringel–*; Canada ~
Kanada–; grey-lag ~ *Grau–*; pink-footed ~
Kurzschnabel–; snow ~ *Schnee–*; (lesser) white-
fronted ~ (*Zwerg–*) *Bläß–* ‖ ⟨fig⟩ *Gans* f,

Dummkopf m ‖ to turn geese into swans *übertreiben* ‖ all his geese are swans ⟨fam⟩ *jedem Narren gefällt s–e Kappe* ‖ he kills the ∼ for (*od* that laid) the golden eggs, ⟨fam⟩ he k. the ∼ with the g. eggs *er ist der richtige „Hans im Glück"* ‖ Mother ∼ *Frau Holle*, → woman **2.** [pl gooses] (*Schneider-*)*Bügeleisen* n **3.** [attr] *Gänse–* ‖ ∼ *egg* ⟨fig Am⟩ (*P*) *gr Null* f ‖ ∼-flesh, ∼-skin ⟨fig⟩ *Gänsehaut* f ‖ ∼-foot [pl ∼-foots] ⟨bot⟩ *–fuß* m ‖ ∼-grass ⟨bot⟩ *Gänsekraut; Klebkraut* n ‖ ∼-neck lamp *Schwanenhalslampe* f ‖ ∼-pimples [pl] *Gänsehaut* f ‖ ∼-quill (*Gänse-*)*Federkiel* m; *Gänsefeder* f ‖ ∼-step ⟨mil⟩ *Stechschritt* (*Parademarsch*) m (at the ∼-step *im St.*)

gooseberry [ˈguzbəri] s ⟨bot⟩ *Stachelbeere* f ‖ (*a* ∼-wine) *–beerwein* m ‖ to play ∼ *die Anstandsperson spielen*; to play old ∼ *with arg mitnehmen* ‖ like old ∼ ⟨fam⟩ *wie der Teufel* ‖ ∼-fool ⟨cul⟩ *–beercreme* f ‖ ∼ (obstacle) ⟨mil⟩ *Drahtigel* m **goosegog** [ˈguzgɔg] s ⟨fam⟩ = gooseberry

goosey [ˈguːsi] s ⟨fig⟩ (*dummes*) *Gänschen* n
goos(e)y [ˈguːsi] a ⟨fam⟩ I felt ∼ *ich bekam die Gänsehaut*
gopher [ˈgoufə] **1.** s ⟨zoo⟩ *Art wühlendes Nagetier; amerikan. Erdeichhörnchen* n; *Taschenratte* f ‖ *Landschildkröte* f **2.** vi ⟨min⟩ *buddeln, wahllos schürfen*
goral [ˈgɔːrəl] s ⟨zoo⟩ *ind. Antilope* f
gorcock [ˈgɔːkɔk] s ⟨Scot orn⟩ *Birkhahn* m
Gordian [ˈgɔːdiən] a *gordisch*; ⟨fig⟩ *verwickelt*; to cut the ∼ knot *den g. Knoten zerhauen*
gore [gɔː] s (*geronnenes*) *Blut* n
gore [gɔː] **1.** s *Keil* m, *Keilstück* n (*in Kleidern* etc); *dreieckiges Stück* n, *Gehre* f **2.** vt *keilförmig zuschneiden; mit e–m Keilstück versehen*
gore [gɔː] vt (*mit den Hörnern*) *durchbohren, aufspießen* ⟨a übtr⟩
gorge [gɔːdʒ] s ⟨rhet⟩ *Kehle* f, *Schlund* m ‖ *das Verschlungene; Ekel, Widerwille* m; my ∼ rises at *es wird mir übel bei* ‖ *Bergschlucht* f, *Paß* m ‖ ⟨arch⟩ *Rille; Hohlkehle* f ‖ ⟨fort⟩ *Kehle* f, *rückwärtige Seite* f
gorge [gɔːdʒ] **1.** vi/t *fressen; verschlingen* (on a th *etw*) ‖ vt *vollpfropfen;* to ∼ o.s. *sich voll-* ‖ *gierig verschlingen, verschlucken* **2.** s *Essen, Fressen* n
gorgeous [ˈgɔːdʒəs] a (∼ly adv) *glänzend, prächtig, prachtvoll* ‖ *blendend, großartig* (he was ∼) ∼ness [∼nis] s *Glanz* m, *Pracht* f
gorget [ˈgɔːdʒit] s ⟨hist⟩ *Halsberge* f ‖ *Hals–, Brusttuch* n ‖ *Halsschmuck* m ‖ ⟨mil⟩ *Ringkragen* m; ∼ patch (*Kragen-*)*Spiegel* m
gorgio [ˈgɔːdʒiou] s *Bezeichnung der Zigeuner f Nicht-Zigeuner* f
Gorgon [ˈgɔːgən] s Gr ⟨myth⟩ *Gorgo* f, *Meduse* f; ∼s *Gorgonen* pl ∼ian [gɔːˈgouniən] a *Gorgonen–, –artig; schreckenerregend*
Gorgonzola [ˌgɔːgənˈzoulə] s It *Gorgonzola* m
gorilla [gəˈrilə] s ⟨zoo⟩ *Gorilla* m
gormandize [ˈgɔːməndaiz] **1.** s *Schlemmerei* f **2.** vi/t *fressen, schlemmen, prassen* ‖ vt *fressen*
gorra [ˈgɔrə] ⟨vulg⟩ = got a
gorse [gɔːs] s ⟨bot⟩ *Stechginster* m
Gorsedd [ˈgɔːseð] s *walis. Sängertreffen* n
gorsy [ˈgɔːsi] a *voll v Stechginster* m
gory [ˈgɔːri] a (–rily adv) *blutig* (battle); *blutbefleckt*
gosh [gɔʃ] s ⟨vulg⟩ ∼! by ∼! *bei Gott!* °*alle Wetter!* ‖ ∼-darn *z Teufel! verflucht!*
goshawk [ˈgɔʃɔːk] s ⟨orn⟩ *Hühnerhabicht* m
gosling [ˈgɔzliŋ] s *Gänschen* n
gospel [ˈgɔspəl] s, the ∼ *das Evangelium* f ⟨übtr⟩ to take as *od* for ∼ (*etw*) *als E., f bare Münze nehmen* ‖ ∼-truth *absolute Wahrheit* f ‖ ⟨Am sl⟩ ∼-pusher °*Pope* m, ⟨mil⟩ *Sünden-*

abwehrkanone f ‖ ⟨fig⟩ *Lehre* f, *Grundsatz* m ∼ler [∼ə] s *Vorleser des Evangeliums* m ‖ *Wanderprediger, relig. Eiferer* m
gossamer [ˈgɔsəmə] **1.** s *Sommerfäden* m pl, *Altweibersommer* m, *Mariengarn* n ‖ *feine Gaze* f **2.** a *leicht, dünn*; ⟨fig⟩ *leer* ‖ ∼y [∼ri] a = gossamer
gossip [ˈgɔsip] **1.** s *Klatschbase* f ‖ *Geschwätz* n, *Klatsch* m ‖ *Plauderei* f ‖ anti-∼ campaign *Anti-Geschwätz-Feldzug* m **2.** vi *klatschen, schwatzen* ‖ *plaudern* (with) ∼er [∼ə] s *Schwätzer* m ∼y [∼i] a *geschwätzig* ‖ *flach, alltäglich*
gossoon [gɔˈsuːn] s ⟨Ir⟩ *Bursche* m
Gossypium [gɔˈsipiəm] s L ⟨bot⟩ *Gattung der Malvazeen, Baumwollenstaude* f
got [gɔt] (* ∼ten [ˈgɔtn] *nur* ⟨Am⟩ & [in comp]: ill-got[ten]) pp v to get ‖ [ell (have you)] ∼ *any money with you?* ⟨fam⟩ *hast du Geld mit?*
Goth [gɔθ] s *Gote* m ‖ ⟨fig⟩ *Barbar* m ∼ic [ˈ∼ik] **1.** a *gotisch* ‖ ⟨fig⟩ *roh* ‖ ⟨arch & typ⟩ *gotisch* ⟨Lit⟩ ∼ *novel Schauerroman* m (Horace Walpole, The Castle of Otranto, 1764; W. Scott, etc) **2.** s *gotische Sprache* f; ⟨arch & typ⟩ *gotischer Stil* m ‖ early ∼ *Frühgotik* f, florid ∼ *Spät–*, National ∼ ⟨engl⟩ *Neo-Gotik* (e.g. House of Parliament) ∼icise [ˈ∼isaiz] vt *e–r S gotisches Aussehen geben; gotisch, mittelalterlich m*
Gotham → Anhang „*Eigennamen*" ∼ite [ˈgɔtəmait] s *Abderit, Schildbürger* m
gouache [guˈaːʃ] s Fr *Gouache–; Guasch–, Deckfarbe(nmalerei)* f; *–gemälde* n
Gouda [ˈgaudə] s (*Stadt in Holland*) *Goudakäse* m
gouge [gaudʒ] **1.** s *Hohlmeißel, –beitel* m ‖ ⟨Am⟩ = groove **2.** vt (*mst* to ∼ out) *ausmeißeln, aushöhlen*; (*Auge*) *herausdrücken*
Goulard [guˈlɑːd] s (*frz. Arzt*) (*a* ∼ water) ⟨med⟩ *Bleiwasser* n
goulash [ˈguːlæʃ] s *Gulasch* n
gourd [guəd] s *Kürbis* m ‖ *Feld–, Pilger–, Kürbisflasche* f
gourmand [ˈguəmənd] Fr **1.** a *gefräßig* **2.** mst [gurˈmã] s *Feinschmecker* m ∼ise [gurmãˈdiːz] s Fr *Schlemmerei* f, → gormandize
gourmet [ˈguəmei] s Fr *Feinschmecker* m
gout [gaut] s [*nur* sg] ⟨med *oft*⟩ the ∼ *Gicht* f, *Podagra* n (to have got the ∼ *Gicht h*) ∼iness [ˈ∼inis] s *das Gichtische, gichtische Anlage* f ∼y [ˈ∼i] a (–tily adv) *gichtisch; gichtisch veranlagt; Gicht–*
govern [ˈgʌvən] vt/i **A.** vt *regieren, beherrschen* ‖ *lenken, leiten, verwalten* ‖ ∼ed column ⟨mil⟩ *gesicherte Marschkolonne* f ‖ ⟨fig⟩ (*jdn; etw*) *beherrschen; zügeln* ‖ *beherrschen, bestimmen* (to be ∼ed by) ‖ *maßgebend s f* ‖ ⟨gram⟩ *regieren* ‖ ⟨tech⟩ *steuern, regulieren* **B.** vi *die Regierung ausüben* (Ggs reign)*; herrschen* ∼able [∼əbl] a *regierbar* ‖ *leit–, lenkbar; lenk–, folgsam* ∼ance [∼əns] s Fr *Regierungsgewalt* f (of *über*); ⟨mst fig⟩ *Beherrschung, Herrschaft, Kontrolle* f (over) ∼ess [∼is] s *Erzieherin f, Lehrerin* f ∼ing [ˈ∼iŋ] a *Vorstands–, → body Vorstand* m, *Leitung, Direktion* f ‖ *leitend* (∼ principle), *Leit–*
government [ˈgʌvənmənt] s **1.** [abstr] *Regierung* f ‖ *Kontrolle, Leitung* f ‖ *Beherrschung, Herschaft* f (of *über*) ‖ *Regierungsform, –art, Verfassung* f ‖ ⟨Am⟩ (= civics) *Staatswissenschaft* f **2.** *Staat* m ‖ form of ∼ *Staatsform* f ‖ *Regierungsbezirk* m, *Statthalterschaft* f; *Provinz* f **3.** [konkr] the ∼ *die Regierung* f, *das Kabinett, Ministerium* n; His Majesty's ∼ *die Großbritannische R.*; to form a ∼ *e–e R. bilden* **4.** ⟨gram⟩ *Rektion* f **5.** [attr] *Regierungs–; Staats–* (∼ office) ‖ ∼ agency *Behörde* f ‖ ⟨Am⟩ ∼ card (*einfache*) *Postkarte* f (*mit aufgedruckter Marke*)

|| ~ contract *öffentlicher Auftrag* m || ~ employees pl *Angestellte des öffentl. Dienstes* || ~ official *Staatsangestellter, –beamter* m || ~-owned *staatseigen* || ~ property *Staats–, Behördeneigentum* n ~**al** [͵gʌvən'mentl] a *Regierungs–, Staats–* ~**alize** [͵gʌvən'mentəlaiz] vt ⟨Am⟩ *v Seiten der Reg. reglementieren*

governor ['gʌvənə] s *Herrscher, Regent* m || (of a colony) *Gouverneur, Statthalter* m || (of a fortress) *Kommandant* m || (of a bank) *Direktor* m; *Präsident* m || (ehrenamtlicher) *Kurator* m (*e–r höheren Schule*) || ⟨Am⟩ *Gouverneur* m (*Inhaber der Exekutive im Einzelstaat*) | ⟨sl⟩ *Vater, Alter, Prinzip·al*; *Herr* m | ⟨tech⟩ *Regler, Regul·ator, Drehzahlbegrenzer* m; ~ seal *Plombe* f (*z Geschwindigkeitsbegrenzung*) | ~-general [pl ~s-general] *Generalgouverneur* m ~**ship** [~ʃip] s *Statthalterschaft* f

gowan ['gauən] s Scot ⟨bot⟩ *Gänseblümchen* n

gowk [gauk] s ⟨orn⟩ *Kuckuck* m || *Narr, Tölpel, Gauch* m

gown [gaun] **1.** s (*lose fallendes*) *Damenkleid* n (tea-~) | ⟨jur, univ etc⟩ *Amtstracht* f; *Tal·ar* m || town and ~ *Philister u Studenten, Stadt u Universität* f **2.** vt *mit dem Talar* (etc) *bekleiden*; ~ed *mit dem Talar bekleidet* ~**sman** ['~zmən] s *Zivilist* m || *Student* m

Graafian ['grɑ:fiən] a (*nach de Graaf*, † 1673) ~ follicles ⟨anat⟩ *Graafsche Bläschen* n pl

grab [græb] **1.** vt/i || *grapschen* or *grapsen nach*; *schnell ergreifen,* °*schnappen* ([*etw*] *stehlen,* [*jdn*] *festnehmen*) || *einheimsen* | vi *grapsen, greifen* (at *nach*) **2.** s *plötzlicher Griff* m; to make a ~ at *grapsen nach* || ⟨fig⟩ *unrechtmäßiges Ansichreißen* n (policy of ~); ~ and keep *Gier* f, *Eigennutz* m | ⟨tech⟩ *Greifer* m, *Klaue, Kranschaufel* f | ~-all ⟨Am⟩ *Grapscher, Knauser, Filz*; *Krabbelbeutel* m | ~-bag *Krabbelbeutel* m; ~-bucket *conveyer od conveyor,* ~ excavator *Greiferbagger* m ~**ber** ['~ə] s (*bes land-*~) (*Land-*)*Schnapper,* (*Land-*)*Gieriger* m

grabble ['græbl] vi *grabbeln, herumtasten, greifen* (for *nach*)

graben ['grɑ:bən] s [Ger] ⟨geol⟩ *Graben* m

grace [greis] **I.** s **1.** *Anmut, Grazie* f, *Reiz* m || *Zierde, Schicklichkeit* f, *Anstand* m (to have the ~ to do); with a good ~ *mit Anstand, bereitwillig,* with a bad ~ *widerwillig*; to do a th with a good ~ *gute Miene z bösen Spiel m* || ⟨mus⟩ (*a* ~-note, ~-notes) *Kolorat·ur, Verzierung* f || the Graces [pl] *die Grazien* f pl **2.** *Gunst* f, *Wohlwollen* n; to be in a p's good ~s *in jds G. stehen* | *Gnade, Barmherzigkeit* f; by the ~ of God *v Gottes Gnaden*; the year of ~ *das Jahr des Heils* || act of ~ *Gnadenakt* m || by way of ~ *auf dem –wege* | (*als Titel f* duke, duchess, archbishop) Your ⅄ *Euer Gnaden* | ⟨univ⟩ *Vergünstigung, Befreiung* f; *Bewilligung* f, *Beschluß* m; by ~ of the senate *durch Senatsbeschluß* | *der begnadete Zustand* m; *Würde, Tugend* f | *Gnadenfrist* f (a day's ~); *Frist, Wartezeit* f; ⟨com⟩ *days* of ~ *Respekttage* pl (*im Wechselverkehr*) **3.** *Tischgebet* n (to say ~ *das Tischgebet sprechen*) **4.** [attr] ~-cup *Abschieds–, Schlußtrunk* m **II.** vt *schmücken, zieren* (with) || *ehren, beehren, auszeichnen* (with) ~**ful** ['~ful] a (~ly adv) *anmutig, elegant*; *reizend, graziös* | *geziemend, wohl angebracht* ~**fulness** ['~fulnis] s *Anmut, Grazie* f ~**less** ['~lis] a (~ly adv) *verdorben, gottlos* || *schamlos, unverschämt* || *reizlos, ungraziös*

gracile ['græsail] a *schlank, dünn* || *grazi·ös* –**lity** [græ'siliti] s *Dünne, Schlankheit* f || ⟨fig⟩ *Schlichtheit* f

gracious ['greiʃəs] a (~ly adv) † *reizvoll, anmutig* | ⟨poet⟩ *gütig, freundlich* | (of kings etc) *herablassend, gnädig*; (of God) *barmherzig* || good *od* goodness ~! ~ me! *du m–e Güte*!

Lieber Himmel! ~**ness** [~nis] s *Anmut* f; *Güte* f; *Gnade* f

grackle ['grækl] s *ein Vogel der Familie der Stare* m; *Atzel* f; *Predigerkrähe* f

grad [græd] s ⟨artill⟩ *Neugrad* n (*1/400 Kreis*)

grad [græd] s ⟨Am fam⟩ = graduate

gradability [͵greidə'biliti] s ⟨mot⟩ *Steigfähigkeit* f

gradate [grə'deit] vi/t || *sich abstufen*; *stufenweise übergehen* (into) | vt *abtönen, –stufen*; *gegen–e–a absetzen*; *stufen* (into *in*) –**ation** [grə'deiʃən] s (*mst* pl ~s) *Abstufung* f || *Stufengang* m, *Stufenfolge* f; ~s *Stufen* f pl || ⟨gram⟩ *Ablaut* m ~**ational** [~l] a *stufenweise fortschreitend*; *stufenartig*

grade [greid] **1.** s ⟨math⟩ *Grad* m || ⟨mil etc⟩ *Grad*; *Rang* m, *Stufe* f; *Klasse* f || civil service lower, intermediate, senior ~ *untere, mittlere, höhere Beamtenlaufbahn* f || *Qualität* f, *Gütegrad* m; ~ labelling ⟨Am com⟩ *Qualitätseinteilung* f || ⟨phot⟩ ~s *Härtegrade* m pl || ⟨bes Am⟩ (*Schul-*)*Klasse, Stufe, Zensur* f; ~ school ⟨Am⟩ *Element·arschule* f ~ standards pl *Gewährklassen* f pl || to make the ~ *das Ziel erreichen* | (of cattle) *Kreuzung* f || ⟨Am⟩ (= gradient) *Steigung or Neigung* f (of a road etc); ⟨a fig⟩; steep ~s *beträchtliche Steigungen* | ~-ascending ability ⟨mot⟩ *Steigfähigkeit* f || ~ chevron ⟨mil⟩ *Dienstgradabzeichen* n (*Winkel*) || ~ crossing ⟨Am rail⟩ *schienengleicher Bahnübergang* m || ~ distribution *planmäßige Dienstgradstruktur* f; ~ spread *–pyramide* f **2.** vt/i || (*nach Größe, Rang* etc) *einteilen, ordnen*; *sortieren* || (*a* paint) *abstufen* || (*Wege*) *ebnen, planieren* || ⟨tech⟩ *abstufen*; (*qualitativ*) *einteilen*; (*auf Körnung*) *sieben*; *klassieren* (*nach Gehalt* etc) *einstufen* || (*Dokument*) *mit Geheimhaltungsstufe versehen* || (*Vieh*) *kreuzen*; to ~ up *aufkreuzen* | vi *unmerklich übergehen* (into *in*); to ~ up with *sich vergleichen l mit* | ~**r** ['~ə] s *Planiermaschine* f, *Straßenhobel*; *Separator* m | power-blade ~ *Trümmerräumer* m || ⟨brew⟩ → (barley) separator

gradient ['greidiənt] **1.** a *mit or auf den Füßen gehend* (animal) **2.** s (of roads, railway) *Steigung or Neigung* f; *Steigen u Fallen* n || easy ~ *Flachrampe* f | barometr. *Gefälle* n || steep down– ~ ⟨mot⟩ *starkes Gefälle* n || ~ of slope *Hangwinkel* m | ~ angle *Steigungswinkel* m

gradin(e) ['greidin] s Fr ~s [pl] *über–e–a liegende Stufen, Sitzreihen* f pl || *Altarsims* m

grading ['greidiŋ] s *Eingruppierung, –stufung* f || (*Kraftstoff-* etc) *Gradzahl* f; → egg

gradual ['grædjuəl] **1.** a *stufenweise fortschreitend*; *allmählich, langsam steigend or fallend* || plan for ~ payment ⟨com⟩ *Tilgungsplan* m **2.** s ⟨ec⟩ *Gradu·ale* n || ~**ly** adv *nach u nach, allmählich, stufenweise*

graduate 1. ['grædjuit] s ⟨univ⟩ *Graduierter, Promovierter* || ⟨Am⟩ *Abiturient*; *Kandidat* m **2.** ['grædjueit] vt/i || (*Gefäß*) *mit e–r Gradskala versehen* || *in Grade ein–, abteilen, staffeln* || ⟨Am⟩ (*jdn*) *promovieren* || ⟨fig⟩ *abstufen*; *schattieren* || ⟨chem⟩ *gradieren*; *kalibrieren* || ~d arc ⟨artill⟩ *Gradbogen* m; ~d circle, ~d dial, ~d scale (*Meßinstrument*) *Teilkreis* m; → engineer | vi *sich abstufen, allmählich übergehen* (into); *aufsteigen* (from .. to) || ⟨Am⟩ *promovieren*; to ~ from a school *e–e Schule absolvieren* –**ation** [͵grædju'eiʃən] s *Stufengang* m || *Grad-einteil–*; *Abstuf–, Staffelung* f || ⟨univ⟩ *Promotion* f || ⟨chem⟩ *Gradierung* f || ⟨stat demog⟩ *Ausgleichung* f | ~ mark *Teil–, Ablesestrich* m

gradus ['greidəs] s L *Wörterbuch* n *f lat. Versübungen*

Graecism, Grec– ['gri:sizm] s *Gräz·ismus* m, *griech. Idiom* n || *griech. Geist, Stil* m; *Nachahmung dieses* –**cize** ['gri:saiz] vt *gräzisieren*;

nach griech. Vorbild formen –co– ['gri:kou]
Gräko–

graffito [græ'fi:tou] s It *Sgraffito* m & n,
Kratzmalerei, –inschrift f

graft [grɑ:ft] **1.** s ⟨hort⟩ *Pfropfreis* n ‖ ⟨surg⟩
übertragenes Stück Gewebe n **2.** vt ⟨hort⟩
(Zweig) pfropfen (in *in*; on *auf*); *einpflanzen* (in
in; on *auf*) ‖ *durch Pfropfen veredeln* ‖ ⟨surg⟩
(Gewebestück) übertragen (into) | ⟨fig⟩ to ~ a
th on, upon a p *jdm etw einimpfen*; *etw auf jdn
verpflanzen, übertragen* ‖ ⟨vulg⟩ *(jdn)* „hörnen"
~ing wax ['~iŋ 'wæks] s *Baumwachs* n

graft [grɑ:ft] s ⟨fam⟩ „*Schufterei*", *Plackerei* f
(Arbeit); °,,*ruhiges Pöstchen*" n

graft [grɑ:ft] **1.** s ⟨Am sl⟩ *unehrlicher Gewinn,
Diebstahl* m ‖ *Korruption*; *Bestechung* f; *Schiebung* f **2.** vi *schieben* **~er** ['~ə] s ⟨Am sl⟩
Schwindler m ‖ *bestechlicher, unehrlicher Beamter* m

grail [greil] s *Gral* m (The Holy ⟨⟩)
grain [grein] **I.** s **1.** *Samenkorn* n ‖ [koll] ⟨*bes
Am*⟩ (= corn) *Getreide, Korn* n ‖ **~s** [pl]
Hülsen f pl; *Treber* (*v Malz*) pl **2.** *Körnchen* n (of
sand etc); take it with a ~ of salt: [L] *cum grano
salis*! ‖ ⟨pharm⟩ *Gran* n *(Apothekergewicht* n
[= 0,06 g]) ‖ *kl Quantum* n, ⟨fig⟩ *Spur* f
(without a ~ of, not a ~ of pride, love *k–n
Funken Stolz* ..) **3.** ⟨hist⟩ *Kermes* m *(Farbstoff)*,
to dye in the ~ *in der Wolle* (echt) *färben*; in ~
echt, gründlich, eingefleischt **4.** *Körnung,
körnige Oberfläche* f; ⟨phot⟩ *Korn* n, *Körnung* f;
~ed *genarbt, körnig* (fine–~ed) | (of flesh, wood,
metal) *Gewebe, Gefüge* n ‖ (in wood) *Ader* f,
Strich m | ⟨fig⟩ *Natur, Qualität, Art* f; *Neigung*
f; against the ~ *gegen den Strich, widerwillig*; it
goes against my ~ *es geht mir wider den Strich*
II. vt/i *z Körnern* m, *granulieren* ‖ *gründlich* or
tief färben ‖ *(Fell) narben, enthaaren* ‖ ⟨paint⟩
adern, marmorieren | vi *körnig* w

grains [greinz] s pl [sg konstr] *Harp·une* f
grallatorial [‚grælə'tɔ:riəl] a *Stelzvogel–*; ~
bird *Stelzvogel* m

gralloch ['grælɔx] **1.** s *Eingeweide* n *(v Wild)*
2. vt *(E. e–s Tieres) ausnehmen* (to ~ a pig),
⟨hunt⟩ *(Wild) aufbrechen*

gram [græm] s ⟨bot⟩ *Kichererbse* f; *Hülsenfrucht* f *als Pferdefutter*

grama ['grɑ:mə], **gramma** ['græmə] s (a ~
grass) *Bouteloua, Weidegras* n *in Westamerika*

gramarye ['græməri] † s *Zauberei* f
gramercy [grə'mə:si] † intj *tausend Dank*!
graminaceous [‚greimi'neiʃəs], **–ineous** [græ-
'miniəs] a *grasartig, Gras–* **–inivorous** [‚græmi-
'nivərəs] a *grasfressend*

grammalogue ['græmələg] s *Kürzel* n *(Stenographie)*

grammar ['græmə] s *Grammatik* f; fault of ~
grammatikalischer Fehler ‖ *Sprachlehrbuch* n ‖
⟨übtr⟩ *Grundbegriffe* m pl (of an art etc) | **~-
school** ⟨hist⟩ *Lateinschule* f; (heute): *höhere
Schule* f; ⟨Am⟩ *Elementarschule (f 11–14-jäh-
rige)* ⟨Ger⟩ *Gymnasium* n **~lan** [gɪ 'mæɹiən] s
Grammatiker m

grammatical [grə'mætikəl] a (~ly adv) *grammatisch (Wechsel), grammatikalisch (Fehler)*

gramme, gram [græm] s *Gramm* n; 50 ~s of
rice *50 G. Reis* m

gramophone ['græməfoun] **1.** s *Grammophon* n
| [attr] **~-needle** *–nadel* f; ~ pick-up ⟨wir⟩
Plattenspieleranschluß m *(am Radioapparat)*;
~-record *Schallplatte* f **2.** vt *durch Sch. übertragen* **–phonic** [‚græmə'fɔnik] a *Schallplatten-*
gramp [græmp] s ⟨vulg⟩ (= grandpapa)
Opa m

grampus ['græmpəs] s ⟨ich⟩ *Schwertwal, Butzkopf* m ‖ ⟨fig⟩ (P) *Schnaufer* m, „*Nilpferd*" n

gran [græn] s ⟨Kinderspr⟩ *Omi* f *(Großmutter)*
granadilla [‚grænə'dilə], **gren–** [‚gren–] s ⟨bot⟩

Passionsblume f; *Frucht derselben* f

granary ['grænəri] s *Kornspeicher* m, *Kornkammer* f ⟨a übtr⟩

grand [grænd] **I.** a (~ly adv) **1.** *groß, vornehm,*
in Titeln: Groß–, Hoch– ‖ ⟨jur⟩ *groß, Haupt–*
(~ jury *das gr Geschworenengericht*); ~
larceny schwerer Diebstahl m **2.** *wichtig, hoch-
bedeutend* ‖ *endgültig* (~ total) **3.** *großartig;
prächtig, stattlich, imposant* ‖ *würdevoll, erhaben*
(~ style) ‖ *bewunderungswürdig* (the ⟨⟩ Old
Man = W. E. Gladstone) ‖ ⟨fam⟩ ⟨⟩ Old Party
(G.O.P.) = Republican Party **4.** ⟨fam⟩ *großartig, glänzend* (a ~ run) **5.** [in comp] *(in Ver-
wandtschaftsbezeichnung) Groß–* (~-aunt, ~-
nephew, ~-niece, ~-uncle) | **~-circle** *Riesen-
felge, –welle* f ‖ **~-ducal** *großherzoglich* ‖ **~-
duchess** *Großherzogin, Großfürstin* f ‖ **~-duchy**
Großherzogtum n ‖ **~-duke** *Großherzog* m; (in
Russia) *Großfürst* m | ⟨⟩ Master *Groß–, Hoch-
meister* m; ⟨chess⟩ *Großmeister* m ‖ ⟨⟩-National
jährl. Gr. Hindernisrennen n *z* Aintree (Liverpool)
‖ ~-piano ⟨mus⟩ *Flügel* m ‖ ~ slam *gr
Schlemm* m; ⟨fig⟩ *voller Erfolg* ‖ **~-stand**
(Haupt-)Tribüne f; ⟨Am fig fam⟩ *Effekthascherei*
f ‖ ~ strut ⟨fam⟩ *gr Bummel* m, *gr Promenade* f
(im Hyde-Park, London) ‖ ⟨⟩ Tourism car
Langstrecken-Fahrzeug n; ⟨⟩ T. class *–Klasse* f
II. s = ~-piano ‖ ⟨engl sl⟩ *1000 Fuß* (= 333 m)
‖ ⟨Am sl⟩ *tausend Dollar*

grand-dad ['græn(d)dæd], **grandad** ['grændæd]
s *Opa* m, *Großväterchen* n

grandam ['grændæm] s † *Großmutter* f ‖ ⟨fig⟩
Mütterchen n

grandchild ['grændtʃaild] s *Enkelkind* n,
Enkel(in f) m **–daughter** ['grænd‚dɔ:tə] s
Enkelin f

grandee [græn'di:] s Span ⟨poet⟩ *Grande* m;
Magnat m

grandeur ['grændjuə] s *Größe* f; *Herrlichkeit,
Hoheit* f ‖ *Vornehmheit, Erhabenheit* f (of thought,
style)

grandfather ['grænd‚fɑ:ðə] s *Großvater* m ‖
(a ~'s clock) *gr Standuhr* f

grandiloquence [græn'diləkwəns] s *(Rede-)
Schwulst* f; *Großsprecherei* f **–ent** [græn-
'diləkwənt] a (~ly adv) *schwülstig*; *hochtrabend,
großsprecherisch*

grandiose ['grændious] a (~ly adv) *grandi·os,
großartig* ‖ *prunkvoll, pompös* (~ air) ‖ ⟨psych⟩
größenwahnsinnig **–osity** [‚grændi'ɔsiti] s *Großartigkeit* f ‖ *Schwulst* m

grandma ['grændmɑ:], **~ma** ['grændmə‚mɑ:] s
Oma, Großmama f

grandmother ['grænd‚mʌðə] **1.** s *Großmutter* f;
→ egg **2.** vt *Gd. s v (jdm)* **~ly** [~li] a *großmütter-
lich* ‖ ⟨fig⟩ *kleinlich, engstirnig*

grandness ['grændnis] s = grandeur

grandpa ['grændpɑ:], **~pa** ['grændpə‚pɑ:] s
⟨fam⟩ *Großpapa* m

grandparent ['grænd‚pɛərənt] s *Großvater* m,
Großmutter f | **~s** [pl] *Großeltern* pl

grandsire ['grænd‚saiə] s † *Großvater* m ‖ ⟨⟩
Ahnherr m ‖ *e–e Form* f *des Glockenläutens* **–son**
['grændsʌn] s *Enkel* m

grange [greindʒ] s *Meierhof* m, *Farmhaus* n ‖
⟨Am⟩ *Zweigstelle* f *e–r landwirtschaftl. Genos-
senschaft* f | **~r** ['~ə] s ⟨Am⟩ *Freisiedler* m *(ohne
Berechtigung)*

grangerize ['greindʒəraiz] *(nach* J. Granger,
† 1776) vt *(Buch) zum Nachteil des Textes übermäßig illustrieren*

graniferous [græ'nifərəs] a *körnertragend*

granite ['grænit] s ⟨geol⟩ *Granit* m; to bite on
~ ⟨fig⟩ *auf G. beißen* | [attr] *Granit–* ‖ ⟨fig⟩
hart, unbeugsam **–tic** [græ'nitik] a *granitartig,
Granit–* **–tiform** [græ'nitifə:m] a *granitförmig*

grannom, granam ['grænəm] s-⟨ent⟩ rötlich-braune Wasserfliege f

granny, -nie ['græni] s ⟨fam⟩ Omi f, Groß-mütterchen n ⟨a übtr⟩ || ~['s]-knot loser, falscher (Altweiber-)Knoten m, → reef-knot

Granolithic [ˌgrænoˈliθik] s Art Bet·on m

grant [grɑːnt] 1. vt bewilligen (a th) || gewähren (a th; that; a p to do jdm z tun); it was not ~ed to him es war ihm nicht vergönnt (to do) || God, heaven ~ that gebe Gott, der Himmel, daß || verleihen (a p a th od a th to a p jdm etw); ⟨jur⟩ übertragen | zugeben, zugestehen, bestätigen (a th; that; a th to be daß etw ist); ~ed that gesetzt, angenommen daß; ~ing this to be true angen., dies wäre wahr || to take for ~ed als selbstverständlich, gegeben, erwiesen annehmen 2. s Bewilligung, Verleihung, Erteilung, Zuwendung, Gewährung f (to an) || ⟨jur⟩ Übertragung (durch Urkunde) f (to auf) || bewilligte S, Beihilfe f, Zuschuß m (government ~); ~s towards the purchase of furniture Beihilfen zum Kauf v Möbeln || ⟨min⟩ Konzession f; ~-in-aid [pl ~s-in-aid] Notunterstützung f ~able ['~əbl] a verleihbar, übertragbar (to auf) ~ee [grɑːnˈtiː] s ⟨jur⟩ Privilegierter, Konzessionär m ~ing ['~iŋ] [attr] ~ clause ⟨jur⟩ Übereignungsklausel f ~or [grɑːnˈtɔː] s ⟨jur⟩ Verleiher, Zedent, Grundstücksverkäufer m, Aussteller m e–r Übereignungsurkunde f

granular ['grænjulə], ~y [~ri] a körnig, Körnern ähnlich; granuliert (kidney)

granulate ['grænjuleit] vt/i || körnen; granulieren | vi sich körnen; körnig w –ated [~id] a körnig, granuliert –ation [ˌgrænjuˈleiʃən] s Körnen, Granulieren n || ~s [pl] ⟨med⟩ Wärzchenbildung f || (auf Wunden): wildes Fleisch n –e ['grænjuːl] s Körnchen n –ite ['grænjulait] s ⟨geol⟩ Granul·it, Weißstein m –ometric ['grænjulo'metrik] a ⟨tech⟩ Sieb– (analysis) –ose ['grænjulous] s Granul·ose, e–e Stärkeart f –ous ['grænjuləs] a körnig, Körnern ähnlich

grape [greip] s [mst pl ~s] Weinbeere, Weintraube f; bunch of ~s Weintraube f; some ~s? etwas Weintrauben? || (a ~-shot) [koll] (Trauben-)Kartätschen f pl || ~s [pl] ⟨vet⟩ Mauke f | [attr] ~-fruit Pampelmuse f || ~ juice Traubensaft, –most m; unfermented ~ juice Traubensüßmost || ~-pear ⟨bot⟩ Felsenbirne f || ~-pop ⟨Am fam⟩ Grapefruchtbrause f || ~-stone Weinbeerkern m || ~-sugar ⟨chem⟩ Traubenzucker m || ~-vine ⟨bot⟩ Weinstock m; ⟨bes Am fig fam⟩ Flüsterpropaganda f; through the ~-vine (etw) gerüchtweise (erfahren)

graph [græf] s Diagramm, Kurvenbild n, graphische Darstellung f v Werten | [attr] ~ paper Koordinaten-Millimeterpapier n –ic ['græfik] 1. a (~ally adv) graphisch, Griffel– (~ arts) || Schrift–; Schreib– (~ error) | anschaulich, lebhaft, genau (~ description) | ⟨math etc⟩ zeichnerisch; ~ formula ~ graph || ~ firing (od ~ range) table ⟨artill⟩ graphische Schußtafel f 2. s [pl] ~s Gr·aphik; zeichnerische Darstellung f –ical ['~ikəl] * a Schreib– | ⟨math⟩ ~ statics [pl] Graphost·atik f –ite ['græfait] s ⟨minr⟩ Graphit m, Eisenschwärze f, Reißblei n –itic [græˈfitik] a graphitisch, Graphit–

grapho- ['græfou] [in comp] Grapho–, Schreib– ~-analyst [~ˈænəlist] s Graphologe m ~-logic(al) [ˌgræfəˈlɔdʒik(əl)] a graphologisch ~-logy [græˈfɔlədʒi] s Graphologie, Handschriftendeutung f

grapnel ['græpnəl] s ⟨mar⟩ Enterhaken m || Dreganker m, Dragge f, Dregge f (Anker)

grapple ['græpl] s Enterhaken m || ⟨tech⟩ Greifer m, Greifzeug n, –zange f

grapple ['græpl] 1. vt/i || festhalten || ⟨mar⟩ entern || fest ergreifen || fest schließen (to an) | vi sich klammern (to an) || sich raufen, mit–e–a

ringen || to ~ with handgemein w mit; ⟨fig⟩ (etw) ernstlich in Angriff nehmen, anfassen 2. s Handgemenge, Ringen n, Kampf m (with) ~(r) ['græpl(ə)] s ⟨vulg⟩ Klaue f –ling-iron ['græpliŋ ˌaiən] s ⟨mar⟩ Enterhaken m

graptolite ['græptəlait] s ⟨zoo⟩ Graptol·ith m (des Paläozoikums)

grapy ['greipi] a Trauben–, Reben–

grasp [grɑːsp] 1. vt/i | packen, fassen, ergreifen; to ~ the nettle den Stier bei den Hörnern packen || ⟨fig⟩ verstehen, begreifen | vi gierig greifen; to ~ at er–; → straw 3. || ⟨fig⟩ streben (at nach) 2. s Griff m; ⟨fig⟩ Gewalt f, Bereich m (within, beyond one's ~) || Fassungskraft, Beherrschung f, Verständnis n (of od on a th v etw); to have a ~ of a th etw beherrschen; to have no ~ of a th kein Verständnis haben f etw ~ing ['~iŋ] a (~ly adv) habgierig, geizig; raffig

grass [grɑːs] 1. s ⟨bot⟩ Gras n || –pflanze f; ~es [pl] Gramin·een pl | Rasen m (keep off the ~) || Weide f, to be at ~ auf der W. (⟨fig⟩ ohne Arbeit) s; to go to ~ zur W. gehen, ⟨fig⟩ Feiertag m || to cut ~ ⟨aero sl⟩ dicht über dem Boden fliegen || to hear the ~ grow das G. wachsen hören || not to let the ~ grow under one's feet nicht lange überlegen, frisch ans Werk gehen, nicht viel Federlesens m || to turn out to ~ auf die W. treiben | ⟨min⟩ Erdboden (über der Grube); ⟨sl⟩ Boden m || ⟨sl⟩ to go to ~ niedergeworfen w | (Radar-)„Schnee" m | [attr & in comp] Gras– || ~-cloth –leinen, Nesseltuch n || ~-cutter –schneider m; –schneidemaschine f || ~-cutting ⟨for⟩ Grasnutzung f || ~ drill ⟨mil⟩ Bodenübungen f pl || ~-grown mit Gras bewachsen || ~-green grasgrün || ~-plot Rasenplatz m || ~-roots politician Politiker m, der das Ohr am Boden hat || ~-widow(er) Strohwitwe(r m) f, ⟨Am a⟩ geschiedene Frau 2. vt (Feld) mit Gras besäen; mit Rasen bepflanzen (Flachs) auf Rasen bleichen | ⟨sl⟩ (jdn) niederwerfen || (Vogel) abschießen | ~ed [~t] a mit Rasen bedeckt ~hopper ['~ˌhɔpə] s Heuschrecke f, Grashüpfer m || ⟨fig mil sl⟩ „Heckenspringer" m (Erkundungs–, Beobachtungsflugzeug) | ~y ['~i] a grasig, grasartig, grasreich

grate [greit] s (Kamin-)Gitter n, Rost m || Kamin, Herd m ~d ['~id] a Gitter–; vergittert

grate [greit] vt/i || schaben, (zer)reiben; to ~ the teeth mit den Zähnen knirschen || ⟨fig⟩ ärgern, verletzen | vi knarren, knirschen, rasseln (against, upon an, auf); kreischen (Säge) || ⟨fig⟩ to ~ (up)on verletzen, beleidigen (a p's ear, nerves etc)

grateful ['greitful] a (~ly adv) dankbar, erkenntlich (to a p jdm; for f) || (S) angenehm (to a p jdm); zusagend, wohltuend ~ness [~nis] s Dankbarkeit f; (S) Annehmlichkeit f

grater ['greitə] s Reibeisen n

graticule ['grætikjuːl] s Gitter n, Strich m, Fadenkreuz n (in Teleskopen etc); ⟨mar⟩ Gräting f

gratification [ˌgrætifiˈkeiʃən] s Befriedigung; Genugtuung f (at über) | Freude f, Genuß m, Vergnügen n || Gratifikation f, Geschenk n; Trinkgeld n

gratify ['grætifai] vt (jdn) belohnen; zufriedenstellen | erfreuen; to be ~fied at sich freuen über || (Verlangen) befriedigen ~ing [~iŋ] a erfreulich, angenehm (to f)

gratin ['grætɛ̃ːŋ] s Fr paniertes, gebratenes Fleisch n (fish ~); au ~ mit e–r Kruste f

grating ['greitiŋ] s Gitter, Gitterwerk n, Vergitterung f || ⟨opt⟩ Draht–, Reflexionsgitter n (f Gitterspektren) || ⟨mar⟩ Gräting f

grating ['greitiŋ] a (~ly adv) knirschend, schrill, mißtönend; kratzend || ⟨fig⟩ unangenehm, aufreizend (to f)

gratis ['grætis] L **1.** adv *umsonst, unentgeltlich* **2.** a *unentgeltlich*

gratitude ['grætitju:d] s *Dankbarkeit* f, in ~ for *aus D. für*

gratters ['grætəz] s pl ⟨school fam⟩ = con-gratulations

gratuitous [grə'tju(:)itəs] a (~ly adv) *unentgeltlich* ‖ *freiwillig* ‖ ⟨jur⟩ *ohne Gegenleistung* f | *unberechtigt; halt–, grundlos; unverdient, mutwillig* (a ~ lie) **~ly** [~li] ⟨a⟩ f *nichts u wieder nichts* **~ness** [~nis] s *Grund–, Haltlosigkeit* f

gratuity [grə'tju(:)iti] s *Trinkgeld* n; *kl Geldgeschenk* n

gratulate ['grætjuleit] v ⟨† & poet⟩ = con-gratulate

gravamen [grə'veimən] s (pl –mina [–minə]) ⟨jur⟩ *Beschwerde(grund m)* f ‖ *Belastendes* n (of a charge)

grave [greiv] s *Grab* n, *Grabhügel* m; at the ~-side of *am Grabe* v; to have one foot in the ~ *mit e–m Fuße im G. stehen*; to sink into the ~ *ins G. sinken*; ⟨fig⟩ to turn in one's ~ *sich im G. umdrehen* | ⟨fig⟩ *Tod* m (to be a p's ~); a ~ of reputations *ein Ort, wo mancher Ruf verlorengegangen ist* m | [attr] ~-clothes [pl] *Sterbekleider* n pl ‖ ~-digger *Totengräber* m ‖ ~-marker *Grabkreuz* n, –*stein* m, –*tafel* f ‖ ~-(-trap) ⟨theat⟩ *Versenkung* f | ~s registration (service) ⟨mil⟩ *Gräberdienst* m, *Kriegsgräberfürsorge* f

grave [greiv] vt ⟨~d/~d, ~n⟩ ⟨poet⟩ *schnitzen, eingraben* (on *auf*) ‖ ⟨fig⟩ *eingraben* (on); *einprägen* (into a p's mind *jdm*)

grave [greiv] **1.** a (~ly adv) *schwerwiegend, wichtig; gefahrvoll; ernst* (~ news) | *gewichtig, gesetzt, feierlich; ernst* (*Ggs* gay) ‖ (of dress) *schlicht, dunkelfarben* ‖ (of sounds) *tief* ‖ [grɑ:v] ~ accent *Gravis* m **2.** s *Gravis* m **~ness** [~nis] s = gravity

grave [greiv] vt ⟨naut⟩ (*Boden des Schiffes*) *reinigen u teeren; kalfatern*

gravel ['grævəl] **1.** s *Kies, grober Sand* m ‖ ⟨med⟩ (*Blasen–,* etc) *Grieß* m | [attr] *Kies–* (~-pit) ‖ ~-stone *Kieselstein* m **2.** vt *mit Kies or Sand bedecken* ‖ ⟨fig⟩ *in Verlegenheit bringen, verwirren* **~ly** ['grævli] a *kiesig, sandig* ‖ ⟨med⟩ *Harngrieß–*

graven ['greivn] a *geschnitzt* ‖ *graviert* ‖ ~ image *Götzenbild* n

graver ['greivə] s *Gravierinstrument* n; *Grabstichel* m

graves [greivz] s → greaves

Graves' disease ['greivz di,zi:z] s ⟨med⟩ *Basedowsche Krankheit* f

graveside → grave s **-stone** ['greivstoun] s *Grabstein* m **-ward** ['greivwəd] **1.** adv *zum Grabe hin* **2.** a *nach dem G. gerichtet* **-yard** ['greivjɑ:d] s *Friedhof* m ‖ ~ turret *Lichtsäule, Totenleuchte* f

gravid ['grævid] a *schwanger* **~ity** [græ'viditi] s *Schwangerschaft* f

graving ['greiviŋ] a *Gravieren* n | [attr] *Gravier–; *~-tool *Grabstichel* m

graving-dock ['greiviŋdɔk] s ⟨mar⟩ *Trockendock* n

gravitate ['græviteit] vi *gravitieren*, (hin)*neigen* (to, towards *nach*) ‖ ⟨fig⟩ *instinktiv an–, hingezogen w* (to z); *hin u her pendeln* (between) **-ation** [,grævi'teiʃən] s *Schwerkraft, Neigung* f, *Hang* m (towards) **-ational** [~l] a *Gravitations–* (~ power); ~ attraction *Schwergewichtsanziehung* f ‖ ~ field *Schwerefeld* n; ~ mass –*masse* f; ~ pull *Anziehungskraft* f

gravity ['græviti] s (of events) *Schwere, Wichtigkeit* f ‖ *Ernst, bedrohlicher Zustand* m | *Ernst* m; *Feierlichkeit* f | ⟨phys⟩ *Gewicht* n [*nur in*]: specific ~ *spezifisches Gewicht* n; centre of ~ *Schwerpunkt* m ‖ *Schwerkraft* f (law of ~) | (of sounds) *Tiefe* f ‖ ⟨Am⟩ ~-feed

gasoline *Fallbenzin* n; ~-feed lubrication *Gefälleschmierung* f ‖ ~ field *Schwerkraftfeld, Schwerefeld* n ‖ ~ tank *Kraftstoff-Fallbehälter* m ‖ ~ wind *Eallwind* m

gravure [græ'vjuə] s [abbr] f photogravure

gravy ['greivi] s *Fleischsaft* m, *Bratenfett* n, *Bratensoße* f ‖ ⟨aero mot sl⟩ *Sprit* (*Treibstoff*) m ‖ The ~ ⟨aero sl⟩ *der gr Teich (Atlantische Ozean)* ‖ ⟨Am sl⟩ *Zaster* m, *Moos* n, *Piepen* f pl (*Geld*) | ~-boat *Sauciere* f

gray [grei] a ⟨bes Am⟩ = grey ‖ ~stone house ⟨Am⟩ *modernes Miethaus in New York City*

grayfish ['greifiʃ] s ⟨Am ich cul⟩ *Seeaal* m

grayling ['greiliŋ] s [pl ~] ⟨ich⟩ *Asche* f ‖ ⟨ent⟩ *Schmetterlingsart* f

graze [greiz] **1.** vt/i *leicht berühren, streifen* ⟨a fig⟩ | vi *streifen* (against, along) **2.** s *flüchtige Berührung* f ‖ *Streifschuß* m ‖ (a ~ burst) *Aufschlagdetonation* f (e–s *Geschosses*) ‖ ~ fuse *empfindlicher Aufschlagzünder* m | –zing fire *Bestreichungsfeuer* n ‖ –zing shot *Streifschuß* m

graze [greiz] vi/t ‖ (of cattle) *grasen, weiden* | vt *abweiden, abgrasen* ‖ [kaus] *weiden l,* (*Vieh*) *weiden* **-zier** ['greiziə] s *Viehzüchter, -mäster* **-zing** ['greiziŋ] s *Weiden* n ‖ *Weideland* n | [attr] *Weide–*

grease 1. [gri:s] s *Fett* n; *Schmer* m & n; (of deer) *Feist* n (in ~) ‖ *Schmiere* f ‖ ⟨vulg⟩ *mind* the ~! ×*Soß*! (*Vorsicht*!) ‖ ⟨fig vulg⟩ °*Schmiergeld, Bestechung* f | [attr] ~-box *Schmierbüchse* f ‖ ~ band ⟨hort for⟩ *Leimring* m ‖ ~ compound *Pomade* f ‖ ~ gun *Druckschmierpresse* f ‖ ~-proof *fettundurchlässig, fettdicht* ‖ ~ monkey ⟨Am aero sl⟩ °*Schmiermax* m ‖ ~ trap *Fettabscheider* m (in *Kläranlagen*) ‖ ~-paint *Schminke* f **2.** [gri:z] vt *fetten,* (ein)*schmieren, ölen; beschmieren* ‖ ⟨mot⟩ *abschmieren* ‖ ⟨fam fig⟩ *schmieren, bestechen* | vi to ~ to (jdm) *lobhudeln* | ~r [gri:zə] s *Schmiervorrichtung* f ‖ ⟨Am sl⟩ *Mexikaner* m **-siness** ['gri:zinis] s *Fettigkeit* f; *Schmierigkeit* f **-sy 1.** ['gri:si; 'gri:zi] a (–sily adv) *fettig, schmierig* (with *von*) ‖ *Fett–* (~ stain) **2.** ['gri:zi] a *glitschig, schlüpfrig* (ground) ‖ ~ pole *eingefettete Kletterstange* f

great [greit] **I.** a **1.** (*gefühlsbetont*; of material objects) *groß, stattlich, imponierend, ungeheuer* (a ~ wasp; ⟨fam⟩ a ~ big stick) ‖ (*vor Ortsnamen*) *Groß– | Haupt–* (~ hall) | (of quantities) *groß,* → *deal, gross, many;* the ~ majority *die Mehrzahl, die meisten;* ~ saw *Schrotsäge* f; a ~ while *e–e lange Zeit* ‖ (of emotions) *ungewöhnlich* (~ care); ~ favour *hohe Gunst* **2.** ⟨fig⟩ *wichtig, Haupt–* (the ~ attraction); *mächtig, berühmt* (a ~ man); Frederick the ~ *Friedrich der G.* ‖ *wichtig, kritisch* | *vornehm, reich* ‖ *edel, großmütig; innerlich stark* (a ~ wife) ‖ *wunderbar, bewunderungswürdig, erhaben* ‖ [pred] *hervorragend; geschickt;* ~ at cooking *groß im Kochen;* he is ~ on the piano *er spielt glänzend Klavier* **3.** *echt;* a ~ friend *ein intimer Freund* | *richtig, wahr* (a ~ fiasco); a ~ dancer *ein eifriger Tänzer* m **4.** ⟨fam⟩ *prachtvoll, glänzend, famos* (a ~ dog) ‖ ⟨Am sl⟩ ~! *großartig*! ‖ ~ Scott! *Gr Gott! Donnerwetter*! **5.** [in comp] (*vor Titeln*) *Groß–* (the ~ Chamberlain) ‖ (*vor Verwandtschaftsnamen* etc) *Groß–; Ur–* (~-grandfather, etc) ‖ ~ Bear *Großer Bär* ‖ Great Britain → Britain | ~-coat (*Winter-*)*Überzieher* m ‖ ~ dane *Große Dogge* f ‖ ~ go *Haupt–, Schlußexamen* n (f B. A. *in Cambridge*) ‖ ~-hearted *großmütig* ‖ the ~ Powers [pl] *die Großmächte* f pl ‖ the ~ War *der Weltkrieg* **II.** s **1.** [subst. adj] the ~ *die Großen, Vornehmen* pl (~ and small *groß u klein*) | *das Große* n ⟨Am fam⟩ no ~ *nichts Großes; nicht viel* **2.** ~s [pl] ⟨Oxf univ⟩ *Schlußexamen* n | **~ly** ['~li] adv *in hohem Maße, Grade; großartig; höchst, sehr* **~ness**

['∼nis] s *Größe* f; *Bedeutung* f || *Gewalt* f; *Stärke* f || *Erhabenheit* f || ∼ *of mind Hochherzigkeit* f
  greave [gri:v] s [*mst* pl ∼s] *Beinschiene* f
  greaves [gri:vz], **graves** [greivz] s pl (*Fett–, Talg-)Grieben, Griefen* pl
  grebe [gri:b] s ⟨orn⟩ *Steißfuß, Greben* m || black-necked ∼ *Schwarzhalstaucher* m; great crested ∼ *Hauben–*; horned (*od* Scandinavian) ∼ *Ohren–*; little ∼ *Zwerg–*; red-necked ∼ *Rothals–*
  Grecian ['gri:ʃən] **1.** a ⟨*bes* arch⟩ *griechisch* (∼ architecture); ∼ *fire Griech. Feuer* n **2.** s *Gelehrter des Griechischen* m **Grecism, Grecize, Greco** → *Graecism, etc*
  greed [gri:d] s *Gier* (*of nach*); *Habgier* f **∼iness** ['∼inis] s *Gier–, Gefräßigkeit* f || *Habgier, Gier, Begierde* f | **∼y** ['∼i] a (∼*ily* adv) *gefräßig* || *habgierig* | *gierig, begierig* (*of nach, auf*; to do) | ∼*-gut*(s pl) s „*Freßsack*" m (*P*)
  Greek [gri:k] **1.** s *Grieche* m || ⟨übtr⟩ *gerissene P* f || ⟨Am fam⟩ *Angehörige*(r m) f *e–r* ∼ *letter society* (= *fraternity, sorority*) | *das Griechische; that is* ∼ *to me das sind mir böhmische Dörfer* **2.** a *griechisch* (∼ *Church*) || ∼ *cross stehendes* (*gleicharmiges*) *Kreuz* n
  green [gri:n] **I.** a **1.** *grün* (colour) || apple-apfel–, moss-∼ *moos–,* olive-∼ *oliven–* | (of the season) *mild*; *mäßig* (winter) | *blaß, bläßlich*; ∼ with envy *blaß vor Neid*; ∼ envy *der blasse Neid* || *neidisch, eifersüchtig* (∼ eye) | *grün, frisch* (food) | *Frisch–, grün, unreif* (fruit) **2.** ⟨übtr & fig⟩ *frisch* (recollection); ∼ *old age blühendes Greisenalter* n | *grün, unreif, –erfahren*; ⟨fam⟩ I'm not so ∼ as I'm cabbage-looking ⟨m. m.⟩ *seh ich so dumm aus*? | ∼ *suit* ⟨Austr cards⟩ *blanke Farbe* f | (of flesh etc) *roh, ungekocht*; *ungesalzen, –geräuchert* || *ungegerbt* (skin) || *ungebrannt* (brick) | *frisch, neu* **3.** [in comp] ∼back →back || ∼-*blind grünblind* || ∼ *cheese Grünkäse* m || ∼ *cloth, Board of* ⋏ *Cloth Hofmarschallgericht* n || ∼ *cap* ⟨Am univ⟩ ⟨m. m.⟩ *Fuchsenmütze* f || ∼ *cross* ⟨chem⟩ *Grünkreuz* n || ∼-*eyed grünäugig* || ∼-*fodder Grünfutter* n; ∼ *hand* ⟨Am⟩ = ∼*horn* || ∼ *light* ⟨übtr fam⟩ „*freie Bahn*" f; to give a p the ∼ *l. jdn autorisieren* (to do) || ∼-*room* ⟨theat⟩ *Foyer* [fwa'je:], *Künstlerzimmer* n || ∼ *rouge Poliergrün* n || ∼-*stall Grünwarenstand* m, –*bude* f || ∼-*stuff Gemüsewaren* pl, *Grünkram* m **II.** s *Grün* n; *Laub* n; ∼s [pl] *frisches Gemüse* n | *grüne Farbe* f; ⟨fam⟩ do you see any ∼ in my eye? *hältst du mich f so saudumm*? || *Anger* m, *grüner Rasen, Platz* m; ⟨golf⟩ *Grün* n | ⟨übtr⟩ *Frische, Jugend; –kraft* f (in the ∼ *in der J.*) **III.** vi/t *grünen, grün w*; *grün aussehen* | vt *mit Grün bedecken*; *grün färben* | (*jdn*) *aufziehen, anführen* **∼back** ['∼bæk] s £1-*Note* f; ⟨Am⟩ *Staatspapiergeld* n (*mit grüner Rückseite*) *der USA* (*nach 1862*); ⟨fam⟩ *Papiergeld ohne Deckung*; ⋏ *Party frühere Partei* f, *die für* ∼ *eintrat* || *Name f versch. Tiere* m; ⟨sl⟩ *Frosch* m | **∼er** ['∼ə] s *Neuling, Unerfahrener* m **∼ery** ['∼əri] s *Grün, Laub* n || *Gewächshaus* n **∼finch** ['∼finʃ] s ⟨orn⟩ *Grünfink* m **∼fly** ['∼flai] s ⟨ent⟩ *Blattlaus* f **∼gage** ['∼geidʒ] s *Reineclaude* f **∼grocer** ['∼ˌgrousə] s *Obst–, Gemüsehändler* m, → *grocer* **∼grocery** ['∼ˌgrousəri] s *Obst–, Gemüsewaren* pl, *Grünkram* m; *Obst– u Gemüseladen* m **∼heart** ['∼hɑ:t] s ⟨bot⟩ *Bebeerurinde* f || *Grünholz* n **∼horn** ['∼hə:n] s *Grünschnabel; Unerfahrener* m *Tölpel* m **∼house** ['∼haus] s *Gewächshaus* n **∼ing** ['∼iŋ] s *grüne Apfelsorte* f **∼ish** ['∼iʃ] a *grünlich* **∼ly** ['∼li] adv *in frischem Grün* n | *frisch, lebendig* **∼ness** ['∼nis] s *Grün, Grüne* n || *grüne Farbe* f | *Frische* f | *Unreife* f **∼sand** ['∼sænd] s ⟨geol⟩ *Grünsand* m **∼shank** ['∼ʃæŋk] s ⟨orn⟩ *Grünschenkel* m (*Wasserläufer*)

∼sickness ['∼siknis] s ⟨med⟩ *Bleichsucht* f; ⟨a übtr⟩ **∼stick** ['∼stik] s [attr] ∼ *fracture* ⟨med⟩ *Grünholzbruch* m **∼stone** ['∼stoun] s ⟨geol⟩ *Grünstein, Diorit* m **∼sward** ['∼swə:d] s *Rasen* m **∼th** [∼θ] s *frisches Grün; Grüne* n **∼wood** ['∼wud] s *dichter, belaubter Wald* m ⟨a attr⟩ | **∼y** ['∼i] a *grünlich* **∼yard** ['∼jɑ:d] s *Pfandstall* m (*f Vieh*)
  Greenland ['gri:nlənd] s *Grönland* n **∼er** [∼ə] s *Grönländer* m **∼man** [∼mən] s *Grönlandfahrer* (*Schiff*) m
  greenweed ['gri:nwi:d] s ⟨bot⟩ *Hairy* ⋏ *Sandginster* m, → broom, furze, gorse
  Greenwich ['grinidʒ] s: ∼ *time Westeuropäische Zeit, Weltzeit* f (*Ggs* zone-time); → App.
  greet [gri:t] vt (*jdn*) *grüßen* (with) | (*jdn*) *begrüßen, empfangen* (with) | (*etw*) *begrüßen* | (*S*) *treffen, begegnen* (to ∼ the eye) **∼ing** ['∼iŋ] s *Gruß* m (from *v*); *Begrüßung* f (to a p *jds*); in ∼ to the ship *dem Schiff z Gruß* || ∼-*card Glückwunschkarte* f
  greet [gri:t] vi ⟨Scot⟩ *klagen, weinen*
  greffier ['grefiei] s Fr *Registrator, Gerichtsschreiber* m
  gregarious [gre'gɛəriəs] a (∼*ly* adv) *in Herden lebend, gesellig, Herden–* (∼ animal) || ⟨for⟩ *bestandbildend* (∼ tree) **∼ness** [∼nis] s *Zusleben* n *in Herden* f pl, *Geselligkeit* f
  Gregorian [gre'gə:riən] **1.** a *gregorianisch* (∼ style) **2.** s *Gregorianischer Gesang* m
  Gregory powder ['gregəriˌpaudə] s *ein Abführmittel* n
  gremial ['gri:miəl] s ⟨ec⟩ *Gremi·ale* n (*Tuch über dem Schoß des Bischofs*)
  gremlin ['gremlin] s ⟨aero sl⟩ *Kobold* m (*der Maschinendefekte verursacht*)
  grenade [gri'neid] s ⟨mil⟩ (*Hand–, Gewehr–*) *Granate* f | ∼ *carrier Tragetasche* f *Gewehr-Gr.n* || ∼ *court Handgranatenwurfstand* m || ∼*launcher Gewehrgranatgerät* n
  grenadier [ˌgrenə'diə] s Fr ⟨mil⟩ *Grenad·ier* m (⋏ Guards)
  grenadine [ˌgrenə'di:n] s Fr *Grenad·ine* f (*Kleiderstoff aus Seide* or *Wolle*)
  grenadine [ˌgrenə'di:n] s Fr *gespickte Fleischschnitte* f
  Grenfell ['grenfel] **factory** s (*nach D. G., M. P.*) → remploy factory
  Gresham's law ['greʃəmz'lɔ:] s (*nach Th. G.,* † 1579) *das Greshamsche Gesetz* n, *nach dem schlechtes Geld das gute verdrängt*
  gressorial [gre'sə:riəl] a ⟨orn⟩ *Schreit–, Stelz-*
  Gretna Green [ˌgretnə'gri:n] s (*Dorf in* Dumfriesshire) ∼ *marriage* ⟨hist⟩ *nach schott. Recht, vor e–m Schmied geschlossene Ehe* f
  grew [gru:] pret *v* to grow
  grewsome ['gru:səm] a (* Am *neben*) gruesome
  grey, gray [grei] **1.** a *grau* || ⟨fig⟩ *grauweiß, alt* | *blaß, farblos* || *trübe*; ⟨fig⟩ *hoffnungslos* | ∼ *eminence* → éminence grise || ∼ *friar Franziskanermönch* m || the ∼ *mare is the better horse die Frau hat die Hosen an* | ∼ *goose* = *greylag* || ∼-*haired,* ∼-*headed grauhaarig, grauköpfig* || ∼*-hen* (*schwarze*) *Birkhenne* f | ∼ *matter Graue Substanz* f (*Gehirnmasse*); *Verstand* m || ∼-*pale aschfahl* || ∼ *wether* ⟨geol⟩ *erratisches Gestein aus Sandstein* n **2.** s *Grau* n; *graue Farbe* f; *Grauschimmel* m || the ∼s **2.** Brit. *Dragonerregiment* n **3.** vi/t *ergrauen, grau w* | vt *grau m*
  greyback ['greibæk] s ⟨orn⟩ *Nebel–, Aaskrähe* f –*beard* ['greibiəd] s *Graubart* m || *gr irdener Krug* m ⏜-**cing** ['greisiŋ] s *Windhundrennen* n –*coat* ['grei-kout] s *Graurock* m (*P*), *Soldat* (etc) *im G.* ⏜-**ers** ['greiəz] s pl *graue* °*Buchse* f (*Hose*) –*hound* ['greihaund] s ⟨zoo⟩ *Windhund* m, *Windspiel* n || ocean ∼ *Schnelldampfer* m **∼ish** ['greiiʃ] a *gräulich* –**lag** ['greilæg] s (a ∼ goose)

⟨orn⟩ *Wilde Gans* f –**ness** ['greinis] s *graue Farbe* f ‖ –**stone** ['greistoun] s ⟨minr⟩ *vulkanisches Gestein* n –**wacke** ['greiwæk] s ⟨geol⟩ *Grauwacke* f
gribble [gribl] s *Bohrassel* f, → *woodlouse*
grid [grid] s (*Schutz-*)*Gitter* n; *electrical* ∼ *elektr. Drahtnetz* n; *screened* ∼ *Schirmgitter* n ‖ ⟨geog⟩ *Gitternetz* n ‖ *Sammelschienennetz* n ‖ ⟨fig fam⟩ „*Karre*" f (*Fahrrad*) ‖ ⟨Am ftb⟩ *Spielfeld* n | = *gridiron* | [attr] *Gitter–* ‖ ∼ *characteristic* ⟨phys⟩ *Gitterkennlinie* f ‖ ∼ *leak* ⟨wir⟩ *–widerstand* m (*f Netzempfänger*) ‖ ∼ *net Quadratnetz* n ‖ ∼ *penetration factor* ⟨phys⟩ *Gitterdurchgriff* m; ∼ *rectifier –gleichrichter* m ‖ ∼ *resistance –widerstand* m (*f Batterieanschluß*) | ∼ *square Planquadrat* n –**der** ['∼ə], –**ster** ['∼stə] s ⟨Am⟩ *Fußball*(*spiel*)*er* m
griddle ['gridl] **1.** s (*Kuchen-*)*Blech* n ‖ *Drahtsieb* n **2.** vt *auf e–r Pfanne braten*
· **gride** [graid] **1.** vi *scheuernd or knirschend fahren* (*along entlang*), *schneiden* (*through*); *scheuern* (*against*) **2.** s *knirschendes, knarrendes Geräusch* n
gridiron ['gridaiən] s *Bratrost* m ‖ *Balkenrost* (*f Schiffe im Dock*) ‖ *Netz* n: *Eisenbahn–, Elektrizitätsnetz etc* ‖ ⟨mil⟩ *Gradnetz* (*auf Karten*) ‖ ⟨Am⟩ ∼ *system Schachbrettsystem* n (*im Städtebau*) ‖ ⟨theat⟩ *Schnürboden* m ‖ ∼ *pendulum Rost–, Kompensationspendel* ‖ ⟨mar fam⟩ = *The Stars and Stripes*
grief [gri:f] s *Gram, Kummer* m; *the seven* ⤢*s of the Virgin die sieben Schmerzen Mariä* ‖ *to my great* ∼ *z m–m gr Leidwesen or Bedauern* n; *Sorge* f ‖ *to bring to* ∼ *z Fall bringen, zugrunde richten*; *to come to* ∼ *z Schaden, in Schwierigkeiten k*; (*S*) *z Fall k*; *abgelehnt w*; *zus–brechen*; *versagen*
grievance ['gri:vəns] s *Beschwerde* f, *Grund z Klage, Mißstand* m (*public* ∼); *to make a* ∼ *of a th etw z Gegenstand e–r Klage m* ‖ ∼ *committee Arbeiter-Beschwerdeausschuß* m ‖ ∼ *monger Nörgler* m | ∼s *procedure Beschwerdeverfahren* n
grieve [gri:v] vt/i ‖ *kränken, betrüben, wehtun* (*it* ∼s *me to see*) | vi *sich grämen, sich härmen* (*at, over über*; *for um*) ‖ *to* ∼ *after sich sehnen nach*
grieve [gri:v] s ⟨bes Scot agr⟩ *Gutsaufseher* m
grievous ['gri:vəs] a (∼*ly* adv) *drückend, empfindlich* ‖ *bedrückend; kränkend* ‖ *unangenehm* ‖ *schmerzlich, bitter* ‖ † *arg, schrecklich* ∼**ness** [∼nis] s *Druck* m, *das Schmerzliche* n; *Bitterkeit* f
griffin ['grifin], **griffon** ['grifən], **gryphon** ['graifən] s *a her* ⟨Vogel⟩ *Greif* m (*Fabeltier*) | *griffon-vulture* ⟨orn⟩ *Lämmergeier* m
griffin ['grifin] s ⟨AInd⟩ *Neuling, Anfänger* m ‖ ⟨Am sl⟩ *Mulatte* m
griffon ['grifən] s Fr *rauhhaariger Vorstehhund* m
grig [grig] s *kl Aal* m ‖ ⟨dial⟩ *Heimchen* n, *Grille* f | *as merry as a* ∼ *kreuzfidel*
grill [gril] **1.** vt/i ‖ (*auf dem Rost*) *braten, rösten* ‖ ⟨übtr⟩ *plagen; quälen*; ⟨Am fam⟩ (*jdm*) *scharf auf den Zahn fühlen* (*ihn streng verhören*) | vi *braten, schmoren* ⟨a fig⟩ **2.** s *Bratrost, Griller* m ‖ *Rösten* n; *geröstetes Fleisch* n | ∼*-room Raum* m *or Gaststätte* f, *in der das Fleisch auf dem Rost gebraten wird* ∼**er** ['∼ə] s *Bratrost, Griller* m
grillage ['grilidʒ] s Fr *Pfahlrost, Unterbau* m
grille, gril [gril] s Fr *Gitter* n (*in e–r Tür etc*) ‖ ⟨mot⟩ *Kühlermaske* f
grilse [grils] s [pl ∼] ⟨ich⟩ *junger Lachs* (*nach der 1. Rückkehr aus dem Meere*), → *salmon*
grim [grim] a (∼*ly* adv) *grimmig* (*battle*); *unbändig* ‖ *abschreckend, abstoßend* (*look*) ‖ *finster, schrecklich, scheußlich* (*smile*); ∼

humour Galgenhumor m ∼**ness** ['∼nis] s *Grimmigkeit* f; *finsteres Wesen* n ‖ *Scheußlichkeit* f
grimace [gri'meis] **1.** s *Grim·asse, Fratze* f; *to make* ∼s *Grimassen schneiden* ‖ *affektiertes Gesicht* n **2.** vi *Grimassen schneiden* | ∼**r** [∼ə] s *Grimassenschneider* m
grimalkin [gri'mælkin] s *Mieze-Katze* f
grime [graim] **1.** s *Schmutz, Ruß* m **2.** vt *beschmutzen, besudeln*
griminess ['graiminis] s *Schmutzigkeit* f ‖ ⟨fig⟩ *Schmutz* m **grimy** ['graimi] a (–*mily* adv) *schmutzig, rußig*
grin [grin] **1.** vi/t ‖ *die Zähne fletschen, zeigen* ‖ *grinsen*, (*vergnügt*) *lächeln, schmunzeln, feixen* (*from ear to ear*), *to* ∼ *at a p jdn angrinsen* ‖ *to* ∼ *and bear it gute Miene z bösen Spiel m* | vt *grinsend ausdrücken* **2.** s *Grinsen* n; *to be on the broad* ∼ *über das ganze Gesicht grinsen*
grind [graind] **I.** vt/i [ground/ground] **A.** vt **1.** *zerreiben, –mahlen* (*into, to z*; *to pieces in Stücke*); *to* ∼ *small kl mahlen* ‖ (*Korn*) *mahlen, schroten*; (*Kaffee*) *mahlen* ‖ ⟨pap⟩ (*Holz*) *schleifen* ‖ ⟨übtr⟩ (*Haut*) *zerreiben, –scheuern* | ⟨fig⟩ *bedrücken, schinden, quälen*; ⟨Am⟩ *ärgern*; *to* ∼ *the faces of the poor die Armen aussaugen* **2.** (*Messer*) *wetzen, schärfen* ‖ (*Glas*) *schleifen*; → *ax(e)* **3.** (*Orgel, Lied*) *leiern* **4.** (*jdn*) *einpauken, unterrichten* (*in in*); *to* ∼ *a th into a p jdm etw einbleuen, –pauken* **5.** *eindrücken, –stampfen* (*into in*) **6.** *to* ∼ *one's teeth mit den Zähnen knirschen* **7.** [*mit adv*] *to* ∼ **down** *feinmahlen*; (*Messer*) *wetzen* ‖ *unterdrücken* ‖ *to* ∼ *out* (*Ton*) *mühsam hervor–, herausbringen* ‖ *to* ∼ *up zermahlen* **B.** vi **1.** *reiben, mahlen* (*a to* ∼ *down*) *sich mahlen l* (*it will not* ∼ *well*) **2.** *sich abmühen,* °*büffeln,* °*ochsen* (*at an*) **3.** *knirschend reiben* (*against gegen*; *on an*) **II.** s *Sichreiben* n, *Reibung* f ‖ *Plackerei* f, °*Büffeln* n ‖ ⟨univ sl⟩ *Hindernislauf* m; (*Straßen-*)*Dauergang* m, *–lauf* ‖ ⟨Am sl⟩ *Streber,* °*Büffler* m; *greasy* ∼ *elender Streber* m | ∼**er** ['∼ə] s *Schleifer* m ‖ ⟨arts⟩ *Reibkeule* f ‖ *Schleifstein* m | ⟨sl⟩ *Einpauker* m | m; ∼s [pl] ⟨fam⟩ *Zähne* pl | ⟨sl⟩ *Einpauker* m | ∼**ery** ['∼əri] s *Schuhmacherbedarf*(*sartikel* m pl) m ∼**ing** ['∼iŋ] **1.** s *Mahlen; Schleifen* n; [attr] *Schleif–, Mahl–*; ∼*-mill Mühle, Schleiferei* f; *Mahlwalzwerk* n ‖ ∼*-stone Schleifstein* m **2.** a *mahlend* ‖ *mühsam; bedrückend* ‖ *zermürbend, quälend* (*pain*) ∼**stone** ['∼stoun] s *Mühl–, Schleif–, Wetzstein* m; *to keep one's nose to the* ∼ *schwer arbeiten müssen*
gringo ['griŋgou] s ⟨cont⟩ *Name* m *f Nordamerikaner* m
grip [grip] **1.** s *Griff* m, *Anpacken* n, *Greifen* n; *to be at* ∼s *with im Kampfe s mit* ⟨a fig⟩; *to come to* ∼s *sich z fassen kriegen*; ⟨fig⟩ *sich aus–e–a–setzen* (*with mit*) ‖ *to make a* ∼ *at greifen nach* ‖ *Händedruck* m | ⟨fig⟩ *Griff, Halt* m; *Herrschaft, Gewalt* f (*of, on über*); *in, into the* ∼ *of* (*jdn*) *in den or die Klauen v*; *to have a* ∼ *on a p jdn in Spannung halten*; *to lose one's* ∼ *on a p den Halt, die Gewalt über jdn verlieren* | (*of a sword etc*) *Griff* m ‖ ⟨Am⟩ = *gripsack* | (*mot*) (*a* ∼ *value*) (*Reifen-*)*Griffigkeit* f ‖ ∼s [pl], *pipe* ∼s *Rohrzange* f (*a pair of* ∼s *e–e R.*) **2.** vt/i *ergreifen, packen, festhalten* ‖ *in der Gewalt h, in Spannung halten* ‖ *verstehen* | vi *fassen*; ⟨fig⟩ *packen* (*the play* ∼s)
grip [grip] s ⟨dial⟩ *kl Graben* m
gripe [graip] **1.** vt/i ‖ *mit der Hand etc ergreifen, packen* ‖ *drücken, zwicken* ‖ *Schmerzen verursachen in*; *to be* ∼d *Leibschmerzen h* | vi *zwicken, Schmerzen verursachen* **2.** s *Ergreifen* n; *Griff* m; ⟨fig⟩ *Gewalt* f ‖ ⟨Am vulg⟩ *too much* ∼ *about chicken* (*–shit*)! °*meckere nicht über jeden Dreck!* | ∼s [pl] *Bauchgrimmen* n, *Kolik* f ‖ ⟨mar⟩ *Seile* n pl *z Festmachen* n –**ping** ['graipiŋ] **1.** a *Bauchgrimmen* n, *Kolik* f **2.** a *zwickend,*

drückend, ziehend (pain)

grippe [grip] s Fr ⟨med⟩ *Grippe* f –**pper** [ˈgripə] s *Greifwerkzeug* n –**pping** [ˈgripiŋ] s *Greifen* n; [attr] *Greif–* ‖ ∼ *power* = *grip value*

gripsack [ˈgripsæk] s ⟨Am⟩ *Hand–, Reisetasche* f

grisaille [griˈzaːj] s Fr *Malerei* f *grau in grau*

griseous [ˈgriziəs] a *bläulichgrau*

grisette [griˈzet] s Fr *Putzmacherin* f

griskin [ˈgriskin] s *Rückgratsstück* n (*des Schweines*)

grisliness [ˈgrizlinis] s *Gräßlichkeit* f ∼**ly** [ˈgrizli] a *gräßlich, schrecklich* ‖ *eklig*

grist [grist] s **1.** *Mahlkorn* n; ⟨brew etc⟩ *Schrot* n ‖ *that's* ∼ *to his mill das ist Wasser auf s–e Mühle; to bring* ∼ *to the mill Vorteil bringen* **2.** ⟨Am⟩ *Menge* f

grist [grist] s *Dicke, Qualität* f *des Garns*

gristle [ˈgrisl] s ⟨anat⟩ *Knorpel* m; *in the* ∼ *unentwickelt*

gristly [ˈgrisˌli] a *knorpelig*

grit [grit] **1.** s [koll] *grober Sand, Kies, Grieß* m, *Streusand* m (∼ *sprayer Sandstreuer*) ‖ ⟨geol⟩ *Sandstein; Grus* m ‖ (of a stone) *Struktur* f ‖ ⟨fig⟩ *Mut* m, *Entschlossenheit, Charakterfestigkeit* f **2.** vi/t ‖ *knirschen, kratzen* | vt *mit Kies belegen* ‖ *to* ∼ *one's teeth mit den Zähnen knirschen* ‖ ⟨Am fam⟩ *ärgern* ∼**stone** [∼stoun] s ⟨geol⟩ *Sandstein* m ∼**tiness** [ˈ∼inis] s *sandige, kiesige Beschaffenheit* f ∼**ty** [ˈ∼i] a *sandig, kiesig* ‖ ⟨fig⟩ *mutig; entschlossen* ‖ *stark* (wind)

grits [grits] s pl (*Hafer–*)*Grütze* f; *grobes Hafermehl; Schrot* n ‖ ⟨Am⟩ *Maisgrütze* f, *–grieß* m

grizzle [ˈgrizl] s *Grau* n, *graue Farbe* f ‖ *graues Haar* n ∼**d** [∼d] a *grau; grauhaarig*

grizzle [ˈgrizl] vi *grinsen; to* ∼ *at angrinsen* ‖ *quengeln, nörgeln; sich sorgen* ‖ (of children) *quarren*

grizzly [ˈgrizli] **1.** a *grau, gräulich; grauhaarig* (∼ *bear*) **2.** s ⟨zoo⟩ *grauer Bär* m

groan [groun] **1.** vi/t ‖ *stöhnen, ächzen, seufzen* (under *unter;* with *vor*) ‖ ⟨übtr⟩ (S) *knacken, knarren, quietschen; vor Überladung ächzen* (the shelves ∼ *with books*) ‖ ⟨fig⟩ *heftig verlangen* (for *nach*) | vt *heraus–, hervorstöhnen* **2.** s *Seufzen, Stöhnen* n; *to fetch a* ∼ *tief stöhnen* ⟨a übtr⟩ ‖ *Murren* n

groat [grout] s ⟨hist⟩ (*engl. Silbermünze* = 4 d); *Heller* m

groats [grouts] s pl *Hafergrütze* f

grocer [ˈgrousə] s *Krämer, Kolonial–, Materialwarenhändler* m ∼**y** green–∼ [∼ri] s *Materialwaren* f pl ‖ *Material–, Kolonialwarenladen, –handel* m ‖ ⟨sl Am⟩ *Schnapsladen* m ‖ *–ies* [pl] *Kolonialwaren* f pl, ⟨aero fam⟩ „*Eier*" n pl (*Bomben*)

groceteria [grousiˈtiəriə] s ⟨Am⟩ *Lebensmittelgeschäft* n *mit Selbstbedienung* f

grog [grog] **1.** s *Grog* m **2.** vi *Grog trinken* ∼**giness** [ˈ∼inis] s *Trunkenheit* f ∼**gy** [ˈ∼i] a (*–gily adv*) *bezecht, betrunken* ‖ (of horses) *steif* (*in den Vorderbeinen*) ‖ *unsicher, schwach auf den Beinen; schwankend* ‖ *kränklich, anfällig* | (S) *nicht fest(stehend), wackelig; lose, locker*

grogram [ˈgrogrəm] s *Grogram* m (*grober Kleiderstoff aus Seide u Wolle*)

groin [groin] **1.** s ⟨anat⟩ *Leiste* f, *Leistengegend* f ‖ ⟨arch⟩ *gebogene Linie, Rippe* f **2.** vt ⟨arch⟩ *mit Rippen, Bogen versehen* ‖ ∼**ed** *vault Kreuzgewölbe* n

grommet [ˈgromit] s ⟨tech⟩ *Augenring* m

gromwell [ˈgromwəl] s ⟨bot⟩ *Steinsame* m

grooly [ˈgruːli] a ⟨fam⟩ (*gruesome* + *grisly*) °*grauslich* (*grausig* + *scheußlich*)

groom [grum] **1.** s † *Bursche, Diener* m ‖ ∼ *of*

the (Great) *Chamber königlicher Kammerdiener* m ‖ *Reit–, Stallknecht* m **2.** vt (*Pferde*) *pflegen, versorgen* ‖ ⟨Am pol⟩ (*jdn*) *vorbereiten* ∼**ed** [∼d] a: *well–*∼ (*P*) *elegant*

groomsman [ˈgrumzmən] s *Brautführer* m ∼**ship** [∼ʃip] s *Kunst* f *des gepflegten Äußeren,* → *–manship*

groove [gruːv] **1.** s *Rinne, Furche, Auskehlung, Nute* f ‖ *Blutrinne* f (*e–s Degens* etc) ‖ *Kehle, Riefe; Nut, Nute* f (∼ *and tongue N. u Feder*) ‖ ∼s [pl] *Züge* m pl (*e–r Feuerwaffe*) | *gewohntes Geleise* n, *Schablone* f (*to flow in the same* ∼); *to fall into the old* ∼ °*in den alten Schlendrian verfallen; he is right in his* ∼ *er ist so richtig in s–m Fahrwasser; in the* ∼ ⟨jazz⟩ *ausgezeichnet,* "*prima,* "*in Ordnung*" | ∼**–pin** ⟨Am tech⟩ *Kerbstift* m ‖ ∼**–stud** *Kerbbolzen* m **2.** vt *auskehlen, aushöhlen; falzen, nuten;* ∼**d** *gerillt;* ∼**d** *joints* [pl] = *ings;* ∼**d** *pin* ⟨tech⟩ *Kerbstift* m ∼**ving** [ˈ∼iŋ] s ∼s [pl] *Fugenschnitt* m, *Lagerfugen* f pl | [attr] *Falz–, Nut–, Spund–* (∼ *plane –hobel*) ∼**vy** [ˈgruːvi] a ⟨fig⟩ *schablonenhaft, handwerksmäßig; engstirnig*

grope [group] vi/t ‖ *tasten, tappen* (to ∼ *about herum–*); *tastend suchen* (for, after *nach*) ⟨a fig⟩ | vt *im Dunkeln tappen nach; to* ∼ *one's way s–n Weg tastend suchen* (towards *nach*)

groper [ˈgroupə] s → *grouper*

grosbeak [ˈgrousbiːk] s ⟨orn⟩ *Kernbeißer* m ‖ *pine* ∼ *Hakengimpel; scarlet* ∼ *Karmin–* m

gross [grous] s [pl ∼] *Gros* n (*zwölf Dutzend*) (three ∼ of pencils *3 Gros Bleistifte*); *great* ∼ *12 Gros*

gross [grous] **1.** a (∼**ly** adv) *ungewöhnlich dick;* ∼ *lift* ⟨aero⟩ *Gesamtauftrieb* m ‖ ⟨dial⟩ *korpulent, sehr fett* | *grobkörnig* ‖ *offenkundig, ungeheuerlich, schreiend, grob* (error) | (Ggs net) *ganz, voll, Brutto–, Roh–* (∼ *profit*); ∼**–weight**); ∼ *calorific value oberer Heizwert* m; ∼ *national product Brutto-Sozialprodukt* n; ∼ *registered tonnage Bruttoregistertonne* f; ∼ *structure Grobgefüge* n; ∼ *weight* ⟨aero⟩ *Fluggewicht* n; ⟨mot⟩ ∼ *vehicle weight Verkehrsgewicht* n (*mit Ladung*) | *dick, dicht* | *schwerfällig, stumpf* | *grob, roh, unfein* (person, habit) | ⟨stat⟩ *roh* (rate), → *crude, general* **2.** s [*nur in*]: *in the* ∼ *im ganzen, in Bausch u Bogen;* ⟨jur⟩ *in* ∼ *an der P haftend; unabhängig* ∼**ness** [ˈ∼nis] s *Ungeheuerlichkeit* f ‖ *Dichtheit* f ‖ *Grobheit, Unfeinheit* f ‖ *Dummheit, Stumpfheit* f

grossular [ˈgrosjulə] **1.** a *Stachelbeer–* **2.** s ⟨minr⟩ *Grossular* m̃ (*Abart des Granats*)

grot [grot] s ⟨poet⟩ *Grotte* f

grotesque [grouˈtesk] **1.** s ⟨arts⟩ *grotesker Stil* m, *das Groteske* ‖ [mst pl ∼s] *groteske Figur, Zeichnung* f **2.** a (∼**ly** adv) *grotesk, übersteigert* | *phantastisch; seltsam, wunderlich* | *lächerlich, absurd* | ∼ *figure Fratzenbild* n ∼**ness** [∼nis] s *das Groteske, Absurde* n

grotto [ˈgrotou] s [pl ∼s, –es] *Grotte* f ‖ *Nymphäum, Nymphenbad* n ‖ ∼**–maker** *Rokaillearbeiter* m

grouch [grautʃ] ⟨bes Am⟩ **1.** s *Murmeln; Nörgeln* n ‖ *mürrische Stimmung* f; *to have got a* ∼ *on schlechte Laune h* ‖ *Griesgram* m **2.** vi *nörgeln, quengeln* ∼**er** [ˈ∼ə] s *Griesgram* m | ∼**y** [ˈ∼i] a *mißmutig, griesgrämig, mürrisch*

ground [graund] **I.** s **1.** *Meeresboden, –grund* m; *to take* ∼ *stranden* ‖ ∼s [pl] *Grund, Bodensatz* m; *Kesselstein* m **2.** *Grund, Grundlage, Basis* f ⟨a übtr⟩ | [mst pl ∼s] *Grund* m, *Ursache* f; *Beweggrund* m, *Veranlassung* f (for, of ∼; for doing *z tun*); *good* ∼s *for doing gute Gründe z tun; on the* ∼s *of religion, on religious* ∼s *aus Gründen der Religion* | ⟨arts⟩ [a pl ∼s] *Untergrund* m (on a dark ∼); *Grundfarbe* f, *Grundierung* f ‖ *soft* ∼ ⟨engr⟩ *Weichgrund–, Durchdrückverfahren* n **3.** *Erdoberfläche* f, *fester Boden*

(~-frost *Frost im B.*) m; below the ~ *unter der Erde, begraben* | ~s [pl] (*Garten-*)*Anlagen* pl | *Gelände* n (rising ~ *hügeliges G.*); *Fläche, Strecke* f, *Gebiet* n || ⟨sport⟩ *Spielplatz* m (cricket ~) | fishing ~ *Fischerei*–, hunting ~ *Jagdgebiet* n | *Grundbesitz, Grund u B.* (in its own ~ *auf eigenem* ..) | *Standort* m, *Stellung* f, to hold, maintain one's ~ *die St. behaupten, sich behaupten* **4.** *Erde* f, *Boden* (fertile ~); → to till || ⟨el⟩ *Erde* f; *Erdschluß* m **5.** || **on** the ~ of *wegen*; on the ~ *that aus dem Grunde, daß*; on these ~s *aus diesen Gründen* || on public ~s *aus Rücksichten auf die Öffentlichkeit* || down to the ~ *in jeder Hinsicht, gründlich* || it is common ~ *es ist allgemein bekannt, es herrscht Übereinstimmung darüber* (that) | → to **break**; cover || to cut the ~ from under a p's feet *jdn in die Enge treiben* || to fall to the ~ ⟨fig⟩ *z B. fallen*; ⟨fig⟩ *hinfällig w, scheitern* || to be flung to the ~ *auf den B. geschleudert w* || to gain ~ (*an*) *B. gewinnen; vorrücken* || to go over the ~ *etw überlegen, durchackern, besprechen*; I have gone od been over and over the ~ *ich habe es hin u her überlegt*; to go over old ~ again *Bekanntes wiederholen* || (of fox) to go to ~ ⟨hunt⟩ (*in den Bau*) *einfahren* || to lose ~ (*an*) *Boden verlieren*; *zurückweichen* || to lose the ~ *under one's feet den Boden unter den Füßen verlieren* || to spring to the ~ *auf den Boden, z Erde springen* | → to stand | to strike to the ~ *z Boden schlagen, niederstrecken* || to take a ~ *e-n Standpunkt einnehmen* **6.** [attr & in comp] *Erd-, Grund–* (*vor Pflanzen*) *Zwerg–, kriechend* || ~ adhesion ⟨mot⟩ *Bodenhaftung* f || ~-air communication ⟨aero-wir⟩ *Boden-Bord-Verkehr* m || ~ alert ⟨aero⟩ *Alarm–, Startbereitschaft* f || ~ anchor ⟨aero⟩ *Grundanker* m || ~-angling *Grundangeln* n || ~-ash ⟨bot⟩ *junge Esche* f || ~ attack ⟨aero⟩ *Tiefangriff* m; ~ a. aircraft *Schlachtflugzeug* n, *Tiefflieger* m || ~-bait *Fisch–, Grundköder* m || ~-bass ⟨mus⟩ *Grundbaß* m || ~-beetle, (*bes*) golden ~-b. *Goldlaufkäfer* m || ~ cable ⟨Am⟩ *Massekabel* n || ~ clearance ⟨mot⟩ *Bodenfreiheit* f || ~-colour *–farbe* f || ~ controlled approach procedure (GCA) *Radar-Schlechtwetter-Landeverfahren* n || ~ controlled approach system *GCA-Anfluganlage* f, *Radar-Blindlandesystem* n || ~-course ⟨mas⟩ *Grundlage, –mauer* f || ~ connection ⟨el⟩ *Erdleitung* f || ~ crew ⟨aero⟩ *Bodenmannschaft* f || ~ electrode *Massenelektrode* f || ~ engineer ⟨aero⟩ *Wart* m || ~ feature *Geländebeschaffenheit* f, *–merkmal* n || ~-floor *Erdgeschoß* n (on the ~-floor *im E.*) || ~ frit *Frittegrund* m || ~-frost *Frost im B.* || ~ game *nicht fliegendes Wild* n || ~ gear ⟨Am aero⟩ *Fahrgestell* n || ~-grip tyre *Geländereifen* m || ~-gripping ability ⟨mot⟩ (*Reifen-*)*Griffigkeit* f || ~-hog ⟨Am⟩ (*Art*) *Murmeltier* n || ~-ice *Grundeis* n || ~ indicator ⟨aero⟩ *Landungsmesser* m || ~-ivy ⟨bot⟩ *Gundermann* m || ~-landlord *Grundeigentümer* m || ~-line *Grundlinie* f; *Grundangel* f || ~ loop (*Ausbrechen* n *des Flugzeugs beim Landen*) °,,*Ringelpietz*" m || ~ marker ⟨aero⟩ *Zielkennzeichnungsrakete* f (*f Bomber*) || ~ mechanic *Flugzeugmechaniker* m || ~ nut *Erdnuß* f → peanut || ~-oak ⟨bot⟩ *junge Eiche* f || ~-plan ⟨arch⟩ *Grundriß, –plan* m || ~-plane *Horizontalebene* f || ~-plate ⟨arch⟩ *Schwelle*; *Grundplatte* f || ~ range *Horizontalreichweite, –entfernung* f || ~ register *Grund–, Flurbuch* n || ~-rent *Bodenzins* m || ~ sheet ⟨mil⟩ *Zeltbahn, Unterlegeplane* f || ~ shock wave ⟨at⟩ *Erdstoßwelle* f || ~ signal ⟨aero⟩ *Sichtzeichen* n || ~ speed (G/S) ⟨aero⟩ *Grundgeschwindigkeit* f || ~ squirrel ⟨SAfr⟩ *Erdmännchen* f || ~ staff ⟨aero⟩ *Bodenpersonal* n [koll] || ~ strafing ⟨aero⟩ *Tiefangriff* m || ~ strip *Fliegertuch* n;

Geländestreifen m || ~ wire ⟨Am wir⟩ *Erdleitung* f || ~-swell ⟨mar⟩ *Dünung* f; ⟨fig⟩ *wogende Erregung* f || ~ terminal ⟨el⟩ *Erdklemme* f || ~-to-air [attr] ⟨aero⟩ *Boden-(zu)-Bord–* (calling, communication); (*Flak-*)*Luftziel–* (firing), *Flak–* (missile); .. direction finding *Fremdpeilung* f || ~-to–~ [attr] *Erdkampf–* (missile, rocket), → air-to-air || ~-to-surface vessel radar *GSV-Gerät* n (*Bodenradargerät z Erfassung v Überwasserfahrzeugen*) || ~ water *Grundwasser; Sickerwasser* n || ~ zero ⟨at⟩ *Erdnullpunkt* m (*bei Atombombenabwurf*) **II.** vt/i || niederlegen; to ~ arms *die Waffen strecken* || *stranden* I; to be ~ed *stranden* I ⟨el⟩ *erden* || (*Stickerei*) *unterlegen*; grundieren | ⟨fig⟩ *begründen, gründen* (on, in *auf*): ⟨fig⟩ to ~ o.s. on (*S*) *sich gründen auf*; to be ~ed in *gegründet s auf*; verankert s, wurzeln in || (*jdn*) *in den Anfangsgründen unterrichten* (in) || ⟨aero⟩ (*Flugzeug* or *P*) *vom Fliegen sperren*; to be ~ed *Startverbot h* | vi ⟨mar⟩ (of ships) *stranden, auflaufen* (on)

ground [graund] pret & pp *v* to grind || ~ feldspar *Feldspatmehl* n; ~ glass *Mattglas* n; ⟨phot⟩ *Mattscheibe* f || ~-in stopper *Schliffstopfen* m || ~ slate *Schiefermehl* n || ~ state *Mattheit* f || ~ sugar *gestoßener Zucker* m || ~ wood *Holzschliff* m

groundage [ˈgraundidʒ] s ⟨mar⟩ *Ankergeld* n, *Hafengebühren* f pl

grounder [ˈgraundə] s ⟨sport⟩ *Flitzer* m (*Grund–, Bodenball*)

grounding [ˈgraundiŋ] s ⟨arts⟩ *Grundierung* f | *Anfangsunterricht* m; *Ausbildung* f (in *in*) | [attr] ~ sleeve ⟨telph⟩ *Erdbuchse* f || ~ switch ⟨mot⟩ *Magnetschalter* m || ~ terminal ⟨Am mot⟩ *Masseschlußklemme* f

groundless [ˈgraundlis] a (~ly adv) *grundlos* || ⟨fig⟩ *unbegründet* ~ness [~nis] s *Grundlosigkeit* f

groundling [ˈgraundliŋ] s ⟨ich⟩ *Gründling* m || ⟨theat hist⟩ *Parterrezuschauer* m

groundsel [ˈgraunsl] s ⟨bot⟩ *Kreuzkraut*; Maritime ~ *Strandkreuzkraut* n

groundsel [ˈgraunsl] s ⟨arch⟩ *Grundschwelle* f **ground(s)man** [ˈgraund(z)mən] s *Erdarbeiter* m || *Spielplatzaufseher, Platzwart* m

groundwork [ˈgraundwəːk] s *Grundlage* f || ⟨fig⟩ *Grundlage* f; *Grundlagen* pl; *grundlegender Teil* m | *Unterlage* f; *Grundierung* f

group [gruːp] **1.** s *Gruppe* f; *Anzahl* f (a ~ of trees *e–e G. Bäume*) || ~ of buildings *Gebäudekomplex* m || (*P*) *Gruppe* f, *Kreis* m || ⟨arts⟩ *Gruppe v Figuren* f || ⟨aero⟩ *Kommando* n (*10–20 Staffeln umfassend*) | ~-captain ⟨aero⟩ *Flugoffizier* m (*im Rang e–s Obersten*) || ~ commander ⟨Am aero⟩ *Gruppenkommandeur* m || ~ system (*for*⟩ *Gruppenwirtschaft* f **2.** vt/i *gruppieren, anordnen*; to ~ o.s. *sich g.* (round) | vi *sich einfügen* (in *in*); *passen* (with z) ~er m || ⟨ich⟩ *Art Seebarsch* m ~ing [ˈ~iŋ] s *Gruppierung, Anordnung* f ⟨demog⟩ *Gruppenbildung* f

grouse [graus] s [pl ~] (*orn*) (*u* red ~) *schott. Schnee–* or *Moorhuhn* n; black ~ *Birkhuhn* n; → red, covey; willow ~ *Moorschneehuhn* n

grouse [graus] **1.** vi ⟨sl⟩ *murren; nörgeln; klagen* (about) **2.** s ⟨sl⟩ *Murren* n; to have a ~ °*verschnupft s* (about *über*) | ~r [ˈ~ə] s *Nörgler* m

grout [graut] vi/t *in der Erde wühlen* | vt (of pigs) (*Erde*) *mit der Schnauze aufwerfen, aufwühlen*

grout [graut] **1.** s *dünner Mörtel* m || ⟨Am⟩ *Granitkies* m **2.** vi/t *mit Mörtel überziehen* | vt (*Risse*) *ausfüllen, verstopfen* ~ing [ˈ~iŋ] s *Füllstoff* m, *–material* n | *Vergußmasse* f, (*Straßenbau-*)*Asphalteingußdecke* f

grout [graut] s *grobes Mehl* n, *Schrot* m od n

grove [grouv] s *Hain* m, *Gehölz* n

grovel ['grɔvl] vi *am Boden kriechen* || ⟨fig⟩ *kriechen* (before, to *vor*) **~ler** ['grɔvlə] s ⟨fig⟩ *Kriecher* m **~ling** ['grɔvliŋ] **1.** s *Kriecherei* f ⟨a fig⟩. **2.** a (**~**ly adv) *kriechend*; ⟨fig⟩ *niedrig, gemein*

grovy ['grouvi] a *Hain-, reich an Hainen*

grow [grou] vi/t [grew/grown] **A.** vi **1.** *wachsen; gedeihen*; to **~** *out of one's clothes aus den Kleidern wachsen* || *zunehmen* (in *an*) || to **~** *too big for one's boots für s-e Stellung zu anmaßend w* **2.** (*mit Ergänzung*) *sich entwickeln, werden, entstehen*; to **~** *into fashion Mode w*; to **~** *into one verwachsen*; to **~** *out of use außer Gebrauch k* || to **~** *to one's part in s-e Rolle hineinwachsen* || to **~** *to be od become* .. *heranwachsen z* ..; *he grew to be a great man er wurde ein gr Mann* **3.** to **~** *on a p Einfluß gewinnen bei jdm; jdm lieber w, (bei) jdm z zweiten Natur w* **4.** [*mit adv*] to **~** *down kleiner w, kürzer w* || to **~** *out* (of potatoes) *keimen* || to **~** *together verwachsen, zus–wachsen* || to **~** *up aufwachsen* (they grew up healthy youths); *groß w; steigen* **B.** vt [kaus] *z Wachsen bringen; wachsen l*; to **~** *a beard sich e–n Bart wachsen l* || (*Pflanzen*) *bauen, ziehen* **~able** ['~əbl] a *z bauen(d); kultivierbar* **~er** ['~ə] s *wachsende Pflanze*; a rank **~** *e–e üppig w. Pflanze* || *Produzent, Pflanzer, Züchter* m **~ing** ['~iŋ] **B. 1.** a *wachsend; Wuchs* m *Züchten* n | [attr] *Wachstums–* (**~** age; **~** pains °*Wachsweh,* ⟨fig⟩ „*Kinderkrankheiten*" [*bei Berufswahl* etc]); **~** *weather Landwirtswetter* n **2.** a *wachsend; sich steigernd; verstärkt* (mechanization)

growl [graul] **1.** vi/t || *knurren*; ⟨übtr⟩ *brummen* (at) || (of thunder) *rollen* **2.** s *Knurren, Brummen* n **~er** ['~ə] s *knurriger Hund* m || ⟨fam⟩ *vierrädr. Droschke* f || ⟨fig⟩ *Brummbär* m || *kl Eisberg* m || ⟨Am sl⟩ *Bierkrug* m **~ing** ['~iŋ] a (**~**ly adv) *knurrig, brummig* | **~y** ['~i] a *brummig*

grown [groun] **1.** pp *v* to grow || **~** *soil gewachsener Boden* m **2.** a *erwachsen*; **~** *man Erwachsener* m || *full–***~** *ausgewachsen*; *ill–***~** *schlecht gewachsen* | **~**-up **1.** a *erwachsen* **2.** s [pl **~**-ups] *Erwachsene(r* m) f

growth [grouθ] s *Wachstum* n; *Entwicklung* f || *Wachsen* n, *Zunahme* f, ⟨bes com⟩ *Zuwachs* m (in *an*), *Vergrößerung* f || ⟨eh⟩ *Reifung* f || ⟨demog⟩ *natural* (total) **~** *natürlicher (Gesamt-)Bevölkerungszuwachs* m; **~** *potential potentieller Zuwachs* m | *Kultivierung, Züchtung, Erzeugung* f || *Gewächs, Erzeugnis* n; *it is not of your own* **~** *es ist nicht Ihr eigenes Gewächs* || ⟨for⟩ *Bestand* m; *tangled* **~** *Gestrüpp* n || ⟨path⟩ *Gewächs* n, *Wucherung* f

groyne [grɔin] **1.** s *Buhne* f **2.** vt (*Ufer*) *durch e–e B. schützen*

grozzle [grɔzl] (vt)/vi ⟨fam⟩ (*ver*)*schnabulieren*

grub [grʌb] s *Larve, Raupe, Made* f || ⟨fig⟩ *schlampige P* f || ⟨crick⟩ *den Boden entlang geworfener Ball* m | ⟨sl⟩ *Essen, Futter* n | **~**-shop, **~**-crib, **~**-trap ⟨sl⟩ °„*Futterluke*" f (*Mund*)

grub [grʌb] s ⟨Am sl⟩ °*Büffler* (*Streber*) m

grub [grʌb] vi/t **1.** vi *graben, wühlen* || *sich abplagen, sich schinden, placken* (in the soil) | ⟨übtr⟩ to **~** *about herumwühlen, –kramen* (in *in*) | ⟨sl⟩ *futtern, essen* **2.** vt (a to **~** up) *ausgraben; ausroden, ausjäten* || ⟨fig⟩ (a to **~** up, out) *ausgraben; hervorholen, zus–bringen* || to **~** *out* (root-stocks) *ausroden* **~ber** ['~ə] s *Gräber* m || *Jätwerkzeug* n **~bery** ['~əri] s ⟨Am sl⟩ *Eßlokal* n **~by** ['~i] a *Larven-* || *schmierig*

Grub-street ['grʌbstri:t] ⟨hist⟩ *Stadtviertel Londons, in dem dürftige Schriftsteller wohnen* || ⟨fig⟩ *Schriftstellerproletariat* n; [a attr]

grudge [grʌdʒ] **1.** vi/t **a.** *vi murren* (at *über*) **b.** vt to **~** *a p a th od a th to a p jdn beneiden um etw, jdm etw mißgönnen* || (*etw*) *ungern tun*; to **~** *no pains sich k–e Mühe verdrießen l*; *not to* **~** *doing recht gern* (or *nicht ungern*) *tun* || *ungern erlauben, ungern gewähren* (a th; to do) **2.** s *Widerwille* m || *Groll, Haß* m; *to bear a p a* **~**, *to have a* **~** *against a p Groll hegen gegen jdn* | **~r** ['~ə] s *Neider* m

grudging ['grʌdʒiŋ] a *neidisch; ungern gegeben* **~ly** [~li] adv *widerwillig, ungern*

gruel ['gruəl] s *Haferschleim* m || to get, have one's **~** *sein Teil,* °*Fett bek*; *bestraft, getötet w* | **~**-stick ⟨mil sl⟩ „*Knarre*" f (*Gewehr*) **~ling** [~iŋ] a *heiß, erschöpfend* (race)

gruesome ['gru:səm] a (**~**ly adv) *grausig, grauenhaft* **~ness** [~nis] s *Grausigkeit* f

gruff [grʌf] a (**~**ly adv) *mürrisch, verdrießlich*; *grob* || (of the voice) *rauh* **~ness** ['~nis] s *mürrisches Wesen* n; *Grob-, Schroffheit* f

grumble ['grʌmbl] **1.** vi/t || *murren, brummen, nörgeln* (at, about, over); (of thunder) *rollen* | vt (to **~** out) *klagend äußern* **2.** s *Murren, Brummen* n | **~r** [~ə] s *Mißvergnügter, Brummbär* m

grume [gru:m] s *Klumpen* (*Blut* etc) m

grummet ['grʌmit] s ⟨mar⟩ *Stropp* m (*Ring aus Tausträhnen*) || (*Metall-*)*Ring* m *am Segel* n || *Dichtungsring* m

grumous ['gru:məs] a (of blood, etc) *geronnen, klumpig* || *dick; knotig*

grumpiness ['grʌmpinis] s *Verdrießlichkeit* f **-py** ['grʌmpi] a (-pily adv) *mürrisch; verdrießlich; reizbar*

Grundy ['grʌndi] s *Mrs* **~** „*Frau Prüde*", *die gefürchtete öffentliche Meinung u Sittenrichterin* f **~ism** [~izm] s *Prüderie; übertriebene Sittenstrenge* f; *Muckertum* n

grunt [grʌnt] **1.** vi/t || *grunzen; brummen* | vt *grunzend äußern* **2.** s *Grunzen* n || ⟨ich⟩ *Knurrhahn* m || ⟨Am sl⟩ *Nörgler, Meckerer* m **~er** ['~ə] s *Grunzer* m; *Schwein* n

Gruyère [gru:jɛə] s Fr *Schweizer Käse* m

gryphon ['graifən] s **→** griffin

grysbok ['graisbɔk] s ⟨zoo SAfr⟩ *kl graue Antilope* f

guacharo [gwa:'tʃa:rou] s [pl **~**es] ⟨orn⟩ *Guach·aro, Nachtpapagei* m

guaiac ['gwaiək], **~um** [~əm] ⟨bot⟩ *Guaj·akbaum* m || *Pockholz, Guajakholz* n

guaiacol ['gwaiəkɔl] s *Guajak·ol* n (*ein Methyläther-Tbc-Mittel*)

guan [gwa:n] s ⟨orn⟩ *Gu·an-, Hokkovogel* m

guana ['gwa:nə] s *Legu·an* m; *gr Eidechse* f

guano ['gwa:nou] **1.** s [pl **~**s] *Guano* m (*Vogeldünger*) **2.** vt *mit G. düngen*

guarantee [ˌgærən'ti:] **1.** s *Bürge, Gar·ant* m || *sichergestellter Gläubiger* m | *Pfand–, Sicherheitssumme* f || *Bürgschaft, Sicherheit* f (in respect of, of, for *f*) | [attr] *Garantie–* (**~** fund) **2.** vt *bürgen f, sich verbürgen f, Garantie leisten f* (a th) || (*etw*) *verbürgen; sich dafür verbürgen* (that) || *sicherstellen* (a th to a p *od* a p a th *jdm etw*) || *schützen, sichern* (a p from *od* against a th *jdn gegen etw*)

guarantor [ˌgærən'tɔ:] s *Bürge, Gar·ant* m

guaranty ['gærənti] s *Bürgschaft, Sicherheit* f ⟨a übtr⟩

guard [ga:d] s **1.** [abstr] *Hut, Wacht* f; to stand, be, lie upon one's **~** *auf der Hut s* || ⟨fenc⟩ *Deckung, Auslage; Parade* f || ⟨crick⟩ *Verteidigungshaltung des Schlagholzes* | *Wache* f (to keep **~** *W. halten*); *Aufsicht* f | *Vorsicht* f **2.** [konkr] (*Schild-*)*Wache, Wachmannschaft* f | ⟨mil⟩ (*Life*) **~**s [pl] *Garde* f, *–korps* n || (a *body-*, *~s*) *Schutz-, Leibwache;* **~** *of honour* **→ 5. 3.** ⟨rail⟩ *Schaffner* m; ⟨Am⟩ *Bahnwärter* m **4.** (of a sword) *Stichblatt* n || ⟨tech⟩ *Schutzvorrichtung* f (*–blech, –deckel,*

–gitter, –leiste, –ring) ‖ ⟨bookb⟩ *Falz* m
5. Wendungen: advanced ~ ⟨mil⟩ *Vorhut* f, →
rear-~ ‖ ~ of hono(u)r *Ehrenwache* f ‖ to be
off one's ~ *unachtsam s* ‖ to be on ~ *auf
Wache s* ‖ to come off ~ *v der W. k* ‖ to drop
one's ~ *unvorsichtig w* ‖ to go on ~, to mount
~ *auf W. ziehen;* ⟨fig⟩ *W. stehen* ‖ to keep ~
W. halten ‖ to put a p on his ~ *jdn warnen* ‖ to
relieve ~ *die W. ablösen* ‖ to stand ~ *W. stehen*
‖ to throw a p off his ~ *jdn überrumpeln, überraschen* **6.** [attr] *Schutz–* ‖ ~ bed *Pritsche* f ‖
~-boat *Rondeboot* n ‖ ~ book *Wachbuch* n ‖
~-chain *Schutz–, Sicherheitskette* f ‖ ~-
changing *Ablösung der Wache* f ‖ ~ commander
Wachhabender m ‖ ~ detail *Wachmannschaft* f
‖ ~ duty hours *Wachzeit(en* pl) f ‖ ~-house
⟨mil⟩ *Wache* f; *Wachtgebäude* n ‖ ~-rail
Schutzgeländer n ‖ ~ regulations [pl] *Wachvor-
schrift* f ‖ ~-room ⟨mil⟩ *Wachtstube* f ‖ ~-ship
⟨mar⟩ *Wach(t)schiff* n ‖ ~ stone *Prellstein, Abweiser* m ‖ ~ time (*Fernmelde-)Wartezeit* f
   guard [ga:d] vt/i ‖ *bewachen, beschützen*
(against, from *vor*) ‖ *(be)hüten* (from); to ~ o.s.
sich hüten (from) ‖ *bewachen, beaufsichtigen;
sorgsam achten auf* | vi *auf der Hut s; sich hüten*
(against *vor*; against doing *z tun*); *sich decken*
~ed ['~id] a (~ly adv) *vorsichtig, behutsam*
~edness ['~idnis] s *Vorsicht* f
   guardian ['ga:djən] s *Hüter, Wächter* m;
legal ~ (of a minor child) *gesetzlicher Vertreter,
Erziehungsberechtigter* m; ~ of the poor *Armen-
pfleger* m ‖ ⟨jur⟩ *Vormund* m (of *über*); ~ ad
litem [L] *Prozeßpfleger* m; ancillary ~ *Neben-
vormund* m; statutory ~ *gesetzlicher Vertreter,
Inhaber* m *der elterlichen Gewalt* | ~ angel
Schutzengel m; ~ court *Vormundschaftsgericht* n
~ship [~ʃip] s *Vormundschaft* f (of *über, f*) ‖
⟨fig⟩ *Schutz* m, *Obhut* f
   guardsman ['ga:dzmən] s *Wächter* m ‖ ⟨mil⟩
Gardist m
   guava ['gwɑ:və] s ⟨bot⟩ *Gu`avenbaum* m
(*Myrte*)
   gubbins ['gʌbins] s ⟨mil sl⟩ *Dings* n ‖ *Fisch-
abfall, Plunder* m ‖ ⟨mil & school sl⟩ °*Doofmann* m
   gubernatorial [ˌgju:bənə'tɔ:riəl] a ⟨Am⟩
Gouverneur–, Statthalter– m
   gudgeon ['gʌdʒən] s ⟨ich⟩ *Gründling* m ‖
⟨fig⟩ *Einfaltspinsel* m
   gudgeon ['gʌdʒən] s (*Rad-)Bolzen, Zapfen* m ‖
⟨mar⟩ *Dolle* f
   guelder rose ['geldə'rouz] s ⟨bot⟩ *Wasser-
ahorn, –holder* m; *Schneeball* m
   Guelph, –lf [gwelf] s [pl ~s] *Welfe* m ~ic
['~ik] a *welfisch, Welfen–*
   guerdon ['gə:dən] ⟨poet⟩ **1.** s *Lohn* m **2.** vt
belohnen
   Guernsey ['gə:nzi] s (*brit. Kanalinsel) Guern-
sey-Vieh* n ‖ *Wollhemd* n, *wollene Jacke* f
   guer(r)illa [gə'rilə] s (*mst* ~ war) *Guerilla–,
Kleinkrieg* m ‖ *Guerillakrieger* m; [a attr]
   guess [ges] **1.** vt/i ‖ (ˌʌltər oto) *abschätzen* (at
auf) ‖ (*etw*) *erraten; mutmaßen, vermuten* (by,
from *v, aus;* that, how; a th to be *daß etw ist*) ‖
(*Rätsel*) *raten* | vi *raten, herumraten;* to ~ at
mutmaßen, erraten ‖ ⟨Am⟩ *annehmen, glauben*
(that); I ~ *ich denke, bin sicher;* I ~ so! *ich
weiß!, nu klar!* **2.** s *Vermutung, Mutmaßung* f;
by ~ *aufs Geratewohl, vermutungsweise;* to
make a ~ *erraten;* to make a ~ at a th *etw
(ab)schätzen* ‖ it is almost anyone's ~ *darüber
gibt es mancherlei Vermutungen* | ~-work
„*Daumenpeil"-Verfahren* n; *Vermutungen* f pl
~timate ⟨Am fam⟩ (~ + estimate) **1.** ['~timeit]
vi „*über den Daumen gepeilt" schätzen* **2.**
['~timit] s (*vage) Vermutung* f
   guest [gest] **1.** s *Gast* m (at a dinner *bei* ..);
paying ~ *zahlender Gast* m | ⟨zoo & bot⟩

Parasit m | ~-chamber, ~-room *Fremden-
zimmer* n ‖ ~ house *Gästehaus, Hospiz* m;
(*bessere) Pension* f (*mst mit Unterhaltungs-
programm u Sportgelegenheit*) **2.** vt/i ‖ *als G.
aufnehmen* | vi *G. s* ~ship ['~ʃip] s *Gastlichkeit,
Gastfreundschaft* f
   guestling ['gestliŋ] s *zweite Kammer* f *der
Körperschaften der* Cinque Ports
   guest-rope ['gestroup], **guess–** [ges–] s ⟨mar⟩
Schlepptau n, *–trosse* f
   guff [gʌf] s ⟨Am sl⟩ °*Quatsch* m ~aw [gʌ'fɔ:]
1. s *schallendes Gelächter* n **2.** vi *laut (los)lachen;
brüllen* ~y ['~i] a ⟨Am sl⟩ *geschwätzig,
nörgelnd*
   guggle ['gʌgl] vi *glucksen; sprudeln;* to ~
forth hervorsprudeln
   gugglet ['gʌglit] s → goglet
   guhr [guə] s Ger ⟨minr⟩ *Gur* f, *Mader* m;
Schlamm m
   guichet ['giʃei] s Fr (*Fahr–, Eintrittskarten-)
Schalter* m
   guidable ['gaidəbl] a *lenksam, lenkbar* –ance
['gaidəns] s *Leitung, Führung* f (under the ~ of)
| *Belehrung, Unterrichtung* f; for your ~ *z Ihrer
Orientierung* f ‖ to find one's ~ by *sich führen l v*
‖ *occupational* ~ *Berufsorientierung* f | ~
counselor ⟨Am⟩ *Ausbildungs–, Studienberater* m
(⟨engl⟩ career master)
   guide [gaid] **I.** s **1.** *Reisebegleiter, (Reise-)
Führer* m; *Leiter* m; *geschulter Bergsteiger* m
~s [pl] (*Grenz-)Rekognoszierungsmannschaft* f
‖ → girl **2.** ⟨übtr⟩ *Führer, Wegweiser* m; *Leitfaden* m, *Lehrbuch* n (to *z, f*); *Richtschnur* f ‖
Reiseführer m, *–handbuch* n (a ~ to England);
a ~ to the Museum *Museumsführer* **3.** ⟨tech⟩
Leitvorrichtung, Führung f (band saw ~) **4.**
[attr] *Führungs–, Leit–* f ‖ ~-beam [vt] *durch
Leitstrahl* m *leiten* ‖ ~-book *Reiseführer* m ‖
~ dog *Blindenhund* m ‖ ~ groove *Führungs-
nute* f; ~ pin *–stift* m ‖ ~-post *Wegweiser* m ‖
~-rail ⟨aero⟩ *Führungs–, Laufschiene* f ‖ ~ ring
(*Geschoß)Klauenring* m ‖ ~-rope ⟨aero⟩
Halteau; Anker–, Schleppseil n **II.** vt (*jdm*) *den
Weg zeigen;* (*jdn*) *führen, geleiten* (to; through);
~d aircraft rocket (GAR) *ferngelenkte Flug-
zeugrakete* f, *Jagdrakete* f; ~d missile *ferngelenkter Körper* m (FK), *Fernlenkgeschoß* n ‖
⟨übtr⟩ *führen, leiten; bestimmen;* to be ~d by
⟨a⟩ *gebunden s an*) ‖ (*jdn*) *unterrichten, belehren*
(as to *betreffs*) | ~d *ferngelenkt* (weapon) ~d
missile (*Fern-)Lenkkörper* m ~less ['~lis] a
ohne Führer m ~way ['~wei] s *Führungs–,
Gleit–, Laufschiene* f
   guiding ['gaidiŋ] s *Führen* n; *Leitung* f | [attr]
Lenk–, Leit–; ~ lines *Grundlinien* f pl; ~-stick
Malerstock m
   guidon ['gaidən] s *Standarte* f (*der Kavallerie*)
‖ *Doppelstander* m ‖ ⟨Am⟩ *Fahnenträger* m
   guild, gild [gild] s *Gilde, Zunft, Innung* f ‖ the
⅄ hall, ~hall *Rathaus* n *der City* f *v London*
| ~ socialism *Gilden– Gewerkschaftssozialis-
mus* m
   guilder ['gildə] s (*holländischer) Gulden* m ‖
Hundred ⅄ Print (*Rembrandts) Hundertgulden-
blatt* n
   guile [gail] s *Betrug* m, *Arglist* f ~ful ['~ful] a
(~ly adv) *trügerisch; arglistig; verräterisch*
~less ['~lis] a (~ly adv) *arglos; ohne Falsch,
Hintergedanken* f ~lessness ['~lisnis] s *Arglosigkeit* f
   guillemot ['gilimət] s ⟨orn⟩ *Trottellumme* f;
black ~ Gryllteiste f; Brünich's ~ *Dickschnabel-
lumme* f
   guilloche [gi'louʃ] s Fr ⟨arch⟩ *verschlungene
Randverzierung* f
   guillotine [ˌgilə'ti:n; 'giləti:n] **1.** s Fr *Guillo-
r'ine* f; *Fallbeil* n | ⟨surg⟩ *Ausschneideinstrument*
n ‖ *Papierschneidemaschine* f ‖ ⟨parl fam⟩ *Fest-*

setzung f *e–s Tages* f *Schluß der Debatte über e–n Gesetzentwurf* m **2.** vt *mit der G. hinrichten*

guilt [gilt] s *Schuld, Strafbarkeit* f ‖ ~ *lie* (*Kriegs-)Schuldlüge* f **~iness** ['~inis] s *Schuld* f, *–gefühl, –bewußtsein* n **~less** ['~lis] a (~ly adv) *schuldlos, unschuldig* (*of an*) ‖ *to be* ~ *of nicht kennen; nicht besitzen* **~lessness** ['~lisnis] s *Schuldlosigkeit* f ‖ **~y** ['~i] a (–tily adv) *schuldig, schuldbeladen; verbrecherisch, strafb* ‖ ~ *knowledge* 〈jur〉 *Mitwisserschaft* f ‖ *ldig* (*of a crime e–s Verbrechens*); 〈jur〉 *to* ‖ *(not* ~) (*jdn*) f *schuldig (unschuldig) erklären; to be found* ~ *on a charge e–r Anklage* f f *schuldig befunden w* ‖ *to plead* ~ 〈jur〉 *sich schuldig bekennen* (*to stealing gestohlen z h*) ‖ *schuldigmachend* ‖ *schuldbewußt;* ~ *conscience schlechtes Gewissen* n

guinea ['gini] s *Guin·ee* f (〈engl〉 = *21 Schilling*) ‖ *–fowl Perlhuhn* n; *–hen weibliches P.* ‖ ~ *grains* [pl] *Guin·eakörner* n pl, *–pfeffer* m ‖ **~-pig** *Meerschweinchen* n 〈*a fig*〉; *to be the* ~ *das Versuchskaninchen* s

Guinness ['ginis] s *Bier* n *der –brauerei* f ‖ *a small* ~ *ein kl Glas G.*

guipure ['gi:pjuə] s *Art* (*Besatz-)Spitze; Gorlspitze* f ‖ = *gimp*

guise [gaiz] s † *Art der Kleidung* f ‖ *angenommene äußere Erscheinung, Gestalt* f (*in the* ~ *of*) ‖ *Maske* f, *Vorwand* m (*under the* ~ *of*) ‖ **~r** ['~ə] s *der Vermummte* ‖ *an old* ~ °*ein alter Knacker* m

guitar [gi'ta:] s 〈mus〉 *Gitarre* f **~ist** [~rist] s *Gitarrenspieler* m

Gujar ['gu:dʒa:] s 〈Ind〉 *Gudschar* m

gulch [gʌlʃ] s 〈Am〉 *tiefe Schlucht* f

gulden ['guldən] s (*holländischer & österreichischer*) *Gulden* m

gules [gju:lz] s 〈her〉 *Rot* n

gulf [gʌlf] s **1.** s [pl ~s] *Meerbusen, Golf* m; ~ *of Bothnia, Riga, Mexico Bottnischer, Rigaischer, Mexikanischer M.; Bucht* f ‖ ~ *of Danzig Danziger B.* ‖ *Abgrund, Schlund* m ‖ 〈fig〉 *Rachen, Abgrund* (*to bridge a* ~); *Schlund* m ‖ 〈übtr〉 *wirbelndes Treiben* n, *Strudel* m ‖ 〈Oxf & Cambr univ〉 *niedrigstes Prädikat* n *der Honours-Prüfung* f (*to get a* ~) ‖ ~-*stream Golfstrom* m **2.** vt (*wie*) *in e–m Abgrund* m *verschlingen* 〈*a fig*〉 ‖ **~y** ['~i] a *voll v Strudeln* m pl

gull [gʌl] s [〈hunt〉 pl ~] 〈orn〉 *Möwe* f ‖ *great (lesser) black-backed* ~ *Mantel-(Hering-)-; black-headed* ~ *Lach–; common* ~ *Sturm–; glaucus* ~ *Eis–; herring* ~ *Silber–; Iceland* ~ *Polar–; ivory* ~ *Elfenbein–; little* ~ *Zwerg–; Mediterranean* ~ *Schwarzkopf–; Sabine`s* ~ *Schwalben–*

gull [gʌl] **1.** s *Narr, Tölpel* m **2.** vt *übertölpeln, übers Ohr hauen; täuschen* ‖ *verleiten* (*into z*)

gullet ['gʌlit] s 〈anat〉 *Speiseröhre, Gurgel* f, *Schlund* m ‖ 〈übtr〉 *Wasserrinne* f ‖ 〈tech〉 *Zahnlücke* f

gullibility [gʌli'biliti] s *Leichtgläubigkeit* f **-ible** ['gʌləbl] a *leicht z täuschen(d) or z übertölpeln(d), leichtgläubig*

gully ['gʌli] s **1.** (*durch Gießbach geschaffene*) *Rinne, Schlucht* f ‖ (*künstlicher*) *Abzugsgraben* m; *Sinkkasten* m; *Querrinne* f ‖ [attr] ~-*drain Abflußrohr* n ‖ ~-*hole Abflußloch* n; *Schlammfang* m **2.** 〈crick〉 *Stellung des fielder zw point u slips*

gulosity [gju:'lɔsiti] s *Gefräßigkeit, Gier* f

gulp [gʌlp] **1.** vt/i (*mst to* ~ *down*) *eilig, gierig hinunterschlucken, –schlingen* ‖ 〈übtr〉 *gierig verschlingen, aufnehmen* ‖ (*Gefühl*) *unterdrücken* ‖ vi *mühsam schlucken, würgen* **2.** s *Schlucken* n (*at one* ~ *auf e–n Zug*) ‖ *Würgen* n ‖ *Schluck* m (*a* ~ *of tea*) ‖ **~y** ['~i] a *würgend, mühsam unterdrückend*

gum [gʌm] s 〈anat〉 [*mst* pl ~s] *Zahnfleisch* n

~boil ['~bɔil] s 〈med〉 *kl Zahngeschwür* n

gum [gʌm] **1.** s **a.** *Gummi, Pflanzenharz* n; *soft* ~ *Baumharz* n ‖ 〈bot〉 *Blue* ~ *Fieberbaum* m; *Cider* ~ *Mostgummibaum* m (*Eucalyptus*); *Manna* ~ *weißer Gummibaum* m ‖ *Pflanzenschleim* m ‖ *chewing* ~ *Kaugummi* n ‖ *Gummilösung* f; *Klebstoff* m 〈a〉 ~-*tree Gummibaum* → u. ‖ 〈Am sl〉 ~s [pl] *–schuhe* m pl ‖ **b.** [attr] *Gummi–* ‖ ~ *arabic–arabikum* n ‖ ~(-)*boots Gummischuhe, –stiefel* m pl ‖ ~(-)*chum* 〈fam〉 *Kaugummi-Kamerad, Ami* m ‖ ~-*drop –bonbon* m ‖ ~-*elastic –elastikum* n, *Kautschuk* m ‖ ~ *juniper* 〈bot〉 *S·andarak* m (*Harz*) ‖ ~-*puncher* 〈Austr fam〉 *Zahnklempner* m ‖ ~-*resin Gummiharz* n ‖ ~-*shoe* 〈Am〉 *Spion, Spitzel* m; [attr] *geheim* ‖ ~-*tree –baum;* up a ~-*tree in der Klemme* **2.** vt/i *gummieren* ‖ *to* ~ *down aufkleben; to* ~ *in ein–; to* ~ *together zus-kleben* ‖ vi *Gummi absondern* **~mer** ['~ə] s *Gummierer* m **~ming** ['~iŋ] s *Gummieren* n ‖ *Harz–, Schleimaussonderung* f **~my** ['~i] a *gummiartig; klebrig; gummireich*

gum [gʌm] 〈vulg〉 *Gott* (by ~, my ~)

gumbo ['gʌmbou] s *tropische Gemüsefrucht* f (*des Moschusstrauches*) ‖ 〈Am〉 *Okrapflanze* f, *Okrasuppe* f; *Lehmboden* m; *Kre·olendialekt* m

gumma ['gʌmə] s 〈path〉 *syphilitische Geschwulst* f **~tous** [~təs] a *Gumma–;* ~ *tumour* = *gumma*

gummite ['gʌmait] s *Ur·angummi* m

gump ['gʌmp] s *Einfaltspinsel* m

gumption ['gʌmpʃən], **gump** ['gʌmp] s 〈fam〉 *Mutterwitz, gesunder Menschenverstand* m, °*Grips, Verstehstemich* m (= *Verstand*)

gun [gʌn] **I.** s **1.** *Feuerwaffe* f, *Gewehr* n, *Flinte, Büchse* f ‖ *Geschütz* n; *Kanone* f; *anti-aircraft* ~ *Flugzeugabwehr–, Flakkanone* f; *A. A.* ~, *H. A.* ~ *Flakgeschütz* n ‖ 〈Am〉 *Revolver* m **2.** *Kanonenschuß* m (→ *salute*); *–signal* n **3.** *Schütze, Jagdgast* m **4.** 〈übtr〉 *Insekten–, Flitspritze* f **5. Wendungen:** *great od big* ~ 〈fig fam〉 (*wichtige P*) °*gr Kanone* f; „*Betriebsrübe*“ f (*fröhlicher Kumpan*) ‖ 〈fam〉 *son of a* ~ *Kerl* m ‖ (*as*) *sure as a* ~ *todsicher* ‖ *to blow great* ~s 〈mar〉 *heulen* (*Sturm*) ‖ *give her the* ~! 〈aero mot sl〉 *drück auf die Tube!* (*gib Gas!*) ‖ *to stand, stick to one's* ~s *die Stellung behaupten, nicht weichen, fest bleiben* **6.** [attr] *Gewehr–, Geschütz– usw* ‖ ~ *area Artilleriestellung* f ‖ ~-*barrel Gewehrlauf* m; *Geschützrohr* n ‖ ~ *book Rohrbuch* n ‖ ~ *camera Photo-MG* n ‖ ~-*carriage* 〈mil〉 *Laf·ette* f, *Rohrwagen* m ‖ ~ *commander Geschützführer* m ‖ ~-*cotton Schießbaumwolle* f ‖ ~ *crew Geschützbedienung(smannschaft)* f ‖ ~-*defended area Flak-geschützter Raum* m ‖ ~ *director Feuerleitgerät* n ‖ *displacement* 〈artill〉 *Stellungswechsel* m ‖ ~ *drill Geschützexerzieren* n ‖ ~ *emplacement Feuerstellung* f ‖ ~-*fire Schnell–, Artilleriefeuer* n ‖ ~-*layer Richtkanonier* m ‖ ~-*loader Ladekanonier* m ‖ ~-*lock Gewehrschloß* n ‖ ~-*metal Geschützbronze* f ‖ ~ *motor carriage Selbstfahrlafette* f ‖ ~ *mount Lafette* f ‖ ~-*pit Geschützunterstand* m ‖ ~-*port Stückpforte* f, *Schießloch* n ‖ ~ *position officer Batterieoffizier* m ‖ ~ *recoil Rohrrücklauf* m ‖ ~-*room Kadettenmesse* f ‖ ~-*running* (*Feuer-)Waffenschmuggel* m ‖ ~-*shy* (*of dogs*) *flintenscheu* ‖ ~ *sling Gewehrriemen* m ‖ ~ *squad* (*P*) *Geschützbedienung* f ‖ ~ *stack Gewehrpyramide* f ‖ ~-*stock Gewehrschaft, –kolben* m **II.** vi/t ‖ *mit der Flinte schießen* (for *nach*); *auf die Jagd gehen* ‖ 〈fig〉 *suchen* (for *nach*) ‖ vt 〈Am〉 *erschießen* ‖ 〈aero mot sl〉 *her!* = *give her the* ~ **~boat** ['~bout] s 〈mar〉 *Kanonenboot* n **~man** [~mæn] s 〈Am〉 *bewaffneter Band·it* m; *Revolverheld* m ‖ 〈Am fam〉 *Nieter* m **~nage** ['~idʒ] s 〈mar〉 *Bestückung* f

~ned [~d] heavily ~ *schwer bestückt* **~ner** ['~ə] s *Kanonier; Feuerwerker* m || *Schütze* m || *Unterleutnant* m *f die Aufsicht der Geschütze* n pl || ~s [pl] *(Geschütz-)Bedienung(smannschaft)* f | No. 1 — *Geschütz–*, *(MG-)Gewehrführer* m || ~'s cockpit ⟨aero⟩ *Kanzel* f; ~'s station ⟨aero⟩ *MG-Stand* m **~nery** ['~əri] s *Geschützkunst* f || *Geschütz–*, *Schießwesen* n || ~ *control station* ⟨artill⟩ *Leitstand* m || ~ *drıll* ⟨artill⟩ *Schießausbildung* f || ~ *jack* ⟨mar mil sl⟩ *Artillerie-(Ober-)Leutnant* m || ~ *manual* ⟨artill⟩ *Schießvorschrift* f || ~ *range Schießplatz* m || ~ *personnel Feuerleitpersonal* n || ~ *practice Übungsschießen* **~powder** ['~.paudə] s *Schießpulver* n; ⩢ *Plot Pulververschwörung* f (*5. Nov. 1605)* **~shot** ['~ʃət] s *Kanonenschießen* n; [attr] *Kanonenschuß–* || *Schußweite* f (out of ~; within ~) **~smith** ['~smiθ] s *Büchsenmacher* m **~wale, gunnel** ['gʌnl] s ⟨mar⟩ *Schandeck* n, *-deckel* m

gunny ['gʌni] s *grobes indisches Sacktuch* n

gunter ['gʌntə] s (*nach E.* ⩢, † *1626*) ~'s *scale* ⟨surv⟩ *Donn–*, *Gunterskˑala* f (*logarith. Rechenschieber)* || ⟨mar⟩ *Auf– u Abgleiten* n *der Marsstenge in Ringen am unteren Mast* m || ~'s *chain* ⟨surv⟩ *66-Fuß-Band* n

guntzel ['gʌntsəl] s ⟨Am fam⟩ *grüner Junge* m

gup [gʌp] s ⟨AInd⟩ = *gossip*

guppy ['gʌpi] s ⟨fam⟩ *Flugzeug* n *mit Radargerät* n

gurgitation [ˌgəːdʒiˈteiʃən] s *Aufwallen, Wogen* n

gurgle ['gəːgl] **1.** vi/t ~ (of water) *murmelnd fließen* || *glucksen* | vt *glucksend äußern* **2.** s *murmelnder or glucksender Ton* m, *Glucksen* n

gurgoyle → gargoyle

gurjun ['gəːdʒən] s ⟨bot⟩ *Gˑurjun* m

gurk [gəːk] vi ⟨fam⟩ °*rülpsen*

Gurkha, Goorkha ['guəkə] s *Mitglied* n *e s kriegerischen ind. Volksstammes* m; [attr] *Gurkha–*

gurnard ['gəːnəd], **gurnet** ['gəːnit] s ⟨ich⟩ *Grauer Knurrhahn; Seehahn* m

gurrah ['gʌraː] s ⟨Ind⟩ *irdener Napf* m

gurry ['gʌri] s ⟨fort⟩ AInd *kl Festung* f

guru ['guruː; 'guː–] s Ind *relig. Lehrer* m

gush [gʌʃ] **1.** vi/t || *gießen, strömen; (oft to ~ forth, out) hervorströmen (from aus); entströmen (from a th e–r S)* || *überfließen (with v)*; ⟨fig⟩ *sich ergießen*; ⟨fam⟩ *überschwenglich reden, schwärmen* | vt *(etw) ausströmen* **2.** s *(of water) Guß, Strom* m || ⟨fig⟩ *Erguß* m; ⟨fam⟩ *Schwärmerei, Überschwenglichkeit* f **~er** ['~ə] s *Schwärmer, Schwarmgeist* m || ⟨Am⟩ *sprudelnde Ölquelle* f **~ing** ['~iŋ] a (~ly adv) ⟨fam⟩ *überschwenglich, überspannt* | **~y** ['~i] a = gushing

gusset ['gʌsit] **1.** s *keilförmiger Einsatz, Zwickel* m || *eisernes Winkelstück, Stütz–, Eckblech* n **2.** *mit e–m Zwickel versehen*

gust [gʌst] s *Windstoß* m || ⟨fig⟩ *Ausbruch* m **guot** [gʌst] ⸱ *Genuß* m, *Behagen* n **~ation** [gʌsˈteiʃən] s *Geschmacksvermögen* n, *Geschmack* m **~ative** ['gʌstətiv] a *Geschmacks–* (~ *nerve)* **~atory** ['gʌstətəri] a *Geschmacks–*

gusto ['gʌstou] s It *besondere Neigung* f (for *f*); *Genuß* m, *Behagen* n; *Lust* f, *wahres Wohlbehagen* n (with ~) || *Schwung* m

gusty ['gʌsti] a (*-tily adv) stürmisch* || ⟨übtr⟩ *ungestüm*

gut [gʌt] **I.** s **1.** ~s [pl] *Eingeweide* n (*bes T); Leib* m | *Inneres* n; *Inhalt* m, *wertvoller, wesentlicher Inhalt* || ⟨sl⟩ *Kraft u Saft*; ⟨⁰*Murr, Mumm* m (to have no ~s); *Mut, Charakter* m, *Widerstandskraft* f **2.** ~ *Darm, -kanal* m; blind ~ *Blinddarm* m | *enger Weg, Durchgang* m **3.** ~ *Seidendarm* m; *Englisches Gras* n **4.** ⟨Am sl⟩ *Wurst* f **5.** [attr] *Darm–* (~ *string)* || ~-*scraper* ⟨hum fam⟩ *Katzendarmkratzer, Fiedler* m

II. vt/i **1.** vt *(Fisch) ausnehmen, –weiden* | ⟨übtr⟩ *(Inhalt) entleeren, ausräumen; (Haus) durch Feuer aushöhlen; –brennen* (~ted houses) | ⟨fig⟩ to ~ a book *ein Buch ausschlachten* **2.** vi *gierig essen, fressen*

gutser ['gʌtsə] s ⟨mil sl⟩ he came a ~ *er bekam e–e „(kalte) Zigarre", e–n* °*Anschiß*; ⟨aero⟩ *er stürzte ab*

gutsy ['gʌtsi] a ⟨fam⟩ *gefräßig* || *mordsenergisch*

gutta ['gʌtə] s L (pl –tae [–ti:]) L ⟨arch⟩ *tropfenähnliches Ornament* n

gutta ['gʌtə] s ⟨chem⟩ *Gutta* n, *Leim* m, *Gummi* n || ~-*percha* [~'pəːtʃə] s *Guttapercha* f; ⟨golf⟩ *–ball* m

guttate ['gʌteit] a *betröpfelt, mit Tropfen gesprenkelt*

gutter ['gʌtə] s ⟨school sl swim⟩ *Bauchklatscher* m

gutter ['gʌtə] **1.** s *Dachrinne* f | *Gosse, Rinne* f, *Rinnstein* m || ⟨tech⟩ *Rille, Hohlkehle* f; *Gußloch* n || tidal ~ *Priel* m | ⟨fig⟩ *Straße, Gosse,* (a ~ing) *Zustand der Verkommenheit* m; *Schmutz* m, *Armut* f (to take a child out of the ~ .. *aus der Gosse* ..) | [attr] *schmutzig, Schmutz–* || ~ *press Schmutzpresse* f || ~-*snipe Straßenjunge* m **2.** vt/i || *aushöhlen; rillen* | vi *rinnen, triefen*; (of a candle) *laufen, tropfen*

guttiform ['gʌtifə:m] a *tropfenförmig*

guttle ['gʌtl] vi/t || *gierig essen, fressen* | vt *auffressen* | **~r** [~ə] s *Fresser, Vielfraß* m

guttural ['gʌtərəl] **1.** a (~ly adv) *guttural, Kehl–*; ⟨übtr⟩ *rauh* **2.** s *Kehllaut* m **~ism** [~izm] s *gutturale Eigenschaft* f **~ize** [~aiz] vt *guttural aussprechen or* m

gutturo– ['gʌterou] [in comp] *Kehl–, guttural* (~-*labial g. u labial)*

gutty ['gʌti] s ⟨golf⟩ *Guttaperchaball* m

guv(ner), –(nor) ['gʌv(nə)] s ⟨vulg⟩ (*f governor Chef) Alter* m

guy [gai] **1.** s ⟨mar⟩ *Geitau* n, *Backstag* m, *Leitseil* n *(am Kran)* **2.** vt *mit e–m Tau befestigen, sichern*

guy [gai] **1.** s [pl ~s] *Bild* n, *Figur* f *des Guy Fawkes* || ⟨fig⟩ *Vogelscheuche* f, *Popanz* m | ⟨sl⟩ *Ausreißen* n (to give the ~ to a p *jdm ausreißen)* || ⟨Am sl⟩ *Kerl, Bursche* m | *Sündenbock, Prügelknabe* m **2.** vt/i *(jdn) in e–m Bild darstellen* || *lächerlich* m, *verspotten, verulken* | vi ⟨sl⟩ *ausreißen*

guzzle ['gʌzl] **1.** vi/t || *saufen; fressen* | vt (to ~ away) *verschwenden* **2.** s *Fresserei* f, *Gelage* n | **~r** [~ə] s *Esser; Fresser* m

gwennie ['gweni] s ⟨mil sl⟩ *hochnäsige Flak* f (*mit gr Erhöhungswinkel)*

gwyniad ['gwiniæd] s ⟨ich⟩ *kl Art Lachs* m

gybe [dʒaib] vi/t || ⟨mar⟩ (of sails) *sich umlegen* | vt *umlegen*

gyle [gail] s *Bierwürze* f *in Gärung* f

gym [dʒim] s ⟨sl abbr⟩ *f gymnasium* || ~-*pants* [pl] *Turnhose* f; ~-*shoes* [pl] *Turnschuhe* pl

gymkhana [dʒimˈkɑːnə] s ⟨AInd⟩ *sportliche or athletische Schaustellung* f, *Sportfest* n || ⟨mot⟩ *Hindernisrennen* n, *Motorrad-Sportveranstaltung* f

gymnasium [dʒimˈneizjəm] s [pl ~s, * –ia] (abbr ⟨sl⟩ gym) *Turnhalle* f; *Turnplatz; Kinderspielplatz* m || ⟨Ger⟩ *Gymnasium* n

gymnast ['dʒimnæst] s *Turner* m

gymnastic [dʒimˈnæstik] **1.** a (~ally adv) *gymnastisch, turnerisch, Turn–*; ~ display *Schauturnen* n; ~ exercises *Turn–, Freiübungen* pl **2.** s *Gymnastik* f | ⟨fig⟩ *Übung* f | ~s [sg & pl konstr] *Turnkunst* f, *–übungen* f pl; ~s is my subject; ~s are no more regarded as a mere recreation || *school of* ~s *-anstalt* || ⟨fig⟩ *Übung, Gymnastik* f

gymno– ['dʒimnou] Gr [in comp] *Nackt–*

~**sophist** [dʒim'nɔsəfist] s ⟨ant⟩ *indischer Ask·et* m ~**sperm** ['dʒimnɔspɔ:m] s ⟨bot⟩ *Gymnosp·erme* f (*Nacktsamige*)

gynaeceum [ˌgainə'si:əm] s ⟨bot⟩ *weibl. Fortpflanzungsorgane* n pl ‖ ⟨arch⟩ *Frauengemach, -haus* n

gynaeco- [gai'ni:kou] Gr [in comp] *Gynäko-, Frauen-* ~**cracy** [ˌgaini'kɔkrəsi] s *Frauenherrschaft* f ~**logical** [ˌgainikə'lɔdʒikəl] a *gynäkol·ogisch* ~**logist** [ˌgaini'kɔlədʒist] s *Gynäkologe* m ~**logy** [ˌgaini'kɔlədʒi] s *Gynäkologie* f

gyno- ['gainou] [in comp] = gynaeco-

gyp [dʒip] s ⟨Cambr⟩ (*College-*)*Studentendiener* m

gyp [dʒip] ⟨Am sl⟩ **1.** s *Schwindel, Betrug* m ‖ *Schwindler* m **2.** vt *beschwindeln*

gyp [dʒip] s to give a p ~ *jdn strafen, verprügeln*

Gyppy ['dʒipi] s ⟨sl⟩ *ägyptische, Orient-Zigarette* f

gyps [dʒips] s = gypsum ~**eous** ['~iəs], ~**ous** ['~əs] a *gipsartig*; *Gips-* ~**um** ['~əm] s L ⟨minr⟩ *Gips* m

gypsy ['dʒipsi] s ⟨bes Am⟩ → gipsy

gyral ['dʒaiərəl] a *sich im Kreise drehend*;

wirbelnd –**ate** [ˌdʒaiə'reit] vi *kreisen, sich drehen*; *wirbeln* (round *um*) ‖ –**ate** ['dʒaiərit] a *gewunden, in Ringen angeordnet* –**ation** [ˌdʒaiə'reiʃən] s *Kreisbewegung, Drehung* f; *Windung* f ⟨*a* übtr⟩ –**atory** ['dʒaiərətəri] a *sich drehend, Dreh-* (~ *movement*) ‖ ~ *crusher* ⟨tech⟩ *Kreiselbrecher* m

gyre ['dʒaiə] **1.** s *Drehung, kreisförmige Umdrehung* f ‖ *Kreis* m; *Wirbel* m **2.** vi ⟨poet⟩ *sich drehen, wirbeln*

gyro- ['dʒaiəro; 'gaiəro] [in comp] *Drehungs-, Gyro-* ‖ ⟨mar⟩ *Kreisel-* (~-compass) ‖ ~**controlled** ['~kən'trould] a *kreiselgesteuert* ~**dine** ['dʒaiərodain] s *Propeller-Flugzeug* n *mit Hubschraube* f ~ **horizon** (indicator) ⟨aero⟩ *künstlicher Horizont* m (*f Blindflug*) ~**mancy** ['dʒaiəromænsi] s *Wahrsagung aus Kreisen* f ~ **pilot** ['~pailət] ⟨aero⟩ *Kurssteuerung* f, *Selbststeuergerät* n ~**plane** [~plein] s ⟨aero⟩ = autogyro ~**roll** ['~'roul] *Rollenkreis* m (*Kunstflugfigur*) ~**scope** ['dʒaiərəskoup] s *Gyrosk·op* n (*Kreiselvorrichtung*) ~**scopic** [ˌgaiərəs-'kɔpik] a *Kreisel-*; ~ *motion -bewegung* f; ~ *stabilizer Schiffskreisel* m ~**stat** ['gaiərostæt] s *Gyrostat* m (*Kreisel in e–r Kapsel*)

gyve [dʒaiv] **1.** s ⟨poet⟩ [*mst* pl ~s] (*Fuß-*)*Fessel* f **2.** vt *fesseln*; ⟨übtr⟩ *behindern*

H

H, h [eitʃ] s [pl] ~s, ~'s] *H, h* n; H-armature ⟨tech⟩ *Doppel-T-Anker* m ‖ H-bomb *Wasserstoff-, H-, W-Bombe* f ‖ H-hour ⟨mil⟩ *X-Zeit* f ‖ H-line ⟨mod tail⟩ *H-Linie* f → ache

ha [hɑ:] intj *ha!*

habeas corpus ['hi:biæs'kɔ:pəs] s L ⟨jur⟩ (*a writ of* ~) *Vorführungsbefehl* m *e–s Gefangenen* (*Rechtsmittel gegen ungerechte Verhaftung*); ⍦ *Act Habeaskorpusakte* f (1679)

haberdasher ['hæbədæʃə] s *Kurzwarenhändler*; *Herrenmoden-* m **|** ~**y** [~ri] s *Posamenten-, Kurzwaren* f pl; ⟨Am⟩ *Herrenmoden* pl; *-artikel* m pl

habergeon ['hæbədʒən] s ⟨hist⟩ *Panzerhemd* n **haberteria** [ˌhæbə'tiəriə] s ⟨Am fam⟩ *Herrenmodegeschäft* n

habiliment [hə'bilimənt] s *Kleidungsstück* n; ~s [pl] *Kleidung* f

habit ['hæbit] **1.** s (*Berufs-, Ordens-*)*Kleidung* f; *monastic* ~ ⟨ec⟩ *Ordenstracht* f; (*a riding-*~) *Reitanzug* m **|** *Konstitution* f ‖ ⟨zoo & bot⟩ *charakter. Wachstumsart, –erscheinung* f **|** *H·abitus* m, *geistige Beschaffenheit, Verfassung* f (~ *of mind Geistes-*); *Neigung* ‖ *Gewohnheit* f (*of doing z tun*) ‖ *force of* ~! (*die*) *Macht der G.*! *das macht die G.*! ‖ from ~ *aus Gewohnheit* ‖ *to be in the* ~ *of doing gewöhnt s, pflegen z tun* ‖ *to break a p of a* ~ *jdm etw abgewöhnen* ‖ *to fall, get into a* ~ *sich etw angewöhnen* ‖ ⟨Am⟩ (*Rauschgift-*)*Sucht* f **2.** vt [*mst* pp] *kleiden*

habitability [ˌhæbitə'biliti] s *Bewohnbarkeit, Wohnlichkeit* f –**able** ['hæbitəbl] a *bewohnbar* ~**ableness** [~nis] s *Bewohnbarkeit* f

habitant ['hæbitənt] s Fr *Einwohner* m ‖ *frz. Kanadier* m

habitat ['hæbitæt] s ⟨zoo bot⟩ *Fundort* m, *Heimat* f, *Verbreitungsbezirk* m; ⟨zoo⟩ *Habitat* n (*Landschaftsform als spezielles Wohngebiet*) ‖ ⟨demog⟩ (*P*) *Siedlungsweise* f

habitation [ˌhæbi'teiʃən] s *Wohnen* n, *Wohnung* f; *Wohnsitz* m ‖ *Zweigniederlassung* f *der* Primrose League

habitual [hə'bitjuəl] a (~ly adv) *gewohnt, gewöhnlich* ‖ *gewohnheitsmäßig, Gewohnheits-* (~ *criminal*) ‖ ~ *misconduct fortgesetzt schlechte Führung* f ~**ness** [~nis] s *Gewohnheit* f

habituate [hə'bitjueit] vt *gewöhnen* (to *an*); to ~ o.s. *sich g.* (to) –**ation** [hə,bitju'eiʃən] s *Gewöhnung* f (to *an*)

habitude ['hæbitju:d] s *Gewohnheit, Neigung, Veranlagung* f ‖ *Gewöhnung* f

habitué [hə'bitjuei] s Fr *ständiger Besucher* m

hachure [hɑ:'ʃy:r] **1.** s Fr [*mst* pl ~s] *Schraffe, Schraffur, –ffierung* f; *Schräg-, Bergstrich* m **2.** vt (*Karte*) *schraffen, –ffieren* ‖ *-ring Schraffierung* f

hacienda [(ˌh)æsi'endə] s Span *Landgut* n, *Besitzung, Farm* f

hack [hæk] **1.** *Haue, Hacke* f ‖ *Kerbe* f; ⟨min⟩ *Keilhaue* f, *Spitzhammer* m ‖ ⟨ftb⟩ *Stoß-, Trittwunde* f **2.** vt/i ‖ *hacken* ‖ *einkerben* ‖ *zerhacken* ‖ ⟨ftb⟩ *mit dem Fuße stoßen, treten* **|** vi *einhauen* (at *auf*) **|** *trocken husten*; ~ing *cough trockener Husten* m **|** ~-saw *Metallsäge* f

hack [hæk] **1.** s *Mietpferd*; *gewöhnliches Reitpferd* n ‖ *Lohnschreiber, literarischer Tagelöhner* m **2.** a *Miet(s)-, gemietet* ‖ *Lohn-* (~ *writer*); *Winkel-* (~ *attorney*) ‖ *abgenutzt, abgedroschen* **3.** vt/i ‖ *viel benutzen, abnutzen*; *als Reitpferd benutzen*; (*Pferd*) *ausleihen* **|** vi *ein gewöhnliches Reitpferd* or *im gewöhnlichen Gang* m *reiten*

hack [hæk] **1.** s *Brett* n *f das Fleisch des Falken* (*bei Falkenjagd*) ‖ *Futtergestell* n **2.** vt *auf e–m Gestell trocknen*

hackery ['hækəri] s *ind. Ochsenkarren* m

hackie ['hæki] s ⟨Am fam⟩ *Taxichauffeur, -fahrer,* °*Taxler* m

hackle ['hækl] **1.** s *Hechel* f ‖ *Rohseide* f ‖ *lange Rückenfedern* f pl *des Hahnes*; with his ~s up *kampflustig, ärgerlich*, ⟨hunt⟩ (of hound) *mit gesträubtem Haar* n ⟨*a* übtr⟩ *künstliche Fliege* f **2.** vt *hecheln*

hackle ['hækl] vt *zerstückeln*; *-fleischen*

hackmatack ['hækmətæk] s ⟨Am⟩ *e–e Lerchenart* f

hackney ['hækni] **1.** s *gewöhnliches Zug-, Reitpferd* n **|** *Mietgaul* m **|** [attr] *Miet(s)-, Lohn-*; ~-carriage, ~-coach *Mietskutsche* f, *F·iaker* m **2.** vt *abnutzen* [*bes* pp] ~**ed** [~d] a *abgedroschen*

had [hæd] pret & pp *v* to have

haddock ['hædək] s ⟨ich⟩ *Schellfisch* m; Norwegian ~ *Gold-* or *Rotbarsch* m

hade [heid] **1.** s ⟨geol⟩ the ∼ of a fault *der Fallwinkel e–r Verwerfung* f **2.** vi *v der Vertikallinie abweichen*

Hades [ʹheidiːz] s Gr *Hades* m, *Unterwelt* f

haddie [ʹhædi] s ⟨fam⟩ = haddock

hadji [ʹhædʒi] s *Hadschi, Pilger* m

haecceity [hekʹsiːiti] s ⟨philos⟩ *individuelles Sein* n

haemal [ʹhiːməl] a *Blut–* ‖ *–atic* [hiːʹmætik] **1.** a *Blut–; blutrot* **2.** s *blutbeeinflussendes Mittel* n *–atin* [ʹhiːmætin] s ⟨chem⟩ *Hämatin* n *–atite* [ʹhemətait] s ⟨minr⟩ *faseriger Roteisenstein* m

haemato– [ʹhiːməto–] [in comp] *Blut–*

haemo– [ʹhiːmo–] [in comp] *Blut–* **∼globin** [‚hiːmoʹgloubin] s *Hämoglob·in* n (*roter Blutfarbstoff*) **∼philia** [‚hiːmoʹfiliə] s L ⟨path⟩ *Hämophil·ie, Bluterkrankheit* f **∼ptysis** [hiːʹmɔptisis] s *Bluthusten* m

hæmorrhage, hem– [ʹheməridʒ] s ⟨med⟩ *Blutung* f; *Blutsturz; Aderlaß* m ⟨*a fig*⟩

hæmorrhoids, hem– [ʹhemərɔidz] s pl ⟨med⟩ *Hämorrho·iden* f pl

haemostat [ʹhiːməstæt] s *blutstillendes Mittel* n

haft [hæft] **1.** s *Heft* n, *Handgriff, Stiel* m **2.** vt *mit e–m Heft versehen*

hag [hæg] s *Hexe* f; *häßliches altes Weib* n ‖ **∼-ridden** *an Alpdrücken leidend*; ⟨fig⟩ *zermürbt*

hag [hæg] s *Morast, Sumpf* m ‖ *feste Stelle im Moor* f

hagberry [ʹhægberi] s Scot ⟨bot⟩ *Faulbaum* m, *Traubenkirsche* f

haggard [ʹhægəd] **1.** a (∼ly adv) *hager; abgehärmt; verstört* **|** *ungezähmt* (hawk) **2.** s *ungezähmter Falke* m **∼ness** [∼nis] *Magerkeit; Verstörtheit* f

haggis [ʹhægis] s ⟨*bes* Scot⟩ *Schafwurst* f (*aus den vorderen Eingeweiden*)

haggish [ʹhægiʃ] a (∼ly adv) *hexenartig, häßlich*

haggle [ʹhægl] **1.** vi *markten, handeln, feilschen* (about, over *um*) **2.** s *Feilschen* n

hagio– [ʹhægio] Gr [in comp] *H·agio–, Heiligen–* **∼grapha** [‚hægiʹɔgrəfə] s L pl ⟨bib⟩ *Hagiogr·aphen* pl **∼grapher** [‚hægiʹɔgrəfə] s *Darsteller v Heiligenleben* m **∼graphy** [‚hægiʹɔgrəfi] s *Lebensbeschreibung v Heiligen* f **∼logy** [‚hægiʹɔlədʒi] s *Heiligenlebenliteratur* f **∼scope** [ʹhægiəskoup] s ⟨ec⟩ = squint

Hague [heig] s ⟨geog⟩ the ∼ *der Haag* ‖ ∼ convention *Haager Abkommen* n

hah [hɑː] intj *ha!*

ha ha [hɑʹhɑː] **1.** intj *ha ha!* ‖ ⟨Kindersprache⟩ *A·a* (n)! **2.** s *lautes Gelächter* n **3.** vi *laut lachen*

ha-ha [hɑʹhɑː] s *unsichtbarer, künstlicher Garten–, Grenzgraben* m (*um den Ausblick nicht z hemmen*)

hai(c)k [ʹhɑːik; haik] s ⟨Arab⟩ *mantelartiger Überwurf* m

hail [heil] **1.** s *Hagel* m ‖ ⟨übtr⟩ *Hagel* m (a ∼ of questions) **2.** vi/t ‖ *hageln* (it ∼s) **|** vt to ∼ down ⟨übtr⟩ *niederhageln l* (upon *auf)*

hail [heil] **1.** intj ⟨poet rhet⟩ *Heil! Glück zu!* ‖ ∼ fellow, **∼-fellow-well-met** *vertraulich, intim* (with) ‖ ⁓ Mary *Ave Maria* **2.** vt/i ‖ *grüßen, begrüßen* (a *p* as *jdn als*); they ∼ed him (as) king *sie grüßten ihn als K.* **|** *anrufen, –sprechen* **|** vi to ∼ from (*her)stammen, k v, aus* **3.** s *Gruß; Zuruf* m; within ∼ *in Hör–, Rufweite* f **| ∼er** [ʹ∼ə] s *Rufer, Anrufer* m

hailstone [ʹheilstoun] s *Schloße* f, *Hagelkorn* n *–storm* [ʹheilstɔːm] s *Hagelwetter, –schauer* n

hain't [ʹheint] ⟨vulg Am⟩ = have *od* has not

hair [hɛə] s **1.** *das einzelne Haar*; pl ∼s *Haare* n pl ‖ not worth a ∼ *k–n Heller wert* ‖ to a ∼ *auf ein H., ganz genau*; I found two ∼s in my soup ⟨eig⟩; ⟨übtr fig⟩ to find a ∼ in the soup

ein H. darin finden; ∼'s breadth = hairbreadth **|** (*Pflanzen-)Haar* n **|** *sehr feiner Draht* m **2.** [koll] [sg konstr] (*Kopf-)Haar* n, *Haare* pl (long ∼ was in vogue; what colour is her ∼?); ∼ will come in again *man wird das H. wieder lang tragen*; a fine head of ∼ *ein Kopf mit schönem Haarwuchs*; false ∼ *falsche Haare* pl, *Perücke* f ‖ ⟨fig hum⟩ die „*langhaarige Rasse*" (*die Frauen*); after ∼ *hinter (den) Frauen* or *Weibern her*; ⟨vulg⟩ bit of hair °„*Zahn*" m ⟨teens⟩ (*Mädchen*) **3.** ⟨fig⟩ ∼s *Haare* pl, grey ∼s *graue Haare* **4. Wendungen:** to comb a p's ∼ for him ⟨fig⟩ *jdm gehörig den Kopf waschen* ‖ to get a p by the short ∼s *jdn am Schlafittchen nehmen* ‖ to keep one's ∼ on ⟨sl⟩ *die Nase im Gesicht n behalten* (*ruhig, gefaßt bleiben*) ‖ to let down one's ∼ ⟨fig fam⟩ *sich gehen l, sich köstlich amüsieren, zugänglich s* ‖ to lose one's ∼ *die Haare verlieren*; ⟨fig⟩ *aus der Haut fahren* (*ärgerlich w*) ‖ to put down one's ∼ *das Haar auflösen, hängen l* ‖ to put up one's ∼ *das H. aufstecken* ‖ to split ∼s *Haarspalterei treiben* ‖ to stand ‖ to tear one's ∼ *sich die Haare ausraufen* ‖ not to touch a ∼ of a p's head *jdm kein H. krümmen* ‖ not to turn a ∼ *nicht mit der Wimper zucken* (*ganz gelassen bleiben*) **5.** [attr] *Haar–* ‖ **∼-cloth** *Teppichunterlage* f; ⟨hist bib⟩ *härenes Büßerhemd, –gewand* n ‖ **∼-compasses** [pl] *Haarzirkel* m (a pair of .. *ein H.*) ‖ ∼ crack ⟨tech⟩ *Haarriß* m ‖ ∼ curler ⟨cosm⟩ (*Frauen-)Lockenwickel* m ‖ **∼-dye** *Haarfärbemittel* n ‖ **∼-grass** ⟨bot⟩ *Schmiele* f ‖ **∼-line** *Haarstrich* m ‖ ∼ mattress *Roßhaarmatratze* f ‖ **∼-net** *–netz* n ‖ **∼-raising** *haarsträubend; aufregend* (trick); to be **∼-raising** *e–m die Haare z Berge stehen l* ‖ **∼-restorer** *Haarwasser* n ‖ **∼-shirt** *härenes Hemd* n ‖ **∼-sieve** *Haarsieb* n ‖ **∼-slide** *Haarspange* f (*aus Horn* or *Schildpatt*) ‖ **∼-splitter** *Haarspalter* m ‖ **∼-splitting** *Haarspalterei* f ‖ **∼-spring** *feine (Uhr-)Feder* f ‖ **∼-stroke** *Haarstrich* m ‖ **∼-trigger** *Stechschloß* n, *Stecher* m (*an der Jagdbüchse*) **∼breadth** [ʹ∼bredθ], **∼'s breadth** *Haaresbreite* f, within a ∼ *ums Haar*; not (by) a ∼ *nicht um Haaresbreite*; a ∼ escape *ein knappes Entrinnen* **∼brush** [ʹ∼brʌʃ] s *Haarbürste* f ⟨cloth [ʹ∼kləθ] s (*Roß-)Haartuch* n ‖ **∼cut** [ʹ∼kʌt] s *Haarschnitt* m; to give a p a ∼ *jdm die Haare schneiden*, ⟨fig⟩ *jdm den Kopf waschen* **∼do** [ʹ∼duː] s [pl ∼s] ⟨fam⟩ *Frisur* f, *Haarschnitt* m ‖ upswept ∼, wind-swept ∼ *Windstoß–, Hochfrisur* **∼dresser** [ʹ∼‚dresə] s *Haarschneider, Friseur* m **∼ed** [∼d] a *behaart*; [in comp] *–haarig* (black-∼) **∼iness** [ʹ∼rinis] *Haarigkeit, Behaartheit* f **∼less** [ʹ∼lis] a *ohne Haare, unbehaart, kahl* **∼like** [ʹ∼laik] a *haarförmig* **∼pin** [ʹ∼pin] s *Haarnadel* f ‖ (a ∼ bend) *Haarnadelkurve* f (*e–r Straße*); ∼ turn *Spitzkehre* f **∼streak** [ʹ∼striːk] s ⟨ent⟩ *Bläuling* m (*Tagfalter*), brown ∼ „*Nierenfleck*" m ⟨ent⟩ **| ∼y** [ʹ∼ri] a *haarig, behaart* ‖ ⟨übtr⟩ a ∼ bit „*e–e haarige* or *scharfe S*" (*hübsches Frauenzimmer*) ‖ **∼-heeled** ⟨fig sl⟩ *rauhbeinig*

hake [heik] s [pl ∼] ⟨ich⟩ *Meer–, Seehecht*; *Hechtdorsch* m

hake, haik [heik] s *Gestell* n *z Trocknen* (*v Fisch* etc)

hakim s Arab **1.** [ʹhɑːkim] *ind. Richter*; *Gouverneur* m **2.** [hɑʹkiːm] *Arzt* m

halation [həʹleiʃən] s ⟨phot⟩ *Lichthof(bildung* f) m; no ∼ *lichthoffrei*

halberd [ʹhælbəd], *–rt* [–ət] s *Hellebarde* f *–dier* [‚hælbəʹdiə] s *Hellebard·ier* m

halcyon [ʹhælsiən] **1.** s Gr ⟨myth⟩ *Eisvogel, Königsfischer* m **2.** a *ruhig, friedlich* (∼ days)

hale [heil] a *gesund u munter*; ∼ and hearty *rüstig* **∼ness** [ʹ∼nis] s *Rüstigkeit* f

hale [heil] vt † (*jdn*) *gewaltsam ziehen, schleppen* (before *vor*)

half [hɑːf] s [pl halves] **1.** *Hälfte* f; the ~ of ten is five *die H. v 10 ist 5*; ~ of it is (~ of them are) rotten *die H. davon ist faul* ‖ a pound and a ~ *anderthalb Pfund* n | [*oft mit ausgelassenem of*] | ~ a mile = ~ of a mile; his ~ time *die H. s–r Zeit* **2.** *Hälfte e–s Betrages* (etc) | *Hälfte* (*e–s Zeitraumes*); *Tertial, Semester* n **3.** ⟨jur⟩ *Seite, Partei* f **4. Wendungen**: the larger ~ *die größere H.*; my better ~ *m–e bessere H.*, (*m–e Frau*) ‖ too clever by ~ *neunmal weise* ‖ too good by ~ *zu gut* (*um wahr z s*), *besser als erwartet* ‖ in ~, in halves *entzwei* | to do by halves *nur halb* (*nicht gründlich*) *tun* ‖ to go halves with a p *mit jdm halbpart m*

half [hɑːf] **1.** [a] **a.** *halb*; a ~ share *ein halber Anteil* m | ~ an hour, ⟨Am⟩ a ~ h. *e–e halbe Stunde* f | ~ a pound *ein halbes Pfund* n; ~ the amount *die halbe Betrag*; to see with ~ an eye ⟨fam⟩ *mit einem Auge erkennen* | ~ the family *die Hälfte der Familie* ‖ ~ a crown *e–e halbe Krone* f = 2/6; two and a ~ miles *2½ Meilen* | to have ~ a mind *beinahe Lust h* (to do); that is ~ the battle *das ist schon halb gewonnenes Spiel* n, *ist der springende Punkt* **b.** *nur halb, unvollkommen* (~ truth) **2.** [adv] **a.** *halb*; *z Hälfte* | *beträchtlich*; *durchaus* ‖ *halbwegs*; *ziemlich* ‖ *nahezu, fast* (~ dead) **b.** not ~ long enough *bei weitem nicht lang genug* ‖ not ~ bad *gar nicht übel, ganz nett,* °*verdammt gut or schlecht* | not ~ ⟨sl⟩ *entsetzlich, riesig* (he did not ~ swear); do you like smoking? Not ~! *Und wie!* **c.** ~ as much (many) again *noch ein halbmal so viel(e)* **3.** [in comp] *Halb–* ‖ ~-and-~ **1.** a *nur halb u halb* **2.** s *Mischung* f *v Porter u Ale* ‖ he's a ~-and-~-er ⟨fam⟩ *er ist ein Lauer, .. nicht Fisch noch Fleisch* ‖ ‖ ~-back ⟨ftb⟩ *Läufer* m ‖ ~-baked *ungar*; ⟨fig⟩ *–reif, –erfahren*; *nicht gründlich, unverdaut* ‖ ~-bat ⟨mas⟩ *halber Stein* m ‖ ~-binding = ~-calf ‖ ~-blood *–blut* n [a attr] ‖ ~-blooded *Halbblut–* ‖ ~-blue *kl Sportabzeichen* n ‖ ~-body ⟨phys⟩ *Halbkörper* m ‖ ~-bound *in –franz gebunden* ‖ ~-bred *halbbürtig, Halbblut–* ‖ ~-breed *Mischling* m ‖ ~-brother, ~-sister *Stiefbruder* m, *-schwester* f ‖ ~-calf *–franzeinband* m ‖ ~-caste **1.** s *Mischling* m **2.** a *Mischlings–, halbbürtig* ‖ ~-cloth *–leinen* n [a attr] ‖ ~-cocked [adv] ⟨Am⟩ *nur mit halbem Herzen* ‖ ~-corn cylinder ⟨brew⟩ *Trieur* m ‖ ~-crown *Halb-Kronenstück* (2/6) ‖ ~-deck *–deck* n ‖ ~-educated *halbgebildet* ‖ ~-gone [pred] ⟨fam⟩ *halb hinüber,* °*angesäuselt,* °*angetütert* ‖ ~-fifteen, ~-thirty, ~-forty ⟨ten⟩ *Vorgabe* f *so vieler Punkte* f ‖ ~-hat ⟨mod⟩ *„Brücke“* f ‖ ~-hearted (–ly adv) *lau, gleichgültig; verzagt* ‖ ~-holiday *freier Nachmittag* m ‖ ~-hourly **1.** a *halbstündlich* **2.** adv *jede halbe Stunde* f ‖ ~-length ⟨arts⟩ *halbe Länge* f; ~-length portrait *Brustbild* n ‖ ~-(-)life (period) *Halbwertzeit* f (*radioaktiver Elemente*) ‖ ~ loop *Halbkreislauf* m ‖ ~-mast **1.** s *Halbmast* m; at ~-mast *halbmast, auf H.* **2.** s ⟨for⟩ *Fallmast* f, → *mästen* **3.** vt *halbstocks setzen* ‖ ~-measure *halbe S, Unvollkommenheit, Halbheit* f, *Kompromiß* m ‖ ~-moon *–mond* m ‖ ~-mourning *–trauer* f ‖ ~ nelson ⟨wrest⟩ *ein Griff* m ‖ ~-pay *halber Sold* m; on ~-pay *außer Dienst* m, [a attr] (~-p. major) ‖ ~-price **1.** s *halber Preis* m **2.** adv *zum halben Preise* ‖ ~-rater *kl Rennjacht* f ‖ ~-seas-over [pred] *halb übers Meer*; ⟨fam⟩ °*beschwipst* ‖ ~-sovereign *goldenes Zehnschillingstück* n ‖ ~-staff [adv] *halbmast* ‖ ~ step! ⟨mil⟩ *kurz treten!* ‖ ~ stuff ⟨pap⟩ *Halb–, Lumpenzeug* n ‖ ~ throttle ⟨mot⟩ *Halbgas* n ‖ ~-time ⟨ftb⟩ *Halbzeit* f ‖ ~-timer *Werkschüler(in* f) m ‖ ~-title ⟨bookb⟩ *Respektblatt* n, *Schmutztitel* m ‖ ~-tone ⟨paint⟩ *Mittel–, Zwischenton* m; ⟨phot⟩ *Halbton* m;

⟨typ⟩ (*Rasterpunkt-*)*Netzätzung* f; ~-t. etching *Autotypie* f ‖ ~-track ⟨Am⟩ *Schützenpanzerwagen* m; [attr] ~-t. drive ⟨mot⟩ *Halbkettenantrieb* m; ~-t. motorcycle *Ketten(kraft)rad* n ‖ → volley | ~-way **1.** adv *halbwegs, auf halbem Wege* (*between*); to be ~-way down one's first cup *die erste Tasse kaum hinter sich h*; ~-way up the crag *auf halber Höhe des Felsens* **2.** a: ~-way house *auf halbem Wege gelegenes Wirtshaus* n; ⟨fig⟩ *Zwischenstation, Etappe* f ‖ ~-wit *Halbidiot* m ‖ ~-witted *närrisch, idiotisch* ‖ ~-year *sechs Monate* pl; *Semester* n ‖ ~-yearly **1.** a *halbjährlich* **2.** adv *jedes halbe Jahr* n

halfpenny [ˈheipni] **1.** s *halber Penny* m; three halfpence [ˈheipəns] = 1½ d **2.** a *e–n halben Penny kostend, wert* ‖ *wertlos* ~worth [~wəːθ], hap'orth [ˈheipəθ] s *Wert* m f *e–n halben P.* (a ~ of milk)

halibut [ˈhælibət] s [pl ~] ⟨ich⟩ *Heilbutt* m

halides [ˈhælidiːz] s pl *Haloidsalze* n pl

halidom [ˈhælidəm] † s: by my ~! *bei Gott! beim Zeus!*

halieutic [ˌhæliˈuːtik] **1.** a *Fischfangs–* **2.** *Fischfangskunst* f

halitosis [hæliˈtousis] s ⟨Am⟩ *übler Mundgeruch* m ~toxic [–ˈtɔksik] adv ⟨Am⟩ *mit übl. M.*

hall [hɔːl] **I.** s **1.** *Halle* f, *Saal* m; ~ of mirrors *Spiegelsaal* m, *–galerie* f ‖ *Speisesaal* m, ⟨bes univ⟩ (to dine in ~, to come from ~, let us go to ~ to tonight) | *Herrenhaus* n ‖ ⟨engl univ⟩ *Studienhaus* n ‖ (*Verwaltungs–, Gerichts–*) *Gebäude* n (Town ~ *Rathaus*); *Innungs–, Logenhaus* n; *Stammhaus* n, *Sitz* m (*e–r Gesellschaft*) | *Hausflur, Vorsaal* m, *Halle, Diele* f ‖ ⟨Am a⟩ *Universitätsgebäude* n, *Versammlungssaal* m *e–s Studentenklubs, Vereins* etc; „*Hof*“ m (z. B. *Industrie–*), „*Kammer*“ f (z. B. *Landwirtschafts–*) **2.** [attr] ~ clock *Standuhr* f ‖ ~-man ⟨Am⟩ *Pförtner* m ‖ ~-mark **1.** s *Garantie–, Feingehaltsstempel* m; ⟨fig⟩ *Stempel* m *der Echtheit; Merkmal, Kennzeichen* n **2.** vt (*ab*)*stempeln*; ⟨fig⟩ *stempeln, kennzeichnen* | ~-stand *Flur–, Schirmständer* m ‖ ~-tree ⟨Am⟩ *Flurgarderobe* f (*mit Spiegel u Schirmständer*) ‖ ~-way *Flur, Vorplatz* m **II.** vi ⟨univ fam⟩ = to dine in hall

hallelujah! [ˌhæliˈluːjə] **1.** intj *halleluja!* **2.** s *das Halleluja*

halliard [ˈhæljəd] s = halyard

hallo, halloa [həˈlou] **1.** intj *hallˈo! Achtung!* **2.** s *Halloruf* m **3.** vi *Hallo rufen*

halloo [həˈluː] ⟨hunt⟩ **1.** intj *hallo!* **2.** s *Hallo* n (*Anruf der Hunde*) **3.** vi/t | *durch H. die Hunde anspornen* ‖ *schreien*; not to ~ until one is out of the wood ⟨fig⟩ *nicht den Tag vor dem Abend loben* | vt (*Hunde*) *anhetzen* ‖ *laut ausschreien*

hallow [ˈhælou] vt *heiligen; weihen* ‖ *heilig m*
Hallowe'en [ˈhælouˈiːn] s *Abend* m *vor Allerheiligen* (*31. Oktober*)
Hallowmass [ˈhæloumæs] s *Allerheiligenfest* n (*1. Nov.*)

Hallstatt [ˈhælstæt; ˈhalstat] s (*Stadt in Oberösterreich*) [attr] ⟨praeh⟩ *Hallstatt–, ~ period ältere Eisenzeit* f

hallucination [həˌluːsiˈneiʃən] s *Halluzination, Sinnestäuschung* f ~atory [həˈluːsinətəri] a *sinnestäuschend, halluzinatorisch*

hallux [ˈhælʌks] s L (pl *–luces* [ˈhæljusiːz]) *gr Zehe* f

halm [hɑːm] s = haulm

halma [ˈhælmə] s *Hˈalma* n (*Spiel*)

halo [ˈheilou] **1.** s (pl ~s) ⟨astr⟩ *Hof* m (*um Mond or Sonne*) | *Glorie* f, *Strahlenkranz, Glorien–, Heiligenschein* m | ⟨anat⟩ *Warzenhof* m ‖ ⟨phot⟩ *Lichthof* m; anti-~ coating *–schutz* m **2.** vt [~es; ~ed/~ed; ~ing] *mit e–m Hof or Heiligenschein umgeben*

halogen ['hælɔdʒen] s ⟨chem⟩ *Halog·en* n (*Salzbildner*) **haloid** ['hælɔid] **1.** a *Halo·id–* (∼ *salt*) **2.** s *Halo·id* n (*Metallsalz*)

halt [hɔ:lt] **1.** a *lahm, hinkend* **2.** vi † *lahmen, hinken* | ⟨fig⟩ *hinken; schwanken, zögern* **3.** s † *Lahmen* n, *Lahmheit* f **∼ing** ['∼iŋ] a *hinkend, lahm* | ⟨fig⟩ *zögernd, unsicher* || *hinkend, schleppend* (*verse*)

halt [hɔ:lt] **1.** s ⟨mil⟩ *Rast* f, *Ruheplatz* m; *to make a* ∼ *haltmachen* ⟨a übtr⟩ | ⟨rail⟩ *Aufenthalt* m; (*Bedarfs–*)*Haltestelle* f | ⟨mot⟩ ∼ *sign Stoppschild, Halt(e)zeichen* n **2.** vi/t | *haltmachen; anhalten* || ∼! *Who goes there?* ⟨mil⟩ *Halt! Wer da?* | vt ⟨Am⟩ *haltmachen l, z Halten bringen* **∼ing** ['∼iŋ] s [attr] *Halte–* (∼*-place*)

halter ['hɔ:ltə] **1.** s *Halfter* m || *Strick, Strang* m *z Hängen* n || ⟨bes Am sport⟩ *rückenfreies Oberteil n weiblicher Kleidung, Dreieckstuch, Sportkorsage* n | ∼*-break* vt (*Pferd*) *an den Halfter gewöhnen* **2.** vt (*Pferd*) (*an*)*halftern* (*jdn*) *erhängen*

halve [hɑ:v] vt *halbieren*; (*Summe*) *z gleichen Hälften teilen* (*with*) || ⟨golf⟩ *to* ∼ *a hole with a p ein Loch mit jdm halbieren, mit derselben Anzahl v Schlägen erreichen wie jd* || *um die Hälfte verringern* ⟨carp⟩ (*Holzstücke*) *zus–blatten*

halvings ['hɑ:viŋz] s pl ⟨min⟩ *armes Erz* n

halyard, halliard ['hæljəd], **haulyard** ['hɔ:l–] s ⟨mar⟩ *Fall, Tau* n *z Segelhissen* n

ham [hæm] s *Schenkel* m || ⟨cul⟩ *Schinken* m (*a slice of* ∼ *e–e Scheibe Sch.*) || ∼*-bone* ⟨fig mar fam⟩ *Sext·ant* m || ∼*-fisted* ⟨sl⟩ *linkisch, tolpatschig* || ∼*-frill* ⟨univ sl⟩ *Damen-Schorts* pl

ham [hæm] s *Dorf* n, *Stadt* f

ham [hæm] **1.** *Schmierenschauspieler* m; ⟨Am a⟩ *Pfuscher, Stümper* m || ⟨wir sl⟩ (? = [h]*amateur*) *Amateur, Radiobastler* m **2.** vi/t ⟨theat sl⟩ *schlecht spielen, Schmierenschauspieler s* **∼handed** ['∼hændid] a ⟨sl⟩ *linkisch*

hamadryad [ˌhæmə'draiæd] s ⟨myth⟩ *Waldnymphe* f

hamburger ['hæmbə:gə] s *Frühstückswurst* f, *Steak m mit Zwiebeln; belegtes Brötchen* n, °*gehackter Missionar im Schlafrock* (*mit Füllsel v Rindsgehacktem gebackene Semmel*)

Hamburgh ['hæmbə:g] s (*nach Ger Hamburg*) *schwarze Traubenart* f || *e–e Hühnerrasse* f

hame [heim] s [*mst pl* ∼s] *Kum*(*me*)*t* n

hamite ['hæmait] s *Ham·it* m

hamlet ['hæmlit] s *Weiler* m, *Flecken* m, *Dörfchen* (*ohne Kirche*) n

hammer ['hæmə] **I.** s **1.** *Hammer* m; *to break the* ∼ *on den H. zerschlagen auf* || ⟨sport⟩ *Wurfgerät* n, *throwing the* ∼ *Hammerwerfen* n || ∼ *and tongs mit aller Kraft, gewaltig* | ∼ *and wedge Hammer u Schlägel* m | (*Gewehr-*)*Hahn* m, *Spannstück* n **2.** ⟨übtr⟩ (*Glocken–, Klavier–* etc) *Hammer* | *H. des Auktionators*; *to bring to the* ∼ *versteigern l*; *to come under the* ∼ *unter den H. k, versteigert w* **3.** [attr] *Hammer–* || ∼*-beam* ⟨arch⟩ *Stichbalken* m || ∼*-blow Hammerschlag* m || ∼cloth *Decke f über dem Kutschersitz m* || ∼*-head Hammerkopf* m || ∼*-smith* –*schmied* m || ∼*-scale Hammerschlag* m (*Überzug auf geglühtem Eisen*) **II.** vt/i **A.** vt **1.** *mit dem H. schlagen, treiben* (*into in*) || (*Metall*) *hämmern, bearbeiten* (*into zu*); *to* ∼ *together zus–hämmern* | ⟨übtr⟩ *to* ∼ *a th into a p jdm etw einhämmern, –bleuen, –trichtern* **2.** ⟨fam⟩ (*jdn*) *mit den Fäusten bearbeiten*; (*jdn*) *entscheidend schlagen* n ⟨st exch⟩ (*jdn*) *f zahlungsunfähig erklären*; *to* ∼ *the market e–n Baisseangriff m* **4.** [*mit adv*] *to* ∼ *down festnageln* | *to* ∼ *in* (*Nagel*) *einschlagen*; ⟨fig⟩ (*etw*) *einhämmern, –prägen* || *to* ∼ *out* (*Metall*) *schlagen, schmieden* || *durch Hämmern entfernen* || ⟨fig⟩ (*etw*) *klären, erhellen*; *herausarbeiten*; *ersinnen* **B.** vi *hämmern* (*at an*; *on auf*); *to* ∼ *away drauflos–* |

∼ *at a th angestrengt arbeiten an*; .. *at a p jdn ständig bitten* | ⟨mot⟩ *klopfen* | **∼er** [∼rə] s *Hämmerer* m **∼less** [∼lis] a: ∼ *gun Gewehr mit Selbstspanner, hahnloses G.*

hammock ['hæmək] s *Hängematte* f || ∼*-chair Liegestuhl* m

hamper ['hæmpə] s *Packkorb* m, *Mange* f || *Eß–, Frühstückskorb* m

hamper ['hæmpə] **1.** vt *verstricken, verwickeln* (*in*) || *hindern, hemmen* (*from doing z tun*) **2.** s *notwendige, aber lästige Schiffsausrüstung* f || *top* ∼ *nur z Feuern brauchbares Holz* n (*des Baumes*)

hamshackle ['hæmʃækl] vt (*T*) *kniehalftern* (*durch Seil v Kopf z Vorderbein*)

hamster ['hæmstə] s ⟨zoo⟩ *Hamster* m

hamstring ['hæmstriŋ] **1.** s *Knieflechse* f **2.** vt [∼ed/∼ed & –strung/–strung] *die Knieflechsen pl* (*e–s Tiers*) *zerschneiden* || ⟨fig⟩ *lähmen*

hamulus ['hæmjuləs] s L *kl Haken, –fortsatz* m

hanaper ['hænəpə] s (*Dokumenten-*)*Korb* m

hance [hɑ:ns] s (*Bogen-*)*Schenkel* m

hand [hænd] s **I. Bedeutungen: 1.** *Hand* f | (*T*) *Vorderfuß* m **2.** ⟨übtr⟩ (*als Bild*) **a.** [sg] *Behandlung*; *Herrschaft* f; *an iron* ∼ *e–e eiserne H., Zucht* f; *with a high* ∼ *kühn; hochmütig*; *with a heavy* ∼ *bedrückend* | *Art* f (*a light* ∼ *at*); *Geschick* n, *Fähigkeit* f (*at, in*) || *Fertigkeit* f (*to have a fine* ∼ *on the violin .. Fingerfertigkeit*) | *führende H., Einfluß* m, *Wirkung*; *Fügung* f (*the* ∼ *of God*) || ⸰ *of Justice* ⟨arts⟩ *Gerechtigkeitshand* f | *Versprechen*; *Wort* n **b.** [pl] ∼s *Schutz* m, *Obhut* f || *Besitz* m (*to fall into a p's* ∼s); *Besitzer* m (*to pass through many* ∼s) ⟨com⟩ *Gewalt, Macht* f; *it was in my* ∼s *es lag in m–r M.* **3.** [*mst pl* ∼s] *Arbeiter* m || ∼s [pl] ⟨mil⟩ *Mannschaft, Belegschaft* f || *Matrose* m; *all* ∼s *die ganze Mannschaft*; *all* ∼s *on deck! alle Mann an Deck!*; *with all* ∼s *mit der gesamten Besatzung* (*untergegangen*) || *Bearbeiter, Schöpfer* m | *Erfahrener, Geübter* m, *a good* (*poor*) ∼ *at sehr* (*un*)*geschickt in* || *Kenner* m (*an old China* ∼) | *Gewährsmann* m, *Quelle* f; *at first* ∼ *aus erster Hand,* → *II.* 2. **4.** *Handschrift, Hand* f (*to write a good* ∼) | *Unterschrift* f | *Applaus* m (*let's give him a big* ∼ ⟨Am⟩ *feste klatschen!*) || ∼ *and seal* ⟨jur⟩ *Unterschrift u Siegel* **5.** ⟨cards⟩ *Karte* f [koll] (*Handkarten des Spielers*); .. *elder* ∼ *Vorhand* f; *to show one's* ∼ *die Karten auf den Tisch legen* ⟨a fig⟩; *a terrible od wretched* ∼ *ein furchtbares Blatt* n **6.** *Handbreite* f (*Maß = 4 Zoll*) || *Bündel* n *Tabak* m || *Anzahl* v *5 Stück* (*five oranges make a* ∼) **7.** *handähnliches Ding* n; (*Uhr-*)*Zeiger* m **II. Wendungen: 1.** old ∼ *alter Praktikus* m | *running* ∼ *fließende Handschrift* f || *to be no* ∼ *in nicht beteiligt s an* || ∼'s *turn* ⟨fam⟩ *Handschlag* m; *not a* ∼'s *turn nicht das geringste* || ∼s *down ohne e–n Finger z rühren, mit Leichtigkeit, glatt* (*to win ..*) || ∼s *off! Hände weg!* || ∼s *up! Hände hoch!* || ∼ *on heart Hand aufs Herz* || ∼ *and foot vollkommen; eifrig, treu* || *note of* ∼ ⟨com⟩ *Handwechsel* m | *sleight of* ∼ *Taschenspielerkunst* f **2.** [*nach prep*] *at* ∼ *nahe, bei der H., zur H., vorhanden*; *am meisten bevorstehend* || *at a p's* ∼(s) *v seiten, seitens jds, v jdm* || *at first* ∼ *aus erster H.* (*kaufen*) || *by* ∼ *mit der H.* (*gemacht*); *durch Boten*; (*to bring a child up*) *by* ∼ *mit der Flasche* f || *by the* ∼ *of durch, vermittels* | *from* ∼ *to* ∼ *v H. z H.*; *from* ∼ *to mouth aus der Hand in den Mund* m | *in* ∼ *in der Hand*; ⟨fig⟩ *unter Kontrolle, z Verfügung*; *vorrätig*, (*cash in* ∼ *bares Geld*); *unter den Händen* (*to have in* ∼); *to be well in* ∼ *im Gange s*; *to take in* ∼ *unter–, übernehmen*; *to take a p in* ∼ ⟨bes Am⟩ *jdn unter s–e Fittiche nehmen*; *the matter in* ∼ *die vorliegende S* || ∼ *in* ∼ *H. in H.* (*to go* ∼ *in* ∼ *with Schritt halten mit*) | **on** ∼ ⟨com⟩ *vorrätig*, *auf Lager*; ⟨fig⟩ *bevorstehend* ‖ ⟨Am⟩ *z H., vorhanden* ‖ on all ∼s, on every ∼ *überall, v allen Seiten*; *in jeder Beziehung*; on either ∼ *z beiden Seiten*; to be on a p's ∼s *jdm z Last fallen*; to have on ∼ *vorhaben* ‖ to have a p (*od* a th) on one's ∼s *°jdn auf dem Halse h* ‖ on the mending ∼ *auf dem Wege der Besserung* f ‖ on the one ∼ .. on the other ∼ *einerseits* .. *anderseits* | out of ∼ *sofort* ‖ *außer Zucht, unbeherrscht* ‖ ∼ over ∼, *od* ∼ over fist ⟨fig⟩ *schnell (fortschreitend), schnell nach–e–a,in schneller Folge* | to ∼, to one's ∼ *z Hand*; *bereit*; your letter to ∼ *Ihren Brief erhalten*; to come to ∼ (S) *ankommen, in jds H. gelangen*; *hereinkommen, eintreffen* ‖ ∼ to ∼ *Mann gegen Mann* (a combat ∼ to ∼ *im Nahkampf*) | under one's ∼ *and seal eigenhändig unterschrieben u besiegelt* | upon all ∼s *v allen Seiten, allgemein* | with one's own ∼ *eigenhändig* ‖ to play with four ∼s ⟨mus⟩ *vierhändig spielen* 3. to be ∼ and (*od* in) glove with *sehr befreundet s mit* ‖ to bear a ∼ (*schnelle*) *Hilfe leisten, mithelfen* ‖ to change ∼s *in andere Hände übergehen, den Besitzer wechseln* ‖ to have a ∼ in *beteiligt s bei, s–e H. im Spiele h bei* ‖ to have one's ∼s full *alle Hände voll z tun h* ‖ to hold one's ∼ *sich zurückhalten* ‖ to hold ∼s with a p *jds H. halten u drücken* ‖ to hold o.s. in ∼ *sich beherrschen* ‖ to join ∼s *sich verbünden* ‖ to keep one's ∼ in *in Übung bleiben* ‖ to keep a tight ∼ on, over *streng im Zaume halten* ‖ to lay one's ∼ on a th *e–r S habhaft w; finden*; to lay ∼s on *Hand legen an, ergreifen; erhalten* ‖ to lend a p a ∼ *jdm helfen, beispringen, z H. gehen* (with *bei*) ‖ to link ∼s *e–e Kette bilden* (to hold back the crowd) ‖ → to play | to put one's ∼ to, to put (a matter) in ∼ *in Angriff or Arbeit nehmen or geben* ‖ to shake ∼s *sich die Hand geben*; .. with a p *od* to shake a p by the ∼ *jdm die H. g.* (she shook ∼s with him, with them) ‖ to show one's ∼ ⟨fig⟩ *die Karten aufdecken* ‖ to take a ∼ *at a game an e–m Spiel teilnehmen* ‖ to take by the ∼ *bei der H.* ⟨fig⟩ *unter s–e Obhut) nehmen* ‖ to take into one's ∼s *an sich reißen* ‖ to take off a p's ∼s *jdm* (*etw*) *abnehmen* ‖ to throw up one's ∼s *e–e verzweifelte Gebärde* f *m* ‖ to try one's ∼ at (*etw*) *versuchen* ‖ to wash one's ∼s of a p *mit diesem nichts z tun h wollen*; .. of a th *sich wegen e–r S die Hände in Unschuld waschen* III. [attr] *Hand–* ‖ ∼-bag *Handtasche* f ‖ ∼-ball *–ball* m; *–ballspiel* n ‖ ∼-barrow *Tragbahre* f ‖ ∼-cart *Handkarre* f ‖ ∼-driven *mit Handbetrieb* m ‖ ∼-flag *Signal–, Winkflagge* f ‖ ∼-gallop *kurzer Galopp* m ‖ ∼-glass *Handspiegel* m; ⟨hort⟩ *Glasglocke* f ‖ ∼-grenade *Handgran·ate* f ‖ ∼-loom *–webestuhl* m ‖ ∼-made *mit der Hand gemacht*; ∼-made paper *Büttenpapier* n ‖ ∼-operated = ∼-driven; ∼-o. fire extinguisher *Handfeuerlöscher* m ‖ ∼-organ ⟨mus⟩ *Drehorgel* f ‖ ∼-out ⟨bes Am⟩ *Gabe* f, *Almosen* n; *Communiqué* n ‖ ∼-press *Handpresse* f ‖ ∼-rail *Geländer* n, *Handlauf* m (*e–s Geländers*) ‖ ∼-salute ⟨mil⟩ *Grüßen* n or *Gruß* m *durch Handanlegen* n (*an die Kopfbedeckung*) ‖ ∼-saw *Fuchsschwanz* m ‖ ∼-sewn *handgenäht* ‖ ∼-to-∼ fighting *Nahkampf* m, *Handgemenge* n

hand [hænd] vt 1. (*jdm*) *hineinhelfen* (into *in*); *heraushelfen* (out of *aus*) | *ein–, aushändigen, übermitteln, –geben, reichen* (a p a th *od* a th to a p *jdm etw*); he had to ∼ it to her ⟨fam⟩ *er mußte ihre Überlegenheit anerkennen*; *zugeben* (I'll ∼ it to her that she is intelligent) | ⟨Segel⟩ *zus–wickeln, beschlagen* 2. [*mit* adv] to ∼ down (*etw*) *herunterreichen, –langen* (from) ‖ (*jdn*) *hinuntergeleiten* (to *z*) ‖ (*etw*) *als Erbe hinterlassen, übergeben* (to a p *jdm*) ‖ (*Brauch*) *überliefern* (to a p *jdm*); *vererben* (to a p) | to ∼ in (*etw*) *hineinreichen*; (*Paket*) *aufgeben* ‖ (*Schrei-*

ben, Gesuch) *einreichen*; (*Meldung*) *aufgeben*; to ∼ in cash *bar zahlen or überweisen* | to ∼ off ⟨Rugftb⟩ (*Gegner*) *mit der Hand fortstoßen* | to ∼ on *weitergeben, –reichen* (to a p *jdm, an jdn*) | to ∼ out *ausgeben, –teilen* (to *an*) (a *Informationen an die Presse*); [a vi] *Geld ausgeben* | to ∼ over *hinterlassen* (to a p *jdm*); *überlassen, abtreten* (to *an*) ‖ to ∼ over the command *das K. übergeben* | to ∼ round *herumreichen* | to ∼ up (*etw*) *hinaufreichen, –langen* 3. [in comp] ∼-me-down [pl ∼s] *altes Erbstück* n; *altes Kleidungsstück* n; [a attr] | ∼s [pl] *Konfektionsanzüge, °Anzüge* m pl *v der Stange* f ‖ ∼-out *Mitteilung, Erklärung* f f *die Presse*

handbell ['hændbel] s *Hand–, Tischglocke* f -**bill** ['hændbil] s *gedruckter Zettel* m, *Flug–, Reklameblatt* n -**book** ['hændbuk] s *Handbuch* n (to *z*); ∼ man *Buchmacher* m (f *Wetten*) -**breadth** ['hændbredθ] s *Handbreite* f -**cuff** ['hændkʌf] 1. s *Handfessel* f 2. vt (*jdm*) *Handfesseln anlegen*

handed ['hændid] a [in comp] *–händig, mit* .. *Händen* | double-∼ *zweihändig* ‖ hard-∼ *mit rauhen or harten Händen* | four-∼ game *Spiel* n f 4 Pn

handful ['hændful] s [pl ∼s] *Handvoll* f (a ∼ of salt *e–e H. Salz*) ‖ *üble lästige P or S* f; to be a ∼ for a p *jdm viel z schaffen* m -**grip** ['hændgrip] s *Griff* m *mit der Hand* f; to come to ∼s *handgemein w* | *Händedruck* m | (of a sword) *Griff* m -**hold** ['hændhould] s *Handgriff; Halt* m

handicap ['hændikæp] 1. s *Ausgleichswettbewerb* m; *Vorgabe* f ‖ (a ∼-race) *Handikap, Ausgleichs–, Vorgaberennen* n; *–spiel* n ‖ ⟨übtr⟩ (*Extra-*)*Belastung* f; *Hindernis* n, *Benachteiligung, Erschwerung, Schwierigkeit* f (to *f*) 2. vt (*Pferd*) *extra belasten* ‖ ⟨übtr⟩ (*jdn*) *hemmen, hindern* (doing *z tun*); *in Nachteil setzen*; to be ∼ped *be–, gehindert w* (with *durch*); *benachteiligt sein* ∼-**per** [∼ə] s *Sachverständiger* m *im Handikap* n

handicraft ['hændikra:ft] s *Handarbeit* f, ⟨arts etc⟩ *Arbeit* f; (*Kunst-*)*Handwerk* n; *Gewerbe* n; ∼s [pl] *Kunstgewerbe* n ‖ ∼-**sman** [∼smən] s *Handwerker* m

handiness ['hændinis] s *Gewandtheit* f | *Handlichkeit, Bequemlichkeit* f

handie-talkie ['hændi'tɔ:ki] s *kl Kofferradio* n ‖ ⟨mil⟩ *Funksprechkleingerät, Feldfunksprechgerät* n

handiwork ['hændiwə:k] s *Handarbeit* f | *Arbeit* f, *Werk* n, *Schöpfung* f

handkerchief ['hæŋkətʃif; -tʃi:f] s (pocket-∼) *Taschentuch* n ‖ (neck-∼) *Halstuch* n ‖ Holy ⁓ *Veronikatuch, Schweiß– der Hl. V.*

handle ['hændl] 1. s *Griff* m; *Handgriff* ‖ *Stiel* m ‖ *Heft* n, *Halter, Hebel, Schaft, Arm* m ‖ *Türgriff, –drücker* m ‖ (of a cup) *Henkel* m; (of a pump) *Schwengel* m; (of a telephone) *Kurbel* f ‖ ⟨fig vulg obs⟩ *Gesichtserker* m (*Nase*) ‖ ⟨fig⟩ *Handhabe, Gelegenheit* f; *Vorwand* m | a ∼ to one's name ⟨fam⟩ *ein Titel* m *vor dem Namen* ‖ to fly off the ∼ ⟨fam⟩ *aus dem Häuschen* n *geraten* | ∼-**bar** ⟨cycl⟩ *Lenkstange* f; ⟨mot⟩ *Lenker* m; ∼-bar stem *Lenkstangenrohr* n 2. vt *anfassen, befühlen* ‖ *hantieren mit; handhaben* ‖ *leiten, lenken* | (*jdn*) *behandeln* ‖ *sich befassen mit,* (*etw*) *behandeln, darstellen; erledigen*; to ∼ (the traffic) .. *abwickeln* ‖ ⟨com⟩ *handeln in or mit*; (*Geldsorte*) *handeln* -**ling** [∼iŋ] s ⟨arts⟩ *Ausführung, Art, Manier* f ‖ ⟨tech⟩ *Handhabung* f ‖ ∼ of traffic *Verkehrsabwicklung* f ‖ ∼ time ⟨tech⟩ *Griffzeit* f

handmaid ['hændmeid], ∼-**en** [∼n] s ⟨mst fig⟩ *Dienerin, Magd* f; *Handlanger; Gehilfe* m (science the ∼ of politics)

hand-out ['hænd'aut] s *das Ausgeteilte; Almosen* n ‖ *reichliche Dosis* f (a ∼ of applause)

handover ['hændouvə] s *Übergabe* f
handsaw ['hændsɔ:] s *Handsäge* f
handsel, hansel ['hænsəl] **1.** s *Neujahrsgeschenk* n || *Handgeld* n || *Vorgeschmack* m **2.** vt *(jdm) ein N.g.* or *H.g. geben* || *den Gebrauch (e–r S) einweihen*; *(etw) z erstenmal gebrauchen* or *versuchen*
handset ['hæn(d)set] s ⟨Am telph⟩ *Hörer* m
handshake ['hændʃeik] s *Händedruck* m
handsome ['hænsəm] a (~ly adv) *stattlich, hübsch, schön* || *edelmütig, großzügig* || *beträchtlich, ansehnlich* || ~ *is that* ~ *does schön ist, wer schön handelt* ~**ness** [~nis] s *Schönheit, Anmut* f || *Edelmut* m
handspike ['hændspaik] s ⟨mar⟩ *Hebestange* f, –*baum* m –**spring** ['hændspriŋ] s ⟨gym⟩ *Salto* m *mit Handberührung des Bodens* –**stand** ['hændstænd] s ⟨gym⟩ *Handstand* m –**wheel** ['hændwi:l] s *Handrad* n ||–**work** ['hændwə:k] s *Handarbeit* f *(Ggs Maschinenarbeit)* || –**write** ['hændrait] v ⟨Am⟩ *Handschrift* f –**writing** ['hændraitiŋ] s *Handschrift* f
handy ['hændi] a (–dily adv) *z Hand, nahe, leicht erreichbar* || *bequem, handlich; verfügbar* || *(P) geschickt, gewandt* | ~-**dandy** *Kinderratespiel* n || ~-**man** *Mann* or °„*Mädchen" f alles*; ⟨fam⟩ *Matrose* m
hang [hæŋ] vt/i [hung/hung; → A. 3.] **A. vt 1.** *(etw) (auf)hängen (from an*; on *auf)*; *lamps hung* [pp] *from Lampen herabhängend v* || *(Tür) einhängen*; *to be hung hängen (to an, auf)* || *to be well hung (v Wild) gut abgegangen s* || ~ *your number up to dry!* ⟨fam⟩ *sieh mal erst zu, daß du trocken hinter den Ohren wirst, du Grünschnabel!* **2.** *behängen* (the room is hung with pictures) **3.** *mst* [~ed/~ed] *(jdn) (er)hängen, to* ~ *o.s. sich erh–*; ~ *the cost, man! frag nicht nach dem lumpigen Geld (scheu die Kosten nicht)*!; *I'll be* ~ed *if ich will mich hängen l, wenn* || ~ *it!* ⟨fam⟩ *z Teufel auch, z Henker damit*!; ~ *you! hol' dich der Henker!*; → name **4.** *hängen l* (one's head) **5.** *verzögern*; *[nur in] to* ~ *fire versagen*; → fire **6.** ⟨Am⟩ *to be hung sich nicht einigen können* **7.** *[mit adv] to* ~ **out** *heraus–, aushängen*; *to* ~ *out a shingle* ⟨Am fam⟩ *sich (als Rechtsanwalt* etc) *niederlassen*; *to* ~ *out the washing die Wäsche auf–*, ⟨mar fam⟩ *Segel setzen, vor S. gehen* || *to* ~ *up (etw) auf–*; ⟨fig⟩ *unentschieden l, auf–, verschieben* || ⟨telph⟩ *to* ~ *up on a p mitten im Gespräch mit jdm anhängen* || **B. vi** → heavy 4 **1.** *hängen (by a rope an e–m Seil*; on *auf*; over *über*; to *an)*; *to* ~ *by a thread* ⟨fig⟩ *an e–m (seidenen) Faden hängen* || *baumeln* | *(P) gehängt w* | *schweben*; ⟨fig⟩ *to* ~ *in the balance unentschieden s* || *to let a th go* ~ *etw sich selbst überlassen* | ⟨crick⟩ (of balls) *sich verlangsamen* **2.** *[mit prep] to* ~ **about** *sich anklammern an*; *herumlungern in, an* | *to* ~ *on, upon sich hängen an*; ⟨fig⟩ *sich anklammern, hangen an (.. on a p's lips od mouth an jds Munde)* || *ruhen auf*; *abhängen v* | *to* ~ *over sich neigen* or *beugen über* || *hervorragen über* || *hangen, schweben über* **3.** *[mit adv] to* ~ **about** *herumlungern* | *to* ~ *back* ⟨fig⟩ *sich sträuben, zögern, sich zieren* | *to* ~ *down herab–, herunterhangen (from)* | *to* ~ *off sich zurückhalten* | *to* ~ *on festhalten, sich klammern (to an)* || ⟨fig⟩ *ausharren*; ~ *on!* [on'!] *Augenblick (mal)*! || *to* ~ *on by one's eyebrows* ⟨fam⟩ °*nicht ums Verrecken nachgeben*; *am Absacken s (fast ruiniert, geschlagen, tot s)* | *to* ~ *out* ⟨fam⟩ *wohnen* | *to* ~ *together zus–halten*; *(S) zus–hängen* **C.** [in comp] ~-*dog* **1.** s *Galgenstrick* m **2.** a *niedrig, kriechend* || ~-**nail** ⟨med⟩ *Neidnagel* m → agnail || ~-**over** *Überhang* m; ⟨Am⟩ *Überbleibsel* n; °*Kater, Katzenjammer* m; „*vorsintflutliche" P* or S f
hang [hæŋ] s *Hang, Abhang* m || (of clothes,

etc) *Fall, Sitz* m || (of a machine) *Gang* m, –*art* f || *Sinn* m, *Bedeutung* f; *to get the* ~ *of a th hinter etw k, etw herausbek, verstehen*; *he's got the* ~ *of it* °*er hat den Dreh* or *Bogen heraus* || *not .. a* ~ °*nicht die Bohne*; *I don't care a* ~ *mir liegt den Henker daran*
hangar ['hæŋə; 'hæŋɡɑ:] s *Luftschiffhalle*; *(Flugzeug-)Schuppen* || *on the* ~ *line* ⟨aero⟩ *flugbereit*
hanger ['hæŋə] s *Aufhänger (v Bildern)* m || *Gehenk* n; *Genickhänger* m || *Henkel, Haken* m | *Jagd–, Weidmesser* n, *Hirschfänger* m ~-**on** ['hæŋər'ɔn] s (pl ~s-on ['hæŋəz'ən]) ⟨cont⟩ *Anhänger* m; ⟨fig⟩ *Anhängsel* n; *Schmarotzer* m
hanger ['hæŋə] s *Waldhang, Steilhang-Wald* m
hangfire ['hæŋfaiə] s *(Munition-)Nachbrenner* m, –*zündung* f
hanging ['hæŋiŋ] **1.** s *Hängen* n, *Aufhängen* n || *Aufhängung* f *(v Bildern)* | *Gehängtwerden, Hängen* n; [attr] *Hänge–*, a ~ *matter e–e S, die e–n an den Galgen bringen kann* || ~s [pl] *Wandbekleidung* f, *Tapeten* f pl; *Vorhang* m, etc **2.** a *hängend*; *Hänge–* (~ bridge; ~ lamp)
hangman ['hæŋmən] s *Henker* m
hank ['hæŋk] s *Wickel* m, *Knäuel* m & n || *Gebinde* n; *Bund* n, *Docke* f (*ein Garnmaß*) || ⟨mar⟩ *Ring* m *v Holz* or *Tau (z Festhalten)*
hanker ['hæŋkə] vi *sich sehnen, verlangen* (after, for *nach)* ~**ing** [~riŋ] s *Verlangen* (for, after *nach)*
hanky ['hæŋki] s = handkerchief ~-**panky** ['hæŋki'pæŋki] **1.** s ⟨fam⟩ *Hokuspokus* m; *Taschenspielerei* f; *Betrug* m; *hinterlistige Handlungsweise, Schiebung* f **2.** a ⟨Am sl⟩ °„*in (brauner) Butter" (in bester Ordnung)*
Hanoverian [ˌhænoˈviəriən] **1.** a *hannover(i)sch* **2.** s *Hannoveraner(in* f) m
Hansard ['hænsəd] s ⟨engl⟩ *amtlicher Parlamentsbericht* m, *Protokoll* n ~**ize** [~aiz] vt *(jdm) s–e frühere Aussage (laut Protokoll) entgegenhalten*
Hanse ['hæns] s: the ~ *die Hansa* –**atic** [hænsi'ætik] a *hanseatisch, Hanse–*
hansom ['hænsəm] s (*nach J. A.* ⚷, † 1882) *(a* ~ cab) *zweirädrige Droschke* f
hap [hæp] **1.** † s *Zufall* m, *Glück* n || *zufälliges Ereignis* n **2.** † vi [–pp–] *sich ereignen*
haphazard ['hæp'hæzəd] **1.** s *Zufall* m; *at* ~ *aufs Geratewohl* **2.** a *v Zufall eingegeben*; *zufällig* **3.** adv *durch Zufall, zufällig*
hapless ['hæplis] a (~ly adv) *unglücklich*
haplo– ['hæplou] Gr [in comp] *einfach, einmal* ~**graphy** [hæp'lɔgrəfi] s *Überspringen* n *(v gleichlautenden Buchstaben, Silben)*
haply ['hæpli] † adv *v ungefähr* || *vielleicht*
ha'p'orth, ha'porth, hap'orth ['heipəθ] s *Wert* m *e–s halben Pennys*; *not a* ~ *nicht für'n Dreier*
happen ['hæpən] vi **1.** (of events) *sich ereignen, sich zutragen, geschehen [a imps*: it ~ed that] || *zustande k, ausgeführt w* **2.** *(P) auftreten, erscheinen, vorkommen (the British genius* ~s in pairs); ⟨fam⟩ *durch Zufall k* or *erscheinen* **3.** it ~s that .. *es trifft sich, daß ..*; *as it* ~s *wie es sich trifft, zufällig* | *he* ~ed *to be there er war zufällig dort* **4.** *[mit prep] to* ~ **across** *treffen auf* | *to* ~ *on durch Zufall treffen, stoßen auf* || *to* ~ *to a p, to a th jdm, e–r S passieren, zustoßen (nothing* ~ed to him); *what is going to* ~ *to our trade? wie wird es mit unserm Handel?* **5.** *[mit adv] to* ~ *in* ⟨fam⟩ *hereinschneien, gelegentlich vorbeikommen* ~**ing** ['hæpniŋ] s *Ereignis, Zus–treffen* n ~**stance** [–stəns] s (~ + circumstance) ⟨Am fam⟩ *(bloßer) Zufall* m || ~ *note flüchtig hingeworfene Anmerkung* f, ~ *notes* [pl] *Randkommentar* m
happily ['hæpili] adv *glücklicherweise* –**ify** ['hæpifai] vt ⟨Am⟩ *glücklich m* –**iness** ['hæpinis] s *Glück* n (at *über)* || *glückliche Wahl*; *Gewandt–*

heit f (of expression *im Ausdruck*) **happy** ['hæpi] a *glücklich*, ~ *landing!* ⟨aero⟩ *Glück ab!* °*Hals-u Beinbruch*!; *vorteilhaft, angenehm; erfreulich, fruchtbar* ‖ *glückverheißend* (*Omen*) ‖ *gut* (*Gedanke*) ‖ ~ *dispatch legaler Selbstmord* m, *Harak·iri* n ‖ *passend, treffend* (reply) | (*P*) *glücklich, froh, beglückt* (at *über*; in the possession of *über den Besitz* v); as ~ as a king *glücklich wie ein Schneekönig* m; I am ~ to hear *es freut mich z hören* ‖ *geschickt, gewandt* (in a th; in doing) | ~-go-lucky [a] *unbekümmert, sorglos* | to live in a ~-go-l. way (*sorglos*) *in den Tag hineinleben*

hara-kari ['hærə'kiri] s *Hara-k·iri* n

harangue [hə'ræŋ] **1.** s *Ansprache, Anrede; feierliche Rede* f **2.** vi/t ‖ *e–e Ansprache halten* | vt *feierlich anreden*

harass ['hærəs] vt *dauernd belästigen, quälen, plagen, beunruhigen* ‖ ⟨tact⟩ *stören* ‖ ~ing *fire* ⟨artill⟩ *Störfeuer* n; ~ing *raid* ⟨aero⟩ *Störangriff* m ~**ment** [~mənt] s *Beunruhigung* f

harbinger ['hɑ:bindʒə] **1.** s ⟨*mst* fig⟩ *Vorläufer, Vorbote* m **2.** vt *ankündigen*

harbour (⟨Am⟩ harbor) ['hɑ:bə] **1.** s † *Zufluchtsort* m | *Hafen* m | ⟨mil mot⟩ *Schirrmeisterei* (*Depot*) (*bes* f *Tanks* etc) | [attr] *Hafen–* ‖ ~-dues [pl] *–gebühren* pl ‖ ~*master –meister* m **2.** vt/i ‖ *beherbergen; (jdm) Schutz gewähren* (to ~ a *criminal*); *verbergen* ‖ ⟨fig⟩ (*Gefühl*) *hegen* | vi (of a ship) *im Hafen ankern, anlegen* ‖ *nisten, lagern* ~**age** [~ridʒ] s *Unterkunft, Herberge* f; *Unterkommen* n *im Hafen* ~**less** [~lis] a *ohne Hafen* ‖ ⟨fig⟩ *obdachlos, ohne Zuflucht* f

hard [hɑ:d] **I. a 1.** *hart* (stone); *Hart–* (~ rubber) ‖ *fest* (ground); ~ *stand*(ing) ⟨aero⟩ *Betonabstellplatz* m; ~-surfaced (*z. B. Parkplatz*) *mit fester Decke*; ~-surface *runway befestigte Start–, Landebahn* f; ~ *tube Hochvakuumröhre* f ‖ ⟨übtr⟩ *hart; fest*; the ~ *facts die unumstößlichen Tatsachen*; ~ *currency Dollarwährung* f **2.** *schwer z tun; schwierig* (to do; he is ~ to please; a ~ *nut* to crack); *mühsam, anstrengend* ‖ ~ *labour Zwangsarbeit* f ‖ *schwer z verstehen*(*d*), *sch. z behandeln*(*d*) ‖ ~ *case hoffnungsloser Fall* m (*P*) **3.** *hart, –herzig, gefühllos; unbeugsam* ‖ *geizig* **4.** *streng, hart; drückend, schlimm* (~ times) ‖ *ungünstig, unbillig* ‖ *unangenehm, hart* (on *für jdn*) **5.** *unfreundlich* (a ~ face); *rauh, grausam, hart* ‖ the ~ *way v der Pieke auf* **6.** (of liquor) ⟨Am⟩ *stark, hochprozentig*; ⟨sl⟩ *herb, rauh, sauer* (of prices) *hoch* ‖ *kräftig, heftig* (a ~ drinker; a ~ fight) ‖ ⟨tech⟩ ~ *usage rauher Betrieb* m ‖ *tüchtig, fleißig* (a ~ worker) ‖ to try one's ~*est sich aufs äußerste bemühen* (to do) **7. Wendungen**: ~ of hearing *schwerhörig* ‖ ~ and fast *fest, bindend, ausnahmslos* (rule); *untrüglich* **II. adv 1.** *hart, fest* (to boil ~) ‖ *fest, bestimmt* (to look ~ at) ‖ *stark, heftig, mächtig* (to rain ~) ‖ *übermäßig* (to drink ~); *äußerst* | *wuchtig* (to hit ~); *tüchtig, fleißig* (to work ~); *schnell* | *mit Mühe; sauer* (~-earned, ~-got) ‖ don't take it so ~ *nimm's nicht so ernst* **2.** *dicht, nahe*; ~ *after dicht hinter*; ~ on *nahe, dicht an* (~ on *nonsense*); ~ on his *heels ihm auf dem Fuße folgend*; ~ by *nahe, dicht dabei* ‖ ~ a-port ⟨mar⟩ *das Ruder ganz an Backbord* **3.** to die ~ *ein zähes Leben* n *h* ‖ it will go ~ with me *es wird mir schlecht ergehen*; it will go ~ but .. *es wird schlimm w, wenn .. nicht ..* ‖ to be ~ put to it *es sich sauer w l* **III.** [**Verbindungen** & in comp] ~-bake ⟨cul⟩ *Mandelkaram·el, Krokant* m ‖ ~-bitten *hartnäckig* ‖ ~-boiled *hartgekocht*; ⟨Am sl⟩ *kaltblütig, kaltberechnend, nüchtern, berechnend, praktisch; geschäftstüchtig, –mäßig, klar; starrköpfig, zäh; realistisch, unsentimental* (a ~-boiled play) ‖ ⟨Am⟩ ~ *cash Hartgeld* n

(*Ggs* paper money) ‖ ~ *customer* ⟨fig⟩ *schwieriger Kunde* m ‖ ~-drinking *trunkfest* ‖ ~-earned *sauer erworben* ‖ to ~-face (by welding) *auftragshärten, panzern* ‖ ~-featured *mit harten Gesichtszügen* ‖ ~-fisted *knauserig* ‖ ~-head ⟨Am⟩ *Felsblock* m ‖ ~-headed *praktisch, nüchtern* ‖ ~-hearted *hartherzig* ‖ ~ *labour Zwangsarbeit* f ‖ ~ *lines* [pl] ⟨fam⟩ (*gr*) *Pech* n ‖ ~ *liquor* ⟨Am⟩ *Spiritu·osen* pl ‖ ~-mouthed ⟨fig⟩ *starrköpfig*; she's ~-m. *sie hat e–e* (°*ungewaschene*) °*Schandschnauze* f ‖ ~-rock *mining Erzbergbau* m | ~-set *bedrängt* ‖ *starr* (look); *streng; unbeugsam* ‖ hard-shell → ~shell ‖ ~ soap *Kernseife* f ‖ ~-tack *Schiffszwieback* m ‖ ~ top (car) *Limousine* f; ~-t. racing car *Rennkupee* n ‖ ~-up **1.** [pred *a*] in (*Geld–*)*Not* f; ⟨fam⟩ *in Verlegenheit* f (for *um*) **2.** s ⟨fam⟩ *Kippentabak* m ‖ ~ work *schwere Arbeit* f

hard [hɑ:d] s *harter Boden* m; *festes Uferland* n ‖ ⟨mil⟩ *Strandlandestelle* f *mit befestigtem Boden* m ‖ *Schwierigkeit* f; ~s [pl] *Nöte* f pl ‖ ⟨fam⟩ = hard *labour* (3 years ~s), → *hards*

hardboard ['hɑ:dbɔ:d] s *Hart*(*faser*)*pappe* f

harden ['hɑ:dn] vt/i ‖ *härten, hart* m ‖ *abhärten* (against *gegen*); *gewöhnen an Mühe; stärken; gefühllos* m; ~ed *verkalkt* | vi *hart* w, *sich verhärten* ‖ ⟨fig⟩ *unempfindlich* w ‖ (of prices) *fest* w; *steigen, anziehen* ~**er** [~ə] s (*Metall–*)*Härter* m ~**ing** [~iŋ] s *Härten* m; [attr] *Härte–*

hardfern ['hɑ:dfə:n] s ⟨bot⟩ *Rippenfarn* m

hardihood ['hɑ:dihud] s *Kühnheit* f –**iness** ['hɑ:dinis] s *Kühnheit* f ‖ *körperliche Kraft, Ausdauer* | ⟨bot zoo⟩ *Widerstandskraft* f

hardly ['hɑ:dli] adv *schwer, mühsam* ‖ *hart, streng* | *nur mit Mühe, nicht leicht* | *kaum, eben gerade* (~ .. when .. *gerade .. als*) ‖ *schwerlich, kaum* –**ness** ['hɑ:dnis] s *Härte* f ‖ *Strenge, Festigkeit* f ‖ *Schwierigkeit* f ‖ *Mühsamkeit* f ‖ *Hartherzigkeit* f ‖ *Geiz* m | *Druck* m; *Not* f | [attr] *Härte–* ‖ ~ *increase* ⟨tech⟩ *Verfestigung* f ‖ ~ *test Härteprüfung* f

hardpan ['hɑ:dpæn] s ⟨Am⟩ *Ortstein* m, *harter lehmiger Untergrund* m ‖ ⟨fig⟩ *Grund* m, *–lage* f, *Tiefe* f (down to ~); *Tiefstand* m, *tiefster Stand* m (prices have reached ~)

hards [hɑ:dz] s pl *Werg* n, → hard [s]

hardshell ['hɑ:dʃel] a *hartschalig* ‖ ⟨fig⟩ *streng, unbeugsam, starr,* °*stur* –**ship** ['hɑ:dʃip] s *gr Unbequemlichkeit, Mühe* f ‖ *Bedrängnis, Not* f, *Ungemach* n (on *für*) –**ware** ['hɑ:dwɛə] s *Eisen–, Metallkurzwaren* f pl ‖ ~man *Verfertiger v Metallwaren* m –**wearing** ['hɑ:d'wɛəriŋ] a *strapazierfähig* (dress) –**wood** ['hɑ:dwud] s *Hartholz* n; [*a* attr]; ~ *forest Laubwald* m

hardy ['hɑ:di] a (*–dily adv*) *kühn; verwegen* ‖ *kräftig, abgehärtet* | ⟨hort⟩ *winterhart* ‖ ~ *annual Staude, Perenne* f; ⟨fig parl etc⟩ *periodisch wiederkehrender Gegenstand* m

hare [hɛə] **1.** s ⟨zoo⟩ ⟨hunt⟩ pl ~] *Hase* m; *brown* ~ *gemeiner H.*; *mountain* ~, *blue* ~ *Schnee–*; → *leveret* | *mad as a March* ~ *geil wie ein Märzhase* m ‖ ~ and hounds *Schnitzeljagd* f ‖ to run with the ~ *and hunt with the hounds auf beiden Schultern tragen* ⟨fig⟩ (*es mit beiden Parteien halten*) | ⟨cul⟩ *jugged* ~ *Hasenpfeffer* m, *–klein* n | [attr] ~-brained *zerfahren, gedankenlos* ‖ ~-lip *Hasenscharte* f ‖ ~'s-foot ⟨bot⟩ *Hasenklee* m **2.** vi *jagen* ‖ (to ~ it) *ausreißen* ~**bell** ['~bel] s ⟨bot⟩ *wilde Hyazinthe* f ‖ *Glockenblume* f

harem ['hɛərem] s *Harem* m ‖ ~ *skirt* ⟨sl⟩ *Rockhose* f, *Hosenrock* m

haricot ['hærikou] s (a ~ bean) *welsche* (*weiße*) *Bohne* f ‖ ⟨cul⟩ *Hammelragout* n

hark [hɑ:k] **1.** vi/t ‖ *horchen, hören* (to *auf*); ~! *horch!* ‖ ⟨hunt⟩ (*als Anruf*): *gehen* (~

forward! ~ away!) || to ~ back (of hounds) (*auf dem Wege*) *nach der Fährte* f *zurückgehen*; ⟨fig⟩ *zurückgehen*, *–greifen*, *–k* (to *auf*) | vt to ~ on *antreiben* 2. s ⟨fig⟩ ~ back *Rückkehr* (to *z*)

harl(e) [haːl] s (*Flachs-*)*Faden* m; *Faser* f

harlequin ['haːlikwin] s ⟨theat⟩ *H·arlekin*, *Hanswurst* m || ⟨orn⟩ *Kragenente* f ~**ade** [ˌhaːlikwi'neid] s *Possenspiel* n; *komische Szene* || *Possen* f pl, *Späße* m pl

Harley Street ['haːlistriːt] s (*Straße in London*, *in der berühmte Ärzte wohnen*) *die ärztliche Fachwelt* || [attr] ~ consultation ⟨übtr⟩ *Konferenz* f *v ersten Fachleuten*

harlot ['haːlət] s *Dirne* f ~**ry** [~ri] s *Hurerei* f

harm [haːm] **1.** s *Unrecht* n, *Schaden* m; (grievous *schwere*) bodily ~ with fatal outcome *Körperverletzung* f *mit tödlichem Ausgang* m || *Böses*, *Übel* n | there will be little ~ *es wird wenig schaden* (in doing *z tun*) || to do no ~ *nicht stören*, *nicht schaden* || to do a p ~ *jdm schaden* || to keep [vi] out of ~'s way *die Gefahr meiden*, *sich vorsehen* || to mean no ~ *nichts Böses im Sinne h* **2.** vt (*jdn*) *schädigen*, *verletzen*; (*jdm*) *schaden*, *Leid zufügen* ~**ful** ['~ful] a (~ly adv) *nachteilig*, *schädlich* (to a th *e–r S*, *für e–e S*) || ~ for youths *jugendgefährdend* ~**fulness** ['~fulnis] s *Schädlichkeit* f ~**less** ['~lis] a (~ly adv) *harmlos*; *unschädlich* || *unschuldig* ~**lessness** ['~lisnis] s *Harmlosigkeit*, *Unschädlichkeit* f

harmattan [haːˈmætən] s *trockener*, *Staub bringender Landwind* m

harmonic [haːˈmɔnik] **1.** a (~ally adv) *zus-*, *übereinstimmend* (with) || ⟨phys mus⟩ *harmonisch*; ~ progression *harmonische Reihe* f || ~ frequency *Oberschwingungsfrequenz* f **2.** [s pl] ~s *Harm·onik* f | ⟨mus & wir⟩ *Oberschwingungen* f pl, *Obertöne* m pl ~**al** [~əl] ~ vase *Schallgefäß* n, *–topf* m ~**ca** [haːˈmɔnikə] s L [pl ~s] *Glas-*, *Hammer-*, *Mundharmonika* f || ~ effect *Ziehharmonikawirkung* f *e–r* (*Auto–*), *Marschkolonne* f *–con* [haːˈmɔnikən] s Gr ⟨mus⟩ *Mundharmonika* f || *Orchestrion* n

harmonious [haːˈmounjəs] a (~ly adv) *harmonisch*, *wohlklingend* || ⟨übtr⟩ *harmonisch angeordnet* or *wirkend* || *harmonisch* || *einträchtig* ~**ness** [~nis] s *Wohlklang* m, *Eintracht* f

harmonist ['haːmənist] s *Harmonielehrer* m || ⟨bes bib⟩ *jd, der Abweichungen verschiedener Texte ausgleicht* ~**ic** [ˌhaːməˈnistik] s ⟨bib⟩ *Harmon·istik* f

harmonium [haːˈmounjəm] s [pl ~s] ⟨mus⟩ *Harm·onium* n

harmonize ['haːmənaiz] vt/i || ⟨mus⟩ *harmonisch* m || *in Einklang m bringen*, *versöhnen* | vi ⟨mus⟩ *harmonieren* || *übereinstimmen*

harmony ['haːməni] s ⟨mus⟩ *Harmonie* f, in open (closed) ~ *weit* (*eng*) *gesetzt*; *Wohlklang* m || ⟨übtr⟩ *Wohlordnung* f || *Ebenmaß* n || *Einklang* m, *Eintracht* f

harness ['haːnis] **1.** s † *Harnisch* m, *Rüstung* f | (*Pferde-*)*Geschirr* n; to die in ~ *in den Sielen sterben* || double ~ *G.* f *2 Pferde* n pl; to go in double ~ *sich verheiraten*; *verheiratet* s || *Anschnallgurt* m; ⟨aero⟩ (*Fallschirm-*)*Gurtewerk* n || ⟨weav⟩ *Webgeschirr* n; *Schaft* m; *Harnisch* m | ~ horse *Zugpferd* n *–maker Sattler* m **2.** vt (*Pferd*) *anschirren*; *anspannen* (to a carriage *an e–n Wagen*) || ⟨fig⟩ (*jdn*) *einspannen* (to in); (*etw*) *nutzbar m* (to ~ a th, to the wheels of a th *etw e–r S nutzbar m*); (*neu*) *aufziehen* || ~ing loom ⟨weav⟩ *Harnischstuhl* m

harp [haːp] **1.** s ⟨mus⟩ *Harfe* f ~*–seal* ⟨zoo⟩ *Grönland-Seehund* m **2.** vi *Harfe spielen* || to ~ upon (*ein Thema*) *immer wieder berühren*; ⟨fig⟩ *ständig betonen*; *preisen*, *lobhudeln*; to be always ~ing on the same string *immer dieselbe*

Leier anstimmen ~**er** ['~ə], ~**ist** ['~ist] s *Harfner*(*in* f) m

harpings ['haːpiŋz] s pl ⟨mar⟩ *vorderer Teil der Berghölzer am Bug* m

harpoon [haːˈpuːn] **1.** s *Harpune* f **2.** vt *harpunieren* ~**er** [~ə] s *Harpunierer* m

harpsichord ['haːpsikəːd] s ⟨hist mus⟩ *Klavi·z·imbel*, *C·embalo* n (to play on the ~ *C. spielen*), *Kielflügel* m

harpy ['haːpi] s ⟨myth⟩ *Harpyie* f || ~ eagle ⟨orn⟩ *Harpyie* || ⟨fig⟩ *raubgierige P* f

harquebus ['haːkwibəs], **ar–** ['aː–] s ⟨hist⟩ *Arkeb·use*, *Hakenbüchse* f

harridan ['hæridən] s *alte Vettel* f

harrier ['hæriə] s ⟨hunt⟩ *Brake* f (*Jagdhund f Hasen*); ~s [pl] *e–e Koppel Hunde* f

harrier ['hæriə] s *Verheerer*, *Plünderer* m || ⟨orn⟩ *Art Weihe* f; hen ~ *Korn–*; marsh ~ *Rohr–*; Montague's ~ *Wiesen–*; pallid ~ *Steppen–*

Harris tweed ['hæris'twiːd] s (*nach Harris, e–m Teil der Hebrideninsel* Lewis) *handgewebter Wollstoff* m

Harrovian [həˈrouviən] **1.** a *z Harrow gehörig* **2.** s (*alter*) *Schüler v Harrow*

harrow ['hærou] **1.** s *Egge* f; under the ~ *in gr Not* **2.** vt/i || *eggen* || ⟨fig⟩ (*Gefühl*) *verletzen*; *quälen*, *martern* | vi *eggen*; *sich e. l.*

harrow ['hærou] vt *plündern* ~**ing** [~iŋ] s ⁓ of Hell (*Christi*) *Höllenfahrt* f

harry ['hæri] vt (*Land*) *verheeren*, *plündern* || (*Nest*) *berauben* || (*jdn*) *quälen*, *verfolgen*

harsh [haːʃ] a (~ly adv) *rauh*, *hart* (cloth) || *herb*, *sauer* (taste) || *rauh*, *grell* (sound, colour) || *unangenehm*, *abstoßend* || *barsch*; *streng*, *grausam* ~**ness** ['~nis] s *Rauheit*; *Herbheit* f || *Härte* f

hart [haːt] s *Hirsch* m (*nach 5. Jahr*) || ~ of ten *Zehnender* m || ~'s-tongue ⟨bot⟩ *Hirschzunge* f

hartal ['haːtæl] s ⟨Ind⟩ *Trauertag* m, *Schließen der Geschäfte* n etc (*als Protest* or *Boykott*)

hart(e)beest ['haːt(i)biːst] s SAfr ⟨zoo⟩ *Kama* m (*Kuhantilope*)

hartshorn ['haːtshɔːn] s ⟨chem⟩ *Hirschhorn* n || salt of ~ *salz* n; spirit of ~ *–geist* m

harum-scarum ['hɛərəm'skɛərəm] **1.** a *fahrig*; *gedankenlos*; *leichtsinnig*, *wild* **2.** adv *Hals über Kopf* **3.** s *Wildfang*, *Sausewind*, *fahriger Bursche* m

haruspex [hə'rʌspeks] s L (pl *–pices* [*–pisiːz*]) *Wahrsager* m *aus Eingeweiden der Opfertiere*

harvest ['haːvist] **1.** s *Ernte* f || *Erntezeit* f || *Ernteertrag* m; ⟨fig⟩ *Ertrag*, *Gewinn* m | [attr] ~*-bug*, ~*-mite Herbst–*, *Grasmilbe* f || ~*-festival*, ~ thanksgiving *Erntedankfest* n || ~*-home Erntezeit* f; *Erntefest* n || ~ moon *Vollmond um den 22. Sept.* || ~ mouse *Feld–*, *Zwergmaus* f || ~*-spider* ⟨zoo⟩ *Weberknecht* m || ~*-work* ⟨SBZ⟩ *Ernteeinsatz* m **2.** vt/i (*Ernte*) *einbringen*, *–holen* || ⟨fig⟩ *ernten* || *aufspeichern* | vi *die E. einbringen* | ~**er** [~ə] s *Schnitter*(*in* f) m || *Ernte–*, *Mähmaschine* f *mit Selbstbinder* m || ⟨ent⟩ *Weberknecht* m; *Herbstmilbe* f ~**man** ['~mən] s ⟨Am⟩ *Erntearbeiter* m; ⟨ent⟩ *Weberknecht* m

has [hæz] **3.** sg prs *v* to have || ~*-been Vergangenes* n; *jd, der ausgespielt hat*, *Gewesener* m

hash [hæʃ] **1.** vt (*a* to ~ up) (*Fleisch*) *zerhacken* || ⟨fig⟩ *zus–mischen*, *verwirren* **2.** s ⟨cul⟩ *Hasch·ee*; *Gehacktes* n || ⟨fig⟩ *Wiederaufgewärmtes* n; *Mischmasch* m; ⟨Am fig⟩ *Quatsch* m, *Geschwätz* n; to make a ~ of *verpfuschen* (to settle a p's ~ ⟨fam⟩ *jdn abtun*, *mundtot m*) ~**er** ['~ə] s ⟨Am fam⟩ *Kellner* m

hashish, **–sheesh** ['hæʃiːʃ] s *H·aschisch* n (*Berauschungsmittel*)

haslet ['heizlit], **harslet** ['hɑːzlit] s *Geschlinge* n (*des Schweins*)

hasp [hɑːsp] **1.** s *Haspe* f, (*Schließ-*)*Haken* m || *Haspel* f || (*Garn-*)*Docke* f || (*Schloß-*)*Überfall* m **2.** vt *mit e–r Haspe befestigen, zuhaken*

hassock ['hæsək] s *Grasbüschel* m, *Matte* f || *Fuß-, Kniekissen, Betpolster* n

hast [hæst; *w f* həst] † **2.** sg *v* to have

hastate ['hæsteit] a ⟨bot⟩ *lanzettförmig*

haste [heist] **1.** s *Hast, Eile* f (in ∼) || *Übereilung* f (in ∼); *Hastigkeit* f || to make ∼ *eilen, sich beeilen* (to do) || more ∼ *less speed eile mit Weile* f **2.** vi *eilen; sich beeilen* (to do) **hasten** ['heisn] vt/i || *beschleunigen,* (*z Eile*) *antreiben* || ⟨*bes mil*⟩ *anmahnen* (a reply, voucher, return) | vi *eilen* (to); *sich beeilen* (to do) **hastener** ['heisnə] s *Anmahnung* f, *Mahnschreiben* n

hastiness ['heistinis] s *Hastigkeit, Übereilung* f || *Ungeduld; Hitze* f, *Eifer* m **hasty** ['heisti] a (–tily adv) *hastig, eilig;* a ∼ line *e–e Zeile in Eile* || *eilfertig, voreilig, übereilt* || *jähzornig, hitzig* ⟨*mil*⟩ ∼ bridge *Behelfsbrücke* f; ∼ demolition *Schnellzerstörung* f, *Zerstörung mit Schnelladung* || ∼entrenchment *flüchtige Feldbefestigung* f; ∼ obstacle *Schnellsperre* f || ∼-pudding ⟨*cul*⟩ *Mehlpudding* m || ∼ shelter *feldmäßiger Unterstand* m

hat [hæt] **1.** s *Hut* m; ⟨*mil*⟩ *Mütze* f | bad ∼ ⟨*sl*⟩ *anrüchige P* f || cardinal's ∼, red ∼ *Kardinalshut* m, *–würde* f || cocked ∼, three–cornered ∼ *Dreimaster* m; pointed ∼ *Juden-, Spitzhut* m; two-horned ∼ *Zweispitz* m | my ∼! ⟨*sl*⟩ *na, ich danke! Und wie!,* °*m–e Fresse!* || ∼ in hand *mit dem Hut in der Hand* (*respektvoll*) || under one's ∼ *geheim* || with one's ∼ on *mit dem Hut auf dem Kopfe* || to raise, touch one's ∼ to *a p den grüßen* || to send round the ∼ *e–e Geldsammlung veranstalten* || or I'll eat my ∼ *oder ich freß 'nen Besen* || keep it under your ∼ *behalt's für dich* || to talk through one's ∼ ⟨*sl*⟩ *übertreiben, aufschneiden,* °*Unsinn verzapfen* | [attr] *Hut-* || ∼-block *Hut*(*macher*)*form* f || ∼-box, ∼-case *Hutschachtel* f || ∼ check girl *Garderobenfräulein* n || ∼-pin *Hutnadel* f || ∼-rack, ∼-stand *Hutständer* m || ∼-trick ⟨*crick*⟩ *3maliges Treffen des Wicket mit 3 Bällen hinter–e–a* (*Leistung, die urspr mit e–m Hut belohnt wurde*) **2.** vt *mit e–m Hute versehen* || ⟨*ec*⟩ *den Kardinalshut verleihen* [*bes pp* ∼ted] **∼band** ['∼bænd] s *Hutband* n **∼less** ['∼lis] a *hutlos*; the ∼ *brigade die* °,,*Antichapeautisten*'' m pl

hatable ['heitəbl] a *hassenswert*

hatch [hætʃ] s *Halbtür* f; *untere Hälfte* f *e–r geteilten Tür* || ⟨*aero*⟩ *Einsteigluke* f || ⟨*mar*⟩ *Lukentür* f, *Luke* f; under ∼es ⟨*mar*⟩ *unter Deck; in Arrest;* ⟨*fig*⟩ to get under ∼es *begraben w* || *Schleuse* f | ∼ cover ⟨*aero*⟩ *Einstiegklappe* f; ∼ list *Ladeliste* f

hatch [hætʃ] **1.** vt/i || (*Eier*) *ausbrüten* || ⟨*fig*⟩ *aushecken; brüten über; ausdenken, ersinnen* || to ∼ out *ausbrüten* | vi *ausgebrütet w; schlüpfen* || *Junge ausbrüten* || ⟨*fig*⟩ *sich entwickeln;* ⟨*fig*⟩ *vonstatten gehen* **2.** s *Brüten* n || *Brut, Hecke* f || [pl] ⟨*journ*⟩ ∼es, *Catches, Matches,* and *Dispatches Geburts-, Verlobungs-, Heirats– u Todesanzeigen* = *Familienanzeigen* f pl **∼er** ['∼ə] s *Brüter* m (a good ∼) || ⟨*fig*⟩ *Ausbrüter, Ersinner* m || *Brutapparat* m **∼ery** ['∼əri] s (*Fisch-*)*Brutanstalt* f

hatch [hætʃ] **1.** vt *mit Linien gravieren; schraffieren* **2.** s *schraffierte Linie* f

hatchel ['hætʃəl] s & vt *hackle*

hatchery ['hætʃəri] s *Fischbrutstätte, –anstalt* f

hatchet ['hætʃit] s *Beil, Handbeil* n || to bury (take up) the ∼ *das Kriegsbeil begraben* (*ergreifen*) || to sling *od* throw the ∼ ⟨*fam*⟩ °*gr Bogen spucken;* °*angeben* | ∼-carpenter ⟨*Am*⟩ *Stümper, Pfuscher* m || ∼(y)-face *scharf-*

geschnittenes Gesicht n; *Axtgesicht* n (*lange Nase, langes Kinn*)

hatching ['hætʃiŋ] s *Brüten* n || [attr] *Brut-* ⟨a fig⟩

hatching ['hætʃiŋ] s *Schraffierung, Strichelung, Schummerung* f

hatchment ['hætʃmənt] s ⟨*her*⟩ *Wappenschild* m; *Tafel mit W.* (*e–s Verstorbenen*)

hatchway ['hætʃwei] s ⟨*mar*⟩ (*Lade-*)*Luke* f; ⟨*fig*⟩ *Futter-* (*Mund*)

hate [heit] **1.** s ⟨*poet*⟩ *Haß* (of, towards *gegen, auf*) || ⟨*mil sl*⟩ *Haßausbruch* m, *Beschießung* f **2.** vt (*jdn*) *hassen;* to ∼ with a deadly ∼ *tödlich hassen* || *verabscheuen* || *nicht mögen* (to ∼ doing, to do *ungern tun*); *sehr bedauern* (that) || ∼-the-British [attr] (= *anglophobic*) *englandfeindlich* **∼able** ['∼əbl] a = *hatable*

hateful ['heitful] a (∼ly adv) *haßerfüllt, gehässig* || *verhaßt, hassenswert* **∼ness** [∼nis] s *Gehässigkeit* f || *Verhaßtheit* f

hater ['heitə] s *Hasser, Feind* m

hatful ['hætful] s (*ein*) *Hutvoll;* (*e–e*) gr *Menge* f (a ∼ of) **–less** ['hætlis] a *ohne Hut; barhäuptig*

hatred ['heitrid] s *Haß* m (of, against *gegen, auf*); *Abneigung* f

hatter ['hætə] s *Hutmacher* m (f *Herren*), → *milliner, mad*

hauberk ['hɔːbəːk] s ⟨*hist*⟩ *Panzer, Harnisch* m

haugh [hɔː] s ⟨*Scot*⟩ *Alluvi·alland* n, (*Fluß-*) *Niederung* f

haughtiness ['hɔːtinis] s *Stolz, Hochmut* m **–ty** ['hɔːti] a (–tily adv) *stolz; hochmütig, überheblich*

haul [hɔːl] **1.** vt/i **A.** vt *kräftig ziehen, zerren; schleppen* || *transportieren; befördern* | ⟨*mar*⟩ (*Tau*) *anholen, –ziehen* || to ∼ the wind *an den Wind gehen;* ⟨*fig*⟩ *den Kurs ändern; sich zurückziehen* | to ∼ a p over the coals *jdn abkanzeln* | to ∼ down (*Fahne*) *niederholen, streichen* || to ∼ in ⟨*mar*⟩ *ein–* || to ∼ up *aufholen;* ⟨*fig*⟩ (*jdn*) *abkanzeln* **B.** vi *ziehen* (at, upon *an*) || to ∼ upon the wind ⟨*mar*⟩ *an den Wind gehen* ⟨a fig⟩ || to ∼ round (of the wind) *umspringen* **2.** s *Ziehen* n, *kräftiger Zug* m; *Fischzug* | ⟨*fig*⟩ *Fang, Gewinn* m, *Beute* f || ⟨*Am*⟩ *Wagenladung* f; *Transportweg* m, *–entfernung, –strecke* f **∼age** ['∼idʒ] s *Transport* m, *Beförderung* f; ⟨*for*⟩ *Abfuhr* f; ⟨*min*⟩ *Förderung* f || *Transportkosten* pl || road ∼ *industry Güterkraftverkehr* m | ∼ contractor *Fuhrunternehmer* m || ∼ rope *Förder-, Zugseil* n; ∼ vehicle *Transportwagen* m || ∼ tractor (*Straßen-*)*Schlepper* m **∼er** ['∼ə], **∼ier** ['∼jə] s ⟨*min*⟩ *Schlepper* m **∼ing** ['∼iŋ] s *Schleppen* n; [attr] ⟨*min*⟩ *Förder-*

haulm [hɔːm], **halm** [hɑːm] s *Halm,* (*Pflanzen-*) *Stengel* m || [koll] (*die*) *Stengel* pl

haunch [hɔːntʃ] s ⟨*anat*⟩ *Hüfte* f || (of a horse) *Schenkel* m || *Keule* f; ∼ of venison *Wildbret-* = *hance* || ⟨*arch*⟩ *Winkel, Schenkel* m (*e–s Bogens, Gewölbes*), → *flank* || (*Straßen-*) *Bankett* n | ∼ charge ⟨*mil tech*⟩ *Schenkelladung* f

haunt [hɔːnt] **1.** vt/i **A.** vt *häufig besuchen* || *umgehen mit, verkehren mit* | *heimsuchen* || (of ghosts) *umgehen in;* this house is ∼ed *in diesem Hause spukt es* | ⟨*übtr*⟩ *verfolgen, belästigen, quälen, plagen* (to be ∼ed by) | *sich immer einstellen bei, verbunden s mit* **B.** vi *häufig erscheinen* **2.** s *häufig besuchter Ort, Aufenthalt* m | (*Tier-*)*Lager* n; (of criminals) *Schlupfwinkel* m || ⟨*Am*⟩ *Geist* m

hautboy ['oubɔi] s Fr ⟨*mus*⟩ *Hob·oe, Ob·oe* f

haute école ['out eikəl] s Fr ⟨*hors*⟩ *Hohe Schule* f

hauteur [ou'təː] s Fr *Hochmut* m

Havana [hə'vænə] s *Hav·annazigarre* f

have [hæv] vt/i & aux [3. sg had; had/had/

having; abbr I've, we've, I'd = I have, we have, I had; 's = has; [neg] haven't, hasn't, hadn't = have, has, had not] **I. vt A.** (*als Begriffsverb*) **1.** *haben, besitzen* || *verfügen über*; ⟨jur⟩ to ∼ and to hold .. *absolutely and forever z unbeschränktem Eigentum besitzen* || (*als Eigenschaft* etc) *haben, in* or *an sich tragen* (to ∼ *a good memory*); has she (⟨Am⟩ does she ∼) *blue eyes*? *hat sie ..*? || to ∼ on (*e–n Rock*) *anhaben*; (*e–n Hut*) *aufhaben* | *genießen, erleben* (I had a good time); *im Besitz s v*; come and ∼ one ⟨fam⟩ *gehen wir e–n heben, zischen* (*trinken*) || *leiden an* (to ∼ the gout) || *verstehen, kennen* | *z Pflicht h* || → to do || [*vor inf*] *müssen,* to ∼ to do *tun müssen;* the letter has to be copied *der Brief muß abgeschrieben w* | [*betont*] I ∼ a thirst *ich h`ab aber 'nen Durst* m **2.** *behalten* (to ∼ in mind) || *im Sinn h; fühlen;* (*Gefühl*) *hegen;* ∼ the kindness to do *sei so gut z tun* || to ∼ a down on a p *Groll hegen gegen jdn* | *ausüben; –führen; abhalten* | *behaupten; ausdrücken* (as Goethe has it) **3.** *erhalten; bek* (to ∼ a baby); can I ∼ .. ⟨com⟩ *h Sie ..?; gewinnen* || to ∼ it ⟨fam⟩ *es tüchtig bek, bestraft w; gewonnen h, die Oberhand h* (the Ayes ∼ it) || *hören, erfahren h* (from *v*) | (*Essen*) *einnehmen, z sich nehmen; essen* || ⟨fam⟩ he has had enough *er hat genug* (*ist betrunken*) | *in der Gewalt h;* ⟨fam⟩ *gefangen h* (I ∼ you there); (*jdn*) *in Verlegenheit bringen, besiegen* || ⟨fam⟩ *beschuppen, betuppen* (*betrügen*), *hineinlegen* || ⟨Am⟩ to ∼ it on a p → B. **5. b** || ⟨sl⟩ (*jdn*) *z besten h, betrügen* (you ∼ been had); **4. Wendungen:** to ∼ a care *aufpassen, sich vorsehen;* to ∼ it ⟨fam⟩ °*es kriegen* (*Schelte bek*); he'd had it ⟨aero sl⟩ *es hatte ihn geschnappt* (*er war tot*), ⟨mil sl⟩ *er ist aufgefallen, ihn hat's erwischt;* she's had it ⟨sex⟩ *sie weiß Bescheid;* to ∼ a look at a th *sich etw ansehen;* to ∼ a try *e–n Versuch m;* to ∼ a walk *e–n Spaziergang m* | to ∼ by heart *auswendig können* || to ∼ for breakfast *als Fr. nehmen, z Fr. essen, trinken;* ⟨fig fam⟩ (*jdn*) *z Fr. verzehren* || I ∼ *much work to do ich habe viel z tun* || *may* I ∼ *it for my own? darf ich es behalten?* || you ∼ *my word for it ich gebe Ihnen mein Wort darauf* || he had many things against him *er hatte gegen vieles anzukämpfen* | he will ∼ *it that er behauptet, daß ..* || ∼ *it your own way wie Sie wollen, meinetwegen* || to be had of all booksellers *bei allen Buchhändlern z h* || to let a p ∼ a th *jdm etw z`ukommen l;* I'll let him ∼ *it ich werd`s ihm geben* (*ihn verprügeln*); **B.** (*verblaßt*) **1.** [*mit Objekt u pp*] *bewirken, lassen,* I had my hair cut *ich ließ mir die Haare schneiden* **2.** *z Ausdruck des Passivs: werden,* he had a son born to him *ihm wurde ein Sohn geboren* **3.** [*mit Objekt u reinem inf*] *erleben, erfahren,* I had a horse run away with me *ein Pferd ging mit mir durch* **4.** [*nach* will, would *mit Objekt u inf*] I would ∼ you to know it *ich möchte, daß Sie wissen* || [*neg mit Objekt u pp*] *nicht dulden,* nicht *zulassen;* I would not ∼ *it discussed ich dulde nicht, daß es erörtert wird* **5. a.** [*mit Objekt u adv*] to ∼ a p in *jdn hereinbitten* || ⟨Am⟩ to ∼ *it in for a p Groll hegen gegen jdn* || to ∼ a p on *jdn z besten h* || to ∼ *it out with a p sich aus–e–a–setzen mit* || to ∼ a p up *jdn vor Gericht belangen* **b.** [*mit Objekt u prep*] ⟨Am sl⟩ to ∼ *it on a p jdm überlegen s;* to ∼ *nothing on a p jdm weit unter– s* **II. vi 1.** to ∼ at a p *jdn angreifen* **2.** had (*hätte*): I had better, best *da es wäre besser, am besten, daß ich ginge, ich täte besser .. z gehen* **III. v aux 1.** *haben* (I ∼ written); ∼ done! *hör auf!* I ∼ got *ich habe* || *having selected nach Auswahl, nach getroffener Wahl* **2.** [*bei intr. Verben*] *sein* (I ∼ been, he will ∼ arrived) **IV.** [in comp] ∼-not [pl ∼-nots] *Habenichts* m; *jd, der etw nicht hat, was andere h* (the ∼s and ∼-nots) || → has

havelock ['hævlək] s (*nach* H. ∼, † 1857) *H`avelock* m
haven ['heivn] s *Hafen* m || ⟨fig⟩ *Freistätte* f, *Zufluchtsort* m
haven't ['hævnt] = have not
haversack ['hævəsæk] s ⟨mil⟩ *Brot–, Futterbeutel* m (*Hafersack*) || *Rucksack* m | ∼ ration *Marschverpflegung* f
havildar ['hævıldɑ:] s *ostind.* (*Sepoy-*) *Sergeant* m
having ['hæviŋ] s [*oft pl*] ∼s *Besitz* m, *Eigentum* n
havoc ['hævək] **1.** s *Verheerung, Verwüstung* f; *Gemetzel* n || ⟨mot⟩ ∼ (on the road) *Verkehrschaos* n || to cause ∼ *Verwüstung anrichten;* to make ∼ of, to play ∼ among *od* with *verwüsten, niederreißen* **2.** vt (–ocking) *verwüsten*
haw [hɔ:] s ⟨bot⟩ (*Frucht des Weißdorns*) *Mehlbeere* f
haw [hɔ:] s (in animals) *Nickhaut* f
haw [hɔ:] **1.** vi to hum and ∼ *sich räuspern, zögern* | ⟨Am⟩ to ∼ and gee *v e–r S z anderen hin– u herspringen; unentschlossen s, zögern* **2.** s *Murmeln; Zögern* n
Hawaiian [hə'waiiən] **1.** a *hawaiisch* **2.** s *Bewohner v Haw`ai* m
hawfinch ['hɔ:finʃ] s ⟨orn⟩ *Kernbeißer* m
haw-haw ['hɔ:'hɔ:] s = ha-ha
haw-haw ['hɔ:'hɔ:] **1.** intj *haha!* **2.** s *lautes Gelächter* n **3.** vi/t | *laut lachen* | vt (*jdn*) *anlachen*
hawk [hɔ:k] **1.** s ⟨orn⟩ *Habicht, Falke* m; sparrow ∼ *Sperber* m | to have eyes like a ∼ *Augen wie ein Luchs h* | ⟨ent⟩ *Schwärmer* m | bee-∼ *Hummel–;* oleander-∼ *Oleander–;* poplar-∼ *Pappel–;* spurge-∼ *Wolfsmilch–* | ⟨fig⟩ *Schwindler, Gauner* m | [in comp] ∼-eyed *scharfsichtig, mit Falkenaugen* n pl | ∼-moth ⟨ent⟩ *Schwärmer, Spinner, Nachtfalter* m | ∼-nosed *mit e–r Habichtsnase* | ∼'s *heard* ⟨bot⟩ *P`ippau* m | ∼'s-bill *Meeresschildkröte* f **2.** vi/t || *mit Falken jagen; Jagd* m (at *auf*) | vt *jagen, verfolgen* ∼**er** ['∼ə] s *Falkenjäger* m
hawk [hɔ:k] s *Scheibe* f (*des Putzmaurers*), *Tünchscheibe* f
hawk [hɔ:k] vt *verhökern* || ⟨übtr⟩ *feilbieten;* to ∼ about *verbreiten* || to ∼ it ⟨vulg⟩ °*auf den Strich gehen;* she's ∼ing her meat *sie geht mit ihren Reizen hausieren* ∼**er** ['∼ə] s *Höker* m
hawk [hɔ:k] vi/t *sich räuspern* | vt to ∼ up *aushusten*
hawkbit ['hɔ:kbit] s ⟨bot⟩ *Kuhblume* f ∼**-weed** ['hɔ:kwi:d] s ⟨bot⟩ *Habichtskraut* n; *Pippau* m
hawse [hɔ:z] s ⟨mar⟩ (*Anker-*)*Klüse* f | pl (*mst* ∼-holes) *Klüslöcher* n pl || ∼-pipe *eisengefüttertes Rohr im Klüsloch* n
hawser ['hɔ:zə] s ⟨mar⟩ *Kabeltau* n, *Trosse* f
hawthorn ['hɔ:θɔ:n] s ⟨bot⟩ *Hage–, Weißdorn* m
hay [hei] **1.** s *Heu* n; to make ∼ *H.* m | ⟨fig⟩ to make ∼ of a th *etw verwirren, zus–werfen; beseitigen* | to hit the ∼ *z Bett gehen* | to make ∼ while the sun shines *das Eisen schmieden, solange es heiß ist* | [attr] ∼ box (*Heu-*)*Kochkiste* f | ∼-burn *Selbsterhitzung, –entzündung* f *des Heus* || ∼-cart *Heuwagen* m || ∼-fever ⟨med⟩ *Heufieber* n, *–schnupfen* m || ∼-fork *Heugabel* f || ∼-mow = ∼cock || ∼-seed ⟨fig fam⟩ °*Klutentramper* m (*Bauer*) **2.** vt/i || *heuen, z Heu* m || *mit H. versehen* | vi *Heu* m (to go ∼ing) ∼**bag** ['∼bæg] s ⟨fam⟩ old ∼ °*alte Schachtel* f (*Frau*) ∼**cock** ['∼kɔk] s *Heuhaufen* m ∼**loft** ['∼lɔft] s *–boden* m ∼**maker** ['∼ˌmeikə] s *–macher* m ∼**rack** ['∼ræk] ⟨Am⟩; ∼**rick** ['∼rik], ∼**stack** ['∼stæk] s *–schober* m ∼**seed** ['∼si:d] s *Grassamen* m || → hay-seed
haybote ['heibout], **hedge..** ['hedʒbout] s *Unterholz* n *z Aufbesserung* f *der Zäune; das*

Recht des Pächters, dieses z verwenden **hayward** [′heiwəd] s *(Gemeinde-)Zaunaufseher* m

haywire [′heiwaiə] **1.** s *Durcheinander* n **2.** a *durch–e–a* || to go ~ ⟨Am sl⟩ *kaputt gehen, nicht mehr funktionieren, nicht in Ordnung s; durch–e–a–geraten*; (P) *krank* w, *verrückt* w, *durch–e–a–k*

hazard [′hæzəd] **1.** s (*e–e Art) Würfelspiel, Glücksspiel* n || *Zufall* m (by ~); ~s *Launen* f pl (*des Wetters*) || *Wagnis* n, *Gefahr* f; at all ~s *auf alle Fälle* f || to be on the ~ *auf dem Spiel* n *stehen* (⟨bill⟩ *losing* ~ *Verläufer* m; *winning* ~ *Treffer* m | ~ beacon ⟨aero⟩ *Gefahrenfeuer* n **2.** vt *aufs Spiel setzen; sich aussetzen* (a danger) | *wagen* (a th; to do) ~**ous** [~əs] a (~ly adv) *gewagt, (lebens)gefährlich* || ~ supplies [pl] *gefährliche Artikel* m pl (*Sprengstoff* etc)

haze [heiz] **1.** s *leichter Nebel, Dunst* m | ⟨fig⟩ *Nebel* m, *Dunkelheit, Unklarheit* f **2.** vi/t || *diesig, unklar* w | vt *diesig, unklar* m

haze [heiz] vt ⟨mar⟩ *durch schwere Arbeit bestrafen* ⟨Am⟩ *quälen, schinden; schurigeln; überbürden;* °*bimsen, schlauchen*

hazel [′heizl] s ⟨bot⟩ *Haselnußstrauch* m || [attr] *nuß–, hellbraun* || ~-hen *Haselhuhn* n; ~-nut *Haselnuß* f | ~-nut brown *haselfarben*

haziness [′heizinis] s *Nebligkeit* f || ⟨fig⟩ *Unklarheit* f **hazy** [′heizi] a (–zily adv) *nebelig, dunstig; diesig* || ⟨fig⟩ *unklar*; I am ~ *ich bin im unklaren* (about); *nebelhaft, verschwommen*

he [hi:] **1.** pron *er*; ~ who *derjenige, welcher*; *wer* || (personifiziert & poet) *sie* (the sun) | *es* (who is this man? he is Mr G.) | ⌐, Me, and You ⟨aero sl⟩ *Heinkel–, Messerschmitt– u Junkers-Maschinen* f pl **2.** s [pl ~s] *männl. Wesen* n **3.** [attr] *männlich;* ⟨Am a⟩ *Männer–* (*z. B. Kleidung*) || ~-goat *Ziegenbock* m | ~-male ⟨vulg⟩ °*„Bulle"* m (P) || ~-man [pl ~-men] ⟨Am⟩ *Kraftmensch, starker Mann,* °*Kraftmeyer* m, *Urvieh* n (P) || ~-togs ⟨Am sl⟩ *Männerkleider* n pl

head [hed] s **1.** *Haupt* n, *Kopf* m | ⟨hunt⟩ (*Hirsch-)Geweih,* (*Antilopen-)Gehörn* n ⟨fig⟩ *Kopf* (he is a good ~ for), *Verstand* m (above my ~), *Geist* m || *Kopf* m, *Leben* n; it cost him his ~ *es kostete ihn den Kopf* | *Kopfbild* n || ⟨num⟩ *Kopfseite* f, *Avers* n || ~ and shoulders above .. [dat] *turm–, haushoch überlegen* **2.** *einzelne P* (three pence a ~); per ~ *pro Kopf* || (of cattle, etc) [pl ~] *Exemplar, Stück* n (30 ~ of cattle *30 Stück Vieh*; every ~ of cattle) | *Menge* f (a large ~ of rabbits) **3.** (S) *Kopf, oberes Ende* (of a bed, a mail, a page etc) || ~ of a brake *Bremsbacke* f, *–schuh, –block* m || (of a valve) *Kegel* m || (of a car) *Verdeck* n || (of liquor) *Schaum* m; ⟨tech⟩ *Druckhöhe* f; ~ of suction *Saughöhe* f || (of a river) *Quelle* f || (of a room) *Ende* n || (*obere*) *Spitze, Front* f ⟨a fig⟩ *Vorderteil* n (of a ship) || *Vorgebirge* n || ~ of column ⟨mil⟩ *Marschspitze* f **4.** ⟨fig⟩ *Führer, Anführer, Vorsteher* m; *Direktor* m; civic ~ *prominenter Bürger, Stadtältester* m | ⟨fam⟩ *Oberkellner* m | *führende Stellung, Spitze* f (at the ~ of) || ~ of the state *Staatsoberhaupt* n **5.** *Hauptpunkt* m (the ~s of a speech), *–teil, –abschnitt* m || ~s of agreement *Vorvertrag* m | ⟨fig⟩ *Krisis, Höhe* f (to bring to a ~) | ⟨Am a⟩ = ~-line **6. a.** crowned ~ *gekröntes Haupt* n; they reform their ~s off ⟨fig⟩ *sie reformieren sich z Tode* || ~s or tails *Kopf oder Wappen*? **b.** [nach prep] above the ~s *über die Köpfe hinweg* || by ~ and shoulders ⟨fig⟩ *gewaltsam, mit Gewalt, beträchtlich* || from ~ to foot *v Kopf z Fuß* m; *über u über* || off one's ~ *verrückt* || on that, this ~ *in dieser Hinsicht; in diesem Punkte; hierüber, darüber* || out of one's own ~ *aus sich allein, aus eigenem Antrieb* m || ~ over

ears, over ~ and ears (od heels) *bis über die Ohren, gänzlich, völlig, ganz u gar; vertieft; befangen* (in in) || over a p's ~ *über jds Kopf hinweg* **c.** ~ first od foremost *kopfüber* || ~ over heels *Hals über Kopf*; to go ~ over heels *sich überschl·agen* **d.** to **argue** one's ~ off *das Blaue v Himmel herunterschwatzen* || to bring to a ~ *z Entscheidung bringen* || he (they) broke his (their) head (heads) *er (sie) zerbrach(en) sich den Kopf* || to **come** to a ~ *eitern*; ⟨fig⟩ *sich zuspitzen; z Entscheidung k* || I could do it on my ~ ⟨sl⟩ *ich könnte es spielend leicht, ohne Schwierigkeit f tun* || do drag in by the ~ and shoulders ⟨fig⟩ (*etw) bei den Haaren herbeiziehen* || I'll eat my ~ *ich freß 'nen Besen (wenn)* || it will eat its od his ~ off ⟨fam⟩ *da kostet die Brüh' mehr als die Brocken* || to **enter** one's ~, *get into one's* ~ *jdm einfallen;* (of wine) *jdm z Kopfe steigen* || to gather head *überhandnehmen; z Kräften k* || to get a h out of one's ~ *sich* [dat] *etw aus dem Sinne schlagen* || to give a p his ~ ⟨fig⟩ *jdm freien Lauf l* || to **go** over a p's ~ ⟨fig⟩ *über jds Kopf hinweggehen* (to z) || to go to a p's ~ *jdm z Kopfe steigen* || to have a ~ *like a sieve ein Gedächtnis wie ein Sieb h* || to have a th on one's ~ *etw auf dem Gewissen h, verantwortlich s f etw* || to have a ~ ⟨fam⟩ *Schädelbrummen, e–n Brummschädel h* || to **keep** one's ~ ⟨fig⟩ *nicht den K. verlieren; die Fassung bewahren* || to k. one's ~ above water *sich über W. halten* ⟨a fig⟩ || to knock a th on the ~ ⟨fig⟩ *etw zerstören, vernichten; vereiteln* || they lay, put their ~s together *sie beraten sich* || to **lose** one's ~ *den Kopf verlieren; sich vergessen* || to make ~ against *Widerstand leisten gegen* || I cannot make ~ or tail of it *ich kann mir k–n Vers daraus m (ich kann daraus nicht klug w)* || to put into a p's ~ *jdm in den K. setzen* || to put a th out of one's ~ *sich etw aus dem K. schlagen* || to **run** in a p's ~ *jdm im Kopfe herumgehen* || to stand on one's ~ *auf dem Kopf stehen* || to suffer from swelled ~ *an Größenwahn leiden* || to take a th into one's ~ *sich* [dat] *etw in den Kopf setzen* || to talk (= argue) one's ~ off || to win by a ~ *um Kopflänge gewinnen* **7.** [attr] *Haupt–, Ober–, Spitzen–* || the ~ one *der obere; der, welcher an der Spitze steht* || ~ boy ⟨school⟩ *Klassenerster* m || he is a ~ case ⟨fam⟩ *er ist nicht richtig im Kopf* || ~ drag ⟨tech⟩ *Stirnwiderstand* m || ~ physician *Chefarzt* m **8.** [in comp] ~-and-chest set ⟨telph⟩ *Kopfgarnitur* f, *Brustfernsprecher* m || ~ arch ⟨arch⟩ *Obergurt* m || ~ band ⟨arch⟩ *Bandgesims* n; ⟨bookb⟩ *Kapitäl* n || ~ bay *Oberhaupt* n (*Schleuse*) || ~-board (of a bed) *Kopfbrett* n || ~-chair *Stuhl* m *mit Kopflehne* f || ~-dress *Kopfputz* m f *Damen* f || ~-gear *–bedeckung* f; (*Pferde-)Kopfgeschirr* n || ~ lamp ⟨mot⟩ *Scheinwerfer* m || ~-line *Anfangs–, Kopf–, Schlagzeile* f → ~-line || ~mason (*Maurer-)Polier* m || ~-master (mistress) *Direktor(in) e–r Schule* || ~-mastership *Direktorstelle* f || ~ miner *Steiger* m || ~-money *Kopfgeld* n (*auf jds Ergreifung*) || ~-note ⟨jur⟩ *Zus–fassung, Inhaltsangabe* f || ~-office *Hauptsitz* m, *–büro* n; ⟨telph⟩ *Zentrale* f | ~-on *direkt auf–e–a, gegen–e–a* or *collide* ~-on); *direkt v vorne,* ~-on attack *Frontalangriff* m; ~-on collision *–zus–stoß* m; ⟨traffic⟩ a ~-on collision *ein Auf–e–a–stoß(en)* m (between 2 trains) | ~-phone ⟨wir⟩ *Kopfhörer* m (a pair of ~-phones *ein K.*) || ~-piece *Helm* m; ⟨fig⟩ *Titelvignette* f || ~-resistance ⟨aero⟩ *Stirnwiderstand* m || ~-rest *Kopfstütze, –lehne* f || ~-sail ⟨mar⟩ *Segel* n *am Fockmast* m || ~(-)scarf *Kopftuch* n || ~ sea *Gegensee* f || ~-stall *Kopfstück* n (*e–s Zaumes*) || ~ stone ⟨arch⟩ *Eckstein* m || ~-voice *Kopfstimme* f || ~-wagging ⟨fig⟩

Kopfschütteln n (on *über*) ‖ ~-*waiter Ober-kellner* m ‖ ~(-)*waters* [pl] *Quellflüsse* m pl, *–gebiet, Einzugsgebiet* n (*e–s Stromes*) ‖ ~-*wind* ⟨mar⟩ *Gegenwind* m ‖ ~-*work Kopfarbeit* f
head [hed] vt/i **A.** vt **1.** *an der Spitze* f *stehen v* ‖ *mit e–m Kopfe, Titel* m etc *versehen* **2.** *führen, befehligen* | (*Volk*) *blindlings lossteuern* (for *auf*), *treiben* (for *war in den Krieg*) **3.** *voran–, vorher-gehen* | (*jdm*) *zuvorkommen*; (*jdn*) *übertreffen, schlagen* **4.** *v vorn angreifen*; (*jdm*) *entgegen-treten, –kommen* **5.** ⟨ftb⟩ (*Ball*) *köpfen* **6.** to ~ off (*jdn*) *ablenken* ‖ ⟨fig⟩ *ablenken*; (*etw*) *auf-halten* **B.** vi *mit der Front liegen nach* (to ~ *west*) | ⟨mar⟩ *e–n Kurs h, laufen*; *e–e Richtung nehmen* (for *nach*); ⟨mar aero⟩ *Kurs nehmen* (for *auf*); *lossteuern, los–, zugehen* (for *auf*); *sich direkt wenden* (for *an*) | *sich entwickeln* (that way *in der Richtung*) | ⟨Am⟩ (of a *river*) *entspringen*
headache [ˈhedeik] s *Kopfweh* n, *Kopfschmer-zen* m pl; ⟨fig⟩ *etw, das e–m Kopfschmerzen* (*Sorge*) *bereitet* –**achy** [~i] a *an K. leidend*; *K. verursachend* (wine) –**band** [–bænd] s *Kopf-binde* f, *–* ⟨Am⟩ *Schweinskopf-sülze* f –**ed** [ˈhedid] a [in comp] *–köpfig* (clear-~) –**er** [ˈhedə] s ⟨tech⟩ *Kopfdreher* m (*P*) ‖ ⟨arch⟩ *Kopfstück* n, *Binder* m (*Stein mit der Schmalseite versetzt*; *Ggs* stretcher); ⟨mil⟩ *Sandsack* m (*quergelegt*) | *Kopfsprung* m, to take a ~ off *e–n K. m v* –**fast** [–fɑːst] s *Anhalteseil* n (*am Bug*) –**hunter** [–hʌntə] s *Kopfjäger* m
headiness [ˈhedinis] s *Unbesonnenheit* ‖ *Hals-starrigkeit* f ‖ (of wine) *Schwere* f, → heady
heading [ˈhediŋ] s ⟨ftb⟩ *Köpfen* n (*des Balles*) | *Titelüberschrift* f; *Rubrik* f (to fall under the ~ *unter die Rubrik gehören*); *Posten* m; *Überschrift* f, *Titel* m ‖ ⟨mar aero⟩ *Kompaßkurs* m; to hold ~ *Kurs halten* ‖ ⟨tech⟩ *Kopfstück* n ‖ ⟨arch⟩ ~ *course Binder–, Kopfschicht* f ‖ ~ *displacement Kursversetzung* f; → header
headlamp [ˈhedlæmp] s ⟨mot⟩ *Scheinwerfer* m –**land** [ˈhedlənd] s *Kap, Vorgebirge* n, *Land-zunge* f | *ein Stück* n *ungepflügt gelassenen Landes* –**less** [ˈhedlis] a *kopflos* ⟨a fig⟩ ‖ *ohne Führer* | ~ *screw Gewindestift* m –**light** [ˈhed-lait] s ⟨mot⟩ *Kopflaterne* f; ~s [pl] *Scheinwerfer* m pl; lower beam of ~ *abgeblendetes Licht* n ‖ upper beam of ~ *Fernlicht* n; to turn the ~s on *aufblenden*; ~ *mask Abblendkappe* f ‖ *Mastlicht* n ‖ ⟨aero⟩ *Buglicht* ‖ ⟨rail⟩ *Kopfscheinwerfer* m, *Vorderlicht* n (*der Lok.*) –**line** [–lain] s (*Zeitungs-*) *Schlagzeile* f; ⟨wir⟩ *Nachrichtenübersicht* f –**liner** [ˈhedlainə] s ⟨Am⟩ *Hauptperson* f ‖ ⟨theat⟩ *Hauptdarsteller(in* f) m, *Titelheld(in* f) m –**long** [–lɔŋ] **1.** a: ~ *fall ein Fall(en*) *mit dem Kopfe nach vorn* | *ungestüm* | *unbesonnen* **2.** adv *kopf-über* | *ungestüm*; *Hals über Kopf* –**man** [–mæn] s *Führer* m ‖ [ˈhedˈmæn] *Vorarbeiter*; *Vorsteher* m –**most** [–moust] a *vorderst*
headquarters [ˈhedˈkwɔːtez; ˈ– –; ˈ– –] s pl [*a* sg konstr] the ~ are small; work in a com-pany ~; a new ~ is being built **1.** ⟨mil⟩ *Haupt-quartier* n; (the Imperial) *General* ⟨ (abbr G. H. Q.) [sg konstr] *das General–* ‖ ⟨mil⟩ *Stab* m; ~ *battery* ⟨artill⟩ *Stabsbatterie* f; ~ *company Stabskompanie* f; ~ *ship* ⟨mil tact⟩ *Führungsschiff* n **2.** ⟨übtr⟩ *Hauptsitz* m, *–ge-schäftsstelle, Zentrale* f | *party* ~ *Partei-leitung* f ‖ *Zentrum* n, *Sammelpunkt*; *Haupt-aufenthaltsort* m ‖ *–quelle* f –**room** [ˈhedrum] s ⟨arch⟩ *Höhe nach oben hin*; *obere H.*; low bridge ~ 14′–0″ *Durchfahrthöhe* f, *lichte Höhe 4,20 m* –**ship** [ˈhedʃip] s *oberste Leitung* f ‖ *erste, führende Stelle* f –**sman** [ˈhedzmən] s *Scharfrichter* m ‖ ⟨min⟩ *Schlepper* m –**spring** [ˈhedspriŋ] s *Hauptquell* m ⟨a fig⟩ ‖ ⟨gym⟩ *Sprung aus der Rückenlage auf die Füße* –**start** [ˈhedstɑːt] s ⟨mount⟩ *Sockel* m –**stock** [ˈhed-stɔk] s ⟨mach⟩ *Spindelstock* m, *Werkzeughalter*

m –**stone** [ˈhedstoun] s *Grabstein* –**strong** [ˈhed-strɔŋ] a *halsstarrig, eigensinnig, –willig* –**ward** [ˈhedwəd] a *aufwärts gerichtet*; ~ *erosion* ⟨geol⟩ *retrograde, rückschreitende Erosion* f –**waters** [ˈhedwɔːtəz] s pl → head(-)*waters* –**way** [ˈhedwei] s **1.** ⟨arch⟩ ~ *headroom* **2.** ⟨mar⟩ *Vorwärtskommen* n ‖ ⟨fig⟩ *Fortschritt* m, *–itte* pl; to make (much) ~ (*schnell*) *vor-wärts–, vorankommen, gr –itte m* **3.** ⟨min⟩ *auf-steigender Stollen* m
heady [ˈhedi] a (*–dily* adv) *ungestüm, übereilt, hitzig* | *berauschend* (liquor); (this wine) is ~ *.. steigt z Kopf*, → headiness
heal [hiːl] vt/i (*jdn*) *heilen* (of *v*) ‖ (*Krankheit*) *heilen* ‖ ⟨übtr⟩ *heilen*; *beruhigen, beseitigen* | vi (*a* to ~ up) *z uheilen* | ~-*all Allheilmittel* n –**er** [ˈ~ə] s *Heiler* m, *Heilmittel* n –**ing** [ˈ~iŋ] **1.** a *heilsam, Heil–* (ointment) **2.** s *Heilung* f; [attr] *Heil–* (~ art)
health [helθ] s [pl ~s] *Gesundheit* f; he is in good ~, his ~ is good *er ist gesund*; public ~ *Gesundheitswesen* n; in the best of ~ *bei bester G.* ⟨a übtr⟩ ‖ ⟨engl⟩ *Ministry of* ⚕ *Gesundheits-ministerium* n | *Toast* m, to drink a p's ~ *auf jds Gesundheit trinken*; your ~! *Ihr Wohl!*; here is to the ~ of ..! *es lebe ..!* | [attr *& in comp*] ~-*giving gesundheitsfördernd* ‖ ~(-food) *shop*, ⟨Am⟩ ~(-food) *store Reformhaus* n ‖ ~ *hazards* [pl] *Gefahren* f pl *f die Gesundheit* ‖ ~ *record book* ⟨mil⟩ *Gesundheitsbuch* n ‖ ~ *resort Kurort* m ‖ *National* ⚕ *Service Staat-licher Gesundheitsdienst* m ‖ ~ *unit –beratungs-stelle* f ~**ful** [ˈ~ful] a (~ly adv) *gesund* ‖ *heil-sam* (to *für*) ~**fulness** [ˈ~fulnis] s *Gesundheit* f ~**iness** [ˈ~inis] s *Gesundheit* f ~**mobile** [ˈ~məb-iːl] s (*bes* Am mot) *Hygieneaufklärungswagen* m | ~**y** [ˈ~i] a (*–thily* adv) *gesund* | *gesundheits-fördernd*; *heilsam*
heap [hiːp] **1.** s *Haufe(n*) m (a ~ of sticks); ~ *of rubbish* ⟨min⟩ *Halde* f ‖ in ~s *haufen-weise* | all of a ~ *wie in e–m Klumpen*; to strike od knock all of a ~ ⟨eig fam⟩ *in* ⁰*Klump schla-gen*; struck all of a ~ ⟨fam⟩ *ganz verblüfft* ‖ ⟨fam⟩ *Menge* f (a ~ of people); ~s of *times viele Male*, ~s of time *viel Zeit*; ~s better *sehr viel besser* **2.** vt *häufen*; ~*d spoonful gehäufter Löffelvoll* m ‖ ~ *coal* | *beladen, –decken* (with); to ~ full high *ganz voll häufen* ‖ ⟨fig⟩ *über-häufen* (with) ‖ to ~ up *aufhäufen*, *–stapeln* ‖ index of ~ing ⟨demog⟩ *Anziehungsindex* m
hear [hiə] vt/i [heard/heard] **I.** vt **1.** (*etw*) *hören* ‖ to ~ a p come, coming *jdn k hören* (he was ~d coming, to come) ‖ to make o.s. ~d *sich hörbar, verständlich m* **2.** (*jdn*) *anhören*; (*jdm*) *zuhören* | *teilnehmen an* (*etw*) (to ~ mass) | (*Gebet*) *erhören* | (*etw*) *ab–, überhören* (I ~d him his lesson) ‖ to ~ a p out *jdn ganz anhören, ausreden* | ⟨jur⟩ *verhören, –nehmen* ‖ *verhan-deln* (a case); ~ *arguments mündlich ver-handeln* **3.** (*etw*) *erfahren* (about, of *über*) **II.** vi **1.** *hören* ‖ to ~ say *od* tell ⟨fam⟩ *sagen hören* (I've ~d tell of ..) **2.** *zuhören*; he will not ~ of it *er will nichts davon hören, wissen* ‖ ⟨parl⟩ ~! ~! *hört! hört!* ‖ ⟨Am⟩ not to ~ to *nichts wissen wollen v* **3.** *hören, Nachricht(en) erhalten* (from *v* [a p]; of *über*; that) ‖ you will ~ of it ⟨fam⟩ *du wirst die Folgen z tragen h* ~**able** [ˈ~rəbl] a *hörbar* ~**er** [ˈ~rə] s *Hörer, Zuhörer* m ~**ing** [ˈ~riŋ] s *Hören* n; *Gehör* n; to give a p a ~ *jdn anhören* | *Audienz* f | *Verhör* n; (*mündliche*) *Verhandlung*; *Vernehmung* f, *Gerichtssitzung* f, *Termin* m | *hard of* ~ *schwerhörig* ‖ *in* a p's ~ *in jds Gegenwart* ‖ *within* (out of) ~ *in* (*außer*) *Hörweite* f | to gain a ~ *sich Gehör n verschaffen, angehört w* ‖ ~-*aid Hörgerät* n; ~-aid *glasses od spectacles Ohrenbrille* f (*Brille mit Hörgerät*)
hearken [ˈhɑːkən] vi *hören, horchen* (to *auf*); *Gehör schenken* (to a th *e–r S*)

hearsay [ˈhiəsei] s *Hörensagen* n; by ~ *v Hörensagen* || *Gerede* n (mere ~) || [*oft* attr] (~ evidence)

hearse [hə:s] **1.** s *Leichenwagen* m || ⟨hist⟩ *Trauergerüst* n | ~-cloth *Leichentuch* n **2.** vt *in e–m Leichenwagen befördern*

heart [hɑ:t] s **1.** ⟨anat⟩ *Herz* n; athletic ~ *Sport–*; → cardiac; fatty; smoker || father's ~ *Vater–* | ⟨fig⟩ *Herz, Seele* f; ~ to ~ → 5. || *Mitgefühl* n (he has no ~) || *Verstand* m; *Gedächtnis* n | *Mut* m, *Energie, Stärke* f **2.** *innerster Teil, Kern* m (the ~ of a tree) || ~ of oak *Eichenkernholz* n; ⟨fig⟩ *mannhafter Charakter* m || *inneres Gebiet* (*e–s Landes*) n || ⟨übtr⟩ *Kern* m, *Innerstes* n, *wesentl. Gehalt* m (to get to the inmost ~ of the matter) || (of soil) *Fruchtbarkeit, Leistungsfähigkeit* f; of good ~ *in gutem Zustand* m **3.** *Herzchen* n, *Schatz* m (dear, sweet ~) || *mutiger, vornehmer Mensch* m **4.** *herzförmiger Gegenstand* m || ⟨cards⟩ *Herz, Coeur* n; *–karte* f; ~s [pl] *–farbe* f (~s are trumps *H. ist Trumpf*); nine of ~s *–neun* f **5.** bless my ~! *ach, du lieber Himmel*! | after a p's own ~ *nach jds Wunsch, Geschmack* m, *Herzen* n || at ~ *im H.en, im Innern* || (to learn) by ~ *auswendig* (..) || from full ~, from one's ~ *v H.en*; (to speak) from one's ~ *frei v der Leber* f *weg* (..) || in one's ~ (of ~s) *im Grunde s–s H.ens* || in the ~ of a th *inmitten e–r S* || in the very ~ of *im Innersten v* || out of ~ (of land) *in schlechtem Zustande*; *mutlos* || to one's ~'s content *nach H.enslust* f || ~-to-~ *offen* (talk); *ehrlich* || with all my (etc) ~ *v ganzem H.en, mit Leib u Seele*; with a heavy ~ *blutenden, schweren H.ens* | his ~ is in .. *er ist mit dem H.en bei* .. || to break a p's ~, to cut a p to the ~ *jdm das H. brechen, ins H. schneiden* || [neg] to find it in one's ~ *es über das H. bringen* (to do) || to go to a p's ~ *jdm z H.en gehen* || to have a ~ ⟨fam⟩ *es mit dem H.en z tun h, ein schwaches H. h* || to have at ~ *auf dem H.en h*; *v H.en wünschen* || to have one's ~ in one's mouth *z Tode erschrocken s*; she had her ~ in her m. *das H. schlug ihr bis zum Halse* || to lay, take to ~ *sich z H.en nehmen* || to lose ~ *den Mut verlieren* || to lose one's ~ to *sein H. verlieren an* || to open one's ~ to a p *jdm sein H. ausschütten* || to set a p's ~ at rest *jdn beruhigen* || to set one's ~ on *sein H. hängen an* || to take ~ of grace *sich ein H. nehmen* || to wear one's ~ (up)on one's sleeve *s–e Gefühle z Schau tragen, zu offenherzig s*; *sein H. auf der Zunge tragen*, °*aus s–m H.en k–e Mördergrube m* **6.** [attr & comp] *Herz–* || ~-ache *–weh* n; *Kummer* m || ~-attack *Herzschlag* m || ~-beat *Schlag* m *des H.ens*; *seelische Erregung* f || ~-blood = ~'s blood || ~-bond *Herzensbund* m || ~-break *Herzeleid* n || ~-breaking *herzzerbrechend, –erweichend*; *niederdrückend, langweilig* || ~-broken *gebrochenen H.ens* || ~-burning [*oft* pl] *Neid, Groll* m; *Herzeleid* n || ~-complaint *Herzleiden* n; *–fehler* m || ~ disease *–krankheit* f || ~-failure *–schlag* m || ~-leaves *Herzlaub*(*-verzierung* f) n || ~-rending (–ly adv) *herzzerreißend* || ~'s-blood *–blut* n || ~-searchings [pl] ⟨fig⟩ *–beklemmungen, Nöte* f pl || ~-shake ⟨for⟩ *Kernriß* m || ~-sick, ~-sore *gemütskrank, schwermütig*; to be ~-sick *Heimweh h* || ~-strings [pl] *Herzfasern* f pl; ⟨fig⟩ *Innerstes, Herz* n; to pull at a p's ~-strings *jdm das H. zerreißen, ans H. greifen* or *rühren* || ~-tearing *–zermürbend, –reißend* || ~-throb ⟨sl⟩ *Geliebte*(*r* m) f, *Ideal*(*mensch* m) n, *Schwarm* m; „*Gedicht*" n ⟨fig⟩ (*a* ~ of a hat) || he has a ~-trouble *er hat's mit dem H.en z tun*; ⟨fam euph⟩ *ihm sitzt das H. in der Hose* || ~-whole *frei v Liebe* or *Leidenschaft*; *aufrichtig, herzlich, herzerquikkend* (a ~-whole laugh) || ~-wood *Kernholz* n.

heartburn [ˈhɑ:tbə:n] s *Sodbrennen* n; to have got the ~ *S. h*

hearted [ˈhɑ:tid] a [in comp] *–herzig* (hard-~)

hearten [ˈhɑ:tən] vt/i || *ermutigen, anfeuern* | vi to ~ up *Mut fassen* **~ing** [~iŋ] a *herzerquickend* (to see)

heartfelt [ˈhɑ:tfelt] a *tiefempfunden, herzlich, innig*

hearth [hɑ:θ] s [pl ~s] *Herd m* || *Schmiedefeuer* n, *–herd* m || ⟨fig⟩ *Haus, Heim* n; ⟨stat⟩ *Haushalt* m | [attr] ~-money ⟨hist engl⟩ *Herdsteuer* f || ~-rug *Kaminteppich, –vorleger* m **~stone** [ˈ~stoun] s *Herdstein* m, *–platte* f || *Stein z Weißen*

heartily [ˈhɑ:tili] adv *v Herzen, herzlich, innig*; *aufrichtig* || *kräftig, tüchtig, sehr* **–iness** [ˈhɑ:tinis] s *Herzlichkeit*; *Offenheit* f || *Wärme* f || *Eifer* m || *Herzhaftigkeit, Stärke* f **–less** [ˈhɑ:tlis] a (~ly adv) *herzlos*; *grausam* **~lessness** [~nis] s *Herzlosigkeit*; *Grausamkeit* f

heartsease, heart's-ease [ˈhɑ:tsi:z] s ⟨bot⟩ *wildes Stiefmütterchen* n

heartsome [ˈhɑ:tsəm] a ⟨Scot⟩ *ermunternd, erfrischend, belebend*

hearty [ˈhɑ:ti] **1.** a (–tily adv) *herzlich, innig*; *aufrichtig, warm* || *gesund, kräftig, munter* (*fellow*) || *stärkend, kräftig* (dinner) || *tüchtig, herzhaft, stark* (appetite) || *fruchtbar* (soil) **2.** s *tapferer Bursche*; *Draufgänger* m; ⟨univ⟩ *Sportsmann* || *Naturbursche*; *Philister* m || || ⟨mar⟩ my –ties! *Jungs*! || (*starker Schnaps*) „*Rachenputzer* m

heat [hi:t] **I.** s **1.** *Hitze* f (in the ~ *bei der H.*) || ⟨phys⟩ *Wärme* f (specific ~); ~ of combustion (of compression) *Verbrennungs–*, (*Verdichtungs-*) *Wärme* f; ~ of decomposition *Zersetzungs–*; ~ of flow unity *Wärmestromdichte* f || ⟨übtr⟩ *W.* || (*Körper-*)*W.*; *Erhitzung* f; have a ~! ⟨Anglo Ir⟩ *wärmen Sie sich mal auf*! || ⟨fig sl⟩ *Höhepunkt* m *des Interesses* (the police turned on the ~) **2.** *Ungestüm* n, *Wucht* f; *Leidenschaft, Heftigkeit* f; *Zorn*; *Eifer* m; in the ~ of the moment *in der Hitze des Gefechts* **3.** *Brunft, Brunftzeit* f (on ~ *in der Br.*; bitch in ~ *läufige Hündin*; ⟨of women⟩ *scharf*) **4.** ⟨sport⟩ *Partie* f, *einzelner Gang, Lauf* m; dead ~ *totes, unentschiedenes Rennen* || *Vorlauf* m (the next ~ went to Japan .. *fiel aus zugunsten Japans*); the final ~ *die letzte Ausscheidungsrunde* f **5.** [attr & in comp] *Hitze–*; *Wärme–*; *Heiz–* || ~ accumulation *Wärmestau* m || ~ apoplexy = ~-stroke || ~ barrier ⟨aero⟩ *Hitzebarriere, –mauer, –grenze* f || ~-centre *Wärmezentrum* n || ~ conductivity *Wärmeleitbarkeit* f || ~ dissipation *Wärmeabfuhr* f || ~ economizer *–tauscher* m || ~ economy *–haushalt* m || ~ efficiency *–ausnutzung* f, *–wirkungsgrad* m || ~ factor *–wert* m || ~ flash ⟨at⟩ *Hitzeblitz* m || ~ localization *Wärmestau* m || ~-preserving material *Wärmeschutzmaterial* n || ~-retaining mass *–speicherungsmasse* f || ~ retention *–haltung* f || ~-spot *Hitzbläschen* n || ~(-) stroke *Hitzschlag, Sonnenstich* m || ~-tone ⟨chem⟩ *Wärmetönung* f || ~-treatable *vergütbar* (*Stahl*) || ~-treated *pasteurisiert* (*Milch*) || ~ treatment ⟨met⟩ *Härteverfahren* n || ~-unit *Wärmeeinheit* f || ~-wave *Hitzewelle* f **II.** vt/i || *heiß m, erhitzen* || (*Ofen* etc) *heizen* || ⟨fig⟩ *erhitzen, erregen* (~ed with *erregt v*) || ~ed bearing *heißgelaufenes Lager* n; ~ed carburettor *Vergaser* m *mit Vorwärmung* f | vi *heiß w*; *sich erhitzen* | **~er** [ˈ~ə] s *heißes Eisen, Bolzen* m || *Heiz–, Wärmevorrichtung* f, *Heizkörper* m (warm water ~) | ~ coil *Heizschlange* f || ~ plug *Glühkerze* f **~ing** [ˈ~iŋ] **1.** s *Heizung* f; panel ~, radiant ~ *Strahlungs–, Boden–, Wandheizung* f | [attr] *Heiz–* (~ apparatus) || ~ plug *Glühkerze* f || ~ system ⟨mot⟩ *Wagenheizung* f

2. a *heizend*; *Heiz–* (~ surface)

heath [hi:θ] s [pl ~s] *Heideland* n, *Heide* f ‖ ⟨bot⟩ *Heidekraut* n; *Mediterranean* ～ *Mittelmeerheide*; *Tree* ～ *Baumheide*; *Winter* ～ *Schneeheide* f ‖ ⟨ent⟩ *large* (small) *gr* (*kl*) *Heufalter* m **|** ~-berry *Heidelbeere* f ‖ ~-cock ⟨orn⟩ *Birkhahn* m

heathen ['hi:ðən] **1.** a *heidnisch, Heiden–* [subst a] *the* ~ [koll] *die Heiden* m pl **2.** s *Heide* m, *seven* ~s [pl] *7 Heiden* (*als Individuen*) **~dom** [~dəm] s *Heidentum* n ‖ *die Heiden* pl **~ish** [~iʃ] a (~ly adv) ⟨fig⟩ *heidnisch*; *roh, wild; ekelhaft, elend* **~ishness** [~iʃnis] s ⟨fig⟩ *heidnischer Zustand* m, *Roheit* f **~ism** [~izm], **~ry** [~ri] s [abstr] *Heidentum* n; ⟨fig⟩ *Barbarei* f **~ize** [~aiz] vt/i *heidnisch m* **|** vi *h. w.*

heather ['heðə] s ⟨bot⟩ *Heide* f, *Heidekraut* n ‖ ⟨Scot⟩ *to take to the* ~ *Geächteter, Bandit w* **|** [attr] *gesprenkelt, bunt* (~ suit) ‖ ~-bell ⟨bot⟩ *Glocken–, Sumpfheide* f **| ~y** [~ri] a *mit Heidekraut* n *bedeckt, Heide–*

heathy ['hi:θi] a = heathery

heave [hi:v] **I.** vt/i [~ed/~ed & hove/hove] **A.** vt **1.** (*mst Schweres*) (*empor–, hoch*)*ziehen* ‖ ⟨übtr⟩ (*jdn*) (*empor*)*heben* (on to *auf*) **|** ⟨geol⟩ (*Schicht*) *verdrängen* **|** *ausschwellen, z Anschwellen* n *bringen*; (*Brust*) *dehnen, weiten* ‖ *to* ~ *a sigh e–n tiefen Seufzer* m *ausstoßen* **2.** ⟨mar⟩ *winden, mit e–m Tau etc hochheben*; *to* ~ *the anchor den Anker lichten* ‖ *to* ~ *a ship down kielholen* ‖ (*a to* ~ *out*) (*Segel*) *losmachen*; *to* ~ *a ship to ein Schiff stoppen* **3.** ⟨fam & mar⟩ *werfen, schleudern*; *to* ~ *the lead das Lot werfen* **B.** vi **1.** *sich langsam heben* **|** *sich heben u senken,* (*an*)*schwellen*; *wogen* ⟨a übtr⟩ (with *v*) ‖ *Brechreiz h, sich übel fühlen* **|** *schwer atmen* **2.** *hochziehen* (~ lıo!); *hieven* **|** (of ships) *getrieben w* ‖ *to* ~ *ahead, astern* ⟨mar⟩ *v hinten auf den Anker treiben*; *to* ~ *ahead od on* ⟨mar fam⟩ *vorwärtsdrängen*; ~ *ahead! nun mal weiter* (*mit Arbeit, Erzählung*) ‖ *to* ~ *to* ⟨mar⟩ (of a ship) *stoppen, beidrehen, beilegen* (the ship hove to) ‖ *to* ~ *in sight* ⟨mar⟩ *in Sicht k,* ⟨a übtr⟩ *aufkreuzen* **II.** s *Heben* n, *Hub* m **|** *Aufwinden* n ‖ ⟨geol⟩ *Verschiebung, –werfung* f **|** *Schwellen*; *Wogen* ‖ *Schwellen, Weiten* n (*der Brust*) ‖ *Übelkeit* f ‖ *the* ~s [pl] ⟨vet⟩ *Asthma* n (*der Pferde*) **|** (*Wurf–*)*Trick* m (*beim Ringkampf*)

heaven ['hevn] s **1.** [*mst* pl] ~s *sichtbarer Himmel* m, *–szelt* n ‖ *oberer Luftraum* m **|** *Zone* f, *Klima* n **2.** [a pl ~s] ⟨astr⟩ *Himmelsgewölbe* n, *Firmament* n **3.** ⟨hist⟩ *Himmelskreis* m, *–sphäre* f; *the seventh* ~, *the* ~ *of* ~s *der siebente H.* ⟨a fig⟩ **4.** [*ohne art*] *der unsichtbare Himmel* m, *Gottes–, Himmelreich* n (in ~) ‖ ～ *Gott* m, *Vorsehung* f; *the* ~s *die himmlischen Mächte* f pl **5.** ⟨fig⟩ *himmlisches Glück* n, *Seligkeit* f **6.** ⟨theat⟩ (*Bühnen–*)*Himmel* m *!.* *Wendungen*: *by* ～(s)! *good* ～s! (*du*) *lieber Himmel!* ‖ *in* ~ *and earth im H, μ auf Erden* ‖ *thank* ～! *Gott sei Dank!* *would to* ～ *wollte Gott!* ～ *forbid! G. behüte!* ‖ *to go to* ～ *in den H. eingehen, in den H. k.* ‖ *to move* ~ *and earth H. u Erde in Bewegung setzen* **8.** [comp & attr] ~-*born vom Himmel stammend*; *himmlisch*; ⟨iron⟩ *v Gottes Gnaden* ‖ ~-sent *v H. gesandt* **~liness** [~linis] s *das Himmlische* **~ly** [~li] a *Himmels–, himmlisch* ‖ ⟨übtr⟩ *himmlisch, göttlich, erhaben* **|** *köstlich,* ⟨fam⟩ *ausgezeichnet, himmlisch* **|** ~-minded *heilig*; *fromm* **~ward** [~wəd] **1.** adv *gen Himmel, himmelwärts* **2.** a *gen H. gerichtet* **~wards** [~wədz] adv *gen H., himmelwärts*

heaver ['hi:və] s *Ablader* m ‖ *Hebebaum* m **|** ⟨vulg⟩ *Seufzer* (*P*), *Verliebter* m

Heaviside ['hevisaid] s (*nach A. W.* ~, † 1925) ~ *layer Heavisideschicht* f (*Ionisationsschicht der oberen Atmosphäre*)

heaviness ['hevinis] s *Schwere* f, *Gewicht* n; *Druck* m ‖ *Schläfrig–*; *Schwerfälligkeit, Langweiligkeit* f ‖ *Bedrückung*; *Schwermut* f

heavy ['hevi] **I.** a (*–vily adv*) **1.** *schwer v Gewicht*; *heavier-than-air craft Flugzeuge schwerer als Luft* ‖ ⟨fig⟩ *to lie, sit* ~ *on a p jdn bedrücken* **|** *schwer beladen* (with); ⟨fig⟩ *überladen* ‖ *groß, umfangreich*; *reich, ergiebig* (crop) ‖ *beträchtlich* (investments) **|** *schwergebaut* (horse) ‖ *massig, groß*; *schwer* (~ *artillery, bomber*); ~ *gymnastics* [pl] *Geräteturnen* n ‖ ~ *howitzer* ⟨mil⟩ *Mörser* m ‖ ~ *industry Schwerindustrie* f ‖ ⟨mil⟩ *schwerbewaffnet* ‖ ~ *maintenance* ⟨mot⟩ *Parkinstandsetzung* f ‖ ~ *gasoline* ⟨Am⟩, ~ *petrol Schwerbenzin* n ‖ ⟨chem⟩ ~ *hydrogen Deuterium* n; ~ *oil Schweröl* n ‖ ~ *water schweres Wasser* n **2.** *heftig* (blow); *stark, gewaltig* (storm) ‖ ~ *swell* ⟨fam⟩ °*Mordsangeber* m **|** *heavily strained* ⟨tech⟩ *stark beansprucht* ‖ *ernst*; *streng* (frost), *unwegsam, aufgeweicht* (ground); *pappig* (bread) **|** *schwerverdaulich* **3.** *schwer, dunkel* (clouds); *trübe* (sky) **|** *grob, dick*; ~ *type Fettdruck* m **4.** *plump* (to have a ~ hand); *schwerfällig, unbeholfen* (style) **|** *langsam*; *langweilig* (play); *time hangs* ~ (on one's hands) *die Zeit vergeht* (*e–m*) *langsam*; *to be* ~ *on hand langweilig s* ‖ ~ *traffic dichter Verkehr* m **5.** ⟨theat⟩ *ernst, düster* ‖ *gestreng*: *to do the* ~ *father den gestrengen V. herauskehren*; *feierlich* **6.** *schwer, niederdrückend* (fate); *traurig, trübe* (news) **|** *mühsam, schwierig* (work) ‖ *betäubend* (smell) **7.** *betrübt, niedergeschlagen* (heart) *benommen, schläfrig, träge* (with *v*) **8.** [in comp] ~ *and fine ceramic works Grob– u Feinkeramik* f ‖ ~-*armed schwerbewaffnet* ‖ ~ *clay industry Grobkeramik* f; ~-*duty engine Hochleistungsmaschine* f; ~-*d. truck od lorry Schwerlastwagen* m, ~-*d. oil Hochleistungsöl* n ‖ ~-*handed unbeholfen, plump*; *gewalttätig* ‖ ~-*hearted betrübt, traurig* ‖ ~-*oil engine Schwerölmotor* m ‖ ~-*spar* ⟨minr⟩ *Schwerspat* m ‖ ~-*weight* ⟨box⟩ *–gewicht* n (*über 159 Pfd*; engl 175 lbs); ⟨Am fam⟩ *gewichtige P* ‖ ~ *worker –arbeiter* **II.** adv [in comp] *schwer–* (~-laden) **III.** s [*mst* pl] *heavies sch. Kavallerie* f, *Gardedragoner* pl; *sch. Artillerie* f ‖ *Schwerindustrien* pl; *–strieaktien* pl ‖ ⟨Am⟩ *warme Unterkleidung* f ‖ ⟨Am sport⟩ *Schwergewichtler* m ‖ ⟨film sl⟩ *Schurke* m

hebdomad ['hebdæmæd] ～ *Woche* f **~al** [heb'dəmədl] a (~ly [–dəli] adv) *wöchentlich*: ～ *Council* ⟨Oxf univ⟩ (*wöchentlich zus–tretende*) *Oberstudienbehörde* f **~ary** [heb'dəmədəri] a *wöchentlich*

Hebe ['hi:bi] s L ⟨übtr⟩ *Kellnerin* f ‖ ～**phrenia** [~'freniə] s *Jugendirresein* n

hebetate ['hebiteit] vt *abstumpfen* **–tude** ['hebitju:d] s *geistige Stumpfheit, Abstumpfung* f

Hebraic [hi(:)'breiik] a (~ally adv) *hebräisch* **–raism** ['hi:breiizm] s *Hebraismus* m; *jüd. Gedankenwelt* f **–rew** ['hi:bru:] **1.** s *Hebräer, Jude* m ‖ *das Hebräische* **2.** a *hebräisch*

Hebrid ['hebrid], **~al** [~l] a *Hebriden–, hebridisch* **~ean** [he'bridiən] **1.** a = Hebrid **2.** s *Bewohner* m *der Hebriden* pl

hecatomb ['hekətoum] s L *Hekatombe* f

heck [hek] s (*Fisch–*)*Gitter, Gatter* n

heckle ['hekl] **1.** s = hackle **2.** vt (*Flachs*) *hecheln* **|** (*jdn*) *kreuz u quer fragen*; *in Verlegenheit bringen* **| ~r** [~ə] s *störender Fragesteller* m

hectare ['hektɑ:] s *Hektar* n

hectic ['hektik] **1.** a ⟨med⟩ *hektisch, auszehrend, schwindsüchtig,* ~ *fever Schwindsucht* f ‖ *krankhaft rot* ⟨sl⟩ *aufregend,* ⟨Am *a*⟩ *schwer, anstrengend* **2.** s *Auszehrung, Schwindsucht* f ‖ ⟨fig⟩ *Röte* f

hecto– ['hekto] Gr [in comp] *hundert, Hekto–* ‖ **~gram(me)** [~græm] s *Hektogramm* n (=

100 Gramm) **~graph** [~grɑ:f] **1.** s *Hektograph* m *(Vervielfältiger)* **2.** vt *hektographieren, vervielfältigen* **~litre** [~‚li:tə] s *Hektol·iter* n (100 l)

hector [ˈhektə] **1.** *Eisenfresser* m, *Tyrann, Raufbold* m **2.** vt/i ‖ *einschüchtern, tyrannisieren* | vi *renommieren, großtun, prahlen*

heddle [ˈhedl] **1.** s [mst pl ~s] ⟨weav⟩ *Litze* f (*Draht z Führung der Kettenfäden); Helfe* f (*Stützfaden)* | *~-eye Litzenöhr* n **2.** vt (*Kettenfäden) durch das Litzenöhr führen*

hedge [hedʒ] **1.** s *Hecke* f, *Zaun* m ‖ ⟨euph⟩ to look upon a ~ °*sich seitwärts in die Büsche schlagen* ‖ *Kette, Reihe* f *(als Hindernis)* (a ~ of police) ‖ ⟨fig⟩ *Zaun* m, *Grenze* f ‖ ⟨st exch⟩ *Gegendeckung* f | [attr] *Hecken–* ‖ *~-bottom attorney* ⟨fam obs⟩ *Winkeladvokat* m ‖ *~-hop* ⟨aero⟩ *tief fliegen* ‖ *~-hopping* ⟨aero⟩ °*Heckenspringen,* °*Dachrutschen* n ‖ *~-school Winkelschule, minderwertige Schule* f ‖ *~-sparrow* ⟨orn⟩ *Braun·elle* f, *Graukehlchen* n **II.** vt/i **1.** vt *ein–, umzäunen, umgeben* ‖ ⟨fig⟩ *einengen, –zäunen, umgeben* (with) ‖ (*a* to ~ up) *hindern, versperren;* ⟨mot⟩ to ~ the road *sich auf der Straße dick* m ‖ (*durch Gegentransaktion) schützen, sichern* | to ~ in *umzingeln* ‖ ~ off *abzäunen* **2.** vi *Hecken anlegen* ‖ *sich decken, sich sichern* ‖ *sich drücken, ausweichen; sich winden, sich nicht festlegen* (about) **~bote** [ˈ~bout] s = *haybote* **~hog** [ˈ~hɔg] s ⟨zoo⟩ *Igel* m ‖ ⟨fam⟩ *Griesgram* m, *Rauhbein* n | ⟨fig mil⟩ **1.** s *Igelstellung, –bildung* f; ~ (defence) position *Igelstellung;* ~ obstacle *Igelsperre* f | ⟨mar⟩ *Wasserbombenwerfer* m **2.** vi *sich einigeln* **~hop** [ˈ~hɔp] vi ⟨aero sl⟩ *heckenhüpfen* **~hopper** [ˈ~hɔpə] s ⟨aero sl⟩ (*Tiefflieger)* **~row** [ˈ~rou] s *Baumhecke* f, *Zaun* m

hedonic [hi:ˈdɔnik] **1.** a *Lust–, hed·onisch* **2.** [s pl] *~s* = *hedonism –nism* [ˈhi:dənizm] s *Hedonismus* m, *Lehre v der Lust* f, ⟨übtr⟩ *Lebenskunst* f

heebie-jeebies [ˈhi:biˈdʒi:biz] s pl ⟨Am sl⟩ *Art Indianertanz;* to give a p the ~ *jdn schockieren, deprimieren*

heed [hi:d] **1.** vt/i *achtgeben auf, beachten* | vi *achtgeben* **2.** s *Aufmerksamkeit* f; to give ~ *achtgeben* (to *auf);* to take no ~ *nicht beachten* (of a th *etw)* **~ful** [ˈ~ful] a *achtgebend, aufachtend* (of *auf)* **~fulness** [ˈ~fulnis] s *Achtsamkeit* f **~less** [ˈ~lis] a (~ly *adv) achtlos, unachtsam; gedankenlos, unbedacht* ‖ to be ~ of *nicht (be)achten* **~lessness** [ˈ~lisnis] s *Unachtsamkeit* f

hee-haw [ˈhi:ˈhɔ:] **1.** s *das I·ah (Schrei des Esels); lautes Gelächter* n ⟨Kinderspr⟩ *Iah (Esel)* m **2.** vi *i·ahen*

heel [hi:l] **I. 1.** s ⟨anat⟩ *Ferse* f ‖ ~s [pl] *Fersen;* (T) *Hinterfüße* m pl | (*Schuh-)Absatz, Hacken* m; (*Strumpf-)Ferse* f ‖ ⟨Am sl⟩ *Lump* m ‖ ⟨mil sl⟩ *Nassauer, Schmarotzer* m **2.** *hinterer* or *vorspringender Teil* m; *Ende* n; *Fuß* m (*des Mastes)* **3.** *Achilles·* ~, the ~ of *Achilles Achillesferse* f ‖ the iron ~ ⟨fig⟩ *Joch* n, *Druck* m; *Geißel* f (of war) | at, on a p's ~s *auf jds Fersen, dicht hinter jdm* ‖ to be down at ~ *schiefe Absätze* h; ⟨fig⟩ *abgerissen, zerlumpt, schäbig* s ‖ out at ~ *mit zerrissenen Fersen (an Strümpfen)* ‖ by the ~ and toe *v allen Seiten* ‖ → head 6. c. ‖ to ~ *bei Fuß;* ⟨fig⟩ *folgsam* ‖ under the ~ of a p *unter der Gewalt jds* | to bring to ~ ⟨fig⟩ *z Gehorsam bringen; gefügig* m ‖ to come to ~ *folgen, sich fügen* ‖ to kick one's ~s *müßig warten (müssen)* ‖ to keep to ~ (of dog) *bei Fuß bleiben* ‖ to lay, clap by the ~s *dingfest* m, *arretieren, einstecken* ‖ to show a clean pair of ~s, to take to one's ~s *Fersengeld geben; das Hasenpanier ergreifen* ‖ to tread upon a p's ~s *jdm auf die Hacken treten* ‖ to turn on one's ~s *sich kz umdrehen, auf dem Absatz kehrt-*

machen **4.** [attr] *~-ball Polierwachs* n ‖ *~-piece Absatzfleck* m ‖ *~-tap Neige* f, *letzter Rest* m, no *~-tap(s)! ausgetrunken!* ‖ ⟨hunt⟩ to run *~-(way)* (of hounds) *die Fuchsfährte rückwärts verfolgen* ‖ *~-wings* pl ⟨myth⟩ *(Merkurs) Flügelschuhe* m pl **II.** vi/t ‖ *mit den Hacken berühren* ‖ ⟨ftb⟩ to ~ out *den Ball hinausfersen* | vt *mit Hacken* or *Absatz versehen; anstricken* ‖ ⟨golf⟩ *(Ball) mit hinterem Ende des Schlägers schlagen* ‖ (*jdm) auf dem Fuße folgen* ‖ ~ in (*Pflanzen) einschlagen* | **~ed** [ˈ~d] ⟨Am fam⟩ *bewaffnet; wohlversehen (mit Geld)* | **~er** [ˈ~ə] s *Stehsprung (ins Wasser)* s ⟨mar fam⟩ *Schnellsegler* m

heel [hi:l] **1.** vi/t ⟨mar⟩ (of a ship) *sich auf e–e Seite neigen, krängen* | vt (*Schiff) auf die Seite legen* **2.** s ⟨mar⟩ *Krängung* f

Hefner [ˈhefnə] s (*nach* H. von ~-Alteneck) *Einheit der Lichtstärke* f; *~-lamp Hefnerkerze* f

heft [heft] ⟨Am⟩ **1.** s *Gewicht* n ‖ ⟨fam⟩ *Umfang* m | *Heben* n **2.** vt (*empor)heben* (to *an, zu)* ‖ *abwiegen, wiegend messen, schätzen* | **~y** [ˈ~i] **1.** a ⟨Am sl⟩ *schwer* | *kräftig, muskulös; mächtig* **2.** adv *höchst, überaus*

Hegelian [hiˈdʒi:liən] **1.** a *Hegel–* **2.** s *Hegeli·aner* m

hegemonic [‚hi:dʒiˈmɔnik] a *höchst, leitend* **–ony** [hi(:)ˈgeməni, ˈhedʒiməni] s *Hegemonie, Oberherrschaft* f

Hegira [ˈhedʒirə] s *Hedschra* f ‖ ⟨fig⟩ *eilige Flucht* f ‖ *moham. Ära* f

heifer [ˈhefə] s *Färse, junge Kuh* f ‖ ⟨fig vulg⟩ *Zippe* f (*Frau)*

heigh [hei] intj *he!* ‖ *~-ho ach!*

height [hait] s *Höhe* f; fifty feet in ~ *50 Fuß hoch;* ten times the ~ of *zehnmal so hoch wie* ‖ ~ of axis ⟨artill⟩ *Feuerhöhe* f ‖ ~ of barometer *Barometerstand* m ‖ ~ of burst ⟨artill⟩ *Sprengpunkthöhe* f ‖ ~ of trunnion *Feuerhöhe* f; ~ to paper ⟨typ⟩ *Norm der Schrifthöhe* f ‖ ⟨fig⟩ *Erhabenheit* f | *obere Lage, hoher Stand* ‖ *Anhöhe* f; *Hügel* m | *höchster Punkt, Höhepunkt* (at *od* in the ~ of *auf dem* H. *v); Gipfel* m (the ~ of folly); in the ~ of fashion *ganz modern;* the glory was at its ~ *der Ruhm war auf dem Höhepunkt;* to come to a ~ *den Höhepunkt erreichen* | *~* indicator ⟨aero⟩ *Höhenmesser* m | **~en** [ˈ~n] vt/i ‖ *erhöhen, (er)heben* ‖ *vermehren, –größern; –stärken; –tiefen* ‖ ⟨paint⟩ *erhöhen, steigern;* *~ed drawing gehöhte Zeichnung* f | vi *größer w, steigen*

Heine, Heinie [ˈhaini] s ⟨Can & Am⟩ *Deutscher Michel* m

heinous [ˈheinəs] a (~ly *adv) hassenswert, abscheulich, verrucht* **~ness** [~nis] s *Abscheulichkeit* f

heir [ɛə] s ⟨jur⟩ *Erbe* m (to *od* of a p *jds);* *~-at-law gesetzlicher Nachfolger* or *E.* (*e-s Toten);* ~ apparent *gesetzmäßiger Erbe* (*e-s noch Lebenden), dessen Erbrecht nicht zerstört w kann; Thronfolger;* → presumptive; ~ to the throne *Thronerbe;* to be ~ to *erben* ⟨a übtr⟩ **~dom** [ˈ~dəm] s *Erbschaft* f, *Erbe* n **~ess** [ˈ~ris] s *Erbin* f; *reiche Erbin* f **~less** [ˈ~lis] a *unbeerbt, ohne Erben* **~loom** [ˈ~lu:m] s ⟨jur⟩ *(Familien-)Erbstück* n; *Familienschmuck* m **~ship** [ˈ~ʃip] s *Erbschaft* f; *Erbe* n

held [held] pret & pp *v* to hold

heliacal [hiˈlaiəkl] s *Sonnen–, heli·akisch*

helianthus [‚hi:liˈænθəs] s L ⟨bot⟩ *Sonnenblume* f

helibus [ˈhelibʌs] s *Lufttaxi* n (*Hubschrauber* f *Zivilverkehr)*

helical [ˈhelikl] a (~ly *adv) Schrauben–, schraubenförmig, Spiral–;* ~ blower *Schraubengebläse* n; ~ gear *Schrägzahnrad* n

helicoid [ˈhelikɔid], **~al** [‚heliˈkɔidl] a = *helical*

helicoiled [ˈhelikɔild] a: ~ spring *Spiralfeder* f
 Helicon [ˈhelikən] s Gr *H·elikon* m
 helicon [ˈhelikən] s ⟨mus⟩ *Helikon* n (*Blechblasinstrument*)
 helicopter [ˈhelikɔptə] s ⟨aero⟩ *Hubschrauber* m, *Schraubenflugzeug* n ‖ ~ terminal = **heliport**
 Heligoland [ˈheligolænd] s *Helgoland*
 helio– [ˈhi:lio–] Gr [in comp] *Helio–*, *Sonnen–* **~centric** [ˌhi:lioˈsentrik] a *heliozentrisch* **~chromy** [ˈhi:lioˌkroumi] s *Farbenphotographie* f **~graph** [ˈhi:liogrɑ:f] **1.** s *Heliograph* m **2.** vt *heliographieren* **~graphic** [ˌhi:lioˈgræfik] a *heliographisch, Lichtdruck–*; ~ *print Lichtpause* f **~graphy** [ˌhi:liˈɔgrəfi] s *Lichtdruck* m **~gravure** [ˈhi:liougrəˈvjuə] s *.Helio–, Photogravüre* f, *Ätzdruck* m **~lithic** [ˈhi:liouˈliθik] a *der Megalithkultur u dem Sonnenkult zugehörig* **~meter** [ˌhi:liˈɔmitə] s *Heliometer* n **~stat** [ˈhi:liostæt] s *Heliost·at* m **~trope** [ˈheljətroup] s ⟨bot⟩ *Sonnenwende, –blume* f; ⟨minr⟩ *Heliotr·op, Chalzed·on* m ‖ *Spiegeltelegraph* m **~type** [ˈhi:liotaip] s *Lichtdruck* m
 heliport [ˈhelipɔ:t] s, **helistop** [–stɔp] s *Landeplatz* m f *Hubschrauber* (*in Stadtmitte*)
 helium [ˈhi:ljəm] s L ⟨chem⟩ *H·elium* n (*Edelgas*)
 helix [ˈhi:liks] s (pl –ices [ˈhelisi:z], ~es) *Schrauben–, Spirallinie* f ‖ ⟨arch⟩ *Schnecke* f ‖ ⟨anat⟩ *Knorpelleiste* f (*an der Ohrmuschel*)
 hell [hel] s *Hölle* f (⟨a fig⟩ *Ort* or *Zustand der Qual* etc); *Unterwelt* f; *Spielhölle*) ‖ Little ⚥ *Verbrecherviertel* n *in London* ‖ ~! *z Teufel*! what the ~ ..? *was z Teufel* ..?; to ~ with *z T. mit* ‖ a ~ of *höllisch, riesig, Höllen–*, °*Mords–, mordsmäßig* (a ~ of *an appetite*); *in the* ~ of a mood *höllisch verstimmt*; *like* ~ *höllisch, wie der Teufel* (*riesig, sehr*) ‖ to give a p ~ *jdm die H. heiß m* ‖ to go to ~ *sich z Teufel scheren* ‖ I hope *od* wish to ~ ⟨vulg⟩ *ich* .., *verdammt nochmal* ‖ there's all ~ *let loose der T. ist los* ‖ to raise (*little*) ~ °*Krach* m ‖ to ride ~-for-leather *haste was kannste* (*in rasendem Galopp*) *reiten*; ~-for-lᵣ *flying* ⟨aero sl⟩ °*Affenfahrt* f, °*Karacho* m ‖ to work ~-for-l. *wie der Teufel arbeiten* ‖ *between* ~ *and high water zw Scilla u Charybdis* ‖ .. all to ~ ⟨fam⟩ „*im Eimer*", °„*am Arsche des Propheten*" (*erledigt*) ‖ he thinks he is ~ on wheels at gardening *er meint Wunder, was er v der Gartenarbeit versteht* ‖ [attr & comp] ~- bender ⟨Am sl⟩ °*Saufkumpan* m, *Saufgelage* n ‖ ~-bent ⟨Am⟩ *rücksichtslos*; *erpicht* (on *auf*) ‖ ‖ ~-bomb ⟨fam⟩ = H-bomb ‖ ~-broth *Hexentrank* m ‖ ~-cat, ~-hag *Hexe, böse Sieben* f ‖ ~-fire *Höllenfeuer* n ‖ ~-hound *Höllenhund·* m ⟨a übtr⟩ **~bender** [ˈ~bendə] s ⟨700⟩ *Riesensalam·ander* m
 hellebore [ˈhɔlibɔ·] s ⟨bot⟩ *Germer* m; *Nieswurz*; Black ⚥ *schwarze N.* (*Christrose*); Green ⚥ *grüne N.*
 Hellene [ˈheli:n] s *Hellene* ‖ ⟨mod⟩ *Grieche* m **–nic** [heˈli:nik] a *hellenisch* ‖ *griechisch* h.–**nism** [ˈhelinizm] s *Gräzismus* ‖ *Hellenismus* m **–nistic** [ˌheliˈnistik] a *griechisch*; *hellenistisch* **–nize** [ˈhelinaiz] vt/i ‖ *griechisch m* **|** vi *das Griechentum nachahmen*
 heller [ˈhelə] s ⟨Am sl⟩ *Deibelskerl* m, *Sumpfhuhn* n (*P*)
 hellion [ˈheljən] s ⟨Am fam⟩ *Range, Unart*, °*Deibelskerl* m
 hellish [ˈheliʃ] s (~ly adv) *höllisch, teuflisch*; *abscheulich* **~ness** [~nis] *das Höllische*
 hello [ˈhʌˈlou; həˈlou] intj *hallo!* ⟨bes telph & Am⟩; *guten Morgen!* etc; *wie geht's?*
 helluva [ˈheləvə] ⟨Am vulg⟩ = hell of a
 helm [helm] s ⟨poet & †⟩ *Helm* m ‖ ⟨dial⟩ (a ~-cloud) *Gewitterwolke* f

 helm [helm] s ⟨mar⟩ *Ruder, Steuer* n ‖ ⟨fig⟩ *Leitung* f, to be at, on the ~ *am Ruder* s (*herrschen*) ‖ ~-port *Koker* m (*Öffnung f Ruderschaft*), *Hennegatt* n
 helmet [ˈhelmit] s (*Rüstungs–*; *Militär–*; *Polizei–* etc) *Helm* m ‖ *Kopfschutz* m (*Schweiß*); ⟨aero; mot⟩ *Sturzhelm*; *–haube, –kappe* f; off ~! *Helm ab!*; on ~! *Helm auf!* ‖ ⟨hist⟩ *jousting* ~, *tilting* ~ *Stechhelm* m ‖ ⟨bot⟩ *Kelch* m **~ed** [~id] a *behelmt*
 helminth [ˈhelminθ] s ⟨zoo⟩ *Eingeweidewurm* m
 helmsman [ˈhelmzmən] s *Rudergänger, Steuermann* ⟨a fig⟩
 helot [ˈhelət] s ⟨hist⟩ *Helot* m ‖ ⟨übtr⟩ *Sklave* m **~ry** [~ri] s [*koll*] *Heloten*; *Sklaven* pl ‖ *Helotentum* n
 help [help] s *Hilfe* f, *Beistand* m (it, he is a great ~); it would be a tremendous ~ to me *es wäre mir e–e gr H.*; by the ~ of *mit H. v* ‖ *Hilfe* f, (*Hilfs-)Mittel* n (to *z*) ‖ ⟨fam⟩ *Portion* f (a second ~) **|** (*P*) *Hilfe, Aushilfe* f (*holiday* ~); ⟨Am⟩ [*koll*] *die Dienstboten, Arbeiter, Angestellten* pl; *lady* ~ *Stütze* f *der Hausfrau*; *mother's* ~ *Kinderfräulein* n **|** ⟨übtr⟩ *Heilmittel* n; *there is no* ~ *for it es läßt sich nicht ändern*
 help [help] vt/i **I. vt 1.** to ~ a p *jdm helfen, beistehen* (to do, ⟨fam⟩ do; *in doing z tun*; with *od* in a th *bei e–r S*); ~ me (to) *shut the window hilf mir das Fenster schließen* ‖ so ~ me God! *so wahr mir Gott helfe!* ‖ [ell] ~! ⟨fam⟩ °*nu man* (*halbwegs*) *sachte!* to ~ a p *into, out of,* on to *jdm hineinhelfen in, heraus– aus, hinauf– auf* ‖ to ~ o.s. *sich selbst helfen* **2.** (*etw*) *fördern; beitragen z etw* (to ~ a p's ruin) ‖ (*Krankheit*) *lindern* **3.** to ~ a p to a th *jdm verhelfen, dienen z etw*; to ~ o.s. to a th *sich etw zunutze m, etw genießen* ‖ *jdm etw geben, reichen* (*bei Tisch*); to ~ o.s. to a th *sich v etw nehmen, sich mit etw bedienen* (~ yourself to some wine) ‖ ~ yourself *langen Sie zu, nehmen Sie, bedienen Sie sich,* ⟨fig iron fam⟩ *wie Sie wünschen!* **4.** (*Speise*) *herumreichen, servieren* **5.** (*mit can, cannot* etc) *abhelfen, bessern; hindern; ändern; sich ersparen*; I cannot ~ *laughing* (*ich kann nicht umhin z lachen*) *ich muß lachen*; you cannot ~ *suspecting man kommt nicht um den Verdacht herum*; he could not ~ but laugh *er mußte lachen*; how can I ~ it? *was kann ich dafür?*; he cannot ~ his *views er kann nichts f s–e Ansichten*; I cannot ~ *myself ich kann mir nicht helfen, ich kann nicht anders*; you cannot ~ *yourself Sie können das nicht ändern* **|** don't be longer than you can ~ *bleib nicht länger als nötig* **6.** [*mit* adv] to ~ a p **along** *jdm behilflich s, jdm weiterhelfen, jdn fördern* ‖ to ~ a p down *jdm herunter–* ‖ to ~ a p in *jdm hineinhelfen* ‖ to ~ a p off (on) with a coat *jdm aus den* (*in den*) *Mantel helfen* ‖ to ~ on, forward (*jdm, e–r S*) *weiterhelfen*; (*jdn, etw*) *fördern* ‖ to ~ a p out *jdm heraus–; jdm aushelfen* **II. vi** *helfen, Hilfe leisten*; to ~ *draw a new treaty e–n neuen Vertrag aufsetzen helfen* ‖ *nützen* **~er** [ˈ~ə] s *Hilfeleistender, Gehilfe* m ‖ ⚥s [pl] in Need ⟨rel⟩ (die) *14 Nothelfer* m pl ‖ ~ spring ⟨tech⟩ *Zusatzfeder* f **~ful** [ˈ~ful] a (~ly adv) *behilflich* (to a p *jdm*), *hilfreich* ‖ *nützlich* (to a p *jdm*) **~fulness** [~fulnis] s *Hilfsbereitschaft; Dienlichkeit; Nützlichkeit* f **~ing** [ˈ~iŋ] s *Hilfe* f ‖ *Zulangen* n (*bei Tisch*); *Portion* f, would you like a second ~? *darf ich Ihnen noch einmal reichen? wollen Sie sich noch einmal bedienen?*; have another ~ *langen Sie nochmal z*; general's ~ ⟨fam⟩ „*Generalsportion*" f **~less** [ˈ~lis] a (~ly adv); *hilflos*; a ~ p *jd, der sich selbst nicht helfen kann* ‖ ~ly [adv] *über die Maßen* **~lessness** [ˈ~lisnis] s *Hilflosigkeit* f **~mate** [ˈ~meit], **~meet** [ˈ~mi:t]

s *Helfer*(*in* f) m, *Gehilfe* m, *Gehilfin*, *Gattin* f
helter-skelter [ˈheltəˈskeltə] **1.** adv *holter-
diepolter, durch–e–a* **2.** a *ungestüm, hastig*;
polternd **3.** s *wilde Hast* f ‖ ⟨sl⟩ *Luftschutzkeller*
m, → shelter
helve [helv] **1.** s *Stiel, Griff* m; *to throw the* ∼
after the hatchet ⟨fig⟩ *die Flinte ins Korn werfen*
2. vt *mit e–m Griff versehen*
Helvetian [helˈviːʃən] **1.** a *helvetisch, schweizerisch* **2.** s *Helvetier*(*in* f) m, *Schweizer*(*in* f) m
hem [hem] **1.** s (of cloth) *Saum* m; *Einfassung*
f, *Rand* m **2.** vt *säumen, einfassen* ‖ *to* ∼ *in,
round einschließen, umgeben* | ∼-line *Saum* m ‖
∼-stitch **1.** vt *mit e–m Hohlsaum nähen, einfassen* **2.** s *Hohlsaum* m
hem [mm; hm] **1.** intj *hm!* **2.** s *Räuspern* n;
Verlegenheits– **3.** vi *hm sagen*; (*a to* ∼ *and haw*)
sich räuspern
hem [həm, əm] ⟨fam⟩ = them
hemato– → haemato–
hemi– [ˈhemi] Gr [in comp] *halb, Hemi–*
∼**cycle** [∼ˌsaikl] s *Halbkreis* m ∼**plegia** [ˌhemi-
ˈpliːdʒiə] s *einseitige Lähmung* f ∼**ptera** [he-
ˈmiptərə] s L pl ⟨ent⟩ *Hemipt·eren, Wanzen* pl
∼**pterous** [heˈmiptərəs] a *Wanzen–* ∼**sphere**
[ˈhemisfiə] s *Hemisphäre, Halbkugel* f ‖
Großhirnhälfte f ∼**spheric**(**al**) [ˌhemiˈsferik(əl)] a
hemisphärisch ∼**stich** [ˈhemistik] s ⟨pros⟩ *Halb-
vers* m
hemlock [ˈhemlək] s ⟨bot⟩ *Schierling* m;
–strank m | [attr] *Schlaf verursachend* ‖ ∼
spruce ⟨bot⟩ *Hemlock–, Schierlingstanne* f
hemo– ⟨*bes* Am⟩ [in comp] → haemo–
hemp [hemp] s ⟨bot⟩ *Hanf* m ‖ *–faser* f;
–seil n; *Strick z Hängen* | [attr] *Hanf–*; ∼-nettle
⟨bot⟩ *Hohlzahn* ∼**en** [ˈ∼ən] a *Hanf–, hanfen*
hen [hen] s *Henne* f, ∼ *brood, cackle, cluck* ‖
(of birds) *Weibchen* n ‖ ⟨sport⟩ *weiblicher Fisch*
m ‖ ∼ ⟨aero sl⟩ *Henschel-Maschine* f ‖ ⟨Am
fam⟩ *altes Weib* n; [koll] *die Weiber* n pl ‖ ∼'s
egg Hühnerei n ‖ *not a* ∼ *nicht die Bohne, k–n
Pfifferling* m | ∼ *bird Henne* f, *Weibchen* n ‖
∼-coop, ∼-house *Hühnerstall* m ‖ ∼-harrier
⟨orn⟩ *Kornweihe* f ‖ ∼-medic ⟨Am fam⟩
Medizinstudentin, Medizinerin f ‖ ∼-party
Frauengesellschaft f, ⟨m. m.⟩ °*Kaffeeklatsch* m,
→ stag-party ‖ ∼-peck [vt] ⟨fam⟩ (*jdn*) *unter dem
Pantoffel* h; ∼-pecked *unter dem Pantoffel
stehend*; ∼-pecked *husband Pantoffelheld* m ‖
∼-roost *Hühnerstange* f; *–stall* m ‖ old ∼-wife
⟨fam⟩ °„*alte Schachtel*" f (*Frau*)
henbane [ˈhenbein] s ⟨bot⟩ *Bilsenkraut* n
hence [hens] adv **1.** † (of place) (*oft from* ∼)
v hinnen, hinweg, fort **2.** (of time) *v jetzt an*;
6 years ∼ *heute in 6 Jahren* **3.** ⟨übtr⟩ *v jetzt an ‖
hieraus, daraus* | *daher, deshalb, folglich* ∼**forth**
[ˈ∼ˈfɔːθ], ∼**forward** [ˈ∼ˈfɔːwəd] adv *v nun an,
künftig*
henchman [ˈhenʃmən] s ⟨hist⟩ *Knappe, Page*
‖ *treuer Begleiter* m ‖ ⟨*bes* Am⟩ polit. *Anhänger*;
Mietling, Günstling m
hendeca– [ˈhendekə] Gr [in comp] *elf* ∼**gon**
[henˈdekəgən] s ⟨geom⟩ *Elfeck* n ∼**syllabic**
[ˈhendekəsiˈlæbik] **1.** a *elfsilbig* **2.** s *elfsilbiger
Vers* m
hendiadys [henˈdaiədis] s Gr *Hendiadyoin* n
henequen [ˈhenikin] s Span *Sisalhanf* m,
Ag·avefaser f
henna [ˈhenə] s *Henna*(*strauch* m) f ‖ *Färbe-
mittel* n
hennery [ˈhenəri] s *Hühnerbrutstätte* f; *Hühnerstall* m ‖ ⟨Am fam⟩ *Frauenschlafsaal* m
henotheism [ˈhenoθiːizm] s *Eingottverehrung* f
henry [ˈhenri] s (*nach* J. ∼, † 1878) *Einheit der
elektr. Selbstinduktion* f
henwife [ˈhenwaif] s (*Märchen–, Gift–*)*Hexe* f
Heortology [ˌhiːɔːˈtɔlədʒi] s *Heortologie,
Lehre* f *v den Festen*

hep [hep] ⟨Am sl⟩ **1.** a *kundig, wissend* **2.** vi
Bescheid wissen (*to über*)
hep [hep] a ⟨mil vulg⟩ (= left) *links*
hepatic [hiˈpætik] a *Leber–* (∼ *colic –kolik*) ‖
leberbraun ‖ **Hepatica** [hiˈpætikə] s L ⟨bot⟩
Leberblume f, *Märzblümchen* n
hepatite [ˈhepətait] s *Leberstein* m
hepatitis [hepəˈtaitis] s *Leberentzündung* f
hepato– [ˈhepəto] Gr [in comp] *Leber–*
hepcat [ˈhepkæt] s ⟨Am sl⟩ *Swingnärrin,
Jazz–, Tanzfanatiker*(*in* f) m ‖ *Jazzmusiker* m
Hepplewhite [ˈheplwait] s (*nach* G. ∼, † 1786)
graziöser Möbelstil m (*des 18. Jhs*); [*mst* attr]
hepta– [ˈheptə] Gr [in comp] *sieben* ∼**chord**
[∼kɔːd] s *Heptachord* m ∼**gon** [∼gən] s ⟨geom⟩
Siebeneck n ∼**gonal** [hepˈtægən] a *siebeneckig*
heptad [ˈheptæd] s Gr *Summe, Gruppe* f *v
7 Dingen* –**archy** [ˈheptɑːki] s *Heptarch·ie* f
–**ateuch** [ˈheptətjuːk] s ⟨bib⟩ *Hept₍ateuch* m
her [həː; *w f* əː, hə, ə] **1.** pron pers (acc *v* she)
sie; *to* ∼, *for* ∼ *ihr* ‖ ⟨poet & fam⟩ (of ships
etc) *es, ihn*; (of the moon) *ihn* | (dat *v* she) *ihr* |
⟨poet & fam⟩ *ihm* | ⟨fam & vulg⟩ = she (*it's* ∼)
2. pron refl *sich* (she looked about ∼) **3.** pron
poss *ihr, ihre*; pl *ihre*
herald [ˈherəld] **1.** s *Herold* m ‖ ∼ *at arms
Wappenherold* m ‖ *Heroldsmeister* m; the
English College of ∼s *das engl. Heroldsamt* n ‖
⟨fig⟩ *Vorbote, Vorläufer* m **2.** vt *feierlich ver-
künden* | ⟨übtr⟩ *ankündigen*; *to* ∼ *in einführen*
∼**ic** [heˈrældik] a (∼*ally* adv) *heraldisch* ∼**ry**
[ˈherəldri] s *Heraldik, Heroldskunst, Wappenkunde* f ‖ *Wappenschild* m, *Wappen* n
herb [həːb] s ⟨bot⟩ *Kraut, Gewächs* n ‖
Blätterwerk n, *grüne Pflanze* f, (*Gewürz-*)*Kraut* ‖
⟨bot⟩ ∼ *of Grace Weinraute* f | [attr] *Kräuter–*
‖ ∼-bennet ⟨bot⟩ *Nelkenwurz* f ‖ ∼ *Christopher* ⟨bot⟩ *Christophskraut* n ‖ ∼ *paris* ⟨bot⟩
Einbeere f ‖ ∼ *robert* ⟨bot⟩ *Robertskraut* n ‖
∼-tea *Kräutertee* m ∼ **aceous** [həːˈbeiʃəs] a
krautartig, Kraut–; *Pflanzen–* ∼**age** [ˈhəːbidʒ] s
Gras n; *Kräuter* pl ‖ *zarte Blätter* n pl ‖ *Weide,
Trift* f ‖ ⟨jur⟩ *Weiderecht* n ∼**al** [ˈhəːbəl] **1.** a
Kräuter– **2.** s *Buch über Kräuter* n ∼**alist** [∼ist] s
Pflanzenkenner, –sammler; –händler m ‖ *Rohköstler, Vegetarier* m ∼**arium** [həːˈbɛəriəm] s L
Herbarium n ∼**ivorous** [həːˈbivərəs] a *pflanzen-
fressend* ∼**orize** [ˈhəːbəraiz] vi *botanisieren,
Pflanzen suchen* ∼**y** [ˈhəːbi] a *v Kraut, Gras* n
bewachsen; *Gras–* ‖ *krautartig*
Herculean [həːˈkjuːliən] s *Herkules–, herku-
lisch* (⟨*a* fig⟩ *sehr schwierig, mühevoll*) –**les**
[ˈhəːkjuliːz] s [attr] *Herkules–*; ∼ *beetle
Riesenkäfer* m; ∼ *powder Herkulespulver* n
(*Dynamit*)
herd [həːd] **1.** s ⟨*bes* of cattle⟩ *Herde* f ‖
Schwarm, Haufe m ‖ ⟨cont⟩ *Herde* f (*Menge
Menschen*); the common ∼ *die gr Masse* | the ∼
instinct der Herdentrieb | ∼-book (*Schweine–,
Rinder-*)*Herdbuch* n **2.** vi/t ‖ *in Herden gehen*;
⟨cont⟩ (of men) *to* ∼ *together zus–hausen*; *to* ∼
with sich gesellen z | vt *in e–e Herde zus–schließen*
∼**er** [ˈ∼ə] s ⟨Am⟩ *Schafhirt* m
herd [həːd] **1.** s (⟨dial⟩ *od* [in comp] *cow-*∼
etc) *Hirt* m **2.** vt (*Vieh*) *hüten*
herdsman [ˈhəːdzmən] s *Hirt* m
here [hiə] adv **1.** *hier, an diesem Orte* ‖ *to be*
∼ *da, anwesend s* | ⟨übtr⟩ *an dieser Stelle* ‖ *in
diesem Falle*; and ∼ *you have .. u dazu hast du
noch ..* | *my friend* ∼ *.. mein Freund hier ..* ‖ this
th ∼ *dies Ding da* ‖ ⟨vulg⟩ these ∼ *books diese
Bücher* (hier) **2.** *hierher*; *her* (come ∼; *bring it*
∼); ∼, *come los, komm* ‖ *to belong* ∼ *hierher
gehören* **3.** Wendungen: ∼ *below hienieden* ‖ ∼
and there hier u da; *hin u wieder* ‖ ∼, *there, and
everywhere überall* ‖ ∼ *to-day and gone to-
morrow flüchtig u vergänglich* ‖ *that is neither* ∼
nor there das gehört nicht z S ‖ ∼ *we are! hier*

ist es (*was wir wünschen*) || ~ you are *da hast du es* || ~'s to you! *Prost!*, (*auf dein Wohl!*) || ~ goes! *ich mach' es, jetzt geht's los!*; °*ran an'n Speck!* **~about(s)** ['hiərə,baut(s)] adv *hierherum, in dieser Gegend* **–after** [hiər'ɑ:ftə] **1.** adv *hernach, künftighin; im künftigen Leben* **2.** s *Zukunft* f, *das künftige Leben* n **~at** [hiər'æt] adv † *hierbei; –über* **~by** ['hiə'bai; '– –; –'–] adv *hierdurch*

    hereditable [hi'reditəbl] a (*S*) *erblich, vererbbar* **–tament** [,heri'ditəmənt] s ⟨jur⟩ *Erbgut* n; **~s** [pl] *vererbungsfähige, bewegliche u unbewegliche Sachen* f pl **–tary** [hi'reditəri] a (*–rily adv*) *erblich, Erb–* (*characteristic –merkmal*) || *ererbt* || *vererbt; althergebracht* **–ty** [hi'rediti] s *Erblichkeit* f || *Vererbung* f

    herein ['hiər'in] adv *hierin* || **~after** ['hiərin-'ɑ:ftə] adv *hiernach, hier unten, nachstehend* **~before** ['hiərinbi'fɔ:] adv *hier oben, vorstehend*

    hereof [hiər'ɔv] adv *hiervon*

    heresiarch [he'ri:ziɑ:k] s *Gründer* m e–*r Irrlehre* f **–siology** [,heri:zi'ɔlədʒi] s *Lehre* f *v den Ketzereien* f **–sy** ['herəsi] ⟨ec⟩ *Ketzerei; Irrlehre* ⟨a übtr⟩

    heretic ['herətik] **1.** s *Ketzer* m **2.** * a = ~al **~al** [hi'retikəl] a (*~ly adv*) *ketzerisch*; ⟨a übtr⟩

    hereto ['hiə'tu:] adv † *hierzu* || **–tofore** ['hiətu'fɔ:] adv *vormals; bis jetzt* **–under** [hiər-'ʌndə] adv *hierunter; hier drunten* or *unten* **–upon** ['hiərə'pɔn] adv *hierauf, darauf* **–with** ['hiə'wið] adv *hiermit; beifolgend*

    heriot ['heriət] s ⟨jur hist⟩ *Baulebung* f (*Erbabgabe an Lehnsherrn*); *Besthaupt* n

    heritability [,heritə'biliti] s *Erblichkeit; Vererbbarkeit* f **–table** ['heritəbl] a *erblich; sich vererbend* || *erbfähig* **–tage** ['heritidʒ] s ⟨jur⟩ *Erbschaft* f, *Erbe, Erbgut* n; to enter into the ~ of a p *jds Erbe antreten* || ⟨übtr⟩ *Erbe* n (*our island* ~); *Erbgut* n **–tor** ['heritə] s ⟨jur⟩ *Erbe* m

    hermaphrodite [hə:'mæfrədait] s *Zwitter* m **–ditism** [hə:'mæfrədai,tizm] s ⟨biol⟩ *Zwitterbildung* f, *–tum* n

    hermeneutic [,hə:mi'nju:tik] **1.** a *auslegend, Erklärungs–* **2.** ~s pl (sg konstr) *Hermen'eutik* f **hermetic** [hə:'metik] a (*~ally adv*) *magisch* || *herm'etisch, luftdicht*

    hermit ['hə:mit] s *Erem'it, Einsiedler* m || **~-crab** ⟨zoo⟩ *Einsiedlerkrebs* m **~age** ['hə:-mitidʒ] s *Einsiedelei, Klause* f

    hernia ['hə:njə] s ⟨med⟩ *Bruch* m **–ial** [~l] a *Bruch–* **–iotomy** [,hə:ni'ɔtəmi] s *Bruchoperation* f

    hernshaw ['hə:nʃɔ:] s = heron

    hero ['hiərou] s [pl ~es] *Held* m, *Her'oe*; *Halbgott* m || *heldenhafter Krieger* m; the Nine Strong ~es → Worthies || *Held* m, *Hauptgestalt* f **|** [attr] *Helden–* || ~-worship *Heroenkultus* m

    heroic [hi'rouk] **1.** a (*~ally adv*) *heroisch, heldisch, heldenhaft, –mütig* || *Helden–* (the ~ age) **|** ⟨arts⟩ *gewaltig, wuchtig* || ⟨Lit⟩ *heroisch, Helden–* (~ poem) || ⟨pros⟩ ~ verse *epischer Vers* m; *Hexameter* m; ⟨engl⟩ *fünffüßiger Jambus* m; ~ couplet *heroisches* (*mst reimendes*) *Verspaar* n *in jambischen Pantameteren* **|** (of style) *hochtrabend* || *kühn, drastisch, Gewalt–* (~ measures) || ⟨pharm⟩ *stark, wirksam* (drug) **2.** s *heroischer Vers* m || ~s [pl] ⟨iron⟩ *Schwärmereien, Überschwenglichkeiten* f pl (to go into ~s) **|** **–al** [~əl] * a *Helden–, heroisch*

    heroi-comic(al) [hi'roui'kɔmik(l)] a *heroischkomisch*

    heroin ['herouin] s ⟨pharm⟩ *Hero'in* n

    heroine ['herouin] s *Heldin* f; *Hero'ine* f

    heroism ['herouizm] s *Heldenmut; –geist* m **–ize** ['hiəroaiz] vt/i || *als Helden behandeln, darstellen; heroisch* m **|** vi *den H. spielen*

    heron ['herən] s ⟨orn⟩ *Fischreiher* m; buff-

backed ~ *Kuhreiher* m; night ~ *Nacht–*; purple ~ *Purpur–*; squacco ~ *Rallen–*; great white ~ *Silber–* **~ry** [~ri] s *Reiherstand* m

    herpes ['hə:pi:z] s L ⟨path⟩ (*Bläschen-*) *Flechte* f **–petic** [hə:'petik] a *Flechten–* **–petology** [,hə:pi'tɔlədʒi] s **1.** *Reptilienkunde* f **2.** ⟨path⟩ *Flechtenkunde* f

    Herr [hɛə] s Ger (*als Titel*) *Herr* (~ N.)

    herring ['heriŋ] **1.** s ⟨ich⟩ *Hering* m; full ~ *Fetthering* m; kippered ~ = kipper; red ~ *Bück(l)ing* m, ⟨fig⟩ → red a **2.** [attr] ~-bone a. s *Heringsgräte* f; *Grätenmuster, –ornament* n; ⟨arch⟩ *Zickzackordnung* f; ⟨weav⟩ *Grätenstich* m; *Grätenschritt* m (*beim Skilauf*) || [attr] *Kreuz–, Gräten–* (~-bone stitch); ~-bone bond ⟨mar⟩ *Fischgrätenverband* m; ~-bone gear *Pfeilrädergetriebe* n; ~-bone parquetry *Riemen–, Schiffsparkett* n; ~-bone profile (⟨mot⟩ *Reifen-*)*Pfeilprofil* n; ~(-)bone-tread tyre ⟨mot⟩ *Reifen* m *mit Pfeilprofil* n **b.** vt *mit Grätenstich nähen* **|** ~-gull ⟨orn⟩ *Silbermöve* f || ~-pond ⟨hum fam⟩ *Atlantischer Ozean* m

    hers [hə:z] pron poss fem [abs] *der, die, das ihre, ihrige*; to be ~ *ihr gehören*; a friend of ~ e–*e Freundin v ihr, e–e ihrer Freundinnen*

    herse [hə:s] s ⟨fort⟩ *Fall–, Schutzgatter* n

    herself [hə:'self] pron fem **1.** [emph] *sie selbst*; *selbst*; she was ~ again *sie war wieder ganz normal* **2.** pron refl [dat & acc] *sich* (she hurt ~); → himself

    Hertzian ['hə:tsiən] a (*nach H. R. Hertz,* † 1894) ~ waves [pl] ⟨el⟩ *Hertzsche Wellen* pl

    hesitance ['hezitəns], **-cy** [~i] s *Zögern* n; *Unschlüssigkeit* f || **–ant** ['hezitənt] a *zögernd, unschlüssig* **–ate** ['heziteit] vi/t || *zögern; unschlüssig, zweifelhaft sein* (about, over *über*) || *Bedenken tragen* (to do) **|** vt *zögernd äußern* **–ation** [,hezi'teiʃən] s *Zögern* n; *Unschlüssigkeit* f, *Bedenken, Schwanken* n; we have no ~ to recommend *od* in r.ing him *wir können ihn ohne B.* or *bedenkenlos empfehlen* || *Art Walzer* m || ⟨aero hes Am⟩ ~ roll *langsame Rolle* f (*Kunstflug*) **–ative** ['heziteitiv] a (*~ly adv*) *zögernd, unschlüssig*

    Hesperian [hes'piəriən] **1.** a ⟨poet⟩ *westlich* **2.** s *Bewohner des Westens* **-rus** ['hespərəs] s L *Abendstern* m

    Hesse ['hes] s ⟨Ger⟩ *Hessen* (*Land*) n **Hessian** ['hesiən] **1.** a *hessisch* || ~ boots [pl] *Kanonen–, Schaftstiefel* m pl || ~-fly ⟨ent⟩ *Hessenfliege* f **2.** s *Hesse* m, *–in* f; ⟨pol & Am mil⟩ *Söldling* m **2.** *⤳ grobe Juteleinwand* f

    het [het] ⟨bes Am fam⟩ to get ~ up *sich erhitzen, auf–, erregen* (= heated)

    hetairism [he'taiərizm] s *wilde Ehe* f || *Gemeinschaftsehe* f

    hetchel ['hetʃəl] s ⟨dial⟩ = hatchel

    hetero– ['hetəro] Gr [in comp] *fremd, verschieden; anders–* **~cellular** [~'seljulə] a *aus verschiedenen Zellen bestehend* **~clite** [~klait] a **1.** a *unregelmäßig; anom'al, wunderlich* **2.** s ⟨gram⟩ *unregelmäßiges Nomen* n **~dox** ['hetərə-dɔks] a (*v der Norm*) *abweichend; irrgläubig* **~doxy** ['hetərədɔksi] s *Irrglaube* m; *abweichende Meinung* f **~dyne** ['hetərədain] **1.** a ⟨wir⟩ *Überlagerungs–*; ~ receiver *Funkempfänger mit Rückkoppelung* m, *Überlagerer, Überlagerungsempfänger* m **2.** vt ⟨wir⟩ *überlagern* **~gamic** [,hetəro'gæmik] a *heterog'amisch* **~gamy** [hetə'rɔgəmi] s *Heterogam'ie* f **~geneity** [,hetərodʒi'ni:iti] s *Ungleichartigkeit* f **~geneous** [,hetəro'dʒi:niəs] a (*~ly adv*) *heterog'en, grundverschieden; ungleich; fremd* || ~ radiation *Strahlung* f *mit verschiedenen Frequenzen* f pl **~genesis** [,hetəro-'dʒenisis] s *Heterogenesis* f **~nomy** [hetə-'rɔnəmi] s *Abhängigkeit* f *v fremdem Gesetz* n || ⟨biol⟩ *ungleichartige Gliederung* f **~phemy**

[hetə'rəfimi] s *Wortvertauschung* f, ⟨oft⟩ *Euphemismus* m (e.g. go to Heligoland [= hell]) **~sexual** [ˌhetəro'seksjuəl] a *andersgeschlechtig, heterosexu*·*ell* **~sexuality** [-ˌseksju'æliti] s *Andersgeschlechtigkeit, Heterosexualit*·*ät* f

hetman ['hetmən] s *polnischer Oberbefehlshaber*; *Kos*·*akenführer* m

het-up [het'ʌp] a (= heated up) ⟨sl⟩ all ~ *ganz aus dem Häuschen* (*aufgeregt*); he was ~ *er hatte eingeheizt* (*war betrunken*)

heuchera ['hju:kərə] s ⟨bot⟩ *Heuch*·*ere* f (*Gattung der Steinbrechgewächse*)

heuristic [hjuə'ristik] a *heuristisch, erfinderisch*; *richtunggebend*; *richtung–, wegweisend*

hew [hju:] vt/i [~ed/~ed,* ~n] **1.** vt *hauen, hacken*; *aushauen* (out of *aus*); to ~ to pieces *in Stücke hauen* || (*Weg*) *hauen*; to ~ one's way *sich e–n Weg bahnen* | *behauen* | [*mit* adv] to ~ away, off *abhauen* || to down *nieder–, umhauen, fällen* || to ~ out *aushauen* **2.** vi *hauen* **~er** ['~ə] s (*Holz–, Stein-*)*Hauer* m; ⟨min⟩ *Häuer* m

hex [heks] s ⟨Am⟩ *Hexe* f

hexa– ['heksə] (*vor Vok.* hex– [heks]) Gr [in comp] *sechs–, Sechs–* **~chord** [~kɔ:d] s ⟨mus⟩ *Hexachord* m **~gon** [~gən] s ⟨geom⟩ *Sechseck* n; ~ nut *Sechskantmutter* f **~gonal** [hek'sægənl] a *sechseckig* **~gram** [~græm] s *Sechsstern* m **~hedron** ['heksə'hedrən] s *Hexa*·*eder* n **~meter** [hek'sæmitə] s ⟨pros⟩ *Hexameter, Sechsfüßler* m **~pod** ['heksəpəd] s ⟨zoo⟩ *Sechsfüßler* m

hey [hei] intj *he! hei!*; ~ for *auf nach! hurra für*; ~ presto! *hokuspokus!* || ~-day! *heisa! juchhe!*

heyday ['heidei] s *Erregung* f; *Sturm* (of passion) m || *Höhepunkt* m, *Hochflut, Vollkraft* f; in his ~ *in s–r Blütezeit, in der Blüte s–s Lebens*

hi [hai] intj *heda! he!*

Hi [hai] s ⟨Am fam⟩ = high school

hiatus [hai'eitəs] s L [pl ~es] (of events) *Spalt* m, *Kluft* f; *Lücke* f || ⟨gram⟩ *Hiatus* m

hibernate ['haibə:neit] vi *überwintern* || ⟨fig⟩ *Winterschlaf halten* (*untätig s*) **–ation** [ˌhaibə:-'neiʃən] s *Überwinterung* || ⟨fig⟩ *Winterschlaf*

Hibernian [hai'bə:niən] **1.** a *irisch* **2.** s *Irländer* m **–nicism** [hai'bə:nisizm] s *irische Spracheigenheit* f

hibiscus [hi'biskəs] s L ⟨bot⟩ *Eibisch* m; Chinese ~ *Chinesischer Eibisch* m

hiccup, hiccough ['hikʌp] **1.** s *Schlucken, Schluckauf* m **2.** vi/t *den Schl. h* | vt *abgebrochen hervorbringen*

hick [hik] ⟨Am sl⟩ **1.** s *Bauer, –ntrampel* m | ~-town „*Doofhausen*" n (*Kleinstadt*) **2.** a °*dämlich, doof*

hickey ['hiki] s ⟨Am⟩ *Biegzange* f (*f Isolierrohre*)

hickory ['hikəri] s ⟨bot⟩ *Hickory* f || *Hickoryholz* n

hid [hid] pret & pp *v* to hide

hidalgo [hi'dælgou] s [pl ~s] *span. Edelmann* m

hidden ['hidn] pp *v* to hide | a *versteckt*; *heimlich* || ~ speed check-point, ~ traffic control point ⟨mot⟩ *Straßenfalle* f

hide [haid] **1.** s *Haut* f, *Fell* n || ⟨übtr⟩ *Haut* f (to save one's own ~); ⟨fig⟩ a thick ~ *ein dickes Fell* n **2.** vt ⟨fam⟩ (*durch*)*prügeln*

hide [haid] s ⟨agr⟩ *Hufe* f (60–100 acres)

hide [haid] **1.** vt/i [hid/hid(den)] || *verbergen, verstecken* (from a p *vor jdm*); *verhüllen* || (*etw*) *verheimlichen* (from a p *jdm*) | vi (⟨Am *a*⟩ ~ out) *sich verbergen, sich verstecken* (from *vor*) | ~-and-seek; ⟨Am⟩ ~-and-go-seek, ~-and-coop *Versteckspiel* n; to play at ~-and-seek *Verstecken spielen* ⟨a fig⟩ **2.** s ⟨hunt⟩ *Ansitz* m

hideaway ['haidə'wei], **hideout** ['haidaut] s *Versteck* n, *Schlupfwinkel* m

hidebound ['haidbaund] a *mit eng anschließender Haut* or *Rinde*; *abgemagert* || ⟨fig⟩ *eng-* (*herzig*)

hideous ['hidiəs] a (~ly adv) *furchtbar, entsetzlich*; *gräßlich* **~ness** [~nis] s *Scheußlichkeit* f

hidey ['haidi] ⟨Am & Col fam⟩ = how d'ye do? *wie geht's*?

hiding ['haidiŋ] s ⟨fam⟩ *Tracht* f, *Prügel* f (a good ~ *e–e tüchtige T.*)

hiding ['haidiŋ] s *Verbergen* n; to be in ~ *sich im Verborgenen halten* | ~-place *Schlupfwinkel* m, *Versteck* n

hidrosis [hi'drousis] s L *Schwitzen* n **–rotic** [hi'drɔtik] a *schweißtreibend*

hidy ['haidi] → hidey

hie [hai] vi [~ing] ⟨poet⟩ *eilen* | [refl] he (they) ~d him (them) *er* (*sie*) *floh*(*en*)

hierarch ['haiərɑ:k] s *Oberhaupt* n *der Priester* **~ic(al)** [ˌhaiə'rɑ:kik(l)] a *hierarchisch, priesterlich, Priester–* **~y** ['haiərɑ:ki] s *himmlische Hierarchie* f || *Priesterherrschaft* f || *die Priester* m pl || ⟨übtr⟩ *Rangordnung* f, *Klassifizierung* f; *Herrschaft* f

hieratic [ˌhaiə'rætik] a ⟨arts⟩ *hier*·*atisch* (style; writing); *Priester–*

hiero– ['haiəro] Gr [in comp] *Hiero–, heilig* **~cracy** [haiə'rɔkrəsi] s *Hierokratie, Priesterherrschaft* f **~glyph** ['haiəroglif] s *Hieroglyphe* f || ⟨übtr⟩ *symbol. Zeichen* n || ~s [pl] *unleserl. Gekritzel* n **~glyphic** [ˌhaiəro'glifik] **1.** a *hieroglyphisch* **2.** [s pl] ~s *Hieroglyphen* pl, *ägypt. Bilderschrift* f | **~phant** ['haiərofænt] s ⟨ant⟩ *Oberpriester* m

hi-fi ['hai'fai] ⟨fam⟩ → (high) fidelity || ~ addict, ~ enthusiast *Schallplattenfex* m

higgle ['higl] vi *feilschen, handeln*; *sich streiten* (over *um*)

higgledy-piggledy ['higldi'pigldi] **1.** adv *durch–e–a, kunterbunt*; °*wie Kraut u Rüben durch–e–a* **2.** a *kunterbunt, planlos* **3.** s *Verwirrung* f

high [hai] **I.** a A. ⟨eig⟩ *hoch* (wall; tree); ~ boot ⟨mil⟩ *Schaftstiefel* m; ~ burst *Luftsprengpunkt* m; three feet ~ *3 Fuß hoch* || *hoch* (oben) *gelegen, Hoch– B.* ⟨fig⟩ **1.** *hoch, angesehen* (oft in *Titeln* → commissioner) || ~ command *Oberkommando* n ‖| *adlig, vornehm*, ~ life *die vornehme Welt* | *edel, erhaben*; the Most ~ ⟨bib⟩ *Gott* | ace ~ ⟨fam⟩ *haushoch* (*z.B. Übertreffen*); he is ace ~ in public esteem *er steht* ˙. „*so*" *da!* **2.** *bedeutend, wichtig* || *ernst*; ~ treason *Hochverrat* || *Haupt–, erste* || *hoch, günstig, sehr gut* (opinion); *ausgezeichnet, erstklassig*; ~ fidelity (of a record) *bes getreue Tonwiedergabe* f, (*Schall-*)*Wiedergabe* f *mit Konzertqualität* || ⟨med⟩ *stark* (dosis) **3.** *hochentwickelt*; ~ key ⟨phot⟩ *heller Bildton* m; *differenziert* || *vorgeschritten*; (of time) *höchst* (it is ~ time) || *weit zurückgehend, fern* (~ antiquity) || *abgehangen*; *angegangen, pikant* (game) | *üppig, reich* (feeding) | *fröhlich, lustig, munter* (spirits); *fid*·*el* (time); ~ feather | *bezecht* (on *v*) | *stolz, anmaßend*; → hand; *zornig*; to have ~ words *sich zanken* | ⟨rel & pol⟩ *extrem* (~ Tory); *übertrieben*; *hochkirchlich* (~ service) **4.** *hochgradig, heftig, kräftig, stark, groß* (trot) || ~ brass *Tombak* m | ~ tension ⟨el⟩ *Hochspannung* f || ~ wind *starker W.* || (of price) *hoch*; *teuer* to be ~ *hoch stehen* (*im Preise*) || *hoch, schrill* (sound) | *lebhaft, blühend* (colour) C. as ~ as *bis hinauf z* | ~ and dry *gestrandet*, ⟨fig⟩ *auf dem Trockenen sitzend* || ~ and low *hoch u niedrig, alle Kreise* | ~ mighty | on ~ *hoch oben, droben im Himmel*; from on ~ *v oben, aus der Höhe*; vom *Himmel* (*herab*) || ⟨sl⟩ how is that for ~? *das* *ist mal hoch! was sagen Sie dazu!* || to mount, ride the ~ horse ⟨fig⟩ *sich aufs hohe Roß setzen*; to get down from one's ~ h. *klein beigeben* **D.** [in comp] ~-altar *Hochaltar* m || ~-altitude aircraft *Höhenflugzeug* n || ~-altitude compressor *Höhenlader* m || ~-angle fire ⟨mil⟩ *Steilfeuer* n; ~-angle gun *–geschütz* n || ~-backed *mit hoher Lehne* (chair) || ~-blown ⟨fig⟩ *aufgeblasen* || ~-boiling *schwer siedend* || ~-born *hochgeboren* || ~-bred *v hoher Geburt*; *vornehm, wohlerzogen* | ~-brow 1. s ⟨Am sl⟩ *Intellektueller* m, *Schöngeistler* m, °*Intelligenzbestie* f 2. a *intellektuell; reingeistig* | ~ carbon steel *harter Kohlenstahl* m | ⳣ-Church 1. s *anglikan. Hochkirche* f 2. a *hochkirchlich, hochanglikanisch* || ⳣ-Churchman *Hochkirchler* m || ~-coloured *v lebhafter Farbe*; ⟨fig⟩ *lebhaft* || → commissioner | ⳣ Court = ⳣ Court of Justice, → court || ~-day *Fest–, Freudentag* m || ~-duty *hochbeanspruchbar, strapazierfähig* || ~-energy *energiereich* || ~ explosive *Sprengstoff*; [attr] *Spreng–* (~-bomb) || ~-falutin *hochtrabend* (stuff) || ~ farming ⟨agr⟩ *Intensiv-Kultur* f || ~ fermentation ⟨brew⟩ *Obergärung* f; ~.f. yeast *Oberhefe* f || ~-flashpoint liquid *schwer entflammbare Flüssigkeit* f || ~-flux ⟨at⟩ [attr] *Hochfluß–* (reactor) || ~-flier, ~flyer *Schwärmer*; ⟨fam⟩ *ehrgeiz. Draufgänger*; ⟨sl⟩ *Hochstapler* m || ~-flown *überspannt*; *hochtrabend, schwülstig* || ~-fly [s] = ~-falutin *hochtrabende Dinge* n pl || ~-flying *hochfliegend* (ideas); ⟨fig⟩ *ehrgeizig* || ~-frequency *Hochfrequenz* f | ~-grade *hochgradig; reinrassig*; *hochwertig* (ore); ~-gr. steel *Edelstahl* m || ~-handed *anmaßend, gewaltsam, willkürlich, eigenmächtig* || ~-hat ⟨fig Am⟩ *Geck* m; [attr] *hochnäsig* || to ~-hat ⟨fam⟩ (jdn) *v oben herab behandeln* || ~-heeled *mit hohen Absätzen* (~ shoe) || → jinks | ~ jump *Hochsprung* m || ~-level blower ⟨aero⟩ *Lader* m f *gr Nennleistungshöhe* f; ~-l. bombing *Bombenhochwurf* m; ~-l. railway *Hochbahn* f || ~ lights [pl] *lichte Stellen* f pl; ⟨fig⟩ *Licht–, Glanzpunkte*; *hervorstechende Züge* pl || ~-light ⟨arts⟩ *Licht–, Weißhöhung* f; to ~(-)l. (e-r S) *Glanzpunkte geben, (etw herausstellen), richtig z Wirkung bringen; (Problem) gründlich beleuchten* || ~-load capacity *Hochbelastbarkeit* f || ~-lows [pl] *Schnürschuhe, die über die Knöchel reichen* || ~-minded *groß–, hochherzig* || ~-mindedness *–keit* f || ~-mirror finish *Hochglanz* m || ~-mortality parts [pl] *Teile mit hoher Verschleißquote* f | ~-nosed *hochnäsig* || ~-output engine *Hochleistungsmotor* m || ~-pitch ⟨aero⟩ *gr Steigung* f (niedrige Drehzahl); ~-pitched *in hoher Tonlage; steil* (roof); *hoch* (voice); *erhaben* || ~-power lens *lichtstarkes Objektiv* n || ~-power radio station ⟨wir⟩ *Großfunkstation* f || ~-powered *starkmotorig*; ~-p. engine *Hochleistungsmotor* m || ~-pressure ⟨tech⟩ *Hochdruck* m ⟨a fig⟩; ~-p. suit ⟨aero⟩ *Druckanzug* m | ~-priest *Hoher Priester* m || ~-principled *v edlen Grundsätzen (erfüllt)* || ~-road *Land–, Heerstraße* f || ~-roller ⟨Am sl⟩ *Modegeck* m || ~-school ⟨engl mst⟩ *Höhere Töchterschule* f; ⟨Am⟩ *höhere Schule* f || ~ seas [pl] *hohe See* f, *offenes Meer* n || ~-seasoned *scharf gewürzt; saftig* (Witz) || ~ sensitive fuse *Augenblickszünder* || ~-souled *hochherzig* || ~-sounding *hochtönend, –trabend* || ~-speed *v gr Geschwindigkeit; Schnell–* (railway); *hochempfindlich* (Film); *hochtourig* (Motor); ~-sp. motion picture *Zeitdehner* m || ~-spirited *stolz; feurig* || ~-standing *hochbeinig* (dog) || ~-stepper *hochtrabendes Pferd* n; ⟨a übtr⟩ ⟨übtr fam⟩ *Modefex* m || ~-stomached *kühn*; ⟨fam⟩ *hochnäsig* | ~-strung *hochgespannt; (über)empfindlich, reizbar* || ~ table *Speisetafel* f *der Fellows*

im College || → tea || ~-tension line *Hochspannungsleitung* f || ~-toned *erhaben; hoch; aufgeblasen* ;⟨Am a⟩ *modern (gekleidet)* || ~-trajectory gun *Steilfeuergeschütz* n || ~-voltage [attr] ⟨fig⟩ *energiegeladen* (P) || ~-ups [pl] ⟨fam⟩ ˣ°*Großkopfete* pl || ~-water *Fluthöhe* f; *Hochwasser* n (it was ~-w.); ~-water mark *Hochwasserstandzeichen* n || ~(-)wing (monoplane) ⟨aero⟩ *Hochdecker* m **II. s** [pl ~s] *Hoch, Gebiet* n *hohen Luftdruckes* || ⟨cards⟩ *höchste Karte* etc || ⟨fig⟩ *Rekord* m || ⟨mot⟩ *höchster Gang* m; ⟨Am⟩ *–ster Stand* m; *Höhe* f || the ⳣ ⟨fam⟩ = the ⳣ Street, Oxford || ⟨Am fam⟩ = ~(-)school **III.** adv *hoch* (to fly ~); *in die Höhe* (to lift ~) || *auf hoher Stufe* f (to stand ~) || *mit hohem Einsatz* m (to play ~) || *teuer* (to pay ~) || *üppig* (to live ~); *stark, heftig, mächtig, in hohem Grade*; to run ~ (of waves) *hochgehen*; (of feelings) *heftig w* **~ball** [ˈhaibɔːl] s ⟨Am fam⟩ *Whisky u Soda(-Getränke in hohem Glas)* **~boy** [ˈ~bɔi] s ⟨Am⟩ = *tallboy* **~er** [ˈ~ə] [compr] *höher*; *obere, Ober–* || *höher gelegen* (~ plane) || *höher entwickelt* (~ mammals); *differenzierter* || ⟨mil⟩ *übergeordnet* (formation, ⟨Am⟩ echelon *Truppenteil*) | ⳣ*s* ⟨school fam⟩ (= ⳣ School Certificate) ⟨m. m.⟩ *Abi(tur)-Zeugnis* n **~est** [ˈ~ist] [sup] *höchste, oberste* || it was at its ~ *es war auf dem Höhepunkt* || ~ bidder *Meistbietende(r* m) f ⟨st exch⟩ "~est ever" point *absoluter Höchststand* m **~falutin** [ˈ~fəˈluːtin], **~faluting** [–tiŋ] **1.** a *bombastisch, hochtrabend* **2.** s *Bombast, Wortschwall* m

highland [ˈhailənd] **1.** s *Hochland* n, the ⳣ*s* [pl] *das schottische H.* n **2.** a *Hochland–; Bergland–; (schottisch-)hochländisch* **~er** [~ə] s *Hochländer (bes Schotte)* m

highly [ˈhaili] adv *hoch* (~ placed *–gestellt*) || *in hohem Grade; höchst, sehr* (~ amusing, ~ polished) *teuer* || *günstig*; to speak ~ of *lobend sprechen v*, to think ~ of *viel halten v* || ~-descended *v hoher Abkunft* || ~ rated ⟨tech⟩ *stark beansprucht* || ~ responsive ⟨tech⟩ *hochempfindlich* || ~ volatile *leichtflüchtig*

highness [ˈhainis] s *Höhe* f || (of game) *pikanter Geschmack, Stich* m || His, Her (Royal, Imperial) ⳣ (abbr H. R. H.; H. I. H.) *Seine, Ihre (Königliche, Kaiserliche) Hoheit* f

hight [hait] † pp *genannt*; to be ~ *heißen*

highty-tighty [ˈhaitiˈtaiti] **1.** s *Range* f **2.** a *unverschämt, frech*

highway [ˈhaiwei] s *Haupt–, Landstraße* f || (super-)~, (limited access) ~ *Autobahn, Fernverkehrsstraße* f || ⟨übtr⟩ *Straße*; *Weg* m; *direkter Weg* (to z) || *Hauptgebiet* n || ~ of nations ⟨hist⟩ *Völkerstraße* f || ⳣ Code *Straßenverkehrsordnung* f || ~ depot *Straßenmeisterei* f || ~ engineering *Straßenbau* m || ~ patrol *Verkehrsstreife* f || ~ safety *Straßenverkehrssicherheit* f **~man** [~mən] s (berittener) *Straßenräuber, Wegelagerer; Autobahnräuber* m

hijacker [ˈhaidʒəkə] s ⟨Am sl⟩ *Räuber, der Alkoholschmuggler überfällt* etc

hike [haik] ⟨sl⟩ **1.** vi/t || *wandern (bes unter Benutzung v Jugendherbergen)* | vt *schieben, befördern* **2.** s (Fuß-)*Wanderung* f | **~r** [ˈhaikə] s *Wanderer* m || **–ing** [ˈhaikiŋ] s *Wandern* n; [attr] *Wander–* (~ movement)

hilarious [hiˈlɛəriəs] a (~ly adv) *heiter, vergnügt* **~ness** [~nis] s = hilarity

hilarity [hiˈlæriti] s *gr Heiterkeit* f

Hilary [ˈhiləri] s ⟨jur & univ⟩ ~ Term *Gerichts–, Studientermin im Januar v Weihnachten bis Ostern* ; → Lent

hill [hil] **1.** s *Hügel* m; *Anhöhe* f; ~ 60 ⟨mil⟩ *Höhe 60* || (Erd-)*Haufen* m || up ~ and down dale *über Berg u Tal; bergauf u bergab*; as old as the ~s *uralt* || ⟨mot⟩ ~ 1 in 12 *Steigung,*

Gefälle 1 : 12 | [attr] *Hügel-, Berg-* (~ *country* ⟨*a*⟩ *Mittelgebirge*) || ~-climb ⟨*mot*⟩ *Bergfahrt* f || ~-climbing *ability od capacity* ⟨*mot*⟩ *Steigfähigkeit* f || ~-culture ⟨*Am*⟩ *Berglandwirtschaft* f || ~-side *-abhang* m; ~-s. plow *Wendepflug* m; ~-s. up-current ⟨*aero*⟩ *Hangwind* m || ~-top *Bergspitze* f 2. vt *häufen*; *mit Erdhaufen umgeben, bedecken*; ⟨*for*⟩ *behäufeln* ~**billy** ['~bili] s ⟨*Am fam*⟩ *Hinterwäldler* m ~**drill** ['~dril] s *Häufelsämaschine* f ~**iness** ['~inis] s *hügelige Beschaffenheit* f; *Unebenheit* f ~**man** ['~mæn] s *Bergbewohner* m ~**ock** ['~ək] s *kl Hügel* m ~**y** ['~i] a *hüg(e)lig, Hügel-*

hillo [hi'lou] intj = hallo

hilt [hilt] 1. s *Heft* n, *Griff* (of a sword); *Degenkorb* m || up to the ~ *bis ans Heft* n, ⟨fig⟩ *ganz u gar*; (house, etc.) mortgaged up to the ~ *bis übers Dach belastet* 2. vt *mit e-m Griff versehen*

hilum ['hailəm] s L ⟨*bot*⟩ (*Samen-*)*Nabel* m

him [him] 1. pron pers [acc *v* he] *ihn*; to ~ *ihm*; for him *ihm* (he held the door for ~) || ⟨of the sun & poet⟩ *sie, ihn* | [dat] *ihm* | ⟨fam⟩ *er* (that's ~) 2. pron refl *sich* (he looks about ~); he bethought him *er bedachte sich* ~**self** [~'self] 1. pron emph *selbst*; *er, ihn, ihm selbst*; he is ~ again *er ist wieder wohl* 2. pron refl *sich*; by ~ *allein, für sich*; of ~ *v selbst*; he came to ~ *er kam wieder z sich*; → her

hind [haind] s *Hindin*, (*über 3-jährige*) *Hirschkuh* f; ⟨hunt⟩ (*führendes*) *Alttier, Kälbertier* n; yeld ~ *Gelttier* n; young ~ *Schmaltier* n || ~ calf *Wildkalb* n; → hart, stag

hind [haind] s ⟨*bes Scot*⟩ *Knecht, Tagelöhner* m (*auf dem Lande*); *kl Bauer* m || *Verwalter* m

hind [haind] a *hinterer, -e, -es*; *Hinter-* || to stand on one's ~ legs ⟨fig⟩ *sich auf die Hinterbeine stellen* || ~-quarters [pl] *Hinterviertel, Gesäß* n || ~-sight ⟨hum⟩ *z späte Einsicht*, „*Nachsicht*" f ~**er** ['~ə] a = hind

hinder ['hində] vt (*etw*) *verhindern* || (*jdn*) *hindern* (in *in, bei*; from doing *z tun*) ~**er** [~rə] s *der Hindernde* m

Hindi ['hin'di] s *Sprache Nordindiens* f

hindmost ['haindmoust] a *hinterst, letzt*

hindrance ['hindrəns] s *Hinderung* f; *Hindernis* n (to *f*)

Hindu, Hindoo ['hin'du:; ~'-; ~ ~] 1. s *Hindu* m 2. a *Hindu-*; *indisch* ~**ism** ['hindu:izm] s *Hindu'ismus* m

Hindustani, Hindoostanee [,hindu'stæni; ~'stɑ:ni] 1. a *hindostanisch* 2. s *der Hindu* || *das Hindostanische*

Hiney ['haini] s → Heine

hinge [hindʒ] 1. s (*Tür-*)*Angel* f || *Gelenk-* (*band*), *Scharnier* n; ~ bolt *Gelenkbolzen* m; ~ clip *Scharnierklemme* f || off the ~s ⟨fig⟩ *aus den Angeln, Fugen* || ⟨fig⟩ *Angelpunkt, Hauptsache* || *Wendepunkt* | [attr] *Scharnier-* 2. vt/i [-ging] || *mit Angeln versehen* | vi ⟨fig⟩ *sich drehen* (on *um*), *abhängen* (on *v*) | ~**d** [~d] a (*auf*)*klappbar*

hinny ['hini] s *Maulesel* m (*kleiner als Maultier, Mutter ist Eselin*) → mule

hint [hint] 1. s *Wink, Fingerzeig* m || *Andeutung* (as to *über*; of *v*); without a ~ of *ohne anzudeuten* | *Anspielung* f (at *auf*); *Spur* f || broad ~ *deutlicher Wink* m || to drop, give a *p* a ~ *jdm e-n Wink geben* || to take a ~ *e-n Wink verstehen, es sich gesagt s l* 2. vt/i || *andeuten* (a th; that) | vi: to ~ at *anspielen auf, andeuten* || *warnen* (against *gegen*)

hinterland ['hintəlænd] s Ger *Hinterland* n, *hinter e-r Küste liegendes, z e-m Hafen gehöriges Land*

hip [hip] s ⟨anat⟩ *Hüfte, Lende* f || to have a *p* on the ~ ⟨fam⟩ *jdn in die Gewalt bek, in der G. h* || to smite a *p* ~ and thigh *jdn unbarmherzig,*

völlig vernichten || free of her ~s, free of her lips ⟨*fam prov*⟩ *frach aber zugänglich* | ⟨arch⟩ *Walm*; *Gratsparren* m | [attr] *Hüft-* || ~-bath *Sitzbad* n || ~-gout ⟨med⟩ *Hüftweh* n || ~-joint ⟨anat⟩ *Hüftgelenk* n || ~-roof ⟨arch⟩ *Walmdach* n || ~-room ⟨mot etc⟩ *Sitzbankbreite* f || ~-shot *mit verrenkter Hüfte* f || ~ tile *Grat-, Mönchziegel* m

hip [hip], **hep** [hep] s ⟨bot⟩ *Hagebutte* f

hip [hip] ⟨fam⟩ 1. s *krankhafte Depression* f 2. vt *traurig stimmen, niederdrücken* || ~ped on ⟨*Am fam*⟩ *vernarrt in, verrückt auf*

hip [hip] intj *hip!* ~ ~ hurrah *hip hip hurra!* *hoch!*

hipe [haip] 1. s *ein* (*Wurf-*)*Trick* m *im Ringkampf* m 2. (*jdn*) *durch diesen T. werfen*

hipped [hipt], **hippish** ['hipiʃ] a ⟨fam⟩ *schwermütig*

hippo ['hipou] s abbr = hippopotamus, hippodrome || ⟨*Am sl*⟩ *Schnauferl* n (*Auto*)

hippo- ['hipo] Gr [in comp] *Hippo-, Pferd-* ~**campus** [,hipo'kæmpəs] s L ⟨myth⟩ *Seepferd* n || ⟨ich⟩ *Seepferdchen* n ~**drome** ['hipədroum] s *Renn-, Reitbahn* f; ⟨theat⟩ *Varieté* n ~**griff**, ~**gryph** ['hipogrif] s *Flügelroß* n ~**phagy** [hi-'pɔfədʒi] s *Essen v Pferdefleisch* n ~**potamus** [,hipə'pɔtəməs] s (pl ~es; * ~mi [~mai]) ⟨zoo⟩ *Fluß-, Nilpferd* n

hippocratic [,hipo'krætik] a *hippokr'atisch*; ~ face *Gesichtsausdruck* m *Sterbender*

hirable ['haiərəbl] a *mietbar*

hircine ['hə:sain] a *bockig*; *bockig riechend*

hire ['haiə] 1. s *Miete* f; *Mietpreis* m | *Arbeitslohn* m | *Mieten* n; ~ of a pilot ⟨mar⟩ *Lotsengebühren* pl; on ~ *z vermieten, mietweise*; to take on ~ *mieten* | ~ car ⟨mot⟩ *Mietwagen* m || ~ purchase *Raten-, Teilzahlung* f || ~ service ⟨mot⟩ *Selbstfahrerdienst* m, *Kraftfahrzeugverleih* m 2. vt (*etw*) *mieten* || (*jdn*) *mieten, dingen*; ⟨mar⟩ *heuern*; ⟨Am⟩ ~d man *Arbeiter* m || (*a* to ~ out) *vermieten*; to ~ o.s. out *sich verdingen* (as *als*) ~**ling** ['~liŋ] 1. s ⟨cont⟩ *Mietling* m 2. a *käuflich, feil*

hirsute ['hə:sju:t] a *haarig*; *zottig*; *struppig* || ⟨fig⟩ *rauh* ~**ness** [~nis] s *Behaartheit* || ⟨fig⟩ *Rauheit* f

his [hiz] pron poss *sein(e)* | *der, die, das seinige*; he knows ~ Homer *er kennt s-n H.*; it is ~ *es gehört ihm*; a friend of ~ *e-r s-r Freunde*

hispid ['hispid] a ⟨bot & zoo⟩ *borstig*

hiss [his] 1. vi/t || *zischen* | vt ⟨theat⟩ *auszischen, auspfeifen* 2. s *Zischen* n; *Gezisch* n || *Zischlaut* m ~**ing** ['~iŋ] s ⟨fig Am⟩ *Ärgernis* n

hist [s:t] intj *st! still!*

histo- ['histo] Gr [in comp] *Histo-, Gewebs-* ~**logy** [his'tɔlədʒi] s *Lehre f v den Geweben* ~**lysis** [his'tɔlisis] s *Gewebszerfall* m

historian [his'tɔ:riən] s *Geschichtsschreiber, Historiker* m

historic [his'tɔrik] a *historisch, in der Geschichte bemerkenswert, geschichtlich* (~ building, spot) ~**al** [~əl] a (~ly adv) *geschichtlich*; *auf Geschichtswissenschaft bezüglich*; *z G. gehörig, Geschichts-* (~ principles, method) || *Geschichte behandelnd*; *Geschichts-* (~ drama, novel) || *geschichtlich orientiert* || ⟨mil⟩ ~ record *Kriegstagebuch* n ~**ity** [,histɔ'risiti] s *historischer Charakter* m

historiographer [,histɔ:ri'ɔgrəfə] s (*amtl.*) *Geschichtsschreiber* m ~**graphy** [,histɔ:ri'ɔgrəfi] s *Geschichtsschreibung* f

history ['histəri] s 1. *Geschichte, Chronik* (*zus-hängende Darstellung, gr Ereignisse e-s Landes* etc) 2. [ohne art] *Wissenschaft f vom Werden n der Menschheit* f, *Kulturen* f pl, *Völker* n pl (~ is the science of ..); Ancient ⁓ *die G. des Altertums*; Universal ⁓ *Weltge-*

schichte f; ~ *of the fine arts Kunstgeschichte* f **3.** *Geschichte* f; *Gang* m *des Geschehens* (*in e–m Lande* etc), *to make* ~ *G. m* || (*S*) *Entwicklung* f, *Werdegang* m; *Vergangenheit* f (*this pin has a* ~) || *Lebensgeschichte* f **4.** [pl –ries] ⟨Lit⟩ *geschichtliches Drama* n, *Historie* f **5.** [attr] *Geschichts–* (~ *book*) || ~-*piece historisches Gemälde* n

histrionic [ˌhistriˈɔnik] **1.** a (~ally adv) *schauspielerisch, Schauspieler–* || *theatralisch, täuschend* **2.** [s pl] ~s *Schauspielkunst* f || *Schauspielerei* f, *Schauspielern* n

hit [hit] vt/i [hit/hit] **I.** vt **1.** (*jdn, etw*) *mit e–m Schlage* (etc) *treffen* (to ~ *a target ein Ziel tr.*); to ~ *it* ⟨fig⟩ *den Nagel auf den Kopf treffen*; → *nail* | ⟨crick⟩ (*Ball*) *schlagen* || ⟨fig⟩ *to* ~ *the export targets das Ausfuhrsoll erreichen* || ⟨Am fig⟩ (*his poems, pictures*) ~ *me .. sprechen mich an* **2.** (*jdn, etw*) *schlagen, stoßen*; ~ *belt*; *to* ~ *one's foot against mit dem Fuße stoßen gegen* | *to* ~ *back* (*jdn*) *wieder schlagen* || *to* ~ *a p a blow jdm e–n Schlag versetzen* | ⟨fig⟩ (*jds Gefühl*) *treffen*; (*jdm*) *eins versetzen*; (*jdn*) *verletzen*; *to be hard* ~ *schwer getroffen s or w* (*by durch*) || *to* ~ *a p home* °*jdm heimleuchten, es ihm stecken* || ⟨sl⟩ *to* ~ *the sack, hay, roost, tick, feathers,* etc *sich* °*hinhauen* (*schlafen gehen*) **3.** *treffen auf* (*etw*); (*etw*) *finden* | (*etw*) *treffen* (to ~ *the exact colour; a p's taste*) | ⟨Am fam⟩ *erreichen, ankommen in* (to ~ *town*) | (*jdm*) *passen* ⟨mil⟩ *treffen*; *aufschlagen auf* || ⟨mot⟩ (*jdn, etw*) ·*anfahren,* (*etw*) *überf ahren* || *to* ~ *a mine auf e–e Mine laufen; to* ~ *ground* ⟨aero⟩ *aufschlagen* **4.** [*mit adv*] *to* ~ *off* ⟨crick⟩ (*Anzahl Läufe*) m; ⟨fig⟩ *richtig treffen; überzeugend, erfolgreich darstellen* || *to* ~ *it off sich vertragen, übereinstimmen, gut auskommen* (with) || *to* ~ *up erzwingen; to* ~ *it up Gewalt* f *anwenden; to* ~ *a p up* (*for money*) ⟨Am fam⟩ *jdn* (*um Geld*) *angehen,* °*anhauen* **II.** vi **1.** *schlagen, drauflosschlagen* (at, on *auf*); *stoßen* (against) **2.** *treffen* | ~ *or miss auf gut Glück, aufs Geratewohl;* [attr] *unbekümmert;* ~-*and-run driver* ⟨mot⟩ *flüchtiger Fahrer;* ~-*and-run driving* ⟨mot⟩ *Fahrerflucht* f, (*to be prosecuted*) *on a* ~-*and-run charge wegen Fahrerflucht,* → *scene of accident* || *to* ~ (up)on *zufällig treffen, finden; stoßen, verfallen, k auf* **3.** [*mit adv*] *to* ~ *out um sich schlagen; Schläge versetzen* (at a p *jdm*)

hit [hit] s *Schlag, Stoß* m | ⟨fig⟩ *Stich, Hieb* (at *auf*) | *Treffer* m || *Glücks–, Zufall; Treffer; Erfolg;* direct ~ *Volltreffer* m; ⟨theat⟩ *Schlager* m; ~ *song Schlager*(*lied* n) m || *glücklicher Einfall* m, *gute Idee* f | ~-up ⟨ten⟩ *Übungsspiel* n, –*bälle* m pl

hitch [hitʃ] **1.** vt/i || (*Stuhl*) *rücken* (to the table *an den Tisch*) || *hineinziehen* (into in); *to* ~ in *einfügen; to* ~ *up hinauf–, hochziehen* (one's trousers) || *an–, festhaken, –machen, befestigen* (to *an*) | vi *rücken, rutschen* (into in) || *humpeln, hinken* || *sich festhaken, sich verfangen* (in in); *hängenbleiben* (on to *auf*) || ⟨Am⟩ *übereinstimmen, harmonieren* || *to* ~(-)*hike* [vi] ⟨bes Am fam⟩ *trampen, per „Anhalter" reisen,* → *thumb* **2.** s *Ruck, Zug* m ⟨mar⟩ (*of a rope*) *Knoten, Stich* m | ⟨min⟩ *Verwerfung* f || ⟨tech mot⟩ *Anhängevorrichtung* f || ⟨fig⟩ *Hindernis* n, *Haken* m (there is a ~ *somewhere*); *Stockung* f, *toter Punkt* m; *Störung* f; *without a* ~ *ohne St., glatt* ~ing [′~iŋ] s *Befestigen* n || ~ *mechanism Anhängevorrichtung* f || ~-*post* ⟨bes Am hors⟩ *Anbindepfosten* m

hither [′hiðə] **1.** adv ⟨liter⟩ *hierher,* ~ *and* thither *hin u her* **2.** a *diesseitig* (on the ~ *bank*) ~to [~′tu:; ′––; –′–] adv *bisher* ~**ward** [~wəd] adv *hierher*

hitter [′hitə] s *Treffer, Schläger* m (*P*)

---

hive [haiv] **1.** s *Bienenstock, –korb* m || *Brenn–, Sammelpunkt* m | *Bienenschwarm* m ⟨fig⟩ *Schwarm* m **2.** vt/i || (*Bienen*) *in den Stock tun* || *to* ~ *off* (*gewisse Produktion*) *an andere Firma abspalten* || *to* ~ *up aufspeichern* | vi *zus-wohnen, –hausen*

hives [haivz] s pl ⟨med⟩ *Hautausschlag* m || = *laryngitis*

ho [hou] intj *ho! hallo!* (~ there! *hallo! wer da?*); *heda!* || *west-ward* ~! *auf nach* (gen) *Westen!* || ~-~! *ha, ha!*

Ho [hoːu] s **1.** ~s [pl] *Stamm* m *der Kol* (*in Indien*) **2.** *Sprache* f *der Kol*

hoar [hɔ:] a ⟨poet⟩ *weiß, grau-(haarig)* (*vor Alter*) || *weißgrau* || *bereift* || ~-*frost Rauhreif, Reif* m, ⟨for⟩ *Duft* m

hoard [hɔ:d] **1.** s (*verborgener*) *Vorrat* (a ~ *of coins ein V. an Münzen*) || ⟨fig⟩ *Schatz* m, *Menge* f (a ~ *of facts*) **2.** vt/i || *sammeln, aufhäufen; hamstern* || ⟨fig⟩ *bewahren, hegen* | vi *hamstern* ~**er** [′~ə] s *Hamsterer* m ~**ing** [′~iŋ] s *Hamstern, Schätzesammeln* n; ~s [pl] *Ersparnisse* n pl

hoarding [′hɔːdiŋ] s ⟨arch⟩ *Planke* f; *Bau–, Bretterzaun* m || ~s [pl] *Reklamefläche* f (*an Häusern*); *Litfaßsäule* f

hoariness [′hɔːrinis] s *Weißgrau* n; *weiße, graue Farbe* f (*der Haare*)

hoarse [hɔ:s] a (~ly adv) *heiser, rauh; krächzend* (voice) ~**ness** [′~nis] s *Heiserkeit* f

hoary [′hɔːri] a *weiß, grau* (*vor Alter*) || *weißhaarig; weißlich* | *alt, ehrwürdig* || ~-*headed graukopfig*

hoatzin [houˈætsiːn]. **hoactzin** [houˈæktsiːn] s ⟨orn⟩ *Schopfhuhn* n ·

hoax [houks] **1.** vt *anführen, foppen* **2.** s *Fopperei* f, *Streich, Schabernack* m || *Manöver* n; *Ente* f, *Schwindel; Betrug* m

hob [hɔb] s *Kaminabsatz* m, –*seite* f || (of a wheel) *Nabe* f (*mst hub*) || *Pflock* m *als Ziel* n (*bei Wurfspielen*) || he's on the ~ ⟨mil fam⟩ *er trinkt nur Gänsewein*

hob [hɔb] vt → hobnob

hobble [′hɔbl] **1.** vi/t || *humpeln, hinken* ⟨a fig⟩ | vt (*Füße e–s Tieres*) *fesseln* **2.** s *Humpeln* n; ⟨fig fam⟩ *Verlegenheit, Patsche* f | ~ *skirt sehr enger Rock* m

hobbledehoy [′hɔbldiˈhɔi], **hobbadehoy** [′hɔbəd–] s (*linkischer Bursche*) *Taps, Schlaks* m ~**ish** [~iʃ] a *schlaksig*

hobby [′hɔbi] s ⟨orn⟩ *Baumfalke* m

hobby [′hɔbi] s *Steckenpferd* n || ⟨fig⟩ *Steckenpferd* n, *Liebhaberei* f; *Basteln* n || ⟨school sl⟩ *Eselsbrücke,* °*Klopp,* to ride –ies *unerlaubte Übersetzungen benutzen,* °*mit dem „Schulmann" arbeiten* | ~-*horse Stecken–, Schaukel–, Karussellpferd* n ~**ist** [~ist] s *Amateur* m, *der sein Steckenpferd reitet*

hobgoblin [′hɔbˌgɔblin] s *Kobold* m ⟨a übtr⟩

hobnail [′hɔbneil] s *Hufnagel* m || *eiserner Schuhnagel* m ~**ed** [~d] a *mit groben Nägeln beschlagen*

hobnob [′hɔbnɔb] vi *zus– kneipen* || *verkehren, sich auf Du u Du stehen or stellen* (with) (he ~bed *od* he hobbed and nobbed with)

hobo [′houbou] **1.** s ⟨Am sl⟩ *Landstreicher, Landstraßenphilosoph, wandernder Arbeiter* m **2.** vt *to* ~ *one's way, to* ~ *it sich als L. durchschlagen* ~**mobile** [~məbi:l] s *Landstreicherauto* n

hock [hɔk] ⟨bes Am⟩ **1.** s *Sprunggelenk* n (*des Pferdes* etc) || *Hechse, Hachse* f **2.** vt = to *hamstring*

hock [hɔk] s *Rheinwein, deutscher Weißwein* m ⟨urspr⟩ *Hochheimer Königin Victoria-Berg*

hock [hɔk] **1.** s ⟨Am sl⟩ in ~ *verschuldet; –pfändet; im Kittchen* n (*Gefängnis*) || [attr] *Pfand–* **2.** vt *verpfänden*

hockey [ˈhɔki] s *Hockey* n ‖ [attr] *Hockey–* (∼ club)

hocus [ˈhoukəs] vt *betrügen* ‖ (jdn) *berauschen, betäuben* ‖ (Getränk) *mischen, fälschen*

hocus-pocus [ˈhoukəsˈpoukəs] **1.** s *Hokuspokus* m; *Schwindel* m **2.** vi/t *gaukeln, Gaukelei treiben* | vt (jdn) *anführen, betrügen*

hod [hɔd] s *Steinbrett* n; *Mörteltrog* m

hodden [ˈhɔdn] s *grober Wollstoff* m ‖ ∼-grey *graues Wolltuch* n

Hodge [hɔdʒ] s (aus Roger) *typische Bezeichnung* f f engl. *Landarbeiter* m

hodge-podge [ˈhɔdʒpɔdʒ] (bes Am) **1.** s = hotchpotch **2.** vt *ver–, zus–mischen*

hodiernal [ˌhɔdiˈəːnəl] a *gegenwärtig, heutig*

hodman [ˈhɔdmən] s *Handlanger* m

hodometer [hɔˈdɔmitə] s *Schrittzähler, Wegmesser, Kilometer–, Meilenzähler* m

hoe [hou] **1.** s *Hacke* f **2.** vi/t [∼s; ∼d; ∼ing] ‖ *hacken* | vt (Boden etc) *mit der H. bearbeiten, aufbrechen, lockern, (Unkraut) jäten*; to ∼ up *aufhacken* ‖ a long row to ∼ (fig) *e–e mühsame Arbeit* **3.** [in comp] ∼-cake (Am) *Maiskuchen* m; ∼-down (Am) *Negertanz* m

hog [hɔg] **1.** s **a.** *Schwein*; *Wild–* n ‖ *Keiler* m ‖ *road–* (mot) *Verkehrs–„Kavalier", –Sauhund* m (rücksichtsloser Fahrer) ‖ ∼ cholera (vet) *Rotlauf* m | (fig) *Lümmel, gemeiner Kerl* m; (Am fig) *Raffke* m; *Maschine* f ‖ to drive one's ∼s to market *zehn Klafter Holz sägen* (schnarchen); to go the whole ∼ (sl) *die S gründlich besorgen, erledigen*; *reine S* m **b.** (mar) *Scheuerbesen* m **c.** (vulg) *Schilling* m (vgl °„Ei" ∼ = Mark) **d.** [attr] ∼-fish (ich) *Drachenkopf* m ‖ ∼-mane *gestutzte Mähne* f ‖ ∼'s back = hogback ‖ ∼-nut (Am) *Hickorybaum* m, –nuß f ‖ ∼-raiser (Am) *Schweinezüchter* m ‖ ∼-skin *Schweinsleder* n ‖ ∼-tie vt (Am fig) *fesseln, binden* (to an) ‖ ∼-wash *Spülwasser* n (a übtr) ‖ ∼-wild *wild wie ein angeschossener Eber* **2.** vt/i ‖ (Mähne) kz *schneiden, stutzen* | (sl) *an sich reißen*; (bes Am) to ∼ *everything for o.s. wie ein futterneidisches Sch. alles f sich h wollen* ‖ to ∼ *the centre of the road* (mot) *rücksichtlos auf der Straßenmitte fahren* | vi *den Rücken krümmen* ‖ (mot) *rücksichtlos fahren, sich wie ein Schweinehund der Landstraße benehmen* ‖ °saufen, °fressen; °rammeln ‖ (Am) *raffen, raffgierig* s ∼-back [ˈ∼bæk] s *z beiden Seiten scharf abfallender Bergrücken* m ∼-ged [∼d] a *gekrümmt*

hogget [ˈhɔgit] s *einjähriges Schaf* n

hoggin [ˈhɔgin] s *gesiebter Kies* m

hoggish [ˈhɔgiʃ] a (∼ly adv) *schweinisch* | *gefräßig* ‖ *gemein* | ∼-ness [∼nis] s *Schweinerei*; *Gefräßigkeit* f

Hogmanay [ˌhɔgməˈnei] s (Scot) *Silvester* m (31. Dezember)

hogo [ˈhougou] s (Fr haut goût) *Geruch* m

hogshead [ˈhɔgzhed] s gr *Faß* n ‖ (abbr hhd.) *Oxhoft* n (of beer = 52½ gallons = ca. 238,65 l; of cider = 54 gallons = 245,47 l)

hoi(c)k [hoik] vt (sl) *ruckartig emporheben*; *herausreißen* (out of) ‖ (aero) (Flugzeug) *hochreißen*

hoick(s) [hoiks] intj (hunt) *hallo!*

hoi polloi [ˈhɔi pəˈlɔi] s pl Gr [pl konstr] *die gr Masse, Majorität* f ‖ (univ sl) *Durchschnittskandidaten* m pl ‖ (cont) *der Mob*

hoist [hɔist] pp (v † to hoise) ∼ *with his own petard in s–r eigenen Falle gefangen*

hoist [hɔist] **1.** vt (Last) *in die Höhe ziehen, winden* ‖ (Fahne) *hochziehen, hissen* (from a house *auf e–m Hause*); to ∼ a flag *flaggen* ‖ to ∼ the f. *die Flagge setzen*; to ∼ at the dip *halb heißen*; ∼ the flags! *heißt Flagge!* ‖ to ∼ the periscope (sub-mar) *das P. ausfahren* | to ∼ in (Boot) *einsetzen*; to ∼ down (–)*fieren* **2.** s *Auf-*

ziehen n ‖ *Aufzug, Flaschenzug* m, *Hebezeug* n ∼-ing [ˈ∼iŋ] *Hub–* (rope); *Heiß–, Hiß–* (machine); *Winde–* (power); *Seil–* (winch); ∼ cage (min) *Förderkorb* m; ∼ engine *Hebemaschine* f

hoity-toity [ˈhɔitiˈtɔiti] **1.** s *Übermut* m, –*empfindlichkeit* f **2.** a *wild, ausgelassen* ‖ (fig) *leicht verletzt* **3.** intj *oho! potztausend!*

hokey [ˈhouki] s (vulg) °*Kittchen* n (Gefängnis)

hokey-pokey [ˈhoukiˈpouki] s = hocuspocus ‖ *billige Eiscreme* f

hokum [ˈhoukəm] s (theat sl) *hohle, sentimentale Aufmachung* f; *leeres Geschwätz* n, *Schwindel, Unsinn* m; (film) *Kitsch-Drehbuch* n, *Schnulze* f

hold [hould] vt/i [held/held] **I.** vt **A.** Bedeutungen: **1.** (etw) *festhalten, halten* ‖ (Zug) *aufhalten, verzögern* ‖ (Am) (jdn) *festhalten* ‖ (sport fam) to ∼ a p *jdm gewachsen sein, jdn beschränken* (to a goal *auf ein Tor*) ‖ (in der Hand) *halten* (∼ my hat a moment) ‖ in bes Lage *halten* **2.** *enthalten, fassen*; *bieten* **3.** (etw) *besitzen, haben*; (Amt etc) *bekleiden, einnehmen* | (mil) (Ort) *halten, behaupten* ‖ *sich behaupten in* or *auf* (to ∼ the boards) | (fig) (jdn) *gefangen–*; to ∼ in check *im Schach halten* ‖ in *Anspruch nehmen*; in *Spannung halten* (the audience was held); *fesseln*; (theat) to ∼ the stage *im Mittelpunkte der Vorstellung stehen, das ganze Haus fesseln* (a fig); (fig) *den Mittelpunkt der Unterhaltung bilden* **4.** *zus–halten*; (Versammlung) *abhalten*; (Fest) *feiern* ‖ (Unterhaltung) *führen*; *halten* | (Ton) *halten* **5.** *zurückhalten*, there is no ∼ing him *er läßt sich nicht halten*; *zügeln* (Atem) *anhalten* **6.** *im Sinne h*; to ∼ a view *e–e Ansicht vertreten* ‖ *behaupten*; *glauben*; *der Meinung s* (a th od a p to be *daß etw, jd ist*; that); I ∼ him to be my friend *ich halte ihn f m–n Freund*; to ∼ a p dear *jdn wertschätzen, lieben*; .. in esteem *jdn achten* | (jur) *entscheiden* (that) **B.** Wendungen: ∼ it! (arts fam) *bleiben Sie so* (sc *sitzen, stehen*); to ∼ one's ground, one's own *sich behaupten, standhalten, s–n Mann stehen* ‖ to ∼ one's peace, one's tongue *stillschweigen, sich ruhig verhalten*; ∼ your t. *halt den Mund! schweig!* ‖ to ∼ a p to his promise, word *jdn beim Worte halten* ‖ ∼ fire! (mil) *Feuer halt!* ‖ ∼ the line please! (telph) *bleiben Sie am Apparat!* ‖ to ∼ water *wasserdicht s*; (fig) *stichhaltig s* ‖ to ∼ o.s. aloof *sich abseits halten* **C.** [mit adv] to ∼ back *zurückhalten*, (Wahrheit) *verschweigen* ‖ to ∼ down *niederhalten, unterdrücken* ‖ (Am sl) *sich halten in, ausfüllen; innehaben*; *behalten* (a job) ‖ to ∼ fast (hunt) (of hounds) *auf Anruf stehen* ‖ to ∼ forth *in Aussicht stellen*; *bieten, machen* ‖ to ∼ in *im Zügel halten, anhalten*; to ∼ o.s. in *sich beherrschen* ‖ to ∼ off *abhalten, –wehren*; (Flugzeug vor dem Aufsetzen) *abfangen* ‖ to ∼ on (jdn) (fest)halten | to ∼ out (Hand) *hinhalten, ausstrecken, bieten*; (Angebot) *machen* ‖ (Hoffnung) *gewähren, versprechen* (of auf); (Versprechen) *geben* ‖ (Am) *zurückhalten* | to ∼ over *auf–, verschieben* | to ∼ up *aufheben, in die Höhe halten*; to ∼ up one's head (fig) *den Kopf hochhalten* ‖ *stützen*; *zeigen, hinstellen*; *aussetzen* (to derision *dem Spott*) ‖ (Am) (jdn) *niederzuknallen, drohen*; *an–, überfallen* ‖ *aufhalten, hindern* ‖ (hunt) to ∼ up (a litter od covert) *umstellen* **II.** vi **1.** *halten, festhalten* (by, to an) **2.** *halten, nicht zerreißen, nicht zerbrechen*; (the brake) will not ∼ .. *rutscht* **3.** *sich halten* (aloof); to ∼ on one's way *auf dem Wege bleiben* **4.** *andauern*; to ∼ to one's place *auf dem Platze ausharren*; to ∼ with *es halten mit, übereinstimmen mit*; *billigen* | *gültig s* or *bleiben*; *sich bewähren*; to ∼ good, true *gelten* (of v) **5.** *dafürhalten, denken, glauben, die Ansicht vertreten* (that, daß)

6. [*mit* adv] to ∼ **back** *sich zurückhalten* (from doing *z tun*) ‖ to ∼ forth ⟨fig⟩ *predigen, Reden halten* (on *über*) ‖ to ∼ in *sich zurückhalten* ‖ to ∼ **off** *sich fern–, zurückhalten* (from doing *z tun*); family ∼ off! (*bei Tisch*) *nehmt tüchtig, aber laßt den Gästen auch noch etw*; (of storm, etc) *nicht ausbrechen; ausbleiben; zurückgehalten w* ‖ to ∼ **on** (*sich*) *festhalten* (by one's hands *mit den ..*) ‖ *aushalten* ‖ ⟨telph⟩ *am Apparat bleiben* (∼ on, please) ‖ ⟨fam⟩ ∼ on! [imp] *hör auf! warte! nur langsam!* ‖ to ∼ on like grim death ⟨fam⟩ °*wie der Deibel festhalten* (to *an*) ‖ to ∼ **out** *sich halten, (an)dauern* ‖ *sich behaupten* (against) ‖ to ∼ **together** *zus–halten, ganz bleiben* ‖ to ∼ **up** (*P*) *sich aufrecht halten, stehenbleiben*; (of weather) *sich halten* **III.** [in comp] ∼-all *Behälter* m, *zus–legbare Reisetasche* f ‖ *Nachschlagebuch* n ‖ ∼-back *Hindernis* n ‖ ∼-over ⟨Am⟩ *Überbleibsel* n, *Rest* m; *überholter Brauch* m, *antiquierte Angewohnheit* f ‖ ∼-up ⟨Am⟩ *Überfall* m; ∼-up man *Räuber* ‖ *Aufhören* n; *Stillstand* m; *Hindernis* n, *Störung* f; (traffic) ∼-ups [pl] *Verkehrsstörungen* f pl

hold [hould] s *Halten* n, *Halt, Griff* m ‖ *Griff* m (*beim Ringen*) ‖ *Stütze* f | *Macht* f; *Einfluß* m (on, over *auf, über*); *Eindruck* m (on *auf*) | [konkr] † *Haft* f ‖ † *befestigter Ort* m | ⟨mar⟩ *Schiffs–, Fracht–, Laderaum* ‖ *Lager* n (of animals) | to catch, lay, seize ∼ of *ergreifen, an–, erfassen* ‖ to get ∼ of *z etw k*, (etw, jdn) *erwischen*; to get a ∼ on (jdn) *unter s–n Einfluß bek* ‖ to have a firm ∼ of *od* on *beherrschen* ‖ to let go, quit one's ∼ of *loslassen, fahren l* ‖ to keep ∼ of *festhalten* ‖ to take ∼ of a th *etw ergreifen*; .. of a p ⟨fig⟩ *sich jds bemächtigen* ‖ to take a ∼ on *Eindruck m auf, beeindrucken* **∼er** ['houldə] s *der Haltende* ‖ *Lehnsmann, Pächter*; *Inhaber, Besitzer* m (of shares); (*Preis–, Titel-)Inhaber* m | *Halter, Griff* m (pen–∼); *cigarette∼ Zigarettenspitze* f ‖ ⟨tech⟩ *Halter* m, *Fassung* f; ∼ of a brake-shoe *Bremsklaue* f

holdfast ['houldfɑ:st] s *Haken* m, *Klammer* f ‖ *Bankeisen* n (*der Hobelbank*); *Anschlußzwinge* f ‖ ⟨bot⟩ *Haftscheibe* f (*des Tang*)

holding ['houldiŋ] **1.** s *Halten* n ‖ *Abhalten* n, *Abhaltung* f (∼ of processions) ‖ = tenure ‖ ⟨sport⟩ *Festhalten* n (*des Gegners*) ‖ *Pachtgut* n (small ∼ *kl Grundbesitz*) ‖ *Guthaben* n; ∼ account *Bestandskonto* n ‖ ⟨aero⟩ ∼ altitude *Warteflughöhe* f; ∼ area *Warteraum* m ‖ ⟨mil⟩ ∼ power *Durchstehvermögen* n; ∼s [pl] *Bestand, Vorrat* m; *Aktienbesitz, Anteil* m ‖ ⟨mot⟩ → road **2.** a: ∼ company *Dachgesellschaft, Spitzengesellschaft* f *mehrerer Unternehmungen* f pl ‖ ⟨mil⟩ ∼ attack *Fesselungs–, Scheinangriff* m

hole [houl] **I.** s **1.** *Loch* n (*im Boden*); an 18-∼ course *ein Golfplatz m mit 18 Löchern* ‖ *Höhle* f | *Bau* m, *Höhle* ‖ ⟨sl⟩ *Klemme* f (in a ∼) | ⟨fig⟩ *Loch, Nest* n (an awful ∼) **2.** *Riß, Spalt* m; full of ∼s, in ∼s *durchlöchert*; to make a ∼ in ⟨fam fig⟩ *ein Loch reißen in* ‖ to pick ∼s in a th *etw bekritteln, zerpflücken* **3.** *Loch* n; *Öffnung* f, (*Mund–* etc) *Höhle* f ‖ ⟨tech⟩ *filling* ∼ *Einfüllöffnung*; *inspection* ∼ *Kontroll–*; *oil* ∼ *Schmieranstich* m; *screw* ∼ *Gewindebohrung* f **4.** [attr & in comp] ∼-and-corner *heimlich, versteckt*; *hinterlistig; zweifelhaft, anrüchig* (transactions) ‖ ∼-board ⟨weav⟩ *Lesebrettchen* n ‖ ∼-gauge *Lochlehre* f (*Werkzeug*); –*eisen* n ‖ ∼-punching *Lochen* n ‖ ∼-theory *Löchertheorie* f **II.** vt/i (*aus*)*höhlen* ‖ *durchbohren*; –*löchern*; *graben* ‖ (*Tier*) *in die Höhle treiben* ‖ ⟨golf⟩ (*Ball*) *ins Loch spielen* | vi (of fox) *in die Höhle gehen* ‖ ⟨golf⟩ *ins Loch spielen* **holey** ['houli] a *durchlöchert*

holiday ['holədi] s *Feiertag* m ‖ the ∼s [pl] *die (festgelegten) Feiertage, Ferien* pl (Easter ∼s) | *freier Tag* m; to make a ∼ of it *sich e–n freien Tag m* ‖ [koll] *die Ferien* pl (*jds*), *Erholungsurlaub* m; to be on ∼ *in den Ferien s, F. h*; to go on ∼ *od* on one's ∼ *in die F. gehen* | [attr] *Feiertags–,Ferien–* ‖ ∼-course *Ferienkurs* m ‖ ∼-maker *Ferienreisender, Sommerfrischler* m ‖ ∼ toll *Feiertagsverkehr-Totenzahl, –-Unfallzahl* f ‖ ∼ trip *Ferienreise* f

holiness ['houlinis] s *Heiligkeit* f ‖ His Holiness ⟨ec⟩ *Seine Heiligkeit* (*Papst*)

holism ['houlizm] s ⟨scient⟩ *Ganzheitstheorie* f **-stic** [hou'listic] a *Ganzheits–, ganzheitlich*

holla [ho'lɑ:] intj & s = hollo

holland ['holənd] s (brown ∼) *ungebleichte Leinwand* f **∼aise** [ˌholən'deiz] **1.** a: ∼ sauce = **2.** s *holländische Sauce* f; *Majonäse* f

Hollander ['holəndə] s *Holländer* m **-ds** ['holəndz] s *Wacholderbranntwein* m

holler ['holə] → hollo 3.

hollo, -ow, -oa ['holou] **1.** intj *holla! hallo!* **2.** s *der Halloruf* **3.** (⟨Am a⟩ holler) vi/t *hallo rufen*; please feel free to ∼ *geniere dich nicht Hals z geben* | vt (*etw*) *laut rufen* (to a p)

hollow ['holou] **1.** s *Vertiefung, Aushöhlung* f; *Senkung* f ‖ ⟨arch⟩ *Hohlkehle, –leiste* f ‖ the ∼ of the hand *die hohle Hand*; the ∼ of the knee *die Kniekehle*; to have in the ∼ of one's hand ⟨fig⟩ *völlig in s–r Gewalt h* ‖ *Schlucht* f, *Tal* n, *Senke, Senkung* f ‖ *Höhle* f, *Loch* n **2.** a (∼ly adv) *hohl, Hohl–*; ∼ bolt *Hohlschraube* f; ∼ charge ⟨mil⟩ *Haft–, Hohlladung* f; ∼-ch. projectile *Hohl(ladungs)geschoß* n ‖ *eingefallen* (cheeks) ‖ *tiefliegend* (eyes) ‖ *hohl, leer* (to feel ∼) | *dumpf(schallend); hohl* (sound) | ⟨fig⟩ *leer, hohl; gehaltlos, nichtssagend, wertlos; unaufrichtig, falsch* | ⟨fam⟩ *vollständig* to beat ∼ *nach allen Regeln der Kunst schlagen* (besiegen), x *zu Null schlagen* | [in comp] ∼-eyed *hohläugig* ‖ ∼-ground *hohlgeschliffen* (razor) ‖ ∼-ware *Hohlwaren* pl, *Kochgeschirr* n **3.** adv *hohl*; ⟨fam⟩ *völlig* (to beat ∼ → 2.) **4.** vt *hohl m*; to ∼ out *aushöhlen; –graben; –schneiden* **∼ness** [∼nis] s *Hohl–; Dumpfheit* ‖ ⟨fig⟩ *Hohlheit* f

holly ['holi] s ⟨bot⟩ *Stechpalme* f; ⟨a⟩ = holm oak *Steineiche* f; *Spinous* ∼ *Bedornte Stechpalme* f

hollyhock ['holihok] s ⟨bot⟩ *Herbstrose* f, *Rosenmalve* f, *Stockrose* f

Hollywood ['holiwud] s ⟨Am⟩ *die Filmstadt* (*in Kalifornien*); ⟨fig⟩ *amer. Film* m, *amer. Kino* n

holm(e) [houm] s *Holm, Werder* m; *Uferland* n

holm [houm] s m (*mst* ∼-oak) *Stech–, Steineiche* f

holo- ['holo] Gr [in comp] *Holo–, ganz* **∼caust** ['holəkɔ:st] s *Brandopfer* n ‖ ⟨fig⟩ *Massenmord* m; *Vernichtung* f **∼graph** ['holəgrɑ:f] s *eigenhändig geschriebene Urkunde* f [a attr] **∼graphic** [ˌholo'græfik] a *eigenhändig* (will)

holothurian [ˌholo'θjuəriən] s ⟨zoo⟩ *Seegurke* f (*Stachelhäuter*)

holpen ['houlpən] † pp v to help

hols [holz] s pl [*oft* sg konstr] *Ferien* pl (a good ∼, this ∼)

holster ['houlstə] s *Pistolenhalfter* f

holt [hoult] s ⟨poet⟩ *Wald* m, *Gehölz* n | *Otterbau* m

holus-bolus ['houləs'bouləs] adv *alles auf einmal, im ganzen*

holy ['houli] **1.** a (–lily adv) *heilig* ‖ ⟨sl⟩ *höllisch, entsetzlich*; ∼ terror *furchtbarer Kerl* ‖ ∼ Alliance ⟨hist⟩ *Heilige Allianz* f (1815) ‖ ∼ Aunt ⟨fam⟩ *die Heilige Römische Kirche* ‖ ∼-day (*kirchlicher*) *Festtag* m ‖ the ∼ Father *der Heilige Vater* (*Papst*) ‖ ∼ fowl ⟨ec fam⟩ *Frömmlerin* f ‖ friar ⟨sl⟩ *Lügner(in* f) m ‖ the

⁓ Ghost, ⁓ Spirit ⟨ec⟩ *der Heilige Geist* ‖ *the* ⁓ Land *das Heilige Land* ‖ *the* ⁓ Office *die Inquisition* ‖ ⁓ orders [pl] *geistlicher Stand* m; to take ⁓ orders *Geistlicher w* ‖ ⁓ Thursday ⟨eig⟩ *Himmelfahrtstag*; *mst Gründonnerstag* m ‖ ⁓ water ⟨ec⟩ *Weihwasser* n; ⁓-w. sprinkler *Weihwedel* m ‖ ⁓ Week ⟨ec⟩ *die Karwoche* f (in ⁓ Week) ‖ ⁓ Willie *scheinheiliger Betbruder* m ‖ ⁓ Writ *die Heilige Schrift* **2.** s *the* ⁓ of Holies *das Allerheiligste*

holystone ['houlistoun] **1.** s ⟨mar⟩ *poröser Scheuerstein* m **2.** vt *mit dem Sch. schrubben*

homage ['hɔmidʒ] s ⟨hist⟩ *Treuhuldigung* f ‖ *Huldigung* f ‖ to pay, do, render ⁓ to a p *jdm huldigen*

homatomic [ˌhɔmə'tɔmik] a *gleichatomig, aus gleichen Atomen zus-gesetzt*

Homburg ['hɔmbə:g] s (a ⁓ hat) (*weicher*) *Filzhut* m

home [houm] **I.** s **1.** *Heim*; *Heimatshaus* n; *-ort* m ‖ (*jds*) *Familie* f; *Hausstand* m ‖ *Haus* n; *Wohnung* f; ⟨Am⟩ *Villa* f | *ständiger Wohnort* m | *heimischer Kreis* m **2.** *Heimat, Vaterland* **3.** *Asyl, Heim* n ‖ (*Nerven-)Anstalt* f **4.** *Pflegestätte* f **5.** (in games) *Ziel, Mal* n **6. Wendungen**: one's last, long ⁓ *die letzte Ruhestätte* f | at ⁓ *z Hause* (not at ⁓); *in der Heimat*; *ungezwungen* | *Empfangstag*; to be at ⁓ *E. h*; *vertraut* s (*in in, with mit*), to be at ⁓ *in etw verstehen* v; to make o.s. at ⁓ *es sich gemütlich m* ‖ from ⁓ *abwesend, verreist*; away from ⁓ *nicht z Hause* **II.** a *häuslich, heimisch* | ⟨Am⟩ *Heimat–* (⁓ *town*) | *inländisch, einheimisch, Inlands–* (⁓ *market*); *Innen–* (⁓ *affairs Innenpolitik* f; ⁓ Office *Ministerium des Innern*; ⁓ Secretary *Minister des Innern* | *tüchtig, kräftig*; *treffend* (⁓ *question*; ⁓ *truth*) **III.** adv *heim, nach Hause* (to go ⁓); the return ⁓ *die Rückkehr nach H.* ‖ *z Hause, daheim* (he will be ⁓ soon; to be expected ⁓) | *am Ziel* n; *auf dem richtigen Punkt* m, *genau*; *nachdrücklich, gründlich*; to bring, drive ⁓ to a p *jdm klarmachen, z Gemüte führen*; to bring a crime ⁓ to a p *jdn e–s Verbrechens überführen*; to come ⁓ to a p *jdn nahe berühren, treffen*; *jdm nahegehen, klar w*; to get ⁓ (*e–n Schlag*) *landen*; to go ⁓ „*heimgehen*" (*sterben*); *s–e Wirkung tun*; to hit, strike ⁓ *den rechten Fleck treffen*; to see a p ⁓ *jdn nach Hause begleiten*, ⟨fig fam⟩ *jdm „heimleuchten"*; to write ⁓ about *prahlen über, rühmen*; nothing to write ⁓ about *nichts v Belang* **IV.** vi to ⁓ onto *sich (ein Flugzeug) als Ziel suchen, auf (ein F.) lossteuern*; → homing **V.** [attr & in comp] ⁓-baked *hausbacken* ‖ ⁓-bird ⟨fam⟩ *Stubenhocker, Weichling*; *Pantoffelheld* m ‖ ⁓-born, ⁓-bred *heimisch, einheimisch* ‖ ⁓-brewed *selbstgebraut* ‖ ⁓ cinema *Heimkino* n (*f Schmalfilme*) ‖ ⁓-coming **1.** s *Heimkehr* f (*bes nach der Hochzeitsreise*) **2.** a *eindrucksvoll* ‖ ⁓-croft *Heimstätte, Arbeitersiedlung* f ‖ ⁓ defence Air Force *Heimatschutzluftflotte* f ‖ ⁓ economies [pl] *Hauswirtschaft* f (*als Fach*) ‖ ⁓ farm *Hauptfarm* (*e–s gr Besitzes*) ‖ ⁓-felt *tief empfunden* ‖ ⁓ game ⟨ftb⟩ *Heimspiel* n ‖ ⁓-guard *Landsturm(mann)* m ‖ ⁓ gymnastics [pl] *Zimmergymnastik* f ‖ ⁓(-)handyman *Bastler* m ‖ ⁓-help *Haushaltshilfe* f (*P*) ‖ ⁓-keeping *häuslich, stubenhockerisch* ‖ ⁓-made *z Hause gemacht* (⁓-made bread), *Haus–, inländisch* ‖ ⁓(-)maker „*Heimchen*" n (*Frau*) ‖ ⁓(-)making *Haushaltskunde* f ‖ ⁓ Office *Ministerium n des Innern*; ⟨Am⟩ *Hauptsitz* m (*e–r Organisation*) ‖ ⁓ parole *Entlassung* f or *Urlaub* m *auf Ehrenwort* n ‖ ⁓ port *Heimathafen* m ‖ ⁓ position ⟨tech⟩ *Ausgangs–, Null(ein)stellung* f ‖ ⁓ Rule *Selbstregierung* f (*bes in Irland*) ‖ ⁓-radio hobbyist ⟨Am⟩ *Radiobastler* m ‖ ⁓-safe (*bes Kinder-)Sparbüchse* f

‖ ⁓-sick [a]: to be ⁓-sick *Heimweh h* ‖ ⁓-sickness *Heimweh* n ‖ ⁓-signal ⟨rail⟩ *Hauptsignal* n (*Apparat*) ‖ ⁓ station ⟨aero⟩ *Heimathorst* m ‖ ⁓ Team ⟨sport⟩ *Platzverein* m ‖ ⁓-thrust *sitzender Hieb* m (*a fig*) ‖ ⁓-visit *Hausbesuch* m ‖ ⁓-work *Heimarbeit* f; *Schulaufgaben* f pl; ⟨aero übtr sl⟩ *Freundin, Geliebte* f, „*Nachtdienst*" m ⁓**land** ['houmlænd] s *Heimat–, Mutterland* n ⁓**less** ['houmlis] a *heimatlos* ⁓**like** ['houmlaik] a *anheimelnd*; *behaglich* ⁓**liness** ['houmlinis] s *Häuslichkeit, Gemütlichkeit* f | *Schlichtheit* f | ⟨Am⟩ (of face) *Reizlosigkeit, Unschönheit* f ⁓**ly** ['houmli] a *heimisch*; *behaglich*; *anheimelnd* | *schlicht, einfach* ‖ ⟨Am⟩ *unschön, reizlos*; *häßlich*

homeopathy [ˌhoumi'ɔpəθi] s (etc) ⟨Am⟩ → homœopathy (etc)

homer ['houmə] s *Brieftaube* f ‖ ⟨aero⟩ *Peiler* m, *Platz–, UKW-Peilstelle* f

Homeric [hou'merik] a *homerisch*

homespun ['houmspʌn] **1.** a *z Hause gesponnen* ‖ ⟨fig⟩ *schlicht, derb* **2.** s *grober lockergewebter Wollstoff* m ⁓**stead** ['houmsted] s *Gehöft* n, *Heim–, Wohnstätte* f ‖ ⟨Am⟩ *Kleinhaus mit Garten* n, *Wohnheimstätte* f ‖ ⟨Am⟩ *unpfändbares Landgut* n, *Familien(be)sitz(tum* n) m; ⟨hist⟩ 160 acres *gr Gut, das durch* ⁓ Act 1862 *den Siedlern gewährt wurde* ⁓**ward** ['houmwəd] **1.** adv *heimwärts*; ⁓-bound ⟨mar⟩ *auf der Rückreise befindlich* **2.** a *Rück–, Heim– ⁓***wards** [⁓z] adv = homeward

homey ['houmi] a ⟨Am⟩ = homy

homicidal [ˌhɔmi'saidl] a *mörderisch* ‖ *mordgierig* **-de** [ˌhɔmisaid] s **1.** *Totschlag* m; ⁓ through negligence, involuntary ⁓ *fahrlässige Tötung*; wilful ⁓ *vorsätzliche Tötung* f, → manslaughter, murder **2.** *Totschläger*(in f) m

homiletic [ˌhɔmi'letik] **1.** a *homiletisch* **2.** [s pl] ⁓s *Kanzelberedsamkeit, Homil·etik* f

homily ['hɔmili] s *Homil·ie, Predigt* f ‖ ⟨fig⟩ *Moralpredigt* f, to read a p ⁓ *jdm e–e M. halten*

homing ['houmiŋ] **1.** s *Heimkehr* f ‖ ⟨aero⟩ *Zielflug* m; *Zielpeilung* f, *Rückflug* m | [attr] *Heimat–* (⁓ *instinct Heimatsinn*) **2.** a *heimkehrend*; ⁓ pigeon *Brieftaube* f ‖ *zielsuchend* (weapon); ⁓ device *Zielfluggerät* n

hominy ['hɔmini] s *Maismehl* n, *–brei* m

homo ['houmou] s L: ⁓ sapiens (*naturkundl. Bezeichnung des Menschen*) *die heutige Menschheit* f

homo– ['hɔmo] Gr [in comp] *Homo–, gleich* ⁓**gamic** [ˌhɔmo'gæmik] a *homogamisch* ⁓**gamy** [hə'mɔgəmi] s *Homogamie* f ⁓**geneity** [ˌhɔmodʒe'ni:iti] s *Gleichartigkeit, –mäßigkeit* f ⁓**geneous** [ˌhɔmo'dʒi:niəs] a *gleichartig, –mäßig*; ‖ reactor *Homog·enreaktor* m ⁓**genesis** [ˌhɔmo'dʒenisis] s ⟨biol⟩ *Homogen·ese* f ⁓**genize** [hɔ'mɔdʒinaiz] vt (*Milch* etc) *homogenisieren* ⁓**graph** ['hɔmogrɑ:f, –græf] *Wort* n *mit gleicher Schreibung aber ungleicher Bedeutung* f ⁓**logous** [hɔ'mɔləgəs] a *homolog* [hɔ'mɔlədʒi] s ⁓**logy** *Übereinstimmung; Ähnlichkeit* f ⁓**nym** ['hɔmənim] s *Homonym* n ⁓**nymous** [hɔ'mɔniməs] a *homonym* ⁓**phonous** [hɔ'mɔfənəs] a *homoph·on* ⁓**ptera** [hɔ'mɔptərə] s L pl ⟨ent⟩ *Gleichflügler* pl ⁓**sexual** ['hɔmo'seksjuəl] a *homosexu·ell*

homœo– ['houmio] Gr [in comp] *Homöo–, gleich* ⁓**path** [⁓pæθ], ⁓**pathist** [hou'miɔpəθist] s *Homöop·ath* m ⁓**pathic** [ˌhoumio'pæθik] a (⁓*ally* adv) *homöopathisch* ⁓**pathy** [ˌhoumi'ɔpəθi] s ⟨med⟩ *Homöopathie* f

homunculus [hou'mʌŋkjuləs] s L *Zwerg* m ‖ *Hom·unkulus* m

homy ['houmi] a ⟨fam⟩ *anheimelnd*; *behaglich* | *leutselig, freundlich*

hon [hʌn] s ⟨Am fam⟩ *Süße!* f, *Lieb!* n; → honey

hon. [ˈɔnərəbl] abbr *f* honourable

hone [houn] **1.** s *Schleif–, Wetzstein* m **2.** vt (*reib–, zieh*)*schleifen, abziehen, honen*

honest [ˈɔnist] a (~ly adv) *ehrlich, recht-schaffen || ehrbar, anständig || aufrichtig* (in doing); *offen; echt || ehrlich verdient*; to turn, earn an ~ penny by *sich gern e–n Groschen ver-dienen mit; sich ehrlich durchschlagen mit ||* ~? ⟨fam⟩ *wirklich?* || ~-to-God, ~-to-goodness ⟨Am⟩ *echt; wirklich || →* Injun | ~**y** [~i] s *Ehrlichkeit, Rechtschaffenheit* f || ~ is the best policy *ehrlich währt am längsten || Offenheit* f | ⟨bot⟩ *Mondviole* f

honey [ˈhʌni] s *Honig* m; → extractor || ⟨fig⟩ *Süßigkeit* f | my ~ (⟨Scot⟩ hinnie) ⟨fam⟩ *mein Liebling; Süße!* f || (S) (feine) S! f || it ain't all ~ ⟨fam vulg⟩ *es ist nicht eitel Freude u Sonnen-schein* | [attr] *Honig–* || ~-bag *–magen* m || ~-bear ⟨zoo⟩ *Kinkaju, Wickelbär* m || ~-buz-zard ⟨orn⟩ *Wespenbussard* m || ~-dew *–tau* | *gesüßter Tabak* m || ~-eater ⟨orn⟩ *–fresser* m || ~ flow (*Bienen-*)*Tracht* f; summer flow of ~ *Sommertracht* f || ~-fug(g)le ⟨Am fam⟩ vt/i | *betrügen, –schwindeln* || vi *schwindeln* || ~-fungus ⟨bot⟩ *Hallimasch* m || ~-guide ⟨orn⟩ *–kuckuck* || ~ Cocust ⟨bot⟩ *Lederhülsen-baum* m || ~-star *Geliebte* f || ~-sweet *honigsüß*

honeycomb [ˈhʌnikoum] **1.** s *Honigwabe* f | ⟨wir⟩ *Empfangsspule* f | [attr] *Honigwaben–* (~ work) || ~ bag ⟨zoo⟩ *Netzmagen* m || ~ radiator *Wabenkühler* m || ~ type [attr] *zellenartig* || ~ weathering ⟨geol⟩ *Wabenverwitterung* f **2.** vt *wabenartig durchlöchern* || ⟨fig⟩ *untergraben* | ~**ed** [~d] a *löcherig, zellig, zellenförmig, raumsparend*

honeyed, honied [ˈhʌnid] a *honigsüß* ⟨a fig⟩

honeymoon [ˈhʌnimu:n] **1.** s *Flitterwochen* f pl, *Hochzeitsreise* f (on their ~ *auf ihrer H.*) **2.** vi *die Flitterwochen verleben*

honeystone [ˈhʌnistoun] s *Speckstein* m

honeysuckle [ˈhʌnisʌkl] s ⟨bot⟩ *Geißblatt* n; Trumpet-~ *immergrünes Geißblatt* n, *Trom-petenrebe* f

hong [hɔŋ] s *chines. Handelshaus, Waren-lager* n

honk [hɔŋk] **1.** s *Schrei* m *der wilden Gans* f || ⟨mot⟩ (a ~-~) *Hupen*(*zeichen*) n **2.** vi *schreien* || ⟨mot⟩ *hupen* | ~**er** [~ə] s ⟨mot⟩ *Hupe* f; ⟨fig fam⟩ °*Tromp·ete* (*Nase*) f

honky-tonk [ˈhɔŋkitəŋk] s *Hupen* n, *–gebrüll* n || ⟨Am fam⟩ *Bumslokal* n, *Quetsche, Spelunke* f

honorarium [ɔnəˈrɛəriəm] L s (pl ~s [–ria]) *Honorar* n

honorary [ˈɔnərəri] a *ehrenvoll, ehrend*; *Ehren–* (~ office *–amt*; ~ degree ⟨univ⟩ *–grad*) || *ehrenamtlich* (~ secretary) || ~ debt *Ehren-schuld* f *–rific* [ɔnəˈrifik] a *ehrenvoll, ehrend*

honour, ⟨Am⟩ honor [ˈɔnə] **I.** s **1.** *Ehre* f; *hohe Achtung* f || *guter Name* or *Ruf; Ruhm* m (to a p's ~ *zu jds R.*) **2.** *Ehrgefühl* n || *Vornehmheit* f, *Adel* m; *Würde* f **3.** *hoher Rang* m; *Ehrenstelle* f, His ~ *Seine Ehrwürden*; Your ~ *Ew. Gnaden* **4.** *Ehrung, Auszeichnung* f || (P) *Zierde* f (he is an ~ to his profession) **5.** ~s [pl] a. *Ehren-bezeigungen* (military ~s); ~s of war *kriege-rische Ehren* | *Ehrenverleihungen* pl (⟨engl⟩ Birthday ~s) b. ⟨univ⟩ *Studium* or *Prüfung höherer Ordnung* f (to read for ~s); ~s-man *jd, der sich f e–e ~s-Prüfung vorbereitet* or *sie bestanden hat* c. ⟨cards⟩ *Honneurs* pl (*die 4 oder 5 höchsten Karten*); ~s are easy *die H.* ⟨fig *die Vorteile*⟩ *sind gleich verteilt* || ⟨golf⟩ *Anschlag* m (*erster Schlag*) **6. Wendungen:** affair of ~ *Ehrensache* f || code of ~ *Ehrenkodex* m || maid of ~ *Hofdame, Ehrendame* f || it is a point of ~ for me *es ist mir e–e Ehrensache* f || sense of ~ *Ehrgefühl* n || ~ to whom ~ is due *Ehre, wem E. gebührt* | he is bound in ~ *es ist s–e*

Ehrenpflicht (to do z tun) || in ~ of (jdm) z Ehren, z Ehren (jds) || on my (word of) ~ (⟨fam⟩ ~ bright)! auf mein Ehrenwort! auf Ehre! || to be upon one's ~ moralisch verpflichtet s (to do) || to put a p on his ~ jdn an der Ehre packen || to his ~ z s–r Ehre, was ihm Ehre macht | to do ~ to a p jdn ehren; to do a p the ~ jdm die Ehre erweisen || to do the ~s die Honneurs m || to have the ~ die E. h (of doing; to do) || to put a p on his ~ jdm das Ehrenwort abnehmen || to render the last ~s die letzten Ehren erweisen **7.** [in comp] ~-loving ehrliebend || ~-system ⟨Am⟩ schriftl. Prüfungssystem ohne Aufsicht **II.** vt ehren || beehren (with), verherrlichen || ⟨com⟩ honorieren, einlösen, bezahlen; to ~ duly (Wechsel) pünktlich einlösen || ~d (P) [attr] verdient ~**able** [~rəbl] a (–bly adv) ehrenvoll (to f), rühmlich, vornehm, edel || ehrlich, redlich, ehrenhaft | ~ (als Titel, abbr Hon, Honbl) Ehrenwert (Captain the ~ N. N.), the ~ gentle-man, my ~ friend der Herr Vorredner or mein Kollege (etc) | Right ~ (Titel f Adlige unter dem Marquis) Sehr Ehrenwert (The Right ~ the Earl of N.) || Most ~ (als Titel f Marquis) Höchst E.

hooch [hu:tʃ] s ⟨Am sl⟩ Schnaps m

hood [hud] **1.** s Kappe, Kapuze f || ⟨univ⟩ Überwurf m über Talar (als Gradabzeichen); Doktorhut m (to receive the ~) | ⟨übtr bes Am mot⟩ Haube; Kappe f; Schutzhaube f || ⟨bes engl⟩ Plane f, Verdeck n; to lower the ~ das V. öffnen || Rauchfang(haube f) m **2.** vt mit e–r Haube etc versehen, bedecken ~**ed** [ˈ~id] a mit Kappe versehen; verhüllt || ~ crow ⟨orn⟩ Nebel-krähe f || ~ with ~ lids mit gesenktem Blick m || ~ snake Brillenschlange f ~**ie** [ˈ~i] s Nebel-krähe f

hoodlum [ˈhu:dləm] s ⟨Am sl⟩ junger Rowdy, Strolch, °Knote m; ⟨jur⟩ Gewohnheitsverbrecher m

hood-moulding [ˈhudmouldiŋ] s (Tür– etc) Verdachung f

hoodoo [ˈhu:du:] ⟨bes Am⟩ **1.** s Zauberei f, Zauberer m || Mißgeschick, Pech n; Unglücks-bringer m (P & S) **2.** a Unglücks–, unheilvoll

hoodwink [ˈhudwiŋk] vt (jdm) die Augen be-decken || ⟨fig⟩ (jdm) Sand in die Augen streuen, (jdn blenden, täuschen)

hooey [ˈhu:i] s (abbr f ballyhooey) ⟨mst Am sl⟩ °Quatsch m (Unsinn) || ~! pfui!

hoof [hu:f] **1.** s [pl ~s; *hooves] Huf m; Schale f (der Hirsche); on the ~ lebend || ⟨hum⟩ „Huf" (menschl. Fuß) m; to get the ~ ⟨vulg⟩ °„e–n Tritt bek", „auf die Straße gesetzt w" (entlassen w) | [attr] ~ and mouth disease ⟨Am⟩ Maul– u Klauenseuche f || ~ beat Hufschlag m || ~-pad –polster n **2.** vt/i || (jdn) mit dem Huf schlagen || to ~ out ⟨sl⟩ hinauswerfen, entlassen | vi z Fuß gehen; ⟨sl⟩ tanzen ~**ed** [~t] a behuft; –hufig; Huf– (~ animal –tier) || ~ game Schalenwild n

hook [huk] **I.** s **1.** Haken m; Feuer–, Sturm-haken m; Kettel m; (Kleider-, Bilder-)Haken m || Eishaken m | Fisch–, Angelhaken m || Wider-haken m; crochet~ Häkelnadel f | ⟨rehab⟩ Greifhaken m, Greifarm m mit Hook (f Ampu-tierte); utility ~ Gebrauchshook; standard ~ aktiver Arbeitsarm m **2.** gebogenes Werkzeug n; reaping ~ Sichel f | hakenförmiger Ansatz m, Nase f **3.** Häkchen n; ⟨mus⟩ (Noten-)Fähnchen n **4.** scharfe (Fluß-)Biegung f | ⟨box⟩ Haken m **5.** Schlinge, Falle f **6.** ~s and eyes Haken u Ösen || by ~ or by crook so oder so, auf irgend-welche Weise f || ⟨sl⟩ on one's own ~ auf eigene Faust || to catch ~s ⟨mil sl⟩ in Teufels Küche k || ⟨sl⟩ to go off the ~ verrückt w; to go, drop off the ~s um die Ecke gehen (sterben) || to sling, take one's ~ ⟨sl⟩ sich aus dem Staube m **7.** [attr] Haken–; ~-nose –nase f || ~-up

⟨wir⟩ *Angeschlossensein* n (*v Sender*[*n*]) **II.** vt/i
A. vt **1.** *beugen, krümmen* **2.** *haken, befestigen*
(*in in*; *on* to *an*; *to an*); *fest–, zu–*; *to* ~ *in ein–
haken* **3.** (*Fisch*) *angeln, fangen* ‖ ⟨fig⟩ (*jdn*)
angeln, °*aufgabeln* ‖ ⟨sl⟩ °*mausen,* (*stehlen*)
4. ⟨box⟩ (*Gegner*) *mit gekrümmtem Arm in die
Seite schlagen* ‖ ⟨golf⟩ (*Ball*) *seitwärts nach links
schlagen* **5.** *to* ~ *it* °*auskratzen* **B.** vi *sich fest–
haken*; *sich haken* (on to a p's arm) ‖ *sich haken* I
‖ **~ed** [~t] a *krumm, hakenförmig, Haken–*; ~
cross *–kreuz* n ‖ *mit Haken versehen* ‖ ~*-up*
⟨sex fam⟩ *in festen Händen*
   hooka(h) [ˈhukə] s *orient. Wasserpfeife* f
   hooker [ˈhukə] s ⟨mar⟩ *Huker* m (*Hochsee–
fischereifahrzeug*) ‖ ⟨engl⟩ *kl Fischerboot* n
   hookey [ˈhuki] s ⟨Am⟩ *to play* ~ *sich drücken,*
°*schwänzen* ‖ *blind* ~ ⟨cards⟩ *ein Hasardspiel* n
   hookum [ˈhuːkəm] s ⟨Ind⟩ *Befehl* m
   hookworm [ˈhukwɔːm] s ⟨zoo⟩ *Hakenwurm* m
   hooky [ˈhuːki] s ⟨vulg⟩ *to do* ~ *e–e lange
Nase* m (*mit allen 5 Fingern an der N.*)
   hooligan [ˈhuːligən] s *Rowdy, Strolch,
Straßenlümmel* m **~ism** [~izm] s *Rowdytum* n
   hoop [huːp] **1.** s (*Holz–, Faß–*)*Reifen* m (*z
Zus–halten*); *Band* n; *Ring* m ‖ (*Rock–*)*Reif* m ‖
(*Spann–*)*Bügel, Spriegel* m ‖ (*Fang–*)*Reifen, Reif*
m ‖ ⟨croquet⟩ *Bogen* m ‖ [attr] ~*-iron Band–
eisen* n **2.** vt (*Faß*) *mit Reifen zus–halten, binden,
mit Reifen belegen* ‖ *umgeben* **~ed** [~t] a
gereift; *Reif–* (~ *petticoat*) **~er** [ˈ~ə] s *Faß–
binder, Böttcher* m **~la** [ˈ~lɑː] s *Ringwerfen* f
(*auf Jahrmarkt*)
   hoop [huːp] vi = *whoop* **~ingcough** =
whooping-cough
   hoopoe [ˈhuːpuː] s ⟨orn⟩ *Wiedehopf* m
   hoosegow [ˈhuːzɡau] s ⟨Am sl⟩ *Kittchen (Ge–
fängnis*) n
   hooshing [ˈhuːʃiŋ] s ⟨aero fam⟩ °*Affenfahrt–
landung* f
   hoot [huːt] **1.** vi/t ‖ *schreien, heulen* ‖ *tuten*;
⟨mot⟩ *hupen* ‖ ⟨fig⟩ *zischen* (to ~ *at* a p *jdn
aus–*) ‖ vt *auszischen, auspfeifen* **2.** s *Geschrei,
Geheul* n ‖ ⟨mot⟩ *Hupen* n ‖ *nobody gives* a ~
about it kein Hahn kräht danach **~er** [ˈ~ə] s ~
Schreier m ‖ *Dampfpfeife, Sirene* f; ⟨mot⟩
Hupe f **~ing** [ˈ~iŋ] ~ *pudding Schreipudding* m
(*mit sehr wenig Rosinen*)
   hoot [huːt], **~er** [ˈ~ə] s ⟨Am fig⟩ [*mst neg*]
Bohne f, *Atom* n; *not* a ~ *nicht im geringsten*
   hootch s → *hooch* **hoot(s)** [huːt(s)] intj *puh!
nur sachte!*
   Hoover [ˈhuːvə] s (*Art*) *Waschmaschine* f,
Staubsauger m (*Marke*) **⁓ize** [~raiz] vi ⟨Am⟩
„*Kampf dem Verderb*" *ansagen*
   hop [hɔp] **1.** s ⟨bot⟩ *Hopfen* m ‖ ~s [pl] *reife
Hopfenzapfen* pl, *on the* ~s ⟨fam⟩ *auf e–r
Bierreise*; ⟨com⟩ *Hopfen* ‖ [attr] *Hopfen–* ‖
~*-back Läuterbottich* m; ~*-bitter* ⟨brew⟩
Hopfenbitterstoff m; ~*-garden,* ~*-yard –garten*
m; ~*-head* ⟨Am fam⟩ *Rauschgiftsüchtiger* m;
~*-pole Hopfenstange* f **2.** vt/i (*Bier*) *hopfen* ‖ vi
Hopfen ernten **~per** [ˈ~ə] s (a *hop-picker*)
Hopfenpflücker m **~ping** [ˈ~iŋ] s (a *rate of* ~)
⟨brew⟩ *Hopfengabe* f
   hop [hɔp] **1.** vi/t ‖ *hüpfen, springen* ‖ ⟨sl⟩ *to* ~
off ⟨aero⟩ *starten* ‖ *to* ~ *on* ⟨vulg⟩ ×°*auf–
hupfen* ‖ vt *hüpfen über, springen über*; ⟨sl⟩ *to* ~
the twig verduften (verschwinden); °*abkratzen
(sterben)* ‖ ⟨Am⟩ *springen auf* (to ~ a *vehicle*);
to ~ *the freight als blinder Passagier in Güter–
zügen mitfahren* ‖ ⟨sl⟩ *I'll go* ~*ping to hell!*
(*Erstaunen*) °*ich werd verrückt!* ‖ ⟨sl⟩ *to* ~ *it
(verschwinden)* °*–duften* **2.** s *Hüpfen* n, *Sprung* m
‖ *all on* a ~ *im Sprunge (in aller Eile)* ‖ ~, *step,
and jump* ⟨sport⟩ *Dreisprung* m; ⟨fig⟩ *kurze
Strecke* f, °*Hupf* m (⟨aero⟩ *Tagesflug, Etappe* f,
kurze Strecke f) ‖ *to catch on the* ~ ⟨sl⟩ *er–
tappen, –wischen* ‖ *Tanz* m, *–gesellschaft* f,

°*Schwof* m ‖ ~*-o'-my-thumb Zwerg, Knirps* m
~per [ˈ~ə] s *Springer* m ‖ *hüpfendes Insekt* n,
(*bes*) *Floh* m; *Käsemade* f ‖ ⟨tech⟩ (*Vorrats–*)
Behälter m ‖ *Füllrumpf, –trichter* m; *Rinne,
Gosse* f (*f Mahlgut*) ‖ *Klapp-Prahm* m
   hope [houp] **I.** s [*oft pl* ~s] *Hoffnung* (*of a th
auf etw*; *of doing z tun*; *that daß*); *in the* ~(s) *of
in der H. auf*; *there is* ~ *that es ist H. vorhanden,
daß*; *to hold out* ~s *to a p jdm Hoffnungen m*;
to place, set one's ~s *upon s–e Hoffnung setzen
auf*; *past* ~ *hoffnungslos* ‖ *Zuversicht* f; *to have*
~ *in* (a p) *H. setzen auf*; *my only* ~ *is in him
m–e einzige H. ruht auf ihm* ‖ *Wahrscheinlichkeit*
f ‖ ⟨iron⟩ *geringe, schwache H.* (*what a* ~!);
you have got a ~ ⟨fam⟩ *das könnte dir so* (or
wohl) *passen* **II.** vi/t **1.** vi *hoffen* (*for auf*); *to* ~
for the best das Beste hoffen; *to* ~ *against* ~
verzweifelt geringe Hoffnung darauf setzen
(*that*) **2.** vt ⟨poet⟩ (*etw*) *erhoffen* ‖ (*mit Objekt–
satz u Futur*) *hoffen, die Hoffnung h* (*that*; *to
do*); *I* ~ *so ich hoffe es, hoffentlich*; .. *which,
it is* ~d, *will begin .. der hoffentlich* (or *so hofft
man*) .. *beginnen wird*; *it is much to be* ~d *es ist
sehr z hoffen* **~ful** [ˈhoupful] **1.** a (~*ly* adv)
hoffnungsvoll; *to be* ~ *of Hoffnung setzen auf* ‖
vielversprechend **2.** s: *young* ~ ⟨iron⟩ *hoff–
nungsvoller Jüngling* m **~fulness** [~nis] s
Hoffnungsfreudigkeit f **~less** [ˈhouplis] a (~*ly*
adv) *hoffnungslos* ‖ *unverbesserlich* **~lessness**
[~nis] s *Hoffnungslosigkeit* f
   hoplite [ˈhɔplait] s ⟨ant⟩ *Hopl·it, Schwer–
bewaffneter* m
   hopper [ˈhɔpə] s *Schüttrichter* m
   hopple [ˈhɔpl] **1.** vt (*Tieren*) *die Beine fest–
binden* **2.** s *Seil z Binden* n; *Fessel* f
   hopscotch [ˈhɔpskɔtʃ] s *Himmel-u-Hölle-
(Spiel*), ⟨fam⟩ „*Hickelhäuschen*" n
   horal [ˈhɔːrəl], **horary** [ˈhɔːrəri] a *stündlich,
Stunden–*
   Horatian [hoˈreiʃiən] a *horazisch*
   horde [hɔːd] **1.** s *Horde* f **2.** vi *e–e H. bilden*
   horehound, hoar– [ˈhɔːhaund] s ⟨bot⟩ *Andorn*
m
   horizon [hoˈraizn] s *Horizont* m (*on the* ~
am H.) ‖ ⟨übtr⟩ *H., Gesichtskreis* m ‖ ⟨min⟩
Zone f
   horizontal [ˌhɔriˈzɔntl] **1.** a (~*ly* [–təli] adv)
a. *horizontal, Horizont–, waagerecht, liegend*;
⟨min⟩ *ebensohlig* ‖ ⟨mil sl⟩ °*sternhagelvoll* ‖ ~
bar ⟨gym⟩ *Turnreck* n ‖ ⟨artill⟩ ~ *dispersion,
~ spread Seitenstreuung* f; ~ *error Seitenfehl–
lage* f ‖ ⟨aero⟩ ~ *fin,* ~ *stabilizer Höhen–
flosse* f; ~ *tail surfaces* [pl] *Höhenleitwerk* n
b. ⟨tech⟩ *liegend* **2.** s *the* ~ *die Waagerechte* f
~ity [ˌhɔrizɔnˈtæliti] s *horizontale Lage* f
   hormone [ˈhɔːmoun] s *Hormon* n
   horn [hɔːn] **I.** s **1.** (*T*) *Horn*; *Krickel* n; ~s
[pl] *Geweih* n; ~ *bull* ‖ *Fühlhorn* n; *to draw od
pull in one's* ~s ⟨fig⟩ *bescheidener auftreten,
gelindere Saiten aufziehen, e–n Rückzieher m*
‖ ⟨bib⟩ *Horn als Sinnbild der Macht* **2.** *Horn–
substanz* f; *handle of* ~ *Horngriff* ‖ *Gegenstand
aus Horn* **3.** *Trinkhorn* n; ~ *of plenty Füllhorn* n;
to take a ~ ⟨Am fam⟩ *ein Gläschen Schnaps
trinken* **4.** (*Jagd–*)*Horn* n, (a French ~, *hunting
~*) *Hift–, Jagdhorn* n ⟨mus⟩ *Horn* n (*Blasinstru–
ment*; *the French* ~ *Orchesterblas–*) ⟨mot⟩
Signalhorn n; (*Ball–*)*Hupe* f; *to blow, sound,
toot one's* ~ *Hupensignal geben, hupen*; *to drive
on the* ~ ⟨fam⟩ *nicht v der Hupe „herunter–
steigen"* ‖ (*Grammophon–*)*Schalltrichter*; *Laut–
sprecher* m **5.** *hornförmiger Vorsprung* m; *Horn
(des Mondes)* ‖ *Flügel, Arm* m ‖ ⟨geog⟩ *the* ⁓
das Kap H. **6.** [attr] *Horn–* (~ *button*) ‖ ~*-
book* ⟨hist⟩ *Abc-Buch* n ‖ ~*-fish* ⟨ich⟩ *Horn–
hecht* n ‖ ~*-mad fuchswild* ‖ ~*-rimmed
glasses* [pl] *Hornbrille* f ‖ ~*-rims* [pl] *–brille*
II. vt/i ‖ *mit Hörnern versehen* ‖ vi *mit den H.*

stoßen || to ~ in ⟨Am sl⟩ *eingreifen*; *stören*; *sich aufdrängen, ungebeten eintreten* **~beam** ['~bi:m] s ⟨bot⟩ *Weiß–, Hage–, Hainbuche* f || *Hop* ⳹ *Hopfenbuche* f **~bill** ['~bil] s ⟨orn⟩ *–vogel* m **~blende** ['hɔ:nblend] s ⟨minr⟩ *–blende* f **~ed** [~d] a *gehörnt, gekrümmt, Horn–* (~ *cattle –vieh*) || ~ nut ⟨tech⟩ *Kronenmutter* f **~er** ['~ə] s *Hornbläser* m

hornet ['hɔ:nit] s ⟨ent⟩ *Hornisse* f; to bring a ~s' nest about one's ears ⟨fig⟩ *in ein Wespennest stechen*

hornless ['hɔ:nlis] a *hornlos*

hornpipe ['hɔ:npaip] s *Hornpfeife* f || *schneller Einzeltanz (bes der Matrosen)* m

hornswoggle ['hɔ:nswɔgl] vt/i ⟨Am fam⟩ °*beschummeln, behumsen (betrügen)*

horntail ['hɔ:nteil] s ⟨ent⟩ *Holzwespe* f

hornwork ['hɔ:nwɔ:k] s ⟨fort⟩ *Hornwerk* m *(Außenwerk alter Festungen)* || *Hornarbeit* f

hornworm ['hɔ:nwɔ:m] s ⟨Am ent⟩ *Raupe* f *der Schwärmer*, → fritillary

horny ['hɔ:ni] a *hornig, Horn–*; *hornhäutig* || ⟨fig⟩ *scharf (P)*

horologe ['hɔrələdʒ] s *Uhr* f *–ger* [hə'rɔlədʒə], *–gist* [hə'rɔlədʒist] s *Uhrmacher* m

horoscope ['hɔrəskoup] s ⟨astr⟩ *Horosk·op* m || to cast a ~ *das Horoskop stellen*

horrendous [hɔ'rendəs] a *schrecklich, horr·end*

horrent ['hɔrənt] a ⟨poet⟩ *borstig*; *hoch aufragend* || *grausig*

horrible ['hɔrəbl] a (*–bly* adv) *horr·end, grausig, schrecklich, abscheulich* || *unerträglich* **~ness** [~nis] s *Schrecklich–, Abscheulichkeit* f

horrid ['hɔrid] a (~ly adv) *schrecklich, greulich* || *eklig*; *häßlich* (it is ~ of you) **~ness** [~nis] s *Schrecklichkeit* f

horrific [hɔ'rifik] a *schreckenerregend, entsetzlich* **–fy** ['hɔrifai] vt *erschrecken* || *empören*; *entsetzen*; to be *–fied entsetzt sein* (to see)

horror ['hɔrə] s *Entsetzen* n, *Abscheu* f, *Schauder* m (of *gegen, vor*) || *Gegenstand* or *P. des Entsetzens*; *Schrecken, Greuel* m (the ~s of war); ~s *–geschichten* pl || the ~s [pl] ⟨fam⟩ *das Grauen*; *Delirium* n || to strike with ~ (jdm) *Grauen einflößen* | ~-stricken, ~-struck v *Grausen ergriffen*

hors d'œuvre [ɔ:'dɔ:vr] s Fr (pl ~ ~s [–z]) *Vorspeise* f, *Nebengericht* n

horse [hɔ:s] I. s 1. ⟨zoo⟩ *Pferd, Roß* n; *Gaul* m || *Hengst* m || *Huftier* n (to ~ *foal*; to *neigh, whinny* ~ and cart *Pferdefuhrwerk* n | [koll] *Reiterei, Kavallerie* f (light ~) 2. ⟨gym⟩ (a vaulting–~) *Pf. (Turngerät)*; vaults over the ~ *Sprünge am Pf.*; buck ~ *Bock* m || *Gestell* n || *Ständer* m (towel ~) 3. → cart s; to flog; gift s; high a; wild a || hold your ~s ⟨hum⟩ °*immer sachte mit die [statt: den] jungen Pferde [statt: Pferden]* (*sachte, sachte! ruhig Blut!*) || like a ~ *mächtig, tüchtig* (to work like a ~ *wie ein Pf. u̇ beiten*) || that's a ~ of another colour ⟨fam⟩ *das steht auf e–m andern Blatt* || straight from the ~'s mouth *aus bester Quelle* || ⟨mil⟩ to ~! *aufgesessen!* || a dark ~ ⟨fig⟩ *ein unbeschriebenes Blatt*; *Wundertier* n || to play ~ with a p *grob umgehen mit jdm* || to take ~ *aufsitzen, reiten* | ~'s neck ⟨school & mar sl⟩ *Ingwerlimonade mit Schuß* (gin) 4. [attr] *Pferde–*; *Roß–* || ~ artillery *reitende Artillerie* || ~-bean *Saubohne* f || ~-block ⟨hors⟩ *Aufsitzblock*, *–stein* m || ~-box ⟨rail⟩ *Pferdetransportwagen* m || ~-breaker *Bereiter* m || ~-brush *Kardätsche* f || ~-chestnut ⟨bot⟩ *Roßkastanie* f || ~-cloth *–decke* f || ~-collar *Kumt* n || ~-dealer *–händler* m || ~-doctor ⟨fam⟩ *Roßarzt* m || ~-drawn *bespannt* (artillery); ~-d. vehicle(s [pl]) *Pferdefuhrwerk* n; ~-d. tram *Pferdebahn* f || ~-flesh, ~-meat *–fleisch* n; [koll] *Pferde* pl || ~-fly ⟨ent⟩ *–bremse* f || ⳹ Guards [pl] *engl. Garde-*

Kavallerie-Regiment n, *bes* the Blues (→ d); *Hauptquartier* n *des Oberbefehlshabers des Heeres* || ~-latitudes [pl] *Roßbreiten* f pl *(Windstillengebiete im Atlant. Ozean)* || ~-laugh *wieherndes Gelächter* n || ~-leech ⟨zoo⟩ *Pferdeegel* m || ~-marines [pl]: tell that to the ~-marines! *das können Sie Ihrer Waschfrau erzählen!* *(machen Sie das anderen weis)* || ~-mastership *(hohe) Reitkunst* f || ~-opera ⟨sl⟩ *Wildwestfilm* m || ~-pistol *Sattelpistole* f || ~-plane *Schrothobel* m || ~-play *derber Scherz, grober Unfug* m || ~-pond *–schwemme, –tränke* f || ~-power (abbr h.p.; 40 ~-power) ⟨tech⟩ *Pferdestärke* f *(rund 76 [1 PS = 75] mkg/sec)*; ~-p. output *PS-Leistung* f; brake ~-p. *Bremsleistung* f; weight per ~-p. *Leistungsgewicht* n || ~-p hour *PS-Stunde* f || ~-race *Pferderennen* n || ~-radish ⟨bot⟩ *Meerrettich* m || ~-sense ⟨fam⟩ *gesunder Instinkt* m, *kräftige Dosis* f *gesunden Verstandes* || ~-tail *Pferdeschwanz* m; ⟨bot⟩ *Schachtelhalm* m II. vt/i *(Truppen etc) mit Pferden versehen, beritten m* || *(Wagen) bespannen* || *(jdn) auf den Rücken nehmen* || to ~ it ⟨fam⟩ °*schwer schuften (arbeiten wie ein Pferd)* | vi *aufs Pferd steigen* **~back** ['hɔ:sbæk] s: on ~ z *Pferde*; to be on ~, to ride (on) ~ *reiten* **~hair** ['hɔ:shɛə] s *Roßhaar* n **~man** ['hɔ:smən] s *Reiter* m; the four *–men die Apokalyptischen Reiter* m pl **~manship** [~ʃip] s *Reitkunst* f **~play** ['hɔ:splei] s *Rüpelei* f **~shoe** ['hɔ:sʃu:] s *Hufeisen* n; [attr] *hufeisenförmig* (table) || ~ bend *Hufeisenkurve, Schleife* f **~shoer** [~ə] s *(bes Am) Beschlagschmied* m **~shoeing** [~iŋ] s *Hufbeschlag* m **~whip** ['hɔ:swip] 1. s *Reitgerte* f 2. vt *mit der R. schlagen* || **~woman** ['hɔ:s- wumən] s *(Kunst-)Reiterin* f

horsiness ['hɔ:sinis] s *Stallgeruch* m || *Pferdeliebhaberei* f

horst [hɔ:st] s ⟨geol⟩ *Horst* m

horsy ['hɔ:si] a (*–sily* adv) *Pferde(sport) liebend*; *Pferde–*; *Jockey–* || *nach dem Pferdestall riechend*; *Stall–*

hortative ['hɔ:tətiv], **–atory** ['hɔ:tətəri] a *ermahnend*; ~ process ⟨jur⟩ *Mahnverfahren* n

Hortensia [hɔ:'tensiə] s ⟨bot⟩ *Hort·ensie* f

horticultural [ˌhɔ:ti'kʌltərəl] a *den Gartenbau betr, Gartenbau–*; *Gartenbauausstellungs–* **–culture** ['hɔ:tikʌltʃə] s *Gartenbau* m, *–kunst* f **–culturist** [ˌhɔ:ti'kʌltʃərist] s *Gartenbaukünstler* m

hosanna [houˈzænə] s *Hosianna*

hose [houz] I. s 1. [koll] a. ⟨hist⟩ *Strumpfhose* f, *Beinkleid* n b. [pl konstr] *lange Strümpfe* m pl (~ are ..) 2. [pl ~s] (*Wasser–* etc) *Schlauch* m, to run the ~ over the body of the car ⟨mot⟩ *den Wagen abspritzen*; *(Luft-)Sch.*; *Atemschlauch (der Atemmaske)* || ~ clamp, ~ clip, ~ coupling *Schlauchverbindung* f 3. [attr] *Schlauch–* || ~-pipe *–leitung* f II. vt *mit e–m Schl. bespritzen*; *durchnässen*; ⟨brew etc⟩ *schlauchen*

hosier ['houziə] s *Strumpfwarenhändler* m; ~'s *Herrenausstattungsgeschäft* **~y** ['houʒəri] s 1. [koll] *Strumpf–, Trikotwaren* f pl 2. *Strumpfhandlung* f; *–fabrik* f

hospice ['hɔspis] s *(Pilger-)Hospiz* n || *Herberge* f **–itable** ['hɔspitəbl & həs'pitəbl] a (*–bly* adv) *gastlich, gastfreundlich* (to *gegen*); *gastfrei* (house) || ⟨fig⟩ *empfänglich* (to *für*)

hospital ['hɔspitl] s *Hospit·al, Krankenhaus* n; to lie in ~ *im K. liegen*; *Klinik* f || to walk the ~s *(als Medizinstudent) die klinischen Semester machen* || *Lazar·ett* n || ⟨hist⟩ *wohltätige Stiftung* f (Christ's ⳹) | [attr] ~-carriage *Krankenwagen* m || ~-hut, ~-tent *Lazarettbaracke* f || ~-nurse *Krankenpflegerin* f || ~-orderly *Sanitätssoldat, Krankenwärter* m; *–lies* [pl] *–mannschaften* f pl || ~-ship *Lazarettschiff* n || ⳹ Sunday *Sonntag der Krankenhauskollekten* || ~ tent *Krankenzelt* n || ~-train *Lazarettzug* m

|| ~ treatment *Lazarettbehandlung* f ~ity [ˌhɔspiˈtæliti] s *Gastfreiheit, Gastfreundschaft, Gastlichkeit* f ~ization [ˌhɔspitəlaiˈzeiʃən] s *Krankenhaus–, Lazaretteinweisung, –behandlung* f ~ize [ˈhɔspitəlaiz] vt *jdn ins K. aufnehmen* (*l*); he had to be ~d *er mußte ins K.*; ~d appearance *bettlägeriges Aussehen* n ~(l)er [ˈhɔspitlə] s *Barmherziger Bruder, Krankenpfleger* m (*a* knight ~) *Hospital·iter, Malteser–, Johanniterritter* m

hospodar [ˈhɔspədɑ:] s ⟨hist⟩ *Titel der Fürsten der Moldau u Walachei*

hoss [hɔs] s ⟨dial⟩ = horse

host [houst] s *Wirt, Gastgeber, Hausherr* m (to act as ~ *als G. fungieren*); *Führer* m *v Gästen* || *Wirt, Gastwirt* m; mine ~ *der Wirt* | to reckon without one's ~ *die Rechnung ohne den Wirt* m | ⟨biol⟩ *Wirt* (*Tier* etc, *auf dem ein Schmarotzer sitzt*) | ~ country, ~ nation *Gastgeberstaat* m

host [houst] s ⟨poet⟩ *Heer* n; the Lord of ~s *der Herr der himmlischen Heerscharen* m (9) ~s of angels *die 9 Engelchöre* m pl, → company || ⟨fig⟩ *Unzahl, –menge* f (a ~ of difficulties); *gr Menge* f, *Schwarm* m; he is a ~ in himself *er ist* (*leistet*) *so viel wie hundert andere*

host [houst] s ⟨R. C.⟩ *Hostie* f

hostage [ˈhɔstidʒ] s *Geisel* m & f, to keep as ~ *als G. behalten* || ⟨fig⟩ *Pfand* n | to give ~s to fortune ⟨übtr⟩ *sich Fesseln anlegen, Gefahren or Verlusten aussetzen* (by doing *dadurch, daß man tut*)

hostel [ˈhɔstəl] s *Gasthof* m, *Herberge* f (youth ~ *Jugend–*) || ⟨univ⟩ (*Studenten-*)*Pension* f or *Wohnhaus* n ~ler [~ə] s *Jugendherbergswanderer* m ~ry [~ri] s † *Gasthaus* n

hostess [ˈhoustis] s *Wirtin, Gastgeberin* f || *Gastwirtin* f || air ~ *Steward·eß* f | ~y [~i] a *gastfreundlich*

hostile [ˈhɔstail] a (~ly [~li] adv) *feindlich, feindselig* (to *gegen*); *Feindes–* (territory *–land*) –ility [hɔsˈtiliti] s *Feindschaft; Feindseligkeit* f (to *gegen*); –ties [pl] *Krieg* m; *Kriegshandlungen* f pl; –ties only [attr] (*z. B.* ⟨mar⟩ *Einberufung*) *nur f, den Kriegsfall:* the "H–ties Only" man | ⟨fig⟩ *Gegensatz*

hostler [ˈɔstlə] ⟨*bes* Am⟩ → ostler

hot [hɔt] I. a 1. *heiß* (fire; day) (⟨*a* fig⟩ *Diebesgut*); *Heiß–* || (of food) to eat a th ~ *etw heiß essen*; to keep ~ *heiß halten* (for) || ~ bulb ⟨mot⟩ *Glüh–, Zündkopf* m 2. (of spices) *scharf, beißend, gewürzt* 3. ⟨übtr⟩ (*P*) *heiß, hitzig, feurig; begeistert, warm* | *leidenschaftlich, eifrig, glänzend* (~ skier) *begierig* (on doing *z tun*) || *wütend; aufgeregt* || (geil) °*scharf, heiß* | *aufreizend, geil; lüstern;* ~ music *schräge Musik* f | (*S*) *erbittert, heiß* (battle); *rasend; heftig;* at the ~test *am heftigsten* || *gefährlich, verfänglich* | *schlüpfrig* (play) 4. ⟨hunt⟩ *stark* (scent); *warm, frisch* (*Fährte, Spur*) ⟨*a* übtr⟩ | *sehr grell* 5. *noch warm; noch frisch* || *kürzlich emittiert* (bill); °*brühwarm* (*neuest*) (*Nachricht,* → gen) 6. *radioaktiv* 7. **Wendungen:** ~ and ~ *noch ganz heiß, direkt vom Feuer* || not so ~ ⟨fam⟩ *schlecht, unansehnlich, reizlos* || to get ~ *sich ereifern, erregt w* (over); to be getting ~ *ganz heiß, fast daran s, erraten h* || to give it a p ~ ⟨fam⟩ *jdn tüchtig* °*verdreschen* (*ihm die Hölle heiß m*) || to make it ~ ⟨fam⟩ *z viel verlangen; übertreiben; k–e Grenzen kennen;* to make a place too ~ for a p *od* too ~ to hold a p *jdm den Boden an e–m Ort z heiß m* 8. [in comp] ~ air *Heißluft* f; *heiße Luft, blauer Dunst* (*leeres Geschwätz*) [a attr] || ~-blast ⟨met⟩ *Wind* m || ~-blooded *heißblütig* || ~-brained, ~-headed *hitzköpfig, ungestüm* || ~-bulb engine *Glühkopfmotor* m || ~ cake: to go like ~ cakes *wie warme Semmeln abgehen* || ~-cockles [pl]

Schinkenklopfen n (*Spiel*) || → copper || ~ dog ⟨sl⟩ *heiße* (*Rostbrat–*)*Wurst* f *mit Brötchen,* ⟨Am⟩ *mit Sauerkraut, Wiener Würstchen* n; ~ dog kennel ⟨Am⟩ *Würstchenbude* f || ~ flannel, ~ pot *Warmbier* n *mit Schuß* m || ~-foot 1. adv *eilig, eilends;* [attr] *eifrig* 2. vi ⟨Am⟩ *eilen* || ~-gilding *Feuervergoldung* f || ~-plate *Heizplatte* f || ~-pot *Gericht* n *aus Hammelfleisch u Kartoffeln* || ~-press 1. s *Heißpresse* f 2. vt (*Tuch*) *heiß pressen or plätten* || ~-rod ⟨sl mot⟩ *Kompressor-*(*PKW*) m; *Bastelrennfahrzeug* n || ~ rodder ⟨Am fam⟩ *wilder* (*nicht lizensierter*) (*Auto-*)*Rennfahrer, Auto-Bastler* m || ~-rodding ⟨sl⟩ *Motorsport* m || ~-short *rotbrüchig* (metal) || ~-stopping *Grog* m | ~ stuff ⟨sl⟩ *großartige S;* ~ stuff! *Sache!* || *forscher, geschickter Kerl* m; ⟨ten etc⟩ *scharfer Spieler* m || ⟨Am *a*⟩ *Sensationsnachricht* f; *Diebesgut* n; ×*Schälchen Heeßen* (*Kaffee*) || ~ tiger *Warmbier* n *mit Sherry* || ~ water *Heißwasser* n; [attr] ~-water bottle *Wärmflasche* f || ⟨fig⟩ *Klemme, Patsche* f (to get into ~ water) II. adv *heiß* || *hitzig; heftig;* ~ on the heels of a p *jdm direkt auf den Fersen* III. vt ⟨vulg⟩ *heizen* || ~ted up ⟨sl⟩ *beschleunigt* (submarine); *„frisiert"* (⟨mot⟩ *car*) IV. s *Warmbier* n *mit Schuß* (gin) ~bed [ˈ~bed] s *Mistbeet* n; ⟨fig⟩ *Brutstätte* f

Hotchkiss [ˈhɔtʃkis] s (*nach B. B.* ~, † 1885) [attr] ~ gun *Revolverkanone* f (*mit bewegl. Läufen*)

hotchpot [ˈhɔtʃpɔt] s ⟨jur⟩ *Vereinigung der Hinterlassenschaften zwecks gleicher Verteilung* f

hotchpotch [ˈhɔtʃpɔtʃ] s *Mischmasch* m || ⟨cul⟩ „*schottische" Gemüsesuppe* f

hotel [ho(u)ˈtel, o(u)ˈtel] s Fr *Hotel* n (a *od* an ~ *ein H.*); *Gasthof* m | [attr] *Hotel–* || ~-register *–fremdenbuch* ~ier [oˈtelje] s *Hoteli·er* m

hothead [ˈhɔthed] s *Hitzkopf* m –house [ˈhɔthaus] s *Treibhaus* n [a attr] || ⟨fig⟩ *Brutstätte* f –plate [ˈhɔtpleit] s ⟨el⟩ *Kochplatte* f –ly [ˈhɔtli] adv *heiß;* ⟨fig⟩ *hitzig; erregt* –ness [ˈhɔtnis] s *Hitze* || *Schärfe* f (of pepper) || *Hitzigkeit* –spur [ˈhɔtspə:] s (Shak) *Hitzkopf* m

Hottentot [ˈhɔtntɔt] 1. s *der Hottentotte* 2. a *hottentottisch*

hotter [ˈhɔtə] s ⟨Oxf sl⟩ *Warmkuchen* m

hottie [ˈhɔti] s ⟨Austr fam⟩ *Wärmflasche* f

Houdan [ˈhu:dən] s (*Stadt in Frankreich*) ⟨orn⟩ *Houdanhuhn* n

hough [hɔk] 1. s *Kniebug* m || *Sprunggelenk* n; *Hechse* f 2. vt = to hamstring

hound [haund] 1. s *Jagd–, Hetz–, Spürhund, Rüde* m; → puppy, tongue, to bay | ⟨ich⟩ rough ~ *Hundshai* m, nurse ~ *Katzenhai* m | the ~s [pl] *die Koppel-Hunde;* to ride to ~s, to follow the ~s *z Pferde den Hunden in der Parforcejagd folgen, an der P. teilnehmen* | ⟨übtr⟩ *Hund, Schuft* m | ~'s tongue ⟨bot⟩ *Hundszunge* f 2. vt *jagen,* (*Hund*) *hetzen* (at, on *auf*); ⟨mst fig⟩ (to ~ to death) || to ~ on *antreiben, aufreizen* (to *zu*)

hound [~] s 1. ⟨mar⟩ ~s [pl] *Backen* pl *am Mast* 2. *Hinterachsenverstrebung* f || ⟨Am⟩ *Protzarm* m

hounting [ˈhauntiŋ] s ⟨ich⟩ *Schnäpel* m

houp-la [ˈhu:plɑ:] intj *hoppla!*

hour [ˈauə] s 1. *Stunde* f, over an ~ *über e–e St.;* a three–~ debate *e–e dreistündige Debatte* || *Entfernung v e–r St.* (an ~ from here) | *unbest. lange Zeit* f (sad ~s) 2. *Uhrzeit* f; *best. Tageszeit* (at the ~ of ten, at the tenth ~ *z zehnten St.*); a quarter of an ~ *e–e Viertelstunde,* three quarters of an ~ *dreiviertel Stunden;* half an ~ *e–e halbe St.;* → to strike || the small ~s *die frühen Morgenstunden* pl (*1, 2, 3 Uhr*) || ⟨*bes* mil & Am⟩ twenty thirty ~s (20.30) *20 Uhr 30;* from 0820 hrs. [ˈouˈeit] (*a:* gespr.: eight hundred and twenty hours) 3. *best. Zeitpunkt* m, the question of the ~ *die*

Frage des gegenwärtigen Augenblicks; in a happy ~ *in e–r glücklichen St.*; his ~ *has come s–e St. ist gek* **4.** ~s [pl] *festgesetzte Zeit– (stunden)*, office ~s *Bürostunden* pl; ~s of daylight *Tages–*; ~ of operation *Betriebs–*, *Laufzeit* f | ⟨R. C.⟩ *Offizium, Stundengebet* n; *–gebete* pl | ⟨myth⟩ *Horen* f pl **5. at** what ~? *um wieviel Uhr*? ‖ at the eleventh ~ *in letzter* (or *12.*) *St.* ‖ **by** the ~ *stundenweise*; *–lang* ‖ ~ *after* ~ *–lang* ‖ to keep early ~s *früh z Bett gehen*; .. late ~s *nachts lange aufbleiben*; .. good (*od regular*) ~s *zeitig schlafen gehen* **6.** [attr] ~*-angle* ⟨astr⟩ *Stundenwinkel* m ‖ ~*-circle* ⟨astr⟩ *Deklinations–, Stundenkreis* m ‖ ~*-glass –glas* n; *Sanduhr* f ‖ ~*-hand Stundenzeiger* m ‖ ~*-plate Zifferblatt* n ‖ ~ *train Zeigerwerk* n (*der Uhr*) ‖ *forty*~*-week Vierzigstundenwoche* f
   houri [ˈhuəri] s *Huri*, (*moham.*) *Paradies-jungfrau* f
   hourly [ˈauəli] **1.** a *stündlich*; *Stunden–* (~ *wage*) **2.** adv *jede Stunde, stündlich*
   house [haus] s (pl ~s [ˈhauziz]) **I. Bedeutungen: 1.** (*Wohn-*)*Haus* n **a.** *Haus, Heim* n (my ~ is my castle); one's father's ~ *sein väterliches Haus* ‖ private ~ ⟨hist⟩ *Stadtherrenhaus* n ‖ *Wohnung* f; *Haushalt* m | [koll] *Hausbewohner, Insassen e–s Hauses* | *Haus* n (*Fürstenfamilie*); (the ⤴ of York); *Geschlecht* n (an ancient ~) **b.** *Wohn–, Pensionshaus* n f *Schüler*; *die Schüler* pl *e–s Hauses* ‖ ⟨univ⟩ *College* n; the ~ = *Christ Church* (*Oxf*); *die Mitglieder e–s C.* **c.** the ⤴ *Armenhaus* n **2.** *Wirtshaus* n; on the ~ *auf Rechnung des Wirts* **3.** ⟨parl⟩ *Versammlungs–, Beratungshaus* n (the ⤴s of Parliament) | *die Mitglieder e–s der Häuser*; the ⤴ = ⤴ of Commons *od* ⤴ of Lords (the ⤴ *rose at 11 o'clock*) ‖ *Volksvertretung* f, → *common* ‖ ⟨Am⟩ ⤴ of Representatives *Unterhaus* n (*a e–s Einzelstaates*) ‖ ⟨jur⟩ the ⤴ of Lords *oberste Berufungsinstanz* (*v England, Wales u Nordirland*); the ⤴ *der Gerichtshof des* II. of L. **4.** *Geschäfts–, Handels–, Firma* f; ⟨fam⟩ the ⤴ *die Börse* f ‖ *amtl. Geschäftsräume* pl (*Australia* ⤴) **5.** ⟨theat etc⟩ *Spiel–, Theater* n; a full ~ *ein volles, besetztes H.*; first ~ ⟨film⟩ *Frühvorstellung* f | [koll] *Zuschauer, hörer* pl, *Publikum* n **6.** ⟨astrol⟩ the ~s [pl] *die* (*12*) *Häuser* (*Teile*) *des Himmels* (the ⤴ of Life, etc) **II.** ~ of call *Herberge* f ‖ ~ of correction *Besserungsanstalt* f ‖ ~ of God *Gottes–* ‖ ~ of ill fame *Bord ell* n ‖ ~ and home *H. u Hof* ‖ like a ~ on fire *glänzend* ‖ no ~! (*das H. ist*) *nicht beschlußfähig* ‖ ~*-to-*~ [attr] *v H. z H.*; ~*-to-*~ fighting *Häuserkampf* m; ~*-to-*~ search *–durchsuchung* f | to bring down the ~ ⟨theat⟩ *stürmischen Beifall finden* ‖ to enter the ~ ~ *Mitglied des Parlaments w* ‖ to keep ~ *den Haushalt führen* (for a p *jdm*); *haushalten*; *zus–leben* (with *mit*) ‖ to keep the ~ *das H. hüten* (*nicht ausgehen*) ‖ to make a ~ *e–e beschlußfähige Anzahl* (II. Ca 40) *aufweisen* **III.** [attr] *Haus–* ‖ ~*-agent Haus–, Häusermakler* m ‖ ~*-boat Hausboot* n ‖ → *cricket* ‖ ~*-flag Kontor–, Reedereiflagge* f ‖ ~*-fly Stubenfliege* f ‖ ~*-physician Anstaltsarzt* m *der medizin. Abteilung* ‖ ~*-porter* (*Haus-*)*Pförtner, Hausmann* m ‖ ~*-rent tax Hauszinssteuer* f ‖ ~*-room Gelaß* n *im Hause*, to give ~*-room to a p jdn ins Haus aufnehmen*; *Raum, Platz* m ⟨a übtr⟩ ‖ ~*-steward Hausverwalter* m ‖ ~*-surgeon Anstaltsarzt der Chirurgie* ‖ to proclaim from the ~*-tops öffentlich verkünden, aussprechen* ‖ ~*-warming Einzugsfeier* f, *–schmaus* m ‖ ~(-) worker ⟨Am⟩ *Hausangestellter* m
   house [hauz] vt/i ‖ (*jdn*) *in ein Haus* n *aufnehmen*; (*jdn, etw*) *unterbringen, unter Dach u Fach bringen* ‖ (*jdm*) *Wohnung, Behausung* f *geben* ‖ (of buildings) (*in sich*) *aufnehmen* ‖ ⟨mar⟩ *in sichere Lage* f *bringen*; *befestigen* | vi

hausen, wohnen
   housebreaker [ˈhausˌbreikə] s *Einbrecher* m ‖ *Hausabbruchunternehmer* m **–breaking** [ˈhausˌbreikiŋ] s *Einbruch* m **–ful** [ˈhausful] s *Hausvoll* n (a ~ of)
   household [ˈhaushould] s *Haushalt* m ‖ *Familie u Dienerschaft* f ‖ the ⤴ *die königl. Hofhaltung* f ‖ ⟨demog⟩ composite ~ *gemischter H.*; private ~, family ~ *gewöhnlicher H.*; head of ~ *H.svorstand* m | [attr] *Haushalts–, Küchen–* (~ scale), *Haus–, häuslich, Familien–* ‖ ~*-bread Hausbackenbrot* n ‖ ~*-gods* [pl] *Penaten, Hausgötter* pl ‖ ~ schedule ⟨stat⟩ *Haushaltsbogen* m ‖ ⤴ *Tales* [pl] *Märchen* n pl, ⟨Ger⟩ *Kinder– u Hausmärchen* n pl (1812 f.) ‖ ~ troops [pl] *Garde* f, *Gardetruppen* f pl ‖ ~ word *Alltagswort*; *ein jedermann vertrautes Wort* n | ~**er** [~ə] s *Haushaltsvorstand*; *Hausherr, –vater* m | ~ method ⟨demog stat⟩ *Selbstzählung* f
   housekeeper [ˈhausˌkiːpə] s *Hausfrau, –mutter* f ‖ *Haushälterin*; *Wirtschafterin, Mamsell* f **–keeping** [ˈhausˌkiːpiŋ] s *Haushalten* n, *Wirtschaften* n ‖ ⟨fam⟩ *Wirtschaftsgeld* n | [attr] *Haushaltungs–* **–leek** [ˈhausliːk] s ⟨bot⟩ *Dachwurz* f; (*Echte*) *Haus–* ‖ *Dickblatt* n **–less** [ˈhauslis] a *obdachlos, ohne Wohnung* f **–maid** [ˈhausmeid] s *Haus–, Stubenmädchen* n **–master** [ˈhausˌmɑːstə] s *Vorsteher e–s Pensionshauses* (in Public Schools) **–mate** [ˈhausmeit] s *Hausgenosse* m
   housewife s **1.** [ˈhauswaif] (pl *–ives*) *Hausfrau* f; *Wirtschafterin* f (a good ~) **2.** [ˈhʌzif] (pl ~s; *–ves*) *Nähkästchen, –täschchen*; *–zeug* n **–ly** [ˈhauswaifli] adv *hausmütterlich, hausfraulich*; *–hälterisch* ~**ry** [ˈhauswifri, ˈhʌzifri] s *Hauswirtschaft, Haushaltung* f
   housey-housey [ˈhausi-~] s (⟨mod⟩ bingo) (*Art*) *Lotto* n
   housing [ˈhauziŋ] s **1.** *Behausung, Unterbringung* f ‖ *Wohngelegenheit, Unterkunft, Wohnung* f, *Obdach* n | *Lagermiete, –geld* n ‖ ⟨übtr⟩ *Zapfenloch* n ‖ ~ of real axle shaft ⟨mot⟩ *Banjoachse* f ‖ [attr] *Wohnungs–*; ~ estate *–grundbesitz* m; ~ shortage *–not* f; ⟨Am⟩ ⤴ *Subsidies Act Wohnbauförderungsgesetz* n **2.** ⟨mech⟩ *Gerüst* n | ⟨mar⟩ *Hüsing* f
   housing [ˈhauziŋ] s *Schabracke, Satteldecke* f
   hove [houv] pret & pp v to heave
   hovel [ˈhɔvəl] s *Schuppen* m, *Hütte* f ‖ *elende Hütte* f
   hoveller [ˈhɔvələ] s *Strandfahrer*; *Berger* m ‖ *Küstenfahrschiff* n
   hover [ˈhɔvə] **1.** vi (in der Luft) *schweben* (about *um herum*; over *über*) ‖ *verweilen, sich herumtreiben* (to ~ about) ‖ *schwanken* **2.** s *Schweben* n ‖ ⟨fig⟩ *Ungewißheit* f ~**ing** [~riŋ] a (~ly adv) *schwebend*; *schwankend, zögernd*; ~ accent *schwebender Akzent* m ‖ ~ *flight* (*Hubschrauber-*)*Schwebeflug* m ~**plane** [~plein] s ⟨aero⟩ *Hub , Tragschrauber* m
   how [hau] **I.** adv **A.** (*Frage*) **1.** [*allein*] **a.** [*unabhängig*] *wie*? ~ is he to-day? *wie steht es heute mit ihm*? ~ are you? *wie geht es* (*dir*)? ~ is (*od* comes) it that ..? *wie kommt es, daß ..*? ⟨Am⟩ ~ come *wie kommt* (*kam*) *es, daß*? ~'s that? ⟨crick⟩ *bitte Entscheidung, aus oder nicht*? ~ the devil ..? *wie z Teufel ..*? ~ now? *warum das*? *was soll das heißen*? ‖ ~ will you have it? *was trinken Sie*? ‖ ⟨fam⟩ ~'s things? *wie geht's* ‖ and ~! *und wie*! ‖ → to do (*vgl a unten* C.); high **b.** [*abhängig*] *wie*; *auf welche Weise, in welcher Art* (the question ~); to know ~ to do it *wissen, wie es z m ist*; it depends on ~ it is said *es hängt davon ab, wie es gesagt wird*; ⟨sl⟩ all you know ~ *so gut du kannst* | ⟨reth⟩ *daß* (he told him ~) | [*relativisch*] (do it) ~ *you can .. so gut du kannst* ‖ .. as ~ (= that *daß*)

(I do not know as ~ I can; seeing as ~) **2.** [*vor a & adv*] ~ *far .. wie weit ..? ~ many? wieviel? ~ much? wieviel?* ⟨sl⟩ *Wie? Was?*; ~ old are you? *wie alt bist du?* (ask him ~ old he is) **B.** [*im Ausruf*] ~ you would like it! *Wie würde es dir gefallen!* ~ you talk! *Wie du nur redest!* ~ like him! *Das sieht ihm ähnlich!* ~ many there were! *wie viele waren da!* ‖ and ~! *und wie!* ‖ here's ~! *Ihr Wohl!* **C.** [in ˙comp] ~-d'ye-do ['haudi'du:] s [pl ~-d'ye-dos] *verflixte Lage; Bescherung* f **II.** s [pl ~s] the ~ *das Wie* (the ~s and whys); *die Art u Weise wie* **~beit** ['hau'bi:it] † adv *wie dem auch sei*; *nichtsdestoweniger* **~ever** [hau'evə] **1.** adv *wie auch immer*; ~ rich *wie reich auch immer, wenn auch noch so reich* ‖ all differences ~ *great alle noch so gr Unterschiede*; ~ old *it might be und wäre es noch so alt*; ~ he may try *wie sehr er es auch versuchen mag* ‖ ⟨fam⟩ [interr] *wie .. nur?* **2.** conj *jedoch, doch; dennoch, gleichwohl* **~soever** [‚hauso(u)'evə] adv [*vor a & adv*] *wie .. auch immer* (how simple soever)

howdah ['haudə] s *Haudah* f ([*Baldachin-*] *Sänfte auf Elefanten*) (to sit in a ~)

howdie ['haudi] s ⟨Scot fam⟩ *Hebamme* f

howdy-do ['haudi'du:] s → how C

howitzer ['hauitsə] s ⟨mil⟩ *Haubitze* f

howl [haul] **1.** vi/t ‖ *heulen* ‖ *brüllen, schreien; laut klagen* ‖ ⟨wir⟩ *laut summen, pfeifen* | vt *heulend äußern* ‖ to ~ down (*jdn*) *niederschreien* **2.** s *Geheul* n; *Klagen* n ‖ *Gebrüll* n ‖ ⟨wir⟩ *Pfeifen* n | **~er** ['~ə] s ⟨zoo⟩ *Brüllaffe* m ‖ ⟨artill⟩ *Feuersignalhupe* f ‖ ⟨sl⟩ „*Kreuzbock*" m (*den man „schießt*") (*grober Schnitzer, den man macht*) **~ing** ['~iŋ] a *heulend* ‖ ⟨sl⟩ *fürchterlich, gewaltig*

howzat ['hauzæt] ⟨*bes* crick⟩ = how is that? *wie steht's?* → how I. A. a.

hoy [hɔi] s *Art Lichterschiff* n (*einmastiges Fahrzeug*)

hoy [hɔi] intj *hallo! hui! he!* ‖ ⟨mar⟩ *ahoi!*

Hoya ['hɔiə] s ⟨bot⟩ *Wachsblume* f

hoyden ['hɔidn] s (*ausgelassenes Mädchen*) *Wildfang* m

hub [hʌb] s (*Rad-*)*Nabe* f ‖ ⟨fig⟩ *Mittelpunkt* (of the universe); *Angelpunkt* m; from ~ to tire *ganz u gar, durchaus* ‖ ~-cap ⟨mot⟩ *Radkappe* f ‖ ~ dynamo ⟨cycl⟩ *Nabendynamo* n

hub [hʌb], **hubby** ['hʌbi] s ⟨fam⟩ f husband

hubble-bubble ['hʌbl‚bʌbl] s *Art Wasserpfeife* f ‖ *Plätschern, Rauschen* n ‖ *Gemurmel* n

hubbub ['hʌbʌb] s *Lärm, Wirrwarr* m; *Getöse* n

hubby(kins) ['hʌbi(kinz)] s ⟨fam⟩ „*Männe*" m (*Ehemann*), → hub, hubby

hubristic [hju:'bristik] a *anmaßend, arrogant, unverschämt*

huckaback ['hʌkəbæk] s *Gerstenkornleinen* n

huckle ['hʌkl] s *Hüfte* f | ~-bone *Hüftknochen* m ‖ *Sprungbein* n

huckleberry ['hʌklberi] s ⟨bot⟩ *amerik. Heidelbeere* f

huckster ['hʌkstə] **1.** s *Höker* m ‖ ⟨fig⟩ *Krämer(seele* f) m **2.** vi/t ‖ *hökern, schachern* (over) | vt *verhökern, verschachern; fälschen* **~er** [~rə] s = huckster **~ess** [~ris] s *Hökerin* f **~y** [~ri] s *Hökerladen* m

hud [hʌd] s (*Frucht-*)*Hülse, Schale* f

huddle ['hʌdl] **1.** vt/i ‖ *unordentlich zus-werfen; zus-pressen* ‖ *eilig werfen, stecken* (into in); to ~ on (*Kleid*) *schnell überwerfen* ‖ to ~ up *schnell zus-stellen* | vi *sich (zus-)drängen, -kauern*; to ~ up *sich eng schmiegen* (to an) ‖ *flüchtig eilen* (over, through) **2.** s *Gewirr* n ‖ ⟨Am fam⟩ to get into a ~ *die Köpfe zus-stecken*

hue [hju:] s *Farbe* ‖ *Färbung* f; ⟨a übtr⟩ **~d** [~d] a *-farbig*

hue [hju:] s [*nur in:*] ~ and cry v *Geschrei begleitete Hetze* f (*e~s Verbrechers* etc) ‖ ⟨fig⟩ *Geschrei, Zetergeschrei* n; to raise a ~ *ein Z. erheben* (against)

huff [hʌf] **1.** vt/i ‖ (*jdn*) *scharf anfassen, schelten, beleidigen*; (at draughts) (*e~n feindl. Stein*) „*blasen*" (*entfernen*) | vi *zornig w, sich beleidigt fühlen* **2.** s *Anfall* m v *Ärger, übler Laune* (in a ~) **~ish** ['~iʃ] a (~ly adv), **~y** **1.** a (*-fily adv*) *übelnehmerisch; verschnupft* **2.** ⟨mil sl⟩ *Spröde* f, *sprödes Blitzmädel* n (*bessere Stabshelferin*) **~ishness** ['~iʃnis], **~iness** ['~inis] s *Übelnehmen* n

hug [hʌg] **1.** vt (*jdn*) *umarmen* ‖ ⟨übtr⟩ *sich dicht halten an* (to ~ the shore) ‖ ⟨fig⟩ *innig festhalten an; lieben* ‖ to ~ o.s. *sich beglückwünschen* (on *zu*; for *wegen*) ‖ ~-me-tight ⟨fam⟩ *enganliegender Pullover* m **2.** s *Umarmung* f | *Griff* m **~some** ['~səm] a ⟨fam⟩ *anziehend, °lecker* (girl)

huge [hju:dʒ] **1.** a *ungeheuer, sehr groß; riesig; Riesen–* (~ shadow) **~ly** ['~li] adv *gewaltig* ⟨a fig⟩ (to praise ~) **~ness** ['~nis] s *ungeheure Größe* f

hugger-mugger ['hʌgə‚mʌgə] **1.** s † *Heimlichkeit* f | *Liederlichkeit* f **2.** a & adv *heimlich* ‖ *unordentlich, liederlich* **3.** vt/i ‖ (a to ~ up) *verheimlichen, -tuschen* | vi *heimlich tun, Geheimnisse h*

hula ['hu:la] s *hawaiisch. Frauentanz* m, *Ritualtänzerin* f ‖ ~-hoop ⟨gym⟩ *H*·*ula-(hopp-) Reifen* m

hulk [hʌlk] s *Hulk, Holk, Rumpf* m *e~s abgetakelten Schiffes*; ~s [pl] ⟨hist⟩ *Schiffsrümpfe als Gefängnisse verwandt* pl ‖ *untaugl. Schiff* n ‖ ⟨fig⟩ *schwerfällige Masse* f; *Klotz* m (P) **~ing** ['iŋ] a *ungeschlacht*

hull [hʌl] **1.** s *Hülse, Schale* f **2.** vt *schälen, enthülsen* **~er** ['~ə] s *Enthülsungsmaschine* f

hull [hʌl] **1.** s ⟨mar⟩ *Schiffsrumpf* m ‖ (*Flugboot-*)*Rumpf* m ‖ (*Panzer-*)*Wanne* f **2.** vt ⟨mar⟩ (*den Sch.*) *mit e~m Geschosse treffen, durchschießen*

hullabaloo [‚hʌləbə'lu:] s *Lärm, Wirrwarr* m; *Zetergeschrei* n, °*Klamauk* m (about *über*)

hullo, **~a** ['hʌ'lou; hʌ'lou] intj *hallo!* ⟨mst telph⟩

hum [hʌm] **1.** vi/t ‖ *summen, brummen, murmeln* ‖ to ~ and ha (*od* haw) (*im Reden*) *stocken, verlegen stottern* ‖ *zögern, zaudern* ‖ *in Bewegung, Aufregung* f s (with v); to make things ~ *Betrieb m* | vt (*etw*) *summen, brummen* **2.** s *Brummen, Gesumme, Dröhnen* n ‖ ⟨sl⟩ *Gestank* m | ~ eliminator ⟨wir⟩ *Netzfilter* m

hum [hʌm] s ⟨sl⟩ = humbug

hum [həm, ·mm] intj *hm!*

human ['hju:mən] **1.** a *menschlich, Menschen–,* ~ ecology ⟨demog⟩ *soziale Ökologie* f | ~ engineering *auf den Menschen bezogene Technik* or *Technisierung* f ‖ ~-interest [attr] ⟨ad etc⟩ *publikumswirksam* ‖ ~ nature *die menschl. Natur*, *Menschlichkeit* f ‖ ~ relations *Kontakt–, Vertrauenspflege, Menschenbegegnung* f, *mit–, zwischenmenschliche Beziehungen* f pl ‖ ~ torpedo *Ein-Mann-Torpedo* m [a attr] **2.** s ⟨oft hum⟩ *Mensch* m **~ly** [~li] adv *menschlich*; *nach menschlichem Ermessen*; ~ possible *menschmöglich*; ~ speaking *nach menschlichen Begriffen*

humane [hju:'mein] a (~ly adv) *human, menschenfreundlich*; ~ learning *humanist. Bildung* f; Royal ⁑ Society *Lebensrettungsgesellschaft* f **~ness** ['~nis] s *Humanität* f

humanism ['hju:mənizm] s *Menschlichkeit* f ‖ ⟨hist⟩ *Humanismus* m **–ist** ['hju:mənist] s *Menschenkenner* ‖ ⟨hist⟩ *Humanist* **–istic** [‚hju:mə'nistik] a ⟨hist⟩ *humanistisch*

humanitarian [hju‚mæni'tɛəriən] **1.** s *Men-*

schenfreund m; ⟨oft cont⟩ *–beglücker* m **2.** a *menschenfreundlich*; *–beglückend*; for ~ *reasons aus Gründen der Menschlichkeit*
humanity [hju'mæniti] s *menschliche Natur*; *–ches Gefühl*; *–ties* pl *menschl. Züge* pl || ~ [koll] *die Menschen* pl, *Menschheit* f | *Humanität, Menschenliebe, Menschlichkeit* f | the Humanities [pl] *die antiken Sprachen u Literaturen* f pl, *die klassische Philologie* f; *(höhere) Allgemeinbildung* f
humanize ['hju:mənaiz] vt/i || *sich (jdn) als Menschen vorstellen* | *gesittet m* || *~d milk der menschl. Milch ähnlich gemachte Kuhmilch* f | vi *gesittet w.*
humankind ['hju:mən'kaind] s *Menschengeschlecht* n
humble ['hʌmbl] **1.** a (–bly adv) *demütig, bescheiden, anspruchslos* || (of birth etc) *niedrig*; *ärmlich, dürftig* | to eat ~ pie (⟨Am⟩ to eat crow) *Abbitte tun, z Kreuz kriechen, „kl'eine Brötchen backen"* || your ~ *servant Ihr ganz ergebener* **2.** vt *erniedrigen, demütigen* **~ness** [~nis] s *Demut* f
humble-bee ['hʌmblbi:] s ⟨ent⟩ *Hummel* f
humbug ['hʌmbʌg] **1.** s (⟨sl⟩ hum [hʌm]) *Täuschung* f, *Schwindel* m || *Unsinn* m | *Schwindler* m; *Aufschneider, Schaumschläger* m | gr *Bonbon* m **2.** vt/i || *beschwindeln*; to ~ *into doing (jdn) durch Schwindel dahin bringen z tun*; to ~ *out of (jdn) bringen, betrügen um* | vi *schwindeln* || *sich etw vormachen* (about)
humdinger ['hʌmdiŋə] s ⟨Am & aero sl⟩ *„Sauser", „Brummer"* m (*schnelles Flug–, Fahrzeug*); ⟨übtr⟩ *Mordskerl* m
humdrum ['hʌmdrʌm] **1.** a *eintönig, langweilig* **2.** s *Eintönigkeit* f, *Einerlei* n **3.** vi *dahinleben, –dösen*
humeral ['hju:mərəl] a ⟨anat⟩ *Schulter–* **–rus** ['hju:mərəs] s L ⟨anat⟩ *Oberarmbein* n
humid ['hju:mid] a *feucht, naß* **–ifier** [hju:'midifaiə] s *Verdunster, Befeuchter* m; *Feuchtigkeits(gehalts)regler* m (*der Zimmer–* etc *Luft*) **~ity** [~iti] s *Feuchtigkeit* f **~or** [~ə:] s *Zigarrenbehälter* m, *Feuchthalter* m f *Zigarren*
humiliate [hju:'milieit] vt (*jdn*) *demütigen, erniedrigen* **–ation** [hju͵mili'eiʃən] s *Demütig–, Erniedrigung* **–ty** [hju:'militi] s *Demut* f
hummel ['hʌml] vt ⟨agr⟩ *entgrannen*
hummel ['hʌml] **1.** a ⟨Scot⟩ *ohne Geweih*; *hornlos* **2.** s *Kahlhirsch* m
hummer ['hʌmə] s *Summer*; ⟨ent⟩ *Brummer* m || ⟨sl⟩ *Gschaftlhuber, Gedöns* m (P); ⟨Am⟩ °*Mordsding* n, *–kerl* m
humming ['hʌmiŋ] **1.** a *Brumm–*; ~ *top –kreisel* m || ⟨sl⟩ *gewaltig* (a ~ knock); *stark* (ale); *lebhaft, blühend* (business) | *~-bird* ⟨orn⟩ *Kolibri* m **2.** s *Summen, ⟨bes mot⟩ Brummen* n
hummock ['hʌmək] s *Erdhügel* m, *bes Eishügel* m; ⟨geog⟩ *Bodenschwelle* f | **~y** [~i] a *Erdhügel–*
humoral ['hju:mərəl] à *humor ul, Humoral–* (~ *pathology*); *durch Körpersäfte bewirkt, auf K. bezüglich*
humoresque [͵hju:mə'resk] s ⟨mus⟩ *Humoreske* f
humorist, –mour– ['hju:mərist] s *Humorist* m; *humorist. Schriftsteller* m **~ic** [͵hju:mə'ristik] a *humoristisch*; *Humor–*
humorous ['hju:mərəs] a (~ly adv) *humorvoll*; *humoristisch* || *spaßhaft, komisch* **~ness** [~nis] s *humorvolles Wesen* n || *Spaßhaftigkeit* f
humour (⟨Am⟩ *–mor*) ['hju:mə] **I.** s **1.** ⟨obs⟩ *Saft (des Körpers)* m || *Augenflüssigkeit* f **2.** *Temperament* n; *Gemütsart* f || *Stimmung* f; in the ~ *aufgelegt* (for z; for doing z tun); out of ~ *verstimmt* (to put a p out of ~); *Laune* f (good, ill ~) **3.** *Scherz, Spaß* m | *Humor* m (rough, broad, robust ~ *derber H.*) **II.** vt to ~ a p

jdm willfahren; *jdm den Willen tun*; *eingehen auf jdn* || to ~ a th *sich e–r S anpassen* **~less** [~lis] a *humorlos*; *nüchtern* **~some** [~səm] a *launisch*
hump [hʌmp] **1.** s *Buckel, Höcker* m || *Hügel* m; over the ~ ⟨fig⟩ *über den Berg* || ⟨sl⟩ *üble Laune* f, to get, have the ~ *ü. L. h*; to give a p the ~ *jdm üble L. bereiten* || ⟨rail fam⟩ *„Eselsrücken", Rangier-Berg* m || ⟨Am aero sl⟩ *Luftfahrthindernis* n || ⟨Am sl fig⟩ *Camel(-Zigarette)* f **2.** vi *buckelig* m; *krumm biegen* || *auf den Rücken heben, auf dem R. tragen* || (*jdn*) *ärgern* || to ~ *one's back* ⟨fig⟩ *sich buckelig zeigen* || ⟨Am sl⟩ to ~ *o.s. sich anstrengen* | **~ed** [~t] a *buckelig* | **~y** [~i] a *buckelig, höckerig; holperig* (road)
humpback ['hʌmpbæk] **1.** *Buck(e)liger* m **2.** a *buckelig* | **~ed** [~t] a = humpback a
humph [mm, hʌmf] **1.** intj *hm* **2.** vi *hm machen*
humpty-dumpty ['hʌm(p)ti'dʌm(p)ti] s (*kl dicke P*) *Stöpsel* m
humus ['hju:məs] s L *Humus* m; [attr] *Humus–*
Hun [hʌn] s ⟨hist⟩ *Hunne* m || ⟨sl⟩ *deutscher Soldat*; *Deutscher* m || **~-pinching** ⟨mil sl⟩ *Stoßtruppunternehmen z Einbringen v deutschen Gefangenen*
hunch [hʌntʃ] **1.** s *Höcker, Buckel*; *Auswuchs* m || *dickes Stück (Brot* etc), *Runken* m | ⟨Am sl⟩ *Wink* m; *Ahnung* f, *Vorgefühl* n (that) **2.** vt *krumm biegen, krümmen*; to sit ~ed up *hocken, kauern*; to ~ *o.s. up sich niederkauern* **~back** ['~bæk] s & a = humpback; **~backed** ['~bækt] a = humpbacked
hundred ['hʌndrəd] **1.** s a. [pl ~] (*das*) *Hundert* n (5 ~ 500); 2 ~ of them *200 v ihnen*; *several* ~ *mehrere hundert*; *some* ~ *einige hundert*; by the ~ *hundertweise, z Hunderten* || at 9 ~ hours (= 9.00 a.m.) *pünktlich um 9 Uhr* | *Hunderterstelle* f | a ~ per cent [a & adv] *hundertprozentig, vollkommen*; ⟨Am⟩ ~*-per-center* ⟨fam⟩ *100-Prozentige(r* m) f, *100%ig zuverlässige P* f; ~*-to-one shot* ⟨racing fam⟩ *haushoher Favorit* m **b.** ~s [pl] *Hunderte* (~s of people); ~s and ~s, ~s upon ~s *Hundert u aber Hunderte* **c.** a ~ *ein hundert Pfund (Geld)* **d.** *Hundertschaft* f; *Bezirk* m; ⟨Am⟩ *Bezirk in Delaware* **2.** a *hundert*; a ~ *soldiers hundert Soldaten*; five ~ *men 500 Mann, several* ~ *men mehrere hundert Mann* || to have a ~ *things to do tausenderlei z tun h* | [*vor Ordinalien*] the ~ *and first der hundert-uerste*, the six-~-and-fortieth *der 640ste* **~fold** [~fould] a *hundertfältig*
hundredth ['hʌndrədθ] **1.** a *hundertste* **2.** s *Hundertstel* n
hundredweight ['hʌndrədweit] (abbr cwt) s [pl *nach Zahlen*: ~; 6 ~) *engl. Zentner* m (= *112 Pfund*; ⟨Am⟩ *100 Pf.*); metrical ~ *deutscher Zentner (100 Pfund)*
hung [hʌŋ] pret & pp v to hang | ~ *beef Rauchfleisch* n; ~ *game gut aufgehangenes Wild* || ⟨Am jur⟩ ~ *jury uneiniges Geschworenengericht* n
Hungarian [hʌŋ'gɛəriən] **1.** a *ungarisch* **2.** s *Ungar* m || *das Ungarische* n (*Sprache*)
hunger ['hʌŋgə] **1.** s *Hunger* m; ~ is the best sauce *Hunger ist der beste Koch* || *Appetit* m || ⟨fig⟩ *Hunger* m, *Verlangen* n (for, after *nach*) | ~*-march H.marsch* m; ~*-strike H.streik* m **2.** vi/i ~ *hungern* || ⟨fig⟩ *dürsten, sich sehnen* (after, for *nach*; to do) | vt (*jdn*) *durch Hunger zwingen* (into z) || ~ *out (jdn) aushungern*
hungry ['hʌŋgri] a (–rily adv) *hungrig, verhungert*; I'm as ~ as a hunter *ich hab 'nen Bärenhunger* || to go ~ (*ver)hungern* || *hungrig*; *Hunger–* (the ~ forties *die Jahre 1840–46*) || (of the soil etc) *unfruchtbar, unergiebig* || ⟨fig⟩ *begierig, heftig verlangend* (for *nach*)
hunk [hʌŋk] s *Runks* m (~ of bread *R. Brot*)

hunker ['hʌŋkə] vi ⟨Scot⟩ *hocken, kauern* **| ~s** ['hʌŋkəz] s pl *Hinterbacken* pl (to sit on one's ~)

hunks [hʌŋks] s ⟨fam⟩ *Geizhals, Knicker* m

hunky ['hʌŋki] ⟨Am sl⟩ **1.** a *in guter Verfassung; gesund; in bester Ordnung* (a ~-dory) **2.** s *Ungar, Balkanländer* m

hunt [hʌnt] **1.** vi/t **A.** vi *jagen;* to be ~ing *auf der Jagd* s; to get out ~ing *auf die J. gehen* || ⟨Am⟩ *Wild erlegen, schießen* || *Jagd* m (after, for *auf*); *eilen* || ⟨tech⟩ (of machines) *oszillieren, ruckweise gehen* **B.** vt *(Fuchs, Hirsch) jagen, hetzen* (to death *z Tode*) ⟨a fig⟩ (to ~ a fox, to ~ the stag) || *(T) verjagen, –treiben* (a to ~ away) || *(jdn) verfolgen* || *(Revier) absuchen* ⟨a fig⟩ (for *nach*) || *(T) z Jagd gebrauchen;* *(Hunde) leiten, führen* **|** to ~ down *z Tode hetzen; z fassen od z meistern suchen* || to ~ out, up *aufstöbern, –spüren; ausfindig m* **2.** s *Jagen* n; *Jagd, Hetz–* f *(auf Fuchs, Hirsch);* the ~ is up *die J. hat begonnen* || ⟨fig⟩ *Jagd* f; on the ~ for *auf der J. nach* || to be in (out of) the ~ ⟨fig fam⟩ *das ,,Rennen“ mit (ohne) Aussicht auf Erfolg mitmachen* || *–gesellschaft* f || *–revier* n **| ~er** ['~ə] s *Jäger* m || *Jagdpferd* n; *–hund* m **|** *Taschenuhr* f *(f Jäger)* || *⌒-'s screw Differentialschraube* f || ~ trials ⟨hors⟩ *Jagdspringen* n **~ing** ['~iŋ] **1.** s *Jagen* || ⟨tech⟩ *Pendeln* n, *Drehzahlschwankung* f **|** [attr] *Jagd–* || *~-box –häuschen* n || *~ disk* ⟨telv⟩ *Abtastscheibe* f || *~ dog* ⟨Am⟩ *Jagdhund* m || *~-ground –revier* n *(happy ~-grounds)* || *~-horn –horn* m || *~-killer operation U-Boot-Jagd* f || *~-knife → hanger* **2.** a *jagend, Jagd–;* *~-man Jäger* m

huntilite ['hʌntilait] s ⟨minr⟩ *Arsensilber* n

huntress ['hʌntris] s *Jägerin* f

huntsman ['hʌntsmən] s *Jäger* m || *Rüdemann* m

hurdle ['hə:dl] **1.** s *Hürde* f; *Hindernis aus Reisig* n etc; ⟨fort⟩ *Faschine* f || ~s [pl], *~-race Hürdenrennen* n **2.** vt/i *mit Hürden umgeben, einschließen* **|** vi *ein Hürdenrennen reiten; über ein Hindernis setzen* ⟨a fig⟩ **| ~r** ['hə:dlə] s *Hürdenläufer* m

hurdy-gurdy ['hə:di,gə:di] s ⟨mus⟩ *Leierkasten* m; *Drehleier* f

hurl [hə:l] **1.** vt/i || *kräftig werfen, schleudern* **|** ⟨fig⟩ *(Worte) ausstoßen, schleudern* (at *gegen*) **|** vi *werfen* || *Treibball* (⟨Ir⟩ *Hockey) spielen* **2.** s *Schleudern, Werfen* n **~ing** ['~iŋ] s *Schleudern* n || *Art Treibball,* ⟨Ir⟩ *Art Hockey*

hurly-burly ['hə:li,bə:li] s *Tumult, Wirrwarr* m

hurrah, hurra [hu'ra:], hurray [hu'rei] **1.** intj *hurra!* hurrah for the queen! *es lebe die Königin!* hip, hip, hurrah! *hipp, hipp, hurra!* **2.** s *der Hurraruf,* to give three ~s for *drei Hurrarufe ausbringen auf* **3.** a *hurraschreiend, freudig* **4.** vi/t || *hurra rufen* **|** vt *(jdn) mit Hurraruf begrüßen*

hurriboys ['hʌribɔiz] s pl ⟨aero fam⟩ *Hurricane-Personal* n

hurricane ['hʌrikən] s *Orkan* m || ⟨poet⟩ *Windsbraut* f || ⟨fig⟩ *plötzlicher Ausbruch, Sturm* m **|** *~-deck* ⟨mar⟩ *Oberdeck* n *(e–s Dampfers)* || *~-lamp Sturmlaterne* f

hurried ['hʌrid] a (~ly adv) *eilig* || *schnell, flüchtig* || *übereilt*

hurrier ['hʌriə] s ⟨min⟩ *Schlepper, Fördermann* m

hurry ['hʌri] **1.** s *Hast, gr Eile* f (to do); to be in a ~ *Eile h* (do not be in such a ~); *es sehr eilig h* **|** *Drängen* n, *Drang* m (in the ~ of business); ⟨fam⟩ *not .. in a ~ nicht so bald od leicht, nicht so rasch* **|** [neg & interr] *Grund z Eile;* there is no ~! *es hat k–e Eile!* || ⟨mus⟩ *Tremolo* n; *Lauf* m, *Trommelwirbel* m *(vor Haupteffekt)* **|** *Rutsche, Rutschbahn* f *(f Kohlenladung)* **2.** a ⟨Am⟩ *eilig*

hurry ['hʌri] vt/i [–ied/–ied/~ing] **A.** vt *(jdn) z Eile antreiben, treiben; drängen* (into *z;* into doing *z tun*) || *hastig bringen, befördern* (to ~ in *hinein–,* to ~ out *hinaus–*) || (a to ~ on) *beschleunigen; überstürzen* **|** [mit adv] to ~ along *(jdn) antreiben;* (etw) *beschleunigen* || to ~ away *(jdn) eiligst fortbefördern* || to ~ up *(jdn) antreiben;* (etw) *beschleunigen* **B.** vi *hasten, eilen* (through *durch*); to ~ over *eilig hinwegeilen über* || *sich beeilen* **|** [mit adv] to ~ along *eilen* || to ~ away, off *forteilen* || to ~ up *sich beeilen* (~ up!); **C.** [in comp] *~-scurry* **1.** adv *in Verwirrung* or *Hast* **2.** a *überstürzt* **3.** s *überstürzte Eile, Unruhe* f **4.** vi *überstürzt eilen* **| ~ up** ⟨Am sl⟩ a *Eil–;* *~-up wagon Polizeiwagen* m

hurst [hə:st] s *Sandhügel* m, *–bank* f || *Wald, Hain* m

hurt [hə:t] **1.** vt/i [~/~] **A.** vt a. *verwunden, –letzen* || ⟨fig⟩ *(Gefühl) verletzen; (jdm) wehe tun;* not to ~ a hair of a p's head *jdm kein Haar krümmen;* to be ~ with a p *durch jdn verletzt s, über jdn ärgerlich s;* to feel ~ *sich gekränkt fühlen* || *(jdm) schaden;* (etw) *beschädigen* **b.** [imps] it ~s *es verletzt; schmerzt; kränkt; schadet, schädigt* (it ~s me; it ~s the feelings ..) **B.** vi *verletzen* || ⟨fam⟩ *schmerzen, wehe tun* || ⟨fam⟩ *Schaden erleiden, z Schaden k* || [imps] *schaden;* that won't ~ *das tut nichts* **2.** s *Verwundung, Verletzung* f ⟨a fig⟩ || *Schaden* m; to do ~ to a p *jdm Schaden tun, jdn verletzen* **| ~er** ['~ə] s ⟨tech⟩ *(Achsen-)Stoßring* m, *–eisen* n; *Stoßbalken* m **~ful** ['~ful] (~ly adv) *schädlich, verderblich* (to *für*) **~fulness** ['~fulnis] s *Schädlich–, Verderblichkeit* f

hurtle ['hə:tl] vt/i (liter & †) || *schwingen, schleudern* **|** vi *auf–e–a–stoßen, zus–treffen; stoßen* (against) || *stürzen; sausen, rasseln*

husband ['hʌzbənd] **1.** s *Ehemann, Gatte, Gemahl* m; ship's ~ *Schiffsagent, –verwalter* m **|** *~-like e–s Gatten würdig* || *~'s tea* ⟨fam obs⟩ °*Plürre* f **2.** vt *haushälterisch umgehen mit, sparen* **|** *Gatte w v, heiraten* (to ~ a p) *~less* [~lis] a *gattenlos* *~ly* [~li] a *Ehegatten–* (~ duties) *~man* [~mən] s *Landwirt, Landmann* m *~ry* [~ri] s *Landwirtschaft* f; *Ackerbau* m; *Wirtschaft* f

hush [hʌʃ] **1.** vt/i || *stillen, z Schweigen bringen* || ⟨fig⟩ *beruhigen, beschwichtigen* || (mst to ~ up) *vertuschen* **|** vi *stille w* or *s* **2.** intj *~!* pst! sch! **3.** s *lautlose Stille;* ⟨fig⟩ *Stille* f; ⟨theat⟩ *Flaute* f **|** [in comp] *~-~* **1.** a *heimlich, geheimtuerisch, geheim; Geheim–* (~-~ *policy*) **2.** vt *beruhigen* || *~-money Schweigegeld* n

hushaby ['hʌʃəbai] intj *eiapopeia; still, still!*

husk [hʌsk] **1.** s *Hülse, Schale; Schote* f || ⟨fig⟩ [oft pl *~s*] *wertlose äußere Form* f; *trockene Form, Seite* f (of a subject) **2.** vt *enthülsen;* ⟨for⟩ *klengen* **~er** ['~ə] s *Enthülser* m

husk [hʌsk] s ⟨Am sl⟩ °*,,Bulle“* m (v *e–m Kerl*)

husk [hʌsk] s ⟨vet⟩ *trockener Husten* m (of cattle)

huskiness ['hʌskinis] s *Heiserkeit, Rauheit* f (of the voice)

husky ['hʌski] **1.** a a. *hülsig, schalig* || ⟨übtr⟩ *trocken* || ⟨Am⟩ *stark, kräftig, zäh* **b.** (–kily adv) *rauh, heiser* **2.** s ⟨Am⟩ *kräftiger Mensch* m

husky ['hʌski] s *Eskimo* m || *die Eskimosprache* f (to speak ~) || *Eskimohund* m

hussar [hu'za:] s ⟨mil⟩ *Husar* m; [attr] *Husaren–* (~ uniform)

hussif ['hʌzif] s = housewife

hussite ['hʌsait] s (ec hist) *Hussit* m

hussy ['hʌsi, 'hʌzi] s *keckes Mädchen; (freches) Weibsbild* n || *Dirne* f || ⟨fam⟩ *Frauchen* n

hustings ['hʌstiŋz] s pl [mst sg konstr: a ~] Redner–, Wahlbühne f

hustle ['hʌsl] 1. vt/i || (jdn) im Gedränge stoßen; drängen, treiben || ⟨fig⟩ (jdn) drängen, treiben (into in, zu) | to ~ a th through etw durchsetzen, fertigbringen | vi stoßen (against); sich drängen; sich e–n Weg bahnen; eilen (through) || ⟨Am⟩ tätig, betriebsam s 2. s Gedränge; lebhaftes Treiben n, Betrieb m || ⟨Am⟩ Betriebsamkeit f | ~r [~ə] s betriebsamer Mensch m

hut [hʌt] 1. s Hütte f; [attr] Hütten– || ⟨mil⟩ Feldhütte, Baracke f || ~-camp Barackenlager n || ~-circle ⟨praeh⟩ Steinring m 2. vt/i || in Baracken unterbringen || ~ted camp Barackenlager n | vi in Feldhütten hausen, in Baracken liegen ~ting ['~iŋ] s ⟨bes mil⟩ Baracken-Material n; Barackenbau m ~ment ['~mənt] s Unterbringung f in Baracken || Feldhütten f pl || ~s [pl] Barackenlager n

hutch [hʌtʃ] 1. s Kasten, Trog m || Hütte f, Stall m || ⟨fam⟩ Hütte f (f P) 2. vt (Erz) im Trog waschen

huzza [hu'za:] 1. intj juchhe! hussa! 2. s das Jauchzen, Hussa n 3. vi/t | hussa rufen | vt (jdm) zujauchzen

hwyl ['hu:əl] s Redeschwall; Gefühlsüberschwang m

hyacinth ['haiəsinθ] s ⟨bot⟩ Hyaz·inthe f; Tassel ⪦ Schopfige Bisamhyazinthe f

Hyades ['haiədi:z], **Hyads** ['haiædz] s pl Gr ⟨astr⟩ Hy·aden pl

hyaline ['haiəlin], –loid ['haiələid] a glasartig, durchsichtig –lite ['haiəlait] s ⟨minr⟩ Hyalit m –lo– ['haiələ] Gr [in comp] Glas–, glasig

hybrid ['haibrid] s 1. Bastard; Mischling m | hybride Bildung f 2. a hybridisch; Bastard–; Misch–, Zwitter– ~ity [hai'briditi] s Mischbildung f ~ize ['haibridaiz] vt/i || (T) bastardieren, kreuzen | vi durch Kreuzung produzieren

hydra ['haidrə] s ⟨myth⟩ Hydra f || ⟨zoo⟩ Süßwasserpolyp m

hydraemia [hai'dri:miə] s L ⟨med⟩ Hydrämie f

Hydra-Matic ['haidrə'mætik] a ⟨mot⟩ transmission H.-M.-Wechsel–, Zahnradstufen–, Planetengetriebe (vollautomatisches G.)

hydrangea [hai'dreindʒə] s ⟨bot⟩ Hort·ensie f

hydrant ['haidrənt] s Hydr·ant m || ~ water Leitungswasser n

hydrate ['haidreit] 1. s ⟨chem⟩ Hydrat f 2. vt/i hydrieren | ~d [~id] a wasserhaltig

hydraulic [hai'drɔ:lik] 1. a (~ally adv) Druckwasser–; hydraulisch: ~ press -sche Presse f; ~ brake ⟨mot⟩ Öldruckbremse f; ~ drive ⟨mot⟩ Preßwasserantrieb m; ~ jack hydr. Hebebock m; ~ organ Wasserorgel f; ~ shock-absorber Flüssigkeitsstoßdämpfer m; ~ system Hydraulikanlage f || unter Wasser erhärtet (~ cement) 2. s ~s [sg konstr] ⟨phys⟩ Hydraulik f

hydrid ['haidrid] s ⟨chem⟩ Hydr·id n

hydro ['haidrou] s [pl ~s] abbr f hydropathic

hydro– ['haidro] Gr [in comp] Wasser– ~aeroplane [~'ɛərəplein] s -flugzeug n ~carbon [~'ka:bən] s ⟨chem⟩ Kohlenwasserstoff m ~cephalus [~'sefələs] s ⟨med⟩ Wasserkopf m ~chloric [~'klɔrik] a ⟨chem⟩ salzsauer ~cyanic [~si'ænik] a ⟨chem⟩ ~ acid Blausäure f ~dynamic [~dai'næmik] 1. a hydrodynamisch; ~ lubrication vollflüssige or Vollschmierung f 2. [s pl] ~s [sg konstr] Hydrodynamik f, Strömungstechnik f; -lehre f ~electric [~i'lektrik] a hydroel·ektrisch; ~ generating station Wasserkraftwerk n; ~ power Wasserkraftstrom m ~gen ['haidridʒən] s ⟨chem⟩ Wasserstoff m ~genated [~dʒi'neitid] a Hydrier– (gasoline -benzin) || ~ bomb Wasserstoffbombe f ~gena-

-tion [~dʒe'neiʃən] Hydrieren n || ~ plant, Hydrieranlage f ~genize [hai'drədʒinaiz] vt hydrieren || mit Wasserstoffbomben vernichten ~genous [hai'drədʒinəs] a Wasserstoff– ~graphic [haidrə'græfik] a hydrographisch; ⟨engl⟩ the ⪦ Department Nautische Abteilung der Kriegsmarine ~graphy [hai'drɔgrəfi] s Gewässerkunde f ~logic [haidrə'lɔdʒik] a hydrologisch ~logy [hai'drɔlədʒi] s Lehre f vom Wasser ~lysis [hai'drɔlisis] s Hydrolyse f ~metamorphism ['haidrɔ,metə'mɔ:fizm] s durch Wassereinwirkung vollzogene Metamorphose v Gesteinen ~meter [hai'drɔmitə] s Hydrometer n, Aräometer m & n, Senkwaage f ~pathic [~'pæθik] 1. a hydropathisch 2. s (a ~ establishment) (Kalt-)Wasserheilanstalt f; Bad(e)haus n ~pathy [hai'drɔpəθi] s -heilkunde f, -kur f ~phobia ['haidrə'foubiə] s -scheu f ⟨path⟩ Tollwut f ~phobic ['haidrə'foubik] a wasserscheu ~phone ['haidrəfoun] s ⟨mar⟩ Unterwasserhorchgerät n ~plane [~plein] 1. s ⟨mar⟩ Gleitboot n || Wasserflugzeug n 2. vi in e–m W. fahren ~ponics ['haidrə'pɔniks] s [a sg konstr] Wasserkultur f (v Pflanzen), Hydrop·onics f, → aquiculture ~sphere ['haidrəsfiə] s Hydrosphäre f ~static [~'stætik] 1. a hydrostatisch, Wasser– (~ pressure); ~ ignition Wasserdruckzündung f; ~ press -sche Presse f 2. [s pl] ~s [sg konstr] Hydrostatik ~strat [~'stræt] s = bathyscaphe ~therapy [~'θerəpi] s -heilkunde f ~vane [~vein] s ⟨mar⟩ Tiefenruder n ~xide [hai'drɔksaid] s Hydroxyd n; ferric ~ Eisen– ~zoa [~'zouə] s pl L ⟨zoo⟩ Hydroz·oen pl

hydropic [hai'drɔpik] a wassersüchtig

hyena, hyæna [hai'i:nə] s ⟨zoo⟩ Hyäne f || striped ~ gestreifte H.; → to laugh

hyeto– ['haiəto] [in comp] Regen–, Niederschlags–

hygeen [hi'dʒi:n] s Reitdromedar n

hygiene ['haidʒi:n] s ⟨med⟩ Hygi·ene f industrial ~ Gesundheitsschutz m bei der Arbeit || personal ~ Körperpflege f -ienic(al) [hai'dʒi:nik(əl)] a (-cally adv) hygienisch -ienics [hai'dʒi:niks] s [pl konstr] Gesundheitslehre f, -pflege f

hygro– ['haigro] Gr [in comp] feucht; Feuchtigkeits- ~meter [hai'grɔmitə] s -messer m ~scope [hai'grəskoup] s -anzeiger m ~scopic [~'skɔpik] a Feuchtigkeit anziehend

hymen ['haimen] s ⟨anat⟩ Hymen, Jungfernhäutchen n ~eal [,haime'ni(:)əl] a hochzeitlich, Hochzeits- ⪦optera [haimi'nɔptərə] s L pl ⟨ent⟩ Hautflügler pl ~opterous [~'nɔptərəs] s ~ insect -flügler m

hymn [him] 1. s Hymne f || ⟨ec⟩ Kirchenlied n, Chor m (Komposition) || ~-book Gesangbuch n 2. vt/i || preisen; (jdm) lobsingen | vi Hymnen singen ~al ['~nəl] 1. a hymnisch 2. s Gesangbuch ~ic [~nik] a hymnisch ~ody ['~nodi] s Hymnensingen n, -gesang m; Hymnen pl ~ology [him'nɔlədʒi] s Hymnologie f

hyoid ['haioid] 1. a u-förmig; ~-bone ⟨anat⟩ Zungenbein n 2. s ~-bone

hyoscyamus [haiə'saiəməs] s L ⟨bot⟩ Bilsenkraut n

hyper– ['haipə] L [in comp] über (hinaus); zuviel, übermäßig || ~bola [hai'pə:bələ] L s [pl ~s] ⟨math⟩ Hyperbel f ~bole [hai'pə:bəli] ⟨rhet⟩ Hyperbel, Übertreibung f ~bolic [haipə'bɔlik] a 1. ⟨math⟩ Hyperbel- (~ function) 2. = hyperbolical ~bolical [,haipə'bɔlikəl] a (~ly adv) ⟨rhet⟩ hyperbolisch, übertreibend ~borean [,haipəbɔ:'ri:ən] 1. a hyperboreisch, nördlich 2. s Hyperbor·eer m ~critical ['haipə'kritikəl] a (~ly adv) übertrieben kritisch; allzu kritisch, scharf ~metropia [,haipəme'troupiə] s L Übersichtigkeit f ~sensitive [~'sensitiv] a äußerst empfindlich ~sonic [-'sɔnik] ⟨aero⟩ Überschall- (speed) ~thyroid [~'θairɔid] a: ~

condition *Schilddrüsenüberfunktion* f **~trophy** [hai'pɔːtrofi] **1.** s *Hypertrophie* f **2.** vt/i ‖ (*Organ*) *übermäßig vergrößern* | vi *sich vergrößern* **~(-)velocity** [ˌhaipɔviˈlɔsiti] s *sehr hohe Mündungsgeschwindigkeit* f

hyphen ['haifən] **1.** s ⟨gram⟩ *Bindestrich* m **2.** vt *mit B. versehen* **~ate** ['~eit] vt = to hyphen ‖ ⟨Am pol⟩ *naturalisieren*; ~d *American Halb-Amerikaner* (Irish-American)

hypholin ['haifolin] s ⟨med⟩ *Hyphol·in* n (*dem Penicillin ähnliches Heilmittel*)

hypno– ['hipno] Gr [in comp] *hypno–* **~oid** ['hipnɔid] a *hypno·id, schlafähnlich* **~sis** [hip'nousis] s L ⟨med⟩ *Hypnose* f **~tic** [hip'nɔtik] **1.** a (~ally adv) *hypnotisch* **2.** s *Einschläferungs–, Schlafmittel* n ‖ *der Hypnotisierte* **~tism** ['hipnətizm] s *Hypnotismus* m **~tist** ['hipnətist] s *Hypnotiseur* m **~tize** ['hipnətaiz] vt *hypnotisieren* ‖ ⟨fig⟩ *faszinieren*

hypo ['haipou] s ⟨chem⟩ (abbr *f* hyposulphite) *unterschwefliges Natron, Fixiersalz* n ‖ ⟨Am⟩ *Subkutaninjektion* f; *Rauschgiftsüchtiger* m | (abbr *f* hypodermic needle) *Injekti·onsspritze* f

hypo– ['haipo] L [in comp] *unter, unterhalb* v ‖ *untergeordnet* **~chlorous** [ˌhaipoˈklɔːrəs] ⟨chem⟩ *unterchlorig* (~ acid) **~chondria** [ˌhaipoˈkɔndriə] s L *Hypochondri·e, Schwermut* f **~chondriac** [ˌhaipoˈkɔndriæk] **1.** a (~ally adv) *hypochondrisch* **2.** s *Hypoch·onder* m **~chondriacal** [ˌhaipokənˈdraiəkəl] a = hypochondriac **~coristic** [ˌhaipokəˈristik] a *Kose–* (~ name) **~crisy** [hiˈpɔkrəsi] s *Heuchelei* f **~crite** ['hipokrit] s *Heuchler(in* f) m, *Scheinheilige(r* m) f **~critic(al)** [ˌhipoˈkritik(əl)] a (~cally adv) *heuchlerisch, scheinheilig* **~dermic** [ˌhaipoˈdəːmik] a *unter der Haut befindlich, hypodermatisch, subkut·an* (~ injection), → hypo **~gean** [haipoˈdʒiːən], **~geous** [~ˈdʒiːəs] a *unter der Erde lebend* **~geum** ['~ˈdʒiːəm] s *Totengruft* f **~mania** [~ˈmeiniə] *Hypoman·ie, leichte M.* **~physis** [haiˈpɔfisis] s ⟨anat⟩ *Hypophyse* f **~stasis** [haiˈpɔstəsis] s (pl –ases [–iːz]) ⟨philos⟩ *Hypost·ase, Unter–, Grundlage* f, *Wesen* n ‖ ⟨theol⟩ *Wesenheit* f (: *die 3 Wesen*

der Dreieinigkeit) ‖ ⟨med⟩ *Blutsenkung, –stauung an Körperteilen* **~static** [ˌhaipoˈstætik] a: ~ union *gott-menschliche Einheit* f (*Christi*) **~statize** [haiˈpɔstətaiz] vt *hypostasieren, vergegenständlichen* **~sulphite** [ˌhaipoˈsʌlfait] s **1.** = hypo **2.** *Schwefelhydroxyd* n **~taxis** [ˌhaipoˈtæksis] s ⟨rhet⟩ (Ggs parataxis) *Hypotaxe, Unterordnung* f (e.g.: L *timeo ne venias, Fr j'ai peur que tu ne viennes*) **~tenuse** [haiˈpɔtinjuːz] s ⟨math⟩ *Hypoten·use* f **~thec** ['haipɔθek] s ⟨Scot⟩ *Hypothek* f **~thecary** [haiˈpɔθikəri] a *hypothekarisch* **~thecate** [haiˈpɔθikeit] vt *verpfänden* **~thecation** [ˌhaipoθiˈkeiʃən] s *hypothekarische Verpfändung* f; *Bestellung* f *e–r Hypothek* **~thesis** [haiˈpɔθisis] s (pl –ses [–siːz]) *Hypothese* f **~thesist** [~t] s *Verfechter* m *e–r Hypothese* **~thetic(al)** [haipoˈθetik(əl)] a (~cally adv) *hypothetisch, bedingt; mutmaßlich, angenommen* **~thermia** [ˌhaipoˈθəːmiə] s *künstlicher Winterschlaf* m

hypsi– ['hipsi] Gr [in comp] *Hoch–*

hypso– ['hipso] Gr [in comp] *Höhen–* **~meter** [hipˈsɔmitə] s *Höhenmesser* m **~metric(al)** [hipsoˈmetrik(əl)] a *hypsometrisch;* ~ tables *Höhen–, Kotentafeln* pl **~metry** [hipˈsɔmitri] s *Höhenmessung* f

hyrax ['haiəræks] s ⟨zoo⟩ *Klippschliefer* m

hyssop ['hisəp] s ⟨bot⟩ · *Ysop* m

hysterectomy [histəˈrektəmi] s ⟨surg⟩ *operative Entfernung* f *der Gebärmutter* f

hysteresis [histəˈriːsis] s ⟨el⟩ *Hyster·ese, Nachwirkung* f

hysteria [hisˈtiəriə] s L ⟨med⟩ *Hyster·ie* f **–ric** [hisˈterik] **1.** a (~ally adv) *hysterisch* **2.** s (*krampfhafter*) *Anfall* m | ~s [pl] ⟨pop⟩ *Hysterie* f; *hysterische Anfälle, Zustände* m pl (to go into ~s; her ~s leave me cold) **–rical** [~əl] a (~ly adv) = hysteric a **–ro–** ['histəro] Gr [in comp] *Unterleibs–; Gebärmutter–* | *hysterisch*

hysteron proteron ['histərən 'prɔtərən] s ⟨rhet⟩ *umgekehrte Folge* f ⟨*a* übtr⟩

hysterotomy [histəˈrɔtəmi] s ⟨med⟩ *Kaiserschnitt* m

I

I, i [ai] s [pl ~s, ~'s] *I, i* n ‖ I-beam *Doppel-T-Träger* m; I-beam section *I-Profil* n; I-head engine *kopfgesteuerter Motor* m

I [ai] **1.** pron pers *ich* **2.** s ⟨metaph⟩ the I *das Ich* n

i [ai] s ⟨Am fam⟩ (abbr *f* idea): that's the i **iamb** ['aiæmb] s **~us** [ai'æmbəs] s L *Jambus* m **~ic** [ai'æmbik] **1.** a *jambisch* **2.** s [mst pl ~s] *Jambus* m

–ian [–iən] *lebendes* suff *an Eigennamen u wissensch. Wörtern*

Iberian [ai'biəriən] **1.** a *iberisch; spanisch* ‖ ⟨praeh⟩ *iberisch* **2.** s *Iberer; Spanier* m ‖ ⟨praeh⟩ *Iberer* | *das Iberische* n

ibex ['aibeks] s L [pl ~es] ⟨zoo⟩ *Steinbock* m

ibidem [i'baidem] L adv *ebenda*

ibis ['aibis] s L [pl ibes] ⟨orn⟩ *Ibis* m

–ic [–ik] suff *z Bildung* **1.** *v Adj.* (adv ~ally; *doch politicly,* → *d*), *bezeichnet Wesen, Inhalt der Eigenschaft* (historic spot, times); → *economic;* politic **2.** *v Subst.* **a.** [sg] ~ (cleric; music) **b.** [pl] ~s (mathematics)

–ical [–ikəl] suff *z Bildg. v Adj.* (adv ~ly) *mst in* ⟨übtr⟩ *praktischer Anwendung* (historical novel; method); → economical; political

ice [ais] **1.** s *Eis* n; broken ~ *–stücke* pl; dry

~ *Trockeneis* n; slippery ~ *Glatteis* n ‖ ⟨cul⟩ *Eis, Gefrorenes* n ‖ ⟨fig vulg⟩ „*Steine*" (*Edel–*) m pl ‖ to break the ~ ⟨fig⟩ *das E. brechen* ‖ to cut no ~ *k–e Wirkung h, k–n Unterschied, Eindruck m* ‖ to skate (od be) on thin ~ ⟨fig⟩ *e–n wunden Punkt berühren* ‖ straight off the ~ ⟨fig⟩ *sofort* | [attr] *Eis–* ‖ ~-age *–zeit* f; ~-apron *Eisbrecher* m (*Brückenschutz*) ‖ ~-axe *–beil* n, *–pickel* m ‖ ~-boat *–segelboot* n; ~-boat sailing *–segeln* n; ~-boat man *–segler* m ‖ ~-born v *Eis verfrachtet* ‖ ~-bound *vereist* ‖ ~(-) box ⟨Am⟩ *Eisschrank* m ‖ ~-breaker → ~-breaker | ~-cream *–creme* f, *Gefrorenes, Speiseeisn* ‖ ~-eliminating (system) ⟨aero⟩ *Enteisung(sanlage* f) f ‖ ~-ferns [pl] *–blumen* pl (*auf Glas*) ‖ ~-field *–feld* n ‖ ~-floe *Treibeisscholle* f ‖ ~-Jack (*Speise-*)*Eismann* m ‖ ~-hockey *–hockey* n ‖ ~-house *–keller* m ‖ ~-plant ⟨bot⟩ *–kraut* n ‖ ~-point *Gefrierpunkt* m ‖ ~-rink *–bahn* f ‖ ~-safe *–schrank* m ‖ ~-skating *Schlittschuhlaufen* n (Ggs roller-skating) **2.** vt *mit Eis versehen, bedecken* ‖ ⟨cul⟩ *in Eis kühlen, Wein kühlen;* ~d coffee *–kaffee* m ‖ *gefrieren m* ‖ *überzuckern* ‖ to ~-up [vt/i] ⟨aero⟩ *vereisen* **~berg** ['~bəːg] s (*schwimmender*) *Eisberg* m; tabular ~ *Tafelberg* m **~blink** ['~bliŋk] s *Eis-*

blink m **~bound** a *eingefroren* **~breaker** ['~-breikə] s *Eisbrecher* m *(Schiff)* **~floe** ['~flou] s *Eisscholle* f **~man** ['~mæn] s *jd, der auf dem Eis etc geübt ist* ||, *Eisbahnaufseher* m || ⟨Am⟩ *Eismann* m *(f den Haushalt)*

Icelander ['aisləndə] s *Isländer* m. -**dic** [ais-'lændik] **1.** a *isländisch* **2.** s *das Isländische* n *(Sprache)*

ichneumon [ik'nju:mən] s L *Ichneumon* m & n *(Schleichkatze)*

Ichno– ['ikno] [in comp] *Fußspur–* **~logy** [ik'nələdʒi] s *Studium fossiler Fußspuren* n

ichor ['aikə] s Gr ⟨fig⟩ *Blut* n

ichthyo– ['ikθio] Gr [in comp] *Fisch–* **~logy** [ˌikθi'ɔlədʒi] s *Zoologie der Fische, Fischkunde* f **~phagous** [ˌikθi'ɔfəgəs] a *fischessend* **~rnis** [ˌikθi'ɔ:rnis] s *Gattung der fossilen Zahnvögel* f **~saurus** [ˌikθiə'sɔ:rəs] s *Ichthyosaurier* m **~sis** [ikθi'ousis] s *Fischschuppenkrankheit* f

icicle ['aisikl] s *Eiszapfen* m

iciness ['aisinis] *Eiskälte, eisige Kälte* f

icing ['aisiŋ] s ⟨aero⟩ *Vereisung* f; ⟨cul⟩ *Zuckerguß* m || [attr] *Eis–, Kühl–* (~-house) *eisung* f

icing(-up) ['aisiŋ('ʌp)] s ⟨bes aero⟩ *Vereisung* f

icon ['aikən] s L ⟨arts⟩ *Abbild* n; *Monumentalfigur, Statue* f || ⟨paint⟩ *Heiligenbild* n **~ic** [ai'kɔnik] a ⟨arts⟩ *Porträt–; ikonisch, Figuren–* (~ sculpture) **~oclasm** [ai'kɔnoklæzm] s *Bilderstürmerei* f **~oclast** [ai'kɔnoklæst] s *Bilderstürmer* m **~oclastic** [aiˌkɔno'klæstik] a *Bilderstürmer–* **~ography** [ˌaikə'nɔgrəfi], **~ology** [ˌaikə-'nɔlədʒi] s *Ikonologie, Bildniskunde*; *Sinnbildersammlung* f **~omachy** [ˌaikə'nɔməki] s *Bilderstreit* m **~ometer** [ˌaikə'nɔmitə] s ⟨phot⟩ *Rahmensucher* m **~oscope** [ai'kɔnəskoup] s ⟨telv⟩ *Fernseh-Senderöhre* f, *Elektronenstrahlabtaster* m **~ostasis** [ˌaiko'nɔstəsis] s *Bilderwand* f

icosahedrom ['aikosə'hedrən] s Gr *Ikosaˈeder* n *(Zwanzigflächner)*

ictus ['iktəs] s L *Iktus, Starkton* m

icy ['aisi] a (icily adv) *eisig*; ⟨a fig⟩ (~ manners) || *vereist* (road)

ide [aid] s ⟨ich⟩ ˈAland, Nˈerfling m

idea [ai'diə] s ⟨philos⟩ *Idee* f; the ⁓ *das Absolute* (Hegel) || *Begriff, Vernunftsbegriff* m (Kant); in ~ *im Geiste, begrifflich* || *Vorstellung* f, to form an ~ of *sich e–e V. m v* | ⟨mil⟩ *(Manöver-)Kriegslage* f | *Gedächtnisinhalt* m | *Gedanke* m (a good ~), the ~ of entering *der bloße G. daran, einzutreten; Meinung* f; what is the (big) ~? ⟨iron⟩ *was soll das bedeuten?*; °*nanu, was soll das?* || the ~! what an ~! ⟨fam⟩ *nein, so was!* || you young fellows' one ~ is to get into a motor .. *ihr .. habt nur den einen Gedanken, ihr habt nur eins im Sinn, Auto zu fahren* || *unbestimmtes Gefühl* n; I have an ~ he is married *mir ist es so, als sei er verheiratet; Ahnung* f; they never had any ~ *ihnen kam nie der Gedanke, sie hatten gar k–e Ahnung* (davon); to have little ~ *wenig A. h* (how to ...) || *don't put* ~s *into her head* °*setz' ihr k–n Floh ins Ohr* || ~s of reference ⟨psych⟩ *Selbstbeziehungsideen* f pl | *Plan* m (of doing z tun) **~'d**, **~ed** [ai'diəd] a *Ideen, Gedanken habend; voll von G.*

ideal [ai'diəl] **1.** a (~ly adv) *ideˈell, eingebildet* | *Ideen–, Gedanken–* | *ideˈal, vollendet, vorbildlich*; ⟨fam⟩ *ausgezeichnet* || ⟨tech⟩ *theoretisch* **2.** s *Ideˈal* n; *Vollendung* f (of a th e–r S); *Mustergültiges* n | *Wunschbild* n **~ism** [~izm] s *Idealismus* f **~ist** [~ist] s *Idealist* m **~istic** [ai,diə'listik] a *idealistisch* **~ity** [ˌaidi'æliti] s *Idealität, Subjektivität* f **~ize** [~aiz] vt *idealisieren; veredeln, -geistigen* **~ly** [~i] adv *im Geiste; in ideeller Hinsicht; vollkommen*

ideate [ai'di:eit] vt/i || *sich (etw) geistig vorstellen* | vi *Gedanken h* or *bilden, denken* -**ation**

[ˌaidi'eiʃən] s *Bildung v Gedanken* f || *Vorstellung* f

idée fixe ['i:dei'fiks] s Fr ⟨pop⟩ *fixe Idee,* ⟨psych⟩ *fixierte Idee* f

idem ['aidem] L (abbr id) **1.** s *der–, die–, dasselbe* **2.** adv *bei demselben Schriftsteller* m

identic(al) [ai'dentik(əl)] **1.** a (–cally adv) *identisch; der–, die–, dasselbe; gleichlautend; gleich, –bedeutend* | –ic note ⟨dipl⟩ *identische Note* f || –ical twins [pl] *ein–eiige Zwillinge* **2.** s ⟨fam⟩ the –ical *ebender, die, –das;* ˣ*genau ..*; "I'm the ~", (said he) „*Selbst!*" ..

identifiable [ai'dentifaiəbl] a *identifizierbar; feststellbar* -**fication** [ˌ–fi'keiʃən] s *Identifizierung* f || *(einwandfreie) Feststellung (z.B. v Personalien)*; ⟨mil⟩ *Bezeichnung* f, *Ansprechen* n || *Ausweis* m, *Legitimation* f; ~ *beacon* ⟨aero⟩ *Kennfeuer* n; ~ *card -karte* f; ~ *code Kennung* f; ~ *friend or foe* (abbr IFF) ⟨mil⟩ *Freund-Feind-Erkennung* f; ~ *f. or f. equipment* (abbr IFF) ⟨aero⟩ *F.-F.-Kenngerät* n *(Radar)*; ~ *group* ⟨wir⟩ *Kenngruppe* f; ~*-light –licht* n; ~*-tag* ⟨Am⟩ *Erkennungsmarke* f **-fy** [ai'dentifai] vt *identifizieren, gleichsetzen* (with); to ~ *o.s. with a p,* a th *sich identifizieren, sich solidarisch erklären mit; sich einsetzen* f, *sich anschließen an (jdn, etw)* || *die Identität e–r S or P feststellen;* (jdn) *ausweisen, legitimieren* (as being z s)

identity [ai'dentiti] s *Identität, Gleichheit* f || *Individualität, Persönlichkeit* f; a separate national ~ *eigene nationale Wesenszüge* m pl || *Person* f [bleibt oft unübersetzt]: to prove one's ~ *sich ausweisen* | *nobody knew his* ~ *niemand wußte, wer er war* | [attr] *Ausweis–, Legitimations–* (~ paper); ~ *card Personalausweis* m; ~ *disk Erkennungsmarke* f

ideo– ['idio–] Gr [in comp] *Gedanken–* **~gram** [~græm], **~graph** [~grɑ:f] s *Begriffszeichen* n **~logical** [ˌaidio'lɔdʒikəl] a *ideolˈogisch (warfare)* **~logist** [aidi'ɔlədʒist], **~logue** [ai'di:əlɔg] s *Ideologe* m *(unpraktischer) Theoretiker; Schwärmer, v e–r Idee Besessener* m **~logy** [ai'ɔlədʒi] s *Ideologie; Begriffslehre, –entwicklung* f | *reine Theorie; Schwärmerei* f

Ides [aidz] s L ⟨ant⟩ *Iden* pl

id est ['id'est] L (abbr i.e.) *das ist, das heißt*

ideo– ['idio–] Gr [in comp] *eigen, Eigen–, Sonder–*

idiocy ['idiosi] s *Geistesschwäche* f; *Schwach–, Blödsinn* m

idiom ['idiəm] s *Mundart* f, *Dialekt* m, *Idiˈom* n || *Spracheigentümlichkeit* f; ⟨mus⟩ *Eigentümlichkeit* f **~atic** [ˌidio'mætik] a (~ally adv) *idiomatisch, spracheigentümlich* || *reich an Eigentümlichkeiten* f pl

idiopathic [ˌidio'pæθik] a (~ally adv) ⟨med⟩ *idiopathisch*

idiosyncrasy [ˌidio'siŋkrəsi] s *höchst persönliche Gewohnheit, Eigenheit, Eigenart, Idiosynkrasie* f *(Zu–, Abneigung)*

idiot ['idiət] s *Idiot* m || ⟨fig⟩ *Dummkopf* m || *~-fringe* ⟨hum⟩ *Simpelfransen(frisur* f) f pl **~ic** [ˌidi'ɔtik] a (~ally adv) *idiotisch, blödsinnig* || ⟨fig⟩ *einfältig, dumm*

idle ['aidl] a (idly adv) *eitel, nichtig, wertlos; leer; unbegründet* (hope) || *unnütz, vergeblich, zwecklos* (to do) | (of machines) *stillstehend, nicht in Betrieb* m; *leerlaufend* || *unproduktiv, tot* (capital); *unbebaut* (land); ~ *current Blindstrom* m; ~ *period* ⟨mach⟩ *Nebenzeit* f; ~ *pulley* ⟨tech⟩ *Leitrolle* f; ~ *stroke Leertakt* m; ~ *wheel* ⟨tech⟩ *Leit–, Sicherheitsrad* n; to lie ~ *brach liegen* | (P) *untätig, –beschäftigt* || *träge, faul, müßig* **~ness** [~nis] s *Nichtigkeit* f || *Untätigkeit* f; *Müßiggang* m, *Trägheit* f

idle ['aidl] vi/t || (a to ~ about) *faulenzen, müßig gehen* || to be idling ⟨mot⟩ *leerlaufen* | vt (jdn) *müßig s l*; to ~ away *müßig hinbringen*

| **~r** ['aidlə] s *Faulenzer, Müßiggänger* m ‖ ⟨tech⟩ ~ *wheel* = *idle w.* **idling** ['aidliŋ] s ⟨mot⟩ *Leerlauf* m (*a* ~ *speed*) ‖ ~ *discharge nozzle Leerlaufdüse* f

idol ['aidl] s *Id·ol, Götzenbild* n ‖ ⟨fig⟩ *Abgott* m **~ater** [ai'dələtə] s *Götzendiener*; ⟨fig⟩ *Anbeter, Verehrer* m **~atress** [ai'dələtris] s *Götzendienerin* f **~atrous** [ai'dələtrəs] a (~ly adv) *Götzen–* (~ *worship*) ‖ *abgöttisch* ‖ **~atry** [ai'dələtri] s *Abgötterei* f; ⟨fig⟩ *Vergötterung* f **~ize** ['aidəlaiz] vt *vergöttern*

idolum [ai'douləm] s L [pl –la] *Begriff* m, *Idee* f ‖ ⟨log⟩ *Täuschung* f, *Vorurteil* n

idyl(l) ['aidil] s ⟨Lit⟩ *Id·yll* n, *Id·ylle* f ‖ ⟨übtr⟩ *Idyll* n, *Stilleben* n; *Bild friedlicher Stimmung* n

idyllic [ai'dilik] a (~ally adv) *idyllisch*; ⟨a übtr⟩ (~ *situation*) **idyllist** ['aidilist] s *Verfasser* m *v Idyllen*

if [if] **I.** conj [*nie mit folgendem Futur*] **1.** *wenn, wofern, falls* (~ *he succeeds*); ~ *I were you I should .. an d–r Stelle würde ich ..*; ~ *I only knew wenn ich nur wüßte* ‖ ~ *.. then wenn .. dann*; ~ *.. not wenn .. nicht* | ~ *so in dem Falle, gegebenenfalls* | *as* ~ *als wenn, als ob* (*as* ~ *he were king*) | *even* ~ *wenn auch, selbst wenn* | *wenn überhaupt*; *he is sixty* ~ *a day er ist mindestens 60 Jahre*; → *any* **2.** *wennschon, wenn auch, wiewohl* (~ *the drama lost, the novel gained*) **3.** [neg] (*im Ausruf*) ~ *that isn't a shame! das ist doch e–e Schande!* (⟨eig⟩ *wenn das k–e Sch. ist, dann weiß ich es nicht*) ‖ ~ *I haven't lost my watch! da hab' ich wahrhaftig m–e Uhr verloren!* → *not* **4.** (*nach to ask, doubt, know, see, try etc*) *ob* **II.** s [pl ~s] (*das*) *Wenn* n (~s and an[d]s); ~ ~*s and ans were pots and pans* ⟨prov⟩ *wer das Wenn u Aber erdacht, hat aus Häckerling Stroh einst gemacht*

igloo ['iglu:] s [pl ~s] (*Eskimo-*)*Schneehütte* f, *Iglu* m & n ‖ ⟨mil⟩ (*kuppelförmiger*) *Munitionsbunker* m

igneous ['igniəs] a *glühend, feurig* ‖ ⟨geol⟩ *Eruptiv–* (~ *rock –gestein*)

ignis fatuus ['ignis'fætjuəs] s L *Irrlicht* n; ⟨fig⟩ *Trugbild, Blendwerk* n

ignitable, ⟨bes Am a⟩ **–ible** [ig'naitəbl] a *entzündbar*

ignite [ig'nait] vt/i | *an–, entzünden* ‖ ⟨chem⟩ *bis zur Verbrennung erhitzen* | vi *sich entzünden, Feuer fangen*; *zünden* | **~r** [~ə] s *Zünder* m, ⟨aero⟩ (*Bomben–, Raketen-*)*Zünder* m | *Anzünder* m ‖ **~-cord** (*Handgranaten-*)*Abreißschnur* f; ~ *plug Zündkerze* f; ~ *train Zündsatz* m; **–ting** [–tiŋ] s *Zünden* n, *Entzündung* f ‖ [attr] *Zünd–*; ~ *charge –satz* m, *–ladung* f, *Beiladung* f; ~ *fuse Brennzünder* m; ~ *priming Zündsatz* m (*in der Kartusche*)

ignition [ig'niʃən] s *Entzünden* n ‖ ⟨chem⟩ *Erhitzung, Entzündung* f ‖ ⟨mot⟩ *Zündung* f; *Anlassen* n; *pre–* ~ *vorzeitige Z.*; *advanced* (*retarded*) ~ *Früh–* (*Spät-*)*Zündung* f; *electric* ~, *spark* ~ *Kerzen–*; *spontaneous* ~ *Selbst-*(*ent*)–; *surface* ~ *Glüh–* f | [attr] *Zünd–* (~ *cable, chamber*) ‖ ~ *cam* ⟨mot⟩ *Unterbrechernocken* m ‖ ~ *failure Fehlzündung* f ‖ ~ *mixture Entzündungsgemisch* n ‖ ~ *order Zündfolge* f ‖ ~ *timer –verteiler* m ‖ ~ *timing –zeitpunkt* m; *–einstellung* f ‖ ~ *trouble* ⟨mot⟩ *Zündungsstörung* f ‖ ~ *tube Glührohr* n ‖ ~ *unit Zündanlage* f ‖ ~ *voltage –spannung* f ‖ ~ *wiring –geschirr, –kabel* n

ignoble [ig'noubl] a (–bly adv) *v niedriger Geburt* ‖ *unedel, niedrig, gemein, schmachvoll* **~ness** [~nis] s *Niedrigkeit, Gemeinheit* f

ignominious [,ignɔ'miniəs] a (~ly adv) *entehrend, schimpflich, schmählich, schändlich*

ignominy ['ignɔmini] s *Schimpf* m, *Schmach, Schande* f

ignoramus [,ignɔ'reiməs] s L [pl ~es] *Ignorant* m **–ance** ['ignɔrəns] s *Unwissenheit, –kenntnis* f **–ant** ['ignɔrənt] a (~ly adv) *ungebildet; –wissend, –kundig, nicht kennend*; *to be* ~ *of nicht wissen, nicht kennen* ‖ v *Unwissen zeugend* (~ *letter*)

ignore [ig'nɔ:] vt (*jdn*) *ignorieren, nicht beachten* ‖ ⟨jur⟩ (*etw*) *verwerfen*

iguana [i'gwɑ:nə] s ⟨zoo⟩ *Gemeiner Legu·an* m

iguanodon [i'gwɑ:nədən] s (*ein Dinosaurier*) *Riesenechse* f

ike [aik] s ⟨telv sl⟩ = *iconoscope* → *mike*

Ikey ['aiki] s ⟨fam⟩ *Itzig* m

ileum ['iliəm] s L ⟨anat⟩ *Krummdarm* m

ilex ['aileks] s [pl ~es] ⟨bot⟩ *Stechpalme* f

iliac ['iliæk] a ⟨anat⟩ *Darmbein–*

Iliad ['iliəd] s *Ilias, Iliade* f

ilium ['iliəm] s ⟨anat⟩ *Darmbein* n; *ilia* [pl] *Beckenbeine* pl

ilk [ilk] a ⟨Scot⟩ *of that* ~ *desselben Namens* ‖ *Kinloch of that* ~ *Kinloch von u zu Kinloch* ‖ *derselben Art*

ill [il] **I.** a [compr *more* ~] **1.** *schlecht* (~ *repute*) | *böse, schlimm, bösartig, feindlich*; ~ *will Übelwollen* n, *Feindschaft* f; *to do a p an* ~ *jdm e–n schlimmen Streich spielen* ‖ *böse, übel, ungünstig* (~ *news*; *an* ~ *wind*); *it is* ~ *with him es steht schlecht um ihn* or *mit ihm* | *reizbar, gereizt, schlecht* (~ *temper*); ~ *blood böses Blut* | *unvollkommen, ungenügend, mangelhaft* ‖ † *schwierig* (~ *to please*) **2.** [nur pred] (→ *sick*) *krank* (*to be* ~, *to look* ~); *to fall* ~ *krank w*; (euph fam) *to be* ~ *sich übel fühlen* (*sich übergeben müssen*) **II.** s *Böses, Übel* n ‖ [a pl ~s] *Unglück, Mißgeschick* n **III.** adv *schlecht*; *it will go* ~ *with him es wird ihm sch. ergehen*; ~ *badly* | *böse, ungünstig, übel*; *to speak* ~ *of ü. sprechen* v | *nicht gut, schwerlich, schlecht*; *to accord* ~ *with schlecht passen z*; *it* ~ *becomes him es steht ihm schlecht an* ‖ ~ *at ease unbehaglich; befangen* (*with a p jdm gegenüber*) **IV.** [in comp] **~-advised** (–ly ['iled'vaizidli] adv) *schlecht beraten; unpolitisch, unbesonnen* ‖ **~-affected** *übel gesinnt* ‖ **~-bred** *ungebildet, –erzogen; –gezogen* ‖ **~-breeding** *Mangel* m *an Erziehung* f; *Ungebildetheit, Unerzogenheit* f ‖ **~-conditioned** *bösartig, in schlechtem Zustande* ‖ **~-defined** *undeutlich* ‖ **~-disposed** *übelgesinnt* (*to, towards a p jdm*) ‖ **~-effect** *üble Wirkung, unangenehme Folge* f ‖ **~-fated** *unglücklich, ungünstig* ‖ **~-favoured** *häßlich; anstößig, unangenehm* ‖ **~-got(ten)** *unrechtmäßig* or *unehrenhaft erworben* ‖ **~-humour** *schlechte Laune* f ‖ **~-humoured** (–ly adv) *schlecht gelaunt* ‖ **~-judged** *unklug, –besonnen* ‖ **~-luck** *Unglück, Pech* n ‖ **~-mannered** *unmanierlich, roh* ‖ **~-matched** *schlecht zus–passend* ‖ **~-natured** (–ly adv) *bösartig, boshaft* ‖ **~-omened** v *böser Vorbedeutung* ‖ **~-starred** *unglücklich* ‖ **~-tempered** *schlecht gelaunt* ‖ **~-timed** *ungelegen, –passend* ‖ **~-treat** [vt] *mißhandeln* ‖ **~-treatment** *Grausamkeit* f ‖ **~-use** [vt] *mißhandeln*

I'll [ail] ⟨fam⟩ = *I will*

illation [i'leiʃən] s (*Schluß-*)*Folgerung, Schluß* m **–ative** [i'leitiv] a *schließend, folgernd* ‖ *e–e Folgerung enthaltend* or *ausdrückend*

illegal [i'li:gəl] a (~ly adv) *ungesetzlich, widerrechtlich; rechtswidrig; gesetzlich unerlaubt* (*abortion*) ‖ ~ *driving* ⟨mot⟩ '*Schwarzfahrt* f **–ity** [ili'gæliti] s *Ungesetzlichkeit, Widerrechtlichkeit* f; *rechtswidrige Handlung* f

illegibility [i,ledʒi'biliti] s *Unleserlichkeit* f **–ible** [i'ledʒəbl] a *unleserlich*

illegitimacy [,ili'dʒitiməsi] s *uneheliche Geburt* f | *Unechtheit* f | *Unrechtmäßigkeit* f **–ate** [,ili'dʒitimit] a *illegit·im, unehelich* (*birth*) ‖ *ungesetzlich; –rechtmäßig*

illiberal [i'libərəl] a *engherzig* || *knauserig, gewohnlich, unfein* ~**ity** [i‚libə'ræliti] s *Unfeinheit* f || *Engherzigkeit* (to *gegenüber*) || *Knauserei* f

illicit [i'lisit] a (~ly adv) *unerlaubt, verboten; rechtswidrig*; ~ sale *Schwarzkauf* m, ~ (overtime) work *Schwarzarbeit* f; ~ trade *schwarzer Handel* m

illimitable. [i'limitəbl] a (–bly adv) *unbegrenzbar; grenzenlos* ~**ness** [~nis] s *Unbegrenzbarkeit* f; *Unbegrenztheit* f

illiteracy [i'litərəsi] s *Ungelehrtheit; Unwissenheit* f || *Analphab·etentum* n || *grober Verstoß* m *gegen Grammatik & Rechtschreibung*

illiterate [i'litərit] **1.** a (–ly adv) *unwissend, ungebildet; des Lesens u Schreibens unkundig* **2.** s *der Ungebildete; Analphabet(in* f) m ~**ness** [~nis] s = illiteracy

illness ['ilnis] s *Krankheit, Unpäßlichkeit* f

illogical [i'lɔdʒikəl] a (~ly adv) *unlogisch, folgewidrig* ~**lity** [‚ilɔdʒi'kæliti] s *Sinnwidrigkeit; Ungereimtheit* f

illume [i'lju:m] vt *erleuchten, aufhellen* ⟨a fig⟩

illuminant [i'lju:minənt] **1.** a *erleuchtend, aufhellend* **2.** s *Leuchtkörper* m; *Leuchte* f, *Licht* n –**ate** [i'lju:mineit] vt *be–, erleuchten* || *festlich beleuchten, illuminieren*; ~d compass *Leuchtkompaß* m, ~d night-fighting ⟨aero⟩ *helle Nachtjagd* f; –ting *Leucht–* (–ting power –*kraft* f); –ting fire *Leuchtgeschoßschießen* n; –ting shell *Leuchtgeschoß* n || ⟨hist⟩ (*Handschrift*) *bunt ausmalen, illuminieren, illustrieren* || ⟨fig⟩ *aufklären; –hellen* || *berühmt* m –**ati** [i‚lu:mi-'na:ti] s L pl ⟨hist⟩ *Illuminaten, erleuchtete Schwärmer* pl –**ation** [i‚lju:mi'neiʃən] s *Be–, Erleuchtung, festliche Beleuchtung, Illumination* f || (of manuscripts) *Illumination, Ausschmückung, Illustration* || ⟨fig⟩ *Erleuchtung* || ⟨philos⟩ *Aufklärung* f –**ative** [i'lju:mineitiv] a *erleuchtend, Leucht–* (~ gas) || ⟨fig⟩ *aufklärend*

illumine [i'lju:min] vt (*festlich*) *beleuchten* || *erleuchten, aufklären* || *aufheitern*

illusion [i'lu:ʒən] s *Illusion, Sinnestäuschung* f || *Einbildung, Täuschung* f; *Wahn* m ~**al** [~l], ~**ary** [~əri] a *nur in der Illusion bestehend* ~**ism** [~izm] s ⟨philos⟩ *Illusionismus* m ~**ist** [~ist] s *Illusion·ist* || ⟨übtr⟩ *Zauberer, Zauberkünstler* m

illusive [i'lu:siv] a (~ly adv), –**sory** [i'lu:-səri] a (–rily adv) *illusorisch; täuschend, trügerisch* –**siveness** [i'lu:sivnis], –**soriness** [i'lu:-sərinis] s *Täuschung; Trüglichkeit* f, *Schein* m

illustrate ['iləstreit] vt *erläutern, erklären* || *veranschaulichen, illustrieren* || ~d highway code ⟨mot⟩ *Verkehrsfibel* f –**ation** [‚iləs'treiʃən] s *Erläuterung, Erklärung* f || *Illustrierung* (in ~, as ~ zur I.), *Veranschaulichung* f; *Beispiel* n || *Abbildung, Illustration* f –**ative** ['iləstreitiv] a (~ly adv) *erklärend, erläuternd*; to be ~ of *anschaulich erläutern; veranschaulichen; ins rechte Licht* ‚*üoken; verbildlichen* || ~ material *Anschauungsmaterial* n || ~ photography *Bildreportage* f –**ator** ['iləstreitə] s *Illustrator* m || *Erläuterer* m

illustrious [i'lʌstriəs] a (~ly adv) *erlaucht, erhaben, ausgezeichnet* ~**ness** [~nis] s *Erlauchtheit* f, *Berühmtheit* f

illy ['ili] adv ⟨Am⟩ *schlecht*

Illyrian [i'liriən] **1.** a *illyrisch* **2.** s *Illyrier* m || *illyr. Sprache*

im– → a em–

I'm [aim] ⟨fam⟩ = I am

image ['imidʒ] **1.** s *Bild, Bildnis* n; *Bildsäule* f || *Götzenbild* n; ~-worship *Bilderdienst* m | *Abbild, Ebenbild* n (he is the very ~ of) ⟨fig⟩ *Bild* n, *Verkörperung, Vorstellung* f || ⟨Lit & rhet⟩ *bildlicher Ausdruck* m, *Bild* n; (Ggs tenor) *Bild* n *e–r Metapher* f | [attr] ~ frame ⟨phot⟩ *Bildbühne* f || ~ scale *Abbildungsmaßstab* m **2.** vt

bildlich darstellen, abbilden || *widerspiegeln* | (*etw*) *im Geiste vorstellen* (to o.s. *sich vor–*) || *anschaulich darstellen* ~**able** [~əbl] a *im Geiste vorstellbar* ~**ry** [~əri] s ⟨arts⟩ *Bilder* n pl; *Bildwerk* n | ⟨Lit & rhet⟩ *Bildersprache, bildliche Sprache* f || *bildl. Darstellung*; *schmückende Schilderung* f || *Bilderhandel* m

imaginable [i'mædʒinəbl] a (–bly adv) *ersinnlich, erdenklich, denkbar*, the greatest difficulty ~ *die denkbar größte Schwierigkeit* –**ary** [i'mædʒinəri] a (–rily adv) *nur in der Einbildung vorhanden*; ⟨a math⟩ *imaginär* –**ation** [i‚mædʒi-'neiʃən] s *schöpferische, innerer Gesetzmäßigkeit folgende Einbildungskraft* f (Ggs fancy) || *geistige Erfindungskraft* f (a work of the ~) | *Einbildung, Vorstellung* f; *Geist* m, to be transported in ~ *im G. versetzt* w (to *nach*)

imaginative [i'mædʒinətiv] a *phantasiereich, Einbildungs–* (~ faculty –*kraft*) || *erfinderisch* || *gedankenreich; großzügig* (*Programm*) ~**ness** [~nis] s *Phantasiereichtum* m; *Erfindungskraft* f

imagine [i'mædʒin] vt *sich vorstellen* (a th; a th od a p as *etw, jdn als*), *sich einbilden, sich denken* (a th *etw*; a th od a p to be *daß etw, jd ist*; a p to do od a p doing *daß jd tut*; that [she ~d that he might come]; what); one can never ~ him young *man kann sich ihn wirklich nicht jung vorstellen*; I ~ myself to have seen *od* having seen *ich glaube, bilde mir ein, gesehen z h*; just ~! *denken Sie nur!* || *glauben, annehmen, vermuten* (that)

imagism ['imidʒizm] s ⟨engl & Am poet⟩ *Imagismus* m (e.g. T.E. Hulme, Ezra Pound 1912, etc, cf. Imagist Anthology, 1930)

imago [i'meigou] s L *vollkommen ausgebildetes Insekt* n

imam [i'ma:m] s *priesterlicher Vorbeter* m || *mohammed·anischer Fürst* m

imbecile ['imbisail] **1.** a *schwach*, (*bes*) *geistesschwach, blödsinnig* || *närrisch* **2.** s *Geistesschwache(r* m) f, *Schwachsinnige(r* m) f || *Narr* m –**cility** [‚imbi'siliti] s *Geistesschwäche, Schwachsinnigkeit* f || *Dummheit* f

imbibe [im'baib] vt *ein–, aufsaugen, trinken* p ⟨fig⟩ (*etw*) *in sich ein–, aufnehmen, sich z eigen m*

imbricate ['imbrikeit] vt/i || (*Federn* etc) *dachziegelartig über–e–a–legen or anordnen* | vi *dachziegelartig über–e–a–liegen*

imbroglio [im'brouliou] s It *Wirrwarr* m, *Verwickelung, Verwirrung* f; *verwickelter Zustand* m; *verwickelte* (⟨fam⟩ *verzwickte*) *Lage* f

imbrue [im'bru:] vt (*die Hand* etc) *eintauchen* (in *in*); *benetzen, –flecken* (with) ⟨mst fig⟩

imbrute, **em–** [im'bru:t] vt *z e–m Vieh m; viehisch, brutal m*

imbue [im'bju:] vt *durchtränken* (with) || *beflecken* (with) || *tief färben* (with) | ⟨fig⟩ *durchtränken, erfüllen* (with *mit*); ~d with *erfüllt* v

imitability [‚imitə'biliti] s *Nachahmbarkeit* f –**able** ['imitəbl] a *nachahmbar*

imitate ['imiteit] vt (*idn, etw*) *nachahmen, (jdn) imitieren* | (*etw*) *nachbilden, –machen, –schaffen; kopieren* (from) || ⟨tech⟩ *imitieren*; ~d *unecht, künstlich* | (*T*) *sich angleichen, –passen an* (*Umgebung*) –**ation** [‚imi'teiʃən] s *Nachahmung* f (for ~ *zur N.*; in ~ of *als N. v, um nachzuahmen*) || *das Nachgeahmte* n; *Nachbildung; Fälschung* f || ⟨tech⟩ *Imitation* f | [attr] *Imitations–; unecht; künstlich, Kunst–* (~ silk, leather) –**ative** ['imiteitiv] a (~ly adv) *nachahmend*; to be ~ of *nachahmen* | *lautnachahmend* (~ word) || *nachgemacht; nicht originell, nachahmend* (~ poetry) –**ator** ['imiteitə] s *Nachahmer* m

immaculacy [i'mækjuləsi] s *Unbeflecktheit* f –**ate** [i'mækjulit] a (~ly adv) *unbefleckt, rein*; the ℞ Conception *Mariä Empfängnis* f ||

flecken–, fehlerlos **–ateness** [~nis] s *Unbefleckt-heit* f

immanence ['imənəns], **–ency** [–si] s *Immanenz* f, *Innewohnen* n **–ent** [–ənənt] a *immanent, innewohnend* (in nature *der Natur*)

immaterial [,imə'tiəriəl] a *immateriell, unkörperlich* || *unwesentlich, –wichtig*; ~ *nebensächlich*, to be ~ to a p *jdm einerlei s* **~ism** [~izm] s ⟨philos⟩ *Immaterialismus* m **~ity** ['imə,tiəri-'æliti] s *Unstofflichkeit, Unkörperlichkeit* f

immature [,imə'tjuə] **1.** a (~ly adv) *unreif, unentwickelt*; ⟨a fig⟩ **2.** s *lebensschwaches Kind* n **–urity** [,imə'tjuəriti] s *Unreife* f

immeasurability [i,meʒərə'biliti] s *Unermeßlichkeit* f **–able** [i'meʒərəbl] a (–bly adv) *unermeßlich* **–ableness** [~nis] s *Unermeßlichkeit* f

immediacy [i'mi:djəsi] s *Unmittelbarkeit, Unverzüglichkeit* f **–ate** [i'mi:djət] a *unmittelbar, augenblicklich, unverzüglich, sofortig*; ~ action *Sofortmaßnahme* f; ~ cause of death *unmittelbar z Tode führendes Leiden* n; ~ counter-attack *Gegenstoß* m || (*auf Briefen*) *sofort, eilt* | *unmittelbar, umliegend, nahe* || *unmittelbar, enger* (circle), *nächst* (heir); ~ objective n, ~ target ⟨tact⟩ *Nahziel, erstes Angriffsziel* n | *direkt, aus erster Hand* **–ately** [~li] **1.** adv *sogleich, sofort, unverzüglich* **2.** conj *sobald als*

immemorial [,imi'mɔ:riəl] a (~ly adv) *nicht z erinnern*(d), *undenklich*; from time ~ *seit unvordenklichen Zeiten* || *sehr alt*

immense [i'mens] **1.** a (~ly adv) *unermeßlich, imm'ens, ungeheuer* || ⟨sl⟩ *glänzend, großartig*; °*prima, fantastisch, kolossal* **2.** adv ⟨fam⟩ an ~ fine woman *e–e verdammt schöne Frau* **–sity** [i'mensiti] s *Unermeßlichkeit, Unendlichkeit* f || *ungeheuere Größe* or *Menge* f

immerse [i'mə:s] vt *eintauchen, versenken* (in) || ⟨fig⟩ *vertiefen* (in); ~d in *vertieft in* (a book); to ~ o.s. in *sich versenken in* || *verwickeln* (in); ~d in *verwickelt in* (debt, etc), *verstrickt in* **–sion** [i'mə:ʃən] s *Ein–, Untertauchen* n || ⟨fig⟩ *Versenkung, Versunkenheit* f (in) || ⟨astr⟩ *Verschwinden e–s Weltkörpers hinter e–m anderen* || ⟨el⟩ ~ heater *Heißwasserspender* m, (German type) *Tauchsieder* m

immesh [i'meʃ] vt → to enmesh

immigrant ['imigrənt] **1.** a *einwandernd* **2.** s *Einwanderer* m **–ate** ['imigreit] vi/t | *einwandern* (into *in*) || vt (*jdn*) *ansiedeln* **–ation** [,imi-'greiʃən] s *Einwanderung* f || net ~ ⟨stat⟩ *Zuwanderungsüberschuß* m

imminence ['iminəns] s *nahes Bevorstehen* n; *bevorstehende Gefahr* f **–ent** ['iminənt] a (~ly adv) *nahe bevorstehend*; *drohend*; ~ danger *Gefahr* f *im Verzug* m

immiscibility [,imisi'biliti] s *Unvermischbarkeit* f **–ble** [i'misəbl] a *unvermischbar*

immitigable [i'mitigəbl] a *unstillbar, nicht z beruhigen*(d) or *lindern*(d)

immixture [i'mikstjə] s *Vermischung* f (with) || ⟨fig⟩ *Verwickelung* f (in *in*)

immobile [i'moubail] a *unbeweglich* **–bility** [,imo'biliti] s *Unbeweglichkeit* f **–bilize** [i'moubilaiz] vt *unbeweglich m* || *festlegen* || ⟨tact⟩ *lähmen, festhalten* || (*Metallgeld*) *aus dem Umlauf m ziehen* || ~d ⟨mot⟩ *bewegungsunfähig, nicht fahrtüchtig*

immoderate [i'mɔdərit] a (~ly adv) *unmäßig; übermäßig, maßlos* **–ation** [i,mɔdə'reiʃən] s *Unmäßigkeit* f; *Übermaß* n

immodest [i'mɔdist] a (~ly adv) *unbescheiden, frech* | *schamlos* (publication) || *unsittlich* | **~y** [~i] s *Unbescheidenheit* f || *Unsittlichkeit* f

immolate ['imoleit] vt *opfern, z Opfer bringen* ⟨a fig⟩ **–ation** [,imo'leiʃən] s *Opfer* n

immoral [i'mɔrəl] a (~ly adv) *unmoralisch,*

unsittlich; *–anständig* **~ity** [,imo'ræliti] s *Schmutz, Unsittlichkeit* f

immortal [i'mɔ:tl] **1.** a (~ly adv) *unsterblich, unvergänglich* **2.** s *Unsterbliche*(r m) f **~ity** [,imo:'tæliti] s *Unsterblichkeit* f **~ize** [i'mɔ:tə-laiz] vt *unsterblich m, verewigen*

immortelle [,imo:'tel] s Fr ⟨bot⟩ *Immort'elle* f

immovability [i,mu:və'biliti] s *Unbeweglichkeit* f || *Unerschütterlichkeit* f **–able** [i'mu:vəbl] **1.** a (–ably adv) *unbeweglich* || ⟨fig⟩ *fest, unerschütterlich* || (of estates) *unbeweglich* **2.** [s pl] ~s *Immobilien* pl **–ableness** [~nis] s *Unbeweglichkeit* f

immune [i'mju:n] a *imm'un, gefeit, geschützt* (from, against, to *gegen*) || *immun machend*, *Immun– –nity* [i'mju:niti] s ⟨jur⟩ *Immunität* f, *Freiheit* f, *Befreiung* f (from *v*) | [*oft* pl –ties] ⟨ec⟩ *Immunität* f, *Privileg* n || ⟨übtr⟩ *Befreiung* f (from *v* [*Abgaben* etc]) | *Immunität, Unempfänglichkeit* f (from *gegen*)

immunization [,imjunai'zeiʃən] s *Immunisierung* f (against *gegen*) || ~ register ⟨Am⟩ *Impfschein* m **–ize** ['imju:naiz] vt (*T*) *immun* or *unempfänglich m, immunisieren* (against)

immure [i'mjuə] vt *einsperren, –schließen* || (*etw*) *einbauen* (in) || to ~ o.s. *sich abschließen, sich vergraben*

immutability [i,mju:tə'biliti] s *Unveränderlichkeit* f **–able** ['imju:təbl] a (–ably adv) *unveränderlich*

imp [imp] s *Kobold* m || *Knirps, Schelm* m

imp [imp] vt **1.** to ~ the wings of a bird *den Flug e–s Vogels verbessern* **2.** *vergrößern* || ⟨fig⟩ *beschwingen*

impact ['impækt] s *Stoß* m (on; against); *Zus–stoß* m (of trains); *ungestümer Anprall; Auf–, Einschlag* m ⟨bes artill⟩; ⟨fig⟩ *Zus–prall*(en n) m (on a th *mit e–r S*) || *Effekt, Einfluß* m || *Tragweite* f (*e–s Problems*); gr, *ungeheure Bedeutung, Wichtig–, Gewichtigkeit* f || ~ of traffic *Verkehrsbelastung* f (*e–r Straßendecke*) || centre of tyre ~ *Reifen–, Radauflagepunkt* m | ~ bar ⟨mot⟩ *Stoßstange* f || ⟨tech⟩ ~ crusher *Prallbrecher*; ~ crushing *–zerkleinerung* f || ~ fire *Aufschlagschießen* n || ~ hardness test *Schlaghärteprüfung* f || ~ ice ⟨aero⟩ *Profileis* n || ~ pressure ⟨aero⟩ *Staudruck* m || ~ radiation *Stoßstrahlung* f || ~ velocity *Auftreffgeschwindigkeit* f

impact [im'pækt] vt *fest zus–pressen; einkeilen* (in)

impair [im'pɛə] vt *schädigen, schmälern; schwächen; verschlechtern, verschlimmern* **~ment** [~mənt] s *Schädigung, Schwächung* f || ~ leading to undue ~ of *allzustark auf Kosten* (*e–r S*) *gehend*

impale [im'peil] vt *einpfählen* || ⟨her⟩ (*zwei Wappen*) *auf e–m Schilde verbinden* (*durch senkrechten Pfahl getrennt*) | *durchbohren; aufspießen* (on auf) || ⟨fig⟩ (*jdn*) *durchbohren* (with) || *Aufspießung* f || ⟨her⟩ *Verbindung zweier Wappen auf e–m Schilde* f

impalpable [im'pælpəbl] a (–bly adv) *unfühlbar, sehr fein* || *geistig unbemerkbar*; *–faßbar*

impaludism [im'pælju:dizm] s ⟨med⟩ *Sumpffieber* n

impanate [im'peinit] a ⟨ec⟩ *im Brot gegenwärtig* **–ation** [,impei'neiʃən] s ⟨ec⟩ *Einswerden des Leibes Christi mit dem gesegneten Brot* n

impan(n)el [im'pænl] vt ⟨bes Am⟩ = empanel

imparadise, em– [im'pærədaiz] vt *paradiesisch glücklich m* || *z e–m Paradies m*

imparipinnate ['im,pæri'pinit] a ⟨bot⟩ *unpaarig gefiedert*

impark [im'pa:k] vt *z e–m Park m* || ~ed *im Park gelegen*

impart [im'pa:t] vt (*e–e Eigenschaft*) *verleihen,*

geben, mitteilen (to a th *e–r S*) ‖ *(Neuigkeit)* *mitteilen* (to a p *jdm*)

impartial [im'pɑ:ʃəl] a (~ly adv) *unparteiisch, unvoreingenommen; unbefangen; gerecht* **~ity** ['im͵pɑ:ʃi'æliti] s *Unparteilichkeit, Unbefangenheit; Gerechtigkeit* f

impartible [im'pɑ:tibl] a (of estates) *unteilbar*

impassable [im'pɑ:səbl] a (–bly adv) *nicht befahrbar* (road); *unüberschreitbar; unpassierbar; unwegsam*

impasse [æm'pɑ:s] s Fr *Sackgasse* f ‖ *völliger Stillstand* m, *Stockung* f

impassibility ['im͵pæsi'biliti] s *Gefühllosigkeit, Unempfindlichkeit* f **–ible** [im'pæsəbl] a (–bly adv) *leidensunfähig* ‖ *gefühllos, unempfindlich*

impassion [im'pæʃən] vt *leidenschaftlich erregen* or *bewegen* **~ed** [~d] a *leidenschaftlich, feurig*

impassive [im'pæsiv] a (~ly adv) *unempfindlich* ‖ *bewußtlos* ‖ *leidenschafts-, teilnahmslos; heiter* **~ness** [~nis], **impassivity** [͵impæ'siviti] s *Unempfindlichkeit* f

impaste [im'peist] vt ⟨paint⟩ (etw) *dick auftragend malen; impastieren* **–sto** [im'pɑ:stou] s ⟨paint⟩ *Impasto* n, *fetter* or *dicker Farbenauftrag* m, *Impastierung* f

impatience [im'peiʃəns] s *Ungeduld* f; *to await with* ~ *nicht erwarten können* ‖ *Unduldsamkeit* f (of *gegenüber*); *Abneigung* f (of *gegen*) ‖ *Unwille* m (at a th; with a p *über ..*) ‖ *Empfindlichkeit* f (of *gegen*) **–ent** [im'peiʃənt] a (~ly adv) *ungeduldig* (at a th, with a p *über ..*) ‖ *unduldsam; unzufrieden* (of *mit*); *empfindlich* (of *gegen*); *to be* ~ *of nicht ertragen können* ‖ [pred] *begierig* (for *nach*; to do)

impawn [im'pɔ:n] vt *verpfänden* ⟨a fig⟩

impayable [im'peiəbl] a ⟨übtr⟩ *unbezahlbar, nicht z übertreffen(d)* ‖ ⟨fam⟩ *großartig, köstlich, „unbezahlbar"*

impeach [im'pi:tʃ] vt *in Zweifel ziehen, angreifen; herabsetzen; (Ruf) beschmutzen* ‖ (jdn) *anklagen* (of a th *e–r S*); *belasten* (with) ‖ ⟨jur⟩ *anklagen, beschuldigen, zur Verantwortung ziehen, (Echtheit e–s Dokuments, Wahrhaftigkeit e–s Zeugen) in Frage stellen;* ⟨engl⟩ *(Minister) des Hochverrats anklagen* (vor dem Oberhause) ‖ *tadeln, bemängeln* **~able** [~əbl] a *anfechtbar, –greifbar* ‖ *anklagbar* **~ment** [~mənt] s *Anfechtung (e–r S), Herabsetzung* f ‖ *Anklage* f ‖ ⟨jur engl⟩ *öffentl. Anklage wegen Hochverrats vor dem Oberhause,* → impeach

impeccability [im͵pekə'biliti] s *Sündlosigkeit* f; *Unfehlbarkeit* f **–able** [im'pekəbl] a *sündlos, unfehlbar* ‖ *einwandfrei*

impecuniosity [͵impikju:ni'ɔsiti] s *Geldmangel* m, *Armut* f **–unious** [͵impi'kju:niəs] a (~ly adv) *geld-, mittellos; arm*

impedance [im'pi:dəns] s ⟨el⟩ *Imped·anz* f, *Wellenwiderstand; Impedanz* f, *Scheinwiderstand* m ‖ ~ coil ⟨el⟩ *Drosselspule* f

impede [im'pi:d] vt (jdn) *hindern, behindern* ‖ (etw) *verhindern, erschweren; aufhalten* **–diment** [im'pedimənt] s *Hindernis* n (to *für*); ~ *in* (one's) speech *Sprachfehler* m | ~s [pl] | **–dimenta** [im͵pedi'mentə] s L pl ⟨mil⟩ *Gepäck* n

impel [im'pel] vt *antreiben, treiben, zwingen* (to *zu*; to do) **~lent** [~ənt] a *treibend, Trieb–* **–ler** [~ə] s ⟨tech⟩ *Antriebrad* n; *Verdichter, Lader* m

impend [im'pend] vi *hangen* (over *über*) ‖ ⟨fig⟩ *drohend schweben* (over *über*); (of events) *nahe bevorstehen, drohen* **~ence** [~əns], **~ency** [~ənsi] s *nahes Bevorstehen* n **~ent** [~ənt], **~ing** [~iŋ] a *überhangend* ‖ ⟨fig⟩ *nahe bevorstehend; drohend*

impenetrability [im͵penitrə'biliti] s *Undurch-*

dringlichkeit f ‖ *Unerforschlichkeit* f **–able** [im'penitrəbl] a (–ably adv) (of forest, darkness) *undurchdringlich* (to, by f) ⟨a übtr⟩ ‖ ⟨fig⟩ *unerforschlich, –ergründlich* (to f) ‖ ⟨fig⟩ *nicht beeinflußbar* (by *durch*); *unempfindlich* (to, by *gegen*)

impenitence [im'penitəns], **–ency** [–si] s *Unbußfertigkeit; Verstocktheit* f **–ent** [im'penitənt] a (~ly adv) *unbußfertig; verstockt*

imperative [im'perətiv] **1.** a (~ly adv) *befehlend, befehlerisch, Befehls–* (~ *tone*) *zwingend; dringend notwendig* (it is ~ *that .. should ..*; to make it ~ *to do*) ‖ ⟨gram⟩ ~ *mood Imperativ* m **2.** s ⟨gram⟩ *Imperativ* m, *Befehlsform* f ‖ *Gebot* n **–atorial** [im͵perə'tɔ:riəl] a *Imperator–; kaiserlich*

imperceptible [͵impə'septəbl] a (–bly adv) *unwahrnehmbar, –bemerkbar* | *unmerklich, –merkbar; verschwindend klein*

impercipient [͵impə'sipiənt] a *ohne Wahrnehmung, nicht wahrnehmend; to be* ~ *of nicht wahrnehmen*

imperfect [im'pə:fikt] **1.** a (~ly adv) *unvollkommen* ‖ *unvollendet* ‖ *fehler-, mangelhaft; schlecht* (combustion) ‖ ⟨gram⟩ the ~ *tense Imperfekt(um)* n **2.** s = ~ *tense* **~ion** [͵impə-'fekʃən] s *Unvollkommenheit* f ‖ *Fehlerhaftigkeit* f ‖ *Mangel* m, *Schwäche* f

imperforate [im'pə:fərit] a *nicht durchbohrt;* ⟨anat⟩ *ohne Öffnung* ‖ (of stamps) *nicht perforiert; ungezähnt*

imperial [im'piəriəl] **1.** a (~ly adv) *kaiserlich, Kaiser–* ‖ ⟨engl⟩ *Reichs–, Weltreichs–, Empire–* (~ Conference, *seit 1907*); → preference ‖ ~ Defence College *Empire-Stabsakademie* f ‖ *gebietend, stattlich* ‖ (of weights) *gesetzlich* **2.** s *der Kaiserliche; kaiserlicher Soldat* m | *Gepäckkasten* m, *Wagenverdeck mit Sitzen* n ‖ *Papierformat* n (57 × 78 cm) | *Fliege* f (Bart) **~ism** [~izm] s *Kaiserherrschaft* f ‖ ⟨brit⟩ *Imperialismus* m; *Weltmachtpolitik* f; *Ländergier* f **~ist** [~ist] s *Kaiserlichgesinnter* m ‖ ⟨brit⟩ *Imperialist; Verfechter des Imperialismus* m **~istic** [im͵piəriə'listik] a *imperialistisch* **~ize** [im-'piəriəlaiz] vt *dem (Welt-)Reich einverleiben, imperialistischer Politik f unterwerfen*

imperil [im'peril] vt *gefährden*

imperious [im'piəriəs] a (~ly adv) *herrisch, gebieterisch, anmaßend* ‖ *dringend* (necessity) **~ness** [~nis] s *gebieterisches Wesen* n ‖ *Dringlichkeit* f

imperishability [im͵periʃə'biliti] s *Unvergänglichkeit* f **–able** [im'periʃəbl] a (–ably adv) *unvergänglich* **–ableness** [~nis] s *Unvergänglichkeit* f

impermanence [im'pə:mənəns], **–cy** [–si] s *der nicht dauernde Zustand* m **–ent** [im'pə:mənənt] a *nicht dauernd; vorübergehend*

impermeability [im͵pə:miə'biliti] s *Undurchdringlichkeit* f ‖ **–able** [im'pə:miəbl] a (–ably adv) *undurchdringlich* (to *für*), *–durchlässig* ‖ *wasserdicht*

impersonal [im'pə:snl] a (~ly [–snəli] adv) ⟨a gram⟩ *unpersönlich* **~ity** [im͵pə:sə'næliti] s *Unpersönlichkeit* f

impersonate [im'pə:səneit] vt *personifizieren, verkörpern;* ⟨theat⟩ (Rolle) *darstellen* **–ation** [im͵pə:sə'neiʃən] s *Personifizierung, Verkörperung* f ‖ *Darstellung* f; *character* ~ *Charakterimitation* f **–ative** [im'pə:sənətiv] a *darstellend, Darstellungs–* (talent) **–ify** [͵impə:'sɔnifai] vt *personifizieren, verkörpern*

impertinence [im'pə:tinəns] s *Belanglosigkeit* f ‖ *Ungehörigkeit; Unverschämtheit* f **–ent** [im-'pə:tinənt] a (~ly adv) ⟨jur⟩ *nicht zur S gehörig, belanglos* ‖ *unpassend, –gehörig; nicht angebracht* ‖ *unverschämt, –gezogen* (to *gegen*)

imperturbability ['impə,tə:bə'biliti] s *Unerschütterlichkeit; Gelassenheit* f **–able** [,impə'tə:bəbl] a (–ably adv) *unerschütterlich*; *gelassen* **–ableness** [~nis] s *Unerschütterlichkeit* f

impervious [im'pə:viəs] a (~ly adv) *unwegsam, –durchschreitbar* || *undurchdringlich* (to *f*) || ⟨fig⟩ *unzugänglich* (to *f*) || *he is* ~ *to satire an ihm prallt die Ironie ab* **~ness** [~nis] s *Undurchdringlichkeit* || ⟨fig⟩ *Unzugänglichkeit* f (to *f*)

impetigo [,impi'taigou] s L ⟨med⟩ *Blasengrind* m, *Eiterflechte* f (*Hautkrankheit*)

impetuosity [im,petju'ɔsiti] s *Ungestüm* n, *Heftigkeit* f

impetuous [im'petjuəs] a (~ly adv) *ungestüm*; *heftig* **~ness** [~nis] s *Ungestüm* n

impetus ['impitəs] s L [pl ~es] *Triebkraft* f, *Impuls* m || ⟨fig⟩ *Stoßkraft* f; *Anstoß, Antrieb*; *Schwung* m; *to give a fresh* ~ *to a th e–r S neuen A. geben*

Impeyan ['impiən] a ⟨orn⟩ ~ *pheasant Königsglanzfasan, Monʹaul m*

impi ['impi] s *Trupp v kriegerischen Kaffern* m

impiety [im'paiəti] s *Gottlosigkeit* f || *Mangel an Ehrfurcht* m; *Pietätlosigkeit* f

impinge [im'pindʒ] vi *zus–stoßen*; *stoßen* (on, upon *auf*); (of light) *fallen, einwirken* (on, upon *auf*) || *auftreffen, –prallen* || ⟨fig⟩ *einwirken*; *stoßen* (on, upon *auf*) | *verstoßen* (on, upon *gegen*), *eindringen, übergreifen* (on *in*) **~ment** [~mənt] s *Zus–stoß* m; *Stoßen* n (against) || ⟨fig⟩ *Stoß* m (against); *Einwirkung* f; *Einfluß* m (on a th *auf etw*) | *Eingriff* m (on *in*)

impious ['impiəs] a (~ly adv) *gottlos* || *ruch–, pietätlos*

impish ['impiʃ] a (~ly adv) *koboldartig, schelmisch*

implacability [im,plækə'biliti] s *Unversöhnlichkeit* f **–able** [im'plækəbl] a (–bly adv) *unversöhnlich, unerbittlich*

implacental [implæ'sentl] a ⟨zoo⟩ *ohne Mutterkuchen* m

implant 1. [im'plɑ:nt] vt *einpflanzen* (in) || ⟨fig⟩ (*etw*) *einimpfen, –prägen* (in a p's mind *jdm*) **2.** ['implɑ:nt] s ⟨med⟩ *Radiumkapsel* f (*z Krebsbekämpfung*) **–ation** [,implɑ:n'teiʃən] s *Einpflanzung* f || ⟨fig⟩ *Einimpfung* f

implausible [im'plɔ:zəbl] a *nicht einleuchtend, unwahrscheinlich*

implement 1. ['implimənt] s *Gerät, Zubehör* n || *Werkzeug* n || ⟨jur⟩ *Ausführ–, Erfüllung* f (of a contract) || ~ *instructions* [pl] *Durchführungsbestimmungen* f pl **2.** ['impliment] vt *vollenden* || ⟨jur⟩ (*Vertrag*) *ausführen, erfüllen* **~ary** [impli'mentəri] a ⟨jur⟩ ~ *regulations Durch–, Ausführungsbestimmungen* f pl **~ation** [,implimen'teiʃən] s *Ausführung, (Gesetz-)Durchführung* f; ⟨tech⟩ *Inbetriebnahme* f **~ing** ['implimentiŋ] ~ *provision, ~ regulation Aus–, Durchführungsbestimmung* f

implicate 1. ['implikit] s *der tiefere Sinn, Inbegriff* m **2.** ['implikeit] vt (*etw*) *verwickeln* (in); *to be* ~d *–wachsen s* (in *in*; with *mit*) | (*etw*) *mit einbegreifen; umfassen, implizieren, in sich schließen; to be* ~d *in mitenthalten s in* | (*jdn*) *hineinziehen, verwickeln* (in); *in Zus–hang, Verbindung bringen* (with); (of organs) *to be* ~d *betroffen, beeinflußt w bei* or *durch* (*etw*) **–ation** [,impli'keiʃən] s *Verwickelung* f | *stillschweigende Folgerung* f || *by* ~ *mittelbar, auf Umwegen, als natürliche Folgerung; stillschweigend; ohne weiteres* | *tieferer Sinn* m **–ative** ['implikeitiv] a (~ly adv) *stillschweigend folgernd, in sich schließend, to be* ~ *of in sich schließen, mitenthalten*

implicit [im'plisit] a ⟨math⟩ *implicit* || *stillschweigend ein–, inbegriffen* || *unbedingt* (faith), *blind* (obedience) **~ly** [~li] adv *implizite, stillschweigend, ohne weiteres* || *unbedingt* **~ness** [~nis] s *Mitinbegriffensein* n || *Unbedingtheit* f

implied [im'plaid] a (~ly [im'plaiidli] adv) *miteinbegriffen, stillschweigend mitgemeint, –verstanden*

imploration [,implo'reiʃən] s *Flehen* n, *ernste Bitte* f (for *um*) **–ore** [im'plɔ:] vt/i | *flehen um* (*etw*); (*etw*) *erflehen* || (*jdn*) *anflehen, flehentlich bitten* (for *um*; to do) | vi *bitten* (for *um*); *to* ~ *of a p jdn bitten* (to do) || **–oring** [im'plɔ:riŋ] a (~ly adv) *flehend, flehentlich*

implosive [im'plousiv] a & s = *plosive* a & s

imply [im'plai] vt (*etw*) *implizieren; in sich schließen, mitenthalten* || *bedeuten, besagen* (a th; that) | *andeuten, durchblicken l, z verstehen geben, sagen, unterstellen* (that); *to be* –lied *from z erschließen s aus, sich ergeben aus*

impo ['impou] s → *imposition*

impolder [im'pɔldə] vt *eindeichen*

impolicy [im'pɔlisi] s *Unklugheit* f; *unpolitisches Verfahren* n

impolite [,impo'lait] a (~ly adv) *unhöflich*; *ungehobelt* **~ness** [~nis] s *Unhöflichkeit* f

impolitic [im'pɔlitik] a (~ly, *~ally adv) *unpolitisch, unklug*

imponderability [im,pɔndərə'biliti] s *Unwägbarkeit* f **–able** [im'pɔndərəbl] **1.** a *gewichtslos, unwägbar* || ⟨fig⟩ *nicht abzuschätzen(d)* **2.** s *unwägbares Ding* n; ~s [pl] ⟨phys⟩ *unwägbare Dinge* or *Kräfte* pl **–abilia** [im,pɔndərə'biliə] s L ⟨fig⟩ *Imponderabʹilien* pl

imponent [im'pounənt] **1.** a *die Macht habend, etw aufzuerlegen* **2.** s *jd, der* (*etw*) *auferlegt*

import [im'pɔ:t] vt ⟨com⟩ (*Waren*) *einführen, importieren* (into) || ⟨übtr⟩ (*etw*) *einführen* (into) | *bedeuten, besagen* (a th; that) | (*nur in 3. P*) (*jdn*) *angehen, betreffen; v Wichtigkeit s f* (it ~s us to know) **~able** [~əbl] a *einführbar* **~ation** [,impɔ:'teiʃən] s (*Waren-*)*Einfuhr* f; *eingeführte Ware, S* or ⟨hum⟩ *P* f **~er** [im'pɔ:tə] s *Importeur; Importhändler* m

import ['impɔ:t] s *Bedeutung* f, *Sinn* m || *Wichtigkeit, Tragweite* f | ⟨com⟩ [konkr *mst* pl ~s] *Einfuhrartikel* m || [abstr] *Ein–, Zufuhr* f | [attr] *Einfuhr–, Import–*

importance [im'pɔ:təns] s *Wichtigkeit* f, *Wert* m, *Bedeutung* f (to, for *f*); *of great* ~ *v hoher B.*, *to attach no* ~ *to a th e–r S k–e B. beilegen* || *Einfluß* m, *Gewicht* n (a man of ~); *Wichtigtuerei* f **–ant** [im'pɔ:tənt] a (~ly adv) *wichtig, bedeutend, wesentlich* (to *für*); *it is* ~ *that he* (should) *come* → *essential* || *wichtigtuerisch*

importunate [im'pɔ:tjunit] a (~ly adv) *auf–, zudringlich, lästig; hartnäckig* **–une** [im'pɔ:tju:n] vt (*jdn*) *bestürmen, belästigen* || (*etw*) *dringend verlangen* or *erbitten* **–unity** [,impɔ:'tju:niti] s *Auf–, Zudringlichkeit* f

impose [im'pouz] vt/i **A.** vt (*Steuer; Pflicht*) *auferlegen, –bürden* (on, upon a p *jdm*); ~d *on geltend f* | (*etw*) *aufdrängen, –hängen, –binden* (on a p *jdm*) || (*Sanktionen*) *verhängen* (on ⟨typ⟩ (*Kolumnen*) *ausschießen* | *to* ~ *o.s. sich aufdrängen* (upon a p *jdm*) || *to* ~ *martial law Standrecht verhängen* **B.** vi **1.** *imponieren* (through *durch*) **2.** *to* ~ *upon a p jdm imponieren; jdn täuschen; he is easily* ~d *upon er läßt sich leicht täuschen* || *hintergehen, °anschmieren* (to be ~d upon) || *to* ~ *upon a th etw mißbrauchen* (to ~ *upon a p's good nature*) **–sing** [im'pouziŋ] a (~ly adv) *imponierend, imposʹant* **–singness** [~nis] s *imponierende Eigenschaft* f

imposition [impə'ziʃən] s *Auflegung* f (of the hands) | *Aufbürdung, –erlegung* f (of taxes) || *Beilegung, Zu*(er)*teilung* f (of a name upon a th) || *Verhängung* f, → *impose* | *das Auferlegte* n;

Steuer, Bürde f || (⟨fam abbr⟩ impo ['impou], impot ['impət]) *Strafarbeit* f | *Betrug* m; *Täuschung* f
impos(s) [im'pos] a ⟨fam⟩ = impossible
impossibility [im‚posə'biliti] s *Unmöglichkeit* f || *unmögliche S* **–ible** [im'posəbl] **1.** a (–ibly adv) *unmöglich* (to do, that .. should); it is ~ for him to return *es ist unmöglich, daß er zurückkehrt*; ~ of reconciliation *unmöglich versöhnt z w* || *ausgeschlossen*; *undenkbar* (story) || ⟨fam⟩ (P) *unmöglich, unerträglich* **2.** s the ~ *Unmögliches* n
impost ['impoust] s *Abgabe, Steuer* f || ⟨racing sl⟩ *Gewicht* n (*e–s Pferdes im Handikaprennen*)
impost ['impoust] s ⟨arch⟩ *Kämpfer* m, *Auflager* n *e–s Bogens*
impostor [im'postə] s *Betrüger*; *Schwindler* m **–trous** [im'postrəs] a *betrügerisch*; *Betrugs*– **–ture** [im'postʃə] s *Betrug*; *Schwindel* m
impot ['impət] s → imposition
impotence ['impotəns], **–ency** [–si] s *Schwäche, Hilflosigkeit* f; *geistiges Unvermögen* n || ⟨med⟩ ·*Impotenz* f **–ent** ['impotənt] a (~ly adv) *hilf-, machtlos, schwach* || ⟨med⟩ ·*impotent* || *unfähig*, to be ~ *nicht imstande s* (to do)
impound [im'paund] vt (T) *einpferchen*; (jdn) *einsperren* || (Wasser) *eindämmen* | *mit Beschlag belegen*
impoverish [im'povəriʃ] vt *arm m; der Mittel berauben*; to be ~ed *verarmen* || ~ed ⟨min⟩ *metallarm* || *ausmergeln*; (Boden, Land) *aussaugen* || ⟨fig⟩ (etw) *leer, reizlos, fade m* **~ment** [~mənt] s *Verarmung* f || (of soil) *Erschöpfung* f || ⟨for⟩ *Verhagerung* f || ⟨übtr⟩ *kostspielige S*
impracticability [im‚præktikə'biliti] s *Unausführbarkeit*; *(praktische) Unmöglichkeit* f || (of roads) *Ungangbarkeit* || *Unlenksamkeit*; *Hartnäckigkeit* f **–able** [im'præktikəbl] a (–bly adv) *untunlich, unausführbar* || (of roads) *ungangbar, unbefahrbar, unwegsam* || *unlenksam*; *schwierig* (P) **–ableness** [~nis] s = impracticability **–al** [im'præktikəl] a ⟨Am⟩ ·*unpraktisch* (P); *–tunlich* (S)
imprecate ['imprikeit] vt (Unglück) *herabwünschen* (upon a p *auf jdn*); to ~ curses on *verwünschen, –fluchen* || **verwünschen* **–ation** [‚impri'keiʃən] s *Verwünschung* f; *Fluch* m **–atory** ['imprikeitəri] a *verwünschend, Verwünschungs*–
imprecise ['impri'sais] a ⟨bes Am⟩ *ungenau*
impregn [im'pri:n] vt ⟨poet⟩ = ~ate vt **~ability** [im‚pregnə'biliti] s *Unüberwindlichkeit, Unbezwingbarkeit* f **–able** [im'pregnəbl] a (–bly adv) *unbezwinglich, uneinnehmbar* || *unerschütterlich* (to *gegenüber*) **~ant** [im'pregnənt] s *Tränkmasse* f, *Imprägnierungsmittel* n **~ate** [im'pregnit] a *geschwängert, schwanger, befruchtet* || ⟨fig⟩ *durchtränkt* (with *mit*), *voll* (with *v*) **~ate** ['impregneit] vt *schwanger m, schwängern* || ⟨biol⟩ *befruchten* | [mst pass] *sättigen, imprägnieren* (with *mit*) || ⟨fig⟩ *erfüllen (durch)tränken* (with) || *durchdringen* || **~ation** [‚impreg'neiʃən] s *Schwängerung* f || *Befruchtung* f || *Sättigung* f, *Imprägnierung* f || *Durchdringung* f **~ite** [im'pregnait] s *Imprägnierungsmittel* n
impresario [‚impre'sa:riou] s [pl ~s] It *Impres·ario* m (*Unternehmer*)
imprescriptible [‚impris'kriptəbl] a *unverletzbar* (rights)
impress [im'pres] vt **1.** (Stempel) (auf)drücken (on a th *auf etw*) | ⟨fig⟩ (Eigenschaft etc) *aufdrücken, verleihen* (upon a th *e–r S*) || (Kraft) *mitteilen, übertragen* (upon a th *e–r S*) | (Gedanken etc) *aufzwingen, einprägen, –schärfen* (upon a p, a p's mind *jdm*) **2.** (etw) *prägen* (with a seal etc) | (jdn) *durchdringen, tief berühren, er-*

füllen (with a th); he was ~ed with *er war durchdrungen v* || to ~ a p *auf jdn Eindruck m, jdn beeindrucken* (he was ~ed by these words); to be favourably ~ed by *e–n guten Eindruck erhalten v* || to ~ o.s. on a p *jdn beeindrucken* [abs] to ~ *Eindruck m* **~ible** [~əbl] a *leicht z beeindrucken(d)*; f *Eindrücke empfänglich*; *empfänglich* (to f)
impress ['impres] s *Prägung* f; *Abdruck* m, *Stempel* m || ⟨fig⟩ *charakterist. Merkmal or Gepräge* n; *Stempel* m; to leave an ~ on one's age *s–r Zeit den St. aufdrücken*
impress [im'pres] vt (Matrosen z Dienst) *pressen* ⟨a fig⟩ || (etw) *requirieren, beschlagnahmen* **~ment** [~mənt] s ⟨mar⟩ *Pressen (z Dienst)* n || *Beschlagnahme* f
impression [im'preʃən] s **1.** *Aufdrücken* n (on *auf*); *Eindruck* m | *Merkmal, Gepräge* n | *Druck, Abdruck* m || (of a book) *Auflage* f **2.** *Einwirkung*; *Beeindruckung* f (on a p *jds*); *Eindruck* m (on *auf*); to give the ~ of being *den E. hervorrufen* (or *hinterlassen*) *z s*; to give a p the ~ of men who .. *jdm den E. v Leuten m, die ..* || to leave an ~ on a p, to leave a p with an ~ *e–n E. bei jdm hinter-, zurücklassen* || to make, produce an ~ on a p *auf jdn e–n E. m*; to make the ~ of being *den E. m z s* | *(Sinnes-)Eindruck* m **3.** *dunkle Erinnerung* f (I have an ~ that); I am under the ~ that *es schwebt mir dunkel vor, daß* **~able** [~əbl] a (of the soul etc) f *Eindrücke empfänglich*; (leicht) *z beeindrucken(d), beeindruckbar* (mind) **~ary** [im'preʃənəri] = **~istic** **~ism** [~izm] s ⟨arts & Lit⟩ *Impressio·nismus* m, *Eindruckskunst* f **~ist** [~ist] s ⟨arts & Lit⟩ *Impressionist* m **~istic** [im‚preʃə'nistik] a (~ally adv) ⟨arts & Lit⟩ *impressionistisch*
impressive [im'presiv] a (~ly adv) *eindrucksvoll*; *imponierend* || *ergreifend* **~ness** [~nis] s *das Eindrucksvolle* n || *Ergreifende* n
imprest ['imprest] s *Staatsvorschuß* m
imprimatur [‚impri'meitə] L s *Druckerlaubnis* f
imprint [im'print] vt (etw) *prägen, (auf)drücken* (on *auf*) ⟨a übtr⟩ || ⟨fig⟩ (Gedanken etc) *einprägen* (on, in a p's mind *jdm*); to ~ o.s. on the memory *sich dem Gedächtnis einprägen* **~ing** [~iŋ] s *Prägen* n, *Prägung* f ⟨a übtr⟩
imprint ['imprint] s *Abdruck, Stempel* m || ⟨fig⟩ *Eindruck* m; *Gepräge* n || ⟨typ⟩ *Impressum* n (*Angabe v Ort, Jahr, Drucker*)
imprison [im'prizn] vt *einkerkern, verhaften* || ⟨übtr⟩ *einengen, –schließen* **~ment** [~mənt] s *Verhaftung* f || *Haft* f, *Gefängnis* n; ~ with hard labour *Zuchthaus(strafe f)* n [abstr] || ⟨übtr⟩ *Einsperrung* f
improbability [im‚probə'biliti] s *Unwahrscheinlichkeit* f **–able** [im'probəbl] a (–bly adv) *unwahrscheinlich*; *unglaubwürdig* (story)
improbity [im'proubiti] s *Unehrlich-, Unredlichkeit* f
impromptu [im'promtju:] Fr **1.** adv *aus dem Stegreif* **2.** s *Stegreifgedicht* n || ⟨mus⟩ *Impromptu* n **3.** a *Stegreif*–
improper [im'propə] a (~ly adv) *untauglich, ungeeignet* (to *für*) || *unrichtig, falsch*; *mißbräuchlich* (Anwendung) || ⟨mot⟩ *verkehrswidrig* (Fahren, Überholen) | *unschicklich, ungehörig, –sittlich* | ~ fraction ⟨math⟩ *unechter Bruch* m
impropriate 1. [im'prouprieit] vt (Kirchengut) *zueignen, übertragen* (to a layman *e–m Weltlichen* **2.** [im'proupriit] a *übertragen* (benefice) **–ation** [im‚proupri'eiʃən] s *Übertragung* n (*e–r Pfründe*) || *die übertragene Pfründe* f **–ator** [im'proupriieitə] s *jd (bes Laie), dem e–e Pfründe übertragen ist*; *weltl. Besitzer e–s Kirchengutes*
impropriety [‚impro'praiəti] s *Ungeeignetheit* f || *Unrichtigkeit* f; *Irrtum* m || *Ungehörigkeit, –sittlichkeit* f
improvability [im‚pru:və'biliti] s *Verbesse-*

rungsfähigkeit; *Bildsamkeit* f **–able** [im'pru:vəbl] a *verbesserungsfähig*; *bildsam* ‖ *anbaufähig* (*land*)

improve [im'pru:v] vt/i **A.** vt *verbessern* ‖ (*Boden*) *meliorisieren* ‖ *vervollkommnen, –edeln, –feinern* ‖ *mehren, vergrößern* | (*Gelegenheit*) *aus–, benutzen*; to ~ the shining hour *s–e Zeit recht ausnützen* | to ~ away *durch Verbesserungsversuche beseitigen, verderben* **B.** vi **1.** *besser w, sich bessern* ‖ *besser w, sich erholen*, to be –ving *auf dem Weg der Besserung s* | *Fortschritte m* (in *in, an*), *sich vervollkommnen* (he has ~d) ‖ *angenehmer w, gewinnen* (to ~ on acquaintance) ‖ (of prices) *steigen* **2.** to ~ (up)on a th *etw verbessern, überbieten* | **~d** [~d] a *gebessert*; he is greatly ~ *er hat sich sehr gebessert* **~ment** [~mənt] s *Verbesserung*; *Vervollkommnung* f, **~s** [pl] *Verbesserungen, Verschönerungen* f pl (*e–s Hauses*) ‖ *Ausbildung, Veredelung* f ‖ *Nutzanwendung, Ausnutzung* f ‖ *Besserung* f (in a p's health *der Gesundheit jds*) ‖ (of prices) *Steigen* n ‖ *Gewinn, Fortschritt* m (in a th *in e–r S*; on, upon a th *gegenüber e–r S*) | ~ cutting ⟨for⟩ *Aus–, Pflegehieb* m, *Durchlichtung* f | **~r** [~ə] s *Verbesserer* m ‖ ⟨com⟩ *der sich Ausbildende, Volontär* m ‖ *Verbesserungsmittel* n; (= dress–~) *Turnüre* f

improve ['impru:v] a ⟨fam⟩ *Besserung* f, on the ~ *auf dem Wege der B.*

improvidence [im'prɔvidəns] s *Unvorsichtigkeit* f; *Unbedachtsamkeit* f ‖ *Sorglosigkeit* f, *Leichtsinn* m **–ent** [im'prɔvidənt] a (~ly adv) *unvorsichtig, unbedacht, unklug* ‖ *sorglos, nicht haushälterisch, leichtsinnig*

improving [im'pru:viŋ] a (~ly adv) *förderlich, gedeihlich, heilsam*

improvisation [ˌimprɔvai'zeiʃən] s *Improvisation*; *unvorbereitete Veranstaltung* f **–visator** ['imprɔvizeitə], **–v(v)izatore** [im,prɔvi:zə'tɔ:ri] s It *Improvisator* m; *Stegreifdichter* m **–visatorial** [im,prɔvizə'tɔ:riəl], **–visatory** [imprə'vizətəri] a *improvisatorisch*; *Improvisations–*

improvise ['imprɔvaiz] vt/i (*etw*) *improvisieren, aus dem Stegreif dichten* or *reden* ‖ *im Handumdrehen* or *behelfsmäßig einrichten*; *aus dem Boden m stampfen* | vi *improvisieren* | **~d** [~d] a (~ly [imprə'vaizidli] adv) *improvisiert, unvorbereitet, Behelfs–*

imprudence [im'pru:dəns] s *Unklugheit, Unvorsichtigkeit* f **–ent** [im'pru:dənt] a (~ly adv) *unklug, unvorsichtig*, it is ~ of *od* in a p *es ist unklug v jdm* (to do)

impudence ['impjudəns] s *Unverschämtheit* f; **–ten** pl **–ent** ['impjudənt] a (~ly adv) *unverschämt, frech* ‖ *schamlos*

impudicity [ˌimpju'disiti] s *Unzüchtigkeit, Schamlosigkeit* f

impugn [im'pju:n] vt (*etw*) *bestreiten, anfechten, angreifen* **~able** [~əbl] a *anfechtbar, bestreitbar* **~ment** [~mənt] s *Bekämpfung*; *Widerlegung(srede)* f

impuissance [im'pju:isns] s ⟨poet⟩ *Schwäche* f, *Unvermögen* n **–ant** [im'pju:isnt] a *machtlos, schwach, ohnmächtig*

impulse ['impʌls] s *Stoß, Anstoß*; *Trieb, Antrieb* m ‖ ⟨fig⟩ *Impuls* m, *Anregung* f, *Antrieb* m (to *z*; at work *bei der Arbeit*); on the ~ of the moment *unter dem I. des Augenblicks*; on an ~ *auf e–n A. hin* ‖ *Regung, plötzliche Eingebung* f; on ~ *impulsiv*, to act on ~ *impulsiv handeln* ‖ ⟨path⟩ *nervöser Impuls* m; to act under an ~ *triebhaft handeln* | ~ mike ⟨Am⟩ *Abgangsmikrophon* n (*z Echolotung*); ~ period *Stromstoßdauer* f; ~ turbine *Aktionsturbine* f

impulsion [im'pʌlʃən] s *Stoß; Anstoß, –trieb* m (under the ~ *durch den A.*) ‖ *Anreiz, –trieb* m, *–regung* f ‖ ⟨psych⟩ *Antrieb* m

impulsive [im'pʌlsiv] a (~ly adv) (*an*)*treibend,*

Trieb– ‖ *impulsiv, triebhaft*; *leicht erregbar, leidenschaftlich* ‖ *im Impuls geschehen* (act) **~ness** [~nis], **–vity** [ˌimpʌl'siviti] s *Impulsivit·ät* f; *impulsives Wesen* n, *Erregbarkeit* f

impunity [im'pju:niti] s *Straflosigkeit* f; with ~ *ungestraft*

impure [im'pjuə] a (~ly adv) *unrein, schmutzig* ‖ *nicht rein*; (of colour) *gemischt* ‖ ⟨fig⟩ *unsauber* (motive) ‖ *sündhaft; unkeusch*

impurity [im'pjuəriti] s *Unreinheit*; ⟨tech a⟩ *Verunreinigung* f; *–ties Fremdkörper* m pl (in food) ‖ *Unkeuschheit* f

imputable [im'pju:təbl] a *zuzurechnen(d), –schreiben(d)*; *beizumessen(d)* (to a p *jdm*) **–ation** [ˌimpju'teiʃən] s *An–, Beschuldigung* f; *Bezichtigung*; to be under an ~ *bezichtigt w* ‖ *Makel* m (to cast an ~ on a p) ‖ **–ative** [im'pju:tətiv] a (~ly adv) *e–e Beschuldigung enthaltend; unterstellt*

impute [im'pju:t] vt (*etw*) *anrechnen, zuschreiben, beimessen* (to a p *jdm*); *z Last legen* (to a p *jdm*) | **~d** [~id] a *unterstellt* ‖ *abgeleitet* (value)

in [in] **I. prep 1.** (**Raum**) **a.** *in* (~ Europe), (the greatest actor) in England *von E.*; ~ the house *im Hause* ‖ [*vor größeren Städten u vor der Stadt, in der der Sprecher lebt*] *in, zu* (~ London, Oxford) ‖ *auf* (~ the street, ~ the field); ~ the country *auf dem Lande*; ~ the Europe *auf der Europa* (Schiff) ‖ (a passage) ~ the 5. chapter .. *im 5. Kapitel* ‖ ~ bounds ⟨mil⟩ *Betreten n gestattet* ‖ ~ situ [in'sitju] L *an Ort und Stelle* **b.** ⟨übtr⟩ *in, an, bei* (~ the army); (a professor) ~ the university *an der Universität*; (the leading character) ~ the play *des Stückes* (blind) ~ one eye *auf e–m Auge* ‖ (not one) ~ a hundred (..) *vom Hundert*; a place ~ a million *ein Ort, wie man ihn unter einer Million v Orten nicht findet*; a shilling ~ the pound *ein Schilling aufs Pfund*; there are 60 minutes ~ an hour *e–e Stunde hat 60 Minuten* | ~ old people *bei alten Leuten*; he had it ~ him *er hatte das Zeug dazu* | to be ~ it *beteiligt s, mitmachen,* ⟨fam⟩ *drin sitzen* (sc. *in der Patsche*); those ~ it *die Beteiligten* pl ‖ there is not much (od nothing) ~ it *es lohnt sich nicht, springt nichts dabei heraus*; *es ist kein gr Unterschied* ‖ there is nothing ~ it *es ist nichts daran, hat k–n Wert*; *es ist ganz einfach* ‖ for all there is ~ it ⟨fam⟩ °*bestens* **c.** ~–line motor *Reihenmotor* m; → I. 9., → III **2.** (**Zustand, Umstand**) ~ good health *in, bei guter Gesundheit*; ~ despair *in Verzweiflung* ‖ ~ arms *unter Waffen*; ~ uniform *in Uniform*; ~ velvet *in, aus Samt* (a girl) ~ rosy cheeks .. *mit rosigen Wangen* ‖ ~ the rain *bei, im Regen*, ~ fine weather *bei schönem Wetter* ‖ ~ any case *auf jeden Fall*; ~ no way *auf k–e Weise, k–s–wegs* **3.** (**Zeit**) ~ (the year) 1906 *im Jahre 1906*; ~ (the) winter *im Winter*; ~ the winter of 1955; → I. 9.; ~ May *im Mai*; ~ the May of 1956; ~ the day, ~ day-time *bei Tage*; ~ the evening *am Abend, abends*; ~ life *bei Lebzeiten*; ~ the reign (of ..) *unter der Regierung* (..) ‖ ~ my sleep *während ich schlief*, → I. 9. *während* ‖ ~ time *z rechten Zeit* ‖ *in, innerhalb,* → minute; ~ a week *in 8 Tagen*; → I. 9. | ⟨Am⟩ ~ for A. **11. b. 4.** (**Art u Weise, Mittel, Beziehung**) ~ one word *mit e–m Wort*; ~ short *kurz*; ~ dozens *dutzendweise, z Dutzenden* ‖ ~ groups *gruppenweise* ‖ ~ writing *schriftlich* ‖ ~ English *auf englisch* ‖ ~ order to do *um z tun* ‖ ~ my opinion *nach m–r Meinung*; ~ all probability *höchstwahrscheinlich* ‖ to answer ~ the affirmative *bejahend* or *zustimmend antworten*; *zusagen* **5.** (**Grad, Maß**) 3 feet ~ length *3 Fuß lang*; ~ size *an Größe, an Gestalt*; six ~ number *6 an*

Zahl; (your equal) ~ strength (..) *an Stärke*;
→ I. 9. **6. (Bereich)** *in, innerhalb,* ~ my power
in m–r Macht **7. (Ursache, Zweck)** ~ contempt
aus Verachtung ‖ ~ my defence *z m–r Verteidigung*; ~ haste *eilig*; ~ his honour *ihm z Ehren*;
~ reply to *als Antwort auf* **8.** [*nach Verben,
Subst., Adj.*] → to abound, believe, engage, increase, originate, participate, persist, rejoice,
vary, etc; belief, change, joy, part, share, etc;
lacking, rich, wanting, etc; → **9. an** (*Ort*) [*dat*]
→ 1.; to tremble ~ every limb *all allen Gliedern
zittern* ‖ there is not a cloud ~ the sky ‖ he was
hurt ~ his head .. *am Kopf* .. ‖ to settle down ~
a place ‖ the right man ~ the right place ‖ [*acc*]
(*wohin?*) to stick a flower ~ one's hat *sich e–e
Bl. an den H. stecken* ‖ (*Zeit*) [*dat*] → 3.; ~ the
beginning God created .. *am Anfang* .. ‖ late
~ the day ‖ ~ the end *am Ende, schließlich*;
→ 3. ‖ **(Anteilnahme, Mangel, Besitz, Wertung)**
am [*dat*] to increase, decrease ~ number ‖ to
advance ~ years ‖ to join ~, to take part ~ *sich
beteiligen an* ‖ to save ~ paper *am P. sparen* ‖
to surpass, exceed a p ~ *jdn übertreffen an* ‖
interested ~; fertile ~; superior ~; sound ~
body and mind ‖ a defeet ~ the machine ‖ to
take delight ~ teasing ‖ a competitor ~ a
match .. *Teilnehmer an* .. ‖ ⟨übtr⟩ → 1. b; we
lost a friend ~ him ‖ to compete ~ ‖ I find
no fault ~ him ‖ the th ~ itself *das Ding an
(u f) sich* ‖ a place ~ the sun ‖ → 5. ‖ **auf** [*dat*]
[⟨engl⟩ *Raum–,* ⟨Ger⟩ *Flächenvorstellung*] pears
~ a tree; → 1. b; ~ the Balkans *auf dem Balkan* ‖ ~ a picture ‖ ~ the same parallel
(*Breitengrad*) ‖ ~ the fields ‖ ~ the market-
place, playground ‖ ~ the back of the car *auf
dem Rücksitz* m .. ‖ in my room ‖ ~ the world
‖ ~ a ship, → 1. a ‖ ⟨übtr⟩ to persist, persevere
~ *beharren auf,* → 9. **bei** ‖ to engage ~ a
quarrel *sich einlassen auf* .. ‖ to hope, trust ~
God ‖ to confide ~ a friend ‖ pride ~ the past
Stolz auf .. ‖ **(Art u Weise)** → 4; ~ this way,
manner ~ store *auf Lager* ‖ ~ search of *auf
der Suche nach* ‖ caught ~ the act *auf frischer
Tat ertappt* ‖ **am** [*dat*] a bust ~ marble ‖ ~
gratitude for *aus Dankbarkeit f* ‖ ~ obedience
to *aus G. gegen*; → out of ‖ **bei** (*Wetter, Licht*)
~ this heat ‖ ~ broad daylight; ~ subdued
light; ⟨phot⟩ to develop only ~ red light;
→ 2., 3. ‖ to persist, persevere ~ a claim *beharren bei* .., → 9. **auf** ‖ I caught him ~ a lie ..
bei ..; → 9. **auf** ‖ help me ~ my work ‖ **(Truppe,
Dichter, Unfall, Zustand)** → 2.; to serve ~ the
Guards ‖ a passage ~ Milton; → 1. a ‖ killed
~ a car-accident ‖ to be ~ cash *bei Kasse s* ‖
he is in good humour ‖ all power resides ~ the
people .. *liegt beim Volk* ‖ **bis zu** [*dat*] ~ some
od a measure *bis z e–m gewissen Grade* ‖ **für**
[*acc*] to be interested ~ *sich interessieren f*
(*a*: to interest o.s. ~ a case) ‖ to interest a p ~
a case *jdn i. f* ‖ he is a reader ~ Latin .. *Professor f L.* ‖ **in** *Raum* [*dat*] → 1. ‖ ~ the corner;
caught ~ a trap ‖ ~ the (far) distance [*aberr*]
at a great d.] ‖ ~ the Bible ‖ money ~ hand ..
in der H. ‖ ~ the mainstreet, ~ Highstreet *in
der Hauptstraße* ‖ ~ Heaven ‖ don't stand ~
my light *steh mir nicht im L.* ‖ ~ the shadow of
a tree ~ the shade ‖ ~ the foreground ‖ to
drive ~ a carriage *im W. fahren* ‖ to live ~ a
small village, town [*auch hier Raumvorstellung!*]
→ at ‖ **in** [*acc*] to write ~ an album ‖ to set ~
motion ‖ to stand ~ the corner .. *stellen* ‖
to look ~ the mirror ‖ to leap ~ the dark *ins
Ungewisse* .. ‖ to put flowers ~ water ‖ **(Zeitraum)** [*dat*] ~ the evenings *in den Abendstunden*
‖ ~ his absence ‖ ~ one breath *in e–m Atem-
zuge* ‖ ~ time of peace *in Friedenszeiten*
‖ ~ rapid succession ‖ ~ the turn of a hand,
~ no time *im Handumdrehen* ‖ ~ the Middle

Ages *im M.* ‖ ~ the night (*Zeitraum*), → at
‖ ~ our days ‖ ~ advance *im voraus* ‖ ~
the winter I usually go to B. ‖ *in* (= *nach Verlauf v* ..) → 3. ‖ ~ an hour ~ a jiffy *im Nu* ‖
~ another moment *im nächsten Augenblick* ‖
in (= *innerhalb* [*gen*]) he made it ~ (= within)
a week ‖ [*Verben* + ~] → to agree, acquiesce,
confirm, consist, disappoint, end, engage,
examine, excel, fail, include, invent, join, mix,
resemble, stay, etc ‖ read [red] ~ (the) Latin
(authors) *belesen, bewandert in* .. ‖ moderate,
indifferent, behindhand, quick, weak, absorbed,
perfect, backward ~ ‖ experience, fluency, skill,
a smattering, a revolution ~ ‖ [*weitgehende
Übereinstimmung mit* **abstraktem** *Sinn im Deutschen*] ~ the true **acceptation** of the word *im
wahren Sinne des Wortes* ‖ ~ adversity *im
Unglück* ‖ it was ~ her **blood** *es lag ihr im Blut* ‖
~ bloom, ~ blossom *in Blüte* ‖ to nip in the bud
im Keime ersticken ‖ ~ either **case** *in beiden
Fällen*; ~ case of need *im Notfall* ‖ ~ poor
circumstances *in ärmlichen Verhältnissen* ‖ ~
concert with *im Einverständnis mit* ‖ ~ the
natural course of events ‖ ~ the company of
in Begleitung v ‖ ~ **danger**; ~ danger of his life
in Todesgefahr ‖ ~ a high degree *in hohem
Grade* ‖ ~ distress, ~ difficulties ‖ ~ doubt
im Z. ‖ as ~ a dream *wie im Traum* ‖ ~ good
earnest *in vollem Ernst* ‖ ~ essence *im wesentlichen* ‖ to look death ~ the **face** .. *ins Auge
sehen* ‖ ~ fashion ‖ ~ a fit of .. ‖ the law
remains ~ force ‖ he concentrates all power ~
his **hand** ‖ the boots are ~ hand .. *sind in Arbeit* ‖ to die ~ harness *in den Sielen sterben* ‖ ~
the heat of the battle ‖ ~ the hurry of business
im Drang der Geschäfte ‖ to be ~ **it** *⟨fam⟩ drin
sitzen* (sc. *in der Patsche*) ‖ ~ most instances
in den meisten Fällen ‖ a case unique ~ its
kind .. *einzig in s–r Art* ‖ to be ~ **league** with ..
im Bunde .. ‖ to put o.s. ~ a good light *sich
ins rechte Licht setzen* ‖ ~ the **making** *in Arbeit*
‖ ~ the real meaning of the word ‖ ~ a
measure *in gewissen Maßen* ‖ ~ a fine mess
bös in der Patsche ‖ bear *od* keep this ~ **mind** ..
im Gedächtnis .. ‖ to be, put ~ motion ‖ ~
need *in* (*der*) *Not* ‖ ⟨book⟩ it appears ~
numbers .. *in Lieferungen* ‖ ~ **office** *im
Amt s* ‖ ~ full operation *in vollem Betrieb* ‖ ~
opposition to *im Gegensatz, Widerspruch zu* ‖ ~
alphabetical order .. *Reihenfolge* ‖ to read ..
in the original .. *im Urtext lesen* ‖ ~ broad
outlines *in gr Zügen* ‖ leave him ~ **peace**! ‖ ~
⟨theat⟩ ~ the p of the King *in der Rolle des
Königs* ‖ ~ the first place *in erster Linie* ‖ try
to put yourself ~ my place *versetz dich in m–e
Lage* ‖ to be ~ a bad plight *in e–r üblen Lage s*
‖ he is not ~ a position to do it *er ist nicht in
der Lage es zu tun* ‖ to be in power *in der Regierung s* ‖ to keep ~ practice *in Übung bleiben*
‖ ~ practice, theory *in der P., Th.* ‖ ~ tolerable
preservation *in ziemlich gut erhaltenem Zustand*
‖ ⟨book⟩ ~ the press *im Druck* ‖ ~ proportion
to *im Verhältnis zu* ‖ ~ inverse proportion *im
umgekehrten V.* ‖ ~ prospect *in Aussicht* ‖ ~
pursuance of it *in Verfolg der S.* ‖ ~ the **book** ~
question *das in Frage kommende Buch* ‖ to be
~ a **rage** *in Wut s* ‖ to have a p ~ good
remembrance *jdn in guter E. h* ‖ a house ~ bad
repair .. *in schlechtem baulichen Zustand* ‖ ~
reply to your letter *in Beantwortung* [*gen*] ‖ ~
this (some) **respect** *in dieser (gewisser) Hinsicht*
‖ to be judged ~ the last resort *in letzter Instanz* ‖ ~ **self-defence** *in Notwehr* ‖ ~ a
narrower sense *in engerem Sinne* ‖ I would not
be ~ his **skin** *ich möchte nicht in s–r Haut
stecken* ‖ ~ **substance** *im wesentlichen* ‖ to be
(keep) ~ **suspense** *in der Schwebe s (l)* ‖ ~
triplicate *in 3-facher Ausfertigung* ‖ I am ~ the

vein for everything .. *in Stimmung z* .. ‖ keep this matter ~ view!; we have only your interest ~ view .. *h* .. *im Auge* ‖ ~ many **ways** *in mancher Hinsicht* ‖ ~ the usual general way *in der gewohnten (üblichen) Weise* ‖ he always places difficulties ~ my way *er legt mir immer Schwierigkeiten in den Weg* ‖ **mit** (*Frist*) [dat] ~ time (= by and by) *mit der Zeit* ‖ ~ course of time *od* years *mit der Zeit, mit den Jahren* ‖ to engage ~ *sich befassen mit* ‖ to deal ~ (furniture) *handeln mit* ‖ engaged ~, occupied ~ *beschäftigt mit* ‖ ⟨übtr⟩ **mit** (*Mittel, Art u Weise, Begleitumstand*) written ~ pencil, ink, a wonderful hand (*Handschrift*) ‖ to paint ~ colours ‖ to act ~ moderation ‖ I paid him back in his own coin *ich zahlte ihm mit gleicher Münze heim* ‖ to pass over ~ silence ‖ ~ a low voice *mit leiser St.* ‖ ~ other words ‖ the man ~ the iron mask, ~ the green hat, → 2. ‖ **nach** [dat] ~ all directions ‖ I shall write to you ~ U.S.A. .. *nach den Staaten* .. ‖ ⟨übtr⟩ *nach* (*Verhältnis, Art u Weise, Vorbild*) ~ appearance *dem Anschein nach* ‖ ~ the German manner *nach deutscher Art* ‖ good both ~ matter and form *nach Form u Inhalt gut* ‖ ~ my experience *m–r E. nach* ‖ ~ the course of things *dem Lauf der Dinge nach* ‖ ~ proportion to .. *nach Maßgabe v* .. ‖ dressed ~ the latest fashion *nach der neusten Mode* .. ‖ ~ name *dem N. nach* ‖ ~ their turn *der Reihe nach* ‖ ~ all probability *aller Wahrscheinlichkeit nach* ‖ **über** [dat] one forgot the poet ~ the man .. *über dem Menschen* ‖ **unter** [dat] ⟨geog⟩ ~ 40° north latitude [abbr. 40° N. lat.] *unter dem 40. nördl. Breitengrad*; to be ~ the same latitude *unter demselben B. liegen*; ~ the cold latitudes of 60° *unter dem kalten 60. B.* ‖ (*Zeit*) ~ the reign of *unter der R.* [gen] → 3. ‖ ⟨übtr⟩ ~ all circumstances *unter allen Umständen* ‖ 9 times ~ 10 *9mal unter 10*; → 1. b ‖ **von** [dat] disapointed ~ *enttäuscht v* ‖ absorbed ~ his work *in Anspruch genommen v* ‖ **vor** [dat] a flower-pot stands ~ the window .. *steht vor dem F.* (= *drinnen vor den Scheiben*) ‖ **während** [gen] ~ the reign of *während der R.* [gen] ‖ ~-flight repairs *Reparaturen während des Fluges*; ~-process inspection *Untersuchung während des Arbeitsablaufs* ‖ **zu** [dat] to travel ~ a car *z Wagen* .. → 9. *in* ‖ to come ~ sight *zum Vorschein k* → *in Sicht k* ‖ packed ~ dozens *zu Dutzenden verpackt* ‖ (*Zeit*) ~ my lifetime *z m–n Lebzeiten* ‖ ~ our time *z unserer Zeit* ‖ ~ (due) time *zur rechten Z*, ‖ all ~ its proper time *alles z s–r Z.* ‖ a nail ~ my coffin ‖ much success ~ (*od* with) your undertaking! *viel Erfolg zu* .. ‖ **zu** [abstr] (*Zweck*) ~ reward for *zur B. f* ‖ ~ confirmation of *zur Bestätigung v* ‖ ~ proof of *zum B. v* ‖ ~ gratitude for *zum Dank f* ‖ ~ German *zu* (= *auf*) *deutsch* ‖ honour of *zu Ehren v* ‖ ~ apology of *zur E. f* ‖ in memory ~ *zur E., zum Andenken an* ‖ ~ favour of *zugunsten v* ‖ ~ his praise *z s–m Lobe* ‖ ~ equal parts *z gleichen Teilen* ‖ ~ parts *zum Teil* ‖ → to result ~; distinction, defence, token **II. adv 1.** (**Richtung**) [*in Verbindung mit Verben*] *herein–* (to come ~); *hinein–* (to walk ~); to throw ~ at the window *ins Fenster hineinwerfen* ‖ year ~ year out *jahrein, jahraus* ‖ ⟨com⟩ we have just had some ~ *wir h gerade welche* (*Artikel*) *hereinbek* **2.** (**Lage**) *innen, drinnen*; ~ here *hier drinnen* ‖ [*mit Verben:*] *ein–*, to fall ~ *einfallen*; to rub ~ *einreiben* ‖ to be ~, *zu Hause s*; (of trains) *angek s*; spring is ~ *der Frühling ist da*; ⟨sport⟩ *am Schlagen s*; ⟨fig pol⟩ *am Ruder s* ‖ to be ~ for a th *etw z erwarten, z gewärtigen h*; to be ~ for it ⟨vulg⟩ *k–n anderen Ausweg h, in der Patsche sitzen*; °*fällig s* (*f Bestrafung*); he's ~ for trouble *er hat Unannehmlichkeiten z gegenwärtigen*; she's ~

for it ⟨vulg euph⟩ °*bei ihr hat's geschnappt* ‖ am I to be ~ on this? ⟨fam⟩ *bin ich dabei?, krieg ich was ab?* ‖ to be ~ with *es mit* (*jdm*) *gut können* ‖ ~-bound ⟨aero⟩ *im Anflug* **III.** [a] ~ patient *klinischer Patient, Anstaltskranke*(*r* m) f, ~-p. treatment *stationäre Behandlung* f ‖ the ~ side ⟨crick⟩ *die schlagende Partei* **IV.** [s] "IN" *Einfahrt* f ‖ the ~s [pl] *die Regierungspartei* (the ~s and outs *die R. u die Opposition*) ‖ ⟨sport⟩ *die spielende Partei* ‖ the ~s and outs (of a road) *die Windungen*; ⟨fig⟩ *Winkelzüge, Ecken u Winkel*; *die Einzelheiten* f pl (of a question) **V.** [in comp] → I. 1. c., I. 9. *während*, & → II. ‖ ~-works [pl] *Beschäftigte, Berufstätige* m pl

in– [in] pref → *a* en–
in– [in] *lebendes* pref [*mst mit Nebenton*] *un–* (indecisive) ‖ → un–
–in' ⟨vulg, fam⟩ (= –ing) huntin', shootin', fishin'

inability [ˌinəˈbiliti] s *Unfähigkeit* f, *Unvermögen* n (to do); ~ to pay *Zahlungsunfähigkeit* f ‖ *vgl* unable

inaccessibility [ˈinækˌsesəˈbiliti] s *Unzugänglichkeit* f (to *f*); *Unnahbarkeit* f **–ble** [ˌinækˈsesəbl] a (–bly adv) *nicht betretbar, nicht befahrbar* (road) ‖ *schwer erreichbar, unerreichbar* ‖ (*P*) *unnahbar, –zugänglich* (to *f*)

inaccuracy [inˈækjurəsi] s *Ungenauigkeit* f ‖ *Irrtum, Fehler* m **–ate** [inˈækjurit] a (~ly adv) *ungenau* ‖ *unrichtig* ‖ *unrein* (*Ton*)

inaction [inˈækʃən] s *Untätigkeit* f ‖ *Trägheit* f ‖ *Ruhe* f **–tivate** [inˈæktiveit] *er außer Dienst stellen* **–tivation** [ˌinæktiˈveiʃən] s *Außerdienststellung, Auflösung* f **–tive** [inˈæktiv] a (~ly adv) *untätig*; economically ~ population ⟨stat demog⟩ *Nicht-Erwerbspersonen* f pl ‖ *passiv* ‖ ~ installation *stillgelegte Anlage* f ‖ *träge* ‖ ⟨com⟩ *unbelebt, flau* ‖ ⟨med⟩ *unwirksam* ‖ ~ status *Wartestand* m **–tivity** [ˌinækˈtiviti] s *Untätigkeit* f ‖ *Trägheit* f ‖ ⟨com⟩ *Unbelebtheit, Stille* f ‖ *Unwirksamkeit* f

inadaptability [ˈinəˌdæptəˈbiliti] s *Unanwendbarkeit* f (to *auf, für*) **–able** [ˌinəˈdæptəbl] a *unanwendbar* (to)

inadequacy [inˈædikwəsi] s *Unangemessenheit* f; *Unzulänglichkeit* f; *Unvollkommenheit* f **–ate** [inˈædikwit] a (~ly adv) *unangemessen, unzulänglich, unzureichend* (to *für*; to do) **~ateness** [~nis] s = inadequacy

inadmissibility [ˈinədˌmisəˈbiliti] s *Unzulässigkeit* f **–ble** [ˌinədˈmisəbl] a *unzulässig, unstatthaft*

inadvertence [ˌinədˈvəːtəns], **–ency** [–si] *Unachtsamkeit* f; *Versehen* n, *Irrtum* m **–ent** [ˌinədˈvəːtənt] a *unachtsam* ‖ *unbeabsichtigt, unabsichtlich* **–ently** [~li] adv *aus Versehen, versehentlich*

inadvisable [ˌinədˈvaizəbl] a *unratsam*

inalienability [inˌeiliənəˈbiliti] s *Unveräußerlichkeit* f **–able** [inˈeiliənəbl] a (–ably adv) *unveräußerlich*; *unabdingbar* (*Recht, Forderung*)

inalterable [inˈɔːltərəbl] a *unveränderlich*

inamorata [inˌæmoˈrɑːtə] s It *Geliebte* f; *Liebchen* n **–rato** [inˌæmoˈrɑːtou] s *Geliebter, Liebhaber* m

inane [iˈnein] a (~ly adv) *leer, nichtig* ‖ *geistlos, fade, albern, sinnlos*

inaminate [inˈænimit] **1.** a *leblos* (nature) *unbeseelt*; *geistlos* ‖ ⟨com⟩ *unbelebt, flau* ‖ ⟨phot⟩ ~ picture *Standbild* ‖ *vgl* unanimated **2.** s *lebloses Wesen* n

inanition [ˌinəˈniʃən] s *Schwäche* f ‖ *Entkräftung* f **–ty** [iˈnæniti] *Leere* f ‖ ⟨fig⟩ *Leere, Hohlheit, Albernheit* f; **–ties** pl *leeres Geschwätz* n

inappeasable [ˌinəˈpiːzəbl] a *nicht z beruhigen*(d), *beschwichtigen*(d)

inappetence [inˈæpitəns] s *Appetitlosigkeit* f ‖ ⟨fig⟩ *Unlust* f (for *z*)

inapplicability ['in‚æplikə'biliti] s *Unanwend-barkeit* f (to *auf*) **-ble** [in'æplikəbl] a (–bly adv) *unanwendbar* (to *auf*) || *unbrauchbar* (to *f*)

inapposite [in'æpozit] s (~bly adv) *unpassend, unangemessen* (to *f*)

inappreciable [‚inə'pri:ʃəbl] a (–bly adv) *un-berechenbar* || *unbemerkbar*; *unbedeutend*

inappreciation [‚inəpri:si'eiʃən] s *Mangel an Würdigung* or *Anerkennung* m **–ative** [‚inə-'pri:ʃətiv] a (~ly adv) *nicht würdigend*; *gleich-gültig*

inapprehensible [in‚æpri'hensəbl] a *unbegreif-lich, unfaßlich*

inapproachable [‚inə'proutʃəbl] a *unnahbar, unzugänglich*; *geschützt* (from *gegen*)

inappropriate [‚inə'prouprii1] a (~ly adv) *un-geeignet, unpassend*; *ungehörig* **~ness** [~nis] s *Unangemessenheit* f

inapt [in'æpt] a (~ly adv) *untauglich, unge-eignet*; *außerstande* (to do); *ungeschickt* (at *bei*) || *abwegig* **~itude** [~itju:d], **~ness** [~nis] s *Ungeeignetheit*; *Untauglichkeit* f (for *z*); *Un-geschicktheit* f

inarch [in'ɑ:tʃ] vt ⟨hort⟩ (*Pflanze*) *absäugen, ablaktieren* (*durch Annäherung veredeln*)

inarticulate [‚inɑ:'tikjulit] a (~ly adv) *un-artikuliert, undeutlich*; *–vernehmlich* || *wortkarg, zurückhaltend* || ⟨zoo⟩ *ungegliedert* || **~ness** [~nis] s *Unvernehmlichkeit, Undeutlichkeit* f

inartistic [‚inɑ:'tistik] a (~ally adv) *unkünst-lerisch* || *kunstfremd*

inasmuch [‚inəz'mʌtʃ] adv ~ as *da ja, weil* || † *insofern als*

inattention [‚inə'tenʃən] s *Unaufmerksamkeit, Unachtsamkeit* f || *Gleichgültigkeit* (to *gegen-über*) **–tive** [‚inə'tentiv] a (~ly adv) *unaufmerk-sam, unachtsam* || *nachlässig, gleichgültig* (to *gegen*) **–tiveness** [~nis] s ·*Unaufmerksamkeit* f

inaudibility [in‚ɔ:də'biliti] s *Unhörbarkeit* f **-ble** [in'ɔ:dəbl] a (–bly adv) *unhörbar*

inaugural [i'nɔ:gjurəl] **1.** a *Einweihungs–* || *Antritts–* **2.** s *Antrittsrede* f **-ate** [i'nɔ:gjureit] vt (*jdn*) *feierlich einführen, einsetzen* || (*etw*) *be-ginnen, einleiten* (a new era) || (*Ausstellung*) *ein-weihen, eröffnen* **–ation** [i‚nɔ:gju'reiʃən] s *Ein-führung, Einsetzung* f; ⟨Am⟩ *Amtsantritt* m (*des Präsidenten*) || *Beginnen* n, *Einleitung* f || *Ein-weihung, Eröffnung* f || *Enthüllung* f (*e–s Denk-mals*) **–ator** [i'nɔ:gjureitə] s *Einführer* m **–atory** [~ri] a = inaugural

inauspicious [‚inɔ:s'piʃəs] a (~ly adv) *un-günstig*, v *böser Vorbedeutung*; *unglücklich* (beginning) **~ness** [~nis] s *üble Vorbedeutung* f

inboard ['inbɔ:d] **1.** adv ⟨mar⟩ *im Schiff, binnenbords* **2.** a *Innen–, inner* (cargo)

inbond ['inbɔnd] s ⟨mas⟩ *quer durch die Wand gelegt*; ~ brick *Kopfstück* n, *Binder* m

inborn ['in'bɔ:n; attr ´– –] a *angeboren* (in a p *jdm*; ~ in man) || *rassig* (dog)

inbreathe ['in'bri:ð] vt *einhauchen* || (*jdn*) *inspirieren*

inbred ['in'bred; attr ´– –] a *angeboren, ererbt*

inbreed ['in'bri:d] vt (→ to breed) (*Gefühl* etc) *erzeugen, hervorrufen* **~ing** [~iŋ] s (*P & T*) *Inzucht* f

incalculability [in‚kælkjulə'biliti] s *Unbere-chenbarkeit* f || **-ble** [in'kælkjuləbl] a (–bly adv) *unberechenbar, unmeßbar*; *nicht abzuschätzen(d)* || (*P*) *unberechenbar, –zuverlässig*

incandesce [‚inkæn'des] vi/t || *weißglühend w* | vt *weißglühend m* **~nce** [~ns] s *Weißglühen* n, *–glut* f || ⟨fig⟩ *Erhitzung, Erregung* f **~nt** [~nt] a *weißglühend* || *glühend, leuchtend* || ⟨tech⟩ *Glüh–* (~ light); ~ lamp *–lampe* f; ~ mantle *–strumpf* m

incantation [‚inkæn'teiʃən] s *Beschwörung* f; *Zauberformel* f

incapability [in‚keipə'biliti] s *Unfähigkeit* f

(of a th *z etw*; of doing *z tun*) **-ble** [in'keipəbl] a (–bly adv) *untauglich* || *unfähig* (of a th *z etw*; of doing *z tun*) || *nicht fähig* or *imstande* (of *z*); ~ of work *arbeitsunfähig* || *hilflos* (drunk and ~) || *nicht berechtigt* (of *z*)

incapacitate [‚inkə'pæsiteit] vt (*kampf*)*unfähig m* (for a th *z etw*; for *od* from doing *z tun*; to do); *außer Gefecht setzen* || ⟨jur⟩ *f unfähig erklären, disqualifizieren* (from doing *z tun*) **–citation** ['inkə‚pæsi'teiʃən] s *Unfähigmachung* f **-city** [inkə'pæsiti] s *Unfähigkeit* f (for a th *für, zu etw*; for doing; to do) *Untüchtigkeit* f || *Dis-qualifikation* f

incarcerate [in'kɑ:səreit] vt *einkerkern* || ⟨med⟩ *einklammern, –klemmen* **–ation** [in‚kɑ:-sə'reiʃən] s *Einkerkerung* f

incarnadine [in'kɑ:nədain] **1.** a *fleischfarben, rot* **2.** vt *rot m, röten*

incarnate 1. [in'kɑ:nit] a ⟨ec⟩ *fleischgeworden* || ⟨fig⟩ *leibhaftig, eingefleischt* (a devil ~) || *verkörpert, formgeworden* **2.** ['inkɑ:neit] vt *mit Fleisch bekleiden* || *verkörpern*; *konkrete Form geben, verwirklichen* **–ation** [‚inkɑ:'neiʃən] s *Fleisch–, Menschwerdung* f; ⟨fig⟩ *Verkörperung* f

incase [in'keis] vt ⟨Am⟩ = encase

incautious [in'kɔ:ʃəs] a (~ly adv) *unvorsichtig, –klug* **~ness** [~nis] s *Unvorsichtigkeit* f

incendiarism [in'sendjərizm] s *Brandstiftung* f || ⟨fig⟩ *flammende Erregung* f **–ary** [in'sendjəri] **1.** a *brandstifterisch, Brand–*; *durch Brandstif-tung verursacht*; *Brand–* (~ bomb *–bombe* f; ~ charge *–satz m*) || *Brand–* || *missile, ~* projectile, ~ shell *Brandgeschoß* n || *composi-tion, ~ filling* (*Munitions-*)*Brandsatz* m || *fuse Brennzünder* m | ⟨fig⟩ *aufweiglerisch, meuterisch* **2.** s *Brandstifter* m || *Aufwiegler* m || *Brandbombe* f || ⟨mil⟩ *Flammöl* n, *Brandmasse* f; *–munition* f

incense ['insens] **1.** s *Räucherwerk* n, *Weih-rauch* m || ⟨fig⟩ *Beweihräucherung, Schmeiche-lei* f | ~-bearer *Rauchfaß* (*schwingender*) *Engel* m || ~-boat *Weihrauchgefäß* n **2.** vt *beweihräu-chern* || *durchduften*

incense [in'sens] vt *erzürnen, erregen, in Wut bringen*

incentive [in'sentiv] **1.** a *anreizend, –spornend*; *Anreiz–* || ~ pay ⟨mil⟩ *Gefahrenzulage* f **2.** s *Anreiz, Antrieb* m (to a th *z etw*; to do, to doing *z tun*) || *Anreizmittel* n

incept [in'sept] vt/i || ⟨biol⟩ (*Fremdstoff*) (*als Zelle*) *auf–, einnehmen* | vi ⟨Oxf⟩ to ~ in arts *sich z* M.A. *qualifizieren*; ⟨Cambr⟩ M.A. *w, als* M.A. *anerkannt w* **~ion** [in'sepʃən] s *Beginnen* n; *Eröffnung* f || *Gründung* f (*the organization*) had its ~ in 1923 .. *wurde 1923 gegründet* || ⟨Cambr⟩ *Qualifikation* f *z* M.A. || ~ of knocking ⟨mot⟩ *Klopfeinsatz* m **~ive** [in'septiv] a *anfangend, Anfangs–* || ⟨gram⟩ *den Anfang bezeichnend, inchoativ*

incessancy [in'sesənsi] s *Unablässigkeit* f; *fortgesetzte Dauer* f **–ant** [in'sesnt] a (~ly adv) *unablässig, unaufhörlich*

incest ['insest] s *Blutschande* f **~uous** [in-'sestjuəs] a (~ly adv) *blutschänderisch, Inzest-*

inch [intʃ] **I.** s **1.** *Zoll* m (= 2,54 cm); 2 ~es of rain *2 Zoll Regen*; a two-~ board *ein zwei-zölliges Brett* **2.** kl. *Menge* f etc, *Bißchen* n **3.** ~es [pl] *Stat·ur* f (a man of your ~es) **4.** every ~ of *jeder Zoll* v; he was a general, every ~ of him *er war jeder Z.* (or *durch u durch*) *ein G.* || by ~es *langsam, allmählich* || ~ by ~ *Schritt f Schritt, allmählich* || not to yield an ~ *nicht e–n Z. weichen* || if you give him an ~ he takes an ell *gibst du ihm den kleinen Finger, so nimmt* or *will er die ganze Hand* || I wouldn't trust him an ~ *ich trau ihm nicht um die Ecke* || **5.** [attr] *Zoll–* (~ measure); ~ rule *Zollstock* m || ~-worm ⟨ent⟩ *Spannerraupe* f **II.** vi *Zoll f*

Zoll vorrücken or *zurückgehen* (he ~ed several feet backwards); to ~ closer to .. *sich* [acc] (*e–r S*) *zollweise nähern* ~ed [~t] a *–zöllig* || *mit Zollstrichen versehen*; *Zoll–*, ~*-rule –stock* m *–incher* ['intʃə] s [in comp] six~ *Gegenstand* m *v 6 Zoll Länge, Dicke* **inching** ['intʃiŋ] s ⟨tech⟩ *zentimetergenaues Verfahren* n

inchoate ['inkoueit] **1.** a *Anfangs–*; *unfertig, unvollkommen* || ⟨jur⟩ *in der Entwicklung, Entstehung begriffen, nur teilweise begründet* or *feststehend*; ~ *title* ⟨jur⟩ *Anwartschaftsrecht* n (*des Souveräns des Entdeckers*) **2.** vt *beginnen, anfangen* || ⟨fig⟩ *einleiten* **–ative** ['inko(u)eitiv] **1.** a *Anfangs–*; ⟨gram⟩ *inchoativ* **2.** s *das Inchoativum* n

incidence ['insidəns] s *Eintreten, Auf–, Vorkommen* n; *Grad des Auftretens* (the highest ~ *of malaria is among* ..) || ⟨phys, *bes* opt⟩ *Einfall*; *angle of* ~ *–swinkel* m || *Verbreitung, Ausdehnung* f; *Umfang, Einfluß* m || ~ *of taxation Steuerdruck* m, *–belastung* f | ~ *rate* ⟨stat⟩ *Erkrankungsziffer* f

incident ['insidənt] **1.** s *Zufall, Vor–, Zwischenfall* m; *Vorkommnis, Ereignis* n; *Umstand* m || *Nebenumstand* m; *–episode* f **2.** a ⟨phys, *bes* opt⟩ *einfallend* (upon *auf*) | *eigen, zugehörig* (to a th *e–r S*), *verbunden* (to *mit*) || ~ *energy* ⟨opt⟩ *Einfallenergie* f **–al** [,insi'dentl] **1.** a *zufällig, nebensächlich, beiläufig*; ~ *images Nachbilder* n pl || *Neben–* (~ *expenses*) | ~ *to verbunden mit, gehörig z*; to be ~ *to* (*als selbstverständlich*) *gehören z* || ~ *upon folgend auf* **2.** [s pl] ~s *Nebenausgaben* f pl **–ally** [,insi'dentəli] adv *nebenbei, beiläufig* || *als e–e Folge davon*

incinerate [in'sinəreit] vt *einäschern*; *z Asche verbrennen* **–ation** [in,sinə'reiʃən] s *Einäscherung* f **–ator** [in'sinəreitə] s *Verbrennungsapparat, –ofen* m

incipience [in'sipiəns], **–ency** [–si] s *Anfang* m; *erstes Stadium* n **–ent** [in'sipiənt] a (~ly adv) *anfangend, Anfangs–* || *im Entstehen begriffen*

incise [in'saiz] vt *einschneiden in* (*e–n Stein schneiden, ritzen* || (*etw*) *einschneiden, gravieren* (on *auf*); *stechen* || ~d *wound Schnittwunde* f **–sion** [in'siʒən] s *Einschnitt, Schnitt* m ⟨*a med surg*⟩ **–sive** [in'saisiv] a (~ly adv) *einschneidend, Schneide–* (~ *teeth –zähne*) || ⟨fig⟩ *einschneidend, ausdrucksvoll, lebendig, durchdringend* || *scharf, schneidend* **–sor** [in'saizə] s ⟨anat⟩ *Schneidezahn* m

incitation [,insai'teiʃən] s *Anreizung* f; *Anregung* f, *–trieb* m

incite [in'sait] vt *antreiben, aufwiegeln, –reizen* (to *z*) || ⟨fig⟩ *anreizen, –spornen, aufmuntern* (to *zu*; to do) ~**ment** [~mənt] s *Anreiz, Ansporn* m, *Anreizung, Aufreizung* f (to *zu*) || *Anregung* f (to); *Triebfeder* f (to *zu*) || *Reizmittel* n

incivility [,insi'viliti] s *Unhöflichkeit* f; *Grobheit* f || *vgl* uncivil

incivism ['insivizm] s *Treubruch* m (*gegen den Staat*)

in-clearing ['in,kliəriŋ] s ⟨com⟩ *Gesamtbetrag der v e–r Bank z zahlenden Schecks* (*vom* Clearing House)

inclemency [in'klemənsi] s (of the weather) *Rauheit* f; *–encies* pl *Unbilden* f pl **–ent** [in'klemənt] a (of the weather) *unfreundlich, rauh*

inclinable [in'klainəbl] a *geneigt* (to do) || *zugetan* (to a p *jdm*) **–ation** [,inkli'neiʃən] s *Neigung* f; *Abhang* m || ⟨fig⟩ *Neigung* f (to *z*; to do); *Hang* (to, for *z*); *Vorliebe* f (for *z*) || *Neigung, Anlage* f (to *z*) || ⟨tech⟩ *Schräg–, Schiefstellung* f

incline [in'klain] **1.** vt/i | *beugen*; (*Linie* etc) *neigen* || (*Kopf*) *senken*; to ~ *one's ear to a p jdm sein Ohr leihen* || ⟨fig⟩ (*jdn*) *bewegen, ver-*

leiten, geneigt m (to *z*; to do) (this ~s China to the view) || vi *sich neigen* (to, towards) || ⟨fig⟩ *geneigt s* (I ~ *to think*) || *e–e Neigung, Anlage h* (to *z*), *dazu neigen* (to do *z tun*) **2.** s *Neigung* f, *Abhang* m **–ned** [~d] a *geneigt, abschüssig, schief*; ~ *plane schiefe Ebene* f || to be ~ *more than 45°* ⟨min⟩ *stehen* (*v Schichten*) || *abwärtsgetrieben, einfallend* (*Förderstrecke*) || ⟨fig⟩ [pred] *geneigt*, to be, *feel* ~ (to, for a th *zu etw*; to do) **–ning** [~iŋ] ~ *colour cast kippender Farbgang*; ~ *of the image Kippen des Bildes*

inclinometer [,inkli'nɔmitə] s *Neigungsmesser* m

inclose [in'klouz], **inclosure** [in'klouʒə] → en–

include [in'klu:d] vt (*jdn, etw*) *einrechnen, –schließen* (in); *rechnen* (among *unter*); (*jdn*) *im Testament bedenken* | *umfassen, ein–, in sich begreifen, enthalten* || this ~s *one-way streets! auch auf Einbahnstraßen!* **–ding** [~iŋ] ⟨prep⟩ *einschließlich*, ~ *your father dein Vater eingeschlossen*

inclusion [in'klu:ʒən] s *Einbeziehung, –schließung* f; *–schluß* m (in *in*); with the ~ *of mit E. von* || *Einverleibung* (in *in*) || *Zugehörigkeit* (in *z*) || ⟨minr⟩ *Einschluß* m

inclusive [in'klu:siv] a *einschließend, einschließlich, alles einschließend*; to be ~ *of a th etw in sich schließen* || *pages 10 to 15* ~ *die Seiten 10 bis 15 einschließlich*; *these terms are* ~ *in diesem Preis ist alles einbegriffen*; ~ *terms Preise einschl. Licht u Bedienung*; ~ *tour Pauschalreise* f ~**ly** [~li] adv *einschließlich, inklusive* (from .. to .. ~)

incoagulable [inkou'ægjuləbl] a *ungerinnbar*

incog. [in'kɔg] ⟨fam⟩ = **incognito** [in-'kɔgnitou] It **1.** a *inkognito, unerkannt* **2.** adv *inkognito, unter fremdem Namen* (to travel ~) **3.** s [pl ~s] *Inkognito* n

incognizable [in'kɔ(g)nizəbl] a *unerkennbar* || *nicht wieder z erkennen(d)* **–ance** [in'kɔ(g)nizəns] s *Unerkennbarkeit* f **–ant** [in'kɔ(g)nizənt] a *nicht* (*er*)*kennend*; to be ~ *of nicht* (*er*)*kennen*

incoherence [,inko'hiərəns], **–ency** [–si] s *Zus–hanglosigkeit* f; *Inkonsequenz* f || *Unvereinbarkeit* f, [a pl ~s] *Widerspruch* m **–ent** [,inko'hiərənt] a (~ly adv) *unzus–hängend*; *inkonsequent* | *widerspruchsvoll*

incombustible [,inkəm'bʌstəbl] a *unverbrennbar*

income ['inkəm] s *Einkommen* n (a big ~ *ein hohes E.*); *earned* ~ *E. durch Arbeit*, *unearned* ~ *E. aus Vermögen*; *real national* ~ *per head* ⟨demog⟩ *Sozialprodukt* n *je Kopf der Bevölkerung* | ~*-tax Einkommen–, Körperschaftssteuer* f

incomer ['in,kʌmə] s *Hereinkommender* || *Eindringling* m || ⟨jur⟩ *neuer Eigentümer, Nachfolger* m

incoming ['in,kʌmiŋ] **1.** s *Eintritt* m | ~s [pl] *Einkünfte, –gänge* m pl **2.** a *an–, hereinkommend* (tide); ⟨rail⟩ ~ *block Anfangssperre* f ⟨el⟩ *einkommend* (*Leitung*); ~ *data Eingangswerte* m pl (*am Gerät*); ~ *message* ⟨wir⟩ *eingehender Spruch* m || *neu eintretend, nachfolgend* (tenant) || *fällig* (payment)

incommensurability ['inke,menʃərə'biliti] s *Unmeßbarkeit* f **–able** [,inkə'menʃərəbl] a (–ably adv) *untereinander nicht meßbar*; *unvergleichbar, inkommensurabel*; *unvereinbar* (with) **–ate** [,inkə'menʃərit] a *unvereinbar* (with, to *mit*) || *nicht meßbar*

incommode [,inkə'moud] vt (*jdn*) *belästigen*; (*jdm*) *lästig, beschwerlich fallen* **–dious** [,inkə-'moudiəs] a (~ly adv) *unbequem, lästig* || *unbehaglich*

incommunicability ['inkə,mju:nikə'biliti] s *Unmitteilbarkeit* f **–able** [,inkə'mju:nikəbl] a (–ably adv) *unmitteilbar, –ausdrückbar* **–ation**

['inkə‚mju:ni'keiʃən] *Gefangenschaft f verbunden mit Ausschluß des Verkehrs mit der Außenwelt* –ative [‚inkə'mju:nikətiv] a *nicht mitteilsam, zurückhaltend*

incommutable [‚inkə'mju:təbl] a (–bly adv) *unvertauschbar* || *unabänderlich; unveränderlich*

incomparable [in'kɔmpərəbl] a (–bly adv) *unvergleichlich* | [pred] *nicht z vergleichen* (with, to *mit*)

incompatibility ['inkəm‚pætə'biliti] s *Unverträglichkeit, Unvereinbarkeit f* (with); *Widerspruch m* (between *zwischen*) || ~ *of temperament* ⟨psych⟩ *seelische Grausamkeit f in der Ehe* –ible [‚inkəm'pætəbl] a (–ibly adv) *unvereinbar* (with); (S) *unverträglich, nicht zus–passend*

incompetence [in'kɔmpitəns], –ency [–si] s *Unfähigkeit, –tauglichkeit f* || *Unzulänglichkeit f* || ⟨jur⟩ *Inkompetenz, Unzuständigkeit f* –ent [in'kɔmpitənt] a (~ly adv) *unfähig, untüchtig* (to do); (S) *unzulänglich, –tauglich, –brauchbar* || ⟨jur⟩ *inkompetent, unzuständig* || ⟨psych-jur⟩ *geschäftsunfähig*

incomplete [‚inkəm'pli:t] a (~ly adv) *unvollständig, unvollkommen* || *mangelhaft* ~**ness** [~nis], –**tion** [‚inkəm'pli:ʃən] s *Unvollständigkeit, Unvollkommenheit f*

incomprehensibility [in‚kɔmprihensə'biliti] s *Unbegreiflichkeit f* –**sible** [in‚kɔmpri'hensəbl] a (–sibly adv) *unbegreiflich, –verständlich* || *unbegrenzt* –**sibleness** [~nis] s = incomprehensibility

incompressibility ['inkəm‚presə'biliti] s *Nichtzusammendrückbarkeit f* –**sible** [‚inkəm'presəbl] a *nicht zus–drückbar*

incomputable [‚inkəm'pju:təbl] a *nicht be–, errechenbar*

inconceivability ['inkən‚si:və'biliti] s *Unbegreiflichkeit f* –**able** [‚inkən'si:vəbl] a (–ably adv) *unbegreiflich* (to a p *für*), *unfaßbar* –**ableness** [~nis] s *Unbegreiflichkeit f*

inconclusive [‚inkən'klu:siv] a (~ly adv) *nicht überzeugen(d)* || *keine Beweiskraft habend* || *erfolg–, resultatlos,* → ballot s ~**ness** [~nis] s *Mangel an Beweiskraft m*

incondensable [‚inkən'densəbl] a *nicht verdichtbar*

incondite [in'kɔndait] a *schlecht ausgearbeitet* || *roh, unfein*

inconformity [‚inkən'fɔ:miti] s *Unvereinbarkeit f* (with); –*ähnlichkeit f* (to *mit*) || ⟨ec⟩ *nonconformity*

incongruity [‚inkəŋ'gruiti] s *Mangel an Gleichmaß m; Mißverhältnis n* || *Ungereimtheit f; Widersinnigkeit f*

incongruous [in'kɔŋgruəs] a (~ly adv) *nicht übereinstimmend, unvereinbar* (with, to *mit*) || *unpassend, unangemessen, widerspruchsvoll; ungereimt*

inconsecutive [inkən'sekjutiv] a (~ly adv) *folgewidrig, inkonsequent; widersinnig*

inconsequence [in'kɔnsikwəns] s *Inkonsequenz, Folgewidrigkeit f* –**ent** [in'kɔnsikwənt] a (~ly adv), –**ential** [in‚kɔnsi'kwenʃəl] a (~ly adv) *inkonsequent, folgewidrig; unzus–hängend* || (–ential) *unwichtig*

inconsiderable [‚inkən'sidərəbl] a *unbeträchtlich, belanglos, unbedeutend*

inconsiderate [‚inkən'sidərit] a (~ly adv) *unbedachtsam, unüberlegt, rücksichtslos* (to *gegen*; to do) ~**ness** [~nis] s *Unüberlegtheit, Rücksichtslosigkeit f*

inconsistency [‚inkən'sistənsi] s *Unvereinbarkeit f* (with *mit*); *innerer Widerspruch* (between); *Inkonsequenz* | [oft pl –cies] *Ungereimtheit f* || *Unstetig–, Unbeständigkeit f, Zerfahrenheit f*

inconsistent [‚inkən'sistənt] a (~ly adv) *unvereinbar* (with); *sich widersprechend, widerspruchsvoll; inkonsequent* || *unbeständig, unstet*

inconsolable [‚inkən'souləbl] a (–bly adv) *untröstlich*

inconsonant [in'kɔnsənənt] a *nicht übereinstimmend* or *im Einklang* (with)

inconspicuous [‚inkən'spikjuəs] a (~ly adv) *unauffällig, unmerklich* || ⟨bot⟩ *unansehnlich* (flowers)

inconstancy [in'kɔnstənsi] s *Unbeständigkeit; Veränderlichkeit f* || *Wankelmut m* –**ant** [in-'kɔnstənt] a (~ly adv) (P) *unbeständig; ungleich, veränderlich, wankelmütig, unstet* || (S) *unregelmäßig*

inconsumable [‚inkən'sju:məbl] a *nicht aufzehrbar; unverbrennlich* (candle)

incontestable [‚inkən'testəbl] a (–bly adv) *unstreitig, –bestreitbar* || *unwiderleglich*

incontinence [in'kɔntinəns], –**ency** [–si] s *Unenthaltsamkeit, –mäßigkeit f, Unkeuschheit f* | ⟨med⟩ *das Unvermögen, etw zurückzuhalten;* ~ *of urine Harnfluß m* –**ent** [in'kɔntinənt] a *unenthaltsam, –mäßig* || *unkeusch* | *nicht halten können; to be* ~ *of a th etw nicht halten können* –**incontinent** [in'kɔntinənt] † adv *sofort, –gleich* [a attr] ~**ly** [~li] adv *sofort*

incontrovertible [‚inkɔntrə'və:təbl] a (–bly adv) *unstreitig, unumstößlich* (truth)

inconvenience [‚inkən'vi:njəns] **1.** s *Unbequemlichkeit, Ungelegenheit; Unannehmlichkeit, Schwierigkeit f* (to *f*); *to put a p to great* ~ *jdm gr U. bereiten* **2.** vt *belästigen,* (jdm) *lästig fallen*

inconvenient [‚inkən'vi:njənt] a·(~ly adv) *unbequem, ungelegen, lästig* (to *für*)

inconvertibility ['inkən‚və:tə'biliti] s *Unverwandelbarkeit;* ⟨com⟩ *Nichtumsetzbarkeit* –**ible** [‚inkən'və:təbl] a (–ibly adv) *unverwandelbar;* ⟨com⟩ *nicht umsetzbar, nicht konvertierbar*

incoordination [‚inkɔ:di'neiʃən] s *Mangel an Gleichordnung; M. m an Zus–arbeiten*

incorporate [in'kɔ:pərit] a *einverleibt, einigt* || *inkorporiert;* ~ *body Körperschaft f*

incorporate [in'kɔ:pəreit] vt/i **A.** vt *(etw) vereinigen, –binden* (with) || ⟨tech⟩ *vorsehen, einbauen* || *(etw) einverleiben* (into, in a th *e–r S*); *to be* ~d *in a book e–m Buch einverleibt w* | *aufnehmen* (into *in*); *to be* ~d *a member als Mitglied aufgenommen w* | *in sich schließen, enthalten* | *z e–r juristischen P, z e–r Körperschaft m, to be* ~d *as als K. anerkannt w* **B.** vi *sich vermischen, –binden* (with) | ~**d** [~id] a *inkorporiert, gesetzlich konstituiert;* ~ *company* ⟨Am⟩ *Aktiengesellschaft f* –**ting** [~iŋ] a ⟨tech⟩ ~ *mill Mischmühle f*

incorporation [in‚kɔ:pə'reiʃən] s *Vereinigung, innige Verbindung; Einverleibung f* (into *in*) || *Inkorporation f; inkorporierte Gesellschaft f; Gründung f e–r juristischen P* –**ative** [in'kɔ:pərətiv] a *körperschaftlich*

incorporeal [‚inkɔ:-'pɔ:riəl] a (~ly adv) *unkörperlich; immateriell, geistig* –**reity** [‚inkɔ:pə-'ri:iti] *Unkörperlichkeit, Immaterialität f*

incorrect [‚inkə'rekt] a (~ly adv) *unrichtig, ungenau; fehlerhaft* || *unschicklich, –gehörig* || ~ly *centered front sight* (Visier) *geklemmtes Korn n* ~**ness** [~nis] s *Unrichtigkeit; Ungenauigkeit f; Fehlerhaftigkeit f*

incorrigibility [in‚kɔridʒə'biliti] s *Unverbesserlichkeit f* –**ible** [in'kɔridʒəbl] a (–ibly adv) *unverbesserlich*

incorrupt [‚inkə'rʌpt] * a *unverdorben; unbestechlich* ~**ibility** ['inkə‚rʌptə'biliti] s *Unverderblichkeit, Unverweslichkeit f* || *Unbestechlichkeit f* –**ible** [‚inkə'rʌptəbl] a (–ibly adv) *unverderblich, unvergänglich* || *unbestechlich, redlich* ~**ion** ['inkə‚rʌpʃən], ‚inkə'rʌpʃən], ~**ness** [‚inkə-'rʌptnis] s *Unverdorbenheit f; –bescholtenheit f*

incrassate [in'kræsit] a *fett, verdickt*

increase [in'kri:s] vi/t *zunehmen;* (–sing *twist zunehmender Drall*), *wachsen, sich ver-*

mehren, stärker, größer w (in *an*) ⟨*a* übtr⟩ ‖ *anwachsen*; (of prices) *steigen* | vt *vermehren, vergrößern, verstärken*; *steigern* ‖ (*Maschen*) *zunehmen*; ⟨el⟩ (*Widerstand*) *erhöhen*; to ~ *tenfold verzehnfachen*; to ~ *the tension of steam Dampf spannen*; to ~ *the volume* ⟨*wir*⟩ *die Lautstärke vergrößern*; to ~ *still further noch verstärken* ‖ *verschlimmern* | ~d [~t] a ⟨phot⟩ *vergrößert* ‖ ~ *rate of fire* ⟨mil⟩ *Feuersteigerung* f

increase [ˈinkriːs] s *Vergrößerung*; *Vermehrung* f ‖ *Anwachsen, Wachsen* n (on the ~ *im W.*); *Wachstum* n; *Zuwachs* m; *crude* (intrinsic *od* true) *rate of natural* ~ ⟨demog⟩ *natürliche* (*stabile*) *Zuwachsrate* f ‖ *Verstärkung, Steigerung* (over), *Zunahme* f; *Fortschritt* m (on *gegenüber*) ‖ *Erhöhung* f (~ *of salary Gehalts*-); *Steigen* n (in wages *der Löhne*); *Zulage* f ‖ ~ *in* (*od* of) *pay Gehalts-, Solderhöhung* f ‖ ⟨com⟩ *Zuwachs*; *vermehrter Betrag* m

incredibility [inˌkrediˈbiliti] s *Unglaublichkeit* f –**ible** [inˈkredəbl] a *unglaubhaft* ‖ *unglaublich* ⟨fam⟩ *außerordentlich groß od hoch* etc (~ sum) –**ibly** [inˈkredəbli] adv *unglaublich* ⟨a fam⟩ (*sehr*)

incredulity [ˌinkriˈdjuːliti] s *Unglaube* m; *Ungläubigkeit* f –**lous** [inˈkredjuləs] a (~ly adv) *ungläubig*

increment [ˈinkrimənt] s *Zuwachs*; –*nahme* f (of *an*) ‖ *Mehrertrag, Ertrag, Gewinn* m ‖ *Steigerungsbetrag* m (z *Gehalt*) (an annual ~) ‖ ⟨artill⟩ *Teilladung* f ‖ ~ *value Wertzuwachs* m; ~ *value duty –steuer* f ‖ ⟨tech⟩ *Differential* n | ~**al** [ˌinkriˈmentl] a *Steigerungs*- (~ step –*stufe*, ~ step rate –*zulage* f)

incriminate [inˈkrimineit] vt to ~ a p *jdn e–s Verbrechens beschuldigen, jdn belasten* –**atory** [inˈkrimineitəri] a *beschuldigend* ‖ *belastend*

incrust [inˈkrʌst] vt ⟨*bes* Am⟩ → *encrust* ‖ ~ed *water* ⟨min⟩ *Sinterwasser* n ~**ation** [ˌinkrʌsˈteiʃən] s ⟨arch⟩ (*Wand-*)*Bekleidung* f; *Belag* m ‖ *Bekrustung*; ⟨geol⟩ *Inkrustation*; *Kruste* f ⟨a fig⟩ ‖ *Kesselstein* m

incubate [ˈinkjubeit] vt/i ‖ (*Ei*) *ausbrüten*; ⟨fig⟩ (*etw*) *ausbrüten* | vi *brüten* –**ation** [ˌinkjuˈbeiʃən] s *Brüten* n ‖ ⟨med⟩ *Inkubation* f –**ative** [ˈinkjubeitiv] a ⟨med⟩ *Inkubations*–

incubator [ˈinkjubeitə] s *Brutapparat* m ~**y** [~ri] a *brütend, Brut*– (instinct)

incubus [ˈinkjubəs] s L *Alp* m, –*drücken* n ‖ ⟨fig⟩ *bedrückende Last* f

inculcate [ˈinkʌlkeit] vt (*etw*) *einschärfen*; –*impfen*, –*prägen* (on, upon a p, in a p *jdm*) –**ation** [ˌinkʌlˈkeiʃən] s *Einschärfung* f

inculpate [ˈinkʌlpeit] vt *anklagen, beschuldigen* –**ation** [ˌinkʌlˈpeiʃən] s *Beschuldigung* f; *Tadel*; *Vorwurf* m (against) –**atory** [inˈkʌlpətəri] a *beschuldigend*; *Anklage*–

incumbency [inˈkʌmbənsi] s **Obliegenheit* f ‖ ⟨ec⟩ *Pfründenbesitz* m; *Pfründe* f ‖ *Pflichtbereich* m *od Amtszeit* f *e–s Pfründners* | ~ *clause Besitzstandsklausel* f (in *Tarifverträgen*) –**ent** [inˈkʌmbənt] **1.** s *Pfründenbesitzer*, –*inhaber, Amtsinhaber* m **2.** a † *liegend* (on *auf*) ‖ (of duties) *obliegend* ([up]on a p *jdm*); it is ~ (up)on me *es liegt mir ob, ist m–e Pflicht* (to do)

incunabula [ˌinkjuˈnæbjulə] s L pl *früheste Anfänge* pl ‖ *Wiegen*–, *Erstlingsdrucke* m pl (*bes vor 1500*)

incur [inˈkəː] vt [–rr–] *sich* (*etw*) *zuziehen*; *sich aussetzen* (a danger *e–r Gefahr*) ‖ *verfallen in*; to ~ a *fine in e–e Geldstrafe verfallen, sich e–e G. zuziehen* ‖ (*etw*) *auf sich laden*; to ~ *debts Schulden m*

incurability [inˌkjuərəˈbiliti] s *Unheilbarkeit* f –**able** [inˈkjuərəbl] **1.** a (–ably adv) *unheilbar* **2.** s [*mst* pl ~s] *Unheilbare*(r m) f

incurious [inˈkjuəriəs] a (~ly adv) *nicht neu-*

gierig; *gleichgültig* ‖ *uninteressant* (not ~)

incursion [inˈkəːʃən] s *feindl. Einfall, Streifzug* m (into); ⟨a übtr⟩ –**sive** [inˈkəːsiv] a *Angriffs-*, *angreifend*

incurvation [ˌinkəːˈveiʃən] s *Krümmung*, (*Ein-*)*Biegung* f **incurve** [inˈkəːv] vt *krümmen, biegen, beugen*

incuse [inˈkjuːz] **1.** a *eingehämmert*, –*geprägt* **2.** s *Prägung* f; *geprägte Figur* f **3.** vt (*Figur*) *prägen* (on) ‖ (*Münze*) *mit Prägung versehen* ‖ ~d *medal Hohlmünze* f

incy [ˈinsi] s ⟨sl⟩ f *incendiary* (bomb)

Ind [ind] s ⟨obs & poet⟩ *Indien* n

indaba [inˈdɑːbə] s *Verhandlung* f *mit or zw südafrikan. Eingeborenen*

indanthrene [inˈdænθriːn] s *Indanthr·en* n

indebted [inˈdetid] a *verschuldet, verpflichtet*; to be ~ to a p *for a th jdm z Dank verpflichtet s* f *etw, jdm etw z* (*ver*)*danken h* ~**ness** [~nis] s *Verschuldung* (*Schuldenhaben*) f ‖ *Verpflichtung* f (to a p *jdm gegenüber*)

indecency [inˈdiːsnsi] s *Unanständigkeit*, –*schicklichkeit* f –**ent** [inˈdiːsnt] a (~ly adv) *ungehörig* ‖ –*anständig*, –*schicklich*

indecipherable [ˌindiˈsaifərəbl] a *unleserlich, unentzifferbar*

indecision [ˌindiˈsiʒən] s *Unentschlossenheit* f; *Unschlüssigkeit* f

indecisive [ˌindiˈsaisiv] a (~ly adv) *nicht entscheidend, unentschieden* (battle) ‖ *unentschieden, unentschlossen* (whether) ‖ *unbestimmt* ~**ness** [~nis] s *Unentschiedenheit*; *Unentschlossenheit* f

indeclinable [ˌindiˈklainəbl] a ⟨gram⟩ *undeklinierbar*

indecomposable [ˈinˌdiːkəmˈpouzəbl] a *nicht zerlegbar*; *nicht zersetzbar*

indecorous [inˈdekərəs] a (~ly adv) *unziemlich, unanständig* ~**ness** [~nis] s, **indecorum** [ˌindiˈkɔːrəm] s L *Unanständigkeit, Unschicklichkeit* f

indeed [inˈdiːd] **1.** adv *wirklich, in der Tat, tatsächlich* (he is ~ a man of nerve); ⟨emph⟩ *nachgestellt* he is very ill ~ *er ist wirklich sehr krank*; thank you very much ~ *vielen herzlichen Dank!* | *zwar, allerdings, freilich*; ~ I did! I did ~! *Gewiß!* **2.** intj ⟨iron cont⟩ ~! *ich danke!* ~? *wirklich? so?*; O ~! *ist nicht möglich! fürwahr!*

indefatigability [ˈindiˌfætigəˈbiliti] s *Unermüdlichkeit* f –**able** [ˌindiˈfætigəbl] a (–ably adv) *unermüdlich*

indefeasibility [ˈindiˌfiːzəˈbiliti] s *Unveräußerlichkeit* f –**sible** [ˌindiˈfiːzəbl] a (–sibly adv) *unverletzlich* (right); *unveräußerlich*

indefectible [ˌindiˈfektəbl] a *nicht verfallbar*; *unvergänglich* ‖ *unfehlbar, fehlerlos*

indefensibility [ˈindiˌfensəˈbiliti] s *Unhaltbarkeit* f –**sible** [ˌindiˈfensəbl] a (–sibly adv) *unhaltbar, nicht z verteidigen*(d)

indefinable [ˌindiˈfainəbl] a (–bly adv) *unbestimmbar*, –*definierbar*

indefinite [inˈdefinit] a (~ly adv) *unbestimmt* ⟨a gram⟩ (~ article) ‖ *unklar*, –*deutlich*, –*begrenzt* ‖ (the visit is postponed) ~ly .. *auf unbestimmte Zeit* .. ~**ness** [~nis], –**itude** [ˌindiˈfinitjuːd] s *Unbestimmtheit, Unbeschränktheit* f

indeflagrable [ˌindiˈflægrəbl] a *unverbrennbar*, –*lich*

indehiscent [ˌindiˈhisnt] a ⟨bot⟩ (*im Reifezustand*) *nicht aufspringend* (fruits)

indelibility [inˌdeliˈbiliti] s *Unauslöschlichkeit* f; ⟨a fig⟩ –**ible** [inˈdelibl] a (–ibly adv) *unauslöschlich* ⟨a fig⟩ ‖ *unvertilgbar*, –*zerstörbar* ‖ ~ *pencil Art Tintenstift* m

indelicacy [inˈdelikəsi] s *Mangel* m *an Zartgefühl* n; *Taktlosigkeit* f ‖ *Unanständigkeit*, –*fein-*

heit f *–ate* [in'delikit] a (~ly adv) *unzart, taktlos* || *unanständig, unfein*

indemnification [in͵demnifi'keiʃən] s *Entschädigung* (for) *–fy* [in'demnifai] vt *sicherstellen* (from, against a loss) || (*jdn*) *entbinden* v *Verantwortung* (for); (*jdm*) *Indemnität erteilen* (for) || (*jdn*) *schadlos halten, entschädigen* (for *für*)

indemnity [in'demniti] s *Sicherstellung* f (against) || *Straflosigkeit, Indemnität* f (Act of *≍ Amnest'le* f) || *Schadloshaltung, Entschädigung* f (war ~); *Schadenersatz* m; *Abstandsgeld* n || ~ *commission Schadenskammer* f

indemonstrable [in'demənstrəbl] a *unbeweisbar*

indent [in'dent] 1. vt/i (*ein*)*kerben, auszacken* || ⟨typ⟩ (*Zeile*) *einrücken* || (*Urkunde*) *in zwei* or *mehreren genauen Abschriften ausfertigen*; (*Vertrag*) *schließen* || ⟨com⟩ (*Waren*) *bestellen* | vi ~*n Vertrag aufsetzen* || to ~ upon a p for a th *etw an–, einfordern, verlangen* v *jdm*; *etw bei jdm bestellen*; to ~ upon a p *od* a th *jdn* or *etw in Anspruch nehmen* (for a th *f etw*) 2. s *Einschnitt* m; *Kerbe* f || ⟨typ⟩ (*Zeilen-*)*Einrückung* f || *Warenbestellung* f || *amtl. Requisition* f (for a th *e–r S*; on a p *bei jdm*) || *Bestellung, Bedarfsanmeldung* f ~**ation** [͵inden'teiʃən] s *Einschnitt* m; *Zacke, Auszackung* f ~**ed** [~id] a *gezahnt* || = indentured ~**ion** [in'denʃən] s ⟨typ⟩ *Einrückung* f (*e–r Zeile*) || = indentation ~**ure** [in'dentʃə] 1. s *Auszackung* f || *gezahnte Urkunde* f; *Vertrag, Kontrakt* m || *Lehrbrief* m; to take up one's ~s, to be out of one's ~s *ausgelernt h* || *amtl. Liste* f 2. vt (*jdn*) *durch Vertrag binden, verdingen*; ~**d** *kontraktlich verpflichtet*

indent [in'dent] 1. vt (*Oberfläche* etc) *eindrücken, –prägen* (on) 2. s *Eindrücken* n; *Vertiefung* f

independence [͵indi'pendəns] s *Unabhängigkeit* f (on, of *v*); *≍ Day* ⟨Am⟩ *Jahrestag der –serklärung* (4. VII. 1776) || *genügendes Auskommen* n ~**ency** [͵indi'pendənsi] s *≍* ⟨ec⟩ *Indepent'ismus* m | *unabhäng. Staat* ~**ent** [͵indi-'pendənt] 1. a (~ly adv) *unabhängig* (of *v*); *frei, selbständig*; ~ *fīre Einzel–, Schützenfeuer* n; ~ *income eigenes Vermögen* n; *man of* ~ *means,* ~ *gentleman Rentier* m; *p of* ~ *means* (= *rentier*) ⟨stat⟩ *v eigenem Vermögen lebende P* || ~ *suspension* ⟨tech⟩ *Einzelaufhängung* f || to be ~ *auf eigenen Füßen stehen* || *freiheitsliebend* || *f sich bestehend* || *unparteiisch* || ⟨ec⟩ *independ'ent* || ⟨com jur⟩ ~ *agreement einseitige Verpflichtung* f 2. s *Unabhängiger* m || ⟨ec⟩ *Independent* m

indescribable [͵indis'kraibəbl] a (–bly adv) *unbeschreiblich*

indestructibility ['indis͵trʌktə'biliti] s *Unzerstörbarkeit* f *–ible* [͵indis'trʌktəbl] a (–ibly adv) *unzerstörbar*

indeterminable [͵indi'tə:minəbl] a (–bly adv) *unbestimmbar*

indeterminate [͵indi'tə:minit] a (~ly adv) *unbestimmt, unbestimmbar* ~**ness** [~nis] s *Unbestimmtheit* f *–ation* ['indi͵tə:mi'neiʃən] s *Unbestimmtheit* f || *Unschlüssigkeit* f

index ['indeks] L **I.** s (pl ~es; ⟨math⟩ *–dices* [–disi:z]) **1.** (*a* ~ *finger*) *Zeigefinger* m || *Anzeiger* m || (*Uhr-*)*Zeiger* m || *Zunge* f (*e–r Waage*) || *Einstellmarke* f **2.** ⟨math⟩ *Unterscheidungszeichen* n (*hinter Buchstaben*); *Kennziffer* f; *Index* m; *Exponent* (*e–r Potenz*), *Wurzelexponent* m | ⟨st exch⟩ *shares* ~ *Aktien-Index,* ordinary ~ *Stammaktien-Index* m | ⟨biol⟩ *Schädelindex* m **3.** ⟨fig⟩ *Wegweiser, Fingerzeig* (to *f*); *Hinweis* m (to *auf*); *Anzeichen* n, *Zeichen* n (of *für,* von) || ⟨typ⟩ *Handzeichen* n (*f Hinweise*) **4.** *alphabet. Sach– u Namenverzeichnis, Register* n (*am Ende e–s Buches*) || *Tabelle*; *Kartei*; ~ *card Karteikarte* f | ⟨R.C.⟩ *the ≍*

der Index m (on the *≍ auf dem I.*), *Verbotliste* f **5.** ⟨tech⟩ *Inhalt* m, *Maß* n **6.** [attr] *Registrier–*; ~*-center Teilgerät* n, *–kopf* m; ~ *error Ablesefehler* m; ~*-figure,* ~*-number* ⟨stat⟩ *Index–, Meßziffer* f; ~*-figure for food Ernährungsindex* m; ~*-finger Zeigefinger* m; ~*-mark Nummernschild* n; *Ablesemarke* f; ~*-number of cost of living Lebensunterhaltsindex*; ~*-number of wholesale prices Großhandelsindex*; (*card*) ~ *tab* ⟨com etc⟩ *Kartenreiter* m **II.** vt (*Buch*) *mit e–m Index versehen* || *registrieren* || (*ein*)*teilen, schalten* || ~*ing head* ⟨tech⟩ *Teilkopf* m

India ['indjə] s *Indien* n | [attr] ~ *ink* ⟨m.m.⟩ *chinesische Tusche* f || ~ *Office* [~'rɔfis] *Brit. Reichsamt* f *I.* || ~ *paper Reispapier* n || ~ *rubber Kautschuk* m; *≍ rubber* (*Radier-*) *Gummi* n || ~ *rubber ball Gummiball* m ~**man** [~mən] s *Indienfahrer* m (*Schiff*)

Indian ['indjən] **1.** a *indisch* || *indianisch* | ~ *club* ⟨gym⟩ *Keule* f || ⟨Am⟩ ~ *corn Mais* || ~ *file Gänsemarsch* m || ~ *giver* ⟨Am⟩ *e–r, der Geschenk zurückfordert*; ~ *giver!* ×„*einmal g'schenkt bleibt g'schenkt, bis die Welt untersenkt*; *wiedergenommen,* (*in die*) *Hölle gek!*" || ~ *hog asiat. Wildschwein* n || ~ *ink* (*chines.*) *schwarze Tusche* f || ⟨Am⟩ ~ *meal Maismehl* n || ~ *summer Spät–, Nachsommer* m **2.** s *Inder* m || (*a American* ~, Red ~) *Indianer*(*in* f) m || → *Injun* | *das Indianische* n

indicate ['indikeit] vt *anzeigen*; *hinweisen auf*; to ~ *that darauf hindeuten, –weisen, daß* || *bezeichnen*; (*kz*) *andeuten* | ⟨med⟩ *indizieren, erfordern*; to be ~**d** *indiziert, angezeigt, angebracht, erforderlich* s || ~**d** *airspeed* (abbr IAS) ⟨aero⟩ (*nicht berichtigte*) *angezeigte Eigengeschwindigkeit* f || ~ *horsepower* (abbr IHP) *errechnete* or *indizierte Pferdestärke* f *–ating* [~iŋ] ~ *direction finder Sichtpeiler* m || ⟨bes phot⟩ ~ *lamp Anzeige–, Signallampe* f || ~ *light Anzeige–, Kontrollauge* f || ~ *range Anzeigebereich* m *–ation* [͵indi'keiʃən] s *Hinweis* m; *Kennzeichen, Zeichen, Anzeichen* n (of *f*); to give ~ of a th *etw anzeigen, zeigen* || *Hin–, Andeutung* f (of *über*); ~ *of targets* ⟨mil⟩ *Zielzuweisung* f || *there is every* ~ *alles deutet darauf hin* (that) || *Anhaltepunkt* m || ~ *of speed* ⟨phot⟩ *Empfindlichkeitsangabe* f *–ative* [in-'dikətiv] **1.** a *anzeigend, –deutend*; *hinweisend*; to be ~ of *hindeuten auf, anzeigen* | ⟨gram⟩ *indikativisch* **2.** s ⟨gram⟩ *Indikativ* m *–ator* ['indikeitə] s *Anzeiger* m || ~ *board Anzeigetafel* f; ⟨bes mot⟩ *Wegweiser* m (~ b. at turnout) || ~ *window Ablesefenster* n || ⟨tech⟩ *Indik·ator, Zeiger* m; *Meß–, Anzeigegerät* n; ~ *lag* ⟨bes Am⟩ *Anzeigeträgheit* f (*e–s Instruments*) || ⟨mot⟩ *direction* ~, turn ~ = *trafficator* | ⟨telg⟩ *Zeigerapparat* m; ⟨telph⟩ *Anrufzeichen* n (*in Teleph.-Zentralen*); *Spannungsmesser* m || ⟨übtr⟩ ~ *of economic growth Ausdruck* m *des wirtschaftl. Wachstums –atory* [~əri] a *anzeigend, hinweisend* (of *auf*); *bedeutungsvoll* (of *für*)

indices ['indisi:z] s pl *v* index

indict [in'dait] vt ⟨jur⟩ *anklagen* (for *wegen*); to be ~**ed** for the (*murder*) *des Mordes angeklagt w* (of a p *an jdm*) ~**able** [~əbl] a *anklagbar*; *klagbar*; *z Klage berechtigend* ~**ment** [~mənt] s ⟨jur⟩ (*formelle vor der* Grand Jury *vorgebrachte*) *Anklage* f (against *gegen*) || *Anklageschrift* f

indiction [in'dikʃən] s *Ankündigung* f || ⟨ant⟩ *Indiktion*; *Römerzinszahl* f; *cycle of* ~(s) *Indiktionszirkel* m; *ein bes Jahr dieses Zirkels* m

indifference [in'difrəns] s *Gleichgültigkeit* f (to, towards *gegen*) || *Unparteilichkeit* f | (*a* –**ency** [~si]) *Unwichtigkeit* f (a *matter of* ~) –**ent** [in'difrənt] b. a (~ly adv) *gleichgültig* (to *gegen*) || *unwichtig, nebensächlich* (to *f*) || *un-*

parteiisch | *mittelmäßig* (~ play) || *mäßig, nicht sonderlich gut; ziemlich schlecht* **2.** s *Neutraler, Unparteiischer* m

indigence [ˈindidʒəns] s *Dürftigkeit, Armut, Not* f; *idle and disorderly* ~ *Verwahrlosung* f

indigene [ˈindidʒiːn] s *Eingeborener* m **–genous** [inˈdidʒinəs] **1.** a (~ly adv) *eingeboren, einheimisch* (to *in*) **2.** s *Urbewohner* m

indigent [ˈindidʒənt] a (~ly adv) *bedürftig, arm*

indigested [ˌindiˈdʒestid] a ⟨mst übtr⟩ *wirr, undurchdacht, ungeordnet* || *unverdaut*

indigestibility [ˈindiˌdʒestəˈbiliti] s *Unverdaulichkeit* f **–ible** [ˌindiˈdʒestəbl] a *unverdaulich* ⟨a fig⟩ **–tion** [ˌindiˈdʒestʃən] s *Verdauungsschwäche; –störung* f **–ive** [ˌindiˈdʒestiv] a *schwer verdaulich or verdauend*

indignant [inˈdignənt] a (~ly adv) *ungehalten, entrüstet, zornig* (at *über*) **–ation** [ˌindigˈneiʃən] s *Unwille* m, *Entrüstung* f (at *über*) || ~-meeting *Protestversammlung* f

indignity [inˈdigniti] s *Schmach, Beschimpfung* f || *schimpfliche Behandlung* f

indigo [ˈindigou] s [pl ~s] ⟨chem⟩ *Indigo* m || ⟨bot⟩ *zierlicher Indigostrauch* m || ~-blue ⟨chem⟩ *Indigoblau, Indigot·in* n || *Veilchenblau* n ~**tin** [~tin] s = indigo-blue

indirect [ˌindiˈrekt] a (~ly adv) ⟨mst fig⟩ *nicht gerade, schief, krumm* || *indirekt, mittelbar*; ~ *possession mittelbarer Besitz* m; ~ *Rule* ⟨Col⟩ *Regierung durch Mitbeteiligung der Eingeborenen* f || *allgemein* (~ *expenses*) || ⟨gram⟩ *indirekt* (~ *speech*); ~ *fire indirektes Schießen*; ~ *laying indirektes Richten* n; ~ *object Dativobjekt* n | ~ *tax indirekte Steuer* f ~**ion** [ˌindiˈrekʃən] s ⟨fig⟩ *Umweg* m || *by* ~ *auf Umwegen*; *indirekt* || *List, Unehrlichkeit* f ~**ness** [~nis] s *indirekter Weg* m; *Andeutung, –spielung* f || *Unaufrichtigkeit* f

indiscernible [ˌindiˈsəːnəbl] a (–bly adv) *nicht wahrnehmbar, unmerklich*

indiscerptible [ˌindiˈsəːptəbl] a *unzertrennbar, unauflösbar*

indiscipline [inˈdisiplin] s *Mangel* m *an Zucht* f

indiscoverable [ˌindisˈkʌvərəbl] a (–bly adv) *nicht wahrnehm–, nicht feststellbar; unentdeckbar*

indiscreet [ˌindisˈkriːt] a (~ly adv) *unbedachtsam, unbesonnen* || *taktlos, ·indiskret*

indiscretion [ˌindisˈkreʃən] s *Unklugheit, Unbesonnenheit* f || *Taktlosigkeit* f || *Indiskretion* f

indiscriminate [ˌindisˈkriminit] a *unterschiedlos, keinen Unterschied machend; kritiklos*; ~ *blows Schläge blindlings nach allen Seiten* ~**ly** [~li] adv *wahllos, ohne Unterschied; aufs Geratewohl* n

indiscriminatingly [ˌindisˈkrimineitiŋli] adv = indiscriminate **–ative** [ˌindisˈkriminətiv] a (~ly adv) *keinen Unterschied machend, kritiklos* **–ation** [ˈindisˌkrimiˈneiʃən] s *Unterschiedslosigkeit, Kritiklosigkeit* f

indispensability [ˈindisˌpensəˈbiliti] s *Unerläßlichkeit, Unentbehrlichkeit* f (to, for *f*) || (a ~ *status*) ⟨mil⟩ *Unabkömmlichkeit* f **–able** [ˌindisˈpensəbl] a (–ably adv) *unerläßlich, unentbehrlich* (to, for *f*); ⟨mil⟩ *unabkömmlich* ~**ableness** [~nis] s = indispensability

indispose [ˌindisˈpouz] vt (jdn) *untauglich* m (for a th *f etw*; to do) || (jdn) *abgeneigt* m (to do) | ~**d** [~d] a (mst pred) *unpäßlich* || *abgeneigt* (to *gegen*; to do)

indisposition [ˌindispəˈziʃən] s *Unpäßlichkeit* f || *Abgeneigtheit, Abneigung* f (to *gegen*; to do)

indisputable [ˌindisˈpjuːtəbl] a (–bly adv) *unbestreitbar; unstreitig, sicher*

indissolubility [ˈindiˌsɔljuˈbiliti] s *Unauflöslichkeit* f || ⟨fig⟩ *Unzerstörbarkeit, Unvergänglichkeit* f; ~ *of marriage Unauflösbarkeit* f *der Ehe* **–uble** [ˌindiˈsɔljubl] a (–ubly adv) *unauflös-*

lich || ⟨fig⟩ *unzertrennlich* (friendship); *unzerstörbar*

indistinct [ˌindisˈtiŋkt] a (~ly adv) *undeutlich, –klar* || *dunkel, verschwommen; verworren* ~**ive** [~iv] a (~ly adv) *ausdruckslos* (features) ~**ness** [~nis] s *Undeutlichkeit, Verschwommenheit* f

indistinguishable [ˌindisˈtiŋgwiʃəbl] a (–bly adv) *ununterscheidbar, nicht z unterscheiden(d)* (from *v*)

indite [inˈdait] vt (*Gedicht*) *abfassen* || *niederschreiben*

indium [ˈindiəm] s ⟨chem⟩ *Indium* n (*Metall*)

individual [ˌindiˈvidjuəl] **1.** a *einzeln, Einzel–* (~ *performance* ~ *Leistung* f); ⟨mil⟩ ~ *clothing and equipment Bekleidungs– u Ausrüstungsnachweis* m; ~ *equipment persönliche Ausrüstung* f; ~ *fighter Einzelkämpfer* m; ~ *gun firing geschützweises Feuer* n; ~ *reserves of eiserne Ration* f; ~ *table Einzeltabelle* f; ~ *weight Stückgewicht* n; ~ *wheel drive Einzelradantrieb* m || *besondere(–r, –s)* || *individuell, persönlich; pro-Kopf–* (earnings); ~ *being Einzelmensch* m || *charakteristisch, eigentümlich* **2.** s *Individuum, Einzelwesen* n || ⟨fam⟩ *Person* f || ⟨mil⟩ *private* ~s *Privatpersonen* f pl ~**ism** [~izm] s *Individualismus* m ~**ist** [~ist] s *Individualist* m ~**istic** [ˈindiˌvidjuəˈlistik] a *individualistisch* ~**istically** [~əli] adv *in –stischer Weise, vom individuellen Standpunkt aus* ~**ity** [ˈindiˌvidjuˈæliti] s *Individualität* f || *Persönlichkeit* f ~**ization** [ˈindiˌvidjuəlaiˈzeiʃən] s *Individualisierung; Einzelbetrachtung* f ~**ize** [ˌindiˈvidjuəlaiz] vt *individualisieren; individuell behandeln or darstellen*; [abs] *ins Einzelne gehen* ~**ly** [~i] adv *einzeln genommen, f sich*

indivisibility [ˈindiˌviziˈbiliti] s *Unteilbarkeit* f **–ible** [ˌindiˈvizəbl] **1.** a (–ibly adv) *unteilbar* **2.** s *Unteilbares* n

Indo– [ˈindou–] [in comp] *Indo–* || ~-**European** [~juərəˈpiən] **1.** s *Indoeuropäer, –germane* m **2.** a *indoeuropäisch, –germanisch* || ~-**Germanic** [~dʒəːˈmænik] a *indogermanisch*

indocile [inˈdousail] a *ungelehrig* || *unlenksam, unbändig* **–cility** [ˌindouˈsiliti] s *Ungelehrigkeit* f || *Unbändigkeit* f

indoctrinate [inˈdɔktrineit] vt *belehren, unterweisen* || *erfüllen* (with) **–ation** [ˌindɔktriˈneiʃən] s *Belehrung, Unterweisung, Schulung* f; ⟨SBZ⟩ *Parteischulung* f, *Schulungsarbeit* f || ~ *course Schulungskurs* m

indolence [ˈindoləns] s *Indol·enz, Trägheit* f ~**ent** [ˈindolənt] a (~ly adv) *lässig, träge, schläfrig, indol·ent* || ⟨med⟩ *schmerzlos* (ulcer)

indomitable [inˈdɔmitəbl] a (–bly adv) *unbezähmbar*

indoor [ˈindɔː] a *im Hause befindlich* (etc); *Haus–, häuslich; Zimmer–* || ~ *aerial Zimmerantenne* f || ~ *lighting Innenbeleuchtung* f || ~ *manœuvre Kriegs–, Planspiel* n || ~ *photograph Innenaufnahme* f || *Hallen–*, ~ *swimming bath od pool Hallenbad* n || ~ *range Hallenschießstand* m || ~ *relief Unterstützung der im Armenhaus wohnenden Armen* f

indoors [inˈdɔːz; pred inˈdɔːz] adv *im Hause, z Hause; ins Haus* n

indorse [inˈdɔːs] vt = endorse

indraught, –draft [ˈindrɑːft] s *Einziehen* n | *anziehende Kraft* f || *starke Strömung nach innen* f, *Zufluß* m; *Sog* m; *Saugluft* f

indrawn [ˈinˈdrɔːn; ʹ– –] a *eingezogen* (chin)

indri [ˈindri] s ⟨zoo⟩ *Indri* (*Halbaffe*) m

indubitable [inˈdjuːbitəbl] a (–bly adv) *unzweifelhaft, zweifellos; sicher*

induce [inˈdjuːs] vt (jdn) *bewegen, veranlassen; überreden* (to do) || (etw) *verursachen, herbeiführen*; ~**d** *abortion künstliche Schwangerschaftsunterbrechung* f || ⟨philos⟩ *durch Induk-*

tion ableiten, schließen || ⟨phys⟩ *durch I. hervor-rufen*; *induzieren* || ∼d *induziert, sekundär* || ∼d air *Ansaugluft* f; ∼d current ⟨el⟩ *induzierter, Induktions-Strom* m; ∼d *draught Saugzug* m ∼ment [∼mənt] s *Anlaß*; *–trieb, Beweggrund* m; *Anreiz* m (to z)

induct [in'dʌkt] vt ⟨ec⟩ *(jdn) einführen, –setzen* || ⟨mil⟩ *einberufen, –ziehen* || ⟨übtr⟩ *(jdn) führen, geleiten* (into a seat *z e–m Sitz*) *einsetzen* ∼ance [∼əns] s ⟨el⟩ *Induktanz* f || ∼ coil ⟨el⟩ *Drosselspule* f **|** ∼ee [ˌindʌk'ti:] s *Wehrpflichtiger, Einberufener* m ∼ion [in-'dʌkʃən] s ⟨ec⟩ *Einweisung, –setzung* f || *Anführung* (of facts) f || ⟨philos & phys⟩ *Induktion* f || ∼ coil *–sapparat* m; *Funkeninduktor* m; ∼ current *Induktionsstrom* m || ⟨mot⟩ ∼ air *Ansaugluft* f; ∼ manifold *Ansaugrohr* n; ∼ post *Saug–, Einlaßkanal* m || ⟨mil⟩ *Einberufung* f; ∼ order *Gestellungsbefehl* m; ∼ station *Einbe-rufungsort* m; ∼ system ⟨mot⟩ *Luftzuführung* f ∼ive [in'dʌktiv] a ⟨philos⟩ *induktiv* || ⟨phys⟩ *Induktions–* or [in'dʌktə] s ⟨phys⟩ *–apparat* m

indulge [in'dʌldʒ] vt/i **A.** vt **1.** to ∼ a p *nach-sichtig s gegen jdn*; *jdm nachgeben*; *jdm verzei-hen*; to ∼ a p in a th *jdm etw nachsehen*; to ∼ o.s. in a th *sich etw erlauben*; *sich ergehen, schwelgen in*; to ∼ o.s. with *sich weiden an* || *(jdn) erfreuen* (with) **2.** to ∼ a th *e–r S nachge-ben, (e–r Leidenschaft) frönen*; *(etw) befriedigen* **B.** vi **1.** ⟨fam⟩ *e–n* °*genehmigen*; *(stark) trinken* **2.** to ∼ in a th *sich etw gönnen, sich an etw güt-lich tun* || *sich e–r S hingeben, e–r S frönen* || *sich etw leisten, anschaffen* || *z etw greifen, etw* (Mit-tel etc) *anwenden* ∼nce [∼əns] s **1.** *Nachsehen* n, *Nachsicht* f (of a p *jds*); to ask a p's ∼ *jdn um N. bitten* || *Schonung* f **2.** *Befriedigung* f (of a passion) || *Frönen* n (in a *e–r S*; in sin); *Schwäche* f || *materieller Genuß* m; *Wohlleben* n **3.** *Gunst, Gunstbezeigung* f; *Vorrecht* n (Declara-tion of ⚹) || ⟨R.C.⟩ *Ablaß* m || ⟨com⟩ *Stundung* f ∼nced [∼ənst] a ⟨R.C.⟩ *Ablaß–* ∼nt [∼ənt] a (∼ly adv) *glimpflich, nachsichtig, schonend* (to *gegen*)

indurate ['indjuəreit] vt/i || *(etw) härten* || *(jdn) abhärten* (against, to *gegen*) || ⟨fig⟩ *(Herz) hart* m; *verhärten* **|** vi *hart* w || *fest* w *–ation* [ˌindjuə'reiʃən] s *Härtung* f; *Hartwerden* n; *Verhärtung* f || ⟨fig⟩ *Verstocktheit* f

industrial [in'dʌstriəl] **1.** a *industri·ell*; ∼ revolution *technische,* ⟨engl⟩ *industrielle Um-wälzung* f (*Ende 18. Jhs*); *Industrie–* (∼ archi-tecture *–baustil* m); *Fabrik–* (∼ town) **|** *ge-werbetreibend* || *gewerblich* (property) || ∼ accident *Betriebsunfall* m || ∼ alcohol *denatu-rierter Alkohol* m || ∼ asbestos *technischer A.* || ∼ doctor, ∼ physician ⟨bes Am⟩ *Betriebsarzt* m || ∼ engineering *technische Industrie* f || ∼ Gewerbe–; ∼ law ⟨bes Am⟩ *–recht* n, ∼ health *–hygiene* f; ∼ medicine *Arbeitsmedizin* f; ∼ plant protection ⟨mil⟩, ∼ police *Werkschutz* m || ∼ safety *Betriebssicherheit* f || ∼ training *Lehrwerkstätte* f || ∼ use *technische Verwendung* f || ∼ school *Heimschule* f *Industrie* f *arme Kinder* **2.** s *Industri·eller* m || *Industrie-werk* n ∼ism [∼izm] s *Gewerbetätigkeit* f || *Industrialismus* m ∼ist [∼ist] s *Industri·eller* m ∼ize [∼aiz] vt *industrialisieren* ∼ly [∼i] adv *in industrieller Hinsicht* or *Beziehung*

industrious [in'dʌstriəs] a (∼ly adv) *fleißig, arbeit–, betriebsam* ∼ness [∼nis] s *Fleiß* m

industry ['indəstri] s *Fleiß* m; *Betriebsamkeit* f **|** *Gewerbe* n || [a –ries pl] *Industrie* f (British Industries Fair *Brit. Industriemesse*; the Steel ∼); *Industrie–, Wirtschaftszweig* m || *Wirt-schaft* f

indwell ['in'dwel] vt/i || *innewohnen* (a th *e–r S*); *(etw) bewohnen* **|** vi *wohnen* (in) ∼er [∼ə] s *Bewohner* m

inebriate [i'ni:briit] **1.** a *berauscht, betrunken* **2.** s *Betrunkener* || *Trunkenbold* m || ∼s' home *Trinkerheilstätte, Entwöhnungsanstalt* f

inebriate [i'ni:brieit] vt *betrunken* m || ⟨fig⟩ *trunken* m, *berauschen* *–ation* [iˌni:bri'eiʃən] s *Trunkenheit* f; °*Dusel* m || ⟨fig⟩ *Rausch,. –zu-stand* *–ety* [ˌini'braiəti] s *Trunkenheit* || ⟨med⟩ *Trunksucht* f

inedible [in'edibl] a *uneß–, ungenießbar*

inedited [in'editid] a *nicht herausgegeben* || *im Original (ohne Veränderung) herausge-*

ineffable [in'efəbl] **1.** a (–bly adv) *unaussprech-lich, –beschreiblich* **2.** s ⟨fam obs⟩ the ∼s *die Unaussprechlichen* pl (*Hose*)

ineffaceable [ˌini'feisəbl] a (–bly adv) *unaus-löschlich* ⟨a übtr⟩

ineffective [ˌini'fektiv] **1.** a (∼ly adv) *unwirk-sam, wirkungs–, erfolglos* || [pred] *ohne künst-lerische Wirkung* || *unfähig, –tauglich* **2.** s *der Untaugliche* ∼ness [∼nis] s = ineffectualness

ineffectual [ˌini'fektjuəl] a (∼ly adv) *unwirk-sam, wirkungs–, fruchtlos* || *untauglich*; *versa-gend* ∼ness [∼nis] s *Unwirksamkeit, Frucht-losigkeit* || *Untauglichkeit* f

inefficacious [ˌinefi'keiʃəs] a (of remedies, etc) *unwirksam* ∼acy [in'efikəsi] s *Unwirksam-keit*; *Erfolglosigkeit* f

inefficiency [ˌini'fiʃənsi] s *Unfähigkeit*; *Schlam-perei* f || *Wirkungslosig–, Fruchtlosigkeit* f *–ient* [ˌini'fiʃənt] a (∼ly adv) *(leistungs)unfähig, –tauglich*; *unbrauchbar* || *unfruchtbar* (labour) || *unwirksam*

inelastic [ˌini'læstik] a *nicht elastisch*; *starr*; *unveränderlich* || *nicht anpassungsfähig* ∼ity [ˌinilæs'tisiti] s *Starrheit* f; *Anpassungsunfähig-keit* f

inelegance [in'eligəns], *–ancy* [–si] *Unfeinheit*; *Form–, Geschmacklosigkeit* f *–ant* [in'eligənt] a (∼ly adv) *unelegant*; *form–, geschmacklos* || *unfein*

ineligibility [in,elidʒə'biliti] s *Unwählbarkeit* f || *Untauglichkeit* f *–ible* [in'elidʒəbl] **1.** a (–ibly adv) *unwählbar* || *ungeeignet*; ⟨bes mil⟩ *untaug-lich* || *unerwünscht, –würdig* **2.** s *unerwünschter Freier, Werber* m

ineluctable [ˌini'lʌktəbl] a *unausweichbar*; *un-vermeidlich*

inept [i'nept] a (∼ly adv) * *ungeeignet* || *un-angemessen*; *abgeschmackt, albern* ∼itude [∼it-ju:d], ∼ness [∼nis] s *Ungeeignetheit* f (for z) || *Abgeschmacktheit* f, *alberne Bemerkung* f

inequality [ˌini'kwɔliti] s *Ungleichheit, Ver-schiedenheit* f || *Veränderlichkeit* f || *Unebenheit* f ⟨a fig⟩ || *Unzulänglichkeit* f (to f)

inequilateral [ˌini:kwi'lætərəl] a *ungleichseitig*

inequitable [in'ekwitəbl] a (–bly adv) *unbillig, ungerecht* ∼ity [in'ekwiti] s *Unbilligkeit* f

ineradicable [ˌini'rædikəbl] a (–bly adv) ⟨mst fig⟩ *unausrottbar*; *tief verwurzelt* (prejudice)

inerrable [in'ə:rəbl] a *nicht irrend; unfehlbar* *–ancy* [in'erənsi] s *Unfehlbar-keit* f

inert [i'nə:t] a (∼ly adv) ⟨phys & chem⟩ (of matter) *träge, leblos*; *unentzündbar* (Gas, Muni-tion); *render* ∼ (Munition) *unscharf* m; ∼ gases [pl] *Edelgase* pl; ∼ material *Ballastmaterial* n || (P) *träge, untätig, schwerfällig*; *stumpf* ∼ia [i'nə:ʃiə] s L ⟨phys & chem⟩ *Trägheit der Masse* || (P) *Trägheit, Untätigkeit* f ∼ness [i'nə:tnis] s = inertia

inescapable [ˌinis'keipəbl] a *unvermeidbar, –lich*

–(i)ness [–(i)nis] suff → ness

inessential ['ini'senʃəl] **1.** a *unwesentlich, –wichtig*; *unbedeutend* **2.** s *unwesentliche S.*

inestimable [in'estiməbl] a (–bly adv) *unschätz-bar*

inevitability [in,evitə'biliti] s *Unvermeidlich-*

keit; Unausweichlichkeit f, → poetic justice
inevitable [in'evitǝbl] **1.** a (–bly adv) *unvermeidlich* (as was ~ *wie unvermeidlich war*) ‖ *unumgänglich* ‖ to be ~ to *naturgemäß gehören z; nicht vermieden w können v* ‖ ⟨fam⟩ *z Genüge bekannt* **2.** s *unvermeidliche S or P* ~**ness** [~nis] s *Unvermeidlichkeit* f

inexact [,inig'zækt] a (~ly adv) *ungenau; –akkurat* ~**itude** [~itju:d], ~**ness** [~nis] s *Mangel* m *an Genauigkeit; Ungenauigkeit; –richtigkeit* f

inexcusable [,iniks'kju:zǝbl] a (–bly adv) *unentschuldbar; unverzeihlich, –verantwortlich*

inexhaustibility ['inig,zͻ:stǝ'biliti] s *Unerschöpflichkeit* f –**ible** [,inig'zͻ:stǝbl] a **1.** (–ibly adv) *unerschöpflich* **2.** *unermüdlich* –**ibleness** [~nis] s *Unerschöpflichkeit* f –**ive** [,inig'zͻ:stiv] a *unerschöpflich*

inexorability [in,eksǝrǝ'biliti] s *Unerbittlichkeit* f –**able** [in'eksǝrǝbl] a (–ably adv) *unerbittlich*

inexpediency [,iniks'pi:diǝnsi] s *Undienlichkeit* f; *Unzweckmäßigkeit* f –**ent** [,iniks'pi:diǝnt] a *nicht ratsam, undienlich, unzweckmäßig*

inexpensive [,iniks'pensiv] a (~ly adv) *wohlfeil, nicht kostspielig*

inexperience [,iniks'piǝriǝns] s *Unerfahrenheit* f ‖ ~**d** [~t] a *unerfahren* (in); ⟨mar⟩ *nicht geübt* (sailor)

inexpert [,ineks'pǝ:t] a (~ly adv) *ungeübt, –geschickt; –beholfen, –sachgemäß*

inexpiable [in'ekspiǝbl] a (–bly adv) *unsühnbar* ‖ (of feelings) *unversöhnlich, –erbittlich*

inexplicability ['iniks,plikǝ'biliti] s *Unerklärlichkeit* f –**able** [in'eksplikǝbl] **1.** a *unerklärlich, –begreiflich, –faßlich* **2.** s ⟨fam obs⟩ the ~s [pl] *die „Unaussprechlichen"* pl (*Hose*) –**ably** [~i] adv *unerklärlicherweise*

inexplicit [,iniks'plisit] a *nicht deutlich ausgedrückt; unklar*

inexplosive [,iniks'plousiv] a *nicht explodierend*

inexpressible [,iniks'presǝbl] **1.** a (–ibly adv) *unaussprechlich, unsäglich* **2.** [s pl] ~s ⟨fam⟩ (*die*) *„Unaussprechlichen"* pl (*Hose*)

inexpressive [,iniks'presiv] a *ausdruckslos, nichtssagend* ‖ to be ~ of *nicht ausdrücken, nicht erkennen l*

inexpugnable [,iniks'pʌgnǝbl] a (–bly adv) *unbezwinglich, unüberwindlich* ⟨a fig⟩; *unbestreitbar* (merits)

inextensible [,iniks'tensǝbl] a *unausdehnbar*

inextinguishable [,iniks'tiƞgwiʃǝbl] a (–bly adv) *unauslöschbar;* ⟨fig⟩ *unauslöschlich, unzerstörbar*

inextricable [in'ekstrikǝbl] a (–bly adv) *unentwirrbar* ‖ *äußerst verwickelt*

infallibilism [in'fælibilizm] s *Grundsatz v der Unfehlbarkeit des Papstes* ⟨a übtr⟩ –**ibility** [in,fælǝ'biliti] s *Unfehlbarkeit* f –**ible** [in'fælǝbl] a (–ibly adv) *unfehlbar* ‖ *untrüglich; unvermeidlich* ‖ *nicht versagend, zuverlässig; haltbar*

infamous ['infǝmǝs] a (~ly adv) *berüchtigt, verrufen* ‖ *schändlich, niederträchtig;* ~ *treaty Schandvertrag* m, *Diktat* n ‖ ⟨fam⟩ *schandmäßig, °saumäßig* (dinner) –**my** ['infǝmi] s *Ehrlosigkeit, Schande* f ‖ *Niederträchtigkeit* f

infancy ['infǝnsi] s *Kindheit* f ‖ ⟨jur⟩ *Minderjährigkeit* f ‖ ⟨fig⟩ *Anfang* m, *erste Stadien* n pl
infant ['infǝnt] **1.** s *Säugling* m ‖ *kl Kind* n (*unter 7 Jahren*) ‖ *Unmündige(r* m) f *unter 21 J.* ‖ [attr] the ~ Jesus *das Jesuskind* n **2.** a *Kinder–* (~ *voices*); *Kleinkind–, Säuglings–;* ~ *deaths* ⟨stat⟩ *gestorbene Säuglinge;* ~ *mortality Säuglings–, Kindersterblichkeit* f, ~ *rate Säuglingssterbeziffer;* ~*-school Kindergarten* m, *Kleinkinderschule* f; ~ *welfare Säuglings-*

fürsorge f ‖ *kindlich; jung, jugendlich; noch unentwickelt*

infanta [in'fæntǝ] s ⟨Span⟩ *Infantin* f –**te** [in'fænti] s *Infant* m

infanteer [infǝn'tiǝ] s ⟨mil fam; mm⟩ °*Musk·ote (Musket·ier*) m

infanticide [in'fæntisaid] s *Kindesmord* m ‖ *Töten* n *neugeborener Kinder* ‖ *Kindesmörder(in* f) m

infantile ['infǝntail] a **1.** *kindlich, Kindes–, jugendlich, Jugend–;* ~ *damage caused by lack of affection* ⟨paed⟩ *Liebesmangelschaden* m, → juvenile; ~ *paralysis Kinderlähmung* f ‖ *kindisch* **2.** *unentwickelt, Anfangs–* –**ilism** [in'fæntilizm] s *Infantilismus* m –**ility** [,infǝn'tiliti] s *Kindlichkeit* f

infantine ['infǝntain] a = infantile

infantry ['infǝntri] s ⟨mil⟩ *Infanterie* f, *Fußvolk* n; [attr] *Infanter·ie–* ‖ ~ *accompanying gun Infanteriebegleitgeschütz* n; ~ *point I.-Spitze* f; ~ *screen Schützenschleier* m; ~ *section Schützengruppe* f, ⟨Am⟩ *I.-Halbzug* m; ~ *squad* ⟨Am⟩ *Schützengruppe* f; ~ *supply column I.-Kolonne* f; ~ *support gun I.-Begleitgeschütz* n; ~ *training infanteristische Ausbildung* f ~**man** [~mǝn] s *Infanterist, Grenadier, Schütze* m

infatuate [in'fætjueit] vt (*jdn*) *betören, verblenden* –**ated** [~id] a (~ly adv) *betört, töricht* ‖ *vernarrt, –liebt* (with *in*) –**ation** [in,fætju'eiʃǝn] s *Betörung, Verblendung* f ‖ *Vernarrtheit* f, *vernarrte Liebe* f (for *zu*)

infeasible [in'fi:zǝbl] a *unausführbar, untunlich; –möglich*

infect [in'fekt] vt (*Luft*) *verpesten* ‖ (*jdn*) *anstecken, infizieren;* to become, get ~ed *sich anstecken* (by *durch;* with *mit*) ‖ ⟨fig⟩ *anstecken* (with), *beeinflussen* (with *durch*) ~**ion** [in'fekʃǝn] s *Ansteckungskeim* m; *Gift* n ‖ *Ansteckung* f (*nicht nur durch Berührung;* ~ *contagion*); *Seuche* f ‖ ⟨fig⟩ *schlechter Einfluß* m ‖ *anstekkende Kraft* f ~**ious** [in'fekʃǝs] a (~ly adv) *infekti·ös, ansteckend;* ⟨a fig⟩ ~**iousness** [in'fekʃǝsnis] s *ansteckende Beschaffenheit* f ~**ive** [in'fektiv] a *infektiös, ansteckend*

infecundity ['infi'kʌnditi] s *Impotenz* f

infelicitous [,infi'lisitǝs] a *unglücklich* ‖ *unglücklich ausgedrückt or gewählt* –**ity** [,infi'lisiti] s *Unglückseligkeit* f; *Unglück* n ‖ *Ungunst; Ungeeignetheit* f; *unglücklich gewählter Ausdruck* m; *Defekt, Mangel* m (~ of *style Stil–*)

infer [in'fǝ:] vt [–rr–] (*etw*) *schließen, folgern* (from *aus;* that) ‖ *schließen l auf* (*etw*) ‖ (*etw*) *voraussetzen; in sich schließen* ~**able**, ~**rable** [~rǝbl] a *z schließen(d), z folgern(d); ableitbar* (from) ~**ence** ['infǝrǝns] s *Folgern* n ‖ *Folgerung* f, *Schluß* m (from *aus*) ~**ential** [,infǝ'renʃǝl] a *folgernd; gefolgert* ~**entially** [,infǝ'renʃǝli] adv *durch Schlußfolgerung* f

inferior [in'fiǝriǝ] **1.** a *untere(r, –s); tiefer, niedriger* ‖ (of rank, etc) *untergeordnet; Unter–, tieferstehend, geringer* (to *als*) ‖ ⟨bes com⟩ *zweitrangig; schwächer* (to *als*), to be ~ to a p *jdm nachstehen; hinter jdm zurückstehen* (in *in, an*); he is ~ to none *er gibt k–m etw nach* ‖ (*mittel*)*mäßig, gering, unbedeutend, minderwertig* **2.** s *der Untere, Geringere; Untergebene* m; to be a p's ~ *in jdm nachstehen* a ~**ly** [~li] adv *tiefer unten, am unteren Ende* ‖ *in geringerem Grade or Maße*

inferiority [in,fiǝri'ͻriti] s *Untergeordnetheit* f; *Unterlegenheit; geringere Zahl* (etc) f ‖ *Inferiorität, Minderwertigkeit* f; ~ *complex –skomplex* m, *–sgefühl* n

infernal [in'fǝ:nl] a (~ly [–nǝli] adv) *verteufelt, höllisch, Höllen–* (~ *machine*); ~ *regions* [pl] *Unterwelt, Hölle* f ‖ *teuflisch, unmenschlich;*

⟨fam⟩ *abscheulich, verflucht* ~**ity** [ˌinfɔːˈnæliti] s
teuflischer Akt m, *teuflisches Wesen* n
  inferno [inˈfɔːnou] s [pl ~s] ⟨It⟩ *Hölle* f
  infertile [inˈfɔːtail] a *unfruchtbar* –**tility**
[ˌinfɔːˈtiliti] s *Unfruchtbarkeit* f, physiological
~ *Impotenz* f
  infest [inˈfest] vt (*Land*) *heimsuchen, plagen,
verheeren* ‖ ⟨fig⟩ *überschwemmen*; ~ed *with
überschwemmt v* ~**ant** [~ənt] s *Schädling* m
~**ation** [ˌinfesˈteiʃən] s *Heimsuchung, Plage* f
‖ ⟨fig⟩ (*of insects*) *Überschwemmung* f
  infeudation [ˌinfjuːˈdeiʃən] s ⟨hist⟩ *Belehnung*
f ‖ *Zehntenverleihung* f *an Laien*
  infibulation [inˌfibjuˈleiʃən] s *Verschließung
der Geschlechtsteile* f (*z Wahrung der Keusch-
heit*)
  infidel [ˈinfidl] **1.** s *Ungläubiger* m; ⟨hist⟩
Nichtchrist, Heide m **2.** a *ungläubig* ‖ *heidnisch*
~**ity** [ˌinfiˈdeliti] s *Unglauben* m ‖ *Untreue* f
(*to a p jdm gegenüber, gegen jdn*)
  infield [ˈinfiːld] s *dem Gute nächstliegendes
Land* n ‖ *Anbau–, Bauland* n ‖ ⟨crick⟩ *Raum* m
nahe dem pitch; (*die*) *dortstehenden Fänger* pl;
→ outfield
  infighting [ˈinfaitiŋ] s ⟨box⟩ *Nahkampf* m
  infiltrate [inˈfiltreit] vt/i *etw eindringen l*;
einführen (into) ‖ *durchdringen l* (through);
durchtränken (with *mit*); *durchdringen*; ~d *with
durchtränkt v* | vi *durchsickern* (through); *ein-
dringen* (into); *sich einschmuggeln*; ⟨tact⟩ *ein-
sickern* –**ation** [ˌinfilˈtreiʃən] s *Infiltration* f;
Ein–, Durchsickern n ‖ ⟨fig⟩ *Eindringen* n
(into *in*); *Zufuhr* f ‖ ⟨pol⟩ *Unterwanderung* f ‖
⟨tact⟩ *Einsickerung* f ‖ ~ *course* ⟨mil⟩ *Kampfbahn* f (*Standortschießanlage*)
  infinite [ˈinfinit] **1.** a *unendlich, endlos*; *ungeheuer* ‖* *zahllos, sehr viele* (~pigs) ‖ [in*ˈfainait*]
~ *verb Verbum infinitum* n **2.** s the ~ *das Un-
endliche* n; *Gott* m ~**ly** [~li] adv *unendlich; bei
weitem, viel* ‖ ~ *variable gear stufenlos regel-
bares Getriebe* n
  infinitesimal [ˌinfiniˈtesiməl] **1.** a (~ly adv)
Infinitesimˈal– (~ *calculus –rechnung*); *unendlich klein* **2.** s *äußerst kl Menge* f
  infinitival [inˌfiniˈtaivəl] a *Infinitiv–, infiniti-
visch* –**tive** [inˈfinitiv] ⟨gram⟩ **1.** a: ~ *mood Infinitiv* m, *Nennform* f **2.** s *Infinitiv* m –**tude** [in-
ˈfinitjuːd] s *Unendlichkeit* f, *Unbegrenztheit* f ‖
unendl. Größe, Menge or Zahl f –**ty** [inˈfiniti] s
= infinitude ‖ ⟨math⟩ *unendl. Menge* ‖ ⟨phot⟩
~ *adjustment Unendlichkeitseinstellung* f
  infirm [inˈfɔːm] a (~ly adv) *schwach, kraftlos* (old and ~) ‖ ⟨übtr⟩ (*charakter*)*schwach,* ~
of purpose willens–; *unentschlossen* ~**ary** [~əri]
s *Krankenhaus* n ‖ *Krankensaal* m; *Schulklinik* f
~**ity** [~iti] s (*Alters-*)*Schwäche; Schwachheit* f;
Gebrechen n ‖ (*Charakter-*)*Schwäche,* ~ *of purpose Unentschlossenheit* f; ~ *of title Rechts-
mangel* m
  infix 1. [inˈfiks] vt (*etw*) *hineintreiben, befestigen* (in *in*) ‖ ⟨fig⟩ *einprägen* (in a p's mind
jdm) **2.** [ˈinfiks] s ⟨gram⟩ *in den Wortstamm
eingefügtes Element* n
  inflame [inˈfleim] vt/i ‖ *entzünden* ‖ (*Gefühle*) *entflammen; erhitzen, erregen* ‖ (*med*)
entzünden (~d eye) | vi *sich entzünden* ⟨*mst* med
& fig⟩
  inflammability [inˌflæməˈbiliti] s *Entflamm–,
Entzünd–* ‖ *Erregbarkeit* f –**able** [inˈflæməbl]
1. a (–bly adv) *entzündbar, –lich; feuergefährlich; zündfähig; entflammbar* ‖ ⟨fig⟩ *leicht erregbar, hitzig* **2.** [s pl] ~s *leicht entzündbare,
feuergefährliche Stoffe* m pl –**ation** [ˌinfləˈmeiʃən]
s ⟨med⟩ *Entzündung* f (~ *of the lungs Lungen–*)
–**atory** [inˈflæmətəri] a ⟨med⟩ *Entzündungs–.* ‖
⟨fig⟩ *aufreizend, –rührerisch* (~ speech)
  inflatable [inˈfleitəbl] a (*durch Luft* etc) *auf-
blasbar;* ~ boat, ~ dinghy *Schlauchboot* n

inflate [inˈfleit] vt **1.** *aufblasen, –blähen* ‖
⟨cycl⟩ (*Reifen*) *aufpumpen* **2.** ⟨com⟩ *künstlich
vermehren,* (*Preise*) *hochtreiben,* (*Geld*) *über die
Deckung hinaus in Umlauf setzen* **3.** ⟨fig⟩ *auf-
blähen*; ~d with *pride v Stolz gebläht*; to be
~d *sich a.* (with *vor*) | ~**d** [~id] a ⟨fig⟩ *auf-
geblasen*; (*of style*) *schwülstig, hochtrabend*
  inflation [inˈfleiʃən] s *Aufblähung* f ‖ ⟨fig⟩
Aufgeblasenheit f ‖ ⟨com⟩ *Inflation* f ‖ ~
pressure ⟨mot⟩ *Reifendruck* m ~**ary** [~əri] a
Inflations–, ~ gap ⟨com⟩ *I.-spanne* f; ~ spiral
Lohn– u Preisschraube f
  inflator [inˈfleitə] s *Luftpumpe* f
  inflect [inˈflekt] vt *biegen, beugen* ‖ ⟨mus⟩
modulieren ‖ ⟨gram⟩ *flektieren, abwandeln*
  inflection, inflexion [inˈflekʃən] s *Biegung,
Beugung* f ‖ ⟨gram⟩ *Flexion* f ‖ ⟨mus⟩ *Modulation* f ~**al** [~l] a = inflective
  inflective [inˈflektiv] a ⟨gram⟩ *flexivisch,
Flexions–*
  inflexibility [inˌfleksəˈbiliti] s *Unbiegsamkeit* f
‖ *Unbeugsamkeit* f –**ible** [inˈfleksəbl] a (–ibly
adv) *unbiegsam* ‖ ⟨fig⟩ *unbeugsam; unerbittlich*
‖ *unbeweglich, starr* ‖ *unerschütterlich*
  inflict [inˈflikt] vt (*etw*) *auferlegen, zufügen*
(on a p *jdm*); (*Verluste, Niederlage*) *beibringen*
(upon a p *jdm*) ‖ (*Strafe*) *verhängen* (on *über*)
~**ion** [inˈflikʃən] s *Auferlegung, Verhängung* f
(*e–r Strafe*) | *Plage, Last* f; *Übel* n
  inflorescence [ˌinfləˈresns] s ⟨bot⟩ *Blütenstand* m ‖ [koll] *Blüten* f pl ‖ *Aufblühen* n; ⟨fig⟩
Blüte f
  inflow [ˈinflou] s = influx
  influence [ˈinfluəns] **1.** s ⟨astr & phys⟩ *Einwirkung* f (on *auf*) ‖ *Einfluß* m, *–wirkung* f
(upon, on *auf*); ~ in *the cultural field kulturelle
Breitenwirkung* f; to be under the ~ *unter dem
E. stehen*; to come under the ~ *of a p unter jds
E. geraten*; to exercise an ~ (a great ~) on
(*gr*) *E. ausüben auf*; to have ~ with *E. h bei* ‖
Macht (over *über*; with *bei*) **2.** vt *Einfluß üben
auf* (*jdn, etw*); *beeinflussen; einwirken auf, bestimmen*
  influent [ˈinfluənt] **1.** a *einfließend* **2.** s *Neben-
fluß* m
  influential [ˌinfluˈenʃəl] a (~ly adv) *v Einfluß* m
(in *in*; on *auf*); *einflußreich*
  influenza [ˌinfluˈenzə] (abbr flu, flue) It s
⟨med⟩ (⟨Am⟩ *a Spanish* ~) *Influˈenza, Grippe* f
| [attr] *Influenza–*; ~ cold *starke Erkältung* f
  influx [ˈinflʌks] s *Einströmen* n ‖ ⟨fig⟩ *Eindringen* n, *Zufluß* m; *Ansturm* m ‖ ⟨com⟩
Ein–, Zufuhr f
  infold [inˈfould] vt ⟨Am⟩ → enfold
  inform [inˈfɔːm] vt/i **A.** vt (*jdn*) *unterrichten,
in Kenntnis setzen, benachrichtigen* (of *v, über*;
about, on *über*; that); to ~ *o.s. sich unterrichten*
(of *über*); to keep a p ~ed *jdn auf dem laufenden
halten* | *beseelen, beleben; erfüllen* (with *mit*)
B. vi *Anzeige erstatten or vorbringen*; to ~
against a p *jdn anzeigen, denunzieren* ~**ant**
[inˈfɔːmənt] s *Benachrichtiger, Einsender; Berichterstatter* m; ⟨demog⟩ *gezählte P; Gewährsmann* m (my ~) ‖ *Angeber* m ~**ation** [ˌinfə-
ˈmeiʃən] s **1.** [abstr *ohne* pl] *Benachrichtigung,
Unterweisung* f ‖ *Belehrung* f; *Kenntnis* f (about,
on *über*); for ~ *zur Kenntnisnahme, nachricht-
lich* [adv]; *notified* for ~ *zur Kenntnis f gebracht*
‖ [koll] *Auskunft* f: can you give me any ~?;
Auskünfte: the ~ he gave me was wrong *s–e
Auskünfte waren ..*; ~ bureau *Auskunftsbüro* n;
⟨⟨ Center ⟨Am⟩ *Amerikahaus* n ‖ *Meldung(en*
pl) f ‖ *Erkundigungen* (to gather ~ *E. einziehen*),
Nachrichten (much ~), *Informationen* f pl (~
was necessary); *Nachrichtenmaterial* n; a piece
of ~ *e–e Erkundigung*; we have no ~ *wir sind
nicht unterrichtet* (as to); that is not my ~
darüber habe ich nichts gehört ‖ Ministry of ⟨⟨

Ministerium f Aufklärung || ~ *addressee* ..
nachrichtlich an .. || ⟨jur⟩ *filing of* ~ *Erhebung*
f *e–r öffentlichen Klage* **2.** [pl ~s] *Anzeige*;
Anklage f; *to lodge* ~ *against Klage erheben*
gegen **~ative** [in'fɔ:mətiv] a *belehrend, infor-*
mierend, informatorisch || *mitteilsam* **~ed** [~d] a
[in comp] *unterrichtet* (well-~ etc) **~er** [~ə] s
Angeber, Denunziant; (*a common* ~) *berufs-*
mäßiger A. m; *Spitzel* m
 informal [in'fɔ:m]] a *formlos, –widrig* || *nicht*
formell, unzeremoniell; *ungezwungen, zwanglos*
(meeting, gathering, party *Beisammensein*)
~ity [ˌinfɔ:'mæliti] s *Formlosigkeit, –widrigkeit*
f; *Formfehler* m || *Zwanglosigkeit, Ungezwun-*
genheit f
 infra ['infrə] adv L *unten, weiter unten* || ~
dig. ['infrə 'dig] [pred] a L (= infra dignitatem)
unwürdig, schädlich
 infra– ['infrə] [in comp] *unterhalb v*; *infra–* ||
~-red, ⟨Am⟩ ~red *infra–, ultrarot* || ~-red ray
lamp ⟨med⟩ *infrarote Bestrahlungslampe* f
 infract [in'frækt] vt ⟨Am⟩ *brechen, verletzen*
–ion [in'frækʃən] s *Übertretung, Verletzung* f
 infralapsarian ['infrəlæp'sɛəriən] **1.** s ⟨theol⟩
Infralaps·arier m **2.** a *infralapsarisch*
 infrangible [in'frændʒibl] a *unzerbrechlich* ||
unverletzlich
 infrasonics [ˌinfrə'sɔniks] s *Infraschall* m
 infrastructure ['infrə'strʌktʃə] s ⟨mil⟩ *Infra-*
struktur f; *Unterbau* m ⟨übtr⟩ (*Flugplätze,*
Hafen–, Fernmeldeanlagen etc)
 infrequency [in'fri:kwənsi] s *Seltenheit* f
–ent [in'fri:kwənt] a (~ly adv) *selten*; *nicht*
häufig || ⟨fig⟩ *spärlich; dünn gesät*
 infringe [in'frindʒ] vt/i [–ging] || (*Recht*) *ver-*
letzen, (*Gesetz*) *übertreten*; *verstoßen gegen* (etw)
| vi *to* ~ *upon übergreifen auf od in*; *beeinträch-*
tigen (on, upon a th *etw*) **~ment** [~mənt] s
Verletzung, Übertretung f (of, ⟨Am⟩ on a th
e–r S); *Verstoß* m (of *gegen*) || *Ein–, Übergriff* m
(of *in*) || ~ *of the neutrality Neutralitätsbruch*
m **| ~r** [~ə] s *Rechtsverletzer* m
 infructuous [in'frʌktjuəs] a (~ly adv) *un-*
fruchtbar || *frucht–, zwecklos*
 infuriate [in'fjuərieit] vt *in Wut* f *versetzen,*
wütend m
 infuse [in'fju:z] vt (etw) *mit Flüssigkeit be-*
gießen; (*Tee*) *aufgießen* || ⟨pharm⟩ *einweichen*
| ⟨fig⟩ *eingeben, –flößen* (into a p *jdm*); (*jdn*)
erfüllen (with *mit*) **–sible** [in'fju:zəbl] a *einflöß-*
bar **–sion** [in'fju:ʒən] s *Eingießen* n; ⟨surg⟩
Injektion f || *Einflößung, Eingebung* f **|** *Einwei-*
chen, Ziehenlassen n; *Aufguß* m || *Aufguß* m,
Infusion f (*der Infusorien*) | ⟨fig⟩ *Beimischung* f
 infusible [in'fju:zəbl] a *unauflös–, unschmelz-*
bar **–bility** [in,fju:zə'biliti] s *Unschmelzbarkeit* f
 Infusoria [ˌinfju:'sɔ:riə] L s pl ⟨zoo⟩ *Infuso-*
rien n pl [**~l** [~l] a *infus·orisch*; *Infusorien–*
| ~n [~n] **1.** a = infusorial **2.** s ⟨zoo⟩ *Infu-*
sorium, Aufgußtierchen n
 infusory [in'fju:səri] **1.** a = infusorial **2.** s =
infusorian
 –ing [–iŋ] I. [*lebendes Suffix z Bildung v*
Verbalsubst. (asking *das Fragen*), *teilweise mit*
verbalem Charakter (the habit of speaking
slowly) *or mit abhängigem Obj* (the idea of
building him a house); *auch in perf, fut & pass*
Formen (having killed, being killed); *mit rein*
substantivischem Charakter nach Possessiven
(after John's behaving so badly, upon my grant-
ing the request) *Bedeutungen*: **1.** *Verbalsubst.*
(bicycling, forebodings); *bes z Bezeichnung der*
Berufstätigkeit (banking) *or des Jdm-Antuns*
(thrashing); *auch v* subst *gebildet* (soldiering)
2. *Erzeugnis e–r Handlung* (etching(s), build-
ing(s), filings) **3.** *Material f etw* (*v* subst *od* verb
gebildet: sacking, fencing) **4.** *Bewirkende S*
(binding *Einband*, filling *Zahnfüllung*) **5.** *z be-*

handelnde S (washing *Wäsche*) **6.** *Ausstattung*
(colouring *Farbgebung*, feathering *Federschmuck*)
II. *Endung des* pres part (your loving father
dein dich liebender V.); *oft frei z übersetzen*
(looking forward to [seeing you] *ich freue mich*
auf [*unser Wiedersehen*] *und* ..; *bring to a boil*
stirring constantly *bringe es unter ständigem*
Rühren z Kochen); she looked at them drinking
sie sah ihnen beim Trinken zu || *oft adjektivisch*:
charming; *gelegentlich adverbial or präpositio-*
nal: during || *mit* –ing I. *verwechselt* (he went
hunting *urspr*. on hunting, the house is building *urspr* on building); *gelegentlich entweder als*
attr subst (hunting horn, wrestling school) *or*
als quasi-passives part *z erklären* (cooking apple
Kochapfel, washing tie *waschbarer Schlips*,
breech-loading gun *Hinterlader*). *Komposita*
mit adj (fair-seeming) *od* adv (well-meaning)
or mit subst *als Stahl-*(Subj) ('cheese-paring, 'heart-
breaking) **III.** *totes Suffix mit sehr verschieden-*
artiger Bedeutung wie in: king, shilling, farthing,
Riding, gelding, herring, whiting, etc
 ingathering ['inˌgæðəriŋ] s *Einsammeln, –ern-*
ten n
 ingeminate [in'dʒemineit] vt *immer wieder-*
holen u betonen
 ingenious [in'dʒi:njəs] a (~ly adv) *erfinde-*
risch, klug || (*S*) *sinnreich*; *klug or sinnreich an-*
gelegt; *kunstvoll* **~ness** [~nis] *Klugheit* f,
Scharfsinn m
 ingénue [ɛ̃:ʒei'nju:] s Fr *schlichtes Mädchen* n
|| ⟨theat⟩ *Rolle des schlichten Mädchens* f; (*a* ~
actress) *Darstellerin* f *des schlichten Mädchens*
 ingenuity [ˌindʒi'njuiti] s * *Offenheit* f (*mst*
ingenuousness) **|** *Findigkeit, Erfindungskraft* f,
sinnreiche, kunstvolle Anlage f
 ingenuous [in'dʒenjuəs] a (~ly adv) *offen-*
(*herzig*), *aufrichtig, bieder* || *unschuldig*; *arglos*;
schlicht **~ness** [~nis] s *Offenherzigkeit, Treu-*
herzigkeit, Biederkeit f
 ingest [in'dʒest] vt (*Nahrung*) *einnehmen, ver-*
schlingen **~ion** [in'dʒestʃən] s *Einnehmen* n (of
medicine) **~ive** [in'dʒestiv] a *z Einnehmen v*
Nahrung dienend
 ingle ['iŋgl] s *Kamin–, Herdfeuer* n (at, by,
round the ~) || *Kamin, Herd* m || ~-nook
Kaminecke f
 inglorious [in'glɔ:riəs] a (~ly adv) *ruhmlos*
|| *unrühmlich, schimpflich*
 ingoing ['ingouiŋ] **1.** s *Eintreten* n; *Antritt* m
2. a *eintretend*; ⟨bes sport⟩ *antretend* || *gründ-*
lich (*P*)
 ingot ['iŋgət] s *Barren, Block* m (~ of gold
B. Gold); *Stab, (Stahl-)Zain* m (*dünner Stab*) ||
~ *mould Gießflasche, Riegelform* f || ~-steel
härtbarer Flußstahl; → steel
 ingrain 1. [in'grein] vt = engrain **2.** ['in-
'grein; '–; '–'–] a *in der Wolle gefärbt* || ⟨fig⟩
tief verwurzelt or eingewurzelt (habit), *–ge-*
fleischt || *angeboren* (grace) **~ed** [~d] a ⟨fig⟩
tief eingewurzelt (habit)
 ingrate [in'greit] **1.** † a *undankbar* **2.** s *un-*
dankbare P
 ingratiate [in'greiʃieit] [v refl] *to* ~ *o.s.* with
a p *sich beliebt m*, *sich einschmeicheln bei jdm*,
sich in jds Gunst setzen **–ating** [~iŋ] a (~ly adv)
gewinnend, einnehmend **ingratitude** [in'grætitju:d]
s *Undankbarkeit* f
 ingravescence [ˌingrə'vesəns] s ⟨med⟩ *Zu-*
nehmen n; *Verschlimmerung* f (of a fever) **–ent**
[ˌingrə'vesənt] a *sich verschlimmernd*
 ingredient [in'gri:diənt] s *Bestandteil* m, *Zu-*
tat f
 ingress ['ingres] s *Eintritt* m; *–srecht* n
 ingrowing ['ingrouiŋ] a *einwachsend*; *ins*
Fleisch wachsend (nail) **–wn** [in'groun] a *ein-*
gewachsen || ⟨übtr⟩ *in sich gekehrt, verschlossen*
–wth ['ingrouθ] s *Einwachsen* n

inguinal ['iŋgwin1] a ⟨anat⟩ *Leisten–* (~ glands *–drüsen*)

ingurgitate [in'gɔ:dʒiteit] vt *gierig hinunterschlingen; verschlingen ⟨a* fig⟩

inhabit [in'hæbit] vt *wohnen in*; *bewohnen ⟨a* übtr⟩ **~able** [~əbl] a *bewohnbar* **~ancy** [~ənsi] s *Bewohnung* f; *Wohnrecht* n **~ant** [~ənt] s *Be–, Einwohner*(*in* f) m **~ation** [in-͵hæbi'teiʃən] s *Wohnen* n, *Bewohnung* f ‖ *Wohnung* f

inhalation [͵inhə'leiʃən] s *Inhalation, Einatmung* f

inhale [in'heil] vt *inhalieren, einatmen* ‖ **~r** [~ə] s *Einatmer* m ‖ *Inhalationsapparat* m; *Respirator* m

inharmonic [͵inhɑ:'mɔnik] a ⟨mus⟩ *dis–, unharmonisch, dissonant* **–onious** [͵inhɑ:'mounjəs] a (~ly adv) ⟨mus⟩ *unharmonisch, mißtönend* ‖ ⟨fig⟩ *uneinig*

inhere [in'hiə] vi ⟨fig⟩ *anhaften, innewohnen* (in a p *jdm*) ‖ *rechtmäßig zukommen, eigen s* (in a th *e–r S*) **~nce** [~rəns], **~ncy** [~rənsi] s *Anhaften, Innewohnen* n; the ~ in a p *der jdm innewohnende, angeborene Zustand* m, *Verwurzeltsein in jdm* n **~nt** [~rənt] a ⟨fig⟩ *anhaftend, innewohnend, angeboren* (in a p *jdm*) ‖ *rechtmäßig gehörig, eigen* (in a p *jdm*) **~ntly** [~rəntli] adv *der inneren Natur nach*

inherit [in'herit] vt/i ‖ (*etw*) *erben* (*from*, *through* a p *v jdm*); (*Krankheit*) *erben* (*from v*) ‖ vi *erben* **~able** [~əbl] a *erblich, Erb–* (*blood*) ‖ ⟨fig⟩ *vererbbar* ‖ *erbberechtigt, –fähig* **~ance** [~əns] s *Erbe* n, *Vererbung* f (*from von*) ‖ *Erbe* n, *Erbschaft* f, *Erbteil* n ⟨a übtr⟩ ~ tax ⟨Am⟩ *Erbschaftssteuer* f **~ed** [~id] a *ererbt* **~or** [~ə] s *Erbe* m **~ress** [~ris], **~rix** [~riks] s [pl ~es] *Erbin* f

inhibit [in'hibit] vt to ~ a p *jdm verbieten, untersagen* (from doing a th *etw z tun*) ‖ (*etw*) *hindern; hemmen* **~ion** [͵inhi'biʃən] s *Untersagung* f ‖ ⟨jur⟩ *Einhalt* m; ⟨ec⟩ *Verbot* n ‖ ⟨physiol & psych⟩ *Hemmung, Verdrängung* f **~ive** [~iv] a [~ly adv] *hemmend etc* **~or** [~ə] s *Hemmstoff* m **~ory** [~əri] a *verbietend* ‖ ⟨psych⟩ *hemmend, Hemmungs–*

inhospitable [in'hɔspitəbl & ͵inhɔs'pitəbl] a (–bly adv) *ungastfreundlich* ‖ ⟨übtr⟩ *ungastlich, unwirtlich, unfreundlich* (climate) **~ness** [~nis] s *Ungastlich–, Unwirtlichkeit* f

inhospitality ['in͵hɔspi'tæliti] s *Ungastlichkeit* f

inhuman [in'hju:mən] a (~ly adv) *unmenschlich, grausam* ‖ *menschenunähnlich* **~ity** [inhju(:)'mæniti] s *Unmenschlichkeit* f

inhumation [͵inhju(:)'meiʃən] s *Beerdigung* f **–me** [in'hju:m] vt *beerdigen, begraben*

inimical [i'nimikəl] a (~ly adv) *feindlich* (to a p *jdm*; to a th *e–r S*); ~ to peace *friedensfeindlich* ‖ *schädlich* (to a p *jdm*)

inimitable [i'nimitəbl] a (–bly adv) *unnachahmlich; unvergleichlich; einzigartig* **~ness** [~nis] s *Unnachahmlichkeit* f

iniquitous [i'nikwitəs] a (~ly adv) *höchst ungerecht* ‖ *schändlich, frevelhaft* **–ty** (i'nikwiti] s *Ungerechtigkeit* f ‖ *Schlechtigkeit, Schändlichkeit* f

initial [i'niʃəl] **1.** a (~ly adv) *anfänglich, Anfangs–; Ausgangs–*; ~ application *Erstanmeldung* f; ~ approach ⟨aero⟩ *erster Anflugbeginn* m; ~ data [pl] ⟨tech⟩ *Eingangswerte* m pl; ~ issue ⟨Am mil⟩ *Erstausstattung* f; ~ load ⟨tech⟩ *Vorlast* f; ~ meridian *Nullmeridian* m; ~ organization order ⟨mil⟩ *Aufstellungsbefehl* m; ~ outfit ⟨mar⟩ *Grundausstattung* f; ~ period *Anlaufzeit* f; ~ phase ⟨tact⟩ *Auftakt* m (*e–s Unternehmens*); ~ point ⟨mil-tech tact⟩ *Ablaufpunkt* m; ⟨mil⟩ *Abmarsch–, Ablauf–, Einfädelungspunkt* m (*e–r Kolonne*); ~ position

⟨tact⟩ *Ausgangsstellung* f; ~ report *Vorausmeldung* f; ~ reserves [pl] *Kriegsvorrat* m; ~ temperature ⟨brew⟩ *Einmaischtemperatur* f; ~ tension *Vorspannung* f; ~ training *Erst–, Rekrutenausbildung* f; ~ velocity *Anfangs–, Abgangsgeschwindigkeit* (*V-Null*); ~ word = = acronym ‖ ⟨phon⟩ *anlautend* (~ letter) **2.** s *Anfangsgroßbuchstabe* m; a p's ~s *die –staben des Vor– u Familiennamens*; ⟨mil⟩ *jds Namenszug* **3.** vt (*z Sichtvermerk mit den –staben*) *ab–, unterzeichnen*

initiate [i'niʃieit] vt *beginnen, anfangen* ‖ *in die Wege leiten* ‖ *in Gang setzen* ‖ (*etw*) *als erster beantragen* ‖ (*jdn*) *einführen* (into *in*); *einweihen* (into *in*); *bekannt m* (in *mit*) ‖ **~d** [~id] a *eingeführt; –weiht*; the ~ [pl] *die Eingeweihten* m pl

initiate [i'niʃiit] **1.** a *eingeführt; eingeweiht* **2.** s *Anfänger; Eingeweihter* m **–ation** [i͵niʃi-'eiʃən] s *Einführung* f (into an office *in ein Amt*); *Einweihung* f (into *in*) ‖ youth ~ ceremony *Jugendweihe* f **–ative** [i'niʃiativ] **1.** s *Initiative* f (on the ~ of a p *auf jds I. hin*; on one's own ~ *aus eigener I.*); *erster Schritt, Anstoß* m; to take the ~ *die Initiative ergreifen, die ersten Schritte tun* (in *in*) ‖ *Recht eigenen Handelns* n; ⟨pol⟩ *Initiativrecht* n (with respect to *in bezug auf*); to have, possess the ~ *das I. besitzen* ‖ *Entschlußkraft* f, *Unternehmungsgeist* m (~ lies with a few) **2.** a *einleitend; den ersten Anstoß gebend* (to *z*) ‖ *unternehmungslustig* **–ator** [i'niʃieitə] s *Beginner* m, to be the ~ of *einleiten* **–atory** [~ri] a *beginnend, einführend; einweihend, z Einweihung dienend* (rite)

inject [in'dʒekt] vt *injizieren, einspritzen* (into) ‖ (*Wunde*) *ausspritzen* (with) ‖ ⟨fig⟩ to ~ a th into a p *od a p's mind jdm etw einimpfen, jdn erfüllen mit* ‖ ⟨Am fig⟩ (*Gesprächsstoff*) *eingleiten l, einwerfen* **~ion** [in'dʒekʃən] s *Injektion* f ‖ *Ein–, Aussspritzung* f; [attr] *Injektions–*; ~ pump ⟨mot⟩ *Einspritzpumpe* f; ~-type engine *Einspritzmotor* m ‖ *das Eingespritzte* n **~or** [~ə] s ⟨tech⟩ *Dampfstrahlpumpe* f

injudicious [͵indʒu(:)'diʃəs] a (~ly adv) *unverständig, unklug, –besonnen* **~ness** [~nis] s *Unverständigkeit* f etc

Injun ['indʒən] s ⟨Am fam⟩ f Indian *Indianer* m ‖ honest ~! *auf Ehre! mein Wort!*

injunction [in'dʒʌŋkʃən] s *Einschärfung* f, *ausdrücklicher Befehl* m; to give a p strict ~s *jdm dringend einschärfen* (not to do) ‖ ⟨jur⟩ *gerichtl. Verfügung* f; *gerichtl. Verbot; Gebot* n *der Unterlassung* or *Einstellung*; mandatory ~, permanent ~ *Unterlassungsbefehl* f *Dauer*, temporary ~ *vorläufiger U.* m

injurant [in'dʒuərənt] s *Schädling* m, *schädliche Substanz* f, *gesundheitschädigendes Mittel* n, *organismusfeindlicher Stoff* m

injure ['indʒə] vt (*jdm*) *unrecht tun, schaden* ‖ *kränken* (~d vanity) ‖ (*etw*) *beschädigen, verletzen; –wunden* (to ~ one's leg *sich das Bein verletzen*) ‖ ⟨übtr⟩ (*Gesundheit; Ruf*) *schädigen, beeinträchtigen, schwächen*

injurious [in'dʒuəriəs] a (~ly adv) *ungerecht* ‖ (of language) *schmähend, beleidigend, Schimpf–* ‖ *schädlich, nachteilig* (to *für*); to be ~ to *schaden*

injury ['indʒəri] s *Unrecht* n; *Ungerechtigkeit* f ‖ *Schaden* m (to *f*); *Verletzung* f (to the eyes *der Augen*), physical ~ *Körperverletzung* f; ~ due to operation of war *Verwundung* f; ~ to the spine *Rückgratsverletzung*; to suffer an ~ to one's head *e–e V. am Kopf erleiden*; *Beschädigung* f (to a th *e–r S*) ‖ ⟨fig⟩ *Beleidigung, Verletzung* f (to a p's feelings *der Gefühle jds*); *Schädigung* f (to a p's reputation *des Rufes jds*)

injustice [in'dʒʌstis] s *Ungerechtigkeit* f; *Un–*

recht n; to do a p an ~ *jdm unrecht tun* || *vgl.* unjust

ink [iŋk] **1.** s *Tinte* f || *Tusche* f (→ Indian a); (a printer's ~) *Druckerschwärze* f || as black as ~ *kohlschwarz* | [attr] *Tinten–* || ~-*blot Tintenklecks* m || ~-*bottle –flasche* f || ~-*eraser –radiergummi* n || sheet with ~-*lines Linienblatt* n || ~-*pad Farb–, Stempelkissen* n || ~-*pencil Tintenstift* m || ~-*slinger,* ~-*spiller* ⟨Am⟩ *Tintenkleckser, Zeitungsschreiber* m || ~-*pot,* ~-*stand Tintenfaß* n, *Schreibzeug* n || ~-*well* (*in ein Loch des Tisches eingepaßtes*) *Tintenfaß* n **2.** vt *mit Tinte schwärzen* || *Schwärze auftragen auf, einschwärzen* || *beklecksen* | to ~ in, over *mit Tinte nachziehen* | ~*er* ['~ə] s = inkingroller ~*iness* ['~inis] s *das Tintenartige* n || *Schwärze* f ~*less* ['~lis] a *ohne Tinte*

inking ['iŋkiŋ] s *Schwärzen* n | [attr] ~-*pad* = ink-pad || ~-*roller* ⟨tech⟩ *Farb–, Auftragewalze* f

inkle ['iŋkl] vt ⟨dial⟩ *dunkel ahnen* (that; what) **inkling** ['iŋkliŋ] s ⟨dial⟩ *Gemunkel* n | *leichter Wink* m (to give a p an ~ of), *Andeutung* f || *dunkle Ahnung, leise Idee* f (to have an ~ of)

inky ['iŋki] a *tintig, Tinten–* || *tintenschwarz; bekleckst* || ⟨fig⟩ *tiefschwarz*

inlaid ['in'leid]; (attr) '– –] a *eingelegt, tauschiert, Mosaik–*; ~ floor *Parkettfußboden* m

inland ['inlənd] **1.** s *Binnen–, Inland* n **2.** a *binnen–, inländisch, Binnen–* (~ trade *–handel*), *Landes–, Inlands–, einheimisch* **3.** [in'lænd] adv *landeinwärts; im Inlande* | ~*er* [~ə] *Binnenland-Bewohner* m

in-law [in'lɔ:] s ⟨bes Am⟩ *angeheiratete(r) Verwandte(r* m) f, my ~s [pl] ⟨a⟩ *m–e Schwiegereltern* pl

inlay ['in'lei] vt [inlaid/inlaid] *einlegen, –betten* (in) || (*Tisch* etc) *auslegen* (with); *täfeln; furnieren* ~*ing* [~iŋ] s *Einlegung; Täfelung, eingelegte Arbeit* f

inlay ['inlei] s (a ~ work) *eingelegte Arbeit* f || *Furnier* n || ⟨dent⟩ *Inlay* n | ~-*work* → damascening

inlet ['inlet] s *Ein–, Zugang* m | *kl Bucht* f; (of a port) *Einfahrt* f || *eingelegtes Stück* || ⟨mach⟩ *Einlaß, Zulauf* m, *Öffnung* f || air ~ *Luftventil* n

inlier ['inlaiə] s ⟨geol⟩ *Gesteinsformation, die v e–r darüberliegenden Schicht ganz bedeckt ist* f

inline [in'lain] s [attr] ~ engine *Reihenmotor* m

inly ['inli] adv ⟨poet⟩ *innerlich, innig; tief* **inlying** ['inlaiiŋ] a *innen or im Innern liegend; Innen–, innere(r, –s)*

inmate ['inmeit] s *Insasse, Bewohner, Hausgenosse, Mitbewohner* m; prison ~ *Sträfling* m **inmost** ['inmoust] a *innerst* || ⟨fig⟩ *innigst, geheimst*

inn [in] s *Gasthof* m; *Wirtshaus* n || the ~s of Court (*die vier*) *Rechtsschulen* f pl, *–universität* f (*in London*); *deren Gebäude* f

innards ['inədz] s pl ⟨vulg fam⟩ (= inwards) I've got something wrong with my ~ *ich hab* °*Bauchweh* n || ⟨cul⟩ the ~ *das Innere, das Gekröse, die Innereien* pl

innate ['i'neit]; '– –; '– –] a *angeboren* (in a p *jdm*), → disposition ~*ly* [~li] adv *v Natur* (~ wicked) ~*ness* [~nis] s *angeborene Eigenschaft* f **innavigable** [i'nævigəbl] a *nicht schiffbar* (river)

inner ['inə] **1.** a *inwendig, innere(r, –s)* || the ~ man *die Seele;* ⟨fam hum⟩ *Magen* m || ⟨fig⟩ *geheim; still* (⟨com⟩ reserve) || ~ artillery zone *Luftsperrgebiet* n; ~ diameter *Innendurchmesser* m, *Nennweite, lichte Weite* f; ~ liner (*Geschütz-*) *Seelenrohr* n; ~ sole *Brandsohle* f || ~*tube* ⟨mot⟩ *Schlauch des Luftreifens,* (*Geschütz-*) *Kernrohr* n **2.** s *der dem Zentrum nächste Ring* m

(e–r Schießscheibe) ~*most* [~moust] a *innerst;* ⟨fig⟩ *innigst*

innervate [in'ə:veit] vt (e–m Organ) *Nervenkraft zuführen;* (*Organ*) *anregen, beleben* –ation [,inə'veiʃən] s *Innervation* f; *Nervenbelebung* f

innings ['iniŋz] s pl [sg konstr; an ~, pl ⟨fam⟩ ~es; ⟨Am⟩ an –ing]; ⟨crick⟩ *Am-Schlagen-Sein, Dransein; Spiel* n, *–zeit* f || ⟨fig⟩ to have had a long ~ *schon lange am Ruder, an der Macht* s || *günstige Gelegenheit* f (a good ~)

innkeeper ['in,ki:pə] s *Gastwirt*(*in* f) m

innocence ['inosns] s *Unschuld* f (of *an*) || *Einfalt* f –cent ['inosnt] **1.** a (~*ly* adv) *unschuldig* (of *an*) || *unschädlich, harmlos* (pleasures) || *arglos* || ⟨fam⟩ ~ of *frei v, ohne* **2.** s *Unschuldiger* m, *Argloser* m (bes *Kind*); Holy ~s' Day *Fest* n *der Unschuldigen Kindlein* (28. Dec.); massacre of the ~s ⟨parl sl⟩ *Beschneidung* f *der Tagesordnung bei Sitzungsschluß* || *Blödsinniger* m –cuity [,inə'kju:iti] s *Unschädlichkeit* f

innocuous [i'nɔkjuəs] a (~*ly* adv) *unschädlich, harmlos;* to render ~ (*Munition*) *entschärfen* ~*ness* [~nis] s *Unschädlichkeit* f

innominate [i'nɔminit] a *unge–, unbenannt, namenlos* || ~ bone ⟨anat⟩ *Hüftbein, Becken* n

innovate ['inoveit] vi *Neuerungen* m or *einführen* (in) –ation [,inə'veiʃən] s *Neuerung* f –ator ['inoveitə] s *Neuerer* m –atory [~ri] a *neuernd, Neuerungs–*

innoxious [i'nɔkʃəs] a (~*ly* adv) *unschädlich; harmlos*

innuendo [,inju'endou] L **1.** s [pl ~es] *geheime Andeutung, versteckte Anspielung* f; *Anzüglichkeit* f; *Unterstellung; Stichelei* f || ⟨jur⟩ *die e–m Worte untergelegte Bedeutung* f **2.** vi *geheime Andeutungen* m

innumerable [i'nju:mərəbl] a (–bly adv) *unzählig, zahllos*

innutritious [,inju'triʃəs] a *nicht nahrhaft*

inobservance [,inəb'zə:vəns] s *Unachtsamkeit* f (of *gegen*); *Nichtbeobachtung* (of a th e–r *S*)

inoccupation ['in,ɔkju'peiʃən] s *Beschäftigungslosigkeit* f

inoculate [i'nɔkjuleit] vt ⟨hort⟩ *okulieren* || ⟨med⟩ (*jdn*) *impfen* (with) || (*Serum*) *einimpfen* (on, into a p *jdm*) | ⟨übtr⟩ to ~ a p with a th *jdm etw einimpfen* –ation [i,nɔkju'leiʃən] s *Okulieren* n, *Okulierung* f || ⟨med⟩ *Impfung* f; (*Serum-*)*Einimpfung* f || ⟨fig⟩ *Einimpfung, Beeinflussung* f (with *durch*) –ator [i'nɔkjuleitə] s *Impfarzt* m

inodorous [in'oudərəs] a *geruchlos*

inoffensive [,inə'fensiv] a (~*ly* adv) *harmlos, gutartig* (animal) || *einwandfrei, unschädlich* (medecine) ~*ness* [~nis] s *Harmlosigkeit* f

inofficial [inə'fiʃəl] a *nicht amtlich*

inofficious [,inə'fiʃəs] a ⟨jur⟩ *gegen die Pflicht verstoßend* || *unwirksam*

inoperable [in'ɔpərəbl] a ⟨surg⟩ *nicht operierbar* (*Tumor*) || ⟨fig⟩ *undurchführbar* –ation [,inɔpə'reiʃən] s *Stillstand* m –ative [in'ɔpərətiv] a *unwirksam* || *ungültig* || ⟨tech⟩ *in Ruhe*(*stellung*), *außer Betrieb* (*befindlich*) || ⟨mil⟩ *einsatzunfähig;* (*v Gerät*) *ausgefallen*

inopportune [in'ɔpətju:n] a (~*ly* adv) *ungelegen; unangebracht; unzeitgemäß*

inordinate [in'ɔ:dinit] a (~*ly* adv) *unregelmäßig, regellos* || *über–, unmäßig; zügellos*

inorganic [,inɔ:'gænik] a (~*ally* adv) *unorganisch* || ⟨chem⟩ *anorganisch*

inornate [i'nɔ:nit] a *schmucklos, einfach*

inosculate [i'nɔskjuleit] vi/t || (of vessels etc) *in Verbindung stehen* (with); ⟨fig⟩ *sich berühren, sich verbinden* or *–mischen* (with) | vt *verbinden; einfügen* (into *in*) || –ation [i,nɔskju'leiʃən] s (of vessels) *Vereinigung* f || *Verbindung, Einfügung* f

in-patient ['in‚peiʃənt] s *Anstaltskranke(r* m) f; *stationärer, klinischer Patient* m; ~ *treatment* ⟨med⟩ *stationäre Behandlung* f

inplane [in'plein] vi ⟨aero⟩ *an Bord gehen, einsteigen*

input ['input] s ⟨tech el⟩ *Eingangsenergie, zugeführte Energie* f ‖ (*in Büromaschinen*) *Eingang(sinformation* f) m, *Eingabe* f ‖ *heat* ~ *Wärmezufuhr* f ‖ ⟨el⟩ *Leistungsaufnahme* f, *Aufnahmeleistung* f; *Eingang* m (*am Gerät*), → *pick-up* ‖ ~ *control* ⟨tech, rec⟩ *Vorregelung* f ‖ ~ *impedance* ⟨wir⟩ *Gitterkreisimpedanz* f ‖ ~ jack *Anschlußbuchse* f ‖ ~ *terminals* [pl] *Speisepunkt* m

inquest ['inkwest] s *gerichtliche Untersuchung* f ‖ *coroner's* ~ ⟨jur⟩ *Leichenschau* f; an ~ on a p *e–e gerichtliche Untersuchung des Leichnams jds*

inquietude [in'kwaiitju:d] s *Unruhe, Ruhelosigkeit* f ‖ *vgl* unquiet

inquire, en– [in'kwaiə] vt/i **A.** vt [*nicht mit Pers–Objekt*] (*etw*) *erfragen, –forschen*; *fragen nach, sich erkundigen nach* (to ~ a th; whether); to ~ one's way *sich nach dem Wege erkundigen* ‖ * to ~ a th of a p *jdn nach etw fragen* **B.** vi **1.** *fragen, sich erkundigen* (about *über*); ~ within *Näheres im Laden z erfragen* **2.** [*mit* prep] to ~ about the price *sich nach dem Pr. erk.*; to ~ after a p *sich nach jdm* (*jds Gesundheit*) *erk.*; .. after *od* for a th *nach etw fragen, etw verlangen, suchen*; to be much ~d after *od* for *viel verlangt, sehr gesucht s* | to ~ into a th *etw untersuchen* **-rer** [~rə] s *Fragender*; *Untersucher* m **-ring** [~riŋ] a (~ly adv) *fragend* (look); *forschend, neugierig*

inquiry [in'kwaiəri] s *Erkundigung* (on ~ *of nach E. bei*); to make –ries *Erkundigungen einziehen* (of a p *bei jdm*; of a p on *od* about a th *bei jdm über etw*) ‖ *An–, Nachfrage* f (by ~ *durch N.*; on ~ *auf N.*) ‖ ⟨com⟩ *Nachfrage* f (for *nach*), *Begehr* m ‖ *Untersuchung, Prüfung* (of a th, into a th *e–r S*) ‖ ⟨stat⟩ *Enquete, Erhebung* f | [attr] ~-office *Auskunftsbüro* n

inquisition [ͺinkwi'ziʃən] s *gericht. Untersuchung, Nachforschung* f ‖ ⟨R.C.⟩ the ⁓ *die Inquisition* f (*Ketzergericht*) **~al** [~l] a *Untersuchungs–*; ⟨R.C.⟩ *Inquisitions–*

inquisitive [in'kwizitiv] a (~ly adv) *neugierig* (after, about, of, into *auf*; to know) ‖ *wißbegierig*; to be ~ about *gern wissen mögen* **~ness** [~nis] s *Neugier(de), Wißbegierde* f

inquisitor [in'kwizitə] s *Untersucher*; *Untersuchungsrichter* m ‖ ⟨R.C.⟩ *Inquisˑitor* m **~ial** [inͺkwizi'to:riəl] a (~ly adv) *peinlich ausfragend, inquisitorˑorisch, Untersuchungs–*; *Inquisitions–* ‖ *aufdringlich forschend*; *neugierig*

inroad ['inroud] s *feindl. Einfall* m (into *in*); *Angriff, Überfall* m (on *auf*) | ⟨fig⟩ *Eingriff* m (into, on *in*); *Übergriff* m (on, upon *auf*); *übermäßige Inanspruchnahme* f (on a th *e–r S*)

inrush ['inrʌʃ] s *Einströmen* n ‖ ⟨übtr⟩ *Flut* f, *Zufluß* m (~ *of tourists*)

insalivate [in'sæliveit] vt (*Nahrung*) *einspeicheln*

insalubrious [ͺinsə'lu:briəs] a (of climate) *ungesund* **-brity** [ͺinsə'lu:briti] s *ungesunde Beschaffenheit* f

insane [in'sein] a (~ly adv) *wahnsinnig* | ⟨übtr⟩ *sinnlos, unsinnig* (idea) **-nitary** [in'sænitəri] a *nicht sanitär*; *gesundheitsschädlich, ungesund, unhygienisch* **-nity** [in'sæniti] s *Wahn–, Irrsinn* m ‖ ⟨pop jur⟩ *Zurechnungsunfähigkeit* f ‖ ⟨übtr⟩ *Sinnlosigkeit* f

insatiability [inͺseiʃiə'biliti] s *Unersättlichkeit* f **-able** [in'seiʃiəbl] a (~ably adv), **-ate** [in'seiʃiət] a *unersättlich* ‖ ⟨fig⟩ *gierig* (of *auf*)

inscribe [in'skraib] vt (*Namen*) *einschreiben, –tragen* (in *in*; on *auf*) ‖ ~d ⟨arts⟩ *bezeichnet,*

signiert ‖ ~d stock (of shares) *Namensaktien, nur eingeschriebene Aktien* f pl (*ohne Besitzerschein*) | (*Papier* etc) *be–, überschreiben* ‖ ⟨math⟩ (*Figur*) *einzeichnen, beschreiben* (in *in*) ‖ (*Buch*) *widmen, zueignen* (to a p *jdm*) | * ⟨fig⟩ *einprägen* (on the mind *dem Geiste*)

inscription [in'skripʃən] s *Einschreibung, –tragung* f; ⟨com⟩ *Zeichnung* f | *Auf–, Überschrift* f ‖ *Inschrift* f ‖ ⟨math⟩ *Einzeichnung* f (*in e–e Figur*) ‖ *Widmung* f **~al** [~l], **-tive** [in'skriptiv] a *Inschriften–*

inscrutability [ͺinskru:tə'biliti] s *Unerforschlichkeit* f **-able** [ins'kru:təbl] a (~ably adv) *unergründlich, unerforschlich* ‖ *rätselhaft* **-ableness** [~nis] s *Unerforschlichkeit* f

insect ['insekt] s *Insekt* n, *Kerbtier* n ⟨*a* übtr⟩ (*auf P*) ~ (and rodent) *controller Schädlingsbekämpfer* m ‖ ~-paste ⟨hort⟩ *Raupenleim* m **~arium** [ͺinsek'tɛəriəm] s L *Behälter* m *f lebende Kerbtiere* f **~icide** [in'sektisaid] s *Läuse–, Insektenpulver* n ‖ *–vernichtungs–, –bekämpfungsmittel* n **~ivora** [ͺinsek'tivərə] s L pl *Gattung der –fresser* f **~ivore** [in'sektivɔ:] s ⟨zoo⟩ *–fresser* m **~ivorous** [ͺinsek'tivərəs] a *insektenfressend* **~ology** [~'tələdʒi] s *prakt. Insektenkunde* f

insecure [ͺinsi'kjuə] a (~ly adv) *unsicher, gefährlich* ‖ *lose*; *ohne Halt* ‖ *ungewiß, trügerisch* **-rity** [ͺinsi'kjuəriti] s *Unsicherheit* f

inseminate [in'semineit] vt *einpflanzen* (in *in*); ⟨fig⟩ *einimpfen* (in a p's mind *jdm*) **-ation** [ͺinsemi'neiʃən] s *Einpflanzung, Saat* f, ⟨*a* fig⟩; (artificial) ~ *Besamung* f

insensate [in'senseit] a *empfindungslos*; *gefühllos* ‖ *unvernünftig, unsinnig*

insensibility [inͺsensə'biliti] s *Bewußtlosigkeit* f ‖ *Unempfindlichkeit* f (to *f*); *Gleichgültigkeit, Gefühllosigkeit* f (to *gegen*) ‖ ⟨fig⟩ *Stumpfheit* f

insensible [in'sensəbl] a (~bly adv) *bewußtlos* (from *infolge*) ‖ *nicht bewußt* (of, to a th *e–r S*); *unempfindlich, to be* ~ of, to a th *nicht empfinden* ‖ *unempfänglich* (of, to *f*); *gleichgültig* (of, to *gegen*) | * *nicht wahrnehmbar* ‖ *unmerklich*

insensitive [in'sensitiv] a *unempfindlich* (to *gegen*); *unempfänglich* (to *f*) ‖ ~ to shock *stoßsicher* **-tience** [in'senʃiəns] s *Empfindungslosigkeit* **-tient** [in'senʃiənt] a *empfindungslos, gefühllos* (nature)

inseparability [inͺsepərə'biliti] s *Untrennbarkeit*; *Unzertrennlichkeit* f **-able** [in'sepərəbl] **1.** a (~ably adv) *untrennbar*; *unzertrennlich* **2.** [s pl] ~s *–liche Dinge* n pl; the ~s *die Unzertrennlichen* (sc *Freunde*)

insert 1. [in'sə:t] vt (*etw*) *einfügen, –setzen*; *–schalten, –spannen* ‖ (*etw*) *einrücken*; (*Inserat*) *aufgeben* (in *in*) **2.** ['insə:t] s *Bei–, Einlage* f **~ion** [in'sə:ʃən] s *Einfügung, –setzung, –tragung* f ‖ *Einschaltung* f, *Zusatz* m ‖ *Inserat* n, *Anzeige* f ‖ (in a dress, etc) *Einsatz* ‖ *Ansatz* (*e–s Muskels*) ‖ ⟨tech⟩ *Aufnahme, Einspannung* f, *Einbau* m

inset 1. ['inset] s (of the tide) *Einströmen* n, *Strömung* f ‖ *Einlage* f; *Einsatz(stück* n) m, *Eckeinsatz* (*auf e–m Bild*) m; *kl. Nebenbild* (*im Kreis*) n (~ the king *im K. der König*) | [attr] *Einsatz–, Einlage–* **2.** [in'set] vt [~(ted)/~(ted)] (*Blatt* etc) *einlegen, –setzen* (in *in*)

inshore ['in'ʃɔ:; –'–] **1.** adv *nahe* or *an der Küste*; ~ of a ship *zw e–m Schiff u der Küste* **2.** a *an der Küste befindlich, Küsten–*; ~ *minesweeper Flachwasserräumboot* n

inside ['in'said; '– –; –'–] **1.** s **a.** *Innenseite* f; *Inneres* n (~ '– –] out *das Innere nach außen*; to turn a th ~ out *etw völlig umkrempeln* ‖ *in–u auswendig* (to know a th ~ out) ‖ to take the ~ out of a glass ⟨fam⟩ *ein Glas leeren*, °*die Luft in ein G. l* **b.** ⟨fam⟩ the ~ *of a week die Mitte der Woche* **c.** *Innensitzender* m (*im Wagen*) **d.** ⟨fam⟩ *Magen, Leib* m **2.** a [attr] ['– –] *innere(r, –s*),

Innen– (∼ *cabin* *–kabine*); ∼ *diameter lichter Durchmesser* m, *lichte Weite* f; ∼ *length Länge* f *im Lichten*; *inwendig* ‖ *int'ern*; *genau, direkt* (*information*); ∼ *track* ⟨*sport bes* Am⟩ *Innenbahn* f, ⟨fig⟩ *Vorteil* m, *„längerer Arm"* m **3.** adv [–'–] *drinnen, im Inneren*; *ins Innere* ‖ ∼ *of innerhalb* v; *in weniger als* (∼ *of a week*) **4.** [prep] *innerhalb* v; ∼ *the house innerhalb des Hauses* **–der** ['in'saidə; in's–] s *jd, der z e–r best. Klasse etc gehört; Eingeweihter* m

insidious [in'sidiəs] a (∼ly adv) *hinterlistig, heimtückisch* ⟨a übtr⟩ **∼ness** [∼nis] s *Hinterlist, Heimtücke* f

insight ['insait] s *Scharfblick* m ‖ *Einsicht* f, *–blick* m (into *in*) ‖ ⟨psych⟩ *Selbsteinsicht* f

insignia [in'signiə] s L pl *Insignien, Abzeichen* n pl ‖ *national* ∼ *Hoheits(ab)zeichen* n; ∼ *of grade od rank Dienstgrad–, Rangabzeichen* n

insignificance [,insig'nifikəns], **–ancy** [–si] s *Bedeutungslosigkeit, Geringfügigkeit* f **–ant** [,insig'nifikənt] a (∼ly adv) *belang–, bedeutungslos, geringfügig*; *unerheblich* ‖ (P) *unbedeutend* ‖ *unbedeutend, winzig*

insincere [,insin'siə] a (∼ly adv) *unaufrichtig*; *falsch* **–rity** [,insin'seriti] s *Unaufrichtigkeit*; *Falschheit* f

insinuate [in'sinjueit] vt (*etw unbemerkt*) *hineinbringen, –schmuggeln* (into *in*) ‖ *to* ∼ *o.s. sich winden* (into *in*); *sich einschleichen* (into *in*); *sich –schmuggeln, sich –drängen*; *–dringen* (into); (S) *sich einstellen* ‖ (*etw*) *andeuten*; *anspielen auf* (*etw*); *zu verstehen geben* (that) **–ating** [–iŋ] a (ly adv) *einschmeichelnd*; *–nehmend* **–ation** [in,sinju'eiʃən] s *Sich-Einschleichen* n, *allmähl. Eindringen* n ‖ *Einschmeichelung* f ‖ *Einflüsterung, feine Anspielung*; *Insinuation*; *Unterstellung* f **–ative** [in'sinjuətiv], *,* **–atory** [in'sinjuətəri] a *einschmeichelnd* ‖ *andeutend, –spielend*

insipid [in'sipid] a (∼ly adv) *unschmackhaft, geschmacklos* ‖ ⟨fig⟩ *abgeschmackt, fade, schal* **∼ity** [,insi'piditi] s *Unschmackhaftigkeit, Geschmacklosigkeit* f ‖ ⟨fig⟩ *Abgeschmacktheit, Fadheit* f

insist [in'sist] vi **1.** *to* ∼ *on a th* **a.** *fest beharren auf, bei etw*; *etw beharrlich beteuern* **b.** *bestehen auf etw*; *etw verlangen*; I ∼ *on your brother* (*od* brother's) *leaving, on him* (*od* his) *leaving* ‥ *daß dein Bruder, daß er abreist*; ‥ *on it(s) being done* ‥ *daß es geschieht* **c.** *Gewicht legen auf etw, etw hervorheben, betonen* **2.** *to* ∼ *darauf bestehen* (to a p that *jdm gegenüber, daß..*); [oft pass] *verlangen* (that; it is ∼ed that) ‖ *betonen* (that) ‖ *mit Nachdruck od nachdrücklich fragen* **∼ence** [∼əns], **∼ency** [∼ənsi] s *Beharren* n (on *bei*); *beharrl. Beteuerung* f (on a th *e–r* S) ‖ *Bestehen* n (by a p *jds, seitens jds*; on *auf*); *Verlangen* n (on a th *e–r* S) ‖ ⟨fig⟩ *Eindringlichkeit* f; *Nachdruck* m (on *auf*), *Betonung* f (on a th *e–r* S); ∼s [pl] *nachdrückliche Hinweise* m pl (on *auf*); *with great* ∼ *mit eindringlichen Worten* **∼ent** [∼ənt] a (∼ly adv) *beharrlich* ‖ *dringend, eindringlich, nachdrucksvoll, stark* ‖ *to be* ∼ *bestehen* (on *auf*), *darauf bestehen* (that); *betonen* (on a th *etw*) **–insky** ['inski] ⟨hum⟩ suff Russ ⟨m.m.⟩ *–ingerich, –kirchen, –ke, –sche*

insobriety [,inso'braiəti] s *Unmäßigkeit* f; *Trunkenheit* f

insolation [,inso'leiʃən] s *Sonnenbad* n; *–bestrahlung* f ‖ *Sonnenstich* m

insole ['insoul] s *Brandsohle* f ‖ *Einlegesohle* f (rubber ∼ *Gummi–*)

insolence ['insələns] s *Unverschämtheit, Frechheit, Anmaßung* f (in coming here *hierher zu kommen*) **–ent** ['insələnt] a (∼ly adv) *unverschämt, frech, anmaßend*

insolubility [in,səlju'biliti] s *Unauflöslichkeit* f

–ble [in'səljubl] a (–bly adv) *un(auf)löslich* ‖ *unlösbar* (problem)

insolvency [in'səlvənsi] s ⟨com⟩ *Zahlungsunfähigkeit* f ‖ *Konkurs, Bankrott* m **–vent** [in'səlvənt] **1.** a ⟨com⟩ *zahlungsunfähig, insolv'ent*; *bankrott, konkursreif*; ∼ *estate Konkursmasse* f **2.** s *Zahlungsunfähiger* m

insomnia [in'səmniə] s L ⟨med⟩ *Schlaflosigkeit* f

insomuch [,insou'mʌtʃ] adv *dergestalt, dermaßen* (that *daß*) ‖ ∼ (as) *insofern* (als)

insouciance [in'su:siəns] s Fr *Sorglosigkeit*; *Gleichgültigkeit* f **–iant** [in'su:siənt] a Fr *sorglos, unbekümmert*

inspan [in'spæn] SAfr vt/i ‖ (*Pferd* etc) *an–, einspannen* ⟨übtr⟩ (*jdn*) *anspannen* ‖ vi *anspannen*

inspect [in'spekt] vt *besichtigen, –sehen* ‖ *untersuchen, inspizieren* ‖ *beaufsichtigen* (*jdn*) *mustern, erfassen* (for military service) **∼ion** [in'spekʃən] s *Besichtigung*; *Untersuchung, Prüfung*; *Durchsicht* (for your kind ∼ *zur gefälligen D.*) ‖ *Inspizierung* ‖ *Aufsicht* f ‖ ∼ *of material Materialprüfung* f ‖ ∼ *chamber*, ∼ *pit* (*Kanalisations-*)*Kontrollschacht* m ‖ ∼ *cover* ⟨tech⟩ *Schaulochdeckel* m ‖ ∼ *gauge Abnahme–, Revisionslehre* f ‖ ∼ *lamp Handleuchte* f ‖ ∼ *pit* ⟨mot⟩ *Reparaturgrube* f ‖ ∼ *test Abnahmeprüfung* f ‖ ∼ *window* ⟨tech⟩ *Ablesefenster* n **∼or** [in'spektə] s *Inspektor* (∼ *of schools Schul–*); *Aufseher* m (customs ∼ *Zoll–*); *Polizeikommissar* m (über dem sergeant) ‖ ⟨tech⟩ *Abnahmebeamter* m ‖ ⟨stat demog⟩ *Oberzähler* m ‖ [pl] ∼s general *Gener'alinspekt'oren* **∼oral** [∼ərəl] a *Aufsichts–* (∼ *staff –personal*) **∼orate** [∼ərit] s *Inspektor'at* n; [konkr] *Inspektion* f ‖ (*Ober-*)*Aufsicht* f; *Abnahmestelle* f **∼orial** [,inspek'tə:riəl] a *Inspektor(en)–*; *Aufsichts–* **∼orship** [in'spektəʃip] s *Inspektoramt* n; *Aufsicht* f, State ∼ *Staatsaufsicht* (of *über*)

inspiration [,inspə'reiʃən] s *Einatmung* f ‖ ⟨ec⟩ *Erleuchtung, göttliche Eingebung* f; *Begeisterung* f ‖ ⟨fig⟩ *Eingebung* f (from v); *Beeinflussung* f; *Veranlassung* f (at the ∼ of *auf V. v*) ‖ *plötzl. Einfall* m ‖ *to draw* ∼ *from angeregt w v* **∼al** [∼l] a *Begeisterungs–, eingegeben*

inspirator ['inspəreitə] s *Inhalierapparat* m **∼y** [in'spaiərətəri] a *Atmungs–, Einatmungs–*

inspire [in'spaiə] vt/i **A.** vt (*etw*) *einatmen* ‖ ⟨fig⟩ (*etw*) *einhauchen, einflößen* (into a p *jdm*); (*Gefühl*) *erwecken, auslösen* (in a p *in jdm*) ‖ *veranlassen, inspirieren* ‖ (*jdn*) *begeistern, anfeuern* (to *zu*); *to* ∼ *a p with a th jdn beseelen, erfüllen mit etw*; *jdm etw einflößen, –geben* **B.** vi *einatmen* ‖ **∼d** [∼d] a *begeistert, eingegeben*; an ∼ *article ein halbamtlicher Artikel* m ‖ ⟨tech⟩ ∼ *volume Ansaugvolumen* n

inspirit [in'spirit] vt (*jdn*) *beseelen, ermutigen, anfeuern* (to *z*; to do)

inspissate ['inspiseit], in'sp–] vt *verdicken, dick* m ‖ *mit Dunst, Dampf anfüllen*; ∼d *dicht, undurchsichtig, –durchdringlich* (∼d *gloom*) **–ation** [,inspi'seiʃən] s *Verdickung* f

instability [,instə'biliti] s *Unbeständigkeit* f ‖ *Unsicherheit* f ‖ *Labilität* f ‖ *vgl* unstable

install [in'stɔ:l] vt (*jdn*) *einführen, –weisen, –setzen* (in an office) ‖ ⟨tech⟩ *installieren, einrichten*; *einbauen, montieren, aufstellen*, (*Gas*) *anlegen* ‖ ∼ed capacity *installierte Leistung* f; ∼ed property *unbewegliches Inventar* n **∼ant** [∼ənt] s ⟨ec⟩ *höherer Geistlicher, der in ein Amt einführt* **∼ation** [,instə'leiʃən] s *Bestallung, Einsetzung* f ‖ ⟨tech⟩ *Installation, Einrichtung, Anlage* f ‖ [pl] ∼s ⟨Am mil⟩ *Bauwesen* n **∼ed** [∼d] a *bestallt* (duly ∼ *wohlbestallt*)

instalment [in'stɔ:lmənt] s ⟨com⟩ *Abzahlung, Abschlags–, Raten–, Teilzahlung* f, *Rate* f ‖ (of a book) *Lieferung* f ‖ by ∼s *in Raten*; *in Liefe-*

rungen | [attr] *Abzahlungs-, Ratenzahlungs-* (to pay by [*nach*] the ~ system)

instance ['instəns] **I.** s **1.** *dringende Bitte* f, *Ansuchen, Bitten* n (at the ~ of a p *auf B. jds*) **2.** *besonderer, einzelner Fall* m (in this ~ *in diesem e-n Fall*; in your ~) || *Beispiel* n; an ~ of *ein B. f*; for ~ *z B.*; to adduce a p as an ~ of *jdn als B. anführen f* **3.** ⟨jur⟩ *Instanz* f (court of first ~ *Gericht erster I.*) || in the first ~ *an erster Stelle, in erster Linie*; in the last ~ *letzten Endes* **II.** vt (*jdn*) *als Beispiel anführen, erwähnen* || (*Ereignis*) *anführen, zitieren, anziehen*

instancy ['instənsi] s *Dringlichkeit* f || *Druck* m

instant ['instənt] **1.** a *dringend* || *unmittelbar, sofortig* || *sofort löslich, Instant-, Sofort-* (coffee), *Fix-* (cocoa) || (abbr inst.) *gegenwärtig, laufend*, the 10th inst. *der 10. dieses Monats* **2.** s *Augenblick* m; (come) this ~ *.. in diesem A., sofort* || at that ~ *in dem A.*; in an ~, on the ~ *sofort* || the ~ *sobald als* (the ~ I saw him ..) **~ly** [~li] adv *sofort*

instantaneous [,instən'teinjəs] a *augenblick-lich, unverzüglich, sofortig*; *sofort wirkend*; ⟨mot⟩ ~ clutch *Momentkupplung* f, ~ water heater *Durchlauferwärmer* m || (of two events) *gleichzeitig* || *Moment-*, ~ photograph *-aufnahme* f; ~ readiness ⟨phot⟩ *Schußfertigkeit* f; ~ shutter *Momentverschluß* m; ~ value *Augenblickswert* m; ~ rate ⟨stat⟩ *-ziffer* f || ⟨mech⟩ *Augenblicks-*; *Schnell-* || ~ fuse (*empfindlicher*) *Aufschlag-, Augenblickszünder* m **~ly** [~li] adv *sofort*, *-gleich* **~ness** [~nis] s *Augenblicksdauer, Blitzesschnelle* f

instanter [in'stæntə] adv L *sofort, augenblicklich*

instauration [,instɔ:'reiʃən] s *Erneuerung, Wiederherstellung* f

instead [in'sted] adv *dafür, statt dessen* | ~ of a th *statt, anstatt e-r S* (~ of bread); *worse* ~ of better *schlechter statt besser*; (out) ~ of in *.. statt z Hause*; ~ of on the table *statt auf dem Tische*

instep ['instep] s (of the foot) *Spann* m; *Rist* m || to be high in the ~ ⟨fam⟩ *hochnäsig s, die Nase reichlich hoch tragen* || ~-raiser *Platt-, Senkfußeinlage* f

instigate ['instigeit] vt *anreizen, -treiben* (to *zu*; to do) || (*etw*) *anstiften* **-ation** [,insti'geiʃən] s *Anreizung, Aufhetzung* f (to); *Antrieb* m, *Betreiben* n (at, on the ~ of a p *auf jds B.*) || **-ator** ['instigeitə] s *Anreizer, Anstifter* m (of a crime *e-s Verbrechens, z e-m V.*)

instil, -still [in'stil] vt (*etw*) *einträufeln* (into) || ⟨fig⟩ *einflößen, beibringen* (into a p's mind *jdm*) **-illation** [,insti'leiʃən], **-ilment** [in'stilmənt] s *Eintröpfelung* f || ⟨fig⟩ *Einflößung; Eingebung* f

instinct 1. ['instiŋkt] s *Instinkt* (for f); *Naturtrieb* m; *-anlage* f; *Instinkthandlung* f; *major* ~ *Hauptinstinkt, Funktionskreis* m; by ~ *durch N., v Natur, instinktiv*; (on ~ *aus I., instinktmäßig, instinktiv*; *triebhaft* (to act on ~ *i., t. handeln*) || the ~ of self-preservation *Selbsterhaltungstrieb* m || *instinktives Gefühl* n (for f; for doing) **2.** [in'stiŋkt] pred a *durchdrungen, erfüllt* (with v) **~ive** [in'stiŋktiv] a (~ly adv) *instinkt-, triebmäßig*; *instinktiv, unwillkürlich*; *triebhaft*

institute ['institju:t] **1.** s *Einrichtung* f || ~s [pl] ⟨jur⟩ *Institutionen* f pl || *literarische, wissensch. Gesellschaft* f; *Verein* m (women's ~) || *Institut* n; *Institutsgebäude* n **2.** vt (*etw*) *ein-, errichten; stiften, gründen* || *ins Werk setzen*; (*Untersuchung*) *anstellen; einleiten* || (*jdn*) *einführen, -setzen* (into a benefice)

institution [,insti'tju:ʃən] s *Einsetzung* f; ⟨ec⟩ *Abendmahls-* || *Einrichtung, Stiftung, Gründung* f || *Satzung* f; *Gesetz* n, *Verordnung* f | *Gesellschaft, Anstalt* f, *Institut* n; educational ~ *Er-*

ziehungs- **~al** [~l] a *Institutions-* || *Instituts-*; *Anstalts-*, (a ⟨demog⟩ household, population)

instruct [in'strʌkt] vt (*jdn*) *unterrichten, -weisen, belehren* (in *in*) || *anleiten, ausbilden* | (*jdn*) *informieren, unterrichten* (that); (*jdn*) *anweisen* (to do); to ~ o.s. *sich unterrichten* | (*jdn*) *anweisen, beauftragen* (to do) | ⟨jur⟩ *instruieren* **~ion** [in'strʌkʃən] s **1.** *Unterweisung* f, *Unterricht* m; *Ausbildung* f; he received his ~ at Eton *er wurde in E. unterrichtet, ausgebildet* || manual ~ *Werkunterricht* m || ⟨mil⟩ *Instruktion* f *Anleitung* f (in *über* [acc], *in* [dat]), *betreffs, hinsichtlich* [gen]); *Lehrkursus* m || ~ for use *Gebrauchsanweisung* f || ~ **~al** | ~ booklet, ~ manual *Betriebsvorschrift* f **2.** ~s [pl] *Verhaltungsmaßregeln, Anweisungen* f pl (on the ~s *nach den A.*); ~s for use *Gebrauchsanweisung* f || *Anordnungen* f pl, *Befehle, Aufträge* m pl || ⟨jur⟩ *Instruktionen* pl || ⟨tech⟩ operating ~s *Betriebsanleitung* f **~ional** [in'strʌkʃən] a *Unterweisungs-, Lehr-, Unterrichts-*; *Erziehungs-* || ~ film *Lehr-, Kulturfilm* m; ~ media [pl] *Lehrmittel* n pl; ~ pamphlet *Merkblatt* n; ~ pilot *Fluglehrer* m; ~ rating ⟨aero⟩ *Lehrerschein* m **~ive** [in'strʌktiv] a *lehrreich, belehrend* **~iveness** [~ivnis] s *das Belehrende* n; *Belehrung* f **~or** [~ə] s *Lehrer, Erzieher* m; ⟨Am univ⟩ *Dozent* m || ⟨mil⟩ *Ausbilder* m || ⟨mot⟩ driving ~ *Fahrlehrer* m **~ress** [~ris] s *Lehrerin, Erzieherin* f

instrument ['instrumənt] **1.** s *Werkzeug* n || *Instrument* n || (a musical ~) ⟨Musik⟩*Instrument* n || stringed ~s *Streich-, Saiteninstrumente*, striking ~s *Schlagzeug* n || ⁂s of the Passion *Passions-, Leidenswerkzeuge, Waffen Christi* || ⟨aero⟩ to go on ~s *blind fliegen* || ⟨jur⟩ *Dokum'ent* n, (*rechtlich bedeutsame*) *Urkunde* f; ~ of abdication *Abdankungsdekret* n; ~ of debt *Schuldbrief* m; ~ of payment *Zahlungsmittel* n | ⟨fig⟩ *Mittel, Werkzeug* n; *Handlanger* m | [attr] ~ approach ⟨aero⟩ *Blindanflug* m || ~ approach procedure *Instrumenten-Anflugverfahren* n || ~-board ⟨mot⟩ *Schalttafel* f || ~ flight *Blind-, Instrumentenflug* m || ~ landing system (abbr ILS) *Schlechtwetter-Landeverfahren* n || ~ layout *Instrumentenanordnung* f, *Armaturenbrett* n || ~ panel ⟨mot⟩ *Armaturenbrett* n, *Schalttafel* f || ~ sister ⟨med⟩ *technische Assistentin, Operationsschwester* f || ~ work ⟨tech⟩ *Feinmechanik* f || ~ worker *Feinmechaniker* m **2.** vt ⟨mus⟩ *instrumentieren* **~al** [,instru'mentl] **1.** a *als Werkzeug, Mittel dienend* (to a th *e-r S*; in a th *in e-r S*, in doing *z tun*); to be ~ *beitragen z* | *durch Instrument, Apparat etc hervorgerufen* (~ error) || *dienlich, förderlich* || ⟨mus⟩ *Instrumental-* || ⟨gram⟩ ~ case *Instrument'al* m || ~ ensemble ⟨mus⟩ *Instrument'al-, Klangkörper* m **2.** s ⟨gram⟩ = ~ case **~ality** [,instrumen'tæliti] s *Mitwirkung*; *Vermittlung* f (by the ~ of *durch V. v*); *Mittel* n ~ally [,instru'mentəli] adv *als Werkzeug or Mittel* || ⟨mus⟩ *auf Instrumenten* **~ation** [,instrumen'teiʃən] s ⟨mus⟩ *Instrumentierung* f ⟨scient⟩ *Benutzung* f v *Instrumenten*

insubordinate [,insə'bɔ:dnit] a *widersetzlich* **-ation** ['insə,bɔ:di'neiʃən] s *Widersetzlichkeit*; *Ungehorsam* m || *Insubordination, Auflehnung* f

insubstantial [,insəb'stænʃəl] a *nicht stofflich, nicht körperlich; unwirklich* **~ity** [,insəbstænʃi'æliti] s *Nicht-Stofflichkeit* f

insufferable [in'sʌfərəbl] a (-bly adv) *unerträglich, -ausstehlich*

insufficiency [,insə'fiʃənsi] s (S) *Unzulänglichkeit; Untauglichkeit* f **-ient** [,insə'fiʃənt] a (~ly adv) *unzulänglich, -reichend*

insufflate ['insʌfleit] vt (*Luft*) *einblasen* || *mit Luft füllen*

insular ['insjulə] a (~ly adv) *insular, Insel-*

‖ ⟨fig⟩ *abgesondert; beschränkt, eng(herzig)* ~ity [͵insjuˈlæriti] s *insulare Lage, Insellage* f ‖ *(insulare) Beschränktheit* f

insulate [ˈinsjuleit] vt *(Land)* z *Insel* m ‖ *absondern*; ⟨a phys⟩ *isolieren* ‖ ~d for tropical service *tropenisoliert* –ating [~iŋ] a *Isolier–* (~ stool –*schemel*) –ation [͵insjuˈleiʃən] s *Absonderung* f; ⟨a phys & el⟩ *Isolierung* f ‖ ~ covering *Isolierüberzug* m –ator [ˈinsjuleitə] s ⟨phys⟩ *Isol·ator, Nichtleiter, Isolierstoff* m

insult 1. [ˈinsʌlt] s *Ehrenkränkung* f; *Beleidigung* (to f); *Beschimpfung* f (to a p *jds*) **2.** [inˈsʌlt] vt *beleidigen, beschimpfen* ~ing [~iŋ] a (~ly adv) *beschimpfend, Schmäh–*

insuperability [in͵sjuːpərəˈbiliti] s *Unüberwindlichkeit* f –able [inˈsjuːpərəbl] a (–ably adv) *unüberwindlich*

insupportable [͵insəˈpɔːtəbl] a (–bly adv) *unerträglich, unausstehlich*

insurable [inˈʃuərəbl] a *versicherbar, versicherungsfähig* –ance [inˈʃuərəns] s *Assekuranz, Versicherung (jeder Art)* f ‖ ~ against theft *Diebstahlversicherung* f; to take out an ~ *e–e V. abschließen,* [abs] *(Haus* etc) *versichern l*; he took out a life ~ *policy for* £ 250 *er versicherte sein Leben auf 250 Pfd.*; ~ in transit *Transitversicherung*; industrial injury ~ *Arbeitsunfall–*; Unemployment ~ *Arbeitslosen–* | [attr] *Versicherungs–* ‖ ~-company ⟨com⟩ –*gesellschaft* f ‖ ~ pensioner *Altersrentner* m ‖ ~ type parts [pl] *Teile mit geringer Verschleißquote* f –ant [inˈʃuərənt] s *Versicherer* m

insure [inˈʃuə] vt **1.** ⟨ins⟩ *(jdn) versichern*; to ~ o.s., to ~ one's life *sein Leben, sich v.* ‖ *(etw) versichern* (against) **2.** ⟨übtr⟩ *(Erfolg) sicherstellen, verbürgen* ‖ *(jdn) sichern* (against) | ~d [~d] s the ~ *der Versicherte* m | ~r [~rə] s **1.** [oft pl ~s] *Gesellschaft* f, *die e–n versichert* **2.** *Versicherer* m –ree [inʃuəˈriː] s *Versicherte(r* m) f

insurge [inˈsəːdʒ] vi ⟨bes Am⟩ *Aufruhr anstiften* ‖ *aufrührerisch w, sich erheben* ~nt [~ənt] **1.** a *aufrührerisch* **2.** s *Aufrührer, Rebell* m

insurmountable [͵insəˈmauntəbl] a (–bly adv) *unübersteiglich, unüberwindlich*

insurrection [͵insəˈrekʃən] s *Aufruhr, –stand* m, *Empörung* f ~nal [~l], –ary [–ʃnəri] a *aufständisch, –rührerisch* ~ist [~ist] s *Aufrührer* m

insusceptibility [ˈinsə͵septəˈbiliti] s *Unempfänglichkeit, Unzugänglichkeit,* ⟨tech⟩ *Beständigkeit, Unempfindlichkeit* f (to f) –tible [͵insəˈseptəbl] a *unempfänglich, nicht fähig, – geeignet* (of z, f) ‖ ⟨übtr⟩ *unempfänglich* (of, to f); ~ of pity *mitleidlos* ‖ *unzugänglich* (to f; ~ to flattery)

intact [inˈtækt] a *intakt, unberührt, unversehrt* (to remain ~)

intagliated [inˈtæglieitid] a *eingeschnitten, in Intaglio bearbeitet* –glio [inˈtɑːliou] **1.** s [pl ~s] It ⟨arts⟩ *eingeschnittene Figur* f | *geschnittener Stein* m *mit vertieften Figuren; Gemme* f ‖ in ~ *in Intaglio, eingeschnitten* **2.** vt *(Figur) einschneiden (on auf)* ‖ *in Intaglio bearbeiten*

intake [ˈinteik] s *Einnehmen* n; *Aufnahme, Zufluß, –strom* m (the ~ of books) ‖ *Einlaßöffnung* f, –*rohr* n, *Einlaß* m (f *Wasser* etc); ⟨mot⟩ *Ansaugleitung* f ‖ ~ air *einströmende Luft* f ‖ ~ loss *Einströmverlust* m ‖ ~ stroke ⟨mot⟩ *Lade–, Saughub;* –*takt* m ‖ ⟨Am⟩ *(Geld-)Einnahme* f ‖ ⟨mil⟩ [koll] *Rekruten* m pl; *Rekrut* m

intangibility [in͵tændʒəˈbiliti] s *Nichtgreifbarkeit; Unberührbarkeit* f ‖ *Unantastbarkeit* f –ble [inˈtændʒəbl] a (–bly adv) *unbetastbar; unfühlbar* ‖ ⟨fig⟩ *unfaßbar* ‖ *unantastbar, –verletzlich*

intarsio [inˈtɑːsiou], –sia [–siə] s It ⟨hist

arts⟩ *Int·arsia, eingelegte Arbeit* f *in Holz* n

integer [ˈintidʒə] s L ⟨math⟩ *ganze Zahl* f *(Ggs* fraction) ‖ *das Ganze* n

integral [ˈintigrəl] **1.** a *ein Ganzes ausmachend, ganz; aus einem Stück bestehend; vollständig integrierend, wesentlich* (an ~ factor in) ‖ ⟨math⟩ *Integral–;* ~ calculus –*rechnung* f; *ganz (function)* ⟨math⟩ *Integral* n ‖ *das Ganze* n ⟨mot⟩ ~ *body and frame selbsttragende Karosserie* f; ~ representation *Integraldarstellung* f; ~ starter *eingebauter Anlasser* m **2.** s ⟨math⟩ *Integral* n ‖ *das Ganze* n –ly [~i] adv *in integrierendem Maße; völlig, ganz*

integrant [ˈintigrənt] a *integrierend, wesentlich, notwendig* –ate [ˈintigrit] a *zu e–m Ganzen gehörig | vollständig, ganz* –ate [ˈintigreit] vt/i *ergänzen* ‖ *vervollständigen; zus–fassen* (into in); *einfügen, –beziehen, –gliedern, –ordnen* (into in); to ~ o.s. *sich eingliedern* etc ‖ ⟨tech⟩ ~d *(in sich) geschlossen* (services), *einheitlich, (all)umfassend; alle Zweige der Produktion umfassend* (rubber plant); *highly* ~d *weit umfassend* (operations); ⟨math⟩ *integrieren* ‖ –ating dose meter ⟨at⟩ *Ionisierkammer* f *mit Meßvorrichtung z Bestimmung der Gesamtstrahlung* ‖ ⟨fig⟩ *Durchschnittssumme, –wert (e–r S) angeben* | vi *sich zu e–m Ganzen zus–fassen, formen* etc –ation [͵intiˈgreiʃən] s *Ergänzung* f ‖ *Vervollständigung* f ‖ *Integrierung* f ‖ *Zus–arbeit* f ‖ *Einverleibung, Eingliederung* f etc → integrate [vt]; (racial) ~ ⟨Am school etc⟩ *Aufhebung* f *der Rassentrennung* ‖ ⟨com⟩ *Fusion, Vereinigung* f ‖ *Berechnung des Integrals* f ‖ = co-ordination –ity [inˈtegriti] s *Vollständigkeit, Ganz–, Unversehrtheit* f ‖ *Echtheit* f ‖ *Rechtschaffenheit, Unbescholtenheit* f

integument [inˈtegjumənt] s *Hülle* f ‖ ⟨anat⟩ *Deckhaut* f ~ary [in͵tegjuˈmentəri] a *Haut–, Deckhaut–*

intellect [ˈintilekt] s *Intellekt, Verstand* m; ⟨log⟩ *Denkfähigkeit* f | *kluger Kopf, Geistesheroe* m ‖ [koll] *die geistigen Köpfe* pl; *Intelligenz* f ~ion [͵intiˈlekʃən] s *Verstehen* n ‖ *Begriff* m ~ive [͵intiˈlektiv] a *denkend; Verstandes–* ~ual [͵intiˈlektjuəl] **1.** a (~ly adv) *verstandesmäßig | gedanklich; geistig, Geistes–* (~ life) ‖ *(P) klug, begabt; verständig, vernünftig* **2.** s *Intellektueller* m ~ualism [͵intiˈlektjuəlizm] s *Intellektual·ismus* m ~uality [ˈinti͵lektjuˈæliti] s *Verstandeskraft, Intelligenz* f

intelligence [inˈtelidʒəns] s **1.** *(ohne* pl-*Form) Verstand* m; *Denkfähigkeit* f ‖ *schnelle Auffassungsgabe, Intelligenz* f (~ test –*prüfung)* ‖ *Klugheit, Einsicht* f, *Verständnis* n ‖ ⟨mil⟩ *Nachrichtendienst* m, –*wesen* n, ⟨hist⟩ *Abwehr* f | [koll] *Kunde* f, *Nachrichten* f pl; *Auskunft* f; ⟨mil⟩ *(ausgewertetes) Nachrichtenmaterial* n, *Feindnachrichten* f pl ‖ ~ collator ⟨mil⟩ *Endauswerter* m (P); ~ department *od* service ⟨mil, nav⟩ *geheimer Nachrichtendienst* m ‖ ~ estimate ⟨mil⟩ *Feindlagebeurteilung* f ‖ ⟨Am⟩ ~ office *Auskunftsbüro* n ‖ ~ service ⟨mil⟩ *Nachrichtendienst* m, –*wesen* n, ⟨hist⟩ *Abwehr* f **2.** [pl ~s] *mit Verstand begabtes Wesen* n | ~r [~ə] s *Nachrichtenüberbringer; Kundschafter; Spion* m

intelligent [inˈtelidʒənt] a (~ly adv) *denkfähig, mit Verstand begabt* | *klug, intelligent* | *vernünftig, verständnisvoll* ~ial [in͵teliˈdʒenʃəl] a *Verstandes–, gedanklich* ~sia [in͵teliˈdʒentsiə] s [koll] *Krem f der Gebildeten*

intelligibility [in͵telidʒəˈbiliti] s *Verständlichkeit* f –ble [inˈtelidʒəbl] a (–ibly adv) *verständlich, klar* (to f) ‖ ⟨philos⟩ *intellig·ibel*

intemperance [inˈtempərəns] s *Unmäßigkeit* f ‖ *Trunksucht* f –ate [inˈtempərit] a (~ly adv) *leidenschaftlich* (speech); *zügellos, unmäßig* ‖ *trunksüchtig*

intend [in'tend] vt *beabsichtigen* (a th *etw*; to do *od* doing *z tun*; that); as ~ed *wie beabsichtigt* | (*jdn, etw*) *bestimmen* (for *f, z*) (he is ~ed for the navy); to ~ a p to do *wollen, wünschen, daß jd tut* | *sagen wollen, meinen* (by *mit*; what do you ~ by the remark?); ~ed as *gemeint als* || *bedeuten, s sollen*, the photo is ~ed for him *das Bild soll er s, soll ihn darstellen* | ~ed [~id] a ⟨fam⟩ *künftig*; her ~ husband *ihr Bräutigam* m; my ~ *mein Zukünftiger, Bräutigam* m; *m–e Zukünftige* f ~ing [~iŋ] a *angehend* (husband)
intendancy [in'tendənsi] s ⟨a-engl mil & theat⟩ *Intendant·ur* f || *Oberaufsicht* f –ant [in'tendənt] s ⟨a-engl⟩ *Vorsteher* m || *Intend·ant, Verwalter* m
intense [in'tens] a (~ly adv) *intensiv, stark* (heat); *eindringlich*; *heftig* (passion) || *tief* (colour) || *angestrengt, aufs höchste angespannt* (life) || *empfindsam* || ⟨fam⟩ *aufgeregt* (but don't let's get ~ about it *aber darum k–e Aufregung*) ~ness [~nis] s *Heftigkeit, Stärke* f *Anspannung, Anstrengung* f
intensification [in,tensifi'keiʃən] s ⟨*bes phot*⟩ *Verstärkung* f || ~ of fire ⟨mil⟩ *Feuersteigerung* f –fy [in'tensifai] vt/i || *verstärken, steigern* | *sich verstärken, sich steigern*
intension [in'tenʃən] s *Anspannung* f || *Verstärkung; Stärke, Festigkeit* f
intensitometer [in,tensi'təmitə] s ⟨at⟩ *Strahlenstärkemesser* m
intensity [in'tensiti] s *sehr hoher Grad* m (of a th); *Heftigkeit, Tiefe* (of feeling) f || *Gefühlskraft* f || *Stärke*; ⟨phys⟩ *Intensität* f; ⟨wir⟩ *Lautstärke* f || ~ of electronic transition *elektronische Übergangsstärke* f | ~ control (*Radar–*) *Intensitätseinstellung* f –sive [in'tensiv] a (~ly adv) *innerlich wirkend* || *stark, lebhaft, intensiv*; *angestrengt*; *satt* (colour) || ⟨agr⟩ *höchsten Ertrag erzielend* || ⟨a gram⟩ *verstärkend, Verstärkungs–*
intent [in'tent] s *Absicht* f, *Vorhaben* n || criminal ~ *strafrechtlicher Vorsatz* m; specific ~ *fester Vorsatz* m || to all ~s and purposes *in jeder Hinsicht, durchaus*; *im Grunde, in Wirklichkeit*; *praktisch genommen* || with ~ *absichtlich*, with ~ to kill *in der Absicht z töten*; with good (evil) ~ *in guter (böser) A.* || declaration of ~ *Grundsatzerklärung* f
intent [in'tent] a (~ly adv) (of the mind) *gerichtet*; *gespannt* (on *auf*) || *eifrig beschäftigt* (on *mit*); *eifrig bedacht* (on a th *auf etw*; on doing *z tun*); *erpicht* (on *auf*) ~ness [~nis] s *gespannte Aufmerksamkeit* f; *Eifer* m; ~ of purpose *Zielstrebigkeit* f
intention [in'tenʃən] s *Absicht* f, *Vorhaben* n, *Wille* m (to do; of doing *z tun*; with the ~ of doing); it is my ~ (to do) *ich habe die Absicht* (*z tun*) || ~ movement *Intensionsbewegung* f | ~s [pl] *Heiratsabsichten* pl | *Beabsichtigtes* n; *Sinn* m, *Bedeutung* f || *Zweck* m, *Ziel* n | to heal by *od* with (the) first ~ (of wounds) *schnell zuheilen* | ~al [~l] a (~ly *adv*) *absichtlich, von satzlich*; ~ abortion *künstl. Schwangerschaftsunterbrechung* f ~ed [~d] a *e–e Absicht habend*; [in comp] *–gesinnt* (well–~)
inter [in'tə:] vt *beerdigen, begraben*
inter ['intə] L prep: ~ alia *unter anderen* (*Dingen*)
Inter ['intə] s ⟨London univ fam⟩ *Zw–examen* n || the Third ~ ⟨fam⟩ *die dritte Internationale*
inter– ['intə] L pref *zwischen, unter*; *Zwischen–* | *gegenseitig, einander*
interact ['intərækt] s ⟨theat⟩ *Zwischenakt* m
interact [,intər'ækt] vi (*ein*)*wirken aufeinander*; *e–a beeinflussen* ~ion [,intər'ækʃən] s *Zus–wirken* n, *Wechselwirkung* f ~ive [,intər'æktiv] a *wechselwirkend*

inter-aircraft ['intə'ɛəkrɑ:ft] a [attr] ~ communication ⟨wir⟩ *Bord-Bord-Verkehr* m
interallied ['intə'ælaid] a ⟨pol⟩ *interalliiert*
interatomic ['intərə'təmik] a: ~ distance *Atomabstand* m
interblend ['intə'blend] vt/i (→ to blend) || *innig vermischen* | vi *sich vermischen* (with)
interbreed [,intə'bri:d] vt/i [–bred/–bred] | ⟨T⟩ *durch Kreuzung züchten* | vi *sich kreuzen*
intercalary [in'tə:kələri] a *eingeschaltet, Schalt–* (~ day); *Zwischen––***calate** [in'tə:kəleit] vt *einschalten* || *einschieben* **–calation** [in,təkə'leiʃən] s *Einschaltung* f; *Einlage* f
intercede [,intə'si:d] vi *sich verwenden, vermittelnde Schritte tun, Fürsprache einlegen* (with a p *bei jdm*; for a p, for a th *f jdn, etw*) | ~r [~ə] s *Fürsprecher(in* f) m
intercept [,intə'sept] vt (*Brief*) *ab–, auffangen*; ⟨mil⟩ (*Meldung, Feindflugzeug*) *abfangen* || (*Strahl*) *auffangen* || ⟨wir mil⟩ *ab–, mithören* || ⟨telph⟩ *ablauschen* | *aufhalten, hemmen*; *unterbrechen, abschneiden* || ⟨tact⟩ (*jdm*) *den Weg abschneiden* || (*Schiff*) *aufbringen* || ⟨math⟩ *einschließen* | ⟨wir⟩ *abhören* || ⟨aero⟩ *abschneiden, abfangen* | ~ service ⟨mil⟩ *Abhör–, Horchdienst* m ~ion [,intə'sepʃən] s *Auffangen* n; *Aufhalten* n; *Hemmung, Unterbrechung* f || ~ flight ⟨aero⟩ *Sperrflug* m; ~ station *Abhörstelle* f, ⟨wir⟩ *Horchstelle* f; ~ tactics *Abfangtaktik* f ~ive [~iv] a *auffangend*; *hemmend, hindernd* ~or [~ə] s *Auffänger*; *Nutznießer* m || ⟨aero⟩ (*Verteidigungs-*)*Jäger* m | ~ receiver ⟨wir⟩ *Horchempfänger* m
intercession [,intə'seʃən] s *Verwendung, Vermittlung, Fürbitte, –sprache* f || service of ~s *Bittgottesdienst* m
intercessor [,intə'sesə] s *Vermittler, Fürsprecher, –bitter* m | ~y [~ri] *vermittelnd, fürsprechend*; *Fürsprech*
interchange 1. ['intə'tʃeindʒ] s *Austausch* (holiday ~ *Ferien–*) | *Umtausch* m || *Abwechslung* f **2.** [,intə'tʃeindʒ] vt/i (*etw*) *unter–e–a austauschen, –wechseln* || (*etw*) *austauschen, –wechseln* (with *mit*) || *vertauschen, –wechseln* | *abwechseln* l; to be ~d with *wechseln mit* | vi (*ab*)*wechseln* (with) ~**ability** ['intə,tʃeindʒə-'biliti] s *Austauschbarkeit* f ~**able** ['intə-'tʃeindʒəbl] a (–bly *adv*) *untereinander austauschbar* || *auswechselbar; –tauschbar* (with)
intercollegiate ['intəkə'li:dʒiət] a ⟨univ⟩ *zw versch Colleges stattfindend*
intercolonial ['intəkə'lounjəl] a *interkolonial*
intercom ['intəkəm] s ⟨bes aero sl⟩ *Eigenverständigung(sanlage)* f (abbr *Ei.V.*), *Anschlußsystem, Bordtelefon* n (over the ~) || *Haustelefon* (the ~ went .. *läutete*)
intercommunicate [,intəkə'mju:nikeit] vi *miteinander in Verbindung stehen, untereinander verkehren* **–ation** ['intəkə,mju:ni'keiʃən] s *Verbindung miteinander, gegenseit. Verkehr*; –ge *Verständigung* || ⟨aero⟩ → intercom || *Wechsel–, Zw verkehr* m || ~ telephone (*Panzer-*)*Bordsprechgerät* n
intercommunion [,intəkə'mju:njən] s *wechselseitiger* or *vertrauter Verkehr* m
interconnect [,intəkə'nekt] vt/i | [*mst* pass] *unter–e–a verbinden* | vi *sich unter–e–a verbinden, unter–e–a verbunden w* or *s* ~ed [~id] a *unter–e–a verknüpft* (to be ~) ~ion [,intəkə'nekʃən] s *gegenseitige Verbindung* f
intercontinental ['intəkənti'nentəl] a *interkontinent·al* (ballistic missile)
intercooler ['intə'ku:lə] s ⟨mot⟩ *Zw–kühler* m; ~ of a compressor *Ladeluftkühler* m
intercostal [,intə'kəstl] a ⟨anat⟩ *zw den Rippen liegend*; ⟨a übtr⟩
intercourse ['intəkə:s] s *Umgang, Verkehr* m (between; with) || *geschlechtl. Verkehr* m

intercross [ˌintəˈkrɔs] vt/i ‖ (Linien) e–a kreuzen l | vi sich or e–a kreuzen

intercurrent [ˌintəˈkʌrənt] a dazwischen–; dazukommend

interdepend [ˌintədiˈpend] vi von–e–a abhängen **~ence** [~əns], **~ency** [~ənsi] s gegenseitige Abhängigkeit; Verkettung f **~ent** [~ənt] a (~ly adv) gegenseitig or von–e–a abhängig ‖ ⟨fig⟩ in–e–a–greifend; eng zus–hängend

interdict [ˈintədikt] s Verbot; ⟨R.C.⟩ ʹnterdˑiˑkt n

interdict [ˌintəˈdikt] vt (etw) untersagen, verbieten (to a p jdm) ‖ to ~ a p jdm verbieten (from doing z tun); he was ~ed water ⟨jur⟩ ihm wurde das Wasser entzogen ‖ ⟨R.C.⟩ mit dem Interdikt belegen ‖ ⟨tact⟩ be–, verhindern, ausschalten, sperren, abriegeln **~ion** [ˌintəˈdikʃən] s Verbot n; Untersagung f ‖ ⟨tact⟩ Abriegelung f ‖ ⟨jur⟩ Entmündigung f **~ory** [~əri] a verbietend, Verbots–

interdigitate [ˌintəˈdidʒiteit] vi in–e–a–greifen; verflochten s

interest [ˈintrist] s **A**. [pl ~s] **1**. Recht, Anrecht n (in auf) ‖ ⟨com⟩ Anteil m (in an); to have an ~ in beteiligt s an, bei **2**. Vorteil, Gewinn, Nutzen m; Interesse n (in od to a p's ~ in jds Interesse); in your ~ z d–m Vorteil; it is in my ~ es liegt in m–m I.; in the ~(s) of truth im I. der Wahrheit; it is to the ~ of es liegt im I. v ‖ common interest group travel Gruppenreise f | ~s [pl] Interessen, Belange pl **3**. Interessengemeinschaft f; –konzern m; the banking ~ die Bankkreise pl; the ~s die Interessenten pl **4**. Teilnahme f; Beteiligung f; Interesse n; of general ~ v allgemeinen I.; an ~ in a th ein I. an etw, in od of doing z tun; to lose ~ das I. verlieren; to take an ~ in sich interessieren f, to take great ~ od a great ~ in sich sehr interessieren f; to take a lively ~ in sich lebhaft interessieren f; not without ~ nicht ohne I. (for a p f jdn); it has no ~ for me es interessiert mich nicht ‖ the ~ turns upon das I. dreht sich um **5**. Einfluß m, Macht f (with bei); Wichtigkeit f (to f); Bedeutung f; to be of small ~ v geringer B. s ‖ Reiz m; it is of ~ es ist reizvoll (to f; to do) **B**. [ohne pl-Form] ⟨com⟩ Zins m, die Zinsen pl; to charge (to pay) ~ an Z. berechnen (zahlen); to put out, lend at ~ (Geld) auf Zinsen geben, leihen, ex ~ ohne Z.; with ~ mit Zinsen, ⟨fig⟩ in verstärktem Maße

interest [ˈintrist] vt ⟨com⟩ (jdn) beteiligen (in an) ‖ (jdn) *angehen, betreffen ‖ (jdn) interessieren (in f), (jds Interesse) gewinnen, erwecken (in a th an etw; for a p); to ~ o.s. in sich interessieren f ‖ (jdn) anziehen, reizen; to ~ a p with jdm dienen mit ‖ to be ~ed in beteiligt s an; sich interessieren f ‖ he was ~ed to know es interessierte ihn z wissen **~ed** [~id] a beteiligt; the parties ~ die Beteiligten pl ‖ eigennützig ‖ beeinflußt (witness) ‖ interessiert ‖ ~ party ⟨jur⟩ Mitbeteiligte(r m) f **~edly** [~idli] adv mit Interesse; in interessanter Weise **~edness** [~idnis] s Eigennutz m **~ing** [~iŋ] a (~ly adv) interessant, anziehend, fesselnd; to be in an ~ condition in anderen Umständen, schwanger s; ~ event Geburt f

interfacial [ˈintəˈfeiʃəl] a ⟨tech⟩ Zw–flächen– (tension)

interfere [ˌintəˈfiə] vi **1**. ⟨hors⟩ sich streichen; sich in die Eisen hauen ‖ ⟨phys⟩ (of waves) auf–e–a–treffen, sich kreuzen **2**. ⟨übtr⟩ sich ins Mittel legen, eingreifen, dazwischentreten (to do um z tun) | [mit prep] to ~ in sich einmischen, –mengen in ‖ to ~ with (jdn) stören, unterbrechen; (etw) störend beeinflussen, hindern; in Konflikt geraten mit (etw); etw beeinträchtigen (to ~ with the course of ..) **–rence** [~rəns] s Interferˑenz, gegenseitige Beeinflussung zus–trefˑ

fender Wellen f | Dazwischentreten n; Einmischung f (in in); Eingriff m (with in) ‖ ⟨wir⟩ Störung f ‖ ~ detector Störsuchgerät n; ~ eliminator Entstörgerät n; ~ figure Interferenzbild n; ⟨tech⟩ ~ fit Fest–, Paßsitz m; ⟨mot wir⟩ ~ protection Störschutz m, ~ suppressor Entstörer m **–rential** [ˌintəfəˈrenʃəl] a ⟨phys⟩ Interferenz– ‖ ~ level (Ton-)Störspiegel m **–ring** [ˌintəˈfiəriŋ] a störend, lästig **–rometer** [ˌintəfəˈrɔmitə] s Interferometer m (z Messen v Lichtwellen).

interflow **1**. [ˈintəflou] s In–e–a–fließen n **2**. [ˌintəˈflou] vi in–e–a–fließen

interfluent [intəˈfluːənt] a in–e–a–, zus–fließend

interfuse [ˌintəˈfjuːz] vt/i ‖ (etw) durchdringen, mischen (with); [mst pass] verbinden, –mischen | vi sich vermischen **–sion** [ˌintəˈfjuːʒən] s Durchdringung f (with); Vermischung f

interglacial [ˌintəˈgleiʃəl] a ⟨geol⟩ interglazial

intergovernmental [ˈintəˌgʌvənˈmentəl] a Regierungs– (conference)

interim [ˈintərim] L **1**. † adv einstweilen **2**. s Zwischenzeit f; in the ~ in der Z., mittlerweile, einstweilig ‖ the ~ ⟨hist⟩ das Interim, die einstweilige Regelung **3**. a vorläufig, Interims–; einstweilig; Zwischen– ‖ ~ dividend Abschlagsdividende f; ~ level (of reserves od supply) ⟨logistics⟩ (Bevorratung-)Zwischensoll n **~istic** [ˌintəriˈmistik] a (~ally adv) interimʹistisch, einstweilig

interior [inˈtiəriə] **1**. a innere(r, –s), Innen– (~ wall) ‖ innere, inwendig ‖ häuslich, intern ‖ binnenländisch, Binnen– ‖ innerlich, geistig ‖ ~ appointments [pl] ⟨Am mot⟩ Innenausstattung f ‖ ~ ballistic factors innerballistische Einflüsse m pl ‖ ~ decoration Innendekoration f, –tor –dekorateur m ‖ ~ duty ⟨mil⟩ Innendienst m ‖ ~ guard duty Standortwachdienst m ‖ ~ lighting ⟨mot⟩ Deckenbeleuchtung f **2**. s (S) das Innere ‖ Binnenland n ‖ das Innere, die innere Natur (e–r S) ‖ ⟨pol⟩ the ~ die inneren Angelegenheiten pl; ⟨Am⟩ Department of the ~ Ministerium des Inneren n | ~s [pl] Inneres (of a room); ⟨bes phot⟩ Innenaufnahme f **~ly** [~li] adv im Innern, innen ‖ ⟨übtr⟩ in bezug auf das Innere, Geistige

interjacent [ˌintəˈdʒeisənt] a dazw–liegend

interject [ˌintəˈdʒekt] vt (Bemerkung) dazw–werfen **~ion** [ˌintəˈdʒekʃən] s Ausruf m; ⟨gram⟩ Interjektion f **~ional** [ˌintəˈdʒekʃənl] a (~ly adv) dazw–geworfen (question) ‖ Interjektions– **~ory** [~əri] a dazw–geworfen

interlace [ˌintəˈleis] vt/i ‖ durchflechten, verflechten (~d with); verschlingen | vi sich verflechten; –cing verflochten, –schlungen **~ment** [~mənt] s Verflechtung, Verflochtenheit f

interlard [ˌintəˈlɑːd] vt ⟨fig⟩ spicken (with)

interleaf [ˈintəliːf] s Durchschießblatt n (unbedrucktes Blatt) **–leave** [ˌintəˈliːv] vt (Buch) durchschˑießen

inter-lens [ˈintəlens] [attr] ~ shutter ⟨phot⟩ Zentralverschluß m

interline [ˌintəˈlain] vt zw die Zeilen schreiben; (Wort) einfügen **–ar** [ˌintəˈliniə] a interlineˑar, Interlinear–, zw–zeilig **~ation** [ˌintəˌliniˈeiʃən] s Zw–schreiben n ‖ Zw–geschriebenes; eingefügtes Wort n

interlink [ˌintəˈliŋk] vt verketten

interlock [ˌintəˈlɔk] vi/t ‖ in–e–a–greifen ⟨fig⟩ sich durchdringen | vt zus–schließen ‖ einschachteln; verschränken; ⟨tech⟩ verriegeln, blockieren, kuppeln; to become ~ed eng zus–gefügt w ‖ ~ing directorate Schachtelaufsichtsrat m ‖ ~ing beads ⟨tail⟩ Steckperlen f pl ‖ ~ing clutch ⟨mot⟩ Verriegelungskupplung f

interlocution [ˌintələˈkjuːʃən] s Unterredung f; Dialog m **–tor** [ˌintəˈlɔkjutə] s (mit)redende P in

Unterhaltung f; my ~ *die P, mit der ich spreche* || Ansager m (*e–r Negertruppe*) **–tory** [~ri] a *in Gesprächsform, Gesprächs–*; *ins Gespräch eingeflochten* || ⟨jur⟩ *interlokutorisch*; *vorläufig, Zwischen–* (~ decision)

interlope [ˌintəˈloup] vi *sich ein– or dazwdrängen*; ⟨hist⟩ *verbotenen Handel treiben* **~r** [ˈintəloupə] s *Eindringling* || ⟨hist⟩ *Schleichhändler* m

interlude [ˈintəluːd] s ⟨hist theat & Lit⟩ *Interlʹudium* n || ⟨theat⟩ *Pause* f || *Zw–zeit* f; ⟨mus⟩ *–spiel* n

intermarriage [ˌintəˈmæridʒ] s *Wechselheirat, Heirat* f *zw Angehörigen verschiedener Stämme or Geschlechter* **–marry** [ˈintəˈmæri] vi (of *different tribes* etc) *unter–e–a heiraten*; to ~ *with Ehen eingehen mit*

intermeddle [ˌintəˈmedl] vi *sich einmischen* (with, *in in*)

intermediary [ˌintəˈmiːdiəri] **1.** a *vermittelnd* || *dazwischen befindlich* **2.** s *Vermittler* m || ⟨com⟩ *Zwischenhändler* m || *Vermittlung* f **–diate** [ˌintəˈmiːdjət] **1.** a (~ly adv) *dazwischen liegend or befindlich*; *Mittel–, Zwischen–* (~ trade *–handel*) || ~ *between liegend zwischen* || ~ *approach* ⟨aero⟩ *Zw–anflug* m || ~ *gear* ⟨tech⟩ *Rädervorgelege* n || ~ *landing* ⟨aero⟩ *Zw–landung* f || ~ *objective* ⟨tact⟩ *Angriffszw–ziel* n || ~*–pressure tyre Mitteldruckreifen* m || ~ *school* ⟨tech⟩ *Mittelschule* f || ~ *shaft* ⟨tech⟩ *Vorgelegewelle* f || ~ *size Zw–maß* n, *–größe* f || ~ *steering shaft* ⟨mot⟩ *Lenkzwwelle* f **2.** s *Zw–glied* n || *–prüfung* f || *Vermittler* m **–diator** [ˌintəˈmiːdieitə] s *Vermittler* m

interment [inˈtəːmənt] s *Beerdigung* f

intermezzo [ˌintəˈmetsou] s It ⟨theat & mus⟩ *Intermezzo* n

interminable [inˈtəːminəbl] a (*–bly* adv) *grenzenlos, unendlich* || *langwierig* **~ness** [~nis] s *End–, Grenzenlosigkeit* f

intermingle [ˌintəˈmiŋgl] vt/i || *ver–, untermischen* (with) **|** vi *sich vermischen* (with)

intermission [ˌintəˈmiʃən] s *Unterbrechung, Aussetzung*; ⟨bes theat⟩ *Pause* f; ⟨theat⟩ *Zwischenaktmusik* f; *without* ~ *unaufhörlich, –ausgesʹetzt, ohne Unterlaß*

intermit [ˌintəˈmit] vt/i || (*etw*) *aussetzen, unterbrechen* **|** vi *nachlassen, aussetzen*; *unterbrochen w* **~tence** [~əns] s *Aussetzen*; *Versagen* n **~tent** [~ənt] a (Ggs *continuous*) *aussetzend* (pulse); *stoßweise, unterbrochen*; *Wechsel–* (~ fever); *to be* ~ *aussetzen*; ~ *river Trockenfluß* m **~tently** [~əntli], **~tingly** [~iŋli] adv *abwechselnd*; *in Abständen*

intermix [ˌintəˈmiks] vt/i (*sich*) *vermischen* (with) **~ture** [ˌintəˈmikstʃə] s *Mischung*; *Beimischung* f, *Zusatz* m

intern [inˈtəːn] **1.** vt *internieren* **2.** vi *als Medizinalassistent tätig s, arbeiten* **3.** s ⟨Am univ⟩ *Interner* m **~ment** [~mənt] s *Internierung* f

internal [inˈtəːnl] **1.** a *innerlich, innere(r, –s)*; ~ *injury innere Verletzung* f || *einheimisch, intern*; *inländisch, Innen–*; *Binnen–* (migration) **|** ~ *combustion engine Verbrennungs–, Explosionsmotor* m || ~ *rhyme Binnenreim* m || ⟨Am⟩ *Inlands–* (~ revenue) || ~ *crack* ⟨tech⟩ *Kernriß* m || ~ *diameter Innendurchmesser* m, *Lichtweite* f || ~ *lighting Innenbeleuchtung* f || ~ *specialist* (⟨Am a⟩ *interne, internist*) ⟨med⟩ *Internist* m **2.** [s pl] ~*s innere, wesentl. Eigenschaften* f pl **~ly** [~nəli] adv *innen* || *im Innern*

international [ˌintəˈnæʃnl] **1.** a *internationʹal, zw–staatlich*; *private* ~ *law Konfliktsnorm* f; *Welt–* (~ exhibition); *Völker–* (~ *–recht*) || ~ *auxiliary language Welthilfssprache* f || ~ *Civilian Aviation Organization* (abbr ICAO) *Internat. Zivilluftfahrt–Organisation* f **2.** s

⟨sport⟩ *Internationaler, internat. Spieler* m || ⟨pol⟩ *Internationale* f **~ity** [ˈintəˌnæʃəˈnæliti] s *internat. Charákter* m **~ize** [ˌintəˈnæʃnəlaiz] vt *international* m; *der Kontrolle mehrerer Nationen unterwerfen* **~ly** [~ʃnəli] adv *auf internat. Wege, in internat. Hinsicht* || *unter den Nationen*

internatter [ˌintəˈnætə] s ⟨sport sl⟩ *Internationaler* m (sc *Spieler*)

interne [inˈtəːn] s ⟨Am⟩ → internal || *Medizinalassistent, Assistʹenzarzt* m, *der im Krankenhaus wohnt*

internecine [ˌintəˈniːsain] a *sich gegenseitig vernichtend*; *mörderisch*

internuclear [ˈintəˈnjuːkliə] a: ~ *distance* ⟨at⟩ *Kernabstand* m

interoceanic [ˈintərˌouʃiˈænik] a *zw zwei Meeren liegend*

interpellate [inˈtəːpeleit] vt ⟨a-engl⟩ *interpellieren* **–ation** [inˌtəːpeˈleiʃən] s *Interpellation* f

interpenetrate [ˌintəˈpenitreit] vt/i || *durchdringen, –setzen* (with); *to* ~ *each other e–a durchdringen* **|** vi *sich gegenseitig durchdringen* **–ation** [ˈintəˌpeniˈtreiʃən] s *gegenseitige Durchdringung*

interphone [ˈintəfoun] s ⟨aero⟩ *Eigenverständigungsanlage* f, *Bordtelefon* n

interplanetary [ˌintəˈplænətəri] a *Weltraum–* || ~ *rocket travel –raketenfahrt* f

interplay [ˈintəˈplei] s *gegenseitige Beeinflussung, Wechselwirkung* f (between *zw*); *In–e–agreifen* n; *the* ~ *of forces das wechselseitige Spiel der Kräfte*

interplead [ˈintəˈpliːd] vi ⟨jur⟩ *unter sich ausfechten*; *den Streit verkünden* **~er** [~ə] s ⟨jur⟩ *Streitverkünder* m

interpolate [inˈtəːpoleit] vt *interpolieren, einschieben* **–ation** [inˌtəːpoˈleiʃən] s *Interpolieren* n || *Interpolation, Einschiebung* f

interposal [ˌintəˈpouzl] s = interposition **–pose** [ˌintəˈpouz] vt/i || *dazw–stellen, –legen, –setzen* || (*Bemerkung*) *einwerfen*; *einflechten* || (*Einwand*) *vorbringen* || *to* ~ *an answer* ⟨jur⟩ *e–e Klage beantworten*; *to* ~ *a counterclaim e–e Gegenforderung geltend m* || ⟨tech⟩ *einschalten, –fügen* **|** vi *sich ins Mittel legen, vermitteln* (between) || (*sich*) *unterbrechen* **–position** [inˌtəːpoˈziʃn] s *Dazw–treten, Eingreifen* n || *Vermittlung* f

inter-pregnancy interval [ˌintəˈpregnənsi ˈintəvəl] s ⟨stat demog⟩ *Schwangerschaftszwischenraum* m

interpret [inˈtəːprit] vt/i || *auslegen, –deuten, erklären* || *verdolmetschen* || (*Rolle*) *darstellen*, (*wieder*)*geben* || (*Traum*) *deuten*; *sich* (*etw*) *auslegen* || ⟨aero–phot⟩ *auswerten* **|** vi *Interpret s* || *dolmetschen, als Dolmetscher fungieren* **~ation** [inˌtəːpriˈteiʃən] s *Erklärung*; *Auslegung, Deutung* || ⟨theat⟩ *Darstellung, Wiedergabe* f || ~ *post* ⟨aero–phot⟩ *Auswertungsstelle* f **~ative** [inˈtəːpriteitiv] a *Interpretations–, auslegend*; *to be* ~ *of auslegen, deuten* **~er** [~ə] s *Ausleger* m || *Dolmetscher* m (to an expedition e–e Expedition); *certificated* ~, ⟨Am⟩ *certified* ~ *Diplomdolmetscher* m || ⟨off stat⟩ *Lochschriftübersetzer* m

interpupillary [ˈintəpjuˈpiləri] a v *Pupille* z *Pupille* f; ~ *distance Augenabstand* m

interquartile [ˌinteˈkwəːtail] a ⟨stat⟩ *Interquartʹil–* (range *–bereich*)

interracial [ˌintəˈreiʃəl] a: ~ *type Typ* m *verschiedener Rassen* f

interregnum [ˌintəˈregnəm] s L *Interregnum* n, *Zw–regierung* f; *herrscherlose Zeit* f || *Unterbrechung* f

interrelated [ˌintəriˈleitid] a *unter–e–a zushängend* **–lation** [ˌintəriˈleiʃən] s *Wechselbeziehung, gegenseitige Beziehung* f (between *zwischen*)

interrogate [in'terogeit] vt (jdn) befragen ‖ ausfragen; verhören –**gation** [in‚tero'geiʃən] s Befragung, Frage f ‖ Ausfragen, Verhör n ‖ note, mark, point of ~ ⟨gram⟩ Fragezeichen n ‖ ~ officer Vernehmungsoffizier m –**gative** [in-'rəgətiv] 1. a (~ly adv) fragend, Frage– 2. s ⟨gram⟩ Fragewort n –**gator** [in'terogeitə] s Frager, Fragesteller m –**gatory** [‚intə'rəgətəri] 1. a fragend, Frage– 2. s Frage, bes. gerichtl. Befragung f

interrupt [‚intə'rʌpt] vt (etw) unterbrechen ‖ (jdn) unterbrechen; (jdm) in die Rede fallen ‖ (Blick) verhindern, –decken ‖ (Leitung) stören ‖ ~ed circuit ⟨el⟩ offener Stromkreis m ~**edly** [~idli] adv mit Unterbrechungen ~**er**, ~**or** [~ə] s Unterbrecher, Störer m ‖ ~ of door contact ⟨tech el⟩ Türkontaktschalter m ~**ion** [‚intə'rʌpʃən] s Unterbrechung (without ~ ohne U.) ‖ Störung, Stockung f ~**ive** [~iv], ~**ory** [~əri] a unterbrechend

intersect [‚intə'sekt] vt/i ‖ durchschneiden | vi sich schneiden (at angles in Winkeln); sich kreuzen ‖ ~ing road Querstraße f ~**ion** [‚intə-'sekʃən] s Durchschneidung f; ⟨rail⟩ Kreuzung; Straßen– f ‖ ⟨math⟩ Schnittpunkt m; line of ~ –linie f ‖ (Straßen-)Einmündung f ‖ point of ~ Überschneidungsstelle f, Schnittpunkt m ‖ ⟨min⟩ Kreuzung f ‖ ⟨mech⟩ Zwischenschaltung f ~**ional** [intə'sekʃən‖] a Kreuzungs–, Schnitt–; zwischenbezirklich

interservice ['intə'sə:vis] a [attr] ⟨mil⟩ zw den Streitkräften, auf Ebene der Gesamtstreitkräfte

intersex ['intəseks] s ⟨biol⟩ Inters·ex n (geschl. Zw–form)

interspace ['intə'speis] 1. s Zwischenraum m 2. vt e–n Z. l zw, den Z. ausfüllen zw

intersperse [‚intə'spə:s] vt (etw) einstreuen, hier u da einfügen ‖ untermengen, vermischen, durchsetzen (with mit) –**sion** [‚intə'spə:ʃən] s Einstreuung f

interstate ['intə'steit] a ⟨Am⟩ zwischenstaatlich, zw einzelnen Staaten bestehend

interstice [in'tə:stis] s Zw–raum m ‖ Lücke, Spalte f –**stitial** [‚intə'stiʃəl] a Zw–; in Zw–räumen liegend ‖ ⟨med⟩ interstiti·ell ‖ ~ atom Zwischengitteratom n

interstratified [‚intə'strætifaid] a (da)zw–gelagert, eingesprengt

intertown ['intə'taun] a [attr] ~ match ⟨sport⟩ Städtekampf m

intertribal [‚intə'traibl] a zw verschied. Stämmen bestehend

intertwine [‚intə'twain] vt/i ‖ verflechten, verschlingen | vi sich verflechten, sich –schlingen ~**ment** [~mənt] s Verflechtung, –schlingung

intertwist [‚intə'twist] vt verflechten, –schlingen

interurban [‚intə'ə:bən] 1. a Überland– (bus, traffic); Städte– (train) 2. s ⟨Am⟩ Städteschnellverkehrszug m

interval ['intəvl] s Zwischenzeit, Pause f; Augenblick m ‖ lucid ~ ⟨med & fig⟩ lichter A. ‖ Abstand, Zw–raum m ‖ at ~s hier u da, dann u wann; at frequent ~s in häufigen Zw–räumen ‖ ⟨mus⟩ Intervall n ‖ birth ~ Geburtenabstand m; ⟨demog⟩ ~ between marriage and nth birth Ehedauer f bis z n-ten Kinde; mean ~ between successive generations durchschnittl. Generationsdauer f | ~ signal ⟨wir⟩ (Sende-)Pausenzeichen n ‖ ~ stocks [pl] Überbrückungsvorrat m ~**lic** [‚intə'vælik] a Intervall–

intervene [‚intə'vi:n] vi 1. dazw–k, hinzu–, eintreten, vorfallen | (of feasts) liegen (between) ‖ verstreichen (between) | (S) liegen (between); sich erstrecken; –ning pages dazw–liegende Seiten; –ning ground ⟨mil⟩ Zw–feld n 2. (P) sich einmischen (in in); intervenieren; vermitteln

(between); sich verwenden (on a p's behalf f jdn) | ~**r** [~ə] s jd, der interveniert; ⟨jur⟩ Nebenkläger m –**vention** [‚intə'venʃən] s Dazwischentreten n ‖ ⟨pol⟩ Intervention, Einmischung f (in) ‖ Vermittlung f ‖ Dazw–liegen n

interview ['intəvju:] 1. s Zus–kunft, Unterredung f (with mit) ‖ Interview n (at the ~ bei dem I.); personal ~ ⟨demog⟩ mündl. Befragung f 2. vt (jdn) interviewen; ein Interview h mit (jdm) | ~**ee** [‚intəvju:'i:] s Interviewte(r m) f ~**er** [~ə] s Interv·iewer m; ⟨stat⟩ Zähler m

inter-war ['intə'wə:] a [attr] zw den beiden Weltkriegen (gelegen)

interweave [‚intə'wi:v] vt [–wove/–woven] durchweben, –flechten, –wirken, verweben (with); to be –woven with verwachsen s mit ‖ (Reim) verknüpfen

interwind [‚intə'waind] vt/i [–wound/–wound] ‖ verflechten | vi sich verflechten

interzonal [‚intə'zounl] a ⟨Ger⟩ interzon·al; ~ border Zonengrenze f

intestacy [in'testəsi] s ⟨jur⟩ Sterben ohne Testament n; Fehlen e–s Testaments n; Intestaterbfolge f –**ate** [in'testit] 1. a ⟨jur⟩ ohne T. (verstorben) (to die ~) 2. s Verstorbener ohne T.

intestinal [in'testin] a Eingeweide–; Darm–**–tine** [in'testin] 1. a innere(r, –s); einheimisch; Bürger– (~ war –krieg) 2. s [mst pl ~s] Eingeweide, Därme pl, Gedärm(e) n ‖ small ~ Dünndarm, large ~ Dickdarm m

intimacy ['intiməsi] s Vertraulichkeit f, vertrauter Umgang m (with); unerlaubter geschlechtl. Verkehr m (with); Vertraulichkeit f; ⟨bes arts⟩ Innigkeit f –**ate** ['intimit] 1. a (~ly adv) ⟨scient⟩ innerst; wesentlich ‖ int·im, vertraut; innig 2. s Vertraute(r m) f, intimer Freund m

intimate ['intimeit] vt ankündigen, bekannt m ‖ (etw) mitteilen (to a p jdm) | andeuten, nahelegen, z verstehen geben (a th; that) –**ation** [‚inti'meiʃən] s Ankündigung, Anzeige f ‖ Andeutung f, Wink m ‖ Bezeugung f; ~ of one's gratitude Dankes–

intimidate [in'timideit] vt (jdn) (ab)schrecken, einschüchtern; bange m –**ation** [in‚timi'deiʃən] s Einschüchterung f, Bangemachen n –**ator** [in-'timideitə] s Einschüchterer m –**atory** [~ri] a einschüchternd

intimity [in'timiti] s Vertraulichkeit f ‖ Zurückgezogenheit; Verborgenheit f

into ['intu; 'intə] prep 1. in .. hinein, in (~ the room); auf (~ his room) ‖ in; to divide ~ teilen in; six ~ 30 goes five times 6 in 30 geht fünfmal ‖ ~ the bargain obendrein, noch dazu 2. ⟨übtr⟩ (übergehend) in; (gestaltend, werdend) zu; → to convert, make, put, turn etc 3. the car ran ~ a lamp-post .. fuhr an or gegen [acc] | auf: to go (move) ~ the country aufs Land gehen or reisen (ziehen); so: aufs L. einladen ‖ I ran ~ the street .. auf die Straße ‖ a window looks ~ the street .. geht auf die Str. hinaus; to enter ~ particulars, ~ an agreement auf Einzelheiten, auf e–n Vergleich eingehen | in (e–n Raum) (hinein): to take baby ~ one's arms in s–e Arme nehmen ‖ she flung herself ~ his arms .. ihm in die Arme ‖ she ran a pin ~ her finger sie stieß sich [dat] .. in den Finger ‖ come ~ the garden .. in [acc] ‖ to move ~ a new house in ein neues Haus (ein)ziehen ‖ the smoke rose ~ the air .. stieg in die Höhe ‖ to throw a ball ~ the air .. in die Luft .. ‖ to inject .. ~ the body .. in den K. einspritzen ‖ the Main falls, flows ~ the Rhine .. mündet in den Rhein ‖ the ship came ~ sight .. kam in Sicht ‖ to split ~ pieces in Stücke spalten ‖ to venture ~ deep water sich ins Tiefe wagen ‖ to immigrate ~ the U.S.A. in die USA einwandern ‖ help her ~ the carriage hilf ihr in den W.! ‖ to drive a nail ~ the wall .. in die W. schlagen ‖ to go ~ the world *in die weite W. hinausziehen* || the maid showed us ~ the room .. *führte uns ins Z.* || a passenger-train ran ~ a goods-train .. *rannte in .. hinein* || to get ~ a train *in e–n Z. einsteigen* | ⟨fig⟩ hills running away ~ the distance *B., die sich in der Ferne verlieren* | (*Zeit*) *vgl.* in = *bis* | (*Verben*) to degenerate ~ *ausarten in* || to introduce .. ~ (*jdn*) *einführen in* (*e–e Gesellschaft*), (*Krankheit*) *einschleppen in* || to initiate .. ~ (*jdn*) *einweihen in* || he got ~ bad society *er geriet in .. (hinein)* || to divide ~ parts *in Teile* (*ein*)*teilen* || to translate ~ .. *ins Englische übersetzen* || the house was turned ~ a shop .. *wurde in e–n Laden umgewandelt, –gebaut* || to transform, convert water ~ steam *W. in D. verwandeln* | dissolution ~ *Auflösung, Zerlegung in* [acc] || division ~ shires *Einteilung f in* [acc] | to put ~ **action** *in die Tat umsetzen* || to brake ~ applause *in B. ausbrechen* || to take ~ **consideration** *ins Auge fassen, in Betracht ziehen* || to enter ~ (a) conversation *sich in ein G. einlassen* || to venture ~ **danger** *sich in G. begeben* || to run ~ debt *in Schulden geraten* || to fall ~ decay *in V. geraten* || to get ~ difficulties *in Schw. geraten* || to fall ~ disgrace *in Ungnade f fallen* || to bring ~ disrepute *in Mißkredit m bringen* || to come ~ **effect** *in Kraft treten* || he fell ~ the same error again *er verfiel wieder in s–n alten F.* || to go ~ exile *in die V. gehen* || the new time-table comes ~ **force** on .. *tritt .. in Kraft* | I shall take the matter ~ my own hands .. *die S selbst in die Hand nehmen* || he fell ~ the hands of a swindler *er fiel e–m Schw. in die Hände* || to play ~ a p's hands *jdm in die Hände spielen* || it has fallen ~ my hands ⟨übtr⟩ *es ist mir in die Hände gekommen* || he took it ~ his **head** *er setzte es sich in den K.* || it put me ~ (*od* in) good humour .. *versetzte mich in g. L.* || to break *od* burst ~ loud laughter *in schallendes Gelächter ausbrechen* (a: ~ a fit of l.) || that runs ~ **money** *das läuft ins Geld* || to fall ~ oblivion *in V. geraten* || to go ~ opposition *in die O. gehen* || to go ~ particulars *ins einzelne gehen* || to put ~ the plural || to come ~ the possession of a th *in den B. e–r S k* || to put ~ practice *in die Pr. umsetzen* || to retire ~ private life *sich ins Privatleben zurückziehen* || to fall *od* get ~ a **rage** *in W. geraten* || to turn ~ ridicule *ins Lächerliche ziehen* || to throw one's influence ~ the scale(s) *s–n E. in die Waagschale werfen* || to enter ~ the service of a p *in jds Dienst treten* || to enter ~ the spirit of a language *in den G. e–r Spr. eindringen* || to get ~ trouble *in Schwierigkeiten geraten* || he could not put his ideas ~ words .. *in W. kleiden* | **nach:** the flight ~ Egypt || the window looks ~ the courtyard *das F. geht nach dem Hof* | (*Veränderung, Übergang*) **zu:** to develop ~ a catastrophe (*sich*) *z e–r K. entw.* || the acqaintance ripened ~ friendship .. *entwickelte sich, reifte z e–r F.* || to grow up ~ a beautiful girl *heranwachsen z* || to persuade a p ~ *jdn überreden, bereden, verleiten z* || to make *od* work a th ~ a th *etw zu etw ver–, umarbeiten* | ⟨übtr⟩ to sink ~ insignificance *zur B. herabsinken*

intolerable [in'tələrəbl] a (–bly adv) *unerträglich, unausstehlich* **~ness** [~nis] s *Unerträglichkeit f*

intolerance [in'tələrəns] s *Unduldsamkeit f* **–ant** [in'tələrənt] a (~ly adv) *unduldsam, unnachsichtig* (of *gegen*); to be ~ of *nicht gelten l* || *intolerant*

intonate ['intouneit] vt = to **intone** **–ation** [,intou'neiʃən] s ⟨mus⟩ *Anstimmen* n, *Intonation f; Tongebung f* || *Tonfall* m, *Betonung f*

intone [in'toun] vt/i | ⟨mus⟩ *anstimmen, intonieren* || *mit besonderem Tonfall aussprechen, intonieren* | vi *intonieren*

intoxicant [in'tɔksikənt] **1.** a *berauschend* **2.** s *–schendes Getränk* n **–cate** [in'tɔksikeit] vt *berauschen; betrunken* m | ⟨fig⟩ *~d* with, by *berauscht, trunken* v; to be *~d* with *sich berauschen an* || ⟨mot⟩ *driving while ~d Trunkenheit f am Steuer* **–cation** [in,tɔksi'keiʃən] s *Berauschung f; Rausch,* °*Dusel* m

intra– ['intrə] L pref ⟨*mst* scient⟩ *innerhalb; inter–; inner– (–atomar, –molekular); intra– (–nuklear)*

intractability [in,træktə'biliti] s *Unlenksamkeit, Störrigkeit, Halsstarrigkeit f* **–able** [in'træktəbl] a (–ably adv) *unlenksam, unbändig; störrisch, halsstarrig* || (*S*) *schwer z handhaben(d)* or *z bearbeiten(d)* **–ableness** [~nis] s = intractability

intrados [in'treidɔs] s ⟨arch⟩ *innere Wölbung f*

intramural ['intrə'mjuərəl] a *innerhalb der Mauern e–r Stadt* etc *befindlich, geschehen* || ⟨anat⟩ *innere(r, –s)*

intrain [in'trein] vi ⟨rail⟩ *einsteigen,* → *entrain*

intransigence [in'trænsidʒəns] s *Unnachgiebigkeit* **–gent** [in'trænsidʒənt] **1.** a *unversöhnlich, –nachgiebig;* (*schroff*) *ablehnend* **2.** s ⟨pol⟩ *Unversöhnlicher, Starrkopf, starrer Parteimann* m

in-transit [in'trænsit] a [attr] ~ storage point *Umschlagstelle f*

intransitive [in'trænsitiv] **1.** a (~ly adv) ⟨gram⟩ *intransitiv* **2.** s *Intransitivum* n

intrant ['intrənt] s *der Neu-Eintretende; neues Mitglied* n; *der* (*ein Amt*) *Antretende*

intra-service ['intrə'sə:vis] a [attr] ⟨mil⟩ *innerhalb e–r Teilstreitkraft f*

intrastate [,intrə'steit] a *innerstaatlich*

intra-uterine ['intrə'ju:tərain] a *intra-uterin* (mortality)

intravenous [,intrə'vi:nəs] a *intraven·ös*

intrepid [in'trepid] a (~ly adv) *unerschrocken, furchtlos* **~ity** [,intri'piditi] s *Unerschrockenheit f*

intricacy ['intrikəsi] s *Verwickelung, Schwierigkeit f; Kniffligkeit, Feinheit f* **–ate** ['intrikit] a (~ly adv) *verzweigt, verschlungen* || *verwickelt, verworren; knifflig*

intrigue [in'tri:g] **1.** s Fr *Intr·ige f, Ränkespiel* n; *~s Machenschaften f* pl || *Liebeshandel* m **2.** vi/t | *intrig·ieren, Ränke schmieden* (with) | *e–e Liebschaft h* (with) | vt (*etw*) *durch Ränke erreichen* | (*jdn*) *interessieren, fesseln; verwirren* **–guer** [~ə] s *Intrigant* m **–guing** [~iŋ] a *ränkevoll* | ⟨fig⟩ *fesselnd, interessant*

intrinsic [in'trinsik] a (~ally adv) *innerlich* || *wahr, wirklich; eigentlich* (value) || *wesentlich* || ~ viscosity *Strukturviskosität f*

introduce [,intrə'dju:s] vt (*etw, jdn*) *einführen* (into *in*) || (*Brauch*) *einführen* (into); (*Mode*) *aufbringen* || (*Gegenstand*) *aufbringen, z Sprache bringen* (in) || (*Buch*) *einleiten; eröffnen* || (*jdn*) *vorstellen* (to a p *jdm*) **–duction** [,intrə'dʌkʃən] s *Einführung f* (into *in*) | *Bekanntmachen* n, *Vorstellen* n, *Vorstellung f* (to a p); *Empfehlung f,* letter of ~ *–sschreiben* n | *Einleitung, Vorrede f* (to a book *z e–m Buch*) || *Leitfaden* (to *z*) **–ductory** [,intrə'dʌktəri] a (–rily adv) *einleitend, Einleitungs–*

introit [in'trouit] s ⟨ec⟩ *die Messe einleitender Gesang* m

intromission [,intro'miʃən] s *Einführung, Zulassung f* (into *z*) || ⟨jur Scot⟩ *unbefugte Einmischung f* (in *in*) **–mit** [,intro'mit] vt (*jdn*) *einführen* (into *in*) || *einfügen*

introspect [,intro'spekt] vi *sich innerlich beschauen, Innenschau halten* **~ion** [,intro'spekʃən] s *Nach-innen-Schauen* n, *Innenschau f* **~ive** [,intro'spektiv] a *nach innen schauend* or *gerichtet* introversion [,intro'və:ʃən] s *Nach-innen-Rich-ten* n (of thoughts etc); *Nach-innen-Gerichtet-sein* n –**versive** [,intro'və:siv] a *nach innen gerich-tet* –**vert 1.** [,intro'və:t] vt '(*Gedanken*) *nach innen richten* ‖ *einwärts kehren* **2.** ['introvə:t] s *Introvertierte(r* m) f (*Ggs* extrovert) –**vertive** [,intro'və:tiv] a = introversive

intrude [in'tru:d] vt/i ‖ (*etw*) *hineindrängen, einzwängen* (into *in*) ‖ (*etw, jdn*) *aufdrängen, –zwingen* (upon a p *jdm*); to ~ o.s. *sich auf-drängen* (upon a p *jdm*) | vi *sich eindrängen*; to ~ upon a p *sich jdm aufdrängen*; *jdn stören* |~**r** [~ə] s ⟨jur⟩ *Eindringling* m; *Aufdringlicher, Störenfried* m

intrusion [in'tru:ʒən] s *störendes Eindrängen, –dringen* n (into); *Zudringlichkeit* f ‖ *Aufdrängen* n *s–r Meinung* f (upon a p *jdm*); *Beeinträchtigung* f (upon a p's *time jds Zeit*) –**sive** [in'tru:siv] a (~ly adv) *auf–, zudringlich* ‖ (*S*) *eingedrungen* ‖ ⟨geol⟩ *intrusiv* ‖ –**siveness** [~nis] s *Zudring-lichkeit* f

intubation [,intju'beiʃən] s ⟨med⟩ *Einführung e–r Röhre* f (*in den Kehlkopf*)

intuit ['intjuit] vt/i *durch Intuition, v innen heraus erkennen* ~**ion** [,intju'iʃən] s *Intuition* f, *inneres Schauen* n, *unmittelbares Erkennen v innen heraus* n ‖ *Erfassen u Erleben* n *des We-sentlichen* ~**ive** [in'tjuitiv] a (~ly adv) *intuit-iv, v innen erkennend*

intumescence [,intju'mesəns] s ⟨med⟩ *An-schwellung* f; *Geschwulst* f –**ent** [,intju'mesnt] a *anschwellend*

intussusception [,intʌsʌ'sepʃən] s *Aufnahme* (*v Gedanken* etc) *in das Innere* f; ⟨biol⟩ *Intussuszep-tion* f

inulin ['injulin] s ⟨chem⟩ *Inul·in* n

inunction [i'nʌŋkʃən] s *Einölung*, (*Öl-)Einrei-bung* f

inundate ['inʌndeit] vt *überschwemmen*; ⟨min⟩ *ersäufen*; (*a* fig) to be ~d with *überschwemmt w v* –**ation** [,inʌn'deiʃən] s *Überschwemmen* n; –*schwemmung* f ⟨*a* fig⟩

inure, en– [i'njuə] vt/i ‖ (*jdn*) *gewöhnen* (to *an*; to do); *abhärten* (to *gegen*); [*oft* pass] (to be ~d to) | vi (⟨jur⟩ *oft* en–) *gültig w or s* ‖ ⟨Am⟩ to ~ to a p *jdm zugute k* ~**ment** [~mənt] s *Gewöhnung* f (to *an*)

inutile [i'nju:til, –tail] a *nutzlos* –**lity** [,inju(:)-'tiliti] s *Nutzlosigkeit* f

invade [in'veid] vt *einfallen in* (to ~ a country), –*dringen in*; *überfallen, angreifen* ‖ ⟨übtr⟩ (*Gebäude*) *überl·aufen*, to be ~d by *überlaufen w v* ‖ ⟨fig⟩ *Besitz* m *ergreifen v*; *be-fallen*; (*Rechte*) *verletzen* | ~**r** [~ə] s *Angreifer*; *Eindringling* m (*in in*)

invalid I. ['invəli(:)d] **1.** a [*nur attr*] *krank*; *kränklich, gebrechlich* ‖ *Kranken–* (~ diet –*kost*) **2.** s *Kranker, Kränklicher* m ‖ * ⟨mil & mar⟩ *Invalide* m **II.** [,invə'li:d] vt/i (*jdn*) *z Inva-liden* m, *als I. entlassen*; [*mst* pass] to be ~ed *out* of (*od* from) *the army als I. entlassen w* | vi *I. werden* **III.** [in'vælid] a (~ly adv) (*rechts*)-*ungültig* ‖ *hinfällig, gegenstandslos*

invalidate [in'vælideit] vt *ungültig* m, *ent-kräften* –**ation** [in,væli'deiʃən] s *Ungültigma-chung*; *Entkräftung* f

invalidhood ['invəli(:)dhud], –**idism** ['invəli:-dizm] s *kranker Zustand* m –**idity** [,invə'liditi] s *Ungültigkeit* f ‖ *Invalidität* f

invaluable [in'væljuəbl] a (–bly adv) *unschätz-bar*

invar ['invɑ:, in'vɛə] s (abbr *f* invariable) (*Legierung v Nickel u Stahl*) *Nickelstahl* m *ohne Wärmeausdehnung* f; *vgl* elinvar

invariability [in,vɛəriə'biliti] s *Unveränderlich-keit* f

invariable [in'vɛəriəbl] a (–bly adv) *unver-*

änderlich, beständig ~**ness** [~nis] s *Unveränder-lichkeit* f

invasion [in'veiʒən] s *Einfall* m (of *in*), *Ein-dringen* n (of a country *in ein Land*) ‖ (of a disease) *Anfall* m ‖ ⟨fig⟩ *Eingriff* m (of *in*) –**sive** [in'veisiv] a *angreifend, Angriffs–, feindlich* ‖ *eingreifend* (of *in*); *aufdringlich*

invective [in'vektiv] **1.** a (~ly adv) *schmähend, schimpfend, Schmäh–* **2.** s *Schmähung, Be-schimpfung* f; ~s [pl] *Schmährede* f

inveigh [in'vei] vi: to ~ against *schimpfen auf, schelten auf*; *herziehen über*

inveigle [in'vi:gl] vt (*jdn*) *locken* (into *in*); *verleiten, –locken* (into *zu*) ‖ to ~ a p out of a th ⟨fam⟩ *jdn etw abschwatzen* –**ment** [~mənt] s *Verlocken* n; *Verlockung, Verführung* f

invent [in'vent] vt *erfinden* ‖ *ersinnen, er-denken* ~**ion** [in'venʃən] s ⟨ec⟩ *Auffindung* f (the ~ of the Cross *Kreuzauffindung*) | *Erdichten, Erfinden* n ‖ *Erfindung*; –*skraft, Schöpfungs-kraft* f | [konkr] *Erfindung* f ‖ *Erdichtung* f ~**ive** [~iv] a (~ly adv) *erfinderisch*; to be ~ of *erfinden* ‖ *schöpferisch, originell* ~**iveness** [~ivnis] s *Erfindungsgabe* f ~**or** [~ə] s *Erfinder* m ~**ory** ['invəntri] **1.** s *Invent·ar* n; –*verzeichnis* n; to draw up an ~ of *inventarisieren* ‖ ⟨Am com⟩ *Invent·ur* f (*a* taking of ~), *Lager(be-stands)aufnahme* f ‖ ⟨Am com bal⟩ *Vorräte* m pl; *physical* ~ *Inventur* f | ~ *book Bestands-buch* n **2.** vt *inventarisieren*

Inverness [,invə'nes] s (*Stadt in Schottld.*) [attr] ~ *cloak Mantel* m *mit abnehmbarem Cape*

inverse [in'və:s] **1.** a (~ly adv) *umgekehrt, entgegengesetzt* ‖ ~ *rectifier* ⟨el⟩ *Wechselrich-ter* m ' **2.** s *Umkehrung* f –**sion** [in'və:ʃən] s ⟨*a* math, mus⟩ *Umkehrung* f ‖ ⟨gram⟩ *Inver-sion* f

invert 1. [in'və:t] vt *umkehren, verkehren* ‖ ⟨gram⟩ *invertieren, umstellen* ‖ ⟨aero⟩ (*Flug-zeug*) *auf den Rücken legen* **2.** ['invə:t] s ⟨arch⟩ *umgekehrter Bogen* m ‖ *perverser Mensch* m ‖ [attr] ~ *sugar Invertzucker* m | ~**ed** [in'və:tid] a *umgekehrt*; ~ *commas* [pl] *Gänsefüßchen, An-führungsstriche* pl ‖ ~ *engine Motor* m *mit hängenden Ventilen* ‖ ~ *flight* ⟨aero⟩ *Rücken-flug* m; ~ *flight condition Rückenfluglastfall* m ‖ ~ *image Kehrbild* n ‖ ~ *plan view Ansicht* f *v unten* ‖ ~ *valve hängendes Ventil* n; ~-v. *engine obengesteuerter Motor* m | *invertiert, pervers* | ~**er** [in'və:tə] s ⟨el⟩ *Umformer* m ‖ ~ *motor-generator-set Umformersatz* m

invertebrate [in'və:tibrit] **1.** a ⟨anat⟩ *wirbellos* ‖ ⟨fig⟩ *ohne Rückgrat, haltlos* **2.** s *wirbelloses Tier* n; *haltloser Mensch* m

invest [in'vest] vt/i **A.** vt (*jdn*) *kleiden* (in); *bekleiden, bedecken* (with) | ⟨fig⟩ *ausstatten* (with); *belehnen* (with); *einsetzen* (in) ‖ ⟨mil⟩ *einschließen, belagern* ‖ ⟨com⟩ (*Geld*) *investieren, anlegen, hineinstecken* (in) **B.** vi to ~ in a th *Geld anlegen in etw*; ⟨fam⟩ *etw kaufen*

investigate [in'vestigeit] vt *untersuchen, er-forschen* –**ation** [in,vesti'geiʃən] s *Untersuchung* f (of, into a th *e–r S*); upon ~ *bei näherer U.*; *Erforschung* f ‖ ⟨jur⟩ ~s [pl] *Erhebungen* f pl –**ative** [in'vestigeitiv] a *erforschend, Forschungs-* –**ator** [in'vestigeitə] s *Untersucher, Forscher*; *Ermittlungsbeamter* m –**atory** [in'vestigeitəri] a = investigative

investiture [in'vestitʃə] s *Belehnung, Investitur* f ‖ ⟨fig⟩ *Ausstattung* f (with) –**ment** [in'vestmənt] s *Bekleidung* f ‖ *Ausstattung* f (with) ‖ (*Kapi-tal-)Anlegen* n; *Anlegung*; *Anlage* f ⟨*a* fig⟩; ~ of capital *Aufwand* m *an K., Kapitalinvestition, –tierung* f; ~s [pl] ⟨com bal⟩ *Wertpapiere* n pl ‖ [attr] *Anlage–* ‖ ~ *trust Kapitalanlagegesell-schaft* f ‖ ⟨mil⟩ *Belagerung, Einschließung* f –**or** [in'vestə] s ⟨com⟩ *jd, der Geld anlegt*

inveteracy [in'vetərəsi] s *Eingewurzeltsein* n;

(of diseases) *Hartnäckigkeit* f ‖ *eingefleischter Haß* m (etc)

inveterate [in'vetərit] a (~ly adv) (*S*; evil etc) *eingewurzelt* ‖ (of diseases) *hartnäckig* ‖ (*P*) *eingefleischt; Erz–*; I felt ~ against him *ich hatte e–n Pik auf* or *gegen ihn*

invidious [in'vidiəs] a (~ly adv) *gehässig* ‖ *Ärgernis* n *erregend, verhaßt* ‖ *beneidenswert* ‖ * *neidisch* ~**ness** [~nis] s *Gehässigkeit* f

invigilate [in'vidʒileit] vi *auf der Wacht* f *sein* (against) ‖ *die Aufsicht führen* (*bei schriftl. Prüfung*) –**ation** [in,vidʒi'leiʃən] s *Aufsichtführung* f

invigorate [in'vigəreit] vt *stärken, kräftigen* ‖ ⟨fig⟩ *beleben* –**ation** [in,vigə'reiʃən] s *Stärkung, Kräftigung* f –**ative** [in'vigərətiv] a *stärkend; belebend*

invincibility [in,vinsi'biliti] s *Unüberwindlichkeit* f –**ble** [in'vinsəbl] a (–bly adv) *unbesiegbar* ‖ –*überwindlich* ⟨a fig⟩

inviolability [in,vaiələ'biliti] s ⟨fig⟩ *Unverletzlichkeit* f –**ble** [in'vaiələbl] a (–bly adv) ⟨fig⟩ *unverletzlich, heilig*

inviolacy [in'vaiələsi] s ⟨fig⟩ *Unverletzlichkeit, Unversehrtheit* f

inviolate [in'vaiəlit] a *unverletzt; unversehrt* ~**ness** [~nis] s = inviolacy

invisibility [in,vizə'biliti] s *Unsichtbarkeit* f **invisible** [in'vizəbl] **1.** a (–bly adv) *unsichtbar* (to *f*); to be ~ *sich nicht sehen l* (he was ~) **2.** s the ~ *die unsichtbare Welt* ~**ness** [~nis] s *Unsichtbarkeit* f

invitation [,invi'teiʃən] s *Einladung* f (to a p *an jdn*; to tea *zum Tee*); at the ~ of *auf E. v*; ~ performance *Privatvorstellung* f **|** *Aufforderung* f –**atory** [in'vaitətəri] a *einladend, Einladungs–*

invite [in'vait] vt (*jdn*) *einladen* (to tea *zum Tee*; to one's house *in sein Haus*); to ~ a p in *jdn hereinbitten* ‖ (*jdn*) (*freundl.*) *auffordern* (to do) **|** *bitten um*; (*Fragen*) *erbitten*; (*Kritik*) *herausfordern* ‖ (*jdn*) (*an*)*locken* (to do) ‖ *ermutigen z, anregen z* (to ~ questions) ‖ to ~ .. *to discuss* (*etw*) *z Diskussion* f *stellen*

inviting [~iŋ] a (~ly adv) *einladend* ‖ *verlockend, anziehend* –**ness** [~iŋnis] s *das Einladende, Verlockende* n

invocation [,invo'keiʃən] s *Anrufen* n; –*fung* f (to a p *jds*); ⟨ec⟩ *Bittgebet* n ‖ under the ~ of ⟨rel⟩ *unter dem Schutz* m [gen] –**atory** [in'vokətəri] a *anrufend; Bitt–* (~ *prayer*)

invoice ['invɔis] **1.** s ⟨com⟩ *Faktura, Begleit–, Warenrechnung, Nota* f (*Ggs* account); *Verzeichnis* n *steuerbarer Waren* f pl **2.** vt ⟨com⟩ *in Rechnung* f *stellen, fakturieren; as* ~d *laut Faktura*

invoke [in'vouk] vt (*Gott*) *anrufen* ‖ ⟨übtr⟩ (*jdn*) *anflehen* ‖ *appellieren an* (*jdn*) ‖ (*Geist*) *beschwören* ‖ (*Schutz*) *erflehen*

involucel [in'vɔljusel] s (bot) *Wirtel* m *v Brakt·een* –**cre** ['invəlu:kə] s, –**crum** [,invə'lu:krəm] s L ⟨anat & bot⟩ *Hülle* f ⟨a übtr⟩

involuntariness [in'vɔləntərinis] s *Unfreiwilligkeit* f ‖ *Unwillkürlichkeit* f –**ary** [in'vɔləntəri] a (–arily adv) *unfreiwillig, –absichtlich* ‖ *unwillkürlich*

involute ['invəlu:t] **1.** a *verwickelt* ‖ *spiralförmig aufgerollt*; ⟨bot⟩ *eingerollt, nach innen gerollt* **2.** s ⟨geom⟩ *Evolvente* (⟨tech⟩ ~ *tooth –nzahnrad*), *Involˈute* f –**ution** [,invə'lu:ʃən] s ⟨fig⟩ *Verflechtung* f (in); *tieferer Sinn* m ‖ *Verwickel–, Verwirrung* ‖ ⟨anat⟩ *Einroll–; Einschrumpfung* f ‖ ⟨biol⟩ *Rückbildung, Entartungsform* f ‖ ⟨math⟩ *Involution* f; *Erhebung* f *in e–e Potenz, Potenzieren* n

involve [in'vɔlv] vt **1.** * *einwickeln, –hüllen* (in) **2.** (*jdn*) *verwickeln, hineinziehen* (in), *in Mitleidenschaft ziehen*; to get ~d, to ~ o.s. *sich verwickeln* (in *in*) ‖ (*etw*) *verwickelt* m, *–wirren* **3.** *mit sich bringen, z Folge h, notwendig* m (a th;

doing *z tun*); *in sich schließen, umfassen, enthalten* **|** ~**d** [~d] a *eingebriffen* ‖ *verwickelt; ~* in debt *verschuldet*; to be ~d *auf dem Spiele stehen, in Frage* k ‖ *verwickelt, –worren* ~**ment** [~mənt] s *Verwickelung* f ‖ (*Geld-*)*Verlegenheit, Schwierigkeit* f

invulnerability [in,vʌlnərə'biliti] s *Unverwundbarkeit* f ‖ –**able** [in'vʌlnərəbl] a (–ably adv) *unverwundbar* ‖ *unangreifbar*

inward ['inwəd] **1.** a *innere(r, –s), innerlich* ‖ *seelisch, geistig* ‖ *nach innen, in das Innere; in die Heimat gehend* ‖ ~ *stroke* ⟨mot⟩ *Abwärtshub* m **2.** adv *einwärts; nach innen, in das Innere* ‖ *im Innern* **3.** s * *das Innere* ⟨a fig⟩ **|** ~s [⟨fam⟩ 'inədz] pl *Eingeweide* n pl, *Leib* m ~**ly** [~li] adv (*bes* fig) *im Innern; innerlich* ‖ *für sich; gedämpft* (voice) ‖ *nach innen* ~**ness** [~nis] s *Inneres* n, *innere Natur* f ‖ *Innerlichkeit, Innigkeit* f **|** ~**s** [~z] adv = inward

inweave, en– ['in'wi:v] vt [–wove/–woven] *einweben* (in, into *in*); ⟨fig⟩ *einflechten* (in, into); *verflechten* (with)

inwrought ['in'rɔ:t]; '– –] a *verarbeitet, geschmückt* (with) ‖ *hineingearbeitet* (in *in*); *eng verflochten* (with); *fest verwoben* (in, into *in*)

iodate ['aiədeit] s ⟨chem⟩ *Jodˈat* n (*Jodverbindung*) **iodic** [ai'ɔdik] a ⟨chem⟩ *Jod enthaltend, Jod–* **iodide** ['aiədaid] s *Jodˈid* n; ferrous ~ *Eisenjodür* n ‖ [attr] *Jod–* **iodine** ['aiədi:n] s *Jod* n; tincture of ~ *Jodtinktur* f ‖ ~ *number Jodzahl* f **iodism** ['aiədizm] s *Jodvergiftung* f **iodize** ['aiədaiz] vt ⟨phot⟩ *mit Jod bearbeiten* **iodoform** [ai'ɔdəfə:m] s *Jodoform* n

iolite ['aiolait] s ⟨minr⟩ *Iolˈith, Veilchenstein* m

ion ['aiən, 'aiən] s ⟨phys⟩ *Iˈon* n ~**ization** [,aiənai'zeiʃən] s *Ionisierung* f ~**ize** [~aiz] vt/i → unten

Ionian [ai'ounjən] **1.** a *ionisch* (~ *sea*) **2.** s *Ionier(in* f) m ‖ **Ionic** [ai'ɔnik] a *iˈonisch*; ~ dialect *ionischer Dialekt* m; ~ order ⟨arch⟩ *ionische Säulenordnung* f

ionic [ai'ɔnik] a *Ionen–*; ~ atmosphere, ~ cloud *–wolke* f; ~ cleavage *–spaltung* f; ~–heated cathode *ionenbeheizte K.*; ~ lattice *–gitter* n; ~ state *–zustand* m

ionization, ⟨Am⟩ **-sation** [,aiənai'zeiʃən] s *Ionisierung* f (*Spaltung e–s neutralen Atoms in positive u negative Ionen*); ~ by collision *od* impact *Stoßionisierung* f; ~ by electrons *Elektronen–* ‖ ~ loss *Verlust* m *durch I.*; ~ state *Ionisationszustand* m **ionize** ['aiənaiz] vt/i (*Gas*) *ionisieren* ‖ –*zing electrode Ionisierungselektrode* f **|** vi *sich in Ionen spalten*

ionometer [,aiə'nɔmitə] s *Ionen(stärke)messer* m **ionosphere** ['aiənəsfiə] s *Ionosphäre* f (50 to 400 km)

iota [ai'outə] s Gr *Jota; Jot* n ‖ ⟨fig⟩ *Kleinigkeit* f, *Tüpfelchen* n; not an ~ *nicht ein Jota;* °*kein Tüttelchen* n

IOU ['aiou'ju:] (= I owe you) s [pl ~'s] *Schuldschein* m (an ~ *ein Sch.*); to give a p one's ~ *jdm e–e Schuldanerkennung* f *geben*

Iowan ['aiouən] **1.** s *Iowaner* (*Einwohner v Iowa, USA*) m **2.** a *iowanisch, Iowa–*

ipecacuanha [,ipikækju'ænə] s ⟨bot⟩ *Kopfbeere; Brechwurzel* f

Irak, Iraq [i'rɑ:k] s [ohne art] *der Irak* (in ~ *im I.*) ‖ **Iraqi** [~i] **1.** s *Einwohner* m *des Irak* **2.** a *Irak–* **Irakian, Iraqian** [~iən] a *Irak–*

Iran [iə'rɑ:n] s *Iran* m ~**ian** [ai'reinjən] **1.** a *iranisch, persisch* **2.** s *Iranier, Perser* m

irascibility [i,ræsi'biliti] s *Reizbarkeit* f, *Jähzorn* m –**ible** [i'ræsibl] a (–ibly adv) *reizbar, jähzornig* ‖ *aufregend* (message)

irate [ai'reit] a (~ly adv) *zornig, erzürnt*

ire ['aiə] s ⟨poet⟩ *Zorn* m ~**ful** [~ful] a (~ly adv) *zornig, wütend*

irenic(al) [ai'ri:nik(əl)] a *friedlich*; *Friedens–* **-con** [ai'ri:nikən] s Gr ⟨ec⟩ *Friedenslehre* f
iridescence [,iri'desns] s *Schillern in Regenbogenfarben* n; *Schiller* m **-ent** [,iri'desnt] a *in Regenbogenfarben* f pl *schillernd, irisierend*
iridium [ai'ridiəm] s *Ir·idium* n
iris ['aiəris] Gr s [pl ~es] *Regenbogen, –glanz* m, *–farben* f pl ‖ ⟨anat⟩ *Regenbogenhaut* f ‖ ⟨bot⟩ *Schwertlilie* f; *Gras-leaved ⩰ grasartige Sch.* ‖ ⟨phot⟩ ~ *diaphragm Irisblende* f
Irish ['aiəriʃ] **1.** a *irländisch, irisch* (~ stew); the ~ Free State *der Irische Freistaat (jetzt* Eire → *d)* ‖ ~ *apricots* [pl] ⟨m. m.⟩ *Erdäpfel* m pl *(Kartoffeln)* ‖ ~ *bridge (eingefaßte) Wasserrinne* f *quer über die Straße* ‖ ~ *potato* ⟨Am⟩ *(wirkliche) Kartoffel* f *(Ggs* sweet potato) **2.** s *das Irische* | the ~ *die Irländer, Iren* pl ~ism [~izm] s *irische* or *anglo-irische Spracheigentümlichkeit* f ~**ize** [~aiz] vt *irisch* m ~**man** [~mən] s *Irländer, Ire* m ‖ ⟨rail fam⟩ The Wild ~ *der Irlandexpreß zw London u Holyhead* ‖ to have an ~'s *dinner sich den Schmachtriemen enger schnallen* ~**ry** [~ri] s *Irentum* n
iritis [aiə'raitis] s *Entzündung der Regenbogenhaut* f
irk [əːk] † vt *ermüden, langweilen, ärgern* [*oft* pass to be ~ed]; [imps] it ~s me *es ärgert, stört mich* (that) ~**some** ['~səm] a *ermüdend, lästig, verdrießlich* ~**someness** ['~səmnis] s *Lästigkeit, Verdrießlichkeit* f
iron ['aiən] **I.** s **1.** ⟨minr⟩ *Eisen* n; old ~ *Alt·eisen, Br·ucheisen* n; wrought ~ *Schmiedearbeit* f; ⟨a übtr⟩ *will of* ~ *eiserner Wille* m ‖ ⟨med⟩ *Eisenpräparat* n **2.** *eisernes Werkzeug* n ‖ *Golfschläger* m *mit eisernem Kopfstück* n | ~s [pl] *Eisensorten; Fesseln* f pl (in ~s) | *Plätt–, Bügeleisen* n ‖ *Steigbügel* m **3.** to have many ~s in the fire *viele E. im Feuer h, vielerlei zugleich vorhaben* or *in Aussicht h* ‖ to set one's face like ~ *e–e eiserne Miene* f *aufsetzen* ‖ to strike while the ~ is hot *das Eisen schmieden, solange eß heiß ist* **4.** [in comp & attr] ~-bound *eisenbeschlagen;* (of a coast) *felsig, zackig*; ⟨fig⟩ *hart, fest* ‖ ~ cement *Eisenkitt* m ‖ ~ crease *Bügelfalte* f ‖ no ~ finish *bügelfrei (Hemd)* ‖ ~-foundry *Eisengießerei* f ‖ ~-grey *eisengrau* ‖ ~-master *Eisenhüttenbesitzer* m ‖ ~-mine –*bergwerk* n ‖ ~-mould **1.** s *Rostfleck* m **2.** vt *rostfleckig* m ‖ ~-ore *Eisenerz* n ‖ ~-plate *Eisenblech* n ‖ ~ pyrites *Schwefelkies* m ‖ ~ sheet *Blechmaterial* n ‖ ~ sulphide *Eisenschwefel* m ‖ ~ work *Schmiedearbeit* f **II.** a *eisern, Eisen–;* the ~ age *die –zeit;* ~ horse ⟨fig⟩ *Dampf–,* ⟨cycl⟩ *Stahlroß* n ‖ ~ lung ⟨med⟩ *eiserne Lunge* f; ⟨fig fam⟩ *Nissenbaracke* f, *Londoner U-Bahnstation als Luftschutzkeller* m ‖ ~ man ⟨Am sl⟩ *(Silber-)Dollar* m ‖ *eisenfarbig* | ⟨fig⟩ *eisern* (will), *fest, unbeugsam, hart;* ~ Curtain ⟨pol, com⟩ *Eiserner Vorhang* m; ~ ration *eiserne Ration* f | [in comp] ~-fisted *geizig* ‖ ~-hearted *hartherzig* ~-**clad** [~klæd] **1.** a *gepanzert* ‖ ⟨fig⟩ *unumgehbar, streng* **2.** s *Panzerschiff* n ~**monger** [~,mʌŋgə] s *Eisenhändler* m ~**mongery** [~,mʌŋgəri] s *Eisenhandlung* f; –*waren* pl ~**sides** [~saidz] s pl **1.** [sg konstr] *Oliver Cromwell;* ⟨übtr⟩ *Mann mit eisernem Willen* m | *Panzerschiff* n **2.** [pl konstr] *Cromwells Reiterei* f ~**ware** [~wɛə] s *Eisenwaren* f pl ~**work** [~wəːk] s *Eisenarbeit, –konstruktion* f; ~s [sg konstr; an ~s] *Eisenwerk* n, –*hütte* f ‖ *Eisenbeschläge* m pl, *Beschlag* m
iron ['aiən] vt *fesseln, in Ketten f legen* ‖ *plätten, bügeln* ‖ to ~ out *ausgleichen; beseitigen* ~**ing** [~iŋ] *Plätten, Bügeln* n ‖ [attr] *Plätt–* (~-board –*brett*); *Bügel–*
ironic(al) [,aiə'rɔnik(əl)] a (–cally adv)

ironisch, spöttisch; –ic fate *die Ironie des Schicksals*
irony ['aiəni] a *Eisen–; eisenartig*
irony ['aiərəni] s *Ironie* f ⟨a übtr⟩ (the ~ of fate, cf. Thomas Hardy) ⟨Lit⟩ dramatic *od* tragic ~ *tragische I.;* romantic ~ ⟨Ger⟩ *romantische I. (Friedr. Schlegel* etc)
irradiance [i'reidiəns], –**ancy** [–si] s *Ausstrahlen, Strahlen* n, –*glanz* m **-ant** [i'reidiənt] a *strahlend* (with *v*) **-ate** [i'reidieit] vt *erleuchten; bestrahlen* ⟨a übtr & med⟩ ‖ ⟨fig⟩ *Licht* n *werfen auf, aufklären* ‖ ⟨übtr⟩ *strahlend* m, *aufheitern* ‖ ~d *aufgeheitert* (by *durch*); *strahlend* (with *v*); *mit ultraviolettem Licht* n *bestrahlt (Milch)* ‖ ⟨fig⟩ *(Güte* etc) *ausgießen, verbreiten* –**ation** [i,reidi'eiʃən] s *Strahlen* n ‖ ⟨mech⟩ *Bestrahlung* f ‖ ⟨phys⟩ *Irradiation* f ‖ ⟨fig⟩ *Erleuchtung* f **-ative** [i'reidiətiv] a *strahlend*
irrational [i'ræʃnḷ] **1.** a (~ly [~nəli] adv) *unvernünftig* ‖ *vernunftwidrig* ‖ ⟨math & philos⟩ *irrational* **2.** s ⟨math⟩ *Irrationalzahl* f ~**ity** [i,ræʃə'næliti] s *Unvernunft; Vernunftwidrigkeit* f ‖ ⟨philos⟩ *Irrationalität* f
irrebuttable [,iri'bʌtəbl] a *unwiderlegbar, unumstößlich*; ⟨jur⟩ ~ *presumption absolute Rechtsvermutung* f
irreclaimable [,iri'kleiməbl] (–bly adv) *unverbesserlich* ‖ *unwiderruflich* ‖ (of land) *nicht kulturfähig*
irrecognizable [i'rekəgnaizəbl] a *nicht (wieder)erkennbar; nicht wiederzuerkennen(d)*
irreconcilability [i,rekənsailə'biliti] s *Unversöhnlichkeit* f; *Unvereinbarkeit* f (to *mit*) –**able** [i'rekənsailəbl] **1.** a (–ably adv) *unversöhnlich* (to *mit*), *unvereinbar* (to, with *mit*) **2.** s = *intransigent* –**ableness** [–nis] s = irreconcilability
irrecoverable [,iri'kʌvərəbl] a (–bly adv) *unwiederbringlich (verloren)* ‖ *unersetzlich; nicht wiedergutzumachen(d)* ‖ *unabstellbar, unheilbar, hoffnungslos* ~**ness** [~nis] s *Unersetzlichkeit* f etc
irrecusable [,iri'kju:zəbl] a *unabweisbar, nicht ablehnbar*
irredeemable [,iri'di:məbl] a (–bly adv) *nicht rück–* or *wiederkaufbar* ‖ (of loans etc) *untilgbar* ‖ (of paper currency) *nicht einlösbar* ‖ ⟨fig⟩ *unheilbar, –verbesserlich, hoffnungslos*
irredentism [,iri'dentizm] s *Irredent·ismus* m (*pol. Bewegung in Italien f Einverleibung der Irredenta*) ⟨a übtr⟩
irreducible [,iri'dju:səbl] a *unveränderbar,* to be ~ ⟨fig⟩ *sich widersetzen, widerstreben* (to a th *e–r S*) ‖ *unreduzierbar, nicht z vermindern(d);* the ~ minimum *das Mindestmaß* (of *an*), *das Äußerste, Unentbehrliche; der äußerste Punkt* ‖ *unüberwindlich*
irrefragability [i,refrəgə'biliti] s *Unwiderleglichkeit, Unumstößlichkeit* f –**gable** [i'refrəgəbl] a (–ably adv) *unwiderleglich, unumstößlich*
irrefrangible [,iri'frændʒəbl] a ⟨fig⟩ *unverletzbar, –lich* (law) ‖ ⟨opt⟩ *unbrechbar*
irrefutability [i,refjutə'biliti] s *Unwiderlegbarkeit* f –**able** [i'refjutəbl] a (–ably adv) *unwiderlegbar, –lich*
irregular [i'regjulə] **1.** a (~ly adv) *unregelmäßig; ungleichmäßig; regelwidrig; ungeregelt* (life) ~ *running unruhiger Motorlauf* m | *unregelmäßig lebend* (family); *unordentlich* | *unehrlich* | *ungleich, –förmig; uneben* ‖ ⟨mil⟩ *irregulär* **2.** [s pl] ~s ⟨mil⟩ *irreguläre Truppen, Freischärler* pl ~**ity** [i,regju'læriti] s *Unregelmäßigkeit; Unordnung* f ‖ *Regellosigkeit; Abweichung v der Norm; Ausschweifung* f ‖ *Unebenheit* f
irrelative [i'relətiv] a (~ly adv) *ohne Beziehung* f, *beziehungslos* (to *z*); *absolut* ‖ *belang–, bedeutungslos*

irrelevance [i'reləvəns], **-ancy** [-si] s *Unerheblichkeit, Belanglosigkeit* f **-ant** [i'reləvənt] a *nicht z S gehörig, nicht gehörig* (to *z*); *unanwendbar* (to *auf*) || *unerheblich, belanglos* (to *f*)

irreligion [ˌiri'lidʒən] s *Unglaube* m; *Irreligiosität* f **-gious** [ˌiri'lidʒəs] a (∼ly adv) *ungläubig, irreligiös* || *gottlos*

irremediable [ˌiri'mi:diəbl] a (–bly adv) *unheilbar* ⟨aübtr⟩ || ⟨fig⟩ *unabänderlich; unersetzlich*

irremissible [ˌiri'misəbl] a (–bly adv) *unverzeihlich* | *unerläßlich* (duty)

irremovable [ˌiri'mu:vəbl] a (–bly adv) *nicht entfernbar; nicht abnehmbar* || *unabsetzbar*

irreparable [i'repərəbl] a (–bly adv) *nicht wiedergutzumachen*(d); *unersetzlich* (loss)

irrepatriables [ˌiri'pætriəblz] s pl *verschleppte Pn, Flüchtlinge, denen die Rückkehr in die Heimat versagt bleibt*

irreplaceable [ˌiri'pleisəbl] a *unersetzbar, –lich* (P)

irrepressible [ˌiri'presəbl] a (–bly adv) *ununterdrückbar, nicht z unterdrücken*(d) (laughter) || *unbändig* (P)

irreproachable [ˌiri'proutʃəbl] a (–bly adv) *tadellos, untadelhaft; einwandfrei* (conduct)

irresistibility ['iriˌzistə'biliti] s *Unwiderstehlichkeit* f **–ible** [ˌiri'zistəbl] a (–ibly adv) *unwiderstehlich*

irresolute [i'rezəlu:t] a (∼ly adv) *unentschlossen, unschlüssig* **∼ness** [∼nis], **–ution** [iˌrezə'lu:ʃən] s *Unentschlossenheit* f

irresolvable [ˌiri'zɔlvəbl] a *unlösbar* || *unauflösbar*

irrespective [ˌiris'pektiv] a (∼ly adv) ∼ of *ohne Rücksicht* f *auf, unabhängig v, abgesehen v*

irresponsibility ['irisˌpɔnsə'biliti] s *Unverantwortlichkeit* f **–ible** [ˌiris'pɔnsəbl] a *unverantwortlich* (action); *verantwortungslos* (P) || *nicht verantwortlich* (for *f*); *unzurechnungsfähig* **–ive** [ˌiris'pɔnsiv] a *unempfänglich* (to *f*), *teilnahms–, verständnislos* (to *gegenüber*); to be ∼ *nicht reagieren* (to *auf*)

irretentive [ˌiri'tentiv] a *unfähig z behalten v an sich z halten* || (of memory) *schwach*

irretrievable [ˌiri'tri:vəbl] a (–bly adv) *unersetzlich, unwiederbringlich* || *nicht wiedergutzumachen*(d)

irreverence [i'revərəns] s *Unehrerbietigkeit* f **–ent** [i'revərənt] a (∼ly adv), **–ential** [iˌrevə'renʃəl] a *unehrerbietig* | *respektwidrig, –los*

irreversibility ['iriˌvə:sə'biliti] s *Unabänderlichkeit* f **–sible** [ˌiri'və:səbl] a *unabänderlich, unwiderruflich* | *nicht umkehrbar* || ⟨tech⟩ *selbstsperrend, –hemmend* (⟨mot⟩ steering)

irrevocability [iˌrevəkə'biliti] s *Unwiderruflichkeit* f **–cable** [iˌrevəkəbl] a (–bly adv) *unwiderruflich; unabänderlich, –umstößlich*

irrigable ['irigəbl] a *bewässerungsfähig* (land) **–ate** ['irigeit] vt/i || (*Land*) *bewässern, berieseln*; *mit Wasser* n *versorgen* || (*Wunde*) *ausspülen* || ⟨fig⟩ *fruchtbar* m, *befruchten, nähren* | vi ⟨Am sl⟩ *e–n Trunk* m *nehmen* **–ation** [ˌiri'geiʃən] s *Bewässerung, Berieselung f* **–ative** ['irigeitiv] a *Bewässerungs–* **–ator** ['irigeitə] s *Irrigator* m

irritability [ˌiritə'biliti] s *Reizbarkeit* f **–able** ['iritəbl] a (–ably adv) *reizbar*

irritancy ['iritənsi] s ⟨jur Scot⟩ *Nichtigmachung, Verwirkung* f **–ant** ['iritənt] s *null u nichtig machend*

irritancy ['iritənsi] s *Ärgernis* n; *Herausforderung* f **–ant** ['iritənt] **1.** a *aufreizend* (poison); ∼ *agent Reizkampfstoff* m **2.** s *Reizmittel* n; ⟨chem⟩ *Reizstoff* m **–ate** ['iriteit] vt (*jdn*) *reizen, erzürnen, ärgern*; ∼d *at, by erzürnt über* || ⟨med⟩ *reizen, entzünden* **–ating** [–iŋ] a (∼ly adv) *quälend, störend; empfindlich, schmerzlich* **–ation** [ˌiri'teiʃən] s *Reizung, Erbitterung* f, *Ärger* m (at, over *über*) || ⟨med⟩ *Reiz* m, *Entzündung* f

irruption [i'rʌpʃən] s *Einbruch* m, ⟨a fig⟩ (into *in*); *Hereinbrechen* n || (*feindl.*) *Einfall* m **–tive** [i'rʌptiv] a (*her*)*einbrechend*

is [iz] 3. sg prs *v* to be

isabella [ˌizə'belə] **1.** s *Isabellenfarbe* f | ∽ (⟨rhyming sl⟩ = umbrella) ⟨m.m.⟩ °*Musspritze* f **2.** a (*a* **–lline** [ˌizə'belain]) *gräulichgelb, strohgelb, Isabellen–*

isagogic [ˌaisə'gɔdʒik] **1.** a *einführend* **2.** s [*mst* pl ∼s] ⟨*bes* theol⟩ *Einführungswissenschaft* f

isatin ['aisətin] s ⟨chem⟩ *Isatin* n

ischiatic [ˌiski'ætik], **–adic** [–'ædik] a *Sitzbein–, Hüfte–*

I'se [ais] ⟨dial⟩ = I am, I shall

–ish [iʃ] *lebendes* suff **1.** [*abgeleitet v Adj.*] *ein wenig .., –lich* (blackish *schwärzlich*) || seven∼ ⟨fam⟩ *so um sieben* (Uhr) *herum* **2.** *v Subst.* (etc) *„nach Art v"*, *„im Stile v"* (Mark Twainish)

Ishmael ['iʃmeiəl], **∼ite** ['iʃmiəlait] s ⟨fig⟩ *Paria* m

isinglass ['aiziŋglɑ:s] s *Hausenblase* f, *Fischleim* m

Islam ['izlɑ:m] s *der Islam, Mohammedanismus* m (to adopt ∼) **∼ic** [iz'læmik], **∼itic** [ˌizlə'mitik] a *islamitisch, mohammedanisch* **∼ism** ['izləmizm] s *Mohammedanismus* m **∼ite** ['izləmait] s *Islamit* m

island ['ailənd] **1.** s *Insel* f; [attr] *Insel–* || ⟨fig *f*⟩ *etw Isoliertes; Schutz–, Verkehrsinsel* (*auf Straßen*) f; ∼ *of resistance* ⟨mil⟩ *Widerstandsnest* n || ⟨mar⟩ (*Schiffs-*)*Aufbau* m; ∼ *area* (*Flugzeugträger-*)*Kommandobrücke* f **2.** vt *z e–r Insel* f m || *einschließen, isolieren* || [*mst* pass] *mit Inseln bedecken* **∼er** [∼ə] s *Inselbewohner* m

isle [ail] s [nur *in festen Verbindungen* & ⟨poet⟩] *Insel* f (the ∽ *of Wight die I. Wight* etc) **islet** ['ailit] s *Inselchen* n

ism ['izm] s ⟨cont⟩ *Schulmeinung, Theorie* f; ⟨fam⟩ *Ismus*; ∼s [pl] *Ismen*

isn't ['iznt] — is not

iso– ['aisou] Gr [in comp] *gleich–, iso–* **∼bar** [∼bɑ:] s *Isob are* f **∼bath** [∼bæθ] s ⟨mar & geog⟩ *Tiefenlinie* f **∼clinal** [ˌaiso'klainəl] a (*a* ∼ line) *Isokl ine* f **∼genous** [ai'sɔdʒinəs] a *aus gleichem Stoff bestehend* **∼geny** [–dʒəni] s *Stoffgleichheit* f **∼gon** ['aisəgɔn] s *Isogone* f, *Linie gleicher Ortsmißweisung* f **∼gonality** [ˌaisəgə'næliti] s *Winkeltreue* f **∼gonic** [ˌaiso-'gɔnik] ∼ *chart Isogonenkarte* f; ∼ *line Abweichungslinie* f, *Linie gleicher Ortsmißweisung* f **∼meric** [ˌaiso'merik] a *isom er* **∼pod** ['∼pɔd] s ⟨zoo⟩ *Assel* f **∼sceles** [ai'sɔsili:z] a *gleichschenklig* (triangle) **∼therm** [∼θə:m] s *Isoth erme* f **∼thermal** [ˌaisou'θə:məl] a *isothermisch* **∼tope** ['aisotoup] s ⟨at⟩ *Isotope* f || radioactive ∼s *radioaktive Elemente* n pl || ∼ *separation plant Isotopentrenn*(*ungs*)*anlage* f **∼type** ['aisotaip] s ⟨*bes* film⟩ *graphische Darstellung* f

isolate ['aisəleit] vt *isolieren, absondern* || ⟨phys⟩ *isolieren*; *–ting Isolier–* || *abschließen, –dichten* **–ation** [ˌaisə'leiʃən] s *Isolierung* f; ∼ *hospital Isolier-Krankenhaus* n; ∼ *ward* ⟨med⟩ *Isolierstation* || ⟨*tör*⟩ *Freihieb* m **–ationist** [–ist] s *Autark ie–, Isolationspolitiker, –anhänger* m

Israeli [iz'reili] s *Israeli* m [pl ∼s *Israelis*] [a attr] **∼te** ['izriəlait] s *Israelit*(*in* f) m ∽tish ['izriəlaitiʃ] a *israelitisch*

issuable ['isjuəbl] a *auszugeben*(d); *emittierbar* **–ance** ['isjuəns] s ⟨Am⟩ *Ausgabe* f; *Verteilung* f || ∼ *of orders* ⟨mil⟩ *Befehlserteilung, –ausgabe* f

issue ['isju:] s **A. 1.** *Herausgehen, –kommen, –fließen* n || (*Blut-*)*Abgang, –fluß* m || *Ausgang, –weg* m; ⟨*a* übtr⟩ (they could see no other ∼ than ..) **2.** *Nachkommenschaft* f, *Leibeserben, Abkömmlinge* m pl (without male ∼) | *Gewinn, Erlös aus Landbesitz* m **3.** *Ausgang* m, *Resultat, Ergebnis* n; *Folge* f; in the ∼ *schließlich* **4.** ⟨*bes* jur⟩ *Streitfrage* f, *–punkt* m, *Meinungsverschie-*

denheit f || *entscheidende Frage* f, *Angelpunkt* m; *Streitverhältnis* n, *streitiger Posten* m (*in e–m Prozeß*); the question raises the whole ~ *die Frage schneidet den ganzen Sachverhalt an* || at ~ (*P*) *im Kampf* m (with); ⟨jur⟩ *uneinig, im Widerspruch* m (to be at ~ as to); (*S*) *streitig* (the point at ~) || to join ~ with *abweichen v, nicht übereinstimmen mit* || to take ~ with *sich auf e–e Aus–e–a–setzung* f *einlassen mit* **B.** (*v* to issue) ⟨com⟩ (of bills) *Ausstellung* f; *–gabe* f; (of newspapers) *Nummer* f || *Emission* f; bank of ~ *Notenbank* f || *Ausgeben* n, *Ausgabe* f (*a v Lebensmitteln*); ~ of ammunition *Munitionsausgabe* f; ~ of orders *Befehlserteilung, –ausgabe* f | *Erlaß* m (of an order); ~ of letters patent *Patenterteilung* f || ⟨st exch⟩ *Wertpapiere* n pl *derselben Emission* f || the (whole) ~ ⟨mil fam⟩ *die (ganze) Zuteilung* (*z B an Zigaretten*) | [attr] ~ slip *Ausgabeschein* m ~**less** [~lis] a *ohne Nachkommen* m pl

issue ['isju:] vi/t || *herauskommen, –fließen, –strömen* | *ausgehen* (from); *herkommen, –rühren, entspringen* (from *aus, v*) || *endigen, auslaufen, übergehen* (in *in*) || *herauskommen, herausgegeben w* | vt *aussenden, ergehen l, erlassen* || ⟨com⟩ (*Wechsel*) *ausstellen,* (*Münzen* etc) *ausgeben; begeben* || (*Buch*) *veröffentlichen* || (*Bescheinigung*) *ausstellen* || (*Proviant* etc) *liefern, ausstellen;* we were ~d shoes *uns wurden Schuhe* m pl *geliefert* || (*jdn*) *beliefern, versehen* (with *mit*) | ~**r** [~ə] s *Ausgeber, –steller* m

isthmus ['isməs] L s [pl ~es] *Isthmus* m, *Landenge* f

it [it] **I.** pron pers *es* **A.** nom **1.** *es* || (who is there?) ~ is John *es ist* John; oh, you was ~ *od* ~ was you *oh, du warst es;* ~ is wolves! *es sind Wölfe!* || how is ~ with ..? *wie steht es mit* ..? || ~ rains *es regnet;* ~ is midnight *es ist Mitternacht* f; ~ says in the Bible *es heißt in der Bibel* .. || in all the newspapers ~ is pointed out *in allen Zeitungen wird ausgeführt* || from what has been said ~ is clear *od* ~ follows *aus dem Gesagten wird klar, folgt* (that) | [*nach* prep] at ~ *daran, darüber;* by ~ *dadurch;* for ~ *dafür;* from ~ *davon;* in ~ *darin;* of ~ *davon, –rüber;* to ~ *dazu, daran* **2.** (*S* etc) *er, sie, es* **B.** acc **1.** *es* [*als unbest. Obj.*] ⟨fam⟩ confound it! *z Teufel!* I take ~ that *ich nehme an, daß* || to fight ~ *kämpfen;* to go ~ *es wagen;* to foot ~ *z Fuß gehen; tanzen;* to king ~ *den König* m *spielen* | [*nach* prep] there is nothing for ~ but to run *es bleibt nichts übrig als z laufen* || no town is in ~ *with a village k–e Stadt* f *kann es mit e–m Dorf* n *aufnehmen* || we've had a fine time of ~ *wir h uns gut amüsiert* **2.** (*S* etc) *ihn, sie, es;* to ~ *ihm, ihr* **C.** dat *ihm, ihr* **II.** pron refl [*nach* prep] *sich;* the war brought with ~ .. *der Krieg brachte mit sich* .. **III.** s ⟨emph *bes* Am⟩ *höchste Vollendung* f, *Gipfel* m; *Ide·al, letztes Wort* n || ⟨Am⟩ *die Selbstgefälligkeit in Person* || *unübertroffen* (you are ~) || (= sex appeal) *das gewisse Etwas* (a quality called ~), ⟨euph⟩ *das Ding*

it [it] s (abbr = Italian) *ital. Wermut* m (gin and ~)

itacism ['i:təsizm] s *neugriech. u engl. Aussprache des Altgriechischen* f

Italian [i'tæljən] **1.** a *italienisch;* ~ warehouse *Südfruchthandlung* f; ~ warehouseman *–händler* m **2.** s *das Italienische* (from ~ *aus dem I.;* into ~ *ins I.*) || *Italiener(in* f) m ~**ism** [~izm] s *ital.* (*Sprach-*)*Eigentümlichkeit* f ~**ize** [~aiz] vt *italienisch m, ital. Charakter* m *verleihen*

italic [i'tælik] **1.** a ⟨typ⟩ *kursiv* **2.** [s pl] ~s ⟨typ⟩ *Kursivschrift* f; *das in K. Gedruckte* n (the ~ are our own *v mir* or *uns kursivgedruckt*) ~**ize** [i'tælisaiz] vt (*etw*) *in Kursivschrift* f *drucken*

itch [itʃ] s *Jucken* n || ⟨med⟩ *Krätze* f || ⟨fig⟩ *brennendes Verlangen* n (for a th *nach etw;* to do); ~ of desire *Lust–, Sinnenkitzel* m ~**y** ['~i] a ⟨fam⟩ *krätzig*

itch [itʃ] vi *jucken;* I ~ all over *es juckt mich überall* || ⟨fig⟩ *verlangen, begierig s,* °*scharf s* (for *nach;* to do); my fingers ~ *es juckt mir in den Fingern* m pl (to do) ~**ing** ['~iŋ] s *Jucken* n || *Gelüste* n | ~**y** ['~i] a ⟨fam⟩ °*juckig*

–ite [–ait] *lebendes suff im Sinne* „*gehörig zu*", „*verbunden mit*" **1.** (*P*): Jacobite *Brooklynite,* Hollywoodite *Bewohner*(*in* f) m *v B., H.* || bleacherite, galleryite, turfite || laborite, socialite || suburbanite, trailerite **2.** ⟨scient, geol & chem⟩: calcite; nitrite, etc

item ['aitem] **1.** adv *desgleichen; ferner* **2.** s *Einzelheit* f, *einzelner Punkt* or *Gegenstand* m; *einzelne Nummer* or *Speise* f | *Buchung* f, *Posten* m, *Position* f || *Punkt* m (*z. B. der Tagesordnung*) || *Ziffer* f (*e–s Vertrags*); ~ on the agenda ⟨eig⟩ *Gegenstand* m (*mst: Punkt*) *der Tagesordnung* | *Zeitungsnotiz* f || (*Waren-*)*Artikel* m, *Objekt* n || *Stück* n || ~ description ⟨mil⟩ *Gerätebeschreibung* f || ~ weight *Stückgewicht* n ~**ize** [~aiz] vt ⟨*bes* Am⟩ *verzeichnen, angeben* | *detaillieren, spezifizieren*

iterance ['itərəns], **–cy** [–si] s *Wiederholung* f **iterate** ['itəreit] vt *wiederholen* ~**ation** [,itə'reiʃən] s *Wiederholung* f ~**ative** ['itərətiv] a *sich wiederholend;* to be ~ *sich wiederholen;* ⟨gram⟩ *iterat·iv*

itineracy [i'tinərəsi], **–ancy** [i'tinərənsi] s *Wanderung* f *Umherziehen* n **–ant** [i'tinərənt] a *reisend, umherziehend; Reise–, Wander–* (~ preacher *–prediger*) || ~ aircraft *nicht gemeldetes Flugzeug* n **–ary** [i'tinərəri, ai't–] **1.** s *Fahrstrecke* f; *Fahrliste* f || *Reiseroute* f; *–beschreibung* f | *Reisebuch* n, *–führer* m | ~ signing *Streckenmarkierung* f **2.** a *Reise–; Straßen– –ate* [i'tinəreit] vi (*umher*)*reisen*

–itis [aitis] *lebendes suff* ⟨scient med⟩ *im Sinne* „*Entzündung v*" (bronchitis *E. der Bronchien*); ⟨a *übtr*⟩ (suffragitis)

Itma ['itmə] (B.B.C. ⟨wir⟩ programme) = It's That Man (Tommy Handly = *Hitler*) Again, → man I. 2

its [its] pron poss *sein, ihr; dessen, deren* **it's** [its] = it is

itself [it'self] **1.** pron ⟨emph⟩ *es* (etc) *selbst,* simplicity ~ *die Einfachheit selbst* **2.** pron refl *sich* | by ~ *für sich, allein, besonders;* in ~ *an sich;* of ~ *v selbst*

–ium [–iəm] *lebendes suff z Bezeichnung metall. Elemente* (radium)

I've [aiv] ⟨fam⟩ = I have

ivied ['aivid] a *mit Efeu umrankt, bedeckt*

ivory ['aivəri] **1.** s *Elfenbein* n || *Elfenbeinweiß* n || ⟨sl⟩ black–~ ⟨fig⟩ *Neger(sklaven)* m pl | ⟨sl⟩ *–ries* [pl] *Würfel; Zähne* m pl || (*Klavier-*)*Tasten* f pl; to tickle the *–ies* °*auf der Drahtkommode* (*Klavier*) *spielen* || ⟨vulg⟩ to wash one's *–ies sich den* „*Hals spülen*", *sich die* „*Zunge baden*" (*trinken*); to flash the *–ies* ⟨vulg⟩ (*lachend*) *die Zähne fletschen* || ⟨hum⟩ ~ carpenter °*Zahnklempner* m **2.** [attr & in comp] *elfenbeinern, Elfenbein–* || ~ Tower *Elfenbeinturm* m Fr *tour d'ivoire* (cf. Alfred de Vigny, *Symbol der freien Abgeschlossenheit v der Welt*) ~**-towered** ⟨pol⟩ *wirklichkeits–, weltfremd;* ~**-white** *schneeweiß*

ivy ['aivi] s ⟨bot⟩ *Efeu* m

ixia ['iksiə] s ⟨bot⟩ *Gattung der Iridazeen* f

izard ['izəd] s ⟨zoo⟩ *Gemse der Pyrenäen* f

–ize, –ise [–aiz] *lebendes suff z Bildung v Verben* f **1.** *aus* (*wissensch.*) *Subst.* (symbolize; patronize; oxidize) **2.** *aus Adj.* (legalize; Americanize) **3.** *aus Eigennamen* (Gladstonize)

J

J, j [dʒei] s [pl Js, J's] *J, j* n (a ~ *ein J*)
J', j' [dʒə] ⟨vulg⟩ = do you (: j'hear?)
jab [dʒæb] **1.** vt/i ‖ ⟨fam⟩ *(hinein)stechen,
–stoßen* (into) ‖ vi *stoßen* (with *mit*) ‖ ⟨fam⟩ ~
him one *gib ihm eins* **2.** s *Stich, Stoß* m ‖ ⟨box⟩
linker Gerader m
jabber [ˈdʒæbə] **1.** vi/t ‖ *undeutlich sprechen;
plappern, schnattern* ‖ vt *(etw) plappern* ‖ *radebrechen* **2.** s *Geplapper, –schnatter* n
jabiru [ˈdʒæbiru:] s ⟨orn⟩ *Jabir u, Sattel-
storch* m
jabot [ˈʒæbou] s Fr *Jabot* n, *Brustkrause* f
jacamar [ˈdʒækəmɑ:] s ⟨orn⟩ *Grüner Jaka-
mar* m
jacinth [ˈdʒæsinθ] s ⟨minr⟩ *Hyaz·inth* m
Jack [dʒæk] s (⟨fam⟩ *f* John) **1.** (*P*) **a.** (*in
festen Verbindungen*) *Hans, Meister* m; ~ and
Gill *Hans u Grete*; ~ Frost *der Winter*; ~-in-
the-box [pl ~-in-the boxes] *Schachtelmännchen*
n; ~ in office *sich wichtigtuender Beamter* m;
~ of all trades *Hans Dampf in allen Gassen*;
~ of all work *Fakt·otum* n; ~-o'lantern *Irrlicht*
n ‖ ~ o'the clock *Stundenschläger* m ‖ before
you could say ~ Robinson *in e–m Nu, plötzlich*
b. (*a* ~-tar) *Matrose* m, *Teerjacke* f ‖ ~-boot(s)
„Friedrich" m (*Hausknecht*) → 4 ‖ ⟨cards⟩
Bube m ‖ *a* ⚔ † *Kerl, Bursche* m; every man ⚔
jeder einzelne, jede Menschenseele f ‖ ⚔ *Knecht;
Arbeitsmann* m ‖ ⟨ich sport⟩ *Hecht* m **2.** ⚔ (*S*)
(*als Bezeichnung f Geräte, Maschinen* or *Teile
davon*) *Bratenwender* m ‖ (*Hand–*; *Wagen-*)
Winde f; *Flaschenzug* m ‖ (*Säge–, Hebe-*)*Bock*;
Stiefelknecht m ‖ ⟨tech⟩ *Pflock* m, *Zwecke* f;
Klinke f ‖ *Schraubenwinde* f ‖ ⟨urspr Am⟩
„*Draht*", „*Zaster*" m, „*Pinke*" f (*Geld*) **3.** ⚔
(*T*) *Männchen*; ⟨Am⟩ *Esel* m (*junger*) *Hecht*
m **4.** [in comp] ⚔-boots [pl] *Kunonen–, Was-
serstiefel* m pl, → 1. b. ‖ ~ Johnson ⟨mil sl⟩
„*gr Koffer*" m (*deutsche 15 cm-Granate*) ‖ ~
Ketch ⟨fam⟩ *der Henker, Scharfrichter* ‖
⚔ knife *gr Klappmesser* n ‖ ⚔-leg, ⟨Am⟩
⚔-leg lawyer ⟨cont⟩ *Winkeladvokat* m ‖ ~
Nasty *Kriecher; Petzer* m ‖ ⚔-plane *Schrupp–,
Schrubhobel* m ‖ ⚔ rabbit ⟨Am⟩ *gr Hase* m
‖ ⚔ socket ⟨tech⟩ *Klinkenstecker* m ‖ ~ Sprat
Knirps, Dreikäsehoch m ‖ ~-tar *Matrose* m ‖
⚔ towel *Rollhandtuch* n (*ohne Enden*)
jack [dʒæk] vt ⟨tech⟩ *hochwinden* ‖ to ~-up
⟨Am fam⟩ *antreiben;* ⟨mot⟩ (*Auto*) *aufbocken*
jack [dʒæk] s ⟨mar⟩ *Gösch* f; Union ⚔
Brit. Kriegs–, Nationalflagge f ‖ ~-staff *Gösch-
stock* m
jackal [ˈdʒækɔ:l] s ⟨zoo⟩ *Sch·akal* m, →
howl ‖ ⟨fig⟩ *Handlanger; Helfershelfer* m pl
jackanapes [ˈdʒækəneips] s [pl ~ es] † *Affe*
m ‖ ⟨fig⟩ *Affe, Affenschwanz, Geck* m ‖ *Naseweis; Schlingel* m
jackaroo [dʒækəˈru:] s ⟨Austr sl⟩ *Neuling* m
jackass [ˈdʒækæs] s; ⟨fig⟩ ˈdʒækɑ:s] s *männlicher Esel* m, → she-ass ‖ ⟨fig⟩ *Esel, Dummkopf* m ‖ (*a* laughing ~) ⟨orn⟩ *Riesenkönigs-
fischer* m ~ery [~əri] *Eselei* f
jackdaw [ˈdʒækdɔ:] s ⟨orn⟩ *Dohle* f
jacket [ˈdʒækit] **1.** s *Jacke, Joppe* f; *Wams* n;
to dust a p's ~ for him *jdn durchprügeln* ‖
(*Papier-*)*Schutzumschlag* m; *Hülle, Schale* f ‖
Zahnkrone f ‖ ⟨tech⟩ *Mantel* m, –*rohr* n ‖ ~
shirt *Sakkohemd* n **2.** vt *mit e–r Jacke f bekleiden* ‖ ⟨sl⟩ *durchprügeln* ‖ ~ed ⟨tech⟩ *Mantel-
rohr–* (gun) ~**ing** [~iŋ] s *Tracht Prügel* f

jackpot [ˈdʒækpɔt] s *Hauptgewinn* m *bei e–r
Bazarlotterie* f
Jacob [ˈdʒeikəb] s **1.** ~'s ladder ⟨bot⟩ *Him-
melsleiter* f, *Griech. Baldrian* m; °*Flohleiter* f
(*Laufmasche im Strumpf*) ‖ ⟨mar⟩ *Jakobs–,
Strickleiter* f *mit hölzernen Sprossen* **2.** ~'s staff
⟨surv⟩ *Jakobsstab, Gradstock* m ~**ean** [dʒæko-
ˈbiən] **1.** a ⟨engl⟩ *die Regierung Jakobs I. betr.*
(~ style); (*Möbel*) *in Eiche* f *schwarz gebeizt*
2. s *e–e Persönlichkeit dieser Zeit* f ‖ *Dunkel-
eiche* f (*Farbe*) ~**in** [ˈdʒækobin] s ⟨rel⟩ *Dominikaner, Jakobiner* m; ⟨Fr hist⟩ *J., Radikaler* m
~**inic(al)** [dʒækoˈbinik(əl)] a Fr *jakobinisch*
~**ite** ⟨engl⟩ *Jakob·it* (*Anhänger Jakobs II.*) m
2. a ⟨engl⟩ *jakobitisch* ~**itical**
[dʒækəˈbitikl] a *jakobitisch*
jaconet [ˈdʒækənet] s *Jakon·ett* m (*Baumwol-
lenzeug*)
Jacquard [ˈdʒækɑ:d] s (*nach J. M.* ~, † 1834)
[attr] ~ loom ⟨weav⟩ *Jacquardmaschine* f
jacquerie [ʒækəˈri:] s Fr *Bauernaufstand* m
(*bes in Frankr., 1358*)
jactitation [dʒæktiˈteiʃən] s ⟨med⟩ *Hin-und-
her-Werfen des Körpers* n (*bei Krankheit*); *Zuk-
kung; Ruhelosigkeit* f
jade [dʒeid] **1.** s *Schindmähre,* °*Kracke* f ‖
Weibsbild n; *Wildfang* m (*Mädchen*) **2.** vt *ermüden, abhetzen* ~**d** [~id] a *abgemattet*
jade [dʒeid] s ⟨minr⟩ *Beil–, Nierenstein* m ‖
Jadegrün n
jaeger [ˈjeigə] s ⟨Ger⟩ *Jägerwollware* f
(~ vest)
jag [dʒæg] **1.** s (*Fels-*)*Zacken* m ‖ *Zahn* m;
Kerbe f ‖ ⟨Am⟩ *kl Last* f; ⟨fig⟩ „*Ladung*" f (sc.
Alkohol: ~-ged *beschwipst*) **2.** vt (*aus*)*zacken,
kerben* ~**ged** [ˈdʒægid] a (~ly adv), ~**gy** [~i] a
zackig, gekerbt ~**gery** [~əri] s *grober ind.
Zucker* m
Jag, jag [dʒæg] s ⟨sl⟩ abbr *f* ⟨mot⟩ *Jaguar car*
jaguar [ˈdʒægjuə] s ⟨zoo⟩ *Jaguar* m
jail [dʒeil] s & vt ⟨bes Am & allg⟩ → gàol
Jain [dʒein, dʒain] s Ind *Jaina, Anhänger des
Jinismus*
jake [dʒeik] s ⟨sl⟩ *Bauernlümmel* m ‖ ⟨Am
sl⟩ *Ingwerschnaps* m; ⟨übtr⟩ *Naturbursche* m,
„*Landpomeranze*" f; it's ~ (*es*) *geht in Ordnung* f
jalap [ˈdʒæləp] s ⟨bot⟩ *Jalap(p)e (Purgier-
winde)* f; –*nwur zel* f
jalopy [dʒəˈlɔpi] s ⟨fam⟩ „*Kiste*" f (*altes, un-
ansehnliches Auto* or *Flugzeug*)
jalousie [ˈʒæluzi:] s Fr *Jalous·ie* f (*Fenster-
schutz*)
jam [dʒæm] **1.** vt/i ‖ *fest–, einklemmen, –treiben, –zwängen* (ın) ‖ (*Weg*) *versperren* ‖ (*Glied*)
quetschen; to get one's hand ~med *sich die
Hand q.* ‖ (*die Hand in die Tasche*) *bohren* ‖
(*Maschine*) *unbrauchbar* m; to be ~med *nicht
arbeiten* ‖ to ~ the brakes *scharf* (*mit voller
Kraft*) *bremsen* ‖ ⟨wir⟩ (*Verbindung*) *abschneiden;*
(*Leitung*) *blockieren;* ⟨wir⟩ (*durch Zwischen-
senden*) *stören, außer Betrieb* m setzen ‖ vi *sich
festklammern;* ⟨tech⟩ *festsitzen, stocken* ‖ ⟨sl⟩
Swing tanzen **2.** s *Klemmen; Pressen; Quetschen*
n ‖ ⟨tech⟩ *Festpressen, –klemmen* n; *Hemmung,
Stockung* f; ⟨wir⟩ *Störung* f ‖ ⟨fig⟩ *Gedränge* n;
traffic ~ *Verkehrsstockung* f ‖ ⟨sl⟩ „*Klemme*",
„*Patsche*" f ‖ ~ nut *Gegenmutter* f **3.** adv ⟨Am⟩
vollständig ‖ ~-packed ⟨fam rail⟩ °*vollgepfropft* (*überfüllt*) ~**ming** [ˈ~iŋ] s ⟨wir⟩ *Stö-*

rung f *(durch andere Sender)* ‖ *Signalübertragung* f ‖ ~ station *Störsender* m

jam [dʒæm] **1.** s *Marmelade* f, *Fruchtmus* n; [*a* attr] (~-jar) **2.** vt *z M.* (*ein*)*machen or verwenden* ~**ming** ['~iŋ] s (*Marmelade-*)*Einmachen* n ‖ ~ sugar *Einmachzucker* m ~**my** ['~i] a *Marmeladen–* ‖ *klebrig* | ⟨fig⟩ *weich*; *leicht* ‖ *gut, erstklassig*

Jamaica [dʒə'meikə] s (*a* ~ rum) *Jamaikarum* m

jamb [dʒæm] s (*Tür–* etc) *Pfosten* m; *Leibung* f, *Gewände* n; *Anschlagfläche* f; *Einfassung* f ‖ ~(-shaft) *Gewändesäule* f

jamboree [‚dʒæmbə'riː] s *Lustbarkeit* f ‖ *Tagung* f, *Treffen* n (*of boy scouts*); *Welt-Treffen* n *der Pfadfinder* f (*etwa alle 4 Jahre*)

Janc [dʒæŋk] s abbr *f* Junior Army and Navy Club

jane [dʒein] s ⟨Am fam⟩ „*Julchen*", „*Hannchen*" n (*Mädchen*)

jangle ['dʒæŋgl] **1.** vi/t ‖ *mißtönen, rasseln*; *kreischen, schrillen*; *zanken* | vt *unharmonisch erklingen l* **2.** s *Gezänk* n; *Mißklang* m ‖ *Stimmengewirr, Geschwätz* n **jangling** [~iŋ] **1.** a *schrill, mißtönend* **2.** s = jangle

janitor ['dʒænitə] s L *Pförtner* m

janizary ['dʒænizəri] s ⟨hist⟩ *Janitschar* m

jankers ['dʒæŋkəz] s [pl] ⟨mil sl⟩ *Ausgehverbot* n (*bei zweistündlichem Rapport feldmarschmäßig*); I'm on ~ *ich hab Ausgehverbot* ‖

jannock ['dʒænək] s ⟨dial⟩ *ehrlich; echt*

Jansenism ['dʒænsnizm] s (*nach C.* Jansen, † 1638) ⟨hist ec⟩ *Jansenismus* m

January ['dʒænjuəri] s *Januar* m (in ~ *im J.*)

Jap [dʒæp] ⟨fam⟩ abbr = Japanese a & s

japan [dʒə'pæn] **1.** s *Art* f *harter Lack* m (*urspr aus Japan*) ‖ *lackierte Arbeit, Lackmalerei* f **2.** vt *lackieren* ~**ner** [~ə] s *Lackierer* m

Japanese [‚dʒæpə'niːz] **1.** a *japanisch* **2.** s [pl ~] *Japaner*(*in* f) m; the ~, ⟨fam⟩ the Japs [pl] *die Japaner* pl; two ~ *zwei J.* ‖ *das Japanische* (from ~ *aus dem J.*)

jape [dʒeip] **1.** vi *spotten* (at *über*) **2.** s *Spott* m **japish** ['~iʃ] a [~ly adv] *spöttisch*

Japonic [dʒə'pɔnik] a ⟨chem⟩ *japanisch* (~ earth) ~**a** [dʒə'pɔnikə] s L ⟨bot⟩ *Japanische Rose* f

jar [dʒɑː] **1.** s *Mißton* m; *Knarren, Schwirren* n ‖ ⟨fig⟩ *Streit* m, *Mißhelligkeit* f | *Zus–stoß, Stoß* m (to a p's leg *an jds Bein*); ⟨fig⟩ *Schock, Schlag* m ‖ ⟨Am⟩ on the ~ = *ajar* **2.** vi/t **A.** vi *knarren, rasseln; e–n Mißton verursachen* ‖ *schwirren, zittern, erbeben* ‖ ⟨übtr⟩ to ~ upon a p *jdn unangenehm berühren, verletzen*; .. upon a p's ear *jds Ohr* n *beleidigen* | *in Mißklang* m or *schreiendem Gegensatz* m *stehen* (with *mit*); *sich zanken* **B.** vt *mißtönend* m | *rütteln, erschüttern*; (*jdn*) *ersch.* ‖ (*Gefühl*) *verletzen, stören, beschädigen* ~**red** [~d] a *aufgerieben* ~**ring** ['~riŋ] a *mißtönend* | *unangenehm* (to *f*) ‖ *aufreibend*

jar [dʒɑː] s *irdenes Gefäß* n, *Krug, Topf* m; → Leyden ~ ~**ful** ['~ful] s *Krugvoll* m (a ~ of)

jardinière [‚ʒɑːdi'njɛə] s Fr *verziertes Gefäß* f *Blumen* (etc) n | ~ soup *Gemüsesuppe* f

jargon ['dʒɑːgən] s *Kauderwelsch* n ‖ *Jargon* m; *Berufs–, Standes–, Zunftsprache* f ~**ize** [~aiz] vi/t ‖ *im Jargon* etc *sprechen* | vt (*etw*) *in J. übertragen*

jargonelle [‚dʒɑːgə'nel] s *frühreifende Birne* f

jarvey ['dʒɑːvi] s *Mietskutscher* m

jasmine ['dʒæsmin], **jessamine** ['dʒesəmin] s ⟨bot⟩ *Jasmin* m; *Primrose-like* ⥾ *Primeljasmin* m

jasper ['dʒæspə] s ⟨minr⟩ *Jaspis* m

Jat [dʒæt] s ⟨Ind⟩ *Dschat* m

jato ['dʒeitou] s ⟨aero⟩ abbr *f* jet-assisted take-off (*Start mit*) *Düsenstarthilfe* f

jaundice ['dʒɔːndis] s ⟨med⟩ *Gelbsucht* f ‖

⟨fig⟩ *blasser Neid* m ~**d** [~t] a *gelbsüchtig* ‖ *neidisch, voreingenommen*

jaunt [dʒɔːnt] **1.** vi *herumwandern, umherstreifen* **2.** s *Ausflug* m; *Wanderung, Spritzfahrt* f; *Spaziergang* m; to take a ~ *e–n S. machen* ~**ing-car** ['~iŋkɑː] s ⟨Ir⟩ *zweirädriger Wagen* m

jauntiness ['dʒɔːntinis] s *Leichtigkeit* (*im Auftreten*) f; *Munterkeit* f, *flottes Wesen* n ~**ty** ['dʒɔːnti] a (–*tily* adv) *leicht, munter, flott, spritzig, schmuck; keck*

jaunty ['dʒɔːnti], **jonty** ['dʒɔnti] s ⟨mar⟩ *Marinepolizist; Exerziermeister* m

Java ['dʒɑːvə] s ⟨Am fam⟩ „*Java*"(*-Kaffee*) m ~**nese** [‚dʒɑːvə'niːz] **1.** a *javanisch* **2.** s [pl ~] *Javaner* m; [pl] the ~ *die J.* pl ‖ *das Javanische* **javelin** ['dʒævlin] s *Wurfspieß* m; ⟨sport⟩ *Speer* m (*z Werfen*); throwing the ~ *Speerwerfen* n

jaw [dʒɔː] **I.** s **1.** *Kinnbacken, Kiefer* m ‖ °*Fresse* f **2.** ~**s** [pl] *Rachen, Schlund* m, *Maul* n (hold your ~ *halt's Maul*); *Mündung* f ⟨*a* fig⟩ ‖ ⟨tech⟩ *Backen*; *Klauen* f pl **3.** ⟨fam⟩ *Reden* n, *Tratsch* m, *Getratsche* n; to hold one's ~ *den Mund* m *halten* ‖ *Standpauke* f | [attr] ~-**bone** *Kinnbacken* m ‖ ~-*breaker* ⟨sl⟩ *Zungenbrecher* m (*schwer auszusprechendes* [*oft langes*] *Wort*) ‖ ~ coupling *Klauenkupplung* f ‖ ~ crusher ⟨tech⟩ *Backenbrecher* m ‖ ~-smith ⟨Am fam⟩ *Schwätzer, Unterkieferwackler* m **II.** vi/t ‖ ⟨cont⟩ *schwatzen* | vt ⟨Am sl⟩ (*jdn*) *ausschelten, abkanzeln* | ~**y** ['~i] a ⟨Am fam⟩ *schwatzhaft*

jay [dʒei] s ⟨orn⟩ *Eichelhäher* m; Sibirian ~ *Unglückshäher* m ‖ ⟨fig⟩ *Schwätzer* m | ⟨Am⟩ *Tölpel, Einfaltspinsel, Bauernlümmel* m ‖ ~-hawker ⟨Am fam⟩ *Bewohner* m *v Arkansas*; *marodierender Heckenschütze* m‖ ~-walk [vi] ⟨Am sl⟩ (*als Fußgänger*) *gegen die Verkehrsregeln* f pl *verstoßen* ‖ ~-walker ⟨Am sl⟩ *Träumer, Hansguckindieluft* m, *unvorsichtige*(*r*) *Fußgänger*(*in* f) m

jazz [dʒæz] **1.** s *Jazz* m (*Tanz– u Musikart*); ~ band *Jazzkapelle* f **2.** a ⟨sl⟩ *unharmonisch*; *grell; grotesk, possenhaft* **3.** vi/t | (*Stück*) *als Jazzmusik* f *einrichten* or *tanzen* | vt (*Stück*) *als Jazzmusik* f *einrichten*; *grotesk or lebendig gestalten*; *zurechtstutzen* ‖ to ~ up ⟨Am sl⟩ *aufregen*, °„*aus den Lumpen schütteln*"; ~ it up! *nun mal 'n bißchen hoppla!* ~**er** ['~ə] s *Jazzkomponist, –spieler* m ~**y** ['~i] a *Jazz–*; ⟨übtr⟩ *knallig* (*Farbe*)

jealous ['dʒeləs] a (~ly adv) *eifrig bedacht* (of *auf*) *eifersüchtig* (of *auf*) ‖ *argwöhnisch* (of *gegen*) ‖ *ängstlich besorgt; ängstlich wachsam* ~**ly** [~li] adv *eifrig, sorgfältig* ~**y** [~i] s *Eifersucht* f (of, towards *auf*); *Neid* m (at, over a th *über etw*) ‖ *ängstliche Besorgnis* f ‖ ~**sies** [pl] *Eifersüchteleien* pl

jean [dʒein, ⟨Am *a*⟩ dʒiːn] s *geköperter Baumwollstoff* m ‖ [pl] ~s *Nieten–, Farmer–, Köperhose, –kleidung* f; (¾-)*lange Damenhose* f (*aus Baumwolle*); (blue) ~s *Cowboy–, Texashose* f

jeep [dʒiːp] s (= G.P. = general purposes car) **1.** ⟨mil mot⟩ *kl Geländewagen, Kübel*(*wagen*) m ‖ ⟨Am mil sl⟩ „*Hammel*" m (*Rekrut*); ⟨Am mar sl⟩ *Geleitflugzeugträger* m **2.** vi *mit dem Kübel fahren* ~**able** ['~əbl] a *mit e–m Jeep* (*gerade noch*) *befahrbar* (road) ~**mobile** ['~məbiːl] s *Jeep-*(*Feld-*)*Bücherei* f

jeer [dʒiə] **1.** vi/t ‖ *spotten, höhnen* (at *über*) | vt *verhöhnen* **2.** s *Spott* m, *Spötterei* f ~**er** ['~rə] s *Spötter*(*in* f) m ~**ing** ['~riŋ] a (~ly adv) *spöttisch, höhnisch*

jeer [dʒiə] s [*mst* pl ~s] ⟨mar⟩ *Fall* or *Schwertakel* n *e–r Unterrahe*

Jeese, Jeez! [dʒiːz] intj ⟨*urspr* Am⟩ **Jessas!* °*Jemers*

Jehova [dʒi'houvə] s ⟨bib⟩ *Jehova*

jehu [ˈdʒiːhjuː] s ⟨bib⟩ *Kutscher*; *Wagenlenker* m

jejune [dʒiˈdʒuːn] a (~ly adv) *mager*; (of land) *unfruchtbar*, *dürr* ‖ ⟨fig⟩ *nüchtern, trocken, fade* **~ness** [~nis] s ⟨fig⟩ *Nüchternheit, Trockenheit* f

jellied [ˈdʒelid] a *geronnen, dick*

jelly [ˈdʒeli] **1.** s *Gallerte* f, *Gallert, Gelee* n ‖ (bee's) *royal* ~ *Gelee Royale* f (*Königinnenfutter*) **|** ~-*bean* ⟨Am⟩ *Fruchtgeleebohne* f; ⟨fig⟩ *Weichling* m ‖ ~-*fish* ⟨ich⟩ *Qualle*; ⟨Am fig⟩ °*Kerl m ohne Mumm in den Knochen* **2.** vi/t ‖ *gelieren, Gelee bilden; sich verdicken* **|** vt *z Gerinnen, Gelieren n bringen; –lied in Gelee n*

jemadar [ˈdʒemədɑː] s ⟨Ind⟩ *eingeborener Leutnant m (im Sepoyregiment)*

jemima [dʒiˈmaimə] s *Binder* (*Schlips*) m **|** ⟨fam⟩ ~s pl *Zugstiefel m pl*

jemmy [ˈdʒemi] s *Brecheisen* n

jennet [ˈdʒenit] s *span. Pony* n

jenny [ˈdʒeni] s ⌁ *Hannchen* **|** (T) *Weibchen* n; ~ *ass Eselin* f; ~-*wren* ⟨fam⟩ *weibl. Zaunkönig* m **|** (a *spinning* ~) *Jennyspinnmaschine* f, –*webstuhl* m ‖ ⟨tech⟩ *bewegl. Kran* m ‖ ⟨vulg⟩ *Dietrich* m, kl *Brucheisen* n ‖ ⟨Am sl⟩ *Maschine* f; ⟨aero⟩ °„*Kiste*" f (*Flugzeug*)

jeopard [ˈdʒepəd] vt ⟨Am⟩ = ~*ize* **~ize** [ˈdʒepədaiz] vt *gefährden* (with); *aufs Spiel n setzen* **|** *in Frage l stellen* **|** ~**y** [ˈdʒepədi] s *Gefährdung, Gefahr* f; *Wagnis* n

jequirity [dʒiˈkwiriti] s ⟨bot⟩ *Paternostererbse* f

jer [dʒə] ⟨vulg⟩ = you (mindjer)

jerboa [dʒəˈbouə] s ⟨zoo⟩ *Wüstenspringmaus* f

jeremiad [ˌdʒeriˈmaiæd] s *Jeremi·ade* f; *Klagelied* n

Jericho [ˈdʒerikou] s *go to* ~! ⟨fam⟩ *geh z Teufel!*

jerk [dʒəːk] **1.** s *plötzl. Stoß, Ruck* m (of the head *mit dem Kopf*); with a ~ *mit e–m Ruck, plötzlich*; by ~s *ruckweise*; to give a th a ~ *ruckweise ziehen an etw* ‖ ⟨gym⟩ *Ruckbewegung* f; *Stemmen* n (physical ~s) **|** [oft pl ~s] *Zuckung* f; *Krampf* m **|** ⟨übtr⟩ *Satz*; *Sprung* m; *Schwung* m; to put a ~ in it ⟨sl⟩ *tüchtig rangehen* **|** ⟨übtr Am sl⟩ *Ekel* n (P) **2.** vt/i **A.** vt *rucken an* (etw); *ziehen an*; *ruckweise ziehen*; *stoßen* ‖ ⟨gym⟩ *stemmen* ‖ *schnellen, schleudern* **|** to ~ a bow at a p *e–e ruckartige Verbeugung m vor jdm* **|** *ruckweise äußern* ‖ to ~ down ⟨bes com⟩ *stürzen, ruckartig herabsinken* **B.** vi *auffahren, zus–zucken* ~**water** [ˈ~wɔːtə] ⟨Am fam⟩ **1.** s ⟨rail⟩ *Nebenbahn* f, *Lok·alzug* m ‖ ⌁ *town Kleinstadt* f, „*Hinterwalden*" n **2.** adv *nebensächlich, nebenbei* **|** ~**y** [~i] a (–*kily* adv) *ruck–, krampfartig* (narrative) ~**less** [ˈ~lis] a *ruckfrei* ⟨mot⟩ *acceleration*)

jerk [dʒəːk] vt (*Fleisch*) *in Streifen schneiden u an der Sonne* f *trocknen* ~**y** [~i] s ⟨Am⟩ *Pökelfleisch* n

jerkin [ˈdʒəːkin] s ⟨hist⟩ *Wams* n

jerque [dʒəːk] vt *zollamtlich untersuchen*

jerry [ˈdʒeri] s ⟨sl⟩ *Nachttopf* m; ~-*sneak Pantoffelheld* m

jerry [ˈdʒeri] s **1.** ~ *building unsolide Bauart* f; *Schundbau* m ‖ ~-*built unsolid gebaut*; ~-*built house Bruchbude* f ‖ ~-*can* ⟨mil sl⟩ *Sprit– (Benzin–)Kanister* m ‖ ~-*shop Kneipe, Spelunke* f **2.** ⟨sl⟩ *deutscher Michel* m, *deutsches Flugzeug* n

jersey [ˈdʒəːzi] **I.** (*e–e der* Channel Islands) **1.** s *feines Wollgarn* n ‖ (*eng anschließende*) *wollene Trikotjacke, Unterjacke* f; *Turnhemd* n ‖ ⌁ *Jerseyvieh* n **2.** a *Jersey–* (⌁ *cattle*) **II.** ⟨Am⟩ = New Jersey

Jerusalem [dʒəˈruːsələm] s (a ~ *pony*) *Esel* m ‖ → *artichoke*

jess [dʒes] **1.** s [mst pl ~es] *Wurfriemen* m (*um den Fuß des Falken*) **2.** vt *durch W. fesseln*

jessamine [ˈdʒesəmin] s = *jasmine* ‖ ⟨übtr fam⟩ *Dandy* m

jessamy [ˈdʒesəmi] s ⟨fam⟩ *Dandy* m

Jesse [ˈdʒesi] s ⟨bib⟩ *Tree of* ~ ⟨arts⟩ *Jessebaum* m, *Wurzel Jesse* f (*Darstellung des Stammbaums Christi*)

jest [dʒest] **1.** s *Spott* m ‖ *Scherz, Spaß* m (in ~); to make a ~ of *scherzen über* ‖ *Zielscheibe* f *des Scherzes* **2.** vi *spotten* ‖ *scherzen, spaßen*; *scherzend bemerken* ~**er** [~ə] s *Spaßmacher* m; the king's ~ *Hofnarr* m ~**ing** [ˈ~iŋ] s *Spaßen* n; no ~ *matter nichts zum Spaßen* ~**ingly** [ˈ~iŋli] adv *scherzweise*

Jesuit [ˈdʒezjuit] s ⟨ec⟩ *Jesuit* m ‖ ~s' *bark Chinarinde* f ~**ical** [ˌdʒezjuˈitikəl] a (~ly adv) *jesuitisch* ‖ ~ *writing Schrift* f *mit jesuitischem Doppelsinn:*

Who calls you shy,   he tells the truth,
He's a lying youth   who says you're sly.
(*v links nach rechts* or *jeweils zur Hälfte v oben nach unten zu lesen*) ~**ism** [~izm], **jesuitry** [ˈdʒezjuitri] s *Jesuitismus* m, *Jesuiterei* f

jet [dʒet] **1.** s ⟨minr⟩ *Jett* n, *Pechkohle* f **2.** a (a ~-*black*) *raben–, pechschwarz* ~**ty** [ˈ~i] a (*pech*)*schwarz*

jet [dʒet] s (of water, gas etc) *Strahl, Strom* m, *Strömung* f ‖ *Stichflamme* f ‖ (*Gas*– etc) *Röhre*; *Düse* f ‖ ⟨aero⟩ *Strahlmotor, Düsenantrieb* m; ⟨fam⟩ *Düsenflugzeug* n; *pilot* ~ *Leerlaufdüse* f; *pulse* ~ *Pulsationsstrahlmotor* m; *ram* ~ *Rammstrahlmotor* m; *turbo* ~ *Turbinenmotor* m ‖ ~-*assisted take-off* (abbr *jato*) ⟨aero⟩ *Start m mit Starthilfe* f ‖ ~ *condenser Einspritzkondensator* m ‖ ~-*engine Strahlmotor* m, *Düsentriebwerk* n ‖ ~ *fighter Düsenjäger* m ‖ ~ *liner Düsenverkehrsflugzeug* n ‖ ~-*like schnell wie ein Düsenjäger* m ‖ ~-*plane –flugzeug* n ‖ ~-*propelled mit Düsenantrieb, Düsen–* ‖ ~-*propulsion Strahl–, Düsenantrieb* m ‖ ~-*stream Düsenstrom* m; *starker Westwind* m (in 3–11000 m *Höhe*) **2.** vt/i *auswerfen, –speien* **|** vi *ausströmen*; *hervorsprudeln* (from, out of *aus*)

jetsam [ˈdʒetsəm] s [koll] *Seewurf* m (*zum Leichtermachen des Schiffs*), *über Bord geworfene Güter* n pl ‖ *Strand–, Wrackgut* n; → *flotsam* ‖ ⟨fig⟩ *unnützes Zeug* n; *vom Schicksal* n *schwer Betroffener* m

jettie [ˈdʒeti] s ⟨fam⟩ *Düsenmotor* m, *–flugzeug* n, → *jetty* ⟨aero fam⟩

jettison [ˈdʒetisn] **1.** s (*Überbordwerfen v Gütern* → *jetsam*) ‖ ~ *procedure* ⟨aero⟩ *Abwurfverfahren* n **2.** vt (*Waren*) *über Bord m werfen* **|** (*Bomben*) *im Notwurf m ab–* ~**able** [ˈ~əbl] a *abwerfbar* (fuel tank); ~ *seat* ⟨aero⟩ *Katapult–, Schleudersitz* m

jetty [ˈdʒeti] s ⟨mar⟩ *Hafendamm* m; *Mole* f, *Pier* m ‖ *Landungsplatz* m

jetty [ˈdʒeti] s ⟨aero fam⟩ *Düsenjäger* m, → *jettie*

Jew [dʒuː] **1.** s *Jude* m; the Wandering ~ *der ewige Jude* ‖ *Geldleiher, Wucherer* m **|** [attr] *Juden–, jüdisch* ‖ ~-*baiting Judenhetze* f ‖ ~'-*ear* ⟨bot⟩ *Judasohr* n ‖ ~'s-*harp* ⟨mus⟩ *Maultrommel* f, *Brummeisen* n **2.** ⌁ vt ⟨fam⟩ *betrügen, prellen* ‖ to ⌁ *down* **1.** vt (etw) *herunterhandeln* **2.** vi *feilschen* ~**ess** [ˈ~is] s *Jüdin* f ~**ish** [ˈ~iʃ] a *jüdisch* ~**ishness** [ˈ~iʃnis] s *jüdisches Wesen* n ~**ry** [ˈdʒuəri] s *Judenschaft* f, ⟨hist⟩ *Judenviertel* n

jewel [ˈdʒuːəl] **1.** s *Juw·el* n, *Edelstein* m; ⟨übtr⟩ *Kleinod* **|** [attr] *Juwelen–, Schmuck–* **2.** vt *mit Juwelen schmücken*; (*Uhr* f *die Zapfenlöcher*) *mit Rubinen* or *Steinen versehen* ‖ a 15–~

wrist watch *e–e Armbanduhr* f *mit 15 Steinen* m pl || ~-casket *Schmuckschrank* m ~ler [~ə] s *Juwelier* m ~lery *⟨bes Am⟩* ~ry [~ri] s *Juwelierarbeit* f; *Juwˈelen, Schmucksachen*

jib [dʒib] s *Kranbaum, –balken* m

jib [dʒib] **1.** s *⟨mar⟩ Klüver* m (flying ~ *Außenklüver*); ~-boom *Klüverbaum* m || the cut of a p's ~ *jds äußere Erscheinung, Kleidung* f **2.** vt/i || (*Segel*) *umlegen* | vi (of a sail) *sich umlegen*

jib [dʒib] vi *⟨hors⟩ bocken, störrisch s* | *⟨fig⟩ innehalten, stehenbleiben; scheuen* (at *vor*) ~ber [ˈ~ə] s *bockiges Pferd* n

jib-door [ˈdʒib͵dɔː] s *Tapetentür* f

jibe [dʒaib] s & v = gibe

jiff [dʒif], jiffy [ˈdʒifi] s *⟨fam⟩ Augenblick* m; in a ~ *im Nu*

jig [dʒig] **1.** s 1. *⟨mus⟩ Gigue* f (*rascher Tanz*); *die Musik dazu* f || the ~ is up *⟨fig⟩ alles is aus* 2. *⟨min⟩ Bremsberg* m 3. *⟨tech⟩ Bohr–, Spannvorrichtung; Schablone* f || ~ boring *Lehrenbohren* n **2.** vi/t || *eine G. tanzen* (to ~ it) || *umherhüpfen* | vt (*eine G.*) *tanzen* || (*etw*) *ruckweise hin u her bewegen, –werfen, schütteln* || (*Erz*) *separieren, scheiden* (*durch Sieben*) | ~-saw *⟨Am⟩ Schweifsäge* f; ~-saw puzzle *Zus–leg(geduld)spiel, Zus–setzspiel* n

jigger [ˈdʒigə] s **1.** *Tänzer* m **2.** *⟨minr⟩ Siebsetzmaschine; Siebvorrichtung* f (*beim Goldfördern*) | *⟨mar⟩ Handtalje f, Jollentau* n || *kl Segel* n; *Besanmast* m | *⟨tech⟩ Töpferscheibe* f || *⟨sl⟩ Karre* f (*Fahrrad*)

jigger [ˈdʒigə] s *⟨ent⟩ Sandfloh* m; → chigoe

jigger [ˈdʒigə] vi *⟨fam⟩* (of fish) *zappeln*

jigger [ˈdʒigə] vt [*nur pass*] *⟨fam⟩* I'll be ~ed if ..! *holˈ mich der Teufel, wenn ..!* || ~ed *⟨Am sl⟩ eingelocht (–sperrt)*

jiggery-pokery [ˈdʒigəri ˈpoukəri] s *⟨fam⟩ Hokuspokus* m, *Schiebung* f

jiggle [ˈdʒigl] vt *leicht rücken, rütteln* || ~-bar *⟨mot⟩ Weckschwelle* f (*auf Fernverkehrsstraße*) || ~-jolt *⟨hum mot⟩ °Leukoplastbomber* m (*schlechter Wagen*)

jilt [dʒilt] **1.** s *Kokette* f **2.** vt (*den Liebhaber, die Geliebte*) *narren, sitzen l*

Jim-Crow [ˈdʒimˈkrou] s *⟨Am cont⟩ Neger* m; ~ car *⟨rail⟩ Wagen* m *f Neger* m pl || ~ section *Negerabteil* n (*in der Straßenbahn*) || *⟨tech⟩ Schienenrückmaschine* f

jim-dandy [ˈdʒim͵dændi] *⟨Am fam⟩* **1.** a *köstlich, fein, °prima* **2.** s *Pfunds–, Mordskerl* m

Jiminy [ˈdʒimini] † intj (= gemini) by ~! *bei Gott!*

jim-jams [ˈdʒimdʒæmz] s pl *⟨fam⟩ Eigen–, Sonderheiten* f pl || *⟨sl⟩ Depression, Bedrücktheit* f, *Gruseln* n || *⟨sl⟩ Delirium* n

jimmy [ˈdʒimi] *⟨Am⟩* **1.** s = jemmy **2.** vt *mit Brecheisen* n *öffnen*

jimp [dʒimp] a *⟨Scot⟩ schlank, zart; elegant* || *spärlich*

jimp [dʒimp] s *Verkehrskobold* m (*der Unheil stiftet*)

jingle [ˈdʒiŋgl] **1.** vi/t || *klingeln; klimpern, rasseln ⟨a übtr⟩ ; vt klingen* (etc) *l*; to ~ one's keys *mit den Schlüsseln* m pl *klimpern* || *reimen* **2.** s *Klimperei* f | *Geklingel; Reim–, Wortgeklingel* n

Jingling Johnnie [ˈdʒiŋgliŋ ˈdʒɔni] s *⟨mil mus fam⟩ Schellenbaum* m

jingo [ˈdʒiŋgou] **1.** intj *⟨fam⟩* by ~! *alle Wetter!* **2.** s [pl ~es] *Chauvinist, Hurrapatriot* m **3.** a (a ~istic) *chauvinistisch* ~ism [~izm] s = jingo *Chauvinismus* m ~ist [~ist] s = jingo

jink [dʒiŋk] vi *⟨aero sl⟩ schaukeln, kurven*

jink [dʒiŋk] s *⟨sl⟩ °„Draht“, „Kies“* m (*Geld*)

jinks [dʒiŋks] s pl; high-~ *ausgelassene Fröhlich–, Lustbarkeit* f || *⟨aero fam⟩ plötzliche Wendungen* f pl

jinrick(i)sha [dʒinˈrik(i)ʃəː], jinrikisha [–ˈrikiʃəː] s → rickshaw

jinx [dʒiŋks] s *⟨Am fig⟩ Unglücksrabe, Unheilstifter(in* f) m || *Pech* n *⟨fig⟩*

jirga [ˈdʒəːgə] s *Rat afghan. Häuptlinge* m

jitney [ˈdʒitni] s *⟨Am sl⟩ 5-Zent-Stück* n || ~ bus *Autobus* m *mit billiger Taxe* f

jitterbug [ˈdʒitəbʌg] s *⟨Am sl⟩ °Angsthase* m; *Zappel-Philipp; Swingfanatiker* m || *exzentrischer Tanz, Swing* m, „*Zitterwanze*“ f

jitters [ˈdʒitəz] s pl *⟨sl⟩ Nervosität, Angst* f, *°Schiß* m; that gave him the ~ *das machte ihn nervös, ⟨fam⟩ .. weich in den Knien* n pl, *dabei rutschte ihm das Herz in die Hose, °da bekam er Schiß*

jittery [ˈdʒitəri] a *⟨fam⟩ zappelig, ängstlich, nervös*

jive [dʒaiv] *⟨sl⟩* **1.** s *Swingmusik* f ([a attr] ~ song) | *Swing–, Schlagertext* m || *Swingakrobatik* f || *Jargon* m *der Swingfanatiker* **2.** vi *Swing* m *tanzen*

Job [dʒoub] s *Hiob* m || ~'s comforter *schlechter Tröster* m; ~'s post *Hiobspost* f

job [dʒɔb] **I.** s **1.** *ein Stück* n *Arbeit* f || *Akkordarbeit* f; by the ~ *in Akkord* m; smashing ~ *°dufte or °prima Pöstchen* n (*Arbeit*); *⟨aero fig fam⟩ famose Kiste* f (*Flugzeug*); odd ~s [pl] *Gelegenheitsarbeiten* pl **2.** *Stellung, Beschäftigung* f; *Beruf* m (*sitting ~*); out of a ~ *arbeitslos*; on the ~ *tätig* | *Geschäft* n, *Auftrag* m **3.** *Profitgeschäft* n, *Schiebung* f; *Kuhhandel* m; a put-up ~ *eine abgekartete S* **4.** *Geschäft* n, *Sache* f (*⟨a fig mil sl⟩ Mädchen*); to know one's ~ *⟨fig⟩ s–e S verstehen* | *Sachlage* f; it is a good ~ *es ist ein Glück* n (that); a good ~ *too recht so, gut* | *⟨fam⟩ just the* ~ *⟨fam⟩ gerade das Richtige, gerade was ich suche* || to do a man's ~ *for him ⟨vulg⟩ jdn erledigen, ruinieren, jdn kalt* m (*töten*) || a bad ~ *eine schlimme, zwecklose S*; *üble Lage* f || to make a ~ of it *etw mit Erfolg* m *z Ende m führen* **5.** [attr & in comp] ~ analysis, ~ criteria [pl], ~ description *Tätigkeitsmerkmale* n pl (*im Lohn-Tarifwesen*); ~ evaluation *Arbeitsbewertung* f; ~-holder *⟨Am fam⟩ Beamter* m || ~-horse *Mietpferd* n || ~-lot *Ramschwaren* f pl, –*partie* f || ~ mark *⟨min⟩ Gedingestufe* f || ~-printer *Akzidenzdrucker* m || ~-work *Akkordarbeit* f **II.** vi/t || *in Akkord* m *arbeiten* || *spekulieren; schachern, Schiebungen m* | vt (*Pferde*) *aus–, vermieten* || (*Arbeit*) *in Akkord* m *vergeben* || *im Zwischenhandel* m *verkaufen* ||•(*jdn*) *durch Schiebung* f *befördern* (into an office) ~ber [ˈ~ə] s *Akkordarbeiter* m || = jobmaster || *Effektenhändler; Zwischenhändler, Grossist* m || *Börsenspekulant, Schieber* m ~bery [ˈ~əri] s *Amts–, Vertrauensmißbrauch* m || *Schiebung, Korruption* f ~bing [ˈ~iŋ] s *Akkordarbeit* f; *Maklergeschäft* n || *Schiebung* f, *Wucher* m **2.** a *Akkord–, Lohn–, Flick–* (~cobbler –*schuster*) || ~ foundry *Kundengießerei* f || ~ gardener *Aushilfsgärtner* m || ~ sheet *Mittelblech* n ~master [~͵mɑːstə] s *Pferde–; Fuhrwerks–, Wagenvermieter* m

job [dʒɔb] **1.** vt/i *stoßen; (jdn) durchbohren* || to ~ out (*Auge*) *ausstechen* | vi *stoßen, stechen* (at *nach*) **2.** s *Stich, Stoß* m

jobation [dʒəˈbeiʃən] s *⟨fam⟩ Standpauke, Strafpredigt* f

jobbernowl [ˈdʒɔbənoul] s *Tölpel* m

Jock [dʒɔk] s *schott. Soldat* m

jock [dʒɔk] s abbr *f jockey*

jockey [ˈdʒɔki] **1.** s (*⟨fam⟩* jock) *Jockei* m; [attr] *Jockei– (~ Club)* || *⟨tech⟩* ~ pulley *Riemen-Spannrolle* f; ~ roller *Leitrolle* f; ~ wheel *Laufrad* n, *Stützrolle* f **2.** vt/i (*jdn*) *anführen, hereinlegen; prellen; betrügen* (out of *um*) || ~ in *hineintreiben; verleiten* (into *z*) | vi *betrügen* || to ~ for position (*bei Regatta*) *sich günstig z* *plazieren suchen* (⟨*a* übtr⟩ *durch Schiebung*)

jocko [ˈdʒɔkou] s *Schimpanse* m

jockstrap [ˈdʒɔkstræp] s ⟨Am⟩ *Suspensorium* n (*e–s Athleten*) ‖ *Schwerathlet* m (*bes Boxer*)

jocose [dʒəˈkous] a (~ly adv) *scherzhaft, heiter; drollig* ~**ness** [~nis], –**sity** [dʒoˈkɔsiti] s *Spaß–, Scherzhaftigkeit* f

jocular [ˈdʒɔkjulə] a (~ly adv) *scherzend; scherzhaft, spaßig* ~**ity** [ˌdʒɔkjuˈlæriti] s *Heiterkeit* f

jocund [ˈdʒɔkənd] a (~ly adv) *fröhlich, lustig* ~**ity** [dʒoˈkʌnditi] s *Lustigkeit* f

jodhpurs [ˈdʒɔdpuəz] s pl ⟨Ind⟩ *lange Reithose* f

Jodie [ˈdʒoudi] s ⟨Am mil sl⟩ *Zivilist* m, *der mit den Mädchen heimatferner Soldaten ausgeht*

Joe [dʒou] s (dim *f* Joseph); *not for* ~ *um k–n Preis* m ‖ ~ *Miller Kalauer* m (*Witz*) ‖ ~ G.I. ⟨Am⟩ (*typischer amerikanischer*) *Landser* ‖ ~ (Soap) ⟨mil fam⟩ *Packesel* m (*P*)

joey [ˈdʒoui] s ⟨zoo⟩ *junges Känguruh* n ‖ ⟨sl⟩ = *threepenny bit*

jog [dʒɔg] **1.** vt/i ‖ *stoßen; stoßen an; (jdn) anstoßen* ‖ (*auf*)*rütteln, schütteln;* to ~ *a p's memory dem Gedächtnis n jds nachhelfen* ‖ vi *sich schwerfällig bewegen; traben* ‖ *dahinschlendern* ‖ to ~ *along, on weitertrotten, –traben;* ⟨übtr⟩ *weitergehen, fortfahren* **2.** s *Stoßen* n, *Stoß* m ‖ *Rütteln* n ‖ ⟨tech⟩ *Sprung* m ‖ *Trott, Trab* m ‖ (*bes Am*) *Unebenheit* f | ~–**trot 1.** s *leichter Trott* m; ⟨fig⟩ *Schlendrian* m **2.** [attr] *einförmig; behaglich schlendernd*

joggle [ˈdʒɔgl] **1.** vt/i ‖ *leicht rütteln, schütteln* | vĭ *sich schütteln* (with *vor*) **2.** s *Rütteln* n

joggle [ˈdʒɔgl] **1.** s ⟨carp⟩ *feste in– oder über–e–a–greifende Verbindung* f *v Holzteilen* m pl etc, *V. auf Nut u Feder* f **2.** vt *fest ein–, zus–fügen; federn u nuten*

John [dʒɔn] s *Johann, Hans* m ‖ ⟨sl⟩ *Chinese; Detektiv* m | ~ *Bull* (abbr *f* John Bullingbrook = John Bolingbroke [† 1673]) *typischer Engländer* m; (*das*) *englische Volk* ‖ ~ *Company die alte ostind. Handelsgesellschaft* ‖ ~ *Doe* ⟨jur⟩ *fingierter Kläger* m ‖ ~ *Hancock* ⟨Am fam⟩ ⟨m.m.⟩ „*Friedrich Wilhelm*" (*Unterschrift*) ‖ ~–**cake** ⟨Am⟩ *Maiskuchen* m ‖ ~**-jump-up** ⟨Am bot⟩ *Veilchenart* f, *kl Stiefmütterchen* n ‖ ↙ Raw *Anfänger, Neuling* m

johnny [ˈdʒɔni] s *Kerl, Bursche* m ‖ *Modefax* m **Johnsonese** [ˌdʒɔnsəˈniːz] s *Stil Sam. Johnsons* m; *Nachahmung* f *dieses* [*a* attr] –**nian** [dʒɔnˈsounjən] a *im Stile Johnsons; gelehrt, pomphaft*

join [dʒɔin] **I.** vt/i **A.** vt **1.** (*Dinge*) *zus–fügen, verbinden, vereinigen;* ~**ed** ⟨a⟩ *fugendicht* ‖ *etw verbinden* (to *mit*) | (*Pn*) *vereinigen, –binden;* to ~ *in marriage* (*jdn*) *verheiraten* (with *mit*) **2.** to ~ *a p sich vereinigen mit jdm; jdn treffen; jdm Gesellschaft* f *leisten* (in a walk *auf e–m Spaziergang*) ‖ (*e–r S*) *sich anschließen, beitreten* (to ~ a party); *sich gesellen z, Mitglied* n *w v, eintreten in* (to ~ the army *in die Armee* ..) **3.** *angrenzen an; einmünden in* **4.** *stoßen z; treffen* (to ~ *one's regiment*); (*Schiff*) *einholen* **5.** *Verbindungen:* to ~ *battle handgemein w* ‖ to ~ *company with a p sich jdm anschließen* ‖ to ~ *as defendant* ⟨jur⟩ *mit*(*ver*)*klagen* ‖ to ~ *hands die Hände* f pl *falten, sich die Hand or Hände reichen;* ⟨fig⟩ *sich vereinigen* (in [*zu*] an action) ‖ to ~ (a march column) *sich* (in *e–e Marschkolonne*) *einfädeln;* to ~ *the ranks* ⟨mil⟩ *eintreten* ‖ to ~ *the services* (*z Truppe*) *einrücken* ‖ → issue **B.** vi **1.** *sich verbinden, sich vereinigen* (with, to *mit;* to do); *sich zus–tun* (with a p *mit jdm;* in doing *z tun*) ‖ *übereinstimmen* (with a p in a *od* in doing *mit jdm in etw* or *z tun*) **2.** *an–e–a–grenzen, sich berühren* **3.** to ~ *in a th teilnehmen, –haben an, einstimmen in*

etw ‖ to ~ *in a performance gemeinsam aufführen* **4.** [*mit* adv] to ~ **in** *mitmachen, einstimmen* ‖ to ~ **up** *sich z Heeresdienst* m *melden, Soldat* m *w;* (*S*) *sich einordnen l, sich zus–fügen* l | ~**ing** *fee* (for a club, etc) *Aufnahmegebühr* f **II.** s *Verbinden* n ‖ *Verbindungskette* f ‖ *Bindeglied* n; *Fuge* f

joinder [ˈdʒɔində] s ⟨jur⟩ (*P & S*) *Verbindung, Vereinigung* f (*a v Rechten*); ~ *of several offences Zus–treffen* n *mehrerer Delikte* n pl

joiner [ˈdʒɔinə] s **1.** *Tischler* m ‖ ~*'s bench Hobelbank* f **2.** ⟨Am⟩ *P v gr Gemeinschaftssinn, geselliger Mensch* m ~**y** [~ri] s *Tischlerhandwerk* n; *–arbeit* f

joint [dʒɔint] **1.** s *Verbindung, Fuge* f; *weld* ~ ⟨tech⟩ *Schweißnaht* f ‖ ⟨bot⟩ *Blattansatz, Knoten* m ‖ *Gelenkband, Scharnier* n; *universal* ~ *Kardan–, Kreuzgelenk* n; [attr] *Scharnier–* ‖ ⟨geol⟩ *Riß* m | ⟨anat⟩ *Gelenk* n ‖ *Fleisch–, Bratenstück, Keule* f | ⟨Am sl⟩ *unerlaubtes Trinklokal* n, *Kasch·emme* f; *Spielhölle* f; *Bumslokal* n, *Kneipe* f; „*Bude*" f (*Wohnung*) | out of ~ *verrenkt;* ⟨fig⟩ *aus den Fugen* f pl ‖ to put *one's arm out of* ~ *sich den Arm* m *verrenken* **2.** a [*nur* attr] *verbunden, vereint; gemeinschaftlich, gemeinsam* (~ owners); *Mit–* (~–*heir,* debtor, responsibility); *solidarisch, Solidar–* ‖ ⟨pol⟩ *paritätisch* (committee) ‖ *Gemisch–* (~ airport) ‖ *household* ⟨jur⟩ *ehelicher Aufwand or Haushalt* m ‖ ~ *liability Gesamthaftung* f ‖ ~ *operations* [pl] ⟨mil⟩ *Operationen* f pl *der verbundenen Waffen* f pl; ~ *operations centre Führungsstand* m *f verbundene Operationen* ‖ *kombiniert* (⟨stat⟩ reproduction rate) ‖ *during their* ~ *lives solange sie gemeinsam am Leben* n *sind* | ~ *ownership Mitbesitz, gemeinsamer B.* ‖ ~ *passport Sammelpaß* m ‖ ~ *plaintiff Mitkläger* m | ~–*stock* ⟨com⟩ *Aktienkapital* n; ~–*stock company* ⟨com⟩ *e–e nicht rechtsfähige Gesellschaft* f *mit übertragbaren Kapitalanteilen* n pl (quasi *juristische P*) ‖ ~ *tenant Mitpächter* m ~**less** [ˈ~lis] a *fugen–, nahtlos* ~**ly** [ˈ~li] adv *alle zusammen* ‖ ~ *and severally gemeinschaftlich u einzeln, solidarisch*

joint [dʒɔint] vt *zus–fügen* ‖ ⟨arch⟩ *an–e–a–passen* ‖ (*Fugen*) *ausfüllen, verstreichen;* (*Brett*) *an den Kanten* f pl *glatthobeln* ‖ *zergliedern, –legen* ~**ed** [ˈ~id] a *gegliedert, Glieder–* (~ doll –*puppe*) ‖ ⟨bot⟩ *knotig* ~**er** [ˈ~ə] s *Schlicht–, Glatthobel* m; *Fugeisen* n ‖ *Löter* m (*P*) ~**ing** [ˈ~iŋ] s ⟨tech⟩ *Dichtung* f, ~ *compound Dichtmasse* f, *Dichtungsmaterial* n

jointure [ˈdʒɔintʃə] s **1.** *Wittum, Leibgedinge* n **2.** vt (*jdm*) *ein Wittum aussetzen*

joist [dʒɔist] **1.** s ⟨arch⟩ *Quer–, Streckbalken;* *Profilträger* m; *Schwelle* f **2.** vt *mit Q. belegen*

joke [dʒouk] **1.** s *Scherz, Spaß* m (in ~ *im S.*) | *it's all a* ~ *es ist alles nur Spaß* | *it's no* ~ *das ist wirklich nicht z Lachen* n ‖ to play a practical ~ *upon a p jdm e–n Schabernack, Streich* m *spielen* | *he can't see a* ~ *er kann k–n Spaß verstehen* ? vi/t | *scherzen, spaßen; schäkern* (with) | vt (*jdn*) *necken* (about *wegen*) | ~**r** [ˈ~ə] s *Spaßvogel* m ‖ ⟨sl⟩ *Kerl, Bursche* m ‖ ⟨Am pol⟩ *heimlich eingeschobene Klausel* f ‖ ⟨cards⟩ *Joker* m **joking** [ˈ~iŋ] s *Scherzen* n; ~ *apart Scherz beiseite* **joky** [ˈdʒouki] a *z Scherzen aufgelegt, scherzhaft*

jollification [ˌdʒɔlifiˈkeiʃən] s *Lustbarkeit* f; *Gelage* n –**fy** [ˈdʒɔlifai] vt/i | *lustig or trunken m* | vi *sich belustigen; e–n trinken*

jolliness [ˈdʒɔlinis], **jollity** [ˈdʒɔliti] s *Lustigkeit, Fröhlichkeit* f

jolly [ˈdʒɔli] **1.** a (–lily adv) *lustig, fidel; angeheitert* | ⟨fam⟩ *angenehm, hübsch; reizend, famos* (weather); ⟨iron⟩ *groß* (a ~ fool) **2.** adv ⟨fam⟩ *sehr,* °*mords–* (a ~ good fellow); *gehörig, riesig* (~ cold) **3.** s ⟨nav sl⟩ *Matrose* m **4.** vt

(jdn) necken, lächerlich m ‖ *(mst* to ∼ along)
(jdn) aufmuntern, –heitern, *(jdm)* schmeicheln
  jolly ['dʒɔli] s ⟨fam⟩ abbr *f* jollification ‖
∼-up ⟨Am fam⟩ °*Schwof* m *(Tanzerei)*
  jolly-boat ['dʒɔlibout] s ⟨mar⟩ *Beiboot* n,
Jolle f
  jolt [dʒoult] **1.** vt/i ‖ *stoßen*; *rütteln* | vi: to ∼
along *dahinholpern* **2.** s *Stoß* ‖ ⟨Am fam⟩ °*Ein-
buchtungs–, Einlochungs-Urteil* n ‖ ∼s [pl] *Ge-
rüttel* n **–ing** ['∼iŋ], **∼y** ['∼i] a *rüttelnd,
holperig*
  jolter-head ['dʒoultəhed] s *Dummkopf* m
  Jonah ['dʒounə] s ⟨bib übtr⟩ *Unglücksrabe* m
  Jonathan ['dʒɔnəθən] s Brother ∼ *(f* ∼
Trumbull *(†* 1785]), *typischer Amerikaner* m;
(die) Amerikaner pl
  Joneses ['dʒounziz] pl ⟨*bes* Am fam⟩ to keep
up with the ∼ *sich v s–n Bekannten (in Anschaffungen* etc) *nicht ausstechen l, Hinz u Kunz
nicht nachstehen wollen,* → to keep up
  jonquil ['dʒɔŋkwil] s ⟨bot⟩ *Jonquille, Binsen-
narzisse* f
  jordan ['dʒɔːdən] s ⟨obs dial & vulg⟩ °*Nacht-
pott* m
  jorum [ˌdʒɔːrəm] s *gr Trinkgefäß* n; *Bowle* f
‖ *gr Quantum* n
  josh [dʒɔʃ] ⟨Am sl⟩ **1.** vt/i *scherzen, spaßen*
2. s *Scherz, Spaß* m **∼er** ['∼ə] s ⟨Am sl⟩ *Witzbold* m
  joskin ['dʒɔskin] s ⟨fam⟩ °„*Hammel*" *(Rekrut)* m
  joss [dʒɔs] s *chines. Götze* m ‖ ∼-stick *Räu-
cherstock* m *(beim Opfern)*
  josser ['dʒɔsə] s *Narr, Einfaltspinsel* m ‖
Bursche m
  jostle ['dʒɔsl] **1.** vi/t ‖ *stoßen* or *anrennen*
(against an); *zus–stoßen* (with) | vt *(jdn) puffen,
anrempeln* ‖ *verdrängen* **2.** s *Puff, Stoß* m;
Zus–stoß m, *Gedränge* n
  jot [dʒɔt] **1.** s *Jota, Pünktchen* n ‖ *Bißchen* n
(not a ∼ *kein B.)* **2.** vt ⟨*mst*⟩ to ∼ down *(etw)*
notieren; (Gedanken) schnell hinwerfen **∼ter**
['∼ə] s *Notizbuch* n **∼ting** ['∼iŋ] s *Notiz* f,
Vermerk m
  joule [dʒuːl; dʒaul] s *(nach J. P.* ⊁, *†* 1889)
⟨phys⟩ *Einheit* f *elektrischer Energie* f
  jounce [dʒauns] vi/t ‖ *schwerfällig gehen*; to
∼ along *dahintrotten, –holpern; hopsen* | vt *(jdn)
e–r schüttelnden Bewegung* f *aussetzen; zus-
schütteln*; to be ∼d *hin u her geworfen w, hopsen*
  journal ['dʒɔːnl] s **1.** ⟨com⟩ *Journal; Tagebuch*
n; the ⊁s [pl] ⟨parl⟩ *das Protokollbuch* ‖ *Zeitschrift* f; *(Tages-)Zeitung* f, *Tageblatt* n ⟨mar⟩
Logbuch n | ⟨tech⟩ *(Achs-)Schenkel* m; *(Dreh-,
Lager-, Well-)Zapfen* m ‖ ∼ bearing *Traglager* n
2. vi *in e–m Gleitlager lagern* **∼ese** ['dʒə[nə'liːz] s
⟨fam⟩ *Zeitungsstil* m; *nachlässiger* or *hochtra-
bender Stil* m; *Zeitungssprache* f, *–englisch,
–deutsch* n **∼ism** [∼izm] s *Zeitungswesen* n,
Schriftstellerei f **∼ist** [∼ist] s *Journalist* m
∼istic [ˌdʒə:nə'listik] a *(–ally adv) journalistisch*
∼ize [∼aiz] vt/i ‖ *in ein Journal eintragen* | vi
ein J. halten
  journey ['dʒə:ni] **1.** s *Reise* f (on the ∼ *auf der
Reise)*; a day's ∼ *e–e Tage-R.*; a 40 miles' ∼ *od*
a 40-mile-∼ *e–e Reise v 40 Meilen*; on my
return *(od* on coming back) from my ∼ *bei
Rückkehr* f *v m–r R.*; a pleasant ∼ to you!
glückliche R.! ‖ *Fahrt* f; break of ∼ *–unterbr·e-
chung* f; ∼ log book ⟨aero⟩ *Bordbuch* n;
∼-time *Fahrzeit* f | [attr] *Reise–* ‖ ∼-work ⟨*bes*
fig⟩ *Tagewerk* n, *Lohnarbeit* f **2.** vi *reisen; wandern* **∼man** [∼mən] s *Gehilfe, Geselle* m; ∼
tailor, etc *Schneider-(etc)geselle* m
  joust [dʒaust; dʒʌst], *just* [dʒʌst] **1.** vi *turnieren* **2.** s *(a* ∼ing) *Turnier, Lanzenbrechen,
Stechen* n ‖ ∼ing armour *Stechzeug* n *(Turnier-
rüstung)*

  Jove [dʒouv] s *Jupiter* m ‖ by ∼! *beim Zeus*!
  jovial ['dʒouvjəl] a *(∼ly adv) jovi·al, lustig*
∼ity [ˌdʒouvi'æliti] s *Jovialität* f, *Frohsinn* m
  jowl [dʒaul] s *Backe, Wange* f; cheek by ∼
dicht bei–e–a, Seite an Seite ‖ = dewlap ⟨cul⟩
Kopfstück n *(e–s Fisches)*
  joy [dʒɔi] **1.** s *Freude* f (at *über*; in, of *an),* ∼
in life ⟨*bes* Am⟩ *Lebensfreude* f; *Fröhlichkeit* f;
the seven ⊁s of the Virgin *die sieben Freuden
Mariä*; it gives me great ∼ *es macht mir gr
Freude*; to leap for ∼ *vor Freude hüpfen*; to
wish a p ∼ *jdm Glück wünschen* ‖ no ∼! ⟨aero⟩
Ziel n *nicht aufgefaßt!* ‖ *(Gegenstand der) Freude*
(he is my ∼) | [attr] *Freuden– (*∼ bells) ‖
⟨Am⟩ ∼-ride **1.** s ⟨mot⟩ *Lustfahrt*; *Schwarzfahrt* f **2.** vi *e–e Lustfahrt* (etc) *m* ‖ ∼-stick
⟨aero sl⟩ *Steuerknüppel* m; → control **2.** vi/t
⟨poet⟩ *sich freuen* (to see) | vt *(jdn) erfreuen,
–götzen* **∼ful** ['∼ful], **∼ous** ['∼əs] a *(∼ly adv)
freudig*; to be ∼ *sich freuen* ‖ *erfreulich* **∼fulness**
['∼fulnis], **∼ousness** ['∼əsnis] s *Freude* f, *Fröhlichkeit* f **∼less** ['∼lis] a *(∼ly adv) freudlos,
traurig* **∼lessness** ['∼lisnis] s *Freudlosigkeit* f
  jube ['dʒuːbi] s ⟨ec arch⟩ *Lettner* m
  jubilance ['dʒuːbiləns], **–lancy** [–si] s *Jubel* m
–lant ['dʒuːbilənt] a *(∼ly adv) jubelnd, froh-
lockend* **–late** ['dʒuːbileit] vi *jubeln, frohlocken*
–late [ˌdʒuːbi'lɑ:ti] L s ⟨C.E.⟩ *100. Psalm* m ‖
Jubil·ate, 3. Sonntag nach Ostern m **–lation**
[ˌdʒuːbi'leiʃən] s *Jubeln, Frohlocken* n, *Jubel* m
–lee ['dʒuːbiliː] s ⟨R.C.⟩ *Jubel–, Ablaßjahr* n ‖
fünfzigjähriges Jubiläum n; silver ∼ *25jähriges
Jubiläum* n ‖ *Jubelfest* n, *–feier* f; *Jubel* m | [attr]
Jubiläums– (∼ stamp *–marke)*
  judaic(al) [dʒuː'deiik(əl)] a *(–cally adv) jüdisch*
  Judaism ['dʒuːdeiizm] s *jüdische Religion* f;
Judentum n **judaize** ['dʒuːdeiaiz] vi/t *verjuden*
  Judas ['dʒuːdəs] s ⟨fig⟩ *Judas, Verräter* m ‖
⊁ *kl Guckloch* n *(in der Tür)* | ∼-kiss *Judaskuß*
m ‖ ∼-tree *–baum* m; European ∼-Tree *Gemeiner J.*
  judder ['dʒʌdə] s *(bes Sopran-)Tremolo* m
∼ing [∼riŋ] s ⟨mot⟩ *schweres Laufen* n
  judge [dʒʌdʒ] s *Richter* m; ⊁ Advocate
⟨Am⟩ *Audit·eur, Rechtsoffizier* m; ⊁ Advocate
General [pl ⊁ A.s G.] ⟨mil⟩ *Chef der Miltär-
justiz*; ⟨hist⟩ *Generalauditeur* m | *Schiedsrichter*
m ‖ associate ∼ *Beisitzer, beisitzender Richter* m
‖ ∼ in lunacy *Entmündigungsrichter* m ‖ ⟨sport⟩
∼ proper *Zielrichter* m | ⟨übtr⟩ *Richter (of
über)* ‖ *Kenner, Sachverständiger* m (of *in)*; to be
a ∼ of *sich verstehen auf* | ⟨bib⟩ Book of ⊁s
Buch n *der R.* ‖ as God is my ∼! *so wahr mir
G. helfe!* ‖ ∼-made law *Richterrecht* n **∼ship**
['∼ʃip] s *Richteramt* n
  judge [dʒʌdʒ] vt/i **A.** vt **1.** ⟨jur⟩ *richten; ent-
scheiden* (a th; that) | *(jdn* or *etw) beurteilen* (by
nach) ‖ *urteilen über (etw); schließen* (from *aus)*
‖ to ∼ the distance *die E. schätzen* ‖ *judging
distance* ⟨mil⟩ *Entfernungschätzen* n **2.** *(jdn,
etw) halten* f, *betrachten als* (the ∼s the novels a
considerable output); to ∼ a th, a p to be *etw,
jdn halten* f ‖ *annehmen* (a th *od* a p to be *daß
etw, jd ist*; that) **B.** vi *urteilen* (of *über*; by, from
nach); to ∼ of a th *etw beurteilen*
  judgement, judgment ['dʒʌdʒmənt] s *Urteil* n
(→ sentence), *gerichtl. Entscheidung* f, *Urteils-
spruch* m ‖ ⊁ of Paris, Solomon P·arisurteil,
U. Salomonis n ‖ ∼ by confession *Anerkenntnis-
urteil* n ‖ ∼ by default *Versäumnisurteil* n ‖ ∼
interlocutory ∼ *vorläufiges Urteil* n ‖ ∼ for
damages *Schadenersatzurteil* n ‖ on the merits
nach Berücksichtigung f *des Tatbestandes gefäll-
tes Urteil* ‖ *göttl. Gericht, Strafgericht* n (upon
a p *über jdn)* | *Urteilskraft* f; *Scharfsinn* m (a
man of ∼) | *Meinung, Ansicht* f; in my ∼ *nach
m–r A., m–s Erachtens* | the Day of ⊁ ⟨ec⟩
Jüngstes Gericht n ‖ to give ∼ ⟨jur⟩ *das Urteil*

sprechen (against); *entscheiden* ‖ to pass, pronounce ∼ *ein Urteil fällen* (on a th *über etw*) ‖ to reverse a ∼ on appeal *ein U. in der Berufsinstanz* f *aufheben* ‖ to sit in ∼ *z Gericht* n *sitzen* (upon *über*) ‖ [attr] ∼ creditor (debtor) *Vollstreckungsgläubiger (–schuldner)* m ‖ ∼-day ⟨ec⟩ *Jüngster Tag* m ‖ ∼-debt *vollstreckbare Forderung* f ‖ ∼-seat *Richterstuhl* m

judgmatic(al) [‚dʒʌdʒ'mætik(əl)] a (–cally adv) ⟨fam⟩ *urteilsfähig, verständig, klug*

judicature ['dʒu:dikətʃə] s *Rechtsprechung* f, *Gerichtswesen* n, *Justizgewalt* f ‖ [koll] *Richter* pl, *Gerichtshof* m ‖ ⟨engl⟩ the Supreme Court of ⅄ *Oberster Gerichtshof v England u Wales* ‖ ∼ act *Gerichtsverfassungsgesetz* n

judicial [dʒu:'diʃəl] a (∼ly adv) *gerichtlich*; *Gerichts–, richterlich, Richter–* (∼ bench *–bank*); → privy 1. ‖ ∼ conciliation *Sühnetermin* m ‖ ∼ discretion *richterliches Ermessen* n ‖ ∼ murder *Justizmord* m ‖ ∼ system *Gerichtswesen* n ‖ *urteilend, kritisch*

judiciary [dʒu:'diʃiəri] 1. a *gerichtlich, richterlich* 2. s *Rechts–, Gerichtswesen* n, *Justizgewalt* f (the ⅄ of England); *Rechtsprechung* f ‖ [koll] *Rechtswahrer, Juristen* m pl (*e–s Landes*), *Richterstand* m

judicious [dʒu:'diʃəs] a (∼ly adv) *verständig, klug,* °*einsichtsvoll* ∼**ness** [∼nis] s *Klugheit, Einsicht* f

judo ['dʒu:dou] s *Judo* n (*Jiu-Jitsu*)

judy ['dʒu:di] ⟨aero sl⟩ (*habe*) *Ziel* n *aufgefaßt!*

judy ['dʒu:di] s *Einfaltspinsel* m ‖ (*lockeres*) *Mädchen,* °*Flittchen* n

jug [dʒʌg] 1. s *Krug,* (*Deckel-*)*Humpen* m (∼ of water *K. Wasser*); *Kanne* f ‖ ⟨sl⟩ *Kittchen* (*Gefängnis*) n (in ∼) 2. vt ⟨cul⟩ *dämpfen, schmoren;* ∼ged hare *Hasenpfeffer* m ‖ ⟨sl⟩ *einsperren,* °*–spinnen* ∼**ful** ['∼ful] s *Krugvoll* m (a ∼ of milk)

Juggernaut ['dʒʌgənɔ:t] s ⟨Ind myth⟩ *Bild* n *des Gottes Jagannath* ‖ ⟨fig⟩ *Schreckgespenst* n; *Moloch* m; *unwiderstehliche Gewalt* f, *unwiderst. Etwas* n

juggins ['dʒʌginz] s ⟨sl⟩ *Trottel, Dummkopf* m

juggle ['dʒʌgl] 1. vi/t ‖ *gaukeln, Kunststücke* m ‖ to ∼ with (a th) *jonglieren mit*; *unehrlich verfahren mit; täuschen mit* or *durch etw* (to ∼ with words *durch Worte* ..); .. with a p *jdn hintergehen* ‖ vt (*jdn*) *täuschen; betrügen* (out of *um*) 2. s *Kunststück* n ‖ *Gaukelei* f, *Betrug* m ‖ ∼**r** [∼ə] s *Zauberkünstler, Taschenspieler* m ‖ *Gaukler, Betrüger* m ∼**ry** [∼əri] s = juggle

Jugo-Slav, Yugoslav ['ju:gou'slɑ:v] 1. s *Jugoslawe* m, *–win* f 2. a *jugoslawisch*

jugular ['dʒʌgjulə] a *Kehl* , *Gurgel* ‖ ∼ veins [pl] ⟨anat⟩ *Kehl–, Drosseladern* f pl *–ate* ['dʒʌgjuleit] vt ⟨fig⟩ *erdrosseln; unterdrücken; hemmen*

juice [dʒu:s] s *Saft* m; to stew in one's own ∼ *im eigenen Fette* n or *Saft* m *schmoren* (*wie man sertig wird*) ‖ ⟨fig⟩ *Saft* m, *Kraft* f; *Wesen* n, *Inhalt* m ‖ ⟨mot fam⟩ °*Sprit, Saft* m (*Kraftstoff*); *Benzin* n; step on the ∼ *drück auf die Tube* (*gib Gas*) ‖ ⟨el⟩ *Strom* m, *Kraft* f ‖ the ⅄ ⟨aero sl⟩ *die Nordsee* ∼**less** ['∼lis] a *saftlos* ‖ ⟨fig⟩ *nüchtern, fade* ‖ ∼**r** ['∼ə] s ⟨cul⟩ *Entsafter* m

juicily ['dʒu:sili] adv ⟨fig⟩ *glänzend* **–ciness** ['dʒu:sinis] s *Saftigkeit* f; ⟨fig⟩ *Saft* m **–cy** ['dʒu:si] a *saftig;* ⟨a übtr⟩ (∼ landscape) ‖ ⟨fam⟩ *feucht* (*weather*) ‖ ⟨fig fam⟩ *interessant, würzig, spannend; glänzend, erstklassig* ‖ (of women) ⟨vulg⟩ *verliebt,* °*scharf*

ju-jitsu ['dʒu:'dʒitsu:] s *Jiu-Jitsu* m

ju-ju ['dʒu:dʒu:] s *Zauber, Fetisch* m ‖ *Verbot, Tabu* n; to put a ∼ on a th *etw tabu, heilig erklären*

jujube ['dʒu:dʒu:b] s ⟨bot⟩ *Judendorn; Brustbeerenbaum* m ‖ *Brustbeere* f ‖ *Brustbonbon* m

juke-box ['dʒu:k bɔks] s ⟨*bes* Am⟩ °*Drahtkommode* f (*Musik–, Schallplattenautomat, Klavier*); *Groschengrammophon* n, *Musikmaschine* f, *–automat* m

julep ['dʒu:lep] s *Jul·ap, J·ulep, süßer Kühltrank* m

Julian ['dʒu:ljən] a *julianisch*

July [dʒu'lai] s *Juli* m (in ∼ *im J.*)

jumble ['dʒʌmbl] 1. vi/t ‖ *sich in Unordnung* f *bewegen; umherlaufen* ‖ vt *durch–e–a–, zusammenwerfen, vermengen* 2. s *Mischmasch, Wirrwarr* m, *Durch–e–a* n; ∼-sale *Ramschverkauf* m; (*Wohlfahrts-*)*Bazar* m **–bly** ['dʒʌmbli] a *zus–geworfen; wirr*

Jumbo ['dʒʌmbou] s ⟨fig⟩ *Elefantenküken* n; *Mordskerl* m; *Leuchte* f (of a th *in e–r S*) ‖ ⅄ beam *Schwergut-Ladebaum* m

jump [dʒʌmp] I. vi/t A. vi 1. *springen;* to ∼ clear of a p *mit e–m Satz* m *an jdm vorbeispringen,* .. clear of a th *wegspringen v etw* ‖ *hüpfen* (for joy *vor Freude*) ‖ *auffahren, in die Höhe fahren* 2. ⟨übtr⟩ (of the heart) *schlagen* ‖ (of prices) *steigen* ‖ (S) *in die Höhe springen* or *geworfen* or *geschleudert w;* ⟨mot⟩ (of car) *stoßen* ‖ (*in Gedanken*) *springen* (from .. to *v* .. *z*) 3. [*mit prep*] to ∼ at ⟨fig⟩ *freudig annehmen* (to ∼ at an offer); .. at conclusions *voreilige, übereilte Schlüsse* m pl *ziehen,* to ∼ at an idea *e–n Gedanken* m *schnell aufgreifen* ‖ ⟨mar fam⟩ to ∼ off the dock *den Sprung* m *in die Ehe wagen, „sich ins Unglück* n *stürzen"* ‖ to ∼ **over** *hinüberspringen über* ‖ to ∼ **on to** *auf– auf* (on to a bus); .. on, upon *stürzen auf, angreifen; tadeln* ‖ to ∼ out (of) the window *aus dem F. springen,* ⟨aero fam⟩ *„aussteigen"* (*abspringen*) ‖ ⟨fam⟩ to ∼ out of one's skin °*aus der Haut fahren* ‖ to ∼ **to** it °*rangehen; sich –halten* ‖ to ∼ **with** *übereinstimmen mit* 4. [*mit adv*] to ∼ **about** *herumspringen* ⟨a übtr⟩ ‖ to ∼ **down** *ab–, herunter–* ‖ to ∼ **in** *ein–* ‖ to ∼ **off** ⟨sport⟩ *ab–* ‖ to ∼ **up** *auf–* (from *v*); *aufsitzen, –steigen;* .. up against *hinaufspringen an* (*jdn*); the ∼ed-up kind *die Emporkömmlinge* m pl B. vt 1. *hinwegspringen über* (to ∼ the river) ‖ ⟨fig⟩ (*etw*) *überspringen, auslassen* ‖ *herausspringen aus;* to ∼ the rails *entgleisen* ‖ ⟨Am⟩ to ∼ a train *in e–n* (*aus e–m*) *fahrenden Zug* m *springen* ‖ to ∼ the queue *die Anstehschlange umgehen* 2. [*kaus*] (*Pferd*) *springen l* ‖ *hopsen l*; *auf u ab werfen* ‖ *treiben* ‖ *erschrecken* ‖ *überfallen, gewaltsam nehmen* ‖ *verleiten* (into *z*; into doing) ‖ to ∼ a claim *ein Stück Land* n, *auf das ein anderer Anspruch* m *hat, in Besitz* m *nehmen* 3. [*mit adv*] to ∼ **down** (*jdm*) *abspringen helfen* II. s 1. *Sprung* m (high ∼ *Hoch–*; long ∼ *Weit–*); ∼ hop ‖ *Sprung, Satz* m ‖ ⟨aero⟩ (*Fallschirm-*)*Absprung* m ‖ ⟨artill⟩ *Abgangsfehlerwinkel* m ‖ ⟨film⟩ ∼ and weave *Springen u Flattern* n 2. *Anfall* m; ⟨sl⟩ the ∼s [pl] *nervöse Zuckungen* f pl, *Delirium* n 3. *plötzliches Steigen* n (in the import *der Imports*), ⟨st exch⟩ *Preisanstieg* m 4. (*Gedanken-*)*Sprung* m, *Unterbrechung* f 5. **Wendungen**: from the ∼ (*Am*) *v Anfang* m *an* ‖ on the ∼ ⟨Am sl⟩ *in Erregung, in gr Eile* f ‖ to give a ∼ *auffahren, emporschnellen* ‖ to make, take a ∼ *e–n Satz* m ‖ to take the ∼ *das Hindernis nehmen* ‖ he is due for the high ∼ ⟨mil sl⟩ *er ist* (*f Bestrafung*) *fällig* ‖ [attr] ∼-off ⟨aero⟩ *Absprung* m; ∼-off base ⟨aero⟩ *–(flug)platz* m, ∼-off line ⟨tact⟩ *Ausgangslinie* f ‖ ∼ story ⟨Am⟩ *Erzählung* f *mit Fortsetzung* f *auf e–r der folgenden Seiten* f pl ∼**able** ['∼əbl] a *z überspringen(d)* etc ∼**er** ['∼ə] s *Springer* m (high ∼ *Hoch–*) ‖ *Floh* m; *Käsemade* f ‖ *Meißelbohrer* m (*f Stein*) ‖ ∼ seat ⟨Am⟩ *Notsitz* m ∼**iness** ['∼inis] s *Sprunghaftigkeit* f ∼**ing** ['∼iŋ] 1. s

[attr] *Spring–*; ~ pole *–stange* f; ~-board *Sprungbrett* n || ~-off point *Absprungpunkt*, ⟨aero⟩ *Abflugort* m || ~-off position ⟨mil⟩ *Ausgangsstellung* f **2.** a *Spring–*; ~-mouse ⟨zoo⟩ *Springmaus* f | **~y** ['~i] a *nervös, sprunghaft* || *auf die Nerven fallend*

jumper ['dʒʌmpə] s *Schlüpfer* m (*Jacke* or *Bluse*)

jumpmaster ['dʒʌmpmɑːstə] s ⟨aero⟩ *Absetzer* m (*Luftlandetruppe*)

junc [dʒʌŋk] s (abbr f ~tion) *z. B.* Clapham ~

junction ['dʒʌŋkʃən] s *Verbindung; –sart* f || ~ (of a road) *Straßengabelung, –kreuzung, –einmündung* f, *–knotenpunkt* m || ⟨rail⟩ *Knotenpunkt* (Clapham ⤬) | [attr] *Verbindungs–*; ~ box *Abzweigdose* f, *–kasten, Anschlußkasten* m; ~ traffic *Nahverkehr* m *–ture* ['dʒʌŋktʃə] s *Verbindung* f, *–spunkt* m | *Zus–treffen* n (*v Ereignissen*); *Lage der Dinge* f; *kritischer Augenblick, Zeitpunkt* m; at this ~ *in diesem A.*; *an dieser Stelle* f; *hier* || ~ of a road *Abbiegung* f, *Straßen–, Verkehrsknotenpunkt* m

June [dʒuːn] s *Juni* m (in ~ *im J.*) || ~-bug ⟨Am⟩ *Junikäfer* m; like a duck after a ~-b. *wie der Teufel hinter der armen Seele* f

jungle ['dʒʌŋgl] s *Dschungel* f, *Sumpfdickicht* n [a pl ~s]; [a ohne Art]: rocks and ~ | ⟨Am sl⟩ *Lager* n *f Landstreicher, Wanderer* etc || ⟨fig⟩ *dichte Masse* f || traffic ~ *Verkehrsgewühl* n, *–dschungel* f | ~ gym *Kletterturnen* n || ⟨mil fam⟩ ~-wireless *Latrinengerücht* n *–ly* ['dʒʌŋli] a *Dschungel–*

junior ['dʒuːnjə] **1.** a (*P*) *jünger* (to a p *als jd*); *junior* (James Rock, jun. *od* jr.) | *untergeordnet; zweiter* (~ clerk) | ~ school ⟨engl⟩ *Unterstufe* f **2.** s *der, die Jüngere; Junior;* ⟨Cambr & Am univ⟩ *Student im 3. Studienjahr* m || he is my ~ by two years *od* he is two years my ~ *er ist 2 Jahre jünger als ich* | [attr] ~ college ⟨Am⟩ *neuer Schultyp m, der die beiden letzten Schul–u die beiden ersten College-Jahre umfaßt* (*f 17–20jährige*); ⟨Scot⟩ (*Pflicht-*)*Fortbildungsschule* f || ~ course *Unterkursus* m || ~ high school ⟨Am⟩ *neuer Schultyp, der die letzten grammar-school– u das erste high-school-Jahr umfaßt* (*f 13–15jährige*) **~ity** [ˌdʒuːniˈɒriti] s *geringeres Alter* n

juniper ['dʒuːnipə] s ⟨bot⟩ *Wacholder* m

junk [dʒʌŋk] **1.** s *altes, zerkleinertes Tauwerk* n | ⟨mar⟩ *zähes Pökelfleisch* n | *Altmaterial* n, *Schrott* m, *Altwaren* pl, *Trödel* m; ~-shop *Ramsch–, Trödelladen* m; ~-yard *Schrottplatz* m, *Autofriedhof* m || ⟨sl⟩ *Abfälle* m pl, *Kehricht* m || ⟨fig⟩ *Schund* m | *Klumpen* m, *dickes Stück* n || ⟨Am fam⟩ *alter Fordwagen* m **2.** vt *in Stücke schneiden, hacken* || *zum alten Eisen* n *werfen*

junk [dʒʌŋk] s *Dschunke* f (*chines. Segelschiff*)

junker ['jʊŋkə] s ⟨Ger⟩ *Junker, adliger Großgrundbesitzer* m

junket ['dʒʌŋkit] **1.** s *dicke Milch mit Sahne* f || *Feier, Festlichkeit* f || ⟨fig fam⟩ *Mischmach* m; *Wirrwarr* m **2.** vi *schmausen, ein Fest* n *feiern* **~ing** [~iŋ] s *Festfeier* f; ~ party *Picknick* n

junta ['dʒʌntə] s Span *Junta* f **junto** ['dʒʌntou] s [pl ~s] *geheime Verbindung, Clique* f

Jupiter ['dʒuːpitə] s L ⟨ant⟩ *Jupiter; Donnergott* m; ~ Pluvius *der Wettergott* || ⟨astr⟩ *J.*

jural ['dʒuərəl] a *Rechts–*

Jurassic [dʒuːˈræsik] **1.** a ⟨geol⟩ *Jura–* **2.** s *Juraformation* f

jurat ['dʒuəræt] s L *Art* f *Stadtrat* m (*der* Cinque Ports)

juridical [dʒuəˈridikəl] a *gerichtlich; rechtswissenschaftlich; Gerichts–; Rechts–*

juris–: **~consult** ['dʒuəriskənˌsʌlt] s *Jurist* m **~diction** [ˌdʒuərisˈdikʃən] s *Rechtsprechung* f || *Gerichtsbarkeit* f || *Gerichtsbezirk* m ⟨pol⟩

Hoheitsgewalt f || lack of ~ *mangelnde Zuständigkeit* f || this is not within his ~ ⟨fig⟩ *dafür ist er nicht zuständig* || concurrent ~ *neben–e–a bestehende Zuständigkeit* f; criminal ~ *Strafgerichtsbarkeit* f **~dictional** [~l] a *Gerichtsbarkeits–* **~prudence** ['dʒuərisˌpruːdəns] s *Rechtswissenschaft* f **~prudent** [ˌdʒuərisˈpruːdənt] **1.** s *Rechtsgelehrter* m **2.** a *rechtskundig* **~prudential** [ˌdʒuərispruˈdenʃəl] a *rechtswissenschaftlich, Jurisprudenz–*

jurist ['dʒuərist] s *jurist. Schriftsteller; Rechtsgelehrter* m || ⟨Am⟩ *Jurist* m **~ic(al)** [dʒuəˈristik(əl)] a (*–cally* adv) *juristisch* (~ person)

juror ['dʒuərə] s *Geschworene(r* m) f || *Be–, Vereidigter* m | *Preisrichter* m

jury ['dʒuəri] s ⟨jur⟩ *Geschworenengericht* n, *die Geschworenen* pl, *Jury* f; grand ~ *Anklage-J.*; petty ~ *Urteils-J.*; trial by ~ *Gerichtsverhandlung* f *unter Mitwirkung v Geschworenen* | ⟨übtr⟩ *Rechtsspruch* m, *Urteil* n || *Preisrichterkollegium* n | ~-box *Geschworenenbank* f; ~ court *–gericht* n

jury ['dʒuəri] a ⟨mar⟩ *Ersatz–, Not–* || ~-mast *–mast* m

juryman ['dʒuərimən] s *Geschworene(r* m) f

just [dʒʌst] **I.** a *gerecht, billig, unparteiisch* (to *gegen*) || *wohlbegründet, berechtigt;* my ~ right *mein volles Recht* n || *rechtschaffen, redlich* | *richtig; genau; gehörig, passend, recht* || *wahr;* ⟨mus⟩ *rein* (~ interval) **II.** adv **1.** *gerade, genau* (~ there); *nicht mehr als* (it is ~ one o'clock); that is ~ right *das paßt gerade, ist gerade recht*; ~ the th *gerade das Richtige*; that is ~ it *das ist es eben* || my patience has ~ about come to an end .. *ist so ziemlich am Ende* n || ~ as well *ebenso gut*; ~ so *ganz recht, jawohl*; ~ then *gerade in dem Augenblick* m || ~ as [conj] *ebenso wie, wie auch* **2.** *eben gerade, mit knapper Not* f **3.** *eben, soeben, gerade* (I've ~ seen him) **4.** [vor imp] (*ein*)*mal, doch* (~ tell me) **5.** ⟨fam⟩ *geradezu, wirklich, einfach* (~ splendid); time ~ flew .. *flog nur so* **6.** ~ now *jetzt gerade, g. j.* || *soeben, eben gerade* || (*so*)*gleich* **7.** ⟨Am⟩ *genau*; I was ~ sure *ich wußte genau* (*daß*); I ~ know it's going to rain *ich weiß genau, daß* .. **~ly** ['~li] adv *mit Recht* n || *richtig; verdientermaßen*

just [dʒʌst] vi & s → joust

justice ['dʒʌstis] s **1.** *gerechtes Verhalten* n, *Gerechtigkeit* f (to *gegen*); *Billigkeit; Recht, Richtigkeit* f; with ~ *mit Recht; gerecht, billig* **2.** (*gesetzl.*) *Gerechtigkeit* f, *Recht* n; administration of ~ *Rechtspflege* f | *Gericht* n; ⟨engl⟩ High Court of ⤬ *Abteilung f des* Supreme Court of Judicature, → d **3.** *Richter* m (Mr. ⤬ N.); Lord ~ R. *des* Court of Appeal; chief ~ *Senatspräsident* m; the Lord Chief ⤬ (of England) *Lord Oberrichter* m || ~ of the Peace (abbr J. P.) *Friedensrichter* m **4.** **Wendungen:** in ~ to you *um Ihnen gerecht z w* || to administer ~ *Recht* n *sprechen* || to bring to ~ *vor den Richter m bringen* || to do a p ~ *od* ~ to a p *jdm Gerechtigkeit* f *widerfahren l*; to do o.s. ~ *s–e Fähigkeiten* f pl *voll entfalten* || to do ~ to a dish *e–m Gericht* n *tüchtig zusprechen* **~ship** [~ʃip] s *Richteramt* n

justiciable [dʒʌsˈtiʃiəbl] pred a *der Gerichtsbarkeit unterworfen; abzuurteilen(d)* (by *durch*) **~ciar** [dʒʌsˈtiʃiɑː] s ⟨engl hist⟩ *höchster polit. u gerichtl. Beamter* m *unter normann.* (etc) *Königen* m pl **~ciary** [dʒʌsˈtiʃiəri] **1.** s *Rechtsprecher, Richter* m **2.** a *Rechtsprechungs–*

justifiability [ˌdʒʌstifaiəˈbiliti] s *Entschuldbarkeit* f **–able** ['dʒʌstifaiəbl] a (*–ably* adv) *z rechtfertigen(d), berechtigt, vertretbar*

justification [ˌdʒʌstifiˈkeiʃən] s *Rechtfertigung* f (in ~ of *z R. v*); *Berechtigung* f; *Grund* m

(for *f, z*; for doing *z tun*) ‖ ⟨typ⟩ *Ausschließung,*
Justierung f –**ative** [ˈdʒʌstifikeitiv], –**atory**
[ˈdʒʌstifikeitəri] a *rechtfertigend, Rechtferti-*
gungs–
   justifier [ˈdʒʌstifaiə] s *Rechtfertiger* m ‖ ⟨typ⟩
Justierer m –**fy** [ˈdʒʌstifai] vt (*etw*) *rechtfertigen*
(before *vor*); to ~ o.s. *to sich rechtf. vor*; to be
–fied in doing *berechtigt s z tun*; [abs] to ~ *sich*
r. ‖ (*Betragen*) *rechtfertigen, gutheißen, entschul-*
digen (to a p *jdm gegenüber*) ‖ ⟨theol⟩ *los–,*
freisprechen ‖ ⟨typ⟩ *justieren, ausschließen*
   justness [ˈdʒʌstnis] s *Gerechtigkeit, Billigkeit* f
‖ *Richtig–, Genauigkeit* f
   jut [dʒʌt] **1.** s *Hervorragen* n; *Vorsprung* m ‖
† ~-**window** ⟨arch⟩ *Erkerfenster* n **2.** vi (*oft to*
~ *forth, out*) *hervorragen, vorspringen* (*into*)
‖ ~**ting-out** ·*überragend* (*Last*), → *overhang*
   jute [dʒuːt] s ⟨bot & com⟩ *Jute* f
   jute-box [ˈdʒuːt bɔks] s → juke-box
   Jute [dʒuːt] s *Jüte* m, *Jütin* f

   Jutland [ˈdʒʌtlənd] s *Jütland* n; the Battle of
~ *die Schlacht am Skagerrak* (*31. Mai 1916*)
   juvenescence [ˌdʒuːviˈnesns] s *Verjüngung* f;
Jugend(*lichkeit*) f; the well of ~ *der Jungbrun-*
nen –**cent** [ˌdʒuːviˈnesnt] a *sich verjüngend* ‖ *un-*
reif, unentwickelt
   juvenile [ˈdʒuːvinail] **1.** a (~**ly** adv) *jung,*
jugendlich, Jugend– (~ *Court –gerichtshof*);
Kinder– **2.** s *Jugendliche*(r m) f ‖ ⟨übtr⟩ *Kinder–,*
Jugendbuch n ‖ ~ *delinquency Jugendkrimi-*
nalität f ‖ ~ *demoralization caused by too*
high a standard of life Luxusverwahrlosung f ‖
~ (*Guidance*) *Officer* ⟨school⟩ *Mitglied* n *des*
Elternbeirats m –**lia** [ˌdʒuːviˈniːliə] *Jugend-*
werke n pl (*e–s Autors*) –**lity** [ˌdʒuːviˈniliti] s
Jungsein n, *Jugendlichkeit* f ‖ *jugendliche Un-*
reife f; –**ties** pl *Kindereien* f pl
   juxtapose [ˈdʒʌkstəpouz] vt *neben–e–a–stellen*
–**sition** [ˌdʒʌkstəpəˈziʃən] s *Neben–e–a–stellung* f
–**sitional** [–ļ] a *neben–e–a–stellend*

K

   K, k [kei] s [pl ~s, ~'s] *K, k* n ‖ K-ration
⟨Am mil⟩ *3-Mahlzeiten-Ration* f (*3700 Kalo-*
rien) → D-ration
   kaama [ˈkɑːmə] s ⟨zoo⟩ *Hartebeest* n
   Kabyle [kæbil] s [pl] ~s *Kabylen* m pl (*Un-*
tergruppe der Berber)
   Kaffir [ˈkæfə] s **1.** *Kaffer* m (*Bantuneger*) **2.**
(*mst* Kafir) *Kˑafir, Bewohner v Kˑafiristan*
(*Asien*) m **3.** ~s [pl] ⟨sl⟩ *südafrikan. Bergaktien*
pl **4.** [attr] *Kaffer*(n)–
   kagu [ˈkɑːguː] s ⟨orn⟩ *Kˑagu* m (*e–e Kranich-*
gattung)
   kai-kai [ˈkaikai] s ⟨New Zealand mil fam⟩
Essen n
   kainite [ˈkainait] s ⟨minr⟩ *Kainˑit* m
   kainozoic [ˌkainoˈzouik, ˌkeino–] a ⟨geol⟩
käno–, neozˑoisch
   kaiser [ˈkaizə] s *Kaiser* m (the ~ *der* (*ehe-*
malige) *deutsche K.*
   kaka [ˈkɑːkɑː] s ⟨orn⟩ *Nestorpapagei Neu-*
seelands m
   kakapo [ˈkɑːkɑːpou] s ⟨orn⟩ *Eulenpapagei* m
   kakemono [ˌkækiˈmounou] s *hängendes ja-*
panisches Gemälde n (*auf Seide*)
   kale, kali [keil] s ⟨bot⟩ *Winter–, Grün–, Kraus-*
kohl m ‖ ⟨Am fig fam⟩ *Moos* n (*Geld*) ~**yard**
[ˈ~jɑːd] s *Küchengarten* m ‖ [attr] ⟨Scot fig⟩
realistisch, naturgetreu, heimats–, volkstümlich
(~ *school*)
   kaleidoscope [kəˈlaidəskoup] s ⟨opt⟩ *Ka-*
leidoskˑop n –**scopic(al)** [kəˌlaidəˈskɔpik(əl)] a
kaleidoskopisch
   kali [ˈkæli, ˈkeilai] s ⟨bot⟩ *Salzkraut* n
   kalmia [ˈkɔlmiə] s ⟨bot⟩ *Kalmia, Lorbeer-*
rose f
   Kalmuck, –muk [ˈkælmʌk] s *Kalmück* m
(*Mongole*) ‖ *Kalmˑuck* m (*Stoff*)
   kame [keim] s ⟨geol⟩ *länglicher Hügel v nach-*
eiszeitl. Kies m
   kamikaze [kamiˈkɑːzi] s ⟨Japan⟩ *Luft-*
angriff m *mit Selbstaufopferung* f
   Kanaka [ˈkænəkə, kəˈnækə] s *Kanˑake* m
(*Südseeinsulaner*)
   kangaroo [ˌkæŋgəˈruː] s ⟨zoo⟩ *Känguruh* n
   kantar [kænˈtɑː] s *türk. Zentnergewicht* n
   Kantian [ˈkæntiən] a *Kant* (*dtsch. Philosoph*)
betr., kantisch; Kant–
   kaolin [ˈkeiolin] s ⟨minr⟩ *Kaolˑin* n
   kapok [ˈkɑːpɔk] s *seidiges Fruchthaar des*

   Kapokbaumes n ‖ ~-*lined waistcoat,* ~ *vest*
Kapok(*schwimm*)*weste* f
   karma [ˈkɑːmə] s Ind ⟨übtr⟩ *Schicksal* n
   karoo, karroo [kəˈruː] s *Karrˑu* f, *Trocken-*
steppe f *der südl. Randabdachung* f *Südafrikas*
   kaross [kəˈrɔs] s SAfr (*Fell-*)*Mantel* m
   karri [ˈkæri] s ⟨bot⟩ *Karri* (*austral. Nutz-*
holzbaum) m
   karst [kɑːst] s ⟨geog⟩ *Karst* m ‖ (*process*
creating) ~ *topography Verkarstung* f ‖ *pre-*
senting ~ *topography verkarstet*
   karyo– [ˈkærio] in comp (*Zell-*)*Kern–*
   katabatic [ˌkætəˈbætik] a ⟨meteor⟩ *Fall–*
(~ *wind*)
   kauri [ˈkauri] s ⟨bot⟩ *Kauri-Fichte* (*Neuseel-*
and) f
   kayak [ˈkaiæk] s *Kˑajak* m & n, *Männerboot* n
der Eskimos m pl ‖ *Sportpaddelboot* n
   kayo [ˈkeiˈou] ⟨Am sl⟩ **1.** a °*prima* **2.** vt
k-o-schlagen
   kea [ˈkeiə] s ⟨orn⟩ *Nestorpapagei* m
   keck [kek] vi *sich würgen, sich brechen* (*müs-*
sen)
   kedge [kedʒ] **1.** vt/i ‖ (*Schiff*) *warpen, ver-*
holen ǀ vi *sich durch Warpen bewegen* **2.** s *Warp-*
anker m
   kedgeree [ˌkedʒəˈriː] s AInd *Gericht* n (*aus*
Reis, Fisch, Eiern)
   keek [kiːk] **1.** vi ⟨dial⟩ *gucken, verstohlen*
blicken **2.** s *Gucken* n; to take a ~ *at angucken*
~**er** [ˈ~ə] s *Aufseher* m
   keel [kiːl] **1.** s ⟨mar⟩ *Kiel* m; to lay down the
~ of a ship *den K. e–s Schiffes legen* ‖ *Schiff* n
‖ on an even ~ *gleich schwer beladen*; ⟨fig⟩
glatt, ruhig ‖ (*actio*) *Längshäger* m **2.** vt/i
‖ (a to ~ over) (*Schiff*) *umlegen, kielobenlegen*;
umwerfen ⟨a fig⟩ ǀ vi *umkippen*; ⟨fig⟩ *umfallen*
~**age** [ˈ~idʒ] s *Kielgeld* n (*Hafengebühr*)
~**ed** [~d] a *mit e–m Kiel versehen* ‖ ⟨bot⟩ *kiel-*
förmig ~**haul** [ˈ~hɔːl] vt (*jdn*) *kielholen* (*z*
Strafe) ‖ ⟨fig⟩ *abkanzeln* ~**son** [ˈkelsn] s =
kelson
   Keely cure [ˈkiːli ˈkjuə] s ⟨Am⟩ *Entwöhnungs-*
kur f (*v Alkohol*)
   keen [kiːn] **1.** s *irische Weh–, Totenklage* f
2. vi/t ǀ *wehklagen* ǀ vt *beklagen*
   keen [kiːn] a **A.** (*S*) **1.** ⟨rhet⟩ *scharf* (*knife*);
spitz (arrow); ~ *edge scharfe Schneide* f **2.** ⟨übtr
& fig⟩ *scharf* (wind); *beißend* (frost); *groß*
(delight, hunger); *stark* (exertion); *bitter*
(disappointment); *heftig* (sorrow) ǀ *scharf*; (*a*

~-witted) –*sinnig* (understanding) || *fein* (sense) || *durchdringend* (glance) || *streng, eingehend* | *lebhaft* (desire); *scharf* (competition); *heiß* (contest); ⟨Am fam⟩ *herrlich, wundervoll* (day, game); *phantastisch* (show) **B.** (*P*) *eifrig, lebhaft*; *interessiert; tüchtig* || ⟨Am fam⟩ *prima, Pfunds-* (*girl*) || *eifrig; begierig* (as ~ as mustard °*ge-spannt wie 'n Regenschirm, scharf wie 'n Rasier-messer*), *erpicht* (on a th *auf etw*; on doing, to do *z tun*); to be ~ on a th *etw gern h ~er* [´~ə] *s* ⟨Am fam⟩ *Betrüger* m, *e–r, der weiß*, ,,*wo er bleibt`` ~ly* [´~li] adv ⟨fig⟩ *scharf* || *in hohem Maße, stark, sehr ~ness* [´~nis] *s Schärfe, Heftigkeit* f || *Bitterkeit* f || *Eifer* m || *Feinheit* f; *Schärfe* f || *Scharfsinn* m

keep [ki:p] vt/i [kept/kept] **I.** vt **A. Bedeutungen: 1.** (*etw*) *halten*; (*Gesetz*) *beobachten; befolgen*; to ~ one's word *sein Wort n halten*; → hour || to ~ the left *die linke Fahrbahnhälfte einhalten*, → **II. A. 3.** || to ~ a ten ⟨Cambr. univ fam⟩ *die Torschlußstunde einhalten* || to ~ track *spuren* || *feiern*, (*Fest*) *begehen* **2.** (*jdn* or *etw*) *bewachen, beschützen; verteidigen* (against *gegen*); *bewahren* (from *vor*) || *sorgen* f; (*Vieh*) *hüten* || (*Bücher*) *führen* **3.** (*jdn*) *er–, unterhalten, ernähren*; to ~ o.s. *sich ernähren v*; (*jdn*) *versorgen* (in money *mit Geld*); (*Diener*) *halten* || (*etw*) *auf Lager n halten*, (*Waren*) *führen* **4.** *in e–m Zustand* m or *in Tätigkeit* f *erhalten*; → *company, guard, pace, silence, time* | [*mit Ergänzung*] to ~ a p a prisoner *jdn gefangenhalten*; to ~ a p informed *od up-to-date jdn auf dem laufenden halten*; to ~ a th secret *etw geheimhalten*; ⟨vulg⟩ to ~ one's lip buttoned °*den Schnabel m halten*; to ~ a th going *etw in Gang m halten*; to ~ a p waiting *jdn warten l* || to ~ o.s. to o.s. ⟨fam⟩ *f sich bleiben* **5.** (*jdn*) *festhalten* (in prison) || (*jdn*) *zurückhalten* (from); *hindern* (from a th *an e–r S*; from doing *z tun*); to ~ a p out of *jdn bewahren vor* || (*etw*) *vorenthalten, verheimlichen* (from a p *jdm*) **6.** (*etw*) *aufbewahren*, (*Geld*) *stehen h* (at a banker's) || (*etw*) *fest in Besitz* m *behalten*; to ~ hold of *fest in der Hand* f *behalten*; to ~ to o.s. (*etw*) *f sich behalten* || (*Geheimnis*) *f sich behalten, bewahren* || (*Kurs*) *ein–, innehalten* || *hüten* (one's room *das Zimmer*) || *halten, behaupten* (the field); we kept our heads *wir blieben ruhig* || ⟨fam⟩ ~ it! *vergiß nicht!* || to ~ on tap ⟨Am fam⟩ °*auf Lager n h* **7.** (*Veranstaltung*) *halten, abhalten; führen*; → court, house || (*Geschäft*) *leiten, verwalten; unterhalten*, (*Laden*) *innehaben, besitzen* || ⟨Am⟩ to ~ tab on *buchführen über* **B.** [*mit adv*] to ~ **away** *fernhalten* | to ~ back *zurückhalten, geheimhalten* | to ~ down *niederhalten, –drücken; niedrig halten* (prices), *beschränken* (to *auf*) | to ~ **in** *kz halten, zurückhalten*, ⟨school⟩ *nachsitzen l*; to be kept in *nachsitzen* || (*Feuer*) *nicht ausgehen l* | to ~ off *abhalten* | to ~ **on** (*Rock*) *an–*; (*Hut*) *aufbehalten* | *behalten; beibehalten* || to ~ one's shirt on ⟨fam⟩ *ruhig Blut n bewahren* | to ~ out *ausschließen, fernhalten, nicht hereinlassen* | to ~ under *nieder–, im Zaume halten* | to ~ **up** *aufrecht halten, erhalten; instandhalten*; (*Preise*) *auf der Höhe f halten* || *beibehalten*; (*Korrespondenz*) *unterhalten*; to ~ up appearances *den Schein m wahren* || to ~ up one's end, to ~ one's end up ⟨fam⟩ *s–e Pflicht u Schuldigkeit f tun*, °*sich am Riemen m reißen* || to ~ up one's spirits *den Mut m nicht sinken l* || to ~ up to date (*Liste* etc) *weiterführen*, → date || to ~ up to the mark (*jdn*) *auf dem laufenden halten* (in) || to ~ it (→ one's end) up *nicht nachlassen, mutig weitermachen*; ~ it up! *immer zu!* **II.** vi **A. 1.** *bleiben, verweilen, sich aufhalten*; ⟨Am⟩ *wohnen* **2.** *in e–m Zustand* m or *e–r Tätigkeit* f *bleiben*; to ~ friends *Freunde m pl bl.*, to

~ quiet *sich ruhig verhalten, ruhig bl.*; .. clear of *sich frei–* or *fernhalten v* || to ~ shady ⟨Am sl⟩ *sich versteckt halten*; °*dicht halten* (*verschwiegen s*) || how are you ~ing? *wie geht es Ihnen?* || that matter will ~ *die S hat Zeit* f, *brennt nicht* || (of the weather) *sich halten* || (*S*) *sich halten, nicht verderben* **3.** *sich in e–r Richtung* f *halten* (to ~ to the left, → **I. A. 1.**) | [*vor prs p*] *fortfahren*, he kept smoking *er fuhr fort z rauchen, rauchte fortwährend* **4.** [*abs*] ⟨crick⟩ *Torwart* m *s* **B.** [*mit prep*] to ~ **at** *festhalten an, beharren bei; ständig arbeiten an; sich klammern an* (*jdn*); (*jdn*) *belästigen* (with) | to ~ **from** a th; from doing *sich enthalten e–r S, z tun* | to ~ **to** *festhalten an; bleiben bei, befolgen* (.. to a plan); .. to o.s. *f sich bleiben* **C.** [*mit adv*] to ~ **away** *sich fernhalten* (from *von*) | to ~ back *zurückbleiben* || to ~ down *sich geduckt halten* | to ~ **in** with a p ⟨fam⟩ *in Gunst* f *bleiben bei jdm, mit jdm auf gutem Fuß* m *z bleiben verstehen* | to ~ off *sich fernhalten, wegbleiben* | to ~ **on** doing (part) *fortfahren z tun, immer weiter tun* | to ~ **up** *sich aufrecht halten; sich halten* || *Schritt m halten* (with); to ~ up with the Joneses ⟨bes Am fam⟩ *sich v Schmidts nicht lumpen l, Schmidts ausstechen*, → Joneses

keep [ki:p] s ⟨hist⟩ *Hauptturm* m, *Burgverlies* n; *Zwinger* m | *Unterhalt* m (to earn one's ~); *Verpflegung, Kost* f || *Futter* n, *Weide* f | ⟨fam⟩ for ~s *f immer, auf immer; vollkommen, ganz u gar*

keeper [´ki:pə] *s* **1.** *Hüter, Wächter; Inhaber; Führer* m; [*oft in comp*] *bee-~ Imker* m; *box-keeper* ⟨theat⟩ *Logen–, Türschließer* m; *game-~ Förster* m; → gate, goal, inn, shop, time, wicket, etc || *Wärter; Gefängniswärter* m | *Be–, Verwahrer* m; (*als Titel* ⌐) the Lord ⌐ (of the Great Seal) = the Lord High Chancellor; the ⌐ of *Mss der Direktor der Handschriftenabteilung* **2.** (a ~-ring) *Halte–, Schutzring* m, *Riemenschlaufe* f || ⟨el⟩ (*Magnet-*)*Anker* m **3.** (*Frucht* etc), *die sich hält*, (these apples are no ~s .. *halten sich nicht*)

keeping [´ki:piŋ] **1.** s *Verwahrung, Obhut* f; *Gewahrsam* m (in safe ~) || *Unterhalt* m, *Nahrung* f | *Einklang* m; to be in (out of) ~ with (nicht) in *E. stehen mit*, (nicht) *übereinstimmen mit* | ~ property ⟨tech⟩ *Lebensdauer* f; ~ quality *Lagerfähig-, Haltbarkeit* f **2.** a.: ~ apples [pl] *Winter–, Daueräpfel m pl*

keepsake [´ki:pseik] *s Andenken* n (as a ~ *z A.*); *Geschenk* n | *Musenalmanach* m

keester [´ki:stə] *s* ⟨Am⟩ *Handkoffer* m

kef [kef], **kief** [ki:f] *s* ⟨Arab⟩ *Art Verträumtheit* f, *behagliches Ausruhen* n

keg [keg] *s Fäßchen* n

keloid [´keloid] *s* ⟨at⟩ *Narbenbildung* f (*durch Bestrahlung*)

kelp [kelp] *s Seetang* m | *Seetangasche* f, *Kelp* m; → varec || ⟨fam⟩ *sauer verdientes Geld* n

kelpie, –py [´kelpi] *s* ⟨Scot⟩ *ein Wassergeist* (*in Pferdegestalt*) m

kelson, keel– [´kelsn] *s* ⟨mar⟩ *Kielschwein* n

kelt [kelt] etc → Celt etc

kelt [kelt] *s* ⟨ich⟩ *Lachsforelle* f *nach dem Laichen* n

kelvinator [´kelvineitə] *s* ⟨Am⟩ (*e–e Art*) *Eisschrank* m

kemp [kemp] *s* [*oft pl* ~s] *steifes Wollhaar* n

ken [ken] *s* ⟨sl⟩ *Diebeshöhle* f

ken [ken] **1.** s *Sehweite* f || *Gesichtskreis* m (in *od* within one's ~; beyond, out of, outside one's ~) **2.** vt ⟨Scot⟩ *wissen, kennen*

kennel [´kenl] **1.** s *Hundehütte* f || *–zwinger* m; the ~s [pl] ⟨hunt⟩ *Stallung* f, *Quartier, Lager* n *der Meute* || *Fuchslager* n (*über der Erde*) || ⟨übtr⟩ *Hütte* f, °*Loch* n **2.** vi/t || *in e–m Hunde-*

stall m *liegen* || (of fox) *einschliefen* || ⟨fig cont⟩ *hausen, wohnen* | vt in *e–m H. unterbringen*; *einschließen*

kennel ['kenl] s *Gosse* f, *Rinnstein* m

kenning ['keniŋ] s ⟨Old Norse, Old Engl. Lit & Edda⟩ *Kenning* f [pl *Kenningar*] (*z. B.* vagmarr = „*Wogenmähre*" f = *Schiff*)

Kentish ['kentiʃ] a *kentisch*, ~ *man jd, der westl. des Medway* (Kent) *geboren ist* (Ggs man of Kent .. *östl. des* M.)

kentledge ['kentlidʒ] s ⟨mar⟩ *Ballasteisen* n

kept [kept] pret & pp v to keep || ~ *woman Mätresse* f

ker(–) [kə:] *lautmalendes Intensivpräfix* n || ~-*bang krach-bum, pardauz*, → *kerdumf*

keramic [ki'ræmik] a = ceramic

keratin ['kerətin] s *Kerat·in* n (*Hornstoff*) –**titis** [͵kerə'taitis] s ⟨med⟩ *Hornhautentzündung* f –**to**– ['kerəto] Gr [in comp] *Horn–*; *Hornhaut*–

kerb [kə:b] s *Steinrand* m, *Bordstein* m (*an Fußsteigen* etc); → curb; *to pull to the* ~ ⟨mot⟩ *an den B. fahren* || ~ feeler ⟨mot⟩ *Bordsteintaster, Reifenwächter* m || ~ market ⟨Am⟩ *inoffizielle Börse* f ~**side** ['~said] s *Außenseite* f (*des Bürgersteigs*); ~ pump *Straßenpumpe* f ~**stone** ['~stoun] s *Rand–, Prellstein* m; ~ broker ⟨Am st exch⟩ *Straßen–, Winkelmakler* m

kerchief ['kə:tʃif] s (*Kopf-Hals-*)*Tuch* n

kerdumf [kə'dʌmf] intj *bautz! pard·auz! nan·u!*

kerf [kə:f] s *Kerbe* f

kermes ['kə:miz] s *Kermes* m (*getrocknetes Weibchen der Schildlaus*); *roter Farbstoff* m *daraus*

kermis ['kə:mis] s ⟨a-engl⟩ *K·irmes* f || ⟨Am⟩ *Wohltätigkeits-Rummel* m (*Veranstaltung*)

kern(e) [kə:n] s ⟨Ir hist⟩ *leichter Fußsoldat* m || *Bauernlümmel* m

kernel ['kə:nl] s *Kern* m || (of wheat, etc) *Korn* n | ⟨fig⟩ *Kern* m, *Wesen, Innerstes* n

kerosene ['kerosi:n] s *Keros·in* n (*Leuchtpetroleum*)

kersey ['kə:zi] s *grobes Wollzeug* n ~**mere** ['kə:zimiə] s *feines, glattes geköpertes Wollzeug* n; ~s [pl] *Beinkleid* n *aus* –

kestrel ['kestrəl] s ⟨orn⟩ *Turmfalke* m; *lesser* ~ *Rötelfalke* m

ketch [ketʃ] s *kl zweimastiges Küstenschiff* n

ketchup ['ketʃəp] s *pikante Sauce aus Pilzen, Tomaten* etc f

ketone ['ki:toun] s ⟨chem⟩ *Ket·on* n (*chem. Verbindung*)

kettle ['ketl] s (*Koch-*)*Kessel* m; *the* ~ *is boiling das Wasser kocht* | *a nice od pretty* ~ *of fish* ⟨iron⟩ *e–e schöne Bescherung* f || ⟨fam⟩ *Käs'* m (*Uhr*), ⟨vulg⟩ *Döschen* n | [attr] *Kessel–* || ~-holder (*Tee-*)*Kessel-Lappen* m ~**drum** [~drʌm] s ⟨mus⟩ *Kesselpauke* f || *gr Nachmittagsgesellschaft* f

kevel ['kevl] [s pl] ~s ⟨mar⟩ *Kreuz–, Hornklampen* f pl

kex [keks] s *dürrer Pflanzenstengel* m

key [ki:] s 1. *Schlüssel* m, ⟨Am a stud⟩ (*als Auszeichnung*); → latch, master, skeleton; *to have od get the* ~ *of the street ausgeschlossen s, nicht ins Haus* k *können, im Freien übernachten* (*müssen*) 2. ⟨fig⟩ *Schlüssel; Gewalt* f; ⟨R.C.⟩ *the power of the* ~s *die –gewalt* || ⟨mil⟩ *beherrschende Stellung, Macht* f (*to über*) || *Schlüssel* m (*to z*); *Lösung* f ⟨Sch.⟩; *Übersetzung* f, ⟨school⟩ °*Klopp, Trans* f (*to z*) | ⟨typ⟩ *Legende, Zeichenerklärung* f | ⟨mus⟩ *Tonart* f, *Sch.* || ⟨fig⟩ *Ton* m, *Tonart* f; *there is a sharp in the* ~ *es ist ein Kreuz* n *vorgezeichnet; all in the same* ~ *alle in derselben T., monoton* || *Einklang* m

(in ~ with *in E.*, *Übereinstimmung mit*) 3. *Keil*; *Vorsteckbolzen* m || *Schraubenschlüssel* m || ⟨arch⟩ *Schlußstein* m || ⟨chess⟩ *die Entscheidung einleitender Zug* m || (*Klavier–* etc) *Taste* (*wir telg*) *Taste* f || (*Flöten-*)*Klappe* f ⟨el⟩ *Schlüssel, Schalter* m 4. [attr] *Schlüssel–* (~-*ring*); ~ *number Kennziffer* f || ⟨fig⟩ *Schlüssel–, herrschend, lebenswichtig* (~ *industry*) || ~-*bit Schlüsselbart* m || ~-*bugle Klapphorn* n || ~ click ⟨wir⟩ *Tastgeräusch* n || ~ *money Baukostenzuschuß* m, (*Wohnungs-*)*Abstand*(*zahlung* f) m || ~ *personality führende Persönlichkeit* f || ~ *personnel Schlüssel–, Spitzenpersonal* n || ~ *position* ⟨tact⟩ *Sch.–stellung* f || ~ *recovery Entzifferung* f || ~ *switch* ⟨wir⟩ *Tastrelais* n || ~ *switch* ⟨el⟩ *Kippschalter* n || ~ *tank* ⟨mil⟩ *Führungspanzer* m || ~ *terrain* ⟨tact⟩ *wichtiges Gelände* n ~**board** ['~bɔ:d] s ⟨mus⟩ *Klaviatur* ⟨a⟩ *Schreibmaschinen–*), *Tastat·ur* f ~**hole** ['~houl] s *Schlüsselloch* n; *to spy through the* ~ *durchs Sch. gucken* ~**ing** ['~iŋ] ~ *fit Haftsitz* m; ~ *head* ⟨tech⟩ *Tastknopf* m; ~ *speed Tastgeschwindigkeit* f ~**less** ['~lis] a *ohne Schlüssel*; ~ *watch Remontoiruhr* f || ⟨fig⟩ *unerklärlich* ~**note** ['~nout] s *Grundton* m; *to give the* ~ ⟨mus⟩ *den Ton* m *angeben* || ⟨fig⟩ *Hauptgedanke, Grundstimmung* f; *to strike the* ~ *of a th den Charakter* m *e–r S deutlich erkennen* l ~**seat** ['~si:t] 1. s ⟨tech⟩ (*Keil-*)*Nut* f 2. vt *nuten* ~**stone** ['~stoun] s *Schlußstein* m; ⟨fig⟩ *Stütze; Grundpfeiler* m, –*lage* f; *Hauptgedanke* m ~**way** ['~wei] s ⟨tech⟩ *Nut* f

key [ki:] vt *befestigen, festkeilen* (in; on) || *verklinken* || ⟨wir telg⟩ *tasten, geben* || ⟨mus⟩ *stimmen* ⟨a fig⟩; ~ed *to a tone auf e–n Ton* m *gestimmt* || ~ *down dämpfen, mildern* | *to up* (*jdn*) *anfeuern* (to z; to do); *emporheben* (to z) || ~ed *up* ⟨fig⟩ *aufgezogen, –gedreht* (*P*), .. *about begeistert* f, v ~**ing** ['~iŋ] s ⟨wir⟩ *Tastfunk, –verkehr* m, *Tastung* f || ~ *cable*, ~ *line Ferntastleitung* f || ~ *practice Gebeübung* f

key [ki:] s ⟨Am⟩ = cay

keys [ki:z] s *House of* ~ *untere Abteilung* f *des Parlaments* n *der* Isle of Man; → Tynwald

khaki ['kɑ:ki] 1. a *staubfarben, graugelb* 2. s *Khaki, Feldgrau* n

khamsin, kam– ['kæmsin] s *heißer Südwind* m *in Ägypten*

khan [kɑ:n] s (*Titel* f) *Herrscher* m (Tatar ~)

khan [kɑ:n] s *Karawanserei* f

khedive [ki'di:v] s *Khed·ive* m

khud [kʌd] s Ind *Abgrund* m; *steiler Abhang* m

kibe [kaib] s (*aufgebroch.*) *Frostbeule* f

kibitzer ['kibitsə] s ⟨cards fam⟩ *Kiebitz* m

kibosh ['kaibəʃ] s ⟨sl⟩ *Unfug, Unsinn* m || *to put the* ~ *on* (*e–r S*) *ein Ende* n m; (*jdn*) *erledigen*

kick [kik] I. vi/t A. vi 1. *mit dem Fuße stoßen*; (*T*) *hinten ausschlagen* 2. (of firearms) *stoßen* || (of balls) *hochfliegen* 3. *widersprechen, sich auflehnen* (against, at gegen), °*meckern*; to ~ *against the pricks wider den Stachel* m *lecken, löcken* 4. ⟨sl⟩ (a to ~ it) °*abkratzen* (*sterben*) 5. [mit adv] to ~ *off* ⟨ftb⟩ *den ersten Stoß* m m, *das Spiel beginnen* || ⟨sl⟩ to ~ *out* °*abhauen* (*davonlaufen*) B. vt 1. *mit dem Fuße stoßen an* (to ~ a p's shins); (*jdn*) *mit dem Fuße stoßen*; (*jdm*) *e–n Fußtritt* m *geben* | to ~ a p *downstairs jdn die Treppe hinunterwerfen* || ⟨Am fig⟩ *he* ~ed *his friends down the ladder* .., *die ihm hinaufgeholfen hatten* || → bucket, heel 2. (*jdn*) *verschlagen* (south *nach* Süden) 3. [mit adv] to ~ **back** (*jdm*) *vergelten* || to ~ *in* (*etw*) *einstoßen* | to ~ **off** (*Kleidung*) *abwerfen* || to ~ *out* (*jdn*) *hinauswerfen* || to ~ **up** *a dust* ⟨fig⟩ *viel Staub* m *aufwirbeln*; to ~ *up one's heels* ⟨fig⟩ *über die Stränge schlagen*; to ~ *up a row*

Spektakel m *m* **C.** [in comp] ~-off ⟨ftb⟩ *An-stoß* m; ⟨fig⟩ *Anfang* m ‖ ~-up ⟨fam⟩ *Aufhe-ben* n, *Skandal* m ‖ ~-starter ⟨mot⟩ *Tretan-lasser, Kickstarter* m **II.** s **1.** *Fußstoß, –tritt* m; to have a high ~ *die Beine hochwerfen können* **2.** ⟨fam⟩ *Stoßkraft, Energie* f *bes Reiz, Wir-kung* ‖ *Dosis* f *Alkohol* m ‖ ⟨Am⟩ °*aufregende S* f; *Quengelei* f; (this wine) has some ~ .. *hat's in sich* **3.** a good ~ *ein guter Spieler* m **4.** (of a gun) *Rückstoß, –schlag* m **5.** ⟨sl⟩ *Sixpencestück* n ‖ the ~ *die neuste Mode*: it's all the ~ *es ist gr Mode,* ⟨übtr⟩ °*das ist die Masche* ‖ to get the ~ *rausgeschmissen w (entlassen w)* ‖ ⟨fam⟩ to get a ~ *out of* a th *e–r S Geschmack* m *abge-winnen, auf s–e Kosten* pl *k bei* ‖ **~er** ['~ə] s *Schläger* m (*Pferd*); (*P*) *Springinsfeld* m ‖ ⟨Am fam⟩ *Nörgler, Quengler* m ‖ ⟨Am mil fam⟩ °*Schersant* m (*Sergeant*)

kick [kik] s *Hohlboden* (*e–r Flasche*) m

kickshaw ['kikʃɔ:] s ⟨cont⟩ *Schleckerei, Näscherei* f ‖ *Spielerei* f; *Kleinigkeit; Nipp-sache* f

kid [kid] **I.** s **1.** *Zicklein* n ‖ *Ziegenleder* n; ⟨hunt⟩ *Rehkitz* n **2.** ⟨sl⟩ *Kind* n ‖ ⟨Am sl⟩ *junger Mann* m **3.** [attr] *ziegenledern* ‖ *jung*; ⟨fam⟩ my ~ *sister m–e kl Schw.* (a, *wenn kaum jünger*) ‖ ~-glove **1.** s *Glacéhandschuh* m ‖ ~-walloper ⟨fam⟩ (°*Arsch-*)*Pauker* m (*Lehrer*) **2.** a *geziert, zimperlich* **II.** vi/t *Junge* n pl *werfen* ‖ vt ⟨vulg⟩ °*anbuffen* (*schwängern*)

kid [kid] **1.** vt ⟨sl⟩ (*jdn*) *täuschen, düpieren, verleiten* (into z), *nasführen*; (*jdm*) *vormachen* (that); are you ~ding? *hältst du mich z besten?* **2.** s ⟨sl⟩ *Schwindel, Bluff* m

Kidderminster ['kidəminstə] s (*Stadt* f *in* Worcestersh.) *Kidderminsterteppich* m [*a* attr]

kiddle ['kidl] s *Fischwehr* n

kiddy ['kidi] s ⟨fam⟩ *Kind* n

kidnap ['kidnæp] vt (*Kinder* etc) *rauben, steh-len*; (*jdn*) *gewaltsam entführen* m; ⟨mil & mar⟩ (*jdn*) *durch List* f *z Kriegsdienst* m *pressen, ka-pern* **~per,** ⟨Am⟩ **~er** [~ə] s *Kinder–, Menschen-räuber, Seelenverkäufer* m

kidney ['kidni] s ⟨anat⟩ *Niere* f ‖ *Tier–* (*als Nahrung*) ‖ ⟨fig⟩ *Sorte, Art* f ‖ [attr] ~-bean *kl frz. Bohne* f ‖ ~-potato *Nierenkartoffel* f ‖ ~-stone *Nierenstein* m ‖ ~ table *–tisch* m, → contemporary

kike [kaik] s ⟨Am sl⟩ *Schwein* n (*P*)

kilderkin ['kildəkin] s *Faß* n; *als Maß* n (= 16–18 gallons)

Kilkenny [kil'keni] s (*Stadt in Irland*) [attr] ~ coal *Anthrazit* m ‖ ~ cats [pl] ⟨fig⟩ *Gegner, die sich bis z Vernichtung* f *bekämpfen*

kill [kil] **I.** vt/i **A.** vt **1.** *töten*; to be ~ed (in action) ⟨mil⟩ *fallen*; ~ed soldier *Gefallener* m ‖ (*jdn*) *erschlagen; umbringen* ‖ (*Vieh*) *schlachten* **2.** ⟨übtr⟩ (*Knospe*) *vernichten, zerstö-ren* ‖ ⟨fig⟩ (*Gefühl*) *vernichten; unterdrücken, un-schädlich* m **3.** ⟨übtr⟩ (*Farbe*) *unwirksam* m, *aufheben, ausgleichen*; (*Ton*) *übertönen, unhörbar* m ‖ (*Sätze*) *streichen* ‖ (*Gesetz*) z *Fall* m *bringen* ‖ (*Stück*) *durch Kritik* f *unmöglich* m, *totmachen*; ⟨sl⟩ (*e–n Ball*) *töten* ‖ (*Motor*) *abwürgen, ab-stellen* ‖ (*Zeit*) *totschlagen* **4.** ⟨fig fam⟩ (*jdn*) *durch Gefühlserregung* f *überwältigen, umbrin-gen*; to ~ with kindness *aus Güte* f (*jdm*) *schaden* **5.** [mit adv] to ~ off *durch Tod* m *beseitigen,* °*abmurksen* ‖ to ~ out *gänzlich vernichten* **B.** vi *töten, den Tod herbeiführen* ‖ *schlachten*; *sich töten* ‖ to ~ *übermäßig, faszinierend* (dressed up to ~ *aufgedonnert*) **C.** [in comp] ~-joy *Störenfried, Spielverderber* m ‖ ~-time *Zeitvertreib* m ‖ ~ or cure [attr] *drastisch, Friß-Vogel-oder-stirb–* (remedy) **II.** s *Tötung* f; on the ~ *mit tödlichen Absichten* f pl, *auf Jagd* f *nach Beute* f ‖ ⟨ten⟩ *Tötung* f (*e–s Balles*); → to kill ‖ *Jagdbeute* f; ⟨aero sl⟩ *Abschuß* m; to be in

at the ~ ⟨hunt⟩ *beim Halali* n *dabeisein,* ⟨aero sl⟩ *in Abschußposition* f *s* ‖ ⟨mar⟩ *Versenkung* f **~er** ['~ə] s *Schlachter* m ‖ *Totschläger* m ‖ ~ whale ⟨zoo⟩ *Schwertwal* m **~ing** ['~iŋ] **1.** a (~ly adv) *todverursachend; mörderisch* ‖ ⟨fig⟩ *vernichtend; unwiderstehlich, reizend* ‖ ⟨fam⟩ *höchst komisch* **2.** s *Töten* n ‖ *Beute* f

killick, –ock ['kilik, –ək] s ⟨mar⟩ *Steinanker, kl Anker* m

kilmarnock [kil'ma:nək] s *Baskenmütze* f

kiln [kiln] s *Brenn–, Darr–, Röstofen* m; ⟨brew⟩ *Darre* f ‖ lime-~ *Kalkofen* m ‖ ~-dry [vt] *dörren, darren*

kilo ['ki:lou] s abbr f ~gram(me), ~metre, etc

kilo– ['ki:lou–] pref *Kilo–* **~calorie** ['kilo-‚kæləri] s *Kilogrammkalorie* f **~cycle** ['kilo-‚saikl] s ⟨phys⟩ ~ *per second Kilohertz* n **~gram(me)** ['kilogræm] s *Kilogramm* n (= 2,2 lbs) **~litre** ['kilo‚li:tə] s *Kiloliter* n **~metre** ['kilo‚mi:tə] s *Kilometer* m **~ton** ['kilo‚tʌn] s ⟨at⟩ *1000 Tonnen* f pl, *Kilotonne* f **~watt** ['kilowət] s *Kilowatt* n

kilt [kilt] **1.** vt (*a* to ~ up) *aufschürzen; in Falten* f pl *legen* **2.** s *kurzer Faltenrock* m *der Bergschotten* **~ed** ['~id] a *in Kilt tragend*

kiltartan [kil'ta:tə] a *irisch u englisch; angloirisch*

kilter ['kiltə] s ⟨fam⟩ in ~ *in Ordnung*; out of ~ *kaputt; aus dem Leim*

kimono [ki'mounou] s [pl ~s] *japan. Schlaf-, Ankleiderock* m; *Kimono* m

kin [kin] s *Geschlecht* n, *Familie* f ‖ [nach pron poss; pl konstr] *Blutsverwandte* pl ~ pl (my ~ are ..) ‖ the next of ~ *der nächste Verwandte, die nächsten Verwandten* pl ‖ of ~ to *verwandt mit*; of the same ~ as *v derselben Art* f *wie* ‖ ~ to *verwandt mit*

kinaesthesis, kines– [‚kainis'θi:sis] s Gr *Kinästhes·ie* f (*Bewegungsempfindung*) **–thetic** [‚kainis'θetik] a *kinästhetisch*

kinchin ['kintʃin] s ⟨sl⟩ *Kind* n; ~ lay *Berau-bung* f *v Kindern* n pl

kind [kaind] s **1.** *Geschlecht* n (human ~) **2.** *Gattung, Art* f; ⟨Lit⟩ *Gattung* f (the literary ~) **3.** *Art, Sorte* f; a ~ of *e–e Art* f *v*; the (a, this) ~ of book *die* (*e–e, diese*) *Art* (*v*) *Buch* n; what ~ of book *welche A.* (*v*) *Buch? was für ein B.?* ‖ a book of this ~ *ein B. dieser Art*; books of all ~s, all ~s of books *alle Arten Bücher* n pl ‖ ⟨fam⟩ these ~ of people are .. *diese Art Leute sind ..* ‖ the ~ of th *gerade das* (this is the ~ of th I want); this ~ of th *derartiges* ‖ nothing of the ~! *bewahre! mitnichten!* ‖ all of a ~ with *alle v derselben Art wie* ‖ ⟨fam⟩ ~ of *ungefähr, gleichsam, halb u halb* (I ~ of *promised*); *sozusagen; ziemlich, reichlich, ein wenig* (tat-tered) ‖ he looks ~ of pale *er sieht recht blaß aus* ‖ ⟨vulg⟩ [nachgestellt] (he was a good kid, ~ of: *wenigstens halbwegs*) **4.** *wesentliche Natur, Beschaffenheit* f ‖ ⟨ec⟩ *eins der Elemente des Abendmahls* n **5.** *Naturprodukte; Waren* pl, in ~ *in Natura, in Waren;* allowances in ~ *Sachbezüge* m pl; payment in ~ *Sach–, Natu-ralleistung* f; to pay in ~ ⟨fig⟩ *mit gleicher Münze* f *bezahlen*; to differ in ~ *in der S dif-ferieren*

kind [kaind] a (~ly adv) *gütig, freundlich, liebenswürdig* (to gegen); it is so ~ of you *es ist so gütig v Ihnen*; be ~ enough to do, be so ~ as to do *sei so gut, z tun* ‖ with ~ regards *mit freundlichen Grüßen* m pl ‖ *leicht z bearbeiten(d), z leiten(d); gutartig* ‖ [in comp] ~-hearted ['– '–] a (~ly adv) *gütig, gutherzig* ‖ ~-heart-edness *Herzensgüte, Gutherzigkeit* f

kinda, –der ['kaində] ⟨vulg⟩ = kind of

kindergarten ['kindəga:tən] s ⟨Ger⟩ *Kinder-garten* m

kindle ['kindl] s ⟨zoo⟩ *Wurf* m (*Katzen*)

kindle [ˈkindl] vt/i || (Feuer, Licht) an–, entzünden || ⟨fig⟩ erhellen || entflammen, entzünden; anfeuern (to z; to do) | vi sich entzünden || ⟨fig⟩ auflodern; Feuer n fangen; warm w, sich begeistern (at an) | erhitzt, erregt w (at über) | ~r [ˈ~ə] s Feueranzünder m, ⟨a übtr⟩ (Kienholz)

kindliness [ˈkaindlinis] s Freundlichkeit, Güte f **kindling** [ˈkindliŋ] s Kien m; (a ~-wood) Anmach–, Anfeuerholz n

kindly [ˈkaindli] 1. a † natürlich (fruits) | gütig; freundlich; (of climate) angenehm, günstig 2. adv freundlich, liebenswürdig || ~ tell me sagen Sie mir bitte || to take it ~ of a p jdm verbunden s, jdm Dank m wissen || to take ~ to a p jdn gern h; .. to a th sich mit etw befreunden, etw liebgewinnen

kindness [ˈkaindnis] s Güte, Freundlichkeit f; Gefälligkeit f (will you do me the ~? Have the ~ to do) | gütige Tat, Wohltat f || *Wohlwollen n, Zuneigung f (for z)

kindred [ˈkindrid] 1. s (Bluts-)Verwandtschaft f || * Stamm m, Familie f; Holy ⁂ heilige Sippe f || [koll pl konst] die Verwandten pl 2. a (bluts)verwandt || ⟨übtr⟩ verwandt; gleichartig ~ship [~ʃip] s Blutsverwandtschaft f || Verwandtschaft f

kine [kain] s pl ⟨obs⟩ → cow

kinematic(al) [ˌkainiˈmætik(əl)] a kinematisch –tics [ˌkainiˈmætiks] s pl [sg konst] ⟨phys & math⟩ Kinematik f (mech. Getriebe–; Bewegungslehre) –togram [ˌkainiˈmætəgræm] s Bewegungsschaubild n –tograph [ˌkainiˈmætəgrɑːf] s = cine–

kinescope [ˈkineˈskoup] s ⟨Am telv⟩ (Art) Braunsche Röhre f

kinetic [kaiˈnetik] 1. a ⟨phys⟩ Bewegungs–, bewegend, kinetisch || ⟨übtr⟩ kräftig 2. [s pl] ~s [sg konst] ⟨phys & biol⟩ Kinetik f, Bewegungslehre f

kineto- [kaiˈniːtou] Gr [in comp] beweglich ~graph [kaiˈniːtəgrɑːf] s ⟨phot⟩ Kinetograph m

king [kiŋ] 1. s König m (⁂ Edward); the ⁂-Emperor Tltel m des Herrschers m des British Empire; the Eastern ⁂s [pl] die heiligen drei Könige | the ~ of beasts der König der Tiere n pl (Löwe); the ⁂ of ⁂s der K. aller K.e, Gott m; the (Books of) ⁂s ⟨bib⟩ die Bücher der Könige n pl | ⟨übtr⟩ König, Magnat m || ⟨fig fam⟩ „Matad·or", „Obermotz" m, [attr] Mords–, → ~ pippin || ⟨cards, chess⟩ König; ⟨draughts⟩ Dame f | ⟨engl her⟩ ⁂-of-Arms Wappenkönig m | [attr] a. ~: ~-bolt Hauptbolzen m || ~-craft Herrschertalent n, Regierungskunst f || ~-cup ⟨bot⟩ Hahnenfuß m, Sumpfdotterblume f || ~-pin Hauptstütze f; ⟨fig⟩ –vertreter m; ⟨a⟩ ~ pippin ⟨fam⟩ °Obermotz m || ~-post ⟨arch⟩ (hölzerne) Hängesäule f b. ~'s: → bench, counsel, evidence, evil 2. vi/t || als K. regieren, to ~ it den K. spielen | vt (jdn) z K. m ~dom [ˈkindəm] s 1. Königreich n (the ⁂ of N. das K, N.); ⟨engl⟩ the United ⁂ Vereinigtes K. (Großbritannien u Nordirland) || königl. Gewalt, Herrschaft f 2. ⟨ec⟩ the ~ of heaven das Reich Gottes; ⟨bib⟩ thy ~ come dein R. komme || ~-come die andere Welt f, das Jenseits n; ⟨sl⟩ to go to ~-come ins J. abgehen 3. ⟨zoo & bot⟩ Reich n; the animal ~ das Tier–, the vegetable ~ das Pflanzen– ~fisher [ˈkiŋfiʃə] s ⟨orn⟩ Eisvogel m ~let [ˈkiŋlit] s ⟨cont⟩ kl König; schwacher, unbedeutender K. m ~like [ˈkiŋlaik] 1. a königlich 2. * adv in königl. Weise f ~liness [ˈkiŋlinis] s königliches Wesen n; das Königliche n ~ly [ˈkiŋli] 1. a königlich | majestätisch 2. adv in königl. Art f ~ship [ˈkiŋʃip] s Königswürde f || Königtum n || königl. Majestät f (his ~)

Kingsbury clubs [ˈkiŋzbəri ˈklʌbz] s pl ⟨Am⟩ Königsberger Klops(e pl) m

kink [kiŋk] 1. s Kink m, Knoten m, Schleife f im Tau; Knick m im Draht m || ⟨fig⟩ °Klaps, °Sparren m; Grille f 2. vi/t || (of a rope) Schleifen bilden | vt in Schleifen legen, verknoten || (Draht, Kabel) knicken | ~y [ˈ~i] a verknotet, –fitzt

kinkajou [ˈkiŋkədʒuː] s ⟨zoo⟩ Wickelbär m **kinkle** [ˈkiŋkl] 1. s kl Knoten m (im Haar etc) 2. vt/i verfitzen

kinless [ˈkinlis] a ohne Verwandtschaft f **kino** [ˈkiːnou] s Kino n (eingetrockneter Pflanzensaft)

–kins [–kinz] dim suff [sg] (baby~) **kinsfolk** [ˈkinzfouk] s [pl konst] die (Bluts-) Verwandten m pl

kinship [ˈkinʃip] s (Bluts-)Verwandtschaft f; Holy ⁂ Heilige Sippe f; of ~ with verwandt mit || ⟨fig⟩ nahe Verwandtschaft f (to mit)

kinsman [ˈkinzmən] s Verwandter m **kinswoman** [ˈkinzˌwumən] s Verwandte f

kiosk [kiˈɔsk] s Ki·osk m; (a telephone ~) Telefonzelle f

kip [kip] s Haut f (e–s Kalbs etc); Leder n daraus

kip [kip] 1. vi ⟨sl⟩ z Bett n gehen; °pennen || to ~ down sich niederlegen 2. s (a ~-house) °Pennhaus n (Herberge)

kipper [ˈkipə] 1. s Lachs während u nach der Laichzeit m || Räucherhering m || Person f; ⟨sl⟩ Kind n; ⟨fam⟩ silly ~! kl Schöps! 2. vt (Hering etc) einsalzen u räuchern || (e–m) querschießen, ein Bein n stellen ⟨fig⟩

kipps [kips] s ⟨sl⟩ °Koje f (= Bett); °Tran m (= Schlaf)

kirk [kəːk] s ⟨Scot⟩ Kirche f (to go to ~) **kirtle** [ˈkəːtl] s (kurzer) Frauenrock m || † Wams n, Jacke f

kirve [kəːv] s ⟨min⟩ Schram m

kish [kiʃ] s ⟨sl⟩ in one's ~ in s–m Element n **kismet** [ˈkismet] s Schicksal n

kiss [kis] 1. s Kuß m; French ~ ⟨vulg⟩ Zungenkuß m; to throw a ~ to a p jdm e–e Kußhand zuwerfen || ⟨übtr⟩ leichte Berührung f ⟨sex⟩ Umarmung f 2. vt küssen ⟨Gefühl⟩ durch Küssen ausdrücken | leicht berühren | to ~ the book die Bibel küssen (beim Eid); you can ~ the book on that darauf kannst du Gift n nehmen || to ~ the dust ⟨fig⟩ ins Gras n beißen || to ~ a p's hand jdm die Hand küssen || to ~ one's hand to a p jdm e–e Kußhand f zuwerfen | [in comp] ~-curl Schmachtlocke f || ~-in-the-ring Art f Katze-und-Maus-Spiel n || ~-me-quick kl Damenhut m; Schmachtlocke f || ~-ing-crust Kleberanft m (zweier Brote)

kit [kit] s hölzerne Wanne f; Faß n, Zuber m || Kasten, Behälter, Werkzeugkoffer m | ⟨mil⟩ Ausrüstung f, Gepäck n; ⟨Jagd–, Marsch–, Reise–⟩ Ausrüstung f; Handwerkszeug n ⟨fam⟩ Menge, Sippschaft f || ~-bag ⟨mil⟩ Kleidersack, Wäschebeutel m; ⟨Ger m.m.⟩ Tornister, Ranzen, °„Affe" m; ~-knapsack; (mot telv) ~eug tasche f || ~ inspection ⟨mil⟩ Sachenappel m

Kit-Cat [ˈkitkæt] 1. a: ~ club Kitkat-Klub m (gegr 1703 v Whigs); ~ portrait Brustbild n 2. s = ~ portrait

kitchen [ˈkitʃin] s Küche f | [attr] Küchen– ~-car Feldküche f || ~-garden Gemüsegarten m || ~ living-room = parlour || ~-maid Küchenmagd f || ~-midden ⟨praeh⟩ Hügel m aus (Küchen-)Abfällen || ~ parlour Wohnküche f || ~-piece ⟨paint⟩ Küchenstilleben n || ~ police ⟨Am mil⟩ Küchendienst m (P & S) || ~-range Kochherd m || ~ sink Spül–, Abwaschbecken n; she was wearing everything but the ~ s. sie war (mit Schmuck) behängt wie ein Christbaum || ~ truck ⟨mil⟩ K.wagen m || ~ unit kombiniertes Küchenmöbel(stück) n, Einbauküche f || ~ utensils [pl] K.geschirr n ~er

[~ə] s *Patent-Kochherd* m **~ette** [ˌkitʃi'net] s *Kleinküche, Kochnische* f

kite [kait] **1.** s ⟨orn⟩ *Gabelweihe* f, *Milan* m; black-winged ~ *Gleitaar* m || ⟨fig⟩ *Geier* m | *Papierdrache* m | ⟨aero sl⟩ „*Kiste*" f (*Flugzeug*) | ⟨com sl⟩ *Reitwechsel* m | to fly a ~ *e–n Drachen* m *steigen l*; ⟨fig⟩ *e–n Versuchsballon* m *loslassen*; ⟨com⟩ *Wechselreiterei* f *treiben* | [attr] ~-balloon ⟨mil⟩ *Fesselballon* m || ~-flyer ⟨com⟩ *Wechselreiter* m **2.** vt/i | (*Wechsel*) *auf unsicherer Basis* f *beschaffen, fälschen* | vi ⟨Am⟩ *sich schnell bewegen* || ⟨com⟩ = to fly a ~

kith [kiθ] s [*nur in:*] ~ *and kin Verwandte u Anverwandte* or *Bekannte* pl

kitten ['kitn] **1.** s *Kätzchen* n; *like having* ~s ⟨fig fam⟩ *wie ein Huhn* n, *das ein Ei* n *legen will* || *junger Biber* m **2.** vt/i | (of cats) (*Junge*) *werfen* | vi *jungen* **~ish** ['kitniʃ] a *kätzchenhaft, spielerisch*

kittiwake ['kitiweik] s ⟨orn⟩ *Dreizehenmöwe* f

kittle ['kitl] a ⟨fig⟩ *kitzlig, heikel; unberechenbar; schwer z behandeln(d)* || ~ *cattle* ⟨fig⟩ *unsicher*

kitty ['kiti] s *Kätzchen* n || ⟨cards⟩ *Einsatz, Satz* m, °*Pott* m

kiwi ['ki:wi] s ⟨orn⟩ *K·iwi, Schnepfenstrauß* m || ⟨aero sl⟩ *Flugschüler* m || ~ ⟨fam⟩ *Neu-Seeländer* m

klaxon ['klæksən] s ⟨mot⟩ *lautes elektr. Horn* n, *Hupe* f

Kleenex ['kli:neks] s ⟨pap⟩ „*Tempotaschentuch*"; *Schminktuch* n

Klepht [kleft] s; ~s [pl] *organisierte kriegerische Bergbewohner* m pl *in Nordgriechenland, die sich türk. Herrschaft* f *nicht unterwarfen*

kleptomania [ˌklepto'meiniə] s ⟨med⟩ *Kleptomanie* f, *Stehltrieb* m | **~c** [ˌklepto'meiniæk] s *Kleptom'ane* m

klexology [kle'ksɔlədʒi] s ⟨Am⟩ *Meinung* f, *Standpunkt* m *des Ku Klux Klan* m

klieg light ['kli:g 'lait] s ⟨film⟩ *Jupiterlampe* f

klipspringer ['klip,spriŋə] s ⟨zoo⟩ *Klippspringer* m (*Bergantilope*)

kloof [klu:f] s *tiefe Schlucht* f

knack [næk] s (of the fingers) *Schnalzen* n || *Kunstgriff, Kniff* m | *Geschick* n, *Kunst* f; to have the ~ *of a th etw weghaben, verstehen, den Kniff e–r S heraushaben* | **~y** ['~i] a *geschickt*

knacker ['nækə] s *Abdecker, Schlächter* m *alter Pferde* n pl || *Schindmähre* f, *Käufer* m *alter Häuser u Schiffe* pl *etc* | **~y** [~ri] s *Abdeckerei* f

knag [næg] s *Knorren* m || *Pflock* m **~gy** ['~i] a *knorrig*

knap [næp] s *Spitze* f, *Gipfel* m (*e–s Hügels*)

knapsack ['næpsæk] s *Tornister, Ranzen*; *Rucksack* m ⟨a mil⟩; ⟨mil⟩ *Tornister*, °„*Affe*" m, → kit-bag

knapweed ['næpwi:d] s ⟨bot⟩ *Flockenblume* f

knar [nɑ:] s *Knorren, Ast* m

knave [neiv] s *Schurke, Bube* m; *Spitzbube* m || ⟨cards⟩ *Bube* m **~ry** ['~əri] s *Schurkerei* f, *Schelmenstreich* m

knavish ['neiviʃ] a (~ly adv) *bübisch, schurkisch* **~ness** [~niʃ] s *Schurkerei* f

knead [ni:d] vt *kneten* || *massieren* || ⟨fig⟩ *formen, bilden* (into *z*) **~able** ['~əbl] a *knetbar* **~er** ['~ə] s *Knetmaschine* f **~ingtrough** ['ni:-diŋtrəf] s *Backtrog* m

knee [ni:] **1.** s ⟨anat⟩ *Knie* n; *wounded in the* ~ *am K. verwundet*; *on one's* ~s *kniend,* ⟨hum⟩ *weich in den Knien* n pl (*erschöpft*); ~-to-~ *Knie an Knie*; *on the* ~s *of the gods im Schoße der Götter* || to bow the ~ *to a p sein K. beugen vor jdm*; to force, bring a p to his ~s *jdn auf die Knie zwingen* || to go on one's ~s *niederknien, auf die Knie fallen* (to *vor*) || skirt leaving the ~s *uncovered kniefreier*

Rock m | ⟨vet⟩ *Fußwurzel* f || ⟨mech⟩ *Kniestück* n | [in comp & attr] ~-bending *Kniebeuge* f; ~-bending exercises [pl] *–gen* pl || ~-boots [pl] *hohe Schaftstiefel* pl || ~-breeches [pl] *Kniehosen* pl || ~-cap ⟨anat⟩ *–scheibe* f; *–leder* n (f *Pferde*) || ~-cap, ~-piece (*Rüstung*) *–buckel, –schirm* m || ~-deep *knietief* || ~-high *kniehoch* || ~-joint *–gelenk* n || ~-pad *–schützer* m || ~ pan ⟨anat⟩ *–scheibe* f || ~-timber *–holz* n || ~-trembler *Knieschnackler* m **2.** vt *mit dem Knie berühren* || ⟨fam⟩ (*Hose durch Tragen*) *an den Knien ausbauschen*

kneel [ni:l] vi [knelt/knelt] *knien* (to *vor*) || to ~ down *niederknien* **~er** ['~ə] s *Kniender* m | *Kniekissen* n, *–stuhl* m

knell [nel] **1.** s *Totenglocke* f; to sound the ~ *of a th* ⟨fig⟩ *etw z Grabe* n *läuten* **2.** vi/t || † *läuten* | vt *durch Läuten* n *verkünden* || ⟨fig⟩ *an–, verkünden*

knew [nju:] pret *v* to know

Knickerbocker ['nikəbɔkə] s *New-Yorker* m | **~s** ['nikəbɔkəz], abbr **knickers** ['nikəz] s pl *weite Kniehosen* f pl (a pair of ~ *e–e K.*) || (*Damen-*)*Schlüpfer* m, *Schlupfhose* f (a pair of ~ *e–e Schl.*)

knick-knack, nick-nack ['niknæk] s *Kleinigkeit* f; *Nippsache* f **~ery** [~əri] s *Tand, Trödelkram, Ramsch* m

knicks [niks] s ⟨fam⟩ = knickers

knife [naif] **1.** s [pl knives] *Messer* n || *Operationsmesser* n (he had a horror of the ~) | *war to the* ~ *Krieg* m *bis aufs M.* || to get, have one's ~ *into a p jdm übelwollen, jdn verfolgen*; °*gefressen h* || to play a good ~ *and fork e–e gute Klinge* f *schlagen* (*gern u viel essen*) | [attr] *Messer–* (~ wound) || ~-blade contact ⟨tech⟩ *Messerkontakt* m || ~-board *Messerputzbrett* n; ⟨fam⟩ *Doppelsitzbank* f (*Rücken an Rücken*) *in dem Omnibus* m || ~-edge *Messerschneide* f ⟨a übtr⟩ (*e–r Waage*); *haarscharfer Rand* m || ~-grinder (*hausierender*) *Scherenschleifer* m || ~-rest *Messerbänkchen* n; ⟨fort sl⟩ *Spanischer Reiter* m || ~-tray (m.m.) *Messerkorb* m **2.** vt *mit dem M. schneiden, stechen; nieder–, erstechen* || (jdm) *den Garaus* m *m* ⟨a fig⟩; ⟨Am pol⟩ (jdn) *durch unfaire Mittel* n pl *zu Fall* m *bringen* | **~r** ['~ə] s ⟨sl⟩ *Messerheld* m

knight [nait] **1.** s ⟨hist⟩ *Ritter* m | ⟨engl⟩ *unterste Stufe* f *des engl. Adels* m (*mit dem Titel*: Sir *vor dem Vornamen* [Sir John Hall, ⟨fam⟩ Sir John]; ~-at-arms *bewaffneter Ritter* m || *Ritter* (*e–s der Ritterorden*); → bachelor; banneret | ⟨übtr⟩ *Ritter, Kämpe; Begleiter* m || ⟨chess⟩ *Springer* m | ~ of the brush *Meister Klecksel* m | ~ of the needle, shears, thimble *Meister* m *v der Elle* f || ~ of the road *Handlungsreisender* m; *Straßenräuber* m | [attr] ~-errant *fahrender R.* || ~-errantry ⟨fig⟩ *unstetes Leben* n || ~'s cross ⟨bot⟩ *Brennende Liebe* f || ~-service, ~'s service *–dienst* m **2.** vt (jdn) *z R. schlagen* || (jdn) *mit Sir anreden* **~age** ['~idʒ] s ⟨koll⟩ *Ritterschaft* f || *Liste* f *v knights* **~hood** ['~hud] s ⟨koll⟩ *Ritterstand* m, *–würde* f || ⟨koll⟩ *Ritterschaft* f; *Ritter* pl || [attr] *Rittertum* n; *Ritterlichkeit* f **~liness** ['~linis] s *Ritterlichkeit* f **~ly** ['~li] **1.** a *ritterlich*; *Ritter-* **2.** * adv *ritterlich*

knit [nit] **1.** vt/i [~ted/~ed; ⟨fig mst⟩ ~/~]: she ~ted a cardigan, she ~(ted) her brows; a closely ~ argument, a well-~ frame, they are ~ together by common interests **A.** vt (etw) *stricken* | (*Stirn*) *zus–ziehen, runzeln* || ⟨übtr⟩ *fest zus–fügen, verbinden* || ⟨fig⟩ *knüpfen, vereinigen* | to ~ in: to ~ in the green with the blue wool *grüne u blaue Wolle* f *in–e–a–stricken* || to ~ up *fest verbinden,* (*Maschen*) *wiederaufnehmen*; ⟨fig⟩ (*Beziehungen*) *anknüpfen* (with)

‖ *beendigen* **B.** vi *stricken* ‖ (*a* to ~ up) *sich eng verbinden* **2.** a *Strick–* ‖ ⟨*a* übtr⟩ *well– wohlgebaut* **3.** s *Stricken* n; *Strickart* f ‖ ~s [pl] *Woll–, Strickjacke, –weste* f etc ~**ted** ['~id] a *Strick–*; ~*-dress –kleid* n; ~ *goods Strick–, Wirkwaren* pl ~**ter** ['~ə] s *Stricker(in* f) m *Wirkwaren* pl ~**ting** ['~iŋ] s *Stricken* n ‖ *Strickarbeit* f, *–gewebe* n; *–zeug* n ‖ [attr] *Strick–*; ~*-loom –stuhl* m; ~*-machine –maschine* f; ~*-needle Stricknadel* f; ~*-yarn –garn* n

knob [nɔb] s *Knopf, Knauf; Griff* m ‖ *Knorren, Ast* m ‖ ⟨geog⟩ *Kuppe* f ‖ *Stückchen* n *Zucker* m etc ‖ ⟨sl⟩ (= nob) *Detz (Kopf)* m ‖ ⟨sl⟩ *with* ~s *on aber kräftig! und wie! und was sonst?* ~**by** ['~i] a *mit Knopf, Knauf* m *versehen* ‖ *knorrig* ~**kerrie** ['keri] s *Knüppel* m *mit Knauf* ~**stick** ['nɔbstik] s *Stock* m *mit Knauf* ‖ *Streikbrecher* m

knobb(l)er ['nɔb(l)ə] s ⟨hunt⟩ *Schmalspießer* m (*Hirsch im 2. Jahr*)

knock [nɔk] vt/i **I.** vt **1.** *klopfen, schlagen, stoßen;* to ~ *the door an die Tür schlagen;* to ~ *one's head mit dem Kopf m stoßen* (*gegen*) ‖ to ~ *home* (*Nagel*) *fest einschlagen;* ⟨fig⟩ *einhämmern* ‖ (*jdn*) *wecken* ‖ ⟨sl⟩ (*jdn*) *überraschen, (jdm) auffallen;* ⟨fam⟩ *that* ~s *me da bin ich platt;* ⟨fam⟩ to ~ *a p cold,* to ~ *a p for the loop e–m eins mit dem Holzhammer m versetzen* (*ihn perplex m*) ‖ ⟨Am sl⟩ *runtermachen; kritisieren* **2.** [mit prep] to ~ **into** *the head of a p* ⟨fig⟩ (*etw*) *jdm einprägen, –hämmern* ‖ to ~ *off fortschlagen v;* .. *off a bill* (*etw*) *v e–r Rechnung* f *abziehen* ‖ to ~ (*a p*) *on the head* (*jdn*) *niederschlagen;* (*etw*) *vereiteln, vernichten* ‖ to ~ *the bottom out of a th etw zunichte* or *unschädlich m* ‖ ⟨vulg⟩ to ~ *the shit out of a p °e–n zur Sau f m* **3.** [mit adv] to ~ **about** (*jdn*) *böse mitnehmen, umherstoßen* ‖ to ~ **back** (*Glas Bier*) *heruntergießen;* ~ *it back! Rest* m *weg!* (*beim Trinken*) ‖ *that* ~*ed him back a fiver das kostete ihn £5* (⟨m.m. obs⟩ *e–n blauen Lappen*) ‖ to ~ **down** *niederschlagen, –werfen; z Boden* m *strecken* ‖ *zerstören, einreißen* ‖ ⟨tech⟩ *aus–e–a–nehmen, zerlegen, demontieren* ‖ ⟨fig⟩ *zunichte m, vernichten* ‖ (*Preise*) *stark drücken* (*herabsetzen*) ‖ (at auctions) (*etw*) *zuschlagen, –sprechen* (to a p jdm); ⟨übtr⟩ to ~ *down for a song* ×*für'n Appel m un'n Ei n hergeben* ‖ ⟨Am sl⟩ (*Fahrgeld*) *veruntreuen* ‖ to ~ **in** *einschlagen* ‖ to ~ **off** *abschlagen, abbrechen;* ⟨sculp⟩ *abmeißeln, –hämmern* ‖ ⟨fam⟩ *schnell erledigen; aufgeben, aufhören mit* (a th; doing *z tun*); to ~ *off work die Arbeit einstellen; Feierabend m m* ‖ (*Geld*) *abziehen* (*v Preise*) ‖ to ~ *a p's head off* ⟨fig⟩ *jdn leicht übertreffen* ‖ ⟨sl⟩ (*etw*) *klauen, krampfen, „abstauben"* ‖ to ~ **out** (*etw*) *herausarbeiten* ‖ *beseitigen* ‖ ⟨box⟩ *k-o-schlagen, kampfunfähig m, schlagen; erschöpfen* ‖ ~*ed out* ⟨fam fig⟩ *pleite* (*zahlungsunfähig*) ‖ (at auctions) (of dealers) *unter sich verkaufen* ‖ to ~ **over** ⟨mot⟩ *umstoßen, überfahren* ‖ to ~ **up** *in die Höhe schlagen* ‖ (*jdn*) *wecken* ‖ ⟨crick⟩ (*Läufe*) *m* ‖ *erschöpfen* ‖ *schnell arrangieren, machen;* ⟨fam⟩ *schnell entwerfen, m* ‖ to ~ *up* ⟨Am⟩ °*angebufft* (*schwanger*) **II.** vi **1.** *pochen, klopfen* (at, * on *an*); ~, ~! ⟨wir⟩ *Achtung, Achtung! hier spricht* ..; *stoßen, schlagen* (against); to ~ *against a p jdn unerwartet treffen* ‖ ⟨mot⟩ *klopfen; stoßen* ‖ ⟨Am sl⟩ °*nörgeln* **2.** [mit adv] to ~ **about** *sich umhertreiben,* °*bummeln* ‖ *prallen gegen* ‖ to ~ **along** (⟨mil⟩ *weitertippeln*) to ~ **along** *with a p mit jdm gut auskommen* ‖ to ~ **in** ⟨univ sl⟩ *nach Torschluß Eingang m erbitten* ‖ to ~ **off** *aufhören, die Arbeit einstellen* ‖ ⟨Am sl⟩ to ~ **over** °*abkratzen* (*sterben*) ‖ to ~ **under** *nachgeben; z Kreuze n kriechen* ‖ to ~ **up** *getrieben w* (on *auf*); .. *up*

against stoßen gegen, treffen **III.** [in comp] ~*-about* **1.** a *lärmend, laut* ‖ *roh, Clown–* (~ comedy); *Radau–* (~ *farce –posse*) ‖ *unruhig, –stet* ‖ *Strapazier–* (~ *suit –anzug*) **2.** s *Radaustück* m, ~ *posse* f ‖ ~*-down niederschmetternd; überwältigend* ‖ ~*-down price äußerster Preis* m, (at auctions) *Taxe* f ‖ ~*-kneed x-beinig* ‖ ⟨fig⟩ *hinkend* (*verses*); ⟨fig⟩ *willensschwach* ‖ ~*-knees* [pl] *x-Beine* pl ‖ ~*-off* ⟨fam⟩ *Feierabend* m ‖ ~*-out* **1.** a (of blow) *entscheidend;* ⟨sport⟩ *Ausscheidungs–;* ⟨box⟩ *bewußtlos z Boden m gestreckt* **2.** s *entscheidender, niederwerfender Schlag* m ‖ *Schein–, Schwindelauktion* f ‖ ⟨sl⟩ *großartige S* or *P* ‖ ~*-rating* ⟨mot⟩ *Okt·anzahl, Klopffestigkeit* f ‖ ~*-resistance Klopffestigkeit* f

knock [nɔk] s *Schlag* m (a ~ on the head); *Stoß* m ‖ ⟨fam⟩ to get the ~ (*he*)*rausgeschmissen w* (*entlassen w*); ⟨theat⟩ *schlecht empfangen w* ‖ *Pochen, Anklopfen* n; → to give ‖ ⟨fam⟩ to *have got a* ~ *in the cradle als Kind* n *z heiß gebadet worden s* (*e–n Vogel h*) ‖ ⟨crick⟩ = *innings*

knocker ['nɔkə] s *der Klopfende* ‖ ⟨engl⟩ *Türklopfer* m (*Vorrichtung z Klopfen*) ‖ ⟨sl⟩ (*Brot-*)*Knust* m ‖ ⟨Am sl⟩ *Nörgler,* °*Miesmacher* m ‖ ⟨vulg⟩ *on the* ~ *auf Pump m* ‖ ~*-up Wecker* m (*P*)

knocking ['nɔkiŋ] s ⟨mot⟩ (*Kraftstoff-*)*Klopfen* n

knockmobile ['nɔkməbi:l] s ⟨mot⟩ *Klapperkiste* f

knockproof ['nɔkpru:f] a ⟨mot⟩ *klopffest*

knoll [noul] s *niedriger Hügel* m, *Kuppe* f

knoll [noul] **1.** vt/i ‖ (*Glocke*) *läuten* (*bes bei Begräbnissen*) ‖ (*jdn*) *durch Läuten* n *rufen* ‖ vi *läuten* **2.** s *Läuten* n

knop [nɔp] s *Knauf, Knopf* m; ⟨poet⟩ *Knospe* f

knot [nɔt] s **1.** (of a cord, etc) *Knoten* m (to make *od* tie a ~ *e–n K. m*); *Stich* m; *Schleife* f; *granny's* ~ *Oma–, Omi-Knoten* m, *sailor's* ~ *Matrosenknoten* m ‖ *Achselstück* n, *Epaulett* n ‖ (*Seitengewehr–* etc) *Troddel* f ‖ ⟨mar⟩ *Marke an der Logleine* f; *Knoten* m; *Seemeile* f (= 1853,248 m) ‖ *Docke* f (*Garn* etc) ‖ ⟨fig⟩ *Knoten* m, *Verwickelung, Schwierigkeit* f; to cut the ~ *den K. zerhauen* ‖ (in a play) *K.* ‖ ⟨fig⟩ *Band* n (marriage–), *Verbindung* f; *true-lovers'* ~ *Liebes–* **2.** *Knorren* m ‖ ⟨bot⟩ *Knospe* f, *Auge* n ‖ ⟨for⟩ *Ast* m (*im Holz*) ‖ (*P*) *Gruppe* f, *Haufe* m (in ~s) **3.** [attr] ~*-carpet Knüpfteppich* m, ~*-stitch* ‖ ~*-grass* ⟨bot⟩ *Knöterich* m ‖ ~ *hole Astloch* n ‖ ~ *load Knotenpunktbelastung* f ~**work** ['~wɔ:k] s ~ *Knüpfarbeit* f

knot [nɔt] s ⟨orn⟩ *Rotstrandläufer, Knutt* m

knot [nɔt] vt/i ‖ *e–n Knoten* m *schlingen in* (*etw*); *knoten, knüpfen* ‖ *durch Knoten verbinden, verknüpfen, –flechten* ‖ *runzeln* (one's brows) ‖ ⟨fig⟩ *verbinden* ‖ vi *knoten* ‖ *Knoten bilden; sich verwickeln* ~**ted** ['~id] *knotig; verknotet* ‖ *verwickelt* ~**ting** ['~iŋ] s *Knüpf–, Frivolitätenarbeit* f ~**ty** ['~i] a (of wood) *knotig; knorrig* ‖ ⟨fig⟩ *verwickelt, schwierig*

knout [naut] **1.** s *russische Knute* f; the ~ *Strafe* f *mit der K.* **2.** vt (*jdn*) *mit der K. schlagen*

know [nou] **I.** vt/i [knew/known] **A.** vt **1.** (*jdn, etw*) *erkennen* (for *als*); ⟨bib⟩ (*e–e Frau im Beischlaf*) *erkennen;* we should ~ *them for themselves wir würden sie als solche erkennen* ‖ *unterscheiden* (from *v*) **2.** (*jdn*) *kennen* (by sight *v Ansehen*); *befreundet s mit* **3.** (*etw*) *wissen* (of *über, v*); *wissen, sich bewußt s* (that); to ~ *a th or two,* to ~ *what's what etc nicht auf den Kopf gefallen s;* to ~ *all the answers nicht auf den Mund gefallen s; that's all I wanted to* ~ *danke, das genügt mir;* ⟨sl⟩ to ~ *one's onions wissen, wo Barthel m den Most holt;* I don't ~ *that ich weiß nicht, ob;* to ~

how to do a th *etw können*; he knew how to treat them *er verstand, sie z behandeln*; he did not ~ what to do *od* what was to be done *er wußte nicht, was er tun sollte* || ⟨fam⟩ not to ~ whether one's going *od* coming °*durchgedreht s,* °*nicht mehr wissen, ob man ein Männchen* n or *Weibchen* n *ist* || all one ~s °*haste was kannste* || to ~ about *(etw) wissen über*; before you ~ where you are *ehe man sich's versieht, im Handumdrehen* n || I ~ him to be my friend *ich weiß, daß er mein Freund ist, ich kenne ihn als m–n F.* ([pass] he is ~n to be my f.) **|** *erleben, erfahren* (I have known them fall) || to come to ~ *erfahren*; to come to be known *bekannt w*; to get to ~ *kennenlernen, erfahren* || to let a p ~ *jdn wissen l*; to make ~n *bekannt m* **B.** vi *wissen* (of *v, um*); *im Bilde* n *s* (about *über*) || to ~ better *es besser wissen*; *z vernünftig s* (than to do *z tun*); you ought to ~ better *dazu solltest du (schon) zu vernünftig s* || we are interested in ~ing whether *od* not *wir h Interesse* n *daran z erfahren ob* .. or *ob nicht* || there is no ~ing *man kann nicht wissen, weiß es nicht* **|** for all we ~ *wenn wir richtig, nicht falsch unterrichtet sind* || not that I ~ of *nicht soviel ich weiß, nicht daß ich wüßte* || ⟨fam⟩ *(in Unterhaltung)* I ~ *ich weiß es wohl*; you ~, do you ~, don't you ~ .., *wissen Sie, .., nicht wahr*; *Sie verstehen*; *nämlich* || ~ all men by these presents *jedermann kund u z wissen* **C.** [in comp] ~-all *allwissend*; the ~-alls *die Alleswisser* m pl || ~-how ⟨fam⟩ *Sachverstand* m, *(gesammelte) Erfahrung* f, °*Verstehstemich* n *(Kenntnis)*; *Lebensklugheit* f; ⟨tech⟩ *praktisches Wissen* n || ~-how book *Lehrbuch* n *f Selbstunterricht* m **II.** s ⟨fam⟩ to be in the ~ *Bescheid m wissen, gut orientiert s*; *im Bilde* n *s* ~**ability** [‚nouə'biliti] s *Erkennbarkeit* f ~**able** ['nouəbl] a *erkennbar, kenntlich* || *umgänglich* (p) (~**ed**) [~**d**] ⟨hum⟩ *statt* knew, known

knowing ['nouiŋ] a *klug, erfahren*; *verständnisvoll*; to be ~ to *wissen um* || *geschickt*; *schlau*; a ~ one *ein Schlauberger* m || ⟨fam⟩ *schmuck, schick* ~**ly** [~li] adv *wissentlich, absichtlich* || *geschickt* ~**ness** [~nis] s *Klug–, Schlauheit* f

knowledge ['nɔlidʒ] s [nur sg-Form u sg konstr] **1.** *Kenntnis* f (it came to my ~ *es kam mir z K.*); it is common *od* public ~ *es ist allgemein bekannt* || *Bekanntschaft* f (of *mit*); ⟨jur⟩ *Kenntnis* f; to have no ~ of a th *etw nicht z K. nehmen* || to have carnal ~ of a woman *mit e–r Frau geschlechtlichen Umgang m h* **|** *Erkenntnis* f (of a th) **2.** *Wissen* n; *Kenntnisse* f pl (of a th *e–r S, in e–r S*; of Latin *im Lateinischen*); his ~ is .. *s–e K. sind* ..; general ~ *allg Bildung* f (general ~ examination *Prüfung* f *in allg B.*) **|** ~-box °*Gripskasten* m *(Kopf)* **3.** (it is improved) out of all ~ (..) *so daß man es nicht wiedererkennt* || to (the best of) my ~ *m–s Wissens* n; not to my ~ *nicht soviel ich weiß* || to the best of my ~, information, and belief ⟨jur⟩ *nach bestem Wissen u Gewissen* n ~**able** [~əbl] a (–bly adv) ⟨fam⟩ *verständig, klug*; *kenntnisreich*

known [noun] a *bekannt*; *well-~ (wohl)bekannt* (for *durch*; as *als*) || ~-distance firing ⟨Am⟩ *Schulgefechtsschießen* n; ~-d. (f.) range ⟨Am⟩ *Schulgefechtsschießstand* m

knuckle ['nʌkl] **1.** s *Knöchel* m, *(Finger-)Gelenk* n; near the ~ *bis nahe an die Grenze (des Sittlichen)*; a rap on, over the ~s *ein Verweis* m || (of veal, etc) *Kniestück* n **|** [attr] ~-bones [pl] *Knöchelspiel* n || ~-bow *Säbelkorb* m || ~-duster *Schlagring, Totschläger* m || ~-joint *Gelenk* n; ⟨mech⟩ *Gliederfuge* f **2.** vt/i *(etw)* mit den Knöcheln m pl *pressen, reiben* **|** vi [mit adv] to ~ down *sich beugen* (under *unter*); to ~

down to *sich eifrig m an* || to ~ to ⟨Am⟩; to ~ under *nachgeben, klein beigeben, sich unterwerfen* (to a p *jdm*)

knur [nə:], **knurl** [nə:l] s *Knorren, Knoten* m

knurl [nə:l] **1.** vt ⟨tech⟩ *kordeln, rändeln* || ~ed nut *Rändelmutter* f **2.** s *Kordel–, Rändelrad* n

knut [nʌt; kə'nʌt] s *Stutzer, Geck,* °*feiner Pinkel* m (→ nut) ~**ty** ['~i] a *stutzerhaft, schick*

koa ['kouə] s ⟨bot⟩ *Akazie* f *(der Sandwichinseln)*

koala [kou'alə] s ⟨zoo⟩ *Ko·ala* n *(Beuteltier)*

kobold ['koubould] s Ger *Kobold* m

kodak ['koudæk] **1.** s ⟨phot⟩ *Kodak* m || *Kodakbild* n **2.** vt *mit K. photographieren, knipsen*

koh-i-noor ['kouinuə] s *kostbar. ind. Diamant* m || ⟨fig⟩ *das Köstlichste*

kohl [koul] s *Pulver* n *aus Antimon* n *(z Färben der Augenbrauen)*; *Schwärze* f

kolinsky [kə'linski] s *sibir. Nerzfell* n

kolkhoz ['kolkouz] s ⟨Russ agr pol⟩ *Kolchose* f

koodoo, kudu ['ku:du:] s ⟨zoo⟩ *gr quergestreifte Antilope* f

koolah ['ku:lə], **koala** [kou'a:lə] s ⟨zoo⟩ *Ko·ala, Beutelbär* m

kopeck ['koupek] s → copeck

kopje ['kɔpi] s SAfr *kl Hügel* m

Koran [kɔ'ra:n] s *Koran* m

kosher ['kouʃə] a (of meat, shop), *k·oscher, rein*

koumiss ['ku:mis] s *gegorene Stutenmilch* f

kotow ['kou'tau], **kowtow** ['kau'tau] **1.** s *Kot·au* m *(chines. demütige Ehrerweisung)* **2.** vi *e–n* ~ m (to *vor*)

kraal [kra:l] SAfr **1.** s *Kral* m; *Umzäunung* f **2.** vt *mit e–m K. umgeben*

kraft [kra:ft] s ⟨Ger⟩ *Kraft–, Hartpapier* n *(braunes Packpapier)*

krait [krait] s Ind *giftige Schlange* f

krantz, kranz [krænts] s SAfr *steile Klippe* f

Kraut [kraut] s ⟨sl⟩ *Deutscher, deutscher Soldat* m || ~ = *Sauerkraut* n

Kremlin ['kremlin] ⟨Russ⟩ the ~ *der Kreml*

kriegy ['kri:dʒi] s ⟨mil sl⟩ *Kriegsgefangener* m

kris [kri:s] s → creese

krone ['krounə] s *dänische u norweg. Währungseinheit, Silbermünze* f (= *100 Öre*) || *(bis 1924) W. in Österreich* (= *100 Heller*)

Krupp [krup] s Ger *(a ~ gun) Krupp-Kanone* f

krypton ['kriptɔn] s ⟨chem⟩ *Krypt·on* n

kudos ['kju:dɔs] s Gr *Ehre* f, *Ruhm* m

kufic ['kju:fik] a *kufisch (Schrift)*

ku-klux-klan ['kju:'klʌks'klæn] s ⟨Am⟩ *polit. Geheimbund* m *in USA (gegen unerwünschte Einwanderer, Juden, Katholiken)*

kukri ['kukri] s *Dolch* m *der Gurkhas* f

kulak ['ku:læk] s Russ *Großbauer* m

kunkur ['kʌŋkə] s *grober ind. Kalkstein* m

kuter ['kju:tə] s ⟨Am sl⟩ *Vierteldollar* m

ky [kai] s ⟨brew⟩ *(Transport-)Faß* n

kyanize ['kaiənaiz] vt *(Holz) gegen Fäulnis* f *behandeln*

kybosh ['kaibəʃ] s = kibosh

kyle [kail] s eng. *Kanal, Sund* m

kyloe ['kailou] s *schott. kl Rindviehrasse* f

kymatology [‚kaimə'tɔlədʒi] s *Schwingungslehre* f

kymograph ['kaimogra:f] s *Kymograph* m

'k you [kju:] ⟨fam⟩ = thank you

kyrie ['kirii], ~ **eleison** [~i'leiisn] s ⟨ec⟩ *Kyrie el·eison* n

L

L, l [el] s [pl ~s, ~'s] *L, l* n (an ~ *ein L*)
‖ L-head engine *Motor* m *mit stehenden Ven-
tilen* n pl, *seitengesteuerter Motor* m ‖ L-plate
⟨mot⟩ (= learner's plate) ⟨engl⟩ *viereckiges
weißes Schild* n *mit rotem* L: „*Anfänger*" m
   la [lɑ:] intj ⟨dial vulg⟩ ~! *ach! herrje!*
   la [lɑ:] s ⟨mus⟩ *la* (*6. Silbe der Solmisation*)
   laager ['lɑ:gə] **1.** s ⟨SAfr⟩ *Burenlager* n (*als
Wagenburg*) **2.** vt/i (*sich*) *lagern*
   lab [læb] s ⟨sl⟩ = ~oratory *Lab·or* n ‖ ~
technician *Laborant*(*in* f) m ‖ to ~-examine *im
Labor* n *untersuchen*
   labarum ['læbərəm] s *Kaiserstandarte* f (*Kon-
stantins d. Gr.*); ⟨ec⟩ *Kreuzfahne* f
   labefaction [ˌlæbi'fækʃən] s *Erschütterung* f,
Zus–bruch m
   label ['leibl] **1.** s *Aufschrift* f, *Etikett* n, *ange-
heftete Adresse* f; (*Gepäck–* etc) *Zettel* m ‖
⟨jur⟩ *Kodiz·ill* n ‖ ⟨fig⟩ *kurze Bezeichnung, Kennzeichnung, Signatur* f; *Gepräge* n, *charakterist.
Merkmal* n; *übler Ruf* m ‖ ⟨arch⟩ *Kranzleiste* f
2. vt *etikettieren, mit Aufschrift* f *versehen*; he
~s it *poisonous er versieht es mit der A. giftig* ‖
bezeichnen (*mst*: as *als*); to be ~led a th *als etw
bezeichnet w*
   labial ['leibiəl] **1.** a *labial, Lippen–* **2.** s *Lippen-
laut* ~**ize** [~aiz] vt *labialisieren*
   labiate ['leibiit] a ⟨bot⟩ ~ *plants* pl *Lippen-
blüter* pl
   labile ['leibil] a *unsicher, lab·il* **lability** [lei-
'biliti] s *Labilität* f
   labio– ['leibiou–] L [in comp] *labio–* ‖
~-dental *labiodental*
   laboratory [lə'bɔrətəri, ⟨Am a⟩ 'læbərætəri] s
(abbr lab) *Laborat·orium* n; *Offiz·in* f; ~
assistant *Labor·ant*(*in* f) m; ~ test *Lab·orversuch*
m; ~ stage *Versuchslaboratorium* n ‖ ⟨übtr⟩
Arbeits–, Werkstätte f
   laborious [lə'bɔ:riəs] a (~ly adv) *arbeitsam,
fleißig ‖ mühselig*; (of style) *schleppend, nicht
fließend ‖ absichtlich zur Schau* f *getragen, offen-
sichtlich, unverblümt* (incompetence at games)
~**ness** [~nis] s *Arbeitsamkeit; Mühseligkeit* f
   labour, ⟨Am⟩ **labor** ['leibə] **I.** s **1.** *Arbeit* f
‖ [*oft* pl ~s] *Anstrengung* f; *Mühe* f; *Qual,
Sorge* f; the twelve ~s of Hercules *die Taten* pl
des H. ‖ hard ~ ⟨jur⟩ *Zwangsarbeit* f; 3 years'
imprisonment with h. ~ *3 Jahre Zuchthaus* n
‖ to have one's ~ for one's pains *sich umsonst
abmühen* ‖ to lose one's ~ *sich vergeblich anstrengen* ‖ ⟨fam⟩ he is on the ⌇ *er muß stempeln gehen* **2.** *Entbindung* f, *Wehen* f pl; to be in
~ *in den W. liegen* **3.** (oft ⌇) *Arbeit* f (*Ggs
capital*) [sg konstr] *Arbeiter* m pl; ⟨pol⟩
stand m (the ⌇ Party); skilled ~ *gelernte
Arbeitskräfte* f pl **4.** [attr] *Arbeits–, arbeit–*; *Arbeiter–* ‖ ~ camp *Arbeitslager* n ‖ ⟨Ger⟩ ~
conscription *–dienstpflicht* f; ~ content ⟨com⟩
Herstellungskosten pl; ~ dispute *Arbeitskampf*
m; the ~ force *die erwerbstätige Bevölkerung* f;
age at entry into ~ f. *Alter* n *beim Eintritt* m *ins
Erwerbsleben* n; ~ front *Arbeitsfront* f; ⌇
Service *–dienst* m; ⟨Am⟩ *Dienstgruppen* f pl ‖ ~
Day ⟨Am⟩ *der 1. Montag im Sept.* ‖ ⌇ Exchange
Arbeitsnachweis m, *–amt* n ‖ ~ relations board
Arbeitsschlichtungsausschuß m ‖ ~-saving l. s
–ersparnis f **2.** a *arbeitsparend* **II.** vi/t ‖ *arbeiten*
(at *an*) ‖ *sich anstrengen, sich ab–, sich bemühen*
(for *um*; to do) ‖ *sich mühsam bewegen* ‖ ⟨mar⟩
stampfen, schlingern ‖ to ~ under *z leiden* h
unter, z kämpfen h *mit*; to ~ under a delusion

sich in e–m Irrtum m *befinden* ‖ vt *ausarbeiten,
ausführlich behandeln* (to ~ the point) ‖ ⟨mot⟩
den Motor m *quälen* ~**age** [~ridʒ] s *Arbeits-
unkosten* pl; *–lohn* m ~**ed** [~d] a (~ly adv)
schwerfällig; steif, gezwungen ‖ müh–, langsam
~**er** [~rə] s (*ungelernter*) *Arbeiter; Handlanger*
m ‖ day–~ *Tagelöhner* m ~**ing** [~riŋ] a (~ly
adv) *arbeitend; Arbeits–* (~ man *–mann*), *Arbeiter–*; *handwerksmäßig, mechanisch* (~ force)
‖ ~ breath *schwerer Atem* m ‖ ⟨mot⟩ *schweres
Laufen* n (*des Motors*) ~**ist** [~rist] s *Anhänger*
m *der Labour-Partei* ~**ite** [~rait] s ⟨parl⟩
der Labour-Abgeordnete; Anhänger m *der Arbeiterpartei,* → *–ite*
   Labrador ['læbrədə:] s ⟨zoo⟩ (*a* ~ dog)
Neufundländer m
   labret ['leibrit] s *Lippenpflock* m (*als Schmuck*)
   laburnum [lə'bə:nəm] s ⟨bot⟩ *Goldregen* m;
Scotch ⌇ *Alpengoldregen* m
   labyrinth ['læbərinθ] s *Labyrinth* n, *Irrgarten*
m ‖ ⟨fig⟩ *Gewirr* n; *Verwickelung* f ~**ian**
[ˌlæbə'rinθiən], ~**ine** [ˌlæbə'rinθain] a *labyrinthisch, wirr*
   lac [læk] s *roter* (*Gummi–*)*Lack* m; *lackierte
Ware, Lackarbeit* f ‖ ~-varnish *Lackfirnis* m
   lac, lakh [læk] s ⟨Ind⟩ *ein Hunderttausend* n
(*mst* a ~ of rupees)
   lace [leis] **1.** s *Schnur* f; *Schnürband* n ‖
(*geklöppelte*) *Spitze* f, blond ~ *Seiden–,
knotted* ~ *Knüpfarbeit* f, needle ~ *genähte Sp.*,
bobbin ~, twisted ~ *Klöppel–* ‖ *Borte, Tresse* f
‖ [koll] *Spitzen* pl [attr] *Spitzen–* ‖ ~ boots
[pl] *Schnürstiefel* m pl; ~-braiding, ~-trim-
ming *Bortenwirkerei* f ‖ ~-maker, ~-worker
Spitzenklöppler(*in* f) m ‖ ~ paper *Spitzenpapier*
n ‖ ~-pillow *Klöppelkissen* n ‖ ~-wing (fly)
⟨ent⟩ *Florfliege* f ‖ ~-work *Spitzenarbeit* f
2. vt/i ‖ (*zu*)*schnüren, –binden* ‖ (*Schnur*) *ziehen*
(through *durch*) ‖ *verbrämen; einfassen; säumen,
mit Spitzen* f pl *besetzen* ‖ *mit Spirituosen* f pl
versetzen ‖ *durchprügeln* ‖ vi (*zu*)*geschnürt w,
sich schnüren* (*l*) ~**d** [~t] a *geschnürt, Schnür–,
~ boot –stiefel* m ‖ *bunt eingefaßt, –gerändert*
(feather)
   lacerable ['læsərəbl] a *zerreißbar* (tissues)
–**ate** ['læsəreit] vt *zerfleischen; zerreißen;* ~d
wound *Hieb–, Rißwunde* f ‖ ⟨fig⟩ *quälen, foltern* –**ation** [ˌlæsə'reiʃən] s *Zerfleischung* f; *Zerreißung* f ‖ *Riß* m ‖ *Fleischwunde* f; *–n* pl ‖ *Verletzung* f ⟨a fig⟩
   lacertian [læ'sə:ʃiən], –**tine** [læ'sə:tain] a *Eidechsen–*
   lacery ['leisəri] s ⟨embr⟩ *Spitzenwerk* n, →
lace [s]
   laches ['lætʃiz] s ⟨jur⟩ (*nur im* "equity"*-Recht*)
Versäumnis f, *Verzug* m *in der Geltendmachung* f
e–s Anspruches m
   lachrymal, ⟨Am a⟩ **lacrimal,** *-*cry– ['lækriməl]
a *Tränen–* –**mation** [ˌlækri'meiʃən] s *–vergießen* n
–**mator** ['lækrimeitə] s *Tränengas* n ‖ –**matory**
['lækrimətəri] **1.** a *Tränen* f pl *verursachend;
Tränen–* **2.** s ⟨ant⟩ *–fläschchen, –krüglein, –gefäß* n –**mose** ['lækrimous] a (~ly adv) *tränen-
reich, weinerlich*
   lacing ['leisiŋ] s *Schnürband* n; ~s [pl]
Schnürbänder, –senkel m pl
   lack [læk] **1.** s *Fehlen* n; *Mangel* m (of *an*; for
~ of *aus M. an*); ~ of equilibrium *Gleichge-
wichtsfehler* m; there is no ~ of *es fehlt nicht
an*; no ~ of *genug, reichlich ‖ Knappheit* f (~
of money *Geld–*) **2.** vt/i ‖ (*e–r S*) *ermangeln,*

(*etw*) *nicht h* || *fehlen an*; he lacks courage *es fehlt ihm an Mut* m; to ~ nothing *es nicht fehlen l* (in *an*) | *vi in Verlegenheit* f *s* (for *um*); → ~ing | [in comp] ~-lustre *glanzlos, matt* (eyes) **~ing** ['~iŋ] a *fehlend*; *arm* (in *an*); ⟨fam⟩ *verrückt*; to be ~ *fehlen* (to *od* from a th *e–r S*); water was ~ *es fehlte an Wasser* n; to be ~ in *fehlen an*; he is ~ in courage *es fehlt ihm an Mut* m **~land** ['~lænd] a *ohne Land* n (John ⚹)
lackadaisical [‚lækə'deizikəl] a (~ly adv) *sehnsuchtsvoll, schmachtend* || *geziert*
lackey, lacquey ['læki] **1.** s *Lak·ai* m **2.** vt (*jdm*) (*wie ein L.*) *dienen* || ~-moth ⟨ent⟩ *Ringelspinner* m
laconic [lə'kɔnik] a (~ally adv) *lakonisch*; *kurz u treffend* **~ism** [lə'kɔnisizm], **laconism** ['lækənizm] s *Lakonismus* m; *gedrängte Redeweise* f
lacquer, lacker ['lækə] **1.** s *Lack* m || *Lackarbeit* f **2.** vt *lackieren*; ~ed work *Lackarbeit* **~ing** [~riŋ] s *Lackieren* n; *Lackmanier, –arbeit* f
lacrimator ['lækrimeitə] s = lachrymator
lacrosse [lɑ'krɔs] s Fr *kanad. Nationalballspiel m* ⟨*Art Hockey*⟩
lactation [læk'teiʃən] s *Säugen, Stillen* –**teal** ['læktiəl] **1.** a *milchig*; *Milch–* **2.** [s pl] ~s ⟨anat⟩ *Milch–, Lymphgefäße* n pl || –**tic** ['læktik] a ⟨chem⟩ *milchig*; *Milch–* (~ acid) –**tiferous** [læk'tifərəs] *milchtreibend* (*Futter*) –**tometer** [–'tɔmitə] *Milchspindel* f –**tose** ['læktous] s ⟨chem⟩ *Milchzucker* m
lacuna [lə'kju:nə] L s (pl –ae; ~s) *Lücke* f (in a book) **~r** [~] **1.** s *Kassettendecke*; (*Dekken-*)*Kassette* f **2.** a *lückig*
lacustrine [læ'kʌstrin] a *See–*; ⟨praeh⟩ *Pfahlbauten–* (~ age)
lacy ['leisi] a *spitzenartig, Spitzen–*
lad [læd] s *Jüngling, junger Bursche* m; a bright ~ *ein heller Junge od Kopf* m || (*Stall-*)*Bursche* m || ⟨fam⟩ *lustiger, leichter Gesell* m; my ~! *alter Knabe*! m || ~ of the village *Hans Dampf in allen Gassen* **~die** ['~i] s *Knabe* m; *Jüngelchen* n || ⟨sl⟩ *alter Bursche* m
ladder ['lædə] **1.** s *Leiter* f; iron ~ ⟨min⟩ *die eiserne Fahrt* f || *Strickleiter* f; accommodation–~ *Fallreeptreppe* f || ⟨fig⟩ *Laufmasche f* (*im Strumpf*); *Stufenleiter* f ⟨*a* übtr⟩; the ~ of success *der Weg z Erfolg* m; to get one's foot on the ~ *e–n Anfang m, anfangen* | ~ fire, ~ firing ⟨artill⟩ *Staffelfeuer* n, ⟨mar⟩ *Gabelgruppenschießen* n || ~-proof *maschenfest* (*Strumpf* etc) | ~ rope ⟨mar⟩ *Fallreep* n || ~ salvo *Staffelsalve* f **2.** vi (of stockings) *Laufmaschen* f pl *m*
lade [leid] vt [pp: ~n & ~d] || (*Schiff*) (*be*)*laden*; (*Güter*) *auf–, verladen* (*auf Schiff*) | ⟨tech⟩ (*Wasser mit e–r Schaufel*) *schöpfen* (out of *aus*; into *in*) | **~n** ['~n] *beladen* (with); *reich beladen* (~ tables) || *belastet, –drückt* (with *v*)
ladida [‚lɑ:di'dɑ:] ⟨sl⟩ **1.** s *Geck, Stutzer* m **2.** vi *vornehm tun*
lading ['leidiŋ] s *Laden* n; *Ladung, Fracht* f || bill of ~ ⟨com⟩ *Ladeschein* m | ~-hole ⟨glass⟩ *Öffnung* f *des Frittofens* m
ladle ['leidl] **1.** s *gr Schöpflöffel* m || ⟨tech⟩ *Schaufel* f; ⟨found⟩ *Gießpfanne* f **2.** vt (*a* to ~ out) *auslöffeln, –schöpfen* || ⟨fig fam⟩ *wahllos verteilen* **~ful** [~ful] s *Löffelvoll* m (a ~ of oil *ein L. Öl*)
lady ['leidi] s **1.** ⟨poet rhet⟩ *Herrin* f || *Verehrte, Geliebte* f; my young ~ ⟨vulg⟩ *m–e Verlobte* f || Our ⚹ *Unsere Liebe Frau, die Mutter Gottes* ⟨fam⟩ the old ~ *°m–e alte Dame* f (*Mutter*) | ⟨vulg⟩ *your good* ~ *d–e Frau Gemahlin* f **2.** (*Frau vornehmer Geburt*) *Lady* f (*oft*: not a ~) || *gebildete Frau, Dame* f; [voc]

ladies *m–e Damen* pl || the leading ~ ⟨theat⟩ *die Hauptdarstellerin, Erste Liebhaberin* | ~ of easy virtue *Kurtisane* f, *Dirne* f, *Dame* f *des leichten Milieus* n; ⟨fam⟩ perfect ~ „*grande cocotte*" f; Our ⚹ of Pity ⟨arts⟩ *Piet·a, Schmerzensmadonna* f, *Vesperbild* n **3.** ⚹ *Lady* f (*als Titel* 1. *f die Gemahlinnen aller Peers unter dem* duke, *sowie der* baronets *u* knights 2. *f die Töchter des* duke, marquis, earl [To the ⚹ Joan Evans; ⚹ Joan Evans]) **4.** [attr] [*vor* pl ~] *weiblich*: ~ doctor *Ärztin* f [pl ~-doctors]; ~ singer *Sängerin* f || ~ dog *Hündin* f || ~ help *Stütze der Hausfrau* f **5.** [in comp] **a.** ~: ~-bird, ⟨Am⟩ ~-bug ⟨ent⟩ *Marienkäfer* m || ⚹ Chapel ⟨arch⟩ *Marienkapelle* f (*das Chor im Osten abschließend*) || ladies' choice (*Tanz-*)*Damenwahl* f || ⚹-Day ⟨ec⟩ *Mariä Verkündigung* f (*25. März*) || ⟨*bes* Am⟩ ~-dust *Puderfleck* m || ~-in-waiting *Hofdame*, *königl. Kammerfrau* f || ~-killer *Herzenbrecher* m || ~-love *Geliebte* f || ⚹ *Mayoress Gemahlin* f *des Lord Mayor* **b.** ~'s: ~'s bag *Damentasche* f | a ~'s hand *e–e Damenhand* f || ~'s-maid *Kammerzofe* f || ~'s man, ladies' man *Damen–, Salonheld* m || ~'s mantle ⟨bot⟩ *Frauen–, Marienmantel* m || ~'s-slipper ⟨bot⟩ *Frauenschuh* m || ~'s smock ⟨bot⟩ *Wiesenschaumkraut* n **~fied** [~faid] a ⟨fam⟩ *die gr Dame spielend* **~like** [~laik] a *wohlerzogen, vornehm* || *feminin* **~ship** [~ʃip] s *Rang, Stand* m, *Würde* f *e–r Lady* (*Anrede* Your Ladyship, → lady)
laevo– ['li:vou] L [in comp] *link, links*
laevulose ['li:vjulous] s ⟨chem⟩ *Fruchtzucker* m
lag [læg] **1.** s (*Faß-*)*Daube* f **2.** vt *mit Dauben* pl *belegen*
lag [læg] ⟨sl⟩ **1.** s *Sträfling, Zuchthäusler* m **2.** vt *ins Zuchthaus* n *bringen*; *festnehmen*
lag [læg] **1.** vi *zögern*; *langsam* (*er*)*gehen*; ⟨oft⟩ to ~ behind *a p hinter jdm zurückbleiben*; to ~ behind [adv] *zurückbleiben* || ⟨el⟩ *nacheilen* | ~ screw *Schlüsselschraube* f **2.** s * *der Letzte* (the place of ~) || *Verzögerung* f || ⟨tech⟩ (*mittlerer*) *Zeitabstand* m || ⟨aero⟩ *Rücktrift* **~ging** ['~iŋ] s *zaudernd, zögernd*
lagan ['lægən] s ⟨mar⟩ *Wrackgut* n *auf dem Meeresboden* m
lager ['lɑ:gə] s (*a* ~ beer) Ger *Lagerbier* n
laggard ['lægəd] **1.** a *zögernd, langsam, träge* **2.** s *Zauderer*; *langsamer tatenloser Mensch*; °*Schlappschwanz* m || ⟨for⟩ (*im Wuchs*) *zurückbleibender Baum* m
lagoon [lə'gu:n] s *Lag·une* f, *Haff* n
laic ['leiik] **1.** a *weltlich, Laien–* **2.** ~ *Laie* m (*Ggs* ecclesiastic) **~al** [~əl] a = laic **~ize** ['leiisaiz] vt *verweltlichen*
laid [leid] pp *v* to lay | ~-paper *gestreiftes Papier* n (*mit Wasserlinien*) | ~-out *geschmackvoll angelegt*; *gut ange–* (money) || ~-up *bettlägerig* || *angesammelt, aufgehäuft* || ⟨mar⟩ *abgetakelt*
lain [lein] pp *v* to lie
lair [lɛə] **1.** s (*T*) *Lager* n **2.** vi *sich lagern* **~age** ['~ridʒ] s (*Vieh-*)*Stallung* f; *Standort, Stand* m (cattle ~)
laird [lɛəd] s ⟨Scot⟩ *Gutsherr, Grundherr* m
laissez-faire ['leisei'fɛə] s Fr *Gehenlassen* n (*wie es läuft*); *Freisein* n *v Zwang* m
laity ['leiiti] s [pl konstr] the ~ *der Laienstand*; *die* Laien m pl (*Ggs* clergy) || the ~ *die Laien* pl (*Ggs* professionals)
lake [leik] s *See* m (on the ~ *am See*); finger ~ *Talsee, Zungenbeckensee* m; ⚹ *Väner Wener-See* m || the ⚹-country, ~-land, the ⚹s [pl] *der Lake-Distrikt* m (*Teile v* Cumberland, Westmoreland, Lancs.); the ⚹ *Poets die Dichter des Lake-Distrikts* (*bes* Wordsworth *u* Coleridge)

| ~-dwellers [pl] *Pfahlbaubewohner* m pl ||
~-dwellings [pl] *Pfahlbauten* m pl || ~ *freighter*
Binnenfrachter m || ~-side *Seelandschaft* f; by
the ~-side *am See* m; [attr] *am See gelegen*
(~-side villa)
lake [leik] s *tiefroter Farbstoff* m
lakelet ['leiklit] s *kl See* m
lakh [læk] s → lac
Lallan ['lælən] ⟨Scot⟩ **1.** a = of the Lowlands
of Scotland **2.** s (*a* ~s pl) = Lowland Scots
dialect
lam [læm] ⟨sl⟩ vt/i || (*jdn*) *schlagen*; *verprü-
geln* || *sch. gegen* (*etw*) | vi to ~ (it) *into a p
jdn* °*vermöbeln*, –*dreschen* || ⟨*bes* Am⟩ ~ it!
verdufte!
lama ['lɑ:mə] s *buddhist. Priester* m *in Tibet*
~**sery** [lɑ:'mɑ:səri] s *Kloster* n *f b. P.*
lamb [læm] **1.** s *Lamm* n; Holy ⁑ *Lamm* n
Gottes; with ~ *trächtig* || –*fleisch* n || ~'s
lettuce ⟨bot⟩ *Feldsalat* m || ~'s-wool *Lamm–,
Schafwolle* f || ~s [pl] ⟨fig⟩ *Lämmerwölkchen*
n pl **2.** vt/i || (of lambs) to be ~ed *geworfen w*
| vi *lammen*
lambaste [læm'beist] vt ⟨sl⟩ *gehörig vermöbeln* (–*prügeln*); *abkanzeln*
lambency ['læmbənsi] s (of light) *Spielen,
Züngeln*; *leichtes Funkeln* n –**ent** ['læmbənt] a
(of light) *leicht umsp.ielend, züngelnd*; *funkelnd*
|| ⟨fig⟩ *spielerisch geistreich* (wit)
lamb– || ~**kin** ['læmkin] s *Lämmchen* n;
⟨*a* übtr⟩ *Kind* n ~**like** ['læmlaik] a *lammfromm,
sanft* ~**skin** ['læmskin] s *Lammfell, –leder* n
lambrequin ['læmbəkin] s Fr *ausgezackter
Behang* m *über Fenstern* n pl (etc)
lame [leim] **1.** a *lahm* (~ *of od* in a leg *auf
e–m Bein*); → *duck* || *unbefriedigend* || (of
metre) *hinkend* **2.** vt *lahm schlagen*; *lähmen*
⟨*a* fig⟩ ~**ly** ['~li] adv *stümperhaft, gebrochen*
(to speak French ~) ~**ness** ['~nis] s *Lahmheit* f
lamella [lə'melə] L s [pl –ae] *Lam.elle* f,
dünnes Plättchen; *Blättchen* n | ~r [~] a *blätte-
rig, lamellar, lam.ellenartig*; *Lamellen–* | ~
powder ⟨mil⟩ *Streifenpulver* n
lament [lə'ment] **1.** s *Jammer* m, *Wehklage* f
|| *Klagelied* n **2.** vt/i || *bejammern, beklagen* | vi
(*weh*)*klagen*; *trauern* (for, over *um*) ~**able**
['læməntəbl] a *traurig, klagend* || *elend, bekla-
genswert* || *jammervoll, kläglich* (~ end) ~**ably**
['læməntəbli] adv *kläglich, jämmerlich* || *höchst*
~**ation** [,læmen'teiʃən] s *Wehklage* f; ⁑ *for
Christ* ⟨arts⟩ *Beweinung* f (*des Leichnams*)
Christi; ~s [pl] (abbr Lam.) ⟨bib⟩ *die Klage-
lieder* n pl Jeremiae (the authorship of ⁑s)
~**ed** [lə'mentid] a *betrauert*; the late ~ *der kürzlich Verstorbene* m
lamina ['læminə] L s [pl –ae] *dünnes Plättchen* n; ⟨geol⟩ *dünne Schicht* f ~**r** [~], ~**ry**
[~ri], ~**te** ['læminit] a *in Plättchen or Schichten* f pl; *blätterig*
laminate ['læmineit] vt/i || (*Metall*) *in Plätt-
chen hämmern, strecken* || *in Schichten, Blätter
spalten* | vi *sich blättern* | ~**d** [~id] a *in Schichten*
f pl; *blätterig, geschichtet*; ⟨geol⟩ *schichtig,
schieferig* || ~ *paper Hartpapier* n || ~ *wood
Kunstholz* n
Lammas ['læməs] s ⟨ec⟩ *Petri Kettenfeier* f
(*1. Aug.*)
lamp [læmp] s (*Öl–, elektr.*) *Lampe* f; *fog* ~
⟨mot⟩ *Nebellampe* f; *inspection* ~ *Hand–*;
pocket ~ *Taschen–* | ⟨fig⟩ *Leuchte* f, *Licht* n
(~ *of hope*) || ~s [pl] ⟨Am⟩ *Augen* n pl
| ~-black *Lampenruß* m || ~-chimney, ~-glass
(*Lampen-*)*Zylinder* m || ~ *pendant Hänge–* ||
~-post *Laternenpfahl* m, ⟨fig fam⟩ *lange Latte* f
(*P*) || ~-shade *Lampenschirm* m, –*glocke* f
|| ~ *signal*(*l*)*er* ⟨mil⟩ (*P*) *Blinker* m ~**light**
['~lait] s *Lampenlicht* n (in the ~ *beim L.*)
~**lighter** ['~laitə] s *der Laternenanzünder*

lampas ['læmpəz] s ⟨hors vet⟩ *Frosch* m
(*Gaumenschwellung*)
lampas [~] s *Seidenlamp.as* m
lampern ['læmpən] s ⟨ich⟩ *junges Neunauge* n
lampion ['læmpiən] s It *Glaslämpchen* n (*f
Illuminationen*)
lampoon [læm'pu:n] **1.** s *Schmähschrift,
Satire* f **2.** vt *e–e Schmähschrift* m *auf* (*jdn*);
schmähen ~**er** [~ə], ~**ist** [~ist] s *Verfasser e–r
Schmähschrift* m
lamprey ['læmpri] s ⟨ich⟩ *Neunauge* n
lanate ['læneit] a *wollig, Woll–*
Lancastrian [læŋ'kæstriən] **1.** a ⟨engl⟩
Lancaster– **2.** s *Bewohner* m *v* Lancaster(shire)
|| *Mitglied* n, *Anhänger* m *des Hauses* n Lancaster
lance [lɑ:ns] **1.** s ⟨mil⟩ *Speer* m, *Lanze* f; to
couch the ~ *die L. einlegen* | *Ulan* m || ~-
corporal ⟨mil⟩ *Gefreiter* m || → *free* | ~-*rest*
⟨hist⟩ *Rüsthaken* m **2.** vt *mit e–r Lanze* f *an-
greifen*; *durchbohren* || *mit e–r Lanzette* f *öffnen,
aufschneiden* ~**let** [~lit] s ⟨zoo⟩ *Amphi.oxus* m
~**olate** ['lɑ:nsiəlit] a ⟨bot⟩ *spitzzulaufend, lan-
zettförmig* ~**r** ['lɑ:nsə] s ⟨mil⟩ *Ulan* m | ~s
[pl] *Lanciers* m pl (*Art Quadrille*); *Musik* f *dazu*
~**t** ['lɑ:nsit] s ⟨med⟩ *Lanz.ette* f || (*a* ~-*arch*)
⟨arch⟩ *Spitzbogen* m || (*a* ~-*window Spitzbo-
genfenster*; *triple* ~ *Drillings–, Drei.einigkeits-
fenster* n
lanciform ['lɑ:nsifə:m] a *lanzenförmig, spitz*
lancinate ['lɑ:nsineit] vt (*Wunde*) *aufreißen*;
durchbohren; –*ting* ⟨fig⟩ *durchbohrend, stechend*
(pains)
land [lænd] s **1.** *Land* n (*Ggs* sea, water); to
make ~ *Land sichten* || *Grund u Boden* m ||
Land, Gebiet n; ⟨Am *oft*⟩ = ⟨engl⟩ *country*
(Belgium and other ~s); the ~ *of the leal*
⟨Scot⟩ *der Himmel*; the ~ *of cakes Schottland*;
the ~ *of Nod der Schlaf* | *Grundbesitz* m;
Grundstück n; ⟨bal⟩ *Grundstücke* n pl; ~ *and
buildings* ⟨Am bal⟩ *bebaute u unbebaute Grund-
stücke* n pl || ~s [pl] *Ländereien* f pl; *Gelände* n
| ~s [pl] (*Ggs* grooves) *Felder* n pl (*im Lauf
e–r Feuerwaffe*) || by ~ *z Lande*; *auf dem Land-
wege* || to see how the ~ *lies* ⟨fig⟩ *sehen, wie die
S steht* **2.** [attr] *Land–* | ~ *agent Güteragent* m
|| ~-*bank Grundkreditbank* f || ~-*based* ⟨mil⟩
v L. operierend, auf L. stationiert || ~-*controlled
climate L.-Klima* n || ~-*force Landheer* n, *Land-
macht* f || ~-*grabber Landschnapper, –räuber* m
(*in Irland*) || ~-*jobber Gütermakler* m || ~-
league (*irische*) *Landliga* f || ~-*locked* (of bay,
etc) *vom Land* n *eingeschlossen* || ~-*loper
Landstreicher* m || ~-*lubber* ⟨mar⟩ *Landratte* m
(*P*) || ~-*mark* → landmark | ~ *reformer
Bodenreformer* m || ⁑-*rover* ⟨mot⟩ (*Art*) *Kübel-
wagen* m || ~-*shark* ⟨Am⟩ = ~-*grabber* ||
~-*surveyer Landmesser* m || ~-*tax Grundsteuer*
f || ~-*tied* ⟨geog⟩ *landfest* (*geworden*) (island)
|| ~-*wind*, ~-*breeze Landwind* m
land [lænd] vt/i **A.** vt **1.** (*Truppen*) *landen*
|| (*Ladung*) *löschen* | (*Fisch*) *ans Land* n *bringen*
2. (*jdn*) *vom Wagen* m *ab–, niedersetzen* (at *an*;
in *in*; on *auf*); to be *landed landen* (on *auf*)
3. ⟨sl⟩ to ~ *a p a blow jdm e–n Schlag* m *versetzen*; *I'll* ~ *you one ich werde dir eins v.*
4. ⟨fig⟩ (*jdn*) *versetzen, bringen, verwickeln* (in
in); to ~ *o.s. in*, to *be* ~ed *in geraten in*
5. ⟨fam sport⟩ (*Pferd*) (*als erstes*) *ans Ziel* n
bringen; (*Sieg*) *landen* | *jdn gewinnen, fangen,
kriegen* | (*Preis, Geld*) *gewinnen*; ⟨Am⟩ to ~
a p a th jdm etw einbringen; *kriegen, finden* (to
~ *a job*) **B.** vi ⟨mar & aero⟩ *landen, aussteigen*;
(of ship) *anlegen* | ⟨übtr⟩ *landen, ankommen,
gelangen*; to ~ *on one's head auf den Kopf* m
fallen | ⟨sport⟩ (*als erster*) *ans Ziel* n *k* | ~**ed**
['~id] a *gelandet*
land! [lænd] intj ⟨Am⟩ (*a* ~s!, my ~! ~
sakes) (*Verwunderung:*) *ach du m–e Güte!*

landau ['lændə:] s Ger *Landauer (vierrädr. Wagen)* m; State ~ *Staatswagen, Karosse* f ~**let** [ˌlændə:'let] s *Halblandauer* m ‖ ⟨mot⟩ *Kraftwagen* m *mit halbaufklappbarem Verdeck* n

landed ['lændid] a *aus Land* n *bestehend*; *Land–, Grund–* ‖ ~ *property Grundbesitz* m ‖ *Ländereien besitzend, begütert* ‖ ~ *gentleman Landedelmann* m

lander ['lændə] s *der Landende* ‖ ⟨min⟩ *Abnehmer* m *der Erzkübel* f

land– ‖ ~**fall** ['lændfə:l] s ⟨mar⟩ *Landsichtung* f ‖ ⟨aero⟩ *Landung* f ~**grave** ['lændgreiv] s Ger *Landgraf* m ~**gravine** ['lændgrəvi:n] s Ger *Landgräfin* f ~**holder** ['lændˌhouldə] s *Gutsbesitzer* m

landing ['lændiŋ] s ⟨mar & aero⟩ *Landen*; *Anlegen*; *Ausladen* n; *Landung* f ‖ *Landungs–, Löschplatz* m ‖ *Treppenabsatz* m ‖ ⟨aero⟩ *belly* ~ *Bauchlandung* f; *blind* ~ *Blind–*; *bumpy* ~ °*Bums–*; *crash* ~ *Bruch–*; *deck* ~ *Träger–*; *down-wind* ~ *L. mit Rückenwind* m; *forced* ~ *Not–*; *off field* ~ *Außen–*; *pan-cake* ~ *Bums–, Sack–*; *precision* ~ *Ziel–*; *rocking-chair* ~ ⟨sl⟩ °*Fahrstuhl–*; *rough* ~ *Bums–*; *to make a safe* ~ *glücklich landen*; *three-point* ~ *Dreipunkt–* f ‖ [attr] *Landungs–*; *Lande–* ⟨aero⟩ ~ *aids* pl *Landehilfsmittel* n pl ‖ ~ *area Landefläche* f, *–bereich* m; *Absetzraum* m *(f Luftlandetruppen)* ‖ ~ *barge* gr *Landungsboot* n ‖ ~ *beam* ⟨aero⟩ *Lande(leit)strahl* m ‖ ~ *clearance Landegenehmigung* f ‖ ~ *craft* ⟨mar⟩ *kl Landungsboot* n ‖ ~*-deck Flugdeck* n ‖ ~ *distance Landelänge, –strecke* f, *Auslauf* m ‖ ~ *facility Landehilfsmittel* n; *–einrichtung, –möglichkeit* f ‖ ~*-field Rollfeld* n ‖ ~ *gear Fahrwerk* n; ~*-gear bracing Fahrwerkauskreuzung* f; ~*-gear cushioning Fahrwerkabfederung* f ‖ ~ *impact Landestoß* m ‖ ~*-net* ⟨ich⟩ *Hamen, Ketscher* m ‖ ⟨aero⟩ ~ *on nose* ⟨aero⟩ *Kopfstand* m ‖ ~ *on water Wassern* n ‖ ~ *party* ⟨tact⟩ *Landungstrupp* m ‖ ~*-place Landungsplatz, –hafen* m ‖ ~ *point* ⟨tact⟩ *Landungsstelle* f ‖ ~ *run* ⟨aero⟩ *Landestrecke* f, *Ausrollen* n ‖ ~ *stage (schwimmende) Landestelle* f, *Landungsbrücke* f ‖ ~ *strip Rollfeld* n, *Landebahn* f, *kl Flugplatz* m ‖ ~*-T* od *tee Landekreuz* n ‖ ~*-wheel Laufrad* n ‖ ~ *with engine cut off Landung* f *ohne Gas* n

land– ‖ ~**lady** ['lænˌleidi] s *Wirtin* f (of an inn, lodgings) ~**less** ['lændlis] a *unbegütert, ohne Land* n ‖ *ohne Land in der Nähe* f ~**lord** ['lænlə:d] s *Landbesitzer, Gutsherr* m ‖ *Hausbesitzer, –wirt* m ‖ *Wirt* (of an inn) ~**lordism** [~izm] s ⟨fam⟩ *Hausherrenherrlichkeit* f ~**mark** ['lændmɑ:k] **1.** s *Grenzlinie* f; *Grenzstein* m ‖ ⟨fig⟩ *Markstein* m; *Wahrzeichen* n **2.** vt *kennzeichnen* ~**owner** ['lændˌounə] s *Grundbesitzer* m ~**owning** ['lændˌouniŋ] a *grundbesitzend* (~ *classes*) ‖ *Grundbesitzer–* ~**rail** ['lændreil] s ⟨orn⟩ *Wiesenläufer* m ~**scape** ['lænskeip] s *Landschaft* f; [attr] *Landschafts–*, ~ *gardener –gärtner, Gartenarchitekt* m; ~*-gardening Landschaftsgärtnerei* f ‖ ⟨paint⟩ *Landschaftsbild* n ‖ ~ *shape* ⟨phot⟩ *Querformat* n ~**scaper** [~ə] s *Landschaftsgärtner* m ‖ *Landschaft(smal)er* m ~**slide** ['lændslaid] s ⟨geol⟩ *Erdrutsch* m; (head of a) ~ *Abbruchgebiet* n ‖ ⟨fig pol⟩ gr *Sieg*; *Umsturz, –schwung* m, *–wälzung* f ~**slip** ['lændslip] s *Erdrutsch, Bergsturz* m ‖ ⟨Am fig pol⟩ = *landslide* ~**sman** ['lændzmən] s *Landbewohner* m; ⟨mar⟩ = *land-lubber* ~**ward** ['lændwəd] **1.** a *landwärts gelegen; Land–* **2.** adv (a ~s) *landwärts*

lane [lein] s *Heckenweg* m ‖ *Gasse* f; *Gäßchen* n; *Pfad* m ⟨a fig⟩ ‖ ⟨mot⟩ *Fahrbahn, –spur* f (to move into the right [left] ~ *of traffic sich rechts* [links] *einordnen*) ‖ ⟨aero⟩ ~ *of approach Anflugschneise* f ‖ the red ~ *die „hohle Gasse"* (Kehle) f ‖ it is a long ~ *that has no turning*

selbst der längste Tag m *hat einmal ein Ende* n ‖ (*Pn*) *Spalier* n

langrage ['læŋgridʒ] s *Art Kartätschenladung* f

lang syne ['læŋ'sain] Scot **1.** adv *längst*; *vor langer Zeit* f **2.** s *längst vergangene Zeit* f

language ['læŋgwidʒ] s **1.** *menschliche Sprache* f; *Worte* n pl; ~ *form Sprachform* f ‖ *die bes. Sprache* (*e–s Volkes*) (the English ~); *artificial* ~, *constructed* ~ *Kunstsp.* (*z. B. Esperanto*); *a dead* ~ *e–e tote Sp.* **2.** *Diktion, Ausdrucksweise* f; *bad* ~ *Schimpfworte, gemeine Reden*; *strong* ~ *Kraftausdrücke* pl ‖ *Stil* m ‖ *Phraseologie, Terminologie* f (the ~ *of science*) ‖ ⟨vulg⟩ *Fluchen* n, *Schimpfworte* pl

languid ['læŋgwid] a (~*ly* adv) *matt, schlaff*; *lappig* ‖ *schwach*; *träge* ‖ *langweilig*; *schleppend* ‖ ⟨com⟩ *flau* ‖ ⟨fig⟩ *lau* ~**ness** [~nis] s *Mattigkeit, Schlaffheit* f ‖ *Flauheit* f

languish ['læŋgwiʃ] vi *schwach, matt w* ‖ *schlaff w*; *erschlaffen*; (of interest) *–lahmen*; ⟨com⟩ *darniederliegen* ‖ *sich härmen*, (*ver*)*schmachten* (under *unter*); *schmachten* (for *nach*) ~**ing** [~iŋ] a (~*ly* adv) *schmachtend* (look) ~**ment** [~mənt] s (*Liebes-*)*Sehnsucht* f; *Schmachten* n

languor ['læŋgə] s *Mattigkeit, Abspannung* f ‖ *Trägheit* f ‖ *Stumpfheit, Lauheit* f ~**ous** [~rəs] a (~*ly* adv) *schlaff, matt* ‖ *drückend*

lanigerous [læ'nidʒərəs] a *wollig, Woll–*

lanital ['lænitəl] s *Art* f (*italienische*) *Kunstwolle* f

lank [læŋk] a *schlank, schmächtig, lang u dünn* ‖ *schlicht, glatt* (hair) ~**iness** ['~inis], ~**ness** ['~nis] s *Schlankheit, Schmächtigkeit* f ~**y** ['~i] a *schmächtig, hoch aufgeschossen*

lanner ['lænə] s ⟨orn⟩ *Würg–, Blaufußfalke* m ~**et** [~rit] s *das Männchen dieses*

lanolin(e) ['lænoli:n] s ⟨pharm⟩ *Lanol·in* n (*Schafwollfett*)

lansquenet ['lɑ:nskənet] s Fr ⟨hist⟩ *Landsknecht* m ‖ *Hasardkartenspiel* n

lantern ['læntən] s *Laterne* f ‖ (of a lighthouse) *Scheinwerferraum* m ‖ ⟨arch⟩ *Laterne* (*Kuppelaufsatz*) ‖ *Chinese* ~ *Papierlaterne* f, *Lampion* m ‖ *dark* ~ *Blend–*; *magic* ~ *Laterna magica*; *dead man's* ~ *Friedhofs–, Lichtsäule, Totenleuchte* f ‖ [attr] *Leucht–* ‖ ⟨ich⟩ ~*-fish* ⟨ich⟩ *Laternenfisch* m ‖ ~*-jawed hohlwangig* ‖ ~*-jaws* [pl] *eingefallene Backen* f pl ‖ ~*-slide* ⟨phot⟩ *Lichtbildplatte* f, *Diapositiv* m; ~*-slide lecture Lichtbildervortrag* m, ~*-slide pictures*, ~*-slides* [pl] *Lichtbilder* n. pl (with ~*-slides*) ‖ ~*-tower* ⟨arch⟩ *Vierungsturm* m

lanthanum ['lænθənəm] s ⟨chem⟩ *Lanth·an* n (*ein Grundstoff*)

lanuginous [læ'nju:dʒinəs] a *wollig, weichhaarig–go* [læ'nju:gou] s L ⟨anat⟩ *den Embryo* m *bedeckendes Wollhaarkleid* n

lanyard ['lænjəd] s ⟨mar⟩ *Taljereep* n; *leinene Schleife, Schlinge* f ‖ *Achselschnur* f ‖ *firing* ~ ⟨artill⟩ *Abzugschnur* f

Laodicean [ˌleiodi'siən] **1.** a *lau, gleichgültig* (in religion etc) **2.** s *laue P*

lap [læp] s *Schoß, Zipfel* m ‖ (*P*) *Schoß* m; on the ~ *of the Gods im Sch. der Götter* m pl; in the ~ *of luxury im Sch. des Glücks* n ‖ ~*-dog Schoßhund* n ‖ ⟨aero⟩ ~*-belt Sitzgurt* m ‖ ⟨Am⟩ ~*-robe Reisedecke* f ~**ful** ['~ful] s *Schoßvoll* m (a ~ of ..)

lap [læp] **I.** vt/i **A.** vt **1.** (*etw*) *wickeln, falten* (about, round *um*) ‖ *einschlagen, –wickeln* (in) ‖ ⟨fig⟩ *umgeben, einschließen* (in); to be ~*ped in sicher or liebevoll eingehüllt s in, befangen s in* **2.** *über–e–a–legen*; (*etw*) *legen* (on *auf*, over *über*) **3.** ⟨sport⟩ (*jdn*) *ein–, überholen* ‖ (*Strecke*) *zurücklegen, durchlaufen* **B.** vi *überstehen, vorstehen* (into *in*); to ~ *over* ⟨fig⟩ *hinüber–, hin-*

einragen (into) **II.** s *der überhängende Teil* ‖ *Vorstoß, Falz* m ‖ ⟨spin⟩ *Wickel* m **|** ⟨racing⟩ *Runde* f; a ten ~ *race ein Zehnrundenrennen* n; ~ *arrears Rundenrückstand* m; ~ *gain –gewinn* m; ~ *lead –vorsprung* m; ~ *judge –richter* m; ~ *status –stand* m **|** ⟨tech⟩ ~ *joint Überlappung* f **|** ~ *welding Lappschweißen* n **~ping** ['~iŋ] s *Übergreifen*; ~-*machine* ⟨spin⟩ *Lappingmaschine* f

lap [læp] **1.** vt/i ‖ (*T*) (*etw*) *auflecken* ‖ ⟨vulg⟩ (*a* to ~ *up, down*) *verzehren, –schlingen* ⟨*a* fig⟩ ‖ (of water) *plätschern an, gegen* **|** vi *lecken* ‖ *plätschern* (at *an*; against *gegen*; on *auf*) **2.** s *Lecken* n ‖ *Plätschern, Anschlagen* n ‖ ⟨sl⟩ *labberiges Gesöff* n

lap [læp] **1.** s ⟨med⟩ *Polierrad* n, *–scheibe* f **2.** vt *schleifen, polieren*

laparotomy [ˌlæpə'rətəmi] s ⟨surg⟩ *Bauchschnitt* m

lapel [lə'pel] s *Rockaufschlag* m (on the left ~ *auf dem linken R.*)

lapidary ['læpidəri] **1.** a *Stein–; Lapidar–; wuchtig* **2.** s *Edelsteinschneider* m ‖ *Steinkenner* m **–ate** ['læpideit] vt *steinigen* **–ation** [ˌlæpi'deiʃən] s *Steinigung* f ‖ *Steinwerfen* n

lapilli [lə'pilai] s L pl *ausgeworfene Lavastückchen* n pl

lapis lazuli [ˌlæpis'læzjulai] s L ⟨minr⟩ *Lasurstein* m

Laplander ['læplændə], **Lapp** [læp] s *Lappländer(in* f) m; *Lappe* m, *Lappin* f **Lappish** ['læpiʃ] **1.** a *lappländisch* **2.** s *das Lappländische*

lappet ['læpit] s (of a coat) *Aufschlag; Zipfel* m **|** *Krause* f, *Spitzenstreifen* m ‖ *(Haut-)Lappen* m

lapse [læps] **I.** s **1.** *Versehen* n; *Fehler* m, *Versäumnis* f (a ~ of duty) ‖ *Mißgriff* m, *Entgleisung* f **|** moral. *Fehltritt; Sündenfall* m **2.** *Abfallen, –gehen, –weichen* (from *v*; from *virtue*) ‖ *Verfallen; Fallen* n (from .. to); *Sinken* n (into *in*) **|** ⟨jur⟩ (of rights) *Verfall* m **3.** (of water) *Dahingleiten* n, *Lauf* m **|** (of time) *Ab–, Verlauf* m; *Periode, Zeit* f (a ~ of 3 years) **II.** vi **1.** *e–n Fehltritt tun, fallen* **2.** *abfallen* (from *v*); *verfallen* (into *in*); to ~ *back zurückgehen, fallen* (into *in*) ‖ ⟨jur⟩ *heimfallen* (to *an*); *verfallen, erlöschen* **3.** *dahingleiten*; to ~ *away* (of time) *verstreichen*

lapwing ['læpwiŋ] s ⟨orn⟩ *Kiebitz* m

lar [lɑ:] L s (pl ~es ['lɛəri:z] ⟨ant⟩ *Hausgott* m; ⟨übtr⟩ *Stammvater* m **|** ~es and penates [pl] *häuslicher Herd* m, *Heim* n

larboard ['lɑ:bəd] s † ⟨mar⟩ (*jetzt:* port) *Backbord* n (*linke Seite des Schiffes*); [attr] *Backbord–*

larcenar ['lɑ:sinə], **–nist** [–nist] s *Dieb* m **–nous** ['lɑ:sinəs] a *diebisch, Diebs–* **–ny** ['lɑ:sni] s ⟨jur m.m.⟩ *Diebstahl* m ‖ the *prisoner* indicted of ~ *committed the theft on May 6* **|** *petty* ~ *einfacher D.*; *grand* ~ *schwerer D.*

larch [lɑ:tʃ] s ⟨bot⟩ *Lärche* f

lard [lɑ:d] **1.** s *Schweineschmalz, Schmalz* n ‖ ~ *oil Schmalz–, Lardöl* n **2.** vt (*Fleisch*) *spicken* ‖ ⟨fig⟩ *spicken, schmücken* (with) **~aceous** [lɑ:'deiʃəs] a *fettartig, Fett–* **~er** ['lɑ:də] s *Speisekammer* f; *–schrank* m **~ing** ['iŋ] s [attr] *Spick–* (~-*needle*, ~-*pin*) **-on** ['~ɔn], **~oon** [lɑ:'du:n] s *Speckstreifen* m **~y** ['~i] a *fettig, Fett–* **~y-dardy toff** [lɑ:'dɑ:di tɔf] s ⟨vulg⟩ *verweichlichter Stutzer* m

large [lɑ:dʒ] **I.** a (~ly adv) **1.** † *groß–, hochherzig; weitherzig, großzügig* **~s** *weit, umfassend;* ~-*scale* [attr] *umfangreich →* **4.** ‖ *groß, massig* ‖ *beträchtlich; zahlreich* ‖ *groß, hoch* (income); *reichlich* (lunch) **|** *tönend, voll* (sound) ‖ *imponierend, pomphaft* (manners) ‖ ~-*foundry* ⟨tech⟩ *Großschmelze* f ‖ ⟨fam⟩ ~ *order harte Nuß* f ⟨fig⟩ ‖ a ~ *producer Großproduzent*

m ‖ on the ~ *side etwas zu weit* **3.** ⟨mar⟩ *raum* (wind) **4.** [in comp] ~-*handed freigebig, großherzig* ‖ ~-*hearted wohltätig, großherzig* ‖ ~-*minded tolerant, edel–, großdenkend* ‖ ~-*scale* [attr] *Groß–* (attack *–angriff,* employment [of forces etc] *–einsatz,* fighting *–kampf,* operation *–einsatz*) ‖ ~-*scale manufacture Massenherstellung* f ‖ ~-*scale map Karte* f *großen Maßstabes* **m II.** adv *groß,* to write ~ *groß schreiben* ‖ *groß, pompös, großsprecherisch* (to talk ~) ‖ *by and* ~ *im großen* (*und*) *ganzen* **III.** s [*nur in:*] at ~ *frei, auf freiem Fuße* (he is still at ~) ‖ *ausführlich; als Ganzes, in der Gesamtheit* f (the public at ~); *ohne Ziel* n, *planlos,* to talk at ~ *in den Tag hineinreden* ‖ in (the) large *im großen, als Ganzes* **~ly** ['~li] adv *in hohem Maße; z großen Teil, in großem Umfange, größtenteils* ‖ *reichlich* **~ness** ['~nis] s *Größe, Weite* f, *Umfang* m ‖ *Freigebigkeit; Großzügigkeit* f ‖ *moral. Größe* f

largess(e) ['lɑ:dʒes] s *Schenkung, Gabe* f ‖ *Freigebigkeit* f

largo ['lɑ:gou] It ⟨mus⟩ **1.** adv *langsam* **2.** s [pl ~es] *Largo* n

lariat ['læriət] s *Lasso* n

lark [lɑ:k] s ⟨orn⟩ *Lerche* f; to rise with the ~ *mit den Hühnern* n pl *aufstehen* **|** *calandra* ~ *Kalander–;* crested ~ *Hauben–;* sky ~ *Feld–;* wood ~ *Heidelerche* f

lark [lɑ:k] **1.** s ⟨fam⟩ *Streich, Ulk, Jux* m (what a ~! [*ist das nicht*] *zum Schießen!*); °*Feez* m; to have a ~ *e–n F. h, sich e–n Spaß* m, *s–n Spaß h* (with) **2.** vi *tolle Streiche* m pl *m;* to ~ *about herumtollen* **| ~y** ['~i] a *spaßig, z Scherzen aufgelegt*

larkspur ['lɑ:kspə:] s ⟨bot⟩ *Rittersporn* m

larrikin ['lærikin] s ⟨Austr sl⟩ *jugendl. Krakeeler, Raufbold, Straßenlümmel* m

larrup ['lærəp] ⟨sl⟩ **1.** vt *verprügeln,* ° *möbeln* **2.** *Dresche, Haue* f

larva ['lɑ:və] s (pl –ae [–vi:]) ⟨hist⟩ *Gespenst* n ‖ *Larve, Puppe* f, *Raupe* f **|** ~-*fly* ⟨ent⟩ *Raupenfliege* f **| ~l** [~l] a *Larven, Raupen–*

laryngeal [lærin'dʒiəl] a *Kehlkopf–* **–gitis** [ˌlærin'dʒaitis] s *–entzündung* f **–gophone** [lə'ringəfoun] s *–mikrophon* n **–goscope** [lə'ringəskoup] s ⟨med⟩ *–spiegel* m **-x** ['læriŋks] s [pl ~es] Gr ⟨anat⟩ *Kehlkopf* m

Lascar ['læskə] s *L askar, ostindischer Matrose* m

lascivious [lə'siviəs] a (~ly adv) *lüstern, geil; unzüchtig* **~ness** [~nis] s *Lüsternheit, Geilheit* f

lash [læʃ] vi/t **1.** vi *e–e plötzliche Bewegung* f *m* ‖ to ~ *at heftig angreifen* **|** ~ *down* (of rain) *niederprasseln;* ~ *out sich schlagen*; (of horse) *hinten ausschlagen;* ⟨fig⟩ *ausbrechen* (into *in*) **2.** vt (*jdn*) *peitschen; schlagen* ‖ to ~ *the tail* (*T*) *mit dem Schwanze um sich schlagen* ‖ (of water) *schlagen an, peitschen gegen, an* **|** ⟨fig⟩ *geißeln, verspotten* ‖ (*jdn*) *reizen* (to *z*); *treiben* (into *in*); to ~ *o.s. into a fury wütend w ~er* [*~ə*] s *der über das Wehr fließende Wasser* n; *Öffnung* f, *Wehr* n **~ing** ['~iŋ] s *Peitschen* n; *Tracht Prügel* f **|** ~s [pl] ⟨Anglo-Ir⟩ *Fülle* f (of *an*)

lash [læʃ] s *Peitschenhieb* m; the ~ *Prügelstrafe* f ‖ *Peitschenschnur* f **|** ⟨fig⟩ *Rute, Geißel* f; *Hieb* m

lash [læʃ] vt *festbinden* (on, to *an*); *zurren* **|** ~-*up* ⟨fam⟩ *Improvisation* f **~ing** ['~iŋ] s *Gebinde* n; ⟨mar⟩ *Rödel–, Sorrtau* n ‖ ~ *wire Bindedraht* m

laspring ['læspriŋ] s ⟨ich⟩ *junger Lachs* m

lass [læs] s ⟨Scot & Nordengl⟩ *Mädchen* n ‖ ⟨poet⟩ *Liebste* f **~ie** ['~i] s *kl Mädchen; Liebchen* n

lassitude ['læsitju:d] s *Müdigkeit, Abspannung* f

lasso ['læsou] **1.** s [pl ~s] *Lasso* n **2.** vt [~es, ~ed, ~ing] *mit dem L. fangen*

last [lɑ:st] s *Leisten* m; to put on the ~ *über den L. schlagen*; to stick to one's ~ *s–n Pflichten* f pl *nachgehen*

last [lɑ:st] s *Maß* n *f Getreide* n (etc), a ~ of wheat = 10 quarters

last [lɑ:st] **I.** a **1.** *letzt(e), –er, –es*); the ~ two *die beiden letzten* ‖ the ~ day *der Jüngste Tag* ‖ the ~ th in .. *das Neueste in ..* | [abs] ~ th ⟨fam⟩ *spät in der Nacht* f, → first th ‖ for the ~ time *z letztes Male*; in the ~ analysis *letzten Endes*; to the ~ man *bis auf den letzten Mann, restlos* | the ~ but one *der Vorletzte*; the year before ~ *im vorletzten Jahre* ‖ the ~ man to invent [inf] *der letzte, der erfunden hätte,* → first; → leg **2.** *vorig, vergangen* (~ Christmas); ~ night *gestern abend* ‖ my ~ *mein letzter Brief* m **3.** *zuletzt übrigbleibend*; *einzig* (the last remedy) **4.** *letzt, höchst unwahrscheinlich* or *ungeeignet* (the ~ p I expected to arrive) **5.** *letzt, entscheidend* (the last word on [*über*]) ‖ *äußerst, höchst* (of the ~ importance) **II.** s (*der, die, das*) *Letzte* (he would be the ~ to desire *er würde der L. s, der wünschte*); *Letzterwähnte* m; these ~ *diese Letzten* m pl ‖ *Ende* n, *Tod* m (his ~) | ~ of all *der Allerletzte*; *z allerletzt, zuletzt* ‖ to breathe one's ~ *den l. Atem* m *aushauchen* ‖ to look one's ~ *den l. Blick* m *werfen* (on *auf*) ‖ ⟨fam⟩ to hear, see the ~ of a p, of a th *nichts mehr v jdm, v e–r S hören, sehen*; when did you see the ~ of him? *wann hast du ihn zuletzt gesehen?* ‖ ⟨Am⟩ the ~ of May *Ende Mai* ‖ at ~, at (the) long ~, at the ~ *zuletzt, schließlich*; *endlich* ‖ to *od* till the ~ *bis z Ende* n (*Tode*) **III.** adv *zuletzt, an l. Stelle* f (to come ~) ‖ ~ not least *nicht z wenigsten*; *zuletzt, aber nicht zumindest* ‖ ~-mentioned *zuletzt erwähnt* | *z letzten Male* | *schließlich* **~ly** ['~li] adv *zuletzt; schließlich*

last [lɑ:st] **I.** vi/t **1.** vi *dauern, bleiben, währen* ‖ *am Ruder* n *bleiben* ‖ (of colour) (sich) *halten* | [*mit* dat *der P*] to ~ a p *jdm genügen; aus–, hinreichen f jdn* (it will ~ me a week); *jdn durchhalten, über Wasser* n *halten* (to ~ the country for another 2 years) ‖ ~ing effect *Dauerwirkung* f | to ~ out *ausreichen f* **2.** vt to ~ out a p *es länger* or *ebenso lange aushalten wie jd, jdn ausstechen* **II.** s *Ausdauer, Widerstandskraft* f **~er** ['~ə] s ⟨fam⟩ *Dauerlutscher* m (*Bonbon*) **~ing** ['~iŋ] **1.** s *dauerhaftes Zeug* n, *Lasting* m (*Wollsatin*) ‖ ~ quality *Dauerhaftigkeit* f **2.** a (~ly adv) *anhaltend, dauernd, beständig* ‖ (these flowers) are ~ well .. *halten sich gut* **~ingness** ['~iŋnis] s *Dauer; –haftigkeit* f

Lastex ['læstiks] s ⟨weav⟩ *Lastex* n (*Gummizuggewebe*)

latch [lætʃ] **1.** s (of a door) *Klinke* f; *Patentdrücker* m; on the ~ *nur eingeklinkt* ‖ (*Geschütz*-)*Sperrklinke* f ‖ (*Schnapp–, Sicherheits*-)*Schloß* n ‖ ~ bolt *Falle* f (*e–s Schlosses*) **~-key** *Hauptschlüssel, Drücker* m; *kl Hausschlüssel* m *f Schnappschloß*; ~ child ⟨soc⟩ *Schlüsselkind* n ‖ ~-pin *Riegelbolzen* m **2.** vt/i ‖ *ein–, zuklinken; –schließen* | vi *sich klinken* **~et** ['lætʃit] s ⟨bib⟩ *Schuhriemen* m

late [leit] **I.** a **1.** *spät* ‖ ~r *später* (the ~r 16. century) ‖ ~st *spätest; letzt, jüngst*, the ~st *das Neueste* (What's the ~st?) **2.** *verspätet* | to be ~ *Verspätung* f *h; sich verspäten* (for lunch *z L.*); *zurück, rückständig s*; to be ~ in developing *sich spät entwickeln* **3.** *vorgerückt; spät* (~ summer) **4.** *früher, ehemalig* (the ~ Government); of ~ years *in den letzten Jahren* n pl, *seit einigen J.* ‖ (*P*) *verstorben, selig* (my ~ mother) ‖ *ehemalig, einstig* (the ~ dean of ..) **5.** *Verbindungen:* ~ arrival *Verspätung* f ‖ ~ combustion ⟨mot⟩ *Nachbrennen* n ‖ ~-comer *Spätling* m

‖ ~ entry ⟨racing⟩ *Nachnennung* f ‖ ~ fee *Extraporto* n (*am Nachtschalter*) ‖ to keep ~ hours *spät aufbleiben, spät heimkommen* ‖ ~ ignition *Spät–, Nachzündung* f ‖ ~ pass ⟨mil⟩ *Nachturlaub(schein* m) m | at (the) ~st *spätestens* (at the ~st by the 8. century) **II.** s of ~ *kürzlich, seit einiger Zeit* f, *in letzter Z.* **III.** adv *spät*; as ~ as the 14. century *noch im 14. Jh*; ~ in the day *spät am Tage* | *z spät* (for dinner *z Essen*) | *z später, vorgerückter Stunde* f (to dine ~); *bis in die Nacht*; to sleep ~ *lange schlafen* | ⟨poet⟩ *noch vor kurzem, kürzlich* | *ehemals* | ~ of *ehemals wohnhaft in, gehörig z* (Mr. N. ~ of the Berlin Opera *Herr N., früher an der Berliner Oper*) | later on *späterhin, später* **~ly** ['~li] adv *kürzlich, vor kurzem, jüngst* **~ness** ['~nis] *spätes Kommen* n; *Verspätung* f ‖ *Vorgerücktheit* f (*der Zeit*) ‖ *Neuheit* f

lateen [lə'ti:n] **1.** a: ~ sail ⟨mar⟩ *lateinisches (dreieckiges) Segel* n **2.** *ein Fahrzeug* n *mit diesem Segel*

laten ['leitn] vt/i ‖ *verspäten* | vi *sich v*

latency ['leitənsi] s ⟨oft biol⟩ *Verborgensein* n, *Lat·enz* f ‖ ~ period ⟨med⟩ *Latenzzeit* f **–ent** ['leitənt] a (~ly adv) *lat·ent, verborgen, –steckt*; *gebunden* ‖ ~ heat *gebundene, latente Wärme* ‖ ~ tissue injury ⟨at path⟩ *Gewebespätschaden* m

lateral ['lætərəl] **1.** a *seitlich* (~ observation ⟨artill⟩ .. *Beobachtung*) | *Seiten–* (~ branch; ~ correction ⟨artill⟩ *–korrektur* f; ~ deflection ⟨artill⟩ *–vorhalt* m, *Schieber* m; ~ displacement ⟨artill⟩ *–parallaxabstand* m; ~ error ⟨artill⟩ *–fehllage* f; ~ lead *–vorhalt* m; ~ separation ⟨anti-aero⟩ *–staffelung* f; ~ view *–ansicht* f); *Neben–; Quer–* (~ gallery *–stollen* m; ~ line ⟨telph⟩ *–verbindung* f; ~ traffic ⟨str⟩ *–verkehr* m; ~ wind *–wind* m) ‖ *nebengeordnet* (⟨mil⟩ unit) **2.** s *seitlich Gelegene(s)* n; *Seitenzweig* m (etc) **~ly** [~i] adv *seitwärts, daneben*

latero– ['lætəro] [in comp] *seitlich; Seiten–*

latex ['leiteks] s L *milchiger Pflanzensaft, Milchsaft* m ‖ foamed ~ *Schaum–, Schwammgummi* m

lath [lɑ:θ] **1.** s [pl ~s] *Latte* f; as thin as a ~ ⟨fig⟩ *dünn wie e–e L.* ‖ ~s [pl] *Stakhölzer* n pl, *Schwartenverschlag* m; ~ and plaster ⟨arch⟩ *Stakenbauart* f, *Fachwerk(bau* m) n ‖ ~-work = ~ing **2.** vt *verschalen, belatten*; *ausstaken* **~ing** ['~iŋ] s *Lattenwerk* n

lathe [leið] s *e–r der 5 Verwaltungsbezirke* m pl *v Kent*

lathe [leið] s *Drehbank*; *Töpferscheibe* f; ⟨weav⟩ *Lade* f, *Schlag* m | ~ dog ⟨tech⟩ *Mitnehmer* m

lather ['lɑ:ðə] **1.** s *Seifenschaum* m ‖ *schaumiger Schweiß* m (of a horse) ‖ ⟨fig *bes* Am⟩ in a ~ (*vor Aufregung*) *schwitzend*, ⟨übtr⟩ *aufgeregt* **2.** vt/i ‖ *einseifen*; *verprügeln* | vi *schäumen* | **~y** [~ri] a *mit Schaum* m *bedeckt*

lathi ['lɑ:ði] s Ind *langer eisenbeschlagener Knüppel* m

lathy ['lɑ:θi] a *Latten–, lattenartig, lang u dünn*

latifundia [,leiti'fʌndiə] s pl L *Latifundien* n pl

Latin ['lætin] **1.** a *römisch; lateinisch* | *Latein–*; ~ cross *lateinisches Kreuz* n (*mit längerem senkr. Arm*) ‖ *römisch-katholisch* ‖ *romanisch* (the ~ peoples; ~ America *Latein-Amerika* n; ~ Quarter *Quartier Latin* Fr (in Paris) **2.** s *das Lateinische* (from ~ *aus dem L–n*) ‖ ⟨hist⟩ *Latiner* m ‖ *Romane* m **~ism** [~izm] s *Latinismus* m **~ity** [lə'tiniti] s *Latein. Stil* m, *Latinität* f **~ize** [~aiz] vt/i *latinisieren*

latitude ['lætitju:d] s *Breite, Weite* f ‖ ⟨fig⟩ *Umfang* m, *Ausdehnung* f ‖ *Freiheit* f, *Spielraum* m; ⟨phot⟩ *Belichtungsspielraum* m; to allow o.s. great ~ *sich gr Freiheit* f *gestatten*

| ⟨geog⟩ *Breite* f (degree of ∼ *Breitengrad*); ∼s [pl] *Breiten, Gegenden* pl –**dinal** [ˌlæti-ˈtjuːdin]/a geog *Breiten– –dinarian* [ˈlætiˌtjuːdiˈnɛəriən] **1.** a *weitherzig, freisinnig, –geisterisch* || ⟨ec⟩ *freidenkerisch* **2.** s *Freidenker* m

latrine [ləˈtriːn] s (*mst* pl ∼s [abbr lats]) *Abort* m, *Klosett* n || ∼ *gossip*, ∼ *rumour* ⟨mil sl⟩ *Latrinengerücht* n, *–parole* f

latten [ˈlætin] s † ⟨hist⟩ *Messing* n, *–blech* n

latter [ˈlætə] a † *später, Spät–* || *letzt, Schluß–* (*nur in:* the ∼ *end das Ende, der Schluß*; ⟨hum fam⟩ *der Hinterste, Podex*) || *letztere(r, –s)* [abs] the ∼ *der, die, das Letztere*; *diese(r, –s)* (*Ggs jene[r, –s]*) || *die Letzteren* (*v Zweien*; *Ggs* the former) || *modern, jetzig* (*nur in:* the ∼ days) | ∼-day [attr] *der neueren Zeit* f, *über die neue Z.* (∼-day pamphlets); *modern*; a ∼-day Greek *ein Grieche* m *der neueren Zeit* f; ≁-day Saints [pl] ⟨Am⟩ *Mormonen* m pl ∼ly [∼li] adv *schließlich, am Ende* n || *neuerdings*

lattice [ˈlætis] **1.** s *Gatter* n; *Gitter, –werk, Flechtwerk* n | ∼ (*girder*) bridge *Fachwerkbrücke* f || ∼ mast, ∼ pole ⟨mar⟩ *Gittermast* m || ⟨at⟩ *Gitter–* (binding *–bindung*, bridge *–brücke*, constant *–konstante*, electron *–elektron*, imperfection *–störung*) || ∼-window (*Rauten-*) *Gitterfenster* n **2.** vt *vergittern*

Latvian [ˈlætviən] **1.** a *lettisch* **2.** s *Lette* m || *das Lettische (Sprache)*

laud [lɔːd] **1.** s **Preis* m, *Lob* n || ∼s [pl] *Lobgesänge* m pl, ⟨ec⟩ *Morgenoffizium* n (*nach* matins) **2.** vt *loben, preisen, rühmen* ∼ability [ˌlɔːdəˈbiliti] s *Löblichkeit* f ∼able [ˈ∼əbl] a (*–bly* adv) *lobenswert, löblich* ∼ation [lɔːˈdeiʃən] s *Lob* n ∼atory [ˈ∼ətəri] a (*–rily* adv) *preisend, lobend*; to be ∼ of *loben, preisen* || ∼ letter *Belobigungsschreiben* n

laudanum [ˈlɔdnəm] s ⟨chem⟩ *Laud·anum* n; *Opiumtinktur* f

laugh [lɑːf] **I.** vi/t **1.** vi *lachen*; don't make me ∼! *daß i net lach!* ⟨eig dial⟩; ∼ away *lach nur zu*; to ∼ at a th *über etw l., etw belachen, sich nichts m aus etw*; .. at a p *jdn auslachen* (for *als*), to ∼ a p in his face *jdm ins Gesicht l.*; to ∼ in one's sleeve *sich ins Fäustchen l.*; to ∼ on the wrong side of one's mouth ⟨fam⟩ *das Gesicht z Weinen n verziehen* (→ wrong); to ∼ over *l. über* | *sich freuen; frohlocken*; he ∼s best who ∼s last *wer zuletzt lacht, lacht am besten* | ⟨übtr⟩ (*S*) *lachen, strahlen* **2.** vt *laut äußern*; to ∼ an ugly ∼ *häßlich l.* || to ∼ a p out of *jdn durch Lachen abbringen v* || to ∼ (a th) away (*etw*) *durch L. vertreiben* | to ∼ down *durch L. beruhigen, verscheuchen* | to ∼ off *sich lachend hinwegsetzen über (etw)* **II.** s *Lachen, Gelächter* n; *Lache* f (an ugly ∼) || broad ∼ *lautes G.* n || to get the ∼ of one's life *lachen wie nie im Leben* n || to have a good ∼ *sich recht lustig m über* || to have the ∼ of a p *jdn auslachen können, über jdn triumphieren*; to have the ∼ on one's side *die Lacher* m pl *auf s–r Seite f h* || *the was against him die L. waren auf der anderen Seite* f || to raise a ∼ *Lachen* n *erregen* ∼able [ˈ∼əbl] a (*–bly* adv) *lächerlich* ∼ing [ˈ∼iŋ] **1.** a (*–ly* adv) *lachend* || ⟨übtr⟩ *strahlend; friedlich* **2.** s *Lachen* n; [attr] it is no ∼ matter *es ist nicht z Lachen* | ∼-gas ⟨chem⟩ *Lachgas* n || ∼-stock *Gegenstand* m *des Gelächters* n

laughter [ˈlɑːftə] s *Gelächter* n

laughy [ˈlɑːfi] s ⟨film fam⟩ *Farce* f, *Schwank* m

launch [lɔːn(t)ʃ] **I.** vt/i **1.** vt (*Speer*) *schleudern*; (*ab*)*schießen* || (*Schiff*) *vom Stapel m l* ⟨a fig⟩; to ∼ an attack *e–n Angriff* m *unternehmen, zum A. vorgehen* || (*Boot*) *aussetzen* || (*Torpedo, Fernlenkkörper*) *abschießen* || (*Flugzeug*) *katapultieren* | ⟨fig⟩ (*Drohung*) *loslassen, schleudern*; *in Gang* m, *Tätigkeit* f *setzen; beginnen; in Auf-*

nahme f *bringen* || (*jdn*) *lancieren* (into *in*); *vorwärtsbringen*; (*Truppen z Angriff*) *ansetzen* **2.** vi (a to ∼ out) ⟨fig⟩ *sich werfen, stürzen* (into *expense*); *sich ergehen, ausschweifen* (into *in*) || to ∼ out into the sea *in See* f *gehen*; to ∼ out into ⟨fig⟩ *unternehmen, beginnen* **II.** s ⟨mar⟩ *Stapellauf* m; *Katapultstart* m; *Abschuß* m | ∼er [ˈ∼ə] s ⟨bes rocket ∼⟩ (*Raketen-*)*Abschußvorrichtung* f ∼ing [ˈ∼iŋ] s = launch || ∼ device *Start–, Abschußvorrichtung* f || ∼ nose (*Brückenbau etc*) *Vorbauschnabel* m || ∼ rack (*Fernlenkkörper-*)*Abschußgestell* n || ∼ rail *Katapult* m || ∼ rocket *Startrakete* f || ∼ rope (*Segelflug-*)*Startseil* n || ∼ speed ∼ *velocity* (*Fernlenkkörper-*)*Abschußgeschwindigkeit* f || ∼-tube *Torpedorohr* n || ∼-ways [pl] *Helling* f

launch [lɔːn(t)ʃ] s ⟨mar⟩ *Barkasse* f (*Boot*) || *Motor–, –rennboot* n

launder [ˈlɔːndə] vt/i | (*Wäsche*) *waschen u bügeln* | vi *sich waschen l* ∼ette [ˌlɔːndəˈret] s *Blitz–, Schnellwäscherei, Tempowaschanstalt* f

laundress [ˈlɔːndris] s *Wäscherin* f –ry [ˈlɔːndri] s *Waschanstalt* f || *Waschen* n, *Wäsche* f || *Wäsche* (*z Waschen*) || self-service ∼ = launderette || centrifugal ∼ *drier Wäscheschleuder* f

laureate [ˈlɔːriit] **1.** a *lorbeerbekränzt*; ⟨engl⟩ the Poet ≁ *der Hofdichter* **2.** s = Poet ≁ ∼ship [∼ʃip] s *Würde* f, *Amt* n *des Poet Laureate*

laurel [ˈlɔrəl] s ⟨bot⟩ *Lorbeer* m; American ≁ *amerikan. Berglorbeer* m, Cherry-≁ *Kirsch–*, Common ≁ *echter L.*, Portugal ≁ *portugiesischer Kirsch-L.* m || ⟨fig⟩ *Lohn* m, *Ehre, Anerkennung* f; to win, gain ∼s *Lorbeeren* m pl *ernten*; to rest on one's ∼s *auf s–n L. ausruhen* ∼led [∼d] a *mit L. bekränzt*; ⟨fig⟩ *geehrt, belohnt*

lava [ˈlɑːvə] s [pl ∼s] It ⟨geol⟩ *Lava* f || ∼ dome *Quellkuppe* f

lavabo [ləˈveibou] L s ⟨ec⟩ *Handwaschung* f; *Waschgefäß* n

lavation [læˈveiʃən] s *Waschung* f || *Wasser z Waschen* n

lavatory [ˈlævətəri] s *Waschraum* m, *Toilette* f || *Bedürfnisanstalt* f (public ∼) || ⟨bes Am⟩ *Waschbecken* n || (*Kloster-*)*Brunnenhaus* n, *Waschraum* m

lave [leiv] vt ⟨poet⟩ *waschen, baden* || *bespülen; gießen; träufeln*

lavender [ˈlævində] s ⟨bot⟩ *Lav·endel* m; ≁-cotton ⟨bot⟩ *Heiligenpflanze* f (Santolina) || ⟨vulg⟩ it ain't all ∼ *es ist nicht nur eitel Freude* f *u Sonnenschein* m

laver [ˈleivə] s (*poet*) *Waschgefäß* n

lavish [ˈlæviʃ] **1.** a (∼ly adv) *freigebig, verschwenderisch* (of *od* in a th *mit etw*; in doing im *Tun*); ⟨fig⟩ to be ∼ of ⟨fig⟩ *um sich werfen mit* (*promises*) || *reichlich; überreichlich* || show ⟨theat film telv⟩ *Ausstattungsstück* n **2.** vt (*Geld etc*) *verschwenden* (in, on *in, auf, f*); to ∼ one's affection on a p *jdn mit Liebe f überhäufen* || (*Kraft*) *widmen* (upon a th *o r S*) ∼ness [∼nis] s *Verschwendung* f

law [lɔː] s **1.** *Gesetz* n *e–s Landes*; ⟨engl⟩ the ∼ *das Gesetz Englands*; ∼ civil, common; canon ∼ *Kirchenrecht*; statutory ∼ *Gesetzesrecht* n; substantive ∼ *materielles R.* | [oft pl ∼s] *Recht* n; *Rechtswissenschaft* f; *–ordnung, –vorschrift* f; Doctor of ≁s (abbr LL.D.) *Doktor* m *der Rechte* n pl | ∼ of domestic relations *Familienrecht* n; ∼ of real property *Sachen–*, ∼ of reprisals *Vergeltungs–, Retorsions–* | ∼ spiritual *Kirchenrecht* n | subject of ∼ *pertaining to .. Rechtsdisziplin* f **2.** *Gesetz, Gebot* n; *Befehl* m **3.** (*mst* the ∼) *Juristenberuf* m, *die juristische Laufbahn* f **4.** *Gericht, Gerichtsverfahren* n **5.** *göttliches Gesetz* n; *Altes Testament* n **6.** *Vorschrift, Regel* f; the ∼s of the game *die Spielregeln* pl **7.** *wissenschaftliches Gesetz; Naturgesetz* n (Kepler's ⌄s; Grimm's ⌄); *Gesetzmäßigkeit* f **8.** ⟨sport⟩ *Vorsprung* m ‖ *Frist* f **9. Wendungen:** ∼ of acceleration, attraction, gravitation, inertia *Beschleunigungs-, Anziehungs-, Gravitäts-, Trägheitsgesetz* n ‖ ∼ of descent ⟨Am⟩, ∼ of inheritance *Erbrecht* n ‖ the ∼ of nations *das Völkerrecht* ‖ ∼ of the sea (conference) *Seerecht(konferenz* f) n | according to ∼ v *Rechts wegen* ‖ at ∼ *gerichtlich* ‖ by ∼ v *Rechts wegen, gesetzlich* ‖ in ∼ *Schwieger-,* → in-laws; son-in-∼ [pl sons-in-law] *-sohn* m | under the ∼ *auf Grund* m *des Gesetzes, nach dem Gesetz* n; under Scots ∼ *nach schott. Recht* n | to be in the ∼ *Jurist* m s ‖ to go in for ∼ *Jura studieren* ‖ to go to ∼ *den Rechtsweg* m *beschreiten, vor Gericht* n *gehen;* to go to ∼ with a p *jdn verklagen* ‖ to maintain (restore) ∼ and order *Ruhe u Ordnung* f *wahren (wiederherstellen)* ‖ necessity has od knows no ∼ *Not* f *kennt kein Gebot* n ‖ to lay down the ∼ ⟨fig⟩ *selbstherrlich verfahren* ‖ to read, study ∼ *Jura studieren* ‖ to take the ∼ into one's own hands *sich selbst Recht* n *verschaffen, zur Selbsthilfe* f *greifen* ‖ to take od have the ∼ of a p *jdn belangen, verklagen* **10.** [attr & comp] ∼-abiding *die Gesetze beobachtend; friedlich* ‖ ∼-binding *hellbrauner Ledereinband* m ‖ ∼-breaker *Gesetzübertreter* m ‖ ∼-court *Gerichtshof* m ‖ ∼-giver *Gesetzgeber* m ‖ ∼-Latin *Juristenlatein* n ‖ ∼-lord *Mitglied* n *des* House of Lords *in richterl. Funktion* f ‖ ∼-maker *Gesetzgeber* m ‖ ∼-merchant ⟨hist⟩ *Handelsrecht* n ‖ ∼-officer ⟨engl⟩ *Rechtsbeamter, -berater* m *der Regierung* f ‖ ∼ regime ⟨phys⟩ *Gültigkeitsbereich* m ‖ ∼ reports *Sammlung* f v *Gerichtsentscheidungen* f pl ‖ ∼ school *juristische Fakultät* f *e-r Universität* f

law [lɔ:] intj (aus Lord) ⟨vulg⟩ *ach! herrje!*
lawful [ˈlɔ:ful] a (∼ly adv) *gesetzlich;* ∼ age *gesetzliches Alter* n, *Volljährigkeit* f; *recht-, gesetzmäßig; gültig;* ∼ currency, ∼ money *kursfähiges Geld* n ‖ *ehelich geboren* ∼**ness** [∼nis] s *Gesetzlichkeit, Rechtmäßigkeit, Rechtsgültigkeit* f
lawgiver [ˈlɔ:ˌgivə] s *Gesetzgeber* m **-giving** [ˈlɔ:ˌgiviŋ] **1.** a *gesetzgebend* **2.** s *Gesetzgebung* f
lawk(s) [lɔ:k(s)] intj (aus Lord) ⟨vulg⟩ *herrje!*
lawless [ˈlɔ:lis] a (∼ly adv) *gesetzlos; gesetzwidrig, unrechtmäßig* ‖ *zügellos* ∼**ness** [∼nis] s *Gesetz-, Zügellosigkeit, Gesetzwidrigkeit* f
lawn [lɔ:n] s *Bat'ist* m, *Schleierleinwand* f | ∼**y** [ˈ∼i] a *Batist-*
lawn [lɔ:n] s ⟨poet⟩ *Lichtung* f ‖ *Rasen, -platz* m | ∼-mower *Rasenmähmaschine* f ‖ ∼-fete, ∼-party ⟨Am⟩ *Gartenfest* n ‖ ∼-tennis *Lawn-Tennis* n | ∼**y** [ˈ∼i] a *Rasen-*
laws [lɔ:z] intj ⟨Am⟩ (a ∼ee, lawks, law sakes) *herrj'e!*
lawsuit [ˈlɔ:sju:t] s *Klage* f; *Prozeß* m **lawyer** [ˈlɔ:jə] s *Rechtsanwalt* m (bes solicitor) ‖ *Jurist, Rechtsgelehrter* m
lax [læks] a (∼ly adv) *locker* (tissue) ‖ *lose* (garment); *schlaff* ‖ (of the bowels) *locker; weich, offen* | ⟨fig⟩ *lax, nicht streng;* (nach)lässig; *zügellos* ∼**ative** [ˈ∼ətiv] **1.** a ⟨med⟩ *abführend* **2.** s *Abführmittel* n ∼**ity** [ˈ∼iti] s *Locker-, Schlaffheit* f; ∼ of the bowels *Stuhlgang* m ‖ ⟨fig⟩ *Laxheit* f
lay [lei] pret v to lie
lay [lei] s *kurzes Lied* n; *Ballade* f ‖ the ⌄ of the Nibelungen *das Nibelungenlied*
lay [lei] s ⟨weav⟩ *Lade* f
lay [lei] a *weltlich; Laien-* (∼ brother) ‖ *laienhaft, nicht fachmännisch* | ∼-figure *Gliederpuppe* f ∼**man** [ˈ∼mən] s *Laie* m (Ggs priest) ‖ *Laie, Nichtfachmann* m

lay [lei] vt/i [laid/laid] **I.** vt **A. 1.** *niederstrecken, -werfen;* to ∼ in ashes *einäschern* | *unterdrücken; beruhigen, stillen;* → ghost **2.** (jdn) *niederlegen* (to ∼ to sleep, to rest); (Eier) *legen* ‖ ⟨el⟩ *verlegen* ‖ (Schiff) *auf Stapel* m *legen* ‖ (Geld) *hinterlegen;* (Summe) *wetten, setzen;* I ∼ ten to one *ich wette 10 gegen eins* ‖ to ∼ a fire *ein Feuer* n *anlegen* **3.** *legen, setzen, stellen* ‖ to ∼ to heart *sich* (etw) z *Herzen nehmen* ‖ to ∼ a smoke screen ⟨tact⟩ *e-e Nebelwand* f *legen* ‖ (Falle) *legen* ‖ (den Schauplatz) *legen;* the scene is laid in London *die Szene spielt in* L. **4.** ⟨übtr⟩ *legen* (before vor); *vorbringen, -legen* (a th before a p *etw jdm*) ‖ (Schaden) *taxieren* (at auf) **5.** (Strafe, Befehl) *auferlegen* (on a p *jdm*); (etw) *zur Last* f *legen* (on a p *jdm*) ‖ (Gewicht, Betonung) *legen* (on auf) **6.** *anordnen; -legen;* (Kabel) *legen* ‖ (Geschütz) *richten* ‖ (Plan) *ersinnen, festlegen* ‖ (Tau) *schlagen* ‖ *belegen, -decken* (with) **B.** [mit bes Obj.] ⟨fam⟩ to ∼ the dust *den Staub* m (mit e-m Glas Bier etc) *hinunterspülen;* let's ∼ the d. *„es staubt kolossal"* | to ∼ the foundations *den Grundstein* m *legen* ‖ to ∼ hands on Hand f *anlegen an* (jdn); (etw) *in Besitz* m *nehmen* ‖ to ∼ hold of *ergreifen; sich zunutze* m ‖ ∼ing of the first stone *Grundsteinlegung* f ‖ to ∼ a wager *e-e Wette* f m ‖ → ferner: claim; cloth; plot; siege; snare; stress; table **C.** [mit Adj. u adv. Bestimmung] to ∼ bare *bloßlegen* ‖ to ∼ fast od to ∼ by the heels *einsperren;* ⟨fig⟩ *kaltstellen* ‖ to ∼ under obligation *verpflichten* ‖ → bare, open, waste **D.** [mit adv] to ∼ **aside** (Geld) *beiseite-, zurücklegen;* (Zeit) *bereitstellen* (for) *ablegen, verwerfen;* to be laid aside *arbeitsunfähig* w | to ∼ **by** *beiseitelegen; verwerfen* ‖ (Geld) *beiseite-, zurücklegen* ‖ to be laid by = to be laid aside | to ∼ **down** *hinlegen;* (Amt) *niederlegen;* (Hoffnung) *aufgeben* ‖ to ∼ down one's arms *die Waffen* pl *strecken, niederlegen* ‖ (Geld) *hinterlegen* ‖ (Straße, Schiff) *bauen* ‖ (Plan) *anlegen; aufzeichnen;* (Regel etc) *aufstellen;* he ∼s it down *er stellt die Behauptung auf, behauptet* (that) ‖ *vorschreiben;* to ∼ down the law ⟨fig⟩ *selbstherrlich auftreten; den Ton* m *angeben* | to ∼ in *einlegen; -kaufen, sich eindecken mit* (to ∼ in potatoes; to ∼ in a good meal ⟨fam⟩ *tüchtig einhauen* (essen), *vorlegen* | *anschaffen* ‖ (Hecke) *anlegen* | to ∼ **off** (Boden) *abstechen* ⟨Am⟩ (jdn) *entlassen* | to ∼ **on** (Steuer) *auferlegen;* (Farbe) *auftragen* ‖ (Schläge) *versetzen;* to ∼ it on ⟨fam⟩ *derb zuschlagen;* ⟨fig⟩ (Lob) *dick auftragen* ‖ (Gas) *anlegen* ⟨mil fam⟩ it's all laid on *es steht alles im Programm* n | to ∼ **out** *ausbreiten; auslegen; zur Schau* f *stellen* ‖ ⟨sl⟩ (jdn) *zu Boden* m *schlagen, töten* ‖ (Garten) *anlegen* ‖ (Vermessung) *abstecken;* to ∼ out by a line ⟨arch⟩ *richten* ‖ (Geld) *ausgeben, anlegen* ‖ .. o.s. out *sich rüsten, sich einrichten* (for auf); *sich bemühen* | to ∼ **to** (Schiff) *beilegen* | to ∼ **up** *aufbewahren, zurücklegen, sammeln* ‖ ⟨mar⟩ *abtakeln, auflegen;* to be laid up (of ships) *aufliegen* ‖ (Kraftfahrzeug) *stillegen* ‖ (jdn) *ans Bett fesseln;* [oft pass:] to be laid up with *da(r)niederliegen an* **II.** vi (of hens) *legen* ‖ *wetten* ‖ *den Tisch* m *decken* (for a p) | [mit prep:] to ∼ **about** one *um sich schlagen;* they laid about them *sie schlugen um sich* ‖ to ∼ **into** a p ⟨sl⟩ *jdn verprügeln* ‖ [mit adv:] ⟨fam⟩ to ∼ **in** *tüchtig einhauen* (essen) ‖ to ∼ **on** *angreifen; derb zuschlagen* ‖ ⟨vulg⟩ to ∼ on to be *so tun, als ob man .. wäre* ‖ to ∼ **to** ⟨mar⟩ *fest-, stilliegen* ‖ to ∼ **up** *krank* s, *da(r)niederliegen* **III.** [in comp] ∼-away ⟨Am⟩ *zurückgelegte Ware* f; ∼-by ⟨mar⟩ *Liegeplatz* m; ⟨mot⟩ *Ausweichstelle* f (z Parken) ‖ ∼-down *Umlege-* (∼-down collar) ‖ ∼-off *Arbeitspause,*

–*unterbrechung* f ‖ ~-out ⟨Am⟩ *Anlegen* n; *Anlage* f (*e–s Gartens* etc); ⟨typ⟩ *Anlage* f (*e–r Druckseite*), *Satz–* (*u Bild-)Entwurf* m, *–anordnung* f (*e–r Zeitung*), → layout ‖ *Plan* m, *Anlage* f ‖ *Menge, Gesellschaft* f (*P*)

lay [lei] s *Lage* f (the ~ of the hand); *Richtung* f ‖ ⟨sl⟩ *Betätigung* f; *Unternehmen* n, *Beschäftigung* f **lay days** ['lei'deiz] s pl (of ship) *Liegetage* m pl, *–zeit* f

layer 1. ['leiə] s *e–r, der legt*; (of hens) to be a good ~ *gut legen, viele Eier* n pl *legen* ‖ ⟨mil⟩ *Richtkanonier, –schütze* m, *Höhenrichtnummer* f (*P*) 2. [lɛə] **a.** s *Lage, Schicht* f; ⟨min⟩ *Gesteinsschicht* f, *Flöz* n; ~ of gas *Gasschwaden* m; ~ of snow *Schneedecke* f; ~ of sods (*Tarnung*) *Rasenabdeckung* f ‖ ⟨hort⟩ *Ableger, Setzling* m **b.** vt/i ‖ ⟨hort⟩ *absenken* | vi (of corn) *sich legen*

layette [,lei'jet] s *Windeln* pl, *Babywäsche* f **lay figure** ['lei'figə] s ⟨arts⟩ *Gliederpuppe* f; ⟨fig⟩ *Strohmann* m

laying ['leiiŋ] s *Legen* n; *Einsetzen* n (*e–r Glasmalerei*) ‖ *Bewerfen* n *mit Mörtel* m ‖ *Eierlegen* n; hens past ~ *Hennen* f pl, *die nicht mehr legen* | ⟨mil⟩ *Richten* n, ~ for direction *Seitenrichten* n; [attr] *Richt–* ‖ the ~-on of hands *die Handauflegung* ‖ the ~-out of streets *Straßenanlegen* n; *–anlage* f

layout ['leiaut] s ⟨tech⟩ *Plan, Grundriß* m, *Entwurfsskizze* f ‖ ⟨Am *a*⟩ *Einrichtung* f; *Ausstaffierung* f; (*Buch, Zeitung*) *Anordnung, Aufmachung* f, *Umbruch* m; → lay-out

lazar ['læzə] s *heruntergekommener Bettler* m **~et** [~ret] s, **~etto** [,læzə'retou] s It (*a lazarhouse*) *Siechenhaus* n; (*Armen-)Infektionskrankenhaus* n ‖ ⟨mar⟩ *Proviantraum* m **~us** [~rəs] s (pl ~es) *Bettler* m

laze [leiz] **1.** vi/t ‖ ⟨fam⟩ *faulenzen, nichts tun* | vt to ~ away *vertändeln* **2.** s *Ausruhen* n, *Ruhe* f (a good ~)

laziness ['leizinis] s *Faulheit, Trägheit* f **lazy** ['leizi] **1.** a (–zily adv) *faul, träge* ‖ ⟨fam⟩ that's a ~ man's load *der faule Esel trägt sich auf einmal tot* ‖ ~-*bones* [sg konstr] *Faulpelz* m; ⤳ *Eight* (*Flugfigur*) *Langsame Acht* f; ~-*tongs* [pl] *ausdehnbare (Gelenk-)Zange* f **2.** vi *faulenzen*

lea [li:] s ⟨poet⟩ *Flur, Wiese, Aue* f

lea [li:] s *Garn-Maß* n *v 109,73 m*

leach [li:tʃ] vt *befeuchten; durchsickern l; auslaugen* | vi *sich auflösen* **~ing** ['~iŋ] ~ *plant* ⟨tech⟩ *Laugerei* f

lead [led] **1.** s ⟨chem⟩ *Blei* n ‖ ⟨tech⟩ *Kabel* n (connection ~) ‖ ⟨typ⟩ *Durchschuß* m ‖ ⟨mar⟩ *Senkblei, Lot* n; to heave the ~ *loten*; to swing the ~ ⟨sl⟩ *sich drücken* ‖ (*a black-*~) *Blei, –stift, Graphit* m; red-~ *Menning* m ‖ white-~ *Bleiweiß* n ‖ ~s [pl] *Bleiplatten* f pl, *Bleidach* n; (*Glasmalerei*)*Bleiruten* f pl | ~-*line* ⟨mar⟩ *Lotleine* f; ~*sman Lotgast* m **2.** [a & in comp] *bleiern, Blei–*; ~ *coating äußere Verbleiung* f; ~ *lining innere V.*; ~ *peroxide Bleisuperoxyd* n ‖ ~ *pencil Bleistift* m; liquid ~ *pencil flüssiger Bleistift* m; (black) ~ *drawing Bleistiftzeichnung* f; ~ *lined verbleit*; ~ *poisoning Bleivergiftung* f **3.** vt *mit Blei* n *überziehen* ‖ ⟨typ⟩ (*Zeilen*) *durchschießen* ‖ ~*ed fuel gebleiter Kraftstoff* m ‖ ~*ed window Fenster* n *mit Bleiverglasung* f

lead [li:d] vt/i [led/led] **I.** vt **1.** *führen, leiten* ‖ *anführen, befehligen*; (*Kapelle*) *dirigieren* ‖ (*durch Berührung*) *führen*, to ~ a p *by the hand jdn an der Hand f führen*, to ~ a p *by the nose* ⟨fig⟩ *jdn an der Nase f herumführen* ‖ (*jdn*) *verleiten, dahin bringen, bewegen* (into z; to do z tun) **2.** (of roads) *führen, bringen* (to) ‖ *hindurchführen*; (*Wasser*) *leiten* ‖ (*Leben*) *führen, verbringen* **3.** (*e–r S*) *vorangehen; anführen* (to ~ the dance); (*Mode*) *angeben* ‖ ⟨cards⟩ (*Karte*) *an–, ausspielen* **4. Wendungen:** to ~ a p

captive *jdn gefangen fortführen* ‖ to ~ a p a *dance jdm gehörig z tun geben, z schaffen m* ‖ to ~ a p a *dog's life jdm ein Hundeleben* n *bereiten* ‖ to ~ *evidence* ⟨jur Scot⟩ *bezeugen* ‖ to ~ the *way vorangehen* **5.** [mit adv] to ~ **astray** *verleiten, irreführen* ‖ to ~ *away*, [*bes* pass] to be led *away sich verleiten l, sich fortreißen l* ‖ to ~ *off beginnen, eröffnen* ‖ to ~ *on verlocken, ermutigen* ‖ to ~ *out* (*Dame*) z *Tanz* m *führen* **II.** vi **1.** *führen, leiten*; ⟨jur⟩ *die Verhandlung führen* ‖ *führen, Anführer* m *or Erster s* ⟨a fig⟩ | (of roads) *führen* (to); to ~ *out of* (of rooms) *in Verbindung f stehen mit* ‖ to ~ *to* ⟨fig⟩ *hervorbringen, ergeben* | *vorangehen*; *den Weg bahnen* ‖ ⟨cards⟩ *ausspielen* **2.** [mit adv] to ~ *off anfangen* ‖ to ~ *on to die Unterhaltung lenken auf* ‖ to ~ *up to überleiten z*; *übergehen z*; *einleiten* **III.** [in comp] ~-*in* ⟨wir⟩ *Zuleitungsdraht* m | ~-*off Leitartikel* m (*Zeitung*)

lead [li:d] s **1.** *Führung, Leitung* f, to have the ~ *den Ton* m *angeben*; *ausspielen*; to take the ~ *vorangehen*; *die Führung innehaben or übernehmen*, ⟨fig⟩ *neue Wege* m pl *weisen* (in doing) ‖ *Beispiel* n ‖ *Fingerzeig, Anhaltspunkt* m (to get a bit of a ~) ‖ ⟨hunt⟩ *Führen, Vorangehen* n, to give a ~ *als erster vorangehen* ‖ *Spur* f ‖ ⟨gearing, threading⟩ *Steigung, Ganghöhe* f, ⟨el⟩ *Leitung* f | to take *od apply* a ~ (*beim Schießen*) *vorhalten*; ~ *angle Vorhaltewinkel* m; ~ *battery Leitbatterie* f; ~ *time* ⟨logistics⟩ *Anlaufzeit* f **2.** ⟨theat⟩ *führende Rolle* f, *Hauptrolle* f, the romantic ~ *der Erste Liebhaber* m **3.** ⟨cards⟩ *Vorhand* f, *Anwurf* m | ⟨sport⟩ *Vorsprung* m (to have a ~ of) **4.** ⟨el⟩ *Leiter* m; *Leitung* f **5.** (*Hunde-* etc) *Leine* f (on the ~ *an der L.*)

leaden ['ledn] a *bleiern, Blei–* ‖ *bleifarbig* ‖ ⟨fig⟩ *bleiern, schwer* (sleep), *träge, schwerfällig* **~ness** [~nis] s *Trägheit, Schwerfälligkeit* f

leader ['li:də] s *Führer* m; *Anführer, Leiter* m; ⟨parl & jur⟩ *Verhandlungs–* ‖ *Vormann, Erster* m ‖ ⟨mus⟩ *Dirigent* m ‖ *Leit–, Vorderpferd* n | *Leitartikel* m ‖ ⟨film⟩ (a ~ *strip*) *Startband* n, *Vorlauf* m | (of a tree) *Haupttrieb, Hauptzweig, -trieb* m; *Gipfeltrieb* m ‖ *Sehne* f | ~ *tape* ⟨rec⟩ *Vorspannband* n **~ette** [,li:də'ret] s *kurzer Leitartikel* m **~ship** [~ʃip] s *Führerschaft*; *Leitung* f; [attr] *Führer–*, ~ *principle –prinzip* n

leading ['lediŋ] s *Bleistreifen* m pl

leading ['li:diŋ] **1.** a *leitend*; *führend, herrschend* (fashion); *erste(r), Haupt–* ‖ ~ *article Leitartikel* m; ⟨com⟩ *Zugartikel* m ‖ ~ *case Präzedenzfall* m ‖ ⟨aero⟩ ~ *edge Flügelnase, Leitkante* f; ~-*edge tank Flächennasentank*, *-behälter* m ‖ ⟨theat⟩ ~ *lady Hauptspielerin*, *-darstellerin* f; ~ *man –darsteller* m ‖ ~ *question Suggestivfrage* f ‖ ~ *tank Spitzenpanzer* m **2.** s *Leitung, Führung* f ‖ ~-*strings* [pl] *Gängelband* n (to conduct in ~-*strings am G. führen*); to be in ~-*strings* ⟨fig⟩ *noch in den Kinderschuhen* m pl *stecken*

leadsman ['ledzmən] s ⟨mar⟩ *Handloter* m **leady** ['ledi] a *bleiern, bleiartig*

leaf [li:f] **I.** s [pl leaves] **1.** *Blatt* n, dead ~ *shade* (paint, etc) *hellbraun* ‖ *Blattwerk, Laub* n, in ~ *belaubt*; the fall of ~ *der Herbst*; to come into ~ *ausschlagen, Blätter* n pl *entwickeln* **2.** ⟨übtr⟩ (of a book) *Blatt*, blank ~ *Vorsetzblatt* n ‖ (of a table etc) *Platte, Klappe* f, *Einlegebrett* n, *Ausziehstück* n ‖ (of a door, screen, etc) *Flügel* m **3. Wendungen:** over a ~ *auf den nächsten Blatte* ‖ to take a ~ *out of a p's book* ⟨fig⟩ *sich jdn z Muster* n *nehmen, jdn nachahmen* ‖ to turn over the leaves of a book *ein Buch* n *durchblättern* ‖ to turn over a ~ *ein Blatt* n *weiter umschlagen*; to turn over a new ~

⟨fig⟩ *ein neues Leben* n *beginnen, sich bessern*
4. [attr] *Blatt-, Blätter-* (~ tobacco), *Blätt-chen-* ‖ ~-arrangement ⟨bot⟩ *Blattstellung* f ‖ ~ cutter *Blattschneiderbiene* f ‖ ~ miners [pl] ⟨ent⟩ (Agromycidae) *Minierfliegen* f pl ‖ ~ scroll ⟨arts⟩ *Laubwerk* n ‖ ~ sight *Klappvisier* n ‖ ~ spot *Blattfleckenkrankheit* f **II.** vi/t *Blätter* n pl *entwickeln* | to ~ through ⟨Am⟩ (*Papiere* etc) *durchblättern*; to ~ over *umblättern* (.. the pages) ~**age** ['liːfidʒ] s *Laub* n; ⟨arts⟩ *Blatt-, Laubwerk* n ~**gold** ['~gould] s *Blattgold* n ~**iness** ['~inis] s *Belaubung* f ~**less** ['~lis] a *blätter-, blattlos* ~**let** ['~lit] s *Blättchen* n | *Prospekt* m, *Gebrauchsanweisung* f; *Flugblatt* n; *kl Broschüre* f ‖ ~ bomb *Flugblattbombe* f | ~**y** ['~i] a *belaubt; blattreich; Laub-*

league [liːg] **1.** s *Bündnis* n; *Verband, Bund* m (in ~ with); The ⊹ of Nations *der Völkerbund* **2.** vt/i ‖ (*Bündnis*) *bilden*; to ~ o.s. *sich verbün-den* (with) | vi *sich verbünden* (with *mit*) | ~**r** ['~ə] s *Verbündeter* m

league [liːg] s ⟨a-engl⟩ *Meile*; *Weg-* f (= *3 Meilen*) ‖ marine ~ *Strecke* f *v 3 engl. See-meilen* f pl or *4,8 km*

leak [liːk] s *Leck* n; to spring a ~ *ein L. bek* ‖ ⟨fig⟩ *Riß* m, *Loch* n (in *in*) ‖ *durchsickern-des Wasser* n (etc); ⟨el⟩ *Leck* n, ~ *current Verluststrom* m; *Abgang* m (magnetic ~) ‖ ⟨wir⟩ ~ grid-~ | ~-proof *leckagefest, dicht*

leak [liːk] **1.** vi (of ship) *lecken, leck s* ‖ ⟨übtr⟩ *Wasser* n *durchlassen, undicht s* (the kettle is ~ing) | to ~ out *auslaufen*; ⟨fig⟩ (of news etc) *bekannt w, durchsickern* **2.** s *Lecken* n ~**age** ['~idʒ] s *Lecken* n; ⟨com⟩ *Leckage* f ‖ *Durchsickern* n ⟨a fig⟩ (the ~ of news) ‖ ⟨fig⟩ *Abnahme* f, *Verlust* m ‖ ⟨el⟩ *Streuung* f ‖ ~ tester ⟨el⟩ *Erdschlußprüfer* m ~**y** ['~i] a *leck; undicht, durchlässig* ‖ ⟨fig⟩ *schwatzhaft*: he's ~ °*er kann nicht dicht halten* ‖ ⟨vulg⟩ she's ~ *sie hat ans Wasser* n *gebaut* (*neigt z Tränen*)

leal [liːl] a ⟨Scot & liter⟩ *treu* ‖ *land o' the ~ Paradies* n, *Himmel* m

lean [liːn] **1.** a *mager, dürr* ‖ *unfruchtbar* ‖ ⟨fig⟩ *mager, dürr* (~ years) ‖ *as ~ as a shotten herring dünn wie'n ausgenommener He-ring* m ‖ ⟨mot⟩ *mager*: ~ mixture *Spargemisch* n (*Kraftstoff*) ‖ *mager* (*Ton*); *arm* (*Erz, Gas*), ~ gas *Schwachgas* n **2.** s (*das*) *Magere* ⟨a fig⟩; *mage-res Fleisch* n ~**ness** ['~nis] s *Magerkeit, Dürre* f

lean [liːn] **I.** vi/t (pret & pp ~ed [lent] & ~t [lent]) **1.** vi *sich stützen* (on *auf*), *sich lehnen* (against *gegen*; out of the window *aus dem Fenster*); to ~ back *sich zurück-* | ⟨fig⟩ *sich verlassen* (on) | *sich neigen* | to ~ to a th ⟨fig⟩ *hinneigen z etw*; *etw bevorzugen* **2.** vt [kaus] (*etw*) *stützen, lehnen* (on *auf*; against *an*); (*Ohr*) *neigen* (to *nach*) **3.** [in comp] ~-to [pl ~-tos] ⟨arch⟩ *Anbau* m; [attr] *sich anlehnend; ange-baut, Anbau-*; ~-to roof *Pultdach* n; ~-to tent *Halbzelt* n **II.** s *Neigung* f (to *nach*) ~**ing** ['~iŋ] **1.** s *Lehnen* n; [attr] *Stütz-* ‖ ⟨fig⟩ *Nei-gung* f (to, towards *nach*) **2.** a *sich neigend, schief* (a ~ tower)

leap [liːp] **I.** vi/t (~t/~t & ~ed/~ed [lept]) **1.** vi *springen; hüpfen* (for joy); (of flames) *hoch-, hervorschießen, aufglühen, -lodern* | to ~ at a th ⟨fig⟩ *etw eifrig ergreifen* ‖ to ~ into fame *berühmt w* ‖ to ~ to the conclusion *vor-eilig schließen*; to ~ to the eye ⟨fig⟩ *ins Auge* n *sp.*; the picture ~t to his eyes *das Bild trat blitz-artig vor sein geistiges Auge* **2.** vt (*Graben* etc) *überspringen* ‖ [kaus] (*Pferd*) *sp. l* **3.** [in comp] ~-frog **1.** s *Bockspringen* n; *-sprung* m; by ~-f. movement ⟨mil⟩ *sprungweise,* ⟨tact⟩ *im überschlagenden Einsatz* m **2.** vi/t ‖ *bockspringen* (over); ⟨mil⟩ *in Sprüngen* m pl *vorgehen,* ⟨tact⟩ *im überschlagenden Einsatz* m *vorgehen,* | vt *e-n Bocksprung* m *über* **II.** s *Sprung* m; to take a

~ *e-n S. m*; ⟨a fig⟩ a ~ in the dark *ein S. ins Dunkle* n | by ~s *sprungweise, -haft*; by ~s and bounds *mit gewaltigen Sprüngen* m pl, *rasend*; with a ~ *mit e-m Male* | [attr] ~-year *Schalt-jahr* n ~**er** ['~ə] s *Springer* m (a good ~)

learn [ləːn] vt/i (~t/~t & ~ed/~ed [-nt]) **1.** vt (*etw*) *erlernen, lernen* (from *v*; to do *z tun*); to ~ to swim *schwimmen l.*; to ~ how to do *l., wie man* (*etw*) *macht*; → heart **5.** | (*etw*) *erfahren*; it is ~ed *es verlautbart, man erfährt* (that) **2.** vi *lernen*; to ~ by an example *aus e-m Beispiel* n *l.* | *hören, erfahren* (of *v*); *ersehen* (from *aus*) ~**able** ['~əbl] a (*er*)*lernbar* ~**ed** ['ləːnid] a (~ly adv) *gelehrt, erfahren* (in) ~**er** ['~ə] s *Lernender*; (⟨mot⟩ abbr L.) *Lehrling* m ~**ing** ['~iŋ] s *Ler-nen* n; *Belehrung* f ‖ *Gelehrsamkeit* f; the New ⊹ ⟨hist⟩ *der Humanismus*

lease [liːs] **1.** s *Verpachtung* f (to *an*) ‖ *Pacht, Miete* f; *Pacht-, Mietvertrag* m ‖ *Pacht-, Mietzeit* f (on a ~ of *verpachtet auf e-e Zeit* f *v*) | ~ of life *Lebensfrist* f; a new ~ of (⟨Am⟩ on) life *neue Lebenszuversicht* f ‖ to let out on ~ *verpachten*; to take on ~ *pachten*; to take a ~ of *pachten, mieten* **2.** vt (*ver*)*pachten, –mieten* ~-**lend** ['liːs'lend] s ⟨Anglo-Am⟩ *Leih-Pacht-vertrag* m (1941)

leasehold ['liːshould] s *Pachtung* f; [attr] *Pacht-* (~-estate *-gut*) ‖ *Pachtgut* n ~**er** [~ə] s *Pächter* m | *Mieter* m

leash [liːʃ] **1.** s *Koppelriemen* m, *–leine* f; ⟨hunt⟩ *Schweißriemen* m; to hold in ~ ⟨fig⟩ *im Zügel* m *halten* ‖ ⟨hunt⟩ *Koppel* f, *drei Stück* s pl (a ~ of hounds) **2.** vt *koppeln*

leasing ['liːsiŋ] s ⟨bib⟩ *Lügen* n, *Lüge* f

least [liːst] **1.** a *der* (etc) *kleinste, geringste* (the line of ~ resistance); *mindeste* **2.** s *der kleinste Betrag* etc ‖ to say the ~ of it *gelinde gesagt* | at (the) ~, *wenigstens, z mindesten*; not at ~ *wenigstens nicht* ‖ (not) in the (very) ~ (*nicht*) *im geringsten* **3.** adv *am wenigsten*; ~ of all *am allerwenigsten*; not ~ of all, last not ~ *nicht z wenigsten*; not ~ is this so *nicht am wenig-sten ist dies der Fall* (in) ~**ways** ['~weiz] adv ⟨vulg⟩ *wenigstens* ~**wise** ['~waiz] adv *wenigstens*

leather ['leðə] **1.** s *Leder* n (upper ~ *Ober-leder, Blatt*); American ~ *Wachstuch* n ‖ the rest is all but ~ or *prunella* ⟨m.m.⟩ .. *ist* (*mehr oder weniger*) *Hose wie Jacke* f ‖ nothing like ~ ⟨m.m.⟩ (*Nord, Süd, Ost, West*) *to Hus is' best* | *Gegenstand* m *aus L.* ‖ ⟨fam⟩ *Kricket-, Fußball* m, „*Leder*" n ‖ ~s [pl] *Reithose* f, *Le-dergamaschen, Lederarten* f pl ‖ ⟨sl⟩ *die Haut* | [attr] *Leder-, ledern* ‖ ~-apron *Lederschürze* f, *Schurzfell* n ‖ ~-dressing *Weißgerberei* f ‖ ~-goods [pl] *Lederwaren* f pl ‖ ~ neck ⟨mar sl⟩ „*Landratte*" f (*Heeressoldat*), ⟨Am⟩ „*See-bär*" m (*Seesoldat*) ‖ ~ protector ⟨mot⟩ (*Tank-*)*Schutzleder* n **2.** vt/i ‖ *mit Leder* n *über-ziehen* ‖ *verprügeln* | vi *arbeiten, schuften* (at *an*) ~**ette** [leðə'ret], ~**oid** ['leðərɔid] s *Kunstleder* n, *Lederimitation* f ~**n** ['leðən] a *Leder-, ledern* ‖ ⟨fig⟩ *zäh, hart* ‖ ~**y** ['leðəri] a *lederartig, zäh*

leave [liːv] s *Erlaubnis* f (to do); a ~ off *e-e E. fortzugehen*, a ~ out *E. auszugehen* ‖ by your ~ *mit Ihrer E., bitte*; to ask ~ of *a p jdn um E. bitten*; I beg ~ (to) *ich habe die Ehre* (z); to take ~ *to say sich z sagen erlauben* | (a ~ of absence) *Urlaub* m (~-train *-erzug*); to have ~ *U. h*; absent on ~ *beurlaubt*; on ~ *auf U.* (on my ~); to go on ~ *auf U. gehen, den U. an-treten*; man on ~ *Urlauber* m | *Abschied* m, to take one's ~ *fortgehen*; to take one's ~ *of A. nehmen v* ⟨a fig⟩ | ~ centre *Soldatenheim* n ‖ ~ certificate ⟨Am⟩ *Urlaubsschein* m ‖ ~ credit, ~ entitlement *-anspruch* m ‖ ~ from the front *Fronturlaub* m ‖ ~ pass, ⟨Am⟩ ~ orders [pl] *Urlaubsschein* m ‖ ~-taking *Ab-schiednehmen* n

leave [li:v] vt/i [left/left] **I.** vt **1.** *hinterlassen*;
vermachen (a p a th *od* a th to a p *jdm etw*) ||
(*Erben*) *zurück-*, *hinterlassen*; to ~ a p *well-off
jdn in guten Verhältnissen* n pl *zurücklassen*
|| (*etw*) *zurücklassen*; *liegenlassen, stehenlassen*
(I left my umbrella in ..); → *impression* || *übrig-
lassen*; 3 from 6 leaves 3 *3 v 6 bleibt 3* **2.** *lassen,
belassen, –stehen l*; to ~ on *darauf l* (I left the
fur on *ich ließ den Pelz darauf* [sc *dem Kragen*]); (*jdn*) *in e–m Zustande l*; it ~s me cool
es läßt mich kalt || not to ~ anything undone
nichts ungeschehen l (that *was*); to ~ on one's
right (*etw*) *rechts liegen lassen*; to ~ it at that
⟨fam⟩ *es dabei l, es dabei bewenden l* || ⟨Am⟩
erlauben, gestatten (a p a th *jdm etw*) **3.** (*jdm*)
überlassen (to do); I ~ it to you *ich überlasse es
Ihnen* (to do); to ~ a p to himself (*jdn*) *sich
selbst überlassen* || (*jdm*) *anheim–, freistellen* (to
do) **4.** *verlassen*; to ~ London for Bristol *von
L. nach B. abfahren, reisen* || (*jdn*) *verlassen, im
Stich m l* (→ *lurch*); to be left, to get left ⟨fam⟩
getäuscht w, hineingelegt w **5. Wendungen:** to ~
a p alone *jdn in Ruhe f, ungestört l, nicht stören*; ..
a th alone *etw nicht berühren* ⟨a übtr⟩; to ~
severely alone (*jdn*) *vollkommen ignorieren*; *un-
gestört l* || to ~ a p wondering *jdn im unklaren l*
(whether) || to ~ go *loslassen, fahren l* || to ~
cards on a p *bei jdm* (*s–e*) *Karten f pl abgeben*
|| I'll ~ that to you *das steht in Ihrem Belieben* ||
it ~s much to be desired *es läßt viel z wün-
schen übrig* || to ~ things as they are *die Dinge*
n pl *so l, wie sie sind* || ~ it at that *laß es dabei*
(*bewenden*) || to ~ word *Bescheid m hinterlassen*
| to be left *übrigbleiben* (→ *left*) || we are left
with the impression (that) *es bleibt in* or *bei uns
der Eindruck zurück* (*daß*) || what is left to me?
was bleibt mir übrig? || to be left till called for
postlagernd **6.** [*mit* adv] to ~ **behind** *zurück–,
hinterlassen, hinter sich l*; *liegen* or *stehen l* || to
~ off (*Gewohnheit*) *aufgeben*; *aufhören mit, ein-
stellen* || to ~ off *work*); to ~ off *smoking das
Rauchen* or *zu rauchen nach–, unterlassen*
|| (*Rock* etc) *ablegen* (a left-off coat) || to ~ out
aus–, weglassen || *übersehen* **II.** vi *fortgehen* || *ab-
reisen* (for *nach*); to ~ on *od* for a tour *e–e
Tour f antreten* (through) || to ~ off *aufhören*
(at the 3rd chapter)
　leaved [li:vd] a *–blätterig* (two-~); *–flügelig*
(a two-~ door)
　leaven [levn] **1.** s *Sauerteig m, Hefe f* || ⟨fig⟩
Gärungsstoff m; *umbildender innerer Einfluß m*
|| *Dosis f*; *Beigeschmack m* (of) **2.** vt *säuern*
|| ⟨fig⟩ *durchdringen, –setzen, erfüllen* (with)
　leaving [ˈliːvin] s *Hinterlassen* n (etc → to
leave); [attr] *Abgangs-* (~ certificate) | ~s [pl]
Reste m pl, Überbleibsel n pl
　lecher [ˈletʃə] s *Wüstling m* ~**ous** [~rəs] a
wollüstig, geil ~**y** [~ri] s *Wollust, Geilheit f*
　lecithin [ˈlesiθin] s *Lezith·in* n
　lectern [ˈlektə(:)n] s ⟨ec⟩ *Lese–, Adler–,
Singpult* n
　lection [ˈlekʃən] s ⟨ec⟩ *Lektion* f, *Lesestuck* n
aus der Bibel f; *Epistel f* ~**ary** [ˈlekʃnəri] s ⟨ec⟩
Sammlung f v bibl. Stücken n pl
　lector·ship [ˈlektəːʃip] s ⟨Ger⟩ *Lektorstelle f*
　lecture [ˈlektʃə] **1.** s *Vortrag m,·Vorlesung f*
(on *über*); to attend *od* hear ~s *Vorlesungen f pl
hören*; to give a ~ *e–e V. halten* || *Verweis m,
Strafpredigt f*; to read a p a ~ on *jdm e–e St.
halten über, jdn abkanzeln wegen* | ~-list *Vor-
lesungsverzeichnis* n || ~-room *Hörsaal m*
2. vi/t || *Vorlesung(en) halten*; *e–n Vortrag m
halten* (on *über*); to an audience *vor e–r Hörer-
schaft*) | vt (*jdn*) *unterrichten* (on) || (*jdm*) den
Text m lesen (for *wegen*) | ~**r** [ˈlektʃərə] s *Vor-
tragender m* || ⟨univ⟩ *Dozent, ao. Professor m*
(a ~ in history) || ⟨ec⟩ *Hilfsprediger m* ~**ship**
[~ʃip] s ⟨ec⟩ *Amt* n *e–s Hilfspredigers m* ||

⟨univ⟩ *ao. Profess·ur* f ~**tte** [ˌlektʃəˈret] s *Kurz-
referat* n
　led [led] pret & pp *v* to lead | ~-captain
⟨fig⟩ *Schmarotzer m* || ~-horse *Handpferd* n
　leddy [ˈledi] s *Gallionsfigur* f (*eig* lady)
　ledge [ledʒ] s ⟨arch⟩ *Sims m, n*; (*Fenster-*)
Brüstung, Sohlbank f; *Platte f* || *vorstehende
Kante f*; *Felsenriff* n; large (small) *parent* ~
⟨geol⟩ *Abbruchgebiet* n (–stelle) || ⟨min⟩ *Lager*
n, *Schicht* f
　ledger [ˈledʒə] s ⟨com⟩ *Hauptbuch* n; *Be-
standsbuch* n; ⟨engl⟩ Great ~ *Staatsschuld–* n
|| ⟨arch⟩ *Querbalken m e–s Gerüsts* n || *gr
liegende Grabsteinplatte f* | ~-bait *verankerter
Fischköder m* || ~-line (⟨a⟩ leger) *Grundangel* f
|| ⟨mus⟩ *Hilfslinie* f
　lee [li:] s *Schutz m* (under the ~ of) || *ge-
schützte Seite* or *Lage f*; ⟨mar⟩ (a ~ side) *Lee f,
–seite f, Windschatten m* (*dem Winde abgekehrte
Seite*) (*Ggs* weather-side) | [attr] *Lee–* ~**ward**
[ˈliːwəd, ˈluːəd] **1.** a (~ly adv) *leewärtig* (*Ggs*
windward) **2.** adv *leewärts* **3.** s *Leeseite f*; to
drive to ~ *abtreiben*; to fall to ~ *v Winde abkommen* ~**way** [ˈliːwei] s ⟨mar⟩ *Leeweg m,
Abtrift f, –trieb m*; to make ~ *stark abtreiben*
|| ⟨fig⟩ *Rückständigkeit f*; to make ~ *zurück-
kommen, –bleiben*; to make up the ~ *Versäum-
tes nachholen* || ⟨Am fig⟩ *Ellbogenfreiheit f*
　leech [li:tʃ] s ⟨zoo⟩ *Blutegel m*
　Lee-Enfield [ˈliːˈenfiːld] s (*nach* J. P. Lee *u*
Stadt E.) (a ~ rifle) *brit. Armeegewehr* n
　leek [li:k] s ⟨bot⟩ *Lauch, P·orree m*; Nice ~
schöner L.; Round-headed ~ *Kopf–* || to eat the
~ *zu Kreuze kriechen* || not worth a ~ *k–n
Pfifferling m wert* || to wear the ~ ⟨fam⟩ *aus
Wales s* || ~shire ⟨hum⟩ *Wales* n
　leer [liə] **1.** vi *lüstern, boshaft v der Seite f
schielen* (at *nach*); to ~ at a p *jdn angrinsen* **2.** s
lüsterner, boshafter Seitenblick m | ~**y** [ˈ~ri] a
⟨sl⟩ *schlau; geweckt* || ⟨Am sl⟩ *zweifelhaft, ver-
dächtig*
　leer [liə] s *Kühlofen m* (*f Glas*)
　lees [li:z] s pl *Bodensatz m*; *Hefe f*; to the ~
bis auf die H., Neige
　left [left] **1.** pret *v* to leave **2.** pp *v* to leave;
~ over ⟨arith⟩ *bleibt* (*übrig*) || *übrig*; I have no
money ~ *ich habe kein Geld m übrig(behalten)*
3. a: ~-luggage office [ˌleftˈlʌgidʒˌɔfis] *Gepäck-
aufbewahrungsstelle f* | ~-off *abgelegt* || ~-over
1. a *übriggeblieben* 2. s [pl ~-overs] *Überrest m*
　left [left] **1.** a *link*; the ~ hand *die l. Hand*;
the ~ bank *das linke Ufer* **2.** s *Linke, linke
Hand* or *Seite f*; ⟨mil⟩ *linker Flügel m* (on the ~
auf dem linken F.) || ⟨pol⟩ the ~ *die Linke* | on
the ~ *links, zur Linken, zu linken Hand* (of *v*);
on my ~ *zu m–r Linken, mir z Linken* (he sat on
my ~); on the ~ (of the museum) there
stands .. *links* (*vom Museum*) *steht* .. || ⟨theat⟩
to go out on the ~ *z Linken abgehen* | to the ~
nach links; to keep to the ~ *sich links halten*;
l fahren, ausweichen; the first turn to the ~
die erste Querstraße links **3.** adv *links, z Linken*;
nach links (to turn ~) || ~ of *links v* || ~ face!
⟨Am⟩ *links um*!; ~ shoulder arms! ⟨Am⟩ *das
Gewehr über*!; ~ turn! *links um*!
　left-hand [ˈlefthænd] [attr] a *link*; ~ bend
Linkskurve; ~ drive *–lenkung f*; the ~ man *der
linke Nebenmann*; on the ~ side *links, z Linken*
(of *v*); ~ traffic *Linksverkehr, –fahrbetrieb m*
　left-handed [ˈleftˈhændid] a (~ly adv) *links-
händig*; *–gängig* (*Gewinde* etc) || ⟨fig⟩ *linkisch,
ungeschickt* || *zweifelhaft, fragwürdig*; *boshaft*
(*compliment*) || (of marriage; wife) *z linken
Hand, morgan·atisch* || ~ *twist* (*Geschütz–*)
Linksdrall m ~**ness** [~nis] s *Linkshändigkeit f*
|| *linkisches Wesen* n || *Fragwürdigkeit f* **-hander**
[ˈleftˈhændə] s *Linkser m* || *Schlag m mit der*

linken Hand f ‖ ⟨fig⟩ *unerwarteter Angriff* m
leftist [ˈleftist] s *Linkspolitiker* m pl
leg [leg] **I.** s **1.** *Bein* n (on *od* in the ~ *am
B.*) ‖ (*Tisch–, Hosen–* etc)*Bein* n ‖ ⟨cul⟩ *Keule* f
| *künstl. B.* ‖ *Stiefelschaft* m ‖ ⟨tech⟩ *Stützpfahl,
Steg, Schenkel* m ‖ ⟨geom⟩ *Schenkel* m |
⟨crick⟩ *das Feld hinter u links v dem Schläger* m
‖ ⟨sport⟩ (*Teil-*)*Strecke* f (*im Langstreckenlauf*)
‖ ⟨mar & aero⟩ *Strecke* f (of a ship's *od*
plane's voyage); the next ~ *die nächste Etappe*
‖ ⟨aero⟩ *Leitstrohl* m ‖ ⟨übtr⟩ ~s [pl] ⟨fam⟩
(*P*) *Langbein* n **2.** on one's ~s *auf den Beinen, in
guter Verfassung* f; on one's own ~s *auf eigenen
Füßen*; to be on one's last ~s ⟨fam⟩ *auf dem
letzten Loche pfeifen* ‖ *baby is finding its ~s ..
lernt stehen* ‖ to give a p a ~ up *jdm* (*hin*)*auf-
helfen*; ⟨fig⟩ *jdm helfen* ‖ not to have a ~ to
stand upon ⟨fig⟩ *k–e Stütze* f, *k–n Halt* m h;
alles aus der Luft f gegriffen h; *k–e Ausrede* f h;
„*kein Bein* n *zur Erde* f *kriegen*" ⟨fig⟩ ‖ to pull
a p's ~ ⟨fam⟩ *jdn necken,* °*verkohlen, z Narren
h* ‖ to put one's best ~ foremost *die Beine* n pl
unter den Arm m *nehmen* ‖ to put ~s on a p
e–m Beine m (*ihn antreiben*) ‖ to shake a (loose)
~ *das Tanzbein schwingen*; ⟨Am *a*⟩ *die Beine
unter den Arm* m *nehmen* (*sich beeilen*) ‖ to take
to one's ~s *sich aus dem Staub* m m **3.** [attr]
~-**bail** ⟨hum⟩ *Fersengeld* n (to give ~-bail) ‖
~-**break** ⟨crick⟩ *Ball* m *mit Effet* m *nach links*
(*abgehend*) ‖ ~ man ⟨Am *fam*⟩ *Reporter* m ‖
~-**of-mutton** [a] ⟨übtr⟩ *Keulen–* (sleeves)
‖ ~-**pull**(ing) *kl Schabernack* m; *Hänseln* n,
Hänselei f, ⟨mod *fam*⟩ „*Ölung*" f ‖ ~(-)**room**
⟨mot⟩ *Beinfreiheit* f ‖ ~-**zeph** ⟨fam⟩ *Schorts* pl
II. vi to ~ it *die Beine gebrauchen*; (*fort*)*gehen*
~**ged** [~d] a [in comp] *–beinig* (long~) ~**less**
[ˈ~lis] a *ohne Beine* ~**gy** [ˈ~i] a *langbeinig*;
ungeschickt
legacy [ˈlegəsi] s *Legat, Vermächtnis* n ‖
⟨übtr⟩ *Ererbtes, Vermächtnis* n; a ~ of hatred
überkommener Haß m ‖ demonstrative ~ *v etw
Zeugnis* n *ablegendes V.*; preferential ~ *Vor-
ausv.* | ~ duty *Erbanteilsteuer* f (*f bewegl.
Habe*) ‖ ~-hunter *Erbschleicher* m
legal [ˈliːgəl] a (~ly *adv*) *juristisch* (~
adviser); *Rechts–* (~ system) ‖ *gesetzlich* (~
tender *–es Zahlungsmittel*); *gesetzl. erlaubt*
(abortion); *rechtsgültig* ‖ ~ capacity *Geschäfts-
fähigkeit* f ‖ ~ closing time *Polizeistunde* f ‖ ~
entity *juristische P* ‖ ~ force *Rechtskraft* f
‖ ⟨Am⟩ ~ holiday *Bankfeiertag* m ‖ ~ proceedings [pl] *Gerichtsverfahren* n ‖ ~ remedy
Rechtsmittel n ‖ ~ representative *Testamentsvollstrecker, Nachlaßverwalter* m, → *statutory
agent* ‖ ~ science *Recht*(*e* pl) n ‖ ~ status
Rechtsstellung f ~**ism** [~izm] s *juristischer
Dogmatismus* m ~**ity** [liˈgæliti] s *Gesetzlichkeit*
f; *Rechtsgültigkeit* f ~**ization** [ˌliːgəlaiˈzeiʃən] s
gesetzl. Bestätigung f; *gerichtl. Beglaubigung* f
~**ize** [ˈliːgəlaiz] vt *rechtskräftig m, als gesetzlich
anerkennen*; *amtlich beglaubigen* or *bestätigen*
legate 1. [ˈlegit] s *päpstl. Gesandter, Legat* m
2. [liˈgeit] vt ⟨jur⟩ (*durch Testament*) *vermachen*
(to a p *jdm*) ~**tee** [ˌlegəˈtiː] s *Vermächtnisnehmer,
Erbe* m (*e–r beweglichen S*), → *devisee* ‖
residuary ~ *Restnachlaßempfänger* m *–tine*
[ˈlegətain] a *Legaten–, Legations–* ~**tion** [liˈgei-
ʃən] s *Sendung, Botschaft* f ‖ [konkr] *Gesandtschaft f, die Gesandten* m pl (*f e–n bes Zweck*)
‖ *Gesandtschaftsgebäude, –büro* n
legato [leˈgɑːtou] adv It ⟨mus⟩ *gebunden*
legator [liˈgeitə] s *Vermächtnisgeber, Erblasser* m
legend [ˈledʒənd] s (*Heiligen-*)*Legende* f;
Golden ⌣ *Legenda aurea, goldene Legende der
Heiligen* pl (*v Jacobus de Voragine*, 13. Jh.);
Geschichte f (*z. B. Chaucer's*) ⌣ of *Good
Women*; ⟨mod Slovene Lit⟩ *Legende* ‖ *Wunder-*

geschichte f; *Märchen* n; *Sage* f ‖ ⟨cart, etc⟩
Zeichenerklärung, Beschriftung, Beischrift, (*Bild-*)
Legende, Bildunterschrift f → caption ‖ ⟨fig⟩
Märchen n ‖ ⟨sl⟩ *Wahlspruch* m ~**ary** [~əri]
1. a *legenden–, sagenhaft* **2.** s *Legendensammlung*
f; *–schreiber* m ~**ry** [~ri] s [koll] *Legenden* pl
leger [ˈledʒə] s → *ledger-line*
legerdemain [ˈledʒədəˈmein] s Fr *Taschenspielerkunst* f; *Kunststück* n
legger [ˈlegə] s ⟨Am *fam*⟩ = *bootlegger*
leggings [ˈleginz] s pl (*Leder-*)*Gamaschen* f pl
‖ ⟨Am *a*⟩ *Hose* f
leghorn 1. [ˈleghɔːn] s (= *ital. Stadt Livorno*)
Leghorn-Stroh n ‖ *italienischer Strohhut* m
2. [leˈgɔːn] (fowl) *Leghorn* n
legibility [ˌledʒiˈbiliti] s *Leserlichkeit* f **–ble**
[ˈledʒəbl] a (*–bly adv*) *leserlich* ‖ *deutlich* ‖ *ab-
lesbar*
legion [ˈliːdʒən] s ⟨mil⟩ *Legion* f ‖ *gr Menge* f;
their name is ~ *ihre Zahl ist Legion* f, *unendlich
groß* ‖ the British ⌣ *Brit. Frontkämpferverband*
m (*ggr. 1921*) ‖ ⌣ of honour *frz. Ehrenlegion* f
~**ary** [~əri] **1.** a *Legions–* **2.** s *Legionssoldat;
Legion*ä*r* m
legislate [ˈledʒisleit] vi/t ‖ *Gesetze* n pl *geben
or* m | vt (*etw, jdn*) *durch Gesetzgebung* f *bringen*
(into *z*); *vertreiben* (out of *aus*) **–ation** [ˌledʒis-
ˈleiʃən] s *Gesetzgebung* f **–ative** [ˈledʒisleitiv] a
gesetzgebend ‖ *Gesetz–*; *gesetzlich* **–ator**
[ˈledʒisleitə] s *Gesetzgeber* m **–ature** [ˈledʒis-
leitʃə] s *gesetzgebende Körperschaft* or *Gewalt* f
legist [ˈliːdʒist] s *Gesetzeskundiger, Jurist* m
legitimacy [liˈdʒitiməsi] s (of children) *eheliche Geburt* f ‖ *Legitimität, Gesetz–, Rechtmäßigkeit* f (*des Anspruches e–s Herrschers* etc) ‖
⟨übtr⟩ *Richtigkeit, Echtheit* f **–ate** [liˈdʒitimit] a
(~ly *adv*) *ehelich, legit*·*im* (child) ‖ *recht–, ge-
setzmäßig* (owner, ruler) | ⟨übtr⟩ *echt; als echt
anerkannt* (the ~ drama) ‖ *richtig; berechtigt*
(claim); *wohlbegründet, einwandfrei, folgerichtig*
(result) ‖ ⟨stat⟩ ~ birth rate *Häufigkeitsziffer* f
der ehelich Geborenen m pl; ~ fertility (rate)
eheliche Fruchtbarkeit(*sziffer* f) f **–ate** [li-
ˈdʒitimeit], **–atize** [liˈdʒitimətaiz], **–ize** [li-
ˈdʒitimaiz] vt (*Kind*) f *ehelich erklären* ‖ *legiti-
mieren, f gesetzlich, gültig erklären* ‖ *f berechtigt
erklären*; *rechtfertigen* **–ation** [liˌdʒitiˈmeiʃən] s
Ehelicherklärung f (of children); *Legitimierung* f
‖ *Gültigkeitserklärung* f ‖ *Ausweis* m; *Legitima-
tion* f
legume [ˈlegjuːm], ~**n** [leˈgjuːmen] s ⟨bot⟩
Same m *der Hülsengewächse* f (*z. B. Erbse*); [oft
pl ~s] *Hülsenfrucht* f *als Nahrung* f ‖ *Hülse* f
legumin [leˈgjuːmin] s *Hülsenfruchtstoff* m
~**ous** [~əs] a ⟨bot⟩ *hülsentragend; Hülsen–* (~
plant)
leister [ˈliːstə] **1.** s *Speer* m *z Fischfang* m
2. vt (*Fisch*) *stechen*
leisure [ˈleʒə] **1.** s *Muße, freie Zeit* f (for; to
do) ‖ at ~ *frei, unbeschäftigt* ‖ at your ~ *wenn
Sie Zeit h, bei passender Gelegenheit* f; *gelegentlich* **2.** a *müßig, Muße–; frei* (~ hour); ~ time
freie Zeit, Freizeit f | ~**d** [~d] a *frei, unbeschäf-
tigt*; *nicht durch Beruf m gebunden*, the ~ classes
die wohlhabenden Klassen f pl ~**ly** [~li] **1.** a
gemächlich, langsam **2.** adv *gemütlich*
leit-motif [ˈlaitmouˌtiːf] s ⟨mus & übtr⟩
Leitmotiv n
lek [lek] s *Balzplatz* m (*bes. des Birkwilds*)
Leman [ˈliːmən] s *Lake* ~ *der Genfer See* m
leman [ˈlemən] s *Geliebte*(*r* m) f; *Buhler*(*in* f)
lemma [ˈlemə] s Gr (pl ~ta [~tə]) ⟨scient⟩
Hilfs–, Lehnsatz m ‖ *Thema* n, *Überschrift* f,
Stichwort n
lemme [ˈlemi] ⟨fam⟩ = let me
lemon [ˈlemən] s ⟨bot⟩ *Zitrone* f; candied ~
peel *Zitronat* n, (→ lime *Limone* f) ‖ *Zitronen-
baum* m ‖ *Zitronengelb* n ‖ ⟨fig *fam*⟩ (*häßliches*

Mädchen) „Spinne", „Hexe" f; ⟨Am *a*⟩ *Ekel, Scheusal* n *(P); Unding,* °*Mistding* n *(S)* | ~-drop *Zitronenbonbon* m ‖ ~-juice *-saft* m ‖ ~-peel *-schale* f ‖ ~-sole ⟨ich cul⟩ *See-, Rotzunge* f ‖ ~-squash *Zitronensaft* m, *-limonade* f *natürell* ‖ ~-squeezer *-presse* f ‖ ~-sucker ⟨Am⟩ *Weichling* m ~ade [ˌlemə'neid] s *Zitronenlimonade* f

lemur ['liːmə] s ⟨zoo⟩ *Lemur, Maki*

lend [lend] vt [lent/lent] **1.** *verleihen* (a p a th *od* a th to a p *etw an jdn*); *leihen* (a p a th *od* a th to a p *jdm etw*) ‖ (*a* to ~ out) *aus-* ‖ ⟨Am⟩ ~ **and lease bill** *Leih- u Pachtvertrag* m (1941), *⸝*-Lease Act ⟨Am⟩ *Pacht- u Leihgesetz* n, ~-lease *Pacht- u Leihlieferungen* f pl **2.** (übtr) *schenken* (to ~ an [*od* one's] ear to a p *jdm sein Ohr sch.*); to ~ assistance *Hilfe* f *leisten* ‖ *gewähren*; to ~ a hand *helfen* (in, at *bei*) | *verleihen*, to ~ life to the scene *die Szene beleben*; to ~ point to a remark *e-r Bemerkung* f *Nachdruck* m *verleihen* **3.** to ~ o.s. to (*P*) *sich hergeben z*; (*S*) *sich eignen z*, f ~**er** ['~ə] s (*Geld-*) *Verleiher* m ~**ing** ['~iŋ] s *Aus-, Verleihen* n; [attr] *Leih-* (~-library *-bücherei*)

length [leŋθ] s **1.** *Länge* f (two thirds the ~ of ²/₃ *der L. v*) ‖ *Weite* f ‖ ⟨tech⟩ *Zug* m; ~ of jib *Ausladung* f (*e-s Drehkrans*) ‖ *lange Strecke* f, *Entfernung* f; at arm's ~ *auf Armes Länge* ‖ (of time) *Länge, Dauer* f, → stage; ~ of a generation (*durchschnittl.*) *Generationsdauer* f ‖ *Umfang* m; ⟨sport⟩ *Länge als Maß* n (*e-s Bootes* etc); to win by 3 ~s from *um 3 Längen* f pl *gewinnen vor* **2. Wendungen:** at ~ *endlich, zuletzt* ‖ *ausführlich; lange, ausgedehnt* ‖ at full ~, at one's length, all one's ~ (*P*) *der Länge nach* ‖ at great ~ *sehr ausführlich*; at some ~ *ziemlich lange* | three feet in ~ *drei Fuß lang* | to go to great ~s ⟨fig⟩ *sehr weit gehen, sich sehr bemühen* ‖ to go to desperate ~s *verzweifelt weit gehen* ‖ to go to the ~ of doing *so weit gehen, sich so weit hinreißen* l *z tun* | to go all ~s *aufs Ganze* n *gehen*; ready to go all ~s *zu allem entschlossen*; to go any ~s *alles tun* (for *f*) ‖ to walk the whole ~ of a train *den ganzen Zug* m *entlang gehen* ‖ → foot ~**en** ['~ən] vt/i ‖ *verlängern*; *ausdehnen*; to ~ out *weit ausdehnen* | vi *sich verlängern, sich ausdehnen* ‖ *länger w*; the shadows ~ *es wird Abend* m; ⟨fig⟩ *man wird älter* ‖ to ~ out (of roads) *sich in die Länge* f *ziehen* ~**ening** ['~əniŋ] s [attr] *Verlängerungs-, Ansatz-* (~ bar) ~**iness** ['~inis] s (*große*) *Länge, Weitschweifigkeit* f ~**ways** ['~weiz], ~**wise** ['~waiz] adv *der Länge nach* ~**y** ['~i] a (-thily adv) *sehr lang* | *langwierig*; *weitschweifig*

lenience ['liːniəns], **-ency** [-si] *Nachsicht, Milde* f -**ent** ['liːniənt] a (~ly adv) *milde, gelind, schonend, nachsichtig* (to, towards *gegen*)

lenitive ['lenitiv] **1.** a *lindernd* **2.** s *Linderungsmittel* n ⟨a fig⟩ (to *f*) -**ty** ['leniti] s *Nachsicht, Milde* f (to *gegen*)

leno ['liːnou] s ⟨weav⟩ *Linon* m ‖ *muolin Baumwollmusselin* m

lens [lenz] s [pl ~es] ⟨opt⟩ *Linse, Optik* f, *Objektiv* n | [attr] ~ aberration *Verzeichnung* f *e-r L.* ‖ ~ adapter *O.-Ring* m ‖ ~-assembly *Linsenzus-setzung* f ‖ ~-cap *O.-Deckel* m ‖ ~-hood *Sonnen-, Gegenlichtblende* f ‖ ~ turret *Revolverkopf* m

Lent [lent] s ⟨ec⟩ *Fasten* pl, *Fastenzeit* f; to keep ~ *fasten*; ~ term ⟨univ⟩ *Zeit* f *v Neujahr bis Ostern* n (*früher:* Hilary term) ‖ ~-lily ⟨bot⟩ *gelbe Narzisse* f ~**en** ['~ən] a *Fasten-* ‖ ⟨fig⟩ *karg, spärlich* | ~-veil *Fasten-, Hungertuch* n

lenticular [len'tikjulə] a (~ly adv) ⟨bot & phys⟩ *linsenförmig*; *Linsen-*

lentil ['lentil] s *Linse* f (*Frucht*)

lentoid ['lentoid] a ⟨phys⟩ *linsenförmig*

Leonid ['liːənid] s *Sternschnuppe* m *aus dem Sternbild* n *des Löwen*

leonine ['liːənain] a *löwenartig, Löwen-* ‖ *⸝* a *leoninisch* (*⸝* verse)

leopard ['lepəd] s ⟨zoo⟩ *Leopard* m ‖ the ~ never changes its spots *die Katze läßt das Mausen nicht* ‖ ~'s bane ⟨bot⟩ *Gemswurzel* f ‖ ~'s crawl (*flaches*) *Robben* n

leper ['lepə] s *Aussätziger* m ‖ ~'s hospital *Lepˌrosenhaus, Spital* n f *Aussätzige* pl

lepido- ['lepido] Gr [in comp] *Schuppen-* ~**ptera** [ˌlepiˈdəptərə] s L pl *Lepidoptˌeren, Schmetterlinge* m pl ~**pterous** [ˌlepiˈdəptərəs] a *Schmetterlings-*

leporine ['lepərain] a *Hasen-*

leprechaun ['leprikɔːn] s *Kobold, Gnom* m, *Erdmännlein* n

leprosy ['leprəsi] s ⟨med⟩ *Aussatz* m ‖ ⟨fig⟩ *moral. Gift* n

leprous ['leprəs] a *aussätzig* ~**ly** [~li] adv *aussatzartig*

lepto- ['lepto] Gr [in comp] *schmal-*

lese-majesty ['liːzˈmædʒisti] s ⟨jur⟩ *Majestätsbeleidigung* f; *Hochverrat* m

lesion ['liːʒən] s ⟨med⟩ *Verletzung* f (~ of the brain *Gehirn-*) ‖ ⟨jur⟩ *Schädigung* f

less [les] ⟨Am vulg⟩ = let us

less [les] **1.** a (übtr) *kleiner, geringer* (Ggs greater); no ~ a p than *kein Geringerer als* ‖ *weniger* (Ggs more); [attr] *Minder-* ‖ little ~ than *so gut wie; fast* **2.** prep *weniger, abzüglich*; ~ tax *abzüglich der Steuer* f **3.** s *der, die, das Kleinere, Geringere*; *die Geringeren*; *e-e geringere Menge* f; no ~, nothing ~ *nicht weniger, wenigstens soviel*; for ~ *für weniger*; not .. for ~ *nicht billiger* **4.** adv *in geringerem Grade* or *Umfange*; *weniger* (~-known); *geringer*; ~ and ~ *immer weniger*; no ~ than *ebensogut wie*; ~-than-carload *od* truckload *Stückgut*(ladung f) n; .. shipment *Stückgutsendung* f ‖ much ~, still ~ (that) *noch viel weniger, geschweige denn* (*daß*) ‖ the ~ *je weniger*; um so weniger; the ~ so as *um so weniger als* | ~**en** ['lesn] vi/t ‖ *kleiner w, geringer w, sich vermindern, abnehmen* | vt *vermindern, -kleinern*; *schmälern*; *herabsetzen* ~**er** ['lesə] a [*nur attr od* abs] *kleiner* (the ~ evil; the ~ of two evils); *geringer; unbedeutender*

-**less** [-lis] suff *-los; ohne* ..: wing~, winter~ ‖ shield~ *ohne Schild* n, *schutzlos*; pilot~ *führerlos, unbemannt* | shield-- ~**ness** *Schutzlosigkeit* f; → *lifeless, motionless,* etc

lessee [le'siː] s ⟨jur⟩ *Pächter; Mieter* m

lesson ['lesn] **1.** s ⟨ec⟩ *Vorlesestück* n (*aus d. Bibel*) ‖ *Lektion, Aufgabe* f ‖ (*Lehr-*)*Stunde* f; (music ~ *Musik-*); ~s [pl] *Unterricht* m (music ~s *Musik-*); to give ~s *U. erteilen*; to take ~s from a p *Stunden* f pl *nehmen, Unterricht* h *bei jdm* ‖ *Lehre* f, *Denkzettel* m (to *f*) **2.** vt *unterweisen* (in, on) ‖ *ermahnen*

lessor [le'sɔː] s *Verpachter, mieter* m

lest [lest] conj (*mit folg.* should) *damit nicht, daß nicht*; *aus Furcht* f *daß* (~ it should happen) ‖ (*nach Ausdrücken der Furcht*) *daß* (I fear ~)

let [let] **1.** † vt *hindern* **2.** s *Hinderung* f, without ~ or hindrance *ohne H.* | ⟨ten⟩ *Let* n (*Wiederholung des Balles*)

let [let] vt/i & aux [let/let] **I.** vt A. **Bedeutungen: 1.** (*Flüssigkeit*) *herauslassen*; to ~ blood *z Ader* f l; he was ~ blood *er wurde z A. gel.* **2.** *vermieten, -pachten* (to *an*) **3.** *lassen, erlauben, zulassen* (to *zu*); to ~ a p into a th *jdn einweihen in etw, etw wissen l*; .. a p off a penalty *jdm e-e Strafe* f *erlassen*; .. a p over a place *jdn über e-n Ort* m *gehen l*; to ~ a p *od* a th out of *jdn, etw herauslassen aus* B. [*mit* adj] to ~ a p **alone** *jdn in Ruhe* f, *Frieden* m l;

~ me alone to do *od* for doing *sei unbesorgt, daß ich tue*; to ~ a th alone *etw nicht berühren, sich nicht mischen in etw*; [abs] ~ alone *geschweige denn* || to ~ loose *loslassen* (passion ~ loose *–ge–*) **C.** [*mit* acc c. inf] *lassen, erlauben,* I ~ him **have** it *ich ließ es ihn h*; he ~ himself be deceived *er ließ sich täuschen*; I was ~ (to) go *mir wurde erlaubt z gehen*; to ~ things slide *die Dinge* n pl *gehen l*; to ~ one's opportunity slip *sich die Gelegenheit entgehen l*; ~ me *erlauben Sie mir* (sc *zu helfen* etc) || to ~ a p be *jdn in Ruhe l* || *bewirken,* to ~ a p hear, know *jdn hören, wissen l* | [*der Inf. oft direkt hinter* ~] to ~ **fall** *fallen l*; *äußern* (some remarks) || to ~ fly *abschießen*; *loslassen* (a dozen oaths) || to ~ go *loslassen* (a p's hand); *laufen* or *fahren l*; *etw los–, lockerlassen* (to ~ go the rope); to ~ o.s. go *sich gehen l* || [abs] to ~ **go of** a th *etw loslassen*; *gehen l, aufgeben* **D.** [*mit* adv] to ~ **down** *herunterlassen,* to ~ down the curtains *die Vorhänge* m pl *herunterl* || ⟨übtr⟩ to ~ a th down *den Ruf e–r S herabsetzen, e–r S schädigen* || to ~ a p down *jdn erniedrigen*; to ~ a p down gently *od* easily *jdn glimpflich behandeln* || *enttäuschen*; *verraten, im Stich m l*; to ~ a p down by *jdn bringen um* (£50) | to ~ **in** *(hin)einlassen*; (jdn) *aufklären* (on *über*); ⟨fig⟩ (jdn) *hineinlegen, bringen* (for *um*) || to ~ o.s. in for (a th) *sich* (etw) °*aufhalsen* | to ~ **off** *ab–, losschießen, abfeuern*; (Rede) *loslassen*; to ~ a p off (jdm) *die Strafe erlassen,* (jdn) *davonkommen l* | to ~ **out** *etw herausl*; *ausplaudern* (a th; that); (Zorn) *ausl* || (etw) *vermieten, –pachten, –geben* **II. v aux** [1. u. 3. pers imp, *in modaler Bdtg.*] ~ us go *gehen wir, wir wollen gehen*; ~ us suppose *nehmen wir an*; ~ me see (*erlauben Sie*) *e–n Augenblick* m || (if ..) ~ them try (..) *so mögen sie nur versuchen*; ~ the public be told *das Publikum möge sich gesagt s l* (that); ~ come what may *möge k was will* **III. vi 1.** *vermietet w* (at *f*); *sich vermieten l*; to ~ z *vermieten* (a room to ~) || to ~ into a p *jdn angreifen* | to ~ well alone *die Dinge* n pl *gehen l* **2.** [*mit* adv] to ~ **on** ⟨sl⟩ *erkennen l, verraten* (that) || *vorgeben* (to do) || to ~ out *etw a p jdn angreifen*; *beschimpfen* | to ~ **up** ⟨Am⟩ *nachlassen, aufhören* **IV.** [in comp] ~-alone *das Sichgehenlassen* [*nur* attr: ~-alone policy] || ~-down ⟨sl⟩ *Nachteil* m, *Enttäuschung* f || ~-down ⟨aero⟩ *Sinkflug* m; ~-d. procedure (Anflug-)*Sinkverfahren* n || ~-off *Festlichkeit* f; ⟨fig⟩ *Abfluß, Auslaß* m; ⟨fig⟩ *Loskommen* n || ~-up *Aufhören, Nachlassen* n; *Pause* f

let [let] s ⟨fam⟩ *Vermieten, –pachten* n, *Vermietung* f

–let [–lit] dim suff *–chen, –lein* n (wing~ *Flügelchen,* ring~ *Ringlein*)

lethal [ˈliːθəl] a *let'al, todbringend, tödlich*; *Toten–* || ⟨at⟩ ~ dose *Tötungsdosis* f **Lethe** [ˈliːθi] s ⟨myth⟩ *Lethe* f || ⟨fig⟩ *Vergessenheit* f

lethargic(al) [leˈθɑːdʒik(əl)] a *lethargisch*; *träge, stumpf* **–gy** [ˈleθədʒi] *Letharg'ie*; *Interesselosigkeit, Stumpfheit* f

let's [lets] = let us || ⟨Am vulg⟩ ~ don't = let us not

Lett [let] s *Lette* m; *Lettin* f || *das Lettische* (Sprache) **–ic** [ˈ–ik], **–ish** [ˈ–iʃ] **1.** a *lettisch* **2** s *das Lettische* || → Latvian

letter [ˈletə] **I.** s **1.** *Buchstabe* m; before ~s (Bild) *vor der Schrift* f; strings of ~s (after one's name) *viele Titel* m pl || ⟨typ⟩ *Letter* f **2.** *Mitteilung* f, *Brief* m (to *an*); your ~ of Febr. 2. *Ihr B. vom 2. Febr.*; by ~ *brieflich*; *schriftlich*; prepaid ~, stamped ~ *frankierter B.* || (not introduced:) Dear Sir, Madam .. *Sehr geehrter Herr N., Sehr verehrte gnädige Frau, ..* Yours faithfully .. *Mit vorzüglicher Hochachtung Ihr* (sehr ergebener) .. || (an Behörde) Dear Sir ..

Sehr geehrter Herr ..; I am, Sir (Your obedient servant *od*) yours faithfully .. *Hochachtungsvoll* .. | (introduced) Dear (Mr.) Smith .. (With kind[est] regards) Yours sincerely .. *Lieber* (Herr) *Schmidt* .. *Mit den besten Grüßen Ihr* .. **3.** ⟨übtr⟩ *buchstäbliche Bedeutung* f (to the ~ *buchstäblich*); the ~ of the law *der B. des Gesetzes* || in ~ and spirit *dem –staben u Inhalt* m *nach* **4.** ~s [pl] *Literatur* f; *Gelehrsamkeit, Wissenschaft* f; man of ~s *Literat, Gelehrter* m **5. Verbindungen:** capital (small) ~ gr (kl) *Buchstabe* m || ~s patent [pl] ⟨jur⟩ *Patenturkunde* f || ~ of attorney *Vollmacht* f; ~ of credence *Beglaubigungsschreiben* n; ~ of credit *Kreditbrief* m || ~ of introduction *Empfehlungsschreiben* n || ~ of transmittal *Begleitschreiben* n **6.** [attr] *Brief–* ⟨engl⟩ *–beutel* m || ~-balance *–waage* f || ~-book *–ordner* m (f kopierte Briefe) || ~ box *–kasten, –einwurf* m (in *e–r Mauer*); → pillar-box; ⟨Am a⟩ *Hausbriefkasten* m || ~-brush ⟨print⟩ *Abziehbürste* f || ~-card *Kartenbrief* m || ~-carrier ⟨Am⟩ *Briefträger* m || ~-case ⟨Am⟩ *Brieftasche* f; ⟨typ⟩ *Setz–, Schriftkasten* m || ~-clip *Büro–, Briefklammer* f || ~-file *Briefordner* m || ~-founder *Schriftgießer* m || ~-head *Briefkopf(papier* n) m || ~-knife *Brieföffner* m || ⟨theat⟩ to be ~-perfect *s–e Rolle* f *genau im Kopfe h* || ~-press *Buchdruck–, Kopierpresse* f || ~-proof *Probeabdruck* m || ~ register *Briefbuch* n || ~ shoot *Rohrpost* f || travelling ~ signs ⟨el⟩ *Laufschrift* f || ~ tray *Briefkörbchen* n → tray || ~-weight *Briefbeschwerer* m || ~-writer *Briefschreiber, Briefsteller* m || ~s [~s] ⟨jur⟩ *Bestallung* f: ~s advocatory *Anwalts–*; ~s of administration *Nachlaßverwalterbestallung* f || ~s rogatory *Rechtshilfeersuchen* n; ~ testamentary *Testamentsvollstreckerbestallung* f **II.** vt *in Buchstaben* m pl *ausdrücken* || *mit Buchstaben bezeichnen*; (Buch) *betiteln* || (Zeichnung, Schild etc) *beschriften* (a disc ~ed with STOP) | ~ed [~d] a *gelehrt, gebildet*; *wissenschaftlich*; *literarisch* || *mit Lettern* f pl *versehen* ~ing [~riŋ] s *Bezeichnung* f *mit Buchstaben*; *Aufschrift* f, *Aufdruck* m, *Beschriftung* f; *die* (aufgedruckten) *Worte* n pl (of an inscription)

letterpress [ˈletəpres] s (Lettern-)*Druck* m; (in illustr. Werken) *Text, Druck* m (Ggs illustrations) || [attr] *Pressen–* (~ printing *–druck* m) || → letter-press

lettuce [ˈletis] s ⟨bot⟩ *Lattich* m; *Salatpflanze* f; garden ~ *Kopfsalat* m || ⟨Am sl⟩ *Banknoten* f pl

leucite [ˈljuːsait] s ⟨geol⟩ *Leuz'it* m (Mineral)

leuco– [ˈljuːko] Gr [in comp] *weiß* ~**cyte** [~sait] s *weißes Blutkörperchen* n ~**ma** [ljuːˈkoumə] s Gr *Hornhautfleck* m ~**rrh(o)ea** [ˌljuːkəˈriːə] s ⟨med⟩ *Leukorrhöe* f

levant [liˈvænt] vi (P) *d'urchbrennen, d'urchgehen*

Levant [liˈvænt] s the ~ *die Levante* ~**ine** [~ain] **1.** a *levantinisch, morgenländisch* **2.** s *Bewohner* m *der L.*

levee [ˈlevi] s Fr (Morgen-)*Empfang* m *bei Fürstlichkeiten* etc

levee [ˈlevi] **1.** s ⟨Am⟩ *Ufer–, Schutzdamm, Quai* m, *Landestelle* f, ⟨Am a⟩ *Negerviertel* n (an Flüssen) **2.** vt (Fluß) *eindämmen*

level [ˈlevl] **I.** s **1.** *Libelle, Richt–, Wasserwaage* f **2.** *waagerechte, gerade Fläche* f; on the ~ ⟨fig Am fam⟩ *ehrlich, offen*; base ~ ⟨geog⟩ *Denudationsniveau* n || *gerade Linie, Richtung* f | *gleiche Höhe* f (on a ~ with *in gleicher H. mit*) || *die e–r S* or *P zukommende Höhe, Lage, Stellung* f (to find one's ~) **3.** *Grad, Spiegel, Stand* m, *Niveau* n; oil ~ ⟨mot⟩ *Ölstand* m: ⟨at⟩ *Gehalt* m (of an [Radioaktivität]); ~ of employment *Beschäftigungsstand* m; ~ of living

Lebensstandard m; ~ of prices *Preisniveau* n, –*stand* m; ~ of significance ⟨stat demog⟩ *Sicherheitsgrenze* f; ~ of supply ⟨mil⟩ *Versorgungsstand* m, *(allgemeiner) Nachschubstand* m; ~ of wages *Lohnniveau* n; to be up to the ~ ⟨fig⟩ *an das N. heranreichen* ‖ ⟨fig⟩ *Höhestand* m, *Höhenlage, Stufe* f; from all ~s of government *v allen Regierungsstellen* f pl (⟨Ger⟩ *Bund, Länder & Gemeinden), aus öffentlicher Hand* f; (a conference) at the highest ~ .. *auf höchster Ebene* f; to attain one's best ~ *sein bestes Können* n *erreichen* ‖ ⟨fam⟩ to do one's ~ *sein Bestes tun* 4. ⟨min⟩ *Stollen* m **II.** a **1.** *waagerecht, horizontal* ‖ *eben, flach; gerade*; ⟨mus⟩ *in derselben Höhe, Lage* f *bleibend* ‖ ~ crossing ⟨rail⟩ *Schienenkreuzung* f, *schienengleicher Übergang* m ‖ ~ flight *Horizont·alflug* m ‖ ~ road fuel consumption ⟨mot⟩ *Kraftstoffnormverbrauch* m ‖ ~ rod *Peilstab* m ‖ ~ stress *gleichstarke Betonung* f *(zweier Silben)* ‖ ~ stretch of road *glatte Strecke* f **2.** ⟨fig⟩ *gleich*; ~ with *in gl. Höhe* f *mit, auf gl. Höhe, Stufe* f *mit*; to draw ~ with *in gl. Linie* k *mit, einholen*; ~ to ⟨fig⟩ *zugänglich, verständlich, passend* f **3.** ⟨fig⟩ *gleichmäßig, ausgeglichen; wohl in Ordnung* f ‖ ⟨fam⟩ to do one's ~ best *od* one's ~lest *sein möglichstes tun* | → crossing ‖ ~ difference *Höhendifferenz* f ‖ ~-headed *ausgeglichen, ruhig* (P) ‖ ~ recorder ⟨at⟩ *Intensitätsmesser* m ‖ ~ scheme *Niveauschema* n ~ness [~nis] s *Gleich–, Ebenheit* f ‖ ⟨fig⟩ *Ausgeglichenheit* f

level ['levl] vt *waagerecht* m, *ebnen, planieren* ‖ ⟨tech⟩ *(Bleche) richten* | *(zwei Dinge) gleichmachen; auf das gleiche Niveau* n *bringen*; ⟨surv⟩ *nivellieren*; (of sounds) to be ~led under *zus–fallen unter* ‖ *(etw) abgleichen, dem Boden* m *gleichm·achen*, to ~ to *od* with the ground *(etw) dem Erdboden* m *gleichm.* ‖ ⟨fig⟩ *(jdn, etw) gleichm.* (to a p *jdm*, to a th *e–r S*) ‖ *(Geschoß) richten, zielen* (at *auf, nach*; against); *(Kritik) richten* (at *gegen*) | to ~ down *erniedrigen; nach unten ausgleichen*; ⟨fig⟩ *hinabschrauben*; *(Löhne) herabsetzen* ‖ to ~ up *erhöhen; nach oben ausgleichen*; ⟨fig⟩ *hinaufschrauben*; *(Löhne) erhöhen* ~ler [~ə] s ⟨pol⟩ *Gleichmacher; Nivellierer* m ~ling [~iŋ] s *Gleichmachen* n, *Abgleichung* f; ⟨tech⟩ *Einpegelung* f; (of forms) *Ausgleich* m | [attr] ⟨surv⟩ *Nivellier–* ~ *staff –latte* f ‖ ~ stones ⟨mas⟩ *Ausgleichsteine* m pl

lever ['li:və] **1.** s ⟨tech⟩ *Hebel* m (on a machine *an e–r Maschine*); ⟨a fig⟩ (for) ‖ (of a watch) *Anker* m; (a ~-watch) *Ankeruhr* f ‖ ~ brake *Handbremse* f ‖ ~ escapement *(Uhr) Ankerhemmung* f, –*gang* m **2.** vi/t *e–n Hebel* m *anwenden* | vt *(mit e–m H.) bewegen* (to ~ away); *mit e–m H. heben* (out of *aus*; over *über*) ~age [~ridʒ] s *Hebelanwendung; –wirkung, –übersetzung* f ‖ *Hebelkraft* f ‖ ⟨fig⟩ *Macht* f, *Einfluß* m

leveret ['levərit] s *junger Hase* m, → hare

leviable ['leviəbl] a (of a tax) *erhebbar*

Leviathan [li'vaiəθən] □ *Levi·athan* m ‖ ⟨fig⟩ *Ungetüm, Ungeheuer* n, ⟨bes⟩ *gr Schiff* n

levigate ['levigeit] vt *z Pulver* n *od Paste* f *zerreiben, pulverisieren, pulvern, schlemmen* –**ation** [ˌlevi'geiʃən] s *Zerreibung, Erweichung* f

levin ['levin] s ⟨poet⟩ *Blitz(strahl)* m

levirate ['li:virit] s *Levir·atsehe* f *(unter Juden* etc)

levitate ['leviteit] vi/t ⟨*(im Okkultismus) leicht w u in die Luft aufsteigen (Ggs gravitate)* | vt *leicht* m, *schweben* l –**ation** [ˌlevi'teiʃən] s *Levitation, Leichtwerden, Schweben* f

Levite ['li:vait] s *Levit* m –**tic(al)** [li'vitik(əl)] a (–*cally adv) levitisch* –**ticus** [li'vitikəs] s L (abbr *Lev.) Drittes Buch* Mosis n

levity ['leviti] s ⟨fig⟩ *Leichtsinn* m, *Leichtfertigkeit* f; with ~ *leichtfertig*

levy ['levi] **1.** s *Erhebung* f *(v Steuern)*; capital ~ *Kapitalabgabe* f ‖ *Beitrag* m *(f e–n Zweck)* ‖ a ~ was made on all employees *v allen Angestellten* m pl *wurde e–e Umlage* f *erhoben* ‖ *Aushebung* f; *Aufgebot* n; *ausgehobene Truppen* f pl **2.** vt *(Steuer) erheben*, to ~ a p *jdn mit e–r Steuer* f, *e–m Beitrag* m *belasten* ‖ *(Truppen) ausheben* ‖ to ~ distress *pfänden* ‖ to ~ execution (on property) *(Vermögen) pfänden, Zwangsvollstreckung* f *e–s Urteils vornehmen*

lewd [lju:d] a (~ly adv) *liederlich, unzüchtig*; ~ and immoral practices *Unzucht* f ~ness ['~nis] s *Unzucht* f

lewis ['lu:is] s ⟨mech⟩ *(Stein-)Wolf* m

Lewis gun ['lu:is ˌgʌn] s *Art* f *Maschinengewehr* n

lexical ['leksikəl] a (~ly adv) *lexikalisch*

lexico– ['leksiko] Gr [in comp] *Lexiko–, lexiko–* ~**grapher** [ˌleksi'kɔgrəfə] s *Lexikogr·aph, Wörterbuchverfasser* m ~**graphy** [ˌleksi'kɔgrəfi] s *Lexikographie* f

lexicon ['leksikən] s Gr *(mst griech., hebr.) Lexikon, Wörterbuch* n

Leyden jar ['leidn 'dʒɑ:] s ⟨el⟩ *Leidener Flasche* f

li [li:] s *Li, chines. Wegemaß* n (= 644,4 m) ‖ *chines. Gewicht* n, *chines. Münze* f, *Käsch* n

liability [ˌlaiə'biliti] s ⟨jur⟩ *Verantwort–, Verbindlich–, Haftbarkeit* f, ⟨jur⟩ *Haftung, Haftpflicht* f (limited ~) ‖ ~ for damages *Schadenshaftung* f; ~ of heirs *Erbenhaftung* f | *Ausgesetzt–, Unterworfensein* n (to a th *e–r S*); ~ to military service *Wehrpflicht* f | *Neigung* f (to z) | ⟨com⟩ –ties [pl] *geldliche Verpflichtungen, Passiva* pl *(Ggs assets); Belastungen, Schulden* f pl | ~ claim *Haftpflichtanspruch* m; ~ insurance –*versicherung* f

liable ['laiəbl] a **1.** *verantwortlich, haftbar*, ⟨jur⟩ –*pflichtig* (for); *verpflichtet* (to do); ~ to military service *wehrpflichtig*, –*dienstfähig*; to be ~ for a th *haften* f *etw*, *etw bezahlen müssen* **2.** *ausgesetzt, unterworfen* (to a th *e–r S*) ‖ to be ~ *unterworfen* s, *unterliegen* (to a th *e–r S*); *neigen* (to *zu*), *dazu neigen* (to do *z tun*); *In Gefahr* f s (to be forgotten), to be ~ to colds *sich leicht erkälten*; to be ~ to prosecution *sich strafbar* m **3.** ⟨Am⟩ *wahrscheinlich*; = likely

liaise [li'eiz] vi ⟨mil sl⟩ *in Verbindung* f *treten, zus–arbeiten* (with *mit*); *Verbindungsoffizier* m s

liaison [li'eizɔ̃] s Fr ⟨tact⟩ *enge Verbindung u Zus–Arbeit zw zwei Einheiten* f; ~ communication ⟨wir⟩ *Querverbindung* f; ~ officer *Verbindungsoffizier* m ‖ *Kontakt* m

liana [li'ɑ:nə] s ⟨bot⟩ *Li·ane, Kletter–, Schlingpflanze* f

liar ['laiə] s *Lügner(in* f) m ‖ ⟨fam⟩ ~! *Das glauben Sie selbst nicht!*

lias ['laiəs] s ⟨engl⟩ *blauer Kalkstein* m ‖ ⟨geol⟩ *L·ias, Schwarzer Jura* m ~**sic** [lai'æsik] a *liassisch, Lias–*

libation [lai'beiʃən] s *Spendeguß* m, *Trankopfer* n ‖ ⟨hum⟩ *Trank* m; *Trinkgelage* n

libel ['laibəl] **1.** s ⟨jur⟩ *Klageschrift* f ‖ *Schmähschrift* f | *Verleumdung; Beleidigung* f; an absolute ~ *ein wahrer Hohn* m (on *auf*) **2.** vt to ~ a p *e–e Klageschrift* f *einreichen gegen jdn* | *jdn schriftlich u öffentlich schmähen; verleumden* ‖ ⟨fam⟩ *jdm nicht gerecht* w ~**lant** [~ənt] s ⟨ec jur⟩ *Kläger* m ~**lee** [ˌlaibe'li:] s ⟨ec jur⟩ *Beklagter* m ~**ler** ['laibələ], ~**list** ['laibəlist] s *Schmähschriftschreiber; Verleumder* m ~**lous** ['laibələs] a (~ly adv) *Schmäh–; verleumderisch*

liberal ['libərəl] **1.** a (~ly adv) *freigebig* (of *mit*) ‖ *reichlich* (meal); *beträchtlich, ansehnlich* | *großzügig; unbefangen* ‖ *aufgeklärt, frei, –sinnig* | ⟨pol⟩ *liberal* (the ~ party) | ~ arts [pl] *freie Künste; Geisteswissenschaften* f pl; ~ education *gründl. allg Bildung* f ‖ ~ profession

freier Beruf m **2.** s ⟨pol⟩ (*mst* ⁓) *Liberaler* m
~ism [~izm] s ⟨pol⟩ *Liberal·ismus* m **~ist**
[~ist] s *Anhänger* m *des Liberalismus* **~istic**
[‚libərə'listik] a *liberal·istisch* **~ity** [‚libə'ræliti] s
Freigebigkeit f ‖ *Freisinnigkeit, Unbefangenheit* f
~ize ['libərəlaiz] vt/i ‖ (*jdn*) *aufklären, bilden*
‖ ⟨pol⟩ *liberal* m ‖ vi *liberal* w
  liberate ['libəreit] vt (*jdn*) *befreien* (from *v*)
⟨*a* übtr⟩ ‖ (*Sklaven*) *freilassen* ‖ ⟨mil sl euph⟩
„*sicherstellen*", „*organisieren*" ‖ ⟨chem⟩ *frei* m
–ation [‚libə'reiʃən] s *Befreiung*; *Freilassung* f
–ator ['libəreitə] s *Befreier* m
  Liberian [lai'biəriən] **1.** a *liberisch* **2.** s *Liberier* m (*Bewohner v Liberia* [*Westafr.*])
  libertarian [libə'tɛəriən] s *Anhänger* m *der
Lehre* f *v der Willensfreiheit* f **–ticide** [li'bə:tisaid] s *Freiheitszerstörer* m, *–zerstörung* f
–tinage ['libətinidʒ], **–tinism** ['libətinizm] s
Liederlichkeit, Zügellosigkeit f **–tine** ['libətain]
1. s *Freidenker* m ‖ *Wüstling* m **2.** a *liederlich*
  liberty ['libəti] s **1.** ⟨. m. m.⟩ *Freiheit*; *Ungebundenheit* f; *religious* ~ *Religionsfreiheit* f; ~
of action Handlungsfreiheit f; ~ *of conscience
Gewissens–*; ~ *of the press Presse–* ‖ *to* ~
move Bewegungsfreiheit f **2.** *freie Wahl* f, *Erlaubnis* f (*to do*) **3.** *Freiheit, Willkür*; *Ungebührlichkeit* f **4.** ⟨jur⟩ (*mst* pl *–ties*) *Recht, Vorrecht* n
‖ *Gebiet* n, *für das die Vorrechte* pl *gelten* **5.** at ~
frei, unbeschäftigt; ⟨Am fam *a*⟩ *arbeitslos*: he is
at ~ *er hat gerade nichts z tun*; (*S*) *unbenützt* ‖ *to*
be at ~ *freie Hand* f *h, die Erlaubnis h* (*to do*),
you are at ~ *es steht Ihnen frei*; I am not at ~
to tell ich darf nicht erzählen ‖ *to set at* ~ *befreien* ‖ *to take the* ~ *sich die Freiheit nehmen*
(*of doing z tun*) ‖ *to take liberties with sich Freiheiten* f pl *gestatten* or *herausnehmen gegenüber*
6. [attr] ~ *boat* ⟨mil⟩ *Verkehrsboot, Urlauberschiff* n ‖ ~ *cabbage* ⟨Am derog⟩ = *sauerkraut* ‖
~ *man Matrose auf Urlaub* m; ⁓ *Ship* ⟨Am⟩
etwa 10 000-t-Frachter m *im 2. Weltkrieg* m
  libidinous [li'bidinəs] a (~ly adv) *wollüstig,
unzüchtig* **libido** [li'baidou] s L *Lustdrang, Geschlechtstrieb* m, *–begierde* f
  libra ['laibrə] s L *röm. Pfund* n (*Gewicht*) ‖
⟨astr⟩ *Waage* f (*Sternbild*)
  librarian [lai'brɛəriən] s *Bibliothekar* m,
⟨engl *oft:*⟩ *Bibliotheksdirektor* m ‖ *principal* ~
Bibliotheksdirektor m **~ship** [~ʃip] s *Amt* n
eines B.
  library ['laibrəri] s *Bibliothek* f, *Bücherei* f ‖
Bibliotheksgebäude n ‖ ⟨übtr⟩ (*Bücher-*)*Reihe*,
Serie f
  librate ['laibreit] vi *hin u her schwingen*;
schwanken; *im Gleichgewicht* n *gehalten w*
  librettist [li'bretist] s *Verfasser* m *e–s Libretto*
n **–tto** [li'bretou] s It [pl ~s; –tti] *Operntext* m,
Textbuch n ‖ *author of a* ~ *Textdichter* m
  lice [lais] s pl *v* louse
  licence, ⟨*bes* Am⟩ **licence** ['laisəns] s **Erlaubnis* f ‖ *behördliche Genehmigung, Lizenz, Konzession* f; *to take out a* ~ *sich e–e K. beschaffen* f;
Ehe-Erlaubnis f; ⟨engl⟩ *a special* ~ *Erlaubnis* f,
z jeder Zeit f *ohne Aufgebot n z heiraten* ‖ ⟨min⟩
Konzession f ‖ *Erlaubnisschein* m; *dog* ~ *E. e–n
Hund* m *z halten*; *gun* ~ *Waffenschein* f ‖
hunting ~ *Jagd(schein)*; *driving* ~ ⟨mot⟩
Führerschein m ‖ *Freiheit*; *Zügellosigkeit, Ausschweifung* f ‖ ⟨arts⟩ *Freiheit* (*poetic* ~ *dichterische F.*); *Liz·enz* f ‖ ~ *number* ⟨mot⟩ *Zulassungsnummer* f; ~ *plate Nummernschild* n,
Kennzeichen(tafel f) n
  license ['laisəns] vt *(*jdm*) *erlauben* (*to do*)
‖ *to* ~ *a p jdm die behördliche Genehmigung* f
erteilen (*to do*); (*jdn*) *ermächtigen* (*to do*)
‖ (*etw*) *amtlich genehmigen, konzessionieren*;
(*Stück*) *freigeben, zulassen* ‖ **~d** [~t] a *konzessioniert* (~ *victualler –er Gastwirt*) ‖ *privilegiert,
geduldet*

  licensee [‚laisən'si:] s *Lizenz–, Konzessionsinhaber* m **licenser** ['laisənsə] s *Aussteller* m *e–r
Konzession* f ‖ *Zensor* m **licentiate** [lai'senʃiit] s
(abbr L.) *Lizenti·at* m
  licentious [lai'senʃəs] a (~ly adv) **frei, allzufrei*; *unregelmäßig* (rhyme) ‖ *ausschweifend, zügellos* **~ness** [~nis] s *Ausschweifung, Zügellosigkeit* f
  lichen ['laiken] s ⟨bot & med⟩ *Flechte*;
Knötchen– f **~ous** ['laikinəs] a *Flechten–*
  lichgate, lych– ['litʃgeit] s *Friedhofstor* n
  licit ['lisit] a (~ly adv) (*gesetzlich*) *erlaubt*
  lick [lik] **I.** vt/i **A.** vt **1.** (*etw*) *lecken*; *lecken an*
(*etw*); (*etw*) *belecken*; *to* ~ *the boots of a p*
⟨fig⟩ *vor jdm kriechen* ‖ he ~ed *his lips es lief
ihm das Wasser im Munde zus* ‖ (*of waves*) *leicht
bestreichen* ‖ *to* ~ *up auflecken* **2.** *to* ~ *into
shape* ⟨fam⟩ (*jdn, etw*) *zustutzen*; (*jdm*) *die richtige Form geben* ‖ *to·* ~ *the dust ins Gras beißen* **3.** ⟨sl⟩ *verprügeln* ‖ *besiegen*; *übertreffen*
‖ ⟨sl⟩ *übersteigen*; this ~*s me dies geht über
m–e Begriffe* m pl; *that* ~*s everything das übersteigt alles, ist die Höhe* **B.** vi ⟨sl⟩ *eilen*; *to go
as hard as one can* ~ *so schnell wie möglich
rennen* **II.** s *Lecken* n; a ~ *and a promise Katzenwäsche* f ‖ (*a* salt–~) ⟨Am⟩ *Salzlecke* f
‖ ⟨fam⟩ °*Schmiere, Prügel* f ‖ ⟨fam⟩ *Eile* f (at a
tremendous ~) ‖ a ~ *e–e kl Menge* f; not .. a
~ *of work nicht ein bißchen Arbeit* f, *k–e Spur* f
v Arbeit **~er** [~ə] s *Lecker* m ‖ ⟨tech⟩ *Öler* m
‖ ⟨sl⟩ *Schläger* m **~erish, liquorish** ['~əriʃ] a
lecker ‖ (*be*)*gierig* ‖ *lüstern* **~ing** [~iŋ] s
Lecken n ‖ ⟨sl⟩ a ~ *e–e Tracht* f *Prügel* pl ‖
⟨sport⟩ *Niederlage* f **~spittle** ['likspitl] s *Speichellecker* m
  lickety-split ['likəti 'split] adv ⟨Am sl⟩ *haste
was kannste*
  licorice ['likəris] s = liquorice
  lictor ['liktə] s L *Amtsdiener* m
  lid [lid] s **1.** *Deckel* m, → **3.**; *to put the* ~ *on
a th* ⟨fig⟩ *das Maß e–r S vollmachen, e–r S die
Krone aufsetzen* (*e–e S auf die Spitze treiben*)
2. *Augenlid* n **3.** ⟨Am sl⟩ °*Deckel* m (*Hut*) ‖
Einschränkung f *des Alkoholverkaufs* ‖ the ~ *is
off* ⟨Am⟩ *es gibt kein Halten* n *mehr* **~ded**
['~id] a *mit Deckel* m, *Augenlid* n *versehen*
  Lido ['li:dou] s *Sommerbad* n
  lie [lai] s *Lüge* f; *to tell a* ~ *lügen* ‖ *white* ~
Not– ‖ *to give a p the* ~ *jdn Lügen strafen,
als Lügner m hinstellen*; *to give the* ~ *to a th
etw als unwahr erweisen* ‖ a ~ *out of whole
cloth gemeines Lügengewebe* n
  lie [lai] vi/t (~d/~d/lying) ‖ *lügen* (like a
book wie gedruckt); *to* ~ *in one's throat das
Blaue vom Himmel* m *herunterlügen* ‖ (*S*) *täuschen* ‖ *to* ~ *to a p jdn belügen*; *jdm vorlügen*
(that) ‖ vt (*jdn*) *durch Lügen bringen* (into *z*); *to*
~ *o.s. out of sich herauslügen aus*
  lie [lai] vi (lay/lain/lying) **1.** (*P*) *liegen*; *to* ~
dying im Sterben n liegen ‖ *ruhen* (here ~s) ‖
liegenbleiben ‖ †*bleiben, übernachten*; *to* ~
with schlafen bei; *jdm beiwohnen* ‖ *sich legen* (*to*
~ *back*); *sich lagern* (at *in*) **2.** (*S*) *ruhen, liegen*
‖ ⟨geog⟩ *liegen, gelegen s* (on a river, channel;
to the east of östlich v) ‖ (*of roads*) *gerichtet s,
führen* (through, along; *the route of the tour
lies through*) ‖ ⟨mar⟩ *vor Anker* m *liegen* ‖ ⟨fig⟩
gelagert s, existieren, sich befinden ‖ ⟨jur⟩ *zulässig, erlaubt s* (no appeal will ~) **3.** **Wendungen:** *to* ~ *doggo ruhig liegen, sich verborgen
halten* ‖ (*of corn*) *to* ~ *flat lagern* ‖ *to* ~ *low*
⟨fam⟩ *sich versteckt– or zurückhalten, sich nicht
verraten* ‖ *to* ~ *hard, heavy on schwer lasten
auf* ‖ *to* ~ *open to a th e–r S ausgesetzt s* ‖ *to*
~ *well* ⟨hunt⟩ *fest liegen* ‖ *to* ~ *in wait for
a p jdm auflauern* ‖ *let sleeping dogs* ~ *rühre
vergessene Dinge nicht auf* **4.** [mit prep] → *door*
‖ *to* ~ *in a p in jdm liegen*; *von jdm abhängen*,

jds S s; as far as in me ~s *soweit in m—n Kräften steht* ‖ to ~ in a th *liegen, bestehen in etw* ‖ to ~ in a p's way *jdm möglich s* ‖ her talents do not ~ that way *dazu hat sie k–e Anlagen* f pl ‖ to ~ **on** a p ⟨jur⟩ *jdm obliegen* ‖ to ~ under a th *e–r S unterworfen s* (to ~ under the necessity *genötigt s*); to ~ under a sentence of death *ein Todesurteil* n *empfangen h*; to ~ under (the) suspicion *unter dem Verdacht* m *stehen* (of a th *e–r S*; of doing *getan z h*) ‖ to ~ up *ins Dock gehen* ‖ it ~s with you *es liegt bei dir, es ist an dir* (to do) **5.** [mit adv] to ~ **by** *still, unbenutzt liegen* | to ~ **down** *sich niederlegen* ‖ I cannot take it lying down *ich kann es mir nicht (so einfach) gefallen l* ‖ to ~ down and I'll fan you ⟨iron⟩ *sonst noch was gefällig? Stehe gern z Diensten!* → punkah **|** to ~ in *in die Wochen pl k* ‖ to ~ off ⟨mar⟩ *v Lande abhalten* ‖ to ~ over *liegenbleiben, aufgeschoben w* ‖ to ~ to ⟨mar⟩ *beilegen* ‖ to ~ up *zurückgezogen leben, das Bett hüten* **6.** [in comp] ~-a-bed *Langschläfer(in* f) m ‖ ~-down bath *(Wannen-)Vollbad* n

lie [lai] s *Lage* f ⟨a fig⟩ ‖ (*T*) *Lager* n
lief [li:f] **1.** a †*lieb, angenehm* **2.** adv *gern*, I would as ~ do *ich würde ebenso gern tun* (as *wie*); I would ~er do than *ich würde lieber tun als*
liege [li:dʒ] **1.** a *lehnspflichtig, Lehns–,* ~ *lord –herr;* ~ service *–dienst* m **2.** s *Lehnsherr* m ‖ (*a* ~ *man*) *Lehnsmann* m ~**man** ['~mæn] s *Lehnsmann* m
lien ['liən] s Fr ⟨jur⟩ *Zurückbehaltungsrecht* n; *dinglich gesicherter Anspruch* m; to lay a ~ on *das Z. geltend m auf* ‖ ~ *covenant Zusicherung* f *des Nichtbestehens e–s dinglichen Anspruchs* ~**or** [~ə] s *Rückhaltungsberechtigte(r* m) f, *Pfandrechtsgläubiger(in* f) m
lierne [li'ə:n, lai'ə:n] s ⟨arch⟩ *Neben–, Zwischenrippe* f *(e–s Kreuzgewölbes)*
lieu [lju:] s [*nur in:*] in ~ of *anstatt* ‖ in ~ thereof *anstelle dessen;* [abs] in ~ *ersatzweise, als Ersatz* m; [attr] "in ~" *issue Ersatzausgabe* f
lieutenancy [lef'tenənsi, ⟨nav & Am⟩ lu:'tenənsi] s *Leutnantsrang* m, *–stelle* f ‖ *Statthalterschaft* f **–ant** [lef'tenənt, ⟨nav & Am⟩ lu:'tenənt] s **1.** *Stellvertreter; Statthalter* m; deputy-~ *Vizestatthalter* m; *Lord* ~ *Vertreter* m *des Königs in der Grafschaft* f **2.** ⟨mil⟩ *(Ober-)Leutnant;* first ~ *Oberleutnant,* second ~ *Leutnant;* ⟨nav⟩ *Kapitänleutnant* m **3.** [attr] ~-colonel [pl ~-colonels] *Oberstleutnant* m ‖ ~-commander ⟨nav⟩ *Korvettenkapitän* m ‖ ~-general [pl ~-generals] *Generalleutnant* m ‖ ~-governor *Unterstatthalter* m (*bes der brit Kolonien*)
life [laif] s [pl *lives*] **1.** *Leben* n; *organisches Leben* ‖ *menschliches Leben* n ‖ *Lebenskraft, belebende Kraft, Seele* f (he was the ~ and soul of ..); to give ~ to, put ~ into (*etw*) *beleben* ‖ *lebendige Gestalt* f **2.** *das einzelne Menschenleben* n (they lost their lives *sie verloren das* [*ihr*] *L.*); *Lebenszeit* f; many for the first time in their lives experienced .. *viele erlebten z erstenmal in ihrem Leben* ..; early ~ *Jugend* f; early in ~ *in jungen Jahren* | ⟨übtr⟩ *Lebensdauer, Haltbarkeit, Leistung, Stabilität* f (oil ~, car ~, etc *Lebensdauer e–s Öls, Wagens etc*), expectation of ~ *mutmaßliche Lebensdauer* f | *Lebenswandel* m (to lead a good ~) ‖ *Lebensbeschreibung* f **3.** *menschl. Leben u Treiben* n; to see ~ *das L. kennenlernen, genießen;* high (low) ~ *Leben der vornehmen (niederen) Klassen* f pl ‖ still ~ ⟨arts⟩ *Stilleben* n; common ~ *picture Genre–, Sittenbild* n **4.** *die auf Lebenszeit* f *versicherte P* **5. Wendungen: a.** a matter of ~ and death *e–e S auf Leben* n *u Tod* m, *v größter Be-*

deutung f; as large as ~ *lebensgroß, in Lebensgröße* f ‖ ~ or limb *Leib* m *u Leben* n **b.** [*nach* prep] for ~ *auf –zeit, lebenslänglich* ‖ (to run) for one's ~, for dear ~ *ums (liebe) Leben, aus Leibeskräften* f pl (..) ‖ not for the ~ of me *nicht um alles in der Welt* f; *um k–n Preis* m, *absolut nicht;* ~ struggle ‖ from (the) ~ ⟨arts⟩ *nach dem L., nach der Natur* f, taken from ~ *dem L. abgelauscht* ‖ nothing in ~ *nichts in der Welt* f ‖ to the ~ *nach dem Leben, naturgetreu* ‖ upon, 'pon my ~ *so wahr ich lebe!* ‖ with ~ and limb *mit heiler Haut* f **c.** to be in danger of one's ~ *in Todesgefahr* f *schweben;* → danger ‖ his ~ hangs upon a thread *sein L. hängt an e–m Faden* m ‖ to lay down one's ~ for *sein L. hingeben* f ‖ ⟨fam⟩ we do see ~! *man lebt!* ‖ to seek a p's ~ *jdm nach dem L. trachten* ‖ to take a p's ~ (one's own ~) *jdm (sich) das L. nehmen* ‖ to take one's ~ in one's hands *sein L., s–e Laufbahn* f *riskieren* **6.** [attr & in comp] *Lebens–* ‖ ~-annuity, ~-rent *Leibrente* f ‖ ~-assurance *Lebensversicherung* f ‖ ~-belt *Rettungsgürtel* m ‖ ~-boat *–boot* n ‖ ~-blood *Herzblut* n ‖ ~-buoy *Rettungsboje* f ‖ ~-expectancy ⟨bes ins⟩ (*mittlere*) *Lebenserwartung* f ‖ ~-giving *L. spendend, belebend* ‖ ~-guard ⟨mil⟩ *Leibgarde* f; → guard ‖ ⟨Am⟩ *Rettungs–, Strandwache* f, *Rettungsschwimmer* m ‖ ~-insurance *Lebensversicherung* f; ~-insurance company *–sgesellschaft* f ‖ ~-interest *–länglicher Nießbrauch* m ‖ ~-jacket *Schwimmweste* f ‖ ~-line *Rettungsleine* f ‖ ⟨palmistry⟩ *Lebenslinie* f ‖ ~-preserver *Schwimmgürtel* m; *Bleistock, Totschläger* m ‖ ~ raft *Rettungsfloß, Schlauchboot* n ‖ ~(-)saving *apparatus Lebensrettungsgerät* n, ⟨(-)s. Service (ziviler) Rettungsdienst* m ‖ ~-size, ~-sized *lebensgroß, in –größe* (two ~-size portraits) ‖ ~ span *Höchstalter* n ‖ ~-table *Sterbetafel* f, *Sterblichkeitstabelle* f ‖ ~-t. death rate ⟨stat⟩ *reine Sterbeziffer* f ‖ ~-vest *Schwimmweste* f ‖ ~-work *–werk* n ~**less** ['laiflis] a (~ly adv) *leblos* ‖ *unbelebt* ‖ *unwirksam; kraftlos, schlaff* ~**lessness** [~nis] s *Leblosigkeit, Kraftlosigkeit* f ~**like** ['laiflaik] a *lebenswahr, naturgetreu;* (of portraits) *ähnlich* ~**long** ['laiflɔŋ] a *lebenslänglich* ~**manship** ['laifmənʃip] s *Lebenskunst* f, → *–manship* ~**r** ['laifə] s ⟨fam⟩ *lebenslänglicher Zuchthäusler, Lebenslänglicher* m ~**time** ['laiftaim] s *Lebenszeit* f; *–alter* n

lift [lift] vt/i **I.** vt **1.** (*a* to ~ up) *auf–, emporheben* ‖ (*etw*) *er–, hochheben;* to ~ one's hand *ausholen* ‖ to ~ (up) one's hand *schwören;* to ~ (up) one's hand, voice against ⟨fig⟩ *die Hand, Stimme erheben gegen;* to ~ (up) one's eyes *die Augen erheben* ‖ to ~ (up) a cry *Geschrei n erheben* ‖ to ~ (up) one's head *sichtbar w; sich erholen;* ⟨fig⟩ *triumphieren;* (of buildings) *auf–, emporragen* **2.** (*jdn, etw*) *aufnehmen; heben* (over *über*); to ~ down (*jdn*) *herunterheben* ‖ (*Kartoffeln*) *roden, aufiesen* **3.** *entfernen, beseitigen,* to have one's face ~ed *sich die Runzeln im Gesicht entfernen l* ‖ ⟨sl⟩ *wegnehmen, stehlen,* °*mausen* **4.** ⟨übtr⟩ (*etw*) *heben* (to a higher plane *auf e–e höhere Ebene*) ‖ (*jdn*) *emporheben* (from *aus*); (*jdn*) *erheben, –höhen;* (*Unterhaltung*) *heben;* to ~ fire ⟨artill⟩ *Feuer n vorverlegen;* (*Preise*) *erhöhen* **5.** ⟨press⟩ *plagiieren* (a story) **6.** ⟨hunt⟩ (*Hunde*) *auf die Fährte setzen, zur F. legen; anlegen, ansetzen* **II.** vi *sich heben; sich heben l* ‖ (*a* aero⟩ *sich* (*in die Luft*) *erheben;* (of mist) *aufsteigen* **III.** [in comp] ~ coefficient (in kg per m³) (*a* specific ~) ⟨aero⟩ *Einheitsauftrieb* m ‖ ~ hammer *Aufwerfer* m ‖ ~ pump *Saugpumpe* f ‖ ~ track ⟨Am⟩ *Gabel–, Hubstapler* m ‖ ~-up seat *Sitz* m *z Hochklappen* n ~**er** ['~ə] s ⟨sport⟩ *(Gewicht-)Heber* m ‖ *Dieb* m **|** ⟨tech⟩

Gerät n *z Heben* **~ing** [*'~iŋ*] s *Heben* n | [attr]
Hebe-, (~-power *–kraft*); *Hub-* ⟨aero⟩ *Auf-
trieb–* (~ force) || ~ bridge *Hubbrücke* f || ~
bucket *Aufzugskübel* m || ~ cord ⟨weav⟩ *Ket-
tenheber* m || ~ gear *Hubwerk* n || ~ magnet
Lastmagnet m || ~ platform ⟨mot⟩ *Hebebühne* f
|| ~ pump *Förder-*, *Hubpumpe* f || ~ stage
Hebebühne f || ~ surface, ~ wing ⟨aero⟩
tragende Fläche f || ~ tube (*Pumpen-*)*Steigrohr* n
lift [lift] s *Heben*, *Aufheben* n; *Hub* m || *Hoch-
heben* n ⟨aero⟩ *Auftrieb* m; there is plenty of
~ in the air *die Luft trägt gut* || ⟨fig⟩ *Antrieb*;
Beistand m; *erhebender Einfluß* m || ⟨tech⟩
Aufzug, *Fahrstuhl*(*schacht*) m | to give a p a ~
jdm helfen; *jdn mitfahren l*
  ligament [*'ligəmənt*] s †*Band* n | ⟨anat⟩
Sehne f, *Band* n **~al** [‚ligə'mentl], **~ary** [‚ligə-
'mentəri], **~ous** [‚ligə'mentəs] a *Sehnen-*
  ligate [*'laigeit*] vt ⟨surg⟩ *verbinden*, *bandagieren* **–ation** [lai'geiʃən] s ⟨surg⟩ *Binden*; *Ab-
binden* n (*e–r Ader*); *Verbinden* n **–ature** [*'ligə-
tʃuə*] **1.** s ⟨surg⟩ *Verband* m; *Band* n, *Binde* f
|| *Unterbindung* f (*e–r Ader*) || ⟨typ⟩ *Ligat'ur* f
|| ⟨mus⟩ *Bindung* f **2.** vt (*Ader*) *abschnüren*
  liger [*'laigə*] s *Junges* n *v Löwen u Tigerin,* →
tigon
  light [lait] s **1.** *Licht* n; *Beleuchtung* f; in
subdued ~ *bei gedämpftem Licht* || *Sonnen-,
Tageslicht* n (the ~); *Tag* m | *Lichtausstrahlung*
f; *Licht ausstrahlender Gegenstand* m; *Leucht-
turm* m ⟨mot⟩ stop ~ *Bremslicht* n || *Kerze* f;
Lampe f; *Leuchtfeuer* n | (*Navigations-*)*Feuer* n,
Positionslicht n || *Streichholz* n (give me a ~)
| *Licht durchlassende Vorrichtung* f; *Fenster-
öffnung* f; ~s [pl] *Befensterung* f, ⟨ec⟩ *Fenster-,
Maßwerk* n || with full navigation ~s ⟨mar⟩
mit allen Lichtern pl **2.** ⟨fig⟩ *Licht* n; *Erleuch-
tung*, *Aufklärung* f; *Erkenntnis*, *Einsicht* f | (*P*)
a ~ *ein Licht*; shining ~ *großes L.*, *Leuchte* f
| ~s [pl] *geistige Fähigkeiten*, *Eingebungen* f pl;
according to his ~s *nach bester Einsicht* f, *nach
s–n Fähigkeiten* f pl **3.** ⟨fig⟩ *Licht* n, *Beleuchtung*
f (to put a th in its true ~); *Licht or Seite* f *der
Betrachtung* f | *Blick* m (on *auf*); beam of ~
Lichtstrahl, *–blick* m || ~s [pl] ⟨arts⟩ (*a high
~s*) *Lichter e–s Bildes* n pl, ⟨fig⟩ *Höhepunkte* n
pl (dramatic high ~s) || false ~ ⟨bes arts⟩
indirektes Licht n **4.** by the ~ of *beim Schein* m
v || in a good ~ ⟨arts⟩ *gut or günstig beleuchtet*
|| in the ~ of ⟨fig⟩ *im Lichte v*; *unter Heran-
ziehung*, *Verwertung* f *v* || *im Hinblick* m *auf*
| it was quite ~ *es war schon hell* || to bring to ~
ans Licht, *an den Tag bringen* || to come to ~
ans Licht k, *entdeckt w* || get out of the ~ *geh
aus dem Licht*, ⟨fig⟩ *stör nicht* || to put a ~ to
anzünden || to see the ~ *das L. der Welt* f *er-
blicken*; (of plays) *z ersten Male aufgeführt w*;
⟨fig Am⟩ *aufgeklärt*, *überzeugt w* || to stand *od*
be in a p's ~ ⟨fig⟩ *jdm im L. stehen* || to throw,
shed ~ on a th *L. auf etw werfen* **5.** [attr] **a.**
Licht- || ~-cure treatment ⟨med⟩ *–heilbehand-
lung* f || ~-float *Leuchtboje* f, → b. || ~ line
⟨mil⟩ *Verdunkelungsgrenze*, *Lichtferführungs-
grenze* f (*f Fahrzeuge*) (*in Frontnähe*) || ~-plant
Lichtanlage f || ~ point ⟨el⟩ *Brennstelle* f || ~-
port ⟨mar⟩ *Bullauge* n || ~-(-)proof *lichtsicher* ||
~-sensitized *lichtempfindlich* || ~-valve ⟨film⟩
–relais n || ~ writing ⟨el⟩ *Laufschrift* f; ~ wr.
motogram *Lichtzeitung* f **b.** *Leucht-* (~ ball)
~house [*'~haus*] s *Leuchtturm* m **~less** [*'~lis*]
a *lichtlos*, *finster* **~ship** [*'~ʃip*] s ⟨mar⟩ *Leucht-,
Feuerschiff* n **~wood** [*'~wud*] s ⟨Am⟩ *Kien-
holz* n
  light [lait] a *licht*, *hell*; ⟨fig⟩ *strahlend* || *weiß-
lich*; *hell* (~ blue) || ⟨Am *a*⟩ *blond*
  light [lait] vt/i || (*Licht*, *Feuer*) *anzünden* ||
(*etw*) *be–*, *erleuchten* || (*jdm*) *leuchten* (to bed) ||
to ~ up *hell beleuchten*; ⟨fig⟩ *erleuchten*, *be-*

leben, *aufhellen*, *–heitern* | vi (*a* to ~ up) *leuch-
ten*, *hell w* || (of the face) *aufleuchten* || ⟨Am⟩
to ~ into (*jdn*) *anfallen*; to ~ out °*abhauen*,
°*verduften*
  light [lait] **I.** a (~ly adv) **1.** *leicht*, *nicht
schwer*; ~ railway *Bahn* f *f leichte Güter* n pl,
Kleinbahn f || [attr:] ~*er-than-air craft Ballone*,
Gasluftfahrzeuge pl || *leichtbewaffnet* (~ infan-
try) || *leicht beladen or belastet* || ~ metal
Leichtmetall **2.** (of coins) *geringhaltig*, *z leicht*
|| *leicht*, *nicht rauh* (a ~ hand) | *leicht*, *locker*
(soil); *dünn* (cloth) || *leicht*, *milde*; *leicht ver-
daulich* **3.** *leicht z* (*er*)*tragen*(*d*) (~ punishment);
leicht z tun (~ work) || *unterhaltend*; ~ litera-
ture *Unterhaltungsliteratur* f | *leicht*, *schwach*
(sleep); *gering*, *unbedeutend*; no ~ matter *k–e
Kleinigkeit* f **4.** (of movements) *leicht*, *flott*,
flink, *behende* (~ of foot) **5.** (*P*) *leicht*, *oberflächlich* (character); *leichtfertig*, *–sinnig*; *unbe-
ständig* | *sorglos*, *frei* (a ~ heart) | to make ~
of *sich nichts m aus*, (*etw*) *auf die leichte Schulter nehmen*; to think ~ly *of geringschätzen*,
(*etw*) *leicht nehmen* **II.** adv *leicht*, *nicht schwer*
(to tread ~; to dream ~); to travel ~ *mit
leichtem Gepäck n reisen* ⟨*a* fig⟩; ~(ly) come,
~(ly) gone *wie gewonnen, so zerronnen* || *nicht
empfindlich* **III.** [*Verbindungen & in comp*] ~
alloy *Leichtmetallegierung* f || ~-armed ⟨mil⟩
leicht bewaffnet || ~ car ⟨Am mot⟩ *Kleinwagen*
m || ~ crape *Zephyrkrepp* n || ~ engineering
Feinmechanik f; ~ e. industry *Leichtindustrie* f ||
~-fingered *leicht*, *geschickt* | *langfingerig*, *die-
bisch* || ~-foot ⟨poet⟩ ~-footed *schnellfüßig*
|| ~-gauge steel *Dünnblech* n || ~-handed
leicht; *geschickt* || *leicht belastet* || ~-headed
(–ly adv) *leichtfertig*, *unbesonnen* | *benommen*,
schwindlig, *wirr* (*im Kopf*) || ~-headedness *Un-
besonnenheit* f || *Benommenheit* f || ~-hearted
(–ly adv) *wohlgemut*, *fröhlich*; ~-heartedness
Frohsinn m || ~ heavy weight ⟨box⟩ *Leicht-
schwergewicht* n (*nicht über 159 Pfd.*, engl
175 lbs) || ~-heeled *behende*, *flott* || ~-horse-
man ⟨mil⟩ *leichter Kavallerist* m || ~-minded
leichtsinnig || ~ motor cycle *Leichtkraftrad* n
|| ~-o'-love [‚laitə'lʌv] *flatterhaftes Weib* n,
Kokette, *Dirne* f || ~ rail *Feldbahnscheine* f
|| ~-rail track *Rollbahn* f || ~ timbering
⟨min⟩ *Rüstung* f || ~ truck *Kleinlastwagen* m ||
~ type *magere Schrift* f || ~ weight 1. s ⟨box⟩
Leichtgewicht n (*nicht über 122 Pfund*, engl
135 lbs) || *Unter-*, *Mindergewicht* n **2.** a *leicht-
wiegend*; ⟨fig⟩ (*geistig*) *unbedeutend*, *nichtig*
  light [lait] vi [~ed/~ed & lit/lit] †*absteigen*
(from *v*) | to ~ on *fallen auf*; *sich niederlassen
auf*; ⟨fig⟩ *stoßen auf*; *geraten auf*; *zufällig
treffen*
  lighten [*'laitn*] vt/i || *erhellen*; *erleuchten* | vi
leuchten, *hell w*; *blitzen*; it ~s *es blitzt*
  lighten [*'laitn*] vt/i || *leichter m* || ⟨mar⟩
(*Schiff*) *leichtern*, *löschen* || ⟨fig⟩ *erleichtern*;
aufheitern | vi *leichter w*; *sich erleichtern*;
⟨aero⟩ *Last* f *abwerfen*
  lighter [*'laitə*] s *etw, das leuchtet*; *Anzünder* n
|| *Taschenfeuerzeug* n || ⟨theat⟩ *Beleuchter*
  lighter [*'laitə*] **1.** s ⟨mar⟩ *Lichter*, *Leichter*,
Ewer m, *Lichterschiff* n **2.** vt/i || in *e–m Leichter
befördern* | vi als *L. dienen* **~age** [~ridʒ] s
Kahn-, *Lichterfracht* f; *Löschgebühr* f; *Leichter-
lohn* m **~man** [~mən] s *Lichterschiffer*, *Löscher*
m; *Feuerführer* m
  lighting [*'laitiŋ*] s *Leuchten* n || strip ~
Leuchtrohr-, *Lichtbandbeleuchtung* f | [attr]
Licht-, ~ effects *–effekte* pl || ~-point *Brenn-
stelle* f ⟨*a* el⟩
  lightness [*'laitnis*] s *Leichtheit*, *Leichtigkeit* f
|| *Leichtverdaulichkeit* f || *Milde* f || *Geschwin-
digkeit* f || *Leichtsinn* m
  lightning [*'laitniŋ*] **1.** s *Blitz* m, ~ struck a

house *der B. schlug in ein Haus* n; struck by ~
v B. erschlagen | forked ~ *Zickzackblitz* m;
heat ~, summer ~ *Wetterleuchten* n || like ~,
~-like *blitzartig, wie der Blitz*; like greased ~
wie ein geölter B. | ~ arrester *Blitzschutz*,
⟨wir⟩ *Gewitterschutz* m || ~-bug ⟨Am⟩ *Leucht-
käfer* m → fire-fly || ~ call ⟨telph⟩ *Blitzge-
spräch* n || ~-conductor, ~-rod ⟨tech⟩ *Blitz-
ableiter* m || ~ discharge *Blitzentladung, blitz-
förmige E.* f || ~-express, ~-train *Blitzzug* m
|| ~-fast *blitzschnell* || ~ offensive *Blitzoffen-
sive* f; ~ war *–krieg* m **2.** a *schnell, blitzschnell*;
with ~ speed *mit Blitzesschnelle* f **3.** vi *blitzen*
⟨a fig⟩
  lights [laits] s pl *Lunge* f (*v Tieren z Nahrung*)
  lightsome [ˈlaitsəm] a *hell-licht*
  lightsome [ˈlaitsəm] a (~ly adv) *leicht, be-
hende; elegant, zierlich* || *fröhlich; wohlgemut*
  lign-aloes [ˌlainˈæɫouz] s *Aloe* f (*Arzneidroge*)
|| *Linˈaloeholz* n
  ligneous [ˈligniəs] a *hölzern, Holz–, holzig*
  ligni– [ˈligni] L [in comp] *Holz–* ~**fication**
[ˌ~fiˈkeiʃən] s ⟨for⟩ *Verholzung* f ~**fy** [ˈlignifai]
vt/i (*sich*) *in Holz* n *verwandeln* ~**n**(e) [ˈlignin] s
Holzfaser f, *–stoff* m ~**te** [ˈlignait] s *Braunkohle* f
  lignum vitae [ˈlignəmˈvaiti:] s L ⟨bot⟩ *Guajak-
baum* m; *–holz* n
  ligula [ˈligjulə], **ligule** [ˈligjul] s ⟨bot⟩ *Blatthäutchen* n (*an Gräsern*)
  likable [ˈlaikəbl] a → likeable
  –(-)**like** [–laik] [in comp] *–förmig* (thread-~)
  like [laik] I. a **1.** [attr] *gleich, ähnlich*; a ~
sum *e–e ähnliche Summe* f; of ~ passions with
v gleichen Leidenschaften f pl *wie* | [mit folg.
dat] a man ~ you *ein Mann wie Sie*; poets ~
Byron *Dichter wie B.* **2.** [pred] **a.** *ähnlich*; as
~ as two peas *ähnlich wie ein Ei dem andern*;
the picture is not ~ *das Bild ist nicht ähnlich*;
what is he ~ *wie sieht er aus, wie ist er* ~; as
as we lie ⟨golf⟩ *wir h die gleiche Zahl Schläge* m
pl || to look ~ *so aussehen wie* | nothing (*od*
not anything) ~ as cheap as *lange nicht so* (*nicht
annähernd so*) *billig wie*; there is nothing ~ .. *es
geht nichts über* .. || something ~ *etwa*; that is
something ~ *das läßt sich hören* | I feel ~ work-
ing *ich fühle Lust* f *z arbeiten, ich möchte arbeiten*
|| it is ~ having .. *man hat gleichsam* .. **b.** [mit
folg dat] *charakteristisch* f; that is just ~ you
das sieht dir ähnlich; it was ~ him *es paßte z
ihm* (to do); he is ~ that *er ist nun mal so* **c.** [vor
inf] ⟨fam⟩ *wahrscheinlich*; he is ~ to have *er
wird wahrscheinlich erhalten* **d.** ⟨Am⟩ (= ~ly):
specialization is ~ to become narrower **II.** adv
[prep] *gleich; wie; in gleichem Maße* or *Grade
wie* (~ every writer he is ..; I cannot work ~
you); he writes ~ Dickens *er schreibt wie D.*
|| ~ that so (do not cry ~ that); a th ~ that
so etw | ~ anything, ~ mad *wie besessen* (to
cry ~ anything) || ~ anything, ~ a shot, etc
(*schnell*) *wie's Brezelbacken* n, *wie der Wind*
|| → blaze || ~ the devil *verteufelt* | I hate him
~ poison *ich hasse ihn wie Gift* n | ⟨vulg⟩
gleichsam; of a sudden ~ *sozusagen plötzlich*,
it's restful ~ *es ist recht erholsam* | as ~ as not
höchstwahrscheinlich; ~ enough *sehr wahrscheinlich* **III.** conj ⟨vulg † *od* Am⟩ *wie, gleichwie* (~
you do); (snow is descending) ~ in January
wie im J. || ⟨Am⟩ *als ob* (= as if, as though):
you're fixed up (*angezogen*) like it was Sunday
IV. s *der, die, das gleiche*; his ~ *seinesgleichen*,
their ~ *ihresgleichen*; ⟨fam⟩ the ~ of *dergleichen wie*; the ~s of me *Leute wie m–e Wenig-
keit* f, *unsereiner* || ~ attracts ~ *gleich u gleich
gesellt sich gern* || the ~, such ~ *dergleichen*;
and the ~ *u dergleichen, usw.* **liker** [ˈlaikə]
compr ⟨poet & liter⟩ *ähnlicher*, ~ still to
Byron *eher noch gleich B.* **likest** [ˈlaikist] sup
ähnlichst (the ~ author to Swift)

  like [laik] **I.** vt/i **A.** vt **1.** *lieben, gern h, leiden
mögen, mögen* (a p *jdn*; a th *etw*; doing.*od* to do);
how do you ~ it? *wie gefällt es dir? wie findest
du es?* || do you ~ dancing *sind Sie ein Freund
vom Tanzen?* || to ~ well, better, best *gern,
lieber, am liebsten mögen* || I ~ that ⟨iron⟩ *das
ist aber die Höhe* | [vor inf etc] I ~ to hear him
ich höre ihn gern; I do not ~ to enter *ich trete
nur ungern ein* || I ~ women to hunt *ich habe
gern, wenn* (*daß*) *Frauen jagen* || I do not ~
it discussed *ich habe nicht gern, daß es erörtert
wird* | I should ~ more time *ich möchte mehr
Zeit* f *h* (to do); I should ~ to know *ich möchte
gern wissen*; I should ~ him to return *ich hätte
gern, daß er zurückkehrt* || I should like the
questions answered *ich hätte die Fragen* pl *gern
beantwortet* **2.** ⟨fam hum⟩ (*jdm*) *bekommen*
(the water does not ~ him; I ~ it but it does
not ~ me *ich mag es, aber vertrage es nicht*)
B. vi *belieben, wollen*; do as you ~ *tu wie es dir
beliebt*; call it by any name you like *ganz gleich
wie man es nennen mag* || just as you ~ *ganz
nach Belieben* n, *wie du willst*; if you ~ *wenn du
willst* **II.** [s pl] ~s *Neigungen* f pl (his ~s and
dislikes; ⟨vulg fam⟩ 'tain't my ~ *es liegt mir
nicht, ist nicht nach m–m Geschmack*) **lik(e)able**
[ˈlaikəbl] (*besser:* likable) a *angenehm, liebenswert, –würdig* **liked** [laikt] a *beliebt* (the least ~
of all his works)
  likelihood [ˈlaiklihud] s *Wahrscheinlichkeit* f
(the ~ of doing) || in all ~ *aller W. nach, allem
Anschein* m *nach*; there is every ~ of the museum being open *es ist sehr wahrscheinlich, daß
das Museum geöffnet ist*
  likely [ˈlaikli] **1.** a *wahrscheinlich* (a ~ story;
it is ~ he will come) || he is ~ to come *es ist
wahrscheinlich, daß er kommt*; *er kommt wahrscheinlich*; he is the most ~ to win *er hat die
größte Aussicht z gewinnen*; (measures) ~ to
jeopardize .., *die .. gefährden könnten* | *offenbar
geeignet* (for; to do); *passend*; ⟨Am⟩ (*viel*)*versprechend* (young man) **2.** adv *wahrscheinlich*;
⟨mst⟩ most ~, very ~, as ~ as not *sehr wahr-
scheinlich* || not ~! *wohl kaum!*
  like-minded [ˈlaikˈmaindid] a *gleichgesinnt*;
to be ~ with *übereinstimmen mit, derselben
Meinung* f *s wie* ~**ness** [~nis] s *Gesinnungs-
gleichheit* f
  liken [ˈlaikən] vt *vergleichen* (to *mit*) || *gleich
or ähnlich m* (to a p *jdm*)
  likeness [ˈlaiknis] s *Gleichheit, Ähnlichkeit* f
(between *zw*; to *mit*); he bears no ~ (whatever)
to his brother *er hat k–e*(*rlei*) *Ähnlichkeit* f *mit
s–m Bruder* m, ~ to bear | †*Aussehen* n; *Ge-
stalt* f (in ~ of) || *Bild, Porträt* n; to have one's
~ taken *sich malen, photographieren l*
  likewise [ˈlaikwaiz] adv & conj *gleichfalls,
desgleichen, auch, ebenso*
  likin [ˈliːkiːn] s chines. *Durchfuhrzoll* m
  liking [ˈlaikiŋ] s *Zuneigung, Neigung* f, *Geschmack* m (for *f*); to a p's ~ *nach jds Gefallen* n;
to be greatly to the ~ of *a p jdm sehr gefallen*;
to have a ~ for *Gefallen h an*; to take a ~ to
Gefallen finden an
  lil [lil] a ⟨Am fam⟩ = little
  lilac [ˈlailək] **1.** s ⟨bot⟩ (*spanischer*) *Flieder* m
|| *Lila* n (*Farbe*) **2.** a *Lila–, lilafarben*
  liliaceous [ˌliliˈeiʃəs] a *Lilien–*; *lilienartig*
  lilliput [ˈliliput] a [attr] ~ vehicle ⟨mot⟩
Kleinfahrzeug n ~**ian** [ˌliliˈpjuːʃiən] **1.** a *Lili-
put–* || *winzig* **2.** s *Liliputˈaner* m
  lilt [lilt] **1.** vt/i (*etw*) *fröhlich singen; trällern*
| vi *sich hin u her wiegen; sich wiegend bewegen*;
~ing gait *wiegender Gang* m **2.** s *heiteres Lied* n
|| (*rhythmischer*) *Schwung* m
  lily [ˈlili] s ⟨bot⟩ *Lilie* f; ~-white *lilienweiß*
|| ⟨bot⟩ African ~ *Schmucklilie* f; Annuncia-
tion ~, Madonna ~ *Weiße* (⟨a⟩ *Madonnen–*)

Lilie f; St. Bernard's ~ *Gr. Gras–*, St. Bruno's ~ *Trichter–*; Fire ~ *Feuer–*; Rush ~ *Sumpf–*; Showy ~ *Pracht–*; ~ of the Nile = African ~ || ~ of the valley ⟨bot⟩ *Maiglöckchen* n || ⟨fam⟩ a neat little ~ *ein netter* °*Käfer* m (*Mädchen*) || ⟨Am⟩ *Gimpel* m (*P*)

limaceous [lai'meiʃəs], **–cine** ['laiməsin] a ⟨zoo⟩ *Schnecken–* **limax** ['laimæks] s L ⟨zoo⟩ *Acker–, Egelschnecke* f

limb [lim] s *Glied* n (*des Körpers*); ⟨arch⟩ *Bauglied* n; ~s [pl] *Gliedmaßen* pl || *Bein* n | † ⟨fam⟩ *Range* m, f || ~ of the law ⟨cont⟩ *Rechtsverdreher*; *Polizist* m | (of a tree) *Ast* m **~ed** [~d] a [in comp] *–gliedrig* **~less** ['~lis] a ⟨for⟩ *astfrei* (*Holz*)

limb [lim] s ⟨astr & bot⟩ *Rand* m

limber ['limbə] **1.** s (of a guncarriage) *Protze* f; ~ without chest *Sattelprotze* f | [attr] *Protz–* (~*-hook*) **2.** vt (*a* to ~ up) *aufprotzen* || ~ed ⟨mil fam⟩ *bei Vater* m *Philipp, im Loch* n || ~ing-up exercise ⟨gym⟩ *Lockerungsübung* f

limber ['limbə] a (~*ly* adv) *geschmeidig, biegsam* **~ness** [~nis] s *Geschmeidigkeit* f

limbers ['limbəz] s pl ⟨mar⟩ *Wasserpforten* f pl

limbo ['limbou] s *Vorhölle* f || *Gefängnis* n || *Rumpelkammer* f (~ of oblivion)

lime [laim] **1.** s *Vogelleim* m | *Kalk* m; quick ~ *ungelöschter K.*; slaked ~ *gelöschter K.* | [attr] ~*-burner Kalkbrenner* m || ~*-kiln –ofen* m || ~*-pit –steinbruch* m; *–grube* f || ~*-twig Leimrute* f || ~*-wash* 1. s *Kalktünche* f 2. vt *mit K. streichen* 2. vt (*etw*) *mit* (*Vogel-*)*Leim* m *bestreichen*; (*Vogel*) *fangen* ⟨*a* fig⟩ | *mit Kalk* m *düngen* **~light** ['~lait] 1. s *Kalklicht* n; ⟨theat⟩ *Linsenscheinwerfer* m *f einzelne Schauspieler* m pl etc; in the ~ *unter Scheinwerferlicht* n; the ~ ⟨fig⟩ *das Licht der Öffentlichkeit* f; to bring a th into the ~, to throw the ~ on a th ⟨übtr⟩ *etw in helles Licht* n *rücken, hell beleuchten*; he was brought into the ~ ⟨fig⟩ *er rückte ins Rampenlicht* n (*der Politik* etc); to disappear from the ~ *v der Bildfläche* f *verschwinden* 2. vt ⟨theat⟩ *durch Scheinwerfer* m pl *beleuchten* **~stone** ['~stoun] s *Kalkstein* m

lime [laim] s *Lind'* e f ⟨bot⟩ (*a* ~*-tree*) *Linde* f; *–nbaum* m; broad-leaved ~(*-tree*) *Sommerlinde* f

lime [laim] s *Lim'one* f (*Frucht*), *Lim'etta* f || ~*-juice Limonensaft* m, → lemon

limen ['laimen] s ⟨psych⟩ *Empfindungsgrenze* f

Limerick ['limərik] s *ein* Nonsense-*Vers v 5 anapästischen Zeilen* f pl *mit Reimfolge* f (& *Fußzahl*): aa(3) bb(2) a(3)

limes [laimz] s ⟨theat fam⟩ → limelight

liminal ['liminəl] a (*an*)*grenzend*; ⟨biol⟩ *Grenz–, Schwellen–, kritisch* (temperature); ~ releasing stimulus *Eintrittsschwelle* f *e–s Reizes*

limit ['limit] **1.** s *Grenze* f, *Endpunkt* m (to *f*); off (on) ~s ⟨Am⟩ *Betreten* n (*f Militärpersonen*) *verboten* (*gestattet*); superior, inferior ~ *obere, untere G.* || *Beschränkung, Schranke* f || within ~s *in Grenzen* pl, *maßvoll*; within the ~ of your lights ⟨mot⟩ *wie es die Reichweite Ihrer Scheinwerfer* m pl *erlaubt*; without ~ *ohne G., ohne Schranken* f pl || ⟨math⟩ *Grenzwert* m || ⟨com⟩ *äußerster Preis* m || *Gültigkeitsdauer* f (within the ~ of a ticket) | there is a ~ to a th *etw hat s–e Grenzen* || ⟨sl⟩ that is the ~ *das ist der Gipfel, die Höhe*; to go the ~ ⟨vulg⟩ *aufs Ganze* n *gehen* || to set ~s to a th *e–r S Grenzen setzen*; to set o.s. ~s *sich G.* ... | [attr] ~ *gage Grenzlehre; Toleranz* f **2.** vt *begrenzen; be–, einschränken* (to *auf*); (*Preis*) *limitieren*; ~ing factor ⟨com⟩ (*möglicher*) *Engpaß* m **~ary** [~əri] a *begrenzt; Grenz–* || *be–, einschränkend* (of a th *etw*) **~ation** [,limi'teiʃən] s *Begrenzung; Be–, Einschränkung* f; ~ of births *Empfängnis-*

verhütung f || ⟨fig⟩ *Grenze* f, to know one's ~s *s–e Grenzen kennen* || ⟨jur⟩ *Begrenzung* f *e–s Besitzrechtes* n || (*Klage-*)*Verjährung* f; statute of ~s *Verjährungsgesetz* n; barred under the St. of ~s *verjährt* **~ative** [~ətiv] a *be–, einschränkend* **~ed** [~id] a *beschränkt* || ~ monarchy *konstitutionelle Monarchie* f ⟨tact⟩ ~ objective *begrenztes Ziel* n; ~ o. attack *Angriff* m *mit begrenztem Ziel* n || ~ radio silence *Funkbeschränkung* f || ⟨com⟩ (abbr Ltd) ~ (liability) company *Gesellschaft* f *mit beschränkter Haftung* f || ~ liability *beschränkte Haftung* f || ~ partner (*etwa:*) *Kommanditist* m; ~ partnership (*etwa:*) *Kommanditgesellschaft* f; ~ stock corporation *K.ges. auf Aktien* f pl **~ing** [~iŋ] a [attr] ~ speed *Grenzgeschwindigkeit* f || ~ (train) ⟨Am⟩ *1. Klasse-Schnellzug* m **~less** [~lis] a *grenzen–, schrankenlos*

limitrophe ['limitrouf] a *grenzend* (to *an*); *Grenz–* (~ district)

limn [lim] vt *malen, zeichnen* || ⟨fig⟩ *zeichnen, darstellen* **~er** ['limnə] s (*Porträt-*)*Maler* m; *Mini'ator, Büchermaler* m

limnetic [lim'netik] a *Süßwasser–* **–nology** [lim'nolədʒi] s *Süßwasser–, Seenkunde* f

limonite ['laimənait] s ⟨minr⟩ *Rasen–, Pech–, Brauneisenstein* m

limousine ['limuzi:n] s ⟨mot⟩ *Limousine* f

limp [limp] **1.** vi *humpeln* (on 2 sticks), *hinken* ⟨*a* fig⟩ | ⟨mar⟩ (*infolge Havarie*) *nur kl Fahrt* f m **2.** s *Hinken* n; to walk with a ~ *hinken, lahmen*

limp [limp] a (~*ly* adv) *weich, schlaff; biegsam* | ⟨fig⟩ *kraft–, haltlos, rückgratlos, schlapp* **~ness** [~nis] s *Schlaffheit* f

limpet ['limpit] s ⟨zoo⟩ *Napfschnecke* f

limpid ['limpid] a (~*ly* adv) *durchsichtig, hell, klar* (water); ⟨*a* fig⟩ (style) **~ity** [lim'piditi], **~ness** ['limpidnis] s *Klarheit, Durchsichtigkeit* f

limy ['laimi] a *kalkig, Kalk–* (~ dust) || *leimig, klebrig*

linage ['lainidʒ] s *Zahl* f *der Zeilen* f pl *auf e–r Druckseite* f

linchpin ['lintʃpin] s *Lünse* f

linden ['lindən] s ⟨bot⟩ (*a* ~*-tree*) *Linde* f || ~*-bast Lindenbast* m

lindy ['lindi] vi ⟨Am aero⟩ *fliegen*

line [lain] s **1.** ⟨bes mar⟩ *Seil* n || *Draht* n, *Kabel* n; *Leine, Angel–, Schnur* f; *Richtschnur* f, → carpenter | ~s [pl] ⟨fig bib⟩ *Los, Geschick* n; hard ~s [pl] °*Pech, hartes Los* n | ⟨vulg⟩ smashing ~! *verdammt hübsches Mädel*! **2.** ⟨arith⟩ (*Bruch-*)*Strich* m (above, below the ~ *über, unter dem* ~) || ⟨*a* geom⟩ *Linie* f (~*-drawing Linienzeichnung*); ~*-d. pen Reißfeder* f; ~ of demarcation *Demarkationslinie* f; the house is on a direct ~ to the church *das Haus steht in gerader Linie* f *z der Kirche* f; ~ of beauty *Schönheitslinie* f | *Furche, Falte* f | *Strich* m; *Kurve* f; the ~ *der Äquator* m || ~ of graduation *Teilstrich* m; ~ of segregation *Seigerungszone* f || ⟨mil⟩ *Front* f; *Linie* f *z einem Glied* n; to get into ~ *sich* (*in Marschkolonne*) *einfädeln* ⟨ich⟩ lateral ~ *Seitenlinie* f (*Sinnesorgan*) || on the ~ (of pictures) *in Augenhöhe* f, *gut gehängt* || in ~ *with in Übereinstimmung* f *mit*, to be in ~ *with übereinstimmen mit*; to bring into ~ ⟨fig⟩ *in Einklang* m *bringen* (with); ⟨pol etc⟩ *gleichschalten* (*mit*); to come, fall into ~ ⟨fig⟩ *sich anpassen; übereinstimmen* (with *mit*); to fall in ~ *with* ⟨fig⟩ *sich decken mit, mit* (*Vorschlägen*) *einverstanden s, auf* (*Vorschläge*) *eingehen*; to be out of ~ ⟨mot⟩ *ungleiche Räder* n pl *h* || → to toe | *Kontur* f; *Zug* m; ~s [pl] (of a ship) *Entwurf, Plan* m | (*Maß*) *Linie* f (*¹/₁₂ Zoll*) || *Grenze* f; on the ~ *auf der G.*; to draw the ~ ⟨fig⟩ *die G. ziehen, haltmachen* (at *bei*) || we must draw a ~ somewhere *alles hat s–e Grenzen* f pl; I draw the ~ at this *bis hierher u nicht weiter* | ~-shooter ⟨sl⟩ *Angeber, Prahlhans* m 3. *Reihe* f *v P, S;* a ~ of hills *e–e R. Hügel* ‖ ⟨mar, mil⟩ *Linie* f (~ abreast *Dwars–;* ~ ahead *Kiel–*); ~ of battle *Schlacht–;* ship of the ~ *Linienschiff* n ‖ to form ~ *sich in e–r L. formieren* ‖ the ~ *die –ntruppen* pl ‖ ⟨tact⟩ main ~ of resistence ⟨hist⟩ *Hauptkampflinie* f (*HKL*), ⟨mod⟩ *vorderer Rand* m *der Verteidigung* (*VRV*); phase ~ (*Linie der*) *gleichzeitig z erreichende*(*n*) *Marschziele* n pl ‖ ~s of communication *rückwärtige Verbindungen* f pl | *Zeile* f (to read between the ~s); a thirteen-~ article *ein Artikel* m *v 13 Zeilen* f pl; these (few) ~s *m–e Zeilen;* ~-numbering *–zählung* f | *Briefchen* n ‖ ~ upon ~ *wiederholt, regelmäßig;* drop me a ~ *schick mir einige Zeilen* ‖ ⟨Am fam⟩ to get a ~ on *Aufklärung f erhalten über, kennenlernen;* to give a p a ~ on *jdn unterrichten über* | ~s [pl] *Schein* m (marriage ~s *Trauschein*) | *Vers* m; end-stopped ~ ⟨pros⟩ *Zeile* f *deren Ende* n *auch ihren Sinn m grammatikalisch beschließt* (*Ggs* run-on ~); ~s [pl] *Stück* n, *Dichtung* f; to study one's ~s *s–e Rolle* f *einstudieren* ⟨a fig⟩; ~s ⟨school⟩ *Strafarbeit* f 4. (*Geschlechts-*)*Linie* f (the male ~, the direct ~); *Haus-* n; *Stamm* m (the last of his ~) 5. *richtunggebende Linie, Richtung, Route* f; ⟨rail⟩ *Geleise* n (to get off the ~s *entgleisen*), up the ~ ⟨mar rail fam⟩ *auf Urlaub*(*ertransport*); (of steamers) (*regelmäßige*) *Verkehrslinie; Eisenbahnlinie, Strecke* f; down ~ *St. v London,* up ~ *St. nach L.* ‖ ~ maintenance ⟨mil⟩ *Truppenwartung*(*sdienst* m) f ‖ ⟨telph⟩ *Nummernanschluß* m (6 ~s 6 *Anschlüsse*); *Leitung* f, the ~ is engaged *die L. ist besetzt;* give me a ~ (*vom Nebenanschluß aus*) *das Amt bitte!* to hold the ~ *am Apparat* m *bleiben* ‖ ~ disturbance *Netzstörung* f | *Gesprächsstoff* m (to open another ~) 6. *richtunggebendes Verhalten, Verfahren* n, *Art u Weise, Methode* f; ~ of argument *Beweisführung* f; ~ of conduct *Lebensführung* f; ~ of policy *politische Richtung* f; it is in the ~ of *es ist nach Art* f *v, folgt der Methode* f *v;* to take the ~ (that) *die Ansicht, den Standpunkt* m *vertreten, der Auffassung* f *Ausdruck* m *geben* (*daß*); to take a strong ~ *energisch vorgehen;* to take a broad and general ~ *e–e S allg behandeln;* → to toe ‖ ~s [pl] *Grund–, Richtlinien* pl, *Grundlage, Richtschnur* f, *Muster,* n, along these ~s *nach diesen Grundsätzen* m pl, *auf diese Weise* f; to go on wrong ~s *e–e falsche Methode* f *anwenden;* written on the ~s *of geschrieben nach dem Muster* n *v;* on broader ~s *auf breiterer Grundlage* f | *richtunggebender Wink* m, *Spur* f (to give a p a ~) 7. *Tätigkeitsfeld, Gewerbe, Geschäft* n, *Branche* f (in the drapery ~); *Fach* n; ~ of business *Geschäftszweig* m; that is out of my ~ *od* not in my ~ *das schlägt nicht in mein Fach* n ‖ she is not exactly in my ~ *sie ist nicht gerade mein Typ* or *Fall* m 8. ⟨com⟩ *Posten* m, *Partie* f (*Waren*), a ~ in stockings *e–e Partie* f *Strümpfe* m pl ‖ to produce on the ~ *in Massen* *od* *Mengen* f pl *produzieren* or *herstellen* 9. ⟨hunt⟩ *Fuchsfährte* f; (of hounds) to hit the ~ *auf die F. stoßen, die F. finden, aufnehmen;* to own the ~ *die F. halten;* stale ~ *alte Fuchsspur* f | ⟨for⟩ *Gestell* n, *Schneise* f 10. [attr] ~ allowance *Akkordzulage* f ‖ ~ amplifier ⟨telph⟩ *Leitungsverstärker* m ‖ ~ assignment *Truppendienst* m (*Ggs Stabs–*) ‖ ~ current ⟨el⟩ *Netzstrom* m ‖ ~ error ⟨mil⟩ *Richtungsfehler* m ‖ ~ feed ⟨telg⟩ *Zeilenvorschub* m ‖ ~ formation ⟨mil⟩ *Formation* f *in Linie* f *neben–e–a* ‖ ~ intercept receiver ⟨telph⟩ *Lauschempfänger* m ‖ ~ radio *Drahtfunk* m ‖ ~ throwing gun

⟨mar⟩ *Wurfgewehr* n ‖ ~-shooter → 2. *am Ende* ‖ ~ troops pl *Front–, Kampftruppe*(*n* pl) f ‖ ~ voltage ⟨el⟩ *Netzspannung* f ‖ ~ work *Akkordarbeit* f

line [lain] vt/i **1.** vt *lini*(*i*)*eren; zeichnen;* to ~ in *einzeichnen;* to ~ off *abgrenzen;* to ~ out *entwerfen;* (*Pflanzen*) *verziehen, –schulen;* ~ through *durchstreichen* ⟨d with *durchfurcht mit*) | *in eine*(*r*) *Linie* f *formieren; ab–, aufstellen* | (*Straße*) *besetzen, einfassen* (with); (of soldiers) to ~ a route *Spalier n bilden auf* or *an e–m Wege* **2.** vi to ~ up ⟨mil⟩ *antreten* (*sich in e–r Reihe aufstellen*); ⟨fig⟩ *sich zus–schließen* (against) **3.** [in comp] ~-out ⟨Rug ftb⟩ *„Gasse"* f ‖ ~-up *Aufstellung* f *in gerader Linie* f; *gerade Linie, Reihe* f (in a ~-up with).

line [lain] s ⟨dial⟩ *feiner Flachs; Lein* m

line [lain] vt (*Kleid*) *füttern; auspolstern* (with); *als Füllung* f *dienen* f; *füllen;* to ~ one's pockets ⟨fam⟩ *Geld* n *m* | **~r** [*'~ə*] s *jd, der* (*aus*)*füttert, polstert* ‖ ⟨mech⟩ *Futter* n; *–rohr* n; *Fug*|*einlage;* ⟨bes mot⟩ *Zylinderbuchse* f

lineage ['liniidʒ] s *Stamm* m, *Familie* f, *Geschlecht* n

lineal ['liniəl] a (~ly adv) *aus Linien* f pl *bestehend, Längen–* (~ measure) | *in direkter Linie abstammend* (*Ggs* collateral); a ~ descendant *ein geradliniger Abkomme* m **–ament** ['liniəmənt] s [mst pl ~s] *Gesichtszug* m ‖ (~übtr) *Zug* m, *Eigenart* f **–ar** ['liniə] a *line·ar, Linear–, Linien–; geradlinig;* ⟨bot⟩ *linienförmig* ‖ *langgestreckt* | ~ pitch *Längsteilung* f **–ation** [lini'eiʃən] s *Striche, Linien* pl; *–zug* m; *–führung* f

linen ['linin] **1.** a *leinen* **2.** s *Leinen* n; *Leinwand* f; coarse ~ *Drillich* m ‖ *Leichentuch* n ‖ [koll] (*waschbares Zeug*) *Wäsche* f, a change of ~ *W. zum Wechseln* n; to wash one's dirty ~ in public ⟨fig⟩ *s–e schmutzige W. vor aller Welt* f *waschen* (*ausbreiten*) | [attr] *Leinwand–;* ~-draper *Leinwand–, Weißwarenhändler* m ‖ *Leinen–,* ~-goods [pl] *–waren* pl; ~ map (*auf Leinwand*) *aufgezogene Karte* f; ~-paper *–papier* n; ~(*fold*)*-panel,* ~-pattern, ~-scroll *Faltwerkfüllung* f

liner ['lainə] s *Paket–, Passagier–, Überseedampfer* m (by ~ *mit dem Ü.*) ‖ *Linienschiff* n ‖ (air-)~ ⟨aero⟩ *Verkehrsflugzeug* n

linesman ['lainzmən] s *Liniensoldat* m ‖ ⟨rail⟩ *Gleisaufseher* m ‖ ⟨ftb & ten⟩ *Linien-*(*schieds*)*-richter* m

ling [liŋ] s ⟨ich⟩ *Leng, Langfisch* m

ling [liŋ] s ⟨bot⟩ *weiße* (*Sand-*)*Heide* f, *gemeine Besenheide* f

lingam ['liŋæm] s ⟨Ind myth⟩ = phallus

linger ['liŋgə] vi/t **1.** vi *weilen, lange verweilen;* ⟨fig⟩ *sich lange aufhalten* (before *vor;* over *od* upon a subject *bei* ..) | *schmachten, dahinsiechen* | *zögern;* ⟨fig⟩ *sich hinziehen, noch fortleben;* (of impressions) *zurückbleiben* ‖ to ~ on *weiter–, fortdauern* | *sich sehnen* (after) **2.** vt to ~ away (*Zeit*) *vertändeln;* to ~ out *in die Länge* f *ziehen, ausdehnen, verlängern* **~ing** (~riŋ) a (~ly adv) *langwierig; langsam; schleichend* (fever); *nachhaltend, nachwirkend* (taste)

lingerie ['lɛ̃:ʒəri:] s *Damenunterwäsche* f

lingo ['liŋgou] s [pl ~s] ⟨cont⟩ *Kauderwelsch* n

lingual ['liŋgwəl] **1.** a *Zungen–* **2.** s *Zungenlaut* m

linguist ['liŋgwist] s *Linguist, Sprachkundiger* m **~ic** [liŋ'gwistik] **1.** a (~ally adv) *sprachwissenschaftlich; Sprach–;* ~ maps [pl], ~ atlas *Sprachatlas* m **2.** s (*mst* pl ~s [sg konstr] ~s is a science, *aber:* ~s don't interest her) comparative ~s *vergleichende Sprachwissenschaft* f

lingulate ['liŋgjuleit] a *zungenförmig*

liniment ['linimənt] s ⟨med⟩ *Linim·ent, Einreibemittel* n

lining ['lainiŋ] s (of dresses) *Futter* n, *(Aus-)Fütterung* f ‖ *Besatz* m; *Ver-, Bekleidung* f ‖ *Inhalt* m ‖ ⟨tech⟩ *Belag* m; clutch ~ ⟨mot⟩ *Kupplungsbelag* m ‖ ⟨arch⟩ *Füllungsbrett* n ‖ ⟨fig⟩ every cloud has a silver ~ *selbst der schlechteste Tag* m *hat ein Ende* n

link [liŋk] **1.** s (*Ketten-)Glied, Gelenk* n; ~ of mail ⟨hist⟩ *Panzerring* m ‖ ⟨mach⟩ *Getriebeglied* n, *Kulisse* f; ~ motion *–nsteuerung* f ‖ *Manschettenknopf* m (cuff-~, sleeve-~) ‖ ⟨surv⟩ *Glied* n *e–r Meßkette* f (= 20,116 cm) ‖ ⟨fig⟩ *Band, Glied* n; (a connecting ~) *Bindeglied* n; *Verbindung* f (between) **2.** vt/i ‖ [*oft* pass] *verketten*; ⟨fig⟩ (a to ~ up) *verbinden* (with, to *mit*) ‖ (*den Arm*) *haken* (in) ‖ vi *sich verbinden*; to ~ up *sich verbinden* (with, to *mit*) ‖ ~-up ⟨telv etc⟩ *Programmaustausch* m **~age** ['~idʒ] s *Verkettung, –knüpfung* f; *Gliederwerk, Gestänge* n (steering ~ ⟨mot⟩ *Lenkgestänge*)

link [liŋk] s ⟨hist⟩ *Pechfackel* f **~man** ['~mən] s *Fackelträger* m

links [liŋks] s pl *Küstendünen* f pl ‖ [*mst* sg konstr] *Golfspielplatz* m (a ~; *aber*: the ~ are ..)

link-trainer ['liŋk‚treinə] s ⟨aero⟩ ,,*Boden-Kiste*" f (*rotierender Ausbildungsapparat*)

linn [lin] s Scot *Wasserfall* m ‖ *Teich* m

Linn [lin] ~ tractor ⟨mot⟩ *Sattelschlepper* m *mit Raupenantrieb* m

linnet ['linit] s ⟨orn⟩ *Hänfling* m

lino ['lainou] s [pl ~s] abbr *f* –leum **~block** [~blɔk] *Linolstock* m **~cut** [~kʌt] s *Linol(eum)-schnitt* m **~leum** [li'nouljəm] s (abbr lino ['laino]) *Lin·oleum* n

linotype ['lainotaip] s ⟨typ⟩ *Zeilensetz– u –gießmaschine* f

linseed ['linsi:d] s *Leinsamen* m ‖ ~-cake *Lein–, Ölkuchen* m ‖ ~-oil *Leinöl* n; *Firnis* m

linsey-woolsey ['linzi'wulzi] s *Beiderwand* f (*Leinen* u *Wolle*)

lint [lint] s ⟨Scot⟩ *bereiteter Flachs* m ‖ *Scharpie* f, *Zupfleinwand* f ‖ *rohe Baumwollfaser* f

lintel ['lintl] s ⟨arch⟩ (*Fenster–, Tür-)Sturz* m, *Oberschwelle* f ‖ *Seitenpfosten* m (*e–r Balkontür*) ‖ pedimented ~ *dachförmiger Sturz* m

linters ['lintəz] s pl *kurzstaplige Baumwollabfälle* m pl

liny ['laini] a *linienhaft, –artig* ‖ *voll Linien*; *furchig*

lion ['laiən] s ⟨zoo⟩ *Löwe* m, → to roar; like a ~ *wild, ungestüm* ‖ ⟨astr & her⟩ *Löwe* m ‖ the ~s [pl] ⟨fig⟩ *die Sehenswürdigkeiten* (*e–r Stadt* etc); to see the ~s *die S. besuchen* ‖ ⟨fig⟩ *Löwe, Held* m; to make a ~ of a p *jdn z Helden des Tages* m, *feiern* ‖ ~'s share *Löwenanteil* m ‖ [in comp] ~-hearted *löwenherzig*; ~-like *löwenartig, Löwen–*; ⟨fig⟩ *großzügig*; ~-tamer *–bändiger* m ‖ ⟨bot⟩ ~'s Ear, ~'s Tail *Löwenohr* n **~cel** ['laiənsl] s ⟨her⟩ *kl* or *junger Löwe* m **~esque** [‚laiə'nesk] a *löwenartig* **~ess** [~is] s *Löwin* f **~ize** [~aiz] vt/i (*die Sehenswürdigkeiten e–s Ortes*) *besuchen* or *zeigen* ‖ (*jdn*) *z Helden des Tages* m, *als Berühmtheit* f *behandeln, bewundern* ‖ vi *die Sehenswürdigkeiten* f pl *e–s Ortes besuchen*

lip [lip] **1.** s *Lippe* f (lower ~ *Unter–*, upper ~ *Ober–*); to bite one's ~ *sich auf die Lippen* f pl *beißen*; to make a ~ *murren* ‖ ~s [pl] *Mund* m; to hang on a p's ~s ⟨fig⟩ *an jds M. hängen, jdm gespannt lauschen*; (I heard it) from his own ~s (..) *aus s–m eigenen Munde* ‖ ⟨sl⟩ *Unverschämtheit* f (none of your ~! *keine U.*!; not so much ~! *riskier' k–e solche Lippe*!) ‖ (of a cup, etc) *Rand* m, *Tülle* f ‖ *Saum* m (*e–r Höhlung*

etc) ‖ [attr] *Lippen–, nicht aufrichtig, nicht echt* (~-service *bloßer –dienst*) ‖ *Lippen–*; ~-mike *–mikrophon* n; ~-stick *–stift* m; to use ~-st. *e–n* or *den L. gebrauchen* ‖ ⟨phon⟩ *Lippen–* (~-opening) ‖ to ~-read [vi] *v den L. ablesen* **2.** vt *mit den Lippen* f pl *berühren*; (of waves) *aufschlagen auf*; *berühren* **~less** ['~lis] a *ohne Lippen* **~ped** [~t] a *–lippig, lippenförmig* ‖ *mit Rand, Tülle versehen* (~ jug) **~py** ['lipi] a *frech*;

lipo– ['lipo] Gr [in comp] *Fett–* **~ma** [li'poumə] s ⟨path⟩ *–geschwulst* f

lipography [li'pɔgrəfi] s *Auslassen* n *e–s Buchstaben* etc *beim Schreiben* n

liquate ['likweit] vt/i (*Metalle*) *verflüssigen, schmelzen, ausseigern* ‖ vi ⟨met⟩ *seigern, sich entmischen* **–ation** [li'kweiʃən] s *Schmelzen* n ‖ *Seigerung, Ausseigerung* f

liquefaction [‚likwi'fækʃən] s *Schmelzung* f; *Verflüssigung* f; *Geschmolzensein* n **–fiable** ['likwifaiəbl] a *schmelzbar* **–fy** ['likwifai] vt/i ‖ *flüssig* m, *auflösen, schmelzen* ‖ *–fied* gas *Treib–*, *Flüssiggas* n ‖ vi *flüssig* w *–scent* [li·'kwesnt] a *sich verflüssigend, auflösend*

liqueur [li'kjuə] **1.** s Fr *Likör* m **2.** vt *mit L. mischen*

liquid ['likwid] **I.** a **1.** *flüssig, fließend*; ~ air *flüssige Luft* f; ~ milk *Frischmilch* f (Ggs *Kondensmilch*) ‖ *wässerig*; → gaseous, fluid ‖ *klar u feucht* (eyes) **2.** *rein* (sounds); *sanft* ‖ *leicht, fließend* (verse) ‖ ⟨phon⟩ ~ sounds [pl] *L·iquida* pl **3.** ⟨fig⟩ *nicht fest, unbeständig* **4.** ⟨com⟩ *liquid*; *sofort fällig* (debts); *sofort realisierbar* (securities); *flüssig* (*Liegenschaften*); ~ assets ⟨engl com bal⟩ (i. e. the truly ~ part of the current assets) (⟨Am⟩ quick assets) *Umlaufvermögen* n **II.** s *Flüssigkeit* f; ~ level *–stand* m, ~ measure *–smaß* n ‖ ⟨phon⟩ ~s [pl] *Liquida* pl **~ate** ['likwideit] vt/i ‖ *liquid·ieren*, (*Schuld*) *bezahlen* ‖ (*Geschäft*) *abwickeln*; (*Unternehmen*) *auflösen* ‖ ⟨übtr⟩ *beenden* ‖ ⟨mil⟩ (*Menschenleben*) ,,*abschreiben*" (*vernichten*) ‖ vi *in Liquidation* f *treten* **~ation** [‚likwi'deiʃən] s *Liquidation* f; *Tilgung* f (of a debt); *Auflösung* f (of a business) **~ator** ['likwideitə] s *Liquidator* m **~idity** [li'kwiditi], **~ness** ['likwidnis] s *flüssiger Zustand* m ‖ (of eyes) *Klarheit* f **~izer** ['likwidaizə] s *Fruchtpresse* f, → juicer **~ometer** [‚likwi'dɔmitə] (*Brennstoff-)Vorratsanzeiger* m

liquor ['likə] **1.** s *Flüssigkeit* f ‖ *destilliertes Getränk* n (spirituous ~s *geistige Getränke*); in ~, the worse for ~ *betrunken* ‖ ['laikwə:] L *Lösung* f *v Arzneimitteln* n pl, ~ ammoniae *Salmiakgeist* m **2.** vt/i (*Leder*) *schmieren, ölen* ‖ *einweichen* ‖ ⟨sl⟩ (a to ~ up) *e–n trinken*

liquorice ⟨bes Am⟩ **licorice** ['likəris] s ⟨bot⟩ *Lakritze* f, *Süßholz* n

liquorish ['likəriʃ] a *dem Trunk* m *ergeben*

lira ['liərə] s It *Lira* f (*Silbermünze*) ‖ pl **lire** ['liəri] *Lire* pl (many lire; to want lire)

Lisle [lail] s Fr ·[attr] ~-thread *hart gewirkter Baumwollfaden* m

lisp [lisp] **1.** vi/t ‖ *lispeln* ‖ (of child) *z sprechen beginnen* ‖ vt *lispelnd* or *zögernd äußern* **2.** s *Lispeln* n; *undeutliches Sprechen* n **~ing** ['~iŋ] s *Gelispel* n

lissom(e) ['lisəm] a *geschmeidig, biegsam*; *gewandt* **~ness** [~nis] s *Geschmeidigkeit, Gewandtheit* f

list [list] **1.** s (of cloth) *Saum, Rand* m ‖ ⟨weav⟩ *Gewebeleiste, Webkante* f, *Salband* n ‖ *Streifen* m ‖ ~s [pl] *Palisaden* f pl, *Stechbahn* f, → tilt-yard; ⟨fig⟩ *Schranken* f pl; to enter the ~s *in die Sch. treten* (against) ‖ ~ slippers [pl] *Streifenpantoffel* m pl **2.** vt (*Tür*) *mit Salleisten* f *beschlagen*

list [list] **1.** s *Liste* f (on the ~ *auf der* [*schwarzen*] *L.*); *Verzeichnis* n (to draw out *od* make a ~ of *e–e Liste aufstellen v*); ~ of the crew

⟨mar⟩ *Musterrolle* f ‖ *Kurszettel* m **2.** vt/i ‖ *in e–e Liste* f *eintragen, einschreiben; katalogisieren, registrieren; verzeichnen; aufzählen* **|** vi *sich anwerben l* (as a soldier)

list [list] **1.** s ⟨mar⟩ *Schlagseite* f **2.** (of a ship, plane, etc) *sich neigen;* to ∼ *heavily* ⟨mar⟩ *schwer Schlagseite h,* ⟨aero⟩ *ins Trudeln n k, trudeln*

list [list] vt (3. sg prs list *od* ∼eth; pret ∼ *od* ∼ed) ⟨poet *od* †⟩ *gelüsten, gefallen* (he did as him ∼) ‖ *wünschen* (to do); [abs] *as they* ∼ *wie es ihnen beliebt*

list [list] vi/t ⟨poet⟩ ‖ *horchen, hören* (to *auf*) **|** vt *hören*

listen ['lisn] vi **1.** *horchen, lauschen* (to *auf*) ‖ to ∼ *to a p,* to a th *jdm, e–r S Gehör* n *schenken; auf (das Telephon) aufpassen* ‖ *zuhören;* (*jdn, etw*) *an–;* (*jdm*) *gehorchen,* (*etw*) *befolgen;* to ∼ *to o.s.* °*sich v innen betrachten* (*sinnen*); to ∼ *to reason Vernunft* f *annehmen* **|** to ∼ *for horchend erwarten* **2.** ⟨Am *a*⟩ *it* ∼s *good es hört sich gut an, klingt vielversprechend* **3.** to ∼ *in Rundfunk m, Radio* n *hören,* to ∼ *in to a th im R. etw an–* **| ∼er** [∼ə] s *Zuhörer, Horcher, Lauscher* m ‖ ∼-*in Rundfunkhörer* m ‖ ∼ *research* ⟨wir⟩ *Hörer-Umfrage* f, *statistische Erhebungen* f pl *im Hörerkreis* m **∼ing** [∼iŋ] s [attr] *Hör–, Horch–* ⟨bes mil⟩, ∼ *post Horchposten* m

listless ['listlis] a (∼ly adv) *teilnahmlos, gleichgültig, träge, flau* **∼ness** [∼nis] s *Gleichgültigkeit; Trägheit* f

lit [lit] pret & pp *v* to light ‖ ∼-up ⟨sl⟩ *betrunken*

litany ['litəni] s ⟨ec⟩ *Litanei* f ‖ ∼-*desk Betpult* n

litchi [li:'tʃi:] s ⟨bot⟩ *chines. Litschibaum* m; ∼*pflaume* f

literacy ['litərəsi] s (*geistige*) *Bildung* f

literal ['litərəl] a (∼ly adv) *buchstäblich, Buchstaben–; wörtlich; wortgetreu* ‖ ⟨übtr⟩ *Buchstaben–, nüchtern; pedantisch* ‖ *wahrheitsgetreu, ungefärbt* ‖ ⟨übtr⟩ *eigentlich* (sense) ‖ *buchstäblich, förmlich,* (∼ *extirpation*) **∼ism** [∼izm] s *Buchstäblichkeit, wörtl. Auslegung or Wiedergabe* f **∼ity** [ˌlitə'ræliti], **∼ness** [∼nis] s *Buchstäblichkeit, buchstäbliche, übertriebene Genauigkeit* f

literary ['litərəri] a *literarisch; Literar–,* ∼ *historian –historiker* m; *Literatur–* (∼ *history*) ‖ *Schrift–* (∼ *language*) ‖ *gelehrt;* ∼ *man Literat, Schriftsteller* m

literate ['litərit] **1.** a *gelehrt, gebildet* ‖ *literarisch* **2.** s *Gelehrter, Gebildeter* m ‖ ⟨demog⟩ *Alphab·et* m (*Ggs Analphabet*)

literati [ˌlitə'rɑ:ti:] s L [pl] *die Gelehrten, Literaten* m pl

literature ['litəritʃə] s *Schrifttum* n, *Literatur* f; *English* ∼ *die englische L.* ‖ *Literatur* f *v Wert* m; *light* ∼ *Unterhaltungs–*

litharge ['litɑ:dʒ] s ⟨min, chem⟩ *Bleiglätte* f

lithe [laið] a (∼ly adv), **∼some** ['∼səm] a *geschmeidig, biegsam*

lithia ['liθiə] s: ∼ *salt Lithiumsalz* n, → *lithium*

lithic ['liθik] a *Stein–, Blasenstein–* ‖ *Stein–* (∼ *age*) **lithium** ['liθiəm] s ⟨chem⟩ *L·ithium* n (*Grundstoff*), → lithia

litho– ['liθo] Gr [in comp] *Blasenstein–* ‖ *Stein–* **∼mat** ['liθəmæt] s ⟨Am typ⟩ *Photosetzmaschine* f **∼chromatic** [ˌliθokrə'mætik] **1.** a *Farbendruck–, Buntdruck–* **2.** [s pl] ∼s *Chromolithographie* f

lithograph ['liθəgrɑ:f] **1.** s *Steindruck* m **2.** vt/i *lithographieren* **∼er** [li'θəgrəfə] s *Lithograph* m **∼ic** [ˌliθə'græfik] a (∼ally adv) *lithographisch* **| ∼y** [li'θəgrəfi] s *Lithographie, Steindruckerkunst* f

lithology [li'θələdʒi] s *Gesteinskunde* f **lithosphere** ['liθosfiə] s *Gesteinsmantel* m (*der Erde*)

Lithuanian [ˌliθju'einjən] **1.** a *litauisch* **2.** s *der Litauer* ‖ *das Litauische*

litigant ['litigənt] **1.** a *prozessierend* **2.** s ⟨jur⟩ *Prozessierender* m, *die prozessierende Partei* f **–ate** ['litigeit] vi/t ‖ *prozessieren* **|** vt *prozessieren um;* ⟨fig⟩ *streiten um* (a th) **–ation** [ˌliti'geiʃən] s *Prozeß, Rechtsstreit* m

litigious [li'tidʒəs] a (∼ly adv) *streitsüchtig; prozeßsüchtig;* ∼ *p Querulant* m ‖ *Prozeß–* **∼ness** [∼nis] s *Streit–, Prozeßsucht* f

litmus ['litməs] s *Lackmus* n; ∼ *paper –papier* n

litotes ['laitoti:z] s Gr *Lit·otes* f

litre (Am liter) ['li:tə] s *Liter* m & n (= 1,759 99 pints); *a quarter of a* ∼ *of milk* ¼ *L. Milch* f

litter ['litə] **I.** s *Sänfte, Tragbahre* f **|** (*T*) *Streu* f ‖ *zerstreut herumliegende Stücke, Reste* m pl; *Abfall* m ‖ *Unordnung* f **|** *Wurf* m (a ∼ *of pigs etc ein W. Ferkel, Wölfe, Bären* pl etc, → *cut, whelp; Brut* f **II.** vt/i **1.** vt to ∼ (down) *an animal* f *ein Tier* n *Streu legen* **|** (*Raum*) *unordentlich bestreuen* (with); *in Unordnung* f *bringen;* to lie ∼ed *about the floor auf dem Boden* m *umherliegen* ‖ *umherliegen auf, in* **|** (*Junge*) *werfen* **2.** vi *Junge* n pl *werfen* **∼bug** ['∼bʌg] s ⟨fam⟩ *Schlampian* m

little ['litl] **I.** a **1.** (*Ggs great, big*) *klein* (*oft gefühlsbetont:* a nice ∼ *village*) ‖ the ∼ *people die Heinzelmännchen* n pl **|** the ∼ *Morleys die Kinder* n pl *der Familie Morley;* a ∼ *one ein Kind,* ∼ *one! mein Kleiner! m–e K[e]leine!;* the ∼ *ones die Kleinen, Kinder* pl; ∼ *language Sprache* f *der K.* **|** *klein, gering, unbeträchtlich* ‖ *gering, wenig* (*z. B. Flugtätigkeit*) ‖ (of distance, time) *kurz* **|** (of degree) *klein; eigenartig, sonderbar* (his ∼ *ways*) ‖ *geringfügig, unbedeutend* ‖ *beschränkt* (∼ *minds kl Geister*) **|** ⟨hist⟩ ∼-*ease Gefängniszelle* f, *in der man weder stehen noch liegen kann* **|** ∼-*Englander* ⟨pol⟩ *Gegner* m *der imperialistischen Politik* f *Englands* ‖ ∼ *Entente die Kleine Entente* **|** ∼-*go* ⟨univ Cambr⟩ *Aufnahmeprüfung* f (*f den B.A.*) ‖ ∼ *Mary* ⟨fam⟩ *der Magen* ‖ ∼ *Masters* [pl] ⟨Ger arts⟩ *Kleinmeister* m (*des 15./16. Jhs.*) **2.** (*Ggs much*) *wenig;* but ∼ *nur wenig;* ∼ *or no wenig oder kein* ‖ *no* ∼ *pains nicht wenig Mühe* f, *sehr viel M.* ‖ a ∼ *ein wenig; etwas;* with only a ∼ *patience mit ein klein wenig Geduld* f **3.** [subst a] the ∼ *die Kleinen* ‖ *das Kleine* ‖ *Weniges* n; *kl Menge* f (∼ *or nothing*) **II.** s *Kleinigkeit* f; ∼ *of wenig* v; a ∼ *e–e Kleinigkeit* f, *ein wenig;* not a ∼ *ziemlich viel; höchst* ‖ *after a* ∼ *nach kurzer Zeit* f ‖ *by* ∼s *in kl Mengen* f pl ‖ *in* ∼ *im kleinen* ‖ *by* ∼ *and* ∼, ∼ *by* ∼ *allmählich* ‖ *every* ∼ *helps* (⟨vulg⟩ *as the old woman said when she pissed in the sea*) °*Kleinvieh* n *macht auch Mist* m **III.** adv *wenig; nur wenig;* a ∼ *known writer ein wenig bekannter Schriftsteller;* ∼ *do you guess that* ... *nur wenig errät man, daß* ‖ *überhaupt nicht;* he ∼ *knows er weiß überhaupt nicht* ‖ *kurze Zeit* f (I was ∼ *in England*) ‖ *selten* (I have been ∼ *in town this week*) **∼ness** ['litlnis] s *Kleinheit* f ‖ *Kleinigkeit, Geringfügigkeit* f ‖ *Kleinlichkeit* f

littoral ['litərəl] **1.** a *Küsten–, Ufer–* **2.** s *Küsten–, Uferland* n

liturgic(al) [li'tə:dʒik(əl)] a (∼cally adv) *liturgisch* **–gics** [li'tə:dʒiks] s pl *Lit·urgik* f **–gy** ['litədʒi] s *Liturgi·e* f

live [laiv] (*aus* alive) a [nur attr] *lebend, lebendig;* ∼ *birth Lebendgeburt* f, *Lebendgeborenes* n ‖ ⟨übtr⟩ *lebendig, voll Leben* n; *energisch; tätig; lebhaft* ‖ (*lebens*)*wichtig* ‖ *glühend* (embers) ‖ (of shell) *scharf;* ⟨el⟩ *geladen, stromführend* ‖ ⟨wir⟩ *unmittelbar* (*Übertragung*) v

Schauplatz m; ~ transmission ⟨telv⟩ *Direkt-übertragung* f ‖ ~ drama (*Ggs* television d.) *Bühnenstück* n (*das in e—m Theater gespielt wird*) | ~ hair *Haar* n *v lebenden Wesen* n pl ‖ ~ steam *Frischdampf* m ‖ ~-stock *lebendes Inventar* n; ⟨*a*⟩ *Schlachtvieh* n ‖ ~-weight *Lebendgewicht* n ‖ ~ wire ⟨el⟩ *stromführender Draht* m; ⟨fig⟩ *Feuergeist, Kraftmensch* m

live [liv] vi/t **A.** vi **1.** *leben*; the house can be ~d in with pleasure *in dem Hause kann man mit Behagen* n *wohnen*, → 5 ‖ to ~ through a crisis *e—e Krise durch-, erleben*; ~ and learn *man muß immer noch zulernen* ‖ ⟨hum fam⟩ ~ and let ~! *laß sie* (*Läuse* etc) *leben, was sie verzehren, zahl' ich* → C ‖ ⟨fig⟩ *Leben* n *h* **2.** *sich nähren* (on *v*); *leben, abhängig s* (on a p *v jdm*); *s—e Existenz* f *erhalten, sich ernähren* (by *vermittels, v*; by writing, by agriculture, by principles) **3.** *das Leben in bes Art* f *verbringen; sich führen*; she ~d there a widow *sie lebte dort als Witwe* f; to ~ to a th *e—r S* or *für e—e S leben*; to ~ to o.s. *f sich leben*; to ~ up to one's convictions *s—n Überzeugungen* f *pl gemäß leben*; to ~ up to a p *jds würdig s*; to ~ up to one's reputation *s—m Rufe Ehre* m **4.** *leben bleiben, fortleben*; to ~ to see *erleben*; to ~ to a great age *ein hohes Alter* n *erreichen* **5.** ~ *wohnen*; to ~ out *auswärts wohnen*, → 1 **B.** vt **1.** *verleben*; to ~ a life *ein Leben* n *führen* ‖ ⟨übtr⟩ (*etw*) *im Leben ausdrücken* (to ~ religion) **2.** to ~ down (*Vergehen*) *durch tadelloses Leben in Vergessenheit* f *bringen*; (*Gewohnheit*) *ablegen*; (*Gefühl*) *überwinden* | to ~ out (*Nacht*) *überleben* **C.** [in comp] ~-and-let-live [s] *Leben u Lebenlassen* n → A. 1.

lived [livd] a [in comp] *-lebig* (long-~)

livelihood ['laivlihud] s *Unterhalt* m, *Auskommen* n; to pick up a scanty ~ *eben sein A. h*; to earn, make a *od* one's ~ *sein Brot* n, *s—n Lebensunterhalt* m *verdienen* ‖ *Existenz* f

liveliness ['laivlinis] s *Lebendigkeit, Lebhaftigkeit* f ‖ (of events) *Unruhe* f

livelong ['livlɔŋ] a ⟨poet rhet⟩ *sehr lang*, [*nur in:*] the ~ day (*od* night) *den lieben langen Tag* (.. *Nacht*)

lively ['laivli] a (–lily adv) *lebendig, lebensvoll, -wahr, eindrucksvoll* (description) ‖ *lebhaft* (colours); *stark*; *kräftig* (feeling); *auffallend*; *aufregend* (time) | *munter, flott* (dance) ‖ engine *lebhafter, spritziger, elastischer Motor* m ‖ *belebt* (woods); ~ with *bunt v*

liven ['laivən] vt/i ⟨fam⟩ (*mst* to ~ up) | *lebendig m, beleben* | vi *lebendig w, sich beleben*

liver ['livə] s *Lebender* m ‖ fast ~ *Lebemann* m ‖ good ~ *tugendhafter Mensch* m; *Schlemmer* m ‖ loose ~ *liederlicher Mensch* m

liver ['livə] s *Leber* f; ~-complaint *Leberleiden* n ‖ (Tier-)*Leber* f (*als Nahrung*) ‖ ~-coloured *leberfarben, rötlichbraun* ‖ ~ loaf *Leberpastete* f ~ed [~d] a → white-~ed ~-ish [~riʃ] a ⟨fam⟩ *leberleidend* ~wort [~wə:t] s ⟨bot⟩ *Leberblümchen* n ~y [~ri] a *leberartig, Leber-* ‖ = liverish

livery ['livəri] s **1.** ⟨hist⟩ *Versorgung mit Nahrung, Kleidung* f (*f Diener* etc) ‖ *Futterlieferung* f (*f Pferde*); at ~ *in Verpflegung* f, *in Futter* n; ~-stable *Mietstallung* f **2.** *Dienstkleidung, Dienertracht, Livree* f; ~-servant *Diener* m *in L.*; *-ried in L.* ‖ (*Amts-*)*Tracht*, (*Amts-*)*Kleidung* f *der Gilden* **3.** *Zugehörigkeit* f *z e—r der Gilden* (to take up one's ~); the ⚔ Companies *die* (78) *jahrhundertealten, reichen u mächtigen Gilden* (*Zünfte*) f *pl der* City *v London* **4.** ⟨jur⟩ *Übertragung, -gabe* f (*v Besitz*); to sue (for) one's ~ *die Ü. e-s ererbten Besitzes nachsuchen* ‖ *Besitzurkunde* f ~man [*'livəriman*] s *Zunftmitglied* n ‖ *Mietstallbesitzer* m

livid ['livid] a (~ly adv) *bleifarbig, bläulich*

‖ *fahl, bleich* (with *vor*) ‖ makes me ~ ⟨fam⟩ *macht mich rasend* ~ity [li'vidity], ~ness [~nis] s *Bleich-, Fahlheit* f

living ['liviŋ] **1.** a (~ly adv) *lebend* (language); *sprechend* (portrait) | the ~ *die Lebenden, Lebendigen* pl | no man ~ *kein Sterblicher*; while ~ *bei Lebzeiten* f pl; ~ death *trostloses Leben* n; within ~ memory *seit Menschengedenken* n **2.** s *Leben* n, *-sexistenz* f ‖ *Lebensweise* f (good ~ *üppige L.*), *-sstil* m (standard of ~) ‖ *Wohnen* n; [attr] *Wohn-*; ⟨Am⟩ ~-room *-zimmer* n; ~ van *-wagen* m | *Lebensunterhalt, Broterwerb* m, to earn one's ~, to work for one's ~ *s—n L. verdienen*, to make a ~ out of *sich ernähren v* | ⟨ec⟩ *Pfründe* f (a rich ~) ‖ [attr] *Lebens-* (~-space *-raum* m) ‖ *Unterhalts-*; ~ wage *Existenzminimum* n

Livonian [li'vounjən] **1.** a *livländisch, Livland-* **2.** s *Livländer*(in f) m

lixiviate [lik'sivieit] vt (*Erde* etc) *auslaugen* -ation [,liksivi'eiʃən] s *Auslaugung* f

lizard ['lizəd] s ⟨zoo⟩ *Eidechse* f ‖ ⚔-killer ⟨ant arts⟩ *Saurioktonos* m

lizzie ['lizi] s ⟨mot sl⟩ *billiges Auto* n (*bes ein Ford*), tin-~ °„*Brotkasten* m *auf Rädern*" n pl ‖ ⟨Am *a*⟩ *Weichling* m (P)

llama ['lɑːmə] s ⟨zoo⟩ *L'ama* n; *-wolle* f

llano ['lja:nou] s *Ebene, Steppe* f (*in Süd-Amer.*)

Lloyd's [lɔidz] s *Londoner Schiffsversicherungsgesellschaft* f; A 1 at ~ ⟨fig⟩ *z den Besten gehörig*

lo [lou] † intj ~! *siehe*! ~ and behold! *und sieh(e) da*!

Lo [lou] s ⟨Am⟩ *Indianer* m

loach [loutʃ] s ⟨ich⟩ *Schmerle* f; pond ~ *Schlammpeitzger* m, spined ~ *Steinbeißer* m

load [loud] **I.** s **1.** *Last* f ‖ ⟨fig⟩ *Last, Bürde* f; to take a ~ off a p's mind *jdm e—e Last vom Herzen nehmen* **2.** *Ladung* f; *Fracht* f; ~-line ⟨mar⟩ *Ladelinie* f; ~ limit *Belastungsgrenze* f; *Tragfähigkeit* f (*e—r Brücke*) | *Fuder* n (a ~ of hay); *ein Zählmaß* n **3.** *Tragfähigkeit, -kraft* f ‖ (of a machine) *volle Arbeitsleistung, -belastung* f **4.** ~s [pl] ⟨fam⟩ *Unmenge* f (~s of time *massenhaft Zeit*) **II.** vt/i **1.** vt (*Schiff*) *laden*; *be-* (*etw*) *auf-* ‖ *belasten, überladen* (with); ⟨fig⟩ *niederdrücken* | ⟨fig⟩ (*jdn*) *überhäufen* (with) ‖ (*Gewehre*) *laden*; to ~ an ammunition belt (*Munition*) *gurten* | *mit e—m Gewicht* n *versehen, beschweren*; to ~ dice *Würfel* m pl *b.*, to ~ the dice ⟨fig⟩ *e—n Sachverhalt z s—n Gunsten* f pl *färben* (*Wein*) *fälschen* (*auf Palette*) *Farben* f pl *auftragen* **2.** vi *laden*; *sich laden* or *füllen l* | ⟨st exch⟩ *stark kaufen* | to ~ up ⟨fam⟩ *sich voll laden* | ~ed [~id] a *beladen*; ⟨Am *a*⟩ °„*geladen*" (*betrunken*) ‖ *mit Blei* n *beschwert* (~ cane); ~ dice [pl] *falsche Würfel* m pl ‖ *verschnitten, gefälscht* (wine) ~er ['~ə] s *Auf-, Verlader* m | *Lader* m (of a gun) [attr] comp *nach s od a*] *-lader*; breech-~ *Hinterlader* m ‖ ~-shedding ⟨el⟩ *Strom-Rationierung* f ~ing [~iŋ] s *Laden* n; *Ladung* f ‖ breech-~ *Hinterladung* f | [attr] *Lade-*; ~ capacity *Lade-, Trag-, Belastungsfähigkeit* f ‖ ~ chart *od* diagram *Beladeplan* m ‖ ~ island *Verkehrsinsel* f (*an Straßenbahnhaltestellen*) ‖ ~ lag *Ladeverzugszeit* f ‖ ~ officer ⟨aero, mar⟩ *Verladeoffizier* m ‖ ~-ramp *Verladerampe* f ‖ ~ limit *Belastungsgrenze* f ‖ ~ transmission *Lastübertragung* f

loadstone ['loudstoun] s ⟨minr⟩ *Magneteisenstein* m; *Magnet* m ⟨*a* fig⟩

loaf [louf] s (pl loaves [louvz]) *Laib* (*Brot*) m; the miracles of the ~ves and fishes ⟨bib⟩ *die Speisung der Fünftausend*; the ~ [abstr] *das Brot* (*als Nahrungsmittel*); half a ~ is better than no bread *etwas ist besser als gar nichts* ‖ *Zuckerhut* m; ~ *sugar Hutzucker* m

loaf [louf] **1.** vi/t ‖ *bummeln, umherlungern; den lieben Gott e–n guten Mann s l* │ vt to ~ *away (Zeit) vertrödeln* **2.** s ⟨sl⟩ *Bummeln* n ‖ ⟨fam⟩ *Faulenzer* m │ **~er** [ˈ~ə] s *Bummler, Landstreicher* m **~ing** [ˈ~iŋ] s *Herumbummeln, Landstreichen* n

loam [loum] s *Lehm, Ton* m ‖ ~-brick *roher Ziegelstein* m │ **~y** [ˈ~i] a *lehmig*

loan [loun] **1.** s *(gewährtes) Darlehen* n *(to an, f)*; ~ *society* –*skasse* f; ~ *by private treaty* ⟨jur⟩ *Schuldscheindarlehen* n │ *Leihen* n, *Darleihung* f; ⟨arts⟩ *Leihgabe* f; *on* ~ *leihweise, geliehen;* may I have the ~ *of this book? darf ich dies Buch geliehen h?* ‖ ⟨com⟩ *Anleihe* f *(on auf);* to take up a ~ *e–e Anleihe f aufnehmen │ Entlehnung* f; ~-*office* ⟨Am⟩ *Leihhaus* n ‖ ~-*shark* ⟨Am⟩ *Wucherer, Halsabschneider* m ‖ ~-*word Lehnwort* n **2.** vt ⟨bes Am⟩ *(Geld) als Darlehen* n *geben, leihen* (to a p *jdm*) **~able** [ˈ~əbl] a *verleihbar*

loath, loth [louθ] a *abgeneigt* (to do; for a p to do *daß jd tut*; that), *nicht willens* (to do); nothing ~ *durchaus nicht abgeneigt*

loathe [louð] vt *Ekel h empfinden vor (etw); verabscheuen* ‖ ⟨fam⟩ *(etw) nicht gern h* –*thing* [ˈloudiŋ] s *Widerwille, Ekel m* (at *über, vor*) –**thingly** [ˈloudiŋli] adv *mit Ekel, mit Widerwillen m* –**thly** [ˈloudli] a *verhaßt, ekelhaft, widerlich* –**thsome** [ˈloudsəm] a (~ly adv) *ekelerregend; ekelhaft, abscheulich* –**thsomeness** [~nis] s *Ekelhaftigkeit* f

lob [ləb] **1.** vi/t ‖ *sich schwerfällig bewegen* │ vt ⟨crick⟩ *(Ball) v unten herauf werfen;* ⟨ten⟩ *(Ball) hoch zurückschlagen (über Gegenspieler hinweg)* **2.** s ⟨crick⟩ *Wurf* m *v unten (Ggs overhand);* ⟨ten⟩ *Lob* n, *Hochball* m

lobate [ˈloubeit] a ⟨bot⟩ = lobed

lobby [ˈləbi] **1.** s *Vorplatz, Korridor, Vorsaal* m ‖ *Vorzimmer* n ‖ ⟨parl⟩ the ⚹ *die Wandelhalle im* H.C. ‖ ⟨theat⟩ *Foyer* n ‖ ⟨bes Am⟩ *Wahlmacher, Drahtzieher* m pl, *Interessen–, Machtgruppe* f, → *pressure group* **2.** vt/i ‖ *in der* ⚹ *besprechen;* ⟨bes Am⟩ *(Abgeordnete) bearbeiten,* –*einflussen* ‖ *(Gesetz) durch Druckmittel* n *durchsetzen, beeinflussen* │ vi *intrigieren* ‖ *im geheimen arbeiten; antichambrieren* **~ist** [~ist] s ⟨bes Am⟩ *Drahtzieher* m

lobe [loub] s ⟨anat⟩ *Lappen* m; ~ *of the ear Ohrläppchen* n │ **~d** [~d] a ⟨bot & zoo⟩ *lappig, gelappt*

lobelia [louˈbiljə] s ⟨bot⟩ *Lob·elie, Gattung der Glockenblumengewächse* f

lobotomy [ləˈbɔtəmi] s ⟨med⟩ *Lobo–, Leukotom·ie* f

lobscouse [ˈlɔbskaus] s ⟨mar⟩ *Labskaus* n *(Seemannsgericht)*

lobster [ˈlɔbstə] s ⟨zoo⟩ *Hummer* m (hen ~ *weibl. H.);* as red as a ~ *puterrot* ‖ ~ *palace* ⟨sl⟩ *Kaviar– u Austern-Lokal* n *(vornehmes Restaurant)* ‖ ⟨† fig⟩ *Rotrock* m *(brit. Soldat)* ‖ ⟨Am sl⟩ *Tölpel* m

lobular [ˈlɔbjulə] a ⟨med⟩ *Lobulär–* **lobule** [ˈlɔbjuːl] s *Läppchen* n

local [ˈloukəl] **1.** a (~ly adv) *lok·al, Lokal–* (~ *train* –*zug*), *örtlich* (~ *inflammation); Orts–; Stadt–* ‖ *ortsansässig* (artists, industries, ⟨a⟩ .. des Ortes, am Orte) ‖ to be ~ ⟨fig⟩ *nicht weitverbreitet s* │ ~ *authorities* pl *Ortsbehörde* f ‖ ~-*call* ⟨telph⟩ *Ortsgespräch* n ‖ ~ *colour Lokalfärbung* f ‖ ~ *defence unit Landesschützenverband* m ‖ ~ *government Kommunalverwaltung* f ‖ ~ *leave* ⟨mil⟩ *Stadturlaub* m ‖ ~-*option Ortsentscheid* m *(über Schankgerechtigkeit)* ‖ ~ *pattern* ⟨com⟩ *Inlandsmodell* n ‖ ~ *transport Platztransport* m, *T. am Ort* **2.** s *[mst pl* ~s] *Ortsbewohner* m ‖ *etw Lokales* n; *lokale*

Nachricht f; *Lokalzug* m ‖ *Ortsgruppe* f *(e–r Gewerkschaft)* **~ism** [~izm] s *örtliche Eigentümlichkeit* f *(a im Idiom)* ‖ ⟨fig⟩ *Engheit, Borniertheit* f **~ity** [louˈkæliti] s *Ort* m; *Ortschaft* f ‖ *Örtlichkeit; Lage* f; → *bump* **~ization** [ˌloukəlaiˈzeiʃən] s *Lokalisierung; örtl. Bestimmung or Beschränkung* f; *Eingrenzung* f; ⟨tech⟩ ~ *of faults Fehlerbestimmung* f; ~ *of heat Wärmestau* m **~ize** [ˈloukəlaiz] vt *lokalisieren; begrenzen (to auf)* **~d** *learning* ⟨eth⟩ *Spezialbegabung* f, *Fähigkeit* f *besonderes z lernen*

locale [louˈkɑːl] s Fr *Örtlichkeit* f, *Schauplatz* m

locate [louˈkeit] vt ⟨Am⟩ to ~ *a building* (etc) *die Lage, Grenzen e–s Gebäudes* (etc) *bestimmen, abstecken; (Land) abgrenzen* ‖ ⟨tech⟩ *ein–, feststellen; einbauen, anbringen; lagern;* ⟨bes Am⟩ *niederlassen;* to be ~d *liegen, gelegen s; wohnen* │ ⟨übtr⟩ *(e–r S or P) nicht anweisen; in Gedanken m pl unterbringen; lokalisieren* ‖ *(Ort) ausfindig m;* ⟨mil⟩ *erkunden* **~ation** [louˈkeiʃən] s ⟨jur⟩ *Vermietung* f ‖ *Anlegen* n; *Anlage, Lage* f, *Standort* m *(e–r Pflanze); Ortsangabe, Schiffsort* m; *Ortung* f ‖ *Ansiedlung, Unterbringung* f ‖ ⟨Am⟩ *Abmessung or Grenzbestimmung* f *(v Land); abgestecktes Stück Land* n; *Grundstück* n, *Bauplatz* m; ⟨Aust⟩ *Farm* f ‖ [attr] ⟨film⟩ ~ *scenes Aufnahmen* f pl *an Ort* m *u Stelle* f –**ator** [–ˈkeitə] s ⟨aero⟩ *Ansteuerungsfeuer* n

loch [ləx] s ⟨Scot⟩ *See* m; *Bucht* f

lock [lɔk] s *Haarlocke; Wollflocke* f ‖ ~s [pl koll] *Haare* n pl

lock [lɔk] s **1.** *Verschluß* m; *Verriegelung* f; (of a door, a gun) *Schloß* n; ~ *and stock;* ~, *stock, and barrel alles zus–genommen, ganz u gar; samt u sonders, mit Niet u Nagel* m, *mit Sack u Pack* m, *mit Stumpf u Stiel* m, *mit Haut u Haar* n, *v A bis Z, die ganze Bescherung* ‖ *under* ~ *and key* (S) *unter Verschluß* m, (P) *hinter Schloß* n *u Riegel* m; ⟨fam fig⟩ *it's got a* ~ *to it Wiedersehn* n *macht Freude* f **2.** *Schließvorrichtung; (Kanal-).Schleuse, –nkammer* f ‖ *Stauung* f; *(Wagen-)Gedränge* n; *Stockung* f, *dead* ~ *vollständige St.* │ *steering* ~ ⟨mot⟩ *Hartlage* f *des Steuers* n ‖ ~ *of differential Ausgleich–, Differentialsperre* f **3.** *(a* → *hospital) Krankenhaus* n *f Geschlechtskrankheiten* f pl **4.** [attr] ~ *angle* ⟨mot etc⟩ *(Räder-)Einschlagwinkel* m; ~-*box Postschließfach* n ‖ ~-*gate Schleusentor* n ‖ ~-*keeper* –*wärter,* –*meister* m ‖ ~-*stitch Steppstich* m **~smith** [ˈ~smiθ] s *Schlosser* m

lock [lɔk] vt/i **I.** vt **1.** *(a* to ~ *up) (Tür* etc) *ver–, zuschließen;* (jdn) *einschließen* (in, into in); to ~ *a p in one's arms jdn in die Arme* m pl *schließen; (etw) fest verschließen* (in); ⟨tech⟩ *schließen, sperren, einrasten, verriegeln* ‖ ⟨fig⟩ to be ~ed *in fest verschlossen s in; fest verbunden s mit, verwickelt s in* │ *(etw) in e–e feste Lage bringen; befestigen, verkuppeln; (Finger) fest verschlingen;* (Rad) *hemmen* ‖ *(Kanal) mit Schleusen* f pl *versehen; (Schiff) schleusen* (through *durch*) **2.** [mit adv] to ~ *away ver–, wegschließen* ‖ to ~ *in einschließen, einsperren* ‖ to ~ *out (jdn) aussperren* ‖ to ~ *up (Tür* etc) *verschließen* ‖ *(etw) ein–, verschließen; (jdn) einsperren* ‖ *(Geld) fest anlegen;* ⟨typ⟩ *schließen* **II.** vi *(Räder) sich schließen; zugehen* ‖ (of wheels) *in–e–a–greifen; geschleust w* **III.** [in comp] ~-*jaw [aus* ~ed *jaw] Kinnbackenkrampf* m ‖ ~ *nut Gegen–, Stellmutter* f │ ~-*out* [pl ~-*outs) Aussperrung* f *(v Arbeitern)* ‖ ~-*ring Sicherungsring* m │ ~-*up* **1.** s ⟨school⟩ *Torschluß* m (abends); *Arbeitsschluß* m ‖ *Gewahrsam* m; ⟨univ⟩ *Karzer* m ‖ *fest Kapitalanlage* f **2.** a *verschließbar* **~age** [ˈlɔkidʒ] s *Schleusengefälle* n ‖ –*nutzung* f, –*gebrauch* m ‖ –*geld* n

‖ *Schleusen(anlagen)* f pl **~er** ['lɔkə] s *Schließer* m ‖ *Schließfach* n ‖ *verschließbarer Kasten, Schrank* m, *Spind* n ‖ **~** *for luggage Gepäck–, Kofferraum* m ‖ *to be in Davy Jones's* **~** *ertrunken s* **~ing** ['lɔkiŋ] ⟨tech⟩ **~** *bolt Sperrbolzen* m; **~** *handle Knebel* m; **~** *lever Feststellhebel* m; **~** *mechanism Sperrgetriebe* n; **~** *nut Gegenmutter* f; **~** *spring Sperrungsfeder* f; **~** *wire –draht* m; **~** *knob Einrastknopf* m; **~** *pawl Sperrklinke* f; **~** *washer Federscheibe* f, *–ring* m

locket ['lɔkit] s *Medaillon* n

lockstep ['lɔkstep] vt ⟨Am⟩ *(Gefangene) im Gleichschritt* m *marschieren* l; ⟨fig⟩ *gleichschalten*

loco ['louko] **1.** s (Span) ⟨Am⟩ *(a ~-weed)* = *rattle-weed* ‖ ⟨vet⟩ **~** *disease Krankheit* f *durch Genuß* m *der* **~ 2.** a ⟨fam⟩ *verrückt*

loco citato ['loukou sai'teitou] L *am angeführten Orte*

locomobile [ˌloukə'moubil] s *Lokomobˈile* f

locomotion [ˌloukə'moußən] s *(Fähigkeit der) Ortsveränderung* f ‖ *Fortbewegung* f *Gehen, Wandern, Reisen* n *–tive* ['loukəmoutiv] **1.** a *(sich) fortbewegend; beweglich*; **~** *engine Lokomotˈive* f ‖ *Bewegungs–* (*~power*) **2.** s *Lokomotive* f ‖ **~s** [pl] ⟨sl⟩ „*Fahrgestellˈ*" n *(Beine) –tor* ['loukoˌmoutə] s *Triebwagen* m *–tory* [ˌloukə'moutəri] a *Bewegungs–* (system ⟨zoo⟩ *–organe*); **~** *pattern* ⟨zoo⟩ *Gangart* f

locum tenens ['loukəm'tiːnenz] s L *Stellvertreter* m **locus** ['loukəs] s L (pl *–ci* [–sai]) *Ort* m, *Stelle* f; ⟨math⟩ *geometr. Ort* m ‖ **~** *standi* ['stændai] ⟨jur⟩ *Recht* n, *als Zeuge* m etc *aufzutreten*

locust ['loukəst] s ⟨ent⟩ *Heuschrecke* f ‖ ⟨fig⟩ *Schmarotzer* m | *(a* **~***-tree)* ⟨bot⟩ *Hülsen–, Johannisbrotbaum* m, *Karˈobe* f; *Robˈinie, falsche Akazie* f

locution [loˈkjuːʃən] s *Redeweise* f; *Ausdruck* m; *Redensart* f

lode [loud] s *Abzugsgraben* m, *Ader* f **~star, load–** ['~staː] s *Leitstern; Polarstern* m ‖ ⟨fig⟩ *Leitstern* m

lodge [lɔdʒ] **1.** s *Häuschen* n; *Laube* f, *halb offene Bogenhalle* f; *Jagdhäuschen* n ‖ *Pförtnerhaus* n, *–wohnung* f *(am Eingang v Parks); Portierwohnung* f *(am Eingang v Colleges, Fabriken* etc); *Loge* f, *bes Freimaurerloge* f ‖ ⟨Am⟩ *Indianerzelt, Wigwam* n **II.** vt/i **A.** vt **1.** *(jdn f die Nacht) aufnehmen, beherbergen; unterbringen* [oft pass] | *als Unterkunft* f *dienen* f; *(S) enthalten* **2.** *(Geld) deponieren, hinterlegen* ‖ *(Waren) einlagern* | *(Klage) einreichen*; *(Protest* etc) *erheben, einlegen* (against); *an–, unterbringen*; *(Macht) legen* (in *od* with a p *in jds Hand); anvertrauen* **3.** *(Geschoß) ans Ziel* n *bringen, (hinein)schleudern, –treiben, –senden* (in *in*) | *(of rain) (Korn) umlegen* **B.** vi *(e–e Nacht) logieren* (with *bei*) ‖ *zur Miete* f *wohnen* | *(of bullets) steckenbleiben*; ⟨Am *for*⟩ *(of trees) (beim Fällen) sich verfangen* (against *in*), *hängenbleiben* (an); ⟨fig⟩ *sich festsetzen* (in)

lodg(e)ment ['lɔdʒmənt] s ⟨fort⟩ *Verschanzung* f; ⟨mil⟩ *befestigte Stellung* f | ⟨com⟩ *Deponierung* f | *Ansammlung, –häufung* f | **Wohnung* f

lodger ['lɔdʒə] s *(Unter-)Mieter(in* f) m, *Kostgänger* m; *[mst pl]* **~s** ⟨fig vulg⟩ „*Einquartierung*" f *(Läuse)* **–ging** ['lɔdʒiŋ] s *Logieren* n ‖ *Logis, Nachtquartier* n ‖ *Wohnung* f, *Wohnort* m ‖ *small* **~** *Absteigequartier* n | **~s** [pl] *möbl. Zimmer* n; *Mietswohnung* f ‖ **~-house** *Logierhaus* n; *common* **~***-h. Herberge z Heimat* f ‖ ⟨rail⟩ **~** *turn Dienstzeit* f, *während welcher außerhalb des Hauses übernachtet wird*

loft [lɔːft] **1.** s *Dachgeschoß* n, *–kammer* f ‖ *Speicher, Boden* m *(f Heu* etc) ‖ *(Hänge-)Bo-*

den m ‖ ⟨golf⟩ *schiefe, z Hochschlagen* n *geeignete Ebene* f **2.** vt *(auf e–m Boden) aufspeichern* ‖ ⟨golf⟩ *(Ball) in die Höhe treiben* **~er** ['~ə] s ⟨golf⟩ *Schläger* m f *Hochball* m

loftiness ['lɔftinis] s *Höhe* f ‖ *Erhabenheit* f, *Stolz* m *–ty* ['lɔfti] a *(–tily adv) hoch; luftig* ‖ ⟨fig⟩ *erhaben, stattlich, vornehm* ‖ *stolz, hochmütig*

log [lɔg] s **1.** *(Holz-)Klotz; gefällter Baumstamm* m; *unbehauenes Holz* n; ⟨for⟩ *Vollholz* n, *Bloch, Block* m ‖ ⟨fig⟩ *Klotz* m, *to sleep like a* **~** *wie ein Sack schlafen* ‖ *to roll a* **~** *for a* p f *jdn mit in die Speichen* pl *greifen* ⟨fig⟩; *to roll each other's* **~** ⟨pol⟩ *e–a Bälle zuwerfen; roll my* **~** *and I'll roll yours e–e Hand wäscht die andere* **2.** ⟨mar⟩ *Log* n; *(a* **~***-book) Logbuch, Tagebuch* n ‖ ⟨mot⟩ *Fahrten–, Begleitbuch* n, *–heft* n **3.** [attr] *Holz–, Block–* ‖ **~***-cabin,* **~***-hut Blockhaus* n ‖ **~** *raft Balkenfloß* n ‖ **~***-roll* [vt] *(Gesetz) durch Beeinflussung* f *durchbringen*; *(jdn) z gewinnen suchen* ‖ **~***-rolling* ⟨Am⟩ *Zus–rollen* n *der Baumstämme* m pl; ⟨pol⟩ „*Kuhhandelˈ*" m; *politische Korruption* f; ⟨fig⟩ *gegenseitige Reklame* f ‖ **~***-trail Holzweg* m **~ging** ['~iŋ] s ⟨for⟩ *Aufarbeitung* f *(e–s Schlages)* **~wood** ['lɔgwud] s *Blau–, Kampescheholz* n

log [lɔg] vt *(Holz) in Klötze* m pl *schneiden* ‖ ⟨mar⟩ *loggen* ‖ *(Distanz) zurücklegen* ‖ *(in das Logbuch) eintragen* **~ged** [~d] a *belastet, –hindert; (of wood)* v *Wasser* n *durchweicht, angefüllt; (of land) sumpfig* **~ger** ['~ə] s *Holzfäller, Waldarbeiter* m **~ging** ['~iŋ]: **~** *road Holzweg* m

log [lɔg] s = *logarithm* ‖ **~** *characteristic logarithmischer Kennwert* m

logan ['lɔgən], **~-stone** ['lɔgən,stoun] s *Waagstein* m *(auf e–m anderen Felsen liegender beweglicher Fels)*

loganberry ['lougən,beri] s *Kreuzung* f v *Brom–* u *Himbeere*

logarithm ['lɔgəriθm] s (abbr *log*) ⟨math⟩ *Logarithmus* m ‖ *common* **~** *dekadischer L.* **~ic(al)** [ˌlɔgə'riθmik(əl)] a *(–cally adv) logarithmisch*

loggerhead ['lɔgəhed] s † *Dummkopf, Tölpel* m ‖ ⟨fig⟩ *to be at* **~s** *sich in den Haaren* f pl *liegen* (with *mit*)

loggia ['lɔdʒə] s It *Loggia* f

logic ['lɔdʒik] s [nur sg] *Logik* f; *to chop* **~** *Haarspalterei* f *treiben* ‖ *zwingende, überzeugende Kraft* f, *Zwang* m **~al** [~əl] a *(–ly adv) logisch; folgerichtig, konsequent; notwendig* ‖ *logisch denkend –(mind)* **~ian** [loˈdʒiʃən] s *Logiker* m

logie ['lougi] s *Zinkornament* n, *–schmuck* m

logistic [loˈdʒistik] **1.** a *Rechen–* **2.** s [mst pl **~s]** [sg konstr] *Logistik, Rechenkunst* f | **~s** [~s] s [sg konstr] *Logistik* f *(Produktion, Lagerung, Transport, Wartung* etc); ⟨mil⟩ *Bewegungs–, Unterbringungs–, Verpflegungs–, Nachschubwesen* n; **~** *routes Versorgungswege* m pl ‖ ⟨mar⟩ *Flottenversorgungswesen* n

logo– ['lɔgou] Gr [in comp] *Wort–, Rede–* **~griph** [~grif] s *Wort–, Buchstabenrätsel* n **~machy** [lə'gɔməki] s *Wortklauberei* f **~rrhea** [lɔgə'riːə] s ⟨psych⟩ *krankhafte Geschwätzigkeit* f

logos ['lɔgɔs] s Gr ⟨theol⟩ *göttliche Vernunft* f; *göttliches Wort* n, *Christus*

loin [lɔin] s ⟨anat⟩ [mst pl **~s]** *Lende* f; **~***-cloth –ntuch* n ‖ ⟨cul⟩ *Lenden–, Nierenstück* n; **~** *of veal Kalbsnierenbraten* m ‖ ⟨fig⟩ **~s** [pl] *Zeugungskraft* f

loir ['lɔiə] s ⟨zoo⟩ *Schlafmaus* f, *Bilch* m

loiter ['lɔitə] vi/t | *bummeln, trödeln, umherbummeln, schlendern* | vt *to* **~** *away vertrödeln*

(one's time *die Zeit*) **~er** [~rə] s *Bummler*; *Faulenzer, Nichtstuer* m
loll [lɔl] vi/t **1.** vi *sich nachlässig lehnen* (against *an*) || *sich fläzen, sich rekeln* (in) || to ~ *about unherlungern*; to ~ *about the door an der Tür f u.* || to ~ back *sich lang hinstrecken* (in) | to ~ out (of the tongue) *heraushängen* **2.** vt *vorstrecken*; to ~ (out) one's tongue *die Zunge herausstrecken, zeigen* (at a p *jdm*)
　Lollard ['lɔləd] s ⟨hist⟩ *Lollarde* m
　lollipop ['lɔlipɔp] s [*mst pl* ~s] *Zucker–, Naschwerk* n, *Süßigkeiten* f pl
　lollop ['lɔləp] vi *unbeholfen gehen* or *laufen*; *schlendern*; *watscheln, trotteln*
　lolly ['lɔli] s ⟨vulg⟩ *Kies, Zaster* m (*Geld*)
　Lombard ['lɔmbəd] **1.** s ⟨hist⟩ *Langob·arde* m || *Bewohner* m *der Lombardei*; *Lomb·arde* m **2.** a *langobardisch* || *lombardisch* || ~-**Street** *Londoner Bankviertel* n; ⟨fig⟩ *Londoner Geldmarkt* m **~ic** [lɔm'bɑːdik] a ⟨*bes* arts⟩ *langobardisch* || *lombardisch*
　loment ['loumənt] s ⟨bot⟩ *Gliederfrucht, –hülse* f
　Londoner ['lʌndənə] s *Londoner*(*in* f) m **–donism** ['lʌndənizm] s *Londoner* (*Sprach-*) *Eigentümlichkeit* f
　lone [loun] (*aus* alone) [attr a] ⟨poet⟩ *einsam*; to play a ~ hand *auf eigene Faust* f (or *f sich*) *arbeiten* || *unverheiratet* (woman) **~liness** ['~linis] s *Einsamkeit* f **~ly** ['~li] a, **~some** ['~səm] a (~ly adv) *einsam, verlassen* || *einsam, abgelegen* **~someness** ['~səmnis] s *Einsamkeit* f
　long [lɔŋ] **I.** [a] **1.** ⟨of space⟩ *lang* (3 feet ~) | ~ head *Langkopf* m; ~ measure *Längenmaß* n; ~ purse *volle Geldbörse* f; in the ~ run *auf die Dauer*; *am Ende* n, *schließlich, zuletzt*; ~ sight *Fernsicht* f; a ~ way *round ein gr Umweg* m || that's saying a ~ word *das will viel heißen* **2.** ⟨of time, number, etc⟩ *lang, –dauernd*; ~ hundred *Großhundert* (120); for a ~ while *lange, seit langem* || *entfernt*; a bill at ~ date *od at* ~ *ein Wechsel* m *auf lange Sicht* f || the ~ vacation *die gr Ferien* pl || *z lang*; *langsam*; *langwierig* (~ years of ..) **3.** ⟨phon & pros⟩ *lang* **4.** ⟨Am⟩ *scharf, erpicht* (on *auf*); ⟨com⟩ *wohlversehen* (on *mit*) **5.** [in comp] ~-**boat** *gr Beiboot* n *e–s Segelschiffes*; *Pinasse* f || ~-**bow** *Langbogen* m; to draw the ~-bow °*gr Bogen* m *spucken* (*übertreiben, aufschneiden*) || ~-**cloth** *Art* f *Kattun* m *in langen Stücken* n pl || ~-**dated** *langsichtig* (bill) || ~-**distance** [attr] *Langstrecken–* (race, bomber), *Dauer–* (run); *Fern–*, ~-d. call ⟨telph⟩ *–gespräch* n; ~-d. central station *Überlandzentrale* f; ~-d. weather forecast *langfristige Wettervorhersage* f || ~-**eared** *langohrig* || ~-**headed** *–köpfig*; ⟨fig⟩ *schlau* || ~-**horn** *langhörniges Vieh* n; ⟨fig Am fam⟩ *Texas-Eingeborener, –Bewohner* m || ~ **jump** *Weitsprung* m; ~-**jumping** *–springen* n || ~-**life** *Dauer–* (mold *–form*) || *~-*lived *–lebig*; *lange dauernd* || ~(-)**player** ⟨fam⟩, ~-**playing** record *Langspielplatte* f || ~-**pull** *reichl. Maß* n || ~-**range** [attr] *weittragend*; *Fernkampf–* (gun); ~-**r.** navigation (abbr Loran) *Funkfernpeilung* f || ~-**r.** night fighter *Fernnachtjäger* m; ~-**r.** night interception *–nachtjagd* f || ~-**run** system ⟨theat⟩ *Serienaufführungsverfahren* n || ~-**sighted** *fern–, weitsichtig*; ⟨fig⟩ *weitblickend, scharfsinnig* || ~-**sightedness** *Weitsichtigkeit* f etc || ~-**spun** ⟨fig⟩ *lang ausgesponnen, langwierig* || ~-**stop** ⟨crick⟩ *Spieler* m *hinter dem Stabhüter* m || ~-**tail** *Pferd* n (etc) *mit langem Schweif* m (*Schwanz*) || ~-**term** *plan Plan* m *auf weite Sicht* f || ~-**tongued** ⟨fig⟩ *geschwätzig* || ~-**winded** *langatmig*; *–weilig, ermüdend* **II.** [s *od* subst a] *lange Zeit, Länge* f; at ~est *längstens* (a year at ~est); before ~ *bald, binnen kurzem*; for ~ *lange*; to take ~ *lange*

dauern || the ~ and the short of it *um es kz zu sagen, die ganze Geschichte* || *lange Silbe* f (the ~s and shorts) || the ~ *die großen Ferien* pl **III.** [adv] **1.** *lange*; a ~ dead one *e–r, der lange tot ist* | how ~ has he been here? *wie lange ist er hier*? || all day ~ *den ganzen Tag* || so ~ as, as ~ as *so lange wie*; (*voraus*)*gesetzt daß*; *wenn*; so ~ *bis dahin, auf Wiedersehen* n || ~ ago, ~ since *vor langer Zeit* f; not ~ ago *noch vor kurzem*; so ~ ago as last May *schon im Mai* m | to be ~ *lange* m or *brauchen*; to be ~ (in) doing *lange Zeit* f *in Anspruch* m *nehmen, um z tun*; it was not ~ before *es dauerte nicht lange, daß* (or *so* ..); you are not ~ for London *du wirst nicht l. in L. s* **2.** [in comp] ~-**ago** **1.** adv attr *lange* or *längst vergangen* **2.** s *Vergangenheit* f || to ~-**bow** [vi] °*gr Bogen* m *spucken* (*angeben*) || ~-**delayed** *l. verzögert, schließlich* || ~-**drawn** *sich l. hinziehend* || ~-**standing** *vor langer Zeit* f *ergangen, seit l. Z. bestehend* || ~-**suffering** l. a *langmütig* **2.** s *Langmut* f || ~-**winded** *langatmig* ⟨fig⟩ (story)
　long [lɔŋ] vi *schmachten*; *sich sehnen, verlangen* (for *nach*; to do; that) **~ing** ['~iŋ] **1.** a (~ly adv) *schmachtend, sehnsüchtig* **2.** s *Sehnsucht* f, *Verlangen* n (for, after)
　longanimity [lɔŋgə'nimiti] s *Geduld* f, *Ausharren* n
　longe [lʌndʒ] s ⟨hors⟩ = lunge
　longer ['lɔŋgə] compr **1.** a *länger* **2.** adv *l.*; he is not much ~ for this world *er lebt nicht lange mehr in dieser Welt* f; not any ~ *nicht länger*; no ~ *nicht l., nicht mehr* **longest** ['lɔŋgist] **1.** a *längste*(*r, –s*) **2.** adv *am längsten*
　longeron ['lɔndʒərən] s Fr ⟨aero⟩ *Rumpflängsholm* m
　longeval [lɔn'dʒiːvəl] a *langlebig* **–vity** [lɔn'dʒeviti] s *Langlebigkeit* f; human ~ *normale menschl. Lebensdauer* f; increased ~ *Lebensverlängerung* f || *langes Leben* n **–vous** [lɔn'dʒiːvəs] a *langlebig*
　longhand ['lɔŋhænd] s *gewöhnl. Schreibschrift* f (*Ggs* shorthand)
　longicorn ['lɔndʒikɔːn] ⟨ent⟩ **1.** a *mit langen Fühlern* m pl **2.** s *Bockkäfer* m
　longies ['lɔŋgiːz] s [pl] ⟨Am⟩ *lange Hose* f (*f kl Jungen*)
　longish ['lɔŋgiʃ] a *länglich*; *ziemlich lang* (time) **–itude** ['lɔndʒitjuːd] s (geogr.) *Länge* f **–itudinal** [,lɔndʒi'tjuːdin] **1.** a *Längen–, Längs–* (~ section *–schnitt*) || ~ dip (of braking) ⟨mot⟩ *Neigung, „Verbeugung"* f (*in der Längsrichtung*) *beim Bremsen* n || ~ stress *elastische Dehnung* f **2.** s *Längspant* n **–itudinally** [–nəli] adv *der Länge* f *nach*
　longshore ['lɔŋʃɔː] s [attr] *Küsten–* **~man** [~mən] s *Hafenarbeiter* m || *Küstenfischer* m
　longways ['lɔŋweiz], **longwise** ['lɔŋwaiz] adv *der Länge* f *nach*
　loo [luː] **1.** s ⟨cards⟩ *Lu* n **2.** vt *z Einzahlen* n *in den Topf* m *zwingen*
　looby ['luːbi] s *Tölpel* m
　loofah ['luːfɑː] s *Luffaschwamm* m
　look [luk] **I.** vi/t **A.** vi **1.** (P) *den Blick* m *richten*; *blicken, sehen* (at *auf, nach*); ~ before you *sieh vor dich* ⟨fam⟩ *staunen, starren* (*a* to ~ to see) *nachsehen* (whether, how); ~ and see *überzeugen Sie sich* || † ⟨fig⟩ *dafür sorgen* (that), *erwarten* (to have *z erhalten*) | *aufpassen*; ~ here *sieh mal, hör mal, denk dir nur* ⟨fam⟩ *aufgepaßt!, hört, hört!, schau, schau!* etc || to ~ sharp *sich beeilen* (with *mit*) **2.** (S) *gerichtet s, liegen, sehen* (towards *nach*; in, into *in*) || in *e–e Richtung* f *zeigen, weisen*; to ~ the other way *nach der anderen Richtung* f *zeigen* **3.** *aussehen* (he ~s *a fool*; as if .. *er sieht blaß aus*; .. *wie ein Narr* m *aus*; als *wenn* ..); things ~ badly *die Lage sieht schlecht aus*; to ~ one's

best *sich in bester Verfassung f zeigen*; he does not ~ his age *er sieht nicht so alt aus wie er ist* || to ~ like *aussehen wie* or *nach* || to ~ to be *z s scheinen*; ⟨fam⟩ it ~s that we have it *es scheint, wir h es* **4.** [*mit* prp] to ~ **about** one *um sich sehen* (he ~ed about him) | to ~ after (a p) *suchen nach* (*jdm*); (*jdm*) *nachblicken*; .. after a p *od* a th *achten, aufpassen auf* (*jdn, etw*); *sorgen f, sich kümmern um* (*jdn, etw*) | to ~ at (*jdn*) *ansehen*; (*etw*) *ansehen, betrachten*; ~ at that now | *nun sieh (das nur) an*; he wouldn't ~ at .. *er wollte nichts wissen v* .. | to ~ down one's nose at *auf* (*etw*) *v oben herabsehen* (*es verachten*) | to ~ **for** *sich umsehen nach, suchen nach*; he's ~ing for a big penny, for a little ha'penny, etc *er sucht nach e-m Hammel m mit 5 Beinen n pl*; I ~ for you to do *ich hoffe, erwarte, daß du tust*; to be ~ed for *erwartet w* (*from v seiten*) | to ~ into *prüfen, untersuchen* | to ~ on, upon ⟨fig⟩ (*etw, jdn*) *betrachten* (as *als*) | to ~ **over** (*etw*) *übersehen, prüfen* || (*Schuld*) *verzeihen, übersehen* | to ~ through (*etw*) *d·urchsehen, –lesen* | to ~ to *sehen, achthaben auf*; ~ to *it that .. nimm dich in acht, daß ..* || *rechnen auf* (*jdn*) (for *wegen*) **5.** [*mit* adv] to ~ **about** *sich umsehen* (for *nach*) || to ~ back *sich umsehen*; ⟨fig⟩ *zurückblicken* (upon *auf*; to *z*) || to ~ down *die Augen n pl niederschlagen; herabsehen* (on *auf*; on a p as *auf jdn als*) || to ~ forward to a th *mit Erwartung f e–r S entgegensehen; sich freuen, hoffen auf etw*; ~ing forward to seeing you .. *ich freue mich auf unser Wiedersehen n und ..* | to ~ **in** *vorsprechen* (upon *bei*); ⟨telv⟩ *fernsehen* | to ~ **on** *zusehen* (at *bei*); to ~ on with a p *bei, mit jdm einsehen* (sc *in e–m Buch*) | to ~ out *hinaussehen* (at the window *aus dem Fenster*); *aufpassen, sich vorsehen* || *e–n Ausblick m gewähren* (on *auf*); .. out for *sich umnach, sich gefaßt m auf* || to ~ over with a p *bei, mit jdm ein–* (*in e–m Buch*) | to ~ round *sich um–* | to ~ **up** *aufblicken*; ⟨com sl⟩ (the trade, etc) *sich bessern*; .. up to a p ⟨fig⟩ *zu* or *an jdm hinaufblicken* (as *als*) **B.** vt [*nur in festen Wendungen u mit* adv] **1.** to ~ a p, a th [*urspr dat*] in the face *jdm, e–r S ins Gesicht n sehen*, ~ me in the face! *sieh mir in die Augen!* | to ~ one's last at a p *jdn z letzten Male ansehen* | (*etw*) *durch den Blick m ausdrücken*, to ~ compassion *mitleidig blicken*; → **daggers 2.** [*mit* adv] to ~ **over** (*jdn*) *mit den Augen n pl mustern, prüfen* (to ~ a p over); (*etw*) *d·urchsehen* || to ~ out *heraussuchen* || to ~ through *mit dem Blick m durchdringen, –bohren* (I ~ed him through) || to ~ **up** *sich unterrichten über* (*jdn*); (*Wort*) *nachsuchen, aufschlagen*; ⟨fam⟩ (*jdn*) *auf–, besuchen* **II.** s *Blick m* (at *nach, auf*); forward ~ *B. in die Zukunft* | *Ansehen, Aussehen n*; (he has the ~ of an honest man *er sieht aus wie* ..); *Miene f, Gesicht n* (I don't like the ~ of him); good ~s [pl] *Schönheit f* (good ~s are important; the ~s of the place *der Anblick des Ortes*); hanging ~ *Galgenmiene f* | to give a ~ at a th *e–r S e–n Blick m zuwerfen* || to give a ~ in *vorsprechen* | to have a ~ at *an–, einsehen, prüfen* || I do not like the ~ of it ⟨fam⟩ *die S gefällt mir nicht* || to take on a ~ *ein Aussehen n annehmen* || to wear a ~ of *aussehen wie* **III.** (v & s) [*in comp*] ~-in *flüchtiger Blick m; kurzer Besuch m*; ⟨Am⟩ *Chance f, Anteil m* | ~-out [pl ~-outs] *Ausblick m* || *Ausschau f; Wache, Lauer f*; on the ~-out for *auf der Ausschau f nach*; to keep a good ~-out ⟨fig⟩ *sich wohl vorsehen* || ⟨aero⟩ *Luftraumbeobachtung f* | that is his ~-out *das ist s–e S* || *Wache f* (*P*), *Wächter m* || *Ausblick m, Aussicht f* (over *über*); ⟨a fig⟩ | ~-see ⟨sl⟩ *flüchtiger Blick m; Untersuchung f*; ⟨aero fam⟩ *Aufklärungsflugzeug n*; to have a ~-see *sich umsehen, sich orientieren*

looker ['lukə] s ⟨Am⟩ *jd, der gut aussieht*, to be not much of a ~ *nicht sonderlich aussehen*; a (good-)~ ⟨fam⟩ *ein hübsches Mädchen n* || ~-on ['lukər'ɔn] (pl ~s-on ['lukəz'ɔn]) *Zuschauer m* (at a th *bei e–r S*)

looking ['lukiŋ] **1.** a [*in* comp] *aussehend* (good-looking) **2.** s [*attr*] ~-glass *Spiegel m*

lookit, look-it ['lukit] ⟨Am vulg⟩ [*imp*] ≠ look at it

loom [lu:m] s *Webstuhl m; Webmaschine f*

loom [lu:m] **1.** vi *undeutlich sichtbar w; undeutlich aufragen; undeutlich erscheinen; drohend auftauchen* || to ~ large *drohend aufragen*; ⟨fig⟩ *v gr Bedeutung f scheinen* or *s* **2.** s ⟨mar⟩ *Sichtbarwerden, Auftauchen n*

loon [lu:n] s ⟨Scot⟩ *Landstreicher m* || *Lümmel m* | *Bursche m*

loon [lu:n] s ⟨orn⟩ *Taucher m*

loony ['lu:ni] a & s ⟨Am sl⟩ = lunatic

loop [lu:p] s *Schleife, Schlinge f* || *Öse f* || (of a gun) *Ring m* || (of a river) *Krümmung f* || ⟨aero⟩ *Überschlag m, Looping n, Schleifenflug m* || ~ on the ground ⟨aero⟩ °*Ringelpietz m* (*Ausbrechen bei Start* or *Landung*) | [*attr*] *Schleifen–*; ~ aerial ⟨wir⟩ *Rahmenantenne f, Peilrahmen m* || ~ antenna *Peilrahmen m, Drehrahmenantenne f*; ~-line ⟨rail⟩ *Schleife, Umweglinie, Verbindungsbahn f; Manöver n*; ⟨Am aero⟩ *Schleifenflug m* || ~ road ⟨bes Am⟩ *Umgehungs–, Umleitungsstraße f* || ~-trip terminal ⟨el⟩ *Kabelschuh m* || ~-way *Umweg m; Umleitung f*

loop [lu:p] vt/i || *in e–e Schleife f legen; schlingen, winden*; to ~ the ~ ⟨aero⟩ *e–n Schleifenflug m m, sich überschlagen*; ~ing *Überschlagen n* || *einschließen* (in, with) || *mit e–r Schleife f versehen* or *befestigen*; to ~ up (*Kleid*) *aufnehmen, –schürzen* | vi *e–e Schleife f bilden, sich winden* ~**er** ['lu:ə] s ⟨ent⟩ *Raupe f der Spanner* || *Vorrichtung f z Schleifenmachen n*

loop [lu:p] s ⟨met⟩ *Luppe f, Deul m*

loophole ['lu:phoul] **1.** s ⟨fort⟩ *Schießscharte f* || *Mauerschlitz m* || *Guckloch n* || *Schlupfloch n*; ⟨fig⟩ *Ausflucht f*, ~ way m (for); *Hintertür f*; ⟨jur⟩ *Gesetzeslücke f* **2.** vt *mit Schießscharte f* (etc) *versehen*

loopty-loop ['lu:pti 'lu:p] vt ⟨Am⟩ *spinnen; spinnen l* (the yo-yo)

loose [lu:s] **I.** a (~ly adv) **1.** *los, frei* || *locker* (soil); *lose* (fabric); *weich* (collar) || (of a dress) *weit* || *schlaff; lappig* || *nicht festsitzend* (rail); *lose, locker* (tooth) || *lose verpackt; unverpackt* || (of hair) *lose hängend; fliegend* || ~ chippings *Rollsplitt m* || ~ connection, ~ contact ⟨el⟩ *Wackelkontakt m* || ~ equipment *bewegliche Ausrüstung f* || ~ fit ⟨tech⟩ *Grobpassung f, Grob–, Gleitsitz m* || ~ gear ⟨tech⟩ *Wechselrad n* || ~ material *Schnittgut n* || ~ money *Kleingeld n* || ~ pulley *Leerlaufscheibe f* || ~-leaf *Loseblatt–*: .. note-book *Notizbuch n mit losen, versetzbaren Blättern n pl* **2.** (of ideas, etc) *unbestimmt, unsicher; unlogisch, unklar, wirr* (~ thinking) || *ungenau, ungrammatisch; frei* (translation) **3.** (of conduct) *locker, gewissenlos*; (*P*) *liederlich*; a ~ fish *ein liederlicher Bursche m* **4.** ⟨med⟩ *Stuhlgang m habend* **5.** at a ~ end ⟨fig⟩ *ohne* (feste) *Beschäftigung f; im ungewissen; unerledigt* || to break ~ *sich losreißen, ausbrechen* (aus dem *Gefängnis*) || to come, get ~ (of buttons, etc) *losgehen; sich –machen*; ⟨mot⟩ one of the wheels is ~ .. *schlägt* || he has a screw ~ *bei ihm ist e–e Schraube f locker* || to let ~ *loslassen*, (s–m *Ärger*) *Luft f m* || to turn ~ *losdrehen* **II.** adv *lose*, to sit ~ to *gleichgültig s gegen, sich nicht binden an* || → **fast** adv | ~**ly** ['~li] adv *lose* (etc); ~-used *lose* or *frei gebraucht* (expression)

loose [lu:s] **I.** vt/i **1.** vt *frei m, befreien* (from);

(*Zunge*) *lösen* | (*Knoten*) *losbinden, aufmachen, lösen* | ⟨mar⟩ (*Tau*) *loslassen*; *fahren l* || *los–, abschießen, –feuern* || (*Zügel*) *lockern*; to ~ one's hold of a th *etw loslassen* **2.** vi *lösen* || *schießen* (at, on *auf*); to ~ off at ⟨Am aero sl⟩ (*den* °*Laden*) °*vollrotzen* **II.** s *Abschießen* n || *Befreiung* f; to give a ~ to a feeling *e–m Gefühl* n *freien Lauf* m *l*; on the ~ *arbeitslos, auf Urlaub* m, *unverheiratet*; to go on the ~ °*sumpfen*

loosen ['luːsn] vt/i || *frei* m; (*Zunge*) *lösen* || *locker* m; *lockern*; ⟨fig⟩ *mildern, schwächen*; to ~ one's grip of a th, one's hold of *od* on a th *etw aus der Hand* f *gleiten l, loslassen* || (*Darm*) *öffnen*; (*Husten*) *lösen* | vi *sich lösen, sich lockern* || to ~ up ⟨Am sl⟩ *redselig w*; *Geld* n *springen l*

looseness ['luːsnis] s *Lockerheit* f || *Ungenauigkeit* f, *–klarheit* f || *Liederlichkeit* f || *Laxheit* f || ⟨med⟩ *Durchfall* m

loosestrife ['luːsstraif] s ⟨bot⟩ *Gemeines Pfennigkraut* n, *Felberich* || *Gemeiner Weiderich* m

loot [luːt] **1.** s *Kriegsbeute* f || ⟨Scot mil fam⟩ „*Raub*" m (*Löhnung*) **2.** vt/i || (*Stadt*) *plündern*; (*etw*) *erbeuten* | vi *plündern*

lop [ləp] vi/t **1.** vi *schlaff herabhängen, –fallen* || (*a* to ~ about) *herumlungern* || *sprunghaft laufen* **2.** vt (*Ohren*) *herabfallen l* **3.** [in comp] ~**-eared** *mit Hängeohren* n pl || ~**-sided** (–dly adv) *schief, nach e–r Seite* f *hängend* || *einseitig* ⟨a fig⟩

lop [ləp] **1.** s [koll] *kleinere Baumäste* m pl; the ~ and top *die Äste* m pl *u Krone* f (of a tree) **2.** vt/i || (*Baum*) *abästen, beschneiden, stutzen* ⟨a fig⟩ || to ~ off *abhauen* | vi to ~ at *beschneiden* ⟨a fig⟩ ~**pings** ['-iŋz] s pl *Astreisig* n, *abgeschnittene Zweige* m pl (etc)

lope [loup] **1.** vi/t || *in gr Schritten* m pl *laufen*, *gr Sch.* m **2.** s *gr, langer Schritt* m

lopho– ['loufo] Gr [in comp] *Kamm–, Büschel–* ~**branchiate** [ˌloufo'bræŋkieit] s ⟨ich⟩ (*a* ~ fish) *Büschelkiemer* m

loppy ['ləpi] a ⟨mil fam⟩ *verlaust*

loquacious [lo'kweiʃəs] a (~ly adv) *geschwätzig* ~**ness** [~nis], **loquacity** [lo'kwæsiti] s *Schwatzhaftigkeit* f

loquat ['loukwæt] s ⟨bot⟩ *Mispel* f

lor [ləː] intj (*f* Lord) ⟨vulg⟩ O ~! *mein Gott*! || ⟨vulg⟩ ~**-a-mussy** (= Lord have mercy) *ach du m–e Güte*!

Loran ['lərən] s ⟨aero⟩ (= **Long-range** navigation) *Funkfernpeilung* f; (= L. R. Radar equipment) *Langstrecken-Radargerät* n

lorcha ['ləːtʃə] s *chines. Segelboot*

lord [ləːd] s **1.** *Herr, Gebieter* m || *Magnat* m (the cotton ~s) || *Feudalherr* m; ~ of the manor *Grundherr* m || ⟨poet⟩ *Edelherr, Gemahl* m **2.** the ~ *Gott der Herr*; ⟨fam⟩ the ~ *knows how*, etc *weiß der Himmel, ·wie* etc ..; *our* ~ *Christus* m (in the year of our ~); the ~'s Path of Suffering *der Kreuz–, Leidensweg des Herrn*; (good) ~! ⟨Am⟩ ~y! intj *o Gott*! **3.** *Adliger*, *Peer* m (*Mitglied des* II. *of* L.), *drunk as a ~ total betrunken*; the ~s (Spiritual and Temporal) *die geistl. u weltl. Peers* m pl; the House of ~s, ⟨fam⟩ the ~s *das Oberhaus* **4.** [*als amtl. Titel*:] the ~ Chancellor [pl the ~-Ch.s] ⟨engl⟩ *Lordkanzler* m (*höchster Richter*); the ~ Chief Justice [pl ~s-J.s] *Lordoberrichter* m; the ~-Lieutenant [pl ~s-L.s] (*bis 1922*) *Vizekönig* m *v Irland*; (*jetzt*:) *Gouverneur* m *v* Northern Ireland; the ~ Mayor [pl ~ M.s] *Oberbürgermeister* m *v* London, *York, Dublin* (*Anschrift*: The Right-Honourable the ~ Mayor of ..); ~ Mayor's Day *der 9. Nov., an dem der neue* ~ Mayor *sein Amt* n *antritt*; the ~ Mayor's Show *Festzug* m *des L. M.* (*9. Nov.*) **5.** ~ (abbr Ld) *persönl. Titel* m *f* marquis, earl, viscount, baron

(Alfred ~ N.; ~ Derby = the Earl of D.) **6.** my ~! [mi'ləːd; ⟨fam⟩ mi'lʌd] *Mylord*! (*Anrede* 1. *an Bischöfe* 2. *an Richter des* Supreme Court 3. *an e–n* Lord Mayor **4.** [*formell*] *an* marquis, earl, etc) ~**ling** ['~liŋ] s ⟨cont⟩ *kl* Lord m; *Herrchen* n ~**ship** ['~ʃip] s *Herrschaft* f (over); *Herrschaftsgebiet* n || ~ [*nach* pron poss] *Lordschaft* f, Your ~ *Euer Gnaden*

lord [ləːd] vi/t || to ~ (it) over [*mst* pass] *herrschen, dominieren über* | vt (*jdm*) *den Titel* Lord m *verleihen*

lordliness ['ləːdlinis] s *Glanz* m; *Würde, Hoheit* f || *Großmut* f || *Hochmut, Stolz* m ~**ly** ['ləːdli] a *lordmäßig*; *vornehm, glanzvoll* || *stolz, herrisch, gebieterisch*; *hochmütig*

Lord's [ləːdz] s (= ~ Cricket Ground, London) *Hauptkricketplatz u Mittelpunkt* m *des Kricketsportes in England*

Lordy ['ləːdi] intj ⟨Am⟩ O ~! *o Gott*!

lore [ləː] s *das Gelehrte*; *Lehre* f (the ~ of Christ) | *Wissen* n (*e–r best. Klasse* etc); *überliefertes Wissen* n (*auf best. Gebiet*), *Kunde* f (animal ~); → folklore

lore [ləː] s ⟨orn⟩ *Zügel* m (*Raum zw Auge u Schnabel*)

lorgnette [ləː'njet] s Fr *Brille* f *mit Stielgriff* m

loricate ['lərikeit] a ⟨zoo⟩ *gepanzert, Panzer–* **lorikeet** ['ləriki:t] s ⟨orn⟩ *kl polynesischer Lori* m

loriner ['lərinə] s [*nur in*:] the ~s' Company *Zunft* f *der* (*Pferde-*)*Geschirrmacher der* City *v* London; → livery

loris ['ləris] s ⟨zoo⟩ *Lori* m (*ein Halbaffe*)

lorn [ləːn] † a *verloren*; *verlassen, einsam*

lorry ['ləri] s ⟨a rail⟩ *Lore, Lori* f; *Schwerlastwagen, Fracht–, Liefer–, Transportwagen* m; motor-~ *Lastkraftwagen* m, *–auto* n | ~**-hop** [~həp] vi ⟨bes Am fam⟩ *per Anhalter* m *fahren* **2.** vt *lorried* ⟨mil⟩ *verlastet* (*Truppen*)

lory ['ləri] s ⟨orn⟩ *Lori, Pinselzüngler* m (*Papagei*)

lose [luːz] vt/i [lost/lost] **I.** vt **A.** *Bedeutungen* **1.** to ~ a th *e–r S* [gen] (*vom Geschick* etc) *beraubt w, verlustig gehen*; *etw verlieren*; (*Vermögen, Stellung*) *einbüßen*; *verwirken* || (*Vorteil*) *ungenützt l* || (*Glied, Fähigkeit*) *verlieren* || to ~ one's hair, head *das Haar, den Kopf* m *verlieren* || → ground; heart; hold; interest; life; patience; temper | my watch has lost 3 minutes since Monday *m–e Uhr* f *ist seit Montag* m *3 Minuten* f pl *zurückgeblieben*; my watch ~s 3 minutes a day *m–e Uhr* f *geht täglich 3 Minuten* f pl *nach* **2.** *befreit w v*; (*Krankheit*) *loswerden* (I've lost my cold) **3.** (*Gegenstand*) *durch Unachtsamkeit* f etc *verlieren*; *verlegen* || to ~ one's way *den Weg* m *verlieren* **4.** *unnütz verwenden* or *ausgeben*; (*Zeit*) *vergeuden, –schwenden*; to ~ no time *k–e Zeit* f *verlieren* (in doing) **5.** (*etw Erwünschtes, Erstrebtes*) *nicht erhalten, nicht gewinnen*; (*Schlacht, Prozeß*; *Spiel*) *verlieren* || *versäumen*; (*Zug*) *verpassen* **6.** *nicht hören* (*können*), *nicht sehen* (*können*); I lost the end of his speech *mir entging das Ende s–r Rede* f || to have lost one's voice *heiser* s **B.** to ~ o.s. *sich verlieren, den Weg* m *verlieren*; ⟨fig⟩ *sich verlieren* (in *in*) **C.** to be lost *untergehen, den Tod* m *finden* || *verschwinden*; *aufhören*; *verlorengehen* (to *an*) || to be lost in *versunken, vertieft* s *in* || to be lost to a th *f etw nicht mehr empfänglich* s, to be lost to all sense of duty *allen Pflichtgefühls* n *bar* s || to be lost upon *k–n Eindruck* m *auf*; *erfolglos* s *bei* || to get lost (*S*) *in Verlust* m *geraten, verloren gehen* **D.** [*kaus*] *verlieren l*; to ~ a p a th *od* a th to a p *jdn zum Verlust* m *e–r S bringen, jdn um etw bringen*; *jdn etw kosten*; *folly lost him his place die Dummheit kostete ihn s–e Stellung* f **II.** vi **1.** *verlieren* (in *an*); *Einbuße, Verluste erleiden* (by a p, a th *durch jdn, etw*)

|| *an Kraft* f *ver–* **2.** ⟨sport⟩ *geschlagen w*; *ein Spiel* n *verlieren*; to ~ to a team *gegen e–e Mannschaft* f *ver–, e–r M. unterliegen* **3.** to ~ out ⟨Am⟩ *verlieren, versagen* (*in*) **loser** ['lu:zə] s *Verlierer, Geschädigter* m || to be the ~ *der Dumme s*; to be a ~ *by Einbuße* f, *Schaden* m *erleiden durch*; to come off a ~ *den kürzeren ziehen* **losing** ['lu:ziŋ] **1.** a (~ly adv) *verlierend* || *verlustbringend*; a ~ *game* ⟨fig⟩ *ein mit Mißerfolg* m *verbundenes Unternehmen* n **2.** [s pl] ~s (*Spiel–* etc) *Verluste* m pl

loss [lɔs] s *Verlieren* n; *Ausfall, Verlust* m; ~ of blood *Blut–*; ~ of hair *Haarausfall* m; ~ in *od* of weight *Gewichtsabnahme* f, *Schwund* m || *Verlorenes* n, *Verlust* m | *Einbuße* f; *Schaden* m (to *f; an*); *Nachteil* m (that is my ~) || [pl] ~es ⟨com⟩ *Abgänge* m pl | dead ~ *vollständiger Verlust* m; ⟨übtr⟩ (*P*) *Nichtskönner, Versager* m, °*Niete* f | at a ~ *unter* or *mit Verlust* m; *in Verlegenheit* f; to be at a ~ for a th *etw nicht finden können*, to be at a ~ to understand *nicht verstehen können* | [attr] ~ *leader* ⟨Am com fam⟩ (*S*) *Bauernfänger, Zug–, Reklameartikel* m **lost** [lɔ:st, lɔst] a *verloren; –gegangen* || *ruiniert* || *vergeudet* | (ship) *untergegangen* || ⟨artill⟩ ~! *nicht beobachtet!* (*Schußlage*) | the ⚓ [pl] *die Verdammten, Verstoßenen* | ~ effect ⟨tech⟩ *Leistungsverlust* m | ~ motion ⟨tech⟩ *Leerlauf* n, *toter Gang* m || ⚓ *Property Office Fundbüro* n || to give up for (*od* as) ~ *verloren geben*

lot [lɔt] **I.** s **1.** *Los* n, [*nur in:*] to cast *od* draw ~s for *losen um* || *Losen* n; by ~ *durch Losen, durch das Los*; the ~ fell upon him *das Los fiel auf ihn* || to cast, throw in one's ~ with *das Los mit jdm teilen*; *sich auf Gedeih u Verderben verbinden mit* **2.** (*durch das*) *Los* (*jdm zugefallener Anteil*) || *Geschick, Schicksal* n, *Lage* f; the ~ fell to him (to do) *das Los fiel ihm zu* (*z tun*); it fell to his ~, to him as his ~ (to do) *es fiel ihm zu* (*z tun*) || → part | ⟨bes Am⟩ *Stück Land* n; *Parzelle, Baustelle* f; *Parkplatz* m || ⟨com⟩ *Teil* m | *Partie* f, *Posten* m || ⟨übtr⟩ a bad ~ *ein Taugenichts* m; *ein nettes Pflänzchen* n; quite a *Nazi* ~ ⟨bes Am⟩ *ein ziemlicher Nazi* m **3.** (*durch Schicksal vereinte*) *Menge, Masse* f; the whole ~ *die ganze Sippschaft* f, *alles*; ⟨fam⟩ such a ~ *so viel*; a ~ of money *e–e gr Menge* f *Geld* n; ~s *e–e Menge* f; there is ~s of fun *es gibt sehr viel Spaß* m; ~s of people think so *sehr viele Leute* pl *glauben es* || ⟨fam⟩ (no) that's the ~ *das ist alles* **II.** vt *durch Los* n *zuteilen* (to a p *jdm*) || (a to ~ out) (*Land*) *in Partien* f pl, *Parzellen* f pl *teilen, verlosen* **loth** [louθ] a → loath **Lothario** [lou'θa:riou] s *Schürzenjäger; Wüstling* m **lotion** ['louʃən] s ⟨pharm⟩ *Waschmittel* n; *Hautwasser* n **lottery** ['lɔtəri] s *Lotterie* f; to take part in a ~ *in e–r L. setzen, spielen; Aus–, Verlosung* f; ~-ticket *Lotterielos* n | ⟨fig⟩ *Glücksspiel* n **lotto** ['lɔtou] s *Lotto* n (*Spiel*) **lotus** ['loutəs] *L* s [pl ~es] ⟨bot⟩ *Lotos* m; *–blume* f || ⟨arch⟩ *Lotosblumenornament* n | ⟨bot⟩ *Horn–, Steinklee* m || ⟨bot⟩ *Lotusklee* m | ~-eater *Lotosesser*; ⟨fig⟩ *Träumer, Genießer* m **loud** [laud] **1.** a (~ly adv) *laut*; ~ speaker ⟨wir⟩ *Lautsprecher* m; to be ~ in a th *etw laut tun*; at his ~est (he ..) *wenn er am lautesten spricht* (so ..) | *lärmend* | (of colours) *grell, schreiend*; ⟨fam⟩ *auffallend, knallig, auffällig* | ~-hailer ⟨el⟩ *Megaphon* n; ~-speaker van *Lautsprecherwagen* m **2.** adv *laut*; he spoke ~er (*od more* ~ly) *er sprach lauter* || ~ly *dressed auffällig gekleidet* ~ness ['~nis] s *Lautheit* f; *–stärke* f || *Lärm* m || (*das*) *Auffallende* || ~ level ⟨ac⟩ *Phon–, Lautstärke* f

lough [lɔx] s *Ir See* m **louie** [lu:'i:] s ⟨mil *bes* Am fam⟩ (= lieutenant) „*Leu*" m **lounge** [laundʒ] **1.** vi/t *schlendern* || *müßig gehen, lungern* (to ~ about *herum–*); *sich rekeln* | vt to ~ away (*Zeit*) *vertrödeln* **2.** s *bequemer Spaziergang* m || (*in Hotel* etc) *Halle, Diele* f; *Raum* m *behaglichen Aufenthalts; Gesellschaftsraum* m || *Chaiselongue* f | ~-chair *Klubsessel* m || ~-lizard ⟨sl⟩ = lounger; °*Salonlöwe* m || ~-coat *Sakko* m || ~-suit *Sakkoanzug* m | ~r ['~ə] s *Müßiggänger, Faulenzer* m **lour, lower** ['lauə] vi *finster, drohend blicken* (on, upon *auf*) || ⟨fig⟩ *sich verfinstern; düster w, düster aussehen; drohen* ~ing [~riŋ] a (~ly adv) *finster, mürrisch; drohend* **louse 1.** [laus] s (pl lice) ⟨ent⟩ *Laus* f || ~-trap ⟨vulg⟩ °*Läusekamm* m (*Staub–*) **2.** [lauz] vt *lausen* **lousiness** ['lauzinis] s *verlauster Zustand* m **lousy** ['lauzi] a (–sily adv) *verlaust* | ⟨fig⟩ *dreckig, lausig, gemein, mies* **lout** [laut] s *Tölpel; Lümmel* m ~ish ['~iʃ] (~ly adv) *tölpel–; lümmelhaft* ~ishness ['~iʃnis] s *Tölpelhaftigkeit* f **louver** ['lu:və] s ⟨hist arch⟩ *Dachreiter* m, *–türmchen* n; *–fenster, Schallfenster* n || ~s [pl] *Art* f *Glasjalousie* n (*an Wagenfenstern*) || ⟨phot⟩ ~ shutter *Jalousieverschluß* m **lovable** ['lʌvəbl] a *liebenswürdig, –wert* (to *f*) ~ness [~nis] s *Liebenswürdigkeit* f **lovage** ['lʌvidʒ] s ⟨bot⟩ *Liebstöckel* m **love** [lʌv] **I.** s **1.** *Liebe, Zuneigung* f (of, for, to, towards a p *z jdm*; of, for a th *z etw*); the ~ of one's country *Vaterlandsliebe* f | for the ~ of *aus L. zu, um .. willen*; not for ~ or money *nicht f Geld* n *u gute Worte* n pl | give my ~ to your mother *grüße d–e Mutter herzlich v mir*; he sends his ~ to your mother *er läßt d–e M. h. gr.* || there's no ~ lost between them *sie schätzen sich nicht* **2.** *Liebe zum anderen Geschlecht* n; *Liebschaft* f | for ~ *aus L.*; in ~ *verliebt* (with *in*); to fall in ~ with *sich verlieben in*; to make ~ *flirten*; to make ~ to *jdm den Hof* m || ⚓ ⟨poet⟩ *der Liebesgott* **3.** *Liebchen* n, *Schatz* m | ⟨fam⟩ *allerliebste P* or *S*; what a ~ of a chain was f *e–e allerliebste Kette* f; what ~s of cups was f *allerliebste Tassen* f pl **4.** ⟨in games⟩ *nichts, Null* f; ~ 30 *Null* [gegen] *30* **5.** [attr & comp] *Liebes–* || ~-affair *Liebeshandel* m, *Liebschaft* f || ~-apple *Tomate* f || ~-bird ⟨orn⟩ *Sperlingspapagei* m; ~-birds pl ⟨fig⟩ „*Turteltauben*" f pl (*Liebespaar*) || ~-child *uneheliches Kind* n || ~-feast ⟨Am pol⟩ *Liebes–, Versöhnungsmahl* n || ~-in-a-mist ⟨bot⟩ *Kapuzinerkraut* n, *Braut f in Haaren* f pl || ~-in-idleness ⟨bot⟩ *Stiefmütterchen* n || ~-knot *Liebesknoten* m || ~-letter *–brief* m || ~-lies-bleeding ⟨bot⟩ *roter Fuchsschwanz* m || ~-lock *Schmachtlocke* f || ~-lorn *vom Geliebten m verlassen* || ~-making *Kurmachen* n || ~-match *Liebesheirat* f || ~-potion *–trank* m || ~-scene *–szene* f || ~-story *–geschichte* f || ~-set ⟨ten⟩ *Nullpartie* f (*6 : 0*) || ~-sick *liebeskrank* || ~-song *Liebeslied* n || ~-story *–roman* m || ~-token *–pfand* n **II.** vt/i || *lieben, liebend verehren* || *innige Neigung* f *fühlen z, liebhaben* | *Vergnügen* n *finden an, gern h; gern essen*; to ~ to *do od doing gern tun; gr Gefallen* n *finden z tun* | vi *lieben* ~lace ['~leis] s *Wüstling* m; *Schuft* m (*nach P in Clarissa Harlowe*) ~less [~lis] a *lieblos* || *ungeliebt* || *nicht auf Liebe f gegründet* **loveliness** ['lʌvlinis] s *Lieblichkeit, Schönheit* f; *Reiz* m **lovely** ['lʌvli] **1.** a *lieblich; wunderschön, reizend* | ~ *money das liebe Geld* || and *warm schön warm* **2.** s *Schönheit* f (*P*) **lover** ['lʌvə] s *Liebhaber, Freund* m (of *v*; a ~ of horses) || *Verehrer, Anbeter* m | *Buhle, Geliebter* m; to have a ~ *ein Liebesverhältnis* n *h*; ~s [pl] *Liebende* [pl]; a pair of ~s *ein Liebespaar* n **lovey-dovey** [ˈlʌviˈdʌvi] s *Liebelei* f, °*Poussieren, Techtelmechtel* n | [attr] ~ stuff *Hintertreppenroman* m **loving** [ˈlʌviŋ] a (~ly adv) *liebend, zärtlich*; your ~ *friend Dein Dich liebender Freund* m | *liebevoll* (to *gegen*); *treu* | ~-cup *Liebes–, Freundschaftsbecher* m || ~-kindness *göttliche Güte* f; *Herzensgüte* f

low [lou] a **A.** (*S*) **1.** *niedrig* || *tief ausgeschnitten* (dress) || the sands are running ~ *die Zeit geht z Ende* n, *es geht z Ende* | *tief*; ~ *bow tiefe Verbeugung* f || ⟨geog⟩ *tief gelegen, Nieder–* || (of water) *seicht* **2.** (of rank) *niedrig, nieder* (birth); *untere(r, –s)* || *gering*; *minderwertig* || *ungünstig*; to have a ~ *opinion of e-e geringe Meinung f h v* || *gewöhnlich, nicht entwickelt* **3.** *nicht stark*; *schwach* (pulse, lens); *niedergeschlagen, gedrückt* (~ spirits) | *knapp* || *erschöpft, leer* (purse); I am ~ *in my pocket es ist Ebbe* f *in m–r Börse* f **4.** (of price, etc) *niedrig* (to be ~ *n. stehen*); *billig* **5.** (of sounds) *tief*; *leise* || ⟨phot⟩ ~ *key dunkler Bildton* m **B.** (*P*) *niedrig* (~-minded *–gesinnt*); *gemein*; *roh*; *niederträchtig* || to bring *od* lay a p ~ ⟨fig⟩ *jdn z Falle bringen* | to lie ~ ⟨sl⟩ *sich vorsichtig verhalten* **C.** [in comp] ~ *altitude bombing Bombenwurf* m *aus niedriger Flughöhe* f || ~ *angle gun* ⟨mar⟩ *Seezielgeschütz* n (Ggs *Flageschütz*) || ~-brow (Ggs *high-brow*) **1.** s *geistig Anspruchsloser, Tiefstehender* m **2.** a *geistig tiefstehend* || the ⟨⟩ *Church der niederkirchliche, protest.-pietist. Teil* m *der* C. E. [attr] ⟨⟩-church || ~ *carbon steel weicher Kohlenstoffstahl* m || the ⟨⟩ *Countries* [pl] *die Niederlande* pl || ~-dive *bomber Sturzkampfflugzeug* n || ~ *frequency* (abbr L.F.) ⟨phys⟩ *Niederfrequenz* f || ~ *gear* ⟨mot Am⟩ *erster Gang* m || ⟨⟩-German *Nieder–, Plattdeutsch* n || ~-grade (min) *geringhaltig* (Erz) || ⟨⟩ *Latin das mittelalterliche Latein*; *Spätlatein* n || ~-level *warning light* ⟨aero⟩ *Niedrigstand-Warnlicht* n || ~ *loader* ⟨mot⟩ *Tieflader* m, ~ *–ding trailer* → ~ *adv* || ⟨⟩ *Mass* ⟨ec⟩ *Stille Messe* f || ~-neck *Ausschnitt* m (*am Kleid*, etc) || ~ *necked tief ausgeschnitten* (dress) || ~ *pitch* ⟨aero⟩ *kl Luftschraubensteigung* f (*gr Drehzahl*) || ~-pressure *Niederdruck* m (~-p. engine); ⟨el⟩ *–spannung* f; ~-p. *chamber* ⟨aero⟩ *Unterdruckkammer* f || ~-shoes *Halbschuhe* m pl || ~-speed *lens lichtschwaches Objektiv* n || ~-spirited *niedergeschlagen, gedrückt* || ~-tide, ~-water *niedrigste Ebbe* f; in ~ *water* ⟨fig⟩ *nicht bei Kasse* f; ~-water *mark* ⟨fig⟩ *niedrigster Stand* m, *Tiefpunkt* m || ⟨⟩ *Week Woche* f *nach Ostern* f || ~ *wing* ⟨aero⟩ *Tiefdecker* m

low [lou] adv (~er/~est) *tief*; to fall ~ *tief fallen*; ~ *down tief unten* n *niedrig, mit geringem Einsatz* m (to play ~) || *tief gelegen* ⟨fig⟩ *niedrig*; *bescheiden* || ⟨fig⟩ *kärglich* (to live ~) || (of sound) *tief* (to sing ~); *leise* (to talk ~) || (oom) *billig* (to quote ~) || (of money) *zus–geschmolzen* || ⟨tech⟩ *gering* (*Anreicherung*) | (of time) as ~ as *weit hinunter bis*; as ~ as the 17. century *bis tief, spät ins* 17. *Jh hinein* | [in comp] ~-altitude *flight Tiefflug* m || ~-born *niedrig geboren* || ~-bred *schlecht erzogen*; *ungebildet*; *niedrig, gemein* || ~-down 1. [adv & a] *niedrig*; ~-d. *dive* ⟨sl⟩ *finstere Kneipe* f || to play it ~-down on a p *mit jdm gemein verfahren* 2. [attr] *niedrig–, tiefstehend* || ~-downer ⟨Am⟩ *armer Weißer* m || ~-flying *attack* (a ~-level attack) *Tiefliegerangriff* m || ~-loading *trailer* ⟨mot⟩ *Tiefbettanhänger* m || ~-lying *flach*, ~-lying *coast Flachküste* f

low [lou] s ⟨meteor⟩ *Tief* n

low [lou] **1.** vi/t (of cows) *brüllen, muhen* **2.** s *Brüllen* n (of a cow)

---

lowboy [ˈloubɔi] s ⟨Am⟩ *Kommode* f (*mit niedrigen Füßen*) (Ggs tallboy)

lower [ˈlouə] compr **1.** a *tiefer* (than *als*) | [*nur* attr] (Ggs upper, higher) *niedre(r, –s), untere(r, –s)* (the ~ classes); the ~ *regions* [pl] *die Hölle, Unterwelt* f; ⟨hum⟩ *Küche* f, *–npersonal* n || *Unter–* (the ⟨⟩ House); → case, to ~-case *mit kl Buchstaben* m pl *schreiben* etc || ~-deck *Unterdeck* n; ~ *form*, ~-school *Unterstufe* f **2.** adv *leiser* (to talk ~)

lower [ˈlouə] vt/i **1.** vt *herunter–, niederlassen, herablassen* (life-boat); *niederholen*; ⟨fam sl⟩ (Speise) *herunterschlingen, verschlingen* || (Augen) *niederschlagen* | (Preis) *herabsetzen*; (Stimme) *senken*; (Grad) (*ab*)*schwächen*, (Fahne) *streichen* || (Boot) *fieren* | ⟨jdn⟩ *erniedrigen*; to ~ o.s. *sich er–*; *sich herablassen* **2.** vi *sinken, fallen*; *abnehmen* ~ing [~riŋ] a [attr] ~ *window* ⟨bes mot⟩ *Kurbelfenster* n

lower [ˈlauə] vi = lour

lowland [ˈloulənd] **1.** s *Unter–, Tiefland* n, *Niederung* f; ~(s [pl]) *Tiefland* n; the ⟨⟩s [pl] *die südl. Grafschaften* f pl *v Schottland* **2.** a *Tiefland–*; ~(-)*forest Auwald* m | ~ *plain Tiefebene* f ~er [~ə] s *Bewohner* m *des Tieflandes*; ⟨⟩ *B. der Lowlands*

lowliness [ˈloulinis] s *Demut* f || (of station, etc) *Niedrigkeit*; *Armut* f –ly [ˈlouli] **1.** a (*–lily* adv) *demütig*; *bescheiden* || (of condition) *niedrig, tief*; *gering* **2.** adv *tief, ehrfürchtig* (to bow ~) || ⟨poet⟩ *leise*

lowness [ˈlounis] s *Niedrigkeit* f (*a of price*) || (of sound) *Tiefe* f | *Gemeinheit* f || ~ of spirits *Niedergeschlagenheit* f

lox [lɔks] s ⟨Am⟩ *Lachskonserve(n* pl) f

lox [lɔks] s ⟨Am phys⟩ = liquid oxygen

loxo– [ˈlɔkso] Gr [in comp] *schief* ~dromic [~ˈdrɔmik] **1.** a *schieflaufend* **2.** s (a ~-line; loxodrome) ⟨mar⟩ *Loxodrome* f

loyal [ˈlɔiəl] a (~ly adv) *loyal, treu* (to a p *jdm*) || *aufrecht, bieder, redlich* ~ist [~ist] s *Loyal·ist, Treugesinnter* m ~ty [~ti] s *Loyalität, Treue* f (to *gegen*); *Redlichkeit* f

lozenge [ˈlɔzindʒ] s ⟨her⟩ *Raute* f, *Rhombus* m || ⟨pharm⟩ *Pastille* f; *Tablette* f; (*Brust-*)*Bonbon* n || ~-moulding *Rautenfries* m –ngy [ˈlɔzindʒi] a ⟨her⟩ *mit Rauten* f pl *bedeckt, in R. geteilt*

L. s. d. [ˈelesˈdiː] L (= librae, solidi, denarii) *Pfunde, Schillinge, Pence*; ⟨fam⟩ °*Pinke* f (Geld) (a question of ~ *e–e Geldfrage*)

lubber [ˈlʌbə] s *fauler Lümmel, Flegel, Fläz*; *Tölpel* m || ⟨mar⟩ *unerfahrener Seemann* m; *Landratte* f || ~'s *line* ⟨mar⟩ *Kurslinie* f *am Kompaß* m ~ly [~li] a & adv *plump, tölpelhaft*

lube [ljuːb] s ⟨fam⟩ (= lubricator) *Schmieröl* n || ~ bay ⟨mot⟩ *Pflegedienststand* m

lubra [ˈluːbrə] s ⟨Aust⟩ *weibliche Eingeborene* f

lubricant [ˈluːbrikənt] s *Schmiermittel* n || upper *cylinder* ~ ⟨mot⟩ *Obenöl* n –cate [ˈluːbrikeit] vt (*ub*)*schmieren, ölen* || ⟨fig⟩ (Zunge) *schmieren*; (*jdn*) *schmieren, bestechen* || ⟨fam⟩ well ~d °*voll wie e–e Strandhaubitze* f (*betrunken*) –cation [ˌluːbriˈkeiʃən] s *Schmieren, Ölen* n; *Einschmierung, –ölung* f || chassis ~ ⟨mot⟩ *Zentralschmierung* f; circulatory ~ ⟨mot⟩ *Umlauf–*; forced ~ *Druck–*; petroil ~ *Mischungs–*; splash ~ *Tauch–*; upper *cylinder* ~ *Oben–*; ~ *schedule* ⟨mot⟩ *Schmierplan* m –cator [ˈluːbrikeitə] s *Öler* m || *Schmiermittel* n | *Schmierapparat* m, *–büchse* f –city [ljuːˈbrisiti] s *Schmierfähigkeit* f | *Schlüpfrigkeit* f || ⟨fig⟩ *Unbeständigkeit* f || ⟨fig⟩ *Geil–, Lüsternheit* f –cous [ˈljuːbrikəs] a *schlüpfrig, glatt* | ⟨fig⟩ *schlüpfrig*

luce [ljuːs] s ⟨ich⟩ (*oft: ausgewachsener*) *Hecht* m

lucency ['lju:snsi] s *Glanz* m –**ent** ['lju:snt] a *glänzend, leuchtend; klar*

lucern(e) [lu:'sə:n] s ⟨bot⟩ *Luzerne* f

lucid ['lu:sid] a (~ly adv) ⟨poet⟩ † *glänzend, leuchtend* | ⟨*mst* fig⟩ *hell, klar; deutlich* || ⟨med⟩ → *interval* || ~ *until the last bis z Tode bei vollem Verstande* ~**ity** [lu:'siditi], ~**ness** ['lu:-sidnis] s ⟨*mst* fig⟩ *Helle, Klarheit* f

Lucifer ['lu:sifə] s *Luzifer, Satan* m || ⟨poet⟩ *Planet* m *Venus* f *als Morgenstern* m || † ~ (a ~ match) *Streichholz* n

lucifugous [lju:'sifjugəs] a *lichtscheu*

lucite ['lu:sait] s *vgl. Plexiglas, Sekurit* n

luck [lʌk] s *Zufalls-, Schicksalsfügung* f (*v Glück* or *Unglück*); as ~ *would have it wie es das Schicksal wollte, (un)glücklicherweise; bad* ~, ill ~, hard ~ *Unglück* n; worse ~ *unglücklicherweise, leider*; worst ~ °*Pech* n; good ~ *Glück* n || *to be down on one's* ~ *in übler Lage* f s; *entmutigt* s || *to try one's* ~ *sein Glück versuchen* | *Glück* n; a great piece of ~ *ein großes* G.; good ~! *viel* G.!; with ~ *wenn man* G. *hat, glücklichenfalls*; to be in ~ G. h; *to be off one's* ~ *Unglück* n h; *to have the* ~ *to be das Glück* h z s; *to have no* ~ *kein* G. h | ~**-penny** *Glückspfennig* m

luckily ['lʌkili] adv *glücklicherweise*; ~ *for him z s–m Glück* n –**iness** ['lʌkinis] s *Glück* n

luckless ['lʌklis] a (~ly adv) *unglücklich* ~**ness** [~nis] s *Unglück* n

lucky ['lʌki] a *glücklich; glückbringend; Glücks-* (~ *shilling*) || *glückhabend, Glücks-,* ~ *fellow Glückspilz* m; *the* ~ *man! der Glückliche!* (*Bräutigam*); *to be* ~ *Glück* n h | ~**-bag** ⟨fig⟩ *Glückstopf* m

lucrative ['lu:krətiv] a (~ly adv) *einträglich, gewinnbringend*

lucre ['lu:kə] s ⟨cont⟩ *Gewinn, Vorteil* m; *Gewinnsucht* f; for ~ *aus* G.; filthy ~ *gemeine* G.; *der schnöde Mammon*

lucubrate ['lu:kjubreit] vi *bei Nachtlicht* n *arbeiten; lange u gelehrte Artikel* pl *schreiben* –**ation** [,lu:kju'breifən] s *gelehrte Nachtarbeit* f; [*mst* pl] ~s (*oft: pedantische*) *gelehrte Abhandlungen* f pl

luculent ['lu:kjulənt] a *glänzend, leuchtend* || *klar*

Luddite ['lʌdait] s [pl] ~s *organisierte Rotte* f *v Handwerkern* m pl, *die 1811 bis 1816 Maschinen u Fabriken* f pl *zerstörten*

ludicrous ['lu:dikrəs] a (~ly adv) *spaßhaft, drollig, lächerlich* ~**ness** [~nis] s *Spaßhaftigkeit; Lächerlichkeit* f

ludo ['lu:dou] L s *Mensch* m *ärgere dich nicht* (*Würfelspiel*)

lues ['lu:i:z] s L *Lues, Syphilis* f

luff [lʌf] **1.** s ⟨mar⟩ *Luv* f; *Luv-, Windseite* f (*Ggs lee*) **2.** vi/t || ⟨mar⟩ *anluven, näher an den Wind drehen* | vt (*Schiff*) *nahe an den Wind bringen*

lug [lʌg] **1.** vt/i || *zerren, heftig ziehen, schleppen* || *to* ~ *in* ⟨fig⟩ (*etw*) *gewaltsam in die Debatte hineinziehen* | vi *zerren* (at *an*) **2.** s *Zerren* n; *Zug, Ruck* m

lug [lʌg] s ⟨Scot⟩ *Ohr* n | *Henkel* m; *Öhr* n || ⟨tech⟩ *Ansatz, Halter, Zapfen* m; *Nase* f, *Auge* n

luge [lu:ʒ] **1.** s Fr *kl* (*Bobsleigh-*)*Schlitten* m **2.** vi (*in e–m*) *Sch. fahren*

luggage ['lʌgidʒ] s [*nur* sg] (*Reise-*)*Gepäck* n, *Passagiergut* n || ~**-boot** ⟨mot⟩ *Kofferraum* m || ~**-carrier** ⟨cycl⟩ *Gepäckträger* m || ~ **com**-partment ⟨mot, aero, rail⟩ *Gepäckraum* m || ~**-grid** ⟨mot⟩ *Kofferbrücke* f || ~**-locker** ⟨rail⟩ *Kofferschließfach* n; ⟨mot⟩ *Kofferraum* m || ~**-office** ⟨rail⟩ *Gepäckabfertigungsstelle,* –*aufgabe* f || ~**-rack** ⟨rail⟩ *Gepäcknetz* n ||

~**-ticket** *Gepäckschein* m || ~**-train** *Güterzug* m || ~**-van** ⟨rail⟩ *Gepäckwagen* m

lugger ['lʌgə] s ⟨mar⟩ *Logger* m, *Lugger* m (*kl Küstensegelfahrzeug*) **lug-sail** ['lʌgseil; –sl] s ⟨mar⟩ *Luggersegel* n

lugubrious [lu:'gju:briəs] a (~ly adv) *traurig, kummervoll*

lukewarm ['lu:kwɔ:m] **1.** a (~ly adv) *lauwarm* || ⟨fig⟩ *lau, gleichgültig* **2.** s *lauer, teilnahmsloser Mensch* m ~**ness** [~nis] s *Lauheit* f

lull [lʌl] **1.** vt/i || (*Kind*) *einlullen* (to sleep *in den Schlaf*) | [*mst* pass] *beschwichtigen, beruhigen* | (*jdn*) *überreden, bringen* (into z) | vi (of wind) *sich legen*; (of storm) *sich beruhigen; nachlassen* **2.** s *Ruhe,* –*pause* f (in *in*); *Stille* f, a ~ *in the wind e–e Windstille, Flaute* f | ⟨fig⟩ *Stockung* f (in); *to be at a* ~ ⟨fig⟩ *reg(ungs)los* s ~**aby** ['lʌləbai] **1.** intj *eiapopeia* **2.** s *Wiegenlied* n; ⟨übtr⟩ *Beruhigungsgeräusch* n **3.** vt (*Kind*) *durch Wiegenlied* n *einschläfern*

lumbago [lʌm'beigou] s [pl ~s] L ⟨med⟩ *Hexenschuß* m –**bar** ['lʌmbə] a ⟨anat⟩ *Lenden-, lumb·al*

lumber ['lʌmbə] **1.** s *Gerümpel* n, *Plunder* m | ⟨Am⟩ *gesägtes* or *roh behauenes Bau-, Nutzholz* n [attr] ~(-)*jack* = ~**man**; ~**-fir** f || ~**-mill** *Sägemühle* f; ~**-room** ['lʌmbərum] *Rumpelkammer* f **2.** vt/i || (a *to* ~ *up*) *vollstopfen* (with) || *planlos zus–häufen; belasten* || (*Bäume*) *fällen u zurichten* | vi *als Gerümpel* n *liegen* | ⟨Am⟩ *Holz* n *zurichten* ~**er** [~rə] s ⟨Am⟩ *Holzfäller,* –*schneider* m ~**ing** [~riŋ] s *Holzfällen* n; destructive ~ ⟨for⟩ *Raubwirtschaft* f ~**man** [~mən] s *Holzfäller, Waldarbeiter* m

lumber ['lʌmbə] vi *sich schwerfällig fortbewegen; rumpeln, poltern* (to ~ along) ~**ing** [~riŋ] a (~ly adv) *rumpelnd; schwerfällig, plump*

lumbrical ['lʌmbrikəl] a *wurmförmig* (muscle)

lumen ['lju:men] s L (pl –mina) ⟨el⟩ *Einheit* f *des Lichtstromes*

lumeter ['lu:mitə] s *Lichtstärke-, Beleuchtungsstärkemesser* m

luminary ['lu:minəri] s *leuchtender Körper, Licht-, Himmelskörper* m || ⟨fig⟩ *Leuchte* f || *L·umen* n (P)

luminescence [,lu:mi'nesns] s *Lichterregung,* –*ausstrahlung* f –**scent** [,lu:mi'nesnt] a *lichterregend,* –*ausstrahlend*

luminiferous [,lu:mi'nifərəs] a *lichterzeugend,* –*fortpflanzend,* –*spendend*

luminosity [,lu:mi'nɔsiti] s *Glanz* m, *Helligkeit* f || ⟨phot⟩ *Leuchtkraft* f

luminous ['lu:minəs] a (~ly adv) *leuchtend, strahlend, glänzend; Licht-* (~ *cone, intensity, ray*); *Leucht-* (~ *dial* –*zifferblatt, effect* –*wirkung, paint* –*farbe*); *Strahlen-* (brush) || ⟨fig⟩ *hell, klar; lichtvoll* ~**ness** [~nis] s = luminosity

lumme, lummy ['lʌmi] intj (= love me) ⟨vulg⟩ °,,*ach Gottchen* (*sprach's Lottchen*)"

lummox ['lʌməks] s ⟨Am form⟩ *Tölpel,* °*Brummochse* m

lump [lʌmp] **1.** s *Klumpen* m; *Masse* f ⟨a fig⟩; (the) ~ *sum Pauschalbetrag* m, –*summe, ganze Summe* f; in the ~ *in Bausch u Bogen* m, *im ganzen* | *Stück* n (two ~s of sugar 2 *St. Zucker*); ~ *sugar Würfelzucker* m | *Schwellung* f; *to have a* ~ *in one's throat vor Rührung* f *nicht sprechen können* | *gr Menge* f, ~s [pl] *Mengen* pl (of) | *grober, plumper Mensch* m | ~**-fish** ⟨ich⟩ *Lump, Seehase* m | ~**-sum** *indemnity Pauschalentschädigung* f **2.** vt/i || *in e–e Masse* f *zus–tun; in Bausch u Bogen* m *behandeln* || (a *to* ~ *together*) ⟨fig⟩ *zus–werfen, in e–n Topf* m *werfen* (with; in with *mit*); *zus–fassen* (in, into *in*; under *unter*) || (if you don't like it) you can

~ it (..) *kannst du's bleiben l* | vi *sich (zus–) klumpen* || *schwerfällig gehen, trotteln* || ~ *into it!* ⟨vulg⟩ °*ran ans Leder!* | ~**er** ['~ə] s *Hafen–, Löscharbeiter* m ~**ily** ['~ili] adv *in Klumpen* m pl ~**ing** ['~iŋ] a (~ly adv) ⟨fam⟩ *massig, plump* || ⟨fam⟩ *reichlich, groß* ~**ish** ['~iʃ] a *plump, unbeholfen*; *träge, stur* ~**y** ['~i] a *klumpig*; (of water) *kl Wellen* f pl *werfend, bewegt*

lunacy ['lu:nəsi] s *Wahnsinn, Irrsinn* m || *wahnsinnige, gr Dummheit* f –**ar** ['lu:nə] a *Mond–* (~ year) || *blaß, schwach* || ~ *caustic* ⟨chem⟩ *Höllenstein* m –**arian** [lu:'nɛəriən] s *Mondbewohner* m || *Mondforscher* m –**ate** ['lu:nit] a ⟨bot⟩ *halbmondförmig* –**atic** ['lu:nətik] **1.** a *wahnsinnig, irrsinnig* || ~ *fringe* ⟨pol⟩ (links-)*extremistische Kreise* m pl **2.** s *Wahnsinniger, Irrer* m; ~ *asylum Irrenanstalt* f –**ation** [lu:'neiʃən] s *Mondumlauf* m

lunch [lʌn(t)ʃ] **1.** s (⟨fam⟩ f ~eon) ⟨engl⟩ *Lunch* n (at ~ *beim L.*), *Gabelfrühstück* n, *leichte Mittagsmahlzeit* f (*zw* breakfast *u* dinner); *Frühstückspause* f **2.** vi/t || *das L. einnehmen* | vt (*jdm) ein L. reichen* ~**eon** ['~ən] **1.** s (*formell) Lunch* n (at a ~); *to be entertained at* ~ *zum L. z Gast s* (at a club *in e–m Klub*); ~**-basket** *Lunch-Korb* m (*f Reisen*) | *einfaches leichtes zweites Frühstück* n (*bei Arbeitern*) || ~**-pail** ⟨Am⟩ (*Arbeiter-)Eßgeschirr* n **2.** vi *Lunch, Imbiß* m *einnehmen* ~**eonette** [~ə'net] s ⟨Am⟩ *Frühstückshalle, Imbißstube* f

lune [lu:n] s *halbmondförmiger Gegenstand* m, –*ge Figur* f

lunette [lu:'net] s Fr ⟨arch⟩ *halbkreisförmiges Fenster* n; *Bogen–, Halbkreisfeld* n (*in Decke, Wand* etc) || ⟨fort⟩ *Lün·ette* f (*Grundrißform v halbmondförmigen Schanzen*) || *Schlepp–, Zug–, Kupplungs–, Protzöse* f

lung [lʌŋ] s ⟨anat⟩ *Lungenflügel* m || *the* ~s [pl] *die Lunge* f; *to have good* ~s *e–e kräftige Stimme* h || ⟨übtr⟩ *offener Platz* m, *Grünfläche* f (*e–r gr Stadt*) | [attr] ~*-fish* ⟨ich⟩ *Lungenfisch* m || ~*-wort* ⟨bot⟩ *Lungenkraut* n

lunge [lʌndʒ] **1.** s ⟨fenc⟩ *Ausfall*; *Stoß, Schlag, Angriff* m **2.** vi *ausfallen, e–n Ausfall m* (at *gegen*); *losschlagen* (at *auf*) || *ungestüm stürzen, schießen, rasen*

lunge [lʌndʒ] **1.** s ⟨hors⟩ *Longe, Laufleine* f **2.** vt (*Pferd) longieren, an der L. laufen l*; *durchbilden*

lunger ['lʌŋə] s ⟨Am⟩ *Lungenkranker* m

lunkah ['lʌŋkɑ:] s Ind *Art* f *Stumpen* m (*Zigarre*)

lupin(e) ['lu:pin] s ⟨bot⟩ *Lup·ine* f

lupine ['lu:pain] a *wölfisch, Wolfs–* (~ shape)

lupus ['lu:pəs] s ⟨path⟩ *Lupus* m

lurch [lə:tʃ] **1.** s ⟨mar⟩ *plötzliches Schlingern, Rollen, Umlegen* n (*des Schiffes*); *Ruck* m (with a ~) || (*P*) *Taumeln, Schwanken* n **2.** vi ⟨mar⟩ *schlingern, rollen, pendeln* || (*P*) *taumeln, schwanken*; °*latschen*

lurch [lə:tʃ] s [*nur in:*] *to leave a p in the* ~ *jdn im Stich l*

lurcher ['lə:tʃə] s *Dieb* m || *Art* f *Spürhund* m

lure [ljuə] **1.** s *Köder* m, *Lockspeise* f || ⟨fig⟩ *Köder, Reiz, Zauber* m **2.** vt *ködern, anlocken* || ⟨fig⟩ *anlocken, locken* (into *in*)

lurid ['ljuərid] a (~ly adv) *helleuchtend, glühend*; (of colours) *grell* || *blaß, bleich* || ⟨fig⟩ *gespenstig, –isch*; *unheimlich*; *düster* || ⟨fig Austr fam⟩ *that's the* ~ *limit! das ist denn doch die Höhe!*

lurk [lə:k] **1.** vi *sich verstecken*; *sich versteckt halten, lauern* (in; under) || ⟨fig⟩ *verborgen liegen, schlummern* **2.** s *Herumschleichen* n; *on the* ~ *auf der Lauer* f || *Versteck* n ~**ing** ['~iŋ] **1.** s *Verstecken* n | [attr] *Versteck–*; ~*-place Versteck* n, *Schlupfwinkel* m **2.** a *versteckt, heimlich* (~ *sympathy*)

Lusatia [lu:'seiʃiə] s *die Lausitz* f ~**n** [lu:-'seiʃiən] **1.** a *Lausitz–* **2.** s *Lausitzer(in* f) m

luscious ['lʌʃəs] a (~ly adv) *saftig, lecker, köstlich* || ⟨fig⟩ *reich, saftig* (style); *köstlich, wonnig* || *übersüß*; *süßlich, widerlich* (flattery) ~**ness** [~nis] s *Saftigkeit* f || *Süße* f || *Süßlichkeit* f; *starke Süßigkeit* f

lush [lʌʃ] **1.** a (of plants) *saftig, üppig* || ⟨fam⟩ *reizend* (*Mädchen*) **2.** ⟨Am⟩ *Betrunkener* m

lust [lʌst] **1.** s *sinnl. Begierde* f; *the* ~s [pl] *of the flesh die Fleischeslust* f || *Wollust* f || *leidenschaftl. Verlangen, Gelüste* n (of, for *nach*) **2.** vi *Gelüste, starkes Verlangen* n *h* (after, for *nach*; to do); *they* ~ *es gelüstet sie* (after, for *nach*) ~**ful** ['~ful] a (~ly adv) *wollüstig, geil* ~**fulness** ['~fulnis] s *Wollust* f

lustihood ['lʌstihud], **lustiness** ['lʌstinis] s *Stärke, Lebenskraft, Rüstigkeit* f

lustral ['lʌstrəl] a ⟨ec⟩ *Reinigungs–* –**ation** [lʌs'treiʃən] s ⟨ec⟩ *Reinigungsopfer* n || *Reinigung* f ⟨a fig⟩

lustre (⟨Am⟩ **luster**) ['lʌstə] s **1.** *Glanz* m || *Schimmer, Metall–, Glasglanz*; *Schein, Schiller* m; [attr] *Glanz–* (~ wool) || ⟨fig⟩ *Glanz*; *to add fresh* ~, *to give new* ~ *to a th e–r S neuen G. verleihen* **2.** *Kronleuchter* m **3.** *Lüster* m (*Stoff*) ~**less** [~lis] a *glanzlos, matt*

lustrine ['lʌstrin], **lustring** [–striŋ] s *seidenes Glanzgewebe* n

lustrous ['lʌstrəs] a (~ly adv) *glänzend, strahlend* ⟨a fig⟩ || ~ *glaze Lüsterdekor* m

lustrum ['lʌstrəm] s L, **lustre** ['lʌstə] s *Zeitraum* m *v 5 Jahren* f pl

lusty ['lʌsti] a (–tily adv) *gesund, jung u rüstig* || ⟨fig⟩ *kräftig, lebhaft, tüchtig* (to cry –tily)

lutanist ['lu:tənist] s *Lautenspieler* m

lute [lu:t, lju:t] **1.** s ⟨chem⟩ *Kitt* m, *plastisches Dichtungsmittel* n **2.** vt (*ver)kitten, dichten* (with *mit*)

lute [lu:t, lju:t] s ⟨mus⟩ *Laute* f || ~*-string Saite* f *e–r L.*

luteous ['lju:tiəs] a *tieforangegelb*

lutestring ['lu:tstriŋ] s = lustrine

Lutheran ['lu:θərən] **1.** a *l·utherisch* **2.** s *Lutheraner(in* f) m ~**ism** [~izm] s *Luthertum* n

luting [lu:tiŋ, lju:–] s ⟨tech⟩ *Dichtungsstoff* m, –*masse* f, –*kitt* m

lutist ['lju:tist, lu:t–] s *Lautenspieler* m

Lux [lʌks] s ⟨phot⟩ ~ *meter Belichtungs–, Luxmesser* m; ~ *value –wert* m (1 Lux = 0.0929 ft. candle; 1 ft. candle = 10.764 Lux)

luxate ['lʌkseit] vt *ver–, ausrenken* –**ation** [lʌk'seiʃən] s *Verrenkung* f

luxe [lʌks; lyks] s Fr *Eleganz* f, *Luxus* m, de ~ *Luxus–*

luxuriance [lʌg'zjuəriəns], –**ancy** [lʌg'zjuəriənsi] s *Üppigkeit* f, *Reichtum* m (of *an*); ⟨a fig⟩ –**ant** [lʌg'zjuəriənt] a (~ly adv) (of foliage etc) *üppig, fruchtbar, verschwenderisch* (growth) || *üppig, wuchernd* || ⟨fig⟩ *üppig, überschwenglich*; *blütenreich* (style) –**ate** [lʌg-'zjuərieit] vi *wuchern* || *üppig leben* (on *v*); *sich ergehen, schwelgen* (in *in*)

luxurious [lʌg'zjuəriəs] a (~ly adv) (*P*) *üppig, schwelgerisch, verschwenderisch* || *üppig eingerichtet, prächtig* ~**ness** [~nis] s *Wohlleben* n, *Luxus* m || *Üppigkeit, Schwelgerei* f; ⟨fig⟩ *Verschwendung* f

luxury ['lʌkʃəri] s *Üppigkeit* f, *Wohlleben* n, *to live in* ~ *im vollen leben*, *in the lap of* ~ *im Schoße des Glückes* || *Luxus* m (~*-tax –steuer*), *Prachtliebe* f || *übertriebener Aufwand* m, *Prunksucht, Verschwendung* f | (*oft* pl –ries) *Luxusartikel* m, *Genußmittel* n || –ries *Güter* n pl *des gehobenen Bedarfs* m | *geistiger Genuß* m

lyceum [lai'siəm] s L *Art* f *literarische Gesell–*

schaft or *Bildungsanstalt* f || ⟨Am⟩ *Volkshoch-schule* f
  lychgate ['litʃgeit] s → lich–
  lychnis ['liknis] s Gr ⟨bot⟩ *Lichtnelke* f;
Clammy ⁓ *gemeine Pechnelke* f
  lycopodium [ˌlaikə'poudjəm] s L ⟨bot⟩ *Bärlapp* m; ⁓ powder *–samen* m
  lyddite ['lidait] s *Lydd·it* n (*Sprengstoff*)
  Lydian ['lidiən] 1. a *lydisch* 2. s *Lydier(in* f) m
  lye [lai] s *Lauge* f
  lying ['laiiŋ] a *lügenhaft, lügnerisch* || *falsch*
(*prophet*); *unwahr*
  lying ['laiiŋ] s *Liegen* n || [attr] *Liege–* ||
⁓-in *Wochenbett* n; ⁓-in hospital *Entbindungsanstalt* f; ⁓-in period *Wochenbett(dauer* f) n,
Dauer f *des Wochenbetts*
  lymph [limf] s ⟨poet⟩ *klares Quellwasser* n
|| ⟨physiol⟩ *Lymphe* f; *Blutwasser* n; *Impfstoff*
m **⁓atic** [lim'fætik] 1. a *lymph·atisch, Lymph–*

(⁓ gland *–drüse* f) || *blutlos, bleich; träge* 2. s
[*mst* pl ⁓s] *Lymphgefäß* n
  lynch [lin(t)ʃ] vt *lynchen* || ⁓ law *Lynchgesetz*
n, *Lynch–, Volksjustiz* f
  lynchet ['lintʃit] s *ungepflügtes Stück Grasland* n; *Rainstufe* f
  lynsean ['linsiən] a *luchsäugig*
  lynx [liŋks] s L ⟨zoo⟩ *Luchs* m || ⁓-eyed
luchsäugig
  lyre ['laiə] s ⟨mus⟩ *Lyra, Leier* f || ⁓ bird
⟨orn⟩ *Leierschwanz* m
  lyric ['lirik] 1. a *lyrisch* (⁓ poetry) 2. s *lyrisches Gedicht* n; *Liedtext* m **⁓al** [⁓əl] a (⁓ly
adv) *lyrisch* || *liedartig, gefühlvoll* **⁓ism** ['lirizizm] s *lyrischer Charakter* or *Gehalt* m; *Gefühlsausdruck* m
  lyrist ['lirist] s *lyrischer Dichter* m || a
['laiərist] *Leierspieler* m
  lysol ['laisəl] s ⟨chem⟩ *Lys·ol* n

M

M, m [em] s [pl ⁓s, ⁓'s] *M, m* n (an ⁓ *ein
M*) || M-day *erster Mob(il)machungstag* m
|| M-quadrat ⟨typ⟩ *Schließgeviert, –quadrat* n ||
Greenwich M-Time *mittlere Zeit* f *v Gr.*
  ma [mɑ:] s ⟨fam, vulg⟩ *Mama* f || „*Mutter*" f·
(= *Frau*)
  ma'am (*als Anrede* f *Königin u Prinzessinen:*)
[mæm] (*sonst:*) [məm] → *madam*
  Mac [mæk] s (*vor Eigennamen* abbr Mc)
Sohn m *des* (⁓donald, ⁓ Donald)
  mac [mæk] s ⟨fam⟩ → mackintosh || pocket
⁓ *Regenhaut* f
  macabre [mə'kɑ:br] a Fr *gruselig, schrecklich*
  macaco [mə'kɑ:kou] s [pl ⁓s] ⟨zoo⟩ *M·aki,
Lem·ur* m (*Halbaffe*)
  macadam [mə'kædəm] (*nach* McAdam,
† 1836) 1. a (of roads) *Makad·am–; beschottert*
2. s *Makadam, Steinschotter* m, *Chaussierung* f;
⟨mod⟩ *Teersplit* m **⁓ize** [⁓aiz] vt *makadamis·ieren, beschottern* (⟨mod⟩ *mit Teersplit*) || ⁓d
road *Schotterstraße* f
  macaque [mə'kɑ:k] s ⟨zoo⟩ *Mak·ak* m (*Affe*)
  macaroni [ˌmækə'rouni] s [pl ⁓s] It *Makkar·oni* pl || ⟨hist⟩ *ausländ. Sitten* f pl *nachahmender Stutzer* m **–nic** [ˌmækə'rənik] a *makkaronisch,* ⁓ poetry *Makkaronidichtung* f (*aus
2 Sprachen gemischt*)
  macaroon [ˌmækə'ru:n] s *Makr·one* f
  macaw [mə'kɔ:] s ⟨bot⟩ *amer. Palme* f
  macaw [mə'kɔ:] s ⟨orn⟩ *Mak·ao* m (*amer.
Papagei*)
  Maccabean [ˌmækə'bi:ən] ⟨ant⟩ 1. a *makkabäisch* 2. s *Makkabäer* m
  maccaboy ['mækəbɔi], **–baw** [–bɔ:] s (*parfümierter*) *Schnupftabak* m
  mace [meis] s ⟨hist⟩ *Kampfkeule* f; *Weibelstab* m || *Zepter* n, gr *Amtsstab* m, *bes im* H. C.
(the ⁓); ⁓-bearer *Träger* m *dieses* (*im* H. C.)
  mace [meis] s *Muskatblüte* f
  Macedonian [ˌmæsi'dounjən] 1. a *mazedonisch* 2. s *Mazedonier(in* f) m
  macerate ['mæsəreit] vt/i || (*etw*) *ein–, erweichen* || ⟨übtr⟩ (*Körper*) *entkräften, kasteien;*
(*Seele*) *quälen;* to ⁓ o.s. *sich kasteien, sich abhärmen* | vi *weich·w* || *entkräftet w* **–ation**
[ˌmæsə'reiʃən] s *Ein–, Erweichung* f | *Kasteiung,
Abtötung* f
  Mach [mæk] s ⟨tech⟩ ⁓ number ⟨aero⟩
Machsche Zahl f (M) (*Verhältnis v Körper– z
Schallgeschwindigkeit des umgebenden Mediums
M = v/c*) || ⁓ front, ⁓ stem, ⁓ wave *Machscher Stamm* m

  machete [mæ'tʃeiti] s Span *Busch–, Dschungel–, Hack–, Haumesser* n
  Machiavellian [ˌmækiə'veliən] a *machiavell·istisch; skrupellos*
  machicolation [ˌmæʃikə'leiʃən] s ⟨fort⟩ *Pechnasenreihe, Senkscharte* f, *Gußloch* n
  machinability [ˌmæʃinə'biliti] s ⟨tech⟩ *maschinelle Bearbeitbarkeit, Schnitt–; Zerspanbarkeit* f **–ate** ['mækineit] vi/t || *Ränke f schmieden*
| * vt (*etw*) *anstiften* **–ation** [ˌmæki'neiʃən] s *geheimer Anschlag* m; [*oft* pl ⁓s] *Machenschaft* f,
Umtrieb m; ⁓s [pl] *Ränke* pl **–ator** ['mækineitə]
s *Ränkeschmied* m
  machine [mə'ʃi:n] 1. s *Maschine* f (sewing-⁓
Näh–; etc) || the god from the ⁓ (L deus ex
machina) ⟨fig⟩ *plötzliche Lösung* f || *Fahrrad;
Flugzeug* n; ⟨Am a⟩ *Auto* n; military ⁓ *Kriegsflugzeug* n || ⟨sl⟩ *Heer* n | ⟨übtr⟩ M. (*Mensch*)
|| ⟨fig⟩ *Maschiner·ie* f, ⟨bes Am⟩ *parteipolit.
Organisation* f (party ⁓ ⟨a⟩ *Parteiapparat* m)
| [attr] *Maschinen–* || ⁓ age *–zeitalter* n || ⁓-gun 1. *-gewehr* n || ⁓-g. leader (MG) *Gewehrführer* m 2. vt *mit MG beschießen, unter MG-Feuer* n *nehmen* || ⁓-gunner *MG-Schütze* m
|| ⁓-made *mit der M. gemacht; Fabrik–, Maschinen–* || ⁓-ridden *v der M. beherrscht* (age)
|| ⁓-tool *Werkzeugmaschine* f || ⁓-units [pl]
Maschinenanlagen f pl || ⁓-works [sg konstr]
Maschinenfabrik f 2. vt *mit der M. herstellen,
formen; drucken* || *maschinell bearbeiten;* wood
machining *maschinelle Holzbearbeitung* f; ⁓d
parts *bearbeitete Teile* n pl || *–ning allowance
Verarbeitungstoleranz* f **⁓ry** [⁓əri] s *Maschinen*
pl; *Maschiner·ie* f; *Mechanismus* m; *Getriebe,
Triebwerk* n || *Maschinenarbeit* f | a piece, an
article of ⁓ *e–e Maschine* f | ⟨übtr⟩ *Maschinerie* f, *Apparat* m, ⁓ for negotiations *Verhandlungsapparat* m || [attr] *Maschinen–*
  machinist [mə'ʃi:nist] s *Maschinenbauer* m ||
Maschin·ist; Maschinenarbeiter m || *–ingenieur*
m || ⁓'s career ⟨mar⟩ *–laufbahn* f
  mac, mack [mæk] s abbr f ⁓intosh
  mackerel ['mækrəl] s [pl mst ⁓] *Makr·ele* f
|| ⁓-sky *der gestreifte* (*mit Schäfchenwolken
bedeckte*) *Himmel* m
  mackinac ['mækinæk], **–naw** [–nɔ:] ⟨Am⟩
Woilach m || *schwerer Wollmantel* m || *e–e Art* f
Hut m || *e–e Art* f *Boot* m
  mackintosh ['mækintəʃ] s (abbr mack) *wasserdichter Mantel* m || → mac | [attr] *Mackintosh–; wasserdicht*

mackle ['mækl] s *Schmitz*; *Druckfleck*; *verwischter Druck* m

macle ['mækl] s ⟨minr⟩ *ein Zwillingskristall* m

Maconochie [mə'kɔnəxi] s *zus–gekochtes Fleisch u Gemüse* n *in Büchsen* f pl

macro– ['mækrə–] Gr [in comp] *lang–, groß– ~cosm* [~kɔzm] s *Makrokˈosmus* m, *Weltall* n (*Ggs* microcosm) **~photograph** [~'foutəgrɑ:f] s *Makroaufnahme* f **~smætic** [ˌmækroˈsmætik] a: ~ animal *Makrosmˈat* m (*Tier mit gutem Riechvermögen*)

macrurous [mæ'kruərəs] a ⟨zoo⟩ *langschwänzig*; ~ decapod *Flußkrebs* m

macula ['mækjulə] s L [pl –lae] (*dunkler*) *Fleck* m **| ~r** [~] a *Flecken– ~tion* [ˌmækjuˈleiʃən] s *Befleckung* f; *Beflecktsein* n

mad [mæ:d] a (~ly adv) **1.** *verrückt, wahnsinnig, toll, irre* || the ~ *die Irren* pl; ~-doctor [~'dɔktə] s *Irrenarzt* m **2.** *toll, wild, versessen* (after, for, on *auf*) **3.** ⟨fam⟩ *außer sich* (with *vor*); *toll, wütend* ⟨bes Am⟩ (at *über*; with *vor*); as ~ as a hatter *fuchsteufelswild* || ~ as a March hare *total verrückt* ⟨fig⟩, *außer Rand u Band* || *toll, ausgelassen* | *toll, närrisch, überspannt* **4.** ⟨vet⟩ *tollwütig* (dog) **5.** like ~ *wie toll, rasend* | to drive ~ (*jdn*) *verrückt m*; to go, run ~ *verrückt w* **~cap** ['~kæp] **1.** s *Tollkopf*; *Wildfang* m **2.** a *toll, wild* **~house** ['~haus] s *Irren–, Tollhaus* n **~man** ['~mən] s *Verrückter, Wahnsinniger* m (to run like a ~) **~ness** ['~nis] s *Wahnsinn* m | *Tollheit, Narrheit* f | *Wut* f (at *über*) || *Ekstase* f || she loves him with ~ *sie ist ganz verrückt auf ihn, vernarrt in ihn* || poetic ~ *dichterischer Wahnsinn* m, *–sche Besessenheit* f (Shakespeare); harmonious ~ *Inspiration* f (Shelley) **~woman** ['~wumən] s *Verrückte, Wahnsinnige* f

madam ['mædəm] s *Gnädige Frau* f, *Gnädiges Fräulein* n | ⟨Am⟩ (*alte*) *Frau* f (*Ggs* daughter-in-law) **| ~e** ['mædəm] s Fr (*vor Namen*) *Frau* (≈ N.)

madden ['mædn] vt/i || *toll* or *rasend m* | vi *rasend w*

madder ['mædə] s ⟨bot⟩ *Krapp* m || *Krappfarbstoff* m, *–rot* n || ~-coloured *krappfarben*

madding ['mæ(:)diŋ] a *närrisch* | *verrückt machend*

made [meid] **1.** pret & pp *v* to make **2.** a: well ~ *gut gebaut* || a ~ man *ein gemachter Mann* || ~ measure || ~-up *zus–gestellt*; *Konfektions–* (clothes), *Fabrik–, Fertig–* | *künstlich hergerichtet*; *unecht*

mademoiselle [ˌmædəm'zel] s Fr *Fräulein* n (≈ N.)

Madonna [mə'dɔnə] s ⟨bes arts⟩ *Madonna* f, *Mutter Gottes* f || ~ in the Rose arbour *Maria im Rosenhag* || opening ~ *Klapp–, Schreinmadonna* f || ~ enthroned with Saints *Heilige Unterhaltung* f

madrepore ['mædripɔ:] s *Madrepˈore* f (*Riff–, Steinkoralle*)

madrigal ['mædrigəl] s it ⟨mus & Lit⟩ *Madrigˈal* n

Maecenas [mi'si:næs] s *Mäzˈen* m

maelstrom ['meilstroum] s *Wirbel, Strudel* m ⟨a fig⟩; ~ of traffic ⟨mod fig⟩ *Verkehrsgewühle* n

maenad ['mi:næd] s *Mänˈade* f

"Mae West" ['mei'west] s ⟨aero sl⟩ *Schwimmweste* f (*nach der Filmschauspielerin*) || ⟨Am sl⟩ *Panzerkampfwagen* m *mit 2 Türmen* m pl

maffick ['mæfik] vi *vor Freude* f *jubeln, johlen*

magazine [ˌmægə'zi:n] s *Magazˈin, Warenlager* n, *Niederlage* f || ⟨mil⟩ *Pulvermagazin* n | *Vorratsbehälter* m (*f Ladestreifen*) || *Filmtrommel* f *am Projektor* m | ~ area ⟨Am⟩ *Munitionslagerbereich* m || ~-rifle *Mehrladegewehr*

n | *die unterhaltende Zeitschrift* f; ~ rack *Zeitschriftenständer* m | ~ take-up *Aufziehmotor* m

magdalen ['mægdəlin] s ⟨fig⟩ *Büßerin, reuige Sünderin* f

mag-dynamo ['mæg'dainəmou], **mag-dyno** [–'dainou] s *Lichtmagnetzünder* m

mage [meidʒ] s ⟨poet & †⟩ *Magier* m

magenta [mə'dʒentə] s **1.** It *Magentarot* n **2.** a ⟨phot⟩ *purpurfarbig*; *minus grün*

"Maggie's drawers" ['mægiz 'drɔ:z] ⟨Am sl⟩ „*Fahrkarte*" f (*beim Schießen*)

maggot ['mægət] s *Made, Larve* f || ⟨fig⟩ *Grille, Laune* f **~y** [~i] a *madig*; ⟨fig⟩ *grillenhaft* || ⟨Austr⟩ *wütend, reizbar*

Magi ['meidʒai] L s pl *die* (*drei*) *Weisen* m pl *aus dem Morgenlande* **~an** ['meidʒiən] s *Magier; Magiker* m

magic ['mædʒik] s *Magˈie, Zauberei* f (to make a ~ *zu zaubern beginnen*); *Wunder* n || ⟨fig⟩ *geheimnisvolle Kraft* f; *Zauber* m **~ian** [mə'dʒiʃən] s *Magier* m

magic ['mædʒik] [*nur attr*] a *magisch* || *Zauber–, zauberisch* || ~ lantern *Zauberlaterne, Laterna magica* f **~al** [~əl] a (~ly adv) = magic a || *märchenhaft*

magisterial [ˌmædʒis'tiəriəl] a (~ly adv) *obrigkeitlich*; *richterlich* || *gewichtig, maßgebend* || *herrisch, diktatorisch, hochmütig*

magistracy ['mædʒistrəsi] s *Magistratˈur* f; *obrigkeitliches Amt* n || *die obrigkeitlichen Beamten* m pl, *Obrigkeit* f **–ral** [mə'dʒistrəl] a *Herren–, Lehrer–, Meister–*; ~ staff *Lehrerkollegium* n, *Lehrkörper* m || ⟨pharm⟩ *nicht offizinell* (*Ggs* officinal) **–rate** ['mædʒistrit] s *Richter* m; ⟨engl⟩ *ehrenamtl. Richter* or *obrigkeitl. Beamter, Friedensrichter* m; police ~ *Polizeirichter* m **–rateship** [–ʃip] s *Amt* n, *Rang* e–*s Friedensrichters* etc m **–rature** ['mædʒistrətjuə] s = magistracy

magma ['mægmə] s L *knetbare Masse* f || ⟨geol⟩ *glutflüssige Masse* f *des Erdinneren* n **~tism** [~tizm] s ⟨min⟩ *Verflüssigung* f

Magna C(h)arta ['mægnə 'kɑ:tə] s L (*das erste gr Gesetz der engl. Verfassung, 1215*)

magnanimity [ˌmægnə'nimiti] s *Großmut* f **–imous** [mæg'næniməs] a (~ly adv) *großmütig*

magnalium [mæg'neiljəm] s ⟨chem⟩ *Magnaliumlegierung* f (*Magn[esium] u Al[umin]ium*)

magnate ['mægneit] s *Magnˈat* m

magnesia [mæg'ni:ʃə] s ⟨chem⟩ *Magnˈesia* f; sulphate of ~ *Bittersalz* n | **~n** [~n] a *Magnesia–*

magnesium [mæg'ni:ziəm] s ⟨chem⟩ *Magnesium* n (~ light)

magnet ['mægnit] s ⟨el⟩ *Magnet* m || ⟨übtr⟩ *anziehende P* or *S* **~ic** [mæg'netik] **1.** a (~ally adv) *magnetisch*; *Magnet–* (~ needle) || *anziehend*; *faszinierend* || ~ anti-tank charge (*Panzergeschoß–*)*Haftladung* f || ~ bearing *mißweisende Peilung* f || ~ course *od* track *mißweisender Kurs* m; ~ declination *Nadelabweichung, Ortsmißweisung*; ~ deviation *Ablenkung* f *der Magnetnadel* f || ~ field *Magnetfeld* m || ~ film *Magnettonfilm* m || ~ mine *Haftmine* f || ~ north *mißweisende Nordrichtung* f, (*Richtungsangabe*) *magnetisch* or *mißweisend Nord* n || ~ pyrites *Magnetkies* m || ~ split film *Splitband* n || ~ strip, ~ tape ⟨rec⟩ *Tonband* n || ~ variation *Ortsmißweisung* f **2.** [s pl] ~s *Lehre* f *vom Magnetismus* m **~ism** ['mægnitizm] s *Magnetismus* m || ⟨fig⟩ *Anziehungskraft* f, *persönl. Reiz* m **~ization** [ˌmægnitaiˈzeiʃən] s *Magnetisierung* f **~ize** ['mægnitaiz] vt *magnetisieren* || ⟨fig⟩ *anziehen*; *blenden, verzaubern* **~izer** [~aizə] s *Magnetiseur* m **| ~o–** [mæg'ni:tou] [in comp] *magnetisch, Magneto–*; ~-electric *magnetelektrisch* || ~-ignition ⟨mot⟩ *Magnetzündung* f **| ~o** [mæg'ni:tou] s [pl ~s] *magnetelektrische Maschine, Magnetmaschine* f, *Magnet* m, *Magnet–, Zündapparat* m ‖ (*Kurbel-)Induktor* m; *Magnetzünder, Zündmagnet* m ‖ ~ armature *Magnetanker* m ~**ron** [~rən] s ⟨el⟩ (cavity) ~ (*Hohlraum-)Magnetr·on* n (*Hochvakuum-Elektronenröhre*)

magnific(al) [mæg'nifik(əl)] † a *erhaben, herrlich*

Magnificat [mæg'nifikæt] s L *Gesang* m *der Heil. Maria*; ⟨C. E.⟩ *Abendhymnus* m ~**ion** [ˌmægnifi'keiʃən] s *Verherrlich–*; ⟨opt⟩ *Vergrößerung* f

magnificence [mæg'nifisns] s *Herrlichkeit* f; *Glanz* m, *Pracht* f –**ent** [mæg'nifisnt] a (~ly adv) *kostbar, prachtvoll, glänzend* (dress), *prächtig*; *herrlich* ‖ ⟨fam⟩ *ausgezeichnet* (day)

magnifico [mæg'nifikou] s *hoher Würdenträger* m

magnifier ['mægnifaiə] s *Lobpreiser* m ‖ *Vergrößerungsglas* n –**fy** ['mægnifai] vt † *verherrlichen, preisen* ‖ (*durch die Linse) vergrößern*; ~ing glass *Vergrößerungsglas* n, *Lupe* f ‖ ⟨fig⟩ *vergrößern, übertreiben*

magniloquence [mæg'nilokwəns] s *Großsprechen* n, –*sprecherei* f –**ent** [mæg'nilokwənt] a (~ly adv) *großsprecherisch, prahlerisch*

magnitude ['mægnitjuːd] s (*stattliche) Größe* f, *Umfang* m ‖ ⟨fig⟩ *Wichtigkeit* f (of the first ~ v äußerster W.)

magnolia [mæg'nouljə] s ⟨bot⟩ *Magn·olia* f

magnum ['mægnəm] s L *gr Zweiliter-Flasche* f (2 quarts); a ~ of whisky *e–e F. Whisky*; *Groß–, Doppelpackung* f (.. of a washing agent, etc) ‖ ~ bonum [~'bounəm] *gr Pflaumenart* f; *Sorte Kartoffel* f

magpie ['mægpai] s ⟨orn⟩ *Elster* f ‖ ⟨übtr⟩ *Schwätzer* m ‖ ⟨sl⟩ (of a target) *zweiter Ring* m *v außen*

magslip ['mægslip] s *Synchronisiervorrichtung* f

magus ['meigəs] s (pl –gi, → d) L *persischer Priester* m ‖ *Magier* m

Magyar ['mægiaː] s *Magy·ar* m ‖ *das Magyarische (Sprache)*

maharaja(h) [ˌmaːhəˈraːdʒə] s *Titel* m *gewisser indisch. Fürsten* m pl ‖ *ind. Großfürst* m (*mit diesem Titel)* –**ranee** [ˌmaːhəˈraːni] s *Gemahlin* f *e–s maharaja(h)*

Mahatma [mə'hætmə] s *Ehrentitel* m *für gr geistige Persönlichkeiten u Heilige* pl *in Indien*

Mahdi ['maːdi] s *der v Mohammedanern erwartete Glaubenserneuerer* m

Mah Jong(g) ['maː'dʒɔŋ] s *chines. Gesellschaftsspiel* n *in der Art* f *des Dominos*

mahlstick ['mɔːlstik] s = *maulstick*

mahogany [mə'hɔgəni] s *Mahag·oni (Holz)* n; –*baum* m ‖ *Mahagonifarbe* f ‖ *Eßtisch* m; to have *od* put one's feet *od* knees under a p's ~ *s–e Füße* m pl *unter jds Tisch* m *strecken (bei jdm z Tisch sein, jds Gastfreundschaft genießen)* ‖ [attr] *Mahagoni–*; *mahagonifarben*

mahonia [mə'houniə] s ⟨bot⟩ *Mah·onie* f; Thin-leaved ~ *Fiederberber·itze* f

mahout [mə'haut] s Ind *Elefantentreiber* m

maid [meid] s *junges Mädchen* n ‖ ⟨poet⟩ *Jungfrau* f (the ~ *die J. v Orleans*); old ~ *alte Jungfer* f ‖ *Magd* f, *Dienstmädchen* n ‖ ~-of-all-work *Mädchen* n *für alles* ‖ ~ of honour (*unverheiratete) Hof–, Ehrendame* f

maidan [mai'daːn] s ⟨Ind⟩ *öffentl. Platz* m; ⟨a sport⟩

maiden ['meidn] **1.** s ⟨dial⟩ *Mädchen* n ‖ ⟨Scot hist⟩ *Art Guillot·ine* f ‖ ⟨parl fam⟩ *Jungfernrede* f **2.** [attr a] *unverheiratet* (~ aunt) ‖ *mädchenhaft, jungfräulich, Mädchen–*; ~ name –*name e–r verheirateten Frau* f ⟨fig⟩ *jungfräulich* (soil); *frisch, neu; Erstlings–, Jungfern–*; ~ speech –*rede im Parlament* n; ~ voyage

⟨mar⟩ –*reise* f ‖ *unerprobt*; ~ horse *Pferd* n, *das nie ein Rennen gewonnen hat* ‖ ~ over ⟨crick⟩ *Spiel* n *ohne Läufe* m pl ~**hair** [~hɛə] s ⟨bot⟩ *Frauenhaar* n ~**head** [~hed] s *Jungfernschaft* f ~**hood** [~hud] s *Jungfräulichkeit* ‖ *Jungfernschaft* f ~**like** [~laik] a *jungfräulich, mädchenhaft, sittsam* ~**liness** [~linis] s *jungfräuliches, mädchenhaftes Wesen* n ~**ly** [~li] a = *maidenlike*

maidservant ['meidsə:vənt] s [pl ~s] *Dienstmädchen* n, –*magd* f

maieutic [mei'juːtik] a ⟨philos⟩ *mä·eutisch, ausfragend*

mail [meil] **1.** s *Kettenpanzer* m, *Ringhemd* n, *Plattenrüstung* f; *Panzer* m ‖ ~-clad *gepanzert* **2.** vt (*jdn) panzern, in Panzer kleiden*; ~ed *gepanzert*; the ~ed fist ⟨fig⟩ *die eiserne Faust*

mail [meil] **1.** s ⟨engl⟩ *Briefbeutel* m ‖ the ~ *od* the ~s [pl] *die Postsachen, –sendungen* f pl, *die Post* (the ~ is not yet in) ‖ *die verschiedene Art der Briefbeförderung* f (*durch Kutsche, Zug, Schiff, Luft), bes die ausländische u überseeische*; air ~ *Luftpost* f ‖ *Postdienst* m ‖ by ~ *per Post* f ‖ by return of ~ *postwendend* ‖ [attr] ~-bag *Briefbeutel* m ‖ ~-boat *Post–, Paketboot* n ‖ ~-box ⟨Am⟩ *Briefkasten* m (*in der Straße & im Haus)* ‖ ~ bus *Postomnibus* m ‖ ~-car ⟨rail⟩ –*wagen* m ‖ ~-carrier ⟨Am⟩ *Briefträger* m; ~ ~-c. aircraft *Postflugzeug* n ‖ ~-cart, ~-coach –*kutsche* f ‖ ~ dispatch *Postabfertigung* f ‖ ~-order house ⟨Am⟩ *Postversandgeschäft, Versandhaus* n ‖ ~-packet –*paket* n ‖ ~ survey ⟨stat⟩ *Postbefragung* f ‖ ~-train *Postzug* m ‖ ~ van ⟨rail⟩ *Postwagen* m **2.** vt (*bes Am) z Post* f *geben; (mit der Post) senden* (a p a th *jdm etw*) ~**er** ['~ə] s ⟨Am⟩ *Briefnachricht* f (*an Zeitung)* ~**omat** ['~omæt] s ⟨Am⟩ *Barfreimachungsbriefkasten* m

maim [meim] vt (*jdn) z Krüppel* m *schlagen*; *verstümmeln; lähmen* ‖ ⟨übtr⟩ (*Text) verstümmeln*

main [mein] s *der erste Wurf* m *beim Hasardspiel* n ‖ *Hahnenkampf* m (cock-~)

main [mein] s **1.** *Kraft, Gewalt* f [*nur in:*] with might and ~ *mit aller Macht* f **2.** *das weite Meer* n, *die hohe See* f **3.** *Hauptteil* m, –*sache* f, *der Kern* (of v); in the ~ *in der Hauptsache* f, *im ganzen* **4.** *Hauptrohr* n *e–r Leitung* f ‖ (*Gas–* etc) *Hauptleitung* f; ~s [pl] ⟨el⟩ *Hauptstromleitung* f; *Betriebsstromkreis* m; *Stromnetz* n; to operate on the ~s ⟨wir⟩ *sich direkt an die elektr. Lichtleitung* f *anschließen* l; to turn off the gas at the ~s *den Haupt(gas)hahn* m *abstellen*; ~s *aerial Netz–, Lichtantenne* f; set operating on the ~s, ~s-operating *od* receiving set ⟨wir⟩ *Netzanschlußgerät* n ‖ ~s transformer *Netztransformator* m

main [mein] a *ganz, voll*; by ~ *force mit voller Kraft* f; by ~ *strength durch bloße Gewalt* f ‖ *hauptsächlich, Haupt–* ‖ *wichtigst*; to have an eye to the ~ *chance an s–n eigenen Vorteil denken* ‖ *Haupt–* (*Ggs Neben–)* ‖ [in comp] ~ *air bleed* ⟨mot⟩ *Luftzuführung* f (*im Vergaser)* ‖ ~ *bearer* ⟨arch⟩ *Längsträger* m ‖ ~ *body* ⟨tact⟩ *Haupttrupp* m ‖ ~-brace ⟨mar⟩ *Brasse der Großrahe* f, → to splice ‖ ~ *concentration* (of troops) ⟨mil⟩ *Schwerpunktbildung* f ‖ ~ *course* = ~sail ‖ ~-deck ⟨mar⟩ *Hauptdeck* n ‖ ~ *defensive area Hauptkampffeld* n, –*verteidigungsstellung* f ‖ ~ *fighting zone Hauptkampffeld* n ‖ ~ *girder* ⟨arch⟩ *Längsträger* m ‖ ~-line ⟨rail⟩ *Hauptstrecke, Vollbahn* f; ~ l. *of defence Hauptverteidigungslinie* f; ~ l. *of resistance Hauptwiderstandslinie* f, *vorderer Rand* m *der Verteidigungsstellungen*, ⟨hist⟩ *Hauptkampflinie* f ‖ ~ *office Zentrale, Hauptstelle* f ‖ ~-rail ⟨mar⟩ *Reling* f ‖ ~ *road Hauptverkehrsstraße, Straße* f *1. Ordnung* ‖ ~

set *Hauptanschluß* m ‖ ~-street ⟨Am⟩ *Haupt-straße* f; ⟨übtr⟩ *westl. Hinterland* n, *Kleinstadt* f, *–städte* f pl ‖ ~ striking force *Hauptmacht* f ‖ ~ structural members *Baugruppen* f pl ‖ ~ thing *Hauptsache* f ‖ ~-top ⟨mar⟩ *Großmars* m ‖ ~-topgallantmast ⟨mar⟩ *–bramstenge* f ‖ ~-topmast ⟨mar⟩ *–marsstenge* f ‖ ~ voltage ⟨el⟩ *Netzspannung* f ‖ ~ wing tank ⟨aero⟩ *Flächentank* m ‖ ~-work ⟨fort⟩ *Kernwerk* n ‖ ~-yard ⟨mar⟩ *Großrahe* f ~**land** [′~lənd] s *Festland* n ~**ly** [′~li] adv *hauptsächlich*; *größtenteils* ~**mast** [′~ma:st]; ⟨mar⟩ [′~məst] s *Großmast* m ~**sail** [′~seil]; ⟨mar⟩ [′~sl] s *Großsegel* n ~**sheet** [′~ʃi:t] s ⟨mar⟩ *Großschot* m ~**spring** [′~spriŋ] s *Schlag–, Uhrfeder*; ⟨fig⟩ *Haupttriebfeder* f ~**stay** [′~stei] s ⟨mar⟩ *Großstag* n ‖ ⟨fig⟩ *Hauptstütze* f

maintain [men′tein] vt 1. (*Kampf*) *aufrechterhalten, weiterführen* ‖ *fortfahren in* (*etw*); *behalten, –wahren* (a *reserve*) ‖ (*Briefwechsel*) *unterhalten* ‖ ⟨for⟩ (*Baum*) *überhalten* 2. (*in e–m Zustand*) *erhalten* (to ~ one's *reputation*) ‖ [*mst* pass] (*etw* or *jdn*) *beibehalten, lassen* (in a state); ⟨com⟩ (*Papiere*) *im Preise halten*; (*etw*) *beibehalten* h 3. (*Leben* etc) *erhalten* (*durch Nahrung* etc) ‖ (*jdn*) *mit Lebensunterhalt* m *versehen, unterhalten, alimentieren* ‖ (*etw*) *instand–, erhalten* ‖ (*Listen* etc) *führen* 4. (*Sache*) *verteidigen*; *unterstützen*, ⟨jur⟩ (*jdn*) *in e–m Prozeß* m *u als unbeteiligter Dritter* ‖ (*Stellung*) *behaupten* (to ~ one's *ground sich b.*); *halten* 5. *behaupten* (a th; that; a th to be *daß etw ist*) ~**able** [~əbl] a *haltbar, z rechtfertigen(d)*; *gerechtfertigt*; ~ speed ⟨mot⟩ *Dauergeschwindigkeit* f ~**er** [~ə] s *Erhalter*; *Versorger* m ‖ *Verfechter* m

maintenance [′meintinəns] s 1. *Erhaltung, Aufrechterhaltung, Wartung* f ‖ *Instandhaltung, –setzung* f (cost of ~ *–skosten* pl) ‖ *laufende Führung* f (*v Listen* etc) ‖ ~ of a car ⟨mot⟩ *Wagenpflege* f ‖ ~ and repair *Unterhaltung u Instandsetzung* f ‖ ~ of stocks *od supplies Vorratshaltung* f ‖ ~ personnel *Wartungspersonal* n ‖ ~ service ⟨mot⟩ *Reparaturdienst* m ‖ ~ schedule ⟨mot⟩ *Pflegeplan* m 2. *widerrechtl. Unterstützung* f (of a party) 3. *Unterhalt* m, *Ernährung* f ‖ *Unterhalt* m (*v Kindern*); *obligation of ~, ~ obligation Unterhaltspflicht* f 4. *Behaupt–, Verteidigung* f (in ~ of) 5. ⟨her⟩ the Cap of ~ *rote mit Hermelin* m *gefütt. Sammetmütze* f (*als Zeichen der Würde e–s Fürsten*)

maison(n)ette [ˌmeizə′net] s Fr *Häuschen, Kleinhaus* n, *kl Etagenwohnung* f; *Wohnung* f *im Oberstock* n (⟨a⟩ *mit gr Balkon* or *Dachgarten*)

maize [meiz] s ⟨bot⟩ *Mais* m; → Indian ~**na** [mei′zi:nə] s *Maismehl, Maiz·ena* n

majestic [mə′dʒestik] a (~ally adv) *majestätisch, erhaben* ~**al** [~əl] a ⟨poet⟩ = majestic

majesty [′mædʒisti] s *königl. Hoheit, Würde, Macht*; *Majestät* f; ⟨arts⟩ ~ *Maj·estas* f (*Mariae*) [*nach* poss pron *als Anrede, Titel*] *Y·oui* ~ *Eure M.* ‖ *Erhubenheh* f (*Gottes*) ‖ ⟨übtr⟩ (*P & S*) *majestätisches Aussehen* n; *majestätische Pracht, Würde* f ‖ ⟨arts⟩ *symbolische Darstellung* f *Gottes*

majolica, maiol– [mə′jəlikə] s It *Maj·olika* f

major [′meidʒə] L s ⟨mil⟩ *Major* m; ~-general [pl ~-g.s] *General–* m ~**ity** [mə′dʒəriti], ~**ship** [′meidʒəʃip] s *Majorsrang* m, *–stelle* f

major [′meidʒə] L I. a [*ohne folg.* than] A. [attr] 1. *größere(r, –s) v zwei S or P* (the ~ *prophets*); the ~ part *der größte Teil* ‖ ~ attack *Großangriff* m; ~ event ⟨sport⟩ *Großveranstaltung* f; ~ overhaul *Grundüberholung* f; ~ road *Hauptverkehrsstraße* f 2. *älter* (Harris ~ *H. der Ältere*) 3. ⟨log⟩ *Ober–* (the ~ *premise*) 4. ⟨mus⟩ *Dur* n (C ~ *C-Dur*); ~ key *Durton-*

art f; ~ third *gr* Terz f 5. *Haupt–, Hauptfach–* B. [pred] *mündig* II. s *Mündiger* m ‖ ⟨log⟩ *Obersatz* m ‖ *Hauptfach* n ‖ ⟨Am *a* surg⟩ *Großoperation* f III. vi ⟨stud⟩ to ~ in *sein Hauptfach* n *m in,* (*etw*) *als H. m*

major-domo [′meidʒə′doumou] s [pl ~s] *Haushofmeister* m ‖ ⟨hist⟩ *Hausmeier* m

majority [mə′dʒəriti] s *Mündigkeit* f; *déclaration of* ~ *Volljährigkeitserklärung* f | *Majorit·ät* (~ *principle –sprinzip*); *Mehrheit* f, ~ vote *Stimmen–* (over); a three-quarters ~ *Dreiviertel–* f ‖ in the ~ of cases *in der Mehrzahl* f *der Fälle* m pl ‖ to join the ~ ⟨fig⟩ *z gr Armee* f *abgehen* (*sterben*)

make [meik] vt/i [made/made] I. vt A. *Bedeutungen* 1. *machen,* (*er*)*bauen, an–, verfertigen* (of, out of *aus*); to be making *gemacht w,* → making *verarbeiten* (*into* z), *umwandeln* (*in*); *herstellen* (from, out of); *schaffen, bilden, formen* ‖ (*e–n Kuchen*) *backen* ‖ (*Tee*) *bereiten* ‖ (*Buch*) *verfassen* ‖ *zus–fügen, –setzen* ‖ (*Dokument*) *aufsetzen, aus–, verfertigen*; to be made of *sich zus–setzen aus* 2. ⟨übtr⟩ (*Geräusch* etc) *hervorbringen* ‖ *zustande bringen*; (*Frieden*) m, *schließen*; ~ love, room, shift, speech, way ‖ *herbeiführen*; *ergeben*; ⟨gram⟩ *bilden* ‖ ⟨mil sl⟩ (*etw*) „*organisieren*", *plusmachen* 3. *einrichten*; (*Regel*) *aufstellen*; (*Preis*) *festsetzen* ‖ (*Menge*) *zus–bringen* 4. (*in Gedanken*) *formen*; (*Zweifel*) *hegen*; (*Urteil*) *bilden*; what do you ~ of it? *was denken Sie darüber*?, to ~ nothing of *sich nichts m aus*; *nicht klug w aus*; to ~ nothing out of *nichts verdienen aus*; ~ best, tight, most, much, worst ‖ ⟨mar⟩ *erkennen, sichten* (land) 5. *sich belaufen auf*; *ergeben* (two and two ~ four); (*etw*) *bedeuten* (for, to) ‖ *bilden, ausm* (to ~ one of *sich anschließen, teilnehmen an*; *zugegen s bei*) ‖ *dienen z, als* | *sich zeigen als, abgeben* (she ~s a good *wife*); she made him an ideal partner *sie war ihm e–e ideale Partnerin* f | *bieten* (the book ~s *interesting reading for ..*) | (*Vermögen*) *erwerben*; *verdienen*; he made himself a name *od a name for himself er machte sich e–n Namen* ‖ (*Preis*) *ergeben* 6. *aus–, bearbeiten*; *in Ordnung* f *bringen*; *bereiten*; (*Bett*) m ‖ (*Karten*) *mischen* ‖ (*Hund*) *abrichten* (for f; to z) ‖ (*jds*) *Glück* n *bewirken* (victory made Napoleon); → to mar ⟨Am *a*⟩ (*Mädchen*) *verführen* 7. (*e–e Handlung*) *tun, ausführen*; (*Reise, Anstrengung*) *machen*; ~ *amends, haste* ‖ (*Geschäft*) *abschließen* ‖ ⟨fam *bes* Am⟩ to ~ it *sich gesund* m, *prosperieren*; ⟨fam⟩ ~ it *snappy!* °*hau hin! mach zu! plötzlich!* ‖ (*Mahlzeit*) *essen* ‖ (*Verlust*) *erleiden* | (*Ort*) *erreichen, ank in*; (*Hafen*) *anlaufen* ‖ we made Paris (in one day) ⟨fam⟩ *wir schaffen es bis P.*; I wonder if he'll ~ it ⟨fam⟩ *ob er wohl rechtzeitig hinkommt*?, *ob er's wohl* (*zeitlich*) *schafft*? 8. *an–, darbieten*; to ~ a p a present *od a present to a p jdm ein Geschenk* n *m*; → love ‖ ⟨Am⟩ to ~ a touch *betteln* B. 1. [*mit* a] to ~ a p *angry jdn wütend m,* ‖ (*he's as poor*) *as they* ~ *him* (..) *wie nur möglich* ‖ ~ it *warm for him! mach ihm die Hölle heiß,* °*gib ihm Saures* 2. [*mit* pp] to ~ *known bekannt m*; to ~ *o.s. understood sich verständlich m*; the *influence* ~ *itself felt der Einfluß macht sich fühlbar* 3. [*mit* s] (*jdn* or *etw*) m z; (*jdn*) *ernennen* z (they made him king, a bishop); they ~ it their pride *sie m sich e–n Stolz* m *daraus* (to do) ‖ (*jdn* or *etw*) *halten* f: *schätzen*; what time do you ~ it? *Wieviel Uhr ist es*? C. [*mit* acc *u* act inf] *veranlassen, bewirken, l; zwingen* (I made them agree *ich brachte sie z Übereinstimmung* f, [pass:] they were made to agree) | to ~ *believe vorgeben, –schützen* (to do; that); → III. D. [*mit* adv] to ~ out (*Liste*) *aufstellen*; (*Wechsel*) *ausstellen* ‖ (*Buch*) *fertigstellen* ‖ ⟨arts⟩ *ausarbeiten* ‖ *als glaubwürdig* *hinstellen*; *be–, erweisen als*; *darstellen*; to ~ a p out a liar *jdn als Lügner* m *hinstellen* || *behaupten* (a th; to do) || *ausfindig* m, I can't ~ it (him) out *ich verstehe nicht was los* or *gemeint ist* (*ich werde aus ihm nicht klug*); (*Brief*) *entziffern*; *feststellen* || *erkennen*; *verstehen* | to ~ **over** *übergeben*, (*Besitz*) *übertragen* (to a p *jdm*) || ⟨Am⟩ *umarbeiten*; ⟨fig⟩ *–stellen* | to ~ **up** *vervollständigen, vollmachen* || *wiedergutmachen, ersetzen* (to a p *jdm*) || *ausbessern* || *einholen* (lost ground) || *herrichten*; ⟨theat⟩ *ausstaffieren, schminken*; *zurechtmachen*; ⟨zus–bringen, –setzen, –stellen⟩ || (*ein Ganzes*) *bilden* || *aufstellen*; *verfassen*; *erfinden* (a story) || *ausm*; to be made up *sich zus–setzen* (of *aus*) || *ordnen*; (*Rechnungen*) *ausgleichen*; made up to 30 June 1929 (*Saldo*) *per 30. 6.* || *vereinbaren, abschließen*; (*Streit*) *beilegen*, to ~ it up with *sich vertragen mit* || ⟨typ⟩ (*Satz*) *umbrechen* **II. vi 1.** *beginnen, sich anschicken, versuchen* (to do) || *sich begeben, gehen* || *dienen* (towards *z*); *nützen* | *sich verhalten, handeln*, to ~ as if .. m., *sich stellen, als ob* ..; → bold, free, merry; he ~s good ⟨fam⟩ *er hat Erfolg* m || (of the tide) *eintreten*; *abnehmen*; *fließen* (to *nach*) || *sprechen* (for; against) | to ~ do *fertig* w, *sich behelfen* (with *mit*) **2.** [*mit* prep] † to ~ **after** a p *jdm nachjagen* || to ~ **against** *ungünstig* s *f*, *sprechen gegen* || to ~ at † *losgehen auf* | to ~ **for** (*nach e–r Richtung*) *zugehen, lossteuern auf*; to ~ for London *sich nach L. aufmachen* || ⟨fig⟩ *verursachen, herbeiführen, beitragen z*; *fördern, sprechen f*; it ~s for mutual understanding *es dient der gegst. Verstgg.* f **3.** [*mit* adv] to ~ **away** *sich fortm*; .. away with a p *jdn beseitigen, um die Ecke bringen*; .. away with a th *etw widerrechtl. entfernen*; (*Geld*) *durchbringen* | to ~ away with it! ⟨fam⟩ °*hau ab damit*! | to ~ in *eingreifen in, sich beteiligen an* || to ~ **off** *fortgehen, –eilen, ausreißen* (with a p's money) || to ~ on *fortschreiten; eilen*; let's ~ on *tun wir so* (*als ob*) || to ~ **out** ⟨bes Am⟩ (a to ~ out together) *fertig* w; *vorank* | to ~ up *sich vertragen* || .. up for (a th) (*etw*) *ersetzen*; (*Distanz* etc) *einholen, ausgleichen*; .. up to a p for (a th) *jdn entschädigen f* || .. up to a p *sich jdm nähern*; *jdm den Hof* m **III.** [in comp] ~*-believe Schein, Vorwand* m, *Spiegelfechterei* f; [attr] *an–, vorgeblich*; *scheinbar* | ~*-peace Friedensmacher* m | ~*-up Verfassung; Struktur* f, *Gefüge* n, *Zus–setzung* f || *Ausrüstung, Ausstaffierung* f; ⟨fig⟩ *Rüstzeug* n; ⟨fig⟩ (*P*) *Charakter* m, *Veranlagung* f; ⟨theat⟩ *Kostümierung; Aufmachung* f; *Schminke* f (*des Gesichts*); eye ~*-up Wimperntusche* f, → *mascara*; *fluid* ~*-up flüssige Schminke* f || ⟨fig⟩ *Pose* f || *Erfindung, Blendung* f ~**shift** [′~ʃift] s *Notbehelf* m; [attr] *notbehelfsmäßig* || → shift **3.** ~**weight** [′~weit] s *Zugabe, –lage* f (*um Gewicht vollzum*) | *Notbehelf* m (to *f*); *Lückenbüßer* m; [attr] *Aushilfs–* | *Gegengewicht* n; *Ausgleich, Ersatz* m (as a ~ for *als E. für*)

make [meik] s *Bau* m, *Gefüge* n; (*Körper*)*bau* m, *Konstitution* f || *Form, Fassung* f; *Schnitt* m || ⟨com, tech⟩ *Erzeugnis, Fabrikat* n (our own ~ *eigenes F.*) || *Fabrikation* f; *Fabrikmarke* f; *Machart* f | on the ~ *auf der Jagd* f *nach Vorteil* m, *Geld* n; *mit der Absicht* f, *sich z bereichern*, → I. A. 2. || ~ and break contact ⟨el⟩ *Unterbrecherkontakt* m || ~ and mend [s] ⟨mar⟩ *Putz–* u *Flickstunde* f

maker [′meikə] s *Verfertiger, Fabrikant* m || the ⁂, our ⁂ *der Schöpfer* m, *Gott* m || *courtly* ~ *Hofpoet* m (*bes unter* Henry VIII 1509–47, Wyatt, Surrey)

makimono [ˌmæki′mounou] s ⟨Jap paint⟩ *Langrolle* f

making [′meikiŋ] s **1.** *Machen* n, *Verfertigung* f; it is of his ~ *er hat es gemacht* || to be in ~

(*mst*: to be ~ → to make I. 1.) *in Arbeit* f s, *im Bau* m, *Entstehen* n *begriffen* s; a th in the ~ *etw im Werden* n, *in der Entwicklung* f || to be the ~ of a p *jds Glück* n s; to go to the ~ of ⟨fig⟩ (*P*) *zustande bringen, ausmachen* | *Herstellung, Fabrikation*; ⟨arts⟩ *Arbeit* f || ~*-up* ⟨typ⟩ *Umbrechen* n, *Umbruch* m **2.** ~s [pl] *Verdienst* m **3.** ~s [pl] *Fähigkeiten* f pl; he has the ~s of .. *er hat das Zeug z* ..

mal– [mæl] *mst betontes* pref *schlecht, mangelhaft; übel–; Miß–, un–*

malachite [′mæləkait] s ⟨minr⟩ *Malach·it* m

maladjust [′mælə′dʒʌst] vt *falsch, schlecht einstellen* || ~ed ⟨soc⟩ *milieu–, umweltgestört, gemeinschaftsschwierig* (*P*) ~**ment** [~mənt] s *schlechte Anordnung* or *Einstellung* f, *Mißverhältnis* n || ⟨phot⟩ *Fehleinstellung* f

maladministration [′mæləd,minis′treiʃən] s *schlechte Verwaltung, Mißwirtschaft* f (of *in*)

maladroit [′mælədrɔit] a (~ly adv) *ungeschickt* || *taktlos* ~**ness** [~nis] s *Ungeschicklichkeit* f

malady [′mælədi] s *Krankheit* f

Malagasy [ˌmælə′gæsi] **1.** a *Madagaskar–, madegassisch* **2.** s *Madegasse* m

malaise [mæ′leiz] s Fr *Unwohlfühlen* n, *Unpäßlichkeit* f

malaprop [′mæləprɔp], ~**ism** [~izm] s *Wortentstellung, –verdrehung* f (*nach* Mrs. ⁂ *in* Sheridan's The Rivals, 1775, e.g. "nice derangement of epitaphs") ~**os** [′mæl′æprəpou] Fr **1.** adv *zur unrechten Zeit* f **2.** a *unangebracht, ungelegen*

malar [′meilə] **1.** a ⟨anat⟩ *Backen–* **2.** s *Backenknochen* m

malaria [mə′lɛəriə] s It ⟨med⟩ *Mal·aria* f ~**l** [~l], ~**n** [~n], **malarious** [mə′lɛəriəs] a *Malaria–*

Malay [mə′lei], ~**an** [~ən] **1.** a *malaiisch* **2.** s *Mal·aie* m, *Malaiin* f || *das Malaiische*

malcontent [′mælkən,tent] **1.** a (*mit polit. Zuständen*) *unzufrieden; mißvergnügt* **2.** s *der sich gegen die Autorität Auflehnende* m, *Rebell* m ~**edness** [~idnis] s *Unzufriedenheit* f, *Mißvergnügen* n

male [meil] **1.** a *männlich*; ~ cousin *Cousin, Vetter* m || *Männer–* (~ voice), *Mannes–* (~ issue); *Knaben–* | ~ nurse *Krankenpfleger* m || ~*-screw Schraubenspindel* f; ~*-sc.* thread *Außengewinde* n **2.** s (*T*) *Männchen* n || *männl. P, Mann; Knabe* m

malediction [ˌmæli′dikʃən] s *Verwünschung* f –**tory** [ˌmæli′diktəri] a *Verwünschungs–, fluchend*

malefaction [ˌmæli′fækʃən] s *Missetat* f; *Verbrechen* n –**tor** [′mælifæktə] s *Misse–, Übeltäter* m

malefic [mə′lefik] a *unheilvoll, schädlich* ~**ence** [mə′lefisns] s *Übelwollen* n || *Schädlichkeit* f ~**ent** [mə′lefisnt] a *schädlich* (to)

malevolence [mə′levələns] s *Bosheit, Mißgunst* f; *böser Wille* m –**ent** [mə′levələnt] a (~ly adv) *übelwollend, mißgünstig, böswillig*

malfeasance [′mæl′fi:zəns] s ⟨jur⟩ *gesetzwidrige Handlung*; *Übeltat* f –**sant** [′mæl′fi:zənt] a *gesetzwidrig, krimin·ell*

malformation [′mælfə:′meiʃən] s *Mißbildung* f; *congenital* ~ *angeborene M.*

malfunction [ˌmæl′fʌŋkʃən] s ⟨med⟩ *Funktionsstörung, Disfunktion* f || ⟨tech⟩ *Fehlleistung* f, *schlechtes Funktionieren* n; *Versager* m, *Versagen* n

mali [′ma:li] s AInd *eingeborener Gärtner* m

malic [′meilik] a ⟨chem⟩ *Apfel–* (~ acid)

malice [′mælis] s *Groll* m; to bear a p ~ *jdm grollen* || *Bosheit* f | ⟨jur⟩ *böse Absicht; Arglist* f; with ~ aforethought, with ~ prepense *bös–*

willig u mit Vorbedacht m, *in böswilliger Absicht* f

malicious [mə'lifəs] a (~ly adv) *boshaft, hämisch*; *heimtückisch* || ⟨jur⟩ *böswillig* (~ *damage*); ~ *mischief grober Unfug* m; ~ *prosecution falsche Beschuldigung* f **~ness** [~nis] s *Bosheit* f

malign [mə'lain] **1.** a (~ly adv) *unheilvoll* (influence), *schädlich*; ⟨med⟩ *bösartig* || (P) *übelwollend* **2.** vt *verleumden, lästern*; *herabsetzen* **~ancy** [mə'lignənsi], **~ity** [mə'ligniti] s *Bosheit, Feindseligkeit* f || ⟨med⟩ *Bösartigkeit* f **~ant** [mə'lignənt] **1.** a *boshaft, feindselig* || ⟨med⟩ *bösartig* **2.** s = malcontent || ⟨hist⟩ *Anhänger Karls I.*

malinger [mə'lingə] vi *sich krank stellen*; *simulieren*; °*sich drücken* **~er** [~rə] s *Simulant*, °*Drückeberger* m **~ing** [~riŋ] s *Simulation* f, *Simulieren* n

mall [mɔːl] s **1.** ⟨hist⟩ *Schlegel* m (*des* pall-mall-*Spiels*) || pall-mall-*Spiel* n, → pall-mall **2.** *schattiger Promenadenweg* m; the ᵶ [mæl] *ein solcher in* St. James's Park, London || → maul

mallard ['mæləd] s ⟨orn⟩ *wilder Enterich* m, *wilde Ente*; *Stockente* f || [attr] *Enten–*

malleability [ˌmæliə'biliti] s *Streck–, Dehnbarkeit*; *Zähe* f || ⟨fig⟩ *Geschmeidigkeit* f **–able** ['mæliəbl] a *hämmerbar, dehn–, kaltschmied–, streckbar*; ~ *cast iron Temperguß* m || ⟨fig⟩ *geschmeidig, gefügig*

mallee ['mæliː] s ⟨bot⟩ *Zwerggummibaum* m || = mali

mallemuck ['mælimʌk] s ⟨mar⟩ *Eismöve* f; *Sturmvogel* m

malleolar [mæ'liːələ] a ⟨anat⟩ *Knöchel–* **–olus** [mæ'liːələs] s L ⟨anat⟩ *Knöchel* m *am Ende* n *des Schien– u Wadenbeins*

mallct ['mælit] s *Schlegel, Holzhammer* m ⟨a sculp⟩ || ~ *and gat* ⟨min⟩ *Schlegel* m *u Eisen* n || ⟨sport⟩ *Schläger* m, *Schlagholz* n

malleus ['mæliəs] s L ⟨anat⟩ *Hammer* m (*Gehörknöchelchen*)

mallow ['mælou] s ⟨bot⟩ *Malve* f; false ~ *fleißiges Lieschen* n

malm [mɑːm] s *weicher kalkiger Lehm* m (*in Juraformation*) **~stone** ['~stoun] s (*Abart des Feuersteins*) *basisches Silikat* n

malmaison [mæl'meizɔ̃ː] s Fr ⟨hort⟩ *e–e Nelkenart* f

malmsey ['mɑːmzi] s *Malvas·ier* m (*Wein*)

malnutrition ['mælnjuː'trifən] s *schlechte Ernährung, Unter–* f

malodorous ['mæ'loudərəs] a *übelriechend*

Malpighian [mæl'pigiən] a (*nach* M. Malpighi, † 1694) ⟨anat⟩ ~ *bodies malpighische Knäuel* n pl (*in der Niere*)

malpractice ['mæl'præktis] s ⟨med⟩ *falsche or schlechte Behandlung* f; *Quacksalberei* f || *Übeltat* f; **~s** [pl] *Amtsvergehungen, gesetzwidrige Handlungen* f pl

malt [mɔːlt] **1.** s *Malz* n, *extract of* ~ *–extrakt* m | ~ *bulk*, ~ *couch*, ~ *heap –haufen* m || ~ *cleaning machine* ⟨brew⟩ *Entkeimungsmaschine* f || ~-kiln *–darre* f || ~-*liquor gegorener Malztrank* m, *Bier* n || ~-mill *Schrotmühle* f || ~ *sprouts* [pl] ⟨brew⟩ *Malzkeime* m pl **2.** vt/i || *zu Malz* m | vi *zu Malz* w **~ing** ['~iŋ] s *Mälzen* n || *Mälzerei* f || ~ *floor* ⟨brew⟩ *Tenne* f **~ose** ['~ous] s *Malt·ose* f **~y** ['~i] a *Malz–*

Maltese ['mɔːl'tiːz; '– –, –'–] **1.** a *malt·esisch*, *Malteser–*; ~ *cross –kreuz* n (*achtspitzig*) **2.** s [pl ~] *Malteser* m || *Sprache* f *der* M.

maltha ['mælθə] s *Art* f *Zement* m (*aus Wachs, Pech* etc)

Malthusian [mæl'θjuːziən] **1.** a *malth·usisch*, *Malthus–* **2.** s *Anhänger* m *des Malthus* († 1835)

maltreat [mæl'triːt] vt *schlecht behandeln, mißhandeln* **~ment** [~mənt] s *Mißhandlung* f

maltster ['mɔːltstə] s *Mälzer* m

malvaccous [mæl'veiʃəs] a ⟨bot⟩ *malvenartig*

malversation [ˌmælvə·'seiʃən] s ⟨jur⟩ *Amtsmißbrauch* m, *–vergehen* n || *Mißbrauch* m || *Unterschleif* m, *Veruntreuung* f

mamelon ['mæmilən] s *kl runder Hügel* m

Mameluke ['mæmiluːk] s *Mamel·uk* m || *Sklave* m

mamilla [mə'milə] s L ⟨scient⟩ *Brustwarze* f **~ry** ['mæmiləri] a *Brustwarzen–* **–lliform** [mæ-'milifəːm] a *brustwarzenförmig*

mam(m)a [mə'mɑː] s *Mama* f

mamma ['mæmə] s L (pl –mae [–miː]) *weibl. Brust* f **~ry** [~ri] a *Brust–*

mammal ['mæməl] s ⟨zoo⟩ *Säugetier* n **~ia** [mæ'meiljə] s L pl *Klasse der Säugetiere* f **~ian** [mæ'meiljən] **1.** a *Säugetier–* **2.** s *Säugetier* n

mammee [mæ'miː] s ⟨bot⟩ *Mamm·eabaum* m

mammon ['mæmən] s [a masc konstr] *Mammon* m **~ism** [~izm] s *Mammonismus* m

mammoth ['mæməθ] **1.** s *M·ammut* n **2.** a *ungeheuer, riesig*; ⟨fam⟩ *enorm, Mammut–*; ~ *demonstration Großkundgebung* f

mammy ['mæmi] s ⟨fam⟩ *Mütterchen* n; *Mami* f || ⟨Am⟩ *farbige Kinderwärterin* f || to do a ~ *act* ⟨Am sl⟩ *e–e rührselige Szene* m

man [mæn] **I.** s (pl men [men]) **1.** *menschliches Geschöpf* n, *Mensch* m | P f, *jemand, einer*; no ~ *niemand*; (*Anrede*) ⟨fam⟩ ~! *Mensch(enskind)*! | [abstr ohne art] *der Mensch*; *das menschliche Wesen*; *die Menschen* pl **2.** *Mann* m (~ *for* ~); my good ~ (*herablassend*) *mein lieber Herr* m || ⟨fam⟩ the old ~ *der alte Herr* (*Vater*); *der Alte* (*Meister, Chef*) || ⟨fam⟩ my ~ *mein „Bräutigam"* m || † the ~ *shall have his mare again der alte Herr wird s–n Hut* m *wieder bek u alles wird wieder gut s* || it's that ~ *again!* ⟨m.m.⟩ *wieder dieser wie heißt er gleich, wieder dieser Kniébolo* (= *Hitler*), → Itma | to a ~ *bis auf den letzten M., geschlossen* (*to be behind the government to a ~ g. hinter .. stehen*) | to be one's own ~ *sein eigener Herr* m *s*; an Oxford ~ *jd, der in O. studiert* (*hat*) | *jd mit männl. Eigenschaften* f pl (*to be a* ~; *play the* ~ *sei ein Kerl* m; *zeige, daß du ein M. or K. bist*), the ~ *der passende Mann* (*for*) | [abstr ohne art] *der Mann*; *Männergeschlecht* n **3.** ⟨hist⟩ *Lehnsmann* m || *Diener*; *Arbeiter* m (*masters and men*) || ⟨mil⟩ men pl *Soldaten, Matrosen* m pl **4.** ⟨in games⟩ *Figur* f; *Damestein* m **5.** [in *Verbindungen:*] ~ *and wife M.* (*Gatte*) *u Frau* f || ~ *and boy seit s–r frühesten Jugend* f (*to be a* ~; ~ *about town Großstädter, Lebemann* m || *are you* ~ *or mouse bist du ein Kerl or ein Waschlappen?* m || ~ *of letters Literat* m, *Schriftsteller* m || ~ *of straw Strohmann* m || ~ *of the world Welt–, Lebemann*, ⟨theat⟩ *Bonvivant* m || ~ *in the moon M. im Mond, gr Unbekannter* m || ⟨mil⟩ ~ *on the right* (*left*) *Nebenmann* m || ~ *in the street der gemeine Mann, Durchschnittsmensch* m | **~-at-arms** ⟨hist⟩ (*berittener*) *bewaffneter Soldat* m || **~-of-war** [pl men-of-war] *Kriegsschiff* n **6.** [*als suff*] *–mann*; police– *Polizist* m **7.** [attr] [*vor* pl: men] *männlich*; **~-friend** [pl men-friends] *Freund* m || **~-child** *Knabe* m || **~-cook** *Koch* m || **~-midwife** *Geburtshelfer* m || **~-milliner** *Damenkonfektionär* m || **~-servant** *Diener* m **8.** [in comp] *Menschen–* || **~-ape** *–affe* m || **~-eater** ['–·–] *–fresser* m || **~-handle** ['– ·–] vt (*etw*) (*nur*) *durch –kraft* f *bewegen, –fördern*; *mit den Händen* f pl *tragen* || *rauh anpacken* || ⟨übtr⟩ (*etw*) *gewaltsam umgestalten* (into *in*) || **~-hater** *Menschenfeind* m || **~-hole** *Schachtloch* n, *Einsteigeöffnung* f || **~-hour** *Stundenarbeitsleistung* f || **~-hunting** *Verbre-*

cherjagd f || ~-made *künstlich* || ~-power *Manneskraft* f; *Leistungsfähigkeit* f *e-s Mannes*; → ~power || ~-trap *Fußangel* f; ⟨übtr⟩ *Falle*; ⟨fig fam⟩ „*Circe*" f **II**. vt ⟨mil, mar⟩ *bemannen, besetzen*; *ausrüsten* | (*Stelle*) *besetzen* || ⟨fig⟩ *stärken*; to ~ o.s. *sich ermannen* (to *z*) | *fully* ~ned *kriegsstark* (*Truppe*) | ~ning *level* ⟨Am mil⟩ *höchstzulässige Personalstärke* f

mana [ˈmɑːnɑ] s (*bes übernatürl.*) ˈ*Macht-* (*stellung*), *Geltung* f, *Ansehen* n

manacle [ˈmænəkl] **1**. s *Handfessel* f **2**. vt (*jdm*) *–fesseln anlegen*

manage [ˈmænidʒ] vt/i **A**. vt **1**. (*Waffe, Werkzeug*) *handhaben* || (*Geschäft*) *verwalten, führen* || (*Gut*) *bewirtschaften*; (*Haushalt*) *vorstehen, leiten*; *beaufsichtigen*; *dirigieren*; *regulieren* **2**. (*P, T*) *bändigen, fertig w mit* || (*jdn*) (*durch List*) *gefügig m, herumkriegen* **3**. (*etw*) *fertig-* or *zustande bringen*, (*finanziell*) *darstellen können*; °*managen*, °*hinkriegen*; *bewerkstelligen, ermöglichen* | ⟨fam⟩ to ~ *it unter die Haube k* || [*mit can*] *es aufnehmen mit, bewältigen*; *essen* **B**. vi *wirtschaften* (to ~ *poorly*); *die Geschäfte n pl* or *den Haushalt m führen* (for a p *jdm*); ⟨fam⟩ *auskommen* (with; without); to ~ *very well ganz gut fertig w*; *gelingen* (I ~d to do *es gelang mir z tun*) **~ability** [ˌmænidʒəˈbiliti] s = ~ableness **~able** [~əbl] a (~bly adv) *handlich, leicht z handhaben*(*d*) | *füg–, lenksam* **~ableness** [~əblnis] s *Handlichkeit*; *Lenksamkeit* f **~ment** [~mənt] s *Handhabung, Behandlung, Hantierung* f | *Bewirtschaftung, Verwaltung, Leitung, Betriebsführung* f, the ~ *die Direktion, Direktoren* pl; *der Arbeitgeber* | *kluge, geschickte Handlungsweise* f, *Geschick* n, *Kunstgriff* m

manager [ˈmænidʒə] s *Verwalter* m; a good ~ *ein guter*, a bad ~ *ein schlechter Haushalter, Wirt* m | ⟨com⟩ (*Betriebs-*)*Leiter*, (*Geschäfts-*)*Führer*; *Vorsteher, Direktor* m (general ~ *General–*) || *rental* ~ ⟨Am⟩ *Hausverwalter* m || ⟨theat⟩ *Direktor, Regisseur, Spielleiter*; *Intendant* m | ⟨parl⟩ *Geschäftsbesorger, Veranstalter* m **~ess** [~res] s *Geschäftsführerin, Leiterin, Vorsteherin, Direktorin* f **~ial** [ˌmænəˈdʒiəriəl] a *Leitungs–* (organs); *Direktorial–*; ~ *knowledge betriebswirtschaftliche Kenntnisse* f pl; ~ *revolution Revolution* f *der Manager* m pl **~ialization** [–aiˈzeiʃən] s *Durchdringung* f *mit dem Managergeist* m

managing [ˈmænidʒiŋ] a *leitend, geschäftsführend, Betriebs–* (~ *director*) || *bevormundend* || ⟨fig⟩ *sparsam*

manatee [ˌmænəˈtiː] s ⟨zoo⟩ *Manˈati* f (*Seekuh*)

Manchester [ˈmæntʃistə] ~ *School freiheitl. Richtung* f *der Volkswirtschaftslehre* f || ~ *goods* pl *Baumwollwaren* pl || ~ *silk* °*B-Wolle* (= *Baum–*)

manchineel [ˌmæntʃiˈniːl] s ⟨bot⟩ *Manzanˈillabaum* m

Manchu [mænˈtʃuː] **1**. s *Mˈandschu* m | *Sprache* f *der M*. **2**. a *Mandschu–* **~ria** [mænˈtʃuəriə] s *Mandschurˈei* f **~rian** [mænˈtʃuəriən] a *Mandschurei–*

manciple [ˈmænsipl] s *Verwalter, Wirtschafter* m

mandamus [mænˈdeiməs] L s [pl ~es] ⟨jur⟩ *Befehl* m *der* King's Bench Division *an ein untergeordnetes Gericht* n

mandarin [ˈmændərin] s *Mandarˈin* m (*hoher chines. Beamter*) | *gr, führender Mann* m || ⟨orn⟩ *Mandarˈinente* f

mandarin(e) [ˈmændərin] s *Mandarˈine* f

mandatary [ˈmændətəri] s ⟨jur⟩ *Mandatˈar* m

mandate [ˈmændeit] **1**. s *Mandˈat* n, (*Vertretungs-*)*Auftrag* m; *Vollmacht* f || ⟨pol⟩ *völkerrechtl. Auftrag* m; *Völkerbundsmandat* n **2**. vt (*Staat*) *dem Mandatar* m *übergeben* || (*Land*)

e–m Mandat n *unterstellen*; ~d *Mandats–* (~d *colonies*) **-ator** [mænˈdeitə] s *Mandant* m **-atory** [ˈmændətəri] **1**. a *befehlend, Befehls-Mandatˈar–* (~ *state*) || ~ *assignment Pflichtkommandierung* f || ~ *budget Auftrags*(*besatzungs*)*kostenhaushalt* m || ~ *expenditure Auftragsbesatzungskosten* pl || ~ *provision zwingende Bestimmung* f || ~ *sign Vorschriftsschild* n **2**. s = *mandatary* || ⟨pol⟩ *Mandatˈar*; *–staat* m **mandible** [ˈmændibl] s ⟨anat⟩ *Kinnbacken* m, *–lade* f **-bular** [mænˈdibjulə] a *Kinnbacken–*

mandolin [ˈmændəlin], **~e** [ˌmændəˈliːn] s ⟨mus⟩ *Mandolˈine* f

mandragora [mænˈdrægərə], **–drake** [ˈmændreik] s ⟨bot⟩ *Alraun* m, *Alraunwurzel* f

mandrel [ˈmændrəl], **–dril** [ˈ–dril] s ⟨tech⟩ *Spindel* f, *Stößel, Dorn* m, (*Hohl-*)*Docke* f

mandrill [ˈmændril] s ⟨zoo⟩ *Mandrˈill* m (*Affe*)

mane [mein] s *Mähne* f ⟨a übtr⟩ **~d** [~d] a *gemähnt, –mähnig* **~less** [ˈ~lis] a *ohne Mähne* f

manège [mæˈneiʒ] s Fr ⟨hors⟩ *Zureitung* f (of a *horse*) || *Übungen* f pl *hierzu* || *Reitschule* f

manes [ˈmeiniːz] s L pl ⟨myth⟩ *Manen* f (*Seelen der Verstorbenen*)

maneuver [məˈnuvə] s ⟨Am⟩ → *manœuvre*

manful [ˈmænful] a (~ly adv) *mannhaft, tapfer* **~ness** [~nis] s *Mannhaftigkeit* f

mangabey [ˈmæŋgəbei] s ⟨zoo⟩ *Mangˈabe* f (*Meerkatze*)

manganate [ˈmæŋgənit] s ⟨chem⟩ *mangansaures Salz* n **–ganese** [ˌmæŋgəˈniːz] s ⟨chem⟩ *Mangˈan* n || ~ *ore Braunstein* m **–ganic** [mænˈgænik] a *manganhaltig*; *Mangan–*

mange [meindʒ] s ⟨vet⟩ *Räude* f

mangel(-wurzel) [ˈmæŋgl(ˈwɔːzl)], **mangold (-w.)** [ˈmæŋgəld(–w.)] s ⟨hort⟩ *Mangold* m; *Runkel–, Zuckerrübe* f

manger [ˈmeindʒə] s *Krippe* f || *dog in the* ~ *Neidhammel* m

mangle [ˈmæŋgl] **1**. s *Mangel*, (*Wäsche-*)*Rolle* f **2**. vt (*Wäsche*) *mangeln, rollen*

mangle [ˈmæŋgl] vt *zerreißen, –fleischen, –fetzen, –stückeln* || ⟨fig⟩ (*Text*) *verstümmeln*

mango [ˈmæŋgou] s [pl ~es] ⟨bot⟩ *Mangopflaume* f || *Mango*(*baum*)

mangosteen [ˈmæŋgostiːn] s *Mangostˈane* f (*Frucht*) || ⟨bot⟩ *Garzˈinie* f

mangrove [ˈmæŋgrouv] s ⟨bot⟩ *Mangelbaum* m; ~s [pl] *Mangrˈoven* f pl, *Waldvegetation* f *an flachen Küsten* f pl

mangy [ˈmeindʒi] a (–gily [–dʒili] adv) *räudig* || *schäbig, schmutzig*

Manhattan Project s [mænˈhætən ˈprɔdʒekt] *Manhattan Projekt* n (*das die Atombombe entwickelte*)

manhood [ˈmænhud] s *Menschsein* n, *menschl. Natur* f || *Mannhaftigkeit, Mannesehre* f || [koll] *Männer* m pl

mania [ˈmeiniə] s L *Wahnsinn* m || *Sucht, Manie* f (for *f*) **~c** [ˈmeiniæk] **1**. a (~ally adv) *wahnsinnig, verrückt*; *toll* **2**. s *Wahnsinniger* m **~cal** [məˈnaiəkəl] a (~ly adv) = *maniac* **–mania** [ˈ–meiniə] suff *–trieb, –sucht* (*kleptomania Stehltrieb*) || *–manie, Vorliebe* f, *–narrheit* f (*Anglomania*)

manic [ˈmænik] a *mˈanisch, besessen* || ~-*depressive psychosis manisch depressives Irresein* n

Manichean [ˌmæniˈkiən] **1**. a *manichäisch* **2**. s *Manichˈäer* m **Manichee** [mæniˈkiː] s *Manichˈäer* m

manicure [ˈmænikjuə] **1**. s *Maniküre, Hand-Nagelpflege* f **2**. vt *maniküren* **–rist** [~rist] s *Manikˈure* m; *Manikˈure* f (*Nagelpflegerin*)

manifest [ˈmænifest] s ⟨com⟩ *Schiffsladungsverzeichnis* n, *Ladeliste* f

manifest [ˈmænifest] a (~ly adv) *offenbar,*

–kundig, handgreiflich, augenscheinlich || ~ *destiny* ⟨Am⟩ *Doktrin* f *der Ausbreitung der USA über den ganzen Kontinent* m

manifest ['mænifest] vt/i || *offenbaren, deutlich zeigen, kundtun*; a th ~s *itself .. zeigt sich* || *be–, erweisen* || ⟨com⟩ *in ein Verzeichnis* (→ ~ s) *aufnehmen* | vi ⟨pol⟩ *in der Öffentlichkeit* f *auftreten* || *sich erklären* (for, against) || (of spirits) *erscheinen* **~ation** [ˌmænifes'teiʃən] s *Offenbarung; Kundgebung, Äußerung* f || (Geister-)*Erscheinung* f **~ative** [ˌmæni'festətiv] a *sich zeigend* or *kundtuend*

manifesto [ˌmæni'festou] It s [pl ~s] *Manifest* n, *öffentl. Kundgebung* f

manifold ['mænifould] **1.** a (~ly adv) *mannigfach, mannigfaltig* || *zahlreich* || ~ *forms* [pl] *Vielarten* f pl || ~ *pressure control* ⟨mot⟩ *Ladedruckregler* m || ~-*writer Vervielfältigungs-Apparat* m **2.** s ⟨tech⟩ *Rohrverzweigung* f, *Sammelring* m **~ness** [~nis] s *Vielfältigkeit, Mannigfaltigkeit* f

manifold ['mænifould] vt *vervielfältigen*

manikin ['mænikin] s ⟨oft cont⟩ *Zwerg* m, *Männlein* n ⟨a fig⟩ || *anatomisches Modell* n *des menschl. Körpers* | *Gliederpuppe* f

Manil(l)a [mə'nilə] s (a ~ hemp) *Manilahanf* m || –*zigarre* f

manioc ['mæniək] s ⟨bot⟩ *Manih·ot, Mani·ok* m (*Wolfsmilchgewächs*)

maniple ['mænipl] s ⟨R. C.⟩ *Armbinde* f (*des Priestergewandes*)

manipulate [mə'nipjuleit] vt *handhaben, behandeln* || *durch Kniffe* m pl *beeinflussen, gestalten*; ⟨com⟩ (*Markt*) *künstlich beeinflussen* –**ation** [məˌnipjuˈleiʃən] s *kunstgerechte Handhabung* or *Behandlung* f; *Kunstgriff* m || ⟨mus⟩ *Spielart* f –**ative** [mə'nipjulətiv] a *Manipulations–, Handhabungs–* –**ator** [mə'nipjuleitə] s *Handhaber; Bearbeiter* m

mankind [mæn'kaind] s [sg *od* pl konstr] *Menschengeschlecht* n, *Menschheit* f (all ~)

mankind ['mænkaind] s *das Männergeschlecht* n, *die Männer* pl

manlike ['mænlaik] a *männlich* || (of women) *männisch*

manliness ['mænlinis] s *Mannhaftigkeit, Männlichkeit* f –**ly** ['mænli] a *mannhaft, männlich* || (of women) *männisch*

manna ['mænə] s ⟨bib⟩ *Manna* n || *süßer Saft* n *verschied. Pflanzen* f pl || *gathering of* ~

mannekin s Holl., **mannequin** ['mænikin] s Fr *Gliederpuppe* || *Vorführdame* f; ~ *parade Modeschau* f

manner ['mænə] s **1.** *Art, Weise; Art u Weise* f (of doing z *tun*); after the ~ of *nach Art v, wie*; in the like ~, in the same ~ *in gleicher W.*; in such a ~ *auf solche W.* **2.** *Verhalten* n (to z); ~s [pl] (*gute*) *Formen, Manieren* f pl, *Lebensart* f (he has no ~s) **3.** ~s [pl] *Bräuche* m pl, *Sitten, Gewohnheiten* f pl (*other times* other ~s) **4.** ⟨arts & Lit⟩ (*charakt.*) *Formgepräge* n; *Stil* m; in the German ~ *nach deutscher Art*; *Manier* f; = –ism **5.** *Gattung, Art* f; all ~ of *colours alle Arten v Farben* f pl; no ~ of *gar kein*; by no ~ of *means unter k–n Umständen*; in a ~ *in gewisser Hinsicht* f, *gewissermaßen* **~ed** [~d] a *gesittet, geartet* || *gekünstelt, manieriert* **~ism** [~rizm] s *Manieriertheit* f (to become a ~) **~less** [~lis] a *unmanierlich* **~liness** [~linis] s *Manierlichkeit, gute Kinderstube* f **~ly** [~li] a *sittsam, manierlich*

mannish ['mæniʃ] a (~ly adv) ⟨oft cont⟩ (of woman) *männisch, unweiblich* || (of man) *Manns–* (~ *nature*)

manœuvrable [mə'nu:vrəbl] a *manövrierfähig*; ⟨übtr⟩ *wendig, lenkbar* –**bility** [məˌnu:vrə'bility] s *Manövrierfähigkeit, Beweglichkeit* f; ⟨aero⟩

Wendigkeit f; ⟨mar⟩ *Fahreigenschaft* f –**vre**, ⟨Am⟩ –**ver** [mə'nu:və] **1.** s ⟨mil & mar⟩ *Manöver* n; ~s [pl] (*größere*) *Truppenübungen* f pl | ⟨fig⟩ *Kunstgriff* m; *taktische Bewegung, Schwenkung* f **2.** vi/t || *manövrieren*; ⟨fig⟩ *geschickt* z *Werke gehen* | vt *manövrieren* l || (*jdn*) *verleiten, bringen* (into z); *herausmanövrieren* (out of *aus*); to ~ o.s. *into* a th *sich etw verschaffen* || *handhaben, behandeln* –**vrer** [mə'nu:vrə] s *Leiter* m *e–s Manövers* || ⟨fig⟩ *Ränkeschmied* m –**vring** [–vriŋ] ~ *area* ⟨aero⟩ *Rollfeld* n || ~ *element*, ~ *force* ⟨tact⟩ *bewegliche Kräftegruppe* f || ~ *target* (z *Ausbildung*) *bewegliches Ziel* n

manometer [mə'nɔmitə] s ⟨phys⟩ *Manom·eter* n, *Dampfdruckmesser* m

manor ['mænə] s *Rittergut* n; →*lord* | ~-*house Herren–, Herrschaftshaus* n **~ial** [mə'nɔ:riəl] a *herrschaftlich, Ritterguts–, Herrschafts–*

manpower ['mænpauə] s *Arbeitskräfte* f pl; *Menschenpotential* n, → *man-power*

mansard ['mænsɑ:d] s (a ~-roof) *Mansardendach* n, → *attic*

manse [mæns] s ⟨Scot⟩ *presbyter. Pfarrhaus* n –**manship** [–mənʃip] *lebende unbetonte Suffixerweiterung* m –*ship z Bildung v Abstr mit der Bedeutung v „Erfahrung, Tüchtigkeit, Kunst"* f

mansion ['mænʃən] s *herrschaftl. Haus* n || ~s [pl] *Häuserblock* m *f herrschaftl. Wohnungen* f pl | ~-*house Herrenhaus* n; the ⵌ-*House Amtswohnung* f *des Lordmayor* m (*v London*)

manslaughter ['mænˌslɔ:tə] s *Körperverletzung* f *mit tödlichem Ausgang* m; *Totschlag* m → *murder, homicide*

mansuetude ['mænswitju:d] s * *Milde, Sanftmut* f

manta ['mæntə] s ⟨mil⟩ *Schutzplane* m

mantel ['mæntl] s *Kamineinfassung* f || –*sims* m; ~-*board Brett* n *auf dem K.* **~piece** [~pi:s] s *Kamineinfassung* f; –*sims* m **~shelf** [~ʃelf] s *Kaminsims* m, –*platte* f

mant(e)let ['mæntlit] s *Überwurf, kurzer Mantel* m || ⟨mil⟩ *Schutzwehr* f; *sicherer Zufluchtsort* m

mantic ['mæntik] **1.** a (~ally adv) *seherisch, prophetisch* **2.** s *M·antik* f

mantilla [mæn'tilə] s ⟨Span⟩ *Schleier* m (*f Kopf u Schulter*) || *Mant·ille* f, *Umhang* m, *Cape* n

mantis ['mæntis] L s [pl ~es] ⟨ent⟩ *Gottesanbeterin* f (*Heuschrecke*)

mantissa [mæn'tisə] s ⟨logar⟩ *Mantisse* f

mantle ['mæntl] **1.** s *ärmelloser* (*Damen-*) *Mantel* m || *Blue* ⵌ ⟨her⟩ *einer der 4 pursuivants* | ⟨fig⟩ *Hülle* f, *Schleier* m || (*Gas-*)*Strumpf* m; *incandescent* ~ *Glühstrumpf* m || ⟨sculp⟩ *Überform* f | ~ *rock* ⟨geol⟩ *Verwitterungsschutt* m, *Schuttdecke* f || ~ *wall* ⟨fort⟩ *Umfassungsmauer* f **2.** vt/i || *verhüllen, –bergen, bedecken* | *sich bedecken; sich ausbreiten, sich mit e–r Schicht* f *überziehen*; (of the blood) *das Gesicht röten*; (of the face) *erröten*

manual ['mænjuəl] **1.** a (~ly adv) *mit der Hand* f *gemacht* or *arbeitend*; *Hand–* (~ *labour*); *sign* ~ *eigenhändige Unterschrift* f || ~ *alphabet Fingeralphabet* n; ~ *exchange* ⟨telph⟩ *Handvermittlung* f; ~ *exercises* [pl] ⟨mil⟩ *Griffübungen* f pl || ~ *fuse setter Zünder(stell)schlüssel* m || ~ *service* ⟨telph⟩ *Handvermittlung* f || ~ *switching* ⟨tech⟩ *Handvermittlung, Hand(um)schaltung* f | ~*ly operated mit Handantrieb* m **2.** s kl *Handbuch* n, *Leitfaden* m, *Vorschriftenbuch* n || (of an organ) *Manu·al* n || ⵌ *of Military Law* ⟨engl⟩ *Militärgesetzbuch* n

manufactory [ˌmænju'fæktəri] s *Fabrik* f –**tural** [ˌmænju'fæktʃərəl] a *Manufaktur–* –**ture** [ˌmænju'fæktʃə] **1.** s *Herstellung, Fabrikation* f (of English ~); *Gewinnung* f || *Fabrikations-*

zweig m ‖ *Manufaktˑur* f, *Fabrikát* n; ~s [pl] *Manufakturwaren* pl ‖ ⟨cont⟩ *Handwerksware* f **2.** vt *verfertigen, fabrizieren; herstellen, machen; verarbeiten* (into *zu*) ‖ ⟨fig⟩ *fabrizieren;* (*Geschichte*) *erdichten* –**tured** [~d] a *Fabrik–;* ~ *article kl Fabrikartikel* m, *–ware* f, *Fabrikat* n; ~ *goods Manufakturwaren* f pl, *Fabrikarbeit* f [konkr], *–ware* f, *Industrieware* f, *Fertigwaren* f pl (*Ggs Rohstoffe*); ~ *ice Kunsteis* n –**turer** [~rə] s *Fabrikant, Hersteller, Erzeuger* m ‖ to be a ~ of (*etw*) *herstellen, fabrizieren* –**turing** [ˌmænjuˈfæktʃəriŋ] a *Fabrik–, Industrie–* (~ *town*); *gewerbetreibend* ‖ ~ *efficiency Betriebsleistung* f ‖ ~ *method Herstellungsmethode* f ‖ ~ *plant Fabrik* f ‖ ~ *schedule Arbeitsplan* m
  manumission [ˌmænjuˈmiʃən] s *Freilassung* f (of *slaves*); *–surkunde* f –**mit** [ˌmænjuˈmit] vt (*Sklaven*) *freilassen*
  manure [məˈnjuə] **1.** s *Dünger* m ‖ ~ *spreader Stallmiststreuer* m **2.** vt *düngen* –**rial** [məˈnjuəriəl] a *Dung–, Dünger–* (~ *quality*)
  manuscript [ˈmænjuskript] **1.** a *handschriftlich; Manuskript–* **2.** s ⟨hist⟩ (abbr Ms.) *Manuskript* n (a Ms. *ein* M.) ‖ ⟨mod⟩ *Manuskript* n (*in ~ im* M.), *Handschrift* f
  manward [ˈmænwəd] a *auf den Menschen gerichtet*
  Manx [mæŋks] **1.** a *die Insel Man betr; Manx–* **2.** s the ~ *die Bewohner* m pl *der Insel Man* ‖ *ihre Sprache* f ~**man** [ˈ~mən] *Eingeborener* m *der I.* M. f ~**woman** [ˈ~wumən] s *E.* f *der I.* M.
  many [ˈmeni] **I.** a **1.** [*vor* sg] *manche(r, –s); ~ a year manches Jahr* n; ~ *and* ~ *a year gar manches Jahr* n; ~ *another manch anderer;* ~ *a one manch e–r;* ~ *is the time gar manches Mal* n **2.** [*vor* pl] *viele* pl (~ *years;* ~ *of his friends; how* ~? *there are* ~); *the ships are* ~ *fewer die Schiffe* n pl *sind viel weniger* (*an Zahl*) ‖ [abs] *the* ~ [pl konstr] *die gr Menge* ‖ *as* ~ *ebenso viele; as* ~ *as 50 nicht weniger als 50; like so* ~ *e–r wie so viele ..; wie lauter ..; one too* ~ *e–r z viel; to be too* ~ *for* (*jdm*) *über(legen) s;* in so ~ *words ausdrücklich* **3.** [in comp] *viel–* ‖ ~-*coloured vielfarbig, bunt* ‖ ~-*sided vielseitig;* ~-*sidedness Vielseitigkeit* f **II.** s a *good* (*great*) ~ [pl konstr] *e–e ziemlich(e)* (*gr*) *Menge* f (of ..) ‖ [attr *vor* pl pl konstr] *a good* (*great*) ~ *books* (*are*) *ziemlich* (*sehr*) *viele Bücher* n pl ..
  ×**manyplies** [ˈmeniplaiz] s pl *Blättermagen* m
  Maori [ˈmɑːri, ˈmauri] s *Maˑori* m (*Eingeborener* v New Zealand) ‖ *die Sprache der* M. ~**land** [~lænd] s *Neuseeland* n
  map [mæp] **1.** s (*Land–, Stern-*)*Karte* f; *linen* ~ (*auf Leinwand*) *aufgezogene* K.; *motoring* ~ *Auto*(*mobil*)*karte* f ‖ ~s *and charts* [pl] *Kartenmaterial* n ‖ the ~ *of the world die Welt–* ‖ ⟨off stat⟩ *Kartogramm* n ‖ *off the* ~ ⟨fig⟩ *aus der Erinnerung, in Vergessenheit* f; *unbedeutend, erledigt, veraltet; on the* ~ ⟨fig⟩ *noch existierend, noch mitzählend, noch v Bedeutung* f ‖ ⟨sl⟩ *Visage* f (*Gesicht*) ‖ [attr] *Karten–;* ~ *clip –halter;* ~ *conduct of fire* ⟨artill⟩ *Planfeuer* n, *–schießen* n; ~ *exercise;* ~ *manœuvre Planspiel* n ‖ ~-*maker Kartograph* m; ~ *section Kartenstelle* f, *–ausschnitt* m; ~ *square Planquadrat* n; ~ *symbol Kartenzeichen* n **2.** vt (*etw*) *in Form* f *e–r* K. *darstellen; zeichnen* (on *auf*) ‖ *abbilden* ‖ to ~ *out genau aufzeichnen;* ⟨fig⟩ *darstellen;* (*Zeit*) *aufteilen*
  maple [ˈmeipl] s ⟨bot⟩ *Ahorn* m; *–holz* n; *great* ~ *Bergahorn* m; Norway ~ *Spitzahorn* m ‖ ~-*leaf Ahornblatt* n (*Sinnbild v Kanada*)
  maqui [ˈmɑːki] s ⟨bot⟩ *Maquistaude* f
  maquis [ˈmæki] s Fr *Mˑachie* f ‖ (*P*) *Partisanen* f pl, *–bewegung* f ~**ard** [mækiˈzɑːr] (*P*) *Partisan* m

mar [mɑː] **1.** vt *verderben, vernichten;* (*Landschaft* etc) *verschandeln* ‖ *beeinträchtigen, stören* ‖ to *make or* ~ (*jdm, e–r* S) *Glück oder Unglück* n *bringen* ‖ ~*red zerkratzt* **2.** s *Schönheitsfehler, Kratzer* m ‖ ~-*resistant kratzfest*
  marabou [ˈmærəbuː] s ⟨orn⟩ *Mˑarabu* m (*Kropfstorch*)
  marabout [ˈmærəbuːt] s *moham. Einsiedler, Heiliger* m ‖ *Grabstätte* f *e–s Heiligen*
  maraschino [ˌmærəsˈkiːnou] s *Likör* m (*aus dalmatinischer Sauerkirsche*)
  marasmic [məˈræzmik] a *entkräftet; Schwäche–* (~ *condition*) –**mus** [məˈræzməs] s L ⟨path⟩ *Entkräftung;* (*Alters-*)*Schwäche* f
  Marathon [ˈmærəθən] s ⟨mod sport⟩ (*a* ~ *race*) M.-*lauf* (*Dauerwettlauf*) m ‖ ⟨Am sport⟩ *Wettkampf* m ‖ *dance* ~ *Nonstoptanz* m
  maraud [məˈrɔːd] vi *marodieren, plündern* ~**er** [~ə] s *Plünderer; Mordbrenner* m
  marble [ˈmɑːbl] **1.** s *Marmor* m; *gold* ~ *schwarzer* M. *mit goldgelben Adern* f pl ‖ *Marmorbildwerk* n; ~s [pl] *Sammlung* f v *diesen die* Elgin ~ ‖ ~ *Arch ein dreibogiges Tor* n (Hyde Park, N.E. angle, London) ‖ *Murmel* f, *Klicker* m (to *play at* ~s) ‖ ~s *Klickerspiel* n [sg konstr]: ~s *is played by children* ‖ [attr] *Marmor–, marmorn;* ⟨fig⟩ *steinhart, streng* ‖ *marmorweiß; gestreift, marmoriert* (~ *paper*) **2.** vt (*Papier* etc) *marmorieren* –**bly** [ˈmɑːbli] a *marmorn, marmorartig;* ⟨fig⟩ *hart, streng; kalt*
  marc [mɑːk] s Fr *Treber* f, *Satz, Rückstand* m (*bei der Kelterung*)
  Marcan [ˈmɑːkən] a *auf den Evangelisten Markus bezüglich*
  marcasite [ˈmɑːkəsait] s ⟨minr⟩ *Markasˑit* m
  marcel [mɑːˈsel] s Fr ~ *wave künstl.* (*Haar-*)*Welle* f
  marcescence [mɑːˈsesns] s *verwelkter Zustand* m –**ent** [mɑːˈsesnt] a *verwelkend, welk*
  March [mɑːtʃ] s *März* m (in ~ *im* M.) ‖ ~ *hare Märzhase* m
  march [mɑːtʃ] **I.** s **1.** ⟨mil⟩ *Marsch* m; on the ~ *auf dem* M., *während des Marsches; line of* ~ *Marschlinie* f ‖ *Tagesmarsch* m; *mühsamer* M. ‖ *Vormarsch* m (on *auf*) ‖ ~ *in file Rottenmarsch* m **2.** ⟨übtr⟩ *Vorwärtsbewegung* f; *Gang* m (~ *of events*); *Fortschritt* m (~ *of intellect*); *to steal a* ~ *on a p* ⟨fig⟩ *jdm zuvorkommen* **3.** *Gangart* f, *Marschschritt* m; ~ *past a p Vorbeimarsch* m *an jdm,* ~ *past Parademarsch* m **4.** ⟨mus⟩ *Marsch* m; *dead* ~ *Toten–* **5.** [attr] *Marsch–;* ~ *capacity* (*mögliche*) *–leistung* f; ~ *column –kolonne* f; ~ *destination –ziel* n; ~ *discipline –disziplin* f; ~ *formation –formation* f, *–gliederung* f; ~ *home Rück–* m; ~ *objective –ziel* n; ~ *order –befehl, Verlegungsbefehl* m; ~ *performance* (*tatsächliche*) *–leistung* f; ~ *readiness –bereitschaft* f; ~ *serial –gruppe* f **II.** vi/t **1.** vi ⟨mil⟩ *marschieren, ziehen; to* ~ *at ease ohne Tritt* m *marschieren; to* ~ *past a p* (*im Paradeschritt*) *vorbeimarschieren an jdm; quick* ~! *Abteilung* f *marsch!* ‖ to ~ *single file in Reihe* f *marschieren* ‖ *schreiten, gehen, ziehen* ‖ ⟨fig⟩ *vorwärtsschreiten* **2.** vt (*Strecke*) *im Marsch* m *zurücklegen* ‖ to ~ *the street auf der Straße* f *einhergehen* ‖ [kaus] *marschieren l; führen* ‖ to ~ *in* (*Fahne*) *im Marschschritt* m *hineintragen* ‖ to ~ *off* (*jdn*) *abführen* (to be ~ed *off captive als Gefangener abgeführt w*) ~**ing** [ˈ~iŋ] **1.** s [attr] *Marsch–;* ~ *in Einmarsch* m, *–zug* m, *–rücken* n ‖ ~-*in inspection* ⟨mil⟩ *Abnahme* f (*e–r Wohnung* etc *beim Einzug*) ‖ ~-*off Abrücken* n, *Aufbruch* m; ~-*off point Abmarschpunkt* m; ~ *order –ausrüstung* f; *in heavy* ~ *order feldmarschmäßig;* ~ *orders* [pl] *Marschbefehl* m ‖ ~-*song Marschlied* n **2.** a *marschfertig* (~ *army*)
  march [mɑːtʃ] **1.** s ⟨hist⟩ *Mark, Grenze* f; the

⤙es [pl] *Grenzgebiet* n (*zw Engl. u Schottld. bzw. Wales*) **2.** vi *grenzen* (upon *an*); *zus–stoßen* (with *mit*)

marchioness ['mɑ:ʃənis] s *Marqu·ise* f (*Anrede*: Your Ladyship; To the Most Hon. the ⤙ of N.), *Gemahlin* or *Witwe* f *e–s* marquis; *Marquise* f *aus eig. Recht* n

marchpane ['mɑ:tʃpein], **marzipan** [‚mɑ:zi-'pæn] s *Marzip·an* n

marconi [mɑ:'kouni] **1.** s *Funktelegramm* n; *–spruch* m **2.** vt/i *durch Funktelegramm, –spruch senden* (to *an*) **~gram** [~græm] s = marconi **~graph** [~grɑ:f] vt/i = marconi v

Mardi Gras ['mɑ:di 'grɑ:] s Fr ⟨Am⟩ *Fastnachtsdienstag* m

mare ['mɛəri] s L *Meer* n; ~ *clausum geschlossenes M.*; ~ *liberum freies, offenes M*, **mare** [mɛə] s *Stute* f; → shank ‖ ⟨obs⟩ to win the ~ or lose the halter *„doppelt oder nichts" spielen* ‖ ~*'s-nest trügerische Entdeckung*; *Großtuerei* f, *Schwindel* m, °*„Gemseneier"* n pl ‖ ~*'s-tail* ⟨bot⟩ *Tannenwedel* m ‖ ~*'s-tails* [pl] *lange (sturmverkündende) Wolken* f pl, *Schäfchen* n pl

maremma [mə'remə] s It *sumpfiger Landstrich* m (*an der Küste Westitaliens*)

margaric [mɑ:'gærik] a ⟨chem⟩ *Margarin–* (~ acid) *–rine* [‚mɑ:dʒə'ri:n, –gə–] s *Margar·ine, Kunstbutter* f

marge [mɑ:dʒ] s ⟨poet⟩ *Rand* m *–ent* ['mɑ:-dʒənt] s ⟨poet⟩ = margin

marge [mɑ:dʒ] s ⟨fam derog⟩ = margarine

margin ['mɑ:dʒin] **I.** s **1.** *Rand* m; (of a surface) (*Seiten-)Rand* m (in, on the ~ *am R.*, *auf dem R.*) | *Grenze* f (on the ~ of); on the ~ of the lake *am Seeufer* n ‖ *Spielraum* m (to leave a ~ (*e–n*) *Spielraum lassen* [for *f*]) ‖ ⟨fig⟩ by a narrow ~ *mit knapper Not* f; (qualified) with the barest ~ *mit Mühe u Not* f, °*mit Ach u Krach,* °*mit Hangen u Würgen*; ⟨com⟩ ~ *available for lending Kreditspielraum* m **2.** ⟨sport⟩ *Abstand, Vorsprung* m; (he won) by a ~ of 4 seconds .. *in e–m A., mit e–m V. von 4 Sek.* (from *vor*) **3.** ⟨st exch⟩ *Abstand* m *zwischen Tages– u Emissionskurs* m | ⟨com⟩ *Verdienstspanne* f, *Nutzen, Gewinn* m (to leave no ~) ‖ *Hinterlegungssumme, Deckung* f **II.** vt *auf dem Rande vermerken* ‖ *mit e–m R. versehen* | ⟨st exch⟩ (*durch e–e Summe*) *decken* **~al** [~l] a *auf* or *an dem Rande befindlich, Rand–* (~ *notes Randbemerkungen*) ‖ ~ *region Randlandschaft* f ‖ ~ *sea Randmeer* n ‖ ~ *track* ⟨rec, etc⟩ *Randspur* f ‖ *Grenz–* ‖ ⟨com⟩ *nahe an der niedrigsten Grenze* f *befindlich*; *niedrig* (price) **~alia** [‚mɑ:dʒi'neiliə] s L pl *Randbemerkungen* f pl **~ally** [~əli] adv *am Rande*

margrave ['mɑ:greiv] s ⟨Ger⟩ *Markgraf* m *–viate* [mɑ:'greiviit] s *Markgrafschaft* f *–vine* ['mɑ:grəvi:n] s *Markgräfin* f

marguerite [‚mɑ:gə'ri:t] s ⟨bot⟩ *Großes Maßlieb* n, *Marienblume* f; *Margerite, Strauchmargerite* f

Marian ['mɛəriən] **1.** a ⟨R.C.⟩ *Marien–* ‖ *marianisch, unter Maria* (*v England* or *Schottland*) **2.** s *Anhänger* m *der Maria v Schottland*

marijuana, –huana [‚mærid ʒu'ɑ:nə] s ⟨Ind⟩ *getrocknete Hanfblätter* (*f Rauschgiftzigaretten* = *reefers*)

marigold ['mærigould] s ⟨bot⟩ *Ringelblume* f

marinade [‚mæri'neid] **1.** s *Marin·ade* f (*Essigbrühe, –soße*) **2.** vt (*Fisch*) *marinieren –ate* ['mærineit] vt = to marinade

marine [mə'ri:n] **1.** a *Meer(es)–, See– (animal)* ‖ *Marine–* (~ *airplane –flugzeug*); *Schiffs–* (boiler, engine, stores) **2.** s *Marine* f, *Seewesen* n; *gesamtes Schiffs– u Flottenwesen* n ‖ *Seegemälde* n | ⟨mil⟩ *Seesoldat* m; tell that to the ~s! *das kannst du d–r Waschfrau* f *erzählen!*

(*mache das e–m anderen weis*) | ~ *division Marine-Landungsdivision* f ‖ ⤙ *Corps* ⟨Am⟩ *Marine-Infanterie* f, *–Landungstruppe* f | **~r** ['mærinə] s *Seemann, Matrose* m; ~*'s compass Seekompaß* m

Marinism [mə'ri:nizm] s (*nach* G.B. Marini, † 1625) *affektierter Stil* m

mariolatry [‚mɛəri'ɔlətri] s *Marienkult* m, *–vergötterung* f

marionette [‚mæriə'net] s Fr *Marion·ette* f ‖ ⟨fig⟩ *Puppe, Figur* f

Marist ['mɛərist] s ⟨R.C.⟩ *Marist* m, *Mitglied* n *der Gesellschaft* f *Mariens*

marital [mə'raitl, 'mæritl] a (~*ly* adv) *Ehemanns–* ‖ *ehelich* (link), *Ehe–, Gatten–* (rights) ‖ ~ *condition,* ~ *status* → status

maritime ['mæritaim] a *an dem Meere wohnend* or *lebend*; *Küsten–* ‖ *See–* (~ law); *Meer–, Schiffahrts–* ‖ *Seemanns–* ‖ *seefahrend, handeltreibend* | ~ *aircraft See-Einsatzflugzeug(e* pl) n ‖ ~ *airport See–, Wasserflughafen* m ‖ ~ *air squadron* ⟨aero⟩ *See-Einsatzstaffel* f ‖ ~ *control area überwachtes Seegebiet* n ‖ ~ *law Seerecht* n ‖ *warfare Seekrieg(führung* f) m

Marivaudage [marivo'dɑ:ʒ] s Fr (*nach* Marivaux † 1763) *überfeinerte Ausdrucksweise* or *Herzensanalyse* f, *Manirismus* m

marjoram ['mɑ:dʒərəm] s ⟨bot⟩ *Major·an* m

mark [mɑ:k] s **1.** † *Grenze* f ⟨hist Ger⟩ the ~ *die Mark* (*Land*); Man of the ⤙ *Märker* m **2.** *Ziel* n (far from the ~) (*a* fig); beside the ~ ⟨fig⟩ *nicht zur S gehörig*; wide of the ~ *weit gefehlt,* °*vorbeigeschossen*; to hit the ~ *treffen*; to miss the ~ *fehlschießen* | an easy ~ *leicht zu treffen*; ⟨sl⟩ *leichtgläub. Mensch* m **3.** *Merkmal, Kennzeichen, Zeichen* n (a ~ of *early date ein Z. f frühe Zeit*); *Anzeichen* n (of *v*); °oil-level ~ *Ölstand-Kontrollmarke* f ‖ ⟨Rugby ftb⟩ *freier Stoß* m ‖ to get off the ~ ⟨sport⟩ *starten* | *charakteristischer Zug* m; ~ *of mouth* ⟨hors⟩ *Kunden* f pl **4.** *aufgedrückter Stempel* m; maker's ~ *Meistermarke* f, *–stempel* m; mason's ~ *Steinmetzzeichen* n ‖ *Gepräge* n; a man of ~ *e–e markante Persönlichkeit* f, *ein Mann* m *v Bdtg* ‖ *Brandmal* n; *Schriftzeichen, Kreuz* n (*als Unterschrift*); ⟨gram⟩ *Zeichen* n **5.** (at schools) *Zensur* f, *Zeugnis* n; *Nummer* f (poor ~s for *schlechte Note* f *in*); ⟨sport⟩ *Punkt* m, *Auge* n | *Merk–, Orientierungszeichen* n ‖ ⟨sport⟩ *Startlinie* f, *Mal* n | *Standard* m; up to (under) the ~ (*nicht*) *genügend, den Erwartungen* f pl (*nicht*) *entsprechend*; up to the ~ ⟨fig⟩ *auf der Höhe* f (to feel up to the ~); within the ~ *innerhalb der jdm zustehenden Grenze* f pl, *berechtigt* **6.** *sichtbare Spur* f; skid ~ ⟨mot⟩ *Brems–, Schleuderspur* f; to leave one's ~ *leave* (fig) *s–e Sp. hinterlassen* f; to make a *od* one's ~ *sich e–n Namen* m; *Eindruck* m m, *hinterlassen* (with *bei*) ‖ *Mal* n, *Narbe* f **7.** ⟨com⟩ (*Handels-)Marke,* (*Schutz-)Marke,* (*Waren-)Nummer* f; (*Preis–, Waren-)Auszeichnung* f, *Preiszettel* m; ~ of *origin Herkunftskennzeichen* n **8.** [attr] ~ *sensing* ⟨off⟩ *elektrographisches Verfahren* n

mark [mɑ:k] vt/i **A.** vt **1.** *be–, kennzeichnen;* (*Wäsche*) *zeichnen; signieren* ‖ ⟨aero⟩ to ~ *with lights* (*Flugplatz*) *befeuern* ‖ ⟨com⟩ (*Ware*) *auszeichnen* ‖ ⟨fig⟩ (a to ~ out) *bestimmen, ausersehen* (for *f*; to do) **2.** *durch Zeichen* n *ausdrücken, markieren, hervorheben*; ⟨for⟩ (*Baum*) *plätzen* ‖ to ~ *with a white stone im Kalender* m *rot anstreichen* | *ein Zeichen* n s *f* (*etw*); (*etw*) *bezeichnen* (to ~ an *era*); to be ~ed *erkennbar s* ‖ ⟨fig⟩ *kennzeichnen, auszeichnen* (to be ~ed by) ‖ ⟨hunt⟩ (of hounds) to ~ the *fox to ground den Fuchsbau* m *umstellen* ‖ ⟨mil⟩ *markieren, andeuten*; to ~ *time auf der Stelle* f *treten,* ⟨fig⟩ *nicht vom Flecke* k **3.** *bemerken,*

beachten, sich (etw) merken || ⟨sport⟩ *sich (e–n Ort) merken*; ⟨ftb⟩ *sich (jdn) aufs Korn nehmen* **4.** [*mit adv*] *to* ~ *down* ⟨com⟩ *den Preis* m *v .. herabsetzen; to* ~ *a p down jdn vormerken* (for *f*) || *to* ~ *off abgrenzen, trennen* (from *v*) || *to* ~ *out abgrenzen, bezeichnen* || (*jdn*) *bestimmen, ausersehen* (for) || *to* ~ *up* ⟨com⟩ *den Preis v .. hinaufsetzen*; ⟨fam⟩ (*Schuld*) *anschreiben* **B.** vi *achtgeben, aufachten* ~**ed** [~t] a (~ly [ˈmɑːkidli] adv) *gezeichnet, markiert* (~ enemy); *deutlich, markant, auffallend; merklich; bestätigt* (cheque) || a ~ man *Gebrandmarkter* m ~**er** [ˈ~ə] s ⟨bill⟩ *Mark·ör* m || ⟨mil⟩ *Anzeiger* m (*Mann*); *Flügelmann* m; ~'s gallery (*Schießstand-)Anzeigerdeckung* f; ~ *vessel Positionsschiff* n || (*a book-*~) *Lesezeichen* n || ⟨Am⟩ *Straßenschild* n || *Aktenschwanz* m || ⟨aero⟩ *outer* ~ (abbr OM) *Voreinflugzeichen* n | ~ *beacon* ⟨aero wir⟩ *Markierungsfeuer* n; ~ *bomb –bombe* f; ~ *force* ⟨aero⟩ *Beleuchterverband* m, °*Anzünder* m pl; ~ *light* ⟨aero⟩ *Abstandsfeuer* n; ⟨Am⟩ ~ *panel* ⟨aero⟩ *Fliegertuch, –sichtzeichen* n ~**ing** [ˈ~iŋ] s ⟨mus⟩ *Betonung* f || ⟨zoo⟩ (*Haut-, Feder-)Musterung* f; *Färbung, Zeichnung* f | [attr] || ~ *device Markier-, Anreißvorrichtung* f || ~-**down** *Preisabschlag* m || ~-**ink** *unauslöschliche Zeichentinte* f || ~-**iron** *Brenneisen* n || ~-**up** *Preisaufschlag* m
mark [mɑːk] s ⟨Ger⟩ *Mark* f (*Münze*); fifty marks [pl] *50 Mark* pl
market [ˈmɑːkit] **I.** s **1.** *Markt* m, *–veranstaltung* f; at the ~ *auf dem Markt*, from ~ *v dem M.*, to ~ *auf den M.* || *Marktplatz* m (in the ~ *auf dem M., am Markt*) || ⟨jur⟩ ~ *overt offener M., auf dem gutgläubiger Erwerb* m *möglich* **2.** *Handelsverkehr* m; *Nachfrage* f (for *nach*) || ⟨st exch⟩ *Standort* m *der Makler* pl; *Geldmarkt* m | the ~ *der betr. Markt* (e–r *Ware*), in *od* on the ~ *auf dem M.* (to buy on the ~); *to be in* the ~ *Bedarf* m *h* (for); to come into the ~ *auf den Markt* (z *Verkauf*) *k*, z *V. angeboten w*; to place, put on the ~ *auf den M. bringen* | *Marktpreis* m, *Marktpreise* pl || *Absatz* m (to meet with a ready ~ *schnellen A. finden*); *–gebiet* n || *black* (grey) ~ *schwarzer* (*grauer*) *M.*; on the bl. ~ „*schwarz*" [adv], *unter dem Ladentisch* m **3.** [attr] *Markt-* || ~ *basket Henkelkorb* m || (free) ~ *economy* (*freie*) *Marktwirtschaft* f || ~-*gardener Handels-, Gemüsegärtner* m || ~-*man* ⟨Am⟩ *Gemüsehändler* m || ~ *organization Marktordnung* f || ~-*place Marktplatz* m || ~ *research Marktforschung* f || ~-*town Stadt* f *mit Marktrecht* n, *Kreisstädtchen* n **II.** vi/t ~ *einkaufen; auf dem M. handeln* | vt (*etw*) *auf den M. bringen, herausbringen; auf dem M. verkaufen* || *Absatz* m *finden f* (*etw*); (*Anwärter*) *unterbringen* ~**able** [~əbl] a (–*bly* adv) *verkäuflich, gangbar; notiert, börsenfähig* (securities) ~**eer** [mɑːkiˈtiə] s: *black* ~ *Schwarz-, Schleichhändler* m ~**ing** [~iŋ] s *Besuchen* n *des Marktes; to do one's* ~ *s–e Einkäufe* m pl m || ~ *bag Markttasche* f
markhor [ˈmɑːkɔː] s ⟨zoo⟩ *wilde Ziege* f
marksman [ˈmɑːksmən] s *guter, geübter Schütze* m; *Meisterschütze; Scharfschütze* m ~**ship** [~ʃip] s *Schießkunst; Treffsicherheit* f
marl [mɑːl] **1.** s ⟨geol⟩ *Mergel* m **2.** vt *mergeln, mit M. düngen –ite* [~] s ⟨geol⟩ *Abart* f *v Mergel* m ~**y** [ˈ~i] a *mergelhaltig, Mergel-*
marline [ˈmɑːlin] s ⟨mar⟩ *Marlleine* f ~**spike** [~spaik] s ⟨mar⟩ *Marlspieker* m
marm [mɑːm] s ⟨Am⟩ = *ma'am*
marmalade [ˈmɑːməleid] s *Apfelsinen-Marmelade* f
marmolite [ˈmɑːməlait] s ⟨minr⟩ *Abart* f *des Serpentinsteins*

marmoreal [mɑːˈmɔːriəl], ~**rean** [mɑːˈmɔːriən] a *marmorn, Marmor-* ∖ı (fig⟩
marmoset [ˈmɑːməzet] s ⟨zoo⟩ *Seidenäffchen* n
marmot [ˈmɑːmət] s ⟨zoo⟩ *Murmeltier* n; *German* ~ *Hamster* m
marocain [mærəˈkein; ˈmærəkein] s Fr *Marocain* n (*Kreppgewebe*)
maroon [məˈruːn] **1.** s *Busch-, Mar·onneger* m (*entlaufener Negersklave*) **2.** vt/i (*jdn*) *als Strafe f an e–r unbewohnten Küste f aussetzen* | ⟨Am⟩ *an einsamem Platz* m *zelten; ein Picknick* n *veranstalten*
maroon [məˈruːn] **1.** s *Kastanienbraun* n || (*Feuerwerk*) *Knallkörper* m **2.** a *kastanien-, rotbraun*
marplot [ˈmɑːplɔt] s *Störenfried* m
marque [mɑːk] s *letter(s) of* ~ *Kaperbrief* m
marquee [mɑːˈkiː] s gr (*Vergnügungs-)Zelt*; *Offizierszelt* n
marquet(e)ry [ˈmɑːkitri] s *Marketer·ie, In·tarsia, eingelegte Arbeit* f (*v mehrfarbigem Holz*)
marquis, marquess [ˈmɑːkwis] s ⟨engl⟩ *Adelstitel* m (*zw duke u earl*); *Marquis* m (*Anrede*: My Lord; To the Most Hon. the ~ of N.) ~**ate** [ˈmɑːkwizit] s *Marquis·at* n, *Marquiswürde* f
marquise [mɑːˈkiːz] s ⟨a-engl⟩ *Marquise* f (⟨engl⟩ = marchioness) | ⟨arch⟩ *vorspringendes Glasdach* n *über der Haustür* f
marram [ˈmærəm] s ⟨bot⟩ *Meergras* n
marriage [ˈmæridʒ] s **1.** *Ehe* f, *Ehestand* m; *civil* ~ *zivile Eheschließung* f; *legal* ~, *lawful* ~ *rechtmäßige Ehe* f; *valid* ~ *gültiges Eheband* n; ~ *which* (may) *must be entered into* (either) *before* (a clergyman or) *an officer, registrar or magistrate* (*fakultative*) *obligatorische Zivilehe* f || ~ *of the Virgin Mariä Verlobung* f; *Mystic* ~ *of S. Catherine Verlobung der hl. Katharina* || ~ *under false pretences* ⟨jur⟩ *Eheerschleichung* f | *to ask a p in* ~ *um jdn anhalten; to give a p in* ~ *jdn verheiraten; to take a p in* ~ *jdn heiraten; a boy of her first* ~ *ein Junge* m *aus erster Ehe* f | *Eheschließung, Heirat* f (to *mit*), [pl ~s]; *age at* ~ *Eheschließungsalter* n; *annulment of* ~ *Eheaufhebung* f; *dissolution of* ~ *Ehelösung* f; *by* ~ *angeheiratet* (a cousin *by* ~); → *to solemnize; civil* ~ *standesamtl. Trauung* f (to perform the civil ~ *die st. T. vollziehen*) **2.** ⟨fig⟩ *enge Verbindung* f **3.** [attr] *Ehe-; Trau-* || ~-*articles* [pl] || ~-*contract Ehevertrag* m || ~-*bed Ehebett* n || ~-*coffer Hochzeitstruhe* f || ~ *dissolution* (rate) *Eheauflösung(sziffer* f) f || ⟨fam⟩ ~-*lines* [pl] *Trauschein* m || ~ *loan Ehe(schließungs)darlehen* n || ~ *outfit Aussteuer* f || ~-*portion Mitgift* f || ~ *property register* ⟨jur⟩ *Güterrechtsverzeichnis* n || *first* ~ *rate Heiratsziffer* f *der Ledigen* pl || ~-*rites* [pl] *Hochzeitsbräuche* m pl || ~-*settlement Ehevertrag* m || ~-*witness Trauzeuge* m ~**able** [ˈmæridʒəbl] a *heiratsfähig*; ~ *age Ehemündigkeit* f
married [ˈmærid] a *verheiratet, ehelich, Ehe-; newly* ~ *couple Neuverheiratete, –vermählte* pl; ~ *man Ehemann* m; ~ *life –leben* n; ~ *state –stand* m
marrow [ˈmærou] s *Mark* n || ⟨fig⟩ *Mark* n; *to the* ~ (*of one's*) *bones bis aufs M., bis ins Innerste* || *Kern* m, *Bestes* n | *spinal* ~ ⟨anat⟩ *Rückenmark* n; *vegetable* ~ ⟨bot⟩ *Eierkürbis* m ~**bone** [~boun] s *Markknochen* m; *to go down on one's* ~ s *niederknien* m ⟨fet⟩ s ⟨hort⟩ (gr, *englische*) *Erbse* f ~**less** [~lis] a *mark-, kraftlos* ~**y** [~i] a *markig, kernig, kräftig*
marry [ˈmæri] vt/i || (of a priest) (*ein Paar*) *verheiraten, trauen* || (a *to* ~ off) (*jdn*) *verheiraten, vermählen* (to *mit*); *to be –ried to verheiratet s mit; to get –ried to sich verheiraten mit* || (*jdn*) *heiraten* || ⟨fig⟩ *eng verbinden* (to,

with *mit*) | vi *heiraten* (for love *aus Liebe*), *sich verheiraten*; *heiraten* (into a family *in e–e Familie*) ‖ ⟨fig⟩ to ~ up (S) *zus–passen, –gehören*
marry [ˈmæri] † intj *wahrlich! traun!*; ~ come up! *zum Kuckuck* m *noch mal!*

marry-in [ˈmæriˈin] s [pl --ins] ⟨Am racial pol⟩ *Mischehe* f; *Einheirat* f *in e–e andere Rasse*

Mars [ma:z] s ⟨astr⟩ *der Mars* (on ~ *auf dem M.*)

Marseillaise [ˌma:səˈleiz] s Fr *frz. National–, Freiheitslied* n

Marseilles [ma:ˈseilz] s Fr *steifer Baumwollstoff* m (*Art Pik·ee*)

marsh [ma:ʃ] s *Marsch* f; *Morast, Sumpf* m; ~ **fever** *Mal·ariafieber* n ‖ *Wiese* f, *Grasland* n | [attr] ~-gas *Sumpfgas* n ‖ ~-mallow ⟨bot⟩ *Alth·ee* f; *Gemeiner Eibisch* m; *Süßigkeit* f *aus der Wurzel* f *der Pflanze* f ‖ ~-marigold ⟨bot⟩ *Butter–,* (*Sumpf-*)*Dotterblume* f **~man** [ˈ~mən] s *Marschbewohner* m

marshal [ˈma:ʃəl] **1.** s ⟨hist engl⟩ *Oberhofmarschall* m *v England, Zeremonienmeister* m (*jetzt:* Earl-⁎) ‖ ⟨mil a-engl⟩ *Marschall* m (*als Titel*) ⟨engl⟩ → air, field ‖ ⟨jur⟩ *hoher Beamter* m ‖ ⟨univ⟩ *Diener* m *des* proctor (= bulldog) ‖ ⟨Am⟩ *Art* f *Sheriff*; *Polizei–, Feuerwehrhauptmann* m **2.** vt/i ‖ *ordnungsgemäß setzen*; *aufstellen*; *ordnen* ‖ (*Fahr–, Flugzeug*) *einwinken*; ⟨jur⟩ *an–, einordnen* ‖ (*feierlich*) *führen* (into *in*) | vi *sich ordnen, sich stellen* ~**lers** [~əz] pl ⟨aero⟩ *Einwinkpersonal* n ~**ling** [~iŋ] ~ airfield *Bereitstellungsflugplatz* m; ~ area *Aufmarsch–, Bereitstellungsraum* m; ~ plant ⟨tech⟩ *Verschiebeanlage* f; ~ yard *Verschiebebahnhof* m ~**ship** [~ʃip] s *Marschallamt* n, *–würde* f

marshiness [ˈma:ʃinis] s *sumpfige Beschaffenheit* f **marshy** [ˈma:ʃi] a *sumpfig, morastig, Sumpf–*

marsupial [ma:ˈsju:piəl] **1.** s ⟨zoo⟩ *Beuteltier* n **2.** a *Beuteltier–, Beutel–*

mart [ma:t] s **1.** ⟨poet & †⟩ *Markt* m; *Marktplatz* m **2.** *Handelszentrum* n **3.** *Auktionsraum* m

martagon [ˈma:təgən] s ⟨bot⟩ *Türkenbund* m

martello [ma:ˈtelou] s [attr] ⁎ tower ⟨engl⟩ *runder Küstenverteidigungsturm* m

marten [ˈma:tin] s ⟨zoo⟩ *Marder* m

martial [ˈma:ʃəl] a (~ly adv) *Kriegs–* (~ law *Standrecht*); *Militär–* (~ music); *kriegerisch, Kriegs–* (~ spirit), *kampfesfreudig* | ⟨astr⟩ ⁎ *Mars–*

Martian [ˈma:ʃiən] s *Marsbewohner*(*in* f) m

Martin [ˈma:tin] **1.** s St. ~'s summer *Altweibersommer* m **2.** ⁎ s ⟨orn⟩ *Mauerschwalbe* f; crag ⁎ *Felsen–,* house ⁎ *Mehl–,* sand ⁎ *Ufer–* ~**mas** [~məs] s *Martinstag* m (*11. Nov.*) ⁎**et** [ˌma:tiˈnet] s *strenger Offizier*; s *Zuchtmeister*; *pedantischer Vorgesetzter* m | [attr] (*ge*)*streng*

martingale [ˈma:tiŋgeil] s *Sprungriemen* m (*am Geschirr*) ‖ ⟨mar⟩ *Stampfstock* m (*Stütze des Klüverbaums*)

Martini [ma:ˈti:ni] s engl abbr ƒ ~-Henry rifle *Hinterlader* (*Einlader*) m *mit Fallblockverschluß* m

martini [ma:ˈti:ni] s *Cocktail* m *aus Gin, Wermut* m *u Orangeschale* f

martyr [ˈma:tə] **1.** s *Märtyrer*(*in* f) m, *Blutzeuge* m ⟨a übtr⟩ ‖ *Dulder* m, *Opfer* n; a ~ to (*od* in) the cause of science *ein O. der Wissenschaft* f; to be a ~ to gout *beständig an Gicht* f *leiden*; to make a ~ of o.s. *sich opfern* (for ƒ) **2.** vt *z Märtyrer* m; *martern, quälen* ~**dom** [~dəm] s *Marter* f, *Martyrium*! *Märtyrertum* f; *Zeugentod* m ~**ize** [~raiz] vt *quälen; leiden* l; *opfern*; [refl] to ~ o.s. *sich o.* ~**ology** [ˌma:tiˈrɔlədʒi] s *Märtyrologium* n; *Geschichte der*

Märtyrer f ~**y** [ˈma:tiri] s *Märtyrerschrein* m, *–kapelle* f

marvel [ˈma:vəl] **1.** s [konkr] *Wunder* n, *wunderbare, erstaunliche S* f (to a p ƒ *jdn*); *wunderbares Ding* n (a ~ to me is that ..) ‖ *wunderbare P, musterhaftes Beispiel* n; ⟨fam⟩ he is a perfect ~ *er ist ein wunderbarer Kerl* m **2.** vi ⟨liter⟩ *sich wundern, staunen* (at *über*; that); *sich verwundert fragen* (how) ~**lous** [~əs] a (~ly adv) *wunderbar; unglaublich; imponierend* (*Leistung*) ‖ the ~ *das Wunderbare, Unfaßbare* n ~**lousness** [~əsnis] s (*das*) *Wunderbare, Unglaubliche* n

Marxian [ˈma:ksiən] **1.** a *marxistisch* **2.** s *Anhänger* m *des Marxismus* m

marzipan [ˌma:ziˈpæn, ˈma:zipæn] s → marchpane

masby [ˈmæzbi] s (abbr ƒ motor anti-submarine boat) ⟨mar fam⟩ *U-Boot-Jäger* m

mascara [mæsˈka:rə] s Fr *Wimperntusche, Augenschminke* f

mascle [ˈmæskl] s ⟨her⟩ *durchbrochene Raute* f

mascot [ˈmæskət] s *Talisman* m ‖ ⟨mot⟩ *Kühlerfigur* f, *Maskottchen* n

masculine [ˈma:skjulin] **1.** a (~ly adv) *männlich*; *Mannes–* ‖ ⟨gram & pros⟩ *männlich* (~ rhyme) | *mannhaft, kräftig*; (of woman) *männisch* **2.** s *männliche P* f ‖ ⟨gram⟩ *Maskul·inum* n *–linity* [ˌmæskjuˈliniti] s *Männlich–, Mannhaftigkeit, Maskulinität* f ‖ ⟨demog⟩ ~ proportion at birth *Knabenanteil* m *der Geborenen* m pl; ~ proportion at conception *primäres Geschlechtsverhältnis* n; ~ ratio = sex ratio

mash [mæʃ] **1.** s *Maische* (*gekelterte Traubenmasse*; *Mischung* v *heiß. Wasser u Darrmalz*) f ‖ *warmes Mengfutter* n (ƒ *Pferde*) | *Gemisch* n ⟨a fig⟩; ⟨sl⟩ *Kartoffelbrei* m, *Mus* n **2.** vt *maischen* ‖ *zerquetschen, zerstoßen*; z *Mus* n m ‖ ⟨brew⟩ to ~ in [adv] *einmaischen*; to finish ~ing *abmaischen*; final ~ing temperature *Abmaischtemperatur* f **3.** [comp] ~-tub, ~ing-tub *Maischbottich* m

mash [mæʃ] ⟨sl⟩ **1.** vt to ~ a p *jdn verliebt* m; *sich umwerben, sich °verschießen in jdn*; to be ~ed on °*verschossen s in* **2.** s *Schwerenöter, Damenheld*; *Geck* m | *Flirt* m, to make a ~ on *flirten mit* ~**er** [ˈ~ə] s = mash

mashie, –shy [ˈmæʃi] s *Golfschläger* m (ƒ *kürzere Schläge*)

mask [ma:sk] **1.** s *Maske* f; *Fratzengesicht* n; to tear the ~ from a p's face *jdm die M. vom Gesicht* n *reißen*; to throw off one's (*od* the) ~ ⟨fig⟩ *die M. abwerfen* ‖ ⟨hunt⟩ *Fuchskopf* m ‖ (*Schutz-*)*Maske* f; ⟨aero⟩ *Maske* f (*Höhenatmer*); *Deckmantel* m (under the ~ of); ~ gas | ⟨ant⟩ *Kopfmaske* f | *Abguß* m *des Gesichts,* → death ‖ *maskierte P* f **2.** vt *maskieren*; ⟨fig⟩ *verdecken, verbergen* ‖ ⟨mil⟩ *tarnen* ‖ ⟨tech⟩ *verdecken* ~**ed** [~t] a *maskiert, Masken–* (~ ball) ~**er, masquer** [ˈ~ ə] s *muskierte P, Maske* f

maslin [ˈmæzlin] s *Kornmischung* f

masochism [ˈmæzəkizm] s *Masoch·ismus* m

mason [ˈmeisn] **1.** s *Maurer* m | *Freimaurer* m **2.** vt *mauern*, to ~ out *aus–* (with) ~**ic** [məˈsɔnik] a *freimaurerisch, Freimaurer–* ~**ry** [~ri] s *Maurerhandwerk* n | *Mauerwerk* n; bound ~ *Quader*(*mauer*)*werk* n ‖ ⁎ *Freimaurerei* f

Mason Dixon Line [ˈmeisən ˈdiksən lain] s ⟨Am⟩ *Mason-Dixon-Linie* f (*trennt* Pennsylvania *v* Maryland, *die Nord–* v *den Südstaaten*)

masque [ma:sk] s ⟨Lit⟩ *Maskenspiel* n, *–tanz* m

masquerade [ˌmæskəˈreid] **1.** s *Maskenfest* n, *–ball* m, *Maskerade* f ‖ ⟨fig⟩ *Verkleidung* f **2.** vi ⟨fig⟩ *sich maskieren*; *sich ausgeben, sich* *verstellen* (as *als*) | ~r [~ə] s ⟨fig⟩ *Vortäuscher, Versteller* m

mass [mæs] ⟨ec & mus⟩ *Messe* f (→ high, low); episcopal high ~ *Pontifik·alamt* n, *–messe* f || to attend ~, to go to ~ *zur M. gehen* || *Meßliturgie* f || ~-bell *Altar–, Meßschelle* f
mass [mæs] **1.** s ⟨a phys⟩ *Masse* f (a ~ of cloud *e–e Wolken–*) | *gr Häufung, Menge* f; ~es of people *Menschenmassen* pl; to be a ~ of *bedeckt s mit, voll s v* (he is a ~ of bruises) | the (great) ~ *der größere Teil, die Mehrzahl*; in the ~ *im ganzen, im allg* | the ~ *die Masse, Allgemeinheit* f || the ~es *die große Menge, niederen Klassen* pl | [attr] *Massen–* || ~-meeting *–versammlung* f || ~ miniature radiography *Röntgenreihenbild* n, *(Lungen-)Reihenbilduntersuchung* f || ~ production goods *Massenartikel* m pl || ~ radiography *Röntgenreihenuntersuchung(en* pl) f; ~ r. unit *Reihenbildstelle* f
2. vt/i (*an*)*häufen*; ~ed *aufgetürmt* || *sammeln* || ⟨mil⟩ *konzentrieren* | vi *sich häufen, sich ansammeln* ~ed [~t] a *Massen–* (~ demonstration) ~y ['~i] a *massiv, gediegen* || *massig, schwer; groß, dick*
massacre ['mæsəkə] **1.** s *Blutbad, Gemetzel* n || the ~ of the Innocents *der Bethlemitische Kindermord* **2.** vt *morden, niedermetzeln*
massage ['mæsɑ:ʒ, mæ'sɑ:ʒ] Fr **1.** s *Mass·age* f **2.** vt *massieren*
masseur [mæ'sə:] s Fr *Mass·eur* m *–euse* [mæ'sə:z] s Fr *Masseuse* f
massif ['mæsif] s Fr *Bergmasse* f, *Gebirgsstock, Stock* m
massive ['mæsiv] **1.** a (~ly adv) *mass·iv; sehr groß, massig, groß u schwer; Massen–* || ⟨fig⟩ *gediegen, mächtig, kernig* || ⟨minr⟩ *dicht* **2.** s = massif ~ness [~nis] s *das Massive, Schwere* n, *Gediegenheit* f
mast [mɑ:st] **1.** s ⟨mar⟩ *Mast* m (at half-~ *auf Halbmast*); *–baum* m || ~s [pl] ⟨a⟩ *Mastwerk* n || *Mast, turmart. Aufbau* m (*auf e–m Kriegsschiff* etc); riggⁱⁿg-~ *Gefechtsmast* m || *Träger* m pl v *Freileitungen* f pl, *Antennenmast, –turm* m; electric ~ *Kandelaber* m; mooring-~ ⟨aero⟩ *Ankermast* m || ~ antenna ⟨Am wir⟩ *Peitschenantenne* f || ~ basket *Mastkorb* m || ~-head **1.** s *Masttop; Mastkorb, Mars* m **2.** vt (*jdn*) *z Sitzen* n *im Top* m *verurteilen* **2.** vt *bemasten* ~er ['~ə] s [in comp] *–master*; three-~ *Dreimaster* m
mast [mɑ:st] s *Mast* f; *–futter* n || ~ proper ⟨for⟩ *Obermast* f, *Eckerich* m
mastaba ['mæstəbə] s ⟨Egypt archæol⟩ *Bankgrab* n, *Mastab·a* f
master ['mɑ:stə] **I.** s **1.** *Meister, Prinzipal, Arbeitgeber* m; like ~ like man *wie der Herr so der Knecht* or ˣ*so's Gescherr* || *Kapitän* m (*e–s Kauffahrteischiffes*) **2.** *Gebieter, Herr* m; the ~ *Christus*; ⟨fig⟩ [*mst* pred] to be ~ of *beherrschen*; to be one's own ~ *sein eigener Herr s*; ~ of the situation *Herr m der Situation* f || *Herrscher* m || *Besitzer* m; to make o.s. ~ of *sich erwerben* | little ~s [pl] *Kleinmeister* m pl || *Hausherr* m || *Sieger* m **3.** *Lehrer* m (*bes an höh. Schulen*); ⟨Ger m.m.⟩ (*a* assistant ~) *Studienrat* m; ~ in English *Lehrer* m *des Englischen*; second ~ *stellvertretender Direktor*, ⟨m.m.⟩ *Oberstudienrat* m || (*Lehr-*)*Meister* m; ~ tailor *Schneidermeister* m || *Leiter; Führer* m; ⟨fig⟩ *Meister, Virtu·ose* m || ⟨univ⟩ *Magister* m, ~ of Arts (abbr M. A. ['em'ei]) *M. der philos. Fakultät* f | ⟨arts⟩ *Meister, gr Maler* m; old ~ *Maler* m *13.–18. Jhs* (→ little); *Bild* n *e–s solchen*; The Old ~s *jährl. Winterausstellung f der Royal Academy* **4.** (*als Titel*) *Vorsteher* m v *Einrichtungen, Gesellschaften*, Colleges f pl; ~ of Ceremonies *Zerem·onienmeister* m; ~ of the Horse *Oberstallmeister* m; ~-General of the

Ordnance *Generalfeldzeugmeister* m; → revel, roll | (*vor Vornamen*) *junger Herr* m (~ Richard *der j. H. Richard*) **5.** attr [*vor* pi: ~] *Haupt–, leitend*; ⟨Meister–, Ober–⟩ ~ alloy *Vorlegierung* f || ~-builder [pl ~-builders] *Baumeister* m || ~ compass *Mutterkompaß* m; ~-c. indicator *Tochter–* || ~ copy *Mutterpause* f || ~ farmer ⟨SBZ⟩ *Meisterbauer* m || ~ ga(u)ge *Kontrollehre* f || ~-hand *Meisterhand* f; *Meister* m || ~-key [pl ~-keys] *Hauptschlüssel* m || ~ negative *Originalnegativ* n || ~ pattern *Mustermodell* n || ~ rod bearing ⟨mot⟩ *Hauptpleuellager* n || ~ searchlight *Leitscheinwerfer* m || ~ sergeant ⟨Am⟩ *Hauptfeldwebel, –wachtmeister* m || ~-singer *Meistersinger* m || ~-stroke *Meisterzug* m, *–stück, Bravour–* n || ~-work *Meisterwerk* n **6.** [in comp] ~-at-arms [pl ~s-at-arms] ⟨mar⟩ *Polizeioffizier* m (*auf Kriegsschiffen*) **II.** vt *besiegen, Herr m w über; bändigen* | *die Meisterschaft* (*e–r S*) *erwerben*; (*Kunst*) *meistern*; (*Sprache*) *beherrschen* || *leiten* || ⟨fam⟩ (*etw*) *hinkriegen* ~ful [~ful] a (~ly adv) *herrisch, despotisch* || *meisterhaft* ~hood [~hud] s *Meisterschaft, Beherrschung* f ~less [~lis] a *herrenlos* || ⟨hist⟩ *zügellos* ~liness [~linis] s *das Meisterhafte* n, *–schaft* f ~ly [~li] a *meisterhaft; Meister–* ~mind ['mæ:stə'maind] vt ⟨Am⟩ *leiten* ~piece [~pi:s] s *Meisterstück* n ~ship [~ʃip] s *Herrschaft* f (over) || *Meisterschaft, Führung* f || *Meisterschaft* (in); *Beherrschung* f (*of a subject*) | *Amt* n, *Würde* f *e–s Vorstehers, Meisters* or (*höher.*) *Lehrers* m
mastery ['mɑ:stəri] s *Herrschaft, Gewalt* f (*of*, over *über*) || *Oberhand* f (to gain the ~ over), *Vorrang* m || *Meisterschaft* f; *Beherrschung* f (his ~ of English)
mastic ['mæstik] s *Mastix* m (*Balsamharz*) || *Kitt* m, *Zement* m || Peruvian ~-Tree ⟨bot⟩ *peruanischer Mastixbaum* m, → (Californian) Pepper-Tree ~ic [mæs'tisik] a *Mastix–* || ~ asphalt *Gußasphalt, Asphaltguß* m
masticable ['mæstikəbl] a *kaubar* ~ate ['mæstikeit] vt *kauen* ~ation [,mæsti'keiʃən] s *Kauen* n ~ator [–keitə] s *der Kauende* || ⟨tech⟩ *Mahlmaschine* f; *Mastik·ator, Knetapparat* m ~atory [~ri] a *Kau–* (~ process)
mastiff ['mæstif] s [pl –s] ⟨engl⟩ *Mastiff* m (*schwere plumpe Dogge*)
mastitis [mæs'taitis] s *Entzündung der weibl. Brustdrüse* f
mastodon ['mæstədən] s ⟨zoo⟩ *urzeitl. Elefantengattung* f
mastoid ['mæstɔid] a ⟨anat⟩ *e–r weibl. Brust* f *ähnlich*
masturbate ['mæstəbeit] vi *onanieren* *–ation* [,mæstə·'beiʃən] s *Onanie* f
mat [mæt] **1.** s *Matte* f, *Fußdecke* f; ⟨mil·sl⟩ on the ~ = in trouble || *Strohteller*; (*Leinen–* etc) *Untersatz, Bierfilz, –deckel* m, *Klapperdeckchen* n | *wirres Haar* n | ~-work *Flechtwerk* n **2.** vt/i || *mit Matten* f *pl bedecken*; ⟨fig⟩ *bedecken* || *in–e–a verflechten* | vi *sich verflechten* ~ted [~id] a (*of hair*) *verfilzt, verwirrt; innig verwachsen* ~ting ['~iŋ] s *Geflecht* n (~ of roots ⟨bot⟩ *Wurzel–*)
mat ⟨bes Am⟩, **matt** ⟨bes phot⟩ [mæt] **1.** a (*of colour*) *matt, glanzlos, mattiert* **2.** s *mattierte Farbschicht* f (*auf Glas*); *mattierter Goldrand* m **3.** vt *mattieren, matt schleifen* **matted** ['~id] a *mattiert*
matador ['mætədə:] s Span *Matad·or* m || ⟨cards⟩ *Haupttrumpf* m
match [mætʃ] s **1.** *der e–m anderen Gleiche, Ebenbürtige* m; his ~ *seinesgleichen*; to find *od* meet one's ~ *s–n Mann finden*; to be a ~ for a p *jdm gewachsen s* | *die z e–r anderen passende P* or *S*; they are excellent ~es *sie sind ein ausgezeichnetes Paar* n || ⟨com⟩ *gleiche Qualität* f

2. *Wettkampf* m (boxing ∼), *–spiel* n, *Partie* f,
Treffen n; a ∼ *at cricket od a cricket* ∼ *ein
Kricket–* 3. *Heirat* f, *Partie* f; to make a ∼ of
it *e–e H. zustande bringen* ‖ *die z heiratende P,
Partie* f (he is a good ∼) ‖ ∼es [pl] → hatches
4. [attr & in comp] ∼-ball ⟨ten⟩ *Satz–, Sieg-
ball* m ‖ ∼-board *(Fußboden-)Riemen* m, *Brett* n
mit Nut u Feder f *or Spund* m; ∼-boarding
Nut– u Federholz n ‖ ∼ing plane *Nut– u Spund-
hobel* m ‖ ∼-joint *Spundung* f *mit Nut u Feder* f
‖ ∼-maker *Ehestifter(in* f) m; *Heiratsvermitt-
ler(in* f) m ‖ ∼-play ⟨golf⟩ *Lochwettspiel* n
∼**less** ['∼lis] a *unvergleichlich, –übertrefflich,
beispiellos*
  match [mætʃ] vt/i **A.** vt **1.** (*jdn*) *passend verheiraten* (to, with *mit*) **2.** to ∼ a p *es aufnehmen,
sich messen mit jdm* | (*jdn*) *in Ggs stellen, aus-
spielen* (against *gegen*); to ∼ a horse *auf ein
Pferd* n *halten* (against *gegen*) ‖ *vergleichen*
(with *mit*) **3.** *passend m, zus–passen*; to be well
∼ed *gut zus–passen* | (*etw*) *anpassen* (to, with)
‖ ⟨off⟩ *vergleichen u richtigstellen* **4.** (*jdm, e–r
S*) *gleichen, entsprechen; passen z* (*jdm, etw*)
5. (*etw Gleiches, Passendes*) *finden, besorgen,
geben z* (can you ∼ me this velvet?); to ∼ a p's
grade *dieselbe Qualität* f *liefern wie jd* **B.** vi *sich
verheiraten* (with) | *gleich s; zus–passen* (with),
entsprechen (to) | to ∼ *dazu passend* (gloves to
∼)
  match [mætʃ] s *Zünd–, Streichholz* n ‖ *Zünd-
schnur, Lunte* f | [attr] ∼-book *Streichholzheft* n;
∼-box —*schachtel* f ‖ ∼-maker *–hersteller* m
∼**lock** ['∼lɔk] s *Luntenschloß; –gewehr* n
∼**wood** ['∼wud] s *Holzstückchen, –splitter* pl
(f *Streichhölzer*)
  matchet ['mætʃit, mə'tʃet] s → machete
  mate [meit] **1.** s (at chess) *Matt* n **2.** vt *matt
setzen*
  mate [meit] **1.** s (*unter Arbeitern u Seeleuten*)
Genosse, Gefährte m | *ein Glied* n *e–s Paares:
Gatte* m, *Gattin* f; (*bes Vögel*) *Männchen, Weib-
chen* n | ⟨mar⟩ *Maat, Steuermann* m ‖ *Erster
Offizier* m (*auf Handelsschiff*) ‖ *Gehilfe* m
(cook's ∼) **2.** vt/i ‖ *verheiraten* (with); *paaren*
| vi *sich verheiraten; sich paaren* ‖ ⟨tech⟩
in–e–a–greifen ∼**less** ['∼lis] a *ohne Gefährten*
m pl
  maté ['mætei] s *Paraguaytee, M·ate* m; →
yapon, yerba ‖ *Matebaum* m
  mater ['meitə] s L ⟨sl⟩ *alte Dame* f (*Mutter*)
∼ **Dolorosa** ['mɑ:tə dələ'rousə] s *Schmerzens-
maria, –madonna* f ∼ **familias** [∼fə'miliæs] s L
Hausfrau f
  material [mə'tiəriəl] **I.** a (∼ly adv) **1.** *ma-
teri·ell; stofflich, körperlich* ‖ *Sach–, sachlich*
(∼ *goods*) | *angewandt* (∼ *science Naturwis-
senschaft*) ‖ ⟨log⟩ *stofflich* | *weltlich, vergäng-
lich, irdisch* **2.** *materiell denkend, sinnlich, ge-
nußsüchtig* **3.** *wichtig* (it is ∼ to do, that); *wesentlich* (to f) **II.** s *Stoff* m, raw ∼ *Rohstoff* m
‖ *Material* n | [attr] ∼ *damage Sachschaden*
m, *–beschädigung* f ‖ ∼ *stress Materialbean-
spruchung* f ‖ [koll] ∼s [pl] *Materialien*
(raw ∼s) ‖ *Bestandteil* m; *–teile, Elemente* pl
| ⟨übtr⟩ *Material* n, *Stoff* m (for); ∼s [pl] *Un-
terlagen* f pl (for) ‖ *notwendiges Gerät* n, [*nur
in:*] writing–∼s [pl] *Schreibgerät* n ‖ ∼s
handling *Verladen* n *u Transport* m *v Material* n;
∼s handling equipment *Transport– u Verlade-
gerät* n ∼**ism** [∼izm] s *Material·ismus* m;
dialectic ∼ ⟨SBZ⟩ *dialektischer M.*, ⟨fam⟩
D·iamat m ∼**ist** [∼ist] s *Materialist* m ∼**istic**
[mə,tiəriə'listik] a (∼ally adv) *materialistisch*
∼**ity** [mə,tiəri'æliti] s *Materialität, Körperlichkeit* f ‖ ⟨jur⟩ *Wichtigkeit, Erheblichkeit* f
∼**ization** [mə,tiəriəlai'zeiʃən] s *Materialisation,
Verkörperung* f ∼**ize** [mə'tiəriəlaiz] vt/i ‖ *materialisieren, (dem Geist) stoffliche Form* f *geben*;

verwirklichen ‖ *materiell m* | vi (of spirit) *in
körperlicher Form* f *erscheinen; feste Gestalt* f
annehmen; Wirklichkeit f or *sichtbar w; z Abschluß* m, *zustande k; sich verwirklichen, sich
erfüllen*
  materiel [mə,tiəri'el] s Fr *Haupterfordernisse*
n pl (of education f *die Erziehung*), *Rüstzeug* n
‖ *Material* n, *Geräte* n pl (Ggs *personnel*)
  maternal [mə'tə:nl] a (∼ly adv) *mütterlich;
Mutter–* ‖ *mütterlicherseits* (my ∼ uncle *mein
Onkel mütter–*) ‖ ∼ *mortality Müttersterblich-
keit* f | ∼**ly** [∼nəli] adv *mütterlicherseits*; he is
∼ of the house of .. *er stammt mütter– aus dem
Hause ..*
  maternity [mə'tə:niti] s *Mutterschaft* f;
∼-hospital *Entbindungsanstalt* f; ∼ *grant,* ∼
relief Wochenhilfe, Geburtshilfe f; ∼ *nurse Hebamme* f ‖ ∼ *services Mütterfürsorge* f; ∼ *ward
Wöchnerinnenstation* f | *Mütterlichkeit* f
  matey ['meiti] **1.** s = mate **2.** a *kameradschaftlich; intim, vertraulich* (with)
  math [mæθ] s *Mahd* f (*Abgemähtes*)
  matha ['mæθə], **mathemat** ['mæθimæt] s
(abbr f mathematics) ⟨school sl⟩ °*M·athe,*
°*Math·ese* f
  mathematic [mæθi'mætik] **1.** * a = ∼al
2. * s = ∼s | ∼**al** [∼əl] a (∼ly adv) *mathe-
matisch, Mathematik–* ∼**ian** [,mæθimə'tiʃən] s
Mathem·atiker m ∼s s pl **1.** [sg konstr] *Mathematik* f (∼ is a science) **2.** ⟨übtr⟩ [pl konstr]
Rechenkunst f (jds) (his ∼ are bad)
  matico [mæ'ti:kou] s ⟨bot⟩ *schmalblättrige
Pfefferstaude* f
  matie ['meiti] s *Matjeshering* m
  matin ['mætin] s **1.** ∼s pl ⟨R.C.⟩ *Matut·in* f
(*Nachtstundengebet*); ⟨C.E.⟩ (oft: mattins) *Früh-
mette* f, *–gottesdienst* m **2.** ∼ ⟨poet⟩ (of birds)·
Morgenlied n **3.** [attr] ∼ *früh, Morgen–* (∼
time)
  matinée ['mætinei] s Fr *Nachmittagsvorstel-
lung, –unterhaltung* f
  mating ['meitiŋ] a (→ mate) ∼ part *Gegenstück* n
  matlo(w) ['mætlou] s ⟨sl⟩ *Matrose* m
  matrass ['mætrəs] s ⟨chem⟩ *Destillierkolben* m
  matri– ['meitri] [in comp] *Mutter–* ∼**archy**
[∼ɑ:ki] s *Mutterherrschaft* f, *–recht* n ‖
  matric [mə'trik] s (abbr f ∼ulation) ⟨univ⟩
Aufnahmeprüfung f
  matricidal ['meitri,said] a *muttermörderisch*
–cide ['meitrisaid] s *Muttermord* m | *Mutter-
mörder(in* f) m
  matricular [mə'trikjulə] a ⟨Ger⟩ *Matrikul·ar–*
(∼ *contributions*) *–lant* [mə'trikjulənt] s ⟨univ⟩
Matrikulant m *–late* [mə'trikjuleit] vt/i ⟨univ⟩
(*jdn*) *immatrikulieren* | vi *sich i. l* (at a college;
at od in a university) *–lation* [mə,trikju'leiʃən] s
Immatrikulation; Aufnahmeprüfung f *–latory*
[mə'trikjulətəri] a *Immatrikulations–; Prüfungs–*
  matrimonial [,mætri'mounjəl] a (∼ly adv)
ehelich, Ehe–; ∼ly inclined heiratslustig ‖ ∼
agency Heiratsvermittlung(s–) f, *Eheanbahnungs-
institut* n ‖ ∼ *causes* ⟨jur⟩ *Ehesachen* f pl ‖ ∼
regime eheliches Güterrecht n
  matrimony ['mætriməni] s *Ehe* f, *–stand* m
‖ ⟨sl⟩ *Milchgetränk* n
  matrix ['meitriks] L s (pl ∼es; –ices [–isi:z])
⟨anat⟩ *Mutterboden* m, *Gebärmutter* f ‖ ⟨min⟩
Grundgefüge n ‖ ⟨fig⟩ *Mutter–, Nährboden* m
| ⟨a⟩ ['mætriks] ⟨tech⟩ *Matr·ize* f ‖ ⟨tech⟩ *Hohl-
form* f ‖ ⟨geol⟩ *Gang* m, *–art* f ‖ ⟨math⟩
Matrix f
  matron ['meitrən] s *Matrone, ehrbare verheiratete Frau* f ‖ *Hausmutter, Vorsteherin;
Oberin* f ∼**age** [∼idʒ] s [koll] *die Matronen* pl
‖ *Schutz* m (*e–r Matrone*) ∼**al** [∼l] a *matronenhaft, ehrwürdig* ∼**hood** [∼hud] s *Frauen–, Ma-*

tronenstand m, *–schaft* f **~ize** [~aiz] vt/i *be-muttern, chaperonieren* **~ly** [~li] a *Frauen–*; *Hausmutter–* ‖ *matronenhaft; gesetzt*

matt [mæt] a = mat [a]

matter ['mætə] s **A. 1.** ⟨phys⟩ *Mat·erie* f, *Stoff* m, *Substanz; Masse* f | ⟨med⟩ *Eiter* m; ⟨anat⟩ *grey* ~ ⟨hum fam⟩ *Grütze* f, *Grips* m **2.** ⟨metaph⟩ (*Ggs* form) *Materie* f, *Inhalt* m **3.** *Stoff, Gegenstand* m *des Denkens* etc; both in ~ and manner *nach Form* f *u Inhalt* m, *Gehalt* m *u Gestalt* f **4.** (*nach* it is) *Grund, Anlaß* m (for *z*); it is a ~ for regret *es ist höchst bedauerlich*; no ~ *es macht nichts*; no ~ where *einerlei wo, wo auch immer*; what ~? *was macht, bedeutet es*? **5.** ⟨typ⟩ *Satz* m, *Manuskript* n ‖ printed ~ *Drucksache* f; postal ~ *Postsachen* pl **6.** *Sache, Angelegenheit* f; ~s [pl] *die Umstände, Dinge* pl, *Lage* f; as ~s stand *wie die Dinge liegen* ‖ as a ~ of fact *tatsächlich*; [*am Satzanfang*] *übrigens* ‖ ⟨com, pol⟩ ~s [pl] *Sachgebiet* n; in social ~s *im sozialen Bereich* m; in personal ~s *auf dem personelle Gebiet* n ‖ it is **a ~ of** habit *es ist e–e S* (not a ~ *k–e S*) *der Gewohnheit* f; it is a ~ of life and death *es handelt sich, geht um Leben* n *u Tod* m; in a ~ of minutes *in nur wenigen Minuten* f pl, *schon in w. M.*; in a ~ of seconds *in Sekundenschnelle* f; a ~ of taste *Geschmacksache* f ‖ a ~ of time *e–e Frage* f *der Zeit* f; a ~ of 20 years *etwa 20 J.*; no laughing ~ *k–e S zum Lachen* n ‖ for that ~, for the ~ of that *was das betrifft; natürlich; übrigens* | **the** ~ is as follows *die S hat folgende Bewandtnis* ‖ let ~s follow *their own course! laß den Dingen* pl *ihren* or *freien Lauf!* m ‖ what is the ~? *was gibt es*?; there is something the ~ with *es ist etw los mit*; what is the ~ with you? *was fehlt dir*?; 'anything the ~? *fehlt dir etw*? ‖ in the ~ of ⟨*bes* jur⟩ *hinsichtlich, in Sachen* pl ‖ what's the ~ with ..? *wie steht es mit ..*? **B. ~ of course 1.** [s] *Selbstverständlichkeit* f; as a ~ of course *natürlich* **2.** [attr *od* a] (*mit Bindestrich*) ~-of-course *selbstverständlich* ‖ **~ of fact 1.** s *selbst-verständliche Tatsache* f **2.** [attr] ~-of-fact *tat-sächlich; nüchtern, prosaisch* ‖ as a ~ of law *v Rechts wegen*

matter ['mætə] vi *etw bedeuten*; *v Bedeutung* f *s* (to *f*); it does not ~ *es macht, tut nichts* ‖ *daran gelegen s, worauf ankommen* (to a p *jdm*) | *eitern*

matting ['mætiŋ] s [konkr] *Stoff* m *z Decken, Läufern* pl, etc; *Matte* f ‖ ~ of root ⟨for⟩ *Wurzelfilz* m

mattins ['mætinz] s → matin

mattock ['mætək] s *Queraxt,* (*Kreuz-*)*Hacke, Haue* f; *Rode–, Reuthaue* f; *Bergmannshammer* m

mattoid ['mætɔid] s *verrücktes Genie* n

mattress ['mætris] s *Matratze* f (hair ~ *Roß-haar–*; spring ~ *Sprungfeder–*); ~-cover *–n-schoner* m

maturate ['mætjuəreit] vi *eitern* **–ation** [,mætjuə'reiʃən] s ⟨med⟩ *das Reifen* ‖ ⟨med⟩ *Eiterung* f ‖ (of fruits, plants) *Reifen* n ‖ ⟨fig⟩ *Entwicklung, Vollendung* f (in course of ~) **–ative** [mə'tjuərətiv] a *z Reife* f *bringend, reifend; z Eitern* n *bringend*

mature [mə'tjuə] **1.** a (~ly adv) *reif* ‖ *voll entwickelt* ‖ ⟨fig⟩ *reif; durchgebildet,* (*P*) *abge-klärt* ‖ *reiflich, wohldurchdacht, reiflich erwo-gen* ‖ ⟨for⟩ *haubar* (*Baum*) ‖ ⟨com⟩ *fällig* **2.** vt/i ‖ *z Vollendung* f *bringen; vollenden, aus-reifen l* (into *z*) | *vi reifen* (the plan has ~d) ‖ *ausreifen* ‖ ⟨com⟩ *fällig w, verfallen* | **~d** [~d] a *ausgereift; abgelagert*

maturity [mə'tjuəriti] s *Reife* f, ⟨a fig⟩; ⟨demog⟩ *Alter* n *des Erwachsenseins* ‖ to come to ~ *zur R. k* ‖ ⟨com⟩ *Fälligkeit, Verfallszeit* f (at ~ *zur V., bei Verfall*)

matutinal [,mætju'tainl] a *morgendlich, Mor-gen–; früh*

maud [mɔ:d] s *wollenes Schäferplaid* n; *Reise-decke* f

maudlin ['mɔ:dlin] **1.** a *rührselig* ‖ *halbbezecht* **2.** s *Rührseligkeit* f

maugre ['mɔ:gə] Fr † prep *trotz, ungeachtet*

maul, mall [mɔ:l] s *schwerer hölzerner Schle-gel* m

maul [mɔ:l] vt (*jdn*) *verprügeln; schwer ver-letzen, zurichten; zerreißen, –fleischen* ‖ ⟨mst⟩ to ~ a p about *jdn rücksichtslos, roh behandeln*; *herumarbeiten an jdm* (with *mit*); *entstellen; be-schädigen* ‖ ⟨fig⟩ (*jdn, etw*) *kritisieren, herunter-machen*

maulstick ['mɔ:lstik] s ⟨arts⟩ *Malerstock* m

maund [mɔ:nd] s Ind *ein Handelsgewicht* f (82²/₇ lb)

maunder ['mɔ:ndə] vi *gedankenlos gehen, träumen, °dösen* ‖ *kindisch reden, faseln*

maundy ['mɔ:ndi] s ⟨ec⟩ *Fußwaschung* f ‖ ~-Thursday *Gründonnerstag* m; ⟨engl⟩ the Royal ~ *Almosenverteilung* f *am G. durch König* or *König* (~-money)

Mauser ['mauzə] s (*nach* W. *u* P. ~) *Mauser-gewehr* n, *–pistole* f

mausoleum [,mɔ:sə'liəm] L s *Mausol·eum, Grabmal* n

mauve [mouv] Fr **1.** s *Malvenfarbe* f **2.** a (⟨a⟩ ~-coloured) *malvenfarbig, mauve, gelblich-violett*

maverick ['mævərik] s ⟨Am⟩ *herrenloses Tier* n; *T. ohne Brand* m ‖ *mutterloses Kalb* n ‖ ⟨fig⟩ *Unabhängiger; Herumtreiber* m

mavis ['meivis] s ⟨orn poet⟩ *Singdrossel* f

maw [mɔ:] s (*T*) *Magen* m ‖ ⟨fig⟩ *Rachen, Schlund* m (death's ~)

maw [mɔ:] s ⟨Am fam⟩ = ma(mma)

mawkish ['mɔ:kiʃ] a (~ly adv) *widerlich, ab-geschmackt; geschmacklos* ‖ *rührsam, rühr–, gefühlsselig* **~ness** [~nis] s *Widerlichkeit; Ge-fühlsduselei* f

mawseed ['mɔ:si:d] s *Mohnsame* m

mawworm ['mɔ:wə:m] s ⟨zoo⟩ *Spulwurm* m ‖ ~ (*aus* Bickerstaffes *Stück* 'The Hypocrite') *Heuchler* m

maxilla [mæk'silə] s L *Kinnbacken* m, *–lade* f **~ry** [~ri] **1.** a *Kinnbacken–* (~ bone) **2.** s *Backenknochen* m

maxim ['mæksim] s *Max·ime* f, (*Erfahrungs-*) *Grundsatz* m, *Lebensregel* f

Maxim ['mæksim] s *Maximgeschütz* n (*Schnellfeuer-*)

maximize ['mæksimaiz] vt (*übermäßig*) *ver-größern, –stärken; übertrieben darstellen*

maximum ['mæksiməm] L s [pl *mst* –ma] *Maximum* n (a ~ of *ein M. an*); *höchster Grad* or *Satz, Preis, Wert* m ‖ *Höchstbetrag* m | [attr] *höchst, größt, Maximal–* (thermometer, → pressure); *Höchst–* (~ capacity *–leistung* f; ~ price *–preis* m); ~ speed *–geschwindigkeit, Spitzengeschwindigkeit* f; ~ tolerance ⟨tech⟩ *Grenzspiel* n

May [mei] s (*Monat*) *Mai* m (in ~ *im M.*; In ~, (*Komma*!) we hope to get started *wir hoffen, im M. beginnen z können*) ‖ ⟨fig⟩ *Jugend, Blüte* f ‖ ⟨bot⟩ ~ *Hagedornblüte* f | ~s [pl] ⟨univ Cambr⟩ *Maiprüfung* f; *Bootrennen* n *im Juni* | [attr] *Mai–* ‖ ~-bug *Maikäfer* m ‖ ~-day *erster Mai* ‖ ~-fly ⟨ent⟩ *Eintagsfliege* f ‖ ~-pole *Maibaum* m ‖ ~ Week ⟨univ Cambr⟩ *Maiwoche* f, *in der die Bootrennen* n pl *statt-finden*

may [mei] s ⟨poet⟩ = maiden

may [mei; *w* f mi, mə] v aux (*nur prs u* pret; 3. sg ~; pret might) **1.** *mag, kann,* (*P*) *mögen, können*; it ~ happen *es mag, kann geschehen; es geschieht vielleicht*; it ~ have happened *es mag geschehen* s; after all, I ~ not go *es mag* s, *daß ich nicht gehe, vielleicht gehe ich* (*gar*) *nicht*;

such terms as ~ be agreed *die jeweils z verein-barenden Bedingungen* f pl; it might happen that *es könnte geschehen, daß*; it might have happened *es hätte geschehen können*; be that as it may *es mag s wie es will*; come what ~ *komme, was wolle*; much as he ~ dislike him *so ungern er ihn auch hat* **2.** *darf*, pl *dürfen*; ~ I go? *darf ich gehen*? I may not go *ich darf nicht g.* **3.** [*als Umschreibung*] **a.** [*des* Optativs] ~ you be happy! *mögen Sie glücklich s!* **h.** [*des Konjunktivs*] I fear (that) he may not return *ich fürchte, daß er nicht zurückkehrt*; I hoped (that) he might return *ich hoffte, daß er zurückkehrte* ‖ → might ‖ **~be** ['meibi:], † **~hap** ['meihæp] adv *vielleicht*

maya ['mɑːjə] s Ind *Illusion* f

Mayfair ['meifɛə] s *vornehmer Stadtteil* m *Londons* (*zw* Bond Street *u* Hyde Park)

mayhem ['meihem] s ⟨jur hist⟩ *schwere Verwundung, –letzung* f

Maying ['meiiŋ] s *Maien, Maifest* n; † to go a~~ *den Mai festlich empfangen*

mayn't, maynt [meint] = may not

mayonnaise [ˌmeiəˈneiz] s Fr *Mayonnˈaise* f

mayor ['mɛə] s *Bürgermeister* m; → Lord **~al** [~rəl] a *bürgermeisterlich, Bürgermeister–*, *Mayors–* **~alty** [~rəlti] s *Bürgermeisteramt* n; *Amtsperiode* f *des Bürgermeisters* **~ess** [~ris] s *Frau e–s* Mayor ‖ Lady ⚹ *Frau Oberbürgermeister* (the Lady ~ of N.)

mazarine [mæzəˈriːn] **1.** s *Dunkelblau* n **2.** a *dunkelblau*

maze [meiz] **1.** s *Labyrˈinth* n, *Irrgarten* m ‖ *Verwirrung, Bestürzung* f; to be in a ~ *bestürzt s* **2.** vt [*bes* pass] *verwirren*; to be ~d in ⟨fig⟩ *verstrickt s in*

mazer ['meizə] s *mit Silber* n *eingefaßte Schale, Bowle* f (*aus Ahorn mit Fuß*)

maziness ['meizinis] s *Verwirrt–, Verworrenheit* f

mazuma [məˈzuːmə] s ⟨Am sl⟩ *Monˈeten* pl (*Geld*)

mazurka [məˈzəːkə] s *Mazˈurka* f (*Tanz* & *Musik*)

mazy ['meizi] a (–zily adv) *labyrinthisch, wirr*; *verwickelt, –wirrt, –worren*

McCarthyite [məˈkɑːθiait] s *Kommunistenfresser* m

McCoy [məˈkɔi] s ⟨sl⟩ the real ~ (*P*) *der °wahre Jakob*

me [miː; *w f* mi] **1.** pron pers [acc *v* I] *mich*; to ~, for ~ *mir* ‖ not for the life of ~ *nicht um alles in der Welt* f; dear ~! *mein Gott!* | [dat] *mir* | ⟨fam⟩ *ich* (it is ~); ~? ~ pay? *ich? ich zahlen?* ‖ ⟨vulg⟩ and ~ a widow *u noch dazu, wo ich W. bin* ‖ ⟨sl⟩ ~ for it *ich bin dafür* **2.** pron refl [*nach prep*] *mich*; I looked about ~ *ich sah mich um* ‖ ⟨Am⟩ *mir* (I built ~ ..) ‖ ⟨† poet⟩ I bethought ~ *ich besann mich*; I laid ~ down *ich legte mich nieder* **3.** s ⟨fam⟩ the ~ *das Ich*

Me [miː] s → He, ~

mead [miːd] s *Met* m

mead [miːd] s ⟨poet⟩ = meadow

meadow ['medou] s *Wiese*; *Gebirgswiese, Matte* f; *Anger* m | ~-lark ⟨orn⟩ *Feldlerche* f ‖ ~-saffron (bot⟩ *Herbstzeitlose* f ‖ ~-sweet ⟨bot⟩ *Mehlkraut* n, *Spierstaude* f | **~y** [~i] a *wiesenartig, Wiesen–*

meagre (Am **meager**) ['miːgə] a (~ly adv) (*P*) *mager* | (*S*) *dürr, unfruchtbar* (soil); *dürftig, kärglich* (diet); *ärmlich*; *trocken* (style) **~ness** [~nis] s *Magerkeit* f ‖ *Dürre, Dürftigkeit* f

meal [miːl] s (*grobes*) *Mehl* n (*v Roggen etc, nicht Weizenmehl* [*dies:* flour]) | ⟨Scot, Ir⟩ *Hafermehl* n **~iness** ['~inis] s *Mehligkeit* f **~y** ['~i] a *mehlig*; *Mehl–* ‖ ⟨bot⟩ *staubbedeckt* ‖ [in comp] *bleich–* ‖ ~-mouthed *sanftredend,*

fromm tuend ‖ *zurückhaltend, geziert, zimperlich*

meal [miːl] **1.** s *Mahlzeit* f; *Mahl* n ‖ to eat, have a ~ *eine M. z sich nehmen*; to take one's ~s *s–e Mahlzeiten* pl *z sich nehmen, essen* ‖ ~-time *Essenszeit* f (at ~) **2.** vi *sein Mahl* n *z sich nehmen, essen*

mealie ['miːli] s SAfr [*oft* pl ~s] *Mais* m

mean [miːn] s **1.** ~ [sg] *Mitte* f; to hit the happy ~ *die goldene M. treffen* ‖ ⟨math⟩ *Durchschnittszahl* f, *arithmetisches Mittel* n; *Durchschnitt(sbetrag)* m **2.** ~s [pl] (konstr: *finanzielle Mittel* f *immer* pl: my ~s are small; *Mittel* sg & pl: secret ~s were found, a secret ~s was found; there is *od* are no ~s of knowing) a. [pl & sg konstr] (*Hilfs–*)*Mittel* n pl; a ~s *ein M., ein Weg* m (to *z*; of doing, to do *z tun*); any ~s to the end *jedes brauchbare Mittel* n; no other ~s was left than .. *kein anderes M. war übrig als* ..; ways and ~s *Mittel u Wege* pl ‖ ~s of communication *od* transportation *Verkehrsmittel* n; ~s of conveyance *od* transport *Beförderungs–* pl ‖ by ~s of *vermittels*; by all ~s *auf alle Fälle* m pl, *ganz gewiß*; by no ~s *auf k–n Fall, k–sfalls*; by fair ~s *im guten, mit Güte* f; by foul ~s *im bösen, mit Gewalt* f; by these *od* this ~s *hierdurch* ‖ to adjust the ~s to the end *die Mittel* pl *dem Zwecke anpassen* **b.** [pl konstr] (*Geld–*)*Mittel* pl, *Vermögen* n; a man of ~s *ein bemittelter Mann* m; to live beyond one's ~s *über s–e Verhältnisse* pl *leben* | ~s test *Vermögens(über)prüfung* f, *Bedürftigkeitsnachweis* m

mean [miːn] a a * (of quality, etc) *mittlere(r, –s), Mittel–* ⟨mar⟩ ~ course); *mittelmäßig* ‖ ⟨math⟩ *Durchschnitts–, mittlere(r, –s)* | *dazwischenliegend, Zwischen–* ‖ in the ~ time *od* while *in der Zwischenzeit, inzwischen* **~time** ['~taim], **~while** ['~wail], '– –; – '–] **1.** s *Zwischenzeit* f **2.** adv *mittlerweile, inzwischen, unterdessen*

mean [miːn] a (~ly adv) *gering, niedrig* (rank) ‖ *unbedeutend, gering*; no ~ artist *ein bedeutender Künstler* m ‖ *ärmlich, schäbig* (streets) ‖ *niedrig, gemein* ‖ *geizig, knauserig* ‖ ⟨Am fam⟩ *unwohl* ‖ *beschämt* ‖ *unangenehm*; *eklig* ‖ *bösartig* (*Pferd*)

mean [miːn] vt/i (~t/~t [ment]) **I.** vt **1.** *im Sinn* m, *im Auge* n *h*; *beabsichtigen, gedenken* (a *th*; to do *z tun*) ‖ *entschlossen s z* ‖ to ~ business ⟨fig⟩ *es ernst meinen, Ernst m, nicht spaßen*; I ~ it *es ist mein Ernst* ‖ to ~ a p well *es gut mit jdm m.* ‖ *wollen* (a p to do *daß jd tut*) ‖ (*jdn, etw*) *bestimmen* (for *z*); ~t for each other *für e–a bestimmt* **2.** (*Worte*) *beziehen* (of a p *auf jdn*) ‖ (*etw*) *andeuten*; *sagen wollen* | *beabsichtigen, m.* (by *mit*); what do you ~ by it? *was m. Sie damit?* what do you ~ (you are doing)? *was fällt Ihnen ein?*; you don't ~ it *das kann nicht dein Ernst m sein*; without ~ing it *ohne es z wollen* ‖ [pass] to be ~t for *sein sollen, darstellen sollen* (this portrait is ~t for me *dies Bild soll ich s*) **3.** *bedeuten* (a th: that) ‖ *a bedeuten h* (to *f*) (all that he ~t to her) **II.** vi: to ~ well (ill) *es gut* (*schlecht*) *meinen* (by, to *mit*)

meander [miˈændə] **1.** s [*mst pl* ~s] *Windung, Krümmung* f ‖ *Umweg* m | ⟨arts⟩ *Muster* n *v spiraligen Mäanderlinien* f pl; *Zierband* n **2.** vi *mäandern, sich schlängeln, sich stark winden* ‖ *ziellos wandern* **~ing** [~riŋ] s *Windung* f ‖ *ziellose unzus–hängende Unterhaltung* f

meanie ['miːni] s ⟨fam⟩ *Knauser*; *Spielverderber* m (I don't want to be a ~, but ..)

meaning ['miːniŋ] **1.** s *Sinn* m, *Bedeutung* f; words with the same ~ *Wörter* n pl *derselben B.*; what is the ~ of that? *was soll das bedeuten?* ‖ with ~ *bedeutungsvoll* (to say a th with ~) ‖ within the ~ of .. *im Sinne v* „ | ⟨Lit⟩ **1.** emotive ~ **2.** cognitive *od* descriptive *od* referential ~ (cf. Ogden and Richards, The ～ of ～, 1923); ⟨Lit⟩ ~ regarded from 1. sense 2. feeling 3. tone 4. intention; ⟨Lit⟩ *im Mittelalter*: 1. historical 2. allegorical 3. tropological (a moral lesson) 4. anagogical 3. (vision of ultimate truth) **2.** a (~ly adv) *bedeutungsvoll*; well ~ *wohlwollend* **~ful** [~ful] a (~ly adv) = *meaning* [a] **~less** [~lis] a *bedeutungs-, ausdruckslos*

meanness ['mi:nnis] s (of rank, etc) *Niedrigkeit* f ‖ *Ärmlichkeit* f ‖ *Gemeinheit* f ‖ *Filzigkeit* f

meant [ment] pret & pp *v* to mean

measle ['mi:zl] vi ⟨fam⟩ *die Masern bek* **~s** ['mi:zlz] pl [sg konstr] ⟨med⟩ *Masern* pl; German ~ *Röteln* pl ‖ ⟨vet⟩ *Finnen* f pl

measly ['mi:zli] a *maserig, finnig* ‖ *fleckig* ‖ ⟨sl⟩ *wertlos, elend, erbärmlich, lumpig*

measurable ['meʒərəbl] a (~bly adv) *meßbar* ‖ *absehbar*

measure ['meʒə] s **1.** *Messen; Maß* n; (made) to ~ *nach Maß (gemacht)*; to take the ~ of the room *die Raumverhältnisse abmessen, -schätzen*; to take a p's ~ *jdm M. nehmen* (for a suit *z e–m Anzug*); ⟨fig⟩ (*jdn*) *taxieren, einschätzen* | *Maßinstrument* n; *-einheit* f; ~ of capacity *Hohl-, Raummaß; Faß* n ‖ *Maßsystem, Maß* (cubic ~ *Raum-*; liquid ~ *Flüssigkeits-*) | *Verhältnis* n; *Maßstab* m (of *f*) ‖ ⟨arith⟩ *Teiler, Faktor* m; 2, 3, 4, 6 are all ~s of 12: *2, 3, 4, 6 gehen alle in 12 auf* **2.** (*abgemessener*) *Teil* m; *Grenze* f; to set ~s to a *etw begrenzen* ‖ *gewisse Menge* f, *Portion* f ‖ ⟨pros⟩ *Versmaß, Metrum* n; ⟨mus⟩ *Takt* m; to tread a ~ *sich im T. drehen, tanzen* (with) ‖ ⟨min⟩ *Bank* f **3.** *Maßnahme, -regel* f, *Schritt* m; as a temporary ~ *als vorübergehende Maßnahme* f; to take ~s *Maßregeln* pl *ergreifen*; to take legal ~s *den Rechtsweg* m *einschlagen* ‖ ⟨jur⟩ *gesetzliche Verfügung* f, *Gesetz* n **4.** **Wendungen:** beyond ~ *über alle Maßen* pl ‖ in a ~ as *in dem Maße wie* ‖ in a ~ *in gewissem Maße*; in (a) great ~ *in großem M.*; *großenteils* ‖ in some ~ *gewissermaßen* ‖ ⟨fam⟩ he's our ~ *das ist unser Mann!* ‖ made-to-~ suit ⟨tail⟩ *Maßanzug* m

measure ['meʒə] vt/i **A.** vt (*ab*)*messen*, to ~ a p *jdm Maß* n *nehmen* (for a suit *z e–m Anzug*) ‖ *aus-, vermessen* ⟨fig⟩ (*etw*) *messen, abschätzen* (by *an*); ~d by *gemessen an* ‖ *beurteilen* (by *nach*) ‖ *vergleichen* (with); to ~ one's strength *s-e Stärke* f *messen* (with); to ~ o.s. with a p *sich mit jdm m.* ‖ to ~ out *aus-, zuteilen* **B.** vi *Messungen* pl *m* ‖ *e–n Umfang* m *h*; *messen*; it ~s 12 inches *es ist 12 Zoll* m *lang* ‖ *vergleichbar sein* (with) ‖ **~d** [~d] a (~dly adv) *bestimmt* ‖ (*ab*)*gemessen, gleich-, regelmäßig* (~ tread) ‖ *wohlüberlegt, -abgewogen; maßvoll, gemäßigt* **~less** [~lis] a *unermeßlich* **~ment** [~mənt] s *Messen* n ‖ *Messung* f; *Maß* n; (direct) ~ ⟨off stat⟩ *Erfassung* f (of migration *des Wanderungssaldos*) ‖ to take a p's ~ for a suit *jdm Maß* n *nehmen z e–m Anzug* m; *Größe* f ‖ ~s ⟨a⟩ *Meßwesen* n | [attr] *Maß-*

measuring ['meʒəriŋ] s *Messung* f ‖ [attr] *Maß-; Meß-* (~ instrument)

meat [mi:t] s † *Speise, Nahrung* f; *Mahl* n | (*a* butcher's ~) *Fleisch* (*als Nahrung*) n; ~ tea = high tea; ~s [pl] *Fleischgerichte* n pl ‖ ⟨Am⟩ (of fruits) *Fleisch* n ‖ ⟨sl⟩ *Genuß* m, this was ~ and drink to him *dies war ein gr G. für ihn* | ⟨fig⟩ *Substanz* f ‖ *Inhalt; Gehalt* m (full of ~) ‖ ⟨vulg⟩ a bit of ~ *ein Arm* voll „Brusttee" m | [attr] *Fleisch-* ‖ ~-loaf ⟨bes Ger cul⟩ „*falscher Hase*" m ‖ ~-safe *Speise-, Fliegenschrank* m ‖ ~-market ⟨Am⟩ *Fleisch-, Fisch- u Geflügelhandlung* f ‖ ⟨sex vulg⟩ °*Fleischmarkt* m **~less** ['~lis] a *fleischlos* (~ day; ~ diet) **~y**

[~i] a *fleischig* ‖ ⟨fig Am⟩ *kräftig, markig, gehaltvoll* ‖ ⟨fam⟩ °*saftig*

meatus [mi'eitəs] s L ⟨anat⟩ *Gang, Kanal* m

mebbe ['mebi, me'bi:] ⟨vulg⟩ = maybe *vielleicht*

meccano [mi'kɑːnou] s (*a* ~ set) *Metall-, Stabilbaukasten* m

mechanic [mi'kænik] **1.** † a = ~al **2.** s *Handwerker* m; *Maschinist, Mechaniker* m **~al** [~əl] a (~ly adv) *Maschinen-* (~-engineer; ~ engineering *-bau* m); *mechanisch*; ~ pilot ⟨aero⟩ *automatische Kurssteuerung* f, *Selbststeuerungsgerät* n; ~ shovel running on tracks *Raupenketten-Löffelbagger* m; ~ telephone *Selbstanschluß* m; ~ training *technische Ausbildung* f ‖ ⟨fig⟩ *mechanisch, maschinen-, handwerksmäßig* ‖ ~ equivalent ⟨tech⟩ (*Wärme-*) *Arbeitswert* m ‖ ~ tubing *Ringstahl* m ‖ ~ workshop *Bearbeitungswerkstatt* f **~alness** [~əlnis] s *das Mechanische* **~ian** [mekə'niʃən] s *Mechaniker* m **~s** [mi'kæniks] s pl [sg konstr] *Mech·anik* f; → fluid

mechanism ['mekənizm] s *Mechan·ismus* m, *Lauf-, Triebwerk* n ‖ ⟨philos⟩ *mechanistische Auffassung* f **-nist** ['mekənist] s = mechanician ‖ *Vertreter* m *der mechanist. Auffassung* f **-nistic** [,mekə'nistik] s ⟨philos⟩ *mechan·istisch* **-nization** [-nai'zeiʃn] s ⟨bes mil⟩ *Motorisierung* f **-nize** ['mekənaiz] vt *mechanis·ieren; motorisieren* (~d force *-sierte Truppe* f)

meconic [mi'kɔnik] a: ~ acid ⟨chem⟩ *Mek·onsäure* f

meconium [mi'kouniəm] s L ⟨med⟩ *Kindspech* n

medal ['medl] s *Schau-, Denkmünze, Medaille* f; Congressional ～ of Honor ⟨Am⟩ *höchste Tapferkeitsmedaille*; the reverse of the ~ ⟨fig⟩ *die Kehrseite der M.* ‖ *Ehrenabzeichen* n, *Orden* m; ⟨fam⟩ he didn't win any ~s *er konnte k–n Blumentopf* m *gewinnen*; [attr] *Ordens-* ~ play ⟨golf⟩ *Zählwettspiel* n **~led** [~d] a *mit Orden* pl *ausgezeichnet* **~lic** [mi-'dælik] a *Medaillen-, Denkmünzen-* **~lion** [mi'dæljən] s Fr *gr Medaille* f ‖ *Medaillon* n **~list** ['medlist] s *Münzenkenner* m ‖ *Medaillenstecher, -schneider* m | *Inhaber* m *e–r Ehrenmedaille* f; gold ~ *Inh. der goldenen Medaille*

meddle ['medl] vi *sich (ein)mischen* (in *in*) ‖ *sich unberufen befassen, sich abgeben* (with *mit*); *herumhantieren, -spielen* (with) | **~r** [~ə] s *a* ~ (in) *jd, der sich in fremde Dinge* n *pl mischt*; *Unzuständiger* m; *Unberufener* m **~some** [~səm] a *auf-, zudringlich, lästig*; *vorwitzig* **~someness** [~səmnis] s *Auf-, Zudringlichkeit* f

media 1. ['mediə] s ⟨phon⟩ *Media* f, *stimmhafter Verschlußlaut* m ‖ → medium **2.** ['mi:diə] s ⟨anat⟩ *mittlere Membran* n *e–r Arterie* f

mediæval, medieval [,medi'i:vəl] a (~ly adv) *mittelalterlich* **~ism** [~izm] s *Mittelalterlichkeit* f (*a* fig) ‖ *Schwärmerei* f *f das Mittelalter* **~ist** [~ist] s *Forscher, Kenner* or *Darsteller* m *des Mittelalters* **~ize** [~aiz] vt (*e–r S*) *mittelalterl. Charakter* m *verleihen*

medial ['mi:diəl] a (~ly adv) *durchschnittlich* ‖ *in der Mitte* f *liegend, mittlere(r, -s)* ⟨gram⟩ *inlautend*; ~ sound *Inlaut* m; ~ly *im I.* m ['mi:diən] **1.** a ⟨mst scient⟩ *in der Mitte* f *liegend*; ⟨stat⟩ *mittlere(r, -s)*; ~ age ⟨demog⟩ *Medi·analter* n **2.** s *mittlere Ader* f ‖ ⟨stat⟩ *Zentralwert* m **~ant** [~'mi:diənt] s ⟨mus⟩ *Medi·ante* f (*Mittelton*) **-ate** [mi'di:it] a (~ly adv) *mittelbar, indirekt* **-ate** ['mi:dieit] vi/t ‖ *vermitteln* (between) | vt (*Frieden*) *vermitteln, zustande bringen* ‖ *vermitteln, mitteilen* (to a p *jdm*); **-ation** [,mi:di'eiʃən] s *Vermittlung, Fürbitte* f (through his ~) **-atize** ['mi:diətaiz] vt *mediatisieren, der Landeshoheit* f *e–s Staates* *unterwerfen*; *(Gebiet) einverleiben* || ⟨fig⟩ *aufsaugen*

mediator ['mi:dieitə] s *Vermittler* m || ⟨ec⟩ *Mittler* m; the ⁓ *Christus* ⁓**ial** [ˌmi:di'tɔ:riəl] a (⁓ly adv) *Vermittler–*, *Mittler–* ⁓**ship** ['mi:dieitəʃip] s *Mittleramt* n | ⁓**y** ['mi:diətəri] a *vermittelnd*; *Vermittler–*, *Mittler–*
mediatrix [ˌmi:di'eitriks] s *Vermittlerin* f
medic ['medik] s (abbr) ⟨Am sl⟩ = ⁓al man *od* student ⁓**able** ['medikəbl] a *heilbar* ⁓**al** ['medikəl] a *medizinisch, ärztlich*; *Kranken–* (⁓ *attendant –wärter* m); *Sanitäts–* (⁓ *corps*); ⁓ *jurisprudence gerichtliche Medizin* f; ⁓ *man Arzt* m; *Mediziner* m; our ⁓ *man unser Hausarzt* m || ⁓ *practitioner praktischer Arzt* m || ⁓ *student Medizinstudent, Mediziner* m || *medizinisch, internistisch* ⁓**alese** [medikə'li:z] s ⟨dero⟩ *Fachsprache* f, *Jargon* m *der Ärzte* pl ⁓**ally** ['medikəli] adv *medizinischerseits, in medizinischer Hinsicht* f ⁓**ament** [me'dikəmənt] s *Arznei* f, *Heilmittel* n ⁓**ate** ['medikeit] vt *(jdn) medizinisch behandeln* || *mit Arznei* f *vermischen, imprägnieren*; ⁓d *Heil–*, *heilkräftig, medizinisch* (soap); ⁓d *candle Räucherkerze* f ⁓**ation** [ˌmedi'keiʃən] s *medizinische Behandlung* f || *Imprägnierung* f *(mit Medizin)* ⁓**ative** ['medikətiv] a *heilsam, –kräftig*
Medicean [ˌmedi'si:ən] a *medic'eisch, Medici–*
medicinal [me'disinl] a (⁓ly adv) *medizinisch*; *heilkräftig, heilsam, Heil–*; ⟨oft fig⟩ (for)
medicine ['medsin] 1. s a ['medisin] *Heilkunde, –kunst*; *Medizin, Arzneiwissenschaft* f (student of ⁓) | *Arznei, Medizin* | *chemical* ⁓ ⟨m.m.⟩ *innere M.*; *occupational* (⟨Am⟩ industrial) *medicine Arbeitsmedizin* n; to take one's ⁓ ⟨fig⟩ *sich darein fügen, damit abfinden, in den sauren Apfel* m *beißen* || *Zauber* m; ⟨sl⟩ *Schnaps* m; ⁓–man *Medizinmann* m || ⁓–chest *Haus–, Reiseapotheke* f 2. vt *heilen, kurieren*
medico ['medikou] It s [pl ⁓s] ⟨sl⟩ *Arzt*; *Mediziner* m
medieval etc = mediæval
mediocre [ˌmi:di'oukə] a *mittelmäßig, zweitklassig* ⁓**crity** [ˌmi:di'ɔkriti] s *Mittelmäßigkeit* f || [konkr] *inferiorer Geist, Dutzendmensch* m
meditate ['mediteit] vt/i 1. vt * (etw) bedenken, überdenken, –legen* | *im Sinn* m *h, planen, beabsichtigen* 2. vi *sinnen, überlegen* || *nachdenken* (on, upon, over *über*) ⁓**ation** [ˌmedi'teiʃən] s *Nachdenken, Sinnen* n; *fromme Betrachtung* f –**ative** ['mediteitiv] a (⁓ly adv) *sinnend, nachdenklich* –**ativeness** [⁓nis] s *Nachdenklichkeit* f
mediterranean [ˌmeditə'reinjən] 1. a *binnen–, inländisch* || ⁓ *mittelländisch* (the ⁓ Sea) 2. s the ⁓ *das Mittelländische Meer* || *Angehöriger* m *der Mittelmeerrasse* f
medium ['mi:diəm] L I. s [pl –ia, ⁓s] → 5. 1. *Mitte* f, *Mittelding* n, *–weg* m 2. *vermittelnder Stoff*; *Träger* m || ⟨paint⟩ *(Farb-)Bindemittel* n || ⟨med⟩ *Nährboden* m | *Lebenselement* n, *–bedingungen* f pl, *Umgebung* f; *Milieu* n 3. *Werkzeug, Mittel* n, *Vermittlung* f (by *od* through the ⁓ of) 4. ⟨paint⟩ *Bindemittel* n 5. [pl ⁓s] *Medium* n (P) II. a *mittlere(r, –s)*; *Mittel–* (⁓ *sort, wave*); ⁓ *fit* ⟨tech⟩ *Schlicht–, Feinpassung* f || ⁓ *force fit Edelhaftsitz* m || ⁓–*sized mittelgroß (Papierformat)* || ⁓–rank [attr] *(Staat etc) mittlerer Größe* f ⁓**istic** [ˌmi:diə'mistik] a *Medium–* (powers); z *Medium* m *fähig* ⁓**ize** ['mi:diəmaiz] vt *in e–n Mediumzustand* m *versetzen*
medlar ['medlə] s ⟨bot⟩ *Mehlbeerbaum* m, *Mispel* f; *Japanese* ⁓ *Japanische Mispel* f
medley ['medli] 1. s *Mischmasch* m, *Gemisch* n || *gemischte Gesellschaft* f || ⟨mus⟩ *Potpourri* n | ⁓ *relay* ⟨swimming⟩ *Lagenstaffel* f 2. a *gemischt, bunt*

medulla [me'dʌlə] s L ⟨anat⟩ *(Knochen-)Mark* n; *Rücken–, Gehirnmark* n ⁓**ry** [⁓ri] a *markig, Mark–*
Medusa [mi'dju:zə] s L 1. ⟨myth⟩ *Med·use* f 2. ⁓ [pl –sae; ⁓s] ⟨zoo⟩ *Med·use, Qualle* f | ⁓**l** [⁓l], ⁓**n** [⁓n] a ⟨zoo⟩ *Medusen–, Quallen–*
medusoid [mi'dju:zɔid] 1. a *quallenartig, –förmig* 2. s *Qualle* f
meed [mi:d] s ⟨poet⟩ *Lohn*; *verdienter Teil* m
meek [mi:k] a (⁓ly adv) *sanft(mütig)*; *demütig*; as ⁓ as a lamb *lammfromm* || ⟨oft iron⟩ *unterwürfig* ⁓**ness** ['⁓nis] s *Demut*; *Sanftmut* f
meemies ['mi:miz] s pl ⟨fam⟩ *screaming* ⁓ *Schrei–, Hyster·ie-Anfall* m
meerkat ['miəkæt] s ⟨zoo⟩ *Surik·ate* f, *Scharrtier* n || *Art* f *Ichneumon* n
meerschaum ['miəʃəm] s ⟨Ger⟩ *Meerschaum* m || *Meerschaumpfeife* f
meet [mi:t] † a (⁓ly adv) *passend, geeignet*, (for; to do; to be done); *schicklich* (it is ⁓ that) ⁓**ness** ['nis] s *Angemessenheit* f
meet [mi:t] vt/i [met/met] I. vt 1. *(jdm) begegnen, (jdn) treffen*; ⟨com⟩ *looking forward to the pleasure of* ⁓ing you *wir freuen uns auf Ihren Besuch und* ..; to ⁓ *each other, one another e–a treffen, sich treffen* | *(jdn) vom vom Bahnhof* m *abholen*; he met our train *er holte uns am B. ab*; to be met *empfangen* w; the omnibus ⁓s all trains *der Omnibus ist z allen Zügen* pl *an der Bahn* f; to come, go, run to ⁓ a p *jdm entgegenkommen, –gehen, –laufen*; to ⁓ a p half-way ⟨mst fig⟩ *jdm auf halbem Wege entgegenkommen* | ⟨parl⟩ *(of new government)* to ⁓ the parliament *sich dem Parlament* n *vorstellen* || ⟨min⟩ *(e–n Gang) anfahren, –brechen* 2. *berühren*; *(of streets) münden in, stoßen auf*; to ⁓ a p's eye *jdm ins Auge* n *fallen*, to ⁓ all eyes *v allen gesehen* w 3. *(jdm feindlich) entgegentreten*; ⟨fig⟩ *(e–m Übel) entgegentreten, abhelfen*; *(etw) anpacken*; *überwinden*; to ⁓ a th *auf etw antworten*; *e–r S entgegnen*; *(Einwendungen) widerlegen* 4. to ⁓ a p *(zufällig) mit jdm zus–treffen, in Verbindung* f *treten*; *jdn kennenlernen*; *pleased to* ⁓ *you sehr erfreut, Ihre Bekanntschaft* f *zu* m; well met! *schön, daß wir uns treffen* || * ⟨poet⟩ erfahren* (Lohn) *erhalten* || ⟨Am⟩ ⁓ *Mr. N. Kennen Sie sich? – Herr N.* 5. *(jdm, jds Wünschen) entgegenkommen*; *(Forderung) erfüllen*; *entsprechen*; *(Verpflichtung) nachkommen*; *(Rechnung [sbetrag]) begleichen*; *(Unkosten) bestreiten* (out of *aus*); *(Kosten) tragen*; ⟨com⟩ *(Wechsel) honorieren* II. vi 1. *sich begegnen*; *sich treffen*; *sich versammeln* | *sich kennenlernen* || *zus–treffen* 2. *(S) sich berühren*; → end || *(of qualities) sich vereinigen* (in) 3. to ⁓ with a p *od* a th *zufällig stoßen auf jdn, etw*; *jdn zuf. treffen, etw zuf. finden*; to be met with, in *gefunden* w *bei* || *etw erfahren, erleiden*; to ⁓ with an accident *verunglücken*, .. with approval *gebilligt* w 4. to ⁓ up with ⟨Am⟩ *einholen, zus–treffen*
meet [mi:t] s ⟨hunt⟩ *(Zus-)Treffen* n *(vor der Jagd), Jagdtreffen* n
meeting ['mi:tiŋ] s *Begegnung* f (⁓ of St. Joachim and St. Anne ⟨arts⟩ *B. Annas u Joachims an der Goldenen Pforte*); *Zus–kunft* f || *general* ⁓ *Generalversammlung* f; *public* ⁓ *öffentliche V.*; *seditious* ⁓ z *aufrührerischen Zwecken* pl *einberufene V.* || *Stelldichein* n || ⟨sport⟩ *Treffen*; *Zus–treffen* n || *öffentl. Versammlung* f (at a ⁓ *auf e–r V.*), to call a ⁓ *e–e V. einberufen* (for 2 o'clock *auf 2 Uhr*); *Tagung* f; *Versammlungsteilnehmer* m pl || *Sitzung, Konferenz* f | ⁓–place *Versammlungsort* m || ⁓–point *Berührungs–, Treffpunkt* m
meg [meg] s ⟨Am fam⟩ *1-Cent-Münze* f
mega– ['megə–] Gr [in comp] *groß* ⁓**buck**

[∼bʌk] s ⟨Am hum⟩ *e–e Million* f *Dollar* m pl
∼cephalic [‚megəsi'fælik], **∼cephalous** [‚megə-
'sefələs] a *großköpfig* **∼cycle** [∼'saikl] s ⟨wir⟩
Megahertz n (= *10 Hertz*) **∼death** [∼deθ] s
der Tod v e–r Million f *Menschen* m pl **∼lith**
[∼liθ] s *Megal·ith* m (*gr Steinblock*) **∼lithic**
[‚megə'liθik] a *megal·ithisch* (∼ *age*) **∼phone**
[∼foun] **1.** s *Schalltrichter* m, *Sprachrohr*,
Megaphon n **2.** vt/i *durch e–n Schalltrichter*
sprechen **∼pode** ['megəpoud], **∼pod** [∼pəd] s
⟨orn⟩ *Wallnister* m (*Hühnerart*) **∼therium**
[‚megə'θiəriəm] s L ⟨zoo⟩ *ausgestorbenes Riesenfaultier* n **∼ton** [∼tʌn] s *Megatonne* f
(*1 000 000 t*), *1000 Kilotonnen* f pl
  megalo– ['megəlou] Gr [in comp] *groß*
∼mania [∼'meinjə] s *Größenwahn* m **∼maniac**
[∼'meiniæk] s *an G. Leidender* m
  megass [me'gæs, mi–] s *Bag·asse* f (*ausge-
preßte Stengel des Zuckerrohrs*)
  meg(ger) ['meg(ə)] s ⟨film fam⟩ *Megaph·on* m
  megger ['megə] s ⟨el⟩ *Isolations–*, *Wider-
standsmesser* m
  megilp [mə'gilp] s *Leinölfirnis* m *mit Terpentin* n (*als Farbträger*)
  megohm ['megoum] s ⟨el⟩ *Einheit* f *des
Widerstandes*, *e–e Million* f *Ohm* n
  megrim ['mi:grim] s *Migräne* f ‖ *Grille* f ‖
the ∼s [pl] *Melancholie* f; ⟨vet⟩ *Koller* m
  mekometer [mi'kəmitə] s ⟨mil⟩ *Entfernungsmesser* m
  meiosis [mai'ousis] s Gr *Lit·otes* f
  melancholia [‚melən'kouljə] s L *Melanchol·ie* f
–oliac [‚melən'kouliæk] s *Melanch·oliker* m
–olic [‚melən'kɔlik] **1.** a *melanch·olisch, schwermütig* **2.** s *Melanch·oliker* m **–oly** ['melənkəli]
1. s *Melanchol·ie, Schwermut* f **2.** a *schwermütig*;
düster ‖ *traurig* (event)
  mélange [mei'lɑ̃:ʒ] s Fr *Mischung* f, *Gemisch* n
  melanism ['melənizm] s *Schwarzsucht* f **–no–**
['meləno] Gr [in comp] *schwarz* **–nosis** [‚melə-
'nousis] s *abnorme schwarze Färbung* f
  mêlée ['melei] s Fr *Handgemenge* n ‖ ⟨fig⟩
Gewoge n
  melic ['melik] a *liedhaft, Lieder–* (∼ *poet*)
  melilot(e) ['melilət] s ⟨bot⟩ *Honigklee* m
  melinite ['melinait] s *Melin·it* m (*Sprengstoff*)
  meliorate ['mi:liəreit] vt/i ‖ *bessern*; ⟨Boden⟩
verbessern ‖ vi *sich bessern* **–ation** [‚mi:liə'reiʃən]
s *Besserung*; (*Boden-*)*Verbesserung* f **–ism**
['mi:liərizm] s ⟨philos⟩ *Meliorismus* m
  melliferous [me'lifərəs] a *honigtragend*–*fluent**
–fluous [me'lifluəs] a ⟨fig⟩ *honigsüß* ‖ ⟨fig⟩
melodisch süß, lieblich einschmeichelnd **–fluence**
[me'lifluəns] s ⟨fig⟩ *Lieblichkeit* f
  mellow ['melou] **1.** a (∼ly adv) (of fruit) *reif,
saftig* ‖ *weich, mürbe* ‖ *ausgereift* ‖ ⟨übtr⟩ *reich*
(soil) ‖ *weich* (skin) ‖ *gereift* (age); *würdevoll*
‖ (of sound, colour) *voll* ‖ *heiter, freundlich* ‖ ⟨sl⟩
angeheitert, [pred] *„reif"* **2.** vt/i ‖ *reif m*; *reifen*
l; ⟨fig⟩ *gereift, sanft, abgeklärt m* ‖ vi *reif w*;
reifen; ⟨fig⟩ *sich mildern, sich abklären* **–ing**
[∼iŋ] a *mild, sanft* (voice) **∼ness** [∼nis] s
Reife, Mürbheit f ‖ *Gereiftheit*; *Milde* f
  melodeon, **–dion** [mi'loudiən], **–dium** [–diəm] s
Melodiumorgel f (*Art Harmonium*) ‖ = *ac-
cordion*
  melodic [me'lɔdik] a *melodisch*
  melodious [mi'loudjəs] a (∼ly adv) *melodisch,
melodi·ös*; *wohlklingend* **∼ness** [∼nis] s *Wohlklang* m
  melodist ['melədist] s *Sänger, Verfasser* m v
Liedern n pl; *melodienreicher Komponist* m
–ize ['melədaiz] vi/t ‖ *e–e Melodie* f *singen* or
komponieren ‖ vt *melodisch m*; (*Lied*) *vertonen*
  melodrama ['melədrɑ:mə] s *Melodrama* n,
(*sensationelles*) *Volksstück* n (*mit Musikeinla-
gen*) ‖ ⟨fig⟩ *Sensation* f; *unruhiges Gewoge* n
∼tic [‚melodrə'mætik] a (∼ally adv) *melodra-*

matisch; *bombastisch* **∼tist** [‚melo'dræmətist] s
Verfasser m v *Melodramen* pl
  melody ['melədi] s *Melodie* f, *Wohllaut* m
‖ *die Melodie*
  melon ['melən] s ⟨bot⟩ *Melone* f ‖ ∼, ∼s
[pl] *gemeinsamer Profit* m, *Beute* f; to cut a
large ∼ *e–n gr Schnitt m* ‖ ∼*-cutting* ⟨sl⟩
Verteilung f *des „Raubes"* (*Gewinnes*)
  melt [melt] **I.** vi/t [pp ∼ed & molten] **1.** vi
schmelzen; *zerschmelzen* ‖ *sich auflösen, aufgehen* (into *in*); *sich verflüchtigen, verschwinden*
‖ *zus–schrumpfen, sich zus–ziehen* ‖ (*P*) *auftauen*;
to ∼ *in od into tears in Tränen* f pl *zerfließen*
‖ to ∼ *away* ⟨fig⟩ *zergehen, schwinden* **2.** vt
(*etw*) *schmelzen* ‖ *zerfließen l* (into *in*); *verschwinden l*; ⟨paint⟩ (*Farben*) *vertreiben*, ∼*ed
weich, vertrieben*; (*Emaille*) *durchschmelzen*
‖ ⟨fig⟩ (*jdn*) *rühren, weich m* ‖ to ∼ *down*
(⟨Am⟩ up) *einschmelzen* **II.** s *Schmelzen* n; *ge-
schmolzenes Metall* n ‖ **∼er** ['∼ə] s *Schmelzer* m
‖ *Schmelzofen* m **∼ing** ['∼iŋ] **1.** s *Schmelzen* n
‖ [attr] *Schmelz–*; ∼*-pot –tiegel* m; to put into
the ∼*-pot* ⟨fig⟩ *gänzlich ummodeln* **2.** a *schmel-
zend* ‖ *schmachtend* (look); *rührend* ‖ *weich*;
sanft
  melton ['meltən] **1.** s *glanzloses wollenes Gewebe, Tuch* n; *Überzieher* m *daraus* **2.** a *Melton–
mem* [mem] s ⟨fam⟩ (abbr *f* memorandum)
Notiz f
  member ['membə] vt ⟨vulg⟩ = remember
  member ['membə] s ⟨anat⟩ *Glied* n ‖ ⟨übtr⟩
Glied n, *Teil* m ‖ *Mitglied* n; ∼s [pl] of a trade
Gewerbetreibende pl, ∼ as of right *Mitglied* n
v *Amts wegen*; ∼s of a firm *Belegschaft* f ‖
⟨parl⟩ ↶, ↶ of Parliament (abbr M. P.
['em'pi:]) *Abgeordneter* m (an M. P.); the ↶
for Lewes *der A. f L.* ‖ [attr] *Glied–, Mitglied–*
∼ *states* [pl] *–staaten* m pl ‖ **∼ed** [∼d] a *gegliedert*; [in comp] *–gliedrig* (four–∼) **∼less** [∼lis] a
gliedlos **∼ship** [∼ʃip] s *Mitgliedschaft, Zugehörigkeit* (of, in *zu*) ‖ *Mitgliederzahl* f ‖ ∼ *association nicht eingetragener Verein* m, ∼ *corporation eingetragener V.* ‖ ∼ *fee Mitglieds-
beitrag* m
  membranaceous [‚membrə'neiʃəs] a *membran-
artig–*brane** ['membrein] s ⟨anat⟩ *Membr·an*(*e*)
f, *Häutchen* n **–braneous** [mem'breiniəs], **–bran-
ous** [mem'breinəs] a *häutig, Membran–*
  memento [me'mentou] L s [pl ∼es, *∼s]
Zeichen n *der Erinnerung* f (of *an*); *Andenken* n
  memo ['memo] s ⟨fam⟩ (abbr *f* memorandum)
Notiz f
  memoir ['memwɑ:] s Fr *Denkschrift* f ‖ *wissensch. Untersuchung* f (on *über*) ‖ ∼s [pl] *Aufzeichnungen, Lebenserinnerungen* f pl
  memorabilia [‚memərə'biliə] s L [pl] *Denk-
würdigkeiten* f pl **–ability** [‚memərə'biliti] s
Denkwürdigkeit f ‖ *Andenken* n (of *an*) **–able**
['memərəbl] a (–bly adv) *denkwürdig*; *der Erinnerung* f *wert* **–andum** [‚memə'rændəm] L
(abbr mem; memo) s [pl –da, ∼s] *Vermerk* m,
Notiz f (of *über*) ‖ *Vereinbarung* f; *Vertragsur-
kunde*; *Tanzkarte* f ‖ ⟨com⟩ *Rechnung, Nota* f
‖ ⟨pol⟩ *Denkschrift* f; *Eingabe* f, *Memorandum* n
‖ ∼*-book Notizbuch* n
  memorial [mi'mɔ:riəl] **1.** a z *Andenken* n *dienend, Gedenk–, Gedächtnis–* (∼ service), *Gedenk–* (∼ tablet, ∼ volume) ‖ ↶ *Day* ⟨Am⟩
(*Bürgerkrieg-*)*Heldengedenktag* m (30. 5.) **2.** s
Denkmal n; *Ehrenmal* n (to lay wreaths on the
∼ .. *am E.*) ‖ *Andenken* n (of *an*), for a ∼ *zum
A.* ‖ ⟨pol⟩ *Denkschrift* f ‖ *Eingabe, Bittschrift* f
‖ ∼s [pl] *persönliche Erinnerungen* f pl **∼ist**
[∼ist] s *Verfasser* m v *Denkschriften* f pl ‖ *Unterzeichner* m *e–r Bittschrift* f **∼ize** [∼aiz] vt
erinnern an (etw) ‖ (*jdm*) *e–e Bittschrift* f *einreichen*
  memorize ['meməraiz] vt * z *Erinnerung* f *auf-*

zeichnen; *erwähnen* || ⟨*bes* Am⟩ *auswendig lernen*

memory ['meməri] s *Gedächtnis* n (for *f*); ~ for faces *Personengedächtnis* n; to have a good ~ *ein gutes G. h*; to recall a th to a p's ~ *jdm etw ins G. zurückrufen*; to escape a p's ~ *jds G.* [dat] *entfallen*; one must keep in ~ *that the man is an artist allerdings ist er ein K·ünstler!* || ⟨tech⟩ (*Büromaschinen-*),,*Gedächtnis''* n, *Speicher, Informationsspeicher* m | *Erinnerungsvermögen* n (for); *Erinnerung* f (of *an*); *it is within living* ~ *es leben noch viele, die sich daran erinnern (können)*; in ~ of *zur E. an*; from ~ *aus der E.*, *auswendig* || *Andenken* n (of *an*); of blessed ~ *seligen Andenkens* || *Erinnerungszeit* f; within (beyond) the ~ of man *seit (vor) Menschengedenken* n

mem-sahib ['mem‚sɑ:hib] s Ind *europäische verheiratete Frau* f

men [men] s pl *v* man || ~-folk [koll] *die Männer* m pl

menace ['menəs] **1.** s ⟨liter⟩ *Drohung* f, *drohende Gefahr* (to *f*); *Bedrohung* f (to a th *e–r S*) **2.** vt (*be*)*drohen*; *als Drohung* f *ankündigen* (a th; to do; that) –**cing** [–iŋ] a (~ly adv) *bedrohlich* (to *f*)

ménage [me'nɑ:ʒ] s Fr *Haushalt* m; –*sführung* f

menagerie [mi'nædʒəri] s Fr *Menager·ie*; *Tierschau* f

menarche ['menɑ:ki] s *erste Monatsregel* f

mend [mend] **I.** vt/i **1.** vt *verbessern, berichtigen* | *reparieren*; *ausbessern*; ⟨fam⟩ (*Kleider*) *flicken* | † *besser* m, (*ver*)*bessern* || to ~ a fire *Feuerung* f *aufwerfen* || to ~ one's pace *den Schritt beschleunigen*; .. one's ways *sich bessern* | ⟨fam⟩ (*etw*) *übertreffen* **2.** vi *besser w, sich bessern; genesen*; to be ~ing *auf dem Wege der Besserung* f *s* | *sich ausbessern l* **II.** s *ausgebesserte Stelle* f, *Ausbesserung* f || on the ~ *auf dem Wege der Besserung* f ~**able** ['~əbl] a *besserungsfähig* ~**er** ['~ə] s *Ausbesserer, Flicker* m || ~s [pl] *Bleche* n pl *zweiter Güte* f

mendacious [men'deiʃəs] a (~ly adv) *verlogen, lügnerisch, lügenhaft* –**acity** [men'dæsiti] s *Verlogenheit, Lügenhaftigkeit* f

Mendelian [men'di:liən] a (*nach* J. G. Mendel, † 1884) ⟨biol⟩ *Mendel–* –**ism** ['mendelism] s ⟨biol⟩ *Mendelsche Regeln* f pl **mendelize** ['mendəlaiz] vi (of breeds) *mendeln* || *nach Mendels Gesetzen* n pl *verfahren*

mendicancy ['mendikənsi] *Bettelei* f –**cant** ['mendikənt] **1.** a *bettelnd, Bettel–* **2.** *Bettler* m | *Bettelmönch* m –**city** [men'disiti] s *Bettelei* f || *Bettelwesen* n; –*stand* m, to reduce to ~ *an den Bettelstab* m *bringen*

menhaden [men'heidn] s ⟨ich⟩ *Bunker, Heringsfisch* m

menhir ['menhiə] s ⟨praeh⟩ *Hünenstein* m, *Steinsäule* f

menial ['mi:niəl] **1.** a (~ly adv) *Gesinde–* || *niedrig, knechtisch*; *gemein* **2.** s ⟨cont⟩ *Diener, Knecht, Lakei* m

meninges [me'nindʒi:z] s pl L ⟨anat⟩ *Hirnhäute* f pl –**gitis** [‚menin'dʒaitis] s ⟨med⟩ *Hirnhautentzündung* f –**gocele** [me'niŋgosi:tl] s *Hirnhautbruch* m –**x** ['mi:niŋks] s L *Hirnhaut* f

meniscal [me'nisk1] a *sichelförmig* –**cus** [–kəs] s L (pl –ci [–kai]) ⟨opt⟩ *Halbmuschel–, Meniskenglas* n, *konvex-konkave Linse* f || ~-*shaped meniskenförmig*

Mennonites ['menənaits] s pl *Mennon·iten* m (*Angehörige e–r um 1525 gegr. Schweizer Freikirche*)

menopause ['menoupɔ:z] s ⟨med⟩ *M·enopause* f, *Wechseljahre* n pl (*der Frau*), *Klimakt·erium* n

menses ['mensi:z] s L pl *Monatsfluß* m, *monatl. Unwohlsein* n, *Regel* f (*der Frau*)

mensh [menʃ] ⟨vulg⟩ don't ~ = don't mention it

Menshevik ['menʃəvik] s *Menschew·ik, russischer gemäßigter Sozialist* m

menstrual ['menstruəl] a ⟨astr⟩ *monatlich, Monats–* || ⟨med⟩ *Menstruations–* (~ period); ~ cycle ⟨biol⟩ *Monatszyklus* m –**ruate** ['menstrueit] vi *menstruieren, die monatl. Regel h* –**uation** [‚menstru'eiʃən] s *Menstruati·on, monatl. Regel* f –**uous** ['menstruəs] a ⟨med⟩ *Menstruations–*

menstruum ['menstruəm] s L ⟨chem⟩ *Auflösungsmittel* n

mensurability [‚menʃurə'biliti] s *Meßbarkeit* f –**able** ['menʃurəbl] a *meßbar* || ⟨mus⟩ *Mensural–* –**al** ['menʃərəl] a *Maß–* || ⟨mus⟩ *Mensural–* –**ation** [‚mensjuə'reiʃən] s *Abmessen* n; *Messung* f; ⟨math⟩ *Meßkunst* f

mental ['mentl] **1.** a *geistig, Geistes–*; ~ age *geistiges Alter* n || ~ arithmetic *Kopfrechnen* n | *Geistes–*: ~ deficiency –*schwäche* f; ~ derangement, ~ disruption –*störung* f; ~ disease –*krankheit* f; ~ hospital *Klinik* f *f –kranke, Nervenklinik* f; ~ patient, ~ case –*kranker* m; ~ power –*kraft* f; ~ state –*zustand* m | ⟨psych⟩ ~ age *Intelligenzalter* n; ~ deficient *Schwachsinnige(r* m) f; ~ dynamisms, ~ mechanisms pl *unbewußt-seelische Gestaltungsvorgänge* m pl; ~ health association *Gesellschaft* f *f psychische Hygiene* f; World Federation for ⌤ H. *Weltorganisation* f *f ..*; ~ h. clinic *Beratungsstelle* f *f .. (nachgehende psychiatr. Fürsorge)*; ~ h. programme *Progr. z Verbesserung* f *der allgem. zwischenmenschl. Beziehungen*; ⌤ H. Week *Woche* f *der seelischen Gesundheit* f; ~ hygiene *Psychohygiene* f | ~ cruelty ⟨jur⟩ *Eheverfehlen* n *durch liebloses Verhalten* n | ~ reservation *Ment·alreservation* f *insgeheimer Vorbehalt* m ~**ity** [men'tæliti] s *Geistesrichtung, Mentalit·ät, Denkweise, Denkungsart* f ~**ly** [–təli] adv *im Geiste, bei sich* || *in geistiger Beziehung* f –**tation** [men'teiʃən] s *geistige Tätigkeit or Funktion* f, *Verstandestätigkeit* f

mental ['mentl] a *Kinn–*

menthol ['menθol] s ⟨chem⟩ *Menthol* n

menticide ['mentisaid] s *Tötung* f *des eigenen Willens*; ⟨pol⟩ °*Gehirnwäsche* f

mention ['menʃən] **1.** s *Erwähnung* f; honourable ~ *ehrenvolle E.*; to give individual ~ to a p *jdn einzeln erwähnen* || to make ~ of *erwähnen* (~ must be made of .. *erwähnt w muß noch ..*) **2.** vt *erwähnen* (a th; that) || not to ~ *geschweige denn*; don't ~ it *bitte sehr, k–e Ursache* f, *gern geschehen* || not worth ~ing *nicht erwähnenswert, nicht der Rede* f *wert* ~**able** [~əbl] a *z erwähnen(d)*; *erwähnenswert*

mentor ['mentɔ:] s Gr *Mentor, kluger u treuer Ratgeber* m

menu ['menju:] s Fr *Men·ü* n, *Speisenfolge* f, *Speisekarte* f

Mephistophelean, –**lian** [‚mefistə'fi:liən] a *mephistoph·elisch*

mephitic [me'fitik] a *meph·itisch, verpestet, Pest–*; *giftig*; ⟨a fig⟩, ~ air *Stickluft* f –**tis** [me'faitis] s L *verpestende Ausdünstung, Stickluft* f

mercantile ['mə:kəntail] a *kaufmännisch*; *handeltreibend, Handels–* (~ marine –*marine* f); *Merkant·il–* (~ system) –**ilism** [–izm] s *kaufmännischer Unternehmungsgeist, Merkantilismus* m || *Merkantilsystem* n

mercenariness ['mə:sinərinis] s *Feilheit, Käuflichkeit* –**ry** ['mə:sinəri] **1.** a (–rily adv) *gewinn–, selbstsüchtig*; *Geld–* (~ marriage) || *feil, käuflich* || ⟨mil⟩ *gedungen, Lohn–, Söldner–* **2.** s *Söldner* m

mercer ['mə:sə] s *Seiden-, Schnitt-, Manufakturwarenhändler* m **~ize** [~raiz] vt (*Baumwolle*) *merzeris·ieren* | **~y**] [~ri] s [koll] *Seiden-, Schnitt-, Manufakturwaren* f pl || *-geschäft* n
merchandise ['mə:tʃəndaiz] **1.** s [*nur* sg-*Form u* sg konstr] (*Handels-*)*Waren*, (--)*Güter* n pl, an article of ~ *eine Ware* f **2.** vi *Geschäfte m* **-dising** [~iŋ] s (*Handels-*)*Geschäft* n, *-e* pl; *Handel* m || attr *Kaufmanns-*
merchant ['mə:tʃənt] **1.** s *Großhändler, -kaufmann* m; the **~s** pl *die Kaufmannschaft* f || ⟨Scot Am⟩ *Kleinhändler, Krämer* m || ⟨sl⟩ *Person* f, *Mann, Bursche* m; speed ~ *rücksichtsloser Autofahrer* m **2.** a *Kaufmanns-* (class), *Handels-* (~ service *-schiffahrt* f) || ~-tailor *Herrenschneider u Tuchhändler* m **~able** [~əbl] a *marktfähig, gangbar* **~man** [~mən] s *Kauffahrer* m, *Kauffahrteischiff* n
merciful ['mə:siful] a *barmherzig; mitleidvoll* || *Gnade* f *übend*; (of God) *gnädig* (to a p *jdm*) || *milde* (punishment) || *erfreulich* **~ly** [~i] adv *erfreulicherweise, glücklicherweise* **~ness** [~nis] s *Barmherzigkeit; Gnade* f
merciless ['mə:silis] a (~ly adv) *unbarmherzig; schonungslos; grausam* **~ness** [~nis] s *Unbarmherzigkeit; Grausamkeit* f
mercurial [mə:'kjuəriəl] a (~ly adv) ⟨astr⟩ *Merkur-, merkurisch* | ⟨chem⟩ *quecksilberhaltig, Quecksilber-* | *unbeständig; lebhaft, munter* **~ism** [~izm] s *Quecksilbervergiftung* f **~ity** [mə:ˌkjuəri'æliti] s *Lebhaftigkeit* f **~ize** [~aiz] vt *mit Quecksilber n behandeln*
mercuric [mə:'kjuərik], **-rous** ['mə:kjurəs] a ⟨chem⟩ *Quecksilber-*
Mercury ['mə:kjuri] s **1.** ⟨myth⟩ *Merk·ur* m, ⟨fig⟩ *Bote* m **2.** ⟨astr⟩ *Merkur* m **3.** ⚹ *Quecksilber* n
mercy ['mə:si] s **1.** *Barmherzigkeit* f (the [seven] acts of ⚹); *Mitleid* n; *Gnade* f (without ~ *ohne G.*); *Verzeihung* | *sister of* ~ *barmherzige Schwester* f || to be at the ~ of a p, a th *in der Gewalt* f *jds, e-r S s*; *jdm, e-r S preisgegeben s*; to throw o.s. on a p's ~ *sich jdm auf Gnade u Ungnade f ergeben* || in ~ to a p *jdm zuliebe* || to have ~ (up)on a p, to show a p ~ *sich jds erbarmen*; Lord have ~ upon us! *Herr, erbarme dich unser!*; ~ on us! *Gott sei uns gnädig! du lieber Himmel!* **2.** *Segen* m, *Wohltat* f; it is a ~ that *es ist ein Segen, e–e wahre Wohltat* f, *daß* **3.** [attr] ~-seat ⟨ec⟩ *Gnadenstuhl* m (*Gottes*)
mere [miə] s *Weiher, See* m
mere [miə] a *bloß* (a ~ pretext), *nichts als* (a ~ imitation); no ~ politician *kein bloßer Politiker* m, *nicht nur P.* || the ~st accident *der reinste Zufall* | *völlig, rein* (~ nonsense; a ~ swindler) || ⟨fam⟩ *närrisch, lächerlich* **~ly** ['~li] adv *bloß, nur*
merestone ['miəstoun] s ⟨for⟩ *Grenzstein* m
meretricious [ˌmeri'triʃəs] a (~ly adv) *hurerisch; buhlerisch* || ⟨fig⟩ *verführerisch, blendend; aufgeblasen, unecht, kitschig*
merganser [mə:'gænsə] s ⟨orn⟩ *Taucher* m, *Tauchente* f || *red-breasted* ~ *Mittelsäger* m
merge [mə:dʒ] vt/i ⟨jur⟩ *tilgen, aufheben* || *aufgehen l* (in *in*), *verschmelzen* (in *mit*); to be ~d in *aufgehen in* | vi *aufgehen* (in *in*), *verschmelzen* (in *mit*) **~nce** ['~əns] s *Aufgehen* n (in *in*); *Verschmelzen* n (into *mit*) | **~r** ['~ə] s ⟨jur⟩ *Aufgehen* n (*e–s Besitzes*) *in e–n größeren* || ⟨com⟩ *Verschmelzung, Fusion* f || ⟨jur⟩ *Gesetzkonkurrenz* f, → *simultaneity*
mericarp ['merika:p] s ⟨bot⟩ *Teilfrucht* f (*bei Trockenfrüchten*)
meridian [mə'ridiən] **1.** s *Meridi·an* m, *Mittagslinie* f || *Mittag* m || ⟨fig⟩ (in a career) *Höhepunkt, Gipfel* m | *Blüte(zeit)* f **2.** a *Meridi·an-; Mittags-, mittäglich* || ~ *gyro* ⟨aero⟩ *Meridian-*

kreisel m || ⟨fig⟩ *höchst* **-dional** [mə'ridiənl] **1.** a *südlich* || *Meridian-* **2.** s *Südländer* m (*bes Südfranzose*)
meringue [mə'ræŋ] s ⟨cul⟩ *Mer·inge* f, *Baiser* n
merino [mə'rinou] **1.** s [pl ~s, ~es] *Merinoschaf* n; *-wolle* f **2.** s *Merino-*
meristem ['meristem] s ⟨bot⟩ *Bildungs-, Teilungsgewebe* n
merit ['merit] s **1.** s *das Verdienst* (it is his ~ to have done); *das Verdienstliche* | *Wert* m || *Vortrefflichkeit* f; *Vorzug* m (of being *z s*) | the ~s [pl] ⟨bes jur⟩ *die wesentlichen Punkte* pl, *der innere Wert* m (*e–r S*); on its own ~s f *sich allein*; *gesondert* || ⟨jur⟩ on the ~ of a case *aus materiell-rechtlichem Grunde* || to discuss a th on its ~s *e–e S f sich* (or *gesondert*) *besprechen* | Order of ⚹ *Verdienstorden* m (*gegr. 1902*) || to make a ~ of *sich etw zugute tun auf* | ~ *system Berufsbeamtentum* n (*Ggs patronage s.*) **2.** vt (*Aufmerksamkeit, Strafe* etc) *verdienen*
meritorious [ˌmeri'tɔ:riəs] a (~ly adv) *verdienstlich* | *gut gemeint* || artistically ~ *künstlerisch wertvoll* (*Film*), → construction || ⟨jur *a*⟩ *in die S selbst eingehend, die S selbst betreffend* **~ness** [~nis] s *Verdienstlichkeit* f
merle [mə:l] s ⟨orn⟩ *Amsel* f **~tte** ['~et] s ⟨her⟩ Fr *Amsel* f (*ohne Füße u Schnabel*)
merlin ['mə:lin] s ⟨orn⟩ *Merlin-, Zwergfalke* m
merlon ['mə:lən] s ⟨fort⟩ *Mauerzacke; Schartenbacke* f (*zw zwei Schießscharten*)
mermaid ['mə:meid] s *Seejungfer, Wassernixe* f **merman** ['mə:mæn] s *Wassermann, Nix* m; *Tr·iton* m
mero- ['mero] Gr [in comp] *teils, z Teil* m **~blast** [~bla:st] s ⟨biol⟩ *Ei* n, *bei dem nur partielle Furchung* f *möglich ist*
Merovingian [ˌmero'vindʒiən] **1.** a *merowingisch, Merowinger-* **2.** s *Merowinger* m
merriment ['merimənt] s *Fröhlichkeit, Lustigkeit* f **-iness** ['merinis] s *Frohsinn* m, *Fröhlichkeit* f
merry ['meri] s ⟨bot⟩ *Wilde schwarze Kirsche* f
merry ['meri] a (-rily adv) *spaßhaft, lustig, ergötzlich; lustig, fröhlich, vergnügt* || ⟨fam⟩ *beschwipst* | ~ *Christmas Fröhliche Weihnachten* || ~ *England das köstliche* or *fröhliche E.* || as ~ as a grig od a lark *kreuzfidel* || to make ~ *lustig s, sich belustigen*; to make ~ over *sich belustigen über* | ~-andrew *Hanswurst* m || ~-go-round [pl – – -s] *Karussell* n (on the – – -auf dem K.) || ~-making *Lustbarkeit* f, *Fest* n **~thought** ['~θɔ:t] s *Gabel-, Brustbein* n (*des Geflügels*)
mesa ['meizə] s *Span* ⟨geol⟩ *aus e–r Ebene* f *aufragender Tafelberg* m
mésalliance [me'zæliəns] s Fr *Mißheirat* f
mescal [mes'kæl] s *Span Mesk·al* n (*Branntwein aus Pulque*) || *Meskal·in* n (*Rauschgift in Mexiko*)
meseems [mi'si:mz] † v imps = it seems to me *es scheint mir*
mesembryanthemum [miˌzembri'ænθiməm] s L ⟨bot⟩ *Mittagsblume; Eisblume* f
mesenteric [ˌmesən'terik] a ⟨anat⟩ *Gekröse-* **-tery** ['mesəntəri] s ⟨anat⟩ *Gekröse* n
mesh [meʃ] **1.** s *Masche* f || *-es* pl *Netzwerk* n; net of three ~es *dreimaschiges* (*Fischer-*)*Garn* n || ⟨fig⟩ *Schlinge* f; *Stricke* m pl || ⟨tech⟩ in ~ (of wheels) *mit–e–a verbunden, in Kontakt* m, *zus–arbeitend* | ~-screen *Maschensieb* n; ~-work *Maschen* pl, *Netzwerk* n; *Gespinst* n ⟨a fig⟩ **2.** vt/i *im Netz* n *fangen* || ⟨fig⟩ *be-, verstricken* || *fine-~ed engmaschig* (screen) | vi *sich verfangen* || ⟨tech⟩ (of wheels) *ein-,*

in–e–a–greifen; *verbunden s, sich verbinden* (with *mit*)

meshuggah [mə'ʃʌgə] a ⟨Am⟩ *mesch·ugge* (*verrückt*)

mesial ['mi:ziəl] a (~ly adv) *in der mittleren Linie* f *e–s Körpers* etc *gelegen*

mesmeric [mez'merik] a *heilmagnetisch, hypnotisch* –**ism** ['mezmərizm] s *Lehre* f *v tier. Magnet·ismus* m ‖ *tier. M., Heil–* –**ist** ['mezmərist] s *Heilmagnetiseur* m –**ize** ['mezməraiz vt *durch M. heilen*; *hypnotisieren*; ⟨fig⟩ *faszinieren*

mesne [mi:n] a ⟨jur⟩ *dazwischenkommend, Zwischen–, Mittel–*; ~ *lord Afterlehnsherr* ‖ *zwischenzeitlich*

meso– ['meso] [in comp] *Mittel–, Zwischen–* → neo–, palaeo– ~**zoic** [~'zouik] a *mesoz·oisch*

meson ['mezən] s ⟨phys⟩ *Mes·on, Mesotr·on* n; → particles

mesoscaphe ['mezəskæf] s *Tauchhelikopter* m (*v* A. Piccard)

Mespot ['mespət] s ⟨mil sl⟩ = *Mesopotamia*

mesquit(e) ['meski:t] s ⟨bot⟩ *Grammagras* n, *Mezquite* n

mess [mes] I. s 1. *Gericht* n, *Speise* f, *Gang* m ‖ (good) ~ (of meat) (*tüchtige*) *Portion* f (*Fleisch*) ‖ ⟨cont⟩ *Mischmasch* m 2. *Verwirrung* f (in a ~ *in V.*) ‖ °*Patsche, Klemme* f (in a ~ *in der P.*); ~! ⟨vulg⟩ *verfluchter Mist!* „*Scheibenkleister*"!; to get into a ~ *in die K. geraten*; to make a ~ of ⟨fig⟩ *verpfuschen, verderben* ‖ *Schmutz* m; in a ~ *schmutzig* ‖ °*Schweinerei* f 3. *feste Tischgesellschaft* f; ⟨mil⟩ *Messe* f (officers' ~); ⟨mar⟩ *Back* f; ~ hall ⟨Am mil⟩ *Mannschafts-Speisesaal* m; ~-room *Offizierskasino* n II. vt/i 1. vt (*jdm*) *z essen geben* ‖ (*jdn*) *verpflegen, beköstigen* ‖ in *Unordnung* f *bringen*; *beschmutzen, verpfuschen* 2. vi *in der Messe* f *essen* ‖ *manschen, planschen* (in *in*) ‖ ⟨vulg⟩ °*fremd gehen* ‖ to ~ *about herumbummeln*, °–*püttjern*; ⟨sex vulg⟩ °*Griffe* m pl *kloppen* ~**ing** ['~iŋ] s ⟨mil⟩ *Verpflegung* f ~**mate** ['~meit] s ⟨mar⟩ *Meß–, Tischkamerad* m ‖ *Kamerad, Freund* m

message ['mesidʒ] 1. s *Botschaft* f (to *an*); ~ of welcome *Willkommens–*; to go on a ~ *e–e B. ausrichten* ‖ *Mitteilung* f, telephone ~ *telephonische M.* ‖ [attr] *Melde–* ‖ *running* ~ *display* ⟨el⟩ *Laufschrift*; *Lichtzeitung* f 2. vt (*etw als Botschaft*) *mitteilen, senden* ‖ ⟨fam⟩ (*jdm*) *schriftlich näher treten*

messenger ['mesindʒə] s 1. *Bote, Kurier* m ‖ [attr] *Melde–* (dog) 2. ⟨mar⟩ *Anholtau* n

Messiah [mi'saiə] s *Messias* m

Messrs. ['mesəz] pl (abbr *f* messieurs Fr) [pl-*Form v* Mr.] (*die*) *Herren* m pl; ~ Heinemann *die Firma* H.

messuage ['meswidʒ] s ⟨jur⟩ *Haus* n *mit Hof* m *u zugehörigem Land* n

messy ['mesi] a ⟨fig⟩ *unsauber*

mestizo [mes'ti:zou] s [pl ~s] Span *Mest·ize* m (*Mischling*)

met [met] pret & pp *v* to meet

Met [met] s (abbr *f* Meteorological Officer) ⟨mil fam⟩ „*Wetterfrosch*" m; (*f* Metropolitan Railway) *U-Bahn* f

meta– ['metə–] Gr pref *mit*; *zwischen*; *unter*; *nach*; *Meta–* ~**bolic** [metə'bɔlik] a; basal ~ rate (BMR) (*Stoffwechsel-*)*Grundumsatz* m ‖ ~ product *Stoffwechselprodukt* n ~**bolism** [me'tæbəlizm] s *Formveränderlichkeit* f ‖ *Stoffwechsel* m; *Verwandlung* f *des Molekul·arzustandes*; basal ~ ⟨med⟩ (*Stoffwechsel-*)*Grundumsatz* m ~**carpus** [metə'ka:pəs] s *Mittelhand* f ~**centre** ['metə,sentə] s *Schwankpunkt, (bei geneigtem Schiff) Schnittpunkt m der Auftriebsrichtung* f *mit der Mittschiffsebene* f ~**centric** [metə'sentrik] a *metazentrisch* ~**galaxy** [metə'gæləksi] s *Weltraum* m *außerhalb des Milch-*

straßensystems ~**genesis** [metə'dʒenisis] s ⟨biol⟩ *Metagen·ese* f (*echter Generationswechsel*)

metage ['mi:tidʒ] s *amtliches Messen* n (*v Kohlen*) ‖ *Meß–, Waagegeld* n

metal ['metl] I. s 1. *Metall* n; → white ‖ ⟨chem⟩ *Metall* n (Ggs alloy) 2. ~s [pl] ⟨rail⟩ *Schienen* f pl, *Geleise* n; to run off the ~s *entgleisen* 3. ⟨tech⟩ *Glasmasse* f ‖ *Steine* pl f *Straßenbau* m; *Schotter* m 4. ⟨fig⟩ = mettle 5. [attr] *Metall–* (~-worker –*arbeiter* m; ~ fatigue –*müdigkeit,* –*ermüdung* f; ~-processing –*verarbeitung* f) II. vt *mit Metall* n *versehen* ‖ (*be-*)*schottern* ~led road *Schotterstraße* f ~**lic** [mi'tælik] a (~ally adv) *metallisch*; *Metall–* (~ currency) ‖ ⟨fig⟩ *glänzend, metallen, hell* (voice) ~**liferous** [metə'lifərəs] a ⟨min⟩ *trächtig* (*met·allhaltig*) ~**line** ['metəlain] a *metallisch*; *Metall–* ~**ling** [~iŋ] s *Beschotterung* f ~**lize** ['metəlaiz] vt *mit Metall* n *überziehen* ~**lography** [metə'lɔgrəfi] s *Metallographie* f ~**loid** ['metəlɔid] 1. ⟨chem⟩ a *metallähnlich* 2. s *Metallo·id* n (*Nichtmetall*) ~**lurgic(al)** [metə'lə:dʒik(əl)] a *metallurgisch, Hütten–* (engineering –*wesen* n) ~**lurgy** [me'tælədʒi] s *Hüttenkunde* f

metamorphic [metə'mɔ:fik] a *gestaltverändernd* ‖ ⟨geol⟩ *metam·orph* (changes) –**phism** [metə'mɔ:fizm] s ⟨geol⟩ *Umwandlung* f (*fester Körper*) –**phose** [metə'mɔ:fouz] vt *verwandeln,* –*zaubern* (to, into *zu, in*) ‖ *verwandeln, umgestalten* (to.into) ‖ ⟨scient⟩ *metamorphis·ieren, umbilden* –**phosis** [metə'mɔ:fəsis] Gr s (pl –phoses [–fəsi:z]) s *zauberhafte or natürl. Verwandlung, Umgestaltung*; ⟨biol⟩ *Metamorph·ose* f

metaphor ['metəfə] s *Met·apher* f, *übertragener Ausdruck* m; dead ~ *sinnentleerte M.* (e.g. the head of the firm *das Haupt der Firma*); mixed ~ *schiefes Bild* n (*vgl. hinkender Vergleich*); ⟨oj. poet⟩ *gemischte M.* (e.g. to take arms against a sea of troubles, Hamlet III, 3) ‖ speaking in ~s *durch die Blume gesagt* ~**ic** [metə'fɔrik] a = ~ical ~**ical** [metə'fɔrikəl] a (~ly adv) *übertragen, bildlich*

metaphrase ['metəfreiz] s *wörtl. Übertragung,* –*setzung* f

metaphysic [metə'fizik] 1. s ⟨bes scient⟩ *Metaphys·ik* f 2. * a *metaphysisch* ~**al** [~əl] a (~ly adv) *metaphysisch* ‖ *abstrakt* (language) ~**ian** [metəfi'ziʃən] s *Metaphysiker* m ‖ ~s [~s] s pl [sg konstr] *Metaphys·ik* f

metaplasm ['metəplæzm] s ⟨gram⟩ *Umwandlung* f **metastasis** [me'tæstəsis] s ⟨med⟩ *durch Keimverschleppung* f *entstandener neuer Krankheitsherd* m ‖ ⟨biol⟩ *Stoffwechsel* m **metathesis** [me'tæθəsis] s *Metath·ese, Met·athesis* f

métayage ['meteia:ʒ] s Fr *Halbpacht* f

mete [mi:t] s *Grenze* f; ~s and bounds [pl] *Grenzlinien* f pl (*e–s Grundstücks*); ⟨a fig⟩ to know one's ~s and bounds *s–e Grenzen* f pl *kennen*

mete [mi:t] vt (liter, poet) *messen* ‖ to ~ out (*Strafe*) *zumessen* (to a n *jdm*) ‖ ~ wand ⟨fig⟩ *Maß–, Richtstab* m

metempirical [metem'pirikəl] a ⟨philos⟩ *jenseits der Erfahrung* f *liegend*

metempsychosis [metempsi'kousis] s *Seelenwanderung* f

meteor ['mi:tjə:] s *Lufterscheinung* f ‖ *Mete·or* n, *Sternschnuppe* f; *Feuerkugel* f; –*meteor* in ⟨a fig⟩ ~**ic** [mi:ti'ɔrik] a (~ally adv) *meteorisch*; *Meteor–* ‖ ⟨fig⟩ –*artig, blendend* ‖ *rasend schnell* ~**ite** ['mi:tjərait] s *Meteorstein* m ~**ologic(al)** [mi:tjərə'lɔdʒik(əl)] a (–cally adv) *meteorol·ogisch*; ~al assistant *Wetterdienstassistent* m ‖ ~ balloon *Pilotballon* m ‖ ~ briefing ⟨aero⟩ *Wetterbesprechung,* –*beratung* f ‖ ~al observation, ~al service *Wetterdienst* m (~al Office Amt f W.); ~al observatory, ~al office

Wetterwarte f ‖ ~ report *Wetterbericht* m, ⟨artill⟩ *Barbarameldung* f ~**ologist** [‚mi:tjə-'rɔlədʒist] s *Meteorologe* m ~**ology** [‚mi:tjə-'rɔlədʒi] s –*log·ie, Wetterkunde* f

meter ['mi:tə] **1.** s *Messer* m, ⟨gas & el⟩ *Zähler* m ‖ ~ oil *Instrumentenöl* n; ~ reading *Meßuhranzeige* f, *Zählerstand* m **2.** vt *messen, zählen* ‖ ~ing device *Meßgerät* n

methane ['meθein] s *Sumpfgas* n

methanol ['meθənɔl] s *Methan·ol* n, *Meth·yl-alkôhol* m

methinks [mi'θiŋks] † v ⟨imps⟩ *mich dünkt*; [pret] methought [mi'θɔ:t] *mich deuchte, dünkte*

method ['meθəd] s *Meth·ode* f (of doing *z tun*); on a ~ *nach e–r M.*; (non-)appliance ~s *Methoden* f pl *mit Hilfsmitteln* f pl *(ohne H.)* ‖ *planmäß. Verfahren* n; ~ of fermentation ⟨brew⟩ *Gärführung* f; *Arbeits–, Lehrweise* f; by this ~ *auf diesem Wege* ‖ ⟨log⟩ *Denkmethode* f, *(Gedanken-)Ordnung* f, *Plan* m ~**ic(al)** [mi-'θɔdik(əl)] (–cally adv) *methodisch; folgerecht; planmäßig, überlegt* ~**ism** [~izm] s **1.** *method. Verfahren* **2.** ⤳ ⟨engl ec⟩ *Method·ismus* m ⤳**ist** [~ist] s ⟨engl ec⟩ *Methodist* m; ⟨fig⟩ *Pietist* m ~**istic(al)** [‚meθə'distik(əl)] (–cally adv) ⟨engl ec⟩ *methodistisch* ~**ize** ['meθədaiz] vt *methodisch ordnen* ~**ology** [‚meθə'dɔlədʒi] s *Methodolog·ie, –denlehre* f

methought [mi'θɔ:t] pret *v* methinks

methyl ['meθil] s ⟨chem⟩ *Meth·yl* n ~**ate** [~eit] vt *mit M. mischen*; ~d spirit *Methyl-alkohol, denaturierter Spiritus* m ~**ene** [~i:n] s *Methyl·en* n ~**ic** [mi'θilik] a *Methyl-*

meticulous [mi'tikjuləs] a (~ly adv) *peinlich genau, übergenau*

métier ['metjei] s Fr *Gewerbe* n: ⟨mst fig⟩ *Gebiet* n

metis ['mi:tis] s Fr *Mest·ize* m

metonic [me'tɔnik] a: ~ cycle *met·onischer Zyklus* m

metonymy [mi'tɔnimi] s *Metonym·ie* f *(Art Synekdoch·e: Neptun = Meer, Downing Street = Gr.Brit. Regierung)*

me-too ['mi:'tu:] vt ⟨Am sl⟩ *nachäffen*

metope ['metoup] s ⟨Gr arch⟩ *Met·ope* f, *Schmuckfeld* n *im Tempelgebälk* n

metre (Am –ter) ['mi:tə] s ⟨pros⟩ *Metrum* n; *Versmaß* n

metre (Am –ter) ['mi:tə] s *Meter* n & m *(39,37 Zoll)* ‖ ~ rule *Metermaß* n

metric ['metrik] s ⟨pros⟩ = ~s ~**al** [~əl] a (~ly adv) *metrisch; Vers–*; ⟨math⟩ *messend* | ~**s** !~s] s [sg konstr] ⟨pros⟩ *Metrik, Verslehre* f

metric ['metrik] a *metrisch, Meter–*; ~ system *metrisches System, Zentimeter-Gramm-Sekunde-System* n; ~ measure *m. Maß* n ‖ ~ pitch *Millimeterteilung* f

metro ['metrou] s (= Metropolitan) *U-Bahn* f

metronome ['metrənoum] s ⟨mus⟩ *Taktmesser, Tempogeber* m, *Metron·om* n

metronymic [‚mi:tro'nimik] a *nach dem Namen der Mutter* f *gebildet*

metropolis [mi'trəpəlis] s L [pl ~es] *Metrop·ole, Hauptstadt* f (the ~ of London *die H. L.*); the ~ ⟨engl⟩ *London* ‖ ⟨ec⟩ *erzbischöfl. Sitz* m –**litan** [‚metrə'pɔlitən] **1.** a *hauptstädtisch; Stadt–; Welt–, Großstadt–* (traffic) ‖ ⟨ec⟩ *Metropolit·an–* **2.** s *Erzbischof* m | *Großstadtbewohner* m | the ⤳ *die unterirdische Londoner elektr. Ring–, Stadtbahn* f; ~ tube

mettle ['metl] s *Naturstoff* m, *–anlage* f ‖ *Naturkraft* f, *rassiges, feuriges Temperament, Feuer* n; *Mut* m ‖ to be on one's ~ *sein möglichstes tun*; to put a p on his ~ *jdn z Aufbietung f aller Kräfte f pl ansporn en* | ~**d** [~d], ~**some** [~səm] a *feurig, hitzig; mutig*

mew [mju:] s ⟨orn⟩ *Möwe* f

mew [mju:] **1.** s *Mauserkäfig* m *(f Falken)* | *Mauser(n* n) f (in ~) **2.** vt *(a to ~ up) einsperren*

mew [mju:] † vt/i ‖ *(Federn) abwerfen* | vi *(sich) mausern*

mew [mju:] **1.** vi (of cats) *miauen* **2.** s *Miauen* n

mewl [mju:l] vi *weinen, wimmern, heulen*

mews [mju:z] s pl ⟨hist⟩ *königl. Marstall* m ‖ [sg konstr; a ~] *Marstall* m, *Stallung* f

Mexican ['meksikən] **1.** a *mexikanisch* ‖ ~ fibre *Aloehanf* m **2.** s *Mexikaner(in* f) m

mezzanine ['mezəni:n] s ⟨arch⟩ *Halb–, Zwischengeschoß* n, *–stock* m

mezzo ['medzou, 'metsou] **1.** adv ⟨arts⟩ *halb* | ⟨mus⟩ *M·ezzo–* **2.** s = ~-soprano | ~-relievo → middle-relief ‖ ~-soprano ⟨mus⟩ *Mezzosopran* m; *–sängerin* f ~**tint** [~tint] **1.** s ⟨engr⟩ *Schab–, Mezzotintmanier* f | *Kupferstich* m *in Sch.* **2.** vt *in Mezzotint gravieren*

mho [mou] s ⟨el⟩ *Einheit* f *der Leitungsfähigkeit* f

mi [mi:] s ⟨mus⟩ *dritter Ton* m *der diatonischen Tonleiter: E* n

miaow [mi'au] **1.** s *Miauen* n **2.** vi *miauen*

miasma [mi'æzmə] s [pl ~ta] *Krankheits–, Ansteckungsstoff* m *(in Luft* etc) | ~**l** [~l] a *miasmatisch* (~ fog) ~**tic** [miəz'mætik] a *Miasma–* (~ disease)

mibbies ['mibiz] s pl ⟨vulg⟩ (= marbles) *Klicker* m pl

mica ['maikə] s L ⟨minr⟩ *Glimmer* m | ~-schist, ~-schist, ~-slate *–schiefer* m ~**ceous** [mai'keifəs] a *glimmerartig, –haltig, Glimmer–*

mice [mais] s pl *v* mouse

Micawber [mi'kɔ:bə] s *(Figur aus 'David Copperfield' v Dickens) der unentwegte, unheilbare Optimist* m

Michaelmas ['miklməs] s *Michaelis(fest)* n (29. Sept.); at ~ *zu M.* ‖ ~ Day der *–tag* m (on ~ Day *am M.*)

miching ['mitʃiŋ] a *schleichend, lauernd; mausend*

Mick [mik] s *(aus Michael)* ⟨Am⟩ *Ire* m ‖ ~ey-Finn ['miki'fin] ⟨Am sl⟩ *k-o-Schnaps* m

mickle ['mikl] a ⟨dial⟩ *groß* | *viel*

micro- ['maikro] Gr [in comp] *klein, (Maß) ein Millionstel–* ~**be** [~ub] s *Mikr·obe* f, *kleinstes Lebewesen* n *(bes Bakterie)* ~**bial** [mai'kroubiəl] a *Mikroben–, Bakterien–* ~**cephalic** [~se'fælik], ~**cephalous** [~'sefələs] a *kleinköpfig; v engem Horizont* m ~**copy** ['~kɔpi] s ⟨phot⟩ *Mikroabzug* m, *Verkleinerung* f ~**chronometry** [~krɔ'nɔmitri] s *Kurzzeitmessung* f ~**cosm** [~kɔzm] s *Mikrok·osmos* m, *Kleinwelt* f; *Mensch* m etc *als Welt* f *im kleinen* m ‖ *kl Bild* n; *kl Darstellung* f ~**crack** [~kræk] s ⟨tech⟩ *Haarriß* m ~**farad** [~'færəd] s *Mikrofar·ad* n ~**film** ['maikrəfilm] s *Kleinstfilm* n ~**graph** [əgra:f] ⟨met⟩ *Kleingefügebild* n ~**groove** [~əgru:v] a [attr] ~ record *(Schmalrillen-)Langspielplatte* f ~**meter** [mai'krɔmitə] s *Mikrometer* n (m); ~ screw *–schraube* f | ~**n** ['maikrɔn] s [pl ~s] *M·ikron* n (^{1}/1000 mm) ~**organism** [~'ɔ:gənizm] s *kleinstes Lebewesen* n ~**phone** ['maikrəfoun] s ⟨el⟩ *Mikroph·on* n; ⟨fam⟩ *Radio* n (at the ~, through the ~ *durch das R., im R.*) ‖ ~ switch *Sprechtaste* f ~**second** [~'sekənd] s *Mikrosekunde* (^{1}/1 000 000 *Sekunde*) f ~**scope** ['maikrəskoup] s *Mikrosk·op* n; *phase ~ Phasen–* ~**scopic** [‚maikrəs'kɔpik] a (~ally adv) *mikroskopisch* | ⟨mst fig⟩ *genau, ins kleinste gehend; verschwindend klein* ~**scopical** [‚maikrəs'kɔpikəl] a (~ly adv) *mikroskopisch* ~**scopy** [mai'krɔskəpi] s *–skop·ie* f ~**some** ['maikrəsoum] s, ~s [pl] ⟨biol⟩ *eingelagerte Körnchen* n pl *im Protoplasma* n ~**spore** ['maikrəspə:] s ⟨bot⟩ *Kleinspore* f **~structure** [-ə'strʌktʃə] s *Feinstruktur* f, *–gefüge* n **~tome** ['maikrətoum] s *Kleinschneideinstrument* n *f mikroskopische Zwecke* m pl **~wave** [–əweiv] s ⟨wir⟩ *Ultrakurz–, Mikro–, Zentimeterwelle* f *(3000–30 000 Megahertz)*

micronic [mai'krɔnik] a *Mikro–* (filter)

micturate ['miktʃəreit] vi *Wasser* n *l –urition* [‚miktʃə'riʃən] s *krankhafter Ur:indrang* m ‖ *Wasserlassen* n

mid [mid] a *in der Mitte* f; ~ June *M. Juni* ‖ *Mittel–* ‖ in ~ *mitten in*; in ~ *air mitten in der* (or *die) Luft*; in the ~ 16. c *in der M. des 16. Jhs*; in ~*-ocean auf offenem Meer* n; in ~ *career in voller Karriere* f, *in gestrecktem Lauf* m **| ~-off** ⟨crick⟩ *links* v *Werfer* m *stehender Spieler* m; **~-on** *rechts* v *Werfer* m *stehender Spieler* m ‖ **⊁-Canada line** ⟨aero⟩ *Radar-Warnsystem* n *in Nordamerika* ‖ **~-diameter** ⟨bes for⟩ *Mittendurchmesser* m ‖ **~-point** *(Flak-)Wechselpunkt* m ‖ **~-wing** (plane) ⟨aero⟩ *Mittel–, Schulterdecker* m **~day** ['~dei] s *Mittag* m; [attr] *Mittags–, mittäglich*

midden ['midn] s *Misthaufen* m, *Müllgrube* f; ⟨praeh⟩ *Kehrichthaufen* m

middle ['midl] **1.** [*nur attr*] a *mittlere(r, –s)*; ~ age *mittleres Alter* n ‖ *Mittel–* (~ course *–weg* m; ~ *English –englisch*) ‖ **⊁** *America* ⟨Am⟩ *der Mittlere Westen der U.S.A.* ‖ *Zwischen–* (~ *distance*) **|** ~*-aged in mittlerem Alter* n, v *mittlerem A.* ‖ the **⊁** *Ages* (*the **⊁** Age*) s pl *das Mittelalter* ‖ (~ *class Mittelklasse* f; the ~ *classes* [pl] *der Mittelstand*; [attr] ~*-bracket mittlere(r, –s)* (tax-payer) ‖ ~*-class Mittel-klassen–* ‖ ~ *marker* ⟨aero⟩ *Haupteinflugzeichen* n ‖ ~*-of-the-roader* ⟨fam⟩ *Gemäßigte(r* m) f ‖ ~*-relief halberhabene Arbeit* f ‖ ~*-rhyme Binnenreim* m ‖ ~ *watch* ⟨mar⟩ *Wache zw Mitternacht* f *u 4 Uhr früh* ‖ ~ *weight* ⟨box⟩ *Mittelgewicht* n *(nicht über 115 Pfd., engl.* 160 lbs) **2.** s *Mitte* f; in the ~ *of speaking mitten im Sprechen* n; to take ~ ⟨crick⟩ *das Schlagholz vor das mittlere Stäbchen n stellen* ‖ *mittlerer Teil* m, *Taille* f **3.** vt ⟨Λss ftb⟩ *(Ball) in die Mitte befördern, flanken* **~man** ['midlmæn] s ⟨com⟩ *Mittelsperson* f, *Zwischenhändler* m **~most** ['midlmoust] a *mittelste(r, –s)*

middling ['midliŋ] **1.** a (~*ly adv) mittelmäßig, leidlich* (to feel ~) ‖ *mittlere(r, –s), Mittel–* (~ *strata)* **2.** s [*mst pl* ~s] *Mittelsorte* f, ⟨bes⟩ *Mittelmehl* n, *mittlere Baumwollqualität* f ‖ ⟨Am⟩ *Speckseite* f **3.** adv ⟨fam⟩ *leidlich, ziemlich* (~ *good*) ‖ *ziemlich gut, –wohl*

middy ['midi] s ⟨fam⟩ *midshipman*

midge [midʒ] s *Mücke* f **| ~t** [~it] s *Zwerg, Knirps* m ‖ ~ *car* ⟨mot⟩ *Kleinstwagen* m ‖ ~ *golf Miniat:urgolf* n ‖ ~ *railway Liliputbahn* f **|** ~ *receiver* ⟨wir⟩ *Klein(st)empfänger* m, *Zwergsuper* m ‖ ~ *submarine Zwei-Mann-U-Boot* n

midinette [‚midi'net] s Fr *(Pariser) Laden-mädchen* n

midland ['midlənd] **1.** s *Mittelland* n; the **⊁**s [pl] *Mittelengland* n **2.** a *Binnen–, mittelländisch* **midmost** ['midmoust] **1.** a *mittelst, innerst* **2.** adv *mitten darin*; ~ *of mitten in* **3.** prep *mitten in*

midnight ['midnait] s *Mitternacht* f (at ~ *bei M.*) ‖ [attr] *mitternächtlich; Mitternachts–* **midrib** ['midrib] s ⟨bot⟩ *Mittelrippe, –ader* f **midriff** ['midrif] s ⟨anat⟩ *Zwerchfell* n **midship** ['midʃip] s ⟨mar⟩ *Mitte* f *des Schiffes* **|** [attr] *Mittschiffs–* **~man** [~mən] s (abbr middy) ⟨nav⟩ *Leutnant* m *z See* f **| ~s** [~s] adv *mittschiffs*

midst [midst] **1.** s *Mitte* f, [*nur in:*] in the ~ of *inmitten* [gen], *mitten unter*; in their ~ *(mitten) unter ihnen*; from the ~ of, out of the ~ of *mitten heraus aus*; from our ~ *aus unserer*

Mitte f **2.** adv ⟨poet⟩ *in der Mitte* f; ~ of *in-mitten* [gen] **3.** prep *(mst:* 'midst) *inmitten* [gen]

midstream ['midstri:m] s *Mitte* f *des Stromes*; into the ~ of ⟨fig⟩ *mitten hinein in*

midsummer ['mid‚sʌmə] s *Hochsommer* m; *Sommersonnenwende* f *(21. Juni)* ‖ [attr] *Sommer–* (~ *holidays)* ‖ **⊁-Day** ⟨ec⟩ *Johannistag* m *(24. Juni)* (on **⊁**-Day *am J.)*

midway ['mid'wei] **1.** a ⟨poet⟩ *in der Mitte* f *befindlich, mittlere(r, –s)* **2.** adv *mitten auf dem Wege*; *auf halbem Wege*

Midwest ['mid'west] s ⟨Am⟩ **1.** s *Mittlerer Westen* m **2.** a *Mittelwest–*

midwife ['midwaif] s *Hebamme* f **~ry** ['mid-wifəri] s *Geburtshilfe* f

midwinter ['mid'wintə] s *Mitte* f *des Winters*; *Wintersonnenwende* f *(21. Dez.)*

mien [mi:n] s ⟨liter⟩ *Miene* f

miff [mif] ⟨fam⟩ **1.** s *üble Laune* f ‖ *Streit* m **2.** vi/t ‖ *sich verletzt fühlen* (at a th *über etw*; with a p *über jdn*) **|** vt [*mst pass*] to be ~*ed sich verletzt fühlen* **| ~y** ['~i] a *übelgelaunt*

might [mait] pret v may v aux ‖ oh, for the glorious ~*-have-been! es wär' so schön gewesen!* ‖ to remind people of their ~*-have-beens* [pl] .., *was sie hätten* s or w *können*

might [mait] s *Macht, Gewalt* f; ~ is right G. *geht vor Recht* n ‖ *Stärke, Kraft* f; with ~ and main, with all one's ~ (and main) *mit aller* G., *aus Leibeskräften* f pl **~ily** ['~ili] adv *mächtig, kräftig*; ⟨fam⟩ *riesig, sehr* **~iness** ['~inis] s *Macht, Gewalt; Größe* f ‖ ⟨hist & hum⟩ *(als Titel) Hoheit* (His **⊁**) **| ~y** ['~i] **1.** a *mächtig; gewaltig, groß*; high and ~ *hochmütig, –fahrend, großm:ächtig* ‖ ⟨fam⟩ *beträchtlich*; °*fabelhaft,* °*riesig* **2.** adv [*vor* a & adv] ⟨fam⟩ *höchst, sehr* (~ *well)*

mignon ['minjɔ:] a Fr *fein, zart, graziös* **~ette** [‚minjə'net] s ⟨bot⟩ *Res:eda, Resede* f

migraine ['mi:grein] s Fr *Migr:äne* f

migrant ['maigrənt] **1.** a *Wander–, Zug–* **2.** s *Wandertier* n, *Zugvogel* m; local ~ *Strichvogel* ɪɪɪ, → bird ‖ *Auswanderer* m **–grate** [mai'greit] vi *auswandern, (fort)ziehen* (to *nach*) ‖ ⟨übtr⟩ *wandern* **–ation** [mai'greiʃən] s *Wanderung* f (~ of the peoples *Völker–*); forced ~ *Zwangs-wanderung*; labour ~ *Arbeits-* f ‖ *Fortziehen* n; *period. Wanderung* f ‖ *Auswanderung* f **| ~ rate** ⟨demog⟩ *Mobilitätsziffer* f **–atory** ['maigrətəri] a *wandernd; nomadisch; Zug–* ‖ ~ *movement* ⟨demog⟩ *räuml. Bevölkerungsbewegung* f

mikado [mi'kɑ:dou] s [pl ~s] *Mik:ado* f *(Titel* f *Kaiser* v *Japan)*

mike [maik] s ⟨sl⟩ *f* microphone, → ike ‖ ~*-boom Mikrophon-Stange* f ‖ ~ *slinger M.-Operateur* m

mike [maik] s ⟨vulg⟩ to take the ~ out of a p *e–n hänseln,* ×*frotzeln*

mike [maik] vi ⟨sl⟩ *faulenzen*

mil [mil] s L *Tausend* n ‖ ¹/₁₀₀₀ *Zoll* m

milage ['mailidʒ] s → *mileage*

Milanese [milə'ni:z] **1.** a *mailändisch* **2.** s [pl ~] *Mailänder* m; the ~ *die M.* pl

milch [miltʃ] a *milchgebend, melk*; ~*-cow Milchkuh* f; to look upon a th as a ~*-cow etw als melkende Kuh* f *betrachten*.

mild [maild] a (~*ly adv) mild; freundlich; sanft* ‖ *mild, mäßig* (punishment) ‖ *gelinde* (confusion, surprise, etc); in ~ *astonishment mit einiger (gelinder) Verwunderung* f ‖ *angenehm, warm* (weather) ‖ *mild* (medicine); *leicht* (cigar) ‖ *(of games) mäßig, schwach; weichlich* (P) ‖ ⟨fam⟩ *mild* v ~ *mach es sachte* or *gnädig*; °*gib nicht so an; übertreib nicht; benimm dich* ‖ to put it ~*ly gelinde gesagt* **| ~-cured** *mild gesalzen* **~ness** ['~nis] s *Milde, Sanftmut* f

mildew ['mildju:] **1.** s *Meltau* m; (in grain)

Brand m || *Schimmel, Moder* m; [koll] *Moder–,
Stockflecke* pl; a spot of ~ *ein –fleck* **2.** vt/i
|| [*mst* pass] to be ~ed *durch Meltau* m *ver-
dorben s; verschimmeln* ⟨*a* fig⟩ | vi *brandig* w;
moderig, schimmelig, stockig w ⟨*a* fig⟩ **~ed**
[~d], **~y** [~i] a *brandig; moderig, schimmelig*
mile [mail] s **1.** *Meile* f; statute ~ *gesetzliche
engl. Meile* f (= 1760 yards = 1609,33 m);
cubic ~ *Kubik–*; nautical ~ *Seemeile* (=
1854,965 m, ⟨Ger⟩ 1852 m); → square | ~s
(and ~s) of fields, ~ after ~ of f. *meilenweite
Felder* n pl; a three ~s' (*od* ~s) front, a three-
mile front *e–e Front v 3 Meilen* f pl; a five-~
swim *ein Fünf-Meilen-Schwimmen* n || to miss
a th by a ~ ⟨fig⟩ *meilenweit entfernt bleiben v
e–r S* **2.** *Meilenrennen* n **~age** ['~idʒ] s *Meilen-
zahl, –länge* f; (*a* ~ allowance, ~ charge) *Mei-
len–, Kilometergeld* n || ~ recorder ⟨mot⟩
Kilometerzähler m | **~r** ['~ə] s *Meilenrenner* m
(*Pferd* or *P*) **~stone** ['~-stoun] s *Meilenstein* m;
⟨fig⟩ *Markstein* m
  Milesian [mai'li:ziən] (*nach Milesius, e–m
sagenhaften span. König, der ca. 1300* B.C.
Irland eroberte) **1.** a *irisch* **2.** s *Ire* m
  milfoil ['milfɔil] s ⟨bot⟩ *Schafgarbe* f
  miliaria [ˌmili'ɛəriə] s L ⟨med⟩ *Frieseln* f pl
miliary ['miljəri] a *hirsekornförmig, –groß*; ~
fever ⟨med⟩ *Frieselfieber* n; *Frieseln* pl
  militancy ['militənsi] s ⟨übtr⟩ *Kriegszustand*;
Kampf m || *Angriffs–, Kampfgeist* m **–ant**
['militənt] a (~ly adv) *kämpfend, kriegführend,
Kampf–* (~ League –*bund* m); the Church–~
die (*mit dem Bösen*) *kämpfende Kirche* | *streitbar
–arily* ['militərili] adv *in militärischer Hinsicht* f
–arism ['militərizm] s *Militarismus–*m || *Kampf-
geist* m **–arist** ['militərist] s *Militarist* || *Soldat* m
–ary ['militəri] **1.** a *militärisch, Militär–* (~
Attaché *–attaché* m) || ~ government *Militär-
regierung* f || ~ law *Kriegsrecht* n, *–artikel* m pl
|| ~ man *der Militär, Offizier* m || ~ police
Feldgendarmerie, Militärpolizei f; ~ policeman
Feldgendarm, Militärpolizist m || ~ security
Abwehr(*dienst* m) f; ~ s. control office *Abwehr-
stelle* f || ~ service *Militärdienst* m || ~
sovereignty *Wehrhoheit* f || ~ training *Wehr-
ertüchtigung* f || ~ tribunal *Militärgerichtshof* m
| ⟨mil sl⟩ *Sau–*, °*Scheiß* (*weather*) **2.** s [pl
konstr] the ~ *das Militär* (the ~ were ..), *die
Soldaten* m pl (400 ~) **–ate** ['militeit] vi *streiten*
(against *gegen*) || (of facts) *sprechen* (against
gegen; in favour of *f*); to ~ against a th *e–r
S entgegentreten, –wirken*
  militia [mi'liʃə] s ⟨mil⟩ *Bürgerwehr* f || ⟨engl⟩
Miliz f **~man** [~mən] s *Milizsoldat* m
  Milium ['miljəm] s L ⟨path⟩ *Hautgrieß*
  milk [milk] **1.** s *Milch* f (a face all ~ and roses
ein Gesicht wie M. u Blut); *Kuh–*; → certified;
rich; skim; spilt || (of cows) not in ~ *trocken
stehend* || *Pflanzenmilch* f; ~ of sulphur *Schwe-
fel–* f | ~-and-water **1.** s *Seichtheit, Weichlich-
keit* f **2.** a *seicht, verwässert; weichlich, zimperlich*
| [attr] *Milch–* || ~ bar *Milchbar, –halle* f ||
~-biscuit *–zwieback* m || ~-can *–kanne* f || ~-
diet *–kost* f || ~-fever *–fieber* n || ~s *Bein-
entzündung* f (*im Wochenbett*) || ~-pot *Milch-
topf* m || ~ run ⟨Am aero⟩ *üblicher Flugdienst* m
|| ~-sample *–probe* f || ~-shake ⟨Am⟩ *Milch-
Flip* m || ~ stout (*beer*) *Art Doppelbock-
(bier* n) m || ~-sugar *–zucker* m || ~-toast
⟨fam⟩ *Weichling*, °*Schlappschwanz* m || ~-
tooth *–zahn* m || ~-walk *Milchmanns Runde* f |
~-white *schneeweiß* **2.** vt/i ~ *melken* || ⟨fam⟩
rupfen || ⟨el⟩ (*Leitung*) *anzapfen* || ⟨telph⟩
(*Gespräche*) *belauschen* (*Telegramme* etc) *ab-
fangen* || ⟨fam⟩ to ~ the bull, ram, pigeon
,,*Gemseneier*" *suchen* | vi *Milch* f *geben* || *sich
melken l* **~er** ['~ə] s *Melker*(*in* f) m || *Milchkuh*
f **~iness** ['~inis] s *Milchähnlichkeit, –artigkeit* f

|| ⟨fig⟩ *Sanftmut, Weichheit* f **~maid** ['~meid] s
Milchmädchen n **~man** ['~mən] s *–mann* m
~sop ['~sɔp] s *Weichling*, °*Schlappschwanz* m
~weed ['~wi:d] s ⟨bot⟩ *Wolfsmilch* f **~y** ['~i] a
milchig, Milch– || *molkig* || ⟨fig⟩ *sanft, weichlich*
|| the **~** Way ⟨astr⟩ *die Milchstraße*
  mill [mil] I. s **1.** *Mühle* f (*z Zermahlen*)
| (*Kaffee–, Pfeffer–, Schrot-*)*Mühle* f **2.** ⟨übtr⟩
paper-~ *Papier–*, saw-~ *Sägemühle* | *Spinnerei*
f; *Fabrik* f, *–gebäude* n; *Werk* n (rolling ~
Walz–) | *Münze* f, *Prägewerk* n **3.** ⟨sl⟩ *Box-
kampf* m; *Prügelei* f **4. Wendungen**: that is grist
to his ~ ⟨fig⟩ *das ist Wasser* n *auf s–e Mühle* f
to go through the ~ ⟨fig⟩ *e–e harte Schule* f
durchmachen; *durch Erfahrung f klug* w; to put
through the ~ (*jdn*) *durch e–e h. Sch. schicken*
5. [attr] *Mühl–, Mühlen–; Fabrik–* || ~-dam
Mühlwehr n || ~-hand *Fabrikarbeiter* m || ~-
hopper *Mühlrumpf*, *–trichter* m || ~-race,
~-stream *–bach*, *–graben* m || ~-town *Fabrik-
stadt* f || ~-wheel *–(en)rad* n **II.** vt/i **1.** vt (*Korn*)
mahlen | *durch e–e Mühle, Maschine verarbei-
ten* || (*Tuch*) *walken* || (*Metall*) *walzen* || (*Holz*
etc) *fräsen* || (*Münzen*) *rändern, rändeln* (*am
Rande auskerben*) | (*Schokolade*) *quirlen, schla-
gen* || ~ed edge *Rändelung* f | ⟨sl⟩ *verprügeln*
2. vi ⟨sl⟩ *kämpfen, sich schlagen* || (of cattle)
sich ständig im Kreise bewegen ⟨a übtr⟩ **~able**
['~əbl] a *mahlbar* **~board** ['~bɔ:d] s *starke
Pappe* f, *Pappdeckel* m **~er** ['~ə] s *Müller* m
|| ⟨ent⟩ *Müller* m (*Mehlwurm*) || ~'s-thumb
⟨ich⟩ *Kaulkopf* m
  mill [mil] s ⟨Am⟩ *ein tausendstel Dollar*
($\frac{1}{10}$ *Cent*)
  millenarian [ˌmili'nɛəriən] **1.** a *tausendjährig*;
das Tausendjährige Reich betr **2.** s *Chiliast*; ~-
~ism [~izm] s *Chili·asmus* m
  millenary ['milinəri] **1.** a *tausendjährig*; *Jahr-
tausend–* **2.** s *Jahrtausend* n; *–feier* f || *Chiliast* m
–enial [mi'leniəl] a = millenarian a **–ennium**
[mi'leniəm] s L [pl ~s] *Jahrtausend* n; *–feier* f
|| ⟨ec⟩ *Tausendjähriges Reich Christi* n || ⟨fig⟩
Zeit(*alter*) n *des Glücks u Friedens*
  millerite ['milərait] s ⟨minr⟩ *Nickelkies* m
  millesimal [mi'lesiməl] **1.** a *tausendst*; *tau-
sendfach* **2.** s *das Tausendstel*
  millet ['milit] s ⟨bot⟩ *Hirse* f
  milli– ['mili] [in comp] *Milli–, ein Tausendstel*
n **~bar** [~bɑ:] s ⟨meteor⟩ *Millibar* n (*Meßein-
heit* [= 0,75 mm] f *Luftdruck*) **~dyne** [~dain]
s: ~ per sq. cm. *Mikrobar* n **~gramme** [~græm]
s *Milligramm* n **~metre** (⟨Am⟩ *–ter*) [~ˌmi:tə]
Millimeter n & m
  milliard ['miljɑ:d] s Fr *Milliarde* f
  milliner ['milinə] s [fem konstr] *Putzmacherin,
Modistin* f || man-~ *Putzmacher* m | ~'s *Da-
men-Hutgeschäft* n | **~y** [~ri] s *Modewaren* f
pl; *–geschäft* n
  milling ['miliŋ] s *Mahlen* n || *Walken* n || *Frä-
sen* n || *Rändeln* n | [attr] *Fräs–*; ~-machine
–maschine f || ~-cutter *Fräse* f, *–ser* m
  million ['miljən] **I.** s Fr **1.** *Million* f; ~s [pl]
Millionen; 2 ~s and a half *zweieinhalb M.*; ~s
of soldiers *Millionen v Soldaten* || (*nach best.
Zahlen* pl ~s *u* ~) 6 ~ of them 6 *M. v ihnen*
|| by the ~ *nach Millionen* **2.** *Million* f (*Ver-
mögen*); he is worth 4 ~s *er besitzt 4 M.* **3.** the
~ ⟨fig⟩ *die große Menge* II. **II.** a *Million* (a ~
people); two ~ soldiers *zwei Millionen Soldaten*
pl **~aire** [ˌmiljə'nɛə] s Fr *Millionär*(*in* f) m
~airess [ˌmiljə'nɛəris] s *Millionärin* f **~fold**
[~fould] a *millionenfach* **~th** [~θ] **1.** a *million*(*s*)*tel* **2.** s *Million*(*s*)*tel* n
  millipede, mille– ['milipi:d] s ⟨zoo⟩ *Tausendfuß* m
  Mills bomb ['milz'bɔm] s *ovale Handgranate* f
  millstone ['milstoun] s *Mühlstein* m; to see
into (*od* through) a ~ ⟨fig⟩ *das Gras wachsen*

hören ‖ to run one's head against a ∼ (*mst brick wall*) *mit dem Kopf* m *durch die Wand wollen*

millwright ['milrait] s *Mühlenbauer*; *Maschinenbauer* m

milometer [mai'ləmitə] s ⟨mot⟩ *Meilen–, Kilometerzähler* m

milreis ['milreis] s [*urspr* pl] **1.** *frühere portug. Goldmünze* f (4/6) **2.** *portug. u brasil. Rechnungsmünze* — 1000 *reis*, → reis

milt [milt] **1.** s *Milz* f ‖ (*of fish*) *Milch* f **2.** vt (*Rogen*) *befruchten* ∼**er** ['∼ə] s *Milchner* m

Miltonian [mil'touniən], **-tonic** [mil'tɔnik] a *im Stile Miltons, miltonisch*

mimbar ['mimbɑ:] s *Moscheekanzel* f, *Mimbar* m

mime [maim] **1.** s ⟨Gr ant⟩ *Mimus* m (*Art Farce*) ‖ *Mime, Schauspieler*; *Possenreißer* m **2.** vi/t ‖ m'*imen* ‖ vt *mimisch darstellen, nachbilden* ∼**ograph** ['∼ougrɑ:f] **1.** s *Vervielfältigungsapparat* m; ∼ *reproduction Umdruck* m **2.** vt *abziehen, vervielfältigen* ∼**sis** [mai'mi:sis] s ⟨zoo & biol⟩ = mimicry ∼**tic** [mai'metik] a *mimisch, Schauspiel–* (∼ art); *nachahmend* ‖ (T) *Mimikry–* ‖ *nachgeahmt, –gemacht, Schein–*

mimic ['mimik] **1.** a = mimetic **2.** s *Mimiker, Possenreißer, Schauspieler* m **3.** vt [-ck-] *nachahmen, –äffen; –bilden* ‖ *sehr ähneln* ‖ (T) (*Farbe* etc) *annehmen z Schutz* m ∼**ry** [∼ri] s *Schauspielern, Nachahmen*; (*possenhafte*) *Nachahmung, –äfferei* f ‖ ⟨zoo & biol⟩ *Mimikry* f, *schützende Gestalt–, Farbenübereinstimmung* f *v Tieren* n pl *mit der Umwelt* f

mimosa [mi'mouzə] s ⟨bot⟩ *Mim'ose* f

mimulus ['mimjuləs] s L ⟨bot⟩ *Gaukler–, Affenblume* f

mina ['mainə] s L ⟨ant⟩ *Gewicht* n (*v ca.* 1 lb) ‖ ⟨ant⟩ *Geldeinheit* f *v 100 Drachmen* (ca. £ 4)

minacious [mi'neiʃəs] a *drohend*

minaret ['minəret] s ⟨arch⟩ *Minar'ett* n

minatory ['minətəri] a *drohend, bedrohlich*

mince [mins] **1.** vt/i ‖ (*Fleisch* etc) *klein hakken, zerstückeln* ‖ ⟨fig⟩ *mildern, schwächen*; not to ∼ matters *nichts beschonigen*; *kein Blatt* n *vor den Mund* m *nehmen* ‖ to ∼ one's words *affektiert sprechen*; not to ∼ one's words *kein Blatt vor den Mund nehmen* ‖ vi *zimperlich tun* (*sprechen* or *gehen*) **2.** s (*a* ∼*d meat*) *gehacktes Fleisch, Gehacktes* n ‖ ∼-pie (⟨Am⟩ ∼ed-pie) *Pastete* f *aus* ∼*meat* ∼**meat** ['∼mi:t] s *Mischung aus Korinthen, Rosinen, Äpfeln, Zucker* f *Pasteten*; to make ∼ *of zerstückeln*; ⟨fig⟩ *vernichten*; °*z Mus* m ‖ ∼**r** ['∼ə] s *Fleischzerkleinerungs–, Hackmaschine* f

mincing ['minsiŋ] **1.** a (∼*ly* adv) *geziert* **2.** s *Hacken* n ‖ [attr] *Hack–*; ∼-machine = mincer **Mincing Lane** ['minsiŋ 'lein] s *Zentrum* n *des Teegroßhandels in London*

mind [maind] s **1.** *Erinnerung* f, *Gedächtnis* n; to bear, keep in ∼ (*etw*) *in G. behalten, nicht vergessen*; to bring back to ∼, to call to ∼ *sich* (*etw*) *ins G. zurückrufen*; *sich erinnern an* (*etw*); to have it in ∼ *sich wohl erinnern* (that); to put a p in ∼ *jdn erinnern* (of *an*; to do; that); we shall keep you in ∼, *should anything come along for you wir w an Sie denken, wenn sich e–e Gelegenheit f Sie bieten sollte* **2.** *Ansicht, Meinung* f; in *od* to my ∼ *nach m–r M., m–m Geschmack* m; to be of a p's ∼ *jds M. s*; to give a p a piece (*od* bit) of one's ∼ *jdm gründlich die M. sagen*; to read a p's ∼ *jds Gedanken* m pl *lesen* **3.** *Absicht* f, *Wille* m; many men, many ∼s *viele Köpfe, viele Sinne* pl; to be in *od* of two ∼s *geteilter Meinung* f, *unschlüssig* s; *mit sich im unklaren* s (about *über*); there can be no two ∼s *es kann k–e geteilte Meinung* f *s* (about); to change one's ∼ *sich anders besinnen*; to enter into a p's ∼ *jdm in den Sinn* m *k*; to have a (no)

∼ (*nicht*) *willens, geneigt* s, *Lust* f *h* (to do); to have it in ∼ *beabsichtigen* (to do) ‖ to keep an open ∼ *sich nicht festlegen* ‖ to know one's own ∼ *wissen, was man will* ‖ to make up one's ∼ *sich entschließen* (to do); *z dem Schluß* m, *der Überzeugung* f *k* (that), *sich klar w* (about, on *über*); *gefaßt, vorbereitet* s (to, for *auf*); *sich abfinden* (to, for *mit*) ‖ *Neigung, Lust* f; to give one's ∼ to a th *sich e–r S befleißigen* **4.** *Geist* m; frame of ∼ *Geistesverfassung* f; history of ∼ *Geistesgeschichte* f; the human ∼ *der menschl. Geist*; the ∼'s eye *das geistige Auge*; the things of the ∼ *geistige Dinge* pl; in the ∼ of a p *im Geiste, im Innern jds* ‖ to cast one's ∼ back *sich im Geist* m *zurückversetzen* (to *nach, in*; to one's childhood *in die Kindheit*); to close one's ∼ to *sich verschließen gegen*; to leave a picture on a p's ∼ *ein Bild* n *in jdm zurücklassen* ‖ *Gemüt* n; *Gesinnung* f; *Seele* f; to have on one's ∼ (*etw*) *auf dem Herzen h* ‖ *Verstand* m; ∼ and memory ⟨jur⟩ *Verstand* m *u Erinnerungsvermögen* n; in one's right ∼ *ganz bei V.*; to be out of one's ∼ *nicht bei V., verrückt* s ‖ [konkr] *Mensch* m *als geist. Wesen* n; average ∼ *Durchschnittsmensch* m **5.** [attr] ∼-mate *Gesinnungsgenosse* m ‖ ∼-over-matter [attr] ⟨Am fam⟩ = psychosomatic ‖ ∼ pill *Beruhigungstablette* f ‖ ∼**ed** ['∼id] a *geneigt, gesonnen* (to do); *gesinnt* (politically ∼); -*mütig* (noble-∼)

mind [maind] vt/i I vt **1.** † (*jdn*) *erinnern* ‖ † (*etw*) *in Erinnerung* f *h, sich erinnern* (that) **2.** *achten auf, achthaben auf*; ∼ you write *denk daran z schreiben* ‖ *sich in acht nehmen, auf der Hut* s *vor* (*P*); ∼ the step *Achtung! Stufe!*; ∼ the grease! ×*Soß!* ‖ *sorgen* f, *sehen nach* (∼ the fire) ‖ *beachten, sich kümmern um* (to ∼ the children, the dogs); *sich befassen, beschäftigen mit* ‖ (*oft iron*) don't ∼ me *laß dich nur nicht stören* **3.** [*mst in neg. u interrog. Sätzen*; *sonst selten*] *etw nicht gern sehen* or *mögen, unangenehm empfinden, sich stoßen an*; do you ∼ smoking? *stört Sie das Rauchen* or *wenn geraucht wird*? (.. my smoking? .. *wenn ich rauche*?); would you ∼ *doing*? *möchten Sie so gut s z tun*? I don't ∼ it *ich habe nichts dagegen*; I should not ∼ a cup of tea *ich wäre e–r Tasse f Tee m nicht abgeneigt, würde gern e–e T. T. trinken* ‖ [*in Antworten*] (do you ∼ smoking?) Yes I ∼ it *ja es stört mich* **II.** vi *achtgeben*; *sich darum kümmern*; ∼ you! *geben Sie acht!*; [*nachgestellt*] ∼! *wohlgemerkt!* [*vorgestellt*] ∼ *etw dagegen h*; I don't ∼ *ich habe nichts dagegen*; *meinetwegen*; if you don't ∼ *wenn Sie nichts* ..; never ∼ *es macht* (*tut*) *nichts*; *mach dir nichts daraus* (what ..); never ∼ about .. *was heißt hier* ..? ‖ *sich m aus*, he ∼s a great deal *er macht sich sehr viel daraus* ‖ I don't ∼ if I do *ich möchte fast*; *ich habe nichts dagegen*; *wenn I bitten darf*; *ich sage nicht nein*

minder ['maində] s *Aufseher, Wärter* m (machine-∼ *Maschinen–*)

mindful ['maindful] a (∼*ly* adv) *eingedenk* (of a th *e–r S*); to be ∼ of *achten auf* ∼**ness** [∼nis] s *Achtsamkeit* f

mindless ['maindlis] a *geist–, gehaltlos*; *dumm* ‖ *unbekümmert* (of *um*), *ohne Rücksicht* f (of *auf*) ‖ *uneingedenk* (of a th *e–r S*)

mine [main] s **1.** ⟨min⟩ *Grube* f; *Bergwerk* n; *Mine, Zeche* f; the ∼s [pl] *der Bergbau, die Mont·anindustrie* **2.** ⟨mil & mar⟩ *Mine* f; magnetic ∼ *Magnetmine* f ‖ ⟨fig⟩ to lay a ∼ for a p, to spring a ∼ on a p *jdm ein Bein* n *stellen, jdn vernichten, z Fall bringen* **3.** ⟨fig⟩ *Fundgrube* f (of *an*); a ∼ of information *e–e F. der Belehrung* f **4.** [attr] *Minen–* ‖ ⟨min⟩ ∼-car *Hund, Förderwagen* m; ∼ *filling Bergversatz* m ‖ ⟨mil⟩ ∼-field *Minenfeld* n; ∼-layer ⟨mar⟩ -*leger*; ∼ props [pl] *Grubenhölzer* n pl;

~ surveying *Markscheidewesen* n; ~ surveyor *Markscheider* m; ~-sweeper *-sucher* m (*Boot*); ~-thrower *-werfer* m (*Geschütz*); ~ warfare *-sperrkrieg* m

mine [main] vi/t || *minieren* || *graben* (for *nach*) || (*T*) *sich ein-, vergraben* | vt (*Weg*) *graben* || (*Erde*) *unterminieren*; ⟨fig⟩ *untergraben* || (*Erz, Kohle*) *gewinnen* || *durchsuchen*; ⟨fig⟩ *-dringen* || ⟨mil⟩ (*Gewässer*) *mit Minen* f pl *belegen*; *verminen* | ~r ['~ə] s *Bergmann, Grubenarbeiter, Kumpel* m; ⟨mil⟩ *Mineur* m || *Minenleger* m, *-suchboot* n | ~s' union *Knappschaft* f

mine [main] abs pron poss *der, die, das meinige* or *meine* (what is ~ *das M.*); this dog is ~ .. *gehört mir* | *die Meinen, -igen* pl; *m–e Familie* f || a friend of ~ *ein Freund* m *v mir, e–r m–r Freunde*; this dog of ~ (*dieser*) *mein Hund* m

mineral ['minərəl] **1.** s *Mineral* n || ~s [pl] *Mineralwasser* n pl **2.** a *mineralisch, Mineral-* (~ *water*); ~ jelly = *vaseline*; ~ *wealth Bodenschätze* m pl || ⟨chem⟩ *·anorganisch* ~**ization** [,~ai'zeiʃən] s *Vererzung* f ~**ize** [~aiz] vt/i || *mineralisieren, in ein M. verwandeln, versteinern* || *mit anorg. Stoff* m *durchsetzen* | vi *nach Mineralien* n pl *suchen* ~**ogical** [,minərə'lɔdʒikəl] a (~ly adv) *mineralogisch* ~**ogist** [,minə'rælədʒist] s *Mineral·oge* m ~**ogy** [,minə'rælədʒi] s *Mineralog·ie* f

minette [mi'net] s ⟨min⟩ *Min·ette* f
minever ['minivə] s = miniver
mingle ['miŋgl] vt/i **1.** vt (*ver*)*mischen, –mengen*; *vereinigen* (with) ⟨*a* refl⟩ (it ~d *itself* ..) **2.** vi *sich vermischen, sich vereinigen* (with); *sich* (*ein*)*mischen* (in *in*); *sich mischen* (among, with *unter*); to ~ in society *in der besseren Gesellschaft* f *verkehren* **3.** [in comp] ~*-mangle Mischmasch* m, *Gemisch* n, *Verwirrung* f
mingy ['mindʒi] a *geizig, knickerig, filzig*
miniate ['minieit] vt *rot färben* || (*Buch*) *illuminieren; schmücken*
miniature ['minjətʃə] **I.** s **1.** ⟨hist arts⟩ *Miniat·ur* f; [attr] *Miniatur-* || ~ *camera* ⟨phot⟩ *Kleinbildkamera* f (*35 mm u kleiner*) **2.** *Miniaturbild, -porträt* n; in ~ *im kleinen* **II.** a *im kleinen, Klein-* *-rist* ['minjətjuərist] s *Buchmaler* m *-rization* ['minjətjuərai'zeiʃən] *Herstellung* f *technischer Ausrüstung* f *in Kleinformat* n

mini- ['mini] L [in comp] *Klein*(*st*)- ~**bus** [~bʌs] s *Klein-, Taxibus* m ~**cam** [~kæm] s ⟨phot fam⟩ *Kleinbildkamera* f ~**car** [~kɑ:] s ⟨mot⟩ *Klein*(*st*)*wagen* m ~**cycle** [~saikl] s *zus.-klappbares Kleinfahrrad* n ~**groove** ~s *microgroove* ~**motor** [~moutə] s ⟨cycl⟩ *Hilfsmotor* m
Minié ['miniei] s Fr (*nach C. E.*, † 1879) ~ *rifle Miniégewehr* n (*mit Expansionsgeschoß*)
minify ['minifai] vt *verkleinern, –mindern*; ⟨fig⟩ *herabsetzen*
minikin ['minikin] **1.** s *Knirps* m || kl *Stecknadel* f **2.** a *affektiert* || *winzig*
minim ['minim] s **1.** ⟨mus⟩ *die halbe Note* f **2.** ⟨call⟩ *Grundstrich* m (~ *letters Buchstaben mit -strichen, z. B. m, n* etc) **3.** kl *Wesen* n, *Zwerg, Knirps* m | *bißchen, Tüttelchen* n (one ~ of) **4.** ⟨med⟩ *Tropfen* m (*als Maß* = $1/60$ *Drachme*) **5.** ⟨R. C.⟩ *ein Bettelorden* m ~**al** [~əl] a *minim·al, Minimal-, mindest, kleinst* ~**alist** [~əlist] s (*russ.*) *Menschew·ik* m (*gemäßigter Sozialist*) ~**ize** [~aiz] vt *auf ein Mindestmaß* n *verringern*; *möglichst klein* or *unbedeutend darstellen*; *unterschätzen, herabsetzen*
minimum ['miniməm] L s [pl ~s, -ma] *M·inimum* n (with a ~ of *mit e–m M. an*), *Mindestmaß* n (~ of *existence Existenzminimum*); to stand at a ~ ⟨st exch⟩ *sehr niedrig stehen* | [attr] *Mindest-; Kleinst-; kleinstmöglich* (speed); *Kern-* (radius); *Minim·al-* (switch);

Minimum- (thermometer) || ~ *clearance* ⟨tech⟩ *Kleinstspiel* n || ~ *interference* ⟨tech⟩ *-übermaß* n **-mus** ['miniməs] L a *jüngste* (*v dreien*); N. ~ *N., der jüngste*

mining ['mainiŋ] s *Bergbau* m | [attr] *Bergbau-, -werks-* (~ *industry Bergbau* m); *Berg-* (academy *-akademie* f, district *-revier* n, office *-amt* n); *Montan-* (~ *industry -industrie* f); ~ *share Kux* m | ⟨mil⟩ *Minen-* (~ *ship*); *Minier-* (~-*frame -rahmen* m)
minion ['minjən] s *Liebling; Günstling* m || ⟨typ⟩ (*a* ~ *type*) *Kolon·el*(*schrift*) f
minish ['miniʃ] vt *verringern, schwächen*
minister ['ministə] **1.** s *Gehilfe* m; *Werkzeug* n (of *a* p) | ⟨parl⟩ *Minister* m; ⟨engl⟩ ~ of *Health M. f das Gesundheitswesen*; ~ of *Labour Arbeits-*; ~ of Agriculture *Landwirtschaftsminister*; ~ of Munitions *Rüstungsminister*; ~ of Transport *Verkehrs-*; ~ for Atomic Affairs *od Energy At·om-*, → *ministry, chancellor, secretary; president; postmaster* || ⟨dipl⟩ *Gesandter* m | ⟨engl⟩ *Geistlicher* m (*der Dissenters*) **2.** vi/t | to ~ to a p *jdm dienen, aufwarten*; .. to a th *e–r S förderlich s; beitragen z etw* || ⟨ec⟩ *ministr·ieren* | vt *darreichen, bieten; spenden* ~**ing** [~riŋ] a *dienend, helfend, Schutz-*
ministerial [,minis'tiəriəl] a (~ly adv) *amtlich, Verwaltungs-* || *dienend; Hilfs-*, to be ~ to *dienen* | ⟨ec⟩ *kirchlich, geistlich* || ⟨parl⟩ *ministeri·ell; Minister-* || *Regierungs-* (~ *benches*) ~**ist** [~ist] s *Anhänger* m *der Regierungspartei* f

ministrant ['ministrənt] **1.** a *dienend* (to a th *e–r S*; to a p *jdm*) **2.** s ⟨R.C.⟩ *Ministr·ant* m (*Meßdiener*) *-ation* [,minis'treiʃən] s *Hilfe* f, *Dienst* m (to a p *an jdm*) || *Darreichung* f (of a th) || ~s [pl] *kirchl. Amtsübungen* f pl *-ative* ['ministrətiv] a *dienend, helfend*
ministry ['ministri] s ⟨rel⟩ *Dienst* m (to *an*); ⟨ec⟩ *geistl. Amt* n | ⟨pol⟩ *Minist·erium, Kabinett* n || → *minister, Department* || ~ of Communications *Verkehrsministerium* || ~ of Education (*vor 1944* Board of E.) ⟨engl⟩ *Unterrichts-* || ~ of Information ⟨engl⟩ *Propaganda-* || ~ of Supply ⟨engl⟩ *Versorgungs-*
minium ['miniəm] L s ⟨hist⟩ = *vermilion*
miniver, minever ['minivə] s *Feh, Grauwerk* n (*Pelzart*)
mink [miŋk] s [⟨hunt⟩ pl ~] ⟨zoo⟩ *Mink, Nerz* m || *Nerzfell* n
minnie ['mini] s ⟨mil sl⟩ *deutsche Mine* f; *Minenwerfer* m || Moaning ~ ⟨sl⟩ *die ,,Heulsuse"* (*Fliegersirene*)
minnow ['minou] s ⟨ich⟩ *Elritze* f
Minoan [mai'nouən] a ⟨ant arts⟩ *min·oisch, kretisch*
minol ['mainəl] s ⟨engl mar⟩ *hochwertiger Minensprengstoff* m
minor ['mainə] L **I.** a (*ohne folg.* than) **1.** *kleiner* (the ~ *prophets*); *geringer, weniger* || *unbedeutend; geringfügig*; ~ *injury leichte Verletzung* f || *Neben-, Hilfs-, Unter-*; ~ *diameter Kerndurchmesser* m; ~ *produce Nebennutzung* f etc; ~ *suit* ⟨bridge⟩ *Karo* or *Kreuz* n **2.** *jünger* (Brown ~ *B., der Jüngere*) **3.** ⟨log⟩ *Unter-* (~ *premise -satz* m) **4.** ⟨mus⟩ *Moll-*; ~ *key Molltonart*, ~ *third kl Terz* f **5.** * *minderjährig* **6.** ⟨Am⟩ *Nebenfach-* **II.** s *Minderjähriger* m || ⟨log⟩ *Untersatz* m || ⟨univ Am⟩ *Nebenfach* n ~**ity** [mai'nɔriti] s *Minorität, Minderheit* f (to be in the ~) || you are in a ~ of one *du stehst allein gegen alle anderen* || ⟨pol⟩ ~ *group Minderheitengruppe* f, *-ties problem Minoritätenproblem* n | *Minderjährigkeit* f; in ~ *minderjährig, minor·enn*
Minorite ['mainərait] s *Minor·it, Franziskaner* m

Minotaur ['mainətə:] s ⟨Gr myth⟩ *Mino- t·aurus* m

minster ['minstə] s ⟨ec⟩ *Münster* n, *Kathe- drale* f

minstrel ['minstrəl] s ⟨hist⟩ *Spielmann*; *Sän- ger* ‖ *Dichter* ‖ *wandernder Sänger* m; ~s [pl] *als Neger kostümierte Kapelle, die Negerlieder singt* ~**sy** [~si] s ⟨hist⟩ *Spielmannskunst, –dich- tung* f; *Spielleute* ‖ ⟨poet⟩ *Dichtkunst* f

mint [mint] **1.** s *Münze, Münzstätte, –anstalt* f (at the ~) ‖ *gr Menge* (a ~ of money); *sehr viel* ‖ *officer of the* ~ *Münzmeister* m ‖ ⟨fig⟩ *Fundgrube, Quelle* f | [attr] in ~ *condition od state* (of coins, etc) *gut erhalten, unbeschädigt* ‖ ~-*new (funkel)nagelneu* **2.** vt *münzen, prägen* ‖ ⟨fig⟩ *(Worte) prägen* ~**age** ['~idʒ] s *Münzen* n, *Prägung* f ⟨a fig⟩ ‖ *geprägtes Geld* n ‖ *Münz–, Prägegebühr* f

mint [mint] s ⟨bot⟩ *Minze* f | ~ *sauce* ['– '–] s *Minztunke* f

minuend ['minjuend] s ⟨math⟩ *Minu·end* m

minuet [‚minju'et] s ⟨mus⟩ *Menu·ett* n

minus ['mainəs] L **1.** prep *m·inus, weniger* (5 ~ 3) ‖ [pred] *abzüglich* [gen]; ⟨fam⟩ *ohne* (~ his umbrella) **2.** a *Minus–* (~ sign) ‖ *nega- tiv* ‖ ⟨fam⟩ *fehlend, Fehl–* (~ amount); ~ *allowance Untermaß* n ‖ ⟨phot⟩ ~ *blue etc Minus-Blau* n **3.** s [pl ~es] *Minuszeichen* n ‖ *Minus(betrag* m) n, *Ausfall* m

minuscule [mi'nʌskju:l] s *Min·uskel* f, *kl Buch- stabe* m

minute ['minit] s **1.** *Minute* f; it is 10 ~s to (⟨Am⟩ of) one .. *vor 1*; I shan't be a ~ *ich bin gleich wieder da*; a twenty-~ match *ein Spiel* n *v 20 Minuten* ‖ *kz Zeit* f, *Augenblick* m (in a ~ *in e–r M.*; for a ~ *e–e M.*) ‖ *bestimmter Zeitpunkt* m, the ~ that *so bald als*; at the last ~ *in der letzten M.*; to the ~ *auf die M.* ‖ 15 ~s *grace akademisches Viertel* n **2.** *kz schriftlicher Entwurf* m; *kz Denkschrift* f ‖ *Notiz* f; to make a ~ *of notieren, z Protokoll* n *nehmen*; ~s [pl] *Protokoll* n; to keep the ~s *das P. führen* | [attr] *Minuten–* (~ gun) ‖ ~-*book Notiz–, Protokollbuch* n ‖ ~-*glass Sanduhr* f ‖ ~-*hand Minutenzeiger* m ‖ ~-*man* ⟨Am hist⟩ *Miliz- soldat* m *der Revolutionszeit* f ~**ly** [~li] **1.** a *in jeder Minute stattfindend*; *Minuten–* **2.** adv *in jeder M.*

minute ['minit] vt to ~ a th *genaue Zeit or Dauer* f *v etw bestimmen* (to ~ a match) ‖ *ent- werfen, aufsetzen*; *notieren, protokollieren*

minute [mai'nju:t] a [compr ~r; sup ~st] *sehr klein, winzig* ‖ *unbedeutend* | *minuziös, sorgfältig*; *sehr genau, peinlich* ~**ly** [~li] adv *ausführlich, eingehend*; *genau* ~**ness** [~nis] s *Kleinheit, Winzigkeit* f ‖ *Sorgfältigkeit*; *Ge- nauigkeit, Akuratesse* f

minutia [mai'nju:ʃiə] L s *Einzelheit*; *Ausführ- lichkeit* f (with a ~) ‖ –*iae* ([–ii:] pl) *Einzelheiten* pl

minx [miŋks] s ⟨fam⟩ *Wildfang* m, *ausgelas- senes Mädchen* n, *Range* f ~**ish** ['~iʃ] a *ausge- lassen*; *keck, naseweis*

miocene ['maiosi:n] **1.** a ⟨geol⟩ *mioz·än, Mio- zän–* (*z jüngeren Tertiärformation gehörig*) **2.** s *Miozänperiode* f

mir [miə] s *russ. Dorfgemeinschaft* f

miracle ['mirəkl] s *übernatürl. Ereignis* n; *Wundertat* f, *Wunder* n (the ~ of reborn nature); German ~ *deutsches Wirtschaftswun- der* (*nach 1945*); to work ~s *W. tun* ‖ *Wunder- kraft* f; to work one's ~ upon *s–e W. ausüben auf* ‖ *außergewöhnliches Ereignis, Erzeugnis or Wesen* n ‖ to a ~ *überraschend gut, ausgezeich- net* | ~ *play* ⟨hist⟩ *Mir·akelspiel* n

miraculous [mi'rækjuləs] a *wunderbar*; *über- natürlich*; the ~ *das Wunderbare* ‖ *wunderwir-*

kend (oil) ~**ly** [~li] adv *wie durch ein Wunder* n ~**ness** [~nis] s *das Wunderbare*

mirage ['mira:ʒ] s Fr *Luftspiegelung* (*nach unten*); *Fata Morgana* f ‖ ⟨fig⟩ *Luftbild* n, *Selbsttäuschung* f

mire ['maiə] **1.** s *Sumpf* m; to be deep in the ~ *tief in der Klemme, Tinte* f *sitzen* ‖ *Schlamm, Dreck, Kot* m; ⟨fig⟩ to drag through the ~ (*jdn*) *durch den Dreck* m *ziehen* **2.** vt/i ‖ [*mst pass*]. *in den Sumpf* m *treiben* ‖ *im Sumpf fest- halten* ‖ ⟨fig⟩ *verwickeln* (in); *in Schwierigkeiten* f pl *versetzen* ‖ *beschmutzen* | vi *im Sumpf* m *ver- sinken*

mirror ['mirə] **1.** s *Spiegel* m; driving ~, (⟨Am⟩ rear vision ~), rear view ~, reflecting ~ ⟨mot⟩ *Rückspiegel* m; to look in the ~ *in den Sp. sehen* ‖ ⟨fig⟩ *Spiegel* m, –*bild* n (of a th e–r S) ‖ to hold up the ~ to the time *der Zeit* f *den Sp. vorhalten* | [attr] *Spiegel–* ‖ ~ *finish Hochglanz(politur* f) m ‖ ~ *optical system Spiegeloptik* f ‖ ~ *reflex camera* ⟨phot⟩ *Spie- gelreflexkamera* f **2.** vt *widerspiegeln* ⟨a fig⟩; to be ~ed in *sich (wider)spiegeln in*

mirth [mə:θ] s *Frohsinn* m, *Fröhlichkeit, Freude*; *Heiterkeit* f ~**ful** ['~ful] a (~ly adv) *fröhlich, heiter* ~**fulness** ['~fulnis] s = ~ ~**less** ['~lis] a (ly adv) *freudlos*

miry ['maiəri] a *schlammig, kotig, dreckig*

mis– [mis] *lebendes* pref (*betont: in jungen, neuen Bildungen* [miscount]; *unbetont: in alten, häufig gebrauchten* [mistake]) *miß–*; *verfehlt*; *Fehl–*; *schlecht, übel, falsch*

misadventure ['misəd'ventʃə] s *Mißgeschick* n; *Unglücksfall* m (death by ~)

misalign ['misə'lain] v/refl/vt **1.** v/refl ⟨tech⟩ *sich versetzen, sich verlagern, sich verschieben* | **2.** vt *falsch ausrichten* ‖ ~ed *nichtfluchtend* ~**ment** [~mənt] s *Verlagerung, Versetzung* f, *Fluchtungsfehler* m; (of tyres) ⟨mot⟩ *Unfluch- ten* n

misalliance ['misə'laiəns] s *Mißheirat* f

misanthrope ['mizənθroup] s *Menschenfeind* m –**pic(al)** [‚mizən'θropik(əl)] a –(*cally* adv) *men- schenfeindlich* –**pist** [mi'zænθropist] s *Men- schenfeind* m –**py** [mi'zænθropi] s *Menschenhaß* m

misapplication ['mis‚æpli'keiʃən] s *falsche An- wendung* f –**apply** ['misə'plai] vt *falsch anwenden* ‖ *zu unerlaubten Zwecken* pl *verwenden*

misapprehend ['mis‚æpri'hend] vt *mißver- stehen*; *verkennen* –**hension** ['mis‚æpri'henʃən] s *falsche Auffassung* f (of über); *Mißverständnis* n; to be *od* labour under a ~ *sich in e–m Irrtum* m *befinden* –**hensive** ['mis‚æpri'hensiv] a *verständ- nislos*

misappopiate ['misə'prouprieit] vt *wider- rechtlich verwenden or sich aneignen* –**ation** ['misə‚proupri'eiʃən] s *widerrechtl. Aneignung or Verwendung* f

misbecome ['misbi'kʌm] vt (–came; ~) to ~ a p *sich nicht ziemen* f *jdn* –**ming** [~iŋ] a *un- schicklich*

misbegotten ['misbi'gotn] a *unehelich* ‖ ⟨fig⟩ *unnatürlich*; *ekelhaft*

misbehave ['misbi'heiv] v refl/i to ~ o.s., to ~ *sich schlecht betragen* –**haviour** ['misbi- 'heivjə] s *schlechtes Betragen* n

misbelief ['misbi'li:f] s *Irrglaube* m –**liever** ['misbi'li:və] s *Irrgläubige(r* m) f –**lieving** ['misbi'li:viŋ] a *irr–, ungläubig*

miscalculate ['mis'kælkjuleit] vt *falsch (be)- rechnen*; *falsch beurteilen* –**ation** ['mis‚kælkju- 'leiʃən] s *falsche Berechnung or Rechnung* f; *fal- sches Urteil* n; *Rechenfehler* m

miscall [mis'kɔ:l] vt *falsch benennen* ‖ ⟨dial⟩ *beschimpfen*

miscarriage [mis'kæridʒ] s *Fehlschlagen, Miß- lingen* n ‖ *Verlorengehen* n (v Briefen) ‖ ⟨med⟩

Spont·anabortus m, *Fehlgeburt* f | ⟨jur⟩ *Fehlgriff* m, ∼ *of justice* ⟨jur⟩ *Rechtsbeugung* f –**carry** [mis'kæri] vi *mißlingen, fehlschlagen, scheitern* ‖ (*of letters*) *verlorengehen* ‖ ⟨med⟩ *fehlgebären*

miscegenation [ˌmisidʒi'neiʃən] s ⟨demog⟩ *Rassenmischung, Vermischung* f

miscellanea [ˌmisi'leinjə] s L pl *Misz·ellen, vermischte Schriften* f pl –**neous** [ˌmisi'leinjəs] ə (∼ly adv) *ge–, vermischt* ‖ *verschiedenartig, vielseitig* –**neousness** [ˌmisi'leinjəsnis] s *Gemischtheit* f ‖ *Mannigfaltigkeit* f –**ny** [mi'seləni] s *Gemisch* n ‖ *Sammlung* f, *Sammelband* m ‖ –**nies** [pl] *vermischte Abhandlungen* f pl (*über e–n Gegenstand*)

mischance [mis'tʃɑ:ns] s *Unfall* m, *Mißgeschick* n; by ∼ *durch unglückl. Zufall* m

mischief ['mis-tʃif] s **1.** *Unheil* n; *to do, work much* ∼ *viel U. anrichten; to mean* ∼ *Böses im Schilde führen* ‖ *Zwietracht* f (*to make* ∼ *Z. säen*) | *körperl. Verletzung* f, *Schaden* m; *to do a p* ∼ *jdm Schaden m zufügen* **2.** *Übelstand, Nachteil, Schaden* m (*to f*) ‖ *the* ∼ *is that .. das Unglück ist or will es, daß ..* **3.** *Ursache* f *des Unheils;* ⟨fam⟩ *Schädling m* (*P*) (*to a cause e–r S*); *Störenfried* m ‖ *Schelm, Strick* m **4.** *Unfug* (*childish* ∼); *Possen* m; *Schalkheit* f ‖ *to play the* ∼ *with a p mit jdm Schindluder* n *treiben;* .. *with a th etw in Unordnung f bringen* **5.** (*in Verwünschung*) *the* ∼ *z Teufel* m (*where the* ∼ *have you been?*) **6.** [attr] ∼-**maker** *Hetzer, Unheilstifter, Störenfried* m

mischievous ['mis-tʃivəs] a (∼ly adv) *schädlich; nachteilig* ‖ *ausgelassen, mutwillig; boshaft* ‖ *schelmisch* ∼**ness** [–nis] s *Schädlichkeit; Nachteiligkeit* f ‖ *Mutwilligkeit, Bosheit* f

miscible ['misibl] a *mischbar*

misconceive ['miskən'si:v] vi/t ‖ *e–e falsche Meinung* f *h* | vt *mißverstehen, falsch auffassen* –**ception** ['miskən'sepʃən] s *Mißverständnis* n, *falsche Auffassung* f

misconduct 1. ['mis'kɔndəkt] s *schlechtes Betragen* n ‖ *Ehebruch* m ‖ *schlechte Verwaltung* f **2.** ['miskən'dʌkt] vt *schlecht führen, schlecht verwalten* ‖ *to* ∼ *o.s. sich schlecht betragen, e–n Fehltritt m begehen; Ehebruch m begehen* (with)

misconstruction ['miskəns'trʌkʃən] s *Mißdeutung* f ‖ *falsche Auslegung* f –**strue** ['miskən'stru:] vt *mißdeuten, mißverstehen* ‖ *falsch auslegen*

miscount ['mis'kaunt] **1.** s *falsche Zählung* f, *Verrechnen* n; *Rechenfehler* m; *to make a* ∼ *sich verrechnen* **2.** vt/i ‖ *falsch (be)rechnen* | vi *sich verrechnen, sich –zählen*

miscreant ['miskriənt] **1.** a *ruchlos, gemein, schurkisch* **2.** s *Schurke, Bösewicht* m

miscue ['mis'kju:] **1.** s ⟨bill⟩ *Fehlstoß* m **2.** vi *e–n F. machen*

misdate ['mis'deit] **1.** s *falsches Datum* n **2.** vt *falsch datieren*

misdeal ['mis'di:l] **1.** vt/i [–dealt/–dealt] ‖ ⟨cards⟩ (*Karten*) *vergeben* | vi *sich vergeben* **2.** s *Vergeben* n (*v Karten*) ∼**ing** [–iŋ] s *gewissenloses Umgehen* n (with)

misdeed ['mis'di:d] s *Missetat* f, *Verbrechen* n

misdeem ['mis'di:m] vt/i ‖ ⟨poet⟩ *falsch beurteilen; verwechseln* (for *mit*) | vi *falsch urteilen*

misdemeanant ['misdi'mi:nənt] s ⟨jur⟩ *jd, der e–s strafbaren Vergehens schuldig ist* –**meanour** ['misdi'mi:nə] s ⟨jur⟩ *strafbares Vergehen* n; *to commit a* ∼ *sich etw zuschulden k l*

misdescribe [ˌmisdi'skraib] vt (*etw*) *entstellen(d beschreiben, wiedergeben*)

misdirect [ˌmisdi'rekt] vt (*jdn*) *irreleiten; falsch unterrichten* ‖ (*Brief*) *falsch adressieren or richten, fehlleiten* ‖ ⟨fig⟩ *falsch verwenden* ‖ *schlecht zielen* ∼**ion** ['misdi'rekʃən] s *Irreleitung* f ‖ *falsche Adresse* f ‖ *falsche Verwendung* f

misdoing ['mis'duiŋ] s *Übeltat* f

misdoubt [mis'daut] † vt *an–, bezweifeln* ‖ *mißtrauen* ‖ *befürchten*

mise [mi:z, maiz] s ⟨hist⟩ *Vertrag* m (the ∼ *of der V. von*) ‖ *Spieleinsatz* m

misemploy ['misim'plɔi] vt *mißbrauchen, schlecht anwenden* ∼**ment** [∼mənt] s *Mißbrauch* m; *schlechte ·Anwendung* f

mise-en-scène ['mizɑ̃:'sein] s Fr *Inszenierung* f ⟨*a fig*⟩

miser ['maizə] s *Bohrwerkzeug* n

miser ['maizə] s *Geizhals, Knicker* m ∼**ly** [∼li] a *geizig, filzig*

miserable ['mizərəbl] **1.** a *unglücklich* (*to feel* ∼); *elend* (with *vor*) ‖ *armselig, ärmlich, jämmerlich* ‖ *kläglich, traurig, schlecht* (meal) ‖ *erbärmlich, elend, verächtlich* **2.** s *Elender* m –**ably** [∼i] adv *kläglich etc* | *höchst, sehr*

miserere [ˌmizə'riəri] s L *Miser·ere* n, *der 51. Psalm* m ‖ *Bitte, Klage* f ‖ ∼ *seat* = *misericord* ⟨ec⟩

misericord [mi'zerikɔ:d] s ⟨ec⟩ *Sitzknauf* m (*am Chorgestühl*) ‖ *Hirschfänger* m

misery ['mizəri] s *Elend* n, *Not* f ‖ *Schmerz* m; *Trübsal* f

misfeasance ['mis'fi:zəns] s *Übertretung* f (⟨*bes* jur⟩ *der Amtsgewalt*); *Vergehen* n

misfire ['mis'faiə] **1.** vi (*of guns, etc*) *versagen;* –*knallen* **2.** s (*Zündungs-*)*Versager* m ‖ *Fehlzündung* f

misfit ['mis'fit] s *schlechtes, nichtpassendes, verpaßtes Stück* n (*Anzug, Stiefel etc*) ‖ ⟨fig⟩ *Mißgefault* f, *Schädling* m (he is a social ∼) ‖ ⟨fig fam⟩ °*Mißgeburt* f (*P*)

misfortune [mis'fɔ:tʃən] s *Unglück, Mißgeschick* n ‖ *Unglücksfall* m

misgive [mis'giv] vt/i [–gave/–given] ‖ (*jdn*) *mit Befürchtung or Zweifel erfüllen* (about *über;* that); *my mind* ∼*s me mir ahnt Böses* | vi *Böses ahnen* (my mind misgave) ‖ ⟨Scot⟩ *fehlgehen, scheitern* –**ving** [–iŋ] s *Befürchtung, böse Ahnung* f; *Zweifel* m

misgovern ['mis'gʌvən] vt *schlecht regieren* ∼**ment** [∼mənt] s *Mißregierung* f

misguidance [mis'gaidəns] s *Irreleitung, Verleitung* f –**guide** [mis'gaid] vt [*bes pp*] *irreführen, verleiten*

mishandle ['mis'hændl] vt *mißhandeln* ‖ *schlecht führen or handhaben,* °*verkorksen*

mishap ['mishæp. *mis'hæp] s *Unglück* n, ⟨*a mot*⟩ *Unfall* m, *Panne* f ⟨*a tech*⟩; *Schaden* m (*to a th an e–r S*)

mishear [mis'hiə] vt/i [–heard/–heard] (*sich*) *verhören*

mishit 1. ['mishit] s ⟨ten etc⟩ *Fehler* m **2.** [–'–] (*Ball-*)*Fehler* m

mishmash ['miʃmæʃ] s *Mischmasch* m

misinform ['misin'fɔ:m] vt (*jdn*) *falsch unterrichten* ∼**ation** ['misinfə'meiʃən] s *falscher Bericht* m; *falsche Auskunft or Information* f

misinterpret ['misin'tə:prit] vt *mißdeuten, falsch deuten or verstehen* –**ation** ['misinˌtə:pri'teiʃən] s *falsche Auslegung, Mißdeutung* f

misjudge ['mis'dʒʌdʒ] vt *falsch beurteilen* ∼**ment, –dgment** [∼mənt] s *irriges Urteil* n

mislay [mis'lei] vt [–laid/–laid] (*etw*) *verlegen*

mislead [mis'li:d] vt [–led/–led] *irreführen, –leiten, verleiten* (into doing *z tun*); *täuschen; to be misled sich verleiten l* ∼**ing** [–iŋ] a *irreführend* (to *f*)

mislike [mis'laik] vt (*jdm*) *mißfallen* ‖ (*etw*) *nicht gern sehen, mißbilligen*

mismanage ['mis'mænidʒ] vt *schlecht führen; schlecht verwalten;* °*verkorksen* ∼**ment** [∼mənt] s *schlechte Verwaltung;* *Mißwirtschaft* f

misnomer ['mis'noumə] s *falsche Benennung or Bezeichnung* f

misogamist [mi'sɔgəmist] s *Ehefeind* m –**gamy**

[–mi] s *–scheu* f **–gynist** [mai'sədʒinist] s *Weiberfeind* m **–gyny** [mai'sədʒini] s *Weiberhaß* m
misphased [mis'feizd] a *phasenfalsch*
misplace [mis'pleis] vt *an e–e falsche Stelle* f *legen*; *verlegen* || *versetzen* || *falsch anbringen* | **~d** [~t; '– –] a *falsch angebracht*; to be ~ (of doubts, confidence) *unangebracht, –berechtigt sein* **~ment** [~mənt] s *unrichtiges Anbringen or Stellen* n; *Verstellung, –legung* f
misprint ['mis'print] **1.** vt *verdrucken* **2.** s a [–'–] *Druckfehler* m
misprision [mis'priʒən] s ⟨jur⟩ *Vergehen* n; *Unterlassung* f *der Anzeige* f *e–s Verbrechens* (*mst* ~ *of treason*)
misprize [mis'praiz] vt *verachten*; *unterschätzen*
mispronounce ['misprə'nauns] vt *falsch aussprechen* **–nunciation** ['misprə,nʌnsi'eiʃən] s *falsche or schlechte Aussprache* f
misquotation ['miskwou'teiʃən] s *falsche Anführung* f; *falsches Zitat* n **–quote** ['mis'kwout] vt *falsch anführen or zitieren*
misread [mis'ri:d] vt (~/~[–red]) *falsch lesen or deuten*; *mißdeuten*
misreporting ['misri'pɔ:tiŋ] s *Irrtum* m *in den Angaben*
misrepresent ['mis,repri'zent] vt *falsch darstellen*; *entstellen, verdrehen* **–ation** ['mis,reprizen'teiʃən] s *falsche Darstellung*; *Verdrehung* f
misrule ['mis'ru:l] **1.** s *schlechte Regierung* f || *Aufruhr, Tumult* m; *Lord of* ⚹ *Anführer* m *der Weihnachtsbelustigungen* pl **2.** vt *schlecht regieren*
miss [mis] s **1.** ⚹ (*Titel*) *Fräulein* n (⚹ N. *Frl. N.*; the ⚹ *Browns*, † the ~es *Brown die F. B.* pl) **2.** ~ **a.** ⟨cont⟩ (*Schul-*)*Mädchen* n; *Backfisch* m || ⟨voc⟩ *Gnädiges Fräulein* n **b.** ⟨Am⟩ *Fräulein* n, *Dame* f (here is the ~) **~ish** ['~iʃ] a *affektiert, Backfisch–*
miss [mis] **I.** vt/i **A.** vt **1.** *nicht treffen, verfehlen* (a th; a p) || to ~ *one's aim, one's way das Ziel, den Weg ver–* || to ~ *fire* (of fire-arms) *versagen*; ⟨fig⟩ *erfolglos* s || .. *one's footing ausgleiten, daneben–, fehltreten*; .. *one's guess falsch tippen or setzen* **2.** *nicht bek*; (*e–r S*) *verlustig gehen, sich (etw) entgehen l*; *verpassen* (to ~ *one's train*) | (*Worte*) *nicht hören können, nicht verstehen, überhören* || *entgehen, vermeiden* (doing *z tun*) **3.** (a to ~ *out*) (*Wort*) *aus–, fortlassen* || (*Schule* etc) *versäumen* **4.** *entbehren, missen*; (*jdn, etw*) *vermissen*; we ~ *him very much er fehlt uns sehr* **B.** vi *nicht treffen, verfehlen*; *fehlgehen* || *durchfallen* || ⟨mot⟩ [ell] *fehlzünden*; (of motor) to be ~*ing Fehlzündung* f *h* || ~ ~*ing* **II.** s *Verlust* m || *Fehlen, –passen* n; to give a p a ~ *jdn umg'ehen, meiden, give it a* ~ *laß ab davon* || *Fehlschuß, –stoß* m || ⟨sl⟩ *Fehlgeburt* f
missal ['misəl] s ⟨R.C.⟩ *Meßbuch* n
missel-thrush ['mislθrʌʃ] s ⟨orn⟩ *Misteldrossel* f
misshapen ['mis'ʃeipən] a *miß–, ungestaltet*; *unförmig*
missile ['misail] **1.** a *Wurf–*; *schleuderbar* **2.** s *Wurfgeschoß* n, *disguided* ~ *aus der Bahn* f *geworfen. Ferngeschoß* n, *Flugkörper* m || *guided* ~, *homing* ~ *Lenkwaffe* f, *ferngelenktes Geschoß, –ter Fl.* || *intercontinental ballistic* ~ (ICBM) *Fernlenkwaffe* f (*mit Reichweite v 8000 km*) **~man** [~mən] s ⟨Am⟩ *Raketenforscher* m
missing ['misiŋ] a *fehlend* || *nicht z finden(d)*; ⟨mil⟩ *vermißt, –schollen*; the ~ *die Vermißten* n pl; ~ *in action* (*kriegs*)*verschollen, vermißt* || *abwesend* | to be ~ *fehlen, vermißt* w; to be *reported* ~ *als vermißt erklärt* w; *two leaves are* ~ *from the volume zwei Blätter* n pl *fehlen dem Bande* || the ~ *link das* (*nicht bekannte*) *fehlende Glied* n; *Zwischenstufe* f

mission ['miʃən] s ⟨rel⟩ *Sendung* f || ⟨pol⟩ *diplomatische Mission, ständige Gesandtschaft* f || ⟨ec⟩ *Aussendung, Mission* f; *foreign* ~ *äußere M.*; *home* ~ *innere M.* || *Missionsfeld* n; *–niederlassung* f || *Missionskurse* m, *–predigten* f pl || *Auftrag* m, *Botschaft* f; to come on a ~ *in e–r Mission* k; *on special* ~ *in bes M.* || ⟨mil⟩ *Auftrag, Einsatz, Feindflug* m; ~ *accomplished!* (*Meldung:*) *Auftrag aus–, durchgeführt!*; ~ *intelligence report* ⟨aero⟩ *Einsatzbericht* m || *Bestimmung* f, *innerer Beruf, Lebenszweck* m | [attr] *Missions–* **~ary** ['miʃnəri] **1.** a ⟨ec⟩ *Missions–*; *Missionar–* **2.** s ⟨ec⟩ *Missionar* m **~er** ['miʃnə] s *Leiter* m *e–r inneren Mission* **~ize** ['miʃnaiz] vi/t || *Mission treiben* | vt *M. treiben in or unter* (to ~ *negroes*)
missis, missus ['misiz] s ⟨fam⟩ (of servants) *die gnädige Frau* f || *Ehefrau* f (his ~)
missive ['misiv] **1.** [a] *letter* ~ (*königl.*) *Sendschreiben* n **2.** [s] *Sendschreiben* n
misspell ['mis'spel] vt (pret & pp ~ed *od* –spelt [–'spelt]) *falsch schreiben or buchstabieren*
misspend ['mis'spend] vt [–spent/–spent] *falsch verwenden, vergeuden*
misstate ['mis'steit] vt *falsch angeben* **~ment** [~mənt] s *falsche Angabe or Darstellung* f
misstep ['mis'step] s *Fehltreten* n || ⟨fig⟩ *Fehltritt* m
missy ['misi] s ⟨fam⟩ kl *Fräulein* n; *Fräuleinchen* n
mist [mist] **1.** s (*feiner, feuchter*) *Nebel* m || *Scotch* ~ *starker Nebel, Sprühregen* m | ⟨fig⟩ *Schleier* m, *Dunkel* n; to be in a ~ *verdutzt, in Verlegenheit* f s | [in comp] ~*-like nebelhaft, –artig*; ~*-pale aschfahl* **2.** vi/t || *it is* ~*ing ein feuchter Nebel geht hernieder* || *neblig, dunkel* w | vt *umnebeln, verdunkeln* || ~*ed angelaufen, beschlagen* (glasses); ~*ed with tears tränenumflort* (eyes)
mistakable [mis'teikəbl] a *verkennbar, mißzuverstehen(d)*
mistake [mis'teik] **I.** vt/i [–took/–taken] **1.** vt (*jdn*) *mißverstehen* || (*etw*) *falsch verstehen or auffassen*; *verkennen* | (*jdn*) *fälschlich halten* (for f), *verwechseln* (for *mit*) **2.** † vi *sich irren* **II.** s *Mißverständnis* n; *Irrtum* m (the ~ *of doing der I. z tun*) || *Versehen* n, *Fehler* m; ⟨arts⟩ *Verzeichnung* f; ⟨sport⟩ *Fehler* m; ⟨jur⟩ ~ *of fact* (of law) *Tatsachen-(Rechts-)Irrtum* m | *by* ~ *irrtümlich* || *in* ~ *for a th, a p aus V., irrtümlich an Stelle e–r S, jds* (a florin in ~ *for a shilling*) | to make a ~ *sich irren* || *and no* ~ *unzweifelhaft*; [nachgestellt] *ich hoffe Sie verstehen mich*
mistaken [mis'teikn] a **1.** [pred] to be ~ (greatly) ~ *sich (sehr) irren, (sehr) im Irrtum* m s **2.** [attr] *im Irrtum befangen* || *verfehlt, irrig, falsch* (~ *views*) **~ly** [~li] adv *irrtümlich, aus Versehen* n
Mister ['mistə] **1.** s *als Titel* (*geschr.* Mr.) *Herr* m; [selten vor anderen Titeln, außer:] Mr. Speaker *Herr Sprecher* m; Mr. Justice N. *Herr Richter* m N. **2.** a ⚹ vt (*jdn*) *mit dem Titel* m ~ *anreden*
mistime ['mis'taim] vt *z unpassender Zeit, Unzeit* f *tun, sagen, anbringen* etc || *nicht in* (*innerhalb*) *e–r Z. tun* || *falsch darstellen* | **~d** [~d] a *unzeitig*; *unangebracht*
mistiness ['mistinis] s *Nebligkeit* f || ⟨fig⟩ *Unklarheit* f
mistletoe ['misltou] s ⟨bot⟩ *Mistel(zweig* m) f
mistral ['mistrəl] s Fr *kalter, trockener Fallwind* m *in Südfrankreich*
mistranslate ['mistrɑ:ns'leit] vt *falsch übersetzen* **–lation** ['mistrɑ:ns'leiʃən] s *falsche Übersetzung* f
mistreat ['mis'tri:t] vt ⟨Am⟩ = *maltreat*
mistress ['mistris] s **1.** *Herrin*; *Hausfrau* f

‖ *Vorsteherin, Leiterin* f **2.** ⟨übtr⟩ *Herrin, Ge-bieterin* f (the ∼ of the Seas); *Herr, Gebieter* m; **3.** *Besitzerin; Meisterin* f (of *in*); to be ∼ of o.s. *sich beherrschen* **4.** *Geliebte*; *Mätresse* f **5.** (*Schul–, Musik-)Lehrerin* f; form– *Klassen-lehrerin* **6.** (*als Titel* abbr Mrs. [′misiz]) *Frau* (Mrs. N.; *zu ihrem Mann: Ihre Gattin*, → *wife*) the Honourable Mrs. N. ‖ ∼ of the Robes *oberste Kammerfrau* f

mistrial [′mis′traiəl] s ⟨jur⟩ *fehlerhaft durch-geführte Untersuchung* f

mistrust [′mis′trʌst] **1.** s *Mißtrauen* n (of *gegen*; in *in*) **2.** vt (*jdm*) *nicht trauen; mißtrauen* ∼**ful** [∼ful] a (∼ly adv) *mißtrauisch* (of *gegen*); to be ∼ful of *mißtrauen*

misty [′misti] a (–tily adv) *neb(e)lig* ‖ ⟨fig⟩ *unklar, dunkel*

misunderstand [′misʌndə′stænd] vt (–stood/ –stood [–stud]) *mißverstehen; sich irren* in ∼**ing** [∼iŋ] s *Mißverständnis* n ‖ *Uneinigkeit* f (over *über*)

misusage [′mis′juːzidʒ] s *Mißhandlung* f ‖ *fal-scher Gebrauch* m **–use 1.** [′mis′juːs] s *Mißbrauch* m **2.** [′mis′juːz] vt *falsch gebrauchen; mißbrau-chen* ‖ *mißhandeln*

mite [mait] s ⟨zoo⟩ *Milbe* f (*Spinnentier*)

mite [mait] s *Heller* m (*Münze*) ‖ *Scherflein* n, to contribute one's ∼ *sein Sch. beitragen* (to *z*) ‖ ⟨fig fam⟩ *Stückchen; Bißchen* n (not a ∼ *k–n Deut*) | *kl Wesen, Ding* n, *Wurm* m; a ∼ of a child *ein kl Würmchen* n

miter [′maitə] s ⟨Am⟩ → mitre ∼**ing** [∼riŋ] s *Gehrungs–, Schrägschnitt* m

mithridate [′miθrideit] s ⟨hist pharm⟩ *Gegen-gift* n

mitigate [′mitigəbl] a *linderungsfähig* **–ate** [′mitigeit] vt (*jds Zorn*) *besänftigen; beruhigen* ‖ (*Schmerz*) *lindern* ‖ (*Strafe*) *mildern; mäßigen* ‖ has a –ating effect *wirkt entschärfend* **–ation** [‚miti′geiʃən] s *Besänftigung; Linderung; Milde-rung* f **–atory** [′mitigeitəri] a *lindernd, mildernd*

mitosis [mi′tousis] s (pl –ses [–siːz]) ⟨biol⟩ *Mit·ose, Zellteilung* f **–otic** [mi′tɔtik] a *mitotisch*

mitrailleuse [‚mitrai′əːz] s Fr *mehrläufige Maschinenwaffe* f *v Gewehrkaliber*

mitre (⟨Am⟩ –ter) [′maitə] **1.** s *Mitra, Bischofsmütze, ·Inful* f; ⟨fig⟩ *Bischofshut* m, –*würde* f **2.** vt [*mst pp*] *mit der Bischofswürde* f *bekleiden*; ∼d *infuliert* (*Abt*)

mitre (⟨Am⟩ –ter) [′maitə] **1.** s (a ∼-joint) *Gehre, Gehrung* f | ∼-block *Gehrungslade* f ‖ ∼-box saw *Gehrungssäge* f ‖ ∼-gear ⟨tech⟩ *Kegeltrieb* m ‖ ∼ joint *Gehrfuge* f ‖ ∼-wheels [pl] ⟨tech⟩ *Kegelräder* n pl (*konische Zahnräder*) **2.** vt (*Bretter*) *gehren* ∼ *mitering*

mitt [mit] s (abbr *f*) → **mitten** [′mitn] s **1.** (a mitt) *Fausthandschuh* m, *Fäustling* m; ⟨sl⟩ to get the ∼ (of lover) *e–n Korb* m *bek*; to give a p the ∼ *jdm e–n Korb geben* | ⟨hist⟩ ∼ *gauntlet Hentze* (*Panzerfäustling*) | ⟨Am sl⟩ *Tatze, Pranke, Pfote* (*Hand*) f; ∼s [pl] *Boxhand-schuhe* pl **2.** (*mst* mitt) *Pulswärmer* m ‖ (*Spit-zen-)Halbhandschuh* m (*f Damen*)

mittimus [′mitiməs] L s ⟨jur⟩ *Haftbefehl* m ‖ ⟨fam⟩ *Entlassung* f

mity [′maiti] a *voll v Milben* f pl, *milbig*

mix [miks] **I.** vt/i **1.** vt *vermischen, –mengen* (with *mit*) ‖ *melieren* | *durch–e–a–werfen* ∼ (*Menschen*) *zus–bringen* | to ∼ up *tüchtig mi-schen* (with) ‖ ⟨fig⟩ *verwechseln* (with *mit*); *ver-wirren*; to be ∼ed up *verbunden* s (with *mit*); *verwickelt* s (in *in*) **2.** vi *sich mischen; sich mi-schen* l ‖ ⟨fig⟩ *auskommen* (with); *sich vertragen* (they will not ∼) ‖ *verkehren* (with *mit*; in *in*) (they ∼ in the best society) | to ∼ it *sich z raufen beginnen* **3.** [in comp] ∼-up *Verwirrung* f | *Handgemenge* n **II.** s *Mischung* f, ⟨fam⟩ *Misch-masch* m; *Verwirrung* f | ∼**ed** [∼t] a *gemischt*

(∼ feelings); *vermischt; Misch–* (∼ *marriage* –*ehe* f) ‖ *verschiedenartig* ‖ *bunt, meliert* ‖ ⟨fig⟩ *zus–gewürfelt; zweifelhaft* ‖ *verwirrt* (to get ∼) | ∼ *bathing Baden beiderlei Geschlechter; Fa-milienbad* n ‖ ∼ cycle engine *Glühkopfmotor, Semi-Diesel* m ‖ ∼ doubles [pl] ⟨ten⟩ *gemischtes Doppelspiel* n ‖ ∼ growth ⟨for⟩ *Mischwuchs* m ‖ ∼ pickles pl *junges Gemüse* n *in gewürztem Essig* m ‖ ∼ system in education = co-edu-cation | ∼**er** [′∼ə] s *Mischer; Mixer* m ‖ *Mischapparat* m, *Küchenmaschine* f (*vgl Multi–, Starmix* m) ‖ ⟨Am fam⟩ (a good ∼) *umgäng-licher, geselliger Mensch* m; *Bekanntmachungs-abend* m ‖ ⟨fam⟩ *Störenfried, Unfriedenstifter* m ‖ ⟨film⟩ *Tonmischer* m (*Apparat*) | ∼ unit ⟨wir⟩ (⟨a⟩ *mixing console*) *Mischpult* n ∼**ture** [′∼tʃə] s *Mischung* f; ⟨fig⟩ *Gemisch* (of) ‖ ⟨med⟩ *Mixt·ur* f ‖ ⟨aero, mot⟩ economical ∼ *Spar-(flug)gemisch* n ‖ ∼ control ⟨mot⟩ *Gemisch-regler* m ‖ ∼ ratio *od* strength ⟨mot⟩ *Mi-schungsverhältnis* n

mixen [′miksn] s *Dung–, Misthaufen* m

mixing [′miksiŋ] a [attr] *Misch–* ‖ ∼ desk ⟨film⟩ *fahrbare Abhörbox* f ‖ ∼ table ⟨wir⟩ *Misch–, Regiepult* n *des Tonregisseurs*

miz(z)en [′mizn] s ⟨mar⟩ (a *mizensail*) *B·esan* m | [attr] ∼-mast *Besan–, Kreuzmast* m; ∼-topgallant mast *Kreuzbramstenge* f; ∼-top mast *Kreuzmarsstenge* f

mizzle [′mizl] **1.** v imps *nieseln, fein regnen* (it ∼s) **2.** s *Nieseln* n, *Sprühregen* m

mizzle [′mizl] vi ⟨sl⟩ *verduften, –schwinden*

mnemonic [ni′mɔnik] **1.** a *mnemotechnisch, Gedächtnis–* **2.** ∼ s *Gedächtnishilfe* f | ∼s [pl] *Mnemotechnik, Gedächtniskunst* f

mnemotaxis [‚niːmo′tæksis] s ⟨eth⟩ *Weg-finden* n *nach der Erinnerung* f

mnemotechnic [‚niːmo′teknik] **1.** a ∼ mnemonic a **2.** [s pl] ∼s *Mnemotechnik* f

mo [mou] s ⟨sl⟩ abbr *f moment*; half a ∼ *ein wenig, e–e Sekunde* f, °*Moment* m *mal!*

–mo [–mo] abbr *aus* L decimo

moa [′mouə] s ⟨orn⟩ *ausgestorbener Koloß-vogel* m

moan [moun] **1.** s *Stöhnen* n **2.** vi/t *stöhnen, wehklagen, jammern* ⟨a übtr⟩ | vt *beklagen*

moat [mout] **1.** s *Burg–, Stadt(wasser)graben* m **2.** vt *mit e–m B. umgeben*; ∼ed *mit B. or St. umgeben*

mob [mɔb] **1.** s *Sippschaft* f, *Haufe* m ‖ *Mob, Pöbel, Pöbelhaufen* m, *Gesindel* n ‖ ⟨sl⟩ *Diebes-bande* f | ∼-law *Lynchjustiz* f **2.** vt/i [–bb–] ‖ *lärmend, um–, bedrängen*; (*jdn*) *anfallen, –pö-beln* ‖ ⟨orn⟩ (*Eule*) *anhassen* | vi *sich zus–rotten*

mob-cap [′mɔbkæp] s ⟨hist⟩ *Morgenhaube* f

mobike [′moubaik] s ⟨fam⟩ *Motorrad* n

mobile [′moubail] a *schnell* or *leicht beweglich*; *in Bewegung* f; ∼ library ⟨engl⟩ *Wanderleih-bücherei* f ‖ *unstet* | ⟨mil⟩ *mob·il*

–mobile [–məbi:l] *lebendes* suff *z Bildung v subst mit d Bedeutung v* ⟨mot⟩ *Fahrzeug z bes Zweck* (*vgl* automobile), → *art*∼, *book*∼, *health*∼, *ski*∼, etc.

mobility [mou′biliti] s *Beweglichkeit* f ‖ ⟨demog⟩ geographical ∼, spatial ∼ *Mobilit·ät* f; occupational ∼ *Berufs–*; (intergenerational) social ∼ *soziale Kapillarität* f; (downward) social ∼ *sozialer Auf– (Ab)stieg* m

mobilization [‚moubilai′zeiʃən] s ⟨mil⟩ *Mo-bilmachung* f ‖ ⟨com⟩ *Flüssigmachung* f **mobilize** [′moubilaiz] vt/i ‖ ⟨mil⟩ *mobilisieren, mobil* m ‖ ⟨com⟩ (*Geld*) *flüssig* m | vi *mobil* m

mobocracy [mə′bɔkrəsi] s *Herrschaft, Dikta-tur* f *des Mob* m, *Pöbelherrschaft* f

moccasin [′mɔkəsin] s *M·okassin* m (*Halb-schuh der Indianer*) ‖ ⟨zoo⟩ *Mokassinschlange* f, *Kupferkopf* m

Mocha ['moukə] s *Mokka* m (*starker Kaffee*) || *feines* (*Handschuh-*)*Leder* n

mocha ['moukə] s ⟨minr⟩ (*a* ~-stone) *M·ochastein* m (*heller Chalzed·on*)

mock [mək] [*nur* attr] *a nachgemacht, Schein-* (~ fight, *-gefecht* n); *Schwindel-* (~ auction, ~ trial *Schauprozeß* m) | ~-heroic 1. a *komisch-heroisch* 2. s. *komisches Heldengedicht* n; *heroische Burleske* f || ~-king *Schattenkönig* m || ~-turtle ⟨cul⟩ *falsche Schildkrötensuppe* f || ~-up ⟨mil⟩ (*Tank-*)*Attrappe* f; ⟨tech⟩ *Modell* n *1 : 1*, ⟨mot⟩ *Karosserie-Modellform* f, *Attrappe* f

mock [mək] 1. vt/i || *verhöhnen, -spotten* || *nachmachen, -äffen; aufziehen, narren* || *täuschen, vereiteln* | vi *spotten* (at *über*) 2. s *Spott, Hohn* m; to make a ~ of *spotten über*, (*jdn*) *lächerlich m* || *Nachahmung, Verhöhnung* f | ~er ['~ə] s *Spötter*(*in* f) m ~ery ['~əri] s *Hohn* m (of *über*); *Verhöhnung* f; *Gegenstand* m *der V., Gespött* n, to make a ~ of *verhöhnen, z Gespött m* || ⟨fig cont⟩ *Schein* m; *Possenspiel, Theater* n (the ~ of a trial) || *Blendwerk* n; *vergebliches Bemühen* n ~ing ['~iŋ] 1. s *Gespött* n || ~ of Christ *Verspottung* f *Christi* 2. a (~ly adv) *spöttisch, höhnisch; Spott-*; ~-bird *-drossel* f

mod [məd] s (abbr *f* modification) ⟨aero, tech, fam⟩ *Änderung, Verbesserung* f

Mod [mo:d] s *musikal. u liter. Jahresfest* n *der Hochlandschotten* m pl

modal ['moudl] a *die Art u Weise* or *die Form bezeichnend; durch Verhältnisse bedingt;* ~ age *at death häufigstes Sterbealter* n || ⟨gram⟩ *mod·al* ~ity [mou'dæliti] s *Art u Weise* f *des Seins u Geschehens* || ⟨philos⟩ *Modalit·ät* f

mode [moud] s ⟨mus⟩ *Tonart* f || ⟨log⟩ *modale Eigenschaft* or *Form* f || *Art u Weise* f; the ~ of *life die Lebensweise* | *Brauch* m, *Sitte* f || the ~ *die Mode* f; to be all the ~ *ganz M., modern* s || ⟨scient⟩ *häufigster Wert* m

model ['mɔdl] 1. s *Aufbau* m, *Form, Bauart* f; *Baumuster* n, *Ausführung* f, *Typ* m; *Mod·ell* n (wax ~); ⟨fig⟩ *Ab-, Ebenbild* n (the very ~ of him °*ein wahrer Abklatsch v ihm*) | *Entwurf, Plan* m, *Muster* n | *Maßstab* m, *Vorbild* n (for *f*); after, on the ~ of *nach dem V. v*; *Muster* (he is a ~ of) | ⟨paint⟩ *Modell* n (P); to act as a ~ to a p *jdm M. stehen* || ⟨com⟩ *Vorführdame* f | [attr] *musterhaft, vorbildlich, Muster-* (the ~ Parliament) 2. vt/i [-led, ~ling] (*etw*) *nach Modell herstellen, modellieren*; (*e-r* S) *Form f geben* || ⟨fig⟩ *formen, modeln, bilden* (after, on, upon *nach*); to ~ o.s. on *sich ein Muster n nehmen an* | vi ⟨arts fam⟩ *Modell stehen* ~ler [~lə] s *Modellierer, Lossierer* m ~ling [~liŋ] s *Modellieren* n; *Formgebung, Formung* f; *Modellierkunst* f

moderate ['mɔdərit] 1. a (~ly adv) *mäßig* (drinker) || *gemäßigt, mild* (sentence), *einfach* || *mittelmäßig* | *bescheiden* (claim); *billig, niedrig* (prices) 2. s ⟨pol & rel⟩ *Gemäßigter* m ~ness [~nis] s *Mäßigkeit* f || *Billigkeit* f || *Mittelmäßigkeit* f

moderate ['mɔdəreit] vt/i || (*Sprache*) *mäßigen, mildern; beruhigen* || *einschränken* || ⟨at⟩ (*Kernspaltung*) *abbremsen* | vi *sich mäßigen*; (of wind) *nachlassen* ~ation [ˌmɔdə'reiʃən] s *Mäßigkeit* f, *Maß* n; in ~ *mit M., mäßig* || *Mäßigung* f || ⟨at⟩ *Bremsung* f | ~s (abbr mods [mədz]) pl ⟨univ Oxf⟩ *erste öffentliche Prüfung* f *f den B. A.* ~ator ['mɔdəreitə] s *Schiedsrichter; Vermittelnder* m || ⟨ec Scot⟩ *Vorsitzender* m (*der* General Assembly), *Kirchenpräsident* m || ⟨univ Oxf⟩ *Examin·ator* m (*f die* Moderations), ⟨Cambr⟩ *Prüfungskommissar* m *f höchste Prüfung* (tripos)

in Mathematik f || ⟨at⟩ *Moderator* m, *Bremsmittel* n, *-substanz* f, *Neutronenbremse* f

modern ['mɔdən] 1. a (~ly adv) *neu* (~ English), *modern* (~ History); ~ *Languages* [pl] (*die*) *Neueren Sprachen* f pl (a master of ~ L.); the ~ side *die Realabteilung* f (*e-r höh. Schule*); ~ *times* [*ohne art*] *die Neuzeit, Moderne* f || *jetzig, neu* (fashion) 2. [s pl] the ~s *die Modernen, Neueren* m pl ~ism [~izm] s *moderner Ausdruck* or *Geschmack* m, *die moderne Zeitrichtung* f || ⟨theol⟩ *Modernismus* m ~ity [mə'də:niti] s *Modernität, Moderne* f ~ize ['mɔdənaiz] vt *modernisieren; erneueren* ~ness ['mɔdənnis] s *Modernität* f

modest ['mɔdist] a (~ly adv) *bescheiden* || *sittsam, anständig* || *mäßig, maßvoll, bescheiden* (sum) |~y [~i] s *Bescheidenheit* | *Sittsamkeit* f || *Anspruchslosigkeit* f || ~ *vest Spitzeneinsatz* m *im Kleidausschnitt* m

modicum ['mɔdikəm] s L *kl Menge* f, *bißchen* n (a ~ of)

modifiable ['mɔdifaiəbl] a *abänderlich; abzuändern*(*d*); (*ab*)*änderungsfähig* ~**fication** [ˌmɔdifi'keiʃən] s *Modifikation* f, *Einschränkung*; *Mäßigung* f || *Umstellung* f (capable of ~); *teilweise Ver-, Abänderung; Änderung* f (to *an*); to make some ~ to *eine Ä. vornehmen an* || *modifizierte Form, Abart* f || ⟨gram⟩ *Umlaut* m; *Umlautszeichen* n | ~ *inspection Überprüfung* f *nach Veränderung* f || ~ *number Bezeichnung* f *der Bauserie* ~**ficatory** ['mɔdifikeitəri, ˌmɔdifi'keitəri] a *modifizierend* ~**fy** ['mɔdifai] vt *modifizieren, abändern* || *mäßigen; einschränken* || ⟨gram⟩ *umlauten* || ~**fied** ⟨fig⟩ „*frisiert*"

modish ['moudiʃ] a (~ly adv) *der Mode* f *ergeben; modisch-fein, modern; Mode-* (~ lady)

modiste [mou'di:st] s Fr *Mod·ist*(*in* f) m

mods [mədz] s pl = moderations

modular ['mɔdjulə] a ⟨math⟩ *M·odul-, Model-*

modulate ['mɔdjuleit] vt/i || *abmessen, regulieren, anpassen* (to *an*) || (*Ton*) *abmessen, abstufen, -tonen* (to *nach*) | vi ⟨mus⟩ *modulieren, die Tonart wechseln, übergehen* (into *in*) || ⟨wir⟩ *modulieren* ~**ation** [ˌmɔdju'leiʃən] s *Regelung, Anpassung* f || (*Ton-*)*Abstufung, Tonfärbung* f; ⟨mus⟩ *Modulation* f (*Übergang in and. Tonart*) || ⟨wir⟩ *Modulation, full* ~ *Vollaussteuerung* f ~**ator** ['mɔdjuleitə] s *der, die, das Regulierende* ~**ator** ['mɔdjuleitə] s *der, die, das Regulierende*

module ['mɔdju:l] s Fr *M·odel, M·odul* m (*Verhältnismaß, -zahl*); ⟨arch⟩ *unterer Säulenhalbmesser* m (*als Maß f die Teile*) || ⟨num⟩ *Durchmesser* m

modulus ['mɔdjuləs] s L [pl ~es; -li] ⟨math⟩ *M·odul* m (*absol. Betrag e-r komplexen Zahl*)

modus ['moudəs] s L *Art u Weise* f; ~ *opesandi* (M.O.) (*Polizei-*)*Erkennungsdienst* m; ~ *vivendi tragbare Form* f *des Zus-lebens*

mofette [mou'fet] s Fr *Mof·ette* f (*Kohlensäurequelle, Fumarole*)

mofussil [mə'fʌsil] s ⟨AInd⟩ *ländl. Ortschaften* pl

mog [məg], **mogger** ['məgə] s ⟨school sl⟩ *Miez* f (*Katze*)

Mogul [mo'gʌl] s ⟨hist⟩ *Mongole* m || *morgenländ. Herrscher* m; the Great ~ *od* Grand ~ *der Großmogul* m

mohair ['mouhɛə] s *Moh·är* m, *Haar* n, *Wolle* f *der Angoraziege* f || *Mohairstoff* m

Mohammedan [mou'hæmidən] 1. a *mohammed·anisch* 2. s *Mohammedaner*(*in* f) m ~ism [~izm] s *Mohammedan·ismus* m ~ize [~aiz] vt *unter moham. Einfluß* m *bringen*

Mohawk ['mouhɔ:k] s *Angehöriger des Indianerstamms der Irokesen* **Mohican** ['mouikən] 1. a *Mohik·aner-* 2. *Mohikaner* m

Mohurram [mo'hʌrəm] s *Moslem-Fest* n (*im Herbst*)

moiety ['mɔiəti] s *Hälfte* f || *Teil* m
moil [mɔil] vi *sich abquälen, sich placken* (*bes* toil and ∼)
moire [mwa:] s .Fr *Moiré* m, *moirierter* (*gewässerter*) *Stoff* m; ∼ antique *Moiréseide* f || *Mohr, Wasserglanz* m (*auf Stoffen*)
moiré ['mwa:rei] **1.** a *moiriert, gewässert, geflammt, mit Flammenmustern* n pl *geschmückt* **2.** s *bes wolkenartiger Schimmer* m (*als Schmuck auf Metall*)
moist [mɔist] a *feucht, naß*; ∼ *sugar nicht gereinigter Zucker* m ∼**en** ['mɔisn] vt/i || *feucht m, befeuchten* | *vi feucht w* ∼**ness** ['∼nis], ∼**ure** ['∼ʃə] s *Feuchtigkeit, Nässe* f || -ure-proof *undurchlässig*
moke [mouk] s ⟨sl⟩ *Esel* m ⟨*a* übtr⟩ (*P*) || ⟨Am⟩ *Neger* m
molar ['moulə] **1.** a *mahlend, zermalmend*; *Backen-* (∼ *teeth –zähne* pl) **2.** s *Backenzahn* m
molar ['moulə] a = *molecular molekular* (*Beugungsdifferenz* f), *M·ol(ar-)–* (*–gewicht* n)
molasses [mə'læsiz] s pl [sg konstr] *Melasse* f || *Sirup* m
mold [mould] vt ⟨Am⟩ (→ mould) (*auskehlen*); ⟨met⟩ *formen* || ∼ed plastic *Preßstoff* m
Moldavia [mɔl'deivjə] s [*ohne* art] *die Moldau* f | ∼**n** [∼n] **1.** a *Moldau–* **2.** s *Bewohner* m *der Moldau*
mole [moul] s *kl* (*Mutter-*)*Mal* n; *Leberfleck* m
mole [moul] s ⟨zoo⟩ *Maulwurf* m | ∼-hill *Maulwurfshaufen* m; → mountain **2.** || ∼-skin → ∼skin
mole [moul] s *Mole* f; *Hafendamm* m || ∼ Plant ⟨bot⟩ *Springwurz* f, *kreuzblättrige Wolfsmilch* f
molecular [mo'lekjulə] a *Molekül–* (field, species); *molekular* (orbit *Bahn* f, rotation *Drehung* f), *Molekular–* (force, ray, refraction, weight), *Mol·ar–* (volume) -**le** ['mɔlikju:l] s ⟨chem⟩ *Molek·ül, Mol·ekel* n
moleskin ['moulskin] s *Maulwurfsfell* n || *Moleskin, Englischleder* n (*Baumwollgewebe*); ∼s pl (*bes*) *Hose* f *aus M.* (a pair of ∼s *eine H.*)
molest [mo'lest] vt *belästigen*, (*jdm*) *lästig fallen* ∼**ation** [,moules'teiʃən] s *Belästigung* f
moll [mɔl] *vi* °*poussieren* | ∼-hunter ⟨vulg⟩ *Schürzenjäger*, °*Poussierstengel* m ∼**ing** ['∼iŋ] *Poussieren* n
mollification [,mɔlifi'keiʃən] s *Besänftigung* f -**fy** ['mɔlifai] vt *besänftigen, beruhigen* || *mildern*
mollusc, ⟨Am⟩ -**sk** ['mɔləsk] s ⟨zoo⟩ *Moll·uske* f, *Weichtier* n | ∼**a** [mə'lʌskə] s pl L *Weichtiere* pl ∼**oid** [mə'lʌskɔid] a *molluskenartig, Mollusken–* ∼**ous** [mə'lʌskəs] a *Mollusken–* ⟨fig⟩ *molluskenhaft, schwammig*
molly ['mɔli] s *Weichling* m, *Muttersöhnchen* n; °*Schlappschwanz* m ∼-**coddle** [∼kɔdl] **1.** s = molly **2.** vt *verzärteln; zärtlich behandeln*
mollymawk ['mɔlimɔ:k] s → mallemuck
Moloch ['moulɔk] s *Moloch* m; ⟨fig⟩ *Götze* m
molt [moult] ⟨Am⟩ → moult
molten ['moultən] a *geschmolzen, –gossen*; *flüssig* (*nur*: ∼ glass, gold, etc, lava; *aber*: melted butter)
molybdenum [,mɔlib'di:nəm] s ⟨minr⟩ *Molybd·än* n (*metall. Grundstoff*)
mom [mɔm] s ⟨Am fam⟩ *Mutti* f
moment ['moumənt] s **1.** *Augenblick* m; *Weilchen* n; in a ∼ *in e–m A., sogleich*; one ∼, half a ∼, (*warte nur*) *e–n A.*; not a ∼'s peace *k–n A. Ruhe* f | *best. Augenblick* m this (very) ∼ *sofort*; but this ∼ *noch eben, gerade*; the ∼ I saw it *sobald ich es sah* || at the ∼ *gerade jetzt, augenblicklich*; *gerade damals*, at the ∼ of writing *während ich dies schreibe*; at this ∼ *in diesem A.*; at the last ∼ *im letzten A.*; for the ∼ *gerade jetzt*; to the ∼ *pünktlich, genau*; let us hear the ∼ *your plans are final geben Sie uns Nachricht, sobald Sie endgültig entschlossen sind* **2.** *kritisches Stadium* n, *Wendepunkt* m || *Wichtigkeit, Tragweite, Bedeutung* f; *Belang* m (to *f*) (*nur in*: of great, little, no, etc ∼ to ..) || *wesentl. Bestandteil* m **3.** ⟨mech⟩ (*das*) *Moment*; *Kraftwirkung* f || ∼ of inertia *axiales* or *äquatoriales Trägheitsmoment* n; ∼ of normal force *Kern–*; ∼ about the points of support *Stützen–*, → momentum **4.** ⟨theat⟩ inciting ∼ *erregendes Moment* n; ∼ of last .suspense *retardierendes Moment* n → momentum, ∼**arily** [∼ərili] adv *f e–n* or *den Aug.bl.*; *v Minute* f *z M.* ∼**ary** [∼əri] a *moment·an, augenblicklich* || *vorübergehend*; *flüchtig* ∼**ly** [∼li] adv *jeden Augenblick* m, *v Minute* f *z M.*; *f den A.* ∼**ous** [mou'mentəs] a (∼**ly** adv) (*ge*)*wichtig, bedeutend* ∼**ousness** [mou'mentəsnis] s *Bedeutung, Tragweite* f
momentum [mou'mentəm] s L [pl –ta] (*das*) *Moment* n, *Kraftwirkung* f; *Antrieb* m, *Triebkraft* f; *Wucht, Schwung(kraft* f) m; ∼ of body *Bewegungsgröße* f, –*moment* n; change of ∼ *Impulsänderung* f || ∼ distribution –*verteilung* f; ∼ space –*raum* m; ∼ sphere –*kugel* f; ∼ kick *Mom·entstoß* m | to gather ∼ *an Sch. gewinnen* | *wesentl. Bestandteil* m
moms [mɔmz] s ⟨Am aero sl⟩ holy ∼ *Querruder* n
Momus ['mouməs] s L ⟨übtr⟩ *tadelsüchtiger Kritiker* m
monachal ['mɔnəkl] a *mönchisch, monastisch* -**chism** ['mɔnəkizm] s *Mönchstum, –wesen* n
monaural [mɔ'nɔ:rəl] a ⟨tech⟩ *einkanalig*
monad ['mɔnæd] s ⟨philos⟩ *Mon·ade* f || ⟨biol⟩ *Urkörperchen* n, *organische Einheit* f ∼**ic** [mɔ'nædik] a *monadisch*
monadelphous [,mɔnə'delfəs] a ⟨bot⟩ ,*monadelphisch*
monandrous [mə'nændrəs] a ⟨bot⟩ *mit nur e–m Staubgefäß* n -**dry** [mə'nændri] s *die Sitte* f *nur e–n Gatten zu h*
monarch ['mɔnək] s *Monarch(in), Alleinherrscher(in* f) m; ⟨übtr⟩ *Herr* m ∼**al** [mɔ'na:kl] a ∼**ical** -**ic** [mɔ'na:kik] a *Monarchie–, monarch·istisch, monarchiefreundlich* ∼**ical** [mɔ'na:kikəl] a (∼**ly** adv) *monarchisch*; *königlich, fürstlich* | ∼**ism** ['mɔnəkizm] s *Monarch·ismus* m ∼**ist** ['mɔnəkist] s *Monarchist* m || [attr] *monarchistisch* ∼**y** ['mɔnəki] s *Monarchismus* m || *Monarchie* f
monastery ['mɔnəstri] s *Mönchskloster* n
monastic [mə'næstik] a (∼**ally** adv) *klösterlich, Mönchs–*; ⟨fig⟩ *abgeschlossen* ∼**ism** [mə'næstisizm] s *Mönchstum, –wesen* n
monatomic [,mɔnə'tɔmik] a = monoatomic
monaul, -nal [mo'nɔ:l] s ⟨orn⟩ *ein asiat. Fas·an* m
Monday ['mʌndi] s *Montag* m (on ∼ *am M.*); on ∼(s) *montags*; ∼ evening, ∼ night *Montagabend* m | I left on ∼, ⟨*bes* Am⟩ I left ∼ *ich fuhr* (*am*) *M. ab* || Black ∼ ⟨sl⟩ *Schulanfang* m; blue *od* Saint ∼ *blauer M.*; to keep S. ∼ *blau m*
mondial ['mɔndiəl] a *weltweit, Welt–*
monetary ['mʌnitəri] a *Münz–*; ∼ standard –*fuß* m | *Geld–*; *Finanz–*; ∼ Committee *Währungsausschuß* m -**tize** ['mʌnitaiz] vt *z Geld prägen* || *den Münzfuß festsetzen* f || (*Münze*) *als Geld* n *in Umlauf* m *setzen*
money ['mʌni] [pl ∼s] *Geld* n; ∼ down, ready ∼ *bares G.*; ∼ is scarce *G. ist knapp*; short of ∼ *nicht bei Kasse* f || ∼ breeds ∼ *Geld bringt G., wo Tauben sind, fliegen T. zu, der Teufel* °*scheißt immer auf den gr Haufen* m || to make ∼ *G. verdienen*; to make ∼ by *verdienen an, bei* (*e–r S*) || to heiraten ∼ *talks bar Geld* n *lacht* || ⟨fam⟩ to be in the ∼ *gut bezahlt w* || to have ∼ to burn *Geld wie Heu* n *h* | [pl] ∼s

(*a* –nies) *Gelder* f, *Geldbestände* m pl; ⟨Am⟩ –nies *Währungen* f pl ‖ premium ∼, ⟨fam⟩ key ∼ (*Wohnungs-*)*Abstandszahlung* f | ⟨übtr⟩ *Geschmack* m ⟨vulg⟩ (you ain't everybody's ∼) | [attr] *Geld–* ‖ ∼-bag *Geldbeutel* m; ∼-bags [pl] ⟨fig fam⟩ *Geld* n, *Reichtum* m ‖ ∼-box *Sparbüchse* f ‖ ∼-changer *Geldmakler, –wechsler* m ‖ ∼-grubber *Geizhals, Habsüchtiger* m ‖ ∼-lender *Geldverleiher* m ‖ ∼-making *–erwerb* m, *gewinnbringend* ‖ ∼-market *Geldmarkt* m; *Börse* f ‖ ∼-matters *Geldangelegenheiten* pl ‖ ∼-order → order s C. 2. ‖ ∼ slot *Geldeinwurf* m ‖ ∼-spinner ⟨ent⟩ *Glücksspinne* f ‖ ∼'s-worth *Geldeswert* m (∼ or ∼'s-worth); one's ∼'s-worth *etw Vollwertiges f sein Geld* n **∼ed** [∼d] a [attr] *reich, vermögend* ‖ *Geld–, Finanz–*, the ∼ *interest die Finanzwelt* f **∼less** [∼lis] a *ohne Geld* n

monger ['mʌŋgə] s *Krämer, Händler* m; [*bes* in comp] *–händler*; fish∼ etc → *d* ‖ ⟨dero⟩ *Verbreiter, Macher* m; [in comp] *–münzer, –schmied* (sensation–∼)

Mongol ['mɔŋgəl] **1.** s *Mong·ole* m **2.** a *mongolisch* (*Volk* etc) **∼ian** [mɔŋ'gouljən] **1.** a = Mongol a ‖ ⟨anthr⟩ *mongolisch, mongolo·id* (*Rasse*) **2.** s *Mongole* m ‖ *das Mongolische* **∼ism** ['mɔŋgəlizm] s *mongoloide Idiot·ie* f **∼oid** ['mɔŋgələid] **1.** a *mongolenähnlich, mongolo·id* **2.** s *Mongolo·ide* m

mongoose [mʌŋ'gu:s] s [pl ∼s] ⟨zoo⟩ *M·ungo* m ‖ *M·aki* m (*Halbaffe*)

mongrel ['mʌŋgrəl] **1.** s (*T*) *Mischling, Bastard* m; *Kreuzung* f ‖ (dog) °*Promenadenmischung* f ‖ (*P*) *Bastard* m **2.** a *Bastard–; Misch–* (∼ race)

monial ['mouniəl] s ⟨arch⟩ = mullion

monies ['mʌniz] s [pl] → money

moniliasis [mɔni'laiəsis] s ⟨med⟩ *Moniliasis* f (*innere Krankheitserscheinung als Folge v übermäßigem Gebrauch v antibiotics*)

monism ['mɔnizm] s ⟨philos⟩ *Mon·ismus* m **–ist** ['mɔnist] s *Monist* m **–istic** [mɔ'nistik] a (∼ally adv) *monistisch*

monition [mo'niʃən] s *Mahn–, Warnung* ‖ ⟨ec⟩ *Vorladung* f

monitor ['mɔnitə] **I.** s **1.** *Ermahner, Warner* m ‖ ⟨engl⟩ *M·onitor* m (*älterer Schüler als Lehrgehilfe u mit Aufsichts– u Strafgewalt*) ‖ ⟨telph⟩ ∼ desk *Auskunft(sstelle)* f, *–tisch, –platz* m ‖ ⟨a⟩ *Warngerät* n (*Apparat m z Nachweisen v Radioaktivität* f *im menschl. Körper* m); ⟨wir⟩ *Rundfunkerfasser* m ‖ ⟨wir⟩ *Fremdsenderreporter* m **2.** ⟨mar⟩ *Monitor* m **3.** ⟨zoo⟩ *War·an* m **II.** vt (*Rundfunk*) *abhören*; (*Telefon*) *überwachen* **∼ial** [ˌmɔni'tɔ:riəl] a *ermahnend, warnend* ‖ ⟨engl⟩ *Monitor–* (∼ system) **∼ing** [∼riŋ] s ⟨rec⟩ ∼ *amplifier Abhörverstärker* m; ∼ *control Mithörregler* m **∼ship** s ⟨engl⟩ *Stellung* f *e–s Monitors* | **∼y** ['mɔnitəri] **1.** a *ermahnend, warnend; Ermahnungs–* ‖ ∼ *item* ⟨bal⟩ *Merkposten* m **2.** s ⟨ec⟩ *Ermahnungsschreiben* ‖ *–tress* [ˌmɔnitris] *Lehrgehilfin* f etc

monk [mʌŋk] s *Mönch* m | ∼-fish ⟨ich⟩ *Meerengel, Engelfisch, Seeteufel* m (*Hai*) ‖ ∼'s-hood ⟨bot⟩ *Eisenhut* m **∼ery** ['∼əri] s *monastisches System*; *Mönchstum* n; ⟨oft dero⟩ *Mönchsleben* n ‖ *Mönche* pl ‖ *Kloster* n **∼hood** ['∼hud] s *Mönchswesen, –tum* n **∼ish** ['∼iʃ] a ⟨oft cont⟩ *mönchisch, klösterlich*

monkey ['mʌŋki] **1.** s ⟨zoo⟩ *Affe* m, → chatter ‖ ⟨fig⟩ *Affe* (*Mensch*); little ∼ *kl Äffchen* n; ∼ on a gridiron °*Affe auf dem Schleifstein* m (*Fahrrad*) ‖ ⟨tech⟩ (*Schmiede-*)*Ramme* f, *Bär, Rammklotz, Fallblock* m ‖ ⟨sl⟩ *500 Pfd. Sterling* ‖ ⟨Am fam⟩ *Hypothek* f | *To* get, put one's ∼ up ⟨sl⟩ *in Zorn* m *geraten* ‖ [attr] *Affen–* (∼ house) ‖ ∼-engine *Rammaschine* f ‖ ∼-gland *Verjüngungsdrüse* f ‖ ∼-jacket *Matrosenjacke* f ‖

∼ money ⟨Am⟩ *mexikanische Währung* f ‖ ∼-nuts ⟨vulg⟩ °„*Eier*" n pl ‖ ∼-parade (*Straßen-*)*Bummel* m ‖ ∼-puzzle ⟨bot⟩ *Arauk·arie* f (*Chilenische Schirmtanne* f) ‖ ∼ run ⟨mil⟩ *Rutschen* n *auf Knien u Händen* pl ‖ ∼-shines [pl] *Affenspäße, –streiche* pl ‖ ∼ suit ⟨Am mil sl⟩ °*Klamotten* f pl ‖ ∼-wrench ⟨bes cycl⟩ *engl. Schraubenschlüssel*; *Engländer* m **2.** vi/t ‖ *spielen, Dummheiten* f pl *m*; *herumpfuschen* (with *an*); to ∼ about *–spielen*, °–*kalbern* | vt *nachäffen, verspotten*

mono– ['mɔnou–] Gr [in comp] *allein–*; (*nur*) *ein–*; *einzig* **∼atomic** [∼ə'tɔmik] a *einatomig* **∼basic** [ˌmɔnə'beisik] a ⟨chem⟩ *einbasig* **∼bloc** [∼blɔk] s *aus einem Stück* n *gegossener Zylinder–, Motorblock* m **∼cable** [∼keibl] a [attr] ∼ grab ⟨tech⟩ *Einseilgreifer* m **∼carpic** [ˌmɔnə'ka:pik] a ⟨bot⟩ *nur einmal fruchtend* (plant) **∼chord** ['mɔnokɔ:d] s ⟨mus⟩ *Instrument* n *mit nur e–r Saite* f **∼chromatic** [ˌmɔnokrou'mætik] a *einfarbig, (Licht)* v *nur einer Wellenlänge* f ‖ ∼ *radiation monochromatische Strahlung* f; *elektromagnetische Strahlung* f *e–r einzigen Wellenlänge, .. mit derselben Energie* f **∼chrome** ['mɔnəkroum] s *einfarbiges Gemälde* n **∼cle** ['mɔnəkl] s *Mon·okel, Einglas* n **∼clinal** [ˌmɔnə'klainəl] a ⟨geol⟩ *mit nur e–r Neigungsfläche* f **∼clinic** [ˌmɔnə'klinik] a ⟨cryst⟩ *monokl·in. mit 3 ungleichwertigen Achsen* f **∼coque** [∼'kɔk] s ⟨aero⟩ *Schalenbauweise* f (*Rumpf in Stromlinienform*) **∼cotyledon** ['mɔnoˌkɔti'li:dən] s ⟨bot⟩ *einkeimblättrige Pflanze* f **∼cular** [mə'nɔkjulə] a *mit nur e–m Auge* n, f *nur ein Auge passend*; *monokul·ar, einäugig*; ∼ *lens Monokellinse* f **∼dactyle** [mɔnə'dæktil] a ⟨zoo⟩ *einzehig* **∼dic** [mɔ'nɔdik] a *mon·odisch* **∼dy** ['mɔnədi] s *Monod·ie* f, *Einzelgesang* **∼ecious** [mɔ'ni:ʃəs] a ⟨bot, zoo⟩ *monözisch* **∼gamous** [mɔ'nɔgəməs] a *monog·am* **∼gamy** [mɔ'nɔgəmi] s *Monogam·ie, Einehe* f **∼genesis** [ˌmɔnə'dʒenisis], **∼geny** [mɔ'nɔdʒəni] s ⟨biol⟩ *Monogen·ese* f (*Abstammung aller Menschen von nur ·einem Urpaar*) **∼gony** [mə'nɔgəni] s *Fortpflanzung* f *durch Teilung* f (etc) **∼gram** ['mɔnəgræm] s *Monogr·amm* n **∼graph** ['mɔnəgra:f] s *Monograph·ie* f **∼graphic(al)** [ˌmɔnə'græfikəl] a (–ally adv) *monographisch* **∼lith** ['mɔnoliθ] s *Monolith* m, *Werk* n *aus e–m einzigen Steinblock* m **∼lithic** [ˌmɔnə'liθik] a *monol·ithisch* **∼logist** [mɔ'nɔlədʒist] s *Alleinredner* m (*in e–r Gesellschaft*) **∼logue** ['mɔnələg] s *Monol·og* m; *dramatic* ∼ *dramatischer M.* (e.g. R. Browning's "My Last Duchess"); Fr ∼ *intérieur erlebte Rede* f (James Joyce, cf. Lawrence Sterne's "Tristram Shandy") **∼loguist** ['mɔnələgist] s *jd, der e–n M. vorträgt* ‖ = monologist **∼mania** ['mɔnə'meiniə] s *–man·ie* f; *Zwangsvorstellung, fixe Idee* f **∼maniac** ['mɔnou'meiniæk] s (*der*) *–m·ane* **∼mark** ['mɔnəma:k] s *Merkzeichensystem* n **∼mial** [mɔ'noumiəl] ⟨math⟩ **1.** s *einfache Größe* f **2.** a *mon·omisch* **∼nuclear** [ˌmɔnə'nju:kliə] a *einkernig* **∼phthong** ['mɔnəfθɔŋ] s *–phth·ong* m **∼phthongize** ['mɔnəfθəŋgaiz] vt *–phthongieren* **∼physite** [mɔ'nɔfisait] s ⟨ec⟩ *–phys·it* m **∼plane** ['mɔnəplein] s ⟨aero⟩ *Eindecker* m **∼polist** [mə'nɔpəlist] s *–polist, Alleinhersteller* m **∼polize** [mə'nɔpəlaiz] vt *–polis·ieren*, (*Handel*; *Unterhaltung*) *an sich reißen, mit Beschlag* m *belegen*; *allein beherrschen* **∼poly** [mə'nɔpəli] s *Monop·ol, Alleinhersteller–, Alleinverkaufsrecht* n (of *auf*); State *–lies of commercial character staatliche Handelsmonopole* f ‖ ⟨fig⟩ *Alleinherrschaft* f (of *über*) **∼rail** ['mɔnoreil] s ⟨rail⟩ *Einschienenbahn* f **∼syllabic** ['mɔnəsi'læbik] a (∼ally adv) *einsilbig* **∼syllable** ['mɔnəˌsiləbl] s *einsilbiges Wort* n **∼theism** ['mɔnəθi:izm] s *Monothe·ismus* m **∼theist** ['mɔnəθi:ist] s *Monothe·ist* m **∼theistic** [ˌmɔnəθi:'istik] a *monotheistisch* ~**tint** ['mɔnətint] s *einfarbiges Gemälde* n ~**tone** ['mɔnətoun] 1. a ⟨eig⟩ *monot·on, in ein u demselben Ton* m *vorgetragen* 2. s *eintönige Wiederholung, Eintönigkeit* f, ⟨fig⟩ *Einerlei* n 3. vt *in demselben Ton* m *rezitieren* or *singen* ~**tonic** [mɔnə'tɔnik] a ⟨mus⟩ *eintönig* ~**tonous** [mə'nɔtənəs] a (~ly adv) *monoton, eintönig* ‖ ⟨übtr⟩ *–förmig*; ⟨fig⟩ *langweilig, ermüdend* ~**tonousness** [mə'nɔtənəsnis], ~**tony** [mə'nɔtəni] s *–tonie, Eintönig–* ‖ *Einförmigkeit* f ~**type** ['mɔnətaip] s ⟨print⟩ *M·onotype* f (*Setzmaschine*) ~**valent** [mə'nɔvələnt] a ⟨chem⟩ *einwertig* ~**wheel** ['mɔnəwi:l] s ~ *trailer Einrad-Anhänger* m ~**zygotic** [~zai'gotic] a *ein-eiig* (twins)

Monroeism [mən'rouizm] s *die Monroe-Doktrin* („*Amerika den Amerikanern*")

monseigneur [,mɔnsen'jə:] s Fr ⟨a-engl⟩ *Titel* m *hoher Fürstlichkeiten u Geistlicher* pl –**sieur** [mə'sjə:; w f mɔsjə] s Fr (abbr Mr.) ⟨a-engl⟩ *Herr* m (Mr. N.) –**signor** ['mɔnsinjə] s It ⟨a-engl⟩ *Titel* m *hoher Geistlicher u Beamter des päpstl. Hofes*

monsoon [mən'su:n] s *Mons·un* m (dry ~ *Winter–*, wet ~ *Sommer–*)

monster ['mɔnstə] 1. s *M·onstrum* n, *Mißbildung, –gestalt, –geburt* f ⟨a fig⟩ ‖ *Ungeheuer, Scheusal* n ⟨a fig⟩ (a ~ *of cruelty*) 2. a (a –tre Fr) *ungeheuer groß, Riesen–*

monstrance ['mɔnstrəns] s ⟨ec⟩ *Monstr·anz* f

monstrosity [mɔns'trɔsiti] s *Mißbildung* f ‖ *Ungeheuerlichkeit* f ~**rous** ['mɔnstrəs] a (~ly adv) *mißgestaltet, unförmlich; unnatürlich* ‖ *ungeheuer, riesig* ‖ ⟨fig⟩ *ungeheuerlich, fürchterlich, gräßlich; haarsträubend* ‖ ⟨fam⟩ *absurd*

montage ['mɔ:ta:ʒ] s Fr *Aufstellung* f; *Schnitt* m; *Zus–setzung* f (*bes der Aufnahmen f den Film*) ‖ *Photomontage* f

montane ['mɔntein] a *gebirgig; Gebirgs–*

monte ['mɔnti] s Span *Hasardspiel* n

month [mʌnθ] s *Monat* m; *Zeit* f v *4 Wochen* f pl ‖ this day ~ *heute vor e–m* (or *in e–m*) *M.* ‖ once a ~ *einmal im M.* ‖ by the ~ *allmonatlich* ‖ after a ~ *of Sundays nach Jahr* n *u Tag* m ~**ly** ['~li] 1. a *monatlich, Monats–* (payments) 2. s *Monatsschrift* f ‖ –lies [pl] = *menses* 3. adv *monatlich*

monticule ['mɔntikju:l] s *kl Hügel* m

monument ['mɔnjumənt] s *Grabmal, Denkmal* n (to f; to a p's memory z jds *Gedächtnis*) ‖ ⟨übtr⟩ *Denkmal* n (~ of learning); Natural ~s [pl] *Naturdenkmäler* pl ~**al** [mɔnju'mentl] a (~ly adv) *Grabmal–; Denkmal–, Gedenk–* ‖ ≈ City = Baltimore ‖ ~ mason *Grabmal-Steinbildhauer* m ‖ *monumental* (*wirkend*); *historisch hervorragend* ‖ *gewaltig, kolossal*

moo [mu:] 1. vi (*of cows*) *muhen* 2. s [pl ~s] *Muhen* n; ~-cow °*Muhkuh* f

mooch, mouch [mu:tʃ] ⟨sl⟩ vi/t ‖ to ~ *about herumbummeln, –lungern; ~ along* °*einherlatschen* ‖ vt *stehlen* ~**er** ['~ə] s ⟨sl⟩ *Bummler* m

mood [mu:d] s *Gefühlslage, Stimmung* f; to be in the ~ (in no) ~ (k–e) *Lust* f h (for z; to do); when the ~ was on him *wenn er in* (*der*) *Stimmung* f *war* ‖ *Laune* f; a man of ~s *ein launischer Mensch* m ‖ ⟨übtr com⟩ *Stimmung, Tendenz* f ~**iness** ['~inis] s *üble Laune* f ~**y** ['~i] a (–dily adv) *launenhaft, launisch; schwermütig; verstimmt*

mood [mu:d] s ⟨log & gram⟩ *Modus* m ‖ ~s and tenses [pl] ⟨hum fig⟩ *Stimmungen* pl, → *vorhergeh.* ~

moon [mu:n] 1. s ⟨fem konstr⟩ *Mond* m; new ~ *Neumond* m; face like a full ~ *Vollmondgesicht* n ‖ ⟨poet⟩ *Mond, Monat* m ‖ *Mondlicht* n, *–schein* m; there is a ~ *der Mond scheint*; to jump the ~ ⟨sl⟩ *vor Freude an die Decke springen*; to shoot the ~ ⟨sl⟩ *heimlich bei Nacht*

f *ausziehen* ‖ only once in the blue ~ °*nur alle Jubeljahre* pl ‖ *etw Unerreichbares, Unmögliches* n (to cry for the ~ *die Sterne* v *Himmel verlangen*) ‖ [attr] *Mond–* 2. vi/t ‖ *wie der Mond scheinen* ‖ ⟨fam⟩ to ~ *about the house im Hause herumschweifen* ‖ to ~ *about herumbummeln, –lungern, –schweifen* ‖ vt to ~ *away vertrödeln* 3. [in comp] *Mond–* ~**beam** [~bi:m] s *Mondstrahl* m ~**blindness** ['~blaindnis] s *Mondblindheit* f ~**calf** ['~kɑ:f] s *Mondkalb* n; *Tölpel* m ~**ed** [~d] a (*halb*)*mondähnlich, –förmig* ~**less** ['~lis] a *mondlos; dunkel* ~**let** ['~lit] s *künstlicher Erdmond* m ~**light** ['~lait] 1. s *Mondlicht* n, *–schein* m 2. a *Mondschein–, mondhell* ‖ ~ flit *heimliches Ausziehen* n *bei Nacht* f ~**lighting** ['~laitiŋ] s *heimlicher* (*nächtl.*) *Überfall* m (*bes in Irland: auf Pächter*) ~**lit** ['~lit] a *mondhell* ~**rise** ['~raiz] s ⟨Am⟩ *Mondaufgang* m ~**shine** ['~ʃain] s *Mondschein* m ‖ ⟨fig⟩ *leerer Schein, Schwindel, Unsinn* m (all ~); to talk ~ *schwärmen* ‖ ⟨Am⟩ *geschmuggelter* (or *schwarz gebrannter*) *Alkohol* m ~**shiner** ['~ʃainə] s ⟨Am⟩ *Alkoholschmuggler, Schwarzbrenner* m ~**stone** ['~stoun] s ⟨minr⟩ *Mondstein* m ~**struck** ['~strʌk] a *mondsüchtig* ~**y** ['~i] a *mondförmig, –artig; –hell; Mond–* ⟨fig⟩ *träumerisch*; ⟨sl⟩ *beschwipst*

Moor [muə] s *Maure* m ~**ish** ['~riʃ] a *maurisch; Mauren–*

moor [muə] s *Moor, Ried* n; [oft pl ~s] *Hochmoor* n, (*Berg-*)*Heide* f, *–land* n ‖ ~-**cock** ⟨orn⟩ *Hahn m des Schneehuhns* ‖ ~-**hen** ⟨orn⟩ *schott. Schneehuhn; Teichhuhn* n ~**land** [~lənd] s *Moor–, (Berg-)Heideland* n

moor [muə] 1. vt/i ‖ (*Schiff*) *festmachen, vertäuen, verankern*; ⟨a aero & fig⟩ ‖ to be ~ed *vor Anker* m *liegen* ‖ vi *ankern, vor Anker gehen* or *liegen* 2. s *Ankermast* m ~**age** ['~ridʒ] s *Ankerplatz* m ~**ing** ['~riŋ] s 1. ~s pl *Vertäuung* f ‖ *Ankerplatz* m 2. ~ [attr] *Anker–, ~-mast* ⟨aero⟩ *–mast* m (a ~**ling**)

moose [mu:s] s [pl mst ~] ⟨zoo⟩ *amerik. Elch* m, *Elen(tier)* n

moot [mu:t] 1. s ⟨hist⟩ *Volksgerichtsversammlung* f ‖ ⟨jur⟩ *Erörterung* f *jurist. Fragen* pl ⟨fig⟩ *Lager* n; *Tagung* f 2. a *zu erörtern(d), strittig, zweifelhaft, hypothetisch* (a ~ question) 3. vt (*Frage*) *anschneiden, aufwerfen*

mop [mɔp] 1. s *Scheuer–, Wischlappen* m (*mit Stiel*) ‖ *Wust* m (v *Haar* etc); ⟨hum⟩ Mrs. ≈ *besenführende Göttin* f ‖ ~(-)board *Scheuer–, Fußleiste* f ‖ ~-head *Strubelkopf* 2. vt *mit e–m* mop *scheuern, ab–, aufwischen* (with *mit*; from v) ‖ to ~ up (*Wasser, Blut*) *abtrocknen* (with *mit*; from v), ⟨mil⟩ (*Feind*) *vernichten* ‖ ⟨sl⟩ *gierig trinken*; *sich aneignen, gierig an sich reißen* ‖ *erledigen*; *abschlachten*

mop [mɔp] 1. vi *Gesichter* or *Grimassen ziehen* 2. s *Grimasse* f (~s and mows)

Mop [mɔp] s the ~ *der größte Jahrmarkt Englands in Stratford on Avon* (*12. Okt.*)

mope [moup] 1. vi/t *Trübsal* n *blasen, schwermütig* or *traurig s* (*dasitzen* etc) ‖ vt to be ~d *to death zu Tode betrübt s* 2. s *Trübsalbläser, Kopfhänger* m ‖ ~s [pl] *Trübsinn* m

mo-ped ['mouped] s (*Motorfahrrad*) *Moped* n

moping ['moupiŋ], **mopish** ['moupiʃ] a (~ly adv) *trübsalblasend, griesgrämig; niedergeschlagen* ~**ness** ['moupiʃnis] s *Griesgrämigkeit* f

mopoke ['moupouk], **morepork** ['mə:pɔ:k] s ⟨orn⟩ *austral. Eule* f

moppet ['mɔpit] s *Püppchen* n ‖ (*Kosef.*) *Püppchen, kl Mädchen* n

moquette [mo·ket] s *Mok·ett* n (*Plüschgewebe*)

mora ['mɔ:rə] s Gr ⟨pros⟩ *quantitative Maßeinheit* f (*halbe Länge* = ⅛-*Note* ⟨mus⟩)

moraine [mo'rein] s ⟨geol⟩ *Mor·äne* f; *englacial, frontal, ground, lateral, medial, push,*

terminal, upper ~ *Innen–, Stirn–, Grund–, Seiten–, Mittel–, Stoß–, End–, Obermoräne* f || *Steineinfassung* f (*e–s Gartens*), *Friesenwall* m –**nic** [~ik] a *Moränen–*; ~ ridge *Wallmoräne* f
moral ['mɔrəl] **1.** a (~ly adv) *moralisch, sittlich*; ~ pressure *moralischer Druck* m; ~ sense *Sittlichkeitsgefühl* n || *Moral–, Sitten–* (~ law; ~ philosophy) | *lauter; tugendhaft, sittenrein; gefestigt | innerlich, charakterlich* || *vernunftgemäß, wahrscheinlich*; ~ certainty *moralische Gewißheit* || ~ victory *moralischer Sieg* **2.** s **a.** *Lehre, Nutzanwendung* f; to draw a ~ *e–e Lehre ziehen* (from *aus*) | *moral. Grundsatz, Standpunkt* m, to point a ~ *e–n St. betonen* || ⟨mil⟩ *moralischer Zustand* m, *Zucht* f | ⟨fam⟩ the (very) ~ *das (wahre) Ebenbild* n (of a p) **b.** the ~s [pl] *sittliches Verhalten* n, *Tugend* f || [sg konstr] *Ethik* f || *Moralität, Moral* f **~ist** (~ist] s *Sittenlehrer; Ethiker* m || *Sittenprediger* m **~ity** [mɔ'ræliti] s ⟨cont⟩ *Sittenpredigt* f || ⟨theat⟩ *Moralität* f | *Sittenlehre, Ethik* f || *sittliches Verhalten* n, *Tugend, Moral* f **~ize** ['mɔrəlaiz] vi/t || *moralisieren, sittenpredigen* (on *über*) | vt (*etw*) *sittlich erklären* || *sittl. beeinflussen* or *bessern*
morale [mɔ'rɑːl] s Fr *sittl. Zustand* m; *Moral* f; *Zucht, Selbstzucht* f
morass [mɔ'ræs] s *Morast, Sumpf* m || ⟨fig⟩ *Wirrnis* f
moratorium [mɔrə'tɔːriəm] s L [pl ~s] *Moratorium* n (*Stundung v Schulden*) –**tory** ['mɔrətəri] a *aufschiebend; Stundungs–*
Moravian [mɔ'reivjən] **1.** a *mährisch* || ⟨ec⟩ *herrnhutisch* **2.** s *Mähre* m || ⟨ec⟩ *Herrnhuter* m
morbid ['mɔːbid] a (~ly adv) *krankhaft; angekränkelt* || *schrecklich* (details of a case) **~ity** [mɔː'biditi] s *Krankhaftigkeit* f || *Krankheitsziffer, Erkrankungshäufigkeit, Morbidität* f || ~ rates, ~ ratios ⟨stat⟩ *Maßzahlen* f pl *der M.* **~ness** [~nis] s *Krankhaftigkeit* f
morbidezza [,mɔːbi'detsə] s It ⟨paint⟩ *Zartheit* f *der Fleischfarben* pl **–bific** [mɔː'bifik] a *krankheitserregend* –**bility** [mɔː'biliti] s *Krankheitsziffer* f
mordacity [mɔː'dæsiti] s *Schärfe* f *e–r Säure* f **–ancy** ['mɔːdənsi] s ⟨fig⟩ (in speech) *das Beißende; Schärfe* f **–ant** ['mɔːdənt] **1.** a (~ly adv) *beizend, ~ dye Beizenfarbstoff* m || ⟨fig⟩ *sarkastisch, beißend* || (of pain) *brennend, beißend* || (of disease) *fressend, zerstörend* **2.** s *Beize* f, *Beizmittel* n
mordent ['mɔːdənt] s It ⟨mus⟩ *Pralltriller* m
more [mɔː] **1.** a *mehr* (~ than *mehr als*); ~ than a feeling *ein deutliches Gefühl* n || *weitere* pl; *noch (mehr)*; some ~ *butter noch etw Butter* f; some ~ books *noch einige Bücher* pl; three ~ books, three books ~ *weitere* or *noch 3 Bücher*; so much the ~ *um so mehr* (confidence) **2.** s *Mehr* n (of *v, an*) || [pl konstr] *e–e größere Zahl* f || to be ~ *mehr bedeuten*; we shall see ~ of him *wir w ihn öfter sehen* || *noch mehr* (any ~ ot this*!*) **3.** adv **a.** *mehr, in höherem Maße*; ~ so *in höherem M. als dies* || *weiter, wieder*; once ~ *noch einmal* **b.** [z Bildung des compr der adj u adv] ~ agreeable *angenehmer*, ~ often *öfter* **c.** ~ and ~ *immer mehr*; ~ and ~ excited *immer erregter* || the ~ so (as, because ..) *um so mehr* (*als, da* ..); all the ~ *um so mehr*; all the ~ so that (*od* because) I .. *um so mehr als ich* ..; so much the ~ (as, because) *um so mehr* (*als, da*); not any ~ *od* no ~ *than ebensowenig wie* (→ no); ~ or less *mehr oder weniger, ungefähr*; not .. ~ or less *durchaus nicht*; ~ than *zealous übereifrig* || to be no ~ *tot s* **~-ish**; **mor(e)ish** ['mɔːriʃ] a ⟨cul fam⟩ it is ~ *es schmeckt nach mehr*
moreen [mɔ'riːn] s *Mor·een* n (*moirierter Wollstoff*)

morel [mɔ'rel] s ⟨bot⟩ *Mor·elle, Sauerkirsche* f | ⟨bot⟩ *Nachtschatten* m | ⟨bot⟩ *Morchel* f
more'n, mor'n [mɔːn] ⟨Am fam⟩ = more than
moreover [mɔː'rouvə] adv *überdies; außerdem, noch dazu, weiter, ferner; übrigens*
morepork ['mɔːpɔːk] s = mopoke
Moresque, Maur– [mɔː'resk] **1.** a *maurisch* **2.** s *Arabeske* f
Morgan ['mɔːgən] s ⟨Am⟩ *bes Art Zucht* f *v Pferden* n pl; *Zuchtpferd* n
morganatic [,mɔːgə'nætik] a (~ally adv) *morgan·atisch* (~ marriage)
morgue [mɔːg] s Fr *Leichenschauhaus* n || ⟨fig⟩ *Nachrufabteilung* f; *Archiv* n (*e–r Zeitung*)
morgue [mɔːg] s Fr *Arroganz* f, *Hochmut* m
moribund ['mɔːribʌnd] a *im Sterben (liegend), sterbend* ⟨a fig⟩
morion ['mɔːriən] s ⟨hist⟩ *Maurenkappe* f, *Birnhelm* m
Mormon ['mɔːmən] s ⟨ec⟩ *Morm·one* m
morn [mɔːn] s ⟨poet⟩ *Morgen* m || ⟨Scot⟩ *morgen*; the ~'s ~ *morgen früh*
morning ['mɔːniŋ] s **1.** *Morgen; Vormittag* m || this ~ *heute morgen, heute früh*; one ~ *e–s Morgens* | in the ~ 1. *des Morgens, am Morgen* (later in the ~), *morgens* (early in the ~) 2. *am anderen (d. h. nächsten) Morgen* | on Monday ~ *am Montagmorgen* m; on this ~ *an diesem M.*; on a fine ~ *an e–m schönen M.*; on the ~ of April 3. *am M. des 3. April* | with (the) ~ ⟨poet⟩ *gegen Morgen* | yesterday ~ *gestern morgen*; to-morrow ~ *morgen früh* | the ~ after *am Morgen darauf*; the ~ after the night before ⟨sl⟩ *der (Katzen-)Jammer, Kater* m || good ~! ⟨fam⟩ ~! *guten M.*! **3.** [attr] *Morgen–* (~ star), *Früh–* (~mar ~ watch) | *Vormittags–* (~ call); ~ girl *Morgenmädchen* n **~coat** *Herrenrock, Cut, Cutaway* m; ~ dress *schwarzer Rock* m *mit gestreift. Hose* f; *Straßenanzug* m || ~ performance *Morgenveranstaltung* f **~pride** ⟨vulg⟩ *Morgenständer* m || ~ shift *Frühschicht* f
Moroccan [mə'rɔkən] **1.** a *marokkanisch* **2.** s *Marokkaner* m
morocco [mə'rɔkou] s [pl ~s] *Maroquin* m, *Saffianleder* n
moron ['mɔːrɔn] s ⟨Am⟩ *Imbeziller; abnormer Mensch, Schwachsinniger* m **~ic** [mɔː'rɔnik] a *abnorm* etc
morose [mə'rous] a (~ly adv) *mürrisch, verdrießlich*, °*sauertöpfisch* **~ness** [~nis] s *Verdrießlichkeit* f
morphadite ['mɔːfədait] s ⟨Am fam⟩ *Hermaphrod·it* m
morphia ['mɔːfjə], –**ine** ['mɔːfiːn] s *M·orphium* n –**inism** ['mɔːfinizm] s *Morphin·ismus* m
morphological ['mɔːfə'lɔdʒikəl] a *morphologisch* –**gy** [mɔː'fələdʒi] s *Morphologie* f (*Formenlehre*)
morris ['mɔris] s ⟨hist⟩ *Morisken–, Volkstanz* m *kostümierter Personen* pl; [attr] *Morris–* (~ dance)
morris tube ['mɔris'tjuːb] s *Abkomm–, Einstecklauf* m (*e–s Gewehrs*)
morrow ['mɔrou] s † *Morgen* m ⟨liter & poet⟩ the ~ *der folgende Tag* m (on the ~) || ⟨fig⟩ the ~ of *die Zeit (unmittelbar) nach, die Zeit folgend auf*, on the ~ of a revolution *in der Zeit gleich nach e–r Revolution* f
morse [mɔːs] s ⟨zoo⟩ *Walroß* n
morse [mɔːs] s gr *runde Brosche* f
Morse [mɔːs] s ⟨telg⟩ (*nach* F. B. ~, † 1872): ~ alphabet *Morse-Abc, –schrift* f
morsel ['mɔːsəl] s *Bissen* m || *Stückchen, Bißchen* n | not a ~ ⟨übtr⟩ *kein bißchen*
mort [mɔːt] s ⟨hunt⟩ *Halal·i* n, *Hiftstoß* m
mort [mɔːt] s ⟨dial⟩ gr *Menge* (a ~ of), *Unmenge* f (of questions)
mortal ['mɔːtl] **1.** a (~ly [–təli] adv) *sterblich*

|| *todbringend* (to *f*) || *bis z Tode dauernd, tödlich* (~ hatred), *Todes–, Tod–* (~ enemy) || *vergänglich, menschlich* | ⟨fam⟩ *Mords–* (~ hurry), *ungeheuer, gewaltig* | *lang u langweilig*; three ~ hours *drei °geschlagene Stunden* pl **2.** adv ⟨fam & dial⟩ *überaus, sehr* **3.** s *Sterbliche(r m)* f **~ity** [mɔ:'tæliti] s *Sterblichkeit* f; *Sterben* n || *Sterblichkeitsziffer* f || ⟨demog⟩ ~ *of old age Alterssterblichkeit* f; *adult* ~ *Erwachsenen–*; *cause* ~ *St. nach Todesursachen* f pl; *differential* ~ *St.sunterschiede* m pl; *proportionate* ~ = *death ratio* | *bills of* ~ *St.stabellen* f pl; *force of* ~ *St.sintensität, –kraft* f | ~ *differences = differential* ~; *comparative* ~ *index Vergleichssterbeindex* m; ~ *surface Sterblichkeitsfläche* f; ~ *tables* = *bills of* ~

mortar ['mɔ:tə] **1.** s *Mörser* m *(Gefäß)* || ⟨mil⟩ *Mörser* m *(Geschütz)* **2.** *mit Mörsern* pl *beschießen*

mortar ['mɔ:tə] **1.** s *Mörtel* m || ~-*board* ⟨univ⟩ *viereck. Mütze* f **2.** vt *mit Mörtel verbinden*

mortgage ['mɔ:gidʒ] **1.** s ⟨jur⟩ *verpfändetes Gut* n; *Hypothek* f; cautionary ~ *Sicherungshypothek*; to lend on ~ *auf H. leihen*; to raise a ~ on a house *e–e H. aufnehmen auf ein Haus* n || *(a* ~-deed) *Pfandbrief* m || ~ *gain levy Hypothekengewinnabgabe* f **2.** vt *(Haus) mit Hypothek* f *belasten, verpfänden* ⟨a fig⟩ *(to an)* –**gagee** [ˌmɔ:gə'dʒi:] s *Hypothekengläubiger* m –**gager** [–ə], –**gagor** [ˌmɔ:gə'dʒɔ:] s *Hypothekenschuldner* m

mortician [mɔ:'tiʃən] s ⟨Am⟩ *Leichenbestatter* m

mortification [ˌmɔ:tifi'keiʃən] s *Kasteiung* f || ⟨med⟩ *Brand* m, *Nekrose* f | *Demütigung* f; *Ärger* m, *Kränkung* f –**fy** ['mɔ:tifai] vt/i || *kasteien* (to ~ the flesh) || *demütigen* || *ärgern, kränken*; to be –fied *gekränkt sein* (at *über*; in *in*) | vi ⟨med⟩ *(of tissues) brandig w*; *absterben*

mortise, –tice ['mɔ:tis] **1.** s *Zapfenloch* n; –*ausschnitt* m | ~-*axe Stichaxt* f || ~-*chisel Kreuz–, Lochbeitel* m, –*eisen* n, *Stemmeißel* m || ~-*lock Einsteckschloß* n **2.** vt *verzapfen*; *(etw) mit Z. befestigen* (into *in*; to *an*) || –*tising machine Stemmaschine* f

mortmain ['mɔ:tmein] s ⟨jur⟩ *die Tote Hand* f, *unveräußerliches Gut* n; in ~ *unveräußerlich*

mortuary ['mɔ:tjuəri] **1.** a *Begräbnis–* || *Toten–* **2.** s *Leichenhalle* f

mosaic [məˈzeiik] **1.** s *Mosa·ik* n **2.** a *Mosaik–*; ~ *gold Mus·ivgold* n **3.** vt *mit M. schmücken* **Mosaic** [moˈzeiik] a *mos·aisch*

mosasaurus [ˌmousəˈsɔ:rəs] s *(ausgestorb.) Mosasaurus* m, *Maaseidechse* f

moschatel [ˌmɔskəˈtel] s ⟨bot⟩ *Bisam–, Moschuskraut* n

moselle [məˈzel] s Fr *Moselwein* m

mosey ['mouzi] vi ⟨Am sl⟩ °*verduften* || °*dahinwetzen*

Moslem ['mɔzlem], **Muslim** ['mʌzlim] **1.** s *Muselmann* m **2.** a *muselmanisch*

mosque [mɔsk] s *Mosch·ee* f

mosquito [mɔsˈki:tou] s [pl ~es] ⟨ent⟩ *Mosk·ito* m || ~es [pl] (Culicidae) *Stechmücken* f pl

moss [mɔs] s *sumpfiger Boden* n; *Torfmoor* n | ⟨bot⟩ *Moos* n, ⟨Am sl⟩ °*Moos (Geld)* n | [attr & comp] ~-*back* ⟨Am sl⟩ *Ultrakonservativer* m || ~-*grown bemoost, moosbewachsen*; ⟨fig⟩ *altmodisch* || ~-*hag Moor–, Torfboden* m, *Moorbruch* [u:] m & n || ~-*rose* ⟨bot⟩ *Moosrose* f || ~-*trooper* ⟨hist⟩ *Grenzstraßenräuber, Bandit* m

mossel ['mɔsəl] s ⟨cockney⟩ → *morsel*

mossiness ['mɔsinis] s *das Moosige*; *Moosbedeckung* f, –*boden* m **mossy** ['mɔsi] a *bemoost, moosig*; *Moos–*

most [moust] **I. a 1.** [*vor sing. Subst.*] *größt*; for the ~ part *z größten Teil* m, *größten–, meistenteils* | *meist(e)*; (the) ~ *money das meiste Geld* n; to have the ~ skill *das meiste Geschick* n *h* **2.** [*vor plur. Subst.*] [*ohne* art] ~ *die Mehrzahl v, die, meisten, fast alle* (~ people *die meisten Leute*) || ~ all *fast alle*; ~ everybody *fast jeder* | (the ~ *die meisten, die größte Zahl* f *an* or *v* (he has made the ~ mistakes) **II. s 1.** [*als* sg] the ~ *das meiste, Höchste* n; the ~ that .. *das meiste, das ..*; to make the ~ of *möglichst gut ausnutzen*; *auskosten*; *ins beste Licht* n *stellen* || ~ of one's time (etc) *die meiste, fast alle Zeit* f || at (the) ~ *höchstens* **2.** [*als* pl *u* pl konstr] (the) ~ *die meisten* ([the] ~ of them are ..) **III. adv** (⟨Am *a*⟩ = al~) **1.** *am meisten* (what ~ struck me *od* what struck me ~); ~ of all *am allermeisten* **2.** [*z Bildg. des* sup *v* adj & adv] the ~ *dangerous man der gefährlichste Mann* m; ~-*favoured nation clause Meistbegünstigungsklausel* f **3.** [*vor Titeln*] *hochwürdigst* (~ Reverend) | [*vor* adj & adv] *höchst* (~ kind) ~**ly** ['~li] adv *größten–, meistenteils, hauptsächlich*

most [moust] adv ⟨Am⟩ = *almost*

–**most** [moust] suff *z Bildg. des* sup *v* adv (→ inmost), compr (uppermost → *d*), subst (backmost)

mote [mout] s *Teilchen, Stäubchen* n

motel [mouˈtel] s ⟨mot⟩ *Mot·el, Autobahngasthaus, Autohotel* n

motet [mouˈtet] s ⟨mus⟩ *Mot·ette* f

moth [mɔθ] s [pl ~s] ⟨ent⟩ *Motte* f; *Kleider–*; *Eule* f; *Spinner* m || ~, the ~ [koll] *die Motten* pl (full of ~) | ⟨ent⟩ *buff-tipped* ~ „*Mondfleck*" m; *codling* ~ *Apfelwickler* m; *Kornmotte* f; *currant* ~, *magpie* ~ *Stachelbeerspanner* m; *ermine* ~ *Gespinst–*; *flour–* *Mehl–*; *grape codling* ~ *Traubenwickler* m; *lappet–* ~ *Kupferglucke* f; *nun–* ~ *Nonne* f; *satin–* ~ *Weidenspinner* m; *tussock–* ~ *Rotschwanz* m; *wax–* ~ *Wachsmotte* f | *Flugzeugtyp* m | ~-*bag Mottensack* m *(f Kleider)* || ~-*ball Mottenkugel* f | ~ *damage*, (⟨a⟩ *damage done by* ~s) *Mottenfraß* m || ~-*eaten* v *Motten* pl *zerfressen*

mother ['mʌðə] s **1.** *Mutter* f (to become ~ *M. w*; like ~ makes it °*wie bei Muttern* || *Ehrwürdige M.* (~ Superior) | ⟨fig⟩ *M., Quelle* f; ~ *of Thousands* ⟨bot⟩ *Judenbart* m, *Rankender Steinbrech* m; ~'s Day ⟨bes Am⟩ *Muttertag* m (2. *Maisonntag*); all births to the ~ ⟨demog⟩ *Parazahl* f **2.** [attr] **a.** ~ *Mutter–* (~ *Church*) || ~ *Carey's chicken* ⟨orn⟩ *Sturmschwalbe* f, ⟨fig⟩ *Frau Holles Feder* f || ~-*country Mutter–*; *Vaterland* n || ~-*ship* ⟨mar & aero⟩ –*schiff* n *(f U-boote* etc) || ~-*tongue* –*sprache* f || ~-*wit* –*witz* m **b.** ~'s *Mutter–*, ~'s *heart* –*herz* n || every ~'s son *jedermann* **3.** [in comp] ~-*in-law Schwieger–* | ~-*naked splitternackt* | ~-*of-pearl Perl–* ~**hood** [~hud] s *Mutterschaft* f ~**land** [~lænd] –*land*; ⟨Ger⟩ *Vaterland* n ~**less** [~lis] a *mutterlos* ~**liness** [~linis] s *Mütterlichkeit* f ~**ly** [~li] a *mütterlich*; *Mutter–*

mother ['mʌðə] vt ⟨mst fig⟩ || *hervorbringen* || *bemuttern*; ⟨a fig⟩ || *die Mutterschaft (e–s Kindes) anerkennen*; .. *zuschreiben* (on a p *jdm*); ⟨fig⟩ *die Verfasserschaft (e–r S) zuschreiben* on a p *jdm*)

mother ['mʌðə] s ⟨chem⟩ (*a* ~ *of vinegar*) *Essigmutter* f, –*pilz* m || ~ *liquor Mutterlauge* f ~**y** [~ri] a *trübe, hefig*

mothy ['mɔθi] a *voll v Motten* f pl; *v M. zerfressen*

motif [mouˈti:f] s Fr ⟨aesth⟩ *Strukturprinzip* n; *leitender Gedanke, Leitgedanke, Vorwurf* m *(e–s Werkes)* || ⟨mus⟩ *charakt. Glied* n *e–s Werkes*; *Leitmotiv* n || ⟨tail⟩ *Motiv* n

motile ['moutail] a ⟨physiol⟩ *bewegungsfähig*
–lity [mou'tiliti] s *Bewegungsfähigkeit* f
motion ['mouʃən] **I.** s **1.** *Bewegung* f; *Gang* m; to put *od* set in ∼ *in G. bringen* ‖ *körperl. Bewegung* f, to make a ∼ *e–e B. m* (of the hand *mit der Hand*) ‖ to go through the ∼s ⟨sl⟩ *vorgeben* or *so tun, als ob* [abs] ‖ ⟨med⟩ *Stuhlgang* m; *Stuhl* m **2,** *Antrieb* m (of one's own ∼ *aus eigenem A.*), *Regung* f **3.** ⟨parl⟩ *Antrag* m (for rejection *auf Ablehnung*); to bring forward a ∼, to make a ∼ *e–n A. stellen* (for *auf*) ‖ to grant a ∼ *e–m A. stattgeben* ‖ (on the ∼ of a p *auf jds A.* ‖ the ∼ was agreed to .. *wurde angenommen*; to carry a ∼ *e–n A. durchbringen* **4.** ∼ *picture* ⟨Am⟩ *Film* m; [attr] *Film–* (∼-picture theatre *Kino* n) **II.** vt/i ‖ (*jdn*) *durch Zeichen* n (*Wink* etc) *auffordern, verständigen* (to do), *hinweisen* (to *nach, z*) | vi *winken* (with); *andeuten* (to a p *jdm*; to do; that) ∼**al** [∼] a *Bewegungs–* ∼**less** [∼lis] a *bewegungslos*
motivate ['moutiveit] vt = *motive* vt –**ation** [‚mouti'veiʃən] s *Motiv·ierung, Begründung* f ‖ ⟨eth⟩ *Stimmung, innere Bereitschaft* f ∼**ational** [∼ʃən] a *Motiv–* (research –*forschung* f)
motive ['moutiv] **1.** s *Ursache* f, *Beweggrund, Antrieb* m (for a th *z etw*, for doing *z tun*); from a ∼ *aus e–m B.* ‖ *Zielsetzung* f | ∼ = *motif* **2.** a *bewegend*; *Trieb–* (∼ *power*); *leitend* ‖ *Motiv–* **3.** vt *der Beweggrund s v*; [pass] *herbeiführen*; *antreiben, verursachen* (to be ∼d by) ‖ [pass] (of incidents) *begründen, motivieren, glaubwürdig gestalten* ∼**less** [∼lis] a *grundlos*
motivity [mou'tiviti] s *Bewegungskraft* f
motley ['mɔtli] **1.** a *bunt(scheckig)* **2.** s *buntes Gemisch* n ⟨*a fig*⟩
moto-cross ['moutokrɔs] s ⟨mot-cycl⟩ *Querfeldeinfahrt* f
motor ['moutə] **I.** s **1.** *Bewegung erzeugende Maschine* f ‖ *M·otor* m, *Kraftmaschine* f; *Elektromotor* m ‖ *Auto(mobil* n **2.** [attr] *Motor–, Kraft–, Auto–* ‖ ∼ *accident Autounfall* m (to be killed in a .. *bei e–m A. ums Leben k*) ‖ ∼ *ambulance* (*Unfall–)Krunken(kraft)wagen* m ‖ ∼-assisted pedal cycle *Moped* n; *Fahrrad* n *mit Hilfsmotor* m ‖ ∼-(bi)cycle, ⟨fam⟩ ∼-bike *Motorrad*, ⟨bes mil⟩ *Krad* n; lightweight ∼-bicycle *Leichtmotorrad* n, ∼-cycle ‖ ∼-bandit *Autobandit, motorisierter B.* m; ∼-boat *Motorboot* n; ∼-bus *Autobus* m ‖ ∼-cab *Kraftdroschke* f; ∼-car –*wagen* m, *Automobil* n; ∼-car insurance *Kraftfahrzeugversicherung* f; poor man's ∼-car *Auto des armen* or *kl Mannes*; ∼ *cavalcade Autokolonne*, ⟨bes mil⟩ *Motorstaffel* f ‖ ∼-coach *Verkehrskraftwagen, Fernomnibus*, ⟨rail⟩ *Triebwagen* m ‖ ∼ *court* ⟨Am⟩ *Kraftfahrerhotel* n, → *motel* ‖ ∼-cycle combination *Beiwagenmaschine*, solo ∼-cycle *Solomaschine* f ‖ ∼-cycling goggles *Motorradbrille* f; ∼-cyclist's cap *od* helmet *–haube* f ‖ ∼-garage *Autogarage* f; ∼-hiring *–vermietung* f ‖ ∼-hood heater *–haubenwärmer* m; ∼-lorry, ∼-van *Lastkraftwagen* m ‖ ∼-plough *Motorpflug* m ‖ ∼ *power motorische Kräfte* f pl ‖ ∼-road *Autostraße* f; ∼-school *–fahrschule* f ‖ ∼-scooter *Motorroller* m; ∼-scythe *–mäher* m ‖ ∼-show *Autoausstellung* f ‖ ∼-vehicle repair-shop *Kraftfahrzeug-Reparaturwerkstatt* f **II.** a *bewegend* ‖ *mot·orisch* (nerve) **III.** vi/t ‖ *im Auto* n *fahren* | vt (*jdn*) *im A. befördern* ∼**cade** [∼keid] s ⟨Am⟩ *Autokolonne*, ⟨bes mil⟩ *M·otorstaffel* f ∼**dom** [∼dəm] s *Mot·ore* pl, *M·otorwelt* f ∼**ial** [mo'tɔ:riəl] a *bewegend, motorisch, Bewegungs–* ∼**ing** [∼riŋ] s *Auto(mobil)fahren* n, –*sport* m, ∼**less** n ‖ ∼ *offence Verkehrsvergehen* n *v Kraftfahrern* pl ∼**ist** [∼rist] s *Kraft–, Auto(mobil)fahrer* m ∼**ize** [∼raiz] vt *in Bewegungsvorstellungen verwandeln* ‖ *motorisieren*; *mit Maschinenkraft* f *versehen* ‖ ∼d *bicycle*

M·oped n ‖ ∼d corps *Kraftkorps* n ∼**less** [∼lis] a ⟨aero⟩ ∼ *flight Segelflug* m ∼**man** [∼mən] s (*Straßenbahn–)Wagenführer* m, ⟨Am el⟩ *Lokführer* m ∼**way** [∼wei] s *Autobahn, Fern(verkehrs)straße* f | ∼**y** [∼ri] a *motorisch*
mototeria [‚moutə'tiəriə] s *Auto-Schnellwäscherei* f
mottle ['mɔtl] **1.** s *buntes Gemisch* n **2.** vt *sprenkeln*; ∼d *gefleckt, –sprenkelt, bunt* ‖ (*Papier) fasern*
motto ['mɔtou] s [pl ∼es] *Motto* n; *Wahlspruch* m (on the ∼ of *nach dem W. v*); *Grundsatz* m; *Kennwort* n (*bei Wettbewerb*)
mouch [mu:tʃ] vi ⟨bes Am⟩ *herumlungern* ‖ *betteln* ‖ *stehlen*
moue [mu:] s *Flunsch* m, *Brutsch* f
moujik ['mu:ʒik] s *russ. Bauer* m
mould [mould] **1.** s *lockere Erde* f; *Acker–, Gartenerde* f; *Humusboden* m ‖ *Erde* f, *Boden* m **2.** vt *mit Erde bedecken* ∼**er** ['∼ə] vi *z Erde, Staub w*; *modern*; (*a* to ∼ *away*) *zerbröckeln, –fallen*
mould [mould] **1.** s *Moder, Schimmel* m ‖ *Schimmelpilz* m ‖ brush ∼ *Pinselschimmel* m **2.** vi *schimmelig w*
mould [mould] → *mold* **I.** s **1.** *Hohlform* f; *Preßform*; (*Metall–* etc) (*Guß–)Form* f; *Kokille* f; *Matrize* f; casting-∼ *Gußform* f; firing-∼ *Brennform* f **2.** ⟨übtr⟩ *Muster* n; *Form* f; cast in the same ∼ *aus demselben Holz* n *geschnitten*; cast in a heroic ∼ *heroischen Charakters* **3.** *etw Geformtes*; *Bau* m, *Form* f ‖ ⟨fig⟩ *Charakter* m, *Natur* f (a character of a fine ∼); *–anlage* f **4.** [attr] ∼-board *Formbrett* n ‖ ∼-candle *gegossenes Licht* n ‖ ∼-loft ⟨mar⟩ *Schnürboden* m **II.** vt (*Butter* etc) *formen* ‖ (*Teig*) *kneten*; (*Wachs* etc) *gießen* (into *in*); *modellieren* | ⟨übtr⟩ (*etw*) *formen, bilden, schaffen* (on *nach dem Muster v*; out of *aus*); *gestalten* (into, to *z*); (*Charakter* etc) *formen* (on *nach dem Muster v*) | ∼**ed** ['∼id] a: ∼ *work* (*Tür–)Füllung* f ∼**er** ['∼ə] s *Former, Gießer* m ‖ *Kneter* m ‖ ⟨fig⟩ *Bildner* m ∼**ing** ['∼iŋ] s *Formgeben, Formen* n; *Formung* f; *Modellieren* n [oft pl ∼s] ⟨arch⟩ *erhabene Arbeit* f; *Kehlung* f; *Zierleiste* f; *Simswerk, Gesims* n; *Fries* m; drip-∼ *Rinnleiste* f | [attr] *Form–* (∼ *board*) ‖ *Präge–* (∼-press –*presse* f) ‖ *Fräs–* (∼-chain *–kette* f) ∼**iness** ['mouldinis] s *das Schimmelige* n; *Modrigkeit* f ∼**y** ['mouldi] a *moderig, schimmelig* ‖ ⟨fig⟩ *morsch* (health) ∼ *schal*; *antiquiert* ‖ *schlecht, langweilig*
mouldy ['mouldi] s ⟨sl⟩ *Torpedo* m
moulin ['mu:lɛ̃:] s Fr ⟨geol⟩ *Gletschermühle* f
moult [moult] **1.** vi/t ‖ (*sich) mausern* ‖ *sich häuten* ‖ ⟨fig⟩ *sich verändern*; *s–e Meinung* f *wechseln* ‖ vt (*Federn) wechseln* **2.** s *Mausern* n ‖ *Mauser(ung)* f ‖ *Häutung* f ∼**ing** ['∼iŋ] s = moult s
mound [maund] **1.** s *Erdwall, –hügel* m; *Damm* m **2.** vt *auf–, zus–häufen*
mound [maund] s ⟨her⟩ *Reichsapfel* m
mount [maunt] s ⟨poet⟩ *Berg* m ‖ (⟨geog⟩ abbr Mt); ∼ (Mt) *Vesuvius* [ohne art] *der Vesuv* m
mount [maunt] vi/t **A.** vi **1.** *empor–, hochfliegen, –steigen; die Treppe hinaufsteigen*; (of blood) *steigen* (to a p's head *in den* or *z Kopf*) ‖ ⟨fig⟩ *auf–, emporsteigen* (to power *z Macht*); *wachsen* ‖ *hinauf–, zurückgehen* (to *bis*) **2.** *z Pferd* n *steigen, aufsitzen*; *steigen* (on *auf*) **3.** (a to ∼ up) *sich vermehren*; (of prices) *steigen* **B.** vt **1.** (*Berg, Pferd, Fahrrad, Thron, Tier, °Frau*) *steigen*; (*Fluß) hinauffahren* **2.** [kaus] **a.** (⟨eig⟩ *aufsteigen i:*) (*hoch)setzen, stellen* (on *auf*) ‖ *beritten* m (to ∼ a *regiment*); (*jdn*) *mit e–m Pferd* n *versehen*, (*jdm*) *ein Pf. leihen* ‖ ⟨mil⟩ (*Geschütz*) *in Stellung* f *bringen, montieren* ‖ z

Schutz m *aufstellen*; to ~ guard *auf Wache* f
ziehen | to be ~ed *hoch sitzen* (on *auf*); *z Pferde
sitzen, reiten* || to be ~ed with ⟨mil⟩ *bestückt s
mit* (with cannon), *führen, haben* **b.** ⟨mech⟩
(*Maschine*) *auf-, zus-stellen, montieren; ein-
bauen; anbringen*; (*fest)spannen* || *besetzen,
-legen, -schlagen* (with *mit*); (*Bild*) *einrahmen*;
(*Edelstein*) (*ein)fassen* || (*etw*) *aufkleben, -ziehen*
(~ed *photograph*) **c.** ⟨theat⟩ (*Stück*) *inszenieren*
|| (*Kleidung*) *anlegen* | ~ed ['~id] a *beritten*
(~ police; ~ infantry); *z Pferde* (~ contest)
|| ⟨mech⟩ *montiert* || (of pictures) *aufgezogen*
(on linen *auf Leinen*) ~ing ['~iŋ] s *Aufstell-,
Montierung* || *Einfassung* f; *Beschlag* m || *Ein-
rahmung* f; *Aufziehen* n (of photographs)
| [attr] *Aufsteig-* (~-block) || ~-stone ⟨hors⟩
Aufsitz(prell)stein m

mount [maunt] s [konkr] *Einfassung* f; *Rah-
men* m (*v Bildern*) || ⟨arts⟩ *Montierung* f; *Karton*
m, *Leinwand* f (etc) *z Aufkleben* n *v Karten, Bil-
dern* pl | (*fam*) *Reitpferd* n || (of jockeys) *Ritt* m

mountain ['mauntin] s **1.** *Berg* m; ~s high
[adv] *berg(e)hoch; turm-* || ~s [pl] *Berge* pl,
Gebirge n (a chain of ~s *ein G.*); high ~s ⟨a⟩
Hochgebirge n; to go into the ~s *in die B.
gehen* **2.** ⟨fig⟩ *Berg* m, *Klumpen* m, *Masse* f;
Haufen m (a ~ of debts) || to make a ~ out of
a molehill *aus e-r Mücke* f *e-n Elefanten m*
| (of a thumb) *Ballen* m **3.** [attr & comp]
Berg-, Gebirgs- (~ artillery) || ~ air *Höhenluft* f
|| ~-ash ⟨bot⟩ *Eberesche* f || ~-chain, ~-range
Gebirgskette f || ~-dew *schott. Whisky* m || ~-
high [attr] *berghoch* || ~-range *Gebirge* n
|| ~-ridge ⟨geog⟩ *Joch* n || ~-side *Berglehne* f;
Gebirgslandschaft f || ~-sun *Höhensonne* f
|| ⟨Time ⟨Am⟩ = Eastern time ~eer [,maunti-
'niə] **1.** s *Bergbewohner* m || *Bergsteiger; Hoch-
tourist* m **2.** vi *Berge besteigen* ~eering [~riŋ] s
Bergsteigen n; [attr] *Bergsteig-* ~ous [,maunti-
nəs] a *bergig, gebirgig, Gebirgs-* || ⟨fig⟩ *berg-
hoch; riesig, gewaltig* | ~y ['mauntini] a *gebir-
gig, hügelig* || ⟨Ir⟩ *Gebirgs-* (~ people)

mountebank ['mauntibæŋk] s *Marktschreier,
Quacksalber* m

mounting ['mauntiŋ] a [attr] ⟨tech⟩ ~ attach-
ment *Aufspannvorrichtung* f || ~ clip *Befesti-
gungsschelle* f

mourn [mɔːn] vi/t || *trauern* (for, over a p,
a th *um jdn, etw*) || *Trauer* f *anlegen* | vt (*Los*) *be-
klagen* || *trauern um* (*jdn*), (*jdn*) *betrauern*;
you're ~ing for the cat (*fam*) *du hast wohl
Hoftrauer*, → ~ing-band ~er ['~ə] s *Leid-
tragende(r* m) f || ~s [pl] ⟨arts⟩ *Klage-, Trauer-
figuren* f pl ~ful ['~ful] a (~ly adv) *trauervoll,
düster; traurig* ~fulness ['~fulnis] s *Traurigkeit*
f ~ing ['~iŋ] s *Trauer* f; *-kleidung* f (in ~); to
be in ~ *Trauer* f h; to go into (out of) ~ *Trauer
anlegen* (*ablegen*) (for *um*) | ⟨ (over the body)
of Christ *Beweinung* f *Christi* | [attr] *Trauer-*;
~-band *-streifen* m (*am Arm*), (*fam*) *Trauer-
ränder* m pl (*unter den Nägeln*); ~-border
Trauerrand m; ~-paper *Briefpapier* n *mit
Trauerrand* m

mouse [maus] s (pl mice [mais]) *Maus* f, →
squeak; pouched ~ *Beutelmaus* f || ⟨sl⟩ *blaues
Auge, Mal* n; *blauer Fleck* | ⟨übtr⟩ *Duckmäuser*
m || *Schiebefenstergegengewicht* n | [attr]
Mause- (~-hole *-loch* n); *mause-*; ~-still
mäuschenstill || ~-ear ⟨bot⟩ *Mäuseohr-, Ha-
bichtskraut* n || *Hornkraut* n || ~-tail ⟨bot⟩
Kleinster Mäuseschwanz m

mouse [mauz] vi *mausen, Mäuse* f pl *fangen*

mouse-deer ['mausdiə] s ⟨zoo⟩ *Moschustier* n

mouser ['mauzə] s *mäusefangendes Tier* n
(*bes Katze*)

mousse [muːs] s Fr *Kremeis* n ~line [muːs'liːn]
s *Musselin* m

moustache, mus- [məs'tɑː∫] s *Schnurr-, Knebelbart* m

mousy ['mausi] a *mauseartig, grau* || *mäus-
chenstill*

Mousterian [muːs'tiəriən] s *das Moustérien*
(*letzte ältere Altsteinzeit*) n

mouth [mauθ] s **1.** (pl ~s [mauðz]) *Mund* m;
~s [pl] *Münder, Esser* pl || (*T*) *Maul* n, *Rachen*
m, *Schnauze* f; *Pferdemaul* n, a tender ~ *weich-
mäulig* **2.** (of a bottle, a cannon, a river) *Mün-
dung* f || (of a bag) *Öffnung* f || (*Fluß-)Mündung*
f (at the ~ *an der M.*) || (of a furnace) *Loch* n
|| (of a cave) *Eingang* m || (of a flute) *Mundstück* n
|| ~ of cartridge *Patronenmaul* n || ⟨min⟩
(*Stollen-)Öffnung* f **3.** *Wendungen*: from the ~
aus dem Munde || by word of ~ *mündlich* ||
down in the ~ *niedergeschlagen* | to be in every-
body's ~ *in aller Leute Munde s* (they were in
everybody's ~s) || → laugh || to make a ~ *od*
~s *ein schiefes Gesicht n ziehen* (at, upon *über*)
|| to make a p's ~ water *jdm den M. wässerig m*
|| to put words into a p's ~ *jdm Worte pl in den
M. legen* || to stop a p's ~ (*fam*) *jdm den M.
stopfen* || to take the words out of a p's ~ *jdm
die Worte aus dem M. nehmen* **4.** [attr & comp]
~-filling ⟨fig⟩ *den M. voll nehmend; geschwollen*
|| ~-organ ⟨mus⟩ *Mundharmonika* f || ~-wash
⟨fam⟩ °*Zungenbad* n (*Trunk*) | ~ed [mauðd] a
[in comp] *-mäulig* (wide-~) ~ful ['~ful] s
Mundvoll m; *kl Quantum* n (a ~ of); to say a ~
⟨Am sl⟩ *e-e wichtige Äußerung* f *m; you've said
a ~ genug der Komplimente* n pl ~piece ['~piːs]
s *Mundstück* n || ⟨fig⟩ *Sprachrohr* n, *Wortfüh-
rer* m

mouth [mauð] vt/i || (*etw*) *mit Pomp, Pathos,
affektiert, gespreizt* (*aus)sprechen* || (*Speise*) *in
den Mund m nehmen* | vi *den Mund vollnehmen;
affektiert reden* || *Gesichter* pl *schneiden*

movability [,muːvə'biliti] s *Beweglichkeit* f

movable ['muːvəbl] **1.** a *beweglich*; ~ feast
-ches Fest n || ~ property *-che Habe* f; *Mo-
biliar* n **2.** [s pl] ~s *Mobilien* pl ~ness [~nis] s
Beweglichkeit f

move [muːv] **I.** vt/i **A.** vt **1.** (*etw*) *fortbewegen,
-rücken, -schieben* (this book has been ~d); to
~ camp *das Lager abbrechen*; to ~ mountains
Berge pl versetzen || *in Bewegung f setzen or
halten; bewegen; schütteln* **2.** (*Gefühle, Appetit*)
erregen; aufregen; to ~ to anger (*jdn*) *erzürnen*
| (*jdn*) *rühren, ergreifen*; to be ~d *gerührt s* (at
über; by durch; with *vor*; to pity *z Mitleid*); to
tears *z Tränen*) **3.** (*jdn*) *bewegen, antreiben* (to a
th *z e-r S*; to do); the spirit ~s me *es drängt
mich* (to do); to be ~d to *hingerissen w z* | (*jdn*)
angehen, ersuchen (for *um*) **4.** *beantragen* (a th)
→ B **3**; *Antrag* m (*e-r S*) *einbringen*; to ~ the
rejection of a bill *e-n A. auf Ablehnung e-r Vorlage f stellen* **5.** [*mit adv*] ~ on *vorwärtsstrei-
ben* **B.** vi **1.** *sich fortbewegen; gehen* (to ~ away
davon-) | ⟨mil⟩ (*ab)marschieren, -ziehen* ||
⟨chess⟩ *e-n Zug m* | ⟨übtr⟩ (of time, narrative,
etc) *fortschreiten, weitergehen* | (*um)ziehen* (to
nach), to ~ into new rooms *e-e neue Wohnung f
beziehen*; to ~ in *einziehen*; to ~ out *ausziehen*;
to ~ out of London *aus L. herausziehen* | ⟨com⟩
Absatz m finden **2.** *sich bewegen, sich rühren*;
leben; sich bewegen (to ~ in good society) ||
⟨a fig⟩ *vorgehen* (against *gegen*; in *in*) || to ~
off *anfahren* **3.** to ~ for *beantragen*; to ~ that ..
die Anregung geben, man solle .., → A. **4. II.** s
1. ⟨chess⟩ *Zug* m || ⟨mil⟩ *Verlegung* f, *Trans-
port* m; ~ control *Transportlenkung* f | ⟨fig⟩
Schritt m, *Maßnahme, -regel* f, to make a ~
e-e M. ergreifen; to make the first ~ *den ersten
Schritt* m *tun* **2.** *Bewegung* f, *im Marsch*; [attr]
fortschreitend, ⟨mil⟩ (of troops) *auf dem Marsch*;
⟨fam⟩ the matter is on the ~ °*die S ist in der
Mache* **3.** *Aufbrechen* n; to make a ~ *aufbre-*

chen; die Tafel aufheben **4.** *Umzug* m **5.** ⟨sl⟩ to get a ~ on *sich rühren, sich tummeln (sich beeilen)*; *weiterarbeiten* **~ment** [′~mənt] s **1.** *Bewegung* f ‖ *Körperbewegung; Haltung* f ‖ ⟨mech⟩ *Bewegung* f; (of a watch) *Gehwerk* n **2.** *Erregung; Regung* f ‖ *Tätigkeit* f; (of incidents) *Fortschreiten* n, *Entwicklung* f ‖ ⟨mus⟩ *Tempo* n; *Satz* m; ⟨pros⟩ *Rhythmus* m, *rhythmische Bewegung* f ‖ ⟨fig⟩ *Leben, Feuer* n **3.** *Massenbewegung, –bestrebung, Richtung, Bewegung* f (the Oxford ⤶) ‖ *moderne Bewegung, Richtung or Zeit* f ‖ *to be in the* ~ *mitten drin s*; *dabeisein: Mode* f *s*; *to be out of the* ~ *losgerissen s v der Welt* f; *rückständig s* **4.** ⟨com⟩ *Lebhaftigkeit* f; *upward* ~ *Steigen* n; ~ *of capital Kapitalverkehr* m **5. free** ~ *(S) freier Verkehr* m (of goods *im Warenaustausch*), *(P) Freizügigkeit* f (of workers) **6.** ⟨med⟩ *Stuhlgang* m

mover [′mu:və] s *Bewegender* m ‖ ⟨tech⟩ *bewegende Kraft, Triebkraft* f; *prime* ~ *Naturkraftmaschine* f, *Zugkraftwagen* m ‖ *Urheber* m; ⟨fig⟩ *Triebkraft* f (prime ~ [oft:] *Anstifter* m) ‖ *Antragsteller* m

movie [′mu:vi] s **1.** ~s [pl] ⟨fam⟩ *(Stumm-)Film* m *(Ggs* talkies); *Kino* n ‖ *Kinovorstellung* f; *Filmwesen* n ‖ ~-go-round ⟨wir⟩ *Filmspiegel* m ‖ *to go to the* ~s *ins Kino gehen* ‖ ⟨aero fam⟩ *Einsatz* m *fliegen* **2.** [attr] *Lichtspiel–* (~ theatre), *Film–* (~ star) ‖ ~ *audience Filmpublikum* n, *Kinobesucher* m pl ‖ ~ *boner* ⟨sl⟩ *Anachronismus* m *im Film* ‖ ~ *camera Filmkamera* f ‖ ~ *fan Kinofreund, Filmliebhaber* m ‖ ~ *parlor* ⟨Am⟩ *Kino* n ‖ ~ *projector Filmvorführgerät* n **~goer** [~gouə]s *Kinobesucher* m pl **~house** [~haus] s *Lichtspielhaus* n **~maker** [~meikə] s *Filmhersteller* m **~thon** [~θɔn] s *geschlossene Vorführung* f *mehrerer Filme* pl, → Marathon **~tone** [~toun] s *Art* f *Tonfilm* m; *Tonkino* n

moving [′mu:viŋ] **1.** s *Umziehen* n; [attr] *–zugs–* (~day); *Möbel–* **2.** a (~ly adv) *sich bewegend; beweglich; wandernd* (⟨phys⟩ *field*) ‖ *fast–*~, *slow–*~ *schnell–, langsam-fahrend* (cars) ‖ ~ *averages* ⟨stat⟩ *(Methode* f *des gleitenden Durchschnitts), gleitender D.* ‖ ~ *band* ⟨tech⟩ *laufendes Band* n ‖ ~-*day Umzugstag* m ‖ ~-*force Triebkraft* f ‖ ~-*man Packer* m ‖ ~ *pictures* [pl] = movies ‖ ~ *picture* [attr] *Film–* ‖ ~ *staircase Rolltreppe* f ‖ ~ *van Möbelwagen* m ‖ *bewegend, treibend, Trieb–* ‖ ⟨fig⟩ *rührend*

mow [mau] s *geschichteter (Heu–, Getreide-) Haufen, Schober* m, *Feime* f, *Feimen* m ‖ *Schuppen or Boden* m (in *e–r Scheune*)

mow [mou] vt [~ed/pp ~n, ~ed] *(Gras) mähen* ‖ *(Feld) abmähen* ‖ *to* ~ *down* ⟨fig⟩ *niedermähen* **~er** [′~ə] s *Mäher(in), Schnitter(in* f) m **~ing** [′~iŋ] s *Mähen* n, *Mahd* f ‖ [attr] *Mäh–* (~ *machine*)

mow [mau] **1.** s *Grimasse* f (mops & ~s) **2.** vi *e–e Gr. schneiden*

moxa [′mɔksə] s ⟨med⟩ *kl Kegel* m etc *aus leicht verglimmendem, aus Beifuß* m *gewonnenem Stoff* m (*gegen Gicht* etc)

Mozarabic [mou′zærəbik] a *mozar·abisch* (liturgy)

M.P. [′em′pi:] (–′–) abbr *f* Member of Parliament; an ~ *ein* M.P.

Mr. [′mistə] abbr *f* mister **Mrs.** [′misiz] s *als Titel vor Familienname* m *e–r verheirateten Frau* f (~ Smith)

much [mʌtʃ] **I.** a *viel* (~ *snow*); ~ *cry and little wool viel Geschrei* n *u wenig Wolle* f, *viel Lärm* m *um nichts* ‖ *reichlich, groß* (the ~ *dirt*) ‖ *so* ~ *lauter* (*so* ~ *wood*), *nichts als* ‖ ⟨iron⟩ *not* ~ (..) *wenig* (..) **II.** s **1.** *Viel* n (of *v*); *how* ~? *wieviel?*; ~ *that vieles, das* (*was*) **2.** *to be* ~ *viel wert s*; *to be not* ~ *in nicht viel leisten in*;

he is too ~ *for me ich bin ihm nicht gewachsen* ‖ *not to come to* ~ *nichts Bedeutendes ergeben* ‖ *to make* ~ *of viel Aufsehens or Wesens m v*, (*jdn*) *mit besonderer Aufmerksamkeit* f *behandeln* ‖ *to think* ~ *of viel halten v*; → *to see* ‖ *as* ~ *dies, das gerade*, I expected as ~ *das erwartete ich* ‖ *not* ~ *of a kein großer* (he is not much of a scholar) ‖ *so* ~, *that* ~, *this* ~ *so viel* (so ~ is certain) ‖ *too* ~ *of a good thing des Guten zuviel* **III.** adv **A.** *viel*; *sehr* **1.** I ~ *regret ich bedauere sehr*; ~ *obliged sehr verbunden* ‖ [vor compr] *viel*, ~ *better viel besser* ‖ *not ..* ~ ⟨iron⟩ *wenig* ‖ ~ *too* ~ *viel z sehr*; his heart is not ~ *in his work er ist nicht mit dem Herzen bei der Arbeit* f ‖ *bei weitem, weit* (~ *the largest river*) **2. Verbindungen:** not ~ ⟨fam⟩ [*in Antworten*] *sehr unwahrscheinlich, sicher nicht,* °*wohl kaum!* ‖ *as* ~ *more od again noch einmal soviel* ‖ *as* ~ *as soviel wie*; *who as* ~ *as any .. der wie nur irgendeiner ..* ‖ *not as* ~ *as ja nicht* ‖ ⟨fam⟩ (*ever*) *so* ~ *sehr viel* (*better*); *so* ~ *the better for .. um so viel besser f ..*; *so* ~ *the cleverest bei weitem der Klügste* ‖ *so* ~ *as kaum*; *not so* ~ *as nicht einmal*; *so* ~ *so u zwar so sehr*; *without so* ~ *as ohne auch nur* ‖ ~ *less geschweige denn* **B.** *genau, fast, annähernd* (~ *the same spirit*); ~ *as* (*od* ~ *as* if) *etwa wie* (*als wenn*); *as* ~ *as to say als wenn er sagen wollte* ‖ *to remain* ~ *what it has been ziemlich dasselbe bleiben, was es gewesen ist* **C.** [in comp] *viel–* (~-admired) ‖ ~-*a*-~ ⟨Am fam⟩ *gr Tier* n (*P*); *Mords-S* f ~**ly** [′~li] adv ⟨hum⟩ *sehr, äußerst* ~**ness** [′~nis] s ⟨fam⟩ *Größe* f ‖ *much of a* ~ *praktisch* (or *fast*) *dasselbe,* °*Hose wie Jacke*

mucilage [′mju:silidʒ] s *Pflanzenschleim* m ‖ ⟨Am⟩ *Klebgummi, –stoff* m **–ginous** [‚mju:si-′lædʒinəs] a *schleimig* ‖ *klebrig*

muck [mʌk] **1.** s (*Dung-)Mist* m ‖ *Dreck, Schmutz* m ‖ ⟨fig⟩ *Mist* m (sheer ~ *reiner M.*); ⟨aero fam⟩ *Flakfeuer* n; *Sauwetter* n ‖ *to make a* ~ *of verhunzen, –pfuschen,* °*z Sau* m ‖ [attr] ~ *bar Puddeleisen* n, *–stahl* m ‖ ~-*heap Misthaufen* m ‖ ~-*up* ⟨fam⟩ °*Schlammassel* n **2.** vt/i (*Land*) *düngen* ‖ ⟨vulg⟩ *beschmutzen* ‖ *verpfuschen* ‖ *vi to* ~ *about herumlungern* ‖ ~**y** [′~i] a *schmutzig, dreckig*

mucker [′mʌkə] s ⟨sl⟩ *schwerer Sturz, Unfall* m; *to come a* ~ *stürzen, z Fall k, in den Dreck fallen; verunglücken; vernichtet w*

mucker [′mʌkə] s ⟨Am sl⟩ *junger Städter* m ‖ ⟨sport⟩ *Außenseiter* m ‖ ⟨Am sl⟩ *Schuft* ‖ *Schipper, Erdarbeiter* m

muckluck [′mʌklʌk] s *hoher Stiefel* m (aus *Seehundleder*)

mucko [′mʌkou] s ⟨mil sl⟩ *Putzer,* (*Offiziers-)Bursche* m

muckrake [′mʌkreik] s *Mistharke* f ~**r** [~ə] s ⟨Am⟩ *Aufdecker* m *v Korruption* f **–raking** [–iŋ] s ⟨Am⟩ *Sensationshascherei* f

muckworm [′mʌkwə:m] s ⟨ent⟩ *Mistkäfer* m ‖ ⟨fig⟩ *Geizhals* m

mucosity [mju:′kɔsiti] a *schleimiger Zustand* m **mucous** [′mju:kəs] a *schleimig* ‖ ~-membrane ⟨anat⟩ *Schleimhaut* f

mucro [′mju:krou] s [pl ~s] ⟨bot⟩ (*Blatt–* etc) *Spitze* f

mucus [′mju:kəs] s L ⟨scient⟩ *Schleim* m

mud [mʌd] s **1.** *Schmutz* ‖ *Schlamm, Schlick* m ‖ ⟨fam⟩ *Mörtel* m ‖ ⟨fig⟩ *Schmutz* m; *to drag in the* ~ *in den Sch. ziehen* ‖ ⟨fam⟩ ~ *in your* (⟨Am⟩ *the*) *eye! Hals– u Beinbruch!, Prost!* ‖ *that's as clear as* ~ *das ist so klar wie dicke Tinte* **2.** [attr] *Schlamm–*; ~ *brick,* ~ *plaster Strohlehm* m ‖ ~-*crusher* ⟨mil sl⟩ ‚‚*Sandhase*‶ m (*Infanterist*) ‖ ~-*pack* ⟨med⟩ *–packung* f ‖ ~-*flat Strecke* f *–boden* m; *tidal* ~-*flats* [pl] *Watt(en* pl) n ‖ ~-*shield* ⟨mot⟩

Schutzwanne f || ∼-skipper ⟨ich⟩ *Schlamm-springer* m; ∼-volcano *-vulkan* m | ∼-bath *Moorbad* n || *Lehm-* (∼ wall *-wand* f) | *Schmutz-* (∼-hole) || ∼-slinging, ∼-throwing [s] ⟨fig⟩ *Beschmutzen* n, *Verleumdung* f || ∼ track *Sommerweg* m

mudar [mə'dɑ:] s ⟨bot⟩ *M·udarbaum, Yerkumstrauch* m; → *yercum*

muddiness ['mʌdinis] s *Schmutzigkeit* f

muddle ['mʌdl] **1.** vt/i || (*Wasser*) *trüben* || (*Gedanken*) *verwirren*; *benebeln* || *durch-e-a-werfen*; *vermengen* || *verpfuschen* | vi *basteln*; to ∼ about °*herumpüttjeren* (with); °*wursteln*; to ∼ about *herumwursteln*; to ∼ on *weiterwursteln*; to ∼ through *sich durchwursteln* (*sich trotz Unfähigkeit durchsetzen*); ⟨pol⟩ *den Dingen* pl *ihren Lauf* m *l, die Dinge sich entwickeln l;* °*weiterwursteln* **2.** s *Wirrwarr* m; *Unordnung* f; *in a* ∼ *in U.* || *Verwirrung* f; to make a ∼ of *verpfuschen* | ∼-headed *wirr; verworren*

muddy ['mʌdi] **1.** a (–dily adv) *schlammig, trübe;* the Big ≋ *der Missouri* or *Mississippi* || *schmutzig* || (of style) *unklar, verschwommen, -wirrt, konfus* **2.** vt *beschmutzen, trüben* ⟨a fig⟩

mudguard ['mʌdgɑːd] s *Schmutzblech* n (*an Rädern* etc); ⟨mot⟩ *Kotflügel* m

mudir [mu:'diə] s *ägypt. Statthalter* m *e–r Provinz* f

mudlark ['mʌdlɑːk] s *Straßenbengel;* °*Schmutzfink* m

muff [mʌf] s *Muff* m || ⟨tech⟩ *Muffe* f || ⟨mot⟩ *Frostschutzhaube* f

muff [mʌf] ⟨fam⟩ **1.** s *Dummkopf* m; *Stümper* m || *Weichling* m | *Versagen* n, to make a ∼ of *verpfuschen,* °*-masseln* **2.** vt *verpfuschen;* (*Ball*) °*-hauen*

muffettee [ˌmʌfə'ti:] s *Pulswärmer* m; *Müffchen* n

muffin ['mʌfin] s *runde flache Semmel* f

muffineer [ˌmʌfi'niə] s *Salz-, Zuckerstreuer* m

muffle ['mʌfl] s ⟨tech⟩ (*Keramik-*)*Muffel* f; ∼ brazing *Feuerlöten* n || ∼ furnace *M.ofen* m || ⟨chem⟩ *Schmelztiegel* m

muffle ['mʌfl] s *Muffel* f (*fleischiger Teil um die Nasenlöcher der Wiederkäuer*)

muffle ['mʌfl] **1.** vt *ein-, umhüllen;* [a refl] (to ∼ o.s.) | (*etw*) *be-, umwickeln* || [*bes* pass] (*Ton*) *dämpfen; schwächen* **2.** s *dumpfer Ton* m | ∼d [∼d] a *umhüllt, bewickelt* || *undeutlich; dumpf* (voice) | ∼r [∼r] s *Halstuch* n, *-schal; Kragenschoner* m; *Fausthandschuh* m || ⟨mus⟩ *Dämpfer* m || ⟨mot & artill⟩ *Schalldämpfer, Auspufftopf* m

mufti ['mʌfti] s *Mufti* m, *moham. Rechtsgelehrter* m | ⟨mil⟩ *Zivilkleidung* f; *in* ∼ *in Zivil* m

mug [mʌg] s *Kanne* f; *Krug* m || (*Silber-*) *Becher* m ∼ful ['∼ful] s *Krug-, Becher*voll m (a ∼ of ..)

mug [mʌg] ⟨sl⟩ **1.** s *Gesicht* n; *Grimasse* f; ugly ∼ *Fratze* f **2.** vi *Grimassen* pl *schneiden* || to ∼ up *sich anmalen* **3.** vt ⟨Am⟩ *f das Verbrecheralbum* m *photographieren*

mug [mʌg] s ⟨sl⟩ *Tölpel, Dummkopf* m || *Stümper* m

mug [mʌg] ⟨sl⟩ **1.** vi/t || °*ochsen,* °*büffeln* (at *an*) | vt (*etw*) *zus–schreiben* (out of *aus*) **2.** s *Büffler, Streber* m

mugger ['mʌgə] s ⟨zoo⟩ *breitnasiges ind. Krokodil* n

muggins ['mʌginz] s *Tölpel* m

muggy ['mʌgi] a *feucht; schwül* (weather) || *muffig* (smell)

mugwort ['mʌgwəːt] s ⟨bot⟩ *Beifuß* m

mugwump ['mʌgwʌmp] s ⟨Am sl⟩ (*wichtige P*), *hohes Tier* n | ⟨pol⟩ ≋ *jd, der k–r Partei* f *angehört* or *gegen s–e eigene Partei stimmt, Unabhängiger, Einzelgänger* m

mulatto [mju'lætou] Span **1.** s [pl ∼s] *Mulatte* m **2.** a *Mulatten–*

mulberry ['mʌlbəri] s *Maulbeere* f || ⟨bot⟩ (*a* ∼-tree) *Maulbeerbaum* m | ≋ ⟨mil⟩ *Landungs-Hilfshafen, künstlicher H.*

mulch [mʌlʃ] **1.** s *Dung-, Strohbedeckung* f (*f Pflanzen*) **2.** vt *mit Dung* m, *Stroh* n *bedecken*

mulct [mʌlkt] **1.** s *Geldstrafe* f **2.** vt (*jdn*) *mit Geldstrafe* f *belegen;* (*jdn*) *bestrafen* (in a sum *mit e–r Summe*)

mule [mju:l] s ⟨zoo⟩ *Maultier* n, → *hinny;* ∼-skinner ⟨Am⟩ *Maultiertreiber* m, ⟨sl⟩ *Kavallerist* m ⟨bot & zoo⟩ *Mischling, Bastard* m | ⟨fig⟩ *störrischer Mensch, Bastard* m | ⟨tech spin⟩ *Mule-Jenny–, Mulemaschine* f; self-acting ∼ *Selfaktor* m || (*Motor-*)*Schlepper, Traktor* m || ⟨Am sl⟩ (*Mais-*)*Whisky* m

mule [mju:l] s (*Morgen-*)*Pantoffel* m

muleteer [ˌmju:li'tiə] s *Maultiertreiber* m

muliebrity [ˌmju:li'i:briti] s *Weiblichkeit* f, *weibl. Wesen* n

mulish ['mju:liʃ] a (∼ly adv) *störrisch* ∼ness [∼nis] s *Störrigkeit* f

mull [mʌl] s *Mull* m (*Zeug*)

mull [mʌl] ⟨sl⟩ **1.** s *Wirrwarr* m, to make a ∼ of *verpfuschen* **2.** vt (*etw*) °*verhauen, -pfuschen* | vi ⟨Am⟩ to ∼ over *grübeln über*

mull [mʌl] vt (*Wein* etc) *aufglühen u würzen;* ∼ed ale *Warmbier* n; ∼ed claret *Glühwein* m

mull [mʌl] s ⟨Scot⟩ *Vorgebirge* n

mullah ['mʌlə] s *Molla* m (*Titel f moham. Gelehrten*)

mullein ['mʌlin] s ⟨bot⟩ *Wollkraut* n

muller ['mʌlə] s *Reibstein* m || *Mahl-, Schleifapparat* m || *Läufer* m (*e–r Mühle, e–s Kollergangs*)

mullet ['mʌlit] s ⟨ich⟩ *Meeräsche* f

mullet ['mʌlit] s ⟨her⟩ *Spornrädchen* n

mulligan ['mʌligən] s ⟨Am sl⟩ *Eintopf(gericht* n) m

mulligatawny [ˌmʌligə'tɔ:ni] s *Curry-Suppe* f

mulligrubs ['mʌligrʌbz] s pl *Kol·ik* f, *Bauchschmerzen* m pl || *Depression, üble Laune* f

mullion ['mʌliən] s ⟨arch⟩ *Mittelpfosten* m (*an Fenstern*); *Fensterkreuz* n; *Kreuzrahmen, -stab* m || ∼ed *mit M. versehen*

mullock ['mʌlək] s ⟨dial⟩ *Schutt, Kehricht* m || ⟨Aust min⟩ *Gestein* n, *das kein Gold* n (*mehr*) *enthält*

multangular [mʌl'tæŋgjulə] a *vielwinklig*

multeity [mʌl'ti:iti] s *Vielheit* f

multi– ['mʌlti–] L [in comp] *viel–; mehr–* || ∼-millionaire [∼ miljə'nɛə] *vielfacher Millionär* m || ∼-shift [attr] *Mehrschicht–* (working) || ∼-valve [∼'vælv] [attr] ⟨wir⟩ *mehrröhrig* ∼bulb [∼bʌlb] [attr] ∼ flood-light ⟨phot⟩ *Lichtwanne* f ∼coloured [∼ˌkʌləd] a *bunt* (lights) ∼(-)engine [∼-endʒin] [attr] *mehrmotorig* (plane) ∼farious [ˌmʌlti'fɛəriəs] a *mannigfaltig* ∼focus [∼fəukəs] [attr] ∼ view finder ⟨phot⟩ *Universalsucher* m ∼form [∼fɔ:m] a *vielgestaltig* ∼grade [∼greid] [attr] ⟨mot⟩ *Mehrbereichs–* (oil) ∼graph [∼grɑ:f] vt (*Schriftstück* etc) *vervielfältigen* ∼lateral [ˌmʌlti'lætərəl] a *vielseitig, mehrseitig* (⟨com pol⟩ *agreement, trade*) ∼lingual [ˌmʌlti'liŋgwəl] a *mehrsprachig* ∼national [ˌmʌlti'næʃənəl] a *mehrvölkisch* (state) ∼parous [mʌl'tipərəs] a *vielgebärend* ∼phase ['mʌltifeiz] [attr] *Mehrphasen–* ∼(-)purpose ['∼-ˌpə:pəs] [attr] *Mehrzweck–* (vehicle) ∼ple ['mʌltipl] **1.** a *vielfach; Vielfach–* (⟨eth⟩ *choice*); *mannigfaltig;* ∼ birth, ∼ delivery *Mehrlingsgeburt* f; ∼ counting ⟨stat⟩ *Doppelzählung* f; ∼ crack-up ⟨mot⟩ *Kettenzus–stoß* m; ∼ crossing *Sternkreuzung* f, *Verkehrsstern* m; ∼-jet carburettor *Mehrdüsenvergaser* m; ∼-purpose *Vielzweck–* (house); ∼ road junction *Straßenspinne* f; ∼ shop

Unternehmen n, *Firma* f *mit vielen Filialen* pl; ~-speed gear *Mehrganggetriebe* n; ~-wheel drive ⟨mot⟩ *Vielradantrieb* m ‖ ⟨med & math⟩ *multiple* (proportion); *Mehrfach–* (~ telegraph) **2.** s *das Vielfache* n ‖ ~s [pl] *Filialengeschäfte* n pl ~plex [ˈmʌltipleks] a *vielfach* ‖ ⟨el⟩ *mehrfach*, *Mehrfach–* (telegraph) ~plicand [ˌmʌltipliˈkænd] s L ⟨math⟩ *Multiplikand* m ~plication [ˌmʌltipliˈkeiʃən] s ⟨bot zoo⟩ *Vermehrung* f, ⟨übtr⟩ *Entwicklung* f ‖ ⟨math⟩ *Multiplikation* f, ~-table *Einmaleins* n ~plicative [ˌmʌltiˈplikətiv] a *vervielfältigend*; ⟨math⟩ *multiplizierend* ~plicity [ˌmʌltiˈplisiti] s *Vielfältigkeit, Menge* f ~plier [ˈmʌltiplaiə] s *Vermehrer; –stärker* m ‖ ⟨math⟩ *Multiplikator* m ‖ ⟨el⟩ *Meßinstrument* n; *Influenzmaschine* f ‖ ⟨off⟩ *Rechenlocher* m
multiply [ˈmʌltiplai] vt/i ‖ *vermehren, –vielfältigen* ‖ ⟨math⟩ *multiplizieren*; to ~ 3 by 2 *3 mit 2 multiplizieren* ‖ vi *sich vermehren*; signs ~ *die Anzeichen ver– sich* ‖ *multiplizieren* ~ing [~iŋ] a *Multiplikations–, Rechen–* ‖ *Verstärk–*; *Vergrößerungs–*
multitude [ˈmʌltitjuːd] s *Vielheit* f; gr *Zahl, Menge* f (in ~) ‖ the ~ *die gr Menge* f, *das niedere Volk* n –**tudinous** [ˌmʌltiˈtjuːdinəs] a (~ly adv) *sehr zahlreich; vielfach*
multure [ˈmʌltʃə] s *Mahlgeld* n
mum [mʌm] s ⟨fam⟩ = ~my *Mu(tt)i* f
mum [mʌm] s ⟨vulg⟩ = madam
mum [mʌm] **1.** intj *still! st!* ~'s the word! *nicht ein Wort!* **2.** a *still* **3.** vi *Pantomimik* f *spielen*
mumble [ˈmʌmbl] **1.** vi/t *murmeln* ‖ *kauen; muffeln, mummeln* **2.** s *Gemurmel; –mummel* n ~ty-peg [~tipeg] s ⟨Am⟩ *Messerwerfen* n (*Spiel*)
Mumbo Jumbo [ˈmʌmbou-ˈdʒʌmbou] s *Idol* n ‖ ⟨übtr⟩ *P·opanz* m ‖ *Quatsch* m (*Unsinn*)
mummer [ˈmʌmə] s *Spieler* m *in e–r Pantom·ime* f ‖ ⟨sl⟩ *Komödiant(in* f) m ~y [~ri] s *Pantomime* f; *Mummenschanz* m, *Maskerade* f
mu-meson [ˈmjuːˈmezən] s μ-*Meson* n
mummification [ˌmʌmifiˈkeiʃən] s *Mumifikation, Einbalsamierung* f –**fy** [ˈmʌmifai] vt/i ‖ *vertrocknen, –dörren; –fied vertrocknet* ⟨oft fig⟩
mummy [ˈmʌmi] s *M·umie* f ‖ to beat (etc) a p to a ~ (*jdn*) *windelweich* (*z Brei*) *schlagen* ‖ *bituminöser Farbstoff* m
mummy [ˈmʌmi] s ⟨fam⟩ *Mutti* f
mump [mʌmp] ⟨sl⟩ vi *betteln; schwindeln* ~er [ˈ~ə] s *schwindelhafter Bettler* m ~ish [ˈ~iʃ] a *grämlich*
mumps [mʌmps] s pl *üble Laune* f ‖ ⟨med⟩ [sg konstr] *Ziegenpeter* m
munch [mʌntʃ] vi/t *hörbar kauen*
mundane [ˈmʌndein] a (~ly adv) *weltlich; irdisch* ‖ *Welt–, Weltall–*
mungo [ˈmʌŋgou] s *Kunstwolle* f *aus Tuchlumpen* pl
municipal [mjuˈnisipəl] a (~ly adv) *städtisch, Stadt–, Gemeinde–* ~**ity** [mjuˌnisiˈpæliti] s *Stadt mit Selbstverwaltung* f ‖ *Stadtbezirk* m –*verwaltung* f ‖ *die verwaltende Körperschaft* f *in diesen* ~**ize** [mjuˈnisipəlaiz] vt *verstädtlichen*; (*Stadt*) *mit Obrigkeitsgewalt* f *ausstatten*
munificence [mjuˈnifisns] s *Freigebigkeit* f –**ent** [mjuˈnifisnt] a (~ly adv) *freigebig*
muniment [ˈmjuːnimənt] s ⟨urspr⟩ *Festungswerk* n ‖ *Urkundensammlung* f, *Archiv* n; ⟨jur⟩ *Titelurkunde* f; ~ room *Urkundenraum* m
munition [mjuːˈniʃən] **1.** s [*mst* pl] ~s. (*Kriegs-*)*Vorräte* m pl, *Muniti·on* f (Ministry of ~s *Rüstungsministerium 1915–1921*) ‖ [attr] *Munitions–, Rüstungs–* (~ worker) **2.** vt *mit M. versehen*
muntjak [ˈmʌntdʒæk] s ⟨zoo⟩ *Indischer Muntjak* m (*Hirsch*)
muon [ˈmjuːɔn] s ⟨phys⟩ *Myon* n

mural [ˈmjuərəl] **1.** a *mauerartig, Mauer–* (crown *Krone*); *Wand–* (painting) **2.** s *Wandgemälde* n (a ~ by *ein W. v*); *–malerei* f
murder [ˈmɔːdə] s ⟨jur⟩ *vorsätzl. Tötung* f *mit Überlegung* f, *Mord* m (of *an*); *Ermordung* f (of a p *jds*); ⟨Am⟩ first degree of ~ *Mord* m → *manslaughter, massacre, slaughter;* the ~ is out *endlich kommt die Wahrheit heraus* ‖ ⟨übtr⟩ *Menschenschlachten* n; *Hinschlachten* n; ⟨fig⟩ *Totschlagen* n, *Vernichtung* f ‖ ~-hole ⟨hist fort⟩ *Pechnase* f, *Gußloch* n ~ous [~rəs] a (~ly adv) *mörderisch, blutig* ‖ *todbringend* ‖ *blutdürstig* ‖ ⟨übtr⟩ *tödlich; mörderisch* (fire) ‖ ⟨fig⟩ *unerhört, –erträglich*
murder [ˈmɔːdə] vt (*er*)*morden* ‖ ⟨fig⟩ (*etw*) *verderben, –hunzen;* (*Sprache*) *entstellen, radebrechen* ~er [~rə] s *Mörder* m ~ess [~ris] s *Mörderin* f
mure [mjuə] vt *einmauern, –pferchen* ‖ *einschließen, –sperren*
murex [ˈmjuəreks] s L ⟨zoo⟩ *Stachelschnecke* f
muriate [ˈmjuəriit] s *salzsaures Salz* n –**ated** [ˈmjuəriitid] a *muriatisch* (waters) –**atic** [ˌmjuəriˈætik] a *salzsauer;* ~ acid *Salzsäure* f
murine [ˈmjuərain] a *ratten–, mäuseartig*
murk [mɔːk] **1.** a ⟨poet⟩ *düster, dunkel* **2.** s *Dunkelheit* f
murky [ˈmɔːki] a (–kily adv) *dunkel, trübe; düster* ⟨a fig⟩
murmur [ˈmɔːmə] **1.** s *Murmeln, Rauschen* n (the ~ of waves etc) ‖ *dumpfes Geräusch; Atemgeräusch* n (*in den Lungen*) ‖ *Gemurmel* n; *Murren* n **2.** vi/t ‖ *murmeln; murren* (against; at *über*) ‖ vt *durch Murmeln* n *z Ausdruck* m *bringen* ~ous [~rəs] a (~ly adv) *murmelnd* ‖ *murrend*
murphy [ˈmɔːfi] s ⟨Ir fam⟩ *Kartoffel* f; ⟨Am⟩ *echte K.* ‖ ~ bed ⟨Am⟩ *Hochklapp-Bett* n
murrain [ˈmʌrin] s *Vieh–, Maul– u Klauenseuche* f
murrhine [ˈmʌrain] a; ~ glass *Millefi·origlas* n
musca [ˈmʌskə] s L ⟨ent⟩ *Fliege* f
muscadine [ˈmʌskədin] s (a ~ grape) *Muskat·ellertraube* f; *–wein* m
muscat [ˈmʌskət], ~**el** [ˌmʌskəˈtel] s Fr *Muskat·ellerwein* m, *–traube* f
muscle [ˈmʌsl] **1.** s ⟨anat⟩ *Muskel* m; without moving a ~ *ohne mit der Wimper* f *z zucken* ‖ [koll] *Muskeln* pl, *Muskelfleisch* n ‖ ⟨fig⟩ *–kraft* f ‖ ~-bound condition *–starre* f *durch Überanstrengung* f **2.** vi ⟨Am sl⟩ to ~ in *sich mit brachialer Gewalt* f *eindrängen; die Ellenbogen* m pl *gebrauchen* ~less [~lis] a *ohne Muskeln* m pl; *kraftlos, schlapp*
muscoid [ˈmʌskɔid] a *moosartig, Moos–* –**cology** [ˌmʌsˈkɔlədʒi] s *Mooskunde* f
muscovado [ˌmʌskəˈvɑːdou] s *Roh–, Braunzucker* m
Muscovite [ˈmʌskəvait] **1.** s *Moskow·it, Moskowiter* m, *–tin* f, *Moskauer(in* f) m; *Russe* m, *Russin* f ‖ ~ ⟨minr⟩ *Kaliglimmer* m **2.** a *moskowitisch, moskauisch*
Muscovy [ˈmʌskəvi] s ⟨hist⟩ *Rußland* n ‖ ~ duck ⟨orn⟩ *Bisamente* f
muscular [ˈmʌskjulə] a (~ly adv) *Muskel–* ‖ *muskul·ös, kräftig* ~**ity** [ˌmʌskjuˈlæriti] s *Muskelbau* m, *–stärke* f
musculature [ˈmʌskjulətʃə] s *Muskulat·ur* f
Muse [mjuːz] s *Muse* f
museography [ˌmjuziˈɔgrəfi] s *Museumskunde* f
musette [mjuːˈzet] s Fr *Art* f *kl Dudelsack* m
museum [mjuːˈziəm] s L [pl ~s] *Museum* n;
muse [mjuːz] **1.** vi *nachdenken, sinnen* (on *über*); *grübeln* ‖ *murmeln* **2.** s *Nachdenken, Grübeln, Sinnen* n (over) ‖ ~r [ˈ~ə] s *Sinnender, Träumer* m

–sgebäude n ‖ 〈Am〉 *Gemäldegalerie* f ‖ ~-piece *Museumsstück* n; 〈hum a übtr〉 (*P*)

mush [mʌʃ] s *weiche Masse* f, *Brei* m; 〈Am〉 *Maismehlbrei* m; to make a ~ of *verhunzen* ‖ 〈fig〉 *Unsinn* m

mush [mʌʃ] s 〈sl〉 (abbr *f* ~room) „*Musspritze*" f (*Schirm*)

mush [mʌʃ] vi *durch den Schnee* m *waten* ‖ 〈Am a〉 *mit Hundeschlitten* m pl *fahren*

mushing ['mʌʃiŋ] s 〈Am fam〉 *Poussieren, Knutschen* n

mushroom ['mʌʃrum] **1.** s 〈bot〉 *Blätterpilz; eßbarer Pilz, bes Champignon* m; to shoot up like ~s *wie Pilze aus der Erde schießen* ‖ 〈fig〉 *Emporkömmling* m ‖ 〈fam〉 *Art* f *Strohhut* m *f Damen* f pl ‖ 〈sl〉 *Musspritze* f (*Regenschirm*) ‖ [attr] *Pilz–* ‖ *schnell* or *plötzlich emporgeschossen* or *entstanden* **2.** vi *Pilze sammeln* (to go ~ing) ‖ 〈übtr〉 *sich ausbreiten*

mushy ['mʌʃi] a *weich, breiig* ‖ 〈fig〉 *weichlich; gefühlsduselig, sentimental; läppisch, lappig, albern*

music ['mju:zik] **1.** s *Musik* f; there was some ~ *es wurde musiziert*; to set to ~ *in M. setzen, vertonen* ‖ *Tonkunst* f ‖ *Musikstück* m (~ by Handel *M. v Händel*) ‖ 〈hunt〉 *Geläut* n, *Hatzlaut* m (*der Meute*) ‖ 〈fig〉 *Wohllaut, –klang* m; *Melodie* f **2.** [koll] *Musikalien* pl; *Noten* pl (with the ~ *mit den N.*); to play from ~ *vom Blatt* n *spielen* **3.** † *Chor* m, *Orchester* n; Master of the King's ♫ *Königl. Hofkapellmeister* m **4.** 〈fig〉 to face the ~ *der Gefahr* f *ins Gesicht* n *sehen* **5.** [attr & comp] *Musik–* (~ master; ~ teacher) ‖ ~-book *Notenheft* n ‖ ~-box °*Klimperkasten* m (*Klavier*) ‖ ~-cabinet *Musiktruhe* f ‖ ~-hall *Varieté(theater)* n ‖ ~-loving *musikliebend* ‖ ~-paper *Notenpapier* n ‖ ~-stand –*pult* n ‖ ~-stool *Klaviersessel, –stuhl* m

musical ['mju:zikəl] **1.** a *musikalisch* (are you ~?) ‖ *Musik–* (~ instrument); ~ art *die Kunst der Musik* f ‖ 〈fig〉 *wohlklingend* ‖ ~-box *Spieldose* f ‖ ~ chairs [pl] *Stuhlpolonaise* f (*Spiel*) ‖ ~ comedy (*leichtes komisches*) *Singspiel* n, *Oper·ette* f ‖ ~ glasses [pl] *Glasharmonika* f **2.** s *Singfilm* m, *Filmoperette* f ‖ ~e [mju:zi'keil] s 〈Am〉 *Hausmusik* f, –*konzert* n ~ity [~iti] s *das Musikalische* n, *der Wohlklang* m ~ly [~i] adv *in musikalischer Hinsicht* ~ness [~nis] s = musicality

musician [mju:'ziʃən] s *Musiker, Tonkünstler* m ‖ to be a good ~ *sehr musikalisch* s; *gut spielen* or *singen*

musicology [mjuzi'kɔlədʒi] s *Musikwissenschaft* f –**logist** [–lədʒist] s *Musikwissenschaftler* m

musing ['mju:ziŋ] **1.** s *Sinnen* n; *Betrachtung*; [oft pl ~s] *Träumerei* f **2.** a (~ly adv) *nachdenklich, träumerisch*

musk [mʌsk] s *Moschus, Bisam* m ‖ (a ~-deer) *Moschustier* n ‖ 〈bot〉 *Moschuspflanze* f ‖ ~-rat 〈zoo〉 *Bisamratte* f ‖ ~-rose 〈bot〉 *Moschusrose* f

muskeg ['mʌskeg] s *Tundramoor* n ‖ ~ berry *Moorbeere* f

musket ['mʌskit] s *Musk·ete, Flinte* f, *Gewehr* n ~eer [ˌmʌski'tiə] s 〈hist〉 *Musket·ier* m ~ry [~ri] s [koll] *Musketen* pl ‖ *Kleingewehrfeuer* n; *Schießkunst* f; 〈mil〉 *Schießunterricht* m; [attr] *Schieß–* (~ training –*unterricht*)

musky ['mʌski] a *nach Moschus* m *riechend*; *Moschus–* (~ taste)

Muslim ['mʌzlim] s & a = Moslem

muslin ['mʌzlin] s *Mussel·in* m, *Nesseltuch* n ‖ 〈Am〉 *Kaliko* m ~et [ˌmʌzli'net] s *dicker, grober M.*

musquash ['mʌs-kwɔʃ] s 〈zoo〉 *Bisamratte* f; *Pelz* m *der B.*

muss [mʌs] 〈Am〉 **1.** s *Verwirrung, Unordnung* f ‖ 〈Am a〉 *Krakeel* m **2.** vt (*Haar*) *verwirren* ‖ *verpfuschen, –hunzen* (a to ~ up)

mussel ['mʌsl] s *Art* f *zweischalige Muschel* f

mussuck ['mʌsək] s 〈AInd〉 *lederner Beutel, Sack* m (*f Wasser*)

Mussulman ['mʌslmən] **1.** s [pl ~s] *Muselmann* m **2.** a *muselmännisch*

must [mʌst] s *Most* m

must [mʌst] s *Moder* m; *Modrigkeit, muffige, dumpfige Beschaffenheit* f 〈a fig〉

must [mʌst] **1.** a (of male elephants) *brünstig, wütig* **2.** s *Brunst, Wut* f

must [mʌst] **I.** v aux [*nur: prs u pret; a* 3. sg ~; pret ~] **1.** prs *muß* (he ~ wait [*Ggs* he need not wait]) ‖ he ~ come soon *er muß bald k*; you ~ have seen him *du mußt ihn gesehen h* ‖ [neg] *darf* (you ~ not smoke here) **2.** pret [*nur in Berichten der Vergangenheit*] *mußte* (he knew he ~ be late) ‖ you ~ have met him if .. *du hättest ihn treffen müssen, wenn ..* ‖ [neg] *durfte* **II.** s *Muß* n ‖ [attr] *Muß–*

mustache [məs'taːʃ] s 〈Am〉 → moustache

mustachio [mus'taːʃou] † s [pl ~s] *Schnurrbart* m

mustang ['mʌstæŋ] s 〈zoo〉 *Mustang* m (*halbwild. Pferd*)

mustard ['mʌstəd] s 〈bot〉 *Senf* m ‖ 〈cul〉 *Senf, Mostrich* m ‖ 〈fig Am sl〉 *Würze* f; *glänzende S* or *P* ‖ [attr] *Senf–* ‖ ~-gas *Gelbkreuzgas* n ‖ ~-plaster, ~-poultice *Senfpflaster* n

musteline ['mʌstəliːn] a 〈zoo〉 *Wiesel–*

muster ['mʌstə] **1.** s 〈mil〉 *Musterung* f ‖ *Versammlung* f ‖ to pass ~ *Zustimmung* f *finden* (with *bei*), *f genügend erachtet w*; *geduldet w*, *gelten* (as *als*) ‖ ~-roll *Stammrolle* f **2.** vt/i ‖ 〈mil〉 *mustern* ‖ *auf–, zus–bringen, sammeln*, 〈fig〉 *Kräfte* pl *sammeln, aufbieten* ‖ 〈Am〉 to ~ in troops, to ~ troops into service *Soldaten* pl *einstellen*; to ~ out troops, to ~ troops out of service *Soldaten entlassen* ‖ vi *sich sammeln, sich einfinden*

mustiness ['mʌstinis] s *Dumpfigkeit, Muffigkeit* f **musty** ['mʌsti] a (–tily adv) *modrig; dumpf, muffig*; ~ and fusty 〈fig〉 *verstaubt, unbrauchbar* ‖ (of wine) *schal*

mutability [ˌmju:tə'biliti] s *Veränderlichkeit; Wankelmütigkeit* f –**able** ['mju·təbl] a (–bly adv) *veränderlich* ‖ *wankelmütig*

mutant ['mju:tənt] s 〈biol〉 *Abweicher* m, *Vari·ante, Mut·ante* f –**ate** [mju:'teit] vi *mutieren* –**ated** [mju:'teitid] a 〈gram〉 *umgelautet* –**ation** [mju:'teiʃən] s *Veränderung* f, *Wechsel* m; 〈biol〉 *plötzl. Abänderung, Mutati·on* f ‖ 〈gram〉 *Umlaut* m –**ative** ['mju:tətiv] a *veränderlich*

mutatis mutandis [mjuˈteitis-mjuˈtændis] L *mit den f diesen Fall* m *erforderlichen Abänderungen* f pl ‖ shall apply ~ ~ *findet entsprechend Anwendung* f

mutch [mʌtʃ] s 〈Scot〉 *leinene Haube* f

mutchkin ['mʌtʃkin] s 〈Scot〉 *altes Flüssigkeitsmaß* n (= ¾ pint)

mute [mju:t] **1.** a (~ly adv) *still, lautlos* ‖ *stumm* (~ as a fish) ‖ 〈gram〉 *stumm* (~ letter); *Verschluß–* ‖ 〈min〉 *taub, erzarm, mager* **2.** s *Stummer* m; a deaf ~ *ein Taub–* ‖ 〈theat〉 *Stat·ist* m ‖ 〈gram〉 *Verschlußlaut* m ‖ 〈mus〉 *Dämpfer* m **3.** vt *verstummen l*; *dämpfen* 〈a fig〉 ~ness [~nis] s *Stummheit* f

mutilate ['mju:tileit] vt *verstümmeln*; 〈a fig〉 *beschädigen* –**ation** [ˌmju:ti'leiʃən] s *Verstümmelung* f

mutineer [ˌmju:ti'niə] **1.** s *Meuterer, Empörer* m **2.** vi *meutern* –**nous** ['mju:tinəs] a (~ly adv) *meuterisch, aufrührerisch* –**ny** ['mju:tini] **1.** s *Meuterei* f, *Aufruhr* m; ♫ *Act* 〈engl〉 *Militär-*

strafgesetzgebung f *v 1689 bis 1879* **2.** vi *sich empören, meutern*

mutism ['mju:tizm] s *Stummheit* f

mutt [mʌt] s ⟨sl⟩ *Tölpel*; °*Esel,* °*Schafskopf* m ‖ °*Promenadenmischung* f

mutter ['mʌtə] **1.** vt/i *(etw) murmeln* (to o.s. *f sich hin*); *heimlich äußern* ‖ vi *murren* (against *gegen,* at *über*) **2.** s *Gemurmel* n

mutton ['mʌtn] s *Hammelfleisch* n; to eat one's ~ with *essen mit* ‖ leg of ~ *–keule* f | ~-chop *–rippchen* [pl] ‖ ~-chop-whiskers [pl] *Kotelettenbart* m ‖ ~-head °*Schafskopf* m ‖ ~-sleeve *Keulenärmel* m | ~y [~i] a *Hammelfleisch–*

mutual ['mju:tjuəl] a (~ly adv) *gegen–, wechselseitig* ‖ *gemeinsam* (our ~ friend) ‖ ⟨ins⟩ *auf Gegenseitigkeit* f *beruhend* ~**ity** [‚mju:tju'æliti] s *Gegenseitigkeit* f

mutule ['mju:tju:l] s ⟨arch⟩ *(dorische) Tropfenplatte* f ‖ *Dielenkopf* m

mux [mʌks] vt ⟨Am⟩ *verwirren, –pfuschen*

muzzle ['mʌzl] **1.** s *Maul* n, *Schnauze* f ‖ *Maulkorb* m ‖ (of a gun, etc) *Mündung* f | [attr] *Mündungs–;* ~ *flash* ⟨artill⟩ *–feuer* n ‖ ~-*loader Vorderlader* m *(Ggs* breech-l.) ‖ ~-*velocity Anfangsgeschwindigkeit* f *(e–s Geschosses)* **2.** vt *(e–m Tier) e–n Maulkorb* m *anlegen* ‖ ⟨fig⟩ *knebeln, mundtot* m; *(jdm) den Mund stopfen, (jdn) z Schweigen bringen* ‖ ⟨Am a⟩ *verprügeln* | ~**r** [~ə] s ⟨fam⟩ *Maulschelle* f

muzzy ['mʌzi] a *(–zily adv) verwirrt;* *wirr, unklar;* °*duselig*

my [mai; *w f* mi] pron poss *mein;* he opened ~ eyes *er öffnete mir die Augen* n pl ‖ *(in Anreden)* ~ lord *Mylord;* → lord ‖ ~! oh ~! ⟨fam⟩ *du m–e Güte!*

myalgia [mai'ældʒiə] s ⟨path⟩ *Muskelrheumatismus;* *–schmerz* m

myall ['maiɔ:l] s ⟨bot⟩ *Myallholzbaum* m

mycelium [mai'si:liəm] s L *Myz·el* n *(Fadengeflecht der Pilze)*

mycetoma [‚maisi'toumə] s ⟨med⟩ *Mad·urafuß* m

myco– ['maiko] Gr [in comp] *Pilz–* ~**logy** [mai'kɔlədʒi] s *Pilzkunde* f ~**sis** [mai'kousis] s *Pilzkrankheit* f

myelitis [‚maiə'laitis] s ⟨med⟩ *Rückenmarksentzündung* f

mylodon ['mailədən] s ⟨zoo⟩ *ausgestorb. Riesenfaultier* n

myo– ['maio] [in comp] *Muskel–*

myope ['maioup] s *Kurzsichtiger* m *–pia* [mai'oupiə], *–py* ['maiopi] s *Kurzsichtigkeit* f; ⟨a fig⟩ *–pic* [mai'ɔpik] a (~ally adv) *kurzsichtig* ⟨a fig⟩

myosis [mai'ousis] s ⟨path⟩ *abnorme Zusammenziehung* f *der Pupille* f

myosotis [‚maiə'soutis] s ⟨bot⟩ *(Sumpf-) Vergißmeinnicht* n

myriad ['miriəd] **1.** a ⟨poet rhet⟩ *zahllos, unzählig* (a ~ articles) **2.** s *Myriade;* *unzählige Menge* f (~s of ..)

myriapod ['miriəpɔd] s ⟨zoo⟩ *Tausendfüßer* m

myrmidon ['mə:midən] s *Kompl·ice, Helfershelfer; Scherge* m

myrrh [mə:] s ⟨bot⟩ *Myrrhe* f

myrtle ['mə:tl] s ⟨bot⟩ *(Gemeine) Myrte* f; ⟨Am bot⟩ *Immergrün* n ‖ Blue, Running *od* Trailing ⤳ *Kl. Immergrün* n; Crape ⤳ *Krepp-M.* *(Indische Lagerströmie* f*)*

myself [mai'self] **1.** [pron emph] *ich selbst* **2.** [pron refl] *mich;* to ~, for ~ *mir* ‖ *mir* (I bought ~ a book)

mysophobia [‚maizo'foubiə] s ⟨psych⟩ *Mysophob·ie* f, *Waschzwang* m

mysterious [mis'tiəriəs] a (~ly adv) *mysteri·ös, geheimnisvoll; rätsel–, schleierhaft* ~**ness** [~nis] s *das Geheimnisvolle, Rätselhafte* n

mystery ['mistəri] s ⟨theol⟩ *Geheimnis* n, *Geheimlehre* f ‖ *Geheimnis, Rätsel* n (to *f*); to make a ~ of *verheimlichen, geheimhalten;* to make no ~ of *kein Geheimnis* m *aus;* it remains a ~ *es bleibt ein G.* ‖ *Geheimnis, Dunkel* n (wrapt in ~); ~ *ship getarntes Schiff* n | *Mysterienspiel* n | [attr] ~-*drive,* ~-*tour Fahrt* f *ins Blaue* ‖ ~ *play Mysterienspiel* n | *Kriminal(bühnen)stück* n

mystic ['mistik] **1.** s *Mystiker* m **2.** a (~ally adv) *mystisch, tiefsinnig, symbolisch; geheim* ‖ *mysteriös, rätselhaft, dunkel* ~**al** [~əl] a = *mystic* a; ⟨bes theol⟩ *übervernünftig; geheimnisvoll;* ~ *doctrine Mystik* f ~**ism** ['mistisizm] s *Mystik* f; *Mystizismus* m

mystification [‚mistifi'keiʃən] s *Mystifikation; Fopperei* f; *Täuschung, Irreführung* f; *Bauernfängerei* f ‖ *Verwirrung* f *–fied* ['mistifaid] a *verblüfft* *–fy* ['mistifai] vt *(jdn) foppen; hinters Licht führen* ‖ *[bes pass] verwirren* f *(Sinn) verdunkeln, in Dunkel* n *hüllen* *–que* [mis'ti:k] s *das Mystische, die mystische Atmosphäre (um Berufsart, Glauben* etc)

myth [miθ] s *Mythe* f ‖ *Mythus* m ‖ ⟨fig⟩ *Erfindung* f; *fiktive P* or *S* ~**ic** ['~ik] a ⟨poet⟩ = ~**ical** ['miθikəl] a (~ly adv) *mythisch* ‖ *sagenhaft* ~**ologic(al)** [‚miθə'lɔdʒik(əl)] a (–cally adv) *mythol·ogisch* ~**ologist** [mi'θɔlədʒist] s *Mytholog* m ~**logy** [mi'θɔlədʒi] s *Mytholog·ie* f ~**omaniac** [‚miθə'meiniæk] s ⟨Am⟩ *Geschichtenerzähler (Lügner)* m ~**opoeic** [‚miθo'pi:ik], ~**opoetic** [–pou'etik] a *Mythus* m *schaffend*

myxœdema [‚miksi:'di:mə] s ⟨path⟩ *Myxöd·em (Schleimgeschwulst)* n

myxoma [mi'ksoumə] s [pl ~ta] ⟨path⟩ *Schleimhautgewebetumor* m

N

N, n [en] (pl ~s, ~'s) *N, n* n (an ~ *ein N)* | nth [enθ] ⟨math⟩ *three to the nth* (3ⁿ) *drei hoch n;* ⟨fig⟩ *to the nth degree im höchsten Grade*

'n [n] ⟨Am fam⟩ *f* than

Naafi ['næfi] s → Na(f)fy, navy

nab [næb] vt ⟨sl⟩ *(etw) erschnappen, –haschen; (jdn) erwischen,* °*schnappen* ~**(ber)** ['~(ə)] s ⟨Am⟩ „*Polyp" (Polizist)* m

nabob ['neibɔb] s Ind *Nabob* m *(Provinzgouverneur)* ‖ ⟨fig⟩ *Krösus* m

nabs [næbz] s ⟨Am sl⟩ *my* ~! „*lieber Freund"'*!

nacarat ['nækəræt] **1.** s *helle orangerote Farbe* f **2.** a *hellrot*

nacelle [na'sel] s ⟨aero⟩ *Ballonkorb* m ‖ *Luftschiffgondel* f ‖ *Flugzeugrumpf* m

nacre ['neikə] s *Perlmutt* n, *Perlmutter* f | ~**d** [~d] a *mit P. besetzt*

***nacreous** ['neikriəs], ⟨mst⟩ **nacrous** ['neikrəs] a *perlmutterartig, Perlmutter–*

nadir ['neidiə] s ⟨astr⟩ *Nad·ir, Fußpunkt* m ‖ ⟨fig⟩ *tiefster Stand, Tiefstand* m; *Nullpunkt* m (at the ~ *auf dem N.)* ~**al** [~rəl] a *Nadir–, im N. befindlich*

naevus ['ni:vəs] s L (pl –vi [–vai]) ⟨med⟩ *angeborenes Mal* n

Na(f)fy ['næfi] s *(a Naafy, Narfy)* abbr *f* Navy, Army, and Air Force Institute *Wehr–*

macht-Betreuungsorganisation, –stelle, –marke-
tenderei f [*a* attr]: ~ manageress || → navy
   nag [næg] s *kl Reitpferd* n || *Gaul* m
   nag [næg] **1.** vi/t || *nörgeln* (about *über*) || to
~ at a p *jdn ärgern* | vt (*jdn*) *ärgern, quälen* **2.** s
Nörgeln n ~**ger** ['~ə] s *Nörgler* m ~**ging** ['~iŋ],
~**gy** ['~i] a *nörglig*
   nag [næg] s ⟨mil sl⟩ (rhyming on fag) ,,*Stäb-*
chen'' n, ,,*Spreizen*'' m (*Zigarette*) || ⟨Am⟩
Schindmähre f, ⟨mot⟩ *alte* ,,*Kiste*'' f
   nagana [nə'gɑ:nə] s *afrik. Infektions–, Tsetse-*
krankheit f *der Rinder* n pl
   naiad ['naiæd] s ⟨myth⟩ *Naj·ade* f || ⟨übtr⟩
Schwimmerin f
   nail [neil] s *Nagel* (*an Finger, Zehen*) m
|| *Klaue, Kralle* f | (*Metall–*)*Nagel* m; to drive a
~ into *e–n N. einschlagen in* | a ~ in a p's coffin
ein N. z jds Sarge || hard as ~s *funkelnagelneu,*
kerngesund; hart wie Stein m (*P*) || right as ~s
kerngesund || on the ~ *auf der Stelle* f, *unverzüg-*
lich || to hang a th on the ~ ⟨fig⟩ *etw an den*
N. hängen || to hit the (right) ~ on the head
⟨fig⟩ *den Nagel auf den Kopf treffen* || to
pay on the ~ *bar bezahlen* | [attr] *Nagel–*
|| ~-brush *Nagelbürste* f || ~-file *Nagelfeile* f
|| ~-heads [pl] *Nagelkopfverzierung* f || ~-
scissors [pl] *–schere* f
   nail [neil] vt **1.** (*etw*) *nageln* (on *auf;* to *an*)
| ⟨übtr⟩ to ~ to the counter ⟨fig⟩ (*e–e Hand-*
lung etc) *festnageln* || (*jdn*) *festnageln* (to the
spot) || (*Augen*) *heften* (on, to *auf*) **2.** (*Schuhe*)
benageln **3.** ⟨sl⟩ *sich* (*etw*) *sichern; stehlen* | (*jdn*)
fangen, ergreifen **4.** [*mit* adv] to ~ **down** *zuna-*
geln; to ~ down a p to .. ⟨fig⟩ *jdn festnageln*
auf .. || to ~ together *zus–nageln* || to ~ up
ver–, zunageln ⟨a fig⟩ ~**er** ['~ə] s *Nagelschmied*
m || ⟨sl fig⟩ *famoser Kerl, glänzender Spieler* m
(*at in*); *blendende, famose* S f, *Treffer* m ~**ing**
['~iŋ] a & adv ⟨sl⟩ *famos, glänzend, hervor-*
ragend ~**or** ['~ə] s ⟨Am⟩ to work like a ~
wie ein Pferd n *arbeiten*
   nainsook ['neinsuk] s *Art* f *einfaches Baum-*
wollgewebe n
   naïve [nɑːˈiːv, ˈnɑːiːv], **naive** [neiv] a (~ly
adv) Fr *na'iv, unbefangen; ungekünstelt* **naïveté**
[nɑːˈiːvtei], **naïvety** [nɑːˈiːvti, ˈnɑːiːvti], **naivety**
['neivti] s *Naivit·ät* f
   naja ['neidʒə] s ⟨zoo⟩ *Brillenschlange* f
   naked ['neikid] a (~ly adv) *nackt, bloß* (eye),
with ~ fists *mit nackten Fäusten* f pl || *unbedeckt*
|| *schutz–, hilf–, wehrlos* || ⟨übtr⟩ *kahl* (land);
bloß, blank (sword); *blank* (wire) | ⟨fig⟩ *unver-*
hüllt, rein, einfach (the ~ truth); *nackt* (facts)
~**ness** [~nis] s *Nacktheit, Blöße* f || *Kahlheit* f
|| *Mangel* m (of *an*), *Armut* f || (of truth) *Ein-*
fachheit, Klarheit f
   namable ['neiməbl] a *z nennen(d)*; *nennens-*
wert
   namby-pamby ['næmbi'pæmbi] **1.** a *abge-*
schmackt; hohl, fadenscheinig (talk); *albern, ge-*
ziert (*P*) **2.** s *Abgeschmacktheit; Affektiertheit* f
   name [neim] s **1.** *Name* m (the ~ of king *der*
N. König); ⟨Am⟩ first (⟨engl⟩ *Christian* ~),
middle ~ *erster, zweiter Vorname;* last ~
Nach–, Familien– m (⟨engl⟩ *sur*~); to give
one's ~ *s–n N. nennen* | *Benennung, Bezeichnung*
f **2.** *guter Name; Ruhm* m | *Name* (*berühmte P*)
|| *Linie* f, *Geschlecht* n **3.** *Ruf* m | *bloßer Name*
(to reduce to a ~) **4. Wendungen a. by ~** *mit*
Namen (to mention by ~; by their ~s); *na-*
mens (John by ~); *dem N. nach* (to know a
p by ~); *by od under the ~ of N. unter dem N.*
N. (to go by the ~ of N.) || *by* (*od of*) the ~ of
namens, mit Namen (a man by [of] the ~ of N.)
|| **in** ~ *only nur dem N. nach* || in the ~ of a p,
in a p's ~ **1.** *in jds Namen, um jds willen* **2.** *auf*
jds N.; to make out a ticket in the ~ of N. *ein*
Billett n *auf den Namen N. ausstellen* || **of** ~ *v*

Ruf m, *berühmt* (people of ~) || not to have a
penny to one's ~ *nicht e–n Penny besitzen*
b. what is your ~? *wie heißen Sie?* || my ~'s
Simpson, not Samson ⟨hum⟩ *ich hab' auch nur*
·e–n rechten Arm m || what's in a ~? *was be-*
deutet schon ein N.? **c.** to call a p ~s *jdn be-*
schimpfen || to call things by their proper ~s
die Dinge pl *beim richtigen N. nennen* || to give
a dog a bad ~ and hang him *jdn wegen e–s*
Fehltritts ein f *alle Male abtun* || give it a ~
sagen Sie, was Sie h wollen, was Sie trinken | to
have the ~ of a miser *im Rufe e–s Geizhalses*
stehen, als Geizhals m *verschrien* s || ⟨Am⟩
I know your middle ~ *ich kenne dich durch u*
durch, → **1.** ⟨mil sl⟩ to lose one's ~ *aufge-*
schrieben w || to make one's ~, to make a ~
for o.s., to make o.s. a ~ *sich* [*dat*] *e–n N.* m
(by; by doing) || to send in one's ~ *sich melden l*
|| distress almost wants a ~ .. *ist kaum dem N.*
nach bekannt **d.** no ~ [attr] .. *ohne Namen*
5. [attr] ⟨Am fam⟩ *namhaft* (bond, barber-
shop, train) || ~-day *Namenstag* m || ⟨st exch⟩
Skontro–, Skontrierungstag m || ~-giving *Na-*
mengebung f || ~-part *Titelrolle* f || ~-plate
Tür–, Firmenschild n
   name [neim] vt **1.** (*etw*) *benennen* (after *nach*);
(*jdn*) *nennen* (after *nach*); ~d *genannt, namens*
2. (*jdn*) *mit Namen nennen;* to ~ but one *um*
nur ·e–n z nennen | ⟨parl⟩ (*jdn*) *z Ordnung* f
rufen u auffordern, die Sitzung z verlassen; (*jdn*)
v der Sitzung f *ausschließen* || ~! *Namen nen-*
nen! | (*etw*) *erwähnen* | (*Datum*) *angeben* | (*Tag*)
festsetzen || ~ yours (*fam*) *was trinken Sie?*
3. ⟨Am⟩ (*jdn*) *ernennen* (for, to *f*) ~**able** ['~əbl]
a ~ *namable* **naming** ['neimiŋ] s *Namensge-*
bung f
   nameless ['neimlis] a (~ly adv) *anonym, na-*
menlos || *unbekannt* || *nicht berühmt* || *uner-*
wähnt; a p, who shall be ~ *jd, den ich nicht*
nennen will || *unbeschreiblich, unaussprechlich*
~**ness** [~nis] s *Namenlosigkeit* f
   namely ['neimli] **1.** a ⟨Scot⟩ *berühmt* (for
wegen) **2.** (abbr viz) adv *nämlich*
   namesake ['neimseik] s *Namensvetter* m
   Nana ['nɑːnɑː] s ⟨nursery fam⟩ *Amme* f;
Oma f
   nana ['nɑːnə] s ⟨nursery fam⟩ *Nane* f (*Ba-*
nane)
   Nancy ['nænsi] s *Weichling* m | ~ [a] *verweich-*
licht → pansy
   nankeen, –kin [næŋ'kiːn] s *Nanking* m (*Baum-*
wollzeug); ~s [pl] *Hose* f *aus* ~ (a pair of ~s
e–e H.)
   Nankin [næn'kin, 'nænkin] s *Nankingporzel-*
lan n
   nanny ['næni] s *Kinderpflegerin* f; ⟨vulg⟩
Nuttchen n || ~-goat *Ziege* f; → billy-goat ||
~-house, ~-shop *Puff* m, *Bordell* n
   nap [næp] **1.** v *schlummern, nicken;* to catch
a p ~ping *jdn überraschen, –rumpeln* **2.** s
Schläfchen n (to take a ~ *ein Schl. halten*)
   nap [næp] **1.** s (of cloth) *rauhe, haarige Seite* f
e–s Stoffes, Noppe f; ~s [pl] *rauhe Stoffe* m pl
|| *weiche, wollige Oberfläche* f **2.** vt (*Tuch*) *nop-*
pen ~**less** ['~lis] a *glatt, kahl; fadenscheinig*
   nap [næp] s (abbr f Napoleon) *ein Kartenspiel*
n; to go ~ *Stiche* m pl f *alle* (5) *Karten* f pl *an-*
sagen; (*bei Wetten*) *alles aufs Spiel* n *setzen* (on
a th f *etw*) ⟨a fig⟩
   nape [neip] s (*mst* ~ of the neck) *Nacken* m,
Genick n || ~-(-)guard ⟨hist⟩ *Nackenschirm* n
   napery ['neipəri] s ⟨Scot⟩ (*Tisch-*)*Leinen* n
   naphtha ['næfθə] s ⟨chem⟩ *Naphtha, Erd–,*
Steinöl n; ⟨mot⟩ *flüssiger Kraft–, Brennstoff* m;
cleaner's ~ *Waschbenzin* n; painter's ~ *Test-*
benzin n ~**lene** [~liːn], ~**line** [~lin] s *Naphtha-*
l·in n **naphthol** ['næfθəl] s ⟨chem⟩ *Naphth·ol* n
   napkin ['næpkin] s (*a* table-~) *Mundtuch* n,

Serviette f || *Windel* f | ∼-ring *Serviettenring* m
napoleon [nə'pouljən] s *e–e Art* f *Kartenspiel*
n, → nap s ∼ic [nə,pouli'ɔnik] a (∼ally adv)
napole·onisch
napoo [na:'pu:] ⟨sl⟩ **1.** intj *fertig! erledigt!
alles alle!* °*futsch!* °*nischt!* **2.** a *erledigt; unnütz*
|| *tot* **3.** vt (*jdn*) *erledigen, töten*
nappa ['næpə] s *Nappaleder* n
nappe [nap] s Fr ⟨geol⟩ *Überschiebungsdecke,
Decke* f
nappy ['næpi] a *an Widerristdruck* m *leidend
(Pferd)* || *that horse is* ∼ ⟨fig⟩ *.. ist ein Kleber* m
narceine ['na:siin] s ⟨chem⟩ *Narze·in* n
(*Alkaloid des Opiums*)
narcissism ['na:sisizm], **narcism** ['na:sizm]
⟨psych⟩ *krankhafte Selbstbewunderung, In-sich-
selbst-Verliebtheit* f
narcissus [na:'sisəs] s L ⟨bot⟩ (pl ∼es; –si
[–sai]) *Narzisse* f || [koll] *Narzissen* pl
narcolepsy ['na:kəlepsi] s ⟨med⟩ *Narkolepsie*
f (*anfallsweise Schlummersucht*) –**osis** [na:-
'kousis] s Gr (pl –ses [–si:z]) ⟨med⟩ *Narkose* f
–**otic** [na:'kɔtik] **1.** a (∼ally adv) *narkotisch,
einschläfernd* ⟨a übtr⟩ **2.** s *Betäubungs–, Ein-
schläferungsmittel* n ⟨a übtr⟩ –**otism** ['na:kə-
tizm] s ⟨path⟩ *narkotischer Zustand* m –**otize**
['na:kətaiz] vt *narkotisieren*
nard [na:d] s *Nardenöl* n, –*salbe* f || ⟨bot⟩
Narde f
Narfi ['na:fi] → Na(f)fi
narghile(h), –**rgi–** ['na:gili] s *orient. Wasser-
tabakspfeife* f
nark [na:k] s ⟨sl⟩ *Spi·on, Spitzel* m
narrate [næ'reit] vt *erzählen* –**ation** [næ-
'reiʃən] s *Erzählung* f; *the events under* ∼ *die
hier berichteten Ereignisse* f pl –**ative** ['nærətiv]
1. s *Erzählung, Geschichte* f || *Bericht* m, *Dar-
stellung, Schilderung* f || *erzählender Teil* m **2.** a
erzählend, Erzählungs– –**atively** [–li] adv *als
Erzählung, in erzählender Form* f –**ator** [næ-
'reitə] s *Erzähler* m
narrow ['nærou] **I.** a **1.** *eng, schmal;* ∼ *front*
⟨mil⟩ *schmale Front* f; ∼ *cloth schmalliegendes
Tuch* n (*weniger als* 52 *inches breit*) || ∼ *gauge*
⟨rail⟩ *Schmalspur* f; [attr] *schmalspurig, –gleisig
| nahe, knapp* (a ∼ *majority*); *to have a* ∼
escape od squeak mit knapper Not f *entkommen
| eingeschränkt, beschränkt* (in the ∼est *sense*)
2. *beschränkt* (views), *engherzig, kleinlich* ||
genau, geizig (with) **3.** [in comp] ∼-*casting* ⟨wir⟩
(⟨cont⟩ f *subscription radio, Ggs commercial
broadcasting*) *unter staatl. Kontrolle* f *stehendes
Rundfunkwesen* n; ∼-*gauge* ⟨rail⟩ *Schmalspur–;*
∼-g. *film Schmalfilm* m; ∼-g. *railway Klein-
bahn* f || ∼-*minded engherzig* || ∼-*mindedness
Engherzigkeit* f || ∼-*spaced engspaltig* **II.** s
[*mst* pl] ∼s] *Meerenge* f || *Engpaß* m; *enge
Straße* f ∼**ly** [∼li] adv *genau, sorgsam* | *mit
Mühe* f, *nur eben* ∼**ness** [∼nis] s *Enge, Schmal-
heit* f | *Beschränktheit, Engherzigkeit* f
narrow ['nærou] vt/i *enger* m, *verengen* || *be-
schränken; ein–, beengen* || ([*beim Stricken*]
Maschen) *abnehmen* | vt *enger w, sich verengen*
∼**ing** [∼iŋ] s *Beschränkung, Einengung, Ein–,
Begrenzung* f
narthex ['na:θeks] s Gr *Vorhalle* f, –*raum,
Narthex* m
narwhal, –**wal** ['na:wəl] s ⟨zoo⟩ *Narwal* m,
See-Einhorn n
nary ['nɛəri] adv ⟨Am vulg⟩ = *never* a
nasal ['neizəl] **1.** a (∼ly adv) *nasal, Nasen–,
Nasal–* | *näselnd;* ∼ *twang Näseln* n **2.** s *Nasal-
laut* m ∼**ity** [nei'zæliti] s *Nasalität* f ∼**ize**
['neizəlaiz] vi/t *durch die Nase sprechen, näseln
|* vt *durch die N. aussprechen* ∼**ly** [∼i] adv *mit
c–m Nasallaut* m; *durch die Nase*
nascent ['næsnt] a *entstehend, werdend; wachsend*

naseberry ['neizbəri] s ⟨bot⟩ *Sapot·illbaum* m
nash [næʃ] ⟨dial–sl⟩ *to be* ∼ *sich drücken,
„kneifen"*
naso– ['neizo] [in comp] *Nasen–*
nastiness ['na:stinis] s *Schmutzigkeit* f,
Schmutz m || *Ekelhaftigkeit, Unflätigkeit,
Schlüpfrigkeit, Widerlichkeit* f
nasturtium [nəs'tə:ʃəm] s L ⟨bot⟩ *Brunnenkresse* f
Nasties ['na:stiz] s pl: the ∼ ⟨pol⟩ °*die Nazis*
nasty ['na:sti] a (–tily adv) *unzüchtig, –flätig
|| eklig, widerlich* || ⟨Am⟩ *schmutzig, häßlich
| unangenehm, übel* (weather) | *gefährlich* (sea);
ernst, schwer (accident) | (P) *übelwollend; mür-
risch, garstig* (to *gegen*); a ∼ *piece of work ein
übler Kunde* m ⟨fig⟩; *old* ∼ *„Kniébolo"* m
(*Adolf Hitler*)
natal ['neitl] a *Geburts–* (∼ day) ∼**ity** [nei-
'tæliti] s *Geburtenziffer;* ⟨demog⟩ *Geborenen-
häufigkeit* f
natant ['neitənt] a *schwimmend* –**ation** [nei-
'teiʃən] s *Schwimmen* n, *Schwimmkunst* f
–**atorial** [,neitə'tɔ:riel], –**atory** ['neitətəri] a
Schwimm–
nation ['neiʃən] s *Nation* f, *Volk* n; the
Battle of the ∼s *die Völkerschlacht* (*bei Leipzig
1813*); the League of ∼s *der Völkerbund;* →
most | ∼ *state Nationalstaat* m || ∼-*wide die
ganze N. erfassend, allgemein* ∼**hood** [∼hud] s
Zustand m *nationaler Einheit* f
national ['næʃnl] **1.** a (∼ly adv) *national,
staatlich, National–* (∼ *anthem,* ∼ *colours,* ∼
flag); (*oft*) *umfassend, Gesamt–,* ⟨Ger⟩ *Bundes–*
(*Ggs Länder–*) || *inländisch* (output) || *einzel-
staatlich* (organisations) || ∼ *Coal Board*
⟨engl⟩ *nation. Kohlen-Amt* n (*1946*); ∼ *component* ⟨mil⟩ *nationales (Truppen-)Kontingent* n;
∼ *emblem,* ∼ *insignia* [pl] *Hoheits(ab)zeichen* n
[pl]; ∼ *Fire Service* ⟨engl⟩ *nation. Feuerwehr-
Organisation* f (*1941*) || ⟨*oft*⟩ *sozial, Sozial–;*
∼ *health insurance soziale Krankenversicherung*
f; ∼ *Fitness Council* ⟨engl⟩ *Rat* m f *nation.
Ertüchtigung* f; ∼ *Service allg. Wehrpflicht* f
(*1939*), ∼ *S. Act Wehrgesetz* n; ∼ *s.* man
(*einberufener*) *Wehrpflichtiger* m; ∼ *s.* period
Militärdienstzeit f || ⟨Ger⟩ ∼-*Socialism Natio-
nalsozialismus* m; ∼-*Socialist –sozialist* m; ∼
status Nationalität f | *Staats–* (∼ *debt Staats-
schuld*); *Volks–* (∼ *character*); *Landes–*
(*öffentlich, volkstümlich* | [in comp] ∼-*thinking
national denkend, – gesinnt* | [adv] ∼*ly owned
volkseigen* (firm *Betrieb*), *Volks–* (*farm –gut*,
property –*eigentum*) **2.** s *Staatsangehöriger* m;
∼s [pl] –*hörige; Landsleute* pl ∼**ism** ['næʃnəlizm]
s *Nationalgefühl* n; *nationale Politik* f; ⟨Ir⟩
Nationalismus m ∼**ity** [,næʃə'næliti] s *nation.
Eigenart* | *Nationalität, Staatsangehörigkeit,
–bürgerschaft* f (British ∼) || *Nation* | *National-
gefühl; nation. Unabhängigkeit* f || ∼-*mark
(staatl.) Hoheitszeichen* ∼**ization** [,næʃnəlai-
'zeiʃən] s *Nationalisieren* n | *Verstaatlichung* f
∼**ize** ['næʃnəlaiz] vt *nationa | natumalisieren* ||
(*Land* etc) *verstaatlichen* ∼**ly** ['næʃnəli] adv *in
nationaler Hinsicht, vom nation. Standpunkt aus*
native ['neitiv] s *Eingeborener* m [a attr] ||
Landeskind n; a ∼ *of* Canada *ein geborener
Kanadier; aus K. gebürtige* P f || ⟨zoo⟩ *einhei-
misches Tier* n || ⟨bot⟩ *einheimische Pflanze* f ||
(*künstl. gezüchtete*) *englische Auster* f
native ['neitiv] a (∼ly adv) **1.** *angeboren* (to a
p *jdm*), *von Natur aus eigen* || *natürlich; unge-
künstelt* **2.** (of metals) *gediegen* (gold) **3.** *heimat-
lich, Heimat–* (∼ *port*); *Geburts–* (∼ *place*);
Vater– (∼ *country*), *Mutter–* (∼ *language*)
4. *einheimisch* (∼ *word*); *Landes–* (∼ *product*)
|| *eingeboren* | ∼ *born im Inland geboren*
nativity [nə'tiviti] s ⟨ec⟩ the ∼ *die Geburt
Christi; Christfest* n || *Krippen–, Christgeburt-*

spiel n || *Geburt der Maria* (8. *Sept.*), *Geburt* f,
→ *birth* || ⟨astr⟩ *Nativität* f
Nato ['neitou] (*Initialwert* f *N.A.T.O.*)
North Atlantic Treaty Organization
natron ['neitrən] s ⟨chem⟩ *N·atron* n
natter ['nætə] vi ⟨fam⟩ *schwatzen,* °*meckern*
natterjack ['nætədʒæk] s ⟨zoo⟩ *Ringelnatter,*
Hausunke f
nattiness ['nætinis] s *Eleganz, Sauberkeit* f
natty ['næti] a (–tily adv) *sauber, geputzt;*
schmuck; schwungvoll
natural ['nætʃrəl] I. a 1. *auf natürliches Gefühl*
gegründet; durch Natur bedingt, naturbedingt;
natürlich, Natur– (∼ law); ∼ *religion –religion*
f; ∼ *region* ⟨geog⟩ *–raum* m || ⟨mus⟩ *ohne Vor-*
zeichen 2. *der Natur gemäß; den Naturgesetzen*
entsprechend 3. *real, physisch, wirklich* 4. *in der*
Natur befindlich or wachsend, natürlich (scenery)
5. (*mst P*) *in natürl. Zustand befindlich; natur-*
wüchsig, –haft; natürlich; einfach; echt unge-
künstelt (language) || *offen, ehrlich* 6. *angeboren;*
v Natur gehörig, eigen (to a p *jdm*); *–tümlich* (to
a th *e–r S*); to come ∼ to a p *jdm ganz selbst-*
verständlich s (to do) || *normal, üblich, gewöhn-*
lich; der Lage der Dinge entsprechend; it is ∼ *es*
ist natürlich (that .. should) 7. (of children)
außerehelich 8. **Verbindungen:** ∼ *capacity* ⟨wir⟩
Eigenkapazität f || ∼ *circulation water cooling*
⟨mot⟩ *Wärme-Umlaufkühlung* f || ∼ *colour*
Naturfarbe f || ∼ *forces* [pl] *–kräfte* f pl || ∼
frequency ⟨wir⟩ *Eigenfrequenz* f || ∼ *gas Erdgas*
n || ∼ *History Naturgeschichte* f || ∼ *law* ⟨jur⟩
–recht n || ∼ *oscillation* ⟨wir⟩ *Eigenschwingung* f
|| ∼ *person* ⟨jur⟩ *natürliche Person* f || ∼
Philosopher *–philosoph* m || ∼ *resources* [pl]
natürliche Kraftreserven f pl (*Bodenschätze,*
Wasserkraft etc), → *resources* || ∼ *Science*
Naturwissenschaft f || ∼ *selection natürliche*
Zuchtwahl f II. s *Idi·ot, Schwach–, Blödsinniger*
m || ⟨mus⟩ *weiße Taste* f; *Ton ohne Vorzeichen;*
Auflösungszeichen n **∼ism** [∼izm] s ⟨philos &
arts⟩ *Natural·ismus* m (e. g. of Zola, G. Hauptmann, Farrell) **∼ist** [∼ist] s ⟨philos & arts⟩
Naturalist m || *Naturforscher, –wissenschaftler*
m || *Naturalien–, Tierhändler* m || *Tieraus-*
stopfer m || **∼istic** [,nætʃrə'listik] a (∼ally
adv) ⟨philos & arts⟩ *naturalistisch* **∼ization**
[,nætʃrəlai'zeiʃən] s *Naturalisierung* f; certificate
of ∼ *Bürgerrechtsurkunde* f || ⟨fig⟩ *Einbürge-*
rung; Aufnahme f **∼ize** ['nætʃrəlaiz] vt/i 1. vt
(*jdn*) *naturalisieren, einbürgern;* to become ∼d
sich naturalisieren l | ⟨fig⟩ *aufnehmen, einführen;*
⟨bot, zoo⟩ *heimisch m* (in *in*), *akklimatisieren* ||
|| (*Stil*) *natürlich m, natürlich gestalten* 2. vi
naturalisiert w **∼ly** ['nætʃrəli] adv *natürlich,*
v Natur || *auf natürlichem Wege* || *instinktmäßig,*
ohne Schwierigkeit || *natürlich, selbstverständlich,*
gewiß **∼ness** ['nætʃrəlnis] s *Natürlichkeit* f;
natürlicher Zustand m; Ursprünglichkeit f ||
Ungezwungenheit, Ungekünsteltheit; Echtheit,
Unmittelbarkeit f
nature ['neitʃə] s A. [*ohne* art] 1. *oft* ⟨ [fem
konstr] *die in der Natur lebende u wirkende*
Kraft; law of ∼ *Naturgesetz* n || in the course of
∼ *im natürlichen Verlauf;* to pay one's debt to ∼
der N. s–n Tribut zahlen (*sterben*) 2. (*Ggs* civiliza-
tion) *die gr, äußere Natur* f; *Inbegriff* m *der*
Naturerscheinungen (the beauties of ∼); all ∼
die ganze N. || from ∼ ⟨arts⟩ *nach der N.* 3.
naturhafter, ursprünglicher (Lebens-)Zustand m
des Menschen; the return to ∼ *die Rückkehr z*
N. || in a state of ∼ *in natürlichem Zustand;*
nackt B. [*oft mit unbest.* art *od* poss pron]
menschliches or tierisches Wesen n; human ∼
die menschliche N. || *Charakter–, Naturanlage* f
(a sunny ∼); good ∼ *Gutartig–, Gutherzigkeit* f
| by ∼ *v N.;* in his ∼ *s–r N. nach;* George's was
a soft ∼ *G. besaß e–e weiche N.;* to be second ∼

with a p *jdm z* zweiten *N. geworden s;* it is in the
∼ of cats *es liegt in der N. der Katzen* C. [*mit*
best. art] *natürliche Beschaffenheit v Dingen* (the
∼ of coal; of poverty) || *natürl. Umstände* m pl
(the ∼ of a case) | *Art, Sorte* f (things of this ∼);
in the ∼ of *nach Art v,* in Form *v, gleichsam als*
(in the ∼ of an ultimatum) || ∼ of *activity*
Fachrichtung f **D.** [attr] *Natur–* || ∼ *cure*
practitioner *Naturheilkundiger* m || ∼*-lover*
–liebhaber m || ∼*-myth –mythus* m || ∼*-worship*
–anbetung f | **∼d** [∼d] a [*mst* in comp] *geartet,*
–artig
naturism ['neitʃərizm] s ⟨euph⟩ *Freikörper-*
kultur f, → nudism
naught [nɔ:t] 1. s ⟨poet, † & Am⟩ *nichts* ||
→ nought; to bring to, to set at 2. a *wertlos*
∼iness ['∼inis] s *Ungezogenheit, Unartigkeit* f
∼y ['∼i] a (–tily adv) *ungehörig* || *ungezogen,*
unartig (that's ∼ of you)
nausea ['nɔ:siə] s L ⟨med⟩ *Übelkeit* f; *Erbre-*
chen n; *Seekrankheit* f; high altitude ∼ ⟨aero⟩
Höhenkrankheit f || ⟨fig⟩ *Ekel* m **–eate** ['nɔ:sieit]
vt/i I (*Speise*) *ausbrechen* || ⟨fig⟩ *verabscheuen;*
(*jdn*) *mit Ekel erfüllen, anekeln* | vi *Ekel empfin-*
den (at *vor*) **–eating** ['nɔ:sieitiŋ] a (∼ly adv)
ekelhaft, eklig **–eous** ['nɔ:siəs] a (∼ly adv) *ekel-*
haft, widerlich **–eousness** [∼nis] s *Ekelhaftig-*
keit f
nautch [nɔ:tʃ] s ⟨Ind⟩ *Tanzvorführung* f; ∼
girl *Tänzerin* f
nautic ['nɔ:tik] a ⟨poet⟩ = **∼al** [∼əl] a (∼ly
adv) *nautisch, Schiffs–, Marine–, See–* (chart);
∼ mile *Seemeile* f → mile; ∼ twilight *astro-*
nomische Dämmerung f **–tilus** ['nɔ:tiləs] s L
⟨zoo⟩ *Nautilus* m, *Perlboot* n (*Kopffüßer*) ||
Nautilusbecher m
naval ['neivəl] a *Marine–, See–* (∼ control);
∼ aerodrome *Seeflughafen* m; ∼ airplane
Marineflugzeug n; ∼ architect *Schiffsbau-*
meister m; ∼ aviation *Marineflugwesen* n; ∼
base *Flottenstützpunkt* m; ∼ battle *Seeschlacht*
f; ∼ cadet *–kadett* m; ∼ College *Marine-*
akademie f; ∼ court *–gericht* n; ∼ dockyard
Kriegswerft f; ∼ force *Seemacht* f (*Schiffe*); ∼
forces [pl] *Seestreitkräfte* f pl; ∼ landing party
Marinelandungstrupp m; ∼ mobile logistic
support *Versorgung* f *durch Seefahrzeug;* ∼
observatory *Seewarte* f; ∼ officer *Marine-*
offizier m; ∼ ordnance office *–waffenamt* n;
∼*patrol aircraft Seeaufklärer* n; ∼ personnel
office *Marine-Stammdienststelle* f; ∼ pilot
–Flieger m; ∼ port *od* station *Kriegshafen* m;
∼ power *Seemacht* f (*Staat*); ∼ raid *Kaperfahrt*
f; ∼ reconnaissance aircraft *Seeaufklärer* m; ∼
repair base *Marinearsenal* m; ∼ review *Flotten-*
parade f; ∼ station *Kriegshafen* m, *Marine-*
station f; ∼ supremacy *Seeherrschaft* f; ∼
transport *–transport* m; ∼ unit *Flotteneinheit* f,
Marinefahrzeug n; ∼ vessel *Kriegsschiff* n; ∼
War College ⟨Am⟩ *Marine-Stabsakademie* f;
∼ warfare *Seekrieg(führung* f) m | **∼ly** [∼li]
adv *seemännisch* (∼ speaking) || *z See*
nave [neiv] s (*Rad-*)*Nabe* f
nave [neiv] s (*Kirchen-*)*Schiff, Langhaus* n →
aisle || ∼*-arcades* [pl] *Scheidbögen* m pl
navel ['neivəl] s ⟨anat⟩ *Nabel* m || ⟨fig⟩
Mitte f, *Zentrum* n | ∼*-string Nabelschnur* f
navicert ['nævisə:t] s *Warenpaß* m; [pl] ∼s
⟨mar⟩ *Schiffszertifikate* n pl **–cular** [nə'vikjulə]
a *boot–, nachenförmig;* ∼ bone ⟨anat⟩ *Kahn-*
bein n (*am Fuß*)
navigability [,nævigə'biliti] s *Schiff–, Fahr–;*
Lenkbarkeit f
navigable ['nævigəbl] a (–bly adv) *schiffbar,*
fahrbar (for *für*), *lenkbar* (balloon) || ∼ depth
(*schiffbarer*) *Tiefgang* m (of a waterway) **∼ness**
[∼nis] s *Schiffbarkeit* f
navigate ['nævigeit] vi/t *z Schiff fahren,*

schiffen, segeln; *navigieren* | vt *(Fluß* etc) *befahren;* ⟨aero⟩ *(Luft) durch–, befahren* ‖ *(Schiff, Flugzeug) steuern, lenken, navigieren,* ⟨aero *a*⟩ *orten,* °*franzen* ‖ ⟨fig⟩ *steuern* | navigating officer *Schiffsoffizier* m **–ation** [ˌnævi'geiʃən] s *Schiffahrt* f (⁓ Acts [pl] *Navigationsakte); aerial* ⁓ *Luft–* ‖ *Schiffahrtskunde* f; *Luft–* ‖ *Schiffsverkehr* m; astronomical ⁓, celestial ⁓ *Astronavigation* f, terrestrial ⁓ *Bodennavigation* f | [attr] *Schiffahrts–* ‖ ⁓ flare *Ortungsleuchtkugel* f, °*Radieschen* n ‖ ⁓ head *Endhafen* m ‖ ⁓ light *Kenn–, Navigations–, Positionslicht* n ‖ ⁓ map *Navigationskarte* f ‖ ⁓ Log *Navigations-Logblätter* n pl **–ational** [⁓əl] a ⟨aero⟩ ⁓ aid *Navigationshilfe* f, *–hilfsmittel* n (pl) **–ator** ['nævigeitə] s *Seefahrer* m; *Steuermann* m ‖ *Luftschiffer* m ‖ = navvy 1. ‖ ⁓'s compartment ⟨aero⟩ *Orterraum* m, ⁓'s compass *Beobachterkompaß* m

navvy ['nævi] s **1.** *Erd–, Kanal–, Straßen–, Streckenarbeiter, Schipper* m ‖ ⟨aero sl⟩ = navigator **2.** *(mst* steam ⁓*) Ausschachtmaschine* f; *Trocken–, Löffelbagger* m

navy [neivi] s ⟨poet⟩ *Flotte* f | *Kriegsflotte, –marine* (the Royal ⁓) | [attr & comp] *Marine–; Flotten–* (bill) ‖ ⁓, Army, Air Force Institute (→ NAAFI) ⟨engl⟩ *Marketenderei* f ‖ ⁓ blue *marineblau* ‖ ⁓ cut *(Tabak-)Feinschnitt* m ‖ ⁓ Department ⟨Am⟩ *–amt, –ministerium* n ‖ ⁓ League *Flottenverein* m ‖ ⁓ list *Marinerangordnung* f

nawab [nə'wɑːb] s ⟨urspr Arab⟩ *Nawwâb, Statthalter, Fürst* m; ⟨m. m.⟩ *Regierungspräsident* m *(Verwalter e–r Provinz);* ⟨später a Ind⟩ *erblicher Titel* m *indischer Fürsten* (etc), ([verderbt] *Nabob)*

nay [nei] **1.** adv ⟨dial & †⟩ *nein* | *oder vielmehr; ja;* (a ⁓ even) *ja sogar* **2.** s *Nein* n; *Stimme* f mit *Nein* (numerous ⁓s) ‖ to say a p ⁓ *nein sagen z jdm, jdm etwas verweigern, verbieten*

Nazarene [ˌnæzə'riːn] s *Nazar·ener* m | *Christ* m

naze [neiz] s *Vorgebirge* n, *Klippe* f, *Landspitze* f

nazim ['neizim] s *Titel* m f *hohen ind. Polizeibeamten*

Nazi ['nɑːtsi] s ⟨Ger pol⟩ „*Nazi*" m = *Nationalsozialist* m ⁓**-scrammer** ['nɑːtsiskræmə] s (aus *Deutschland) emigrierter jüdischer Schauspieler* m, → scram

Neanderthal [ni'ændətɑːl] a ⟨Ger⟩ *(Tal bei Düsseldorf)* ⁓ man *Ne·andertaler* m *(altsteinzeitl. Menschenrasse)*

neap [niːp] **1.** a ⁓-tide *Nippflut, –tide* f *(flache, niedrigste Tide)* **2.** s ⁓-tide **3.** vi/t (of tides) *niedriger w* | vt [mst pass] to be ⁓ed (of ships) *durch Nippflut am Ausfahren gehindert w*

Neapolitan [niə'pəlitən] **1.** a *neapolit·anisch* **2.** s *Neapolit·aner(in* f) m

near [niə] **I.** adv *[bezeichnet wie "by" e–e weniger unmittelbare Nähe als "at"]* **1.** [abs pred] *nahe (bei); to live ⁓ (od by) the river nahe am Fl. wohnen;* to live ⁓ London, ⁓ the school *in der Nähe* [gen] *w.;* he stood ⁓ me .. *nahe bei mir;* Trumpington ⁓ Cambridge *T. bei C.;* to be quite ⁓ the mark *nahe am Ziel* s ‖ (*Zeit*) ⁓ Easter *kurz vor Ostern;* ⁓ fulfilment *der Erfüllung nahe;* ⁓ doing *nahe daran z tun;* no ⁓er doing *nicht näher daran z tun;* to come ⁓ a p *od* a th ⟨fig⟩ *jdm or e–r S nahe–, gleichkommen* **III.** attr a **1.** *nahe verwandt* (a ⁓ relation) **2.** *eng befreundet, vertraut* **3.** (of animals, vehicles) *link* (side, wheel); the ⁓ horse *das Sattelpferd* n; the ⁓ side of the road *der linke (rechte) Straßenrand* [in *links-(rechts-)fahrenden Ländern]* **4.** *nahe (gelegen)* ‖ the ⁓ future *die nahe Zukunft;* ⁓ hit *od* miss ⟨mil⟩

Nahtreffer m; ⟨fig⟩ *Fasterfolg* m **5.** (bes ⁓er, ⁓est) *nahe, kurz;* the ⁓est way *der kürzeste* (nächste) *Weg* **6.** knapp (a ⁓ escape); genau (a ⁓ translation) **7.** *sparsam, knauserig* **8.** ⁓ beer *Dünnbier* n ‖ ⁓-Nordic ⟨Am⟩ *blonder Neger* m ‖ ⁓-scholary *populärwissenschaftlich* ‖ ⁓-silk *Halb–, Kunstseide* f ‖ ⟨Am⟩ ⁓ true *fast wahr* ‖ ⁓ wool *Wollersatz* m, *Halbwolle* f ‖ ⁓-**by** ['⁓'bai; '–—] a *nahe gelegen; nahe* (future) ⁓**ly** ['⁓li] adv *nahe* (⁓ related) ‖ *genau* | *fast, beinahe* (she was ⁓ 20; → almost); not ⁓ *bei weitem nicht; noch lange nicht* ⁓**ness** ['⁓nis] s *nahe Verwandtschaft* f (to mit) ‖ *Nähe* f (to bei, an) ‖ *Genauigkeit* f ‖ *Sparsamkeit* f

near [niə] vi/t | *sich nähern* | vt *sich (jdm, e–r S) nähern; nahe herankommen an (jdn, etw);* to be ⁓ing completion *der Vollendung entgegengehen*

Nearctic [ˌniː'ɑːktik] a *ne·arktisch;* ⁓ region *die westliche gemäßigte Region (Nordamerikas)*

nearsighted ['niə'saitid] a *kurzsichtig* ⁓**ness** [⁓nis] s *Kurzsichtigkeit* f

neat [niːt] s *Ochse* m, *Rind* n ‖ [koll pl konstr] *Rindvieh* n | ⁓-herd *Rinderhirt* m ‖ ⁓'s-foot *Rindsklaue* f ‖ ⁓'s foot oil *Klauenfett, –öl* n

neat [niːt] a (⁓ly adv) *nett, niedlich, zierlich* | *elegant;* (of buildings) *stil–, geschmackvoll* | *freundlich* (room) ‖ (of style) *kurz, treffend* | *geschickt; ordentlich* ‖ *sauber;* as ⁓ as a pin *blitzblank;* as ⁓ as a band-box *wie aus dem Ei gepellt* | (of liquor) *rein, unverdünnt* ⁓**ness** ['⁓nis] s *Nettigkeit; Zierlichkeit; Eleganz; Sauberkeit; Geschicklichkeit* f

neaters [ni:təz] s pl ⟨mar sl⟩ *(unverdünnter Rum)* „*Wasser braucht nicht!"* (sc. *dran)*

'**neath** [niːθ] prep ⟨poet⟩ = beneath

neb [neb] s ⟨bes Scot⟩ *Schnabel* m; *Nase* f; *Schnauze* f ‖ *Spitze* f ‖ *Haken* m *(des männl. Lachses am Unterkiefer zur Brutzeit)*

nebula ['nebjulə] L s (pl –læ [–liː]) ⟨astr⟩ *Nebelfleck* m ⁓**r** [⁓] a *Nebel(fleck)–, Nebular–* **nebulosity** [ˌnebju'lɔsiti] s *Nebligkeit* f ‖ ⟨fig⟩ *Undeutlichkeit* f

nebulous ['nebjuləs] a (⁓ly adv) ⟨astr⟩ *neblig; Nebel–* | *wolkig;* ⟨fig⟩ *nebelhaft, unbestimmt*

necessarily ['nesisərili] adv *notwendigerweise*

necessary ['nesisəri] **1.** a *notwendig* (to *od* for; to do *z tun;* for a p to do *daß jd tut);* it is ⁓ that it should be done *es ist n., daß es geschieht* ‖ if ⁓ *nötigenfalls;* a ⁓ evil *ein notwendiges Übel* | *unvermeidlich;* zwangsläufig *gezwungen, notgedrungen* **2.** s *Erfordernis, Bedürfnis* n (the –ries of life *Lebensbedürfnisse);* ⟨com⟩ *Bedarfsartikel* m ‖ ⟨jur⟩ *notwendiger Unterhalt* m ‖ ⟨sl⟩ the ⁓ *das Nötige (Geld* etc) ‖ *Abtritt, –ort* m

necessitarian [niˌsesi'tɛəriən] **1.** s *Determin·ist* m **2.** a *deterministisch* **–tate** [ni'sesiteit] vt * (jdn) *zwingen* (to z; to do) ‖ *erfordern, notwendig m* (a th being done *daß etw geschieht)* **–tous** [ni'sesitəs] a (⁓ly adv) *(be)dürftig, arm* | *dürftig, notleidend*

necessity [ni'sesiti] s **A.** [ohne pl] **1.** *Notwendigkeit* f (to z; of doing, to do z tun); it is not a logical ⁓ that we grow wiser as we grow older *Alter schützt vor Torheit nicht* | *Zwang* m | *Armut, Not* f: ⁓ compelled him to steal ‖ there was no ⁓ for him to do it *das hätte er nicht z tun brauchen;* we must submit to ⁓ *wir müssen der Not gehorchen;* they are in ⁓ *sie sind sehr arm* **2.** *dringendes Bedürfnis* n (for nach, f; to do) **B.** [mst pl –ties] *unentbehrlicher Gegenstand* m, *Notwendiges, Bedürfnis* n: *zwangsläufige Folge* f: air and food are –ties of life .. *lebensnotwendige Güter* n pl **C.** *Wendungen:* as a ⁓ *als Notwendigkeit, notwendig(erweise)* ‖ of ⁓ *notwendigerweise, zwangsläufig*

[adv] ‖ to be under the ∼ of doing *sich ge-zwungen sehen z tun* ‖ ∼ is the mother of invention *Not macht erfinderisch* ‖ ∼ knows no law *Not kennt kein Gebot* ‖ to make a virtue of ∼ *aus der Not e–e Tugend m*

neck [nek] **I.** s **1.** *Nacken*; *Hals* m (to crane one's ∼ *sich den H. verrenken*) ‖ he (it) gives me a pain in the ∼ *.. ekelt mich an* ‖ to slip one's ∼ out of the collar *den Hals aus der Schlinge ziehen* ‖ to stick one's ∼ out ⟨fam⟩ „*den Kopf hinhalten*" ⟨fig⟩ | *Genick* n (to break one's ∼ *das G. brechen*); a stiff ∼ ⟨fig⟩ *ein steifer Nacken, Halsstarrigkeit* f ‖ (of beef) *Nackenstück* n ‖ *Ausschnitt* m (*am Kleid*) **2.** ⟨fig⟩ (of a bottle) *Hals* m ‖ *Paß* m, *Landenge, Halbinsel* f; ⟨Am⟩ *Gegend* f **3.** ∼ and ∼ (in racing) *Kopf an Kopf* ‖ to lose (win) by a ∼ *nur um Nasenlänge verlieren (gewinnen)* ‖ ∼ and crop *mit Sack u Pack*; *gänzlich* ‖ ∼ or nothing *alles oder nichts*; *auf jede Gefahr hin, auf Biegen oder Brechen*; a matter of ∼ or nothing *e–e verzweifelte S, ein Vabanquespiel* n ‖ up to one's ∼ (in work) *bis über die Ohren* (..) ‖ → to break ‖ to get it in the ∼ ⟨sl⟩ *hart mitgenommen, bestraft w* **4.** [attr] *Hals–* ‖ ∼-band *–bändchen* n, *–priese* f; *Bündchen* n ‖ ∼-mould ⟨arch⟩ *Säulenhals* m ‖ ∼-plate ⟨mil⟩ *Ringkragen* m | ∼ed [nekt] a [in comp] *–halsig, –nackig* (stiff–∼) **II.** vt/i ‖ ⟨sl⟩ (*Schluck*) °*hinter die Binde gießen* ‖ *durch Genickschlag töten* | vi ⟨Am sl⟩ *schäkern, liebeln, tändeln*; °*knutschen,* → to pet ∼ing ['∼iŋ] s ⟨arch⟩ *Säulenhals* m ‖ ⟨bes Am⟩ °*Knutschen* n ‖ ∼ party °*Knutschgesellschaft* f

neck [nek] s *letzte Garbe* f

neck– ['nek–] *Hals–* ‖ ∼band ⟨mil⟩ *Halsbinde* f ∼cloth ['neklɔθ] s † *Halstuch* n; *Krawatte* f ∼erchief ['nekətʃif] s *–tuch* n ∼lace ['neklis] s *–band* n, *–schmuck* m ‖ ∼ microphone *Kehlkopfmikrophon* n ∼let ['neklit] s *–schmuck* m, *–kette* f ‖ *Pelzkragen* (*um den Hals*) m ∼mobile ['nekməbi:l] s ⟨bes Am fam⟩ *Knutschauto* n, → *–mobile* ∼tie ['nektai] s *Halsbinde, Krawatte* f, *Schlips* m ∼wear ['nekwɛə] s *Krawatten* f pl, *Kragen* m pl etc

necro– ['nekro] *Gr* [in comp] *Nekro–, Toten–* ∼biosis [,nekrobai'ousis] s *Nekrobi·ose* f ∼logue [∼lɔg] s *Nekrolog* m ∼logy [ne'krɔl-ədʒi] s *Totenliste* f ∼mancy ['nekrəmænsi] s *Geisterbeschwörung, Hexerei* f ‖ *Schwarzkunst* f ∼polis [ne'krɔpəlis] s *Gr* ⟨ant⟩ *gr Begräbnis-platz* m, *Nekrop·ole* f ‖ *Friedhof* m ∼psy ['nekrɔpsi], ∼scopy [ne'krɔskəpi] s *Leichenschau* f ∼sis [ne'krousis] s ⟨med⟩ *Nekr·ose* f (*lokaler Gewebstod*); *Brand* m ∼tic [ne'krɔtik] a ⟨med⟩ *Brand–*

nectar ['nektə] s *Gr* *N·ektar* m ∼ean [nek-'tɛəriən], ∼eous [nek'tɛəriəs] a *Nektar–*; *köstlich* ∼iferous [,nektə'rifərəs] a ⟨bot⟩ *Nektar tragend* (plant) ∼ine ['nektərin] s *Nektar·ine* f (*Pfirsich mit glatter Schale*) | ∼y ['nektəri] s ⟨bot & zoo⟩ *Nekt·arium* n, *Honigdrüse* f, *–gefäß* n

necto– ['nekto] *Gr* [in comp] *Schwimm–*
Neddy ['nedi] s [dim] *v* Edward ‖ *Esel* m
née, ⟨Am⟩ **nee** [nei] a *Fr geborene* (Mrs. N., ∼ X.)

need [ni:d] s **1.** *dringende Notwendigkeit* f, *dringender Grund* m (for *f, z*); to have no ∼ for *k–n G. h z*; there is no ∼ *es ist kein G. vorhanden* (to do; for a p to do *daß jd tut*); to have ∼ to do *tun müssen*; he had ∼ do (*f*: to do) *er sollte tun* | *dringendes Bedürfnis* n (of *z*), *Verlangen* (of *nach*) ; to have (no) ∼ of; to be, stand in (no) ∼ of a th *etw nötig h, brauchen*; (nicht) *verlegen s um etw* **2.** *Bedrängnis, Not* f (in ∼); *–fall* m; at last ∼ *im äußersten N.*; in case of ∼ *im N.*; if ∼ be *nötigenfalls*; if ∼ arise *im Notfalle*; a friend in ∼ is a friend indeed *Freunde erkennt*

man in der Not **3.** *Mangel* m (of *an*) ‖ ∼s [pl] *Bedürfnisse* pl

need [ni:d] vi/t & aux **I.** vi/t **A.** vi † *nötig s* ‖ in *Not s* **B.** vt **1.** (*e–r S*) *bedürfen*; (*etw nötig h, brauchen; erfordern, –heischen*; it ∼ed all his energy *es erforderte s–e ganze Kraft* (to do) **2.** [*modal*] *müssen*; *brauchen* **a.** [*vor* act inf]; he ∼s to hurry *er muß eilen; brauchen* (does he ∼ to hurry?; he does not ∼ to hurry; he has not ∼ed to hurry) **b.** [*vor* pass inf *u* gerund] *müssen, brauchen* (it ∼s to be done; they did not ∼ to be included); to ∼ cleaning *gereinigt w müssen*; it scarcely ∼s adding *es braucht kaum hinzu-gefügt z w*; it ∼ed saying *es mußte* (*einmal*) *gesagt w* **II.** v aux *müssen, brauchen* [3. sg prs ∼; 3. sg pret ∼] **1.** [*vor* act inf] ∼ I come? *muß ich k*?; ∼ he hurry? *muß er eilen*?; he ∼ not hurry *er braucht* (or *brauchte*) *nicht z eilen,* he ∼ not have hurried *er hätte nicht z eilen brauchen* ‖ you ∼n't *das hast du nicht nötig* **2.** [*vor* pass inf] they ∼ not be included *sie brauchen nicht einbegriffen z w*; they ∼ not have been included *sie hätten nicht einbegriffen z w brauchen*; what more ∼ be done? *was muß noch getan w*?

needful ['ni:dful] **1.** a (∼ly adv) *nötig, notwendig*; it is ∼ *es ist notwendig* (to, for *f*; to do; that) **2.** s; the ∼ *das Nötige*; ⟨sl⟩ *das nötige Kleingeld* ‖ ∼s [pl] *nötige Dinge* n pl ∼ness [∼nis] s *Notwendigkeit* f

neediness ['ni:dinis] s *Dürftigkeit* f, *Armut* f
needle ['ni:dl] s **1.** (*Näh-*)*Nadel* f; ∼'s eye *–öhr* n ‖ *Strick–, Häkelnadel* **2.** (*Grammophon-*)*Nadel*; (*Magnet-*)*N.*; *Zeiger* m **3.** *Fichten-, Tannennadel* f **4.** *Felszinne* f **5.** ⟨sl⟩ the ∼ *die Wut; Nervosität* f **6.** [attr] *Nadel–* ‖ ∼-bath *Brausenduschenbad* n ‖ ∼-case *Nadelbüchse* f ∼-fish *–fisch* m ‖ ∼-gun *Zündnadelgewehr* n ‖ ∼-maker *Nadler* m ‖ ∼-point *Nadelspitze* f ∼woman [∼,wumən] s *Näherin* f ∼work [∼wə:k] s *Näh–, Handarbeit* f ‖ ∼ picture (*auf Canevas* etc) *gesticktes Bild* n (*nicht Gobelin*)

needle ['ni:dl] vt/i ‖ *mit der Nadel nähen* or *durchstechen* ‖ to ∼ one's way *sich winden* (through) ‖ ⟨Am⟩ (*Dünnbier* etc) *mit Alkohol aufkeschern* | vi *sich winden*

needles ['ni:dlis] a (∼ly adv) *unnötig* (∼ to say) ∼ness [∼nis] *Unnötigkeit, Überflüssigkeit* f
needments ['ni:dmənts] s pl *Bedarfsartikel, Gebrauchsstücke* pl

needs [ni:dz] adv [*nur vor* or *nach* must] *notwendigerweise, durchaus*; he must ∼ leave today *er muß ausgerechnet heute abreisen*; he ∼ must do it *er muß es schlechterdings tun* ‖ ⟨prov⟩ ∼ must when the devil drives *Not bricht Eisen*

needy ['ni:di] a (–dily adv) *bedürftig; notleidend, mittellos, arm*
neem [ni:m] s *Ind* ⟨bot⟩ *Nimbabaum* m ‖ ∼-oil *–öl* n
ne'er [nɛə] ⟨poet⟩ = never ‖ ∼-do-well (⟨Scot⟩ weel) **1.** s [pl ∼s] *Taugenichts* m **2.** a *nichtsnutzig*

nef [nef] s *Fr Tafelornament* n *in Schiffs-form* f
nefarious [ni'fɛəriəs] a (∼ly adv) *ruchlos, schändlich; böse*
negate [ni'geit] vt *leugnen, verneinen* ‖ *unwirksam m* ∼ation [ni'geiʃən] s *Verneinen* n, *Verneinung* f *Verwerfung, Leugnung*; *Vernichtung* f ‖ *nichtiges Ding* n; ⟨fig⟩ *Null* f

negative ['negətiv] **1.** a (∼ly adv) *negativ; verneinend* (∼ report ⟨bes mil⟩ *Fehlanzeige*) ‖ *abschlägig* ‖ *negativ, nicht vorhanden*; ∼ feelings [pl] *Feindgefühle* n, *Antipath·ien* f pl ‖ *erfolglos, ergebnislos, unfruchtbar* (criticism) ‖ ⟨math, el, phot⟩ *negativ* (pole; sign; film; return ⟨el⟩ *Rückleiter*) ‖ ∼ acceleration *Verzögerung* f ‖ ∼ answer *Fehlanzeige* f ‖ ∼ covenant ⟨jur⟩

Unterlassungsversprechen n ‖ ~ electrode,
~ plate ⟨el⟩ *Kathode* f ‖ ~ feedback ⟨el⟩
Gegenkopplung f ‖ ~ pole, ~ terminal ⟨el⟩
Minuspol m ‖ ⟨phot⟩ ~ material *Aufnahmen-material* n ‖ ~ pressure *Unterdruck* m **2.** s *Verneinung* f; ~ pregnant ⟨jur⟩ *e–e Behauptung enthaltende Verneinung*; to return a ~ *mit Nein antworten*; in the ~ *verneinend*; to answer in the ~ *verneinen* ‖ *verneinende Stimme* f, *Veto* n ‖ ⟨el, phot⟩ *Negativ* n **3.** vt *verneinen, widerlegen*; *verwerfen* ‖ *unwirksam m; neutralisieren*
   neglect [ni'glekt] **1.** vt *vernachlässigen* ‖ *versäumen, verfehlen, unterlassen* (a duty; to do *od* doing *z tun*) ‖ *geringschätzig behandeln* **2.** s *Vernachlässigung* f ‖ *Nachlässigkeit* f ‖ *Geringschätzung* f ‖ ~ of duty *Pflichtversäumnis* f; ~ of d. while on guard *Wachvergehen* n **~ful** [~ful] a (~ly adv) *unachtsam, nachlässig*; to be ~ of *außer acht l, vernachlässigen* **~fulness** [~fulnis] s *Nachlässigkeit* f
   negligé ['negli:ʒei] s Fr *Negligé, Morgenkleid* n ‖ [attr] *nachlässig, gleichgültig*
   negligence ['neglidʒəns] s *Nachlässigkeit, Unachtsamkeit* f ‖ ⟨jur⟩ *Fahrlässigkeit* f (gross ~ *grobe F.*); ⟨jur⟩ *contributory ~ konkurrierendes Verschulden* n **–gent** ['neglidʒənt] a (~ly adv) *nachlässig; gleichgültig* (of *gegen*); to be ~ of *vernachlässigen* ‖ ⟨jur⟩ *fahrlässig* **–gible** ['neglidʒəbl] a *nicht z beachten(d); nebensächlich, unbedeutend, geringfügig* (~ quantity)
   negotiability [ni‚gouʃiə'biliti] s ⟨com⟩ *Verkäuflichkeit* f; *Handelsfähigkeit* f **–able** [ni-'gouʃiəbl] a ⟨com⟩ *verkäuflich, übertrag-, umsetz-, begebbar*; ~ instrument *begebbare Urkunde* f (*Scheck* etc), ~ i.s [pl] ⟨st exch⟩ *Order-, Inhaberpapiere* n pl; not ~ *nur z Verrechnung* | *gang-, übersteigbar* (wall); to be ~ (of obstacles) *z überwinden, z nehmen* s
   negotiate [ni'gouʃieit] vi/t ‖ *unter-, verhandeln* (with *mit*) | vt (*durch Verhandeln*) *zustande bringen; verhandeln über* (with *mit*) ‖ (*Wechsel*) *begeben; unterbringen* ‖ (*Hindernis*) *überwinden, nehmen; überst eigen, –klettern*; to ~ a curve, bend ⟨mot⟩ *e–e K. ausfahren, in der K. liegen* **–ation** [ni‚gouʃi'eiʃən] s [*oft* pl ~s] *Verhandeln* n, *Unter-, Verhandlung* f; ~ for *surrender* ⟨mil⟩ *Übergabeverhandlung* f; to enter into ~s *in Verhandlungen eintreten* ‖ (of a bill) *Begebung* f ‖ *Überwindung* (*v Hindernis*) f, *Nehmen* n **–ator** [ni'gouʃieitə] s *Unterhändler* m; *Vermittler* m
   negress ['ni:gris] s *Negerin* f ‖ **negro** ['ni:grou] **1.** s [pl ~es] *Neger* m, ⟨mod *a allg*⟩ *Farbige(r* m) f **2.** a *Neger–* (~ state) ‖ ~-head *starker schwarzer Priemtabak* m ‖ *mindere Qualität v Gummi* **~ism** [~izm] s *Negerausdruck* m **negroid** ['ni:grɔid] **1.** a *negro id, negerähnlich* **2.** s *Angehöriger* m *der negro iden Rasse* f **~al** [ni:'grɔidəl] a = *negroid*
   negus ['ni:gəs] s *Glühwein* m
   Negus ['ni:gəs] s *Titel* m *des Herrschers v Abessinien*
   neigh [nei] **1.** vi *wiehern* **2.** s *Wiehern* n
   neighbour ['neibə] (Am –bor) **1.** s *Nachbar(in* f) m; or near ~ to it *od nahe daran* ‖ *Nachbar, Nebensitzer(in* f) m ‖ ⟨fig⟩ *Nächster, Mitmensch* m | [attr] *Nachbar–* (~ state) **2.** vt/i ‖ *grenzen an* | vi *grenzen* (upon *an*) **~ed** [~d] a *Nachbar-, benachbart* **~hood** [~hud] s **1.** [abstr] *Nachbarschaft; Nähe* f; in the ~ of *in der N. v*, ⟨fig⟩ *ungefähr* ‖ *Gegend, Umgebung* f **2.** [konkr] *Nachbarschaft* f, *Nachbarn* m pl ‖ ~ unit *Siedlungs–* etc *Gemeinde* f **~ing** [~riŋ] a *benachbart; angrenzend* (to *an*) **~ly** [~li] a *nachbarlich, gesellig; freundlich* **~ship** [~ʃip] s *Nachbarschaft; Nähe* f
   neither ['naiðə] **1.** adv ~ .. nor *weder .. noch* (~ you nor I am wrong; ~ he nor you know) ‖

not .. ~, nor .. ~ *auch nicht* **2.** conj (*nach neg. Satz*) *noch auch, auch nicht* (I cannot swim, ~ can my brother) **3.** a & pron *keine(r, –s) v beiden*; ~ way, ~ of the ways is right *k–r der beiden Wege ist richtig*; ~ of us knows *k–r v uns beiden weiß* | *keins v beiden* (will you take wine or beer? ~)
   nek [nek] s SAfr *Engpaß, Paß* m
   nekton ['nektən] s *Nekt on* n ([koll] *schwimmende Lebewesen im Wasser*)
   nelly ['ɳeli] s ⟨orn⟩ *Rieseneismöve* f
   nelly ['ɳeli] ⟨sl⟩: not on your ~! (*kommt*) *nicht in die Tüte!, fällt mir nicht im Traume ein!*
   Nelson ['nelsn] s ⟨wrest⟩ *Nackenhebel* m
   nemato– ['neməto–] Gr [in comp] *Faden–* **~de** ['nemətoud], **~id** ['nemətɔid] s ⟨zoo⟩ *Fadenwurm* m **~phore** ['nemətofɔ:] s ⟨zoo⟩ *Nesseltier* n
   Nemesis ['nemisis] s Gr *Nemesis, göttl. Vergeltung* f
   nemophila [ni'mɔfilə] s ⟨bot⟩ *Hainblume* f
   nenuphar ['nenjufɑ:] s ⟨bot⟩ *weiße Wasser–, Teichrose* f
   neo– ['ni:ou–] Gr [in comp] *neo–, neu–, Neu–, jung–* ‖ ~-classicism *Neoklassizismus* (*Renaissance u 18. Jh.*) ‖ ~-objectivity *die neue Sachlichkeit* ‖ ~-pagan *Neuheide* m **~lith** ['ni:oliθ] s *jungsteinzeitl. Gerät* n **~lithic** [‚ni:o-'liθik] a *jungsteinzeitlich*; *⤶ Period Neolithikum* n **~logism** [ni'ɔlədʒizm] s *Neubildung* f (*in der Sprache*); *neuer Ausdruck* m ‖ ⟨theol⟩ *neue or rationalistische Ansicht* f **~-natal** [~'neitəl] a: ~ *mortality Frühsterblichkeit* f *der Säuglinge*; ~ *period erste Lebenszeit* f **~phyte** ['ni:oufait] s *Neugetaufter, –bekehrter* m ‖ *Novize* m ‖ ⟨übtr⟩ *Anfänger* m **~plasm** ['ni:ouplæzm] s ⟨path⟩ *Neubildung* f; *Gewächs* n **~platonism** [‚ni:o'pleitənizm] s *Neuplatonismus* m **~teric** [‚ni:o'terik] a *neu aufgekommen, modern* **~zoic** [‚ni:o'zouik] a: ~ *formation* ⟨geol⟩ *neoz oische* (*jüngste*) *Formation* f
   neon ['ni:ən] s ⟨chem⟩ *Ne on* n (*Edelgas*) ‖ ~ tube *Neonlicht* n
   nepenthe [ɳe'penθi] s ⟨ant⟩ *Zaubertrank* m **~s** [–θi:z] s L **1.** = *nepenthe* **2.** ⟨bot⟩ *Kannenpflanze* f
   nepheline ['nefəlin] s *Nephel in* n (*Mineral*)
   nephew ['nevju:] s *Neffe* m
   nephology [ne'fələdʒi] s *Wolkenkunde* f
   nephrite ['nefrait] s ⟨minr⟩ *Nephr it, Nierenstein* n
   nephritic [ne'fritik] a *Nieren–, durch –entzündung entstanden* (changes) –tis [ne'fraitis] s ⟨med⟩ *Nierenentzündung* f **–rotic** [–'ɔtik] a = –ritic (*aber auf Harn-absondernde Zellen beschränkt*)
   nepotism ['nepotizm] s *Nepotismus* m, *Vetternwirtschaft* f
   Neptunian [nep'tju:niən] a *Neptun–* ‖ ⟨geol⟩ *neptunisch*
   Nereid ['niəriid] s ⟨myth⟩ *Nere ide, Wassernymphe* f
   neroli ['niərəli] s (*a* ~ oil) *Pomeranzenblütenöl* n
   nervation [nə:'veiʃən] s ⟨bot & zoo⟩ *Nerva-t ur, Aderung* f
   nerve [nə:v] **I.** s **1.** ⟨poet⟩ *Sehne*; to strain every ~ *alle erdenkliche Anstrengung* m ‖ ⟨fig⟩ *Stärke, Kraft* f | ⟨bot⟩ (of a leaf) *Rippe, Ader* f **2.** ⟨anat⟩ *Nervenfaser* f, –bündel n, ~s [pl] *Nerven* pl (*Körperorgane*); he is a bag of ~s *er ist ein Nervenbündel*; to get on a p's ~s *jdm auf die N. gehen* (*fallen*) ‖ to have a ~ of iron *eiserne Nerven* h, *Nerven wie Drahtseile* h **3.** *nervöse Erregung*, a fit of ~s *Nervenschock* m | *Mut* m (a man of ~; to lose one's ~); *Kühnheit* f; to have the ~ *den Mut* (⟨fam⟩ *die Unverschämtheit*) *h* (to do); what a colossal ~!

welche Unverschämtheit! **4.** [attr & comp]
Nerven– ‖ ~ *centre –zentrum* n ‖ ~ *strain
–überanstrengung* f ‖ ~*-racking nervenauf-
reibend* ‖ ~*-shattered –zerrüttet* **II.** vt *stärken;
ermutigen* (to *z*); to ~ *o.s. sich aufraffen, sich
zus–reißen* | ~**d** [~d] a ⟨bot⟩ *gerippt, –adrig* ‖
–nervig ~**less** [‑lis] a (~*ly* adv) *kraft–, energie-
los; schlapp* | *ohne Nerven;* ⟨bot⟩ *ohne Adern*
  nervine [ˈnəːvain, –viːn] **1.** a ⟨med⟩ *nerven-
stärkend* **2.** s *–stärkendes Mittel* n
  nervous [ˈnəːvəs] a (~*ly* adv) **1.** **sehnig,
muskulös* **2.** (of style etc) *kräftig, markig* **3.**
Nerven– (the ~ *system*) **4.** *nervös, erregbar* ‖
ängstlich, befangen (of *betreffs*) ~**ness** [~nis] s
Nervigkeit, Stärke f | *Nervosität; Nerven-
schwäche* f
  nervy [ˈnəːvi] a *muskulös, stark* ‖ *mutig; kalt-
blütig;* ⟨sl⟩ *unverschämt* | ⟨sl⟩ *nervenaufreibend*
| *nervös, leicht erregbar*
  nescience [ˈnesiəns] s *Unwissenheit* f (of *in*),
Nichtwissen n ‖ *–ent* [‑ənt] *unwissend* (of *in*)
  ness [nes] s *Vorgebirge* n
–ness [‑nis] suff *z Bildung v abstr. Subst. aus
Adj.:* sweet~, light~, truthful~; shady:
shadi~, shabby: shabbi~
  nest [nest] **I.** s **1.** *Nest* n; to build, make one's
~ *sein N. m, nisten* ‖ to feather one's ~ *sich
bereichern;* to foul one's own ~ *sein eigenes
Nest beschmutzen* **2.** ⟨übtr⟩ *Zuflucht* f; *Schlupfwinkel* m ‖ ⟨mil⟩ ~ *of resistance Widerstandsnest;* ~ *of riflemen Schützennest* n ‖ *Brutstätte* f,
⟨übtr⟩ *Wurf* m (*z. B. Kaninchen*) ‖ ⟨fig⟩ *Höhle* f
3. *Brut* f; to take a ~ *ein Nest ausnehmen*
4. *Zahl, Serie* f, *Satz* m (*in–e–a–passender Dinge*);
~ *of tables in–e–a–stellbare Tischgarnitur* f,
Satz m *Tischchen* **5.** [attr] ~*-egg Nestei* n ‖
⟨fig⟩ *Heckpfennig; Sparpfennig, Notgroschen* m
(a ~*-egg of £500*) **II.** vi/t ~ *ein Nest bauen,
nisten* ‖ *sich niederlassen* (in) ‖ *Nester ausneh-
men* (to go ~ing) | vt to be ~*ed* (*wie*) *im Nest
sitzen; liegen* (among *unter*) ‖ *in–e–a–gepackt s*
~**ing** [ˈ~iŋ]; ~ *house Brutkasten* m
  nestle [ˈnesl] vi/t ‖ **nisten* (*P*) (*oft* to ~
down) *sich behaglich niederlassen* (in, into *in*;
among *unter*); *sich einnisten* ‖ *sich schmiegen*
(against *an*); *sich anschmiegen* (to, on *an*) | vt
(*Kopf*) *drücken, schmiegen* (against *an*) *–ling*
[ˈnesliŋ] s *Nestling* m
  Nestor [ˈnestɔː] s ⟨ant⟩ *weiser Ratgeber* m
  Nestorian [nesˈtɔːriən] ⟨ec hist⟩ **1.** a *nestoria-
nisch* **2.** s *Nestorianer* m
  net [net] **I.** s **1.** *Maschenwerk, Netz* n ‖ *netz-
artiger Gegenstand* m (fishing~); (a hair~)
Haarnetz n; (a tennis ~) *Tennisnetz* n ‖ *spitzen-
artiges Tüllgewebe* n ‖ ⟨tech, traffic, wir, el, etc⟩
Netz n **2.** ⟨fig⟩ *Netz(werk)* n, *Falle* f, *Fallstrick*
m **3.** ⟨ten fam⟩ *Let* n (*Wiederholung des Balles
wegen Netzberührung*) **4.** [attr] *Netz–* ‖ ~
authentication ⟨wir⟩ *–kennung* f ‖ ~*-ball Netz-
ball*(*spiel* n) m ‖ ~ *control station Funküber-
wachungs–, Leitfunk–, Hauptfunkstelle* f **II.** vt/i
1. vt *mit e–m Netz bedecken* or *umgeben* ‖
(*Tier*) *mit Netz fangen;* ⟨fig⟩ *erhaschen, gewinnen* ‖ to ~ *a river in e–m Flusse mit e–m
Netz fischen* | (etw) *knüpfen, in Filet arbeiten*
| ⟨ten⟩ (*Ball*) *ins Netz schlagen* **2.** vi *Filet arbei-
ten; Netzarbeit m* ~**ting** [ˈ~iŋ] s *Netzstricken* n
‖ *Netzwerk* n; *Filetarbeit* f ‖ ⟨mil⟩ *Tarngeflecht*
n, *–netze* n pl ‖ darned ~ *Netzstickerei* f ‖
[attr] *Filet–* (*–needle*); *Netz–* (*–stitch*)
~**work** [ˈ~wəːk] s *Geflecht* n, *Netz–, Filet-
arbeit* f, *Strickzeug, Netz(werk)* n ⟨a fig⟩ | ⟨fig⟩
verzweigte Anlage, (*Eisenbahn–, Kanal–, Licht–,
Rundfunk-*) *Netz* n
  net [net] ⟨com⟩ **1.** a *netto, Netto–* (~ *price*),
Rein– (~ *amount*; ~ *profit*); ~ *income for the
year Jahresreingewinn; Nutz–* (efficiency, energy,
load) **2.** vt (*Betrag*) *netto ergeben* or *einbringen*

ne temere [niːˈteməri] L s ⟨R. C.⟩ *päpstl. Bulle*
(1907) *über Ehe zw Katholiken u Nichtkatholiken* f
  nether [ˈneðə] a *niedere*(*r, –s*), *untere*(*r, –s*);
nur in best. Verbindungen: ~ *lip Unterlippe* f ‖
~ *regions* [pl] *niedere Regionen* pl ‖ ~ *world
Unterwelt* f ~**most** [~moust] a (*tief*) *unterst,
niedrigst*
  Netherlandish [ˈneðələndiʃ] a *niederländisch
–lands* [ˈneðələndz] s pl [sg konstr] the ~ *die
Niederlande* pl (the ~ is ..) | [attr] *niederländisch*
(the ~ *Minister*); *Niederländisch–* (~ *India
Niederländisch-Indien*)
  netsuke [ˈnetsəki:] s *Gürtel–, Zierknopf* m
(*aus Elfenbein* etc) *an e–r Schnur zum Tragen
v kl Gegenständen*
  nettle [ˈnetl] **1.** s ⟨bot⟩ *Nessel* f; Pyrenean
Dead-~ ⟨bot⟩ *Drachenmaul* n ‖ ~*-rash* ⟨med⟩
Nesselfieber n, *–sucht* f; ~ Tree ⟨bot⟩ *Zürgel-
baum* m **2.** vt (*jdn*) *mit* or *an Nesseln brennen;*
⟨a refl⟩ to ~ *o.s. sich brennen* ‖ ⟨fig⟩ (*jdn*)
reizen, ärgern; to be ~*d at gereizt s über*
  neum(e) [njuːm] s ⟨hist mus⟩ *Ne'uma* f
  neur– [njuə] Gr [in comp] (*vor Vokalen*)
⟨med⟩ *Nerven–* ~**al** [ˈnjuərəl] a *Nerven–*
(canal) ~**algia** [~ˈrældʒə] s ⟨med⟩ *Neuralg'ie* f,
Nervenschmerz m ~**algic** [~ˈrældʒik] a *neural-
gisch* ~**asthenia** [ˌnjuərəsˈθiːniə] s *Neurasthenie,
Nervenschwäche* f ~**asthenic** [ˌnjuərəsˈθenik]
1. a (~*ally* adv) *nervenschwach* **2.** s *Neurasthe-
niker; kränkelnder Mensch* m ~**ation** [njuə-
ˈreiʃən] s ⟨zoo & bot⟩ *Adernanordnung* f (*auf
Flügeln* etc) ~**ectomy** [njuəˈrektəmi] s ⟨surg⟩
Entfernung f *e–s Nervenstückes* ~**itis** [njuə-
ˈraitis] s *Nervenentzündung* f
  neuro– [ˈnjuəro] Gr [in comp] ⟨med⟩ *Nerven–*
~**glia** [njuəˈrɔgliə] s *–kitt* m, *–gewebe* n ~**logist**
[njuəˈrɔlədʒist] s *Neurol'og* m ~**logy** [njuə-
ˈrɔlədʒi] s *Nervenlehre* f ~**ma** [njuəˈroumə] s
Neur'om n ~**path** [ˈnjuəˈrɔpæθi] s *Nervenkranker*
m ~**pathology** [ˌnjuərɔpɔˈθɔlədʒi] s *Lehre* f *v den
–krankheiten* ~**pathy** [ˌnjuəˈrɔpəθi] s *–leiden* n,
nervöse Veranlagung f ~**pterous** [njuəˈrɔptərəs]
a; ~ *flies* [pl] ⟨ent⟩ *Netzflügler* pl ~**sis** [njuə-
ˈrousis] s (pl *–ses* [‑siːz]) *Nervenerkrankung,
–störung* f ~**tic** [njuəˈrɔtik] **1.** a *Nerven–,
nervenkrank* **2.** s *Nervenkranker* m ‖ *–mittel* n
  neut [njut] s [attr] ⟨mot fam⟩ = *neutraliza-
tion;* ~ *number Neutralisationszahl* f
  neuter [ˈnjuːtə] **1.** a ⟨gram⟩ *sächlich; intransitiv *neutr'al;* to stand ~ *sich n. verhalten* ‖
⟨bot & zoo⟩ *geschlechtslos* **2.** s ⟨gram⟩ *Neu-
trum* | *Intransitivum* n | *Neutraler, Parteiloser*
m ‖ *geschlechtsloses Tier* n
  neutral [ˈnjuːtrəl] **1.** a (~*ly* adv) *neutr'al* (to
gegenüber; to remain ~); *unparteiisch; unbetei-
ligt; indifferent* (equilibrium); ⟨mot⟩ *Ruhe–* (~
position –lage); ~ *axis,* ~ *line Nullinie* f; ~
point ⟨wir⟩ *Nullpunkt* m ‖ ⟨el⟩ ~ *conductor
Nulleiter* m; ~ *terminal Nullklemme* f; ~ *wire
Nulleiter* m | *neutral, farblos* (tone), *unausge-
sprochen* (colour); ~ *black rein schwarz;* ~
density filter ⟨phot⟩ *Graufilter* m; *geruchlos*
2. s *Neutrale*(*r* m) f; *neutraler Staat* m ⟨tech⟩
Ruhelage f, *Leerlauf* m (a ~ *gear*) ~**ist** [~ist] s
⟨pol⟩ *Neutrale*(*r* m) f ~**ity** [njuːˈtræliti] s *Neu-
tralit'ät* f; armed ~ *bewaffnete N.* ~**ization**
[ˌnjuːtrəlaiˈzeiʃən] s *Neutralisier–, Ausgleichung;
gegenseitiges Unwirksammachen* n ‖ *–lit'äts-
erklärung* f (*e–s Gebietes*) ‖ ⟨tact⟩ *Lahmlegung,
Niederkämpfung* f | ~ *fire Niederhaltungsfeuer*
n; → neut ~**ize** [ˈnjuːtrəlaiz] vt *neutralisieren;*
(*gegenseitig*) *unwirksam m;* (*Ort*) *vom Kriegsschauplatz* m *ausschalten,* f *neutral erklären* ‖ to
~ *by fire* ⟨mil⟩ *durch F. niederhalten* ‖ to ~
controls ⟨aero⟩ *Ruder* n pl *auf Null stellen*
  neutrodyne [ˈnjuːtrodain] s ⟨wir⟩ *Empfangs-
system* n *mit Ausgleichskondensator* m
  neutron [ˈnjuːtrɔn] s [pl ~s] ⟨phys⟩ *Neutron* n

(*Ur-Teilchen mit Kernladung 0*); fast, slow ~s *schnelle, langsame Neutronen*

neuvaine [nə'vein] s Fr *neuntägige Andacht* f

névé ['nevei] s Fr *vereister Schnee (e–s Gletschers), Firn* m

never ['nevə] adv **1.** *nie, niemals, nimmer* (I ~ saw; I have ~ seen; ~ have I seen him again); ~-to-be-forgotten *unvergeßlich*; ~ ~ Land ⟨Aust⟩ *Nord-Queensland* ‖ ⟨liter⟩ *nie ein, kein* (~ morning) ‖ ⟨fam⟩ *doch nicht* (you were ~ so stupid as to ..); well, I ~! *nein so was! aber hören Sie mal!* **2.** *nicht einmal, auf k–e Weise, überhaupt nicht, durchaus nicht, gar nicht;* ~ fear! *nur k–e Bange!* → mind vi ‖ ~ a word *a nicht ein Wort*; ~ a one *a nicht e–r*; he ~ so much as spoke *er sprach nicht einmal* ‖ ~ so a *noch so* (were he ~ so rich); *so sehr a*; try he ~ so much *mag er a noch so bemüht s* (he will find ..) **3.** [in comp] (→ ever) ~-ceasing *nie aufhörend, unaufhörlich* ‖ ~-do-well [pl ~s] *Taugenichts* m ‖ ~-ending *unendlich* ‖ ~-failing *nie versagend; nie versiegend* ‖ ~-~ system ⟨hum⟩ °*Stotter-(Abzahlungs-)System* ‖ ~-wazzer ⟨Am⟩ *Nie-gediehener* m **~more** [~'mɔ:] adv *nimmermehr, nie wieder* **~theless** [ˌnevəðə-'les] adv *nichtsdestoweniger; dennoch*

nevvy ['nevi] s ⟨school fam⟩ *Vorzug* m (*P*)

new [nju:] **I.** a **1.** *neu, unbekannt* (to a p *jdm*); nothing ~ *nichts Neues* ‖ ⟨fam⟩ that's a ~ one on me! *das ist mir neu!* ‖ *neu, ungewohnt* (to *f*), *nicht vertraut* (to *mit*) | *neuentdeckt* ‖ *neuerschienen* (book) ‖ ~ Look ⟨mot tail⟩ *neue Linie* f, *Silhouette* f *1960* etc **2.** (*Ggs* old) *neu*; ~ brooms sweep clean *neue Besen kehren gut* ‖ ~ method ⟨SBZ⟩ *Neuerermethode* f | *neu, frisch*; → leaf; ~ bread *frischgebackenes Brot* ‖ *unerforscht* (ground) | *neugewählt, –ernannt* ‖ ⟨cont⟩ *neu, modern* (the ~ rich) **3.** *erneut* (start); *weiter* | *neu, verschieden, ander* **4.** [in comp] ~ book department *Sortimentsabteilung* f ‖ ~ building *Neubau* m ‖ ~-comer *Ankömmling* ; *Neuling* m (to a subject *in e–m Gegenstand*) ‖ the ~ Deal ⟨Am⟩ *Fr. Roosevelts Wirtschaftspolitik* f ‖ ~ England *Neu-England* (6 *nordöstl. Staaten v USA.*) ‖ ~-fangled ⟨cont⟩ *neuerungssüchtig; neumodisch* (ideas) ‖ ~ light ⟨rel übtr⟩ *Modernist* m ‖ ~ Style *Neuer Stil, Gregorianischer Kalender* m (1582; ⟨engl⟩ 1752) ‖ ~ Testament *Neues Testament* n ‖ ~-type *neuartig* (umbrella etc) ‖ the ~ Year ('–') *Neujahr* n (since the ~ Year *seit N.*); ~ Year's Day *–stag* m; ~ Year's Eve *Silvester* m, ⟨Austria⟩ *Altjahrstag* m; ~ Year wish *Neujahrswunsch* m ‖ ~ Zealand *Neuseeland* n **II.** adv [nur in comp] a. *neu, kürzlich, soeben*; ~-born *eben–, neugeboren* | ~-fledged *flügge geworden*; ⟨fig⟩ *neugebacken* ‖ ~-laid *frisch gelegt* (eggs) **b.** vt ~-create [vt] *neu schaffen* ‖ to ~-model [vt] *umformen* **~ly** ['~li] adv *kürzlich, jüngst* ‖ *neu* (~ bound) **~ness** ['~nis] s *Neuheit* f etc (→ new); *das Neue*

newel ['nju:il] s ⟨arch⟩ (*Treppen-)Spindel, Spille* f; *Treppenpfosten* m

Newfoundland 1. [ˌnju:fənd'lænd] s *Neufundland* n **2.** [njuːfaundlənd] s (a ~ dog) *–länder- (hund)* m

Newgate ['nju:git] s (*altes Gefängnis in London*) [attr] ~ frill, ~ fringe *Kinnbart* m

Newmarket ['nju:ˌmɑ:kit] s (*Stadt in Cambridgeshire*) (a ~ coat) *enganliegender Mantel* m

news [nju:z] s pl [*stets sg konstr*] [koll] *Neuigkeiten* pl, *Neues* n ‖ *Neuigkeit* f; it is ~ to me *es ist mir neu*; it is no ~ that *es ist k–e N., daß ..* | *Nachricht* f (of *über*; his ~ *N. über ihn*); a piece of ~ *e–e N.*; another piece of ~ *noch e–e N., e–e andere N.*; two pieces of good ~ *zwei gute –ten* | we have had ~ *wir h gehört*

(that); what's the ~? *was gibt's Neues?* no ~ is good ~ *k–e Nachricht ist a e–e Nachricht* | (in newspapers) *neueste Nachrichten* pl; in the ~ ⟨fig⟩ *in allen Zeitungen*; to be in the ~ *in der Öffentlichkeit v sich reden* m ‖ (*als Name v Zeitungen:*) Evening ~ | [attr] ~ agent *Zeitungshändler* m; ~ ban, ~ black-out ⟨bes mil⟩ *Nachrichtensperre* f ‖ ~-boy *Zeitungsausträger, Zeitungsverkäufer* m ‖ ~-butcher ⟨Am rail fam⟩ *Zeitungs– u Süßigkeitenverkäufer* m; *Sensationsberichterstatter* m ‖ ~(-)cast ⟨wir⟩ *Nachrichten(sendung)* f pl ‖ ~(-)caster ⟨wir⟩ *–sprecher* m ‖ ~ film *Reportagefilm* m ‖ ~ electric ~ flash *Lichtzeitung* f (*in Laufschrift*) ‖ ~ hawk ⟨Am sl⟩ *N.jäger* m ‖ ~ hen ⟨Am sl⟩ *Journalistin* f ‖ ~ item *Neuigkeit* f ‖ ~ media [pl] *Nachrichtenträger* m pl (*Presse, Funk* etc) ‖ ~ photographer *Bildberichterstatter* m ‖ ~-print *Zeitungsdruckpapier* n ‖ ~-reel ⟨film⟩ *Wochenschau* f ‖ ~-room *Lesesaal* m ‖ ~ service ⟨wir⟩ *Nachrichtendienst* m ‖ ~ summary *Kurzfassung* f *der Nachrichten* ‖ ~ie, ~y ['nju:zi] s ⟨Am⟩ = news-boy **~let** ['~lit] s *Kurznachricht, Meldung* f **~monger** ['~ˌmʌŋgə] s *Neuigkeitskrämer* m **~paper** ['nju:sˌpeipə] s **1.** *Zeitung* f; [attr] *Zeitungs–* (~ hoax *–ente*) **2.** vi to ~ f *e–e Z. arbeiten* **~paperman** ['~mən] s *Journalist* m **~(-)stand** ['~stænd] s *Zeitungskiosk* m **~vendor** ['~ˌvendə] s *Zeitungsverkäufer* m **~print** ['~print] s ⟨oft⟩ *Zeitungsdruckpapier* n | **~y** ['nju:zi] **1.** a ⟨fam⟩ *voll v Neuigkeiten* f pl ‖ *geschwätzig* **2.** s ⟨Am⟩ *Zeitungsjunge* m

newt [nju:t] s ⟨zoo⟩ *Wassermolch* m

Newtonian [nju:'tounjən] **1.** a *newtonisch, Newton–* **2.** s *Anhänger* m *Newtons*

next [nekst] **I.** [a] **1.** [attr] a. (in relationship, position) *nächst; –stehend* | ~ door *im nächsten Hause, nebenan* (to live ~ door); ~ door to *nahe bei*; ⟨fig⟩ *beinahe, fast* (~ door to a miracle) **b.** *nächst, –folgend* (~ Monday, on Monday ~ *am –sten Montag*); ~ day *am folgenden Tage*; the ~ three *die 3 nächsten*; (the) ~ moment *im n. Augenblick* m; the ~ but one *der übernächste*; within the ~ few days *in den n. Tagen* ‖ what ~? *was noch? etwa noch etwas?* ‖ ⟨Am⟩ the ~ man *der erste beste* | *direkt folgend* or *vorhergehend* **c.** *nächst* (an Rang); to be ~ best *der zweitbeste s*; to be ~ best thing to ⟨fig⟩ *gleich k nach, fast so gut s wie* **2.** [pred] ~ after *gleich nach*, ~ before *direkt vor* | ~ to *nahe bei* (~ to the church) ‖ (an Rang) *nächst, gleich nach*; the most important ~ to (*od* after) Shakespeare *der nächstwichtigste nach Sh.*; the river ~ to (*od* after) the Thames (*od* the ~ river to the T.) in length *der nächstlängste Fluß nach der T.* ‖ *nahezu, fast* (~ to impossible); ~ to nothing *fast nichts*, for ~ to nothing *halb umsonst*; ⟨bes Am⟩ made his way up from ~ to nothing *hat praktisch mit nichts angefangen* **II.** [subst a] the ~ to come *der Nächste*; the ~ of kin *der* (*or die*) *nächste Verwandte*; [pl *konstr*] *die nächsten Verwandten* (his ~ of kin were ..) | in my ~ *in m–m nächsten Briefe*; in our ~ *in unserer nächsten Fortsetzung* **III.** [prep] *nächst, gleich neben* [dat]; ~ her *gleich neben ihr* ‖ (an Rang) *gleich nach* **IV.** [adv] *zunächst; dann, darauf, an nächster Stelle; das nächste Mal* (when I saw him ~); *demnächst*

nexus ['neksəs] s L *Zus–hang* m, *Verbindung, –knüpfung* f

nib [nib] **1.** s *Federspitze* f; (*Schreib–)Stahlfeder* f ‖ *Spitze* f ‖ ~s [pl] (*Kakao-)Pulver* n **2.** vt *mit e–r Spitze versehen* ‖ (*etw*) *spitz(er)* m; *anspitzen*

nibble ['nibl] **1.** vt/i | *knabbern an; abnagen; anbeißen* | vi to ~ at *nagen an, knabbern an; naschen* v; ⟨for⟩ *verbeißen* vt ‖ ⟨fig⟩ *bekritteln*

2. s *Anbeißen* n (*der Fische*)

Nibelungenstrophe ['nibəluŋənˈstroufi] s (the stanza [since Kürenberg, 1160] of the Nibelungenlied) *Nibelungenstrophe* f (4 lines, each of 6 stressed syllables except the last, which has 7)

niblets ['niblits] s [pl] ⟨Am⟩ *zarter süßer Gemüse-Mais* m (*in Dosen*) ⟨com⟩ „*Grüner Mais*"

niblick ['niblik] s *ein Golfschläger* m

nibs [nibz] s pl [sg konstr] ⟨sl⟩ his ~ ⟨oft iron⟩ *der hohe Herr, große Mann* (here comes his ~); ⟨hum⟩ *der kl Herr, Gernegroß* m

nice [nais] a (~ly adv) 1. *wählerisch* (about, in *in*); *lecker* | *genau, gewissenhaft, peinlich* (in *doing*); *sorgfältig; vorsichtig* 2. *schwierig; kitzlig, heikel* (question); *anrüchig* 3. *fein, genau* (distinction); *sehr fein; ausgebildet* (taste); *scharf* (ear; judgement) 4. ⟨fam⟩ *angenehm, anziehend; hübsch, nett* (to look ~); ~ to drink *süffig* (*Wein*) || ⟨iron⟩ *schön* (a ~ job); a ~ *state of affairs e–e schöne Bescherung* 5. *freundlich, gütig* (to *gegen, zu*) 6. ~ and thin *schön dünn*; ~ and warm *schön warm* | ~ly [ˈ~li] a (*sehr*) *gut; fein, ausgezeichnet* || that will do ~ *das paßt ausgezeichnet*; she is doing ~ *es geht ihr gut, besser*; to talk ~ to a p *jdm gute Worte geben* || *sorgfältig, eingehend* || *genau* || [*fam*] he was just ~ *er hatte gerade genug, war be-*.*schwipst* ~ness [ˈ~nis] s (of observation etc) *Genauigkeit, Feinheit; Peinlich–* || *Schwierigkeit* || ⟨fam⟩ *Nettheit, Annehmlichkeit f* ~ty [ˈ~iti] s *peinl. Genauigkeit*; to a ~ *aufs Haar* || *Spitzfindigkeit* f || *Schärfe, Feinheit, Genauigkeit* f; –ties [pl] *kl Unterschiede, Feinheiten, Einzelheiten* pl; not to stand upon –ties *es nicht so genau nehmen*

niche [nitʃ] 1. s Fr *Nische* f || *passender Ort* m, –*de Stellung* f (for *f*) 2. vt [*mst* pass] *in e–e Nische stellen* || to ~ o.s. *sich behaglich niederlassen* (in)

Nick [nik] ([dim] *v* Nicholas) s Old ~ ⟨fam⟩ *der Ritter mit dem Pferdefuß* (*Teufel*)

nick [nik] 1. s *Kerbe* f || (of dice) *Wurf* m || in the ~ of time *gerade z rechten Zeit* | ~ and froth „*Feldwebel*" m (*schlecht gemessenes Glas Bier*) 2. vt/i || (*ein*)*kerben* || (a to ~ it) *erraten* || (*Zug*) *erwischen* | ⟨sl⟩ *ertappen, fassen* || *stehlen* | [vi] to ~ in *plötzlich hineinspringen in*

nickel ['nikl] 1. s ⟨minr⟩ *Nickel* n || ⟨Am⟩ *Fünfcentstück* n | [attr] *Nickel–* || ~-plating *Vernickelung* f 2. vt [–ll–] *vernickeln* ~**odeon** [ˌniklo'diːən, nikəˈloudiən] s ⟨Am fam⟩ *Groschen-Drahtkommode* f (*Musik–, Schallplattenautomat*); *5-Cent-Rummelplatz* m, –*Kino* n

nicker ['nikə] vi ⟨Scot⟩ *wiehern*

nick-nack ['niknæk] s = knick-knack

nickname ['nikneim] 1. s *Spitzname* m || ⟨mil⟩ *Deckname* m 2. vt (*jdm*) *e–n Sp. geben*, (*jdn*) *mit Sp. bezeichnen* (they ~d them Methodists)

nicky ['niki] s ⟨mil sl⟩ (*Zigaretten-*)*Kippe* f

Nicol ['nikl] s (*nach* W. ~, † 1851) (a ~'s prism) ⟨phys⟩ *Nicolsches Prisma* n

nicotian [ni'kouʃiən] a *Tabaks– –tine* ['nikəti:n] s *Nikot in* n –**tinism** ['nikəti:nizm] s *Nikotinvergiftung* f

nictitate ['niktiteit] vi (*mit den Augenlidern*) *blinzeln*; –ting membrane ⟨orn⟩ *Blinz–, Nickhaut* f

nidamental [ˌnaidə'mentl] a ⟨zoo⟩ ~ glands *Nidamentaldrüsen* f

nidation [ni'deiʃən] s ⟨demog⟩ *Nidati on* f

niddering ['nidəriŋ] 1. s *Feigling* m 2. a *gemein, feig; treulos*

nide [naid] s *Brut* f (of pheasants)

nidi– [→ nidus] [**~colous** [ni'dikələs] a: ~ bird *Nesthocker* m **~ficate** ['nidifikeit], **~fy** ['nidifai] vi *ein Nest bauen, nisten* **~fugous** [ni'difjugəs] a: ~ bird *Nestflüchter* m

nid-nod ['nidnəd] vi *wiederholt nicken*

nidus ['naidəs] s L ⟨zoo⟩ *Nest* n || ⟨fig⟩ *Lagerstätte* f, *Sitz* m

niece [niːs] s *Nichte* f

niello [ni'elou] 1. s It [pl ~s] *Niello* n, *schwarze Schmelzmasse* f (*als Einlage*); → tula 2. vt *mit N. verzieren*

Nietzschean ['niːtʃiən] a (*nach* ⟨Ger⟩ *F. Nietzsche*, † 1900) *Nietzsche–*

niff [nif] vi ⟨sl⟩ *stinken* ~y [ˈ~i] s ⟨mil sl⟩ *Mief, Gestank* m

nifty ['nifti] ⟨Am⟩ 1. a *schmuck; stilvoll* 2. s *treffende, schneidige Bemerkung, schlagfertige Antwort* f

niggard ['nigəd] 1. s *Knicker, Geizhals* m (of *in*) 2. a *geizig, knauserig* (of *mit*); *kärglich* ~**liness** [~linis] s *Knauserei* f, *Geiz* m ~**ly** [~li] 1. a *geizig, knauserig* (of *mit*); *kärglich* 2. adv *kärglich; geizig*

nigger ['nigə] s ⟨*jetzt* cont⟩ *Neger* m || ~s in a snowstorm ⟨*mar* fam⟩ *Backpflaumen u Reis* ⟨Am⟩ ~ in the woodpile *od* fence *geheime Absicht, versteckte Tatsache* || to work like a ~ *arbeiten wie ein Pferd* n | [attr] *Neger–* || ~-heaven ⟨Am theat⟩ °*Olymp* m ~**ism** [~rizm] s = negroism

niggle ['nigl] vi *trödeln; die Zeit vertrödeln* (at, over *bei*) || *troddeln, trödeln* || *krampfhaft schreiben, kritzeln* ~**ling** ['nigliŋ] a *kleinlich; gewöhnlich, gemein* || *überfein, finzelig; kritzelig, undeutlich* (handwriting) –**ly** ['nigli] a *kleinlich*

nigh [nai] ⟨poet & †⟩ 1. adv *nahe*; ~ to, unto death *dem Tode nahe* | *fast, beinahe* 2. prep *nahe bei, neben* (~ me; ~ death) 3. a *nahe*; ~er *näher*, ~est *nächst*

night [nait] s 1. *Nacht* f; ~'s sleep *guter Nachtschlaf* m || *Dunkelheit* f ⟨a fig⟩ || *Abend* m (on the first ~ *am ersten A.*); a ~ of Wagner *ein Wagnerabend* 2. **Verbindungen:** last ~ *gestern abend*, to-morrow ~ *morgen a.* || ~ and day *Tag u N.*, *fortwährend* || all ~ (long) *die ganze N.* || good ~ *gute N.*; *guten Abend* || a white ~ *e–e durchwachte, –feierte N.* | at ~ *nachts; abends*; late at ~ *spät abends* || by ~; during the ~, in the ~ *bei Nacht; nachts* || on the ~ of May 5. *am Abend des 5. Mai*; on a dark ~ *in e–r dunklen N.*; on coldest ~s *in kältesten Nächten* || over ~ *über N.* || the ~ before *am vorhergehenden Abend* | to have a ~ out, off *e–n Abend ausspannen, sich amüsieren* || to make a ~ of it *die ganze Nacht durchmachen*, °*um die Ohren schlagen* || white ~ *durchzechte, z Tag gemachte N.* || to stay the ~ *at übernachten in* || to turn ~ into day *die Nacht z Tage m* 3. [attr] *Nacht–* || ~-bell –*glocke* f || ~-bird –*vogel* m; ⟨fig⟩ –*schwärmer* m || ~-blindness –*blindheit* || ~-boat –*passagierboot* n, –*dampfer* m || ~ bomber ⟨aero⟩ –*bomber* m || ~-cap –*mütze* f; ⟨fig⟩ *Schlummertrunk* m; ⟨Am sport⟩ *letztes Spiel, Rennen* etc || ~ clothes [pl] –*kleidung* f || ~-club –*klub* m, –*lokal* n || ~ combat –*gefecht* n || ~-commode –*becken* n || ~ crawler ⟨Am fam⟩ *Nachteule* f, –*schwärmer* m (*P*) || ~-dark *stockfinster* || ~ effect, ~ error ⟨wir⟩ *Dämmerungseffekt* m || ~-dress, ~-gown –*anzug* m, –*gewand* n (*f Frauen u Kinder*) || ~ fighter ⟨aero⟩ –*jäger* m; ~-f. pursuit *Verfolgungsnachtjagd* f; ~ fighting, ~ interception *Nachtjagd* f || ~-hawk ⟨orn⟩ *amer. Ziegenmelker* || ~-letter ⟨Am⟩ (um 4/5 verbilligtes) *Nachttelegramm* m || ~-long 1. a *die ganze N. dauernd* 2. adv *die ganze N. hindurch* ~-mail –*post* f; –*zug* m || ~-porter –*portier* m || ~-school (*Arbeiter-*)*Abendschule* f || ~-shift *Nachtschicht* f || ~-shirt –*hemd* n (*der Männer*) || ~-stick ⟨Am⟩ *Polizeiknüppel* m || ~-stool –*stuhl* m || ~-time –*zeit* f || ~ traffic line ⟨tact⟩ *Fahrzeuggrenze* f *bei Nacht* || ~ vision *Nacht-*

sehvermögen n ‖ ~-walking *–wandeln* m ‖
~-watch *–wache* f ⟨*a* paint⟩ ‖ ~-watchman
–wächter m ‖ ~-work *–arbeit* f ~**fall** [ˈ~fɔːl] s
Einbruch m *der Nacht* (at ~ *bei E. der N.*) ‖
Abenddämmerung f, Dunkelwerden n ~**ie** [ˈ~i] s
= nighty ~**ingale** [ˈ~iŋgeil] s ⟨orn⟩ *Nachtigall*
f; thrush ~ *Sprosser* m; → to sing ~**jar** [ˈ~dʒɑː]
s ⟨orn⟩ *Ziegenmelker* m ~**ly** [ˈ~li] **1**. a *nächtlich, Nacht–* **2**. adv *jede Nacht* ~**mare** [ˈ~mɛə] s
⟨med⟩ *Alpdrücken* n; *böser Traum* m ‖ ⟨fig⟩
Schreckgespenst n; *Angstgefühl* n, *Druck* m
~**marish** [ˈ~mɛərif] a *entsetzlich* ~**shade**
[ˈ~ʃeid] s ⟨bot⟩ *Nachtschatten* m ~**y** [ˈ~ti] s
⟨fam⟩ = nightgown
  nigrescence [naiˈgresns] s *Schwarzwerden* n
Dunkelheit f (of hair) *–ent* [naiˈgresnt] a *schwärzlich* **nigritude** [ˈnaigritjuːd] s *Schwärze, Dunkelheit* f; ⟨a fig⟩
  nihilism [ˈnaiilizm] s *Nihilˈismus* m *–list*
[ˈnaiilist] **1**. s *Nihilist* m ‖ **2**. a *nihilistisch*
–listic [ˌnaiiˈlistik] a *nihilistisch*
  –nik [–nik] *lebendes Suffix z Bildung v Subst.
in Anlehnung an* [russ] sputnik *mit der Bedeutung
v Schnelligkeit, Entschlossenheit, Intensivum*
  nil [nil] s L *Nichts* n, *Null* f ‖ ~ report, ~
return ⟨*bes* mil⟩ *Fehlanzeige* f
  nilgai [ˈnilgai], **nylghau** [ˈnilgau] s ⟨zoo⟩
gr ind. Antilope f
  nill [nil] vi: will he ~ he (*mst* willy-nilly) *mag
er wollen oder nicht*
  Nilometer [naiˈləmitə] s *Nilmesser* m (*Pegel
z Beobachtung des Wasserstandes*); ⟨*a* übtr⟩ ‖
Nilotic [naiˈlɔtik] a *Nil–* (~ peoples)
  nimble [ˈnimbl] a (–bly adv) *schnell, flink, gewandt, behend* ‖ *schnellfassend* ‖ ~-**witted**
schlagfertig, schlau ~**ness** [~nis] s *Gewandtheit,
Behendigkeit* f
  nimbus [ˈnimbəs] s L ⟨arts⟩ *Nimbus, Heiligenschein* m; cruciferous ~ *Kreuznimbus (Christi)* ‖
Regenwolke f
  nimiety [niˈmaiiti] s *Übermaß* n, *–fülle* f
  niminy-piminy [ˈniminiˈpimini] a *geziert,
affektiert*
  Nimrod [ˈnimrəd] s *Nimrod, eifriger Jäger* m
  nincompoop [ˈninkəmpuːp] s *Einfaltspinsel,*
°*Dussel* m
  nine [nain] **1**. a *neun*; → cat ‖ ~ days'
wonder *gr Ereignis* n *v vorübergehender Dauer;
Sensation* f ‖ ~ times out of ten *im allgemeinen*
‖ ⟨Am⟩ in the ~ holes *in Schwierigkeit* f **2**. s
Neun f; the ~ of hearts ⟨cards⟩ *Herzneun* f ‖
to the ~s *im höchsten Maße*, dressed up to the
~s *aufgeputzt,* °*–donnert* ‖ ⟨Am⟩ *Baseball-
mannschaft* f ~**fold** [ˈ~fould] a *neunfach* ~**pin**
[ˈ~pin] s *Kegel* m ‖ ~s [pl; sg konstr] *Kegelspiel* n; to play at ~s *Kegel schieben, kegeln*; to
fall over like (a lot of) ~s ⟨fig⟩ *wie Kegel um-
purzeln* ~**teen** [ˈ~ˈtiːn; ˈ– –; –ˈ–] a *& s neun-
zehn*; to talk ~ to the dozen *ohne Punkt u
Komma schwätzen; das Blaue v Himmel herunter-
reden* ~**teenth** [ˈ~ˈtiːnθ; ˈ– –; –ˈ–] **1**. a *neun-
zehnte(r, –s); ~* hole ⟨golf⟩ *die Bar im Klubhaus*
n **2**. s *Neunzehntel* n ~**tieth** [ˈ~tiiθ] **1**. a *neun-
zigst* **2**. s *Neunzigstel* n ~**ty** [ˈ~ti] **1**. a *neunzig*
2. s the –ties [pl] *die –ziger Jahre* pl; [attr] the
–ties poets *die Dichter der n. J.*
  ninnified [ˈninifaid] a ⟨fam⟩ *jäck, närrisch*
  ninny [ˈnini] s *Tölpel, Tropf* m, °*Kamel* n
  ninon [ˈniːnɔ̃] s Fr *leichtes Seidengewebe* n
  ninth [nainθ] **1**. a *neunte(r, –s)* **2**. s *Neuntel* n ‖
⟨mus⟩ *None* f ~**ly** [ˈ~li] adv *neuntens*
  niobium [naiˈoubiəm] s ⟨chem⟩ *Niˈobium* n
(*Metall*)
  nip [nip] **1**. s *Schlückchen* (*Alkohol*) n **2**. vi/t
nippen ‖ vt (*etw*) *in Schlückchen trinken* ~**per**
[ˈ~ə] s *Schlückchen* n ‖ *jd, der nippt*
  nip [nip] **1**. vt/i **1**. vt *kneifen, klemmen, zwik-
ken; quetschen*; to ~ off *abzwicken, –kneifen* ‖

im Wachstum aufhalten; vernichten ‖ ⟨fig⟩
dämpfen, niederdrücken; to ~ in the bud ⟨fig⟩
im Keime ersticken ‖ *durch Frost beschädigen* or
zerstören | ⟨sl⟩ *wegnehmen, stibitzen, klauen*
2. vi *zwicken* | (of the wind) *beißen, schneiden* |
(of machines) *klemmen* | ⟨sl⟩ *sich schnell be-
wegen*; to ~ in *sich hineindrängen, –schieben*
II. s *Kneifen* n, *Zwick*; *Biß* m | *scharfe Kälte* f;
Frostbrand m | ⟨Am⟩ ~ and tuck *harter Kampf*;
[attr] *sehr scharf* (race) ~**per** [ˈ~ə] s ⟨sl⟩ *junger
(Höker-)Bursche* m ‖ (of a horse) *Schneidezahn*
m | *Kralle* f | ~s [pl] *Kneifzange* f (a pair of ~s
e–e K.); ⟨sl⟩ *Kneifer* m (a pair of ~s *ein K.*) ‖
Handfesseln pl ~**ping** [ˈ~iŋ] a (~ly adv)
beißend, schneidend ~**py** [ˈ~i] **1**. a *scharf,
beißend* ‖ ⟨sl⟩ *schnell, behende* **2**. s [pl ~s]
Kellnerin f
  Nips [nips] s pl (⟨fam⟩ = Nipponese)
°*Japsen* m pl (= *Japaner*)
  nipple [nipl] s *weibl. (Brust-)Warze* f ‖ (of a
baby's bottle) (*Saug-)Hütchen* n ‖ (of a gun)
Zündkegel m ‖ *runde Erhöhung* f ‖ ⟨phot⟩
Anschluß m f *Blitz*
  nirvana [niəˈvɑːnə] s *Nirwˈana* n
  Nisei, Nissei [ˈnisei] s ⟨Am⟩ *in USA geborener Amerikaner japanischer Abkunft* f
  nisi [ˈnaisai] L conj ⟨jur⟩ decree ~ *vorläufiges Scheidungsurteil* n ‖ ~ prius ⟨jur⟩ *Verhandlung v Zivilklagen vor e–r Jury in der Grafschaft*
  Nissen hut [ˈnisenˈhʌt] s *Nissen–, Wellblech-
baracke, –hütte* f
  nit [nit] s *Nisse* f (*Ei der Laus*) ‖ ⟨fig Am⟩
Null f (*unbedeutende P*) ‖ ~-**picker** ⟨mil sl⟩
Dippelschisser m
  niton [ˈnaitɔn] s ⟨chem⟩ *Emanation* f
  nitraphot [ˈnaitrəfɔt] s *Nitralicht* n ‖ ~ lamp
Nitraphotlampe f
  nitrate [ˈnaitreit] **1**. s ⟨chem⟩ *salpetersaures
Salz* n ‖ ~ of mercury *Quecksilbernitrat* n ‖ ~
dope Nitrozelluloselack m **2**. vt *mit Salpeter-
säure behandeln* **nitre** [ˈnaitə] s ⟨chem⟩ *Salpeter*
m **nitric** [ˈnaitrik] a *Salpeter–* (~ acid); ~
oxide *Stickstoffoxyd* n **nitrify** [ˈnaitrifai] vt *in
Salpeter verwandeln* **nitrite** [ˈnaitrait] s ⟨chem⟩
Nitˈrit n **nitrous** [ˈnaitrəs] a *salpetrig* (~ acid
–ge Säure); ~ oxide *Lachgas* n
  nitro– [ˈnaitrou–] Gr [in comp] *Nitro–,
Salpeter–*; ~cellulose, ~cotton *Schießbaumwolle* f; ~-glycerine *Nitroglyzerin* n (*Sprengstoff*)
  nitrogen [ˈnaitrədʒən] s ⟨chem⟩ *Stickstoff* m
‖ ~ fixation ⟨agr⟩ *Stickstoffbindung* f *durch
Bakterien* ‖ ~ mustard (gas) ⟨chem⟩ *Stick-
stofflost* m ~**ous** [naiˈtrɔdʒinəs] a *stickstoffhaltig*
  nitsky [ˈnitski] ⟨Am fam⟩ **1**. adv *nein* **2**. s
niemand, nichts
  nitwit [ˈnitwit] s ⟨sl⟩ *Nichtswisser; –könner*
m; *Schwachkopf* m
  nix [niks] s ⟨Ger⟩ (*Wasser-)Nix, Elf* m ~**ie**
[ˈ~i] s ⟨Ger⟩ *Nˈixe* f
  nix [niks] s ⟨Ger sl⟩ *nichts*; ⟨fam⟩ ~ on
nichts mehr v | *niemand*
  nixie [ˈniksi] s ⟨Am⟩ *unbestellbarer Brief* m
(etc) **nixies** [ˈniksiz] d pl *hauchdünner Damen-
schlüpfer* m, → scanties
  Nizam [naiˈzæm] s Ind *Titel des Herrschers v*
Hyderabad ‖ *türk. Soldat*
  no [nou] a **1**. *kein, nicht irgendeine(r, –s)* or
–welche(r, –s) ‖ [*vor Abstr.* etc] ~ *progress
k–e Fortschritte*; ~ *time k–e Zeit*; ~ *water kein
Wasser*; ~ apples *k–e Äpfel*; → not | ~ *man
niemand* ‖ ~ man's land ⟨tact⟩ *Niemandsland*
n *zw den Schützengräben* ‖ ~ one *keine(r, –s)*;
~ one man *nicht e–r*; ~ two *nicht zwei* | →
doubt; end; go; mean; side; time; use; wonder
2. *kein, alles andere als* (he is ~ genius); ~

good writers *k–e guten Schrifsteller*; ~ soldier *kein Soldat* (*nichts Soldatisches*); he is ~ English-man *er ist kein* (*typischer*) *Engländer* (→ not); ~ such *nichts dergleichen* || ⟨mot⟩ ~ thorough-fare! *Durchfahrt verboten!* 3. [*vor* gerund:] there is ~ denying *es läßt sich nicht leugnen*; there is ~ knowing *man kann nicht wissen* || ⟨mot⟩ "~ parking" sign *Parkverbotsschild* n 4. *kein, nur nicht*; ~ Popery! *kein Pfaffentum!* 5. [in comp] ~-account, ~-'count ⟨Am⟩ *unbedeutend, wert-los* (~-account people) || ~-ball ⟨sport⟩ *spiel-widriger Ball* m || ~-fire line ⟨artill⟩ *Sicher-heitsgrenze* f *f eigene Truppen* || ~-good ⟨Am⟩ *Taugenichts* m || || ~-load current ⟨el⟩ *Leerlauf-strom* m || ~-load release *Null*(*strom*)*auslösung* f || ~-load speed ⟨tech⟩ *Leerlauf* m || ~-place [*adv*] *nirgends* || ~-school poet *Dichter* m, *der k–r Schule angehört* || ~-vehicle-light line ⟨mil⟩ *Fahrzeuglichtgrenze* f, *Lichterführungsgr.* f *für Fahrzeuge*

no [nou] adv 1. [*vor* compr] *nicht* (~ sooner *nicht eher*) || he is ~ better than a liar *er ist ein ausgemachter Lügner* | ~ more a. *nichts mehr*; *nicht mehr* (I can say ~ more); to be ~ more *tot s* b. [attr] *nicht mehr* (~ more sugar ?) c. adv *nicht mehr* (~ more than *ebensowenig wie*); *auch nicht* (~ more will he *er auch nicht*) 2. [*nach* or] *nicht, pleasant or* ~ *ob angenehm oder nicht*; whether or ~ *auf alle Fälle* 3. [in comp] ~-button coat *knopfloser Hänger* m || ~-defeat run ⟨sport⟩ *Erfolgsserie* f || ~-iron shirt *bügel-freies Hemd*, → non–..

no [nou] 1. adv *nein* (to answer ~) || to say ~ to a th *z etw nein sagen*; *etw ab–, ausschlagen* (I won't say ~ to a cup of tea) | ~! *nein* (*was Sie nicht sagen*)! | ⟨mil⟩ no, sir! *zu Befehl, Herr Hauptmann* etc, → yes 2. s *Nein* n; ~es [pl] *die Stimmen mit N., dagegen*; the ~es have it *die Mehrheit ist dagegen*

No. 1 [ˈnʌmbəˈwʌn] Public Enemy ~ *Staats-feind Nr. 1* || ~ Dress ⟨mil fam⟩ *erste Garnitur* f

nob [nɔb] 1. s ⟨sl⟩ °„*Birne*" f, „*Dez*" m (*Kopf*) 2. vt ⟨box⟩ *auf den Kopf schlagen*

nob [nɔb] s = knob

nob [nɔb] s ⟨sl⟩ *feiner Herr* m ~by [ˈ~i] a ⟨sl⟩ *fein, nobel, elegant*

nobble [ˈnɔbl] vt ⟨sl⟩ (*jdn*) *bestechen* || *be-trügen*; *stehlen* | ~r [~ə] s *Schwindler* m

nobby [ˈnɔbi] s *kraweelgebautes Fischerboot* n

nobiliary [nouˈbiliəri] a *Adels–,* –**lity** [nouˈbiliti] s (of mind) *Adel* m, *Vornehmheit* f; ~ of soul *Seelenadel* m | (of rank) *Adel* m; the ~ *der* (*hohe*) *Adel, die Adligen* m pl

noble [ˈnoubl] I. a (–bly adv) 1. *vornehm, edel*; *großmütig* || ⟨school fam⟩ „*edel*" 2. *adlig, Adels–* 3. *stattlich, vortrefflich*; *prächtig*; *prächtig ge-schmückt* (with *mit*) | *kostbar*; *Edel–* (~ metal) || the ~ art *das Boxen*; ~ fir *Riesentanne* f; ~ gas *Edelgas* n 4. [in comp] ~-minded *edel-denkend* II. s *Edelmann* m, (*hoher*) *Adlige*(*r* m) f || ⟨hist⟩ *Nobel* m (*alte engl. Goldmünze* = 6 s. 8 d.) ~**man** [~mən] s (*hoher*) *Adliger* m ~**ness** [~nis] s (of mind) *Vornehmheit, Würde* f, *Adel* m ~**woman** [ˈ~ˌwumən] s *Edelfrau* f

nobody [ˈnoubədi] s *niemand, keiner*; ⟨fam⟩ that devil ~ °*der Heilige Geist* (*ist wohl wieder dran schuld*); ~ else *sonst niemand, niemand anders* || ⟨fig⟩ *unbedeutender Mensch* m, *Null* f

nock [nɔk] 1. s *Kerbe* f, *Einschnitt* m (*im Pfeil*) 2. vt (*Bogen* or *Pfeil*) *einkerben* || (*Pfeil*) *einsetzen*

noct(i)– [ˈnɔkt(i)–] L [in comp] *nacht–, Nacht–*; *bei Nacht* ~**ambulant** [nɔkˈtæmbjulənt] a *nachtwandelnd*

noctule [ˈnɔktjuːl] s ⟨zoo⟩ (*gr braune*) *früh-fliegende Fledermaus* f

nocturnal [nɔkˈtəːnl] a (~ly [–nəli] adv) *nächtlich, Nacht–*

nocturn(e) [ˈnɔktəːn] s ⟨arts⟩ *Nachtstück* n || ⟨mus⟩ *Notturno* n

nocuous [ˈnɔkjuəs] a *schädlich*; *giftig*

nod [nɔd] 1. vi/t || *nicken*; to ~ to a p *jdm z·unicken*; *grüßen*; a ~*ding acquaintance e–e oberflächliche Bekanntschaft* f, *Gruß–* (with *mit*) || (*a* to ~ off) *einnicken*; –*schlummern*; ⟨fig⟩ *schlafen, unachtsam s* || *sich neigen* | [vt] to ~ one's head *mit dem Kopf nicken, den K. senken* || (*etw*) *durch Nicken* or *Wink andeuten*; to ~ assent *durch Nicken zustimmen* 2. s *Nicken* n (~ of one's head *Kopfnicken*); *Wink* m; to be at one's ~ *jds Gewalt unterstehen* || ⟨fam⟩ a ~ is as good as a wink to a blind horse *Wink mit dem Zaunpfahl!*; °*lausig lange Leitung!* | *Einnicken* n; Land of ~ *Schlaf* m || ~**dle** [ˈnɔdl] vt to ~ one's head *mit dem Kopf nicken*

nodal [ˈnoudl] a *Knoten–* (~ line) || ~ point *Schnittpunkt* m; ~ p. of a lens *Objektivhaupt-punkt* m

noddle [ˈnɔdl] s ⟨fam⟩ °„*Birne*" f, „*Wirsing*" m (*Kopf*)

noddy [nɔdi] s *Tropf*, °*Esel* m

node [noud] s ⟨bot & astr⟩ *Knoten* m || ⟨med⟩ (*Gicht–* etc) *Knoten* m

nodose [noˈdous] a *knotig, knorrig*; *Knoten–sity* [noˈdɔsiti] s *knotenartige Beschaffenheit*; *Schwellung* f

nodular [ˈnɔdjulə] a *klumpig*; *knotenartig* –**ule** [ˈnɔdjuːl] s ⟨geol⟩ (of mineral) *Klümpchen* n; *Knollen* m || ⟨bot⟩ *Knötchen* n

nodus [ˈnoudəs] s L ⟨mst fig⟩ *Verwickelung*; *Schwierigkeit* f

noetic [nouˈetik] 1. a *verstandesmäßig, logisch*; *abstrakt* 2. [s pl] ~s [sg konstr] *No·etik, Erkenntnislehre* f

nog [nɔg] s ⟨Am⟩ *Eierflip*, –*punsch* m, *Kläpperei* n *mit* (*Rot–*)*Wein, Muskateller*

nog [nɔg] 1. s *Holznagel*, –*pflock* m; –*klotz*, –*barren, Holm* m (*querliegender Balken*) 2. vt *mit Holznägeln befestigen*; (*Mauerwerk*) *mit Holzbarren einfassen*

noggin [ˈnɔgin] s *kl hölzener Krug* m || ⟨Am a⟩ *Schnäpschen* n; „*Dez*" m, „*Birne*" f (*Kopf*)

nohow [ˈnouhau] adv *auf k–e Weise* f; *durchaus nicht*; to feel ~ *nicht auf der Höhe s* || *nichts-sagend*; to look ~ *nach nichts aussehen*

noil [nɔil] s [*a* pl ~s] *Kämmling* m (*aus-gekämmte kurze Wollfaser*)

noise [nɔiz] 1. s *Lärm* m, *Getöse, Geschrei* n; a hell of a ~ *ein Höllenlärm*; to hold one's ~ *mit Lärmen, Reden aufhören*; to make a ~ ⟨fig⟩ *Aufsehen erregen*, ⟨vulg⟩ *furzen* (: did you make a ~? *hast du etw gesagt?*) | *Geräusch* n, the ~ of their (*od* them) breathing in and out *das G., wie sie ein– u ausatmen* | ⟨Am fam⟩ a big ~ *e–e ge-wichtige P* | [attr] ~ control *Lärmbekämpfung* f; ~-c. technique *Schallschutzverfahren* n || ~-gate ⟨wir⟩ *Störschutz* m || ~ guards [pl] *Lärmschutzmittel* n pl || ~ level (= intensity of ~) *Geräusch–, Phonstärke, Phonzahl* f; *Lärm–, Störspiegel* m, *Geräuschpegel* m || ~-meter *Geräuschmesser* m || ~ potential ⟨wir⟩ *Rausch-spannung* f || ~ ratio ⟨wir⟩ *Rauschfaktor* m, –*verhältnis* n || ~ suppressor ⟨wir⟩ *Störschutz* m || ~ survey *Geräuschüberprüfung, Ermittlung* f *des Lärmspiegels* 2. vt/i || [*oft* pass] (*etw*) *als Gerücht verbreiten* | vi *Lärm m*; *schreien* ~es [ˈ~lis] a (~ly adv) *geräuschlos, still* ~**lessness** [ˈ~lisnis] s *Geräuschlosigkeit* f

noisette [nwaːˈzet] s ⟨bot⟩ *Noisetterose* f (*Büschelrose*)

noisiness [ˈnɔizinis] s *Lärm* m, *Geräusch* n

noisome [ˈnɔisəm] a (~ly adv) *schädlich, ungesund* || *widerlich* ~**ness** [~nis] s *Schädlich-keit* f || *Widerlichkeit* f

noisy [ˈnɔizi] a (–sily adv) *geräuschvoll* (street); not noisy ⟨tech⟩ *geräuschlos* || *lärmend* (machine; child) || (of colour, style) *grell, auffallend, blendend*

nolens volens ['noulenz 'voulenz] L *wohl oder übel; ob man will oder nicht*

noli me tangere ['noulai mi: 'tændʒəri] s ⟨bot⟩ *Springkraut, Rühr-mich-nicht-an* n || ⟨paint⟩ „*Christus erscheint Maria Magdalena*" || ⟨med⟩ *fressende Flechte* f, *Lupus* m

nolle-pros ['nɔliprɔs] (*a* nol-pros) ⟨Am⟩ vt [–ss–] ⟨jur⟩ (*Anklage*) *zurücknehmen*; (*Verfahren*) *niederschlagen, einstellen* **~equi** ['nɔli-'prɔsekwai] L s ⟨jur⟩ *Zurücknahme* f (*e–r Klage*); *Einstellung* f

nomad ['nɔməd, 'noumæd], **~e** ['nəmeid] 1. s *Nomade* m 2. *a Nomadisch*; *Nomaden–* **~ic** [no'mædik] a (*~ally* adv) *nomadisch, Nomaden–*; *unstet* **~ism** ['nɔmədizm] s [abstr] *Nomadentum* n **~ize** ['nɔmədaiz] vi *nomadisieren, wandernd umherziehen*

nom de guerre ['nɔ̃:de'gɛə] s Fr *Deck–, Spitzname* m – **plume** ['nɔ̃:də'plu:m] s Fr *Schriftstellername* m

nomenclature [no'menklətʃə; 'noumen–] s *Namenregister* n || *Nomenklat·ur* f; *Benennungssystem* n; *Namengebung* f; *Fachsprache, Terminologie* f || [koll] *Namen* m pl, *Bezeichnungen* f pl; ⟨aero⟩ *Kennwerte* m pl

nomic ['noumik] a *üblich, gebräuchlich* (spelling)

nominal ['nɔminl] a (*~ly* adv) ⟨gram⟩ *nomin·al, Nominal–* || *Nominal–* (*~* wages *–lohn*); *Nenn–* (*~* altitude *–höhe, ~* value *–wert*); *~* measure ⟨for⟩ *Rauhmaß* n || *Soll–* (*~* diameter, *~* size) || *namentlich, Namen–* (*~* list); *~* capital *Stammkapital* n || *nomin·ell*; *nur dem Namen nach* (*~* fine); *unbedeutend* **~ism** [–izm] s ⟨philos & hist⟩ *Nominal·ismus* m (*Ggs* realism)

nominate ['nɔmineit] vt **nennen* || (*jdn*) *ernennen z* (they *~d* him professor of English [.. *ihn z Professor des E.*]; he was *~d* professor); *einsetzen* (to an office *in ein Amt*) || (*jdn*) *z Wahl* f *vorschlagen, aufstellen* (for *für*) || ⟨mil⟩ (*Soldaten z Lehrgang* etc) (*an*)*melden* **–ation** [‚nɔmi-'neiʃən] s *Ernennung* f (to *z*); *Berufung* f (to a post *auf e–n Posten*); *Einsetzung* (to *in*) || *Vorschlagsrecht* n; *Aufstellung* f (*e–s Kandidaten* f *die Wahl*); to be in *~* als *Kandidat aufgestellt* n **–ative** ['nɔminətiv] 1. a ⟨gram⟩ *Nominativ–* | *durch Ernennung eingesetzt* 2. s ⟨gram⟩ *Nominativ* m **–ator** ['nɔmineitə] s *Ernenner* m **–ee** [‚nɔmi'ni:] s *Ernannter, Vorgeschlagener* m

nomogram ['nɔmogræm] s ⟨stat demog⟩ *Nomogramm* n **–graphy** [nə'mɔgrəfi] s *Nomographie* f

non [nɔn] L adv *nicht*; *~* compos mentis ['nɔn‚kɔmpɔs'mentis] *unzurechnungsfähig* || *~* liquet [s] ⟨jur⟩ *Urteilsaussetzung* f *wegen mangelnden Beweises* m || *~* sequitur [s] *irrige Folgerung* f

non– [nɔn–] L *lebendes, betontes* pref *nicht, Nicht–, un* || *– acceptance* ['nɔnək'septəns] *Nichtannahme* f || *~*-age *Minderjährigkeit* f || *~*-ag(e)ing *alterungsbeständig* || *~*-aggression *Nichtangriff*; pact of mutual *~*-aggression *–spakt* m || *~*-appearance, *~*-attendance *Nichterscheinen, Fehlen, Ausbleiben* n || *~*-Aryan *Nichtarier* m || *~*-assisted take-off ⟨aero⟩ *Eigenstart* m || *~*-atomic *nicht mit Atomwaffen (aus)gerüstet* (power) || *~*-belligerent *nicht kriegführend* || *~*-buckled *wölbungsfrei* || *~*-car(e)ish ⟨fam⟩ °*wurschtig* (gleichgültig) (P) || *~*-certifiable ⟨m. m.⟩ *nicht unter §51 fallend* (= *gesund*) || *~*-chattering ⟨tech⟩ *klapperfrei* || *~*-clouding windscreen *Klarsichtscheibe* f || *~*-collegiate *k–m College angehörig*; *nicht studierend* || *~*-combatant 1. s

Nichtkämpfer m 2. a *am Kampf nicht beteiligt* || *~*-commissioned *unbestallt*; *~*-commissioned officer *Unteroffizier* m (*Rangklasse*; *nicht Dienstgrad*) || *~*-committal 1. s *Unverbindlichkeit, freie Hand* f 2. a *nichts verratend*; *unverbindlich, nicht bindend*; *zurückhaltend* (attitude) || *~*-compliance *Nichterfüllung, –befolgung, Zuwiderhandlung* f (with *gegen*) || *~*-conductor ⟨phys el⟩ *Nichtleiter* m || *~*-contentious jurisdiction *freiwillige Gerichtsbarkeit* f || *~*-contributory *beitragsfrei* (*Organisation*) || *~*-cooperation *Nicht-Zus–arbeit* f || *~*-corrosive *korrosionsfrei* || *~*-cutting (etc) time ⟨tech⟩ *Totzeit* f || *~*-delay fuse *Aufschlag–, Augenblicks–, Schnellzünder* m || *~*-delivery ⟨post⟩ *Nichtbestellung, –stellbarkeit* f; in case of *~* falls unbestellbar || *~*-destructive *zerstörungsfrei* || *~*-ego ['nɔn'egou] ⟨metaph⟩ *Nicht-Ich* n || *~*-essential 1. a *unwesentlich* 2. [s. pl] *~s Nebensächlichkeiten* f pl || *~*-existence *Nicht-(da)sein* n || to be *~*-existent *nicht existieren* || *~*-family household ⟨demog⟩ *Anstaltshaushalt* m || *~*-feasance ⟨jur⟩ *Unterlassung* f || *~*-flam ⟨film⟩ *nicht feuerfangend* || *~*-fulfilment *Nichterfüllung* f || *~*-halation ⟨phot⟩ *lichthoffrei* || *~*-identical *zwei-eiig* (twins *Zwillinge*) || *~*-inductive *induktionsfrei* || *~*-interest bearing *unverzinslich* || *~*-intervention ⟨pol⟩ *Nichteinmischung* f (*~*-intervention committee) || *~*-juror ⟨hist⟩ *Eidverweigerer* m (*nach 1688*) || *~*-laddering *maschenfest* (*Strumpf* etc) || *~*-language [attr] *sprachfrei* (test) || *~*-marriageable *nicht heirats–, ehefähig* (population) || *~*-negotiable ⟨com⟩ *nicht übertragbar* || *~*-nuclear *atomfrei* (land), *ohne* (*Besitz* v) *Atombomben* || *~*-objective ⟨arts⟩ *gegenstandslos* (*Kunst*) || *~*-observance *Nichtbeobachtung* f || *~*-organic ⟨mil⟩ *nichteinheitseigen* (vehicle) || *~*-participating ⟨ins⟩ *ohne Gewinnanteil* m (policy) || *~*-partisan *überparteilich* || *~*-party [attr] ⟨pol⟩ *ohne Bindung an e–e Partei* || *~*-payment *Nichtzahlung* f || *~*-performance *Nichterfüllung, –vollziehung* f || *~*-persistent ⟨chem⟩ *flüchtig* (gas) || *~*-planners [pl] ⟨demog⟩ *fortpflanzungsnatürl. Paar* n; ⟨jur com⟩ *Devisenausländer* m pl || *~*-profit organization *nicht auf Gewinn gerichteter Wirtschaftskörper* m || *~*-profit-making company *Gesellschaft* f, *die k–n Erwerbszweck verfolgt* || *~*-public *eigen* || *~*-punishable *straflos* (secondary action) || *~*-regulation ⟨mil⟩ [attr] *unvorschriftsmäßig* || *~*-representational ⟨arts⟩ *gegenstandslos*; *–alism gegenstandslose, abstrakte Kunst* f || *~*-resident 1. a *nicht ansässig*; *nicht in e–m Institut wohnend*; *auswärtig* (member); *abwesend* (f *e–e Zeit*) 2. s *Nichtansässiger, For·ense* m || *~*-respondent [s] ⟨stat⟩ *ausfallende P* f; *~*-response *Nichtbeantwortung* f || *~*-rigid ⟨aero⟩ *unstarr* (airship) || *~*-run ⟨Am⟩ *maschenfest* (*Strumpf* etc) || *~*-selfgoverning *nicht autonom* || *~*-shattering *nicht splitternd* (glass) || *~*-skid ⟨mot⟩ *Gleitschutz–* (*~*-skid tyre *–reifen*), *~*-skid chains *Schneeketten* f pl, *~*-skid tread *Gleitschutzprofil* n || *~*-slip *maschenfest* (*Strumpf* etc) || *~*-smoker *Nichtraucher* m || *~*-smoking [attr] ⟨rail⟩ *Nichtraucher–* (compartment *–abteil*) || *~*-society, *~*-union [attr] *k–r Gewerkschaft angehörig* || *~*-spinning ⟨aero⟩ *trudelsicher* || *~*-splintering glass *splittersicheres Glas, Schutzglas* n || *~*-stop 1. a ⟨rail⟩ *durchgehend* (train); ⟨aero⟩ *ohne Zwischenlandung; pausenlos; Ohnehalt–* 2. s *durchgehender Zug* m || *~*-suit 1. vt/i (*Klage*) *abweisen* 2. s *Klageabweisung* f || *~*-synchronous *asynchron* ⟨Am⟩ || *~*-U ⟨fam⟩ = non Upper Class) *volkssprachlich* || *~*-viable *nicht lebensfähig* || *~*-voting stock *Aktie* f *ohne Stimmrecht* n || *~*-wage-earning activity *selbständige Erwerbstätigkeit* f ‖ ~-workable ⟨tech⟩ *unverformbar*

nonage ['nounidʒ] s *Minderjährigkeit* f ‖ ⟨fig⟩ *Unreife* f

nonagenarian [,nounədʒi'nɛəriən] **1.** a *neunzigjährig* **2.** s *Neunzigjährige(r* m) f

nonce [nɔns] s [*nur in*:] for the ~ f *das e–e Mal, nur f diesen Fall; einstweilen* ‖ [attr] ~-word *f e–n bes Fall or Zweck geprägtes Wort* n

nonchalance ['nɔnʃələns] s Fr *Nachlässigkeit* f, *Sichgehenlassen* n; *Gleichgültigkeit* f **–lant** ['nɔnʃələnt] a (~ly adv) *nachlässig, gleichgültig*

noncom ['nɔnkəm] s ⟨fam⟩ = non-commissioned officer

nonconforming ['nɔnkən'fɔ:miŋ] a ⟨engl ec⟩ *nonkonformistisch* **–mist** ['nɔnkən'fɔ:mist] s *N·onkonformist, Dissid·ent* m ‖ ⟨übtr⟩ *Außenseiter, Eigenbrötler* m ‖ [attr] *nonkonformistisch* **–mity** ['nɔnkən'fɔ:miti] s ⟨ec⟩ *Dissid·ent* m ‖ *mangelnde Anpassung* (to *an*) or *Übereinstimmung* f (with *mit*)

nondescript ['nɔndiskript] **1.** a *schwer beschreibbar or klassifizierbar or unterzubringen(d)* **2.** s *schwer klassifizierbare P or S*

none [nʌn] **1.** pron & n [*mst* pl konstr: ~ of them are (*is) here] *keine(r,–s)* (*v ihnen ist hier*); ~ of the clearest *k–swegs klar*; I have ~ *ich habe k–n* (pencil) ‖ ~ other than *kein anderer als*; ~ more so *k–r mehr* (*als er* etc) ‖ *k–e Menschen* pl, ~ but *fools believe it nur Narren glauben es*; we ~ of us *k–r v uns* ‖ ~ of *nichts v*; ~ of your cheek *unterlaß d–e Frechheit*; ~ of that *nichts dergleichen*; he will have ~ of N. *er will nichts wissen v N.* **2.** † a *kein* (sculpture we have almost ~) **3.** adv [*vor best.* art *u* compr] *in k–r Weise*; I am ~ the wiser *ich bin um nichts klüger, so klug wie zuvor*; ~ the less *nichtsdestoweniger* ‖ *k–swegs*; the best is ~ too good (for him) *das Beste ist gerade gut genug* (*f ihn*); ~ so high *k. so hoch*, ~ too high *k. zu hoch*; ~ too well *nicht gerade gut*; ~ too soon *fast zu spät* ‖ ⟨Am⟩ *überhaupt nicht*

nonentity [nɔ'nentiti] s *Nicht(da)sein* n ‖ *nichtexistierende S*; *Fiktion* f ‖ *unbedeutende P or S, Null* f

nones [nounz] s pl L ⟨ec⟩ *Mittagsoffizium* n

nonillion [nou'niljən] s *Nonillion* f (*1 mit 30 Nullen*), ⟨Am⟩ *Quintillion* f

nonpareil ['nɔnpərel] **1.** a *unvergleichlich* **2.** s *unvergleichliche P or S* f ‖ ⟨typ⟩ *Nonpareille-(schrift)* f (= *typographisches Maß* [6 *Punkt* = 2,256 mm])

nonplus ['nɔn'plʌs] **1.** s *Verlegenheit* f (at a ~ *in V.*) **2.** vt [–ss–, ⟨Am⟩ –s–] *in V. versetzen, in die Enge treiben*; ~sed *verdutzt*

nonprofit ['nɔn'prɔfit] s [attr] → non-profit

nonsense ['nɔnsəns] s *Unsinn* m (it is all ~; to talk ~); ~! °*dummes Zeug!* n; to stand no ~ *nicht mit sich spaßen l* ‖ *unsinnige Neigung* f, °*Fimmel* m ‖ ⟨Lit⟩ *Unsinn* m (e. g. Rabelaisian cranks, Alice in Wonderland, Hugo Blümer, cf. Chesterton, A Defence of ~, → *fantasy*) ‖ [attr] ~ *verses* [pl] *Verse mit korrekten Reimen mit burleskem Sinn* m **–nsical** [nɔn'sensikəl] a (~ly adv) *unsinnig, sinnlos*

nonsuch, *nones- ['nʌnsʌtʃ] s *unvergleichliche P or S, e–e P or S ohnegleichen* ‖ ⟨bot⟩ *Art Luzerne* f ‖ *Nonpareilleapfel* m

nonsuit ['nɔn'sju:t] **1.** s ⟨jur⟩ *Zurücknahme, Sistierung* f *e–r Klage* **2.** vt (*Prozeß*) *sistieren*

noodle ['nu:dl] s °*Esel,* °*Dussel* m

noodle ['nu:dl] s ⟨Ger⟩ [*mst* pl ~s] *Nudel* f (~ soup *–suppe*)

nook [nuk] s (of a room etc) *Winkel* m, *Ecke* f ‖ *Stübchen* n ‖ *abgelegener, geschützter Ort* m

noon [nu:n] s *Mittag* m, *–szeit* f (at ~ *z M.*) ‖ ⟨fig⟩ *Höhepunkt* m (at the ~ *auf dem H.*) ‖ [attr] ⟨Am⟩ *Mittags–* (~ rest) ~**day** ['~dei],

~**tide** ['~taid] s *Mittag(szeit* f) m ‖ [attr] *Mittags–*

noose [nu:s] **1.** s *Schlinge* f **2.** vt (*Tier*) *in or mit der Sch. fangen* ‖ (*etw*) *legen, schlingen* (over *über,* round *um*)

nopal ['noupl] s Span ⟨bot⟩ *Nopalbaum* m, *–pflanze* f (*Kaktus*)

nope [noup] adv ⟨Am sl⟩ *nein,* °*nee*

nor [nɔ:] conj [*nach* neg] *noch* (not a boy ~ a girl was missed); neither .. ~ *weder .. noch*, → neither ‖ *auch nicht* (~ I either *od* neither *ich auch nicht*)

nor' [nɔ:] abbr *f* north

Nordic ['nɔ:dik] **1.** a *nordisch* (*nordeuropäisch*) **2.** s *nordischer Mensch* or *Typ* m

Norfolk ['nɔ:fək] s (*engl. Grafschaft*) ~ jacket *lose Jacke* f *mit Gürtel*

norm [nɔ:m] s *Norm, Richtschnur* f ‖ *Mindestleistung* f (*e–s Arbeiters*)

normal ['nɔ:məl] **1.** a *norm·al, Normal–* (~ school ⟨Am⟩); ~ revolutions per minute (abbr ~ RPM) ⟨mot⟩ *Normaldrehzahl* f; ⟨mot⟩ ~ output, ~ power, ~ rating *Dauerleistung* f ‖ ~ position ⟨mil⟩ *Grund–, Ausgangsstellung* f; ⟨tech⟩ *Ruhestellung, –lage* f ‖ ⟨aero⟩ ~ formation *Grundformation* f; ~ rated power *Normalleistung* f; ⟨stat⟩ ~ age at death *häufigstes Sterbealter* n ‖ *regelrecht* ‖ (*alt*)*herkömmlich* (*Ggs modern*), → control ‖ ⟨geom⟩ *senkrecht* (to *z*) **2.** s ⟨geom⟩ *Senkrechte* f (to *z*); *Lot* n ‖ *Normalstand* m; *normaler, üblicher Zustand* m ‖ *Normaltyp* m ~**cy** [~si], ~**ity** [nɔ:'mæliti] s *Normalität, Regelmäßigkeit* f ~**ization** [,nɔ:məlai'zeiʃən] s *Normalisierung* f ~**ize** ['nɔ:məlaiz] vt *normalisieren* ~**ly** [~i] adv *normalerweise*

Norman ['nɔ:mən] **1.** s [pl ~s] *Normanne* m **2.** a *normannisch* (~ architecture *die –sche Architektur*; the ~ Conquest)

Norn [nɔ:n] s ⟨myth⟩ *Norne* f

Norroy ['nɔrəi] s ⟨engl⟩ *der dritte Wappenkönig* m

Norse [nɔ:s] **1.** s *die norwegische Sprache* (Old ~ *Altnorwegisch*) ‖ the ~ [pl] *die Norweger* pl **2.** a *norwegisch* ~**man** ['~mən] s [pl –men] *Norweger* m

north [nɔ:θ] **1.** adv *nördlich* (of *v*), ~ of London *nördlich v L.* ‖ *nach Norden* (to go ~) **2.** s (*mst* the ~) *Norden* m (in the ~ *im N.*; to the ~ of *nördlich v*) ‖ *Nordwind* m **3.** a *Nord–* (~ pole; ~ wind), *nördlich*; ~ London *das nördl. L., Nord-London*; the ~ Country *Nord-England* ‖ ~ Atlantic Council ⟨pol⟩ *Nordatlantikrat* m; ~ A. Treaty Organization (NATO) *–paktorganisation* f **4.** [in comp] ~-east ['~-'i:st; ⟨naut⟩ ~'no:r'i:st] **1.** adv *nordöstlich* (of *v*) **2.** s *Nordosten* m **3.** a *Nordost–* ‖ ~-easter *Nordostwind* m ‖ ~-easterly **1.** a *Nordost–*; *nordöstlich* **2.** adv *nordöstlich* ‖ ~-eastern *nordöstlich* ‖ ~-eastward **1.** adv & a *nordöstlich* **2.** s *Nordosten* m ‖ ~-eastwardly [a & adv] *nordöstlich* ‖ ~-west ['~'west; ⟨naut⟩ ~no:'west], nor'west ['nɔ:-'west] **1.** adv *nordwestlich* (of *v*) **2.** s *Nordwesten* m **3.** a *Nordwest–* ‖ ~-wester, nor'wester *Nordwestwind* m ‖ ~-westerly **1.** a *Nordwest–, nordwestlich* **2.** adv *nordwestlich* ‖ ~-western [a] *nordwestlich* ‖ ~-westward [adv & a] *nordwestlich* ‖ ~-westwardly [a & adv] *nordwestlich*

northerly ['nɔ:ðəli] **1.** a *nach Norden, nördlich* (~ course) ‖ *v N., nördlich* (~ wind) **2.** adv *nach N.* (to go ~) ‖ *v N.*

northern ['nɔ:ðən] a [*nur* attr] *nördlich* (~ Europe); ~ light *Nordlicht* n **–er** [~ə] s *Nordländer(in* f) m ~**most** [~moust] a *nördlichst*

northing ['nɔ:θiŋ] s ⟨mar⟩ *nördliche Richtung* f; *Weg* m or *Distanz* f *nach Norden* (we made three miles ~) ‖ ~ of map-grid *Hochwert* m

northward ['nɔ:θwəd] **1.** adv *nordwärts, nörd-*

lich (of *v*) **2.** s *nördl. Richtung* or *Gegend* f **3.** a *nördlich* **~ly** [~li] **1.** adv *nordwärts* **2.** a *nördlich* | **~s** [~z] adv = northward adv

Norwegian [nɔːˈwiːdʒən] **1.** a *norwegisch* **2.** s *Norweger(in* f) m || *das Norwegische*

nose [nouz] s **1.** ⟨anat⟩ *Nase* f || *Geruch* m; ⟨fig⟩ *Nase* f (for *f*) **2.** *offenes Ende* n *e–s Dinges*; (of a tube, etc) *Mündung, Schnauze* f || *(Schiffs–* etc) *Bug* m; ⟨aero⟩ *Rumpfbug; Kanzel, Nase,* °*Schnauze* f || *Spitze* f, *(Munitions-)Kopf* m; *(Rohr-)Mündung* f **3.** ⟨sl⟩ *(Polizei-)Spitzel* m **4. Wendungen:** under a p's (very) ~ *jdm direkt vor der Nase; offen vor jdm* || to count ~s ⟨fam⟩ *die Nasen zählen* || to cut off one's ~ to spite one's face *sich ins eigene Fleisch schneiden* || do not drive ~ to tail! ⟨mot⟩ *Abstand halten!* || to follow one's ~ *immer der N. nach gehen* || to have a good ~ for *e–e feine N. h f (etw)* || to hold one's ~ *sich die N. zuhalten* || ⟨vulg⟩ his ~ is always brown *er ist ein Arschkriecher* || → to lead || to look down one's ~ *ein verdrießl. Gesicht m* || to make a long ~ *e–e lange N. m* (at a p *jdm*) || to pay through the ~ ⟨fig⟩ *tüchtig bluten, zahlen müssen* || to poke, put, thrust one's ~ into *s–e N. stecken in* || to put a p's ~ out of joint *jdn ausstechen* or *aus dem Sattel heben* || not to see beyond one's ~ ⟨fig⟩ *e–n Horizont wie ein Kompotteller h (beschränkt* s); you could not see beyond your ~s *man konnte nicht die Hand vor Augen sehen* || to speak through one's ~ *durch die N. sprechen; näseln* **5.** [attr] ~**-bag** *Futterbeutel* m *(f Pferde)* || ~**-band,** ~**-piece** *Nasenriemen* m || ~**-dive 1.** s ⟨aero⟩ *Sturzflug* m; → dive **2.** vi *e–n St. m* || ⟨aero⟩ ~ *gunner Bugschütze* m; ~**-heaviness** *Kopflastigkeit* f; ~ *landing gear Bugrad-Fahrwerk* n || ~**-rag** °*Rotzfahne* f *(Taschentuch)* || ~**-ring** *Nasenring* m || ~ *warmer Nasenwärmer* m *(kurze Pfeife)* || ~**-wipe** = ~**-rag** | ~**d** [~d] a [in comp] *–nasig* (long-~) ~**less** [ˈ~lis] a *ohne Nase*

nose [nouz] vt/i | *riechen, spüren; wittern;* to ~ out *auf–, ausspüren, erkunden* || *mit der Nase stoßen an* or *gegen; genau untersuchen* || to ~ one's way *vorsichtig fahren* (through) || ⟨sl⟩ *beobachten l, unter Polizeiaufsicht halten* | vi *schnuppern; schnüffeln* (at *an*; after, for *nach*; into *in*); to ~ about the room *im Z. herum–* (of boat) *vorstoßen* || ⟨aero⟩ to ~ over *kopfüber fallen*

nosegay [ˈnouzgei] s *Blumenstrauß* m

noser [ˈnouzə] s *Schlag* or *Fall auf die Nase; Nasenstüber* m || *starker Wind* m || ⟨sl⟩ *Polizeispitzel* m

nosey [ˈnouzi] a *mit gr Nase* || *wohlriechend* || ⟨sl⟩ *neugierig;* ~ Parker *neugierige P*

nosing [ˈnouziŋ] s *runde, hervorstehende Kante* f; ⟨arch⟩ *hakenförmiger Ansatz* m

nosography [nɔˈsɔgrəfi] s *Beschreibung der Krankheiten* f || *–logy* [nɔˈsɔlədʒi] s *Nosolog·ie, Krankheitslehre* f

nostalgia [nɔsˈtældʒiə], –**gy** [–dʒi] s *(drückendes) Heimweh* n; *Sehnsucht* f *(for nach); sehnsüchtige Erinnerung* (for *an*); *Weltschmerz* m –**gic** [nɔsˈtældʒik] a *heimwehverursachend; heimwehkrank*

nostoc [ˈnɔstɔk] s ⟨bot⟩ *e–e Algenart* f

nostril [ˈnɔstril] s ⟨anat⟩ *Nasenloch* n; *Nüster* f

nostrum [ˈnɔstrəm] L s [pl ~s] *Geheimmittel* n, *Quacksalbermedizin* f || ⟨fig⟩ *soziales* or *polit. Heilmittel* n

not [nɔt], ⟨fam⟩ **n't, nt** [nt; n] (ain't I = am I not; can't = cannot; isn't = is not; aren't = are not; won't = will not) adv *nicht* (I do ~ agree, ~ being able; ~ having been able); ~ to be wedded to ⟨fig⟩ *nicht verheiratet s mit* || more often than ~ *in den meisten Fällen* || I

think ~ *ich glaube, es ist nicht so* || ⟨poet & †⟩ I know ~ *ich weiß es nicht* | ~ I *nein, ich nicht;* ich denke nicht daran | it is cold, is it ~ (isn't it)? *es ist kalt, nicht wahr?;* It is not true. Is it ~ (isn't it)? *es ist nicht wahr. So?* | ~ a *kein* (→ no); ~ a soldier *kein Soldat (ein Zivilist);* he is ~ an Englishman *er ist kein Engländer* (but a German) || ~ a few *nicht wenige* | ~ at all *durchaus nicht* || I cannot but think *ich kann nicht umhin z denken* || ~ if I know it *nicht wenn es nach mir geht, sicher nicht* || if this does ~ endanger other traffic *wenn es ohne Gefährdung des Verkehrs geschehen kann* || ~ that *nicht daß, nicht als ob* || ~ half ⟨sl⟩ adv *gar sehr*

notability [ˌnoutəˈbiliti] s *wichtige Persönlichkeit* f || *hervorragende Eigenschaft, Bedeutung* f || (of women) *häuslicher Fleiß* m || **notable** [ˈnoutəbl] **1.** a (–bly adv) *bemerkenswert; hervorragend, ansehnlich* | ⟨chem⟩ *merklich* | (of women) *tüchtig, fleißig, emsig* **2.** s *angesehene Persönlichkeit, Standesperson* f

notarial [nouˈtɛəriəl] a (~ly adv) *Notari·ats–* || *vom Notar beglaubigt, notari·ell*

notary [ˈnoutəri] s (a ~ public [pl ~s public]) *Notar* m

notation [nouˈteiʃən] s * *Aufzeichnung* f || ⟨arith, mus & phon⟩ *Bezeichnung* f

notch [nɔtʃ] **1.** s *Kerbe* f, *Kerb–, Einschnitt* m | ⟨Am fig⟩ *Stufe* f | *Engpaß* m; *Kimme* f *(a* vulg*);* ~ and bead sights [pl] *Kimme f u Korn* n **2.** vt *einkerben, –schneiden* || ~ed pin → groove-pin

note [nout] s **1.** ⟨mus⟩ *Note* f || *Taste* f; to strike the ~s *die Tasten anschlagen* | *Ton;* *Klang* m || (of birds) *Schrei, Gesang* m | ⟨fig⟩ *Tonart* f, *Ton* m; to strike the right (a false) ~ *den rechten (e–n falschen) T. anschlagen* **2.** *Zeichen; charakterist. Merkmal; Brandmal* n || ⟨st exch⟩ on a firm ~ *mit fester Tendenz, fest* || *(Interpunktions-)Zeichen* n (~ of exclamation *Ausrufungs–*) **3.** [mst pl ~s] *Aufzeichnung* f; to speak without ~s *frei sprechen* || *Notiz* f; to take ~s of, about *sich Notizen m über;* to make, take a ~ of a th *etw aufschreiben, notieren;* to make a mental ~ *sich (etw) merken, einprägen* || *Anmerkung* f || *Aufstellung* f, *Verzeichnis* n | *Zettel; kurzer Brief* m; ⟨jur⟩ ~ of issue *Mitteilung f erfolgter Terminfestsetzung* f; *Rechnung* f || ⟨dipl⟩ *Note* f (exchange of ~s *–naustausch*) || [mst ~ of hand) *Schuldschein* m || ⟨Am com bal⟩ ~s payable *Wechsel* m pl; ~s receivable *Wechselforderungen* f pl || *promissory* ~ *Eigen–, Solawechsel* m | *Banknote* f **4.** *Wichtigkeit f, Ansehen* n (a man of ~ *.. v A.*); *Ruf* m | *Beachtung* f (worthy of ~); to take (no) ~ of *(nicht) berücksichtigen* **5.** [attr] ~**-block** *Notizblock* m || ~**-book** *Notizbuch* n, *Brieftasche* f || ~**-case** *Brieftasche* f *(a f Papiergeld)* || ~**-paper** *Briefpapier* n || ~**-shaver** ⟨Am sl⟩ *Ausbeuter; Wucherer* m

note [nout] vt (sorgsam) *beachten* || *besonders erwähnen, bemerken* (oft to ~ down) *auf–, niederschreiben;* to ~ a statement ⟨parl⟩ *e–e Erklärung ins Protokoll aufnehmen* || *mit Anmerkungen versehen* || to ~ a bill *e–n Wechsel protestieren* | ~**d** [ˈ~id] a *bekannt, berühmt* (for *wegen*) || *berüchtigt* (for *wegen*) ~**dly** [ˈ~idli] adv *ausgesprochen; deutlich; besonders*

noteworthy [ˈnoutˌwəːði] a *beachtlich, beachtens–, bemerkenswert*

nothing [ˈnʌθiŋ] **I.** s **1.** [nur sg] *nichts* (of *v*), ~ great *nichts Großes;* ~ much *nichts Bedeutendes* || ⟨arith⟩ *Null* f || *Nichtexistierendes* n; to ~ *zu* or *in nichts* || for ~ *vergebens, umsonst;* good for ~ *z nichts z gebrauchen* **2.** [mst pl ~s] *Nichts* n, *nicht existierende* or *unbedeutende S* or *Bemerkung* f (a few ~s) || *unbedeutende P, Null* f **3. Verbindungen:** ~ else than *nichts anderes als*

|| ~ but, ~ except *nichts als* or *außer* || ~ if not courageous *überaus* or *sehr mutig* || there is ~ for it but to do *es bleibt nichts übrig als z tun* || there is ~ like .. *es geht nichts über* .. | ⟨fam⟩ to feel like ~ on earth *sich hundeübel fühlen*; ~ to write home about *nichts Besonderes, Bemerkens–, Erwähnenswertes, v Belang* ∥ ~ doing → to do V. 4. | to be ~ to *ohne Bedeutung s f* (a p); *nichts im Vergleich s z* || to be as ~ *nichts bedeuten* || to come to ~ *zunichte w*; *mißlingen* || to make ~ of *sich nichts m aus*; (*mit* can) *nichts anfangen können mit* || to say ~ of *geschweige denn* **II.** adv *durchaus nicht, keineswegs, in k–r Weise*; ~ like .. *in k–r Weise z vergleichen mit* ..; ~ like so bad as .. *bei weitem nicht so schlecht wie* ..; ~ like complete *in k–r Weise vollendet* || (*in Antworten:*) operation ~ *Operation*? *k–e Spur,* °*Quatsch, nichts davon* **~ness** [~nis] s *Nichtsein, Nichts* n; *Nichtigkeit* f

notice ['noutis] **1.** s *Meldung, Nachricht* f; to give ~ *N. geben*; to receive ~ *N. erhalten* | *Warnung* f || *Kündigung* f (to terminate employment .. *den Dienst z beenden*); three calendar months ~ *dreimonatige K.* || ⟨jur⟩ *Anzeige* f (*v Mängeln im Zivilrecht*); ~ of appearance (~ of argument) *Mitteilung* f *erfolgter Anwaltsbestellung* (.. *Terminfestsetzung*) || ~ of defects *Mängelanzeige* f **2.** *Obacht, Beachtung* f (not worth a p's ~); ~! *z Beachtung!* | *Aufmerksamkeit, Kenntnis* f; to bring to a p's ~ *z jds K. bringen*; to bring into ~ *bekanntmachen*; to come under a p's ~ *z jds K. k, jdm bekannt w*; to have ~ of *K. h v* **3.** (in newspapers) *kz Notiz, Anzeige* f, obituary ~ *Todesanzeige*; ~ of an engagement *Verlobungs–* || *Artikel* m; *Besprechung, Kritik* f **4.** to have ~ to quit *sofort ausziehen müssen* || I am under ~ to leave *mir ist gekündigt worden* || at a day's ~ *innerhalb e–s Tages*; *bei eintägiger Vorherbestellung* f || at a moment's ~ *jederzeit, z jeder Zeit* || at short ~ *sofort; ohne Überlegung; unverzüglich; plötzlich* (had to go to P. ..); *notfalls sofort* (will have to go to P. ..); (*sich*) *auf Abruf* (*bereithalten zu reisen*) || till further ~ *bis auf weiteres* | to avoid ~ *um Aufsehen z vermeiden* || to escape ~ *unbeachtet bleiben* || to give a p ~ *jdm kündigen* (for Easter *z Ostern*); *jdn benachrichtigen* (that) || to give a p a week's, three months' ~ *jdm e–e Woche, 3 Monate vorher kündigen, kündigen bei achttägiger, dreimonatiger Frist* || to give ~ of *anzeigen, –kündigen* || to give a p very short ~ *jdn sehr spät benachrichtigen, jdm wenig Zeit l* (about a th *betreffs etw*) || to give ~ to *beachten* || to take ~ *aufachten* (that; how); to take ~ of a p *Notiz nehmen v jdm, jdn beachten*; .. of a th *Kenntnis nehmen v etw*; to take no ~ of *nicht beachten, ignorieren* **5.** [attr] ~-board *Anschlagtafel* f; ⟨Ger univ⟩ *Schwarzes Brett* n

notice ['noutis] vt **1.** *bemerken, erwähnen* (a th; a th to a p *etw jdm gegenüber*) | (*Buch*) *anzeigen, besprechen* **2.** *bemerken, beobachten* (to ~ a p do *od* doing *jdn etw tun sehen*); *feststellen* **3.** (*jdn*) *mit Aufmerksamkeit behandeln; beachten, anerkennen* **4.** (*jdm*) *kündigen* **~able** [~əbl] a (–bly adv) *bemerkenswert* || *sicht–, wahrnehmbar; merklich*

notifiable ['noutifaiəbl] a (of diseases) (*an*)*meldepflichtig* –**fication** [‚noutifi'keiʃən] s *Meldung, Anzeige* f; *Ankündigung* f || *Bekanntmachung* f || ⟨ins⟩ *Schadensandienung* f –**fy** ['noutifai] vt *bekanntgeben, kundtun, anzeigen* (a th to a p *jdm etw*) || (*jdn*) *in Kenntnis setzen, benachrichtigen* (of *v*, über; that)

notion ['nouʃən] s **1.** *Begriff* m || *Idee, Vorstellung* f (of *v*); *Gedanke* m (of doing *z tun*); I have a ~ *ich denke mir* (that); *Ahnung* f (I had no ~); not the vaguest ~ *nicht die leiseste A.*

2. *Ansicht, Meinung* f; to fall into the ~ *in die A. verfallen, auf den Gedanken k* (that) **3.** *Neigung, Absicht* f (of doing *z tun*) **4.** ~s [pl] ⟨Am⟩ *Galanterie–, Kurzwaren* pl (~s department) –**al** [~l] a (~ly adv) *begrifflich, Begriffs–* || *rein gedanklich, spekulativ* (*Ggs empirisch*) || *imaginär, nur gedacht* | *launenhaft*

notochord ['noutəkɔ:d] s ⟨anat⟩ *Knorpelband, –gerüst* n

Notogaea [‚nouto'dʒiə] s *tiergeographische Region* f (*Australien, Neuseeland u. a. umfassend*)

notoriety [‚noutə'raiəti] s *Offenkundigkeit* f || *Bekannt–, Berüchtigtsein* n || *weitbekannte Persönlichkeit* f

notorious [nou'tɔ:riəs] a (~ly adv) *allgemein bekannt, offenkundig* (it is ~ that) || *berüchtigt, nur z bekannt* (for *wegen*) | [attr] *notorisch* (a ~ robber)

notwithstanding [‚nɔtwið'stændiŋ] **1.** prep *ungeachtet* (~ that *od* that ~ dessen–); *trotz*; z *Trotz*; ~ the objections *ungeachtet* [gen], *trotz* [gen *od* dat] **2.** adv *nichtsdestoweniger, dennoch* **3.** conj ~, ~ that *obgleich*

nougat ['nu:gɑ:] s Fr *N*°*ugat* m

nought [nɔ:t] s ⟨liter⟩ *Nichts* n || ⟨arith⟩ *Null* f | to bring to ~ *zerstören*; to come to ~ *fehlschlagen*; to set at ~ ⟨fig⟩ (*etw*) *in den Wind schlagen*

noumenon ['nauminən] Gr s [pl –na] ⟨philos⟩ *No°umenon* n, *reines Gedankending* n, *bloße Idee* f

noun [naun] s ⟨gram⟩ *Substantiv, Hauptwort*; *Nenn–* n || ⟨obs⟩ ~ substantive *Substantiv*, ~ adjective *Adjektiv* n

nourish ['nʌriʃ] vt (*jdn*) *ernähren* (on *v*) || ⟨fig⟩ *nähren* (with *mit*); *er–, unterhalten*; (*Gefühl*) *hegen*; *stärken* **~ing** [~iŋ] a *nahrhaft, Nähr–* (~ power, ~ value –*wert*) **~ment** [~mənt] s *Nahrung* f ⟨a fig⟩ || *Ernährung* f || *Nahrungsmittel* n

nous [naus] s Gr ⟨philos⟩ *Verstand* m || ⟨fam⟩ *Mutterwitz* m, °*Grütze* f

nova ['nouvə] L s ⟨astr⟩ *neuer Stern* m

novation [no'veiʃən] s (*Kontrakt-*)*Erneuerung* f

novel ['nɔvəl] s (It *novella* = "news") *Roman* m; the ~ *der R.* (*als Gattung*, cf. Don Quixote, Thackeray's Vanity Fair, A Novel Without a Hero, Scott's Waverley Novels, Balzac's Comédie humaine, etc); → fiction, truth; ~ with a purpose *Tendenzroman*; short ~ *längere Novelle* f | ~-writer ~ist **~ette** [‚nɔvə'let] s (*mst Schund-*)*Novelle* f **~ist** [~ist] s *Romanschriftsteller*(in f) m **~ize** [~aiz] vt; to ~ a film *e–e Fabel z e–m Film schreiben*

novel ['nɔvəl] a *neu*(*artig*); *ungewöhnlich* **~ty** [~ti] s *Neuheit* f || the ~ *das Neueste*; *das Ungewöhnliche* || ⟨Lit⟩ cf. Addison, Johnson, etc

November [no'vembə] s *November* m (in ~ *im N.*) | [attr] *November–* (~ mist)

novena [no'vi:nə] s ⟨R. C.⟩ *Neuntage-Gebetzeit* f

novercal [no'və:kl] a *stiefmütterlich*

novice ['nɔvis] s *Neuling, Anfänger* m || ⟨ec⟩ *Nov*°*ize* m & f | [attr] *Neulings–* || *nichtprämiiert* (dog)

noviciate, novitiate [no'viʃiit] s *Lehrzeit* f || ⟨ec⟩ *Novizi*°*at* n

now [nau] **I.** adv **1.** *jetzt; sofort* [*in der Erzählung*] *nun, dann, darauf; z jener Zeit, damals* || *just* ~ *gerade jetzt; soeben* (~ ready – *erschienen*) || ~ and again, (every) ~ and then *dann u wann, hin u wieder* || ~ .. ~ *bald* .. *bald* **2.** [*ohne temporale Kraft*] *nun*; ~ then *nun also, wohlan*; ~ if *wenn nun aber*; what is it ~? *was gibt's schon wieder* || *bitte*; *sicherlich, wirklich, doch* (u. ä.): come ~! *nur ruhig!* ~ ~! *sachte, sachte!* || did you ~? *nicht möglich!* **II.** conj (a ~ that) *nun da, da nun, jetzt wo* (~ he is gone we ..) **III.** s *Jetzt* n, [*bes nach prep:*] before ~

schon früher, schon einmal; by ~ *mittlerweile*; from ~ *v jetzt an*; up to ~ *bis jetzt* **IV.** [in comp] ~-existing *jetzt existierend* **~aday** ['~ədei] adv *heutzutage* | [attr] *heutig, v heute* **~adays** ['~ədeiz] adv *heutzutage*

noway(s) ['nouwei(z)], **nowise** ['nouwaiz] adv *keineswegs*

nowhere ['nouwɛə] adv *nirgends* (~ mentioned); there is ~ .. than *es gibt k–n Ort* (*wo* ..) .. *als* || *nirgendwohin* || ~ *near nicht annähernd, bei weitem nicht* | ⟨sl⟩ to be ~ *weit zurück s, nicht in Betracht k*; *ein geschlagener Mann s*; *nicht ein noch aus wissen*

nowhither ['nouwiðə] adv *nirgendwohin*

noxal ['nɔksəl] a ⟨jur⟩ *schädlich, No×al–*

noxious ['nɔkʃəs] a (~ly adv) *schädlich, verderblich*; ~ *animal Schädling m* || ⟨fam⟩ *häßlich* (evening) **~ness** [~nis] s *Schädlichkeit* f

nozzle ['nɔzl] s *kl Ausgußröhre, Tülle, Schneppe* f || ⟨tech⟩ (*Ausströmungs-)Öffnung (an Röhren), Düse* f; *Zerstäuber* m | ⟨sl⟩ *Trompete* f (*Nase*)

nth [enθ] ~ n

nuance [nju·'ā:s] s Fr *Nu·ance*; *Schattierung, Abtönung* f

nub [nʌb], **~ble** ['~l] s *Auswuchs*; *kl Klumpen* m || ⟨Am⟩ (of a story) *Kern(punkt)* m; ~ question *–frage* f **~bin** ['~in] s ⟨Am⟩ *Klümpchen, Stückchen* n, *vorspringendes Stück* n; *kl Maiskolben* m **~bly** ['nʌbli] a *knotig*; *klumpig*

nubiform ['nju:bifɔ:m] a *wolkenförmig*

nubile ['nju:bil] a (of females) *heiratsfähig* *–lity* [nju·'biliti] s *Heiratsfähigkeit* f, ⟨jur⟩ *Ehemündigkeit* f

nuchal ['nju:kl] a ⟨zoo⟩ *Nacken–*

nuci– ['nju:si–] L [in comp] *Nuß–* **~ferous** [nju·'sifərəs] a *Nüsse tragend* **~vorous** [nju·'sivərəs] a *N. fressend*

nucleal ['nju:kliəl], **–ar** ['nju:kliə] a *Kern–* || *–ar mit Atomkraft betrieben* (*U-Boot*) || ⟨phys⟩ *–ar bombardment Kernbeschuß* m; *–ar chain reaction –kettenreaktion*; *–ar charge* ⟨el⟩ (*positive*) *–ladung* f; *–ar disintegration –zerfall* m; *–ar energy Atomenergie* f; *–ar engineering Kerntechnik* f; *–ar fission Kernspaltung* f; *–ar fuel brennstoff* m; *–ar fuel problems Probleme* n *pl der Kern–, Atombrennstoffe*; *–ar magnetic moment magnetisches Kernmoment* n; *–ar physicist –physiker, –forscher* m; *–ar pile Atomsäule, –batterie* f, *Pile* n; *–ar power station Atomkraftwerk* n; *–ar reaction Kernreaktion* f; *–ar research At·omkernforschung* f; *–ar scientist Kernforscher* m; *–ar theory –theorie* f; *–ar transformation –umwandlung* f **–ate** ['nju:klieit] vt/i || *z e–m Kern bilden* | vi *e–n K. bilden* || **nucleo–** ['nju:klio] L [in comp] *Kern–*; *Nukleo–* || ~genesis (*natürliche*) *Kernbildung* f **nucleole** ['njuklioul] s ⟨biol⟩ *Kernkörperchen* n **nucleonics** [,nju:kli·'ɔniks] s [sg konstr] *angewandte* (*Atom-)Kernphysik* f **nucleus** ['nju:kliəs] s L (pl *–ei* [–iai]) ⟨astr⟩ *Kern* m *e–s Kometen* || *Kern, Mittelpunkt* m; ⟨a übtr⟩ *to crystallize round a* ~ *sich um e–n M. kristallisieren* || ⟨bot⟩ *Samenkern* m || ⟨biol⟩ *Zellkern* m || ~ crew ⟨mil⟩ *Stammbesatzung, –besetzung* f

nude [nju:d] **1.** a *nackt, bloß*; ⟨a fig⟩ (~ fact) || ⟨jur⟩ *nicht formell beglaubigt*; *nichtig* (contract) **2.** s ⟨arts⟩ *nackte Figur* f, *Akt* m; the ~ *das Nackte*; ~ *cult Nacktkult* m **~ness** ['~nis] s *Nacktheit* f

nudge [nʌdʒ] **1.** vt (*jdn*) *leise anstoßen* **2.** s (*leichter*) *Rippenstoß* m ⟨a fig⟩

nudism ['nju:dizm] s *Nacktkultur* f, → *naturism* || ⟨fig⟩ *Entblößung* f **nudist** ['nju:dist] s *Anhänger m der Nacktkultur* || [attr] ~ *colony* „*Abessinien*" n **nudity** ['nu:diti] s *Nacktheit*; *Kahlheit* f || ⟨arts⟩ *nackte Figur* f

nugatory ['nju:gətəri] a *wertlos, leer*; *nichtig, wirkungslos*

nuggar ['nʌgə] s *gr* (*Nil-)Boot* n

nugget ['nʌgit] s (*roher*) *Goldklumpen* m; *Klumpen* m

nuisance ['nju:sns] s *Schaden* m; *Ärgernis* n (a public ~); *Plage* f; *Mißstand* m; to abate a ~ *e–n M. abstellen, beseitigen*; commit no ~! *die Verunreinigung dieses Ortes ist verboten!* || (*P*) *Pest, Plage* (to *für*); *lästiger Kerl* m, to be a ~ *lästig w*, to be a ~ to a *p jdm lästig fallen*; to make a ~ of o.s. *sich lästig m* || *Unfug, Skandal* m | *Unannehmlichkeit* f; it's a great ~ *es ist sehr fatal* || what a ~! *wie dumm! wie ärgerlich!* || ~ *dust* ~ *Staubplage* f || ⟨jur⟩ *private* ~ *Besitz–, Eigentumsstörung* f; *public* ~ *öffentliches Ärgernis* n | [attr] ⟨bes mil⟩ *Stör(-angriff, –flugzeug), Störungs(-feuer)*

null [nʌl] a **1.** [*nur pred*] *nichtig, ungültig*; ~ *and void null u nichtig* **2.** *wert–, ausdruckslos, nichtssagend* **~ification** [,nʌlifi·'keiʃən] s *Ungültigmachung* f; *Aufhebung* f || *Vernichtung* f || ⟨Am pol⟩ *Verhinderungsmaßnahme* f (*e–s Einzelstaates*) **~ifier** ['nʌlifaiə] s *Ungültigmacher* m **~ify** ['nʌlifai] vt *ungültig m, aufheben* || *vernichten* **~ipara** [nʌ'lipərə] s = *nulliparous woman Frau ohne Geburt* **~ity·** ['nʌliti] s *Ungültigkeit, Nichtigkeit* f; ⟨fig⟩ *Null* f

nullah ['nʌlə] s ⟨AInd⟩ *Fluß* m; *Wasserstraße* f

numb [nʌm] **1.** a (~ly adv) *erstarrt*; *empfindungslos, starr* (with *vor*) || ⟨sl⟩ ~ *hand Stümper* m **2.** vt *starr od empfindungslos m*; *erstarren l*; *betäuben* **~ness** ['~nis] s *Erstarrung, Betäubung* f

number ['nʌmbə] s **1.** (*Menge*) *Zahl* f; *Anzahl* f (a ~ of books *e–e A. Bücher*); a great ~ of *sehr viele*; the ~ of times *die vielen Male*; five times the ~ *5mal so viel* || ⟨tech⟩ ~ of starts, ~ of threads (*Gewinde-)Gangzahl* f | ~ of cars *frequenting a road Verkehrsdichte* f *e–r Straße*; ~ of persons *od passengers carried Verkehrs–, Beförderungsleistung* f || ~ of divorces *per new marriage* ⟨stat⟩ *Ehescheidungsziffer nach Eheschließungen* | **~s** [pl] ⟨bib⟩ *Numeri* (*IV. Buch Mose*) | *Summe* f | (*P*) [a pl konstr] *Menge, Schar* f; one of their ~ *e–r aus ihren Reihen* **2.** ⟨arith⟩ *Zahl, Ziffer* f || (abbr *No.*, ~ *d*) *Nummer, Numero* (*No. 2*); to do ~ one (two) ⟨nursery⟩ *Klein* (*Groß*) *m* || ⟨mil *fam*⟩ by ~s *nach Zählen* || *opposite* ~ ⟨fam⟩ *Gegenstück* n || his ~ is up *s–e Stunde ist gek* || I have your ~ *now jetzt hab' ich dich aber* (sc. *durchschaut*) || ⟨mil hum⟩ your ~! *your* ~ is still wet! *had your* ~ up to dry *du bist ja noch nicht trocken hinter den Ohren* || ~ one **1.** *erste Klasse*; [attr] *erstklassig* **2.** *die eigene P, der eigene Vorteil* (to look after ~ one) **3.** (of periodicals, etc) *Nummer, Lieferung* f (in ~s *in Lieferungen*); *Heft* n; → back **4.** (*als Einheit*) *Zahl* f || ⟨gram⟩ *Zahl* f (in the singular ~ *im Singular*) | ~s [pl] *Versmaß* n, *Rhythmus* m; *Verse* m pl; ⟨mus⟩ *Weisen* f pl **5. Wendungen**: to be among the ~, in the ~, of the ~ *darunter (einbegriffen)* s | in ~ *an Zahl* (50 in ~) || in round ~s *in runder Zahl, rund* || to the ~ of fifty *bis z 50* || *times out of od without* ~ *unzählige Male* || to get a p's ~ ⟨fig⟩ *jdn erwischen, –tappen* || to take a p's ~s *jds Nummer aufschreiben* **6.** [attr] ~-plate *Nummernschild* n **~ed** [~d] a *numeriert, gezählt*; ~ *air force Luftflotte* f **~less** [~lis] a *zahllos*

number ['nʌmbə] vt (*zus-)zählen*; to be ~ed *gezählt or begrenzt s* || *zählen, betrachten, rechnen* (among *unter or z*) || *numerieren* || *an Zahl umfassen*; *sich belaufen auf, zählen* (the crew ~ed 25) | to ~ off *abzählen* **~ing** [~riŋ] s [attr] *Rechen–* (~ *machine*)

numdah ['nʌmdɑ:] s ⟨AInd⟩ *Filztuch*; *Satteltuch* n

numerable ['nju:mərəbl] a *zählbar* **–al** ['nju:mərəl] **1.** a *Zahl–* (symbol) **2.** s ⟨gram⟩

Zahlwort n || *Zahlzeichen* n; *Ziffer*, *Nummer* f –ation [‚nju:məˈreiʃən] s *Zählen* n, *Zählung*; *Numerierung* f –ative [ˈnju:mərətiv] a *Zähl-* (system) –ator [ˈnju:məreitə] s (of a fraction) *Zähler* m

numerical [nju:ˈmerikəl] a *num·erisch*, *Zahl-* (*en*)–; *zahlenmäßig* (superiority .. *Überlegenheit*, *Überzahl*) || ~ data *zahlenmäßige Angaben* f pl || ~ order *Zahlenfolge* f **~ly** [~i] adv *in Zahlen*, *zahlenmäßig*; *an Zahl*

numerous [ˈnju:mərəs] a (~ly adv) *zahlreich* (~ assembly); —ly attended *stark besucht* **~ness** [~nis] s *gr Zahl*, *Menge* f

numismatic [‚nju:mizˈmætik] **1.** a (~ally adv) *numismatisch*, *Münz-*; *Münzen-* **2.** [s pl] ~s [sg konstr] *Münzkunde* f –tist [nju:ˈmizmətist] s *Numism·atiker* m

nummary [ˈnʌməri] a *Münz-*; *Geld-* **num-mular** [ˈnʌmjulə] a *münzenförmig* **nummulite** [ˈnʌmjulait] s *Numul·it*, (*Kalk-*)*Münzstein* m (*münzengroßes Gehäuse* v *tertiären Wurzel-füßern*)

numnah [ˈnʌmnə] s (*Ind*) *Sattelkissen* m **numskull** [ˈnʌmskʌl] s *Dummkopf*, *Tropf* m **nun** [nʌn] s (*ec*) *Nonne* f || (*orn*) *Blaumeise* f || (*ent*) *Nonne* f || ~'s veiling *feines weiches*, *wollenes Tuch* n **~nery** [ˈ~əri] s *Nonnenkloster* n **nun-buoy** [ˈnʌn‚bɔi] s (*mar*) *Spitztonne*; *runde*, *an beiden Enden spitz zulaufende Boje* f

nunc dimittis [ˈnʌŋkdiˈmitis] L s **1.** (*engl ec*) *Lobgesang* m, *Hymne* f (Luk. 2, 29ff.) **2.** *Ab-schied* m; to sing one's ~ *abgehen* (*sterben*)

nuncheon [ˈnʌntʃən] s † *leichte Zwischen-mahlzeit* f

nunciature [ˈnʌnʃiətjuə, –ʃət–] s (*R. C.*) *Nunziat·ur* f

nuncio [ˈnʌnʃiou] It s [pl ~s] (*R. C.*) *N·unzius* m

nuncupative [ˈnʌnkju‚peitiv] a: ~ will *münd-liche* (*u später niedergeschriebene*) *letztwillige Verfügung* f

nundinal [ˈnʌndinəl] a (*ant*) *Markt-* **nunhood** [ˈnʌnhud] s *Nonnentum* n **nunlike** [ˈnʌnlaik] a *nonnenartig*, *keusch*

nup [nʌp] adv (*Am fam & vulg*) *nein* **nuptial** [ˈnʌpʃəl] **1.** a *Hochzeits-*; *Ehe-*, *Trauungs-* (~ ceremony); *Braut-* (~ bed) **2.** s [*mst* ~s pl] *Hochzeit* f **~ity** [nʌpˈʃæliti] s *das Verheiratetsein* n, (*demog*) net ~ table *Ab-gangsordnung* f *der Ledigen*

nuragh [ˈnu:rɑ:g], **nuraghe** [nu:ˈrɑ:gi:] s [pl –ghi] (*praeh*) *Wohnturm* m *in Kegelform auf Sardinien*

nurse [nə:s] s **1.** (*mst* wet-~) *Amme* f || (*fig*) *Nährmutter*; *Pflanzstätte* f **2.** (*mst* dry-~) *Kinderwärterin* f (trained ~ *gelernte K.*) || *Krankenwärterin*, –*schwester* f; junior ~ *Hilfs-schwester*, *Schwesterhelferin* f; (*a male* ~) *Krankenwärter* m; ~s' home *Schwesternheim* n || Red Cross ~ *Rote-Kreuz-Schwester* f || to put out to ~ *in Pflege geben* **3.** [attr] ~-child *Pflegekind* n || ~-maid *Kindermädchen* n; *Hilfs-schwester* f

nurse [nə:s] vt/i A. vt **1.** (*Kind*) *säugen*, *stillen*; (*dem Kinde*) *die Brust geben* || [pass] to be ~d *aufgezogen*, *erzogen* w; to be ~d in cotton *in Watte gewickelt* w **2.** (*etw*) *nähren*, (*Wachstum*) *fördern*; (*Pflanze*) *pflegen*; *hegen* | (*Gefühl*) *hegen*, *entfachen*, –*wickeln* (into z) **3.** (*Kranke*) *pflegen*, *warten* | (*Krankheit*) *durch vorsichtiges Verhalten kurieren* (to ~ one's cold) || (*Glied*) *schonen* (to ~ one's leg *das e–e Bein über das andere schlagen*) **4.** (*jdn*) *liebkosen* **5.** (*Gut*) *spar-sam verwalten*, *schonend umgehen mit* (*etw*); (*Stimme*) *schonen* | *sich eifrig kümmern um* (*etw*) || *sich* (*den Wahlkreis*) *warm halten*; *beeinflussen* **B.** vi *saugen*; (of infants) *die Brust nehmen* | **~r** [ˈ~ə] s *Pfleger*, *Förderer*, *Unterstützer* m **~ry**

[ˈ~ri] s *Kinderstube* f (~-governess *Kinder-fräulein*) || (*hort*) *Pflanz-*, *Baumschule* f; (*for*) *Forstgarten* m, *Baumschule* f; plant ~ *Pflanz-schule* f || (*fig*) *Pflanzstätte* | [attr] ~ garden *Pflanz-*, *Samenschule* f || ~ maid *Kinder-mädchen* n; ~-rhyme *Kinderreim* m, –*lied* n || ~-school *Kindergarten* m **~ryman** [ˈ~rimən] s *Handels-*, *Kunstgärtner* m; (*for*) *Pflanzen-händler* m

nursey, **nursie** [ˈnə:si] s (*Kinderspr*) „*Schwesterlein*" n (= *Amme*)

nursing [ˈnə:siŋ] **1.** s *Säugen*, *Stillen* n; [attr] ~-bottle *Saugflasche* f || (*a sick* ~) *Kranken-pflege* f; [attr] ~-home *Privatklinik* f **2.** a *Nähr-*, *Pflege-* (~ mother)

nurs(e)ling [ˈnə:sliŋ] s *Säugling* m || *Pflegling* m || *Liebling* m || (*a übtr*)

nurture [ˈnə:tʃə] **1.** s *Nahrung* f || *Erziehung*; *Pflege* f **2.** vt (*er*)*nähren* (*a fig*) || (*Gefühl*) *hegen* || *auf-*, *erziehen*

nut [nʌt] s **1.** (*Wal-*, *Hasel-*)*Nuß* f; gall-~ *Gallapfel* m || *Nußkern* m **2.** (*tech*) *kugel-förmiger drehbarer Teil* m; (*Schrauben-* etc) *Mutter* f; *Nuß* f (*am Türschloß*); (*Radnaben-*) *Mutter* || (of a violinbow) *Frosch* m **3.** ~s [pl] *Nußkohlen* f pl **4.** (*sl*) „‚*Birne*" f (*Kopf*): ·to work one's ~ *sich den K. zerbrechen*; off one's ~ *verrückt*; (*cont*) *Geck*, (*bes* Am sl) *Narr*, *Dickkopf*, *Idiot* m, to be ~s *verrückt s*; ~s (*vulg*) „*Eier*" n pl (*Hoden*) **5.** Wendungen: (*fig*) a hard ~ to crack *e–e harte Nuß z knacken*; a hard ~, a tough ~ *e–e harte Nuß* (*schwierige S or P*) || (*sl*) to be ~s *on verliebt or vernarrt s in* || (*sl*) to be ~s to *od.*for a p *jdm sehr gefallen*; that's ~s to him *das ist so was f ihn, behagt ihm* || (*sl*) *for* ~s z *Spaß*; [neg] *nur mäßig*; *not* .. **for** ~s *überhaupt nicht*; to go ~s *kaputt gehen*, *verrückt w* || off one's ~ *verrückt* **3.** [attr & comp] *Nuß-* || ~-brown *nußbraun* || ~-butter *Nußbutter* f || ~-crackers [pl] *Nuß-knacker* m (a pair of ~-crackers *ein N.*) || ~-gall *Gallapfel* m || ~-tree *Nuß-*, (*bes*) *Hasel-nußbaum* m **~cracker** [ˈ~krækə] s *Tannenhäher* m **~hatch** [ˈ~hætʃ] s (*orn*) *Kleiber*, *Blauspecht* m, *Spechtmeise* f; rock ~ *Felsenkleiber* m **~meg** [ˈ~meg] s *Musk·atnuß* f || ~s [pl] (*vulg*) „*Eier*" n pl (*Hoden*); → ~shell

nut [nʌt] vi *Nüsse pflücken*; to go ~ting *Nüsse sammeln gehen*

nutate [ˈnju:teit] vi (*bot*) *sich neigen*; *sich krümmen* –ation [nju:ˈteiʃən] s (*astr*) *Nutation* f (*Schwanken der Erdachse*) || (*bot*) *Krümmung* f

nutria [ˈnju:triə] s *Span Fell* or *Pelz der Biberratte* n

nutrient [ˈnju:triənt] **1.** a *nahrhaft*; *Ernäh-rungs-* **2.** s *Nährstoff* m || ~s [pl] (*bes* brew) *Hefenahrung* f

nutriment [ˈnju:trimənt] s *Nahrung* f; *Nähr-stoff* m (*a fig*) **~al** [‚nju:triˈmentl] *nährend*, *nahrhaft*

nutrition [nju:ˈtriʃən] s *Ernährung* f (*a fig*) || *Nahrung* f **~al** [–ʃnl] a *Ernährungs-* (~ status –*zustand*) **~ist** [–ʃənist] s *Ernährungsfachmann*, –*wissenschaftler* m

nutritious [nju:ˈtriʃəs] a (~ly adv) *nährend*, *nahrhaft* **~ness** [~nis] s *Nahrhaftigkeit* f

nutritive [ˈnju:tritiv] **1.** a (~ly adv) *nährend*, *nahrhaft*; *Ernährungs-* **2.** s *Nährmittel* n, –*stoff* m **~ness** [~nis] s *Nahrhaftigkeit* f

nutshell [ˈnʌt-ʃel] s *Nußschale* f; in a ~ *in aller Kürze*, *in wenigen Worten*; to lie in a ~ *sich kz zus–fassen l*

nutsy [ˈnʌtsi] a (Am) °*prima* **nutter** [ˈnʌtə] s *Nußbutter* f

nutty [ˈnʌti] a *nußreich* || *nußartig*, *Nuß-* || *würzig*, *saftig*; (sl) *pik·ant* | (sl) *vernarrt* (upon *in*) || (sl) *schmuck*, *geckenhaft*

nux vomica ['nʌks'vɔmikə] s L *Brechnuß* f, *Strychnossamen* m ‖ ⟨bot⟩ *Brechnußbaum* m

nuzzle ['nʌzl] vi/t ‖ *mit der Schnauze wühlen, stöbern* or *schnüffeln* (in *in*; for *nach*) ‖ *die Sch. stecken* (into); *drücken* (at *an*; against *gegen*) ‖ *sich (an)schmiegen* (to *an*) | vt *mit der Schnauze* or *dem Rüssel berühren* ‖ *die Schnauze hineinstecken in* ‖ to ∼ o.s. *sich schmiegen* (to *an*)

nyctalopia [ˌniktə'loupiə] s *Nacht-*, *(fälschlich a Tag)blindheit* f

nyctophobia [ˌniktə'foubiə] s *Furcht* f *vor der Dunkelheit* f

nylg(h)au ['nilgɔ:] s = nilgai

nylon ['nailən] s ⟨chem⟩ *N·ylon* [-ai-] n (*Name geschützt*: New York and London); *crêpe* ∼ *Kräusel-*; stretch(y), stretchable ∼

Streck-Nylon; ∼s [pl] *Nylonstrümpfe*; Mesh ∼s *Netz-N.strümpfe* m pl ‖ ∼-reinforced *nylonverstärkt (Absatz)*; ∼-fibre *Nylongewebe* n; ∼-fleece *Nylonpelz* m

nymph [nimf] s ⟨ant⟩ *Nymphe* f; ⟨iron⟩ °*besenführende Göttin* f; ∼-like *nymphenhaft* | ⟨ent⟩ *Nymphe* (*Larve, Puppe der Insekten mit unvollständiger Verwandlung: mit Flügelanlagen*) ∼**al** ['∼əl] a *Nymphen-* | ⟨ent⟩ *Puppen-* ∼**ean** [nim'fi:ən] a *Nymphen-*

nympholepsy ['nimfoˌlepsi] s *Verzückung* f; *krankhafter Drang nach etw Unerreichbarem*

nymphomania [ˌnimfo'meiniə] s *Mannstollheit* f | ∼**c** [ˌnimfomeiniæk] s *mannstolles Weib* n

nystagmus [nis'tægmɔs] s ⟨med⟩ *Augenzittern* n

O

O, o [ou] s [pl ∼s, ∼'s] *o, O* n

o [ou] s *Null* f; ⟨telph⟩ two o three *203*

o, oh [ou] (oh *alleinstehend u vor Interpunktion* [oh, let me know], *sonst* o [O dear, ⟨Am *a*⟩ O boy]) ⟨intj⟩ *oh! ach!*

o' [ə] **1.** abbr *f* on (twice o' Sundays) **2.** abbr *f* of (two o'clock)

O' [ou] Ir pref *der Nachkomme v* (O'Brien)

-o [-ou] three-o, two-o ⟨mar⟩ *dritter, zweiter Offizier* m

oaf [ouf] s [pl ∼s, oaves] °*Esel, Dummkopf, Idi·ot, Einfaltspinsel* m ‖ *Lümmel* m ∼**ish** ['∼iʃ] a *einfältig, dumm*

oak [ouk] s ⟨bot⟩ (*a* ∼-tree) *Eiche* f; Cork ∼ *Korkeiche, Holm* ∼ *Steineiche*; sessile ∼, stalkless-flowered ∼ *Traubeneiche*; Turkey ∼ *Zerreiche* | *Eichenholz* n | ⟨univ⟩ *äußere Tür e–r Doppeltür* f; to sport one's ∼ *die äußere Tür s–r Wohnung verschlossen halten* ‖ the ∼s [pl] *Fohlenrennen z* Epsom *am Freitag nach Derby* | [attr] *eichen, Eichen-* (∼ table; ∼ wood) ‖ ∼-apple, ∼-gall *Gallapfel* m ‖ ∼-mast *Eichelmast* f ‖ ∼-tortrix ⟨ent⟩ *Eichenwickler* m ∼**en** ['∼ən] ⟨poet⟩ *eichen, Eichen-* ‖ ∼**let** ['∼lit] s *kl* or *junge Eiche* f

Oakley ['oukli] s ⟨Am sl⟩ *Freikarte* f (*nach dem Scharfschützen A.* ∼ *1860–1926*)

oakum ['oukəm] s *Werg* n; *Kalfaterwerg*; to pick ∼ *W. zupfen*

oar [ɔ:] **I.** s **1.** ⟨mar⟩ *Ruder* n, *Riemen* m; four-∼ *Vierer* m (*Boot mit 4 Rudererern*); pair ∼ *Zweier* m **2.** *Ruderer* (a good ∼) **3.** ⟨übtr⟩ *Flügel, Arm* m (etc) **4.** to pull a good ∼ *gut rudern, ein guter Ruderer s* ‖ to put one's ∼ in °*s–n Senf dazugeben* ‖ to have one's ∼ in every man's boat °*s–e Nase in alles stecken* ‖ to rest on one's ∼s *z rudern aufhören*; ⟨fig⟩ *auf s–n Lorbeeren ausruhen* ‖ ship your ∼s! *klar bei Riemen!*; unship your ∼s! *R. ein!* **II.** vt/i ⟨poet⟩ (*Boot*) *rudern* ‖ to ∼ one's way *durchrudern, -gleiten* | vi *rudern* ∼**age** ['∼ridʒ] s *Ruderbewegung* f; *-apparat* m ∼**ed** [∼d] a *mit Rudern*; [in comp] *-rudrig* (four-∼) ∼**sman** ['∼zmən] s *Ruderer* m ∼**smanship** ['∼zmənship] s *Ruderkunst* f ∼**swoman** ['∼zˌwumən] s *Ruderin* f

oasis [ou'eisis] L s (pl -ses [-si:z]) *O·ase* f

oast [oust] s ⟨agr⟩ (*Hopfen-*)*Darre* f

oat [out] **I.** s [*mst* koll pl ∼s, → 3] **1.** [sg-Form mit pl ∼s] **a.** ⟨bot⟩ *Haferpflanze* f **b.** ⟨poet⟩ *Pfeife* f *aus e–m Haferhalm* **2.** [koll sg] ∼ [*stets in*:] false ∼ ⟨bot⟩ *Wiesenhafer* m; wild ∼ *Flughafer, Wildhafer* m **3.** [*nur* koll pl ∼s] **a.** ⟨bot⟩ *Hafer* (*als Pflanze*) **b.** *Hafer* (*Korn*) **c.** ⟨fig⟩ he feels his ∼s *ihn sticht der Hafer*; to sow

one's wild ∼s *sich die Hörner ablaufen, sich austoben* **II.** [attr] **1.** (*nur* ∼) *Hafer-* (∼-straw *-stroh*) **2.** ⟨fig⟩ wild ∼s [attr] *Austobe-, Sturm-u–Drang-* ∼**cake** ['∼keik] s *Haferkuchen* m ∼**en** ['∼n] a ⟨poet⟩ *Hafermehl-* ‖ *Hafer-*

oath [ouθ] s (pl ∼s [ouðz]) **1.** *Eid, Schwur* m (∼ of allegiance *Lehns-, Treueid*, ∼ of disclosure *Offenbarungs-*, ∼ of enlistment *Fahnen-, Dienst-*; ∼ of office *Dienst-, Amts-*) ‖ the ∼ of the Tennis Court ⟨hist⟩ *der Schwur im Ballhaus* | *Fluch* m **2. Verbindungen: a.** by (an) ∼ *eidlich* (to bind by ∼ *eidlich verpflichten*) ‖ in lieu of an ∼ *an Eides Statt* ‖ under an ∼ *unter E., eidlich verpflichtet* (to do); under the ∼ of secrecy *unter dem Siegel der Verschwiegenheit* ‖ (up)on ∼, (up)on one's ∼ *auf Eid* **b.** to administer *od* tender an (*od* the) ∼ to a p *jdm den Eid abnehmen, jdn vereidigen* ‖ to be on one's ∼ *eidlich gebunden s, bekunden können* ‖ to break one's ∼ *s–n E. brechen* ‖ to give a p the ∼ *jdm den E. zuschieben* ‖ to put a p (up)on ∼ *od* (up)on his ∼ *jdm den E. abnehmen, jdn vereidigen* ‖ to take the ∼ *den E. ablegen, schwören*, to take an ∼ *od* one's ∼ *e–n E. ablegen, schwören* (to a p *auf jdn*; that *daß*; to do *z tun*); to take the ∼ of loyalty to a p *jdm den Treueid leisten* **3.** [comp] ∼-taking *Eidesleistung* f (to a p *auf jdn*)

oatmeal ['outmi:l] s *Hafermehl* n; *Hafergrütze* f; ⟨Am⟩ = porridge

obbligato [ˌɔbli'gɑ:tou] It **1.** a ⟨mus⟩ *selbständig geführt*, ∼ accompaniment *in allen Stimmen ausgeführte Begleitung* f ‖ ⟨übtr⟩ *unentbehrlich, notwendig* **2.** s [pl ∼s] *selbständig geführte Stimme* f

obcordate [ɔb'kɔ:dit] a *verkehrt-herzförmig*

obduracy ['ɔbdjurəsi] s *Verstocktheit*; *Halsstarrigkeit* f ∼**ate** ['ɔbdjurit] a (∼ly adv) *verstockt, halsstarrig*

obedience [o'bi:djəns] **1.** s *Gehorsam* m (to *gegen*) | ⟨fig⟩ *Abhängigkeit* f (to *v*) | ∼ *in od* from a p *G. v seiten jds* ‖ in ∼ *to unter dem Druck v*; *im Verfolg* [gen]; *gemäß* ‖ out of ∼ *to aus G. gegen* **2.** ⟨R. C.⟩ *Obrigkeitssphäre* f **-ient** [o'bi:djənt] a (∼ly adv) *gehorsam* (to a p *jdm*) ‖ (to newspapers) Your ∼ servant *Ihr sehr ergebener* ‖ ⟨fig⟩ *abhängig* (to *v*)

obeisance [o'beisəns] s *Verbeugung* f ‖ *Ehrerbietung, Huldigung* f ‖ ⟨fig⟩ to make one's ∼ *to sich beugen vor*; to do, make, pay ∼ to a p *jdm huldigen* **-ant** [o'beisənt] a *gehorsam, willfährig*

obelisk ['ɔbilisk] s ⟨arch⟩ *Obel·isk* m ‖ ⟨typ⟩

Kreuz n (†) (*a* **obelus** ['əbiləs]) (in Mss) *kritisches Zeichen* n *f unechte Stellen* (—)
obese [ou'bi:s] a *beleibt, fettleibig* ⟨*a* fig⟩ **~ness** [~nis], **obesity** [~iti] s *Fettleibigkeit, Korpulenz* f
obey [o'bei] vt/i || (*jdm*) *gehorchen*; he was ~ed *ihm wurde gehorcht*; he will be ~ed *er verlangt Gehorsam* || (*e—m Befehl*) *Folge leisten* | vi *gehorchen*
obfuscate ['əbfʌskeit] vt *verdunkeln*; (*Urteil* etc) *trüben*; *verwirren* **–ation** [‚əbfʌs'keiʃən] s *Verdunkelung; Verwirrung* f
obiit ['əbiit] L v *er starb* (..) **obit** ['əbit] L s † *Todesgedenkfeier* f
obiter ['əbitə] L adv *beiläufig, nebenbei*; ~ dictum ⟨jur⟩ *beiläufige Bemerkung* f
obituary [o'bitjuəri] **1.** s ⟨ec⟩ *Totenliste* f || *Todesanzeige* f *nebst kz Biographie*; *Nachruf* | ⟨R. C.⟩ *Seelenmessenregister, Totenbuch* n **2.** a *Todes–*; ~ *notice –anzeige* f
object ['əbdʒikt] s **1.** *Objekt* n, *Gegenstand* m **2.** *Gegenstand* (*des Denkens, Fühlens* etc) **3.** *Zweck* m, *Ziel* n (with the ~ of doing; to make it one's ~ *es sich angelegen s l* **4.** ⟨gram⟩ *Objekt* n **5.** *Gegenstand* (*des Mitleids* etc); what an ~ you are! *wie sehen Sie denn aus!*; a nice ~ he looked *er sah schön* or *erbärmlich aus* **6.** *money* (is) *no* ~ *Preis ist Nebensache*; salary *no* ~ *auf Gehalt wird nicht gesehen* **7.** [attr] ~ glass, ~ lens ⟨phys⟩ *Objektiv* n (→ ~ive) || ~ lesson *Anschauungs–, Lehrstunde* f; ⟨fig⟩ *anschauliches, lehrreiches Beispiel* n (of *f*); *Denkzettel* m (to *f*) || ~-teaching *Anschauungsunterricht* m
object [əb'dʒekt] vt/i || (*etw*) *vorbringen, einwenden* (to *gegen*; that) | vi *Einspruch erheben, protestieren* (to *gegen*); I ~ *ich erhebe Einspruch* || *etwas einwenden, etwas h* (to a th *gegen etw*; to doing *z tun*; to my smoking *wenn ich rauche*); if you don't ~ *wenn Sie nichts dagegen h*
objectify [əb'dʒektifai] vt *objektivieren, konkretisieren*
objection [əb'dʒekʃən] s **1.** *Einwand* m (to *gegen*); to have no ~ *nichts einzuwenden, nichts dagegen h*; there is no ~ to it *es ist nichts dagegen einzuwenden*; I see no ~ to it *ich habe nichts dagegen einzuwenden*; to make an ~ *e–n E. erheben* (to *gegen*); to raise ~s *Einwände erheben*; to take ~ *E.* or *Protest erheben* (to *gegen*) | *Abneigung* f, *Widerwille* m (to *gegen*) **2.** *Nachteil, Fehler* m (to *an*); the chief ~ to the play (is ..) *der Hauptfehler an dem Stücke, des Stückes* (..) **~able** [əb'dʒekʃnəbl] a (–bly adv) *nicht einwandfrei; anstößig; unangenehm* (to *f*)
objective [əb'dʒektiv] **1.** a (~ly adv) *objektiv* (~ fact); *sachlich, unpersönlich, vorurteilslos*; ⟨eth⟩ (*Versuch*) *nach physiologischer Methode* f | ⟨gram⟩ ~ case *Objektsfall* m; ~ genetive *objektiver Genitiv* m | ~ point ⟨mil⟩ *Operationsziel* n **2.** s ⟨phys⟩ *Objektiv* n (~ object glass) | ⟨gram⟩ *Objektsfall* m | (*Reise–)Ziel* n; ⟨mil⟩ *Operationsziel* n; march ~ *Marschziel* n | ~ area *Zielraum* m, *–gebiet* n; ~ point ⟨artill⟩ *Treff–, Aufschlagpunkt* m || ~s [pl] ⟨jur⟩ *Ziele (e–s Vertrags)* **~ness** [~nis], **objectivity** [‚əbdʒek'tiviti] s *Objektivität* f
objectless ['əbdʒiktlis] a *gegenstandslos; zweck–, ziellos*
objector [əb'dʒektə] s *Gegner* m; ~ to vaccination *Impfgegner* m; → conscientious
objurgate ['əbdʒə:geit] vt/i *schelten, tadeln* **–ation** [‚əbdʒə:'geiʃən] s *Schelten* n; *Tadel* m **–atory** [əb'dʒə:gətəri] a (–rily adv) *scheltend, Schelt–*
oblate ['əbleit] s (*bes* R. C.) *Laienbruder* m, *–schwester* f || ⟨hist⟩ *Klosterkind* n || [a attr]
oblate ['əbleit] a ⟨phys⟩ (*an den Polen*) *abgeplattet* **~ness** [~nis] s *Abplattung* f

oblation [o'bleiʃən] s *Opfer* n, *–gabe* f **~al** [~l], **oblatory** ['əblətəri] a *Opfer–*
obligate ['əbligeit] vt ⟨*bes* jur⟩ [*mst* pass] (*jdn*) *zwingen, binden* (to do) || ⟨fig⟩ (*Geldmittel*) *binden* **–ation** [‚əbli'geiʃən] s *bindendes Versprechen, Übereinkommen* n; ~ in kind *Gattungsschuld* f; ~ of contract *schuldrechtliche Verpflichtung* f | *Verpflichtung, Verbindlichkeit* f (to a p *jdm gegenüber*); of ~ *obligatorisch* (holidays of ~); to be, lie under an ~ to a p *jdm verbunden* or *z Dank verpflichtet s* || to be under an ~ (to do) *gehalten, verpflichtet s (z tun)* || to lay, put a p under an ~ *jdn verpflichten* (by doing) | *Pflicht* f; to lay ~s on a p *jdm Pflichten auferlegen, jdn verpflichten* | ⟨jur & com⟩ *Obligation, Schuldverschreibung* f **–ator** [–eitə] s ⟨Am⟩ *Schuldner* m → obligor **–atory** [ə'bligətəri] a *verpflichtend; obligatorisch; verbindlich* (on, upon *f*); ~ third party insurance *Zwangshaftpflichtversicherung* f
oblige [ə'blaidʒ] vt/i **1.** vt ⟨jur⟩ (*jdn*) *durch Eid* (etc) *binden* (to an); to ~ o.s. *sich binden, sich verpflichten* (to a p to do *jdm z tun*) | to ~ a p *sich jdm verpflichten* (by doing); *jdm gefällig s, jdm dienen* (with a th *mit etw*; by doing); to ~ you Ihnen z *Gefallen*; ~ me by telling him *wollen Sie so freundlich s, ihm z sagen* || ⟨vulg⟩ the lady I ~ *m–e Gnädige* || to be ~d to a p *jdm verbunden* or *z Dank –pflichtet s* (for a th; to do); much ~d (Ihnen) *sehr –bunden, danke bestens* (by your letter *f I. B.*) | (*jdn*) *verpflichten, zwingen* (to a th *z etw*; to do); I was ~d to do it *ich mußte es tun* **2.** vi ⟨fam⟩ *z Unterhaltung beitragen* (with *mit, durch*); to ~ with a th *etw z besten geben* || an early reply will ~ *f baldige Antwort bin ich* (*sind wir*) *sehr verbunden*
obligee [‚əbli'dʒi:] s ⟨jur⟩ *Gläubiger, Forderungsberechtigter* m
obliging [ə'blaidʒiŋ] a (~ly adv) *verbindlich, gefällig, zuvorkommend* **~ness** [~nis] s *Gefälligkeit, Zuvorkommenheit* f **obligor** [‚əbli'gə:] s ⟨jur⟩ *Schuldner* m → obligator
oblique [o'bli:k] a (~ly adv) *schräg, Schräg–; Seiten–* (~ glance) | ⟨geom⟩ *schief*; at an ~ angle with *in schiefem Winkel z* | *mittelbar; indirekt; versteckt* (accusation) || *unaufrichtig* | ⟨gram⟩ *abhängig* (~ case); *indirekt* (~ speech) || **~ness** [~nis], **obliquity** [o'blikwiti] s *Schräg–, Schiefheit, schiefe Richtung* f || ⟨fig⟩ *Abweg* m, *Verirrung* (~ of conduct), *Irrung* || *Unredlichkeit* f
obliterate [o'blitəreit] vt *auslöschen, ausradieren*; (*ver*)*tilgen* || ~d stamp (*durch Stempel*) *entwertete Marke* f | ⟨fig⟩ *auslöschen; verwischen, –nichten* **–ation** [o‚blitə'reiʃən] s *Auslöschung* f, *Verwischen* n || ⟨fig⟩ *Vernichtung, Tilgung* f
oblivion [o'bliviən] s *Vergeßlichkeit* f || *Vergessenheit* f (to fall into ~ *in V. geraten*) || *Straferlaß* m, Act *od* Bill of ~ *Gnadenerlaß* m, *Amnestie* f
oblivious [o'bliviəs] a (~ly adv) *vergeßlich*; to be ~ of a th *etw vergessen* (*h*); to be ~ to ⟨fig⟩ *blind s gegen, nicht beachten* **~ness** [~nis] s *Vergeßlichkeit* f
oblong ['əbləŋ] **1.** a *länglich*; (*gestreckt*) *rechteckig* | ~ shape ⟨phot⟩ *Lang–, Querformat* n (*Ggs* portrait shape *Hochformat*) **2.** s *Rechteck* n
obloquy ['əbləkwi] s *Schmähung; Verleumdung* f | *Schande* f, *schlechter Ruf* m
obnoxious [əb'nəkʃəs] a (~ly adv) † *unterworfen, ausgesetzt* (to a th *e–r S*) | *sehr unangenehm; verhaßt* (to a p *jdm*); *anstößig, anrüchig* **~ness** [~nis] s *Anstößigkeit; Verhaßtheit* f
oboe ['oubou] s ⟨mus⟩ *Oboe* f **oboist** ['ouboist] s *Oboist* m
obovate [əb'auvət] a *verkehrt-eiförmig*
obreption [əb'repʃən] s ⟨jur⟩ *Erschleichung* f

durch Verschweigung e–s Umstandes; → subreption

obscene [əb'si:n] a (~ly adv) † *widerlich* ‖ *unzüchtig, schlüpfrig, obsz·ön* **–nity** [əb'seniti] s *Unzüchtigkeit, Schlüpfrigkeit* f; –ties pl *Zoten* f pl

obscurant [əb'skjuərənt] **1.** s *Finsterling, Lichtscheuer, Dunkelmann; Bildungsfeind* m **2.** a *bildungsfeindlich* **~ism** [~izm] s *Bildungshaß* m; *Verdummung* f **~ist** [~ist] s = obscurant

obscuration [ˌɔbskjuə'reiʃən] s ⟨astr⟩ *Verdunkelung* f

obscure [əb'skjuə] **1.** a *dunkel, finster* ‖ *undeutlich* ‖ (of colour etc) *matt* ‖ *verborgen; abgelegen* ‖ *unauffällig* ‖ *unbekannt, unberühmt* ‖ *zweifelhaft; unverständlich* **2.** s ⟨poet⟩ *Dunkelheit* f **~ly** [~li] adv *unbekannt, sang– u klanglos* (to die ~)

obscure [əb'skjuə] vt *verdunkeln, verfinstern* ‖ *verbergen* ‖ (die) *Sicht behindern auf* ‖ *undeutlich* m ‖ *verkleinern, in den Schatten stellen*

obscurity [əb'skjuəriti] s *Dunkelheit* f ‖ *Verborgenheit* f; *Dunkel* n (to be lost in ~) ‖ *Unbekanntheit*; (of birth) *Niedrigkeit* f | *Unklarheit; Undeutlichkeit* f

obsecrate ['ɔbsikreit] vt † *flehentlich bitten* **–ation** [ˌɔbsi'kreiʃən] s *flehentliche Bitte* f; ⟨ec⟩ *Bittgebet* n

obsequial [əb'si:kwiəl] a *Begräbnis–* **–quies** ['ɔbsikwiz] s pl *Leichenbegängnis* n

obsequious [əb'si:kwiəs] a (~ly adv) † *willfährig* ‖ *unterwürfig, knechtisch, kriechend* **~ness** [~nis] s *Unterwürfigkeit* f

observable [əb'zə:vəbl] a (–bly adv) *z beachten(d)* ‖ *bemerkbar* ‖ *bemerkenswert*

observance [əb'zə:vəns] s *Beobachtung, Innehaltung, Befolgung* f (of a law, etc); *Heilighaltung, Feier* f | *herkömmlicher Brauch* m; *Sitte* f ‖ ⟨Ordens–⟩ *Regel, Observanz* f **–vant** [əb'zə:vənt] a (~ly adv) *beobachtend, befolgend;* to be ~ of a th *etw befolgen* ‖ *acht–, wachsam, aufmerksam* (of auf)

observation [ˌɔbzə'veiʃən] s **1.** *Beobacht–, Wahrnehmung* f; to keep under ~ *beobachten, –wachen* | (of phenomena) *Beobachtung;* –sgabe f, –svermögen n **2.** *Bemerk–* (to make an ~), *Äußerung* (on *über*) | *Beanstandung, Prüfungserinnerung* f ‖ ⟨scient⟩ *Untersuchung* f (bes als *Buchtitel*) **3.** [attr] ~ *aircraft (Nah-) Aufklärungsflugzeug* n, *Artillerieaufklärer* m (S) ‖ ~-balloon *Fesselballon* m ‖ ~-basket (*Fesselballon-*)*Beobachtungskorb* m ‖ ~-car ⟨rail⟩ (offener) *Aussichtswagen* m; ‖ ~-post *Beobachtungsstelle* f (abbr O Pip); ~-p. officer ⟨artill⟩ *Beobachtungsoffizier* m ‖ ~ slit *Sehschlitz* m ‖ ~ tower *Aussichtsturm* m **~al** [~l] a (~ly adv) *Beobachtungs–, Wahrnehmungs–* ‖ ⟨scient⟩ *Beobachtungs–*

observatory [əb'zə:vətri] s *Stern–, Wetterwarte* f

observe [əb'zə:v] vt/i **A.** vt **1.** (Gesetz etc) *beobachten* (to ~ silence *Stillschweigen b.*); (*Regel*) *befolgen; ausüben* ‖ (*Fest*) *beobachten, halten, feiern* **2.** (jdn) *aufmerksam beobachten; bewachen* ‖ *bemerken; wahrnehmen* (a th; that); (*Erscheinung*) *feststellen* ‖ (*Gestirn*) *beobachten* **3.** *bemerken, äußern* (a th; that) **B.** vi *Beobachtungen* m ‖ *sich äußern, Bemerkungen* m (on, upon *über*) **–ver** [əb'zə:və] s *Beobachter(in* f) m; ⟨aero⟩ to let the ~'s gun bear *den B. z Schuß k l* ‖ *Befolger* m **–ving** [əb'zə:viŋ] a (~ly adv) *beobachtend; aufmerksam*

obsess [əb'ses] vt (of a demon) (jdn) *heimsuchen, verfolgen, quälen;* ~ed by *od* with *besessen* v **~ion** [əb'seʃən] s *Verfolgung* f; –swahn m, *fixe Idee; Besessenheit* f

obsidian [əb'sidiən] s *Obsidi·an* n (Gestein); *vulkanisches Glas* n

obsolescence [ˌɔbso'lesns] s *Veralten* n **–ent** [ˌɔbso'lesnt] a *veraltend*

obsolete ['ɔbsoli:t, –səl–] **1.** a *veraltet, ungebräuchlich* ‖ *verbraucht, abgenutzt* ‖ ⟨biol⟩ *unvollkommen entwickelt* ‖ ⟨jur⟩ *nicht mehr gültig, ohne Rechtskraft* f **2.** s *veraltete S* or *P* f **~ness** [~nis] s *Veraltetsein* n

obstacle ['ɔbstəkl] s *Hindernis* n (to *f*); the ~ in the way *das im Wege stehende H.* ‖ ~ demolition squad ⟨mil⟩ *Hindernissprengtrupp* m ‖ ~ line ⟨tact⟩ *Sperrlinie* f ‖ ~ pit ⟨mil⟩ *Wolfsgrube* f ‖ ~-race *Hindernislauf* m, –rennen n

obstetric [əb'stetrik] **1.** a *geburtshilflich; Geburts–, Entbindungs–* (~ art) **2.** [s pl] ~s [sg konstr] *Geburtshilfe* f (~s is ..) **~al** [~əl] a = obstetric **~ian** [ˌɔbste'triʃən] s *Geburtshelfer* m

obstinacy ['ɔbstinəsi] s *Hartnäckigkeit* f, *Eigensinn* m ‖ (of diseases) *Hartnäckigkeit* f **–ate** ['ɔbstinit] a (~ly adv) *hartnäckig, eigensinnig, störrisch, halsstarrig* ‖ *hartnäckig* (*disease*)

obstreperous [əb'strepərəs] a (~ly adv) *lärmend, geräuschvoll, überlaut* ‖ *eigenwillig, –sinnig* **~ness** [~nis] s *Lärmen* n

obstruct [əb'strʌkt] vt/i **1.** vt *verstopfen;* (*Weg, Aussicht*) *versperren* ‖ (*Verkehr*) *aufhalten; lahmlegen; nicht durchlassen, hindern* | ⟨fig⟩ (etw) *verhindern; –schleppen; –eiteln* ‖ (jdn) *hindern* (in *in*) **2.** vi *Obstruktion treiben* **~ion** [əb'strʌkʃən] s *Verstopfung; –sperrung* f (of a road); *Behinderung, Hemmung* f ‖ ⟨med⟩ *Verstopfung* f; *calculous* ~ *Steinkolik* f ‖ ⟨parl⟩ *Obstruktion* f; to practise ~ *O. treiben* *Hindernis* n (to *f*) **~ionism** [əb'strʌkʃənizm] s *Obstruktionspolitik* f **~ionist** [əb'strʌkʃənist] s *Obstruktionspolitiker* m **~ive** [əb'strʌktiv] **1.** a (~ly adv) *hinderlich* (of, *to für*); to be ~ of, to *hindern, verhindern* **2.** s *Hindernis* n | *Fortschrittsgegner*; political ~ *Obstruktionspolitiker* m

obtain [əb'tein] vt/i ‖ *bekommen, erlangen, erreichen, erhalten,* ~ price; *details can be* ~ed from *Näheres zu erfahren* v ‖ *sich (etw) verschaffen;* (*Willen*) *durchsetzen* ‖ (*Preis*) *gewinnen;* (*Sieg*) *davontragen; erzielen* ‖ (*vor*)*herrschen, in Gebrauch s, bestehen; Geltung h, anerkannt w* **~able** [~əbl] a (–bly adv) *erreichbar, z erlangen(d)* (at *bei*) **~ment** [~mənt] s. *Erlangung* f

obtest [əb'test] † vt/i ‖ (jdn) *beschwören, anflehen* (to do) ‖ (jdn) *verpflichten* (to secrecy *z Verschwiegenheit*) | vi *protestieren*

obtrude [əb'tru:d] vt (etw) *aufdrängen, –zwingen* (on, upon a p *jdm*) | vi *sich aufdrängen* (on, upon a p *jdm*) **~r** [~ə] s *der Aufdringliche* m

obtrusion [əb'tru:ʒən] s *Aufdrängen* n (of a th upon a p), *Aufnötigung* f; the ~ of an opinion upon a p is .. *die Tatsache* or *Absicht, jdm e–e Meinung aufzuzwingen, ist* ..

obtrusive [əb'tru:siv] a (~ly adv) *auf–, zudringlich* **~ness** [~nis] s *Aufdringlichkeit* f

obturate ['ɔbtjuəreit] vt *verstopfen* ‖ ⟨tech⟩ *verschließen, abdichten* **–ation** [ˌɔbtjuə'reiʃən] s *Verschließung, Abdichtung, Liderung* f **–ator** ['ɔbtjuəreitə] s ⟨tech⟩ *Abdichtungs–, Schließvorrichtung, Liderung* f

obtuse [əb'tju:s] a (~ly adv) *stumpf* ‖ ⟨geom⟩ *stumpf*; ~-angled ⟨geom⟩ *stumpfwinklig* | ⟨fig⟩ (of pain) *dumpf* | ⟨fig⟩ *beschränkt, dumm* **~ness** [~nis] s ⟨mst fig⟩ *Stumpfheit* f | *Dummheit* f

obverse ['ɔbvə:s] **1.** a *dem Betrachter zugewandt, Vorder–* ‖ ⟨bot⟩ *umgekehrt wie sonst üblich, nach der Spitze z breit werdend* **2.** s *Av·ers* m, *Vorder–, Kopf–, Bildseite* f (of a coin)

|| ⟨fig⟩ *Gegenstück* n, *die andere Seite (e–r S)* **~ly** [əb'vəːsli] adv *umgekehrt*
obversion [əb'vəːʃən] s ⟨log⟩ *Umkehrung* f *(e–s Satzes)*
obviate ['ɔbvieit] vt *aus dem Wege räumen, beseitigen* || *(e–r S) vorbeugen, begegnen; (etw) abwenden, verhindern, verhüten* || *unnötig or überflüssig m* **–ation** [ˌɔbvi'eiʃən] s *Beseitigung, Abwendung* f
obvious ['ɔbviəs] a (~ly adv) *augenfällig, handgreiflich* || *klar, deutlich*; it is ~ *es leuchtet ein, liegt auf der Hand* (that); a fairly ~ *inference ein ziemlich nahe liegender Schluß* || *auffällig; grell* (dress) **~ness** [~nis] s *Augenscheinlichkeit; Deutlichkeit* f
occasion [ə'keiʒən] s **1.** *Gelegenheit* f; *günstiger Augenblick* m (for f, z; for doing) **2.** *Grund* m, *Ursache* f (of a th *e–r S*; for z; to do; of doing) || *zufällige Ursache, Veranlassung* f, *Anlaß* m (of a th *e–r S*; for z; to do) **3.** *Bedürfnis* n, *Notwendigkeit* f (for z; to do; for a p to do *daß jd tut*); there is no ~ for it *es ist nicht nötig*; I had no ~ to do *ich brauchte nicht z tun* **4.** *(zufälliges) Ereignis* (a great ~) n, *Vorfall* m; ⟨fam⟩ *festliches Ereignis* n (to celebrate the ~); it was a great ~ *es war ein gr E.* **5. Wendungen**: for the ~ *eigens z diesem Zwecke, ad hoc* L || on ~ *wenn nötig, nötigenfalls; bei Gelegenheit, gelegentlich* || (up)on the ~ of *gelegentlich* [gen]; on this ~ *bei dieser Gelegenheit* | to be the ~ of *veranlassen* | to give ~ to *hervorrufen, veranlassen* | to rise to the ~ *sich der Situation gewachsen zeigen* || to take ~ *Gelegenheit nehmen, die G. ergreifen* (to do) **~al** [ə'keiʒnl] a *gelegentlich, Gelegenheits–* (~ speaker); *zufällig*; ~ *furniture Kleinmöbel* n pl (f *Wohn– u Empfangszimmer* etc); ~ *seat Not–, Klappsitz* m **~ally** [ə'keiʒnəli] adv *bei Gelegenheit; dann u wann*
occasion [ə'keiʒən] vt *(etw) veranlassen; zeitigen* || to ~ a p a th *od* a th to a p *jdm etw verursachen*
Occident ['ɔksidənt] s ⟨poet & rhet⟩ the ~ *der Westen, Abend* m; *das Abendland* **~al** [ˌɔksi'dentl] a (~ly adv) *westlich; abendländisch*
occipital '[ɔk'sipitl] a *Hinterkopf–* **–put** ['ɔksipʌt] s ⟨anat⟩ *Hinterkopf* m, *–haupt* n
occlude [ɔ'kluːd] vt ⟨scient⟩ *(Röhre) ver–, abschließen* (from von) || ⟨chem⟩ *absorbieren* || ~d front ⟨meteor⟩ *Okklusion(sfront)* f **–usion** [ɔ'kluːʒən] s *Schließung* f, *Verschluß* m || ⟨chem⟩ *Absorption* f || ⟨meteor⟩ *Okklusion* f
occult [ɔ'kʌlt] a (~ly adv) *verborgen, geheim* || *geheim(nisvoll), Okkult–; magisch* **~ism** ['ɔkəltizm] s *Geheimlehre* f, *Okkult ismus* m **~ist** ['ɔkəltist] s *Okkult ist(in* f) m **~ness** [ɔ'kʌltnis] s *Verborgenheit* f
occult [ɔ'kʌlt] vt/i *verbergen, –dunkeln*; (of a star) *(Gestirn) verfinstern, bedecken* | vi *verschwinden*; ~ing light ⟨mar⟩ *unterbrochenes Feuer* n **~ation** [ˌɔkʌl'teiʃən] s ⟨astr⟩ *Verfinsterung* f, *Ver–, Bedeckung* f
occupancy ['ɔkjupənsi] s *Aneignung, Besitzergreifung, –nahme; Landnahme* f; *Besitz* m || *Inanspruchnahme* f (~ of space); *Innehaben* n; *Inanspruchnahme* f (*bes* mil) *Belegen* n, *Belegung* f (v *Kasernen* etc); changes of ~ of accomodation *Wechsel in der Belegung der Unterkunft* **–ant** ['ɔkjupənt] s *Inhaber(in)*; *(Besitzer, nicht Eigentümer)* (of a room) *Insasse, Bewohner(in* f) m, *Gast* m || *Besitzergreifer(in* f) m || *besetzende Macht* f **–ation** [ˌɔkju'peiʃən] s **1.** *Besitzergreifung, –nahme; Landnahme; Besetzung* f (army of ~ *Okkupationsarmee*) || *Besitz* m; in ~ of *innehabend, besitzend* || ~ *court Gericht* n *der Besatzungsmacht* f **2.** *Beschäftigung* f (in *mit*) **3.** *Beruf* m (~ *disease –skrankheit*); *Gewerbe, Geschäft* n **4.** [attr] ~

troops [pl] *Besatzung* f, *–struppen* f pl **–ational** [ˌɔkju'peiʃnl] a *beruflich, Berufs–; Arbeits–* (~ medicine); *Beschäftigungs–* (~ therapy); *Berufs–* (accident, disease, training; category) || ~ *mortality* ⟨demog⟩ *Sterblichkeit* f *nach Berufen, (spezifische) Berufssterblichkeit* || ~ *training photograph Veranschaulichung* f *v Arbeitsvorgängen durch Photographie* f || ⟨mil⟩ *Besatzungs–* || ~ *leave Arbeitsurlaub* m || → rehabilitation
occupier ['ɔkjupaiə] s *Inhaber, Bewohner* m
occupy ['ɔkjupai] vt **1.** *in Besitz nehmen*; ⟨mil⟩ *besetzen; (Stellung) beziehen, (ein)nehmen* **2.** *besitzen, innehaben* || *(Haus) bewohnen*; insufficiently *–pied unterbelegt* (dwelling), → *overcrowded* || *(Raum) einnehmen, ausfüllen* | ⟨übtr⟩ *(Amt, Stelle) bekleiden* || *(Zeit) in Anspruch nehmen, dauern* **3.** *(Geist) beschäftigen*; to ~ o.s. *sich b.* (with *mit*; .. by, with doing *sich damit b. z tun*); to be *–pied sich beschäftigen* (with a th *mit etw*; .. with *od* in doing *sich damit b. z tun*)
occur [ə'kəː] vi [–rr–] (of plants, words) *vorkommen, sich finden* (in Goethe *bei G.*) || *sich ereignen; eintreten, vorfallen; zustoßen* (to a p *jdm*) | *einfallen* (to a p *jdm*); it ~red to me *es fiel mir ein, es kam mir der Gedanke* (that) **~rence** [ə'kʌrəns] s *Vorkommen* n; it is of frequent ~ *es kommt häufig vor* || *Vorfall* m, *Ereignis* n || ⟨min⟩ *Vorkommen* n
ocean ['ouʃən] s *Ozean* m, *Meer* n || ⟨fig⟩ gr *Zahl, Menge* f; ~s of ⟨fam⟩ *Unmengen* v | [attr] *Ozean–, Meeres–, See–* | ~ escort *Hochseegeleitboot* n || ~-going *Hochsee–* (steamer, submarine) **~ic** [ˌouʃi'ænik] a *oze anisch, ·Ozean–; Meeres–*
Oceania [ˌouʃi'einiə] s *Ozeanien* n *(Inseln des südwestl. Stillen Ozeans)*
oceano– ['ouʃiəno] [in comp] *Meeres–* **~graphic(al)** [ˌouʃiəno'græfik(əl)] a *meereskundlich* **~graphy** [ˌouʃiə'nəgrəfi] s *–kunde* f
ocellate ['ɔsəlit], **~d** ['ɔsəleitid] a ⟨zoo⟩ *mit Punktaugen versehen* || **ocellus** [o'seləs] s (pl –li [–lai]) ⟨zoo⟩ *Oz elle* f *(Punktauge)*
ocelot ['ousilot] s ⟨zoo⟩ *Pardelkatze* f
ochlo– ['ɔklo] [in comp] *Pöbel–* || **~cracy** [ɔk'lɔkrəsi] s *Herrschaft* f *des Pöbels*
ochre ['oukə] s *Ocker* m; *gelbbraune Malerfarbe* f ***–reous** ['oukriəs] ⟨mst⟩ **–rous** ['oukrəs] a *ockerhaltig, Ocker–*
o'clock [ə'klɔk] → clock
oct– [ɔkt], **octa–** ['ɔktə], **octo–** ['ɔktou] L [in comp] *acht–; achtel–*
octagon ['ɔktəgən] s ⟨geom⟩ *Achteck* n **~al** [ɔk'tægən] a (~ly adv) *achteckig*
octahedral ['ɔktə'hedrəl] a *Oktaeder–* **–dron** ['ɔktə'hedrən] s ⟨geom⟩ *Okta eder* n
octameter [ɔk'tæmitə] s ⟨pros⟩ *achtfüßiger Vers* m (e. g. Swinburne, March)
octane ['ɔktein] s; ~ rating *od* number ⟨aero, mot⟩ *(Kraftstoff–)Okt anzahl, Klopffestigkeitszahl* f; ~ booster *Oktanzahlverbesserer* m, *Antiklopfmittel* n, *Klopfbremse* f; ~ selection *Zündverstellung* f, *Anpassung an die Klopffestigkeit*; ~ value *Oktanzahl, Klopffestigkeit* f
octant ['ɔktənt] s *Okt ant, Achtelkreis* m
octave 1. ['ɔktiv] s ⟨mus⟩ *Okt ave* f || *achtzeilige Strophe* (*bes ottava rima* It) **2.** ['ɔkteiv] s ⟨ec⟩ *achter Tag nach e–m Fest* || *achttägige Feier* f *–avo* [ɔk'teivou] (abbr 8vo; oct) s (pl ~s) *Oktavformat* n; *–band* m | attr *Oktav–*
octennial [ɔk'tenjəl] a (~ly adv) *achtjährig; –jährlich* **octet**, **~te** [ɔk'tet] s ⟨mus⟩ *Okt ett* n || ⟨pros⟩ *Sonett* n *(Gruppe v 8 Versen, bes die 2 quatrains im* It *Sonett)*
octillion [ɔk'tiljən] s *Oktilli on, achte Potenz e–r Million (1 mit 48 Nullen* [*Am & Fr 1 mit 27 Nullen*])

October [ɔk'toubə] s *Oktober* m (in ~ *im O.*)
octo– ‖ **~centenary** [ˌɔktosen'ti:nəri] s *Achthunderjahrfeier* f **~decimo** ['ɔktou'desimou] (abbr 18mo) s [pl ~s] *Oktod·ez(format)* n **~genarian** ['ɔktoudʒi'nɛəriən] **1.** a *achtzigjährig* **2.** s *Achtzigjährige(r* m) f **~nal** ['ɔktənəl] a *okton·al* (system) **~pod** ['ɔktəpəd] s ⟨zoo⟩ *Achtfüßler* m **~pus** ['ɔktəpəs] L s [pl ~es] ⟨zoo⟩ *achtfüß. Tintenfisch, Kopffüßer, Krake* m ‖ ⟨fig⟩ *sehr verzweigte, alles aufsaugende organisierte Einrichtung* f **~roon** [ˌɔktə'ru:n] s *Mischling* m *v Quarteronen u Weißen* **~stylum** ['ɔkto'stailəm] s *Achtsäulenbau* m **~syllabic** ['ɔktosi'læbik] a *achtsilbig* (verse, *in frz. Rananzen,* Chaucer's Romaunt of the Rose) **~syllable** ['ɔkto͵siləbl] s *Vers* m or *Wort* n *v 8 Silben*
octroi ['ɔktrwɑ:] s Fr ⟨a-engl⟩ *kommunale Eingangsabgabe* f
octuple ['ɔktju:pl] a *achtfach, achtfältig*
ocular ['ɔkjulə] **1.** a *Augen–* (~ motion) ‖ *Augen–, Okul·ar–* (~ inspection) ‖ *augenscheinlich;* ~ demonstration *Beweis* m *durch Augenschein, sichtbarer Beweis* **2.** s ⟨phys⟩ *Okular(linse* f) n **~ly** [~li] adv *mit den Augen*
oculist ['ɔkjulist] s *Augenarzt* m **oculo–** ['ɔkjulo] [in comp] *Augen–*
od [ɔd] s *Od* n (angebl. *Ausstrahlung aus menschl. Körper*)
od, 'od [ɔd] intj (*f* god) ⟨† dial⟩ *(bei) Gott!*
odd [ɔd] I. a **1.** (of a number) *ungerade* (~ and even *gerade u ungerade;* ~-even ⟨at⟩ [*Kerne* *mit ungleicher Protonen– u gleicher Neutronenzahl*); *ungleich* (function); ~ months *Monate mit 31 Tagen;* the ~ trick (in whist) *der letzte (13.) Stich* ‖ (of a set) *einzeln* (an ~ boot); *vereinzelt* (~ numbers *vereinzelte Nummern e–r Zeitschr.*) ‖ ~-valent *ungeradwertig* **2.** [*nach Zahlen als Bezeichnung* f *e–e über e–e feste Zahl hinausgehende Menge*]; 200 and ~ men *200 u einige Mann*; 200 ~ pages *einige 200 Seiten*; 60 ~ *einige 60*; 10 pounds ~ *etw über 10 Pfund*; forty thousand ~ *etw über 40 000*; forty ~ thousand *zw 40 000 u 50 000* ‖ *übrig, überzählig* (the ~ six *die übrigen sechs*), still some ~ money noch *etw Geld übrig* **3.** *nicht eingerechnet, nicht berücksichtigt* ‖ *gelegentlich* (~ jobs *gelegentliche kl Arbeiten*); at ~ times *dann u wann* ‖ *Gelegenheits–* (~ man *–arbeiter*) **4.** *seltsam, sonderbar* (it was ~ of him); it is ~ if *es wäre ein Wunder, wenn* ‖ *verdreht, überspannt* (an ~ fish *ein kurioser Kauz*) II. s ⟨golf⟩ *Vorgabeschlag* m (*f ein Loch*) ‖ to have played the ~ e–n *Schlag mehr gebraucht h als der Gegner* **~ity** ['~iti], **~ness** ['~nis] s *Seltsamkeit, Wunderlichkeit* f ‖ (*P*) *Origin·al* n, *wunderlicher Kauz* m **~ly** ['~li] adv *seltsam* **~ments** ['~mənts] s pl *Überbleibsel* n pl; *Abfälle* m pl; *Ramschwaren* f pl
Oddfellow ['ɔd͵felou] s *Mitglied* n *des Ordens der* ~s (*um 1750 in England gegr. Wohltätigkeitsorden*)
odds [ɔdz] s pl ([ɑft ɐg konɐtr] the ~ are against us, lie on our side; *aber:* what's the ~? *was macht das schon?*; the ~ are, it is ~ that he will do it *es ist wahrscheinlich, daß* ..) **1.** *ungleiche Dinge* n pl (to make ~ even) **2.** *Ungleichheit* f; *Unterschied* m; what's the ~? *was macht es aus?* was schadet es?; no ~ ⟨fam⟩ *das macht* (⟨hum⟩ *fast*) *gar nichts;* what ~ is it to him? *was geht es ihn an?* It is ~ makes no ~ *es macht k–n Unterschied, macht nichts;* it doesn't make much ~ *es macht k–n gr U.* **3.** *Uneinigkeit* f, *Streit* m; at ~ [pred] *uneinig, uneins* (with) **4.** *Vorteil* m; to ask no ~ *of k–n V., k–e Gunst verlangen v* ‖ *Überlegenheit* f, *–gewicht* n, *–macht* f ⟨sport⟩ *Vorgabe* f); to give a p ~ *jdm vorgeben;* to take ~ *e–e Vorgabe erhalten* **5.** (betting)

ungleiche Wette f; to lay (the) ~ *e–e ungleiche (d. h. f den Wettenden anscheinend ungünstige) Wette anbieten;* to take the ~ *e–e günstige Wette eingehen* ‖ (*Wett–*)*Chancen* f pl; the ~ are 10 to 1 *die Ch. stehen 10 z 1* ‖ *Chance, Wahrscheinlichkeit* f; the ~ were against him (in his favour) *die Chancen waren gegen ihn (f ihn*); it is ~ that *od* the ~ are that *es ist wahrscheinlich, daß* **6.** ~ and ends [pl] *allerlei Kleinigkeiten* f pl; *Reste u Überreste, Abfälle* m pl; *vielerlei u nichts Wertvolles*
ode [oud] s *Ode* f; *ernstes Gedicht in antikem Metrum* n (cf. Alcaeus, Sappho, Anacreon, Pindar, Horace, Ronsard)
odious ['oudjəs] a (~ly adv) *verhaßt; abscheulich, widerlich* **~ness** [~nis] s *Verhaßtheit* f; *Widerwärtigkeit* f
odium ['oudiəm] s L *Haß* m; to bring ~ upon a p *jdn verhaßt, unbeliebt m* ‖ *Verhaßtsein* n ‖ *Makel, Vorwurf* m; *Schimpf* m (to bear the ~ of ..)
odometer [o'dəmətə] s ⟨Am mot⟩ *Kilometerstandsanzeiger, Wegmesser* m
odont– [ˌɔdənt–] Gr [in comp] *Zahn–* **~algia** [ˌɔdən'tældʒiə] s Gr ⟨med⟩ *Zahnschmerz* m
odontic [ə'dəntik] a *Zahn–* (nerve)
odonto– [ɔ'dənto] [in comp] *Zahn–* **~blast** [~blɑ:st] s *Zahnbeinbildner* m **~logy** [ˌɔdən'tələdʒi] s *Zahnheilkunde* f
odorant ['oudərənt] a *wohlriechend* **–riferous** [ˌoudə'rifərəs] **–rous** ['oudərəs] a (~ly adv) *wohlriechend; duftend*
odour (⟨Am⟩ **odor**) ['oudə] s *Geruch; Wohlgeruch* m ‖ ⟨übtr⟩ *Geruch* m; *Spur* f (of *v*) ‖ ⟨fig⟩ *Ruf* m; to be in good, bad *od* ill ~ *in gutem, schlechtem R. stehen* ‖ the ~ of sanctity *der Geruch der Heiligkeit* **~less** [~lis] a *geruchlos*
odyl ['ɔdil] s = od [s]
Odyssey ['ɔdisi] s *Odyss·ee* f; ⟨übtr⟩ *lange Wanderschaft* f
oecology, eco– [i:'kɔlədʒi] s ⟨biol⟩ *Ökologie* f ‖ *–gical function ökologischer Wert* m ‖ *–gist* [s] *Ökolog* m
oecumenic(al), ecu– [ˌi:kju'menik(əl)] a ⟨ec⟩ *ökum·enisch*
oedema, ed– [i'di:mə] s L ⟨path⟩ *Öd·em* n (*Flüssigkeitsansammlung*)
Oedipus complex ['i:dipəs ͵kɔmpleks] L s ⟨psych⟩ *Ödipuskomplex* m
o'er [ɔə] adv & prep = over
oesophagus [i:'sɔfəgəs] s (pl –gi [–dʒai]) L ⟨anat⟩ *Speiseröhre* f
oestrus ['i:strəs] s L ⟨fig⟩ *Trieb; Schwung* m; *Leidenschaft* f **–rum** [–rəm] s (*T*) *Läufigkeit, Hitze, Brunst* f
of [əv, v *f* əv, v] prep **A. I.** (selbständig) **1.** (Befreiung, Entziehung) *von:* to cure ~ *heilen v,* to deprive ~ *befreien v;* free ~ *frei v* **2.** (Ursprung) *von, aus:* born ~ *geboren v;* to come ~ *abstammen v;* Mr. N., ~ 65 High Street *Herr N., wohnhaft ..* ‖ ~ one's own accord *aus eignem Antriebe;* ~ o.s. *v selbst;* ~ all booksellers *bei allen Buchhändlern* (z *h*) **3.** (Ursache, Bewirkung) *an, nach;* to die ~ *sterben an;* to smell ~ *riechen nach* ‖ *vor;* afraid ~ *bange vor;* proud ~ *stolz auf* ‖ *right v Rechts wegen* **4.** (Beziehung) *von, an, über, betreffs, hinsichtlich;* to remind ~ *erinnern an;* to think ~ *denken an;* to complain ~ *klagen über;* the hope ~ *die Hoffnung auf* **5.** (Material, Inhalt) *aus:* made ~ *gemacht aus* (a floor ~ stone) ‖ three feet ~ water *3 Fuß Wasser* ‖ three years ~ age *3 Jahre alt* **6.** (Art u Weise) ~ B. *von* **II.** (zwei Subst. verbindend) the university ~ Oxford *die U. O.* ‖ the battle ~ Leipzig *die Schlacht bei L.;* → B. *an* ‖ → cost, criticism, expenditure, lack, murder, reminiscence (Anklang), scarcity, share, etc. **III.** [gen obj] *vor, zu, bei* (etc) an audience ~ *e–e Audienz*

bei (the king); the fear ~ God *die Furcht vor Gott, Gottesfurcht*; the love ~ God *die Liebe z Gott, Gottesliebe*; your dismissal ~ him is .. *daß du ihn entlassen hast, ist* .. (→ by) **IV. (reines Formwort) 1. [gen part]** *von, unter:* five ~ us *5 v uns* [*aber:* the five ~ us *wir (alle) 5*]; a play ~ Shakespeare's *eins v Shakespeares Stücken*; a friend ~ mine *e–r m–r Freunde, ein Freund v mir*; ~ all men, ~ all people *vor allen anderen*; to be ~ *gehören z* | this house ~ ours *dieses unser Haus* **2. [gen poss]** the owner ~ the house *der Besitzer des Hauses* **3. [gen qual]** → B. *von* **V. (Zeit)** ~ an evening *e–s Abends* | ~ late *kürzlich, in letzter Zeit* || ~ late (*od* recent) years *in den letzten Jahren*; ~ nights *in den Nächten* || ~ old *v alters; v alters her* || ~ yore *ehemals* || ⟨Am⟩ a quarter ~ 12 *ein Viertel vor 12* **VI.** → age; course; right || because ~ *wegen* || east (etc) ~ *östlich v* || out of → out **B. an:** the battle ~ the Nile *die Schl. am N.* → A. **II.** | (*Zeit*) ⟨fam⟩ ~ a Sunday, ~ an afternoon *an e–m S., .. N.,* → V. | to remind a p ~ a th → I. **4.** || to die ~ a fever → I. **3.** || to partake ~ a meal *an e–r M. teilnehmen* || to despair ~ a th, a p *an etw, jdm verzweifeln* || excess ~ luxury *Übermaß an* .. ; expenditure ~ time *Aufwand an Zeit*; a reserve ~ corn → II. | short ~ money *knapp an G.*, ill ~ a fever *erkrankt an* ..; innocent ~ *unschuldig an* → I. **4.** | **auf:** a wonderful view ~ the lake || deaf ~ one ear; careful ~ one's health; jealous, envious ~ a p; proud ~ a th || little chance ~ success; no prospect ~ fine weather, ~ getting better | **aus:** to come ~ (*od* from) a good family; native ~ London, ~ the house ~ York, → I. **2.** || to consist ~, to be made ~ || what has become ~ him? *was ist aus ihm geworden?* || a mixture ~; a dress ~ silk; a heart ~ stone, → I. **5.** || ⟨übtr⟩ he did it ~ his own accord *od* free will *od* choice, → I. **2.** || a speech, work ~ one piece || to make a virtue ~ necessity; a gentleman ~ the old school; to be ~ low condition; don't make more ~ the affair than necessary | **bei:** the battle ~ Hastings, → II. || to inquire one's way ~ a p | **durch:** a tour ~ Germany, ~ the town, → II. | **für:** to take care ~ o.s., ~ one's health *sorgen f* || that is characteristic ~ him || the condition ~ collaboration; an example ~ laziness; an explanation ~ his conduct; sense ~ decency; to show a disregard ~ (*od* for) a th; to have an understanding ~ a th | **gegen:** distrustful, diffident, suspicious ~ a p; tolerant ~ a p's opinion || hatred ~ a p, → III.; violation ~ discipline; a breach ~ etiquette; contravention ~ a regulation; mistrust ~ fortune-tellers | **in** [dat]: Mrs. N., late ~ London „*zuletzt wohnhaft in L.* | (*Zeit*) → V.; a man ~ my years; he died ~ tender age .. *im Kindesalter* | parsimonious ~ phrase *sparsam im Ausdruck,* → I. **4.**; weak ~ purpose *schwach im Entschluß*; chary ~ speech *langsam im Reden* || invasion ~ a country .. *in ein L.*; happiness ~ expression *Gewandtheit im Ausdruck* | (**mit**): a parcel ~ books *ein Paket (mit) Bücher(n)*; a pot ~ honey *ein T.* (*mit*) *Honig* || **mit:** to boast ~ a th; prodigal ~ a th; sparing, lavish ~ praise | a man ~ sound principles || to make fun ~ a p *mit jdm Scherz treiben* | **nach** [dat]: 3 months ~ this date || to smell, taste ~ a th; greedy ~ sweets, pleasure; desirous ~ glory *gierig nach* .. || the pursuit ~ happiness *das Streben nach G.*; desire ~ rest *das Verlangen nach R.* | **über** [acc]: the crossing ~ the Alps, the Danube || to inform a p ~ a th *jdn über etw benachrichtigen, in Kenntnis setzen* || to judge, dispose, complain ~ a th || to be ashamed, glad, doubtful (*unschlüssig*) ~ || what is your

opinion ~ this play, .. your view ~ women; the mastery ~ the sea; the criticism ~ the play; the news, details ~ a th; a prospectus ~ the sights; a study ~ (*od* in) Byron; a survey ~ a th; a disposition ~ one's property; he is guardian ~ two minors *v Vormund über* .. || to give an account ~ one's travels *Bericht erstatten über,* .. ~ o.s. *Rechenschaft ablegen über* || he lost control ~ his car; to take notes ~ a th; to form an opinion ~ a th | **um** [acc]: he was cheated (out) ~ all he possessed .. *um s–n ganzen Besitz*; he deserved well ~ his country *er hat sich um sein L. verdient gemacht* || regardless ~ *unbekümmert um* | **unter** (= *von*): those ~ us who ..; not one ~ us; he was the best, tallest ~ them all, → IV. **1.** | **von:** (to the) north ~ London *nördlich v L.*; the ball fell wide ~ the mark; keep clear ~ the door! *Abstand halten v, sich fernhalten v* (= *nicht z nahe herantreten an*); he is back ~ U.S.A. .. *zurück v*; he is small ~ size | (*Zeit*) → V.; they are both ~ an age .. *v gleichem Alter*; not ~ long duration; the officer ~ the day *der O. v D.*; your letter ~ the 10th inst. *Ihr B. vom 10. dieses Monats* | [*nach Verben*] → to acquit, beg, buy, come, convince, cure, hear, inform, learn, require, rid, say, speak, tell, think, want | [*nach Adj.*] → born, clever, convinced, cruel, cursed, deprived, foolish, forsaken, full, independent, possessed, right, stripped, thoughtful, etc. | [*nach Subst.*] → access, conception, deficit, fit, knowledge, portrait, separation, sign, streak, trait, etc. → IV. **1.**; a play ~ Shakespeare (= a pl. by Sh.) *ein Stück v Sh.* | a portrait ~ Holbein's (= a p. by H.) [sg!] *ein B. v H.*; the portraits ~ H. [pl!] *die Bilder v H.* [= *die v ihm gemalten, ihm gehörenden, ihn darstellenden*; [gen part] → IV. **1.**; drink ~ this wine | [gen qual] a man ~ noble birth, blood, of wide reading *v gr Belesenheit,* ~ an ambitious character *v ehrgeizigem Ch.,* ~ fashion *v (feiner) Lebensart,* ~ few words *v wenigen Worten* || the doctrine ~ repentance || an angel ~ a woman *ein Engel v e–r Fr.,* a young scamp ~ a boy *ein Lümmel v Junge* (*Art u Weise*) to be ~ little importance *v geringer Bed. s*; all ~ one size *alle v 'e–r Größe*; can I be ~ any service to you *kann ich dir irgend v Nutzen s*?; he awoke ~ himself *er erwachte v selbst* | **vor** [dat] ⟨übtr⟩: → I. **3.**; I have a horror ~ it *es schaudert mir davor* || the fear ~ God, ~ infection (*Ehr-*)*Furcht vor* || [*ungewöhnlicher Zustand* → with] to die ~ ennui; to sink down ~ fatigue | **wegen** [gen]: to be accused ~ theft; to be suspected ~ stealing | **zu** [dat]: he is (in)capable ~ it *er ist dazu* (*un*)*fähig*; → III. love ~ music *die L. zur M.*; he has the makings ~ an artist .. *das Zeug zum Künstler*

of [əv] *vi* ⟨Am vulg⟩ *Schreibung f* have: I should ~ told him, I couldn't ~ done it

off [ɔːf, ɒf] **I. adv 1. (Richtung)** *davon, fort, weg* || to be ~ *fortgehen; m, daß man fortkommt; eingeschlafen s*; be ~! ~! *hinweg!* get ~ with you! *fort mit dir!* || to get ~ *davonkommen* || to get ~ with a p *mit jdm °anbändeln* || ⟨mil⟩ ~ helmet! *Helm ab!* **2. (Entfernung)** *entfernt, v hier* (a mile ~; far ~ *weit weg*); *v jetzt an* (a month ~) **3. (Trennung)** *ab-, weg-* to break ~ *abbrechen,* etc || to take a night ~ *sich e–n Abend frei m* **4.** *abgenommen, -gefallen* | *ausgezogen* (to have one's clothes ~) | to see a p ~ *jdn z Abreise begleiten* || the signal is ~ *das Signal ist gegeben* **5.** *abgeschnitten, gesperrt* (the gas is ~); *aus* (the negotiation is ~), the bet is ~ *die Wette gilt nicht* || ~ and on *ab u zu; ab u an* || to cool ~ *abkühlen* | *gänzlich, z Ende*; *aus-* (to drink ~) **6.** (of meat) *nicht frisch* | *nicht wohl* (to feel ~) | → badly, well **7.** ⟨Am⟩ ~ of (*fort*) *v* (~ of the ground) **II. prep 1. (Bewegung)**

fort v, v weg; herunter, to fall ~ a horse *v e–m Pferde –fallen;* to go ~ one's head ⟨fig⟩ *den Kopf verlieren;* to borrow ~ a p ⟨vulg⟩ *v jdm borgen;* to eat ~ a dish, ~ silver plate *v e–r Schüssel, v silbernen Tellern essen* ‖ to live ~ the country *v dem leben, was die Natur bietet* ‖ would you take it ~ my hands .. *mir aus der H. nehmen?* ‖ ⟨rail⟩ to run ~ the rails *aus den Schienen springen* | ~(-)hand ⟨fam⟩ → offhand **2. (Ruhe)** *von .. ab* (to be ~ the road *vom Wege ab s*); never ~ one's legs *immer auf den Beinen;* ⟨fig⟩ ~ the beam ⟨sl⟩ *abwegig (falsch);* ~ duty *dienstfrei, nicht im Dienst; außerdienstlich ..;* ~ form *in schlechter Form,* (P) *nicht in F.* **3. (Lage)** ⟨mar⟩ *auf der Höhe v, vor* (~ the Isle of Wight) ‖ ~ Oxford Street *abseits v* O. Str; a street ~ O. Str. *e–e Seiten–, Nebenstr. v* O. Str. **III.** [in comp] ~-blonde *dunkelblond* ‖ ~-dignity [attr] *zwanglos* ‖ ~-white *leicht getönt,* it is ~-white °*es war mal weiß,* → offhand

off [ɔ:f, ɔf] **1.** a (of horses, vehicles) *recht* (the ~ wheel *das rechte Rad*); → ~side; ~ side ⟨crick⟩ *die rechte Seite* (*v Schläger aus gesehen*) | *abgelegen, Seiten–, Neben–;* ⟨fig⟩ *abwegig* ‖ [pred] °*passé(e)* (*veraltet*) ‖ an ~ chance *e–e letzte or schwache Möglichkeit* f; *Unwahrscheinlichkeit* f | ~ centre [attr] ⟨tech⟩ *außermittig* ‖ ~-colour **1.** *Fehlfarbe* f **2.** *blaß, farblos;* ⟨fig⟩ *fragwürdig, gewagt; nicht stubenrein* (story) | ~ day *freier Tag* m, ⟨fig⟩ *unglücklicher Tag;* ~-hand → offhand; ~-position ⟨tech⟩ *Ausschalt–, Ruhestellung* f; ~ time *freie Zeit* f ‖ ~-licence *Konzession, alkohol. Getränke nach außen z verkaufen* ‖ ~-reckonings [pl] ⟨mar⟩ *Abzüge* m pl (*v Sold*) ‖ ~-shore order ⟨Am⟩ *Rüstungshilfeauftrag* m (placed with European Nato states) ‖ ~-stage *Maßabweichung* f ‖ ~-street parking space *Parkraum* m *abseits der Straße* ‖ ~-the-face *aus dem Gesicht gesetzt* (hat) ‖ ~-the-record [attr] *vertraulich* (statement) ‖ ~-the-road operation ⟨mot⟩ *Geländefahrt, Querfeldeinfahrt* f ‖ ~-the-shoulder *schulterfrei (Kleid), trägerlos (Badeanzug)* ‖ ~-time *freie Zeit, Freizeit* f | ~-year ⟨bes for⟩ *Fehljahr* n **2.** s (= ~ side) ⟨crick⟩ *die rechte Seite*

off [ɔ:f, ɔf] vt (*etw*) *aufgeben, sich zurückziehen v* (*etw*); *ablehnen*

offal [ˈɔfəl] s *Abfall; Fleischabfall* m; *billige, kl Fische* m pl ‖ *Schund* m, → tailings
offcast [ˈɔ:fkɑ:st] **1.** a *verworfen* **2.** s *der Verworfene*
offcentre [ˈɔfsentə] s ⟨at⟩ *Boden-Nullpunktverlagerung* f
offence, ⟨Am *mst*⟩ **offense** [əˈfens] s **1.** ⟨mil⟩ *Angriff* m (weapons of ~ *–swaffen*) **2.** *Kränkung, Beleidigung* f ‖ *Anstoß* m (rock of ~ *Stein des Anstoßes*); *Ärgernis* n; to give, cause ~ *A., Ä. erregen;* no ~! *nichts f ungut!* to give ~ to a p *jdn beleidigen;* to take ~ *at a th etw übelnehmen, Anstoß nehmen an, sich beleidigt fühlen über etw* **3.** *Straftat* f; criminal ~ (*strafrechtliches*) *Delikt* n, → tort ‖ *Verstoß* m (against ~ *gegen*); *Vergehen* n (to commit an ~); third ~, subsequent ~ ⟨jur⟩ *Vergehen im Rückfall;* to be guilty of an ~ *sich e–r strafbaren Handlung schuldig gemacht h;* ~ committed under emotional stress *Affekthandlung* f ~less [~lis] a *unanstößig; harmlos*

offend [əˈfend] vi/t **1.** vi to ~ against *sündigen gegen; verstoßen, sich vergehen gegen;* (*Sitte, Gesetz*) *verletzen, beleidigen* **2.** vt (*Auge, Ohr*) *beleidigen, verletzen;* (*Gefühl*) *verletzen* ‖ (*jdm*) *z nahe treten;* (*jdn*) *kränken; ärgern, erzürnen;* to be ~ed *aufgebracht s* (at a th *über etw;* by *durch;* with a p *über jdn*); to feel ~ed *sich gekränkt fühlen, gekränkt s* ~edly [~idli] adv *gleichsam beleidigt* ~er [~ə] s *Beleidiger* m | ⟨jur⟩ *Missetäter* m; *Verbrecher* m (juvenile ~);

first ~ *jd, der erstmalig ein Verbrechen verübt;* ⟨bes mot⟩ *Verkehrssünder* m
offensive [əˈfensiv] **1.** a (~ly adv) *offens·iv, Angriffs–* (~ war *–krieg;* ~ spirit *–geist;* ~ front *–front*); *bewaffnet* (~ reconnaissance .. *Aufklärung*); *anstößig, beleidigend* (language) *ekelhaft, widerwärtig* (smell) **2.** s *Offens·ive* f; to be on the ~ *in der O. s;* to take the ~, to act on the ~ *die O. ergreifen* (against) ‖ *Bewegung* f (peace ~) ~ness [~nis] s *das Beleidigende, Anstößige* n ‖ *Ekelhaftigkeit* f

offer [ˈɔfə] s *Anerbieten* m (by a p to a p *v jdm an jdn;* to do); an ~ of money *ein Geldanerbieten* n; ~ of marriage *Heiratsantrag* m ‖ ⟨com⟩ *Offerte* f, *Angebot* (firm ~ *festes A.*), *Gebot* n; on ~ *z Verkauf angeboten; gebotene Summe* f; ⟨st exch⟩ *Brief* m ‖ ~ of compromise *Vergleichsvorschlag* m

offer [ˈɔfə] vt/i **A.** vt **1.** (*etw*) *opfern* (to God *Gott*) ‖ to ~ up a prayer *ein Gebet z Gott senden* **2.** *z Verfügung stellen, anbieten* (a p a th *od* a th to a p *jdm etw*); he was ~ed the post *ihm wurde die Stelle angeboten;* to ~ o.s. *sich anbieten* ‖ to ~ one's hand *die Hand reichen* (to a p *jdm*); *die Hand* (*z Heirat*) *anbieten* (to a lady) | ⟨com⟩ *z Verkauf anbieten, offerieren* (*Preis*) *bieten* (for) **3.** (*Widerstand*) *leisten;* to ~ battle *sich kampfbereit m* ‖ *zufügen;* (*Gewalt*) *antun* **4.** (*Bemerkung* etc) *vorbringen, m* (on *über*) (*Anblick*) *darbieten, zeigen;* (S) (*Rätsel*) *aufgeben* **5.** [mit inf] *sich erbieten* (to do) | *versuchen, beabsichtigen* (to do) **B.** vi **1.** *opfern* (to God) **2.** *sich darbieten; sich bieten; sich zeigen* ~er [~rə] s *Opferer* ~ing [~riŋ] s *Opfern* n; *Opfer* n; drink- ~ *Trank–,* peace-~ *Friedens–* ‖ *Anerbieten, Geschenk* n | [attr] *Opfer–* (~pennies)

offertory [ˈɔfətəri] s ⟨ec⟩ *Offertorium* n (*Einleitungsgebet z Messe*) ‖ *Kollekte* f | ~-box → alms-box

offhand [ˈɔ:fˈhænd; ´– –; – ´–] **1.** adv *ohne weiteres, auswendig, aus dem Kopf* (I couldn't tell you ~); *auf der Stelle, aus dem Stegreif* (to speak ~) **2.** a *unvorbereitet, Stegreif–*; *ungezwungen;* in this ~ way *so leichthin, wie beiläufig* ‖ *unhöflich* ‖ ~ grinding *Freihandschleifen* n | ~ed [~id] a = offhand (well, he said ~ly)

office [ˈɔfis] s **1.** *Funktion* f; *Dienst* m, *Dienstleistung; Aufmerksamkeit* f; to do a p a kind ~ *jdm e–n guten Dienst erweisen* ‖ *Amt* n, *Beruf* m, *Aufgabe* f (it is my ~ to do) **2.** *öffentl. staatliches Amt* n; *Amt e–s Ministers* (to enter upon ~ *das A. antreten*); to be in ~ *im öffentl. Amt bekleiden; im Ministerium s;* to come into ~ *ins M. k;* to hold an ~ *ein A. bekleiden;* to resign ~ *vom A. zurücktreten;* to take ~ *das A. antreten,* *übernehmen* **3.** ⟨ec⟩ *Offizium,* *best. Gottesdienst* m; ~ for the Dead *Totengottesdienst;* Divine ~ ⟨R. C.⟩ *Stundengebet* n **4.** (*Amts-)Büro* (to go to the ~); (*Geschäfts-)Kontor* n; *Expedition* f; *Amt* n (the Post ~ *Post*) ‖ ⟨mil⟩ ~ of origin *Absendestelle* f ‖ → inquiry; lost ~ ‖ ~ Ministerialgebäude; *Ministerium* n (Foreign ~; War ~) | the ~s *die Bürohäuser, Verwaltungsgebäude* n pl ‖ ~s [pl] *Küchen–, Wirtschaftsräume* m pl; *Neben–, Wirtschaftsgebäude* pl **5.** *Versicherungsgesellschaft* f (Fire ~; Life ~) **6.** ⟨sl⟩ *Wink* m, *Zeichen* n (to give a p the ~ *jdm ein Z. geben*) **7.** [attr] *Amts–* (~-bearer *Amtsinhaber*); *Dienst–; Geschäfts–,* ⟨mil⟩ *Dienst–* (~-hours); *Kontor–; Büro–* (~ accomodation *–raum* m, *–räume* pl) ‖ ~ basket *Briefkorb* m ‖ ~ car *Geschäftswagen* m ‖ ~-holder ⟨Am⟩ *Beamte(r* m) f ‖ ~-hunter, ~-seeker *Postenjäger* m, ⟨Am⟩ *Bewerber* m

officer [ˈɔfisə] **1.** s *Beamte(r* m) f; ~ of State *höherer Staatsbeamter* m; *Vorstandsmitglied* n (e–s Vereins e–r Handelsgesellschaft); police ~ Polizist, Schutzmann m ‖ ⟨mil & mar⟩ Offizier m; ~ of the day O. vom Dienst (O. v. D.); ~ commanding Befehlshaber, Kommandeur m | ~ cadet Fähnrich m; ~ candidate Offizieranwärter m; ~ commanding a squadron ⟨aero⟩ Staffelkapitän m; ~ c. No. x Wing ⟨aero⟩ Gruppenkommandeur m (der xten Gr.); ~ commissioned from the ranks aus dem Mannschaftsstand hervorgegangener O.; ~ i/c barracks Kasernenvorstand m; ⸕ of the deck ⟨mar⟩ Wachoffizier; ~ of the guard O. v Ortsdienst; ~ of the line Truppenoffizier; ~ of the watch O. v Dienst, diensthabender O. ‖ ~s' carreer Offizierslaufbahn f; ~s' club –heim; ~'s commission –patent n 2. vt [mst pass] mit Offizieren versehen (to be ~ed) ‖ leiten, führen

officese [ɔfi'si:z] s Amts–, Büro–, Behördensprache f, –ausdruck m, –stil m → commercialese

official [ə'fiʃəl] 1. s ⟨ec jur⟩ Offizi·al m, bischöfl. Beamter (mst ~ principal) ‖ (Staats-)Beamter m; through ~(s) auf dem Dienstwege; ~s [pl] Beamtentum n 2. a amtlich, offizi·ell; "⸕-Paid" ⟨engl, mil⟩ „Frei durch Ablösung" (portofrei); ~ declaration of death amtliche Todeserklärung f; Amts– Dienst–; ~ assistance Amtshilfe f; ~ business Dienstsache f; ~ call ⟨telph⟩ Dienstgespräch n; ~ matter Dienstsache f; ~ oath Amtseid; ~ position Amtsbezeichnung f; ~ residence Dienstwohnung f, –sitz m; ~ service publication Dienstvorschrift f; ~ travel order Marschbefehl m; for ~ use only ⟨Am⟩ nur f den Dienstgebrauch ‖ feierlich, formell ‖ ~ contradiction Dementi n ‖ ⟨med⟩ = officinal ~dom [~dəm] s Beamtenwelt f; Beamten m pl, –tum n; Bürokratismus m ~ese [–'i:z] s Beamten–, Amtssprache f, –ausdruck, –stil m ~ism [~izm] s Beamtentum n, Bürokra–, Schematismus m ~ize [~aiz] vt e–n amtl. Charakter geben; reglementieren, kontrollieren ~ly [~i] adv offiziell; formell

officiant [ə'fiʃiənt] s ⟨ec⟩ amtierender Geistlicher m –ary [–əri] a amtlich, amtsmäßig; Amts– –ate [–eit] vi amtieren; fungieren (as als); to ~ at a marriage e–n Traugottesdienst abhalten ‖ –ating priest Zelebrant m

officinal [ɔfi'sain]; ə'fisin] a ⟨med⟩ offizin·ell, im Arzneibuch aufgeführt ‖ Arznei– (herb)

officious [ə'fiʃəs] a (~ly adv) übertrieben dienstfertig; auf–, zudringlich ‖ ⟨dipl⟩ offizi·ös, halbamtlich (Ggs official) ~ness [~nis] s übertriebene Dienstfertigkeit, Zudringlichkeit f

offing ['ɔfiŋ] s ⟨mar⟩ die hohe, offene See ‖ in the ~ auf offener See; vom Ufer entfernt; ⟨fig⟩ in einiger Entfernung

offish ['ɔfiʃ] a ⟨fam⟩ reserviert; kühl, steif ~ness [~nis] s Zurückhaltung f

offprint ['ɔ:fprint] s Abdruck m (from aus); Sonder–, Separatabdruck m

offscourings ['ɔ:f,skauəriŋz] s pl Kehricht m ‖ ⟨fig⟩ (a offscum ['ɔ:fskʌm]) Abschaum m

offset ['ɔ:fset] s 1. (Reise-)Antritt m 2. ⟨hort⟩ Sproß, Sprößling; Ableger m; ⟨fig⟩ Ausläufer (from v); Abzweigung f 3. Auf–, Gegenrechnung f, Ausgleich m 4. ⟨surv⟩ Ordin·ate f 5. ⟨arch⟩ vorspringende Schicht f; Mauerabsatz, –vorsprung m 6. ⟨tech⟩ Kröpfung, Abbiegung f, Biegung f (im Rohr) 7. ⟨typ⟩ Offsetdruck m, Flachdruck(verfahren n) m mit Zwischenschaltung e–s Gummiübertragetuches 8. [attr] ~-bulb ⟨hort⟩ Brutzwiebel f ‖ ~-machine Offset–, Gummidruckmaschine f ‖ ~ papers [pl] Umdruckpapier n

offset [ɔ:f'set] ⟨bes Am⟩ vt/i ‖ ausgleichen, aufrechnen; unschädlich m ‖ (Mauer) mit Vorsprung versehen ‖ (ver)kröpfen, absetzen | vi sich abzweigen (from)

offshoot ['ɔ:fʃu:t] s Schößling, Sproß, Ab-

leger; Ausläufer m; ⟨fig⟩ Seitenzweig m, –linie f

offshore ['ɔfʃɔ:] a ⟨mar⟩ ablandig; ~ patrol Küstenschutzdienst m; ~ procurement Beschaffung v außerhalb (USA & Canada); ~ wind Landwind m; → off-shore

offside ['ɔ:f'said; – '–] 1. s ⟨ftb etc⟩ die Abseite, unerlaubte Seite f (zw Ball u Tor des Gegners); (in rechtsfahrenden Ländern) linke, (in linksf. L.) rechte Fahrbahnseite f 2. adv ⟨sport⟩ abseits; ⟨traffic⟩ (rechtsfahrend:) links, (linksfahrend:) rechts

offspring ['ɔ:fspriŋ] s [fast nur sg-Form] Abkömmling m ‖ [koll] Nachkommen m pl, –schaft f (two ~ zwei Nachkommen) ‖ ⟨fig⟩ Erzeugnis n; Ergebnis n, Frucht f; Ergebnisse pl

offstreet ['ɔfsti:t] s Nebenstraße f → off-street

offtake ['ɔ:fteik] s Einkauf m (v Waren) ‖ Abzug m

oft [ɔ:ft] adv 1. ⟨poet & †⟩ = often 2. [in comp] oft– (~-repeated)

often ['ɔ:fn; ⟨bes im Gesang u vulg⟩ 'ɔ:ftən] 1. adv oft, –mals, häufig; ~ and ~ manch liebes Mal; more ~ than not, as ~ as not de·s öfteren; meistens 2. † a häufig

ogee ['oudʒi:] s ⟨arch⟩ das S-förmige Profilglied, Kehl–, Glockenleiste f, Karnies n ‖ ⟨arch⟩ Eselsrücken m (Bogen)

ogham, ogam ['ɔgəm] a altes kelt. u ir. Alphabet n [a attr]

ogival [ou'dʒaivəl] a ⟨arch⟩ Spitzbogen–, Ogiv·al– (style) ‖ Spitz– **ogive** ['oudʒaiv] s ⟨arch⟩ (of a vault) Gratrippe f ‖ gotischer Spitzbogen m ‖ ⟨mil⟩ Geschoßkopf m; false ~ –haube f

ogle ['ougl] 1. vi/t ‖ liebäugeln (with) | vt liebäugelnd ansehen; beäugeln 2. s liebäugelnder Blick m | ~r [~ə] s Liebäugelnder m

Ogpu ['ɔgpu:] a Geheimpolizei der Sowjetregierung f (seit 1922)

ogre, ⟨Am⟩ **oger** ['ougə] s Oger, Menschenfresser m (im Märchen) **ogress** ['ougris] s Menschenfresserin f

Ogygian [ə'gidʒiən] a ⟨übtr⟩ sehr alt, vorhistorisch

oh [ou] intj → o

Ohm [oum] s (nach G. S. ~; † 1854) ⟨el⟩ the ~ das Ohm (Maßeinheit des Widerstandes) ~meter ['~itə] s Ohmmeter (elektr. Meßgerät) n

oho [o'hou] intj oho!

-oid [ɔid] lebendes suff (an Subst. u Adj.) ähnlich, gleich (rhomboid)

oil [ɔil] I. s 1. Öl n (mineral ~ Mineral–, vegetable ~ Pflanzen–, whale ~ Walfisch–); ⟨Am⟩ Petroleum n; ~ of vitriol ⟨chem⟩ Vitriolöl n, Schwefelsäure f 2. ~s [pl] ⟨arts⟩ Ölmalerei f; to paint in ~s in Öl malen | Ölanzug m, Ölzeug n 3. Wendungen: to pour, throw ~ on the flames ⟨fig⟩ Öl ins Feuer gießen ‖ to pour ~ on the waters od on troubled waters ⟨fig⟩ Frieden stiften, die Gemüter beruhigen ‖ ⟨mil fam⟩ on the ~ auf dem Bummel ‖ ⟨Am⟩ to strike ~ Petroleum entdecken; ⟨fig⟩ auf etw Vorteilhaftes stoßen; Glück h 4. [attr & comp] Öl– ‖ ~ atomizer Öldüse f ‖ ~-bearing ölhaltig ‖ ~ bar ⟨mot⟩ Ölbar, Schmierbatterie f (verschiedener Sorten) ‖ ~ bomb Flammbombe f ‖ ~ buffer (Rohr-)Rücklaufbremse f ‖ ~ burner Ölbrenner m ‖ ~ cup Schmierbüchse f, Öler m ‖ ~ deflector Ölabweiser m ‖ ~ cake Leinkuchen m ‖ ~-colour, ~-paint ['~'–] Ölfarbe f ‖ ~ dashpot ⟨mot⟩ ölgefüllter Stoßdämpfer m ‖ ~ derrick ⟨min⟩ (Öl-)Bohrturm m ‖ ~ dipper Ölschöpfer, Schöpffinger m, Ölwerfer m, Ölnase f ‖ ~ dip-rod Ölmeßstab m ‖ ~ drag Reibungsverlust m durch Ölviskosität ‖ ~ engine Ölmotor m; ~-engined Ölmotor– ‖ ~-field ['–'–] Petroleumfeld n ‖ ~ firing Ölfeuerung f

|| ~ gear *elektrohydraulische Steuerung* f || ~ level gauge *Ölstandanzeiger* m || ~-paint *Öl-farbe* f || ~-painting *Ölmalerei* f; *–gemälde* n || ~-pan ⟨Am mot⟩ = sump || ~ pressure transmitter *Öldruckgeber* m || ~-remover *Ent-öler* m || ~-station ⟨Am mot⟩ *Tankstelle* f || ~ surge valve *Öldruckventil* n || ~-tanker *Öl-tankschiff* n || ~-well [' - -] *Petroleumbrunnen* m **II.** vt/i || *(ein)ölen, schmieren* ⟨a fig⟩ (to ~ the tongue) || ~ed ⟨Am a⟩ *lieblich beschwipst* | vi *ölig w* ~**cake** ['ɔilkeik] s *Ölkuchen* m ~**cloth** ['ɔilklɔθ] s *Wachstuch* n, *Wachsleinwand* f || ~ lined *mit Wachstucheinlage, -fütterung* f ~**er** ['~ə] s *Öler* ⟨a fig⟩ || *Ölkanne* f || *Ölschiff* n ~**liness** ['ɔilinis] s *Öligkeit, Fettigkeit* f | ⟨fig⟩ *glattes, salbungsvolles Wesen* n, *Schmeichelei* f ~**man** ['ɔilmən] s ⟨min⟩ *Ölfachmann* m, *–men* [pl] *–leute* pl || *Öl(farben)händler* m ~**skin** ['ɔil-skin] s *Ölleinwand* f *Öltuch* n; ~s pl *Öl-zeug* n | ~**y** ['ɔili] a (–lily adv) *ölig, fett, schmierig* || ⟨fig⟩ *salbungsvoll, ölig*

ointment ['ɔintmənt] s *Salbe* f

Oireachtas ['iərəxθæs] s Ir *gesetzgebende Körperschaft v* Eire || → Dail Eireann; Seanad Eireann

okapi [o'ka:pi] s *Okapi* n (*Giraffe mit kürzerem Hals*)

okay, okeh ['ou'kei] (*aus O. K.* [= all cor-rect]) **1.** a *°alles in Butter; durchaus richtig* (that) || *einverstanden, gut* || *erstklassig, prima* || he's ~ *er ist richtig, °er ist auf dem Kien* **2.** s *Beglaubigungs–, Genehmigungszeichen* n **3.** vt *gutheißen, anerkennen, billigen*

Okie ['ouki] s ⟨Am fam⟩ *wandernder Land-arbeiter* m (*aus Oklahoma*)

okra ['ɔkrə] s ⟨bot⟩ *Rosenpappel* f | *Frucht-kapsel dieser* f

old [ould] **I.** a **1.** (Ggs young) *alt* (ten years ~); how ~ is he? *wie alt ist er?*; a two-year ~ child (|a s| a two-year ~ [pl] – – ~s) *ein zwei Jahre altes Kind* n || ~ age *das hohe Alter, Greisenalter* n; ~ age pension *Altersrente* f, ~ age pensioner *Altersrentner(in* f) m | (Ggs new) *alt,* ~ English *Altenglisch* || the ~ World *Europa u Asien* (Ggs the New W.) | ⟨fig⟩ *alt, erfahren, gewiegt,* an ~ bird *ein abgefeimter Dieb* m; → hand || ~ in folly *unverbesserlicher Tor* m || *abgenutzt, verbraucht* | ⟨fam⟩ *groß, reichlich, prachtvoll*; a high ~ time *e–e °pfundige (glänzende) Zeit*; a jolly ~ row *ein Mords-skandal* m **2.** *weit zurückreichend; sehr alt; wohlbekannt, vertraut* | ⟨fam⟩ (*als Ausdruck der Vertraulichkeit*) *alt, lieb*; an ~ boy *ein früherer Schüler der Schule*; ⟨Am fam⟩ ~ horse (P) *alter Knabe!*; the ~ man ⟨fam⟩ *der °Alte; Kapitän; Chef, Prinzipal* m; ⟨sl⟩ ~ bean *°altes Haus*; (my) ~ man *mein lieber, alter Freund* m | (Ggs [attr] ⟨fam⟩ ~ subst °„alter Hut"; ~ school tie ⟨engl⟩ *standesbewußter Konservatismus* m; (my) ~ woman *m–e liebe Alte;* ~ woman (of men) *°altes Waschweib* || good ~ Oxford *das liebe alte O.* || ⟨hum⟩ the ~ gentleman, ~ Nick *der Teufel* || the ~ man *der alte Adam* **3.** (Ggs modern) *altertümlich, früher* (~ England); the ~ masters [pl] ⟨arts⟩ *die Alten Meister* m pl; *deren Bilder* n pl; ~ Calendar, ~ Style *Alter Stil* (engl *vor 1752*) **II.** s ⟨fam⟩ the ~s [pl] *die alten Leute, die Alten* pl | of ~ *vor or seit alters, ehe-dem*; from of ~ *seit alters her*; a friend of ~ *ein alter Freund,* times of ~ *alte Zeiten* f pl **III.** [in comp] *alt–*; ~-fashioned *altmodisch* || ~-modish *altjüngferlich* || ~-time *aus alter Zeit, alt*; ~-timer *altmod.* P or S | ~**en** ['~ən] **1.** a ⟨poet, liter & †⟩ *alt* **2.** vi/t || *altern* | vt *alt* m ~**er** ['~ə] compr a *älter* **1.** (P) the ~ *people die älteren Leute* || [mst pred] he is ~ *than you er ist älter als du* **2.** (S) [attr & pred] the ~ house *das ältere Haus* (this h. is ~) || → elder

~**est** ['~ist] sup a *ältest* **1.** (P) [pred] (he is) the ~ *der älteste* (*an Aussehen*) **2.** (S) [attr & pred] the ~ house *das älteste Haus* || → eldest ~**ish** ['~iʃ] a *ältlich* ~**ness** ['~nis] s *Altsein, Alter* n ~**ster** ['~stə] s ⟨fam⟩ *alter Knabe* m

oleaginous [ˌouli'ædʒinəs] a *ölig; fettig* || *Öl–* **oleander** [ˌouli'ændə] s ⟨bot⟩ *Ole·ander* m **oleaster** [ˌouli'æstə] s ⟨bot⟩ *Ole·aster, ver-wilderter Ölbaum* m || *wilder Ölbaum* m; Pungent ~ *stechende Ölweide* f **oleo** ['oulio] s L ⟨Am fam⟩ = ~margarine [in comp] *Öl–* ~**graph** [~gra:f] s *Öldruck* m ~**margarine** [~ˌma:dʒə'ri:n] s *Oleomargar·in* n (*z Herstellung v Margarine*) ~**meter** [ˌouli-'ɔmitə] s *Ölmesser* m ~**pneumatic** ['oulio-nju-'mætik] a *pneumatisch-hydraulisch* (*.. mit Öl-füllung*)

olfactory [ɔl'fæktəri] **1.** a ⟨anat⟩ *Geruchs–* **2.** s *Geruchsorgan* n

olibanum [ə'libənəm] s L *Weihrauchharz* n **oligarch** ['ɔliga:k] s *Mitglied* n *e–r Oligarchie* ~**ic(al)** [ˌɔli'ga:kik(əl)] a (–cally adv) *oligar-chisch* ~**y** ['ɔliga:ki] s *Oligarch·ie* f **oligo–** ['ɔligou] Gr [in comp] *klein; wenig(e),* *Oligo–* ~**cene** [ə'ligos:in] a ⟨geol⟩ *oligoz·än;* ~ age *ältere Braunkohlenzeit* f (*drittälteste Stufe des Tertiärs*) **olio** ['ouliou] s [pl ~s] = *olla podrida* || ⟨fig⟩ *Mischmasch; Gemisch, Potpourri* n **oliphant** ['ɔlifənt] s *Hift–, Jagdhorn* n *aus Elfenbein* n **olivaceous** [ˌɔli'veiʃəs] a *Oliven–* || *aliven-farbig; grünlich* **olivary** ['ɔlivəri] a ⟨anat⟩ *olivenförmig, ov·al*; ~ body *Olive* f (*am Rückenmark*) **olive** ['ɔliv] **1.** s ⟨bot⟩ (a ~-tree) *Ol·ive* f, *Öl-baum* m || *Olive* f (*Frucht*) || *Olivenfarbe* f | beef ~s [pl] *Fleischrouladen* f pl *mit Oliven* | [attr] *Oliven–* (~-oil) || *Öl–* || ~-branch *Öl-zweig* m; ⟨fig⟩ *Nachkomme* m || ~-moulding ⟨arch⟩ *Perlstab* m **2.** a *olivenfarbig, grünlich* ~-drab ⟨Am⟩ *feldgrau* **oliver** ['ɔlivə] s ⟨met⟩ *kl Schwanzhammer* m **olivet** ['ɔlivet] s *ovale Glasperle* f **olivine** [ˌɔli'vi:n] s *Oliv·in* m (*Mineral*) **olla podrida** ['ɔləpo'dri:də] s Span *gedünstetes Mischgericht* n || ⟨übtr⟩ *Mischmasch* m **ology** ['ɔlədʒi] s ⟨hum fam⟩ *e–e der Wissen-schaften auf* ~ (e.g. physiology); ⟨übtr⟩ [oft pl] *Wissenschaft* f **Olympia** [o'limpiə] s L ⟨fig⟩ *Wettkampf* m (the ~ of work *Arbeits–*) ~**piad** [o'limpiæd] s ⟨ant⟩ *Olympi·ade* f || ⟨übtr⟩ *die alle 4 Jahre stattfindenden Olympischen Spiele* n pl ~**pian** [o'limpiən] **1.** a *olympisch, göttlich* || ⟨fig⟩ *erhaben, majestätisch; überlegen* (nod) **2.** s *Be-wohner des Olymp* m, *griechischer Gott* m ⟨a übtr⟩ ~**pic** [o'limpik] a *Olympia–, olympisch* || the ~ Games (= Olympiad, → d) *die Olym-pischen Spiele* pl (*seit 1896*) ~**pus** [o'limpəs] s L *Olymp* m ⟨a übtr⟩ **omadhaun** ['ɔmədə:n, –ɔə:n] s ⟨Ir⟩ *Narr, Tölpel, Idiot* m **omasum** [o'meisəm] s L ⟨anat⟩ *Blätter-magen* m **ombre** ['ɔmbə] s *Lomber(spiel)* n **ombro–** ['ɔmbro] [in comp] *Regen–* ~**graph** [~gra:f] s *selbstschreibender Niederschlags-messer* m ~**meter** [ɔm'brɔmitə] s *Regenmesser* m **omelet(te)** ['ɔmlit] s Fr *Omel·ett* n, *Eierkuchen* m; ⟨fig⟩ you cannot make an ~ without break-ing eggs *wo gehobelt wird, fallen Späne* **omen** ['oumen] **1.** s L [pl ~s] ·*Omen* n, *Vor-bedeutung* f (for f) **2.** vt *vorhersagen, anzeigen* **omental** [ou'mentl] a ⟨anat⟩ *Darmnetz–* ~**tum** [ou'mentəm] s L ⟨anat⟩ *Darmnetz* n **ominous** ['ɔminəs] a (~ly adv) *unheilvoll, Böses verkündend; drohend*

omissible [o'misibl] a *auszulassen(d)*; *aus-laßbar* **–ion** [o'miʃən] s *Aus-, Weglassung* f; errors and ~s excepted *Irrtum vorbehalten* || *Unterlassung* f (sins of ~) **–ive** [ə'misiv] a *aus-, weglassend*

omit [o'mit] vt (–tt–) *fort-, auslassen* (from *v, aus*) || (*etw*) *vergessen* h (from *in*); *übergehen*; to be ~ted from *ausgelassen w in* || *versäumen, unterlassen* (doing; to do *z tun*)

omnibus ['ɔmnibəs] **1.** s [pl ~es] (abb. bus) *Omnibus* m || *Sammlung, Anthologie* f **2.** a *verschied. Sachen einschließend, Sammel–* (an ~ volume), *Gesamt–; Haupt–; Mantel–* (~ bill) || ⟨rail⟩ ~ train *Personenzug* m, *der an allen Stationen hält* || ~ (book) *Volksausgabe* f

omni– ['ɔmni] L [in comp] *all–, All–, Omni–* **–-aerial** [,ɔmni'ɛəriəl] s *Rundstrahlantenne* f **–directional** [,ɔmnidi'rekʃnəl] a *rundstrahlend* (*Antenne*) **–farious** [,ɔmni'fɛəriəs] a *Allerlei–* (erudition), ~ knowledge *Wissen* n *aller Art* **–potence** [ɔm'nipotəns] s *Allmacht* f **–potent** [ɔm'nipotənt] a (~ly adv) *allmächtig*; the **~** *der Allmächtige* **–presence** ['ɔmni'prezəns] s *Allgegenwart* f **–present** ['ɔmni'prezənt] a (~ly adv) *allgegenwärtig*; [pred] *überall* **–range** [,ɔmni'reindʒ] ⟨aero, mar⟩ *Drehfunkfeuer* n; ~ bearing *Drehfunkpeilung* f **–science** [ɔm-'nisiəns] s *Allwissenheit* f **–scient** [ɔm'nisiənt] a (~ly adv) *allwissend* **–vorous** [ɔm'nivərəs] a (~ly adv) *alles fressend* or *verschlingend*; ⟨a übtr⟩

omnium ['ɔmniəm] s L *Gesamtsumme*; ⟨st exch⟩ *Generalschuldverschreibung* f || ⟨com⟩ *Gesamtwert* m *der z Sicherung* f *verfügbaren Masse* f | ~ gatherum [s] ⟨hum⟩ (f gathering) *Sammels·urium* n; *gemischte Gesellschaft* f

omo– ['oumo] Gr [in comp] *Schulter–* **–plate** [~pleit] s *–blatt* n

omophagous [o'məfəgəs] a *rohes Fleisch fressend*

omphalo– ['ɔmfəlo] Gr [in comp] *Nabel–* **omphalos** ['ɔmfələs] s Gr ⟨ant⟩ (*Schild-*)*Buckel* m || ⟨fig⟩ *Zentrum* n, *Mittelpunkt* m

on [ɔn] **I. prep A. (Lage) 1. a.** *auf* (⟨Am⟩ ~ the market, street = ⟨engl⟩ in ..); a ring ~ one's finger *ein Ring am Finger*; ~ all fours *auf allen vieren*; ~ the piano *auf dem Klavier*; ~ this side *auf dieser Seite* | *zu*, ~ foot *z Fuß*; ~ horseback *z Pferde*; → air | *an*, ~ board *an Bord*; ~ the board *am Brett*; ~ the coast, shore *an der Küste* || ⟨Am⟩ ~ the corner (⟨engl⟩ at the c.) *an der Ecke* || ~-glaze decoration *Aufglas·urdekoration* f || ⟨Am⟩ ~ to play ~ a team *in e-r Mannschaft spielen*; ⟨Am⟩ ~ to live ~ High Street *in der Hohen Straße wohnen*; ⟨Am⟩ ~ the train ⟨rail⟩ *im Zuge* || ~ the river *am Flusse*; ~ the wall *an der Wand* | *bei* (a document found ~ him .. *bei ihm*), *gehörig zu, bei* **b.** ⟨übtr⟩ *auf*, ~ one's journey *auf der Reise*; ~ half-pay *auf Halbsold*; ~ my honour *bei m-r Ehre* || ~ sale *z Verkauf* || (a joke) ~ me *auf m-e Kosten* | this is ~ me *dies geht auf m-e Rechnung* || to be ~ s.th *v etw Kenntnis h* || ~ my part *m–rseits*; ~ the committee, the staff *im K., im Stabe, zum K., zum St. gehörig*; ~ the Times *bei der T. beschäftigt* **2. auf Grund** *v*; money to marry ~ *Geld, um daraufhin z heiraten* || *von* (to live ~ *leben v* etc) || *in*; ~ an average *im Durchschnitt*; ~ the contrary *im Gegenteil*; ~ the whole *im ganzen* || ~ good authority *aus guter Quelle*; ~ these conditions *unter diesen Bedingungen*; ~ purpose *mit Absicht*; ~ his own theory *nach s–r Theorie* **B. (Richtung) 1.** *auf* (to throw ~ the floor); to start ~ a journey *e–e Reise antreten*; an attack ~ *ein Angriff auf*; a march ~ *ein Marsch auf* | ⟨Am⟩ ~ a p *gegen jdn gerichtet*: the laugh was ~ (⟨engl⟩ against) him *die Lacher waren auf der anderen Seite* | to have nothing ~

a p *nichts vor jdm voraus* h || ⟨fam⟩ this is ~ me *dies geht auf m–e Rechnung, zahle ich* || (an increase of £50) ~ last year (..) *gegen letztes Jahr* **2.** → to bestow, call, confer etc || → keen, mad **C. (Zeit)** *an*; ~ the third of May *am 3. Mai*; ~ or before April 1. *bis zum 1. A.* || ~ Monday *am Montag*; ~ Sundays *sonntags*; ~ the morning of *am Morgen des*; ~ the eve of *unmittelbar vor*; just ~ *ungefähr* (just ~ 5 *etwa um 5 Uhr*) | *nach, bei*; ~ further consideration *bei reiflicher Überlegung*; ~ this occasion *bei dieser Gelegenheit* f || *gleich nach*; ~ my arrival *gleich, nachdem ich ankam*; ~ publication *gleich nach Erscheinen*; ~ hearing the news (he went ..) *als er .. hörte, ging er* ..; ~ being admitted (he ..) *als er zugelassen war* (..) || ~ a sudden *plötzlich* || ~ time (genau) *z festgesetzten Zeit* **D. betreffs** [gen], *über* [acc], *hinsichtlich* [gen] (details ~ a matter); to think ~ *nachdenken über*; to write ~ *schreiben über*; a lecture, conference ~ *ein Vortrag über, e–e K. über* || a commission, etc ~ *ein Ausschuß etc für* **E. an (Raum)** [dat]: with a lady ~ his arm .. *am A.*; a ring ~ her finger *am F.*; gloves ~ her hands; a wound ~ his finger; to count .. ~ one's fingers; to end ~ the gallows *am G.* ..; to go ~ crutches; clouds float ~ the sky; the town lies ~ a railway-line, ~ a river; ~ the horizon; ~ the beach; on the Western front; ~ the outskirts of Munich; ~ the edge of the precipice | [acc] to place a ring ~ one's finger .. *an den F.*; to go ~ board (a ship) *an B. gehen*; to go ~ shore *an L. gehen*; to drive ~ shore *an L. treiben* | (Zeit) ~ the evening of May 1 *am Abend des 1. Mai*; ~ the eve of the battle *am A. vor der Schl.*; ~ the eve of great events *am Vorabend gr. E.*; ~ weekdays; ~ a dark wintry night *an e–m .. Winterabend* | (*mit Verben*) to experiment ~ a p; that verges ~ the impossible; to hang ~ a p's lips, words; the crown devolved ~ his son .. *fiel an, .. ging über an* ..; to be revenged, to take one's vengeance *od* revenge ~ a p *sich rächen, Rache nehmen an* – | experiments ~ animals || to lay hands ~ a work *Hand anlegen an* ..; to declare war ~ *Krieg erklären an* ..; to put great claims ~ a p *an jdn gr Anforderungen stellen* | **auf** (Raum) [dat]: to die ~ the battle-field; to lie ~ the Continent, ~ earth, ~ a farm; to crawl ~ all fours || to lie ~ the ground *auf der (bloßen) Erde* .. || to ride ~ a horse || to skate ~ the ice || to play ~ an instrument || ~ the journey out *auf der Ausreise*; he is ~ a j. .. *auf Reisen*; we travelled ~ this line *Linie, Strecke* || to buy it ~ the market | you will find it ~ page 10 || traffic ~ the railway || to drive ~ a road || to die ~ the scaffold || ~ the high seas *auf hoher See*; the other side of .. || to carry a bag ~ one's shoulder || ~ the spot where *auf der Stelle, wo* || to appear ~ the stage || to stand ~ the tip of one's toes || I have it ~ the tip of my tongue *es liegt mir auf der Z.* || ~ my way home *auf dem Heimweg*; ~ my way here *auf der Herreise*; he is on his way *er ist (schon) auf dem W.* | [acc] she leaned ~ his arm .. *stützte sich auf s–n A.* | a pressure ~ the button || sit down ~ this chair *setz dich auf diesen St.* || he fell ~ his head .. *auf den Kopf* || to go ~ a journey *auf Reisen gehen* || don't spit ~ the pavement .. *Boden* || to climb ~ a roof, tree | write ~ one side only! *nur auf eine S. schreiben* | (Zeit) ~ the spot *auf der Stelle* || Easter falls ~ the 8th of April .. *fällt auf den* .. | a long period of peace followed ~ this war | (*nach Verben*) → to build, to be based, to concentrate, count, depend, harp, insist, pride o.s., react, reckon | (*nach Adj.*) dependent ~ *angewiesen auf*; keen ~ *erpicht, versessen auf* | ⟨übtr⟩ [abstr] ~ application *auf Anfrage, auf Wunsch* || ~ a sound, friendly basis ‖ ~ furlough ‖ be ~ your guard! *sei auf der Hut!* ‖ to hit the nail ~ the head *den N. auf den K. treffen* ‖ to put one's money ~ the wrong horse *auf das falsche Pf. setzen* ‖ ~ inquiry *auf Anfrage* ‖ to rest ~ one's laurels *auf s–n L. ausruhen* ‖ ~ leave *auf Urlaub* ‖ you are getting ~ my nerves *du fällst, gehst mir auf die N.* ‖ ~ probation *auf Probe* ‖ ~ the recommendation of *auf E. v* ‖ ~ good terms with *auf gutem Fuße mit* ‖ ~ the track of the thief *dem Dieb auf der Spur* ‖ ~ trial *auf Probe* ‖ based ~ truth *auf W. beruhend* | aus (*Grund, Anlaß*) [dat]: ~ principle ‖ ~ the occasion of his death *aus Anlaß s–s Todes* ‖ he was arrested ~ mere suspicion | bei [dat]: I left my card ~ him; ~ closer examination *bei schärferem Hinsehen*; to react ~ the slightest touch | (*Gleichzeitigkeit*) (→ *nach*) ~ his approach they disappeared ‖ ⟨post⟩ pay *od* cash ~ delivery (abbr. P. O. D. *od* C. O. D.) „*zahlbar bei Auslieferung*" (= *Nachnahmesendung*) ‖ ~ my arrival, ~ arriving (*gleich*) *bei m–r Ankunft* ‖ ~ my visit ‖ ~ all occasions *bei jeder Gelegenheit* ‖ ~ first, second thoughts *bei flüchtiger, nochmaliger Überlegung* ‖ ~ closer examination | (*nach Verben*) to intrude ~ a p *sich eindrängen bei* ..; to call ~ a p *vorsprechen bei* .. | ⟨übtr⟩ ~ longer acquaintance; ~ my word of honour, ~ my word *bei m–r Ehre, m–m Wort*; to roast ~ slow fire *bei langsamem F. braten*; ~ pain of death *bei Todesstrafe*; confined ~ bread and water *bei W. u B. eingesperrt* | für [acc]: to spend money ~ books; to spend much time on an invention .. *aufwenden f* .. | gegen [acc] to be hard ~ a p *gegen jdn hart, streng s* ‖ ~ veto ~ a decision *Einspruch gegen* .. ‖ ⟨übtr⟩ ~ receipt *gegen Quittung*; ~ production of one's passport *gegen Vorzeigen des Passes* | in [dat]: to sit ~ the grass; to live ~ the first floor; ~ the first North England borders ~ (*an*) Scotland | [acc] to sit down ~ the grass; to engrave ~ copper | (*Zeit*) ~ a dark night; ~ the following night; the outlook ~ the future; ~ the morrow of the Revolution *in der Zeit gleich nach der R.* | found guilty ~ three counts *in 3 Punkten der Anklage schuldig befunden* | an encroachment ~ a p's rights *ein Eingriff in* [acc]; an authority ~ geology .. *in* [dat] | ⟨übtr⟩ ~ an average *im Durchschnitt*; a seat ~ the board, my father is ~ the board of directors .. *im Aufsichtsrat*; ~ business *in Geschäften* ..; ~ the contrary, ~ duty *im Dienst*; to set ~ fire *in Brand stecken*; to be ~ fire *in Flammen stehen*; to go ~ (one's) holiday *in Ferien gehen*; ~ the increase *im Wachsen, Zunehmen*; ~ a large scale *in gr Maßstab*; ~ active service ⟨mil⟩ *im aktiven Dienst*; to be ~ trial *in Untersuchungshaft s*; ~ the whole *im ganzen* (*genommen*) | mit [dat]: to pride o.s. ~ a th *sich mit etw brüsten* ‖ have pity ~ me | ⟨übtr⟩ ~ purpose; ~ the plea of having been ill *mit der Ausrede krank gewesen z s*; to study ~ an empty stomach *mit leerem M.* .. | (*Zeit*) nach [dat] (→ *bei*) I got your present ~ my arrival .. *gleich nach* ..; ~ mature consideration *nach reiflicher Überlegung* | ⟨übtr⟩ ~ a rough calculation *nach ungefährer Berechnung*; ~ inquiry; ~ principles *nach Grundsätzen*; ~ the English pattern *nach englischem Muster*; ~ a new principle *nach e–m neuen Verfahren*; to act ~ a p's instructions; ⟨sport⟩ to win ~ points *nach Punkten siegen* | über [dat]: one book lies ~ another .. *über dem anderen*; the soup is ~ the fire, → *auf* | (*nach Verben*) → to agree, deliberate, divide ⟨parl⟩ *abstimmen*, ponder, question, speak, to be silent ~ *sich ausschweigen über* | [acc] (*Gegenstand des Denkens, Urteilens* etc) Pope's Essay ~ Man .. E. „*Über den M.*"; an essay ~ Milton *e–e Abhandlung*

über M.; a dissertation ~ history; he wrote a book ~ friendship, → about; ⟨parl⟩ the decision ~ the motion was carried *die Entscheidung über den Antrag ging durch* ‖ a debate ~ foreign policy; a speech ~ liberty ‖ a curse ~ him! *Fluch über ihn!* ‖ her despair ~ the loss of her son | I have a lot to say ~ this subject | to make mistake ~ mistake *F. über F. m*; to suffer loss ~ loss | to sit in judgment ~ a p *über jdn z Gericht sitzen*; to lecture ~ Milton; to bring trouble ~ a p; the court pronounced sentence of death ~ the murderer .. *verhängte das Todesurteil über* .. | um [acc] the earth revolves, a wheel turns ~ its axis (*Stützpunkt!*) | she fell ~ her mother's neck .. *ihrer M. um den H.* ‖ ⟨übtr⟩ everything turns ~ him; the conversation turned ~ hunting | unter (*Art u Weise, Bedingung*) [dat]: ~ condition that *u. der B., daß*; ~ no account *u. k–r B.*; ~ easier terms *u. leichteren B.en*; ~ any terms *unter jeder B.*; .. ~ sufferance *u. stillschweigender Duldung*; to attest ~ oath *u. Eid bezeugen*; ~ the impulse *od* spur of the moment *u. dem I.* or *der Eingabe des A.*; ~ the supposition that *u. der Voraussetzung, daß*; ~ the plea *od* pretext that *u. d. Vorwand, daß*, → under = *unter* | von [dat]: it depends ~ my father *es hängt v m–m V. ab* | (*Lebens–, Ernährungsgrundlage*) to live ~ potatoes, ~ charity .. *v der Wohltätigkeit anderer*, ~ one's interest *v den Zinsen*, ~ a pound a week | the pigs fatten ~ potatoes .. *mästen sich v* | vor [dat]: he had a mask ~ his face | wegen [gen]: he remonstrated with his chief ~ this injustice *er machte* [dat] *Vorhaltungen wegen* | zu [dat]: ~ horseback *z Pferde*; to go ~ foot *z F. gehen* ‖ ~ either side *z beiden Seiten*; you will see it ~ your left .. *zur Linken* .. ‖ ~ the groundfloor *z ebener Erde* ‖ ~ land (at sea and in the air) *z Land*, (*z W. u in der Luft*) | (*Zeit*) to get presents ~ one's birthday .. *zum G. bek* ‖ to congratulate a p ~ his success, etc. *e–m z etw beglückwünschen* ‖ she decided ~ the green gown *sie entschloß sich z* .. | a commentary ~ Milton *ein K. z M.*; a comment ~ the article *e–e Stellungnahme z* .. | ⟨übtr⟩ [abstr]: ~ approval *zur Ansicht*; he is ~ the committee *er gehört zum Ausschuß*; to go ~ the stage *zur Bühne gehen*; he was there ~ his trial .. *zum Verhör* .. **II. adv 1.** (Lage) *darauf* | (*Ggs* off) *an* (to have a coat ~ *e–n Rock anhaben*); *auf* (with his hat ~ *mit dem Hute auf*) ‖ to be ~ *in Betrieb, Tätigkeit, im Gange, °los s*; ⟨theat⟩ *gegeben w* (what is ~ to-night?); the gas is ~ *das Gas ist an* (*in Betrieb*); the switch is ~ *der Hahn ist offen*; the brakes are ~ *die Bremsen sind zu*; to be ~ ⟨sl⟩ *beschwipst s* ‖ as Hamlet *er spielt den H.* **2.** (Richtung) *vorwärts, weiter* (to go ~ *weitergehen*; *fortfahren*); ~! *vorwärts, voran!* ‖ ⟨crick⟩ *im Vorteil* ‖ *heran* (to come ~) | far ~ *weit vorgerückt*; later ~ *später*; ~ and ~ *immer weiter*; and so ~ *u so weiter* | to be ~ *dafür s, dabei s*; are you ~? ⟨fam⟩ *machst du mit?* | ⟨crick⟩ *im Vorteil s* ‖ ⟨sl⟩ *bezecht s* ‖ ⟨Am⟩ to be ~ *od* to Kenntnis *h v*; kennen, wissen ‖ ⟨Austr⟩ to be ~ at a p *auf e–m herumhacken* | ~ to, ~ to *auf*, (*auf* .. *hinauf*); *hinaus auf* (to step ~ to the balcony); *auf* .. *hinauf* (he swung the child onto his shoulder **III. a:** ~ boy ⟨school⟩ ⟨m. m.⟩ „*Fuchs*" *vom Dienst*; the ~ side ⟨crick⟩ *die innere Seite* (*vom Schläger aus gesehen*) **IV. s** the ~ ⟨crick⟩ = the ~ side (→ III.) **V.** [in comp] ~-and-off-the-road operation ⟨mot⟩ *Straßen– u Geländefahrt f* ‖ ~-coming **1. a** *herankommend*; ~-c. traffic *Gegenverkehr m*; ⟨fig fam⟩ *zugänglich* (*P*) **2. s** Herankommen *n* ‖ ⟨aero⟩ ~-course line *Kurslinie, Leitstrahlrichtung f*; ~-c. signal *Kurszeichen n, Dauerton m*; ~-c. sector *od* zone *Dauertonsektor m* ‖

~-licence *Schankkonzession* f *nur auf dem Grundstück* || ~-position ⟨tech⟩ *Einschaltstellung* f || ~-the-job trained ⟨Am⟩ *angelernt (Arbeiter)*; ~-the-job training ⟨Am⟩ *Ausbildung* f *am Arbeitsplatz* m

onager ['ɔnədʒə] s L *Wildesel* m

onanism ['ounənizm] s ⟨med⟩ *Onanie, Selbstbefleckung* f || ⟨eig⟩ coitus interruptus

once [wʌns] **I.** adv **1.** *einmal*; ~ a day *einmal täglich*; ~ and again *ab u zu* || *[in neg. u bedingenden Sätzen] je, überhaupt, nur (einmal)*; not ~ *nie*; if I've told you ~ I've told you a hundred times *ich habe dir mindestens 100mal gesagt* || *einst*; ~ upon a time *einstmals* **2.** at ~ *zugleich, z gleicher Zeit, auf einmal*; *sogleich, sofort* || all at ~ *(ganz) plötzlich, auf einmal* || for ~ f *diesmal, ausnahmsweise*; for ~ in a way *einmal z Abwechslung* || this ~ *diesmal, dies (e-e) Mal* || ~ (and) for all *ein f allemal* || → way V. || ~ more *noch einmal*; I thank you ~ more *nochmals besten Dank* (for *f*); "~ only" [attr] *einmalig (purchase)* **3.** [in comp] ~-over ⟨Am fam⟩ *flüchtiger Überblick, durchdringender Blick* m, *flüchtige, scharfe Prüfung* f, to give a p the ~-over *jdn flüchtig, scharf überblicken, prüfen* **II.** conj (a ~ that) *sobald* or *wenn einmal* **III.** s = ~-over [s] **oncer** ['wʌnsə] s ⟨fam⟩ *jd, der etw Pflichtmäßiges nur einmal tut*

oncoming ['ɔnkʌmiŋ] a → on-coming

oncost ['ɔnkɔst] s *laufende Ausgaben* f pl; *Generalunkosten* pl

ondometer [ɔn'dɔmitə] s *Wellenmesser* m

one [wʌn] **I.** [nur sg ~] **A.** a **1.** *(Zahladj.)* **a.** *ein*; twenty-~ (*~-and-twenty) *einundzwanzig*; ~ thousand *(eintausend)*; ~ o'clock *ein Uhr*, everything went like ~ o'clock ⟨fig fam⟩ *es ging alles wie am Schnürchen*; half past ~ *halb zwei*; the ~ *Tages*; ~-time [attr] *einstig, früher* **b.** [subst. a] *eine(r, –s), eins* ~ of them *e–r v ihnen*; ~ of these days *dieser Tage*; ~ too many *e–r zuviel* || ~ by ~ *e–r nach dem andern* || ~ or two *einige*; these ~ or two ideas *diese wenigen Gedanken* || three to ~ *drei z eins* | ⟨fam⟩ *ein (Schlag, Witz, Kuß* etc); ~ in the eye ⟨fig⟩ *ein Denkzettel, Wischer* m; to land a p ~ *jdm e–n* or *eins langen* || ~ another *e–a (for ~ another für–e–a)*; the ~ .. the other *der e–e .. der andere*; the ~ from the other *von–e–a* || to make ~ of *ein Glied bilden v, gehören z* **c.** ~ day's supply ⟨log⟩ *Tagessatz* m, → III. | number ~ → number **2.** ⟨emph⟩ **a.** *ein, einzig (not* ~ *word)*; his ~ thought *sein einziger Gedanke*; for ~ thing → thing I. **1. b.** ⟨Am⟩ [indef art] ⟨emph⟩ *ein ganz* .. he's doing ~ *swell job*, it's going to be ~ *great year* **c.** [subst. a] *Eins, ein Ganzes* n (to make England ~) || all ~ *alles eins, ganz gleich, einerlei* (to a p *jdm*) || at ~ *einig*; all in ~ *zugleich, zus–* || ~ and all *alle zus–*; *einmütig* || to be ~ with *eins s mit, gehören z*; *im Einklang stehen mit*; to be ~ and all with a p *jdm sein ein u alles s* | *Einer* m; I for ~ *ich für m–n Teil* **B.** pron indef *(irgend)eine(r), –ein*; *jemand*; like ~ dead *wie ein Toter*; ~ so fickle *ein so Unbeständiger*; ~ Mr. Brown *ein gewisser Herr B.* | **man** (~ cannot tell, [a pl konstr] why don't ~ think of it); to take ~'s meal *das Mahl einnehmen*; ~'s impression was *der Eindruck, den man hatte, war* (that); to lose ~'s life *das Leben verlieren* **II.** [sg ~; pl ~s] **1.** *als Ersatz e–s Subst.*: a rich man and a poor ~ *ein r. M. u ein armer*; that opinions were the true ~s *ihre Ansichten waren die richtigen*; the programme is a compromise ~ .. *ist sozusagen ein Kompromiß* **2.** [z Substantivierung] **a.** [v best. art u pron] this ~ *dieser*, these ~s *diese*; that ~ *jener*, those ~s *jene*; the ~ (~s) who *derjenige (diejenigen) welcher (welche)*; every ~ *jeder*; no ~ *k–r*; many a one *manch e–r*; such a ~ *ein solcher (such* ~s

solche); such a ~ is he *ein solcher Mensch ist er, so e–r ist er*; which ~? *welcher?* **b.** [nur bei P z Substantivierung v adj] the lost ~(s) *der (die) Verlorene(n)* || the evil ~ *der Teufel*; little ~ *mein Kleiner*; the little ~s [pl] *die Kinder*; a sly ~ *ein Schlauberger* **3.** s *Einer*; you are a ~! *du bist (mir) schon einer! eine einzelne S or P f* (in ~s *in –zelnen Exemplaren*) || *Eins* f; a row of ~s *e–e Reihe Einsen* **III.** [in comp] ~-act play ⟨theat⟩ *Einakter* m *(seit 1887* Théâtre Libre, Paris) || ~-armed *einarmig*; ⟨Am hum⟩ ~-arm driver ⟨mot⟩ *Fahrer, der mit ·e–r Hand lenkt, mit der anderen knutscht*; ~-armed bandit ⟨Am sl⟩ *Teufelsspiel* n *(Spielautomat)* || ~-design [attr] ⟨mar⟩ *Einheits–* (class); ~-designer *Jacht* f *der –klasse* || ~-eyed ['–'–] *–äugig* || ~-horse ['–'–] [attr] *nur ein Pferd besitzend*; ~-spännig ⟨fig fam Am⟩ *dürftig*; *klein* (a ~-horse show) || ~-idea'd v ·e–r *Idee beseelt* || ~-legged ['–'–] *–beinig* || ~-man *aus e–m Mann bestehend*; f *e–n M. bestimmt*; ~-man foxhole ⟨mil⟩ *Einmannloch* n; ~-m. dinghy *–schlauchboot* n; ~-m. operation *–bedienung* f; ~-m. tank *–kampfwagen* m; ~-m. torpedo *–torpedo* n || ~-person household *Einzelhaushalt* m || ~-price *Einheitspreis* m, ~-price shop *Laden* m *mit –preisen*, (abbr *EHP-Geschäft*) || ~-sex *–geschlechtig* || ~-shot camera ⟨phot⟩ *Einbelichtungs–, Spaltbildkamera* || ~-sided *nach e–r Seite neigend, –seitig*; ⟨fig⟩ *voreingenommen* || ~-sidedness *Einseitigkeit* f || ~-sitting book *Buch, das man auf einen Sitz verschlingt* || ~-step *Onestep* m *(Tanz)* || ~-time *einstig* || ~-track *einspurig* || ~-way *einseitig* (tendency); ~-way traffic *Verkehr* m *in ·einer Richtung, Einbahnstraßenverkehr*; ~-way street *Einbahnstraße* f

one-er ['wʌnə] s ⟨fam⟩ → oner

oneiromancy [ou'naiərɔmænsi] s *Oneiromantie, Traumdeuterei* f

oneness ['wʌnnis] s *Einheit* f || *Einzigartigkeit* f || *Gleichheit, Identität* || *Einigkeit, Harmonie* f (with)

oner ['wʌnə] s ⟨sl⟩ *hervorragende S or P f, Kan·one* f (at *in*) || ⟨fam⟩ *Schlag* m; a ~ *e–e krasse Lüge* f; she's a ~ *sie ist einmalig, e–e Perle* f

onerous ['ɔnərəs] a (~ly adv) *lästig*; *beschwerlich*; *drückend* (to *für*); ~ness [~nis] s *Beschwerlichkeit, Last* f

onery ['ɔːnəri] a ⟨Am⟩ → ornery

oneself [wʌn'self] **1.** [emph pron] *selbst*; by ~ *allein*; to judge for ~ *selbst urteilen* **2.** [refl pron] *sich* (to *conceal* ~)

onfall ['ɔnfɔːl] s *Angriff* m (on *auf*), *Überfall* m

ongoings ['ɔngouiŋz] s pl *Vorgänge* m pl, *Tun u Treiben* n

onion ['ʌnjən] s ⟨bot⟩ *Zwiebel* f; to know one's ~s ⟨fam⟩ *s–n Kram kennen, sein Geschäft verstehen* || ⟨sl⟩ °*Detz* m, °*Birne* f *(Kopf)*, off one's ~ °*plem-plem (verrückt)*; to send a p off his ~ *jdn aus den* °*Pantinen kippen (um den Verstand bringen)* || [attr] *Zwiebel–* || ⟨aero⟩ *(flaming)* ~ *Leuchtrakete* f, *–spurgeschoß* n

onlooker ['ɔn‚lukə] s *Zuschauer(in* f) m (at [bei] a scene)

only ['ounli] **1.** a *alleinig, einzig*; *–artig*; one and ~ *einzig* **2.** adv *nur, bloß, allein*; → but C. **4.** || if ~ *wenn nur* | *erst* (~ last week); ~ after *erst nachdem* .. || ~ just *eben gerade*; *kaum*; *eben erst* **3.** conj *nur daß, jedoch*

onomastic [‚ɔnɔ'mæstik] a *Namen–* ~on [~ən] s Gr *Namenverzeichnis* n

onomatopoeia [‚ɔnəmætɔ'piːə] s *Onomatopö·ie, Bildung v Schallwörtern, Tonnachahmung*; *Wort–, Laut–, Tonmalerei* f (e. g. bang, growl, swish) ~**poeic** [‚ɔnɔmətɔ'piːik] a (~ally adv) *onomatopo·etisch, lautnachahmend*

onrush ['ɔnrʌʃ] s *Sturm* (of troops); *Ansturm* (of water) m ‖ ~ of traffic *Verkehrsansturm*
onset ['ɔnset] s *Angriff, Sturm* m ⟨a übtr⟩ ‖ (of a disease) *Anfall* m ‖ *Anfang* m (at the first ~)
onshore ['ɔnʃɔ:] a: ~ wind *Seewind* m
onslaught ['ɔnslɔ:t] s (*heftiger*) *Angriff* m (on *auf*) ‖ ⟨übtr⟩ *Last* f ‖ ~ of traffic *Verkehrsbelastung* f (*e–r Straßendecke*)
onto ['ɔntu] prep → on II, 2.
onto– ['ɔnto] Gr [in comp] *Sein–, Wesens–, Onto–* **~genesis** [,ɔnto'dʒenisis] s ⟨biol⟩ *Ontogen·ese* f **~logy** [ɔn'tɔlədʒi] s ⟨philos⟩ *Ontolog·ie* f
Ontos ['ɔntɔs] s „*Ding*" n (⟨Am⟩ *Deckname e–r Panzerabwehrwaffe*)
onus ['ounəs] L s [*nur sg-Form*] *Last*; the ~ of proof *die Beweislast* ‖ *Verantwortung* f (of doing)
onward ['ɔnwəd] **1.** adv *nach vorn, vorwärts*; *weiter* **2.** a (~ly adv) *fort–, vorwärtsschreitend*; *Vorwärts–* | ~s [~z] adv = onward
onyx ['ɔniks] s L ⟨minr⟩ ·*Onyx* m (*Art Chalzedon*)
oo– ['ouo] [in comp] *Ei–, Keim–*
oodle ['u:dl] s; ~s [pl] *Unmengen* f pl, *Haufen* m pl (of *v*)
oof [u:f] intj ⟨Am⟩ (⟨engl⟩ = ugh) *pfui! hu!*
oof [u:f] s ⟨sl⟩ „*Moos*" n (*Geld*); ~-bird *Geld–, Pfeffersack*, ⟨m. m.⟩ °*Knallprotz* m (*reiche P*) ~y ['~i] a ⟨sl⟩ °*klotzig reich*
oogamous [ou'ɔgəmɔs] a ⟨biol⟩ ~ reproduction *oog·ame* (*zweigeschlechtliche*) *Fortpflanzung* f **oogenesis** [,ouo'dʒenisis] s ⟨biol⟩ *Entwicklung der Eizelle* f **oolite** ['ouolait] s **1.** ⟨minr⟩ *Ool·ith* m (*Rogenstein*) **2.** ⟨geol⟩ the ~ *der Dogger* **oolitic** [,ouo'litik] a ⟨geol⟩ *Ool·ith–* ‖ ~ formation = Oolite **oology** [ou'ɔlədʒi] s ⟨orn⟩ *Eierkunde* f **oosperm** ['ouospɔ:m] s ⟨zoo⟩ *befruchtetes Ei* n **oospore** ['ouospɔ:] s ⟨bot⟩ *befruchtetes Keimkorn* n
oolong ['u:lɔŋ] s *schwarzer chines. Tee* m
oomph [u:mf] s ⟨sl⟩ = *sex appeal* ‖ ~-girl ⟨sl⟩ *Sexbombe* f, *Mädchen* n *mit e–m gewissen Etwas* ‖ she is an ~ „*sie hat so was, das macht mir Spaß*"
oont [unt] s ⟨zoo AInd sl⟩ *Kamel* n
oot [u:t] s ⟨Austr vulg⟩ „*Kies*", *Zaster* m (*Geld*)
ooze [u:z] s *Schlamm* m, *Schlick, Matsch* m ‖ *Sumpf* m ‖ ⟨fig⟩ *Wust* (the ~ of oblivion) ‖ on the ~ ⟨fam⟩ *auf dem Bummel*
ooze [u:z] s ⟨tech⟩ *Gerbextrakt* m, *Lohbrühe* f
ooze [u:z] **1.** vi/t ~ *sickern* (into, out of, through); *triefen* (with *v*) ‖ ⟨fig⟩ to ~ *away* (*dahin*)*schwinden*; ~ out *durchsickern* ‖ let's ~ ⟨fam⟩ *gehn wir!* °*laß uns abhauen* | vt (*Wasser*) *durchlassen* ‖ ⟨fig⟩ *durchsickern l* **2.** s *durchgesickerte Flüssigkeit* f; *Fluß* m ‖ ⟨min⟩ ~ of *borings Bohrschmand* m
oozy ['u:zi] a (–zily adv) *schlammig, schlickerig, feucht*
opacity [ou'pæsiti] s *Undurchsichtigkeit* f ‖ *Trübung* f (~ of lens) ‖ ⟨fig⟩ *Dunkelheit* f
opal ['oupəl] s ⟨minr⟩ *Op·al* m ‖ ~ bulb, ~ lamp *Opallampe* f **~escence** [,oupə'lesns] s *Opalesz·enz* f, *Schillern wie Opal*; *Opalisieren* n **~escent** [,oupə'lesnt] a *opalisierend, bunt schillernd*
opaline ['oupəli:n] **1.** s *Opalglas* n **2.** a *Opal–*
opaque [ou'peik] a (~ly adv) *undurchsichtig–; –lässig; trübe; schwach durchscheinend, schwach lichtdurchlässig, op·ak* ‖ ⟨fig⟩ *dunkel, unklar* ‖ *beschränkt, dumm* **~ness** [~nis] s *Undurchsichtigkeit* f ‖ ⟨fig⟩ *Dunkel–* ‖ *Beschränktheit* f
open ['oupən] I. a (~ly adv) **1.** ⟨eig & übtr⟩ a. *offen; –stehend, auf;* with ~ doors *bei offenen Türen* ‖ *offenliegend, frei* (~ field) ‖ ~ cut,

~ working ⟨min⟩ *Tagebau* m ‖ the ~ air *die freie Luft, das Freie*; in the ~ air *unter freiem Himmel* m; ⟨mil⟩ *offen* (city *Stadt*); ~ sight *Kimme* f ‖ ~ wire *Freileitung* f **b.** *unbedeckt, bloß*; ~ hearth ⟨engl⟩ *offener Kamin*; → 3. **c.** (of paper, etc) *nicht gefaltet*; with ~ arms *mit offenen Armen* **d.** *durchbrochen*; ~ work *–e Arbeit* f ‖ *durchlöchert, porös* **e.** *frei, nicht gebunden* **f.** *mild* (an ~ winter) **g.** ⟨phon⟩ *offen* (*Vokal*); ⟨gram⟩ *offen* (*Silbe*) **2.** ⟨fig⟩ **a.** *offenkundig, öffentlich*; in ~ court *vor Gericht* n, *öffentlich*; ~ letter *offener Brief* m; to lay ~ *klarlegen, aufdecken* **b.** *ausgesetzt, unterworfen* (to a th *e–r S*); to lay o.s. ~ to a th *sich e–r S aussetzen*; ~ to criticism *nicht frei v Schuld* **c.** *aufrichtig* (with); ⟨fig⟩ ~ book „*offenes Buch*" (*P*); an ~ mind *unbefangener Sinn* ‖ *freigebig* (hand); *gastfrei* (house) **d.** ⟨com⟩ *offen, laufend* (~ account) ‖ *unentschieden* (verdict), *offenbleibend* ‖ to hold ~ (*Angebot*) *aufrechterhalten* ‖ ~ shop ⟨Am⟩ *Prinzip* n, *Gewerkschaftler u Nichtgewerkschaftler ohne Unterschied einzustellen* **e.** *zugänglich* (to *f*); to be ~ to a p *jdm freistehen* (to do) ⟨Am fam⟩ (*gesetzlich*) *frei, uneingeschränkt* (*Lokal betr Alkohol, Hazardspiel* etc) ‖ ~ to traffic *dem Verkehr übergeben* ‖ *aufgeschlossen* (to *f*); to be ~ to conviction *mit sich reden l*; *sich überzeugen l, .. to an offer mit sich handeln l* ‖ → to throw; thrown ~ to ⟨fig⟩ *offenstehend f* ⟨pol⟩ the ~ door *die offene Tür* **3.** [in comp] *offen* ‖ ~-air [attr] *im Freien*; *Freiluft–* (treatment); *–licht–* (theatre, painting); *Frei(Leitung); die freie Luft liebend* ‖ ~-armed *warm, herzlich* (reception) ‖ ~-cast [attr] *Tagebau–* (coal, system); ~-c. mining *Tagebau* m ‖ ~-eared *feinhörig, aufmerksam* ‖ ~-eyed *wach*; *–sam* ‖ ~-handed *freigebig* ‖ ~-hearted *offenherzig, aufrichtig* ‖ ~-hearth furnace *Siemens-Martinofen* m; ~-hearth steel *Martinstahl* m ‖ ~-minded *aufgeschlossen; unvoreingenommen* ‖ ~-pit ⟨min⟩ *Tagebau–* ‖ ~-work [attr] ⟨arts⟩ *durchbrochen*; ~-w. stocking *Netzstrumpf* m II. s the ~ *das Freie, die freie Luft*; in the ~ *unter freiem Himmel*; *auf freiem Feld* ‖ *freier Platz* m ‖ *das offene Meer* (in the ~); ⟨fig⟩ to come into the ~ *offen reden* **~ness** ['oupnnis] s *Offenheit* f ‖ *Offenherzigkeit* f ‖ ⟨fig⟩ *Aufgeschlossenheit* (to *f*) ‖ (of weather) *Milde* f

open ['oupən] vt/i **I. vt 1.** *öffnen, aufmachen*, I ~ed the door to him, to Mr. N. *ich öffnete ihm, Herrn N. die Tür* (sc *um sie einzulassen*); ~ the door for me *öffne mir bitte die Tür* (sc *da ich es nicht kann*); to ~ one's eyes *gr Augen m*; to ~ a p's eyes *jdm die A. öffnen* (to *f*); to ~ one's mouth *etw verraten* ‖ (*Laden* etc) *eröffnen; ein–, errichten; einweihen* ‖ (*Weg*) *freimachen; öffnen* (to a th *e–r S*) **2.** ⟨fig⟩ *bloßlegen, entfalten* ‖ ⟨min⟩ to ~ by blasting *aufschließen* ‖ ⟨mar⟩ *z Gesicht bek* ‖ *enthüllen* (a th to a p *jdm etw*) (*Herz*) *ausschütten* (to a p *jdm*); *weiten* (*refl*) to ~ o.s. *sich aussprechen* ‖ *frei* or *zugänglich m* (to *f*) **3.** *beginnen, anfangen*; (*Ball, Debatte, Feldzug, Feuer, Konto, Parlament*) *eröffnen*; (*Korrespondenz*) *anknüpfen* (with) **4.** [mit adv] to ~ out *ausbreiten; enthüllen; entwickeln, –falten* ‖ to ~ up *eröffnen*; (*Land* etc) *erschließen* (for a p *jdm*) **II. vi 1.** *geöffnet w, sich öffnen* ‖ to ~ to a p *jdm die Tür öffnen* ‖ I ~ed at page 50 *ich schlug S. 50 auf* ‖ (of shops) *offen s* or *h* ‖ (of doors, rooms) *führen, gehen* (into *in, nach*; on, on to *auf*; out of *aus*; to *nach*) **2.** ⟨fig⟩ *sich offenbaren, sich auftun, sich enthüllen* **3.** *die Sitzung eröffnen*; *eröffnet w* (to *f*); *beginnen* **4.** [mit adv] to ~ out *sich ausdehnen; sich aussprechen* ‖ to ~ up *sich auftun, sich öffnen* **~able** ['oupnəbl] a *z öffnen(d)* **~er** ['oupnə] s *Öffner(in* f) m; *Eröffner(in* f) m ‖ *Öffner* m

(*Gerät*) (tin-~) ~ing ['oupniŋ] 1. s *Öffnen* n; *Öffnung* f | *Riß* m; *Lichtung* f, ⟨for⟩ *Blöße* f, *Lichtung*(*shieb* m) f; *Ausblick* m | *Eröffnung* f (at the ~ *bei der E.*), *Beginn* m | *einleitender Teil* m | *Gelegenheit, günstige Aussicht* f; ⟨*a* fig⟩ (for f) | ~ knob ⟨phot⟩ *Zuhaltungsknopf* m ‖ ~-up (P) *Aufgeschlossenheit* f 2. a *einleitend; Eröffnungs-, Anfangs-*

opera ['ɔpərə] s *Oper* f; [koll] *Opern* pl, *–musik* f ‖ grand ~ *Große O.* (*nur gesungen*); comic ~ *komische O.* | [attr] ~-cloak (*Damen-*) *Theatermantel* m ‖ ~-dancer *Ballettänzer*(*in* f) m ‖ ~-glass[es pl] *Opernglas* n ‖ ~-hat *Chapeauclaque,* (*Klapp-*)*Zylinder*(*hut*) ɪn ‖ ~-house *Opernhaus* n ~tic [ˌɔpəˈrætik] a *Opern–* (~ singer); ~tically [–kəli] adv *nach Art* or *Manier der Oper, opernhaft*

operable ['ɔpərəbl] a ⟨med⟩ *operierbar*

operate ['ɔpəreit] vi/t A. vi 1. (S) *arbeiten; tätig, wirksam* s; *funktionieren* 2. to ~ on a p, a th (*ein*)*wirken auf jdn, etw; jdn, etw beeinflussen;* (of medicines) *wirken auf ..* 3. ⟨med⟩ *operieren;* to ~ on a p *jdn operieren;* to be ~d on *operiert w* 4. ⟨mil⟩ *operieren, vorgehen* | ⟨com⟩ *handeln, spekulieren* B. vt *bewirken, hervorbringen;* ⟨*bes* Am⟩ *arbeiten l, in Betrieb* or *Gang bringen; handhaben, regulieren;* (*Geschäft*) *betreiben* ‖ ⟨fig⟩ *regulieren, bestimmen* –ating [~iŋ] 1. s [attr] ⟨med⟩ *Operations–* (~-room) ‖ ~ cycles ⟨mot⟩ *Schalthäufigkeit* f ⟨Am⟩ *Betriebs–* (~ costs); ~ voltage ⟨wir⟩ *–spannung* f ‖ ~ board ⟨tech⟩ *Schaltpult* n; ~ cable ⟨aero⟩ *Steuerseil* n ‖ in ~ *condition in betriebsfähigem Zustand* m ‖ ~ lever *Betätigungshebel* m; *Bedienungs–* (~ instructions); ~ panel ⟨wir⟩ *Schaltplatte* f; ~ range *Fahrbereich* m; ~ speed *Betriebsdrehzahl* f; ~ time *Arbeitszeit* f; ~ trouble *Betriebsstörung* f 2. a *operierend;* ~ surgeon *Operateur* m –ation [ˌɔpəˈreiʃən] s *Wirken* n; *Wirkung* f; *Ergebnis* n ‖ *Wirksamkeit, Tätigkeit* f; by ~ of law *kraft Gesetzes*(*wirkung* f) n; in ~ *in T.*; to come into ~ *in T.* or *in Kraft treten* ‖ *Arbeitsgang* m, *sequence* of ~s *Arbeitsablauf* m ‖ *Verrichtung* f; *Vorgang* m; *Verfahren* n | census ~ *Durchführung* f *der Volkszählung* ‖ traffic ~ *Verkehrsabwicklung* f ‖ *Betätigung* f ‖ ⟨tech⟩ *Funktion* f ⟨Am⟩ *Betrieb* m | ⟨med⟩ *Operation* f (on a p *jds*); the ~ on the king *die O. des Königs;* ~ to the neck *O. am Hals, Hals–;* ~ for appendicitis *Blinddarm–;* to undergo an ~ *sich e–r O. unterziehen* | ⟨mil & math⟩ *Operation* f; ⟨mil⟩ *Unternehmen* n, *Einsatz* m, *Gefechts–, Kampfhandlung* f; ⟨aero⟩ *Feindflug* m ‖ ~s (pl) [attr] ⟨med⟩ *Operations–* ‖ ~s analysis *kriegswissenschaftliche Forschung* f; ~s board *Lagekarte* f, *–tisch* m; ~s centre ⟨tact⟩ *Kommandozentrale* f; ~s research ⟨tech com⟩ *Planungsforschung* f; ~s staff *Führungsstab* m –ational [~!] a *Operations–* ⟨*a* mil⟩ ‖ ~ aircraft *Einsatzflugzeug* n ‖ ~ ceiling ⟨aero⟩ *Dienstgipfelhöhe* f ‖ ~ chart ⟨tech⟩ *Schaubild* n ⟨mil⟩ ~ command *einsatzmäßige Führung* f ‖ ~ control *taktische Führung* f, *taktische Unterstützung* f; ⟨tech⟩ *betriebliche Kontrolle* f; ⟨aero⟩ *Flugbetriebslenkung* f ‖ ~ equipment *Betriebsmittel* n pl ‖ ⟨mil⟩ ~ headquarters [pl, *a* sg konstr] *Führungsstab* m, ⟨tact⟩ *Gefechtsstand* m; ~ height ⟨aero⟩ *Einsatzflughöhe* f; ~ immediate message *Sofortspruch* m, *sehr dringliche Meldung* f; ~ research *kriegswissenschaftliche Forschung* f; ~ reserve (P) *operative Reserve* f; (S) *operativer Vorrat* m; ~ sortie ⟨aero⟩ *Einsatz–, Feindflug* m –ative 1. ['ɔpəreitiv] a (~ly adv) *wirkend, tätig;* ⟨tech⟩ *Betriebs–; praktisch* ‖ *Arbeiter–* ‖ *wirksam; in Betrieb befindlich* ‖ to become ~ *in Kraft treten* ‖ ⟨med⟩ *operativ* 2. ['ɔpərətiv] s *Arbeiter, Fabrikarbeiter* m –ator

['ɔpəreitə] s *der* (*die, das*) *Wirkende;* ⟨fig⟩ *Triebkraft* f ‖ *jd, der e–e Maschine* etc *bedient, Maschinist* m, ⟨Am el⟩ *Wagenführer* m; ~'s permit ⟨Am⟩ *Führerschein* m; telegraph ~ *Telegraphist* f; *Fernamtbeamter* m; *Telephonfräulein* n ‖ ⟨med⟩ *Operateur, operierender Arzt* m ‖ ⟨com⟩ *Spekulant* m ‖ ⟨Am⟩ *Arbeitgeber* m ‖ *Betriebsleiter; Unternehmer* ‖ ⟨film⟩ *Kameramann, Operateur* m

opercular [əˈpɔːkjulə] a ⟨ich⟩ *Kiemendeckel–* ‖ ⟨bot⟩ *Deckel–* **–culum** [əˈpɔːkjuləm] s L ⟨ich⟩ (*Kiemen-*)*Deckel* m ‖ ⟨bot⟩ *Deckel* m

operetta [ˌɔpəˈretə] s It *Oper·ette* f

operose ['ɔpərous] a *mühsam* ‖ *fleißig*

ophidian [əˈfidiən] 1. a *Schlangen–* 2. s *Schlange* f

ophio– ['ɔfio] Gr [in comp] *Schlangen–* ~**latry** [ˌɔfiˈɔlətri] s *–kult* m

ophite ['ɔfait] s *Oph·it* m

ophthalmia [ɔfˈθælmiə] s ⟨med⟩ *Augenentzündung* f **–mic** [ɔfˈθælmik] a *Augen–;* ~ hospital *Augenklinik* f ‖ *augenkrank* **–mitis** [ˌɔfθælˈmaitis] s *Augenentzündung* f ‖ **–mologist** [ˌɔfθælˈmɔlədʒist] s *Augenarzt* m **–mology** [ˌɔfθælˈmɔlədʒi] s *Augenheilkunde* f ‖ **–moscope** [ɔfˈθælməskoup] s *Augenspiegel* m

opiate ['oupiit] 1. a *einschläfernd* ⟨*a* fig⟩ 2. s *Opi·at* n; *Schlafmittel* n; ⟨fig⟩ *Beruhigungs–*

opine [o'pain] vt *meinen, dafürhalten* (*mst:* that *daß*)

opinion [əˈpinjən] s 1. *Meinung* f (a widely held ~ *e–e weitverbreitete M.*); *Ansicht* f (of *über*); a matter of ~ *Ansichtssache;* in my (private) ~ *nach m–r* (*persönlichen*) *Meinung,* m–s *Erachtens* ‖ *m–r* (*persönl.*) *Meinung nach,* to be ~ of (the) ~ *der Meinung* s (that; I am entirely of your ~ *ich bin ganz Ihrer Ansicht;* to hold an ~ *e–e M. hegen, vertreten;* I incline to the ~ *ich neige z der Ansicht;* I remain of the ~ *ich bleibe der A.* 2. *Urteil* n (of *über*); *Gutachten* n (on *über*); ⟨jur⟩ (*privates*) *Rechtsgutachten* n; kerb-stone ~ (*leichtfertiges*) *Hintertreppen-Gutachten* n; expert ~ *Sachverständigengutachten* n; ~ of court *Entscheidungsgründe* m pl ‖ counsel's ~ *Rechts–;* medical ~ *medizinisches G.;* to get another ~ *das G. e–s anderen einholen* 3. *Überzeugung, Meinung* f; to have the courage of one's ~s *zu s–r M. stehen, Zivilcourage h;* to have a high ~ of *e–e hohe M. h v;* [mst neg] (*gute*) *Meinung* (I have no ~ of *ich halte nicht viel v*) 4. [attr] (public) ~ poll ⟨*bes* Am⟩ (*öffentliche*) *Meinungsforschung* f, ~ survey *–befragung* f ~**-poll** vt (*Bevölkerung*) *nach der Meinung befragen* ~**ated** [əˈpinjəneitid], ~**ative** [əˈpinjəneitiv] a v *sich eingenommen; eigenwillig, –sinnig, hartnäckig, starrsinnig*

O. Pip ['ou 'pip] s abbr f observation post

opisometer [ˌɔpiˈsɔmitə] s *Kurvenmesser* m

opistho– [əˈpisθo] Gr [in comp] *hinten; Hinter–* ~**graph** [–graːf, –græf] s *beiderseits beschriebenes Stück* n (*Blatt, Platte* etc)

opium ['oupjəm] s ⟨chem⟩ *Opium* m ‖ ~-eater *–esser* m

opodeldoc [ˌɔpoˈdeldək] s ⟨med⟩ *Opod·eldok* m (*Heilmittel*)

opopanax [oˈpɔpənæks] s L *Gummiharz* n 〉

opossum [əˈpɔsəm] s ⟨zoo⟩ *Opossum* n (*Beutelratte*); → possum | *austr. Opossumratte* f

oppidan ['ɔpidən] s ⟨*bes* Eton⟩ „*Städter*" m (*Externer*)

oppilate ['ɔpileit] vt ⟨med⟩ *verstopfen*

opponency [əˈpounənsi] s *Gegnerschaft* f; *Gegensatz* m **–ent** [əˈpounənt] 1. a *gegnerisch, entgegengesetzt, abgeneigt* (to a th *e–r S*) 2. s *Gegner* m (of a th *e–r S*); he is my ~ *er ist mein G., ein G. v mir* ‖ *Gegenspieler, Konkurrent* m

opportune ['ɔpətjuːn] a *passend, günstig,*

rechtzeitig; *gelegen*; to come ~ to a p *jdm gelegen k* **~ly** [~li] adv *im gelegenen Augenblick*; *z gelegener Stunde* **~ness** [~nis] s *Rechtzeitigkeit* f

opportunism ['ɔpətju:nizm] s *Opportunʹismus* m; *Anpassungspolitik* f **–ist** [–ist] s *Opportunist, Anpassungsmensch* m **–ity** [,ɔpəʹtju:niti] s (*günstige*) *Gelegenheit* f (the *od* an ~ of doing, to do *z tun*; for a th *f etw*; for doing); ~ has once more entered my life *mir ist, wie schon oft in m–m Leben, mal wieder e–e unerwartete G. in den Schoß gefallen*; to have (an) ~ to do *G. h z tun*; to give a p the ~ of a th *jdm die G. z etw geben*; to lose, miss the ~ *die G. verpassen*; the ~ presents itself *die G. bietet sich*; to seize, take an ~ *e–e G. ergreifen* ‖ on the first ~ *bei der ersten G.* | **–ties** [pl] *Möglichkeiten* pl (for *f*, *z*), (*Zukunfts-*)*Aussichten* f pl (Canada is a land of –ties) | ~ fire *Schießen* n *auf Gelegenheitsziele*; ~ target *Gelegenheitsziel* n

oppose [əʹpouz] vt (*etw*) *entgegen–, gegenüberstellen* (to *od* with a th *e–r S*); (*e–r S*) *begegnen* (with *mit*) | (*jdm, e–r S*) *widerstehen, entgegentreten*; (*etw*) *bekämpfen* ‖ *e–r S im Wege stehen*, (*etw*) *hemmen*; *durchkreuzen* | **~d** [~d] a *entgegengesetzt* (to a th *e–r S*); *zuwider, feindlich* (to a p *jdm*); to be ~ to, from *jdm, e–r S feindlich gegenüberstehen*; *jdm, e–r S abgeneigt sein* ‖ ~-cylinder *od* ~-type engine *Boxermotor* m; ~-piston engine *Doppelkolbenmotor* m, *Motor mit gegenläufigen Kolben*

opposing [əʹpouziŋ] a *entgegengesetzt, konfliktierend, widerstreitend* ‖ *Gegen–* ((*phys*) *field*)

opposite [ʹɔpəzit] **1.** a (~ly adv) *gegenüberstehend, –liegend*; on the ~ side to *auf der –liegenden Seite v*; to be ~ to a th *e–r S –liegen, –stehen* (*a* fig) ‖ ~ number *Seitenstück* n, *Gegenspieler*; *Partner* m | *entgegengesetzt*; in an ~ direction *in –ter Richtung* ‖ *entgegengesetzt, verschieden* (to, from *z*, *v*); to be ~ to, from *grundverschieden s v* ‖ ~ angles [pl] *Scheitelwinkel* m pl | (*bot*) *gegenständig, opponʹiert* **2.** adv *gegenüber* (the boy ~) **3.** prep *gegenüber* (~ the house *dem Hause g.*) **4.** s *Gegensatz* m; *Gegenteil* n, he is the very ~ of *er ist das genaue G. v*; just the ~ *das gerade G.*

opposition [,ɔpəʹziʃən] s **1.** *Gegenüberstehen, –liegen* n | (*astr*) *Opposition* f (in ~ to *in O. zu*), *Gegenschein* m **2.** *Gegensatz* m (to *z*), *Widerspruch, –streit* m (in ~ with *im W. mit*) **3.** *Widerstand* m (to *gegen*); too great for ~ *zu gr, als daß man W. leisten könnte* **4.** [konkr] (*parl*) [*a* pl konstr] the ~ *die Opposition* f; to be in ~ *der O. angehören* | (*com*) *Konkurrenz* f **5. Wendungen:** in ~ to a th *e–r S gegenüber*; *im Gegensatz z etw*; *im Widerspruch mit etw* ‖ to act in ~ to a th *e–r S zuwiderhandeln* ‖ to encounter ~, to meet with ~ *auf Widerstand stoßen* ‖ to offer ~ *Widerstand leisten* **6.** [attr] *Protest–* (~ meeting) ‖ (*parl*) *Oppositions–* (~ benches) | **~al** [~l] a *gegensätzlich, Widerstands–* **~ist** [~ist] s *Regierungsgegner* m

oppositive [əʹpozitiv] a *entgegensetzend, e–n Gegensatz ausdrückend*

oppress [əʹpres] vt (*Gemüt*) *bedrücken, –klemmen*; **~ed** with *bedrückt durch* ‖ (*Hilflose* etc) *nieder–, unterdrücken* ‖ **~ed** air (*min*) *matte Wetter* n pl **~ion** [əʹpreʃən] s *Bedrückung* f, *Druck·* m | *Elend* n, *Bedrängnis* f | *Unterdrückung, Vergewaltigung* f **~ive** [əʹpresiv] a (~ly adv) *bedrückend* (to *für*); *grausam*; *tyrannisch* ‖ *drückend* (weather); *schwül* **~iveness** [əʹpresivnis] s *Druck* m | (of the air) *Schwüle* f **~or** [~ə] s *Bedrücker, Tyrann* m

opprobrious [əʹproubriəs] a (~ly adv) (*be*)*schimpfend, schmähend, Schmäh–, Schimpf–* ‖

---

schimpflich, schandbar **–rium** [əʹproubriəm] s L *Schimpf* m; *Schmach, Schande* f (to *f*)

oppugn [əʹpju:n] vt (*fig*) *bestreiten, –kämpfen*

ops [ɔps] s pl (*mil fam*) abbr *f* operations

opsonic [ɔpʹsɔnik] a (*bact*) *Opsonʹin–* **–nin** [ʹɔpsənin] s *Opsonʹin* n (*Immunsubstanz*)

opt [ɔpt] vi *optieren*; *sich entscheiden* (for *f*) **~ative** [ʹ~ətiv] **1.** a (*gram*) *Wunsch–*; ~ mood ·*Optativ* m **2.** s ·*Optativ* m

optic [ʹɔptik] **1.** a (~ally adv) *Augen–*; *Seh–*; ~ nerve *Sehnerv* m ‖ *optisch* **2.** [s pl] **~s** (*hum*) *Augen* n pl **–al** [~əl] a (~ly adv) *optisch*; ~ angle *Achsenwinkel* m; ~ combination *Linsenfolge* f; ~ density (*phot*) *Schwärzung* f; ~ illusion *optische Täuschung* f; ~ limitation *Sichtbegrenzung* f; ~ range *Sichtweite* f; ~ sight *optisches Visier* n, (*artill*) *optisches Zielgerät* n; ~ sound *Lichtton* m; ~ system of sound head *Tonoptik* f **–ian** [ɔpʹtiʃən] s *Optiker* m ‖ ophthalmic ~ *staatl. geprüfter Augen–*; dispensing ~ *Rezept–* (*der Brillen nur nach Rezept verkaufen darf*) | **~s** [~s] s [sg konstr] *Optik* f

optime [ʹɔptimi] s L (Cambr univ) *jd, der im math. Honours-Examen die 2. or 3. Klasse erlangt hat* (~ wrangler) **–mism** [ʹɔptimizm] s *Optimʹismus* m **–mist** [ʹɔptimist] s *Optimʹist* m **–mistic** [,ɔptiʹmistik] a (~ally adv) *optimistisch* **–mize** [ʹɔptimaiz] vt (*scient*) *optimal gestalten* **–mum** [ʹɔptiməm] s L *das Beste* n; *Bestfall* m | [attr] *Best–, beste*; optimal (~ temperature); ~ range (*artill*) *wirksame Schußentfernung* f, (*aero*) *günstigste Reichweite* f

option [ʹɔpʃən] s **1.** *Wahl* f; to make one's ~ *s–e W. treffen* ‖ *freie W.* or *Entscheidung* f (his ~ lay between) | (*jur*) *Möglichkeit* f, *Ausweg* m (the ~ of a fine) **2.** (*com*) *Optionsrecht* n; *Wahlrecht* n (*im Zivilrecht*), ~ right to vote ‖ (*st exch*) *Prämiengeschäft* n; right of ~ on *Bezugsrecht* n *für* **3. Wendungen:** at one's ~ *nach Wahl* ‖ to give a p an ~ on a house *jdm ein Haus an Hand geben* ‖ if I had the ~ *wenn ich die Wahl hätte* ‖ to have no ~ *k–e W. h*; to have no ~ but to give in *k–e andere Möglichkeit h als nachzugeben*; *nachgeben müssen* ‖ to leave a th to (*od* at) a p's ~ *jdm etw freistellen* (*univ*) what ~s are allowed? *welche Fächer sind wahlfrei?* **~al** [~l] a (~ly adv) *freigestellt*; *freistehend*; *wahlfrei* **~ee** [ɔpʃəʹni:] s *durch Wahlrecht Begünstigter* m **~or** [ʹɔpʃənə] s *durch Wahlrecht Verpflichteter* m

optometrist [ɔpʹtɔmitrist] s (Am) (*staatlich geprüfter*) *Brillenoptiker* m, → optician ‖ *Augenarzt* m, → oculist

optophone [ʹɔptəfoun] **1.** vi/t *lichtsprechen* **2.** s *Lichtsprechgerät* n; ~ traffic *Lichtsprechverkehr* m

opulence [ʹɔpjuləns] s *Reichtum, Wohlstand* m; *Luxus, Überfluß* m (of *an*) **–ent** [ʹɔpjulənt] a (~ly adv) *reich, vermögend* ‖ (*fam*) *reichlich, luxuriös* ‖ *blutenreich* (*a* fig)

opus [ʹoupəs] s L [pl opera] (Lit & mus) ·*Opus, Werk* n; magnum ~ *Hauptwerk* n **~cule** [ɔʹpʌskju:l] s *kl liter.* or *musikalisches Werk* n; *kl Buch* n

–or [–ə] *lebendes Suffix z Bildung v Subst. mit der Bedeutung „jd, der etw tut"*; –ee, –er

or [ɔ:] s (her) (*Metall-*)*Gold* n

or [ɔ:; *w f* o, ə] conj **1.** *oder* (white ~ black; were you ~ he present? was he ~ you present?); one ~ two *ein bis zwei*; a book ~ two *einige Bücher* ‖ whether .. ~ not *ob .. oder nicht* ‖ either .. ~ *entweder .. oder* ‖ (poet) ~ .. ~ *entweder .. oder, ob .. oder* **2.** [nach neg] *noch*; no glory ~ thanks *weder Ruhm noch Dank* **3.** *sonst; wenn nicht*; ~ else (*oder*) *sonst* **4.** (fam) (he did the right th?) ~ did he? *nichtwahr?* (fam) .., *oder*?; (you are quite sure?) ≃ are you? ⟨fam⟩ .., *oder*?; ≃ is it? *oder (nicht)*?

or [ɔ:] ⟨poet †⟩ prep & conj *bevor*

orach [ˈɔritʃ] s ⟨bot⟩ *Melde* f, *wilder Spinat* m

oracle [ˈɔrəkl] s *Or·akel* n; to work the ~ ⟨fig fam⟩ *hinter den Kulissen arbeiten* (in one's favour *z s–m Vorteil*) ‖ ⟨fig⟩ *(unfehlbare) Autorität* f

oracular [əˈrækjulə] a (~ly adv) *orakelhaft, Or·akel*– ‖ ⟨fig⟩ *dunkel, rätselhaft* ‖ (P) *maßgebend* ~**ity** [ə͵rækjuˈlæriti], ~**ness** [~nis] s *Orakelhaftigkeit* f; *Rätselhaftes* n (about *an*)

oral [ˈɔ:rəl] a (~ly adv) *mündlich* ‖ to make an application etc by ~ statement to be recorded .. *z Protokoll geben* ‖ ⟨anat⟩ *Mund*– (~ cavity *–höhle*)

orang [oˈ ræŋ] s abbr *f* ~-*outang*

orange [ˈɔrindʒ] **1.** s *Orange, Apfelsine* f; Blenheim ≃ *gr Dessertapfel* m; ⟨bot⟩ *Common od Sweet* ≃ *Orange* f, *Sour od Sevilla* ≃ *Pomeranze* f, *Trifoliate* ≃ *Dreiblatt-Zitrone* f ‖ ⟨bot⟩ (*a* ~-*tree) Orangenbaum* m ‖ *Orangefarbe* f ‖ ⟨telph⟩ *Ferngespräch, –amt* n | [attr] *Orange*– ‖ ~-*blossom Orangeblüte* f ‖ ~-*conservatory Oranger·ie* f ‖ ~-*peel Apfelsinenschale* f ‖ ~ *pip* ⟨artill⟩ (= observation post) *B-Stelle* f (= *Beobachtungs*–), → O. *pip* ‖ ~-*tip* ⟨ent⟩ *Aurorafalter* m **2.** a *orangefarbig*; ~-*coloured orangegelb, rotgelb* ~**ade** [ˈɔrindʒˈeid] s *Orange·ade, Apfelsinenlimonade, –brause* f

Orange [ˈɔrindʒ] s *(frz. Stadt)* [attr] ⟨engl hist⟩ *Orange*– (~ Lodges [pl] *–logen* pl), *extrem-irischprotestantisch* ~**man** [~mən] s *Orangist* m (*Mitglied e–s ir. polit.-protest. Geheimbundes 1795*)

orangery [ˈɔrindʒəri] s *Oranger·ie* f

orang-outang [oˈræŋuˈtæŋ], **-utan** [–uˈtæŋ] s [pl ~s] ⟨zoo⟩ ·*Orang-·Utan* m

orate [ɔ:ˈreit] vi ⟨fam hum⟩ *lange Reden halten*; *reden* **oration** [oˈreiʃən] s *offizielle, feierliche Rede* f; to make an ~ *e–e R. halten* ‖ ⟨gram⟩ *Sprache, Rede f* (direct ~)

orator [ˈɔrətə] s *Redner* m ‖ Public ≃ ⟨Cambr & Oxf⟩ *offizieller Universitätsredner* m ~**ic(al)** [ɔrəˈtɔrik(əl)] a (*–cally adv) oratorisch, rednerisch, Redner*–; *rhetorisch*

oratorian [͵ɔrəˈtɔ:riən] ⟨R. C.⟩ **1.** a *oratorianisch* **2.** s *Oratorianer* m (*Mitglied der Kongregation der Weltpriester, 1558*)

oratorio [͵ɔrəˈtɔ:riou] s It [pl ~s] ⟨mus⟩ *Orat·orium* n

oratory [ˈɔrətəri] s *Kapelle* f; *Betzimmer* n ‖ ⟨R. C.⟩ *Gesellschaft der Weltpriester* f

oratory [ˈɔrətəri] s *Beredsamkeit, Redekunst* f ‖ *schönes Gerede* n (merely ~)

orb [ɔ:b] **1.** s **Kreis, Ring* m | *Kugel* f; *Himmelskörper* m ‖ ⟨poet⟩ *Auge* n, *Augapfel* m ‖ ⟨her⟩ (⟨a⟩ ~ of sovereignty) *Reichsapfel* m, *Weltkugel* f | ⟨fig⟩ *das organisierte Ganze* n; *runde Masse* f **2.** vt/i ⟨poet⟩ *kreisförmig einschließen* | vi *sich im Kreise bewegen* ‖ to ~ into *sich kreisförmig bilden z* | ~**ed** [~d] a *kreis*–, *kugelförmig, rund* –**icular** [ɔ:ˈbikjulə] a (~ly adv) *kreis*–, *kugelrund* –**iculate** [ɔ:ˈbikjulit] a (~ly adv) ⟨*bes* bot⟩ *gerundet, kreisrund*

orbit [ˈɔ:bit] **1.** ⟨anat⟩ *Augenhöhle* f ‖ ⟨orn⟩ *Augenhaut* f ‖ ⟨astr⟩ *Planetenbahn* f ‖ ⟨fig⟩ *Bahn* f; *Bereich, Wirkungskreis* m ‖ ⟨aero⟩ *Kreisbahn* f; *Warteschleife* f ‖ ⟨phys⟩ *Umlaufbahn* f (*des Elektrons im Atom*) **2.** vi/t ⟨aero⟩ *kreisen* | vt *umkreisen* ~**al** [~əl] a *Augenhöhlen*–

orc, ork [ɔ:k] s ⟨zoo⟩ *Schwertwal, Butzkopf* m ‖ (*See*-)*Ungeheuer* n **orca** [ˈɔ:kə] s ⟨zoo⟩ *Schwertwal* m

Orcadian [ɔ:ˈkeidiən] **1.** a *Orkney*– **2.** s *Orkneybewohner(in* f) m

orchard [ˈɔ:tʃəd] s *Obstgarten* m ~**ing** [~iŋ] s

Obstbau m, *–zucht* f ~**ist** [~ist], ~**man** [~mən] s *Obstgärtner* m

orchestic [ɔ:ˈkestik] **1.** a *Tanz*– **2.** [s pl] ~s *Tanzkunst* f

orchestra [ˈɔ:kistrə] s ⟨theat⟩ *Orch·esterraum* m; *Parterre* n; ⟨Am⟩ *Sperrsitz* m, *Parkett* n ‖ *Orchester* n, *Musikkapelle* f ‖ ~**l** [ɔ:ˈkestrəl] a *Orchester*– (~ music) ~**te** [ˈɔ:kistreit] vt ⟨mus⟩ *f Orchester bearbeiten* ~**tion** [͵ɔ:kesˈtreiʃən] s *Orchestrierung, Instrumentierung, –tation* f

orchestrina [͵ɔ:kisˈtri:nə] s *Orch·estrion, Musikwerk* n

orchid [ˈɔ:kid] s ⟨bot⟩ *Orchid·ee* f ~**aceous** [͵ɔ:kiˈdeiʃəs] a *Orchideen*– ~**ist** [ˈɔ:kidist] s *Orchideenzüchter* m

orchis [ˈɔ:kis] s ⟨bot⟩ *Orchid·ee* f, *Knabenkraut* n; ≃ of Southern France *provenzalisches K.*, Purple Butterfly ≃ *Schmetterlingsknabenkraut* n

orchitis [ɔ:ˈkaitis] s ⟨med⟩ *Hodenentzündung* f

orcin [ˈɔ:sin] s ⟨chem⟩ *Orz·in* n

ordain [ɔ:ˈdein] vt (of God etc) *fügen, bestimmen* ‖ ⟨ec⟩ (*jdn) ordinieren* (he was ~ed priest *er wurde z Priester ordiniert*) ‖ (of God, etc) *festsetzen, bestimmen* (a th; that; to do) ‖ (*amtlich) an*–, *verordnen* (a th; that; to do)

ordeal [ɔ:ˈdi:l, ˈ– –] s ⟨hist⟩ *Gottesurteil* n ‖ ⟨fig⟩ *(Feuer-)Probe; schwere Prüfung* f ‖ *Qual, Plage, Heimsuchung* f; *Kummer* m; *Schinderei, Plackerei* f

order [ˈɔ:də] s **A.** *Ordnung* f **1.** *gesellschaftl. O., Gesellschaftsschicht* f (the lower ~s); *Rang* m, *Stellung* f ‖ ⟨zoo & bot⟩ *Ordnung* f ‖ *Art* f, *Grad* m (of a high ~ *hochgradig*) **2.** *Ordnung, Körperschaft* f; *kirchlicher Grad, Rang* m ‖ ~s [pl] (*mst holy* ~s) *geistlicher Stand* m; to take ~s *in den g. St. treten* | *religiöser Orden* m ‖ (*Ritter*-)*Orden* m; *–zeichen* n (the ≃ of the Garter); the ~ of the British Empire *der B. E. Orden* (*gestiftet 1917*) **3.** ⟨arch⟩ *Säulenordnung* f ‖ giant ~ *Groß*–, *Riesenordnung, composite* ~ *römische Säulen*–, Toscan ~ *toskanische S.*– **4.** ⟨math⟩ *Ordnung* f **B. 1.** *Reihenfolge* f; *Anordnung* f **2.** ⟨mil⟩ *Aufstellung* f; ~ of the battle *Schlachtordnung*; ~ of fire *Feuerordnung* f; ~ of march *od* movement *Marschfolge* f ‖ ~ of precedence *Rangordnung* f ‖ ~ of priority *Dringlichkeitsfolge* f | ⟨mil⟩ *Uniform, Kleidung* f (marching ~; Parade ~) **3.** *feststehende Ordnung od Form* f ‖ *natürliche od sittliche O.* ‖ *liturgische O.* **4.** *Geschäftsordnung* f; ~ of the day *Tagesordnung* f; standing ~s [pl] *feststehende G.*; call to ~ *Ordnungsruf* m; ~! ~! *z Ordnung! Ruhe!* ‖ to pass to the ~ of the day *z Tagesordnung übergehen*; → C. 1.; ⟨fam⟩ to be the ~ of the day *an der T. s* **5.** *geordneter Zustand, Ordnung* (love of ~) ‖ *normaler Zustand* m **C. 1.** *Vorschrift, Verfügung* f; *Befehl* m (~ is ~ ⟨hum⟩ *B. ist B.*); ~ to pay *Zahlungs*– | *Erlaß* m; ~ of the day *Tagesbefehl* m ‖ ≃ in Council *königl. E. ohne Parlamentsgenehmigung* | ⟨jur⟩ *Gerichtsbeschluß*, ~ *nisi bedingter G.*; ~ to show cause *Gerichtsbefehl* m *des Inhalts, Gründe anzugeben, weshalb e–e bestimmte Handlung or Anordnung nicht vorgenommen or getroffen w sollte* ‖ ~ of summary punishment (without trial) *Strafbefehl* m **2.** ⟨com⟩ *Zahlungsauftrag* m (banker's ~ *Z. an die Bank*); money ~ *od* post-office ~ *Postanweisung* f (*bis £40: Art Scheck an Empfänger z schicken, der ihn auf e–m bestimmten Postamt einlösen muß*); postal ~ *Postanweisung* (*f kl Beträge) an Empfänger, an jedem beliebigen Postamt einzulösen* **3.** ⟨com⟩ *Bestellung; Order* f; ~ of delivery *Lieferauftrag* m ‖ ⟨cul fam⟩ *Portion, Bestellung* f | *Einlaßschein* m; by special ~ (*Eintritt) durch bes Einlaßschein*; ⟨theat⟩ *Freikarte* f **D. a.** [*nach* prep] **by** ~ *auf Befehl* ‖ **by** ~ of *auf B.* **or** *Veranlassung* *v*; *im Auftrage v*; ⟨com⟩ *auf Order v*; by ~ of mouth *durch* or *auf mündlichen B.* | in ~ *in Ordnung*; *in der richtigen Reihenfolge*; ⟨parl⟩ *zulässig*; *am Platze*; not in ~ *ordnungswidrig*; *nicht z Geschäftsordnung* ‖ in ~ to do *um z tun*; in ~ that *damit, daß* ‖ to keep in ~ *in O. halten, beaufsichtigen*; to put in ~ *in O. bringen*; to set in ~ *ordnen*; ⟨Am⟩ in a short ~ *in kz Zeit*; *sofort, ohne Verzug* | on ~ *bestellt, in Bestellung*; on the ~(s) of *auf B., Befehl v* | out of ~ *in Unordnung*; *defekt*; *außer der Reihenfolge*; ⟨med⟩ *gestört, angegriffen*; ⟨parl⟩ *unzulässig* | till further ~s *bis auf weitere Befehle, bis auf weiteres* | to ~ (*wie*) *auf Befehl* ‖ ⟨com⟩ *an Order*; to a p's ~ *an jds Order* ‖ *auf Bestellung* ‖ to call to ~ *z Ordnung rufen*; to make to ~ *nach Maß herstellen*; to rise to (a point of) ~ *beantragen, daß z Geschäftsordnung gesprochen wird* ‖ to be under ~s *Befehl h* (to do) | until → till **b.** to give ~s *od* the (an) ~ *B. geben* (to do; for a th to be done *daß etw geschieht*; that .. should) ‖ to keep ~ *die Ordnung aufrechterhalten* ‖ to take an ~ ⟨com⟩ *e–n Auftrag erhalten* **E.** [attr] *Order–* (~ *cheque*); *Bestell–* (~ *blank*, ~ *form* –*schein*, –*zettel*) ‖ ~*-paper Programm der Tagesordnung* ‖ ~ *wire* ⟨telph⟩ *Dienstleitung* f ‖ ~*-word Losungswort* n, *Parole* f

order [ˈɔːdə] *vt* **1.** *ordnen*; *in Ordnung bringen*; *einrichten*; *regulieren*; ⟨mil⟩ ~ *arms! Gewehr ab! G. bei Fuß!* ‖ † (of fate) *bestimmen* **2.** (*etw*) *an–*; ⟨med⟩ *verordnen* (a p a th *jdm etw*) | *befehlen* (a th; a th to be done [⟨Am⟩ a th done] *daß etw geschieht*; a p to do *jdm z tun*; that .. should); he ~ed it to be done *er befahl es z tun*; he was ~ed rest *ihm wurde Ruhe verordnet* ‖ ⟨jur⟩ to ~ to pay costs (*jdm*) *Kosten auferlegen* (*jdn*) *beordern* (to *nach*); *fortschicken* (to *nach*; into); to ~ a p about *jdn hin u her schicken* **3.** *bestellen* (a th; a th for dinner *etw z Mittagessen*; a th for a p *jdm etw*) ‖ ·*anschaffen* **4.** ⟨† ec⟩ *ordinieren* –**er** [~ə] s *Ordner(in* f) m; *Anordner(in* f) m | *Besteller(in* f) m ~**ing** [~riŋ] s *Anordnung, Einrichtung* f –**liness** [ˈɔːdəlinis] s *Ordentlichkeit, Regelmäßigkeit*; *Ordnung* f –**ly** [ˈɔːdəli] **1.** a *ordentlich*; *ordnungs–, regelmäßig* | *geregelt, methodisch* | *ruhig, gesittet* | ⟨mil⟩ *diensttuend*; *Ordonnanz–* (~ *officer*); ~ *Officer*, ~ *Sergeant O. v. D., U. v. D.* (= *vom Dienst*) ‖ ~ *book Parolebuch* n ‖ ~ *dog* ⟨aero sl⟩ *U. v. D.* m (*Unteroffizier v Dienst*) ‖ ~ *retreat* ⟨tact⟩ *geordneter Rückzug* m ‖ *Dienst–, Geschäfts–* (~*-room*) **2.** s *Ordonnanz* f

ordinal [ˈɔːdinl] **1.** a *Ordnungs–, Ordin·al–* (~ *number*) **2.** s *Ordnungszahl* f

ordinal [ˈɔːdinl] s ⟨ec⟩ *Ritual* n

ordinance [ˈɔːdinəns] s *Verordnung* f ‖ ⟨bes rel⟩ (*festgesetzter*) *Brauch* m –**and** [ɔːdiˈnænd] s ⟨ec⟩ *der z Ordinierende*

ordinary [ˈɔːdnri] **1.** a (–*rily adv*) *ordentlich, festangestellt*; ~ *court ordentliches Gericht* n, ~ *juridiction ordentliche Gerichtsbarkeit* f; *judge* ~ *Richter v Amts wegen* | *gewöhnlich, regelmäßig*; *üblich, gebräuchlich* ‖ ~ *care verkehrsübliche Sorgfalt* f; ~ *dress uniform* ⟨mil⟩ *kl Gesellschaftsanzug* m ‖ *Privat–, Einzel–* (~ *persons*); ~ *seaman* ⟨mar⟩ *Leichtmatrose* m | *alltäglich, normal, Durchschnitts–* ‖ *gewöhnlich, gering* ‖ ⟨com⟩ *Stamm–* (~ *share*) **2.** s **a.** ⟨ec⟩ *ordentlicher Richter* m in *kirchl. Sachen, the* ~ *der Erzbischof, Bischof* **b.** ⟨ec⟩ *festgesetzter Brauch* m, *feste Ordnung* f **c.** *fester Mittagstisch* m; *Mahlzeit* f; *Speisehaus* n, –*raum* m **d.** ⟨her⟩ *e–e Heroldsfigur* f **e.** ⟨fam⟩ *ordnungsmäßiger Zustand* m, *the* ~ *das Übliche*; *something out of the* ~ *etw Außergewöhnliches* **f.** *in* ~ *festangestellt*; *Leib–, Haus–, physician in* ~ *to a p jds Leib–, Hausarzt* m

ordinate [ˈɔːdnit] s ⟨geom⟩ *Ordin·ate* f ‖ ~ *of trajectory* ⟨ball⟩ *Flug(bahn)höhe, Gipfelhöhe* f (*des Geschosses*) –**ation** [ˌɔːdiˈneiʃən] s ⟨ec⟩ *Ordination, Priesterweihe* f

ordnance [ˈɔːdnəns] s [*nur sg-Form*] **1.** [koll] ⟨mil⟩ *schweres Geschütz* n, *Artillerie* f (*heavy* ~); *a piece of* ~ *ein Geschütz* n **2.** ⟨mil⟩ *Zeughaus, Arsen·al* n; *the Army* ⨉ *Department* (*früher*: Board of ⨉) *Feldzeugmeisterei* f, *Zeugamt, –haus, Arsenal* n; *the Master-General of the* ⨉ *Generalfeldzeugmeister* m; *Army* ⨉ *Corps Zeugkorps* n **3.** [attr] ~ *collecting point Gerät(e)sammelstelle* f ‖ ~ *company Feldzeugkompanie* f ‖ ~ *department Waffen–, Feldzeugamt* n ‖ ~ *field park Feldzeug–, Geschützpark* m ‖ ~ *ground Waffenprüfgelände* n ‖ ~ *map Meßtischblatt* n ‖ ~ *NCO Waffenunteroffizier* m ‖ ~ *proving Waffenprüfung* f ‖ ~ *shop Waffenmeisterei* f ‖ ~ *survey Landesvermessung* f; ~ *s. map Meßtischblatt* n; ~ *s. m. 1* : 100.000 *Generalstabskarte* f ‖ ~ *technician Feuerwerker* m

Ordovician [ˌɔːdouˈvikiən] a ⟨geol⟩ *kambrisch*
ordure [ˈɔːdjuə] s *Unrat, Kot* m; ⟨fig⟩ *Schmutz* m
ore [ɔː] s ⟨minr⟩ *Erz*; ⟨poet⟩ *Metall* (*bes Gold*) n ‖ ~ *assayer Hüttenchemiker* m; ~ *bin Erzbunker* m; ~ *burden Erzmöller* m; ~ *chest* ⟨met⟩ *Rollkasten* m; ~ *dressing Erzaufbereitung* f; ~ *handling equipment –verladeanlage* f; ~ *hearth Schmelzherd* m; ~ *picker Erzklauber* m; ~ *pocket –sack*; ~ *stamp(er) –pochwerk* n; ~ *washing –schlämmen* n
orectic [əˈrektik] a ⟨philos⟩ *begierig*; *Lust–, Trieb–*
orfe [ɔːf] s *golden* ~ ⟨ich⟩ *Goldorfe* f
organ [ˈɔːgən] s **1.** ⟨mus⟩ *Orgel* f; *chamber–*~, *choir–*~ *Positiv* n (*ponere*); *portable* ~ *Tragorgel* f; *to play the* ~ *O. spielen*; *recital on the* ~, ~ *recital Orgelkonzert* n | *Harm·onium, American* ~ *Art H.* **2.** *Werkzeug*; ⟨anat⟩ *Organ* n (*sense* ~) | *menschl. Stimme* f, *Stimmklang* m **3.** ⟨fig⟩ *Werkzeug* n; *Sprachrohr* n; *Träger* m ‖ *Zeitung* f **4.** [attr] *Orgel–*; ~*-builder –bauer* m ‖ ~*-grinder Leierkastenmann* m ‖ ~*-loft* † *Orgelbühne* f, *–chor* m ‖ ~*-stop –register* n *–ic* [ɔːˈgænik] a (~*ally adv*) *organisch*; *tierisch-pflanzlich* ‖ *innerlich zus–hängend* (~ *whole*); *gesetzmäßig* (*act*); *wesenhaft* ‖ ~ *equipment* ⟨mil⟩ *einheitseigenes Gerät* n; ~ *transportation einheits–, verbandseigene Transportmittel* n pl ‖ ⟨psych⟩ *symptomatisch* (*Psychose*) ~*-ism* [ˈɔːgənizm] s *Organismus* m (a übtr) ~*-ist* [ˈɔːgənist] s *Organ·ist* m ~*-ization* [ˌɔːgənaiˈzeiʃən] s *Organisierung*; *Organisation, Einrichtung*; *Ordnung* f | *Verwaltungsapparat* m ‖ ~ *inspection* ⟨mil⟩ *durch Dienststelle angeordnete Überprüfung* f ‖ *Struktur* f | *Bildung, Gestaltung* f ‖ ~ *into a study group Zus–schluß* m *z e–r Arbeitsgemeinschaft* | ⟨übtr⟩ *Bau* m, *Gefüge* n, *Organismus* m; *Körperschaft* f ‖ ~ *chart* ⟨mil⟩ *Gliederungsübersicht* f ‖ ~ *expenses* [pl] ⟨Am com bal⟩ *Gründungskosten* pl ‖ ~ *flag* ⟨Am mil⟩ *Kommandoflagge* f ~*-izational* [ˌɔːgənaiˈzeiʃnəl] a *organisatorisch* ‖ ⟨mil⟩ *einheitseigen* (*Gerät*), ~ *maintenance Wartung* f *bei der Truppe* ~*-ize* [ˈɔːgənaiz] vt/i [*mst pass*] *organisch* m | *organisieren*; *einrichten, veranstalten, arrangieren*; ⟨mil⟩ (*Einheit*) *aufstellen*; (*Gelände, Stellung*) *ausbauen, befestigen*; ~*d in depth in die Tiefe gegliedert* ⟨mil sl⟩ „*organisieren*" (*sich* [dat] *beschaffen*) | vi *organisch w* ‖ *sich organisieren* ‖ ~*d lebensvoll, organisch*; *organisiert*; ⟨Am *a fam*⟩ *beschwipst* ~*-izer* [ˈɔːgənaizə] s *Organisator(in* f) m
organdie [ˈɔːgændi] s *Organd·in* n (*feiner Mussel·in*)
organo– [ˈɔːgənou] [in comp] *Organ–*

organon ['ɔ:gənən] s Gr ⟨philos⟩ *Werkzeug* n
(z *Erkenntnis der Wahrheit*)

organzine ['ɔ:gənzi:n] s *Organs·in* n (*Atlasgewebe*)

orgasm ['ɔ:gæzm] s *höchste Wollust* f; ⟨fig⟩ *höchste Wallung* f

orgeat ['ɔ:dʒiæt] s *Orangenglüten–, Gersten–* or *Mandelgetränk* n

orgiast ['ɔ:dʒiæst] s *Schwelger* m ∼**ic** [ɔ:dʒi-'æstik] a *schwelgerisch, schwelgend; wild, zügellos* **orgy** ['ɔ:dʒi] s *·Orgie* (to celebrate –gies), *Ausschweifung; Schwelgerei* ‖ *Fest* n

oriel ['ɔ:riəl] s ⟨arch⟩ *Erker* m, *vorspringendes Fenster* n

orient ['ɔ:riənt] **1.** s *Osten, Orient* m, *Morgenland* n, ⟨Am bes⟩ *Ferner Osten* | (of pearls) *Glanz* m **2.** a ⟨poet⟩ *östlich* ‖ *aufgehend* (sun) ⟨a fig⟩ ‖ ⟨poet †⟩ *glänzend*

orient ['ɔ:rient] vt (*Kirche*) *osten*; (*Haus*) *nach Osten anlegen* ‖ to ∼ a th *Lage* or *Richtung e–r S. bestimmen; orientieren* ‖ ⟨fig⟩ *orientieren, informieren*; to ∼ o.s. *sich orientieren*

oriental [ˌɔ:ri'entl] **1.** a *östlich*; ⟨Am bes⟩ *fernöstlich*; *Orient–, morgenländisch*; ∼ *scholar Orientalist* m **2.** s *Orient·ale* m, *–lin* f ∼**ist** [ˌɔ:ri'entəlist] s *Orientalist* m ∼**ize** [–təlaiz] vt *orient. Charakter verleihen*

orientate ['ɔ:rienteit] vt/i **1.** vt = to orient ‖ ⟨fig⟩ ∼d towards *orientiert nach* **2.** vi *nach Osten gerichtet sein* –**ation** [ˌɔ:rien'teiʃən] s (of churches) *Ostung* f (*nach Osten gerichtete Anlage des Chors*) ‖ *Anlage, Richtung* f ‖ (*T*) *Orientierungssinn* m ‖ ⟨fig⟩ *Orientierung* f (towards *nach*); by way of ∼ *zur O.* ‖ ⟨agr, com, etc⟩ *Ausrichtung* f ‖ troop ∼ *Einweisung* f *der Truppe*

orifice ['ɔrifis] s *äußere Öffnung* f, *Loch* n; *Mündung* f

oriflamme ['ɔriflæm] s ⟨fig⟩ *Fahne* f (*Sinnbild*); *Fan·al, Wahrzeichen* n

origan ['ɔrigən], ∼**um** [ɔ'rigənəm] s ⟨bot⟩ *Dost, wilder Major·an* m

origin ['ɔridʒin] s *Ursprung* m (of German ∼ *deutschen –s*); ⟨fig⟩ *Quelle* f; the drama has its ∼ in *das Drama ist entstanden aus* ‖ *Anfang* m | *Geburt, Herkunft* f; national ∼ *Staatsangehörigkeit* f *·des Herkunftslandes*

original [ə'ridʒənl] **1.** a (∼ly adv) *ursprünglich*; ∼ sin *Erbsünde* f; *Ur–* (∼ *inhabitants –einwohner* pl, ∼*text –text*) ‖ *ursprünglich*; *origin·al, Original–*; ∼ *copy Erstausfertigung* f (*e–s Schriftstückes*); ∼ *position Ausgangs–, Ruhestellung, –lage* f; ∼ *share of stock Stammaktie* f; ∼ *unit Stammtruppenteil* m ‖ *Ausgangs–* (material ⟨bes at⟩ *–stoff*) ‖ *origin·ell, einzig–, neuartig, unabhängig; schöpferisch* **2.** s (*S*) *Origin·al, Urbild* n *–form; –schrift* f, *–text* m (in the ∼ *im U.*); *Vorlage* f ‖ *Originalausgabe* f ‖ (*P*) *Origin·al* n; *wunderlicher Heiliger* m ∼**ity** [ə,ridʒi'næliti] s *Originalit·ät, Ursprünglichkeit*; *Echtheit; Ureigenheit, Selbständigkeit* (∼ *consists in the mode of treating a subject* [Scott]), → *novelty*

originate [ə'ridʒineit] vt/i **A.** vt *verursachen, ins Leben rufen, hervorbringen* ‖ ⟨bes mil⟩ (*Meldung*) *abfassen, aufgeben* **B.** vi **1.** (*örtlich*) to ∼ in *entstehen in, s–n Ursprung h in* (the fire ∼d in ..); to ∼ from *stammen aus* **2.** ⟨übtr⟩ to ∼ in (*od* from) a th *s–e Ursache h in*; *herstammen, entspringen, entstehen aus etw*; ⟨com⟩ –ting in *stammend aus* | to ∼ with, from *a p beginnen, entstehen bei jdm, durch jdn*; *ursprünglich ausgehen v jdm* (the idea ∼d with *him*) –**ation** [ə,ridʒi'neiʃən] s *Entstehung, Hervorbringung* f; *Ursprung* m –**ative** [ə'ridʒineitiv] a *schöpferisch*; to be ∼ of *hervorbringen* –**ator** [ə'ridʒineitə] s *Urheber*; *Schöpfer* ‖ *Gründer* ‖ *Beginner* m ‖ ⟨bes mil⟩ *Absender, Aufgeber* m

oriole ['ɔ:rioul] s ⟨orn⟩ (*a golden* ∼) *Pir·ol* m, *Golddrossel* f ‖ ⟨Am⟩ *Stärling* m

Orion [o'raiən] s ⟨astr⟩ *Or·ion* m

orison ['ɔrizən] s ⟨poet †⟩ *Gebet* n

orle [ɔ:l] s ⟨her⟩ *enger Wappenrand* m (*um den Schild*); *Leiste* f, *Saum* m

orlon ['ɔrlən] s ⟨Am⟩ *Orlon* n (*Kunststoff aus Polyesterfaser*)

orlop ['ɔ:ləp] s ⟨mar⟩ *Orlop–, Plattform–, Raumdeck* n

ormer ['ɔ:mə] s ⟨zoo⟩ *Meer–, Seeohr* n (*Schnecke*)

ormolu ['ɔ:molu:] **1.** s *Goldbronze* f (f *Möbel*) ‖ *Maler–, Muschelgold* n **2.** a *feuervergoldet*

ornament I. ['ɔ:nəmənt] s **1.** [konkr] [pl ∼s] *Verzierung* f, *Putz, Schmuck, Zierat* m ‖ ⟨fig⟩ (*P*) *Zierde* (an ∼ to *e–e Z.* f) **2.** [abstr] [*nur sg-Form*] *Verzieren* n; by way of ∼ *zur, als Verzierung* **II.** ['ɔ:nəment] vt *verzieren, schmücken* ∼**al** [ˌɔ:nə'mentl] a (∼ly adv) *zierend*; to be ∼ *zieren, verschönern* ‖ *Zier–, dekorativ* ∼**ation** [ˌɔ:nəmen'teiʃən] s *Verzierung, Ausschmückung* f

ornate [ɔ:'neit] a (∼ly adv) *geziert* ‖ ⟨fig⟩ (of style) *figurenreich; geschmückt, –ziert*

ornery , –**ary** ['ɔ:nəri] a (*aus ordinary*) ⟨Am fam⟩ *dürftig; mäßig* ‖ *schlecht, gemein* ‖ *eklig* ‖ *hartnäckig, schwer lenkbar, unverbesserlich*

ornitho– ['ɔ:niθo] Gr [in comp] *Vogel–, Ornitho–* ∼**logical** [ˌɔ:niθə'lɔdʒikəl] a *ornithologisch* ∼**logist** [ˌɔ:ni'θələdʒist] s *Ornitholog* m ∼**logy** [ˌɔ:ni'θələdʒi] s *Ornithologie, Vogelkunde* f ∼**mancy** [ɔ:'naiθo,mænsi] s *Wahrsagung* f *aus dem Flug* (etc) *der Vögel* ∼**pter** [ɔ:ni'θəptə] s ⟨aero⟩ *Schwingenflügler* m ∼**rhynchus** [ˌɔ:niθo-'riŋkəs] s ⟨zoo⟩ *Schnabeltier* n ∼**sis** [ɔ:ni-'θousis] s *Papageienkrankheit* f (= psittacosis)

oro– ['ɔro] Gr [in comp] *Berg–, Gebirgs–* ∼**ganik** [ɔro'gænik] a *Gebirgs–* (movement) ∼**graphy** [ɔ'rəgrəfi] s *Orographie* f ∼**graphic** [ˌɔ:ro'græfik] a *orogr·aphisch, durch Gebirge* or *Berg(e) bedingt* (∼ *rain Steigungsregen*) ∼**logy** [ɔ:'rɔlədʒi] s *Gebirgslehre* f

oropesa [ɔro'pi:zə] s ⟨mar⟩ *Minenräum–, Otterngerät* n

orotund ['ɔ:rotʌnd] a (of the voice) *rund, klangvoll* ‖ ⟨fig⟩ (of style) *bombastisch, schwülstig* ∼**ity** [ˌɔ:ro'tʌnditi] s *Bombast* m

orphan ['ɔ:fən] **1.** s *Waise* f; ∼'s *court* ⟨Am⟩ *Nachlaßgericht* n | [attr] *Waisen–* (∼*asylum –haus*) **2.** a *Waisen–* (∼ *girl*); ⟨fig⟩ *verwaist* **3.** vt [*mst pass*] to be ∼ed *Waise w, verwaisen* ∼**age** [∼idʒ] s *Verwaistheit* f ‖ *Waisenhaus·* n ∼**ed** [∼d] a *verwaist* ⟨a fig⟩ ‖ *Waisen–* ∼**hood** [∼hud] s *Verwaistsein* n

Orphean [ɔ:'fi:ən] a ⟨ant⟩ *Orpheus–* **orphic** ['ɔ:fik] **1.** a *orphisch* **2.** s ⟨philos⟩ *Orphiker* m

orphrey ['ɔ:fri] s ⟨ec⟩ *goldgesticktes Band* n (*auf geistl. Gewand*); (*gestickte*) *Besatz–, Goldborte, –verbrämung* f

orpiment ['ɔ:pimənt] s *Rauschgelb* n

orpine ['ɔ:pin] s ⟨bot⟩ *Fetthenne* f; *Johanniskraut* n

Orpington ['ɔ:piŋtən] s (*Dorf in* Kent) ⟨orn⟩ *Masthuhnart* f

orrery ['ɔrəri] s ⟨astr⟩ *Planetarium* f

orris ['ɔris] s *Gold–, Silbertresse* f

orris ['ɔris] s ⟨bot⟩ *Schwertlilie* f ‖ ∼-*root Veilchenwurzel* f

ortho– ['ɔ:θo–] Gr [in comp] *Recht–, recht–*; *Ortho–* ∼**cephalic** [ɔ:θose'fælik], ∼**cephalous** [ˌɔ:θo'sefələs] a *mittelhoch* (skull) ∼**chromatic** ['ɔ:θokro'mætik] a ⟨phot⟩ *farbenempfindlich, orthochromatisch*; ∼ *sensitivity Orthochromasie* f ∼**clase** [ˌɔ:θoklei·s] s ⟨minr⟩ *Orthokl·as* m (*Kalifeldspat*) ∼**dontia** [ˌɔ:θo'dɔntiə] s L ⟨med⟩ *Orthodont·ie* f (*Regulierung falschstehender Zähne*) ∼**dox** ['ɔ:θədɔks] a (∼ly adv) *orthod·ox, recht–, strenggläubig* ‖· *richtig, anerkannt* ‖

üblich, landläufig **~doxy** ['ɔ:θədɔksi] s *Ortho-dox·ie, Rechtgläubigkeit* f || *orthodoxe Meinung* f **~epist** ['ɔ:θouepist] s *Aussprachelehrer* m **~epy** ['ɔ:θouepi] s *richtige Aussprache* f **~genesis** [,ɔ:θo'dʒenisis] s ⟨biol⟩ *Orthogen·ese* f **~gonal** [ɔ:'θəgənl] a *rechtwinklig* **~graphic(al)** [,ɔ:θo-'græfik(əl)] a (–cally adv) *orthographisch* || *senkrecht* **~graphy** [ɔ:'θəgrəfi] s *Rechtschreibung* f || ⟨tech⟩ *Riß, Aufriß* m **~paedic,** ⟨bes Am⟩ **–ped–** [,ɔ:θo'pi:dik] **1.** a (~ally adv) *ortho-p·ädisch* (shoe, etc) **2.** [s pl] **~s** [sg konstr] *Orthopäd·ie* f **~paedist,** ⟨bes Am⟩ **–ped–** [,ɔ:θo'pi:dist] s *Orthop·äde* m **~paedy,** ⟨bes Am⟩ **–ped–** ['ɔ:θopi:di] s *Orthopäd·ie* f **~phone** ['ɔ:θəfoun] s *Hörapparat* m **~ptera** [ɔ:'θəptərə] s Gr [pl] ⟨ent⟩ *Geradflügler* pl **~ptic** [ɔ:'θɔptik] **1.** s ⟨mil⟩ *Visierscheibe* f **2.** a *normalsichtig* **~ptics** [ɔ:'θɔptiks] s [sg konstr] *Orthops·ie* f

ortolan ['ɔ:tələn] s ⟨orn⟩ *Ortol·an* m, *Fettammer* f

orts [ɔ:ts] s pl (*Speise-*)*Überreste* m pl, *Abfall* m

oryx ['ɔriks] s ⟨zoo⟩ *afrikanische Antilope* f

os [ɔs] s L *Knochen* m, *Bein* n

Oscan ['ɔskən] ⟨ant⟩ **1.** a *oskisch* **2.** s *Osker* m

Oscar ['ɔskə] s ⟨fam⟩ *°175er* m (*Homosexueller*) | *Film-Jahrespreis* m

oscillate ['ɔsileit] vi/t *schwingen, pendeln* || ⟨fig⟩ *schwanken* (between *zwischen*) | vt *ins Schwingen bringen* **–ating** [~iŋ] a *Schwing–; Schwingungs-, Pendel-* || **~** axle *Schwingachse* f; **~** beacon ⟨aero⟩ *Schwebungsfeuer* n; **~** grate *Schüttelfrost* m; **~** lever ⟨tech⟩ *Schwinge* f; **~** saw *Kappsäge* f **–ation** [,ɔsi'leiʃən] s *Schwingung* f || ⟨fig⟩ *Schwanken* n; *Schwankung* f **–ator** ['ɔsileitə] s *Schwankender* m || ⟨tech⟩ *Schwinger, Oszill·ator* m **–atory** [~ri] a *schwingend, oszillierend, Schwingungs-* **~ogram(me)** [ɔ'silogræm] s *Schwingungsbild* n **~ograph** [–grɑ:f] s ⟨el⟩ *Oszillograph* m

oscitancy ['ɔsitənsi] s *Schläfrigkeit, Trägheit* f

oscular ['ɔskjulə] a *küssend, Kuß-* || *sich berührend* **–late** ['ɔskjuleit] vt/i || *küssen* || ⟨geom⟩ to **~** one another *sich eng berühren* | vi *sich eng berühren* (with *mit*) || **–lation** [,ɔskju'leiʃən] s *Küssen* n, *Kuß* m || ⟨geom⟩ *Berührung höherer Ordnung* f || **–latory** ['ɔskjulətəri] **1.** a *Kuß-* **2.** s *Kußtäfelchen* n, *Pax* f **–lum** ['ɔskjuləm] s L ⟨zoo⟩ *Loch* n (*im Schwamm*)

osier ['ouʒə] s ⟨bot⟩ *Korbweide* f; **~-bed** *Weidenpflanzung* f

osmic ['ɔzmik] a ⟨chem⟩ *Osmium–* **osmium** ['ɔzmiəm] s ⟨chem⟩ *·Osmium* n (*Platinmetall*)

osmosis [ɔz'mousis] s *Osm·ose* f (*Durchtritt v Flüssigkeiten durch Scheidewände*)

osmund ['ɔzmənd] s ⟨bot⟩ *Rispenfarn* m

osprey ['ɔspri] s ⟨orn⟩ *Fischadler* m || ⟨com⟩ *Reiherfederbusch, Federschmuck* m

osseous ['ɔsiəs] a *knöchern, Knochen–*

ossicle ['ɔsikl] s *Knöchelchen* n

ossification [,ɔsifi'keiʃən] s *Verknöcherung* f **–fy** [,ɔsifai] vi/t *verknöchern* || ⟨fig⟩ *sich erhärten, erstarren* (into *zu*) | vt [*mst pass*] *verknöchern, knochenartig or hart m* || ⟨fig⟩ *verknöchern, härten* **–fied** ⟨Am sl⟩ *sinnlos betrunken*

ossifrage ['ɔsifridʒ] s ⟨orn⟩ = *osprey*

ossuary ['ɔsjuəri] s *Beinhaus* n, *Karner* m

osteal ['ɔstiəl] a *Knochen–*

ostensible [ɔs'tensəbl] a (–bly adv) *als echt erklärt or vorgegeben* || *anscheinend* || *scheinbar; an–, vorgeblich*

ostensive [ɔs'tensiv] a (*nur*) *zeigend; anschaulich darstellend* || *prahlerisch* || *vorgeblich* **–sory** [ɔs'tensəri] s ⟨ec⟩ *Monstranz* f

ostentation [,ɔsten'teiʃən] s *Schaustellung* f || *Prahlerei* f; *Gepränge* n **–atious** [,ɔsten'teiʃəs] a (~ly adv) *prahlerisch, prunkhaft*

osteo– ['ɔstio] Gr [in comp] *Knochen–* **~blast** [~blɑ:st] s *Knochenbildner* m **~logy** [,ɔsti'ɔlədʒi] s ⟨anat⟩ *Knochenkunde* f **~ma** [,ɔsti-'oumə] s ⟨path⟩ *Oste·om* n, *Knochengeschwulst* f **~malacia** [,ɔstiomə'leisiə] s ⟨path⟩ *Knochenerweichung* f **~pathy** [,ɔsti'ɔpəθi] s ⟨Am⟩ *Chiropraxis* f

ostiary ['ɔstiəri] s ⟨ec⟩ *Pförtner* m

ostler ['ɔslə] s *Stallknecht* m

ostracism ['ɔstrəsizm] s ⟨ant⟩ *Scherbengericht* n || ⟨übtr⟩ *Verbannung, Ächtung* f **–cize** ['ɔstrəsaiz] vt ⟨übtr⟩ *verbannen, –femen, ächten* (*inoffiziell:* from society *aus der Gesellschaft*), → to outlaw **–kon** ['ɔstrəkən] Gr s [pl –ka] ⟨archæol⟩ *Tonscherbe* f

ostrei– ['ɔstrii], **ostreo–** ['ɔstrio] [in comp] *Austern–*

ostrich ['ɔstritʃ] s ⟨orn⟩ *Strauß* m | [attr] *Straußen–* (**~** egg) || **~** policy *Vogelstraußpolitik* f

Ostrogothic [,ɔstro'gɔθik] a *ostgotisch*

other ['ʌðə] **I.** a **1.** *der* (*die, das*) *andere* (v *zweien*) || on the **~** side *auf der anderen Seite* (of a street) || *die anderen, übrigen* pl (the **~** poets) | *ander*(*r, –s*) (than, from *als*), *verschieden* (*than,* from *v*) | *ander, weiter, sonstig* (many **~** things) **2. Wendungen:** every **~** year *ein Jahr um das andere, alle 2 Jahre*; .. day *e–n um den anderen T., jeden zweiten T.* || the **~** day *neulich; vor einiger Zeit*; the **~** night *neulich abend*; **~** ranks ⟨engl⟩ *Unteroffiziere u Mannschaften* pl || on the **~** hand *andererseits* **II.** s u pron **1.** the **~** *der* (*die*) *andere*; one after the **~** *e–r nach dem anderen* | **~s** [pl] *andere*; the (two) **~s** *die beiden anderen* pl **2.** of all **~s** *vor allen anderen* || no († none) **~** than *kein anderer als* || one or **~** (of us) *der eine oder der andere* (v uns); one (od some) day or **~** *irgendeinmal*; somebody or **~** *irgend jemand*; some way or **~** *auf irgendeine Weise* | he could do no **~** *er konnte nichts anderes tun* **3.** each **~** *einander* **III.** adv *anders* (than *als*) **IV.** [in comp] **~-minded** *anders gesinnt* || **~-** world *Jenseits* n; [attr] *jenseitig* **~ness** [~nis] s *Anderssein* n; *Verschiedenheit* f **~where** [~wɛə] adv *anderswo*(hin) **~wise** [~waiz] adv **1.** *sonst*; *anders* (~-minded); *verschieden; not* **~** than *genau so wie*; it is **~** with *es steht anders mit* **2.** *sonst, wenn nicht; andernfalls; or* **~** [*nach Subst.*] *oder das Gegenteil* **3.** *sonst; in anderer Hinsicht* | *anderweitig*; to be **~** engaged *anderes vorhaben* **~worldliness** [,ʌðə'wə:ldlinis] s *Jenseitigkeit* f **~wordly** [~wə:ldli] a *jenseitig*

otiose ['ouʃious] a (~ly adv) *°müßig* || *überflüssig, unnütz, zwecklos* **–sity** [,ouʃi'ɔsiti] s, *Muße* f; *Müßiggang* m

otitis media [ou'taitis 'mi:diə] s L *Mittelohrentzündung* f

otology [o'tɔlədʒi] s ⟨med⟩ *Ohrenheilkunde* f

otoscope ['outəskoup] s *Ohrenspiegel* m

ottava rima [ɔ'tɑ:və 'ri:mə, ɔ'tɑ:və –] s It ⟨pros engl⟩ *Stanze* v 8 *zehnsilb: Versen* (ababbcc) *Ottava Rima f* (e. g. Boccaccio, Tiiosliato)

Ottawa ['ɔtəwə] s (*Bundeshauptstadt* v *Kanada*) **~** Conference *brit. Weltkonferenz* f (*1932; verstärkende Hinkehr Englands z Schutzzoll*)

otter ['ɔtə] s ⟨zoo⟩ *Otter* f; (*weibl.*) *Fähe* f || *–pelz* m

Otto ['ɔtou] s (*nach Nikolaus* **~** † 1891) [attr] **~** carburettor engine ⟨mot⟩ *Ottomotor* m; **~** cycle *Ottoverfahren* n

Ottoman ['ɔtəmən] **1.** a *ottomanisch, türkisch* **2.** s [pl ~s] *der Ottom·ane, Türke* m

ottoman ['ɔtəmən] s *Ottom·ane* f; *niedriges Liege-, Sitzmöbel, Sofa* n || *Seiden–, Wollstoff* m

oubit ['u:bit] s = *woobut*

oubliette [,u:bli'et] s Fr *unterirdisches Gefängnis, Verlies* n

ouch [autʃ] s *Spange* f; *Halsband* n
ouch [autʃ] intj *autsch!, auweh!*
ought [ɔːt] s [pl ~s] ⟨vulg⟩ *Null* f (*Ziffer*)
ought [ɔːt] v ⟨aux⟩ [*nur prs* & *pret*; *3. sg* ~; pret ~] *sollte*; you ~ (not) to do it *du solltest es (nicht) tun*; it ~ (not) to be done *es sollte (nicht) geschehen*; you ~ to know *du solltest* or *müßtest es wissen* ‖ I ~ (not) to have done it *ich hätte es (nicht) tun sollen*
ouija [ˈwiːdʒaː] s *Alphabettafel* f *f spiritist. Sitzungen*
ounce [auns] s (abbr oz; pl ozs) *Unze* f (*Handelsgewicht* = 28,349 g; *f Gold, Silber* = 31,1 g); the four-ounce bread ration *die Brotration v 4 Unzen Gewicht* n ‖ half an ~ *ein Lot* n; by the ~ *nach* (*dem*) *Gewichte* | ⟨fig⟩ *Körnchen* n, *Funken* m (an ~ of common sense) ‖ ~ inch (abbr oz. in.) *Zollunze* f
ounce [auns] s ⟨zoo⟩ *Unze, Irbis, Schneeleopard* ‖ *Jaguar* m
our [ˈauə] pron poss & a *unser*(*e*); the ⤳ Father *das Vaterunser* n ‖ (of kings) ⤳ *Unser, Mein*
ours [ˈauəz] pron poss *der* (*die, das*) *unsrige*; ~ is a small family *unsere Familie ist klein*; this house of ~ *dieses unser Haus*; a friend of ~ *ein Freund v uns, e–r v unseren Freunden* ‖ of ~ *v unserem Regiment* (N. of ~) | *die unsrigen* pl | [pred] *unser*, the house is ~ *das Haus gehört uns*
ourself [ˌauəˈself] (pron emph) We ⤳ (of a king) *Wir höchstselbst* ‖ **-selves** [ˌauəˈselvz] pl **1.** (pron emph) *wir selbst* ‖ *uns selbst*; to, for ~ *f uns selbst* **2.** (pron refl dat & acc) *uns*; to ~ *uns*
ousel [ˈuːzl] s → *ouzel*
oust [aust] vt ⟨jur⟩ (*jdn*) *berauben* (of a th *e–r* S); (*Recht*) *nehmen* ‖ (*jdn*) *vertreiben, –drängen*; *ausstoßen* (from *aus*); *entheben* (from office *des Amtes*) ‖ (*Einrichtung*) *verdrängen, ersetzen*
out [aut] **I. adv** → **OUT A.** (*Bewegung*) **1.** *heraus; hinaus; aus dem Raume, Hause;* I have been ~ for a walk *ich habe e–n Spaziergang gemacht;* to see a p ~ *jdn hinausbegleiten;* ~ with *hin–, heraus mit,* → V. ‖ ~ way ~ *Ausgang* m; an evening ~ *ein Ausgehabend* ‖ (*bei Verben*) *heraus–, hinaus–, aus–* → to come, go, look etc ‖ *aus dem Lande; fort* (from *v*); voyage ~ *Ausreise* f **2.** ⟨übtr⟩ **a.** *aus* (to stretch ~); *entgegen* (to hold ~) ‖ *aus dem Amt, der Stellung hinaus* (to turn a p ~); ⟨sport⟩ to put a p ~ *jdn aus–, totmachen* | *auf der Suche, verlangend* (for *nach*); to be ~ for *abzielen, bedacht s auf, trachten nach* | *begierig* (to do) **b.** *bis z Ende,* to hear a p ~ *jdn ganz anhören;* to see a th ~ *etw bis z Ende mitmachen* ‖ *gänzlich* (to tire ~ *g. ermüden*) **c.** *in Tätigkeit* (to break ~) ‖ *in Blüte* **d.** *hörbar, laut;* to ring ~ *laut tönen;* read ~ *lies laut;* speak ~! *heraus damit!* **e.** *vor, in die Öffentlichkeit;* (of books) *erschienen* (just ~) ‖ *in die Gesellschaft* ‖ *ans Licht;* murder will ~ *die Sonne bringt es an den Tag;* blood will ~ *Blut bricht sich Bahn, setzt sich durch* **B.** (*Lage*) [*mst mit to be*] **1.** *draußen; nicht zu Hause, ausgegangen* (to have an evening ~ *ausgehen*); *im Freien* ‖ *auf See* ‖ ⟨mil⟩ *im Felde* ‖ (of a river) *übergetreten* ‖ *im Auslande* ‖ *verrenkt* (my arm is ~) **2.** ⟨übtr⟩ **a.** *nicht* (*mehr*) *im Amt* or *am Ruder, am Spiel* etc | *streikend* **b.** *im Irrtum,* to be (far) ~ *sich* (*sehr*) *irren* (in a th *in etw*; if *wenn*) **c.** *in Streit, verfallen, veruneinigt* (to be ~ with a p) **d.** *ärmer um;* he is £50 ~ *er ist um 50 Pfd. ärmer, hat 50 Pfd. eingebüßt* **e.** *erloschen, aus* (the fire is ~) ‖ *aus der Übung* (my hand is ~) ‖ *aus der Mode* (white gloves are ~) ‖ *verbraucht* | *aus, vergangen, abgelaufen, z Ende* (school is ~) ‖ ⟨telph etc⟩ ~! *Ende!* ‖ ⟨sport⟩ *aus, ungültig* | ⟨box⟩ *kampfunfähig* **f.** *entfaltet; entdeckt, –hüllt, offenbar;* ~ in revolt *in offener Empö-*

rung; right ~ gerade heraus ‖ (of a girl) *gesellschafts–, ballfähig;* she is not ~ yet *sie besucht noch k–e Gesellschaften* ‖ *existierend, in der Welt* (the best thing ~) **C. Verbindungen: 1.** ~ and about *auf den Beinen* ‖ ~ and away *bei weitem, vor allen anderen* ‖ ~ and ~ *durch u durch, ganz u gar;* [attr] *vollkommen* ‖ ~ and ~er ⟨sl⟩ *Prachtding, –mensch; Schurke* m, *Lüge* f **2.** ~ **of** [prep] **a.** (*Bewegung*) *aus, aus .. heraus;* a river comes ~ of the lake *.. aus dem See;* to fall, look ~ of the window ⟨Am⟩ ~ the window) *aus dem F. fallen, schauen;* do not lean ~ of the window *lehn dich nicht zum F. hinaus;* get ~ of the *od* my way *geh mir aus dem Weg;* → frying pan, shape; he did it ~ of gratitude, envy, spite *er tat es aus D. N., Tr.;* he goes ~ of office *er scheidet aus dem Amt;* to go ~ of fashion *aus der M. k;* to be ~ of a th *nicht enthalten s jn etw* (to be ~ of the programme); to get more ~ of a th *mehr v etw h* (by doing); ⟨fig⟩ to worry a p ~ of *jdn herausekeln aus* | *aus, wegen* ‖ *aus, von;* two ~ of ten *zwei v zehn* ‖ to cheat a p ~ of *jdn betrügen um* ‖ to laugh ~ of *durch Lachen abbringen v* ‖ ~ of sight, ~ of mind *aus den Augen, aus dem Sinn* **b.** (*Lage*) *außerhalb* (v) (3 miles ~ London *.. außerhalb Londons*) ‖ ~ of breath *außer Atem* ‖ to leave ~ of consideration *außer B. l* ‖ ~ of court *außergerichtlich* ‖ ~ of danger *außer Gefahr* ‖ ~ of focus ⟨phot⟩ *unscharf* ‖ ⟨tech⟩ ~ of service *außer Betrieb* ‖ ~ of turn *außer der Reihe* ‖ the world is ~ of joint *.. aus den Fugen* ‖ ~ of money *nicht bei Kasse* ‖ ~ of number *ohne Zahl, zahllos* ‖ you are ~ of time *.. aus dem Takt gek, nich im T.* ‖ I often sleep ~ of house *.. außer dem Hause;* I am often ~ of the h. *ich bin oft außer Hause* ‖ ~ of hearing *od* call *außer Hörweite;* ~ of range *außer Schußweite* ‖ (*Zeit*) ~ of office hours *außerhalb der Geschäftszeit, –stunden* | | ~ of it *ausgeschlossen; abseits, unbehaglich* | *frei v;* ohne (to be ~ of *entbehren*); ~ of training *außer Übung* ‖ *nicht vorrätig;* to be ~ of sugar *k–n Zucker vorrätig h;* we are ~ of paper, money, coal, work *wir sind ohne ..* | *inkorrekt, unrichtig;* ~ of drawing *falsch gezeichnet* | *gezüchtet aus; abstammend v* (a foal by Caesar ~ of Cleopatra *ein Fohlen v Caesar aus Cleop.*) **c.** ~-of-balance force ⟨tech⟩ *Unwuchtkraft* f | ~-of-date *veraltet* ‖ ~-of-doors *außer dem Hause; draußen, im Freien;* [attr] ~-of-door(s) *Freiluft–* (~-of-door *exercise*); ~-of-doors garments *Ausgeh–, Straßenkleidung* f | ~-of-fashion *aus der Mode, veraltet;* ~-of-pocket expenses *Barauslagen* f pl; ~-of-the-way *abgelegen; ungewöhnlich* | ~-of-true *running* ⟨tech⟩ *Unrundlaufen* n, *Schlag* m ‖ → b., breath, date, doubt, hand, keeping, order, pocket, print, question, sight, sort, time, way, work **II. prep** dial † [*nur in:*] from ~ *aus .. heraus* (from ~ the cave) | ⟨Am⟩ (= ~ of → I. 2. a.) to look ~ the window *z F. hinaussehen* ‖ to be ~ a th *etw verloren h* ‖ ~ .. way *in der Richtung v* ‖ ~ front *dem Eingang gegenüber* **III. s** *Außenseite* f | *Ausweg* m; *Entschuldigung* f ‖ *Hindernis* n | *Entlassener* m | *ausgegebener, –zahlter Betrag* m; *Ausgabe* f ‖ ~ per hour *Stundenleistung* f ‖ ⟨typ⟩ *Auslassung* f ‖ ⟨bes Am⟩ „*Alibi*" n (*Ausrede*) ‖ ⟨fam⟩ (*gemeinsamer*) *Ausgang, Bummel* m | the ~s [pl] *die nicht regierende Partei, die Opposition* f (*Ggs* the ins); → in [s] ‖ at ~s *in Kampf, Feindschaft* (with) | ⟨Am⟩ *Nachteil, Fehler* **IV. a** ⟨sport⟩ *nicht schlagend* (the ~ side) | *auswärtig* (match) ‖ *ungewöhnlich* (size) **V. intj** *heraus!;* ~ upon you! *schämen Sie sich!* ~ with heraus mit, ~ with him! *hinaus mit ihm!* → I. A. 1. **VI. vt/i** | *hinauswerfen* ‖ ⟨sl⟩ *durch Schlag unschädlich m;* ⟨sport⟩ (*jdn*) *schlagen* | vi (*oft* to ~ it) *e–n Ausflug m* ‖ *allg bekannt w*

OUT, Out [aut] avd ⟨traffic⟩ *Ausfahrt*!
outage [ˈautidʒ] s ⟨mil⟩ *Ausfall* m (v *Gerät* etc)
out– [aut] (*lebendes* pref [*stets betont in Subst.*] *im Sinne* v) **1.** *aus–, auf–* (to ∼*blaze*); *Aus–* (∼*break*) ‖ *außen–, Außen–*; *außen–, abseitsliegend, Neben–* (∼*house* ⟨a⟩ *Dienstwohnung* f, *Wirtschaftsraum* m) ‖ *ambulant*, v *außerhalb kommend* (∼*patient*); *außerhalb* (∼*door*) **2.** (*vor Verben*) *länger als*; *über* .. *hinaus*; *mehr als, über–* ∼**back** [ˈautbæk] s ⟨Aust⟩ *Hinterland* n ∼**balance** [autˈbæləns] vt *übertreffen, –wiegen* ∼**bid** [autˈbid] vt (→ to bid) *überbieten* ∼**blaze** [autˈbleiz] vi/t ‖ *aufflammen* ‖ vt (*jdn*) *ausstechen, übertreffen* ∼**board** [ˈautbɔːd] a ⟨mar⟩ *Außenbord–* (motor) ∼**bound** [ˈautbaund] a (of ships) *nach dem Ausland bestimmt* or *fahrend*; ⟨aero⟩ *Abflug–, im Abflug* ∼**brave** [autˈbreiv] vt (*jdm*) *Trotz bieten* ‖ *an Tapferkeit, Schönheit* (etc) *übertreffen* ∼**break** [ˈautbreik] s *Ausbruch* m; ∼ *of war Kriegs–* ∼**building** [ˈautˌbildiŋ° s *Nebengebäude* n ∼**burst** [ˈautbəːst] s *Ausbruch* m; *Hervorbrechen* n, *Ausschreitung(en* pl) f ∼**cast** [ˈautkɑːst] **1.** a *ausgestoßen, verbannt* **2.** s *Ausgestoßene(r* m) f ∼**caste** [ˈautkɑːst] **1.** s *aus der Kaste Ausgestoßener* m **2.** a *ausgestoßen* **3.** vt (*jdn*) *aus der K. ausstoßen* ∼**class** [autˈklɑːs] vt ⟨sport⟩ (*jdn*) *schlagen, übertreffen*; ⟨bes tech⟩ *übertreffen*; ∼*ed by enemy strength bei zahlenmäßig überlegenem Feind* ∼**-college** [ˈautkɔlidʒ] [attr] a *außerhalb des College wohnend* ∼**come** [ˈautkʌm] s *Ergebnis, Produkt* n; *Folge* f; it is the ∼ of *es entspringt aus* ‖ *Ausgang; –weg* (for f); *Ausfluß* m ∼**crop** [ˈautkrɔp] **1.** s ⟨geol⟩ *Zutageliegen, Ausgehen, –beißen* n; *Ausgehendes* n, *Ausbiß* m (*an die Oberfläche tretende geologische Schicht* or *Ader*) ‖ ⟨fig⟩ *Zutagetreten, Hervor–* n **2.** vi ⟨geol⟩ *zutage, an die Oberfläche treten, ausgehen* ‖ ⟨fig⟩ *hervor–, auftreten, erscheinen* ∼**cry** [ˈautkrai] s *Geschrei* n, *Aufschrei, Entrüstungsschrei* m ‖ ⟨com⟩ *Ausrufen* n ∼**distance** [autˈdistəns] vt (*jdn*, etw) *weit übertreffen, weit hinter sich zurücklassen*; to be ∼d by *ins Hintertreffen geraten gegenüber* .. ∼**do** [autˈduː] vt (→ to do) *übertreffen; ausstechen* ∼**door** [ˈautdɔː] a *Außen–, im Freien* (∼ *life*); ∼ *aerial Außenantenne* f; *außerhalb des Parlaments* ‖ ∼ *dress Ausgehanzug* m; ∼ *patients department Ambulanz, Poliklinik* f; ∼ *photograph Außenaufnahme* f; ∼ *portrait Freilichtporträt* n; ∼ *relief Unterstützung* f *der nicht im Armenhaus wohnenden Armen*; ∼ *service Außendienst* ∼**doors** [autˈdɔːz; –ˈ–] adv *außerhalb, draußen; im Freien* ∼**-doors** [ˈautˈdɔːz] s ⟨Am⟩ the ∼ *die freie Natur*
outch [autʃ] intj ⟨Am⟩ *au*! ‖ *verflixt*!
outer [ˈautə] **1.** a *äußere(r, –s); Außen–* (∼ *wall –wand*); ∼ *beacon* ⟨aero⟩ *Voreinflugzeichen* n; ∼ *layer* ⟨aero dyn⟩ *Randschicht* f; ∼ *tube* (*Geschütz–)Mutterrohr* n; the ∼ *man der äußere Mensch*; the ∼ *world Außenwelt* f; the ∼ *ring but one der zweite Ring v außen* ‖ the ∼ *Bar* ⟨jur⟩ [koll] *die jüngeren Barrister* m pl **2.** s the ∼ (of a target) *der äußere Rand* ∼**most** [ˈautəmoust] a *äußerst* ‖ *entferntest*
out– ‖ ∼**face** [autˈfeis] vt (*jdm*) *Trotz bieten* ‖ (*jdn*) *einschüchtern; verblüffen* ∼**fall** [ˈautfɔːl] s *Ab–, Ausfluß* m ∼**field** [ˈautfiːld] s *Außenfeld* n ‖ ⟨crick⟩ *Spielfeld am weitesten vom Schläger* ∼**fielder** [ˈautfiːldə] s *Spieler* m *auf dem outfield* ∼**fight** [autˈfait] vt (→ to fight) (*jdn*) *aus dem Felde schlagen; niederkämpfen; übertreffen* ∼**filtrate** [ˈautfiltreit] vi ⟨fam⟩ *sich drücken, sich verdünnisieren*
outfit [ˈautfit] **1.** s *Ausstatt–, (bes Reise–)Ausrüstung* f; *Zubehör* n ‖ ⟨Am⟩ (*P*) *Expedition; Gruppe* v *P*; ⟨mil etc⟩ *Abteilung, Gruppe* f; *Farm* f, *–bewohner* m pl **2.** vt *ausrüsten* (with);

∼**ted** *ausgestattet* ∼**ter** [∼ə] s *Ausrüster; Ausrüstungslieferant; Inhaber e–s Herrengarderobegeschäftes; Händler* m (electrical ∼) ∼**ting** [∼iŋ] s *Ausrüstung* f ‖ [attr] *–stungs–, Konfektions–*
out– ‖ ∼**flank** [autˈflæŋk] vt ⟨mil⟩ *in der Flanke umgehen, –fassen; überflügeln* ⟨a fig⟩ ∼**flow** [ˈautflou] s (of water) *Ausfluß, –bruch* m ∼**gas** [autˈgæs] vt *entgasen* ∼**general** [autˈdʒenərəl] vt *an Feldherrnkunst übertreffen* ∼**go 1.** [autˈgou] vt (→ to go) *übertreffen* **2.** [ˈautgou] s (*Gesamt–)Ausgaben* f pl (*Ggs income*) ‖ *Ausbruch, –fluß* m; *Ergebnis* n ∼**going** [ˈautˌgouiŋ] **1.** s *Ausgehen* n ‖ ∼s [pl] *Ausgaben* f pl **2.** a *ausgehend; abgehend* (mail) ‖ *abtretend, ausscheidend* ∼**grow** [autˈgrou] vt (→ to grow) *schneller wachsen als; z groß w* f ‖ *herauswachsen aus, (Kleidung) verwachsen* ‖ *über .. hinauswachsen*; to ∼ *one's strength z schnell wachsen* ‖ *überwachsen, –wuchern* ‖ (*jdm*) *über den Kopf wachsen* ‖ (*e–r S*) *entwachsen; (Erinnerung) verwischen, –gessen l; (Gewohnheit) ablegen, verlieren* ∼**growth** [ˈautgrouθ] s *Schößling; Auswuchs* m ‖ *natürliche Folge* f, *Ergebnis* n; *Erzeugnis* n ∼**gush** [autgʌʃ] s *Erguß* m (of water) ∼**herod** [autˈherəd] vt (*jdn*) *übertreffen, schlagen* ∼**house** [ˈauthaus] s *Nebengebäude* n, *Schuppen* m
outing [ˈautiŋ] s *Ausflug* m (on an ∼ *auf e–m A.*); *Partie* f; to take an ∼ *e–e P. machen*
out– ‖ ∼**lander** [ˈautlændə] s *Fremder, Ausländer* m; ⟨SAfr⟩ *Nicht-Bure* m ∼**landish** [autˈlændiʃ] a *ausländisch, fremd* ‖ *fremdartig, seltsam* ‖ *abgelegen; rückständig* ∼**last** [autˈlɑːst] vt *überdauern; –leben*
outlaw [ˈautlɔː] **1.** s *Geächteter* m ‖ *Bandit* m ‖ ⟨Am hors⟩ „*Verbrecher*“ m (*Pferd*) ‖ [attr] ∼ *racing* ⟨mot⟩ *unzulässiges Rennen* n **2.** vt (*offiziell*) *ächten, f vogelfrei erklären, → ostracize* ‖ ∼**ry** [∼ri] s *Acht, Ächtung* f ‖ *Verfemung* f (of weapons) ‖ *bürgerlicher Tod* m
out– ‖ ∼**lay 1.** [ˈautlei] s (*Geld–)Ausgeben* n ‖ (*Geld–)Ausgabe, –lage* f; [koll] *–gaben, –lagen* pl (upon f) **2.** [autˈlei] vt (→ to lay) (*Geld) ausgeben* (on f); *–legen* ∼**let** [ˈautlet] s *Ausgang* m; *Öffnung* f; (of water) *Ab–, Ausfluß* m ‖ ⟨geog⟩ *Abfluß* m, → *discharge, runoff* ‖ *Absatzmarkt* m (to find an ∼ *for*); ∼ *for investment funds Investitionsfeld* n ⟨el⟩ *Steckdose* f ‖ ⟨Am wir⟩ *Sendestelle* f ‖ ∼ *pipe Abflußrohr* n; ∼ *valve Ablaßventil, (Gasmasken–)Ausatemventil* n ‖ ⟨fig⟩ *Ausweg* m (for f); to find an ∼ *for a th e–r S Luft* m, *Ausdruck geben* ‖ ⟨eth⟩ *Möglichkeit* f *der Entladung, Ausfluß* m ∼**lier** [ˈautˌlaiə] s *Abseits–, Außerhalbwohnender* m; *einzelnstehender Teil* m (*Berg* etc)
outline [ˈautlain] **1.** s [oft pl ∼s] *Umriß* m, *–linie, Kontur* f ‖ *Entwurf* m, *Skizze* f; in ∼ *skizziert* ‖ ⟨fig⟩ *allg Umriß, Überblick* m (of *über*); in ∼ *im Ü.* ‖ ∼s [pl] *Hauptzüge* m pl, *–linien* f pl ‖ [attr] *umrißartig*; ∼ *plan schematischer Plan* **2.** vt *n Umriß geben* v, *umreißen, skizzieren; allg* or *im Umriß darstellen, beschreiben, erzählen* ‖ ∼d *scharf abgehoben* (against *gegen,* with *durch*); *gekennzeichnet*
out– ‖ ∼**live** [autˈliv] vt *überleben* ∼**look** [ˈautluk] s *Hinaussehen* n; *Ausguck* m, to be on the ∼ *for auf der Suche* s *nach* ‖ *Aussicht* f (for f); ∼s [pl] *Aussichten* pl, *Lage* f ‖ *Ausblick* m (on the future *in die Zukunft*) ‖ ⟨fig pol⟩ *Zielsetzung* f ‖ *Standpunkt* m, *Ansichten* f pl (advanced ∼ *fortschrittliche A.*), *Anschauungsweise, Weltanschauung, Auffassung* f (moral ∼); *Horizont* m (a wider ∼); ∼ (*up)on life Lebensanschauung* f ∼**lying** [ˈautˌlaiiŋ] a *außenliegend, außen–; abseitsliegend, abgelegen, entlegen* ∼**machine** [ˌautməˈʃiːn] vt ⟨mil⟩ *durch Materialüberlegenheit schlagen* etc ∼**manœuvre** [ˌautməˈnuːvə] vt *im Manövrieren, durch Kunstgriff über–*

treffen **~march** ['aut'mɑ:tʃ] **1.** s *Ausmarsch* m
2. vt *im Marschieren überholen, übertreffen*
~match [aut'mætʃ] vt *überflügeln, –treffen* **~mode**
[aut'moud] vt *mst* pass *aus der Mode bringen*
~most ['autmoust] a ⟨poet⟩ *äußerst* **~number**
[aut'nʌmbə] vt *an Zahl übertreffen*; *zahlenmäßig überlegen* s; **~**ed *in Überzahl* **~pace**
[aut'peis] vt *überholen, hinter sich l* **~patient**
['aut͵peiʃənt] s *ambulant behandelter Kranker* m
|| [attr] *ambulant* (treatment) **~perform** [͵autpə-
'fɔ:m] vt *leistungsfähiger s als* **~point** [aut'pɔint]
vt ⟨sport⟩ *an Punktzahl übertreffen*; ⟨box⟩ *aus-
punkten* **~port** ['autpɔ:t] s *Vor–, Außenhafen* m
|| **~post** ['autpoust] s ⟨mil⟩ *Außen–, Vorposten*
m ⟨a fig⟩ | [attr] *Vorposten–*; **~** action *Vor-
postentätigkeit* f; **~** line ⟨tact⟩ *vorderste
Sicherungslinie* f; **~** position *Vorposten-
stellung* f **~pour 1.** ['autpɔ:] s *Guß*; ⟨fig⟩ *Ausbruch, Erguß* m **2.** [aut'pɔ:] ⟨poet⟩ vt/i **~** *aus-
gießen* | vi *sich ergießen* || **~pouring** ['aut͵pɔ:riŋ]
s *Ausströmen* n; ⟨fig⟩ [pl **~**s] *Erguß* m **~put**
['autput] s ⟨min⟩ *Förderquantum* n, *Förderung* f
|| *Ertrag, Ausstoß* m, *Ausbeute* f; *Produktion,
Leistung* f || **~** *capacity Leistungsfähigkeit* f; **~**
stage *Endstufe* f; **~** transformer ⟨telph⟩ *Nach-
übertrager* m || ⟨tech⟩ *(Büromaschinen-)Aus-
gangsinformation, Ausgabe* f

outrage ['autreidʒ] **1.** s (oft act of **~**) *Gewalttätigkeit, –tat* f (on an); *Exzeß* m; *gröbl. Ver-
gehen* (on a p gegen jdn) || *Beschimpfung*; *gröbl.
Beleidigung* f || ⟨übtr⟩ *schandbare Verletz–* (on
a th e–r S); *Vergewaltigung* f (on a text e–s
Textes) **2.** vt (jdm) *Gewalt antun*; (jdn) *miß-
handeln*; *schänden* || *beschimpfen, –leidigen* |
(etw) *verschandeln*; (Gesetz etc) *gröblich verletzen* **~ous** [aut'reidʒəs] a (**~**ly adv) *übermäßig*;
zügellos || *heftig, wütend* || *abscheulich, empö-
rend, unerhört* (scandal) **~ousness** [aut'reidʒəsnis]
s *Zügellosigkeit*; *Wut* f || *Abscheulichkeit* f etc

out– || **~range** [aut'reindʒ] vt ⟨mil⟩ *an Schuß-
weite übertreffen* **~rank** [aut'ræŋk] vt *überbieten, übertreffen* **~reach** [aut'ri:tʃ] vt *hinaus-
reichen über*; *übertreffen* **~relief** ['autri͵li:f] s **~**
outdoor relief **~ride** [aut'raid] vt (**~** to ride)
schneller reiten als || (of ships) (dem Unwetter)
trotzen **~rider** ['aut͵raidə] s *Vorreiter* m **~rigger**
['aut-rigə] s ⟨mar⟩ *Luvbaum* m; *Ausleger* m,
–boot n || ⟨arch⟩ *Vorleger* m | *Lafettenholm* m;
~ gun mount *Kreuzlafette* f || **~** hinge *Außen-
scharnier* n **~right 1.** ['aut'rait; – –] adv *ge-
radeheraus*; to laugh **~** *laut auflachen*; to kill **~**
auf der Stelle töten; to sell **~** *fest verkaufen* ||
völlig, gänzlich | *sogleich* **2.** ['aut'rait; ' – –] a
direkt, völlig, tot-al || **~rival** [aut'raivəl] vt *über-
treffen* (in an) **~root** [aut'ru:t] vt ⟨fig⟩ *ausrotten*
(from aus) **~run** [aut'rʌn] vt (**~** to run) (im
Laufen) *übertreffen, überholen* || to **~** a p jdm
weglaufen | ⟨fig⟩ (e–r S) *vorauseilen* || *hinaus-
laufen über* (etw); (etw) *überschreiten* **~runner**
['autrʌnə] s *Vorläufer, –reiter* m ⟨a übtr & fig⟩
~set ['autset] s *Aufbruch* (z Reise) m || *Anfang*
m; at the **~** *am A.*; from the **~** *gleich v A. an*
~shine [aut'ʃain] vt (**~** to shine) *überstrahlen* ⟨a
fig⟩

outs [auts] s pl ⟨Am⟩ at **~** *im Nachteil*
outside ['aut'said; '––; – –'] **I.** s **1.** *Außenseite*
f (from the **~** v der A.); on the **~** of a bus *außen
auf dem Omnibus* || *Oberfläche* f; (of a cigar)
Deckblatt n || to open from **~** v außen öffnen ||
those on the **~** *die Außenstehenden* pl **2.** ⟨übtr⟩
das Äußere; to judge by the **~** *nach dem Äußeren
urteilen*; a rough **~** *e–e rauhe Außenseite* f ||
äußere Welt, Außenwelt f (from the **~**); ⟨mil⟩
on the **~** *im Zivilleben* n **3.** *Außenseiter* m
4. *Äußerstes* n (**~** to turn); at the **~** *höchstens*
5. [in comp] **~**-left ⟨ftb⟩ *Linksaußen (Spieler)*
m; **~**-right *Rechtsaußen* m **II.** a ['aut'said; attr
'– –] *äußere(r, –s), Außen–, **~** edge –kante* f;

to skate on the **~** edge *holländern*; **~** job
Außendienst m (⟨a⟩ of a crime) | *außenstehend*;
v *außen kommend*; *fremd* (**~** help) || *nicht zuge-
lassen* (**~** broker) || *äußerst* (**~** price) || **~** gun
(of a battery) *Flügelgeschütz* n || **~** looping
⟨aero⟩ *Looping* m *vorwärts* || **~** window *Vor-
fenster* n **III.** adv ['aut'said; –'–] *außen* (to sit **~**
außen sitzen); *draußen*; *auf See*; *draußen (nicht
im Kittchen)* || *hinaus, nach außen, nach draußen*
(to come **~**) | **~** of ['autsaid əv] *außerhalb* (**~**
of the city *außerhalb der City*); ⟨sl⟩ **~** of a
horse z *Pferde* || ⟨Am fam⟩ *mit Ausnahme v,
außer* **IV.** prep ['–'–; ' – –] *außerhalb* (**~** the
house *außerhalb des Hauses*); *jenseits*; *außer*; **~**
the gates *vor den Toren*; a house **~** the village ..
vor dem Dorf; the flowers are **~** (at) the window
.. *vor dem F.* || **~** one month *über e–n M.*

outsider ['aut'saidə] s *Außenstehender, –seiter*,
⟨sport⟩ *Outsider* m || *Nichteingeweihter, –fach-
mann* m || *Eigenbrötler* || *Fremdkörper* m

out– || **~sit** [aut'sit] vt (**~** to sit) *länger sitzen
als* (jd) **~size** ['aut'saiz] s ⟨tail⟩ *Übergröße* f ||
[attr] *übergroß, –lang* **~skirts** ['autskə:ts] s pl
äußerer Rand (e–s Gebietes) m; *Peripherie* (on
the **~** of); *Umgebung* f; *Randgebiet* n; ⟨fig⟩
Grenzen f pl **~sleep** [aut'sli:p] vt (**~** to sleep)
(Zeit) *verschlafen* **~smart** [aut'smɑ:t] vt ⟨Am
fam⟩ *überlisten, –tölpeln, hinter's Licht führen*
~sole ['autsoul] s *Laufsohle* f (e–s Schuhs)
~span [aut'spæn] vt/i || (Tier) *ausspannen* | vi
ausspannen

outspoken [aut'spoukən] a (**~**ly adv) *offen,
freimütig* **~ness** [**~**nis] s *Offenheit* f, *Freimut* m
outstanding 1. ['aut͵stændiŋ] a (**~**ly adv)
hervorspringend; *vorspringend*; ⟨fig⟩ *hervorragend*
2. [aut'stændiŋ] a *unausgeglichen*; *offen–, aus-
stehend* (debt) **3.** ['aut'stændiŋ] [s pl] **~**s *Außen-
stände* pl

out– || **~state** [aut'steit] adv ⟨Am⟩ *draußen,
auf dem Lande, in der Provinz* **~station** ['aut-
steiʃən] s *Außenstelle* f **~stay** [aut'stei] vt *länger
bleiben als*; never **~** your welcome *bleib nie
länger als du gern gesehen bist* **~stretch** [aut-
'stretʃ] vt *ausstrecken* **~strip** [aut'strip] vt
schneller laufen als, überholen; ⟨fig⟩ *übertreffen*
~swept ['aut͵swept] a ⟨tech⟩ *schräg*; ⟨mot⟩
~ tail *Schrägheck* n **~top** [aut'tɔp] vt *überragen*; ⟨fig⟩ *–treffen* **~value** [aut'vælju:] vt *an
Wert übertreffen* **~vie** [aut'vai] vt *übertrumpfen,
überbieten, übertreffen* **~vote** [aut'vout] vt *überstimmen* **~voter** ['aut͵voutə] s *der nicht im
Wahlkreis m wohnende Wähler* m

outward ['autwəd] **1.** a *äußere(r, –s)* (**~** conditions); *Außen–* **2.** s [oft pl **~**s] *das Äußere*; *die
äußere Welt* **3.** adv (nach) *auswärts*; *auf der Ausreise*; to travel **~** via N. *auf der Hinreise über
N. fahren* | (nach) *außen*; **~**-bound *nach aus-
wärts fahrend* or *bestimmt*; *in See gehend* **~ly**
[**~**li] adv *außen*; *nach außen* | *äußerlich, nach
außen hin* **~ness** [**~**nis] s *äußere Form* f; ⟨fig⟩
Äußerlichkeit f (his **~**) | **~**s [**~**z] adv = out-
ward

out– || **~wash** ['autwɔʃ] **1.** s *Wasserströmung* n
(vom Gletscher) || (durch Wasser) *ausgeräumtes
Material* n; ⟨geol⟩ *Sander* m || **~** plain *Schmelz-
wasserebene* f **2.** vt ⟨geol⟩ *ausräumen* **~wear**
[aut'wɛə] vt (**~** to wear) to **~** a th *länger halten
als etw, etw überdauern* || (Gewohnheit) *ablegen* |
abnutzen || *erschöpfen* **~weigh** [aut'wei] vt *über-
wiegen, –treffen*; *aufwiegen* **~wit** [aut'wit] vt
überlisten; *–flügeln* **~with** ['autwiθ] prep ⟨Scot⟩
außerhalb (**~** Scotland) **~work** ['autwə:k] s
⟨fort⟩ *Außenwerk* n; ⟨fig⟩ *Bollwerk* n; ⟨arch⟩
Anbau m, *Beiwerk* n **~work** [aut'wə:k] s *Heim-
arbeit* f **~worker** ['aut͵wə:kə] s *Heimarbeiter* m
ouzel, ousel ['u:zl] s ⟨orn⟩ (Schwarz-)Drossel;
ring **~** *Ringdrossel* f
ova ['ouvə] s pl-L ⟨ich⟩ *Rogen* m

oval ['ouvəl] **1.** a (~ly adv) *ov·al, eirund, eiförmig* **2.** s *Ov·al* n; The ~ *der Kricketspielplatz in* Kensington (*Süd-London*) –**arian** [ou'νεəriən] a ⟨anat⟩ *Eierstock–* ‖ –**ariotomy** [ou‚νεəri'ɔtəmi] s *operative Entfernung f des Eierstockes* –**ary** ['ouvəri] s ⟨anat⟩ *Eierstock* m ‖ ⟨bot⟩ *Fruchtknoten* m –**ate** ['ouveit] a *oval, eirund*

ovation [ou'veiʃən] s *Ovation, Huldigung* f; to give a p an ~ *jdm e–e H. darbringen*

oven ['ʌvn] s *Backofen* m ‖ ⟨tech⟩ *Ofen* m | ~-**bird** ⟨orn⟩ *Töpfervogel* m ‖ ~-**table** glass *feuerfestes Glas,* → dish

over ['ouvə], **o'er** [oə] **I.** prep **1.** (**Lage**) *über* (a bridge ~ the river) ‖ ~ the way *auf der anderen Seite, gegenüber* ‖ ~ one's signature *über s–r Unterschrift,* to be ~ the signature of *unterzeichnet s v* ‖ ⟨math⟩ 2 ~ 3 $^2/_3$ | *bei, an,* ~ the fire *am Kaminfeuer;* ~ a glass of wine *bei e–m Gl. W.* **2.** (**Bewegung**) *über, über .. hin* (to fly ~ the country); from all ~ England *aus allen Teilen Englands;* all ~ .. *ganz durch, ganz über,* all ~ the world *durch die ganze Welt* ‖ to get ~ a th *etw überwinden, –stehen* **3.** ⟨übtr⟩ (*Grad, Rang* etc) *über,* to be ~ a p *über jdm stehen;* → to lord, reign, rule ‖ *mehr als, über* (~ £50); ~ and above what .. *außer dem, was ..* **4.** (**Zeit**) *über* (~ the week-end); ~ night *die Nacht über;* ~ a century *ein Jahrhundert hindurch; während* (~ the Long Vacation) ‖ *mehr als* (~ a year) **5. bei** [dat]: ~ a glass of wine → 1. ‖ (*Zeit*) to sing ~ one's tasks *bei s–r Arbeit singen* ‖ they talked shop ~ their dinner .. *beim Essen ..* | **durch** [acc]: to show a p ~ a place, house; he has travelled ~ the whole continent ‖ ⟨übtr⟩ he helped me ~ this difficulty .. *durch die schwierige Lage* (hindurch), **über** *d. schw. L.* (hinweg) | **über** [dat]: he sits ~ his books; a flag flies ~ (*od* above) the house; to watch ~ the children ‖ he lives ~ the street .. *über, jenseits der Straße* | [acc] to pass ~ a bridge, river, hurdle; our car rides comfortably ~ a rough road; to travel ~ the continent; to sail ~ (*od* across) the lake; to lean, bend ~ a child; to stumble ~ a stone ‖ the rumour spread ~ the country, → all; we heard it ~ the water ‖ (*Zeit*) he is ~ age .. *über das vorschriftsmäßige Alter hinaus;* he fell asleep ~ his books; it lasted ~ a year; to stay ~ night *über N.* or *die N. über bleiben;* to stay ~ the winter *den W. über* .. | (*nach Verben*) → to brood, exult, reign, pass, make merry, mourn, triumph, watch, weep | *advantage, anxiety, authority* ~ | (= *more than*) ~ a thousand copies, miles, persons | teachers should not talk ~ the heads of their pupils .. *über .. hinweg;* what has come ~ you? *was ist denn über dich gek?;* to tide ~ two bad years *über .. hinweg k* | **vor** [dat]: he has an advantage ~ me *er hat e–n V. v mir;* I give the preference to wine ~ beer *ich gebe W. den Vorzug vor B.* ‖ → all **6.** [attr & comp] ~-**age** *über der Altersgrenze liegend, zu alt, überaltert* (.. applicant); ~**overage** ‖ ~ all organization ⟨com⟩ *Dachorganisation f* ‖ ~-**door** panel ⟨arch⟩ *Suprap·orte f* ‖ ~-**inflation** ⟨mot⟩ *Überdruck* m, → ~**inflated** ‖ ~-**revved** *überdreht (Motor),* → rev ‖ ~-**rich** *übersättigt* ‖ ~-**the-top** flight *Flug* m *über den Wolken* **II. adv 1.** *höher, darüber;* [*bei Verben*]: *über–,* to lean ~ *sich überlehnen* ‖ *darüber hin, über ,, hin;* to brush a th ~ *etw ·überbürsten* ‖ ⟨mil-wir⟩ [abs] ~! *bitte k*! **2.** *hinüber, auf die andere Seite* (to climb ~; to fall ~); *herüber* (ask him ~); carried ~ ⟨com⟩ *Übertrag* m ‖ (*of missiles*) *über .. hinaus; jenseits; vorbei* | please turn ~ (abbr p.t.o.) ⟨Am⟩ ~!) *bitte wenden!* see ~ *siehe nächste Seite* or *umstehend* or *umseitig* ‖ *herum;* to turn a th ~ *etw herum–, umdrehen* | ⟨übtr⟩ *auf die andere Seite, Partei* etc; to go ~ to *übergehen zu* | *drüben* (~ there

da drüben); *auf der anderen Seite* | ~ *against gegenüber;* ~ *against this im Gegensatz hierzu* **3.** (*of quantity*) *darüber hinaus; übrig;* to have ~ (*etw*) *übrig h;* (6 into 13 goes twice) *and one* ~ (..) *Rest eins* **4.** *mehr; zuviel; allzu,* [*oft vor Adj.*] *übertrieben* (→ 6.) ‖ *not* ~ *well ziemlich schlecht* | ~ *and above* 1. prep *außer* 2. adv *außerdem, überdies, obendrein* **5. a.** (*v Anfang bis*) *z Ende;* the world ~ *durch die ganze Welt* | *durch;* to read a th ~ *etw durchlesen* ‖ *gründlich, eingehend;* to have a th ~, to talk a th ~ *etw gründlich besprechen* | *noch einmal;* ten times ~ *zehnmal hinter–e–a* | all ~ *über u über, voll v* (all ~ *dust ganz staubig*) ‖ *am ganzen Leibe;* that's Jones all ~ *das ist echt J., das ist J., wie er leibt u lebt;* ⟨sl⟩ he's all ~ *er ist vernarrt* (*verliebt*); to come *od* go all ~ *am g. Körper empfinden, ein Gefühl über den g. Körper h* | ~ *again noch einmal* ‖ ~ *and* ~ *again* (⟨Am⟩ ~ *and* ~) *ein– über das andere Mal, immer wieder* **b.** *vorüber, vorbei, aus* (it is all ~ with him) ‖ *all* ~ *and done with total erledigt* ‖ it's all ~ *bar* (the) *shouting es ist so gut wie gewonnen* or *fertig* **6.** [in comp] (→ 4.) *über–,* (*all*)*zu* a. ~-*anxious überängstlich;* ~-*eager übereifrig;* ~-*particular z genau* **b.** ~-*confidence Hang z Überhebung;* → over I. 6. **III.** s ⟨crick⟩ *Anzahl Würfe f* **IV.** a *obere(r, –s)*; ⟨fig⟩ *höher* ‖ *Über–* (~ *hours*)

over– ['ouvə] *lebendes pref* [*stets betont bei Subst.*] **1.** (*aus* over [a]) *Ober–, Über–* (~*coat*) **2.** (*aus* over [prep]) *über* (~*board*); *Über–* (~*all*) **3.** (*aus* over [adv]) *über–, zu–* (~*abundant*); [*vor Verb.*] *über–* (to ~*come,* ~*take*); *über .. hinaus* (to ~*work*) ~**abundance** ['ouvərə'bʌndəns] s *Fülle* f, *Überfluß* m (of *an*) ~**abundant** ['ouvərə'bʌndənt] a (~ly adv) *übermäßig, –trieben* ~**act** ['ouvər'ækt] vt/i ‖ *übertreiben* | vi *des Guten zuviel tun, übertreiben* ~**age** ['ouvəridʒ] s [*hier ist –age Suffix*] *überzählige Menge, Übermenge* f; → over-age ~**all 1.** ['ouvərɔ:l] s ⟨Am⟩ ~s [pl] *Überkleid* n; –*wurf* m; *Arbeitskittel; Arbeits–, Schutzanzug* m, –*hose, Überzieh–* f ‖ ~s [pl] ⟨mil⟩ *Galahose* f **2.** [ouvə'rɔ:l] a *einschließlich allem* ‖ ~ *height ganze Höhe, Bauhöhe* f ‖ ~ *length* ⟨film etc⟩ *Gesamtlänge* f ‖ ~ *stopping distance* ⟨mot⟩ *Gesamtbremsweg* m ~**arch** [ouvər'a:tʃ] vt *überwölben* ~**arm** ['ouvəra:m] a *Hand–über–Hand–* (swimming) ‖ ⟨crick⟩ *bowling Werfen v hinten über die Schulter* n ~**awe** [ouvər'ɔ:] vt *einschüchtern* ~**balance** [‚ouvə'bæləns] **1.** vt/i ‖ (*etw*) *umkippen, –stoßen;* ⟨fig⟩ *überwiegen* ‖ vi ~ o.s. *das Gleichgewicht verlieren, fallen* | vi *um–, überkippen* **2.** s *Übergewicht, Mehr* n (of *an*)

overbear [‚ouvə'bεə] vt (→ to bear) *siegen über, überwinden, –wältigen, nieder–, unterdrücken* ‖ *überwiegen* ~**ance** [~rəns] s *Anmaßung* f, *herrisches Wesen* n ~**ing** [~riŋ] **1.** s *Anmaßung* f **2.** a (~ly adv) *anmaßend, herrisch*

over– ['ouvə] *übers leren* ~**blown** ['ouvə'bloun] a *ausge–, verblüht* ~**board** ['ouvəbɔ:d] adv *über Bord;* ⟨fig⟩ to throw ~ *über B. werfen* ‖ ~ *drain Überlaufleitung* f ~**brim** ['ouvə'brim] vi/t | *mst fig*) ·*überfließen* (with *von*) | vt *fließen über* (*etw*) ~**build** ['ouvə'bild] vt (→ to build) *be–, überbauen* | *z sehr bebauen* ~**burden** [ouvə'bə:dn] vt *überbürden, überladen* ⟨a fig⟩ ~**call** [ouvə'kɔ:l] vt ⟨bridge⟩ *überbieten* ~**cast** ['ouvə'ka:st] **1.** vt (→ to cast) (*mit Wolken*) *überziehen;* ⟨fig⟩ *be–, umwölken* (*Saum*) ·*umnähen* **2.** a (of the sky) *bedeckt, –wölkt; trübe* ⟨a fig⟩ ‖ *überwendlich genäht* ~**charge** ['ouvə'tʃa:dʒ] **1.** s *Überladung* f ‖ *Überteuerung* f; *Überforderung* f **2.** vt *überl·aden; überfüllen* ‖ (*jdn*) *überteuern, –vorteilen* ~**cloud** [‚ouvə'klaud] vt *überwölken* ‖ ⟨fig⟩ *bewölken, verdunkeln* ~**coat** ['ouvəkout] s *Über-*

rock, Überzieher m **~come** [ˌouvəˈkʌm] vt (→ to come) (*Widerstand*; *Hindernis*) *überwinden* ‖ (*jdn*) *überwältigen, –mannen, besiegen* ‖ ~ with *hingerissen* v (~ with rage) **~compensation** [ˈouvəkɔmpənˈseiʃən] *Überkompensation* f ⟨a psych⟩ **~crop** [ˌouvəˈkrɔp] vt (*Land*) *zugrunde wirtschaften* **~crowd** [ˌouvəˈkraud] vt *überfüllen, –l aden* ‖ ~ed *überfüllt, überbelegt* (dwelling), → occupied **~deepened** [ˌouvəˈdi:pənd] a *übertief* (valley) **~do** [ˌouvəˈdu:] vt (→ to do) *übertreiben*; *–spannen*; *z weit treiben*; to ~ it ⟨fig⟩ *z weit gehen* ‖ *z sehr* or *stark kochen, braten* etc ‖ *überanstrengen* (to ~ o.s. *sich ü.*) **~dose 1.** [ˈouvədous] s *z starke Dosis* f **2.** [ˌouvəˈdous] vt (*jdm*) *e–e zu gr Dosis geben* **~draft** [ˈouvədrɑ:ft] s ⟨com⟩ *Überziehung f e–s Bankkontos*; *überzogener Betrag* m **~draw** [ˈouvəˈdrɔ:] vt (~ to draw) (*Bankkonto*) *überziehen* ‖ *überspannen*; *–treiben* **~drawal** [~əl] s *Überziehen* n; *überzogene Summe, .. Menge* **~dress** [ˈouvəˈdres] vt/i (*sich*) *übertrieben putzen, schmücken* **~drink** [ˈouvəˈdriŋk] vi & v refl (→ to drink) to ~ o.s., to ~ *zuviel trinken, sich betrinken* **~drive 1.** [ˈouvəˈdraiv] vt (→ to drive) *z weit treiben, übertreiben* ‖ *überanstrengen, abhetzen* ‖ ⟨mot⟩ to ~ the headlights *so schnell fahren, daß der Bremsweg länger ist als die Reichweite der Scheinwerfer* **2.** [ˈouvəˌdraiv] s ⟨mot⟩ *Schnell–, Schon–, Fern–, Spargang* m **~due** [ˈouvəˈdju:] a *überfällig*; to be ~ (of trains) *Verspätung h*; (of ships) *ausgeblieben s, vermißt w* **~eat** [ˈouvəˈi:t] vi & v refl (→ to eat): to ~ o.s., to ~ *sich überessen* ‖ *z viel fressen* **~-employment** [ˈouvəremˈplɔimənt] s (*Ggs* unemployment) *Arbeiter–, Angestelltenmangel* m **~-engined** [ˈouvərˈendʒind] a *übermechanisiert* **~-estimate 1.** [ˈouvərˈestimeit] vt *z hoch bewerten*; *überschätzen* **2.** [ˈouvərˈestimit] s *z hohe Schätzung* or *Wertung* f **~excite** [ˈouvərikˈsait] vt *überreizen* **~exert** [ˈouvərigˈzə:t] vt *überanstrengen* **~expose** [ˈouvəriksˈpouz] vt ⟨phot⟩ *überbelichten* **~exposure** [ˈouvəriksˈpouʒə] s ⟨phot⟩ *Überbelichtung* f **~fall** [ˈouvəfɔ:l] s *Sturzsee* f ‖ *Vorrichtung* f *z Abfließen n des Wassers* **~-fatigue** [ˈouvəfəˈti:g] **1.** s *Übermüdung* f **2.** vt *überanstrengen*; ~d *übermüdet* **~feed** [ˈouvəˈfi:d] vt (→ to feed) *überfüttern* **~flight** [ˈouvəˈflait] s (a ~s [pl]) ⟨aero⟩ *unerlaubtes Überfl iegen* n **~flow 1.** [ˈouvəflou] s *Überschwemmung* f; *Überflutung* f ‖ *Überfluß* m (of *an*) ‖ ⟨fig⟩ *Flut* f ‖ ⟨pros⟩ *Überfließen, –gehen* n ‖ [attr] *durch Überfüllung hervorgerufen*; ~ meeting *Parallelversammlung* f ‖ ~-pipe *Überlaufrohr* n ‖ ~-weir *Streichwehr* n **2.** [ˌouvəˈflou] vt/i **a.** vt *überfluten, überschw emmen*; the river has ~ed its banks *der Fluß ist über die Ufer getreten* ‖ ⟨übtr⟩ *fluten, strömen, laufen über* ‖ *z Überfließen bringen* **b.** vi *überlaufen, –fließen* (with *v*); *im Überfluß vorhanden s*; full to ~ing *z Brechen voll, bis auf den letzten Platz besetzt* ‖ *fluten* (into) **~freight** [ˈouvəfreit] s (shipping) *Überfracht* f ‖ *übermäß. Gewicht* n **~fulfil** [ˈouvəfuˈfil] vt *überst eigen, –tr effen* (~ the norm) **~fulfilment** [~mənt] s ⟨bes SBZ⟩ *Überfüllung* f (*des Soll*) **~grazing** [ˌouvəˈgreiziŋ] s ⟨geog⟩ *Überstoßung* f **~ground** [ˈouvəgraund] a *über dem Erdboden gelegen* (*Ggs* underground)

overgrow [ˈouvəˈgrou] vt/i (→ to grow) ‖ *überw achsen, –wuchern*; ⟨fig⟩ *überladen* (with) ‖ *hinauswachsen über*, to ~ o.s., to ~ one's strength *z schnell wachsen* ‖ vi *z sehr wachsen* ‖ ~n [ˈouvəˈgroun; ˈ~–] a *überwachsen* (with) ‖ *z groß*; *lang u schmächtig*; *schlaksig* ‖ ~th [ˈouvəgrouθ] s *üppiger Wuchs* m; *Überwucherung* f

overhand [ˈouvəˈhænd; ˈ~–] **1.** a *den Handrücken nach oben gekehrt* ‖ = overarm ‖ ~

knot einfacher Knoten m **2.** adv ⟨sport⟩ *mit dem Arm v hinten über die Schulter* (to bowl ~)

overhang 1. [ˈouvəˈhæŋ] vt/i ‖ *hängen* or *liegen über* ‖ ⟨tech⟩ *fliegend anordnen* ‖ ⟨fig⟩ *schweben über* (etw) ‖ vi *überhangen*; overhung door *Schiebetür* f **2.** [ˈouvəhæŋ] s *Überhang, Vorsprung* m; *Ausladung, V orkragung*; *Verkr öpfung* f

overhaul [ˌouvəˈhɔ:l] **1.** vt ⟨mar⟩ (*Schiff*) *überholen, reparieren* ‖ (*Schiff, jdn*) *ein–, überholen* ‖ ⟨übtr⟩ *nachsehen, gründlich durchsehen, v neuem prüfen, überprüfen, revidieren* **2.** s *Überholung, –prüfung, Untersuchung* f

overhead [ˈouvəhed; ˈ~–; ˌ~ˈ–] **1.** adv *z Häupten*; *oben, droben* ‖ works ~! (*Achtung*) *Dacharbeiten!* **2.** [attr a] [ˈ~–] *oben, über der Erde befindlich, Ober–* (~ cable, ~ line, ~ wire ⟨el⟩ *Oberleitung, Luftkabel*) ‖ *Decken–*; *Hoch–* (~ railway *–bahn*) ‖ ~ conveyor trolley *Hängebahnlaufkatze* f; ~ lighting ⟨arch⟩ *Oberlicht* n; ~ line *Freileitung*; ~ observation *Fliegersicht*; ~ tank *Hochbehälter* m; ~ transmission *Deckentransmission* f; ~ railway *Hoch–, Seilbahn* f, → elevated ‖ ⟨com⟩ *allgemein, General–, Gesamt–*; ~ expenses and costs *Gemeinkosten, laufende Unkosten* pl **3.** s [koll] ~ [a ~s, sg konstr] *Gemeinkosten, laufende Unkosten* pl

over– | **~hear** [ˌouvəˈhiə] vt (→ to hear) (etw) *zufällig hören*; (jdn) *belauschen* **~heat** [ˈouvəˈhi:t] vt/i ‖ *überheizen*; ~ed *überhitzt* ⟨a fig⟩ | vi *z heiß w* **~indulge** [ˈouvərinˈdʌldʒ] vt/i ‖ (e–r *Gewohnheit*) *nachgeben*; *frönen, huldigen* ‖ vi to ~ in *sich z sehr ergehen in, s–e Kraft verschwenden in* **~indulgent** [ˈouvərinˈdʌldʒənt] a to be ~ in = to overindulge in **~inflated** [ˈouvərinˈfleitid] a ⟨mot⟩ *zu stramm aufgepumpt* (tyre), → over– **~issue** [ˈouvərˈisju:] **1.** vt (*Papiergeld* etc) *im Übermaß drucken u ausgeben* **2.** s *Papiergeldinflation* f **~joyed** [ˌouvəˈdʒɔid] a *entzückt, hocherfreut* **~jump** [ˈouvəˈdʒʌmp] vt (etw) *z weit überspr ingen*; to ~ o.s. *sich überspr ingen* ‖ ⟨fig⟩ *übersteigen*; *hinausgehen über* **~laden** [ˈouvəˈleidn] a *z stark beladen*; ⟨fig⟩ *überladen* **~land 1.** [ˌouvəˈlænd] adv *über Land* **2.** [ˈouvəlænd] [attr] a *Überland–*; the ~ route *die Landroute* (*bes nach Indien*)

overlap 1. [ˌouvəˈlæp] vt/i ‖ *hinüberragen über*; *übergreifen auf* or *in*; *hinausgehen über*; *überr agen*, ⟨a fig⟩ | vi *übereinanderliegen, –greifen*; ⟨übtr⟩ *zus–treffen, sich decken*; *sich überschneiden*; ~ped, ~ping *übereinandergreifend*; ~ping photography *Reihenbild(aufnahme* f) n **2.** [ˈouvəlæp] s *Übergreifen* n (on a th *auf etw*) ‖ *überragender Teil* m (of a th) ‖ **~ping** [ˈouvəˈlæpiŋ] s *Überschneidung* f

over– | **~lay 1.** [ˌouvəˈlei] vt (→ to lay) *bedecken, belegen, überziehen* (with) ‖ ~ing ⟨arch⟩ *Höhenstaffelung* f **2.** [ˈouvəlei] s *Bedeckung, Auflage* f ‖ *Planpause* f ‖ *transparente Kartenfolie* f (z *Auflegen u Ablesen*) ‖ ~s and inserts [pl] *Photomontagen* f pl **~leaf** [ˌouvəˈli:f] adv *umseitig, auf der anderen Seite* (e–s *Blattes*, etc); the picture ~ *das umstehende Bild* **~leap** [ˌouvəˈli:p] vt (→ to leap) *springen über*; ⟨fig⟩ *weit hinausgehen über* ‖ ⟨fig⟩ *überspr ingen, auslassen* **~lie** [ˌouvəˈlai] vt (→ to lie) *liegen auf* or *über* (etw) ‖ *durch Liegen erdrücken* **~load 1.** [ˌouvəˈloud] vt *überlasten, –laden* **2.** [ˈouvəloud] s *Überbelastung* f ‖ **~long** [ˈouvəˈlɔŋ] **1.** a *z lang* **2.** adv *z lange* **~look** [ˌouvəˈluk] vt (*Druckfehler*) *übersehen* ‖ *vernachlässigen, nicht beachten* ‖ (*Vergehen*) *übers ehen, verzeihen* ‖ *hinabblicken auf* (to ~ *sea*, etc); (*Landschaft*) *überblicken* ‖ *Anblick* or *Aussicht gewähren, h auf, über* (the window ~s the valley); a room ~ing the street *ein Zimmer mit Ausblick auf die Str.* | *überwachen*

overlord [ˈouvələ:d] s *Oberlehensherr* m

~ship [~ʃip] s *Oberherrschaft* (of *über*)
overly ['ouvəli] adv ⟨bes Am⟩ *tüchtig, gewaltig, durch u durch, grund–, °tot–* || *allzu–, übermäßig*
over– || **~man** ['ouvəmæn] s ⟨min⟩ *Steiger* m || ⟨philos⟩ *Übermensch* m **~mantel** ['ouvə,mæntl] s *Kaminaufsatz, –sims* m **~master** [,ouvə'ma:stə] vt ⟨fig⟩ *überwältigen;* ~ing *hinreißend* (passion) **~much** ['ouvə'mʌtʃ] **1.** a *allzuviel, –groß* **2.** adv *allzusehr* **~night 1.** ['ouvə'nait; –'–] adv *f den gestrigen Abend* || *über Nacht, während der Nacht* **2.** [attr '––'–] a *Nacht–, nächtlich* (an ~ journey) **~pass** [,ouvə-'pa:s] vt *schreiten über, überschr eiten* | ⟨fig⟩ *überstehen* || *übersteigen, –schreiten* **~pass** ['ouvəpæ:s] s ⟨Am rail⟩ *Überführung* f **~pay** ['ouvə'pei] vt (→ to pay) *überreichlich, z teuer bezahlen* || *z hoch belohnen, entschädigen* **~peopled** ['ouvə'pi:pld] a *übervölkert* **~pitch** [,ouvə'pitʃ] vt ⟨crick⟩ (Ball) *so weit werfen, daß der batsman ihn leicht treffen kann* **~play** [,ouvə'plei] vt (Spiel, Rolle) *übertreiben;* to ~ one's hand *z weit gehen, sich im Eifer überschlagen* **~plus** ['ouvəplʌs] s *Überschuß, Mehrbetrag* m || *Überfluß* m **~populate** [,ouvə-'pɔpjuleit] vt (mst pp) *übervölkern* || ~d *über(be)völkert* **~population** ['ouvəpɔpju'leiʃən] s *Übervölkerung* f **~power** [,ouvə'pauə] vt *überwältigen* ⟨a übtr⟩ **~pressure** [,ouvə'preʃə] s (of children) *Überbürdung, –anstrengung* f **~print 1.** [,ouvə'print] vt *drucken über* (etw) || ⟨phot⟩ *z dunkel kopieren* **2.** ['ouvəprint] s *Abdruck* m || *erweiterter Aufdruck* m (auf Marken) **~produce** ['ouvəprə'dju:s] vt *im Übermaß produzieren* **~production** ['ouvəprə'dʌkʃən] s *Überproduktion* f **~proof** [,ouvə'pru:f] a ⟨chem⟩ *über Normalstärke* f (~ spirit) **~rate** [,ouvə'reit] vt *überschätzen; z hoch (ver)anschlagen* ⟨a übtr⟩ **~reach** [,ouvə'ri:tʃ] vt/i ⟨jdn⟩ *übervorteilen, –listen* || to ~ o.s. *sich überanstrengen; z weit gehen; sich überbieten* | vi *z weit gehen; s–n Vorteil suchen* **~registration** ['ouvə,redʒis'treiʃən] s ⟨stat⟩ *Doppelzählung* f
override [,ouvə'raid] vt (→ to ride) *reiten über* (to ~ the country) || *überr eiten, –f ahren* || (Pferd) *durch Reiten überanstrengen* | ⟨fig⟩ (etw) *über den Haufen werfen, umstoßen; sich hinwegsetzen über* (arguments, etc) || ⟨jdn⟩ *unterdrücken* | ⟨med⟩ *gleiten über, sich legen über* | –ding *(alles) beherrschend, ausschlaggebend, maßgebend* (necessity, requirements); the –ding factor *oberstes Gesetz* ⟨fig⟩ (economy is ..)
overripe ['ouvə'raip] a *überreif,* ⟨for⟩ *überständig*
overrule [,ouvə'ru:l] vt *leiten* || *überwinden; die Herrschaft gewinnen über* | *beiseitesetzen;* (Urteil) *verwerfen, umstoßen;* –*zurückweisen* || ⟨jdn⟩ *überst immen*
overrun [,ouvə'rʌn] vt (→ to run) *laufen über, fließen über; überschwemmen* || (Land) *überrennen, verheeren* | *sich verbreiten über;* to be ~ with *wimmeln* v; ~ [pp] *überwachsen, bedeckt* (with v); *schädlich beeinflußt* (with v) | ⟨übtr⟩ *hinausgehen über, überschreiten;* to ~ o.s. *sich durch Laufen überanstrengen* || ⟨typ⟩ *umbrechen*
oversea ['ouvə'si:; '––; –'–] **1.** adv [oft: ,ouvə'si:] *über See, in fremde(n) Länder(n)* **2.** [attr] a ['ouvəsi:] *überseeisch, Übersee–; Auslands–* **overseas** ['ouvə'si:z] **1.** adv *über See,* from ~ *aus fremden Ländern* ⟨fam⟩ *angetrunken, angesäuselt* (P) | [attr] ['––'] *Übersee–* (~ trade); *überseeisch* (Gebiet) **2.** s *Übersee* f (from ~ *aus Ü.*)
over– || [in comp] || **~seasoned** ['ouvə-'si:zənd] a ⟨for⟩ *überjährig* (Baum, Schlag) **~see** ['ouvə'si:] vt *beaufsichtigen* **~seer** ['ouvəsiə] s *Aufseher* m; *Inspektor* m; ~ of the Poor *Armen-*

pfleger m || ⟨typ⟩ *Faktor* m **~sell** [,ouvə'sel] vt (→ to sell) ⟨com⟩ to ~ a th v e–r S *mehr verkaufen als vorhanden ist* **~set** [,ouvə'set] vt/i || ⟨fig⟩ *verwirren, in Unordnung bringen; stürzen* | vi *umfallen* **~sew** [,ouvə'sou] vt (→ to sew) (Kante) *überwendlich nähen* **~shadow** [,ouvə'ʃædou] vt *beschatten, verdunkeln* ⟨a fig⟩ || *übersch:atten; schirmen* || ⟨fig⟩ *in Schatten stellen* **~shoe** ['ouvəʃu:] s *Überschuh* m **~shoot** ['ouvə'ʃu:t] vt (→ to shoot) *hinausschießen über, –fahren über* (a limit) || to ~ a th *hinausschießen über etw;* to ~ the mark *od* to ~ o.s. ⟨fig⟩ *des Guten zuviel tun, übers Ziel hinausschießen, z weit gehen* **~shot** ['ouvə'ʃɔt] a ⟨fig fam⟩ *voll wie e–e Strandhaubitze* (betrunken) **~side** [,ouvə'said] adv *über Schiffseite* **~sight** ['ouvəsait] s *Aufsicht* f (of *über*) || *Versehen* n (by an ~ *aus V.*) **~simplification** [~,simplifi-'keiʃən] s *forcierte Vereinfachung* f **~simplify** [~'simplifai] vt *künstlich vereinfachen* **~size** ['ouvəsaiz] s *Übermaß* n **~slaugh** ['ouvəslɔ:] **1.** s ⟨mil⟩ *Befreiung vom Dienst z Zwecke e–s bes höheren Kommandos* ⟨Am⟩ *Sand–, Schlammbank* f **2.** vt ⟨mil⟩ (jdn) *abkommandieren* (→ ~ s) || ⟨Am⟩ (jdn) *übergehen, nicht berücksichtigen* ⟨Am⟩ *verhindern, hemmen* **~sleep** ['ouvə'sli:p] vi & refl to ~, to ~ o.s. *sich verschlafen, die Zeit verschlafen* **~sleeves** ['ouvəsli:vz] s pl *Ärmelschoner* m pl **~speed** ['ouvəspi:d] s ⟨aero mot⟩ *Überdrehzahl* f **~spend** ['ouvə'spend] vt/i (→ to spend) (Einkommen) *überschreiten;* to ~ o.s. *sich verausgaben* | vi to ~ *sich verausgaben* **~spill** ['ouvəspil] s *Überschuß* m (bes of population) **~spread** [,ouvə-'spred] vt (→ to spread) *überziehen; be–, überdecken* **~staffed** [,ouvə'sta:ft] a *übersetzt* (mit Personal)
overstate ['ouvə'steit] vt *z hoch angeben; z stark betonen; übertreiben;* to ~ one's casc *übertreiben, in s–n Behauptungen z weit gehen* **~ment** [~mənt] s *Übertreibung* f
over– || **~stay** ['ouvə'stei] vt (Zeit, Urlaub) *überschreiten;* to ~ one's welcome *länger bleiben als erwünscht ist* || to ~ the market ⟨Am⟩ *die richtige Gelegenheit z Kauf verpassen* **~step** ['ouvə'step] vt *übersch:reiten;* ⟨a fig⟩ **~stock** ['ouvə'stɔk] **1.** vt *überfüllen, –laden* **2.** s *Überfluß* m (in an) **~stocking** [–in] s ⟨com⟩ *übermäßige Bevorratung* f **~strain** ['ouvə'strein] **1.** vt *überanstrengen;* to ~ o.s. *sich ü.);* *überfordern* **2.** s *Überanstrengung, Überspannung* f **~stride** [,ouvə'straid] vt *schreiten über* || *mit gespreizten Beinen stehen über* **~strung** ['ouvə'strʌŋ] a *überanstrengt, –reizt* | '–'–] *kreuzsaitig* (piano) **~subscribe** ['ouvəsəb'skraib] vt [mst pass] (Anleihe etc) *überzeichnen* **~supply** ['ouvəsə'plai] s *überreiche Zufuhr* f
overt ['ouvə:t] a (~ly adv) *offenbar, –sichtlich;* ~ act *offenkundige Tat* f || *offen* (market ~); *öffentlich*
over– || **~take** [,ouvə'teik] vt (→ to take) (jdn) *einholen; erreichen; ertappen* || (etw) *in e–r Zeit erledigen; nachholen* || ⟨mot⟩ ~ on the right! *rechts überholen!;* ~ with caution! *Vorsicht beim Überholen!;* do not ~! *nicht überholen!;* –king prohibited! *Überholverbot!* || ⟨fig⟩ *überraschen; überwältigen* **~task** ['ouvə'ta:sk] vt *überbürden, z stark in Anspruch nehmen* **~tax** ['ouvə'tæks] vt *mit Steuern überbürden, z hoch besteuern* || *z sehr in Anspruch nehmen* **~throw 1.** [,ouvə'θrou] vt (→ to throw) *umstürzen, niederreißen;* (etw) *vernichten;* (jdn) *besiegen; stürzen* **2.** ['ouvəθrou] s *Sturz, Untergang* m; *Vernichtung* f; ⟨a mil⟩ *Niederlage* f || ⟨crick⟩ *ein schlecht zurückgeworfener Ball* m **~mount** ⟨arts⟩ *Passepartout* n (Rahmenplatte) **~thrust** ['ouvəθrʌst] s ⟨geol⟩ *Überschiebung* f | ~ mountains [pl] *Deckengebirge* n **~time** ['ouvə-

taim] **1.** s *Überzeit* f, *Überstunden* pl; [*a attr*]
2. adv *über die Zeit* (*hinaus*); to work ~ *Überstunden* m **~time** [͵ouvə'taim] vt ⟨phot⟩ *überbelichten* **~tip** [͵ouvə'tip] vt (*jdm*) (*ein*) *zu hohes
Trinkgeld geben* **~tire** ['ouvə'taiə] vt *übermüden*
~tone ['ouvətoun] s ⟨mus⟩ *Oberton* m **~top**
['ouvə'təp] vt (*jdn an Größe*) *überragen* ‖ *sich
hinwegsetzen über* ‖ *übertreffen* ‖ **~tower**
[͵ouvə'tauə] vt *überragen* **~train** ['ouvə'trein] vt
·*übertrainieren* **~trump** ['ouvə'trʌmp] vt *übertrumpfen* ⟨a fig⟩

overture ['ouvətjuə] s *Antrag* (~ of marriage);
~s [pl] *Annäherungen* f pl, *Vorschläge* m pl
(~s of peace) (to *an*) | ⟨mus⟩ *Ouvertüre* f ‖ ⟨fig⟩
Vorspiel n, *Einleitung* f

over– ‖ **~turn 1.** ['ouvətə:n] s *Umsturz* m
2. [͵ouvə'tə:n] vt/i | *umstürzen, –stoßen* | vi (of
boat) –*schlagen* **~value** ['ouvə'vælju:] vt *z hoch
schätzen, überschätzen* **~view** [͵ouvə'vju:] s
Überblick m **~weening** ['ouvə'wi:niŋ] a (~ly
adv) *eingebildet, anmaßend* **~weight** ['ouvə'weit]
1. s *Übergewicht* n [*a attr*] **2.** vt *überlasten,
–laden* (with)

overwhelm [͵ouvə'welm] vt *über–, verschütten*;
⟨fig⟩ *begraben* | ⟨fig⟩ *überwältigen; übermannen;
besiegen* | (*jdn*) *überschütten, bestürmen* (with)
~ing [~iŋ] a (~ly adv) *überwältigend*; ~
manpower gr *Übermacht* f

over– ‖ **~wind** [͵ouvəw'aind] vt (*Uhr*) z *weit
aufziehen* **~wing** [͵~'wiŋ] vt ⟨mil⟩ *ausflankieren*
~wise ['ouvə'waiz] a *überklug* **~work 1.** ['ouvə-
'wə:k] s *Überarbeitung* f **2.** ['ouvəwə:k] s *Extra-
arbeit* f, *Überstunden* f pl **3.** [͵ouvə'wə:k] vt/i (→
to work) ‖ *mit Arbeit überladen* ‖ *überarbeiten;
überreizen*; ⟨for⟩ to ~ (a wood) .. *z viel nutzen*
| vi *sich überarbeiten* **~wrought** ['ouvə'rɔ:t] a
überarbeitet; überreizt

ovi– ['ouvi] L [in comp] *Schaf–* **~form**
[~fɔ:m] a *schafförmig*

ovi– ['ouvi] L [in comp] *Ei–, Eier–* **~duct**
[~dʌkt] s ⟨zoo & anat⟩ *Eileiter* m, ⟨a⟩ *Mutter-
trompete* f **~form** [~fɔ:m] *eiförmig* **~parous**
[ou'vipərəs] a *eierlegend* **~posit** [͵ouvi'pɔzit]
vt/i | (of insects) (*Eier*) *legen* | vi *Eier legen*
~positor [–ə] a ⟨zoo⟩ *Legröhre*

ovine ['ouvain] a *Schaf*(s)–

ovo– ['ouvo] L [in comp] *Ei–* **~genesis**
[͵~'dʒenisis] s ⟨biol⟩ *Eibildung* f **~id** ['ouvɔid]
1. a *eiförmig*, *Ei–* **2.** s *Körper in Eiform* m;
~s [pl] *eiförmige Kalkkonkretionen* f pl **~idal**
[o'vɔidəl] a = ovoid

ovular ['ouvjulə] a *Ei–* –**ation** [͵ouvju'leiʃən] s
⟨physiol⟩ *Follikelsprung, Eiausstoß* m **ovule**
['ouvju:l] s ⟨bot & zoo⟩ *Ei, Eichen* n **ovum**
['ouvəm] s L [pl ova] ⟨biol⟩ *Ei* n

owe [ou] vt/i **I.** vt **1.** *schulden, schuldig s*
(a p a th *od* a th to a p *jdm etw*); he is ~d a sum
of .. *man schuldet ihm e–e Summe v* .. | ⟨übtr⟩ to
~ a p a grudge *jdm grollen* **2.** (*etw*) *schuldig,
verpflichtet s* (to a p *jdm*), they ~ it to their
family (to do) *sie schulden es ihrer Familie*
(*z tun*) **3.** ⟨fig⟩ (*Dank*) *schulden; verdanken*
(a p a th *od* a th to a p *jdm etw*); I ~ it to him ich
habe es ihm z verdanken (that) **4.** ⟨sport⟩ *vorgeben* **II.** vi *in jds Schuld s* (for f, wegen); to ~
(a p) for a th (*jdm*) *etw schuldig s, schulden*; →
owing ‖ → IOU

owing ['ouiŋ] pred a **1.** *schuldig; z zahlen* (all
that is ~); how much is ~ to you? *wieviel ist an
Sie z z.*?; to be ~ *noch offenstehen* **2.** ~ to
infolge v, dank (~ to the circumstances *d. den
Umständen*) **3.** to be ~ to (a th) *verursacht s
durch; herrühren v* (*etw*), (e–r *S*) z *verdanken s*

owl [aul] s ⟨orn⟩ *Eule* f; → to hoot; barn ~
Schleier–; hawk ~ *Sperber–*; long-eared ~
Waldohr–; short-eared ~ *Sumpfohr–*; Scops ~
Zwergohr–; snowy ~ *Schnee–* | eagle ~ *Uhu* m
| great grey ~ *od* Lapland ~ *Bart–*; little ~

Steinkauz m; pygmy ~ *Sperling–*; tawny ~
Wald–; Tengmalm's ~ *Rauhfuß–*; Ural ~
Habichts– | *Narr, Dummkopf* | ⟨fig vulg⟩
°*Schneppe, Schnepfe* f (*Dirne*) m | ~–like *eulen-
artig, eulenhaft* | ~–car ⟨Am fam rail⟩ „*Lumpen-
sammler*" m **~et** ['~it] s *kl* or *junge Eule* f **~ish**
['~iʃ] a *eulenhaft* ‖ *dumm*

own [oun] **I.** a A. [*nach* pron poss *od flexivi-
schem* gen] **1.** [*attr*] my ~ *mein* (my ~ house);
eigen, with my ~ eyes *mit eigenen Augen* ‖ my
~ self *ich selbst* | God's ~ country *Land v
Gottes Gnaden* ‖ to be one's ~ *man sein eigener
Herr s* ‖ ~ plan ⟨tact⟩ *eigene Absicht* f ‖ to
make one's ~·*clothes sich die Kleider selbst* m
‖ the King's ~ *das Leibregiment des Königs*
| *besonder, eigentümlich, eigenartig*; it has a
value all its ~ *es hat e–n ganz eigenen* or *besonderen Wert*; he has a way all his ~ *er hat e–n
eigene Art* (→ **2.** b.) ~ *wirklich, richtig* ‖ [*bes
voc*] my ~ .. *mein geliebter, etc* **2.** [*abs*] **a.**
Eigen, –tum n, *Besitz* m; it is my ~ *es gehört mir*;
may I have it for my ~ *darf ich es h?* .. *mein
eigen nennen?*; the book is entirely his ~ *das
Buch stammt ganz v ihm* ‖ *Angehörige* m pl (my
~) | to get one's ~ back ⟨fam⟩ *quitt* w (*sich rä-
chen*); to hold one's ~ *s–e Würde, Ruhe bewahren*; *sich behaupten*; he is holding his ~ *er hält
sich aufrecht, es geht ihm nicht schlimmer* **b.** [*nach
prep*] to come **into** one's ~ *z s–m Rechte k* | of
one's ~ *jdm z eigen*; he has a house of his ~ *er
hat ein eigenes Haus*; one of my ~ .. *eine*(*n*) *v mir*;
to have a way of one's ~ *e–e eigene Art h* (→ 1.)
| ⟨fam⟩ on one's ~ *selbständig, aus eigenem
Antriebe, auf eigene Verantwortung*; *v selbst*; he
was left on his ~ *er wurde sich selbst überlassen*;
to read on one's ~ f *sich studieren* **B.** [*ohne* pron
poss] an ~ sister *e–e leibliche, rechte Schwester*
(to a p *jds, von jdm*)

own [oun] vt/i ‖ *besitzen* (~ed by *im Besitze
v*) ‖ *gestehen, zugeben* (a th; doing, having done
getan z h; that *daß*; to a p that *jdm daß*); to ~
o.s. (to be) defeated *zugeben, daß man geschlagen
ist* ‖ (*Herrschaft*) *anerkennen*, (*Fehler*) *zuge-
stehen* | vi *sich bekennen* (to *z*); to ~ to a th *etw
zugeben, gestehen*; to ~ to being *g. z s* ‖ to ~ up
⟨fam⟩ to ~ up to a th *etw offen bekennen, zuge-
ben* | **~ed** [~d] a [*oft in comp*] English-~ *den
Engländern gehörig*, government-~ *der Regierung g.* ‖ privately ~ vehicle *Privatfahrzeug* n

owner ['ounə] s *Eigentümer*(*in*), *Besitzer*(*in*
f) m; ⟨com⟩ at ~'s risk *auf eigene Gefahr* ‖
⟨aero⟩ *Kommandant* m *des Verbandes* ‖ ~–
driver ⟨mot⟩ *Selbst–*; *Herrenfahrer* m ‖ ~–
occupier *Eigenheimbesitzer* m **~ship** [~ʃip] s
Besitz m, *Eigentumsrecht* n ‖ claim of ~ *Eigen-
tumsanspruch* m; transfer of ~ *Eigentumsübertragung* f

ox [ɔks] s [pl ~en] ⟨zoo⟩ *Ochse* m, *Rind* n |
[*attr & comp*] *Ochsen–* ‖ ~–beef –*fleisch* ‖
~–bird ⟨orn⟩ *Sandläufer* m ‖ ~–blood [*attr*]
ochsenblutrot, → sang-de-bœuf ‖ ~–bow –*joch* n;
⟨Am⟩ *unterer Jochbogen*; ⟨fig⟩ (*Fluß-*)*Biegung,
–Schlinge* f; *Land darin* ‖ ~–eye –*auge*; ⟨bot⟩
The most beautiful Ox-eye *Schönstes Rindsauge* |
Willow-leaved Ox-eye *Rinds–, Ochsenauge* ‖
~–eye daisy *Marienblume* f, *Großes Maßlieb* n ‖
~–eyed *ochsenäugig* ‖ ~–hide *Ochsenhaut* f ‖
~–sword *Ochsenzunge* f (*Schwert*) ‖ ~–tongue
–*zunge* f ‖ ⟨bot⟩ –*zunge* (*Borretschgewächs*)
| **~er** ['~ə] s ⟨sl⟩ *Ochsenzaun* m

oxalate ['ɔksəleit] s ⟨chem⟩ *oxalsaures Salz* n
oxalic [ɔk'sælik] a ⟨chem⟩ *oxalsauer* ‖
~acid ⟨chem⟩ *Oxal–, Kleesäure* f

oxalis ['ɔksəlis] s L ⟨bot⟩ *Sauerklee* m;
Yellow *od* Procumbent ~ *Hornsauerklee* f

Oxford ['ɔksfəd] s; [*attr*] *Oxford–* ‖ ~
accent *affektierte Aussprache* f ‖ ~ blue *dunkel-
blaue Farbe* f ‖ ~ frame *Rahmen, dessen Leisten*

sich an den Ecken kreuzen || ∼ *man jd, der in O. studiert hat* || the ∼ Movement ⟨C. E.⟩ *hochkirchliche, anglo-katholische Bewegung (seit 1833)* || ∼ shoes, (⟨Am⟩ ∼s) [pl] *Halbschuhe* m pl

oxidate [ˈɔksideit] * vt/i = to oxidize –**dation** [ˌɔksiˈdeiʃən] s ⟨chem⟩ *Oxydation; Verbrennung* f –**de** [ˈɔksaid] s ⟨chem⟩ *Oxyd* n –**dization** [ˌɔksidaiˈzeiʃən] s ⟨chem⟩ *Oxydati·on* f –**dize** [ˈɔksidaiz] vt/i || *oxyd·ieren, mit Sauerstoff verbinden* | vi *sich mit S. verbinden, verbrennen; rosten*

oxlip [ˈɔkslip] s ⟨bot⟩ *Hohe Primel* f

Oxonian [ɔkˈsounjən] **1.** a *Oxford–, oxfordisch* **2.** s *Oxforder Student* m; *jd, der in Oxford studiert hat*

oxtail [ˈɔksteil] s *Ochsenschwanz* m; ∼ soup –*suppe* f

oxter [ˈɔkstə] s ⟨Scot⟩ *Achselhöhle* f

oxy– [ˈɔksi] Gr [in comp] *scharf, sauer–, Sauer–;* ⟨chem⟩ *sauerstoffhaltig; Sauerstoff–*

oxygen [ˈɔksidʒən] s ⟨chem⟩ *Sauerstoff* m; [attr] *Sauerstoff–* || ∼ apparatus–, *Atemgerät* n, ⟨aero⟩ *Höhenatmer* m; ∼ mask *Atemmaske* f; ∼ starvation *S.-hunger* m; ∼ tube *Atemschlauch,* °*Schnorchel* m **∼ate** [ɔkˈsidʒineit], **∼ize** [∼aiz] vt *mit S. verbinden, behandeln;* to ∼ the blood *dem Blut S. zuführen* **∼erated** [ˌɔksiˈdʒenəreitid] a *mit Sauerstoff angereichert* **∼ous** [ɔkˈsidʒinəs] a *Sauerstoff–*

oxyhydrogen [ˈɔksiˈhaidridʒən] a ⟨chem⟩ *Hydrooxygen–,* ∼ gas *Knallgas* n (∼-blowpipe

–*gebläse* n); ∼ light *Hydrooxyg·enlicht, Drummondsches Licht* n

oxymoron [ˌɔksiˈmɔːrən] s *Gr* ⟨rhet⟩ *Oxim·oron* n *(scheinbarer Widerspruch: e. g. eloquent silence; I must be cruel only to be kind* [Hamlet])

oxytone [ˈɔksitoun] s *Ox·ytonon* n *(ein Wort mit Hochton auf der Endsilbe)*

oyer [ˈɔiə] s ⟨jur⟩ *Verhör* n, *Untersuchung* f || ∼ and terminer *Hören u Entscheiden* n, *Aburteilung der Kriminalfälle im Geschworenengericht* n *(trial under the writ of* ∼ *and t.)*

oyez, oyes [ouˈjes] intj *hört! (dreimaliger Ausruf der Gerichtsdiener, Herolde bei öffentl. Bekanntmachungen)*

oyster [ˈɔistə] s ⟨zoo⟩ *Auster* f (⟨*a* fig vulg⟩ = *Auswurf*) || *Seemuschel* f || *kl Stück Fleisch des Seitenknochens v Geflügel* | [attr] *Austern–* || ∼-bed –*bank* f || ∼-catcher ⟨orn⟩ –*fischer* m || ∼-farm –*park* m | ∼ mine ⟨mar⟩ *Wasserdruckmine* f || ∼-patty ⟨cul⟩ –*pastete* f || ∼-plant ⟨bot⟩ *Sals·ifi* f, *Lauchblättriger Bocksbart* m || ∼-shell *Austernschale* f

ozokerite [ouˈzoukərit] s ⟨geol⟩ *Ozoker·it* m *(Erd–, Bergwachs)*

ozone [ˈouzoun, ouˈzoun] s ⟨chem⟩ *Oz·on* n || ⟨fig⟩ *belebende Atmosphäre* f –**ner** [∼ə] s ⟨Am mot sl⟩ *Auto–, Parkplatz-Kino* n –**nic** [ouˈzɔnik] a *ozonisch, Ozon–; ozonhaltig* –**niferous** [ˌouzouˈnifərəs] a *ozonerzeugend* –**nize** [ˈouzounaiz] vt *in Ozon verwandeln* || *mit O. imprägnieren, behandeln*

P

P, p [piː] s (pl ∼s, ∼'s) *p, P* n || *mind your P's and Q's benimm dich anständig, fall· nicht aus der Rolle*

pa [pɑː] s ⟨fam⟩ (= papa) *Papa, Vater* m

pabulum [ˈpæbjuləm] s L *Nahrung* f; ⟨*a* übtr⟩ (mental ∼)

paca [ˈpækə] s ⟨zoo⟩ *P·aka* n *(Nagetier)*

pace [peis] **I.** s **1.** *Schritt* m || *(als Maß) Schritt* m | *Gang* m | ⟨horse⟩ *Tritt* m, *Gangart* f || to put a horse through his ∼s *ein Pferd alle Gangarten m l,* ⟨fig⟩ to put a p *.. jdn auf Herz u Nieren prüfen* || *Paßgang* m **2.** *Tempo* n; *Zeitmaß* n; at a great ∼ *sehr schnell* **3.** Wendungen: to find one's own ∼ *recht in Gang k* || to go the ∼ *schnell gehen;* ⟨fig⟩ *ein flottes Leben führen* || to keep ∼ *Schritt halten* (with *mit*); ⟨fig⟩ to keep ∼ with the times *mit der Zeit (mit–)gehen* || ⟨mil⟩ to keep ∼ *Tritt halten* (with *mit*) || to set the ∼ ⟨sport⟩ *Schrittmacher s* (for *f*), ⟨fig⟩ *das Tempo bestimmen* || to take a few ∼s to *einige Schritte m zu (.. hin)* **4.** [attr] ∼-maker ⟨sport⟩ *Schrittmacher* m (to act as ∼-maker to a p) **II.** vi/t | *gemessen (einher)schreiten·* || ⟨horse⟩ *im Paßgang gehen* | vt [kaus] *(Pferd) im Paßgang gehen l* || *(Raum) abschreiten;* to ∼ down (the front) ⟨mil⟩ *die F. abschreiten;* to ∼ off *(Entfernung) abschreiten* || ⟨sport⟩ to ∼ a p *Schrittmacher s f jdn* | **∼d** [∼t] a **1.** [in comp] –*schreitend,* slow–∼ *mit langsamem Schritt;* thorough–∼ *durchtrieben, Erz–* (scoundrel) **2.** *mit Schrittmacher* (a ∼ ride) || *abgemessen* | **∼r** [ˈ∼ə] s *(gemessen) Schreitender* m || *Paßgänger* (horse) m | *Schrittmacher* m

pace [ˈpeisi] L prep ⟨liter⟩ *mit Erlaubnis* [gen]; ∼ Mr. N. *ohne Herrn N. nahetreten z wollen*

pacha [ˈpɑːʃə] = pasha

pachisi [pəˈtʃiːsi] s Ind *Art Brettspiel* n

pachyderm [ˈpækidəːm] s [pl ∼s, ∼ata] ⟨zoo⟩ *Dickhäuter* m ⟨*a* fig⟩ (P) **∼atous** [ˌpækiˈdəːmətəs] a *Dickhäuter–, dickhäutig* ⟨*a* fig⟩

pacific [pəˈsifik] **1.** a (∼ally adv) *friedlich, friedfertig; Friedens–* (policy) || ⟨Am⟩ **∼** *Time Westzeit* f **2.** s the **∼** *der Stille Ozean* –**al** [∼əl] a = pacific **∼ation** [ˌpæsifiˈkeiʃən] s *Beruhigung, Befriedung* f || *Friedenstiftung* f; *Friedensvertrag* m **∼atory** [pəˈsifikeitəri] a *friedlich, Friedens–* **∼ism** [pəˈsifisizm], a *pacifism* [ˈpæsifizm] s *Pazif·ismus* m **∼ist** [pəˈsifisist], **pacifist** [ˈpæsifist] s *Pazifist* m **2.** a *pazifistisch* –**fier** [ˈpæsifaiə] s *Friedenstifter* m –**fism** [–fizm] s *Pazifismus* m –**fy** [ˈpæsifai] vt *beruhigen, –sänftigen* || (e–m *Lande*) *den Frieden bringen; (Land) befrieden*

pack [pæk] **1.** *Pack* n, *Packen* m (a ∼ of books *ein P. Bücher*); *Paket, Bündel* n; *Päckchen* n (of cigarettes); *Gepäck* n || ⟨mil⟩ °*Affe* m (Tornister); ⟨aero⟩ *Fallschirmsack* m **2.** *(Maß f Mehl etc) Ballen, Sack* m (= 280 *Pfd.*) **3.** *Gesamtquantum (Fleisch, Fisch)* n, *das im· Jahre verzehrt wird* **4.** (P) *Pack* n, *Rotte, Bande* f **5.** *Menge* f, *Haufen (Dinge)* m, a ∼ of lies *ein Paket Lügen* **6.** (of dogs) *Meute, Koppel* f || ⟨übtr mar⟩ *Rudel* n (*v U-Booten*) **7.** ⟨Rug ftb⟩ [koll] *Stürmer* m pl **8.** *vollständiger Satz v Dingen;* a ∼ of cards *ein Spiel Karten;* a ∼ of films, film–∼ *ein Filmpack* **9.** *gr Fläche* f *v Treibeisschollen* **10.** ⟨med⟩ *Packung* f (wet ∼) **11.** [attr] *Pack–* || ∼-animal *Trag–, Last–, Pack–, Saumtier* n || ∼-cloth *Packleinwand* f || ∼ drill *Strafexerzieren* n || ∼ frame *Traggestell* n || ∼-horse *Packpferd* n || ∼-ice –*eis* n || ∼-march *Gepäckmarsch* m || ∼-saddle *Packsattel* m || ∼-(-type) radio set *Tornisterfunkgerät* n || ∼ train *Tragtierkolonne* f

pack [pæk] vt/i **A.** vt **1.** *packen;* (a to ∼ up) *einpacken, zus–packen;* I am ∼ed *ich bin mit Packen fertig* || *fest zus–packen, –pressen* ||

in Dosen einmachen, meat ~ing *Fleischkonser-ven-Fabrikation* f u *–handel* m| ⟨med⟩ *fest ver-binden*; *verpacken* | *füllen, vollstopfen* (with); ⟨theat⟩ ~ed house *volles Haus* || *bepacken, –laden* (with); *close-~ed dicht bepackt* || ⟨tech⟩ *abdichten* || ⟨Am⟩ to ~ a p a blow *jdm e–n Schlag versetzen* 2. (*mst* to ~ off) (*jdn*) *fortschicken* (to bed *ins Bett*); *–weisen* (out of *aus*); *entlas-sen*; to ~ o.s. *sich packen* 3. *tragen, beför-dern* | ⟨Am⟩ *halten, besitzen* **B.** vi **1.** (*a* to ~ up) *packen* || *sich in Haufen zus–drängen, –ballen*; *sich zus–schließen* **2.** *sich verpacken l* (to ~ well) **3.** *sich packen, verschwinden*; to send a p ~ing *jdn fortjagen* **4.** to ~ up *auf-hören*; *außer Betrieb geraten*; ⟨fam⟩ °*einpacken* (*mit der Arbeit, e–m Versuch*; *sterben*); ~ed up [pred] ⟨mil fam⟩ *gefallen* **~age** [′~idʒ] **1.** s *Ballen* m, ~s [pl] *Kolli* pl | *Packung* f, *abge-packte Menge* f; (*Munition-)Packgefäß* n; ~ car ⟨rail⟩ *Stückgutwaggon* m | ⟨Am⟩ *Paket* n | *Ver-packung, Emballage* f | *Pack(er)lohn* m **2.** vt ⟨Am⟩ *packen*; ~d tour *Gesellschaftsreise* f **~er** [′~ə] s *Packer(in* f) m | *Einmacher* m (*in Dosen*) || *Packmaschine* f || ⟨min⟩ *Versatzmaschine* f || ⟨rail⟩ *Schwellenstopfer* m **~ing** [′~iŋ] s *Packen* n; to do one's ~ *packen* | *Packmaterial* n; *Verpackung* f; *Packung* f || ⟨tech⟩ *Liderung, Dichtung* f || ⟨min⟩ (*Berge-)Versatz*; ~ material *Versatzberge* m pl | [attr] *Pack–* (~*-case –kiste* f; ~*-sheet –tuch* n) || ~*-box* ⟨rail⟩ *Stopfbüchse* f **pack** [pæk] vt *parteiisch zus–setzen* or *aus-wählen* (to ~ a *Parliament*)

packet [′pækit] s **1.** *Paket*; ⟨post⟩ *Päckchen* n || ⟨übtr⟩ *Sammlung* f, *Satz* m || to sell a p a ~ °*jdm Lügen aufbinden* | ⟨sl⟩ *Kugel*; *Schlammassel* n || °*Stange Geld* **2.** (a ~*-boat*) *Paketboot* n, *Postdampfer* m

packman [′pækmən] s *Hausierer* m
packthread [′pækθred] s *Bindfaden* m
pact [pækt] s *Pakt, Vertrag* m
pad [pæd] **1.** s ⟨sl⟩ *Weg* m, (*Land-)Straße* f; *gentleman of the* ~ *Straßenräuber* m; → foot~ || (*a* ~*-nag*) *Paßgänger, Gaul* m **2.** vt/i || *z Fuß entlang gehen auf* | vi (*a* to ~ it) *tippeln* (*z Fuß gehen*)
pad [pæd] **1.** s *Kissen, Polster* n; *Sattelkissen*; *electric warming* ~ *Heizkissen* n || ⟨sl⟩ *Bett* n; *Couch* f, *Rauschgifthölle* f || *Raketen-Ab-schußplattform* f || *druckvermindernde Unter-lage* f; ⟨sport⟩ *Knie–, Schienbeinschützer* m; ⟨crick⟩ *Beinschiene* f | (*Papier-, Schreib-)Block* m (*writing-*~) | (*T*) *fleischiger Teil der Sohle* || *Brante* f (*Fuchspfote*); (*Vorder-)Lauf* m **2.** vt *wattieren, auspolstern*; ~ded cell *od room Gummizelle* f || (*a* to ~ out) (*Satz*) *durch leere Worte ausfüllen* || ~ded down road surface *gedichtete Straßendecke* f | ⟨hunt⟩ (*Fuchsfährte*) *halten* **~ding** [′~iŋ] s *Auspolstern* n; *Wattierung, Polsterung*; *Einlage* f (*im Hut*) || ⟨fig⟩ (*Ausfül-lung des Satzes mit leeren Phrasen*) *Schwafelei* f; (*in Schlüsseltexten*) *Füllung* f, *blinde Gruppen* f pl
pad [pæd] s *kl Korb* m (*als Maß*)
paddle [′pædl] **1.** s *kurzer Spaten* m | *kurzes Ruder* m, *Paddel* f || ⟨sl⟩ ~s [pl] °*Pedale* n pl (*Füße*) | ⟨tech⟩ *Rührholz* n, *–stange* f || (*a* ~*-board*) *Schaufel* f (*des Schaufelrades*) | *Rudern, Paddeln* n | [attr] ~*-box Radkasten* m || ~*-steamer,* ~*-boat –dampfer* | ~*-wheel Schaufelrad* n **2.** vi/t || *paddeln* | *leicht rudern* | vt (*Boot*) *paddeln, rudern* || to ~ one's own canoe ⟨Am⟩ *sich auf sich selbst verlassen* | ⟨Am fam⟩ (*mit dem Ruder*) *verprügeln*
paddle [′pædl] **1.** vi (*im Wasser*) *paddeln*; *panschen*; *planschen* (in) | *tändeln* (with); *spielen* (on *an*) || *trippeln, watscheln* **2.** s *Schlamm, Schmutz, Matsch* m
paddock [′pædək] s (*T*) *Gehege* n, *Käfig* m; *Pferdekoppel, –weide* f || ⟨racing⟩ *Sattelplatz* m

paddock [′pædək] s ⟨zoo Scot⟩ *Frosch* m || † *Kröte* f
Paddy [′pædi] s (*Kosef. v* Padraig *od* Patrick) ⟨fam⟩ *Irländer* m
paddy [′pædi] s ⟨Ind⟩ *Reis* m (*in der Hülse*)
paddy [′pædi] s ⟨fam⟩ *Zornausbruch*; *Wut-anfall* m
paddy wagon [′pædi wægən] s ⟨Am sl⟩ „*Grüne Minna*" f
Pad(i)sha [′pɑːd(i)ʃə] s ⟨Ind⟩ *Herrscher v Großbritannien* || *Schah*; *türk. Sultan* m
padlock [′pædlək] **1.** s *Vorhängeschloß* n || ~ law *Gesetz* n *betr. das Abschließen v Grund-stücken* **2.** vt (*etw*) *mit V. versehen, –schließen*
padre [′pɑːdri] s ⟨mil sl⟩ *Kaplan*; *Geistlicher* m
padrone [pə′drouni] s It *Kapitän* m *e–s mittel-länd. Handelsschiffes* || *Wirtshausbesitzer* m
pæan [′piːən] s ⟨fig⟩ *Triumph–, Siegeslied* n
paederasty [′piːdəræsti, ′ped–] s *Päderast·ie, Knabenliebe* f
paediatrician [ˌpiːdiə′triʃn] *–trist* ⟨Am⟩ *mst* pe–) [′piːdiətrist] s *Kinderarzt* m, *Facharzt* m f *Kinderheilkunde* f *–trics* [ˌpiːdi′ætriks] s [sg konstr] *Kinderheilkunde* f
paedo–, pedo– [′piːdo] Gr [in comp] *Kind–, Kinder–*
pagan [′peigən] **1.** s *Heide* m, *Heidin* f ⟨a übtr⟩ → neo– **2.** a *heidnisch* **~dom** [~dəm] s [koll] *heidnische Völker* n pl; *Heiden* pl **~ism** [~izm] s *heidnischer Glaube* m, *Heidentum* n **~ize** [~aiz] vt/i || *heidnisch m* | vi *heidnisch w*
page [peidʒ] **1.** s *Edelknabe, Page*; *junger Diener* | *Hotelpage* m || ⟨Am⟩ *Amtsbote* m || ~(-)boy ⟨cosm⟩ *Pagenschnitt* m **2.** vt ⟨Am⟩ (*jdn*) *durch e–n Pagen holen or suchen l*
page [peidʒ] **1.** s (*Schrift–, Buch-)Seite* f (at ~ 50 *auf S. 50*; at ~s 2–4 *auf den Seiten 2–4*; on the front ~ *auf der Vorder–*) | ⟨fig⟩ *Schrift-stück, Buch* n; *Episode* f **2.** vt (*Buch*) *paginieren*
pageant [′pædʒənt] s (*großartiges*) *Schauspiel, –stück* n; *historischer Aufzug* m; *Festspiel* n, *Vorführung* f (at the ~ *bei der V.*) || *Prunk* m, *Gepränge* n **~ry** [~ri] s *prunkvolle Darbietung* f, *Schaustück, Bild* n || *Prunk* m
paginal [′pædʒinl] a *Seiten–* (~ reference *–verweis* m) *–inate* [′pædʒineit] vt *paginieren* *–ination* [ˌpædʒi′neiʃən], *–ing* [′peidʒiŋ] s *Pagi-nierung* f
pagoda [pə′goudə] s *Pagode* f || ⟨hist⟩ *indisch. Goldmünze* f (ca. 7 sh.) || ~*-tree* ⟨bot⟩ *Soph·ore* f; ⟨fig⟩ to shake the ~*-tree in Indien Reichtum sammeln*
pagurian [pə′gjuəriən] s ⟨zoo⟩ *Einsiedler-krebs* m
pah! [pɑː] intj *pah!*
pah [pɑː] s *befestigtes Dorf, Lager in Neusee-land* n
paid [peid] pp *v* to pay | ~*-for bezahlt, ver-gütet* || *fully* ~*-up shares voll eingezahlte Aktien* f pl
pail [peil] s *Eimer* m || ⟨Am⟩ *dinner-*~ *Eßgerät* n; (*Eß-)Kumme* f, *Kump* m **~ful** [′~ful] s *Eimervoll* m (a ~ of water *ein E. W.*)
paillasse [pæl′jæs] s Fr *Strohsack* m
paillette [pæl′jet] s Fr *Glimmer–, Metall-blättchen* n || *kl* (*Gold–* etc) *Scheibe* f, *Plättchen* n (*z Kleidschmuck*)
pain [pein] **I.** s **1.** *Pein* f; *Schmerz* m (many ~s *viele Schmerzen*; ~ in the head *Kopf–*) || *Leiden* n; to be in ~ *leiden* || *Kummer* m; with ~ *mit Wehmut* || ⟨fam⟩ it gives me ~ in the neck °(*ich finde es*) *z Kotzen* (*langweilig*)! | ~s [pl] *Geburtswehen* f pl **2.** *Strafe* f († *nur in*): (up)on, under ~ of *bei Strafe, Verlust* | *on, under* ~ of death *bei Todesstrafe*; to be under ~ of d. *mit dem Tode bestraft w* || ~s and penalties [pl] *Strafen u Geld–* **3.** ~s [pl] [*oft sg*

konstr] *Mühe* f; to be at ~s (at great ~s) *sich (sehr) bemühen* (of doing *od* to do *z tun*); to go do great ~s *sich sehr bemühen* (to do); to spare no ~s *k–e M. scheuen* (to do); to take (every) ~s *sich* (*jede*) *M. geben* (with a th *bei, mit etw*; to do; in doing) ‖ for a p's ~s *als Belohnung* **4.** [attr] *Schmerz–* ‖ ~-killer *schmerzstillendes Mittel* n **II.** vt/i ‖ *schmerzen* (his leg ~ed him) ‖ *quälen*; *peinigen*; (*jdm*) *wehe tun, Schmerzen bereiten* | vi *schmerzen* ~ed [~d] a *schmerzerfüllt, –voll*, to be ~ *schmerzlich berührt* s ‖ ~ expression *Ausdruck des Schmerzes* ~ful ['~ful] a *schmerzhaft, –lich* † *mühsam*; *sorgfältig, genau* ~fully ['~fuli] adv *schmerzhaft* ‖ *peinlich*; *übertrieben* (~ modern) ~fulness (~'fulnis) s *Schmerzhaftigkeit* f; *Schmerzlichkeit, Not* f ~less ['~lis a (~ly adv) *schmerzlos* ~lessness ['~lisnis] s *Schmerzlosigkeit* f

painstaking ['peinz teikiŋ] **1.** s *Sorgfalt*; *Arbeitsamkeit* f **2.** a (~ly adv) *sorgfältig, gewissenhaft*; *arbeitsam, emsig*

paint [peint] **I.** vt/i **A.** vt **1.** (*Haus*) *anmalen, –streichen* (to ~ the door blue *die Tür blau a.*); ⟨sl⟩ to ~ the town red *Radau, Klamauk* m (*etw*) *bemalen* (~ed glass) ‖ ~ed-lady ⟨ent⟩ *Distelfalter* m **2.** (*jdn, etw*) *malen* (from nature *nach der Natur*); to ~ a p *a picture od a picture for a p jdm ein Bild malen* ‖ *schminken*; to ~ one's face *sich das Gesicht sch.* **3.** ⟨fig⟩ *beschreiben*, (*Charakter*) *schildern, ausmalen* **4.** [*mit* adv] to ~ in *be–, hineinmalen* ‖ to ~ out *überm alen, verdecken* **B.** vi *malen* ‖ *sich schminken* **II.** s *Farbe*; *Tünche* f ‖ *water* ~ *Wasser–*, oil ~ *Ölfarbe*, → *complementary*; *coat of* ~ *Anstrich* m ‖ as smart as ~ *überaus schmuck*; wet ~! *frisch gestrichen!* ‖ *Schminke* f | [attr] *Mal–*; ~-box *Malkasten* m ‖ ~-brush *–pinsel* m ‖ ~-diluting agent = ~ thinner ‖ ~ refresher *Neuglanzpolitur* f ‖ ~ remover *Abbeizmittel* n ‖ ~ thinner *Farbverdünnungsmittel* n ~coat ['~kout] s *Anstrich* m; ⟨bes mot⟩ *Lackierung* f, *Lack* m | ~er ['~ə] s (*Hof-*)*Maler* m (to the Duke of .. *des Herzogs v* ..); ~ in oils *Ölmaler*; ~ upon china, glass *Porzell an–, Glasmaler* f *Dekorationsmaler, Anstreicher, Tüncher* m; *master* ~ *Malermeister* m ‖ ~'s colic *Bleikolik*, *Malerkrankheit* f ~ing ['~iŋ] s *Malen* m, *Malerei* f (decorative ~ *Dekorations–*) ‖ *Gemälde* n ‖ *Schminken* n ~ress ['~ris] s *Malerin* f | ~y ['~i] a *Farben–*; *mit Farbe überladen*

painter ['peintə] s ⟨mar⟩ *Bootstau* n, *Fangleine* f ‖ to cut the ~ ⟨fig bes pol⟩ *sich loslösen v, s–e eigenen Wege gehen*; *verduften*

pair [pɛə] Fr: su *mit Familienanschluß*

pair [pɛə] s **1.** (*S*) *Paar* n; a ~ of shoes *ein P. Schuhe* (three ~s of shoes *3 P. Sch.*); in ~s *paarweise* ‖ a ~ of scissors *e–e Schere* (two ~s of scissors *zwei Scheren*); a ~ of trousers *e–e Hose* f | (*P*) [pl konstr] (*Ehe–* etc) *Paar* n (the ~ were sitting) ‖ *Satz* m *v zweien*; *ein Paar Pferde*; a carriage and ~ *ein Zweispänner*; the ~ of you *ihr* (*euch*) *beide* ‖ ⟨parl⟩ *zwei Mitglieder* n pl *v gegenüberstehenden Seiten, die übereinkommen, e–r Abstimmung fernzubleiben* **2.** *der* (*die, das*) *andere v e–m Paar, Gegenstück* n; here is the ~ to this sock *hier ist die andere Socke* **3.** [pl ~] *ein Satz v mehreren Dingen* m; a ~ of stairs *e–e Treppe*; *Etage* f, *Stockwerk* n; two ~ (of stairs) *zwei Treppen, zweiter Stock*; [attr] a two ~ *room ein Zimmer im 2. Stock*; two ~ front *Wohnung* or *Mieter im 2. Stock nach vorn* (two ~ back .. *im 2. Stock nach hinten*) **4.** [attr] ~-horse *f ein Paar Pferde*; *zweispännig* (carriage) ~-oar *Zweier* m (*Ruderboot*)

pair [pɛə] vt/i **1.** (*Tiere*) *paaren* ‖ (a to ~ off) *in Paaren anordnen* **2.** vi *sich paaren, sich verbinden* ‖ *passen* (with z) ‖ *in Paaren k* ‖ *sich paaren* or *gatten* (with) ‖ ⟨parl⟩ *mit e–m Mit-*

glied der Gegenpartei beiderseitiges Nicht-stimmen or *Nichterscheinen bei Abstimmungen verabreden* | to ~ off *paarweise fortgehen*; ⟨fam⟩ *heiraten* ~ing ['~riŋ] s *Paarung* f (~time *–szeit* f)

pajamas [pə'dʒɑːməz] s pl ⟨Am⟩ → pyjamas

pal [pæl] ⟨sl⟩ **1.** s *Kamerad, Kumpel* m **2.** vi (*mst* to ~ up) *Freund* s (with *mit*)

palace ['pælis] s *Palast* m ‖ ⟨übtr⟩ *stattliches Haus* n (coffee-~) | ~-car ⟨mot⟩ *Luxuswagen* m; ~ revolution *Palastrevolution* f ⟨a fig⟩

paladin ['pælədin] s *Palad in* m ‖ ⟨übtr⟩ *Ritter, Beschützer* m

palaeo–, paleo– ['pælio] Gr [in comp] *Paläo–, Alt–* ~geography [,pæliədʒi'ogrəfi] s *paläontologische Geographie* f ~grapher [,pæli'ogrəfə] s *Paläogr aph* m ~graphic [,pæli'græfik] a *paläographisch* ~graphy [,pæli'ogrəfi] s *Paläographie, Handschriftenkunde* f ~lithic [,pælio'liθik] a ⟨geol⟩ *paläol ithisch* ~logy [,pæli'olədʒi] s *Paläologie, Altertumskunde* f ~ntologist [,pæliən'tolədʒist] s *Paläontol og* m ~ntology [,pæliən'tolədʒi] s ⟨geol⟩ *Paläontologie* f ~there ['pælioθiə] s ⟨zoo⟩ *ausgestorbener tapirähnlicher Einhufer* m ~zoic [pælio'zouik] **1.** a *paläozoisch* (era) **2.** s *Paläozoikum* n

palafitte ['pæləfit] s Fr ⟨praeh⟩ *schweizer. Pfahlbau(hütte* f) m

palankeen, palanquin [,pælən'kiːn] s *Palank in* m, (*gr*) *Sänfte* f

palatable ['pælətəbl] a (–bly adv) *schmackhaft* ‖ ⟨fig⟩ *angenehm*

palatal ['pælətl] **1.** a ⟨gram⟩ *Gaumen–*; *Palat al–* **2.** *Gaumenlaut, Palatal* m ~ize ['pælətəlaiz] vt *palatalis ieren*

palate ['pælit] s *Gaumen* m (hard ~ *Vorder–*, soft ~ *Hinter–*) ‖ ⟨fig⟩ *Geschmack* m

palatial [pə'leifəl] a *palastartig*; *Palast–*; *Luxus–* (hotel)

palatinate [pə'lætinit] s *Pfalzgrafschaft* f (the ~ of N. *die Pf.* N.); the ⤳ ⟨Ger⟩ *die Pfalz* ‖ ⟨Durham univ⟩ *lavendelfarbener blazer*

Palatine ['pælətain] **1.** a *pfalzgräflich, Pfalz–*; *pfälzisch* ‖ ⟨engl⟩ Earl ~ *Pfalzgraf* m; *County* ~ *Pfalzgrafschaft* f (*heute noch*: Cheshire *u* Lancashire) ‖ ⟨Ger⟩ Count ~ *Pfalzgraf* (*bei* Rhein); Elector ~ *Kurfürst* m *v der Pfalz* **2.** ⤳ s (*Damen-*)*Pelzkragen* m

palatine ['pælətain] **1.** a *Gaumen–*; *Palat al–* **2.** [s pl] ~s *Gaumenknochen* m pl

palato– ['pæləto] [in comp] *Gaumen–*

palaver [pə'lɑːvə] **1.** s *Unterredung, Besprechung* f ‖ ⟨fam⟩ *Geschwätz, Gewäsch, Pal aver* n; ⟨sl⟩ *Sache* f, *Geschäft* n ‖ *Speichelleckerei* f ‖ ⟨übtr⟩ *Angelegenheit* f **2.** vi/t *klatschen, schwatzen*, °*seichen* | * vt (*jdn*) *beschwatzen, umschmeicheln*

pale [peil] s *Pfahl* m; *Palisade* f | *Grenze* f, *Gebiet* n, *Zone* f (within [*outside*] the ~ of) ‖ ⟨hist⟩ the (English) ⤳ *der einst englischer Gerichtsbarkeit* f *unterstehende östl. Teil I lands*

pale [peil] a (~ly adv) *blaß, bleich* (as ~ as a ghost *kreide–*); hell (~ ale) ‖ *matt* (light) | ~-blue *blaßblau*; ~-green *mattgrün* ‖ ~-eyed *mattäugig* ‖ ~-face *Bleichgesicht* n; *Angehöriger* m *der weißen Rasse* ~ness ['~nis] s *Blässe* f

pale [peil] vi/t ‖ *erbleichen, blaß w* .‖ ⟨fig⟩ *verblassen* (before *vor*) | vt *bleich m*; (*Gesicht*) *bleichen*

palea ['peiliə] s L (pl –eae [–iiː]) ⟨bot⟩ *Spelze* f

paletot ['pæltou] s Fr (pl ~s [~z]) *Mantel* m (*bes f Kinder*)

palette ['pælit] s ⟨arts⟩ *Pal ette* f ‖ ~-knife *Palett–, Spatelmesser* n, *Spachtel* f, (*a* [attr]) *Spachtel–* (painting)

palfrey ['pɔːlfri] s ⟨hors⟩ *Zelter, Paßgänger* m

palimpsest ['pælimpsest] s ⟨ant⟩ *Palimps·est* m (*Handschrift, unter der sich e–e andere befindet*, codex rescriptus L)

palindrome ['pælindroum] s *Palindr·om* n (*Wort, Satz, Vers rückwärts wie vorwärts gelesen gleichlautend* [gag; level; *Madam* I'm Adam; Lewd did I live, Hannah, evil I did dwel(l)])

paling ['peiliŋ] s *Stak·et* n, *Latten–, Pfahlzaun* m ‖ ~ stockade *Pfahlwerk* n

palingenesis [,pælin'dʒenisis] s ⟨rel⟩ *Wiedergeburt* f ‖ ⟨biol⟩ *Wiederholung v älteren Zuständen in e–m Individuum*

palinode ['pælinoud] s *Palinod·ie* f, *dichterischer Widerruf* m

palisade [,pæli'seid] **1.** s *Stak·et* n ‖ *Schanzpfahl* m; ~s [pl] *Palis·ade* f; *Reihe v Schanzpfählen* ‖ ⟨Am a⟩ *Steilufer* n (*e–s Flusses*, The ~s opposite New York City) **2.** vt *mit e–r Palisade umgeben*

palisander [pæli'zændə] s *Palis·anderholz* n

palish ['peiliʃ] a *bläßlich*

pall [pɔ:l] **1.** s *Bahrtuch* n ‖ ⟨R. C.⟩ (*Papst*- etc) *Mantel* m, *Pallium* n ‖ ⟨fig⟩ *Mantel* m, *Wolke* f | ~-bearer *Bahrtuchhalter, Sargträger* m **2.** vt *einhüllen*

pall [pɔ:l] vi/t ‖ ⟨fig⟩ *schal* or *zuwider w, langweilen*; to ~ on a p f *jdn den Reiz verlieren, jdn kalt l; jdn anwidern* | vt (*über*)*sättigen*

Palladian [pə'leidiən] a (*nach* A. Palladio, † 1580) ⟨arch⟩ *Pall·adio–*

palladium [pə'leidiəm] s L *Pall·adium* n ‖ ⟨fig⟩ *Schutz, Hort* m

palladium [pə'leidiəm] s ⟨chem⟩ *Palladium* n (*Platinmetall*)

pallet ['pælit] s *Strohsack* m; *Matratze, Pritsche* f

pallet ['pælit] s (*Töpfer-*)*Drehscheibe* f ‖ = palette ‖ (*Orgel-*)*Sperrklappe* f ‖ *Laderost, –schlitten* m ~ize [~aiz] vt (*Stückgüter*) *auf Laderosten stapeln, aufsetzen* ‖ ~d cargo *palettierte Stückgüter* n pl

palliasse [pæl'jæs] s = paillasse

palliate ['pælieit] vt *lindern* ‖ *bemänteln, beschönigen* **–ation** [,pæli'eiʃən] s *Linderung* f ‖ *Bemäntelung* f; *Beschönigung*; in ~ of *um z beschönigen* **–ative** ['pæliətiv] **1.** a (~ly adv) *lindernd, Linderungs–* ‖ ⟨fig⟩ *bemäntelnd, beschönigend* **2.** s *Palliativ–, Linderungsmittel* n ‖ *Beschönigung* f

pallid ['pælid] a (~ly adv) *bleich, blaß* ~ness [~nis] s *Blässe* f

pallium ['pæliəm] s *Pallium* n, ⟨ec⟩ *Bischofsmantel* m, → pall [s]

pall-mall ['pel'mel] s ⟨hist⟩ *dem Krocket ähnliches Ballspiel* n; *Ballspielallee, Mailbahn* f → mall ‖ ~ *vornehme Straße in London* (*ehemal. Sitz des Kriegsministeriums*)

pallor ['pælə] s *Blässe* f

pally ['pæli] a *kameradschaftlich; vertraulich* (with)

palm [pɑ:m] s ⟨bot⟩ (a ~-tree) *Palme* f ‖ ⟨fig⟩ *Palme des Sieges; Sieg* m (to bear the ~ den S. *erringen*) | [attr] *Palmen–; ~-house –haus* n ‖ ~-oil *Palmöl* n; ⟨fig⟩ *Schmiergeld* n ‖ ~-Sunday ⟨ec⟩ *Palmsonntag* m ~aceous [pæl'meiʃəs] a ⟨bot⟩ *Palmen–* ~ary ['pælməri] a (*übtr*) *siegreich; erstklassig, hervorragend; Haupt–* ~er ['pɑ:mə] s *Wallfahrer, Pilger* m

palm [pɑ:m] **1.** s *flache Hand, Handfläche* f; to grease a p's ~ *jdn bestechen, schmieren* ‖ (*als Maß*) *Handbreite, –länge* f ‖ *Schaufel* (*e–s Geweihs; Ankers*) f **2.** vt *mit der flachen Hand berühren; streicheln* ‖ *in der hohlen Hand verbergen* | to ~ a th (off) on a p *jdm etw aufhängen, –schwindeln,* °*anschmieren* ‖ to ~ o.s. off as *sich ausgeben als* | *bestechen* | ~ar ['pælmə] a ⟨anat⟩ *Handflächen–, Hand–* ~ate ['pælmit],

~ated ['pælmeitid] a ⟨scient⟩ *handförmig*

palmette [pæl'met] s Fr *Palm·ette, palmenblattartige Verzierung* f **–etto** [pæl'metou] s [pl ~s] ⟨bot⟩ *Palmettopalme* f

palmiped ['pælmiped], **palmipede** [–pi:d] ⟨orn⟩ **1.** a *schwimmfüßig* **2.** s *Vogel* m *mit Schwimmfüßen*

palmist ['pɑ:mist] s *Handwahrsager* m ~ry [~ri] s *Chiromant·ie, Handwahrsagerei* f

palmitic [pæl'mitik] a ⟨chem⟩ ~ acid *Palmit·insäure* f

palmy ['pɑ:mi] a ⟨poet⟩ *palmenreich; –artig* ‖ ⟨fig⟩ *blühend, erfolg–, glorreich; Glanz–;* ~ days *Glanz–, Blütezeit* f

palp [pælp] s (in insects, etc) *fühlerartiges Organ* n; *Palpe* f ~ability [,pælpə'biliti] s *Fühlbarkeit* f ‖ *Handgreiflichkeit* f ~able ['pælpəbl] a (–bly adv) *fühl–, greifbar* ‖ *leicht sichtbar* or *zugängig* (to f) ‖ *offenbar, handgreiflich* ~al ['~əl] a *Fühlhorn–* ~ate ['pælpeit] vt ⟨med⟩ *betasten* ~ation [pæl'peiʃən] s *Betastung* f

palpebral ['pælpibrəl] a *Augenlid–*

palpitate ['pælpiteit] vi (of the heart) *heftig klopfen, unregelmäßig schlagen* ‖ ⟨poet⟩ *klopfen* ‖ *beben, zittern* (with *vor*); –ting ⟨fig⟩ *brennend* (–ting interest) **–ation** [,pælpi'teiʃən] s [a ~s pl] *Herzklopfen* ‖ *Zittern* n

palpus ['pælpəs] s L (pl –pi [–pai]) ⟨ent⟩ *Fühler* m

palsied ['pɔ:lzid] a *gelähmt* ‖ ⟨fig⟩ *zitternd, wackelig* **–sy** ['pɔ:lzi] **1.** s ⟨med⟩ *Lähmung* f, *Schlagfluß* m ‖ ⟨fig⟩ *lähmender Einfluß* m, *Ohnmacht* f ⟨a fig⟩ *lähmen*

palter ['pɔ:ltə] vi *Spiegelfechterei treiben, unehrlich handeln* (with *gegen, an*); *sein Spiel treiben* (with a th) ‖ *feilschen* (with a p about *mit jdm über*)

paltriness ['pɔ:ltrinis] s *Kleinlichkeit; Wertlosigkeit, Erbärmlichkeit* f **–ry** ['pɔ:ltri] a (~rily adv) *wertlos; armselig, erbärmlich;* a ~ 4 years *lumpige 4 Jahre*

paludal [pæ'lju:dəl] a *sumpfig; Sumpf–; Malaria–*

Pampas ['pæmpəz] s pl *P·ampas* pl (*Grasebenen*) ‖ ~-grass ['pæmpəs grɑ:s] s ⟨bot⟩ *Pampasgras* n

pamper ['pæmpə] vt *reichlich füttern* ‖ ⟨fig⟩ *verzärteln, –pimpeln* ‖ (*Gefühl*) *nähren*

pampero [pæm'peərou] s Span *böiger Südwestwind* m (*in den Pampas*)

pamphlet ['pæmflit] s *Flugschrift, Broschüre* f ~eer [,pæmfli'tiə] **1.** s *Flugschriftenschreiber* m **2.** vi *Flugschriften schreiben*

Pan [pæn] s ⟨ant⟩ *Pan* m; ~'s pipe *P·anflöte* f

pan [pæn] **1.** s *Pfanne* f ‖ *pfannenartige Vertiefung* f (salt ~); brain-~ *Hirnschale* f; knee-~ *Kniescheibe* f ‖ ⟨mil sl⟩ °*Visage* f (*Gesicht*) **2.** vt/i [–nn–] ‖ (to ~ off, out) (*Goldkörner*) *in der Pfanne waschen* ‖ ⟨fig⟩ *hervorbringen, ergeben* | vi to ~ out *Gold hervorbringen* ‖ ⟨fig⟩ *Erfolg h* ‖ to ~ out *sich frei aussprechen* (to a p *jdm gegenüber*)

pan [pæn] vt ⟨film⟩ → ~ning

pan– [pæn] Gr [in comp] *All–, Ganz–, Pan–:* ~-Arab(ic) *panarabisch;* ~-Europe *Pan-Europa* ‖ ~-German ['pæn'dʒɔ:mən] ⟨pol⟩ *alldeutsch* ‖ ~-Slavic *panslavisch*

panacea [,pænə'siə] s L *Allheil–, Universalmittel* n

panache [pə'næʃ] m s Fr *Federbusch* m ‖ ⟨fig⟩ *Prunk* m ‖ ⟨arch⟩ *Zwickelfeld* n

panada [pæ'nɑ:də] s Span *Semmelbrei* m

Panama [,pænə'mɑ:; [attr] 'pænəmɑ:] s (a ~ hat) *P·anamahut* m ‖ ~ bark *P.-Rinde* f

pancake ['pænkeik] **1.** s ⟨cul⟩ *Eier–, Pfannkuchen* m; ~ Day *Fastnacht* f ‖ ⟨aero⟩ *Absacken* n, *Bums–, Sacklandung* f | ~ engine *Boxermotor, Gegenkolben–* m ‖ ~ ice ⟨geog⟩

Tellereis n **2.** vi ⟨aero⟩ *durchsacken*; *bauchlanden*

panchayat [pʌnˈtʃɑːjət] s ⟨Ind⟩ *Gemeinderat* m (*e–s Dorfes*)

panchromatic [pænkroˈmætik] a *allfarbenempfindlich* ‖ ~ sensitivity = –**matism** [ˌpænˈkroumətizm]s *Panchromasˑie, Allfarbenempfindlichkeit* f

pancratic [pænˈkrætik] a ⟨ant⟩ *Pankration––atium* [pænˈkreiʃiəm] s L *Pankrˑation* n

pancreas [ˈpæŋkriəs] s Gr *Bauchspeicheldrüse* f –**atic** [ˌpæŋkriˈætik] a *Bauchspeichel–*; ~ *juice –speichel* m

panda [ˈpændə] s ⟨zoo⟩ *Panda, Katzenbär* m

Pandean, –**daean** [pænˈdiːən] a ⟨ant⟩ *Pan–* (~ *pipe*)

Pandects [ˈpændekts] s pl *Pandekten* pl

pandemic [pænˈdemik] **1.** a *pandˑemisch*; *allgemein verbreitet* ⟨a übtr⟩ **2.** s *pandemische Krankheit, Pandemˑie* f

pandemonium [ˌpændiˈmounjəm] s L *Pandämˑonium, Reich der bösen Geister* n, *Hölle*; *Lasterstätte* f ‖ *Höllenlärm* m

pander [ˈpændə] **1.** s *Kuppler*(*in* f) m **2.** vi/t to ~ to a th *e–r S Vorschub leisten*; to ~ to a p's passions *jdn in s–n Leidenschaften bestärken*; to ~ to a passion *e–r Leidenschaft frönen, willfahren* | vt *verkuppeln*

Pandora [pænˈdɔːrə] s Gr ⟨ant⟩ ~'s box *die Büchse der Pandora*

pandora [pænˈdɔːrə], –**dore** [–ˈdɔː] s It *Art Saiteninstrument* n

pandour, –**door** [ˈpænduə] s *Pandˑur* m

pandowdy [pɔnˈdaudi] s ⟨Am⟩ *Art Apfelpudding* m

pane [pein] s (*Fenster-*)*Scheibe* f ‖ ~ of glass ⟨mil fam⟩ „*Kompottschüsselchen*" n, „*Scherbe*" f (*Monokel*) ‖ *rechteckiges Stück, Feld, Fach* n | *Finne* f (*e–s Hammers*) ‖ ~**d** [~d] a (*of a window*) *mit Scheiben versehen* ~**less** [ˈ~lis] a *ohne Scheiben*

pane [pein] s = peen

panegyric [ˌpæniˈdʒirik] s *Lobgedicht* n, –*rede* f (*on auf*) ~**al** [~əl] a *panegyrisch, Lobes–* ‖ –**rist** [ˌpæniˈdʒirist] s *Lobredner* m

panel [ˈpænl] **1.** s **1.** ⟨jur⟩ *Stückchen Pergament* n | ⟨jur⟩ *Liste* f *der Geschworenen*; *die Geschworenen* m pl; *Jury* f; *Schiedsgericht* n (*of scholars*); *Gremium* n, *Ausschuß* m, *Gruppe* f (*v Sachverständigen* etc), *Arbeitergruppe* f ‖ *advisory* ~ *beratender Ausschuß* m ‖ ⟨Scot jur⟩ *der Angeklagte* | *Liste* f; *Verzeichnis* (*bes v Ärzten*) n; ⟨ins⟩ *Liste* f *der Kassenärzte*; on the ~ *als Kassenarzt zugelassen* **2.** *vertieftes viereckiges Feld, Fach* n ‖ (*of doors*) *Füllung* f ‖ (*Brücken-*)*Tafel* f ‖ ⟨arch⟩ *Panˑeel* n, *Wandbekleidung mit Täfelung* f; broad ~ *Quer–,* high ~ *Hochfüllung* f | ⟨phot⟩ *langes, schmales Format* f ‖ (*of dress,* etc) *farbiges Einsatzstück* n ‖ *viereckige dünne Holzplatte* f (*f Gemälde*) ‖ ⟨aero⟩ *Verkleidungsblech*; *Instrumentenbrett* n; (*Ballon-*)*Hüllenband* | (*Fallschirm-*)*Stoffbahn* f; *Signaltuch* n ‖ ⟨el⟩ *Platte*; *Schalttafel* f ‖ ⟨mot⟩ ~ of a door *Türverkleidung* f **3.** [attr] ~*-discussion öffentliche Diskussion* f, *Gruppengespräch* n, *Rundfunkgespräch* ‖ ~*-doctor Kassenarzt* m ‖ ~*-frame* ⟨arch⟩ *Gliederbau* m ‖ ~ *game Beruf-*etc *Ratespiel* n ‖ ~ *Meeting Zus–kunft* f *gewisser Spezialisten* ‖ ~*-painting Tafelmalerei* f, –*gemälde* n ‖ ~*-patient Kassenpatiˑent* m ‖ ~ *truck* (*Milch-, Brot-*)*Lieferwagen* m ‖ ~*-work* (*Holz-*)*Tafelwerk* n **II.** vt [–ll–] (*Raum*) *paneelˑieren, täfeln* (with); *mit Feldern ausschmücken*; (*Kleid*) *mit Einsatzstück versehen* ‖ ⟨tech⟩ *verkleiden, abdecken* ~**ling** [ˈ~iŋ] s (*Holz-*)*Füllung, Täfelung* f ~**(l)ist** [ˈ~ist] s *Diskussionsteilnehmer* m ~**(l)ize** [~aiz] vi *an e–r* (*fernsehübertragenen*) *Diskussion mitwirken*

pang [pæŋ] s *stechender Schmerz, Stich* m ‖ ⟨fig⟩ *Pein, Angst*; *Qual* f

pangolin [pæŋˈgoulin] s ⟨zoo⟩ *Pangolin* (*kurzschwänziges Schuppentier*) n

panhandle [ˈpænhændl] s ⟨Am fig⟩ *enger Gebietstreifen e–s Staates*

pan-handle [ˈpænhændl] ⟨Am sl⟩ vt/i *betteln* | ~**r** [ˌpænˈhændlə] s *Bettler* m

panic [ˈpænik] s ⟨bot⟩ *Kolbenhirse* f

panic [ˈpænik] **1.** a *panisch* (fear); *wild* (haste) **2.** s *Pˑanik, Bestürzung* f; *panischer Schrecken* | ~ *bowler* ⟨mil sl⟩ „*Kochtopf*" (*Stahlhelm*) m ‖ ~ *braking* ⟨mot⟩ *Sofortbremsung* f, *scharfes Bremsen* n; ~*-b.* distance *Bremsweg* m ‖ ~ *button Notknopf* m ‖ ~*-monger Bangemacher, Aufrührer* m ‖ ~*-stricken* v *panischem Sch. ergriffen* **3.** vt/i *in Schrecken jagen* | vi *Angst bek*; *in e–e P. ausbrechen* ~**ky** [~i] a (*fam*) *panikartig, Schreckens–*; *beunruhigend*; *unruhig* (at *über*)

panicle [ˈpænikl] s ⟨bot⟩ *Rispe* f

panification [ˌpænifiˈkeiʃən] s *Brotmachen* n

panjandrum [ˌpənˈdʒændrəm] s *pompöse P*; *Wichtigtuer* m

panmixia [ˌpænˈmiksjə] s ⟨demog⟩ *Panmixˑie* f

pannage [ˈpænidʒ] s *Mastung* f; *Eichel–, Buchmast*(*futter* n) f ‖ *Mastgeld* n, –*nutzung* f

panne [pæn] s Fr *samtartiger Stoff* m

pannier [ˈpæniə] s Fr *Korb, Pack–*; ⟨mil⟩ *Verbands–* m | *Reifrock* m | *Polster*; ⟨hist⟩ *Tournˑüre*

pannier [ˈpæniə] s ⟨fam⟩ *Aufwärter* m *bei Tisch im Inner Temple*

pannikin [ˈpænikin] s (*Trink-*)*Kännchen* n ‖ ⟨sl⟩ °*Birne* f (*Kopf*)

panning [ˈpæniŋ] s ⟨film⟩ *Panoramierung* f, → panoram

panoply [ˈpænəpli] **1.** s *vollständige Rüstung* f ‖ ⟨übtr⟩ *Schmuck* m **2.** vt *vollständig ausrüsten*; *schmücken* (with)

panopticon [pæˈnɔptikən] Gr s ⟨engl hist⟩ *panoptisches Gefängnis* ‖ *Panoptikum* n

panoram [ˈpænəræm] s (abbr *f* ~ic) ⟨film⟩ *ein durch* panning (→ *d*) *hervorgerufener Gesamtblick* m, *Panoramierung* f, *Gesamtdarstellung durch Folge v Bildern*

panorama [ˌpænəˈrɑːmə] s *Panorˑama* n ‖ ⟨fig⟩ *weiter, freier Rund–, Überblick* m (of *über*) ‖ ⟨phot⟩ *Rundbild* n ‖ [attr] ~ *equipment* ⟨mil⟩ (*Radar-*)*Rundsuchgerät* n ‖ ~ *lens Weitwinkelobjektiv* n ‖ ~ *wind-screen* ⟨bes mot⟩ *Rundsichtverglasung* f –**mic** [ˌpænəˈræmik] a (~*ally* adv) *panoramaartig, Panorama–*; ~ *telescope* ⟨mil⟩ *Rundblickfernrohr* n; ~ *sketch Ansichtsskizze* f ‖ ⟨fig⟩ *umfassend*

pansy [ˈpænzi] s **1.** s ⟨bot⟩ *Stiefmütterchen* n ‖ ⟨fig⟩ *Weichling* m; °*warmer Bruder* m ‖ ⚹ *Patrol Frack-Patrouille* f (*der Polizei in Nachtlokalen*) **2.** vt & refl ⟨fam⟩ *sich* (*weibisch*) *herausstaffieren*

pant [pænt] **1.** vi/t ‖ *keuchen, nach Luft schnappen*; to ~ for breath *nach L. sch.* ‖ ⟨fig⟩ *verlangen, lechzen* (for, after *nach*; to do) | vt (*a* to ~ out) *keuchend äußern* **2.** s *Keuchen, Schnaufen* ~**ers** [ˈ~əz] s pl ⟨vulg⟩ (*wogender*) *Busen* m

pantalettes, –**lets** [pæntəˈlets] s pl *langes Frauenbeinkleid* n, *Radfahrhose* –**loon** [ˌpæntəˈluːn] s *Hanswurst* m | ~**s** [pl] ⟨bes Am⟩ *mst* pants (→ *d*) *Beinkleid* n

pantechnicon [pænˈteknikən] s *Möbelspeicher* m ‖ (*a* ~*-van*) *Möbelwagen* m

panteys, –**ties** [ˈpæntiz] s pl ⟨bes Am fam⟩ (*Damen–, Kinder–*)*Schlüpfer* m

pantheism [ˈpænθiizm] s *Pantheˑismus* m –**eist** [ˈpænθiist] s *Pantheˑist* m –**eistic(al)** [ˌpænθiˈistik(əl)] a (–cally adv) *pantheˑistisch*

-eon [pæn'θi:ən] s L ⟨ant⟩ P·antheon ·n ‖
(Ehren-, Toten-)Gedächtnishalle f
panther ['pænθə] s ⟨zoo⟩ Panther m ~ess
[~ris] s weibl. Panther ⟨a übtr⟩
pantile ['pæntail] s Dachpfanne f, Pfannen-
ziegel m; Hohl-, Krempziegel m
pantler ['pæntlə] s ⟨hist⟩ Brotmeister m
panto- ['pænto] Gr [in comp] Panto-, All-,
allgemein ~-graph ['pæntəgra:f] s ⟨tech⟩
Storchschnabel m ~meter [pæn'tɔmitə] s ⟨tech⟩
Allmesser m ~mime ['pæntəmaim] 1. s Gebär-
den-, Mienenspiel n ‖ ⟨theat engl⟩ Pantom·ime
f; Weihnachtsrevue, -ausstattungsstück, -spiel n
2. vt/i in Mienenspiel darstellen | vi mimen
~mimic [,pæntə'mimik] a (~ally adv) Gesten-;
Mienen-, pantomimisch
pantry ['pæntri] s Speisekammer f ‖ Geschirr-,
Glas-, Anrichteraum m ~man [~mən] s Haus-
hof-, Küchenmeister m
pants [pænts] s pl ⟨bes Am⟩ Beinkleid n (a
pair of ~ ein B.); °Buchse f ‖ ⟨fam⟩ (Herren-)
Unterhose f; ⟨Am⟩ lange Unterhose f | ⟨com
fam⟩ Herrenunterhose f (a pair of ~ e–e H.)
| ⟨aero sl⟩ °Maukepantoffeln m pl (Fahrwerk-
verkleidung f in Stromlinienform) ‖ pirate ~
⟨Am fam⟩ Art Fischerhose f, toreador ~,
matador ~ ⟨Am fam⟩ Torerohose f
pap [pæp] s Brustwarze, Brust f
pap [pæp] s Papp, Pams, Kinderbrei m | Brei m
pap [pæp] s ⟨Am⟩ = papa
papa [pə'pa:] s Papa m
Papacy ['peipəsi] s päpstl. Amt n ‖ Papsttum
n; Papstherrschaft f
Papal ['peipəl] a (~ly adv) päpstlich ‖ ᴸ-ly-
minded päpstlich gesinnt ᴸ-ize [~aiz] vi/t ‖
päpstlich gesinnt w | vt p. gesinnt m; unter päpstl.
Einfluß bringen
papaveraceous [pə,peivə'reiʃəs], **-verous** [pə-
'peivərəs] a Mohn-, mohnartig ‖ ⟨fig⟩ einschläfernd
papaw [pə'pɔ:] s ⟨bot⟩ Pap·aya f, Melonen-
baum m; -frucht f
paper ['peipə] s I. [nur sg-Form u koll sg
konstr] 1. Papier; to commit to ~ z P. bringen;
on ~ auf dem P., schriftlich, gedruckt ‖ brown
~ Pack-, foreign ~ Übersee(brief)papier,
Luftpost-; → sand; silver; tissue; tracing;
wall 2. ⟨com⟩ (a ~-money) Papiergeld n; [koll]
Wertpapiere, Effekten, Wechsel, Aktien pl
3. ⟨sl⟩ [koll] Freikarten f pl; Personen pl mit F.
(there was much ~ in the theatre) II. [~ mit pl
~s] 1. ⟨com⟩ Päckchen n; (of pins) Brief m
2. Blatt n, Papier; Zettel m ‖ Schriftstück, Dokument n ‖ Fragebogen m ‖ (a wall-~) Tapete f ‖
Zeitung f; Boy's Own ᴸ e–e bekannte Jugend-
zeitschrift f 3. Aufsatz m; Abhandlung f; to read
a ~ e–n Vortrag halten 4. ~s [pl] Briefschaften,
Akten f pl ‖ amtl. Papiere, Beglaubigungs-,
Legitimationspapiere pl; to move for ~s ⟨parl⟩
die Unterlagen f e–e S beantragen; to send in
one's ~s den Abschied nehmen ‖ Prüfungsfragen
f pl (examination ~s Prüfungsarbeiten) III.
[attr] 1. Papier- (~ cover; ~ money) 2. papieren, dünn, leicht 3. ⟨fig⟩ Presse- (~ warfare
-krieg); literarisch 4. nur auf dem Papier stehend
(~ profit) IV. [in comp] ~(-)back geheftetes,
flexibel kartoniertes Buch n, Broschüre f ‖ ~-bag
Tüte, Papiertüte f ‖ ~-basket –korb m ‖ ~-car-
riage Schlitten, Wagen m ⟨an Schreibmaschine⟩
‖ ~-carrier ⟨Am⟩ Zeitungsjunge m ‖ ~-chase
Schnitzeljagd f ‖ ~-clip Brief-, Heft-, Büro-
klammer f ‖ ~-credit Wechselkredit m ‖
~-cut Scherenschnitt m ‖ ~ exercise Plan-,
Kriegsspiel n ‖ ~-fastener Musterklammer f ‖
~-hanger Tapezierer m ‖ ~-hangings [pl]
Tapeten f pl ‖ ~-mill Papierfabrik f ‖ ~-salvage
→ waste-~ drive ‖ ~-stainer Papierdrucker m
→ Tapetenfabrikant m ‖ ~-thin hauchdünn ‖
~-weight Briefbeschwerer m

paper ['peipə] vt in Papier (ver)packen ‖
tapezieren ‖ ⟨sl theat⟩ (Theater) durch Freikarten füllen
papery ['peipəri] a papieren, Papier–; papier-
artig, -dünn
papier mâché ['pæpjei'ma:ʃei] s Fr Papier-
mâché n (formbare Masse aus Papierhalbstoff
etc)
papilionaceous [pæ,pilio'neiʃəs] a Schmetter-
lings-; ⟨übtr⟩ flatterhaft ‖ ⟨bot⟩ ~ plant
Schmetterlingsblüter m
papilla [pə'pilə] L s (pl -ae [-i:]) ⟨anat⟩
Pap·ille, (Brust-)Warze f; Wärzchen n ~ry
[~ri] a Warzen-, warzenartig, Papill·ar- ~te
[pə'pileit], **papillose** ['pæpilous] a mit Warzen
bedeckt
papist ['peipist] s Pap·ist m ‖ (röm.) Katholik
m ~ic(al) [pə'pistik(əl)] a (-cally adv) pap·istisch
~ry [~ri] s Papisterei f, Pap·ismus m
papoose [pə'pu:s] s (pl ~s [~iz]) Baby, Kind n
(bei nordamer. Indianern)
pappus ['pæpəs] s L ⟨bot⟩ P·appus m (Haar-
krone am Samen)
pappy ['pæpi] a breiartig
paprika ['pæprikə] s (mst ungarischer) P·aprika
m ‖ one ~ e–e P.-schote f; ~s [pl] (⟨a⟩ ~
peppers) P.-schoten pl
papula ['pæpjulə] L s (pl -lae [-li:]) **-le**
['pæpju:l] s ⟨path⟩ (Haut-)Knötchen; ~s [pl]
Papeln f pl ‖ ⟨bot⟩ Knötchen, Bläschen n **-lar**
['pæpjulə] a Knötchen- **-lous** ['pæpjuləs] a mit
Knötchen bedeckt; Knötchen-
papyro- [pə'paiəro] Gr [in comp] Papyro-
~logy [,pæpi'rələdʒi] s Papyruskunde f
papyrus [pə'paiərəs] s (pl -ri [-rai], * ~es)
⟨bot⟩ Papyrus m, -staude f ‖ -rolle f; Schrift auf
P. f
par [pa:] s 1. Gleichheit f ‖ ⟨com⟩ Pari n; ~
of exchange Wechseldevise, Valuta f; issue ~
Ausgabekurs m ‖ ⟨übtr⟩ normaler Zustand m ‖
⟨golf⟩ Einheit f 2. at ~ pari; z Nennwert, z
Parikurs; above ~ über Pari; below, under ~
unter P.; below ~ ⟨fig⟩ etw unwohl ‖ on a ~ im
Durchschnitt; on a ~ with a p gleich mit jdm,
jdm ebenbürtig; to put a p on a ~ with another
jdn e–m anderen (or mit e–m anderen) gleich-
stellen | ~ of exchange Wechselparität f 3. [attr]
normal ‖ ~-value Pari-, Nennwert m
par [pa:], **para** ['pærə] s ⟨fam⟩ abbr = paragraph
para- ['pærə] Gr pref bei, daneben; (dar)über
hinaus; falsch ‖ ~-military → ~military
para- ['pærə] It [in comp] Schutz- (~pet) ‖
⟨mil⟩ = ~chute mit Fallschirm abgesetzt
(~bomb, ~doctor, ~trooper)
parabasis [pə'ræbəsis] s Gr Parab·ase, Einschaltung f (im antiken Chor)
parable ['pærəbl] s Par·abel f, Gleichnis n
(Jesu im N. T.)
parabola [pə'ræbələ] s ⟨math⟩ Par·abel f
parabolic [,pærə'bɔlik] a (~ally adv) Gleich-
nis-, gleichnisartig; to be ~ (of words) in
Gleichnissen 's ‖ ⟨geom⟩ parabelförmig, para-
b·olisch, Parab·ol- **-lical** [~əl] a gleichnisartig,
Gleichnis- **-loid** [pə'ræbəlɔid] s ⟨math⟩ Para-
bolo·id n (Fläche zweiter Ordnung)
para(-)brake ['pærəbreik] 1. s Bremsfall-
schirm m (f Flugzeuge) 2. vi/t ⟨aero⟩ durch Heck-
fallschirm (bei Landung) abbremsen
parachute ['pærəʃu:t] 1. s Fallschirm m;
auxiliary ~ Auszieh- ‖ [attr] ~ canopy
Schirm m; ~ container Abwurfbehälter m; ~
cords [pl] Fangleinen f pl; ~ drop Fallschirm-
abwurf m, Absetzen n; ~ flare Fallsch.-Leucht-
kugel f, Leucht-F.; ~ harness -gurtwerk;
~ jump -absprung m; ~ mine Luftmine f; ~
rigger F.-Wart m; ~ troops [pl] ⟨mil⟩ Luftlandetruppen f pl 2. vi im F. herabspringen **-tist**

[~ist], ⟨Am *a*⟩ **~r** [~ə] s *Fallschirmspringer,
-jäger* m
  Paraclete [ˈpærəkliːt] s *Fürsprecher* m; ⟨bib⟩
Heiliger Geist m
  paracrate [ˈpærəkreit] s *Abwurfbehälter* m
(*mit Fallschirm*)
  parade [pəˈreid] **1.** s *Staat* m, *Gepränge* n (to
make a ~ of *prunken mit*) ‖ ⟨mil⟩ *Par·ade* f (at
the ~ *bei der P.*; on ~ *auf der P., zur P.*); to be
ordered to ~ *antreten müssen* ‖ –*platz* m ‖
Esplanade, Promenade f | ~ *armour Prunk-
harnisch* m ‖ ~-*ground* –*platz* m ‖ ~ *rest!
Rührt euch!* (*breitbeinig, die Hände auf dem
Rücken*) **2.** vt/i ‖ ⟨mil⟩ *in Parade aufziehen l* ‖
prunkend schreiten durch or *auf* (to ~ the streets)
‖ *prunken mit* (to ~ one's feelings) | vi *in Parade
aufziehen*; *in P. vorbeimarschieren* (before *vor*) ‖
prunken, paradieren, sich breit m
  paradigm [ˈpærədaim], **~a** [ˌpærəˈdigmə] Gr
s (*Muster-*)*Beispiel* n; ⟨gram⟩ *Parad·igma* n
~atic [ˌpærəˈdigˈmætik] a *paradigm·atisch*
  paradisaic(al) [ˌpærədiˈseiik(əl)] a *paradiesisch*
–dise [ˈpærədais] s *Paradies* n ‖ *Himmel* m (in ~
im P.) ‖ *bird of* ~ *Paradiesvogel* m | *paradiesi-
scher Ort* (etc) m ‖ *oriental. Lustgarten* m ‖
⟨fig⟩ *paradiesischer Zustand* m **–disiac** [ˌpærə-
ˈdisiæk] a, **–disiacal** [ˌpærədiˈzaiəkl] a (~ly adv)
paradiesisch
  parados [ˈpærədəs] s Fr ⟨fort⟩ *Rückenwehr,
-deckung* f
  paradox [ˈpærədɔks] s L *Parad·ox, Par·a-
doxon* n; *beabsichtigt widersprüchliche* or *ungewöhnliche Aussage* f **~ical** [ˌpærəˈdɔksikəl] (~ly
adv) *parad·ox* **~icality** [ˌpærədɔksiˈkæliti], **~y**
[ˈpærədɔksi] s *Paradox·ie* f (*Widerspruch zweier
Sinngehalte*)
  paradoxure [ˌpærəˈdɔksjuə] s ⟨zoo⟩ *Palmen-
roller, Rollmarder* m (*Schleichkatze*)
  paradrop [ˈpærədrɔp] vt (*mit Fallschirm*) *abwerfen, absetzen*
  paraffin [ˈpærəfin] **1.** s ⟨chem⟩ *Kerosin,* ⟨Am⟩
Paraff·in n ‖ ~-*oil* –*öl,* ⟨fam⟩ *Petroleum,
Leuchtöl* n **2.** vt *mit P. behandeln*
  paragoge [ˌpærəˈgoudʒi] s L *Hinzufügung* f
e–s Lautes am Wortende
  paragon [ˈpærəgən] **1.** s *Muster, Vorbild* n
(a ~ of virtue); ⟨*a* iron⟩ *Ausbund* m (a ~ of
immorality) **2.** vt ⟨poet⟩ *vergleichen* (with)
  paragram [ˈpærəgræm] s *Wortspiel* n *mit
Buchstabenvertauschung* (e.g. the druggist is a
piller [*statt* pillar] of society)
  paragraph [ˈpærəgrɑːf] **1.** s *Paragr·aph,
Absatz, Abschnitt* m (~ structure *Disposition* f
e–s Aufsatzes) ‖ (*Zeitungs-*)*Notiz* f, *kz Artikel* m
‖ ⟨typ⟩ *Paragraphzeichen* n (§) ‖ ⟨jur typ⟩
Absatz m **2.** vt *in Paragraphen einteilen* ‖ *e–n
Artikel schreiben über* (*etw*) ‖ **~er** [~ə] s ⟨Am⟩
~ist [~ist] s *Kleinartikel-Schreiber* m
  Paraguayan [pærəˈgweiən] **1.** a *Paragu·ay–*
(~ tea) **2.** s *Bewohner v Paraguay*
  parakatalogy [ˌpærəkəˈtælədʒi] s ⟨theat⟩
melodramatischer Vortrag m (*as attacked in*
Hamlet's advice to the players)
  parakeet [ˈpærəkiːt], **paroquet** [ˈpærəket] s
⟨orn⟩ (*bes Halsband-*)*Sittich* m
  parallactic [pærəˈlæktik] a *parall·aktisch*
–llax [ˈpærəlæks] s ⟨phys & astr⟩ *Parall·axe* f
  parallel [ˈpærəlel] **I.** a **1.** *gleichlaufend,
parall·el* (to *z, mit*); to run ~ to, to run on ~
lines with *p. laufen mit;* ~ *bars* [pl] ⟨gym⟩
Barren m **2.** *entsprechend, Parallel–* (case);
ähnlich (to a the *e–r S*) **II.** s **1.** ⟨a math⟩ *Parall·ele,
parallele Linie* f ‖ ⟨geog⟩ *Parallelkreis* m, ~ of
latitude Breitenkreis, –grad m **2.** ⟨fig⟩ *Parallel-
fall* m, *Gegenstück* n (to *z*); without ~ *ohne
Parallele, ohnegleichen;* this is without ~ *das
steht einzig da;* to draw a ~ *between e–n Vergleich anstellen* with **3.** *parallele Lage* f, *Parallelis-*

mus m **4.** ⟨fig⟩ *Übereinstimmung, Ähnlichkeit* f;
in ~ *with ähnlich wie, entsprechend* **5.** ⟨fig⟩
Parallele f, *Vergleich* m (to *z*); to draw a ~
between e–n V. ziehen zw; to put in ~ *vergleichen* **6.** ⟨typ⟩ *Verweiszeichen* n (‖) **III.** vt **1.**
parallel m **2.** *als ähnlich* or *gleich hinstellen*
(with); *vergleichen* (with *mit*); to be ~led with
sich vergleichen l mit | *Gleichartiges f* (*etw*) *finden*
(to ~ a fact) **3.** (*e–r S*) *gleichkommen, gleich s;*
(*etw*) *übertreffen* **4.** ⟨Am⟩ *parallel laufen z*
~epiped [ˌpærələˈlepiped] s ⟨geom⟩ *Parallel-
ep·ipedon, Parall·elflach* n **~ism** [~izm] s
parallele Richtung (to *z;* with *mit*) ‖ *Parallelismus* m ‖ ⟨fig⟩ *Ähnlichkeit* (between), *Entsprechung* f ‖ ⟨pros⟩ *Parallelismus im wieder-
holenden Bau hebräischer Verse* ‖ ⟨rhet⟩ (*Art v*)
Wiederholung f *v Ton,* (*Satz-*)*Bau, Bedeutung*
~ly [~i] adv *in paralleler Richtung* **~ogram**
[ˌpærəˈleləgræm] s ⟨geom⟩ *Parallelogr·amm* n
| ~ *linkage system* (*Fla-Visier*) *--Gestänge* n
  paralogism [pəˈrælədʒizm] s ⟨log⟩ *Fehl-
schluß* m
  paralysation [ˌpærəlaiˈzeiʃən] s *Lähmung* f
–lyse [ˈpærəlaiz] vt *paralysieren, lähmen* ⟨übtr
& fig⟩ *lahmlegen; entkräften; unwirksam m,
aufheben* **–lysis** [pəˈrælisis] s L (pl –ses [–siːz])
Paralyse, Lähmung f ‖ ⟨fig⟩ *Lahmlegung* f ‖
völlige Hilf-, Haltlosigkeit f **–lytic** [ˌpærəˈlitik]
1. a (~ally adv) *paralytisch, gelähmt;* ⟨*a* fig⟩
2. s *Paralytiker, Gelähmter* m **–medical** [ˌpærə-
ˈmedikəl] *arztähnlich* (*Beruf*)
  parament [ˈpærəmənt] s *Altarumhang* m
  parameter [pəˈræmitə] s ⟨math⟩ *Par·ameter* m
(*veränderl. Hilfsgröße* etc)
  paramilitary [ˌpærəˈmilitəri] a *halb–, vor-
militärisch* (formation) ‖ ~ *force militärähn-
licher Verband* m
  paramount [ˈpærəmaunt] **1.** a *oberst, Ober–;*
lord ~ ⟨hist⟩ *oberster* (*Lehns-*)*Herr* ‖ *ausschlag-
gebend; höchst, größt* (~ interest); to be ~
an erster Stelle stehen, über alles gehen ‖ *höher,
wichtiger* (to *als*) **2.** s = *lord* ~, → 1. **~cy**
[~si] s *Vorherrschaft; Herrschaft, Gewalt* f
(*over über*) **~ly** [~li] adv *vornehmlich, vor
allem*
  paramour [ˈpærəmuə] s *Geliebte(r* m) f,
Buhle m & f
  parapet [ˈpærəpit] s ⟨mil⟩ *Brustwehr* f; ~ed
mit B. versehen ‖ *Brüstung* f; *Schutzgeländer* n,
open ~ *Dockengeländer* n ‖ *Gewehrauflage* f
  paraph [ˈpæræf; pəˈræf] s Fr *Schnörkel hinter
dem Namen; Namens-, Handzug* m
  paraphernalia [ˌpærəfəˈneiljə] s L pl ⟨jur⟩
Vorbehalts–, Paraphern·algut n (*der Ehefrau:
Schmuck– & Kleidungsstücke*) ‖ *Zubehör, Drum
u Dran* n
  paraphrase [ˈpærəfreiz] **1.** s Fr *Paraphr·ase,
Umschreibung; freie Wiedergabe* f **2.** vt (*Wort*
etc) *umschreiben* **–stic** [ˌpærəˈfræstik] a (~ally
adv) *paraphrastisch, umschreibend*
  paraplegia [ˌpærəˈpliːdʒiə] s *doppelseitige
Lähmung* i (*bes der Beine*)
  parasaboteur [ˈpærəsæboˈtəː] s *Fallschirm-
saboteur* m **–shoot** [–ʃuːt] vi ⟨fam⟩ *Fallschirmjäger absetzen* **–shot** [–ʃɔt] s *Schütze z Abwehr v
Fallschirmjägern*
  parasite [ˈpærəsait] s *Schmarotzer; Nassauer;
Speichellecker* m ‖ ⟨biol⟩ *Paras·it, Schmarotzer*
m ⟨*a* übtr⟩ (upon a th *an etw*) ‖ *Ausbeuter* m ‖
⟨el⟩ *Störstrom* m **–tic(al)** [ˌpærəˈsitik(əl)] a
(–cally adv) *schmarotzend; paras·itisch* (on man
am Menschen), *Schmarotzer–;* ⟨tech⟩ *parasit·är,
unproduktiv;* –tic *array strahlungsgekoppelte
Antennenordnung* f (*Radar*) **–ticide** [ˌpærə-
ˈsitisaid] s *Mittel n gegen* (*Haut-*)*Parasiten*
–tism [ˈpærəsaitizm] s [abstr] *Parasiten–, Schma-
rotzertum* n **–tize** [ˈpærəsaitaiz] vt *mit Parasiten
infizieren*

parasol ['pærəsəl] s *Sonnenschirm* m ‖ *Segeltuchplane* f

parasuit ['pærəsju:t] s *Fallschirmanzug* m

paratactic [,pærə'tæktik] a (~ally adv) ⟨gram⟩ *parat aktisch, nebengeordnet* –**taxis** [,pærə'tæksis] s Gr ⟨gram⟩ *Nebenordnung* f, (*asyndetische*) *Parataxe* f (e.g. tacent: satis laudant) –**thyroid** [,pærə'θairɔid] a ⟨anat⟩ ~ gland *Nebenschilddrüse* f ~**troop-dropper** ['pærətru:p'drɔpə] s *Absetzmaschine* f *f Fallschirmjäger* ~**trooper** ['–trupə] s *Fallschirmjäger* m ‖ *Fallschirmtruppen-Transportflugzeug* n –**troops** ['–tru:ps] s pl *Luftlandetruppen* f pl –**typhoid** [,pærə'taifɔid] s *Paratyphus* m

paravane ['pærəvein] s ⟨mar⟩ *Bugschutz–, Ottergerät* n

parboil ['pa:bɔil] vt *halb kochen; an–*; (*nur*) *aufkochen l* ‖ ⟨fig⟩ *überhitzen*

parbuckle ['pa:bʌkl] 1. s ⟨mar⟩ *Hebetau* n; *Jolltau* n; *Schrotleiter* f 2. vt ⟨mar⟩ *vermittels e–s Taues heben, senken, rollen*

parcel ['pa:sl] 1. s † *Stück* n, *Teil* m; in ~s *stückweise* ‖ *Bestandteil* m; → part ‖ [*oft ohne art*] *Stück Land* n, ~ of land *Parz elle* f ‖ *Paket* n ‖ ⟨com⟩ *Partie* f, *Posten* (*Ware*) m, *Menge* f; bill of ~s *Faktura* f ‖ ⟨racing⟩ *Päckchen* n (*Tagesgewinn, –verlust*) ‖ [attr] *Paket–* ‖ ~-company *–fahrtgesellschaft* f ‖ ~s office *Gepäckabfertigung*(*sstelle*) f ‖ ~(s) post *Paketpost* ‖ ⟨Am⟩ ~-room *Handgepäckaufbewahrung*(*sstelle*) f 2. adv *teilweise*; [*oft in comp*] *halb–* (~ learned) 3. vt (a to ~ out) *ab–, aufteilen* (in, into in) ‖ ⟨mar⟩ (*Tau*) *mit Segeltuch umwickeln* ~**ling** [–liŋ] s *Einteilung* f ‖ ⟨mar⟩ *Verpackung* f, *Segeltuchstreifen* m pl

parcenary ['pa:sinəri] s ⟨jur⟩ *Miteigentum* n *an ererbten Grundstücken* –**ner** [–nə] s ⟨jur⟩ *Miterbe* m

parch [pa:tʃ] vt/i *dörren, austrocknen*; to be ~ed *e–n* °*Brand h*; to be ~ed with thirst *vor Durst verschmachten*; ~ed throat °*Brand* (*Durst*) m ‖ *leicht rösten* ‖ vi *verschmachten* ~**ing** ['–iŋ] a *brennend* (thirst) ‖ *sengend* (heat)

parchment ['pa:tʃmənt] s *Pergament* n; *–urkunde* f ‖ *pergamentartige Haut* f ‖ [attr] *Pergament–* ⟨a fig⟩ ‖ ~**y** [~i] a ⟨fig⟩ *ledern, blutleer* (cheek)

parclose ['pa:klouz] s ⟨arch⟩ (*Altar–* etc) *Gitter* n

pard [pa:d] s ⟨sl⟩ (*abbr f* partner) *Partner* m ~**ner** ['~nə] s ⟨Am fam⟩ = partner

pardon ['pa:dn] 1. s *Vergebung* f (for *f*), ~ for one's sins *V. der Sünden* ‖ ⟨ec⟩ *Ablaß* m ‖ *Begnadigung* f; general ~ *Amnest ie* f ‖ *Verzeihung* f; to ask, beg a p's ~ *jdn um Verzeihung bitten*; (I beg) your ~! *verzeihen Sie! Bitte!* I beg all your ~s *ich bitte Sie alle um V.*; a thousand ~s *ich bitte 1000mal um V.* ‖ I beg your ~? ~? *Wie bitte?* 2. vt (*Vergehen*) *vergeben* ‖ (*jdm*) *die Strafe erlassen, verzeihen*; to ~ a p a th *jdm etw verzeihen*; he was ~ed the letter *ihm wurde der Brief verziehen* ‖ ~ me *verzeihen Sie!* ‖ (*jdn*) *begnadigen* ‖ *entschuldigen*; to ~ a p for doing *entschuldigen, daß jd getan hat*; ~ my (~fam) me) *saying so entschuldige, wenn ich es sage* ~**able** [~əbl] a (*–bly* adv) *verzeihlich* ~**ableness** [~əblnis] s *Verzeihlichkeit* f ~**er** [~ə] s ⟨hist⟩ *Ablaßkrämer* m

pare [pɛə] vt (*be*)*schneiden*, to ~ one's nails *sich die Nägel b.* ‖ (*Frucht*) *schälen* ‖ ⟨fig⟩ *beschneiden* ‖ to ~ away, off *weg–, abschneiden*; *–schälen* ‖ to ~ down ⟨fig⟩ *beschneiden, vermindern*

paregoric [,pærə'gɔrik] s ⟨pharm⟩ *Linderungsmittel* n

parenchyma [pə'reŋkimə] s ⟨anat⟩ *Parenchym* n, *Gewebe* n *weicher Organe,* ⟨bot⟩ *Zellgewebe* n

parent ['pɛərənt] s *Vater* m; *Mutter* f; ~s [pl]

Eltern pl; *Vorfahren* pl; our first ~s ⟨rel⟩ *das erste Menschenpaar, unsere Stammeltern* ‖ *Muttertier* n; *–pflanze* f ‖ ⟨fig⟩ *Ursprung* m; *Quelle* f ‖ *Ursache* f ‖ [attr] [*vor pl* ~] ⟨mst fig⟩ *Mutter–* (~-cell, ~ company), *Stamm–* (~-firm *–haus* n); *Ursprungs–, Ur–* (~-form) ‖ ~-child airplane *od* arrangement *Huckepackflugzeug* n ‖ ~ ship *Mutter–, Wohnschiff* n ‖ ~ state *Ausgangszustand* m ‖ ~ stock ⟨hort⟩ *Unterlage* f ‖ ~ unit *Stammeinheit, –truppenteil* m ~**age** [~idʒ] s *Vaterschaft* f ‖ *Elternschaft* f ‖ *Abkunft, Abstammung*; *Familie* f ‖ ⟨fig⟩ *Herkunft* f, *Ursprung* m ~**al** [pə'rentl] a (~ly adv) *elterlich* (~ power); *väterlich, mütterlich* ‖ ⟨fig⟩ *ursprünglich* ~**hood** [~hud] s *Mutter–, Vaterschaft* f, *Mutter–, Vater-Kind-Beziehung* f ‖ *voluntary* ~ *Geburtenbeschränkung* f ~**less** [~lis] a *elternlos*

parenthesis [pə'renθisis] Gr s (pl –ses [–si:z]) *Parenth ese, Einschaltung* f; by way of ~ *beiläufig* ‖ ⟨fig⟩ *Zwischenzeit, Kluft* f ‖ [*mst pl* –ses] ⟨typ⟩ (*runde*) *Klammern* f pl [()] –**thesize** [pə'renθisaiz] vt (*Wort*) *einschalten* ‖ ⟨typ⟩ *einklammern* –**thetic**(**al**) [,pærən θetik(əl)] a (–cally adv) *parenthetisch, beiläufig; eingeschaltet*

paresis ['pærisis] s Gr ⟨med⟩ *Par ese* f (*unvollst. Lähmung*)

par excellence [pa:r'eksələ:s] Fr *im wahren Sinne des Wortes; vor allen anderen*

pargana [pa:'ga:na] ⟨Ind⟩ *Unterbezirk* m

parget ['pa:dʒit] 1. vt (~ed) *tünchen, putzen* 2. s *Tünche* f; *Bewurf,* (*Wand–*)*Putz* m ~**ing** [~iŋ] s *Putzen* n; (*Wand–*)*Putz*; *Spritzbewurf* m

parhelion [pa:'hi:ljon] s L ⟨astr⟩ *Parh elium* n, *Nebensonne* f

pariah ['pæriə] s ⟨AInd⟩ *P aria* m ‖ ⟨fig engl⟩ *Ausgestoßener* m

Parian ['pɛəriən] 1. a *p arisch, v Paros* 2. s *parisches Porzellan* n

parietal [pə'raiitl] 1. a ⟨anat⟩ *pariet al* (*z Körperwandung gehörig*); *Scheitelbein–* (~ bone) 2. s *Scheitelbein* n

paring ['pɛəriŋ] s *Abschneiden* n ‖ *abgeschnittenes Stück* n; ~s [pl] (*Abfall–*)*Schalen, Späne, Schnitzel* pl ‖ [attr] *Schneid–; Schäl–; Schab–*

paripinnate ['pæripineit] a ⟨bot⟩ *paarig gefiedert*

Paris ['pæris] s Fr [attr] *Pariser–*; ~ blue *–blau*; ~ green *Schweinfurtergrün*; ~ white *gemahlener Kalkspat* m

parish ['pæriʃ] s *Kirchspiel* n (the ~ of N. *das K. N.*), *Pfarrbezirk* m ‖ (a civil ~) *Armenunterstützungsdistrikt* m; to go on the ~ *Armenunterstützung erhalten* ‖ (*Kirchspiel-*)*Gemeinde* f ‖ [attr] *Pfarr–* (~ church *–kirche*), *Kirchen–* (~ register *–buch*); *Gemeinde–* (~ council *–rat,* ~ office *–amt*) ‖ ~ clerk *Küster* m; ~ pump politician *Kirchturmpolitiker* m ~**ioner** [pə'riʃənə] s *Gemeindemitglied* n, *Pfarrkind* n

Parisian [pə'rizjən] 1. s *Pariser*(*in* f) m 2. a *Pariser* (~ mode)

parisyllabic [,pærisi'læbik] a *gleichsilbig*

parity ['pæriti] s *Gleichheit, Gleichberechtigung* f ‖ ⟨com⟩ *Parität* f, *Umrechnungskurs* m (at the ~ of *z U. v*); at ~ *z Pari, pari*

park [pa:k] 1. s *Wild–; Gutspark* m ‖ *öffentl. Park* (Hyde ~); *–anlagen* f pl ‖ ⟨Am⟩ *Hochtal* n ‖ (⟨a⟩ national ~) *Naturschutzpark* m ‖ ⟨mil⟩ *Sammelstelle* f, *Geschütz–, Fuhrpark* m; (*Auto–, Flugzeug–*)*Parkplatz* m; ⟨Am⟩ *Spiel–* 2. vt/i (*wie*) in *e–m Park einschließe* n ‖ ⟨sl⟩ to ~ o.s. „*platzen*" (= *Platz nehmen*; ~ your stern here °„*platzen Sie*", *setz dich auf d–e 4 Buchstaben* ‖ ⟨mil⟩ in *e–m Geschützpark aufstellen* ‖ (*Wagen, Autos*) *auf e–m Parkplatz aufstellen* ‖ ⟨übtr⟩ *aufbewahren,* (*Wagen*) *abstellen* ‖ vi *parken* ~**ing** ['~iŋ] s *Parken* n; ~

prohibited! ⟨mot⟩ *Parkverbot!* n ‖ [attr] *Park-*
(~-place) ‖ ~ attendant *Parkplatzwächter* m ‖
⟨mot⟩ ~ brake *Handbremse* f; ~ garage
Park-, Stockwerks-, Hochgarage f; ~ light
Standlicht (am Wagen); ~ lot ⟨Am⟩ *Parkplatz*
m ‖ ~ meter *Park(zeit)uhr* f ‖ ~(-)way ⟨Am⟩
Aussichtsautobahn f *(f Lkw gesperrt)*
  parka [ˈpɑːkə] s *Anorak* m, *Schneehemd* n;
⟨urspr⟩ *(Eskimo-)Felljacke* f
  parkin [ˈpɑːkin] s *Art Honigkuchen* m
  parkometer [pɑːˈkɔmitə] s ⟨mot⟩ *Parkuhr* f
  parky [ˈpɑːki] a ⟨sl⟩ *kühl, frisch, scharf*
(wind)
  parlance [ˈpɑːləns] s *Redeweise* f; in common
~ *wie man sich gewöhnlich ausdrückt,* in strict ~
*wörtlich, genau genommen, im eigentlichen Sinne
des Wortes*
  parlay [ˈpɑːli, pɑːˈlei] ⟨Am⟩ **1.** vt/i | *Einsatz
u Gewinn f ein weiteres Rennen stehen l* ‖ **2.** s
Nachwette f, → l
  parley [ˈpɑːli] **1.** s ⟨mil⟩ *Unterredung;*
(Friedens- etc) *Unterhandlung* f; to beat a ~
Scham·ade schlagen ‖ ⟨Am⟩ *Konferenz* f **2.** vi/t
‖ ⟨mil⟩ *unter-, verhandeln* (with); *parlamen-
tieren* | vt ⟨fam⟩ *(Sprache) sprechen, parlieren*
(to ~ French) **~voo** [ˌpɑːliˈvuː] Fr *(aus parlez-
vous)* **1.** s *frz. Sprache* f ‖ *Franzose* m **2.** vi
französisch sprechen
  parliament [ˈpɑːləmənt] s *Parlament* n (in ~
in P.); ⚹ *das Parlamentsgebäude* n; Act of ⚹
Parlamentsakte, Reichsgesetz (the ⚹ Act 1911);
→ member | ⚹ met *das P. trat zus;* to enter ⚹,
get into, to go into ⚹ *ins P. gewählt w* **~arian**
[ˌpɑːləmenˈtɛəriən] **1.** a *parlament·arisch* **2.** s
⟨hist⟩ *Anhänger des P.* (*unter Karl I.*) ‖ *Parla-
ment·arier* m ‖ ⟨Am⟩ *Verhandlungsleiter* m
~arianism [–izm], **~arism** [ˌpɑːləˈmentərizm] s
Parlamentar·ismus m **~ary** [ˌpɑːləˈmentəri] a
parlamentarisch; Parlaments- ‖ ⟨übtr⟩ *höflich,
gebildet* (language) ‖ ⟨rail⟩ **~-train** *Bummel-
zug* m
  parlies [ˈpɑːliz] s pl ⟨sl⟩ °„*Eßzimmereinrichtung*" f *(Zähne)*
  parlour, ⟨Am⟩ **parlor** [ˈpɑːlə] s *Wohnzimmer*
n; *gute Stube* f; *Salon* m ‖ (in a bank, etc)
Empfangs-, Sprechzimmer n ‖ (in an inn)
Extra-, Gästezimmer n ‖ ⟨Am⟩ (in a shop)
Raum m | **~-car** ⟨rail⟩ *Luxuswagen* m ‖ **~-
lizard, ~-snake** ⟨Am⟩ *Salonlöwe* m ‖ **~-maid**
Stubenmädchen n ‖ ~ pink *Salon-Sozialist* m
  parlous [ˈpɑːləs] ⟨dial & †⟩ **1.** a *gefährlich,
kritisch* **2.** adv *äußerst, ungeheuer*
  Parmesan [ˌpɑːmiˈzæn] Fr s (a ~ cheese)
Parmes·ankäse m
  Parnassian [pɑːˈnæsiən] a *parnassisch* **–ssus**
[pɑːˈnæsəs] s L *Parn·aß* m; ⟨fig⟩ *Dichtkunst* f |
⟨bot⟩ ~ grass, grass of ~ *Sumpfherzblatt* n
  Parnellism [ˈpɑːnelizm] s *die ir. Homerule
Politik (1890 bis 1891) unter* Ch. St. *Parnell*
  parochial [pəˈroukjəl] a (~ly adv) *Pfarr-,
Gemeinde-* ‖ ⟨fig⟩ *eng·begrenzt engherzig;* ~
politics [pl] ⟨fig⟩ *Kirchturmpolitik* f **~ism**
[~izm], **~ity** [pəˌroukiˈæliti] s *Kirchspiel-
charakter* m, *–angelegenheit* ‖ *Engherzigkeit* f,
Spießbürgertum n
  parodist [ˈpærədist] s *Parod·ist, Verfasser v
Parodien*
  parody [ˈpærədi] **1.** s *Parodierung, spöttelnde*
or *scherzhafte Nachahmung* (of a p *jds*), *Parodie* f
(of a p *auf jdn*) (e.g. *Aristophanes'* „*Frösche*" [*in
denen er Äschylos u Euripides parodiert*],
*Chaucer's Rime of Sir Thopas, Cervantes'
Don Quixote*) ‖ *Entstellung, Verzerrung* f **2.** vt
(*jdn, etw*) *parodieren*
  parol [ˈpærəl] a ⟨jur⟩ *mündlich;* ~ *evidence*
⟨jur⟩ *mündliche Vernehmung* f, *–cher Beweis* m;
~ e. rule *Ausschließung* f *mündl. Beweise im
Falle des Vorliegens v schriftl. Beweisstücken*

  parole [pəˈroul] **1.** s ⟨mil⟩ (a ~ of honour)
Ehrenwort n; to break one's ~ *sein E. brechen;*
⟨mil⟩ a man on ~ *Gefangener auf E.* ‖ ⟨mil⟩
Parole, Losung f ‖ ⟨Am⟩ = ticket-of-leave
2. vt ⟨mil⟩ *(jdn) auf Ehrenwort verpflichten*
  paronym [ˈpærənim] s *stammverwandtes Wort*
n **~ous** [pəˈrɔniməs] a *stammverwandt*
  paroquet [ˈpærəket] s = parakeet
  parotid [pəˈrɔtid] a ⟨anat⟩ *am Ohr befindlich*
‖ ~ gland *Ohrspeicheldrüse* f
  paroxysm [ˈpærəksizm] s *plötzl. Steigerung* f
e–r Krankheit; (periodischer) *Anfall* m ‖ *(Ge-
fühls-)Anfall* m; ~ of laughter *Lachanfall* m
~al [ˌpærəkˈsizməl] a *krampfartig, heftig*
  paroxytone [pəˈrɔksitoun] s ⟨gram⟩ *Parox·y-
tonon* n (*Wort mit Hochton auf vorletzter Silbe*)
  parpen [ˈpɑːpən] s ⟨arch⟩ *Art Binder* m (*v e–r
Seite der Mauer z anderen gehender Stein*) ‖ (a
~-wall) *e–e aus solchen Bindern bestehende
Mauer; Scheidewand* f
  parquet [ˈpɑːkei] **1.** s *Park·ett(fußboden* m) n
‖ ⟨theat bes Am⟩ *Park·ett* n **2.** vt *mit P. auslegen* (~ed floor) **~ry** [ˈpɑːkitri] s *Parkett-
arbeit, –täfelung* f
  par(r) [pɑː] s ⟨ich⟩ *junger Lachs* m, → salmon
  parricidal [ˌpæriˈsaidl] a *vater-, muttermörderisch* **–cide** [ˈpærisaid] s **1.** *Vater-,
Mutter-, Elternmörder* m ‖ *Landesverräter* m **2.**
Vater-, Mutter-, Elternmord m ‖ *Landesverrat* m
  parrot [ˈpærət] **1.** s ⟨orn⟩ *Papagei* m; ~
disease –krankheit f ‖ ⟨fig⟩ *Schwätzer, Nach-
schwätzer* m **2.** vt (*etw*) *nachplappern; gedankenlos nachsprechen*
  parry [ˈpæri] **1.** vt (*Hieb*) *parieren, abwehren* ‖
(*Angriff*) *auffangen* | to ~ words with a p *mit
jdm e–n Wortwechsel, –streit h* **2.** s *Parade* f,
abwehrender Stoß m
  parse [pɑːz] vt ⟨gram⟩ *grammatisch analysieren, zerlegen* ‖ *genau untersuchen*
  parsec [ˈpɑːsek] s ⟨astr⟩ *Pars·ek* n, (*Fix-)
Sternweite* f (*Distanzeinheit = 3,26 Lichtjahre*)
  Parsee [pɑːˈsiː] s *Parse* m
  parsimonious [ˌpɑːsiˈmounjəs] a (~ly adv)
karg, sparsam (of *mit*) ‖ *knauserig* **~ness** [~nis],
–mony [ˈpɑːsiməni] s *Sparsamkeit* f; ⟨a fig⟩ (of
phrase *im Ausdruck*) ‖ *Knauserigkeit* f
  parsley [ˈpɑːsli] s ⟨bot⟩ *Petersilie* f
  parsnip [ˈpɑːsnip] s ⟨bot⟩ *P·astinak* m, *Pasti-
n·ake* f (*Wurzelgemüse*)
  parson [ˈpɑːsn] **I.** s **1.** ⟨C. E.⟩ *Rektor* m |
⟨übtr⟩ *Vikar* m ‖ *staatskirchl. Geistlicher*
2. ⟨fam allg⟩ *Geistlicher, Pfarrer* m ‖ ⟨cont⟩
Pfaffe m | ⟨fam⟩ **~'s** nose „*Papstnase*"
(*Steiß v Geflügel*) **II.** vi ⟨fam⟩ *dem Kind (durch
Heirat) e–n ehrlichen Namen geben* **~age** [~idӡ]
s ⟨ec⟩ *Wohnhaus e–s Rektors* (etc); *Pfarrhaus* n
~ic [pɑːˈsɔnik] a *geistlich, kirchlich*
  part [pɑːt] **I.** s **A.** (*T e i l*) **1.** *Teil, Bau-,
Zubehörteil* m | (a) ~ of *ein T. v* (only ~ of
them *nur ein T. v ihnen*); (a) great ~ of *ein gr T.
v;* the greater ~ *der größte Teil, die Mehrheit* f;
das Meiste (of their income); *die längste Zeit*
(of his life); most ~ *der größte T.* (most ~ of
the year .. *des Jahres;* .. of them *v ihnen*) ‖ ~ by
volume *Raumteil* m ‖ 3 ~s of sugar *3 Teile
Zucker;* 3 ~s Roman *z 3 Teilen römisch* or *ein
Römer* ‖ ~ of a negative ⟨phot⟩ *Ausschnitt* m ..
‖ ~ of speech *Redeteil* m, *Wortklasse* f | to be ~
and parcel of *ein wesentlicher Bestandteil s v* ‖
to form a ~ of *e–n T. bilden v* **2.** *Teil* m, *Stück,
Glied* n; *Heft* n, *Lieferung* f (in ~s) ‖ old man's
~ *Altenteil* n ‖ ⟨jur typ⟩ *Teil* m | ~s [pl]
Glieder, Teile pl; the ~s (= the privy ~s) *die
Schamteile* pl **B.** (*A n t e i l*) **1.** *Anteil* m (in *an*),
Quote, Beteiligung f | to be art and ~ in *Anteil h
an;* to have neither ~ nor lot (*od* no ~ or lot)
in *nicht das geringste z tun h mit;* to take (an)
active ~ in a th, in doing (*aktiv*) *teilnehmen an*

etw, z tun **2.** *Amt* n, *Aufgabe, Pflicht* f (to be one's ∼ to do); *Schuldigkeit* f (to do one's ∼) **3.** ⟨theat⟩ *Rolle* f (in ∼s); to play, act a ∼ *e–e R.* spielen; ⟨fig⟩ to play a ∼ *e–e R.* spielen, *v Bedeutung s*; to play one's ∼ *e–e R. bei e–r S* spielen, *s–n Teil dazu beitragen*; to take a ∼ *e–e R.* übernehmen ⟨mus⟩ *Einzelstimme* f, *–instrument* n ∼s [pl] *geistige Anlagen* f pl; *hohe geistige Fähigkeit* f; of ∼s *begabt, ausgezeichnet* (a *swimmer* of ∼s); *vielseitig, geweckt* **C.** *Gegend* f (what ∼ do you come from? *aus welcher G. k Sie?*); *Bezirk* m [*mst* pl ∼s]; in these ∼s *in dieser G., hierzulande* ⟨fig⟩ *Seite, Sache, Partei* f; to take the ∼ of a p, to take ∼ with a p *jds P. ergreifen* **D.** [*nach* prep]: for my ∼ *ich f m–n Teil, meinerseits*; for the most ∼ *meisten(teil)s, größtenteils* in ∼ *teilweise, z Teil*; *auf Abschlag*; *Teil–,* payment in ∼ *–zahlung* f in large ∼ *z gr Teil* to take a th in good (bad) ∼ *etw gut (übel) aufnehmen* on the ∼ of a p *v seiten, seitens jds*; on my ∼ *meinerseits* **E.** [attr] *Teil–*; to take in ∼ *exchange in Zahlung nehmen*; *your old car is taken in* ∼ *e. .. wird gegen Aufgeld umgetauscht* ∼-load rate *Stückgutfrachtsatz* m; *Teil–, Abschlags–*; ∼-payment *–zahlung* f (in ∼ *auf Abschlag*) *Mit–* (∼-owner *–besitzer*) ∼-song *mehrstim. Gesang e–r Melodie* ∼-time *verkürzte Arbeitszeit* f; ∼-t. [attr] → **II.** ∼-timer *Kurzarbeiter* m, *Halbtagskraft* f, ⟨ftb⟩ *Vertragsspieler* m **II.** adv *teils, teilweise, z Teil* ∼-heard *z Teil gehört* ∼-time *nur teilweise beschäftigt*; *Aushilfs–* (worker) ∼-t. employment *Kurzzeitbeschäftigung* f, ∼-t. job *Halbtagsarbeit* f ∼ .. ∼ *teil .. teils*

part [pɑːt] vt/i **A.** vt **1.** *teilen*; to ∼ one's hair *sich das Haar scheiteln* ⟨Kämpfende⟩ *trennen*; (*jdn, etw*) *trennen* (from *v*), ∼ed from *getrennt v* **2.** *zerteilen* (into *in*), *–trennen*; *–reißen* *aus–e–a–trennen*, *–halten* to ∼ company *sich* (*v–e–a*) *trennen*; .. with a p *sich t. v jdm*; *e–n anderen Weg gehen*; *anderer Meinung s als jd* abgrenzen (from *gegen*); ⟨chem⟩ *scheiden*; ⟨fig⟩ (*etw*) *unterscheiden* (from *v*) **3.** † (a to ∼ out) *verteilen* (among *unter*) **B.** vi **1.** ⟨mar⟩ *brechen, zerreißen* **2.** *sich trennen* (into *in*); *aus–e–a–gehen, scheiden*; to ∼ friends *als Freunde aus–e–a–gehen* to ∼ from a p *sich trennen v*; *scheiden v jdm* to ∼ with a th *sich f immer v etw trennen*; *etw aufgeben*; *loswerden, verkaufen, abgeben, verlieren* to ∼ with a p *jdn entlassen* **3.** ⟨sl⟩ *zahlen* **4.** † *abreisen, fortgehen*; ⟨poet⟩ *sterben*

partake [pɑːˈteik] vt/i [→ to take] **1.** vt (*etw*) *teilen mit jdm, teilhaben an* (to ∼ a p's fortunes) **2.** vi: to ∼ in a th, of a th *teilnehmen, –h an etw, etw mit–e–a teilen* to ∼ of a th *etw entgegen–, annehmen*; to ∼ of a meal *e–e Mahlzeit z sich nehmen, einnehmen, genießen*; [abs] I'd rather not ∼ now *ich möchte lieber jetzt nichts z mir nehmen* to ∼ of *etwas an sich haben v* ∼r [∼ə] s *Teilnehmer(in), –haber(in* f) m (of *an*)

parterre [pɑːˈtɛə] s Fr ⟨theat⟩ *Parterre* n ⟨hort⟩ *Blumenbeet* n

parthenogenesis [ˌpɑːθinouˈdʒenisis] s *Parthenogenˈese, Jungfernzeugung* f

Parthian [ˈpɑːθiən] ⟨ant⟩ **1.** a *parthisch* **2.** s *Parther* m

partial [ˈpɑːʃəl] **1.** a *einseitig, parteiisch*; to be ∼ to (a th) *eingenommen s f (etw), (etw) sehr gern h* *Teil–* (∼ amount *–betrag,* ∼ exposure *–belichtung* f); *Halb–*; *begrenzt, unvollständig* (∼ success); *partiˈell* (∼ eclipse) **2.** s ⟨mus⟩ *Teilton* m ∼ity [ˌpɑːʃiˈæliti] s *Parteilichkeit* f *besondere Vorliebe* f (for, to *f*) ∼ly [ˈpɑːʃəli] adv *teilweise, z Teil* (∼-united)

partible [ˈpɑːtibl] a (*ver*)*teilbar* (among *unter*)
participant [pɑːˈtisipənt] s *Teilnehmer(in* f) m (in *an*) *–ate* [pɑːˈtisipeit] vt/i **1.** vt (*etw*) *teilen,*

gemeinsam h (with *mit*) **2.** vi: to ∼ in a th *teilhaben, –nehmen, sich beteiligen an etw*; *etw teilen, gemeinsam h* (with a p *mit jdm*); *beteiligt s an etw* to ∼ of *etw an sich h v* *–ating* [∼iŋ] a ⟨ins & com⟩ *gewinnberechtigt, –beteiligt* (policy) *–ation* [pɑːˌtisiˈpeiʃən] s *Teilnahme* f (in *an*) (*Gewinn–*)*Beteiligung* f *Teilhaftigkeit* f, *Genuß* m (of a th *e–r S*) *–ator* [pɑːˈtisipeitə] *Teilnehmer* m (in *an*)

participial [ˌpɑːtiˈsipiəl] a (∼ly adv) ⟨gram⟩ *partizipiˈal* *–ciple* [ˈpɑːtsipl] s ⟨gram⟩ *Partiˈz·ip(ium)* n

particle [ˈpɑːtikl] s *Teilchen, Stückchen, bißchen* n; *fundamental* ∼, *elementary* ∼, *subatomic* ∼ ⟨at⟩ *Elementarteilchen* n (*Proton, Neutron, Meson* etc) ⟨übtr⟩ *Fünkchen* n, *Spur* f (not a ∼ of *k–e S. v*) ⟨gram⟩ *Partˈikel* f ∼ accelerator ⟨at⟩ *Teilchenbeschleuniger, Atomzertrümmerungsapparat* m; ∼ detection ⟨at⟩ *Teilchennachweis* m; ∼ momentum *–impuls* m; ∼ shift *–verschiebung* f

parti-coloured, party- [ˈpɑːtiˌkʌləd] a *bunt, verschiedenfarbig*

particular [pəˈtikjulə] **I.** a **1.** *individuell, einzeln* **2.** *besonder, ungewöhnlich*; there is nothing ∼ in it *es ist nichts Besonderes dabei* **3.** *ausführlich, umständlich, genau* (in *in*) **4.** *peinlich, genau*; *vorsichtig* (not to do); to be ∼ about *es genau nehmen mit* *wählerisch* (in, about, as to *in*; in doing) **5.** [abs] ⟨log⟩ the ∼ *das Besondere*; in ∼ *im besonderen, insbesondere* **II.** s *Einzelheit* f; *einzelner or besonderer Punkt* m or *Umstand* m; on this ∼ *in diesem Punkte* *Tatbestand* m ∼s [pl] *Einzelheiten*, to go into ∼s *ins einzelne gehen* *nähere Umstände* pl, *nähere Auskunft* f, *Näheres* n; for ∼s inquire within *N. hierselbst* ⟨jur⟩ bill of ∼s *Einzelheiten* (*v früher generell behaupteten Tatsachen*) *enthaltender Schriftsatz* m ∼ism [pəˈtikjulərizm] s *Sonderbestrebung* f ⟨pol⟩ *Partikularismus* m, *Kleinstaaterei* f ∼ity [ˌpəˌtikjuˈlæriti] s *Besonderheit*; *besondere Bewandtnis* f *Ausführlichkeit* f *Genauigkeit, Eigenheit* f ∼ization [pəˌtikjulərai-ˈzeiʃən] s *Einzelbehandlung, Detailschilderung* f (power of ∼) ∼ize [pəˈtikjuleraiz] vt/i *einzeln or ausführlich angeben, spezifizieren* *eingehend darstellen* vi *ins einzelne gehen* ∼ly [∼li] adv *im besonderen*; *besonders*; (more) ∼ as *um so mehr als*; not ∼ *nicht sonderlich* *hauptsächlich*; *ausdrücklich*

parting [ˈpɑːtiŋ] s **1.** *Teilung*; *Trennung* f ∼ of the ways *Weggabelung* f, *–scheide* f; ⟨fig⟩ *Trennung* f; *Scheideweg* m (at the ∼ of the ways *am Sch.*) (*Haar–*)*Scheitel* m ⟨chem⟩ *Scheidung* f **2.** *Zerreißen* n; *Riß* m **3.** *Abschied* m (at ∼ *beim A.*); *Scheiden* n **4.** [attr] *Abschieds–* (∼ kiss); *Scheide–, Trenn–* ⟨min⟩ ∼ shaft); ∼ silver *Scheidesilber* n

partisan, –izan [ˌpɑːtiˈzæn] s (*blinder*) *Anhänger, Freund* (*e–r S*); *Parteigänger* m; ∼ of Peace *Friedens(vor)kämpfer* m ⟨mil⟩ *Freischärler*; *Partisˈan* m [attr] *Partei–*; ∼ spirit *–geist* m ∼ship [∼ʃip] s *–anhängerschaft* f, *–gängertum* n; ⟨übtr⟩ *Partei–, Cliquen–, Vetternwirtschaft* f; *Parteinahme* f

partisan [ˈpɑːtizən] s Fr ⟨hist⟩ *Partisˈane* f (*Stoßwaffe*)

partite [ˈpɑːtait] a ⟨bot⟩ *geteilt*
partition [pɑːˈtiʃən] **1.** s *Teilung* f, *Verteilung* f (among *unter*); *Zerteilung* f; ∼ action ⟨jur⟩ *Grundstücksteilungsklage* f *Scheidewand* f; ∼-wall *Brandmauer* f *Verschlag* m *Abteilung* f, *Teil* m; (in a cupboard) *Fach* n **2.** vt (*Gebiet*) *aufteilen*; (ver)*teilen* to ∼ off *abteilen, –trennen*

partitive [ˈpɑːtitiv] ⟨gram⟩ **1.** a (∼ly adv) *teilend, Teil–*; *partitˈiv* **2.** s *e–n Teil bezeichnendes Wort* n

partly ['pɑːtli] adv *teils* (is it ~ that ..? *kommt dies teils daher, daß* ..?); ~ .. ~ *teils* .. *teils* [in comp] *teilweise, z Teil* (a ~-closed door) || ~-eaten (chocolate) *angebissen* || ~ *motorized teilmotorisiert* || ~-smoked (cigar) *angeraucht*

partner ['pɑːtnə] **1.** s *Teilnehmer* (in, of a th *an etw*); *Genosse* m | ⟨com⟩ *Teilhaber* (senior ~ *älterer* ~; limited ~; *Kommanditist* m; general ~ *Komplementär* m; sleeping ~ *stiller T.*); *Kompagnon, S·ozius* m | *Gatte* m, *Gattin* f || *Tanzpartner* m || ⟨sport⟩ *Mitspieler, Partner* m; we are ~s *wir spielen zus* | ~s [pl] ⟨mar⟩ *Fischungen* f pl (*Verstärkungen am Mast* etc) **2.** vt to ~ a p *sich zus–tun mit, sich assoziieren mit jdm*; *zus–spielen, –tanzen mit jdm* **~ship** [~ʃip] s *Teilhaberschaft* f (in *an*); sleeping ~ *stille T.* || ⟨com⟩ *offene Handelsgesellschaft* f; ~ at will *jederzeit kündbare offene H.*; limited ~ *Kommanditgesellschaft* f; *deed of* ~ *Gesellschaftsvertrag* m || to enter into ~ *sich assoziieren* (with *mit*); to take a p into ~ *jdn als Teilhaber aufnehmen*

partridge ['pɑːtridʒ] s ⟨orn⟩ *Rebhuhn* n; a *brace of* ~s *ein Paar Rebhühner* || *Barbary's* ~ *Felsenhuhn*; red-legged ~ *Rothuhn*; rock ~ *Steinhuhn* || → covey

parturient [pɑː'tjuəriənt] a *gebärend, kreißend*; ⟨fig⟩ *schwanger* || **–ition** [‚pɑːtjuə'riʃən] s *Gebären* n

party ['pɑːti] s **1.** (*Gruppe, Körperschaft*) *Partei* (a three-~ conference) || ⟨mil⟩ *Abteilung* f, *Detachement, Kommando* n || *Vereinigung, Gesellschaft* f (hunting ~), a ~ of mountaineers *e–e G. Bergsteiger*; to make one of the ~ *sich e–r G. anschließen* | *Gesellschaft, Veranstaltung* f (tea ~ *Tee–*; at the ~ *auf der G.*); to give a ~ *e–e G. geben* || ⟨aero sl⟩ *Luftkampf, Bombenangriff* m **2.** (*einzelne P*) *Partei* f; *Kläger* or *Beklagter* m; a third ~ *ein Dritter*; contracting ~ *Kontrahent* m | *Teilhaber, Interessent, Beteiligter* m (to *an*); the –ties concerned [pl] *die Beteiligten* pl; necessary –ties [pl] ⟨jur⟩ *notwendige Streitgenossenschaft* f || the ~ to a contract *der Kontrahent* || to be a ~ to a th *Teil e–r S s, teilnehmen an, beteiligt s an* or *bei etw, z tun h mit etw*; to be no ~ to *nicht teilnehmen an* | ⟨vulg⟩ *Person* f, *Mann* m; ⟨sl⟩ a ~ *e–e P*; ⟨mar sl⟩ *Mädchen, Techtelmechtel* n **3.** [attr] *Partei–* || ~ *hierarchy –herrschaft* f; ~ *line* ⟨Am parl⟩ *festgelegte –politik* f, *–direktiven* f pl; to follow the ~-l. *–disziplin halten, linientreu s*; ~ *liner* ⟨Am⟩ *unentwegter –gänger* m, *linientreues –mitglied* n; ~-*man –mann*; ~ *machine –apparat* m; ~ *machinery –organisation* f; ~ *spirit –geist*; ~ *ticket* (*bes* Am) ~ *platform· –programm* n; ~-*line* ⟨telph⟩ *Sammel–, Gemeinschaftsanschluß* m || ~ *travel ·rail*⟩ *Gesellschaftsfahrt* f || ~-*wall die zwei Zimmern gemeinsame Wand* f || *Brandmauer* f

parvenu ['pɑːvənjuː] s Fr *Emporkömmling* m

parvis ['pɑːvis] s *Vorhof* (*e–r Kirche*)

pas [pɑː] s (pl ~ [~z]) Fr *Vortritt* m, to give a p the ~ *jdm den V. geben* (of *vor*) | *Tanzschritt* m

paschal ['pɑːskəl] a *Passah–, Oster–*

pash [pæʃ] a ⟨sl⟩ = passionate || ~ *pants* ⟨mil⟩ *Stehhose* f (*Ggs Sitz–*)

pasha, pacha ['pɑːʃə; pɔ'ʃɑː] s *P·ascha* m

pashm ['pæʃəm] s *feine Ziegenwolle* f (*aus Tibet*)

pasque-flower ['pɑːsk‚flauə] s ⟨bot⟩ *Küchenschelle, Pulsat·ille* f

pasquinade [‚pæskwi'neid] **1.** s *Pasqu·ill* n, *Schmähschrift* f **2.** vt (*jdn*) *schmähen*

pass [pɑːs] s *Paß, Engpaß* m, *Gebirgsjoch* n || ⟨mil⟩ *Zugang* m, *–stellung* f (*a* fig) || to hold the ~ *die Stellung halten*; ⟨fig⟩ *e–e S verfechten* || to sell the ~ *die St. aufgeben*; ⟨fig⟩ *e–r S die*

Treue brechen || *Kanal* m || *enger Durchgang, Gang, Weg* m

pass [pɑːs] vi/t [pp ~ed; *als* a: past] **I. vi 1.** *bewegt w, sich bewegen*; *gehen, ziehen*; *fließen*; *fahren* (to ~ *along entlang–*; to ~ *down hinunter–*; to ~ *over fahren über*) || *geraten* (into; in; under) || *sich ausdehnen, schreiten* (to *z*) | *in Umgang, gangbar s*; to ~ *by the name* (of *N.*) *unter dem Namen* (*N.*) *bekannt s*; to ~ *for od* as *gelten als* ⟨mil⟩ to ~ *in review vorbeimarschieren* | *v Ort z Ort gehen; ziehen* (etc) (from .. to); *übergehen* (into *z*), *werden* (into *z*); ⟨jur⟩ (*als Erbe*) *fallen* (to *an*) || *ausgetauscht w* **2.** *fortgehen* (from *v*); *scheiden* (from among us *v uns*) **3.** (*die übl. Bdtg.*) *vorbeigehen, –fahren, –ziehen* etc (to let .. ~ *vorbeigehen l*); (of time) *vergehen, vorübergehen, –fließen*; *z Ende gehen*; *verschwinden* (those times have *od* are ~ed away, → past) **4.** (*hin*)*d·urchgehen, hindurchschreiten* etc; (*v Arbeit, Leistung*) *angenommen* or *geduldet w, hingehen, angehen, passieren*; (of bills) *d·urchgehen*; *durchkommen, bestehen* (in examination) **5.** *passieren, sich ereignen* | *vor sich gehen, sich abspielen* | ⟨jur⟩ (*ab*)*urteilen* (on *über*); (of verdict) *gefällt w, ausgegeben w* | ⟨fenc⟩ *ausfallen* || ⟨cards⟩ *passen* **6.** [mit prep]: to ~ **beyond** *hinausgehen über, überschreiten* (limits) || to ~ **by** *vorübergehen an* || to ~ *over hinüberwachsen über* (a bridge); *mit der Hand streichen über* || ⟨mot⟩ to ~ *over the white line die weiße Linie überf·ahren* | to ~ **through** (*hindurch*)*gehen, –reisen durch*; *dringen durch* || ⟨fig⟩ *d·urchmachen, erfahren, –leben* | to ~ to *übergehen an* (the throne will ~ to him) **7.** [mit adv] [level stress]: to ~ **along** *weitergehen* | to ~ *away fortgehen*; *sterben* | (of time) *vergehen* || (*S*) *dahin–, verschwinden, z Ende gehen, aufhören*; *untergehen* | to ~ **by** *vorbeigehen, –fließen* || *vergehen, –fließen* || ⟨fig⟩ *dahinschwinden* | to ~ **off** (of sensations) *vorübergehen, verschwinden, –gehen* || (of events) *vor sich gehen, vonstatten gehen, ab–, verlaufen* | to ~ *on vorwärts–, weitergehen* | *sterben* || ⟨übtr⟩ *weiter–, übergehen* (to *z*) | to ~ **out** *hinaus–, fortgehen* || ⟨sl⟩ *sterben*; ⟨Am⟩ *das Bewußtsein verlieren* | to ~ *over übergehen* (into *in*); *hinübergehen* (to the other side *auf die andere Seite*) || *sterben* || ⟨übtr⟩ *über–, weitergehen* (to *z*) **II. vt 1.** *vorbei–, vorübergehen* (*–ziehen, –fahren, –fließen* etc) *an*; he has ~ed the chair *er ist Vorsitzender gewesen* || *überg·ehen, nicht erwähnen* | *durchg·ehen* (*–f·ahren* etc) || ⟨fig⟩ (*jetzt mst* to ~ **through**, → I, 6) *erfahren, d·urchmachen* | *Annahme finden bei* (*jdm*), *gebilligt w v* (*jdm*), the bill has ~ed the house *der Gesetzentwurf ist v dem Hause angenommen worden* || *abgefertigt w v* (to ~ the customs) || (*Prüfung*) *bestehen* | ⟨com⟩ (*Betrag*) *überweisen* (from *v*, to *auf*) || ~ the word along! *weitersagen!* || *überschr·eiten, hin·ausgehen über*; *überst·eigen* | to ~es my comprehension *es geht über m-e Begriffe*) **2.** [kaus] **a.** *gehen* (etc) *l, befördern, gelungen l, reichen* (a p a th *od* a th to a p *jdm etw*); ~ the salt, please *reichen Sie mir bitte das Salz* || *verabfolgen* | (*Hand* etc) *gleiten l* (across *über*), *schieben, stecken* (through *durch*); *bewegen, legen* (round *um*); to ~ *one's hand across mit der Hand fahren über*, .. *one's eye over a th etw rasch* or *flüchtig überbl·icken* **b.** *vorbeigehen* (*–ziehen*) *l*; to ~ *in review Revue passieren l* || (*Zeit*) *ver–, zu–, hinbringen, verleben* **c.** *durchgehen l*; *he ran his sword through him er durchbohrte ihn mit s–m Schwerte* || (*jdn*) *durchlassen* || (*Ware*) *durchschmuggeln*; to ~ a cheque *e–n Scheck einlösen* || (*Gesetz*) *durchbringen, verabschieden*; the bill was ~ed *das Gesetz wurde angenommen*; *in Umlauf bringen*; *erlassen*; (*Rechnung*) *anerkennen, zulassen, gelten l, genehmigen*; to ~ a th to a p's credit, account *jdm etw gutschreiben, in Rechnung bringen*; ⟨Am⟩ to ~ the buck *die Verantwortung auf e-n anderen abschieben* || *(Kandidaten) durch*(kommen)*lassen* **d.** *übergeben, reichen* (from hand to hand); to ~ a p over to *jdn ausliefern an*; ⟨ftb⟩ *(Ball) weitergeben*; to ~ one's word *sein Wort geben* **e.** *v sich geben*; to ~ water *Wasser l* || *(Meinung* etc) *äußern*; *(Kritik) üben* (on *an*); to ~ judgement *ein Urteil fällen* (on *über*) || to ~ the time of day *die Tageszeit bieten* (grüßen) **3.** [*mit* adv] [level stress] to ~ **away** (*Zeit*) *verbringen* | to ~ by *überg·ehen* (he ~ed them by *er überging sie*); he ~ed by his brother) | to ~ in *einreichen*; ⟨sl⟩ .. in one's cheques *s–e letzte Rechnung m* (*sterben*) | ~ **off** *(fälschlich) ausgeben* (as, for *als*); to ~ o.s. off as *od* for *sich ausgeben als* || *(Hieb) abwehren, parieren* | to ~ **on** *weitergeben* (to *an*); *(Kosten) abwälzen* (to *auf*) | to ~ **out** *vergeben*; *(Bücher) ausgeben* | to ~ **over** *weitergeben* (to *an*); *übertragen* (to a *p jdm*) || *überg·ehen* (he ~ed him over; he ~ed over his brother); *(etw) auslassen*; (*Vergehen*) *hingehen l* (I'll ~ it over) | ~ **up** ⟨Am⟩ *verzichten auf*; *–weigern, aufgeben*; *vernachlässigen, vorübergehen l* || *·ablehnen, zurückweisen*

pass [pɑ:s] s **1.** *Durchkommen, Bestehen* (*e–r Prüfung*) n; ⟨univ⟩ (*a ~–degree*) *der einfache Grad, Pass-Grad m* (*Ggs honours*) **2.** *Umstand* m; *kritische Lage* f; to be at a desperate ~ *hoffnungslos s* || to bring to ~ *aus–, vollführen*; *hervorrufen, bewirken* | to come to ~ *sich zutragen, eintreten*; things have come to a pretty ~ *es ist weit gek* **3.** *Passierschein,* ⟨a mil⟩ *Paß, Ausweis m* || ⟨mil⟩ *Dispens, Kurzurlaub m*; *Urlaubschein m* (⟨Am⟩ *bis 72 Stunden*) (on ~ *auf Kurzurlaub*) || ⟨mil sl⟩ to smash a ~ °*über den Zapfen wichsen* || ⟨vulg⟩ to make a ~ at *befummeln* || (*mst* free ~) ⟨rail⟩ *Freifahrschein* m; ⟨theat⟩ *Freikarte* f **4.** ⟨fenc⟩ *Stoß, Ausfall*; *Gang* m || *Trick* m || ⟨in mesmerism⟩ *Bestreichung* f, *Streichen* n; ⟨ftb⟩ *Zuspielen* n | **5.** ⟨mil⟩ ~ in review *Vorbeimarsch m* **6.** [attr] ~**-book** *(Privat-)(Bank-)Kontobuch* n || ~**-check** *Passierschein* m || ~**-key** *Hauptschlüssel, Drücker* m

passable ['pɑ:səbl] a (–bly adv) *befahr–, passierbar* || (of money) *gangbar, gültig* || *pass·abel, erträglich, leidlich* ~**ness** [~nis] s *Passierbarkeit* f

passage ['pæsidʒ] **I.** s **1.** *Durchgang* m; *–srecht* n (no ~ here) || *Durchfahrt, –reise* f, *–zug* m; ⟨com⟩ *Transit* m || (of birds) *Durchzug* m, bird of ~ *Zugvogel* m (*a übtr*) || *Übergang* m (from .. to *v .. nach*; into) ⟨a fig⟩ | *Seereise, –fahrt; Überfahrt*; to book one's ~ *e–e Schiffskarte lösen* (for *nach*); to take one's ~ *sich einschiffen* | *Fahrpreis* m || (of a bill) *Durchgehen, –kommen* n, *Verabschiedung* f; *Erlaß* m | ⟨hors⟩ *Pass·age* (*spanischer Tritt*) | ⟨med⟩ *Stuhl*(ent*leerung* f) m **2.** (*enger*) *Gang* (*auditory* ~ *Gehör–*; middle ~ *Mittelgang*) || *Weg* m; *Gasse* f | *Route* f || *Kanal* m || *Korridor, Flur* m **3.** (*gegenseitige Beziehung*) ~s [pl] *Beziehungen* f pl; *Aus–e–a–setzungen* f pl (with *mit*); *Verkehr* m (between); ~ of (*od* at) arms *Waffengang* m ⟨a fig⟩ **4.** *P·assus* m, *Stelle* (in *e–m Buch* or *auf e–m Bilde*) f | ⟨mus⟩ *Pass·age* f, *Lauf* m **5.** [attr] *Überfahrts–* (~*-money*); *Passagier–* (~*-boat*) || ~**-book** (*Bank-*)*Kontobuch* n || ~**-way** *Durchgang, Korridor* m **II.** vi *e–e Überfahrt m* (to) || ⟨fig⟩ *Redekampf führen*

passage ['pæsidʒ] vi/t || ⟨hors⟩ *sein Pferd dem Schenkel weichen l* | vt (*Pferd*) *dem Sch. w. l*

passant ['pæsənt] a ⟨her⟩ *schreitend*

passé ['pæsei] a *vergangen, vorüber, veraltet*; ·(of women) ~**e** *verblüht*

passementerie [pasmã'tri:] s [koll] *Posament·ierarbeiten* f pl, *Besatzartikel* m pl

passenger ['pæsindʒə] s *Passagier, Reisender, Fahrgast* m || ⟨sl⟩ *Versager, Drückeberger* m; ⟨sport⟩ *Mitläufer* m || [attr] *Passagier–*; *Personen–*; ~*-train* ⟨rail⟩ *Personenzug* m || ~*-car Personenkraftwagen* m || ~*-duty Fahrkartensteuer* f || ~ *list,* ~ *record Fahrgastliste* f || *public* ~ *traffic öffentl. Personenverkehr* m (*short-distance*) ~ *undertaking* (*Nah-*)*Verkehrsunternehmen* n

passe-partout ['pæspɑ:'tu:] s Fr *Hauptschlüssel* m || *Passepartout* n (*Rahmen*[*karton*]*-platte*) (f *Bilder*)

passer-by ['pɑ:sə'bai] s [pl *passers-by*] *der* (*zufällig*) *Vorübergehende, Pass·ant* m •

passerine ['pæsərain] **1.** a *Sitzfüßler–* || *sperlingsartig, Sperlings–* **2.** s *Sitzfüßler* m

passibility [,pæsi'biliti] s ⟨theol⟩ *Leidensfähigkeit* f –**ble** ['pæsibl] a *leidensfähig*

passim ['pæsim] adv L *hier u da*; *häufig* (*wiederkehrend*)

passimeter [pæ'simitə] s *Fahrkartendrucker* m (S)

passing ['pɑ:siŋ] **1.** s *Abtreten, Verschwinden, Schwinden; Dahinschwinden* n; *Hinscheiden* n; [attr] ~*-bell Totenglocke* f | *Vorüberziehen*; *–gehen* n; in ~ *im V., beiläufig* | *Durchgang* m, ~*-reise* f || ~ *axle durchgehende A.* || ~ *control Durchfahrtskontrolle* f || ~*-note* ⟨mus⟩ *Durchgangsnote* f || ~ *place* (*Verkehrs-*)*Ausweichstelle* f | *Vorkommen, Eintreten* || *Inkrafttreten, Durchgehen* n (of a bill) || *Bestehen* n (in *e–r Prüfung*); ~*-out examination Abschlußprüfung* f **2.** a *vorübergehend, flüchtig; beiläufig* || *vorbeifliegend* (*Ziel*) **3.** † adv *sehr* (~ rich) | ~**ly** [~li] adv *beiläufig, flüchtig*

passion ['pæʃən] **I.** s **1.** *Leidenschaft, heiße Liebe* f || *leidenschaftlicher Ausbruch* (of tears); *Zorn* m, *Wut* f, in a ~ in *W., zornig*; to fly into a ~ in *W. geraten* | *Vorliebe* f (for *f*); *heiße Begierde* f, *Verlangen* n (for *nach*; for doing *z tun*); ~ for money *Erwerbssinn* m; with a ~ *leidenschaftlich* | *Liebhaberei, Leidenschaft* f (travelling is a ~ with him *Reisen ist s–e L.*) **2.** ⟨ec⟩ the ~ *die Leiden* n pl *Christi, Passion* f **3.** [attr & comp] *Passions–*, ~*-play –spiel* n; ~ *Week –woche, Stille Woche* f | ~ *pit* ⟨Am mot sl⟩ *Parkplatz–, Auto-Kino* n || ~*-ridden v Leidenschaft besessen* **II.** vi *leidenschaftlich fühlen; sich sehnen* (for) | ~**al** [~əl] s *Passion·al* n (*Sammlung v Märtyrergeschichten*) ~**ate** [~it] a (~ly adv) *leidenschaftlich* || *hitzig, heftig, jähzornig* ~**ateness** [~itnis] s *Leidenschaftlichkeit* f || *Jähzorn* m ~**less** [~lis] a (~ly adv) *leidenschaftslos*

passive ['pæsiv] **1.** a (~ly adv) *pass·iv, ganz v außen beeindruckt* | *teilnahmslos, zurückhaltend; willensträge; duldend* | ⟨com⟩ *untätig, still, nicht zinstragend* (debt); *pass·iv* | *ablehnend*; ~ *resistance passiver Widerstand* m | ⟨gram⟩ *Leide–*; ~ *voice –form* f, *P·assiv* n **2.** s ⟨gram⟩ *P·assiv* n ~**ness** [~nis], –**vity** [pæ'siviti] s *P·assivität, Teilnahmslosigkeit, Geduld* f

passman ['pɑ:smæn] s ⟨univ⟩ *Student, der den einfachen Grad* (*pass-degree*) *erwirbt*

Passover ['pɑ:s,ouvə] s ⟨ec⟩ *Passah*(*fest*) n || *Osterlamm* n

passport ['pɑ:spɔ:t] s (*Reise-*)*Paß*, ⟨fig⟩ *Geleitbrief, Ausweis* m, *Empfehlung* f (to *f*); *Weg, –öffner* m (to *zu*) –**us** ['pæsəs] L ⟨Lit⟩ *Kapitel* n etc *e–r Erzählung, Gesang* m *e–s Gedichts* –**way** ['pɑ:swei] s *Durchgang*(*sstraße* f) m || *Engpaß* m –**word** ['pɑ:swɔ:d] s *Losungswort* n, *Losung* f

past [pɑ:st] **1.** a *vergangen* (the ~ century); ⟨pred⟩ *vorüber* (the time is ~) || for some time ~ *seit einiger Zeit* | ⟨gram⟩ *Vergangenheits–* (~

tense) | a ~-master *ein ehemaliger* (*Logen-*) *Meister* m; ⟨fig⟩ *ein wahrer M.*, to be a ~-master in, of *unübertreffbar s in* **2. s** the ~ *die Vergangenheit*; in the ~ *früher* || a p's ~ *jds V.*; *Vorleben* n (to have a ~) | ⟨gram⟩ *Vergangenheitsform* f **3. prep** *über* .. *hinaus* (till ~ *two bis über 2 Uhr h.*); *über* (he is ~ *seventy*) || *nach*; (5 minutes) ~ (⟨Am⟩ after) *three* (..) *nach drei* || *half* ~ *four halb fünf* | *an* .. *vorbei,* → by; we marched ~ the general; a car drove ~ our house; the river flowes ~ *our town*; *an* .. *vorüber*; ~ the corner *gleich um die Ecke* | ⟨fig⟩ *über* .. *hinaus*; he is ~ *marrying*; he is ~ *his prime*; we sat up (*blieben auf*) ~ *midnight über M. hinaus*; it is now two days ~ the time .. *über die Zeit*; ⟨übtr⟩ that is ~ *my comprehension* .. *geht über m–e Begriffe*; → *beyond*; ~ *counting nicht zu zählen*; ~ *cure unheilbar*; (he is) ~ *danger* .. *außer Gefahr*; ~ *due überfällig*; ~ *due interest Verzugszinsen* pl; ~ *hope hoffnungslos*; ~ all shame *ohne jede Scham*; to get ~ *o.s.* ⟨fam⟩ (*vor Wut*) *außer sich geraten* || **4. adv** *vorbei, vorüber* (to hasten ~)

paste [peist] **1. s** *Teig* m (short ~ *Mürbe–*) || *Paste* f || *Kleister* m || ⟨ceram⟩ *hard* ~ *Hartporzellan* n (*aus Kaol·in*), soft ~ *Fritten–* **2. vt/i** || (*Bild* etc) *kleben, leimen* (in *in*; on *auf*); ⟨übtr⟩ *festkleben* || *kleistern* || *bekleben* (with) || ⟨sl⟩ °*verprügeln* | to ~ up *an–*; *zukleben* | vi ⟨aero sl* ⟩ *to ~ away at* (°*den ,,Laden'')* °*vollrotzen* **~board** ['~bɔːd] **1. s** *Pappe* f, *Karton* m; ⟨sl⟩ *Fahr–, Visitenkarte* f **2. a** *Papp–, aus Pappe*; ⟨fig⟩ *unecht*

pastel ['pæstel] **s** ⟨bot⟩ *Waid* m || *Waidblau* n **pastel** ['pæstel] **s** *Past·ell* n (*getrocknete Teigfarbe*); in ~ *in P.*; *Pastellstift* m || *Pastellbild* n | [attr] *pastellfarben* (a ~ tie) **~(l)ist** [~ist] **s** *Pastellmaler* m

paster ['peistə] **s** ⟨Am⟩ *Kleber* m || *Klebpapier* n, *–streifen* m || *Deckblatt* n (*f Buchkorrektur*) || (*Schieß–*)*Scheibenpflaster* n

pastern ['pæstə:n] **s** ⟨vet⟩ (of a horse) *Fessel* f || ~*-joint Fesselgelenk* n

pasteurism ['pæstərizm] **s** *Impfstoffverwendung z Bekämpfung v Krankheiten* f **–rization** [ˌpæstərai'zeiʃən] **s** *Pasteurisierung* f **–ize** ['pæstəraiz] **vt** *pasteurisieren*; *vor Fäulnis bewahren* || *entkeimen* || ~d *keimfrei* (milk)

pasticcio [pæs'titʃou] It, **pastiche** [pæs'ti:ʃ] Fr **s** *Flickoper* f; *Flick–, Machwerk* n || ⟨bes paint⟩ *Nachahmung, Imitation* f

pastille [pæs'ti:l] **s** Fr *Räucherkerzchen* n || ⟨pharm⟩ *Pastille* f, *Plätzchen* n

pastime ['pɑ:staim] **s** *Zeitvertreib* m (by way of ~, as a ~ *zum Z.*); *Erholung, Belustigung* f

pastor ['pɑ:stə] **s** ⟨Seelen-⟩*Hirt*; *Seelsorger* m || *Geistlicher* (*e–r Dissenterkirche*), *Past·or*; ⟨Am⟩ *Priester* m **~al** [~rəl] **1. a** (~*ly* adv) *Hirten–; Schäfer–* || *Weide–, ländlich* || ⟨Lit⟩ *Schäfer–* (~ *poetry*); ⚹ *Romance* ~*roman* m | *pastor·al, Pastoral–*; *geistlich*; *seelsorgerisch*; ~ staff *Krummstab* m **2. s** *Hirtengedicht* n; *–roman* m; *–dichtung* f (e.g. *d'Urfé's Astrée*, 1610; Milton's *Lycidas*, 1637); *Idyll* n | ⟨ec⟩ *Hirtenbrief* m **~ale** [ˌpæstə'rɑ:li] **s** It ⟨mus⟩ *Pastor·ale* n || *Hirtenidylle, Schäferszene* f **~alism** [~rəlizm] **s** *ländl. Charakter* m; *Stil* m (etc) *der Schäferdichtung* f **~ate** ['pɑ:stərit] **s** *Pastor·at* n || [koll] *Pastorenschaft* f, *Pastoren* pl

pastry ['peistri] **s** *feines Gebäck, Pasteten–, Tortengebäck* n; *Blätterteig* m || ~*-cook Pasteten–, Feinbrotbäcker, Konditor* m

pasturable ['pɑ:stʃərəbl] **a** *zur Weide geeignet* (land) **–urage** ['pɑ:stjuridʒ] **s** *Weiden* n || *Grasfutter* n, *Weide(land)* n f | **–ure** ['pɑ:stʃə] **1. s** *Weiden* n || *Grasfutter* n || (a ~*-land*) *Weide–, Grasland* n; ⟨agr⟩ *Hutweide* f || ~*-farming Weidewirtschaft* f **2. vt/i** || (*Vieh*) *weiden* ||

(*Land*) *abweiden*; *als Weide benutzen* | vi *weiden* **pasty 1.** ['pæsti] **s** (Cornwall-*Fleisch-*)*Pastete* f **2.** ['pæsti] **s** (Yorkshire-)*P.* **pasty** ['peisti] **a** *teigig* || *teigartig* || *bläßlich*

pat [pæt] **1. s** *Klaps, Schlag* m || (*durch Schlagen Geformtes*) *Stück* n (*Butter* etc) || *Klopfen* n, *Laut* m, *Taps* m; *Tapsen* n **2. vt/i** (*jdn*) *klapsen, tätscheln, streicheln*; to ~ a p *on the back jdn aufmuntern, loben* | vi *klopfen, klapsen* (on *auf*) || *tapsen*

pat [pæt] **1. adv** *passend, gerade recht* (to *f*); *z Hand* (to have a th ~); to know a th off ~ *etw am Schnürchen können*; → to stand **2.** [attr] *zutreffend, richtig, passend*; *gelegen*; *bereit* **~ness** ['~nis] **s** *Schlagfertigkeit, Treffsicherheit* f

Pat [pæt] **s** (abbr *f* Patrick) *Irländer* m **pat-a-cake** ['pætəkeik] **s** (*Kinderreim*) *Backebacke-Kuchen*

patagium [ˌpætə'dʒaiəm] **s** ⟨zoo⟩ *Flughaut* f (*der Fledermäuse* etc)

patch [pætʃ] **I. s 1.** *Lappen, Flicken; Fleck(en)* m || *Stückchen Tuch als* (*Ehren–* etc) *Abzeichen* n | *Pflaster; Schönheitspflaster* n; *Augenbinde* f || ~ over the eye ⟨med⟩ *Augenklappe* f **2.** *gr, deutlicher, unregelmäßiger Fleck* m; a ~ of white *ein weißer F., e–e weiße Stelle* || ⟨fig⟩ *Stelle* f (in a play) **3.** *kl Stück Land* n || *Überbleibsel* n **4.** not a ~ on *nicht z vergleichen mit* || in ~es *stellenweise, da u dort* || to strike a bad ~ ⟨sport⟩ °*Pech h, e–e Pechsträhne d·urchmachen, an Form verlieren* **II. vt 1.** *flicken, ausbessern* | to ~ up ⟨fig⟩ *übertünchen,* (*Streit*) *beilegen* **2.** (*mst* to ~ up) *zus–flicken*; ⟨fig⟩ °*–stoppeln, –schustern* || *zus–stücken* **3.** *mit Flecken versehen* or *bemalen;* [*mst* pp] ~ed with *fleckenweise bedeckt mit* **4.** [in comp] ~*-up Flickwerk* n; *eilige* (*flüchtige*) *Erledigung* f **~er** ['~ə] **s** (a ~*-up*) *Flicker(in* f) m; ⟨fig⟩ *Pfuscher, Stümper* m **~ery** ['~əri] **s** ⟨fig⟩ *Flickwerk* n, *Stümperei* f **~ing cord** ['~iŋ kɔ:d] **s** ⟨telph⟩ *Vermittlungsschnur* f **~work** ['~wɔ:k] **s** *Flickenarbeit* f (*Näharbeit*) || ⟨fig⟩ *Flickwerk* n || ⟨fig⟩ *bunte Sammlung* f | [attr] *flickenartig*; *Flicken–* (~ *cushion*) | **~y** ['~i] **a** (–*chily* adv) *voller Flicken*; *fleckig* || *zus–gestoppelt* || *ungleich–, unregelmäßig*; *struppig* (beard) || ⟨Am⟩ (*P*) *eingeschnappt; närrisch*

patchouli ['pætʃuli] **s** ⟨bot & cosm⟩ *P·atschuli* n

pate [peit] **s** ⟨fam⟩ *Kopf, Schädel* m **~d** ['~id] **a** [in comp] *–köpfig* (bald-~ *kahl–*) **pâté** ['pætei] **s** Fr *Pastete* f

patella [pə'telə] **s** L (pl ~e [–li:]) ⟨anat⟩ *Kniescheibe* f **~r** [~] **a** *Kniescheiben–*

paten ['pætən] **s** ⟨ec⟩ *Hostienteller* m, *Pat·ene* f || *flache Schüssel* f, *Napf* m

patency ['peitənsi] **s** *Offenkundigkeit* f || ⟨anat⟩ *Offensein* n (*e–s Ganges* etc)

patent ['peitənt] **I. a** (~*ly* adv) **1.** *offen; offenkundig* (as becomes ~ from *wie erhellt aus*); *zugängig* (to *f*) **2.** ⟨jur⟩ *letters* **·** ['pætənt] (°*eig obrigkeitliches, offenes Schreiben*) *Privilegsurkunde* f; *Bestallungsurkunde* f; *Patent* n; *Freibrief* m; (*Erfindungs-*)*Patent* n (for *f*) **3.** *ein Patent besitzend* (~ house) || *durch P. geschützt, patentiert, Patent* ~; *Marken–* (~ article) || ~ *fastener Druckknopf* m || ~ *fuel Patentfeuerung* f, *Preßkohlen* f pl, *Briketts* n pl || ~ *leather Lack–, Glanzleder* n; ~ *leather boot Lackstiefel* m **4.** *neu, pat·ent; brauchbar; großartig* **II. s 1.** *Privileg* n; *Bestallungsurkunde* f; *Freibrief* m, ~ of nobility *Adelsbrief* m || ⟨übtr⟩ *Freibrief* m (for, of *auf*; a ~ of gentility) **2.** *Patentierung* f; ⚹ *Pending Patent angemeldet*; to take out a ~ for a th *ein Patent f etw anmelden*; *sich etw patentieren lassen* || ~ *application,* application for a ~ *Patentanmel-*

dung f; ~ of addition *Zusatzpatent*; additional, independent ~ *zusätzliches, unabhängiges P.* **3.** [attr] *Patent*–; ~ infringement *Patentverletzung* f; ~ laws [pl] *–gesetze* n pl; ~ life *–dauer* f; ⁓ ['pætənt] Office *Patentamt* n; ~ rolls [pl] *–register* n **III.** vt (*jdn*) *patentieren, jdm ein Patent verleihen* | (*etw*) *patentieren l* | ~ed *patentiert* || ⟨fig⟩ *erfunden* ~able [~əbl] *a patentierbar* ~ee [,peitən'ti:] s *Patentinhaber* m ~or ['~ə] s *Patentgeber, –verleiher* m

pater ['peitə] s L ⟨sl⟩ *Alter Herr* (*Vater*) m ~familias [~fə'miliæs] s [pl ~es] *Familien–, Hausvater* m ~nal [pə'tə:n!] a (~ly adv) *väterlich; Vater–;* ~ grandfather *Großvater väterlicherseits* m || ~ generation ⟨demog⟩ *männliche Generation* f ~nity [pə'tə:niti] s *Vaterschaft* f || *väterliche Abkunft* f || ⟨fig⟩ *Urheberschaft* f; *Ursprung* m ~noster ['pætə'nɔstə] s ⟨ec⟩ the ~ *das Vaterunser* | *Rosenkranz* m | ⟨ich⟩ *Grundangel* f | [attr] ~–line *Angelleine mit Haken in Zwischenräumen* f || ⟨tech⟩ *Paternoster(werk* n) m; [a attr]: ~ pump *Kettenpumpe* f (*Hebevorrichtung*); ~–wheel *Eimer–, Kettenwerk* n

path [pæθ] s ⟨med fam⟩ = pathology **path** [pɑ:θ] s (pl ~s [pɑ:ðz]) *Pfad, Weg* m; (of a comet) *Bahn* f || ⟨fig⟩ *Pfad, Weg* m (the ~ of duty); to walk in the ~ of a p *auf den Bahnen jds wandeln;* to cross a p's ~ *jds Weg kreuzen* | *Rennbahn* f (*f Laufen u Radfahren*) | [attr] ~–finder *Pfadfinder* m; ⟨aero⟩ *Zielbeleuchter* m, ~–f. aircraft *Pfadfinderflugzeug* n ~less ['~lis] a *pfadlos; unwegsam*

Pathan [pə'tɑ:n] s ⟨Ind⟩ *der Afghane*

pathetic [pə'θetik] **1.** a (~ally adv) *pathetisch;* ~ fallacy (Ruskin, Modern Painters) *Vermenschlichung, Belebung* f *des Unbelebten* (e.g. ruthless stone); *leidenschaftlich; rührend, ergreifend* | *bemitleidenswert, kläglich, armselig* **2.** [s pl] ~s *pathetische Gefühle* n pl; *pathetisches Verhalten* n || *Studium* n *menschlicher Leidenschaften* f pl

patho– ['pæθo] Gr [in comp] *Krankheits–, patho–, Patho–* ~genous [pə'θədʒinəs] a *krankheiterregend* ~logical [,pæθə'lɔdʒikəl] a (~ly adv) *krankheitskundlich* | *krankhaft, pathologisch* ~logist [pə'θələdʒist] s *Pathol·og* m ~logy [pə-'θələdʒi] s *Patholog·ie, Krankheitslehre* f

pathos ['peiθɔs] s Gr *Pathos* n || *Leidenschaftlichkeit, Wärme, Ergriffenheit* f, *Hingerissensein* n

pathway ['pɑ:θwei] s *Pfad, Fußsteig* m

pathy ['pæθi] s ⟨Am med⟩ *Behandlungsart* f (she used all pathies)

patience ['peiʃəns] s *Geduld* f (with *mit*); to have ~ *sich gedulden;* to lose ~, one's ~ *die G. verlieren;* to be out of ~ with (a p) *aufgebracht s über* (*jdn*); the ~ of Job *e–e Engelsgeduld* f || *Langmut, Nachsicht* f (with) || *Ausdauer* f || *Geduldspiel* n, *Pati·ence* f || ~–dock ⟨bot⟩ *Gartenampfer* m

patient ['peiʃənt] **1.** a (~ly adv) *geduldig;* to be ~ of *geduldig ertragen;* ⟨fig⟩ *zulassen* || *nachsichtig* (towards *gegen*) **2.** s *Pati·ent(in* f) m

patina ['pætinə] s L *P·atina* f; *Edelrost, –glanz* m; ⟨übtr⟩ (*kennzeichnender*) *Schmuck* m ~nated ['pætineitid], –nous ['pætinəs] a *patiniert*

patio ['pɑ:tiou] s Span *offener Lichthof* m

patois ['pætwɑ:] s (pl ~ [~z]) Fr *Mundart* f

patriarch ['peitriɑ:k] s *Erzvater, Patri·arch* m || ⟨fig⟩ *ehrwürdiger Alter; Altmeister* m ~al [,peitri'ɑ:kəl] a (~ly adv) *patriarch·alisch; ehrwürdig* ~ate ['peitriɑ:kit] s *Patriarch·at* n || *Vaterherrschaft* f, *–recht* n ~y ['peitriɑ:ki] s *Vaterrecht* n, *–herrschaft* f

patrician [pə'triʃən] **1.** a *patrizisch, Patr·izier–; adlig* **2.** s *Patrizier* m ~ate [pə'triʃiit] s *Patrizi·at* n

patrimonial [,pætri'mounjəl] a (~ly adv) *ererbt, Erb–* ~–mony ['pætriməni] s *väterliches Erbgut; Erbteil* n || ⟨ec⟩ *Patrim·onium* n, *Kirchengut* n

patriot ['pætriət] s *Patri·ot(in* f) m || *Nicht-Kollaborateur* m, *Mitglied* n *e–r Widerstandsbewegung* f ~ic [,pætri'ɔtik] a (~ally adv) *patriotisch, vaterländisch* ~ism ['pætriətizm] s *Patriot·ismus* m, *Vaterlandsliebe* f

patristic [pə'tristik] a *patristisch*

patrol [pə'troul] **1.** s ⟨mil⟩ *Runde* f, *Patrouillieren* n | [konkr] *Spähtrupp* m; *Streife* f; ⟨Am⟩ *Polizeipatrouille* f || (of ships) *Kontrolle* f (naval ~ *See–*) || ~ boat *Vorpostenboot* n || ~ activity *Spähtrupptätigkeit* f; ~ car (*Panzer-*)*Spähwagen* m; ~(-)man ⟨Am⟩ *Polizist* m; (military, team) ~ race ⟨ski⟩ (*Militär–, Mannschafts-*)*Patrouillenlauf* m; ~–wagon ⟨Am⟩ *Gefangenentransportwagen* m **2.** vi/t ⟨mil⟩ *patrouillieren* | vt (*Straße*) *ab–; durchstreifen,* ⟨aero⟩ (*Gelände*) *abfliegen* ~ling [~iŋ] s *Spähtrupptätigkeit* f || *Verkehrsüberwachung* f

patron ['peitrən] s *Patr·on, Schutzherr* m (~-in-chief *Haupt–*) || ⟨fig⟩ *Brotherr; Gönner* m || ⟨ec⟩ *Kirchenpatron* m | (a ~ saint) *Schutzheiliger* m | ⟨com⟩ *Kunde; Gast* | *Wirt* m ~age ['pætrənidʒ] s ⟨ec⟩ *Patronatsrecht* n | *Besetzungsrecht* n || *Schutz* m || *Gönnerschaft* f; *gönnerhaftes Verhalten* n | ⟨com⟩ *Kundschaft* f || ~ system *Amtspatronage, Vetternwirtschaft* f ~ess ['peitrənis] s *Patr·onin; Schutzherrin* f || ⟨ec⟩ *Schutzheilige* f ~ize ['pætrənaiz] vt *beschützen; begünstigen* | *gönnerhaft behandeln* || (*etw*) *vorziehen* (before a th *e–r S*) || ⟨com⟩ (*Geschäft*) (als *Kunde*) *besuchen* ~izer ['pætrənaizə] s *Beschützer; Gönner* m ~izing ['pætrənaiziŋ] a (~ly adv) *gönnerhaft*

patronymic [,pætrə'nimik] **1.** a (~ally adv) *patronymisch* **2.** s *Vaters–, Geschlechtsname* m

pat(t)ée ['pætei] a Fr ⟨her⟩ (of crosses) *mit verbreiterten Enden* pl

patten ['pætn] s *Holzschuh* m || *Stöckel–, Stelzenschuh* m || ⟨dial⟩ *Schlittschuh* m

patter ['pætə] **1.** vt/i || (*Gebet*) (*herunter*)*plappern* || ⟨sl⟩ to ~ flash *Slang* m *sprechen* | vi *plappern* | *Gaunersprache* f *or Jargon* m *sprechen* **2.** s *Jargon* m; *Gaunersprache* f | ⟨fam⟩ *Geplapper* n || ~–song *schlagerartiges schnell gesungenes Lied* n

patter ['pætə] **1.** vi/t || (of rain) *prasseln, klatschen,* (*nieder*)*platschen* (against *gegen;* on *auf*) || *trippeln* | vt *platschen l;* (*etw*) *platschend werfen* || *bewerfen* **2.** s *Prasseln* n || *Trippeln, Getrappel* n

pattern ['pætən] **I.** s **1.** (*P*) *Muster* n (a ~ of neatness), *Vorbild* n (for *f*); on the ~ of *nach dem M. or V. v;* on a socialist ~ *nach sozialistischem M.;* social ~ *soziale Struktur* f || ⟨Lit⟩ *Archityp* m, *Vorbild* n || ⟨Lit⟩ (*innere, äußere*) *Form* f **2.** *Musterstück* n, *–probe* f; *Modell* n (for *f*); paper ~ *Schnittmuster* n, dress-~ *Schnitt* m | *Gußmodell* n, (*Gieß-*)*Form* f || ⟨Am⟩ *Stoff* m (*z e–m Kleidungsstück*); → embroidered **3.** (*typisches*) *Beispiel* n; to take ~ by *sich ein B. nehmen an* **4.** *Musterzeichnung* f, *Dessin; Vorlageblatt* n **5.** *Zeichen* n; *Figur* f **6.** ⟨mil⟩ *Trefferbild* n **7.** ⟨eth⟩ *komplizierte, in sich geordnete Verhaltensweise* f; fixed ~ *Erbkoordination* f (*starrer Bestandteil der Endhandlung*) **8** [attr] *Muster–* || ~ bombing (*versetzter*) *Reihenbombenwurf* m, *Flächenbombardierung* f || ~–book ⟨com⟩ *Musterbuch* n || ~–maker *Modellmacher, –schreiber, –schlosser* m || by ~ post *als Muster ohne Wert* || ~–pupil *Musterschüler* m **II.** vt (*etw*) *formen* (on, after *nach*) || (*etw*) *als Muster* n *nehmen* || *mustern, mit Mustern, Figuren* pl *schmücken;* ~ed *gemustert, –schmückt*

patty ['pæti] s *Pastetchen* n

patulous ['pætjuləs] a *ausgebreitet, –dehnt*; *breit*
paucity ['pɔ:siti] s *kl Zahl* (the ~ of soldiers); *geringe Menge* f (of)
Paul [pɔ:l] s; '~ Pry *neugierige lästige P*
paulin ['pɔ:lin] s *Plane, Zeltbahn* f
Pauline ['pɔ:lain] a ⟨bib⟩ *paulinisch*
Paulownia [pɔ:'louniə] s ⟨bot⟩ *Paul·ownie* f, *Kaiserbaum, Kiri* m
paunch ['pɔ:ntʃ] **1.** s *Wanst, Dickbauch* m ‖ *Pansen* m (*der Wiederkäuer*) ‖ ⟨arch⟩ *Leibung, Wandung* f **2.** vt (*Geweide*) *ausnehmen* ‖ ~y ['~i] a *dickbäuchig, beleibt*
pauper ['pɔ:pə] s *Armer* m ‖ *Almosenempfänger* m ‖ ⟨jur⟩ *Kläger or Beklagter* m *mit Armenrecht* n, *im Armenrecht Klagender* m; ~'s oath *Offenbarungseid* m; ‖ [attr] *Armen–* (~ asylum) ~**dom** [~dəm] s *Armut* f ‖ [koll] *die Armen* pl ~**ism** [~rizm] s *dauernde Armut* f; *Pauper·ismus* m, *Massenarmut* f ‖ [koll] *die Armen* pl ~**ize** [~raiz] vt *arm* m, *an den Bettelstab* m *bringen* ‖ *an Almosen* pl *gewöhnen*
pause [pɔ:z] **1.** s *Pause* f, *Unterbrechung* f (*without a* ~ *ohne U.*); *Innehalten, Zögern* n; to give ~ to a p *jdn innehalten* l, *jdm z denken geben*; to make a ~ *pausieren, innehalten* ‖ *Verlegenheitspause* f ‖ *Absatz* m; ⟨typ⟩ *Gedankenstrich* m ‖ ⟨mus⟩ *Ferm·ate* f; *Orgelpunkt* m ‖ ⟨Lit⟩ *Pause* f (*im Gang der Handlung*); ⟨pros⟩ *Cäsur* f **2.** vi *pausieren, an–, innehalten* (*to do um z tun*); *zögern*; *zurückhaltend* s ‖ ⟨fig⟩ *verweilen* (*upon a word bei e–m Worte*); to ~ *upon* a note *e–n Ton* m *anhalten*
pavage ['peividʒ] s *Pflaster–, Straßenzoll* m ‖ *Straßenanlegen* n, *–anlage* f
pavan ['pævən] s ⟨mus⟩ *Pav·ane* f (*Reigentanz*)
pave [peiv] vt *pflastern* ⟨a fig⟩, *befestigen, zementieren* (~d *with*); ~d *runway* ⟨aero⟩ *befestigte Start– u Landebahn* f ‖ ⟨fig⟩ *bahnen*; to ~ the *way for a th e–r S den Weg* m *bahnen or bereiten* ~**ment** ['~mənt] s *Pflaster, Straßenpflaster* n, *Bodenbelag* m, *Fliesenpflaster* n; *tesselated* ~ *Bodenmosaik* n; *to hit the* ~ ⟨sl⟩ *auf die Straße gesetzt* w (*entlassen* w), (*aus e–m Nachtlokal*) *herausgeschmissen* w ‖ *Trottoir* n, *Bürger–, Fußsteig* m **paver** ['~ə] s *Steinsetzer* ‖ *Pflasterstein* m
pavé ['pævei] s Fr *Pflaster* n ‖ *gepflasterte Straße* f, *Fahrweg* m
pavilion [pə'viljən] **1.** s Fr *hohes Zelt* n ‖ ⟨arch⟩ *Pavillon* m; *Gartenhäuschen* n ‖ *vorspringender Seitenflügel* (*e–s Gebäudes*) m **2.** vt *mit e–m P. versehen*
paving ['peiviŋ] s *Pflastern* n; *Pflasterung* f ‖ [attr] *Pflaster–*; ~-beetle *–ramme* f; ~·breaker *–brecher* m (*mit Druckluft*); ~-stone *–stein* m
paviour ['peivjə] s *Pflasterer, Steinsetzer* m
pavonazzo [pɑ:vo'nætsou] s It *Pfauenmarmor* m *–nine* ['pævənain] a *pfauenartig, Pfauen–*
paw [nɔ:] **1.** s *Pfote, Klaue* f (⟨a übtr⟩ *Handschrift*) ‖ ⟨fam hum⟩ °*Tatze* (*Hand*) f **2.** vt/i ‖ *mit der Pfote* f *schlagen*; to ~ the *ground auf den Boden* m *stampfen* ‖ ⟨fam⟩ *derb or tölpisch anfassen, mit der Hand* f *berühren*; °*begrapschen*; °*fummeln an* (*etw*) ‖ vi (*of horse*) *scharren, kratzen* ‖ ⟨fam⟩ *fuchteln, klappern* (*on auf*); °*fummeln* (*about an*)
paw [pɔ:] s ⟨Am fam⟩ *Pa* m (*Vater*)
pawky ['pɔ:ki] a ⟨Scot⟩ *schlau, pfiffig*
pawl [pɔ:l] **1.** s ⟨tech⟩●*Sperrklinke* f, *–haken* m ‖ ~ *rim* ⟨mar⟩ *Pallkranz* m **2.** vt *durch Sp. sichern*
pawn [pɔ:n] s ⟨chess⟩ *Bauer* m ‖ ⟨übtr⟩ *Schachfigur, bloße Figur* f, *Strohmann* m
pawn [pɔ:n] **1.** * (*mst* pledge) *Pfandobjekt, Faustpfand* n, ⟨fig⟩ *Pfand* n ‖ *Verpfändung* f; *in* ~ *verpfändet*; to give *in* ~ *verpfänden, –setzen*

‖ [attr] *Pfand–* (~-ticket *–schein* m) **2.** vt *verpfänden, –setzen*; ⟨fig⟩ *verpfänden* (*one's life*) ~**broker** ['~ˌbroukə] s *Pfandleiher* m ~**broking** ['~ˌbroukiŋ] s *–leihgeschäft* n ~**ee** [pɔ:'ni:] s *Pfandinhaber* m ~**er** ['~ə] s *Verpfänder* m ~**shop** ['~ʃɔp] s *Pfand–, Leihhaus* n
pawnee ['pɔ:ni] s ⟨Ind⟩ *Wasser* n (brandy ~ *Kognak u W.*)
pawpaw ['pɔ:pɔ:] a ⟨Am⟩ *frech, ungehörig, ungezogen; unanständig*
pax [pæks] s L ⟨ec⟩ *kl Reliquientafel* f, (⟨a⟩ ~-board) *Kußtäfelchen* n, *Pax* f ‖ ⟨school sl⟩ intj *Friede! Waffenstillstand!*
paxwax ['pækswæks] s ⟨anat⟩ (*Nacken-*) *Flechse, Sehne* f
pay [pei] s *Bezahlung* f, *Gehalt* n, *Sold* m (in the ~ *of a p in jds S.*) ‖ (*Arbeits-*)*Lohn* m ‖ ⟨min⟩ *ertragreiche Förderung* f ‖ [attr] *Zahl–* (~-day *–tag, Löhnungs–*); *Lohn–* (~-sheet); *Rechnungs–* (~-office *–amt* n) ‖ *ergiebig, erzhaltig* (~-dirt; ~-rock) ‖ ~(-)*load Nutzlast; Transportleistung* f; ~-off = dénouement; ~-streak ⟨min⟩ *abbauwürdiges Erztrum* n ‖ → pay vt/i C
pay [pei] vt/i [paid/paid] **A.** vt **1.** to ~ a p *jdn bezahlen, jdm Geld geben* (*for f*); to ~ a p *back in his own coin jdm mit gleicher Münze heimzahlen* ‖ (*jdn*) *belohnen* ‖ → piper ‖ ⟨sl⟩ *verprügeln* **2.** to ~ a th *etw zahlen* (*was man schuldet; vgl B. 2.*); to ~ *one's debts s–e Schulden* pl *bezahlen*; (*Rechnung*) *begleichen*; to *be paid with* (the) *order zahlbar bei Auftragserteilung* f ‖ (*Geld, Lohn*) (*aus*)*zahlen*; (*Betrag*) *entrichten* **3.** (*Geld, Betrag*) *einzahlen* (*into a bank bei ..*) **4.** to ~ a p a th *od a th to a p jdm etw* (*be*)*zahlen*; *I was paid the money mir wurde das Geld bezahlt* **5.** to ~ a p *sich lohnen f jdn, jdm nützen, Gewinn* m *bringen* (*it will not* ~ *you*); (*S*) to ~ a p a sum *jdm e–e Summe* f *einbringen* (*it did not* ~ me *a farthing*) **6.** ⟨fig⟩ *schenken, geben, widmen; erweisen, abstatten* (→ *die Subst.* address, attention, call, compliment, homage, honour, regard, respect, visit) ‖ to ~ *one's way genug z Leben* n *verdienen, ohne Verlust* m *arbeiten, ohne Zuschuß* m *auskommen, auf s–e Kosten* pl *k*; *s–n Verbindlichkeiten* f pl *nachkommen* **7.** [mit adv:] to ~ *away ausgeben, –zahlen*; ⟨mar⟩ (*Tau*) *langsam schießen* l, *locker* l, *ausgeben* ‖ to ~ *down bar* (*aus*)*bezahlen* ‖ to ~ *in einzahlen* ‖ to ~ *off* (*jdn*) *voll bezahlen*; (*jdn*) *entlohnen*; (*Schuld*) *abzahlen, tilgen*; (*Wechsel*) *einlösen* ‖ to ~ *out auszahlen* ⟨fam⟩ (*jdm*) *heimzahlen* (*for f*); ⟨mar⟩ = to ~ *away* ‖ to ~ *up voll bezahlen*; (*Schuld*) *tilgen*; (*Aktien*) *voll einzahlen* **B.** vi **1.** *zahlen*; *Zahlung* f *leisten*; *I'll* ~ *for myself ich zahle selbst*; ⟨fam⟩ *what's to* ~? *was gibt's? was ist los?* → nose **2.** to ~ *for die Kosten tragen, aufbringen f* (*etw*), (*Gegenstände, einmalige Dienste*) *bezahlen, I'll* ~ *for the fare, the taxi ich will die Fahrt, das Auto bezahlen; vgl A, 2, ‖ genügen, genug s* (half a crown will ~ for the seat) ‖ *büßen* **3.** *sich bezahlt* m; *sich lohnen, – rentieren* **C.** [in comp] ~-in *Einzahlung* f; ~-out *reel Drahthaspel* f; ~ing -out *gear* (*See/*)*Kabelwinde* f ‖ [attr] *Einzahlungs–*; ~ *clerk Rechnungsführer* m ‖ ~ *envelope Lohntüte* f ‖ ~ *grade Besoldungsgruppe* f ‖ ~ *office Zahlstelle* f ‖ ~ *parade Löhnungsappell* m ‖ ~ *record Besoldungsliste* f ‖ ~ *roll Lohn–, Soldliste* f; off the ~ r. *entlassen*; accrued ~ *rolls fällige Löhne u Gehälter* pl ‖ ~ *seniorite Besoldungsdienstalter* n ‖ ~ *sergeant Rechnungsführer* m ‖ ~-service *creditable besoldungsmäßig anrechnungsfähige Dienstjahre* m pl; ~ pay s ~**able** ['~əbl] a (–bly adv) *zahlbar* (to *an*), *fällig* (*dividends*); at *sight bei Sicht*) ‖ ⟨min & com⟩ *ergiebig, ertragreich, rent·able*~**ee** [pei'i:] s (*Wechsel-*)*In-*

haber m, *Präsentant*; *Zahlungsempfänger, Re-mitt·ent* m **~er** ['peiə] s *Zahler* (a good ~); ⟨com⟩ *Trass·at, Bezogener (e–s Wechsels)* m **~ing** ['peiiŋ] a *bezahlend* (~ *guest Pensionär*); *lohnend, einträglich*; a ~ *concern ein –liches Geschäft* n

pay [pei] [~ed/~ed] ⟨mar⟩ *teeren, auspichen* **paymaster** ['pei‚mɑ:stə] s ⟨mil & mar⟩ *Zahlmeister* m ⟨a fig⟩ || **~-General** *General· des engl. Schatzamts (Minister, nicht im Kabinett)* **payment** ['peimənt] s *Zahlung, Bezahlung* f (against ~ *gegen B.*); (of a bill) *Einlösung* f; final ~ *Restzahlung* f; → *receipts* || ~s [pl] ⟨a⟩ *Zahlungsverkehr* m || ~ *in cash Barzahlung*; → *account, advance* s; in ~ of *z Ausgleich* m v; full and final ~ *endgültige Abfindung* f; in lieu of ~ *an Zahlungs Statt*; on ~ of *gegen Barzahlung* f v; to make ~ for *bezahlen* || *Löhnung* f, *Sold, Lohn* m || ⟨fig⟩ *Belohnung* f (for) **paynim** ['peinim] s ⟨poet & †⟩ *Heide* m **pea** [pi:] s ⟨bot⟩ *Erbse* f || *Erbse (Frucht)* | ~s [pl] *Erbsen* pl; → *pease* || *green* ~s *Schoten* pl; *split* ~s *getrocknete, gespaltene Erbsen* pl; *sweet* ~s *spanische Wicken* pl; ⟨euph⟩ to pick od do a s. ~ „*die Blümchen begießen*", „*e–e Buschpause einlegen*" (*urinieren*) || *as like as two* ~s *so ähnlich wie ein Ei n dem anderen* || ⟨fam⟩ *like a* ~ *in a colander* °*wie ein wildgewordener Furz* | [attr & comp] *Erbsen–* || ~-coal *Erbskohle* f || ~-green *glänzend grün* || ~-pod *Erbsenschote* f || ~-shooter *Blas–, Pustrohr* n || ~-soup *Erbsensuppe* f; [attr] *gelblich u dick*; ~-soup *fog Londoner dichter Nebel* m || ~-souper ⟨fam⟩ *gelblicher dicker Nebel* m || ~-soupy ⟨fam⟩ *gelblich u dick* (fog) || ⟨Am⟩ the last of ~-time *das Ende der Welt, der Tod* **peace** [pi:s] s **1.** ⟨mil⟩ *Friede(n)* m (the ~ of *der F. v*) **2.** *Sicherheit* f; the king's ~, the ~ (die) *öffentliche Ruhe u Sicherheit* f, *der Landfrieden* (breach of the ~ *–sbruch* m); → *justice* || *domestic* ~ *Hausfrieden* (breach of domestic ~ *–sbruch* m) **3.** *Ruhe, Friedlichkeit* f; *innere Ruhe* f; ~ *of mind Seelenruhe* f **4.** at ~ *in Frieden(szustand)*; *in Eintracht* f (with *mit*) || *no* ~ *k–e Ruhe*; in ~ *and quietness in R. u F.*, *ungestört* | to break the ~ ⟨jur⟩ *die öffentliche Ruhe stören* || to hold one's ~ *sich ruhig verhalten, schweigen* || to keep the ~ ⟨jur⟩ *die Sicherheit wahren*; *Frieden, Ruhe halten* || to leave a p in ~ *Frieden schließen* (with) || to make one's ~ *with a p sich mit jdm aussöhnen* **5.** [attr] *Friedens–* || ~ *camp* ⟨SBZ⟩ *–lager* n (= *Ostblock*) || ~-establishment || ~ *footing* ⟨mil⟩ *–stärke* f || ~ *offensive –offensive* f || ~-pipe *od pipe of* ~ *–pfeife* f || ~ *race* ⟨SBZ cycl⟩ *–fahrt* f | *Ruhe–* | ~-offering *Friedensangebot* n; ⟨bib⟩ *Sühneopfer* n || ~-officer *Sicherheitsbeamter* m || ⟨fam⟩ ~-time *soldier* (*Kompanie–* etc) *Handwerker* m **~able** ['~əbl] a (–bly adv) *friedliebend, –fertig* || * *in Frieden* m, *friedlich* **~ableness** ['~əblnis] s *Friedfertigkeit* f **~ful** ['~ful] a (~ly adv) *friedlich, ruhig* || *ohne Krieg* m *erfolgt* (~ *penetration*) **~fulness** ['~fulnis] s *Friedlichkeit* f **~maker** ['~‚meikə] s *Friedensstifter* m || ⟨hum⟩ *Revolver* m **~time** [~taim] s *Friede(n)* m, *–nszeit* f | ~ *complement* ⟨mil⟩ *–nsstärke* f || ~ *order of battle –nsgliederung* f

peach [pi:tʃ] s ⟨hort⟩ *Pfirsich* m; *white, yellow* ~ *weißer, gelber Pf.* || ⟨bot⟩ *–baum* m || ⟨Am sl⟩ *schöne, reizende P or S,* °*der Balg*; a ~ *of a girl ein „Bild" v e–m Mädel* n; a ~ *of a car ein prachtvoller Wagen* || [abs] *Zuckerpuppe* f (P) | [attr] *Pfirsich–* || ~-bloom, ~-blow *blaßrote Farbe or Glasur* f || ~-bloom [attr] *pfirsichblütfarben* || ~-colour *Pfirsichfarbe* f; ⟨⟩ *Melba* ⟨cul⟩ *Pfirsich M.* m **~y** ['~i] a *pfirsichartig,*

–farben || ⟨sl⟩ *angenehm, glänzend, fam·os, prima*

peach [pi:tʃ] vt/i ⟨sl⟩ || *ausplaudern* | vi: to ~ *against od on a p* ⟨sl⟩ *jdn angeben, verpetzen* **~ing** ['~iŋ] s *Angeben* n, *Angeberei, Denunziation* f (⟨urspr⟩ *appeach,* → *impeach*) **peachick** ['pi:tʃik] s *junger Pfau* m **peacock** ['pi:kɔk] **1.** s ⟨orn⟩ *Pfau* m; ~'s *feather –enfeder* f (these ~'s feathers) || ~ *butterfly Tagpfauenauge* n **2.** vt/i || to ~ *o.s. sich etw einbilden* (on *auf*); *sich aufblähen*; (*sich*) °*dicke tun* | vi *einherstolzieren* **~ery** [~əri] s *das Sich-aufblähen* **~ish** [~iʃ] a *sich aufblähend,* °*dicketuend* **~y** [~i] a *pfauenartig* || *stolz; hochtrabend* **peafowl** ['pi:faul] s *Pfau* m; *–henne* f **peahen** ['pi:hen] s *Pfauhenne* f **pea-jacket** ['pi:‚dʒækit] s *P·ijacke, kurze blaue Seemannsjacke* f

peak [pi:k] s **1.** *Schirm (e–r Mütze)* m **2.** ⟨mar⟩ *Piek* f (*unterster Raum im Schiff*) **3.** (*Berg-*)*Spitze* f, *Gipfel* m; ⟨fig⟩ *Höhe* f·(at the ~ of *auf der H. v*); *Gipfel, Höhepunkt* m (to make a ~ *e–n H. ausmachen, darstellen*) || *höchste Zahl or Nummer* f; ⟨st exch⟩ *new* ~s *neue Höchstwerte* m pl **4.** [attr] *Spitzen–, Höchst–*; ~ *capacity Spitzenleistung* f; ~ *hour*(s pl) *Hauptverkehrszeit* f; off–~ *hours verkehrsschwache Zeit* f; ~-load *power Spitzenlastenenergie* f (*je Stunde z gew. Tageszeiten*); ~ *overpressure Maxim·al-Überdruck* m; ~ *temperature Höchsttemperatur* f; ~-time *Hochbetrieb* m; *Blütezeit* f; ~ *value* ⟨tech⟩ *Spitzen–, Gipfelwert* m; ~ *voltage Spitzenspannung* f; ~-year *Jahr* n *des Höhepunktes* **~ed** [~t] a *spitz, Spitz–* (~ *beard*) || *Schirm–* (~ *cap –mütze* f) | **~y** ['~i] a *voller Gipfel; spitz, Spitz–*

peak [pi:k] vi: to ~ *and pine dahinsiechen, sich abhärmen* (over *über*) **~ed** [~t], **~y** ['~i] a ⟨fam⟩ *dünn, abgehärmt, kränklich* (look)

peak [pi:k] vt ⟨mar⟩ *senkrecht heben*; (*die Rahen*) *toppen*

peal [pi:l] **1.** s *lautes Läuten* n; *Glockenspiel* n | (of an organ) *Brausen* n || *Getöse* n; *Krach* m, *Salve* f; a ~ *of laughter schallendes Gelächter* n; ~s *of applause Beifallssturm* m **2.** vi/t || *erschallen; widerhallen; schmettern;* (of an organ) *brausen; rollen, donnern, dröhnen* | vt *erschallen or ertönen l;* (a to ~ *out*) *laut verkünden*; to ~ *a bell e–e Glocke f läuten*

peanut ['pi:nʌt] s ⟨bot⟩ *Erdnuß* f || [attr] ⟨fig Am⟩ *eng, kleinlich* (politics) **pear** [pɛə] s *Birne* f || ~-tree *Birnbaum* m **pearl** [pə:l] **1.** s *Perle* f ⟨a fig⟩ (the ~ of *beauty*) || to cast ~s *before swine Perlen vor die Säue werfen* | (*Tau–* etc) *Perle* f || ⟨pharm⟩ *Pille* f | ⟨typ⟩ *Perlschrift* f, *Perldruck* m | [attr] *Perl–, Perlen–*; ~-barley *Perlgraupen* pl || ~-button *Perlmutterknopf* m || ~-diver *Perlenfischer* m || ~-fishery *–fischerei* f || ~-oyster *Perlmuschel* f || (~-powder), ~-white **1.** *Perl–, Schminkweiß* n **2.** *perlenweiß* **2.** vt/i || [nur pp] *mit Perlen besetzen* || *perlend* m, *perlenartig schmücken, zieren* | vi *Perlen bilden; perlen, tropfen* (to ~ *down*) *nach P. suchen* | **~y** ['~i] a *perlförmig, perlenartig* || *perlend; perlenweiß; –reich*

pearl [pə:l] s → *purl* **peasant** ['pezənt] s *Bauer, Landmann* m || ~-arbeiter m; ⟨engl⟩ the ~s' *Revolt die Bauernerhebung* (1381); ⟨Ger⟩ the ~s' *War der –nkrieg* (1524/25) | [attr] *bäuerlich* (~ *proprietor –cher Grundbesitzer*); *Bauern–* (~ *boy*); ~ *woman Bauersfrau, Bäuerin* **~ry** [~ri] s *Bauernschaft* f, *Landvolk* n || *Bauern* pl **pease** [pi:z] s [koll pl] *Erbsen* f pl (~ *are*) || ~-pudding *Erbs–, Erbsenbrei* m

peat [pi:t] s (*als Stoff*) *Torf* m ‖ *Stück Torf* n
| ~-bog, ~-moss *–moor* n ‖ ~-cutter, ~-digger
–stecher m ‖ ~ *dust –mull* m ‖ ~ *moss Moor*,
Ried n **~ery** [′~əri] s *–moor* n **~y** [′~i] a *torf-
artig, Torf–*
  pebble [′pebl] s *Kieselstein, Strandstein* m;
~s pl *Geröll(e)* n ‖ *Bergkristall* m (*f Brillen*);
Art Achat m **pebbly** [′pebli] a *kieselig, steinig,
Kiesel–*
  peccability [‚pekə′biliti] s *Sündhaftigkeit* f
–able [′pekəbl] a *sündhaft* **–adillo** [peke′dilo] s
⟨fig⟩ *Sünde* f **–ancy** [′pekənsi] s *–haftigkeit*;
Sünde f **–ant** [′pekənt] a *sündig, böse* ‖ *krankhaft, faul* ⟨a fig⟩
  peccary [′pekəri] s ⟨zoo⟩ *Nabelschwein* n
  pêche Melba [′pæːʃ ′melbə] s Fr ⟨cul⟩ *Pfirsich Melba* m
  peck [pek] s *Peck* n (⟨engl⟩ *Trockenhohlmaß*
= ¼ bushel = 9,09 l) ‖ ⟨fig⟩ *gr Menge* f, *Haufen* m (a ~ of troubles, of children)
  peck [pek] **I.** vt/i **A.** vt **1.** (of birds) (*jdn*) *mit
dem Schnabel picken* ‖ (*ein Loch*) *picken* ‖ (*etw*)
picken (out of *aus*) ‖ (*a to* ~ *up*) *aufpicken*;
fressen **2.** ⟨übtr⟩ *essen* ‖ *flüchtig küssen* **3.** *hakken, hauen*; to ~ *down* (*Mauer*) *niederreißen*;
to ~ *up* (*Boden*) *aufhacken, –brechen* **B.** vi
1. *picken* **2.** to ~ *at anpicken, essen, knabbern
an* ‖ ⟨übtr⟩ *herumhacken auf* (*jdm*), *nörgeln an*
(*jdm*); *tadeln* **II.** s *Picken* n ‖ ⟨übtr⟩ *flüchtiger
Kuß* m ‖ *Hacken* n | *Pick*; *Schlag, Stoß* m ‖
Loch n | ⟨sl⟩ *Essen* n, *Nahrung* f (~ and perch
Fressen u Schlafen n) | **~er** [′~ə] s **1.** *Pickender,
Hacker* m | ⟨sl⟩ *Esser* m, °*hungriges Maul*
2. *Picke, Hacke* f **3.** ⟨sl⟩ to keep one's ~ up
den Mut nicht sinken l **~ish** [′~iʃ] a ⟨fam⟩
hungrig
  Pecksniff [′peksnif] s (*aus* Martin Chuzzlewit
v Dickens) *salbungsvoller Heuchler* m
  pecten [′pektən] s ⟨zoo⟩ *Kammuschel* f
  pectic [′pektik] a *Pektin–* **pectin** [′pektin] s
⟨chem⟩ *Pektin* n (*Gallertkörper*)
  pectinate [′pektinit], **~d** [–neitid] a *kammartig, Kamm–*
  pectoral [′pektərəl] **1.** s ⟨her⟩ *Brustschild* m
‖ *Husten–, Brustmittel* n ‖ ~s [pl] *Brustflossen* f
pl **2.** a ⟨anat⟩ *Brust–* (~ *muscle*); ~ *lozenge
Brustbonbon* m ‖ ⟨fig⟩ *innere(r, –s)*
  peculate [′pekjuleit] vt/i (*Geld*) *unterschlagen,
veruntreuen* **–ation** [‚pekju′leiʃən] s *Veruntreu-
ung, Unterschlagung* f, *Unterschleif* m **–ator**
[′pekjuleitə] s *Veruntreuer, Betrüger* m
  peculiar [pi′kjuːljə] **1.** a (*ausschließlich*)
eigen, –tümlich (to a p *jdm*) ‖ *besondere(r, –s)*
(of ~ *interest*) | *eigenartig, seltsam*; *auffällig*;
verdreht **2.** s *eigener Besitz* m ‖ ⟨ec⟩ *Kirche* f or
Kirchspiel n *nicht der Jurisdiktion des zuständi-
gen Bischofs unterstehend* **~ity** [pi‚kjuːliˈæriti] s
Eigenheit; (*charakterist.*) *Eigentümlichkeit* f ‖
Seltsamkeit f **~ly** [~li] adv *persönlich*; ~
interested p. interessiert ‖ *besonders* ‖ *seltsam*
  pecuniary [pi′kjuːnjəri] a *pekuni·är, geldlich*;
Geld (~ *affairs*, ~ *aid*), ~ *circumstances
Vermögenslage* f; ~ *claim Geldforderung* f
‖ *–rily* adv *in pekuniärer Beziehung*
  pedage [′pedidʒ] s *Wegegeld* n
  pedagogic(al) [‚pedə′gɔdʒik(əl)] a (*–cally* adv)
pädagogisch, erzieherisch, Erziehungs– **–ogics**
[‚pedə′gɔdʒiks] s pl (sg konstr), **–ogy** [′pedəgɔdʒi]
s *Pädag·ogik* f **–ogue** [′pedəgɔg] s *Pädagog* m;
⟨mst cont⟩ *Schulmeister, Pedant* m **pedaguese**
[‚pedə′giːz] s *Fach–*, „*Geheim*"-*Sprache* f,
⟨dero⟩ *Kauderwelsch* n *der Erzieher*
  pedal [′pedl] **1.** s ⟨mus⟩ *Ped·al* n; *Fußhebel* m;
loud ~ *Forte–*, *soft* ~ *Pianopedal*; to apply the
soft ~ ⟨fig⟩ *in sanften Ton anschlagen*; → *soft*
‖ ⟨cycl⟩ *Ped·al* n, *Tretkurbel* f ‖ ⟨fam⟩ to get
the ~ *e–n Fußtritt bek* (*entlassen w*) (*a*: to be
~led) | [attr] *Tret–* (~ *lever*) ‖ ~ *control Fuß-*

schaltung f ‖ ~ *driven* (*Boot* etc) *mit Ped·al-
antrieb* ‖ ~ *gear-change Fußgangschaltung* f
‖ ~ *pushers* [pl] ⟨Am⟩ (*Art*) *Fischerhose* f
2. vi/t *Pedal treten*; *radfahren*; → back adv,
→ 1 | vt *treten, fahren*
  pedal [′pedl] a ⟨zoo⟩ *Fuß–, Ped·al–* (~
ganglia)
  pedant [′pedənt] s *Pedant(in* f) m; *Kleinigkeitskrämer, Schulfuchs* m **~ic** [pi′dæntik] a
(~*ally* adv) *pedantisch*; *kleinlich* **~ry** [′pedəntri]
s *Pedanter·ie* f, *Pedant·ismus* m
  pedate [′pedit] a ⟨zoo⟩ *fußförmig*; ⟨bot⟩
– geteilt
  peddle [′pedl] vi/t ‖ *hausieren* ‖ *sich in klein-
licher Weise abgeben, befassen* (with) | vt *hau-
sieren, handeln mit* (*etw*); ⟨fig⟩ *hausieren gehen
mit* (to ~ *new ideas*) **peddling** [′pedliŋ] **1.** s
Hausieren n; *Hausierhandel* m **2.** a *hausierend,
Höker–* | *kleinlich*; *unbedeutend, nichtig*
  pedestal [′pedistl] **1.** s *Piedest·al, Postam·ent*
(⟨fig⟩ to set a p on a ~), *Fußgestell* n, *Sockel*;
Ständer; *Untersatz* m ‖ ⟨fig⟩ *Grundlage* f **2.** vt
auf ein P. erheben, setzen
  pedestrian [pi′destriən] **1.** a *z Fuße* (*gehend*),
Fuß– (~ *exercise*); *Spazier–* (~ *stick*) ‖ *prosaisch*; *langweilig, –atmig* (*style*) **2.** s *Fußgän-
ger(in* f) m ‖ ~ *crossing Fußgänger-Überweg* m
‖ ~ *island*, ~ *refuge –-Schutzinsel* f, *Verkehrsinsel* f ‖ ~ *loading island* (at tram stops) *Stra-
ßenbahn-Haltestelleninsel* f **~ism** [~izm] s
Fußreisen n, *–wanderung* f
  pedicab [′pedikæb] s ⟨Am⟩ *R·ikscha* f, *pe-
dalbetriebene Dreiraddroschke* f
  pedicel [′pedisel], **pedicle** [′pedikl] s ⟨bot &
zoo⟩ *kl Stengel, Stiel* m
  pedicure [′pedikjuə] s *Fußpflege* f ‖ *Fußpfleger* m ‖ *–pflegerin* f
  pedigree [′pedigri:] s *Stammbaum* m ⟨a übtr⟩
| [attr] *Stammbaum–*; *Zucht–* (~ *horse*) | **~d**
[~d] a *e–n St. besitzend*; *Zucht–* (*horse*)
  pediment [′pedimənt] s ⟨arch⟩ (*Front-*)*Giebel*;
Ziergiebel m; *Giebelfeld* n **~al** [‚pedi′mentl] a
Giebel–
  pedlar [′pedlə] s *Hausierer* m; ⟨a fig⟩ (*of
mit*) ‖ ~'s *French Gaunersprache* f (*vgl* ⟨Ger⟩
Rotwelsch n) **~y** [~ri] s *Hausieren* n ‖ [koll]
Hausierwaren f pl
  pedology [pi′dɔlədʒi] s ⟨agr⟩ *Bodenkunde* f
  pedometer [pi′dɔmitə] s *Schrittmesser, –zähler* m
  pedrail [′pedreil] s ⟨tech⟩ *Radgürtel* m *mit
Profilplatten*
  peduncle [pi′dʌŋkl] s ⟨bot⟩ *Blumen–, Frucht-
stiel* m **–cular** [pi′dʌŋkjulə] a ⟨bot⟩ *Stiel–*
  pee [pi:] vi ⟨fam⟩ *Pipi* m, °*pinkeln*
  peek [pi:k] Am **1.** vi *gucken* (into); to ~ *out
heraus–* **2.** s *flüchtiger Blick* m **~-a-boo** [′~ə-
′buː] s *Eckergiek*, (*Versteckspiel*) n
  peeky [′piːki] a ~ *peaky*
  peel [pi:l] s *Backschaufel* f, *Brotschieber* m
  peel [pi:l] s *kl viereckiger* (*Befestigungs-*)
Turm m
  peel [pi:l] **1.** vt/i (*Frucht*) *schälen*; to ~ *off
abschälen*; ⟨aero⟩ (*Verbandsflug*) *auflösen* ‖
⟨fam⟩ (*Kleider*) *abstreifen, ausziehen*; ⟨sl⟩
(*Geld*) *herausrücken* | vi (to ~ *off*) *sich schälen*;
⟨aero⟩ *ausscheren, abdrehen* (of bark, etc)
sich abschälen, –blättern ‖ ⟨fam⟩ *sich auskleiden,
°sich „entblättern"*; ⟨aero⟩ *abkippen* (*bei Auflösung e–s Verbandes*) **2.** s *Schale* f **~ed** [~d] a
⟨Am⟩ (of eyes) *offen* (to keep one's eyes ~)
~er [′~ə] s *Schäler* m; *Schälmaschine* f ‖ ⟨Am⟩
glänzende S or *P* **~ing** [′~iŋ] s [oft pl ~s] (*ge-
schälte*) *Schale* f ‖ ~ *off* ⟨aero⟩ *Ausscheren* n
(*aus Flugzeugverband*), ⟨phot⟩ *Schichtablö-
sung* f
  peeler [′piːlə] s (*nach* Sir Rob. Peel) (*Schutz-*

mann) °*Polyp* m **Peelite** ['piːlait] s *Anhänger v*
R. P. m (1846)
peen [piːn] ⟨dial⟩ **1.** s *Hammerspitze* f,
Finne f **2.** vt *mit der H. bearbeiten*
peep [piːp] **1.** vi *piepen* **2.** s *Piepen* n
peep [piːp] **1.** vi (*verstohlen*) *gucken* (into;
over); *hervor–* (out of *aus*); to ∼ at *an–* ∥
(*übtr*) *gucken, hervor–* (out of *aus*); (*a* to ∼
out) *langsam z Vorschein k; sich zeigen* **2.** s
(*verstohlener*) *Blick* m, to have *od* take a ∼
heimlich sehen (into, through) ∥ *Blick* m (of
auf); *Durch–* (of the garden *in den G.*) ∣ ⟨fig⟩
erster Anbruch; at ∼ of day *bei Tages–* ∣ ∼-hole
Guckloch n; *Sehspalt* m ∥ ∼-show *Guckkasten*
m; *–bild* n, *–ansichten* f pl ∥ ∼-sight *Lochvisier* n
∥ ∼-toe(d) *zehenfrei* (*Schuh*) ∼**er** ['∼ə] s
Gucker m; ⟨sl⟩ [*mst* pl ∼s] *Auge* n ∼**ie-creepie**
['∼iˈkriːpi] s ⟨telv fam⟩ ∼ walkie-lookie
∼**-o(h)** ['piːpˈou] int *guck-guck – da!* ∼**-toe**
shoes ['∼tou ˈʃuːz] s pl *zehenfreie Schuhe* m pl
peer [piə] **1.** s *Ebenbürtiger* m; *Gleicher*;
without a ∼ *ohnegleichen*; *unvergleichlich*;
one's ∼(s) *seinesgleichen*; to be the ∼(s) of
den Vergleich aushalten mit ∣ *Angehöriger des
hohen Adels, Pair* m, *Mitglied des H. of L.* (the
∼s of the realm: duke, marquis, earl, viscount,
baron) **2.** vt/i (*jdm*) *gleichkommen* ∥ ⟨fam⟩
(*jdn*) *z Pair* m ∣ vi *gleich sein* (with) ∼**age**
['∼ridʒ] s *die Pairs* pl ∣ *Pairswürde* f ∥ *Adelskalender* m ∼**ess** ['∼ris] s *Gemahlin e–s Pairs* f
∥ *die Adlige aus eigenem Recht* f ∼**less** ['∼lis] a
(∼ly adv) *unvergleichlich* ∼**lessness** ['∼lisnis] s
Unvergleichlichkeit f
peer [piə] vi *gucken, spähen, schauen* (into *in*);
to ∼ down *hinunterschauen*; to ∼ at *genau,
mühsam begucken* ∥ *sich zeigen, erscheinen*
peeve [piːv] **1.** vt/i ∥ ⟨sl⟩ (*jdn*) (*ver*)*ärgern*,
[*mst* pp] ∼d *ärgerlich* (about, at *über*) ∣ vi
ärgerlich s **2.** s *üble Laune* f ∥ ⟨sl⟩ *Stein* m *des
Anstoßes*
peevish ['piːviʃ] a (∼ly adv) *verdrießlich,
grämlich, mürrisch, sauertöpfisch* ∼**ness** [∼nis] s
Verdrießlichkeit f
peewit ['piːwit] = pewit
peg [peg] **I.** s **1.** (*Holz-*)*Pflock, Zapfen, Stift,
Dübel* m ∥ *Haken* m (hat ∼); *Klammer* f
(clothes ∼ *Wäsche–*) ∥ (of a violin, etc) *Wirbel*
m ∥ on the ∼s ⟨mil sl⟩ *suspendiert, s–s
Postens enthoben* ∥ to hang a ∼ ∼s °*er
pfeift auf den letzten Loch* ∥ it's nice to have
a ∼ to hang things on ⟨m.m.⟩ *was der e–e nicht
im Kopf hat, muß der andere in den Beinen'h* ∥ he
is a round ∼ in a square hole *er paßt dazu wie
der Igel z Halstuch* (°*z Arschwisch*) ∥ to put
(a p) on the ∼ ⟨mil sl⟩ *zum Rapport melden*
2. ⟨fig⟩ *Stufe* f, *Grad* m, [*bes in*:] to come down
a ∼ or two *e–n Pflock zurückstecken*; to take
a p down a ∼ (*jdn*) *demütigen, ducken* **3.** ⟨fig⟩
Gegenstand m, *Thema* n; *Gelegenheit* f, *Vorwand* m (a ∼ to hang a discourse upon *ein V.
z Reden*) **4.** ⟨sl⟩ *Trank* m (*bes* brandy and soda)
∥ *Schnaps* m ∥ „*Gläschen*" n **5.** [attr] ∼-house
⟨sl⟩ *Kneipe* f; ∼-leg ⟨fam⟩ *Stelzfuß* m (*P*);
∼-top *Kreisel* m; ∼-t. trousers *V-(förmige)
Hose* f **II.** vt/i **1.** vt (*etw*) *mit e–m Pflock befestigen* (in); *anpflöcken, –nageln* ∥ (*Schuhe*)
nageln ∣ *begrenzen, einschränken* ∣ ⟨sl com⟩ (*den
Markt, –preis*) *festlegen, halten, stützen* ∣ (*Stein*)
werfen (at *nach*) ∣ to ∼ down *festnageln*; ⟨fig⟩
binden ∣ to ∼ out (*Gebiet*) *durch Pflöcke abgrenzen* **2.** vi *zielen* (at a p with a th *nach jdm
mit etw*) ∣ ⟨fam⟩ to ∼ away *rennen; drauflos-
arbeiten, –essen* (at *an*) ∥ to ∼ out ⟨sl⟩ *untergehen; abtreten,* °*abkratzen* (*sterben*)
pegamoid ['pegəmɔid] s *Pegamo·id, Kunstleder* n
Pegasus ['pegəsəs] s L ⟨ant⟩ *P·egasus* m,
Flügelpferd n ⟨a fig⟩ ∥ ⟨astr⟩ *Pegasus* m

pegger ['pegə] s *Pichler* (*Trinker*) m
pegging ['pegiŋ] s ⟨com⟩ *Preisstopp* m
peggy ['pegi] s ⟨mar⟩ *Aufklarer, Läufer* m;
to stand one's ∼ *Aufklarer spielen*
peggy ['pegi] s ⟨fam⟩ *Hackerle* n (*Kinderzahn*)
pegmatite ['pegmətait] s ⟨geol⟩ *grobes Gang-
gestein* n ∥ *Orthokl·as* m
peignoir ['peinwaː] s Fr *Frisier–, Bademantel,
Morgenrock* m
pejorative ['piːdʒərətiv] a *Pejorat·iv–, ver-
schlechternd*
Peke [piːk] s = Pekinese **2. b. Pekinese**
[ˌpiːkiˈniːz], **Pekingese** [ˌpiːkiŋˈiːz] **1.** a *Pe-
king–* **2.** s a. [pl ∼] *Einwohner v P·eking* m
b. *chinesischer Schoßhund* m
pekoe ['piːkou] s *P·ekoetee* m
pelage ['pelidʒ] s Fr *Haar* n, *Wolle* f, *Borsten*
f pl (*der Vierfüßer*)
pelagian [peˈleidʒən], **-gic** [peˈlædʒik] a *dem
offenen u tiefen Meere angehörig; ozeanisch;
Hochsee–*
pelargonium [ˌpeləˈgounjəm] s L ⟨bot⟩
Pelarg·onie f
Pelasgic [peˈlæzgik] a ⟨ant⟩ *pelasgisch*
pelerine [ˈpeləriːn] s Fr *Peler·ine* f, *Umhang* m
pelf [pelf] s (*schnöder*) *Mammon* m; *stinkiges
Geld* n ⟨a fig⟩ ∥ ⟨dial⟩ (*Gemüse-*)*Abfall* m
pelican ['pelikən] s ⟨orn⟩ *P·elikan* m ∥ Dalmatian ∼ *Krauskopf–*; white ∼ *Rosa P.* ∥
⟨Am fig fam⟩ *Blaustrumpf* m (*Studentin*)
pelisse [peˈliːs] s Fr *langer Damen–, Kinder-
mantel* m
pellagra [peˈleigrə] s ⟨med⟩ *Mailändischer
Aussatz* m
pellet ['pelit] **1.** s *Kügelchen* n ∥ *Schrotkugel* f
∣ *Pille* f; ⟨arch⟩ *Besam, Kugelfries* m **2.** vt *mit
Kugeln werfen*
pellicle ['pelikl] s *Häutchen* n *–cular* [pe-
'likjulə] a *Häutchen–, Membran–*
pellitory ['pelitəri] s ⟨bot⟩ *Bertramkamille* f
∥ *Glaskraut* n
pell-mell ['pel'mel] **1.** adv *durcheinander,
unterschiedslos* ∥ *blindlings* **2.** a *unordentlich;
kunterbunt* **3.** s *Durcheinander* n
pellucid [peˈljuːsid] a (∼ly adv) *durchsichtig*
∥ ⟨fig⟩ *klar* (style) ∼**ity** [ˌpelju·ˈsiditi], ∼**ness**
[∼nis] s *Durchsichtigkeit; Klarheit* f
pelmet ['pelmit] s *Überhanggardine* f; ⟨oft⟩
(*geschnitzter, ausgesägter*) *Überhang* m
pelorus [piˈlɔːrəs] s ⟨mar⟩ *Haupt-Steuer-
Kompaß* m (*auf Kommandobrücke*)
pelota [peˈloutə] s *Nationalballspiel der
Basken* n
pelt [pelt] s *Fell* n; *rohe Haut* f (*a des Menschen*) ∥ *Pelz* m ∥ ∼ wool *Sterblingswolle* f
∼**ry** ['∼ri] s [koll] *ungegerbte Felle, Häute,
Pelze* pl
pelt [pelt] **1.** vt/i (*jdn*) *bewerfen, beschießen*
(with *mit*); ⟨fig⟩ *bestürmen* (with) ∥ (*etw*) *werfen*
(at *nach*) ∣ vi (of rain) *in Strömen* (*nieder*)*prasseln*; ∼ing rain *Platzregen* m ∥ *werfen, schießen*
(at *nach*) **2.** s (*Be-*)*Werfen* n; *Schlag* m ∥ *Prasseln* n ∥ (at) full ∼ *in Windeseile*
pelta ['peltə] s ⟨ant⟩ *kl flacher Schild* m
∼**st** ['peltæst] s *Leichtbewaffneter* (*mit leichtem
Sch.*)
pelvic ['pelvik] a *Becken–* **-vis** ['pelvis] s
[pl –ves] ⟨anat⟩ *Becken* n
pemmican ['pemikən] s *Art Dauer–, Dörr-
fleisch* n ∣ *Proviant* m ∥ ⟨fig⟩ *kondensierter Inhalt* m, *Zus–fassung* f [a attr]
pemphigus ['pemfigəs] s L ⟨med⟩ *Blasenaus-
schlag* m (*der Haut*)
pen [pen] **1.** s *Gehege* n, *Hürde*; *Koppel* f
∥ *Laufstall* m ∥ ⟨mar⟩ *U-Boot-Bunker* m
2. vt (*a* ∼ in, up) *einpferchen, –schließen*
pen [pen] **1.** s (*Schreib-*)*Feder* f; → fountain
∣ ⟨fig⟩ *Schriftsteller* m (to live by one's ∼); *Stil*

m (a fluent ~), *Schreibart* f **|** to put, set ~ to paper *die Feder ansetzen* **||** to take ~ in hand, to take up one's ~ *die Feder ergreifen* **|** ~ and ink 1. *Schreibmaterial* n 2. *Schriftstellerei* f 3. ~-and-ink, ~-(and-ink) drawing *Federzeichnung* f **|** [attr] ~-case *Federbüchse* f **||** ~-feather *Schwungfeder* f **||** ~-friend *Brieffreund* m **||** ~-name *Schriftstellername* m **||** ~-pal *Brieffreund* m **||** ~-wiper *Feder–, Tintenwischer* m 2. vt (*nieder*)*schreiben; verfassen*

   pen [pen] s ⟨orn⟩ *weiblicher Schwan* m

   pen [pen] s ⟨Am fam⟩ = penitentiary [s]

   penal ['pi:nl] a (~ly [~nəli] adv) *Straf–* (~ colony –*kolonie* f; ~ law –*gesetz* n; ~ code –*gesetzbuch* n; ~ institution –*vollzugsanstalt* f; ~ provisions [pl] –*bestimmungen* f pl; ~ record –*register* n; ~ servitude (for life) (*lebenslängliche*) *Zuchthausstrafe* f **||** ~ sum *vertraglich festgesetzte Geldbuße* f **||** *strafrechtlich, Strafrechts–* (~ reform) **||** *strafbar* (to do) **~ize** ['pi:nəlaiz] vt *mit Strafe belegen, als strafbar erklären* **||** ⟨fig⟩ (*jdn*) *bestrafen; hemmen; belasten* **~ty** [~pen|ti] s (*bes Geld–*)*Strafe* f (under ~ *of bei e–r St. v*); *Vertrags–, Konventional–*; to forbid on ~ *of death bei Todesstrafe verbieten*; to lie under ~ *of death z Todesstrafe verurteilt s* **|** ⟨sport⟩ *Strafe* f; [attr] *Straf–*; ~ kick ⟨ftb⟩ *Strafstoß, Elfmeter* m **||** ~-envelope ⟨Am⟩ *Umschlag frei durch Ablösung* **|** ⟨fig⟩ *Nachteil* m; the ~ of greatness *die Last, der Fluch der Größe*

   penance ['penəns] s *Buße* f **|** to do ~ *B. tun*

   penannular [pi:'nænjulə] a *fast ringförmig*

   pence [pens] s pl → penny

   penchant ['pā:ŋʃā:ŋ] s Fr *Neigung* (for *f, z*); *Vorliebe* f (for)

   pencil ['pensl] 1. s † *Pinsel* m **||** *Sinnbild der Malkunst*; ⟨fig⟩ *Stift* m **|** *Bleistift* m (in ~ *in Blei*); coloured ~ *Farbstift*; propelling ~, *Dreh–*; push ~, automatic ~, ejector ~, mechanical ~, repeater ~ *Druck–, Schraubbleistift, Druckfüller* m (*Sparstift* m *mit Vorlaufmine*) **|** ⟨scient⟩ (of rays, hair) *Büschel* m; ⟨opt⟩ *Strahlen–, –bündel* n m **|** [attr] *Bleistift–*, ~-case –*halter* m; ~ extension –*verlängerer* m; ~-point protector –*hülle* f; ~ sharpener –*spitzer* m 2. vt *zeichnen, entwerfen*; (*kenn*)*zeichnen* (with) ⟨*a* fig⟩ **||** *mit Bleistift darstellen, zeichnen; schreiben, anstreichen* **~led** [~d] a *mit feinen Bleistiftstrichen gezeichnet* **||** ⟨scient⟩ *büschelig*

   pencraft ['penkrɑ:ft] s *Schreibkunst; Schriftstellerei; Darstellungskunst* f

   pendant, –dent ['pendənt] s Fr (*Schmuck–*)*Gehänge* n (ear–, ~ *Ohr–*), *Anhängsel* n **||** ⟨arch⟩ *Hängeschmuck* m; *hangender Schlußstein, Bogen–, Hängezapfen* m; ~-lamp *Hängelampe* f **||** ⟨mar⟩ (= pennant) *Wimpel* m **|** *Pend·ant, Seiten–, Gegenstück* n (to *z*); to form a ~ to *ein G. or Pendant bilden z*

   pendent, –dant ['pendənt] a *herab–, (nieder*)*hängend; überhängend* **|** *schwebend, unentschieden* **||** ⟨arch⟩

   pendentive [pen'dentiv] s ⟨arch⟩ *Pendent·if* n, *Eck–, Hänge–, Kuppelzwickel* m

   pending ['pendiŋ] 1. a 1. a ⟨jur⟩ *schwebend, unentschieden, anhängig* 2. prep *während* **||** *bis z* (~ *my return*); ~ *further notice od orders bis auf weiteres*

   pendragon [pen'drægən] s *brit.-walis. Fürst, Führer* m

   pendulate ['pendjuleit] vi *pendelartig schwingen, pendeln* **||** ⟨fig⟩ *schwanken, zögern*

   penduline ['pendjulain] a *hängend* **–lous** ['pendjuləs] a (~ly adv) *hangend, herabhängend; schwebend; pendelnd, Pendel–* (~ *motion –bewegung* f) **–lum** ['pendjuləm] s L ⟨tech⟩ *Pendel* n; ~ *deflection –ausschlag* m **||** ⟨fig⟩ *Pendel* n, *–bewegung* f (the ~ *of opinion*)

   peneplain ['pi:niplein] s ⟨geol⟩ *Rumpffläche, –ebene, Fastebene* f; uplifted ~ *Rumpfgebirge* n

   penetrability [ˌpenitrə'biliti] s *Durchdringlichkeit* f **–able** ['penitrəbl] a *durchdringbar; erreich–, erfaßbar*

   penetralia [ˌpeni'treiliə] s L pl *das Innere*; *Heiligtum* n; *Geheimnisse* n pl

   penetrate ['penitreit] vt/i *dringen durch* (*etw*); (*etw*) *durchdringen* (to ~ darkness) **||** ⟨aero⟩ *einfliegen, –dringen in*; ⟨tact⟩ *durchstoßen* **||** (*Panzerung*) *durchschlagen* **||** ⟨übtr⟩ (*Geist*) *durchdringen* **||** (*jdn*) *durchdringen, erfüllen* (with), *tief ergreifen* **||** (*etw*) *ergründen, erkennen, –fassen* **|** vi *eindringen* (into), *vordringen* (to *bis*); *durchdringen* (to; through); ⟨fig⟩ *sich durchsetzen* **–ating** [–iŋ], **–ative** [–iv] a (~ly adv) *durchdringend* ⟨a fig⟩ **||** *eindringlich; scharfsinnig; Durchschlags–* (*–kraft* etc) **||** *–ating oil rostlösendes Öl* n; *–ating power Eindringungsvermögen* n **–ation** [ˌpeni'treiʃən] s *Ein–, Durchdringen* n, *–dr·ingung* f (peaceful ~) **||** *Unterwanderung* f **||** (of guns) *Durchschlagskraft* f **||** *Scharfsinn* m, *Einsicht* f, *Urteil* n **||** ~ coefficient *Durchgriff* m; ~ depth *Eindringtiefe* f **–ometer** [ˌpeni'trəmitə] s ⟨at⟩ *Strahlungstiefenmeßgerät* n

   penguin ['peŋgwin] s ⟨orn⟩ *Pingu·in* m **||** ⟨aero sl⟩ *Schmiermax* m **||** *Lehrflugzeugmodell* n

   penholder ['penhouldə] s *Federhalter* m

   penial ['pi:niəl] a ⟨anat⟩ *Penis–*

   penicillate ['penisilit] a ⟨scient⟩ *büschel–, pinselförmig*

   peninsula [pi'ninsjulə] s *Halbinsel* f (the ⌒ *die Pyrenäen-H.*) **|** **~r** [~] 1. a *halbinselförmig, Halbinsel–* **||** the ⌒ *War der (englische) Krieg in Spanien gegen Frankreich* (1808–1814) 2. s *Halbinselbewohner* m **~te** [pi'ninsjuleit] vt *z e–r Halbinsel* m

   penis ['pi:nis] s L ⟨anat⟩ *P·enis* m

   penitence ['penitəns] s *Buße, Reue* f

   penitent ['penitənt] 1. a *bußfertig, reuig* 2. s *Bußfertiger; Büßer*(in f) m; ⟨R. C.⟩ *Beichtkind* n **|** [attr] ~ form *Büßerbank* f **~ial** [ˌpeni'tenʃəl] a (~ly adv) *bußfertig; Buß–* (~ *psalm –psalm* m) **~iary** [ˌpeni'tenʃəri] 1. s ⟨ec⟩ (*höherer*) *Bußpriester, Beichtvater* m **||** Grand ⌒ *päpstl. Bußgericht* n **|** *Korrektionsanstalt* f (*f Prostituierte*) (*Staats–, Besserungs-*)*Gefängnis* n 2. a *Buß–* **||** *Besserungs–*

   penknife ['pennaif] s *Federmesser* n

   penman ['penmən] s *Schreiber* m (a good ~ *ein Schönschreiber*); *Schriftsteller* m **~ship** [~ʃip] s *Schreibkunst* f **||** *–art* f, *Stil* m; *schriftstell. Arbeit or Leistung*

   pennant ['penənt] s ⟨mar⟩ *Wimpel*; *Stander* m; *Fähnchen* n **||** ⟨Am sport⟩ *Siegeszeichen* n

   penniform ['penifɔ:m] a *feder–, kielförmig*

   penniless ['penilis] a (~ly adv) *ohne* (*e–n Pfennig*) *Geld, mittellos; arm*

   pennill ['penil] s [*mst* pl ~ion] *walis. improvisierter Vers* m (*zur Harfe*)

   Pennine ['penain] s the ~s pl, the ~ Chain *die penninische Berggruppe in Nordengland* f

   pennon ['penən] s ⟨mil⟩ (*Ulanen-*)*Fähnchen* n **||** *Fahne* f, *Wimpel* m **||** ⟨fig⟩ *langer Streifen* m **~ed** [~d] a *bewimpelt*

   penn'orth, pennorth ['penəθ] = pennyworth

   penny ['peni] s 1. (pl –nies *einzelne Pennystücke, sonst* pence [pens] *Penny* m (= 1/12 *shilling*; [*abbr nach Zahlen*] d [= *denarius*]: 6d = sixpence *sikspəns*; eighteen pence ['eiti:n'pens]); in –nies *in Pennymünzen*; ~ sixpenny; to spend a ~ ⟨fam⟩ „*nach den Pferden, Sternen*, ⟨mot⟩ *Hinterreifen etc sehen*" (*öffentl. Bedürfnisanstalt benutzen*) **|** Peter ~, Peter's ~ *od* pence *Peterspfennig ·*m **||** ⟨Am⟩ *Eincentstück* n 2. *Geld* (a pretty ~ *e–e schöne Stange Geld*); *Kleingeld* n; in for a ~, in for a

pound *wer A sagt, muß auch B sagen*; → *honest*
| ⟨fig⟩ *Heller* m, *Kleinigkeit* f (not worth a ∼)
3. [attr & comp] *Penny*-: ∼-a-liner ['peni-
'lainə] *Zeitungsschreiber, Skribent* m || ∼-a-
lining *Vielschreiberei, Zeilenschinderei* f, *Ge-
schreibsel* n || ∼-dreadful *Schauerblatt* n (*Zei-
tung*); *–roman* m || ∼-gaff ⟨fam theat⟩ *Schmiere*
f || ∼ novelette *Groschenroman* m || ∼ number
Einzelnummer, –lieferung f (*e–s Kriminalromans*);
in ∼ numbers *tröpfchenweise* || ∼-post ⟨engl⟩
Pennypost f || → slot || ∼-wise *sparsam im
kleinen*; to be ∼-wise and pound-foolish *am
unrechten Ende sparen* ∼royal ['peni'rɔiəl] s
⟨bot⟩ *P·olei(minze* f) f ∼**weight** [∼weit] s
(abbr dwt) *ein Gewichtmaß* (= 1,555 g) ∼wort
[∼wə:t] s ⟨bot⟩ *Nabelkraut* n || ⟨bot⟩ *Wasser-
nabel* m ∼**worth** ['penəθ] s *Pennywert* m;
Quantität f e–n Penny; a ∼ of sugar *f e–n P.
Zucker* || a good ∼ *ein wohlfeiler Kauf* m
   penological [ˌpi:nə'lədʒikəl] a *kriminalkund-
lich; strafrechtlich, Strafrechts– –gy* [pi:-
'nələdʒi] s ⟨jur⟩ *Kriminal–, Strafrechtswissen-
schaft* f
   pensile ['pensil, –sail] a *hangend, schwebend,
Hänge-*
   pension ['penʃən] **1.** s *Pension f, Ruhegehalt* n;
Jahrgeld n, *Rente* f || *old-age* ∼ *Altersversor-
gung* f || ∼ *bureau*, ∼ *office Versorgungsamt* n
pl || ∼ *rights Ruhegehaltsansprüche* pl || ∼
scheme Rentenversicherung f || ∼ *trust* ⟨com⟩
Altersversorgung f **2.** vt *pensionieren*; (*jdm*) *ein
Jahrgeld geben* || to ∼ off (*jdn*) *mit Pension ent-
lassen* ∼**able** [∼əbl] a *pensionsberechtigt, –fähig*
(*age*); *Pensions–* ∼**ary** [∼əri] **1.** s *Pension·är,
Ruhegehaltsempfänger, Rentner* m || *Mietling* m
2. a *Pensions–* (aid) ∼**er** [∼ə] s = pensionary s
|| ⟨Cambr univ⟩ *zahlender Student* m *im* College
|| *Kostgänger* m || *Ruhegehaltsempfänger* m
∼**less** [∼lis] a *pensionslos, ohne Pension*
   pension ['pɑ̃:siɔ̃:] s Fr *Pensi·on f, Pension·at* n,
Fremdenheim n
   pensive ['pensiv] a (∼ly adv) *nachdenklich,
tiefsinnig; ernst, schwermütig, schwermütig stim-
mend* ∼**ness** [∼nis] s *Tiefsinnigkeit, Schwermut* f
   penstock ['penstɔk] s *Wehr* n, *Stauanlage* f
|| ⟨Am⟩ *Mühlgraben, –kanal* m || (Turbinen–)
Rohrzuleitung f
   pent [pent] a (a ∼-up) *eingepfercht, –geschlos-
sen, gefangen* || ∼ roof *Pultdach* n || ⟨übtr⟩ *ver-
halten* (∼-up emotion, energy, feelings, rage)
penta– ['pentə] Gr [in comp] *fünf–*; ∼**cle**
[∼kl] s *Drudenfuß* m ∼**d** ['pentæd] s *die Zahl 5
|| Satz* m *v 5 Dingen* || *Zeitraum* m *v 5 Jahren*
∼**gon** [∼gən] s ⟨geom⟩ *Fünfeck* n || the ∼
⟨Am⟩ *Kriegsministerium(sgebäude* n) n (Washington) ∼**gonal** [pen'tægən] a *fünfeckig*
∼**gram** [∼græm] s = pentacle ∼**hedron** [ˌpentə-
'hi:drən] s ⟨geom⟩ *Penta·eder* n ∼**meter**
[pen'tæmitə] s ⟨pros⟩ *Pent·ameter* m & n
(...... .. ..) ∼**teuch** [pentə'tju:k]
s ⟨bib⟩ *Pentateuch* s (*fünf Bücher Mosis*)
∼**thlon** [pen'tæθlən] s ⟨Gr ant & mod⟩ *Fünf-
kampf* m ∼**tomic** [ˌpentə'tɔmik] a *fünfatomig*
Pentecost ['pentikɔst] s ⟨ec⟩ *Pfingsten* n ∼**al**
[ˌpenti'kɔstl] a *pfingstlich, Pfingst–*
   penthouse ['penthaus] s *Hänge–, Wetter–,
Schutzdach* || ⟨urspr Am⟩ *luxuriöse) Dach–
(terrassen)wohnung* f || ∼ roof (⟨a⟩ pentroof)
Pultdach n
   pentice ['pentis] s ⟨arch⟩ *Windschirm* m,
Schirmbrett n
   pentomic [pən'tɔmik] a ⟨mil⟩ ∼ *division
Pent·omdivision* f (*5-gliedrig mit Atomwaffen*)
   pentstemon [pent'stimən] s ⟨bot⟩ *Gattung*
f *der Skrofulariazeen* (*Rachenblütler*)
   penult [pi'nʌlt], ∼**imate** [∼imit] **1.** a ⟨gram⟩
vorletzt **2.** s *vorletzte Silbe* f (on the ∼)
   penumbra [pi'nʌmbrə] s ⟨fig⟩ *Halbschatten* m

∼**l** [∼l] a *Halbschatten–, halbdunkel; unklar*
   penurious [pi'njuəriəs] a (∼ly adv) *knauserig,
karg* ∼**ness** [∼nis] s *Knauserei; Kargheit* f
   penury ['penjuri] s *Armut, Not* f || *Mangel* m
(of *an*)
   peon 1. [pju:n] s Ind *Fußsoldat; Schutzmann*;
Bote m **2.** ['pi:ən] s *südamer. Landarbeiter* m
|| v *Gläubiger z Diensten gezwungener Schuldner*
∼**age** ['pi:ənidʒ] s *Frondienst* m *des Schuldners*
   peony ['piəni] s ⟨bot⟩ *Pä·onie, Pfingstrose* f
   people ['pi:pl] **I.** s **A.** [∼ *mit* pl ∼s] [*in* sg-
Form: sg *u* pl konstr] *Volk* n, *Nation* f (the ∼s
of Europe) **B.** [*nur* sg-*Form*] **1.** [*mst* pl konstr]
the ∼ *das Volk* n, *die Wählerschaft* f || *die
Gemeinen* pl, *das gemeine, niedere Volk* n **2.** [*nur*
pl konstr] **a.** [*nach* pron poss] *Volk* n, *Unter-
tanen* pl (the king and his ∼) || *Gefolge* n;
Dienerschaft f || ⟨ec⟩ *Gemeinde* f || *Truppen,
Leute* pl || *nahe Verwandte, Angehörige* pl,
Familie f (my ∼ are ..); the Browns ∼ *die Mitglieder der Familie B.* **b.** *Leute, Menschen* pl;
these ∼ *diese L.*; few ∼ *wenige L.*, many ∼
viele L.; there were 300 ∼ present *es waren 300
L. anwesend*; Scotch ∼ (*die*) *Schotten*; literary
∼ *die Literaten* pl; village ∼ *Dorfbewohner* m
pl || he of all ∼ *er vor allen anderen; ausgerech-
net er* **c.** (*T*) *Lebewesen* n pl; *Vieh* n (feathered
∼) **d.** *man*; ∼ say *man sagt*, ∼ wonder *man
staunt* etc; some ∼ *manche* **3.** ∼'s *Volks–*
(republic); ∼'s car ⟨Ger mot⟩ *–wagen*; ∼'s
Chamber ⟨SBZ⟩ *Volkskammer* f; ∼'s democracy *–demokratie* f; ∼'s Enterprise ⟨SBZ⟩
Volkseigener Betrieb m; ∼'s Police ⟨SBZ⟩
Volkspolizei f, ⟨fam⟩ *Vopo* (*VP*); ∼'s share
Kleinaktie f **C.** [attr] *Volks–* (∼-state *–staat* m)
II. vt *bevölkern* || ⟨fig⟩ (Gebiet etc) *an–, erfüllen*
   pep [pep] ⟨Am sl⟩ (abbr *f* pepper) **1.** s *Kraft* f;
El·an m, *Schwungkraft* f, °*Murr, Schmiß* m || ∼
talk ⟨fam⟩ *Moralpredigt* f **2.** vt *anfeuern, bele-
ben* || ⟨mot-sl⟩ (*dem Motor*) °*auf die Tube
drücken* (*ihm Gas geben*) || to ∼ up (*Wirtschaft*)
ankurbeln
   pepper ['pepə] **1.** s *Pfeffer* m || *Spanischer
Pfeffer* m || green ∼s [pl] *Paprikaschoten* f pl
|| ⟨fig⟩ *etw Pfefferiges, Beißendes* n; *beißende
Kritik* f; ∼ pep [∼-and-salt [a] *Pfeffer u Salz,
grau u schwarz* (cloth) || [attr] *Pfeffer–*; ∼-box,
∼-castor *–büchse* f; ⟨bot⟩ Californian ∼-Tree
Peruvianischer Mastixbaum m **2.** vt/i ∼ (*etw*)
pfeffern || ⟨übtr⟩ *bestreuen*; to be ∼ed *übersät,
bedeckt* s (with *mit*) || *bewerfen* (with *mit*);
⟨fig⟩ *überhäufen* (with) || *durchprügeln* | vi
(*hinein*)*pfeffern* (into *in*); to ∼ at *bewerfen,
–schießen* ∼**corn** ['pepəkɔ:n] s *Pfefferkorn* n
∼**mint** ['pepəmint] s ⟨bot⟩ *–minze* f || *Pfeffer-
minzöl* n || (a ∼-drop, ∼-lozenge) *–minzplätz-
chen* n | ∼**y** [∼ri] a *pfeff(e)rig, gepfeffert;
Pfeffer–* || ⟨fig⟩ (of speech) *scharf, beißend*; (*P*)
reizbar; hitzig, heftig
   peppy ['pepi] a ⟨sl⟩ *kräftig, energisch, forsch*
   pepsin ['pepsin] s ⟨chem⟩ *Peps·in* n *–tic
['peptik] **1.** a ⟨med⟩ *verdauungfördernd, Verdauungs–* **2.** [s pl] ∼s ⟨hum⟩ *Verdauungsorgane*
n pl *–tone* ['peptoun] s *Pept·on* n, *durch Magensaft verdauter Eiweißstoff* m *–tonize* ['peptənaiz]
vt *in Pepton verwandeln*
   per [pə:; *w f* pə] L prep **1.** ∼ annum [pə:-
'ænəm] *pro Jahr, jährlich*; ∼ procurationem
(abbr ∼ proc., ∼ pro; p.p.) *in Vollmacht* f
2. [*als* engl prep] *mit, per* (∼ rail); *pro, für* (∼
pound *das Pfund*); (10 shillings) ∼ man ∼ day
.. je Mann u Tag; durch (∼ bearer *durch Überbringer*); (a as ∼) *gemäß, laut*; ∼ account
rendered *laut erhaltener Rechnung* | [ell] ⟨fam⟩
80 miles ∼ [sc: hour] °*mit 80 Sachen* | ∼ cent
[pə'sent], ∼ centum [pə:'sentəm] *Prozent* n,
25 ∼ cent of carbon *25% Kohlenstoff* || ∼ cent
by volume *Vol·umprozent* n || pl [abs] (*ohne*

Zahlwort) ~-cents *Prozente* pl, *Prozentsätze* pl **3.** pron ⟨Am⟩ = each (one dollar ~)

per– [pə] pref ⟨chem⟩ *Per–, Über–* (~chloric)

peradventure [pərəd'ventʃə] **1.** † adv v *ungefähr, vielleicht*; if ~ *wenn etwa* or *zufällig*; unless ~ *wenn nicht etwa* **2.** s *Ungewißheit* f, *Zweifel* m (without ~)

perai [pe'rai] s ⟨ich⟩ *Kara·ibenfisch, Sägesalmler* m

perambulate [pə'ræmbjuleit] vt *wandern durch, durchw·andern, durchreisen* || *inspizieren, besichtigen* **–ation** [pə,ræmbju'leiʃən] s *Durchwanderung* f (of a place *e–s Ortes*) || *Besichtigung* f; *–sbericht* m; *(jährl.) Inspektionsreise* f || *Umfang* m **–ator** ['præmbjuleitə] (abbr ⟨fam⟩ pram [præm]) s *Kinderwagen* m

percale [pə'kɑːl; –'keil] s *Perk·al* m (*Baumwollgewebe*)

perceive [pə'siːv] vt *wahrnehmen, (be)merken* (a th; a p; that; a p do *daß jd tut*) || *empfinden*; *verstehen* (a th; that)

percentage [pə'sentidʒ] s *Prozentsatz* m; *Quote* f || ⟨com⟩ *Prozente* n pl; *Anteil* m (of *an*), *Provision, Tantieme* f || *Teil* m, *Menge* f; ~ of water *Wassergehalt* m || ~ of modulation *Modulationsgrad* m; ~ of slope *Steigungswinkel* m (*in%*) || ~-wise ⟨bes Am⟩ *prozentu·al* **–tal** [pə'sentl] a *prozentu·al* **–tile** [pə'sentail] s ⟨stat etc⟩ *Zent·il* n

percept ['pəːsept] s ⟨philos⟩ *Gegenstand der Wahrnehmung* m; *wahrgenommener G.* **~ibility** [pə,septə'biliti] s *Wahrnehmbarkeit* f **~ible** [pə'septəbl] a (*–bly* adv) *wahrnehmbar, bemerkbar*; *merklich*

perception [pə'sepʃən] s ⟨philos⟩ *sinnl.* or *geistige Wahrnehmung* f, *–svermögen* n || *intuitive Erkenntnis*; *Vorstellung* f (the ~ of truth) || *Begriff* m **~al** [~l] a *auf Wahrnehmung beruhend*

perceptive [pə'septiv] a *wahrnehmend, Wahrnehmungs–* || *auffassungsfähig* **~ness** [~nis], **–vity** [,pəː'səp'tiviti] s *Wahrnehmungs–*; *Auffassungsvermögen* n; *Einsicht* f

perceptual [pə'septjuəl] a ⟨eth⟩ *Merk–* (*world*)

perch [pəːtʃ] s [pl ~] ⟨ich⟩ *Barsch* m (~ are ..) || *red* ~ *Goldbarsch* m

perch [pəːtʃ] **1.** s *Pfahl* m; *Langbaum* (*am Wagen*) m | *Sitz–, Aufsitzstange* f (*f Vögel*); *Sitz* m, *Nest* n; to take one's ~ *sich setzen, sich niederlassen* (on *auf*) | ⟨übtr fam⟩ *erhöhter sicherer Sitz* m || ⟨fig⟩ *feste Position* f || to fall off one's ~ (*P*) ⟨sl⟩ *vom °Stengel fallen* || to hop the ~ ⟨fam⟩ *abtreten* (*sterben*); to knock a p off his ~ *jdn z Fall bringen, besiegen, vernichten* | (*Längenmaß*) *Rute* f (= 16½ *Fuß* = 5,029 m) **2.** vi/t || *sich niederlassen* or *setzen* (on, upon *auf*); *hoch sitzen* (on *auf*) || ⟨aero sl⟩ *landen* | vt *setzen*; to ~ o.s. *sich setzen* || ~ed *sitzend*; (*hoch*) *gelegen* (on *auf*); to be ~ed *sitzen* **~er** ['~ə] s *Sitzfüßler, –vogel* m

perchance [pə'tʃɑːns] adv *zufällig, vielleicht*

Percheron ['pɛəʃərɔː] s ⟨hors⟩ *Kaltblut aus frz. Grafsch. Perche*

perchloric [pəː'klɔːrik] a ⟨chem⟩ *überchlorig* (*acid*)

percipience [pə'sipiəns] s *Wahrnehmen* n **–ient** [pə'sipiənt] **1.** a *wahrnehmend*; to be ~ of *wahrnehmen* **2.** s *wahrnehmende P*; *Telepath*(*in* f) m

percolate ['pəːkəleit] vi/t || *durchsickern* | vt *durchsickern l*; *filtrieren*; ⟨fig⟩ *durchdringen, –tränken* (with) **–ation** [,pəːkə'leiʃən] s *Versickerung* f; *Durchsickern* n ⟨a fig⟩ **–ator** ['pəːkəleitə] s *Filtrierapparat, –trichter* m; *Kaffeemaschine* f

percuss [pəː'kʌs] vt ⟨med⟩ *perkut·ieren, beklopfen* **~ion** [pəː'kʌʃən] s *Erschütterung* f ||

Stoß || *Schlag* m, [koll] ⟨mus⟩ *–zeug* n; ⟨mus⟩ *instrument of* ~ *–instrument* n || ⟨med⟩ *Perkussi·on* f | [attr] *Zünd–*; ~-cap *–hütchen* n || ~ charge *Schlagladung* f || ~ frame ⟨met⟩ *Rüttelherd* m || ~ fuse *Schlagzünder* m || ~ primer *Zündsatz* m || ~ priming *Schlagzündung* f || ~ wave *Stoßwelle* f **~ive** [pəː'kʌsiv] a *schlagend, Schlag–* (~ *instrument*)

percutaneous [,pəːkju'teiniəs] a ⟨med⟩ *perkut·an, auf* or *durch die Haut wirkend*

perdition [pəː'diʃən] s *Verderben* n || ⟨theol⟩ *Ewige Verdammnis* f **perdu(e)** [pəː'djuː] a Fr ⟨bes mil⟩ *im verborgenen, auf der Lauer* (to lie ~) | *verborgen*

perdurability [pə,djuərə'biliti] s *Dauerhaftigkeit*; *ewige Dauer* f **–able** [pə'djuərəbl] a (*–bly* adv) *sehr dauerhaft*; *ewig dauernd, ewig*

peregrinate ['perigrineit] vt/i || *wandern* | vt *durchw·andern* **–ination** [,perigri'neiʃən] s *Wanderung, Wanderschaft* f **–ine** ['perigrin] a *fremd* || ~ (falcon) ⟨orn⟩ *Wanderfalke* m

peremptoriness [pə'remptərinis; ⟨jur⟩ 'perəm–] s *Bestimmtheit, Entschiedenheit* f || ⟨jur⟩ *hartnäckiges Beharren* n || *herrisches, absprechendes Wesen, Absprechendes* n **–ry** [pə'remptəri; ⟨jur⟩ 'perəm–] a (*–rily* adv) ⟨bes jur⟩ *peremtorisch, entscheidend* || *zwingend* || *entschieden*; *unbedingt*; ~ term *Notfrist* f | *herrisch, diktatorisch, absprechend*

perennial [pə'renjəl] **1.** a (~ly adv) *das ganze Jahr dauernd* || *beständig, unaufhörlich, Dauer–* || ⟨bot⟩ *perennierend,* ⟨for⟩ *ausdauernd* **2.** s ⟨bot⟩ *perennierende Pflanze* f

perfect ['pəːfikt] **1.** a *vollkommen (ausgebildet)* (in *in*); *vollendet*; *fehler–, makellos, ideal*; *gründlich*; *geschickt* (*murderer*) | *vollständig, genau* (a ~ *circle*); *gänzlich, rein* || ⟨fam⟩ *rein, bloß* (~ *nonsense*); *ausgemacht* (brute, fiend, terror), a ~ *little horror ein richtiges kl Ekel, Scheusal* n | ⟨gram⟩ *vollendet,* ~ tense *Perfektum* n) **2.** s = ~ tense **~ly** [~li] adv *vollständig; vollkommen* || *ganz, gänzlich, geradezu* (~ lovely) || ~ good ⟨fam⟩ *erstklassig, zuverlässig,* °*100-prozentig* **~ness** [~nis] s *Vollkommenheit* f

perfect [pə'fekt] vt *vollenden, ausführen* || *ausbilden, vervollkommnen*; to ~ o.s. in *sich ver– in* **~er** [~ə] s *Vollender* m **~ibility** [pə,fekti'biliti] s *Vervollkommnungsfähigkeit* f **~ible** [pə'fektəbl] a *vervollkommnungsfähig*

perfection [pə'fekʃən] s *Vollendung*; *Vervollkommnung* f; to bring to ~ *vollenden, vervollkommnen* || *Vollkommenheit, Reife* f; ~s [pl] *Fertigkeiten* f pl || *Fehlerlosigkeit, Trefflichkeit, Vortrefflichkeit* f; to ~ *zu* (or *in*) *hoher Vollendung*; *vortrefflich*; *meisterhaft* | *höchster Grad* m, ⟨fig⟩ *Krone* f, *Gipfel* m (the ~ of cunning) **~ist** [~ist] s [attr] *auf Vollkommenheit bedacht, nach V. strebend* (a ~ plan)

perfervid [pəː'fəːvid] a *heiß, innig* (gratitude)

perfidious [pəː'fidiəs] a (~ly adv) *treulos, verräterisch, heimtückisch, falsch* **ness** [~nis], **–dy** ['pəːfidi] s *Treulosigkeit, Tücke* f

perfoliate [pəː'fouliit] a ⟨bot⟩ *das Blatt durchbohrend*; a ~ leaf *ein vom Stengel durchbohrtes Blatt*

perforate ['pəːfəreit] vt/i || *durchbohren, durchlöchern*; *perfor·ieren, lochen*; ⟨arts⟩ *durchbr·echen* || ~d *card system Hollerithsystem* n | vi *dringen* (into; through) **–ation** [,pəːfə'reiʃən] s *Durchbohrung, –löcherung*; *Lochung* f | *Loch* n; *Öffnung* f **–ative** ['pəːfərətiv] a *durchlöchernd*; *Perforations–* (peritonitis) **–ator** ['pəːfəreitə] s *Bohr–, Loch–, Perforiermaschine* f, *Locher* m

perforce [pə'fɔːs] adv *notgedrungen, gezwungen*; *wohl oder übel*

perform [pə'fɔːm] vt/i **1.** vt *verrichten, tun, aus–, durchführen*; *vollbringen*; (*Pflicht*) *erfüllen*

| ⟨theat⟩ (*etw*) *aufführen, spielen*; *vortragen* **2.** vi *funktionieren* || *leicht umgehen* (with) || ⟨theat & mus⟩ *auftreten, spielen*; *gespielt w*; *dauern* || *sich produzieren*, *Kunststücke m* ~**able** [~əbl] a *durchführbar*; *ausführbar* ~**ance** [~əns] s *Vollbringung*, *Erfüllung* f; place of ~ ⟨jur⟩ *Erfüllungsort* m || *Verrichtung*, *Ausführung* f || *Tat*, *Leistung* f; ⟨mot⟩ *Motorleistung* f; *Spiel* n, *Arbeit* f | ⟨theat⟩ *Aufführung* f (at the ~ *bei der A.*); no ~! *geschlossen!* || *Darstellung* f (of a character), *schauspielerische Leistung* f, *Spiel* n | ~ graph *Leistungskurve* f; ~ number (*Kraftstoff*-)*Leistungszahl* f; ~-type glider *Leistungssegelflugzeug* n ~**er** [~ə] s *Erfüller*; *Verrichter*, *Vollzieher* m || *Schauspieler*, *Künstler*; *Virtu*'os m (on the violin) ~**ing** [~iŋ] a *abgerichtet*, *dressiert* (dog)

perfume [´pəːfjuːm] s *Duft*, *Wohlgeruch* m | *Duftstoff* m, *Parfüm* n || ~-box, ~-burner (⟨a⟩ ~ming pan) *Rauchbecken* n, *Räucherpfanne* f

perfume [pə´fjuːm] vt *parfümieren*, *durchduften* ~**r** [~ə] s *Parfümer·iehändler* m ~**ry** [~əri] s *Parfümerie* f, –*rien* pl || *Parfümerie(geschäft* n) f

perfunctoriness [pə´fʌŋktərinis] s *Oberflächlichkeit*, *Flüchtigkeit* f –**ry** [pə´fʌŋktəri] a (–rily adv) *gewohnheitsmäßig*, *mechanisch* || *oberflächlich*, *flüchtig*; *interesselos*, *nichtssagend*

perfuse [pə´fjuːz] vt *begießen*; *durchsetzen*, –*tränken* (with) (*a* fig) –**sion** [pə´fjuː·ʒən] s *Begießung* f

pergameneous [ˌpəːgə´miːniəs] a *Pergament*– **Pergamenian** [ˌpəːgə´miːniən] a ⟨ant⟩ *Pergamon*–; *pergamenisch* (school)

pergola [´pəːgələ] s L *offener Laubengang* m

perhaps [pə´hæps; præps], ⟨fam⟩ **praps** [præps] adv *möglicherweise*, *vielleicht* (~ he has met him; he has met him ~)

peri [´piəri] s *P·eri* f, *Fee* f; *Elf(e* f) m

peri– [´peri] Gr pref (*rings*)*um*, *herum*; *daneben*; *über* .., *z sehr* ~**anth** [´periænθ] s ⟨bot⟩ *Blütenhülle* f ~**apsidal** [ˌ~´æpsidl] a ⟨ec arch⟩ ~ aisle *Chorumgang*, *Ambitus* m ~**carditis** [ˌperikaː´daitis] s *Herzbeutelentzündung* f ~**cardium** [ˌperi´kɑːdiəm] s L ⟨anat⟩ *Herzbeutel* m ~**carp** [´perikɑːp] s ⟨bot⟩ *Fruchthülle* f ~**clase** [´perikleiz] s *Perikl·as* m (*Mineral*) ~**cope** [pə´rikəpi] s *Perik·ope* f, *Bibelabschnitt* m (z *Vorlesen*) || ⟨pros⟩ *ungleiche Strophenfolge* f ~**gee** [´peridʒiː] s ⟨astr⟩ *Erdnähe* f ~**helion** [ˌperi´hiːljən] s ⟨astr⟩ *Sonnennähe* f

peridot [´peridɔt] s ⟨minr⟩ *Perid·ot*, *Oliv·in* m

peril [´peril] **1.** s *Gefahr* f (in the ~ of one's life *in Lebens*–); the yellow ~ *die gelbe G.*; at your ~ *auf Ihre Gefahr* or *Verantwortung* **2.** vt *gefährden* ~**ous** [~əs] a (~ly adv) *gefährlich*

perimeter [pə´rimitə] s L ⟨geom⟩ *Umkreis* m, *Peripher·ie* f || ⟨übtr⟩ *Umkreis* m (within the defence ~) | ⟨opt⟩ *Vorrichtung* f *z Messung des Gesichtsfeldes* || ⟨mil⟩ *Vorpostenkette* f ~ cable *Ringleitungskabel* n || ~ defence *Rundumverteidigung* f || ~ position ⟨tact⟩ *Randstellung* f || ⟨aero⟩ ~ (track) *Rollfeld-Ringstraße*, *Umlaufrollbahn* f

peri-natal [´peri´neitl] a *perinat·al* (mortality) **perineum** [ˌperi´niːəm] s L ⟨anat⟩ *Mittelfleisch* n, *Damm* m

period [´piəriəd] s **1.** *Umlaufszeit* f; *period. Zeitraum*; *regelmäßige Wiederkehr* f || the ~s [pl] ⟨med⟩ *die Peri·ode (der Frau)* f, *Unwohlsein* n **2.** *Periode* f; *Zeitabschnitt* m; age ~ *Lebensabschnitt* m; childbearing ~, reproductive ~ *Periode der Zeugungs*–, *Gebärfähigkeit*; safe ~ ⟨sex biol⟩ *Periode* f *geringer Empfängniswahrscheinlichkeit* || for a ~ of *auf die Dauer v* || ⟨com⟩ ~ *under account Abrechnungszeitraum* m; within ~ limited by statute *bis z dem im Gesetz vorgeschrieben Zeitpunkt*; within

the prescribed ~ *innerhalb der festgesetzten Frist* || ~ of possible conception ⟨jur⟩ *Empfängniszeit* f || ⟨sport⟩ ~ of extra time *Verlängerungsspiel* n || the ~ *der bestimmte Zeitabschnitt*, ⟨oft⟩: *die Gegenwart*, *Moderne* f; the costume of the ~ *die Mode jener Zeit*, *des Tages*, the girl of the ~ *das moderne Mädchen* || ⟨Lit hist⟩ (*Entwicklungs*–)*Periode*, *Stufe* f **3.** *unbestimmte Zeit* (for a ~) || ~ of lighting *Leuchtdauer* f **4.** ⟨gram rhet⟩ *Pause* f, *Absatz* m; *Punkt* m ~s [pl] *Perioden* pl; *rhetorische Sprache* f **5.** ⟨math⟩ *Periode* f || ⟨phys & el⟩ *Schwingungsdauer* f **6.** [attr] f *e–e best. Zeit charakteristisch*; *Zeit*– (~ play –*stück* n), *zeitgeschichtlich* || *Stil*– (~ furniture, ~ dress) ~**ic** [ˌpiəri´ɔdik] a (~ally adv) *peri·odisch* || *zeitlich festgelegt* || ⟨gram⟩ *wohlgefügt*, *rhetorisch* ~**ical** [ˌpiəri´ɔdikəl] **1.** a (~ly adv) *periodisch* || *Zeitschriften*– (~ literature) **2.** s *Zeitschrift* f ~**icity** [ˌpiəriə´disiti] s *Periodizität* f

peri– ~**osteum** [ˌperi´ɔstiəm] s [pl –ea] ⟨anat⟩ *Knochenhaut* f ~**titis** [ˌperiɔs´taitis] s ⟨med⟩ *Knochenhautentzündung* f ~**patetic** [ˌperipə´tetik] **1.** a (~ally adv) ⟨philos⟩ *peripat·etisch* || *umherziehend*, *Wander*– (~ preacher) **2.** s *Peripat·etiker* m || ⟨hum⟩ *umherziehender Händler* m ~**pet(e)ia** [ˌperipə´taiə] s Gr *Peripet·ie* f (*Wendepunkt*) ~**pheral** [pə´rifərəl] a (~ly adv), ~**pheric(al)** [ˌperi´ferik(əl)] a (~cally adv) *peripher·isch* || –ral speed ⟨tech⟩ *Umfangsgeschwindigkeit* f; –ral strategy *Randverteidigung* f ~**phery** [pə´rifəri] s *Peripher·ie* f (on the ~ *auf der P.*); ⟨übtr⟩ *Rand* m, *Grenze* f ~**phrasis** [pə´rifrəsis] L s (pl –ses [–siːz]) ⟨rhet⟩ *Umschreibung* (e.g. the dead is "gone to his rest", "the feathered kind" = birds) ~**phrastic** [ˌperi´fræstik] a (~ally adv) *periphrastisch*, *umschreibend* ~**scope** [´periskoup] s ⟨mar, mil⟩ *Perisk·op* n, *Sehrohr* n (*über Hindernisse hinweg*); *Sehrohr des Unterseeboots*

perish [´periʃ] vi *umkommen*; *sterben*, °*krepieren* (with *vor*); *untergehen*, *zugrunde gehen* (of *an*); (of a newspaper) *eingehen*, *aufhören* || ⟨bot, for⟩ *eingehen* || ⟨ec⟩ *verdammt s* ~**able** [~əbl] **1.** a (–bly adv) *vergänglich*, *hinfällig*; (of food) *leicht verderblich* **2.** [s pl] ~s *leicht verderbliche Waren* f pl ~**ableness** [~əblnis] s *Vergänglichkeit*; *leichte Verderblichkeit* f ~**ed** [~t] a *umgekommen*, *zugrunde gegangen*; to be ~ *erschöpft s* (with *vor*); *verdorben*, *morsch s* ~**er** [~ə] s ⟨fig⟩ (*schlechter*) *Kerl*; ⟨Austr⟩ to do a ~ *verdursten* ~**ing** [~iŋ] **1.** a (~ly adv) *untergehend* | *vernichtend*, *tödlich*; ⟨fam⟩ *verflixt* **2.** adv *äußerst*, *sehr*

peri– ~**stalsis** [ˌperi´stælsis] s Gr ⟨med⟩ *Perist·altik* f, *fortdauernde wurmförmige Bewegung der Darmmuskeln* ~**staltic** [ˌperi´stæltik] a *peristaltisch*, *wurmförmig* ~**style** [´peristail] s ⟨arch⟩ *Säulengang* m (*um e–n Raum*) ~**toneum** [ˌperitou´niːəm] s L [pl –ea] ⟨anat⟩ *Bauchfell* n ~**tonitis** [ˌperitə´naitis] s ⟨med⟩ *Bauchfellentzündung* f

periwig [´periwig] s *Perücke* f

periwinkle [´periwiŋkl] s ⟨bot⟩ *Singrün*, *Immergrün* n; Common ~ *Kl I.*; Larger ~ *Gr I.*

periwinkle [´periwiŋkl] s ⟨zoo⟩ *Uferschnecke* f

perjure [´pəːdʒə] v refl: to ~ o.s. *falsch schwören*, *eidbrüchig w*, *meineidig w* ~**d** [~d] a *eidbrüchig*, *meineidig* ~**r** [~rə] s *Eidbrüchiger*, *Meineidige(r* m) f

perjury [´pəːdʒəri] s *Meineid* m

perk [pəːk] **1.** vi/t || (*a* to ~ up) *den Kopf or die Nase hochtragen*; ⟨fig⟩ *sich brüsten*; *unverschämt auftreten* || ⟨dial⟩ *sich erholen* || to ~ out *herausragen* (from *aus*) | vt *putzen*, *schmücken*; to ~ o.s. *sich aufputzen* || to ~ up (*Kopf*) (*keck*) *emporstecken*, –*recken* **2.** a = **perky** ~**iness** [´pəːkinis] s *Selbstbewußtheit* || *Lebhaf-*

tigkeit f **~y** ['pɔ:ki] a (–kily adv) *keck, unverschämt* ‖ *schmuck, lebhaft*

perks [pɔ:ks] s pl abbr *f* perquisites

perlite ['pɔ:lait] s ⟨minr⟩ *Perl·it* m (*Perlstein*)

perm [pɔ:m] s ⟨cosm fam⟩ = permanent wave ‖ home ~ *Heim–*, cold ~ *Kalt-Dauerwelle* f

permafrost ['pɔ:məfrɔst] s *Dauerfrostboden* m, *dauerndes Gefrorensein* n, *tiefengefrorene Schicht* f

permanence ['pɔ:mənəns] s (*Fort-*)*Dauer, Ständigkeit* f **-ency** ['pɔ:mənənsi] s *Dauer* f; to have no ~ *nicht v D.* s ‖ [konkr] *P* or *S v Dauer*; (not) a ~ (*k*)*eine Stellung von D.* **-ent** ['pɔ:mənənt] a (~ly adv) (*fort*)*dauernd*; *Dauer–* ‖ *bleibend; dauerhaft* ‖ *ständig, fest;* ~ *echo* (*Radar-*)*Festzeichen* n; ~ *installation feste Anlage* f; ~ *magnet Dauermagnet* m; ~ *position* –*stellung* ⟨a mil⟩; ~ *rank etatmäßiger Dienstgrad* m; ~ *situation Lebensstellung* f ‖ ~ *staff* (*P*) *Stamm* m (*e–r Einheit*) ‖ ~ *wave* (abbr perm [pɔ:m]) *Dauerwelle* f; ~ *way* ⟨rail⟩ *Bahnkörper, Oberbau* m

permanganate [pɔ:'mæŋgənit] s ⟨chem⟩ *Permangan·at, Salz* n *der Übermangansäure* f –**ganic** [ˌpɔ:mæŋ'gænik] a ⟨chem⟩ *Permang·an–,* ~ *acid –säure* f

permeability [ˌpɔ:miə'biliti] s *Durchdringbarkeit* f –**able** ['pɔ:miəbl] a (–bly adv) *durchdringbar, durchlässig* (to *f*) –**ance** ['pɔ:miəns] s *Durchdringung* f –**ant** ['pɔ:miənt] a *durchdringend* –**ate** ['pɔ:mieit] vt/i ‖ *dringen durch, durchdringen* ⟨a fig⟩ ‖ vi *dringen* (into *in*; through); *sich ergießen* (through); *sich verbreiten* (among) –**ation** [ˌpɔ:mi'eiʃən] s *Ein–, Durchdringen* n

Permian ['pɔ:miən] a ⟨geol⟩ ~ *formation jüngster Abschnitt der Altzeit der Erde* m, *Dyas* f, *Perm* n, –*formation* f ‖ ~ *limestone Zechstein, –kalk* m

permissible [pɔ:'misəbl] a (–bly adv) *zulässig, erlaubt* ‖ ~ *limits* [pl] ⟨tech⟩ *Toleranz* f –**bility** [pɔˌmisə'biliti] s *Zulässigkeit, Statthaftigkeit* f

permission [pɔ:'miʃən] s *Genehmigung, Erlaubnis* f (to do) | by *od* with ~ *of a p*, by *od* with a p's ~ *mit jds E.*; by special ~ *mit bes E.* | ~ to fire ⟨mil⟩ *Feuererlaubnis* f; ~ to take off ⟨aero⟩ *Startgenehmigung* f | to ask a p's ~, to ask a p for ~ *jdn um E. bitten* (to do) ‖ to give a p ~ *to do*, to give ~ *for a p to do jdm die E. erteilen, geben z tun* ‖ to obtain a p's ~, to obtain ~ *from a p to do v jdm die E. erhalten z tun*

permissive [pɔ:'misiv] a (~ly adv) *gestattend, zulassend* ‖ *zugelassen; zulässig*

permit 1. [pɔ:'mit] vt/i [–tt–] ‖ (*etw*) *erlauben, gestatten* | (*jdm*) *erlauben* (to do); to ~ o.s. *a th sich etw erlauben, gönnen*; I am ~ted (to do) *es wird mir erlaubt, ich darf* (*tun*) ‖ *möglich m, zulassen* (to ~ doubt) ‖ ⟨Am⟩ [+ pp] *zulassen* (he refused to ~ his name entered) | vi *es erlauben, time* ~*ting wenn es die Zeit erlaubt* | to ~ *of zulassen* **2.** ['pɔ:mit] *s Erlaubnisschein* m; ⟨com⟩ *Ausfuhrerlaubnis* f; footwear ~ *Schuh-Bezugsschein* m; *Aus–, Einreiseerlaubnis* f, (⟨*a*⟩ entry ~) –*visum* n; labour ~ *Arbeitsbewilligung* f ‖ *Ausweiskarte* f; *Passierschein, –zettel* m | *Erlaubnis* f (to a p *f jdn*) **~tee** [pɔmi'ti:] s *Berechtigter, Lizenzinhaber* m

permutation [ˌpɔ:mju:'teiʃən] s *Vertauschung, Umsetzung* f ‖ ⟨math⟩ *Permutation* f ‖ ⟨gram⟩ *Lautverschiebung* f **permute** [pɔ:'mju:t] vt *vertauschen, umsetzen*

pern [pɔ:n] s ⟨orn⟩ *Honigfalke, Wespenbussard* m

pernicious [pɔ:'niʃəs] a (~ly adv) *verderblich, schädlich* (to a th *e–r S*); *bösartig, perniziös* **~ness** [~nis] s *Verderblichkeit* f

pernickety [pɔ'nikəti] a ⟨fam⟩ *kleinlich, pe-*

dantisch; eigen, wählerisch (about *betreffs*) ‖ (*S*) *heikel, spitzfindig*

perorate ['peroreit] vi *breit reden* ‖ *e–r Rede e–n Abschluß geben* –**ation** [ˌpero'reiʃən] s *zus–fassender Schluß* m, *Zus–fassung* f (*e–r Rede*)

peroxide [pɔ'rɔksaid] s ⟨chem⟩ *Superoxyd* n; ~ *of hydrogen Wasserstoff–* n

perpend [pɔ:'pend] vt/i ‖ (*etw*) *überlegen, erwägen* | vi *überlegen*

perpend(er) ['pɔ:pənd(ə)] s ⟨mas⟩ → *parpen*

perpendicular [ˌpɔ:pən'dikjulə] **1.** a (~ly adv) *senk–, lotrecht* (to *auf*) ‖ *sehr steil* ‖ *aufrecht;* ⟨hum⟩ *stehend* ‖ ⟨min⟩ ~ *shaft Richtschacht* m ‖ ⟨arch⟩ ~ *style spätgotischer Stil* (*Ende 14. Jhs u des 15. Jhs*) *in England* **2.** s *Lot, Senklot* n, –*waage* f (*Werkzeug*) | *senkrechte Linie; senkrechte Richtung* f ‖ *aufrechte Stellung or Haltung* f ⟨a fig⟩ ‖ = ~ *style* | ⟨geom⟩ *Lot* n; to let fall a ~ *ein L. fällen*; to raise a ~ *upon a line ein L. errichten auf e–r Linie* | ⟨sl⟩ *im Stehen eingenommenes Mahl; Stehgesellschaft* f **~ity** ['pɔ:pənˌdikju'læriti] s *senkrechte Richtung or Stellung, äußere aufrechte Haltung* f

perpetrate ['pɔ:pitreit] vt (*Verbrechen*) *begehen, verüben* ‖ ⟨fam⟩ *ausführen, m* –**ation** [ˌpɔ:pi'treiʃən] s *Verübung, Begehung* f –**ator** ['pɔ:pitreitə] s *Verüber, Täter* m

perpetual [pɔ'petjuəl] a (~ly adv) *ewig* (*damnation*); *lebenslänglich, unabsetzbar* (~ *curate*) ‖ ⟨com⟩ *unablös–, unkündbar* ‖ *unaufhörlich, ununterbrochen, fortwährend, andauernd;* ~ *motion Perpetuum mobile* n ‖ *ständig wiederholt, häufig*

perpetuance [pɔ'petjuəns] s *Fortdauer* f –**uate** [pɔ'petjueit] vt *immerwährend forterhalten, fortbestehen l*; (*Zustand*) *verewigen* –**uation** [pɔˌpetju'eiʃən] s *stete Fortdauer, Verewigung* f –**uity** [ˌpɔ:pi'tjuiti] s *stete Fortdauer* f; *Unaufhörlichkeit, Ewigkeit* f (in, for, to ~ *in alle E., auf ewig, für immer*) ‖ ⟨jur⟩ *zeitlich unbegrenzter Besitz or Genuß* m ‖ *lebenslängliche Rente* f

perplex [pɔ'pleks] vt *verwirren, –blüffen* | *verwickelt m* **~ed** [~t] a (~ly [pɔ'pleksidli] adv) *verwirrt, –legen, bestürzt* (about *über*) ‖ *verwickelt, kompliziert* **~ity** [pɔ'pleksiti] s *Verwirrung, Bestürztheit, Verlegenheit* f ‖ *Schwierigkeit, Verworrenheit* f ‖ *Verwickelung* f

perquisite [pɔ:'kwizit] s [*mst* pl] ~s (abbr perks)] *Nebeneinnahmen* f pl, *Nebenverdienst* m ‖ ⟨übtr⟩ *persönliches Vorrecht* n

perron ['perən] Fr s *Sockel* m ‖ ⟨arch⟩ *Beischlag* m

perry ['peri] s *Birnmost* m

perse [pɔ:s] a *gräulichblau*

persecute ['pɔ:sikju:t] vt (*jdn*) *verfolgen* (mst: *des Glaubens wegen*) ‖ *plagen, belästigen, drangsalieren, überhäufen* (with *mit*) –**ution** [pɔ:si'kju:ʃən] s (*bes religiöse*) *Verfolgung* f; ~ *mania –swahn* m ‖ *Belästigung* f –**utor** ['pɔ:sikju:tə] s *Verfolger* m

perseverance [ˌpɔ:si'viərəns] s *Ausdauer, Beharrlichkeit* f –**ant** [ˌpɔ:si'viərənt] a *beharrlich* –**ate** [pɔ'sevəreit] vi ⟨psych⟩ *spontan, ständig wiederkehren, –auftreten*

persevere [ˌpɔ:si'viə] vi *fest beharren* (in a *th bei etw*; in doing *z tun*); *festhalten* (in an); *standhaft arbeiten, fortfahren* (with a *th mit etw*) –**vering** [~riŋ] a (~ly adv) *beharrlich; standhaft*

Persian ['pɔ:ʃən] **1.** a *persisch, Perser–* (~ carpet) **2.** s *Perser* m ‖ *das Persische* (*Sprache*) n

persiennes [ˌpɔ:si'enz] s pl Fr *Jalousie* f, *Rolladen* m pl *mit festen Brettchen*

persiflage [ˌpɛəsi'flɑ:ʒ] s Fr *Verspottung* f

persimmon [pɔ:'simən] s ⟨bot⟩ *Dattelpflaumbaum* m ‖ *Persim·one* f (*Frucht*) ‖ Kaki ⁓ *Kaki-Pflaume* f

persist [pə'sist] vi *beharren, fest bleiben* (in a th *bei etw*); *bestehen* (in *auf*); *beharrlich u hartnäckig fortfahren* (in doing *z tun*); he ~s in saying *er behauptet hartnäckig* ‖ *beharrlich fortfahren* (with), *weiterarbeiten* (with *an*) ‖ *an–, fortdauern, –bestehen* ~**ence** [~əns] s *Beharren* n (in *bei*); *beharrliches u hartnäckiges Fortfahren* (in *in*) ‖ *An–, Fortdauern* (of an impression); *andauerndes Vorkommen* n ~**ency** [~ənsi] s *Beharren* n, *Beharrlichkeit, Ausdauer* f ‖ *Hartnäckigkeit* f ‖ *Fortdauern* n ~**ent** [~ənt] a (~ly adv) *beharrlich, hartnäckig* ‖ *dauernd; nachhaltig;* (*be*)*ständig, anhaltend* (demand)

person ['pə:sn] s **1.** *Person* f, *individuelles Wesen* n; ~ of no fixed abode *P ohne festen Wohnsitz* ‖ ⟨theat⟩ *Person, Rolle* f (in the ~ of), *Charakter* m ‖ *Mensch* m; a ~ *jemand*; not a ~ *k–e Seele*, no ~ *niemand* **2.** *Äußeres* n; (*Körper*) *Erscheinung* f (a fine ~) ‖ *Selbst* n; our ~s *wir selbst*; in one's own ~ *in eigener P*; in ~ *persönlich, selbst*; to carry on one's ~ *an sich tragen* **3.** ⟨jur⟩ *artificial od fictitious ~ juristische P* ‖ ⟨theol & gram⟩ *Person* (in the first ~) ~**a** [pə:'sounə] s L (pl –æ [–ni:]) *dramatis –æ* ⟨theat⟩ *Pn des Stücks* ~**able** [~əbl] a *ansehnlich, stattlich* ~**age** [~idʒ] s *hohe or bedeutende Persönlichkeit* f ‖ *Person* f ‖ ⟨theat⟩ *Person, Figur* f, *Charakter* m ~**al** [~l] **1.** a (~ly [~əli] adv) *persönlich; mündlich* (*Auskunft*) ‖ ~ back-ground, ~ history *Lebenslauf* m ‖ ~ date *Personalien* pl ‖ ~ file *Personalakte* f ‖ ~ injury (*Verkehrs–*)*Personenschaden* m ‖ ~ number *Wehrstammnummer* f ‖ ~ call ⟨telph⟩ *Voranmeldung* f ‖ *individuell, eigen* (my ~ opinion), *Privat–* (~ life) ‖ *äußere(r, –s); körperlich* ‖ *anzüglich* (~ remarks); to become ~ *anzüglich w* ‖ ⟨jur⟩ (of property) *beweglich* ‖ *Personal–* (~ tax) ‖ ⟨gram⟩ *persönlich* (~ pronoun) **2.** s ⟨film sl⟩ *persönliches Auftreten* (*e–s Stars*) ‖ ~s [pl] ⟨Am⟩ *Persönliches* (*Zeitungsrubrik*) ~**ality** [,pə:sə'næliti] s *Person, Persönlichkeit* f ‖ ⟨theol⟩ *persönliches Wesen* n ‖ *persönl. Existenz; Individualität* f ‖ multiple ~ ⟨psych⟩ *Doppel–* (etc) *Persönlichkeit* f ‖ (*Charakter–*) *Persönlichkeit* f ‖ *Anzüglichkeit* f; [oft pl] –ties *anzügliche Bemerkungen* f pl ‖ ~ cult *Personenkult* m ~**alize** ['pə:snəlaiz] vt *personifizieren, verkörpern* ~**alty** ['pə:snlti] s ⟨jur⟩ *bewegliches Eigentum* n ~**ate** ['pə:səneit] vt/i ‖ ⟨theat⟩ (*Figur*) *darstellen* ⟨a fig⟩ ‖ (*jdn*) (*fälschlich*) *verkörpern, vorstellen* (to ~ the king), (*jdn or sich*) *fälschlich ausgeben als* ‖ vt ⟨theat⟩ *e–e Rolle spielen; nachahmen* ~**ation** [,pə:sə'neiʃən] s (*fälschliches*) *Ausgeben, Nachahmen* n (*jds*) ‖ ⟨theat⟩ *Darstellung* f ‖ *Personifikation* f ~**ification** [pə:,sɔnifi'keiʃən] s *Vermenschlichung; Personifizierung; Verkörperung* f ~**ify** [pə:'sɔnifai] vt (*etw*) *als P vorstellen; personifizieren; verkörpern, –sinnbildlichen* ~**nel** [,pə:sə'nel] Fr **1.** s [pl konstr] *Person al* n; *Belegschaft* f; *Personen* pl ‖ ⟨mil⟩ *Mannschaften, Truppen* f pl; ⟨mar⟩ *Besatzung* f ‖ ~ administration *Personalverwaltung(sabteilung* f) f ‖ ~ carrier *Mannschafts(transport)wagen* m ‖ ~ ceiling *höchstzulässige Personalstärke* f ‖ ~ department *Personalabteilung* f ‖ ~ roster *Wehr-Stammrolle* f **2.** vt [–ll–] *bemannen*

perspective [pə'spektiv] **1. 1.** s *Perspekt·ive* f (in true ~); in ~ *in richtiger P.*; aerial ~ *Luft–* ‖ ⟨fig⟩ *perspektivische Schau* or *Ansicht* f *perspektivisch richtige Zeichnung* or *bildl. Darstellung* f ‖ *Fernsicht, –schau* f ‖ ⟨fig⟩ *Ausblick* m, *Aussicht* f; to open a ~ of *e–e A. eröffnen auf* **2.** a (~ly adv) *perspektiv. ·ch*

perspex ['pə:speks] s (*Art*) *Plexiglas, Sekurit* n ⟨bes aero⟩

perspicacious [,pə:spi'keiʃəs] a (~ly adv) *scharf–, weitsichtig* –**acity** [,pə:spi'kæsiti] s

(*geistiger*) *Scharfblick* m –**uity** [,pə:spi'kjuiti] s *Deutlichkeit, Klarheit* f

perspicuous [pə'spikjuəs] a (~ly adv) *deutlich, klar, leichtverständlich* ~**ness** [~nis] s / = *perspicuity*

perspirable [pəs'paiərəbl] a *ausdünstfähig* (skin); *Ausdünstung zulassend* ‖ *ausdünstbar* (matter) –**ation** [,pə:spə'reiʃən] s *Schwitzen* n ‖ *Schweiß* m –**atory** [pəs'paiərətəri] a *Schweiß–* (~ pore); *Transpiration verursachend*

perspire [pəs'paiə] vi/t ‖ *schwitzen, transpirieren* ‖ vt *ausdünsten, –schwitzen* –**iring** [–riŋ] a; ~ feet *Schweißfüße* m pl –**iringly** [–riŋli] adv *im Schweiße, unter Schweißtropfen*

persuadable [pə'sweidəbl] a *überzeug–, überredbar*

persuade [pə'sweid] vt (*jdn*) *überzeugen* (of *v*; that); to be ~d of *überzeugt s v*; to ~ o.s. *sich ü.* ‖ (*jdn*) *be–, überreden, verleiten* (to do; to, into a th *z etw*; into doing *z tun*); to ~ o.s. *sich einreden, –bilden* (that) ~**r** [~ə] s *Überreder* m (to *z*) ‖ ⟨sl⟩ *Zwangsmittel* n; ~s [pl] *Sporen* m pl

persuasibility [pə,sweizi'biliti] s *Überredbarkeit* f –**sible** [pə'sweizəbl] a *überredbar* –**sion** [pə'sweiʒən] s *Überredung* f ‖ *Überzeugung* f; *fester Glaube* m ‖ *relig. Glaube* m ‖ *Sekte* f ‖ ⟨sl hum⟩ the male ~ *das starke Geschlecht* –**sive** [~siv] a (~ly adv) *überredend, Überredungs–* (~ power) ‖ *überzeugend, Überzeugungs–* **2.** s *Überredungsmittel* n (to *zu*) –**siveness** [~nis] s *überzeugende Kraft* f

pert [pə:t] a (~ly adv) *keck, schnippisch; vorlaut, naseweis; frech* ~**ness** ['~nis] s *Keckheit, vorlautes Wesen* n

pertain [pə:'tein] vi: to ~ to *gehören z, angehören; zukommen; sich ziemen f* ‖ *in Beziehung stehen z, betreffen;* ~ing to *betreffend*

pertinacious [,pə:ti'neiʃəs] a (~ly adv) *beharrlich, standhaft; hartnäckig* ~**ness** [~nis] s = **pertinacity** [,pə:ti'næsiti] s *Beharrlichkeit; Hartnäckigkeit* f (with great ~)

pertinence ['pə:tinəns], –**ency** [–si] s *Angemessenheit, Eignung* f (to *für*), of no –cy *to nicht angebracht, v k–r Bedeutung f* –**ent** ['pə:tinənt] **1.** a (~ly adv) *treffend* (answer); *einschlägig, gehörig* (to *zu*), to be ~ to *Bezug h auf* **2.** [s pl] ~s *Zubehör* f

perturb [pə'tə:b] vt *stören* ‖ *beunruhigen; verwirren* ~**ation** [,pə:tə:'beiʃən] s *Beunruhigung, Störung* f ~**ative** [pə'tə:bətiv] a *beunruhigend, Störungs–*

perty ['pə:ti] a ⟨Am⟩ = pretty

peruke [pə'ru:k] s *Perücke* f

perusal [pə'ru:zəl] s *Durchlesen* n; *sorgsame Durchsicht* f; for ~ *z Einsicht* **peruse** [pə'ru:z] vt *durchlesen, –sehen* ‖ ⟨fig⟩ *sorgsam prüfen* ‖ [*a abs*]

Peruvian [pə'ru:viən] **1.** a *peruvi·anisch, Peru–* (~ balsam); → mastic-tree; ~ bark ⟨med⟩ *Chinarinde* f **2.** s *Peruaner(in* f) m

pervade [pə'veid] vt ⟨*mst* fig⟩ *durchdringen, –ziehen, erfüllen* –**asion** [pə:'veiʒən] s *Durchdringung* f –**asive** [pə:'veisiv] a (~ly adv) *durchdringend*

perverse [pə'və:s] a (~ly adv) **1.** (*P*) *schlecht, böse; perv·ers; widernatürlich* ‖ *verstockt, störrisch; widerspenstig* ‖ *griesgrämig, launisch* **2.** (*S*) *verkehrt, Fehl–, falsch* (verdict) ~**ness** [~nis], –**sity** [~iti] s *Widernatürlichkeit, Perversität; Verderbtheit* f ‖ *Eigensinn* m ‖ *Verkehrtheit* f –**sion** [pə'və:ʃən] s *Verdrehung* f (of the truth); *Verkehrung, Entstellung* f ‖ (*relig. u moral.*) *Verirrung* f –**sive** [pə'və:siv] a *verkehrend, –drehend* ‖ *verderblich* (of *f*) ‖ to be ~ of *verdrehen; verderben*

pervert [pə'və:t] vt *verkehren;* (*Sinn*) *ver–*

drehen, entstellen || *(jdn) verführen* **~er** [~ə] s *Verdreher* || *Verführer* m

pervert [ˈpəːvəːt] s *Abtrünniger* m || (sexual) **~** *perverser Mensch* m

pervious [ˈpəːviəs] a *gangbar, offen* (to *f*) || *durchlässig*; to be **~** to (light) (*Licht*) *durchlassen* || ⟨fig⟩ *zugänglich* (to *f*) **~ness** [~nis] s *Durchlässigkeit* f (to *f*)

peseta [pəˈsetə] s Span *Pesˈete, –ta* f (*span. Münzeinheit*)

peshwa [ˈpeiʃwɑː] s *erblicher Herrscher der Marˈatthen* m

pesky [ˈpeski] a (–kily adv) ⟨Am sl⟩ *ekelhaft, verteufelt, infˈam; unausstehlich; verflucht*

peso [ˈpeisou] s [pl ~s] Span *Pˈeso* m (*Währungseinheit in Spanisch-Amerika, = 100 Centavo* [s])

pessary [ˈpesəri] s ⟨med⟩ (*Okklusˈiv-*)*Pessˈar* n, (*Gebär-*)*Mutterhalter* m

pessimism [ˈpesimizm] s *Pessimˈismus* m; *Schwarz–, Kopfhängerei* f –mist [ˈpesimist] **1.** s *Pessimist; Schwarzseher* m **2.** a = –mistic [ˌpesiˈmistik] a (~ally adv) *pessimistisch*

pest [pest] s † *Pest, Seuche* f | (*P & S*) *Pest, Plage* f; *Pestbeule* f (~ of corruption); *Verderbtheit* || *Schädling* m | **~**-control *Ungezieferbekämpfung* f || **~**-house ⟨hist⟩ *Hospital f Pestkranke* **~icide** [~isaid] s *Seuchenbekämpfungs–, Ungeziefervertilgungsmittel* n **~ology** [pesˈtɔlədʒi] s *Schädlingsbekämpfung* f

pester [ˈpestə] vt *plagen, quälen, belästigen* (with *mit*)

pestiferous [pesˈtifərəs] a (~ly adv) *pestartig*; *Pest–* || *schädlich* || ⟨fig⟩ *verderblich, verpestend*

pestilence [ˈpestiləns] s *Pestilˈenz, Pest* f

pestilent [ˈpestilənt] a *sehr schädlich, giftig, tödlich* || ⟨fig⟩ *schädlich, gefährlich* || ⟨fam hum⟩ *lästig* **~ial** [ˌpestiˈlenʃəl] a *pestartig, Pest–* || *ansteckend* || *schädlich* || ⟨fam⟩ *ekelhaft, widerlich* **~ly** [~li] adv *lästig, unerträglich; überaus*

pestle [ˈpesl; ˈpestl] **1.** s *Stößel* m, *Mörserkeule* f; ⟨chem⟩ *Pistˈill* n **2.** vt/i *mit e–m Stößel zerstampfen, –stoßen*

pet [pet] **1.** s *gezähmtes Tier* n || *verzogenes Kind* n || *Liebling* m (be a **~** and go *sei gut u geh* ..) || *Spielkamerad* m || *Lieblingstier* n | [attr] *zahm* (**~** pig) || *Schoß–* (**~** dog); *Lieblings–* (**~** brush); **~** *name Kosename* m || *höchst, größt,* **~** *aversion* || ⟨Am⟩ **~** *flight,* **~** *service,* **~** *transport Haustierbeförderung* f || **~** *shop,* **~** *store Zoologische, Tierhandlung* || **~**s' *hospital Tierklinik* f **2.** vt *hätscheln; verzärteln* | vi ⟨Am sl⟩ *knutschen*

pet [pet] s *Verdruß* m; *schlechte Laune* f (in a **~**); to take the **~** *schmollen; sich ärgern*

petal [ˈpetl] s ⟨bot⟩ *Blumenblatt* n **~ine** [ˈpetəlain] a ⟨bot⟩ *Blumenblatt–* **~(l)ed** [ˈpetld] a *mit Blumenblättern* pl **~oid** [ˈpetəlɔid] a *blumenblattförmig*

petard [peˈtɑːd] s **1.** ⟨hist⟩ *Petˈarde* f, *Sprenggefäß* n **2.** *Art Feuerwerkskörper* m, *Knallkapsel* f

petasus [ˈpetəsəs] s L ⟨ant⟩ *flacher Filzhut mit breiter Krempe* m

petaurist [piˈtɔːrist] s ⟨zoo⟩ *Flugbeutler* m

Pete [piːt] s [dim] = Patricia || ⟨Am fam⟩ for **~**'s sake *um's Himmels willen*

Peter [ˈpiːtə] s *Peter*; → *penny* || to rob **~** to pay Paul *ein Loch aufreißen, um ein anderes zuzustopfen*

peter [ˈpiːtə] vi ⟨sl fam⟩ to **~** out *allmählich aufhören; zerrinnen, z Ende gehen*; ⟨fig⟩ *sich totlaufen*; ⟨tech⟩ *ab–, ersterben*

petersham [ˈpiːtəʃəm] s (*nach Viscount* **~** † 1851) *Überzieher* m or *Hose* f *aus dickem Stoff* | *schwerer, wolliger Tuchstoff; Flaus, Flausch* m | *Seidenripsband* n

petiolar [ˈpetioulə] a ⟨bot⟩ *Stiel–, stielförmig*

–**late** [ˈpetioulit] a ⟨bot⟩ *bestielt* –**le** [ˈpetioul] s ⟨bot⟩ (*Blatt-*)*Stiel* m

petit [pəˈtiː] a Fr || **~**s fours [pl] *kl feines Backwerk* n (*z Dessert*) || **~**-maître *Geck* m || **~** mal *leichter Anfall v Epilepsie* m **~e** [pəˈtiːt] a (of women) *klein*

petition [piˈtiʃən] **1.** s (*dringende*) *Bitte* f || *Gebet* n | *Bittschrift, Petition, Eingabe* (to *an*) f, *Gesuch* n (to *an*; for *um*); **~** for clemency *Gnaden–* || ⟨jur⟩ *Klage* f || the **~** of Right ⟨engl⟩ (1628) *Erklärung* f (*in Form e–r Petition*) *der konstitutionellen Rechte des Volkes durch das Parl.* || to file one's **~** in bankruptcy *den Konkurs anmelden* **2.** vt/i || to **~** a p *e–e Bittschrift richten an jdn*; *jdm e–e B. einreichen, jdn bitten* (for *um*; to do) | vi (*höflich*) *bitten, ersuchen* (for *um*) **~ary** [~əri] a *Bitt–* **~er** [~ə] s *Antrag–, Gesuch–, Bittsteller(in* f) m || ⟨jur⟩ *Kläger* m (*bei Ehescheidung*)

petrel [ˈpetrəl] s (a storm-**~**, stormy **~**) ⟨orn⟩ *Sturmschwalbe* f; Wilson's **~** *Buntfüßige St.*; Leach's **~** *Wellenläufer* m | ⟨übtr⟩ (a storm-**~**) *Feuergeist; unruhiger Geist, Unruhestifter* m

petrifaction [ˌpetriˈfækʃən] s *Versteinerung* f || ⟨fig⟩ *Bestürzung* f || [*mst* pl] **~**s *Petrefˈakten, Fossilien* n pl –**fy** [ˈpetrifai] vt/i || *versteinern* || ⟨fig⟩ *starr m; bestürzen; lähmen*; –fied with *starr vor* | vi *z Stein w; versteinern*

petro– [ˈpetrou] Gr [in comp] *Stein–, Fels–* **~chemistry** [~ˈkemistri] s *Petrochemˈie* f **~glyph** [ˈ~glif] s *Fels(ritz)zeichnung* f **~graph** [ˈpetrogrɑːf] s *Felsinschrift* f

petroil [ˈpetrɔil] s ⟨mot⟩ **~** lubrication *Zweitakt–, Gemischschmierung* f || **~** operation *Zweitaktbetrieb* m

petrol [ˈpetrəl] s ⟨mot⟩ *Benzin* n; high grade **~** *Leichtbenzin* n || [attr] *Benzin–* || **~** station ⟨mot⟩ *Tankstelle* f **~atum** [ˌpetrəˈleitəm] s *Vaseline* f **~eum** [piˈtrouljəm] s ⟨chem⟩ *Petroˈleum, (rohes) Erdöl* n || **~** by gravity *Fallbenzin* n | [attr] *Petroleum–* (**~**-ether *Petroläther*) || **~** bowser *Tankwagen* m | **~** dump *Betriebstofflager* n || **~** engine *Benzinmotor* m || **~** jelly *Vaseline* f || **~** jettisoning system *Kraftstoffschnellablaß* m || **~** point *Tankstelle* f; **~** pump attendant, ⟨mil⟩ **~** point orderly *Tankwart* m **~ic** [peˈtrəlik] a *Benzin–* || *Petroleum–* **~in** [ˈpetrəlin] s *Paraffin* n

petrology [peˈtrɔlədʒi] s *Gesteinskunde* f

petrous [ˈpetrəs] a *steinig; steinhart*

petticoat [ˈpetikout] s (*Frauen-*)*Unterrock* m || ⟨sl⟩ *Frau* f, *Weib* n | **~**s [pl] *Kinderröckchen* n pl (in **~**s); *typische Frauenkleidung* f; in **~**s *als Frau*; to wear **~**s *Frau s* | ⟨tech⟩ (*Ventil-*)*Schutzhaube* f || [attr] *Frauen–, Weiber–* (**~** government *–regiment* n)

pettifog [ˈpetifɔg] vi ⟨jur⟩ *Kniffe anwenden; mit Schikanen arbeiten* **~ger** [~ə] s *Winkeladvokat* m || *Haarspalter* m **~ging** [~iŋ] **1.** s *Rabulistik* f; *Rechtskniffe* m pl **2.** a *rechtsverdrehend, rabulistisch* | *gemein, lumpig, schikanös*

pettiness [ˈpetinis] s *Geringfügigkeit; Kleinlichkeit* f

petting-party [ˈpetiŋpɑːti] s ⟨Am⟩ → necking

pettish [ˈpetiʃ] a (~ly adv) *empfindlich, verdrießlich, launisch* **~ness** [~nis] s *Empfindlichkeit; Verdrießlichkeit* f

pettitoes [ˈpetitouz] s pl ⟨cul⟩ *Schweinsfüßchen* n pl

petto [ˈpetou] s It; in **~** *in Vorbereitung, planend*

pettums [ˈpetəmz] s ⟨fam⟩ my **~** *mein Liebes, Lieber*

petty [ˈpeti] a (–tily adv) *klein, unbedeutend, geringfügig* (**~** cash *–e Beträge*) || *Klein–* (**~** dealer); *untergeordnet* || *kleinlich, verächtlich* || *unfreundlich* | **~** jury ⟨jur⟩ *kleine Jury, Ur-*

teilsjury f || ~ *larceny einfacher Diebstahl* m || ~ *loss Bagatellschaden* m || ~ *officer* ⟨mar⟩ *Deckoffizier; Maat* m || ~ *sessions* [pl] ⟨jur⟩ *kl Sitzungen* f pl, *summarisches Gericht v zwei u mehr Friedensrichtern* n (at ~ *sessions*) || ~ *wares*, ~ *goods* pl *Kurzwaren* pl

petulance [ˈpetjulǝns] s *Gereiztheit, Verdrießlichkeit* f –**ant** [ˈpetjulǝnt] a (~ly adv) *ungeduldig, gereizt, schmollend, verdrießlich*

petunia [piˈtjuːnjǝ] s ⟨bot⟩ *Petunie* f || *Purpur–, Violettfarbe* f

petuntse [ˈpiˈtuntsi, –ˈtʌn–] s *feiner weißer Ton* m

pew [pjuː] s *Kirchenstuhl, –sitz* m || ⟨fam⟩ *Sitz, Stuhl* m (take a ~ *nimm Platz*) | [attr] *Kirchenstuhl–* (~ *rent –miete*) ~**age** [ˈ~idʒ] s *Miete f Kirchenstuhl* f

pewit, peew– [ˈpiːwit] s ⟨orn⟩ *Kiebitz* m || *Lachmöve* f

pewter [ˈpjuːtǝ] s ⟨met⟩ *engl. (Hart-)Zinn, Britanniametall* n || *Zinngerät* n, *–krug* m, *–gefäß* n; [koll] *–gefäße* pl || ⟨sl⟩ *Preisbecher* m; *Geldpreis* m | [attr] *zinnern, Zinn–* ~**er** [~rǝ] s *Zinngießer* m

pfennig [ˈ(p)fenig] s ⟨Ger⟩ *Pfennig* m (*kleinste Kupfermünze*)

phaeton [ˈfeitn] Gr s *Phaethon* m (*leichter vierrädriger Wagen*)

phaged(a)ena [ˌfædʒiˈdiːnǝ, ˌfægi–] s L *fressendes Geschwür* n

phagocyte [ˈfægǝsait] s ⟨physiol⟩ ~s [pl] *Phagozyten* f pl (*tierische Zellen im Blut*)

phalange [ˈfælændʒ] s ⟨anat⟩ ~s [pl] *Phalanx* f, *Phalangen* pl (*Finger–, Zehenglieder*); → **phalanx** | ~**r** [fæˈlændʒǝ] s ⟨zoo⟩ *Finger–, Kletterbeutler* m

phalanstery [ˈfælǝnstǝri] s *Konsumgemeinschaft* f; *–shaus* n

phalanx [ˈfælæŋks] (pl ~**es**; phalanges [fæˈlændʒiːz]) s *Phalanx; Schlachtreihe* f; ⟨übtr⟩ *feste, geschlossene Reihe* f || ⟨zoo & bot⟩ *phalanges* pl → *phalange* ~**ed** [~t] a *in e–r Ph. aufgestellt*

phalarope [ˈfælǝroup] s ⟨orn⟩ *gray* (⟨Am⟩ *red*) ~ *Thorshühnchen* n; *red-necked* (⟨Am⟩ *northern*) ~ *Odinshühnchen*

phallic [ˈfælik] a *phallisch* **phallus** [ˈfælǝs] s L *männl. Glied* n, *Sinnbild der Zeugungskraft* n

phanerogam [ˈfænǝrogæm] s ⟨bot⟩ *Phanerogame* f ~**ic** [ˌfænǝroˈgæmik] a *phanerogamisch*

phansigar [ˈfænsigɑː] s = *thug*

phantasm [ˈfæntæzm] s *Trugbild* n || *Hirngespinst* n || ⟨poet⟩ *Gespenstererscheinung* f, *Geist* m || *Wahngebilde* n ~**agoria** [ˌfæntæzmǝˈgoriǝ] s *Folge or Reihe v Gespenstererscheinungen, Trugbildern* f || *schnelle Veränderlichkeit* (~ of a *scene*) or *Folge* (~ of *colours*) ~**agoric** [ˌfæntæzmǝˈgorik] a (~ally adv) *traumhaft; trügerisch, blendend* ~**al** [fænˈtæzmǝl] a *eingebildet, unwirklich; geisterhaft*

phantasy [ˈfæntǝsi] s = *fantasy*

phantom [ˈfæntǝm] *Phantom* n, *Erscheinung* f, *Gespenst* n || *Schein–, Trugbild, Wahngebilde* n || *Illusion, Einbildung* f; *Schein* m | [attr] *Schein–; Gespenster–* (~ *orders for war goods*) || ~ *view* ⟨tech⟩ *Schnittmodellzeichnung* f || ~ *word Wortphantom* n (e.g. "slug-horn" ⟨ [Celt] *sloggorne* = *slogan*)

Pharaoh [ˈfɛǝrou] s [attr] ~'s *Pharao–*, ~'s *rat* ⟨zoo⟩ *–ratte* f, *Ichneumon* n

Pharisaic(al) [ˌfæriˈseiik(l)] a (–cally adv) *scheinheilig, pharisäisch* –**saism** [ˈfæriseiizm] s *Scheinheiligkeit* f –**see** [ˈfærisi:] s *Pharisäer* m || ⟨fig⟩ *Scheinheiliger* m

pharmaceutical [ˌfɑːmǝˈsjuːtikǝl] a (~ly adv) *pharmazeutisch, arzneikundlich*; ~ *chemist Apotheker* m –**ceutics** [ˌfɑːmǝˈsjuːtiks] pl [mst sg konstr] *Pharmazeutik, Arzneiwissenschaft* f

–**ceutist** [ˌfɑːmǝˈsjuːtist], –**cist** [ˈfɑːmǝsist] s *Pharmazeut, Drogist; Apotheker* m –**cologist** [ˌfɑːmǝˈkɔlǝdʒist] s *Pharmakolog* m –**cology** [ˌfɑːmǝˈkɔlǝdʒi] s *Arzneimittellehre* f –**copoeia** [ˌfɑːmǝkǝˈpiːǝ] s *amtl. Arzneibuch* n –**cy** [ˈfɑːmǝsi] s *Apothekerkunst* f || *Drogerie; Apotheke* f

pharos [ˈfɛǝrɔs] s L *Leuchtturm* m || *Leuchtfeuer, Lichtzeichen; Licht* n ⟨a fig⟩

pharyngal [fǝˈriŋgǝl], –**ngeal** [ˌfærinˈdʒiːǝl] a *Rachen–, Schlund–; Kehlkopf–* (~ *vowel*) –**ngitis** [ˌfærinˈdʒaitis] s ⟨med⟩ *Rachenkatarrh* m –**ngo–** [fǝˈriŋgou] Gr [in comp] *Rachen–* –**nx** [ˈfæriŋks] s Gr [pl ~**es**] ⟨anat⟩ *Schlund, –kopf* m; *Rachenhöhle* f

phase [feiz] **1.** s ⟨astr & phys⟩ *Phase* f || ~ *modifier* ⟨el⟩ *Phasenschieber* m || ⟨übtr⟩ *Entwicklungsstufe, Stufe* f; to enter upon its last ~ (of conditions) *die letzte St. erreichen* || ~-by-~ [attr] *phasenweise* (approach) **2.** vt (*Produktion* etc) *aufgliedern, den (zeitlichen) Ablauf (e–s Vorganges) festlegen* || to ~ in *in Betrieb nehmen*; to ~ out *außer B. setzen; stillegen, ausscheiden*, → *zero-derivation* –**sic** [ˈfeizik] a *Phasen–*

pheasant [ˈfeznt] s [⟨hunt⟩ pl ~] ⟨orn⟩ *Fasan* m, → to *crow* || ~'s *eye* ⟨bot⟩ *Weiße Narzisse, Studentenblume* f || [attr] *Fasanen–* (~-*shooting –jagd* f) ~**ry** [~ri] s *Fasanerie* f

phenacetin [fiˈnæsitin] s ⟨chem⟩ *Phenazetin* n

phenol [ˈfiːnɔl] s ⟨chem⟩ *Phenol* n, *Karbolsäure* f

phenology [feˈnɔlǝdʒi] s ⟨scient⟩ *Studium* n *der (klimatisch bedingten) Naturerscheinungen*

phenomenal [fiˈnɔminl] a (~ly [–nǝli] adv) ⟨philos⟩ *phänomenal; Erscheinungs–* || ⟨fam⟩ *fabelhaft, großartig, erstaunlich, einzigartig* ~**ism** [fiˈnɔminǝlizm] *Phänomenalismus* m ~**istic** [fiˌnɔminǝˈlistik] a *phänomenalistisch*

phenomenon [fiˈnɔminǝn] s Gr (pl –**mena** [–mǝnǝ]) *Phänomen* n, *Erscheinung* f (~ of *nature Natur–*) || *Wunder* n (P & S); *infant* ~ *–kind* n

phenotype [ˈfiːnotaip] s ⟨biol⟩ *umweltbedingte Erscheinungsform* f –**typic** [ˌfiːnoˈtipik] a *phänotypisch* (characteristic)

phenyl [ˈfiːnil, ˈfen–] s ⟨chem⟩ *Phenyl* n (*einwertige Atomgruppe* $C_6 \cdot H_5$)

pheon [ˈfiːǝn] s ⟨her⟩ *Pfeil–, Speerspitze* f

phew [pyː, fjuː] intj *puh!*

phial [ˈfaiǝl] s *Phiole* f; (*Medizin-)Fläschchen* n; ⟨arts⟩ *Ölfläschchen, Salbgefäß* n

Phi Beta Kappa [ˈfai ˈbiːtǝ ˈkæpǝ] Gr ⟨Am⟩ "*Philosophy, the Guide of Life*" *Name e–r Gesellschaft, die hervorragende Examina ehrt* (seit 1776; *symbolisch mit e–m goldenen (Uhr-) Schlüssel zum Anstecken*)

philander [fiˈlændǝ] vi *den Liebhaber spielen, den Hof* m; *tändeln, schäkern* (with) ~**er** [~rǝ] s *Schäker, Schwerenöter* m

philanthrope [ˈfilǝnθroup] s *Philanthrop* m –**pic** [ˌfilǝnˈθrɔpik] a (~ally adv) *philanthropisch, menschenfreundlich* –**pist** [fiˈlænθrǝpist] s = *philanthrope* –**py** [fiˈlænθrǝpi] s *Menschenliebe* f

philatelic [ˌfilǝˈtelik] a *Briefmarken–* –**list** [fiˈlætǝlist] s *Briefmarkensammler* m –**ly** [fiˈlætǝli] s *Briefmarkenkunde* f; *–sammeln* n

philharmonic [ˌfilɑːˈmɔnik] **1.** a *philharmonisch* (~ *concert*) **2.** s *philharmonisches Konzert* n

Philhellene [ˈfilheliːn] s *Griechenfreund* m –**nic** [ˌfilheˈliːnik] a *griechenfreundlich* –**nism** [filˈhelinizm] s *Begeisterung* f *das Griechentum* f

philippic [fiˈlipik] s *Philippika, Schmäh-, Brandrede* f (on *auf*); *Standrede* f

philippina, philopoena [ˌfiliˈpiːnǝ], **philippine** [ˈfilipiːn; –**pain**] s *Vielliebchengeschenk* n

Philistine [ˈfilistain] **1.** s *Philister* m || *grau-*

samer Feind m ‖ ⟨fig⟩ *Spießer, Spießbürger* m
2. a *Philister–* ‖ *Spießer–, spießbürgerlich* –**nism**
[ˈfilistinizm] s ⟨fig⟩ *Philistertum* n
  phillumenist [fiˈluːminist] s *Sammler* m *v*
Streichholzschachteletiketten
  philo– [ˈfilo] Gr [in comp] *liebend, Philo–,*
–freund **~gynous** [fiˈlədʒinəs] a *philog·yn* (*Ggs*
misogyn)
  philological [ˌfiləˈlədʒikəl] a (~ly adv) *philo-*
logisch, sprachwissenschaftlich –**gian** [ˌfiləˈlou-*
dʒiən] s ⟨dero m.m.⟩ *„Philologist`* m –**gist**
[fiˈlələdʒist] s *Philol·og, Sprachforscher* m –**gy**
[fiˈlələdʒi] s *Philologie, Sprachwissenschaft* f
  Philomel [ˈfilomel] s Fr, **~a** [ˌfiloˈmiːlə] s L
⟨poet⟩ *Nachtigall* f
  philosopher [fiˈləsəfə] s *Philosoph* m (moral ~
Moral–); natural ~ *Naturforscher* m | **~s'**
stone Stein der Weisen m; ⟨fig⟩ *utopistisches*
Ideal n –**phic(al)** [ˌfiləˈsəfik(əl)] a (–cally adv)
philosophisch ‖ *mäßig, beherrscht* ‖ *weise, ein-*
sichtig, klug –**phist** [fiˈləsəfist] s *Philosoph·aster*
m –**phize** [fiˈləsəfaiz] vi/t | *philosophieren* | vt
philosophisch behandeln –**phy** [fiˈləsəfi] s *Philo-*
sophie f; natural ~ *Naturphilosophie, –wissen-*
schaft f ‖ *Weisheit* f | *Welt– Lebensanschauung* f
  philtre, ⟨bes Am⟩ –**ter** [ˈfiltə] s *Liebes–,*
Zaubertrank m
  phiz [fiz] s ⟨fam⟩ (abbr *f* physiognomy) *Ge-*
sicht n; °*Vis·age* f
  phlebitic [fliˈbitik] a *venenentzündlich, phleb-*
·itisch –**tis** [fliˈbaitis] s ⟨med⟩ *Venenentzün-*
dung f
  phlebo– Gr [in comp] *Ader–, Venen–* **~tomize**
[fliˈbətəmaiz] vi/t *e–e Ader öffnen* | vt (jdn) z
Ader l **~tomy** [fliˈbətəmi] s ⟨med⟩ *Aderlaß* m
  phlegm [flem] s ⟨med⟩ *Schleim* m | *Phlegma* n;
(*geistige*) *Trägheit, Stumpfheit* f ‖ **~atic** [fleg-*
ˈmætik] a (~ally adv) *phlegm·atisch, gleichgül-*
tig; schlafmützig ‖ *stumpf* **~y** [ˈflemi] a *schlei-*
mig (cough) ‖ *phlegmatisch*
  phlegmon [ˈflegmən] s L *Phlegm·one* f (*Zell-*
gewebsentzündung)
  phloem [ˈflouem] s Gr ⟨bot⟩ *Siebteil der`Leit-*
bündel m
  phlogistic [fləˈdʒistik] a ⟨med⟩ *entzündlich*
  phlorizin [fləˈraizin] s ⟨chem⟩ *Phloridz·in* n
  phlox [fləks] s ⟨bot⟩ *Flammenblume* f
  phobia 1. [ˈfoubiə] s ⟨psych⟩ *Phob·ie* f
2. [–foubiə] *lebendes Suffix z Bildung v Subst.*
mit der Bedeutung v „Angst vor, Abneigung
gegen"
  Phoenician [fiˈniʃiən] **1.** a *phönizisch* **2.** s
Phönizier(in f) m
  phoenix, phen– [ˈfiːniks] s *Phönix* m (*Vogel*)
  phon [fən] s ⟨ac⟩ *Phon* n, → *decibel*
  phonate [fouˈneit] vi *Laute hervorbringen*
–**ation** [fouˈneiʃən] s *Hervorbringung v Lauten* f
–**autograph** [fouˈnɔːtəgrɑːf] s *Apparat* m z *Auf-*
zeichnung v Schallschwingungen
  phone [foun] s ⟨phon⟩ *Laut* m
  phone [foun] ⟨fam⟩ (abbr *f* telephone) **1.** s
Telephon; the ~ *is on das T. hat geläutet*; to be
on the ~ *–anschluß h*; to be wanted on the ~
am T. verlangt w | ~**-booth** *öffentliche Fern-*
sprechzelle f **2.** vi/t | *telephonieren* | vt *telepho-*
nieren (a p a th *od* a th to a p *jdm etw*; (that);
(jdn) *anklingeln, –rufen*
  phoneme [ˈfouniːm] s ⟨phon⟩ *Phon·em* n
–**matic** [ˌfouniˈmætik] s *Phon·em–*
  phonetic [foˈnetik] a (~ally adv) *phon·etisch,*
Laut– (~ spelling *–schrift, lautgetreue Schreib-*
weise); ~ alphabet ⟨bes mil⟩ *Buchstabieralpha-*
bet n, → *Anhang* **~ian** [ˌfouniˈtiʃən] s *Phonetiker*
m **~ist** [foˈnetisist] s *Anhänger der phonet.*
Schrift m **~ize** [foˈnetisaiz] vt *phonetisch dar-*
stellen **~s** [~s] s pl **1.** [sg konstr] *Phonetik* f
2. [pl konstr] *Aussprache* f

  phoney, phony [ˈfouni] a ⟨Am⟩ *unwirklich,*
Schein–; falsch, unecht ‖ ~ gen ⟨aero sl⟩ *La-*
trinengerücht n ‖ ~ war ⟨fam⟩ *Stellungskrieg* m
(*1939 im Westen*)
  phonic [ˈfounik] a *lautlich, akustisch*; *Laut–*
  phono– [ˈfouno] Gr [in comp] *Laut–,*
Stimm–, Ton– **~genic** [ˌfounəˈdʒenik] a ⟨wir⟩
wohlklingend; phonog·en; mit sympathischer
Stimme **~gram** [ˈfounəgræm] s *Aufzeichnung v*
Tönen, Lauten f **~graph** [ˈfounəgrɑːf] s *Phono-*
graph m, *Sprechmaschine* f ‖ ~ pick-up *Ton-*
abnehmer m (*Plattenspieler*); ~**-radio** (combination) *Musikschrank* m, *–truhe* f, *Radio* n *mit*
eingebautem Plattenspieler, Kombinationsgerät n;
~ record *Schallplatte* f; ~ recorder *Platten-*
Aufnahmegerät n **~graphic** [ˌfounəˈgræfik] a
(~ally adv) *phonographisch* **~logy** [foˈnələdʒi] s
Lautlehre f **~meter** [–ˈɔmitə] s *Geräusch–, Schall-*
stärken–, Schallfrequenzmesser m **~post**
[~poust] s (recorded letter) ~ *Sprechbrief-*
gebühr f
  phormium [ˈfɔːmiəm] s Gr ⟨bot⟩ *Flachslilie* f
‖ *neuseeländ. Flachs* m
  phosgene [ˈfəzdʒiːn] s ⟨chem⟩ *ein Gift–,*
Kampfgas n (*Kohlenstoffchlor·id*)
  phosphate [ˈfəsfeit] s ⟨chem⟩ *Phosph·at* n; ~
of lime *phosphorsaurer Kalk* m
  phosphene [ˈfəsfiːn] s *Druckbild* n (*durch*
Druck auf den Augapfel)
  phosphite [ˈfəsfait] s ⟨chem⟩ *phosphorigsaures*
Salz n
  Phosphor [ˈfəsfə] s ⟨poet⟩ *Morgenstern* m
‖ **~** [attr] ⟨chem⟩ *Phosphor–*
  phosphorate [ˈfəsfəreit] vt [mst pp] *mit*
Phosphor verbinden ‖ *phosphorezierend* m
  phosphoresce [ˌfəsfəˈres] vi *phosphoreszieren,*
im Dunkeln leuchten **~nce** [ˌfəsfəˈresns] s
Phosphoresz·enz f, ~ of the sea *Meeresleuchten* n
~nt [ˌfəsfəˈresnt] a *phosphoreszierend*
  phosphoric [fəsˈfərik] a ⟨chem⟩ *Phosphor–*
(~ acid) –**rous** [ˈfəsfərəs] a ⟨chem⟩ *phosphorig*
(~ acid) –**rus** [ˈfəsfərəs] s ⟨chem⟩ *Phosphor* m;
~ necrosis *Knochenbrand* m **phossy-jaw** [ˈfəsi-*
ˌdʒɔː] s ⟨fam med⟩ *Knochenbrand* m, → *phos-*
phorus
  photism [ˈfoutizm] s ⟨psych⟩ *durch Schall-*
empfindung hervorgerufene Farbenvorstellung;
Halluzination f
  photo [ˈfoutou] ⟨fam⟩ (abbr *f* ~graph) **1.** s
[pl ~s] *Photographie* f, *Lichtbild* n; [attr]
photographisch (~ work) **2.** vt *photographieren*
3. [in comp] *Licht–, Bild–, Photo–*; **~-electric**
[~iˈlektrik] a *photoelektrisch,* ~ cell *Photo-*
zelle f **~-engraving** [ˈ~inˌgreiviŋ] s *Buchdruck-*
ätzung f **~finish** [~finiʃ] s (*Entscheidung durch*)
Zielaufnahme f; it was a ~ *es ging um Nasen-*
länge ⟨a fig⟩ **~fission** [~fiʃən] s *durch Photonen*
bewirkte Kernspaltung f **~flash** [~flæʃ] s *Blitz-*
lichtbirne f ~ lamp *–flood* [~flʌd] s *Nitra-*
licht n **~floodlight** [~ˈflʌdlait] s *Photoschein-*
werfer m (*Weichlicht*) **~genesis** [ˌ~ˈdʒenisis] s
Lichtbildung f **~genic** [ˌ~ˈdʒenik] a ⟨film &
telv⟩ *bildwirksam, photog·en* (P) **~grammetric**
[ˈ~grəˈmetrik] a *Meßbild–* (method *–verfah-*
ren n) **~grammetry** [ˌfoutəˈgræmitry] s *Bild-*
meßverfahren, –wesen n **~graph** [ˈfoutəgrɑːf]
(abbr ~ *photo*) **1.** s *Photograph·ie* f, *Licht-*
bild n; a ~ of himself *ein Bild v sich*; to take
a ~ *e–e Aufnahme* m **2.** vt/i (jdn, etw) *photo-*
graphieren | vi *photographieren, photographiert*
w; I do not ~ *well ich werde nicht gut auf Bildern*
~grapher [fəˈtəgrəfə] s *Lichtbildner(in), Photo-*
graph(in f) m **~graphic** [ˌfoutəˈgræfik] a (~ally
adv) *photographisch; Bild–* (~ reconnaissance
Bildaufklärung f); ~ interpretation *Lichtbild-*
auswertung f; ~ strip *Luftbildreihe* f ‖ *natur-*
getreu **~graphy** [fəˈtəgrəfi] s *Photographie,*
Lichtbildkunst f ‖ (natural) *colo(u)r* ~ *Farb-*

photographie f **~gravure** [ˌfoutəgrəˈvjuə] s *Photogravüre* f, *Kupfertiefdruck(verfahren* n) m **~**(flash) **lamp** *Blitzlichtlampe* f **~lithograph** [ˌfoutoˈliθəgrɑːf] s *Photolithograph* m (*Bild*) **~lithography** [ˌfoutəliˈθəgrəfi] s *Photolithographie* f **~map** [ˈfoutəmæp] s *Luftbildkarte* f **~maton** [fəˈtəmətən] s *Photomaton* n, *Photographiermaschine* f **~meter** [fəˈtəmitə] s *Belichtungs-*, *Lichtstärkemesser* m **~montage** [ˈfoutoˈmɔːtɑːʒ] s *Photomontage* f **~mural** [ˈ~ˈmjuərəl] s *großformatige Vergrößerung* f (*als Wanddekoration* etc) **~setter** [ˈ~setə] s ⟨typ⟩ *Photosetzmaschine* f **~sphere** [ˈfoutəsfiə] s *Photosphäre* f, *leuchtende Fläche der Sonne* f **~stat** [ˈfoutostæt] s *photogr. Apparat z Aufnahme v Handschriften* m; *Lichtpause, Photokopie* f **~(-)survey** s *Geländeaufnahme* f **~type** [ˈfoutotaip] **1.** s *Lichtdruckplatte* f **|** *Phototypie* f; *Lichtpause* f **2.** vt *durch Lichtdruck vervielfältigen*

photon [ˈfoutən] s *Lichtteilchen*, *-quantum* n; ⟨Am typ⟩ *Photosetzmaschine* f

phrase [freiz] **1.** s *Phrase, Redewendung* f; *Redensart, Wendung* f; *idiomatischer Ausdruck* m **‖** *Phrase, Gerede* n (**~**-monger *Phrasendrescher* m); **~**s [pl] *bloße Worte* n pl **|** ⟨mus⟩ *Tonsatz* m; *Phrase* f, *Glied* n **2.** vt (*in Worten*) *ausdrücken*; *nennen* (as he **~**d it) **‖** (*jdn*) *beschreiben* **‖** ⟨mus⟩ *phrasieren*; *-sing Phrasierung* f **~ological** [ˌfreizɪəˈlɔdʒikəl] a (**~**ly adv) *phrasenhaft*; *Phrasen-* **~ology** [ˌfreizɪˈɔlədʒi] s *Phraseologie, Ausdrucksweise* f

phrenetic [friˈnetik] a (**~**ally adv) ⟨fig⟩ *wild, irr-, wahnsinnig, rasend, toll*; *tobend, zügellos* **phrenic** [ˈfrenik] a ⟨anat⟩ *Zwerchfell-*

phrenological [ˌfrenəˈlɔdʒikəl] a (**~**ly adv) *phrenologisch* **-logy** [friˈnɔlədʒi] s *Phrenologie, Schädelforschung* f

phthisical [ˈθaisikəl] a ⟨med⟩ *schwindsüchtig* (*a* fig) **phthisis** [ˈθaisis] s Gr ⟨med⟩ *Schwindsucht* f

phut [fʌt] **1.** intj *plumps!* **2.** adv: to go **~** *zusbrechen*, °*futsch gehen*; *z Ende gehen* ⟨a fig⟩

phylactery [fiˈlæktəri] s *Gebetriemen* (*der Juden*) m **‖** *religiöse Selbstgefälligkeit* f

phyletic [faiˈletik] a *rassisch, Rassen-*; *Stammes-* **~ally** [**~**əli] adv *in rassischer Beziehung*

phyllo- [ˈfilo] Gr [in comp] *Blatt-* **~phorus** [fiˈlɔfərəs] a *blatttragend* **~xera** [ˌfiləkˈsiərə] s L ⟨ent⟩ *Reblaus* f

phylo- [ˈfailo] Gr [in comp] *Philo-, Stammes-* **~genesis** [ˌfailoˈdʒenisis] s ⟨biol⟩ *Phylogenese, Entwicklungsgeschichte* f

phylum [ˈfailəm] s L *Klasse, Abteilung des Pflanzen-, Tierreiches* f

physic [ˈfizik] **1.** s *Heilkunst* f **‖** ⟨fam⟩ *Arznei, Medizin* f (to take **~**) **2.** vt [*-ck-*] to **~** a p *jdm Arznei geben, an jdm herumdoktern* **‖** ⟨fig⟩ *heilen* **~al** [**~**əl] a (**~**ly adv) *physisch*; *naturwissenschaftlich*; *Natur-* **‖** *physikalisch* (**~** geography); a **~** *impossibility e–e absolute Unmöglichkeit* **|** *körperlich, Körper-*; *leiblich*; **~** *condition Gesundheitszustand* m; **~** *culture Körperpflege* f; **~** *disability benefit Versehrtenrente* f; **~** *fitness Tauglichkeit* f, *körperliche Tüchtigkeit* f (*als Erziehungsideal*); **~** *injury Körperverletzung* f; **~** *inspection Gesundheitsappell* m; **~** *jerks* [pl] ⟨sl⟩ *gymnastische Übungen* f pl; **~** *limitation technische Begrenzung* f; **~** *reconditioning Wiederherstellung* f *der Arbeits-, Dienstfähigkeit*; **~** *stock Lagerbestand* m; **~** *therapy* = *physiotherapy*; **~** *training* (abbr P. T.) *körperl. Ertüchtigung; Turnen u Leibesübungen* **~ian** [fiˈziʃən] s *Arzt* m; **~** *ordinary* **~ist** [ˈfizisist] s *Physiker* m **~ky** [**~**i] a *Arznei-, medikamentös* (**~** flavour)

physico- [ˈfiziko] Gr [in comp] *Physiko-, physikalisch* (**~**-chemical)

physics [ˈfiziks] s pl [sg konstr] *Physik* f (**~** is ..) **|** [attr] *Physik-* (**~** lesson)

physio- [ˈfizio] Gr [in comp] *Natur-, Physio-* **~cracy** [fiziˈɔkrəsi] s *Herrschaft der Natur*; *Physiokratisches System* n **~gnomic(al)** [ˌfiziəˈnɔmik(əl)] a (*-cally* adv) *physiognomisch, Gesichts-* **~gnomist** [ˌfiziˈɔnəmist] s *Physiognom, Deuter* m *des Gesichtsausdruckes* **~gnomy** [ˌfiziˈɔnəmi] s *Physiognomik, Gesichts-, Mienenkunde* f **‖** *Physiognomie, Gesichtsbildung* f; ⟨vulg⟩ *Gesicht* n **‖** *Aussehen* n, *äußere Erscheinung* f (*e–s Landes*) **~graphy** [ˌfiziˈɔgrəfi] s *Naturbeschreibung* f **~logic(al)** [ˌfiziəˈlɔdʒik(əl)] a *physiologisch*; *-cally* [adv] *v phisiologischen Standpunkt aus* **~logist** [ˌfiziˈɔlədʒist] s *Physiolog* m **~logy** [ˌfiziˈɔlədʒi] s ⟨med⟩ *Physiologie* f **~therapist** [**~**ˈθerəpist] *Heilgymnastiker* m, *-stin* f; *Facharzt* m f *physikalische Therapie* **~therapy** [ˌfizioˈθerəpi] s *Heilgymnastik* f; *Physi(k)otherapie* f

physique [fiˈziːk] s Fr *Körperbeschaffenheit* f, *-bau* m

phyto- [ˈfaito, ˈfito] [in comp] *Pflanzen-* **~graphy** [faiˈtɔgrəfi] s *-beschreibung* f **~pathological service** [ˈ~pæθəˈlɔdʒikəl ˈsəːvis] *-schutz-(dienst* m) m

pi [pai] s *das griech. P* **|** ⟨math⟩ *das Pi* (π = 3,14159)

pi [pai] a ⟨sl⟩ (abbr f *pious*) *fromm*; *religiös*
pi [pai] ⟨typ⟩ [**~**ed/**~**ing] → *pie*

piacular [paiˈækjulə] a *sühnend, Sühn-* (*sacrifice*)

piaffer [piˈæfə] s ⟨hors⟩ *Piaffe* f **‖** *langsamer Trab* m

pianette [piəˈnet] s ⟨mus⟩ *niedriges Pianino* n **-nino** [piˈniːnou] s [pl **~**s] ⟨mus⟩ *Pianino* n **-nist** [ˈpjænist; ˈpiənist] s *Klavierspieler(in* f) m, *Pianist(in* f) m **-nissimo** [pjæˈnisimou; pjɑːˈniː-, ˌpiaˈnː-] It adv *sehr leise*

piano [ˈpjænou; ˈpjɑːnou] s [pl **~**s] *Klavier* n (for two **~**s f 2 *Klaviere*); at the **~** *am K.*; on the **~** *auf dem K.* **‖** upright **~**, cottage **~** *Klavier, Pianino* n; grand **~** (*Konzert-)Flügel* m **|** [attr] *Klavier-* **‖** **~**-duet *vierhändiges Spiel* n **‖** **~** hinge ⟨tech⟩ *Klavierband* n (*Scharnier*) **‖** **~** player **1.** *Klavierspieler* m **2.** *mechanisches Klavier* **‖** **~** recital *Klaviervortrag* m; two-**~** recital *Vortrag auf 2 Klavieren* **‖** **~**-score *Klavierauszug* m **~forte** [ˌpjænoˈfɔːti] s It *Klavier* n **~la** [pjæˈnoulə] s *Pianola* n (*mechanisches Klavier*)

piastre, ⟨bes Am⟩ **-ter** [piˈæstə] s *Gersch* m (*türk. Münzeinheit*, 2 d) **‖** ⟨Span Am⟩ *Peso* m (*dem Dollar entsprechend*)

Piat [ˈpaiət] s ⟨engl mil⟩ (abbr f *Projector* + *infantry* + *anti-tank*) *leichte Pak* f (**P**anzer-**A**bwehr-**Kan**one) → *Abkürzungen*

piazza [piˈædzə] s It (*Markt-)Platz*; *Hof* m **‖** *Säulengang* m **‖** ⟨Am⟩ *Veranda* f

pibal [ˈpaibəl] s → *pilot balloon*

pibroch [ˈpiːbrɔx] s ⟨Scot mus⟩ *altschott. Variationen* f *den Dudelsack* f pl; *Kampf-, Schlachtmusik* f (*auf dem Dudelsack*)

pica [ˈpaikə] s L ⟨typ⟩ *Ciceroschrift* f

picador [ˈpikədɔː] s Span *Stierfechter* m *z Pferde*

picamar [ˈpikəmɑː] s *Holzteeröl* n

picaresque [ˌpikəˈresk] a ⟨Lit⟩ **~** *novel Abenteuer-, Schelmenroman* m (e.g. Le Sage, Gil Blas) **|** the **~** *das Abenteuer-, Schelmenhafte* n **-roon** [ˌpikəˈruːn] **1.** s *Abenteurer*; *Seeräuber* m **2.** vi *seeräubern*

picayune [pikəˈjuːn] s ⟨Am⟩ *5-cent-Stück* n **‖** ⟨fam⟩ *unbedeutende P* or *S* **|** [attr] *kleinlich, schäbig* **-nish** [**~**iʃ] a *klein, kümmerlich*

piccalilli [ˈpikəlili] s *Eingepökeltes* n, *Pickels* pl

piccaninny, ⟨bes Am⟩ **picka-** [ˈpikənini] **1.** s *Negerkind* n; ⟨hum⟩ *Gör* n **2.** a *klein, winzig*

piccolo ['pikəlou] s [pl ~s] ⟨mus⟩ *Pikkolo-flöte* f

pice [pais] s *indische Kupfermünze* f

pick [pik] s *Hacke, Spitzhacke, –haue* f ‖ ⟨typ⟩ *Spieß* m **~ed** [~t] a *spitz, zugespitzt* ‖ *stachelig, Stachel-*

pick [pik] **I.** vt/i **A.** vt **1.** (*Boden*) *aufhacken, –hauen*; (*Steine*) *spitzen*; (*Stein*) *zähneln*; (*Erz*) *scheiden* ‖ ⟨fig⟩ to ~ a hole *od* holes in a p *jdm etw am Zeuge flicken, an jdm herumnörgeln*; .. in a th → hole s **2.** *reinigen, säubern*; to ~ one's teeth *sich die Zähne stochern* ‖ (*Gemüse*) *putzen*; (*Früchte*) *abstielen* ‖ (*Knochen*) *abnagen*; ⟨hum⟩ to ~ a bone with a p *mit jdm essen* ‖ (*Geflügel*) *rupfen*; (*Erbsen*) *lesen* ‖ → bone **3.** (*Blumen*) *pflücken, sammeln*; (*Ähren*) *lesen* ‖ (of birds) *aufpicken*; ⟨fam⟩ „*picken*" (*essen*) **4.** *sorgsam auswählen, –suchen*; **~ed** troops *Kerntruppe*(n pl) f; to ~ one's way *sich mühsam e-n Weg suchen* ‖ to ~ speed *in Fahrt k, Geschwindigkeit aufnehmen, auf Touren k* ‖ not to ~ and choose *nicht lange aussuchen, –wählen* ‖ to ~ a quarrel with *Streit suchen, anbändeln mit* **5.** to ~ a p's pocket *jds Taschen plündern* ‖ (*Tür, Schloß*) *öffnen, erbrechen* **6.** *aus–e–a–trennen*; (*Werg, Wolle*) *zupfen, ausfasern*; to ~ to pieces ⟨oft fig⟩ *zerpflücken; herziehen über* **7.** [*mit* adv] to ~ **off** *abhauen, –reißen, –pflücken* ‖ *niederschießen* ‖ to ~ **out** *ausgraben*; (*Stiche*) *auftrennen* ‖ *sich sorgsam* (*etw*) *aussuchen, –wählen* ‖ *unterscheiden, erkennen, herausfinden*; (*Melodie*) *nach Gehör spielen, °zus–klimpern* ‖ (*durch Schmuck*) *hervor–, herausheben*; *schmücken* (with) ‖ to ~ **up** *aufhacken, –graben* ‖ *in die Hand nehmen*; *aufnehmen, –lesen*; to ~ o.s. up *sich erheben, aufstehen* ‖ *erwerben*; *verdienen*; *auftreiben*; to ~ up cheap *billig kaufen* ‖ *entdecken, sichten*; *hören, auffangen*; to ~ up by ear *nach Gehör aufnehmen* ‖ (*mit Scheinwerfer*) *anleuchten* ‖ (of trains etc) (*jdn*) *auf–, mitnehmen*; *abholen* (at a p's house *v jdm*) ‖ (*etw*) *erlernen, °aufschnappen; zufällig kennenlernen od erfahren* ‖ (*Kräfte*) *wiedergewinnen* ‖ to ~ up (a message) by radio .. *im R. hören, v R. aufnehmen* ‖ **B. vi 1.** (a ~ up) *sich erholen* ⟨a st exch⟩, it's ~ing up *es macht sich wieder; Bekanntschaft m* (with) ‖ *langsam u in kl Happen essen* ‖ *stehlen, °stibitzen, °mausen* (~ and steal) ‖ = to ~ one's way, → A. **4. 2.** [*mit* prep] to ~ **at** *picken an* ‖ ⟨Am fig⟩ *tadeln*; *mäkeln an* ‖ to ~ **on** ⟨fig⟩ *herumpicken, –hacken auf* (a p), *mäkeln an* **C.** [in comp] **1.** **~-me-up** ['pikmiʌp] s ⟨fam⟩ *Stärkung*(*smittel* n) f, *Getränk, Schnäpschen* n; ⟨fig⟩ *Stärkung* f **2.** **~-up** ['pikʌp] s *Gewinn* m ‖ ⟨rail⟩ *Zug, der Reisende mitnimmt* m ‖ *Reisebegleiter* m; *Reisender, Passagier* m; °,,*Anhalterfahrt*" f ‖ ⟨wir⟩ *Phono* m, *Tonabnehmer* m; for radio **~-up** f *Rundfunkempfang, –wiedergabe* f ⟨mot⟩ *Beschleunigungskraft* f ‖ ⟨mus⟩ **~up** ‖ [attr] *Aufnahme-* ‖ **~-up** baler ⟨agr⟩ *Aufnehmermaschine* f ‖ ~ up girl ⟨fam⟩ *Herumstehmädchen* n, *Gelegenheitsbekanntschaft* f ‖ **~-up** truck *Lieferwagen* m **II.** s *Auswahl, –lese* f; the ~ of *das Beste v*; the ~ of the bunch *der* (*die, das*) *B. v allen* ‖ ⟨weav⟩ *Schlag* m ‖ **~ed** [~t] a *ausgesucht, erlesen*; *Kern–* (~ troops) **~er** ['~ə] s *Picker, Stecher* m ‖ *Pflücker*(in), *Sammler*(in f) m; *Zupfer* m ‖ **~s** and stealers „*lange Finger*" m pl ‖ ~ drum *Klassiertrommel* f, *Erzwäscher* m ‖ **~-stick** ⟨weav⟩ *Schlagmechanismus* m ‖ ~-table *Lese–, Klaubetisch* m **~ing** ['~iŋ] s *Pflücken, Verlesen*; *Zupfen* n ‖ *Stehlen, °Mausen* n ‖ *Einnahme* f ‖ **~s** [pl] *Überreste* m pl; *unehrlicher Gewinn* m

pick-a-back, pickaback ['pikəbæk] **1.** adv *huckepack* **2.** s ⟨aero⟩ (a ~ plane) *in die Luft geschlepptes Flugzeug, Huckepackflugzeug* n

pickax(e) ['pikæks] **1.** s *Picke, Spitzhacke* f **2.** vt/i ‖ *aufhacken, –graben* ‖ vi *hacken*

pickerel ['pikərəl] s [pl ~] ⟨ich⟩ *junger Hecht* m

picket ['pikit] **1.** s **a.** *Holzpfahl*; *–pflock* m; **~-fence** ⟨Am⟩ *Pfahlzaun* m **b.** ⟨mil⟩ *Feldwache* (~-duty *–ndienst* m), *Vorpostenkompanie* f; fire ~ ⟨mil⟩ *Brandwache* f; → pi(c)quet ‖ *Streikposten* m; **~-boat** *Wachboot* n **2.** vt/i ‖ *einzäunen, –pfählen* ‖ (*T*) (an e–n Pfahl) *binden* ⟨mil⟩ *als* (*Feld-*)*Wache aufstellen, stationieren* ‖ (*Fabrik*) *mit Streikposten besetzen*; (*jdn*) *durch St. belästigen* ‖ vi *Feldwache stehen* ‖ *Streikposten stehen*

pickle ['pikl] **I.** s **1.** *Pökel* m, (*Salz-*)*Lake* f ‖ *Eingepökeltes* n; mixed **~s** *gemischtes, scharfes Essiggemüse* n ‖ ⟨met⟩ *Beize* f ‖ ⟨fig⟩ in ~ *in Bereitschaft*, to have a rod in ~ for a p *mit jdm noch ein Hühnchen z rupfen h* **2.** *Verlegenheit, Patsche* f **3.** ⟨fam⟩ *wilde*(r) *Range* f (m), *Wildfang* m **II.** vt *einpökeln, –salzen* ‖ ⟨met⟩ (*ab–, blank-*)*beizen* ‖ **~d** [~d] a *Pökel–* (~ beef), *Salz–* (~ herring) ‖ (he is) ~ ⟨fam⟩ .. „*blau*" (*betrunken*)

pick– ‖ **~lock** ['piklɔk] s *Einbrecher* m ‖ *Nachschlüssel, Dietrich* m **~pocket** ['–pɔkit] s *Taschendieb* m **~some** ['–səm] a *wählerisch* **~thank** ['–θæŋk] s *Schmeichler, Liebediener* m **~up** ['pikʌp] s ⟨mus⟩ *Auftakt* m

Pickwick ['pikwik] s ⟨übtr⟩ *billige Zigarrensorte* f **~ian** [pik'wikiən] **1.** a *Pickwick–*; in a ~ sense *nicht wörtlich z nehmen* **2.** s *Mitglied des* Pickwick Club

picky ['piki] a *wählerisch* (he is a ~ eater *er ist sehr wählerisch im Essen*)

picnic ['piknik] **1.** s *Landpartie* f ‖ *Mahlzeit im Freien* f, *Picknick* n ‖ *schöne Zeit* f; *wahres Vergnügen* n; no ~ *k–e leichte S, kein Kinderspiel* **2.** vi [*–ck–*] *ein P. abhalten* **~ker** [~ə] s *Teilnehmer an e–m P.* **~ky** [~i] a *Picknick–*

picot [pi'kou] s Fr *kl Endschleife, –schlinge* f (an e–r Spitze, e–m Gewebe)

picotee [,pikə'ti:] s Fr ⟨hort⟩ *Gartennelke* f

pi(c)quet = picket **1.** b

picric ['pikrik] a ⟨chem⟩ *Pikr in–* (~ acid *–säure* f)

Pict [pikt] s ⟨hist⟩ *Pikte* m **~ish** ['~iʃ] a *piktisch, Pikten–*

pictograph ['piktəgrɑ:f] s *Bildzeichen, –symbol, –diagramm* n, *graphische Darstellung* f **~y** [pik'tɔgrəfi] s *Bilderschrift* f

pictorial [pik'tɔ:riəl] **1.** a **Maler–, Mal–* (~ calling *–beruf* m) ‖ *Bild–, bildend* (~ art *–de Kunst*) ‖ *illustriert, Bilder–, Bild–*; ~ map *Bildlandkarte* f ‖ *malerisch* **2.** s *illustrierte Zeitung* f **~ly** [~i] adv *in Bildern, durch Bilder* ‖ *als Bilder, auf Bildern*

picture ['piktʃə] **I.** s **1. a.** *Bild, Porträt, Gemälde* n; hunting ~ *Jagdstück* n ‖ *Bühnenbild* n **b.** *Ebenbild* n (he is the very ~ of his father) **c.** ⟨fig fam⟩ the hat is a ~ *der Hut ist ein Gedicht, sie is a perfect ~ sie ist z Malen schön* **d.** ⟨film⟩ *Film* m (the ~ is expertly shot .. *ausgezeichnet gedreht*); the **~s**, moving **~s** [pl] *das Kino, die –vorführung, der Film* **e.** to be in the ~ *sichtbar s*; .. in (outside) the ~ *(nicht) v Bedeutung s*; to come into the ~ *in Erscheinung treten* ‖ ⟨fam⟩ to put a p in the ~ *jdn ins Bild setzen* **2.** (*geistiges*) *Bild* n (world ~); to form a ~ of *sich ein B. m v* ‖ ⟨fig⟩ (*anschauliche*) *Darstellung, Schilderung* f; to draw a ~ of *schildern, beschreiben* ‖ *Veranschaulichung, Illustrierung* f **3.** *Verkörperung* f; he looks the very ~ of health *er sieht aus wie die verkörperte Gesundheit* **4.** [attr] **a.** *Bilder–* (~-book *–buch* n); **~-gallery** *–galerie* f; ~ parade ⟨wir⟩ *Filmspiegel* m; **~-puzzle** *–rätsel* n) ‖ *Ansichts–* (~ postcard) ‖ ~ transmission ⟨wir⟩ *Bildfunk* m,

–übertragung f **b.** *Lichtspiel–, Kino–*; ~-house, ~-palace, ~-theatre *Lichtspieltheater* n **c.** ~-frame stage *Guckkastenbühne* f || ~-(-)hat *breitrandiger (malerischer) Damenhut* m *(Florentiner)* **d.** ~ window ⟨Am⟩ *breites Aussichtsfenster* n **II.** vt *malen; zeichnen; abbilden* (Mr. N. ~d below) || *mit Bildern schmücken* || *verfilmen* || ⟨fig⟩ *schildern* || *sich vorstellen* (as *als*); to ~ a th to o.s. *sich etw vorstellen* or *ausmalen* ~**dom** [~dəm] s *Filmwelt* f ~**drome** [~droum] s *Lichtspielhaus, –theater* n

picturesque [ˌpiktʃə'resk] a (~ly adv) *malerisch; hübsch* || *lebhaft, anschaulich* | the ~ *das Pittor·eske, Malerische* m ~**ness** [~nis] s *das Malerische; die malerische Schönheit; bildhafte Anschaulichkeit* f

picturize ['piktʃəraiz] vt *mit Bildern schmücken*

picul ['pikəl] s *P·ikul* m *(ostasiat. Gewicht,* 133⅓ *lb.)*

piddle ['pidl] vi ⟨poet & †⟩ *tändeln, spielen*

piddle ['pidl] ⟨fam⟩ **1.** s *Pipi* n **2.** vi *Pipi* m

pidgin, pigeon ['pidʒin] s [attr] ~ English *Verkehrssprache zw Europäern u Ostasiaten* f || ⟨sl⟩ *Sache* f

pie [pai] s ⟨orn⟩ *Elster* f ~**bald** ['~bɔːld] a *bunt, scheckig*; ~ horse *Scheck(e* f) m | ⟨übtr⟩ *gemischt* ~**baldness** ['~bɔːldnis] s *Buntheit* f; *das Scheckige*

pie [pai] s ⟨cul⟩ *(Fleisch-)Pastete*; *(Frucht-)Torte* f || to have a finger in the ~ *die Hand im Spiele h* | ~ chart ⟨Am⟩ *graphische Darstellung* f *mit Kreissektoren* || ~-face *Mondgesicht* n (*P*) || ~-plant ⟨bot Am⟩ *Rhabarber* m

pie [pai] ⟨typ⟩ **1.** s *(zus-gefallener Satz) Eierkuchen* m, *Zwiebelfische* m pl || *Verwirrung* f, *Mischmasch* m; to make ~ of *verwirren, –mischen* | ~-eyed ⟨Am sl⟩ *beschwipst* **2.** vt *(Lettern) zus–werfen* || *verwirren*

pie [pai] s ⟨AInd⟩ *kleinste Kupfermünze* f

piece [piːs] s **1.** *(einzelnes) Stück* n; ~ of equipment *Ausrüstungsstück* n; ~ of furniture *Möbel(stück)* n; ~ of ordnance *Geschütz* n; a ~ of paper *ein St. Papier*; a ~ of prose *ein St. Prosa*; to give a p a ~ of one's mind *jdm s–e Meinung sagen* || ⟨fam⟩ *Sache* f (he'll fight the ~ out with you) || ⟨vulg⟩ *Nummer* f *(Frau, Mädchen)*; a nasty ~ of work ⟨fig⟩ *ein fieser Kerl* **2.** *(Maß) Stück* n *(Tuch* etc) || *Rolle (Tapete)* f || *Faß (Wein)* n **3.** *einzelner Gegenstand* m **a.** a ~ of furniture *ein Stück Möbel* || a ~ of *ein Fall, Beispiel* v; [oft vor abstr] a ~ of advice *ein Ratschlag* m; a ~ of impertinence *e–e Unverschämtheit*; a ~ of news *e–e Neuigkeit* f; two ~s of good news *zwei gute Nachrichten* **b.** *Kanone* f; ~s [pl] *Geschütz* n; the ~s ⟨bes mar⟩ *die Bestückung* || *Flinte, Pistole* f **c.** *(Schach-)Figur* f **d.** *Geldstück* n; a penny ~ *ein Pennystück* **e.** *Bild, Gemälde* n (sea ~ *Seestück*) || *literar. Werk* n; *Theater–, Musikstück* n **4.** ⟨sl⟩ *Mädchen; Weibsbild, –stück* n **5.** [nach prep] **by** the ~ ⟨com⟩ *stückweise, nach dem Stück* || **in** ~s *in Stücke zerbrochen*; to fall in ~s *in Stücke fallen, zerfallen* || **of** a ~ *aus e–m Stück*; *gleichmäßig, übereinstimmend* (with) || **to** ~s *in Stücke, aus–e–a*; to break to ~s *zerbrechen*; to fall od go to ~s *in Stücke gehen, zus–brechen; scheitern; zergehen*; to pull to ~s *zerpflücken*; to take to ~s *aus–e–a–nehmen; zerlegen* **6.** [attr] *Stück–*; ~-goods [pl] *Stück–, Schnittwaren* f pl; *Manufaktur–* || ~-rate wages [pl] *Akkordlohn* m || ~-work *Stück–, Akkordarbeit* f ~**meal** ['piːsmiːl] **1.** adv *stückweise, einzeln* **2.** a *zerstückelt*

piece [piːs] vt/i **1.** vt *flicken, anstücken; einsetzen* || *zus–setzen; verbinden* || ~d-steelplate (abbr PSP) runway ⟨aero⟩ *Stahlplatten-Startbahn* f || to ~ on to *(etw) anfügen an* || to ~ out *vervollständigen, ergänzen; verlängern* || to ~

together *zus–stücken* ⟨a fig⟩ || to ~ up *wiederherstellen; ausflicken* **2.** vi: to ~ on to *passen z*

piecer ['~ə] s *Flicker* m

piecrust ['paikrʌst] s *Pastetenkruste* f

pied [paid] a *scheckig, bunt; bunt geschmückt* (with) || the ~ Piper of Hamelin *der Rattenfänger* v *Hameln*

pi(e)-dog = pye-~

piedmont ['piːdmənt] s ⟨Am⟩ *Niederung* f; *Gebirgsvorland* n

pieman ['paimən] s *Pastetenverkäufer* m

pier [piə] s ⟨arch⟩ *Pfeiler* m | *Brückenpfeiler* || *Hafendamm* m, *Mole* f; *Kai* m, *Anlegestelle* f || *Landungsbrücke, –stelle* f, *Löschplatz* m; *Segelsteg* m | ~-arch ⟨ec arch⟩ *Scheidbogen* m || ~-glass *Trumeau(spiegel* m) m || ~-head *Molenkopf* m || ~-table *Konsole, Anrichte* f ~**age** ['piəridʒ] s *Kaigeld* n, *–zoll* m

pierce [piəs] vt/i **A.** vt **1.** *durchdr·ingen, dringen durch* || *(etw) durchst·echen, durchb·ohren* (with) **2.** ⟨übtr⟩ *(of light, cold,* etc) *durchdringen* || *(Land) durchdringen* **3.** ⟨fig⟩ *durchsch·auen, erforschen, –kennen* **4.** *betrüben; rühren*; to ~ a p's heart *od* a p to the heart *jdm ins Herz schneiden* **B.** vi/t *dringen* (through); *eindringen* (into) ⟨a fig⟩ | ⟨tech⟩ *durchbohren, dornen* ~**cer** ['~ə] s ⟨tech⟩ *Lochdorn* m ~**cing** ['~iŋ] **1.** a (~ly adv) *durchdringend, schneidend scharf* (wind) || *rührend* **2.** s *Durchstich* m; *(Faß-)Anstich* m

pieris ['paiəris] s ⟨bot⟩ Japanese ~ *Japanische Andr·omeda* f

pierrette [piə'ret] s Fr ⟨engl⟩ *weibl. Mitglied e–r Truppe* v *Pierrots* n **pierrot** ['piərou] s Fr ⟨engl⟩ *Gesangskomiker, Kabar·ettspieler* m (in *Harlekintracht)*

Pietà [ˌpie'tɑː] s It *Piet·a* f

pietism ['paiətizm] s *Piet·ismus* m

pietist ['paiətist] s *Piet·ist* m ~**ic** [ˌpaiə'tistik] a (~ally adv) *pietistisch*

piety ['paiəti] s *Frömmigkeit* f || *Pietät, Ehrfurcht* f; filial ~ *kindliche Liebe* f

piezo– ['paiəzo] [in comp] *Druck–* ~**meter** [ˌpaie'zəmitə] s *Piezom·eter* n *(Kompressionsgerät)*

piffle ['pifl] **1.** vi *herumspielen, trödeln* **2.** s *Geschwätz* n; *Unsinn, Quatsch* m

piffled ['pifld], **pifflicated** ['piflikeitid] a ⟨Am sl⟩ *beschwipst*

pig [pig] **I.** s **1.** ⟨zoo⟩ *Ferkel* n; *Schwein* n; in ~ *trächtig*; → to grunt | [pl a ~] *Wildschwein* n; (wild) ~ one year old (up to two years) *Überläufer* m || to buy a ~ in a poke *die Katze im Sack kaufen* || to drive one's ~s to market ⟨fig⟩ *(e–n Klafter Holz) sägen (schnarchen)* || to stare like stuck ~ *Augen m wie ein gestochenes Kalb* || to ~ a ~ *bought on credit grunts all the year Borgen macht Sorgen, unbezahlte Schuhe knarren* or *quietschen* **2.** ⟨fig fam⟩ *(P) Schwein* n; *ekelhafter, gieriger Mensch* m || to make a ~ of o.s. *sich z Sch. m* **3.** ⟨met⟩ *Massel* f *(Form des Roheisens)*; *Mulde* f (a ~ of lead); *Block, Barren* m || ⟨aero sl⟩ *Sperrballon* m; flying ~ *Lufttorpedo* n **4.** [attr & comp] **a.** ~ *Schweine–* (~-trough); *Schweins–* || ~-eyed *schweinsäugig* || ~-iron ⟨met⟩ *Roheisen* n || ~-jump [vi] ⟨sl⟩ *(of horse) mit allen vieren in die Höhe springen* || ~-lead *Blei in Mulden* n || ~ meat *Schweinefleisch* n || ~-months „*Austernmonate*" m pl *(September–April: mit e–m* r) || ~-sticker ⟨vulg⟩ *Schweinemetzger* m; ⟨mil fam⟩ *Käsemesser* n *(Bajonett)* **b.** ~'s *Schweins–*; ~'s bladder *–blase* f || ~'s eye ⟨cards⟩ „*Fuchs*" m *(Karo-As)* || ~'s hair *–haar* n **II.** vi/t ⟨fer·keln, Junge werfen⟩ (a to ~ it, to ~ together) *eingepfercht zus–wohnen, –hausen* (with) | vt *(Junge) werfen* ~**gery** ['~əri] s *Schweinestall* m || ⟨fig⟩ *Schmutz, Schweinestall* m ~**gish** ['~iʃ] a

(~ly adv) *schweinisch, schmutzig*; *gemein*; *gierig*
~**gy** [ˈ~i] s *Schweinchen* n
pigboat [ˈpigbout] s ⟨Am mar sl⟩ *U-Boot* n
pigeon [ˈpidʒin] I. s 1. ⟨orn⟩ *Taube* f; it's
not my ~ ⟨fam⟩ *das betrifft mich nicht*; → to
coo, squab ‖ carrier-~, homing-~ *Brieftaube* f
| ⟨sl⟩ *Gimpel, Narr, Tor* m 2. [attr & comp]
~-breast (of men) *Hühnerbrust*; ~-breasted
mit e–r H. ‖ ~-fancier *Taubenzüchter* m ‖ ~-
grey *taubengrau*, → dove-coloured ‖ ~-
hearted, ~-livered *furchtsam, schüchtern* | ~-
hole 1. s (Schub-)*Fach, Kästchen* n 2. vt (etw) in
ein Schubfach legen; *aufheben, zurücklegen* (for
f) ‖ *gedanklich ordnen, klassifizieren*; *kennzeichnen* (with *mit, durch*) ‖ *mit Fächern versehen* ‖ ~-
house = pigeonry II. vt *betrügen, beschwindeln*
~**gram** [ˈ~græm] s *Botschaft e–r Brieftaube* f
~**ry** [ˈ~ri] s *Taubenschlag* m
pigeon (**English**) → pidgin
piggie [ˈpigi] s ⟨zoo⟩ *Schweinchen* n ‖ ~
bank *Sparschweinchen* n ~**wig(gie)** [ˈ~ˈwig(i)]
⟨Kinderspr zoo⟩ *Ferkelchen* n
pigheaded [ˈpigˈhedid; ˈ-,-] a (~ly adv)
störrisch, dickköpfig ~**ness** [~nis] s *Störrigkeit* f
piglet [ˈpiglit], **pigling** [ˈpigliŋ] s *junges
Schwein, Ferkel* n
pigment [ˈpigmənt] 1. s *Farbe* f; *Farbstoff* m
‖ ⟨anat⟩ *Pigmˈent* n ‖ ~-print *Pigmentdruck* m
2. vt *pigmentˈieren*; *färben* ~**al** [pigˈmentl], ~**ary**
[ˈpigməntəri] a *Pigmˈent–* ~**ation** [ˌpigmen-
ˈteiʃən] s *Färbung* f
pigmy [ˈpigmi] s = pygmy
pignut [ˈpignʌt] s ⟨bot⟩ *Erdkastanie* f ‖
amerik. Hickorynuß f
pig– ~**skin** [ˈpigskin] s *Schweinshaut* f,
–*leder* n ‖ ⟨Am ftb⟩ „*Leder*" n (*Ball*), *Kicker* m
(*Spieler*) ~**sticking** [ˈpigˌstikiŋ] s *Wildschwein-
jagd, Sauhatz* f ‖ *Schweineschlachten* n ~**sty**
[ˈpigstai] s *Schweinestall* m ⟨a übtr⟩ ~**tail**
[ˈpigteil] s *Tabak in Rollen* m ‖ (*Haar-)Zopf* m
~**weed** [ˈpigwi:d] s ⟨bot⟩ *Gänsefuß* m
pi-jaw [ˈpaidʒɔ:] ⟨sl⟩ 1. s *Gardinenpredigt,
Standpauke* f (to give a p a ~) 2. vt to ~ a p
jdm e–e St. halten (for *wegen*)
pike [paik] 1. s ⟨mil⟩ *Pike* f; *Spieß* m ‖ ⟨dial⟩
Heugabel f 2. vt *mit e–m Spieß durchbohren,
töten* ~**staff** [ˈ~stɑ:f] s *Schaft e–r Pike* m; as
plain as a ~ ⟨fig⟩ *sonnenklar*
pike [paik] s [pl ~] ⟨ich⟩ *Hecht* m (~ are ..)
pike [paik] s ⟨dial⟩ *Bergspitze* f
pike [paik] s *Zollschranke* f ‖ ⟨Am⟩ *Landstraße* f, = turnpike ~**man** [ˈ~mən] s *Zoll-
wärter* m
pikelet [ˈpaiklit] s *kl runder Teekuchen* m
piker [ˈpaikə] s ⟨Am⟩ °„*Maurer*" m, *vorsichtiger, unzuverlässiger Spieler* m; to be a ~ *zurückhaltend, bange s*, °„*mauern*"
pilaster [piˈlæstə] s ⟨arch⟩ *Pilˈaster, Wandpfeiler* m, ⟨a⟩ ~-strip) *Lisˈene* f
pilau [piˈlau], **pilaw** [piˈlɔ:], **pilaff** [piˈlæf] s
orient. Reisgericht n
pilch [piltʃ] s *dreieckiges Flanelltuch* n (*über
die Windeln gelegt*)
pilchard [ˈpiltʃəd] s ⟨ich⟩ *Sardine* f
pile [pail] 1. s *zugespitzter Pfahl* m; (*Brücken-)
Joch* n ‖ (*Eisen-)Pfeiler* m | ~-driver *Ramme* f ‖
~-dwelling *Pfahlbau* m 2. vt *mit Pfählen versehen or stützen*
pile [pail] I. s 1. *Haufen* m; a ~ of stones
ein H. Steine ‖ *Stapel, Stoß, Pack(en)* m (a ~
of books); *Partie* f, *Satz* m 2. *Scheiterhaufen*;
(*Holz-)Stoß* m; *Meiler* m ‖ ⟨for⟩ *Beuge* f
3. ⟨fam⟩ *Haufen Geld, Vermögen*; ~s of money
Geld wie Heu; to make one's ~ *sich ein Vermögen m* 4. *hohes Bauwerk, Gebäude* n; *Häuser-
block* m; ⟨arch⟩ *Pfahlrost* m; ~ of arms *Gewehrpyramide* f 5. *galvanische Säule, elektr.
Batterie* f 6. ⟨at⟩ *Pile* n, *Atˈombatterie, –kraft-*

anlage, –säule f, *Atommotor* m, *Kettenreaktions-
maschine*; to set up a ~ *ein P. erstellen*; to
turn on (shut off) a ~ *e–e Atomkraftanlage
ein–, (aus-)schalten*; the ~ *went into operation
das P. lief an* II. vt/i ⟨oft⟩ to ~ up *auf-
häufen, –türmen, –stapeln, –schichten* (on *auf*);
~-up [s] ⟨racing, etc⟩ *Massensturz* m; to ~
arms ⟨mil⟩ *die Gewehre zus–setzen* | ⟨fig⟩ *über-
häufen*; *beladen* (with); to ~ it on °*dick auftragen
(übertreiben)* | vi ⟨Am⟩ *z mehreren steigen,
klettern* (on *auf*; into *in*) ‖ to ~ in *in Haufen
hereinkommen* ‖ to ~ on to a p *jdn angreifen*
‖ ⟨Am⟩ to ~ in, off, out *herein–, weg–, heraus-
flitzen*, –*wetzen* ‖ to ~ up ⟨aero⟩ *abstürzen, Bruch
m*, ⟨see⟩ *zus–prallen u sich auf–e–a–schieben*
pile [pail] s *weiches Haar* n, *Daune* f; *weiche
Haar–, Wollbedeckung* f ‖ (of cloth, velvet)
weiche, haarige Seite f, *Flor* m; *Felbel* m; *Noppe*
f; three-~ [attr] *dreifach gewebt* (carpet)
piles [pailz] s pl ⟨med⟩ *Hämorrhoˈiden* f pl
pilfer [ˈpilfə] vt/i (*stehlen*) °*mausen* ~**age**
[~ridʒ] s (*geringfügiger Diebstahl* m) *Mauserei,
Dieberei* f ~**er** [~rə] s *Dieb* m
pilgrim [ˈpilgrim] s *Pilger*; *Wallfahrer* m; the
↙ *Fathers* [pl] *die Pilgerväter* m pl (*nach New
England auswandernde Independenten, 1620*);
⟨Am⟩ *deren Nachkomme* m ~**age** [~idʒ] 1. s
Pilger–, Wallfahrt f (of England *durch E.*)
| [attr] *Wallfahrts–* (church, town) 2. vi *wall-
fahren, –fahrten* ~**ize** [~aiz] vi *pilgern*
pill [pil] 1. s ⟨med⟩ *Pille* f; ⟨fig⟩ to swallow a
bitter ~ *in den saueren Apfel beißen*; to gild the
~ *die bittere P. versüßen* (*e–r S die unangenehme
Seite nehmen*) | ⟨sl⟩ (*schwarze*) *Wahlkugel* f;
⟨mil⟩ *Kugel*, ⟨fam⟩ „*blaue Bohne*"; *Bombe* f; ~s
[pl] *Bälle, Billardkugeln* pl (a game of ~s *ein
Spiel Billard* n) ‖ ⟨sl⟩ °*Stäbchen* n (*Zigarette*)
‖ *Ekel* n (P) | ~-box *Pillenschachtel* f ‖ *kl
enger Wagen* m ‖ ⟨mil⟩ *Unterstand*; *Bunker* m;
betonierter MG-Stand m 2. vt ⟨sl⟩ (*jdn*) (*bei der
Wahl*) *ablehnen, durchfallen l* ⟨a übtr⟩; to be
~ed *durchfallen*
pillage [ˈpilidʒ] 1. s *Plünderung* f ‖ *Raub* m
2. vt *plündern, brandschatzen*; *rauben*
pillar [ˈpilə] 1. s ⟨arch⟩ *Pfeiler, Ständer,
Träger* m; *Säule* f ⟨übtr⟩ (*Luft– etc*) *Säule* f
| ⟨fig⟩ *Stütze* f (~ of society) ⟨school hum⟩
~s to the temple „*Fahrgestell*" n (*Beine*) ‖ from
~ to post ⟨fig⟩ *v Pontius z Pilatus* | ~-box ⟨engl⟩
freistehender Briefkasten m (*in Säulenform*); |
letter-box 2. vt *mit Pfeilern stützen or schmücken*
⟨a fig⟩ | ~**ed** [~d] a *mit Pfeilern versehen*;
säulenförmig
pillion [ˈpiljən] s ⟨hist⟩ *Damensattel* m | *Sat-
telkissen* n *f zweite P* ‖ ⟨mot⟩ *Sozius–, Rücksitz* m; to ride ~ *auf dem S. fahren* ‖ *passenger
on ~* ⟨mot⟩ *Beifahrer* m | ~-girl *Klammer-
mäuschen* n, ⟨teens⟩ *Auspuffzahn* m; ~-rider
Soziusfahrer m
pilliwinks [ˈpiliwiŋks] s ⟨Scot hist⟩ (*Finger-*)
Folterinstrument n
pillory [ˈpiləri] 1. s *Schandpfahl, Pranger* m
(in the ~ *am* or *an den P.*) ⟨a fig⟩ 2. vt (*jdn*)
an den Pranger stellen ⟨fig⟩ *anprangern*; *lächerlich m*
pillow [ˈpilou] 1. s *Pfühl, Kopfkissen* n; *Liege-
polster* n; *lace* ~ *Klöppelkissen* n; to take
counsel of one's ~ ⟨fig⟩ *e–e S beschlafen*
| ⟨tech⟩ *Pfanne* f; (*Zapfen-)Lager* n; *Lagerschale*
f | [attr] ~-case, ~-slip *Kopfkissenbezug*,
–*überzug* m ‖ ~-lace *Klöppelspitzen* f pl 2. vt
(*jdn*) *betten, mit Kopfkissen stützen*; to ~ up
hoch betten ‖ (*Kopf*) *stützen* (on *auf*)
pilose [ˈpailous] a ⟨bot & zoo⟩ *haarig, behaart* ~**sity** [paiˈlɔsiti] s ⟨bot⟩ *Behaartheit* f
pilot [ˈpailət] 1. s ⟨mar⟩ *Pilˈot, Lotse*; ⟨aero⟩
Flugzeugführer, Pilot, ⟨mil mar fam⟩ *Naviga-
tionsoffizier* m ‖ ⟨Am rail sl⟩ *Schienenräumer* m

(*an Loks*) | ⟨tech⟩ *Führungszapfen* m || ⟨fig⟩ *Führer, Leiter* m | [attr & comp] ⟨übtr⟩ *Versuchs-* || ~ balloon ⟨meteor⟩ *-ballon, Pilotballon* m || ~-boat *Lotsenboot* n || ~ bridge *Kommandobrücke* f || ~ brush ⟨el⟩ *Prüfbürste* f || ~-cloth *derber, blauer Wollstoff* m (*f Überzieher*); *Düffel* m || ~ compass ⟨aero⟩ *Führerkompaß* m || ~-engine *Leerfahrtlokomotive* f || ~ flame *Stichflamme* f || ~ officer *Fliegerleutnant* m || ~ plant *Musterbetrieb* m, *Versuchsanlage* f || ~'s badge *Flugzeugführerabzeichen* n || ~'s certificate . licence *Pilotenschein* m || ~ scheme *Versuch* m *im Kleinen*; *Versuchsbetrieb* m || ~ survey ⟨stat⟩ *Probeerhebung* f || ~ trainee *Flugschüler* m || ~ valve *Schaltventil* n **2.** vt *lotsen; steuern;* ⟨aero⟩ *führen, lenken* || ⟨fig⟩ *leiten, führen* ~age [~idʒ] *s Lotsen* n | *Flugkunst* f || ⟨fig⟩ *Führung* f | *Lotsengeld* n || compulsory ~ *Lotsenzwang* m

pilous ['pailəs] a ⟨bot & zoo⟩ *behaart*

pilular ['piljulə] a *Pillen-, rund* ~ule ['pilju:l] s *kl Pille* f ~ulous ['piljuləs] a *pillenförmig* ⟨a fig⟩

pily ['paili] a *haarig, daunig*

pimelode ['pimiloud] s ⟨ich⟩ = catfish

pimento [pi'mentou] s *Pim·ent, Nelkenpfeffer* m; *Gewürzkörner* pl || ⟨bot⟩ *Pimentbaum* m

pimp [pimp] **1.** s *Zuhälter*(*in* f) m, *Kuppler*(*in* f) m **2.** vi *kuppeln*

pimpernel ['pimpənel] s ⟨bot⟩ *Pimpern·elle* f

pimping ['pimpiŋ] a *pimplig, verzärtelt* || *unbedeutend, kleinlich*

pimple ['pimpl] s *Hautblütchen* n, *Pustel* f, *Finne* f, *Pickel* m ~d [~d], **pimply** [~i] a *voller Pusteln; pickelig*

pin [pin] **I.** s **1.** *Pflock, Stift, Bolzen* m | *Nagel* m (drawing ~ *Reiß-*); *Pinne, Zwecke* f; (*stählerner Klavier-* etc, *hölzener Geigen-* etc) *Wirbel* m || split ~ *Splint* m **2.** *Stecknadel* f || *Nadel* f (breast-~ *Busen-*; hair ~ *Haar-*; hat-~ *Hut-*); safety ~ *Sicherheitsnadel* f || ~s and needles *Kribbel* m, *Ameisenlaufen* n; to be upon ~s and needles *wie auf glühenden Kohlen sitzen; vor Spannung umkommen* || I don't care a ~ *es ist mir ganz gleichgültig;* not worth a ~ *k–n Deut wert* || (she keeps the house) like a ~ ⟨fam⟩ .. (*blitz)blitzblank* **3.** ⟨fam⟩ [*oft pl* ~s] *Bein* n (quick on one's ~s) || *Kegel* m; ~s [pl] *-spiel* n **4.** *kl Faß* n (4½ gallons) **5.** [attr] ~bar *Wagenrunge* f || ~-boy ⟨Am⟩ *Kegeljunge* m || ~ drift *Dübelbohrer* m || ~ driver *Fischbandeisen* n || ~-feather *kl Feder, Stoppelfeder* f | ~('s)-head *Stecknadelkopf* || *Dummkopf* m || [attr] *stecknadelförmig, winzig* | ~-hole (*Nadel-)Loch* n; *Seh-, Visierloch* n || ~-money *Nadelgeld* n || ~-(-)point → pinpoint **1.** s *Nadelspitze* f; ~-p. bombing *Bombenpunktwurf* m **2.** vt (*örtlich) genau festlegen or bezeichnen* || ~-ball, ~-table (*Art) Tivoli* n (*Spiel*) || ~-prick *Nadelstich* m ⟨a fig⟩ || ~-striped (suit) .. *mit Nadelstreifen* || ~-tooth *Stiftzahn* m || ~-up → pinup **II.** vt/i **1.** vt (*etw) heften, stecken* (to *an*); (*mit Nadeln) befestigen;* to ~ one's faith to *od* on *fest bauen auf; sein Vertrauen setzen auf;* to ~ new hopes on *neue Hoffnungen setzen auf, knüpfen an* || ⟨fam⟩ ~ your ears back °*knöpf d–e Ohren auf!* | (*jdn) packen, mit Gewalt festhalten* (to *an*) || ⟨fig⟩ (*jdn) festhalten* (to *an*); to ~ down ⟨fig⟩ (*etw) festhalten;* to ~ a p down *jdn festnageln* (to *auf*); *z Verantwortung ziehen* || to ~ the blame on a p *jdm die Schuld in die Schuhe schieben* **2.** vi *befestigt w; sich befestigen l*

pin [pin] vt *einschließen, -pferchen*

pinafore ['pinəfɔ:] s *Kinderlätzchen* n; (*-)Schürze;* → pinny *Servierschürze* f

pince-nez ['pɛ̃:znei] s Fr (pl ~ [~z]) *Kneifer, Klemmer* m

pincer ['pinsə] ⟨tact⟩ [attr] *Zangen-, Um-*

klammerungs-: ~ attack *-angriff* m, ~ movement *-bewegung* f

pincers ['pinsəz] s pl *Kneifzange* f (a pair of ~ *e–e K.*) || *Krebsschere* f || [in comp] pincer (~ movement, → pincer) **-cette** [pɛ̃n'set] s Fr *kl Zange, Pinz·ette* f

pinch [pintʃ] vt/i **A.** vt **1.** *kneifen, zwicken* (to ~ off *ab–*); (of gloves) (*jdn) drücken; klemmen;* I ~ed my finger *ich klemmte mir den Finger;* to be ~ed *geklemmt s* (between) | (*etw) befingern, herumdrücken an* (to ~ a roll) **2.** ⟨fig⟩ *bedrücken, in die Enge treiben, einschränken;* to be ~ed *darben;* to be ~ed for *in Verlegenheit s um* **3.** ⟨sl⟩ °*klauen* | (*jdn) festnehmen, arretieren* || ⟨sl⟩ to ~ a girl from a p *jdm das M.* °*abschrauben* **B.** vi (of shoes) *drücken;* to know where the shoe ~es ⟨fig⟩ *wissen, wo der Schuh drückt* | ⟨fig⟩ *darben* | *knausern* **C.** [in comp] ~ bar *Brechstange* f || ~-faced *abgehärmt* || ~-hit [vt] ⟨Am fam⟩ *die ,,Masche" finden f* (*wenn nötig, den Nagel auf den Kopf treffen*) || ~-hitter ⟨Am fam⟩ (*Baseball) tüchtiger Ersatzmann* m ⟨a übtr⟩ | ~ed [~t] a *zus–gedrückt* || ⟨fig⟩ *abgehärmt, –gemagert;* ~ with hunger *verhungert;* ~ with cold *halb erfroren* || *gedrückt, beschränkt* (~ circumstances)

pinch [pintʃ] s **1.** *Drücken, Kneifen* n; to give a p a ~ *jdn kneifen* **2.** ⟨fig⟩ *Klemme* f; *Druck* m; the ~ of poverty *drückende Armut* || *kritische Lage, Schwierigkeit; Not* f; at a ~ *in der Not, zur N.; im Notfalle* **3.** *kl Dosis, Prise* f (a ~ of salt *e–e P. Salz*); *ein wenig; ein Körnchen, bißchen* n | ⟨sl⟩ *Kleinigkeit, Leichtigkeit* f

pinchbeck ['pintʃbek] **1.** s ⟨tech⟩ *T·ombak* m **2.** a *unecht; nachgemacht; minderwertig*

pincushion ['pin,kuʃin] s *Nadelkissen* n

Pindari [pin'dɑ:ri] s *Angehöriger* m *der indischen Räuberbanden des 18./19. Jhs.*

Pindaric [pin'dærik] ⟨ant⟩ **1.** a *pind·arisch, Pindar-* **2.** [*mst* pl] ~s *pindarisches Metrum* n || *pindarische Oden* f pl

pine [pain] s ⟨bot⟩ *Kiefer, Föhre; Pinie* f | Brasil ⚔ *Brasilianische Arauk·arie* f; Cembran ⚔, Stone(-)⚔ *Arve* f; Chile ⚔ *Chilenische Arauk·arie* f; Mountain ⚔ *Legföhre, Bergkiefer,* Latsche f; Umbrella ⚔ *Japanische Schirmtanne* f; White ⚔ *Weimutskiefer* f | *Kiefernholz* n || = ~-apple | [attr] *Kiefern-* || ~-apple ⟨bot⟩ *Ananas* f | ⟨sl⟩ *Bombe* f || ~-beauty, ~-noctua ⟨ent⟩ *Forl-, Kieferneule* f || ~ blister ⟨bot⟩ *-blasenrost* m || ~-cone *Tannenzapfen* m || ~-hawk-moth ⟨ent⟩ *Kiefernschwärmer* m || ~-hole ⟨Am⟩ *Kienknorren* m || ~ looper moth *Kiefernspanner* m || ~-marten ⟨zoo⟩ *Baummarder* m | ~ moth ⟨ent⟩ *Kiefernspinner* m || ~-tree ⟨bot⟩ *Fichten-, Kiefernbaum* m; ~-tree line ⟨aero⟩ *Radar-Warnsystem* n *in Nordamerika;* ~-tree weevil *Kiefernrüsselkäfer* m || ~-wood *Fichtenholz* n; *-wald* m | ~ry ['~əri] s *Treibhaus f Ananas* n || *Kiefernpflanzung, -schonung* f ~tum [pai'ni:təm] s [pl –ta] *Kiefernpflanzung* f

pine [pain] vi *sich grämen, sich abhärmen* || *sich sehnen* (for *nach;* to do); *schmachten* (for *nach*) || to ~ away *vor Gram vergehen, -schmachten*

pineal ['painiəl] a ⟨anat⟩ ~ gland *Zirbeldrüse* f

pinfold ['pinfould] s *Hürde* f *f verirrtes Vieh*

ping [piŋ] **1.** s *Pfeifen* n (*v Kugeln); Klingeln* n (*des Motors*) **2.** vi *pfeifen, schwirren;* ⟨mot⟩ *klingeln*

ping-pong ['piŋpɔŋ] s *Tischtennis* n

pinguid ['piŋgwid] a *fett* (soil); *fettig; ölig; reich*

pinion ['pinjən] **1.** s *Flügelspitze* f || ⟨poet⟩ *Flügel* m, *Schwinge* f || (*a* ~-feather) *Schwungfeder* f **2.** vt to ~ a bird *e–m Vogel die Flügel beschneiden* || ⟨fig⟩ *binden, fesseln* (to *an*)

pinion ['pinjən] s ⟨tech⟩ *Ritzel* n; *kl Zahnrad* n

pink [piŋk] **1.** s ⟨bot⟩ (*weiße, rosa, rote* etc) *Nelke* f, *Hyssop-leaved* ∼ *Ysˑopnelke* f | ⟨fig⟩ *the* ∼ *of a* th *das Schönste e-r* S (the ∼ of fashion), *die Höhe, die Krone, der höchste Grad e-r* S (the ∼ of perfection); *das Muster e-r* S (the ∼ of politeness); in the ∼ of condition *od* health, ⟨fam⟩ in the ∼ *in bester Verfassung* or *Gesundheit* | *Blaßrot, Rosa* n || *Scharlachrot* n; *(scharlach)roter Jagdrock* m || ⟨Am fam⟩ *Salonbolschewist* m **2.** a *nelkenfarben; Rosa–* || ⟨hunt⟩ *rot (Rock)* (to hunt in ∼ [s]) || ⟨fam pol⟩ „*rötlich*"; *kommunistisch angehaucht* | ⟨Am sl⟩ *glänzend* **3.** vi *rot* w ∼**ish** ['∼iʃ] a *rötlich*

pink [piŋk] s *Pink* f *(Segelschiff)*

pink [piŋk] vt (*jdn*) *durchbohren, –stechen* || *stechen* (in *in*) || (*Leder* etc) *kunstvoll ausschneiden, durchlöchern,* (*Rand*) *auszacken; künstlich verzieren*

pink [piŋk] vi ⟨mot⟩ (of petrol) *klopfen* ∼**ing** ['∼iŋ] s ⟨mot⟩ (*Kraftstoff-*)*Klopfen* n

pink-eye ['∼ai] s ⟨vet⟩ (in horses) *Influenza* || ⟨med⟩ *ansteck. Augenentzündung* f

pinkie ['piŋki] s ⟨Am⟩ *der kl* (5.) *Finger*

pink(o) ['piŋk(ou)] a ⟨fam pol⟩ → pink

Pinkster ['piŋkstə] s ⟨Am⟩ *Pfingsten;* [attr] *Pfingst–*

pinky ['piŋki] a [in comp] *rötlich* (∼ *white*)

pinna ['pinə] s L ⟨anat⟩ *Ohrmuschel* f || ⟨bot⟩ *Fieder* f || ⟨zoo⟩ *Flosse* f

pinnace ['pinis] s ⟨mar⟩ *Pinˑasse* f, *Schiffsbeiboot* n

pinnacle ['pinəkl] **1.** s ⟨arch⟩ *Zinne* f, *Spitzturm* m; *Fiale* f, *Riese* m || (*Berg–, Fels–*)*Spitze* f | ⟨fig⟩ *Gipfel, höchster Grad* m **2.** vt *wie auf e–e Zinne stellen* || *mit Zinnen schmücken* || *den Gipfel bilden* v (*etw*) | ∼**d** [∼d] a *mit Zinnen versehen; erhöht*

pinnate ['pinit] a ⟨bot⟩ *gefiedert, Fieder–* || ⟨zoo⟩ *Feder–*

pinner ['pinə] s *Schürze* f, *Lätzchen* n

pinni– ['pini] [in comp] *Flossen–;* ∼**ped** [∼ped], ∼**grade** s *–füßer* m

pinnothere ['pinəθiə], **–tere** [–tiə] s ⟨zoo⟩ *Gattung* f *der Muschelwächter (Krabben)*

pinnule ['pinju:l] s ⟨bot⟩ *Fiederblättchen* n || ⟨zoo⟩ *kl Flosse* f

pinny ['pini] s [dim] *f* pinafore

pinocle ['pinəkl] s ⟨Am⟩ *ein Kartenspiel* n *ähnlich dem Besik*

pinole [pi'nouli] s ⟨Am⟩ [koll] *Pinˑole–, Mais(etc)körner* n pl

pinpoint ['pinpəint] **1.** s *Nadelspitze* → pinpoint; ∼ *attack Punktzielangriff* m; ∼ *target Punktziel* n **2.** vt *mit Stecknadeln auf e–r Karte kennzeichnen;* (*Standort* etc) *genau feststellen* || (*etw*) *genau bezeichnen, bestimmen, beschreiben* || ⟨fig⟩ (*etw*) *genau treffen,* → *Punkt-derivation*

pint [paint] s *Pinte* f (0,568 [Am 0,473] *Liter*); *Schoppen* m, *to raise one's* ∼ *s–n Sch. erheben*

pintail ['pinteil] s ⟨orn⟩ (a ∼ *duck*) *Spieß–, Spitzente* f

pintle ['pintl] s *Bolzen* m (, *um den sich etw dreht*) | *Protzhaken* m || ⟨mar⟩ *Ruderhaken* m

pinto ['pinto] **1.** a *scheckig* (horse) **2.** s *Scheck(e* f) m

pinup ['pinʌp] s *Photo* n *z Anheften an die Wand* | [attr] ∼ *girl Illustriertenschönheit* f, *Photomodell* n (*P*) | ⟨übtr⟩ °*Mords–,* (∼ *car*)

piny ['paini] a *kieferreich, Kiefern–*

piolet ['pioulei] s Fr *Eishacke* f (*f Bergsteiger*)

pioneer [ˌpaiəˈniə] **1.** s ⟨mil⟩ *Pionˑier* m || ⟨fig⟩ *Wegbereiter, Bahnbrecher, Vorkämpfer,* ⟨pol a⟩ *Avantgardist* m; ⟨Am⟩ *früher West-*

Siedler m || Young ∼ˈs' *organizer* ⟨SBZ⟩ *Junge Pioniere-Leiter* m **2.** vi/t || *als P. tätig* s; *den Weg bahnen* (for *f*) | vt (*den Weg*) *bereiten, bahnen* (for) || (*etw*) *einführen* || (*jdn*) *führen*

pious ['paiəs] a (∼ly adv) *fromm* (p; wish) || † *liebevoll; zärtlich* || *pflichtgetreu*

pip [pip] s ⟨vet⟩ *the* ∼ *der Pips* m (*Bräune der Vögel*) || ⟨übtr⟩ *Unpäßlichkeit* f, *Übelkeit* f; *to give a* p *the* ∼ *jdn krank* m, *anwidern; to have the* ∼ *sich krank fühlen*

pip [pip] s ⟨cards⟩ *Auge* n; ⟨dice⟩ *Punkt* m || ⟨mil sl⟩ *Stern* m (*Uniformabzeichen der Offiziere*) || (*Radar-*)*Leuchtmarke* f; *Echozeichen* n, *Zielecho* n; *Bildspur* f

pip [pip] s *Obstkern* m

pip [pip] **1.** s (*als Signal*) *der Buchstabe* P; ∼ *emma* = P.M. (5 o'clock ∼ *emma*) | → ∼*-squeak* **2.** vi ⟨aero⟩ *to* ∼ *in* (*die*) *Zeitzeichen synchronisieren*

pip [pip] ⟨fam⟩ vt/i || (*jdn*) *mit e–r Kugel treffen; töten* || ⟨fig⟩ *im Keim ersticken, unterdrücken* || (*jdn*) *besiegen; überlisten* || *durchfallen l* | vi *to* ∼ *off* *od* out °*abkratzen* (*sterben*)

pipage ['paipidʒ] s *Rohranlage* f; *Rohre* pl

pipe [paip] **I.** s **1.** (*Rohr-*)*Pfeife* f; *the* ∼s [pl] *der Dudelsack* || (*Orgel-*)*Pfeife* f (organ-∼) | *Stimme* f **2.** *Röhre* f; *Rohr* n; ∼s [pl] (*Rohr-*) *Leitung* f; *to lay* ∼s *die Leitung legen* || ∼s [pl] *Atmungskanäle* m pl; ∼ *opener Lungenöffner* m, *Anrudern* n **3.** ⟨hist⟩ *Rolle* f; ∼*-Roll, Great Roll of the* ∼ *Schatzkammerabrechnung* f **4.** *längliches Faß* n; *Hohl–, Flüssigkeitsmaß f Wein* (= 105 gallons) **5.** *Tabakspfeife* f; *put that in your* ∼ *and smoke it! das kannst du dir hinter den Spiegel stecken* (*das laß dir gesagt sein*) **6.** ⟨Am sl⟩ *leichte* S, *Kinderspiel* n **7.** [attr] *Rohr–, Röhren–* | ∼*-bell Rohrmuffe* f || ∼*-bend –krümmer* m, ∼*-clamp,* ∼*-clip –schelle* f || ∼*-joint –muffe* f || ∼*-line –leitung* f; ⟨übtr⟩ (*Nachschub-*)*Versorgungsweg* m; ∼*-lines* [pl] *Überland–, Untersee-Rohrleitung* f; *in the* ∼*-line* °*,,auf Achse"* (*unterwegs*) | ∼*-fish* ⟨ich⟩ *Seenadel* f (*Nadelfisch*) || ∼*-fitter Rohrleger* m, ⟨fig pol⟩ *Drahtzieher* m | *Pfeifen–* || ∼*-clay* **1.** s *Pfeifenton* m, *–erde* f || ⟨mil fig⟩ °*Kommiß* m **2.** vt *mit Pfeifenton weißen* || ⟨fig⟩ *putzen*; *übertünchen* **II.** vt **1.** ⟨hort⟩ (*Pflanzen*) *absenken* **2.** (*Kleid*) *mit Schnurbesatz versehen, paspelieren* **3.** (*Haus* etc) *mit Rohren versehen; Rohre legen durch* || (*Gas*) *leiten* (to *nach*) || ∼d *water Leitungswasser* n || ∼d *up* ⟨fam⟩ °*beschwipst* ∼**ful** ['∼ful] s *e–e Pfeifevoll* (a ∼ *of tobacco*)

pipe [paip] vi/t **I.** vi **1.** *auf der Pfeife spielen; to* ∼ *up* z *spielen beginnen;* ⟨übtr⟩ *loslegen* **2.** (of birds) *piepen* | (of the wind, etc) *pfeifen; schwirren* | (P) *piepsen, quieken* | ⟨sl⟩ *weinen* ⟨fam⟩ *to* ∼ *down stille* s; *kl beigeben* **II.** vt **1.** (*Lied*) *auf der Pfeife spielen; to* ∼ *a* th *to a* p *jdm etw vorpfeifen* || (*jdn*) *durch Pfeifenspiel begleiten* || *durch Pfeifen empfangen* (*an Bord*) | ⟨mar⟩ (*Mannschaft*) *durch Pfeifensignal zus–rufen* **2.** (*etw*) *piepend äußern, quieken; to* ∼ *one's eye(s) weinen* **piper** ['paipə] s *Pfeifer* m; *to pay the* ∼ *die Zeche bezahlen, die Kosten tragen, der Dumme s* || ⟨hors⟩ *dämpfiges Pferd*

pipette [pi'pet] s Fr *Pipˑette* f, *Stechheber* m

piping ['paipiŋ] **1.** s *Pfeifen* n || *Piepen* n || *Schnur–, Litzenbesatz; Zierstreifen* (*am Kleide*) m; *Paspel, Biese* f || *Röhrenanlage* f, *–werk* n, *Rohrnetz* n; **2.** a *pfeifend* || *Hirten–, tändelnd, idyllisch* (∼ *times; the* ∼ *times of yore die gute alte Zeit*) || *schrill* (∼ *note*) **3.** [adv] *hot zischend* or *siedend heiß;* ⟨fig⟩ *ganz neu*

pipistrel(le) [pipiˈstrel] s *Zwergfledermaus* f

pipit ['pipit] s ⟨orn⟩ *Pieper* m || *meadow* ∼ *Wiesen–; red-throated* ∼ *Rotkehl–*; Richard's ∼ *Sporn–*; *rock* ∼ *Strand–*; *tawny* ∼ *Brach–*; *tree* ∼ *Baum–*; *water* ∼ *Wasser–*

pipkin ['pipkin] s *irdenes Töpfchen* n
pipper ['pipə] s ⟨theat⟩ *Zugstück* n
pippin ['pipin] s ⟨hort⟩ *Pippingapfel* m
pippy ['pipi] a *voll v Obstkernen*
pip-squeak ['pipskwi:k] s ⟨sl⟩ *dürftige P or S* ‖ *Granate* f ‖ *(2-Takt-)Leichtmotorrad* n, °*Chaussee-Floh* m ‖ ⟨aero sl⟩ *Bordfunksprechgerät* n
pipy ['paipi] a *röhrenförmig*
piquancy ['pi:kənsi] s ⟨übtr⟩ *das Pikante* n, *Pikantheit*; *Würze* f **piquant** ['pi:kənt] a (~ly adv) Fr *pik·ant, würzig*; *prickelnd*; *anziehend*
pique [pi:k] **1.** s *Groll* m ‖ *Gekränktsein* n, *Pikiertheit* f (a fit of ~) **2.** vt *(jds Unwillen)* erregen; ~d *pikiert* (at über) ‖ *(jds Neid, Neugierde)* erwecken ‖ to ~ o.s. on *sich etw einbilden auf*
piqué ['pi:kei] s Fr *Pik·ee* m *(Gewebe)*
piquet [pi'ket] s Fr *Pik·ett* n, → picquet
piracy ['paiərəsi] s *Seeräuberei* f ‖ ⟨fig⟩ *(unerlaubter) Nachdruck* m *(v Werken anderer)*
piragua [pi'rægwə], **periagua** [peri'ægwə] s = pirogue ‖ *zweimastiges Segelschiff* n
pirate ['paiərit] **1.** s *Seeräuber* m; *–schiff* n; ⟨übtr⟩ *mit den ständig verkehrenden Omnibussen konkurrierender Privatomnibus* m ‖ ⟨fig⟩ *Nachdrucker* m ‖ ~ pants [pl] ⟨Am⟩ *(Art) Fischerhose* f **2.** vt/i ‖ *plündern* ‖ *(ohne Erlaubnis) nachdrucken* ‖ vi *seeräubern* **–tical** [pai'rætikəl] a (~ly adv) (see)*räuberisch* ‖ ⟨fig⟩ *Nachdruck–, Raub–* (~ edition)
pirogue [pi'roug] s *Pir·oge* f, *Plankenboot* n
pirouette [,piru'et] **1.** s Fr *kreiselartige Drehung (auf e–m Fuße)* f; ⟨hors⟩ *ganze Drehung* f **2.** vi *pirouett·ieren*
pirty ['pə:ti] a ⟨Am fam⟩ = pretty
pis aller ['pi:z'ælei] Fr s *Notfall*; *letzter Ausweg* m; as a ~ *als Notbehelf* m
piscary ['piskəri] s ⟨jur⟩ *common of* ~ *Fischereirecht* n **–atorial** [,piskə'tə:riəl], **–atory** ['piskətəri] a *Fisch–*; *Fischer–*; *dem Fischen, Angeln ergeben* **Pisces** ['pisi:z] s L pl ⟨astr⟩ *die Fische* pl *(Sternbild)* ‖ ⟨ich⟩ *Gattung der F.* f
pisci– | **~culture** ['pisikʌltʃə] s *künstliche Fischzucht* f **~na** [pi'si:nə] s L ⟨ant⟩ *Fischbehälter* m; *Schwimmteich* m ‖ ⟨ec⟩ *Piscina* f *(Wasch–, Abspülbecken* n *in südl. Chorwand)* **~ne** ['pisi:n] s *Wasserbecken* n; *Badeteich* m **~ne** ['pisain] a *Fisch–* **~vorous** [pi'sivərəs] a *fischessend*; *–fressend*
pisé [pi'zei] s Fr *Stampfmasse* f; *Bau aus St.*; *Pisee–, Stampfbau* m | [attr] *Pisee–* (~ wall *–wand* f)
pish [piʃ] intj *pfui! puh!*
pishogue [pi'ʃoug] s ⟨Ir⟩ *Hexerei, Zauberei* f
pisiform ['paisifə:m] a *Erbsen–*
piss [pis] **1.** ⟨vulg⟩ vi/t ‖ *pissen* | vt °*bepissen* **2.** s °*Pisse* f *(Urin)*; ⟨mil sl⟩ *(Eulen–)*°*Schiffe* n *(Dünnbier)* ‖ ⟨vulg⟩ *he's all* ~ *and wind* °*er ist ein ausgesprochener Seicher*
pistachio [pis'tɑ:ʃiou] s [pl ~s] ⟨bot⟩ *Pist·azie* f
piste [pist] s Fr *Hufschlag* m, ⟨geog⟩ *Piste* f ⟨a ski⟩
pistil ['pistil] s ⟨bot⟩ *Pist·ill* n, *Stempel* m **~lary** [~əri] a *Pistill–*
pistol ['pistl] **1.** s *Pistole* f ‖ ~*-shot Pistolenschuß* m *(within* ~*-shot)*; *(he was third in the)* ~*-shoot (er war Dritter im) –schießen* n **2.** vt *(jdn) mit der P. erschießen*
piston ['pistən] s ⟨tech⟩ *Kolben* m | [attr] *(Kolben–)* ‖ ~ *displacement Hubraum* m, *–volumen* n, *Kolbenverdrängung* f ‖ ~*-engined plane* (Ggs jet plane) *Kolbenmaschine* f ‖ ~*-rod* ⟨tech⟩ *–stange* f ‖ ~ *slack, slap –schlackern* n ‖ ~ *travel –weg* m
pit [pit] s **1.** *Grube, Höhle* f; ⟨min⟩ *Erzgrube* f *(coal* ~*)*; *Schacht, Stollen* m; ~ *coal Stein-*

kohle f ‖ ⟨mot⟩ *Tankstelle* f | ⟨agr⟩ *Miete* f *(f Korn* etc) ‖ ⟨mil⟩ *Geschützstand* m; *Schützenloch* n; *(Schießstand-)Anzeigerdeckung* f ‖ ⟨mot racing⟩ *Wartestelle* f | the ~ *die Hölle* **2.** ⟨theat⟩ *Parterre* n, *Kampfplatz* m *(f Hahnenkampf)* **3.** ⟨Am⟩ *(Getreide-)Börse* f ⟨Am⟩ *Maklerstand* m **4.** ⟨anat⟩ *Höhle, Grube* f *(~ of the stomach Magen–, Herz–)*; *Narbe* f **5.** ⟨hort⟩ *bitter* ~ *Stippfleck* m *(am Apfel)* **6.** [attr] ~ *detail (Schießstand-)Scheibenkommando* n ‖ ~*-head* ⟨min⟩ *Grubenkopf, Schachtöffnung* f; ~*-mouth Hangebank* f ‖ ~*-man Bergmann* m; ⟨Am⟩ *Pleuel–, Schubstange* f ‖ *(small)* ~*-props* [pl] *(Stempel–), Grubenholz* n ‖ ~*-saw Schrotsäge* f
pit [pit] vt/i ⟨agr⟩ *(Gemüse) einmieten* ‖ *(jdn) feindlich gegenüberstellen* (against a p *jdm*); *(jdn) ausspielen* (against *gegen*) ‖ *mit Gruben, Furchen, Narben (kenn)zeichnen*; ~ted with the *small-pox mit Pockennarben bedeckt* ‖ ⟨chem⟩ *anfressen* | vi *e–e Höhlung bilden, sich senken*
pit [pit] s ⟨Am⟩ **1.** *(Kirsch–* etc) *Kern* m **2.** vt *entkernen*
pit-a-pat ['pitə'pæt] **1.** adv *klippklapp, ticktack* **2.** a *schnell schlagend*; *trippelnd* **3.** s *Getrappel*; *Getrippel* n
pitch [pitʃ] **1.** s ⟨chem⟩ *Pech* n; *as dark as* ~ *pechrabenschwarz* | [attr & comp] *pech–* (~*-black*; ~*-dark* ⟨fig⟩ *stockfinster*); *Pech–* (~*-dark*[ness]); ~*-blende* ⟨minr⟩ *(Ur·an-) Pechblende* f; ~*-pine* ⟨bot⟩ *Pechkiefer* f **2.** vt *(aus)pichen*; *(Schiff) teeren*
pitch [pitʃ] vt/i **A.** vt **1.** *eintreiben, –stecken (in)*; *befestigen, feststecken* | *(Zelt; Bude) aufschlagen* ‖ *aufstellen, anlegen, errichten* ‖ ~*ed battle feste Schlachtordnung*; *regelrechte Schlacht* f ‖ *z Verkauf ausstellen* | *(Straße) pflastern* **2.** *ordnen* ‖ *(Größe, Höhe, Wert e–r S) an–, festsetzen* (to ~ a th too low) | ⟨mus⟩ *(ab)stimmen*; *to be* ~*ed on* ⟨fig⟩ *gestimmt s auf*; *well* ~*ed wohl abgestimmt* ‖ ⟨übtr⟩ *(etw) abstimmen (in auf), ausdrücken (in in)* ‖ *to* ~ *one's expectations s–e Erwartungen hochschrauben* **3.** *(Ball) (hin)werfen*; *schleudern* | *(Garben* etc) *aufladen* ‖ ⟨fam⟩ *äußern*; *to* ~ *a yarn e–e Geschichte erzählen*; *to* ~ *it too strong stark* (⟨hum⟩ *gelinde) übertreiben* **B.** vi **1.** *sich niederlassen, sich lagern* ‖ *(of balls) aufschlagen* ‖ *heftig (hin)fallen (on auf)* ‖ *(of ship) stampfen* ‖ *(of roof) sich neigen, abfallen* | ⟨brew⟩ *Hefe geben* **2.** [mit prep] ~ *into* ⟨fam⟩ *herfallen über*; ⟨übtr⟩ *heruntermachen*; ⟨fig⟩ *tüchtig einhauen in (essen)* ‖ *to* ~ *on, upon sich entscheiden f, verfallen auf*; *zufällig finden* **3.** [mit adv] *to* ~ *in* ⟨Am fam⟩ *kräftig ans Werk gehen*; *tüchtig einhauen (essen)* ‖ *to* ~ *out* ⟨aero⟩ *eink·urven, abkippen* **4.** [in comp] ~*-and-toss Kopf oder Wappen* (to play at ~*-and-toss)* | **~er** ['~ə] s *Setzer* m *(stone-*~*)* ‖ ⟨sport⟩ *Ballwerfer* m ‖ *Pflasterstein* m **~ing** ['~iŋ] s *Pflasterung* f *v Böschungen* ‖ *Senkung, Neigung* f ⟨rail⟩ *Nicken, Stampfen* n | ~ *moment* ⟨aero⟩ *Stampf–, Kippmoment* n ‖ ~ *net* ⟨mar⟩ *Schleppnetz* n, *–sack* m ‖ ~ *tool Stockeisen* n
pitch [pitʃ] s **1.** *Werfen* n, *Wurf* m ‖ *(of ship) Stampfen* n ‖ ⟨crick⟩ *Aufschlagen des Balles*; *Aufschlag(stelle* f) m **2.** ⟨com⟩ *(Waren-)Menge* f, *Angebot* n **3.** *Standort, Stand* m; ⟨fam⟩ *to queer the* ~ *od a p's* ~ → to queer ‖ ⟨crick⟩ *Raum* m, *Bahn* f *zw den beiden Dreistäben (Toren)*; *fiery (dead)* ~ *Boden, auf dem der Ball gut (schlecht) springt* **4.** *höchster Punkt* m, *Höhe*, ⟨aero⟩ *Steigung* f, → 5.; *to fly a high* ~ *hoch fliegen* ‖ ⟨fig⟩ *erhabene Stellung* f | *Grad* m *(at the* ~ *of one's voice mit lauter Stimme)*; *at the highest* ~ *auf der Höhe (of vitality)* | ⟨fig⟩ *Gipfel* m *(the* ~ *of greatness)*; *to the highest* ~ *aufs höchste* ‖ ⟨mus⟩ *Tonstufe, –höhe* f; *Kam-*

merton m **5.** *Neigung* f, *–sgrad* m, *Abdachung* f; 〈arch〉 (of a roof) *Schräge* f || 〈aero〉 ~ *angle Steigungswinkel* m; ~ *attitude* 〈aero〉 *Anstellwinkel* m; ~ *indicator Längsneigungsmesser* m **6.** 〈tech〉 *Steigung* f, *Gefälle* n | *Höhe* f *des Schraubenganges; Zahn–, Ketten–, Gradteilung* f || ~*-wheels* [pl] *in–e–a–greifende Zahnräder* n pl ~**fork** [ˈ~fɔːk] s *Stimmgabel* f → u.

pitcher [ˈpitʃə] s *irdener Krug* m; The Broken ~ „*der zerbrochene Krug*" (von Greuze, Kleist) || little ~s have long ears *Kinder schnappen manches auf* (*sprich vorsichtig vor Kindern*); the ~ *goes often to the well, but is broken at last der Krug geht so lange z Wasser, bis er bricht* ~**ful** [~ful] s *Krugvoll* m (a ~ of)

pitchfork [ˈpitʃfɔːk] **1.** s *Heu–, Mistgabel* f || → pitch **2.** vt (*mit der Heugabel*) *werfen* || 〈fig〉 (*jdn*) *lancieren* (into *in*); *mit Gewalt drängen* (out of *aus*, into *in*)

pitchy [ˈpitʃi] a *pechartig*; 〈fig〉 *pechschwarz* || [in comp] *pech–* (~*-black*)

piteous [ˈpitiəs] a (~*ly* adv) *mitleiderregend; herzzerreißend* (groan); *rührend*

pitfall [ˈpitfɔːl] s *Fallgrube* f || 〈fig〉 *Falle; Gefahr* f; *Irrtum* m

pith [piθ] **1.** s *Mark; Rückenmark* n || ~ *ball* 〈el〉 *Holundermarkkügelchen* n || ~ *helmet Tropenhelm* m || ~ *paper Reispapier* n || 〈fig〉 *Kern* m, *Quintessenz* f | *Kraft; Eindringlichkeit; Bedeutung* f, *Gewicht* n (of great ~) **2.** vt (*Tier*) *durch Durchbohren des Rückenmarks töten* ~**iness** [ˈ~inis] s *das Markige* n ~**less** [ˈ~lis] a (~*ly* adv) *marklos; energielos, schwach* | ~**y** [ˈ~i] a (–*thily* adv) *markig, kräftig; prägnant*

pithecanthropus [ˌpiθikænˈθroupəs] s 〈anthr〉 *Javamensch* m (*zw Menschenaffen u Neandertalmensch*)

pithecoid [piˈθiːkoid] a *affenähnlich*

pitiable [ˈpitiəbl] a (–*bly* adv) *bejammernswert, erbärmlich, jämmerlich* (condition) || 〈fig〉 *kläglich* (minority), *dürftig* ~**ness** [~nis] s *Erbärmlichkeit* f

pitiful [ˈpitiful] a (~*ly* adv) *mitleidig, –fühlend* | *mitleiderregend, jämmerlich, traurig* (fate) | 〈fig〉 *kläglich, nichtssagend* ~**ness** [~nis] s *Mitleid* n; *Jämmerlichkeit* f

pitiless [ˈpitilis] a (~*ly* adv) *mitleidslos, unbarmherzig* ~**ness** [~nis] s *Unbarmherzigkeit* f

pitman [ˈpitmən] s *Bergmann, Grubenarbeiter, Kumpel* m || ~ *arm* 〈mot〉 *Lenkstockhebel* m

pitot [piːˈtou] s; ~*-head heater* 〈aero〉 *Staurohrheizung* f; ~*-static tube statisches Pitotrohr* n

pitpan [ˈpitpæn] s (*Fell–, Rinden–*)*Boot, Kanoe* n, *Einbaum* m

pittance [ˈpitəns] s 〈hist〉 *Nahrungsration* f | *Liebesgabe* f | *armseliges Auskommen* n; *Hungerlohn* m (a mere ~) || *kl Portion* or *Summe* f

pittite [ˈpitait] s 〈theat〉 *Parterreplatzinhaber*(*in* f) m, | ~s [pl] *–publikum* n

pittosporum [piˈtɔspərəm] s 〈bot〉 *Japanese* ~ (Tobira) *Chinesischer Klebsamen* m

pituitary [piˈtjuitəri], **–tous** [piˈtjutəs] a 〈anat〉 *schleimabsondernd, Schleim–* || *–tary gland Hypophyse* f, *Hirnanhang* m (*e–e Drüse mit innerer Sekretion*)

pity [ˈpiti] **1.** s [pl *–ties*] *Mitleid, Erbarmen* n (for, on *mit*); for ~'s sake *um Gottes willen*; to feel ~ for *M. h mit*; to·have, take ~ on *M. h mit*, *M. üben an* | *Grund* m *z Bedauern*; it is a (great) ~ *es ist* (*sehr*) *schade* (to do *tun z müssen*; that .. *schade daß* ..); it is a thousand pities *es ist jammerschade*; what a ~! *Wie schade*!; the ~ of it is *der einzige Nachteil ist* .. (that) 2. vt (*jdn*) *bemitleiden, bedauern*; I ~ you *du tust mir leid* ~**ing** [~iŋ] a (~*ly* adv) *mitleidig, mitleidsvoll*

pivot [ˈpivət] **1.** s 〈tech〉 (*Dreh–*)*Punkt* m;

(*Schwenk–*)*Zapfen;* to turn on a ~ *sich um e–n Z. drehen* | *Stift* m; (*Tür–*)*Angel* f | 〈mil〉 *innerer Flügelmann* m | 〈fig〉 *Angelpunkt* m; that is the ~ on which everything turns *das ist der Punkt, um den sich alles dreht* | ~*-bridge Drehbrücke* f || ~*-column Schwenksäule* f | ~*-mounted schwenkbar* (*Geschütz*) | ~ *mounting Pivotlafette* f | ~ *pin Pivotzapfen, Drehbolzen* m **2.** vt/i || [mst pass] *mit e–m Zapfen versehen;* to be ~ed on *sich drehen um* 〈a fig〉 | vi 〈mst fig〉 *sich dr.* (on, round *um*) ~**al** [~l] a *als Angelpunkt dienend;* ~ *point Angelpunkt* m | 〈fig〉 *lebenswichtig, zentral; Schlüssel–; Haupt–, unentbehrlich;* 〈stat〉 *ausgewählt* (*z B.* age) || 〈mil〉 ~ *man innerer Flügelmann* m; *wichtige P.* ~**ing** [~iŋ] **1.** a *schwenkbar* (*Geschütz*) **2.** s [attr] 〈tact〉 ~ *manœuvre Schwenkung* f || ~ *point Schwenkungspunkt* m

pix [piks] s 〈Am sl〉 (abbr *f* pictures *Bilder* n pl, *Abbildungen* f pl) *Kino* n; *Film* m

Pixiecrat [ˈpiksikræt] s 〈fam〉 *politisch desinteressierter Mensch* m

pixillated [ˈpiksileitid] a 〈Am fam〉 „*verhext*", *nicht ganz geheuer*

pixy, –xie [ˈpiksi] s *kl Elf* m, *Fee* f

pixy [ˈpiksi] a 〈Am sl〉 *verrückt*

pizzicato [ˌpitsiˈkɑːtou] It **1.** adv & a 〈mus〉 *gezupft* **2.** s [pl ~s] *das Pizzikato* n

pizzle [ˈpizl] s (*T*) *Rute* f (*männl. Glied*)

placability [ˌplækəˈbiliti] s *Versöhnlichkeit* f

placable [ˈplækəbl] a (–*bly* adv) *versöhnlich, nachgebend* ~**ness** [~nis] s *Versöhnlichkeit* f

placard [ˈplækɑːd] **1.** s *Plakat* n, *Anschlag* m **2.** vt (*Wand*) *mit Plakaten bekleben* || *durch Plakat bekannt* m || (*etw*) *anschlagen* (on a wall)

placate [pləˈkeit] vt *besänftigen, versöhnen*

place [pleis] s **1.** *offener Platz* m (*bes in Eigennamen:* Hamilton ~) | *Platz, Ort* m; in a better ~ *an e–m besseren Orte;* in two ~s *an zwei Orten, Stellen;* from ~ to ~ *von O. z O.* || *Welt* f (in this strange ~) **2.** *Wohnort* m (at a ~); *Stadt* f, *Dorf* n (in this ~) | 〈Cambr & Oxf univ fam〉 the other ~ „*die andere Uni*" (sc Oxford *bzw* Cambridge) | *Wohnsitz* m, *–haus* n, (*Herren–*)*Sitz* m (at his ~) || *Gebäude* n, *Stätte* f (~ *of amusement Vergnügungs–*) **3.** 〈übtr〉 *Stelle* f (a wet ~ on the floor) || in ~s *an* (*gewissen*) *Stellen* (*e–s Buches* etc) || in another ~ *an anderer Stelle* **4.** (*soziale*) *Stellung* f, *Rang* m; to keep a p in his ~ *jdn in s–n Grenzen halten;* to know one's ~ *wissen, wohin man gehört* or *was sich geziemt* **5.** *best. Platz, Sitz* m (f *e–e P* or *S*); (they were) in their ~s *auf ihren Plätzen;* to find one's ~ *sich zurechtfinden;* to put o.s. in a p's ~ *sich in jds Lage versetzen;* take your ~(s) *nehmt Sie sich;* 〈fig〉 no ~ for *kein Raum f* || 〈racing〉 *Platz* m, *Placierung* f *unter den ersten dreien;* he was beaten into third ~ *er wurde auf den 3. Platz zurückgedrängt* || 〈math〉 decimal ~ *Dezimalstelle* f | *Stellung* f, *Dienst* m, *Amt* n; ~ *authorized by establishment,* 〈Am〉 .. by TO & E 〈mil〉 *Planstelle;* to give ~ *to a p jdm Platz m, v jdm ersetzt w,* .. to a th *sich e–r S ergeben;* to take the ~ of a p *od a* p's ~ *jds Stellung einnehmen, jdn ersetzen* || *Aufgabe* f, *Amt* n; it is not my ~ *es ist nicht m–s Amtes* (to do) **6.** in ~ *an der urspr. Stelle; in richtiger Lage;* 〈fig〉 *angebracht; am* (*richtigen*) *Platze;* the right man in the right ~ *der rechte M. an der rechten St.* || in your ~ *an Ihrer St., in Ihrer Lage* | in ~ of *an St. v, anstatt* || in the first (second, etc) ~ *erstens* (*zweitens* etc) || out of ~ *nicht an der rechten St.;* 〈fig〉 *unangebracht* | 〈Am〉 to go ~s *die Sehenswürdigkeiten, Lokale* (*e–s Ortes*) *besuchen* || to take ~ *stattfinden, eintreten* **7.** [attr] *Platz–* (~*-card* 〈a〉 *Tischkarte* f [bei Essen]) || *Orts–* (~*-name*

–name m) ‖ *Stellen–* (∼-hunter –jäger m) ‖ ∼-kick ⟨Rug ftb⟩ *Freistoß* m (*nach e–m Versuch*) ∼**man** ['mən] s *Stelleninhaber; –jäger* m

place [pleis] vt [–cing] **1.** *setzen, stellen, legen* (in *in*); (*Sarg*) *aufbahren ‖ eintragen, buchen*; to ∼ to a p's credit *jdm (etw) gutschreiben* ‖ (*P*) *einsetzen ‖ (Wache) aufstellen* ‖ ⟨sport⟩ (*Ball*) *placieren*; *aufsetzen* ‖ ⟨übtr⟩ to ∼ confidence in *od* on *Vertrauen setzen auf* **2.** *ordnen, einordnen ‖ (jdn) anstellen, ernennen* (as *als*); (*jdn*) *unterbringen* (in *in*) **3.** ⟨com⟩ (*Auftrag*) *erteilen, vergeben*; to contemplate –cing *an order with a p jdn f Vergebung e–s Auftrags in Aussicht nehmen* ‖ (*Geld*) *anlegen*; to ∼ a contract *ein Geschäft abschließen* **4.** to ∼ a p *jdm Platz, Rang, Stellung anweisen ‖* to ∼ a th *Ort, Herkunft e–r S feststellen; abschätzen, erkennen* ‖ (*jdn*) *identifizieren, unterbringen*; to be ∼d ⟨sport⟩ *e–n Platz unter den ersten drei bek*

placenta [plə'sentə] s L ⟨anat⟩ *Mutterkuchen* m ‖ ⟨bot⟩ *Standort der Samen* m ∼**l** [∼l] a *Mutterkuchen–*

placer ['pleisə] s ⟨geol⟩ *erzhaltige Stelle* f; ⟨Am⟩ *Fundstelle* f *v Goldseifen* ‖ ⟨min⟩ *Seife* f, *Wascherz* n ‖ alluvial ∼s [pl] *alluviale Seifen* f pl

placet ['pleiset] L **1.** vi (non) ∼ *ich stimme* (*nicht*) z **2.** s ⟨univ⟩ *die Zustimmung, Jastimme* (*bei Abstimmungen*) f; non–∼ *die Ablehnung* f

placid ['plæsid] a (∼ly adv) *sanft, mild; friedlich ‖ ruhig, gelassen* ∼**ity** [plæ'siditi] s *Milde* f ‖ (*Gemüts–*)*Ruhe, Gelassenheit* f

placing ['pleisiŋ] s → to place ‖ *Unterbringung* f etc ‖ ∼ of orders ⟨com⟩ *Auftragsvergabe* f

placket ['plækit] s *Schlitz* (*hinten am Frauenrock*) m ‖ *Tasche* (*im Frauenrock*) f

placoid ['plækɔid] a ⟨ich⟩ *plattförmig* (scale); ∼ fish *Fisch mit knochigen Schuppen* m

plagal ['pleigl] a ⟨mus⟩ *plag·al*; ∼ mode *plagale Tonart* f (*Kirchentonart*)

plage [plɑːʒ] s Fr (*Bade–*)*Strand* m

plagiarism ['pleidʒiərizm] s *Plagi·at* n; *literar. Diebstahl* m –**rist** [–rist] s *Plagiator* m [–raiz] vt (*jds Werk*) *plagi·ieren*; *ab–, ausschreiben* ∼**ry** [–ri] s *Plagi·at* n ‖ *Plagi·ator* m

plagio– ['pleidʒio] Gr [in comp] *schief, schräg, quer*

plague [pleig] **1.** s *Not; Geißel, Plage* f (to *f*) ‖ ⟨fam fig⟩ *Plage, Qual* f; *das Ärgerliche; Quälgeist* m ‖ ⟨med⟩ *the* ∼ *die Pest, Seuche* f; ∼ on it! *hol's der Henker!* ‖ ⟨arts⟩ *Bronzepest* f ‖ ∼-saint *Pest-Schutzheilige(r* m) f ‖ ∼-spot *Pestbeule* f ‖ ⟨fig⟩ *Schandfleck* m ‖ ∼-sufferer *Pestkranke(r* m) f **2.** vt [–guing] *quälen, plagen*; to ∼ a p's life out *jdn z Tode ärgern* ‖ ⟨fam⟩ *ärgern, belästigen* ∼**some** ['səm] a ⟨fam⟩ *verflixt, ärgerlich, widerwärtig*

plaguy ['pleigi] **1.** a (–guily adv) *widerwärtig*; ⟨fam⟩ *verteufelt, –wünscht* **2.** adv *verflixt, höchst*

plaice [pleis] s [pl ∼] ⟨ich⟩ *Scholle* f (∼ are ..)

plaid [plæd] s (*schott. Hochlands-*)*Plaid* n ‖ (*kariertes*) *Plaidtuch* n (*Stoff*) ∼**ed** ['∼id] a *plaidtragend* ‖ *aus P. gemacht, Plaid–*

plain [plein] **I.** a (∼ly adv) **1.** *flach, eben* ‖ ∼ bearing ⟨tech⟩ *Gleitlager* n ‖ ∼ country *Flachland* n **2.** *klar, deutlich* (to make a th ∼); it is as ∼ as ∼ can be *es ist so klar wie nur etw*; as ∼ as paint *klar wie dicke Tinte*; → pikestaff ‖ *offenkundig; rein*; the ∼ truth *die nackte Wahrheit*; a ∼ agnostic *ein Agnostiker schlechthin ‖ leicht verständlich* (∼ writer); in ∼ English *auf gut englisch* **3.** *schmucklos, ungemustert; einfarbig; nicht farbig, einfach* (postcard) ‖ (*Ggs* in code) ⟨telg, etc⟩ *unverschlüsselt, offen* ⟨a fig⟩ (language) **4.** *offen, ehrlich* (∼ speech), in ∼ terms *frei heraus* **5.** *einfach, schlicht* (∼ man); ∼ Mr. N. *einfach Herr N.; gewöhnlich* (∼ people); ∼ clothes [pl] *Zivil*(*anzug* m) n; ∼

cooking *bürgerliche Küche* f; ∼ sewing *Weißnähen* n ‖ *unschön, ziemlich häßlich* (∼ girl) **6.** [in comp] ∼-clothed *einfach gekleidet ‖* ∼-dealing **1.** s *offene Handlungsweise* f **2.** a *offen, ehrlich ‖* ∼-(-)dress *Funkspruch* m *mit offener Anschrift ‖* ∼ language, ∼ text ⟨wir⟩ *Klartext ‖* ∼ sailing **1.** s ⟨fig⟩ *e–e einfache S*; it was ∼ sailing *es ging glatt, ohne Schwierigkeit* **2.** a *einfach, ohne Schwierigkeit ‖* ∼-song ⟨hist⟩ *gregorianische Kirchenmusik* f; *alter einstimmiger Choralgesang* m **II.** adv [∼er/∼est] *klar* (to write ∼) ‖ *offen* [in comp] ∼-spoken *offen, ehrlich* **III.** s *Ebene, Fläche* f; *Flachland* n; (piedmont) alluvial ∼ *Anschwemmungsebene* f ‖ ∼s [pl] *Prärie* f ∼**ness** ['∼nis] s *Ebenheit* f ‖ *Deutlichkeit* f ‖ *Ehrlichkeit* f ‖ *Einfachheit* f ∼**sman** ['∼zmən] s *Präriebewohner* m

plaint [pleint] s ⟨poet⟩ (*Weh-*)*Klage* f ‖ ⟨jur⟩ *Klage, –schrift, Beschwerde* f ∼**iff** ['pleintif] s ⟨jur⟩ *Kläger(in* f) m; majority of ∼s *Streitgenossenschaft* f (*aktive St*); ∼ in error *Berufungskläger(in)*

plaintive ['pleintiv] a (∼ly adv) *klagend, traurig, Klage–* (∼ melody) ∼**ness** [∼nis] s *das Klagende* n, *Klage* f

plait [plæt] ⟨Am⟩ *mst* pleit] **1.** s (*jetzt mst*: pleat) *Falte* f ‖ (*Haar-*)*Flechte* f; *Zopf* m ‖ (*Verzierung*) *Geflecht* n ‖ [attr] *Flecht–* **2.** vt *flechten* ‖ (*mst* pleat) *falten*

plan [plæn] **I.** s **1.** (of a building, etc) *Plan, Entwurf, Grundriß* m, *Zeichnung* f ‖ *Stadtplan* m ‖ (*Grund-*)*Plan* (on the ∼ *nach dem P.*); *Entwurf* m; *Anlage* f ‖ ∼ view *Lageplan, Grundriß* m, *Draufsicht* f **2.** ⟨übtr⟩ (*Arbeits–, Wirtschafts-*)*Plan* m (⟨Ger⟩ the Four-Year ∼ *Vierjahresplan*; ⟨SBZ⟩ fulfilment of the economic ∼ *Planerfüllung, –disziplin* f, control of ∼ *fulfilment –kontrolle* f) ‖ ⟨pol⟩ (*Vorschlags-*)*Entwurf, Gutachten* n (Dawes ∼ 1924; Young ∼ 1929) ‖ ⟨mil⟩ according to ∼ *planmäßig, plangemäß* (*oft angeblich*) **3.** *Verfahren, System* n, *Methode* f; *Mittel* n, *Weg* m (for) ‖ *Vorhaben, Projekt* n, *Absicht* f (to do; for doing); ⟨fam⟩ a good ∼ *ein guter Gedanke*; to make ∼s *Pläne schmieden* **4.** ⟨aero⟩ ∼ position indicator (abbr PPI) approach (departure) *PPI-An-* (*Ab-*)*flug* m **5.** ⟨com⟩ prepaid medical ∼ *Krankenversicherung* f; hospital ∼ *Krankenhauskosten-Versicherung* f; medical ∼, surgical ∼, health ∼ ⟨a⟩ *Betriebskrankenkasse* f **II.** vt *e–n Plan anlegen* v (etw); *e–n Plan entwerfen* z (etw) (to ∼ a building) ‖ ⟨fig⟩ (etw) *ersinnen; planen* ‖ ⟨Am⟩ *beabsichtigen* (to do) ‖ ∼ned economy *Planwirtschaft* f; ∼ned fertility *Geburtenbeschränkung, –regelung* f ∼**ners** ['∼əz] s [pl] *geburtenregelndes Paar* n, *–de Paare* pl ∼**ning** ['∼iŋ] s *Planen* n ‖ ∼ of road traffic *Verkehrsplanung* f ‖ family *od* fertility ∼ *Geburtenregelung* f

planarian [plə'nɛəriən] ⟨zoo⟩ **1.** a: ∼ worm = **2.** s *Strudelwurm* m

planation [plə'neiʃən] s ⟨geog⟩ *Verebnung* f

planch [plɑːnʃ] s *Metall–, Steinplatte* f ∼**et** ['plɑːnʃit] s *Münzplatte* f

planchette [plɑːn'ʃet] s Fr *herzförm. Brett mit Rollen u Schreibvorrichtung* (f *autom. Aufzeichnungen bei spirit. Sitzungen*)

plane [plein] s ⟨bot⟩ (a ∼-tree) *Plat·ane* f; American ∼ *Nordamerikanische P.*, London ∼ *Ahornblättrige P.*, Oriental ∼ *Morgenlandplatane*

plane [plein] **1.** s ⟨tech⟩ *Hobel* m; jointing-∼ *Schlichthobel* m **2.** vt (*ab*)*hobeln ‖ ebnen, glätten* –**ner** ['–ə] s *Hobelmaschine* f –**ning** ['–iŋ] *Hobel–* (∼ bench –*bank* f)

plane [plein] **1.** s *Fläche, Ebene* f (inclined ∼ *schiefe E.*); on the upward ∼ *im Anstieg, ansteigend* ‖ ⟨aero⟩ *Tragfläche* f; → plane = aeroplane ‖ ⟨fig⟩ *Ebene* f, *Niveau* n (a high ∼

of); on another ~ from *auf e-r anderen Ebene als*; on the same ~ as *auf demselben Niveau wie* **2.** a *eben, flach*; ⟨mech⟩ *Plan–* ‖ ~-sailing *Plansegeln* n ‖ ~ sliding fit ⟨tech⟩ *Schlichtgleitsitz* m **|** ~-table ⟨surv⟩ 1. s *Meßtisch* m 2. vt *auf e–m M. messen*

plane [plein] **1.** s (abbr *f* aeroplane) *Flugzeug* n **2.** vi *im F. reisen; gleiten* (to ~ *down ab–*) ‖ ⟨orn⟩ *segeln, kreisen*

planet ['plænit] s ⟨astr⟩ *Planet* m ‖ ~ *disk* ⟨tech⟩ *Planetenscheibe* f ‖ ~ *gear*, ~ *wheel Umlauf–, Planetenrad* n ‖ ~-struck *verdutzt* ~**arium** [ˌplæni'tɛəriəm] s L *Planetarium* n ~**ary** ['plænitəri] a *planetarisch, Planeten–*; ~ *electrons kernferne E.*; ⟨tech⟩ ~ *gearing Planeten–, Umlaufgetriebe* n; ~ *gear unit Planetenradsatz* m ‖ *irdisch, Erd–* ‖ ⟨fig⟩ *umherirrend, unstet* ~**esimal** [ˌplæni'tesiml] s *winziger Planetoid* m ~**oid** ['plænitɔid] s *Planeto·id* m

planet ['plænit], ~**a** [plæ'ni:tə] s ⟨ec⟩ *loses Meßgewand* n

plangency ['plændʒənsi] s *Tonfülle; Stärke* f ~**ent** ['plændʒənt] a *lauttönend, rauschend* (water); *durchdringend*

plani– ['plæni] L [in comp] *eben, Plani–* ~**meter** [plæ'nimitə] s *Flächenmesser* m ~**metry** [plæ'nimitri] s *Planimetrie* f

planish ['plæniʃ] vt *planieren, glätten*; (Metall) *schlichten, glatt hämmern; polieren*

plank [plæŋk] **1.** s *Planke, Diele* f; *Brett* n, (⟨a⟩ thick ~) *Bohle* f; to walk the ~ ⟨fig⟩ *ertränkt w, in den Tod gehen*; ~ *bed Pritsche* f ‖ ⟨Am parl⟩ (Partei-)*Programmpunkt, Grundsatz* m; *Programm* m **|** ~(-)*bed car* ⟨mot⟩ *Pritschenwagen* m; ~ *bottom Bohlenbelag* m; ~ *frame* ⟨mas⟩ *–zarge* f; ~ *revetment Bretterverkleidung* f **2.** vt/i ‖ (etw) *mit Planken versehen; dielen; verschalen* ‖ to ~ *down* (etw) *hin–, niederlegen, absetzen*; (Geld) *hinterlegen, zahlen*; (Plan) *vorlegen* **|** vi (wie) *auf der Pritsche liegen*; to ~ *it auf hartem Boden liegen*; to ~ *on* [prep] ⟨fig⟩ *bauen auf* (sich verlassen auf) ~**ing** ['~iŋ] s *Plankierung; Verschalung* f; *Planken* pl

plankton ['plæŋktən] s Gr *Plankton* n

plan– ‖ ~**less** ['plænlis] a *plan–, ziellos* ~**ner** ['plænə] s *Pläne–, Projektemacher; Urheber* m ~**ning** ['plæniŋ] s *Pläneschmieden* n ‖ *planvolle, organisierte Arbeit* or *Bewirtschaftung, Planung* f

plano– ['pleino–] [in comp] *eben, flach, Flach–, Plano–*

plant [plɑ:nt] s **1.** ⟨bot⟩ *Pflanze, Gewächs* n ‖ *Wachstum* n (in ~) **2.** *Betriebs–, Fabrikanlage, –einrichtung* f, *–material* n, *Maschinerie* f, *Gerätschaften* f pl **3.** ⟨fig⟩ *geistiges Inventar, Rüstzeug* n **4.** ⟨sl⟩ *Spion* **5.** *Kniff* m; *Falle* f (to set up a ~) ‖ ⟨Am⟩ *Hehler–, Schmugglernest* n **6.** [attr] ~-*association Pflanzengesellschaft* f ‖ ~-*house Gewächshaus* n ‖ ~-*louse Blattlaus* f ‖ ~ *operator Maschinenführer* m (bes v gr *Baumaschinen, bulldozers* etc), → 2.

plant [plɑ:nt] vt **1.** (an–, ein)*pflanzen* ‖ *in die Erde stecken, senken*; to ~ *out in Abständen pflanzen; umpflanzen* ‖ (etw) *legen, setzen, stellen* (in in; on auf) **|** *aufpflanzen, –stellen*; to ~ *o.s. sich hin–, aufpflanzen* **|** ⟨sl⟩ (jdn) *als Spion aufstellen* **2.** (etw) *errichten, anlegen, gründen, einführen* **|** (jdn) *ansiedeln*; to ~ *o.s. sich ansiedeln* **3.** ⟨fig⟩ (etw) *einpflanzen, einimpfen* (in a p jdm) **4.** (etw) *bepflanzen* (with); *ausstatten* (with); (Land) *kolonisieren* **|** ⟨Am⟩ *Saat aussäen* **5.** ⟨fam & sl⟩ (jdn) *im Stich l* **|** (Diebesgut) *verbergen* **|** (Schlag) *verabfolgen, beibringen*; to ~ *a th on a p jdm etw* °*anschmieren*; ⟨Am⟩ *begraben* ~**ation** [plæn'teiʃən] s *Anpflanzung* f; *Pflanz–; Schonung* f **|** *Gründung* ‖ *Ansiedlung* f ‖ *Plant·age* f **|** ~**er** ['plɑ:ntə] s *Pflanzer* (coffee ~); *Plantagenbesitzer* m **|** *Pflanzmaschine* f

plantain ['plæntin] s ⟨bot⟩ *Wegerich* m ‖ water-~ ⟨bot⟩ *Froschlöffel* m

plantain ['plæntin] s ⟨bot⟩ *Paradiesfeige* f, *P·isang* m; ⟨a⟩ *die Frucht*

plantar ['plæntə] a *Fußsohlen–* ~**tigrade** ['plæntigreid] s ⟨zoo⟩ *Sohlengänger* m

plantlet ['plɑ:ntlit] s *kl Pflanze* f ~**like** ['plɑ:ntlaik] a *pflanzenähnlich*

planxty ['plæŋksti] s *irische Tanzmelodie* f

plaque [plɑ:k] s (Metall–, Email-)*Schmuckplatte* f; *Erinnerungstafel* f ‖ *Ordens–, Ehrenabzeichen* n ~**tte** [plæ'ket] s Fr *Plak·ette* f

plash [plæʃ] s *Pfuhl* m, *Pfütze* f; *Sumpf* m ~**y** ['~i] a *pfützig; sumpfig; matschig* ‖ *verregnet, feucht* (~ *month*)

plash [plæʃ] **1.** vt/i ‖ (Wasser) *bestreichen, aufrühren; platschen auf, schlagen auf* ‖ *bespritzen* (with) **|** vi *plätschern* **2.** s *Plätschern, Rauschen* n, *plätscherndes Geräusch* n **|** ~**y** ['~i] a *plätschernd, rauschend*

plash [plæʃ] vt (Zweige) *biegen u z e–r Hecke flechten*; (Hecke) *verdichten, ausbessern*

plasm [plæzm] s ⟨biol⟩ *Plasma, Protoplasma* n ~**a** ['~ə] s *farblose Flüssigkeit* (in Blut etc) ‖ *Protoplasma* n ~**atic** [plæz'mætik] a *Plasma–* ~**ic** ['plæzmik] a *Plasma–; Protoplasma–*

plasmo– ['plæzmo] [in comp] *Protoplasma–* **plasmodium** [plæz'moudiəm] s L ⟨zoo⟩ *nackter Protoplasmakörper* m *der Schleimpilze* etc

plaster ['plɑ:stə] **1.** s ⟨med⟩ *Pflaster* n; sticking-~ *Heftpflaster* n; Court-~ *englisches Pflaster* n **|** *Mörtel, Stuck, Verputz* m; *Tünche* f; ~ *of Paris gebrannter Gips* m, ~ *of P. cast od dressing Gipsverband* m, to have one's broken arm in ~ ⟨fam⟩ .. *in Gips* (= *Gipsverband*) *h* ‖ ~ *quarry Gipsbruch* m **2.** vt *verputzen, –gipsen* ‖ *übertünchen; bedecken*; ⟨fig⟩ *überhäufen* (with) **|** *ein Pflaster legen auf* (etw) (to ~ the arm) ‖ ⟨fig⟩ *lindern; beschönigen* **|** (etw) *kleben* (on auf, to an) **|** (Wein) *mit Gips mischen* **|** ~**ed** [~d] a ⟨bes Am fam⟩ *beschwipst,* (sternhagel)-*v·oll* **|** ~**er** [~rə] s *Stukkateur, Gipsarbeiter* m ~**ing** [~riŋ] s *Stuckarbeit, Stuckat·ur* f ‖ ⟨aero fam⟩ *Bepflastern* n (Bombenangriff)

plastic ['plæstik] **I.** a (~ally adv) **1.** *plastisch, Bildhauer–; gestaltend,* the ~ *arts* [pl] *die plastischen Künste* pl; ~ *effect Tiefenwirkung* f **|** *formend, formbildend, –gebend,* ⟨a fig⟩ (~ *force*) **2.** *deutlich hervortretend, anschaulich* (wirkend) **3.** *bieg–, bildsam, form–, knetbar; gestaltungsfähig* **|** *biegsam, gefügig, formbar, plastisch* ‖ ~ *artificial eye Kunstauge* n *aus Plastik* ‖ ~ *material* (Nylon, Perlon etc) *Chemiefasern, synthetische Fasern* f pl ‖ ~ *welding Preßschweißung* f; ~ *wood* ⟨carp⟩ *Knetholz* n ‖ ⟨surg⟩ *plastisch, Gewebe ersetzend* (operation) **II.** s (a ~s [pl]) ⟨tech⟩ *Kunststoff, –harz* m (a f *orthopädische Apparate u Kunstglieder*), *plastische Masse* f ‖ *laminated* ~ *Kunststoffschichtplatte* f ‖ *wardrobe od foldable* ~ *hag Motten–, Staubsack* m; ~ *boots Plastiküberschuhe* m pl; ~ *raincoat Regenhaut* f ~**ine** ['plæstisi:n] s *Plastil·in* n, *Knetmasse* f ~**ity** [plæs'tisiti] s *Formbarkeit, Gestaltungsfähigkeit, Plastizität*; *plastische Gestaltung* f ~**izer** ['plæstisaizə] s *Weichmacher* m (f Kunststoffe)

plastron ['plæstrən] s Fr *Brustplatte* f (am Harnisch) ‖ *Schutzpolster* n (beim Fechten) ‖ (Brust-)*Einsatz* m (am Damenkleid) ‖ (Hemd-)*Einsatz* m

plat [plæt] s *kl Stück Land* n; → *plot*

plat [plæt] ⟨dial⟩ (f plait) **1.** s *Geflecht* n, *Flechte* f **2.** vt *flechten*

plat [plɑ:] s Fr *Gericht* n, *Speise* f

platan ['plætən] s ⟨bot⟩ *Platane* f

plate [pleit] s **A.** *Platte* **1.** *Platte, Scheibe* f, *dünne Fläche* (aus Metall, Holz etc); *Schicht* f (Luft) ‖ *Metallplatte,* thin ~ *Blech* n; steel ~

Stahl–, Panzerplatte || ⟨arts⟩ *Holzstock* m, *Kupferplatte* f **2.** ⟨mech⟩ *Platte* f, *Deckel* m, *Blatt* n; *hour-*∼ *Ziffer–*; dental ∼ *Zahnplatte, Prothese* f; finger ∼ ⟨telph⟩ *Wählerscheibe* f | ⟨wir⟩ *Anode e–r Röhre* f **3.** *Metalltafel, –schild* n (door–∼; name–∼) | ⟨phot⟩ *(Glas-)Platte* f **4.** *Kupfer–, Stahldruckplatte* f; *Kupfer–, Stahlstich* m; *Stereotypplatte* f; electro–∼ *Galv ano* n || (in a book) *Tafel, Illustration* f, *Bild* n **5.** ⟨arch⟩ *(Wand–, Dach-)Platte, (Saum–, Setz-)Schwelle* f **6.** ⟨el⟩ *Elektrode* f *(e–s Akkus)* || ⟨wir⟩ *Anode* f *(e–r Röhre)* **B.** [koll] *(Gold–, Silber-)Geschirr* n; ∼ *goods* [pl] *plattierte Waren* pl **C.** ⟨racing⟩ *(Silber–, Gold-)Pokal* m *(als Preis); Preis, Einsatz* m; *–rennen* n **D.** *Teller* m (soup–∼), *flat* ∼ *flacher, deep* ∼ *tiefer T.*; a ∼ *of soup ein T. Suppe* || ⟨ec fam⟩ *Kollekte* f *(Betrag)* **E.** [attr] *Geschirr–* (∼-room) || ∼*-armour (Platten-)Panzer* m; *(Schiffs-)Plattenpanzerung* f || ∼*-basket Besteckkorb* m || ∼*-circuit* ⟨wir⟩ *Anodenstromkreis* m || ∼*-clutch* ⟨mot⟩ *Scheibenkupplung* f || ∼*-cover Schüsseldeckel* m || ∼*-cutter Blechschere* f || ∼*-glass feines Flach–, Spiegelglas* n || ∼*-goods* [pl] *versilberte Waren* f pl || ∼*-holder* ⟨phot⟩ *Kassette* f || ∼*-iron Schwarzblech* n || ∼*-layer Schienenleger, –arbeiter, Streckenarbeiter* m || ∼*-mark (Geschirr-)Stempel* m, *Inschrift* f || ∼*-powder (Geschirr-)Putzpulver* n || ∼*-press Tiegeldruckpresse* f || ∼*-rollers* [pl] *Blechwalzwerk* n || ∼*-shears* pl *Blechschere* f || ∼*-warmer Teller–, Schüsselwärmer* m || ∼*-wheel Scheibenrad* n

plate [pleit] vt *(Schiff etc) mit Metallplatten belegen, panzern* || *(Metall) überziehen* (with gold etc), *platt·ieren, dubl·ieren (d goods)* || *stereotyp·ieren* || ∼**r** [ʹ–ə] s *Plattierer* m

plateau [ʹplætou] Fr s (pl ∼x, ∼s [∼z]) *Plateau* n, *Hochebene* f; *Tafel(land* n) f; chalky ∼ *Karst* m (in Istria); elevated ∼ *Hochplateau* n

platen, –tten [ʹplætn] s ⟨typ⟩ *Platte* f; *(a* ∼-roller) *Walze* f *(e–r Schreibmaschine)*

platform [ʹplætfɔːm] **I.** s **1.** *Plattform* f, *(erhöhter) Standort* m; *Terr·asse* f || ⟨fig⟩ *Basis* f, *Stand* m **2.** *Plateau* n | (of guns) *Bettung* f, *Geschützdamm* m **3.** (of a tramcar) *Plattform* f || ⟨rail⟩ *Bahnsteig* m **4.** *Podium* n, *Rednerbühne* f (on the ∼) | ⟨mst pol⟩ the ∼ *das öffentliche Reden* n, *Redekunst* f; (⟨a⟩ party ∼) *Parteiprogramm* n | ⟨übtr⟩ *polit. Standpunkt* m, *polit. Ansicht* f **5.** [attr] ∼*-car* ⟨rail⟩ *Rungenwagen, O–Wagen* m || ∼ *deck* ⟨mar⟩ *Raumdeck* n || ∼*-balance,* ∼*-scales Brückenwaage* || ∼*-stage* ⟨theat⟩ *Plattformbühne* f || ∼*-truck Pritschenwagen* m || ∼*-underpass* ⟨rail⟩ *Bahnsteigunterführung* f **II.** vi *v der Plattform aus reden*

platforme [ʹplætfɔːmit] s *Platformbenzin, Platformat* n, → *platinum*

plating [ʹpleitiŋ] s *Panzern* n, *Panzerung* f || *Plattierung* f || ⟨racing⟩ *Preisrennen* n | [konkr] *Panzerplatten* f pl

platinic [plæʹtinik] a *Pl·atin–*–**nize** [ʹplætinaiz] vt *mit Platin überziehen* –**notype** [ʹplætinotaip] s ⟨phot⟩ *Platindruck* m, *–verfahren* n –**num** [ʹplætinəm] s ⟨chem⟩ *Pl·atin* n *(Metall)* | [attr] *Pl·atin–* || ∼ *blonde Platin–, Wasserstoffsuperoxyd-Blondine* f || ∼*-refined gasoline Platformbenzin, Platformat,* → *platforme*

platitude [ʹplætitjuːd] s ⟨fig⟩ *Platt–, Seichtheit* f; *Gemeinplatz* m –**dinarian** [ʹplætiˌtjuːdiʹnɛəriən] s **1.** *jd, der Gemeinplätze äußert, Schwätzer* m **2.** a = platitudinous –**dinize** [ˌplætiʹtjuːdinaiz] vi *seichen* –**dinous** [–dinəs] a (∼ly adv) *gemeinplätzlich, nichtssagend, seicht*

Platonic [pləʹtɔnik] **1.** a (∼ally adv) *platonisch* | *rein seelisch; unsinnlich* (∼ love) | ⟨fam⟩ *harmlos* **2.** s *Plat·oforscher, –verehrer* m –**nism** [ʹpleitənizm] s *Platonismus* m

platoon [pləʹtuːn] s ⟨hist mil⟩ *Pelot·on* n; ∼

---

executive stellvertretender Zugführer m; ∼ *headquarters Zugtrupp* m || *Pelotonsalve* f | ⟨mod mil⟩ *Zug (Infanterie, Panzer* etc), ⟨engl⟩ *vierter Teil e–r Kompanie* || *(Polizei-)Aufgebot* n | ⟨fig⟩ *Abteilung* f; ∼*-school Arbeits–, Spielschule* f

platter [ʹplætə] s ⟨bes Am⟩ *Schüssel* f, *Holzteller* m || ⟨übtr⟩ *Grammophonplatte* f

platy– [ʹplæti] Gr [in comp] *breit* ∼**pus** [ʹplætipəs] s ⟨zoo⟩ *Schnabeltier* n ∼**rrhine** [ʹplætirain] **1.** a *breitnasig* **2.** s ⟨zoo⟩ *breitnasiger Affe* m

plaudit [ʹplɔːdit] L s [mst pl ∼s] *lauter Beifall* m; *–sklatschen* n

plausibility [ˌplɔːzəʹbiliti] s *Wahrscheinlichkeit, Glaubwürdigkeit* f || *äußerlich einnehmendes Wesen* n –**ble** [ʹplɔːzəbl] a (–bly adv) (of arguments) *einleuchtend, annehmbar*; to be ∼ *sich hören l* || *nicht unwahrscheinlich* | (P) *äußerlich einnehmend* or *gefällig*

play [plei] s [pl ∼s] **1.** (of light etc) *Spiel* n, *schnelle Bewegung* f; ∼ *of colours Farbenspiel* n | *Tätigkeit* f (in full ∼ *in voller T.*); to bring into ∼ *in Gang bringen; spielen l*; to come into ∼ *in G. k*; to make ∼ *Effekt m; sich beeilen*; to make great ∼ *with a th etw gründlich ausnützen* | *Spielraum* m (to give free ∼ *to a th e–r S freien S. gewähren); Freiheit* f **2.** *(Vergnügungs-)Spiel* n (at ∼ *beim S.), Kurzweil* f || *Spielerei* f; *Scherz* m (in ∼ *im Sch.*) | a ∼ *of words ein S. mit Worten*; a ∼ *upon words ein Wortspiel* n | *Glücksspiel* n (at ∼ *im, beim Spiel)* | ⟨sport⟩ *Wettspiel, Spiel* n (∼ *is over)* **3.** *Spielen* n, *Spielart* f || *Spiel, Verhalten* n; fair ∼ *ehrliches V.,* foul ∼ *unehrliches (bübisches) V.* || *Nichtstun, Feiern* n **4.** ⟨theat⟩ *Schauspiel, Drama* n (the ∼ *of Lear*); a ∼ *of Shakespeare's od* a ∼ by Sh. *ein Stück v Sh.*; ∼ *to the gallery Publikumsfängerei* f | *acting* ∼ *bühnengerechtes, –wirksames Stück* n, → *closet-drama* | *legitimate* ∼, stage ∼ *(Ggs television* ∼) *Bühnenvorstellung* f || *Theater* n (at the ∼ *im Th.*); to go to the ∼ *ins Th. gehen* || *Spielverlauf* m | ⟨tech⟩ *Spiel(raum* m) n, absence of ∼ *Spielfreiheit* f **5.** [attr] *Spiel–* | to ∼(-)act *schauspielern*; ∼*-actor* ⟨cont⟩ *Schauspieler* m || ∼*-bill Theaterzettel* m || ∼*-book Textbuch* n (of a play) || ∼*-debt Spielschuld* f || ∼*-room Tanz–, Tischtennis-etc-zimmer* n *(im Kellergeschoß)*

play [plei] vi/t **1.** *spielen; sich schnell bewegen* || (S) *in verschiedenen Bdtgen: spielen, gleiten, fliegen, springen* etc || *im Gange s; freien Spielraum h,* to ∼ *into one another in–e–a arbeiten* **2.** (P) *spielen, sich unterhalten; sich tummeln* || *feiern, nichts tun* **3.** *an e–m Spiel teilnehmen,* (mit)*spielen* (in *in*); to ∼ *fair (foul) (un)ehrlich spielen* || *dem Glücksspiel ergeben s; spielen* (for *um*) **4.** *spielen, musizieren*; to ∼ *to a p jdm vorspielen* **5.** ⟨theat⟩ *agieren, spielen*; to ∼ *to full houses vor vollen Häusern spielen* || ⟨übtr⟩ to ∼ *the innocent (the fool) den Unschuldigen (den Narren) spielen* **6.** *sich z Spiel eignen* || ⟨mus⟩ (of instruments) to ∼ *easily leicht ansprechen* **7.** [mit prep] to ∼ *at a game ein Sp. sp.*; to ∼ *at ball Ball sp.*; to ∼ *(at) robbers Räuber sp.*; to ∼ *nur nebenbei betreiben* | to ∼ *for time Zeit z gewinnen suchen* | to ∼ *into* the hands of a p *jdm in die Hände sp.*; to ∼ *into each other's hands sich in die Hände sp.* | to ∼ *on* ⟨mil⟩ *schießen auf* || *mit Wasser spritzen gegen, bespritzen* (to ∼ *on(to)* the flames) || *mit Licht beleuchten, absuchen* || to ∼ *on a th etw ausnutzen, sich etw zunutze m*; to ∼ *upon words in Wortspielen reden* || to ∼ *on a p jdn aufziehen, verspotten* | to ∼ *to* a p *jdm vorspielen* | to ∼ *with sp., leichtfertig umgehen mit; tändeln, scherzen mit*; to ∼ *with the idea mit* *dem Gedanken sp.* (of doing) **8.** [mit adv] to ~ about *sein Geld vertun,* °*verjuxen* ‖ to ~ **away** *drauflos spielen* ‖ to ~ **up** *tüchtig spielen, sich anstrengen* ‖ to ~ up to *unterstützen, verstärken* **II.** vt [a pass: he was ~ed a trick *ihm wurde ein Streich gespielt,* → give] **1.** (*etw*) *spielen l; in Bewegung halten;* to ~ a good knife and fork *e–e gute Klinge schlagen* (*tüchtig essen*); °*einhauen* ‖ (*Licht* etc) *richten, werfen* (on *auf*) ‖ (*Feind*) *beschießen;* → part s **2.** (*Scherz*) *spielen;* to ~ a p a trick *od* a trick on a p *jdm e–n Streich sp.; .. a p false unaufrichtig handeln gegen jdn* ‖ to ~ it cool *Wurstigkeit zur Schau tragen* **3.** (*Spiel*) *sp.* (to ~ billiards; cricket); to ~ the game *korrekt, ehrlich sp.;* to ~ one's hardest *nach besten Kräften sp.* ‖ (*e–e Karte*) *sp.* ‖ *im Scherz nachahmen;* to ~ that *aus Spaß annehmen, daß; sp, als ob* ‖ to ~ a p *gegen jdn sp.* **4.** ⟨mus⟩ (*etw*) *sp.* (on the piano) ‖ (*jdn, etw*) *durch Musik begleiten* (into *in;* out of *aus*) **5.** ⟨theat⟩ (*Stück*) *sp., aufführen;* (*jds Rolle*) *sp.* (to ~ a p) **6.** [mit adv:] to ~ **away** (*etw*) *verspielen;* ⟨fig⟩ *vergeuden* (one's health) ‖ to ~ **back** (*Schallplatte*) *abspielen, wiedergeben* ‖ to ~ **off** (*Spiel*) *austragen* ‖ ⟨fig⟩ (*jdn*) *ausspielen* (against *gegen*) ‖ to ~ **out** (*etw*) *zu Ende –, ausspielen;* ~ed **out** ⟨fig⟩ *erledigt; erschöpft;* he is ~ed out *er hat ausgespielt, ist erledigt* ‖ to ~ **up** (*jdn*) *ärgern, reizen* **III.** [in comp] ~(-)back ⟨mus⟩ *Plattenspieler* m ‖ ~-off ⟨sport⟩ *Wiederholungsspiel* n **~able** ['~əbl] a *spielbar, z spielen*(*d*) (ball) ‖ *z Spielen geeignet* (ground) **~er** ['~ə] s *Spieler; Berufsspieler* ‖ *Schauspieler* m ‖ long ~ ⟨mus⟩ *Langspielplatte* f ‖ ~-piano *elektr. Klavier* n

play– ‖ **~back** ['pleibæk] s ⟨rec⟩ *Wiedergabe* f **~fellow** ['plei̦felou] s *Spielgefährte* m, *–tin* f **~ful** ['pleiful] a (~ly adv) *spielend, scherzhaft, heiter* (humour); *ausgelassen* **~fulness** ['pleifulnis] s *Spielerei, Scherzhaftigkeit* f; *Ausgelassenheit* f **~goer** ['plei̦gouə] s *Theaterbesucher*(*in* f) m **~ground** ['pleigraund] s *Spielplatz; Schulhof* m (in *od* on the ~ *auf dem Sch.*) **~house** ['pleihaus] s *Schauspielhaus* n **~ing** ['pleiiŋ] s *Spielen* n, to the ~ of *unter dem Spiel v* ‖ [attr] *Spiel–;* s ~ ban ⟨sport⟩ (placed upon a player *gegen e–n Spieler verhängtes*) *–verbot* n; ~-cards [pl] *–karten* f pl; ~-field *–platz* m **~let** ['pleilit] s *kurzes Schauspiel* n **~mate** ['pleimeit] s *Spielgefährte* m, *–tin* f **~thing** ['pleiθiŋ] s *Spielzeug* n; ⟨a fig⟩, ~s pl *–sachen* pl **~time** ['pleitaim] s *Spiel–, Freizeit* f **~wright** ['pleirait] s *Schauspieldichter, Dramatiker* m

plaza ['plɑːzə] s Span ⟨a-engl⟩ *öffentl. Platz, Marktplatz* m

plea [pliː] s **1.** ⟨jur hist⟩ *bürgerl. Rechtsstreit, Prozeß* m (Court of Common ~s, *bis 1875*); ⟨Am⟩ = appeal, application, demand, petition, request **2.** ⟨jur⟩ *Verteidigung* f ‖ *Antwort* f (*des Beklagten*); *Einrede;* to make a ~ *Einspruch erheben* (against); ~ of confession and avoidance *Rechtseinwendung* f; dilatory ~ *aufschiebende Einrede* f **3.** *Entschuldigung* f, *Vorwand* m (on the ~ of *unter dem V. v*); *Ausrede* f **4.** *Bitte* f, *dringendes Verlangen* n (for *nach*); to put in a ~ for *warm befürworten*

pleached ['pliːtʃt] a *verflochten* (boughs)

plead [pliːd] vi/t (→ pled) **A.** vi **1.** ⟨jur⟩ *plädieren; e–e S vertreten* ‖ (of a defendant) *sich verteidigen, sich äußern;* to ~ guilty *sich schuldig bekennen;* to ~ not guilty *s–e Unschuld behaupten* ⟨a fig⟩ (to a th *e–r S*) **2.** *sich verwenden* (with *bei;* for *f*); *bitten* (for *um*); *sprechen* (for *f,* against *gegen*) **B.** vt **1.** (*etw*) *verteidigen;* (*jds Sache*) *vertreten* ‖ to ~ a p guilty *jdn beschuldigen* (to doing *getan zu h*) **2.** *als Beweis* or *Entschuldigung anführen; sich entschuldigen mit* **~able** ['~əbl] a *rechtlich z verteidigen*(*d*); *z er-*

örtern(*d*); *rechtsgültig, triftig* **~er** ['~ə] s ⟨jur⟩ *Anwalt* m ‖ ⟨übtr⟩ *Sachwalter* m **~ing** ['~iŋ] **1.** s ⟨jur⟩ *Verteidigung* f ‖ *Bitten* n (for *um*) ‖ ⟨jur⟩ ~s [pl] *Aussagen der Prozeßparteien, gerichtl. Verhandlungen* f pl ‖ *die vorbereitenden Schriftsätze* m pl, *Vorverhandlung* f **2.** a *bittend, flehend*

pleasance ['plezəns] s ⟨poet⟩ *Genuß* m, *Vergnügen* n ‖ *Lustgarten* m

pleasant ['pleznt] a (~ly adv) *angenehm, erfreulich;* ~est-looking *höchst angenehm aussehend* ‖ (*P*) *angenehm, freundlich; liebenswürdig; vergnügt* **~ness** [~nis] s *Annehmlichkeit; Heiterkeit; Freundlichkeit* f **~ry** [~ri] s *Heiterkeit, Lustigkeit* f ‖ *Scherz, Witz* m

please [pliːz] vt/i **A.** vt **1.** (*jdm*) *gefallen, zusagen* ‖ (*jdn*) *befriedigen;* he is hard to ~ *er ist schwer zufriedenzustellen* ‖ (*jdm*) *gefällig s,* (*jdn*) *erfreuen* ‖ to ~ o.s. *tun, was e–m beliebt* ‖ to be ~d *Freude finden* (with *an*); *befriedigt s* (with *v*); *sich freuen* (to say *sagen z können*); *belieben, geruhen* (to do); the king has been ~d *der König hat geruht* (to approve) **2.** v imps *belieben* (it has never ~d him to do); ~ God *so Gott will* **B.** vi *belieben, gefallen* (do as you ~) ‖ if you ~ *gefälligst; bitte sehr; wenn ich bitten darf; mit Verlaub; man denke sich* ‖ ~ *bitte* (sit down ~; ~ sit down *bitte setzen Sie sich*); ~ not *bitte nicht;* ~ not to lose it *od* ~ don't lose it *bitte es nicht z verlieren* ‖ **~d** [~d] a (~ly ['pliːzidli] adv) *erfreut* (as ~ as Punch *höchst er–*); *zufrieden* (with) **pleasing** ['~iŋ] a (~ly adv) *angenehm; gefällig; anziehend* (to *für*)

pleasurable ['pleʒərəbl] a (–bly adv) *angenehm, erfreulich* (for *f*); *erquicklich*

pleasure ['pleʒə] **I.** s **1.** *Freude* f, *Genuß* m, *Vergnügen* n (in *an*) ‖ *gold of* ~ ⟨bot⟩ *Dotter* m ‖ for the ~ of it *aus reinstem V.;* with ~ *mit V.* ‖ do me the ~ of calling on me *m Sie mir das V., mich zu besuchen* ‖ to give a p ~ *jdm V. bereiten; jdn erfreuen* ‖ we have ~ in doing, we have the ~ of doing *wir h das V. z tun* ‖ it is a ~ *es ist ein V.* (to see), it is my ~, it is a ~ to me *es ist mir ein V.* (to do) ‖ to take (a) ~ *V. finden* (in *an;* in doing *z tun*); to take one's ~ *sich amüsieren* **2.** (*sinnlicher*) *Genuß* m **3.** [nach pron poss] *Wunsch* m, *Belieben* n; what is your ~? *was steht z Diensten?* ‖ (of kings) it is our ~ *wir geruhen* (to do) ‖ at (one's) ~ *nach Belieben;* during a p's ~ *solange es jdm beliebt, nach jds Belieben;* during His Majesty's ~ *auf Lebenszeit* **4.** [attr & comp] *Vergnügungs–* (~-trip) ‖ ~-boat *–dampfer* m ‖ ~-ground *Rasenplatz* m; ~-grounds [pl] *Anlagen* f pl, *Lustgarten* m ‖ ~-house *Lusthaus* n ‖ ~-seeking *vergnügungssüchtig* **II.** vt/i ‖ (*jdn*) *erfreuen* (with) ‖ vi *sich er–* (in *an;* in doing *z tun*)

pleat [pliːt] **1.** s (*Tuch-*)*Falte* f; *Pliss·ee* n **2.** vt *fälteln, pliss·ieren*

pleb [pleb] s ⟨sl⟩ abbr f plebeian

plebeian [pli'biːən] **1.** s *Pleb·ejer*(*in* f) m ⟨a übtr⟩ **2.** a *plebejisch* ‖ *gemein; pöbelhaft* **~ism** [pli'biːənizm] s *plebejisches Wesen* n, *Plebejertum* n **~ize** [~aiz] vt *plebejisch m; erniedrigen*

plebiscitary [ple'bisitəri] a *Volksabstimmungs–* **–te** ['plebisit] s *Volksabstimmung* f, *–entscheid* m

plebs [plebz] s L *Plebs* f; (*das*) *niedere Volk* n; *Pöbel* m

plectrum ['plektrəm] s L *Schlagring* (*der Zither* m etc); *–stäbchen* n

pled [pled] ⟨Am⟩ pret & pp *v* to plead

pledge [pledʒ] **I.** s **1.** ⟨hist⟩ *Bürge* m, *Geisel* m f **2.** *Faustpfand, Pfand* n (as a ~ *als Pf.;* in ~ of *als Pf.* f) ‖ ⟨fig⟩ *Liebespfand* n (*Kind*) (as a ~ of their union) **3.** *Unterpfand* n, *Bürgschaft, Sicherheit* f (for) ‖ *Versprechen* n (to a p *gegenüber jdm*); ⟨SBZ⟩ *Selbstverpflichtung* f; to take the ~ *versprechen, dem Alkohol z entsagen* ‖ *Pfand* n;

under the ~ of secrecy *unter dem Siegel der Verschwiegenheit* | *Zutrinken* n, *Toast* m **4.** *Verpfändung* f; *Pfandvertrag* m; to be in ~ *verpfändet* s; to put in ~ *verpfänden*; to take out of ~ *aus der V. lösen* **II.** vt *verpfänden* (a th to a p *jdm etw*); ⟨fig⟩ to ~ one's word of honour *sein Ehrenwort geben* || (*jdn*) *verpflichten* (to z); to ~ o.s. *sich verpflichten* (to z); *geloben* (to do) || to ~ a p *jdm zutrinken*; *-blinzeln* ~**able** ['~əbl] a *verpfändbar* ~**e** [ple'dʒi:] s *Pfandnehmer*, *-leiher* m **pledger** ['~ə], **pledgor** ['~ɔ:] s *Pfandgeber*, *Verpfänder* m

pledget ['pledʒit] s *kl Kompresse* f, (*Watte-*)*Bausch* m (*f Wunden*)

Pleiad ['plaiəd] L s **1.** ~s [~z], ~es [~i:z] pl ⟨ant myth⟩ *7 Töchter* f pl *des Atlas*; ⟨astr⟩ *Plei·aden* f pl, *Siebengestirn* n **2.** ⟨fig⟩ *Siebengestirn* n (a ~ of writers, *bes 16. Jh.*: Ronsard, du Bellay, Jodelle, etc)

pleistocene ['pli:stosi:n] s ⟨geol⟩ *Pleistoz·än*, *Dil·uvium* n

plenary ['pli:nəri] a (*-rily adv*) *völlig*, *vollständig*; *Voll-*; ~ powers [pl] *Vollmacht* f || *Plen·ar-* (~ session, ~ sitting *-sitzung* f), *Voll-* (~ meeting)

plenipotentiary [ˌplenipə'tenʃəri] **1.** a *bevollmächtigt*; *unumschränkt* || *absolut*, *unbeschränkt* **2.** s *Bevollmächtigter* m; *Gesandter* m *mit unbeschränkter Vollmacht*

plenish ['pleniʃ] vt ⟨Scot⟩ *füllen* ~**ing** [~iŋ] s ~, ~s [pl] *Hausrat* m

plenitude ['plenitju:d] s *Fülle*, *Vollkommenheit* f || *Fülle* f, *Reichtum* m (of *an*)

plenteous ['plentjəs] ⟨poet⟩ a (~ly adv) *reichlich*, *reich* (in *an*) ~**ness** [~nis] s *Fülle* f, *Überfluß* m | *Fruchtbarkeit* f

plentiful ['plentiful] a (~ly adv) *reichlich*, *in Überfluß vorhanden* ~**ness** [~nis] s *Fülle* f (of *an*)

plenty ['plenti] **1.** s *Fülle* f, *Überfluß* m (of *an*); in ~ *in* (*im*) *Ü.* || *horn of* ~ *Füllhorn* n | *Menge*, *Fülle* f; ~ of money *e-e Menge Geld*, *viel G.*; ~ of times *viele Male* **2.** a [pred] ⟨Am⟩ *reichlich* || ⟨dial Scot⟩ (= ~ of) *viel*, *viele* (~ ways) **3.** adv ⟨fam⟩ *reichlich* (~ large)

plenum ['pli:nəm] s L ⟨phys⟩ *vollkommen ausgefüllter Raum* m || ⟨parl⟩ *Pl·enum* n, *Vollversammlung* f (to come before the ~)

pleonasm ['pli:ənæzm] s ⟨scient⟩ *Pleonasmus* m || ⟨fig⟩ *Überfluß* m *-stic* [ˌpli:ə'næstik] a (~ally adv) ⟨scient⟩ *pleonastisch*

plesiosaurus ['pli:siə'sɔ:rəs] s *Meeresrept·il der Jurazeit* n

plethora ['pleθərə] s ⟨med⟩ *Überfülle an Blut*, *Vollblütigkeit* f || *Überfülle* f (of *an*) *-oric* [ple'θɔrik] a ⟨med⟩ *vollblütig* || ⟨fig⟩ *überladen*, *dick*(*leibig*) (~ volumes)

pleura ['pluərə] s (pl ~e [-ri:]) ⟨anat⟩ *Brust-*, *Rippenfell* n *-ral* [~l] a *Brustfell-* *-risy* ['pluərisi] s ⟨med⟩ *Pleur·itis*, *Brustfell-*, *Rippenfellentzündung* f *-ritic* [pluə'ritik] a *pleuritisch*

pleuro- ['pluəro] Gr [in comp] *Seiten-*; *Brustfell-* ~**carpous** [ˌpluəro'ka:pəs] a ⟨bot⟩ *seitenfrüchtig* ~**-pneumonia** ['pluəronju:'mounjə] s L ⟨vet⟩ *Brustseuche*, *Lungen- u Brustfellentzündung* f

pleximeter [plek'simitə], **plessi-** [ple'si-] ⟨med⟩ *Plessim·eter*, (*Perkussions-*)*Plättchen* n

plexor ['pleksə] s ⟨med⟩ *Perkutierhammer* m

plexus ['pleksəs] s L ⟨anat⟩ (*Nerven-*)*Geflecht*, *Bündel* n || ⟨übtr⟩ *Flecht-*, *Netzwerk* n

pliability [ˌplaiə'biliti] s *Biegsamkeit*, *Geschmeidigkeit* f; ⟨a übtr⟩ *-ble* ['plaiəbl] a *biegsam*; *geschmeidig* | ⟨übtr⟩ *geschmeidig* (voice) || *nachgiebig*; *fügsam* *-ancy* ['plaiənsi] s *Biegsamkeit* *-ant* ['plaiənt] a (~ly adv) = *pliable*

plica ['plaikə] s L ⟨med⟩ *Hautfalte* f || ⟨med⟩ *Weichselzopf* m ~**te 1.** ['plaikit] a ⟨bot & zoo⟩

gefaltet; *-faltig* **2.** [plai'keit] vt *mst* pass *falten* ~**tion** [plai'keiʃən] s *Faltung* f || *Falte* f

pliers ['plaiəz] s pl ⟨tech⟩ *Drahtzange* f (a pair of ~ *eine D.*)

plight [plait] s (*mst: schlimmer*) *Zustand* m, *Lage* f (in an evil ~)

plight [plait] **1.** vt ⟨übtr⟩ *verpfänden*; to ~ one's faith, troth to a p *jdm sein Wort verpfänden*, *Treue schwören* | (*jdn*) *verloben* (to *mit*) **2.** s *feierl. Verpflichtung* f (~ of faith); *Verlobung* f

Plimsoll ['plimsəl] s **1.** (*nach S.* ~, † 1898) ⟨mar⟩ ~ ('s) line *od* mark *gesetzl. Ladewasserlinie*, *Lademarke* f (*am Schiffsrumpf*) **2.** ~s [pl] *Turnschuhe* pl

plinth [plinθ] s ⟨arch⟩ *Plinthe*, *Fußplatte* f (*unter Säulen* etc); *Sockel* m

pliocene ['plaiəsi:n] s ⟨geol⟩ *Plioz·än* n (*jüngste Schicht des Tertiärs*)

pliofilm ['plaiofilm] s *durchsichtiger Schutzstoff* m (*aus Gummi*)

plissé ['plise] s Fr *Plissé* n

plod [plɔd] vi/t [-dd-] || (a to ~ on, along) *schwerfällig einherschreiten*, *sich hinschleppen* || ⟨fig⟩ *sich placken*, *sich abmühen*; °*ochsen*, °*schuften* (at *an*) | vt *einhergehen auf* (to ~ the streets); to ~ one's way *mühsam dahingehen* ~**der** ['~ə] s *Büffler* m ~**ding** ['~iŋ] **1.** s *Schuften* n **2.** a (~ly adv) *schwerfällig*; *mühsam* || *mühsam u unverdrossen arbeitend*

plonk [plɔŋk] vi ⟨artill fam⟩ "*blaffen*" (*schießen*)

plop [plɔp] **1.** s *Plumpsen* n **2.** adv *plumps*; *mit e-m Knall* **3.** vi/t [-pp-] || *plumpsen* (into *in*) || *knallen* | vt *plumpsen l*

plosive ['plousiv] **1.** a ⟨phon⟩ *Verschluß-* **2.** s *Verschlußlaut* m

plot [plɔt] **1.** s *Stück* n, *Flecken Land* m || *Parz·elle* f **2.** vt to ~ out *in Stücke*, *Parzellen aufteilen*; (*Zeit*) *einteilen*

plot [plɔt] **I.** s **1.** *Komplott* n (to lay a ~ *ein K. schmieden*); *Anschlag* m; *Verschwörung* f (to do; for doing *um z tun*) || ⟨hum⟩ (*geheimer*) *Plan* m (to do) **2.** (of a novel, play) *Handlung*, *Fabel* f **II.** vt/i [-tt-] **1.** vt *aufzeichnen* (a track); *auftragen*; *auswerten*; (a to ~ out) *entwerfen*, *anlegen* | (*im geheimen*) *planen*, *abzielen auf*, *es absehen auf*; *anstiften*, *-zetteln* || ~ted fire ⟨artill⟩ *Planfeuer* n || to ~ compressions on. a diagram *Kompressionsdrucke in ein D. einzeichnen* **2.** vi *sich verschwören*, *Ränke schmieden* (against) || *Pläne entwerfen* (how *wie*) ~**less** ['~lis] a *ohne Handlung* (a ~ play) ~**ter** ['~ə] s *Anstifter*, *Verschwörer* m; ⟨mil⟩ *Auswerter*, *Rechner* m ~**ting** ['~iŋ] s: ~ of curves *Kurvenauswertung* f; ⟨mil⟩ ~ board, ~ table *Peil-*, *Rechen-*, ⟨mar⟩ *Koppeltisch* m; ~ scale *Auswertelineal* n

plough, (*bes* ⟨Am⟩ **plow** [plau] s *Pflug* m; *snow-* ~ *Schnee-*; to put *od* set one's hand to the ~ ⟨fig⟩ *Hand ans Werk legen*, *sich ins Zeug legen* | *gepflügtes Land* n | ⟨tech⟩ *Kehl-*, *Falzhobel* m | ⟨astr⟩ the ~ *der Große Bär* m | [attr] *Pflug-* ||~-land *pflügbares Land*, *Ackerland* n || ~-Monday ⟨hist⟩ *erster Montag nach Epiphanias* ||~-tail *Pflugsterz* m || ~-trace *Pflugkette* f ~**boy** ['~bɔi] s *Ackerknecht* m ~**man** ['~mən] s *Pflüger* m ~**share** ['~ʃɛə] s *Pflugschar* f

plough [plau] **1.** vt/i **A.** vt (*Land*) *pflügen*; ⟨fig⟩ to ~ the sand(s) *Sand pflügen*, *auf Sand bauen* || (*part* ⟨of ships⟩ (*durch*)*furchen*; to ~ one's way *sich e–n Weg bahnen* || ⟨fig⟩ (*Gesicht*) *furchen* | ⟨sl univ⟩ (*jdn*) *durchfallen l*; to be ~ed *durchfallen*, °*-rasseln* | [*mit adv*] to ~ **back** (*Klee* etc) *grün unterpflügen*; ⟨übtr⟩ *Gewinn* m *re-investieren*; to ~ **out** *ausgraben*, *-höhlen* || to ~ **up** *aufroden* **B.** vi *pflügen*; *sich pflügen l* || *sich furchend bewegen* || *sich arbeiten* (through); *sich* *abmühen* **2.** s *Mißerfolg* m, *Durchfallen* n, to take a ~ *durchfallen*

plover [ˈplʌvə] s ⟨orn⟩ *Kiebitz* m ‖ *Regenpfeifer* m ‖ golden ~ *Goldr.pf.* m; grey ~ *Kiebitzr.pf.*; Kentish ~ *Seer.pf.*; little ringed ~ *Flußr.pf.*; ringed ~ *Sandr.pf.*; spur-winged ~ *Spornkiebitz* m ‖ ~-page, ~'s page ⟨orn⟩ *Strandläufer* m

plow [plau] s ⟨Am⟩ → plough *Pflug* m ~**man** [ˈ~mən] s *Ackermann* m

pluck [plʌk] **I.** vt/i **1.** vt *pflücken, abbrechen, ~reißen* | (jdn) *zupfen, zerren* (by an) ‖ (*Geflügel*) *rupfen*; to have a crow to ~ with *ein Hühnchen z pflücken h mit* ‖ (jdn) *berauben, plündern* | ⟨univ sl⟩ (jdn) *durchfallen l,* (mst) to be ~ed *durchfallen* | to ~ up courage *Mut fassen* **2.** vi *zerren, ruckweise ziehen* (at an); *greifen* (at nach) **II.** s *Zupfen, Zerren* n, *Ruck* m; to give a th a ~ *zerren, ziehen an etw* ‖ ⟨univ sl⟩ *Mißerfolg* m (in der Prüfung) | (T) *Geschlinge* n | ⟨fig⟩ *Mut* (to do); *Schneid* m; *Schneidigkeit* f ~**ed** [~t] a **1.** *mutig,* [mst in comp] (good-~ mutig; bad-~ mutlos); a ~ one *ein mutiger Kerl* m **2.** *gepflückt; ~rupft* ~**iness** [ˈ~inis] s *Beherztheit* f, *Mut* m ~**y** [ˈ~i] a (~ckily adv) *beherzt, mutig, schneidig*

plug [plʌg] **I.** s **1.** *Pflock, Stöpsel, Zapfen* m; ⟨typ⟩ *Druckerballen, Reiber* m; ~ welding *Nietschweißung* f ‖ (*Stöpsel~* etc) *Verschluß* m; fire-~ *Hydrant* m; ~ sparking; cold (hot) ~ *Zündkerze* f *mit hohem (niedrigem) Wärmewert* m ‖ ⟨el⟩ (a ~ adaptor) *Stecker* m (wander ~ *Wander-*); ~ contact *Steckkontakt* m, *~dose* f; → socket ⟨dent⟩ (Zahn-)*Plombe* f **2.** *Priem* m (*Tabak*) **3.** (Klosett-)*Spülapparat mit Griff* m **4.** ⟨sl⟩ (a ~-hat) *Angströhre* f (*Zylinderhut*); *Plunder, Ladenhüter* m (bes Buch) ‖ ⟨bes Am sl⟩ *Schindmähre* f ‖ ⟨Am fam⟩ *Reklame*; ⟨wir⟩ *Reklamenachricht* f *im Programm*; ⟨school⟩ *Trans,* °*Klopp* f **II.** vt/i **1.** vt (mst to ~ up) *ver~, zustopfen, pfropfen, stöpseln* ‖ (Zahn) *plombieren* | *werben f, propagieren, Reklame* m f ⟨bes wir⟩ | ⟨sl⟩ (jdn) *an~; erschießen* ‖ ⟨sl⟩ *mit der Faust schlagen, boxen* | ⟨Am fam⟩ (etw) *anpreisen; populär* m; *aufdrängen* (on a p jdm) **2.** vi ⟨fam⟩ *unverdrossen arbeiten* (at an) ‖ to ~ along *dah·er~, dah·instapfen* ‖ to ~ along od away *schuften, ochsen; sich abrackern* ‖ to ~ in ⟨el⟩ (*ein*)*stöpseln,* (mit Stecker) *einschalten* ‖ ⟨sl⟩ to ~ .. *in a p jdm* (etw) *aufdrängen* ~**ger** [ˈ~ə] s ⟨sl⟩ *Büffler* m

pluggy [ˈplʌgi] s ⟨fam⟩ ,,*Stöpsel*'' m (P)

plug-ugly [plʌgˈʌgli] s ⟨Am sl⟩ *Straßenlümmel* m

plum [plʌm] s *Pflaume* f ‖ ⟨bot⟩ (a ~ tree) *Pflaumenbaum* m ‖ *Rosine* f | ⟨fig⟩ *das Beste,* ~s [pl] ,,*Rosinen*,, f pl (he got the ~s); ⟨fig⟩ *Prachtexemplare* n pl; *begehrenswerteste Staatsstellen* f pl ‖ ⟨sl⟩ £ 100 000; *ein hübsches Stück Geld* n | [attr] ~-*cake Rosinenkuchen* m ‖ ~-*duff* ⟨cul⟩ *Mehlpudding* m *mit Rosinen* ‖ ~-*pudding* ⟨cul⟩ *Plum~, Rosinenpudding* m ‖ ~-*tart Pflaumenpastete* f ‖ ~ tomato *Obsttomate* f; → ~b **3.**

plumage [ˈpluːmidʒ] s *Gefieder* n ~**d** [~d] a *~gefiedert*

plumb [plʌm] **1.** s *Stück Blei, Bleigewicht* n (am Lot); *Senkblei, Lot* n ‖ *senkrechte Libelle* f | [attr] ~ bob *Senklot* n ‖ ~-*line Lotleine, Senkschnur* f, *Bleilot* n;* ‖ ~-*rule* ⟨arch⟩ *Lot* n, *Senkwaage* f **2.** a *lot~, senkrecht* ‖ ⟨fig⟩ *richtig, schier, rein* **3.** adv *senkrecht* (~ down); *gerade, genau* ‖ ⟨Am sl⟩ (a plum) *vollkommen, ganz* (~ crazy, ~ forgotten)

plumb [plʌm] vt *sondieren* ‖ *lotrecht* m, *loten* ‖ ⟨fig⟩ *durchdringen; ergründen, verstehen* ~**er** [ˈ~ə] s *Klempner; Rohrleger; Installateur* m ~**ery** [ˈ~əri] s *Klempnerei* ‖ *Klempnerarbeit* f

~**ing** [ˈ~iŋ] s *Klempner-; Rohrlegerarbeit* ‖ [koll] *Rohrleitung* f, *Rohre* n pl; *Installation*(s-*anlagen* f pl) f (Bad, Toilette)

plumb [plʌm] vi *als Klempner arbeiten; Rohre legen*

plumbago [plʌmˈbeigo] s ⟨minr⟩ *Graphit* m, *Reißblei* n ‖ ⟨bot⟩ *Bleiwurz* f

plumbate [ˈplʌmit] s *Bleisalz* n

plumbeous [ˈplʌmbiəs] a ⟨zoo⟩ *bleiartig, ~farben* ~**bic** [ˈplʌmbik] a ⟨chem⟩ *Blei-* ~**biferous** [plʌmˈbifərəs] a *bleihaltig* ~**bism** [ˈplʌmbizm] s *Bleivergiftung* f

plume [pluːm] **1.** s ⟨poet rhet⟩ (große) *Schmuck-, Vogelfeder* f (z Schmuck) ‖ *Straußenfeder* f ‖ *Federbusch* m ‖ ⟨fig⟩ (Feder-)*Schmuck* m | ⟨fig⟩ *Fahne* f (~ of smoke) **2.** vt *mit Federn schmücken* (Federn) *putzen* ‖ to ~ o.s. (of birds) *sich putzen;* ⟨fig⟩ *sich mit fremden Federn schmücken;* to ~ o.s. on *sich brüsten mit* ~**less** [ˈ~lis] a *ungefiedert*

plummer-block [ˈplʌməblɔk] s ⟨mech⟩ (Zapfen-)*Lager, Gleit-, Stehlager* m

plummet [ˈplʌmit] **1.** s *Bleigewicht* n (am Lot) | *Senkblei* n (Gerät z Messung der Wassertiefe) | *Lotleine* f | *Senkwaage* f **2.** vi ⟨mount⟩ *abstürzen* ‖ (of price) *stürzen, plötzlich fallen,* → zero-derivation

plummy [ˈplʌmi] a *pflaumenartig; ~reich* ‖ ⟨fam⟩ *begehrenswert* (something ~)

plumose [pluˈmous] a ⟨bot & zoo⟩ *flaumig; gefiedert*

plump [plʌmp] **1.** a (~ly adv) (P) *dick* (cheeks); *fett, beleibt; drall, rundlich*; pleasantly ~ *vollschlank* ‖ ⟨fig fam⟩ *groß* **2.** vt/i ‖ (to ~ up) *dick* m, *aufschwellen, ~schwemmen; runden* | vi *dick w* ‖ *rund w, sich runden* ~**er** [ˈ~ə] s *das Bauschige* | *Bausch* m ~**ness** [ˈ~nis] s *Dicke, Beleibtheit* f

plump [plʌmp] **1.** vi/t *jäh* (*nieder*)*fallen,* (*hin*)*plumpsen* ‖ (jdn) *geraten* (into) ‖ ⟨parl⟩ to ~ for *nur f* (e-n einzigen Kandidaten) *stimmen* | vt *fallen l, plumpsen l* **2.** s ⟨fam⟩ *heftiger Fall, Plumps* m ‖ *plötzlicher Regenschauer, ~guß* m **3.** adv ⟨fam⟩ *mit e-m Plumps; plötzlich* ‖ ⟨fig⟩ *direkt; glattweg, rundweg* (he lied ~) **4.** a *offen, glatt* (a ~ No *ein glattes Nein*) ~**er** [ˈ~ə] s ⟨parl⟩ *die· nur f e-n Kandidaten abgegebene Stimme f e–s Wählers* ‖ *glatte Lüge* f ~**ness** [ˈ~nis] s *Offenheit, Derbheit* f

plumulaceous [ˌpluːmjuˈleiʃəs] a *flaumartig, daunig* **plumule** [ˈpluːmjuːl] s *kl Feder, Daunenfeder* f ‖ ⟨bot⟩ *Blattanlage f* (des Pflanzenembryos) **plumy** [ˈpluːmi] a *be-, gefiedert*

plunder [ˈplʌndə] **1.** vt (Land) *plündern*; (jdn) *berauben* ‖ (etw) *rauben; stehlen* **2.** s *Plündern* n; *Beraubung* f ‖ *Raub* m, *Beute* f ‖ *Gewinn* m ‖ ⟨Am sl⟩ *Siebensachen* f pl (im Haushalt & auf der Reise) ~**age** [~ridʒ] s *Beraubung* f ‖ *Raub* m ~**er** [~rə] s *Plünderer, Räuber* m

plunge [plʌndʒ] **I.** vt/i **1.** vt (etw) (ein)*tauchen* (into); (Hand) *stecken* (into) ‖ (Schwert etc) *stoßen* (into) | ⟨fig⟩ (jdn) *treiben, stürzen, versetzen* (into) **2.** vi (unter)*tauchen* (into); *sich stürzen, sich werfen* (into) | ⟨übtr⟩ *plötzlich eintreten, landen* (into in); (of prices) *plötzlich sinken* ‖ (of horse) *vorwärts springen u hinten ausschlagen* ‖ (of ships) *stampfen* | ⟨fig⟩ *sich verwickeln, sich versenken* (into); *es wagen* ‖ ⟨sl⟩ *spekulieren, hoch wetten* **II.** s *Untertauchen, Tauchen* n | *Sturz* m ‖ ⟨fig⟩ *Wagnis* n, to take the ~ *ein W. auf sich nehmen, es wagen* ~**ger** [ˈ~ə] s *Taucher* m ‖ ⟨tech⟩ *langer Kolben, Tauch-, Plungerkolben* m ‖ ⟨sl⟩ *Hasardspieler, Spekulant* m ~**ging fire** [ˈ~iŋ ˈfaiə] s ⟨mil⟩ *Steilfeuer* n

plunk [plʌŋk] **1.** vt/i ‖ (Saite) *zupfen* ‖ *heftig werfen, treiben* ‖ ⟨Am sl⟩ *beschießen* | vi *heftig*

fallen, plumpsen 2. s *Plumps*; *Schlag* m || ⟨Am⟩
Dollar m
pluperfect [ˈpluːˈpəːfikt] 1. a ⟨gram⟩ ~ tense
= ~ s 2. s *Plʹusquamperfektum* n
plural [ˈpluərəl] 1. a (~ly adv) ⟨gram⟩ *plu-
ralisch, Plural–*; ~ number *Plural* m 2. s ⟨gram⟩
Plural m (in the ~ *im P.*), *Mehrzahl* f ~**ist**
[~ist] s *Inhaber* m *mehrerer Pfründen* ~**ity**
[pluəˈræliti] s *Mehrheit* f, *Vielheit, gr Menge* f;
~ of gods *Vielgötterei* f; ~ of wives *–weiberei* f
|| *Besitz* m *mehrerer Pfründen* or *Ämter* || *Ma-
jorität* f ~**ize** [~aiz] vt/i || *in den Plural setzen* ||
im Plural ausdrücken | vi ⟨ec⟩ *mehrere Pfründen
innehaben*
pluri– [ˈpluəri] L [in comp] *mehr, mehrere*
|| *Mehr–*; ~lingualism *Mehrsprachigkeit* f
plus [plʌs] 1. prep *plus, und*; ⟨math⟩ (abbr +)
plus || *zuzüglich* (a sum ~ interest .. *zuzüglich
der Zinsen*), *außer* || *und mehr* (£ 100 ~ *100 Pfd.
u mehr*) 2. a *extra, Extra–, Mehr–* || ⟨math &
el⟩ *positiv* ~ fours *Knickerbocker, Golfhose* f
(to wear ~ fours); a ~-four suit *ein Anzug mit
K.* 3. s *Pluszeichen* n (+) || *Plus, Mehr* n, *Über-
schuß* m
plush [plʌʃ] s *Plüsch* m || to ride ~ ⟨Austr &
Am⟩ *als blinder Passagier reisen* || ⟨Am fam⟩
dressed like a ~ *horse aufgedonnert wie e–e
Schießbudenfigur* ~**y** [ˈ~i] a *plüschartig*;
Plüsch–
plutarchy [ˈpluːtɑːki], **plutocracy** [pluːˈtɔ-
krəsi] s *Geld–, Geldsackherrschaft* f || *Geld-
protzen* m pl **plute** [pluːt] s ⟨Am sl⟩ ~ **plutocrat**
[ˈpluːtokræt] s *Kapitalist, Geldprotz* m
Pluto [ˈpluːtou] s (*a Operation* ~) *Treibstoff-
Unterwasserleitung durch den Ärmelkanal 1945*
Plutonian [pluːˈtounjən] a ⟨ant⟩ *plutonisch,
Pluto–* **Plutonic** [pluːˈtɔnik] a ⟨geol⟩ *plutonisch,
tief in der Erde durch Feuer gebildet* || ~ *rocks
pluton. Gesteine; Tiefengesteine* pl **plutonism**
[ˈpluːtənizm] s *Plutonʹismus* m **plutonomy** [pluː-
ˈtɔnəmi] s *Volkswirtschaftslehre* f
pluvial [ˈpluːviəl] a *regnerisch; Regen–; durch
R. verursacht* –**viometer** [pluːviˈɔmitə] s *–messer*
m –**vious** [ˈpluːviəs] a *regnerisch, Regen–*
ply [plai] s (of cloth) *Falte; Lage; Strähne* f;
two–~, three–~ [attr] *doppelt, dreifach* (cloth,
linen); *dreifach gewebt* (carpet) || *plies* [pl] of
fabric ⟨mot⟩ (*Reifen-*)*Gewebeeinlage* f | ⟨fig⟩
Neigung f, *Hang* m, *Richtung* f; to take a ~ *e–e
R. annehmen*
ply [plai] vt/i || *fleißig handhaben, anwenden*
|| (*Gewerbe*) *betreiben* || (*etw*) *in Tätigkeit setzen*;
(*jdn*) *in T. halten*; (*jdm*) *zusetzen* (with); to ~ a
p with a th *jdm etw aufdrängen, wiederholt an-
bieten* || (*jdn*) *überhäufen* (with) | vi ⟨mar⟩ *la-
vieren* || (of vessels) *regelmäßig verkehren*
(between); *fahren*
Plymouth [ˈplimə𝜃] s [attr] 1. (*nach Stadt in
England*) ~ *Brethren* [pl] *kl relig. Sekte* f (*seit
1825*) 2. (*nach* ~, *USA*) ~ *Rock gesperberte
Hühnerrasse* f
plywood [ˈplaiwud] s *Sperrholz* n
pneuma [ˈnjuːmə] s Gr *Lebenshauch* m |
Seele f || *Heiliger Geist* m ~**tic** [njuːˈmætik]
1. a (~ally adv) *pneumatisch, mit Luft gefüllt,
Luft–*; ~ boat *Schlauchboot* n, *Floßsack* m;
~-controlled *druckluftgesteuert*; ~ tire *Luft-
reifen* m; ~ tired *luftbereift* || *Luftdruck–*; *durch
Luftdruck getrieben*; ~ brake *Druckluftbremse*
f; ~ drill *Preßluftbohrhammer* m; ~ dispatch
plant, ~ post *Rohrpost* f; ~ hammer *Preßluft-
hammer* m 2. s (abbr pneu [ˈnjuː]) *Luftreifen* m
| ~s [sg konstr] *Pneumʹatik* f
pneumato– [ˈnjuːmətou] Gr [in comp] *Luft–,
Pneumato–* ~**logy** [ˌnjuːməˈtɔlədʒi] s ⟨theol⟩
Engel–, Dämonenlehre f | *Lehre vom Geist* f
pneumo– [ˈnjuːmo] Gr [in comp] *Lungen–*
~**coccus** [ˌnjuːmoˈkɔkəs] s *Erreger der kruppösen*

Lungenentzündung m ~**nia** [njuːˈmounjə] s
⟨med⟩ *Lungenentzündung* f ~**nic** [njuːˈmɔnik] a
Lungen–; *Lungenentzündungs–* ~**thorax** [ˌnjumo-
ˈ𝜃ɔːræks] s ⟨med⟩ *Gasbrust, Luftansammlung in
der Brustfellhöhle* f
poa [ˈpouə] s Gr ⟨bot⟩ *Rispengras* n
poach [poutʃ] vt/i 1. vt (*Erde*) *nieder–, zer-
treten*; *mit Hufen aufwühlen* || (*Boden*) *aufwei-
chen* | (*Land*) *unbefugt betreten, um Wild* etc z
jagen || (*Wild*) *unrechtmäßig fangen*; *ab–, fort-
führen* | ⟨fig⟩ (*etw*) *fortnehmen, stehlen* (from a
p *jdm*); ⟨sl⟩ (*Vorteil*) *mit unfairen Mitteln errei-
chen* 2. vi *aufgeweicht w* | *wildern* | to ~ on
übergreifen auf, eindringen in (to ~ on a p's
preserves *in jds Gehege ein–*) ⟨a fig⟩ | *gegen die
Regeln spielen* 3. s ⟨(*a*) ~**er** [ˈ~ə]) *Wilderer,
Wilddieb* m
poach [poutʃ] vt (*Eier*) *ohne Schale kochen*;
~ed eggs [pl] *Verlorene Eier* n pl
pochard [ˈpoutʃəd] s ⟨orn⟩ *Tafelente* f ||
red-crested ~ *Kolbenente* f
pochette [pɔˈʃet] s Fr (*Damen-*)*Handtäsch-
chen* n
pock [pɔk] s [mst pl ~s] ⟨med⟩ *Pocke,
Blatter* f
pocket [ˈpɔkit] s 1. *Tasche* f || to put one's
hand in one's ~ *die Hand in die T. stecken*;
⟨fig⟩ *Geld ausgeben* 2. ⟨fig⟩ *Geld* n; a deep ~
viel G. 3. ⟨min⟩ *Erzlager; Goldnest* n; ~ of ore
Butzen m 4. ⟨anat etc⟩ *Beutel* m || (*Maß*) *Sack*
m (*Hopfen, Wolle*) | ⟨tact⟩ *Kessel* m, ~ of
resistance *Widerstandsnest* n || ⟨com etc⟩ *Ge-
biet* n (~ of unemployment) 5. (*a* air-~) ⟨aero⟩
Fallbö f; ⟨fam⟩ *Luftloch* n (*Luftvakuumgebiet*)
6. out of one's own ~ *aus der eigenen T.* || to
be 10 shillings in ~ *10 Sch. z Verfügung h*;
10 Sch. gewonnen h (by durch) || to be 10
shillings out of ~ *10 Sch. verloren h* (by durch)
|| to have a p in one's ~ *jdn in der T., Gewalt h*
|| to save, spare a p's ~ *jdm Geld ersparen* || to
suffer in one's ~ *gr Ausgaben h* 7. [attr] *Taschen–* (~-edition *–ausgabe* f; ~-knife *–messer*
n; ~ lighter (*Taschen-*)*Feuerzeug* n; ~ miner
⟨Am⟩ *Goldwäscher* m (*P*); ~-torch *–lampe* f;
~-money *–geld* n); out-of-~ expenses (*Bar-*)
Auslagen f pl || ~ battleship ⟨Ger hist⟩ *kl
schnelles Panzerschiff* a (*Typ ,,Deutschland''*)
|| ~-book *Brieftasche* f, *Notizbuch* n || ~-
borough ⟨parl⟩ *Borough, dessen Vertretung in
der Hand ʹe–r Familie liegt* || ~ edition *Taschen-
ausgabe* f; [attr] ~-e. principality *Zwergfürsten-
tum* n, → puppet state || ~-size(d) *in Taschen-
format* n || ~ umbrella (Ggs walking-length u.)
Taschenschirm m, ,,*Knirps*'' m || ~ veto ⟨Am⟩
Vorrecht n *des Präsidenten* (*bis zum Ende der
Sitzungsperiode*) ~**ful** [~ful] s *Taschevoll* f
(a ~ of money)
pocket [ˈpɔkit] vt *in die Tasche stecken, ein-
stecken* || ⟨fig⟩ to ~ an affront *e–e Beleidigung
einstecken* | *sich aneignen*; °*einheimsen, –nehmen*
| (*Gefühl*) *unterdrücken, verheimlichen*; to ~
one's pride v *hohen Roß herabsteigen* | (*Billard-
ball*) *in den Beutel treiben* | ⟨Am⟩ (a ~-veto) *Veto
einlegen gegen*
pockmark [ˈpɔkmɑːk] vt *entstellen* || ⟨übtr⟩
verunstalten, verschandeln **pocky** [ˈpɔki] a *mit
Pocken bedeckt*
pococurante [ˈpoukokjuəˈrænti] 1. a *gleichgültig; nachlässig* 2. s *gleichgültige P.*
pod [pɔd] 1. s ⟨bot⟩ *Hülse, Schale, Schote* f
|| ⟨vulg⟩ *Bauch, Leib* m 2. vi/t || *Schoten hervor-
bringen* or *ansetzen* | vt (*Erbsen* etc) *ausschoten*
podagra [ˈpɔdəgrə] s L ⟨med⟩ *Pʹodagra* n,
Fußgicht f
podgy [ˈpɔdʒi] a *kurz* (or *klein*) *u dick*; *untersetzt*
podiatrist [ˈpoudiətrist] s ⟨Am⟩ *Facharzt* m *f
Fußleiden* –**try** [–tri] s ⟨Am⟩ *Fußorthopädie* f

podium ['poudiəm] s L *P·odium, Pod·est* n
podo– ['pɔdo] Gr [in comp] *Fuß–*
Podunk [pə'dʌŋk] s ⟨Am fam⟩ „*Krähwinkel*"
n (*Kleinstadt*)
poë-bird ['poui͜bɔ:d] s ⟨orn⟩ *Honigfresser* m
poem ['pouim] s *Gedicht* n (a ~ by Milton *od*
of Milton's *ein G. v M.*; ~s by Milton, the ~s
of M. *Gedichte v M.*); ⟨a übtr & fig⟩ **poesy**
['pouizi] s ⟨poet & †⟩ *Poesie, Dichtkunst* f
poet ['pouit] s *Dichter* m; ⟨a übtr⟩ (of birds)
‖ ~-Laureate *gekrönter Dichter, Hofdichter* m
~aster [,poui'tæstə] s *Dichterling* m **~ess** [~is]
s *Dichterin* f **~ic** [pou'etik] **1.** a (~ally adv)
po·etisch, dichterisch (~ diction); ~ licence
⟨Am⟩ *license*) *dichterische Freiheit* f; ~ justice
dichterische Gerechtigkeit f **2.** s [a pl ~s]
Po·etik f **~ical** [pou'etikəl] a (~ly adv) *in Versen, Vers–* (~ works) ‖ *phantasievoll, roman-
tisch* **~icize** [pou'etisaiz], **~ize** [~aiz] vi/t ‖
dichten | vt *in Verse setzen, in Versen ausdrücken*
‖ *dichterisch verherrlichen*
poetry ['pouitri] s *Poesie, Dichtung, Dichtkunst* f ‖ [koll] *Gedichte; Dichtwerke* n pl
(Shelley's ~); The Four Ages of ~ (Th. L.
Peacock): 1. iron (primitive life of their time)
2. gold (high conscious art: Homer, Shakespeare) 3. silver (rewritten poems: Vergil,
Dryden) 4. brass (romanticism, "return to
nature") ‖ ⟨a übtr⟩ | [attr] *Gedicht–* (~-book)
pogey ['poudʒi] s ⟨Am fam⟩ *Armenhaus* n
pogo ['pougou] s *ein Springspiel* n; ~ stick
–stock m
pogrom ['pɔgrəm] s *Pogr·om* m, *Hetze, Verfolgung* f
pogutell ['pɔgjutel] s ⟨arch⟩ *Kreuzblume* f
poi [pɔi] s *Gericht* n *aus Tarowurzel*
poignancy ['pɔi(g)nənsi] s *Schärfe* f, *das
Scharfe* n *–ant* ['pɔi(g)nənt] a (~ly adv)
stechend, scharf (scent, etc) ‖ ⟨übtr⟩ *stechend*
(pain); *brennend; heftig* (grief); *schmerzlich* |
beißend (wit)
poikilitic [pɔiki'litik] a ⟨geol⟩ *Buntsandstein–*
poikilo– ['pɔikilo] Gr [in comp] *bunt* **~cytosis**
[,pɔikilosai'tousis] s *Formenreichtum* m *der
roten Blutkörperchen* **~thermic** [,pɔikilo'θə:mik]
a *wechselwarm;* ~ animal *Kaltblüter* m
poilu [pwɑ·'ly] s Fr *französ. Soldat* m
Poinsettia [pɔin'setiə] s ⟨bot⟩ *Zierpflanze der
Wolfsmilch* f
point [pɔint] s **I. Punkt** m **1.** *Punktzeichen* n
(*Kompaß-*)*Strich* m ‖ ~ of exclamation *Ausrufungszeichen* n; ~ of interrogation *Fragezeichen* n ‖ ⟨math⟩ *Komma* n; four ~ three
(4,3; ⟨engl⟩ 4·3) *vier Komma drei;* ~ three *Null
Komma drei* (0,3; ⟨engl⟩ ·3); → recurring
2. (*Einheit* f *Berechnung im Spiel*) *Punkt* m,
Auge n; ⟨sport⟩ *Punkt* m; bad ~ *Fehlerpunkt;*
to give ~s to a p *jdm vorgeben; jdm überlegen s;*
to lose (win) on ~s ⟨box⟩ *nach Punkten verlieren* (*gewinnen*); ~s *victory Punktsieg* m; he is
·s better than .. or ist erheblich besser als
| ⟨com⟩ *Punkt, Point* m ‖ *Lebensmittelkarten-
abschnitt* m (cereals are on ~s *.. gibt es auf
Marken*); to be on (off) ~s (*nicht*) *rationiert s;*
to sell on ~s (*od* under the ~s system) *auf
Punkte verkaufen* ‖ ⟨hors⟩ ~s [pl] *Fesseln* f pl
3. best. *Stelle* f (at many ~s), *kl Raum* m ‖
⟨geom & phys⟩ *Punkt* m; ~ of aim ⟨mil⟩
Haltepunkt m, *Abkommen* n ‖ ~ of contact
Berührungs–, ~ of intersection *Schnittpunkt* m
‖ ~ of impact *Auftreffpunkt* m ‖ ⟨tech⟩ *Gas-
anschluß* m; ⟨el⟩ *Steckkontakt* m ‖ ⟨crick⟩ *der
fielder* (→ d) *direkt gegenüber dem batsman* m
‖ ⟨Am⟩ *Ort* m | ⟨hunt⟩ *Zielpunkt* m, *Ziel* n ‖
Punkt z Bezeichnung v Lage; Stufe f, *Grad* m
(freezing-~ *Gefrierpunkt* m); four ~s below
zero *vier Grad unter Null* ‖ *Grenze* f, to the ~
of *bis an die G. v* | *Zeitpunkt, Augenblick* m ‖

⟨theat⟩ ~ of attack *Schürzung* f *des Knotens*
(*im Drama, z B Geistererscheinung vor* Hamlet
I. 5); turning ~ *Wende–, Höhepunkt* m (*der
Handlung*), → climax **4.** ⟨übtr⟩ *spezieller Punkt*
m, best. *Sache* f; *Abschnitt* m, *Einzelheit,*
(*Teil-*)*Frage* f; a ~ of interest *e–e interessante
Frage;* ~ of highest interest *Höhepunkt* m *im
Drama;* ~ of honour *Ehrenstandpunkt* m,
–rettung f ⟨a Lit⟩ (*vgl* Fr noblesse oblige); ~ of
junction ⟨rail⟩ *Knotenpunkt* m; ⟨parl⟩ ~ of
order *Tagesordnung* f, on a ~ of order (*ich
möchte*) *z Tagesordnung* (*sprechen*); ~ of origin
⟨Am⟩ *Versandstation* f; ~ of reference *Kon-
trastfigur* f (*z B* Horatio *zw* Hamlet *u* Laertes;
Banquo *gegenüber* Macbeth); ~ of view [pl
~s of view] *Gesichts–, Standpunkt* m (from this
~ of view *v diesem St. aus*) **5.** ⟨fig⟩ *charakteristischer Zug* m, *besondere Eigenschaft* f, *Vorzug* m
(weak ~ *schwache Seite*); his strong ~ *s–e
Stärke*); (of a story, etc) *hervorstechender Teil* or
Zug, Anziehungspunkt m (the ~ of an exhibition)
‖ *besonderer Wert, Charakter* m (not much ~
in it) ‖ *Nachdruck* m ‖ the ~ *der springende,
fragl. Punkt* m, *die Po·inte,* (*wesentl.*) *S; Haupt–,
Kernfrage* f | that is the ~ *das ist die Frage;* here
is the ~ *dies ist das Wichtige;* it is but a small ~
es ist nur e–e geringfügige S; my ~ is *worauf ich
hinauswill, ist;* to come to the ~ *zur S k;* to get
~ from ⟨fig⟩ *bes Gewicht erhalten v, durch;* to
give ~ to a th *e–r S Nachdruck verleihen, Bedeutung geben;* to keep to the ~ *bei der S bleiben;* he never lets go a ~ *by him er läßt sich
k–n wichtigen Punkt entgehen;* to make a ~ of
doing *sich z Aufgabe, z Prinzip* m, *sich ange-
legen s l z tun;* will you make a ~ of writing?
wollen Sie bitte schreiben?; to make the ~ that
die interessante Feststellung m, *daß; hervorheben. daß* **6.** *Ziel* n, *Zweck* m (in a play *e–s
Stückes*); to carry one's ~ *s–e Absicht erreichen,
s–e Ansicht durchsetzen* (to do); there is no ~
in doing *es hat k–n Zweck z tun* ‖ to stretch a
~ ⟨fig⟩ *ein Auge zudrücken, fünf gerade s l*
7. [*nach* prep] at all ~s *in jeder Hinsicht* ‖ at
this ~ *in diesem Augenblick* ‖ at the ~ of
death *im Sterben* ‖ **beside** the ~ *abwegig, unan-
gebracht* ‖ ~ **by** ~ *Punkt f Punkt* | **in** ~ [pred]
passend, a case in ~ *ein zutreffender Fall* ‖ in ~
of *in Hinsicht auf,* in ~ of fact *tatsächlich* ‖ in
that ~ *in der Hinsicht, darin;* in many ~s *in
vielerlei Hinsicht* | on, upon the ~ of doing *im
Begriff z tun* | to a ~ *vollkommen* ‖ up to a ~
bis z e–m gewissen Grade ‖ to the ~ *z S;* when
it came to the ~ *als es soweit war* **II. Spitze** f
1. (*Messer–, Schwert–* etc) *Sp.; vorspringender
Punkt;* the ~ of the nose *die Nasenspitze* ‖
Landspitze | at the ~ of a pistol *mit vorgehal-
tener P.* **2.** *spitzer Gegenstand;* ⟨typ⟩ *Ahle* f;
Radiernadel, dry-~ *kalte Nadel* f, silver-~
Silberstift m; ⟨Am⟩ (a pen-~) *Feder* ‖ *mit e–r
Nadel gewirktes Gewebe* n (~ lace); *Nähspitze,*
pl (*Ggs* pillow lace); Brussels ~ *Brüsseler
(Nadel-)Spitze,* rose ~ *Rosalinenspitze* f ‖ ~s
[pl] ⟨rail⟩ *Weichen* f pl ‖ *Kompaßstrich* m,
Richtung f **3.** ⟨fig⟩ *Schärfe, Spitze* f ‖ *Fingerzeig*
m, *Andeutung* f **4.** ⟨tact⟩ (*Infanterie–, Panzer-*)
Spitze **III.** [attr & comp] ~-blank **1.** a *schnurgerade; Kernschuß–* (~-blank shot *Kernschuß*
m); *direkt, bestimmt, klipp u klar; offen* (refusal)
2. adv *schnurgerade; offen heraus, rund–,
schlankweg* | ~-block *Sonnenloch–, Punkt-
haus* n ‖ ~ contact *punktweise Berührung* f ‖ ~-
discharge ⟨el⟩ *Spitzenentladung* f ‖ ~-duty
Standorts–, Verkehrsdienst m ‖ ~ fire ⟨artill⟩
Punktfeuer n ‖ ~ fuse *Kopfzünder* m ‖ ~-s-
goods ~ indicator lamp *Weichenlaterne* f ‖
~ interference (*Zahnrad-*)*Kanteneingriff* m ‖
~-policeman *Verkehrsschutzmann* m ‖ ~-lace
genähte Spitze, Bandspitze f ‖ ~ load ⟨Am⟩

Einzellast || ~ locking *Weichensicherung* f ||
~-setting device *Weichenstellvorrichtung* f;
electric ~-s. d. *Drucktastenstellwerk* n ||
~-to~ communication ‹mil telph, wir› *Di-
rektverbindung* f, *Linienverkehr* m || ~-to-~ race
(*Querfeldein-*)*Jagdrennen v Ziel z Ziel*

point [pɔint] vt/i **A. vt 1.** *punktieren 2. (*etw*)
spitzen, anspitzen | ‹fig› *bekräftigen* **3.** (*Fugen*)
ausfüllen, ausfugen **4.** (*Waffe*) *richten* (at *auf*)
|| (*Aufmerksamkeit*) *richten* (to *auf*); to ~ one's
finger *mit dem Finger zeigen* (at *auf*) || *aufzeigen*
(a moral), (*den Ort e–r S*) *zeigen*; to ~ the way
(*S*) *den Weg zeigen* || (of hounds) (*Wild*) *durch
Stehen anzeigen*, (*dem Wild*) *vorstehen* **5.** (*Lebensmittel*) *rationieren* → ~ s I. 2. ‹com›
6. [*mit* adv] to ~ **out** *hinweisen auf* (a th; that);
(*Fehler*) *aufdecken*; (*etw*) *erklären, klarmachen*
(to a p *jdm*); (*etw*) *zeigen* (to a p *jdm*); *ausführen,
bemerken, sagen* (a th; that, a th to be *daß etw
ist*); as was ~ed out *wie ausgeführt wurde*
B. vi 1. *zeigen; hinweisen, deuten* (to, at a th
auf etw); to ~ in the same direction *in dieselbe
Richtung zeigen* | *weisen; zielen* (at *auf*) || (of a
hound) *vorstehen* (*durch Stehen anzeigen*) **2.** (of
a house) *liegen* (to, towards *nach*) | **~ed** ['~id] a
spitz; Spitz–; ~ arch ‹arch› *Spitzbogen* m; ~
style *Spitzbogenstil* m || ~ beard *Spitzbart* m
| ‹fig› *zutreffend; deutlich* || *beabsichtigt; anzüg-
lich; scharf, spitz, beißend* **~edly** ['~idli] adv
zutreffend, deutlich || *beabsichtigt* || *genau,
pünktlich* **~edness** ['~idnis] s *Spitze* f || ‹fig›
Schärfe, Deutlichkeit f **~er** [~ə] s (of a clock)
Zeiger m | *Zeigestock* m || ‹artill› *Richtkano-
nier* m || ‹fig Am› *Wink, Tip* m | *Vorsteh–,
Hühnerhund* m || ~ setting *Zeigerstellung* f
~ing ['~iŋ] s *Interpunktion* f || *Fugenausfüllung*
f; *Bewurf* m || ~ trowel *Fugenkelle* f

pointillism(e) ['pwɛ:tilizm] s Fr ‹paint›
Punktmalerei f (*der Neo-Impressionisten*)

pointless ['pɔintlis] a (~ly adv) *ohne Spitze,
stumpf* || ‹fig› *ohne Pointe; unwirksam; inhalt-,
gehaltlos*

points [pɔints] s pl [attr] ~ goods *rationierte
Lebensmittel* etc, → point I. 2

pointsman ['pɔintsmən] s ‹rail› *Weichenstel-
ler* m | *Verkehrspolizist* m || ~'s box ‹rail›
Wärterhäuschen n

poise [pɔiz] **1.** s *Gleichgewicht* n (in ~ *im G.*)
|| (*Körper-*)*Haltung* f || *Schwebe; Pause* f |
‹phys› *Poise* n, *Zähigkeits–, Flüssigkeitsgrad* m
(*nach dem CGS-System*), → centipoise | ‹fig›
innere Ausgeglichenheit; Gelassenheit f || *Un-
entschiedenheit, Schwebe* f (to hang at ~ *in der
Sch. hangen*) **2.** vt/i || *ins Gl. bringen* || *im Gl.
erhalten, balancieren* || to be ~d *im Gl. ruhen;
schweben* (between); to be ~d forward *nach
vorn neigen* | vi (*in der Luft*) *schweben* **–sing**
['–iŋ] s *Ebenmaß; Gleichgewicht* n

poison ['pɔizn] **1.** s *Gift* n; ~ gas *Giftgas* n
|| ‹fam› (*Schnaps, Likör*) what's your ~? *was
trinken Sie?* | ‹übtr› *Gift* n (to *f*); *Zersetzung* f,
the ~ of nazism *das G. des N.* **2.** vt *vergiften*;
to ~ o.s. *sich vergiften* || *infizieren*, to ~ one's
hand *sich die Hand infizieren* | ‹fig› *zersetzen,
korrumpieren* | (*jdn*) *schädlich beeinflussen*
(against) | **~ed** [~d] a *Gift–* (~ cup *–becher* m)
~er [~ə] s *Vergifter; Giftmischer* m **~ous** [~əs]
a (~ly adv) *giftig; Gift–* (~ snake) | ‹fig› *zer-
setzend, verderblich* || ‹fam› *unangenehm, wider-
lich, ekelhaft*

poke [pouk] s ‹bes Am & Scot› *Tasche* f,
Sack m; → pig || ‹Scot fam› to get the ~ (=
‹engl› .. the sack) *auf die Straße gesetzt w*

poke [pouk] **1.** vt/i **A. vt** (*jdn*) *stoßen, knuffen,
puffen* (in the ribs) | (*etw*) *stoßen, schieben*
(into) | (*Feuer*) *schüren* || (*Kopf*) *vorstecken*;
(*Nase*) *stecken* (into); to ~ fun at *sich lustig m
über* | [*mit* adv] to ~ **away** *fortstoßen* || to ~

out (*Auge*) *ausstoßen* || to ~ through (*jdn*) *durch-
bohren* (with) || to ~ up ‹fam› *einschließen*
B. vi *stoßen, tasten* (for *nach*) || *schnüffeln, die
Nase stecken* (into) | ‹crick› *vorsichtig spielen*
2. s *Stoß, Puff, Knuff* m

poke [pouk] s ‹Am fam› *Faulenzer* m

poke-bonnet ['pouk'bɔnit] s *Damenhut* m,
–haube, –mütze f (*mit vorstehendem Schirm*)

poker ['poukə] **1.** s *Feuer–, Schürhaken* m,
Ofengabel f || ‹univ sl› *Keule* f, *Zepter* n | ~-
work (*Holz-*)*Brandmalerei* f **2.** vt *mit Brandmalerei schmücken*

poker ['poukə] s *Poker* n (*Glücksspiel*)

poker ['poukə] s ‹Am fam› *Popanz* m,
Schreckgespenst n; by the holy ~! *z Teufel!*

poky ['pouki] a ‹fam› *eng, dumpfig* || (of
dress) *dürftig, lumpig* || (*P*) *kleinlich*

polack ['poulæk] s ‹Am sl› *Polacke* (*Pole*),
polnischer Jude m

polacre [po'la:kə], **–lacca** [–'lækə] s It *Dreimaster im Mittelmeer* m

polar ['poulə] **1.** a ‹geol› *Pol·ar–*; ~ circle
–kreis m; ~ bear *Eisbär* m | ‹phys› *pol·ar*
‹übtr› *genau entgegengesetzt* **2.** s ‹geom›
Pol·are f **~imeter** [poulə'rimitə] s ‹opt› *Polari-
meter* m **~iscope** [pou'læriskoup] s ‹opt›
Polariskop n **~ity** [pou'læriti] s ‹phys› *Polari-
tät* f || *Neigung nach zwei verschied. Richtungen* f
|| ‹fig› *Richtung auf e–n Punkt* f || *Wechsel-
beziehung, Gegensätzlichkeit* f **~ization** [,pou-
ləraiˈzeiʃən] s ‹phys› *Polarisation* f **~ize** ['pou-
ləraiz] vt *polarisieren* || ‹übtr› (*Gedanken*) *e–e
bes Richtung geben*

polder ['pouldə] s *Polder, Koog* m

Pole [poul] s *Pole* m, *Polin* f

pole [poul] s ‹astr phys› *Pol* m (at the ~s
an den Polen); at the North ~ *am Nord–*); ‹fig›
entgegengesetztes Extrem n || ~s asunder
himmelweit verschieden | ~-star *Polarstern*;
‹fig› *Leitstern* m

pole [poul] **I. s 1.** *Pfahl* m || *Stange* f; *Stab* m
2. (of a carriage) *Deichsel* f **3.** *Rute* f (*Längenmaß* = 5,029 m); ‹engl› *Quadratrute* f (=
25,293 qm) **4.** *Wendungen*: under bare ~s
‹mar› *vor Topp u Takel* | up the ~ ‹sl› *ver-
rückt; betrunken; in der Klemme; schwanger*
to have the ~ ‹racing› *innen liegen* **5.** [attr]
Stangen–; Deichsel– | ~ arm ‹Am› *Deichsel-
arm* m, *–schere* f || ~ base *Mastfuß* m || ~
bridge *Knüppelbrücke* f || ~-forest ‹for›
Stangenholz n (*Wald*), → ~-timber || ~-jump-
ing *Stabspringen* n | ~ piece ‹el› *Magnet-
schenkel* m || ~ switch ‹el› *Mastschalter* m ||
~-timber ‹com› *Stangenholz* n, → ~-forest ||
~-vault *Stabhochsprung* m; to win the ~-vault
im S. gewinnen || ~-wood ‹for› = ~-forest
II. vt *durch e–e Stange stützen* || (*Boot*) *mit e–r
St. treiben, staken*

pole-ax(e) ['poul|æks] **1.** s ‹hist› *Streitaxt* f
|| *Schlachtbeil* n || ‹mar› *Enterbeil* n **2.** vt (*Tier*)
(*ab*)*schlachten* **pole-hammer** ['poulhæmə] s
Streithammer m

polecat ['poulkæt] s ‹zoo› *Iltis* m

polemarch ['pɔlima:k] s Gr ‹ant› *Kriegsherr* m

polemic [po'lemik] **1.** a *pol·emisch, Streit–*;
streitsüchtig **2.** s *Polemiker* m | [oft pl ~s] *Po-
lemik, Fehde* f **~al** [~əl] a (~ly adv) = polemic
a *–ize* ['pɔlimaiz] vi *polemisieren* (against)

polenta [po'lentə] s It *Maisbrei* m

police [pə'li:s] **1.** s **a.** [abstr] *Polizei* f (*Behörde*); *–verwaltung* f; secret ~ *Geheimpolizei*
b. [konkr; koll; pl konstr] *Polizei* (*Truppe*)
(the ~ are ..); *–mannschaft* f; 5 ~ 5 *Polizisten*
|| ‹a übtr› **c.** [attr] *Polizei–*; ~-court *–gericht* n;
~ headquarters *–präsidium* n; ~-officer
–beamter m; ~ precinct *–revier* n; ~-station
–wache f, *–büro* n; ~-trap ‹mot› *Autofalle* f
2. vt *mit Polizei versehen* || *in Ordnung halten* or

bringen; *polizeilich be–*, *überwachen* (to ∼ the world); ⟨fig⟩ *regeln, regulieren*; *beherrschen*; you can't ∼ me *du hast mir k–e Vorschriften z m* || (*Rasen, Stube* etc) *säubern, ordnen, aufräumen* || the *–cing die regelnden Maßnahmen* f pl ∼**man** [pə'li:smən] *Polizist, Schutzmann* m, ∼ on point-duty *Verkehrspolizist* m

policlinic [‚pɔli'klinik] s ⟨med⟩ *Polikl·inik* f
policy ['pɔlisi] s *Politik* f, *staatl. Angelegenheiten* or *Beziehungen* f pl; foreign ∼ *auswärtige Politik* || *Regierungskunst, Diplomatie* f || *Regierungsmethode* f, *politisches Verfahren* n (of doing); ∼ of economy *Sparpolitik*; ∼ relating to economic trends *Konjunkturpolitik* f | *das (dem eig. Vorteil dienende) Verfahren* or *Verhalten e–s einzelnen*; *Klugheit* f; from motives of ∼ *aus Gründen der K.* || *Grundsatz* m, *Regel* f (it is the ∼ of our company *wir h den G., es ist unser Gr, wir h es uns z R. gemacht*; the ∼ in regard to .. is *hinsichtlich* [gen] *besteht der G. or die R.*); a matter of ∼ *e–e S v grundsätzlicher Bedeutung*; as a matter of ∼ .. *aus grundsätzlichen Erwägungen*, → formulate

policy ['pɔlisi] s ⟨ins⟩ (*Versicherungs-*)*Police* f (∼-holder *–inhaber, Versicherter* m); open ∼, floating ∼ *Generalpolice* f; to take out a ∼ on one's life *sein Leben versichern* | ⟨Am⟩ *Art Lotterieglücksspiel* n

poligar ['pɔliga:] s *ostind. Häuptling* m
poliomyelitis [‚pɔliomaiə'laitis] ⟨fam⟩ polio ['pouliou] *a: an sp. K. Erkrankter*) s ⟨med⟩ *spinale Kinderlähmung, Entzündung der grauen Substanz des Rückenmarks* f

Polish ['pouliʃ] a *polnisch* || ∼ plait ⟨med⟩ *Weichselzopf* m, *Verfilzung der Haupthaare* f
polish ['pɔliʃ] **I.** vt/i **1.** vt *polieren, glätten* || (*Stiefel*) *putzen, wichsen* || ⟨Am fig fam⟩ to ∼ apples *schöntun, sich einschmeicheln* | ⟨fig⟩ *abschleifen, glätten, feilen*; *verfeinern* | [mit adv] to ∼ **off** ⟨fam⟩ *schnell abtun, erledigen*; *töten* || to ∼ **up** *herausputzen* **2.** vi *glatt, blank w* || *sich putzen l* **II.** s *Polit·ur, Glätte* f || *Glanzmittel* n, *Schuhcreme, Wichse* f | ⟨fig⟩ *Schliff* m, *feine Sitten* f pl || *Glanz* m, *Vollkommenheit* f | ∼ [sg] ⟨geol⟩ *Schliffe* m pl | ∼**ed** [∼t] a *glatt, poliert* || ⟨fig⟩ *höflich*; *fein, elegant* ∼**er** [∼ə] s *Polierer* m || *Glanzmittel* n || *electric* ∼ *elektr. Bodenbürste* f, *–besen* m ∼**ing** [∼iŋ] s *Polieren* n; *Politur* f || [attr] *Glanz–* (∼-brush); *Polier–, Putz–* (∼-powder)

polite [pə'lait] a (∼ly adv) *höflich, artig* (to gegen); to do the ∼ ⟨fam⟩ *sich höflich benehmen* || *verfeinert, gebildet, fein* || ∼ letters pl, ∼ literature *die schöne Literatur* f ∼**ness** [∼nis] s *Höflichkeit* f, *gute Manieren* f pl
politic ['pɔlitik] a (of individuals) *politisch, klug*; *berechnend* || ∼ body ∼**al** [pə'litikəl] a *politisch* (freedom), *völkisch, national* (∼ spirit) || *politisch organisiert, Staats–* (∼ science *wissenschaft*), *staatlich* (∼ life); *Regierungs–* (∼ system) || *staatskundig, –männisch* | *politisch, Partei–* || ⟨Am⟩ *ränkevoll* ∼ economy *Volkswirtschaft, Nationalökonomie* f; ∼ economist *–ökonom* m || ∼ geography *politische Geographie* ∼**ally** [pə'litikəli] adv *in politischer Hinsicht, vom polit. Standpunkt* (aus) ∼**ian** [‚pɔli'tiʃən] s *Staatsmann*; *Politiker* m; *Partei–*; ⟨Am⟩ *Intrigant* m ∼**ize** [pə'litisaiz] vi/t || *politisieren* (about über) | vt *politisch gestalten* or *behandeln* ∼**ly** [∼li] adv ⟨übtr⟩ *politisch, klug*
politick ['pɔlitik] vi ⟨Am fam⟩ *Wahlpropaganda* f *treiben*
politico– [pə'litiko] [in comp] *politisch–*
politics ['pɔlitiks] s pl **1.** [sg konstr: ∼ is my subject] *Politik* f (*als Staatskunst* or *–wissenschaft*) || *staatspolitische Angelegenheiten* or *Interessen* pl; *politisches Leben* n **2.** [pl konstr: what are his ∼?] (*partei*)*politische Anschauung*

or *Haltung* f (*des einzelnen* etc); what are his ∼? *welches ist s–e politische Richtung*?; all ∼ were forbidden *jede polit. Unterhaltung wurde verboten* || ⟨Am⟩ *polit. Taktik* f || *Behandlung* f *privater Angelegenheiten*
polity ['pɔliti] s *politische Ordnung, Verfassung*; *Regierungs–, Staatsform* f || *Gemeinwesen* n; *Staat* m
polk [poulk] vi *Polka tanzen* ∼**a** ['pɔlkə] s *Polka* f
poll [poul] s ⟨dial & hum⟩ *Kopf, Schädel* m || ⟨obs⟩ *einzelne P*, [*noch in:*] a challenge to the ∼s ⟨jur⟩ *Ablehnung* f *einzelner Geschworener* | *Stimmenzählung*; *Abstimmung* f || *Wahlort* m, *–urne* f (at the ∼s *an der W.*) || *Stimmenzahl* f || public opinion ∼ *Querschnitt–, Gallup-Umfrage* f | [attr] ∼-book *Wähler–, Wahlliste* f || ∼-tax *Kopfsteuer*
poll [poul] vt/i **1.** vt (*Baumspitze*) *abhauen, –schneiden*; *kappen* || (*Hörner*) *stutzen* | *in die Wahlliste eintragen*; to be ∼ed *sich eintragen l* || (*Stimmen*) *erhalten* || to ∼ a jury *die Geschworenen* (*hinsichtlich ihrer Entscheidung*) *einzeln befragen* **2.** vi *stimmen, s–e Stimme abgeben* (for) **3.** a *hörnerlos* || ⟨jur⟩ *nur v e–r Partei ausgeführt* (∼ deed, deed ∼) ∼**able** [∼əbl] a *wählbar*; *wahlberechtigt* ∼**ee** [∼'i:] s (z *Zweck der Meinungsforschung*) *Befragter, Interviewter* m ∼**ing** [∼iŋ] s *Wahl* f; [attr] *Wahl–* (∼-booth, ∼-station, *–lokal* n; ∼-district *–distrikt* m; ∼-place *–ort* m) ∼**ster** [∼stə] s ⟨Am⟩ *Wahlsachverständiger*; *Interviewer, Befrager, Meinungsforscher* m
poll [pɔl] s ⟨Cambr sl⟩ the ∼ *die Studenten* m pl, *die sich nur auf den* pass-degree *vorbereiten*; ∼ degree (= pass-degree) *gewöhnlicher Grad des B. A.*
Poll [pɔl] s (⟨fam⟩ f Mary) (a ∼-parrot) *Papagei* m ⟨a fig⟩ ∼**y** ['∼i] s = Poll
pollack ['pɔlək] s ⟨ich⟩ *Pollack* m (*ein Schellfisch*)
pollan ['pɔlən] s ⟨ich⟩ *Art Renke* f (*Süßwasserfisch*)
pollard ['pɔləd] **1.** s *gekappter Baum* m; *Kopfholz* n || *hörnerloses Tier* n; *Kahlhirsch* m || *Kleie* f **2.** vt (*Baum*) *kappen*
pollen ['pɔlən] **1.** s ⟨bot⟩ *Pollen, Blütenstaub* m **2.** vt = **pollinate** ['pɔlineit] vt *mit P. bestäuben* ∼**inic** [pɔ'linik] a *Pollen–*
pollute [pə'lu:t] vt *besudeln, beflecken*; *entweihen* || (*Wasser*) *beschmutzen, verunreinigen* || ⟨fig⟩ *verderben, korrumpieren* ∼**tion** [pə'lu:ʃən] s *Befleckung, Besudelung, Entweihung* f || ⟨med⟩ *Pollution* f
Pollyanna [‚pɔli'ænə] s ⟨Am⟩ *blinder Optimist* m
polo ['poulou] s *P·olo*(*spiel*) n || ∼-stick *Poloschläger* m
polonaise [‚pɔlə'neiz] s Fr *Polonaise* f
polonium [pə'louniəm] s L ⟨chem⟩ *Polonium* n (*radioaktiver Stoff*)
polony [pə'louni] s *Wurst* f *aus halbgekochtem Fleisch*
poltroon [pɔl'tru:n] s *Memme* f, *Hasenfuß* m ∼**ery** [∼əri] s *Feigheit* f
Poly ['pɔli] s ⟨fam⟩ the ∼ (f Polytechnic Institute)
poly– ['pɔli] Gr [in comp] *viel–, Viel–, Poly–* ∼**ad** [∼æd] s *vielatomiges Element* n ∼**androus** [‚pɔli'ændrəs] a *poly·andrisch* ∼**andry** ['pɔli'ændri] s *Polyandrie, Vielmännerei* f ∼**anthus** [‚pɔli'ænθəs] s ⟨bot⟩ *Tuberose* f ∼**archy** ['pɔlia:ki] s *Vielherrschaft* f ∼**carpous** [‚pɔli'ka:pəs] a ⟨bot⟩ *aus mehreren Fruchtblättern bestehend* ∼**chromatic** [‚pɔlikrou'mætik] a *vielfarbig* ∼**chrome** ['pɔlikroum] **1.** a *vielfarbig, bunt* **2.** s *Vielfarbigkeit* f || *mehrfarbige Statue* f (etc) ∼**chromy** ['pɔlikroumi] s *vielfarbige Darstellung*

f ~clinic [‚pɔli'klinik] s *stationäre Klinik* f *f alle Krankheiten* ~gamist [pɔ'ligəmist] s *Anhänger der Polygamie* m ~gamous [pɔ'ligəməs] a *polygamisch* ~gamy [pɔ'ligəmi] s *Polygam·ie, Mehrehe* f ~genesis [‚pɔli'dʒenisis] s ⟨biol⟩ *Entstehung aus mehrfacher Wurzel* f ~genetic [‚pɔlidʒi'netik] a *vielfachen Ursprungs* ~geny [pɔ'lidʒəni] s *Ursprung* m *der Menschheit aus mehrfacher Wurzel* ~glot ['pɔliglɔt] 1. a *vielsprachig* 2. s *Polygl·otte* f ~gon ['pɔligən] s ⟨geom⟩ *Polyg·on, Vieleck* n ~gonal [pɔ'ligən] a *polygon, vieleckig* ~gynous [pɔ'lidʒinəs] a *polyg·yn* ~gyny [pɔ'lidʒini] s *Polygyn·ie, Vielweiberei* f ~hedron [‚pɔli'hedrən] s ⟨geom⟩ *Poly·eder* n ~histor [‚pɔli'histɔ:], ~math ['pɔlimæθ] s *Polyh·istor, vielseitiger Gelehrter* m ~mer ['pɔlimə] s ⟨tech⟩ *Polymeris·at* n ~morphic [‚pɔli'mɔ:fik], ~morphous [‚pɔli-'mɔ:fəs] a *vielgestaltig* ~nesian [‚pɔli'ni:ziən] 1. a *polyn·esisch* 2. s *Polynesier* m ~nomial [‚pɔli'noumiəl] 1. a ⟨math⟩ *polyn·omisch* 2. s *Polyn·om* n ~pary ['pɔlipəri] s ⟨zoo⟩ *Polypenstock* m ~p(e) ['pɔlip] s ⟨zoo⟩ *Polyp, Hydroz·oe*; *Korallenpolyp* m ~phase ['pɔlifeiz] a ⟨el⟩ *viel–, mehrphasig, Mehrphasen–* (motor); ~ *current Drehstrom* m ~phone ['pɔlifoun] s ⟨mus⟩ *Polyph·on* n (Instrument) ~phonic [‚pɔli'fɔnik] a ⟨mus⟩ *vielstimmig, polyphonisch* ‖ ⟨Lit⟩ ~ *prose dichterische, rhythmisierte Prosa* f ~pite ['pɔlipait] s ⟨zoo⟩ *Einzelpolyp* m ~pod ['pɔlipɔd] s ⟨zoo⟩ *Vielfüßer* m ~podium [‚pɔli'poudiəm] s L ⟨bot⟩ *Tüpfelfarn* m ~pore [‚pɔlipɔ:], ~porus [‚pɔli'pɔ:rəs] s ⟨bot⟩ *Löcherpilz* m ~pous ['pɔlipəs] a ⟨zoo⟩ *Polypen–* ⟨med⟩ *Polypen–* ~ptych ['pɔliptik] s *Wandel–, Flügelaltar* m ~pus ['pɔlipəs] s L (pl ~es, –pi [–pai]) s ⟨med⟩ *Polyp* m ~sar ['pɔlisa:] s (trade name) ⟨m.m.⟩ *Buna* ~ ~syllabic ['pɔlisi'læbik] a (~ally adv) *vielsilbig* ~syllable ['pɔli‚siləbl] s ⟨gram⟩ *vielsilbiges Wort* n ~technic [‚pɔli'teknik] 1. a *polytechnisch* 2. s *polytechnische Schule* f ~theism ['pɔliθi(:)izm] s *Polythe·ismus* m, *Vielgötterei* f ~zoa [‚pɔli'zouə] s L pl ⟨zoo⟩ *Gattung* f *der Moostierchen*

polynia [pɔ'liniə] s *eisfreie Stelle* f *im Nordpolarmeer*

pom [pɔm] s ⟨fam⟩ abbr *f* Pomeranian (dog)

pomace ['pʌmis] s (Apfel-)*Fruchtmasse* f ‖ *organischer Dünger* m

pomade [pɔ'ma:d] Fr 1. s *Pom·ade* f 2. vt *mit P. einreiben*

pomander [po'mændə] s *Parfüm(mischung* f) (in Kugelform) n ‖ –*schachtel* f

pomatum [pɔ'meitəm] s L *Pomade* f

pombe ['pɔmbi] s *ostafrik. Hirsebier* n

pome [poum] s *Kernfrucht* f

pomegranate ['pɔmgrænit] s ⟨bot⟩ *Granatapfel* m; –*baum* m; Common ~-Tree *Granatapfelbaum* m

pomelo ['pɔmilou] s [pl ~s] *Pampelm·use* f

Pomeranian [‚pɔmə'reiniən] 1. a *pommerisch* ‖ ~ *dog Spitz* m 2. s *Pommer*(in f) m ‖ (abbr Pom) *Spitz* m

pomfret ['pɔmfrit] s ⟨ich⟩ *ein Seefisch des Stillen Ozeans* m

pomfret-cake ['pʌmfrit'keik] s *Süßholzplätzchen* n

pomiculture ['poumi‚kʌltʃə] s *Frucht–, Obstbaumkultur* f

pommel ['pʌml] 1. s (of a sword) *Knauf* m ‖ *Turm–, Sattelknopf* m 2. vt (–ll–) *puffen, knuffen* ‖ (Leder) *narben*

pommy ['pɔmi] s ⟨sl⟩ *brit. Einwanderer* m *in Australien* or *Neu-Seeland*

pomology [po'mələdʒi] s *Obstbaukunde* f

pomp [pɔmp] s *Pomp* m, *Pracht* f, *Gepränge* n

Pompadour ['pɔmpəduə] s Fr *kl Strick–, Arbeitsbeutel* m ‖ *Karmesinfarbe* f; *Gewebe aus K.* ‖ *farbiges Blumenmuster* n ‖ ⟨orn⟩ *Echter*

Pompadour m (Schmuckvogel) ‖ ⟨Am⟩ *ein bes. Herrenhaarschnitt*; e–e *Damenfrisur* f

Pompeian [pɔm'pejən] a *pompejanisch* (red)

pompier ['pɔ:pie] s Fr ~'s ladder (Feuer-)*Hakenleiter* f

pom-pom ['pɔmpɔm] s *Fla–* (= *Flugabwehr-*)*MG* n; *Maschinenflak* f; (automatische) *Schnellfeuerkanone* f

pompon ['pɔ:pɔ:] s *Quaste, Troddel, Bommel* f

pomposity [pɔm'pɔsiti] s *Pomphaftigkeit* f, *Prunk* m ‖ *Bomb·ast* m ‖ *pomphafte P.*

pompous ['pɔmpəs] a (~ly adv) *pomphaft, prunkvoll* ‖ (of language) *hochtrabend, schwülstig, bomb·astisch*

'pon [pɔn] prep = upon

ponce [pɔns] s ⟨sl⟩ *Zuhälter* m

ponceau ['pɔ:so] s Fr *gr roter Feldmohn* m; *die Farbe des F.*

poncho ['pɔntʃou] s [pl ~s] ⟨Am Span⟩ *ärmelloser Mantel der Indianer* m ‖ ⟨mil tail⟩ *Regenumhang, Poncho* m

pond [pɔnd] 1. s (oft: künstl.) *Teich, Weiher*; *Tümpel*; *Kolk* m; *horse–~ Pferdeschwemme* f 2. vt/i ‖ (Wasser) *in e–m Teich sammeln* | vi e–n T. *bilden* ~age ['~idʒ] s *Wassermenge in e–m Teich* f; *Wassergehaltsfähigkeit e–s Teiches* f

ponder ['pɔndə] vt/i ‖ *erwägen, überlegen* (a th; how) | vi *nachdenken* (on über); *grübeln* (over über) ~ability [‚pɔndərə'biliti] s *Wägbarkeit* f ~able ['pɔndərəbl] a *wägbar*, ⟨fig⟩ *abschätzbar* ~ance [~rəns] s *Gewicht* n; *Ernst* m; *Wichtigkeit* f ~ation [‚pɔndə'reiʃən] s *Abwiegen*, –*wägen* n ~osity [‚pɔndə'rɔsiti] s *Schwere* f; *Gewicht* n ‖ ⟨fig⟩ *Gewichtigkeit* ‖ *Schwerfälligkeit, Plumpheit* f ~ous ['pɔndərəs] a (~ly adv) *schwer, massig; wuchtig*; ⟨fig⟩ *schwerfällig, plump; langweilig*

pone [poun] s ⟨Am⟩ *Maisbrot* n (a corn-~)

pone ['pouni] s L ⟨cards⟩ *Spieler, der abhebt*

pong [pɔŋ] vi ⟨theat⟩ to ~ it *improvisieren*

pongee [pɔn'dʒi:] s *weiche China–, Pongé-Seide* f

pongo ['pɔŋgou] s *afrik. Menschenaffe* m

poniard ['pɔnjəd] 1. s *Dolch* m 2. vt *erdolchen*

pons [pɔnz] s L ~ asinorum *Eselsbrücke* f (5. Aufgabe des I. Buches des Euklid) ⟨a übtr⟩ ‖ ⟨anat⟩ *Brücke* f; ~ Varolii ⟨anat⟩ *Band* n, *Nervenfasern im Gehirn* **pontage** ['pɔntidʒ] s *Brückengeld* n

pontifex ['pɔntifeks] s L *alt-röm. Priester* m ‖ ~ maximus *der Papst* m –iff ['pɔntif] s *Hohepriester* m ‖ ⟨R.C.⟩ *Papst* m –ifical [pɔn'tifikəl] 1. a (~ly adv) *bischöflich* ‖ *päpstlich* ‖ *hohepriesterlich* 2. s *Pontifik·ale* n (Buch) ‖ ~s [pl] *bischöfl. Amtstracht* f –ificate [pɔn'tifikit] s *Pontifik·at* n –ificate [pɔn'tifikeit], –ify ['pɔntifai] vi ⟨übtr⟩ *päpstlich, autoritativ sprechen* or *auftreten*

pont-levis [‚pɔnt'levis] s Fr *Zugbrücke* f

pontoneer [‚pɔntə'niə] s (Ponton-)*Brückeningenieur* m –toon [pɔn'tu:n] 1. s ⟨mil⟩ *Ponton, Brückenschiff* n; *gr Flachkahn* m ‖ ~-bridge *Schiff(s)brücke* f 2. vt (Fluß) *mit Pontons durchqueren*

pontoon [pɔn'tu:n] s ⟨cards⟩ *Art Vingt-et-un* n

pony ['pouni] s *P·ony; Pferdchen* n | the –nies ⟨sport fam⟩ *die Pferdchen* (= *Wettrennen*) | £25 *Sterling* ‖ *kl Bierglas* n ‖ ⟨Am⟩ *Eselsbrücke*, °*Klopp* f; *Choristin* f ‖ [attr] *Pony–* (~-skin) ‖ ⟨übtr⟩ *kl* ‖ ~-engine ⟨rail⟩ *kl Rangierlokomotive* f ‖ ~-tail *Pferdeschwanz(frisur* f) m

pooch [pu:tʃ] s ⟨Am sl⟩ *kl Fixköter* m

pood [pu:d] s *russ. Gewicht* v 40 *russ. Pfd.*

poodle ['pu:dl] s ⟨zoo⟩ *Pudel* m

pooh [pu:] intj *pah! ach was!*

Pooh Bah ['pu:'ba:] s (aus der Oper 'The Mikado') *jd, der viele Ämter bekleidet*

pooh-pooh [pu:'pu:] vt to ~ a th *die Nase*

über etw rümpfen; *etw verachten, etw gering-schätzig abtun* (as *als*)

pooja(h), puja ['pu:dʒɑ:] s ⟨Ind⟩ *relig. Ritus der Hindus* m; (*Gottes-*)*Verehrung* f

pookoo, puku ['pu:ku:] s ⟨zoo⟩ *kl rötlich-braune Antilope* f

pool [pu:l] **1.** s *stehendes Wasser* n, *Lache* f, *Pfuhl, Tümpel*; *Teich* m; the ⁓ *Teil der Themse unter* London Bridge m ‖ ⟨übtr⟩ *Kreis, Bezirk*; *Fleck* m ‖ *Schreib–, Zentralkanzlei* f **2.** vt (*Kohle*) *unterminieren*

pool [pu:l] **1.** s ⟨cards⟩ *Kasse* f ‖ *Wettbüro* n, *Totalisator* m ‖ football ⁓ *Fußball-Toto* n ‖ ⟨bill⟩ *deutsches Billard* n **|** ⟨com⟩ *gemeinsamer Fonds* m, *–me Kasse* f; ⟨mil⟩ *Reservebestand* m ‖ *Interessengemeinschaft* f; *armaments* ⁓ *Rüstungspool* m ‖ *Polo* m (*Vereinigung konkur-rierender Unternehmungen), Ring* m, *Kart·ell* n; → *corner* ‖ ⟨Am⟩ *Schwimmbad* n **|** ⁓ *garage Gemeinschafts–, Sammelgarage* f; ⁓ *train* (*v mehreren Gesellschaften) gemeinsam betriebener Zug* m **2.** vt (*Kapital*) *zus–werfen*; (*Gewinne*) *unter sich verteilen*; (*Kräfte*) *vereinigen* ⁓**ing** ['⁓iŋ] s ⟨com⟩ *Zus–legung* f

poon [pu:n] s ⟨bot⟩ *Gummiapfel* m, *Schön-blatt* n ‖ ⁓**-oil** *Marienbalsam* m

poop [pu:p] **1.** s *Hinterteil, Heck des Schiffes*; *Kamp·anje, Hütte* f ‖ ⁓**-deck** *Poopdeck* n **2.** vt (*of waves) über das Achterschiff schlagen* ‖ (of ship) to be ⁓ed *e–e Sturzsee v hinten bek*

poop [pu:p] **1.** vi (of a gun) *donnern* ‖ ⟨vulg⟩ °*pupen, furzen* **2.** s ⟨mot⟩ *Hupen* n ‖ *Donnern*; ⁓-⁓ *Gedonner* n

poor [puə] **I. a 1.** *wenig besitzend, arm* (in *an*) ‖ *gering*; *unfruchtbar, dürr* (soil) ‖ *dünn, mager* (horse) **2.** *unzureichend, schwach, schlecht* (consolation); *falsch* (economy); *schlecht* (night, visibility *Sicht*) ‖ ⁓ *definition* ⟨phot⟩ *Un-schärfe* f **3.** *armselig*; *dürftig* (breakfast); *unbe-deutend* (player), *gering* (opinion) ‖ *verächtlich, traurig* (creature) ‖ ⁓ *in words wortkarg, sich ausschweigend* **4.** ⟨fam⟩ *unglücklich, arm* (⁓ Harry); my ⁓ *dad mein armer* (*verstorbener*) *Papa*; ⁓ me *ich Armer*; ⁓ *little* thing! *das arme Ding*! ⟨Am sl⟩ ⁓ *cheese Idiot* m; ⁓ *fish Narr*; *Schwächling* m; ⁓ *soak Trinker* m; ⁓ *sport Ekel* n (*P*); ⁓ *white trash armer Weißer* (*im Süden*) **5.** [in comp] ⁓-spirited *kleinmütig, verzagt*; *mutlos, feige* **II.** *subst.* **a 1.** the ⁓ *die Armen* pl (the English ⁓) **2.** [attr] *Armen–*: ⁓*-box –büchse, –kasse* f ‖ ⁓*-law –gesetz* n ‖ ⁓*-rate Gemeindearmensteuer* f ‖ ⁓*-relief Armenfürsorge* f ‖ ⁓*-spirited verzagt, feig, niedergedrückt* ⁓**house** ['⁓haus] s *Armenhaus* n ⁓**ly** ['⁓li] **1.** adv *dürftig*; *schwach* (⁓-gifted *schwach begabt*) ‖ ⁓ *defined* ⟨phot⟩ *unscharf* ‖ to think ⁓ of *nicht viel halten v* **2.** a [*nur pred*] *unpäßlich, kränklich* ⁓**ness** ['⁓nis] s *Armut* f, *Mangel* m (of *an*) ‖ *Unfruchtbarkeit* f ‖ *Dürftig-keit*; *Armseligkeit* f ‖ *Schwäche* f

pooty ['pu:ti] a ⟨fam⟩ *f* pretty

pop [pɔp] s ⟨Am fam⟩ *Paps, Papus* m (*Vater*)

pop [pɔp] vi/t **A.** vi **1.** *knallen, losgehen* ‖ ⟨fig⟩ *explodieren* (with *vor*) ‖ ⟨fam⟩ *puffen, paffen, knallen, schießen* (at *nach*) **2.** *schnell gehen or springen*; *hereinkommen* (into) **3.** [mit adv] to ⁓ *in hereinplatzen*; to ⁓ *in and out hinein u heraus laufen* ‖ to ⁓ *off losgehen*; ⟨sl⟩ °*abkratzen* (*sterben*) ‖ to ⁓ *out ausgelöscht w*; ⟨sl⟩ °*abkratzen* (*sterben*); to ⁓ *up plötzlich auf-tauchen* **B.** vt **1.** *z Knallen bringen, knallen l*; *ab–, losschießen* ‖ ⁓**ped** ⟨fam⟩ °*kaputt* **2.** *schnell schieben, stecken* (into *in*; under *unter*; in at the door *z Tür herein*); (*Kopf*) *schnell her-ausstecken* (out of *aus*) **3.** to ⁓ *the question to* a p *jdm e–n Heiratsantrag m* **4.** ⟨sl⟩ *verpfänden* ‖ ⟨Am⟩ (*Mais*) *rösten* → ⁓**corn** ‖ ⁓**-eye** ⟨aero sl⟩ °*Emil*, (*Beobachter*) m **5.** [*mit adv*] to

⁓ on (*Hut*) *aufsetzen* ‖ to ⁓ *out* (*Licht*) *aus-löschen*

pop [pɔp] **1.** s *Knall, Paff* m ‖ ⟨fam⟩ *Schuß* m, to have a ⁓ at *schießen nach* ‖ ⟨fam⟩ *schäu-mendes Getränk* n, *bes Ingwerbier* n, *Sekt* m, ⟨Am bes⟩ *Brause*(*-Limonade* f) f; ⁓-wallah ⟨mil sl⟩ *Brause-Trinker* m (*Abstinenzler*) **|** ⟨sl⟩ *Verpfänden* n (in ⁓ *verpfändet*) **2.** adv *mit e–m Knall*; to go ⁓ *losgehen, knallen*; *abgehen, sterben* ‖ *plötzlich, unerwartet* **3.** intj *puff*! *paff*! *klatsch*! ⁓**corn** ['⁓kɔ:n] s ⟨urspr Am cul⟩ *Puff-mais* m, *–korn* n

pop [pɔp] **1.** s (abbr *f* popular) ⟨fam⟩ *Konzert* n *zu volkstümlichen Preisen* **2.** a *volkstümlich* (art, disc, music)

pope [poup] s *Papst* m (*a* übtr) ‖ ⁓'s *nose* ⟨fam⟩ °*Papstnase* f (*Bürzel der Gans*) ⁓**dom** ['⁓dəm] s *Papsttum* n ‖ = ⁓**ry** ['⁓əri] s *Papisterei* f; *Pfaffentum* n (no ⁓! *schweig mir v Rom*!)

pop-eyed ['pɔp͵aid] a ⟨Am⟩ *mit vorspringen-den Augen*; to be ⁓ *glotzen* (with *vor*)‾ **pop-gun** ['pɔpʌn] s (*Kinderspr.*) *Knall–, Puffbüchse* f

popinjay ['pɔpindʒei] s *Laffe, Fatzke, Geck* m ‖ *Schützenvogel* m (*beim Bogenschießen*)

popish ['poupiʃ] a (⁓ly adv) ⟨dero⟩ *papistisch*; *pfaffenhaft, Pfaffen–*

poplar ['pɔplə] s ⟨bot⟩ *Pappel* f; Lombardy ⁓ *Pyramidenpappel*

Poplarism ['pɔplərizm] s *verschwenderische, die Steuerzahler drückende Hilflosen-Unterstüt-zung* f

poplin ['pɔplin] s *Popel·ine* f

popliteal [͵pɔpli'tiəl] a *Kniekehl–*

popocracy [po'pɔkrəsi] s ⟨Am⟩ *Politik der* People's Party; → Populism

poppa ['pɔpə] s ⟨Am fam⟩ *Paps, Papus* m (*Vater*)

poppet ['pɔpit] s ⟨dial⟩ (*P*) *Püppchen* n, *Puppe* f ‖ ⟨mar⟩ *Schlittenständer* m ‖ ⁓**-head** *Docke* f (*e–r Drehbank*)

poppets ['pɔpits] s pl ⟨tail⟩ *Steckperlen* f pl

popping-crease ['pɔpiŋkri:s] s ⟨crick⟩ *weiße Linie* f *vor dem Dreistab*

popple ['pɔpl] **1.** vi (of water) *Wellen schlagen*; *rollen*; *bullern*; *wallen* **2.** s *Wellenschlag, –gang* m

poppy ['pɔpi] s ⟨bot⟩ *Mohn* m; opium ⁓ *Schlafmohn* m ‖ ⟨Am sl⟩ *Alphastrahlenzähler* m **|** [attr] *Mohn–* ‖ ⁓ *coloured hochrot* ‖ ⁓**-head** *Mohnkapsel* f ‖ ⁓ Day *Waffenstillstandstag* (*11. Nov.* [*1918*]) ‖ ⁓**-show** ⟨vulg⟩ „*Blitzen-lassen*" n *der Unterwäsche*

poppycock ['pɔpikɔk] s ⟨Am sl⟩ *Unsinn, Schwindel, Quatsch* m

pops(e)y ['pɔpsi] s ⟨fam⟩ [voc] *Püppchen*!, *Kindchen*! ‖ ⟨vulg⟩ *Verhältnis* n (*P*)

populace ['pɔpjuləs] s *der gr Haufe* m, *das Volk* n (*im Ggs z den Wohlhabenden*) ‖ *Pöbel* m

popular ['pɔpjulə] a ⟨jur⟩ **1.** *öffentlich* (⁓ *action*) **|** *volkstümlich, Volks–* (⁓ voice) **2.** *populär, volksnah, gemeinverständlich* (to make ⁓) **|** *volkstümlich, erschwinglich, mäßig, niedrig* (price) **3.** *volkstümlich, Volks–* (⁓ song); ⁓ *front* ⟨anti-nazi⟩ *Volksfront* f; *beliebt* (with *bei*); to make o.s. ⁓ *sich b. m* ‖ *allgemein, ver-breitet* (⁓ *idea*) ⁓**ity** [͵pɔpju'læriti] s *Popularität*; *Volks-tümlichkeit, Beliebtheit* f (among *unter, bei*) ⁓**ize** ['pɔpjuləraiz] vt *popularisieren*; *populär or volkstümlich or gemeinverständlich m or dar-stellen* ⁓**ly** [⁓li] adv *im Volksmunde*

populate ['pɔpjuleit] vt *bevölkern, –siedeln* ⁓**ation** [͵pɔpju'leiʃən] s *Bevölkerung* ‖ *Einwoh-nerzahl* f ‖ ⟨übtr⟩ *Zahl, Menge* f; *the* pig ⁓ *die Z., der Bestand der Schweine*, the deer ⁓ *der Rotwildbestand* **|** ⟨stat⟩ *Gesamtheit* f pl ‖ ⟨stat demog⟩ *actual od de facto* ⁓, *enumerated od present-in-area* ⁓ *ortsanwesende Bevölkerung*; *agricultural od farm* ⁓, ⁓ *dependent on agri-*

culture *Berufszugehörige* pl *der Landwirtschaft*;
industrial ~ *Erwerbspersonen* pl *der Industrie*;
maximum ~ *Maxim'albev.*; working ~ *Er-werbspersonen* pl | [attr] ~ aggregate, ~ cluster
Agglomeration f || ~ analysis *analytische De-mographie* f || ~ carrying capacity *größtmög-liche Dichte* f || ~ census *Volkszählung* f || ~
dynamics *Bev.sentwicklung* f || ~ growth
Wachstum n *der Bev.* || (general) ~ mo' ment
od change *Bev.sbewegung* f || ~ pa eter
statistischer Parameter n || ~ pressure *Bev.s-druck* m || ~ pyramid *Alterspyramide* f ||
study of ~ quality *qualitative Demographie* f
|| (continuous) ~ registrater *Bev.skartei* f || ~
research *Demoskop'ie* f
   Populism ['pɔpjulizm] s ⟨Am⟩ *polit. Lehre der*
People's Party f *(ggr. 1892) (Ziel: öffentl. Kon-trolle der Eisenbahnen, Begrenzung des Privat-eigentums* etc) –**ist** ['pɔpjulist] s *Anhänger* m *v*
Populism; *Mitglied* n *der* People's Party
   populous ['pɔpjuləs] a (~ly adv) *dicht be-völkert*; *volkreich* || to make ~ *bevölkern*; ⟨fig⟩
beleben ~**ness** [~nis] s *Bevölkerungsdichte* f
   porbeagle ['pɔ:bi:gl] s ⟨zoo⟩ *Heringshai* m
   porcelain ['pɔ:slin] s *Porzellan* n | [attr] *Por-zell'an–* ~**ize** [~aiz] vt *z P. m* ~**ous** [~əs],
–**aneous** [,pɔ:sə'leiniəs] a *Porzellan–*
   porch [pɔ:tʃ] s *Säulenhalle, Vorhalle* f || ⟨Am⟩
Veranda f
   porcine ['pɔ:sain] a *Schwein(e)–* || ⟨fig⟩
Schweins–, schweinisch
   porcupine ['pɔ:kjupain] s ⟨zoo⟩ *Stachel-schwein* n | *Hechelmaschine* f
   pore [pɔ:] s ⟨anat & bot⟩ *Pore* f || ⟨übtr⟩ to
sweat from every ~ *aus allen Poren schwitzen*;
erregt s
   pore [pɔ:] vi *sich vertiefen* (into *in*) || to ~ on
nachdenken, brüten über || to ~ over a th *etw
eifrig studieren, über etw hocken*; *etw einstu-dieren*; *eifrig lesen*
   porgy ['pɔ:gi] s ⟨ich⟩ *Meer–, Goldbrasse* m
   porifera [pɔ:'rifərə] s L pl ⟨zoo⟩ *Porif'eren* f pl,
Schwämme m pl –**rous** [pɔ:'rifərəs] a *Poriferen–,
Schwamm–*
   porism ['pɔ:rizm] s ⟨math⟩ *Folgesatz, Zu-satz* m
   pork [pɔ:k] s *Schweinefleisch* n | ⟨Am⟩ *(a
~-barrel)* ⟨fig⟩ *Geld aus bundesstaatl. Kasse f
lokale Zwecke, Stimmviehpolitik* f; *(Politik der
Vorlage zu)* Staatssubventionen f pl *f Wahl–* or
lokalpolitische Zwecke; °,,*Vitamin B''-(= Be-ziehungen)Unternehmen* n | ~-butcher *Schweine-schlächter* m || ~-pie *–fleischpastete* f; ~-pie
hat *runder Damenhut* m *mit hochstehender
Krempe* ~**er** ['~ə] s *Mastferkel, –schwein* n ~**y**
['~i] a *fettig, Fett–* (odour)
   pornographer [pɔ:'nɔgrəfə] s *Verfasser v
Schmutzliteratur* m –**phic** [,pɔ:no'græfik] a *un-züchtig, Schmutz–* –**phy** [pɔ:'nɔgrəfi] s *Schmutz-literatur* f
   porosity [pɔ:'rɔsiti] s *Porosit'ät* f
   porous ['pɔ:rəs] a (~ly adv) *por'ös; durch-lässig* ~**ness** [~nis] s *Porosität* f
   porphyritic [,pɔ:fi'ritik] a *Porphyr–* –**yry**
['pɔ:firi] s ⟨geol⟩ *P'orphyr* m
   porpoise ['pɔ:pəs] **1.** s ⟨zoo⟩ *Tümmler* m,
Meerschwein n **2.** vi ⟨aero⟩ *wellenförmig* or
stampfend landen or *aufsteigen*
   porrect [pɔ'rekt] **1.** a *ausgestreckt* **2.** vt
(Glied) strecken || ⟨ec⟩ *dar–, überreichen* ~**ion**
[pɔ'rekʃən] s ⟨ec⟩ *Darbietung, Überreichung* f
   porridge ['pɔridʒ] s *Hafer(grütz)brei* m, *Ha-fergrütze* f
   porrigo [pɔ'raigou] s L ⟨med⟩ *Kopfgrind* m
   porringer ['pɔrindʒə] s *(Suppen-)Napf* m,
⟨mil fam⟩ *Picknapf* m
   port [pɔ:t] s *Hafen* m *(the ~ of Plymouth)*;
free ~ *Frei–*; ~ of call *Anlege–, Anlauf–*; ~ of

clearance *Abgangs–*; ~ of debarkation *Aus-schiffungs–*; ~ of destination *Bestimmungs–* ||
to clear a ~ *aus e–m Hafen auslaufen* || ⟨fig⟩
H., Zuflucht f || *–platz, –stadt* | ~ admiral
–kommandant || ~-charges, ~-dues [pl] *–ge-bühren* pl
   port [pɔ:t] s *(bes* Scot) *(Stadt-)Tor* n; *Pforte* f
| ⟨tech⟩ *Austritts–, Steueröffnung* f, *Durchbruch*
m | ⟨mar⟩ *Öffnung, Luke an der Schiffsseite* f
(z Einladen etc); (⟨a⟩ ~-hole) *Schießscharte* f,
–loch n; ⟨hist⟩ *Kanonenpforte* f || *Koker* m
(Öffnung f Ruderschaft im Schiffsheck) ||
⟨mech⟩ *Öffnung f Dampf(etc)abzug; Einlaß* m
(β-~ ⟨at⟩ *Betastrahleneinlaß* m) | ~-hole
⟨mar⟩ *Luke* f *(an der Schiffsseite) z Einlassen v
Licht u Luft*
   port [pɔ:t] **1.** s ⟨mar⟩ *Backbord* n, *–seite* f;
[attr] *Backbord–* **2.** vt/i || ⟨mar⟩ *(Steuer) nach
B. halten* | vi *(of* ship) *sich nach B. wenden*
   port [pɔ:t] s *(f* Oporto) *(a* ~-wine) *Portwein* m
   port [pɔ:t] **1.** s *äußere Haltung* f; *Anstand* m
2. vt ⟨mil⟩ *(Gewehr) schräg (nach links) vor der
Brust halten* ~**ability** [,pɔ:tə'biliti] s *Tragbar-keit* f ~**able** ['pɔ:təbl] a *trag–, fahr–, transpor-tierbar* || ⟨mil⟩ *Feld–* (forge, telephone, tele-printer); ~ *altar Tragaltar* m; *Reise–* || ~ *chair
Rollstuhl* m; ~ *grammophone Koffer-Gr.*; ~
lamp *Handleuchte, –lampe* f; ~ railway *Feld-bahn* f; ~ engine *Lokomobile* f; ~ radio set
Kofferradio m, ⟨mil⟩ *Tornisterfunkgerät* n;
⟨wir⟩ ~ station *fahrbare Radiostation*; ~
(type-writer) *Reiseschreibmaschine*; ~ wireless
set *Kofferempfänger* m ~**age** ['pɔtidʒ] **1.** s
Tragen n; *Transport (–Kosten* pl) m; *Fracht–,
Rollgeld* n; ⟨Am⟩ *Überführung(sstrecke* f) f *(v
Waren* or *Booten über Land* or *über e–e Wasser-scheide*); *Träger–, Botenlohn* m; *Zustellungs-gebühr* f || ⟨mar⟩ *Tragstelle* f **2.** vt *(Boot) trans-portieren*
   portal ['pɔ:tl] **1.** s ⟨arch⟩ *Port'al* n, *Haupt-eingang* m || *Eingang* m ⟨a fig⟩ **2.** a ⟨anat⟩
Pfort– (~ vein *–ader* f)
   portamento [,pɔ:tə'mentou] s It ⟨mus⟩ *Porta-m'ent, Hinüberschleifen* n *v e–m Ton z andern*
   portative ['pɔ:tətiv] a *tragfähig, Trag–* (~
power); ~ *organ tragbare Orgel* f, *Portat'iv* n
   port-crayon ['pɔ:tkreiən] s Fr *(Zeichen-)
Bleistifthalter* m
   portcullis [pɔ:t'kʌlis] s ⟨fort⟩ *Fallgatter* n ||
⟨her⟩ *e–r der vier* Pursuivants m *(→ d)*
   Porte [pɔ:t] s ⟨hist⟩ *die* ~ *die Pforte* f *(tür-kische Regierung)* || the Sublime ~ *die Hohe
Pforte* f
   porte-cochère ['pɔ:tkɔ'ʃɛə] s Fr *(Wagen-)
Einfahrt* f –**monnaie** ['pɔ:t,mʌni] s Fr *Geld-tasche* f
   portend [pɔ:'tend] vt *verkünden, vorbedeuten*
|| *(hin)deuten auf; anzeigen*
   portent ['pɔ:tent] s *Vorbedeutung, –aussage* f
|| *schlimmes Anzeichen* n || *Wunder* n (he is a
literary ~); ~s [pl] *wunderbare Errungenschaf-ten* f pl –**ous** [pɔ:'tentəs] a (~ly adv) *unheilver-kündend, –voll* || *wunderbar, Wunder–*; ⟨hum⟩
gewaltig, außergewöhnlich
   porter ['pɔ:tə] s *Pförtner, Portier* m
   porter ['pɔ:tə] s ⟨rail⟩ *Gepäckträger, Dienst-mann* m; ⟨Am⟩ *(schwarzer) Salon–, Schlaf-wagen-Aufwärter* m *(urspr ~'s* ale) *Porter* n
(Bier) | ~ *train Trägerkarawane* f ~**age**
[~ridʒ] s ~ *portage*
   portfire ['pɔ:tfaiə] s ⟨hist⟩ *Zündrute, Lunte* f
   portfolio [pɔ:t'fouljou] s [pl ~s] *Aktentasche,
–mappe* f || ⟨parl⟩ *(Minister-)Portefeuille* n;
without ~ *ohne Geschäftsbereich*
   portico ['pɔ:tikou] It s [pl ~s] *Säulenhalle* f
   portière ['pɔ:tiɛə] s Fr *schwerer (Tür-)Vor-hang* m
   portion ['pɔ:ʃən] **1.** s *zugemessener Teil, An-teil* m *(of an)* || *Portion (Essen)* f || *Teil* m, *Stück*
n || *Menge* f (a ~ of *etw von)* | ⟨jur⟩ *Anteil* m;
Mitgift f; legal ~ *Pflichtteil* m **2.** vt *einteilen, als*

Anteil zuweisen (to a p *jdm*) || (*Tochter*) *ausstatten, –steuern* || to ~ out *austeilen* | **~er** [~ə] s *Austeiler* m **~ist** [~ist] s ‹ec› *Geistlicher* m, *der sich mit anderen in das Pfründeinkommen teilt* **~less** [~lis] a *ohne Anteil or Aussteuer*

Portland ['pɔːtlənd] s (*Halbinsel in Dorsetshire*) ~ stone *Portlandstein* (*Oolithkalkstein*) m; ~ cement *dem P. in Farbe ähnelnder Zement* m
  portliness ['pɔːtlinis] s *Stattlichkeit, Würde* f || *Behäbigkeit* f **–ly** ['pɔːtli] a *würdevoll, stattlich* || *wohlbeleibt, behäbig*
  portmanteau [pɔːt'mæntou] Fr s (pl ~s, ~x [~z]) (*Leder-*)*Handkoffer* m || ~-word *Schachtelwort* n (*z B* brunch, *Demokratur*; tor- rible *aus* terrible *u* terrible)
  portolano [pɔːtə'lɑːnou] s (pl ~s) It *Segel-, Hafenhandbuch mit Karten* n
  portrait ['pɔːtrit] s (*Porträt, Bildnis* n; ~ in oils *Ölporträt* n; equestrian ~ *Reiterbildnis*, full-length ~ *P. in ganzer Figur*, half-l. ~ *Brustbild* n, three third ~, three quarter ~ *Kniestück* n, state ~ *repräsentatives P.*, ~ to the waist *P. in halber Figur*; to take a p's ~ *jdn malen*; photographieren | ‹fig› *Beschreibung* f, *Bild* n (to draw a ~ of) || *Bild, Gleichnis* n | [attr] *Porträt-* || ~ shape ‹phot› *Hochformat* n (*Ggs* oblong shape *Querformat*) || ~-painter = **~ist** [~ist] s *Porträtmaler* m **~ure** [~ʃə] s *Porträtmalerei* f || ‹fig› *Darstellung, Schilderung* f, *Bild* n; ‹theat› *Darstellung der Charaktere* f
  portray [pɔː'trei] vt *porträtieren, malen, abbilden* || *anschaulich schildern*; *darstellen* **~al** [~əl] s *Zeichnung* f, *Bild* n || ‹fig› *Darstellung, Schilderung* f
  portreeve ['pɔːtriːv] s ‹hist› *Bürgermeister; Amtmann* m
  portress ['pɔːtris] s *Pförtnerin* f
  Portuguese [pɔːtjuˈgiːz] **1.** a *portugiesisch* **2.** s [pl ~] *Portugiese* m; the ~ *die Portugiesen* pl | *das Portugiesische* n
  pose [pouz] **1.** vt/i **1.** (*Behauptung*) *aufstellen*; (*etw*) *hinstellen* (as *als*); (*Frage*) *aufwerfen* || (*jdn*) *in Pose* ‹fig› *Positur*) *stellen* || to be ~d with a th *e–r S gegenüberstehen* | vi *sich in Pose* (*Positur*) *stellen, setzen* (for *f*) || *posieren, auftreten, sich ausgeben, figurieren* (as *als*) **2.** s *Haltung, Pose, Positur* f || *angenommene Haltung, Pose* f (a mere ~)
  pose [pouz] vt (*jdn*) *verlegen* m; *verblüffen, –wirren* **r** ['~ə] s *verlegen machende, schwierige Frage*; °*harte Nuß* f ‹fig› | *Poseur* m | *Examinator* (*in* Eton)
  poseur [pou'zɔː] s Fr *Wichtigtuer* m, ‹übtr› *Schauspieler* m
  posh [pɔʃ] a ‹sl› *elegant, prächtig, fein, fesch, prima*
  posish [po'ziʃ] s ‹fam› abbr *f* position
  posit ['pɔzit] vt [*mst* pass] *legen*; *an–, unterbringen* | ‹philos› *voraussetzen, postulieren*
  position [pə'ziʃən] **I.** s **1.** ‹philos› *Bejahung*; *Behauptung* f **2.** (*Körper-*)*Haltung, Stellung* f | ‹fig› *Standpunkt* m; in der L. sein, ein ~ *Standpunkt einnehmen, vertreten* **3.** ‹mus› *Lage* f; to shift in a higher ~ *in e–e höhere L. gehen* (*Geige* etc) **4.** *Lage, Stellung* f; to find a ~ *e–n Standort bestimmen* || ‹mil› *Stellung* f; ~ in depth *tiefgestaffelte St.*; ~ of all-around defence *Igelstellung* f; ~ of the battle front *Frontverlauf* m || in ~ *in richtiger L.*, out of ~ *nicht in richtiger L.* || ‹mil & astr› *Position* f; ~-light ‹mar, aero› *–slicht* | ‹fig› *Zustand* m, *Lage* f (a p in my ~ *jd in m–r L.*); to be in a ~ *in der L. s* (to do) | *soziale Stellung* | *Position* m, *Stellung* f; *Amt* n; to hold a ~ *ein A. bekleiden* **5.** [attr] ~ area *Stellungsraum*, ~ area survey *Vermessung* f *v Geschützstellungen*; ~ finder *Ortungsgerät* n; ~ -f. station *Peilfunkstelle* f; ~ finding *Ortung* f || ~-light → **4.** || ~ report ‹aero› *Standortmeldung* f || ~ warfare *Stellungskrieg* m **II.** vt *legen, stellen, anbringen* | *lokalisieren* || (*jdn*) *an den rechten Platz stellen*,

(*jdm*) *den r. Pl. geben* | **~al** [~l] a *sich auf die Lage, Stellung beziehend, durch Lage bestimmt*; *Stellungs–*
  positive ['pɔzətiv] **I.** a (~ly adv) **1.** *ausdrücklich* (order); *fest, bestimmt*; *feststehend* (fact), *ausgemacht*; *sicher* (proof) **2.** (*P*) *überzeugt, selbstsicher*; to be ~ *genau wissen* (that); *hartnäckig, rechthaberisch* **3.** ‹gram› *positiv* (~ degree); *absolut* (no ~ thing) || ‹fam› *absolut, vollkommen* (~ fool) **4.** ‹philos› *positiv, gegeben, wirklich, tatsächlich* **5.** (*Ggs* negative) *bejahend*; ‹math, phys, el, phot› *positiv*; ~ lens *Kollektivlinse* f; ~ feelings [pl] *Freundgefühle* n pl; ~ pole ‹el› *Pluspol* m **5.** ‹tech› *zwangsläufig*; ~ly actuated *zwangsläufig betätigt* **II.** s the ~ *das Positive, Wirkliche* || ‹gram› *der Positiv* || ‹phot› *das Positiv* **~ness** [~nis] s *Bestimmtheit* f || *Wirklichkeit* f || *Hartnäckigkeit* f
  Positivism ['pɔzitivizm] s ‹philos› *Positivismus* m
  positron ['pɔzitron] s *P·ositron* n (*positives Elektron* n)
  poss [pɔs] a ‹fam› if ~ *wenn möglich*, → ~ible
  posse ['pɔsi] s L *Aufgebot* n (of constables); ~ comitatus [kɔmi'teitəs] *Landsturm* m (*e–r Grafschaft*) || *Menge, Schar* f, *Trupp* m
  possess [pə'zes] vt **1.** (*etw*) *besitzen, innehaben, haben* | ‹fig› (*jdn*) *ganz besitzen*; *gefangennehmen*; *in der Gewalt h, beherrschen*; to ~ one's soul in patience *sich in Geduld fassen* | (*Frau*) *besitzen* || to be ~ed *besessen s* (by *v*) | (*jdn*) *verleiten* (to do) **2.** [kaus] (‹eig› *in Besitz bringen*) to ~ o.s. of a th *sich e–r S bemächtigen, etw in Besitz nehmen* || to be ~ed of *im Besitze s v, besitzen*; to become ~ed of a th *in den Besitz ɛ–r S k* | (*jdn*) *erfüllen* (with), [mst pass] to be ~ed with *erfüllt s v* **~ed** [~t] a *besessen*; a man ~ *ein Besessener* m **~ion** [pə'zeʃən] s **1.** [abstr] ‹a jur› *Besitz* m; actual ~ *tatsächlicher unmittelbarer B.*; adverse ~ *unberechtigter B.*; constructive ~ *fiktiver B.*; unlawful ~ *unrechtmäßiger B.* || in ~ *im B.* (of a th *e–r S*); besitzend; to be in ~ of a th (*P*) *etw besitzen* (he is in ~ of .. *er besitzt ..*); to be in the ~ of a p *od in a* p's ~ (*S*) *im B. s v, gehören* (the copy is in the ~ of Mr. N.); to come into the ~ of a th *in den B. e–r S k*; to take ~ of a th *B. ergreifen v etw*; .. of a p ‹fig› *sich jds bemächtigen* **2.** [konkr] *Besitztum* n, *Besitzung* f **3.** *Besessenheit* f, *–sein* n (by a demon) **~ive** [~iv] **I.** a (~ly adv) ‹gram› *besitzanzeigend*; ~ case *Genitiv* m || *besitzbetonend, –gierig*; *Besitz–* (~ right); ~ instinct *Instinkt f Besitz* m **2.** s *besitzanzeigendes Fürwort* n; *Genitiv* m **~or** [~ə] s *Besitzer* m **~ory** [~əri] a *Besitz–* (~ interest)
  posset ['pɔsit] s *heiße Molke* f *mit Schuß* (*Alkohol*);
  possibility [pɔsə'biliti] s *Möglichkeit* f (of *z*, *f*); no ~ of doing *k–e M. z tun*; by any ~ *auf irgendeine Weise* || *mögliche S*; human ~ *etw, was dem Menschen m·öglich ist, –les* [pl] *Entwicklungsmöglich–*, *Fähigkeiten* pl
  possible ['pɔsəbl] **1.** a *möglich* (for *f*; with *bei*; to do *z tun*; for a p to do *daß jd tut*); ~ of proof *m. bewiesen z w*; as quickly as ~ *so schnell wie m.*; if ~ *wenn m.*; (..) as has seldom been ~ *wie es selten m. gewesen ist*; (..) than is ~ (..) *als es m. ist* || *eventu·ell, etwaig* | *nur möglich, denkbar*, the shortest ~ *way od* the shortest way ~ *der denkbar kürzeste Weg* | *erträglich, leidlich, vernünftig* (only one ~ person) **2.** s the ~ *das Mögliche* n; ‹fam› *Höchstzahl an Punkten* f **–bly** ['pɔsəbli] adv *möglicherweise*; not .. ~ *nicht etwa*; I cannot ~ do it *ich kann es unmöglich tun*; how can I ~? *wie kann ich nur?* || *vielleicht*
  possum ['pɔsəm] **1.** s = opossum || ‹Am fam› to play ~ *sich krank stellen*; *sehr vorsichtig s*

(with a p *jdm gegenüber*) **2.** vi ⟨Am fam⟩ *sich krank stellen; sich drücken*

post [poust] **1.** s *Pfahl, Pfosten, Türpfosten* m; *Stange* f; → pillar; starting; whipping; winning ‖ upright ~ *Mittelpfeiler, –pfosten* m ‖ to be beaten on the ~ *kz vor dem Ziel geschlagen w*; to be left at the ~ *zurückbleiben* ‖ *Prellstein* m **2.** vt (*mst* to ~ up) (*etw*) *anschlagen, –kleben* (at *an*) ‖ (*Mauer*) *bekleben* (with *mit*) ‖ (*etw, jdn*) *ankündigen* ‖ to ~ a ship (as missing) *ein Schiff f ausgeblieben erklären*

post [poust] **I.** s **1.** ⟨hist⟩ *Eilbote, Kurier* m **2.** *Postkutsche* f **3.** *staatl.* (*Brief-*)*Post* f; [*a* pl ~s] *Postaustragung* f; ⋋ *Minister* ⟨Ger hist⟩ *Reichspostminister* m ‖ → ~master **4.** *Postamt* n; *Briefkasten* m ‖ *Briefpapier* n **5.** [koll] *Postsachen* f pl **6.** by ~ *mit der P., per P.*; by this day's ~ *mit der heutigen P.*; by return of ~ *postwendend* ‖ (the letter got lost) in the ~ .. *auf, bei der P.* ‖ general ~ *Plätzewechseln* n (*Kinderspiel*) **7.** [attr] *Post–* ‖ ~-bag *Postbeutel* m ‖ ~-boat ~ boot n ‖ ~ box *Schließfach* n, ⟨Am⟩ *Briefkasten* m ‖ ~-chaise [ˈpoustˈʃeiz] ⟨hist⟩ *–chaise, –kutsche* f ‖ ~ exchange (abbr PX) ⟨Am⟩ *Truppenmarketenderei* f ‖ ~-free *portofrei, franko* ‖ ~-haste [a & adv] *eilig, in Eile* ‖ ~-horn *Posthorn* n, ⟨fig, fam⟩ *Trompete* f (*Nase*) ‖ ~-man *Briefträger* m → ~man etc ‖ ~-mark *Poststempel* m ‖ ~-office *Postamt* n (at the ~-office *auf dem P.*); General ⋋ *Office Hauptpost(amt* n) f; ~-office cheque (⟨Am⟩ check) *Postscheck* m; ~-o. clerk *Postbeamter* m ‖ ~-office order *Postanweisung* f (= money-order; → order) ‖ ~-paid *franko, frankiert* ‖ ~-terminal (*End-*)*Bestimmungsort* m **II.** adv † to ride ~ *Kurier reiten* ‖ ⟨fig⟩ *schnell* (to journey ~)

post [poust] vi/t **1.** vi *mit der Post(kutsche) reisen* ‖ *eilig reisen; eilen* **2.** vt (*Brief*) *z Post geben, durch P. schicken*; *in den Briefkasten stecken*; ⟨euph⟩ I'll just ~ a letter *ich will mal nach den Pferden, dem Wagen sehen (austreten)* ‖ ⟨com⟩ (*Posten*) *eintragen* (into *in*); (*oft* to ~ up) (*Bücher*) *ins reine bringen*; to ~ on the assets (.. liabilities) .. *aktivieren* (.. *passivieren*) ‖ ⟨fig fam⟩ [*mst pass*] *informieren, unterrichten* (to ~ o.s. *sich unterrichten*); to keep a p ~ed *jdn auf dem laufenden halten*

post [poust] **I.** s **1.** ⟨mil⟩ *Standort* m, *Stelle* f, *Posten* m; to remain at one's ~ *auf s–m P. bleiben* ‖ police ~ *Polizeistation* f, *–revier-*(*stube* f) n; ⟨mil⟩ *Stellung* f; chain of ~s *Postenkette* f ‖ ~ headquarters *Orts-, Standortkommandantur* f ‖ *Platz* m (trading-~) ‖ *Posten* m (in their ~s *auf ihren P.*); *Amt* n, *Stellung* (the ~ of organist *die St. e–s Organisten*) ‖ ⟨mar⟩ *St. e–s Kapitäns*; ~ captain *K. mit vollem Rang* **2.** ⟨Am⟩ *Standorttruppe*; ~ commander *Standortältester* m **3.** ⟨mil⟩ *Signal* n; the first ~ *das Wecken*; the last ~ *das Locken*; *der Zapfenstreich* (*a bei Begräbnissen*) **II.** vt ⟨mil⟩ *postieren, aufstellen* ‖ ⟨mil & mar⟩ [*mst pass*] (*jdn*) *f e–n Posten* (*bes z Kapitän*) *ernennen* ‖ (*P*) *versetzen*, (*ab*)*kommandieren*; to ~ in [adv] (*Soldat*) *z'uversetzen*, to ~ out .. *abversetzen*, → posting

post [poust] L prep *nach*: ~ *hoc nach diesem*; *also deswegen* ‖ ~ *meridiem* (abbr P.M., p.m.) [ˈpiːˈem]) *nachmittags*

post– [poust] L pref *Nach–* ‖ ~-Christian *nachchristlich* ‖ ~-date [ˈpoustˈdeit] vt (*Brief* etc) *nachdatieren* ‖ (*Faktum*) *später datieren* ‖ ~-entry *nachträglicher Eintrag* m; ⟨racing⟩ *spätere Meldung* f ‖ ~-enumeration test ⟨stat etc⟩ *Kontrollerhebung* f ‖ ~-glacial ⟨geol⟩ *nachglazial* ‖ ~-graduate [ˈpoustˈgrædjuit] **1.** a *f solche berechnet, die den ersten Grad erlangt h, vorgeschritten*; *Forschungs-*; *Doktoranden–* **2.** s *jd, der nach Abschluß der Studienzeit Forschungs-*

studien macht ‖ ~-impressionism = expressionism ‖ ~-mortem [ˈpoustˈmɔːtem] **1.** a *nach dem Tode eintretend, stattfindend* **2.** s (= ~-mortem examination) *Leichenöffnung* f ‖ ~-natal care *Wochenpflege* f ‖ ~-neonatal mortality *Spät-Säuglingssterblichkeit* f ‖ ~-nuptial [ˌpoustˈnʌpʃəl] *a nach der Verheiratung geschehend* ‖ ~-obit [ˌpoustˈoubit] **1.** a *nach jds Tode in Wirkung tretend* **2.** s (= ~-obit bond) *nach dem Tode jds fällig werdender Schuldschein* m ‖ ~-war [ˈpoustˈwɔː] a *Nachkriegs–*

postage [ˈpoustidʒ] s *Porto* n ‖ ~-due *Nachgebühr* f, *Strafporto* n ‖ ~-meter *Frankiermaschine* f ‖ ~-stamp *Briefmarke* f

postal [ˈpoustəl] **1.** a (~ly adv) *Post–* (~ servant *–angestellter*; ⟨Am⟩ ~ card *–karte* [*bes mit eingedruckter Freimarke*, → postcard]); ~ censor's office ⟨mil⟩ *Postüberwachungsstelle* f; ~ cheque *Postscheck* m; ~ concentration center ⟨Am⟩ *Postsammel– u –verteilungsstelle* f ‖ *postalisch* ‖ ~ draft *staatl. Geldanweisung durch Post* f ‖ ~ inquiry ⟨stat demog⟩ *Postbefragung* f, → mail survey ‖ ~ mailing ⟨Am⟩ *Poststreuversand* m; ~ matters pl *Postsachen* f pl ‖ ~ order → order ‖ ~ package, ~ packet *Postpaket* m ‖ ⋋ Union *Weltpostverein* m ‖ ~ vote *Briefwahl* f ‖ ~ wrapper *Kreuz–, Streifband* n **2.** s ⟨Am fam⟩ *Postkarte* f; *–zug* m

~ization [ˌpoustəlaiˈzeiʃn] *Preisvereinheitlichung* f *auch f Transportkosten nach allen Teilen des United Kingdom*

postcard [ˈpousˈkɑːd] s *Postkarte* f ‖ (⟨Am⟩ *ohne Markenaufdruck*), → postal card

postdiluvial [ˈpoustdiˈljuːviəl] a ⟨geol⟩ *postdiluvial, nacheiszeitlich* ‖ *nachsintflutlich –vian* [ˈpoustdiˈljuːviən] a *nachsintflutlich*

posteen [pəsˈtiːn] s *afghanischer Ledermantel* m

poster [ˈpoustə] s *Plakatankleber* m ‖ *Plakat* n, *Anschlag* m ~ed [–d] a *beklebt*

poste restante [ˈpoustˈrestāːt] Fr adv *postlagernd*; ⟨engl⟩ *Briefaufbewahrungsstelle* f

posterior [pɔsˈtiəriə] **1.** a *spätere(r, –s)*; ~ to *später als* ‖ *hintere(r, –s), Hinter–* **2.** s the ~s [pl] *das Hinterteil* n, *der Hintere* m ~ity [pɔsˌtiəriˈɔriti] s *Spätersein, späteres Eintreten* n ~ly [pɔsˈtiəriəli] adv *hinten, nach h. zu*

posterity [pɔsˈteriti] s *Nachkommenschaft* f ‖ *Nachwelt* f (for ~ *f die N.*)

postern [ˈpoustəːn] s *Hinter–, Nebentür* f (by a ~) ⟨a fig⟩

postero– [ˈpɔstərou] L [in comp] ~-lateral *am hinteren Ende des seitl. Teils gelegen*

postfix [ˈpoustˌfiks] s *Suffix* n

postfrontal [poustˈfrʌntl] a ⟨anat⟩ *hinter der Stirn gelegen*

posthumous [ˈpɔstjuməs] a (~ly adv) *nachgeboren* ‖ (of works) *post um, hinterlassen, nachgelassen* ‖ *nach dem Tode erfolgt* (award) ‖ ~ fame *Nachruhm* m

postiche [pɔstiːʃ] s Fr *Unechtheit; Imitation* f; *Ersatz* (for) ‖ *falscher °Wilhelm* m (*Haarersatz*)

posticous [ˈpɔstikəs] a ⟨bot⟩ *hintere(r, –s)*; *nach der Blütenhülle gerichtet*

postie [ˈpousti] s ⟨fam⟩ „*Postrat*" m (*Briefträger*)

postilion, –illion [pəsˈtiljən] s *P ostillon* m

posting [ˈpoustiŋ] s *Postbeförderung, –bestellung* ‖ ⟨mil⟩ ~ in [adv] *Zuversetzung*, ~ out *Abversetzung* f, ~ order *Versetzungsbefehl* m, → to post ⟨mil⟩

postliminy [poustˈlimini] s ⟨ant⟩ *Wiedergewinnung* f *der bürgerlichen Rechte* (e–s *Verbannten* etc) ‖ *Wiederherstellung* f *des früheren Rechtszustandes in e–m v Feind besetzten Landesteil*

postman [ˈpous(t)mən] s *Briefträger* m **–mark**

['pous(t)mɑ:k] **1.** s *Poststempel* m **2.** vt (*Marke*) *abstempeln* –**master** ['poust‚mɑ:stə] s *Postmeister, Postamtsvorsteher*; *Postdirektor* m || ⟨engl⟩ ⁓ *General* [pl ⁓s *General*] *Reichspostminister* m
postmeridian ['poustmə'ridiən] a *nachmittägig, Nachmittags–*
postmistress ['poust‚mistris] s *Postamtsvorsteherin* f
postpone [poust'poun] vt/i **1.** vt *aufschieben, zurückstellen* | (*jdn*) *nachstellen* (to a p *jdm*); *zurück–* (to *hinter*) || ⁓d demand *Nachholbedarf* m **2.** vi ⟨path⟩ *später auftreten* ⁓**ment** [⁓mənt] s *Aufschub* m; *Zurückstellung* || *Unterordnung* f (to *unter*) || ⁓ *of marriage Verlängerung* f *der Ehelosigkeit*
postposition [‚poustpə'ziʃən] s ⟨gram⟩ *Nachstellung* f || *nachgestelltes Wort* n, *–te Präposition* f –**tive** [‚poust'pəzitiv] a *nachgestellt*
postprandial [‚poust'prændiəl] a *nach dem Mittagessen geschehend*; ⁓ *nap Nachmittagsschläfchen* n
postscript ['pous(s)kript] s (abbr P.S.) *Nachschrift, Hinzufügung* f (of *od* to a letter z *e–m Brief*)
postulant ['pɔstjulənt] s ⟨ec⟩ *Bewerber* m (*um Aufnahme in relig. Orden*) –**ate** ['pɔstjulit] s *Forderung* f; *Postul·at* n; *Grundvoraussetzung* f –**ate** ['pɔstjuleit] vt/i | *fordern*; (*als gegeben*) *voraussetzen* (a th; that) | vi: to ⁓ *for bitten um*; *fordern* –**ation** [‚pɔstju'leiʃən] s *Gesuch* n, *Forderung* f; ⟨log⟩ *unentbehrliche Annahme* f
posture ['pɔstʃə] **1.** s *Positur, körperliche Haltung, Stellung* f || (of *affairs*) *Lage* f ⟨a übtr⟩ **2.** vt/i || (*jdn, ein Glied*) *in e–e best. Lage stellen*; *anordnen* | vi *sich stellen*; ⟨fig⟩ *auftreten, posieren*; *figurieren* (as *als*)
posy ['pouzi] s † *Motto* n, *Denkspruch* m || *Blumenstrauß* m
pot [pɔt] s **1.** (*Koch–* etc) *Topf* m; (*Tee-*) *Kessel* m || (*Bier-*)*Kanne* f; *Krug* m || (*Blumen-*) *Topf* m || (*Schmelz-*)*Tiegel* m || *Nachttopf* m | *silbernes Gefäß* (*als Preis*) n; ⟨sl⟩ „*Blumentopf*" (*Preis*) m **2.** *Topfvoll* m (a ⁓ *of potatoes*) || *ein Hohlmaß* n | ⟨fam⟩ *gr Summe* f (*Geldes*); ⟨sl⟩ *gr* (*Wett-*)*Einsatz* m | ⟨sl⟩ ⁓ (*hat*) *Koks* m, *Melone, Bombe* f **3. Wendungen:** big ⁓ ⟨fig⟩ *gr Tier* n || to go to ⁓ ⟨sl⟩ (*zugrunde gehen*) °*kaputt, verschütt, hops, in'n Eimer gehen, pleite gehen* or *m*; go to ⁓! *geh z Henker* or *Teufel*! to make the ⁓ *boil* = to keep the ⁓ *boiling*, → *boil* **4.** [attr] *Topf–* || ⁓-belly *Dickbauch* m || ⁓-boil [vi] *nur um des Geldes willen arbeiten* | ⁓-boiler ⟨fig⟩ *Brot–, Lohnarbeit* f || *Wälzer, Schundroman* (etc) m; *Verfasser solcher Werke* m | ⁓-boy *Bierkellner* m || ⁓-companion *Zechbruder, -genosse* m || ⁓-(-)*galvanize feuerverzinken* || ⁓-herb *Küchenkraut* n || ⁓-hole *Schlagloch* n; ⟨geol⟩ *Strudelkessel, –topf* m, *–loch* n || ⁓-hook *Kesselhaken* m; ⁓-hooks and hangers [pl] (fig) *Gekritzel* n, *Krähenfüße* pl || ⁓-house *Kneipe* f; ⁓-h. *politician Bierbankpolitiker* m || ⁓-hunter *Preisjäger* m; ⟨Am⟩ „*Schlachter-Jäger*" m || to take ⁓-luck *with a p fürliebnehmen mit dem, was es bei jdm z essen gibt* || ⁓-metal *im Schmelztiegel gefärbtes Glas* || ⁓-pie ⟨Am⟩ *Fleischpastete* f || ⁓-roast *Schmorbraten* m || ⁓-scourer *Topfschrupper, -schrubber* m || ⁓-sherd (*Topf-*) *Scherbe* f || ⁓-shot *Schuß* m; *Zufallsschuß, -treffer* m || ⁓-valiant *vom Trinken mutig*
pot [pɔt] **1.** vt/i [–tt–] **a.** vt ⟨cul⟩ *in e–m Topf einmachen* (⁓ted *meat Büchsenfleisch*); (*Eier* etc) *einlegen* || (*jdn*) *in Töpfe pflanzen* | ⟨sl⟩ (*Wild*) *schießen*; (*jdn*) *nieder–* | *gewinnen* || ⟨sl⟩ (*jdn*) *anschmieren* || ⁓ted ⟨Am⟩ *beschwipst* **b.** vi *schießen* (at *nach*) **2.** s ⟨sl⟩ *Schuß* m
potable ['poutəbl] **1.** a ⟨hum⟩ *trinkbar* || ⁓

---

water *Trinkwasser* n **2.** [s pl] ⁓s *Getränke* n pl
potage [pɔ'tɑ:ʒ] s Fr *Suppe* f
potamic [po'tæmik] a *Fluß–*
potamo– ['pɔtəmo] Gr [in comp] *Fluß–*
potash ['pɔtæʃ] s ⟨chem⟩ *Pottasche* f || *Kaliumkarbonat* n; *whisky and* ⁓ *Whisky u Soda* || *Kaliumverbindung* f, *Kali* n, *–dünger* m || ⁓ *lye Natron–*; *Kalilauge* f *–assium* [pə'tæsjəm] s ⟨chem⟩ *Kalium* n; ⁓ *carbonate –karbonat* n, *kohlensaures Kali* n, *Pottasche* f
potation [pou'teiʃən] s [*oft* pl ⁓s] *Trunk, Schluck* m; *Zecherei* f
potato [pə'teitou] s [pl ⁓es] *Kartoffel* f; → *sweet* ⟨Am *oft*⟩ = *sweet* ⁓ || ⟨fig fam⟩ „*Kartoffel*" f (*Loch im Strumpf*); *small* ⁓es ⟨fam⟩ „*kl Fische*" m pl (*nichts Besonderes*) | [attr] *Kartoffel–* (⁓ *beetle,* ⁓ *bug*); ⁓ *blight,* ⁓ *disease,* ⁓ *rot –krankheit* f || ⁓-*box,* ⁓-*jaw,* ⁓-*trap* ⟨fam⟩ „*Futterluke*" f (*Mund*) || ⁓ *cancer Kartoffelkrebs* m || ⁓ *scab –schorf* m || ⁓ *sorter –sortiermaschine* f
poteen, potheen [pɔ'ti:n; Ir pə'tji:n] s Ir *schwarzgebrannter Whisky* m
potency ['poutənsi] s ⟨math⟩ *Mächtigkeit* f || ⟨übtr⟩ *Gewalt* (*magic* ⁓); *Macht* f; *Stärke, Durchschlagskraft* f
potent ['poutənt] a (⁓ly adv) *mächtig*; *gewaltig* || (of *liquor*) *stark* || *durchschlagend überzeugend* **–ate** ['poutənteit] s *Machthaber*; *Herrscher* m ⁓**ial** [pə'tenʃəl] **1.** a (⁓ly adv) *möglich*; *maximum* ⁓ *größtmöglich* (*density*) || *unter Umständen wirkend* || *denkbar, latent* || ⟨gram⟩ *Möglichkeits–* (⁓ *mood*) | ⟨phys⟩ *potenti·ell* (⁓ *energy Energie der Lage*); ⁓ *difference* ⟨mot⟩ *Spannungsunterschied* m || ⁓ *gradient Potenti·algefälle* n **2.** s *Möglichkeit, latente Kraft* f || ⟨gram⟩ *Potentialis* m ⟨phys⟩ (*a* ⁓ *function*) *das Potential* (*Maß* f *die Stärke e–s Kraftfeldes*); ⁓ *difference Potentialdifferenz* f || ⟨eco⟩ *Potenti·al* n (*war* ⁓ *Kriegs–*, *industrial* ⁓ *Industriepotential*); *Kapazität* f ⁓**iality** [pə‚tenʃi'æliti] s *Macht* f || *latente Kraft*; *innere mögliche Kraft* f; *Möglichkeit* f
potentilla [‚poutən'tilə] s ⟨bot⟩ *Fingerkraut* n
potentiometer [po‚tenʃi'əmitə] s ⟨el⟩ *Potentiom·eter* n (*regelbarer Spannungsteiler*) || ⟨telph⟩ *Schwächungswiderstand* m
pother ['pɔðə] **1.** s *rauchige Luft* f || *Aufregung* f, *Lärm* m; *Aufheben* n **2.** vt/i | *aufregen, verwirren* | vi *sich aufregen*
potion ['pouʃən] s (*Arznei–, Gift-*)*Trank* m
Potiphar ['pɔtifə] s: ⁓'s *wife Potiphars Weib* n
potman ['pɔtmən] s = *pot-boy*
potpourri ['pou'puri] s Fr *Topf* m *mit wohlriechenden Kräutern* || ⟨mus⟩ *P·otpourri* n
pottage ['pɔtidʒ] s ⟨hist liter⟩ *dicke Suppe* f
potter ['pɔtə] s *Töpfer* m || ⁓'s-clay, ⁓'s-*earth Töpferton* m || ⁓'s *wheel Töpferscheibe* f ⁓**y** [⁓ri] s *Töpferei* f; the *–ries Sitz der Tonwarenmanufaktur in Staffordshire* m || [koll] *Töpfer–, Stein–, Tonwaren* f pl, *–geschirr*
potter ['pɔtə] vi/t || (to ⁓ *about*) (*herum-*)*lungern, -trödeln*; *bummeln*; *herumtändeln* (*with mit*); *–schmökern* (*in*) | ⟨fig⟩ (*herum*)*pfuschen* (*in*) | vt to ⁓ *away vertändeln, –trödeln* (one's *time*)
pottle ['pɔtl] s (*Frucht-*)*Körbchen* n
potto ['pɔtou] s [pl ⁓s] ⟨zoo⟩ *westafr. Lemur, Halbaffe* m = *kinkajou*
potty ['pɔti] a ⟨sl⟩ *unbedeutend* (a ⁓ *little place*) || *leicht* (z *tun*), *einfach* || *verrückt*; *vernarrt* (on *in*)
pouch [pautʃ] **1.** s *kl Beutel* m, (*Leder-*)*Tasche* f; ⟨mil⟩ *Patronentasche* | *Tabaksbeutel* m || ⟨anat & zoo⟩ *Beutel* m || ⁓ *heel Keilferse* f (*Strumpf*) || ⁓ *kit* ⟨Am⟩ *Sanitätstasche* f || ⁓-*painting Dekorationsmalerei* f **2.** vt/i || (*etw*)

einstecken; –heimsen || ⟨fam⟩ to ~ a p *jdm ein Trinkgeld geben* || (*Kleid*) *bauschen* | vi *Falten schlagen*; (*sich*) *bauschen* || *e–n Beutel bilden* | ~ed [~t] a ⟨zoo etc⟩ *Beutel–* (~ rat); *Taschen–*
 pouf(fe) [pu:f] s *rundes Sitzkissen* n
poulp(e) [pu:lp] s ⟨ich⟩ *Gemeiner Oktop·ode, Pulp* m
poult [poult] s *Hühnchen, Küken* n **~erer** ['~ərə] s *Geflügelhändler* m **~ry** [~ri] s [koll; sg konstr] ⟨cul⟩ *Geflügel, Federvieh* n || [attr] *Hühner–* (~ yard); *Geflügel–* (~ show) || ~ netting ⟨Am⟩ *sechseckiges Drahtgeflecht* n
poultice ['poultis] 1. s ⟨med⟩ *heißer Breiumschlag* m | ~-wallah, ~-walloper ⟨mil sl⟩ °*Sani* m (*Sanitäter*) 2. vt *e–n B. auflegen auf*
pounce [pauns] s (*Raubtier-*)*Klaue, Kralle* f ⟨a fig⟩
pounce [pauns] 1. vi *stürzen, springen* (at *auf*) || *aufspringen, wild* w | to ~ upon *herabstoßen auf*; ⟨fig⟩ *herfallen über, sich stürzen auf*; *ergreifen* 2. s (of eagles) *Herabschießen* n || to be on the ~ *sprungbereit s* (to do) || to make a ~ upon *herfallen über, angreifen* || ⟨fig fam⟩ *Herunterreißen, –machen* n (*scharfe Kritik*) **–cing** ['paunsiŋ] a *stürmisch, eilig*
pounce [pauns] 1. s *Bimssteinpulver* n; *Holzkohlen–, Pauspulver* n; *Pause* f (*Leinwandsäckchen mit Pulver*) 2. vt (*etw*) *mit e–m Bimsstein abreiben* || (*Muster*) *durchpausen* (*auf Tuch*)
pounce [pauns] vt ⟨hist⟩ (*Tuch* etc) *nach e–m Muster durchlöchern*
pouncet-box ['paunsit‚bɔks] s *Parfümbüchse* f
pound [paund] s 1. (*Gewicht*) (abbr lb.) *Pfund* n; ~ avoirdupois *Handelsgewicht* (= 453,6 g); ~ troy *Apothekergewicht* (= 373,242 g) | one and a half ~s of meat *anderthalb Pfd. Fleisch*; six ~s *sechs Pfd.*; by the ~ *pfundweise* 2. (abbr £ *vor der Zahl*, 1 *nach der Zahl*: £30; 30 l) (a the ~ *sterling*) *Pfund Sterling* (= 20sh; *e–e Rechnungseinheit* [*die entsprech. Münze*: *sovereign*]); ten ~s *zehn Pfd.*; ten ~ twelve *10 Pfd. u 12 Schilling*; a shilling in the ~ *5%*; ten shillings in the ~ *50%*; to pay twenty shillings in the ~ *voll bezahlen* || a ~'s worth in silver *ein Pfd. in Silber* | a five-~ note *e–e 5-Pfd.-Note* || ⟨Am⟩ ~ 5 *Dollar* || → penny **~age** ['~idʒ] s ⟨com⟩ *Provision* f or *Prozentsatz* m *per Pfd. Bezahlung pro Pfd. Gewicht* f; *Pfändungsgebühren* f pl *des Gerichtsvollziehers* **~er** ['~ə] s [in comp] (abbr pr) *–pfünder* m (*Gewicht wie Geld*); a ten-~ *ein Zehnpfünder* m (1 pr = 1.457 inch = 3,7 cm; 2 pr = 1.575 inch = 4 cm *Kaliber*) → Appendix

pound [paund] 1. s *Hürde* f; *Pfandstall* m (*f verirrtes Vieh*) || ⟨fig⟩ *Falle* f 2. vt (*Vieh*) *einpferchen, –sperren* ⟨a fig⟩
pound [paund] vt/ı (*etw*) *zerstoßen, –stampfen*; *–malmen* (to z) ⟨a fig⟩ || *trommeln auf, hämmern auf* (to ~ the piano) || (*etw*) *schlagen, hämmern*; to ~ into a p ⟨fig⟩ *jdm* (*etw*) *einhämmern* | *bombardieren* (with) || ⟨Am sl⟩ to ~ the books *ochsen, büffeln*; to ~ the box = piano, ~ o. die „*Drahtkommode" bearbeiten* || ⟨st exch⟩ (*Papiere*) *drücken* | vi *schlagen*; *losschlagen, –hämmern* (at, on *auf*) || *stampfen, wuchtig gehen, trotten* || (of knees) *zittern, schlottern* **~er** ['~ə] s *Stößel* m

pour [pɔ:] I. vt/ı A. **vt** 1. (*etw*) *gießen, schütten* (into *in*; out of, from *aus*; on *auf*) || ⟨übtr⟩ *gießen, entladen*; *fließen* l, *senden*; to be ~ed *fließen* (into *in*) || the river ~s itself *der Fluß ergießt sich, fließt* (into) 2. [mit adv] to ~ forth ⟨fig⟩ *aussenden, schleudern* | to ~ out *eingießen, –schenken*; ~ me (out) a glass of wine *schenk mir ein Glas Wein ein* || ⟨fig⟩ (*Worte des Ärgers*) *ausgießen, ausschütten*; to ~ out one's woes *sein Leid aus–* B. **vi** 1. *strömen, gießen*; *fließen*

(into *in*); *herab–* (from v, *aus*); to ~ down the stairs *die Treppen herunter–*; it ~s with rain *es gießt in Strömen* || it never rains but it ~s *ein Unglück* (*Glück*) *kommt selten allein* 2. ⟨fig⟩ *strömen, sich ergießen* (from *aus*) | [mit prep] to ~ into ⟨mst fig⟩ *str., sich erg– in*; *regnen in* 3. [mit adv] to ~ down *niederströmen* || to ~ in *in Mengen einlaufen*; .. in upon *hereinströmen auf, sich erg– auf* || to ~ out *herausströmen* II. s *Fließen, Strömen* n; *Strom, Guß* m | ⟨fam⟩ *Dauer–, Landregen* (a steady ~) || ⟨met⟩ *Guß* m || *Einguß* m **~ing** ['~riŋ] 1. a *strömend* (rain) 2. adv *in Strömen* (to rain ~); *triefend*, ~ wet *patschnaß* 3. [attr] ~ defect ⟨met⟩ *Gußfehler* m || ~ machine *Gießmaschine* f
pourboire ['puəbwɑ:] s Fr *Trinkgeld* n
pourparler [puə'pɑ:lei] s Fr ⟨dipl⟩ *Besprechung* f
pout [paut] 1. vi/t || *die Lippen spitzen*; *schmollen* || (of lips) *vorstehen* | vt (*Lippen*) *spitzen*; *schmollend sagen* 2. s *Schmollen* n **~er** ['~ə] s; ~-pigeon *Kropftaube* f
poverty ['pɔvəti] s *Armut* f, in ~ *in A.* || ⟨übtr⟩ *Mangel* (of, in *an*) | ~-stricken *verarmt, arm*; ⟨übtr⟩ *armselig*
powan ['pauən] s ⟨ich⟩ (*Art*) *Renke* f
powder ['paudə] 1. s *Pulver* n || *Staub* m ⟨ Schießpulver* n, not worth ~ *and shot k–n Schuß P. wert*; the smell of ~ *Kriegserfahrung* f || ⟨med⟩ *Pulver* n || *Puder* m (face-~) | [attr] *Pulver–* (~-magazine *–magazin* n, ⟨fig⟩ *–faß* n); ~-mill *–fabrik* f | *Kartusch–* | *Puder–* (~-puff *–quaste* f); ~ room ⟨Am⟩ *Toilette* f 2. vt/ı *bepudern, –streuen* (with) || *ausstreuen* (on *auf*) || *pulverisieren* (~ed milk; *Milchpulver*, ~ed egg *Eipulver* n) | vi *sich pudern* || z *Pulver* w | **~y** [~ri] a *pulverig*; *pulverartig, staubig* || *leicht zerreibbar*
Powellize ['pauəlaiz] vt (*nach* W. Powell) (*Bauholz*) *durch chemischen Prozeß konservieren*
power ['pauə] **I.** s 1. a. *Macht, Fähigkeit* f (of doing z *tun*) || *Kraft* (~ of resistance *Widerstands–*); *Macht* f, *Vermögen* n, he did all in his ~ *er tat alles, was in s–r K. stand*; out of my ~, not in my ~ *außer m–r Macht* || ⟨mar⟩ (of a ship) *under her own ~ mit eigener Kraft* || ~s [pl] *Kräfte, Anlagen* f pl (~s of the mind *Geistes–*); *Talent* n (~s of description *T. z Beschreiben*) **b.** *Macht, Gewalt*; *Herrschaft* f (over *über*; to do); to be in the ~ *of a p in jds Gewalt s*; to come into ~ *z Macht k*; to have in one's ~ (*jdn*) *in der Gewalt h*; in ~ *an der Macht, am Ruder* | *Einfluß* m (over *über*) **c.** *Ermächtigung, Vollmacht* f (to take ~ to do) || ⟨jur⟩ the ~s, full ~s [pl] *Vollmacht* f; → attorney; ~ of appointment *Recht z Bestimmung e–s Nacherben*; ~ of substitution *Recht zur Unterbevollmächtigung* 2. [konkr] (P or S) *Macht* f, *mächtiger Faktor* m || ⟨pol⟩ [oft pl ~s] *Macht* f (*Staat*), Sea ⚓ *Seemacht* f; the ~s *die Mächte*, the world ~s *die Weltmächte*; the Great ⚓s *die Großmächte* pl; ⟨engl pol⟩ Balance of ⚓ *Gleichgewicht der Kräfte* (*auf dem Kontinent*) f || the ~s *die höheren or maßgebenden Stellen* f pl (*des Staates*) || the ~s *die himmlischen Mächte* pl, *Gott* m | ⟨fam⟩ *gr Menge, Masse* f a ~ of); *Unmenge Riesenmenge* f (a ~ of work) 3. ⟨math⟩ *Potenz* f (to raise to the 3rd ~ *in die 3. P. erheben*) | ⟨mech⟩ *mechanische Kraft* f (water-~ *Wasser–*, electric ~ *Elektrizitätskraft* etc); *mechanische Leistung* f: ~ is the rate at which work is done, and implies time measurement *Leistung ist die in der Zeiteinheit getane Arbeit*; ~ is acting *L. erfolgt* || ⟨aero mot⟩ (airplane) with ~ off (on) *mit abgestelltem* (*laufendem*) *Motor* || ⟨wir⟩ *Sendestärke* f || ⟨el⟩ *Starkstrom* (*f Industrie*) m (heat, light and ~) || ⟨opt⟩ *Stärke* f, *Vergrößerungsstärke* 4. [attr]

Macht-, ~ engineering and heat economy (*industrielle*) *Energie- u Wärmewirtschaft* f ‖ ~ politics *-politik* f, [*a* attr] (~-politics world *Welt der M.*) ‖ ~-loving *machtliebend* | ⟨el⟩ *Kraft-* (~-centre *-zentrum*; ~ demand *-bedarf* m; ~ fuel *-stoff* m; ~ gas *-gas* n; ~ boat *Sturmboot* n; ~-house, ~-station, ~-work *-werk*; solar ~ st. *Sonnenkraftwerk*, tidal ~ plant *Gezeitenkraftwerk*; ~ load *-strom* m, *Strombelastung* f; longdistance ~ station *Überlandzentrale*; ~-plant *-anlage*, *-werk* n, ⟨mot⟩ *Triebwerk* n; *Maschinensatz* m) ‖ ~-point (*Schuko-*)*Steckdose* f | *Stark-* (~ current *-strom* m); *Starkstrom-* (cable); ~ cut *Stromabschaltung* f: there will be a ~ c. (from 10 to 11) .. *wird der Strom abgeschaltet w*; ~ economy *Energiewirtschaft* f; ~ line *Hochspannungsleitung* f; ~ pack ⟨rec⟩ *Netzgerät* n; ~ plug *Kraft*(*strom*)*stecker* m; ~ supply ⟨el⟩ *Stromversorgung* f; ⟨wir⟩ *Netzanschluß* m; ~ traction *Kraftzug* m | *Leistungs-* (amplifyer ⟨el, wir⟩, curve); ~ consumption ⟨tech⟩ *Leistungsaufnahme* f; ~ rating *Nennleistung* f; ~ setting ⟨aero⟩ *Drehzahleinstellung* f ‖ ~-lathe *mechanische Drehbank* f; ~-loom *mech. Webstuhl* m | ⟨aero⟩ ~ airplane *Motorflugzeug* n; ~ approach *Anflug mit Gas*; ~-assisted *kraftgesteuert*; ~ dive *Sturzflug* m *mit Vollgas*; ~-driven *mit Kraftantrieb*; ~-off landing *Landung* f *ohne Gas*; ~ roar *Motorenlärm* m | ⟨tech⟩ ~ saw *Motorsäge* f; ~ shovel *Löffelbagger* m; ~ take-off *Abtrieb* m | ⟨wir⟩ ~ tube *Lautsprechröhre* f | ⟨mot⟩ ~-blade *grader Trümmerräumer* m; ~ brake *Servobremse* f; ~ gas *Treibgas* n **II.** vt *mit mech. Kraft versehen* ‖ ~ed ~ ~-driven; ~ed appliances pl *Kraftstromgerät(e* pl) n ‖ | (*Düsenflugzeug*) *antreiben*, → zero-derivation ~**ful** [~ful] a (~ly adv) *mächtig*; *stark*, *kräftig*, *einflußreich*; *wirksam* ~**less** [~lis] a (~ly adv) *macht-*, *kraftlos*; *hilflos* (against); *ohnmächtig*, *unfähig* (to do) ~**lessness** [~lisnis] s *Kraftlosigkeit*, *Ohnmacht* f (to do)

pow-wow [ˈpauˈwau] **1.** s *indianischer Priester* or *Medizinmann* m ‖ ⟨Am⟩ *polit. Versammlung*; *Besprechung* f ‖ ⟨mil sl⟩ °*Gequassel* n (*Offiziersbesprechung* f) **2.** vi/t ‖ *debattieren* (about) | vt (*Krankheit*) *beschwören*

pox [pɔks] s pl (→ pock) *Pocken* f pl ‖ ⟨fam⟩ the ~ *die Syphilis*

pozzolana [ˌpɔtsəˈlɑːnə], **pozzuo-** [ˌpɔtsuə-] It *hydraulischer Mörtel, weicher vulkanischer Tuff aus Pozzuoli* m

pozzy [ˈpɔzi] a ⟨bes Austr fam⟩ = position

praam, pram [prɑːm] s ⟨mar⟩ *Prahm* m (*Arbeitsfahrzeug*)

practicability [ˌpræktikəˈbiliti] s *Ausführbar-*; *Möglichkeit* f **-ble** [ˈpræktikəbl] a (**-bly** adv) *ausführ-* ‖ *brauchbar*; (of roads) *benutz-*, *befahr-*, *gangbar* ‖ ⟨fort⟩ *erstürmbar*, *sturmreif*

practical [ˈpræktikəl] a **1.** *praktisch*, *praktisch angewandt*; ~ chemistry *angewandte Chemie* f; ~ philosophy *Ethik* f; ~ joke *grober Scherz* or *Unfug*, *Schabernack* m **2.** [statt *-cable*] *möglich* (where ~) *brauchbar*, *zweckmäßig* **3.** (*P*) f *die Praxis geeignet*; ~ man *Mann der P.* ‖ *in der P. tätig*; *ausübend*; *erfahren*, *geschult* **4.** (*betriebs*)*technisch* **5.** *tatsächlich*, *wirklich*, *faktisch* (ruler) ~(**l**)**ity** [prækti'kæliti] s *praktischer Sinn* m, *Sinn* f *das Praktische* ~**ly 1.** [~i] adv f *die Praxis*, f *das praktische Leben*; *sachdienlich* ‖ ~-minded *praktisch eingestellt* ‖ ~ speaking *praktisch gesehen* **2.** [ˈpræktikli] *genau genommen*, *faktisch*; *so gut wie*, *nahezu* (~ impossible)

practice [ˈpræktis] s **I. 1.** *Praxis* f (in ~ *in der P.*); *Brauch* m; *übliches Verfahren* n; *Verfahrensweise* f ‖ *Gewohnheit* f; the ~ of doing *die G. z tun*; our ~ is to do *wir pflegen z tun*; to make

a ~ of a th *sich etw zur G. m* ‖ *Wirklichkeit* f ‖ ~s *Vorgänge* m pl ‖ ⟨mil⟩ *Übung* f (at ~ *bei der Ü.*) ‖ ⟨mus etc⟩ *Übung* f (conversation ~); ~ makes perfect *Ü. macht den Meister* **2.** ⟨jur & med⟩ the ~ *die praktische Tätigkeit*, *Ausübung* f, (*Berufs-*)*Praxis*; *Kundschaft* f **3.** ⟨arith⟩ *Welsche Praktik* f **4.** ~s [pl] *Praktiken*, *Ränke* pl **5. Wendungen**: in ~ *tatsächlich*, *wirklich*; to put into ~ *in die Praxis umsetzen*; *verwirklichen*, *ausführen* ‖ to be in (out of) ~ *in* (*aus*) *der Übung s* ‖ ⟨mil⟩ ~ *finished!* (*Übung*) *abblasen!* **6.** [attr] *Übungs-* ‖ ~ alarm *Alarmübung* f, *Probealarm* m ‖ ~ range *Schießstand* m ‖ ~ sight *Richtübungsgerät* n **II.** vt ⟨Am⟩ → *-ise*

practician [prækˈtiʃən] s *Praktiker*, *praktischer Mensch* m

practise [ˈpræktis] vt/i **A.** vt **1.** (*etw*) *in die Praxis umsetzen*, *ausführen* | (*Beruf*) *ausüben*; (*Geschäft*) *betreiben* **2.** *üben* (a th; doing); (*Stück*) *einüben*, *-spielen* ‖ *sich üben in*, he ~d *fencing er übte sich im Fechten* **3.** [kaus] (*jdn*) *ausbilden* (in *in*), *drillen* (to ~ o.s. *sich d.*); ~d *in erfahren*, *geübt*, *-schult in* **B.** vi **1.** *Reden in die Tat umsetzen*; *handeln* **2.** *ausüben*, ⟨jur & med⟩ *praktizieren* (at the bar *als Rechtsanwalt*); *-sing physician praktischer Arzt* **3.** ⟨bes mus⟩ *sich einspielen*; *sich üben* (at, on the piano *am Klavier*; on the violin *auf der Geige*) **4.** to ~ (up)on a p *jdn bearbeiten*; *hintergehen*; *z besten h*; .. on a th *sich etw zunutze m* (on a p's weaknesses)

practitioner [prækˈtiʃnə] s *Praktiker*; *Fachmann* m ‖ *Rechtsanwalt* m ‖ general ~ (abbr G. P.) *praktischer Arzt* m ‖ ~ in taxation matters *Steuerberater* m

prae- [priː] pref = pre-

praecipe [ˈpriːsipi] s L ⟨jur⟩ *Befehl* m, *Aufforderung* f, *das etw geschehen soll*

praecocial [priːˈkouʃəl] a; ~ birds [pl] *Vögel, die sich früh selbst ernähren können*

praemunire [ˌpriːmjuːˈnaiəri] s ⟨jur⟩ *Vorladung wegen Übergriffe der Kirchengewalt* f; *das Vergehen selbst* n; *Strafe des Vergehens* f

praenomen [priːˈnoumen] s L ⟨ant⟩ *Vorname* m

praepostor [priːˈpɔstə] s ⟨school⟩ = prefect

praetor [ˈpriːtə] s L ⟨ant⟩ *Prätor*, *hoher röm. Rechtsbeamter* m ~**ian** [priːˈtɔːriən] **1.** a ⟨ant⟩ *prätorisch* **2.** s ⟨ant⟩ *Prätori-aner* m

pragmatic [prægˈmætik] a (~ally adv) ⟨hist⟩ *Staats-* (~ Sanction) | *geschäftig*, *aufdringlich*, *vorwitzig* ‖ *v sich eingenommen*, *rechthaberisch* | ⟨scient⟩ *sachlich*, *sachkundig*; *systematisch* | *praktisch*; *nüchtern* ‖ ⟨philos⟩ *pragmatisch*, *dem Handeln dienend* ~**al** [~əl] (~ly adv) *praktisch*; *nüchtern* ‖ *eingebildet* ‖ ⟨philos⟩ *pragmatisch*

pragmatism [ˈprægmətizm] s ⟨philos⟩ *Pragmatismus* m (→ pragmatic) *-tize* [ˈprægmətaiz] vt *als real darstellen*; (*Mythus* etc) *materialisieren*

pra(h)u [ˈprɑːuː] s = proa

prairie [ˈprɛəri] s *Prärie*, *baumlose Grasebene*, *-gegend* f | [attr] *Prärie-* (~-dog); ~-oyster *rohes Ei* (mit *Öl, Essig, Pfeffer, Salz*) *auf einmal z verschlucken* ‖ ~-schooner ⟨Am⟩ *gr Planwagen* m ‖ ~-value *Wert nicht urbaren Landes* m

praisable [ˈpreizəbl] a *lobenswert*

praise [preiz] **1.** vt *loben*, *rühmen* (for *wegen*); to ~ o.s. on a th *sich e-r S rühmen* ‖ ⟨ec⟩ *preisen*, *lobpreisen*; ~ heaven *Gott sei gelobt* **2.** s *Preis* m, *Lob* n; unstinted ~ *uneingeschränktes L.*; in ~ of a p, in a p's ~ *z Lobe*, *z Ehren jds* ‖ to be loud in one's ~s *des Lobes voll s* ~**ful** [ˈ~ful] a (~ly adv) *lobpreisend* ~**worthiness** [ˈ~ˌwəːðinis] s *das Lobenswerte*, *Löblichkeit* f ~**worthy** [ˈ~ˌwəːði] a (-thily adv) *lobens-*, *anerkennungswert*

Prakrit ['prɑːkrit] s Ind *mittelind. Volks-sprache, Mundart* f

praline ['prɑːliːn] s Fr *Pral·ine* f, *Praliné* n

pram [prɑːm] s = praam

pram [præm] s ⟨fam⟩ abbr = perambulator

prance [prɑːns] 1. vi (of horses) *sich bäumen*; *tänzeln* || (P) *paradieren* || *einherstolzieren*; *sich brüsten* || ⟨fam⟩ *tanzen, hüpfen* 2. s *Sich-Bäumen* n; *stolzierende Bewegung* f | **~r** ['~ə] s *tänzeln-des Pferd*

prandial ['prændiəl] a (~ly adv) ⟨hum⟩ *auf die Mahlzeit bezüglich, zum* or *fürs Essen* (~ invitation)

prang [præŋ] s ⟨aero sl⟩ *Bauchlandung* f || *Luftangriff, -erfolg* m || ⟨school sl⟩ wizard ~ *fantastische Leistung* f

prank [præŋk] s *Streich, Possen* m; to play ~s on a p *jdm übel mitspielen*

prank [præŋk] vt/i || (a to ~ up) *schmücken* (with), *putzen*; to ~ o.s. out *sich (auf)putzen* | vi *prunken*

praps [præps] ⟨fam & vulg⟩ f perhaps

prase [preiz] s ⟨minr⟩ *Pr·asem, Pras* m (Bergkristall)

prate [preit] 1. vi/t || *plappern, schwatzen* (of v) | vt *ausplappern* 2. s *Geschwätz, Geplapper* n | **-ter** ['~ə] s *Schwätzer(in* f) m **-ting** ['~iŋ] 1. a (~ly adv) *schwatzhaft, geschwätzig* 2. s *Geschwätz* n

pratincole ['prætiŋkoul] s ⟨orn⟩ *Brach-schwalbe* f

praties ['preitiz] s pl ⟨Angl-Ir fam⟩ „Tüften" (Kartoffeln) f pl

pratique [præ'tiːk] s Fr *Erlaubnis* f *z Landen u Handelsverkehr zwischen e-m Schiff u e-m Hafen*

prattle ['prætl] 1. vi/t *plappern, schwatzen, quasseln* 2. s *Geschwätz* n | **~r** [~ə] s *Schwätzer* m

pravity ['præviti] † s *Verderbtheit* f

prawn [prɔːn] 1. s ⟨zoo⟩ Gr *Garn·ele* f, → shrimp 2. vi *Garnelen fangen*

praxis ['præksis] *Praxis* f; *Brauch* m || ⟨theat⟩ *(innere) Handlung* f (Aristoteles)

pray [prei] vt/i || (jdn) *flehentlich bitten, er-suchen* (for a th um etw; to do; that) || (etw) *er-bitten, -flehen* (of a p v jdm) || to ~ a prayer *ein Gebet beten* | vi *beten* (to God, to Heaven z Gott; for um); he is past ~ing for *er ist hoffnungslos* (krank etc) || *bitten* (for um) || *bitte* (~ forgive him) **~r** ['~ə] s *Beter(in* f) m **~ing** ['~iŋ] s *Beten* n; [attr] *Bet-*

pray-in ['prei'in] s pl [~s] ⟨Am racial pol⟩ *Protestkundgebung* f *für gemeinsamen Gottes-dienst* f *Farbige u Weiße* (there have been ~s at churches)

prayer [prɛə] s 1. *Gebet* n (at ~ beim G.); his ~ found a hearing *sein G. fand Gehör*; to offer a ~ *ein G. verrichten*; to put up a ~ *ein G. emporsenden* (to God z Gott); the Lord's ⁀ *das Vaterunser* || ⟨ec⟩ *Beten* n; *Andacht* f (Morning ⁀); ~s [pl] *Morgen-, Abendgebet* n (to say one's ~s *sein G. verrichten*); proper ~s *zu gewissen Zeiten übliche Gebete* || (the Book of) Common ⁀ = ⁀ Book | ⟨übtr⟩ *Bitte* f; ⟨jur⟩ ~ in complaint od pleading *Klageantrag* m; ~ for relief *Urteilsbegehren* n 2. [attr] *Gebet-* | ⁀-Book *Ag·ende, Liturg·ie* f *der anglikan. Kirche* || **~-rug** *Gebetteppich* m **~ful** ['~ful] a (~ly adv) *andachtsvoll; inständig* **~less** ['~lis] a (~ly adv) *ohne Gebet; gottlos*

pre- [priː, pri] lebendes pref [zeitlich] *im vor-aus* || *vor, Vor-; prä-; vorher; früher* | [räumlich] *vorn an* | **~-Adamite** ['priː'ædəmait] *präada-mitisch* | **~-amplifier** (⟨a⟩ scanning ~-a.) ⟨wir⟩ *Abtastverstärker* m | **~-built, ~-cut** ⟨fam⟩ *Fertig-* (~ house) → prefab | **~-conquest** ['priː'kɔŋkwest] *vor der normannischen Erobe-*

rung liegend (origin) | **~-glacial** ['priː'gleiʃiəl] ⟨geol⟩ *präglazi·al; voreiszeitlich* | **~-ignition** ⟨mot⟩ *Glühzündung* f | **~-war** ['priː'wɔː] 1. a *Vorkriegs* (~-war days); *Friedens-* (price) 2. adv *vor dem Kriege*

preach [priːtʃ] 1. vi/t || ⟨ec⟩ *predigen* (to a p vor jdm) | ⟨übtr⟩ *Moral predigen, ermahnen* | vt *predigen* (a th; that); to ~ a sermon *e-e Predigt halten* || ⟨übtr⟩ *(Geduld etc) predigen* 2. s ⟨fam⟩ *Predigt* f | **~er** ['~ə] s *Prediger* m || *Moral-prediger* m || the ⁀ ⟨bib⟩ *Prediger Salomonis* **~ify** ['~ifai] vi ⟨sl⟩ *salbadern* **~ment** ['~mənt] s *lange, langweilige (Moral-)Predigt* f **~y** ['~i] a *moralisierend*

preamble [priː'æmbl] 1. s ⟨jur⟩ *Vorrede* f (e-s Gesetzes) || ⟨übtr⟩ *Einleitung* f (to z) 2. vi *e-e E. m, mit e-r E. beginnen*

preannouncement ['priːə'naunsmənt] s *Vor-ankündigung* f

pre-arrange ['priːə'reindʒ] vt *vorbereiten* || ~d fire ⟨artill⟩ *Planschießen, -feuer* n **~ment** ['priːə'reindʒmənt] s *vorherige Bestimmung* f

preaudience ['priː'ɔːdiəns] s ⟨jur⟩ *das Recht, vor anderen gehört z w u z plädieren; Vorrang-stellung* f (e-s Richters etc)

prebend ['prebənd] s ⟨ec⟩ *Präb·ende, Pfründe* f **~al** [pri'bendl] a *Präbende-, Stifts-* **~ary** ['prebəndəri] s *Pfründner, Domherr* m

precarious [pri'kɛəriəs] a (~ly adv) ⟨jur⟩ *widerruflich* (tenure) || *unsicher, prek·är; ge-fährlich* || *mißlich* **~ness** [~nis] s *Unsicherheit* f

precatory ['prekətəri] a *e-e Bitte enthaltend, Bitt-*

precaution [pri'kɔːʃən] s *Vorsicht* f || *-smaß-regel* f; as a ~ *der Vorsicht halber*; to take ~s *Vorsichtsmaßregeln treffen* **~ary** [~əri] a *vor-beugend; Vorsichts-* (~ measure); *Warnungs-*

precautious [pri'kɔːʃəs] a *vorsichtig*

precede [pri'siːd] vt/i I. vt 1. (P) to ~ a p *jdm an Rang voran-, vorgehen, den Vortritt h vor jdm* || (jdm) *vorausgehen*; he was ~d by Mr. N. *Mr. N. ging vor ihm, ihm voraus*; -ding the guests there came .. *vor den Gästen kam ..* | (S) to ~ a th *e-r S voran-, voraus-, vorhergehen*; the play is ~d by a preface *dem Stück geht e-e Vorrede voraus* || *den Vorrang h vor etw* 2. to ~ a th by a measure *e-r S e-e Maßnahme voraus-schicken* || (etw) *einführen* (by, with durch) II. vi *voran-, vorhergehen*

precedence [pri'siːdəns] s *Vorhergehen* n, *Priorität* f; *Vorrang, -tritt* m || to take ~ of od over a p od a th *den Vortritt h vor jdm, etw; vor jdn, etw gestellt w; rangieren vor jdm, etw*; this takes ~ over all other things *dies geht allem anderen vor*; to yield ~ to a p *jdm den Vorrang einräumen*; table od order of ~ *Rangordnung* f || ~ question *Präzedenzstreit* m **-cy** [pri-'siːdənsi] s * *Vorrang* m

precedent 1. ['presidənt] s ⟨a jur⟩ *Präzedenz-fall* m (for für); (jur) *-urteil* n || to set a ~ *e-n Präzedenzfall schaffen*; without ~ *ohne Beispiel; noch nicht dagewesen* 2. [pri'siːdənt] * a *vorher-gehend* (to a th e-r S); conditions ~ *Vor-bedingungen* f pl **-ding** [pri'siːdiŋ] a *vorher-gehend*

precentor [pri'sentə] s L ⟨ec⟩ *Vor-, Dom-sänger, Kantor* m **~ship** [~ʃip] s *Vorsängeramt* n

precept ['priːsept] s *Gebot* n (a ~ of national honour); *Vorschrift* f (by ~ nach V.) || *Richt-schnur, Regel* f | ⟨jur⟩ *(Zahlungs-)Befehl* m || *Wahlerlaubnisschein* m **~ive** [pri-'septiv] a *verordnend* || *belehrend, didaktisch* **~or** [pri'septə] s L *Lehrer, Unterweiser* m **~ress** [pri'septris] s *Lehrerin* f

precession [pri'seʃən] s ⟨astr⟩ *Vorrücken* n (der Nachtgleichenpunkte)

précicuse [pre'sjøz] s Fr ⟨a Lit⟩ *Prezi·öse* f; *geziertes Frauenzimmer* n

precinct ['pri:siŋkt] s *eingefriedeter Bezirk* m (*bes um e–n Dom*), claustered ~ *Klausur(gebiet* n) f | ~s [pl] *Umgebung, Nachbarschaft* f; *Grenzen* f pl, *Bereich* m | ~ ⟨Am⟩ *Wahl–, Polizeibezirk* m || ⟨hist⟩ *Ringmauer, Umfriedung, Umwallung* f

preciosity [‚preʃi'ɔsiti] s ⟨fig⟩ *Geziertheit, Affektiertheit* f; (of style) *übergroße Feinheit* f

precious ['preʃəs] **1.** a *kostbar*; (of metals, etc) *edel*; ~ *metal Edelmetall* n; ~ *stone Edelstein* m | ⟨fig⟩ *sehr wertvoll, unschätzbar* (to *für*) || (*P*) *teuer, lieb*; my ~ *mein Liebling* | *affektiert, geziert, pedantisch* | ⟨fam iron⟩ *schön, nett* (a ~ mess); a ~ *rogue ein Erzschurke* **2.** adv ⟨fam⟩ *höchst*; *recht*; °*lausig*, ~ *dear verdammt teuer*; ~ *little verflucht wenig* | ~*ly* [~li] adv *affektiert* || *äußerst, höchst* ~**ness** [~nis] s *Kostbarkeit* f || *Affektiertheit* f

precipice ['presipis] s *Abgrund* m ⟨a übtr⟩; on the brink of a ~ *am Rande des Abgrunds*

precipitance [pri'sipitəns], –**ancy** [–si] s *Eile*; with the utmost –cy *mit größter E.* || *Hast, Übereilung, –stürzung* f

precipitant [pri'sipitənt] s ⟨chem⟩ *Fällungsmittel* n –**ate** [pri'sipitit] s ⟨chem⟩ *Präzipit·at* n, *Niederschlag* m

precipitate [pri'sipitit] a *jählings herabstürzend*; to fall ~ *from kopfüber fallen* v || *übereilt, –stürzt, schleunig*; *plötzlich* || *hastig, unüberlegt* ~*ly* [~li] adv *jählings* ~**ness** [~nis] s *Übereiltheit, –stürzung* f

precipitate [pri'sipiteit] vt/i ~ (*jdn) jäh hinabwerfen, –stürzen* || ⟨fig⟩ *jäh versetzen* (into *in*) || (*etw) beschleunigen*; *überstürzen*; to ~ o.s. (of events) *sich über*— | (*Krise) heraufbeschwören, herbeiführen* || ⟨chem⟩ *fällen* || ⟨meteor⟩ (*Dampf) verflüssigen* || ~d chalk *Schlämmkreide* f | vi ⟨chem⟩ *niedergeschlagen w* –**ation** [pri‚sipi'teiʃən] s *Herabstürzen* n, *jäher Sturz* m || *Übereil–, –stürzung, Hast* f || ⟨chem⟩ *Präzipitati·on, Fällung* || *Niederschlag* | [attr] ~ *hardening Alterung, Vergütung, –edelung* f

precipitous [pri'sipitəs] a (~ly adv) *jäh, steil* || ⟨fig⟩ *übereilt* ~**ness** [~nis] s *Steilheit* f

precipitron [pri'sipitrən] s ⟨tech⟩ *Groß-Luftreiniger* m

précis ['preisi:] Fr **1.** s (pl ~ [~z]) *gedrängte Darstellung, Inhaltsangabe, Zus–fassung* f **2.** vt *kz zus–fassen*

precise [pri'sais] a *genau, bestimmt, präz·is* || *richtig, korrekt* | *steif, pedantisch, peinlich* (about *betreffs*); *umständlich* ~*ly* [~li] adv *genau*; [als Antwort] *ganz recht* ~**ness** [~nis] s *Genauigkeit* || *ängstliche Genauigkeit, Pedanterie* f

precisian [pri'siʒən] s *Rigorist*; *Pedant* m

precision [pri'siʒən] s *Genauigkeit, Exaktheit* f || *Präzision* f (arm of ~ –*swaffe* f) | [attr] *Präzisions–* (~ tools); *Punkt–* (~ bombing) || ~ *forging Formschmieden* n; *Fein–* (~ measurement, mechanics) | ~ *adjustment* ⟨mech⟩ *Feineinstellung* f; ⟨artill⟩ *Verbesserung* f *f genaues Einschießen* || ~ *approach Anflug* m z *Ziellandung*; ~ *landing Ziellandung* ~**ist** [~ist] s *Vertreter* sprachl. *Sauberkeit, Sprachreiniger*; *Pedant, Übergenauer* m

preclude [pri'klu:d] vt *ausschließen* (from *v*) || (*e–r S) vorbeugen* | (*jdn) hindern* (from *an*; from doing z *tun*) –**usion** [pri'klu:ʒən] s *Ausschließung* f, *Ausschluß* m (from *v*) || *Verhinderung* f –**usive** [pri'klu:siv] a *ausschließend*; to be ~ of *ausschließen, verhindern*; ~ *period Ausschlußfrist* f

precocious [pri'kouʃəs] a (~ly adv) *frühreif, –zeitig* | (*P) frühreif*; *altklug*; ~ *dementia Jugendwahnsinn* m ~**ness** [~nis] –**ity** [pri'kɔsiti] s *Frühzeitigkeit* f || ⟨übtr⟩ *Frühreife* f

precognition [‚pri:kɔg'niʃən] s *vorhergehendes Wissen* n; *Vorkenntnis* f || ⟨jur Scot⟩ *Vorunter-*

suchung f –**tive** ['pri:'kɔgnitiv] a: ~ *telepathy Zukunftshellsichtigkeit* f

precombustion ['pri:kəm'bʌstʃən] s ⟨tech⟩ [attr] ~ *chamber Vorkammer* f

preconceive ['pri:kən'si:v] vt to ~ a th *sich etw vorher ausdenken* or *vorstellen* ~**d** [~d] a *vorgefaßt* (opinion) –**ception** ['pri:kən-sepʃən] s *vorgefaßte Meinung* f, *Vorurteil* n

preconcert ['pri:kən'sə:t] vt *vorher verabreden*

precondemn ['pri:kən'dem] vt *im voraus verurteilen*

preconization ['pri:kɔnai'zeiʃən] s ⟨R.C.⟩ *öffentliche Bestätigung* (*e–r Ernennung) durch den Papst* f –**ize** ['pri:kənaiz] vt *öffentl. verkünden* || ⟨R.C.⟩ (*Ernennung e–s Bischofs) öffentlich bestätigen*

precursor [pri'kə:sə] s *Vorläufer, Vorbote* m || *Vorgänger* m ~**y** [~ri] a *vorbereitend, einleitend*; to be ~ of *verkünden, anzeigen*

predacious [pri'deiʃəs] a *vom Raube lebend* || *Raubtier–* (~ instinct)

predate ['pri:'deit] vt *vordatieren*; *vor der wirklichen Zeit ansetzen*

predatory ['predətəri] a (–rily adv) *von Raub lebend*; *räuberisch, Räuber–* (~ family); ~ *nature*); *Raub–* (~ war) || ~ *bird Raubvogel* m

predecease ['pri:di'si:s] **1.** vt to ~ a p *vor jdm sterben*; *früher sterben als jd* **2.** s *das Sterben* (*jds) vor jdm*

predecessor ['pri:disesə] s *Vorgänger* m ⟨a übtr⟩ || ~s [pl] *Vorfahren, Ahnen* m pl

predella [pri'delə] s It ⟨ec arch⟩ *Altar-Staffel, –Oberstufe* f; *bemalter Sockel* m *des Altaraufsatzes* (*vorne & hinten*), *Staffelbild* n, *Predella* f

predestinate 1. [pri:'destinit] a *prädestiniert, auserwählt, –ersehen* (to *z*; to do) **2.** [pri:'destineit] vt (of God) (*jdn) prädestinieren, vorherbestimmen* (to a fate; to do); *auserwählen, bestimmen* (to) –**ination** [pri‚desti'neiʃən] s ⟨ec⟩ *Prädestination* f; *Gnadenwahl* f –**ine** [pri'destin] vt [*mst* pass] ⟨theol⟩ (*vorher-)bestimmen, auserwählen* (to *z*; to do); *ausersehen* (to do)

predeterminate [‚pri:di'tə:minit] a *vorherbestimmt* –**mination** ['pri:di‚tə:mi'neiʃən] s *Vorherbestimmung* f || *vorgefaßter Entschluß* m –**mine** ['pri:di'tə:min] vt ·*vorherbestimmen* (to do); *vorher festsetzen* || (*jdn) im voraus bestimmen* (to do); *beeinflussen* (to *zu*)

pre-detonate ['pri:'detoneit] vt/i || *vorzeitig z Detonation bringen* | vi *vorzeitig detonieren*

predial, prae– ['pri:diəl] a ⟨jur⟩ *Land–, Guts–, Prädi·al–* (~ service)

predicable ['predikəbl] **1.** a *beilegbar* (of a p *jdm*); *aussagbar* (of *v*); to be ~ of a p *ausgesagt w können v jdm* **2.** s ⟨philos⟩ ~s [pl] *Prädikab·ilien, Prädik·ate, Allgemeinbegriffe* pl

predicament [pri'dikəmənt] s ⟨philos⟩ *allgemeinste Begriffsform* f; ~s [pl] *Kategorien* f pl || *Klasse, Kategorie* f | *gefährliche* or *mißliche Lage* f

predicant ['predikənt] **1.** a *predigend*; *Prediger–* (~ friars) **2.** s *Prediger, –mönch* m

predicate 1. ['predikit] s ⟨log gram⟩ *Prädik·at* n, *Aussage* f **2.** ['predikeit] vt *behaupten, aussagen* (of *v*) || ⟨log⟩ *prädiz·ieren* –**ation** [‚predi'keiʃən] s *Behauptung*; *Aussage* f –**ative** [pri'dikətiv] a *aussagend* (of *v*); *Aussage–* | ⟨gram⟩ *prädikat·iv* (~ly adv) *prädikativ* (used ~ly) –**atory** ['predikətəri] a *predigend*

predict [pri'dikt] vt *vorhersagen, prophezeien* (a th; that) ~**able** [~əbl] a *vorhersagbar* ~**ion** [pri'dikʃən] s *Vorhersag–, Weissag–, Prophezeiung* f ~**ive** [pri'diktiv] a (~ly adv) *vorhersagend, weissagend* ~**or** [~ə] s *Vorhersager*; *Prophet* m || ⟨aero⟩ (*Flak-)Kommandogerät* n; *Meldeapparat* m || *Steuergerät* n (*f Riesenteleskop*) || ⟨artill⟩ *Rechengerät, Flakfeuerleitgerät* n

predikant [‚predi'kɑ:nt] s ⟨SAfr⟩ *Prediger der protest. Kirche* m

predilection [‚pri:di'lekʃən] s *Vorliebe* f (for *f*); *Voreingenommenheit* f (for *f*)

predispose ['pri:dis'pouz] vt (*jdn*) *im voraus geneigt* m (to do); (*jdn*) *einnehmen* (to *f*) || (*jdn*) *prädisponieren, empfänglich* m (to *f*) **-position** ['pri:‚dispə'ziʃən] s *Geneigtheit* f (to do) || ⟨med⟩ *Empfänglichkeit* f (to *für*)

predominance [pri'dɔminəns] s *Vorwiegen* n (in *in*); *Übergewicht* n (over *über*) **-ant** [pri'dɔminənt] a *überlegen, stärker* (the ~ partner) || *vorherrschend, über-, vorwiegend*; to be ~ *vorherrschen, über-, vorwiegen* **-antly** [~li] adv *über-, vorwiegend* **-ate** [pri'dəmineit] vi *vorherrschen*; (*an Zahl*) *über-, vorwiegen, das Übergewicht* h (over *über*) || *herrschen, die Herrschaft* h (over *über*)

pre-election ['pri:i'lekʃən] s *Auswählung im voraus* f | [attr] *vor der Wahl gegeben* (promise)

pre-eminence [pri:'eminəns] s *Vorrang* m (over *vor*), *Überlegenheit* f (over *über*) || *hervorragende Stellung* f **-nent** [pri:'eminənt] a (~ly adv) *hervorragend*; to be ~ *hervorragen, sich hervortun* (among *unter*)

pre-empt [pri:'empt] vt ⟨Am⟩ *durch Vorkaufsrecht erwerben* || (*etw*) *vor anderen erwerben* | vi *ein Vorkaufsrecht ausüben* **-ion** [pri:'emʃən] s ⟨Am⟩ *Vorkauf* m || (a right of ~) *Vorkaufsrecht* n **-ive** [pri:'emptiv] a *Vorkaufs-* (~ right)

preemy ['pri:mi] s ⟨Am⟩ *Frühgeburt* f, *frühgeborenes Kind* n

preen [pri:n] vt ⟨orn⟩ (*Gefieder*) *putzen*; [refl] to ~ o.s. *sich putzen* || ⟨übtr⟩ to ~ o.s. *over a th sich etw einbilden auf, sich brüsten mit etw*

pre-engage ['pri:in'geidʒ] vt (*jdn*) *im voraus verpflichten* (to *z*) || (*etw*) *vorherbestellen* **-ment** [~mənt] s *vorherige Verabredung or Bestellung* f

pre-exist ['pri:ig'zist] vi *vorher vorhanden sein*; (of the soul) *präexistieren* **-ence** [~əns] s *früheres Dasein* n, *Präexistenz* f **-ent** [~ənt] a *vorherexistierend*

prefab ['pri:fæb] s ⟨fam⟩ abbr *f* ~ricated house ⟨arch⟩ *Fertighaus* **-ricate** ['pri:'fæbrikeit] vt (*Bauteile*) (*z späteren Zus–setzen*) *herstellen* || ~d house ~ prefab; ~d parts *Einzel-, Bauteile* n pl **-rication** ['pri:fæbri'keiʃn] s ⟨arch⟩ *Vorfabrikation, Vorfertigung* f

preface ['prefis] **1.** s *Vorrede*; *Einleitung* f (to *z*) **2.** vt (*Buch*) *mit Vorrede versehen* || (*Rede* etc) *einleiten, beginnen* (by, with *mit*; by doing)

prefatory ['prefətəri] a *einleitend* (remarks); ~ note *Vorwort* n

prefect ['pri:fekt] s ⟨ant⟩ *Präfekt* m || ⟨engl school⟩ *Aufsichts-, Vertrauensschüler* m *der obersten Klasse* (~ system) **-orial** [‚pri:fek-'tɔ:riəl] a ⟨engl⟩ *Präfekten-* || *Aufsichts-* **-ural** [‚pri:'fektjuərəl] a *Präfektur-* **-ure** ['pri:fektjuə] s *Präfektur* f (*Gebäude & Amt*)

prefer [pri'fə:] vt [–rr–] **1.** (*jdn*) *befördern* (to *z*) **2.** (*Klage*) *einreichen* (against *gegen*; to *bei*), *vorbringen* **3.** *vorziehen* (a p *jdn*; a th *etw*; a p *or* a th to another *jdn, e–e S e–m anderen, e–r anderen*; doing *od* to do *z tun*; that *daß*; a th to be *daß etw ist*; a p to do *daß jd tut*); *lieber* h *or sehen* (I would ~ it done .. *daß es getan wird*); to ~ to do *lieber tun* || ~red stock ⟨Am⟩ *Vorzugsaktien* (→ ~ence 3.) **-able** ['prefərəbl] a [mst pred] *vorzuziehen(d)* (to a th *e–r S*); *wünschenswerter* (to *als*) **-ably** ['prefərəbli] adv *lieber*; *am besten or liebsten* **-ence** ['prefərəns] s **1.** *Vorrang* m, *Bevorzugung* f, *Vorzug* m (to, over, above *vor*); in ~ to *lieber als* **2.** *Vorliebe* f (for *f*); by ~ *mit* (*besonderer*) *V.*; this is my ~ *dies ziehe ich vor* || *Wahl* f (a tie of my ~) **3.** ⟨com⟩ *Vorzugs-, Prioritätsrecht* n; ~ shares [pl] *-aktien* pl (→ preferred stock) || ⟨pol⟩ *Vor-*

zugs-, Begünstigungstarif m (Imperial ~ *V. zw Großbritannien u den Dominions*) **-ential** [‚prefə'renʃəl] a *bevorrechtet, bevorzugt, Vorzugs-* (~ duty *–zoll* m) || ⟨jur⟩ by way of ~ *benefit als Voraus* || ~ shop *Gewerkschafts-Konsumgeschäft* n **-entially** [‚prefə'renʃəli] adv *vorzugsweise* **-ment** [pri'fə:mənt] s *Beförderung* f; *höhere Stellung* f **~red** [pri'fə:d] a *bevorzugt, Vorzugs-* (~ shares), → prefer 2.

prefiguration [pri:‚figə'reiʃən] s *vorherige Darstellung or Ausmalung* f || *Vorbild, Urbild* n || **-gure** [pri'figə] vt *vorher bildlich darstellen* || *sich vorher ausmalen*

prefine ['pri:'fain] vt ⟨met⟩ *vorfrischen*

prefix 1. ['pri:fiks] s ⟨gram⟩ *Vorsilbe* f, *Präfix* n **2.** [pri:'fiks] vt (*etw einleitend*) *voransetzen, hinzufügen* (to *zu*) || ⟨gram⟩ (*ein Wort*) *setzen* (to *vor* [*ein anderes*])

pre-flight ['pri:'flait] a [attr] ~ briefing *Flugvorbesprechung* f

preformation [‚pri:fə:'meiʃən] s ⟨biol⟩ *Präformation* f **-ative** [pri:'fɔ:mətiv] **1.** a *vorgestellt, Präfix-* **2.** s *vorgesetzte Partikel* f

preggy ['pregi] a ⟨fam⟩ (*f* pregnant) „*beschattet*"

pregnable ['pregnəbl] a (of a town) *einnehmbar* || ⟨fig⟩ *angreibar, –fechtbar*

pregnancy ['pregnənsi] s *Schwangerschaft, Trächtigkeit* f; (of the soil) *Fruchtbarkeit* f || ⟨fig⟩ *Fruchtbarkeit, Schöpferkraft* f | *Bedeutungsgehalt* m, *–schwere* f; *tiefer Sinn* m | duration of ~ (*Mindest-*)*Dauer* f *der Schwangerschaft* || *diseases connected with* ~, delivery, and the *puerperium Krankheiten* f pl *der Schw., bei Entbindung u im Wochenbett* | ~ history, ~ record *gynäkologischer Kalender* m || ~ order, ~ rank ⟨stat⟩ *Zahl* f *der Schwangerschaften* **-ant** ['pregnənt] a (~ly adv) *schwanger, trächtig* (with, of *v*) || *fruchtbar* (wit) || *schwer, voll* (with *v*) || *prägnant*; *bedeutsam, bedeutungsvoll, gewichtig, schwerwiegend* || ⟨jur⟩ negative [s] ~ *Behauptung enthaltende Verneinung, Doppelverneinung* f

preheat [pri:'hi:t] vt *vor-, anwärmen*

prehensile [pri'hensail] a ⟨bes zoo⟩ *z Greifen fähig or geeignet*; *Greif-* (~ power) **-sility** [‚pri:hen'siliti] s *Greifkraft* f **-sion** [pri'henʃən] s ⟨zoo⟩ *Greifen* n || ⟨fig⟩ *geistiges Erfassen* n

prehistoric ['pri:his'tɔrik] a (~ally adv) *prähistorisch, vorgeschichtlich* **-ory** ['pri:'histri] s *Prähistorie* f

pre-ignition ['pri:ig'niʃən] s ⟨mot⟩ *Vor-, Frühzündung* f; *Selbstzündung* f

prejudge ['pri:'dʒʌdʒ] vt *im voraus urteilen über* (*etw*); *vorher or z früh entscheiden*

prejudication [pri:‚dju:di'keiʃən] s *vorgefaßtes, vor der Zeit abgegebenes Urteil* n

prejudice ['predʒudis] **1.** s *Nachteil, Schaden* m (to the ~ of *z N. v*); without ~ *ohne N., ohne Verbindlichkeit*; without ~ to a th *unbeschadet e–r S* | *Voreingenommenheit* f, *Vorurteil* n; to have a ~ against (in favour of) a p *ein V. h gegen (für) jdn* || ⟨jur⟩ in order to prevent any ~ to the *course of justice um jede Verdunklungsgefahr z vermeiden* **2.** vt *beeinträchtigen, schädigen*; (*Rechte*) *schmälern* | (*jdn*) *mit e–m Vorurteil erfüllen*; *beeinflussen, einnehmen* (against *gegen*; in favour of *für*) **-ced** [~t] a *voreingenommen* **-cial** [‚predʒu'diʃəl] a (~ly adv) *schädlich, nachteilig* (to *f*)

prelacy ['preləsi] s *Prälatenwürde* f || *–tum* n; *die Prälaten* m pl **-ate** ['prelit] s *Prälat* m; the right reverend ~ *Titel* f *Bischof* m **-atic(al)** [pre'lætik(əl)] a *Prälaten-*; *bischöflich* **-atize** ['prelataiz] vt *unter Herrschaft der Prälaten, Kirche bringen*

prelect [pri'lekt] vi *Vortrag halten* (to *vor*; on *über*); ⟨univ⟩ *lesen* (on *über*) **-ion** [pri'lekʃən] s

⟨univ⟩ *Vorlesung* f **~or** [~ə] s L ⟨univ⟩ *Dozent* m

prelim [pri'lim] s ⟨fam⟩ abbr ƒ ~*inary examination*

preliminary [pri'liminəri] **1.** a (–rily adv) *einleitend, vorbereitend*; *vorläufig*; ~ *dressing Notverband* m; ~ *examination* (⟨fam⟩ abbr prelim) ⟨univ⟩ *Aufnahmeprüfung* f; ⟨med⟩ *Physikum* n ‖ *Vor–*, ~ *inquiry* ⟨jur⟩ *–untersuchung* f (at the ~ *inquiry bei der V.*); ~ *round Vorrundespiel* n ‖ ⟨com⟩ ~ *expenses Gründungskosten* pl **2.** s *Einleitung, Vorbereitung* f; *vorbereitender Zustand* m (to z); *–ries* [pl] *Präliminarien, Vorverhandlungen* f pl; *to waste no time on –ries sich nicht lange mit der „Vorrede" aufhalten*

pre-load ['pri:'loud] s ⟨tech⟩ *Vorspannung* f

prelude ['prelju:d] **1.** s ⟨mus & fig⟩ *Vorspiel* n, *Einleitung* f (to z) **2.** vt/i *vorbereiten*; *einleiten*; *ankündigen* ‖ ⟨mus⟩ *(Präl'udium) spielen* | vi *als Einleitung dienen* (to z); ⟨mus⟩ *präludieren* **–lusive** [pri'lju:siv] a *einleitend, vorbereitend*

pre-marital ['pri:'mærit] a *vorehelich* (conception)

premature [,premə'tjuə; 'pri:mə'tjuə] a (~ly adv) *frühreif, frühzeitig, vorzeitig*; ~ *baby frühgeborenes Kind* n; ~ *birth*, ~ *confinement*, ~ *delivery verfrühte Geburt* f ‖ *voreilig, verfrüht* **–rity** [,premə'tjuəriti] s ⟨fig⟩ *Frühreife* f (~ *of thought*) ‖ *Früh–*; *Vorzeitigkeit* f (⟨a⟩ *der Geburt*) ‖ *Übereiltheit, Voreiligkeit* f

premeditate [pri:'mediteit] vt *vorher überlegen*; *vorher aus–, bedenken*; *~d vorbedacht, –sätzlich*; *~dly mit Vorbedacht* **–ation** [,medi'teifən] s *Vorbedacht* m (with ~ *mit V.*)

premier ['premjə] **1.** a (*an Rang* etc) *erste(r, s)* **2.** s ⟨engl⟩ *Premierminister* m; ⟨Am⟩ (*zugleich*) *Außenminister* **~ship** [~ʃip] s *Amt* n, *Würde* f *e–s Premierministers* (⟨Am⟩ *Außen–*)

première ['premjɛə] s **1.** ⟨theat⟩ *Erstaufführung* f **2.** vt (*Stück*) *uraufführen*, → zero-derivation

premise ['premis] s **1.** ⟨log⟩ (*oft* premiss) *Präm'isse* f, *Vordersatz* m **2.** ~s [pl] ⟨jur⟩ *das Obenerwähnte* n; (in deeds) *das obenerwähnte Grundstück* n | *Haus nebst Grund u Boden u Zubehör*; *Grundstück* n, on the ~s *nur auf dem Grundstück, an Ort u Stelle, am Schankort* ‖ *Geschäftshaus* n

premise [pri'maiz] vt *vorausschicken, vorher erwähnen* (a th; that)

premium [pri:mjəm] s [pl ~s] L *Prämie, Belohnung* f (for ƒ); *Preis* m; to put a ~ on *e–n P. setzen auf* ‖ (*Versicherungs-)Prämie* f | *Extralohn* m (for ƒ) ‖ *Lehrgeld* n (*e–s Lehrlings*), *Ausbildungssumme* f ‖ ⟨com⟩ *Aufgeld, Agio* n; to be, stand at a ~ (of shares) *über pari stehen*; *nur ƒ teueres Geld z h s*; ⟨fig⟩ *sehr gesucht* or *geschätzt s* | [attr] *Prämien–* (~ *bargain*)

pre-mix ['pri:'miks] a [attr] *Misch :* ~ *carpet* (*Straßen-*)*Mischdecke* f

premolar [,pri:'moulə] s ⟨anat⟩ *Prämol'ar, Lück(en)zahn* m

premonition [,pri:mo'nifən] s *Warnung* f ‖ *Vorahnung* f, *Vorgefühl* n **–tory** [pri'mɔnitəri] a *warnend*; *anzeigend*, to be ~ *of ankündigen*

Premonstratensian [,pri:mənstrə'tenfən] ⟨ec hist⟩ **1.** a *Prämonstratenser–* **2.** s *–tenser* m

premorse [pri'mɔ:s] a ⟨bot⟩ *wie abgebissen, –brochen*

pre-natal ['pri:'neitl] a *vor der Geburt eintretend, vorgeburtlich* ‖ ~ *allowance Schwangerschaftsbeihilfe* f

prentice ['prentis] s **1.** † = apprentice **2.** [attr] *Anfänger–, stümperhaft*

pre-nuptial ['pri:'nʌpʃəl] a *vorehelich* (conception)

preoccupancy [pri:'ɔkjupənsi] s *vorherige Besitznahme* f ‖ *Inanspruchnahme* f, *Beschäftigtsein* n (in *mit*) **–pation** [pri,ɔkju'peifən] s *Voreingenommenheit* f, *Vorurteil* n (without ~) ‖ *vorherige Besitznahme, Besiedlung* f (*e–s Ortes*) | *Haupttätigkeit* f ‖ *geistige Inanspruchnahme* f, *Beschäftigtsein* n (with *mit*) ‖ *Zerstreutheit* f **–py** [pri'ɔkjupai] vt (*etw*) *vorher, vor anderen in Besitz nehmen*; (*jdn*) *ganz in Anspruch nehmen*; to be **–pied** *in A. genommen s* (with *mit*); *in Gedanken, zerstreut, geistesabwesend s*

preordain ['pri:ɔ:'dein] vt *vorher anordnen, vorher bestimmen*

prep [prep] s ⟨sl⟩ abbr **1.** = preparation **2.** ⟨Am⟩ = preparatory; = preparatory school

prepack ['pri:pæk] s ⟨com⟩ *Fertigpackung* f (*abgepackte Ware*); [a attr] ~ *vegetables* = *vegetables sold in* ~s

prepaid ['pri:'peid] a *vorausbezahlt, Voraus–; frei, franko*; → prepay

preparation [,prepə'reifən] s **1.** *Vorbereitung* f (for ƒ); in ~ *in V.*; in ~ *for als V. auf*; to make ~s *for Vorbereitungen, Anstalten treffen* ƒ ‖ ⟨school⟩ (abbr prep) *Präparation* f; to do one's ~ *präparieren, sich vorbereiten* **2.** (of orders) *Anfertigung*; *Herstellung, Zubereitung* f **3.** *Arzneimittel, Präpar'at* n **4.** [attr] ~ *bombardment*, ~ *fire* ⟨tact⟩ *Feuer–, Artillerievorbereitung* f; *Vorbereitungsfeuer* n ‖ ~ *machinery Aufbereitungsmaschinen* f pl **–ative** [pri'pærətiv] **1.** a (~ly adv) *vorbereitend, Vorbereitungs–* (act ~ *to a crime* ⟨jur⟩ *–handlung* f) **2.** s *vorbereitender Schritt* m ‖ ⟨mil & mar⟩ *Trommel–, Hornsignal* n **–atory** [pri'pærətəri] **1.** a (–rily adv) *vorbereitend, als Vorbereitung dienend*; ~ *fire* = *–ation fire*; *Vorbereitungs–*, ~ *school* (abbr ⟨Am⟩ prep) *Vorschule* f ‖ to be ~ *to vorbereiten* | ~ *command Ankündigungskommando* n, *–befehl* m | ~ *to vor* (*to his journey*): *bevor*, ~ *to writing* (I ..) *bevor ich schreibe* (..) **2.** s = ~ *school*

prepare [pri'pɛə] vt/i **I.** vt **1.** (*etw*) *vorbereiten* (for ƒ); (*Expedition*) *ausrüsten*; to ~ *the ground for den Boden bereiten* ƒ; to ~ *one's lessons sich* ƒ *die Schule vorbereiten, sich präparieren* | (*jdn*) *vorbereiten* (for bad news *auf schlechte Nachricht*); (*jdn*) *geeignet m* (for z); (*jdn*) *geneigt m* (to do); (*jdn*) *gefaßt m* (for *auf*); to be *~d bereit* or *gewillt s* (to do) ‖ to ~ *o.s. sich vorbereiten, sich rüsten* (for ƒ); *sich gefaßt m* (for *auf*) | (*jdn*) *ausbilden, –rüsten* (for ƒ) **2.** *herstellen*; (*Speise*) (*zu*)*bereiten* ‖ ⟨tech⟩ *präpar'ieren*; (*Tuch*) *zurichten*; *herstellen*; *produzieren*; ⟨chem⟩ *darstellen* | (*Plan*) *entwerfen*; (*Dokument*) *aufstellen*; (*Werk*) *verfassen* **II.** vi *Vorbereitungen treffen, sich vorbereiten* (for ƒ); ⟨mil⟩ ~ *to mount! fertig z Aufsitzen!* ‖ ⟨aero⟩ to ~ *for the landing die Landung einleiten* ‖ *sich gefaßt m* (for *auf*) | **~d** [~d] a (~ly adv) (fire) [*pəəridli*] adv) *bereit* (to z); *vorbereitet, gefaßt* (for *auf*); I am not ~ *to do it ich bin z Zt dazu nicht in der Lage* ‖ *fertig*; *präpariert* (a ~ *frog's leg*) ⟨tact⟩ *einsatzbereit* ‖ ~ *for firing schußfertig* (*Munition*) ‖ ~ *position* ⟨tact⟩ *Bereitschaftsstellung* f; ~ *p. in the rear Auffangstellung* f **~dness** [~ridnis] s *Bereitschaft* f (for); *Gefaßtsein* n (for *auf*) **–ring** [pri'pɛəriŋ] s [attr] *Präparier–* (~ *table*)

prepay ['pri:'pei] vt (→ to pay) *vorausbezahlen, pränumerando bezahlen*; to ~ *a reply to a telegram die Rückantwort e–s Telegramms bezahlen* ‖ (*Brief*) *frankieren*; → prepaid **~ment** [~mənt] s *Vorausbezahlung, Frankierung* f ‖ ~ *counter Automatenzähler* m; ~ *gas-meter Münzgaszähler* m; ~ *meter Elektrizitätsautomat, Selbstverkäufer* m

prepense [pri'pens] a ⟨jur⟩ *vorsätzlich, vor-*

bedacht; with (*od* of) malice ~ *in böswilliger Absicht* f

pre-plan ['pri:'plæn] vt (*Produktion*) *organisieren*

preponderance [pri'pɔndərəns] s *größeres Gewicht, Übergewicht* n || ⟨übtr⟩ *Übergewicht* n (over *über*); *Schwergewicht* n || *Überwiegen* n (*an Zahl*); *überwiegende Zahl* f (over *über*) –**ant** [pri'pɔndərənt] a (~ly adv) *überwiegend*; to be ~ *überwiegen* –**ate** [pri'pɔndəreit] vi *überwiegen* || *vorwiegen* || to ~ over a th (*etw*) (*an Zahl* etc) *übersteigen; das Übergewicht h über etw* || (of a balance) *sich neigen* (in favour of *zugunsten* v)

preposition [ˌprepə'ziʃən] s ⟨gram⟩ *Präposition* f ~**al** [~l] a (~ly adv) *präpositional*

prepositive [pri'pɔzitiv] a *vorangesetzt, Präfix*–

prepossess [ˌpri:pə'zes] vt [*bes* pass] (*jdn*) *im voraus einnehmen* or *erfüllen* (with *mit*) || (of ideas) (*jdn*) *günstig beeindrucken, beeinflussen, in Besitz nehmen; einnehmen* (in favour of *f*) | ~**ed** [~t] *voreingenommen; eingenommen* (by *durch*) ~**ing** [~iŋ] a (~ly adv) *einnehmend, anziehend* ~**ion** [ˌpri:pə'zeʃən] s *Voreingenommenheit* f; *Vorurteil* n (against *gegen*)

preposterous [pri'pɔstərəs] a (~ly adv) *widernatürlich, –sinnig, absurd; lächerlich* ~**ness** [~nis] s *Widersinnigkeit, Lächerlichkeit* f

prepotence [ˌpri:'poutəns] s *Vorherrschaft* f; *stärkere Kraft, Übermacht* f –**ency** [ˌpri:'poutənsi] s = prepotence || ⟨biol⟩ *stärkere Fortpflanzungs–, Vererbungskraft* f –**ent** [ˌpri:'poutənt] a *vorherrschend; stärker* || ⟨biol⟩ *sich stärker fortpflanzend* or *vererbend*

pre-publication ['pri:pʌbli'keiʃən] a [attr] ~ price *Subskriptionspreis* m

prepuce ['pri:pju:s] s ⟨anat⟩ *Vorhaut* f (*des Penis*)

Pre-Raphaelite ['pri:'ræfəlait] ⟨engl paint⟩ **1.** s *Präraffaelit,* ⟨Ger⟩ *Nazarener* m **2.** a *präraffaelitisch,* ~ Brotherhood (abbr P.R.B.) *Gruppe engl. Maler des 19. Jhs* (*ggr. 1848*)

prerequisite ['pri:'rekwizit] **1.** a *vorab erforderlich, im voraus notwendig; vorausersetzend, notwendig* (to *f*) **2.** s *erste Voraussetzung, Vorbedingung* f (to *f*)

prerogative [pri'rɔgətiv] **1.** s *Prärogative* f, *Hoheitsrecht* n (the royal ~) || *Vorrecht* n **2.** a *Vorzugs–, Prärogativ–* (~ right)

preromanesque ['pri:roumə'nesk] a ⟨a-engl⟩ *vorromanisch*

presage ['presidʒ] **1.** s *Vorbedeutung* f, *Anzeichen* n || *Ahnung* f, *Vorgefühl* n **2.** vt [a pri'seidʒ] *vorher verkünden, anzeigen* || *vorhersagen, prophezeien* || *ahnen*

presbyopia [ˌprezbi'oupiə] s L ⟨med⟩ *Weitsichtigkeit* f (*im Alter*) –**opic** [–bi'ɔpik] a *weitsichtig*

presbyter ['prezbitə] s (*in Episkopalkirchen*) *Geistlicher, Priester* m || (*in der prebyterian. Kirche*) *Kirchenältester* m ~**al** [prez'bitərəl] a *Priester–; Presbyterial–* || *presbyterianisch* –**ate** [prez'bitərit] s *Amt e–s Presbyters* m || *Presbyterkollegium* n ~**ial** [ˌprezbi'tiəriəl] a = presbyteral ~**ian** [ˌprezbi'tiəriən] **1.** a *presbyterianisch* **2.** s *Presbyterianer* m, *Mitglied n der presbyter. Kirche* ~**ianism** [ˌprezbi'tiəriənizm] s *Presbyterianismus* m || ~**y** ['prezbitəri] s ⟨arch⟩ *Chor* m || (*in der presbyt. Kirche*) *Presbyterium, –byterkollegium* n; *Distrikt, der diesem untersteht* || ⟨R.C.⟩ *Pfarrhaus*

pre-school ['pri:'sku:l] s ⟨Am⟩ *Kindergarten* m || [attr] ~ child *Kleinkind* n

prescience ['presiəns] s *Vorherwissen* n; *Voraussicht* f –**ent** ['presiənt] a *vorherwissend* (that); to be ~ of *vorherwissen, voraussehen*

prescind [pri'sind] vt/i || *entfernen, trennen*

(from *v*) | vi: to ~ from a th *absehen von etw, etw beiseite l*

prescribe [pris'kraib] vt/i **1.** vt *vorschreiben* (a th to a p *jdm etw*; that) || ⟨med⟩ *verschreiben, verordnen* (a th; a th to *od* for a p *jdm etw*) **2.** vi ⟨jur⟩ *Vorschriften geben* (for) || *Verjährungsrecht beanspruchen* (to *od* for a th *f etw*) || ⟨Scot⟩ *verjähren* | to ~ for a p *jdn ärztlich behandeln*

prescript ['pri:skript] s *Vorschrift, Verordnung* f ~**ion** [pris'kripʃən] s *Vorschrift, Verordnung* f || ⟨med⟩ *Rezept* n; (*verschriebene*) *Medizin* f || ⟨jur⟩ *altbestehender Brauch* m; *Erwerbung* f *durch ständ. Genuß; Ersitzung*; negative ~ *Verjährung* f ~**ive** [pris'kriptiv] a (~ly adv) *verordnend* || *durch langjährigen Genuß verbrieft; durch Brauch gefestigt, Gewohnheits–; ersessen* (~ right) || *Verjährungs–* (~ debt)

presence ['prezns] s **1.** *Gegenwart, Anwesenheit* f; in (the) ~ of a p, in a p's ~ *in jds A., im Beisein jds* (in the ~ of ladies); into the ~ of a p *vor jdn* || *Nähe, Gesellschaft* f; in his ~ *in s–r G.*; to be admitted to a p's ~ *z jds G. zugelassen w* **2.** *Gegenwart, Nähe e–r hohen Persönlichkeit*; in ~ (*od* the ~) of the king *in G. des Königs* || the ~ *die hohen Herrschaften selbst* f pl; page of the ~ *Leibpage* m **3.** *Vorhandensein* n, *Nähe* f; in the ~ of *this danger angesichts dieser Gefahr* | ~ of mind *Geistesgegenwart* f **4.** ⟨poet⟩ *e–e anwesende P* **5.** *Haltung;* (*äußere*) *Erscheinung* f, *Äußeres* n; *Benehmen* n; *stattliche Erscheinung* f **6.** *geisterhaftes Wesen* n **7.** [attr] ~–*chamber Audienzsaal* m

present ['preznt] I. a **1.** (*R a u m*) [*mst* pred] *anwesend* (~! hier!); *vorhanden*; *hier anwesend* (the ~ *company*; ~ *company excepted Anwesende ausgenommen*); to be ~ *at a th zugegen s bei etw*; *e–r S beiwohnen*; those ~ *die Anwesenden* m pl; all ~ *alle Anwesenden* | *gegenwärtig, lebendig* (to a p; to a p's mind *jdm*) || *vorliegend* (the ~ *case*); the ~ *writer der Verfasser dieser Zeilen* **2.** (*Z e i t*) *gegenwärtig* (in the ~ *day in der gegenwärtigen Zeit*); *heutig; jetzig* (the ~ *Bishop of London*), → then; the ~ *daytime die Jetztzeit* f || *laufend* (of the ~ *month vom l. Monat*) || ⟨com⟩ *Gegenwarts–* (~ *value*) || ⟨gram⟩ *Gegenwarts–; *~ *tense Präsens* n **3.** [in comp] ~–*day gegenwärtig, modern* II. s *Gegenwart, Anwesenheit* f || the ~ *die gegenwärtige Zeit* f || ⟨gram⟩ *Präsens* n | at ~ *im Augenblick, gegenwärtig, jetzt* || ⟨com⟩ *by the ~ durch Gegenwärtiges* || ⟨jur⟩ *by these* ~s *durch Gegenwärtiges, hiermit* || for the ~ *für jetzt, vorläufig, einstweilen* || ~**ly** [~li] adv (*als*)*bald, kz darauf; nach kz Zeit* || ⟨dial, Am, Scot⟩ *augenblicklich, jetzt*

present ['preznt] s *Geschenk* n (to *f, an*); to make a p a ~ *od* a ~ to a p *jdm ein G. m, jdm etw schenken*; to make a p a ~ of a th *od* to make a ~ of a th to a p *jdm ein G. m mit etw, jdm etw zum G. m*

present [pri'zent] I. vt/i A. vt **1.** a. (*jdn*) *einführen* (at *Court bei Hofe*); *vorführen* (to a p *jdm*); (*jdn*) *vorstellen* (to a p *jdm*); to ~ o.s. *sich v., sich melden* (for *z*) || (*Kandidaten*) *vorschlagen, empfehlen* (to *f*) || to ~ o.s. *sich einfinden, erscheinen* b. (*etw*) *darbieten, bieten*; to ~ o.s. (*S*) *sich bieten*; to ~ an *appearance of erscheinen als* || (*etw*) *vorlegen, –bringen* || ⟨mil⟩ (*Gewehr*) *präsentieren*; ~ arms! *Präsentiert das Gewehr!*; ~ kneeling (lying)! (*Gewehr*) *Anschlag kniend* (*liegend*)! || (*Stück, Charakter*) *darstellen, beschreiben* (as; to be) || ⟨com⟩ (*Wechsel*) *präsentieren, z Akzept vorlegen* || ⟨jur⟩ (*Klage*) *einreichen, vorbringen* c. ⟨mil⟩ (*Waffe*) *anlegen, richten* (at *auf*); [abs] ~! *Legt an!* **2.** (*etw*) *übergeben, –reichen, schenken* (to a p *jdm*); to ~

one's compliments to a p *sich jdm empfehlen*; to ~ one's apologies *sich entschuldigen* ‖ *(jdn) beschenken* (with a th *mit etw*) ❘ ⟨Am⟩ [*mit doppeltem* acc] *(jdm etw)* *(als Geschenk) überreichen* **B.** vi *vorschlagen, empfehlen* **II.** s ⟨mil⟩ *(Gewehr-)Anschlag* m; *Präsentiergriff* m (at the ~ *in Präsentierhaltung*) **~able** [~əbl] a (~bly adv) z *Darbietung geeignet*; *vorstellbar* (to *f*) ‖ *anbiet-, präsent·ierbar* ‖ *annehmbar,präsent·abel*; *ansehnlich* **~ation** [‚prezen'teiʃən] s **1.** ⟨rel⟩ *Darbietung* f; **⁓** in the Temple *(Jesu) Darstellung* f *im* T., *(Mariä) erster Tempelgang* m ‖ *formelle Vorstellung* (at court); *Einführung* f (to a p *bei jdm*) ‖ ⟨ec⟩ *Vorschlag* m (to *z*), *–srecht* n **2.** *Eingabe*; *Ein–, Überreichung, Schenkung, Gabe* f; ~ *copy Dedikations–, Freiexemplar* n; ~ *parcel Geschenkpaket* n **3.** ⟨com⟩ (of a bill) *Präsentation, Vorzeigung* f (on ~ *bei V.*) **4.** *Darbietung, Aufführung, Ausstellung* f ‖ *Darstellung, Wiedergabe* f ‖ ⟨psych⟩ *Vorstellung* f ‖ *Stellung, Lage* f **~ative** [pri'zentətiv] a ⟨ec⟩ *das Vorschlagsrecht besitzend* ‖ ⟨psych⟩ *vorstellbar, Vorstellungs–* **~ee** [‚prezən'ti:] s *(f eine Pfründe) vorgeschlagener Geistlicher* m ‖ *Empfänger* m
    presentient [pri'senʃiənt] a *vorempfindend, ahnend* (of a th *etw*) **–timent** [pri'zentimənt] s *Vorgefühl* n, *–ahnung* f (of *v*)
    presentment [pri'zentmənt] s ⟨jur⟩ *v der gr Jury erhobene Anklage* f ❘ ⟨theat⟩ *Darbietung, Aufführung* f ‖ *Darstellung* f, *Bild* n ‖ *äußere Erscheinung* f ‖ *Darreichung, Wiedergabe* f ❘ ⟨jur⟩ ~ of a true bill *Erhebung der öffentlichen Anklage*
    preservable [pri'zə:vəbl] a *erhaltbar* **–ation** [‚prezə'veiʃən] s *Bewahrung* f ‖ *Erhaltung* f; in a good state of ~ *in gut erhaltenem Zustande* ‖ ~ of evidence ⟨jur⟩ *Beweissicherung* f; ~ of natural beauty *Naturschutz* m **–ative** [pri'zə:vətiv] **1.** a *bewahrend, schützend, Schutz–*; *erhaltend* **2.** s *Schutzmittel* n (from, against *gegen*) ‖ *Konservierungsmittel* n
    preserve [pri'zə:v] **1.** vt *(jdn) bewahren, –hüten* (from *vor*) ‖ *(etw) erhalten, aufrechterhalten*; *(Andenken) bewahren* ‖ *(Eigenschaft) behalten, beibehalten*; to ~ one's gravity *ernst bleiben*; to ~ silence *Stillschweigen bewahren, still bleiben* ❘ *(etw) aufbewahren*; *in gutem Zustande erhalten, konservieren*; *(Fleisch* etc) *einmachen, –legen* ‖ *(Wild) schützen u hegen* **2.** s a. ~ s [pl] *Schutzbrille* f **b.** [*oft pl* ~s] *Konserve* f; ~ *jar*, ~ *bottle Einmachglas* n **c.** [*oft pl* ~s] *Gehege* n (*f Wild*); ⟨fig⟩ *Monopol–, Sondergebiet, –interesse* n ❘ **~d** [~d] a ⟨Am sl⟩ °*blau, beschwipst, voll* ❘ **~r** [~ə] s *Beschützer*; *Retter*; ⟨hunt⟩ *Heger* m ‖ *(S) Erhalter*; *Halter* m (chest ~)
    preside [pri'zaid] vi *präsidieren, den Vorsitz führen* (at, over *bei*) ‖ ⟨übtr⟩ *Aufsicht führen*; *herrschen* (over *über*) **~ncy** ['prezidənsi] s *Präsidentschaft* f ‖ *Präsidium* n, *Vorsitz* m; *Oberaufsicht* f ‖ *Präsidialperiode* f ❘ ⟨Ind⟩ *Präsidentschaft* f *(Provinz)*
    president ['prezidənt] s *Präsident, Vorsitzender*; ⟨univ⟩ *Rektor*; ⟨engl⟩ the Lord **⁓** of the Council *der Vorsitzende des Staatsrates*; the **⁓** of the Board of Education *Kultusminister* (.. of Trade *Handels–*) ‖ ⟨Am com⟩ *Direktor, Vorsitzender* m **~ial** [‚prezi'denʃəl] a *Präsidenten–* (~ chair), ~ address *Ansprache des Vorsitzenden* ❘ **~ly** adv *als Präsident* **~ship** [~ʃip] s *Präsidentschaft* f
    presidio [pri'sidiou] s *Festung* f
    press [pres] s **1.** *Andrang* m, *Gedränge* n ❘ *Hast* f; *Drang* m; *Dringlichkeit* f **2.** *Drücken* n, *Druck* m (to give a th a ~ *etw drücken*) ⟨a übtr⟩ **3.** ⟨tech⟩ *(Frucht–* etc) *Presse* f (copying–~ *Kopier–*; wine–~ *Wein–*) ‖ *Druckerpresse*; *Druckerei* f (the Clarendon **⁓**) ‖ ⟨typ⟩ *Drucken*

n, *Druck* m; in the ~ *unter der Presse, im Druck*; to correct the ~ *Korrektur lesen*; to get ready for ~ z D. *fertig m*; to go to the ~ *in D. gehen*; to send to the ~ *in D. geben*; to see a work through the ~ *den D. e–s Werkes überwachen* ‖ the ~ *das Druckgewerbe, Zeitungswesen, die Presse*; to have a good ~ *günstig aufgenommen, beurteilt w, e–e gute Pr. h* **4.** *Schrank* m *(f Kleider, Wäsche* etc) **5.** [attr] *Preß–, Druck–* (~ room); ~ agency *Korrespondenzbüro* n; **~**-agent ⟨Am⟩ *Reklamechef* m; ~(-)*board Preßspan* m; **~**-*box Presseloge* f; **~**-*button Klingelknopf* m; [attr] *automatisch* (control), ⟨rail⟩ **~**-*b.* circuitry *Drucktastenstellwerk* n, **~**-*b.* war *Fernlenkwaffen–*, ⟨fam⟩ *Druckknopf-Krieg* m; **⁓** Conference *(Minister-)Pressekonferenz* f; **~**-*copy Durchschlag* m; *Rezensionsexemplar* n ❘ *Presse–*; *Zeitungs–*; **~**-*cutting –artikel* m; **~**-*c.* agency ⟨Am⟩ *Zeitungsausschnittbüro* n; ~ *fastener Druckknopf* m ❘ **~**-*gallery Galerie f die Presse im* H.C. ‖ **~**-*guide Zeitungskatalog* m ‖ ~ *key* ⟨tech⟩ *Taste* f ‖ **~**-*mark* l. s *Bibliotheksnummer* f, *–zeichen* n 2. vt *mit B. versehen* ‖ **~**-*photographer Bildberichter* ‖ **~**-*reader Korrektor* m ‖ **~**-*work Druck(er)arbeit* f; *Druck* m
    press [pres] vt/i **A.** vt **1.** *(Hand) drücken*; *pressen*; to ~ a button *auf e–n Knopf drücken*; *(Marke) kleben* (on *auf*) ‖ *(Kleider) bügeln* ‖ *(Saft) pressen* (out of *aus*); *(Früchte) keltern* ‖ *(jdn) drücken* (to one's breast *an die Brust*) **2.** ⟨übtr⟩ *drücken auf (jdn)*; *(jdm) Schmerz verursachen* ‖ *(jdn) in die Enge treiben*; *bedrängen* (hard ~ed), *–stürmen*; *bedrücken*; to be ~ed for *in Verlegenheit s um* ‖ *(jdn) antreiben* (to *z*), *drängen, zwingen*, *(jdm) zusetzen* (to do) ‖ *(jdn) pressen, überreden* (to do; for a th); to ~ a p for a th *jdm etw abpressen* **3.** *(Worte) pressen*; *genau auslegen*; z *sehr betonen* ‖ *(etw) eindringlich empfehlen* (on a p *jdm*); *aufdrängen, –nötigen* (on a p *jdm*); to ~ *too hard an den Haaren herbeiziehen* **4.** *(Stoff) glätten, satinieren* **B.** vi **1.** *drücken* (upon *auf*); *Druck ausüben, schwer liegen* (upon *auf*) **2.** (of time, etc) *drängen*; *dringlich s*; *press·ieren* **3.** (P) *drängen, sich drängen* ❘ to ~ *for drängen auf, dringend bitten um*; *verlangen* ❘ to ~ *forward vorwärtsdrängen* ❘ to ~ *in upon, eindringen auf, bestürmen, zusetzen* ❘ to ~ *on vorwärts–, weitertreiben* **C.** [in comp] **~**-up [*mst* pl ~-ups] *Armbeugen* n *im Liegestütz* **~er** ['~ə] s ⟨tech⟩ *(Tuch-)Drucker*; *Presser* m (hat-~) ‖ *Preß–, Druckvorrichtung* f; *Stoffdrucker* m ‖ *Druckwalze* f **~ing** ['~iŋ] **1.** s *Pressen* n etc ‖ ~s [pl] *von e–r Matrize hergestellte Grammophonplatten* f pl ❘ [attr] *Preß–*; **~**-*iron Bügel–*, *Plätteisen* n ‖ *Druck–* (~ *roller –walze* f) **2.** a (~ly adv) *drückend, pressend* ‖ *dringend* (need), *dringlich, eilig*; to be ~ *drängen* ‖ *dringend, angelegentlich* (invitation) ‖ *aufdringlich*
    press [pres] **1.** vt *(Rekruten z Dienst) pressen*; to ~ a p into *jdn pressen in* (.. into service) ⟨a fig⟩ **2.** s ⟨hist mar⟩ *Aufgreifen, Pressen* n *(f den Dienst)*; *Beschlagnahme* f ❘ **~**-*gang die f die gewaltsame Aushebung bestimmte Mannschaft* f
    pressagent ['preseidʒənt] **1.** s *Zeitungsreklamefachmann* m **2.** vt *Reklame m f*, → zero-derivation
    pressman ['presmən] s *Drucker* m ‖ *Journalist, Pressemann* m; *–men* [pl] *Pressevertreter* pl
    pressure ['preʃə] s **I. 1.** *Drücken* n (the ~ of the boots); *Druck* m (on *auf*) ‖ *Gedrücktwerden* n; *Druck* m (of the button *auf den Knopf*) **2.** ⟨phys⟩ *Druck* [a attr]; high ~ *Hoch–*, low ~ *Tief–*; maximum (mean) effective ~ ⟨mot⟩ *Maximal-(Durchschnitts-)Druck* m *(während des Arbeitstaktes)* ‖ blood-~ *Blut–* ‖ ⟨mech⟩

Druckkraft f **|** [attr] *Druck–* **||** ∼ angle (*Zahnrad-*)*Eingriffswinkel* m **||** ∼ cabin ⟨aero⟩ *Höhen–, Druckkabine* **||** ∼-controlled *druckabhängig* **||** to ∼-cook *druckkochen* **|** ∼ cooker *Schnellkochtopf, Druckkocher* m; ∼ cooking *Speisezubereitung im Dampfkochtopf* **|** high ∼ *Christianity* ⟨fam⟩ *redegewandte Proselytenmacherei* f **||** ∼ forging ⟨met⟩ *Stauchen* **||** ∼ gauge *Druckmesser* m **||** ∼ gradiant ⟨meteor⟩ *Luftdruckgradient* m **||** ∼ group *Interessen(ten)gruppe* f, *Zweckverband* m **||** ∼ head *Staudruck* m, *Druckhöhe* f (*des Wassers*), *nutzbares Gefälle* n **||** ∼ loading *Druckbeanspruchung* f; ∼ resistance *–festigkeit* f **||** high ∼ salesmanship *energische Verkaufstechnik* f **||** ∼ test ⟨aero⟩ *Eignungsprüfung* f *auf Höhentauglichkeit* **3.** ⟨übtr⟩ *Druck* m (the ∼ of taxes) **||** *Bedrückung; Not* f **4.** *Druck* m, *Drängen* n, *Drang* m (the ∼ of business) **|** *Knappheit* (monetary ∼ *Geld–*); ∼ on space *Raummangel* m **||** *Klemme, Verlegenheit* f **5.** *moral. Druck* m; *Zwang* m; to put ∼ on *e–n D., Z. ausüben auf*; under ∼ *unter D.*; to work at high ∼ *mit Hochdruck arbeiten* **II.** vt *unter Druck setzen* or *halten* ⟨a fig⟩: (*jdn*) *treiben, zwingen* (into zu), → zero-derivation *–rization* [͵preʃərai'zeiʃən] s *Druckversorgung* f (cabin ∼ ⟨aero⟩ *D. der Kabine*); ∼-system *Druckluftanlage* f *–rize* ['preʃəraiz] vt *unter Druck setzen* **|** ∼d ⟨aero⟩ *Höhen–, Druck–* (cabin); (*Kabine*) *mit Druckausgleichsanlage* f; *druckbelüftet* (airplane); *druckfest* (fire-extinguisher)

prestidigitation [͵presti͵didʒi'teiʃən] s *Taschenspielerkunst* f *–ator* [͵presti'didʒiteitə] s *Taschenspieler* m

prestige [pres'ti:ʒ] s Fr *Prest·ige, Ansehen* n, *Nimbus* m

prestissimo [pres'tisimou] adv It ⟨mus⟩ *sehr schnell*

presto ['prestou] **1.** adv It ⟨mus⟩ *schnell, geschwind* **||** ∼ od hey ∼ *hohuspokus, im Handumdrehen, wie der Blitz* **2.** a *blitzschnell* **3.** ∼(-) cooker *Schnellkochtopf* m

pre-stressed ['pri:'strest] a ⟨tech⟩ ∼ concrete *Spannbeton* m

presumable [pri'zju:məbl] a (–bly adv) *mutmaßlich; wahrscheinlich, voraussichtlich*

presume [pri'zju:m] vt/i **1.** vt *sich anmaßen, sich erdreisten* or *herausnehmen, wagen* (to do) **|** *als gegeben annehmen, voraussetzen; mutmaßen, annehmen, schließen* (a th; from .. that *v, aus .. daß*; a th *od* a p to be *daß etw, jd ist*); he is ∼d to know *man setzt voraus, daß er weiß* **2.** vi to ∼ on, upon *pochen auf, sich etw einbilden auf*; *mißbrauchen* ∼dly [∼idli] adv *mutmaßlich* **||** *–ming* [∼iŋ] a (∼ly adv) *anmaßend, vermessen*

presumption [pri'zʌmpʃən] s *Anmaßung* f, *Dünkel* m **|** *Mutmaßung, Vermutung* f (the ∼ is that *die V. besteht, daß*); *Annahme* f, on the ∼ that *in der A., daß* **||** *Wahrscheinlichkeit* f **|** ∼ of death *Todesvermutung* f *–tive* [pri'zʌmptiv] a (∼ly adv) *mutmaßlich, präsumtiv*; the heir ∼ to the throne *der mutmaßliche* (*Thron-*)*Erbe* (*dessen Erbrecht zerstört w kann*); ∼ evidence ⟨jur⟩ *Indizienbeweis* m

presumptuous [pri'zʌmptjuəs] a (∼ly adv) *eingebildet, anmaßend; vermessen* (it is ∼ to think) ∼ness [∼nis] s *Anmaßung* (without ∼); *Vermessenheit* f

presuppose [͵pri:sə'pouz] vt *im voraus annehmen* (a th; that) **|** *voraussetzen, verlangen* *–sition* [͵pri:sʌpə'ziʃən] s *Voraussetzung* f

pretence; ⟨Am⟩ *–nse* [pri'tens] s **1.** *Anspruch* m (to *auf*); to make no ∼ *k–n A. erheben* (to be, of *od* at being *z s*) **|** *Anmaßung* f **2.** *Scheingrund* m, *Vorspiegelung* f; under false ∼s *unter V. falscher Tatsachen*; (carnal knowledge) under false ∼s *Erschleichung* f (*des Beischlafs*) **||** *irrige*

Behauptung f **|** *Finte, Verstellung, Maske* f (to abandon the ∼ *die M. fallen l*); *Schein* m (a ∼ of gaiety); no great ∼ of *kein leeres Getue mit*; to make a ∼ of *od* at a th *etw vortäuschen*; to make no ∼ at being *sich nicht den Anschein geben z s*; to try any ∼s with a p *jdm etw vorzumachen versuchen* **|** *Vorwand* m (under the ∼ that *unter dem V. daß*)

pretend [pri'tend] vt/i **1.** vt *vorgeben, –täuschen* (a th; to be; to do; that a p is *daß jd ist*); *tun als ob, sich stellen* (that *als wenn*); to ∼ to be robbers *Räuber spielen*; to ∼ to a p *jdm vormachen* (that) **|** *fälschlich behaupten* (a th; that) **||** *sich erdreisten, anmaßen* (to do) **2.** vi *vorgeben* **|** to ∼ to a th *Anspruch m auf etw*; *sich etw anmaßen* or *einbilden*, I do not ∼ to learning *ich bilde mir nicht ein, Gelehrsamkeit z besitzen, ich besitze k–e G.* **||** to ∼ to a p *um jds Hand anhalten, werben* **|** ∼ed [∼id] a (∼ly adv) *anmaßend*; *vorgeblich; vorgetäuscht* ∼er [∼ə] s *der Anspruchmachende* (to *auf*); ∼ to the throne *Thronbewerber, Prätendent* m; the Old ∼ *ältester Sohn Jakobs II.*; the Young ∼ *sein Sohn Charles Edward* **||** *Quacksalber, Scharlatan* m

pretension [pri'tenʃən] s *Anspruch* (to a th *auf etw*; to be; to do); of great ∼s *anspruchsvoll*, of no ∼s *anspuchslos* **|** *Anmaßung* f **||** *Prunk* m

pretentious [pri'tenʃəs] a (∼ly adv) *anspuchsvoll; anmaßend; prunkhaft* (house) ∼ness [∼nis] s *Anmaßlichkeit, Anmaßung* f

preter– ['pri:tə] L *lebendes* pref *darüber hinaus, über–* ∼human [͵pri:tə'hju:mən] a *übermenschlich*

preterite ['pretərit] **1.** a ⟨gram⟩ *Vergangenheits–* (∼ tense); ∼ present verbs [pl] *Präterito-Präs·entien* f **2.** s *Prät·eritum* n

preterition [͵pri:tə'riʃən] s *Übergehung; Unterlassung* f

pretermission [͵pri:tə'miʃən] s *Übergehung, Auslassung* f **|** *Unterlassung* f (of duty) *–mit* [͵pri:tə'mit] vt *–tt–* (*Tatsache*) *übergehen; unterlassen* **||** *unterbrechen* *–natural* [͵pri:tə-'nætʃrəl] a (∼ly adv) *nicht natürlich, übernatürlich*

pre-test ['pri:test] s ⟨stat⟩ *Probeerhebung* f

pretext 1. ['pri:tekst] s *Vorgeben* n, *Vorwand* m; *Entschuldigung* f (for *f*); on *od* under the ∼ *unter dem Vorwande* (of doing z tun; that); on one ∼ or another *in dieser* or *jener Absicht*; to make a ∼ of *vorschützen, –geben* **2.** [pri'tekst] vt (*etw*) *als Vorwand angeben; vorschützen* (as an excuse *als Entschuldigung*)

pretonic ['pri:'tɔnik] a ⟨gram⟩ *vortonig*

pre-trial custody ['pri:'traiəl 'kʌstədi] *Untersuchungshaft* f

prettify ['pritifai] vt *verschönern, herausputzen* **||** ⟨sl⟩ *mit Schmuck überladen*, °*aufdonnern* **|** *spezifizieren* *–iness* ['pritinis] s *Nettigkeit, Niedlichkeit* f **||** *Scharm, Zauber* m; *Anmut* f **|** [pl ∼es] *schöner Zug* m, *hübsches Ding* n **|** (of style) *Geziert–, Gespreiztheit* f

pretty ['priti] **1.** a (–tily adv) *schön, scharmant, anziehend; hübsch, nett, goldig* (Ggs *handsome*) **|** *lieb* (my ∼ one) **|** *fein, prächtig* (stroke) **||** ⟨iron⟩ *hübsch, schön* (a ∼ mess) **||** *beträchtlich*, a ∼ penny *ein hübsches Stück Geld* **|** ∼-∼ [a] *niedlich, hübsch; geziert, puppenhaft*, a ∼-∼ face *ein Puppengesicht* n **2.** s my ∼ *mein Schätzchen, my pretties m–e Lieben* **|** pretties [pl] *schöne Sachen* pl **||** ∼-pretties [pl] *Schmucksachen* pl **||** ⟨golf⟩ = fairway **3.** adv [*nur vor* a *od* adv] *ziemlich, einigermaßen, leidlich* (∼ well) **|** *beträchtlich; gar sehr*; ∼ good *ganz* or *sehr gut*; ∼ much the same thing *so ziemlich* or *mehr oder weniger* or *ungefähr* or *nahezu dasselbe*; to do ∼ much as one likes *ganz tun, was e–m beliebt* **||** ⟨oft iron⟩ *hübsch, schön*, °*verdammt* (∼ cold)

pretzel ['pretsl] s ⟨Am⟩ *Brezel* f
prevail [pri'veil] vi **1.** *die Oberhand gewinnen, den Sieg davontragen* (over *über*) ‖ *sich Geltung verschaffen, sich durchsetzen;* (S) *erfüllt* w; to ~ against a p *erfolgreich s, etw ausrichten gegen jdn* ‖ *vorwiegen, –herrschen, herrschen* **2.** to ~ (up)on a p *jdn bereden, bewegen* (to do); I could not ~ on myself *ich konnte es nicht übers Herz bringen* (to do) **~ing** [~iŋ] a (~ly adv) *vorherrschend; allgemein geltend, herrschend* (opinion)
prevalence ['prevələns] s *Vorherrschen* n; *Herrschen* n, *die weite Verbreitung* f; *Überhandnehmen* n **–ent** ['prevələnt] a (~ly adv) *vorherrschend; überhandnehmend, allgemein or weit verbreitet;* to be ~ (vor)*herrschen*
prevaricate [pri'værikeit] vi *Ausflüchte* m *or brauchen* **–ation** [pri,væri'keiʃən] s *Umgehung der Wahrheit* f, *Ausflüchte* f pl **–ator** [pri'værikeitə] s *Wahrheitumgeher; Wortverdreher* m
prevenient [pri'vi:niənt] a *vorhergehend* ‖ *erwartend, in Erwartung* (of *auf*) ‖ ~ *grace die göttliche Gnade*
prevent [pri'vent] vt (*jdn*) *abhalten, hindern* (from *an;* from doing *z tun*); I ~ed him from entering, I ~ed his (⟨fam⟩ him) entering *ich hinderte ihn einzutreten* ‖ (*etw*) *verhindern, –hüten* **~ability** [pri,ventə'biliti] s *Verhütbarkeit* f (of sin) **~able** [~əbl], **~ible** [~əbl] a *verhütbar, z verhüten(d)* **~ative** [~ətiv] a & s – preventive **~er** [~ə] s *Verhinderer, –hüter* m ‖ ⟨mar⟩ *Hilfs–, Ersatztau* n **~ion** [pri'venʃən] s *Verhütung, Verhinderung* f; ~ of accidents *Unfallverhütung* f **~ive** [pri'ventiv] **1.** a (~ly adv) *verhütend* (to be ~ive of *verhüten*); ⟨psych⟩ *prävent·iv* (checks *Hemmungen*); *Verhütungs–* (~ measure); ~ inoculation *Schutzimpfung* f; ~ medicine ⟨bes Am⟩ (*Maßnahmen* f pl *zur*) *Gesundheitspflege* f; ~ detention ⟨engl⟩ *Sicherungsverwahrung v Verbrechern nach der Haft* f; ~ custody ⟨euph⟩ = detention ‖ *Schutz–;* ⚅ Service *Küstenschutzdienst* m; *vorbeugend* (of *gegen*); ~ maintenance *vorbeugende Instandhaltung* f **2.** s *Vorbeugungs–, Schutzmittel* n (of *gegen*) ‖ rust ~ *Rostschutzmittel* n
preview ['pri:vju:] s ⟨film⟩ *Voranzeige* f ‖ ⟨theat, film⟩ (*Vor-*)*Prüfung* f ‖ ⟨paint⟩ (of an exhibition) *Firnistag* m (F *vernissage*) ‖ ⟨com⟩ *Vorschau* f (of fashion)
previous ['pri:vjəs] **1.** a *vorhergehend;* ~ conviction *Vorstrafe* f; ⚅ Examination = Little-go (→ *little*); ~ question ⟨parl⟩ *Vorfrage* f; to move the ~ question *Übergehen z Tagesordnung beantragen* ‖ ⟨sl⟩ *übereilt, voreilig* **2.** adv ~ to *vor* **~ly** [~li] adv *vorher* (2 years ~) **~ness** [~nis] s *die Voreiligkeit* f
prevision [pri'viʒən] s *Vorhersehen* n, *Voraussicht; Ahnung* f (of *v*) **~al** [~l] a (~ly adv) *voraussehend, ahnend*
pre-war [pri:'wɔ:] a [attr] *vor dem Kriege* ‖ *Vorkriegs–, Friedens–*
prex(y) ['preks(i)] s ⟨Am fam⟩ = president
prey [prei] **1.** s ⟨bib⟩ *Beute* f, *Raub* m ‖ *erbeutetes Tier* n, *Beute* f; beast of ~ *Raubtier* n, bird of ~ *–vogel* m ‖ ⟨übtr⟩ (P) *Beute* f, *Opfer* n, a ~ to circumstances *ein O. der Verhältnisse;* to be, become, fall a ~ to a p, to a th *jdm, e–r S z Beute, z Opfer fallen;* to fall an easy ~ to a p *jdm leicht z O. fallen* **2.** vi (T) to ~ upon a **a.** *Beute m auf, jagen; fressen* ‖ *berauben, plündern; verwüsten* ‖ *betrügen* **b.** *schmarotzen bei, leben v* ‖ *nagen an, zehren an* (to ~ upon a p's mind *.. an jdm*)
price [prais] **I.** s **1.** *Gegenwert, Preis* m (of a picture *f ein Bild*); at a low ~ *z niedrigem P.;* fixed ~ *fester P.;* ~ is no object *der P. spielt k–e Rolle* ‖ ~ subject to change without notice *Preis freibleibend;* ~s [pl] obtained on the world

market *Preise z Weltmarktbedingungen* **2.** *Preis* m, *Belohnung* f; to put a ~ on a p's head *e–n P. auf jds Kopf setzen* **3.** *Preis* m, *Opfer* n; at any ~ *um jdn P.* **4.** *Preis, Wert* m; above, beyond, without ~ *unschätzbar* **5.** ⟨betting⟩ a long (short) ~ *e–e scheinbar ungünstige* (*günstige*) *Wette* f *den Anbietenden* ‖ *Chancen* f pl; what ~ the favourite? *Welche Ch. hat der Favorit?;* ⟨übtr⟩ what ~ ..? *was sagst du jetzt z, wie denkst du jetzt über ..?* (what ~ your friend now?) **6.** [attr] *Preis–;* ~ adjustment *Preisregulierung* f ‖ office of ~ administration (abbr OPA) *Preiskontrollamt* n ‖ ~-control *Zwangswirtschaft* f; ~-controlled *bewirtschaftet* (goods), preisgestoppt (rents) ‖ ~-cutter *Unterbieter, Schmutzkonkurrent* m; ~-current, ~-list *–liste* f ‖ ~-limit *–grenze* f ‖ ~-mark *–zettel* m ‖ ~ rises [pl] *–erhöhungen* f pl **II.** vt *den Preis ansetzen* f; (*etw*) *abschätzen* ‖ to ~ a th *nach dem Preise e–r S fragen* ‖ (*etw*) *mit Preisangabe versehen* ‖ to ~ a p (⟨oft⟩ o.s.) *out of the market jdn* (*sich*) *durch z hohe Preise um s–e Stellung auf dem Markt bringen; abschreckende Preise verlangen* ‖ **~d** [~t] a *mit P. versehen;* low-~ *z niedrigem Preise angesetzt* ‖ *budget–~,* economy-~, thrift-~ ⟨Am⟩ *preisgünstig* **~less** ['~lis] a *unschätzbar* ‖ *unbezahlbar* ⟨sl⟩ *köstlich, unbezahlbar* (man)
prick [prik] s **1.** (*als Wunde*) (of an insect) *Stich* m (in the hand) **2.** *Stachel, Dorn* m; *Spitze* f; → to kick ‖ *Stichel* m ‖ ⟨prov⟩ a standing ~ has no conscience °*wenn e–m der Schwanz steht, ist der Verstand am Arsch* ⟨fam & vulg⟩ *you silly ~!* °*harmloser Sackträger!* **3.** *Stechen* n ‖ ⟨fig⟩ *Stich, stechender Schmerz;* ~ of conscience *Gewissensbiß* m **4.** [in comp] ~-eared *mit gespitzten Ohren* ⟨mil sl⟩ ~-farrier, ~-smith *Herr Stabsarzt* m *mit der Spritze*
prick [prik] vt/i **A.** vt **1.** *durchstechen, –lochen* ‖ (*Loch*) *stechen* (with); to ~ one's finger *sich in den Finger st.* ‖ ~ed ·*angeschossen* (bird) ‖ ⟨fig⟩ (*jdn*) *stechen,* (*jdm*) *Schmerz verursachen* ‖ ⟨fam⟩ *prickeln an, in, auf* (it ~s my mouth *es prickelt mir im Munde*) ‖ (*jdn*) *anspornen, –treiben* (to, into *z*) **2.** *mit Punkten versehen, punktieren* ‖ to ~ out (*Muster*) *ausprickeln, –stechen* ‖ (a to ~ out) (*jdn*) *auswählen* ‖ to ~ in (*jdn*) *einzeichnen* **3.** (*Sämlinge*) *verziehen, in Löcher pflanzen;* to ~ in *ein–,* to ~ out *umpflanzen* **4.** to ~ up one's ears *die Ohren spitzen* **B.** vi **1.** *stechen, pricken;* ⟨fig⟩ to ~ at *nagen an;* ⟨paint⟩ *pointillieren, mit Punkten malen* ‖ *stechen, prickeln* (with *v*) **2.** † *sprengen, jagen* (after a p *hinter jdm her*) **3.** to ~ up (of ears) *sich aufrichten;* ⟨übtr⟩ *hervor–, emporragen* **~er** ['~ə] s † *Reiter* m ‖ *Pfriem* m, *Pfrieme, Ahle* f
pricket ['prikit] s *Spießer, Spießbock, Damspießer* m ‖ ~'s sister *Rehgeiß im 2. Jahr, Damgeiß* f, *Damschmaltier* n (*im 2. Jahr*)
prickle ['prikl] **1.** s *Stachel, Dorn* m ‖ *Prickeln* n (*der Haut*) **2.** vt/i *stechen, zwicken* ‖ vi *prickeln, jucken* (my finger ~s) **–ly** ['prikli] a *stach(e)lig, Stachel–* ‖ *prickelnd* ‖ ~ heat ⟨med⟩ *Hitzblattern* f pl ‖ ~ pear ⟨bot⟩ *indische Feige* f ‖ ~-song ⟨hist mus⟩ *in Noten gesetzter u nach Noten gesungener Gesang; mehrstimmiger Gesang* m (Ggs plainsong)
pride [praid] **I.** s **1.** *Hochmut* (~ goes before a fall *H. kommt vor dem Fall*), *Stolz* m ‖ *berechtigter Stolz* m (in *auf*); *Gefühl des Stolzes* (at *über;* to feel a ~ at); to take a ~ in a th *stolz s auf etw; s–n Stolz, Ehrgeiz setzen* (.. in doing .. *darein setzen z tun*) ‖ *Gegenstand des Stolzes* (he is my ~) ‖ ~ of place *Ehrenplatz, bevorzugte Stellung* f **2.** ⟨poet rhet⟩ *Glanz* m, *Pracht* f ‖ ⟨fig⟩ *Blüte, Hochflut* f **3.** (of a peacock) *Federschmuck* m **4.** *Schar* f, *Trupp* m (~ of lions) **II.** v refl to ~ o.s. on *stolz s auf; sich brüsten*

mit, sich rühmen dürfen ~**ful** ['~ful] a (~ly adv) ⟨poet⟩ *hochmütig* ‖ *stolz, gehoben* (moment)

prie-dieu ['pri:'djø] s Fr *Betpult* n; [attr] *Bet–* (~ *chair*)

priest [pri:st] **I.** s **1.** *Priester, Vollzieher* m *kultischer Handlungen* ‖ ⟨a Ir⟩ *katholischer Priester; Geistlicher* m *der* High Church *in* C. E. **2.** *kl Hammer* m, *kl Keule* f; ~'s hood ⟨bot⟩ *Aronswurzel* f **3.** [comp] ~-*ridden v Pfaffen beherrscht* **II.** vt *z Priester* m *or ordinieren* ~**craft** ['~krɑ:ft] s *Pfaffenlist, –politik* f ~**ess** ['~is] s *Priesterin* f ~**hood** ['~hud] s *Priesteramt* n ‖ –*schaft* f; *die Priester* m pl ~**liness** ['~linis] s *Priesterlichkeit* f ~**ly** ['~li] a *priesterlich; Priester–*

prig [prig] s *Geck, affektierter, eingebildeter Mensch; selbstgefälliger Pedant* m ~**gery** ['~ɔri] s *Eingebildetheit* f, *Dünkel* m ~**gish** ['~iʃ] a *affektiert, eingebildet, pedantisch* ~**gishness** ['~iʃnis] s ~**gism** ['~gizm] s = priggery

prig [prig] ⟨sl⟩ **1.** vt *stehlen,* °*mausen,* °*stibitzen* **2.** s *Dieb* m ~**gish** ['~iʃ] a *diebisch*

prill [pril] s ⟨minr & met⟩ *Scheide–, Stufferz* n ‖ *aus der Schmelze zus–geflossener Metallklumpen,* (*Metall–)König* m

prim [prim] **1.** a (~ly adv) (*P*) *affektiert, geziert; steif, formell; gedrechselt* **2.** vi/t *sich steif benehmen* | vt (*Gesicht* etc) *affektiert verziehen*

primacy ['praiməsi] s *Prim·at* m & n, *erster Platz* m, *Führerschaft* f (position of ~ *führende Stellung*); *Vorrang, –zug* m ‖ ⟨ec⟩ *Primat* n, *oberste Kirchengewalt* f

prima donna ['pri:mə'dɔnə] s It *Primadonna, erste Sängerin* f

primaeval [prai'mi:vəl] a = primeval

prima facie ['praimə'feiʃii:] L **1.** adv *beim ersten Anschein, auf den ersten Blick* **2.** a *auf den ersten Eindruck gegründet;* (*anscheinend*) *glaubhaft* (evidence)

primage ['praimidʒ] s *Prim·age* n, *Frachtzuschlag* m

primage ['praimidʒ] s *Wassergehalt im Dampf* m

primal ['praiməl] a (~ly adv) *frühest; ursprünglich* ‖ *erste(r, –s), wesentlich*

primary ['praiməri] **1.** a (–rily adv *in erster Linie, vorwiegend*) *frühest, ursprünglich;* ⟨geol⟩ *prim·är; Ur–* (instinct) ‖ *Anfangs–; Elementar–* (~ school) ‖ *Grund–* | *erste(r, –s), hauptsächlich, Haupt–* (~ meaning) | ~ *battery* ⟨el⟩ *Primärbatterie* f ‖ ~ *colours* [pl] *Grundfarben* f pl ‖ ~ *feather Schwungfeder* f ‖ ~ *meeting örtl. (Wähler-)Versammlung vor der Wahl* f ‖ ~ *planet Hauptplanet* m ‖ *rohstofferzeugend* (industries) ‖ ~ *road Straße* f *erster Ordnung* ‖ ‖ ~ *shaft* ⟨tech⟩ *Hauptwelle* f ‖ ~ *treatment V·orbehandlung* f ‖ ~ *winding* ⟨el⟩ *Primärwicklung* f **2.** s *Hauptplanet* m ‖ ~ *meeting* ⟨Am pol⟩ *örtl. Wahl; Partei-Versammlung* f (*z Aufstellung der Kandidatenliste*); *Vorwahl* f | [*mst* pl] *–ries erste Grundlagen* f pl ‖ *Schwungfedern* f pl ‖ *the –ies* ⟨Am⟩ *die Kandidaten-Vorwahl*

primate ['praimit] s ⟨ec⟩ *Pr·imas* m; *the* ~ *of all England der Erzbischof v* Canterbury, *the* ~ *of England E. v* Canterbury ~**ship** [~ʃip] s *Rang, Amt des P.*

primates [prai'meiti:z] s pl L ⟨zoo⟩ *Prim·aten* pl (*Affen u Halb–*)

primatial [prai'meiʃəl] a *Erzbischofs–*

prime [praim] **1.** s ⟨ec⟩ *erste Gebetstunde* ‖ *erste Stunde des Tages* ‖ ⟨arith⟩ *Primzahl* f ‖ ⟨mus & fenc⟩ *Prim(e)* f | ⟨fig⟩ *Anfang* m (in the ~ of) | *Frühling* m; ⟨übtr⟩ *°Jugendzeit* f | ⟨fig⟩ *Blüte, Vollkraft* f; in his ~ *in der Blüte s–r Jahre, im besten Mannesalter* ‖ ⟨fam⟩ the ～ = ～ *Minister* ‖ [pl] ～s *Weißbleche erster Güte*

2. a *erste, frühest* ‖ *Haupt–; wichtigst* ‖ *Prima–, erstklassig, best* (joint); ⟨a übtr⟩ (to feel ~) | *Ur–, Grund–* (~ form; ~ coat *Grundanstrich* m); ⟨mus⟩ *Grund–* (~ tone) ‖ ⟨arith⟩ *Prim–* (~ number) | ~ cost *Einkaufspreis* m (at ~ cost *zum E.*) ‖ ~ *Minister* ⟨engl⟩ *Premierminister* m ‖ ~ *mover bewegende Kraft* f; *Maschine, die Kraft überleitet, Antriebsmaschine* f; *Naturkraftmaschine* f (*Windrad* etc); *Einachsschlepper* m; ⟨fig⟩ *Haupt-Triebkraft* f ~**ly** ['~li] adv *ausgezeichnet; höchst* ~**ness** ['~nis] s *erstklassige Qualität, Vorzüglichkeit* f (~ of beef)

prime [praim] vt/i **A.** vt **1.** *mit Zündpulver, –masse versehen* ‖ (*Flinte*) *laden* | (*Pumpe*) *ansaugen, –gießen, füllen* ‖ ⟨mot⟩ (*Zylinder, Vergaser*) (*mit Brennstoff*) *päppeln* (*·anspritzen*) | (*Dampf*) *mit Wasser laden* | to be ~d *bezecht* s **2.** ⟨übtr & fig⟩ (*jdn*) *ausrüsten, –statten; versehen, beladen* (with); (*jdn*) *mit Information ausstatten, beeinflussen* | (*P*) ~d ⟨fam⟩ °*angetütert, gesäuselt* (*beschwipst*), → 1. **3.** ⟨paint⟩ *grundieren* **B.** vi *als Zündladung dienen* ‖ (of an engine-boiler) *mit Wasser geladen* w

primer ['praimə] s **1.** *Zündpille, –vorrichtung; Sprengkapsel* f **2.** (*P*) *Lader* m ‖ *Grundierer* m; ~ coat *Voranstrich* m

primer 1. ['praimə] s *Abc-buch* n, *Fibel* f; *Elementarbuch* n (Latin ~) **2.** ['primə] s ⟨typ⟩ great ~ *Tertia* f (*Schriftgrad*); long ~ *Korpus-(schriftgrad* m) f

primero [pri'miərou] s Span ⟨hist⟩ *ein Kartenhasardspiel* n

primeur ['pri:mə:] s Fr *Frühgemüse* n ‖ *frühe Nachricht, Erstlings–* f

primeval, –aeval [prai'mi:vəl] a (~ly adv) *uranfänglich; uralt; Ur–* (~ times, ~ forest, ~ landscape)

priming ['praimiŋ] s **1.** ⟨mil⟩ *Zündung; Zündmasse* f; → to prime; *Angießen* n (*e–r Pumpe*); ~ of an engine *Einspitzen* n *v Anlaßkraftstoff in den Motor;* [attr] *Zünd–* (~-screw; ~-wire), *Pulver–* (~-horn) **2.** ⟨paint⟩ *Grundierung* f; [attr] *Grundier–;* ~ coat *Grundanstrich* m

priming ['praimiŋ] s: the ~ of the tide *das frühere Eintreten* n *der Flut*

primipara [prai'mipərə] s *Erstgebärende* f –**rous** [–rəs] a *erstgebärend*

primitive ['primitiv] **1.** a (~ly adv) *erste(r, –s), frühest* ‖ *Ur–* (~ rock ⟨geol⟩ *–gebirge* n); *uralt, –zeitlich; ursprünglich* | *anfängerhaft, einfach; primit·iv, altmodisch* | *Grund–* (~ colours); ⟨gram⟩ *Stamm–* (~ word) **2.** s [*mst* pl] the ~s *die Primit·iven* pl (*Naturvölker*) ‖ *Künstler der Frührenaissance, Frühmeister* m ~**ness** [~nis] s *Primitivität; Ursprünglichkeit* f –**vism** [–izm] s *das Primitive, Urwüchsige* n (*z. B.* cave-man, Nietzsches „*blonde Bestie*")

primness ['primnis] s *Geziertheit, Steifheit; Förmlichkeit, Korrektheit* f

primo ['praimou] s It ⟨mus⟩ *erster Spieler, Sp. des hohen Teils beim Zus–Spiel*

primo– ['praimo] L [in comp] *Erst–, Primo–* ~**genital** ['praimo'dʒenitəl], ~**genitary** ['dʒenitəri] a *Erstgeburts–, Primogenitur–* ~**genitor** [,praimo'dʒenitə] s *frühester Vorfahr* m ‖ *Vorfahr* ~**geniture** [,praimo'dʒenitʃə] s *Erstgeburt* f; *–srecht* n

primordial [prai'mɔ:diəl] a (~ly adv) *ursprünglich, uranfänglich;* ⟨biol⟩ *Primordi·al–*

primp [primp] vi *sich putzen; sich rüsten* (for)

primrose ['primrouz] **1.** s ⟨bot⟩ *Gelbe Schlüsselblume* (*Himmelsschlüssel*), *Primel* f ‖ evening ~ ⟨bot⟩ *Nachtröschen* n ‖ *blaßgelbe Farbe* f | [attr] *Primeln–* ‖ ～ Day ⟨pol⟩ *Primeltag* m (*z Andenken an* B. Disraeli; *19. April*) ‖ ～ League ⟨pol⟩ *Primelnbund* m (*konservativer Bund, ggr. 1883*) ‖ the ~ *path der Pfad der*

Freude, des Vergnügens m **2.** a *blaßgelb* **3.** vi
Primeln pflücken (to go –sing)
primula [ˈprimjulə] s L ⟨bot⟩ *Gattung* f *der
Primeln*
primuline [ˈprimjulain] s *Primulin* n (*gelber
Teerfarbstoff*)
primum mobile [ˈpraiməmˈmoubili] s L ⟨ant
astr⟩ *die erste Kristallsphäre des Universums* f ||
⟨übtr⟩ *Haupttriebfeder* f
primus [ˈpraiməs] L **1.** a *erste*(*r, –s*); ~ *inter
pares der Erste unter an Rang Gleichen* || *älter*
(N. ~ *N. der ältere*) **2.** s ⟨ec Scot⟩ *präsidieren-
der Bischof* m
prince [prins] s **1.** ⟨a-engl⟩ *Fürst* m (the ~ *of
der F. v*); the baby ~ *das Fürstenkind* **2.** *Prinz*
m; ~ *of the blood P. v königl. Geblüt*; ~-
Consort *Prinz-Gemahl* m; ~ Regent *Prinz-
regent* m; the ~ *of Wales* ⟨engl⟩ *der Kronprinz*
|| ⟨mil⟩ ~ *Alberts* [pl] *Fußlappen* m pl || ⟨Am⟩
~ *Albert* = frock coat *Gehrock* m **3.** ⟨engl⟩ *F.*
(*als Titel* f *dukes & marquises*) || *kirchl. F.*
4. ⟨übtr⟩ *F., Herrscher,* a ~ *of poets ein F.
unter den Dichtern*; the ~ *of darkness der Herr
der Finsternis* (*Satan*) | *Magnat, Herr,* the mer-
chant ~ *der reiche Kaufherr* ~**dom** [ˈdəm] s
Fürstentum n || *Rang e–s Prinzen* m ~**let** [ˈ~lit]
s *kl Fürst* m ~**like** [ˈ~laik] a *fürstlich; erhaben*
~**ling** [ˈ~liŋ] s *kl Fürst* m ~**ly** [ˈ~li] a *fürst-
lich, Fürsten–* || *prinzlich* || *würdig, stattlich*
princeps [ˈprinseps] L **1.** a *erste*(*r, –s*), *Original–* **2.** s ⟨ant⟩ *Prinzeps* m
princess [prinˈses; [attr] ˈprinses] s *Fürstin*
|| *Prinzessin* f (the ~ *Victoria*); the ~ *Royal*
[pl ~es *Royal*] ⟨engl⟩ *Titel für die älteste
Tochter des Königs* | [attr] (*of dress*) *Prinzeß–*
(~ *robe*)
principal [ˈprinsəpəl] **1.** a *erste*(*r, –s*), *hervor-
ragend, führend* || *hauptsächlich, Haupt–* (~
debtor –schuldner; ~ *clause –satz*) **2.** s **a.**
Hauptperson f, *Haupt* n || *Vorsteher*; (of a univ
college) *Rektor*; ⟨Am⟩ (of schools) *Direktor* m
|| *Chef, Prinzipal* m || ⟨theat⟩ *Hauptfigur* f ||
⟨com⟩ *Auftraggeber, Selbstkontrahent* m || ⟨jur⟩
Haupttäter, –schuldiger m **b.** ⟨arch⟩ *Haupt-
sparren, –balken* m (*des Daches*) **c.** ⟨com⟩
Kapital n (*Ggs* interest) ~**ity** [ˌprinsiˈpæliti] s
Rang e–s Fürsten m | *Fürstentum* n; the ~
Wales ⟨theol⟩ *–ties* [pl] *e–e der 9 Rangord-
nungen der Engel* f ~**ly** [~i] adv *hauptsächlich,
besonders*
principia [prinˈsipiə] s pl L *Prinzipien* n pl,
Grundlagen f pl
principle [ˈprinsəpl] s **1.** *Urstoff; Ursprung,
–grund* m **2.** *Grundbegriff, –gedanke* m **3.** *mo-
ralischer, politischer Grundsatz* m, *Prinzip* n;
[koll] *–ien* pl; a man of high ~ *ein Mann v
hohen Grundsätzen*; the ~ *of leadership das
Führerprinzip* || in ~ *im Prinzip, im Grunde*; on
~ *aus Prinzip; grundsätzlich, prinzipiell*; (up)on
that ~ *nach dem Grundsatz* || to hold a ~ *e–n
G. h*; to make (it) a ~ *es sich z Prinzip m* (of
doing *z tun*) **4.** ⟨chem⟩ (*Grund-*)*Bestandteil* m
| ~**d** [~d] a [in comp] high–~ *v hohen Grund-
sätzen* (a high–~ man)
prink [priŋk] vt/i || ⟨fam⟩ (*heraus*)*putzen* (to
~ o.s. *sich h.*) | vi *sich schniegeln*
print [print] s **1.** *Druck, Abdruck* m (finger–~
Finger–) | *Mal* n, *Spur* f, *Zeichen* n; *Eindruck* m
| *Druckform* f, *Modell* n, *Stempel* m | *bedruckter
Kattun* (etc) m **2.** ⟨typ⟩ *Druck* m; in ~ *gedruckt;
veröffentlicht; erhältlich*; out of ~ *vergriffen* ||
Druckschrift f (small ~) || *Abdruck* m || ⟨Am⟩
Druckschrift, Zeitung f; the ~s [pl] *die Presse* ||
⟨phot⟩ *Abzug* m, *Kopie* f; *Lichtpause* f **3.** [attr]
Druck– || ~-price *Druckpreis* m || ~ works
[pl] *Kattunfabrik* f
print [print] vt/i **A.** vt **1.** (*Oberfläche*) *durch
Druck kennzeichnen; mit e–m Zeichen versehen*

|| (*Form, Zeichen*) (*auf*)*drücken* (on *auf*; in *in*)
| ⟨fig⟩ (*etw*) *aufdrücken, einprägen* (on a p's
mind *jdm*) **2.** (*Buch*) *drucken*; *in Druck geben,
drucken l*; to be ~ing *gedruckt w, im D. s*;
~ed form (*Druck-*)*Formular* n; ~ed matter
Drucksache f; ~ed circuit, ~ed wire ⟨Am tech⟩
gedruckte Schaltung f **3.** (*Tuch*) *bedrucken*;
(*Muster*) *abdrucken* (on *auf*) || ⟨phot⟩ (⟨*a*⟩ to
~ off) *Abzug m v, abziehen, kopieren*; (*licht*)-
pausen **B.** vi *drucken* | *sich drucken l* | *gedruckt
w* ~**able** [ˈ~əbl] a *druckbar, –fähig; zu druk-
ken*(*d*) ~**er** [ˈ~ə] s **1.** (*Buch–* etc) *Drucker* m;
Druckereibesitzer m | ~'s devil *Setzerjunge* m;
~'s error *Druckfehler* m; ~'s flower *Vignette*
f; ~'s ink *Druckerschwärze* f; ~'s mark *–zeichen* n; ~'s peel *Aufhängekreuz* n; ~'s pie
Zwiebelfische m pl **2.** *Druckzeug* n ~**ing**
[ˈ~iŋ] s *Drucken* n; *Druck; Tuchdruck* m ||
⟨phot⟩ *Abziehen* n || *Buchdruck* m, *–erkunst* f
| ~s [pl] ⟨Am⟩ *Drucksachen* f pl | [attr]
Druck–, Drucker– || ~-block *Klischee* n || ~-
frame ⟨phot⟩ *Kopierrahmen* m || ~-ink *Druk-
kerschwärze* f || ~ machine ⟨phot⟩ *Kopierappa-
rat* m || ~ mask ⟨phot⟩ *Abdeckrahmen* m
|| ~-office (*Buch-*)*Druckerei* f || ~-out paper
(abbr P.O.P.) ⟨phot⟩ *Tageslichtpapier* n || ~
paper *Druck–, Lichtpauspapier* n || ~ plant
⟨bes Am⟩ *Druckerei* f || ~-press *Druck–,
Schnellpresse* f; *Druckerei* f || ~ stuff *Zeug-
druck* m || ~ supervisor ⟨bes Am typ⟩ *Faktor* m
|| ~-works [pl] *Druckerei* f
prior [ˈpraiə] s (*Ordens-*)*Pri·or* m (*unter
dem Abt*), *Propst* [~rit] s *Amt* n *e–s P.*
~**ess** [~ris] s *Priorin* f ~**y** [~ri] s *Prior·ei*,
Propst·ei f
prior [ˈpraiə] **1.** a *vorhergehend* (to a th *e–r S*);
früher (to *als*) || *wichtigere*(*r, –s*); *Vorzugs–*
(claim) | the ~ *condition die erste Vorausset-
zung* (for) **2.** adv ~ to *vor* (~ to the war); ..~
to your coming back .. *bevor du zurückkamst*
~**ity** [praiˈɔriti] s *Priorität* f || *Vorzug, Vorrang*
m (over, to *vor*); to take ~ *of den V. h vor* ||
⟨jur⟩ *Vorzugsrecht, Vorrecht* n (over *vor*) ||
streets od roads [pl] *of equal* ~ *Straßen* f pl
gleicher Ordnung || ⟨urspr mil sl⟩ *Dringlichkeit* f;
eilige wichtige S f | ~ list *Dringlichkeitsliste* f;
~ *message dringende Meldung* f || ~ share
Vorzugsaktie f
prism [ˈprizm] s ⟨geom & phys⟩ *Prisma* n
⟨a übtr⟩ | [attr] ~ *binoculars* [pl] *Prismenglas*
n ~**atic** [prizˈmætik] a (~ally adv) *prismatisch*;
Prismen– (~ colour) || ~ *binoculars od glasses*
(*Prismen-*)*Feldstecher* m, *–Fernglas* n ~**atoid**
[ˈprizmətɔid] s *Prismato·id* n ~**oid** [ˈ~ɔid] s
Prismo·id n
prison [ˈprizn] **1.** s *Gefängnis* n (in ~ *im
G.*); to put in ~, to commit to ~ *ins G. werfen*;
⟨a übtr & fig⟩ || ~-house ⟨oft fig⟩ — ~-
van *Gefangenwagen* m **2.** vt ⟨poet rhet *od* fig⟩
einkerkern, –schließen ~**er** [~ə] s *Gefangene*(*r
m*) f; ~ *of war Kriegs–*; ~ *on forced labour
Zwangsarbeiter* m; ~ *on remand, –* *upon trial
Untersuchungsgefangener* m; to take a p ~ *jdn
gefangennehmen* (they were taken ~s) || ~ at the bar *Unter-
suchungs–* | ⟨übtr⟩ to keep an animal a ~ *ein
Tier gefangen halten* || ⟨fig⟩ to be a ~ *to ge-
fesselt s an* | ~s' bars [pl], ~s' base *Barlauf-
spiel* n
pristine [ˈpristain, –tiːn] a *ehemalig, vormalig*;
the ~ *simplicity die gute alte Einfachheit*
prithee [ˈpriði:] ⟨poet & †⟩ intj (= I pray
thee) *bitte*
privacy [ˈpr(a)ivəsi] s *Zurückgezogenheit* f ||
Heimlichkeit, Geheimhaltung f; in ~ *geheim*
private [ˈpraivit] **I.** a **1.** *privat, Privat–; nicht
beamtet; ohne Beruf*; ~ gentleman *Privatmann*
m | *ohne Rang*; ~ soldier *Gemeiner* m **2.** *heim-*

lich, geheim (to keep ~); "~ document" *nur f den Dienstgebrauch!* || ~ parts [pl] *Geschlechtsteile* m pl **3.** *nicht öffentlich* (~ road); *besonder* (~ door); ~ branch exchange ⟨telph⟩ *Hauszentrale* f; ~ br. e. line *Sammelanschluß* m; ~ connection[s pl] ⟨el⟩ *Privatanschluß*; ~ company *geschlossene Gesellschaft* f; ⟨com⟩ *offene Handelsgesellschaft* f; ~ hand *Privathand* f; ~ hospital ⟨Am⟩ *Privatklinik* f, → nursing-home; ~ theatre *Liebhabertheater* n; ~ arrangement *gütlicher Vergleich* m **4.** *persönlich* (~ affairs); to sell by ~ bargain *nicht öffentlich verkaufen*; ~ bill ⟨parl⟩ *Antrag e-s Abgeordneten* || ~ box *Postfach* n || ~ car ⟨mot⟩ *Personenwagen* m; ~ driver *Herrenfahrer* m | *Eigen–; Privat–;* ~ hotel *Fremdenheim* n; ~ property, ~ means *Privatvermögen* n; ~ school *–schule* f || ~ view *Besichtigung* f (*e–r Ausstellung*) *durch geladene Gäste* **5.** ~ (and confidential) *vertraulich* (~ news) || *zurückgezogen* **6.** [*mit* prep] at ~ sale *unter der Hand;* to sell by ~ contract *unter der Hand verkaufen;* for ~ use *z eigenen Gebrauch* **II.** s ⟨mil⟩ *Gemeiner* m | ~s [pl] *Geschlechtsteile* pl | in ~ *im Vertrauen; privatim* ~ly [~li] adv *im stillen; vertraulich*

privateer [‚praivə'tiə] s *Kaperschiff* n || *Kommandant* m *e–s Kaperschiffes;* ~s [pl] *die Mannschaft* f *e–s K.* **~ing** [~riŋ] s *Kaperei* f; [attr] *Kaper–* (~ trade)

privation [prai'veiʃən] s *Beraubung, Wegnahme* f || *Entbehrung, Not* f; *Mangel* m **–tive** ['privətiv] a (~ly adv) *privat·iv, beraubend, ausschließend* | ⟨gram⟩ *verneinend*

privet ['privit] s ⟨bot⟩ *Rainweide* f, *Liguster* m; Glossy ⁓ *Glanzblättriger L.* || ~ haw(-moth) s ⟨ent⟩ *Ligusterschwärmer* m

privilege ['privilidʒ] **1.** s *Privileg(ium), Sonder–, Vorrecht* n; *it is my* ~ *es steht mir frei;* breach of ~ *Übertretung der Machtbefugnis* f; Committee of ⁓s *Ausschuß z Regelung v Übergriffen* m || *Vorzug* m (the ~ to do, of doing) || ⟨bes Am⟩ (*verfassungsmäßiges*) *Grundrecht* n; *bürgerliches Ehrenrecht* n **2.** vt [*mst* pp] *privilegieren, bevorrechten; –zugen;* to be ~d *die Ehre, den Vorzug h* (to belong to ..) || (*jdn*) *befreien* (from *v*) | ~d [~d] a *privilegiert; bevorzugt* (a ~ few) || ~ creditor = secured cr.

privity ['priviti] s *Mitwisserschaft* f; with his ~ *mit s-m Mitwissen* || *Eingeweihtsein* n (to *in*) || ⟨jur⟩ *gemeinsame Interessenbeziehung* f; ~ of contract *gegenseitiges Vertragsinteresse* n

privy ['privi] **1.** a (–vily adv) *mitwissend,* to be ~ to a th *mit um etw wissen; eingeweiht s in etw* | ⟨jur⟩ *mitinteressiert, beteiligt* (to *an*) | † *heimlich; geheim, Geheim–;* ~ parts [pl] *Geschlechts–, Schamteile* m pl | *privat;* ⟨engl⟩ ⁓ Council *Staatsrat, der Geheime Rat;* Judicial Committee of the ⁓ Council *Justizausschuß des Staatsrats* m, *höchste Berufungsinstanz f das British Empire* f || ⁓ Counsellor *od* Councillor (abbr P.C.) *Mitglied des Staatsrates* || ~ Purse *Königl. Privatschatulle* f || ⁓ Seal *Geheimsiegel* n (*f Urkunden, die des* Great Seal *nicht bedürfen*); the Lord ⁓ Seal *Königl. Geheimsiegelbewahrer* m (*ohne bes Geschäftsbereich*) **2.** s ⟨jur⟩ *Mitinteressent, Teilhaber* m (to *an*) | *Abort, Abtritt* m, *Latrine* f

prize [praiz] **1.** s *Belohnung* f, (*Sieges-*)*Preis* m; ~-fight *Preisboxkampf* m || ⟨school⟩ *Prämie* f, *Preis* m; to carry off the ~ *den P. davontragen* || (a *Lotterie-*)*Gewinn* m; *Los* n (to win a ~) | ⟨übtr⟩ *Preis, Wert; erstrebenswerter Besitz or Posten* m (the ~s of a profession) | *Lohn; Vorzug, Vorteil* m | [attr & comp] *prämiiert, preisgekrönt* (~ poem); *Preis–* (~-medal) || ⟨fam⟩ *e-n Preis verdienend, großartig,* °*Staats–* || ~-competition *Preisausschreiben; Wettbewerbsausschreibung* f || ~-fighting

Preiswettkampf m || ~-giving *Preisverteilung* f || ~-money *Geldpreis* m || ~(-)winner *Preisträger* m (Nobel peace ~ w.) || ~-winning *preisgekrönt* (work) **2.** vt *hochschätzen, würdigen* **~man** ['~mən], **~winner** ['~winə] s *Preisträger* m, ~(-)winner f

prize [praiz] **1.** s ⟨mar⟩ *Prise, Beute* f; ~-court *Prisengericht* n; ~ crew *–besatzung* f; ~ detail *–kommando* n || to make ~ *of als Beute kapern* **2.** vt ⟨mar⟩ *wegnehmen, als Prise nehmen*

prize [praiz] **1.** vt *mit e-m Hebel heben;* (a to ~ up, open) (*Schloß*) *auf–, erbrechen* || ⟨übtr⟩ *heben; erschließen* **2.** s *Hebekraft* f; *Halt* m

pro [prou] L **1.** prep *vor* || *für; pro, per* || *an Stelle v* | ~ bono publico *f das öffentl. Wohl* || ~ forma [prou'fɔːmə] **1.** adv *nur der Form wegen, pro forma* **2.** a *fingiert, Schein–* || ~ hac vice *f dieses ·e-e Mal* || ~ rata ['prou'reitə] adv *verhältnismäßig; dem Anteil entsprechend, anteilig* (~-r. electricity charge .. *Stromgebühr* f) || ~ tempore ['prou'tempəri] (abbr pro tem [prou'tem]) adv & a *vorübergehend, gegenwärtig* **2.** adv ~ and con *pro u k·ontra, für u gegen* **3.** s [pl ~s] *Ja-Stimme, Stimme dafür* f (the ~s and cons)

pro [prou] s [pl ~s] ⟨fam sport⟩ = professional s || ⟨fam⟩ = prostitute || ⟨Am fam⟩ = professor || ⁓ ⟨fam pol⟩ = Progressive

pro– [prou] *lebendes* pref *für, an Stelle v;* ~-cathedral *gr Pfarrkirche* || *Hilfs–, Vize–; Pro–* (~-rector) | *eintretend für;* ~-Boer *Burenfreund* m; ~-war *kriegsfreundlich*

proa ['prouə] s *malaiisches Segelboot* n

probabiliorism [‚prɔbə'biliərizm] s ⟨R.C. theol⟩ *Probabilior·ismus* m **–bilism** ['prɔbəbilizm] s ⟨R. C. theol⟩ *Probabil·ismus* m; *Wahrscheinlichkeitsstandpunkt* m

probability [‚prɔbə'biliti] s *Wahrscheinlichkeit* f (the ~ of doing); in all ~ *aller W. nach;* the ~ is that *die W. ist, daß ..; theory of* ~ *–srechnung* f || *wahrscheinliches Ereignis* n || –ties [pl] *Wahrscheinlichkeitstheorie* f | ~ calculus *Wahrscheinlichkeitsrechnung* f || ~ sample ⟨stat etc⟩ *Zufallsstichprobe* f **–able** ['prɔbəbl] **1.** a (–bly adv) *wahrscheinlich; vermutlich;* a ~ starter *jd, der wahrscheinlich startet* **2.** s [pl ~s] ⟨sl⟩ *vermutlicher Kandidat, Starter* m

probang ['proubæŋ] s ⟨surg⟩ *Schlundsonde* f

probate ['proubit] s ⟨jur⟩ *gerichtl. Bestätigung e-s Testaments* f, grant of ~ *Erbschein* m, → re-sealing || *beglaubigte Abschrift des Testaments* f || ⁓-Court *Nachlaßgericht* n

probation [prə'beiʃən] s *Prüfung, Probe* f; year of ~ *–jahr* n || *Probezeit* f; ⟨jur⟩ *Bewährungsfrist* f; *bedingte Freilassung* f || on ~ *auf Probezeit, widerruflich,* ⟨jur⟩ *mit, auf Bewährung* **~ary** [prə'beiʃnəri] a *Probe–, Prüfungs–* || ⟨jur⟩ *bedingt freigelassen* **~er** [prə'beiʃnə] s (*Probe-*)Kandidat; ⟨ec⟩ *Novize* m, ⟨fig⟩ *Neuling* m || *bedingt, auf Bewährung freigelassener Sträfling* m | [attr] *Probe–; provisorisch* (~ nurse)

probative ['proubətiv] a *als Beweis dienend, beweisend* (of *f*); to be ~ of *beweisen*

probe [proub] s ⟨med⟩ *Sonde* f || ~-scissors [pl] *Wundschere* f (a pair of ~s *eine W.*) || ⟨Am⟩ *Untersuchung, Prüfung* (*e–r S*) **probe** [proub] **2.** vt/i ⟨med⟩ *sondieren; anbohren, durchstechen* | ⟨fig⟩ *untersuchen, prüfen, aushorchen* | vi to ~ (deep) into ⟨fig⟩ (*tief*) *eindringen in* **2.** s ⟨med⟩ *Sondieren* n; *Sondierung* f; *Stich* m

probeesh [prou'biːʃ] s ⟨Am fam⟩ = prohibition *Alkoholverbot* n

probity ['proubiti] s *Redlichkeit, Rechtschaffenheit* f

problem ['prɔbləm] s *schwierige Frage or*

Aufgabe f; ⟨*a* math⟩ *Probl·em* n; *Rechenexempel* n; to set a ~ *e–e Aufgabe stellen*; *ein Problem aufstellen* | *Schwierigkeit* f, *Rätsel* n ‖ to be brought up against a ~ *vor ein Problem gestellt w* ‖ ~s of traffic policies *verkehrspolitische Fragen* f pl | ~ drama *Problemdrama* n **~atic(al)** [,prɔbli'mætik(əl)] a (–cally adv) *problem·atisch, zweifelhaft; fraglich*

proboscis [prə'bɔsis] s [pl –scides, ~es] L ⟨zoo⟩ *Rüssel* m ⟨*a* hum⟩ (*Nase*) | [attr] *Rüssel–*

procedure [prə'si:dʒə] s *Verfahren, Verhalten* n, *Handlungsweise* f; *Weg* m (to follow the ~) ‖ ⟨tech⟩ *Arbeitsverfahren* n, *–weise* f, *Hergang* m ‖ ⟨jur⟩ legal ~ *gerichtl. Verfahren, Prozeß–* n; ~s [pl] *Bestimmungen* f pl

proceed [prə'si:d] vi 1. (*P*) *vorwärts–, weitergehen, –reisen; fort–, weiterschreiten; sich begeben* | *vorgehen, verfahren, handeln* ⟨jur⟩ *einschreiten, vorgehen* (against) | ⟨übtr⟩ *fortfahren* (with *mit*), *im Sprechen fortfahren* (he ~ed) ‖ *fortschreiten* (to do); *weiter–, ·übergehen* (to z); *an–, gelangen* (to z); to ~ on a journey *e–e Reise fortsetzen*; to ~ to business *anfangen, beginnen*; to ~ upon a principle *e–n Grundsatz befolgen*; to ~ with a th *etw in Angriff nehmen, vornehmen, durchführen, fortsetzen* ⟨univ⟩ to ~ to a degree *e–n (höheren) Grad erwerben*; he ~ed M.A. *er erwarb den Grad des M.A.* 2. (of action) *weiterschreiten, sich entwickeln; vor sich gehen, vonstatten gehen* 3. (of sounds, etc) *aus–, hervorgehen* (from, out of *aus*); ⟨fig⟩ *herkommen, –rühren, entstehen* (from) **~ing** [~iŋ] s 1. *Fortschreiten; Verfahren, Vorgehen* n, *Handlung* f | ~ in error ⟨jur⟩ *Revision* f 2. ~s [pl] *Verhandlungen* f pl, *Sitzungsberichte* m pl; *Akten* f pl ‖ ⟨jur⟩ (*Prozeß-)Verfahren* n (disciplinary ~s *Disziplinar–*, legal ~s *Gerichts–*); *Prozeß* m; to take od institute (legal) ~s *gerichtl. vorgehen* (against); to stop ~s *das Verfahren einstellen* ‖ ~s at law *Rechtsgang* m; ~s in bankruptcy *Konkursverfahren* n

proceeds ['prousi:dz] s pl (*Geld-)Ertrag, Erlös*; *Gewinn* m, *Einnahmen* f pl, net ~ *Netto–, Reinertrag* m

proceleusmatic [,prɔsilju:s'mætik] a *belebend, aufmunternd* ‖ ⟨pros⟩ *aus 4 Kürzen bestehend* (*verse*)

procellarian [,prɔse'lɛəriən] 1. a ⟨orn⟩ *Sturmvogel–* 2. s ⟨orn⟩ *Sturmvogel* m

procesh [prə'seʃ] s ⟨fam⟩ abbr f procession

process ['prouses] s 1. *Fortschreiten* n; *Fortgang* m; in ~ *im Gange*; in ~ of construction *im Bau befindlich* ‖ (of time) *Verlauf* m (in ~ of time *mit der Zeit, im Lauf der Z.*) 2. *Arbeitsgang, Vorgang* m, *Verfahren* n (in the ~ *bei dem V.; dabei*); ~ of combustion *Verbrennungsvorgang* m; ~ of manufacture *Arbeitsprozeß* m; in ~ of construction *im Bau begriffen* ‖ ~ card ⟨tech⟩ *Laufkarte* f 3. *Prozeß* m; *Entwicklung* f; goods od work in ~ ⟨Am⟩ *halbfertige Erzeugnisse* n pl; ⟨chem⟩ *verarbeitet f* ⟨jur⟩ *Prozeß* m; *Vorladung* f 4. ⟨zoo & bot⟩ *vorspringender Teil, Fortsatz* m; ⟨fig⟩ *Vorsprung* m 5. [attr] ~-block *photo-mechanischer Stein, Block* m (z *Reproduktion v Bildern*) | ~ steam *Betriebsdampf* m ‖ ~ timer ⟨tech⟩ *Kontrolluhr* f

process [prə'ses] vi *in e–m Zuge, e–r Prozession gehen*

process ['prouses] vt (*jdn*) *gerichtlich belangen* ‖ ⟨com⟩ *chemisch behandeln* ‖ ⟨at⟩ *aufbereiten* (spent fuel); *weiterverarbeiten* (~ed goods); *veredeln* | *photo-mechanisch herstellen, reproduzieren* ‖ ⟨tech⟩ (*weiter)ver–, bearbeiten*; ~ed cheese *Schmelzkäse* m; the ~ing and manufacturing industries *die (rohstoff)verarbeitenden u die warenerzeugenden Industrien* **~ing** [~iŋ] s ⟨bes Am tech⟩ *fabrikationsmäßige Herstellung* f; *Herstellungsgang* m, *Bearbeitung*

f ‖ [attr] ~ expenses *Verarbeitungskosten* pl ‖ ~ machine *Fertigungsmaschine* f (*die die Werkstücke weiterreicht*) ‖ ~ plant ⟨at⟩ *Aufbereitungsanlage* f **~or** ['~ə] s *Verarbeiter, Hersteller* m

procession [prə'seʃən] 1. s *Prozession* f (to go in ~), *feierl. Zug* (funeral ~ *Leichen–*); *Reihe* f ‖ *Aufzug, Umzug* m 2. vi/t *in Prozession marschieren* | vt *in Prozession, im Umzug marschieren durch* (to ~ the town); (*Gebiet*) *im Zuge umgehen, abschreiten* **~al** [~l] 1. a (~ly adv) *Prozessions–*, ~ path ⟨ec⟩ *Chorumgang, Ambitus* m ⟨ent⟩ *Prozessions–* (~ caterpillar) 2. s ⟨ec⟩ *Prozessionsbuch* n; *–hymne* f **~ary** [~əri] a ⟨ent⟩ = processional a

prochronism ['proukrənizm] s *Vordatierung* f

proclaim [prə'kleim] vt *proklamieren* (a th; that) ‖ *öffentl. ausrufen* or *verkünden* (a th; a th to be *daß etw ist*); (*Krieg*) *erklären*; to ~ a p a traitor *jdn öffentl. z Verräter erklären* ‖ *bekanntmachen, verkünden*; (*jdn*) *erweisen als*; the dress ~s the man *Kleider m Leute* ‖ (*Ort*) *in Bann, Ausnahmezustand erklären*; (*Versammlung*) *verbieten*

proclamation [,prɔklə'meiʃən] s *Proklamation* (to *an*); *Verkündigung, Bekanntmachung* f ‖ *Erklärung* f *des Bannes* or *Ausnahmezustandes* **–tory** [prə'klæmətəri] a *proklamierend, verkündend*; to be ~ of *verkünden*

proclitic [prou'klitik] 1. a ⟨gram⟩ *prokl·itisch* 2. s *proklitisches Wort* n

proclivity [prə'kliviti] s *Hang, Trieb* m; *Neigung* f (to z; to do)

proconsul [prou'kɔnsəl] s ⟨ant⟩ *Provinzialstatthalter* m ‖ ⟨übtr⟩ *Statthalter* m (*e–r Kolonie* etc) **~ar** [prou'kɔnsjulə] a *Statthalter–* **~ate** [prou'kɔnsjulit] s *Amt* n, *–sdauer f e–s Statthalters* **~ship** [prou'kɔnsəlʃip] s *Amt* n, *Stellung f e–s Statthalters*

procrastinate [prou'kræstineit] vi/t ‖ *zögern, zaudern* ‖ * vt *aufschieben, verzögern* **–ation** [prou,kræsti'neiʃən] s *Zaudern* n; *Verzögerung, Saumseligkeit* f, *Aufschub* m **–ator** [prou'kræstineitə] s *Zauderer, saumseliger Mensch* m

procreant ['proukriənt] a *hervorbringend, zeugend* | *erzeugend* **–ate** ['proukrieit] vt *hervorbringen, zeugen* ‖ ⟨übtr⟩ *erzeugen* **–ation** [,proukri'eiʃən] s *Zeugung, Hervorbringung* f **–ative** ['proukrieitiv] a *Zeugungs–; zeugungsfähig, fruchtbar*

Procrustean [prou'krʌstiən] a *Gewalt–, Zwangs–*; ~ bed *Prokr·ustesbett* n

proctor ['prɔktə] s ⟨Oxf Cambr univ⟩ *Proktor, Disziplinarbeamter* m, ~s' (bull) dogs *die ihn begleitenden akademischen Konstabler* m pl ⟨hist⟩ *Anwalt* (*am geistl. Gerichtshof*); the King's *Staatsanwalt* m *bes in Ehescheidungssachen* **~ial** [prɔk'tɔ:riəl] a *Proktor–* **~ize** ['prɔktəraiz] vt *vor den Proktor zitieren; bestrafen* **~ship** [~ʃip] s *Amt n e–s Proktors*

procumbent [prou'kʌmbənt] a ⟨bes bot⟩ *der Länge nach am Boden liegend*

procurable [prə'kjuərəbl] a *z verschaffen(d), erlangbar* **–ation** [,prɔkjuə'reiʃən] s *Vollmacht*; ⟨com⟩ *Prokura* f; to give ~ *P. erteilen*; per ~ (abbr per pro. od p. p.) *per P.* | *Besorgung, Verschaffung* f ‖ *Maklergebühr* f ‖ *Kuppelei* f, aggravated ~ *schwere K.*

procurator ['prɔkjuəreitə] s *jds Bevollmächtigter, Vertreter* m ‖ *Anwalt* m (*am geistl. Gerichtshof*); ⟨ *General Königlicher Anwalt des Schatzamtes* (= Treasury Solicitor) **~ial** [,prɔkjuə'tɔ:riəl] a ⟨univ⟩ *Proktor–* | **~y** ['prɔkjurətəri] s ⟨jur⟩ *Vollmacht* f

procure [prə'kjuə] vt/i 1. vt *besorgen, beschaffen* (a p a th od a th for [od to] a p *jdm etw*) ‖ *sich verschaffen; erlangen, –werben* | * *herbeiführen, bewerkstelligen* (a th; that); (*Be-*

darf) *decken* **2.** vi *kuppeln, Kuppelei treiben* **~ment** [~mənt] s *Besorgung, Be–, Verschaffung* f || *Veranlassung* f || ~ act *Beschaffungsgesetz* n (*z. B. Bauland–*, → construction); ~ office *Beschaffungsamt* n, *–stelle* f

procurer [prə'kjuərə] s *Verschaffer* m || *Kuppler, Zuhälter* m **–uress** [‚prəkjuə'res] s *Kupplerin* f

prod [prɔd] **1.** vt *stechen, stoßen, stacheln* || ⟨fig⟩ (*jdn*) *anspornen, –stacheln* (into *z*; with *mit*) **2.** s *Stechen* n; *Stich, Stoß* m (in the ribs) || *Anspornen* n || *Stachelstock* m; *Ahle* f

prodigal ['prɔdigəl] **1.** a (~ly adv) *verschwenderisch* (of *mit*), to be ~ of *verschwenderisch umgehen mit*; *reichlich spenden* || the ~ son ⟨bib⟩ *der verlorene Sohn* m **2.** s *Verschwender* m **~ity** [‚prɔdi'gæliti] s *Verschwendung* f || *Fülle* f (of *an*) **~ize** ['prɔdigəlaiz] vt *verschwenden*

prodigious [prə'didʒəs] a (~ly adv) *wunderbar, erstaunlich* || *ungeheuer, gewaltig* **–gy** ['prɔdidʒi] s * [abstr] *Wunder* n | [konkr] *Wunder* n (*P* or *S*); *infant* ~ *Wunderkind* n; a ~ of sanctity *ein W. der Heiligkeit*; the *–gies* of the human race *die W. or Errungenschaften* f pl *der menschl. Rasse* | [attr] *Wunder–*; ~ *infant –kind* n; ~ *pianist ein Wunderkind auf dem Klavier*

prodromal [prə'droumǝl] a ⟨med⟩ *Prodromˡal–, Vorläufer–* (stage) **–me** ['prɔdroum] s ⟨med⟩ *warnendes Symptˡom* n **–mic** [pro'drɔmik] a = prodromal

produce [prə'dju:s] vt/i **A.** vt **1.** (*etw*) *vorbringen, –zeigen, –legen; hervorziehen, –holen* (from one's pocket *aus der Tasche*) | (*jdn*) *einführen*; to ~ o.s. *sich produzieren*; ⟨theat⟩ (*Stück*) *inszenieren; einstudieren* **2.** ⟨math⟩ (*Linie*) *verlängern* **3.** (*etw*) *hervorbringen, –rufen, erzeugen; bewirken*; (*Gewinn*) *eintragen, –bringen, erzielen* | *produzieren, verfertigen, dar–, herstellen*, ~ line s || (*Werk*) *verfassen* **B.** vi *Ertrag einbringen* | *produzieren* **–ducer** [~ə] s **1.** *Erzeuger, Produzˡent, Hersteller* m || ⟨tech⟩ *Gaserzeuger, Generator* m | ~ *body Generatorschacht* m; ~ *coal –kohle* f; ~ *gas –gas* n (*Kohlenstoffmonoxyd* n); ~ *gas wood Tankholz* n **2.** ⟨theat⟩ *Regisseur* || ⟨Am⟩ *Theaterleiter* m

produce ['prɔdju:s] s [*nur sg-Form u* sg konstr] (*Erz-*)*Ausbeute* f; (*Natur-*)*Erzeugnis, Produkt* n; [koll] *Erzeugnisse* pl, *Produkte* pl; *Ertrag* (net ~ *Reinertrag*); *home* ~ *inländische Bodenprodukte* pl; ~ *market Warenmarkt* m | ⟨fig⟩ *Ertrag, Erfolg* m | [attr] *Produkten–*; ~-*exchange –börse* f

producible [prə'dju:səbl] a *vorzeigbar, beizubringen(d)* || *erzeugbar, produzierbar*

product ['prɔdʌkt] s ⟨math⟩ *Produkt* n || [pl ~s] *Erzeugnis, Produkt* n || *geistiges Produkt* n; ⟨fig⟩ *Frucht* f, *Werk* n || *Ergebnis, Resultat* n, *Wirkung* f **~ion** [prə'dʌkʃən] s **1.** *Hervorbringung, Erzeugung, Herstellung* f, *Produktion, Fabrikation, Fertigung*, ⟨min⟩ *Förderung* f | ~ *costs Gestehungs-etc-kosten* pl); ~ *aeroplane Serienflugzeug* n; ~ *capacity Leistung* f, *Ausbringen* n; ~ *control Betriebsüberwachung* f; ~ *director* ⟨wir⟩ *Sendeleiter* m; ~ *engineer Betriebsingenieur* m; ~ *manager Produktionsleiter* m; ~ *part Fertigungsteil, Werkstück* n; ~ *plan Arbeitsplan* m; ~ *scheduling Arbeitsplanung* f; ~ *supervision* = ~ *control*; ~ *supervisor Produktionsleiter* m; ~ *time Arbeits–, Stück–, Haupt–, Fertigungszeit* f; ~-*type* [attr] *serienmäßig hergestellt, Serien–* (⟨mot⟩ ~ *car*) **2.** *Prodˡukt, Erzeugnis, Fabrikat* n | (*geistiges Erzeugnis* n) *Schöpfung* (a ⟨arts⟩), *Leistung* f || the ~s [pl] *die Schöpfungen* pl; *das Schaffen* **3.** *Vorzeigung, Beibringung* f || ⟨theat⟩ *Vor–, Aufführung, Inszenierung* f **4.** ⟨math⟩ *Verlängerung* f (*e–r Linie*) **~ional** [prə'dʌkʃənl] a *Pro-*

duktions– **~ive** [prə'dʌktiv] a (~ly adv) *erzeugend, hervorbringend; produktˡiv, schöpferisch* (of *an*) || to be ~ of *erzeugen*; ⟨fig⟩ *hervorrufen, führen z* | ⟨com⟩ *produzierend, schaffend, herstellend* | *ergiebig, ertragreich, fruchtbar* || ~ *time* ⟨mach⟩ *Hauptzeit* f **~iveness** [~ivnis], **~ivity** [‚prɔdʌk'tiviti] s *Produktivität, Fruchtbarkeit, Ertrags–, Leistungsfähigkeit* f; ⚔ *Centre Produktivitätszentrum* n, ⚔ *Council –rat* m

proem ['prouem] s *Proemium, Exordium* m, *Einleitung, Vorrede* f; ⟨fig⟩ *Anfang* m (of a *th*) **~ial** [pro'i:miəl] a *Einleitungs–, einleitend*

prof [prɔf] s abbr f *professor*

profanation [‚prɔfə'neiʃən] s *Entweihung, Profanˡierung* f

profane [prə'fein] **1.** a (~ly adv) *profan, nicht kirchlich; weltlich* (~ literature) || (*P*) *uneingeweiht, nicht bekannt* (to *mit*) || *weltlich; gewöhnlich* (crowd) || *unheilig, –geweiht, heidnisch* | *gottlos, ruchlos*; ~ *language Fluchen* n **2.** vt *entweihen*; (*Sonntag*) *entheiligen*

profanity [prə'fæniti] s *Unheiligkeit, Gott–, Ruchlosigkeit* f || [oft pl –ties] *Profanierung, Lästerung* f; *Fluchen* n, *Flucherei* f

profesh [prə'feʃ] s ⟨fam⟩ = profession || ⟨theat⟩ the ~ *der „Bau"*

profess [prə'fes] vt/i **A.** vt **1.** *bekennen, öffentl. erklären* (a *th etw*; o.s. [to be] *content daß man zufrieden ist*; that); *sich bekennen z* (to ~ a religion) **2.** (*etw*) *z Schein bekunden* (to ~ do); *vorgeben* (to be ad to do) **3.** *sich anmaßen* (to be *z s* [I do not ~ to be]); (*Gegenstand*) *beherrschen*; (*Beruf*) *betreiben, ausüben* (to ~ *medicine*) || ⟨univ⟩ (*etw*) *als Professor lehren* **B.** vi *Mönch, Nonne w* ⟨fam univ⟩ *dozieren* (in *in*) **~ed** [~t] a *erklärt* (a ~ *enemy*) || *an–, vorgeblich* | *Berufs–* **~edly** [prə'fesidli] adv *nach eigener Angabe, erklärtermaßen* || *angeblich* **~ing** [~iŋ] a *Bekenntnis–* (~ *Christian –christ* m) **~ion** [prə'feʃən] s **1.** *Gelübde* n, *heiliges Versprechen* n **2.** *Beteuerung, Erklärung, Versicherung* f || *vorgegebene, unwahre Versicherung* f **3.** ⟨rel⟩ *Bekenntnis* n **4.** (*gelehrter or freier*) *Beruf* (the ~ of a *lawyer*), *Stand* m; the *learned* ~s *die gelehrten Berufe* m pl; by ~ ~ v *Beruf* || [koll] *die Angehörigen e–s Berufes* m pl **~ional** [prə'feʃn̩l] **1.** a *beruflich* (~ *education*); *Fach–* (~ *examination*) || *in gelehrtem or freiem Beruf stehend, e–m .. B. angehörend*; the ~ *man der Geistes–, Kopfarbeiter* m | *beruflich ausgebildet* (a ~ *gardener*); *berufsmäßig, Fach–, Berufs–* (~ *player*; ~ *politician*) || *e–m best. Beruf eigentümlich* **2.** s (*gelehrter*) *Fachmann, Kopfarbeiter* m || *Berufskünstler, –sänger* m etc; *Künstler* m v *Fach* n || (abbr pro) *Berufsspieler* m **~ionalism** [prə'feʃnəlizm] s *Berufsausübung; Fachausbildung* f || *Berufsspielertum* n **~ionally** [prə'feʃnəli] adv *in beruflicher Angelegenheit; im Beruf(sleben)*; *der Profession nach* **~or** [prə'fesə] s *Bekenner* m || *Professor* m (of *Latin des Lateinischen*); the *Oxford* ~ *of French der Oxforder Romanist*; ⚔ *in the University of Oxford P. an der U. O.* || *Lehrer; Meister* m (~ of *pugilism*) || ⟨crick fam⟩ = *professional* **~orate** [prə'fesərit] s *Professˡur* f || *die Professoren* m pl **~orial** [‚prɔfe'sɔ:riəl] a (~ly adv) *professorˡial, Professor–, Lehr–*; *professorially* adv *als Professor* **~oriate** [‚prɔfe'sɔ:riit] s ⟨univ⟩ *Professoren* pl, *Lehrkörper* m **~orship** [prə'fesəʃip] s *Professˡur* f

proffer ['prɔfə] ⟨liter⟩ **1.** vt (*etw*) *anbieten; sich anbieten* (to do) **2.** s *Anerbieten* n

proficiency [prə'fiʃənsi] s *Geübtheit, Fertigkeit, Tüchtigkeit; Meisterschaft; Leistung* f, *certificate of* ~ *in French franz. Leistungszeugnis* n **–ent** [prə'fiʃənt] **1.** a (~ly adv) *fertig, tüchtig, geübt, bewandert* (in a *th*, in doing) **2.** s *Meister* m (in *in*)

profile ['proufi:l, –fail] **1.** s *Prof·il* n (in ~ *im P.*); *Seitenansicht* (*des menschl. Gesichts*) f, –*bild* n ‖ *Umriß*; *Schnitt* m ‖ *Kurzbiographie*, *biographische Skizze* f ‖ ⟨arch⟩ *senkrechter Durchschnitt*; *Längs*– or *Querschnitt* m **2.** vt *im Profil or im Durchschnitt darstellen* ‖ ⟨tech⟩ *formen*, *profilieren*, *fassonieren*, *kopieren*

profit ['prɔfit] **1.** s *Vorteil*, *Nutzen* m; to my ~ *z m–m V.*; to derive ~ from *N. ziehen aus* ‖ [*mst pl* ~s] (*Geld-*)*Profit*, *Gewinn* m; ~ and loss *G. u Verlust*; to make a ~ on (*e–n*) *G. ziehen aus*; to leave a ~ (*e–n*) *G. abwerfen*; to sell at a ~ *mit G. verkaufen* ‖ *undistributed net* ~ ⟨engl bal⟩ *Gewinnvortrag* m ‖ [attr & comp] *Gewinn–* ‖ ~ *and loss statement Gewinn– u Verlustrechnung* f ‖ ~ *à prendre* ⟨jur⟩ *das Recht*, *v dem Land des Nachbars etw wegzunehmen* ‖ ~*-sharing Gewinnbeteiligung* f ‖ ~*-taking* ⟨st exch⟩ *Gewinnsicherung* f **2.** vt/i (*S*) to ~ *a p jdm Nutzen bringen*, *nützen* ‖ vi *gewinnen*, *profitieren* (by, from *aus*); (*P*) to ~ by a *th Nutzen ziehen aus etw*, *sich etw z Nutzen m*, *etw benutzen* (to ~ by an opportunity) ~**able** [~əbl] a (–bly adv) *nützlich*, *vorteilhaft* (to *für*); *einträglich* ~**ableness** [~əblnis] s *Nützlichkeit*; *Einträglichkeit* f ~**eer** [‚prɔfi'tiə] **1.** s *Geschäftemacher*; (*Kriegs-*)*Gewinnler*; *Schieber* m **2.** vi *Schiebergeschäfte m*, *schieben* ~**eering** [‚prɔfi'tiəriŋ] s *Schiebung*, *Preistreiberei* f; [attr] *Schieber*– ~**less** [~lis] a (~ly adv) *nutzlos*; *nicht einträglich*

profligacy ['prɔfligəsi] s *Liederlichkeit*, *Verworfenheit* f ‖ ~**ate** ['prɔfligit] **1.** a (~ly adv) *liederlich*, *lasterhaft* ‖ *verschwenderisch* **2.** s *liederlicher*, *lasterhafter Mensch* m

profound [prə'faund] **1.** a **a.** (*sehr*) *tief* ‖ *tiefsitzend*, –*reichend*; *aus der Tiefe kommend* (sigh) ‖ *aufrichtig* **b.** ⟨übtr⟩ (*P*) *in die Tiefe gehend*, *gründlich*; *scharfsinnig* ‖ *tiefgründig* (learning) **c.** ⟨übtr⟩ *inhaltsschwer*; *dunkel* ‖ *tief* (sleep); *gründlich*, *vollkommen* (indifference); *stark* (interest); ~ *curtsy od reverence tiefe Verbeugung* f **2.** s; the ~ ⟨poet⟩ *die Tiefe*, *das Meer* ‖ ~**ly** [~li] adv *tief*; *aufrichtig* ‖ *äußerst*, *sehr* ~**ness** [~nis], –**fundity** [prə'fʌnditi] s *Tiefe* f; *Abgrund* m ‖ *Tiefgründigkeit* f ‖ *hoher Grad* m

profuse [prə'fju:s] a (~ly adv) (*P*) *freigebig*; *verschwenderisch* (in, of *mit*) ‖ (*S*) *übermäßig*, – *reich*, *reichlich* (thanks) ~**ness** [~nis], –**sion** [prə'fju:ʒən] s *Verschwendung* f; *Luxus* m ‖ *Überfluß* (in ~), *Reichtum* m (of *an*)

prog [prɔg] s ⟨sl⟩ *Nahrung* f, *Lebensmittel* pl (*bes f Reise*)

prog [prɔg] s ⟨univ sl⟩ **1.** s = *Proctor*; → *proggins* **2.** vt = *proctorize*

prog [prɔg] vi ⟨sl⟩ *betteln*, *betteln gehen*

progenitive [prou'dʒenitiv] a *Zeugungs-* (~ act); *zeugungsfähig* –**nitor** [prou'dʒenitə] s *Vorfahr*, *Ahn*; *Aszendent* m ⟨a demog⟩ –**nitress** [prou'dʒenitris] s *Ahne* f –**niture** [prou'dʒenitʃə] s *Zeugung* f ‖ *Nachkommenschaft* f –**ny** ['prɔdʒini] s *Nachkommenschaft* f; *Kinder* n pl ‖ (*T*) *Brut* f, *Junge* n pl ‖ ⟨fig⟩ *Frucht* f; *Produkt* m

proggins ['prɔginz] s ⟨univ sl⟩ = *proctor*

proglottis [prou'glɔtis] s L ⟨zoo⟩ *Glied* n *des Bandwurmes*

prognathic [proug'næθik], –**thous** [–'neiθəs] a *vorspringend* (jaws) –**thism** [proug'neiθizm] s ⟨anthr⟩ *Prognath·ie* f (*vorspringende Ausbildung der Kiefer*)

prognosis [prɔg'nousis] L s (pl –ses [–si:z]) ⟨med⟩ *Progn·ose* f

prognostic [prɔg'nɔstik] **1.** s *Vorzeichen* n; *Vorbedeutung*; *Voraussage* f (of a th *e–r S*) **2.** a *vorbedeutend*, *voraussagend* (of a th *etw*) ‖ ~ *chart Wettervorhersagekarte* f ~**able** [~əbl] a *voraussagbar* ~**ate** [~eit] vt *vorhersagen* (a th; that) ‖ *vorbedeuten*; *andeuten*, *–zeigen* ~**ation**

[prɔg‚nɔsti'keiʃən] s *Voraussage* f, *Weissagung* f ‖ *Vorbedeutung* f ~**ator** [prɔg'nɔstikeitə] s *Weissager* m

programme, **program** ['prougræm] **1.** s *Programm* n; *Festordnung* f; *Theaterzettel* m (on the ~ *auf dem Programm*) ‖ *Tanzkarte* f (to fill up one's ~) ⟨übtr⟩ *Darbietung f des Programms* ‖ *Arbeitsplan* m (to draw up a ~ *e–n A. aufstellen* ‖ *Vorhaben* n, (*vorgesehene*) *Aufgaben*, *Maßnahmen* f pl; construction ~ *Baumaßnahmen*, health ~ *M. z Erhaltung der Volksgesundheit* ‖ ⟨pol⟩ (*Partei-*)*Programm* n ‖ [attr] ~*-music Programmusik* f **2.** vt *ein Programm aufstellen* f; *entwerfen*; *anordnen*; *programmatisch festsetzen*, → *zero-derivation* –**grammer** [~ə] s ⟨tech⟩ (*Büromaschinen-*)*Programmplaner* m –**gramming** [~iŋ] s ⟨Am⟩ *Programmgestaltung* f, ⟨wir⟩ *Sendeplanung* f

progress ['prougres] s **1.** [abstr] [*nur sg-Form*; *ohne unbest. Art.*] *Vorschreiten*, –*rücken* n ‖ ⟨übtr⟩ *Fortgang*, –*lauf*, ⟨bes mil⟩ *Verlauf* m; ~ *report Zwischenbericht* m; in ~ *im Gange*; to make ~ *vorwärtsschreiten*; ⟨parl⟩ to report ~ *kz den Stand e–r S zus–fassen u sie vertagen* ‖ *Umsichgreifen*, *Überhandnehmen* n ‖ *Entwicklung z Besseren* f; *Fortschritt* m, –*e* f (to make ~ in, with); much ~ *gr*, *viele* –*e*; he has made great ~ in *er hat in .. gr –e gemacht* **2.** [konkr] [pl ~es] *offizielle Reise*, *Rundreise* f (*e–s Königs* etc)

progress [prə'gres] vi *weitergehen*, –*schreiten* ‖ ⟨fig⟩ *vorwärts–*, *weiterkommen*, *s–n Fortgang nehmen* ‖ *Fortschritte m* (in); *sich bessern*; *zunehmen* ~**ion** [prə'greʃən] s *Fortschreiten*; *Vorrücken* n; *Fortschritt*, –*gang*, *Verlauf* m ‖ ⟨math⟩ *Progression*, *Reihe* f ~**ional** [prə'greʃənl] a *fortschreitend*; *Fortschritts*– ~**ionist** [prə'greʃnist], ~**ist** [prə'gresist] s ⟨pol⟩ *Fortschrittler* m ~**ive** [prə'gresiv] **1.** a *fortschreitend*; a ~ *step ein Fortschritt* m ‖ *nach u nach aufsteigend*; ⟨med⟩ *zunehmend*, *progressiv*; *gestaffelt* (~ taxation) ‖ ⟨pol⟩ *fortschrittlich*; ⟨engl municipal pol⟩ *konservativ*, ⟨Am⟩ *zur* ~ *Party gehörig*, *kommunistenfreundlich* ‖ ~ *assembly Fließbandmontage* f ‖ ~ *operations* [pl] *Fließarbeit* f ‖ ~ *position* ⟨com⟩ *ausbaufähige Stellung* f ‖ ~ *system of gear shifting Durchzugsschaltung* f **2.** s ⟨pol⟩ *Fortschrittler* m ~**ively** [prə'gresivli] adv *nacheinander*, *schritt–*, *stufenweise*, *allmählich* ~**ivity** [‚pro(u)gre'siviti] s (*bes med*) *Fortschritt* m; *Fortschrittlichkeit* f, *Fortschreiten* n; increased ~ *stärkere Verschlimmerung* f (of jaundice)

prohibit [prə'hibit] vt *verbieten* (a th; a th being done *daß etw geschieht*) ‖ to ~ a p from doing *jdm verbieten z tun* ‖ *verhindern* (a th; a th being done *daß etw geschieht*) ‖ (*jdn*) *hindern* (from doing *z tun*) ‖ "~ed to vehicles!" *„Verkehrsverbot n f Fahrzeuge"* ‖ ~ed *frontier zone Sperrgrenzbezirk* m ~**ion** [‚proui'biʃən] s *Verbot* n; *Alkohol* n ‖ ⟨jur⟩ *writ of Sistic rungsbefehl* m ‖ ~ *of assembly* ⟨pol⟩ *Versammlungs-*, ~ *of transit* ⟨com⟩ *Durchfuhrverbot* n ~**ionist** [‚proui'biʃnist] s *Alkoholgegner* m ~**ive** [prə'hibitiv] a (~ly adv) *verbietend*, *–hindernd* ‖ *Sperr*–; *Prohibit·iv*–; *Schutz*– (~ duty –*zoll* m; ~ *system* –*system* n) ‖ ~ *price unerschwinglicher Preis* m ~**ory** [prə'hibitəri] a *verbietend*; to be ~ of *verbieten*

project ['prɔdʒekt] s *Projekt* n, *Entwurf*, *Plan*, *Anschlag* m; *Vorhaben* n

project [prə'dʒekt] vt/i **A.** vt **1.** (*Plan*) *entwerfen*; (*etw*) *planen*, *projektieren* (~ed *projektiert*) **2.** (*vorwärts*) *werfen*, *schleudern* (in, into in; on *auf*) ‖ (*Schatten* etc) *werfen* (on *auf*); (*Filmbild*) *werfen* (on; on to *auf*) ‖ (*etw*) *abheben* (against *gegen*) ‖ ⟨fig⟩ (*etw*) *übertragen*, *wirken l* (on *auf*); to ~ one's thoughts, tó ~ o.s.

sich in Gedanken versetzen (into *in*) **3.** ⟨math⟩ *projizieren* (on) ‖ (*Karte*) *entwerfen* **B.** vi *vorspringen* (into), *–stehen, hervorragen* (over *über*); ~*ing vorgelagert* ~**ile 1.** [~ail] a *Stoß–, Trieb–* (~ force); *Wurf–* (~ weapon) **2.** ['prɔdʒiktail; pro'dʒek–] s *Projekt'il, Geschoß* n ~**ion** [prə-'dʒekʃən] s **1.** *Werfen, Schleudern* n, *Wurf* m ‖ ⟨fig⟩ *Umwandlung* f **2.** *Plan; Vorsatz* m **3.** *Vorspringen, Überspringen* n (into *in*); *Vorsprung* m; *Hervorragen, –treten* n; ⟨arch⟩ *Ausladung* f, *Vorsprung, Resalit* m **4.** ⟨math⟩ *Projektion* f ‖ (*Bild-*)*Entwurf* m, *Darstellung* f; *Wand–, Wurfbild* n ‖ *Widerspiegelung* f ‖ ⟨psych⟩ *Projektion* f ‖ ⟨stat⟩ *Vorausberechnung* f **5.** [attr] *Projektions–* (~ work) ‖ ~ booth ⟨film⟩ *Vorführraum* m ‖ ~ kit *tragbarer Projektionsapparat* m (*in Kasten*) ‖ ~ lamp *Projektorlampe* f ‖ ~ printer *Vergrößerungsapparat* m ‖ ~ screen *Bildschirm* m ‖ ~ test *Projektions-Persönlichkeitstest* m (*ohne Mitwissen der Versuchsperson*) ‖ ~ welding *Warzenschweißung* d ~**ionist** [–ist] s *Vorführer* m ~**ive** [~iv] a *Projektions–* (~ plane) ~**or** [~ə] s *Erfinder* m (of a project); *Pläneschmied* m ‖ ⟨tech⟩ *Projektionsapparat; Bild–, Scheinwerfer; Diaskop* n; *Parabolspiegel* m

prolapse [prou'læps] s ⟨med⟩ *Prol'aps, Vorfall* m (*falscher Bruch*)

prolate ['prouleit] a ⟨math⟩ *gestreckt, flach* ‖ ⟨fig⟩ *weit verbreitet*

prolegomenal [ˌproule'gɔminəl], –**nary** [ˌproule'gɔminəri] a *einleitend* –**non** [ˌproulə-'gɔminən] s Gr (pl –mena [–minə]) [*mst* pl] *Einleitung* f, *Vorbemerkung* f –**nous** [ˌproule-'gɔminəs] a *einleitend* ‖ *langatmig*

prolepsis [prou'lepsis] s Gr *Prol'epsis* f; ⟨rhet⟩ *vorwegnehmende Antwort* f –**ptic** [prou-'leptik] a *vorwegnehmend, vorgreifend*

proletarian [ˌproule'tɛəriən] **1.** a *proletarisch; Proletarier–* **2.** s *Proletarier*(in f) m –**riat(e)** [ˌproule'tɛəriət] s *die Proletarier* pl, *Proletari'at* n –**ry** ['proulitəri] a & s = proletarian

prolicide ['proulisaid] s *Tötung der Leibesfrucht* f; *Kindesmord* m

proliferate [prou'lifəreit] vi/t ‖ ⟨biol⟩ *sich fortpflanzen; wuchern* ‖ vt *hervorbringen* –**ation** [prouˌlifə'reiʃən] s ⟨biol⟩ *Prolifikati'on, Sprossung; Wucherung* f; ⟨a übtr⟩

prolific [prə'lifik] a (~ally adv) *fruchtbar* (tree etc); to·be ~ of *hervorbringen, verursachen* ‖ *befruchtend* ‖ *reich* (in *an*) ‖ *produktiv* (~ author) ~**ness** [~nis], –**ficacy** [prə'lifikəsi], –**ficity** [prəli'fisiti] s *Fruchtbarkeit; Reichhaltigkeit* f (*of an*)

prolix ['prouliks] a (~ly adv) *weitschweifig; wortreich* ~**ity** [prou'liksiti] s *Weitschweifigkeit* f

prolocutor [prou'lɔkjutə] s ⟨C.E.⟩ *Vorsitzender, Wortführer* m (*der Synode*)

prologize ['proulədʒaiz] vi *e–n Prolog* m –**gue** ['proulɔg] **1.** s *Prolog* m (to *z*) ‖ ⟨fig⟩ *Einleitung* f; ⟨übtr⟩ *Auftakt* m (to *z*); to be the ~ to *den A. bilden z* **2.** vt *durch e–n Prolog einleiten* –**guize** ['prouləgaiz] vi = to prologize

prolong [prə'lɔŋ] vt *verlängern; ausdehnen;* ~ed *anhaltend* (cheers *Applaus*); to be ~ed *verzögert w* ‖ ⟨com⟩ (*Wechsel*) *prolongieren* ~**able** [~əbl] a *z verlängern(d)* ~**ation** [ˌproulɔŋ-'geiʃən] s *Verlängerung* f; *Ausdehnung* f; ⟨com⟩ (of a bill) *Prolongierung, Prolongation* f

prolusion [prou'lju:ʒən] s *kz Essay* m ‖ *Versuch* m

prom [prɔm] s ⟨fam⟩ = promenade *od* promenade concert ‖ ⟨Am⟩ (College-)*Tanzfest* m

pro-memoria ['proumə'mɔ:riə] s L *Denkschrift* f ‖ ~ item ⟨bal⟩ *Merkposten* m

promenade [ˌprɔmi'nɑ:d] **1.** s *Spaziergang* m ‖ *Wandelanlage* f (*a* ~ concert) *Promenadenkonzert* n ‖ ⟨Am⟩ College-*Ball'* m ‖ ~ deck

⟨mar⟩ *Promenadendeck* n **2.** vi/t ‖ *spazierengehen, promenieren* (in *in*; on *auf*) ‖ vt to ~ a place *in e–m Orte umherspazieren* ‖ [kaus] (*jdn*) *spazieren führen* ‖ ~**r** [~ə] s *Spaziergänger* m

Promethean [prə'mi:θiən] a *prometh'eisch*

prominence ['prɔminəns] s **1.** *Hervorragen, Vorspringen* n; *Vorsprung* m **2.** ⟨fig⟩ *hervorragende, in die Augen fallende Stelle, Vordergrund* m; to bring into ~ *klar herausstellen; berühmt* m; to come into ~ *in den V. treten, hervortreten;* to force into ~ *in den V. drängen* ‖ *Bedeutung, Wichtigkeit* f ‖ ⟨sl⟩ *prominente Persönlichkeit* f –**ency** ['prɔminənsi] s = prominence **2.** –**ent** ['prɔminənt] a (~ly adv) *vorspringend; hervorragend;* ⟨fig⟩ *promin'ent, hervorstechend; führend;* ~ ground object, ~ land mark *markanter Geländepunkt* m ‖ to be posted ~ly *an sichtbarer, prominenter, (öffentlich) exponierter Stelle stehen*

promiscuity [ˌprɔmis'kju(:)iti] s *Vermischung, Gemischtheit* f; *Durcheinander* n ‖ *Promiskuit'ät (Gemeinschaftsehe)* f; *zwangloser Geschlechtsverkehr* m (*ohne dauernde Bindung*) –**cuous** [prə-'miskjuəs] a *ver–, untermischt; gemischt* ‖ *unterschiedslos; gemeinschaftlich* (~ bathing) ‖ ⟨fam⟩ *zufällig* –**cuously** [~li] adv *durcheinander, unterschiedslos;* ⟨fam⟩ *zufällig*

promise ['prɔmis] **I.** s *Versprechen* n (to a p *jdm gegenüber;* to do); to keep one's ~ *sein V. einlösen, halten;* to make a ~ *ein V. geben* ‖ *Verheißung* f ‖ ⟨fig⟩ *Erwartung, Hoffnung* (of *auf, z*), of great ~ *vielversprechend* **II.** vt/i **1.** vt *versprechen, in Aussicht stellen* (a th; to do; that; a p a th *od* a th to a p *jdm etw*; a p that *jdm daß*); I was ~d a post *mir wurde e–e Stelle versprochen* ‖ to ~ o.s. a th *der festen Hoffnung s auf etw; etw in Aussicht nehmen* (a holiday) ‖ ⟨fam⟩ I ~ you *ich versichere Ihnen* ‖ (*etw*) *erwarten l, hoffen l, befürchten l, ankündigen* ‖ the ~d Land ⟨bib⟩ *das verheißene L.* **2.** vi *Erwartungen erwecken,* the weather ~s fine *od* well *das Wetter verspricht gut zu w od bleiben;* he ~s well *er läßt sich gut an* –**see** [ˌprɔmi'si:] s ⟨jur⟩ *Versprechensempfänger*(in f) m; *jd, dem e–e Promesse gegeben wird* –**sing** ['prɔmisiŋ] a (~ly adv) *vielversprechend, hoffnungsvoll, günstig* –**sor** [ˌprɔmi'sɔ:] s ⟨jur⟩ *jd, der e–e Promesse gibt, Versprechensgeber*(in f) m –**ssory** ['prɔmisəri] a (–rily adv) *versprechend;* to be ~ of *ankündigen, –deuten* ‖ ~ note *Promesse* f, *Hand–, Schuldschein, eigener Wechsel* m

promontory ['prɔməntri] s *Vorgebirge* n ‖ ⟨anat⟩ *stumpfer Vorsprung* m

promote [prə'mout] vt (*jdn*) *befördern,* he was ~d (to be) colonel *od* to the rank of colonel *er wurde zum Oberst befördert* ‖ (*etw*) *fördern; beleben; begünstigen;* ‖ ⟨jur⟩ (*Gesetz*) *unterstützen, einbringen* ‖ (*Gesellschaft*) *gründen* –**ter** [~ə] s *Förderer* m ‖ *Anstifter* m ‖ ⟨com⟩ (*oft: schwindelhafter*) *Gründer* m

promotion [prə'mouʃən] s *Beförderung* f (to a post *auf e–n Posten*) ‖ *Förderung, Begünstigung* f ‖ ⟨com⟩ *Gründung* f ‖ ⟨Am⟩ *Reklame, Propaganda* f –**al** [~l] a *fördernd* ‖ *der Propaganda dienend; Reklame–*

promotive [prə'moutiv] a *(be)fördernd;* to be ~ of *fördern*

prompt [prɔmpt] **1.** a (~ly adv) *schnell, flink;* to be ~ to do *schnell tun* ‖ *bereitwillig, tätig* ‖ *umgehend* (answer), *sofortig* ‖ ⟨phys⟩ ~ neutrons *N., die sofort bei Spaltung freigegeben w* ‖ ⟨com⟩ *bar,* ~ cash *Barzahlung* ‖ ~ *sofort lieferbar* **2.** adv *pünktlich* **3.** s ⟨com⟩ *Ziel* n, *Zahlungstag* m, *–frist* f (at a ~ of 2 months *gegen e–e Frist v 2 Monaten*) ~**itude** ['~itju:d], ~**ness** ['~nis] s *Schnelligkeit; Bereitwilligkeit* f ‖ *Pünktlichkeit, Promptheit* f

prompt [prɔmpt] **1.** vt (*jdn*) *antreiben, ver-*

anlassen (to *z*; to do) ‖ (*jdm*) *ein Wort vorsagen, zuflüstern*; ⟨theat⟩ *soufflieren* [*a* abs] ‖ (*etw*) *einflößen, –geben* **2.** s ⟨theat⟩ *Soufflieren* n | [attr] ∼-book *Soufflierbuch* ‖ ∼-box *–kasten* m ‖ ∼ side ⟨theat⟩ *rechte Seite der Bühne* f (*vom Schauspieler aus*) ∼**er** ['∼ə] s *Anreger*; *–treiber* m ‖ *Souffleur* m ‖ *Textband* n ∼**ing** ['∼iŋ] s *Eingebung* f

promulgate ['prɔməlgeit] vt *verkünden, bekanntmachen* ‖ (*Lehre*) *verbreiten* –**ation** [‚prɔməl'geiʃən] s *Bekanntmachung, Verkündigung*; *Verbreitung* f –**ator** ['prɔməlgeitə] s *Verbreiter* m

pro-natalist ['prou'neitəlist] s *Anhänger*(*in* f) m *der Bevölkerungsvermehrung*

pronation [prou'neiʃən] s *Pronation* f (*Ggs* supination* → *d*)

prone [proun] a (∼ly adv) *vorn übergeneigt*; *auf dem Bauch* or *Gesicht liegend*; *lang hingestreckt* (to lie ∼); ∼ *position* ⟨Am⟩ (*Gewehr-*) *Anschlag* m *liegend*; ∼ *target Kopfscheibe* f ‖ *abschüssig* ‖ ⟨fig⟩ *geneigt* (to *z*; to do); *empfänglich* (to *f*) ‖ ∼ *position glider* ⟨Am aero⟩ *Liegegleiter* m ∼**ness** ['∼nis] s *Geneigtheit, Neigung* f (to *z*; to do); *accident* ∼ *Neigung z Unfällen*

prong [prɔŋ] **1.** s (*Heu–* etc) *Gabel* f ‖ (of a fork) *Zinke, Zacke* f; *Spitze* f ‖ *Horn* n; ∼-buck, ∼-horn *Gabelantilope* f, *–bock* m ‖ ∼ hoe *Karst* m, *zweizinkige Hacke* f **2.** vt *mit der Gabel spießen, heben* ∼**ed** [∼d] a [*oft* in comp] *–zackig*; *–hörnig*; ⟨tech⟩ *gezinkt*

pronominal [prə'nɔminl] a (∼ly adv) ⟨gram⟩ *pronomin·al* –**noun** ['prounaun] s ⟨gram⟩ *Pronomen, Fürwort* n

pronounce [prə'nauns] vt/i **1.** vt *formell verkünden*; (*Urteil*) *fällen*; to ∼ *sentence of death das Todesurteil verhängen* (on *über*) ‖ (*Segen*) *erteilen* ‖ (*bestimmt*) *erklären* (a th; a th to be *daß etw ist*), he ∼d *the apples* (to be) *ripe er erklärte die Äpfel* f *reif*; *behaupten* (that) | (*Wort*) *aussprechen, –cing* [attr] *Aussprache-* (*–cing dictionary*) **2.** vi *urteilen*; *sich äußern* (on *über*); *sich aussprechen, sich erklären* (for; against) | *aussprechen* ∼**able** [∼əbl] a *aussprechbar* ∼**d** [∼t] a (∼dly [∼idli; ∼tli] adv) *ausgesprochen*; ⟨mst fig⟩ *deutlich, ausgeprägt*; *bestimmt, entschieden* ∼**ment** [∼mənt] s *Verkündigung, Äußerung, Erklärung* f

pronto ['prɔnto] adv ⟨Am sl⟩ *schnell*

pronunciamento [prə‚nʌnsiə'mentou] s [pl ∼s] Span (*revolutionäres*) *Manifest* n, *Aufruf* m ‖ ⟨pol⟩ (*f das Ausland best.*) *Kundgebung* f

pronunciation [prə‚nʌnsi'eiʃən] s *Aussprechen* n ‖ *Aussprache* f

proof [pru:f] I. s **1.** *Stichhaltigkeit* f; *Beweis* n (of, for *f*); ∼ on ∼ *of immer neue Beweise v*; in ∼ of *z Beweise v*; without ∼ *ohne B.*; to give ∼ of *B. ablegen v, unter B. stellen*; to have sufficient ∼ *genügend B. h* ‖ ⟨jur⟩ *Beweisaufnahme, –aussage* f **2.** *Probe* f, to put to (the) ∼ *auf die P. stellen*; *Prüfung* f; *on the* ∼ *the pudding is in the eating in der Praxis allein zeigt sich die Bewährung* ‖ *Prüfstelle* | *Festig–, Undurchdringlichkeit*; of ∼ *undurchdringlich* | ⟨chem⟩ *Normalstärke alkoh. Getränke* f (ca. 50% *absol. Alkohol*), *under* ∼ *unter N.*; ∼-spirit *Weingeist* m (etc) *dieser Stärke, Normalweingeist* **3.** ⟨typ⟩ *Abzug, Korrektur*(*bogen*) f; first ∼ *erste K.*; press-∼ *letzte K.* ‖ ⟨engr⟩ (*Probe-*)*Abdruck, Abzug* m; ∼ before letters *A. vor Eintragung der Schrift* **4.** [attr] *Probe–, Prüfungs–* (∼-coin, ∼-mark) | *Korrektur–*, ∼-reading *–lesen* n; ∼-sheet *–bogen* m | *Versuchs–* (∼-load, ∼-weight *–last* f) ‖ ∼ *firing Anschießen* n (*e–s Geschützes*); ∼-f. test *Abnahmebeschuß* m | ∼-paper *Abziehpapier* n; ∼-press *–presse* f II. a *erprobt, bewährt* | *hart*; *undurchdringlich*; *gesichert, gefeit* (against, to *gegen*) ‖ [in comp]

–fest, –sicher (fire-∼); *–dicht* (water-∼) | *Normal–* **III.** vt (*etw*) *undurchdringlich m*; *sicher m*

prop [prɔp] **1.** s *Stützpfahl* m, *Stütze* f; ⟨ec⟩ *Armlehne* f (*e–s Chorstuhls*) ‖ ⟨fig⟩ *Stütze* f, *Halt, Pfeiler* m ‖ ∼ *shaft Kardanwelle* f ‖ ∼ *stand* ⟨mot cycl⟩ *Kippständer* m ‖ ∼ *timber* ⟨tech⟩ *Stempelholz* n ‖ ∼-word *Stützwort* n **2.** vt/i *stützen* (with *mit*) | *unterstützen* ‖ to ∼ up ⟨mot⟩ *aufbocken* | vi ⟨Austr⟩ (of horses) *anhalten, scheuen*

prop [prɔp] s ⟨theat sl⟩ = *property*

prop [prɔp] s ⟨aero sl⟩ °*Latte* f (*Propeller*) ‖ to get one's ∼s ⟨aero⟩ *die Spange bek* ‖ *blast Luftschraubenstrahl* m ‖ ∼-jet (plane) *Turbinenflugzeug* n *mit Propellerantrieb* ‖ ∼-stop ⟨Am pol⟩ *Kandidatenwahl-Flugreise* f, → *whistle-stop*

propaedeutic(al) [‚proupi-'dju:tik(əl)] a *propäd·eutisch*; *einführend* –**tics** [‚proupi-'dju:tiks] s pl [sg konstr] *Propädeutik* f

propagand [prɔpə'gænd] **1.** s Fr = ∼a **2.** vi *propagieren* ∼**a** [‚prɔpə'gændə] s L *Propag·anda* f; to *carry on* (*od* make) a *vigorous* ∼ *kräftige P. m, treiben* (for *f*) ‖ *Lügenpropaganda, Lüge* f ‖ ⟨Am⟩ *Doktrin* f | ⟨Lit⟩ *Tendenz* f; ∼ *film Tendenzfilm* m ∼**ism** [‚prɔpə'gændizm] s *propagand·istische Tätigkeit* f ∼**ist** [‚prɔpə'gændist] s *Propagandist, Agitator* m ∼**istic** [‚prɔpəgæn-'distik] a (∼ally adv) *propagandistisch* ∼**ize** [‚prɔpə'gændaiz] vt *propagieren*; *durch P. verbreiten* ‖ *P. treiben für* (*etw, jdn*)

propagate ['prɔpəgeit] vt/i ‖ *fortpflanzen*; to ∼ o.s. *sich fortpflanzen, sich vermehren* ‖ (*Schall* etc) *fortpflanzen*, to be ∼d *sich fortpflanzen* ‖ ⟨fig⟩ *aus–, verbreiten, Propaganda m für* | *sich fortpflanzen* –**ation** [‚prɔpə'geiʃən] s *Fortpflanzung* ‖ ⟨fig⟩ *Verbreitung* f –**ative** ['prɔpəgeitiv] a *Fortpflanzungs–, propagierend* –**ator** ['prɔpəgeitə] s *Fortpflanzer* m ‖ ⟨fig⟩ *Verbreiter* m

proparoxytone [‚proupə'rɔksitoun] s Gr ⟨gram⟩ *Proparox·ytonon* n (*Wort mit Ton auf drittletzter Silbe*)

propel [prə'pel] vt [–ll–] (*Boot* etc) (*an–, vorwärts*)*treiben* ⟨a fig⟩ ∼**lent** [∼ənt] **1.** a *vorwärtstreibend* **2.** s (*a propellant*) *vorwärtstreibende Kraft* f; *Treibmittel* n ‖ ⟨fig⟩ *Antrieb* m ∼**ler** [∼ə] s *Treibmittel* n; ⟨mach⟩ *Treibapparat* m, *–vorrichtung* f, ⟨hist⟩ *Speerschleuder* f ‖ (*a screw* ∼) *Propeller* m, *Schiffsschraube* f; ⟨aero⟩ *Luftschraube* f ‖ *Schraubendampfer* m | [attr] *Propeller–* ‖ ∼ blade *–blatt* n ‖ ∼ disc *Schraubenkreis* m ‖ ∼ fan ⟨tech⟩ *Schrauben–, Schneckengebläse* n, *–ventilator* m ‖ ∼ pitch *Luftschraubensteigung, Ganghöhe* f ‖ ∼ RPM *L.-Drehzahl* f (*in der Minute*) ‖ ∼ slipstream *Schraubenstrahl* m ‖ ∼ turbine ⟨aero⟩ *Turbinenmotor* m *mit Propellerantrieb* ∼**ling** [∼iŋ] s [attr] *Trieb–*; ∼ pencil *Drehbleistift* m

propensity [prə'pensiti] s *Neigung* f, *Hang* m (to *z*; to do; for doing)

proper ['prɔpə] **I.** a **1.** † *eigen* ‖ ∼ energy *Eigenenergie* f | *eigen, eigentümlich* (to a p *jdm*); *besondere*(*r, –s*) ‖ ∼ name, ∼ noun *Eigenname* m **2.** *korrekt, genau* (in a ∼ sense): *maßgebend, zuständig* ‖ ⟨math⟩ ∼ *fraction echter Bruch* ‖ [*mst hinter dem* subst *stehend*] *eigentlich*; *architecture* ∼ *die eigentl. Architektur*; ⟨her⟩ *natürlich* (pheasant ∼, man ∼) | ⟨sl⟩ *tüchtig, gründlich, richtig* (a ∼ rascal) **3.** *passend* (to *f*), *geeignet* (to think ∼ *es f geeignet halten*); *vorschriftsmäßig*; as one sees ∼ *nach Gutdünken*; *richtig* (at the ∼ time) ‖ *geziemend, schicklich*; ⟨fam⟩ *anständig*; *geziert* **II.** s ⟨ec⟩ *Offizium* n *f e–s Gelegenheit* **III.** adv *tüchtig, gründlich* ∼**ly** [∼li] adv *eigentlich*; *genau*; ∼ *speaking strenggenommen* ‖ *passend*; *korrekt*; *anständig* ‖ ⟨sl⟩ *tüchtig, gründlich*

propertied ['prɔpətid] a *besitzend, begütert* (the ~ classes)

property ['prɔpəti] s **1.** *Eigentum* n, *–srecht* n || *Besitz* m (house ~ *Haus–*); *Besitztum* n; *Vermögen* n (~-tax *–ssteuer*); a man of ~ *ein vermögender Mann* || common ~ *Gemeingut* n; literary ~ *geistiges Eigentum*; mixed ~ *Mischeigentum*; personal ~ *bewegliche Sachen* f pl; → real **2.** *Besitzung* f, *Landgut* n (a ~); *Immobilien* pl; ~-market *Grundstücksmarkt* m || ⟨com bal⟩ ~, plant, and equipment *bebaute u unbeb. Grundstücke* n pl, *Betriebseinrichtung u Ausstattung* f **3.** ⟨theat⟩ *–ties* pl (⟨sl⟩ abbr props [prɔps]) *(Bühnen)Requisiten* n pl **4.** *Eigentümlichkeit, Eigenheit, eigentüml. Eigenschaft* f, curative *–ties* pl *heilende Wirkung* f **~less** ['prɔpətilis] a *besitzlos*

prophecy ['prɔfisi] s *Prophezeiung* f **–esier** ['prɔfisaiə] s *Wahrsager, Prophet* m **–esy** ['prɔfisai] vi/t || *vorher–, weissagen* | vt *prophezeien, vorhersagen* (a th for a p *jdm etw*; that)

prophet ['prɔfit] s *Prophet* m; major ~ *gr P.*, minor ~ *kl P.* || *Wahrsager* m || ⟨prov⟩ no ~ is without honour save in his own country *im eigenen Land gilt der P. nichts* **~ess** [~is] s *Prophetin* f **~hood** [~hud] s *Prophetentum* n **~ic** [prə'fetik] a (~ally adv) *prophetisch*, to be ~ of *vorhersagen* **~ical** [prə'fetikəl] a (~ly adv) ⟨bib⟩ *prophetisch* (~ looks)

prophylactic [,prɔfi'læktik] **1.** a (~ally adv) ⟨med⟩ *prophylaktisch, vorbeugend, Vorbeugungs–* || ~ station ⟨sex med⟩ *Sanierungsstelle* f **2.** s *–mittel* n **–laxis** [,prɔfi'læksis] s *Prophyl·axe* f

propinquity [prə'piŋkwiti] s (of place & time) *Nähe* f || *enge Verwandtschaft* or *Ähnlichkeit* f

propitiate [prə'piʃieit] vt *(jdn) sich* [dat] *geneigt* m or *günstig stimmen* || *versöhnen* **–tiation** [prə,piʃi'eiʃən] s *Versöhnung, Sühne* f; *Sühnopfer* n **–tiator** [prə'piʃieitə] s *Versöhner* m **–tiatory** [prə'piʃiətəri] a *versöhnend, versöhnlich*; *Sühne–* (~ payment), *Sühn–* (~ sacrifice) **–tious** [prə'piʃəs] a (~ly adv) *geneigt, gnädig* | *günstig* (to *f*); *vorteilhaftig, geeignet* (a ~ moment for .. *f*) **–tiousness** [~nis] s *Milde, Gunst* f || *günstige Beschaffenheit* f

propolis ['prɔpəlis] s Gr *Baustoff* m *der Biene, Stopfwachs* n

proponent [prə'pounənt] s ⟨Am⟩ *Verfechter* m **proportion** [prə'pɔːʃən] **I.** s **1.** (*verhältnismäß.*) *Teil* or *Anteil* m; ⟨stat⟩ *Anteil* **2.** *(Größen-)Verhältnis* n (to *z*) || sense of ~ *Sinn* f *richt. Proportion, Maßstab* f *die Wirklichkeit* || in ~ *verhältnismäßig*; in ~ to *im V. z*; in ~ as *im V. wie, in dem Maße wie, je nachdem wie*; out of ~ *unverhältnismäßig*; out of all ~ to *in gar k–m V. z*; to bear no ~ to *in k–m V. stehen z* **3.** *das richtige Verhältnis* n, *Gleich–, Ebenmaß* n, *Symmetrie* f **4.** *Umfang* m, *Größe* f; ~s [pl] *Dimensionen* f pl, *Ausmaß* n **5.** ⟨math⟩ *Proportion* f || *Regeldetr·i* f **II.** vt *gehörig anpassen* (to *an*); *in ein richtiges Verhältnis bringen* (to *mit, z*) || *verhältnismäßig aus–, verteilen* (to *an*) || *bemessen* **~able** [prə'pɔːʃnəbl] a *entsprechend* **~al** [prə'pɔːʃnl] **1.** a *proportional; verhältnismäßig, in entsprechendem, richtigem Verhältnis stehend* (to *z*) || ~ fare ⟨aero⟩ *Anstoßflugpreis* m || *Verhältnis–, ~ representation* (abbr P.R.) *–wahlsystem* n || ⟨math⟩ *Proportional–* **2.** s ⟨math⟩ *Proportionale* f **~ality** [prə,pɔː'ʃə'næliti] s *Proportionalität* f || ~ (*–ʃnəli*) adv *entsprechend* **~ate** [prə'pɔːʃnit] a *proportion·iert, in richtigem Verhältnis stehend* (to *z*); *angemessen* (to); *ausgeglichen* **~ate** [~eit] vt *verhältnismäßig ab–, bemessen* **~ately** [–ʃnitli] adv *entsprechend* **~ed** [~d] a *angemessen* (to); *proportion·iert, geformt* (well-~ed) **~ing** [~iŋ] a *Zumeß–, Dosier–* (~ pump *–pumpe* f) **~ment**

[~mənt] s *Ab–, Bemessung* f; *verhältnismäßige Anlage* f

proposal [prə'pouzəl] s *Antrag* m, ⟨bes⟩ *Heirats–* (to have a ~ *e–n H. erhalten*) || *Vorschlag* (to do); *Plan* m; ~ for peace *Friedensantrag, –vorschlag* m; to make ~s of (*od* for) peace *Friedensvorschläge* m; to place ~s before a p *jdm Vorschläge unterbreiten* || [attr] ~ form ⟨ins⟩ *Versicherungsantrag* m

propose [prə'pouz] vt/i **1.** vt a. *vorschlagen* (a th; a th to a p *jdm etw*; to a p that *jdm, daß*); I ~d to him to go *ich schlug ihm vor, daß ich ginge*; I ~d to him that he should go *ich schlug ihm vor z gehen* (sc *daß er ginge*); to ~ a th to o.s. *sich etw vornehmen* || *beantragen*; to ~ marriage *e–n Heiratsantrag* m | *(Rätsel) aufgeben* b. *(jdn) vorschlagen* (for *z, als*) c. to ~ the toast of a p *den Toast auf jdn ausbringen*; to ~ a p's health *od the health of a p e–n Toast auf jds Gesundheit ausbringen*; to ~ 'Our Guests' *den T. auf die Gäste ausbringen* **2.** vi *sich vornehmen*; *–haben, beabsichtigen, in Aussicht nehmen*; it is not ~d *es ist nicht beabsichtigt* (to do); → to dispose | *e–n (Heirats-)Antrag* m (to a p *jdm*); *anhalten* (for a p *um die Hand jds*) | **~r** [~ə] s *Vorschlagender; Antragsteller* m

proposition [,prɔpə'ziʃən] s *These, Behauptung* f || ⟨math (abbr prop) & log⟩ *Satz, Lehrsatz* m || *Vorschlag, Antrag* m | ⟨Am sl⟩ *Aufgabe* f; *Plan* m; *Sache* f (an easy ~); *Geschäft, Unternehmen* n (tobacco ~); (P) ⟨fig⟩ *Vertreter* m (a tough ~); °*Marke* f **~al** [~l] a *Satz–* (~ *term*)

propound [prə'paund] vt *(Frage) vorlegen, –bringen* || ⟨Am⟩ *(jdn) vorschlagen* || to ~ a will *auf Anerkennung e–s Testaments klagen* **~er** [~ə] s *Vorschlagender, Unterbreiter; Antragsteller* m

proprietary [prə'praiətəri] **1.** s [koll] *die Besitzer, Eigentümer* m pl || *Eigentum(srecht)* n **2.** a *e–m Besitzer gehörig*; (of goods) *patentlich or gesetzlich geschützt* (~ name for); ~ article *Markenartikel* m || *besitzend* (~ class) || *Eigentums–* (~ right), →*–tory*

proprietor [prə'praiətə] s *Eigentümer, Besitzer, Inhaber* m **~ial** [prə,praiə'tɔːriəl] a *Eigentums–* (right) **~ship** [~ʃip] s *Eigentum, –srecht* n (in *an*) | **~y** [–ri] a ⟨Am jur⟩ ~ possession *Eigenbesitz*; ~ right *Eigentumsrecht* n, →*–tary*

proprietress [prə'praiətris], **–trix** [–triks] s *Eigentümerin, Besitzerin, Inhaberin* f

propriety [prə'praiəti] s *Angemessenheit, Richtigkeit* f || *Schicklichkeit* f; ~ of conduct *anständiges Betragen*; the *–ties* [pl] *Wohlanständigkeit* f, *Anstandsformen* f, *gute Sitten* pl | ⟨Am hist⟩ *(Land-)Besitz(tum* n) m | * *Eigentümlichkeit* f

proprioceptive [,prɔprio'septiv] a ⟨eth⟩ *körpereigene Reize wahrnehmend* **–ceptor** [–'septə] s *auf innere Reize ansprechendes Sinnesorgan* n

props [prɔps] s pl ⟨theat sl⟩ = properties, → property 3.

propulsion [prə'pʌlʃən] s *Antrieb* m, ⟨bes fig⟩ (to do) **–sive** [prə'pʌlsiv] **1.** a *(vorwärts)treibend, Treib–* (~ force); *Treib–* (~ charge *–satz* m, ~ effect) **2.** s *Triebkraft* f

propylaeum [,prɔpi'liːəm] s L ⟨ant arch⟩ *(Tempel-)Eingang* m, *Prachttor* n; *–laea* [–'liːə] pl *Propyläen* pl *(der Akropolis)*

propylite ['prɔpilait] s ⟨geol⟩ *Propyl·it* m *(Gestein)*

pro-rate [,prou'reit] ⟨Am⟩ vt/i | *dem Anteil entsprechend verteilen* | vi *über verhältnismäßige Verteilung verhandeln* (with)

prorogation [,prourə'geiʃən] s ⟨parl⟩ *Vertagung* f *bis z nächsten Sitzungsperiode* **–gue** [prə'roug] vt/i ⟨parl⟩ *vertagen bis zur nächsten*

Sitzungsperiode (*Ggs* to adjourn) | vi *vertagt w, sich vertagen*

   pros(s) [prɔs] s ⟨vulg⟩ = prostitute

   prosaic [prou'zeiik] a (∼ally adv) * *Prosa–* | ⟨übtr⟩ *pros·aisch; alltäglich, trocken* ∼**al** [∼əl] *a = prosaic ∼ness [∼nis] s *monotoner Charakter* m

   prosaism ['prouzeiizm] s = prosaicness || *Prosaausdruck, –stil* m *–aist* ['prouzeiist] s *Prosa·ist, Pros·aiker* m || *nüchterner Schriftsteller or Mensch* m

   proscenium [prou'si:niəm] s L ⟨theat⟩ *Prosz·enium* n, *Vorderbühne* f

   proscribe [pros'kraib] vt *ächten* ⟨*a* fig⟩ || *verurteilen, –bieten*

   proscription [pros'kripʃən] s *Acht, Ächtung* f; *Verbannung* f || *Verbot* n *–tive* [pros'kriptiv] a (∼ly adv) *ächtend; Ächtungs–* || *herrisch* (towards)

   prose [prouz] **1.** s *Prosa* f || *das Prosaische, Alltägliche* n; *Eintönigkeit* f | [attr] *Prosa–* (∼-writer); ⟨fig⟩ *prosaisch, alltäglich* (∼ truth) **2.** vt/i | (*etw*) *in Prosa schreiben or übersetzen* | (*jdn*) *durch Reden versetzen* (to, into *in*) | vi *langweilig erzählen; berichten* (about) | ∼**r** ['∼ə] s (*Prosa-*)*Erzähler* m | ⟨*mst* übtr⟩ *langweiliger E.*

   prosector [prou'sektə] s L ⟨anat⟩ *Pros·ektor* m

   prosecute ['prɔsikju:t] vt/i || (*Untersuchung* etc) *verfolgen* || (*Studien, Geschäft*) *betreiben* || ⟨jur⟩ *gerichtlich verfolgen, belangen, anklagen* (for *wegen*); (*Anspruch*) *erwirken, einklagen* | vi *gerichtlich vorgehen* || ⟨jur⟩ *die Anklage vertreten*, Mr. N. *–ting said Herr N., der Vertreter der Anklage, sagte .. –tion* [ˌprɔsi'kju:ʃən] s *Verfolgung* (*e–s Zieles* etc), *Durchführung* f || *Betreiben* (*e–r Beschäftigung*) n || ⟨jur⟩ *gerichtl. Verfolgung* f, *Anklage* f; *–behörde* f; the Director of Public ∼ ⟨engl⟩ *Kron–, Reichsstaatsanwalt* m; ⟨Ger hist⟩ *Oberreichsanwalt,* ⟨*jetzt*⟩ *General-Bundesanwalt* m *–tor* ['prɔsikju:tə] s (*An-*)*Kläger* m; Public ∼ ⟨engl⟩ *Kronanwalt* (*Art Staatsanwalt*) m

   proselyte ['prɔsilait] **1.** s ⟨ec⟩ *Proselyt; Bekehrter; Überläufer, Übergetretener* m (to *z*) **2.** vt/i || *bekehren* (to *zu*) | vi *Proselyten* m *–tism* ['prɔsilitizm] s *Proselytismus* m; *Bekehrungseifer* m *–tize* ['prɔsilitaiz] vt/i || *Proselyten* m | vt (*jdn*) *zum P. m, bekehren –tizer* ['prɔsilitaizə] s *Proselytenmacher* m

   prosenchyma [prɔ'seŋkimə] s ⟨bot⟩ *Prosenchym* n (*Zellgewebeform*)

   prosify ['prouzifai] vt *prosaisch* m *–iness* ['prouzinis] s *Eintönigkeit, Langweiligkeit, Weitschweifigkeit* f

   prosodic(al) [prɔ'sɔdik(əl)] a (–cally adv) *pros·odisch, Silbenmessungs– –ody* ['prɔsədi] s ⟨pros⟩ *Prosodie, Lehre* f *v der Silbenmessung im Verse,* ⟨*a*⟩ *v Sprech–, Satzrhythmus*

   prosopopoeia [ˌprɔsoupə'pi:ə] s ⟨rhet⟩ *Prosopopö·ie* f

   prospect I. ['prɔspekt] s **1.** *Aussicht* f, *Blick* m (of *auf*; to *nach*; over *über*) || *Landschaft* f **2.** ⟨übtr⟩ *Aussicht* f (for *f*; of *auf*; of doing *z tun*); there is a ∼ that *es ist A. vorhanden, daß*; to have in ∼ *in A. h*; to hold out the ∼ (of a th) to a p *jdm* (etw) *in A. stellen* **3.** ⟨Am⟩ *voraussichtl. Kunde; Reflekt·ant* m **4.** ⟨min⟩ *Erz–, Minerallagerstätte* f; *Erzprobe* f; *voraussichtl. Ertrag* m **5.** [attr] *Aussichts–* (∼-tower) **II.** [prɔs'pekt] vi/t || ⟨min⟩ *schürfen* (for *nach*); ⟨fig⟩ *Umschau halten; forschen, suchen* (for *nach*) || *Ertrag ergeben* or *in Aussicht stellen* (to ∼ well, ill) | vt (*Boden*) *untersuchen, durchforschen*; (*über*)*prüfen* || ⟨fig⟩ *überblicken* || ∼*ing* ⟨min⟩ *Schürf–, Aufschlußarbeiten* f pl, *Schürfen* n || ∼*ing* place *Schürfung, Schürfstelle* f; ∼*ing* rights [pl] *Schürfbefugnis* f; ∼ shaft *Versuchsschacht* m ∼**ive** [prɔs'pektiv] a (∼ly adv) *vorausblickend* || *zukünftig* (son-in-law); *in Aus-*

sicht stehend, voraussichtlich; ∼ buyer *Reflekt·ant* m, *Kauflustige*(r m) f ∼**or** [prɔs'pektə] s ⟨min⟩ *Schürfer* m

   prospectus [prɔs'pektəs] L s [pl ∼es] *Prospekt* m (of *v, über*); *Werbeschrift; Ankündigung* f (*e–s Werkes*)

   prosper ['prɔspə] vi/t || *Glück h* (in a th); *gedeihen;* ⟨fig⟩ *blühen* | vt *begünstigen,* (*jdm*) *hold s* ∼**ity** [prɔs'periti] s (*Wohl-*)*Gedeihen* n; *Wohlfahrt* f, *–stand* m; *Glück* n || ⟨Am⟩ *blühendes Geschäft* n; [abstr] (*guter Absatz bei Massenproduktion u hohen Löhnen*) ∼**ous** ['prɔspərəs] a (∼ly adv) *gedeihlich, glücklich; günstig; gesegnet* (and happy New Year)

   prostate ['prɔsteit] s ⟨anat⟩ (*a* ∼ gland) *Pr·ostata, Vorsteherdrüse* f *–atic* [prɔs'tætik] a *Prostata–*

   pro-station ['prousteiʃən] s ⟨mil⟩ abbr *f* prophylactic station

   prosthesis ['prɔsθisis] s Gr (pl *–ses* [–si:z]) **1.** ⟨gram⟩ *Prosth·ese* f (*Vorsetzung e–r Silbe*); → prothesis **2.** ⟨surg⟩ *Proth·ese* f, *Kunstglied* n

   prostitute ['prɔstitju:t] **1.** s *Prostituierte, Dirne* f **2.** vt *preisgeben, schänden;* to ∼ o.s. (of women) *den Leib verkaufen; sich fortwerfen* | ⟨fig⟩ *entehren, erniedrigen; schändlich entstellen* **-tution** [ˌprɔsti'tju:ʃən] s *gewerbsmäßige Unzucht* f; *trading on* ∼ *Zuhälterei* f || ⟨fig⟩ *Schändung, Entehrung* f; *entehrende Verwendung* f

   prostrate ['prɔstreit] a (*auf dem Boden*) *hingestreckt;* ⟨fig⟩ *niedergestreckt; –geworfen;* to lie ∼ *gedemütigt liegen* (before) || *entkräftet, erschöpft* (with *v, vor*) || *niedergeschlagen; schwer gebeugt, gebrochen* (with *vor*)

   prostrate [prɔs'treit] vt *hin–, niederwerfen* | to ∼ o.s. *niederfallen, sich demütigen, e–n Fußfall tun* (before *vor*) ⟨*a* fig⟩ | ⟨übtr⟩ *niederzwingen | zerstören, vernichten* | ⟨fig⟩ *Demütigung* f | (*tiefe*) *Verbeugung* f | ⟨fig⟩ *Demütigung* f | *Niedergeschlagenheit* f || *Erschlaffung, Entkräftung* f *[oft* pass] *erschlaffen, entkräften* (with *vor, von*) **-ation** [prɔs'treiʃən] s *Niederwerfung* f || *Fußfall* m,

   prostyle ['proustail] s ⟨ant arch⟩ *Säulenhalle* f (*an der Front e–s Tempels*)

   prosy ['prouzi] a (–sily adv) ⟨fig⟩ *prosaisch; langweilig; weitschweifig*

   protagonist [prou'tægənist] s ⟨theat⟩ *Hauptspieler* m, *–figur* f, *Titelheld* m (*im Drama* etc) || *Hauptperson* f; *Vorkämpfer* m

   protasis ['prɔtəsis] s Gr *Nebensatz* m *e–s hypothet. Satzgefüges*

   protean [prou'ti:ən] a *proteusartig, Proteus–; vielgestaltig*

   protect [prə'tekt] vt (*be*)*schützen* (from, against *vor*; *gegen*) || (*be*)*schirmen* || ⟨com⟩ (*einheimische Waren, Industrien*) *durch Zoll* (*auf fremde Waren*) *schützen* || (*Wechsel*) *honorieren* || ∼ed area *Ausnahmegebiet* n; ∼ed troops *Truppen in Deckung* ∼**ion** [prə'tekʃən] s *Schutz* m (from, against *vor, gegen*); ∼ against *Verhütung* f *v;* (of women) to live under the ∼ of a p *von jdm ausgehalten w, jds Verhältnis s* || *Schutzbrief* m || ⟨com⟩ *Honorieren* n (*e–s Wechsels*); to find due ∼ *honoriert w* || *Schutzzoll* m (*gegen fremden Wettbewerb*); → *tariff;* wall of ∼ *Zollmauer* f || ⟨Am⟩ *Duldung* f *rechtswidriger Machenschaften durch bestochene Polizei* I ∼**ionism** [prə'tekʃənizm] s *Schutzzollsystem* n, *–lehre, –politik* f, ⟨fam⟩ *Protektions–, Vetternwirtschaft* f ∼**ionist** [–nist] **1.** s *Schutzzöllner* m **2.** a *Schutzzoll– ∼ive* [∼iv] a *schützend, Schutz–* ⟨*bes* euph, Ger⟩ ∼ *custody –haft* f, ∼ *coating –überzug* m); ∼ *lining Überzugsmaterial* n || ⟨com⟩ *schutzzöllnerisch, Schutzzoll–* (∼ *system*); *Schutz–* (∼ *duty –zoll* m) || ⟨mil⟩ ∼ *fire Feuerschutz* m; ⟨tact⟩ ∼ *flank,* ∼ *wing Sicherungsflügel* m; ∼ *wire Draht-*

verhau m **~ively** [~ivli] adv *als* or *zum Schutz*
~or [~ə] s *Beschützer; Schirm–, Schutzherr;*
Gönner m || ⟨engl hist⟩ *Reichsregent, –verweser*
m (the Lord ⁀ = O. Cromwell) | *Schutzmittel*
n, *–vorrichtung* f; ⟨com⟩ *Hackenschützer* m etc
~oral [~ərəl] a *Protektor–* **~orate** [~ərit] s
Protektorwürde f; ⟨bes engl hist⟩ the ⁀ *das*
Protektor·at n (1653–59) || *Schutzherrschaft* f
(over *über*) || *Schutzgebiet* n **~orship** [~əʃip] s
Schutz(herrschaft f) m, *Protektorat* n **~ory**
[~əri] s ⟨R.C.⟩ *Anstalt f verwahrloste Kinder* f
~ress [~ris] s *Beschützerin* f, *Protektorin* f
    protégé [ˈprouteʒei] s Fr *Schützling* m
    proteid [ˈprouti:id] s ⟨chem⟩ = protein
    proteiform [ˈproutifə:m] a *proteus–, ver-*
schiedenartig
    protein [ˈprouti:in; –ti:n] s ⟨chem⟩ *Prote·in*
n (*Eiweißkörper* ⟨a⟩ ~s [pl]); crude ~ *Roh-*
eiweiß n **~ic** [prouˈti:nik], **~ous** [prouˈti:nəs] a
Prote·in– **–teolytic** [ˌproutioˈlitik] a *eiweiß-*
spaltend
    proter(o)– [ˈproutəro] Gr [in comp] *früher,*
Protero– **proterandrous** [ˌproutəˈrændrəs] a
⟨zoo⟩ *die Männchen vor den Weibchen voraus-*
entwickelnd; ⟨desgl. bot⟩ **proterogynous** [ˌproutə-
ˈrədʒinəs] a ⟨bot⟩ *die weibl. Blüten vor den*
männlichen z Reife bringend
    protest [ˈproutəst] s *Einspruch, Protest* m;
in ~ against z, *als P. gegen*; under ~ *unter P.* ||
by way of ~ *auf dem Wege des P–s; als, zum P.*
|| to enter, lodge, make a ~ *P. erheben, Ver-*
wahrung einlegen (with a p *bei jdm*) || meeting
of ~ *Protestversammlung* f || ⟨com⟩ (*Wechsel-*)
Protest m [attr] *Protest-* (~ meeting)
    protest [prəˈtest] vt/i || *beteuern, feierlich ver-*
sichern (a th; that) || ⟨com⟩ (*Wechsel*) *protestie-*
ren; to have a bill **–ed** *e–n W. protestieren l*;
to be **~ed** z *Protest* || ⟨Am⟩ *protestieren gegen*
(*etw*) | vi *feierlich eintreten* (for) || *protestieren*
(about a th to a p *über etw jdm gegenüber*);
Protest, Verwahrung einlegen (to a p against a th
bei jdm gegen etw)
    protestant 1. [ˈprɔtistənt] **a.** s ⟨ec⟩ *Protest·ant*
(*in* f) m **b.** a ⟨ec⟩ *protestantisch* || ⟨Am⟩ ⁀
Episcopal zum amerikanischen Zweig der
Anglikanischen Kirche gehörig **2.** a [prəˈtestənt]
a. s *der Protestierende* **b.** a *protestierend* **–antism**
[ˈprɔtistəntizm] s ⟨ec⟩ *Protestant·ismus* m
–antize [ˈprɔtistəntaiz] vt *protestantisch* m **–ation**
[ˌproutesˈteiʃən] s *Beteuerung* f (of a th; that) ||
Protest, Einspruch m (against) **protester** [prə-
ˈtestə] s *Beteuerer; Protestierender, Gegner* m
    Proteus [ˈproutju:s] s ⟨myth⟩ *verwandlungs-*
fähiger Meergott m || ⟨übtr⟩ *wetterwendischer*
Mensch m | ⁀ ⟨zoo⟩ *Schwanzlurch, Olm* m ||
ein Bazillus m
    prothalamium [ˌprouːˈˈleimiəm] s Gr *Hoch-*
zeitsgesang m
    prothallium [prouˈθæliəm] s ⟨bot⟩ *Vorkeim* m
    prothesis [ˈprɔθisis] s Gr ⟨gram⟩ *Prosthese* f;
→ prosthesis
    protista [prəˈtistə] s L pl *Prot·isten* pl (*ein-*
zellige Lebewesen)
    protium [ˈproutiəm] s ⟨chem⟩ *Protium* n
(*normaler*) *Wasserstoff* (Ggs deuterium)
    proto– [ˈprouto] Gr [in comp] *vor, erst,*
frühest; Proto–; Ur– (⁀-Indo-European) **~col**
[ˈproutəkəl] **1.** s ⟨dipl⟩ *Protok·oll* n, *Nieder-*
schrift f *über Verhandlungen, Verträge*; to
record in a ~ *protokollieren* **2.** vi/t [–ll–] *–*
protokollieren | vt (*etw*) *protokollieren* **~genic**
[ˌproutoˈdʒenik] a *zuerst entstanden; früher*
vorhanden **~gyny** [prouˈtədʒini] s *Protogyn·ie* f
~notary [ˌproutoˈnoutəri] (*a protho–* [ˌprouθo–])
s ⟨jur⟩ *erster Gerichtssekretär, –archivar* m
~plasm [ˈproutəplæzm] s ⟨anat⟩ *Protopl·asma* n
~plasmic [ˌproutəˈplæzmik] a *Protoplasma–*
~plast [ˈproutəplæst] s ⟨biol⟩ *Protopl·ast* n,

Zellkörper m **~typal** [ˌproutəˈtaipəl] a *Urbild–*
~type [ˈproutətaip] s ⟨scient⟩ *Ur–, Musterbild,*
Muster, Vorbild n || *erster Abdruck* m || ~ work
Herstellung f *als Urtyp* **~xide** [prouˈtɔksaid] s
⟨chem⟩ *Protoxyd, Oxyd·ul* n **~zoa** [ˌproutə-
ˈzouə] s Gr pl ⟨zoo⟩ *Protoz·oen, Urtiere* n pl
~zoic [ˌproutəˈzouik] a ⟨geol zoo⟩ *proto-*
z·o·isch
    proton [ˈprouton] s [pl ~s] ⟨chem⟩ *Pr·oton* n,
positives Elektrizitätsatom n (*Wasserstoffkern*)
    protract [prəˈtrækt] vt (*Debatte*) *in die Länge*
ziehen, verzögern, hinausschieben, –ziehen ||
⟨surv⟩ *nach e–m Maßstab entwerfen* **~ile** [~ail]
a z *verlängern(d)* **~ion** [prəˈtrækʃən] s *Verlänge-*
rung f || *Hinausschiebung, –ziehung, Verzöge-*
rung f || (*Karten-*)*Entwurf* m **~or** [~ə] s *Ver-*
längerer m || ⟨geom⟩ *Gradbogen, Transporteur,*
Winkelmesser m; *Schmiege* f
    protrude [prəˈtru:d] vt/i || *hervorstrecken,*
vorstoßen, –schieben || *hervortreten l* | vi *hervor-*
ragen, –treten || *–ding vorragend;* ⟨arch, etc⟩
ausgekragt **–usile** [prəˈtru:sail] a *aus–, vor-*
streckbar **–usion** [prəˈtru:ʒən] s *Hervorstoßen,*
–treten, –ragen n || (*her*)*vorspringender Teil* m
–usive [prəˈtru:siv] a *vordringend* || *aufdringlich*
hervortretend, –springend (~ jaw)
    protuberance [prəˈtju:bərəns] s *Hervortreten,*
–stehen n || *Auswuchs, Höcker* m; *Beule* f **–ant**
[prəˈtju:bərənt] a (~ly adv) (*her*)*vorstehend*
(eyes) || ⟨fig⟩ *hervorstechend*
    protyle [ˈproutail] s ⟨chem⟩ *Protyl* n (*hypo-*
thetischer Grundstoff der Atome)
    proud [praud] a (~ly adv) *stolz* (of a th *auf*
etw; of doing, to do z *tun*); v *Selbstgefühl er-*
füllt (of one's country *für sein Land*); *zu Stolz*
berechtigend (~ occasion) | *hochmütig, einge-*
bildet, dünkelhaft; eitel (as ~ as a peacock) |
stolz, stattlich, prächtig, herrlich (~ city) ||
⟨poet⟩ (T) *feurig, kühn* || ⟨biol⟩ *üppig;* ⟨med⟩
~ flesh *wildes Fleisch* n || ⟨fam⟩ to do a p ~
jdn glänzend bewirten; jdm Ehre antun, jdn mit
Stolz erfüllen; to do o.s. ~ *sich selbst Ehre* m
(in doing); *sich e–n guten Tag* m
    provable [ˈpru:vəbl] a (–bly adv) *beweisbar,*
erweislich
    prove [pru:v] vt/i (→ ~n) **1.** vt *erproben,*
prüfen || *erfahren, –leben* | (*als wahr*) *er–, nach-*
weisen || *unter Beweis stellen, beweisen* (a th;
a th *od* a p to be *daß etw, jd ist*; that; to a p
that *jdm daß*); the court ~s us false *das Gericht*
gibt uns unrecht; to ~ o.s. (to be) *able, a poet*
sich als fähig, als Dichter erweisen | (*Testament*)
beglaubigen **2.** vi *sich herausstellen, sich erweisen*
|| to ~ (to be) true *sich als wahr erweisen; sich*
bestätigen, sich bewähren || to ~ (to be) a
failure sich als Fehlschlag herausstellen; the
land ~s to lie .. *es stellt sich heraus, daß das*
Land .. *liegt* || *sich ergeben; ausfallen;* to ~
otherwise anders ausfallen **proven** [ˈpru:vən,
–ou–] **1.** pp ⟨Am⟩ = proved **2.** a ⟨Scot jur⟩ *be–,*
erwiesen; not ~ *der Schuldbeweis nicht erbracht*
    provenance [ˈprɔvinəns] s (S) *Ursprung* m,
Herkunft f; of doubtful ~ (*v*) *zweifelhafter H.*
    Provencal [ˌprɔvãˈsa:l] **1.** a *provenzalisch*
2. s *der Provenz·ale* m | *das Provenzalische*
    provender [ˈprɔvində] **1.** s (*Trocken-*)*Futter* n
(f *Vieh*) || ⟨fam⟩ °*Futter* (*Nahrung* f) **2.** vt/i *–*
nähren, füttern | vi *sich nähren* (on *v*)
    provenience [prəˈvi:niəns] s = provenance
    proverb [ˈprɔvəb] s *Sprichwort* n || to be a ~
sprichwörtlich, berüchtigt s (for *wegen*) || the
Book of ⁀s *die Sprüche* m pl *Salomonis* || to
play at ~s *Sprichwörter raten* **~ial** [prə-
ˈvə:biəl] a (~ly adv) *sprichwörtlich; allg be-*
kannt; berüchtigt (to become ~)
    provide [prəˈvaid] vi/t **1.** vi *Maßnahmen*
ergreifen, Vorsorge treffen (for f; against *gegen*);
to ~ for the needs *Bedürfnisse befriedigen*

2. ⟨jur⟩ *vorsehen, bestimmen* (that *daß*) ‖ to ~ for *vorsehen, in Rechnung stellen; ermöglichen; zulassen;* ⟨com⟩ *Deckung schaffen f* ‖ to ~ against *unmöglich m, verhindern* **3.** to ~ for (a p) *sorgen f* (*jdn*); to be ~d for *versorgt s* or *w* **II.** vt *anschaffen, besorgen, liefern, be–, ver- schaffen* (a th *etw*; a p a th *od* a th for a p [*od* to a p] *jdm etw*); *stellen* (⟨bes *mil*⟩ the platoon will ~ the car) ‖ (*jdn*) *versorgen* (with *mit*); to ~ o.s. *sich v.* ‖ **~d** [~id] **1.** a *vorbereitet; gefaßt* (for *auf*); ~ *school öffentl. v Lokalbehörde unter- haltene Elementarschule f* **2.** conj ~ *od* ~ that *vorausgesetzt daß; wenn* or *wofern nur;* ~ that *nobody infringes the principles unter Wahrung der Grundsätze*

providence ['prɔvidəns] s *Voraussicht* ‖ *Vor- sorge; Sparsamkeit* ‖ *Fügsorge, Vorsehung* f; ⁓ *die Vorsehung* (*Gott*)

provident ['prɔvidənt] a (~ly adv) *voraus- sehend; vor–, fürsorglich, klug* (it. would be ~ of you ..); ~ *fund Alters–, Krankenkasse* f; ~ *society Unterstützungs–, Wohlfahrtsverein* m, *Hilfskasse* f ‖ *sparsam, haushälterisch;* ~ *bank Sparkasse* f **~ial** [,prɔvi'denʃəl] a *durch Fügung* or *Vorsehung bewirkt; gnädig, günstig; glücklich* **~ially** [,prɔvi'denʃəli] adv *durch Fügung* or *Schicksal; schicksalsmäßig* ‖ *glücklicherweise*

provider [prə'vaidə] s *Be–, Für–, Versorger;* *Lieferant* m **–ding** [prə'vaidiŋ] conj ~ *od* ~ that = provided (that)

province ['prɔvins] s **1.** *Provinz* f; the ~ of Ontario *die P. O.* ‖ ⟨ec⟩ *erzbischöfl. Gerichts- bezirk* m **2.** *Distrikt* m, *Gegend* f; ⟨min⟩ *grö- ßeres Gebiet* m; ⟨engl⟩ the ~s [pl] *die Provinz* (*im Ggs z Hauptstadt*) **3.** ⟨fig⟩ *Gebiet, Fach* n, *Zweig* m ‖ *Sphäre* f, *Bereich* m, *Amt* n; that is not within my ~ *das ist nicht m–s Amtes, schlägt nicht in mein Fach*

provincial [prə'vinʃəl] **1.** a *Provinzial–* (~ synod) ‖ *Provinz–* (~ town) ‖ *provinzi·ell; pro- vinzlich, kleinstädtisch, ländlich* **2.** s *Provinz- bewohner, Provinzler* m **~ism** [~izm] s ⟨pol⟩ *Provinzialismus* m, *provinzielle Abgeschlossen- heit* f ‖ *Provinzler–, Spießbürgertum* n ‖ *mund- artlicher Ausdruck* m **~ity** [prə,vinʃi'æliti] s *beschränkter Gesichtskreis* m ‖ *mundartlicher Ausdruck* m **~ize** [prə'vinʃəlaiz] vt *provinziell m; provinzlichen Charakter geben*

proving ['pru:viŋ] s → prove ‖ ~ grounds [pl] ⟨min⟩ *Versuchsfeld* n, *–strecke* f, *Test- gelände* n

provision [prə'viʒən] **I.** s **1.** *Vor–, Fürsorge; Vorkehrung* f (for *f*; against *gegen*) ‖ to make ~ for (against), (*etw*) *vorsehen, Vorkehrungen, An- stalten treffen f* (*gegen*); ⟨bal⟩ *e–e Rückstellung bilden* (for income tax, for doubtful debts); *sorgen f* (*sich schützen gegen*) ‖ to make due ~ to *assure dafür z sorgen h, daß* ‖ *Vorrichtung, Handhabe, Einrichtung* f (for *f*) **2.** *Vorrat* m (of *an*); ~ of funds ⟨com⟩ *Sicherheit, Deckung* f ‖ **~s** [pl] *Lebensmittel* pl, *Proviant* m **3.** *Be- dingung, Verfügung, Bestimmung* f **4.** [attr] **~**-dealer, **~**-merchant *Kolonialwarenhändler* m ‖ **~**-industry *Nahrungsmittelindustrie* f ‖ **~**-store *Kolonialwarenhandlung* f **II.** vt *mit Proviant ver- sehen, verproviant·ieren* ‖ **~al** [prə'viʒnl] a (~ly [–ʒnəli] adv) *provisorisch, vorläufig;* ⟨com⟩ *Interims–* (~ scrip –schein m) ‖ ~ pit props [pl] ⟨min⟩ *Vorbaustempel* m pl

proviso [prə'vaizou] L s [pl ~es] ⟨jur⟩ *Vor- behalt* m (under the ~), *Bedingung* (to make it a ~ that *zur B. m daß*); (*Bedingungs-*)*Klausel* f with the ~ that *mit der Maßgabe, unter Vor- behalt, daß*

provisor [prə'vaizə] s ⟨R.C.⟩ *Inhaber e–r provisorischen Ernennung z e–r Pfründe* m **–sory** [prə'vaizəri] a (–rily adv) *vorbehaltlich, bedingt* ‖ *provisorisch, einstweilig*

provocation [,prɔvə'keiʃən] s *Antrieb* m; *Auf- reizung, Herausforderung* f (to *z*) ‖ *Verärgerung* f, *Ärger* m ‖ *Ursache* f *z Ärger* ‖ with little ~ *bei nur geringem Anlaß*

provocative [prə'vɔkətiv] **1.** a *herausfordernd; z Widerspruch herausfordernd, kühn* (address); *aufreizend; anreizend, –regend* (conservation); to be ~ of (*an*)*reizen; hervorrufen* **2.** s *Reiz*(*mit- tel* n), *Antrieb* m (of *z*) **~ly** [~li] adv *in heraus- fordernder Weise*

provoke [prə'vouk] vt (*jdn*) *antreiben* (to *z*; to do); *herausfordern* ‖ (*Gefühl*) *erregen; er- bittern* ‖ *hervorrufen, bewirken* **–voking** [–iŋ] a (~ly adv) *herausfordernd; ärgerlich* (noise); *unausstehlich*

provost 1. ['prɔvəst] s ⟨univ⟩ *Vorsteher, Lei- ter* m *gewisser* Colleges *u v* Eton (*Anrede:* Mr. ⁓) ‖ ⟨Scot⟩ *Bürgermeister* m (*Titel:* Lord ⁓) **2.** [prə'vou] s ⟨hist⟩ *Prof·oß* m; **~**-marshal [pl ~-m.s] *Chef der Feldpolizei, Sicherheits- offizier* m **~ship** ['prɔvəstʃip] s *Amt* n, *Stellung* f *e–s Vorstehers* etc

prow [prau] s ⟨mar⟩ *Vorschiff* n, *Bug, Schiffsschnabel* m

prow [prau] † a *tapfer, beherzt* **~ess** ['~is] s *Tapferkeit* ‖ [mst pl ~es] *Heldentat* f

prowl [praul] **1.** vi/t *herumlungern, umher- streichen; schleichen* (through) ‖ ⟨fam & vulg⟩ *huren* ‖ vt *durchstreifen* **2.** s *Umherstreifen* n; on the ~ *umherstreifend;* to take a ~ *umherstrei- fen* ‖ ~ car *Polizeistreifenwagen* m **~er** ['~ə] s *Bummler, Vagabund* m ‖ ⟨Am⟩ *Hoteldieb* m

proximal ['prɔksiməl] a ⟨anat⟩ *proxim·al, körpernah* **–mate** ['prɔksimit] a (~ly adv) *nächst; unmittelbar* ‖ *naheliegend; sich nähernd* ‖ ⟨eth⟩ ~ factor *echter, primär wirkender Kaus·alfaktor* m

proxime ['prɔksimi] L adv *am nächsten* ‖ ~ accessit [æk'sesit] s *der zweite Preisträger, Sieger* (etc) (for) ‖ [attr] ~ fuse, ⟨Am⟩ fuze ⟨wir⟩ *Näherungszünder* m

proximity [prɔk'simiti] s *Nähe; nahe Lage* f (to *an*) ‖ ~ of blood *Blutsverwandtschaft* f

proximo ['prɔksimou] L adv (abbr prox) *nächsten Monats* (on the 15th ~)

proxy ['prɔksi] s *Stellvertretung* (by ~ in *Vertretung*); *Vollmacht* f ‖ *Stellvertreter* m (by ~ *durch e–n St.*); to stand ~ for *als St. fun- gieren f* ‖ *Bevollmächtigter* m ‖ to act as ~ ⟨com⟩ *das Stimmrecht übertragen bek h, sich das St. übertr. l*

prude [pru:d] s *die Spröde* f (*Frau*) **~ry** ['~əri] s *Prüderie, Ziererei* **–dish** ['pru:diʃ] a (~ly adv) *prüde, zimperlich*

prudence ['pru:dəns] s *Vorsicht, Klugheit* f **prudent** ['pru:dənt] a (~ly adv) *um–, vorsich- tig* ‖ *weltklug; klug, politisch* **~ial** [pru:'denʃəl] a (~ly adv) *klug; vorsichtig; v Klugheit einge- geben* (action); *verständig*

pruinose ['pru:inous] a ⟨bot & zoo⟩ *mit feinem weißem Staub, Flaum bedeckt*

prune [pru:n] s *Backpflaume* f ‖ ~s and prisms [pl] *gezierte Sprechweise, äußerliche Feinheit* f; [attr] ~s and prism *zim- perlich, affektiert*

prune [pru:n] vt (*Baum*) *beschneiden, zurecht- stutzen* ‖ ⟨fig⟩ *beschneiden; säubern; befreien* (of *v*) **–ning** ['~iŋ] s *Beschneiden, Ausästen* n, ⟨for⟩ *Ästung* f ‖ ~s [pl] *Reisig* n ‖ [attr] ~- knife *Baum–, Gartenmesser* n; ~-shears [pl] *–schere, Heckenschere* f; *Gärtner–* (~-saw)

prunella [pru:'nelə], ~ [~'nelou] s *Lasting, Prun·ell* m (*starker Kammgarnstoff*)

prunella [pru:'nelə] † s L ⟨path⟩ *Halsbräune* f; *Herzbeklemmung* f

prunello [pru:'nelou] s *Prün·elle* f (*Frucht*)

prunus ['pru:nəs] s L ⟨bot⟩ *Gattung* f *der Rosazeen*

prurience ['pruəriəns], **-cy** [-si] s *Kitzel* m, *gieriges Verlangen* n (after *nach*); *Lüsternheit* f **-ent** ['pruəriənt] a (~ly adv) *lüstern*; *üppig*
pruriginous [pruə'ridʒinəs] a ⟨med⟩ *juckend* **-igo** [pruə'raigou] s L ⟨med⟩ *Juckkrankheit*, *-flechte* f **-itus** [pruə'raitəs] s L *krankhaftes Hautjucken* n
Prussian ['prʌʃən] **1.** a *preußisch*; ~-blue *Preußischblau* n **2.** s *Preuße* m, *-ßin* f **-ism** [~izm] s *Preußentum* n, *-geist* m **-ize** [~aiz] vt *preußisch* m, *verpreußen*
prussiate ['prʌʃiit] s ⟨chem⟩ *blausaures Salz*, *Zyan·id* n; ~ of potash *Zyank·alium* n **prussic** ['prʌsik] a ⟨chem⟩ *blausauer* || ~ acid ⟨chem⟩ *Zyanwasserstoff(säure* f) m, *Blausäure* f
pry [prai] vi *spähen* || to ~ into *eindringen in*, *zu erforschen suchen*, *genau untersuchen*; *die Nase stecken in* **-ing** ['~iŋ] a (~ly adv) *neugierig*; *naseweis*
pry [prai] ⟨Am⟩ **1.** vt *auf-*, *erbrechen* **2.** s *Brecheisen* n
prytaneum [ˌpritə'niəm] s L ⟨ant⟩ *Versammlungsort der Prytanen* m **-ny** ['pritəni] s ⟨ant⟩ *athenischer Ratsausschuß* m
psalm [sɑːm] s ⟨bib⟩ *Psalm*; ~-book *Psalter* m **-ist** ['~ist] s *Psalm·ist* m (the ~ *König David*) **-odic** [sæl'mɔdik] a *psalm·odisch* **-odist** ['sælmədist] s *Psalmsänger*; *-dichter* m **-ody** ['sælmədi] s *Psalmodie* f, *Psalmgesang* m, *Absingen* n v *Psalmen* || [koll] *Sammlung* v *Psalmen* f
Psalter ['sɔːltə] s ⟨bib⟩ *Psalter* m, *Buch der Psalmen* n **-ium** [sɔːl'tiəriəm] s L ⟨zoo⟩ *Blättermagen* m (*der Wiederkäuer*) | **-y** ['sɔːltəri] s *Psalter* m (*altes Saiteninstrument*)
psammite ['sæmait] s ⟨geol⟩ *Psamm·it* m (*Sandstein*)
psephology [si:'fɔlədʒi] s *Lehre* v *der Entscheidung über Gesetze durch Volksbegehren*
pseudepigrapha [ˌsju:de'pigrəfə] s pl *Schriften* f pl, *die fälschlich e–m Autor zugeschrieben w*
pseudo- ['(p)sju:do] Gr [in comp] *Pseudo–*, *falsch*; *Irr–*; *Schein–* || ~-classic [~'klæsik] *pseudoklassisch* || ~-classicism [~'klæsisizm] *Pseudoklassizismus* m **-graph** [~grɑːf] s *fälschlich e–m Autor zugeschriebenes Werk* n **-morph** [~mɔːf] s ⟨minr⟩ *Pseudomorph·ose* f, *Afterkristall* n **-nym** ['(p)sju:dənim] s *Pseudonym* n, *Deckname* m **-nymity** [(p)sju:də'nimiti] s *Verwendung* f *e–s Pseudonyms* **-nymous** [(p)sju:'dɔniməs] a *pseudonym*; ~ly adv *unter e–m Decknamen* **-pod** ['(p)sju:dopəd], **-podium** [ˌ(p)sju:do'poudiəm] s *Fortbewegungsmittel* n *der Protozoen* (etc)
pshaw [pʃɔː] **1.** intj *pah*! **2.** vt *verachten*
psi(g) [psi(g)] = pressure *od* pounds per square inch (gauge) ⟨Am: 70 ~ = 5 atü⟩
psilanthropy [(p)sai'lænθrəpi] s *Lehre* v *der nichtgöttl. Natur Christi*
psittacine ['(p)sitəsain] a *Papageien–* **-acosis** [(p)sitə'kousis] s ⟨med⟩ *Papageienkrankheit* f
psoas ['(p)souæs] s Gr ⟨anat⟩ *Lendenmuskel* m
psora ['(p)sɔːrə] s ⟨med⟩ *Krätze* f **psoriasis** [(p)sɔ'raiəsis] s ⟨med⟩ *Schuppenflechte* f
psyche ['(p)saiki(ː)] s *Psyche*, *Seele* f; *Geist* m || *e–e Schmetterlings–*, *Mottenart* f | ~ *knot* ⟨cosm⟩ *griechischer Knoten* m
psychiatric [ˌsaiki'ætrik] **1.** a *psychi·atrisch* **2.** s ~s pl *Lehre* v *der Psychiatr·ie* f **-trist** [sai'kaiətrist] s *Psychi·ater* m **-try** [sai'kaiətri] s *Psychiatrie* f || *social* ~ *Sozi·al–*
psychic ['saikik] **1.** a (~ally adv) *psychisch*, *seelisch* (~ *balance*) || *natürlich*, *anim·alisch* || z *Spirit·ismus neigend* **2.** s *Medium* n | ~s [sg konstr] *Psychologie* f **-al** [~əl] a (~ly adv) *psychisch*, ⟨bes med⟩ (~ *paralysis*) a *anim·alisch* || *übersinnlich*, *spiritistisch*

psycho- ['saiko] Gr [in comp] *seelisch*, *geistig*, *Psycho–* || ~-analysis *Psychoanalyse* f **-kinesis** [ˌsaikoukai'ni:sis] s ⟨occ⟩ *Tele–*, *Psychokin·ese* f **-logical** [ˌsaikə'lɔdʒikəl] a (~ly adv) *psychologisch* || *geistig* || the ~ *moment* ⟨Lit⟩ *psychologisches Moment* [n!], (*oft) fälschlich*) *psychologischer M.* m, *richtiger Augenblick* m || ~ *warfare psychologische Kampfführung* f, ⟨fam⟩ *Nervenkrieg* m **-logist** [sai'kɔlədʒist] s *Psychologe* m **-logy** [sai'kɔlədʒi] s *Psycholog·ie* f || *individual* ~ *Individual–*; *involutional* ~ *Involutions–*, *Rückbildungs–* **-metry** [sai'kɔmitri] s *Psychometrie* f **-neurosis** [–nju'rousis] s *Psychoneurose* f **-path** ['saikopæθ] s *Psychop·ath* m **-pathic** [ˌsaiko'pæθik] a *psychopathisch* **-physical** ['saiko'fizikəl] a *psychophysisch* **-physics** ['saiko'fiziks] s [sg konstr] *Psychophys·ik* f **-sis** [sai'kousis] s (pl *-ses* [-si:z]) *Psych·ose* f, *Irresein* n; *affective* ~ *Affekt-psychose* (z. B. *Depression*); *puerperal* ~ *Wochenbett–* **-somatic** ['saikoso'mætik] a *körperlich-seelisch* (*Leiden*), *psychomatisch* (*Medizin*) **-surgery** [ˌsaiko'sə:dʒəri] s *Gehirnchirurgie* f **-therapeutic** ['saikoθerə'pju:tik] **1.** a *psychotherap·eutisch* **2.** [s pl] ~s *Psychotherap·ie* f **-therapy** ['saiko'θerəpi] s *Psychotherapie* f
psychrometer [(p)sai'krɔmitə] s *Psychrometer* m, *Flüssigkeits–*, *Verdunstungsmesser* m
psywar ['sai'wɔː] s = psychological warfare
ptarmigan ['tɑːmigən] s [pl *mst* ~] ⟨orn⟩ (⟨Am⟩ *rock* ~) *Alpen-Schneehuhn* n || ⟨Am⟩ *willow* ~ *Moor–*
pteri- ['(p)teri] Gr [in comp] ⟨bot⟩ *Farn–* **-dology** [ˌ(p)teri'dələdʒi] s ⟨bot⟩ *Farnkunde* f
ptero- ['(p)tero] Gr [in comp] ⟨zoo⟩ *Flügel–*, *Flug–* **-dactyl** [ˌ~'dæktil] s ⟨zoo⟩ *Flugeidechse* f **-pod** ['(p)terəpəd] s ⟨zoo⟩ *Flossenfüßer* m (*Schnecke*) **-saur** ['(p)terəsɔː] s ⟨zoo⟩ *Flug-eidechse* f
pterygium [(p)te'ridʒiəm] s L ⟨med⟩ *Flügelfell* n (*e–e Bindehautentzündung*) **-goid** ['(p)teri-gɔid] a ⟨anat⟩ ~ *process Flügelfortsatz* m
ptisan [ti'zæn] s *Tis·ane* f (*Heiltrank*)
Ptolemaic [ˌtɔli'meiik] a *ptolemäisch*
ptomaine ['toumein] s ⟨chem⟩ ~s [pl] *die Ptoma·ine* n pl (*Leichenalkaloide*)
ptosis ['tousis] s Gr ⟨med⟩ *Herabhängen* n *des Oberlides* (*des Auges*)
ptyalin ['taiəlin] s *Ptyal·in* n
pub [pʌb] s (abbr *f* public-house) ⟨fam⟩ *Kneipe* f, *Wirtshaus* n; ~-crawl °*Bierreise* f | ⟨sl⟩ *Hotel* n
puberty ['pju:bəti] s *Mannbarkeit*, *Geschlechtsreife*, *Pubertät* f; the *age of* ~ *-salter* n, *Entwicklungsjahre* n pl
pubes ['pju:bi:z] s L *Behaarung* f || *Schamgegend* f **-cence** [pju:(')besns] s (*Zeit der*) *Geschlechtsreife*, *Mannbarkeit* f || ⟨bot & zoo⟩ *Behaarung* f **-cent** [pju:(')besnt] a *mannbar werdend* || ⟨bot & zoo⟩ *flaumhaarig*
pubic ['pju:bik] a *Scham–* (~ *bone*) **pubis** ['pju:bis] s L ⟨anat⟩ *Schambein* n
public ['pʌblik] **1.** a (~ly adv) **a.** *öffentlich* (~ *opinion*); ~ *school* ⟨Am & Scot⟩ *Volksschule* f (→ b.); ~ *man Mann der Öffentlichkeit* || *allgemein*; *bekannt*; *offenkundig*; to *make* ~ *öffentl. bekanntmachen* || *Volks–*; *Völker–* (~ *law* *-recht* n); *national*; *Staats–*; ~ *debt schuld* f; ~ *funds* *-gelder* n pl; ~ *institution gemeinnütziges Unternehmen* n; ~ *law Staatsrecht* n **b.** ~ *address system* ⟨wir⟩ (*Groß-*)*Lautsprechanlage* f || ~ *appointment Staatsanstellung* f || ~ *assistance staatl. Wohlfahrt* f; p in *receipt of* ~ a. *Unterstützungsempfänger(in* f) m || ~ *call-office öffentl. Fernsprecher* m; ~ *convenience*, ⟨Am⟩ ~ *comfort station öffentl. Bedürfnisanstalt* f || ~ *enemy No. 1 Staatsfeind* m *Nr. 1* || the ~ *eye das Auge der Öffentlichkeit*, to

be in the ~ eye *im Brennpunkt des öffentl. Lebens stehen* || ~-house *Wirtshaus* n; *Schankwirtschaft* f; → pub || ~ information officer ⟨mil⟩ *Presseoffizier* m || ~ library *Volksbücherei* f || ~ notary *Notar* m || → nuisance; prosecutor || ~ opinion analyst *Meinungsforscher* m || ~ opinion poll (*öffentl.*) *Meinungsbefragung*; ~ op. research *Meinungsforschung, Demoskopie* f || ~ ownership *Gemeineigentum* n || against ~ policy *gegen die guten Sitten verstoßend* || ~ relations *Verkehr* m *mit der Öffentlichkeit*; ~r. counsel *Reklamechef* m (*e–r gr Firma*); ~ r. officer ⟨pol etc⟩ *Aufklärungsbeamter* m; ⟨mil⟩ *Presseoffizier* m || ~ release *Freigabe* f *f die Presse* ⁓ *School* ⟨engl⟩ *reich dotierte höhere Schule mit Alumnat* (*z. B. Eton*), *Standesschule* f || ~ science *Populärwissenschaft, populäre W.* f || ~ spirit *Gemeinsinn* m || ~ utility *öffentl. Versorgungsbetrieb* m (~ *–ties* [pl] *Stadtwerke* n pl); ~ u. vehicle *Kommunalfahrzeug* n (*z Straßenreinigung etc*) || ~ ward *Krankensaal* m || ~ works [pl] *öffentliche Bauten* **c.** [in comp] ~-minded, ~-spirited (*–ly* adv) *gemeinsinnig, –nützig, patriotisch* **2. s a.** [*mst* pl *konst*] *Öffentlichkeit* f; *Allgemeinheit* f; in ~ *öffentlich* || ⟨theat etc⟩ *Publikum* n, a larger ~ *ein größeres P.*; the general ~ *die Bevölkerung, die breite Öffentlichkeit* **b.** ⟨fam⟩ (*f* ~-house) *Wirtshaus* n **~ation** [ˌpʌbliˈkeiʃən] s *Bekanntmachung* f || *Veröffentlichung, Herausgabe* f, *Verlag* m (*e–r Schrift*); ~-price *Ladenpreis* m | *Publikation* f, *Werk* n, *Neuerscheinung* f; monthly ~ *Monatsschrift* f; to pass for ~ ⟨typ⟩ (*Zeitungsartikel*) *ins Blatt geben* **~ist** [ˈpʌblisist] s *Publizist* m **~ity** [pʌbˈlisiti] s *Offenkundigkeit* f || *Öffentlichkeit* f; to give ~ to a th *etw der Ö. unterbreiten, bekanntmachen* | *Bearbeitung* f *der öffentlichen Meinung*; *Reklame* f [*oft* attr] ~ agent *Reklamefachmann*; *Pressechef*; *Werbeleiter*; ~ bureau *Werbebüro* n; ~ department *Propagandaabteilung* f; the Foreign ~ *Department Propagandaabteilung des Außenministeriums*; ~ manager *Werbeleiter, Reklamechef* m

publican [ˈpʌblikən] s ⟨hist & bib⟩ *Zöllner* m || *Gastwirt* m

publish [ˈpʌbliʃ] vt (*Nachricht*) *veröffentlichen, bekanntmachen* || *verkündigen* | (*Buch*) *herausgeben, verlegen, just* ~ed (*so*)*eben erschienen*; ~ed by N. *im Verlage v* N. **~able** [~əbl] a z *Veröffentlichen, Verlag geeignet* **~er** [~ə] s *Verbreiter* m | *Verleger*; *Verlagsbuchhändler* m || ⟨Am⟩ *Zeitungsverlagsinhaber* m; ~s [pl] *Verlag(sanstalt* f) m **~ing** [~iŋ] s *Bekanntmachung* f || *Verlag* m | [attr] *Verlags–* || ~-house *Verlagshaus* n, *–buchhandlung* f, *Verlag* m

puce [pjuːs] **1.** a *braunrot, dunkelbraun, flohbraun* **2.** s *braunrote Farbe* f

puck [pʌk] s (*Haus-*)*Kobold*; *Nachtgeist* m; ⁓ *Robin Goodfellow* (*in Märchen*) || ⟨cont fig⟩ *Kindskopf* m **~ish** [~iʃ] a *koboldhaft* **~ishness** [ˈ~iʃnis] s *Koboldhaftigkeit* f

puck [pʌk] s ⟨ice-hockey⟩ (*Gummi-*)*Scheibe* f || ~ type brake *Scheibenbremse* f

puck [pʌk] s ⟨orn⟩ *Ziegenmelker* m

pucka, pukka [ˈpʌkə] ⟨AInd⟩ **1.** a *erstklassig, gut*; *echt, wirklich* || *mass·iv*; *solide, gediegen* (*house*) || *ständig, perman·ent* || ~ gen *offizielle, richtige Information* f **2.** adv *ganz, genau* (~ *right*)

pucker [ˈpʌkə] **1.** vi/t | *sich zus–ziehen*; *sich falten, Falten werfen, sich kräuseln* || ⟨fam⟩ to ~ up *in Wut geraten* | vt (*Lippen*) *spitzen, zus–ziehen*; (*Stirn*) *runzeln* || (*Saum*) *falten*; (*Stoff*) *einhalten* **2.** s *Falte*; *Runzel* f || ⟨fam⟩ *Erregung, Verlegenheit* f (*about betreffs*) | **~y** [~ri] a *voller Falten* or *Runzeln*; *faltig, runzelig* || (*den Mund*) *zus–ziehend, herb*

pudden [ˈpudn] s ⟨vulg fam⟩ he's made a ~ of that job *er hat sich die Stelle °versaut*

puddening [ˈpudəniŋ] s ⟨mar⟩ *Bündel* n or *Lage v Tauenden* f (*z Stütze, Schutz*)

pudding [ˈpudiŋ] s *Wurst* f, black ~ *Blut–*; white ~ *Leber–* | (*Mehl-*)*Pudding* m (*mit Fleisch* or *Frucht*); *Süßspeise* f | ⟨mar⟩ = puddening | [attr] ~ face *Vollmondsgesicht* n || ~ head *Dummkopf* m || ~ stone ⟨minr⟩ *Puddingstein* m | **~y** [~i] a *puddingartig, weichlich*; *plump*

puddle [ˈpʌdl] **1.** s *Pfuhl* m ⟨a fig⟩ || *Lache, Pfütze* f | *Lehmestrich*; *–schlag* m | ⟨fig⟩ *Mischmasch, Wirrwarr* m || the ⁓ ⟨fam⟩ *der gr Teich* (*Atlantischer Ozean*) | ~ jumper ⟨Am aero sl⟩ °*Heckenspringer, Dachrutscher* m (*Hubschrauber*) **2.** vi/t | *planschen, manschen* '(in) | ⟨fig⟩ *herumpfuschen* (in) | vt (*Wasser*) *trüben* || (*Lehmschlag*) *bereiten* || (*Boden* etc) *mit Estrich ausfüllen, –schmieren, –stopfen* || *gerben* || ⟨met⟩ (*Eisen*) *puddeln, im Flammofen frischen* | **–ler** [~ə] s ⟨met⟩ *Puddler* m **–ling** [~iŋ] s *Ausfüllen* n, *Estrichfüllung* (*an Mauern* etc) f || ⟨met⟩ *Puddeln* n; ~-furnace ⟨met⟩ *Puddelofen* m

pudency [ˈpjuːdənsi] s *Bescheidenheit, Schüchternheit* f **–enda** [pjuːˈdendə] s pl L *Schamteile* pl **–ent** [ˈpjuːdənt] a *schüchtern, verschämt*

pudge [pʌdʒ] s ⟨fam⟩ °„*Stöpsel*" m (*untersetzte P*) **pudgy** [ˈpʌdʒi] ⟨bes Am⟩; **pudsy** [ˈpʌdzi] a *kl u dick, plump, untersetzt*

pudic [ˈpjuːdik] a (*anat*) *Scham–* (~ region)

pudu [ˈpuːduː] s ⟨zoo⟩ *kl Hirsch* m (*in Südamer.*)

pueblo [puˈeblou] s [pl ~s] Span *Indianerdorf* n || *Puebloindianer* m

puerile [ˈpjuərail] a (~ly adv) *kindisch, knabenhaft*; *unreif* **–ility** [pjuəˈriliti] s *Kind–, Knabenhaftigkeit* f || *kindisches Wesen* n; *Kinderei* f

puerperal [pjuː(ː)ˈəːpərəl] a *Kindbett–*; ~-fever *–fieber* m || ~ mortality *Müttersterblichkeit* f

puerperium [pjuəˈpiəriəm] L *Wochenbett* n, → lying-in period

puff [pʌf] s **1.** (*Luft-*)*Hauch, Zug* m || (of a pipe) *Paff* m || *Luft–, Windstoß, Puff* m (→ ~-~) || *Knall* m, *das Ausgeblasene*, ~ of smoke *Rauchwolke* f **2.** *Schwellung, Beule* f (of dress) *Puff*(e f) m; *Bausch, Wulst* m | (powder-~) *Puderquaste* f **3.** *etw Aufgeblasenes* n; *leichtes Backwerk* n | *marktschreierische Anzeige, unsaubere Reklame* f **4.** [attr] ~-ball ⟨bot⟩ *B·ofist, B·ovist* m, *gekörnter Stäubling* m || ~-box *Puderbüchse* f || ~-paste, ~-pastry *Blätterteig* m || ~-sleeve *Puffärmel* m

puff [pʌf] vi/t **A.** vi **1.** *blasen* || *keuchen, schnauben, schnaufen*; to ~ and blow *sch. u pusten* || (of locomotives) *puffen, paffen* (he ~ed at his cigar); to ~ away *darauf los–* **2.** [mit adv] to ~ out *sich aufblähen*; *an–, aufschwellen* || *ausgelöscht w*; *ausgehen* || (of smoke) *ausbrechen* || to ~ **up** *mit e–m Puff aufsteigen* **B.** vt **1.** (*Rauch* etc) *ausblasen*; *–stoßen*; *–paffen* || (*Pfeife*) *rauchen* || ⟨fam⟩ *erschöpfen, außer Atem bringen* (~ed *außer A.*) **2.** *pudern* **3.** *aufbauschen, marktschreierisch anpreisen* **4.** [mit adv] to ~ **out** (*Licht*) *auslöschen* || (*Backen*) *aufblähen, –blasen*; *aufbauschen* || (*Wort*) *keuchend ausstoßen* || *erschöpfen* | to ~ **over** *bepudern* (with) || to ~ **up**, ~ **out** [*mst* pp] (*jdn*) *aufgeblasen, geschwollen m* (with *vor, v*) | **~er** [ˈ~ə] s *Marktschreier* m || (at auctions) *Scheinbieter*; *Preistreiber* m **~ery** [ˈ~əri] s *Marktschreierei* f **~iness** [ˈ~inis] s (*An-*)*Schwellung*; *Aufbauschung, –gedunsenheit* f **~ing** [ˈ~iŋ] s *Aufbauschung* f; *Bausch* m || *Marktschreierei*; *unsaubere Reklame*; *Preistreiberei* f **~y** [~i] a (of wind) *böig, stürmisch* || *kurzatmig, außer Atem* | a *geschwollen*; *aufgeblasen*; *bauschig*; *dick*

puffin [ˈpʌfin] s ⟨orn⟩ *Papageitaucher, See-papagei* m
puff-puff [ˈpufˈpuf, ˈpʌfˈpʌf] s ⟨Kindersprache⟩ *Puff-puff(-Eisenbahn* f) f
pug [pʌg] s *Mops* m ‖ *Köter* ‖ ⟨dial⟩ *Fuchs* m | ~-nose *Stülp-, Stupsnase* f; ~-nosed *stumpfnasig*
pug [pʌg] **1.** s *Lehm* m **2.** vt (*Lehm*) *schlagen, bereiten* ‖ (*mit Lehm*) *ausfüllen, verschmieren, -dichten* (*z Schalldämpfung*) | ~-mill *Lehmknetmaschine*; *Kollergang* m, *-mühle, Mischtrommel* f ~**ging** [ˈ~iŋ] s *Lehmfüllung* f ‖ ~ **machine** ⟨tech⟩ *Kneter* m
pug [pʌg] ⟨AInd⟩ **1.** s *Fußspur* f (*e–s wilden Tieres*) **2.** vt (*Tier*) *nach den Fußspuren verfolgen*
pug [pʌg] s ⟨Am sl⟩ = pugilist
pugg(a)ree [ˈpʌg(ə)ri] s Ind *Nackenschutz* m *aus Musselin, etc* (*gegen Sonne*)
pugilism [ˈpjuːdʒilizm] s *Faustkampf* m, *Boxen* n **–ist** [ˈpjuːdʒilist] s (abbr pug [pʌg]) *Faustkämpfer, Boxer* m **–istic** [ˌpjuːdʒiˈlistik] a *Box–; ~ally* [adv] *mit den Fäusten; z Boxen* (~ally *inclined*)
pugnacious [pʌgˈneiʃəs] a (~ly adv) *kämpferisch, kampflustig, -mutig, Kampf–, Kriegs–* (~ *instinct); streitsüchtig* ~**ness** [~nis], **–acity** [pʌgˈnæsiti] s *Kampflust* f
puisne [ˈpjuːni] **1.** a ⟨jur⟩ *junger, Unter–;* ~ *judge jeder Richter* m *des* High Court of Justice *außer dem* Lord Chancellor, Lord Chief Justice *u. a.* **2.** s = ~ judge
puissance [ˈpjuːisns] s ⟨poet⟩ *Macht, Stärke* f
puissant [ˈpjuːisnt] a (~ly adv) ⟨poet⟩ *mächtig*
puja [ˈpuːdʒɑː] s → pooja(h)
puke [pjuːk] vi/t ‖ *sich erbrechen;* ⟨fig⟩ to make a p ~ *in jdm Übelkeit erregen* | vt (*Blut*) *brechen*
pukka [ˈpʌkə] a → pucka
puku [ˈpuːkuː] s → pookoo
pulchritude [ˈpʌlkritjuːd] s ⟨Am⟩ (*durch Kosmetik erworbene*) *Schönheit* f
pule [pjuːl] vi *winseln, wimmern* ‖ (*T*) *piepen* **–ling** [ˈpjuːliŋ] a *zimperlich*
pull [pul] **I.** vt **1.** (*Wurzel, Zahn, Kork*) *ausziehen* ‖ ⟨Scot⟩ (*Blumen*) *pflücken* **2.** (*jdn*) *mit Gewalt ziehen* (off the chair *vom Stuhle*); to ~ a p by the ear *jdn am Ohr ziehen*, to ~ a p's ears *jdn an den Ohren ziehen*; to ~ a p's leg *jdn foppen, uzen, necken, z besten h, °durch den Kakao ziehen* **3. a.** (*etw*) *in e–r Richtung ziehen, bewegen;* to ~ one's cap over one's ears *die Mütze über die Ohren ziehen* ‖ to ~ a long face *ein langes Gesicht* m ‖ to ~ a muscle *sich e–e Muskelzerrung zuziehen* ‖ to ~ an oar *rudern*, to ~ a good oar *gut rudern;* to ~ a boat *ein Boot rudern* ‖ to ~ one's weight *tüchtig rudern;* ⟨fig⟩ *sich anstrengen, tüchtig mitarbeiten* **b.** ⟨crick⟩ (*Ball*) *im scharfen Winkel nach links* (*bzw rechts*)*rum schlagen* **c.** (*Wagen*) *ziehen* | to ~ the job ⟨sl⟩ °*das Ding drehen, das Kind* (*schon*) *schaukeln* ‖ to ~ a pistol on ⟨Am⟩ *anlegen, feuern auf* ‖ to ~ the wires ⟨fig⟩ *die Fäden in der Hand h, Drahtzieher s* **4.** *zupfen, zerren, reißen* ‖ to ~ to (*od in*) pieces *zerreißen;* ⟨fig⟩ *zerpflücken; scharf kritisieren* **5.** ⟨typ⟩ (*Druckbogen*) *abziehen* **6.** ⟨sl⟩ (*jdn*) *festnehmen* ‖ ⟨racing⟩ (*Pferd*) (*mit Absicht*) *zurückhalten* ‖ ⟨Am sl⟩ °*in* (*etw*) *m* (*òn bei*) to ~ that "brotherhood of man" *stuff on a p*; to ~ a boner *e–n Bock schießen* (*Fehler* m); to ~ a raw one *e–n saftigen Witz erzählen; sich in der Schublade* (*der Witze*) *vergreifen;* to ~ foot °*abhauen* (*sich auf u dav'on m*); to ~ the wool over a p's eyes ⟨fig⟩ *e–m Sand in die Augen streuen;* ⟨Am mil sl⟩ to ~ guard *Wache* °*schieben* **7.** [mit adv]: to ~ a p **about** *jdn unsanft traktieren* ‖ to ~ a p back *jdn zurückhalten;* ⟨fig⟩ *zurückwerfen* (*in der Arbeit*) | to ~ **down** *niederziehen; -reißen; vernichten;*

herabsetzen ‖ *jdn entmutigen; demütigen* ‖ *schwächen* ‖ ⟨Am⟩ (*bes als Gehalt*) *verdienen* | to ~ **in** *einschränken, beschneiden* ‖ to ~ **off** *abziehen, -reißen;* (*Hut*) *abnehmen* (to *vor*) ‖ (*Preis*) *davontragen;* ⟨sl⟩ *Glück h mit, sich* (*etw*) *sichern;* ⟨Am⟩ (*jdn*) °*einlochen, -sperren* | ⟨Am⟩ to ~ **off** (*etw*) °*schaukeln, hinkriegen, managen* | to ~ **on** (*Rock*) *an–, überziehen* ‖ to ~ **out** *heraus–, hervorziehen* ‖ (*Erzählung*) *ausdehnen;* ⟨aero⟩ (*Flugzeug*) *abfangen* ‖ to ~ a p round *jdn wieder in Ordnung bringen, wiederherstellen* ‖ to ~ **through** (*etw*) *durchführen, -setzen* ‖ (*jdn*) *durchbringen* (*durch Krankheit*) ‖ to ~ o.s. **together** *sich zus-reißen, -nehmen* | to ~ **up** *hoch–, herausziehen;* (*Fahne*) *hissen* ‖ (*jdn*) *aufhalten, unterbrechen; tadeln* ‖ (*Pferd od jdn*) *anhalten* ‖ ⟨Am fam⟩ to ~ up stakes *s–e Zelte abbrechen* ⟨fig⟩ **II. vi 1.** *ziehen, zerren, reißen* (at *an*) ‖ (of horses) *ziehen* ‖ *sich bewegen* (out of); to ~ it (*fam*) *ausreißen* ‖ (of pipes) *ziehen; e–n Zug tun* (at a pipe *aus e–r Pfeife*) ‖ *rudern* ‖ ⟨übtr⟩ *ziehen, Erfolg h* **2.** [mit adv] to ~ **back** (*sich*) *zurückkziehen* ‖ to ~ in *hineinrudern; –dampfen* ‖ *anhalten; sich einschränken* ‖ to ~ **off** (of boats) *abstoßen, –legen* (from *v*) ‖ to ~ **out** (of trains) ⟨Am⟩ *abgehen, –dampfen; fortgehen* ‖ *sich herausziehen l* ‖ to ~ round *sich wieder erholen* ‖ to ~ **through** *sich durchschlagen, –winden; durchkommen* (*durch Krankheit*) ‖ to ~ **together** *zus-halten, harmonieren* | to ~ **up** (of vehicles) *haltmachen, anhalten; z Stehen k* (at *an, vor*); ⟨übtr⟩ *bremsen* ‖ ⟨racing⟩ to ~ up to od *with a p jdn auf–, einholen* **III.** [in comp] ~-and-push [attr] *zweizügig* ‖ ~-back (*fig*) *Hemmung* f, ⟨fig⟩ *Rückschlag* m ‖ ~-over *Pull'over* m, *Strick–, Überziehjacke* f ‖ ~-out ⟨bookb⟩ *Faltblatt* n, *ausklappbare Seite* f; ~-out seat *Schiebesitz* m ‖ ~-through [s] ⟨mil⟩ (*Gewehr-*)*Wischstrick* m ‖ ~-up *Anhalten* n; *Halteplatz* m; ⟨gym⟩ *Klimmzug* m (8 ~-ups) | ~**ed** [~d] ~ figs [pl] (*getrocknete*) *Tafelfeigen* f pl ~**er** [ˈ~ə] s (of horses) *Zieher* m (a good ~) ‖ *Ruderer* m ⟨mot⟩ *Radabzieher* m
pull [pul] s **1.** *Ziehen* n; *Ruck, Zug* m ; first smooth ~ (at a cigarette) *erster leichter Zug* (*an ..*); to give a ~ at *ziehen an* ‖ *Zug–, Anziehungskraft* f (the ~ of the moon) ‖ *Mühe, Anstrengung* f; *der mühsame Anstieg* m ‖ *Rudern* n, to give a ~ *rudern* ‖ *Ruderfahrt* f (to go for a ~) ‖ *Zug* m (at a vessel *aus e–m Gefäß*) **2.** *Vorteil* m, to have the *od* a ~ of, on, over a p *V. h vor jdm* ‖ ⟨Am sl⟩ *polit. Einfluß* m, *Konnexionen* f pl; *Schiebung* f **3.** ⟨typ⟩ *Abzug vom Satz* m **4.** ⟨tech⟩ *Schwengel; Griff* m (of a bell) ‖ *Zug, Griff* m (*e–s Schornsteins*) **5.** [attr] *Zieh–, Zug–* (~ bell *–glocke* f)
pullet [ˈpulit] s *Hühnchen* n
pulley [ˈpuli] s **1.** ⟨tech⟩ *Rolle; Flasche* f (*Verbindung mehrerer Rollen*) ‖ (a set of ~s) *Flaschen–, Rollenzug* m | ~-block *Kloben* m; *Flaschenzug* m; ~ ratio *Scheibenübersetzung* f **2.** vt *durch Flaschenzug heben*
Pullman [ˈpulmən] **1.** a (*nach* G. M. ~; † 1897) ~ car ⟨rail⟩ *Pullmanwagen* m **2.** s = ~ car
pullulate [ˈpʌljuleit] vi *sprossen, keimen* ‖ ⟨fig⟩ *sich verbreiten* **–ation** [ˌpʌljuˈleiʃən] s *Keimen, Sprossen* n; ⟨biol⟩ *Fortpflanzung* f
pully-hauly [ˈpuliˈhɔːli] **1.** a ⟨fam⟩ *zerrend u ziehend* **2.** s *Hinundhergezerre* n, *Balgerei* f
pulmo– [ˈpʌlmo] a [in comp] *Lungen–* ~**naria** [ˌpʌlmoˈnɛəriə] s L ⟨bot⟩ *Lungenkraut* n **–nary** [ˈpʌlmənəri] **–nic** [pʌlˈmɔnik] a ⟨anat & med⟩ *Lungen–* (~ disease) **–nate** [ˈpʌlməneit] **1.** a ⟨zoo⟩ *Lungen–* (~ *mollusc –schnecke*) **2.** s ⟨zoo⟩ *Lungenschnecke* f **–tor** [ˈpʌlmotə] s *Sauerstoff*(*atmungs*)*gerät* n, *Rettungsapparat* m
pulp [pʌlp] **1.** s *Pulpa* f, *Fruchtfleisch* n ‖

fleischiger Teil m (*der Hand* etc) | *weiche Masse* f, *Brei* m || to beat, reduce to a ~ *z Brei m*; ⟨fig⟩ *windelweich schlagen*; *zerschlagen, erschöpfen* (to be reduced to a ~) || *Papierbrei,* –*stoff* m, *Ganzzeug* n, *Holzmasse* f || *Pflanzenmark* n || ⟨dent⟩ *Pulpa* | [attr] ⟨pap⟩ ~ *boiler* *Kochkessel* m; ~ *engine Holländer* m; ~ *factory Holzschleiferei* f; ~ *wood Holzschliff* m; *Schleifholz* n, ⟨chem⟩ *Zellstoff* m || ⟨fig fam⟩ *Quatsch*, *(Rühr-)Kitsch* m || ⟨Am⟩ ~s [pl] *Käseblatt* n (*Zeitung*) 2. vt/i *z Brei or breiig m* || (*Schriften*) *einstampfen* || (*Früchte*) *vom Fleisch befreien* | vi *breiig w* | ~**er** ['~ə] s (*a* ~-*machine*) *Ganzzeugholländer* m ~**ify** ['~ifai] vt *z Brei m* ~**iness** ['~inis] s *Weichheit, Biegsamkeit* f ~**ous** ['~əs], ~**y** ['~i] a (–pily adv) *breiig, weich; fleischig*

pulperia [pʌl'piəriə] s ⟨Span Am⟩ *Materialwarenhandlung* f

pulpit ['pulpit] s *Kanzel* f (in the ~ *auf der K.*) || ⟨aero⟩ *Kanzel* f (in .. in ..) || ⟨artill⟩ *B(eobachtungs)-Leiter* f || ⟨fig⟩ *Kanzellehre* f || *Geistlichkeit* f, *Kanzelredner* m pl | [attr] *Kanzel–* ~**eer** [,pulpi'tiə] s ⟨cont⟩ *handwerksmäßiger Prediger*

pulque ['pulki] s (*gegorenes*) *Agavengetränk* n

pulsate [pʌl'seit] vi/t || *pulsieren, pulsen, schlagen, pochen* ⟨a fig⟩ (with *vor,* v) | *vibrieren, schwingen;* ⟨el⟩ (of currents) *pulsieren* | vt (*Diamanten* etc) *schütteln* –**atile** ['pʌlsətail] a *pulsierend* || ⟨mus⟩ *Schlag–* (~ *instrument*) –**ation** [pʌl'seiʃən] s *Pulsieren, Schlagen, Klopfen* n || *Schlag, Stoß;* ⟨fig⟩ *Pulsschlag* m –**atory** [pʌl'seitəri] a *schlagend, klopfend;* ⟨el⟩ *pulsierend* (current)

pulse [pʌls] 1. s *Puls,* –*schlag* m; ⟨fig⟩ *Kraft, Vitalität* f || to feel a p's ~ *jdm den P. fühlen;* ⟨fig⟩ *auf den Busch klopfen bei jdm;* to feel the ~ of a period, to have, keep one's fingers on the ~ of a period ⟨fig⟩ *e–r Zeit an den P. fühlen* || *schwingende Bewegung* f || ⟨wir⟩ *Sendeimpuls* m | ~ jet ⟨aero mot⟩ *intermittierendes Triebwerk* n 2. vi/t || *pulsieren, schlagen;* ⟨a fig⟩ (to ~ through) | vt (*etw*) *in Schwingungen senden* (into; out of) ~**less** ['~lis] a *ohne Pulsschlag;* ⟨fig⟩ *leblos*

pulse [pʌls] s [koll sg konstr] *Hülsenfrüchte* f pl (~ grows)

pulsimeter [pʌl'simitə] s *Pulsmesser* m

pulsometer [pʌl'səmitə] s *kolbenlose Dampfdruckpumpe* f

pultaceous [pʌl'teiʃəs] a *breiig, weich*

pulverizable ['pʌlvəraizəbl] a *pulverisierbar* –**ation** [,pʌlvərai'zeiʃən] s *Pulverisieren* n, *Zerreibung, Zerstäubung* f || ⟨fig⟩ *Zerstörung, Vernichtung* f

pulverize ['pʌlvəraiz] vt/i *z Pulver or Staub* m, *pulverisieren, zerreiben,* –*stäuben* || ⟨fig⟩ (*Gegner*) *vernichten* | vi *z Staub w, sich auflösen* (to *in*) | ~**r** [~ə] s *Zerstäuber* m

pulverulent [pʌl'verjulənt] a *mit Staub bedeckt, Staub–*

pulvinate ['pʌlvineit] a ⟨bot & ent⟩ *kissen–, polsterförmig, bauchig* ~**d** [~id] a ⟨arch⟩ *konvex, bauchig* || ⟨bot⟩ *gepolstert* || ⟨ent⟩ *polsterförmig*

pulwar ['pʌlwɑ:; pʌl'wɑ:] s *leichtes ind. Boot* n

puma ['pju:mə] s ⟨zoo⟩ *P'uma* m

pumice ['pʌmis] 1. s (*a* ~-*stone*) *Bimsstein* m 2. vt *mit B. abreiben* ~**ous** [pju:'miʃəs] a *Bimsstein–*

pummel ['pʌml] vt [–ll–] *herumtrommeln auf, puffen*

pump [pʌmp] I. s ⟨tech⟩ *Pumpe* f, ⟨cycl, mot⟩ *Luftpumpe* f, ⟨mot⟩ *Zapfsäule* f, *computor* ~ *Z. mit* (*automat.*) *Preisanzeige* f, power ~ *mechanisch angetriebene Luftpumpe* f || *Pumpen* n || ⟨fig⟩ *geschickter Auspumper,* –*forscher* m

| [attr] *Pumpen–* (~-*handle* –*schwengel* m) || ~ feed ⟨tech⟩ *Zwangsförderung* f || ~-*room* ['pʌmprum] s *Trink–, Brunnenhalle* f II. vi/t 1. vi *e–e Pumpe betätigen; pumpen* || ⟨übtr⟩ *steigen u fallen;* (of the heart) *arbeiten; sich abmühen; suchen* (for *nach*) 2. vt (*Wasser* etc) *pumpen* | (*Brunnen*) *auspumpen;* to ~ dry *aus–, leerpumpen* || to ~ ship ⟨fam⟩ °*schiffen, pinkeln* | ⟨fig⟩ (*jdn*) *auspumpen, erschöpfen;* to be ~ed *erschöpft, atemlos* s; ⟨mar fam⟩ *e–e Runde nach der anderen schmeißen* || (*jdn*) *ausforschen,* –*fragen;* (*etw*) *herausholen* (out of) || (*etw*) *einpumpen* (into a p *jdm*) | [*mit* adv] to ~ out *auspumpen;* ⟨fig⟩ *ermüden* | to ~ up (*Wasser*) *pumpen* || (*Reifen*) *aufpumpen* ~**ing** ['~iŋ] s [attr] *Pump–* (~ *station*)

pump [pʌmp] s *Salon–, Tanzschuh* m ~**ed** [~t] a *in Tanzschuhen*

pumpernickel ['pumpənikl] s ⟨Ger⟩ *Pumpernickel* m

pumpkin ['pʌmpkin] s ⟨bot⟩ *Kürbis* m

pun [pʌn] 1. s *Wortspiel* n (on *über, mit*) (e.g. nomen est omen, Fr on s'enlace, on s'en lasse (Sardou), *vgl Hamlets erste zwei Reden;* she was a good cook as cooks go, and as cooks go she went) 2. vi *ein Wortspiel m; mit Worten spielen; witzeln* (on *über, mit*)

pun [pʌn] vt (*Erde*) (*fest*)*stampfen*

puna ['pu:nə] s *kalte, trockene Hochlandschaft in Peru* f | *kalter Wind daselbst* m | *Bergkrankheit* f, *Atembeschwerden* f pl

punch [pʌn(t)ʃ] 1. s *Punzen* m, *Punze* f; *Ausschneideeisen* n; *Dorn (Stahlstift)* m, *Locheisen* n; ~ pliers [pl] –*zange* f || *Stempel* m; *Stanze* f || ~-*card (Büro-)Lochkarte* f; ~-c. system *Lochkarten–, Hollerithsystem* n || ~-*drunk* ⟨bes box⟩ *halbbesinnungslos;* he was ~-d. °*er hatte Mattscheibe, als ob ihm e–r mit dem Holzhammer eins auf den Detz gegeben hätte;* ⟨fig⟩ *perplex* 2. vt *durchbohren,* –*löchern; auslochen;* (*Billett*) *lochen* || *punzen, punzieren; stempeln* | *stanzen* ~**er** ['~ə] s *Lochstecher; Locher* m || ⟨Am⟩ *Viehtreiber* m ~**ing** ['~iŋ] s [attr] *Loch–, Stanz–*

punch [pʌn(t)ʃ] 1. vt (*jdn*) *mit der Faust schlagen, puffen;* ⟨box⟩ (*Ball*) *stoßen* (z *Übung*); to ~ a p's head *jdn verprügeln* || ⟨Am⟩ (*Vieh*) *antreiben* || ⟨vulg⟩ °*anbuffen* || *ed card machine* ⟨off⟩ *Zählmaschine* f 2. s (*Faust-*)*Schlag, Knuff, Puff* m || ⟨übtr Am⟩ *Murr, Mumm* m, *Kraft* f, *Gehalt* m, –*wicht* n || ⟨off tech⟩ *Lochmaschine* f || ~-(ed) card *Lochkarte* f ~**er** ['~ə] s ⟨fam⟩ *Schläger, Stoßer* m ~**ing** ['~iŋ] s *Puffen* n etc; ⟨tech⟩ *Lochung* f || [attr] ~-ball ⟨box⟩ *Übungsball* m

punch [pʌn(t)ʃ] s *Punsch* m (*heißes* or *kaltes Getränk*) | *tiefe Höhle* f | ~-bowl *Punschbowle* f (*Gefäß*) | ~-*ladle* –*löffel* m

punch [pʌn(t)ʃ] s *kl schweres Zugpferd* n | ⟨bes dial⟩ *kl dicke Person* f, °*Stöpsel* m

Punch [pʌn(t)ʃ] s *Hanswurst* m, *Kasperle* m, ~ and *Judy K. u Käthchen;* ~ and J. show *Kasperletheater* n || [ohne art] ~ *der Punch* (*englisches Witzblatt*) (the staff of ~ .. *des P.*)

puncheon ['pʌnʃən] s *spitzes Werkzeug* n || ⟨carp⟩ *Stützpfosten* m; ⟨Am⟩ *Querbrett* n

puncheon ['pʌnʃən] s ⟨hist⟩ *gr Faß (Flüssigkeitsmaß v 72* [f beer] *bis 120* [f wine] *gallons* [327 bis 545 l])

Punchinello [,pʌn(t)ʃi'nelou] s It *Hanswurst, Pulcin'ell, Policinello* m

punctate ['pʌŋktit] a ⟨bot zoo⟩ *punktiert* –**ation** [pʌŋk'teiʃən] s ⟨bot zoo⟩ *Punktierung* f, *Punkt* m || ⟨jur hist⟩ *nicht bindende Vereinbarung* f

punctilio [pʌŋk'tiliou] It s [pl ~s] *zarter, heikler Punkt; kl Formsache* f; *peinliche Genauigkeit, Förmlichkeit, Steifheit* f

punctilious [pʌŋk'tiliəs] a (∼ly adv) *peinlich, genau; spitzfindig* || *steif; formell* ∼**ness** [∼nis] s *peinliche Genauigkeit* f

punctual ['pʌŋktjuəl] a (∼ly adv) *pünktlich*; to be ∼ in doing *pünktlich tun* || ⟨geom⟩ *Punkt–* ∼**ity** [‚pʌŋktju'æliti] s *Pünktlichkeit* f

punctuate ['pʌŋktjueit] vt *interpungieren* || *hervorheben, betonen, unterstreichen* || (*Rede*) *begleiten, unterbrechen* (by *durch*, with *mit*); *in abgebrochenen Teilen sprechen* –**ation** [‚pʌŋktju-'eiʃən] s *Interpunktion* f; ∼**-mark** –*szeichen* n –**ative** ['pʌŋktjueitiv] a *Interpunktions–*

punctule ['pʌŋktju:l] s *kl Punkt* m –**tum** ['pʌŋktəm] s L [pl –ta] ⟨bot zoo⟩ *Punkt, Fleck* m

puncture ['pʌŋktʃə] **1.** s *Punktur* f, *Einstich* m; ⟨el⟩ *Durchschlag* m || ⟨cycl & mot⟩ *Loch* n (*im Luftreifen*); *Platzen* n (*des Reifens*); we had a ∼ *uns platzte der Reifen* || a ∼! °*päng!* ⟨a fig⟩ | ∼ (*repair*) *outfit* ⟨mot⟩ *Flickzeug* n **2.** vt/i *punktieren; durchstechen, –bohren*; ⟨el⟩ –*schlagen* || ∼d ⟨mil fam⟩ *geimpft*; | vi (of tires) *platzen*

pundit ['pʌndit] **1.** s *Ind gelehrter Brahmane* m || *gr* (*Fach-*)*Gelehrter* m **2.** vi *den Weltweisen spielen,* ∼ *zero-derivation* ∼**ry** [∼ri] s *Gelehrsamkeit* f

pung [pʌŋ] s ⟨Am⟩ *Kastenschlitten*

pungency ['pʌndʒənsi] s *das Beißende, Stechende* n, *Schärfe* f ⟨a fig⟩ –**ent** ['pʌndʒənt] a (∼ly adv) *stechend, scharf, beißend* || ⟨fig⟩ *beißend; prickelnd*

Punic ['pju:nik] a ⟨ant⟩ *punisch* || ⟨fig⟩ *treulos*

punish ['pʌniʃ] vt **1.** (*jdn*) (*be*)*strafen* || (*etw*) *ahnden* **2.** ⟨fam⟩ (*jdn*) *arg mitnehmen*; ⟨sport⟩ (*jdm*) *gehörig z'usetzen, gehörig z schaffen m*; (*jdn*) *arg zurichten*; ⟨box⟩ *mit den Fäusten bearbeiten* || to be ∼ed *gr Schaden erleiden* | (*Ball*) *heftig schlagen* **3.** ⟨fam⟩ (*e–r Speise, e–m Trank*) *tüchtig zusprechen* ∼**ability** [‚pʌniʃə-'biliti] s *Strafbarkeit* f ∼**able** ['pʌniʃəbl] a (–*bly* adv) *z bestrafen*(*d*); *strafbar* ∼**ment** [∼mənt] s *Bestrafung, Strafe* f; (for a ∼ *als, z Strafe* ⟨a übtr⟩ (on a p *f jdn*) || ⟨fam⟩ *arge Zurichtung* (*jds*); *Schädigung* f

punitive ['pju:nitiv], –**tory** ['pju:nitəri] a *strafend, Straf–* (∼ measures); ∼ *damages* ⟨jur⟩ *Strafe einschließender Schadenersatz* m

Punjabi, –**bee** [pʌn'dʒɑ:bi] **1.** a *Pandschab–, Punjab–* **2.** s *Bewohner der brit.-ind. Provinz Punjab* | *Sprache* f *daselbst*

punk [pʌŋk] **1.** s ⟨Am⟩ *faules Holz, Zunderholz* n; *Zunder* m || ⟨fig⟩ *Unsinn,* °*Quatsch* m || ∼**-stick** ⟨Am⟩ *China-Weihrauch* m **2.** a *faul* (*timber*) || ⟨Am sl⟩ *unwohl* | *schäbig*

punka(h) ['pʌŋkə] s ⟨AInd⟩ *Fächervorrichtung* f, *Zimmerfächer* m (*an der Decke*)

punner ['pʌnə] s (*Erd-*)*Ramme* f

punnet ['pʌnit] s *kl Spankorb* m

punster ['pʌnstə] s *Witzbold, Wortspielmacher* m

punt [pʌnt] **1.** s *Punt* n, *Stechkahn* m **2.** vt/i || *das P. mit der Stange vorwärtsbewegen* || *im P. befördern* | vi *im P. fahren*

punt [pʌnt] **1.** vt ⟨ftb⟩ ((⟨Rug⟩ *fallenden Ball*) *wuchtig stoßen* **2.** s ⟨ftb⟩ *wuchtiger Stoß* m; ⟨Rug⟩ *Fallstoß* m

punt [pʌnt] **1.** vi ⟨gambling fam⟩ (*auf ein Pferd*) *setzen* || *wetten* **2.** s *Wette* f ∼**er** [∼ə] s *Lockbieter, Wettender* m || *Börsenspekulant* m

punty ['pʌnti] s *Hefteisen* n (*beim Glasblasen verwandt*)

puny ['pju:ni] a *winzig, klein* || ⟨Am⟩ *mickerig*

pup [pʌp] **1.** s *junger Hund* m, in ∼ *trächtig*; to sell a p a ∼ *jdn beschwindeln* || *dummer Laffe* m || ⟨aero sl⟩ „*Häschen*" n (*Flugschüler*) ||

⟨Am⟩ *junger Bursche* m **2.** vt/i || (*Junge*) *werfen* | vi *jungen*

pup [pʌp] s ⟨sl⟩ *abbr f* pupil, ⟨Am⟩ *f* puppy; ∼**-tent** ⟨mil⟩ *2-Mannzelt* n

pupa ['pju:pə] L s (pl –ae [–i:]) ⟨ent⟩ *Puppe, Larve* f ∼**l** [∼l] a *Puppen–* ∼**te** [–peit] vi ⟨ent⟩ *sich verpuppen* ∼**tion** [pju:'peiʃən] s *Puppenbildung* f

pupil ['pju:pl] s ⟨jur⟩ *Minderjähriger* m, *Mündel* n || *Schüler, Zögling* m; ∼**-teacher** f *den Lehrberuf sich ausbildende*(*r*) *reifere*(*r*) *Schüler*(*in* f) m *in Volksschulen, der zugleich als Lehrer verwandt wird* || ∼s [pl] *in attendance* (*tatsächlich*) *anwesende Studenten* or *Schüler* m pl ∼**age**, ∼**lage** ['pju:pilidʒ] s *Minderjährigkeit* f; ⟨fig⟩ *Anfangsstudium* n || *Schüler–, Lehrjahre* n pl ∼**ary**, ∼**lary** ['pju:piləri] a *pupill'arisch, minderjährig; Mündel–* || *Schüler–*; in the ∼ *state in der Ausbildung begriffen*

pupil ['pju:pl] s ⟨anat⟩ *Pup'ille* f ∼**ary**, ∼**lary** ['pju:piləri] a *Pupillen–*

Pupipara [pju'pipərə] s L pl ⟨ent⟩ *Lausfliegen* f pl

pupmobile ['pʌpməbi:l] s ⟨bes Am mot fam⟩ „*Straßenwanze*" f (*Kleinstwagen*), → –mobile

puppet ['pʌpit] s *Drahtpuppe, Marion'ette* f; ∼**-play**, ∼**-show** *Puppen–, Marionettenspiel* n || ∼ *king Schattenkönig* m || ∼ *state Zwerg–, Satell'itenstaat* m, → pocket-edition principality || ∼**-valve** *Tellerventil* | ⟨fig⟩ *Werkzeug* n, *Puppe* f

puppy ['pʌpi] s (*a* ∼*-dog*) *junger Hund* m || ⟨Am sl⟩ *kl Wiener* n (*Würstchen*) || ⟨fig⟩ *Geck, Laffe* m ∼**dom** [∼dəm] s *Geckenhaftigkeit* f ∼**hood** [∼hud] s *Jugend–, Flegeljahre* n pl

pupsy ['pʌpsi] s → popsy

Purana [pu'rɑ:nə] s *Gruppe v altind. heiligen Dichtungen* f

Purbeck ['pə:bek] a (*nach der Halbinsel Dorsets*) ⟨geol⟩ *Purbeck–*; ∼ *stone –stein* m (*Kalkstein*)

purblind ['pə:blaind] **1.** a *kurz–, schwachsichtig; halbblind* || ⟨fig⟩ *kurzsichtig* **2.** vt *blind* m; ⟨fig⟩ *blenden* ∼**ness** [∼nis] s *Kurz–, Schwachsichtigkeit* f

purchasable ['pə:tʃəsəbl] a *käuflich, z kaufen*(*d*) (for *f*)

purchase ['pə:tʃəs] **I.** s **1.** *Kauf* m (∼*-money –geld* n); ∼ *money mortgage Restkaufhypothek* f || by ∼ *käuflich* || *An–, Einkauf* m; *Erwerbung* f; to make a ∼ *of* a th *etw einkaufen*; to make ∼s *Einkäufe* m **2.** *Kaufobjekt* n; *gekaufte S* || *Jahresertrag* m (at five years' ∼ *zum Fünffachen des Jahresertrages*); ⟨fig⟩ his life is not worth a day's ∼ *er lebt k–n Tag mehr* **3.** *Griff, Halt* m; ⟨tech⟩ *Hebevorrichtung* f || ⟨mar⟩ *Takel, Spill* n | ⟨fig⟩ *Griff, Halt; Stütz–, Angriffspunkt* m; *Macht* f, *Einfluß* m (over *über*) **4.** [attr] *Kauf–; Einkaufs–* (∼ price); ∼ *tax Warenumsatzsteuer, Erwerbssteuer* f **II.** vt **1.** ⟨liter⟩ *durch Kauf erwerben; kaufen* (of *v*); –*sing power Kaufkraft* f | ⟨jur⟩ *erwerben* || ⟨fig⟩ *erkaufen, –ringen* (dearly ∼d) **2.** ⟨tech⟩ *auf–, hochwinden, –heben* | ∼**r** [∼ə] s *Käufer*(*in* f) m; to meet with ∼s *K. finden* | *Einkäufer* || *Kunde, Abnehmer* –**sing** [–iŋ] ∼ *agent Einkäufer* m; ∼ *power Kaufkraft* f; ∼ *public Käuferschaft, –schicht* f

purdah ['pə:dɑ:] s ⟨Ind⟩ (*Frauen-*)*Schleier* m || ((⟨a⟩ ∼ *curtain*) *Vorhang* m | [attr] *verschleiert, konservativ* || *geschlossen* (party) || *exklusiv*

pure [pjuə] a **1.** *rein, unvermischt* (water; colour); *klar* (sound) **2.** *rein, echt; hochwertig, gediegen* (style) || ∼ *blood reinrassiges Tier* m [attr] *reinrassig* (a ∼ blood Indian) || ∼ *poetry* Fr *poésie pure* (Baudelaire, Notes Nouvelles sur Edgar Poe, 1857); *reine Klangdichtung* f || ∼ *mathematics reine Mathematik* f | *rein* (a ∼ accident), *bloß, pur* (∼ nonsense) | *theore-*

tisch (demography) **3.** *rein, keusch*; *unbefleckt*; *unschuldig, lauter, aufrichtig* **4.** [in comp] *rein–*; **~-bred** *reinrassig* **~ly** ['~li] adv *rein, gänzlich*; *ausschließlich*; *bloß* **~ness** ['~nis] s *Reinheit* ‖ ⟨fig⟩ *Unschuld* f

purée ['pjuərei] s Fr *Pür·ee* n & f, *Brei* m

purfle ['pə:fl] **1.** vt *schmücken, dekorieren* (with) ‖ ⟨arch⟩ (*Rand*) *mit Laubwerk, Kriechblumen verzieren* **2.** s *geschmückter Rand* m (*e–s Kleides*) **–ling** ['pə:fliŋ] s *Randschmuck* m; *Flödel* m (*Streifen an Streichinstrumenten*)

purgation [pə:'geiʃən] s ⟨*bes* rel & jur⟩ *Reinigung* f ‖ ⟨Lit⟩ *Katharsis* f (*durch Mitleid u Furcht*) ‖ ⟨med⟩ *Stuhlentleerung* f, *Abführen* n **–ative** ['pə:gətiv] **1.** a ⟨med⟩ *abführend, Abführ–* ‖ ⟨jur⟩ *Reinigungs–* **2.** s *Abführmittel* n **–atorial** [,pə:gə'tə:riəl] a *Fegefeuer–* **–atory** ['pə:gət(ə)ri] s ⟨ec⟩ *Fegefeuer* n ⟨*a* übtr⟩

purge [pə:dʒ] **I.** vt/i **1.** vt (*etw*) *reinigen* (of, from *v*); *befreien* (of, from *v*) ‖ (*oft* to ~ *away*, *off*) *entfernen, säubern* ⟨*a* pol⟩; (*Flüssigkeit*) *klären* ‖ ⟨med⟩ (*jdm*) *ein Abführmittel geben* ‖ ⟨jur⟩ to ~ o.s. *sich reinwaschen* (of, from *v*) ‖ (*Verbrechen*) *büßen, sühnen* **2.** vi ⟨med⟩ (*of medicines*) *abführen* **II.** s ⟨med⟩ *Abführmittel* n ‖ *Ausleerung* f ‖ ⟨fig⟩ *Reinigung* f ‖ ⟨pol⟩ *Säuberung, –saktion* f, *Parteiverfahren* n ⟨*a* SBZ⟩ **–gee** [pə:'dʒi] s ⟨pol⟩ *Gesäuberter*, ⟨anti-nazi⟩ *Entbräunter* m, *Opfer* n *e–r Säuberungswelle,* → *–ee*

purification [,pjuərifi'keiʃən] s *Reinigung* f (from *v*); *Läuterung* f ‖ ⟨ec⟩ the ~ *Mariä Reinigung* f (*2. Febr.*) **–ficator** ['pjuərifikeitə] s ⟨ec⟩ *Reinigungstüchlein* n **–ficatory** ['pjuərifikeitəri] a *reinigend, Reinigungs–* **–fier** ['pjuərifaiə] s *Reiniger* m; *Reinigungsmittel* n, *–apparat* m **–fy** ['pjuərifai] vt *reinigen* (of, from *v*); *läutern* ⟨tech⟩ *raffinieren, klären*

Purim ['pjuərim] s *jüd. Freudenfest* n

purin(e) ['pjuərin] s ⟨chem⟩ *Pur·in* n

purism ['pjuərizm] s *Pur·ismus* m, *Sprachreinigung(ssucht)* f **–ist** ['pjuərist] s *Sprachreiniger* m

Puritan ['pjuəritən] **1.** s *Puritaner(in* f) m ‖ *Tugendwächter, Frömmler* m **2.** a *puritanisch* ‖ (*sitten*)*streng* **~ic** [,pjuəri'tænik] **a* = puritan-ical **~ical** [,pjuəri'tænikl] a (~ly adv) ⟨*mst* dero⟩ *sittenstreng; frömmelnd* **–ism** [~izm] s *Puritanismus* m **~ize** [~aiz] vt *puritanisch m*

purity ['pjuəriti] s *Reinheit; Klarheit* f ‖ *Echtheit, Feinheit, Gediegenheit* f ‖ *moral. Reinheit; Unschuld* f ‖ (of style) *Korrektheit* f

purl [pə:l] **1.** s *gewundener Gold–, Silberdraht* m ‖ ~s [pl] *gestickte Borte* f; *Häkelkante* f; *Zäckchen* n pl ‖ (*a pearl*) *Linksstricken* n; *two* ~ – *two plain* *zwei links – zwei rechts, zwei kraus – zwei schlicht* **2.** vt/i ‖ *mit Borte* (etc) *ein–, umsäumen, –fassen* ‖ vi *linksstricken*

purl [pə:l] **1.** vi (*of a brook*) *murmeln, rauschen; rieseln* **2.** s *Murmeln, Rauschen, Rieseln* n

purl [pə:l] s ⟨hist⟩ *Wermutbier* n

purl [pə:l] **1.** vi/t *wirbeln, sich drehen* ‖ ⟨fam⟩ *umfallen, –kippen* ‖ vt *umwerfen* **2.** s ⟨fam⟩ *heftiger Sturz, Fall* m ‖ ⟨swim fam⟩ *Köpfer* m (*Kopfsprung*) ‖ ⟨Austr fam⟩ *Mordssache* **~er** ['~ə] s ⟨fam⟩ *heftiger Wurf, Stoß, Schlag* m; to come, go a fearful ~ *gefährlich fallen, z Fall k, stürzen*; to fetch a p a ~ *jdm e–n Schlag versetzen* (on *auf*) ‖ ⟨Austr fam⟩ *Mordssache* f

purlieu ['pə:lju:] s *Bezirk, Bereich* m ‖ ~s [pl] *Umgebung* f (*e–r Stadt*)

purlin ['pə:lin] s ⟨arch⟩ *Pfette* f (*Dachstuhlbalken*)

purloin [pə:'lɔin] vt (*etw*) *stehlen* (from *aus*), *entwenden,* °*mausen* **~er** [~ə] s *Dieb* m ‖ ⟨fig⟩ *Ab–, Ausschreiber* m

purple ['pə:pl] **1.** s *Purpur* m ‖ *Purpurkleid* n;

---

the ~ *der Purpur* (*kaiserlicher, fürstlicher Rang* m) (to be raised to the ~) **2.** a *purpurrot; purpurn, Purpur–* ‖ *blutrot;* ⟨*mst*⟩ *violett, blaurot;* ~ *ribbon* ⟨typewr⟩ *Violettfarbband* n ‖ ~ *emperor* ⟨ent⟩ *Schillerfalter* m ‖ ~ *Heart* ⟨Am mil⟩ *Verwundetenabzeichen* n ‖ ~ *patches* ⟨fig⟩ *Glanzstellen* f pl **3.** vt/i ‖ *purpurn färben* ‖ vi *sich p. f.* **–plish** ['pə:pliʃ], **–ply** ['pə:pli] a *purpurfarbig*

purport ['pə:pət] **1.** s *Bedeutung* f, *Sinn, Inhalt* m (*e–r Rede* etc) ‖ ** Zweck* m **2.** vt [*ohne* pass] *z Inhalt h, besagen, es sich z Aufgabe m* (to do); *bedeuten* (a th; that); the story ~s to *describe die Geschichte will beschreiben* ‖ the letter ~s to contain *.. der Brief enthält scheinbar, .. will den Eindruck erwecken, als enthielte er ..*

purpose ['pə:pəs] s **1.** *Vorsatz, Entschluß* m; *Absicht* f (in doing; to do); with the ~ of *doing mit der Absicht z tun*; it is my set ~ to *do it ich tue es absichtlich* ‖ *Ziel* n; *Zweck* m (what is the ~ of ..?); to answer *od serve the* ~, a p's ~ *dem Zweck, jds Z. entsprechen* ‖ *Verwendungszweck* m ‖ *Erfolg* m, *Wirkung* f **2.** *Wendungen* **a.** *fixity of* ~ *Zielstrebigkeit* f; *strength of* ~ *Entschluß–, Willensstärke* f; *weak of* ~ *schwach im Entschluß* ‖ *novel of* ~ *od novel with a* ~, ~-*novel Tendenzroman* m ‖ *fitness· for* ~ *zweckdienliche Eignung* f **b.** [*nach* prep] *for the* ~ *of doing um z tun*; *for this* ~ *z diesem Zweck, in dieser Absicht; for what* ~? *wozu*?; *for all practical* ~s *praktisch genommen;* ~ *intent* s ‖ *of set* ~ *absichtlich;* ⟨jur⟩ *vorsätzlich* ‖ *on* ~ *absichtlich; extra, eigens* (*nach L. k*); *on* ~ *that damit; on* ~ *to do in der Absicht z tun, um z tun* ‖ *to the* ~ *z S; zweckdienlich*; *to some* (*little*) ~ *mit gutem* (*geringem*) *Erfolg*; *to no* ~ *vergebens, umsonst* (that) **~ful** [~ful] a (~ly adv) *zweckvoll, beabsichtigt, planmäßig* ‖ *bedeutungs–; inhaltvoll* ‖ *entschlossen, zielbewußt* (character) **~fulness** [~fulnis] s *Entschlossenheit, Zielbewußtheit* f **~less** [~lis] a (~ly adv) *zweck–, ziellos* ‖ *unentschlossen* **~ly** [~li] adv *in der Absicht; absichtlich; vorsätzlich, mit Fleiß*

purpose ['pə:pəs] vt *vorhaben, beabsichtigen* (a th *etw*; doing; to do *z tun*; that *daß*); I do not ~ that *.. ich will nicht, daß ..* ‖ to be ~d *entschlossen s* (to do; that)

purposive ['pə:pəsiv] a (~ly adv) *zweckbetont, –dienlich, –voll; absichtlich; zielstrebig, –bewußt, entschlossen* **~ness** [~nis] s *Zielstrebigkeit, Absichtlichkeit* f

purpresture [pə:'prestʃə] s ⟨jur⟩ *Eingriff in königl. or öffentl. Eigentum* n

purpura ['pə:pjuərə] s L ⟨path⟩ *Purpurausschlag* m ‖ ⟨zoo⟩ *Gattung der Purpurschnecken* f **–ure** ['pə:pjuə] s ⟨her⟩ *Purpurfarbe, –tinktur* f **–uric** [pə:'pjuərik] a ⟨chem⟩ *Purpur–* (~ acid) ‖ ⟨path⟩ *Purpur–* **–urin** ['pə:pjurin] s ⟨chem⟩ *Purpur·in* n (*Farbstoff*)

purr [pə:] **1.** vi (*of cats*) *schnurren* ‖ ⟨fig⟩ *sich geschmeichelt fühlen* (with *vor*); (*of fire*) *knistern* ‖ ⟨mot⟩ *summen* **2.** s *Schnurren* n, etc

purree ['pʌri:] s Ind *gelber Farbstoff* m

purse [pə:s] **I.** s **1.** *Portemonnaie* n, *Börse* f, *Geldbeutel* m, *–tasche* f **2.** ⟨übtr⟩ *Geld* n; *Fonds* m (a common ~); *Schatz; public* ~ *Staatsschatz, –säckel* m ‖ *a heavy od long* ~ *gr Geldbeutel, Reichtum* m; *a light* ~ *Armut* f **3.** *Geldsammlung* f; *to make up a* ~ *for Geld sammeln* f ‖ *Geldgeschenk* n, *–preis* m **4.** ⟨übtr⟩ *Tasche* f, *Beutel* m **5.** [attr] ~-*bag Damentäschchen* n ‖ ~-*bearer Großsiegelträger* m ‖ ~-*net Beutel–, Fangnetz* n ‖ ~-*mouth geldstolz, protzig* ‖ ~-*seine* (*Fisch-*)*Fangnetz* n; *Käscher, Ketscher* m ‖ ~-*strings* [pl] *Geldbeutelschnüre* f pl; ⟨fig⟩ *Geldbeutel* m, to hold the

~-strings *über den G. verfügen*; to tighten the
~-strings *den Daumen auf dem Beutel halten,
den B. zuhalten* **II.** vt/i || (*oft* to ~ up) *zus-
ziehen,* to ~ one's brow *die Stirn runzeln*; to ~
one's lips *den Mund spitzen* | vi *sich zus–ziehen*
~ful ['~ful] s *Beutelvoll* m (~ *of money*)
  purser ['pɔ:sə] s ⟨mar⟩ *Zahl-, Proviant-
meister* m || ⟨min⟩ *Schichtmeister* m
  pursiness ['pɔ:sinis] s *Kurzatmigkei Eng-
brüstigkeit* f
  purslane ['pɔ:slin] s ⟨bot⟩ *P·ortulak* m
  pursuance [pɔ'sju(:)əns] s *Ausführung, Ver-
folgung* f || in ~ of a th *im Verfolg, z Fortfüh-
rung e–r S*; *laut, zufolge, gemäß e–r S*
  pursuant [pɔ'sju(:)ənt] a & adv *folgend* || *mit
Bezug(nahme) auf, im Nachgang zu* (*Brief*) ||
to a th *e–r S gemäß, zufolge* || ~ to a treaty
(*Verpflichtungen*) *aus e–m V.* **~ly** [~li] adv
demgemäß
  pursue [pɔ'sju:] vt/i [~s, ~d; –uing] || (*e–n
Entlaufenen*) *verfolgen*; ⟨fig⟩ *verfolgen, ständig
begleiten* || (*Weg, Plan*) *verfolgen*; (*Weg*) *ein-
schlagen* || (*Reihe*) *fortsetzen*; *weiter fortsetzen*
|| (*Beruf*) *betreiben,* (*e–r S*) *nachgehen* | vi *ver-
folgen,* to ~ after a p *jdn verfolgen* || to ~
closely ⟨tact⟩ *nachdrängen* | *fortfahren* | **~r**
[~ə] s *Verfolger(in* f) m || ⟨jur Scot⟩ *Ankläger,
Kläger* m
  pursuit [pɔ'sju:t] s *Verfolgung* f; to give ~
verfolgen || *Jagd* f; in ~ of a p *auf der J. nach
jdm*; ~ flier ⟨aero⟩ *Jagdflieger* m; ⟨bes Am⟩
~ interceptor, ~ plane ⟨aero⟩ (*Verfolgungs-*)
Jäger m (*Flugzeug*); ~-race ⟨übtr⟩ *Art Fuchs-
jagd* | ⟨fig⟩ *Streben, Trachten* n (*of nach*) ||
Verfolgung f; in ~ of a th *im Verfolg e–r S* ||
Betreibung, Beschäftigung f (*of mit*) || ~s [pl]
Geschäfte n pl, *Arbeiten, Studien* f pl
  pursuivant ['pɔ:swivənt] s ⟨her⟩ *Persev·ant* m,
unterste Klasse der 3 Heroldsklassen (→ *mantle*;
portcullis; *rouge*) || ⟨poet⟩ *Begleiter* m
  pursy ['pɔ:si] a *kurzatmig* | *korpul·ent, beleibt*
  pursy ['pɔ:si] a (*of cloth, skin*) *gefaltet,
zus–gezogen* | *wohlhabend*; *protzig*
  purtenance ['pɔ:tinəns] s ⟨poet & †⟩ *Geschlinge* n
  purulence ['pjuərulⁿns], **–cy** [–si] s *Eiterung* f;
Eiter m **–ent** ['pjuərulənt] a *eitrig, Eiter-* (~
discharge –ausfluß m)
  purvey [pɔ:'vei] vt/i || (*Nahrungsmittel*)
liefern (to *f*) | vi *liefern* || to ~ for *versorgen*;
beliefern (to ~ for the army) **~ance** [~əns] s
Beschaffung; *Lieferung* (*v Lebensmitteln*) f **~or**
[~ə] s (*bes Lebensmittel-*)*Lieferant* m; *Traiteur*
m; ⚹ to the Royal Household *königl. Hoflieferant* m
  purview ['pɔ:vju:] s *Wirkungskreis, Spiel-
raum* m; *Gebiet* n || *Blickfeld* n, *Gesichtskreis* m
⟨a fig⟩; within the ~ of the law *im Sinne des
Gesetzes*
  pus [pʌs] s ⟨med⟩ *Eiter* m; ~-focus *–herd* m
  Puseyism ['pju:ziizm] s (*nach* E. B. Pusey;
† 1882) ⟨ec⟩ ⟨cont⟩ *f* Tractarianism: *Puseyis-
mus* m **–ite** ['pju:ziait] s ⟨ec⟩ *Anhänger Puseys*
  push [puʃ] **I.** vt/i **A.** vt 1. (*Karren*) *schieben*;
treiben, stoßen; to ~ back, in, out *zurück–,
hinein–, hinausschieben* etc; to ~ open (*Tür*)
aufstoßen; to ~ a door to *e–e T. zuschlagen* ||
(*vorwärts*)*drängen*; (*Nase*) *stecken* (into *in*);
to ~ one's way *sich vor–, durchdrängen* (to *nach*)
2. (*jdn*) *drängen,* (*an*)*treiben* (to do); (*Pferd* etc)
antreiben (to *z*) || ⟨übtr⟩ (*Beziehungen*) *treiben*
(to a break) || (*Ziel*) *energisch verfolgen*; (*An-
spruch*) *durchdrücken, –setzen*; to ~ one's
fortune sein Glück m || (*Bereich*) *ausdehnen*
3. *aus–, durchführen* || (*a* to ~ forward, on)
vorwärtsbringen, beschleunigen; (*Vertrieb*) *för-
dern*; (*Geschäft*) *betreiben* || (*etw*) *verkaufen
wollen*; *aufdrängen* (on a p *jdm*) || *intensiv werben*

für, propagieren || to be ~ed *in Verlegenheit,
Not s* (for *um, wegen*) **4.** [*mit* adv] (→ *a* 1. 3.) to
~ a p around *mit jem Schindluder treiben* || to ~
aside *beiseiteschieben, beseitigen* || to ~ out *vor-
schieben, –strecken* (into *in*); (*Sproß*) *aussenden*;
hervortreiben || to ~ through *durchsetzen* || to ~
up *steigern, vermehren, hochtreiben* || to ~ up
daisies ⟨sl⟩ °*sich die Radieschen v unten be-
trachten* (*tot s*) **B.** vi *schieben, stoßen* | *hervor-
ragen, –stehen* || *drücken, drängen* (against *gegen*)
| [*mit* adv] to ~ in *hineintreiben, –fahren,
–segeln* || to ~ off (of a boat) *abstoßen* (from *v*);
⟨sl⟩ (at play) *beginnen,* ~ off! *schieß los!* || ⟨sl⟩
abreisen, fortgehen, °*verduften* || to ~ on *vor-
wärtsdrängen* || ~ off! °*hau ab!* || to ~ on *vor-
dringen, –stoßen* (to *nach*); *in See stechen* **C.** [in
comp] ~-off *Anfang* m || ~-on *filter* ⟨phot⟩
Aufsteckfilter m || ~(-)over *Kinderspiel* n,
leichte S f; ⟨Am fam⟩ *Druckposten* m, *sauberes
Pöstchen* n, (*P*) *Gimpel* m || ~-pull [attr] ~-p.
connection ⟨wir⟩ *Gegentaktschaltung* f; ⟨mot⟩
~-p. *control Stangensteuerung* f; ~-p. *knob
Zugschalter* m; ~-p. *rod Schubstange* f; → II. 7.
II. s 1. *Schub*; *Stoß* m | ⟨fig⟩ *Anstoß, –trieb* m;
Gedränge n | ⟨sl⟩ to give a p the ~ *jdn ent-
lassen*; she's given him the ~ *sie hat ihm den
Laufpaß gegeben*; ⟨sl⟩ to get the ~ *entlassen w,
den L. bek* **2.** * *Anstrengung* f, *Versuch* m (at the
first ~); *Vorstoß* m (for *auf*) || ⟨sl⟩ in the ~ =
in the swim || to make a ~ *e–n Vorstoß, kräfti-
gen Versuch* m (to do) **3.** ⟨arch⟩ *horizontaler
Druck* m | ⟨fig⟩ *Druck* m; *entscheidender Augen-
blick*; *dringender Fall* m; *Notfall* m (at a ~ *im
N.*); to bring to the last ~ *aufs äußerste, auf die
Spitze treiben* **4.** *Entschluß* m; *Energie* f; *Selbst-
bewußtsein* n, *Ehrgeiz* m; *Strebsamkeit* ||
Reklame f **5.** ⟨sl⟩ *Diebesbande* f **6.** ⟨bes Am
mil⟩ [konkr] *Schub* m **7.** [attr] *Schub-*; *Stoß-*
~-ball *–ball* (*Spiel*) || ~-bicycle, ⟨fam⟩ ~-bike
1. s (*Tret-*)*Fahrrad* n 2. vi ⟨cycl⟩ *trampeln* (Ggs
motor-b.) || ~-button *Drücker, Auslösungs-
knopf* m; ~-b. *control* ⟨tech⟩ *Druckknopf-
steuerung* f; ~-b. c. *signal-box* ⟨rail⟩ *Drucktastenstellwerk* n (*Raum*), → *press-button
circuitry*; ~-b. *operation Drucktasten-
bedienung* f; ~-b. *radio Radio* n *mit Druck-
tasteneinstellung*; ~-b. *war Klingelknopfkrieg* m;
~-b. *warfare automatische Kriegführung* f ||
~-cart *Schiebkarre* f || *Sportkinderwagen* m
| **~er** ['~ə] s ⟨fig⟩ *Streber*; *Emporkömmling* f
Draufgänger || *Flugzeug mit Druckschraube* (a
[attr] ~-engine) || ~ *type propeller Druckluft-
schraube* f **~ful** ['~ful], **~ing** ['~iŋ] a (~*ly* adv)
rührig, strebsam; *energisch*; *unternehmend* |
streberhaft; *auf–, zudringlich*; *reklamemachend*
| **~y** ['~i] a ⟨bes Am⟩ *streberhaft*

  Pushtoo, –tu ['pʌʃtu:] s *Sprache der Afghanen* f
  pusillanimity [,pju:silə'nimiti] s *Kleinmut* m
–mous [,pju:si'læniməs] a (~*ly* adv) *kleinmütig;
verzagt; feige* **–mousness** [~nis] s *Kleinmut* m
  puss [pus] s (*Rufname*) *Katze, Mieze*(*katze*) f;
Kätzchen, Miezchen n || *Hase* m | ⟨fig⟩ *Schmei-
chelkatze* f | ⟨Am sl⟩ °*Visage, Fratze* f (*Gesicht*);
Schnut(*t*)*e* f (*Mund*) | ~ in boots *gestiefelter
Kater*, ⟨mil fig⟩ *Angeber* m || ~-in-the-corner
Kämmerchenvermieten n || ~-moth ⟨ent⟩
Gabelschwanz m (*Zahnspinner*) | **~y** ['~i] s (a
~-cat) *Katze, Mieze–* f || ⟨bot⟩ (*Weide-*)*Kätz-
chen* n; ~-struck ⟨euph⟩ *hörig*
  pussyfoot ['pusifut] ⟨Am sl⟩ **1.** vi *leise
schleichen*; *heimlich tun, sich ausschweigen* (on
über) **2.** s [pl ~s] *Spottname f* W. E. Johnson)
Alkoholgegner m; [attr] *saftlos, lappig* (tea)
~er [~ə] s *Leisetreter* m || *Alkoholgegner* m
~ing [~iŋ] a *leisetreterisch*
  pustular ['pʌstjulə] a *Pustel-, Pickel-* **–late**
['pʌstjuleit] **1.** vt/i (*Pusteln*) *bilden* | vi *P. bilden*
2. a *mit Pusteln bedeckt* **–ation** [,pʌstju'leiʃn] s

Pustelbildung f **-le** [′pʌstju:l] s (*Eiter-*)*Pustel* f, *Pickel* m

put [put] vt/i [put/put] **I. vt A.** stoßen (to ~ the stone *Stein st.*); *treiben*; (*Waffe*) *stoßen* (into) **B. 1.** (*etw*) *setzen, stellen, legen; schaffen,* °*tun, stecken* (in one's pocket *in die Tasche*); to ~ a th before a p *jdm etw vorlegen, etw vor jdm ausbreiten* || (*Namen*) *hinzufügen* (to a writing *e-m Schriftstück*) || to ~ down the drain ⟨*fam*⟩ °*in'n Eimer gehen l* (*vergeuden*) || to ~ on points (*Lebensmittel* etc) *auf Kartenabschnitt freigeben* || to ~ the finger on .. ⟨*sl*⟩ (*Verbrecher*) *identifizieren* || to ~ on the stage *auf die Bühne bringen,* .. to sale *z Verkauf br.* **2.** (*jdn*) *in e-e Lage br.*; to ~ to bed *z Bett br.*; to ~ in jail *ins Gefängnis stecken*; (*jdn*) *befördern,* ·*übersetzen* (across *über*) || to ~ to school (*jdn*) *einschulen*; .. to a trade f *ein Gewerbe bestimmen* || (*jdn*) *stellen* (above *über*) || to ~ o.s. in a p's place *sich an jds Stelle, in jds Lage versetzen,* .. o.s. in good light *sich in gutes Licht setzen*; .. into the hands of a p *sich in jds Hände,* in *od* under the care of a p *sich in jds Obhut begeben* || to ~ a p through it *jdn auf Herz u Nieren prüfen* **C.** ⟨*übtr*⟩ **1.** (*Zahl, Einkommen*) *ansetzen, abschätzen* (at 20 *auf* 20) || *übersetzen, –tragen* (into *in*) || *wiedergeben, ausdrücken,* to ~ it mildly .., *gelinde gesagt* (= *um es gelinde auszudrücken*) || (*Wert*) *setzen* (on *auf*), *zulegen* (to a th *e-r S*) || (*Urteil*) *gründen* (on *auf*); to ~ a construction on a th *e-r S e-e Auslegung geben* || *gebrauchen, anwenden* (to *z*); to ~ a th to better uses *etw vorteilhafter anwenden* || (*Vertrauen*) *setzen* (in *auf*) || (*Geld*) *anlegen*; *setzen* (on); ~ 5 sh on it *wette 5 Schilling* **2.** (*Frage*) *stellen, vorlegen*; he ~ me a question *od* a question to me *er stellte mir e-e F.*; (*Fall*) *setzen, annehmen* || (*Antrag*) *stellen* || to ~ it to a p *jdn bitten; fragen; jdm anheimgeben, –stellen* (to do); I ~ it to you ⟨*jur*⟩ *ich frage Sie* **3.** to ~ a th on to a p *jdm etw auferlegen* | (*Steuern*) *auferlegen* (on a p *jdm*); (*Schuld*) *beilegen, zuschieben* (on a p *jdm*); he did not let himself be ~ upon *er ließ sich nichts gefallen*; to ~ it across a p *fertig w mit jdm, jdm heimzahlen; jdn täuschen* || ⟨*Am sl*⟩ to go ~ [pp] on *vernarrt s auf* **4.** ⟨*Am*⟩ to ~ a p wise *jdm reinen Wein einschenken, die Augen öffnen* **D.** (*etw, jdn* in *e-n Zustand*) *versetzen, –wandeln* (into, in *in*; out of *aus*); to ~ in a hole ⟨*Am fam*⟩ (*jdn*) *in Verlegenheit bringen*; to ~ into shape *in Form bringen* || (*Uhr*) *stellen* || to ~ right *in Ordnung bringen*; to ~ everything wrong *alles falsch m*; → case, mind, order, temper | to ~ a p to a th *jdn e-r S aussetzen, jdm etw verursachen* || → expense, inconvenience || to ~ to shame (*jdn*) *beschämen*; to ~ to the test *erproben* **E.** (*jdn*) *anstellen* (to *z*; to do) || (*jds Geist*) *richten* (on *auf*); (*jdn*) *veranlassen* (on *z*; on doing *z tun*); to ~ on diet *auf Diät setzen*; → guard, mettle || to ~ a p through a book *mit jdm ein Buch durcharbeiten* | (*jdn*) *drängen, treiben* (to *z*); → death, flight || to be ~ to (it) *hart bedrängt w*; I was hard ~ to (it) *mir wurde stark zugesetzt* **F.** [*mit adv*] to ~ **about** ⟨*mar*⟩ (*Schiff*) *umlegen* | (*etw*) *in Umlauf setzen, verbreiten* || (*jdn*) *beunruhigen, in Aufregung versetzen*; (*jdm*) *Unannehmlichkeiten bereiten,* to ~ o.s. about *sich beunruhigen* (for *wegen*); to be ~ about *in Aufregung s* | to ~ **across** ⟨*Am*⟩ *glücklich durchführen; aufstellen, begründen* | ~ her **along!** ⟨*mot*⟩ °*drück mal auf die Tube* (*gib Gas*) | to ~ aside *weg–, beiseitelegen*; ⟨*fig*⟩ *unterdrücken* | to ~ **away** *weg–, beiseitelegen*; he ~ the problem away from him *er legte das Problem v sich* (*beiseite*) || *unterdrücken* || (*jdn*) *fortschicken* || (*Laster*) *ablegen* || ⟨*fam*⟩ *verzehren,* °*putzen* || (*etw*) *versetzen, –pfänden* || (*jdn*) *einsperren; verraten; umbringen* | to ~ **back** (*jdn*)

zurückstellen; (*Uhr*) *nach–, zurückstellen*; *–datieren* || *auf–, verschieben* | to ~ by *vernachlässigen, –achten* || (*e–r Frage*) *ausweichen*; (*etw*) *umgehen* || *beiseite–, zurücklegen, aufbewahren* | to ~ **down** *hin–, niederlegen, –setzen*; *–lassen* || ⟨*fig*⟩ *–schlagen, unterdrücken* || (*jdn*) *absetzen* || *z Schweigen bringen; ducken*; ⟨*dial*⟩ *töten* || ⟨*hunt* etc⟩ (*e–m Pferd, Hund*) *den Gnadenschuß geben* || (*etw*) *aufgeben, abschaffen* || *niederschreiben; einreichen*; (*Namen*) *eintragen*; to ~ o.s. down *sich eintragen*; .. a p down for *jdn vormerken f* || to ~ a p down to sth *jdn über etw ins Bild setzen, ins Geheimnis ziehen* || (*etw*) *festlegen*; (*jds Alter*) *schätzen* (at 35 *auf* 35); *jdn einschätzen, halten* (as *f*); to ~ a th down to indolence *etw auslegen als Faulheit, etw der Faulheit zuschreiben*; to ~ a th down to a p *jdm etw zuschreiben*; .. down to a p's account *jdm in Rechnung stellen* || ⟨*fam*⟩ to ~ one's hand down °*blechen,* °*bluten* (*zahlen*) | to ~ **forth** (*etw*) *vorbringen, behaupten; ausgeben* (as *als*) || (*Kraft*) *aufbieten* || *herausbringen, veröffentlichen* || (*Knospen*) *treiben* | to ~ **forward** *z Vorschein, z Geltung bringen*; .. o.s. forward *sich hervortun* || to ~ forward the date of an event *ein Ereignis vordatieren* | to ~ in *ein–, hineinsetzen, –legen, –stellen; –stecken* (one's head at the door *den Kopf z Tür*) | ~ in 10 litres of oil ⟨*mot*⟩ *füllen Sie 10 L. Öl nach* | (*jdn*) *ein–, anstellen* (as *als*); (*Pferd*) *einspannen* || (*Annonce*) *einrücken*; (*etw*) *einreichen*; (*Bürgschaft*) *stellen*; (*Anspruch*) *machen* (to *auf*) || (*etw*) *an–, vorbringen,* .. in a word *ein Wort mitsprechen*; .. in a word for *ein W. einlegen f* || *einschieben, –schalten* || ⟨*fam*⟩ (*Zeit*) (*nützlich*) *verbringen* | to ~ **off** (*Reisende*) *absetzen* || *auf–, verschieben* (a th; doing *z tun*); (*jdn*) *vertrösten* (till *bis*) || (*Rock*) *ausziehen*; *ablegen, –nehmen*; ⟨*fig*⟩ *abstreifen* || (*jdn*) *abfertigen, abspeisen* (with *mit*) || (*jdn*) *abbringen* (from doing *z tun*); *hindern* (from an; from doing *z tun*); don't ~ me off my food! *verekle mir das Essen nicht!* | to ~ **on** (*Brille, Hut*) *aufsetzen*; (*Rock* etc) *anziehen, –legen* || (*Miene* etc) *annehmen* || *vorspiegeln, –täuschen*; he ~ ting it on *er stellt sich nur so, er gibt an, schneidet auf*; to ~ on the pot *od* a cigar °*angeben wie e–e Tüte Mücken* || (*Fett*) *ansetzen* || (*Summe*) *aufschlagen* (to the price *auf den Preis*) || (*Summe*) *wetten* || (*Uhr*) *vorstellen* || (*Schraube*) *anziehen* || ⟨*tech*⟩ *in Gang setzen*; (*Hahn*) *an–, aufdrehen* || ⟨*theat*⟩ (*Stück*) *ansetzen, aufführen* || (*Tempo*) *beschleunigen; verstärken*; (*Dampf*) *anlassen* || (*jdn*) *an–, einstellen* || to ~ on lugs ⟨*Am fam*⟩ *sich aufs hohe Pferd setzen* | to ~ **out** *hinauslegen, –setzen*; *ausstellen* || (*jdn*) *hinauswerfen*, ⟨*sport*⟩ *ausmachen, kampfunfähig m* || (*Glied*) *verrenken* || (*Licht*) *auslöschen* || (*jdn*) *verwirren, aus der Fassung, dem Konzept bringen; ärgern, verstimmen*; to ~ o.s. out *sich ereifern* (about *über*); to be ~ out with a p, about a th *ärgerlich s über jdn, über etw* || *sich bemühen, sich alle erdenkliche Mühe geben* (to do) || (*Hand*) *aus–*; (*Zunge*) *herausstrecken*; (*Fahne*) *–hängen* || (*Kind*) *in Pflege geben,* → nurse || (*Wäsche*) *aus dem Hause geben*; (*Arbeit*) *in Submission vergeben* || (*Geld*) *ausleihen* (at interest *auf Zinsen*); *anlegen; springen l* || ⟨*Am*⟩ (*Ware*) *auf den Markt bringen* | to ~ **over** *glücklich ausführen, darstellen, vortragen*; (*etw*) *verständlich m*; (*e–m Stück*) *Erfolg sichern*; (*etw*) *populär m*; to ~ it over *das Publikum gewinnen* || to ~ a th over on a p *jdm etw aufbinden, weismachen*; to ~ it over on a p ⟨*bes Am*⟩ *es jdm schwer m* | to ~ **through** ⟨*bes Am*⟩ *aus–, z Ende führen*; *abschließen* ⟨*telph*⟩ *verbinden* (to *mit*); (*Verbindung*) *herstellen* || .. a th through *etw weitergeben, mitteilen* (to a p *jdm*) || ⟨*vulg*⟩ *etw deichseln* | to ~ **to:** to ~ the door to ⟨*dial*⟩ † *die Tür*

zumachen; ⟨hunt⟩ *(Fuchsröhren) verlegen* ||
*** .. one's hand to *Hilfe leisten, Hand anlegen* ||
(Pferd) an–; (Lokomotive) vorspannen || → E. |
to ~ **together** *(Menü) zus–stellen* || *verbinden* ||
(Summe) zus–ziehen, to ~ two and two together
aus e–r S s–e Schlüsse ziehen; etwas zurecht-
kombinieren | to ~ **up** *(Fenster) hochziehen,*
–schieben || *aufstellen*; *montieren*; *(Bau) er-*
richten || *(Plakat) anschlagen* || *(Schirm) auf-*
spannen || *(Haar) aufstecken* || *(Bild) aufhängen*
|| *(Stück) z Aufführung bringen* || *(Wild) auf-*
stöbern, –jagen || ⟨fam⟩ *(Spiel) z Schau tragen,*
zeigen || *(Gebet) emporsenden, sprechen*; *(Dank)*
sagen (for) || *(Kandidaten) aufstellen* || *(etw) an-*
bieten (to *zu*); to ~ **up** for sale *meistbietend ver-*
kaufen || *(Widerstand) leisten* || *(Preise) herauf-*
setzen || *aufbewahren, verpacken* || *(Schwert)*
einstecken || *(Vieh) einpferchen* || *(Kranke) betten*
|| ⟨Am⟩ *(Geld) hinterlegen* || *(jdn) aufnehmen,*
beherbergen || *(jdn) antreiben, überreden* (to do)
|| *(etw) anzetteln* || *.. a p up to a th* ⟨fam⟩ *jdn*
verleiten z e–r S; *jdn über etw verständigen, jdm*
etw eröffnen || ~ 'em up! ⟨fam⟩ *Hände hoch*!
II. vi 1. ⟨mar⟩ *abstoßen, –fahren; fahren, segeln*
(for *nach*); ⟨Am⟩ *sich aus dem Staube m* || to ~
upon a p [*mst* pass] *jdm zusetzen, jdn belästigen,*
vergewaltigen; jdn ausnutzen **2.** [*mit* adv] to ~
about ⟨mar⟩ *wenden* | to ~ **back** ⟨mar⟩ *zurück-*
kehren | to ~ **down** ⟨aero⟩ *landen* | to ~ **forth**
hervorbrechen || ⟨mar⟩ *in See gehen* | to ~ **in**
sich bewerben (for *um*), *(etw) schriftlich bean-*
tragen || *eintreten*; ⟨mar⟩ *einlaufen* | to ~ **off** *od*
out (to sea) *in See gehen od stechen, auslaufen* |
to ~ **out** ⟨bes mot⟩ *ausscheren* | to ~ **up** als
Kandidat auftreten || *ausspannen, absteigen, ein-*
kehren (at an inn) || .. up with *sich abfinden mit,*
sich gefallen l, dulden **III.** [in comp] ~**-log**
⟨arch⟩ *Rüstbalken, Stützriegel* m; ~**-log hole**
Rüstloch n; ~**-off** *Ausflucht* f; *Aufschub* m |
~**-up** ⟨fig⟩ *abgekartet*
  put [put] s *Steinwurf* m || ⟨st exch⟩ *Zeitkauf*
m; *Prämiengeschäft* n; ~ *and call Stell·age-*
(geschäft) n f
    put-put [ˈputput] vi ⟨mot fam⟩ *tuckern*
  put, putt [pʌt] **1.** vi/t (putted) || ⟨golf⟩ *(Ball)*
mit bes Schläger (~ putter) *kurz u leicht über*
das Grün (Rasenstück) schlagen, einlochen **2.** s
Einlochen n; *leichter Schlag* m *auf dem Grün*
  putamen [pjuˈteimən] s L *Steinkern* m (*e–r*
Frucht)
  putative [ˈpjuːtətiv] a (~ly adv) *vermeintlich,*
mutmaßlich
  puteal [ˈpjuːtiəl] s ⟨ant⟩ *Brunneneinfassung* f
  putlock [ˈputlək], **–log** [ˈ–ləg] s ⟨arch⟩ *Rüst-*
balken, –baum m, *–stange* f (*f ein Gerüst*)
  putrefacient [ˌpjuːtriˈfeiʃənt] **1.** a *fäulnis-*
erregend, Fäulnis– **2.** s *fäulniserregender Stoff* m
–faction [ˌpjuːtriˈfækʃən] s *Fäulnis*; *Verwesung* f;
⟨fig⟩ *moral. Zersetzung, Korruption* f **–factive**
[ˌpjuːtriˈfæktiv] a = putrefacient a **–fy** [ˈpjuː-*
*trifai] vt/i || * *in Fäulnis bringen* | vi *in F. geraten,*
(ver)faulen; *verwesen* || ⟨a fig⟩ **–scence** [pjuː-*
*ˈtresns] s *(stinkende) Fäulnis* f; ⟨fig⟩ *Korruption* f
–ent [pjuːˈtresnt] a *faulend*; *Fäulnis–*
  putrid [ˈpjuːtrid] a *verfault, faul*; *putr·id* || ⟨fig⟩
verderbt; ⟨sl⟩ *ekelhaft,* °*Sau–,* °*saumäßig* (~
book) ~**ness** [~nis], ~**ity** [pjuːˈtriditi] s *Fäul-*
nis; ⟨fig⟩ *Verderblichkeit* f
  putsch [putʃ] s Ger ⟨pol⟩ *Putsch* m
  puttee, –ttie [ˈpʌti] s [*oft* pl ~s] *Wickel-*
gamasche f
  putter [ˈpʌtə] s *Golfschläger* m (*z Einlochen*)
→ to put, putt
  putter [ˈpʌtə] vi ⟨Am⟩ = *unbeholfen, zimper-*
lich umgehen (with) → to potter
  putti [ˈputi] s It pl ⟨arts⟩ *Putten, Kinder-*
gestalten f pl
  putting [ˈputiŋ] s; ~ the weight *Kugelstoßen* n

  putting [ˈpʌtiŋ] s ⟨golf⟩ *Einlochen, Putten* n
|| ~**-green** *das ein Loch umgebende Grün* (*Rasen-*
stück) n; *Kleingolfplatz* m; ~**-hole** *Loch* n
  puttock [ˈpʌtək] s ⟨dial orn⟩ *Weihe* f; *Bussard*
m
  puttoo [ˈpʌtuː] s AInd *grobes Wollgewebe* n
  putty [ˈpʌti] **1.** s (*a jewellers'* ~, ~*-powder*)
Zinnasche f || (*a plasterers'* ~) *Kalkkitt* m || (*a*
glaziers' ~) *Glaserkitt* m **2.** vt (*a* to ~ up)
(*ver)kitten*
  puzzle [ˈpʌzl] **1.** s *Verlegenheit, Verwirrung* f
(about *über*) || *schwierige Frage* f, *Problem,*
Problematische n; *Rätsel* n || *Pussel–, Vexier–,*
Geduld–, Zus–setzspiel n | [attr] ~*-headed kon-*
fus, wirr || ~*-lock Vexierschloß* n **2.** vt/i *ver-*
wirren, irremachen, in Verlegenheit setzen; to be
~d *in V. s* (for *um*; to do); *nicht wissen* (what
to do) || (*jdm*) *z denken geben*; ~d *sich den*
Kopf zerbrechend; to ~ one's brains *od head sich*
den Kopf zerbrechen; ~ o.s. *sich abmühen*
(with *mit*) || to ~ **out** *enträtseln, herausbekom-*
men | vi *sich den Kopf zerbrechen* (about, over
über) || *verlegen suchen* (for *nach*) ~**dom** [~dəm],
~**ment** [~mənt] s *Verwirrung, Verlegenheit* f
  puzzler [ˈpʌzlə] s *jd, der in Verlegenheit setzt*
|| *schwierige Frage* f
  pyaemia [paiˈiːmiə] s ⟨med⟩ *Blutvergiftung* f
(*durch Eiterherde), Eiter–, Wundfieber* n **–mic**
[paiˈiːmik] a *piämisch*
  pycno– [ˈpikno] [in comp] *dicht* ~**meter** [pik-*
ˈnɔmitə] s *Dichtemesser* m
  pyelitis [ˌpaiiˈlaitis] s L ⟨med⟩ *Nierenbecken-*
entzündung f
  pye-dog [ˈpɔidəg] s Ind *herrenloser Hund* m
  pygal [ˈpaigəl] a ⟨zoo⟩ *Steiß–*
  pygmaean [pigˈmiːən] a *pygm·äisch, zwerg-*
haft, Zwerg– **pygmy, *pig–*** [ˈpigmi] **1.** s *Pygm·äe,*
Zwerg m (*a* übtr) **2.** a ⟨zoo⟩ *Zwerg–* (~ hog) ||
⟨übtr⟩ *zwergartig, winzig, unbedeutend*
  pyjamas [pəˈdʒaːməz] s Ind pl (*a* pyjama-
suit) *Schlafanzug* m (my ~ are ..); → pajamas
|| the cat's ~ °*die „Masche" (das Richtige)*
| [attr] pyjama (~ jacket)
  pylon [ˈpailən] s *Turm, freitragender Mast*;
⟨el⟩ *Hochspannungsmast* m; ⟨aero⟩ *Wende-*
gerüst n, *–marke* f, *–turm* m; wing ~ *Flügel–,*
Außenspannturm m || ⟨ant arch⟩ *Pylon, Tor-*
turm m | ~ tank ⟨aero⟩ *Zusatzbehälter* m (*unter*
Rumpf or Tragfläche)
  pyloric [paiˈlɔːrik] a ⟨anat⟩ *Pylorus–* **–rus**
[paiˈlɔːrəs] s L ⟨anat⟩ *Pförtner* m (*des Magens*)
  pyo– [ˈpaio] [in comp] *Eiter–*
  pyorrhoea [paiəˈriə] s ⟨med⟩ *eitrige Ent-*
zündung; *Zahnfleischeiterung* f
  pyracanth [ˈpaiərəkænθ] s ⟨bot⟩ *Feuer–,*
Weißdorn m
  pyralid [ˈpirəlid] s (⟨a⟩ ~ moth) ⟨ent⟩
Zünsler m
  pyramid [ˈpirəmid] **1.** s ⟨arch & math⟩
Pyram·ide f (*a* übtr) || ~s pl ⟨engl⟩ *Billardspiel*
n (*mit 15 roten Kugeln u e–r weißen*); to form a
~ ⟨a⟩ *aufgipfeln* [vi] **2.** vt/i ⟨st exch⟩ *(Ge-*
winne) durch Spekulation anhäufen | vi ⟨Am⟩
ein Kartell, e–n Trust aufbauen ~**al** [piˈræmidl] a
(~ly adv) *pyramid·al, pyramidenförmig*
  pyre [ˈpaiə] s *Scheiterhaufen* m
  pyrethrum [paiˈriːθrəm] s L ⟨bot⟩ *Fieber–,*
Mutterkraut n
  pyretic [paiˈretik] a ⟨med⟩ *fieberhaft, Fieber–*
|| *fiebermildernd*
  Pyrex [ˈpaireks] s *feuerfestes („Jenaer")*
Glas n || ~ dish ⟨cul⟩ *Auflaufform* f (*aus Glas*)
  pyrexia [paiˈreksiə] s L ⟨med⟩ *Fieberanfall* m,
–zustand m
  pyridine [ˈpairidain] s ⟨chem⟩ *Pyrid·in* n
(*Alkaloid*)
  pyriform [ˈpirifɔːm] a ⟨scient⟩ *birnenförmig*
  pyrites [paiˈraitiːz] s pl ⟨minr⟩ *Pyr·it,*

Schwefelkies m; iron ~ *Eisenkies* m **–tic** [pai-
'ritik] a *Pyrit–*
  pyro ['paiərou] s (abbr *f* ~gallic acid *od*
~gallol) ⟨phot⟩ *Pyrogall·ol* n, *Pyrogallussäure* f
  pyro– ['pairo] Gr [in comp] *Pyro–, Feuer–,
Leucht–, Hitze–, Wärme–; Brand–* **~carbonic**
[–kɑː'bɔnik] a; ~ oil *Braunkohlenöl* n **~gallic**
[‚pairo'gælik] a; ~ acid = pyro **~gallol** [‚pairo-
'gæləl] s *Pyrogall·ol* n, → pyro **~genous** [pai-
'rədʒinəs] a ⟨geol⟩ *pyrog·en* **~graphy** [pai-
'rɔgrəfi] s *Brandmalerei* f **~heliometer** [‚~hi:li-
'ɔmitə] s *Sonnenstrahlungsmesser* m **~latry** [pai-
'rɔlətri] s *Feuerverehrung* **~mania** [‚pairo-
'meiniə] s *Brandstiftungstrieb* m **~maniac**
[–niæk] s *–getriebener* m **~meter** [pai'rɔmitə] s
Pyrometer, Glut–, Wärmemesser m **~metry**
[pai'rɔmitri] s *Messung* f hoher *Temperaturen*
~phorus [pai'rɔfərəs] s Gr *Pyroph·or* m **~technic**
[‚pairo'teknik] 1. a (~ally adv) *Feuerwerks–;*
⟨fig⟩ *glänzend, blendend* 2. [s pl] ~s [*mst pl*
konstr] *Pyrot·echnik; Feuerwerkerei* f **|** *Feuer-
werk* n (the ~s were fine *das F. war schön*);
⟨fig⟩ *Glanzentfaltung* f **~technical** [‚pairo-
'teknikəl] a = pyrotechnic a **~technist** [‚pairo-
'teknist] s *Feuerwerker* m **~techny** ['pairo-
‚tekni] s = pyrotechnics **~xene** [pai'rɔksi:n] s

⟨minr⟩ *Aug·it* m **~xylin** [pai'rəksilin] s *Schießbaumwolle* f
  pyrope ['pairoup] s ⟨minr⟩ *Pyr·op* m (*Art
Granat*)
  pyrrhic ['pirik] a ⟨pros⟩ ~ verse *Vers aus
2 Kürzen* m
  Pyrrhic ['pirik] a *pyrrhisch;* ~ victory
Pyrrhussieg m
  pyrus ['paiərəs] s ⟨bot⟩ *Birnbaum* m
  Pythagorean [pai‚θægə'ri:ən] 1. a ⟨ant⟩
pythagor·eisch; ~ theorem *pythagoreischer Lehr-
satz* m 2. s *Pythagor·eer* m
  Pythian ['piθiən] 1. a ⟨ant⟩ *pythisch* (~
games) 2. s *Or·akelpriesterin* f (*zu* Delphi)
  python ['paiθən] s ⟨zoo⟩ *Riesen–, Tiger-
schlange* f
  pythoness ['paiθənes] s ⟨ant⟩ *Orakelpriesterin*
f **||** *Zauberin* f
  pyuria [pai'juəriə] s ⟨path⟩ *Eiterharnen* n
  pyx [piks] I. s 1. (*a* **~is** ['~is]) ⟨ec⟩ *Pyxis* f
(*Metallgefäß* f *Hostie*), *Ziborium* n, *Speisekelch*
m 2. ⟨mint⟩ *Büchse* f f *Proben neugeprägter
Münzen* II. vt (*Gewicht neugeprägter Münzen*)
prüfen
  pyxidium [pik'sidiəm] s L ⟨bot⟩ *Büchsen-
frucht, Deckelkapsel* f

Q

  Q, q [kju:] s [pl ~s, ~'s] *Q, q* **||** → P **||** ~-
boat, ~-ship *getarntes, f Kriegszwecke aus-
gerüstetes Handelsschiff* n **|** *U-Bootfalle* f **||** ~
department *Nachrichtendienst* m **||** ~ grade
⟨Am⟩ *Normalbenzin* n
  qua [kwei] L ⟨conj⟩ *als, in der Eigenschaft als*
(~ poet *als Dichter*)
  quack [kwæk] 1. vi *quaken* **||** ⟨übtr⟩ *schwatzen,
plappern* 2. s *Quaken* n **||** *Geschwätz* n
  quack [kwæk] 1. s (abbr *f* ~salver) *Quack-
salber, Kurpfuscher* m **||** *Schwindler, Schaum-
schläger* m **|** [attr] *quacksalberisch, Schwindel–*
2. vi/t **||** *quacksalbern* **|** vt to ~ *a p quacksalbern
an jdm* **~ery** ['~əri] s *Quacksalberei, Kur-
pfuscherei* f **~salver** ['~sælvə] s = quack s
  quack [kwæk] s ⟨Am bot⟩ = quitch
  quad [kwɔd] s abbr *f* quadrangle, quadrat *u*
quadruplet **||** ⟨mil mot fam⟩ *Vierradantrieb-
Zugmaschine* f
  quadrable ['kwɔdrəbl] a ⟨math⟩ *quadrierbar*
  quadragenarian [‚kwɔdrədʒi'nɛəriən] 1. a
40 Jahre alt 2. s *Vierzigjährige(r* m) f
  Quadragesima [‚kwɔdrə'dʒesimə] s L ⟨ec⟩ (*a
~* Sunday) *erster Fastensonntag* m **~l** [~l] a
Fasten–
  quadrangle ['kwɔ‚dræŋgl] s ⟨math⟩ *Viereck* n **||**
(fam abbr quad) *viereckiger u Häusern einge-
faßter Hof* m **||** *viereck. Häuserblock* m **–gular**
[kwə'dræŋgjulə] a (~ly adv) *viereckig*
  quadrant ['kwɔdrənt] s ⟨math astr mar⟩
Quadr·ant, Viertelkreis m **||** ⟨tech⟩ *Schere* f **||** ~
of a brake *Bremssegment* n **||** ~ angle of
departure ⟨ball⟩ *Abgangswinkel* m **||** ~ compass
Zirkel m *mit Stellbogen* m **||** ~ elevation ⟨artill⟩
Erhöhungs–, Aufsatzwinkel m **||** ~ gear *Um-
steckrad* n **||** ~ sight *Zeigervisier* n **~al** [kwə-
'dræntl] a *Quadranten–*
  quadrat ['kwɔdræt] s (abbr quad.) ⟨typ⟩
Quadrat n, ~s [pl] *Quadraten* pl (*Füllmaterial*)
–rate ['kwɔdrit] 1. a ⟨mst anat⟩ *quadratisch,
Quadrat–* (~ bone *–bein* n) 2. s ⟨anat⟩ *viereckiger ·Knochen* od *Muskel* m **–rate** [kwə'dreit]
vt/i **||** ⟨*math⟩ *in vier Teile teilen* **||** *passend* m
(to, with *z*) **|** vi *übereinstimmen* (with *mit*) **–ratic**
[kwə'drætik] 1. a ⟨math⟩ *quadratisch;* ~ equa-

tion *quadratische Gleichung* f 2. [s pl] ~s
quadratische Gleichungen pl **–rature** ['kwɔdrətʃə]
s ⟨math astr⟩ *Quadrat·ur, Inhalts–, Flächen-
inhaltsbestimmung* f **–rennial** [kwə'dreniəl] a
vierjährig; alle vier Jahre geschehend
  quadri– ['kwədri] [in comp] *vier–* **~cycle**
[~saikl] s *Vierrad* n **~ga** [kwə'draigə] s L ⟨ant⟩
röm. Viergespann **~lateral** [‚kwədri'lætərəl]
1. a ⟨math⟩ *vierseitig* 2. s *Viereck* n; *vierseitige
Figur* f, *–ges Gebiet* n **~lobated** [‚kwədrilou-
'beitid] a *vierlappig* **~nomial** [~'noumiəl] a
⟨math⟩ *viergliedrig* **~partite** [‚~'pɑ:tait] a *vier-
teilig;* ⟨Ger pass pol⟩ *Viermächte–, ~ vier
(Besatzungs-)Mächten verwaltet* etc **||** ~ly [adv]
v vier Mächten (~ly occupied *Berlin*) **~syl-
labic** [‚kwədrisi'læbik] a *viersilbig* **~syllable**
['~'siləbl] s *viersilbiges Wort* n **~valent** [kwə-
'drivələnt] a ⟨chem⟩ *vierwertig*
  quadrille [kwə'dril] s *Quadrille* f (*Tanz &
Musik*)
  quadrillion [kwə'driljən] s *Quadrilli·on* f
(*1 mit 24 Nullen*) **||** ⟨Am & Fr⟩ *Billi·arde* f
(*1 mit 15 Nullen*)
  quadrivium [kwə'driviəm] s L *höhere Abteilung der Freien Künste im Mittelalter* f
  quadroon [kwə'dru:n] s *Quarter·on* m (*Kind
e–s Weißen u e–r Mulattin*)
  quadru ['kwɔdru] [in comp] *vic·* **–manous**
[kwə'dru:mənəs] a ⟨zoo⟩ *vierhändig*
  quadruped ['kwɔdruped] 1. s *Vierfüß(l)er* m
2. a (*a* **~al** [kwə'dru:pidl]) *vierfüßig; Vier-
füß(l)er–*
  quadruple ['kwɔdrupl] 1. a (–ply adv) *vier-
fach, ~ of od* to *viermal so gr wie* **||** ⟨mus⟩ *Vier-
vierteltakt–* **||** *Viermächte–, ~ alliance Quadru-
pelallianz* f **||** ~ machine gun *Vierlings-MG* n **||**
|| ~-threaded *viergängig* (*Schraube*) 2. s *das
Vierfache* (the ~ of *das V. v*) 3. vt/i **||** *vervier-
fachen* **|** vi *sich v.* **|** ~**t** ['kwɔdruplet] s 1. ~s [pl]
Vierlinge m pl 2. *Vierrad* n
  quadruplicate 1. [kwə'dru:plikit] **a.** a *vierfach,
viermal wiederholt* or *ausgefertigt* **b.** s *vierfache
Ausfertigung* f (in ~); ~s *vier Exemplare* n pl
(*e–s Schriftstücks*) 2. [kwə'dru:plikeit] vt *ver-*

vierfachen **–ation** [kwəˌdruːpliˈkeiʃən] s *Vervierfachung* f

quaere [ˈkwiəri] L **1.** v imps *man fragt sich, es ist die Frage* (whether *ob*); *warum?* **2.** s *Frage* f

quaestor [ˈkwiːstə] s ⟨ant⟩ *Quästor* m **~ial** [kwiːsˈtɔːriəl] a *Quästor–*

quaff [kwɑːf] **1.** vi/t **‖** *tüchtig trinken* (of *aus*); *zechen* **|** vt (*etw*) *in gr Zügen trinken* **‖** to ~ off *mit e–m Zuge leeren.* **2.** s gr *Schluck* m

quag [kwæg] s *Sumpf, Morast* m ⟨a fig⟩ **~gy** [ˈ~i] a *sumpfig; weich* **~mire** [ˈ~maiə] s *Sumpf–, Moorboden* m, *–land, Hochmoor* n **‖** ⟨fig⟩ *Klemme* f

quagga [ˈkwægə] s ⟨zoo⟩ *Quagga* n (*gr Zebra*)

quahaug, –hog [ˈkwɔːhɔg, kwɔˈhɔg] s ⟨Am⟩ *Clam, eßbare Meeresmuschel* f

quaich, quaigh [kweix] s ⟨Scot⟩ *flaches Trinkgefäß* n *mit zwei Henkeln*

Quai d'Orsay [ˈkeiˈdɔːsei] s Fr *Straße in Paris mit dem Außenministerium* **‖** *frz. Außenministerium* n; *frz. –politik* f

quail [kweil] s [pl ⟨hunt⟩ ~] ⟨orn⟩ *Wachtel* f; ⟨Am⟩ *Baum–* **|** ⟨Am univ⟩ *Studentin* f

quail [kweil] vi *zittern, beben, zurückweichen* (before *vor*); *verzagen*; his spirit ~ed *es sank ihm der Mut*

quaint [kweint] a (~ly adv) *altmodisch; anheimelnd, anziehend* **‖** *seltsam, wunderlich; drollig* **~ness** [ˈ~nis] s *anziehende Schlichtheit* f **‖** *Seltsamkeit* f

quake [kweik] **1.** vi *beben, erschüttert w* **‖** (*P*) *zittern, beben* (for, with fear *vor Furcht*) **2.** s *Zittern,* (*Erd-*)*Beben* n **|** **~r** [ˈ~ə] s ⟨Am fam⟩ *Pistolen–*(etc)*Attrappe* f **–king** [ˈkweikiŋ] a (~ly adv) *zittrig, bebend; Zitter–* (~ grass); ~ bog ⟨geog⟩ *Schwingmoor* n

Quaker [ˈkweikə] s ⟨engl⟩ *Quäker* m (*Mitglied der Society of Friends; ggr. 1648/50*) **‖** ~ City *Philadelphia* n **‖** ~ green *dunkelgrün* **‖** ~ oats pl *Haferflocken* pl **‖** ~-meeting *schweigende Anbetung* f, ⟨fam hum⟩ *schweigsame Gesellschaft* f; *Gesellschaft, bei der die Leutnante „ihre Schulden zahlen", bei der „ein Engel durch den Saal geht"* **–dom** [~dəm] s *die Quäker* pl **‖** *Quäkertum* n **~ess** [~ris] s *Quäkerin* f **~ish** [~riʃ] a *quäkerhaft* **~ism** [~rizm] s *Quäkertum* n

qualification [ˌkwɔlifiˈkeiʃən] s *Modifikation, Einschränkung* f (with ~s *mit –gen*); without any ~ *ohne jede E.* **|** *Fähigkeit, Befähigung; Tauglichkeit, Eignung, Reife, Anwartschaft* f (for *f*); his ~s are .. *was hin qualifiziert* (*f ..*), *ist ..* **|** *notwendige Voraussetzung, Vorbedingung* f, *Erfordernis* n (of *f*) **|** ~ test *Eignungsprüfung* f **–atory** [ˈkwɔlifikeitəri] a *einschränkend, qualifizierend*

qualified [ˈkwɔlifaid] a *befähigt, qualifiziert* (for *f*) **‖** *eingeschränkt, bedingt* (~ reply) **‖** ⟨jur⟩ v *e–r Bedingung abhängig* (~ title .. *Rechtstitel*) **‖** ~ majority *einfache* or *vorgeschriebene Mehrheit* f (*etwa* $\frac{2}{3}$ or $\frac{3}{4}$ *M.*)

qualify [ˈkwɔlifai] vt/i **A.** vt **1.** (*jdn* or *etw*) *bezeichnen, ausweisen* (as *als*) **‖** ⟨gram⟩ *näher bestimmen* **2.** (*jdn*) *befähigen, qualifizieren* (for a th *f etw*; to be, to do *od* for being, doing *z s, z tun*); to ~ o.s. *sich ausbilden, die Reife erwerben* (for; to do) **3.** *modifizieren, einschränken* **‖** *mildern, mäßigen* **|** (*Getränke*) *vermischen, –dünnen* **B.** vi *sich qualifizieren; sich ausbilden* (as *als*); *die nötige Befähigung, Reife nachweisen* (as a doctor *als Doktor*; for *f*); *die B. besitzen* (as *als*; for *f*; by *durch*) **~ing** [~iŋ] a *Ausweis–, Reife–* (~ examination) **‖** ~ period *Anwärter–, Probezeit* f

qualitative [ˈkwɔliteitiv] a (~ly adv) *qualitativ*

quality [ˈkwɔliti] s **1.** (*P*) *Fähigkeit* f (of doing

z tun) **‖** *Wert* m, *Güte* f **‖** *Qualität, Eigenschaft* f; best ~ *specially selected Sondermarke* f **‖** *Leistung* f **|** * *Stand, Rang* m; * *vornehmer Stand* m (people of ~); ⟨mst vulg⟩ the ~ *die vornehme Welt* **2.** (*S*) *Eigenschaft, charakterist. Eigenart* f; ⟨bes demog⟩ *artmäßiges Merkmal* n **‖** *Natur, Art* f; *Gehalt* m, *Güte* f; ⟨com⟩ *Qualität* (*Ggs* quantity) **‖** *Gattung, Art; Beschaffenheit* f **|** [attr] ~ inspection *Abnahme*(*wesen* n) f; ~ inspector *Abnahmebeamter* m; ~ specification *Güte–, Qualitäts–, Abnahmevorschrift* f; ~ test *Güteprüfung* f

qualm [kwɔːm; kwɑːm] s *Übelkeit* f, ~s [pl] *–sgefühl* n **|** *Niedergeschlagenheit* f; ~s [pl] *Gewissensbisse, Zweifel* m pl **‖** *innere Neigung, Anwandlung* f **~ish** [ˈ~iʃ] a (~ly adv) *übel; unwohl; Übelkeits–*

quandary [kwonˈdɛəri; ˈkwɔndəri] s *Verlegenheit, Schwierigkeit, verzwickte Lage* f (in a ~)

quant [kwɔnt] **1.** s (*Boots-*)*Stange* f *mit flacher Kappe* **2.** vt/i (*Boot*) *mit e–r Stange treiben* **|** v *getrieben w*

Quantas [ˈkwæntəs] s ⟨aero⟩ → QEA (abbr)

quantic [ˈkwɔntik] s ⟨math⟩ *Form, e–e rationale, ganze, homogene Funktion* f

quantifiable [ˈkwɔntifaiəbl] a *quantitativ bestimmbar* **–fication** [ˌkwɔntifiˈkeiʃən] s *Quantitätsbestimmung* f **–fy** [ˈkwɔntifai] vt *quantitativ bestimmen, messen* **–tative** [ˈkwɔntiteitiv] a (~ly adv) *quantitativ, mengenmäßig*

quantile [ˈkwɔntail] s ⟨stat, demog⟩ *Quant·il* n

quantity [ˈkwɔntiti] s **1.** *Quantität, Menge* f (*Ggs* quality) (~ manufacturing *Massenherstellung* f) **‖** *Größe; Ausdehnung* f; *Maß* n **‖** ⟨gram & mus⟩ *Quantität* f, *Zeit–, Silbenmaß* n; *Länge* or *Kürze* f; ~ of yeast for pitching ⟨brew⟩ *Hefegabe* f **2.** *Quantum* n, *bestimmte Menge* (the ~ of rain *die Regenmenge;* ~ of motion *Bewegungsgröße* f, *–moment* n; ~ delivered *Liefermenge* f) **‖** gr *Menge, Portion* or *Zahl* f; a ~ of snow *e–e M. Schnee;* ~ of books *e–e gr Zahl Bücher;* in ~ties *in gr Mengen* **3.** ⟨math⟩ *Größe* f, an unknown ~ *unbekannte G.* ⟨a fig⟩ (*P*) **4.** [attr] ~ gauge *Vorratsanzeiger* m

quantum [ˈkwɔntəm] L s (pl **–ta** [–tə]) *Menge, Zahl* f; *Größe* f **‖** *Quantum* n, *best. Anteil; Teil* m; ~ of action *Wirkungs–,* ~ of energy *Energiequantum* n ⟨phys⟩ *Energieatom, –quantum* n; [attr] *Quanten–,* ~ theory *–theorie* f; ~ jump *–sprung* m; ~ mechanics *–mechanik* f; ~ number *–zahl* f; ~ orbit *–bahn* f; ~ scattering *–streuung* f **‖** *Quantum–,* ~ efficiency, ~ yield *–ausbeute* f; ~ leakage *–verlust* m; ~ transition *–übergang* m

quaquaversal [ˌkweikwəˈvəːsl] a (~ly adv) ⟨geol⟩ *nach allen Richtungen, Seiten sich erstreckend*

quarantine [ˈkwɔrəntiːn] **1.** s Fr *Quarant·äne, Isolierung* f v *Krankheitsverdächtigen* (in ~) **‖** ⟨jur a⟩ *das Recht der Witwe nach dem Tode ihres Ehemannes auf 40tägigen Besitz s–s Hauses od s–r Wohnung* **2.** vt (*Schiff, jdn*) *unter Q. stellen,* (*jdm*) *Q. auferlegen* **‖** ⟨übtr pol⟩ (*Nation*) *isolieren*

quarrel [ˈkwɔrəl] **1.** s *Streit, Zank* m (between *zw*; with *mit*) **‖** *Grund z Streit* m; to pick, seek a ~ with a p *mit jdm Händel suchen;* to have no ~ with *nichts auszusetzen h an* **2.** vi *sich auflehnen; kabeln* (with) *sich verunreinigen* **|** to ~ with *sich zanken, sich streiten mit* (for *wegen;* about, over *über*); *etw auszusetzen h an; sich beklagen über; bemängeln;* to ~ with each other *mit–e–a streiten;* to ~ with one's bread and butter *sich ins eigene Fleisch schneiden* **~some** [~səm] a (~ly adv) *zänkisch; streitsüchtig* **~someness** [~səmnis] s *Streitsucht* f

quarrel ['kwɔrəl] s ⟨dial⟩ *viereckige Fensterscheibe* f

quar(r)enden ['kwɔrəndən], **-der** [-də] s *roter Frühapfel* m (*aus* Devon)

quarrier ['kwɔriə] s *Steinbrecher, -hauer* m

quarry ['kwɔri] s *verfolgte or erlegte Beute* f ⟨*a* fig⟩

quarry ['kwɔri] s *viereck. Fensterscheibe* f || ~ *tile* (*natürliche*) *Gehwegplatte* f

quarry ['kwɔri] **1.** s *Steinbruch* m; (*offene*) *-grube* f || ⟨fig⟩ *Schatz* m, *Fundgrube, Quelle* f (for) || ~-faced *masonry Bossenmauerwerk* n; ~ stone *Bruchstein* m | ~ dust ⟨min⟩ *Bohrmehl* n **2.** vt/i || (*Steine*) *brechen, hauen* || (*Fels* etc) *aushöhlen* || ⟨fig⟩ (*etw*) *mühsam herausarbeiten, -holen* (out of *aus*); (*Material*) *mühsam erarbeiten, gewinnen* (from, out of *aus*) | vi ⟨fig⟩ *mühsam arbeiten, graben* (in *in*) **~man** [~mən] s = quarrier

quart [kwɔːt] s *Quart* n (*1,136 l;* ⟨Am⟩ *0,946 l*); *ein Trockenmaß* n || *Viertelmaß, Viertel* n (a ~ of); [attr] *Viertel-* | ⟨mus⟩ *Quarte* f

quart [kɑːt] s **1.** ⟨fenc⟩ (*a* ~e) *Quart* f; → carte **2.** ⟨cards⟩ *Sequenz v 4 Karten* f

quartan ['kwɔːtn] **1.** a (of fever) *viertägig; Quart·an-* (~ fever) **2.** s *viertägiges Fieber, Quart·anfieber* n

quarter ['kwɔːtə] s **A. 1.** *Viertel* n (a ~ of an hour, ⟨Am⟩ a ~ hour *e–e -stunde;* for the whole ~ of an hour *e–e ganze V. lang;* a bad ~ of an hour *e–e unangenehme V., Zeit*); not a ~ the pleasure *nicht ein V. soviel Vergnügen;* for ~ the price, for a ~ the (od of the) price *f ein V. des Preises;* not a ~ as good as *bei weitem nicht so gut wie* **2.** *Viertel des geschlachteten Tieres* (*inkl. ein Bein*); *eins der vier Beine;* a ~ of mutton *ein viertel Hammel* || [mst pl] ~s *Hinterviertel, -teil* n, *Kruppe* f **3.** the ~ ⟨sl⟩ *Viertelmeilenrennen* n **4.** ⟨her⟩ (*Wappen-*)*Feld* n *e–s Gevierts* (*e–s gevierten Schildes*) **B.** (*als Maß, Norm*) **1.** (*engl. Trockenmaß*) *Quarter* m (= 290,9 *l*), a ~ of barley *ein Q. Gerste* | (*Gewicht*) (abbr qr.) *Viertelzentner* m (= 28, ⟨Am⟩ 25 *Pfd.*), a ~ of sugar *ein V. Zucker* || *Längenmaß f Gewebe* (= 22,8 *cm*) **2.** (*Zeit*) *Quart·al* n; by the ~ *quartalsweise* || (*Mond-*)*Viertel* n (in the first ~) | *Viertelstunde* n; (we met) at (a) ~ past two (*wir trafen uns*) *ein Viertel nach zwei;* at (a) ~ to [⟨Am⟩ of] two (*um*) *ein V. vor zwei,* ¾2 | *Viertelstundenzeichen, Viertel* n; it is not the ~ yet *es ist noch kein Viertel;* it has gone the ~ *es hat ein V. geschlagen* **3.** ⟨Am⟩ *Vierteldollar* m (*25-Cent-Stück*) **C.** (Ort) **1.** *Himmelsgegend, -richtung* f; what ~ is the wind in? *welche Windrichtung h wir?* from all ~s *v allen Seiten* **2.** *Gegend* f (in this ~ *in dieser G.*) || (of a town) *Distrikt* m, *Viertel* n; *Verwaltungsbezirk* m; modern ~ *Neusiedlung* f | ⟨fig⟩ *Bezirk* m; *Richtung* f (in that ~); in this ~ *hierzulande; Seite* (from another official ~); *Quelle* f (from a good, reliable ~ *aus guter zuverlässiger Q.*); the proper ~ *die zuständige Stelle* **3.** [mst pl] ~s *Wohnung* f; *Nachtlager* n; in ~ *kind freie Unterkunft* f || ⟨mil⟩ *Quartier* n; → headquarters | to take up one's ~s *sein Q. aufschlagen;* Q. *nehmen;* → free ~ *Standort* m, to beat to ~s *klar z Gefecht* m; → close || to move into ~s *ins Q. rücken;* to prepare ~s Q. m || in diplomatic, certain ~s *in diplomatischen, gewissen Kreisen* | ~s allowance *Wohnungsgeld*(*zuschuß* m) n, → F. D. ⟨mil⟩ *Pardon* m (to give ~, no ~), *Gnade* f; ⟨fig⟩ *Schonung* f; to cry for ~ *um Pardon flehen;* to find no ~ with *k–e Sch. finden bei E.* ⟨tech carp⟩ [mst pl ~s] *Vierblatt* n (*vier Zoll breites Stück Holz*) || (of boots) *Fersenleder* n | ⟨mar⟩ *Oberteil* m *des Schiffes zwischen hinterstem Mast u Heck* **F.** [attr & comp]

stets: ~ *Viertel–* etc; → C. || ~-back ⟨Am ftb⟩ *der Verteidiger* m *direkt hinter den Stürmern* || ~-bill *Quartierliste* f || ~-binding (*Buch-*)*Band* m *mit engem Lederrücken* || ~ davit ⟨mar⟩ *Seitendavit* m || ~-day *Quartalstag* m (⟨jur⟩ *in England: 25. 3., 24. 6., 29. 9., 25. 12.;* ⟨Am⟩ *1. 1., 1. 4., 1. 7., 1. 10.*) || ~-deck ⟨mar⟩ *Quarter–; Achterdeck* n (*f Offiziere*); the ~-deck *die Offiziere* pl || ~-eagle ⟨Am⟩ *2½ Dollarstück* n || ~-mile ⟨racing⟩ *Viertelmeile* f; ~-miler *-nläufer* m || ~-race ⟨Am⟩ *Viertelmeilerennen* n || ~-round ⟨arch etc⟩ *Viertelstab* m || ~-saw [vt] (*Holzblock*) *vierteilen* || ~-sessions [pl] ⟨jur⟩ *vierteljährliche Gerichtssitzungen* f pl (*der Friedensrichter, Grafschaftsgericht f kl Kriminalfälle*) || ~ stuff *viertelzölliges Brett* n, *Schale* f || ~ timber ⟨carp⟩ *Kreuzholz* n || ~-tone ⟨mus⟩ *Vierteltonintervall* n **~age** [~ridʒ] s *Quartalszahlung* f; *–lohn* m, *–pension* f || *Einquartierung* f

quarter ['kwɔːtə] vt/i **A.** vt **1.** *in vier Teile teilen;* (*Verräter*) *vierteilen* || ⟨her⟩ (*Schild*) *in vier Felder teilen* **2.** *unterbringen, beherbergen;* ⟨mil⟩ (*Soldaten*) *einquartieren* (at, in a place); to be ~ed *im Quartier liegen, in Garnison liegen, stehen* (at *od* in); ~ed *in barracks kaserniert;* to ~ o.s. upon a p *sich einquartieren bei jdm* || (*Soldaten*) *zwangsweise einquartieren* (upon *od* on a town *in e–r Stadt*); ⟨fig⟩ *zwangsweise unterbringen* (upon *bei*) || (of hounds) (*Gegend*) *durchqueren, –stöbern* **B.** vi *wohnen, leben;* ⟨mil⟩ *einquartiert sein* (at *in*) || ⟨hunt⟩ *streifen* (over), *hin u her laufen* || (of vehicles) *ausweichen* **~ing** [~riŋ] s *Einquartierung* f || ⟨carp⟩ *Arbeit f aus Vierblättern* (→ quarter s E.) | [attr] *Quartier–* (~ office *–amt* n; ~-macher *–macher* m; ~ party *–macherkommando* n; ~ strength [*Unterkunfts-*]*Belegstärke* f) | ⟨mar⟩ ~ wind *Schrägwind* m (*v achtern*)

quarterly ['kwɔːtəli] **1.** adv *vierteljährlich, quart·alsweise* || ⟨her⟩ *auf den Wappenfeldern* **2.** a *vierteljährlich; Vierteljahrs-* (rate *–ziffer* f) **3.** s *Vierteljahrsschrift* f

quartermaster ['kwɔːtə mɑːstə] s (abbr Q.M.) ⟨mil mar⟩ *Quartiermeister* m; ~-general (abbr Q.M.G.) ⟨mil⟩ *General–* (*nicht identisch mit dem GQM der alten Wehrmacht*) || ~-sergeant *Furier* m | ⟨mar⟩ *im Steuern geübter Vollmatrose* m | ~ service company *Quartiermeister–, Lager– u Ausgabekompanie* f

quartern ['kwɔːtən] s (*als Maß*) *Viertel* n, *bes –pinte* f | (a ~-loaf) *Vierpfundbrot* n

quarterstaff ['kwɔːtəstɑːf] s *langer, dicker Stab* m (*Waffe*)

quartet(te) [kwɔː'tet] s ⟨mus⟩ *Quart·ett* n (*Komposition*); *Gruppe f v 4 Spielern* || *Satz* m *v 4 P or S* || ⟨pros⟩ *Satz v 4 Versen, Zeilen*

quartile ['kwɔː:tail] s ⟨stat⟩ *Quart·il* n

quarto ['kwɔːtou] s [pl ~s] ⟨typ⟩ (abbr 4to, 4°) *Quart*(*format*) n

quartz [kwɔːts] ɒ (minr) *Quarz* m || ⟨wir⟩ ~ crystal *Steuer–* || ~ clock *elektrische Uhr* f **~ite** ['~ait] s *Quarz·it, Quarzfels* m **~ose** ['~ous] a *quarzhaltig*

quash [kwɔʃ] vt (*Urteil*) *annullieren, aufheben; verwerfen* || (*a* to ~ down) *unterdrücken, zunichte m*

Quashee, –shie ['kwɔʃi] s *westafr. Neger* m

quasi ['kweisai] L (abbr qu.) adv *gleichsam, das heißt* || [oft in comp] *quasi–, gewissermaßen, halb u halb, Halb–; scheinbar, Schein–* (~-emperors; ~-war); ~-contract *vertragsähnliches Verhältnis* n, *–che Schuldrechtsobligation* f

quassia ['kwɔʃə] s ⟨bot⟩ *Quassie* f, *Bitterholzbaum* m || *Quassi·in* n (*Bitterstoff daraus* m)

quater-centenary ['kwætəsen'ti:nəri] s *vierhundertjähriger Jahrestag* m

quaternary [kwə'tɔ:nəri] **1.** a *aus vier be-*

stehend || ⟨geol⟩ *Quart`är–* (~ formation) **2.** s *Satz* m *v vieren*; ⟨math⟩ *Vierzahl* f || ⟨geol⟩ *Quartärperiode* f

quaternion [kwə'tə:njən] s *Gruppe, Satz v vieren* || ⟨math⟩ *Quaterni·one* f (*verallgemeinerte komplexe Zahl*) **–nity** [kwə'tə:niti] s *Gruppe v 4 Pn*

quart d'heure [kɑ:'də:] s Fr ⟨theat⟩ *Einakter* m

quartet ['kwɔ:tit] s *Vierzeiler* m (*vgl* quatrain, bes in Shakespeares Sonetten)

quatorzain [kə'tə:zein, kæ'tə:zein] s *Gedicht v 14 Zeilen* n (*in Form des* Shakespeare-*Sonetts*)

quatrain ['kwɔtrein] s ⟨poet⟩ *vierzeilige Strophe* f *mit abwechselnden Reimen*

quartrefoil ['kætrefɔil] s ⟨arch & her⟩ *Vierblatt* n, ⟨arch⟩ *–paß* m; *Blumenfigur* f *aus 4 Blumenblättern*

quattrocento [‚kwætrou'tʃentou] s It ⟨arts⟩ *Stil des 15. Jhs, der Frührenaiss·ance*

quaver ['kweivə] **1.** vi/t *zittern, vibrieren* || (of the voice) *zittern; tremulieren* || ⟨mus⟩ *trillern* | vt *zitternd äußern, stammeln* || (a to ~ out, forth) (*Lied*) *trillern* **2.** s ⟨mus⟩ *Achtelnote* f || ⟨mus⟩ *Triller* m || *zitternde Stimme* f | ~**y** [~ri] a *zitternd*

quay [ki:] s *Kai* m (on the ~ *am K.*); *Kai–, Ufermauer, Kaianlage* f, *Hafendamm* m | [attr] *Kai–* ~**age** ['~idʒ] s *Kaigebühr, –geld* n || *Kaianlage* f ~**ed** [~d] a *mit K. versehen*

quean [kwi:n] s *Weibsbild* n; *Dirne* f

queasiness ['kwi:zinis] s *Übelkeit* f, *Ekel* m || (of the stomach) *Empfindlichkeit* f **–sy** ['kwi:zi] a (–sily adv) (of the stomach) *gereizt; empfindlich, schwach* || *unbehaglich* (sense) || (P) *übel* (to feel ~); z *Erbrechen neigend* | ⟨übtr⟩ *zart, überempfindlich* (conscience)

queen [kwi:n] s **1.** *Königin* f (⅄ *Anne die K. Anna*) || ⟨fig⟩ ⅄ *Anne is dead! 'ne alte Geschichte!* | ⅄ *Anne's Bounty Unterstützungsfonds* f *arme Geistliche* || (a ⅄ Consort) *Gemahlin* f *des Königs*; ~ dowager *Königin-Witwe*; ~ mother –*Mutter* f | *weibl. Gottheit* f **2.** ⟨übtr⟩ *K., Herrscherin* (the ~ of the seas) || ⟨Am⟩ *Liebchen, hübsches Mädchen* n || ⟨cards⟩ *Dame* f (~ of hearts *Herzen–*) || ⟨chess⟩ *K.* **3.** *Weibchen* n *bestimmter Tiere; Bienenkönigin* f; ⟨aero fam⟩ *Mutterflugzeug* n, *das Roboter-„Drohnen" lenkt* **4.** [attr & comp] **a.** ~ [*vor* pl ~] ~-ant [pl ~-ants] *Ameisen–*; ~-bee *Bienenkönigin* f || ~-post *vertikale Säule* s *Hängewerks* **b.** ~'s ~ bench; counsel s || ~'s metal *Weißmetall* n || to the (*od* a) ~'s taste z *Vollkommenheit; vollendet* || ~'s ware *gelbes Steingut* n ~**hood** ['~hud] s *Stellung or Würde e–r K.* ~**like** ['~laik], ~**ly** ['~li] a *e–r K. geziemend; königlich, majestätisch*

queen [kwi:n] vt/i || ⟨chess⟩ z *Königin* m; to ~ it ⟨fig⟩ *die Königin, Herrin spielen* | vi ⟨chess⟩ *zur K. w* || ⟨Am⟩ *hinter den Frauen her s*

Queensberry ['kwi:nzbəri] s [attr] ~ Rules [pl] *Vorschriften* f *Boxkampf*

queer [kwiə] **1.** a (~ly adv) *wunderlich, sonderbar; komisch* || *fragwürdig, verdächtig, anrüchig;* to be in ⅄ *Street in* (*Geld-*)*Schwierigkeiten* s | *unwohl, kränklich* (to feel ~) || ⟨Am⟩ *unecht, falsch; anormal, degeneriert* **2.** s ⟨Am⟩ *falsches Geld* n; (P) ⟨vulg⟩ *Hundertfünfundsiebziger, warmer Bruder* **3.** → vt ~**ness** ['~nis] s *Wunderlichkeit* f etc

queer [kwiə] vt ⟨sl⟩ *arg zurichten, verderben*; to ~ the pitch for a p, to ~ a p's p. *jds Pläne durchkreuzen, Aussichten verderben; jdm e–n Strich durch die Rechnung m*

quell [kwel] vt ⟨poet & rhet⟩ (*Gefühl* etc) *unterdrücken; dämpfen, beschwichtigen* || (*Widerstand*) *ersticken* || (*Feind*) *niederwerfen, bezwingen* ~**er** ['~ə] s *Bezwinger* m

quench [kwen(t)ʃ] vt ⟨bes poet & rhet⟩ (*Feuer*) *auslöschen* || (*ab*)*kühlen;* (*Metall*) *abschrecken;* ~ed spark ⟨el⟩ *Löschfunken* m | ⟨poet & rhet⟩ (*Gefühl* etc) *unterdrücken, vernichten, ersticken* | (*Durst*) *stillen, löschen* | (*jdn*) z *Schweigen bringen* || (*Stahl*) *abschrecken;* (*Koks*) *löschen* | ~-aging *Abschreckalterung* f ~**able** ['~əbl] a (*aus*)*löschbar* ~**er** ['~ə] s ⟨fam⟩ *Durststiller, Trunk* m ~**ing** ['~iŋ] *Lösch–* (~ tower –*turm* m) ~**less** ['~lis] a *unauslöschlich*

quenelle [kə'nel] s Fr ⟨cul⟩ *gewürzte Fleischkugel* f

quercine ['kwə:sain] s *Eichenbitterstoff* m **Quercus** ['kwə:kəs] s L ⟨bot⟩ *Gattung* f *der Eichen* || ~ robur *Stein–, Wintereiche* f

querist ['kwiərist] s *Fragesteller* m

quern [kwə:n] s *Handmühle* f (to turn, work the ~)

querulous ['kweruləs] a (~ly adv) z *Nörgeln, Klagen geneigt; unzufrieden; verdrossen; nörgelnd;* ~ person *Querul·ant* m || *klagend; Klage–* (~ cry) ~**ness** [~nis] s *Wehklagen, stetes Klagen* n

query ['kwiəri] **1.** s ~ (*e–e Frage einleitend;* abbr qy.; qu.) *die Frage ist, es fragt sich* (~ if .. ob) || *Frage* f, *Zweifel* m || *Streitfrage* f || *Beanstandung* f | ⟨fig⟩ *Fragezeichen* n (*vor e–m Wort* etc *als Zeichen des Zweifels*) **2.** vt/i || *Frage stellen, fragen* (whether, if ob) || *(jdn) fragen* (about *über*) || (*Wort*) *mit e–m Fragezeichen versehen, in Zweifel ziehen, beanstanden* | vi *zweifeln*

quest [kwest] **1.** s *Suche* f; *Suchen, Forschen* n (of, for *nach*); in ~ of *auf der Suche nach*; the ~ for the Grail *die Gralssuche* f | *ritterl. Abenteuer* n **2.** vi/t || *suchen* (after, for *nach*); (of hounds) *suchen* (for game *nach Wild*) || to ~ about *herumsuchen* | vt ⟨poet⟩ *aus–, aufsuchen*

question ['kwestʃən, –tj–] **I.** s **1.** *Fragen* n; *Untersuchung* f; *Zweifel* m | *Ausfragen* n, *Verhör* n **2.** *Streitfrage* f, *–punkt* m | *die z untersuchende Frage or S, Problem* n (the ~ of the day), the ~ of Germany *die deutsche Frage; Angelegenheit* f; → to beg || ⟨parl⟩ *Interpellation, Anfrage* f; ⅄! *zur Sache!* **3.** *Satz* m *in Frageform; Fragestellung, Frage* f (oblique ~ *indirekte F.,* rhetorical ~ *rhetorische F.*); leading ~ ⟨jur⟩ *Suggestivfrage* f **4.** *Wendungen* **a.** [*nach* prep] **beyond** ~, out of the ~, without ~ *ohne Frage, fraglos, unzweifelhaft;* in ~ *fraglich, bewußt, betreffend* (the p in ~); (the house) in ~ (..) *um das es sich handelt* || to be out of the ~ *außer F. stehen, nicht in F. k, ausgeschlossen s* || to call in ~ *in Zweifel ziehen, bezweifeln* || to come into ~ *in F. k* **b. it is** a ~ of time *es ist e–e F. der Zeit;* it is a ~ of doing *es handelt sich darum z tun;* it is a ~ es ist e–e F.* (whether *ob*); the ~ is *die F. ist, es handelt sich darum* (whether *ob*); what is the ~? *wovon ist die Rede* (in *in*)?; the ~ (as to) why *die F. warum ..;* it was the ~ of *es war die Rede v;* there is no ~ that *od* but *es ist k–e F., daß;* there is no ~ of *es kann nicht die Rede s v* (of doing *z tun*); there can be no ~ of *es kann kein Zweifel s an* || a 64 dollar ~ ⟨Am⟩ *die „härteste Nuß"* (schwierigste *F.*) **c.** → **to answer** || the ~ does not arise ⟨jur⟩ *die F. or S ist nicht zutreffend or berechtigt; .. ist belang–, gegenstandslos* (geworden) || to ask ~s *Fragen stellen;* the ~ must be asked *man muß fragen* (why) || to make no ~ of *nicht bezweifeln* || to put a p a ~ *od* a ~ to a p *e–e F. stellen;* to put a p to the ~ *jdm die F. vorlegen, jdn fragen* || to put the ~ z *Abstimmung schreiten* **5.** [attr] *Frage–* || ~-form *–bogen* m, *–formular* n || ~-mark *Fragezeichen* n **II.** vt/i **1.** vt (*jdn*) *fragen; verhören* || (*jdn*) *ausfragen* (*Sterne*) *befragen* || *fragen nach* (*etw*), *Fragen stellen über* (*etw*) | (*etw*) *in Frage stellen, in Zweifel ziehen, be-*

zweifeln; it cannot be ~ed but that *od* but *es ist zweifellos, daß*; *zweifeln* (whether *ob*) **2.** *vi Fragen stellen* || *(an)fragen* (if *ob*) **~able** [~əbl] a (–bly adv) [pred] *streitig*; *fraglich*; *zweifelhaft* || *fragwürdig, bedenklich, verdächtig*; *(P) unseriös* **~ableness** [~əblnis] s *Zweifelhaftigkeit*; *Fragwürdigkeit* f **~ary** [~əri] **1.** a *fragend, Frage-* **2.** s *Frage-, Meldebogen* m **~er** [~ə] s *Fragesteller* m **~less** [~lis] a (~ly adv) *frag-, zweifellos*

questionnaire [ˌkestjə'nεə, ˌkwestʃə'nεə] s Fr *Liste, Reihe v z beantwortenden Fragen* f, *Fragebogen* m

quetzal ['kwetsəl] s ⟨orn⟩ *Ques·al, Quetzal* m *(Trogon, Rakenvogel)*

queue [kju:] **1.** s *langer (Haar-)Zopf* m | *(P) lange Reihe* f; *Anstellreihe, Schlange* f; to take one's place, to wait in a ~ *anstehen, Schlange stehen* **2.** vt/i [~ing] *(Haar) in e–n Zopf flechten* | vi (a to ~ up) *e–e Reihe bilden, e–e Schlange bilden, anstehen*; to ~ *on sich anstellen*

quibble ['kwibl] **1.** s *Wortspiel* n || *Ausflucht, Sophisterei, Spitzfindigkeit* f **2.** vi *Worte klauben, Ausflüchte* m *or gebrauchen*; *spitzfindige Unterschiede* m; *tifteln* (about *über*); *deuteln* (at *an*); –ling a *spitzfindig* || **quibbler** ['~ə] s *Wortklauber, Haarspalter, Sophist* m

quick [kwik] **I. a 1.** *lebendig*; ~ fence, ~ hedge *lebendige Hecke* f **2.** *lebhaft, munter, kräftig* (~ fire) || *beweglich, gewandt, behende* || (of the senses) *fein, scharf* (~ ear, eye) || *schnell auffassend* **3.** *schnell, geschwind* || *schnell ausgeführt, nicht lange dauernd, eilig* (~ lunch) || ⟨com⟩ *bald (zurück)zahlbar* | ~ march ⟨mil⟩ *Marschieren im Marschtempo* || ~ step ⟨mil⟩ *Schritt im Marschtempo*; ⟨mus⟩ *Marsch in schnellem Tempo* m || ~ time ⟨mil⟩ *Marschtempo* n (⟨engl⟩ *128 Schritt (v je 33 Zoll) in e–r Minute*) | to be ~ *sich beeilen* (about *mit*); .. at learning *schnell lernen*, .. of perception *schnell begreifen*; to be ~ to do *od in doing schnell (od leicht) tun* **4.** [abs] the ~ *die Lebenden* m pl (*Ggs* the dead); [koll] *lebende Pflanzen* f pl (six ~) **5.** [in comp] ~-change *schnell wechselnd*; *sich schnell umkleidend* || ~-eared *feinhörig* | ~ fuse *Augenblickzünder* m || ~-lunch ⟨Am⟩ *Restaurant* n || ~ march *Eilmarsch* m || ~-match *Zündschnur* f || ~-motion apparatus ⟨film⟩ *Zeitraffer* || ~-release ⟨tech⟩ *Schnellablaß* m; ~-r. cord ⟨aero⟩ *Reißschnur* f || ~-service restaurant ⟨Am⟩ *Schnell-Imbißhalle* f || ~-sighted *scharfsichtig* || ~-tempered *reizbar* | ~ time ⟨mil⟩ → 3.; ~ t. march! *im Gleichschritt!* (marsch!) || ~ vent pipe *Rohr* n f *schnelle Dampfableitung* || ~-water *gilding Quecksilbervergoldung* f || ~-witted *scharfsinnig, schlagfertig* **II.** s; the ~ *das lebende Fleisch* (to the ~ *bis ins F.*) || ⟨fig⟩ *das Innerste, Leben* n; to the ~ *bis ins Innerste, bis aufs Blut, durch u durch*, to cut *od* touch a p to the ~ *jdn tief kränken* **III. adv 1.** [*nur bei Verben*] *schnell* (~er –er; ~est *am schnellsten*); run ~(er) *lauf schnell(er)* || (as) ~ as lightning *blitz(es)schnell* **2.** [in comp] ~-action closure *Schnellschluß* m; ~-change [vt] *schnell wechseln*; ~ damp valve *Schnellablaßventil* n || ~-firing ⟨mil⟩ –feuer-; ~-firing gun, ~-firer –geschütz n || ~-folding hood ⟨mot⟩ *Schnellverdeck* n || ~-forgotten *schnell vergessen*; ~-growing *schnellwachsend* **~ly** ['~li] adv *schnell, rasch*; *in kürzester Zeit, sehr bald*, ~ afterwards *gleich nachher* **~ness** ['~nis] s *Lebhaftigkeit, Beweglichkeit*; *Feinheit or Schärfe* f (*der Sinne, der Auffassung*) | *Schnelligkeit*; *Übereiltheit*; ⟨fig⟩ *Hitze* f

quicken ['kwikən] vt/i **1.** vt (*neu*) *beleben, beseelen* || *anfeuern, anregen* (to *z*), *verwandeln* (into) || (*Feuer*) *anzünden* | (*Schritte*) *beschleunigen* **2.** vi *lebendig w, sich regen*; *stärker w*;

wieder aufleben || *angefeuert w, belebt w* (to *z*, into *in*) || *schneller w, sich beschleunigen*

quickie, **–ky** ['kwiki] s *etw schnell Gemachtes* n; ⟨bes wir⟩ *(Quiz-)Schnell–, Kurzfrage* f; *schnell hergestellter, billiger Film* m || *mit Kölnisch Wasser getränktes Läppchen* n *in flacher Dose* f *die Damentasche*

quick– **~lime** ['kwiklaim] s *ungelöschter Kalk* m **~sand** ['kwiksænd] s *Treib–, Trieb·, Mahl–, Schwemm–, Schwimmsand, Schluff* m **~set** ['kwikset] **1.** s ⟨hort⟩ *Setzling* m; [koll] *Setzlinge* pl, *bes v Hagedorn* || *lebende Hecke* f, *Heckendickicht* n **2.** a: ~ hedge *lebende Hecke* f **~silver** ['kwik¸silvə] **1.** s *Quecksilber* n ⟨a fig⟩ *(feuriges Temperament* n) **2.** vt *mit Q. überziehen*

quid [kwid] s *Priem* m, *Stück* n *Kautabak* m

quid [kwid] s [pl ~] ⟨sl⟩ *Zwanziger* m *(Pfund* n *Sterling)* (two ~)

quiddity ['kwiditi] s *(S) eigentliches Wesen* n, –*heit* f || *Spitzfindigkeit* f

quiddle ['kwidl] vi ⟨fam⟩ *trödeln*, °*mudeln*; *(die) Zeit vertrödeln*

quidnunc ['kwidnʌŋk] s L ⟨fam⟩ *Neuigkeitskrämer* m; *politischer Kannegießer* m

quid pro quo ['kwidprou'kwou] L s [pl ~s] *Mißverständnis* n, *Verwechslung* f || *Gegenleistung* f, –*wert* m; *Entgelt* n, *Ersatz* m, *Entschädigung* (for *f*); *Ablösung* f (for a th *e–r S*)

quiesce [kw(a)i'es] vi *still, ruhig w*; *sinken (into in)* **~nce** [~ns] s *Ruhe* f **~nt** [~nt] a (~ly adv) *ruhend, ruhig*; *bewegungslos* || *schweigsam, still* || ~ *state Ruhezustand* m; ~ *value –wert*

quiet ['kwaiət] **I.** s *Ruhe* f, *Friede* m || *Stille* f | *Ruhe* f, *Ausruhen* n || *innere Ruhe, Seelenruhe* f **II. a 1.** *ruhig, still* (as ~ as a mouse *mäuschen–*), to be ~ *ruhig s, schweigen*; to keep ~ *still s*; *Stillschweigen bewahren* (about *über*); to keep a th ~ *etw f sich behalten* || ~ *enjoyment* ⟨jur⟩ *ungestörter Besitz* m || ~ *running ruhiger Motorlauf* m **2.** *gelassen*; *heiter*; *sanft, friedlich*; *fromm* (horse) **3.** *schlicht* (dress); *ruhig* (colour) || *ungestört, behaglich, beschaulich* || ⟨com⟩ *flau* **4.** [abs] ⟨sl⟩ on the (strict) ~ (abbr q. t. ['kju:'ti:]) *(streng) im geheimen, unter der Hand* **5.** [in comp] ~-living *ruhig lebend* **III.** vt/i *beruhigen, stillen, besänftigen* | vi (*mst* to ~ down) *ruhiger w, sich beruhigen*; *sich legen*, *nachlassen* ~en [~n] vt/i = to quiet ~ism [~izm] s ⟨theol⟩ *Quietismus* m || *Ruhe, Friede* m ~ist [~ist] s *Quietist* m ~ly [~li] adv *ruhig*; *still*; *geräuschlos* || *unauffällig* ~ness [~nis] s *Geräuschlosigkeit, Ruhe* f ~ude [~ju:d] s *(innere) Ruhe, Stille* f

quietus [kwai'i:təs] s L *Endquittung* f || *(Lebens-)Ende* n; *Tod* m; to give a p his ~ *jdm den Garaus bereiten*; to give the ~ to a th *e–r S ein Ende m*

quiff [kwif] **1.** s *(Stirn-)Locke* f **2.** a ⟨mil fam⟩ *fesch, wie aus dem Ei gepellt*

quill [kwil] **1.** s *Federkiel* m; (a ~-feather) *Feder*; (a ~-pen) *geschnitzte Feder (z Schreiben)*; ⟨fig⟩ ~-driver *Federfuchser* m || ~(-pen) *Kielfeder* f, *Gänsekiel* m | (of a porcupine) *Stachel* m | ⟨tech⟩ *Weberspule* f || ⟨mus⟩ *Rohr* n, *Pfeife* f || ~-wort ⟨bot⟩ *Brachsenkraut* n **2.** vt (*in Rollen*) *falten, fälteln, kräuseln* || (*Garn*) *aufspulen* ~ing ['~iŋ] s *Krause, Rüsche* f

quillet ['kwilit] s *Spitzfindigkeit* f

quilt [kwilt] **1.** s *Stepp–, Bett–, Fußdecke* f || ~-work *Polsterung* f **2.** vt *polstern, füttern, wattieren* || *steppen, durchnähen* ~ing ['~iŋ] s *Polstern, Steppen* n || *Molton* m *(Stoff)* || *gesteppte Arbeit, Stepperei* f || *Pik·ee* n | [attr] *Stepp–* (~ *needle*)

quin [kwin] → quins **~ary** ['kwainəri] a *aus fünf bestehend, Fünf–*

quince [kwins] s ⟨bot⟩ *Quitte* f || ⟨Am⟩ (*P*) *Ekel* n; (*S*) *Unding* n

quincentenary ['kwinsen'ti:nəri] s *500-ster Jahrestag* m

quincuncial [ˌkwin'kʌnʃəl] a *nach Art e–r Quinkunx, Fünfform geordnet, –pflanzt*

quincunx ['kwinkʌŋks] L s *Fünfpunkt–, Quinkunxanordnung* f (: :) || ⟨hort⟩ (*a* ~ *planting*) *Pflanzung in Fünfform, Kreuzpflanzung* f || [attr] *Fünfform–* (~ *order*)

quingentenary ['kwindʒen'ti:neri] **1.** a *fünfhundertst* **2.** s *500-ster Jahrestag* m

quinia ['kwiniə] s L ⟨chem⟩ *Chinin* n **–nic** ['kwinik] a: ~ *acid Chinasäure* f

quinine [kwi'ni:n; ⟨Am⟩ 'kwainain (–'–)] s ⟨chem⟩ *Chinin* n **quinism** ['kwainizm] s *Chininrausch* m

quinquagenarian ['kwiŋkwədʒi'nɛəriən] **1.** a *fünfzigjährig* **2.** s *Fünfzigjährige(r* m) f **–genary** [ˌkwinkwə'dʒi:nəri] s *50-ster Jahrestag* m

Quinquagesima [ˌkwiŋkwə'dʒesimə] L s (*a* ~-Sunday) *Sonntag Quinquagesimä* m

quinquangular [kwiŋ'kwæŋgjulə] a *fünfeckig*

quinqu(e)– ['kwiŋkwi] L [in comp] *fünf, Fünf–* **–ennial** [kwiŋ'kwenjəl] a (~-ly adv) *fünfjährig* (~ *office*) || *alle 5 Jahre wiederkehrend* **–ennium** [kwiŋ'kweniəm] s L *Zeitraum v fünf Jahren* m **–ereme** ['kwiŋkwiri:m] s ⟨mar⟩ *Schiff* n (*Galeere* f) *mit fünf Ruderbänken, Fünfruderer* m

quinquina [kiŋ'ki:nə] s ⟨med⟩ *Chinarinde* f

quinquivalent [kwiŋ'kwivələnt] a ⟨chem⟩ *fünfwertig*

quins [kwinz] s pl ⟨fam⟩ = quintuplets 2.

quinsy ['kwinzi] s ⟨med⟩ *Bräune, Mandelentzündung* f

quint [kwint] s ⟨mus⟩ *Quinte* f | *Sequenz v 5 Karten* f

quintain ['kwintein] s ⟨pros⟩ *Fünfzeiler* m

quintain ['kwintin] s ⟨hist⟩ *Lanzenstecher* m (*S*), (*Holz-*)*Pfosten* m *mit Holzfigur als Ziel* f *wettrennende Lanzenreiter* || *Rennen, Spiel* n *dieser Art* || *Phantom* n (*S*)

quintal ['kwintl] s *Zentner* m || *metrischer Z.* (*100 kg*)

quintan ['kwintən] a *fünftägig, Fünftage–, Quintan–,* ~ *fever Wolhynisches Fieber* n

quinte [kɛ̃:t] s ⟨fenc⟩ *Quinte* f

quintessence [kwin'tesns] s (*Kraft-*)*Auszug* m; *Quintessenz* f || ⟨fig⟩ *Kern, Inbegriff* m; *das Feinste, Beste* n **–ssential** [ˌkwinti'senʃəl] a (~-ly adv) ⟨fig⟩ *ausgesuchtest, reinst; hundertprozentig* (toryism)

quintet ['kwintet] s ⟨pros⟩ *Fünfzeiler* m (*mst* ababb *reimend*)

quintet(te) [kwin'tet] s Fr ⟨mus⟩ *Quint·ett* n (*Komposition*); *Gruppe v fünf Spielern* f

quintillion [kwin'tiljən] s *Quintillion* f (*1 mit 30 Nullen*) || ⟨Am & Fr⟩ *Trillion* f (*1 mit 18 Nullen*)

quintuple ['kwintjupl] **1.** a *fünffach; Quintupel–* **2.** s *fünffacher Betrag* m **3.** vt/i || *verfünffachen* | vi *sich v.* | ~**t** [~et] s **1.** *Gruppe* f, *Satz* m v *fünfen;* ⟨mus⟩ *Quint·ole* f || *Fünfrad* n **2.** ~**s** [pl] *Fünflinge* pl

quintuplicate [kwin'tju:plikit] **1.** a *fünffach* **2.** s *Satz v fünfen* m **–ation** [kwinˌtju:pli'keiʃən] s *Verfünffachung* f

quip [kwip] **1.** s ⟨fig⟩ *treffender Hieb* m; *Stichelei* f || *treffende Bemerkung* f; *witziger Einfall* m || *Spitzfindigkeit* f || *Wunderlichkeit* f **2.** vi *treffend bemerken; scherzen,* → *zero-derivation*

quipu ['ki:pu, 'kwi:pu] s *Quippu* n (*altperuanische Knotenschrift*)

quire ['kwaiə] s *Buch Papier* n (*24 Bogen*); in ~**s** *in Lagen, noch nicht gebunden*

quire ['kwaiə] s & v † = choir

Quirinal ['kwirinəl] s (*eig Königspalast in Rom*) the ~ *die ital. Monarchie* or *Regierung* f (*Ggs* the Vatican)

quirk [kwə:k] s *Spitzfindigkeit, Finte* f || *Witzelei* f, *Witz* m || *Einfall, Kniff* m; *Angewohnheit* f | *Schnörkel* m | ⟨arch⟩ *Hohlkehle* f

quirk [kwə:k] s ⟨sl aero⟩ *Anfänger, Beginner* m

quirt [kwə:t] **1.** s *geflochtene Reitpeitsche* f **2.** vt *mit der R. schlagen*

quisling ['kwizliŋ] s (*Volks-*)*Verräter, Kollaborationist* m (*nach Widkun ⋏, Norwegens Ministerpräsident z Nazizeit*)

quit [kwit] a [*nur pred*] *quitt, los u ledig,* to go ~ *frei ausgehen* || *los, frei* (of *v*); to get ~ of *befreit w v*

quit [kwit] vt/i [~ted/~ted; ⟨* & Am⟩ quit/quit] **I.** vt **1.** refl † to ~ o.s. *sich befreien* (of *v*) || *s–e Pflicht tun;* ~ you like men *benehmt euch wie Männer* **2.** ⟨Am⟩ [pret ~] (*etw*) *aufgeben, verzichten auf; sich zurückziehen v;* (*Zügel*) *loslassen* || ⟨Am⟩ *aufhören* (doing *z tun*) **3.** (*Ort*) (f immer) *verlassen;* to ~ the service *den Abschied nehmen* **4.** ⟨poet⟩ *vergelten* | (*Schuld*) *bezahlen, ausgleichen* **II.** vi *fortgehen, räumen;* notice to ~ *Kündigung* f || *aufhören* ⟨Am⟩ *fortgehen*

quitch [kwitʃ] s ⟨bot⟩ (*a* ~-grass) *Queckengras* n

quitclaim ['kwitkleim] **1.** s ⟨jur⟩ *Verzicht* m, –*leistung* f || ~ *deed Übereignungsurkunde* f *in der Form e–s Verzichts auf ein möglicherweise bestehendes Recht an e–m Grundstück zugunsten v dessen Besitzer* (*ohne Zusicherung des Nichtbestehens v Rechtsmängeln*) **2.** vt *Verzicht leisten auf* (to ~ *a right*); (*Besitz*) *überlassen* (to a p *jdm*)

quite [kwait] adv **1.** *völlig, gänzlich, ganz;* ~ another *the e–e ganz andere S* **2.** *ganz, wahrhaft, wirklich, durchaus* (⟨fam⟩ ~ *too delightful*); when ~ a child *als er noch ein ganz kleiner Junge war;* ~ grown-up *schon ganz erwachsen;* || *gr* (~ *an affair e–e gr S*); *tüchtig;* ~ a pleasure *wirklich ein Vergnügen* || ~ the th *das Richtige, Gegebene, die Mode;* I ~ *hope ich hoffe bestimmt;* I ~ *like him ich schätze ihn sehr* **3.** [*in Antworten*] ~, ~ *so ganz recht, durchaus* **4.** *ziemlich;* ~ *pretty soweit ganz hübsch* || ~ a bit [adv] *ziemlich* (it hurts ~ a b.); it took ~ a *long time es dauerte ziemlich lange;* ~ a few *e–e ziemliche Menge*

quitrent ['kwit-rent] s *Pachtgeld* n *an Stelle v Dienstleistungen*

quits [kwits] a [*nur pred*] *quitt* (with *mit*); I will be ~ with you *ich werde es dir schon heimzahlen* || to call, cry ~ *zugeben, daß der Streit beigelegt ist; sich zufrieden geben*

quittance ['kwitəns] s † ⟨poet⟩ *Befreiung* f (from *v*) || *Quittung* f || *Vergeltung* f (in ~ of *als V. f*)

quitter ['kwitə] s ⟨sl⟩ °*Kneifer, Drückeberger* m

quiver ['kwivə] s *Köcher* m ~**ful** [~ful] s ⟨fig⟩ *Menge* f (~ of children)

quiver ['kwivə] **1.** vi/t || *zittern, beben* (with *vor*) | vt *z Zittern bringen; zittern l;* to ~ one's *wings mit den Flügeln schlagen, die F. schwingen* (over) **2.** s *Zittern* n; *zitternde Stimme* f (with a ~); *Zucken* n

qui vive [ki:'vi:v] Fr (to be) on the ~ *auf dem Quivive, auf der Hut* (*s*)

quixotic [kwik'sətik] a (~-ally adv) *donquichottisch, ideal-schwärmerisch; weltfremd, überspannt* **–tism** [ˌkwiksətizm], **–try** ['kwiksətri] s *Donquichotterie; ideale Schwärmerei, Abenteuerlichkeit* f

quiz [kwiz] **1.** s **lächerliche, komische P* f | *Spottvogel, Spötter* m | *Scherz* m, *Neckerei* f,

Necken n **2.** vt/i || *(jdn)* *necken, aufziehen* || *herausfordernd ansehen* | vi *necken, hänseln* **~zical** ['~ikəl] a (**~ly** adv) *spaßig, komisch* || *spöttisch, neckisch* **~zing** ['~iŋ] s [attr] **~**-glass °*Scherbe* f, *Kompottschüsselchen* n (*Mon·okel* n) (⟨fam a⟩ quiz)

　quiz [kwiz] **1.** vt ⟨dial⟩ *(jdn)* *(aus)fragen*; ⟨Am univ⟩ *prüfen* ⟨a übtr⟩ **2.** s ⟨Am⟩ *mündl. Prüfung* f, *Examen* n || ⟨bes wir⟩ *Quiz* n, *Frage– u Antwortspiel* n (*auf gehobener Ebene*) **~dom** ['~dəm] s *das Reich des Quiz, Quizspiele* n pl **~zee** [~'i:] s *im Quiz Gefragte(r* m) f **~zer** ['~ə] s *Fragesteller* m *im Quiz*

　quoad ['kwouæd] prep L *was betrifft*; ~ *hoc was dies b.*

　quod [kwəd] L pron *was*; ~ *vide* (abbr q.v. ['kju:'vi:]) *siehe dort*

　quod [kwəd] ⟨sl⟩ **1.** s *Gefängnis,* °*Loch* n (in ~) **2.** vt *(jdn) einlochen*

　quoin [kəin] **1.** s ⟨arch⟩ *Ecke* f, *Eckstein* m || ⟨typ⟩ *Keil* m || ⟨mil⟩ *Richtkeil* m **2.** vt *mit Eckstein versehen, stützen* || ⟨typ⟩ *(die Form) einkeilen*

　quoit [kɔit] s *Wurfscheibe* f; *Wurfring* m || ~s [sg konstr] *Wurfringspiel* n (~s is played ..)

　quondam ['kwəndæm] L a *ehemalig, frühere(r, –s)* (~ *friends*)

　Quonset hut ['kwənsit'hʌt] s ⟨Am⟩ *Art Nissenhütte* f

　quorum ['kwɔ:rəm] L s *beschlußfähige Anzahl* f (v *Mitgliedern*), to be a ~ *e–e b. A. s*

　quota ['kwoutə] L s [pl ~s] (*Soll-*)*Quote* f,

prozentu·ale Beteiligung f; (*rechnungs–, verhältnismäßiger*) *Anteil, Beitrag* m (of *an*); *Konting·ent* n || ⟨Am⟩ *jährliche* etc *Einwanderungsquote* f || work ~, *individual production* ~ *Arbeitsnorm* f; delivery ~ *Ablieferungssoll* n | [attr] *Quoten–, Anteil–; kontingentiert, bewirtschaftet* (goods); ~ *sampling Quotenstichprobe* f; ~ *system* (*z. B.: Einwanderungs-*)*Kontingent* n

　quotable ['kwoutəbl] a *zitierbar* || ⟨com⟩ *notierbar*

　quotation [kwou'teiʃən] s *Zitieren* n, *Anführung* f; *Zitat* n; familiar ~s *geflügelte Worte* n pl; ~-marks [pl] *Anführungsstriche* m pl | ⟨Preis–, Kurs-⟩*Notierung* f, *Angebot* n, *Kurs* m; lowest ~s [pl] *äußerste Preise* m pl || *Kostenanschlag* m **-ative** ['kwoutətiv] a *zitierend; Zitierungs–*

　quote [kwout] **1.** vt/i || *(Worte) zitieren (from aus)*; *angeben; Bezug nehmen auf* || *(jdn) zitieren; nennen* || *(etw) anführen* (as *als*) || ⟨com⟩ (*Preis*) *veranschlagen, machen, angeben; what are you* –*ting? welchen Preis m Sie?* || ⟨st exch⟩ *notieren* (at *zu*, mit) | vi *zitieren (from aus)*; ~d from [attr] *zitiert* | *Kostenanschlag* m (for); **2.** s *Zitat* n; my ~s! v *mir zitiert:, ich zitiere:* || ⟨sl⟩ ~s pl *Anführungszeichen* n pl

　quoth [kwouθ] vt **1.** u **3.** sg pret *sagte*, ~ I, ~ he *sagte ich, er* | **~a** ['~ə] † adv, intj (*aus* quoth he) *wirklich, fürwahr*

　quotidian [kwə'tidiən] **1.** a *täglich*; *Quotidi·an–* (~ *fever*) || *alltäglich, abgedroschen* **2.** s *Quotidi·anfieber* n

　quotient ['kwouʃənt] s ⟨math⟩ *Quoti·ent* m

R

　R, r [a:] s [pl ~s, ~'s] *R, r* n (an ~ *ein R*) || the three R's (reading, writing, [a]rithmetic) *elementare Bildung* f (*Lesen, Schreiben, Rechnen*) | R-wire ⟨telph⟩ (= ring-wire) *b-Ader* f

　rabbet ['ræbit] **1.** s ⟨carp⟩ *Fuge* f, *Nut* f | *Falz* m | ~joint *Einfalzung, Einfügung, Fuge* f || ~plane *Falz–, Nuthobel* m; *Simshobel* m **2.** vt *nuten; falzen; ein–, ausfalzen; einfugen* || → rebate

　rabbi ['ræbai] s [pl ~s] (*Titel, Anrede*) *Rabbi* m || *Rabbiner* m | **~n** ['ræbin] s [mst pl ~s] *Rabbiner* m **~nic(al)** [ræ'binik(əl)] a (–cally adv) *rabbinisch*

　rabbit ['ræbit] **1.** s ⟨zoo⟩ *Kaninchen* n || → Welsh | ⟨sport sl⟩ *Dilett·ant, Stümper* m | [attr] *Kaninchen–* || ~ *fever* ⟨vet⟩ *Tularäm·ie* f || ~-hutch –*stall* m || ~-warren *Kaninchengehege* n || ⟨fig⟩ *Labyr·inth* n, *Irrgarten* m; *überfülltes Haus* n etc **2.** vi *Kaninchen jagen* || to ~-punch ⟨fig⟩ *jdm Nackenschläge* m pl *versetzen* **~ry** [~ri] ɛ ⟨ɛport ɛl⟩ *die Stümper* pl **~y** [~i] a *Kaninchen–*

　rabbit ['ræbit] vt ⟨sl⟩ ~ me! *Gott verdamm mich! Zum Teufel!*

　rabble ['ræbl] s *lärmender Haufen* m || the ~ *der Mob, Pöbel* m || ~-work *Ausfüllung* f, *Füllwerk, Gußmauerwerk* n

　rabble ['ræbl] s *Eisenstange* f (*verwandt beim Eisenfrischen*)

　Rabelaisian [,ræbə'leiziən] **1.** a *Rabelais–* **2.** s *Rabelaisforscher* m

　rabid ['ræbid] a (~ly adv) *wütend* (hate); *toll,* °*verrannt, fan·atisch* (democrat); (of dogs) *toll*(*wütig*) **-ity** [ræ'biditi], **~ness** ['ræbidnis] s *Wut; Tollheit, Verrücktheit* f **rabies** ['reib(i)i:z] s L ⟨vet⟩ *Tollwut* f

　rac(c)oon, ⟨Am⟩ **raccoon** [rə'ku:n] s ⟨zoo⟩ *Waschbär* m

　race [reis] s **1.** ⟨Scot⟩ *Lauf* m; ⟨sonst fig⟩ || *Strömung; Stromschnelle* f || ⟨Am⟩ *Flußbett, Gerinne* n || ⟨tech⟩ (a ~way) *Laufbahn* f (*e–s Lagers*) **2.** *Wettfahrt* f, –*lauf* m, –*rennen* n (horse ~, motor ~); –*segeln* n; to run a ~ *wettlaufen,* –*rennen*; his ~ is run ⟨fig⟩ *er hat die längste Zeit gelebt* || the ~s [pl] *die Pferderennen* pl (to go to the ~s); ⟨Am⟩ to play the ~s *bei Pf. wetten* | ⟨übtr⟩ *Wettrennen* n, *Kampf* m (for *um*) **3.** [attr] *Renn–;* ~ *card –programm* n || ~-course –*bahn* f || ~-horse –*pferd* n ⟨wir⟩ ~ *reader* ⟨m. m.⟩ *Sportfunkreporter* m

　race [reis] vt/i **1.** vi *um die Wette laufen* (with *mit*); *sich im Rennsport ergehen* (the –*cing world*); *Rennen besuchen* | *rennen, schnell fahren, segeln* || *rasen;* (of engines) *durchgehen* **2.** vt to ~ a p *sich mit jdm im Kampfe messen*; *mit jdm um die Wette laufen, essen* (etc) | *erjagen, einholen* || ⟨mot⟩ *hochjagen* || to ~ up ⟨aero⟩ (*Flugzeug*) *abbremsen* | [kaus] (*Pferd*) *rennen l, laufen l* || to ~ one's car against *mit dem Auto rennen gegen* || *(jdn* or *etw) hetzen* (through *durch*) -**cer** ['~ə] s *Renner* m || *Rennpferd* n etc || *Rennboot,* –*rad* n, –*wagen* (*Auto*) m || (*Geschütz-*)*Drehscheibe* f, –*kranz* m -**cing** ['reisiŋ] **1.** s *Wettrennen* n; [attr] *Renn–* (~ *boat –boot* m, ~ *car –wagen* m; ~ *driver –fahrer* m) **2.** a *reißend* (current); *wogend* (street)

　race [reis] s **1.** *Abkunft* f; *Geschlecht* n, *Familie* f, *Stamm* m **2.** *Rasse* f; the cult of the ~s –*nkult* m; ~ *defilement –nschande* f **3.** ⟨zoo bot⟩ *Art, Gattung* f **4.** *Klasse* f, *Schlag* m (a ~ of poets) **5.** *rassige Eigenschaft, Rassigkeit* f

　raceme [ræ'si:m] s ⟨bot⟩ *Blütentraube* f; ⟨übtr⟩ *razem·öser Blütenstand* m, *Traube mit gestielten Blüten* f **-mic** [~ik] a ⟨chem⟩ *raz·emisch; Trauben–* (~ acid) -**mose** ['ræsimous] a *razemös*

　raceway ['reiswei] s ⟨Am⟩ = millrace

rachis [ˈreikis] s Gr ⟨bot⟩ *Spindel, Haupt-achse* f ‖ ⟨anat⟩ *Rückgrat* n
rachitic [ræˈkitik] a *rachˑitisch* –**tis** [ræˈkaitis] s L ⟨med⟩ *Rachˑitis, Englische Krankheit* f
racial [ˈreiʃəl] a (∼ly adv) *rassisch*; *Rassen–*; ⟨Ger hist⟩ ∼-political *rassenpolitisch* (Office) ‖ *völkisch* ∼**ism** [∼izm] s *Rassenbewußtsein* n, –*fanatismus*, –*haß*, –*dünkel* m, –*politik* f
raciness [ˈreisinis] s (of wine etc) *Würze* f, *Gehalt* m ‖ *Urwüchsigkeit* f, *das Rassige*
racing [ˈreisiŋ] → to race ‖ ∼ *car* ⟨mot⟩ *Rennwagen* m
racism [ˈreisizm] s *Rassenfanatismus* m
rack [ræk] **1.** s (*Futter–*)*Gestell* n, (*Heu–*)*Raufe* f ‖ *Gestell, Gerüst*; *Statˑiv* n ‖ (*Kleider–*)*Leiste* f; (*Hut–* etc) *Ständer* m; (*Fahrrad–*)*Gestell* n; ⟨rail⟩ (*Gepäck–*)*Netz* n ‖ ⟨tech⟩ *Zahnstange* f | [attr] *Zahn–* ‖ ∼-rail –*schiene* f ‖ ∼ and pinion adjustment *Zahnstangengetriebe* n, *Zahn-triebeinstellung* f ‖ ∼-railway, ∼-and-pinion railway –*radbahn* f ‖ ∼ saw *Zahnstangensäge* f ‖ ∼ waggon *Leiterwagen* m ‖ ∼-wheel *Zahn-rad* n **2.** vt to ∼ up (*Raufe*) *mit Futter füllen*; (*Pferd*) *füttern* ‖ (*etw*) *auf ein Gestell legen*
rack [ræk] **I.** vt **1.** ⟨hist⟩ (*jdn*) *auf die Folter-bank spannen, foltern* | ⟨übtr⟩ *quälen, martern* ‖ *erschüttern* **2.** *aufs höchste anstrengen*, to ∼ one's brains *sich den Kopf zerbrechen* | (*Miete* etc) *hochschrauben* | (*jdn*) *drücken, ausnutzen*, –*saugen* **3.** [in comp] ∼-rent **1.** s *wucherische* (*Land-*)*Miete* f etc **2.** vt (*jdm*) *w. M. auferlegen* **II.** s **1.** ⟨hist⟩ *Folterbank* f; *Folter* f ‖ ⟨fig⟩ on the ∼ *auf der F., in Folterqualen*; *in höchster Spannung* (to do); *to put on the* ∼ *auf die F. spannen* **2.** *stürmisches Wetter* n, *Sturm* m
rack [ræk] **1.** s *vom Winde getriebene Wolken* f ̄ pl, (*Wolken-*)*Dunst* m (∼ of cloud) **2.** vi (of clouds) *gejagt w*, (*dahin*)*ziehen*
rack [ræk] s [*Nebf. v* wrack, wreck] to go to ∼ and ruin *völlig zugrunde gehen*; *zerfallen* ‖ to **rack** [ræk] s abbr *f* arrack
rack [ræk] vt (*a* to ∼ off) (*Wein* etc) *abziehen*; (*Bier*) *abfüllen* ∼**er** [ˈ∼ə] s *Abfüll–, Abzieh-apparat* m
rack [ræk] **1.** s *Paß*, –*gang* m **2.** vi *im P. gehen*
racket [ˈrækit] s **1.** (*a* racquet) *Rakett*, (*Tennis–* etc) *Schläger* m | ∼s [pl] *Rasenball-spiel* n | [attr] ∼-tail ⟨orn⟩ *Art Kolibri* m **2.** ⟨Am⟩ *Schneereifen*, –*schuh*
racket [ˈrækit] **I.** s **1.** *lauter Lärm* m, *Getöse* n, *Spektakel* n; to make a ∼ *S. m* ‖ *Geschrei* n, *Aufregung* f (the gold ∼ *die A. um das Gold*) **2.** (*Vergnügungs-*)*Taumel*; *Trubel* m; to go on the ∼ *sich amüsieren*, °*sumpfen* **3.** *üble Erfahrung*, *Prüfung* f ‖ to stand the ∼ *die Folgen* or *Verantwortung tragen* (of *f*), .. the ∼ *ist die auf sich nehmen* **4.** ⟨sl⟩ *Kniff, Trick* m; °*Schiebung* f; ⟨Am⟩ (*organisierte*) *Großschieberei* f; ⟨Am⟩ *Erpressung, gesetzwidrige Betätigung* f, *Überfall* m **II.** vi *lärmen* | *Vergnügungen nachgehen* ∼**eer** [ˌrækiˈtiə] s ⟨Am sl⟩ *Erpresser*; °*Gangster*; °*Schieber* m ∼**eering** [ˌrækiˈtiəriŋ] s *organisiertes Verbrechertum* n | ∼**y** [∼i] a *lärmend, tosend* ‖ *aufregend* ‖ ⟨vulg⟩ ⟨a –tty⟩ *finster* (*Lokal*)
raconteur [ˌrækɔnˈtəː] s Fr *Erzähler* m
racoon → raccoon **racquet** → racket
racy [ˈreisi] a (–*cily* adv) (of wine, etc) *rassig, würzig, gehaltvoll* ‖ *rassig, feurig* (horse) | (*P*) *rassig, urwüchsig* (of *in bezug auf*); ∼ of the soil *bodenständig, erdrüchig* ‖ *lebhaft, geistreich* | *lebendig, sprudelnd* (narrative) | ⟨Am⟩ *geil, zotig*
rad [ræd] s ⟨fam⟩ abbr → radical 2.
radar [ˈreidɑː] s (abbr *f* **Ra**dio **D**etecting **A**nd **R**anging) *Funkmeß*(*verfahren*), *Radar–* (*Gerät*) n, (*Funkmeß– u Ortungsgerät*) ‖ long-range ∼ *R. f gr Entfernungen* ‖ ∼ altimeter ⟨aero⟩ *R.-Höhenmesser* m ‖ ∼ brake ⟨mot⟩ *Radar-bremse* ‖ ∼ device *R.-Anlage* f ‖ ∼ fire *Schie-*

ßen n *nach Radar*(*angaben*); ∼ f. control *Feuer-leitung* f *mit R.* ‖ ∼ identification unit *R.-Kenn-gerät* n ‖ ∼ jammer *R.-Störer* ‖ ∼ landscape scanner *Panoramagerät, Rundsuchradar* n ‖ ∼ monitoring *R.-Überwachung* f ‖ ∼ operator *Funkmeßmann* m ‖ ∼ picket *Radarwarngerät* n ‖ ∼ plotted weather information *durch R. er-mittelte Wettermeldung* f ‖ ∼ proximity fuse *elektronischer Annäherungszünder* m ‖ ∼ scope *R.-Schirmbild* n | ⟨fig Am mil sl⟩ ("one who picks up anything") *Schürzenjäger* m
Radder [ˈrædə] s ⟨univ sl⟩ the ∼ = the Radcliffe Camera (Oxford)
raddle [ˈrædl] **1.** s (*ockeriger*) *Roteisenstein, Rötel* m **2.** vt *mit R. bemalen, rot färben*
radiac [ˈreidiæk] a ⟨fam⟩ (*f* radioactive) ‖ ∼ dosimeter *Strahlungsmesser* m *f Atom-strahlung* f
radial [ˈreidiəl] **1.** a (∼ly adv) *radiˑal, strah-lenförmig, Strahlen–*; *Strahl–*; ∼ engine *Stern-motor* ‖ ⟨anat⟩ *Speichen–*; *Radiˑal–* (∼ artery) **2.** s *Radiˑalartˑerie* f; = ∼ engine ∼**ize** [∼aiz] vt *strahlenförmig anordnen*
radian [ˈreidiən] s *Radiˑan* m (*Winkelmeß-einheit*)
radiance [ˈreidiəns], –**cy** [–si] s *Glanz* m, *Strahlen* n, ⟨phys⟩ *Strahlungsvermögen* n ‖ ⟨fig⟩ *Glanz* m –**ant** [ˈreidiənt] **1.** a (∼ly adv) *strahlend*; *leuchtend, glänzend* (with *von, vor*) ⟨a fig⟩ ‖ *Strahlen–*; *Strahlungs–, Strahl–* ‖ ∼ accident *Strahlungsunfall* m; ∼ energy –*energie* f ‖ ∼ heat *Wärmestrahlung* f ‖ ∼ heater *Strahler* m **2.** s *Strahlungspunkt* m
radiate [ˈreidiit] a (∼ly adv) *Strahlen–* (∼ crown); *Strahl–*; *strahlenförmig*
radiate [ˈreidieit] vi/t ‖ *strahlen*; *glänzen*; *aus-strahlen, sich strahlenförmig ausdehnen* (from *v*) ⟨a übtr⟩ ‖ ⟨el⟩ *funken* | vt *ausstrahlen* ⟨übtr⟩ he ∼s health *er strotzt v Gesundheit* ‖ (*Liebe*) *ausstrahlen*; *verbreiten* ‖ *–ating circuit Strahlungskreis* m, –*ating power* –*vermögen* n –**ation** [ˌreidiˈeiʃən] s *Strahlen* n; *Strahlung* ⟨a at⟩ (cosmic ∼ *Höhen–*); *Ausstrahlung* f ⟨a übtr⟩ ‖ ∼ bundle *Strahlungsbündel* n; ∼ characteristic –*diagramm* n; ∼ injury *Strahlenschaden* m; ∼ level *Strahlungshöhe* f, ∼ mixture –*gemisch* n, ∼ therapy *Strahlentherapie* f –**ative** [ˈreidiətiv] a *Strahlungs–* –**ator** [ˈreidieitə] s *Strahlensender*; *Wärme–, Heizapparat*, –*körper* m | ⟨at⟩ *Strahler* m | ⟨mot⟩ *Kühlvorrichtung* f, *Kühler* m ‖ ∼ flap, ∼ gill, ∼ shutter *Kühlerklappe* f ‖ ∼ muff –*schutzhaube* f ‖ ∼ sealing compound –*dich-tungsmittel* n
radical [ˈrædikəl] **1.** a *eingewurzelt, ange-boren*; *Grund–* (∼ error) ‖ *Ur–, Grund–* (∼ idea), *ursprünglich* ‖ *wesentlich, fundamental*; *gründlich* (∼ reform), *tiefgreifend* (progress); *Radikal–* (∼ cure); ⟨pol⟩ *radikal* | ⟨math⟩ *Wurzel–* (∼ sign) ‖ ⟨gram⟩ *Wurzel–, Stamm–* ⟨bot⟩ *Wurzel–, Grund–* **2.** s ⟨gram⟩ *Wurzel* f, –*buchstabe* m, –*wort* n ‖ ⟨math⟩ *Wurzel* f ‖ ⟨chem⟩ *Radikal* n | the ̄ ⟨pol⟩ ⟨fam⟩ abbr rad) *Radikale*(*r*), *Linksliberale*(*r* m) f ̄ ∼**ism** [∼izm] s ⟨pol⟩ *Radikalismus* m | *Gründlichkeit* f ∼**ly** [∼li] adv *ursprünglich* ‖ *gründlich, durch-aus* ‖ *als Radikaler.*
radicity [ræˈdisiti] s *Wurzelhaftigkeit, Ver-wurzelung* f
radicle [ˈrædikl] s ⟨bot⟩ *Würzelchen* n (*des Pflanzenembryos*), ⟨bes for⟩ *Keimwurzel* f
radicular [ræˈdikjulə] a *wurzelförmig, Wurzel–*
radio [ˈreidiou] (abbr *f* ∼-telegraphy, ∼-telephony) **1.** s [pl ∼s] *Funktelegramm* n; –*spruch* m ‖ *drahtloser Verkehr* m; *Rˑadio* m, *Rundfunk* m (on the ∼ *im R.*) ‖ *Röntgenstrahlen* m pl, –*behandlung* f ‖ blind ∼ ⟨Am cont⟩ (*Ggs* telecasting) *Hör-Rundfunk* m ‖ to go on

the ~ *im Rundfunk sprechen* | *Funk–, drahtlos*;
~ advertising *Rundfunkreklame* f || ~ aid
Funkhilfsmittel n; ~ aids to (air) navigation
–navigationshilfsmittel pl || ~ alert *–bereitschaft*
f || ~ altimeter *–echolot* n, *–höhenmesser* m ||
~ amateur *Radiobastler* m || ~ beacon *Funk-*
feuer n, *Peilbake* f || ~ beam *Richtfunkbake* f,
Funk–, Leitstrahl m || ~*-bearing F.peilung* f || ~
broadcasting station *Rundfunksender* m || ~ car
F.wagen || ~ communication equipment *F.aus-*
rüstung f || ~ console *Standgerät* n || ~ control
Fernlenkung || ~ direction finding *Funkpeilung*
f, *–peilwesen* n || ~ directive device *Leitstrahl-*
anlage f || ~ drama *Hörspiel* n || ~ engineering
F.technik f || ~ evaluation station *F.-Auswert-*
stelle f || ~ fan *Radiofreund, –liebhaber,*
–bastler m || ~ fix *Standort* m *nach F.peilungen*
|| ~ intelligence evaluation officer *F.-Auswer-*
tungsoffizier m || ~ interception *Horchfunk* m
|| ~ interference, ~ jamming *F.störung* f || ~
knife ⟨med⟩ *elektrisches Messer* n, *Elektro-*
kauter m || ~ leg *F.leitstrahl* || ~ mechanic
Radiomechaniker, ⟨aero⟩ *F.wart* m || ~
message *F.spruch* m || ~ monitoring *F.über-*
wachung f; ~ m. service *F.horchstelle* f || ~
newsreel ⟨wir⟩ *Wochenbericht* m || ~ orien-
tation *F.ortung* f || ~*-patrol car F.streife(n-*
wagen m) f || ~ photography *Bildfunk* m || ~
pirate *Schwarzhörer* m || ~ play *Hörspiel* n || ~
prowl-car = ~*-patrol car* || ~ range *Vierkurs-*
funkfeuer n || ~ reception ⟨wir⟩ *Empfang* m
|| ~*-record* combination ⟨wir⟩ *Musikschrank*
m, *Radio* n *mit eingebautem Plattenspieler* || ~
repairman *Funkmechaniker* m || ~*-set Radio-*
apparat m || ~ silence *F.stille* f || ~ studio
Rundfunk-Studio n, *R.-Aufnahmeraum* m || ~
teleprinter *F.fernschreibmaschine* f || ~ tracer
⟨phys, chem⟩ *Spurenfinder* m || ~ transmitter
Sendegerät n, *Sender* m || ~ truck *F.wagen* m
|| ~ tube *Radioröhre* f || ~ volume *Lautstärke* f
|| ~ wave deflection *Strahlungsablenkung* f
2. vt/i [3. sg prs ~*es*; pret ~*ed*] || *drahtlos*
senden, funken (a p a th od a th to a p *jdm etw;*
that) || *mit Röntgenstrahlen photographieren,*
durchleuchten || *mit Radium behandeln* | vi *rund-*
funken, → zero-derivation

radio– [ˈreidio] [in comp] *radio–, Radio–;*
Strahlen– ~**activated** [~ˈæktiveitid] a *atom-*
(bomben)verseucht (area) ~**active** [~ˈæktiv] a
⟨chem⟩ *radioaktiv* || ~ tracer ⟨chem phys⟩
Spurenfinder m || ~ waste *Atom-Müll* m
~**carpal** [~ˈkaːpl] a ⟨anat⟩ *Radiokarpal–*
~**cast** [~kæːst] vt [~/~] ⟨Am⟩ *senden; im*
Rundfunk verbreiten ~**genic** [~ˈdʒenik] a
radiog·en ~**gram** [~græm] s *Funktelegramm* n,
–mitteilung f || *Phonotruhe* f, *–schrank, Musik-*
schrank m, (Radio-)*Plattenspieler* m; ~
TVreceiver ⟨engl⟩ *Fernsehmusiktruhe* f (*f Radio*
& Plattenspieler) || = ~**graph** [~graːf] **1.** s
Röntgenaufnahme f, *–bild* n **2.** vt *e–e R., ein R.*
m v ~**grapher** [reidi ˈɔgrəfə] s *Röntgenassistent* m
~**graphy** [ˌreidi ˈɔgrəfi] s *Röntgenphotographie* f
~**laria** [ˌreidio ˈlɛəriə] s L pl ⟨zoo⟩ *Strahlentier-*
chen n pl, *Radiol·arien* ⟨zoo⟩ ~**location** [~lo-
ˈkeiʃən] s *Radar–, Funkpeilung* f ~**logist**
[ˌreidi ˈɔlodʒist] s *Röntgenarzt, Röntgenologe* m
~**logy** [ˌreidi ˈɔlədʒi] s *Strahlenlehre* f ~**meter**
[ˌreidi ˈɔmitər] s *Strahlungsmesser* m, *Lichtmühle*
f ~**mobile** [ˌreidiomə ˈbiːl] s ⟨wir⟩ *Aufnahme–,*
Übertragungswagen m ~**(-)phonograph** [~
ˈfounəgraːf] ⟨Am⟩ *Musikschrank* m (*mit Platten-*
spieler) ~**phony** [ˌreidi ˈɔfəni] s *Radiophon·ie* f
~**-record**-TV combination ⟨Am⟩ *Fernsehmusik-*
truhe f (*f Radio u Plattenspieler*) ~**scopy** [ˌreidi-
ˈɔskəpi] s *Röntgendurchleuchtung* f ~**telegram**
[ˈreidio ˈteligræm] s *Funktelegramm* n, *–spruch*
m ~**telegraphy** [ˈreidiote ˈlegrəfi] s *Funkentele-*
graphie f ~**telephony** [ˌreidiote ˈlefəni] s (abbr

R/T) *Funktelephon·ie* f, *–fernsprechen* n,
Sprechfunk, Funksprechverkehr, Rundfunk m
~**therapeutics** [ˈreidioˈθerəˈpjuːtiks] s pl [sg
konstr], ~**therapy** [ˈreidioˈθerəpi] s *Radio-*
therap·ie f ~**thermy** [~ˈθəːmi] s *Behandlung* f v
Strahlenerkrankungen ~**trician** [ˌreidioˈtriʃən] s
⟨Am⟩ *Radiomechaniker* m

radish [ˈrædiʃ] s ⟨bot⟩ *Rettich* m, *Radieschen* n
radium [ˈreidiəm] s L ⟨chem⟩ *Radium* n;
[attr] *R·adium–* (~ therapy)
radius [ˈreidiəs] L s (pl –dii [–diai]) ⟨math⟩
R·adius, Halbmesser m || ⟨anat⟩ *Speiche* f (*am*
Unterarm) || (Rad-)*Speiche* f; ⟨bot⟩ *Strahl* m
| *Umkreis* m (within a ~ of *in e–m U. v*); *Bann-*
meile f; *Bereich* m, *Gebiet* n; ~ of effect *Wir-*
kungsbereich m; ~ of gyration *Trägheitshalb-*
messer m
radix [ˈreidiks] L s (pl –ices [–isiːz]) ⟨math⟩
Wurzel f | *Grundzahl* f || ⟨fig⟩ *Ursprung* m ||
⟨stat⟩ (⟨a⟩ root) *Ausgangsmasse* f
radon [ˈraːdən] s ⟨chem⟩ = niton
rafale [ræˈfal] s Fr ⟨mil⟩ *Feuersalve, Salve* f
raff [ræf] s ⟨mil sl⟩ = R.A.F. *englische Luft-*
waffe f
raff [ræf] s = riff-raff ~**ish** [~iʃ] a *gewöhnlich,*
pöbelhaft; lodderig; liederlich
raffia [ˈræfiə] s ⟨bot⟩ *Raphia, Nadelpalme* f
|| *Raffia–, Raphiabast* m; [attr] *Raffia–,*
~-work *Bastarbeit* f
raffle [ˈræfl] **1.** s *Lotterie* f, *Aus–, Verlosung* f
2. vt/i || (*etw*) *auswürfeln* || (*etw*) *auslosen; durch*
Verlosung verkaufen | vi *losen, würfeln* (for *um*)
raffle [ˈræfl] s *Abfall* m, *Gerümpel* n ||
Horde f (drunken ~)
raft [raːft] **1.** s *zus–gebundene Baumstämme*
m pl || (Holz-)*Floß* n || ⟨Am sl⟩ *gr Menge*
| [attr] *Floß–* **2.** vt/i || *flößen; als Treibgut be-*
fördern || *auf e–m Floß durchqueren* | vi *mit*
Flößen fahren ~**er** [ˈ~ə], ~**sman** [ˈ~smən] s
Holzflößer m
rafter [ˈraːftə] **1.** s (Dach-)*Sparren, schräger*
Dachbalken m; chief ~ *Bundsparren* m **2.** vt
mit Sparrenwerk versehen
rag [ræg] s **1.** *Lumpen; Fetzen* m (⟨a übtr⟩ =
Fahne → 4); *Lappen* m; not a ~ to one's back
nicht e–n Fetzen auf dem Leibe; to take the ~
off (the bush) ⟨Am⟩ *den Vogel abschießen, alles,*
jeden übertreffen, schlagen **2.** *Lumpenleinen* n
3. ~s [pl] *Fetzen* m pl (*schlechte, zerrissene*
Kleidung f); *gewöhnliche Kleidung* f; in ~s
zerlumpt; ⟨hunt⟩ in ~s and tatters (*Bock*) *mit*
zerfetztem Bast m **4.** ⟨übtr⟩ *Fahne* f; *Schund–,*
Schmierblatt n **5.** ⟨übtr⟩ *Bruchstück* n, *Fetzen*
m, *Stückchen* (~ of a cloud); *unbedeutender*
Rest m, *Spur* f (no ~ of evidence) || *Fetz,*
Lump m (a ~ of a man) **6.** [attr & comp]
Lumpen– || ~-and-bone-man *Lumpenhändler,*
–sammler m || ~-bag *Schlampe* f || ~-bolt
⟨tech⟩ *Steinschraube* f; *hölzerner Bart–;* ⟨mar⟩
Tackbolzen m || ~-book *unzerreißbares Stoff-*
bilderbuch n (*f kl Kinder*) || ~ carpet ⟨Am⟩
Flickenteppich m || ~-doll *Schlampe* f || ~-fair
Trödelmarkt m || ~-merchant *Lumpensammler,*
–händler m || ~ money ⟨fam⟩ *Papiergeld* n ||
~-paper *Lumpenpapier* || ~-picker *–sammler*
m || ~-sack *–sack* m || ~-tag [koll] *Pöbel;*
Abschaum m; ~-tag and bobtail *Krethi u*
Plethi || ~-time **1.** s ⟨mus⟩ *Jazz* m **2.** a ⟨fam⟩
lustig; ~-t. girl *Liebste, Geliebte, Dirne* f; →
ragtime
rag [ræg] s *Kalk–, Kieselsandstein* m
rag [ræg] ⟨univ sl⟩ **1.** vt/i || (*jdn*) *abkanzeln*
|| (*jdm*) *übel mitspielen;* (*jdm*) e–n *Schabernack*
spielen || ⟨tech⟩ *aufranken, einkerben* | vi *sich*
raufen, skandalieren, Radau m **2.** s *Rauferei* f;
Skandal, Radau m; to get one's ~ out *hoch-*
gehen, zornig w | *Scherz* m, *Neckerei* f; *fancy*
dress ~ *Kostüm–, Studentenfest* n || → to chew

raga ['rɑ:gə] s ⟨Ind⟩ *Melodie* f
ragamuffin ['rægəmʌfin] s *Lumpenkerl, Lump*
m; *Straßenbengel* m ‖ [attr] *Lumpen-, lumpig,*
zerlumpt (~ dress)
rage [reidʒ] **I.** s **1.** *Wut, Raserei,* f, *Zorn* m;
in a ~ *wütend,* to get into a ~ *in Wut geraten;*
with ~ *vor W.* ‖ (of the sea) *Toben* n, *Heftig-*
keit f **2.** *Manie, Sucht, Gier* f (for *nach*); to be
(all) the ~ *allgemein Mode* s; *beliebt* s ‖ *Be-*
geisterung f; *Feuer* n; *Taumel* m **II.** vi/refl **1.** vi
rasen, wüten (against *gegen*) ‖ *in Wut* s (at *über*)
‖ ⟨übtr⟩ (of the sea etc) *toben;* to ~ *about the*
room im Zimmer herumtoben ‖ (of dieseases
etc) *wüten, um sich greifen;* –ging toothache
rasende Zahnschmerzen pl **2.** v refl (*S*) to ~
o.s. out *sich austoben* ~**ful** ['~ful] a (~ly adv)
wütend
ragged ['rægid] a (~ly adv) *rauh, zottig* ‖
unregelmäßig, uneben, holperig; zackig ‖ *unvoll-*
endet, abgerissen (sentence); *mangelhaft, unvoll-*
kommen ‖ *zerfetzt; schäbig, zerlumpt, lumpig*
~**ness** [~nis] s *Unregelmäßigkeit* f ‖ *Zerlumpt-*
heit f
ragger ['rægə] s ⟨fam⟩ *Radaumacher; Rauf-*
bold m
raggery ['rægəri] s ⟨fam⟩ °,,*Kriegsbema-*
lung" f (*Kleidung*)
raglan ['ræglən] s (nach Lord ~) *Raglan* m
(*weiter Sportmantel ohne Schulternaht*)
ragout [ræ'gu:] s F ⟨cul⟩ *Ragout* n
ragstone ['rægstoun] s *Kalk–, Kieselsand-*
stein m
ragtime ['rægtaim] s *stark synkopierte Neger-*
musik f; → rag-time
ragweed ['rægwi:d], –**wort** ['rægwə:t] s ⟨bot⟩
Jakobskreuzkraut n

rah [rɑ:] ⟨Am⟩ **1.** intj & s = hurrah ‖ ~!
~! ~! (*Zickezacke, Zickezacke*) *Hoi! Hoi!*
Hoi! **2.** a *pfundig, Mords-*
raid [reid] **1.** s *Beutezug,* (*feindl.*) *Streifzug,*
Einfall m (into *in*); the Viking ~s [pl] *die Wi-*
kinger Einfälle pl ‖ (of the police) *R·azzia* f
(on *auf*) ‖ ⟨übtr⟩ *Überfall, Angriff* m, *Stoß-*
truppunternehmen n (on upon *auf*); air ~ *Luft–;*
bombing-~ *Bombenangriff* **2.** vi/t *e–n Einfall m*
(into *in*) ‖ vt *überfallen; plündern* ‖ ⟨com⟩
(*Markt*) *drücken* ~**er** ['ə] s *Plünderer* m ‖
⟨aero⟩ *Bomber* m, ~s passed ,,(*Luft-*)*Angriff*
vorbei!" (*Signal*) ~**ing** ['~iŋ] s [attr] ~ *party*
Stoßtrupp m

rail [reil] **I.** s **1.** *Riegel* m, *Querholz* n ‖ [oft
pl ~s] *Geländer, Gitter* n ‖ ⟨mar⟩ ~s *R·eling* f,
Deckbrüstung f **2.** (*Eisenbahn-*)*Schiene* f; ⟨fig⟩
festes Gleis n; keep on the ~s! ⟨fig⟩ *bleib bei*
der Stange! to run off the ~s *entgleisen;* off
the ~s *entgleist,* ⟨fig⟩ *aus dem Gleise* ‖ *Eisen-*
bahn f, by ~ *mit der E., Bahn;* accidents on ~
and road *Unfälle auf E. u Landstraße;* free on ~
frei E. ‖ ~s [pl] *Eisenbahnaktien* f pl ‖ ⟨Am⟩
Eisenbahner m **3.** [attr] *Schienen–;* ~ *block*
signal ⟨rail⟩ *Haltesignal* n; ~**-car** *Triebwagen*
m; ~**-chair** *Schienenklammer* f; ~**-head** *–kopf*
m; ‖ *Eisenbahn–* (~ *disaster*); ~**-head**
Kopf–, Endbahnhof m; ~ *jeep* ⟨mil⟩ (*unbe-*
mannte) *Schienendräs·ine* f; ~**-**(-)**man** *Eisen-*
bahner m; ~**-motor** *Triebwagen* m ‖ ~**-trans-**
portation Schienenverkehrsmittel n **II.** vt/i
(*a to* ~ *in*) *mit Stäben, Geländer or Gitter um-*
geben; to ~ *off durch ein G. abtrennen* ‖ (*Linie*)
mit Schienen auslegen (*Güter*) *mit der Bahn*
befördern ‖ vi *mit der Bahn reisen* ~**age** ['~idʒ] s
Eisenbahntransport m
rail [reil] s ⟨orn⟩ *Ralle* f, *Laufvogel* m;
water-~ *Wasserralle* f
rail [reil] vi *schimpfen, fluchen* ‖ to ~ at *od*
against *herziehen über, beschimpfen; verspotten*
~**er** ['~ə] s *Schmäher; Spötter, Verspötter* m

raga (against a th *e–r S*) ~**ing** ['~iŋ] s *Spott* m,
Schmähung f
railing ['reiliŋ] s [a pl ~s] *Geländer* n, *Bar-*
riere f ‖ ⟨mar⟩ *Reling* f
raillery ['reiləri] s *Neckerei* f, *Spott, Scherz* m
railroad ['reilroud] ⟨Am⟩ **1.** s = railway ‖ ~
engineer *Lokomotivführer* m **2.** vt *mit der Eisen-*
bahn befördern ‖ ⟨sl⟩ (*jdn*) °*abservieren* (z *Un-*
recht einsperren l, um ihn los z s)
railway ['reilwei] s *Eisenbahn* f; (traffic) on
the ~s *auf der E.*; circular ~ *Ringbahn* f;
double-line ~ *zweigleisige Bahn* f ‖ ⟨engl⟩ *Eisen-*
bahnnetz n *e–r Gesellschaft; Eisenbahngesell-*
schaft f (the London and North Eastern ~)
‖ [attr] *Eisenbahn–;* ~ *accident –unglück* n ‖ ~
artillery –artillerie f ‖ ~**-carriage** *–wagen* m
‖ ~ *centre –knotenpunkt* m ‖ ~ *construction*
battalion ⟨mil⟩ *–baubatallion* n ‖ ~ *ferry*
–fähre f ‖ ~ *gate* (*Bahn-*)*Schranke* f ‖ ~ *gauge*
Spurweite f ‖ ~**-guard** *Schaffner, Zugführer* m
‖ ~ *guide Kursbuch* n ‖ ~**-junction** *E.knoten-*
punkt m ‖ ~**-line** *–linie* f ‖ ~**-man** *Eisenbahner*
m ‖ ~ *mount* ⟨artill⟩ *Eisenbahnlafette* f ‖ ~**-**
mounted A.A.A. –flak, ~**-m.** *gun –geschütz* n
‖ ~ *operation –betrieb* m ‖ ~**-plant** *Eisenbahn-*
betriebsmaterial n ‖ ~**-porter** *Gepäckträger* m
‖ ~**-repair shop,** ~**-r. s. depot** *E.ausbesserungs-*
werk n ‖ ~ *sites* [pl] *Bahnanlagen* f pl ‖ ~**-**
station Bahnhof m ‖ ~ *ticket Fahrkarte* f,
–schein f ‖ ~ *timetable Fahrplan* m, *Kursbuch*
n ‖ ~ *transportation Bahntransport* m ‖ ~
transport officer (RTO) *Bahnhofsoffizier* m ‖ ~
warrant Militärfahrschein m ‖ ~ *yard Abstell–,*
Verschiebe–, Rangierbahnhof m
raiment ['reimənt] s ⟨poet rhet⟩ *Kleidung* f
rain [rein] s **1.** *Regen* m; in the ~ *im R., bei*
Regenwetter; it is pouring with ~ *es regnet in*
Strömen ‖ to get out of the ~ *sich unterstellen,*
⟨fig⟩ *Deckung suchen,* °*sich dünne m* ‖ as right
as ~ *in bester Verfassung,* (P) *munter wie ein*
Fisch im Wasser ‖ ~s [pl] *Regengüsse, –fälle* m
pl; the ~s *tropische Regenzeit, –gegend* f
2. ⟨übtr⟩ *Erguß, Strom* m (~ of tears) *dichte*
Masse f (of *v*) ‖ *Hagel* m (a ~ of *blows*);
a ~ of *kisses ein Sturm*(*wind*) *v Küssen* **3.** ⟨bot⟩
Golden ~ (*Gemeiner*) *Goldregen* m **4.** [attr]
Regen–; ~**-gauge** *Regenmesser* m ‖ ~**-making**
Regenmachen n, *–zauber* m (*Magie*) ~**-proof**
1. a *wasserdicht* **2.** s *Regenmantel* m ‖ ~**-**
soaked vom Regen durchweicht ‖ ~**-spell**
Regenperiode f ‖ ~**-storm** *heftiger Regenguß* m
‖ ~**-water** *Regenwasser* n ~**bow** ['~bou] s
Regenbogen m; [a attr] (~ *colours*) ~**coat**
['~kout] s *–mantel* m ~**drop** ['~drɔp] s *–tropfen*
m ~**fall** ['~fɔ:l] s *–schauer, –fall* m ‖
–menge f; ⟨meteor⟩ *Niederschlag* m, *–schläge* pl
~**storm** ['~stɔ:m] s ⟨Am⟩ *–schauer* m ~**wear**
['~wɛə] *–kleidung* f
rain [rein] vi/t **1.** vi *regnen* (it ~s); it ~s in
torrents *es gießt wie mit Mulden, es regnet in*
Strömen; → to pour ‖ (of the sky) *Regen sen-*
den ‖ ⟨übtr⟩ (of tears) *fließen, rollen* ‖ ⟨fig⟩ *in*
Mengen fallen or k; herabfallen, –prasseln,
regnen (upon *auf*), blows ~ed upon him *Schläge*
hagelten auf ihn hernieder **2.** vt (*Regen*) *fallen l,*
senden; it ~s cats and dogs, ⟨Am⟩ *pitchforks*
es regnet junge Hunde u Katzen (in *Strömen*); it
has ~ed itself out *es hat sich ausgeregnet*
‖ ⟨übtr⟩ (*Tränen*) *vergießen* ‖ (*Steine*) *schleudern*
(upon *auf*); it ~ed *gifts, kisses es ,,hagelte*" *Ge-*
schenke, Küsse
raininess ['reininis] s *regnerischer Zustand* m,
Regenwetter n, *Regenneigung* f **rainless** ['reinlis]
a *regenlos* **rainy** ['reini] a *regnerisch, Regen-*
(~ *season –zeit* f) | *verregnet* (~ *winter*) ‖ ~
day Regentag m; ⟨fig⟩ *Zeit* f *der Not*
raise [reiz] **I.** vt (*oft* ~ up) **A. 1.** *aufrecht*
stellen, aufrichten, –heben (a p from his *knees*)

‖ *(Tote) erwecken*; to ~ *from the dead v den Toten erwecken* **2.** ⟨übtr⟩ *(Land) aufrühren, –wiegeln (against, upon gegen)*; *(jdn) antreiben (to do)* ‖ *aufregen, (Mut) anregen, –feuern*; *beleben* ‖ to ~ *the wind sich das nötige Geld verschaffen* **B. 1.** *(Haus) errichten, bauen* ‖ to ~ *a blister e–e Blase ziehen* **2.** ⟨übtr⟩ *(Menschentyp, Tiere) züchten; (Pflanzen) ziehen; (Gemüse) bauen* **3.** ⟨fig⟩ *schaffen; (Gelächter) hervorrufen* ‖ *(Geschrei, die Stimme etc) erheben*; *voices have been ~d here Stimmen sind hier laut geworden* ‖ *(Lied) singen* ‖ *(Aufruhr, Streit) verursachen* ‖ *(Gefühl) erregen, –wecken* ‖ *(Frage) aufwerfen, anregen*; *z Sprache, auf die Tagesordnung bringen*; *erörtern (with), anhängig m (with bei)* ‖ *(Anspruch, Einspruch) erheben* ‖ *(Schwierigkeiten) machen* ‖ ⟨mil fam⟩ *(Formular) ausfüllen* **C. 1.** *(in die Höhe, höher) heben*; to ~ *to the shoulders auf die Schultern h.* ‖ *(Wasser) hochziehen, –winden* ‖ *(Augen) aufheben* ‖ to ~ *one's elbow e–n trinken, °heben, °schmettern*; to ~ *one's glass to a p jdm zutrinken*; *auf jds Wohl trinken*; to ~ *one's hat to a p jdn grüßen* ‖ ⟨aero⟩ *(Fahrwerk, Landeklappen) einfahren* **2.** ⟨übtr⟩ *(jdn) erheben, befördern (to z)*; to ~ *to the throne (jdn) auf den Thron erheben* ‖ *(Moral) heben* **3.** [kaus] *aufsteigen l*; *(Geister) zitieren, beschwören*; to ~ *hell od Cain, the Devil °Krach, °Skandal m* ‖ → *dust* ‖ ⟨mar⟩ *(Land) sichten* **4.** ⟨fig⟩ *erhöhen*; *(Steuer etc) erheben, beitreiben* ‖ *(Geld) aufbringen; (Gewinn) einbringen; (Anleihe) aufnehmen* ‖ *(Heer) aufstellen* **5.** *(Belagerung, Steuer) aufheben; beenden; (Verbot) beseitigen* **D.** *vergrößern, (Ruhm) mehren, (Gerücht) verbreiten; (Tuch) rauhen* ‖ *(Gehalt etc) erhöhen (by um; to auf); (Preise) steigern; (Stimme) heben; hervorheben, betonen* ‖ ⟨math⟩ to ~ *to the second power (Zahl) quadrieren; –sing to a power Potenzierung f* **II.** s ⟨Am⟩ *Erhöhung (in od of wages); Beförderung f* **raised** [~d] *erhöht*; ⟨tech⟩ *erhaben, getrieben* ‖ ⟨arts etc⟩ *überhöht* ‖ ~ *cake Hefekuchen m* **raiser** [′~ə] s *Erheber; Erbauer; Aufzieher, Züchter, Pflanzer m* ‖ → *raising*

raisin [′reizn] s *Rosine f*

raising [′reiziŋ] s *Erziehung, Kinderstube f,* → *to raise* **I. B. 2.** ‖ ~ *⟨arts, bib⟩ Auferweckung f (des Lazarus)*; ~ *of the Cross Kreuzaufrichtung f* ‖ ~-*piece ⟨arch⟩ Saum–, Setzschwelle f*

raison [′reizɔ̃] s Fr ~ *d'état Staatsräson f*; ~ *d'être Daseinsberechtigung f*

rait [reit] vt/i → *to ret*

raj [rɑːdʒ] s Ind *Herrschaft f*

rajah [′rɑːdʒə] s *R·adscha m (Titel eingeborener ind. Fürsten)* **Rajput, -poot** [′rɑːdʒput] s ~s [pl] *Radschp·uten m pl, gr Stammesklasse in Nordindien f*

rake [reik] s ⟨hort⟩ *Harke f, Rechen m* (⟨a hum fig⟩ = *Kamm*) ‖ *Kratzeisen n, Scharre f* ‖ ~ *dozei Mulorharke f*

rake [reik] vt/i **I.** vt **1.** *(Feld) harken* (*mst* to ~ *together, up*) *zus–harken, –scharren*; to ~ *off, away wegharken, –schaffen* (*a* to ~ *up, over*) *glatt harken* **2.** ⟨übtr fig⟩ *sammeln, zusholen (from aus); durchstöbern (for nach)*; to ~ *out auskundschaften*; to ~ *up (Skandal) aufrühren (against)* **3.** ⟨mil & mar⟩ *mit Feuer bestreichen, °„beharken"*; *(Schiff) der Länge nach beschießen* ‖ ⟨übtr⟩ *mit den Augen absuchen*; *überblicken* ‖ ~d *fore and aft ⟨mar fam⟩ verliebt bis über beide Ohren* **II.** vi *harken* ‖ *herumsuchen, –stöbern (in in; among unter; after, for nach)*; ⟨fig⟩ to ~ *into a th etw durchsuchen (for nach)* **III.** [in comp] ~-off ⟨Am⟩ *Gewinn, Profit m*; to have a ~-off on *s–n P. ziehen aus*

rake [reik] s *Wüstling, Roué m* **rakish**

[′reikiʃ] a (~ly adv) *ausschweifend, liederlich, wüst*

rake [reik] **1.** vi/t *(of a ship) überhangen, –schießen*; *(of masts) sich nach hinten neigen* ‖ vt *in schräge, schiefe Lage bringen*; ~d *chair Stuhl m mit bequemer, schiefer Lehne* **2.** s *Überhangen n*; *schiefe Stellung f der Masten* ‖ *Neigung f (at a ~ of bei e–r N. v)* ‖ ⟨theat⟩ *Neigung f der Bühne, Ansteigen n des Zuschauerraumes* **raker** [′~ə] *Räumzahn m (e–r Säge)* **raking** [′~iŋ] a *schief, schräg* **rakish** [′~iʃ] a (~ly adv) *(of ships) schnittig, flott* ‖ ⟨übtr⟩ *verwegen*

râle [rɑːl] s Fr ⟨path⟩ *Rasselgeräusch n (der Lunge)*

ralli-cart [′rælikɑːt] s *leichter D·ogcart m*

ralline [′rælain] a ⟨orn⟩ *Rallen–*

rally [′ræli] **1.** vt/i *wieder sammeln, zustrommeln*; *(Truppen) scharen (round od to a p um jdn)* ‖ *(Kräfte) sammeln, zus–raffen* ‖ *(jdn) aufmuntern, –rütteln* ‖ vi *sich wieder sammeln*; *sich scharen (round um)*; *sich anschließen (to an)*; *sich erholen* ⟨a übtr & st exch⟩ *(of prices)* **2.** s ⟨mil⟩ *Sammeln n* ‖ *Zus–kunft, Tagung f, Treffen n*; to hold a ~ *e–e Tagung abhalten* ‖ ⟨fig⟩ *Erholung f* ‖ ⟨ten⟩ *schneller Ballwechsel m* (a ~ *of strokes*) ‖ ⟨mot⟩ *Sternfahrt f (v mehreren Orten zu einem Ziel)* ~ing [~iŋ] s [attr] *Sammel–*; ~ *point ⟨tact⟩ –platz m*; ~ *position ⟨tact⟩ Aufnahmestellung f*

rally [′ræli] vt *(jdn) aufziehen, z besten h*

ram [ræm] **1.** s ⟨zoo⟩ *Widder, Schafbock m*; → *ewe* ⟨astr⟩ ♈ *Widder m* ‖ ⟨mil⟩ *Sturmbock* ‖ ⟨mar⟩ ~-bow *Rammbug m* ‖ ⟨tech⟩ *Ramme f* ‖ *Rammbär m* ‖ *Druck–, Preßkolben; hydraulischer Widder m*; [abstr] *Stau(druck) m* ⟨übtr⟩ *Gedränge n*; ⟨vulg⟩ *Rammelei f* ‖ ~-air *Stauluft f, Luftstrom m* ‖ ~ *effect Auftreffwucht, Stauwirkung f* ‖ ~-jet *Staustrahltriebwerk n, Staustrahl(rohr n) m, Düse(nflugzeug n) f* ‖ ~-reel ⟨Scot fam⟩ *Männertanz m* **2.** vt **a.** *(Erde) rammen; ver–*; to ~ *in ein–* ‖ (*a* to ~ *down) fest ein–, –treiben (into)* ‖ *hineinstopfen, –stecken (into in); (Hut) stülpen (on auf; over über)* ‖ (*a* to ~ *up) verstopfen, –rammeln* **b.** ⟨fig⟩ *(etw) einbleuen (into a p jdm)* **c.** ⟨mar⟩ *(Schiff) rammen* ‖ *heftig treiben, stoßen (into)*

Ramadan [ræmə′dɑːn] s *Ramad·an m (Fastenmonat des Islam)*

ramble [′ræmbl] **1.** vi z *Vergnügen umherwandern, –streifen* ‖ ⟨bot⟩ *ranken* ‖ *gedankliche Streifzüge m; plaudern* ‖ *planlos lesen* ‖ *sich in Reden verlieren, drauflosreden*; *unzus–hängend reden (im Fieber)*; *vom Thema abschweifen (into in)* **2.** s *Umherstreichen n, Wanderung f; Streifzug m*; ⟨a übtr⟩ -**ler** [~ə] s *Umherstreicher, Wanderer m* ‖ *crimson* ~ ⟨bot⟩ *blutrote Kletterrose f* -**ling** [′ræmbliŋ] **1.** s *Wanderung f; gedanklicher Streifzug m* **2.** a (~ly adv) *wandernd, umherschweifend, –ziehend*; *Wander–* (~ *club*) ‖ *(of speech) unzus–hängend; weitschweifig* ‖ *(P) abschweifend, unklar* ‖ *unregelmäßig angelegt (house)* ‖ *(of plants) wuchernd*

rambunctious [ræm′bʌŋʃəs] a ⟨Am⟩ = *rumbustious*

ramekin, -equin [′ræmkin] s ⟨cul⟩ *Käseauflauf m*

ramie [′ræmiː] s ⟨bot⟩ *Gattung f der Nesselgewächse f* ‖ *nesselartiger Faserstoff daraus m*

ramification [ræmifi′keiʃən] s *Verzweigung, –ästelung f*; ~s [pl] *Zweige m pl* ⟨a übtr⟩ -**fy** [′ræmifai] vi/t ‖ *sich verzweigen* ‖ vt [mst pass] *verzweigen; zweigartig anlegen, in Zweige zerteilen*

Ramillies [′ræmiliz] s Fr *(frz. Dorf ~)* [attr] ⟨hist⟩ ~ *hat Dreimaster m*; ~ *wig Zopfperücke f*

rammer [′ræmə] s ⟨tech⟩ *Stampfer m*;

(*Hand-*)*Ramme* f || (of a gun) *Ladestock* m; ⟨artill⟩ *Ansetzer* m; → ramrod

rammish ['ræmiʃ] a *stinkig, bockig*

ramose [rə'mous] a *ästig; verzweigt*

ramp [ræmp] s ⟨fort⟩ *Rampe, geneigte Fläche* f; *schräge Auffahrt* f || ⟨arch⟩ *Rampe, Abdachung* f

ramp [ræmp] **1.** vi/t || (of plants) *wuchern* || (*T*) *auf den Hinterbeinen stehen* || *rasen, toben, wüten* | vt ⟨arch⟩ *mit e–r Rampe versehen* **2.** s *Aufregung* f; *Toben* n || ⟨mil sl⟩ *Puff* m

ramp [ræmp] ⟨sl⟩ **1.** vt/i || (*jdn*) *beschwindeln* | vi *Geld erschwindeln* **2.** s *Schwindel* m, *–manöver* n, *Geldschneiderei* f

rampage [ræm'peidʒ] **1.** vi *herumtoben; –tollen, –wüten* **2.** s *Toben* n, to be on the ~ *toben, sich austoben* **~ous** [~əs] a (~ly adv) *wild, ausgelassen; lärmend, laut* (~ *play*)

rampancy ['ræmpənsi] s *Wuchern, Überhandnehmen, Umsichgreifen* n **–ant** ['ræmpənt] a (~ly adv) (*T*) ⟨her⟩ *springend* (*aufrecht auf den Hinterbeinen stehend*) (*lion* ~) || *wütend, ausgelassen, zügellos* | *um sich greifend, wuchernd*; ⟨übtr⟩ to be ~ *überhandnehmen, um sich greifen*

rampart ['ræmpɑ:t] **1.** s ⟨fort⟩ *Wall* m || ⟨fig⟩ *Schutzwehr* f **2.** vt *durch e–n Wall schützen*

rampion ['ræmpjən] s ⟨bot⟩ *Rapunzel, Glockenblume* f

ramrod ['ræmrɔd] s ⟨mil⟩ *Ladestock* m; → rammer

ramshackle ['ræmˌʃækl] a *baufällig, wack(e)lig*

ramson ['ræmsn] s ⟨bot⟩ *Bärenlauch* m

ran [ræn] pret v to run || an also ~ *ein „Ferner liefen"* m

ran [ræn] s *Docke* f *Bindfaden* (m) → rap

rance [ræns] s *bräunlichroter, geäderter Marmor* m (*aus Belgien*)

ranch [ræn(t)ʃ] **1.** s ⟨Am⟩ *Viehwirtschaft, Farm* f || ⟨fam⟩ *Haus, Heim* n **2.** vi *Viehwirtschaft treiben* **~er** ['~ə], **~man** ['~mən] s *Farmer* m || *Landarbeiter* m

rancid ['rænsid] a (~ly adv) *ranzig* || ⟨fig⟩ *widerlich, unangenehm* **~ity** [ræn'siditi], **~ness** [~nis] s *Ranzigkeit* f, *ranziger Geruch* m

rancorous ['ræŋkərəs] a (~ly adv) *erbittert, giftig, boshaft* **–cour** ['ræŋkə] s *Erbitterung* f (of *über*); *eingefleischter Groll, Haß* m

rand [rænd] s *Randleder* n || the ᴲ ⟨SAfr⟩ *Witwatersrand* m (*Höhenzug in Transvaal*); *Goldfelder* n pl *daselbst*

Rand [rænd] s abbr → *Abkürzungen*

randan [ræn'dæn] s ⟨mar⟩ *Ruderboot* n f *drei Personen* f pl

randan [ræn'dæn] s ⟨sl⟩ *Vergnügen, Lustbarkeit* f, to go on the ~ *auf den Bummel gehen*

randem ['rændəm] s *Wagen mit 3 Pferden hinter–e–a*; → tandem

random ['rændəm] **1.** s at ~ *aufs Geratewohl, blindlings*; to talk at ~ *in den Tag hineinreden* **2.** a *ziellos; zufällig; Zufalls–*; ~ *bombing ungezielter Bombenwurf* m || ~ *samples* [pl] *Stichproben* f pl [konkr] | ~ *shot Schuß* m *ins Blaue, verlorener Schuß* || ~ *test Stichprobe* [abstr] || ⟨arch⟩ *aus unregelmäßigen, ungleichen Steinen bestehend* **~ize** [~aiz] vt/i ⟨stat⟩ *auslosen*

randy ['rændi] **1.** a ⟨Scot⟩ (*P*) *ungehobelt; zügellos* || ⟨vulg⟩ *scharf* **2.** s *Flegel* m

ranee, -ni [rɑ:'ni:] s ⟨Ind⟩ *Gemahlin des* rajah; *Hindufürstin, –königin* f

rang [ræŋ] pret v to ring

range [reindʒ] s **1.** (*Hügel–, Berg–, Gebirgs–*) *Kette* f (~ *of hills*, mountains: Karakorum ᴲ) || ⟨übtr⟩ *Kette, Reihe* f; ⟨com⟩ *Kollektion, Sammlung* f; ~ *of 3 tables dreiteilige* (*unter–e–a–stellbare*) *Tisch(chen)garnitur* f **2.** (*Bewegungs–*)*Fläche* f; *Ausdehnungsgebiet* n || ⟨Am⟩ *Weideland* n || *Wildreservat* n, *–schutzpark* m;

(*shooting*) ~ *Schießplatz, –stand* m || *Ausdehnung* f (a *wide* ~); *Umfang* m | ⟨übtr⟩ *Aktionsradius* m, *Bewegungsfreiheit* f, *Spielraum, Bereich* m; ⟨stat⟩ *Variationsbreite* f; (*Arbeits–*)*Feld* n; ~ *of thought Ideenkreis* m || a *wide* ~ *of articles e–e lange Warenliste* f || ⟨aero⟩ *Kursfunkfeuer* n **3.** *Grenzbereich* m, *die äußersten Grenzen* f pl; ~ *of application Anwendungsbereich* m; ~ *of colours Farbenskala* f; ~ *of prices Preislage* f || ⟨mot⟩ *high* ~ *Normal–, Direktgang* m, *Normal–, Fernfahrt* f, gr, *hohe Übersetzung* f; *low* ~ *Gelände–, Berg–, Bremsgang* m, *Stadt–, Bergfahrt, kl Übersetzung* f || ~ *of speed regulation Drehzahlregelbarkeit* f || ~ *of investigation Untersuchungsbereich* m || *Reich–, Trag–, Schußweite, Entfernung* f (at a ~ *of in e–r E.* v); at *close* ~ *aus naher E.* || out of ~ *außer Schußweite* | to *find od get the* ~ *sich einschießen*, to *take the* ~ *die Entfernung schätzen* or *messen* **4.** *Herd, Kochherd* m **5.** ⟨Am⟩ *natürlicher Pflanzenwuchs* **6.** ⟨tech⟩ *Bereich* m, *Feld* n, *Reihe* f; *Satz* m; *Zone* f **7.** [attr] *Aktions–, Ausdehnungs–, Bewegungs–* (~ *district*) || *Entfernungs–*; ~ *adjustment* ⟨artill⟩ *Einschießen in der Länge nach* || ~ *estimation E.schätzen* n || ~*–finder –messer* m, *–indicator –anzeiger* m || (*Schießstand–*) ~ *butt Kugelfang* m || ~ *centre mittlerer Treffpunkt* m *der Länge nach* || ~ *deflection fan* ⟨artill⟩ *Zielspinne* f (*z Feststellen der Längenfehllage*) || ~ *lights* ⟨aero⟩ *Verdichtungsfeuer* n pl || ~ *scale* ⟨artill⟩ *Aufsatzteilung* f || ~ *table Schußtafel* f

range [reindʒ] vt/i **A.** vt [*mst pass od refl*] *anordnen; in Reihen stellen, aufstellen*; to ~ o.s. *along .. sich a. an .. entlang*; to ~ o.s. *on the side of a p* (*od a th*) *sich auf seiten jds* (*e–r S*) *stellen*; to ~ o.s. *with a p sich zu jdm stellen* **2.** *systematisch ordnen* | (*jdn, etw*) *einreihen* (in); *klassifizieren* || *in e–e Linie bringen mit, richten* (on *auf*) || to ~ o.s. *z e–m geregelten Leben k* **3.** *durchwandern, –streifen, –schweifen* || *entlang fahren an* (to ~ *the coast*) **B.** vi **1.** (*in e–r Linie*) *liegen* or *stehen* or *sich bewegen* (with); *sich* (*in e–r Reihe*) *ausdehnen* **2.** *rangieren, in gleichem Range stehen* (with *mit*), *sich stellen*; *zählen, passen, gehören* (with *z*); *sich aufstellen* **3.** *streifen, wandern* (over, along, through) ⟨a fig⟩ **4.** *sich ausdehnen* (along *an .. entlang*; from .. to v .. z); *sich erstrecken, reichen*; to ~ *wide* ⟨fig⟩ *weit ausholen* || (of guns) *tragen* ⟨bot & zoo⟩ z *finden* s, *vorkommen* (in *in*) || ⟨übtr⟩ *sich bewegen* (from .. to); *variieren, schwanken* (between); *steigen u fallen* **–ger** ['~ə] s *Umherstreifer, Wanderer* m || *Spürhund* m | (*als Titel*) *königl. Förster; Aufseher* m (*e–s königl. Parks*) | ~s [pl] ⟨mil⟩ *leichte Reiter* m pl (*the Connaught* ᴲs) ⟨Am mil⟩ *„Lederstrümpfe"* m pl (*P*), *Soldaten* m pl *e–s Überfallkommandos* **–gette** (~'et) *Kleinherd* m **–ging** ['~iŋ] s [attr] ~ *magnifier Visierlupe* f || ~ *pole Fluchtstab* m, *–stange* f || ~ *squad Meß–, Vermessungstrupp* m **–gy** ['~i] a *sich einfügend; geschmeidig* || *ausgedehnt* || *weitreichend* || ⟨Am⟩ *schlank*

rank [ræŋk] s **1. a.** (*S*) *Reihe, Linie* f; *Reihe v Fahrzeugen* || *Haltestelle* f (cab–~, taxi–~) **b.** (*P*) ⟨mil⟩ *Linie* f, *Reih u Glied* n || to *break* ~ (*aus der Reihe*) *vor–, austreten*; *in Verwirrung geraten*; to *keep* ~ *in Reih u Glied bleiben* | the ~s *od the* ~ *and file* [pl konstr] *die Mannschaften* f pl, *Gemeinen* m pl; *other* ~s (abbr. O. R's) (*Unteroffiziere u*) *Mannschaften* pl; *other* ~s' *billets* [pl] (*Unteroffizier– u*) *Mannschaftsquartiere* n pl; to *join the* ~s *Soldat w*; *in Reih u Glied einrücken* || ~ *and file* ⟨übtr⟩ *Mitglieder* n pl || to *rise from the* ~s *von der Pike auf dienen, aus dem Mannschaftsstand z Offizier befördert w*; to *reduce to the* ~s *degradieren* **2.** (*Gesellschafts–*)*Klasse* f, *Stand* (of *high* ~),

Rang m (the ~ of general *der R. e–s Generals*);
hoher Rang (a p of ~); the ~ and fashion *die
vornehme Gesellschaft* f; to take ~ of *den Vorrang h vor*; to take ~ with *im Rang gehören z,
rangieren mit* || *Stellung, Stelle* f; to fall into the
second ~ *zweitrangig w*; to stand in the first ~
an erster St. stehen; to take high ~ ⟨fig⟩ *gr Bedeutung gewinnen, hoch gewertet w* (in *in*) **3.**
⟨tech⟩ *Grad* m, *Stufe, Reihe; Sorte; Stellung;
Ordnung* f

   rank [ræŋk] vt/i (*P*) *in Reihe* or *Glied auf-
stellen* || (*S*) *ordnen, einreihen* || (*e–r S, jdm*) *e–e
Stellung anweisen; ordnen, klassifizieren*; (*jdn,
etw*) *stellen, rechnen* (with *z*); *hinstellen* || ⟨Am⟩
den Vortritt h vor, rangieren über (to ~ a *p*);
gold ~s *silver* ⟨mil⟩ *Goldabzeichen bezeichnen
e–n höheren Rang als S.* | vi *sich aufstellen, sich
ordnen* || *stehen* || *im Rang gehören, gerechnet w*
(first among *an erster Stelle unter*; with *z*);
rangieren (above *über*; with); *kommen* (next to
gleich hinter) || ⟨jur⟩ *rechtmäßig z den Konkurs-
gläubigern gehören* ~ing ['~iŋ] a ⟨Am⟩ *führend,
erste(r, –s)* (place) || ~ officer *dienstältester
Offizier* m

   rank [ræŋk] ⟨Am⟩ **1.** vi *kriminellen Partner
verraten* **2.** s *Niederlage* f

   rank [ræŋk] a (~ly adv) **1.** *üppig,* ⟨for⟩ *froh-
wüchsig* (to grow ~), ~ with *üppig bewachsen
mit* || (of soil) *fett, fruchtbar* **2.** *ranzig; widerlich,
stinkend* (with *v*) || *unanständig; stark* **2.** *kraß,
stark; rein, richtig, offenkundig* (~ *nonsense*)
| ⟨fam⟩ *schlecht* | ~ly ['~li] adv *ranzig* || *über-
mäßig, stark* ~ness ['~nis] s *Üppigkeit* f; *Über-
maß* n || *Ranzigkeit* f

   ranker ['ræŋkə] s ⟨fam mil⟩ *Offizier* m, *der
aus dem Mannschaftsstand hervorgegangen ist*

   rankle ['ræŋkl] vi ⟨poet⟩ *eitern, schwären* ||
⟨fig⟩ *weiter fressen; um sich fressen; nagen,
wühlen*

   ransack ['rænsæk] vt *durchstöbern* (for *nach*) ||
genau durchsuchen, prüfen || *plündern*

   ransom ['rænsəm] **1.** s *Lösegeld* n; a king's ~
⟨fig⟩ *e–e gewaltige Summe* f || *Loskauf* m, *Aus-
lösung* f, to hold a p to ~ *jdn auf Lösegeld fest-
halten* || ⟨fig⟩ *Lösegeld* n, *Preis* m | [attr] ~-bill,
~-bond *schriftl. Verpflichtung* f (*des Kapitäns
e–s gekaperten Schiffes*) *z späteren Zahlung e–s
Lösegeldes zwecks Erlangung sicheren Geleits*
2. vt *auslösen, loskaufen* || ⟨ec⟩ *erlösen* ~less
[~lis] a *ohne Lösegeld*

   rant [rænt] **1.** vi/t | *schwülstig* or *hochtrabend
reden* || *lärmen, schreien* | vt *theatralisch vor-
tragen, predigen* **2.** s *Schwulst, Wortschwall* m,
leeres Gerede n, *Redeschwall* m ~an ['~ən] s;
on the ~ *auf dem, den Bummel* ~er ['~ə] s
Schwadroneur, hochtrabender Schwätzer m || the
~s pl 1. *die Antinomisten* m pl (*schwarmgeistige
Sekte,* ca. 1650) **2.** *die ersten Methodisten* m pl

   ranula ['rænjulə] s L ⟨med⟩ *Froschgeschwulst*
f (*unter der Zunge*)

   ranunculus [rə'nʌŋkjuləs] L s (pl ~es [~iz],
–li [–lai]) ⟨bot⟩ *Hahnenfuß* m, *Ranunkel* f

   rap [ræp] **1.** s (*kurzer, leichter*) *Schlag, Klaps*
m || *Klopfen, Pochen* (at *an*) n (there is a ~ at
the door *es klopft*); ~ *on od over the knuckles*
⟨fig⟩ *Rüffel, Verweis* m | ⟨Am⟩ *Verrat* m,
Indiskretion f; *Urteil* n *auf Gefängnisstrafe*
2. vt/i || (*jdn*) *schlagen, klopfen;* to ~ a p's fingers *jdm
auf die Finger klopfen* ⟨a fig⟩; *schlagen auf* (to
~ *the table*) || *heruntermachen, tadeln* || to ~
out (*Fluch* etc) *ausstoßen; durch Schlagen,
Trommeln hervorbringen;* (*Melodie*) *trommeln;*
(of spirits) *durch Poltern äußern* | vi *schlagen,
klopfen* (at *an;* on *auf*) || ⟨Am⟩ *grüßen*

   rap [ræp] s *Heller, Deut* m; I don't care
a ~ *es ist mir ganz gleich;* I don't give a ~ for it
ich gebe k–n Pfifferling dafür

   rap [ræp] s *e–e Docke* f *Garn* n → ran

rapacious [rə'peiʃəs] a (~ly adv) *raubgierig* ||
(*T*) *Raub–* (~ *bird*) **~ness* [~nis], **rapacity**
[rə'pæsiti] s *Raubgier* f

   rape [reip] **1.** vt ⟨poet⟩ *rauben; entführen* ||
(*Frau*) *notzüchtigen, schänden* **2.** s ⟨poet⟩ †
Raub m, *Entführung* f || *Schändung* f (*e–r Frau*);
~ and murder *Lustmord* m

   rape [reip] s *e–r der 6 Verwaltungsbezirke v*
Sussex

   rape [reip] s ⟨bot⟩ *Raps, Rübsen* m | ~-oil
Rüböl n || ~-seed *Rübsamen* m

   rape [reip] s [koll] *od* ~s [pl] *Trester* pl ||
Filter m (*f Essigfabrikation*)

   Raphaelesque, Raffae– ['ræfeiə'lesk] a *im Stile
Raffaels gehalten; Raffael–*

   raphe ['reifi] s Gr ⟨anat & bot⟩ *Längsspalt,
Saum* m, *Naht* f

   raphia ['ræfiə] s = raffia

   rapid ['ræpid] **1.** a (~ly adv) *schnell, geschwind; Schnell–* (~ *fire*); ~ *press Schnell-
presse* f || ⟨tech⟩ ~ *idle movement Schnell–,
Eilgang* m (*e–s Schlittens*) || (of water) *reißend* ||
(of slope) *jäh, steil;* ⟨übtr⟩ *jäh, plötzlich* || ⟨Am⟩
~ *transition Schnellverkehr* m **2.** s [*mst* pl] ~s
Stromschnelle f ⟨*a* übtr⟩ ~ity [rə'piditi], ~ness
[~nis] s *Schnelligkeit* f (to transcend in ~ *an
Schn. übertreffen*)

   rapier ['reipiə] s *Rap′ier* n

   rapine ['ræpain] s ⟨rhet⟩ *Raub* m, *Plünderung*
f || ⟨bes for⟩ *Raubwirtschaft* f

   rapparee [,ræpə'ri:] s Fr *irischer Bandit* m

   rappee [ræ'pi:] s *grober Schnupftabak* m

   rapper ['ræpə] s *Türklopfer* m; *Hausierer* m ||
⟨sl⟩ *gemeine Lüge* f; *Fluch; Kraftausdruck* m

   rapport [ræ'pɔ:] s Fr *Beziehung, Verbindung* f
(with)

   rapporteur [ræpɔ:'tə:] s Fr *Berichterstatter* m

   rapprochement [ræ'prɔʃmã:] s Fr ⟨pol⟩
Wiederannäherung f (*zweier Staaten*)

   rapscallion [ræp'skæliən] s *Vagabund, Lumpenkerl* m

   rapt [ræpt] **1.** pp (a ~ *away*) *fortgerissen,
hingerafft* (out of *aus*) || (*im Geiste*) *versetzt*
(into *in*; out of *aus*) || ⟨fig⟩ *hingerissen, entzückt*
(with, by *v*) || *tief versunken* (in *in*) **2.** a *verzückt*
|| *gespannt* (with ~ *attention*)

   raptorial [ræp'tɔ:riəl] **1.** a ⟨zoo⟩ *räuberisch,
Raub–* (~ *birds*) **2.** s *Raubvogel* m

   rapture ['ræptʃə] s *Begeisterung* f, *Entzücken* n,
Taumel m (of *v*) || to be in ~s *entzückt, be-
geistert s* (at *über;* at doing *z tun;* with *v*) || to go
into ~s *in Verzücken geraten* (over *über*) || ⟨bes
theol⟩ (*bes in den Himmel*) *Entsetztwerden* n
| ~d [~d] a ⟨poet⟩ *hingerissen, begeistert*

   rapturous ['ræptʃərəs] a (~ly adv) *stürmisch*
(applause), *leidenschaftlich* (joy) || *in ′ Ver-
zückung, verzückt*

   rara avis ['rɛərə 'eivis] s L „*seltener Vogel*" m,
seltene, ungewöhnliche Erscheinung f

   rare [rɛə] a (~ly adv) *nicht dicht; dünn, fein*
(*alt*) || *nicht häufig, spärlich, vereinzelt* | *selten,
rar; außer-, ungewöhnlich;* ~ *earth seltene E.* f,
~ *gas Edelgas* n; it is ~ to see *selten sieht man;*
it is ~ for a p to do *es ist selten, daß jd tut,
selten tut jd;* it is ~ly that he does *selten tut er* |
⟨Am cul⟩ = underdone | ⟨fam⟩ *ausgezeichnet,
vortrefflich* || ⟨fam⟩ [*als Intensiv*] *selten* (a ~
good sign); *sehr,* ~ *and hungry sehr hungrig*
~ness [~nis] s (of air) *Fein–, Dünnheit* || *Vor-
trefflichkeit* f | *Seltenheit* f

   rarebit ['rɛəbit] s → Welsh

   raree-show ['rɛəri:ʃou] s *Guck–, Raritäten-
kasten* m | ⟨übtr⟩ *Schauspiel* n, *Szene* f

   rarefaction [,rɛəri'fækʃən] s ⟨phys⟩ *Verdün-
nung* f, *Minderung* f *der Dichte* ~fy ['rɛərifai] vt/i
|| *verdünnen* || ⟨fig⟩ *verfeinern;* to be –fied *dünn,
verflüchtigt s* || –fied *air space luftverdünnter
Raum* m |* vi *sich verdünnen*

raring ['rɛəriŋ] a ⟨Am⟩ ~ to do *erpicht darauf z tun*

rarity ['rɛəriti] s (of air) *Fein–, Dünnheit* f || *seltenes Vorkommen* n, *Seltenheit* f || *Vortrefflichkeit* f || *seltene S, Seltenheit* f (wine was a ~)

rascal ['rɑ:skəl] **1.** s *Schuft, Schurke* m || ⟨fam⟩ *Schelm, Racker* m **2.** † a *pöbelhaft, Pöbel–; schuftig, nichtswürdig* ~**dom** [~dəm] s *Lumpenpack* n || *Schurkerei* f ~**ity** [rɑ:s'kæliti] s *Schurkerei* f ~**ly** [~i] a *schurkisch, Schurken–* (~ *trick –streich* m); *schuftig; erbärmlich*

rase [reiz] vt **auskratzen, –radieren* | ⟨fig⟩ (*etw*) *ausmerzen* (from *v*); → to raze

rash [ræʃ] s ⟨med⟩ *Hautausschlag* m

rash [ræʃ] a (~ly adv) *hastig, übereilt, vorschnell* || *unbesonnen, wagehalsig* || ⟨Am⟩ *frech* ~**ness** ['~nis] s *Hast, Übereilung; Unbesonnenheit* f

rasher ['ræʃə] s *Speckschnitte* f

rasorial [rei'sɔ:riəl] a (of fowl) *scharrend, kratzend; Hühner–;* ~ *order Ordnung der Hühner–, Scharrvögel* f

rasp [rɑ:sp] **1.** s *Raspel, Feile* f || *Reibeisen* n, *Reibe* f || ⟨hunt⟩ *hohes Gatter* n **2.** vt/i ~ *abkratzen, –reiben, –raspeln, feilen* || *zerkratzen* || *kratzendes Gefühl erzeugen auf; (das Ohr) durch kratzendes Geräusch verletzen* || ⟨fig⟩ (*jdn*) *verletzen, beleidigen; reizen* || *krächzend äußern* | vi *kratzen* (on a fiddle) || *krächzen* ~**atory** ['~ətəri] s ⟨med⟩ *Knochenfeile* f ~**er** ['~ə] s *gr Feile* f; *Kratz–, Schabeisen* n || ⟨hunt⟩ *hohes Gatter* n ~**ing** ['~iŋ] **1.** s *Raspeln* n | ~s [pl] *Raspelspäne* m pl **2.** a (~ly adv) *harsch; kratzend, krächzend* (voice) | ~**y** ['~i] a = rasping a

raspberry ['rɑ:zbəri] s ⟨bot⟩ *Himbeere* f; [attr] *Himbeer–* (~-vinegar) || ⟨sl⟩ *Ablehnung* f; *Rüffel* m, ⟨mil fam⟩ „*Zigarre*" f (*Verweis*) || *Ausdruck* m, *Bewegung* f *der Ablehnung* || ⟨Am⟩ *Geschwätz* n, *Quatsch* m

rasse [ræs] s ⟨zoo⟩ *Rasse* f, *ind. Schleichkatze* f

rat [ræt] **1.** s ⟨zoo⟩ *Ratte* f; *bandicoot* ~ *Pest–, black* ~ *Haus–* || ⟨sl⟩ ~s! *unglaublich! Unsinn!* || to smell a ~ ⟨fig⟩ *Lunte or den Braten riechen, Unrat wittern* | ⟨parl⟩ *politischer Überläufer* m || ⟨sl⟩ *Streikbrecher* m; ⟨Am⟩ *Angeber, Denunziant* m | [attr] *Ratten–* || ~-catcher *Rattenfänger* m (*P*); ⟨sl⟩ ~-catchers [pl] *Jagdkleidung* f, *über die die Hasen lachen* || ~-tail *Rattenschwanz* m (a übtr) || ~-tailed *Rattenschwanz–;* ~-tailed *file Rattenschwanz* m, *kl Feile;* ~-tailed *spoon Löffel* m *mit Verlängerung des Griffes hinter der Kelle* || ~-trap *Rattenfalle* f; ⟨sl⟩ °„*Futterluke*" f (*Mund*); ⟨cycl⟩ *Zackenpedal* n **2.** vi *Ratten jagen or fangen* || ⟨fig parl⟩ ·*überlaufen* || *den Streik brechen*

rat [ræt] vt ⟨vulg⟩ = to drat

rata ['reitə] s ⟨bot⟩ *R·atabaum* m

ratable ['reitəbl] a → rateable

ratafia [ˌrætə'fiə] s Fr *Fruchtlikör* m || (*Art*) *Biskuit* n

ratal ['reitəl] s *Kommunalsteuersatz* m; ~ *value Steuerwert* m

ratan ['rætən] s → rattan

rataplan [ˌrætə'plæn] **1.** *Trommelwirbel* m **2.** vt/i || *die Trommel schlagen z* | vi *trommeln* (on *auf*)

rat-a-tat ['rætə'tæt] s → rat-tat

ratch [rætʃ] s ⟨tech⟩ *gezahnte Sperrstange; Ratsche* f || (in clock-work) *Schöpfrad* n, *Auslösung* f ~**et** ['~it] s ⟨tech⟩ = ratch, ~-brace *Bohrknarre* f || *Sperrhaken* m, –*klinke* f; ~-wheel –*rad* n

rate [reit] **I.** s **1.** *Maß, Verhältnis* n; ~ of *investment Investitionsquote* f || *Preis* m (at the ~ of *z P. v*) || *Veranschlagung, Taxe* f (to value at a high ~) **2.** *verhältnismäßiger Anteil* m, *Rate* f || ⟨stat demog⟩ *Ziffer, Häufigkeitsziffer*

f; annual ~ *Jahres–*; corrected ~ *bereinigte Zahl* f; current ~ *Querschnittsziffer*; divorce ~ *Ehescheidungsziffer*; revised ~ *berichtigte Zahl* f || *fester Satz, Tarif, Kurs* m (at the ~ of *z dem Kurse v*; dollar~); ~ of the day *Tageskurs* m; ~ of exchange *Wechselkurs* m; ~ of insurance *Versicherungsprämie* f; ~ of interest *Zinsfuß* m; ~ of wages *Lohnsatz* m || *Ziffer* f (birth-~ *Geburten–*) | [*mst* pl] ~s *Gemeindeabgaben, –steuern* f pl | *verhältnismäßige Geschwindigkeit* f (at the ~ of *mit e–r G. v*); at a tremendous ~ *rasend schnell* ⟨*bes* aero⟩ *Geschwindigkeit* f || ~ of climb ⟨aero⟩ *Steiggeschwindigkeit* f; ~ of decay ⟨at⟩ *Zerfallgeschwindigkeit* f || ~ of fire ⟨*bes* artill⟩ *Feuergeschwindigkeit* f || ~ of flow *Durchflußmenge* f || ~ of fuel consumption *Kraftstoffverbrauchssatz* m || ~ of heat transfer *Wärmedurchsatz* m || ~ of building *Bau–,* ~ of sending ⟨wir⟩ *Gebetempo* m **3.** *Grad, Rang* m || ⟨mar⟩ (*Schiffs–*)*Klasse* f; first-~ [attr] ⟨fig⟩ *erstklassig, vortrefflich*; second ~ *zweitklassig*; → rater **4.** at any ~ *auf jeden Fall*; wenigstens | ⟨fam⟩ at that ~ *in diesem Falle or Maß, auf diese Weise, unter diesen Umständen*; at this ~ *auf diese Art* **5.** [attr] ~-book *Preisliste* f || ~-fixing *Akkordberechnung* f || ~-payer *Kommunalsteuerzahler* m **II.** vt/i **1.** vt *ab–, einschätzen* (to ~ a p high *jdn hoch ..*); *regulieren* || (*Münzen*) *abschätzen, taxieren* (at *z*) || (*jdn*) *betrachten als, rechnen* (among *unter, zu*) || ⟨Am⟩ [abs] she ~s! *sie zählt*! | [*mst* pass] *f die Steuer einschätzen,* to be highly ~d *hoch besteuert w or s* || ⟨mar⟩ (*Schiff*) *einreihen in e–e Klasse* (to be ~d as a schooner) ⟨a übtr⟩ ~d ⟨tech⟩ *Normal–; Nenn–; Soll–* || ~d *altitude* ⟨aero⟩ *Nennleistungshöhe* f || ~d *coverage Sollreichweite* f || ~d *manifold pressure* ⟨aero *mot*⟩ *Nennladedruck* m || ~d *speed Nenndrehzahl* f **2.** vi *angesehen w, gerechnet w*; *rangieren* (as *als*)

rate [reit] vt/i || (*jdn*) *tüchtig ausschelten* (for *wegen*); (*Hund* etc) *zurechtweisen* | vi *schelten, zanken,* to ~ at a p *jdn ausschelten*

rate [reit] vt/i → to ret

rat(e)ability [ˌreitə'biliti] s *Abschätzbarkeit, Steuer–, Zollpflichtigkeit* f ~**ble** ['reitəbl] a (–bly adv) *abzuschätzen(d), (ab)schätzbar* || *steuerbar, steuer–, zollpflichtig; Steuer–* || ~ distribution (*Konkurs–*)*Quotenverteilung* f

ratel ['reitel] s ⟨zoo⟩ *Ratel* m (*Honigdachs*)

rater ['reitə] s [in comp] a first-~ *ein Schiff* n *erster Klasse* f

rath [rɑ:θ] s Ir ⟨praeh⟩ *Erd–, Hügelfestung* f

rath [rɑ:θ], ~**e** [reið] a ⟨poet⟩ *früh, –reif*

rather ['rɑ:ðə] adv **1.** *eher, yellow* ~ *than green eher gelb als grün; from reason* ~ *than from love mehr aus Vernunft als aus Liebe vielmehr, eigentlich; or* ~ *oder vielmehr, oder gar* || the ~ *that um so mehr als* **2.** *ziemlich* (~ good); *etwas* (~ before ..); ~ *a failure ein ziemlicher Mißerfolg*; I ~ think *ich möchte glauben, glaube fast* (that) **3.** *lieber, eher* (than *als*); he left ~ *than join them er reiste lieber ab, als sich ihnen anzuschließen*; I would *od* had ~ (not) stay *ich möchte lieber (nicht) bleiben* || I had ~ *mir wäre es lieber* (that) **4.** intj ⟨fam *oft*⟩ ['rɑ:'ðə:] (*in Antworten*) ~! *ja freilich! und ob!*

rathskeller ['rɑ:tskelə] s ⟨Am⟩ *Bierkeller* m, *Keller-Restaurant* n

raticide ['rætisaid] s *Rattengift, –vertilgungsmittel* n

ratification [ˌrætifi'keiʃən] s *Gutheißung, Bestätigung* f; *Ratifiz·ierung, Ratifikati·on* f ~**fy** ['rætifai] vt *ratifizieren, bestätigen, gutheißen*

rating ['reitiŋ] s *Schätzen* n; *Steuereinschätzung* f || *der abgeschätzte Betrag* m; *die z zahlende Steuer* f || ⟨mar⟩ *Schiffsklasse* f; *Dienstklasse* f; (*P*) *Dienstgrad, –rang* m | [*mst* pl] ~s (of the crew) *Leute bestimmter Dienstgrade, Maate u Matrosen* pl; *Schiffspersonal* n *ohne Offiziere*; naval ~ (*Regatta-*)*Jacht-Klasse* f | *Note* f || ⟨tech⟩ *Leistung* (*e–r Maschine*) f || *Bemessung, Größenbestimmung* f; ~ of an engine *Motorleistung* f; anti-knock ~ ⟨mot⟩ *Klopffestigkeitswert* m

rating [ˈreitiŋ] s *Tadel, Verweis* m

ratio [ˈreiʃiou] s [pl ~s] ⟨math⟩ *Verhältnis* n (in the ~ of four to three); ⟨tech⟩ ~ of gearing *Übersetzung* f; direct drive and reduction ~ *Über– u Untersetzung*(*sverhältnis* n) f || ⟨stat, demog⟩ *Verhältniszahl* f; *Häufigkeit* f (attendance ~ *H. der* (e.g.) *Schulanwesenheit*); death ~ *Anteil m der Sterbefälle nach Ursachen*; illegitimacy ~ *Anteil der unehelich Geborenen* | ⟨übtr⟩ to be in the inverse ~ to *sich umgekehrt verhalten wie*; to bear the same ~ to *in demselben V. stehen z*

ratiocinate [ˌræti'ɔsineit] vi *logisch schließen, folgern* **–ation** [ˌrætiɔsi'neiʃən] s (*Vernunft-*)*Schluß* m, *Folgerung* f **–ative** [ˌræti'ɔsineitiv] a *vernunftmäßig, folgernd*

ration [ˈræʃən] **1.** s *Ration* f, *festes Quantum* n (a ~ of bread); to be put on ~s *auf Rationen gesetzt w* || ⟨mil⟩ *Tagesbedarf* m (of *an*); *Verpflegungssatz* (f *Pferde*) m; the iron ~ *die eiserne Ration* || ~s [pl] *Nahrungsmittel* n pl, *Nahrung* f; to put out of ~s *v der Verpflegung absetzen*; to supply with ~s *verpflegen, verproviantieren* | [attr] *Lebensmittel–* (card) || ~ allowance ⟨mil⟩ *Verpflegungsgeld* n (*statt Beköstigung*) || ~ book *Lebensmittelkarte*(*n* pl) f || ~ N.C.O. *Furier* m; || ~ scale *Verpflegungssatz* m || ~ strength ⟨mil⟩ (*tägliche*) *Verpflegungsstärke* f **2.** vt *in Rationen ver–, zuteilen, rationieren, bewirtschaften* (~ed item) || *mit Nahrungsmitteln versehen; verpflegen* || ~ing *Verpflegung,* ⟨com⟩ *Bewirtschaftung* f

rational [ˈræʃnl] **1.** a (~ly [–nəli] adv) *vernünftig, mit Vernunft begabt* | *im Besitz der Vernunft, vernünftig, gesund* || *durch reines Denken gewonnen, ration·ell, vernunftgemäß*; *wissenschaftlich begründet* | *vernünftig handelnd, verständig, vernünftig* || *beweisfähig* || *ration·ell, zweckmäßig*; *praktisch*; ~ dress *Reformkleidung* f | ⟨math⟩ *ration·al* (*Ggs* irrational) **2.** s *Vernunftwesen* n || ~s [pl] *Reformkleidung* f || ~e [ˌræʃio'na:li] s L (*Grund-*)*Prinzip* n, *logische Grundlage* f ~**ism** [ˈræʃnəlizm] s ⟨philos & theol⟩ *Rationalismus* m; *Vernunftstandpunkt* m ~**ist** [ˈræʃnəlist] **1.** s *Rationalist; Verstandesmensch* m **2.** a *rationalistisch* ~**istic** [ˌræʃnə'listik] a (~ally adv) *rationalistisch, vernunftgemäß*; *verstandesmäßig* ~**ity** [ˌræʃə'næliti] s *Vernunftvermögen* n, *–mäßigkeit, Vernünftigkeit; vernünftige Denkweise* f ~**ization** [ˈræʃnəlai-'zeiʃən] s *Rationalis·ierung, Unterwerfung* f *unter die Vernunft* || *wirtschaftl. Gestaltung or Vereinfachung* f ~**izator** [–zeitə] s ⟨SBZ⟩ *Rationalis·ator* m ~**ize** [ˈræʃnəlaiz] vt/i || *rationalisieren,* (*etw*) *vernunftgemäß erklären* || (*Industrie*) *wirtschaftl. gestalten or vereinfachen* | vi *rationell verfahren*

ratione materiae [reiʃi'ouni mə'tiərii:] L ⟨jur⟩ to have jurisdiction ~ *sachlich zuständig s*

ratite [ˈrætait] a ⟨orn⟩ *Kurzflügler–*

ratlin(e) [ˈrætlin], **ratling** [ˈrætliŋ] s [*mst* pl ~s] ⟨mar⟩ *Webeleine* f (*kurzes Tau*)

Rato [ˈreitou] s ⟨aero⟩ = Rocket-assisted take-off

ratoon [ræ'tu:n] **1.** s *neuer Schößling des Zuckerrohrs* m (*nach dem Schnitt*) **2.** vi *Schößlinge treiben*

ratsbane [ˈrætsbein] s ⟨liter⟩ *Rattengift* n || ⟨fig⟩ *Gift* n (to *f*) || *Name* f *versch. giftige Pflanzen*

rat(t)an [rə'tæn] s ⟨bot⟩ *Spanisches Rohr* n; *Stuhlrohr* n || *Rohrstock* m

rat-tat [ˈræt'tæt], **rat-a-tat** [ˈrætə'tæt], **rat-tat-tat** [ˈræt,tæt'tæt] **1.** s *Bum-Bum; Tack-Tack* n; *lautes Pochen* n || *Geknatter* n **2.** vi *klopfen;* (of guns) *knattern*

ratteen [ræ'ti:n] **1.** s (*Wollstoff*) *Rat·in* m **2.** vt (*Stoff*) *ratinieren*

ratten [ˈrætn] vt (*Arbeiter*) *an der Arbeit hindern; sabotieren* ~**ing** [~iŋ] s *Beschädigung des Arbeitsgeräts* f (*ersetzt im 20. Jh. durch* sabotage →d)

ratter [ˈrætə] s *Rattenfänger* m (*a Hund*) || *Reneg·at* m

ratter [ˈrætə] s ⟨min⟩ *Rätter* m (*grobes Sieb*)

rattle [ˈrætl] **I.** vi/t **A.** vi **1.** *rasseln; rascheln; klappern; klirren* | *knattern; prasseln*, to ~ down *niederrasseln* (upon *auf*) | *rattern* (along the street *die Straße entlang*); *holpern* (over *über*) **2.** *rasselnd atmen, röcheln* **3.** *plappern*; to ~ away *darauflos–; rasch sprechen* **B.** vt **1.** *rasseln or klirren mit* (to ~ the cups); *rattern an* (to ~ the door) || ⟨mus⟩ (*Stück*) *herunterrasseln, –leiern* | ⟨Am⟩ *verwirren; erschüttern*; ~d *ängstlich* **2.** [mit adv:] to ~ about *herumwerfen; zurechtschütteln* || to ~ off (*etw*) *ab–, herrasseln, –schnurren* || to ~ out *herauspoltern* || to ~ through *rasch erledigen, durchpeitschen* || to ~ up *aufrütteln;* (*Wild*) *aufjagen* **II.** s **1.** *Rassel, Klapper, Schnarre* f **2.** ⟨bot⟩ *Klappertopf* m || ⟨bot⟩ *Läusekraut* n **3.** *Gerassel, Geklapper* n || *it is not worth the* ~ *es ist nicht die Bohne, k–n Pfifferling wert; da kostet die Brüh' mehr als die Knochen or Brocken* | *Röcheln* n | *Geplapper* n | *Schwätzer* m **4.** [attr] ~-box *Rassel, Klapper* f | ⟨bot⟩ = rattle | ~-blanket ⟨mil fam⟩ *Mantel* m | ~-brain, ~-head, ~-pate *hohler Kopf or Schwätzer* m || ~-brained etc *lärmend; geschwätzig; hohl* || ~-weed ⟨bot⟩ *Narrenunkraut* **III.** a *klapperig* (car) || ~**r** [ˈrætlə] s *Schwätzer* m | ⟨sl⟩ *Klapperkasten* (*rasselnder Wagen*) m; *Karre* f (*Fahrrad*); *Eisenbahnzug* m | ⟨Am⟩ *Klapperschlange* f | *derber Schlag or Fall* m | ⟨sl⟩ *Prachtgaul* m; *Mordsding* n; *Prachtkerl* m ~**snake** [ˈrætlsneik] s (of vehicles) *Klapperschlange* f ~**trap** [ˈrætltræp] s (of vehicles) *Klapperkasten* m; ⟨mot⟩ *Karre* f, °,,*Leukoplastbomber*" m || ~s [pl] *läppischer Zierat* m, *Schnurrpfeifereien* f pl, *Tand* m

rattling [ˈrætliŋ] **1.** a (~ly adv) *rasselnd;* ⟨fam⟩ *lebhaft, schnell* || *prächtig, schneidig, famos*, at a ~ pace *in schneidigem Tempo* **2.** adv *erstaunlich; glänzend*

rattly [ˈrætli] a *ratternd, rasselnd* || *wackelig*

ratty [ˈræti] a *rattenförmig; Ratten–* || ⟨sl⟩ *erregt, ärgerlich* (about); ⟨Am⟩ *schäbig, abgetragen*

raucity [ˈrɔ:siti] s *Heiserkeit, Rauheit* f (*der Stimme*)

raucous [ˈrɔ:kəs] a (~ly adv) *heiser, rauh* ~**ness** [~nis] s *Rauheit* f

raughty [ˈrɔ:ti] a → rorty

ravage [ˈrævidʒ] **1.** s *Verwüstung* f; to make ~ of *verheeren, –nichten* || ~s [pl] *verheerende Wirkungen* f pl; the ~s of time *der Zahn der Zeit* **2.** vt/i || *verwüsten;* ⟨fig⟩ *entstellen*; ~d *arg mitgenommen* (with *v, durch*) | vi *Verheerung anrichten* (among) ⟨*a* fig⟩ | ~**r** [~ə] s *Plünderer* m

rave [reiv] **1.** vi/t | *phantasieren; faseln* || *rasen, toben* (about, at *über*); against *gegen*); (of the sea) *wüten, tosen; heulen* || *schwärmend reden* (about *über*); *schwärmen* (of *v*) | vt *begeistert äußern* | to ~ o.s. hoarse *sich heiser schreien;* (of the wind) to ~ o.s. out *sich austoben* **2.** s *Tosen* n; ⟨fig⟩ *Sturm* m || ⟨obs⟩ *Schwarm* m, *Schwärmerei* f

rave [reiv] s [*mst pl*] ~s *Rungen* f pl (*auf e-m Wagengestell*)

ravel ['rævl] I. vt/i 1. vt *verwirren, -wickeln | aufflechten |* to ~ *out auftrennen, ausfasern* || ⟨fig⟩ *entwirren* 2. vi *sich auftrennen, sich ausfasern* || ⟨fig⟩ *entwirrt w; sich aufklären* II. s *Verwicklung* f || (of wool) *loses Ende* n, *Faden* m

ravelin ['rævlin] s ⟨fort⟩ *Vorschanze* f, *Außenwerk* n, *Halber Mond* m; *Wallschild* m

raven ['reivn] I. s ⟨orn⟩ (*Kolk-*)*Rabe* m; → to croak 2. a (*a* ~-*black*) *rabenschwarz*

raven ['rævn] vi/t 1. vi *plündern, rauben;* to ~ *after, for erschleichen | schlingen, gierig essen;* ⟨fig⟩ *gierig s, dürsten* (for blood *nach Blut*); *sich sehnen* 2. vt *verschlingen* ⟨*a* fig⟩ ~**ing** ['rævniŋ] a *wild, gierig* ~**ous** ['rævinəs] a (~*ly* adv) *raubgierig | gefräßig, heißhungrig; gierig* (of *auf*) ~**ousness** ['rævinəsnis] s *Raubgier, Gier* f

ravin ['rævin] s ⟨poet rhet⟩ *Raub* m (beast of ~) *| Raubgier* f *| Beute* f

ravine [rə'vi:n] s Fr *tiefe Schlucht* f; *Hohlweg* m || ~d *zerklüftet* (plateau)

raving ['reiviŋ] s *Faselei* f, *Gerede* n || ~s [pl] *irrsinnige Äußerungen* f pl; *Fieberwahn* m

ravish ['ræviʃ] vt * *rauben* | (*jdn*) *fortraffen* (from our midst *aus unserer Mitte*) || ⟨fig⟩ *fortreißen, entzücken | (Frau) entführen; schänden, entehren* ~**er** [~ə] s *Ver-, Entführer;* *Schänder* m ~**ing** [~iŋ] a (~*ly* adv) *hinreißend, entzückend* ~**ment** [~mənt] s *Entführung; Schändung* f | *Entzücken* n, *Ent-, Verzückung* f

raw [rɔ:] I. a (~*ly* adv) 1. *roh* (meat); *ungekocht* (milk); *nicht genügend gekocht* || *roh, unbe-, unverarbeitet, Roh-;* ~ *material Rohstoff* || *ungewalkt* (cloth), *-gegerbt* (leather), *-gesponnen* (cotton), *-gefärbt; -gemischt, -verdünnt* (spirits) || ⟨fam hum⟩ ~ *tea Tee ohne alles* 2. *unerfahren, neu, ungeübt* (in, at *in*) (~ *girl*) 3. (of the skin) *blutig; wund*(*gerieben*), *entzündet* (with *v*) 4. *naßkalt, rauh* (weather) || ⟨Am⟩ ~ *deal gemeine Behandlung; nichtswürdige Handlungsweise* f 5. [in comp] ~-*boned mit vorstehenden Backenknochen, hager* II. s 1. *wunde* or *empfindliche Stelle* f; ⟨fig⟩ to touch a p on the ~ *jdn an s-r wunden Stelle treffen* 2. ⟨com⟩ *Rohstoff* m || ~s [pl] *Rohzucker* m III. vt *wundreiben* ~**hide** ['~haid] s *Reitpeitsche* f [*a* attr] | vt *auspeitschen* ~**ness** ['~nis] s *roher Zustand* m | *Rauheit* f || *Unerfahrenheit* f || *Wundheit, Empfindlichkeit* f

rawner ['rɔ:nə] s *Lachs* m *vor dem Ablaichen*

ray [rei] s 1. s (*a* ~ of light) *Lichtstrahl* m ⟨*a* übtr⟩ || ⟨phys⟩ *Strahl* m (Röntgen ~s); [attr] *Strahlen-* (~ *treatment a Bestrahlung* f) || ⟨bot⟩ *Strahl* m | ⟨fig⟩ *Strahl, Schimmer, Funken* m, *Spur* f (not a ~ of) 2. vi/t (*a* to ~ *forth, out*) *scheinen, strahlen;* to ~ *out ausstrahlen* (from) | vt (*Licht*) *ausstrahlen;* ⟨übtr⟩ *-senden | bestrahlen, erleuchten* ~**ed** [~d] a *strahlenförmig* || ⟨med fam⟩ = X-~ || [in comp] *-strahlig* ~**less** ['~lis] a *strahlenlos; finster* ~**let** ['~lit] s kl *Strahl* m

ray [rei] s ⟨ich⟩ *Roche*(*n*) m; *horned* ~ *Teufels-, Meerdrache* m

rayon ['reiɔn] s Fr *Kunstseide* f

raze [reiz] vt 1. * *ausradieren;* ⟨übtr⟩ *ausmerzen, tilgen* (from *v*); → to rase 2. (*Stadt*) *zerstören;* (*Festung*) *schleifen,* to ~ *to the ground dem Erdboden gleichmachen*

razee [rei'zi:] Fr 1. s *um ein Deck verkleinertes, rasiertes Kriegsschiff* n 2. vt (*Schiff*) *um ein Deck verkleinern* || ⟨fig⟩ *beschneiden*

razoo [rə'zu:] s ⟨Austr sl⟩ „*Heller*", *Pfennig* m

razor ['reizə] 1. s *Rasiermesser* n; *as sharp as a* ~, ~-*sharp haarscharf;* to be on the ~'s *edge* ⟨fig⟩ *auf des Messers Schneide stehen;* to grind a ~ *ein M. schleifen,* to set a ~ *ein M. abziehen* | [attr] ~-*back* 1. s ⟨zoo⟩ *Finnwal* m

|| ⟨Am⟩ *Wildschwein* n 2. a *scharfkantig;* mit *scharfem Kamm* (hill) || ~-*backed* = ~-*back* a || ~-*bill* ⟨orn⟩ *Tordalk* m || ~-*blade Rasierklinge* f (*f Rasierapparat*) || ~-*edge scharfer, äußerster Rand* m; ⟨fig⟩ *kritische Lage* || ~-*fish* ⟨ich⟩ *Schermesserfisch* m || ~ *hone Abziehsteine* m pl || ~-*neck* ⟨Am sl⟩ *Stehkragen-Student* | ~-*shell Muschel* f *des* ~-*fish* || ~-*strop Streichriemen* m 2. vt [*mst* pp] *rasieren* (~*ed chin*)

razz [ræz] ⟨Am sl⟩ 1. s °*Verhohnepiepelung* (*Verhöhnung*) f 2. vt (*jdn*) *aufziehen, lächerlich m; düpieren*

razz [ræz] s ⟨Am sl⟩ = raspberry ~**berries** ['~bəriz] intj ⟨Am⟩ *verflixt!, so ein Reinfall!*

razzia ['ræziə] s Fr *feindl. Einfall* m || ⟨übtr⟩ *R·azzia* f (on *auf*)

razzle ['ræzl] s abbr *f* ~-**dazzle** ['ræzl‚dæzl] s ⟨sl⟩ *Zechgelage* n; to be on the ~ *herumsumpfen;* to go on the ~ *auf den Bummel gehen*

re [ri:] s ⟨mus⟩ *zweiter Ton* m *e-r Oktave* || *zweiter Ton* (D) *der C-Dur-Tonart*

re [ri:] L prep ⟨*bes* jur⟩ *in Sachen* || ⟨com⟩ *bezüglich; betreffs, wegen*

re- pref (*stets mit Bindestrich vor folg. e:* re-echo) I. [ri] *altes Verbal-*pref (*unbetont*) *in verschied. Bdtg:* to remain [ri'mein]; resist [ri'zist] II. [ri:] *lebendes* pref 1. *ältere Gruppe* (*mst mit Nebenton*), *im Sinne „wieder"* (*vor Verben u Subst.*); to reinforce [‚ri:in'fɔ:s], reproduce [‚ri:prə'dju:s] 2. *jüngere Gruppe* (*mit Haupton; junge Bildungen mst mit Bindestrich*) „*wieder*", „*noch einmal*": to reopen ['ri:'oupən], re-enter ['ri:'entə], re-usable *wiederverwendbar* III. [re] 1. (*mit Haupton*) „*wieder*" (*vor Verben u Subst.*): to recognize [‚rekəgnaiz] 2. (*mit Nebenton*) to represent [‚repri'zent]; resurrect [‚rezə'rekt]

're [ə] ⟨fam⟩ abbr = are (we're)

reabsorb ['ri:əb'sɔ:b] vt *wiedereinsaugen; -aufnehmen* (into)

reach [ri:tʃ] vt/i I. vt 1. (*a* to ~ *out, forth*) (*Hand*) *ausstrecken || ausdehnen | reichen* (a p a th *od* a th to a p *jdm etw*); to ~ a p a blow *jdm e-n Schlag verabreichen,* °*jdm eins langen* 2. (*etw*) *greifen, langen* (from *v*); to ~ *down herunterlangen* (from *v*), *-reichen;* to ~ *up hinauflangen, -reichen* 3. (*Ort*) *erreichen, ankommen an, in;* to ~ *home nach Hause gelangen;* the question was not ~*ed die Frage kam nicht dran* | ⟨übtr⟩ (*Alter* etc) *erreichen; erzielen;* (*Neuauflage*) *erleben* || to ~ a chord *e-n Akkord greifen* (*können*) || to ~ a conclusion *z e-m Schluß gelangen* | (*jdn*) *erreichen;* your letter ~*ed me ich erhielt Ihren Brief* | *gewinnen* || *Verbindung herstellen mit* (*jdm*) II. vi 1. *reichen, langen, greifen* (for *nach*); to ~ *after greifen nach; z erlangen suchen* | to ~ *forward sich vorwärts neigen* || to ~ *out sich entgegenstrecken; sich neigen* (towards *nach*) || to ~ *to zulangen* 2. *reichen, sich erstrecken* (down to *bis hinab z;* from .. to *v .. bis;* over *über*); to ~ *back zurückkreichen | gelangen; kommen* (to *nach*); *as far as the eye could* ~ *so weit wie das Auge sehen konnte* III. [in comp] ~-me-down 1. a *z Gebrauch fertig* (suit); *Konfektions-* 2. s *Anzug* m *v der Stange,* [*mst* pl] ~-me-downs *Konfektionskleidung* f

reach [ri:tʃ] s 1. *Reichen* n; *Griff* m; to make a ~ *for greifen, langen nach* 2. *Reichweite* f (within a p's ~ *innerhalb jds R.;* above, beyond, out of a p's ~ *über, außer jds R.*) | ⟨tech⟩ *Spannbereich* m; *Ausladung, Maultiefe* f 3. ⟨übtr⟩ *Weite* f, *Ausblick* m | *geistige Reichweite, Fassungskraft, Leistungsfähigkeit* f (of high ~) | ⟨übtr⟩ *Einflußsphäre* f || *Bereich, Spielraum; Umfang* m (of wide ~) || *within* (out of) ~ (*un*)*erreichbar,* (*un*)*erschwinglich* (of *f*); within the ~ of all *allen zugänglich*; within easy ~ of the station *vom Bahnhof leicht z erreichen* | *Schuß–, Sehweite* f, etc **4.** *lange Strecke* f, *Lauf* m || *lange, übersehbare Fluß–, Stromstrecke* f

reachable ['ri:tʃəbl] a *erreichbar*

react [ri'ækt] vi **1.** *durch e–n Reiz erregt w*; *beeindruckt w*; *reagieren* (they did not ~) | ⟨mil⟩ *Gegenangriff(e) m* **2.** to ~ to *e–e Gegen–, Rückwirkung ausüben*; *antworten, reagieren auf (e–n Reiz)* | ⟨übtr⟩ *ansprechen*; *sich einstellen, reagieren* (to *auf jdn*); the audience ~ed to the orator *das Publikum ging auf den Redner ein* **3.** to ~ (up)on ⟨chem⟩ *einwirken auf, umwandeln*; ~ing ⟨a⟩ *im Einsatz befindlich* (*Brennstoff*); ~ing region *Reaktionsbereich* m || *ein–u zurückwirken auf*; *günstig beeinflussen* (applause ~s on the orator); *zurückfallen auf*; *rückwirkenden Einfluß h auf*; to ~ upon each other *auf–e–a ein– u zurückwirken* or *reagieren* **4.** to ~ against a th *e–r S entgegenwirken, –arbeiten*; *auftreten gegen etw* ~**ance** [~əns] s ⟨el⟩ *Reaktanz* f, *Blindwiderstand* m ~**ive** [~iv] a (~ly adv) *rückwirkend* || *empfänglich* (to *f*); *reaktionsfähig* (*auf*); *Reaktions–* || *reaktionär* | ⟨el⟩ ~ *current Blindstrom* m; ~ *voltage –spannung* f || ⟨at⟩ ~ *mean free path mittlere freie Weglänge* f (*der Reaktion*) || ~ *means* [pl] *Reagenzien* pl || ~ *paper Reaktionspapier* n

reaction [ri'ækʃən] s **1.** *Gegendruck, Rückschlag* m, *Gegenwirkung* f (from, against *gegen*); *Reaktion* f (to *auf*); in ~ from *als R. gegen* | ⟨fig⟩ *Reagieren* n (to *auf*) | ⟨el⟩ *Rückwirkung, –koppelung* f (of a valve circuit *e–r Röhrenschaltung*) || ⟨mil⟩ *Gegenstoß* m || *Wirkung* f (to a film *e–s Films*) **2.** ⟨chem⟩ *Reaktion, Einwirkung* f (on *auf*) || ⟨übtr⟩ *rückläufige Einwirkung, (Rück–)Wirkung* f, *rückwirkender Einfluß* m (on *auf*) || ⟨bes Am⟩ *Empfänglichkeit* f (*f Eindrücke*) | *Eindruck, Einfluß* m **3.** *Umschwung* m; *Rückschlag* m; *Rückkehr* f (from .. to); ⟨pol⟩ *Reaktion* f; *Rückschritt* m **4.** [attr] *Reaktions–* (~ *speed*) || ⟨at⟩ ~ *chain Reaktionskette* f; ~ *channel, ~ path –weg* m; ~ *core –kern* m || *Rück–*; ⟨wir⟩ ~ *coupling –koppelung* f; ~ *coil Rückkoppelungsspule* f || ~ *distance* ⟨mot⟩ *Weg* m *in der Schrecksekunde* || ~ *stage od step* (*Turbinen-*)*Überdruckstufe* f || ~ *time* ⟨mot⟩ *Schrecksekunde* f ~**ary** [~əri] **1.** a *rück–, gegenwirkend* | ⟨pol⟩ *reaktionär, rückschrittlich* **2.** s ⟨pol⟩ *Reaktionär* m ~**ist** [~ist] **1.** s ⟨pol⟩ *Reaktionär* m **2.** a ⟨pol⟩ *reaktionär*

reactor [ri'æktə]s (a nuclear ~) ⟨at-phys⟩ *Pile* n, *Reaktor* m, *Atombatterie* f, *–meiler* m || *breeder* ~ *Brutreaktor*, nuclear ~ *Kern–*, power ~ *Leistungs–*, research ~ *Forschungs–* m | ~ *construction Reaktorenbau* m; ~ *fuel Atombrennstoff* m; ~ *input Leistungsaufnahme* f

read [ri:d] vt/i (read [red]/read [red]) **I.** vt **1.** (*Rätsel*) *lösen* | (*Zukunft*) *lesen*; *vorhersagen*; (*Traum*) *deuten* **2.** *lesen* (a th; that); to ~ a p's *soul in jds Seele lesen*; to ~ off *ablesen*, to ~ a p off *jdn abkanzeln, anschnauzen*; to ~ out, up *laut* (*vor*)*lesen*; to ~ over, through *durchlesen* | to ~ a th to *od* for a p, ⟨fam⟩ to ~ a p a th *jdm etw vorlesen* || to ~ a p a lesson *jdm e–e Lektion lesen* | (*etw*) *erklären*; *hineinlesen* (into in) | *in der Zeitung lesen, aus der Z. erfahren* | ⟨parl⟩ (*Vorlage*) *lesen* || *vorlesen, –tragen* **3.** *studieren* (to ~ law) **4.** (*jdn*) *durch Lesen versetzen* (into, to sleep *in den Schlaf*) **5.** (of thermometers, etc) (*an*)*zeigen* **II.** vi **1.** *lesen, to learn to ~ lesen lernen* | *lesen, hören* (about *über*; of *v*) | to ~ *between the lines zw den Zeilen lesen* **2.** *studieren*; *sich vorbereiten* (for *f*) **3.** *sich lesen* (it ~s well); *sich lesen l* | *lauten* (it ~s as follows) ~**ability** [‚ri:də'biliti],

~**ableness** ['ri:dəblnis] s *Lesbarkeit* f; *literarischer Wert* m ~**able** ['~əbl] a *lesbar*; (highly) ~ (*sehr, besonders*) *lesenswert*; ~ (in a gossipy sort of way) *amüsant*; his style is ~ .. *liest sich leicht*; it is ~ *man ·kann es lesen* (·*muß aber nicht*) ~**er** ['~ə] s **1.** *Leser*(*in* f) m (gentle ~ *lieber L.*); *Buchliebhaber* m | ⟨ec⟩ *Vorleser* m | (⟨a⟩ ~-consultant, publisher's ~) *Lektor* m (*e–s Verlages*) || ⟨Lit⟩ *P im Werk, die die v Autor erstrebten Gefühle z Ausdruck bringt* (e.g. Wedding Guest in The Ancient Mariner, Dr. Watson, *der Freund des* Sherlock Holmes) **2.** ⟨univ⟩ *amtl. Dozent, Professor* m (a ~ in Latin *ein P. f Lateinisch*) **3.** ⟨typ⟩ *Korrektor* m **4.** *Lesebuch* n **5.** (gas-meter) ~ *Kontrolleur, Ableser* m; ⟨weav⟩ *Werftenzähler* m ~**ership** ['~əʃip] s ⟨univ⟩ *Amt* n, *Stellung* f *e–s Dozenten*

read [red] a **1.** [pass] *gelesen*, the most ~ book *das meistgelesene B.* **2.** [act] *belesen, bewandert* (in *in*)

read [ri:d] s *Lesen* n; to take a ~ *lesen* | *Lesezeit* f (a short ~)

readdress ['ri:ə'dres] vt (*Brief*) *neu adressieren*; *umadressieren*

readily ['redili] adv *bereit*; *–willig, gern*; *sogleich* || *leicht, ohne weiteres*, → ready

read-in ['ri:d'in] s [pl ~s] ⟨Am racial pol⟩ *Aufenthalt* m *Farbiger im Leseraum f Weiße*

readiness ['redinis] s *Bereitwilligkeit, Geneigtheit* f (to do) || *Leichtigkeit, Gewandtheit* (~ of speech *Rede–*); ~ of mind *Geistesgegenwart* f | *Schnelligkeit, Pünktlichkeit* (in doing *z tun*) || *Vorbereitung*; *Bereitschaft* f (in ~ for); ~ for service *Betriebsbereitschaft* f

reading ['ri:diŋ] **I.** s **1.** *Lesen* n; *Durchsicht* f || *Belesenheit* f (a man of vast ~) **2.** *Vorlesen* n; *Rezitation* f (from *aus*) | ⟨parl⟩ *Lesung* f (first, second, and third ~) **3.** *Lesung, Lesart* f; *Wortlaut* m | *Deutung, Erklärung, Auffassung* f (of *v*, *über*) **4.** *Lesestoff* m, *Lektüre* f (the book makes good ~) **5.** *das Abzulesende* n; (*Barometer–* etc) *Stand* m | meter ~ *Meßuhranzeige* f; ~ of pressure gauge *Manometerstand* m **6.** [attr] *Lese–* (~ matter *–stoff* m); ~-desk *–pult* n; to give a p a ~-off *jdm e–n Anpfiff verpassen*; ~-room ['~rum] *Lesesaal* m, *–zimmer* n | ~-glass *Leselupe* f | *Ablese–* (~ error, line, microscope) | ⟨weav⟩ *Einlese–* (~ machine) **II.** a *lesend, Lese–* (~ public), *Vorlese–*; *studierend*, a ~ man *ein fleißig Studierender* m

readjust ['ri:ə'dʒʌst] vt *wieder in Ordnung bringen* ~**ee** [‚riədʒʌs'ti:] s ⟨Am fam⟩ *jd, der im Zivilleben wieder Fuß gefaßt hat* ~**ment** [~mənt] s *Wiederherstellung, Aufbesserung* f; ⟨com euph⟩ *Deflationsbewegung* f, → recession

readmission ['ri:əd'miʃən] s *Wiederzulassung* f (to *z*)

readmit ['ri:əd'mit] vt *wieder zulassen* (to *z*) ~**tance** [~əns] s = readmission

ready ['redi] **I.** a (–dily adv, → *d*) **1.** [nur pred] *bereit* (for *z*); ~ to drop *z Umfallen müde*, tickets ~ *Fahrkarten b.* | *fertig*; ~! sogleich!, hier!; ⟨sport⟩ are you ~? go! *fertig! los!* | to be ~ with *bereit h* || to get, make ~ **1.** vt (*etw*) *bereiten, fertig m* (to make o.s. ~ *sich fertig m*) **2.** vi *bereit m*, *Vorbereitungen treffen* (for *f*; to do) | *gefaßt* (for *auf*) | ⟨naut⟩ *klar* | *bereitwillig* (to do) || *geneigt*; to be ~ *im Begriff s* (to do) **2.** [attr & pred] *gewandt* (a ~ pen); *geschickt* (at, in *in*); *schnell* (~ market *schneller Absatz*; ~ memory); *prompt, sofortig* (acceptance) | *bequem, leicht* (~ to *od* at hand *leicht z Hand*); *naheliegend*; *nahe, direkt* (the –diest way) || ⟨com⟩ *gebrauchsfertig*; *greifbar*; *bar* **3.** *Verbindungen*: ~ front! ⟨Am mil⟩ *Augen geradeaus!* || ~ for action *einsatzbereit*; ⟨artill⟩ *feuerklar*; ~ for sea *seeklar*; ~ for take-off ⟨aero⟩ *start–*

bereit; ~ for use *gebrauchsfertig*; ~ money *bares Geld* n; [attr] *Bar-*, *Kassa-* (~-money business *-geschäft* n) || ~ reckoner *Rechentabelle* f || ~ room ⟨mar-aero⟩ *Befehlsempfangsraum* m || ~ service ammunition ⟨artill⟩ *Bereitschaftsmunition* f **4.** [in comp] **a.** [*vor* pp] *fertig* || ~-made *z Gebrauch fertig*; *Fertig-*; ⟨fig⟩ *nachgemacht*, *-gesprochen* || ~-packed (*od* packed ~) *fertig gepackt* || ~-witted *schnell auffassend* **b.** [vor inf] ~-to-eat *z Essen fertig* || ~-to-wear ⟨Am⟩ *fertig*, *Fertig-* (clothes) **II.** adv [*nur in* compr *u* sup] to answer *-diest am schnellsten antworten* **III.** s; the ~ *das bare Geld* || at the ~ *schußfertig*; *in Bereitschaft* **IV.** vt **1.** refl to ~ *o.s. sich fertig m* **2.** ⟨dial⟩ (*etw*) *fertig m* | ⟨sl⟩ (*Pferd*) *nicht z Siege k l, um es f ein Handikap e–s anderen Rennens z qualifizieren* || to ~ up [vt] *vorbereiten* || ⟨bes Am⟩ [vi] *sich fertig m*

reaffirm [ˈriːəˈfəːm] vt *wieder, v neuem versichern* ~ation [ˈriːæfəˈmeiʃən] s *erneute Versicherung, Beteuerung* f

reafforest [ˈriːæˈfɔrist] vt *aufforsten*

reagency [riˈeidʒənsi] s *Gegen-, Rückwirkung* f –ent [riˈeidʒənt] s ⟨chem⟩ *Reagˈens* n; ⟨übtr⟩ *Wirkung* f (against) | [attr] *Reagens-* (~ paper)

real [riəl] **I.** a **1.** *real, objektiv*; *tatsächlich, wirklich*; ~ *life das Leben der Wirklichkeit* || ⟨com⟩ *Real-, Effektiv-* || *wirklich, echt* (silk); *lebenswahr, lebendig* **2.** *wahr*; *echt*; *aufrichtig* **3.** ⟨jur⟩ *dinglich, unbeweglich, Grund-* (Ggs personal); ~ *account Sachkonto* n; ~ *action Realklage* f; ~ *estate, ~ property* ⟨jur⟩ *Grundeigentum* n, *Immobilien* pl, ⟨Am bal⟩ *unbebaute u bebaute Grundstücke* n pl; ~ *estate broker od agent Grundstücksmakler* m; ~ *tax Grundsteuer* f; ~ *right dingliches Recht* n; ~ *servitude Grunddienstbarkeit* f; ~ *register of property Grundbuch* n **4.** ~-politik [reˈɑːlpɔliˌtiːk] s ⟨Ger⟩ *Realpolitik* f || ~ *school* ⟨Ger⟩ *Realschule* f **5.** ⟨tech⟩ *Stirn-* (~ *module*) **II.** s the ~ ⟨philos⟩ *das Reale* n, *die Wirklichkeit* f **III.** adv ⟨bes Am⟩ *äußerst, sehr* (a ~ *good time*) || ⟨Am⟩ he isn't feeling ~ *well er fühlt sich nicht sonderlich wohl* ~ism [ˈriəlizm] s **1.** ⟨philos hist⟩ *Realismus* m (Ggs nominalism) | *Realismus* n *bes des 19. Jhts.* (Ggs idealism) **2.** ⟨arts⟩ *Realismus* m (*wirklichkeitstreue Darstellung*; ⟨Lit⟩ *bes 2. Hälfte des 19. Jhts.* (Flaubert, etc)); *psychological* ~ *psychologischer R.* (*bes Dostojewsky* etc) **3.** *Tatsachen-, Wirklichkeitssinn* m ~ist [ˈriəlist] s *Realist* m || *Wirklichkeits-, Tatsachenmensch* m ~istic [riəˈlistik] a (~ally adv) *realistisch*; *streng sachlich*; *wirklichkeitsnah*; *Wirklichkeits-* ~ity [riˈæliti] s **1.** ~ *die Realität, die Wirklichkeit* f; in ~ *tatsächlich, wirklich* **2.** the ~ *die wahre Natur* f (*e–r S*) || *Wesen* n || *wahrheitsnahe Darstellung* f **3.** [pl –ties] *reale S, Gegebenheit* f; *reales Faktum* n ~izable [ˈriəlaizəbl] a *realisierbar, ausführbar*; *z verwirklichen(d), z verwerten(d)* ~ization [ˌriəlaiˈzeiʃən] s *Realisierung, Verwirklichung* f || *Vergegenwärtigung, lebendige Vorstellung or Anschauung* f (*of v, über*) | ⟨com⟩ *Verwertung* f, *Realisieren, Zugeldmachen* n; *Glattstellung, Liquidation* f (~ *account*) || *Gewinn* m ~ize [ˈ~aiz] vt **1.** *realisieren, verwirklichen*; *ausführen* **2.** (*etw*) *lebendig, naturgetreu darstellen*; *gegenwärtig werden l* (to a p *jdm*); to ~ a th to o.s. *sich etw vergegenwärtigen* || *sich lebendig vorstellen, sich vergegenwärtigen, klar erkennen, einsehen* (a th; that, how)? [gen] *inne w, (etw) ermessen, sich* [gen] *klar w*; to come to ~ *z Erkenntnis gelangen* (that) **3.** ⟨com⟩ *z Geld m, realisieren, liquidieren*; [abs] *verkaufen* || (*Summe*) *erzielen*; (*Vermögen*) *erwerben, gewinnen* ~ly [ˈ~i] adv *wirklich*; *in der Tat*; *aber wirklich* || ~! (*ist*) *nicht möglich!*, *was Sie nicht sagen!* || ~ and truly! *wirklich u*

wahrhaftig! || not ~! *das sagen Sie doch nicht! das ist ja kaum glaublich!*

real [ˈriːəl] s ⟨Span hist⟩ *span. Silbermünze*; ~ de plata (*bis 1848*) (*ca. 55 Pf.*); ~ de vellon (*bis 1868*) (*ca. 22 Pf.*)

realgar [riˈælgɑː] s ⟨minr⟩ *Realgˈar* n (*Rauschrot*)

re-alignment [ˈriːəˈlainmənt] s *Umgruppierung* f etc, → alignment

realm [relm] s *Reich, Königreich* n (peer of the ~) || ⟨übtr⟩ *Reich* (the ~ of Nature *das R. der Natur*); *Gebiet* n (in the ~ of)

realtor [ˈriəltə] s ⟨bes Am⟩ *Grundstück-, Landmakler* m **realty** [ˈriəlti] s ⟨jur⟩ *unbewegliches Eigentum, Grundeigentum* n

ream [riːm] s *Ries* n (20 quires = 480 *Bogen Schreibpapier or 516 Bogen Druck-*) || ⟨übtr⟩ ~s (and ~s) of *gr Mengen v,* ⟨fam⟩ *Haufen v*

ream [riːm] s ⟨dial⟩ *Rahm* m, *Sahne* f

ream [riːm] vt ⟨tech⟩ (*Loch*) *erweitern*; (*Kaliber*) *ausbohren* || *auf-, ausbreiten* || to ~ out (*Defekt*) *beseitigen* ~er [ˈ~ə] s *Reibahle* f, *Aufräumer* m

reanimate [riˈænimeit] vt *wiederbeleben*; ⟨übtr⟩ *neu beleben* –ation [ˌriːæniˈmeiʃən] s *Wieder-, Neubelebung* f

reap [riːp] vi/t || *mit der Sichel schneiden, mähen*; *ernten* | vt (*Korn* etc) *schneiden, mähen* || (*Feld*) *abernten* || *einernten* || ⟨fig⟩ *ernten* ~er [ˈ~ə] s *Schnitter(in* f) m || *Mähmaschine* f; ~-(and-)binder *Mähbinder* m (*Maschine*) ~ing [ˈ~iŋ] s *Schneiden, Mähen*; *Ernten* n || [attr] ~-hook *Sichel* f; ~-machine *Mähmaschine* f

reappear [ˈriːəˈpiə] vi *wiedererscheinen* ~ance [~rəns] s *Wiedererscheinen* n

reapplication [ˈriːæpliˈkeiʃən] s *wiederholte Anwendung* f || *erneutes Gesuch* n **reapply** [ˈriːəˈplai] vt *wieder or wiederholt an-, verwenden* etc → to apply

reappoint [ˈriːəˈpɔint] vt *wieder einsetzen or ernennen* ~ment [~mənt] s *Wiederernennung, -anstellung* f

reappraisal [ˈriːəˈpreisəl] s *Neubeurteilung* f

rear [riə] s ⟨mil⟩ *Nachhut* f, *-trab* m || ⟨übtr⟩ *hinterer Teil* m; *hintere Seite* f; *Hintergrund* m (~ *im H.*) || the ~(s) ⟨univ fam⟩ *die Latrine, °der Locus* | in the ~ *im Rücken, hinten* || in, at the ~ of *hinter*; in a p's ~, on a p's ~ *h. jdm* || to the ~ *nach hinten* || to bring up the ~ *die Nachhut bilden*; ⟨fig⟩ *zuletzt k*; to take the enemy in ~ *den Feind v hinten fassen* | [attr] *Hinter-* (~-wheel), *hintere(r, -s)* ⟨mil⟩ ~-rank *das h. Glied*; ⟨mil⟩ *rückwärtig*; *Nach-*; ⟨mar⟩ *Heck-*; *hinterst* (~-end); *letzt* || ⟨mil⟩ ~-admiral ⟨mar⟩ *Konteradmiral* m || ~-arch ⟨arch⟩ *innerer Bogen* (*e–s Fensters* etc) || ~ echelon ⟨mil⟩ *rückwärtiger Stab* m; ~ element ⟨mil⟩ *Nachkommando* n || ~-guard ⟨mil⟩ *Nachhut* f; ~-g. support *Nachtrupp* m; ~-g. reserve ⟨tact⟩ *Haupttrupp* m || ~-gunner ⟨aero⟩ *Heckschütze* m; ~-g.'s turret *Heckstand* m || ~-lamp, ~-light ⟨mot⟩ *Rück-, Schlußlicht* n; ⟨cycl⟩ *Katzenauge* n; ~ ⟨aero⟩ *Hecklicht* n || ~ lens *Hinterlinse* f || ~ party ⟨tact⟩ *Nachkommando* n; ~ point *-spitze* f || ~ reflector *Rückstrahler* m || ~ (supply) services ⟨mil⟩ *rückwärtige Dienste* m pl || ~ vision ⟨bes artill⟩ *Rundblickfernrohr* n

rear [riə] vt/i/i **1.** vt *aufrichten, heben*; to ~ one's head *sein Haupt erheben*; ⟨fig⟩ *sich zeigen*; to ~ o.s. against (*S*) *sich abheben gegen* | (*Gebäude*) *errichten* (*T*) *züchten* (*P*) *ernähren, großziehen, erziehen* || (*Pflanzen*) *pflegen, ziehen* **2.** vi ⟨hors⟩ *steigen* (a *her*), *sich bäumen*

rearm [ˈriːˈɑːm] vt/i ⟨mil⟩ *neu ausrüsten, bewaffnen, versehen* (with *mit*) | vi *sich neu ausrüsten* || *aufrüsten* ~ament [~əmənt] s ⟨mil⟩ *Ausrüstung* f *mit neuen Waffen* || *Aufrüstung* f

rearmost ['riəmoust] a *hinterst*

rearrange ['ri:ə'reindʒ] vt *neu ordnen || umordnen*; (*Plan*) *umändern, –werfen* **~ment** [~mənt] s *Neu–, Umordnung, –wandlung* f

rearward ['riəwəd] **1.** s *Nachtrab* m || in the ~ *hinten, im Hintergrunde*; in (*od* to) the ~ of *hinter* **2.** a *hintere(r, –s), Hinter– || Rückwärts–* (a ~ view *ein Blick nach rückwärts*); → seat **3.** adv *nach hinten, rückwärts* **~ly** [~li], **~s** [~z] adv = rearward adv

reason ['ri:zn] **I.** s **1.** *Ursache* f (of, for a th *e–r S*); *Grund* m (for a th *e–r S, für e–e S*; to do, for doing *z tun*) || the ~ why .. is that *der G., weshalb .. ist, daß ..*; an added ~ why *um so mehr G. weshalb*; all the more ~ (that) (*dies ist*) *ein um so triftigerer Grund*(, *daß*); there is ~ *es ist G. vorhanden* (to believe); to have good ~ to do, for doing *aus gutem G. etw tun* || by ~ of *wegen*; for the ~ that *aus dem G. weil*; for the same ~ *aus demselben G.*; for humanitarian ~s *aus Gründen der Menschlichkeit*; with ~ *mit G., mit Recht* || ~ of State *Staatsräson* f **2.** *Vernunft* f | *Verstand* m; to lose one's ~ *den V. verlieren*; there is ~ in all he says *alles, was er sagt, hat Hand u Fuß*; without rhyme or ~ *ohne Sinn u Verstand* | *vernünftiges Verhalten* n; *gesunder Menschenverstand* m; *Einsicht* f; *Recht u Billigkeit*; *Maß* n || in (all) ~ *mit gutem Recht*; *mit Maß u Ziel*; (I will do) anything in ~ (..) *alles nur Erdenkliche*; to bring to ~ *z Vernunft bringen*; (*jdn*) *zurechtsetzen*; to hear *od* see ~, to listen to ~ *V. annehmen*; it stands to ~ *es ist f jeden Vernünftigdenkenden klar* (that) || (of price) within ~ *annehmbar* **II.** vi/t **1.** vi *vernunftmäßig* or *logisch denken* (about, on *über*); *schließen* (from *aus*); *urteilen* (on *über*) | to ~ with a p *jdn z überzeugen suchen* **2.** vt (*etw*) (*vernünftig*) *erörtern*; *debattieren* (what; why) || *logisch* or *vernünftig ausdrücken* or *anordnen*; ~ed *wohldurchdacht* || to ~ out *durch–, überdenken* | (*jdn*) *durch Zureden veranlassen* (into doing *z tun*); *versetzen* (into *in*) || *abbringen, befreien* (out of *v, aus*) **~able** [~əbl] a *vernunftbegabt* | *vernünftig, –ständig*; to be ~ *Einsicht h* || *annehmbar* (excuse); *gerecht, billig* || *angemessen, mäßig* (price); *angemessen* (claim) || within ~ *time in angem., absehbarer Zeit* **~ableness** [~əblnis] s *Vernünftigkeit*; *–ständigkeit* f **~ably** [~əbli] adv *vernünftiger–, billigerweise* || *leidlich, ziemlich* **~er** [~ə] s *Denker(in* f) m; a subtle ~ *ein feinsinniger Kopf* m **~ing** [~iŋ] s *Schließen, Urteilen* n, *Schluß* m | [a pl ~s] *Gedankenfolge* f, *–gang* m | *Argumentation, Beweisführung* f; *Erörterung* f (on *über*) **~less** [~lis] a *vernunft–, sinnlos*; *unvernünftig*

reassemblage ['ri:ə'semblidʒ] s *erneute Versammlung* f **–mble** ['ri:ə'sembl] vt/i | *wieder versammeln* | vi *sich v neuem versammeln*

reassert ['ri:ə'sə:t] vt *wieder* or *–holt behaupten, – geltend m*

reassess ['ri:ə'ses] vt *aufwerten* **~ment** [~mənt] s *Aufwertung* f

re-assign ['ri:ə'sain] vt *wieder abtreten, rückzedieren* **~ment** [~mənt] s *Wiederabtretung, Rückzession* f

reassume [,ri:ə'sju:m] vt (*Amt*; *Form*) *wieder annehmen* || (*Platz*) *wieder einnehmen* || (*Beschäftigung*) *wieder aufnehmen*

reassurance [,ri:ə'ʃuərəns] s *erneute* or *wiederholte Versicherung* f (*e–s Versprechens* etc) | *Beruhigung* f **~ure** [,ri:ə'ʃuə] vt *wieder versichern* or *beteuern* | *beruhigen* **–uring** [,ri:ə'ʃuəriŋ] a (~ly adv) *beruhigend* (effect)

reave, reive [ri:v] vi/t [~d/reft] || ⟨poet & †⟩ *rauben, plündern* | vt (*jdn*) *berauben* (of a th *e–r S*); (*etw*) *entreißen* (from a p *jdm*) **reaver** ['~ə] s *Räuber, Plünderer* m

reback [ri:'bæk] vt (*Gemälde*) *auf neue Lein-*

wand *übertragen* **~ing** [~iŋ] s ⟨paint⟩ *Retoilieren, Neuaufziehen* n

rebait ['ri:'beit] vt *wieder mit e–m Köder versehen*

rebaptism ['ri:'bæptizm] s *Wiedertaufe* f **–tize** ['ri:bæp'taiz] vt *wiedertaufen* || *umtaufen*; *neu benennen*

rebate 1. ['ri:beit] s ⟨com⟩ *Rabatt* (on *auf*), *Abzug* m; *Nachlaß* m; a 40 per cent ~ *ein Rabatt v 40%* | *Ermäßigung* f, *Erlaß* m (of a tax) **2.** [ri'beit] vt **vermindern*; *mildern* || *stumpf m, abstumpfen*

rebate [ri'beit; ⟨tech⟩ 'ræbit] s & v = rabbet

rebel ['rebl] s *Rebell*; *Aufrührer* m | [attr] *rebellisch, Rebellen–* (~ chief); *aufrührerisch*; *widerspenstig* **~dom** [~dəm] s *Rebellentum* n, *Rebellen* pl || *Aufruhr* m, *–gebiet* n

rebel [ri'bel] vi [–ll–] *rebellieren*; *sich empören* || *sich auflehnen* (against)

rebellion [ri'beljən] s *Rebelli·on* f, ⟨engl⟩ the Great ~ *der Bürgerkrieg* (1642–49) || *Auflehnung* f (against) || ~ ⟨Am⟩ *Bürgerkrieg* m (1861–65)

rebellious [ri'beljəs] a (~ly adv) *rebellisch*; ⟨fig⟩ *widerspenstig*; to be ~ *to* ~ *ein Gegner s v* **~ness** [~nis] s *Widerspenstigkeit* f

rebind ['ri:'baind] vt (→ to bind) (*Buch*) *neu binden*

rebirth ['ri:'bə:θ] s *Wiedergeburt* f ⟨a fig⟩

rebite ['ri:'bait] vt ⟨engr⟩ *neu ätzen, nachätzen*

reborn ['ri:'bɔ:n] a *neu–, wiedergeboren*

rebound ['ri:'baund] a *neugebunden* (book)

rebound [ri'baund] **1.** vi *zurückprallen* (from *v*); ⟨fig⟩ *zurück–* (upon *auf*) || *wieder lebendig w* **2.** s *Rückprall* m; *–schlag* m, *Gegenwirkung* f (from *gegen*) | ⟨fig⟩ *Schlag* m (on the ~ *nach dem Sch.*) || to take on the ~ (*Ball*) *nach Aufprallen nehmen*; ⟨fig⟩ (*jdn*) *durch Ausnützung e–s Rückschlages schlagartig gewinnen, kapern* | ~ spring *Rückholfeder* f

rebuff [ri'bʌf] **1.** s *Ab–, Zurückweisung* f; *–setzung f* (to a p *jds*) || *Hemmung, Niederlage* f **2.** vt *ab–, zurückweisen, –stoßen*

rebuild ['ri:'bild] **1.** –vt (→ to build) *wieder (auf)bauen*; *umbauen* ⟨a übtr⟩ **2.** ⟨Am⟩ s *Wiederaufbau* m

rebuke [ri'bju:k] **1.** vt (*jdn*) *tadeln*, (*aus*)*schelten*; *zurechtweisen* **2.** s *Tadel, Vorwurf* m **~ful** [~ful], **rebuking** [~iŋ] a (~ly adv) *vorwurfsvoll*

rebus ['ri:bəs] s Fr *Rebus* m & n, *Bilderrätsel* n

rebut [ri'bʌt] vt [–tt–] *abstoßen* || *zurückweisen*, (*Lehre*) *widerlegen* **~table** [~əbl] a *widerlegbar*; ~ *presumption Rechtsvermutung* f **~tal** [~l] s *Widerlegung* f (in ~ of *zur W. v*) **~ter** [~ə] s ⟨jur⟩ *Quadrupl·ik* f (*Antwort des Beklagten auf den* surrejoinder *des Klägers*)

rec [rek] s ⟨mar fam⟩ ~-space *Spielplatz* m

recalcitrance [ri'kælsitrəns], **–cy** [–si] s *Widerspenstigkeit* f **~ant** [ri'kælsitrənt] | a (~ly adv) *widerhaarig, –spenstig* (to *gegen*); to be ~ *to explanation sich der Erklärung widersetzen* **2.** s *Widerspenstiger* m **–ate** [ri'kælsitreit] vi *widerspenstig s, sich sträuben* (against)

recalesce ['ri:kæ'les] vi (of metal) *beim Abkühlen wieder aufglühen* **~nce** [~ns] s *Rekaleszenz* f

recalibration ['rikæli'breiʃn] s *Neueichung* f

recall [ri'kɔ:l] **I.** vt **1.** (*jdn*) *zurückrufen* (*jdn*) *abberufen* **2.** a. to ~ a th a p to a p *jdm* (*etw* or *jdn*) *ins Gedächtnis zurückrufen, jdn erinnern an etw* (*jdn*); to ~ a th, a p to one's mind *sich* [dat] *etw, jdn ins Gedächtnis zurückrufen, sich an etw, jdn erinnern* (I ~ed him to my mind); to ~ a th to a p's mind *jdn an etw erinnern*; to ~ a p to a sense of a th *jdm etw z Bewußtsein bringen* || *daran erinnern* (that *daß*)

b. to ~ a p, a th *sich an jdn, etw erinnern*; to ~ having heard *sich erinnern, gehört z h* || *wieder lebendig m*; *wieder aufrühren* **3.** *widerrufen, zurücknehmen* (until ~ed *bis auf Widerruf*); *aufheben* || *(Geld) kündigen* **II.** s *Zurückrufung*; *Abberufung* f; letters of ~ *–sschreiben* n, *–order* f | *Widerruf* m, beyond, past ~ *unwiderruflich* || ‹übtr› *neuer Auf–, Mahnruf* m (to z) | ‹mil› *Locken* n, *(Trommel–* etc) *Signal* n *z Heimkehr* || ‹Am› *Amtsenthebung* f *(durch Volksbegehren)* ~**able** [~əbl] a *widerrufbar* || to be ~ *in der Erinnerung s*

recant [ri'kænt] vt/i *(etw) als irrig zurücknehmen*; *widerrufen*; *Abbitte tun f (etw)* | vi *öffentl. widerrufen, Abbitte tun, sein Unrecht einsehen* ~**ation** [‚ri:kæn'teiʃən] s *Widerruf(ung* f) m

recanvassing [ri:'kænvəsiŋ] s ‹paint› → rebacking

recap ['ri:'kæp] vt ‹Am› *(Reifen) vulkanisieren, (Lauffläche) erneuern*, → retread

recapitulate [‚ri:kə'pitjuleit] vt *rekapitulieren, kz zus–fassen or wiederholen*; [abs] *zus–fassen* –**ation** ['ri:kə‚pitju'leiʃən] s *Rekapitulation, kurze Wiederholung or Zus–fassung* f –**ative** [‚ri:kə'pitjuleitiv] a *wiederholend* ‹übtr› [‚ri:kə-'pitjuleitəri] a *zus–fassend, Wiederholungs–*

recaption ['ri:'kæpʃən] s ‹jur› *Wiederwegnahme* f

recapture ['ri:'kæptʃə] **1.** s *Wiedererlangung* f; beyond ~ *nie wieder z erlangen* || *das Wiedergewonnene* | *Wiederergreifung* f **2.** vt *(etw) wiedererlangen* || *(jdn) wieder ergreifen*

recarburization ['ri:‚ka:bjurai'zeiʃən] s *Rückkohlung* f

recast ['ri:'ka:st] **1.** vt (→ to cast) ‹met› *umgießen, –schmelzen* || *(Werk) umformen, –modeln, –arbeiten* || *noch einmal berechnen, nachrechnen* || ‹theat› *(Stück) neu besetzen* **2.** s *Umformung, –gestaltung, –arbeitung* f || ‹theat› *Neubesetzung* f

recce ['reki], **recco** ['rekou], **reccy** ['reki] ‹mil fam› → reconnaissance

recede [ri'si:d] vi *zurücktreten* (before *vor*; behind *hinter*); *–gehen, weichen* (from *v*); to ~ *into the background in den Hintergrund treten* || ‹paint› *(perspektivisch) zurücktreten* || *ent–, verschwinden* (into the distance *in die Ferne*; from our view *aus unseren Augen*) | *zurücktreten* (from a position); *abstehen* (from *v*) | *im Wert zurückgehen or fallen, an W. verlieren* | *–ding* flight ‹Fla› *Abflug* m

receipt [ri'si:t] **I.** s **1.** *Empfang*; *Eingang* m (of goods) || *Geldempfang* m, *Einnahme* f, ~s [pl] *Einnahmen* pl (~s and expenditure) **2.** *Empfangsbescheinigung* (against ~ *gegen E.*); *(Kassen-)Quittung*; return ~ *Rückschein* m; return ~ requested *gegen Rückschein* **3.** *(Koch-) Rezept* n (for *f*) || ‹übtr› *Vorschrift* f; *Mittel* n (for doing) **4.** to be in ~ of *im Besitze s v* || we are in ~ of your letter *wir h Ihren B. erhalten, wir bestätigen Eingang Ihres Schreibens* || on ~ of *bei or nach Empfang v* || to acknowledge the ~ of *den Empfang bestätigen v* || to give *od* make out a ~ *e–e Quittung ausstellen* (for *f*, über) **5.** ~s [pl] and payments ‹com› *Zahlungsein– u –ausgänge* m pl **6.** [attr] *Quittungs–*, ~*-book –buch* n; ~*-stamp –stempel* m, *–marke* f **II.** vt *(Rechnung) quittieren*

receivable [ri'si:vəbl] a *annehmbar* || *zulässig*; to be ~ *als gesetzliches Zahlungsmittel gelten*; bills ~ ‹com› *Rimessen* f pl || *gesellschaftsfähig* | ~s [s pl], current ~s ‹Am bal› *Umlaufvermögen* n

receive [ri'si:v] vt/i **I.** vt **A.** [mit Sachobj.] **1.** *(etw) empfangen, erhalten* (from *v*); when ~d *bei, nach Empfang*; ~d with thanks *dankend erhalten* || *(etw) in Empfang nehmen, entgegen-*

nehmen (from *v*; to ~ an oath); *(Sakrament) empfangen* | *(Diebesgut) an sich nehmen, verbergen* | ‹wir› *empfangen, erhalten*; *aufnehmen* **2.** ‹übtr› *(etw) an–, auf–, einnehmen*; *in sich aufnehmen*; *auffangen* | *(etw) aufnehmen* (with horror); *(Eindruck* etc) *empfangen; (Willkommen) erfahren; erleben | standhalten; (Schlag) erdulden; (Maßnahmen) an–, hinnehmen* || *als gültig anerkennen* || to ~ the military honours *(vor e–r Ehrenkompanie) die Front abschreiten* **B.** [mit Pers.-Obj.] *(jdn) empfangen*; *bewillkommnen* ‹a übtr› *(jdn) aufnehmen* (at a house in e–m Hause; among *unter*; into *in*; to z), *(jdn) unterbringen* || *zulassen* (to z; into *in*) **II.** vi *Empfänger s* | *Abendmahl empfangen* | *Besuch empfangen* | ~**d** [~d] a *allg anerkannt*; *authentisch, echt* (text) || *als gültig anerkannt* (pronunciation) || *vorschriftsmäßig, korrekt*

receiver [ri'si:və] s **1.** *Empfänger; An–, Einnehmer* m (of taxes, etc) || *Hehler* m || Official *≈* (einstweiliger) *Konkurs(massen)verwalter* m **2.** ‹telph› *Hörer*; ‹wir› *Empfänger* m, *Empfangsapparat* m, *–gerät* n || ~ printer *Fernschreibempfänger* m | ‹tech› *Behälter* m; *Aufnehmer* m *der Verbunddampfmaschine*; ‹chem› *Sammelgefäß* n, *Vorlage* f *(Gefäß z Aufnahme)* ~**ship** [~ʃip] s *Zwangs–, Konkursverwaltung* f

receiving [ri'si:viŋ] s *Annahme* f; ~*-office –stelle, Güterannahme* f | ~ order ‹jur› *Konkurseröffnungsbeschluß* m, *Zwangsverwaltungsverfügung* f | ‹wir etc› *Empfang* m; ~*-room –sraum* m; ~*-set –sgerät* n; *Radioempfänger* m; ~*-station Empfangsstation* f || *Aufnahme–; Auffang–* (~ hopper *–trichter* m) | *Ablege–* (~ box)

recency ['ri:snsi] s *Neuheit* f || ‹übtr› *Frische* f; *frische Wunde* f (of a loss)

recension [ri'senʃən] s (of texts) *Revision* f; *revidierter Text* m

recent ['ri:snt] a *vor kurzem gewesen, kürzlich (geschehen* etc) || *neu, modern* (of ~ date); most ~ *neuest, jüngst* (news) || *frisch; jung* (plant) ~**ly** [~li] adv *kürzlich* (~*-acquired*); *vor kurzem* (till ~); as ~ as Easter *erst noch Ostern* ~**ness** [~nis] s = recency

receptacle [ri'septəkl] s *Behälter* m || *Aufenthaltsort* m || ‹bot› *Fruchtboden* m

receptible [ri'septəbl] a *annehmbar* || *aufnahmefähig* (of *f*)

reception [ri'sepʃən] s **1.** (S) *Annahme* f; *Empfang* m; ‹wir› *Empfang* m || *Aufnahme* f (of impressions, etc); (his book) met with, had a favourable ~ *.. fand, erfuhr e–e günstige A.* (from a p *bei jdm*) || *Zulassung* f **2.** (P) *zeremonieller Empfang* m (to hold a ~); *Empfangsabend* m (to *f*) || *Aufnahme* f (into *in*) **3.** [attr] *Empfangs–* (~ room; ~ area *Aufnahmegebiet* n *f Evakuierte, Flüchtlinge* etc); ~*clerk –chef* m; *Auffang–* (~ area *–gebiet bei Evakuierung* ~**ist** [~ist] s *Empfangsdame* f

receptive [ri'septiv] a (~ly adv) *aufnahmefähig, empfänglich* (of, to *f*); *rezeptiv*; *nur aufnehmend* (Ggs creative) ~**veness** [~nis], ~**vity** [risep'tiviti] s *Aufnahmefähigkeit, Empfänglichkeit* f

receptor [ri'septə] s *(Kunstwerken gegenüber) aufgeschlossener Betrachter, Leser* m || [attr] ~ organs [pl] ‹physiol› *Rezeptoren* pl *(Organe lebender Organismen)*

recess [ri'ses] **1.** s *Pause, Unterbrechung* f; ‹parl a Am univ› *Ferien* pl (in ~) || *Sitzungspause* f | *Schlupfwinkel*; *stiller, abgeschiedener Ort* m; [oft pl] *–es geheime Winkel* m pl, *Tiefen* f pl, *geheimes Innere* n (the ~es of the heart); ‹fig› *Schoß* m | *Vertiefung; Nische* f | *Blende* f || ‹tech› *Einschnitt* m, *Aussparung, Ausdrehung; Kerbe, Raste* f **2.** vt/i ‹arch› *e–e Vertiefung m in; vertiefen* || *(Haus* etc) *in e–e V. setzen*; *hinter* *die Straßenlinie zurücksetzen* || ~ed order ⟨arch⟩ (of an arch) *Ausladung* f, *Vorsprung, Risalit* m | vi ⟨bes Am⟩ *sich vertagen, die Verhandlung unterbrechen*

recession [ri'seʃən] s ⟨ec⟩ *Zurückgehen* (of the clergy) (*Ggs* procession) || ⟨geog⟩ *Rückzug* m (of a glacier) || *Zurücktreten, –weichen* n (from *v*); ⟨fig⟩ (*Wirtschafts-*)*Rückgang* m (trade ~), *allg Geschäftsrückgang* m, → disinflation | *zurück–, vertieft liegender Teil* m **~al** [~l] **1.** a ⟨ec⟩ *mit dem Zurückgehen der Geistlichkeit verbunden*; ~ hymn *Schlußchoral* m || ⟨parl⟩ *Ferien–* **2.** s ⟨ec⟩ *Schlußchoral* m

recessive [ri'sesiv] a ⟨biol⟩ *rezessiv* (characteristic)

recheck ['ri:'tʃek] vt *nachprüfen*

recherché [rə'ʃɛəʃei] a Fr *sorgfältig ausgesucht* or *zus–gestellt*

rechristen ['ri:'krisn] vt *wiedertaufen* || *umtaufen; neu benennen*

recidivism [ri'sidivizm] s *Rückfall* m *in ein Verbrechen* n *–vist* [ri'sidivist] s *rückfälliger Verbrecher* m *–vous* [ri'sidivəs] a *rückfällig*

recipe ['resipi] s ⟨med & cul⟩ *Rezept* n || ⟨übtr⟩ *Mittel* n (for)

recipience [ri'sipiəns], **–ency** [–si] s *Aufnehmen* n; *Aufnahme(fähigkeit)* f **–ent** [ri'sipiənt] **1.** a *empfänglich; aufnahmefähig* **2.** s *Empfänger(in* f) m; to be the ~ of a th *etw empfangen* (from *v*)

reciprocal [ri'siprəkəl] **1.** a *entsprechend, Gegen–* (~ service) || *wechselseitig, gegenseitig*; to be ~ *auf Gegenseitigkeit beruhen* (their love is ~) || *entsprechend umgekehrt* (the ~ mistake) || ⟨math⟩ *reziprok* || ⟨gram⟩ *reflexiv; reziprok* || ~ heading *Gegenkurs* m || ~ milling *Pendelfräsen* n || ⤳ Trade Agreements Act ⟨Am⟩ *Ermächtigungsgesetz* n f *gegenseitige Handelsverträge* || ~ value *Kehrwert* m **2.** s *Gegenstück* n || ⟨math⟩ *reziproker Wert* m **~ly** [~i] adv (he) ~ (er) *seinerseits* || *wiederum, dafür* || *gegenseitig* || ⟨math⟩ *umgekehrt*

reciprocate [ri'siprəkeit] vt/i || *austauschen*; (*Gefühle, Wünsche* etc) *erwidern; vergelten* | vi ⟨mech⟩ *hin u her gehen* (–ting engine *Kolbenmaschine*) || *sich erkenntlich zeigen* (for *f*; with *mit*); to ~ to a blow with *e–n Schlag erwidern mit* || –ting *Gegen–*; –ting motion *Hin– u Herbewegung* f *–cation* [ri,siprə'keiʃən] s ⟨mech⟩ *Hin– u Herbewegung* f || *Austausch* m; *Erwiderung* f *–catory* [ri'siprəkətəri] a *sich hin u her bewegend* **–city** [,resi'prəsiti] s *Reziprozität, gegenseitige Beziehung, Gegen–, Wechselseitigkeit* f || [attr] *Gegenseitigkeits–* (~ clause)

recital [ri'saitl] s *Aufzählen, Hersagen, Vorlesen* n (of a th *e–r S*); *Erzählung* f, *Bericht* m || ⟨jur⟩ (of a deed) *einleitender, berichtender Teil* m, *Motivgrund* m (*e–s Vertrages*) || ⟨mus⟩ (*Solo-*)*Vortrag* m; ~ on the organ, organ*–*~ *Orgel* **tation** [,resi'teiʃən] s *Hersagen, Vortragen; Rezitieren* n || *Rezitation* f; *Abhören, Aufsagen in der Schulaufgaben* *–tative* [,resitə'ti:v] It **1.** a *Rezitativ–* **2.** s *Rezitativ* n, *dramatischer Sprechgesang* m

recite [ri'sait] vt/i || (*etw*) *rezitieren, deklamieren, hersagen*; **aufzählen* || ⟨Am⟩ (*Aufgabe*) *abhören* | vi *rezitieren* || **~r** [~ə] s *Rezitator, Deklamator, Vortragskünstler* m | *Buch* n *mit Rezitationsstücken* n pl

reck [rek] vi/t || ⟨rhet poet⟩ [*nur in neg u Fragesätzen*] *sich kümmern* (of *um*); *denken* (of *v*) || *wissen* (of *v*) | vt *sich kümmern um; beachten*

reckless ['reklis] a (~ly adv) *unbesonnen, leichtsinnig* || *rücksichtslos, unbekümmert* (of *um*); to be ~ of *sich nicht kümmern um* **~ness** [~nis] s *Unbekümmertheit* f (of *um*) || *Unbesonnenheit* f

reckon ['rekən] vt/i A. vt **1.** *rechnen, berech-*

---

nen; ~ing from *v .. an gerechnet* || (*Dienstzeit*) *anrechnen* || *zählen*; to ~ up *zus–zählen, –rechnen* || (*jdn*) *rechnen, zählen* (among, in, with *z, unter*) | to ~ a th to a p *jdm etw anrechnen, auslegen* (for *als*) **2.** ⟨übtr⟩ (*ab*)*schätzen*; *beurteilen; betrachten* (for, as, to be *als*); *halten* f, I ~ him (to be) my friend *ich halte ihn f m–n Freund* **3.** *der Meinung s, fest annehmen* (that); ⟨Am⟩ I ~ [*in Parenthese*] *vermute ich, glaube ich* **B.** vi *rechnen; abrechnen* | to ~ (up)on *rechnen, sich verlassen auf* (*jdn*) | to ~ with *abrechnen mit*; *rechnen mit* (facts); → host **~able** [~əbl] a *anrechenbar* (period of service *Dienstjahre*) **~er** [~ə] s *Rechner(in* f) m; → ready a **3.** **~ing** [~iŋ] s *Rechnen, Zählen* || *Berechnung; Schätzung*; to be out in (*od* out of) one's ~ *sich verrechnet h* || (*Hotel–* etc) *Rechnung* || ⟨mar⟩ *Gissung*; to take one's ~ *das Besteck* m; → dead a || *Abrechnung* f (the day of ~)

reclaim [ri'kleim] **I.** vt/i **1.** vt (*jdn*) *zurückbringen, –führen* (from *v*; to *z*); (*jdn v e–m Laster* etc) *bekehren; bessern* || **(Unrecht) bessern* || (*Tier*) *zähmen* || (*Volk*) *zivilisieren, erziehen* || (*Land*) *urbar* m; *trockenlegen* || (*etw*) *beanspruchen, reklamieren; zurückfordern* || ⟨tech⟩ *zurückgewinnen* || ~ed rubber *regenerierter Altgummi* m **2.** vi *protestieren, auftreten* (against); *erklären* (that) **II.** s: past ~ *unverbesserlich* **~able** [~əbl] a (*ver*)*besserungsfähig*; (of land) *kulturfähig*

reclamation [,reklə'meiʃən] s *Reklamation* f; *Einspruch, Protest* m, *Beschwerde* f | *Bekehrung* f (from *v*); *Besserung* f | (of land) *Urbarmachung* f | (*Rück-*)*Forderung* f (for)

réclame [rei'klɑ:m] s Fr *Reklame* f

recline [ri'klain] vt/i || (*etw, jdn*) *nieder–, hinlegen* (on *auf*); (*Kopf* etc) *legen, lehnen* (on); **~d** [pp] *liegend* (on) | vi *liegen, sich lehnen* (against *gegen*; on, upon *auf*); *sich neigen* *–ning* [~iŋ] a *liegend* | [attr] ~-chair *verstellbarer Liegestuhl* m

reclothe ['ri:'klouð] vt *wieder bekleiden* || *v neuem kleiden*

recluse ['ri:'klu:s] **1.** a (~ly adv) *einsiedlerisch; einsam, zurückgezogen* (life) **2.** s *Einsiedler* m *–seness* [~nis] s *Zurückgezogenheit, Einsamkeit* f *–sion* [ri'klu:ʒən] s = recluseness || *Einzelhaft* f

recoal ['ri:'koul] vi/t || *neue Kohlen einnehmen* | vt (*Schiff*) *mit neuen K. versehen*

recoat ['ri:'kout] vt *v neuem* (*an*)*streichen*

recognition [,rekəg'niʃən] s *Anerkennung* f (in ~ of *als A. f*); to win ~ *sich durchsetzen* || *Wiedererkennung; Erkennung* f; ⟨theat⟩ *Erkennen* n, *Erkenntnis* f || past all ~ *nicht wiederzuerkennen*; his ~ of me was immediate *er erkannte mich sofort wieder* | [attr] *Kenn–* (~ mark, light), *Erkennungs–* (~ signal)

recognizable ['rekəgnaizəbl] a (–bly adv) (*wieder*)*erkennbar* **–zance** [ri'kəgnizəns] s ⟨jur⟩ *schriftl. Verpflichtung* f; (*Schuld-*)*Anerkenntnis* n; *Schuldschein* m || *Kaution(ssumme)* f || *richterliche Anordnung, e–e durch Gesetz vorgeschriebene bestimmte Handlung vorzunehmen* *–zant* [ri'kəgnizənt] a *anerkennend, empfänglich*; *erkenntlich* (of *f*); to be ~ of *anerkennen*

recognize ['rekəgnaiz] vt (*etw*) *anerkennen* (as *als*); *zugeben* (that) || (*jdn*) *anerkennen*; to ~ a p as (*od* to be) first *jdn als ersten an–* (among) || *lobend anerkennen* || *Notiz nehmen v* | *wiedererkennen; erkennen* (by *an*)

recoil [ri'kɔil] **1.** vi **zurückweichen* (before *vor*) | ⟨fig⟩ *–schrecken, –schaudern* (from *vor*) || (*S*) *–prallen, –springen* || ⟨fig⟩ *–fallen* (on *auf*) **2.** s *Zurückprallen* n || *Rücklauf, –schlag* (of a gun), *–stoß* m [a attr] || ⟨fig⟩ *rückwirkender Einfluß* m || *Zurückschrecken* n (from *vor*) || ~ -atom *Rückprallatom* n || ⟨artill⟩ ~ booster *Rückstoßverstärker* m; ~ brake *Rücklauf-*

bremse f; ~ buffer, ~ cylinder *Bremszylinder* m **~less** [~lis] a *rückstoßfrei*; ~ antitank grenade launcher *Panzerfaust* f

recoin ['ri:'koin] vt *umprägen* ⟨a übtr⟩ **~age** [~idʒ] s *Umprägung* f

recollect [ˌrekə'lekt] vt *sich erinnern* (a th *e–r S*; to have done) [*a abs*] ‖ (*Geist*) *konzentrieren* **~edness** [~idnis] s ⟨fig⟩ *innere Sammlung* f **~ion** [ˌrekə'lekʃən] s *Erinnerung* f (of *an*); to the best of my ~ *soweit ich mich erinnere* ‖ the event is beyond my ~ *das Ereignis ist mir nicht mehr in Erinnerung*; .. within my ~ *das Ereignis ist mir wohl in Erinnerung* ‖ *Gedächtnis* n; it is in my ~ *that ich erinnere mich, daß* ‖ *innere Sammlung* f | ~s [pl] *Erinnerungen* pl (to write one's ~s) **~ive** [~iv] a *Erinnerungs–*

recollect ['ri:kə'lekt] vt *wieder* (*ver*)*sammeln*; to ~ one's courage *wieder Mut fassen*; to ~ o.s. *sich wieder sammeln* or *erholen*

recolour ['ri:'kʌlə] vt *neu färben, frisch malen*

recommence ['ri:kə'mens] vi/t ‖ *v neuem, wieder anfangen* | vt (*etw*) *wieder aufnehmen*; *erneuern* **~ment** [~mənt] s *Wiederbeginn* m

recommend [ˌrekə'mend] vt **1.** (*jdn*) *empfehlen, anvertrauen* (to a p's care), to ~ o.s. *sich anvertrauen* (to a p *jdm*) **2.** (*etw*) *als geeignet empfehlen* (for *f*; as *als*; to a p *jdm*); to ~ a p a th *od* a th to a p *jdm etw empfehlen*; (*jdn*) *als geeignet empfehlen* (will you ~ me a typist?) ‖ (*jdn, etw*) *empfehlen*; *vorschlagen* (for *f, z*); *in angenehmem Lichte erscheinen l* (to *bei*) **3.** (*jdm*) *raten, anempfehlen* (to do; that); I was ~ed *mir wurde* (*an*)*empfohlen* (to do) **~able** [~əbl] a *empfehlenswert, z empfehlen(d)* (to a p *jdm*) **~ation** [ˌrekəmən'deiʃən] s *Empfehlung* f (to *an*); letter of ~ *–sschreiben* n; on the ~ of *auf E. v* ‖ *empfehlende Eigenschaft* f, *Befähigungsnachweis* m **~atory** [rekə'mendətəri] a *empfehlend, Empfehlungs–* ‖ *empfehlend, als Empfehlung dienend* (in a p *jdm, f jdn*)

recommission ['ri:kə'miʃən] vt (*jdn*) *wieder anstellen*, (*Offizier*) *reaktivieren* ‖ (*Schiff*) *wieder in Dienst stellen*; [*a abs*]

recommit ['ri:kə'mit] vt ⟨parl⟩ (*Gesetz*) *an e–e Kommission zurückverweisen* ‖ *wieder übergeben* (to a p *jdm*); to ~ to prison (*jdn*) *wieder* (*ins Gefängnis*) *abführen* **~ment** [~mənt], **~tal** [~l] s ⟨parl⟩ *Zurückverweisung* f

recompense ['rekəmpens] **1.** vt *belohnen* (a p *jdn*; a p for *jdn f*; by, with *durch, mit*); (*jdn*) *entschädigen* (for); to ~ a p for a th *jdm etw vergelten* | (*etw*) *ersetzen, wiedergutmachen* **2.** s *Vergeltung, Sühne* f (for *f*) ‖ *Entschädigung* f, *Ersatz* m (for) ‖ *Belohnung* f, *Lohn* m

recompose ['ri:kəm'pouz] vt *wieder zus–setzen* ‖ *neu anordnen*; *umgestalten, –gruppieren* ‖ *wieder beruhigen*; *wieder in Ordnung bringen* **–sition** ['ri:kɔmpə'ziʃən] s *Umbildung, –gestaltung, –gruppierung*; *Um–, Neubearbeitung* f ‖ ⟨typ⟩ *neuer Satz* m

reconcentrate ['ri:'kɔnsəntreit] vt/i ‖ (*Truppen*) *zus–ziehen* | vi *die Truppen zus–ziehen*

reconcilability [ˌrekənsailə'biliti] s *Vereinbarkeit* f (with) **–able** ['rekənsailəbl] a (*–bly* adv) (*S*) *vereinbar, –träglich* (with *mit*) ‖ *–söhnlich*

reconcile ['rekənsail] vt (*jdn*) *versöhnen* (to a th *mit etw*; with a p *mit jdm*) ‖ to be, become ~d, to ~ o.s. *sich befreunden, sich aussöhnen, sich abfinden* (to a th *mit etw*; to doing *damit .. z tun*); to ~ o.s. to one's fate *sich in sein Schicksal finden* | (*Streit*) *beilegen, ausgleichen, schlichten* ‖ (*etw*) *in Einklang bringen* (with *mit*) **~ment** [~mənt] s **1.** = reconciliation **2.** *Schlichtung, Ausgleichung* f | **~r** [~ə] s *Versöhner* m

reconciliation [ˌrekənsili'eiʃən] s *Ver–, Aussöhnung* f (to, with *mit*) ‖ *Ausgleichung* f; *Einklang* m, *Harmonie* f (between) **–atory** [ˌrekən'siliətəri] a *versöhnlich, Versöhnungs–*

recondite [ri'kɔndait] a (~ly adv) *geheim*; *dunkel*; *wenig bekannt* ‖ *unverständlich, verworren, abstrus*

recondition ['ri:kən'diʃən] vt (*wieder*) *instand setzen, aufarbeiten, überholen*; **~ing** [s] *Instandsetzung* f ‖ (*Haus*) *umarbeiten, –formen*

reconnaissance [ri'kɔnisəns] s ⟨fam⟩ abbr: recce, reccy ['reki], recco ['rekou] ⟨mil⟩ *Rekognoszierung, Aufklärung, Erkundung*; *–struppe*; (*Gelände-*)*Besichtigung* f ‖ ⟨übtr⟩ *eingehende Untersuchung, Erkundung* f ‖ ~ in force *gewaltsame Aufkl.* or *Erk.* ‖ ~ of position ⟨artill⟩ *Geländeerkundung* f ‖ [attr] ~ aircraft *Aufklärungsflugzeug* n, *Aufklärer* m; ~ fighter *Aufklärungsjäger* m; ~ flare ⟨aero⟩ *Fallschirmleuchtkugel* f; ~ intelligence ⟨tact⟩ *Aufklärungsergebnis*; ~ party, ~ patrol *Spähtrupp* m; ~ scout *Späher, Erkunder* m; ~ vehicle *Spähwagen* m **reconnoitre**, ⟨Am⟩ **-iter** [ˌrekə'nɔitə] **1.** vt/i ⟨mil⟩ (*Feind* etc) *beobachten, auskundschaften* ‖ (*Gebiet*) *rekognoszieren, erkunden* ‖ ⟨übtr⟩ (*etw*) *auskundschaften, erforschen* | vi *Rekognoszierungen anstellen* **2.** s ⟨übtr⟩ *Erkundung*; *Untersuchung* f

reconquer ['ri:'kɔŋkə] vt *wieder-, zurückerobern* **~quest** ['ri:'kɔŋkwest] s *Wieder-, Zurückeroberung* f

reconsider ['ri:kən'sidə] vt *v neuem erwägen*; *nochmals überlegen, –denken*; *nachprüfen* **-deration** ['ri:kənˌsidə'reiʃən] s *nochmalige Erwägung* or *Überlegung* f (on ~ *nach n. Ü.*)

reconsignment point ['ri:kən'sainmənt 'pɔint] s (*Transport-*)*Umschlagstelle* f

reconstituent ['ri:kəns'titjuənt] ⟨med⟩ **1.** a *wieder aufbauend* (medicine) **2.** s *wieder aufbauendes Mittel* n

reconstitute [ri'kɔnstitju:t] vt *in den urspr. Zustand zurückversetzen* ‖ ~d milk *Trockenmilch in Wasser gelöst*

reconstruct ['ri:kəns'trʌkt] vt *wieder aufbauen* ⟨a übtr⟩ ‖ *umbauen*, ~ed ruby *synthetischer Rubin* m **~ion** ['ri:kəns'trʌkʃən] s *Wiederaufbau* m; *–herstellung*; ⟨Am hist⟩ *–gliederung der südl. Staaten* (seit 1867) ‖ *Sanierung* f; *Rekonstruktion* f ‖ *Umbau* m **~ive** ['ri:kəns'trʌktiv] a *wieder aufbauend, Aufbau–*

reconversion ['ri:kən'və:ʃən] s *Wiederbekehrung* f ‖ *erneute Umwandlung* f ‖ (*Wieder-*)*Umbau* m *f zivile Zwecke*

reconvert ['ri:kən'və:t] vt *wieder verwandeln* (into *in*); *– umändern* ‖ ⟨ec⟩ *–bekehren* (to *z*)

record ['rekɔ:d] s **1.** ⟨jur⟩ *authentische urschriftliche Niederschrift* f (*e–s Faktums*); *Protokoll* n, *Sitzungsbericht* m; *Court of* ~ *Gerichtshof* m, *gegen den kein Einwand zulässig ist* | a matter of ~ *verbürgte Tatsache* f; off the ~ *vertraulich, inoffiziell*; on ~ *niedergeschrieben, geschichtlich nachgewiesen* (it is on ~ *that*), (*überhaupt*) *nachweisbar*; ⟨Am⟩ *protokolliert, offiziell fixiert, aktenkundig*; to place (*od* put) on ~ *z Protokoll geben*; to keep a ~ of *Buch führen über* (*Geld*); off (the) ~ *nicht im Protokoll, nicht f die Öffentlichkeit*; this is off the ~ ⟨pol etc⟩ *bitte nicht protokollieren!* ‖ *geheim* ‖ to bear ~ of *bezeugen* **2.** *Urkunde* f; ~s [pl] *Akten* f pl, *Archiv* n ‖ *Staatsurkunde* f; (*Public*) ⌐ *Office englisches Staatsarchiv* n; *clerk of the* ~s *Archivar* m ‖ *Stammbuch* n **3.** [oft pl ~s] *historische Aufzeichnung* f, *Bericht* m, *Verzeichnis* n ‖ ~ of performance *Leistungsbuch* n | *Grammophon–, Schallplatte* f; *long-playing od microgroove* ~ *Langspiel–* f; *standard* ~ *Normalspiel–*; to put on ~s *auf Schall– bringen* **4.** *Vergangenheit* f (*e–s Menschen*), a good ~ *ein guter Ruf* m **5.** ⟨sport⟩ *Rekord* m, *Höchstleistung* f; to beat *od* break the ~ *den R. brechen*; to put o.s. on ~ *sich e–n Namen* m; *sich maßgebend äußern*; *sich bemerkbar* m; to set up a ~

e–n Rekord aufstellen **6.** [attr] *Rekord–* (~-maker) || ⟨el⟩ *Melde–* || ~ cabinet *Plattenschrank* m; (automatic) ~ changer (*automatischer*) *Plattenwechsler* m; ~ film *Dokumentarfilm* m; ~ firing *Bedingungsschießen* n; ~ level indicator ⟨rec⟩ *Aussteuerungsanzeige* f; ~ library *Diskothek* f; ⟵ Office *Archiv* n; ⟨mil⟩ *Personalamt* n; ~ photography *Belegphotographie* f; ~ player ⟨el⟩ *Plattenspieler* m (*Ggs* gramophone, ⟨Am⟩ phonograph *mit Federtriebwerk*); commercial ~ p. → juke-box; ~ practice *Bedingungsschießen* n; ~ round-up *Schallplattenparade* f; ~ service practice ⟨artill⟩ *Schulschießen* n; ~ sheet *Leistungsblatt* n

record [ri'kɔ:d] vt/i **A.** vt **1.** (*authentisch*) *schriftlich aufzeichnen* (~ed history), *registrieren*; (*Gedanken*) *niederlegen* || *berichten*; *berichten über* (*etw*) | ⟨übtr⟩ *überliefern*; *f immer im Gedächtnis erhalten* || (*Genugtuung*) *bezeugen, – zeigen* **2.** ⟨jur⟩ *z Protokoll nehmen, protokollieren, eintragen*; (*Stimme*) *abgeben*; *to have a th* ~*ed etw z Protokoll geben* **3.** (*Stimme, Lied*) *in e–n Phonographen* (etc) *aufnehmen, auf Schallplatte bringen; erhalten, festhalten*; (*etw*) *in e–n Phonographen* (etc) *hineinsprechen, –singen* **B.** vi *aufzeichnen* || *sich phonographisch aufnehmen l* (to ~ well) ~**ation** [rekɔ:'deiʃən] s *Eintragung, Registrierung* f ~**er** [~ə] s *Protokollführer, Registrator* m || *Stadtsyndikus, königl. Stadtrichter* m (the ⟵ of London) | ⟨tech⟩ *Registrierapparat* m || *jd, der in e–n Phonographen spricht, singt* | ⟨mus⟩ *Blockflöte* f || magnetic ~, tape ~ *Bandaufnahmegerät* n, *Magnetbandschreiber* m ~**ing** [~iŋ] a *Aufzeichnen* n; (*Ton-)Aufnahme* f || [attr] *Registrier–, Aufnahme–*; ~ from radio *Rundfunkaufnahme* f || ~ equipment (*Schallplatten–, Ton-)Aufnahmegerät* n || ~-reproducer *Tonbandgerät* n || ~ tape *Magnetophon–, Tonband* n

recount ['ri:'kaunt] **1.** vt *noch einmal zählen; nachzählen* **2.** s *nochmalige Zählung* f

recount [ri'kaunt] vt (*etw*) *erzählen* (to a p *jdm*), *eingehend berichten* (that; what) || *aufzählen* ~**al** [~əl] s *Nacherzählung* f, *Bericht* m

recoup [ri'ku:p] vt ⟨jur⟩ *abziehen, zurückbehalten* | (*jdn*) *entschädigen, schadlos halten* (for *f*); to ~ o.s. *sich schadlos halten* (from *aus*) || (*Verlust*) *wieder einbringen, – einholen*; to ~ a p a loss *jdm e–n Verlust wieder einbringen* ~**ment** [~mənt] s *Ein–, Zurückbehaltung* f || *Schadloshaltung, Entschädigung* f; *Wiedereinbringung* f (*v Ausgabe*)

recourse [ri'kɔ:s] s *Zuflucht* f (to *z*) || to have ~ to *s–e Zuflucht nehmen z; greifen z* (to have to means); *nachsuchen* (to a book *in e–m Buch*) | ⟨com⟩ *Ersatz–, Rückanspruch, Regreß* m (without ~ *ohne Regreßrecht*)

recover [ri'kʌvə] **I.** vt/i **A.** vt **1.** (*etw*) *wiedererhalten, –bekommen* || (*etw*) *wieder–, zurückerobern, –gewinnen; wiederfinden* || (*Geld*) *eintreiben* (*Waffe*) *in e–e Lage zurückbringen* | (*jdn*) *wiedergewinnen, versöhnen* || *sicherstellen* | (*etw*) *wiederbringen* ⟨a tech⟩, *–verschaffen* (to a p *jdm*) || (*eigene Verluste*) *wiederaufholen* → **3.** || (*Schrott, Munition, Beutegut*) *bergen, sammeln* || (*Kraftfahrzeug*) *abschleppen* || (*Text*) *entziffern* **2.** (*jdn*) *wieder z Bewußtsein or Leben bringen; befreien, retten* (from *aus, v*); to ~ o.s. *wieder z Bewußtsein k; sich erholen*; to be ~ed *wiederhergestellt s* **3.** *wiedergutmachen, ersetzen*; (*Verlust, Zeit*) *wieder ein–, nachholen* || *Ersatz erhalten f, to ~ damages Schaden– erhalten* || (*Betrag*) *beitreiben* **B.** vi *genesen; sich erholen* (from *v*) ⟨a fig⟩; *wieder z sich k* || ⟨jur⟩ *entschädigt w*; *den Prozeß gewinnen* **II.** s *Wiederherstellung, –gewinnung* (*e–r Haltung, Lage*) f ~**able** [~rəbl] a *wiedererlangbar; eintreibbar* (debt) || *wiederherstellbar; heilbar* || *wiedergut-*

zumachen(d) | ~**y** [~ri] s *Wiedererlangung, –gewinnung*(*smethode* f) f || *Eintreibung* f || *Wiederherstellung; Genesung; Erholung* f (from *v*); ⟨a übtr⟩; ⟨golf⟩ *Erholung* f (*Schlag, der jdn aus schwerer Lage herausbringt*) || *Sicherstellung, Bergung* f; *Abschleppen* n || ⟨jur⟩ *Erlangung* f | beyond ~, past ~ *unheilbar, unwiederbringlich verloren* | [attr] ~ column *Bergungskolonne* f; ~ company *Feldzeug–, Bergekompanie* f; ~ organization *Bergungsdienst* m; ~ party *Bergungs–, Abschleppkommando* n; European ⟵ Program(me) (**ERP**) *Europ. Wiederaufbauprogramm* n

recover ['ri:'kʌvə] vt *wiederbedecken*; (*Schirm*) *neu beziehen*

recreancy ['rekriənsi] s ⟨rhet poet⟩ *schmähliche Feigheit* f || *Abtrünnigkeit* f –**ant** ['rekriənt] **1.** a (~ly adv) ⟨rhet poet⟩ *feige; abtrünnig* **2.** s *schmählicher Feigling; Abtrünniger* m

recreate ['rekrieit] vt/i || (*den Geist*) *er–, auffrischen, erquicken* || (*jdn*) *ergötzen, unterhalten*; to ~ o.s. *sich erfrischen* (with); *sich erholen, sich ergötzen or unterhalten* (with *mit*) | vi *sich erfrischen or erholen; sich unterhalten* –**ation** [,rekri'eiʃən] s *Erfrischung, Erholung* || *Unterhaltung, Belustigung* f; *Spiel* n, *Sport* m; ~ ground –*platz* m || *Freizeitgestaltung* f ~ center ⟨Am⟩ *Erholungs–, Soldatenheim* n || ~ club *Verein* f *Freizeitgestaltung* || ~ leave *Erholungsurlaub* m || ~ officer ⟨Am⟩ *Betreuungsoffizier* m || ~ room *Aufenthaltsraum* m ~**ational** [–l] a *Freizeit(gestaltung-)–*; ~ facilities [pl] *Einrichtungen* f pl *f Spiel u Erholung* –**ative** ['rekrieitiv] a *erfrischend, –quickend; Unterhaltungs–* (~ literature)

recreate ['ri:kri'eit] vt *neu–, umschaffen* –**ation** ['ri:kri'eiʃən] s *Neu–, Umschaffung* f

recrement ['rekrimənt] s *Auswurf–, Abfallstoff* m; ⟨fig⟩ *Ausschuß* m || ⟨physiol⟩ *Sekret* n (*Ggs* excrement) || *Schlacke* f ~**itious** [,rekrimen'tiʃəs] a *unrein*

recriminate [ri'krimineit] vi *e–e Gegenbeschuldigung vorbringen* –**ation** [ri,krimi'neiʃən] s *Gegenbeschuldigung* f –**ative** [ri'krimineitiv], –**atory** [ri'kriminətəri] a *Gegenbeschuldigungs–*

recross ['ri:'krɔ:s] vt *wieder überschr*'*eiten; setzen über; wieder kreuzen*

recrudesce [,ri:kru:'des] vi (of wounds etc) *wieder aufbrechen*; ⟨fig⟩ *wieder ausbrechen* ~**nce** [~ns] s *Wiederauf–, Wiederausbrechen* n, –*bruch* m ~**nt** [~nt] a *wiederausbrechend* (pain), –*auflebend* (vice)

recruit [ri'kru:t] **I.** s ⟨mil⟩ *Rekr*'*ut* m || ~ depot *Rekrutendepot* n || ~ training *Rekrutenausbildung* f | ⟨fig⟩ *Neuling* m; *neues Mitglied* n || *Bereicherung* f (to *f*) **II.** vt/i **1.** vt ⟨mil⟩ (*Heer*) *ergänzen*; to be ~ed from *sich ergänzen aus*; *sich zus–setzen, sich rekrutieren aus* || *verstärken* ⟨a fig⟩ || (*Gesundheit*) *stärken, auffrischen*; to ~ one's wind *sich verschnaufen* | ⟨mil⟩ (*jdn*) (*als Rekruten*) *anwerben, rekrutieren* || ⟨übtr⟩ (*Anhänger*) *anziehen, gewinnen* **2.** vi *Rekruten anwerben* | *sich erholen* ~**al** [~əl] s *Zufuhr* f (from *v*); *Stärkung* f ~**ing** [~iŋ] s *Werben* n; *Aushebung*, (**P**) *Ergänzung* f || *Stärkung* f || ~ and replacement *Ersatzwesen* n || [attr] *Werbe–* (~-officer) || ~ administration *Wehrersatzverwaltung* || ~ authority *Wehrersatzbehörde* f || ~ centre, ~ office *Ersatzdienststelle* f || ~ district ⟨Am⟩ *Rekrutierungsbezirk* m (*innerhalb e–r* Army Area) || ~ main station ⟨Am⟩ *Rekrutierungshauptamt* n (*innerhalb e–s* ⟵ District) ~**ment** [~mənt] s *Rekrutierung* || *Stärkung* f

rectal ['rektəl] a (~ly adv) ⟨anat & med⟩ *rektal* ⊃ syringe *Klistierspritze* f

rectangle ['rektæŋgl] s ⟨geom⟩ *Rechteck* n –**gular** [rek'tæŋgjulə] a (~ly adv) *rechtwinklig, –eckig*

rectifiable ['rektifaiəbl] a *z berichtigen(d)*, *z verbessern(d)*; ⟨math⟩ *rektifizierbar* **–fication** [,rektifi'keiʃən] s *Berichtigung, Verbesserung* f *(of an error)* ‖ ⟨wir, el⟩ *Gleichrichtung* f *(Umwandlung e–s Wechselstroms)* ‖ ⟨geom, chem⟩ *Rektifikation* f ‖ ⟨phot⟩ *Entzerrung* f ‖ ~ *of aerial photographs Luftbildentzerrung* f **–fier** ['rektifaiə] s *Berichtiger* m ‖ ⟨chem⟩ *Rektifizierer*; *Rektifikator* m ‖ ⟨wir, el⟩ *Gleichrichter* m, → –fication **–fy** ['rektifai] vt *berichtigen, verbessern; richtigstellen, in Ordnung bringen; bessern* ‖ ⟨geom⟩ *rektifizieren* ‖ ⟨chem⟩ *rektifizieren (wiederholt destillieren)* → –fication ‖ ⟨wir, el⟩ *gleichrichten, (Wechselstrom) umwandeln in Gleichstrom*

rectilineal [,rekti'linjəl], **–near** [,rekti'linjə] a (~ly adv) *geradlinig*

rectitude ['rektitju:d] s *charakterliche Geradheit; Redlichkeit* f

recto ['rektou] s L *rechte Seite (e–s Buches)* f; *Vorderseite* f

rector ['rektə] s L ⟨engl⟩ *Pfarrer* m *im Vollgenuß aller Einkünfte; vgl* vicar ‖ ⟨Am⟩ *Pfarrer der Protestant Episcopal Church* ‖ ⟨a-engl univ (* engl)⟩ *Rektor* m ‖ ⟨Scot⟩ *Direktor (of a school)* m; Lord ~ ⟨univ⟩ *Rektor* **~ate** [~rit] s ⟨a-engl univ⟩ *Rektor·at* n **~ess** [~ris] s ⟨fam⟩ *Frau e–s Rektors, Pfarrers* **~ial** [rek'tɔ:riəl] a *Pfarr–* ‖ ⟨univ⟩ *Rektor–* **~ship** [~ʃip] s *Pfarramt* n ‖ ⟨univ⟩ *Rektor·at* n **~y** [~ri] s *Pfarre e–s Rektors* f; *Pfarrhaus* n *(e–s Rektors)*

rectress ['rektris] s *(Schul-)Vorsteherin, Rektorin* f

rectrix ['rektriks] s L ⟨orn⟩ *gr Schwanzfeder* f

rectum ['rektəm] s L ⟨anat⟩ *(End-)Mastdarm* m

recumbency [ri'kʌmbənsi] s *liegende Lage* or *Stellung* f **–bent** [ri'kʌmbənt] a (~ly adv) *liegend; ruhend (on auf); lehnend*

recuperate [ri'kju:pəreit] vt/i *(jdn) wieder z Kräften bringen* ‖ vi *sich erholen* **–ation** [ri,kju:pə'reiʃən] s *Erholung, –frischung* f **–ative** [ri'kju:pərətiv] a *stärkend; kräftigend* ‖ *Erholungs–* (~ *capacity –fähigkeit* f) **–ator** [ri'kju:pəreitə] s ⟨mil⟩ *Vorholeinrichtung* f, *Vorholer* m; [attr] *Vorhol–* (~ *spring)*

recur [ri'kə:] vi [–rr–] *(P) in Gedanken* or *Worten zurückkehren* (to *z), –k (to auf); s–e Zuflucht nehmen* (to *z)* ‖ *(of ideas) zurückkommen* (to a p's *mind jdm ins Gedächtnis); einfallen* (to a p *jdm); wieder (ins Gedächtnis) k, – auftauchen, sich wiedereinstellen* ‖ *(in Abständen) wiederkehren, sich wiederholen* **~rence** [ri'kʌrəns] s *Wiederkehr* f; *Wiederauftreten* n ‖ *Zufluchtnehmen* n (to *z)* ‖ *Zurückkommen* n (to *auf)* ‖ ~ *frequency (Radar-)Folgesequenz* f **~rent** [ri'kʌrənt] a (~ly adv) *wiederkehrend, sich wiederholend* ‖ ⟨anat⟩ *Rekurr·ens–* (~ *nerve); rücklaufend* ‖ *zurückkehrend* **~ring** [ri'kə:riŋ] a *wiederkehrend* (oft-~) ‖ ~ *decimal periodischer Dezimalbruch* m; *(nought) point three* ~ (0.3 *od .3) null Komma 3 Periode* (⟨Ger⟩ *0,3)*

recurvate [,ri:'kə:vit] a ⟨bot⟩ *zurückgebeugt (leaf)* **–ve** [,ri:'kə:v] vt/i ‖ *[mst pass] um–, zurückbiegen* ‖ vi *(of the wind) sich um–, zurückwenden*

recusancy ['rekjuzənsi] s ⟨hist⟩ *Weigerung* f, *den Gottesdienst der C. E. zu besuchen* ‖ *Widerspenstigkeit* f **–sant** ['rekjuzənt] **1.** s ⟨hist⟩ *Verweigerer* m, → –sancy ‖ *Widerspenstiger* m **2.** a *dissentierend; widerspenstig* **–se** [ri'kju:z] vt ⟨jur⟩ *(Richter) ablehnen*

recycling ['ri:'saikliŋ] s ⟨tech⟩ *Rückführung* f *in den Kreislauf*

red [red] **I.** a (~ly adv) **1.** *rot* (⟨a hunt⟩ *Rock,* → *pink);* → *all III.* **2.** ‖ *rothaarig* ‖ *blutrot; gerötet* (with *v);* ~ *eyes entzündete Augen* n pl ‖ *blutbefleckt; blutig* ‖ *rotglühend* ‖ ⟨pol⟩

rot (the ~ *peril), anarchistisch, kommunistisch* ‖ ~ *and white (cattle)* → 2. **2.** *[bes Verbindungen & comp]:* ~-admiral ⟨ent⟩ *Admiral* m *(Schmetterling)* ‖ ~-and-white *rotbunt* (cattle) ‖ ~-blooded *blutbefleckt* ‖ ⟨übtr⟩ *feurig, kräftig, lebendig (story)* ‖ ~ *Book* ⟨dipl⟩ *Rotbuch* n ‖ *Adelskalender* m ‖ ~ *brass Rotguß* m ‖ ~ *cabbage* ⟨bot⟩ *Rotkohl* m ‖ ~ *Cap* (mil sl) *Militärpolizist* m → redcap ‖ ~ *chalk Rötel* m; ~ *corpuscles* [pl] *rote Blutkörperchen* n pl ‖ ~ *Cross* 1. ⟨engl⟩ *Rotes Kreuz, St.-Georgs-Kreuz* (Nationalemblem Englands) 2. (Genfer) *Rotes Kreuz* n (a [attr] ~-cross) 3. *Royal* ~ *Cross engl. Orden* m *(gegr. 1883)* ‖ ~ *currant rote Johannisbeere* f ‖ ~ *deal Kiefernholz* n ‖ ~ *deer Edel–, Rothirsch* m ‖ ~ *Eagle* ⟨Ger⟩ *Roter Adlerorden* m *(zweithöchster preuß. Orden, gestiftet 1705)* ‖ ~ *ensign* ⟨engl⟩ *rote (Handels-)Flagge* f ‖ ~-eye ⟨Am⟩ *Roggen-Whisky* m ‖ ~ *fir* ⟨bot⟩ *Rottanne* f ‖ ~ *flag* ⟨rail⟩ *rote Fahne (als Signal)*; ⟨pol⟩ *Sinnbild* n *der roten Internationale* f ‖ ~ *grouse* ⟨orn⟩ *Schottisches Schneehuhn* n ‖ ~ *gum* ⟨bot⟩ *Gattung der Myrtaz·een, Eukalyptus* m ‖ *to take a p* ~-handed *jdn auf frischer Tat ertappen* ‖ ~ *hat Kardinalshut* m ‖ ~-heat *Rotglut; Hitze* f ‖ ~ *herring* ⟨cul⟩ *Bück(l)ing* m; → *fish* s 4. ‖ ⟨fig⟩ *Ablenkungsobjekt, –manöver* n (to draw a ~ *herring across the path Ablenkungsmanöver betreiben)* ‖ ~-hot *rotglühend, glühendheiß* ‖ ⟨fig⟩ *hitzig, feurig, wild,* °*scharf* ‖ ~ *Indian Indianer* m ‖ ~ *knight Ritter* m *des Bathordens* ‖ ~ *lamp* → ~ *light* ‖ ~ *lane „hohle Gasse"* f *(Kehle)* ‖ ~ *lead* ⟨chem⟩ *Mennige* f (Pb$_3$O$_4$ & Pb$_4$O$_5$) ‖ ~-letter day *Heiligen–, Festtag; Glücks–, Freudentag* m ‖ ~ *light* ⟨übtr⟩ *Bordell* n; ~-l. *district Bord·ellviertel* n ‖ ~ *man Rothaut* f, *Indianer* m ‖ ~ *print Rotpause* f ‖ ~ *rag rotes Tuch* n; to be a ~ *rag to a p e–m das rote Tuch bedeuten (ihn wild m)* ‖ ~ *ribbon rotes Band* n *(verschiedener engl. Orden)* ‖ ~ *rot* ⟨bot⟩ *Sonnenkraut* n, *–tau* m ‖ ~ *sanders rotes Sandelholz* n ‖ ~ *Sea Rotes Meer* n ‖ ~-short *rotbrüchig (iron)* ‖ ~ *snow Blutschnee* m, *roter Überzug auf Schnee* ‖ ~ *spider* ⟨zoo⟩ *Spinnmilbe, rote Spinne* f ‖ ~-tape ‖ ~ *triangle* ⟨Am⟩ *Abzeichen* v *Y.M.C.A.* ‖ ~ *underwing* ⟨ent⟩ *Rotes Ordensband* n *(Schmetterling)* ‖ ~-water ⟨vet⟩ *Piroplasm·ose* f, *Blutharnen* n; ~-water fever *Texasfieber* n **II.** s **1.** *rote Farbe* f, *Rot* n; ⟨Am⟩ *rote Tinte (vgl* 5. b.); *1-Cent-Münze* f ‖ *Röte* f **2.** ⟨pol⟩ *Anarchist, Kommunist* **3.** ~s [pl] *Indianer* pl **4.** ~s [pl] *rote Sorten (Wein* etc) **5. a.** *to paint the town* ~ ⟨fam⟩ *die Stadt unsicher m, Spektakel m* ‖ *to paint the map* ~ ⟨fig⟩ *das Empire ausdehnen* ‖ *to see* ~ *wahnsinnig w (vor Wut); die Fassung verlieren* **b.** ⟨bes Am⟩ *to come out of the* ~ *Gewinn einbringen; to be in the* ~ *Verlust h; in der Kreide stehen; to run into the* ~ *mit Verlust arbeiten, Unterbilanz m*

redact [ri'dækt] vt *z Papier bringen, redigieren, herausgeben* **~ion** [ri'dækʃən] s *Redigieren* n, *Revision* f; *(Ab-)Fassung* f ‖ *Neubearbeitung; Kurzfassung* f **~or** [~ə] s *Herausgeber* m

redan [ri'dæn] s ⟨fort⟩ *Redan* n, *Flesche* f *(in Winkelform)*

redbird ['redbə:d] s ⟨orn⟩ *Dompfaff, Gimpel* m

redbreast ['redbrest] s ⟨orn⟩ *Rotkehlchen* n

redcoat ['redkout] s *Rotrock* m *(brit. Soldat)*

redcap ['redkæp] s ⟨Am rail⟩ *Gepäckträger* m *(mst Neger);* → red I. 2.

redd [red] vt ⟨Scot⟩ *reinigen* ‖ *to* ~ *up ordnen, in Ordnung bringen*

redd [red] s ⟨ich⟩ *Laichgrube* f *(bes v Salm u Forelle)*

redden ['redn] vt/i ‖ *röten, rot färben* ‖ vi *rot*

w, erröten (with vor) **reddish** ['rediʃ] a rötlich

reddle ['redl] s Rötel, Rotstein m; vgl ruddle

rede [ri:d] **1.** s ⟨poet & †⟩ Rat m || Entscheidung f; Plan m || Erzählung f **2.** vt † (jdm) raten ([to] do z tun) || (Traum) deuten

redecorate ['ri:'dekəreit] vt neu dekorieren –ation ['ri:dekə'reiʃən] s Neudekorierung f

redeem [ri'di:m] vt **1.** zurückkaufen || zurückgewinnen (one's honour) || (Pfand) einlösen; (Schuld) ablösen, tilgen, amortisieren || (Versprechen) einlösen, halten || (Schatzanweisungen) auslosen **2.** (jdn) los–, freikaufen (from v, out of aus); erretten ⟨rel⟩ (jdn) erlösen (from v) **3.** (etw) wiedergutmachen; ausgleichen; ersetzen ~able [~əbl] a (–bly adv) wiederverlangbar || wieder–, zurückkäuflich; ab–, einlösbar, amortisierbar || auslosbar (treasury bonds) || wiedergutzumachen(d) erlösbar ~er [~ə] s ⟨rel⟩ Erlöser, Heiland m ~ing [~iŋ] a versöhnend (quality)

redeliver ['ri:di'livə] vt (Brief) wieder austragen || wieder ausliefern, zurückerstatten (to a p jdm) || wieder über–, vermitteln (to a p jdm)

redemption [ri'dempʃən] s ⟨rel⟩ Erlösung f || Frei–, Loskauf m || Befreiung f || versöhnender Zug m || Sühne f || Ab–, Einlösung f; Tilgung, Amortisierung f || Rückkauf m || Rückzahlung f (day of ~ –stag) || ⟨übtr⟩ Einlösung f –tive [ri'demptiv] a ⟨rel⟩ Erlösungs– (~ act –akt m); erlösend

redeploy [,ri:di'plɔi] vt ⟨mil⟩ (Truppen etc) verlegen, verschieben ~ment [~mənt] s Truppenverschiebung f || Betriebserweiterung, Modernisierung f (e–r Fabrik)

rediffusion [,ri:di'fju:ʒn] s ⟨wir⟩ öffentliche (Wieder-)Aufführung f e–s Rundfunkprogramms (über Draht) || ⟨telv⟩ Fernsehwiedergabe f im Kino

redingote ['rediŋgout] s Fr langer zweireihiger Überrock m

redintegrate [re'dintigreit] vt wiederherstellen; erneuern –ation [re,dinti'greiʃən] s Wiederherstellung; Erneuerung f

redirect ['ri:di'rekt] vt (Brief) umadressieren; nachsenden ~ion ['ri:di'rekʃən] s Umadressierung f

rediscover ['ri:dis'kʌvə] vt wieder–, neuentdecken | ~y [~ri] s Wieder–, Neuentdeckung f

redistribute ['ri:dis'tribju:t] vt wieder–, neuverteilen, –ordnen –ution ['ri:,distri'bju:ʃən] s Wieder–, Neuverteilung f || ~ of land Um–, Zus-legung; Flurbereinigung f || ~ of the population Politik f der inneren Besiedlung

redness ['rednis] s Röte f

re-do ['ri:'du:] vt (→ to do) noch einmal –, neu machen || (Zimmer) renovieren

redolence ['redoləns] s Wohlgeruch, Duft m ⟨a fig⟩ –ent ['redolənt] a stark duftend (of nach; with v); to be ~ of a th ⟨fig⟩ etw atmen, andeuten; erinnern an, e–n Anstrich h v etw

redouble [ri'dʌbl] vt/i ⟨übtr⟩ verdoppeln, –stärken (to ~ one's efforts) | vi sich verdoppeln, sich verstärken

redouble [ri:'dʌbl] vi/t ⟨cards etc⟩ doppelt so hoch wetten or reizen wie ein anderer; „re" bieten; ⟨a⟩ vt | vt doppelt falten

redoubt [ri'daut] s ⟨fort⟩ Redoute f; ⟨fig⟩ Schanze f

redoubtable [ri'dautəbl] a furchtbar; gefürchtet (enemy)

redound [ri'daund] vi **1.** ⟨fig⟩ (S) ausschlagen; to ~ to a p's advantage z jds Vorteil ausschlagen, jdm z V. dienen || beitragen (to z); gereichen (to a p's credit jdm z Ehre) || zuteil w, zufließen (to a p jdm; from aus) **2.** zurückfallen, –wirken (on, upon auf)

redpoll ['redpoul] s **1.** ⟨orn⟩ Birkenzeisig m; arctic ~ Pol·ar– **2.** ~s pl rothaariges Rindvieh n

redraft ['ri:'dra:ft] **1.** s neuer, zweiter Entwurf m || ⟨com⟩ Rückwechsel m **2.** vt neu entwerfen

redraw ['ri:'drɔ:] vi/t (→ to draw) || ⟨com⟩ gegen–, zurücktrassieren | vt noch einmal zeichnen

redress [ri'dres] **1.** vt (Gleichgewicht) wiederherstellen || (jdn) entschädigen (for) || (Übel) beheben, beseitigen; (e–r S) abhelfen (to ~ a th) || (Schaden) wiedergutmachen **2.** s Ersatz m, Genugtuung f || Abhilfe, Abstellung, Behebung f (of v); legal ~ Rechtshilfe f

re-dress ['ri:'dres] vt/i neu kleiden || neu zurichten || (Wunde) neu verbinden | vi sich umkleiden

redshank ['redʃæŋk] s ⟨orn⟩ Wasserläufer, Rotschenkel m; spotted ~ Dunkler W.

redskin ['redskin] s Rothaut f, Indianer m

redstart ['redsta:t] s ⟨orn⟩ (Garten-)Rotschwänzchen n; black ~ Hausrotschwanz m

red-tape ['red'teip] s rotes Band n (z Binden v Akten) || ⟨übtr⟩ Bürokratismus, Schemat ismus, alter Zopf, Amtsschimmel m, Schema F n | [attr] bürokrʹatisch, pedantisch –pism ['red'teipizm] s Bürokratismus m etc –pist ['red'teipist] s Bürokrat, Akten–, Buchstabenmensch m

reduce [ri'dju:s] **I.** vt **1.** * (S) in e–n Zustand zurückbringen; wiederherstellen; (Ladehemmung) beseitigen || ⟨surg⟩ wiedereinrenken || (etw) anpassen (to an); zurückführen (to auf); to ~ to a form auf e–e Form bringen; to ~ to order in Ordnung bringen; to ~ to a system in ein System bringen || verwandeln (to z, in) (to ~ shillings to pence); machen (to z) || ⟨math & chem⟩ reduzieren **2.** (P) durch Zwang versetzen (to in); bringen, zwingen (to obedience z Gehorsam; unterwerfen, bezwingen); to ~ to half-pay verabschieden || (jdn) zwingen (to do) || to ~ to tears z Tränen rühren || to be ~d durch Not getrieben w (to z; to doing, to do z tun) **3.** (P S) herunterbringen (to z); ~d circumstances zerrüttete Verhältnisse || herabmindern; (Spannung etc) mildern, mindern; schwächen || (jdn) e–e Abmagerungskur m l || (jdn) herabdrücken, erniedrigen (to z), ⟨mil⟩ degradieren || reduzieren, verkleinern (~d scale), vermindern (~d charge); be–, einschränken (to auf) || (Förmlichkeiten) vereinfachen || schwächen, erschöpfen; ~d to a skeleton z e–m Skelett abgemagert || vermindern; (Preis) ermäßigen (at a ~d fare z ermäßigtem Fahrpreis); herabsetzen, reduzieren (at ~d rates) **II.** vi ⟨bes Am⟩ (durch Diät) abnehmen

reducer [~ə] s Macher, Anpasser m (Ggs inventor) || ⟨tech⟩ Reduziermaschine f || ⟨phot⟩ Abschwächer m

reducibility [ri,dju:sə'biliti] s Reduzierbarkeit f, Beschränkbarkeit f –cible [ri'dju:səbl] a reduzierbar; to be ~ sich zurückführen or reduzieren l (to auf); sich verwandeln l (to, into in) –cing [ri'dju:siŋ] s [attr] Reduzier– (~ valve –ventil n) || she is on a ~ diet sie macht e–e Abmagerungskur || ~ fitting (Rohr-)Reduzierstück n || ~ gearing ⟨tech⟩ Untersetzung f || ~ rollers Vorwalzwerk n || ~ scale Verjüngungsmaßstab m

reduct [ri'dʌkt] s ⟨fort⟩ Rückzugsturm m

reduction [ri'dʌkʃən] s **1.** ⟨surg⟩ Einrenkung f || ⟨fig⟩ Zurückführen, –bringen n (to auf) || Verwandlung f (into, to in) **2.** Verminderung; Abbau (⟨com⟩ of barriers); Verjüngung f, Verkleinerung; verkleinerte Wiedergabe f; Herabsetzung, Reduzierung f (in wages der Löhne), Abbau m (of salary); ~ of gear ⟨tech⟩ Untersetzung f; ~ of taxation Steuerminderung f || ~ of traffic Verkehrsrückgang m || Ermäßigung f (to make a ~ e–e E. eintreten l); Abzug, Rabatt m | ⟨math⟩ Reduktion f; ⟨chem⟩ R. (Entziehung v

Sauerstoff) **3.** [attr] *Reduktions* (~ compasses [pl] *-zirkel)* || ~ table *Umrechnungstabelle* f || ~ unit ⟨tech⟩ *Untersetzung* f || ~ valve *Druckventil* n

reduit [re'dwi:] s Fr ⟨fort⟩ *bombensicherer Hohlbau* m *im Innern e–s Festungswerkes*

redundance [ri'dʌndəns], **-ancy** [–si] s *Überfülle* f, *–fluß* m (of *an*) **-ant** [ri'dʌndənt] a (~ly adv) *überflüssig, –mäßig; weitschweifig; überladen* (style) || *überreichlich, üppig*

reduplicate [ri'dju:plikeit] vt *verdoppeln* | *wiederholen;* ⟨gram⟩ *reduplizieren* **-ation** [ri-,dju:pli'keiʃən] s *Verdoppelung; Wiederholung;* ⟨gram⟩ *Reduplikation* f **-ative** [ri'dju:plikeitiv] a *reduplizierend*

redwing ['redwiŋ] s ⟨orn⟩ *Rotdrossel* f

redwood ['redwud] s *Rotholz* n || ⟨bot⟩ *Küstenmammutbaum* m

redye [,ri:'dai] vt *umfärben*

ree [ri:] s ⟨orn⟩ (→ *a reeve) Weibchen des Kampfläufers* n; → *ruff*

re-echo [ri'ekou] vi/t || *widerhallen* (with *v*) | vt *echoartig wiederholen*

reed [ri:d] s *Labmagen* m

reed [ri:d] **I.** s **1.** *Ried* n, *Rohrgrashalm* m; [koll] *(Schilf-)Rohr* n; ⟨a fig⟩ (broken ~ *schwankendes R.)* **2.** *Rohrpfeife* f; ⟨fig⟩ *Hirtendichtung* f **3.** ⟨mus⟩ *Rohrblatt* n, *Zunge* f || *(Orgel-)Rohr* n || ⟨weav⟩ *Riet* n, *Weberkamm* m **4.** [attr] *Rohr–; Lingual–, Zungen–* (~ instrument) || ~-**buck** ⟨zoo⟩ *Ried–, Wasserbock* m *(Antilope)* || ~-**bunting** ⟨orn⟩ *Rohr–, Sperlingsammer* f || ~-**mace** ⟨bot⟩ *Rohrkolben(schilf* n) m || ~-**pipe** *Röhrchen* n *(e–s Windinstruments);* *Rohrflöte, Schalmei* f; *Orgelpfeife* f || ~-**stop** *Pfeifenwerk* n *(der Orgel)* || ~-**warbler** ⟨orn⟩ *Teichrohrsänger* m **II.** vt *mit Rohr bedecken* | *mit rohrförmigen Verzierungen schmücken* || ⟨mus⟩ *mit e–r Zunge versehen* ~**iness** ['~inis] s *Rauheit* f (of the voice) ~**y** ['~i] a *schilfreich* | ⟨poet⟩ *Rohr–* | *lang, dünn, schwach* || *steif, grob* (grass) | *kratzig; piepsig, schrill* (voice)

re-edify ['ri:'edifai] vt *(Haus) neu erbauen, errichten* || ⟨fig⟩ *erneuern, auffrischen*

re-edit ['ri:'edit] vt *neu herausgeben* ~**ion** ['ri:i'diʃən] s *Neuausgabe, zweite Ausgabe* f

reedling ['ri:dliŋ] s ⟨orn⟩ *Bartmeise* f

re-educate [ri:'edjukeit] vt ⟨bes Ger pol⟩ *umschulen*

reef [ri:f] s [pl ~s] *Riff* n, *Felsenklippe, Schäre* f; *fringing* ~ *Saumriff* n; ⟨minr⟩ *Ader* f, *goldführender Quarzgang* m ~**y** ['~i] a *riffig*

reef [ri:f] **1.** s [pl ~s] ⟨mar⟩ *Reff* n; to take in a ~ *einreffen* | [attr] *Reff–;* ~-**knot** *viereckiger Doppelknoten* m, → *granny* || ~-**point** *Bändsel* m **2.** vt *(Segel) reffen; close–ed dicht gerefft* ~**er** ['~ə] a *Reffer* m; ⟨sl⟩ *Seekadett* m || *Art (Seemanns-)Jacke* f | *Reffknoten* m

reefer ['ri:fə] s *Rauschgiftzigarette* f *(aus indischem Hanf),* → *marijuana*

reefer ['ri:fə] s ⟨Am mil⟩ *(allg) Fahrzeug* m *mit Kühlanlage, Kühlwagen* m etc

reek [ri:k] **1.** s ⟨Scot⟩ *Rauch* m || *Dampf; Dunst* m (~ of tobacco *Tabaks–)* || *(muffiger) Geruch, Gestank* m **2.** vi *rauchen, dampfen* (with *v*) || *dunsten; riechen* (of *nach);* ⟨fig⟩ *geschwängert, voll s* (of *v*) | ~**y** ['~i] a *rauchig; dampfend; dunstig* || Auld Reekie ⟨fam⟩ *Edinburgh*

reel [ri:l] **1.** s *Garnwinde* f; *Haspel; Garnhaspel, Weife* f || ⟨film, etc⟩ *Spule* f (ca 1000 ft) (two–, three–, etc ~er *2-, 3–etc-Spulenfilm)* || *Kabeltrommel* f || (→ *news)* | *ink-ribbon* ~ *Farbbandspule* || *Rolle* f (~ of string *Bindfaden–;* thread ~, ~ of thread *Zwirns–);* hose ~ *Schlauchrolle;* paper ~ *Papiertrommel* f || *Angelschnurrolle* f || off the ~ *rasch hinter–e–a* | [attr] ~-**handle** ⟨telph⟩ *Abspuler* m || ~-**yarn** *Rollgarn* m **2.** vt *(Garn) auf e–e Rolle rollen,*

winden, wickeln, haspeln, spulen || *(Fisch) durch Aufrollen der Leine anziehen* || *(Film) drehen, kurbeln* | to ~ off *abhaspeln, –wickeln, –winden* || ⟨fig⟩ *(etw) herunterhaspeln, –rasseln, –rattern* | to ~ up *aufwinden* (etc) ~**er** ['~ə] s → 1.

reel [ri:l] **1.** vi (of eyes, etc) *sich drehen; wirbeln;* my head ~s *mir schwindelt* || *schwanken; taumeln* **2.** s *Drehen, Wirbeln; Taumeln* n

reel [ri:l] **1.** s *lebhafter schottischer Zanz im ⁴/₄-Takt (v je 2 Paaren)* m; *die Musik dazu* **2.** vi *e–n– tanzen*

re-elect ['ri:i'lekt] vt *(jdn) wiederwählen* ~**ion** ['ri:i'lekʃən] s *Wiederwahl* f || **reeligible** ['ri:-'elidʒəbl] a *wiederwählbar*

re-embark ['ri:im'ba:k] vi/t || *sich wiedereinschiffen* | vt *wieder ein–, verschiffen* **-barcation** ['ri:,embɑ:'keiʃən] s *Wiederein–, –verschiffung* f

re-emerge ['ri:i'mə:dʒ] vi *wieder auftreten, – auftauchen* ~**nce** ['ri:i'mə:dʒəns] s *Wiederauftauchen, –treten* n

re-enact ['ri:i'nækt] vt *neu verordnen* or *in Kraft, Szene setzen* || *wiederholen* || ⟨theat⟩ *neu inszenieren*

re-engage ['ri:in'geidʒ] vt/i || *(jdn) wieder an–, – einstellen* | vi *wieder in Dienst treten* ~**ment** ['ri:in'geidʒmənt] s *Wiederan–, –einstellung* f

re-enlargement ['ri:in'lɑ:dʒmənt] s ⟨phot⟩ *Rückvergrößerung* f

re-enlist ['ri:in'list] vt/i ⟨mil⟩ || *wiederanwerben, wiederverpflichten* || ~ed man *Kapitulant* m | vi *sich wieder anwerben l; sich weiter–, wiederverpflichten, kapitulieren* ~**ment** ['ri:in'listmənt] s *Wiederanwerbung, Wieder–, Weiterverpflichtung, Kapitulation* f | ~ bonus *Kapitulantenhandgeld* n

re-enrichment ['ri:ən'ritʃmənt] s ⟨tech⟩ *Neuanreicherung* f

re-enter ['ri:'entə] vi/t | *v neuem eintreten* (into *in);* to ~ *upon wieder Besitz nehmen v* | vt *wieder betreten* | *neu eintragen* | *(Farbe) eindrucken, –tragen;* ⟨engr⟩ *(Linien) vertiefen*

re-entering ['ri:'entəriŋ], **re-entrant** [,ri:-'entrənt] a ⟨geom⟩ *einspringend* (angle) || [als s] ⟨mil⟩ *Fronteinbuchtung* f **re-entrance** [,ri:-'entrəns] s *erneutes Ein–, Auftreten* n **re-entry** [,ri:'entri] s ⟨jur⟩ *Wiedereintritt* m *in den Besitz e–s Grundstückes; (sachenrechtlich) Wiederinbesitznahme* f || *Wiedereintreten, –kommen* n || cart of ~ *Stichkarte* f

re-establish ['ri:is'tæbliʃ] vt *wiederherstellen* || ⟨phot⟩ *entzerren* ~**ment** [~mənt] s *Wiederherstellung* f, ⟨phot⟩ *Entzerrung* f

reeve [ri:v] s ⟨hist⟩ *Vogt, Amtmann* m || ⟨min⟩ *Aufseher* m || ⟨Can⟩ *Gemeindevorsteher, Schultheiß* m

reeve [ri:v] s ⟨orn⟩ (→ *a ree) Weibchen* n *des Kampfläufers;* → *ruff*

reeve [ri:v] vt [~d/~d & rove/rove] ⟨mar⟩ *(Tau) (ein)scheren, in die Blöcke einziehen* || *(Tau) spannen* (to *an;* over *über)* **reeving** [~iŋ] s [attr] ~ line *Schertau* n

re-examination ['ri:ig,zæmi'neiʃən] s •*Nachprüfung, Wiederholungsprüfung* f || ⟨jur⟩ *nochmalige Vernehmung* f || ⟨med⟩ *Nachuntersuchung* f **-mine** ['ri:ig'zæmin] vt *wieder prüfen, nachprüfen* || ⟨jur⟩ *(Zeugen) neu vernehmen*

re-exchange ['ri:iks'tʃeindʒ] s *nochmaliger Tausch* || *Rückwechsel* m, *–kosten* pl, *Rik·ambio* m

re-export 1. ['ri:eks'pɔ:t] vt *(importierte Waren) wieder ausführen* **2.** ['ri:'ekspɔ:t] s *Wiederausfuhr* f

reface ['ri:'feis] vt *(Front e–s Hauses) erneuern*

refashion ['ri:'fæʃən] vt *umgestalten, –modeln* (after *nach)*

refection [ri'fekʃən] s *Erfrischung* f (for my ~ *z m–r E.); leichtes Mahl* n **-ctory** [ri'fektəri] s

Refekt'orium n (*Speiseraum e–s Klosters* etc);
Remter m
  refer [ri'fə:] vt/i **A. vt 1.** *zurückführen* (to *auf*);
zuschreiben (to a th *e–r S*; to a p *jdm*); *zuordnen*,
–weisen (to an age *e–m Zeitalter*); *beziehen* (to
auf) **2.** (*S*) *übergeben*, *–weisen* (to *an*); *~* to
drawer (abbr R.D.) *an den Aussteller zurück* **3.**
(*jdn*) *verweisen* (to *an*); *aufmerksam m* (to *auf*) ‖
(*e–e S*) *zurückstellen* **B. vi 1.** *sich beziehen, Bezug
h* (to *auf*); *Bezug nehmen, hin–, verweisen, anspielen* (to *auf*); to *~* to a th *etw andeuten, erwähnen* ‖ *~*red to *bezüglich, betreffend, fraglich*
(the subject *~*red to) **2.** *sich wenden* (to *an*); to
~ to a th *etw befragen*; to *~* to a book *nach-
schlagen,* (*sich*) *Rat holen in* (or *aus*) *e–m Buche*
~able [ri'fə:rəbl, 'refərəbl] a *zuzuschreiben(d)*
(to a th *e–r S*); *zuzurechnen(d)* (to an age *e–r
Zeit*); *z beziehen(d)* (to *auf*) **~ee** [,refə'ri:] **1.** s
Sachverständiger; ⟨*parl*⟩ *Refer'ent* m ‖ ⟨*jur*⟩ *~*
in bankruptcy *Konkursrichter* m ‖ ⟨*sport*⟩ *Unparteiischer, Schiedsrichter* m ‖ ⟨*box*⟩ *Ringrichter* m
2. vi/t ‖ ⟨*sport*⟩ *als Sch. fungieren, schiedsrichtern* ‖ *vt als Sch. fungieren bei* (to *~* a match),
⟨*fam*⟩ (*ein Spiel*) *schiedsrichtern*
  reference ['refrəns] **I.** s **1.** ⟨*mst jur*⟩ *Verweisung* f (to *an*) **2.** *Beziehung* (to *z*), *Bezugnahme* f
(to *auf*), *in od* with *~ to in bezug, mit B. auf, hinsichtlich*; (*in Briefen*) *~* (abbr Ref.) *your letter
dd* (= dated) *May 5th 1958 Vorgang: Ihr
Schreiben v. 5. Mai 58, →* subject; to have *~*
to *sich beziehen auf* **3.** *Anspielung* (to *auf*); *Er-
wähnung* f (to a th *e–r S*); to make (no) *~* to
(*nicht*) *erwähnen* ‖ *Beleg* m **4.** *Hinweis* m (to
auf; from .. to *v .. auf*); to make *~* to *verweisen
auf*; cross *~ Kreuzverweis* m ‖ ⟨*typ*⟩ *Verwei-
sungszeichen* n (* † etc) **5.** *Referenz, Empfehlung*
f; *Referent* f (*P*) ‖ *Auskunft* f (*as to betreffs*); for
~ z Informierung ‖ ⟨*bes Am*⟩ *Zeugnis* n ‖ *Nach-
schlagen* n (to a book *in e–m Buch*); book of *~
Nachschlagewerk* n **6.** [attr] *Verweisungs–* (*~-
mark –zeichen* n) ‖ *~* library *Nachschlage–,
Handbibliothek* f ‖ *~* line *Bezugslinie* f ‖ *~ mark
Einstellmarke* f; (*Luftbild–*)*Bezugspunkt* m ‖
~-number Geschäftsnummer f; *Aktenzeichen* n
‖ *~* point *Bezugs–, Orientierungs–, Festpunkt*
m, ⟨*surv*⟩ *Anlegepunkt* m, ⟨*aero phot*⟩ *Hilfs-
ziel* n ‖ *~* print *Vergleichsbild* n ‖ *~* strip *Null-
streifen* m ‖ *~* temperature *Bezugstemperatur* f
‖ *~* tone (⟨*fam abbr*⟩ reftone) *Normalton* m ‖
~ value *Richtwert* m **II.** vt (*Buch*) *mit Hin–,
Verweisen versehen*
  referendary [,refə'rendəri] s * *Sachverständiger, Schiedsrichter* m ‖ ⟨a-engl⟩ *Referendar* m
(*hoher Beamter der päpstl. Kanzlei*)
  referendum [,refə'rendəm] s L [pl *~*s] *Volks-
entscheid* m (on *über*)
  referential [,refə'renʃəl] a *hinweisend, Verweisungs–* (*~* note); *Vermerk–*
  Refico ['ri:fikou] s ⟨Am⟩ → R. F. C.
  refile [ri'fail] vt (*Meldung*) *weitersenden*
  refill ['ri:'fil] **1.** vt/i ‖ *wieder füllen, auffüllen*
‖ to *~* (with mortar) *Mauerfuge wieder verstreichen* ‖ *~*ing pencil *Füllbleistift* m ‖ vi *sich
wieder füllen* **2.** s *Neufüllung* f; *Ersatzteil* m (for
pencil case) **~able** [*~*əbl] a *auffüllbar*
  refine [ri'fain] vt/i ‖ (*Substanz*) *reinigen,
läutern, klären*; ⟨tech⟩ (*Zucker*) *raffinieren*;
(*Metall*) *frischen* ‖ ⟨*fig*⟩ *verfeinern, bilden,
heben* (to, into) ‖ vi *rein* or *klar w* ‖ *sich verfeinern, sich bessern* ‖ to *~* (up)on a th *grübeln,
sich eingehend verbreiten über etw*; .. (up)on a p
od a th *jdn, etw verbessern, –feinern* (wollen)
‖ **~d** [*~*d] a (*~*ly [ri'fainidli] adv) *geläutert*;
raffiniert; verfeinert; Fein–; *~* sugar *–zucker* m,
Raffin'ade f ‖ *~* figures ⟨stat⟩ *bearbeitete Ergebnisse* n pl ‖ *vornehm* (home); *fein, gebildet; gepflegt; überaus verfeinert* **–ning** [*–*niŋ] s *Raffina-
tion* f etc **~ment** [*~*mənt] s *Reinigung, Läute-*

rung f ‖ ⟨*fig*⟩ *Verfeinerung, Bildung* f ‖ *feinste
Berechnung* f; *Klügelei, Spitzfindigkeit* f
  refiner [ri'fainə] s *Raffineur*; (*Zucker–*)*Sieder*;
⟨met⟩ *Frischer* m ‖ ⟨*fig*⟩ *Verfeinerer* m ‖ *Haar-
spalter* m ‖ *Frisch–, Raffinierapparat* m **|** *~*y
[*~*ri] s (*Zucker–* etc) *Raffinerie* f ‖ ⟨met⟩ *Frischofen* m
  refit ['ri:'fit] **1.** vt/i ‖ (*Schiff*) *ausbessern,
wieder instand setzen, überholen* ‖ *neu ausrüsten*
‖ vi *ausgebessert, überholt w* **2.** s *Wiederinstandsetzung; Ausbesserung; Neuausrüstung* f **~ment**
[*~*mənt] s = refit
  reflation [,ri:'fleiʃn] s *Wirtschaftsbelebung* f
durch inflationäre Mittel or *Gegenmaßnahmen,
Wiederherstellung* f *der Kaufkraft*; *→* disinflation
  reflect [ri'flekt] vt/i **A. vt 1.** *ab–, zurückbiegen*
‖ *zurückwerfen*; (*Hitze*) *zurückstrahlen* ‖
(*Strahl, Licht*) *zurückwerfen* (on *auf*) ⟨a fig⟩;
(of mirrors) (*etw*) *widerspiegeln*; *~*ing projector *Epidiaskop* n; *~*ing telescope *Spiegel-
fernrohr* n, ⟨mil⟩ *Grabenspiegel* m· ‖ ⟨*fig*⟩
wiedergeben, widerspiegeln; to be *~*ed *sich w.,
sich spiegeln* (in *in*) ‖ (of actions) *einbringen, zufügen* (on a p *jdm*), to *~* credit on a p *jdm Ehre m*
2. *überlegen* (that; what; how) **B. vi 1.** *nachdenken, überlegen*; to *~* (up)on *nachdenken über*
2. to *~* (up)on a th *schlechtes Licht werfen auf
etw*; .. (up)on a p *jdn in schlechtes Licht setzen*;
zurückwirken, –fallen auf jdn; *nachteilige Folgen
h f jdn*, this *~*s *none too creditably on the public
dies gereicht dem Publikum nicht gerade z Ehre m*
–ction, xion [ri'flekʃən] s **1.** (*Licht–*)*Reflexion* f;
Zurückstrahlung, –werfung f ‖ *Spiegeln, Widern*
n ‖ *Spiegelbild* n, *Reflex* m (on *auf*) ⟨*übtr*⟩
Widerspiegelung f **2.** ⟨*physiol*⟩ *Reflex* m, *–bewegung* f **3.** *Tadel* m (on *an*), *tadelnde Bemerkung*
f (on *über*); *Herabsetzung* f (on a th *e–r S*); to be
a *~* on *schlechtes Licht werfen auf*; *herabsetzen*
4. *Überlegung, Erwägung* f (on *~ bei, nach
näherer E.*) ‖ ⟨*philos*⟩ *gedankliche Vertiefung* f
‖ *Gedanke* m **–ctive** [ri'flektiv] a (*~*ly adv) *zu-
rückstrahlend, Rückstrahl–*; *zurückgeworfen* ‖
reflektierend, nachdenkend **–ctor** [ri'flektə] s
⟨phys⟩ *Reflektor* m; *Licht–, Scheinwerfer* m ‖
⟨mot⟩ *Rückstrahler* m **|** *~* view finder ⟨opt⟩
Aufsichtsucher m
  reflet [rə'flei] s Fr *Glanz* m (*an Metall*)
  reflex ['ri:fleks] **1.** s *Widerschein* m (from *v*);
(*Licht–*)*Reflex* m; *Lichtspiel* n; ⟨*übtr*⟩ (*Wider–*)
Spiegelung f; (*Spiegel–*)*Bild* n ‖ ⟨*physiol*⟩ *Reflex*
m, *–bewegung* f **2.** a ⟨*bot*⟩ *zurückgebogen* ‖
Reflex– (*~* light) ‖ *reflektierend, sinnend* ‖ *rückwirkend, Rück–*; *~* action *Reflexbewegung* f ‖
~ camera ⟨phot⟩ *Spiegelreflexkamera* f ‖ *~*
chain ⟨eth⟩ *Reflexkette* f, *Kettenreflex* m ‖ *~*
receiver ⟨wir⟩ *Reflexempfänger* m **~ible** [ri-
'fleksibl] a *zurückstrahlbar* **~ive** [ri'fleksiv]
1. a (*~*ly adv) ⟨gram⟩ *reflexiv* **2.** s ⟨gram⟩ *Re-
flexivpronomen* n **~ion** = reflection
  refloat [ri:'flout] vt/i ‖ (*Schiff*) *wieder flott m*
‖ vi *wieder flott w*
  refluence ['refluəns] s *Zurückfließen* n **–ent**
['refluənt] a *zurückfließend*
  reflux ['ri:flʌks] s *Zurückfließen* n, *Rückfluß*
m; *Ebbe* f (flux and *~*)
  reform [ri'fɔ:m] **1.** vt/i ‖ (*etw*) *reformieren,
umgestalten*; *verbessern*, (*Übel*) *abschaffen* ‖
(*jdn*) *bessern, bekehren* (from *v*) ‖ vi *sich bessern*
2. s *Reform* (*~* Bill [1832]); *trenchant ~ ein-
schneidende R.* ‖ *Neu–, Umgestaltung* f;
Verbesserung f ‖ *Besserung* f ‖ *~*-school ⟨bes
Am⟩ *Besserungsanstalt* f **~ation** [,refə'meiʃən] s
*Reformierung, Umformung, –gestaltung; Ver-
besserung* f ‖ *the R. die Reformation* f ‖ *Besserung* f **~ative** [ri'fɔ:mətiv] a (*~*ly adv) = re-
formatory a **~atory** [*~*ətəri] **1.** a *Reform–,
Besserungs–* **2.** s *Besserungsanstalt* f **~ed** [*~*d] a

umgestaltet, Reform–; ⟨ec⟩ *reformiert* (∼ *church*) ‖ *gebessert*; *umgewandelt* (∼ *criminal*) ∼**er** [∼ə] s *Reformer*; ⟨bes ec⟩ *Reformator* m
re-form, reform ['riː'fɔːm] vt/i ‖ *neu–*, *umgestalten*; ⟨mil⟩ *neu formieren* ‖ vi *sich neu formieren* ∼**ation** ['riːfɔːˈmeiʃən] s *Neu–*, *Umgestaltung*; *–formierung* f
reforwarding ['riːˈfɔːwədiŋ] s *Weiterbeförderung* f
refract [riˈfrækt] vt ⟨phys⟩ (*Strahlen, Wellen*) *brechen* ‖ ⟨fig⟩ *ablenken* ∼**ing** [∼iŋ] a *Brechungs–* (∼ *angle*); ∼ *telescope Refraktor* m ∼**ion** [riˈfrækʃən] s *Strahlenbrechung* f; ⟨übtr⟩ *Brechung* f ‖ [attr] *Brechungs–* ∼**ional** [riˈfrækʃənl], ∼**ive** [riˈfræktiv] a *Refraktions–, Brechungs–* ∼**ometer** [ˌrifrækˈtɔmitə] s *Refraktometer* m ∼**or** [∼ə] s *Refraktor* m ∼**oriness** [∼ərinis] s *Widerspenstigkeit* f ‖ *Widerstandskraft* f (to *gegen*); ⟨met⟩ *Strengflüssigkeit* f ∼**ory** [∼əri] a (*–orily adv*) *widerhaarig, –spenstig*; *hartnäckig* (*disease*) ‖ *widerstandsfähig* (to *gegen*) ‖ ⟨met⟩ *strengflüssig, feuerfest, hart*
refrain [riˈfrein] s *Refrain, Kehrreim* m
refrain [riˈfrein] vt/i ‖ (*Gefühl* etc) *zurückhalten*, to ∼ o.s. *sich bezähmen* ‖ vi: to ∼ *from* a th *sich e–r S enthalten*; *etw zurückhalten*; to ∼ *from doing unterlassen, sich zurückhalten z tun*
refrangible [riˈfrændʒəbl] a ⟨phys⟩ *brechbar*
refresh [riˈfreʃ] vt/i ‖ *frisch or kühl m*; (*ab*)*kühlen* ‖ *erfrischen*; to ∼ o.s. *sich e.* ‖ ⟨übtr⟩ *erquicken*; (*Gedächtnis* etc) *auffrischen*; *anregen* ‖ *frisch versehen* (with *mit*) ‖ (*Batterie*) *erneuern* ‖ vi *sich* (*durch e–n Trank*) *erfrischen* ‖ (of ships) *frische Vorräte einnehmen* ∼**er** [∼ə] s *belebendes Element* n ‖ *Erfrischung* f, ⟨fam⟩ *Trank* m ‖ ⟨jur⟩ (*Anwalts–*)*Extrahonorar* n, *zweiter Gebührenvorschuß* m ‖ [attr] ⟨mil⟩ *Schulungs–, Wiederholungs–, Auffrischungs–, Übungs–, Trainierungs–* (∼*-courses*) ‖ *paint* ∼ *Neuglanzpolitur* f ∼**ing** [∼iŋ] a (∼*ly adv*) *kühlend, erfrischend* (*breeze*) ‖ *anregend* ∼**ment** [∼mənt] s *Erquickung, Erfrischung* f (to *f*); *Getränk* n, *Imbiß* m [oft pl ∼s] ‖ ∼*-room Erfrischungsraum* m; (*Bahnhofs–*)*Restaurant, Büfett* n
refrigerant [riˈfridʒərənt] **1.** a *kühlend, Kühl–* (∼ *drink*) **2.** s *Kühlmittel* n; *kühlender Trank* m –**ate** [riˈfridʒəreit] vt/i ‖ *abkühlen*; (*Fleisch*) *kühlen* ‖ vi *kühl w*; *sich abkühlen* ‖ ∼d *counter Kühltheke* f; ∼d *truck* ⟨mot⟩, ∼ *wagon* ⟨rail⟩ *Kühlwagen* m –**ating** [riˈfridʒəreitiŋ] a [attr] *Kühl–* (∼ *chamber –raum* m); *Eis–* (∼ *machine*) ‖ ∼ *agent Kältemittel* n; ∼ *capacity –leistung* f; ∼ *plant Kühlanlage* f; ∼ *van –wagen* m –**ation** [riˈfridʒəˈreiʃən] s *Kühlen* n; *Abkühlung* f –**ative** [riˈfridʒərətiv] a *kühlend, Kühlungs–* –**ator** [riˈfridʒəreitə] s *Kühlraum* m; *–anlage* f; *–apparat* m; *–schrank* m ‖ ∼ *car* ⟨rail⟩, ∼ *truck* ⟨mot⟩ *Kühlwagen* m –**atory** [riˈfridʒərətəri] **1.** s *Verdampfer* (*der Kälteanlage*); *Kühlraum* m **2.** a *kühlend, Kühl–*
refringent [riˈfrindʒənt] a = *refractive*
reft [reft] pp *v* to *reave*
refuel ['riːˈfjuəl] vt/i ‖ *wieder mit Brennstoff füllen, auftanken* ‖ vi *auf–, nachtanken* ∼**er** [∼ə] *Tankwart* m ∼**ling** [∼iŋ] s *Treibstoffergänzung* f, *Nachtanken* n, ∼ *in flight Flugauftankung* f ‖ [attr] ∼ *point Tankstelle* f; ∼ *and maintenance* (*duty*) *squad* ⟨aero⟩ *technische Bereitschaft* f
refuge ['refjuːdʒ] **1.** s *Zuflucht* f; *Schutz* m (from *vor*), *wildlife* ∼ *Wildreservat* n, *–schutzpark* m ‖ to *seek, take* ∼ (*s–e*) *Z., Schutz suchen* (from *vor*; in, at *a place in e–m Orte*; with *a p bei jdm*) ‖ *Zufluchtsort* m, *Schutzstätte* f; *house of* ∼ *Nachtasyl* n ‖ *Verkehrsinsel* f ‖ ⟨fig⟩ *Schutz* m, *Schutz–, Hilfsmittel* n; *Ausflucht* f, *Ausweg* m (for a p *f jdn*; of a p *jds*) ‖ (*Verkehrs–*)*Schutz-*

streifen m, *–insel* f ‖ [attr] *Schutz–* (∼ *hut*) **2.** * vt/i ‖ ⟨poet⟩ (*jdm*) *Zuflucht gewähren* ‖ vi *Z. suchen* (in) –**gee** [ˌrefjuˈdʒiː] s *Flüchtling* ‖ ∼ *government Exilregierung* f
refulgence [riˈfʌldʒəns] s *Glanz, heller Schein* m –**ent** [riˈfʌldʒənt] a (∼*ly adv*) *glänzend, hell strahlend*; ⟨a fig⟩ (∼ *smile*)
refund [riˈfʌnd] **1.** vt/i (*etw*) *zurückgeben, –zahlen, –erstatten*; *ersetzen* (to a p *jdm*) ‖ *zurückerhalten* ‖ vi *Geld zurückzahlen* **2.** ['riːˈfʌnd] s *Rückerstattung, –vergütung, Rückzahlung* f ‖ ∼ *of costs Kostenerstattung* f ∼**ment** [riˈfʌndmənt] s = *refund* s
refund ['riːˈfʌnd] vt *neu fundieren, – finanzieren*
refurbish ['riːˈfɔːbiʃ] vt *aufpolieren, überholen, auffrischen*
refurnish ['riːˈfɔːniʃ] vt *neu ausstatten, – möblieren*
refusal [riˈfjuːzəl] s **1.** *Verweigerung*; ∼ *to obey orders Befehlsverweigerung* f ‖ *by* ∼ *of a th to a p dadurch, daß man jdm etw verweigert*; ∼ *of acceptance Annahme–* ‖ *Weigerung* f (to *do*); *in case of* ∼ *im –sfalle* ‖ *abschlägige Antwort* f (to *auf*); to *take no* ∼ *k–e abschlägige A. annehmen*; to *meet with a* ∼ *e–e A. erhalten*; *e–e Fehlbitte tun* **2.** *Vorkaufsrecht* n, *Vorhand* f, *freie Wahl* f; *first* ∼ *erstes Anrecht* (of *auf*); to *give a p the* ∼ *of a th jdm etw an Hand geben*; to *have the* ∼ *of a th etw an H. h*; *first right of* ∼ *bedingtes Vorkaufsrecht* n
refuse [riˈfjuːz] vt/i **A.** vt **1.** (*Annahme, Gehorsam*) *verweigern*; to ∼ *goods die Annahme v Waren verweigern*; (*Einwilligung*) *ablehnen*; *abschlagen*; to ∼ *a p a th,* * *a th to a p jdm etw verweigern, abschlagen*; *he was* ∼d *the Prize ihm wurde der Preis versagt* **2.** to ∼ *a p jdm e–e Bitte abschlagen*; to ∼ *a suitor e–n Bewerber ablehnen* **3.** (*Anbieten, Geschenk*) *ausschlagen*; *ablehnen, ab–, zurückweisen* **4.** ⟨hors⟩ *verweigern* (to ∼ *a hedge*) **5.** ⟨cards⟩ *nicht bedienen können* **B.** vi **1.** *ablehnen*; *sich weigern* (to *do z tun*); to ∼ *to do nicht tun wollen*; to ∼ *to obey an order e–n Befehl verweigern* **2.** ⟨hors⟩ *das Hindernis verweigern* **3.** ⟨cards⟩ *nicht bedienen*
refuse ['refjuːs] **1.** a *wertlos, Abfall–*; ∼ *water schmutziges Spülwasser* n, *Spülicht* n m **2.** s *Abfall, Müll* m; [koll] *Schlempe* f, *Abfälle* pl; *Kehricht, Ausschuß* m, *–ware* f ‖ ⟨fig⟩ *Auswurf* m (∼ *of society*) ‖ ∼ *removing car Müllwagen* m
refutable ['refjutəbl] a *widerlegbar* –**al** [riˈfjuːtl], –**ation** [ˌrefjuˈteiʃən] s *Widerlegung* f ‖ –e [riˈfjuːt] vt (*etw*) *widerlegen* ‖ to ∼ *a p jds Irrtum nachweisen*
reg [reg] a ⟨fam⟩ = *regular*
regain [riˈgein] **1.** vt *wiedererhalten*; (*Vertrauen* etc) *wiedergewinnen* ‖ (*Ort*) *wiedererreichen* **2.** s *Wiedergewinnung* f
regal ['riːgəl] **1.** a (∼*ly adv*) *königlich, Königs–* (∼ *title*); ⟨fig⟩ *königlich*; *stattlich* **2.** s ⟨hist⟩ *kl tragbare Orgel* f ∼**ism** [∼izm] s *Lehre* f *v der Obergewalt des weltl. Herrschers in kirchl. Angelegenheiten* ∼**ity** [riˈgæliti] s *Königswürde* f, *–privileg* n; *–ties* pl *königliche Rechte u. Privilegien* pl
regale [riˈgeil] **1.** s * *delikates Mahl* n, *Schmaus* ‖ *Leckerbissen, Genuß* m **2.** vt/i (*jdn*) *festlich bewirten* (with); ⟨fig⟩ *ergötzen* (with), *erquicken*; to ∼ o.s. *sich delektieren, sich laben or weiden* (with *an*) ‖ vi *schmausen*; *sich gütlich tun* (on *an*) ∼**ment** [∼mənt] s *Genuß* m, *Erfrischung* f
regalia [riˈgeiliə] s L pl *königl. Hoheitsrechte* n pl ‖ *königl. Insignien, Krönungsinsignien* n pl; ⟨übtr⟩ *Insignien* pl
regard [riˈgɑːd] **I.** vt/i **A.** vt **1.** (*etw, jdn*) *ansehen* **2.** *achten, beachten, achtgeben auf* **3.** *

(jdn) achten, schätzen **4.** *(etw* or *jdn) betrachten* (with horror; as *als*); to be ~ed as *gelten f*; ~ed in this light *in diesem Lichte betrachtet* **5.** *(jdn) betreffen, angehen*; it does not ~ me *es betrifft mich nicht*; it ~s me *es liegt mir daran* (to know); as ~s (me) *was (mich) (an)betrifft* **B. vi** *achtgeben* **II. s 1.** *fester Blick* m **2.** ⟨hist⟩ *(Forst-)Aufsicht* f **3.** *Beziehung* f, *Bezug* m (to *auf); Bezugnahme, Hinsicht* f (in this ~ *in dieser H.*; in every ~ *in jeder H.*); in ~ of *od* to, with ~ to *hinsichtlich* [gen], *betreffs* [gen], *wegen* [gen], *in bezug auf*; in a p's ~ *jdn betreffend* ‖ in ~ to *importation* ⟨com⟩ *(Beschränkungen) bei der Einfuhr* ‖ with ~ to *auf dem Gebiet* [gen] (*z. B. der Devisen*); with ~ to our business I shall write to you later *wegen unseres Geschäftes* ..; you may be without apprehension with ~ to your son *wegen Ihres Sohnes können Sie unbesorgt s* **4.** *Beachtung, Aufmerksamkeit* (to a th *e–r S); Achtung* (for, to *vor); Rücksicht* f (for, to *auf); benevolent ~ *Wohlwollen* n; with due ~ to *od* for *unter gebührender R. auf*; to pay (no) ~ to *(nicht) beachten, (nicht) achten*; to have no ~ for *od* to (a p's feelings) *k–e Rücksicht nehmen auf (jds Gefühle), nicht achten* **5.** *Hochachtung, Ehrerbietung* f (for *vor*); to hold a p in high ~ *jdn hochachten*; to stand high in the ~ of a p *bei jdm hoch angeschrieben s* ‖ ~s [pl] *Grüße*, with kindest ~ *mit herzlichen Grüßen* (to *an*); to give *od* send a p one's ~s *jdn grüßen l*; give my kindest ~s to your brother *grüße d–n Bruder herzlich v mir* **~ful** [~ful] a (~ly adv) *rücksichtsvoll* (of *gegen*); to be ~ of *achten; beachten* **~ing** [~iŋ] prep: ~ *od* as ~ *betreffs, hinsichtlich* (~ the house *betreffs, hinsichtlich des Hauses*) **~less** [~lis] **1.** a (~ly adv) *rücksichtslos* (of *gegen); sorglos, unbekümmert* (of *um*) **2.** adv ⟨Am⟩ *ohne Rücksicht auf die Kosten, kostspielig* (got up ~ *k. gekleidet*)

regatta [ri'gætə] s It *Regatta, Wettfahrt* f *auf dem Wasser; Ruderregatta* f

regelate ['ri:dʒileit] vi *wieder zus–frieren* (to *z), wieder gefrieren* **–ation** ['ri:dʒi'leiʃən] s *Zus–frieren* n

regency ['ri:dʒənsi] s *Regentschaft(szeit)* f; the ⟨engl hist⟩ *R. Georgs, Prinzen v Wales (des späteren Georg IV.)* (1810–20) ‖ ~ style *Regencestil* m

regenerate 1. [ri'dʒenərit] a ⟨theol⟩ *wiedergeboren* ‖ *regener iert, wiederhergestellt, verjüngt* **2.** [ri'dʒenəreit] vt/i ‖ ⟨theol⟩ *wiedergeboren w l*, to be ~d *wiedergeboren w* ‖ *wieder erzeugen, neu hervorbringen*; ⟨tech⟩ *wiedergewinnen* ‖ *regener ieren, erneuern; verjüngen* ‖ vi *sich wieder bilden, sich neu bilden* ‖ *sich regenerieren* **–ation** [ri,dʒenə'reiʃən] s ⟨bot etc⟩ *Wiedererzeugung, Neubildung* f; ⟨bes for⟩ *Nachzucht* f ‖ ⟨el⟩ *Rückkopplung* f ‖ ⟨fig⟩ *Regenerierung, Wiederbelebung* ‖ ⟨theol⟩ *Wiedergeburt* f **–ative** [ri'dʒenərətiv] a (~ly adv) ⟨fig⟩ *Erneuerungs , Verjüngungs* ‖ ~ *Regenerationsofen, Vorwärmer* m *(bei Heißluftmaschinen)* **–ator** [ri'dʒenəreitə] s *Erneuerer* m ‖ = –ative furnace

regenesis ['ri:'dʒenisis] s ⟨übtr⟩ *Neugeburt, –schöpfung* f

regent ['ri:dʒənt] **1.** a *regierend, herrschend* ‖ ⟨engl⟩ [hinter dem s] *als Regent fungierend* (the Prince ⟨≥⟩) **2.** s *Regent; Reichsverweser* m ‖ ⟨Am univ⟩ *Senatsmitglied* n **~ship** [~ʃip] s *Regentschaft* f

Reggie ['redʒi] s ⟨mil fam⟩ *Regimentsspieß* m *(P)*

reggie ['redʒi] a ⟨com fam⟩ *eingetragen (Kunde* m)

regicidal [,redʒi'saidl] a *Königsmord–*; *mit e–m Königsmord verbunden* **–de** ['redʒisaid] s

Königsmörder m; ⟨engl hist⟩ *e–r der Beteiligten an der Verurteilung Karls I.* ‖ *Königsmord* m

régie [rei'ʒi:] s Fr *Staatsverwaltung* f; *–monopol* n *gewisser Betriebe (bes Tabak)*

régime [rei'ʒi:m] s Fr *Regime* n, *Leitung, Regierungsform* f ‖ ⟨übtr⟩ *Verfahren* n, *Lebenshaltung* f, *Verhalten* n ‖ ⟨jur⟩ *contractual* (matrimonial, statutory) ~ *vertragsmäßiges (eheliches, gesetzliches) Güterrecht* n

regimen ['redʒimen] s L* *Regierung, –sform* f ‖ ⟨med⟩ *gesundheitsgemäße Lebensordnung, Diät* f ‖ ⟨gram⟩ *Rektion* f ‖ *river* ~ ⟨geog⟩ *Wasserhaushalt* m

regiment ['redʒimənt] **1.** s* *Herrschaft* f ‖ ⟨mil⟩ *Infanterieregim·ent* n; ⟨engl⟩ *ein Bataillon [4 Kompanien] oder 2 Bataillone); Kavallerieregiment (4 Schwadronen);* to serve with a ~ *bei e–m R. dienen* ‖ ⟨fig⟩ *gr Zahl, Schar* f (~s of) **2.** vt *in Regimenter formieren* ‖ *ordnen, organisieren, disziplinieren; kontrollieren, reglementieren* **~al** [,redʒi'mentl] **1.** a *Regiments–*; ~ aid post *Truppenverbandplatz* m; ~ combat team ⟨Am tact⟩ *Kampfgruppe* f *(2 Bataillone u mehr);* ~ commander *Rgtskommandeur* m; ~ command post *Rgtsgefechtsstand* m; ~ officer *Truppenoffizier* m; ~ order *Rgtsbefehl* m **2.** [s pl] ~s (Regiments-)*Uniform* f **~ally** [,redʒi'mentəli] adv *regimentsweise; nach Regimentern* **~ation** [,redʒimən'teiʃən] s *Ordnung, Organisierung; Disziplinierung, Reglementierung; behördl. Kontrolle* f

Regina [ri'dʒainə] s L (abbr R.) *Königin* f **~l** [~l] a *gleich e–r Königin, königlich*

region ['ri:dʒən] s *Gebiet* n, *Gegend* f; *Region* f (the upper ~s) ‖ *Landraum* m ‖ *Bezirk, Bereich* m; a sum in the ~ of £5 *e–e Summe v etwa 5 Pfd.* ‖ ⟨bes anat⟩ *(Körper-)Teil* m, *Gegend* f (abdominal ~ *Unterleibs–*) **~al** [~l] a (~ly adv) *räumlich begrenzt, lokal, örtlich, Orts–*; ≥ (station) ⟨wir⟩ *Großrundfunksender* m *Englands* (London ≥, Midland ≥, North ≥, West ≥) ⟨Am⟩ *Bezirks–* ‖ ~ planning *Stadtbauplanung* f ‖ ⟨Ger⟩ *Landes–* (~ churches); *Länder–* (~ governments); ~ leader ⟨nazi⟩ *Gauleiter* m **~alism** [~əlizm] s ⟨Lit⟩ *Heimatkunst* f *(Balzac, Hardy, Hauptmann)*

register ['redʒistə] s **1.** *Register* n *(Eintragungsbuch)* ‖ ⟨Scot⟩ *Grundbuch* n ‖ *amtliches Register, Verzeichnis* n *(Geburts–* etc); parish ~ *Kirchenbuch* n; *Standesamtsregister* n; baptismal ~ *Tauf–*, ~ of deaths *Sterbe–* ‖ *Wahlregister*; ⟨mar⟩ *Schiffsregister, –verzeichnis* n ‖ *Eintrag* m; *Register* f ‖ * *Inhaltsverzeichnis* n; *Index* m ‖ ~ of membership corporations *Vereinsregister* n; ~ of vital statistics *Personenstandsregister* n ‖ ~'s court *Nachlaßgericht* n **2.** (Orgel-)*Register* n; *Stimmumfang* m, *Tonlage* f **3.** *Registrier–, Reguliervorrichtung* f; cash ~ (⟨Am a⟩ ~) *Registrier–, Kontrollkasse* f ‖ *Ventil* n; *Klappe* f ‖ ⟨phot⟩ *genaue Einstellung* f ‖ *automatischer Registrierapparat* m **4.** [attr] *Register–* ‖ ~ office *Registratur* f; *Standesamt* n ‖ ~ ton *Registertonne* f *(Raummaß* n [= 2,8316 cbm], *Ladefähigkeit v Handelsschiffen)*

register ['redʒistə] vt/i **A. vt 1.** *registrieren, vorschriftsmäßig einschreiben, in ein Register eintragen* (to ~ o.s. *sich e.); buchen* ‖ *gesetzlich schützen (l) ⟨Kinder⟩ anmelden* (for a school) **2.** (*Brief) einschreiben (l);* (by) ~ed (post *od* mail) *eingeschrieben; Einschreiben! ⟨Gepäck⟩ aufgeben* **3.** (of instruments) *automatisch anzeigen; feststellen* **4.** *im Geiste festhalten* ‖ (*Miene* etc) *z Schau tragen; zeigen; ausdrücken, v sich geben* **B. vi** ⟨Am⟩ *sich (in ein Hotelbuch) eintragen* ‖ *die Orgelregister handhaben* ⟨Am & film⟩ *(im Gesichtsausdruck* or *mit Bewegungen) reagieren* ‖ ⟨artill⟩ *sich einschießen*

~ed [~d] a *eingetragen* (company); *eingeschrieben* (letter); *gesetzlich geschützt, patentiert*; ~ design *od* pattern *Gebrauchsmuster*; ⟨Ger hist⟩ ~ mark *Registermark* f; ~ shares *Namensaktien* f pl **~ing** [~riŋ] a *Registrier–* (~-apparatus)

registrar [ˌredʒis'trɑ:] s *Registrator; Archivar* m; ⟨engl⟩ ↙ General *Leiter des Statistischen Amts* m ‖ *Standesbeamter* m ‖ ⟨jur⟩ *Urkundenbeamter* m ‖ ~'s office *Registratur* f, *Standesamt* n **–rary** ['redʒistrəri] s ⟨Cambr⟩ *Archivar* m **–ration** [ˌredʒis'treiʃən] s *Registrierung, Eintragung; Anmeldung* f (of school children) ‖ vital ~ ⟨stat, demog⟩ *amtliche Eintragung* f | ~ fee *Einschreibe–, Eintragungsgebühr* f | ~ number ⟨mot⟩ *Zulassungsnummer* f ‖ ~ point ⟨artill⟩ *Einschieß(bezugs)punkt* m **–ry** ['redʒistri] s *Registrierung* f | *Registratur* f; (a ~-office) *Standesamt* n; *Stellenvermittlungsbüro* n; *Arbeitsnachweis* m | *Register, Eintragungsbuch* n

Regius ['ri:dʒiəs] L a: ~ Professor ⟨Oxf & Cambr⟩ *Professor, vom König* (*mst Heinrich VIII.*) *gestifteten Lehrstuhls*

reglet ['reglit] s Fr ⟨typ⟩ (*Holz-*)*Regl·ette* f, *Zeilendurchschuß* m

regnal ['regnəl] a (of kings) *Regierungs–* (~ years); ~ day *–antrittstag* m **–ant** ['regnənt] a *regierend* (the Queen ~) ‖ ⟨fig⟩ *herrschend*; *vorherrschend*

regorge [ri:'gɔ:dʒ] vt/i ‖ *wieder ausspeien*; *zurückwerfen* (on *auf*) ‖ *wieder verschlingen* | vi *zurückfließen*

regrade ['ri:'greid] vt (*in Gehalt, Stellung*) *umstufen* **–ding** [–iŋ] s *Umstufung* f

regrant ['ri:'grɑ:nt] **1.** vt *v neuem bewilligen* **2.** s *erneute Bewilligung* f

regrate [ri'greit] vt ⟨hist⟩ (*Waren*) *aufkaufen, um mit gr Gewinn z verkaufen* **–ater** [~ə] s *Aufkäufer* m; *Vermittler, Zwischenhändler* m **–ating** [~iŋ] s [attr] ~ skin ⟨arch⟩ *Besenputz* m

regress 1. ['ri:gres] s *Zurückkommen* n; *Rückkehr* f; *Rückreise* f ‖ *Rückgang, –schritt* m ‖ *Rückschreiten* n (from .. to) **2.** [ri'gres] vi ⟨astr⟩ *zurückkehren* (to z); ⟨a übtr⟩ ‖ ⟨biol⟩ *sich zurückbilden* **~ion** [ri'greʃən] s *Rückkehr* f ‖ *Rückfall* m (into *in*) **~ive** [ri'gresiv] a (~ly adv) *rückläufig*; *rückwirkend, regress·iv*

regret [ri'gret] **1.** s *Bedauern* n (with ~), to my ~ *zu m–m B.*; it is a ~ to me *ich bedaure* | *Reue* f (at *über*; for *wegen*) ‖ *Kummer, Schmerz* m, *Trauer* f (for *um*) **2.** vt [–tt–] (*nur mit Sachobjekt*, → to pity) *mit Bedauern denken an* (*etw*); (*etw*) *zurückwünschen* ‖ (*etw*) *bedauern, beklagen* (it is to be ~ted *es ist z b.*); *bereuen* (a th, that; doing *getan z h*); I ~ *to say es tut mir leid sagen z müssen* (that); we ~ *we cannot send wir bedauern nicht senden z können* **~ful** [~ful] a *bereuend, bedauernd*; to be ~ for *bedauern* ‖ *schmerzlich* **~fully** [~fuli] adv *ungern, mit Bedauern* **~table** [~əbl] a *bedauerlich, bedauernswert, z bedauern(d)* **~tably** [~əbli] adv *bedauerlicherweise*

regroup ['ri:'gru:p] vt *neu–, umgruppieren*

regulable ['regjuləbl] a *regulierbar*

regular ['regjulə] **I.** a (~ly adv) **1.** ⟨ec⟩ *Ordens–* (~ clergy) ‖ ⟨a gram⟩ *regel–, gleichmäßig, symmetrisch* | ⟨geom & mil⟩ *regulär*, ⟨mil⟩ *aktiv*; ~ army *stehendes Heer, Berufsheer* n; ~ forces *aktive Truppen* f pl; ~ officer *Berufs–* or *aktiver Offizier* **2.** *gewohnheitsmäßig*; *regelmäßig* (publication); ~ customer *Stammgast* m; ~ doctor *Hausarzt* m | *geordnet, ordentlich*; *regelrecht*; ⟨Am⟩ ~ fellow, ~ guy *Pfundskerl* m | *anerkannt*; *richtig, normal*; *pünktlich, genau*; ⟨Am⟩ *linientreu* (*Parteigenosse*) **3.** ⟨fam⟩ *vollkommen, wirklich* (a ~ hero) | °*förmlich* (row) **II.** adv ⟨vulg⟩ *wirklich* **III.** s [*mst* pl ~s] ⟨ec⟩ *Ordensgeistlicher* m ‖

⟨mil⟩ *Liniensoldat* m; ~s [pl] *reguläre Truppen* f pl ‖ ⟨Am⟩ *linientreuer Parteigenosse* m **~ity** [ˌregju'læriti] s *Gleich–, Regelmäßigkeit* ‖ *Ordnung; Richtigkeit* f **~ization** [ˌregjulərai'zeiʃən] s *gesetzl. Regelung, Regulierung; Festlegung; Vereinheitlichung* f **~ize** [~raiz] vt (*etw*) *gesetzlich festlegen, regeln*

regulate ['regjuleit] vt *regeln, ordnen, einrichten* ‖ *regulieren*, (*Uhr*) *stellen* ‖ (*etw*) *anpassen* (to *an*) ‖ ~d items ⟨bes Am mil⟩ *ausgabebeschränkte Artikel* m pl ‖ *–ting* [a] *Regulier–, Stell–* (spring) **–ation** [ˌregju'leiʃən] s *Regulierung, Regelung; Vorschrift, Dienstordnung* f ‖ ~s [pl] *Satzungen, Statuten; Dienstvorschriften*; ~ for the prevention of accidents *Unfallverhütungsvorschrift* f ‖ *Ausführungsbestimmungen* f pl (of a law); contrary to ~s *vorschriftswidrig, unvorschriftsmäßig* | [attr] *vorschriftsmäßig* (uniform *Anzug*); *normal, üblich* (~ size); ⟨mil⟩ *Kommiß–* (~ boot) **–ative** ['regjulətiv] a (~ly adv) ⟨philos⟩ *regulativ, regelnd* **–ator** ['regjuleitə] s *Regulierer, Ordner* m ‖ ⟨tech⟩ *Reguliervorrichtung* f | *Regul·ator* m; *Wanduhr* f **–atory** [–əri] a: ~ statutes *Ausführungsbestimmungen* f pl

reguline ['regjulain] a ⟨chem⟩ *regul·inisch*, *metal kompaktes Metall* n **–lus** ['regjuləs] s L ⟨met⟩ *R·egulus, Metallkönig* m (*reines Metall aus der Schmelze*) ‖ ↙ ⟨astr⟩ *Stern erster Größe im „Löwen"* ‖ ⟨orn⟩ *Goldhähnchen* n

regurgitate [ri'gə:dʒiteit] vi/t ‖ *zurückfließen* | vt (*Nahrung*) *wieder ausstoßen, –brechen*; to be ~d (of food) *wieder hochkommen* ‖ *–ation* [ri.gə:dʒi'teiʃən] s *Erbrechen* n

rehabilitate [ˌri:ə'biliteit] vt *wieder einsetzen*; *rehabilitieren*; *wieder z Ehren bringen* ‖ (*Schwerverletzten*) f *e–n* (*anderen*) *Beruf schulen* **–ation** ['ri:ə.bili'teiʃən] s *Rehabilitierung* f; *Instandsetzung, Wiederherstellung* f, *Wiederaufbau* m; *Auffrischung* f (*v Truppen im Ruheraum* [~ area]); ⟨bes Am mil⟩ *Wiederherstellung* f der *Dienstfähigkeit, Wiedereingliederung* f (*Schwerbeschädigter*) *in die Berufstätigkeit, in das Zivilleben*; physical ~ *körperliche W.*; vocational ~ *berufliche W.*, → restoration ‖ ⟨com⟩ *Normalisierung, Sanierung* f | ~ centre ⟨med⟩ *Umschulungswerkstätte* f ‖ ~ services *Versehrtenwiederherstellungs–, –wiederertüchtigungsdienste* m pl

rehandle ['ri:'hændl] vt (*Thema*) *wieder behandeln*; *wieder bearbeiten*; *umarbeiten*

rehash ['ri:'hæʃ] **1.** vt (*alte Gedanken*) *v neuem aufbringen*; *–wärmen* **2.** s ⟨übtr⟩ *Wiederaufwärmen* n (*alter Gedanken* etc); *aufgewärmter Brei* m

rehear ['ri:'hiə] vt ⟨jur⟩ *wieder, noch einmal untersuchen, verhandeln* ‖ ⟨bes mus⟩ *wieder einmal hören* **~ing** [~riŋ] s *erneute Verhandlung* f

rehearsal [ri'hə:səl] s *Wiederholen, Hersagen* n ‖ ⟨theat⟩ *Probe* f (dress ~ *Haupt–*); at ~ *beim Proben, bei der Probe*; to be in ~ *einstudiert w*; to go to ~ *z P. gehen*; to take the ~s *Proben abhalten* **–se** [ri'hə:s] vt/i ‖ *hersagen*; *wiederholen*; *aufzählen* ‖ ⟨theat⟩ (*etw*) *proben* | vi *proben*

rehouse ['ri:'hauz] vt (*jdn*) *wieder mit e–r Wohnung versehen*; *in e–r neuen W. unterbringen*

Reich [raiç] s ⟨Ger hist⟩ ~ *das Deutsche Reich* **~stag** ['raikstɑ:g, 'raiçs–] s *Reichstag* m

reification ['ri:ifi'keiʃən] s *Materialisierung* f **–fy** ['ri:ifai] vt *materiali–, konkretisieren, vergegenständlichen*

reign [rein] **1.** s *Herrschaft* f, under the ~ of *unter der H.* v ‖ *Regierung(szeit)* f, in the ~ of *unter der Regierung* v ‖ ⟨übtr⟩ *Herrschaft* f, *Regiment* n **2.** vi *herrschen, regieren* (over *über*); to come to ~ *zur Regierung k* ‖ ⟨fig⟩ *herrschen*; *vorherrschen*

reimburse [ˌriːimˈbəːs] vt (*Geld*) *zurückzahlen*, *–erstatten* ‖ ⟨*jdn*⟩ *entschädigen*, to ~ o.s. *sich schadlos halten* ‖ ⟨com⟩ *decken* **~ment** [~mənt] s *Zurückzahlung, Entschädigung, Abgeltung* f ‖ ⟨com⟩ *Deckung* f

reimport 1. [ˈriːimˈpɔːt] vt *wieder einführen* **2.** [ˈriːˈimpɔːt] s *Wiedereinfuhr* f ‖ [mst pl ~s] *wieder eingeführte Ware* f **~ation** [ˈriːimpɔːˈteiʃən] s *Wiedereinfuhr* f

reimpose [ˈriːimˈpouz] vt (*Steuern*) *neu auferlegen, erheben* ‖ **–sition** [ˌriːimpoˈziʃən] s *erneute Steuerauferlegung* f

reimpression [ˈriːimˈpreʃən] s *neue Auflage* f, *Neudruck* m

rein [rein] **1.** s *Zügel, Zaum* m, to draw ~ *anhalten*, to give the horse the ~(s) *dem Pferde die Z. geben* ‖ ⟨fig⟩ *Zügel*; (of governments) to assume the ~s *die Z. ergreifen*; to give ~ (*od* the ~s) to one's whim *s–r Laune die Z. schießen l, freien Lauf l*; to keep a tight ~ on a p *jdn straff im Z. halten* **2.** vt * *zügeln* ‖ to ~ in *am Zügel halten*; ⟨übtr⟩ *beherrschen* **~less** [ˈ~lis] a *zügellos* ⟨a fig⟩

reincarnate [ˌriːinˈkɑːneit] vt/i ‖ *wieder fleischl. Gestalt geben* | vi *wieder Fleisch w* **–ation** [ˈriːinkɑːˈneiʃən] s *Wiederfleischwerdung* f

reindeer [ˈreindiə] s [pl ~] ⟨zoo⟩ *Renntier* n (~ are ..)

reinforce [ˌriːinˈfɔːs] **1.** vt *verstärken*, ⟨fig⟩ *bekräftigen; stärken* ‖ to ~ with concrete *betonieren*; ~d concrete ⟨tech⟩ *Eisenbeton* m **2.** s ⟨tech⟩ *Verstärkung* f; ~ piece *–sstück* n **~ment** [~mənt] s *Stärkung* f ‖ ⟨mil⟩ *Nachschub* m; *Verstärkung* f; ~s [pl] *–struppen* f pl | ~ battalion *Feldersatzbataillon* n ‖ ~ iron *Beton–, Moniereisen* n

reins [reinz] s pl ⟨bib & †⟩ *Nieren* f pl

reinstall [ˈriːinˈstɔːl] vt (*jdn*; *etw*) *wiedereinsetzen* **~ment** [~mənt] s *Wiedereinsetzung* f

reinstate [ˈriːinˈsteit] vt (*jdn*) *wiedereinsetzen* (in a post *in e–e Stellung*) ‖ (*etw*) *wiederherstellen* **~ment** [~mənt] s *Wiedereinsetzung* f ‖ *Wiederinstandsetzung* f

reinsurance [ˈriːinˈʃuərəns] s *Rückversicherung* f **–sure** [ˈriːinˈʃuə] vt *rückversichern*

reintegrate [ˈriːˈintigreit] vt *wiederherstellen*; *–ergänzen* ‖ **–ation** [ˈriːˌintiˈgreiʃən] s *Wiederherstellung* f ‖ *feste Bildung* f, *Zus–schluß* m

reinvest [ˈriːinˈvest] vt *wieder bekleiden* (with *mit*) ⟨a fig⟩; *wiedereinsetzen* (in); (*Geld*) *wieder anlegen* **~iture** [~itʃə] s *Wiedereinführung, –einsetzung* f **~ment** [~mənt] s ⟨com⟩ *Wiederanlegung, –anlage* f (of money)

reinvigorate [ˈriːinˈvigəreit] vt *v neuem stärken*

reis [reis] s pl (sg = real → d) *brasil*. (*u früher portug.*) *Rechnungsmünze*; 1000 ~ = *milreis* (→ d)

reissue [ˈriːˈisjuː] **1.** vt *wiederausgeben*; *–herausgeben*, (*Film*) *wieder herausbringen* **2.** s *Wiederausgabe* f; *unveränderte Neuausgabe* f

reiterant [riːˈitərənt] a *wiederholend* **–ate** [riːˈitəreit] vt *immer od ständig wiederholen* **–ation** [riːˌitəˈreiʃən] s *ständige Wiederholung* f **–ative** [riːˈitərətiv] a *ständig wiederholend*

reive [riːv] s → reave

reject 1. [riˈdʒekt] vt (*etw*) *nicht anerkennen*; *zurückweisen, verwerfen* ‖ to ~ (as unfit) ⟨mil⟩ *ausmustern*, ⟨hors⟩ (*Hengst*) *abkören* ‖ *als wertlos ausscheiden* ‖ (*etw*) *nicht annehmen, ablehnen, ausschlagen*; (of the stomach) *wieder v sich geben* ‖ (*jdn*) *ab–, zurückweisen*; (*Liebhaber*) *verschmähen* **2.** [ˈriːdʒekt] s ⟨mil⟩ *Zurückgesetzter* m **~able** [~əbl] a *ablehnbar* (etc) **~amenta** [riˌdʒektəˈmentə] L s pl *Abfälle* m pl, *Kehricht* m ‖ *Exkremente* n pl **~ion** [riˈdʒekʃən] s *Ablehnung* f, *Verwerfung* f ‖

Ab–, Zurückweisung f | ~s [pl] *Exkremente* n pl; ⟨tech⟩ *Ausschuß* m

re(-)jig [ˈriːˈdʒig] vt ⟨com etc fam⟩ (*jdm*) °*wieder auf die Beine helfen*

rejoice [riˈdʒɔis] vt/i ‖ (*Herz* etc; *jdn*) *erfreuen*; to be ~d *sich freuen, erfreut s* (at, over *über*; by *durch*; to hear z *hören*; that) | vi *sich freuen* (at, over *über*; to *hear*); *der Freude Ausdruck geben* (that) ‖ to ~ in a th *sich e–r S erfreuen*; ⟨hum⟩ *etw genießen, besitzen* **–cing** [~iŋ] **1.** s *Freude* f (over *über*); ~s [pl] *Freudenbezeigungen* f pl; *–feste* n pl, *Festlichkeiten* f pl **2.** a *freudig, freudevoll; der Freude ergeben*

rejoin [ˈriːˈdʒɔin] vt *wiedervereinigen* (to, with *mit*); ~ *zus–fügen* ‖ *sich wieder vereinigen mit*; *wieder zurückkehren z*; (*jdn*) *wieder treffen*

rejoin [riˈdʒɔin] vi/t ⟨jur⟩ *erwidern* **~der** [~də] s *Duplik, Erwiderung* f (*bes des Beklagten*) *auf die replication des Klägers*

rejuvenate [riˈdʒuːvineit] vt/i ‖ *verjüngen* | vi *sich v.* **–ation** [riˌdʒuːviˈneiʃən] s *Verjüngung* f

rejuvenesce [ˌriːdʒuːviˈnes] vi/t ‖ *sich verjüngen*; *sich neu beleben* | vt *verjüngen*; *neu beleben* **~nce** [~ns] s *Verjüngung* f ⟨a fig⟩ ‖ ⟨biol⟩ *Neubelebung* f (of cells) **~nt** [~nt] a (*sich*) *verjüngend*

rejuvenize [riˈdʒuːvənaiz] vt *verjüngen*

rekindle [ˈriːˈkindl] vt/i ‖ *wieder entzünden*; ⟨mst fig⟩ *neu beleben* | vi *sich wieder entzünden*; ⟨fig⟩ *wieder aufleben*

relabel [ˈriːˈleibl] vt *mit neuer Aufschrift versehen, neu etikettieren* ‖ *neu–, °umbenennen*

relapse [riˈlæps] **1.** vi *zurückfallen*; *wieder verfallen* (into *in*); *e–n Rückfall bek* ‖ *–sing fever* ⟨med⟩ *Rückfallfieber* n **2.** s ⟨übtr⟩ *Rückfall* m (into *in*); *Umfall* m ‖ *Zurückfallen* n (into *in*)

relate [riˈleit] vt/i **1.** vt (*etw*) *erzählen, berichten* (to a p *jdm*) | (*etw or jdn*) *in Verbindung or Beziehung bringen* (to z; with *mit*); to ~ o.s. *sich beziehen* (to *auf*) ‖ *Beziehung herstellen zw*; *verbinden*; → ~d **2.** vi *erzählen* (the piece ~s of) | *sich beziehen* (to *auf*); *in Bezug stehen* (to z); *–ting to in bezug auf* | **~d** [~id] a *in Beziehung zu–e–e stehend* | ⟨a⟩ *bluts–)verwandt* (to *mit*); ~ by marriage *verschwägert* **~dness** [~idnis] s *Verwandtschaft* f

relation [riˈleiʃən] s **1.** *Bericht* m, *Erzählung* f ‖ ⟨jur⟩ *Anzeige* f, *–material* n **2.** *ursächliche, logische Beziehung* f (between); *Verhältnis* n (to z); in ~ to *in Beziehung z*; *Bezug* m (in ~ to *in b. auf*), to have ~ to *in Beziehung stehen z*, to be out of ~ to *in k–r B. st. z*; to put a th in its ~ to *etw in die richtige B. setzen z* ‖ ⟨jur⟩ to have ~ *rückwirkende Kraft h* **3.** *Verbindung* f; *berufliches, gesellschaftl.* (etc) *Verhältnis* n, [*oft pl*] ~s *Beziehungen* pl (with a p *mit*, z *jdm*) ‖ ⟨com⟩ human ~s *innerbetriebliche Kontaktpflege* f; public ~s *Pflege des Vertrauens der Öffentlichkeit* ‖ *verwandtschaftl. Verhältnis* n **4.** *Verwandte(r* m) f; ~s by blood *Blutsverwandte* pl, ~s by marriage *Verschwägerte* pl **~al** [~l] a *Beziehungs–* (~ word) **~less** [~lis] a *ohne Verwandte* **~ship** [~ʃip] s *Verwandtschaft* f (to *mit*); ~ to the head of the household *Stellung z Haushaltsvorstand*; degree of ~, *Grad* m *der* (*Bluts–)Verwandtschaft*; affinal ~, ~ by marriage *Schwägerschaft* f ‖ *Verhältnis* n (in the same ~ as); *Verbindung* f (with)

relatival [ˌreləˈtaivəl] a ⟨gram⟩ *relativisch*, *Relativ–*

relative [ˈrelətiv] **1.** a ⟨gram⟩ *relativ, bezüglich* | *sich beziehend, bezüglich* (to *auf*); *zur S gehörig*; to be ~ to *sich beziehen auf*; *in Beziehung stehen z, entsprechen* | *relativ, verhältnismäßig*; *nur beziehungsweise wahr*; *bedingt* (Ggs *absolute*); to be ~ to *bedingt s durch* ‖ *entsprechend, gegenseitig* **2.** s ⟨gram⟩ *Relativpronomen* n | *Verwandte(r* m) f; ~ by marriage *Verschwä-*

gerte(r m) f **~ly** [~li] adv *im Vergleich; relat·iv (genommen); verhältnismäßig; ~* to *im Verhältnis z* **~ness** [~nis] s *Bedingtheit* f

relativism ['relətivizm] s ⟨philos⟩ *Relativ·ismus* m **–vity** [ˌrelə'tiviti] s *Relativität; Bedingtheit* f; ⟨phys⟩ theory of ~, ~ theory *Relativitätstheorie* f

relator [ri'leitə] s *Anzeiger, Denunzi·ant* m

relax [ri'læks] vt/i **1.** vt *schlaff* or *lose* m; *lockern, entspannen* ‖ ⟨med⟩ *(Leib) öffnen* ‖ *schwächen; mildern, mäßigen* ‖ *nachlassen in, vermindern* **2.** vi *erschlaffen, sich lockern* ‖ *nachlassen* (in *in*) ‖ *(of features) sich aufhellen; warm, umgänglicher, freundlicher, mäßiger w* ‖ *sich entspannen, es sich bequem* m **–ation** [ˌri:læk'seiʃən] s *Erschlaffung* f ‖ *Lockerung, Entspannung* f ‖ ⟨jur⟩ *Erleichterung, Milderung* f ‖ *Nachlassen* n (without ~); ~ *of tension Spannungsabnahme* f ‖ *Erholung, Zerstreuung* f (from *v*) ‖ [attr] ~ *frequency* ⟨tech⟩ *Kippfrequenz* f **~ing** [~iŋ] a *(of climate) erschlaffend, mild*

relay 1. [ri'lei; 'ri:lei] s *frischer Vorspann; Pferdewechsel* m; *Ort des Pferdewechsels* m ‖ ⟨mil⟩ *Relaisposten* m; *Meldekette* f; *Ablösungsmannschaft* f **2.** ['ri:lei] [in comp] ~*(-)attack rollender Angriff* m ‖ ~*-race Staf·etten–, Staffellauf* m ‖ ~*-runner –läufer* m **3.** ['ri:'lei] s ⟨el⟩ *Relais* n *(Vorrichtung z Auslösung e–r an e–m fernen Orte befindlichen Kraftquelle)* ‖ ⟨wir⟩ *Übertragung* f

relay 1. [ri:'lei] vt *(Tier) auswechseln; ablösen* **2.** ['ri:'lei] vt *(durch Relais, Rundfunk) übertragen* (to *nach*)

relay ['ri:'lei] vt [–laid/–laid] *wieder legen; neu legen, umlegen*

release I. [ri'li:s] vt **1.** ⟨jur⟩ *(Schuld) erlassen* ‖ *(Recht) aufgeben;* ⟨jur⟩ *(Land) übertragen* (to a p *jdm*) **2.** *(etw) losgehen l, fallen l* (from *v*) ‖ ⟨aero⟩ *(Bomben) abwerfen, ausklinken* **3.** *(jdn) freilassen, befreien* (from *aus*) ‖ ⟨aero⟩ *(Segelflugzeug) ausklinken* ‖ ⟨übtr⟩ *befreien* (from *v*); *entbinden, –heben* (from a th *e–r S*); *erlösen* (from *v*) **4.** ⟨tech⟩ *auslösen; (Stück) (z Druck) freigeben; (Film) auf den Markt bringen; z allg Aufführung freigeben, zulassen* ‖ *(Waren) f den Export freigeben* ‖ *(Nachrichten) frei–, an die Presse geben* ‖ *(Bremse) lösen; (Sperrgetriebe) ausklinken* ‖ ⟨at⟩ *(Energie) freisetzen* **II.** s **1.** [ri'li:s] *Loslassen, Fallenlassen* n ‖ *Freilassung* f; *Befreiung, Erlösung* f (from *v*) ‖ *Entbindung, –lastung* (from *v*) ‖ ⟨jur⟩ *Freigabe* f, *Verzicht* m, *Schulderlaß* m ‖ ⟨phys⟩ ~ *of energy Freiwerden* n *v E.* ‖ ⟨tech⟩ *Auslösung* f ‖ *Freigabe (e–s Werkes);* ⟨film⟩ the first ~ *Uraufführung* f **2.** [ri:'li:s] ⟨jur⟩ *(Rechts-)Übertragung* f ‖ *Verzicht* m; *–urkunde* f **3.** [attr] ~ *button Auslöseknopf* m ‖ ~ *copy Verleihkopie* f ‖ ~ *cord* ⟨aero⟩ *(Fallschirm-)Reißschnur* f ‖ ~ *fuse Entlastungszünder* m ‖ ~ *knob* = ~ *button* ‖ ~ *lever Auslösehebel* m ‖ ~ *mechanism* ⟨phot & artill⟩ *Abfeuerungsvorrichtung* f ‖ ~ *print* = ~ *copy* ‖ ~ *spring Feder* f *f Auslösung*

releasee [ri:li:'si:] s ⟨jur⟩ *jd, auf den ein Grundeigentum n übertragen ist (Ggs* releasor) **–ser** [ri'li:sə] s *Befreier* m ‖ ⟨biol⟩ *Auslöser* m **–sor** [ri:li:'sɔ:] s *jd, der ein Grundeigentum zugunsten e–s anderen aufgibt*

relegate ['religeit] vt *(jdn) verbannen* (to *nach*) ‖ ⟨übtr⟩ *(etw) verurteilen* (to *z*); *(etw) übergeben, senden* (to *z*); *zuweisen* (to a th *e–r S*); *verweisen* (to another sphere *in ein anderes Gebiet*) ‖ *(jdn) verweisen* (to *an*) **–ation** [ˌreli'geiʃən] s *Verbannung* f ‖ *Über–, Verweisung* f (to *an*); ⟨a übtr⟩

relent [ri'lent] vi *weich, mitleidig w; nachgiebig w, sich erweichen l, einlenken;* to ~ *of a* th *v etw zurücktreten, etw aufgeben* **~ing** [~iŋ] a ⟨~ly adv⟩ *mitleidig, mitleidsvoll* **~less** [~lis] a

⟨~ly adv⟩ *unnachgiebig, –barmherzig* **~lessness** [~lisnis] s *Unnachgiebigkeit, Unbarmherzigkeit* f

re-let ['ri:'let] vt (→ to let) *wieder vermieten, –pachten*

relevance ['relivəns], **–ancy** [–si] s *Relev·anz, Erheblichkeit, Wichtigkeit, Bedeutung* f (to *für*) ‖ *Angemessenheit* f **–ant** ['relivənt] a ⟨~ly adv⟩ *einschlägig; sachlich gehörig* (to *z*); *erheblich, wichtig* (to *f*); *sachdienlich, entsprechend* (to a th *e–r S*)

reliability [riˌlaiə'biliti] s *Zuverlässigkeit* f

reliable [ri'laiəbl] **1.** a (–bly adv) *zuverlässig, verläßlich; glaubwürdig; seriös* **2.** s ⟨mot⟩ *Leistungs–, Zuverlässigkeitsprüfung* f, *Test* m **~ness** [~nis] s = reliability

reliance [ri'laiəns] s *Vertrauen* n (in ~ on *im V. auf), Zuversicht* f (in, on, upon *in, auf*); to have, place ~ on, in *vertrauen auf* ‖ *Verlaß* m **–ant** [ri'laiənt] a *vertrauend* (on *auf*)

relic ['relik] s **1.** ⟨rel⟩ *Reliquie* f ‖ *Andenken, Gedenkstück* n **2.** *(P)* ~s [pl] *Überreste* m pl *(Leichnam)* **3.** *(S)* ~s *Überbleibsel* n pl, *Überreste* pl **4.** *letzter Rest* m, *letzte Spur* f (of a custom); ~s *Überreste* m pl (of ancient times)

relict ['relikt] s *Witwe* f

relief [ri'li:f] s [pl ~s] **1.** ⟨hist⟩ *Geldzahlung* or *Sachleistung an den Lehnsherrn bei Antritt e–s Erblehens* **2.** *Erleichterung, Entlastung, Befreiung* f (from *v); Abhilfe* f; *Linderung* f (for); *Trost* m (to my ~); ⟨rail⟩ = ~*-train* ‖ ⟨jur⟩ *Abhilfe, Befreiung* f (from *v), Erlaß* m (from a fine *e–r Strafe*) **3.** ⟨übtr⟩ *Erholung, angenehme Abwechslung* f (to the eye *f das A.*); ⟨theat⟩ *Entspannung* f (e.g.: Ophelia's songs in Hamlet); *comic* ~ *komische E.* (e.g.: the porter in Macbeth, the grave diggers in Hamlet) **4.** *(Armen-)Unterstützung* f (→ indoor, outdoor); *Hilfe* f; to go on ~ *stempeln gehen; men of* ~ *Leute, die v Unterstützung leben, die der öffentl. Wohlfahrt z Last fallen* **5.** ⟨mil⟩ (of a town) *Entsatz* m **6.** ⟨mil⟩ *Ablösung* f, *Wechsel* m *v Wachen, Truppenteilen; der neue Truppenteil* ‖ *Leutewechsel; Ersatz* m **7.** ⟨jur⟩ *Klage–, Gesuchsantrag* m, *Klagebegehren* n **8.** [attr] *Unterstützungs–* ‖ ~ *fund –fonds, Hilfsfonds* m ‖ *Entlastungs–* (~ *valve –ventil* n, ~ *attack –angriff* m) ‖ *Ablösungs–; Ersatz–* (~*-worker*) ‖ ~*-train Vorzug* m (to the 5²⁵ *z dem Zuge* 5²⁵) ‖ ~ *works pl Notstandsarbeiten* f pl

relief [ri'li:f] s (pl ~s) **1.** ⟨arts⟩ *Reli·ef* n, *erhabene Arbeit* f; high ~ *Hoch–*, low ~ *Flachrelief, halb erhabene Arbeit* ‖ ⟨übtr⟩ *bildnerische Reliefarbeit* f ‖ ⟨geog⟩ *Höhengestaltung* f *der Erdoberfläche* f; *plastische Darstellung* f *der E., Hochbild* n ‖ ⟨fig⟩ *Hervortreten* n; *–hebung* f; in ~ *against sich scharf abhebend gegen;* to bring (out), place, throw into (*od* in) full (*od* strong) ~ *(etw) recht plastisch* or *lebendig hervorheben, in helles Licht setzen;* to stand out in ~ *scharf hervortreten; sich scharf abheben* **2.** [attr] *Relief–* ‖ ~ *angle* ⟨tech⟩ *Hinterschliff–, –drehwinkel* m ‖ ~*-diagram Blockdiagramm* n ‖ ~*-map Relief–, Hochbildkarte* f ‖ ~*-print Präge–, Reliefdruck* m

relieve [ri'li:v] vt/i **I.** vt **A. 1.** *(jdn) befreien* (from fear *v Furcht*) ‖ ⟨mil⟩ *(Stadt) entsetzen* **2.** *(Arme) unterstützen; (Bedürftigen) helfen* **3.** *(Druck) erleichtern;* to ~ *nature, the bowels sein Bedürfnis verrichten* ‖ ⟨übtr⟩ *(jdn; das Gemüt) erleichtern; (s–n Gefühlen) Luft* m ‖ *mildern, abschwächen* **4.** ⟨mil⟩ *ablösen* ‖ ⟨fig⟩ *(jdn) entlasten; entbinden* (of a th *e–r S, v e–r S*); to ~ *a p of some of his work jdn (arbeitsmäßig) entlasten; befreien* (of a load *v e–r Last*) ‖ *(jdn) berauben* (of a th *e–r S*); *entheben* (of a position *e–r Stellung*) **B.** *(etw) ab–, hervorheben* (against *gegen*); ⟨fig⟩ *(Eintönigkeit) beleben* (with *mit*;

by *durch*) **II.** vi *sich abheben* (against *gegen*; from *v*) **-ving** [~iŋ] a: ~ arch *Entlastungs-, Stützbogen* m || ~ officer *Armenpfleger* m

relievo [ri'li:vou] It s [pl ~s] *erhabene Arbeit* f, *Relief* n

religion [ri'lidʒən] s *religiöse Bindung* f, *monastisches Leben* n; to enter into ~ *in e-n Orden eintreten* || *religiöser Ritus*; *best. religiöser Glaube* m (the Christian ~), (*Religions-)Bekenntnis* n | *Religion* f, *Verhältnis* n *z Gott*; ⟨Am vulg⟩ to get ~ *sein religiöses Herz entdecken, sich bekehren* || *heiliger Grundsatz* m (to become a ~ to a p) **-er** [~ə] s *Mitglied* n *e-s relig. Ordens* **-ist** [~ist] s *religiöser Eiferer* m **-ize** [~aiz] vt/i || *religiös, fromm m* | vi *sich fromm gebärden, frömmeln* **-less** [~lis] a *religionslos*

religiose [ri,lidʒi'ous] a *frömmelnd* **-sity** [ri,lidʒi'ositi] s *Religiosität* || *Frömmelei* f

religious [ri'lidʒəs] **1.** a (~ly adv) *religiös; fromm* || ⟨ec⟩ *ordensgeistlich*; *Ordens-*; ~ *house Kloster* n; ~ *marriage kirchliche Trauung* f || *streng gewissenhaft* || ~ *welfare Militärseelsorge* f **2.** s [pl ~] R.C. *Mönch* m, *Nonne* f **-ness** [~nis] s *Religiosität* f

relinquish [ri'liŋkwiʃ] vt (*Plan* etc) *aufgeben*; *abstehen v* (*etw*) || *verzichten auf* (*Recht*); (*Besitz*) *abtreten*; (*etw*) *überlassen* (to a p *jdm*) || *loslassen* **-ment** [~mənt] s *Aufgeben* n; *Verzicht* m (of *auf*); *Überlassung* f

reliquary ['relikwəri] s *Reliquienkästchen* n

reliquiae [re'likwii:] s pl L *Überreste, letzte Reste* pl (*des Art* ⟨*bes* geol⟩)

relish ['reliʃ] **I.** s **1.** *Geschmack* m; to have no ~ *nicht schmecken, k–n G. hervorrufen* | ⟨übtr⟩ *Beigeschmack* m, *Spur* f, *Körnchen* n (a ~ of salt); *Anstrich* m (a ~ of *ein A. v*) **2.** *Appetitanreger* m; *Würze* f (for) **3.** *Wohlbehagen* n (with ~), *-geschmack, Reiz* m (for a p *für jdn*), to find no ~ *in k–n R. finden in, an* || *Genuß, Gefallen* m (for *an*); *Neigung* f (for *zu*); to have no ~ for *k–e N. h z* **II.** vt/i || *schmackhaft m* || *Geschmack* od *Gefallen finden an*; *mit Behagen genießen*; do you ~ the lobster? *mundet dir der Hummer?* || *gern h, lieben* (a th; doing *z tun*) | vi *schmecken* (of *nach*); *e-n Anstrich h* (of *v*) || *schmecken* (to ~ *well gut sch.*)

relive ['ri:'liv] vi/t || *wieder Leben gewinnen; wieder aufleben* | vt (*etw*) *wieder durch-, erleben*

reload ['ri:'loud] *neu laden; umladen* || (*Büchse*) *neu laden* **-ing** [~iŋ] s *Umladen* n || ~ *point, ~ station Umschlagstelle* f

relucence [ri'lju:səns] s *innere Erleuchtung* f (from *aus*) || **-ent** [ri'lju:sənt] a *leuchtend, strahlend*

reluct [ri'lʌkt] vi *sich auflehnen* (against) || *Widerstand leisten, sich sträuben, widerstreben* **-ance** [~əns] s *Widerstreben* n; *Abneigung* f, *Widerwille* m (to *gegen*; to do); with ~ *widerstrebend, ungern* || ⟨phys⟩ *magnetischer Widerstand* m **-ant** [~ənt] a *widerstrebend, abgeneigt, widerwillig*, I am ~ to do *es widerstrebt mir z tun, ich tue ungern* **-antly** [~əntli] adv *wider Willen, ungern; schweren Herzens*

relume ['ri:'lju:m] vt ⟨poet⟩ *wieder anzünden; neu entflammen* || ⟨fig⟩ *wieder beleben* | *erhellen, -leuchten, -heitern*

rely [ri'lai] vi *sich verlassen; bauen, zählen* (on, upon *auf*), he can be *-lied on man kann sich auf ihn verlassen*; you may ~ upon it *du kannst dich darauf verlassen* (that); to ~ on a p to do *sich darauf verlassen, daß jd tut*

remain [ri'mein] vi **1.** *übrig-, zurückbleiben* (to a p *jdm*); nothing ~s to him but *nichts bleibt ihm übrig als* || *noch übrigbleiben* (the question ~ed); it now ~s for me to do *es bleibt mir nun noch übrig z tun*; little now ~s to be done *wenig bleibt nun noch übrig z tun*; it ~s be seen *es*

bleibt abzuwarten | *noch übrig(geblieben)* or *vorhanden s* (of *v*); only half of it ~s *nur die Hälfte davon ist noch vorhanden*; six plays ~ to us *6 Stücke sind uns erhalten* **2.** *bleiben* (to ~ faithful; to ~ in town; here, etc); to ~ o.s. *derselbe b.*; to ~ of opinion (*bei*) *der Meinung bleiben*; to ~ of the Church *bei, in der Kirche b.* || (*in Briefen*) *verbleiben* (I ~ Yours sincerely N. N.) **-ing** [~iŋ] a *übriggeblieben, Rest-* (~ *stock -bestand* m); *End-* (~ *velocity -geschwindigkeit* f) || the ~ [pl] *die übrigen*

remain [ri'mein] s **1.** ~ [pl ~s] (of ancient buildings) *Überrest* m (a ~ of) **2.** [nur pl] ~s **a.** [a sg konstr: a ~s] *Überbleibsel* n pl, *-reste, Reste* m pl; ⟨übtr⟩ *letzte Reste* pl **b.** *die Uberlebenden* m pl || *irdische Überreste* m pl || *hinterlassene Werke* m pl

remainder [ri'meində] **1.** s ⟨jur⟩ *Anwartschaft* f; *Anfallsrecht* n (to *für*); *Anwartschaft(s-recht* n) f (*auf Erwerb v Grundeigentum*); *Nacherbschaft* f; *contingent* ~ *bedingtes Anfallsrecht* n; *vested* ~ *rechtswirksames A.* | *Rest* m; *die Überlebenden, Übriggebliebenen* m pl (the ~ was lost) || ⟨arith⟩ *Rest* m | [a pl ~s] *Überbleibsel* n || ⟨com⟩ ~s [pl] *Restbestände* m pl (*v Büchern*), *-auflage* f, *Remittenden, Krebse* pl **2.** vt (*Preis e–s Buches*) *erheblich herabsetzen*; (*Buch*) *billig verkaufen* (at a price); *billig abstoßen*, → *zero-derivation*

remake ['ri:'meik] vt (→ to make) *wieder machen, erneuern*

remand [ri'mɑ:nd] **1.** vt ⟨jur⟩ (*jdn*) *in die Untersuchungshaft zurücksenden* **2.** s *Zurücksendung* f *in die U.*; *review of* ~ *Haftprüfungsverfahren* n; to appear on ~ *nach der Untersuchungszeit wieder vor dem Gericht erscheinen, im Haftprüfungsverfahren vorgeführt w* | ~ *home Fürsorgeerziehungsheim* n || ~ *procedure Haftprüfungsverfahren* n

remanent ['remənənt] L a *übriggeblieben, noch vorhanden* || ⟨Scot⟩ *übrig, weitere(r, ~s), andere(r, -s) remanet* ['remənet] L s *Rest* m || *auf spätere Sitzung verschobener Prozeß* or *Gesetzentwurf* m

remark [ri'mɑ:k] **I.** s **1.** *Bemerken* n; *Beachtung, Bemerkung* f; to excite ~ *Aufmerksamkeit erregen* **2.** *Äußerung, Bemerkung* f (by a p *v jdm*; on *über*); to make ~s to a p *Bemerkungen m z jdm* (on a th *über etw*); *Anmerkung* f **II.** vt/i **1.** vt (*etw*) *bemerken, beobachten* (a th; that); *erkennen* | [*nur mit Objektssatz*] *bemerken, äußern* (that) **2.** vi *sich äußern, Bemerkungen m* (on, upon *über*), to ~ on *erwähnen* **-able** [~əbl] a (-bly adv) *bemerkenswert; ungewöhnlich, auffallend*; *außerordentlich, erstaunlich, einzigartig, beispielhaft* (success) **-ableness** [~əblnis] s *Merkwürdigkeit* f; *außerordentlicher Wert* m, *hohe Bedeutung* f

remark, remarque (ri'mɑ:k) s Fr ⟨engr⟩ *erster Abzug, Remarkdruck* m

remarriage ['ri:'mæridʒ] s *Wiederverheiratung* f, ~ *rate* ⟨stat, demog⟩ *Heiratsziffer* f *der Verwitweten u Geschiedenen* **-rry** ['ri:'mæri] vt/i || (*jdn*) *wieder verheiraten* (to *mit*) | vi *wieder heiraten, sich wieder verheiraten* (with, to *mit*)

Rembrandtesque [,rembræn'tesk] a *im Stile Rembrandts; Rembrandt-*

remediable [ri'mi:diəbl] a (-bly adv) *heilbar; abstellbar*

remedial [ri'mi:diəl] a (~ly adv) *heilend, heilsam; Heil-* || ~ *gymnastics -gymnastik* f); *abhelfend, Abhilfs-* (measures); (*e–m Übelstande*) *Abhilfe schaffend* (~ legislation) **remediless** ['remidilis] a (~ly adv) *unheilbar* || *unersetzbar* (loss) || *macht–, hilflos*

remedy ['remidi] **1.** s *Heilmittel* n, *Arznei* f (for gout *gegen Gicht*); past ~ *unheilbar*; ⟨fig⟩ *hoffnungslos* || ⟨fig⟩ (*Gegen-, Hilfs-)Mittel* n (as a ~ for *als H. gegen*) || *Rechtsmittel* n (to pursue a ~ *R. einlegen*); *Abhilfe* f, *Fehlergrenze* f || **2.** vt *heilen* || ⟨übtr⟩ *ausbessern*; (*e–r S*) *abhelfen*; (*etw*) *abstellen*

remember [ri'membə] vt/i **A.** vt **1.** (*etw*) *im Gedächtnis behalten*; *denken an* (a th; to do); *sich vor Augen halten* (that) || *gedenken, eingedenk s* (a p *jds*; a th *e–r S*); (*jdn*) *im Testament bedenken* **2.** *sich* (*etw*) *ins Gedächtnis zurückrufen*; *sich besinnen auf* (*etw, jdn*); to ~ *o.s. sich auf sich selbst besinnen* || *sich entsinnen, sich erinnern* (a p *jds, an jdn*; a th *e–r S, an e–e S*); I ~ *meeting you ich erinnere mich, Sie getroffen z h* **3.** (*jdn*) *empfehlend in Erinnerung bringen* or *grüßend erwähnen*, ~ *me to your father grüßen Sie Ihren Vater v mir*; he wishes to be ~ed to you *er läßt Sie bestens grüßen* **B.** vi *sich besinnen, sich bedenken* || *sich erinnern, sich entsinnen* (about a th *e–r S*); if I ~ *rightly wenn ich mich recht entsinne*; one must ~ *that the man is an artist* [konzessiv] *allerdings ist er ein Künstler!* || ⟨Am⟩ to ~ *of sich erinnern an*

remembrance [ri'membrəns] s *Erinnerung* f (of *an*); to have in ~ (*etw*) *in der E. h*; to call to ~ (*etw*) *in die E. rufen* || *Gedächtnis* n (~ *service -gottesdienst* m); within my ~ *soweit ich mich erinnere*; to escape a p's ~ *jds G. entfallen*; to pass from a p's ~ *aus jds G. entschwinden* || *Andenken* n; in ~ of *zum A. an* | ~s [pl] *Empfehlungen* f pl, *Grüße* m pl; give my kind ~s to him *grüßen Sie ihn bestens v mir* | ⟂ Day (*11. Nov. 1918*) *Helden–, Gefallenengedenktag* m **–cer** [ri'membrənsə] s *Erinnerer* m (of *an*); *Andenken* n || 'the King's ~ (*Schatzkammer-*) *Beamter des obersten Gerichtshofes* m

remetal [ri'metl] vt: to ~ a *bearing ein neues Bronzelager anbringen, e–e Lagerschale mit Weißmetall anfertigen*

re-migration ['ri:mai'greiʃən] s *Rückwanderung* f

remilitarize [ˌri'militəraiz] vt (*Land*) *wieder aufrüsten*

remind [ri'maind] (*nur*) vt (*jdn*) *erinnern, mahnen* (of *an*; to do; that); to ~ *o.s. sich erinnern* (of *an*; that) || to ~ a p of *die Erinnerung in jdm wachrufen an* (you ~ me of your brother) **~er** [~ə] s *Wink* m; *Mahnung* f (of a th *an etw*; to a p *an, f jdn*); to be a ~ of *erinnern an* **~ful** [~ful] a *sich erinnernd* (of *an*) || *erinnernd* (of *an*)

reminisce [ˌremi'nis] vi ⟨fam⟩ *in Erinnerungen schwelgen*; *E. erzählen* || ⟨Am⟩ *aus der Erinnerung erzählen, berichten* **~nce** [ˌremi'nisns] s *Erinnerung* f (of *an*) || *Anklang* m (of *an*) || ~s [pl] *Reminiszenzen* f pl **~nt** [ˌremi'nisnt] a (~ly adv) *der Erinnerung fähig, Erinnerungs–* || *erinnernd* (of *an*); to be ~ of *erinnern, gemahnen, die Erinnerung wachrufen an* || *sich gern* or *leicht erinnernd* **~ntial** [ˌremini'senʃəl] a *Erinnerungs–* (~ *vision*), *in der Erinnerung lebend*

remise [ri'maiz] **1.** s ⟨jur⟩ *Überlassung, Zurückerstattung* f (*e–s Rechtes*) **2.** vt (*ein Recht etc*) *überlassen, zurückerstatten*

remise [rə'mi:z] Fr **1.** s *Wagenschuppen* m | ⟨fenc⟩ *Nachhieb, –stoß* m **2.** vi ⟨fenc⟩ *e–n Nachhieb ausführen*

remiss [ri'mis] a (~ly adv) *träge, lässig, säumig, nachlässig* || * schlaff *~ible* [~əbl] a *z erlassen(d), erläßlich*; *verzeihlich* **~ion** [ri'miʃən] s *Vergebung* f (of *sins*) | *Erlassung* (of a *debt etc*), *Ermäßigung* f (of *taxes*) || *Nachlassen* n (of *heat*); *Abnahme* f || ⟨med⟩ *Abklingen* n (*e–r Krankheit*) **~ness** [~nis] s *Trägheit*, (*Nach-*) *Lässigkeit* f

remit [ri'mit] vt/i [–tt–] **A.** vt **1.** (*Sünden etc*) *vergeben* || (*Strafe, Schuld*) *erlassen* **2.** (*Zorn*) *mäßigen* || (*Interesse etc*) *aufgeben*; *nachlassen in* (*etw*) **3.** *überweisen*; ⟨jur⟩ *zurückverweisen* (to

an) | *über–, ausliefern* (to, into a state *e–m Zustande*) || *aufschieben* (till *bis*) **4.** (*Geld*) (*über-*) *senden* (to a p *jdm*) **B.** vi **1.** *nachlassen*; ⟨fig⟩ *erlahmen* **2.** *zahlen, Zahlung leisten* **~tal** [~əl] s *Erlassung* f || ⟨jur⟩ *Verweisung* f (to *an*) **~tance** [~əns] s (*Geld-*) *Übersendung, Überweisung* f; *Geldsendung*; *Remittierung* f; to make a ~ *remittieren* || *Rimesse* f **~tee** [rimi'ti:] s *Empfänger* m *e–r Geldsendung* **~tent** [~ənt] **1.** a ⟨med⟩ *nachlassend, remittierend* **2.** s *remittierendes Fieber* n **~ter** [~ə] s *Geldsender*; ⟨com⟩ *Remitt'ent* m | ⟨jur⟩ *Rücktritt* m *in ein früheres, besseres Rechtsverhältnis* || *Wiedereinsetzung* f (to an estate *in e–n Besitz*) || *Verweisung* f (to a *an*)

remnant ['remnənt] s *Überbleibsel* n; (*Über-*) *Rest* m | ⟨com⟩ (*Stoff-*)*Rest* m; [attr] *Rester-* (~ *sale*) | ⟨übtr⟩ (*letzter*) *Rest* m (the last ~ of); *Spur* f (a ~ of)

remodel [ri'mɔdl] vt *umgestalten, –formen, –modeln* || *umbilden, –gruppieren, neu formieren*

remonetization [ri:ˌmʌnitai'zeiʃən] s *Wiederinkurssetzung* f **–tize** [ri:'mʌnitaiz] vt *wieder in Kurs, Umlauf setzen*

remonstrance [ri'mɔnstrəns] s *Vorstellung, Einwendung* f (to a p *jdm gegenüber*); *Einspruch, Protest* m (on the ~ of *auf Grund des Einspruchs v*); to say in ~ *als Einwendung geltend m* (that) || ⟨hist⟩ *öffentl. Beschwerdeschrift* f **–ant** [ri'mɔnstrənt] **1.** a *remonstrierend, protestierend* **2.** s ⟨hist⟩ *Remonstr'ant* m | *Protestierender* m **–ate** [ri'mɔnstreit] vi *einwenden, protestieren* (against) || *Vorstellungen m* (with a p *jdm*; on, upon *über*; that *daß*) **–ation** [ˌreməns'treiʃən] s *Einwendung* f **–ative** [ri'mɔnstrətiv] a *remonstrierend, protestierend*

remontant [ri'mɔntənt] Fr **1.** a (of *plants*) *ein zweites Mal blühend, remontierend* **2.** s *remontierende Pflanze, Remontante* f

remora [ri'mɔ:rə] s *Hindernis* n, *Stockung* f **remora** ['remərə; ri'mɔ:rə] s L ⟨ich⟩ *Schildfisch* m

remorse [ri'mɔ:s] s [*nur sg-Form u sg konstr*] *Gewissensbisse* m pl; *–not, Reue* f (at *über, for wegen*) || to feel ~ *Gewissensbisse h* **~ful** [~ful] a (~ly adv) *reumütig* **~fulness** [~fulnis] s *Reumütigkeit* f **~less** [~lis] a (~ly adv) *gefühllos, grausam*; *unbarmherzig* **~lessness** [~lisnis] s *Gefühllosigkeit, Unbarmherzigkeit* f

remote [ri'mout] a (~ly adv) **1.** (*v Ort u Zeit*) *entfernt* (from *v*); *entlegen* || *abgelegen, einsam* **2.** ⟨übtr⟩ *entfernt* (relation *Verwandter*) | ⟨übtr⟩ *weit entfernt*; *vage, unbedeutend*; *schwach*; [mst neg & sup ~st] *gering* (not the ~st *idea*) **3.** ⟨tech⟩ ~ *audit Fernkontrolle* f || ~ *control* ⟨bes aero⟩ *Fernsteuerung* f; ~ c. *ignition –zündung* f; ~ c. *switch –betätigungsschalter* m **~ness** [~nis] s *Entlegenheit, Entfernung* f

remould ['ri:'mould] vt *umformen, –gestalten, –modeln*

remount [ri:'maunt] **I.** vt/i **1.** vt (*jdn*) *wieder beritten m*; ⟨mil⟩ *mit frischen Pferden versehen* | (*Berg*) *wieder ersteigen*; (*Fluß*) *wieder hinauffahren*; (*Pferd*) *wieder besteigen* | (*Karte*) *neu aufziehen* **2.** vi *wieder auf–, wieder be–*; *wieder ersteigen* || ⟨fig⟩ *zurückgehen* (to a source *auf e–e Quelle*) || *zurückgehen, –reichen* (to an age *in, bis in e–e Zeit*) || *zurückkehren* (to a period *z e–r Periode*) **II.** s ⟨mil⟩ *Rem'onte(pferd n)* f

removability [riˌmu:və'biliti] s *Entfernbarkeit* f **–able** [ri'mu:vəbl] a *entfernbar*; *z beseitigen(d)*; *abnehmbar* (~ cape, non-skid); ~ *lining* ⟨tail⟩ (*abknöpfbares* or *Reißverschluß-)Innenfutter* n, → zip-in, zip-out || (*P*) *absetzbar*

removal [ri'mu:vəl] s *Fort–, Wegschaffen* n; ~ *of debris Trümmerbeseitigung* f; ⟨übtr⟩ *Entfernung, Beseitigung* f || (*P*) *Absetzung, Entlassung* f (from *aus*); ~ *from office od service*

Amts–, Dienstenthebung f **|** *Ausziehen* n, *Umzug* m **|** ~ allowance *Umzugskostenentschädigung* f
remove [ri´mu:v] **I.** vt/i **A.** vt **1.** (S) *(etw) entfernen, fort–, wegräumen, –schaffen,* (*Maschinenteile*) *ausbauen, demontieren* (from *v, aus*)*;* to be ~d from *frei s v* **||** *absetzen* (from the agenda *v der Tagesordnung*) **||** *fortbefördern* (from .. to)*;* to ~ furniture *Möbeltransport ausführen* (furniture –ving *Möbeltransport* m) **||** (*Kleidung*) *ablegen;* (*Hut*) *abnehmen* **||** (*Hand*) *zurücknehmen, –ziehen* **||** (*Übel, Trümmer*) *beseitigen;* (*Minen*) *räumen;* (*Zweifel*) *beheben* **||** to ~ mountains *Berge versetzen* **2.** (P) *(jdn) fortnehmen* (from school *v der Schule*) **|** *(jdn) beseitigen, töten* **|** *(jdn) entfernen* (*l*), *abführen* **|** *entlassen* (from office *aus dem Dienste*), (e–s Amtes) *entheben;* to ~ from a school (*Schüler*) *v e-r Schule verweisen;* to ~ a p from the command *jdm das K. entziehen* **|** to ~ a p o.s. *sich entfernen* **B.** vi *sich entfernen* **||** *ziehen* (to *nach*); *aus–, umziehen* (from .. to *v .. nach*); to ~ into einziehen in, beziehen **II.** s (*Schul-*)*Versetzung* f, to get one's ~ *versetzt w* **|** (in some schools) *bestimmte Stufe; Klasse* f **|** * *Entfernung* f, *Abstand* m **|** ⟨fig⟩ *Schritt* m; (*Verwandtschafts-*) *Grad* m, → ~d [~d] a *entfernt* (from) **||** ~ cousin three times ~ *Vetter dritten Grades* m ~r [~ə] s (*Möbel-*)*Transporteur, Spediteur* m
remploy [´rem͵plɔi] s [attr] *Wiederbeschäftigungs–, Arbeitsbeschaffungs–* (~ factory)
remunerable [ri´mju:nərəbl] a *vergüt–, vergeltbar* –ate [ri´mju:nəreit] vt (etw) *vergüten* **|** *(jdn) belohnen,* (jdm) *vergelten* (for) **|** (S) *entschädigen, bezahlt* m (to ~ the labours) –ation [ri͵mju:njə´reiʃən] s *Belohnung, Vergütung* f **|** *Arbeitsentgelt* n, *Lohn* m; *Honorar* n –ative [ri´mju:nərətiv] a (~ly adv) *belohnend; lohnend, einträglich* (position)
Renaissance [rə´neisəns] s **1.** the ~ ⟨arts etc⟩ *die Renaissance* f; early ~ *Früh–,* high ~ *Hoch–,* late ~ *Spätrenaissance* **2.** ⟨übtr⟩ ⁓ *Wiedergeburt* f; *–erwachen* n (the ⁓ of the drama)
   renal [´ri:nl] a *Nieren–* (~ region –gegend)
   rename [´ri:´neim] vt *umbenennen* (after *nach*)
   renascence [ri´næsns] s *Wiedergeburt, Erneuerung* f; *Wiederaufleben* n **||** ⟨arts⟩ the ⁓ die *Renaissance* –ent [ri´næsnt] a *sich erneuernd; wieder auflebend*
   rench [ren(t)ʃ] vt *spülen,* → rinse
   rencontre [rã:´kɔ̃:tr] s Fr *feindl. Zus–stoß* m, *Treffen* n **||** *zufälliges Zus–treffen* n
   rencounter [ren´kauntə] **1.** s = rencontre **2.** * vt/i **|** *(jdn) treffen* **|** vi *sich treffen*
   rend [rend] vt/i [rent/rent] **||** **1.** vt ⟨rhet, poet & *⟩ reißen; aufreißen* **|** (a to ~ asunder) *zerreißen* **|** *losreißen* (from *v*); to ~ in two *entzweireißen* **|** (*Holz*) *spalten* **|** ⟨übtr⟩ *spalten, zerreißen; zerklüften* **|** (of cries) (*Luft*) *erschüttern; durchdringen* **2.** vi *zerreißen, bersten*
   render [´rendə] **I.** vt **1.** *vergelten* (good for evil *Gutes mit Bösem*) **2.** *zurückgeben, –erstatten* (to a p *jdm*) **3.** *(etw) künstlerisch wiedergeben, darstellen; aufführen;* ⟨mus⟩ *vortragen* **|** (*Worte*) *wiedergeben; übersetzen, –tragen* (into *in*) **4.** *übergeben, –reichen* (mst a th to a p; *⟨a⟩* a p a th *jdm etw*) **|** *abtreten* (to an) **|** (*Rechnung*) (*vor*)*legen* (per od to account ~ed *laut erhaltener R.*) **|** ⟨übtr⟩ *erstatten, leisten* (mst a th to a p *jdm etw*)*;* (*Rechenschaft*) *ablegen,* (*Grund*) *angeben,* (*Tribut*) *zahlen,* (*Hilfe*) *leisten,* (*Ehre, Dienst*) *erweisen;* to ~ thanks *Dank abstatten* (to a p *jdm*) **5.** [vor pred *Adj.*] *machen* (this ~s it impossible); to ~ possible *ermöglichen* [vor pred *Subst.*] *machen z* (this ~s it a good example) **6.** ⟨tech⟩ (*Fett*) *ausschmelzen, –braten* **||** (*Mauer*) *bewerfen, –putzen* **II.** s *Gegenleistung, Zahlung* f **||** ⟨arch⟩ *Bewurf* m ~ing [~riŋ] s

Wieder–, Rückgabe f **||** *künstlerische Wiedergabe; Darstellung;* *Übersetzung* f **||** ~ of an account *Rechnungsablegung, –aufstellung* f; ~ of thanks *Danksagung* f **|** ⟨arch⟩ *Bewurf* m
   rendezvous [´rɔndivu:; ´rã:deivu:] Fr **1.** s (pl ~ [~z]) *Zus-kunft* f; *Stelldichein* n **||** *Treffpunkt; Sammelplatz* **|** ~ area ⟨mil⟩ *Versammlungsraum* m **2.** vi *sich ein St. geben; sich versammeln; zus–kommen*
   rendition [ren´diʃən] s * *Über–, Zurückgabe* f **||** *Übersetzung, Wiedergabe* f **||** ⟨phot⟩ *Schärfe* f (*der Zeichnung*)
   renegade [´renigeid] **1.** s *Renegat, Abtrünniger* m **||** *Überläufer* m **2.** vi *abtrünnig w* –ation [͵reni´geiʃən] s *Abfall* m, *Apostas·ie* f
   renege [ri´ni:dʒ] vi ⟨Am⟩ *sein Wort brechen, wortbrüchig s* or *w,* ⟨cards⟩ *mogeln*
   renegue [rə´ni:g] vt/i *widerrufen*
   renew [ri´nju:] vt **1.** (*Gesundheit*) *erneuern;* ⟨übtr⟩ *wiederherstellen, –ersetzen* **||** (*Möbel*) *erneuern, –setzen* **2.** *erneuern, wiederholen;* ~ed *nochmalig* (etw) *wieder beginnen, –aufnehmen; wieder aufführen* **3.** (*Vertrag*) *verlängern;* ⟨com⟩ *prolongieren* ~**able** [~əbl] a *erneuerbar, z erneuern(d)* **||** *verlängerbar* ~**al** [~əl] s *Erneuerung* f [a attr] **||** ⟨com⟩ *Prolongation* f **||** ~ fees [pl] *Erneuerungsgebühr* f
   reniform [´ri:nifɔ:m] a ⟨scient⟩ *nierenförmig*
   renig [rə´nig] vt ⟨Am⟩ *widerrufen*
   rennet [´renit] s *Lab* n
   rennet [´renit] s ⟨hort⟩ *Ren·ette* f
   renounce [ri´nauns] **I.** vt/i **A.** vt **1.** (S) to ~ a th *verzichten auf etw;* he ~d the idea of doing *er verzichtete darauf z tun;* e–r S *entsagen* (to ~ the world *der Welt e.*) **|** *etw zurückweisen, ablehnen;* (*Glauben*) *abschwören* **|** *abstehen v etw; etw aufgeben; sich lossagen v etw* **||** ⟨cards⟩ (*Karte*) *nicht bedienen* **2.** (P) *(jdn) verleugnen* **B.** vi *Verzicht leisten* **||** ⟨cards⟩ *nicht bedienen können* **II.** s ⟨cards⟩ *Renonce* f ~**ment** [~mənt] s *Verzicht* m; *Entsagung* f
   renovate [´renoveit] vt *erneuern, renovieren* **||** *wiederherstellen* –ation [͵reno´veiʃən] s *Erneuerung* f –ator [´renoveitə] s *Erneuerer* m
   renown [ri´naun] s *Ruhm; guter Name* or *Ruf* m (man of ~) ~**ed** [~d] a *berühmt*
   rent [rent] s *Riß* m, *Spalte* f **||** ⟨übtr⟩ *Spaltung* f
   rent [rent] **A.** s **1.** (of land) *Miet–, Pachtzins* m; (*Haus–, Wohnungs–* etc) *Miete, Pacht* f **||** *Miete f Benutzung v Maschinen* **||** controlled ~s [pl] *Mieterschutz* m **|** ⟨scient⟩ *Rente* f; economic ~, pure ~ *Grundrente* f ⟨übtr tech⟩ *besondere Einkünfte* pl *auf Grund besonderer Vorzüge einzelner* **2.** ⟨Am⟩ *verleihen, –mieten* n; for ~ *z ver–* **3.** [attr & comp] ~*–charge Erbzins* m **|** *Haus(jahres)rente* f **|** ~ control *Mieterschutz* m **||** ~–day *Miet–, Pachtzahlungstag* m **|** ´~*–free miet–, pachtfrei* **||** ⁓ Repairs Act *Wohnhaus wiederaufbaugesetz* n **||** ~ Restriction Act *Mieterschutzgesetz* n **||** ~–roll *Zinsbuch* n **|** *Pachteinkommen* n   •eck trockene Rente (*Rentenübertragung ohne Pfändungsklausel in der Urkunde*) ~–service ⟨hist⟩ *Dienstrente* f **||** ⁓ Tribunal ⟨m. m.⟩ *Mieteinigungsamt* n **B.** vt/i **1.** vt (etw) *mieten, pachten* (from *v*) **||** ⟨Am⟩ *sich (etw) leihen* **|** *vermieten, –pachten* (a th to a p *od* a p a th *jdm etw*) **||** ⟨Am⟩ *verleihen* **2.** vi *vermietet* or *verpachtet w* ~**able** [´~əbl] a (*ver*)*miet–,* (*ver*)*pachtbar* ~**al** [´~l] s *Zinsbuch* n **|** *Einkommen* n *durch Miete* or *Pacht* **|** *Miet–, Pachtsumme* f; ~s [pl] *Miet–, Pachtsätze* m pl **|** [attr] *Miets–, Pacht–;* ~ allowance *Wohnungsgeld(zuschuß* m) n; ~ agent ⟨Am⟩ *Wohnungsvermittler* m ~**er** [´~ə] s *Mieter, Pächter* m ~**ing** [´~iŋ] s [attr] ~ agency ⟨film⟩ *Verleih* m; ~ a. for narrow gauge films *Schmalfilmverleih* m ~**less** [´~lis] a *miet–, pachtfrei* **||** *ertraglos*

rent [rent] pret & pp v to rend

rente [rã:t] s Fr (*Renten-*)*Einkommen* n –**tier** [ˈrɔntiei; rã:ˈtje] s Fr *Renti·er, Rentner* m

renumber [ˈriːˈnʌmbə] vt *neu–, umnumerieren*

renunciation [riˌnʌnsiˈeiʃən] s *Verzicht* m (of a th by a p *auf etw v jdm*); ~ *politician –politiker* m || *Entsagung* f || (*Selbst-*)*Verleugnung* f || *Ablehnung* f –**atory** [riˈnʌnsiətəri] a *Entsagungs–; ablehnend*

reoccupation [ˈriːˌɔkjuˈpeiʃən] s *Wiederbesetzung* f (of the Rhineland *des Rheinlandes*; 1936) –**py** [ˈriːˈɔkjupai] vt *wieder besetzen*; – *einnehmen*

reopen [ˈriːˈoupən] vt/i || *wieder öffnen* | *wieder eröffnen*; – *beginnen*; – *aufnehmen* | vi *sich wieder öffnen*

reorganization [ˈriːˌɔːgənaiˈzeiʃən] s *Neugestaltung* f; ⟨com⟩ *Sanierung* f –**ize** [ˈriːˈɔːgənaiz] vt *neu–, umgestalten, –bilden*; ⟨com⟩ *sanieren* || ⟨mil⟩ *reorganisieren, umbilden*; *umgruppieren, neugliedern*

reorientate [ˈriːˈɔːrienteit] vt *neu orientieren, neu ausrichten* **re-orientation** [ˈriːˈɔːrienˈteiʃən] s *Neu–, Umorientierung* f

rep, repp [rep], **reps** [reps] s ⟨com⟩ *Rips* m || [attr] *Rips–, gerippt*

rep [rep] s ⟨sl⟩ abbr f repetition

rep [rep] s ⟨sl⟩ (abbr f reprobate) *verrufene P*

rep [rep] s ⟨Austr pol & sport fam⟩ = representative *Vertreter* m *e–s Staates*

rep [rep] s ⟨mil fam⟩ = reprimand *Verweis* m, °*Annieser*, °–*schiß* m

rep [rep] s ⟨bes Am fam⟩ = reputation

rep [rep] s ⟨sl⟩ = repertory theatre *od* company

repack [ˈriːˈpæk] vt *umpacken*

repaint [ˈriːˈpeint] vt *neu–, ·übermalen*; *neu anstreichen*

repair [riˈpɛə] **1.** vt *ausbessern, reparieren* || ⟨übtr⟩ *wiederherstellen* || (*Fehler, Unrecht*) *wiedergutmachen*, (*Verlust*) *ersetzen* **2.** s **a.** *Ausbesserung, Reparatur* f (to *an*); in need of ~ *reparaturbedürftig*; under ~ *in R.*; on roads under ~ ⟨mot⟩ *bei Straßenarbeiten* || *Instandsetzung*; ~s [pl] –*sarbeiten* pl (to a building *an e–m Gebäude*) || *Wiederherstellung* f **b.** *baulicher Zustand* m, in good ~ *gut erhalten, in gutem Zustande*; out of ~ *baufällig* **c.** [attr] *Reparatur–, Instandsetzungs–*; ~ *shop –werkstatt* f; ⟨mil telph⟩ ~ *gang Störungssuchtrupp* m; ⟨aero⟩ ~ *hangar Werfthalle* f; ~ *outfit* ⟨mot⟩ *Flickkasten* m; ~ *ship Werkstattschiff* n; ~ *timber* ⟨min⟩ *Pfandholz* n; ~–*yard Werkstelle* f ~**able** [~rəbl] a *wiederherzustellen(d), reparaturfähig*; –*bedürftig* ~**er** [~rə] s *Ausbesserer* m ~**ing** [~riŋ] s [attr] *Ausbesserungs–, Reparatur–*

repair [riˈpɛə] **1.** vi *sich begeben, ziehen* (to *nach*); *oft gehen* (to *nach*) || *sich wenden* (to a p for a th *an jdn wegen etw*) **2.** s † *Zuflucht* f; to have ~ to *oft besuchen* || *Aufenthaltsort* (for f)

repand [riˈpænd] a (of leaves) *wellig, gewellt*; *ausgeschweift*

repaper [ˈriːˈpeipə] vt *neu tapezieren*

reparable [ˈrepərəbl] a ⟨fig⟩ *wiedergutzumachen(d)* –**ation** [ˌrepəˈreiʃən] s * *Ausbesserung* f || *Entschädigung* f, *Ersatz* m (for, of f); to make ~ *Ersatz* or *Genugtuung leisten*; ~s [pl] (*Kriegs-*)*Reparationen, Reparationszahlungen* f pl –**ative** [ˈrepərətiv] a *Ausbesserungs–, Verbesserungs–; Entschädigungs–*

repartee [ˌrepaˈtiː] **1.** s *schlagfertige Antwort* f || [*ohne* art] *Schlagfertigkeit* f; quick at *od* in ~ *schlagfertig* **2.** vi *schlagfertig Antwort(en) geben*

repartition [ˌrepaˈtiʃən; ˈriːpɑ:–] **1.** s *Ein–, Aufteilung* f; (*Neu-*)*Verteilung* f, *Wiederaufteilung* f **2.** vt *neu ein–, aufteilen*; *neu verteilen*

repass [ˈriːˈpɑːs] vi/t || *zurückgehen, –k* | vt *wieder vorbeigehen* or –*k an*

repast [riˈpɑːst] s *Mahl* n, *Mahlzeit* f

repatriate 1. [riːˈpætrieit] vt (*jdn*) *in das Heimatland zurücksenden* || ~d *soldier*, ~d *prisoner of war* = **2.** [riːˈpætriit] s *Heimkehrer* m; association of ~s *H.-Verband* m –**ation** [riːˌpætriˈeiʃən] s *Zurücksendung in das Heimatland*; *Wiedereinbürgerung* f, *Repatriierung, Heimkehr, –sendung, –schaffung, Rückführung* f

repay [riːˈpei] vt (~ to pay) || *zurückzahlen* || ⟨übtr⟩ (etw) *heimzahlen* (with); (*Gruß*) *erwidern* || (jdn) *entschädigen* (for); *vergelten* || *entschädigen* f (etw); (*Mühe*) *lohnen*; to ~ *reading sich lohnen gelesen zu w, lesenswert* s | vi *zurückzahlen* || *der Mühe wert* s, *sich lohnen* ~**able** [~əbl] a *rückzahlbar* ~**ment** [~mənt] s *Rückzahlung; Erwiderung* f

repay [ˈriːˈpei] vt (→ to pay) *noch einmal zahlen* or *bezahlen*

repeal [riˈpiːl] **1.** vt (*Gesetz*) *widerrufen, aufheben*; *abschaffen* **2.** s *Widerruf* m, *Aufhebung* f (z. B. *e–r Waffensperre*); ⟨bes pol⟩ *die A. der v Iren* (~ers) *geforderten Vereinigung* (1801) *Irlands mit England* ~**able** [~əbl] a *widerruflich*; *aufhebbar* ~**er** [~ə] s *Aufheber* m || *Verteidiger* m *e–r Aufhebung*, → repeal

repeat [riˈpiːt] **I.** vt/i **1.** vt *noch einmal sagen, wiederholen* (to a p *jdm gegenüber*); to ~ *o.s. sich w.* || (*Aufgabe*) *repetieren*; *auf–, hersagen*; *vortragen* || *weitererzählen, –verbreiten* || *wiederholen, nachsprechen* | (etw) *noch einmal tun, wieder erscheinen l, wiederholen* (history does not ~ *itself*) || ⟨com⟩ to ~ *an order for a th etw nachbestellen* | to be ~ed *sich wiederholen, wiederkehren* **2.** vi *sich wiederholen* || (of watches) *repetieren* || [*mst* neg] *e–n Nachgeschmack h* (this medicine does not ~) **II.** s *Wiederholung* f (~ *performance*); ⟨mus⟩ *Wiederholung* f, –*szeichen* n || ⟨com⟩ (a ~-order) *Neu–, Nachbestellung* f ~**ed** [~id] a (~ly adv) *wiederholt* ~**er** [~ə] s **1.** *Wiederholer* m; ⟨school, etc⟩ *Repet·ent*(in f) m || ⟨pol Am sl⟩ *jd, der bei e–r Wahl widerrechtlich mehrere Male wählt* || *Vortragender* m || *rückfälliger Verbrecher* m **2.** *Mehrladegewehr* n || *Repetieruhr* f **3.** ⟨math⟩ *periodischer Dezimalbruch* m **4.** ⟨telg⟩ *Relaisübertragung* f; *Übertrager* m (*Vorrichtung*); ⟨telph⟩ *Verstärker* m **5.** [attr] ~ *compass Tochterkompaß* m; ~ *gun Mehrladegewehr* n ~**ing** [~iŋ] a *wiederholend, Wiederholungs–* || *Repetier–*; (~ *watch –uhr* f); ~ *gun Mehrladegewehr* n

repel [riˈpel] vt (*Feind*) *zurücktreiben*; (*Angriff*) *abschlagen, –weisen*; (*Gefühl*) *zurückdrängen* || ⟨phys⟩ (*Kraft*) *ab–, zurückstoßen* || (*jdn etw*) *ab–, zurückweisen* || ⟨fig⟩ (of actions) (*jdn*) *abstoßen, anwidern* ~**lent** [~ənt] a (~ly adv) *abstoßend* ⟨a fig⟩

repent [ˈriːpənt] a L ⟨bot⟩ *am Boden entlang wachsend*; ⟨zoo⟩ *kriechend*

repent [riˈpent] vt/i **1.** vt *bereuen* (a th; doing *getan z h*) | [† imps] it ~s me *es reut mich* (that) | † refl [*mit altem* refl pron, *nur in* 1. p.] I ~ me of all *ich bereue alles* **2.** vi *Reue empfinden* (of *über*); to ~ of a th *etw bereuen* ~**ance** [~əns] s *Reue* f, –*anfall* m ~**ant** [~ənt] a (~ly adv) *reuig, bußfertig*

repeople [ˈriːˈpiːpl] vt *neu bevölkern* || ⟨fig⟩ *neu beleben*

repercussion [ˌriːpəːˈkʌʃən] s *Zurückprallen, –werfen* n || ⟨fig⟩ *Aus–, Rückwirkung* f (on *auf*) || *Wiederkehr* f; *Widerhall* m || to have *far-reaching* ~s *tiefe Spuren hinterlassen* ⟨fig⟩ –**ssive** [ˌriːpəːˈkʌsiv] a *wiederkehrend*; *widerhallend*

repertoire [ˈrepətwɑ:] s Fr ⟨theat⟩ *Repertoire* n, *Spielplan* m (to be placed on the ~)

repertory ['repətəri] s **1.** ⟨übtr⟩ *Schatz–, Vor-ratskammer*; *Fundgrube* f (of *v, f*) **2.** = reper-toire ‖ ~ theatre *Theater mit stehender Truppe u wechselndem Repertoire* n (*Ggs* long-run system)

repetend ['repitend; repi'tend] s ⟨math⟩ *Periode* f *e–s Dezimalbruchs*

repetition [,repi'tiʃən] s *Wiederholung* f; *Her–, Aufsagen* n, *Vortrag* m ‖ ⟨Lit⟩ (*bes End-*)*Wiederholung* f (e. g. *A. T. Psalm* 115, 9ff, 118, 2ff) ‖ (at school) *Memorieraufgabe* f | (of events etc) *wiederholtes Auftreten* or *Vorkommen* n; *Wiederkehr* f | *Kopie, Nachbildung* f ‖ ~ work *Reihen–, Serienarbeit, –fabrikation* f ‖ ⟨jur⟩ ~ (of an offense) *Rückfall* m, *Rückfälligkeit* f ~al (~l], ~ary [əri] a *sich wiederholend, wiederholt*

repetitious [,repi'tiʃəs] a *sich ständig wieder-holend* –**titive** [ri'petitiv] a *sich wiederholend*; to be ~ *sich wiederholen*

repine [ri'pain] vi *klagen, mißvergnügt s, murren* (at *über*) –**ning** [ri'painiŋ] a (~ly adv) *mürrisch, mißvergnügt*

repique ['ri:'pi:k] **1.** s *der Neunziger (90 Punkte) im Piquet* **2.** vi/t | *e–n N.* m | vt *e–n N.* m *gegen* (to ~ a p)

replace [ri:'pleis] vt **1.** *wieder* (*hin*)*stellen, –legen* ‖ *wieder einsetzen* (in *in*) ‖ *wieder zurück-erstatten, –geben* ‖ ⟨telph⟩ (*Hörer*) *auflegen, ein-hängen* b. [*oft pass*] (*jds*) *Stelle einnehmen*, (*jdn*) *vertreten* (as *als*) | (*jds Stelle*) *ausfüllen, jdn er-setzen* (by *durch*) | (*die Stelle e–r S*) *einnehmen*; (*etw*) *verdrängen*; *ersetzen* (by *durch*) ~able [~əbl] a *ersetzbar* (by *durch*) ~ment [~mənt] s *Ersetzung* f, *Ersatz* m ‖ net (population) ~ ⟨demog⟩ *reine Reproduktion* f ‖ ⟨mil⟩ *Ersatz-mann* m, *–mannschaften* f pl; (*personelle*) *Er-gänzung* f ‖ *Wiederbeschaffung* f; ~ company *Ersatzkompanie* f; ~ pool ⟨Am⟩ *–truppenteil* m; ~ rate ⟨demog⟩ *Reproduktionsziffer* f; ~ training battalion *Ersatzbataillon* m ‖ ⟨geol⟩ *Ver-drängung* f ‖ ~s [pl] *Ersatzbauten* pl, ⟨mil⟩ *Ersatz* m, (*Truppen-*)*Verstärkung*(en) f ‖ ⟨com⟩ ~ of inventories *Auffüllung* f *des Lagerbestandes* | ~ price *Wiederbeschaffungspreis* m ~r [ri:-'pleisə] s *Ersatzmann* m

replant ['ri:'pla:nt] vt *verpflanzen, umpflan-zen*; (*Boden*) *neu bepflanzen*; ⟨for⟩ *nachbessern* ~**ation** [,ri:pla:n'teiʃən] s *Neu–, Um–, Verpflan-zung* f

re-play ['ri:'plei] s ⟨sport⟩ *Wiederholungs-spiel* n

replenish [ri'pleniʃ] vt *wieder* (*an*)*füllen* (with *mit*) ~**ment** [~mənt] s *Wieder*(*an*)*füllen* n; *Er-gänzung* f ‖ ~ battalion *Ersatzbataillon* n

replete [ri'pli:t] a *angefüllt, voll* (with *v*) ⟨a übtr⟩ –**tion** [ri'pli:ʃən] s *Überfülle* f; *Vollsein* n (filled, full to ~ *voll bis z Rande*) ‖ *Vollblütig-keit* f

replevin [ri'plevin] s ⟨jur⟩ *Wiedererlangung e–s gepfändeten Gegenstandes unter Stellung e–r Kaution* f ‖ ⟨jur⟩ *Vindikations–, Eigentums-klage* f –**vy** [ri'plevi] **1.** vt/i ‖ (*Vieh* etc) *durch replevin wiedererlangen* | vi: replevin *ausführen* | *Eigentumsklage erheben* **2.** s = replevin

replica ['replikə] s It ⟨arts⟩ *Kopie, Nachbil-dung* f ‖ transparent ~ *kopierfähige Pause* f ‖ ⟨fig⟩ *Ebenbild* n –**cate** **1.** ['replikeit] vt *um–, zurückbiegen* **2.** ['replikit] a ⟨bot⟩ *zurückgebo-gen, –schlagen* (leaf) –**cation** [,repli'keiʃən] s *Antwort, Erwiderung* f ‖ ⟨jur⟩ (*Schriftsatz*) *Replik* f (*des Klägers auf die Antwort des Be-klagten*) | *Widerhall* m | *Kopie, Nachbildung* f

reply [ri'plai] **1.** vi/t ‖ *antworten* (for a p *an Stelle, als Vertreter jds*); *erwidern* (to *auf*); to ~ to fire *das F. erwidern*; to ~ to a th *etw beant-worten* ‖ ⟨übtr⟩ *antworten* (by *mit*) | vt *antworten* (a th [to ~ nothing]; that) **2.** s *Antwort, Ent-gegnung, Erwiderung* (to a th *e–r S, auf e–e S*);

Bescheid m, *Rückmeldung* f ‖ the letter calls for no special ~ .. *bedarf k–r besonderen Beant-wortung*; in ~ *als Antwort*; in ~ to *in E. auf*; in ~ to your letter *in Beantwortung Ihres Briefes*; to say in ~ *erwidern* (that); in ~ to his question she said *auf s–e Frage erwiderte sie* (that); to make a ~ *erwidern*; ~ paid *Rückantwort be-zahlt* | ~ bell ⟨rail⟩ *Rückmeldeglocke* f | ~-(post)card *Postkarte mit Rückantwort* f

repoint ['ri:'pɔint] vt ⟨arch⟩ (*die Fugen e–r Mauer*) *v neuem verstreichen*

repolish ['ri:'pɔliʃ] vt *aufpolieren*

repopulate ['ri:'pɔpjuleit] vt *wieder bevölkern*; *wieder mit Menschen füllen*

report [ri'pɔ:t] **I.** s **1.** *Gerücht* n (about, of *über*); the ~ goes *es geht das G.*; as ~ has it *wie das G. geht* | (*jds*) *Ruf* or *Name* m (good ~; evil ~); through good and evil ~ ⟨bib⟩ *in guten u bösen Tagen* **2.** *Bericht* m (of, on *über*); Law ~s [pl] *Berichte* m pl *über Entscheidungen der Obergerichte*; *Vortrag* m, *Referat* n; official ~ *Protokoll* n; ~ stage ⟨parl⟩ *Erörterungs-stadium* n *e–r Vorlage vor der 3. Lesung* ‖ *Jahresbericht* m; (*Schul-*)*Zeugnis* n, *Zensur* f ‖ (*Bestands–, Stärke-*)*Nachweisung* f ‖ *Beschrei-bung*; *Erzählung* f **3.** *Schall, Knall* m **II.** vt/i **A.** vt **1.** *berichten, erzählen* (a th to a p *jdm etw*; that); it is ~ed *man sagt, es verlautbart* ‖ he is ~ed to be .. *v ihm wird berichtet, er sei*; *er soll .. s*; he is ~ed as saying *er soll gesagt h* (that) | ⟨mil⟩ to ~ missing *als vermißt melden* **2.** (*in der Presse* etc) *berichten über, Bericht erstatten über* (*etw*); to ~ progress *über den Fortgang b.* | *dar-stellen, beschreiben* **3.** (*jdn amtlich*) *anzeigen* (for *wegen*; to *bei*); *beschwerdeführend melden* (a p; a th; a th to be *daß etw ist*; that); to ~ o.s. *sich (z Stelle) melden* **B.** vi *Bericht erstatten* (to a p *jdm*; for *wegen*; on, upon *über*); ⟨mil⟩ *melden, Meldung* m | *sich melden* (to *bei*); Sir, I ~ as new officer of the day *Leutnant N. meldet sich als O.v.D.* (*Offizier vom* [*Tages-*]*Dienst*) ‖ ⟨mil⟩ *sich stellen*; to ~ for duty *sich z Dienst melden*, *den D. antreten*; to ~ sick *sich krank melden*; to ~ to the police *sich der Polizei st.* ~able [~əbl] a *meldepflichtig* (disease) ~ed [~id] a ⟨gram⟩ *indirekt* (speech); ~ly [adv] *gerücht-weise* ~er [~ə] s *Berichterstatter*(in f) m *e–r Zeitung* ~ing [~iŋ] s *Berichterstattung* f ‖ [attr] *Berichts–, Berichterstattungs–*; *Melde–*; *Nachrichten–*

repose [ri'pouz] vt (*Hoffnung* etc) *setzen* (in *auf*)

repose [ri'pouz] **1.** vt/i ‖ (*nieder*)*legen* (on *auf*), ~d [pp] *liegend* ‖ (*jdm*) *Ruhe gewähren*, (*jdn*) *erfrischen*; to ~ o.s. *sich ausruhen, sich niederlegen* | vi (*sich*) *ausruhen* (on *auf*); *ruhen*; *schlafen* (in) ‖ ⟨übtr⟩ *ruhen* (in *in, auf*); *gegrün-det s, beruhen* (on, upon *auf*) **2.** s *Ausruhen* n, *Ruhe* f; *Schlaf* m ‖ *Erholung* f (from *v*) ‖ *Untätig-keit, Ruhe* f (in ~) | *Stille* f, *Frieden* m ‖ *Gelassen-heit, innere Ruhe, Würde* f ~ful [~ful] a (~ly adv) *ruhevoll, ruhig*; *heiter*

repository [ri'pɔzitəri] s *Aufbewahrungsort* m (for *f*) | *Behälter* m; *Niederlage* f, *Lager* n, *Vor-ratskammer* f, *Speicher* m ⟨a übtr⟩ | ⟨min⟩ *Lager* n | ⟨fig⟩ *Vertrauter* m (of a p's sorrows)

repossess ['ri:pə'zes] vt (*etw*) *wiedererhalten, –gewinnen* | (*jdn*) *wiedereinsetzen* (in *in*); to ~ o.s. *sich wieder in Besitz setzen* (of a th *e–r S*) ~**ion** ['ri:pə'zeʃən] s *Wiedergewinnung* f

repost [ri'poust] s → riposte

repost ['ri:'poust] vt (*Brief*) *umadressieren*

repoussé [rə'pu:sei] Fr **1.** a (of metal work) *getrieben, erhaben*; *gedrückt*; *gehämmert* **2.** s *erhabene, gehämmerte Arbeit* f

repp [rep] s → rep ~ed [rept] a *gerippt*

reprehend [,repri'hend] vt *tadeln, rügen* –**hensible** [,repri'hensəbl] a (–bly adv) *tadelns-*

wert, verwerflich **–hension** [‚repri'henʃən] s *Tadel, Verweis* m

re-present ['riːpri'zent] vt *wieder vorlegen*

represent [‚repri'zent] vt **1.** (*etw*) (*im Geiste*) *vorstellen* (to ~ to o.s. *sich* [*etw*] *v.*); to ~ a th to a p *jdm etw vorstellen, darstellen* ‖ *nahebringen, z Gemüte führen* (a th to a p *jdm etw*; that *daß*) **2.** *bildlich darstellen; abbilden* ‖ (*in Worten*) *schildern, beschreiben* (a th as *od* a th to be *etw als*) **3.** ⟨theat⟩ *aufführen,* (*Charakter*) *darstellen, spielen* **4.** *verkörpern; symbolisch darstellen; bedeuten* ‖ *entsprechen* **5.** *repräsentieren;* to ~ a p *jdn, jds Stelle vertreten, jds Vertreter s;* to be **~ed** *vertreten s* (at *bei;* in *in*) **~ation** [‚reprizen-'teiʃən] s **1.** *bildliche Darstellung* f; *Bild* n; ⟨math⟩ *Abbildung* f | *Schilderung, Beschreibung* f | ⟨theat⟩ *Aufführung; Darstellung* (*e–r Rolle*) f **2.** *Vorstellung* f; *Begriff* m **3.** *Darstellung, Angabe* f (false ~s); ~ *of fire* (*Manöver-)Feuerdarstellung* f **4.** *Vorstellung, Vorhaltung* f; to make **~s** to a p *jdm Vorhaltungen m;* to make diplomatic **~s** to a state *auf diplomatischem Wege bei e–m Staate vorstellig w* **5.** *Stellvertretung* f | ⟨parl⟩ *Vertretung* f, system of ~ *Repräsentativsystem* n ‖ *proportional* ~ ⟨m. m.⟩ *Verhältniswahl* f ‖ *vertretende Körperschaft* f **6.** [attr] ~ *allowance* (*Dienst-)Aufwandsentschädigung* f **~ational** [‚reprizen'teiʃənl] a *Vorstellungs–; begrifflich* ‖ *vertretend* **~ative** [‚repri-'zentətiv] **1.** a (~ly adv) **a.** *darstellend* ‖ *verkörpernd; bezeichnend, typisch* (of *f*); *vorbildlich, instruktiv, Muster–* | *vertretend, repräsentierend, Repräsentativ–; repräsentativ* (*Regierung* [*sform* f] *f*) ‖ *Durchschnitts–* (sample) | to be ~ of *darstellen, verkörpern; repräsentieren* **b.** *vorstellend, Vorstellungs–, Begriffs–* **c.** ⟨bot & zoo⟩ *ähnlich; entsprechend* **2.** s **a.** *typischer Vertreter, Repräsent'ant, Verkörperer m* (of a th *e–r S*); (*Muster-)Beispiel* n (of *f*); *Typ* m **b.** (*Stell-)Vertreter, Bevollmächtigter, Beauftragter* m; *legal* ~ *Testamentsvollstrecker, Nachlaßverwalter* m; *real* ~ *Erbe* m | *Beauftragter* m, special ~ *Sonderbeauftragter* m (for *f*); *Agent* m **c.** ⟨parl⟩ *Repräsent'ant, Volksvertreter* m; House of **~s** ⟨Am⟩ *Repräsentanten–, Unterhaus* n, *Volksvertretung* f ‖ **~s** [pl] ⟨pol⟩ *Auslandsbehörden* f pl, *amtliche englische* (etc) *Vertreter* m pl **~atively** [‚repri'zentətivli] adv *vertretungsweise, in Vertretung* **~ativeness** [‚repri'zentətivnis] s *repräsentativer Charakter* m

repress [ri'pres] vt (*Aufruhr*) *unterdrücken, zurückdrängen* ‖ (*Gefühl*) *zurückhalten; zügeln, hemmen* **~er** [~ə] s *Unterdrücker* m **~ion** [ri-'preʃən] s *Unterdrückung* f; ⟨psych⟩ *Verdrängung* f ‖ *Zügelung, Hemmung* f **~ive** [ri'presiv] a (~ly adv) *unterdrückend, Unterdrückungs–* (~ *measures*) ‖ *hemmend, Repress'iv–* ‖ *abweisend* (tone)

reprieve [ri'priːv] **1.** vt (*jdm*) *Strafaufschub gewähren;* (*jdn*) *begnadigen;* (*jdm*) *e–e kurze Frist, Atem-, Ruhepause gewähren* **2.** s *Aufschub* m *der Vollstreckung e–s Todesurteils;* (*Straf-* etc) *Aufschub* m; *Begnadigung* f ‖ *kurze Frist; Atempause; Rettung* f

reprimand ['reprimɑːnd] **1.** s *ernster Verweis* m, *Rüge* f **2.** vt (*jdm*) *e–n V. erteilen;* (*jdn*) *tadeln*

reprint ['riːprint] **1.** vt *wieder(ab)drucken, neu (ab)drucken, neu herausgeben* **2.** s *neuer Abdruck, Um-, Neu-, Sonderdruck* m; ⟨phot⟩ *Zweitkopie* f

reprisal [ri'praizəl] s *Zwangs–, Vergeltungsmaßnahme, –maßregel* f (in ~ for *als V. f*); *Repress'alie* f; to make ~ *on Vergeltungsmaßregeln ergreifen gegen* ‖ *right of* ~ *Vergeltungsrecht* n ‖ **~s** [pl] ⟨jur & pol⟩ *Repress'alien* f pl | ~ *attack,* ~ *raid V.sangriff* m

reprise [ri'praiz] s Fr *Wiederaufnahme* f (of an attack) ‖ ⟨mus⟩ *Wiederauftreten* n, *–holung* f

(*e–s Themas*) ‖ ~s [pl] ⟨jur⟩ *jährliche Abzüge* m pl

reproach [ri'proutʃ] **1.** vt (*etw*) *rügen* ‖ (*jdm*) *Vorwürfe m,* (*jdn*) *tadeln* (for *wegen*) ‖ to ~ a p with a th *jdm etw vorwerfen, z Last legen, jdn anschuldigen wegen etw* (with doing *getan zu h*); to ~ o.s. *sich vorwerfen* (that) ‖ (*jdn; etw*) *diskreditieren, herabsetzen* **2.** s *Schmach, Schande* f (to *f*); to bring, cast ~ upon a p *jdm Sch. einbringen;* it is no ~ *on* a p *to own es schändet jdn nicht zuzugeben;* to be a ~ *to* a th ⟨übtr⟩ *e–r S Abbruch tun, schaden* ‖ *Vorwurf* m; (his conduct was) beyond ~ *untadelig;* without fear and ~ *ohne Furcht u Tadel;* a look, term of ~ *ein Blick, Ausdruck* m *des Vorwurfs* ‖ to heap ~es on a p *jdn mit Vorwürfen überhäufen* | ⟨R. C.⟩ ~es [pl] *Karfreitagliturgie* f **~ful** [~ful] a (~ly adv) *vorwurfsvoll* ‖ *schmachvoll* **~less** [~lis] a *tadellos*

reprobate ['reprobeit] **1.** a (*v Gott*) *verworfen* ‖ *ruchlos, lasterhaft* **2.** s *Verworfener* m ‖ *ruchloser Mensch* m **3.** vt (*etw*) *scharf mißbilligen; verurteilen; verwerfen* ‖ ⟨theol⟩ *verdammen* **–ation** [‚repro'beiʃən] s *Verwerfung* f; *Mißbilligung* f; in ~ of a th *etw mißbilligend* ‖ ⟨theol⟩ *Verdammnis* f

reprocess ['riː'prouses] vt (*Abfälle* etc) *wiederverwerten*

reproduce [‚riːprə'djuːs] vt/i **A.** vt **1.** (*Glied, Organ* etc) *wieder hervorbringen, – erzeugen, – schaffen; – lebendig m* ‖ ⟨übtr⟩ *wieder hervorbringen* **2.** *bildnerisch wiedergeben, –abdrucken, reproduzieren; nachschaffen* ‖ ⟨theat⟩ *wieder inszenieren* **3.** *sich* (*etw, jdn*) *im Geiste verlebendigen;* (*etw*) *wieder schaffen* **B.** vi ⟨physiol⟩ *zeugen; sich fortpflanzen; sich vervielfältigen* **–cer** [~ə] s *Nachbilder* m ‖ *Reproduktionsvorrichtung* f ‖ *Wiedergabegerät* n; (*Grammophon-)Tonkopf* m ‖ *Kartendoppler* m **–cible** [‚riːprə'djuːsəbl] a *reproduktionsfähig;* ~ *master print Mutterpause* f **–ction** [‚riːprə'dʌkʃən] s ⟨physiol⟩ *Zeugung* f; *Wiedererzeugung; Fortpflanzung* f | *Wiederverlebendigung* f (*im Geiste*) | *bildnerische Wiedergabe, Nachbildung* f, *Abdruck* m; *Vervielfältigung, Reproduktion* f | [attr] ~ *equipment* ⟨phot⟩ *Kopiergerät* n ‖ ~ *fee Veröffentlichungshonorar* n ‖ ⟨demog⟩ *net* ~ *rate reine Reproduktionsziffer,* nuptial ~ *rate Reproduktionsziffer* f *nach Heirats- u Ehelösungshäufigkeit* ‖ ~ *ratio,* ~ *scale Abbildungsmaßstab* m **–ctive** [‚riːprə'dʌktiv] a (~ly adv) (*wieder*) *hervorbringend, – erzeugend* ‖ *Fortpflanzungs–, Reproduktions–* ‖ ⟨physiol, demog⟩ ~ *age Alter* n *der Fortpflanzungsfähigkeit,* ~ *behaviour Fortpflanzungsverhalten* n **–ctiveness** [~nis], **–ctivity** [‚riːprədʌk'tiviti] s *Reproduktiv'ät, Reproduktionsfähigkeit* f

reproof [ri'pruːf] s *Verweis, Tadel* m; in ~ of *tadelnd*

reproval [ri'pruːvəl] s *Mißbilligung* f; *Tadel* m **-ve** [ri'pruːv] vt (*jdn*) *tadeln* ‖ (*etw*) *mißbilligen*

reprovision ['riːprə'viʒən] vt *mit frischem Proviant versehen*

reps [reps] s → **rep**

reptant ['reptənt] a L ⟨bot & zoo⟩ *kriechend*

reptile ['reptail] **1.** s ⟨zoo⟩ *Reptil* n ‖ ⟨fig⟩ *Kriecher, gemeiner Mensch* m **2.** a *Kriech–, kriechend* ‖ ⟨fig⟩ *kriecherisch, gemein* **–lian** [rep'tilian] **1.** a *reptilienartig, Reptilien–, Kriechtier–* **2.** s *Kriechtier, Rept'il* n **–liferous** [‚repti-'lifərəs] a ⟨geol⟩ *fossile Reptilien enthaltend* ‖ **–liform** ['reptilifə:m; rep'tilifə:m] a ⟨zoo⟩ *kriechtierförmig* **–livorous** [‚repti'livərəs] a *Reptilien fressend*

republic [ri'pʌblik] s *Republ'ik* f (the ~ of N. *die R. N.*), *Freistaat* m ‖ the ~ *of letters die Gelehrtenwelt; Literatur* f **~an** [~ən] **1.** a *republikanisch* (⟨Am⟩ the ~ *Party*) **2.** s *Republik'aner* m **~anism** [~ənizm] s *republikanische*

Regierungsform f; *republ. Gesinnung* f **~anize** [~ənaiz] vt *republikanisch m*

republication [ˈriːˌpʌbliˈkeiʃən] s *Wiederveröffentlichung, Neuauflage* f, *–druck* m **–lish** [ˈriːˈpʌbliʃ] vt *wieder veröffentlichen*; *(Buch) neu auflegen*

repudiate [riˈpjuːdieit] vt/i || *(Frau) verstoßen* || *(etw) verabscheuen; ableugnen* || *(etw als unberechtigt) verwerfen, zurückweisen*; *(Gedanken) v sich weisen* || ⟨bes Am⟩ *(Staatsschuld etc) nicht anerkennen* | vi *Staatsschuld nicht anerkennen* **–ation** [riˌpjuːdiˈeiʃən] s *Verstoßung* f || *Verwerfung, Zurückweisung* f || *Nichtanerkennung* f **–ationist** [riˌpjuːdiˈeiʃənist], **–ator** [riˈpjuːdieitə] s *jd, der die Zahlungsverpflichtung f Staatsschuld nicht anerkennt*

repugn [riˈpjuːn] vi/t || *to ~ against kämpfen gegen* | vt *(jdn) anwidern, abstoßen* **~ance** [riˈpʌgnəns] s *Unvereinbarkeit* f; *Widerspruch* m (between *zw*; to, with *z, mit*) || *Widerwille* m, *Abneigung* f (for a p *gegen jdn*; to, against a th *gegen etw*; to do) **~ancy** [riˈpʌgnənsi]* s *Widerspruch* m || *Widerwille* m **–ant** [riˈpʌgnənt] a (~ly adv) *im Widerspruch stehend* (to *zu*), *unvereinbar* (with *mit*) || *widerstrebend* (to a th *e–r S*), –willig || *widerlich*; *zuwider* (to a p *jdm*)

repulp [riˈpʌlp] vt ⟨pap⟩ *(Papier) einstampfen*

repulse [riˈpʌls] **1.** vt *(Angriff) abschlagen, –weisen, –wehren*; *(Feind) zurückwerfen, –schlagen* | ⟨übtr⟩ *(Anklage) zurückweisen*; *(jdn) ab–, zurückweisen* **2.** s *Zurücktreiben, –schlagen* n || *Zurückweisung, abschlägige Antwort* f **–sion** [riˈpʌlʃən] s ⟨phys⟩ *Abstoßung* f || ⟨fig⟩ *Abneigung* f; *Widerwille* m | ~ *motor* ⟨el⟩ *Repulsionsmotor* m **–sive** [riˈpʌlsiv] a (~ly adv) ⟨phys⟩ *abstoßend* | ⟨fig⟩ *abstoßend*; *widerwärtig* (to a p *jdm*) **–siveness** [~nis] s *Widerwärtigkeit* f

repurchase [ˈriːˈpəːtʃəs] **1.** vt *wieder–, zurückkaufen* **2.** s *Rück–, Wiederkauf* m

reputability [ˌrepjutəˈbiliti] s *Achtbar–, Ehrbarkeit* f **–able** [ˈrepjutəbl] a (–ably adv) *achtbar, angesehen*; *ehrbar* | ⟨com⟩ *ersten Ranges* **–ation** [ˌrepjuˈteiʃən] s *Ruf* m; *to have the ~ of being .. im Rufe stehen z s ..*; *to have a ~ for bekannt s wegen* | *guter Name* m; *Ansehen* n (men of ~); *to enjoy, hold the highest ~ das höchste A. genießen, in höchstem A. stehen*

repute [riˈpjuːt] **1.** vt [*nur pass*] *to be* ~d *gehalten w* f, *he is* ~d (to be) *the best player er gilt f den besten Spieler, als der beste Spieler*; *to be well* ~d *in gutem Rufe stehen, e–n guten Namen h* **2.** s *Ruf* m; *by* ~ *dem R. nach*; *of good* ~ *v hohem R.* || *Ansehen* n (in high ~) | ~d [~id] a *berühmt* | *angeblich*; *vermeintlich*; *scheinbar*; *a* ~ *pint etwa e–e Pinte* **~dly** [~idli] adv *dem Rufe nach*; *angeblich*

request [riˈkwest] **1.** s *An–, Ersuchen* n (at the ~ of; by ~ of *the town authorities auf E. v.*) || ~s *for employment Nachfrage* f *auf dem Arbeitsmarkt* m || *Bitte* f (at my ~ *auf m–e B.*); *to make a* ~ *to a p an jdn e–e Bitte richten, stellen*; *to make a ~ for bitten um* || *Gesuch* n | *Anforderung, Forderung* f, *Begehr* n, *Wunsch* m (on ~ *auf W.*); *Nachfrage* f (for *nach*); *to be in* ~ *begehrt, gesucht s* | ~ *stop Bedarfshaltestelle* f || ~ *time* ⟨telph⟩ *Anmeldezeit* f **2.** vt **a.** *(jdn) bitten* (to do), *v jdm erbitten* (that) | *(etw) erbitten, beantragen, vorschlagen*; *as* ~ed *wie erbeten, auf Ihre Bitte* | *ersuchen um, bitten um (etw)*; *it is* ~ed *es wird gebeten* (to do) || *to* ~ *permission um Erlaubnis bitten* **b.** *um die Erlaubnis bitten* (to do; that)

requicken [ˈriːˈkwikən] vt/i || *z neuem Leben wecken*; *neu beleben* | vi *sich neu beleben*

requiem [ˈrekwiem] L s *R·equiem* n ⟨a mus⟩, *Seelenmesse* f

requiescat [ˌrekwiˈeskæt] L s ⟨ec⟩ *Gebet* n *um*

Ruhe f *e–n Verstorbenen*; ~ *in pace* (abbr R. I. P.) *er ruhe in Frieden*

require [riˈkwaiə] vt/i **A.** vt **1.** *fordern* (a th *etw*; a th to be done *daß etw geschieht*; that .. should); *to* ~ *of a p v jdm verlangen* (to do; that); *all that is* ~d *of an artist alles, was v e–m Künstler verlangt wird* || *to* ~ *a p to do jdn befehlen z tun* **2.** *unbedingt verlangen, erfordern*; *it* ~s *an article to itself es erfordert e–n Artikel f sich*; *to be* ~d *erforderlich, notwendig s* || ~d [a] *Pflicht–* (~d *subject*); ~d *output Leistungsbedarf* m **3.** *brauchen*; *I* ~ *to offer no reiteration of the request ich brauche die Bitte nicht z wiederholen*; *bedürfen* (*it* ~s *all my attention*); *not to* ~ *repeating nicht wiederholt zu w brauchen*; *as* ~d *nach Bedarf*; *if* ~d *wenn nötig* || *I* ~ *to go ich muß gehen*; *he* ~s *to be punished er muß bestraft w* || ~d *supply rate (Munitions-)Nachschubbedarfsquote* f **B.** vi *nötig s* **~ment** [~mənt] s *Anforderung* f, *Forderung, Bedingung* f || *Erfordernis, Bedürfnis* n; *(Schieß–, Übungs-)Bedingung, –Aufgabe* f; ~s [pl] *erforderliche Menge* f, *Bedarf* m

requisite [ˈrekwizit] **1.** a *erforderlich, notwendig* (to, for *f*); ~ *power Kraftbedarf* m **2.** s *Erfordernis* n, *notwendige Bedingung* f (for *f*); ~s [pl] *Bedarfsartikel* m pl **~ness** [~nis] s *Erforderlichkeit, Notwendigkeit* f

requisition [ˌrekwiˈziʃən] **1.** s *Forderung* f || *notwendige Bedingung* f, *Erfordernis* n || ⟨jur⟩ *Aufforderung* f, *Ersuchen* n | *Requirierung*; ⟨mil⟩ *Requisition* f; *to put in* ~ *in Beschlag nehmen, requirieren* | ~ *number Bestellnummer* f; ~ *order Beschlagnahmeverfügung* f, *Requisitionsschein* m **2.** vt *requirieren*; *beschlagnahmen*; *(Truppenbedarf etc) beitreiben* || *anfordern* || *beanspruchen, in Anspruch nehmen* (for), → *zero-derivation*

requital [riˈkwaitl] s *Vergeltung*; *Strafe* f || *Belohnung* f **requite** [riˈkwait] vt *(etw) vergelten*; *belohnen* (with *mit*) || *(jdm) heimzahlen, vergelten* (with)

re-radiation [ˈriːreidiˈeiʃən] s ⟨bes wir⟩ *Reflexion* f

rerail [riˈreil] vt ⟨rail⟩ *aufgleisen*

re-read [ˈriːˈriːd] vt [→ to read] *noch einmal (durch)lesen*

re-record [ˈriːriˈkɔːd] vt ⟨bes film⟩ *umspielen* || *(Band) überspielen*

reredos [ˈriədɔs] s ⟨arch⟩ *Altarrückwand* f *(reich verzierter –aufsatz), Retabel* n

re-release [ˌriːriˈliːs] s ⟨film⟩ *Wiederaufführung* f *(e–s alten Films)*

reroute [ˌriːˈruːt] vt *(a* ⟨el⟩*) umleiten* **–ting** [~iŋ] s *Umleitung*; *Ersatzschaltung* f

rerun [ˈriːrʌn] s ⟨film⟩ *Wiederaufführung* f

res [riːz] s L *Sache*; ~ *judicata rechtskräftig entschiedene S* f

rescind [riˈsind] vt *(Gesetz, Urteil) aufheben, umstoßen* || *abschaffen, f ungültig erklären, rückgängig m* **–able** [~əbl] a *anfechtbar, annullierbar* **–scission** [riˈsiʒən] s *Aufhebung* f **–scissory** [riˈsisəri] a *Aufhebungs–*

rescript [ˈriːskript] s *amtl. Erlaß, Bescheid* m

rescue [ˈreskjuː] **1.** s *Rettung, Befreiung* f; *to come to the* ~ *of a p od to a p's* ~ *jdm z Hilfe k*; *to the* ~! *(zu) Hilfe!* || *gewaltsame Befreiung* f || *gewaltsame Entreißung* f | [attr] *Rettungs–* (~ *buoy*)*; Bewahrungs–* (~ *home*) || ~ *coordination centre Suchleitstelle* f || ~ *ship Bergungs–, Rettungsschiff* n || ~ *tug Bergungsschlepper* m **2.** vt *(jdn) freilassen* || *(jdn) retten, befreien (from aus, v)* || ⟨jur⟩ *(jdn) gewaltsam befreien* || *(etw) mit Gewalt zurücknehmen* | *(etw) retten, bewahren (from vor)*; *entreißen (from oblivion der Vergessenheit)* **rescuer** [~ə] s *Befreier(in), Retter(in* f) m

re-sealing ['ri:'si:liŋ] s ⟨engl jur⟩ *Bestätigung* f (*e–s Erbscheins*)

research [ri'sə:tʃ] **1.** s *eifrige Suche, Nachforschung* f (*for,* after *nach*) ‖ [*mst* pl ~es] *wissenschaftl. Untersuchung, Forschung* f (on *über*); *–sarbeit* f (engaged in ~); ⟨engl⟩ Committee for Scientific and Industrial ~ *Reichsamt* n f *Forschung* ‖ *Forschungssinn* m, *–kraft* f | [attr] *Forschungs–* (~ *work*); ~ *chemist,* ~ *physicist Chemiker, Physiker* (*in der* od *s–r Eigenschaft*) *als Forscher;* ~ *worker Forscher* m **2.** vi *Untersuchungen anstellen;* to ~ into a th *etw untersuchen* → zero-derivation **~er** [~ə] s *Erforscher*(*in* f) m; *Forscher*(*in* f) m

reseat ['ri:'si:t] vt *wieder* (*ein*)*setzen* (on the throne) ‖ (*Kirche* etc) *mit neuen Sitzen versehen;* (*Stuhl*) *mit neuem Sitz versehen* ‖ (*Ventil*) *einschleifen*

resect [ˌri:'sekt] vt ⟨surg⟩ (*etw*) *herausschneiden* **~ion** [ˌri:'sekʃən] s ⟨surg⟩ *Resekti·on* f

reseda **1.** [ri'si:də] s ⟨bot⟩ *Res·eda* f; *Wau* m **2.** [rezeda] s Fr *blaßgrüne Farbe*

reseize ['ri:'si:z] vt (*Land*) *wieder in Besitz nehmen*

resell ['ri:'sel] vt [→ to sell] *wieder verkaufen*

resemblance [ri'zembləns] s *Ähnlichkeit* f (to *mit*); to bear, have a ~ to a p, to a th *Ä. h mit jdm, etw; jdm, e–r S ähnlich sehen;* to have the ~ of *aussehen wie;* he liked his ~ to her *er freute sich, daß er ihr ähnlich sah* **–blant** [ri'zemblənt] a *ähnelnd* (to a th *e–r S*) ‖ *ähnlich* **–ble** [ri'zembl] vt (*jdm; e–r S*) *gleichen, ähneln, ähnlich sehen;* there is nothing remotely **–bling** *that type nichts ähnelt entfernt jenem Typ* | † *vergleichen* (to *mit*)

resent [ri'zent] vt *verübeln, übelnehmen* (a th; [they ~ed] my leaving .. *daß ich gegangen bin*); *sich ärgern über* (*etw*) **~ful** [~ful] a (~ly adv) *empfindlich; grollend* (against *gegen*); to be ~ of *ärgerlich s auf* **~ment** [~mənt] s *Empfindlichkeit* f; *Befremden* n (at *über*); *Verstimmung* f; *–druß* m | *Entrüstung, Empörung* f; *Ärger* (at *über*); *Groll* m (against *gegen;* at *über*)

reservation [ˌrezə'veiʃən] s ⟨jur⟩ *Reserv·at* n; *–recht* n; ~ of title *Eigentumsvorbehalt* m ‖ *Sperrgebiet n ‖ *Vorbehalt* m (mental ~ *geheimer V.*); *Bedingung* (without ~) ‖ ⟨demog stat⟩ *Reservation* f ‖ ⟨Am⟩ *Reserv·at* n, *den Indianern reservierter Bezirk* m; *Wildreservat* n, *–schutzpark* m ‖ ⟨Am⟩ *Vorbestellung* f (of seats); to make ~ of seats *Plätze vorbestellen* ‖ with ~ *unter Vorbehalt; vorbehaltlich* [gen]

reserve [ri'zə:v] **I.** vt *zurückbehalten, –legen, aufbewahren* (for); to ~ one's strength *s–e Kräfte aufbewahren, aufsparen* (for); to ~ o.s. *sich schonen* ‖ (*etw*) *zurückstellen; aufschieben, vorbehalten* (for a time *e–r Zeit*); comment is being ~d *mit e–r Erklärung hält man zurück* | (*etw*) *reservieren, freihalten, vorbehalten* (to, for a p *jdm*); to ~ the right *sich das Recht vorbehalten* (to do); to ~ a th to (od for) o.s. *sich e–e S vorbehalten;* it was ~d for Mr. N. *es war Herrn N. vorbehalten* (to do) | (*Platz*) *belegen* l, *reservieren* l, *vormerken* l ‖ (*v Wehrdienst*) *als unabkömmlich zurückstellen* **II.** s **1.** (*Not–*)*Vorrat* m (of *an*), *Reserve* f; to place to ~ *dem Reservefonds zuweisen;* in ~ *in Reserve, vorrätig; im Rückhalt;* ~s [pl] *Rücklagen* f pl; ⟨Am bal⟩ *Rücklagen u Rückstellungen* pl; inner ~ *stille Reserve* | ⟨mil⟩ *Reserve* f (*noch verfügbare Kräfte*) ‖ ⟨tact⟩ *Haupttrupp* m; *Reserve* f ‖ *Reservevorrat* m; ~s [pl] *Reserven* pl; the ~ *die R.* (*ausgebildete Truppe*); to place to the ~ *der R. überweisen* ‖ ⟨sport⟩ *Reserve–, Ersatzmann* m ‖ native ~ ⟨demog stat⟩ = reservation *Reservation* f **2.** *reserviertes Gebiet* n (for) **3.** *Einschränkung* f, *Vorbehalt* m (without ~) **4.** *Zurückhaltung, Vorsicht, Reserve* f; to exercise, observe ~ *R. üben, beobachten* ‖ *zurückhalten-*

des Wesen·n, Verschlossenheit f ‖ *vornehme Zurückhaltung, Beherrschung* f **5.** [attr] *Reserve–* ‖ ~ army *Ersatzheer* n; ~ battalion *–bataillon* n; ~ division *Eingreifdivision* f; ~ echelon ⟨tact⟩ *Reserveeinheiten* f pl ‖ ~ fund *–fonds* m, ~ funds [pl] ⟨com⟩ *Rücklagen* f pl; to transfer to ~ f. ⟨bal⟩ *der Rücklage zuweisen* ‖ ~ library ⟨Am⟩ *Präsenzbücherei* f ‖ ~ officer applicant *R.-O.-Bewerber* m, ~ o. candidate *–anwärter* m ‖ ~ position ⟨tact⟩ *Auffangstellung* f ‖ ~-price (*bei Auktionen*) *Vorbehalts-, Einsatzpreis* m ‖ ~ service *Reservedienst* m ‖ ~ status (*P*) *Beurlaubtenstand* m ‖ ~ stocks, ~ supplies [pl] *Reservebestände* m pl ‖ **–ved** [~d] a *zurückbehalten, reserviert; Reservat–* (right); ~ seat *reservierter, numerierter Platz* m ‖ *vorbehalten* (all rights ~) ‖ *zurückhaltend* ‖ ~ area *Schutzbereich* m; *Sperrgebiet* n ‖ in ~ occupation ⟨mil⟩ (*P*) (*im öffentlichen Interesse*) *freigestellt,* ⟨hist⟩ *uk-gestellt;* (*P*) *unabkömmlich* ‖ ~ route (f *mil. Zwecke*) *vorbehaltene Straße* f **–vedly** [~idli] adv *mit Vorsicht* ‖ *einschränkend, unter Vorbehalt*

reservist [ri'zə:vist] s *Reservist* m **–voir** ['rezəvwa:] s Fr *Reservoir* n; (*Vorrats-*)*Behälter* m ‖ *Sammelbrunnen* m ‖ *Wasservorrats-, Hochbehälter* m, *Wasserturm* m ‖ ⟨min oil⟩ *Vorkommen* n ‖ *Stausee* m, *–becken* n (*e–r Talsperre*) | ⟨fig⟩ *Sammelbecken* n; (*Reserve-*)*Vorrat* m (of *an*)

reset ['ri:'set] vt (*Messer*) *neu schärfen;* – *abziehen* (*Edelstein*) *neu einfassen* ‖ ⟨a typ⟩ *wieder setzen* ‖ ~ting key ⟨typewr⟩ *Rück*(*stell*)*taste* f

resettle ['ri:'setl] vt *wieder in Ordnung bringen;* – *beilegen* ‖ *neu ordnen* ‖ *wieder ansiedeln; umsiedeln* **~ment** [~mənt] s *Neu–, Umordnung* f ‖ *Umsiedlung, erneute Ansiedlung* f

reshape ['ri:'ʃeip] vt/i ‖ *neu–, umformen, –gestalten* | vi *neue Gestalt annehmen*

reship ['ri:'ʃip] vt *wieder verschiffen; um–, verladen* **~ment** [~mənt] s *Rückverladung* f ‖ *Rückladung* f

reshuffle ['ri:'ʃʌfl] vt (*Karten*) *neu mischen* ‖ ⟨fig⟩ *umgruppieren, neu orientieren*

reside [ri'zaid] vi (*P*) *wohnen, ansässig s; residieren* ‖ *am Ort wohnen* | (of rights) *zukommen, –stehen* (in a p *jdm*) | ⟨fig⟩ (of qualities) *innewohnen* (in a th *e–r S*); *beruhen, liegen* (in in; with *bei*) **~nce** ['rezidəns] s *Wohnen* n, *Wohnsitz* m (to take up one's ~ *s–n W.* [*ein*]*nehmen*); (⟨a⟩ place of ~) *Wohnort* m | *Residenz–, Wohnpflicht an e–m best. Orte* f; ~ in ~ *am Orte* | *Wohnung, Residenz* f | *Wohnhaus* n | *Aufenthalt* m, *–szeit* f; permit of ~ *Zuzugs–, Aufenthaltsgenehmigung* f **~ncy** ['rezidənsi] s *Amtswohnung, Residenz* f | *Residentschaft* f **~nt** ['rezidənt] **1.** a (*ständig*) *wohnhaft; ansässig* ‖ in e–m best. Hause or an best. Orte *wohnend* (~ tutor); *Wohn–* (population); *im Gastland wohnend* (alien) | ⟨fig⟩ *innewohnend, liegend, vorhanden;* to be ~ in *liegen in* **2.** s (⟨Am a⟩ *–der*) *Bewohner; Ansässiger* m; ~s' registration office ⟨Ger⟩ *Einwohnermeldeamt* n ‖ *am Platze wohnender Geistlicher* m; permanent ~ ⟨demog⟩ *anwesende P* ‖ ⟨Ind⟩ *engl. Ministerresid·ent; Regierungsvertreter* m **~ntial** [ˌrezi'denʃəl] a f *ein Privathaus geeignet, herrschaftlich* (mansion); *Villen–* (~ district, section *–bezirk, –viertel*) | *Wohn–, Wohnsitz–* ‖ ~ allowance *Wohnungsgeld*(*zuschuß* m) n ‖ **~ntiary** [ˌrezi'denʃəri] **1.** s *Geistlicher* (*mst Domherr*), *der an Residenzpflicht gebunden ist* m **2.** a *wohnhaft, seßhaft* (in in); *ansässig* ‖ a canon ~ = residentiary **1.** ~**ntship** ['rezidəntʃip] s *Amt* n, *Stellung* f *e–s Ministerresidenten*

residual [ri'zidjuəl] **1.** a ⟨a math⟩ *übrig–, zurückbleibend, –geblieben, übrig* ‖ *restlich* ‖ ⟨bal⟩ ~ value (in depreciation computations)

Restwert m (⟨Am⟩ *salvage*) **2.** s ⟨math⟩ *Rest* m; *Differenz* f ‖ *Rest(betrag)* m **–ary** [ri'zidjuəri] a *restlich, übrig* ‖ ⟨jur⟩ *~ estate Restnachlaß* m; *~* legatee *Erbe* m, *der (nach Abzug der Schulden* etc) *den Überschuß an bewegl. Habe erhält = Restnachlaßempfänger* m

residue ['rezidju:] s *Rest, –betrag* m ‖ ⟨chem⟩ *Rückstand* m, *Residuum* n ‖ ⟨jur⟩ *Nachlaß* m *nach Abzug der Schulden, Vermächtnisse* etc

residuum [ri'zidjuəm] L s [pl –dua] *Rest* m ‖ ⟨bes chem⟩ *Rückstand* m, *Residuum* n ‖ ⟨fig⟩ *niedrigste Schicht, Hefe* f

resign [ri'zain] vt/i **1.** vt *aufgeben, abtreten*; *verzichten auf* ‖ (*Amt*) *niederlegen* ‖ ⟨übtr⟩ (*Recht, Hoffnung*) *aufgeben* ‖ *übergeben*, (*Führung*) *–lassen* (to a p *jdm*) ‖ to *~* one's commission ⟨mil⟩ *den Abschied nehmen* ‖ to *~* o.s. *sich unterwerfen* (to a p *jdm*; to a th *e–r S*); *sich ergeben, anvertrauen* (to a th *e–r S*) ‖ *sich ergeben* (to a th *in etw*); *sich abfinden, sich versöhnen* (to *mit*); *sich bereit finden* (to doing *z tun*) **2.** vi *abdanken; austreten* (from *aus*); *zurücktreten* (from *v*); *verzichten* (from *auf*) **~ation** [.rezig-'neiʃən] s *Niederlegung* f (of an office *e–s Amtes*; by a p *v jdm, seitens jds*); *Rücktritt* m, *Abschied(sgesuch* n) m; to send in *od* give one's *~ s–n A.* or *s–e Entlassung einreichen* ‖ *Entsagung* f; *Verzicht* m (of *auf*); *Ergebung* f (to God *in Gott*) ‖ **~ed** [~d] *ergeben* ‖ to be *~* to one's fate *sich in sein Schicksal ergeben* h ‖ *entsagungsvoll; resigniert* **~edly** [~idli] adv *mit Ergebung, ohne z murren*

resign ['ri:'sain] vt *noch einmal (unter)zeichnen*

resile [ri'zail] vi *zurückgehen, –treten* (from *v*; from a contract) ‖ *zurückweichen, ausweichen* (from a th *e–r S*) ‖ *zurückprallen; in urspr. Lage zurückgehen, –kehren* **–lience** [ri'ziliəns] s *Zurückspringen, –prallen* n ‖ ⟨übtr⟩ *Abspringen, –fallen* n (from *v*) ‖ *Federung* f (*v Matratzen*); ⟨fig⟩ *Schwung* m, *Beweglichkeit, Spannkraft, Elastizität* f **–liency** [ri'ziliənsi] s *= –lience* **–lient** [ri'ziliənt] a *zurückspringend; –blickend* ‖ *federnd; geschmeidig;* ⟨fig⟩ *elastisch, beweglich*

resin ['rezin] **1.** s *Harz* n; *~* tapping (for) *Harznutzung* f ‖ *= rosin* **2.** vt *mit Harz behandeln, einreiben* **~aceous** [.rezi'neiʃəs] a *harzig, harzhaltig* **~ate** ['rezinit] s ⟨chem⟩ *Resin·at*, *Harzsäuresalz* n **~iferous** [.rezi'nifərəs] a *harzhaltig* **~ification** [re.zinifi'keiʃən] s *Harzherstellung; –werdung* f **~ify** [re'zinifai] vt/i ‖ *in Harz verwandeln;* *~ z Harz w* **~ous** ['rezinəs] a *harzig, kienig, Harz–* ‖ ⟨el⟩ *negativ*

resipiscence [.resi'pisəns] s *Sinnesänderung; reuige Besinnung* or *Einsicht* f **–ent** [.resi'pisənt] a *sich besinnend*

resist [ri'zist] I. vt/i **1.** vt (*e–r S; jdm*) *widerstehen; Widerstand leisten; he was* *~ed ihm wurde Widerstand geleistet* ‖ *sich widersetzen; nicht gehorchen* ‖ *hindern, hemmen* ‖ ⟨übtr⟩ (*der Versuchung* [dat]) *widerstehen* (I can *~* everything but temptation) ‖ ⟨neg⟩ *sich (etw) versagen;* I cannot *~* saying *ich kann nicht umhin z sagen* **2.** vi *Widerstand leisten* II. s *Schutzpräpar·at* n, *–beize* f **~ance** [~əns] s **1.** *Widerstand* m (to *gegen*; to doing); in *~* to *aus W. gegen*; to offer *~* to a p, to a th *jdm, e–r S W. leisten*; passive *~* *passiver W.*; consumer *~*, sales *~* *Kaufunlust* f ‖ *Widerstandskraft* f (to *gegen*) **2.** ⟨phys⟩ *Widerstandsfähigkeit, Festigkeit* f (to *gegen*) ‖ *~* to heat *Wärmebeständigkeit* f ‖ *~* to shocks *Schlagfestigkeit* f; *~* to wear *Verschleiß–* ‖ ⟨el⟩ *Beeinträchtigung der Stromstärke* f **3.** *Widerstand* m, *Hemmung* f, *Hindernis* n; to take the line of least *~* *den Weg des geringsten Widerstandes einschlagen* **4.** [attr] *Widerstands–* (*~* coil *–spule* f, *~* movement ⟨pol⟩ *–bewegung* f) **~ant** [~ənt] **1.** a *widerstehend, –strebend; wider-*

standsfähig (to *gegen*); *Widerstands–* **2.** s *der* (*die, das*) *Widerstandleistende; Schutzmittel* n (for) **~er** [~ə] s *Gegner* m; passive *~* *jd, der passiven Widerstand leistet* **~ible** [~əbl] a *z widerstehen(d); z bekämpfen(d)* **~ive** [~iv] a *z Widerstand geneigt* ‖ *widerstandsfähig* **~less** [~lis] a (*~ly* adv) *nicht z widerstehen(d); unwiderstehlich* ‖ *unabwendbar; unaufhaltbar*

re-site ['ri:'sait] vt (*Pfähle, Zaun* etc) *versetzen*

resole ['ri:'soul] vt *neu besohlen*

resoluble ['rezəljubl] a *auflösbar*; to be *~* into *sich auflösen in* ‖ ⟨übtr⟩ *lösbar* (mystery)

resolute ['rezəlu:t] **1.** a (*~ly* adv) *entschlossen* (for *z*; to do); *standhaft, fest* **2.** vt ⟨Am⟩ *= resolve*; pass resolution **~ness** [~nis] s *Entschlossenheit, Festigkeit* f

resolution [.rezə'lu:ʃən] s **1.** *Auflösung*; ⟨chem, mech, telv, mus⟩ *Auflösung* f (to *z*, into *in*) ‖ ⟨med⟩ *Zerteilung* f (*e–r Geschwulst*) ‖ *Auflösung* (*e–s Gedankens*), *Zerlegung* f (into *in*) ‖ **Lösung* f (*e–r Frage*); *Behebung* (*e–s Zweifels*) f ‖ ⟨pros⟩ *Substitution* f *zweier Kürzen f e–e Länge* ‖ ⟨theat⟩ *Lösung f des Knotens* **2.** ⟨parl⟩ *Resolution, formulierte Erklärung* f; ⟨übtr⟩ *Entschluß* m; to come to a *~ z e–m E. k* ‖ *Entschlossenheit* f, *Mut* m **–tive** ['rezəlu:tiv] **1.** a ⟨med⟩ *auflösend, zerteilend* **2.** s ⟨med⟩ *zerteilendes Mittel* n

resolvable [ri'zɔlvəbl] a *auflösbar* (into *in*)

resolve [ri'zɔlv] I. vt/i A. vt **1.** *auflösen*; ⟨chem, math, mus⟩ *auflösen* (into *in*); a th *~s* itself *etw löst sich auf, verwandelt sich* (into) ‖ *zerlegen; umwandeln* (into *in*) ⟨a fig⟩; the House *~s* itself into a committee *das Haus verwandelt sich in e–n Ausschuß, tritt als A. zus* **2.** (*Problem*) *lösen;* (*er)klären* ‖ (*Zweifel*) *beheben* **3.** *bestimmen, entscheiden* (a th; that) ‖ *den Beschluß fassen z* (etw), *beschließen* (a th; that) **4.** (*jdn*) *bestimmen, bewegen* (to do, on doing *z tun*), to *~* o.s. *sich vergewissern* (on über) B. vi **1.** *sich auflösen* (into *in*) ‖ to *~* into a committee *sich als Ausschuß konstituieren* **2.** *beschließen, sich entschließen* (upon a th *z etw*; to do, upon doing *z tun*) II. s *Entschluß* m ‖ ⟨Am⟩ *Beschlußfassung* f; *Entschlossenheit* f **~d** [~d] a (*~ly* [ri'zɔlvidli] adv) *fest, entschlossen* (on *zu*) **~nt** [~ənt] **1.** a ⟨chem, med⟩ *auflösend* **2.** s ⟨med⟩ *auflösendes Mittel* n ‖ ⟨fig⟩ *Lösung* f

resonance ['rezənəns] s *Resonanz; Klangfülle* f ‖ ⟨fig⟩ *Widerhall* m ‖ [attr] *Resonanz–* (*~* box) **–ant** ['rezənənt] a *lauttönend; nachklingend, widerhallend* (with *von*) **–ator** ['rezəneitə] s *Reson·ator* m (*Vorrichtung z Verstärkung v Tönen;* ⟨el⟩ *Nachweis v Schwingungen; Gerät z Darstellung der Resonanzstrahlung*)

resorb [ri'sɔ:b] vt ⟨biol⟩ (*wieder*) *aufsaugen; vollständig aufnehmen* **~ence** [~əns] s *erneute Aufsaugung* f **~ent** [~ənt] a *wieder aufsaugend*

resorcin [ri'zɔ:sin] s ⟨chem⟩ *Resorz·in* n

resorption [ri'sɔ:pʃən] s ⟨biol⟩ *Aufsaugung* f, *Resorpti·on*

resort [ri'zɔ:t] **1.** vi: to *~* to *s–e Zuflucht nehmen z; greifen z; Gebrauch m v* ‖ *sich begeben z* or *nach, .. to a p jdn aufsuchen, .. to a place Ort viel* or *öfter besuchen* **2.** s a. *Zuflucht* f; *letztes* (*Hilfs-)Mittel* n (to *z*), without *~* to force *ohne z Gewalt z greifen, ohne G. anzuwenden* ‖ in the last *~* *als letzter Ausweg; wenn Not am Mann ist;* ⟨im letzten Augenblick, schließlich, letzten Endes⟩ court of last *~* *Gericht* n *der höchsten Instanz* b. *Zus–kunft; Menge* f ‖ *Zus–Kommen* n, *–kunft* f c. *Versammlungsort* m ‖ health *~* *Bade–, Kurort* m; seaside *~*, bathing *~* *Seebad* n

resound [ri'zaund] vi/t ‖ *erschallen, ertönen* (through *durch*); *widerhallen* (with *v*); the hall *~s* to their cries *die Halle hallt wider, ertönt v* *ihren Schreien* | vt *widerhallen l*; (*Lob*) *laut verkünden* **~ingly** [~iŋli] adv *laut*

resource [ri'sɔ:s] s **1.** [*mst* pl **~s**] *Hilfsmittel* n, *-quelle* f; *Geldmittel* pl || **~s** [pl] *Naturschätze, Reichtümer* m pl; *Rohstoff-, Wirtschaftsquellen* f pl; to be thrown on one's own **~s** *auf sich selbst angewiesen s* || **~s** and man power *Hilfsquellen an Menschen u Material*; **~s** and development *Bodenschätze* m pl *u ihre Nutzung* || *Zuflucht* f, *Mittel* n; as a last **~** *als letzte Zuflucht, letzter Ausweg* **2.** *Erholung, Zerstreuung, Unterhaltung* f **3.** *schnelle Bereitschaft, Wendigkeit* f; *Geschick* n; *Findigkeit; Erfindungskraft; Fähigkeit* f (*sich helfen z wissen*), *Geistesgegenwart* f **~ful** [~full] a (~ly adv) *wendig; findig; geistig beweglich* || *reich an Hilfsquellen* **~fulness** [~fulnis] s *Wendig-, Findigkeit* f **~less** [~lis] a *ohne Hilfsquellen; hilflos*

respect [ris'pekt] s **1.** *Beziehung* f, to have **~** to *sich beziehen auf*; with **~** to *mit Bezug auf, betreffs* || *bestimmter Punkt* m; *Hinsicht* f (in this **~** *in dieser H.*; in all **~s** *in jeder H.*; in some **~s** *in gewisser H.*, in **~** of *in bezug auf, was anbetrifft* **2.** *Rücksicht* f (to *auf*); to have **~** to a th *etw berücksichtigen, im Auge h* || *Parteilichkeit* f (of a p *gegenüber jdm*); without **~** of *persons ohne Ansehen der P* [sg] **3.** (*Hoch-*)*Achtung, Ehrerbietung* f (out of **~** *for aus E. vor*); to be held in high **~** *hoch geachtet w* | **~s** [pl] [*nach poss pron*] *Empfehlungen* f pl, *Grüße* m pl, to pay one's **~s** to a p *sich jdm empfehlen; jdm s–e Aufwartung m* **~ability** [ris'pektə'biliti] s *Achtbarkeit* f || *Anständigkeit; Schicklichkeit* f; *Ansehen* n || *Konventionalität* f | *Formenmensch, auf Konvention, Etikette bedachter Mensch* m **~able** [ris'pektəbl] a (*-bly* adv) *angesehen, acht-, ehrbar; seriös, reell* || *anständig, schicklich* || *konvention ell* | *ansehnlich* (quite a **~** number) *leidlich* (weather) **~er** [~ə] s; to be no **~** of *persons k–n Unterschied der P m* **~ful** [~ful] a (~ly adv) *ehrerbietig; höflich*; to be **~** of *respektieren, achten*; (*in Briefen*) Yours respectfully *hochachtungsvoll, ergebenst* **~fulness** [~fulnis] s *Ehrerbietung; Höflichkeit* f

respect [ris'pekt] vt * (*jdn*) *betreffen, sich beziehen auf*, **→** **~ing** | (*jdn*) (*hoch*)*achten, schätzen; ehren* || (*Rechte*) *achten, schonen* || *Rücksicht nehmen auf* (*jdn*), *berücksichtigen, schonen*; to **~** persons *Personen unterschiedlich behandeln* **~ing** [~iŋ] prep *in bezug auf, betreffs, hinsichtlich* **~ive** [~iv] a *betreffend, besonder*; they go to their **~** places *sie gehen jeder an s–n Platz*; the **~** sums of 4d and 3d *die Summe v 4 bzw.* (or respektive) 3 pence **~ively** [~ivli] adv *respektive, beziehungsweise, oder*; known **~** as A. and B. *bekannt als A. bzw. B.* || *der Reihe nach, nacheinander*

respell ['ri:'spel] vt *noch einmal aussprechen; anders aus-* || (*Wort*) *phonetisch wiedergeben, umschreiben*

respirable ['respirəbl; ris'paiərəbl] a *atembar* (air) || *atmungsfähig* **-ation** [,respə'reiʃən] s *Atmen* n, *Atmung* f; (*a* übtr) (*of plants*) || *Atemzug* m **-ator** ['respəreitə] s *Respir'ator*; *Atemfilter* m; *Rauchschutzapparat* m, *Gasschutzmaske* f **-atory** [ris'paiərətəri] a *Atem-, Atmungs-*; **~** disease *Erkrankung* f *der Atmungsorgane*

respire [ris'paiə] vi/t || *atmen* || (fig) *aufatmen; sich erholen* | vt (*Luft*) *atmen; einatmen* || (fig poet) (*etw*) *atmen, ausströmen*

respite ['respait; 'respit] **1.** s *Frist* f, *Aufschub* m; *Stundungsfrist* f, **~** of payment *Stundung* f || *unbegrenzter Vollstreckungsaufschub* m | *Ruhe*(*pause*); *Erleichterung, Erholung* f (from *v*) **2.** vt (*jdm*) *Frist* or *Aufschub gewähren* || (*jdm*) *Erleichterung gewähren* | (*etw*) *auf-, ver-*

schieben, suspendieren (*Zahlung*) *zurückhalten, einstellen*

resplendence [ris'plendəns], **-ency** [-si] *blendender Glanz* m || *Pracht* f, **-ent** [ris'plendənt] a (~ly adv) *glänzend; strahlend*

respond [ris'pɔnd] **1.** vi (*oft* ec) *antworten* || (übtr) *antworten, erwidern* (with) | (fig) to **~** to *eingehen, reagieren auf, empfänglich s f* || (mus) (of instruments) to **~** *well leicht ansprechen* || (el) to cause to **~** (*ein Relais*) *z Ansprechen bringen* || (Am) *haften f* **2.** s (ec) *Responsorium* n | (arch) *Wandpfeiler* m; (hist) *Dienst* m **~ence** [~əns] s *Entsprechung* f, *entsprechendes Verhältnis* n; *Reaktion* f (to *auf*) **~ency** [~ənsi] s *Entsprechung* f **~ent** [~ənt] **1.** a *antwortend; reagierend* (to *auf*) | (jur) *beklagt* **2.** s (demog stat) *'gezählte P* || (jur) *Verteidiger* m || (jur) *Angeklagte(r), Beklagte(r,* m) f (*bes im Ehescheidungsprozeß*), **~er** [~ə] s [attr] *Antwort-* (~ beacon *-bake, -funkfeuer*)

response [ris'pɔns] s *Antwort, Erwiderung* f (in **~** to *in E. auf, als Antwort auf*, (übtr) *auf* (*etw*) *hin* [in **~** to this growing demand]) || to meet with a **~** *beantwortet w* || (fig) *Antwort, Reaktion* f (to *auf*); *Empfänglichkeit* f (to *f*); *Widerhall* m (in *in*) || (ec) *Responsorium* n; **~s** [pl] *Responsorien* pl (to say the **~s**)

responsibility [ris,pɔnsə'biliti] s *Verantwortlichkeit* f; *moral. Verpflichtung; Verantwortung* f (för a th *f etw*; of doing *z tun*); (to act) on one's own **~** *auf eigene V.* (*handeln*); to decline, disclaim all **~** *jede V. ablehnen*; to take the **~** *die V. übernehmen* (for *f*; of doing) || *Zuständigkeit* f, *Aufgabe*(*nkreis* m) f; *Anliegen* n (Am) *Zahlungsfähigkeit* f **~sible** (-sibly adv) *verantwortlich* (to a p *jdm*; for *f*); **~** partner *persönlich haftender Teilhaber* m; to be **~** for *haften f; einstehen f, die Verantwortung tragen f*; to make o.s. **~** for *die V. übernehmen, verantwortlich, zeichnen f* || *verantwortungsvoll; Vertrauens-*, (**~** position) || *vertrauenerweckend; zuverlässig* || (com) *zahlungsfähig*; **~** for *gut f*

responsions [ris'pɔnʃənz] s pl (Oxf univ) *Aufnahmeprüfung* f, *die erste der 3 Prüfungen* f *den B.A.* (= *little-go in* Cambr); → small [s]

responsive [ris'pɔnsiv] a (~ly adv) *antwortend, Antwort-; entsprechend* || (fig) *zugänglich, empfänglich, verständnisvoll* (to *f*) || (ec) *den Wechselgesang betr, Responsorium-* (system) **~ness** [~nis] s *Empfänglichkeit* f, *Verständnis* n (to *f*) || (eth) *Antwortbereitschaft* f

responsor [ris'pɔnsə] s (*Radar-*)*Antwortgerät* n **-sory** [ris'pɔnsəri] s (ec) *Chorhymne* f || *Responsorium* n

respool ['ri:'spu:l] vt (film) *um-, rückspulen* **~ing** [~iŋ] s [attr] **~** device *Umspuler* m

ressaldar [resəl'dɑ:] s (Ind) *eingeborener Offizier* m *in ind. Reiterregiment* n

rest [rest] **I.** s **1.** *Rast, Ruhe* f; **~** on the Flight into Egypt *Ruhe auf der Fl. nach Ä.*; at **~** *ruhig*; to set a p's mind at **~** *jdn beruhigen*; to come to **~** *z R. k*; to go to **~** *z R. gehen* || *Schlaf* m || *Ausruhen* n, *Entspannung, Erholung* f (from *v*); to take a **~** *sich ausruhen* | to give a th a **~** (fig) *etw auf sich beruhen l, aufhören mit etw*; to set a matter at **~** *e–e S erledigen; beruhigen* **2.** *Ruheplatz* m; *Ruhe-, Erholungshaus* n, seamen's **~** *Seemannserholungsheim* n; *ewige Ruhe* f; to lay to **~** *begraben* **3.** *Ruhepunkt* m; (mus) *Pause f* **4.** (tech) *Stütze* f; (telph) *Hörerstütze* f, *-halter* m, *-gabel* f | *Steg* m (e–r Brille) **5.** [attr] *Ruhe-, Liege-* (~-cure *-kur* f); **~** area (mil) *Ruhestellung* f, *Rastplatz* m; **~**-gown *Abendkleid* n (*fürs Haus*) || *Ausruh-* (~-house); **~**-house (Ind) *Haus* n, *Hütte* f f *Reisende* | *Stütz-* | **~**-room *Aufenthaltsraum* m, (Am) *öffentliche Bedürfnisanstalt* f **II.** vi/t **A.** vi **1.** *rasten, ruhen; schlafen* || *ruhen, sich lehnen, sich* *stützen* (against *gegen*; on *auf*); *liegen* **2**. *ausruhen* (→ oar s); ⟨mil⟩ ~! *rührt euch!*; *sich erholen* (from *v*) ‖ *z Ruhe k* | to ~ up ⟨Am⟩ *sich ausruhen, sich kräftigen* **3**. (*S*) *ruhen, sich lehnen, sich stützen* (against *gegen*; on *auf*); *liegen* (on, upon *auf*) **4**. (*stehen*)*bleiben* (the matter cannot ~ here); *stillstehen; beruhen, liegen*; to let a matter ~ *e–e S auf sich beruhen l*; let it ~ there *laß es dabei bewenden* | to ~ in. *liegen in* (as far as in us ~s); *vertrauen auf* ‖ to ~ (üp)on *beruhen, sich verlassen auf* ‖ to ~ with a p *in jds Händen* or *bei jdm liegen, s* (to do *z tun*) **B.** *vt* **1**. (*jdn*) *ruhen l*; (*jdm*) *Ruhe gewähren* or *gönnen*; † (God) ~ his soul *Gott hab' ihn selig* ‖ to ~ o,s. *sich ausruhen* **2**. (*Kopf* etc) *ruhen, legen, stützen* (on *auf*); (*etw*) *lehnen* (against the wall *an die Wand*); (*be*)*gründen* (in *auf*) **3**. ⟨Am⟩ to ~ the case [*a* vi: to ~] *die Beweisaufnahme schließen* **~ed** ['~id] *a ausgeruht, erholt* (are you quite ~?) **~ful** ['~ful] *a* (~ly *adv*) *ruhig; friedlich* **~ing** ['~iŋ] *s* [*attr*] *Ruhe–* (~-place *–platz, Treppenabsatz* m)

rest [rest] *vi* * *übrigbleiben; übrig(geblieben) s* (of *v*) | (*in e–m Zustande*) *bleiben* (his fate ~s a mystery); ~ assured *seien Sie versichert, verlassen Sie sich darauf* (that)

rest [rest] *s* Fr **1**. *Restteil, Rest* m ‖| ⟨com⟩ *Rechnungssaldo* m ‖ *das übrige* n; and all the ~ of it *u alles übrige, u was sonst noch*; for the ~ *im übrigen* ‖ (*P*) [*a* pl konstr] the ~ *der Rest, die übrigen* pl (the ~ were ..); the ~ of us *wir übrigen* **2**. *Reservefonds* m (*bes* the Bank of England) ‖ ⟨com⟩ *Bilanzierung* f **3**. ⟨ten⟩ *länge Folge* f *v Bällen, Gang* m

restamp ['ri:'stæmp] *vt neu stempeln*

restart ['ri:'sta:t] *vi/t* ‖ *wieder beginnen; –starten* | *vt* (*Maschine*) *wieder in Gang setzen*

restate ['ri:'steit] *vt wiederholt ausdrücken* ‖| *neu formulieren* **~ment** [~'mənt] *s erneute Darstellung* f ‖ *neue Formulierung* f

restaurant ['restərɔ:] *s* Fr *Restaurant* n, *Gaststätte* f; **~-car** ⟨rail⟩ *Speisewagen* m **restaurateur** [restərə:'tə:] *s* Fr *Gastwirt* m

rest-harrow ['resthærou] *s* ⟨bot⟩ *Hauhechel* f

restiff ['restif] *a* = *restive*

restitute ['restitju:t] *vt/i* ‖ * *wiedereinsetzen* ‖ (*etw*) *wieder ersetzen* (to a p *jdm*) | *vi Ersatz leisten* **–tution** [resti'tju:ʃən] *s Wiederherstellung* f (~ of rights), *Wiedergutmachung* f ‖ *Zurück–, Wiedererstattung, –gabe* f; *Ersatz* m; to make ~ of a th *etw wiederherstellen, Ersatz leisten* f *etw* | *Zurückführung in den urspr Zustand* f ‖ ⟨phys⟩ (*die*) *Neigung, die urspr Lage* or *Gestalt wieder anzunehmen* ‖ ⟨phot⟩ *Entzerrung* f

restive ['restiv] *a* (~ly *adv*) *störrisch, widerspenstig*; ⟨hors⟩ *bockig* ‖ *ungeduldig; nervös* (over *über*) **~ness** [~nis] *s Starrsinn* m, *Widerspenstigkeit* f

restless ['restlis] *a* (~ly *adv*) *rast–, ruhelos* ‖ *unruhig, unstet* ‖ *schlaflos* (night) **~ness** [~nis] *s Rast–, Ruhe–; Schlaflosigkeit* f

restock ['ri:'stɔk] *vt* (*Lager*) *wieder (auf)füllen*

restorable [ris'tɔ:rəbl] *a wiederherstell–, wieder einsetzbar* (to *in*) **–ation** [restɔ'reiʃən] *s* **1**. *Wiedereinsetzung, –einstellung* f (to *in*) ‖ *Wiederherstellung* f; the ~ ⟨engl hist⟩ *die Restauration* f (1660) (during the ~ *in der R.*) ‖ ⟨jur⟩ *Rehabilitation* f **2**. *Erholung, Wiederherstellung* f ‖ ⟨med⟩ (*physical*) ~ *körperliche W.*, → *rehabilitation* **3**. *Restaurierung* f; *rekonstruierte Form* f, *rekonstruiertes Modell* n **4**. *Rückgabe, –erstattung* f (to *an*) **–ative** [ris'tɔrətiv] **1**. *a* (~ly *adv*) *stärkend, Stärkungs–, Belebungs–* **2**. *s Stärkungs–, Wiederbelebungsmittel* n

restore [ris'tɔ:] *vt* **1**. (*etw*) *wieder–, zurückgeben, –erstatten* (to a p *jdm*; to a th *e–r S*) **2**. (*etw*) *zurückbringen* (to *in*); *–stellen* (to its place *an s–n Ort*) **3**. (*etw*) *wiederherstellen*, (*Gebäude*)

restaurieren; ⟨arts⟩ *erneuern, renovieren, restaurieren* ‖ (*etw*) *erneuern*; ⟨scient⟩ *rekonstruieren* **4**. (*jdn*) *wiedereinsetzen* (to *in*), to ~ to the throne *wieder auf den Thron setzen*; (*jdn*) *zurückbringen* (to *z*), to ~ a p to liberty *jdm die Freiheit schenken*, .. to life *jdn wiederbeleben, ins Leben zurückrufen* **5**. (*jdn*) *wiederherstellen, kräftigen*; to ~ a p to health *jdm die Gesundheit wieder verschaffen* | **~r** [~rə] *s Wiederhersteller; Restaurator* m ⟨*bes a* arts⟩ ‖, hair ~ *Haarstärkungsmittel* n

restrain [ris'trein] *vt* **1**. (*jdn*) *ab–, zurückhalten* (from *v*); *hindern* (from *an*; from doing *z tun*) ‖ (*jdn*) *im Schach, in Schranken halten* **2**. (*jdn*) *einsperren, gefangensetzen*; *unter Beobachtung stellen* **3**. (*Gefühle* etc) *unterdrücken; bezähmen*; (*Macht*) *be–, einschränken* **~able** [~əbl] *a zurückzuhalten(d); bezähmbar* **~ed** [~d] *a beherrscht; maßvoll; zurückhaltend* ‖ *gehemmt; gedämpft* **~edly** [ris'treinidli] *adv mit Einschränkung; mit Maß* or *Selbstbeschränkung* **~ing** [~iŋ] *a* ⟨jur⟩ ~ order *einstweilige Verfügung* f, *richterliches Verbot* n

re-strain ['ri:'strein] *vt neu strecken* or *spannen*

restraint [ris'treint] *s* **1**. *Beschränkung* (upon the press *der Presse*); *Hinderung* f; without ~ *frei* ‖ *Enthaltsamkeit* f (moral ~) ‖ *Einhalt, Zwang* m **2**. *Zurückhaltung* (to exercise ~ *Z. üben*); *Reserve* f ⟨fig⟩ *Zucht, Beherrschung* f **3**. *Freiheitsbeschränkung, Haft* f ‖ under ~ *in Gewahrsam*; (of lunatics) *unter Aufsicht*; ⟨fig⟩ *im Zaum* ‖ ~ of alienation *Beschränkung* f *freier Verfügungsberechtigung, Veräußerungsverbot* n; ~ of trade *Beschränkung, Behinderung, Unterdrückung* f *der freien Konkurrenz*; ~ of waste *Verbot v Veränderungen an e–m Pfandgrundstück*

restrict [ris'trikt] *vt* (*etw*) *be–, einschränken* (to *auf*); to be ~ed *sich darauf beschränken müssen* (to doing *z tun*) | **~ed** [~id] *nur f den Dienstgebrauch* ‖ ⟨tech⟩ *verstopft* ‖ ~ area *Sperrgebiet* n; *Schutzbereich* m **~ion** [ris'trikʃən] *s Beschränkung* (of a th *e–r S*); *Hemm–, Einschränkung* f; the ~ on a p's liberty *die E. der Freiheit jds* ‖ *Vorbehalt* m ‖ ~. to quarters *Quartierarrest* m ‖ ~ on trade *Beschränkung* f *des Handels* **~ionist** [ris'trikʃənist] *s Anhänger, Verfechter* m *restriktiver Bevölkerungspolitik* ‖ [*attr*] *restriktiv* ⟨demog⟩ **~ive** [~iv] *a be–, einschränkend; beschränkt; Einschränkungs–* ‖ ~ covenant *dinglich gesicherter Vorbehalt* **~ively** [~ivli] *adv mit Einschränkungen* **~or** [~ə] *s* ⟨a⟩ ~ valve) *Begrenzungsventil* n

re-submit ['ri:sʌb'mit] *vt* (*Aktenstück*) *wieder vorlegen* ‖ to be ~ted *zur Wiedervorlage*

result [ri'zʌlt] **1**. *vi a*. (*als Folge*) *entstehen* (to a p *jdm*, f *jdn*); *sich ergeben, folgen, herrühren* (from *v*, *aus*); *s–n Ursprung h* (from *in*) **b**. to ~ in *auslaufen, enden in, z Folge h*; to ~ in a failure *e–n Fehlschlag zur F. h* **c**. ⟨jur⟩ *zurückfallen* (to *an*) **2**. *s Ergebnis* n (of a th; of doing *getan z h*); *Folge* f, *Ausfall* m, *Wirkung* f (without ~); as a ~ he .. *die Folge ist* (war), *daß er* .. ‖ ⟨math⟩ *Resultat* n ‖ ~ **~ant** [~ənt] **1**. *a sich ergebend, resultierend* **2**. *s* ⟨mech⟩ *Resultante; Mittelkraft* f; *Endergebnis* n **~ful** [~ful] *a ergebnis–, folgenreich* **~ing** [~iŋ] *a* ⟨jur⟩ ~ trust *stillschweigendes, aus Geschäftsführung ohne Auftrag sich ergebendes Treuhandverhältnis* n **~less** [~lis] *a* (~ly *adv*) *resultat–, ergebnis–, erfolglos*

résumé ['rezju(:)mei] *s* Fr *Resüm·ee* n, *Zus–fassung, Übersicht* f

resume [ri'zju:m] *vt/i* **A**. *vt* **1**. (*Freiheit, Kraft*) *wiedererlangen, –gewinnen*; (*Ausdruck*) *wieder annehmen*; (*Platz*) – *einnehmen*; (*Befehl*) – *übernehmen* **2**. (*Arbeit* etc) *wiederaufnehmen, –beginnen; fortführen* ‖ to be ~d *fortgeführt w, wieder einsetzen* **3**. (*Gegenstand*) *wieder* (*an* or *z* *sich) nehmen* **4.** *resümieren, zus–fassen* **B.** *vi wiederbeginnen; fortfahren* || *die Arbeit wieder– aufnehmen*

resummons [ˈriːˈsʌmənz] s *erneute Vorladung* f

resumption [riˈzʌmpʃən] s *Zurücknahme* f || *Wiedererlangung* f || *Wiederaufnahme* f *(e–r S);* *–übernahme* f; *–beginn* m **–tive** [riˈzʌmptiv] a *zus–fassend*

resupinate [riˈsjuːpinit] a ⟨bot⟩ *umgedreht, nach oben gebogen*–**ation** [ˌriˌsjuːpiˈneiʃən] s ⟨bot⟩ *umgekehrte Lage* f

re-surface [ˌriːˈsəːfeis] vi ⟨sub-mar⟩ *auf– tauchen*

resurge [riˈsəːdʒ] vi *sich wiedererheben* || *wieder auftauchen* **–nce** [~əns] s *Wiederauf– leben* n, *–aufstieg* m **–nt** [~ənt] **1.** a *sich wieder– erhebend; wiederauflebend;* to be ~ *wieder auf– leben* **2.** s *Aufrührer, –ständischer* m

resurrect [ˌrezəˈrekt] vt/i || ⟨fam⟩ *(Tote) wiedererwecken* || ⟨übtr⟩ *(Sitte) wieder aufleben l, wiederbeleben, –einführen* | vi *wieder aufer– stehen* **–ion** [ˌrezəˈrekʃən] s ⟨ec⟩ *Auferstehung* f *(the ⁂ die A. Christi); Fest* n *der A.* || ~ *man* = resurrectionist | *Wiedererwachen, –aufleben* n || ~ *(pie)* ⟨cul⟩ *Restepastete* f, °,,*gedrängte Wochenübersicht"* f **–ional** [ˌrezəˈrekʃənl] a *Wiederauferstehungs–* **–ionism** [ˌrezəˈrekʃənizm] s *Leichenraub* m **–ionist** [ˌrezəˈrekʃənist] s *Leichenräuber* m

resuscitate [riˈsʌsiteit] vt/i || *wiederbeleben, –erwecken; erneuern* | vi *wieder aufleben* || **–ation** [riˌsʌsiˈteiʃən] s *Wiederbelebung, –er– weckung* f || **–ative** [riˈsʌsiteitiv] a *wiederbele– bend,–erweckend*

ret [ret], **rate, rait** [reit] vt/i || *(Flachsstengel) einweichen, z Faulen bringen, rösten, rötten* | to be rated *(of hay) verderben, –faulen* | vi *(of hay etc) verfaulen*

retable [riˈteibl] s ⟨ec⟩ *geschmückter Aufsatz auf dem Altartisch* m

retail [ˈriːˈteil] **1.** s ⟨com⟩ *Kleinhandel; Einzelhandel, –verkauf* m; *Detailgeschäft* n; by ⟨⟨Am⟩ at⟩ ~ *im Detail, im kleinen, stückweise* ⟨a fig⟩ | [attr] *Detail–, Klein–* (~ *dealer);* ~-price *Laden–, Einzelpreis* m **2.** adv = by retail (to sell ~)

retail [riːˈteil] vt/i || ⟨com⟩ *einzeln, im kleinen* or *im Detail verkaufen* || *(Nachricht) ausführlich wiederholen, erzählen, nacherzählen; weitergeben, –erzählen* (to a p *jdm*) | vi *im Detail verkauft w* (at z) **–er** [~ə] s *Kleinhändler* m || *Erzähler* m; *Verbreiter* m *(of gossip)*

retain [riˈtein] vt *(etw) (fest)halten, stützen* || ~ed missile ⟨med⟩ *Steckschuß* m | *(jdn) bei sich behalten* || *sich (e–n Rechtsanwalt) sichern* | *(etw) behalten, –wahren; (Brauch) beibehalten* | *im Gedächtnis behalten* **–er** [~ə] s **1.** ⟨jur⟩ *Prozeßvollmacht* f; *Anwaltsvorschuß* m **2.** ⟨hist⟩ *Gefolgs–, Lehnsmann* m **3.** [attr] ⟨tech⟩ ~ *spring Haltefeder* f **–ing** [~iŋ] a: ~ fee (= retainer) *Anwaltsvorschuß* m; ⟨übtr⟩ *Bestechung* f ⟨tech⟩ *Gegen–, Sperr–;* ~ wall *Stützmauer* f; *Stauwehr* n

retake [ˈriːˈteik] **1.** vt (→ to take) *wieder nehmen* || *wieder einnehmen, wieder erobern* **2.** s ⟨film⟩ *Reprise* f *(Wiederverfilmung), Neuauf– nahme* f

retaliate [riˈtælieit] vt/i || * (Unrecht) vergelten* (by *mit;* by doing *dadurch daß man tut;* upon *an)* | vi *Vergeltungsmaßnahmen treffen* (against *gegen); Vergeltung üben* (upon *an)* **–iation** [riˌtæliˈeiʃən] s *Wiedervergeltung* f (in ~ for *als W. für*) || ~ *fire Vergeltungs–, Erwiderungsfeuer* n, ~ *attack,* ~ raid *V.sangriff* m **–iatory** [riˈtælieitəri] a *Wiedervergeltungs–; Vergeltungs–* (~ *fire, measures)*

retard [riˈtɑːd] **1.** vt/i || *verzögern; hinaus– schieben* || *(jdn) aufhalten; hindern* || ~ed burst

⟨artill⟩ *Spätzerspringer* m; ~ed ignition *(Munition) Spät–, Nachzündung* f | * vi sich ver– zögern; zurückbleiben* **2.** s *Verzögerung* f **–ation** [ˌriːtɑːˈdeiʃən] s *Verlangsamung, Verzögerung; Bremsung* f ⟨bes at⟩; *Verzug, Aufschub* m; *ver– spätetes Auftreten* n **–ative** [~ətiv], **–atory** [~ətəri] a *aufhaltend, verzögernd, Verzögerungs– –ment* [~mənt] s = retardation

retch [riːtʃ] **1.** vi *würgen, sich (er)brechen* **2.** s *Erbrechen* n

retell [ˈriːˈtel] vt (→ to tell) *v neuem erzählen* || ⟨telph telg⟩ *weitergeben*

retention [riˈtenʃən] s *Behalten, Zurückhalten* n || *Beibehaltung, Belassung* f *(im Amt)* || ⟨off⟩ for your ~ *z dortigen Verbleib* || ⟨jur⟩ *right of* ~ *Zurückbehaltungs–, Retentionsrecht* n || ⟨med⟩ *Verhaltung* f (~ *of urine Harn–)* || *(im Gedächt– nis) Behalten* n | *Beibehaltung; Erhaltung* f **–ntive** [riˈtentiv] a (~ly adv) *be–, zurückhaltend,* to be ~ *of behalten, –wahren* || *leicht behaltend; Gedächtnis–;* ~ *memory gutes Gedächtnis* f

retiary [ˈriːʃəri] **1.** a *netzbildend* (spider) **2.** s *Netzspinne* f

reticence [ˈretisəns] s *Zurückhaltung* (of a th *mit,* in *etw); Verschwiegenheit* f **–cent** [ˈretisənt] a (~ly adv) [nur pred] *(in Worten) zurück– haltend; verschwiegen* (on, about *über);* to be ~ *sich ausschweigen* (about *über)*

reticle [ˈretikl] s ⟨opt⟩ *Fadenkreuz, –netz* n **–cular** [riˈtikjulə] a (~ly adv), **–culate** [riˈtik– julit] a (~ly adv) a *netzartig, –förmig, retikulär* **reticulate** [riˈtikjuleit] vt/i || *netzförmig an– legen* || ~d [a] = reticular | vi *sich netzförmig ausdehnen* (into *in)* **–ation** [riˌtikjuˈleiʃən] s *Netzwerk* n ⟨a fig⟩

reticule [ˈretikjuːl] s **1.** ⟨opt⟩ = reticle **2.** *Arbeits–, Strickbeutel* m; *(Damen-)Handtäsch– chen* n

reticulum [riˈtikjuləm] s L ⟨vet⟩ *Netzmagen* m *(der Wiederkäuer)* || *netzförmige Struktur* f

retiform [ˈriːtifəːm] a *netzförmig*

retina [ˈretinə] s L ⟨anat⟩ *Netzhaut* f **–nal** [~l] a *Netzhaut–* **–nitis** [ˌretiˈnaitis] s *Netzhaut– entzündung* f

retinue [ˈretinjuː] s *Gefolge* n

retiral [riˈtaiərəl] s ⟨Scot⟩ = retirement

retire [riˈtaiə] **I.** vt/i **1.** vt *(Truppen) zurück– ziehen* || *(Wechsel) einlösen* | *(jdn) in den Ruhe– stand versetzen, pensionieren; verabschieden* (he was ~d) **2.** vi ⟨mil⟩ *sich zurückziehen; zurück– weichen* || *sich zurückziehen; sich entfernen; z Bett gehen* || *zurück–, abtreten* (from *v); aus– scheiden* (from an office *aus e–m Amt);* in den *Ruhestand treten;* to ~ *from business sich z Ruhe setzen* **II.** s ⟨mil⟩ *Rückzugssignal* n | **~d** [~d] a *zurückgezogen* (~ *life); einsam* | *außer Dienst, im Ruhestand (lebend),* ~ *list Liste der Pensio– nierten* f; ~ *pay Ruhegehalt* n, *Pension* f; ~ *pensioner Ruhegehaltsempfänger*(in f) m **~dness** [~dnis] s *Zurückhaltung; –gezogenheit* f **~e** [ritaiəˈriː] s *Ruheständler*(in f) m **~ment** [~mənt] s ⟨bes mil⟩ *(Sich-)Zurückziehen* n; ⟨a übtr⟩ (of the jury: z *Beratung)* || *Ausscheiden* n; *Aus–, Rücktritt* m (from *v)* || *Pensionierung* f || *Privatleben* n; *Zurückgezogenheit* f (to go into ~) || ⟨demog⟩ age at ~ *Alter* n *beim Ausschei– den aus dem Erwerbsleben;* age of ~ *Pensions– alter* n || ~s [pl] ⟨bal⟩ *Abgänge* m pl || ~ *fund Pensionskasse* f

retiring [riˈtaiəriŋ] **1.** s [attr] *Privat–* (~ room); ~ *age Pensionierungsalter* n (for *f);* ~ *pension Pension* f, *Ruhegehalt* n || ~-room ⟨Am⟩ = lavatory **2.** a *ausscheidend* (the ~ mayor) | *zurückhaltend, unaufdringlich; scheu*

retort [riˈtɔːt] **1.** vt/i || *(Unrecht) vergelten* (on a p *an jdm)* || ⟨übtr⟩ *(Beleidigung) zurück– geben* (on a p *jdm), –werfen* (on *auf)* || *(e–r S) begegnen; (etw) erwidern* | vi *treffend* or *scharf*

erwidern **2.** s *scharfe* or *schlagende Erwiderung*;
treffende Entgegnung f (of *auf*) **~ion** [ri'tɔ:ʃən] s
Zurückbiegung f, *–legen* n (of the head) | ⟨jur⟩
Erwiderung (e–r Beleidigung); *Wiedervergeltung,
Retorsion* f

retort [ri'tɔ:t] s ⟨chem⟩ *Retorte* f ‖ [attr]
Retorten– (~ furnace)

retouch [ri'tʌtʃ] **1.** vt (*Bild*) *auf–, überarbeiten*; *übermalen* ‖ ⟨phot⟩ *retusch·ieren* **2.** s *Retu-
schieren* n, *Ret·usche, Überarbeitung, –malung* f

retrace [ri'treis] vt *zurückführen* (to *auf*) ‖
(*Weg*) *–verfolgen*; to ~ one's steps *denselben
Weg –gehen*, ⟨fig⟩ *ein Geschehnis ungeschehen
or rückgängig* m ‖ *wiederholen* ‖ (*in Gedanken*)
überblicken

retract [ri'trækt] vt/i ‖ (*Haut* etc) *zurückziehen* ‖ ⟨aero⟩ (*Fahrwerk, Landeklappen*) *ein-
ziehen, –fahren* | vi *sich zurückziehen*; there was
no ~ing *es gab kein Zurück* | ~ing gear, *od*
mechanism ⟨tech aero⟩ *Einziehvorrichtung* f
~able [~əbl], **~ile** [~ail] a *zurück–, einziehbar*
‖ –able *landing-gear* ⟨aero⟩ *Einziehfahrwerk* n
~ion [ri'trækʃən] s *Zurück–, Zus–ziehung* f ‖ =
retractation **~or** [~ə] s ⟨anat⟩ *zurückziehender
Muskel* m ‖ ⟨surg⟩ *Instrument* n or *Vorrichtung*
f z *Zurückziehen, Fernhalten*

retract [ri'trækt] vt/i ‖ (*Versprechen*) *zurückziehen, zurücknehmen; widerrufen* ‖ *rückgängig*
m | vi *widerrufen; zurücktreten*; there was no
~ing *es gab kein Zurück* **~ation** [ˌri:træk'teiʃən],
⟨Am⟩ **~ion** [ri'trækʃən] s *Zurücknahme* f,
Widerruf m

retrain [ri:'trein] vt *umschulen* **~ing** [~iŋ] s
Umschulung f, ⟨tech⟩ *Anpassung* f (*P*); occupational ~ *Berufsumschulung* f

retral ['ri:trəl] a *hintere(r, –s); hinten gelegen*
‖ *Rückwärts–*

retranslate ['ri:trɑːns'leit] vt (*zu*)*rücküber-
setzen* ‖ *neu übersetzen* **–lation** ['ri:trɑːns'leiʃən]
s *Rückübersetzung* f

retread ['ri:'tred] vt (→ to tread) *v neuem betreten*

re-tread ['ri:'tred] vt ⟨mot⟩ (*Reifen*) *rund-
erneuern, (Lauffläche) erneuern*

retreat [ri'tri:t] **1.** vi/t ‖ ⟨mil⟩ *sich zurückziehen; –weichen; den Rückzug antreten* ‖ *sich
entfernen; zurücktreten* (~ing chin) | vt ⟨chess⟩
zurückziehen **2.** s *Zurückziehen* n; ⟨mil⟩ *Rück-
zug(sbewegung* f) m, to beat a ~ *sich zurückziehen* ⟨a fig⟩ ‖ ⟨mil⟩ *Rückzugssignal* n, to sound
the ~ *z Rückzug blasen* ‖ *Abendappell* m; ~ by
torch-light *Fackelzug*, *gr Zapfenstreich* m;
Zapfenstreich m | *Zurückgezogenheit, Einsamkeit*
f (to go into ~) | *Zuflucht* f; *–sort* m; *Stübchen,
Geheimkabinett* n

re-treat ['ri:'tri:t] vt *erneut behandeln*;
(*Stahl*) *e–m erneuten Vergütungsprozeß unterziehen*

retrench [ri'trentʃ] vt/i **1.** vt (*Ausgaben*) *beschneiden, kürzen, einschränken; –sparen* ‖ (*Stelle
im Buch*) *kürzen, entfernen; aus–, weglassen* |
⟨mil⟩ *verschanzen* **2.** vi *sich einschränken* **~ment**
[~mənt] s *Kürz–, Einschränk–* f; *Auslassung* f ‖
Ersparnis n | ⟨mil⟩ *Verschanzung; innere –teidi-
gungsanlage* f

retrial ['ri:'traiəl] s ⟨jur⟩ *erneute Untersuchung, Verhandlung* f

retribution [ˌretri'bju:ʃən] s *Vergeltung;
Strafe* f **–butive** [ri'tribjutiv] a (~ly adv) *ver-
geltend, Vergeltungs–*

retrievable [ri'tri:vəbl] a (–bly adv) *ersetzlich,
wiedergutzumachen(d)* **–val** [ri'tri:vəl] s *Wieder-
gutmachung* f, *Wiederbesserwerden* n, *Besserung* f
–ve [ri'tri:v] vt/i ‖ (of dogs) (*Wild*) *apportieren* ‖
wiederbekommen; wiedergewinnen ‖ *wiederherstellen; rehabilitieren* ‖ *wiedergutmachen* ‖ (*jdn*)
retten, bewahren (from *vor*) | vi (of dogs) *Wild
apportieren* **–ver** [~ə] s ⟨zoo⟩ *Apportierhund* m

retrim ['ri:'trim] vt *wieder putzen, – reinigen* ‖
(*Hut*) *neu garnieren*

retro– ['retro(u); 'ri:tro(u)] L pref *rückwärts;
zurück–, rück–, wieder–* **~act** [ˌretrou'ækt] vi
*zurückwirken; in entgegengesetzter Richtung
wirken* **~action** [ˌretrou'ækʃən] s *Rückwirkung* f
(on *auf*) **~active** [ˌretrou'æktiv] a (~ly adv)
rückwirkend **~cede** [ˌretrou'si:d] **1.** vi *zurückgehen* ⟨med⟩ *nach innen schlagen, wirken* **2.** vt
(*Gebiet*) *wiederabtreten* **~cedent** [ˌretrou'si:dənt]
a *zurückgehend* ‖ ⟨med⟩ *nach innen schlagend
(gout)* **~cession** [ˌretrou'seʃən] s **1.** (*zu* retrocede
1.) *Zurückgehen* n **2.** (*zu* retrocede 2.) *Wiederabtretung* f, *Rückgabe* f (to *an*) **~cessive** [ˌretrou-
'sesiv] a = retrocedent **~choir** ['retroukwaiə] s
⟨ec⟩ *Raum hinter dem Hochaltar* m **~flex(ed)**
['retroufleks(t)] a *nach rückwärts gebeugt*
~flexion [ˌretrou'flekʃən] s *Drehung* or *Beugung
nach rückwärts, Retroflexi·on* f **~gradation** [ˌre-
trougrə'deiʃən] s *Zurückgehen* n; ⟨astr⟩ *scheinbar rückläufige Bewegung* f (*v Osten nach Westen*)
⟨übtr⟩ *Rückgang* m **~grade** ['retrougreid]
1. a *rückläufig, Rückwärts–* ‖ ⟨fig⟩ *rückgängig*
(Ggs progressive); socially ~ *rückschrittlich* ‖
~ correction of the front *Frontberichtigung* f; ~
defensive *hinhaltende Verteidigung* f; ~ movement *Rückzugsbewegung* f; ~ step *Rückschritt*
m **2.** vi ⟨astr⟩ *zurück–, rückwärtsgehen* ‖ ⟨fig⟩
zurückgehen **~gress** [ˌretrou'gres] vi *zurückgehen* **~gression** [ˌretrou'greʃən] s *Rückwärtsgehen* n; ⟨fig⟩ *Rückgang* m, *Verschlechterung* f
~gressive [ˌretrou'gresiv] (~ly adv) *rückschrei-
tend; Rück–* ‖ ⟨fig⟩ *zurückgehend* **~spect**
['retrouspekt] s *Zurückgehen, –greifen* n (to *auf*)
‖ (*gedanklich*) *Rückblick* m, *–schau* f; in ~ *rück-
schauend*, a study in ~ *e–e rückschauende Betrachtung* f; application in ~ *rückwirkender
Antrag* m **~spection** [ˌretrou'spekʃən] s *gedanklicher Rückblick* m, *–schau* f (of *auf*) **~spective**
[ˌretrou'spektiv] a (~ly adv) (*gedanklich*) *rück-
blickend, –schauend; Rück–*; ~ view *Rückblick*
m ‖ ⟨jur⟩ *rückwirkend* ‖ the higher wages will
be paid as from 1st January ~ly .. *rückwirkend
ab 1. Jan.* **~version** [ˌretrou'və:ʃən] s *Rückwärts-
beugung; –lagerung* f (*bes der Gebärmutter*) **~vert**
1. ['retrouvə:t] s *jd, der z s–m urspr Glauben
zurückkehrt* m **2.** [ˌretrou'və:t] vt *rückwärts-
beugen; ~ed –verlagert* (uterus)

retroussé [rə'tru:sei] a Fr *nach oben gebogen*;
~ nose *Stülpnase, Stupsnase* f

retry ['ri:'trai] vt ⟨jur⟩ *v neuem verhandeln,
–hören*

rettery ['retəri] s *Flachsrösterei* f

returf ['ri:'tə:f] vt (*Boden*) *neu mit Rasen
belegen*

return [ri'tə:n] **I.** vi/t **A.** vi **1.** *zurückkehren*;
to ~ to the air again ⟨wir⟩ *wieder aufgenommen
w (Sendung)* ‖ → ~ed; having ~ed (he found ..)
zurückgekehrt (fand er ..) ‖ ⟨übtr⟩ *zurückkehren*
(to *z*); wieder w (to dust *z Staub*) ‖ *wiederkehren,
–auftreten, –k* **2.** (*in der Rede*) *wieder zurückk* (to
auf) ‖ *zurückfallen (to an)* **3.** *erwidern, antworten*
B. vt **1.** (*etw*) *zurückbefördern, –bringen*; ⟨mil⟩
(*Gefangene*) *wiederausliefern*; → ~ed ‖ *zurück-
senden*; (*Strahl*) *–werfen* ‖ (*Ball*) *zurückschlagen*
‖ (*Karte*) *nachspielen* **2.** [mst pass] *amtlich berichten, melden*; (*Urteil*) *aussprechen*; to be ~ed
guilty schuldig erklärt w ‖ (*Stimme*) *abgeben*;
(*als Abgeordneten*) *wählen* (to parliament *ins P.*)
‖ to ~ an account *Bericht erstatten* **3.** *wieder–,
zurückgeben; –erstatten; –zahlen; vergelten*
(good for evil *Böses mit Gutem*) (*Gruß*) *erwidern*;
(*Gegenbesuch, Dank*) *abstatten* ‖ (*Gewinn*) *abwerfen, einbringen* ‖ (*Kapital*) *umsetzen* **II.** s **1. a.**
Rückkehr f (on my ~ *nach, bei m–r R.*) **b.** (*a
~-ticket*) *Rückfahrkarte* f (two third-class ~s)
c. *Wiederkehr* f; many happy ~s of the day
herzliche Glückwünsche z Geburtstage (etc) ‖ (of

diseases) *Wiederauftreten* n, *Rückfall* m **d.** (*Radar-)Echo* n **2.** ⟨arch⟩ *vorspringende Nebenseite* f; *Wiederkehr, vorspringende Ecke* f; *Seitenteil, –flügel* m (*e–s Hauses*) **3.** [*oft* pl ∼s] *Wiedereinkommen* n (*v Geld*); (*Kapital-)Umsatz* m (quick ∼s *schneller U.*); *Gewinn, Ertrag* m ‖ diminishing ∼ *fallender Aufwandsertrag* m **4.** *amtlicher Bericht* m, income-tax ∼ *Einkommensteuererklärung* f ‖ ⟨bes mil⟩ (*Termin-)Meldung* f, (*Stärke–, Bestands–* etc) *Nachweisung* f ‖ ∼s [pl] *statistische Listen, Aufstellungen* f pl; *Ergebnisse* n pl | ⟨parl⟩ *Wahlbericht* m; *parlam. Wahl* f **5.** *Wieder–, Zurückgeben* n, *Wieder–, Rückgabe, –schickung* f (by ∼ of post *postwendend*); on sale or ∼ *in Kommission* ‖ *Rücktransport* m, *–sendung* f; ∼s [pl] *Rückgut* n | *Rückzahlung, Entschädigung, Gegenleistung* f; *Vergeltung* f, *Ersatz* m; in ∼ for *als E. für*, in ∼ *dagegen, dafür* ‖ *Erwiderung* f ‖ ⟨ten⟩ *Zurückschlagen* n, *Rückschlag* m (*e–s Balles*) **6.** [attr] **a.** *Rück–* (∼-cargo *–fracht* f) ∼ day *Gerichtstermin* m; ∼-goods [pl] *Rückgut* n; ∼-journey *–reise* f; ∼ migration *Rückwanderung* f; ∼-postage *–porto* n); ∼ receipt *–schein* m; ∼ receipt requested *gegen Rückschein; Rückfahr–* (∼ ticket) **b.** *Gegen–* (∼ service; ∼-stroke), *Rück–* (∼-match) **c.** *Rückleitungs–* (∼ cable); *Rücklauf–* (∼ line, ∼ movement); *Rückschlag–* (∼ valve *–ventil*) **∼able** [∼əbl] a *zurückzugeben(d), –senden(d)* **∼ed** [∼d] a **1.** *zurückgekehrt, –gekommen* (∼ soldiers) **2.** *zurückgesandt;* ∼ letter *unbestellbarer Brief* m; ⥲ *Letter Office* = Dead Letter Office → dead a **4.** | ∼ee [ritə'ni:] s ⟨mil⟩ *Heimkehrer* m (*aus Kriegsgefangenschaft*) **∼er** [∼ə] s *Zurücksendender, –zahlender* m **∼ing** [∼iŋ] a *Wahl–*; ∼-officer ⟨parl⟩ *–kommissar* m

retuse [ri'tju:s] a ⟨bot & zoo⟩ *mit breiter, runder, eingedrückter Spitze*

reunion ['ri:'ju:njən] s *Wiedervereinigung* f; *–sehen, –treffen* n; *Treffen* n, *Wiedersehensfeier* f ‖ *Versöhnung* f ‖ *Geselligkeit, Gesellschaft* f (to give a ∼) ‖ ⟨pol⟩ *Sammelbewegung* f **–unite** ['ri:ju:'nait] vt/i ‖ *wiedervereinigen* | vi *sich w.*

re-usable ['ri:'ju:zəbl] a *wiederverwendbar* (container)

rev [rev] **1.** s abbr f revolution *Umdrehung* f ‖ give her some ∼s ⟨aero mot sl⟩ *drück mal auf die Tube* (*gib Gas*) **2.** vi/t ⟨mot⟩ abbr f to revolve (*sich*) (*um)drehen* | to ∼ up the motors ⟨aero⟩ *die Motoren hochjagen, auf* (*Über-)Touren bringen*

revaccinate ['ri:'væksineit] vt *wieder impfen*

revalenta [revə'lentə] s *Mehlnahrung aus Linsen u Gerste* f

revalorization [ri:vælərai'zeiʃən], **–luation** [ri:-vælju'eiʃən] s *Neubewertung, Auf–, Umwertung* f **–lorize** [ri:'væləraiz], **–lue** [ri:'vælju:] vt *nochmals schätzen; aufwerten*

revamp [ri'væmp] vt ⟨Am sl⟩ *umarbeiten, –gestalten,* °°,,*umficken*"

revcounter ['revkauntə] s (→ rev) *Drehzahlmesser, Tourenzähler* m

reveal [ri'vi:l] s ⟨arch⟩ *innere Fläche in Bogen* etc, *Leibung, Laibung* f

reveal [ri'vi:l] vt ⟨rel⟩ (*of God*) *offenbaren* | *aufdecken, verraten, enthüllen* (a th to a p *jdm etw*); *kundtun* (a th; that); *offenbaren, zeigen* (a p to be *daß jd ist*); to ∼ o.s. (as) a real poet *sich als wahrer Dichter zeigen* **∼able** [∼əbl] a *enthüllbar* **∼ing** [∼iŋ] a *aufschlußreich*

reveille [rə'veli] s Fr ⟨mil⟩ *Reveille* f, *Wecken* n

revel ['revl] **1.** vi [*–ll–*] *schwelgen, schmausen* ‖ ⟨übtr⟩ *schwelgen* (in *in*) *sich ergötzen, – weiden* (in *an*) **2.** s *laute Lustbarkeit; Schwelgerei* f, *Gelage* n ‖ Master of the ⥲s ⟨hist⟩ *Leiter der Hoflustbarkeiten* m **∼ler** [∼ə] s (*Nacht-)Schwärmer, Zecher; Schwelger* m (in *in*) **∼ry** [∼ri] s *ausgelassene Lustbarkeit; Schwelgerei* f

revelation [,revi'leiʃən] s ⟨rel⟩ *Offenbarung* f; The ⥲ *die O. des Johannes* ‖ ⟨übtr⟩ *Offenbarung* f (to *f*) ‖ *Enthüllung* f **∼al** [∼l] a *Offenbarungs–*

revenant [rəvə'nã:] s Fr *Wiederauferstandener;* *Geist* m ‖ *jd, der zurückgekehrt ist*

revendication [ri,vendi'keiʃən] s *Zurückverlangen* n; *Wiedererlangung* f

revenge [ri'vendʒ] **1.** vt/i ‖ (*etw*) *rächen* (on, upon a p *an jdm*) ‖ (*jdn*) *rächen*; to be ∼d, to ∼ o.s. *sich rächen* (on *an*) | vi † *sich rächen* **2.** s *Rache* f ‖ in ∼ *aus R.; als Strafe* (for *f*); to take ∼ *sich rächen* (on *an*) ‖ *Rachgier* f ‖ (in games) *Revanche* f; to give a p his ∼ *jdm R. geben* ‖ to have one's ∼ *sich revanchieren* **∼ful** [∼ful] a (∼ly adv) *rachsüchtig* **∼fulness** [∼fulnis] s *Rachsucht* f

revenger [ri'vendʒə] s *Rächer(in* f) m

revenue ['revinju:, ⟨jur & parl⟩ ri'venju:] s (*bes Staats-)Einkommen* n, *–künfte* pl; inland ∼ *Steuereinnahmen* f pl ‖ the ∼ *die Staatssteuerkasse* f; → to defraud ‖ ∼s [pl] *gr fundiertes Einkommen* n (*e–r P*) ‖ ∼-cutter *Zollschiff* n ‖ ∼-officer *Zollbeamter* m ‖ ∼-stamp *Banderole* f, *Steuerband* n, *–marke* f

reverberant [ri'və:bərənt] a ⟨poet⟩ *widerhallend* **-ate** [ri'və:bəreit] vt/i ‖ (*Schall*) *zurücksenden; widerhallen l; erwidern* ‖ (*Licht*) *zurückwerfen, –strahlen* | vi. *widerhallen; ertönen* ‖ (of light) *zurückgeworfen w* ‖ ⟨übtr⟩ *sich verbreiten, sich ausdehnen* (into); *zurückwirken* (on *auf*) **-ation** [ri,və:bə'reiʃən] s *Zurückwerfen, –strahlen* n; *Widerschein* m ‖ *Widerhall* m **-ative** [ri'və:bəreitiv] a *widerhallend* ‖ *zurückstrahlend, –wirkend* **-ator** [ri'və:bəreitə] s *Reflektor, Scheinwerfer* ‖ *Flammofen* m **-atory** [ri'və:bəreitəri] **1.** a *zurückwerfend;* ∼ furnace *Flamm–, Reverberierofen* m **2.** s *Flammofen* m

revere [ri'viə] vt *verehren* **∼nce** ['revərəns] **1.** s *Verehrung, Ehrerbietung* f; with due ∼ *mit der üblichen E.;* to pay ∼ to a p *jdm E. erweisen* ‖ *Respekt* m (for *vor*) ‖ *Reverenz, Verbeugung* f ‖ ⟨Ir, sonst † vulg & hum⟩ (*als Titel*) *Ehrwürden* (Your. ⥲) **2.** vt (*Gott*) *ehren* ‖ *verehren* **∼nd** ['revərənd] **1.** a *ehrwürdig; als Titel* (abbr Rev.) *nicht direkt vor Familiennamen*) f *Geistliche: Ehrwürden* (Rev. od the Rev. Henry N. od the Rev. Mr. N.; ⥲ Sir *Ew. E.*]; (of deans) Very ⥲; (of bishops) Right ⥲ *hochwürdig;* (of the archbishop) Most ⥲ *allerhochwürdig* **2.** s [*mst* pl ∼s] *Geistlicher* m **-nt** ['revərənt], **-ntial** [revə'renʃəl] a (∼ly adv) *ehrerbietig, ehrfurchtsvoll*

reverie ['revəri] s Fr *Träumerei* f

revers [ri'viə, rə'veə] s Fr (*mst* pl ∼ [∼z]) *Aufschlag, Revers* m (*an Kleidung*)

reversal [ri'və:sl] s *Umschlagen* n, *Umkehrung* f ‖ ⟨theat⟩ *Umschwung* m *der Handlung, fallende Handlung* f ‖ ⟨jur⟩ *Aufhebung, Umstoßung* f (*e–s Urteils*) ‖ (a ∼-gear) ⟨mot⟩ *Umsteuerung* f ‖ ⟨opt, phot⟩ *Ver–, Umkehrung, Solarisation* f | [attr] ∼ developing *Umkehrentwicklung* f; ∼ duplicating film *Umkehrkopierfilm* m; ∼ film *Umkehrfilm* m; ∼ phenomena *Umkehrungserscheinungen* f pl; ∼ processing *Umkehrentwicklung* f; ∼ service *Umkehrdienst* m

reverse [ri'və:s] a (∼ly adv) *umgekehrt, Kehr–, Rück–* (∼ side); in the ∼ order *in umgekehrter Reihenfolge* (to *z*) ‖ ∼ curve *Gegenkrümmung* f ‖ *Rücken–* (∼ fire) ‖ *entgegengesetzt* (in the ∼ direction to); *Rückwärts–, Rück–* (∼ gear *Rückwärtsgang, Rücklauf* m) ‖ ∼ current relay *–stromrelais* n; ∼-slope position ⟨tact⟩ *Hinterhangstellung* f

reverse [ri'və:s] s **1.** *das Umgekehrte* n (it is the ∼ *es verhält sich umgekehrt*); *Gegenteil* n (the ∼ of it *das G. davon;* much the ∼ *ganz im G.*) ‖ ⟨mot⟩ *Rückwärtsgang* m; on the ∼ *rückwärtsfahrend* **2.** (Ggs obverse) *Kehr–, Rückseite* (e–r Münze) f ‖ ⟨mil⟩ in ~ im Rücken 3. Rück-, Umschlag m (the ~ of fortune) ‖ Schicksalsschlag m; ⟨mil⟩ Niederlage, Schlappe f; to meet with a ~ e–e Schl. erleiden

reverse [ri'vəːs] vt/i ‖ ⟨etw⟩ umdrehen, -kehren; (Ordnung) umkehren ‖ ⟨fig⟩ (Urteil) umstoßen, -stürzen ‖ ⟨tech⟩ umsteuern | vi ⟨mot⟩ rückwärtsfahren, zurückstoßen, -sing [~iŋ] a ⟨mot⟩ Umsteuerungs-; ~-gear '-vorrichtung, Steuerung f; ~ gear with switching mechanism Schaltwendegetriebe n ‖ ⟨phot⟩ ~ station Umkehranstalt f -**sibility** [ri'vəːsə'biliti] s Umdreh-, Umkehr-; Umstoßbarkeit f -**sible** [ri-'vəːsəbl] 1. a umkehr-, umleg-, umdrehbar; umstoßbar | ~ folding finder ⟨phot⟩ umlegbarer Klappsucher m ‖ umsteuerbar ‖ (of cloth) auf beiden Seiten verwendbar, auf beiden S. zu tragen(d); beiderseitig tragbar (raincoat) 2. s auf beiden Seiten z tragender Mantel m

reversion [ri'vəːʃən] s Umkehrung f (to z) ‖ ⟨jur⟩ Rückfall m (to an, sc an den Vorbesitzer; → escheat) ‖ Anwartschaft f (of auf) | ⟨biol⟩ Rückkehr f, -schlag m (in Eigenschaften der Ahnen); Atavismus m ~al [~l] a anwärtschaftlich ~ary [ri'vəːʃənri] a ⟨jur⟩ ~ heir Nacherbe m; ~ succession Nacherbfolge; ~ interest Anwartschaftsrecht n; ~ legacy Nachvermächtnis n ‖ anwartschaftlich, Anwartschafts- (~ interest) ‖ ⟨biol⟩ atavistisch ~er [ri'vəːʃnə] s ⟨jur⟩ Anwärter m

revert [ri'vəːt] 1. vi/t ‖ ⟨jur⟩ zurückfallen (to an, sc an den Vorbesitzer) ‖ ⟨übtr⟩ (in der Rede etc) zurückkehren (to z); -greifen, -kommen (to auf) ‖ in früheren Zustand zurückkehren; ⟨biol⟩ zurückfallen (to a type in e–n Typ) | vt (Augen) zurückwenden 2. s jd, der z e–m früheren Glauben zurückkehrt m ~ible [~əbl] a ⟨jur⟩ heimfällig; zurückfallbar (to an)

revet [ri'vet] vt. [-tt-] (Mauer) mit Holz, Steinen (etc) ver-, bekleiden. ~ment [~mənt] s ⟨fort⟩ Verkleidung; Stützmauer f ‖ ⟨aero⟩ Abstell-, Splitterboxe f

revictual ['riː'vitl] vt/i ‖ neu verproviantieren | vi sich mit neuem Proviant versehen; sich neu eindecken

review [ri'vjuː] I. s 1. ⟨mst jur⟩ Nachprüfung; Revision f; ~ provisions, ~ remedies Rechtsmittel n pl 2. ⟨mil mar⟩ Truppenmusterung, -schau, Parade f (at the ~ bei der P.); to pass in ~ mustern; gemustert w 3. Rück-, Überblick (of auf, über); to pass in ~ ⟨fig⟩ Rückschau halten über; mustern, überblicken 4. Besprechung f; for ~ zur B.; under ~ z besprechen(d) ‖ Rezension (e–s Werkes) f 5. Zeitschrift, Revue, Rundschau f II. vt/i 1. vt ⟨jur⟩ (etw) nachprüfen; e–r Revision unterziehen, revidieren ‖ ⟨mil⟩ mustern, inspizieren; Parade abhalten über | e–n Überblick geben über; (prüfend) überblicken, -schauen ‖ zurückblicken auf | (Buch) kritisch besprechen, rezensieren 2. vi rezensieren ~al [~əl] s Nachprüfung, Revision f ‖ Rezension [~ə] s Zensor, Überprüfer; Rezensent m; ~'s copy Rezensionsexemplar n ~ing [~iŋ] s [attr] ~ ground ⟨mil⟩ Paradeplatz m

revile [ri'vail] vt/i ‖ (jdn) schmähen; verleumden, -unglimpfen | vi to ~ at verhöhnen ~ment [~mənt] s Schmähung f | ~r [ri'vailə] s Schmäher m

revisable [ri'vaizəbl] a revidier-, abänderbar -**sal** [ri'vaizəl] s Revision, Nachprüfung f

revise [ri'vaiz] 1. vt revidieren, wieder durchsehen (to nach); ~d Version (abbr R. V.) Revision der engl. Bibel f (1870–84) ‖ (Urteil) nachprüfen ‖ ~d arrangements Neuregelung f (for, [gen]) ‖ -sing barrister amtl. Prüfer der Wahllisten m ‖ abändern; verbessern 2. s nochmalige Durchsicht f ‖ ⟨typ⟩ Revision, zweite Korrektur f

| ~r [~ə] s Nachprüfer; Bearbeiter m ‖ ⟨typ⟩ Korrektor m

revision [ri'viʒən] s Revision, nochmalige Durchsicht f ‖ revidierte Ausgabe f ~al [~l], ~ary [~əri] a Revisions- ~ism [~izm] s Ger Revisionismus m (gemäßigte Richtung der marxist. Sozialdemokratie) **revisory** [ri'vaizəri] a Überprüfungs-, -wachungs- (~ power)

revisit [ri'vizit] vt wieder besuchen

revitalize ['riː'vaitəlaiz] vt neu beleben; ⟨übtr⟩ von neuem stärken; besser nutzbar m

revivable [ri'vaivəbl] a fähig wieder aufzuleben, wiederbelebbar

revival [ri'vaivəl] s ⟨übtr⟩ Wiederbelebung f; -aufleben, -erwachen, -aufblühen n; the ~ of Learning od Letters die Renaissance f, Humanismus m ‖ ⟨rel⟩ Erweckung, -sbewegung f ‖ ⟨jur⟩ Wiederinkraftreten n ‖ ⟨theat⟩ Wiederaufnahme f ‖ (Buch) Neuherausgabe f ~ism [~izm] s Form f or Verfahren n der Glaubenserweckung; Erweckungseifer m ~ist [~ist] s Erweckungsprediger m

revive [ri'vaiv] vi/t ‖ wieder z Bewußtsein k, das Bewußtsein wiedergewinnen ‖ wieder aufleben, -aufblühen; – lebendig w ‖ wieder auftreten; wiederkommen | vt (jdn) wieder z Bewußtsein bringen, wieder- or neu beleben ‖ ⟨übtr⟩ (Gefühl) wiedererwecken ‖ erneuern, wiederherstellen, wieder auffrischen; – zur Sprache bringen | (Brauch) wieder einführen, -aufbringen; wieder lebendig m ‖ ⟨theat⟩ wieder auf die Bühne bringen, – aufleben l, – aufführen ‖ ⟨chem⟩ (Metall) in natürl. Zustand zurückführen; frischen | ~r [~ə] s Erfrischungsmittel n, ⟨sl⟩ -trunk m ‖ Renovierungsmittel n

revivification [ri,vivifi'keiʃən] s Wiederaufleben n (from von); Wiederbelebung f ‖ revival -**fy** [ri'vivifai] vt wiederbeleben ‖ ⟨chem⟩ = to revive ⟨chem⟩

reviviscence [revi'visns] s ⟨übtr⟩ Wiederaufleben n etc → revival -**ent** [revi'visnt] a wiederauflebend; lebendig

revmeter ['revmiːtə] s (→ rev) Drehzahlmesser m

revocable ['revəkəbl] a (-bly adv) widerruflich -**ation** [revə'keiʃən] s Widerruf m; ⟨jur⟩ Aufhebung f; ~ of gift Schenkungswiderruf m; ~ of power of attorney Vollmachtwiderruf m -**atory** ['revəkətəri] a widerrufend, Widerrufs-

revoke [ri'vouk] 1. vt/i ‖ widerrufen, zurücknehmen; aufheben | vi ⟨cards⟩ e–e Farbe nicht bekennen, nicht bedienen 2. s ⟨cards⟩ Nichtbekennen n

revolt [ri'voult] 1. vi/t ‖ sich empören (against) ‖ abfallen, sich abwenden (from v) ‖ ⟨fig⟩ Widerwillen empfinden (at über); sich sträuben (against, from gegen) | vt (jdn) empören, abstoßen (by durch) 2. s Empörung f; Abfall m; Aufruhr, -stand m (against gegen), in ~ aufständisch ‖ innere Empörung f, Widerwille m (against) ~ed a rebellisch, abgefallen, aufständisch ~ing [~iŋ] a abstoßend

revolute ['revəluːt] a ⟨bot⟩ (of leaves) zurückgerollt

revolute [revə'luːt] vi ⟨sl⟩ Revolution m

revolution [revə'luːʃən] s Umdrehung f; ⟨tech⟩ ~s per minute (abbr RPM) Umdrehungen in der Minute (abbr U/min) ‖ Kreis-, Umlauf m (of the seasons) ‖ Umschwung m, Umwälzung f, a ~ in architecture e–e U. (in) der Architektur f ‖ ⟨pol⟩ Umsturz m, Revolution, Staatsumwälzung f ‖ ⟨Am⟩ the ~ die Amerikanische Unabhängigkeitsbewegung f (1775–83) ~ary [revə'luːʃnəri] 1. a umwälzend | revolution ·är, umstürzlerisch, Umsturz- | Umdrehungs- 2. s Revolution ·är m, Umstürzler m ~ist [~ist] s Revolutionär m ~ize [~aiz] vt revolutionieren; in Aufruhr bringen | umwälzen; gänzlich neu-, umgestalten

revolve [ri'vɔlv] vt/i || *umdrehen* | ⟨fig⟩ (*im Geiste*) *überlegen, erwägen* | vi *sich drehen*; the earth ~s round the sun *die Erde dreht sich um die Sonne*; .. on its axis .. *um ihre Achse* || (of seasons) *in Zyklen umlaufen*; *wiederkehren* **-ver** [~ə] s *Revolver* m **-ving** [ri'vɔlviŋ] a *sich drehend, drehbar, Dreh–*, ~ *armoured turret Panzerdrehturm* m; ~ *gun mount* ⟨artill⟩ (*Dreh-*)*Kranz* m | *umlaufend, wiederkehrend* | ~ *bobbin Abrollspule* f | ~ *case drehbares Büchergestell* n || ~ *credit automatisch sich erneuernder Kredit, Revolvingkredit* m || ~ *diaphragm* ⟨phot⟩ *Revolverblende* f || ~ *door Drehtür* f || ~ *light Blink–, Funkfeuer* n || ~ *pencil Dreh–, Füllbleistift* m || ~ *stage Drehbühne* f
revue [ri'vju:] s ⟨theat⟩ *Revue* f, *Ausstattungsstück* n
revulsion [ri'vʌlʃən] s (of feelings) *Umschwung, Umschlag* m ⟨a com⟩ || ⟨med⟩ *Ableiten* n, *Ableitung* f (*v Schmerz* etc) **-sive** [ri'vʌlsiv] **1.** a ⟨med⟩ *ableitend* **2.** s *ableitendes (Gegen-)Mittel* n
reward [ri'wɔ:d] **1.** s *Belohnung* f (for a th *f etw*); *Geldsumme als B., Finderlohn* m (to a p *f jdn*) || ⟨übtr⟩ *Lohn* m, *Vergeltung, Strafe* f (of *f*) **2.** vt (*Dienst*) *belohnen* (with); *vergelten* | (*jdn*) *belohnen* (for) || ⟨übtr⟩ [*oft pass*] (*jdn*) *entschädigen* **-ing** [~iŋ] a *lohnend, nützlich* (to *für*); *lesenswert* (*Buch*) **-less** [~lis] a *unbelohnt*
rewin [ri:'win] vt [→ to win] *wiedergewinnen*
rewind [ri:'waind] **1.** vt *wiederaufziehen*, → wind **2.** s *fast* ~ ⟨rec⟩ *Schnellrücklauf* m | ~ *motor* ⟨rec⟩ *Rückwickelmotor* m **-er** [~ə] s ⟨rec⟩ *Umroller* m
reword [ri:'wɔ:d] vt (*Ausdruck*) *neu formulieren, umformen*
re-write [ri:'rait] **1.** vt [→ to write] *neu schreiben*; *umarbeiten* **2.** s *durchgesehene, überarbeitete Ausgabe*; *Neufassung* f || *Reportage* f, → zero-derivation
rex [reks] L s (abbr R.) *regierender König* (George R.) || ⟨jur⟩ *Rex v. N. N.* (*in Strafsachen*) *im Namen des Königs gegen N. N.*
rexine [ˈreksi:n] s *Art Kunstleder* n
Reynard [ˈrenəd, –nɑ:d] s ⟨Lit⟩ *Reineke Fuchs*
rhabdomancy [ˈræbdə‚mænsi] s *Rhabdomant·ie* f, *Aufsuchen v Wasser* (etc) *mit Hilfe der Wünschelrute* f
Rhadamanthus [‚rædə'mænθəs] s L *unerbittlicher, aber gerechter Richter* m
Rhaetian [ˈri:ʃən] a *rätisch* (the ~ Alps) **-tic** [ˈri:tik] a: ~ *formation* ⟨geol⟩ *Rätische Formation* f **-to-Romance** [ˈri:tourə'mæns], **-to-Romanic** [ˈri:tourə'mænik] **1.** a *rätoromanisch* **2.** *das Rätoromanische* (*Sprache*)
rhapsode [ˈræpsoud] s ⟨ant⟩ *Rhaps·ode* m **-dic(al)** [ræp'sɔdik(əl)] a (–cally adv) *rhaps·odisch, exstat·isch*; *begeistert*; *überschwenglich* **-dist** [ˈræpsədist] s *Rhaps·ode*; *begeisterter Sänger* m **-dize** [ˈræpsədaiz] vt/i | (*etw*) *rhapsodisch vortragen* | vi *rhapsodisch, begeistert, überschwenglich reden* (on *über*) **-dy** [ˈræpsədi] **1.** s ⟨ant⟩ *Rhapsodie* f || *ekstatische, überschwengliche Ausdrucksweise* f **2.** vi = to rhapsodize
rhatany [ˈrætəni] s ⟨bot⟩ *Krameria* f, *Ratanhiastrauch* m || *–wurzel* f
rhea [riə] s ⟨orn⟩ *Nandu* m (*straußähnlicher Vogel*)
Rhemish [ˈri:miʃ] a (*nach frz. Stadt*) *Reims–*
Rhenish [ˈri:niʃ] a *rheinisch, Rhein–*
rheo– [ˈri:o] [in comp] ⟨bes el⟩ *Strom–* **-stat** [ˈri:ostæt] s ⟨el⟩ *Rheost·at, Regelwiderstand* m (*Apparat* m *z Regelung des Widerstandes*)
rhesus [ˈri:səs] s ⟨zoo⟩ *Rhesusaffe, Bander, Markat* (*Mak·ake*) m
rhetor [ˈri:tə:] s Gr *Redner* m
rhetoric 1. [ˈretɔrik] s *Redekunst, Rhet·orik* f || *Redeschwall* m **2.** [ri'tɔrik]* a = ~al **-ical** [ri'tɔrikəl] a (~ly adv) *rhetorisch*; *Redner–* (~

power) || *schönrednerisch*; *phrasenhaft*; *schwülstig* | *redegewandt* **-ician** [‚retə'riʃən] s *Redekünstler*; *Schönredner* m
rheum [ru:m] s ⟨med⟩ *wässerige Flüssigkeit* f (*des Auges* etc) || *Schnupfen* m **-atic** [ru:'mætik] **1.** a (~ally adv) *rheum·atisch* **2.** s *Rheumatiker* m | the ~s [pl] ⟨fam⟩ *Rheumat·ismus* m **-atism** [ˈru:mətizm] s (*Gelenk-*)*Rheumat·ismus* **-atoid** [~ətɔid] a *rheumatisch* (~ pain) || **-y** [~i] a *wässerig, katarrh·alisch* | *feucht, naß*
rhinal [ˈrainəl] a *Nasen–* (~ mirror)
rhine, rhene, rheen [ri:n] s ⟨dial⟩ *weiter, offener Graben* m
Rhine [rain] s ⟨Ger⟩ ~ *wine Rheinwein* m **-land** [ˈ~lænd] s the ~ *das Rheinland* **-lander** [ˈ~lændə] s *Rheinländer(in* f) m **-stone** [ˈ~stoun] s *Rheinkiesel* m
rhino [ˈrainou] s ⟨sl⟩ *Geld* n, °*Moneten* pl
rhino [ˈraino] Gr [in comp] *Nasen–* || s ⟨sl⟩ abbr = **-ceros** [rai'nɔsərəs] s (pl ~; ~es) ⟨zoo⟩ *Rhinozeros, Nashorn* n || **-cerotic** [rai‚nəsə'rɔtik] a *Rhinozeros–*
rhizo– [ˈraizo] Gr [in comp] *Wurzel–* **-me** [ˈraizoum] s ⟨bot⟩ *Rhiz·om* n, *Wurzelstock* m **-pod** [ˈraizəpɔd] s ⟨zoo⟩ *Wurzelfüßer* m **-tonic** [‚raizo'tɔnik] a ⟨phon⟩ *wurzelbetont*
Rhodesian [rou'di:ziən] **1.** a *rhodesisch, Rhod·esia–* **2.** s *Bewohner v Rhodesia* m
Rhodian [ˈroudiən] **1.** a *Rhodos–, rhodisch* **2.** s (*a knight of Rhodes*) *Johanniterritter* m | *Bewohner* m *v Rhodos*
rhodic [ˈroudik] a ⟨chem⟩ *Rhodium–* **-dium** [ˈroudiəm] s L ⟨chem⟩ *Rhodium* n (*Platinmetall*)
rhodium [ˈroudiəm] s (a ~-wood) *Rhodiumholz* n
rhodo– [ˈroudo] Gr [in comp] *Rosen–*; *rot* **-dendron** [‚roudə'dendrən] s [pl ~s, –dra] ⟨bot⟩ *Rhodod·endron* n, *Alpenrose* f
rhomb [rɔm] s ⟨geom⟩ *Rh·ombus* m, *Raute* f **-ic** [ˈ~bik] a *rhombisch* **-ohedral** [‚rɔmbo'hedrəl] a ⟨cryst⟩ *rhombo·edrisch* **-ohedron** [‚rɔmbo'hedrən] s ⟨cryst⟩ *Rhombo·eder* m (*Kristall*) **-oid** [ˈ~bɔid] **1.** a *rhombo·idisch* **2.** s *Rhombo·id* n **-oidal** [‚rɔm'bɔidəl] a *rhombisch* **-us** [ˈ~bəs] s (pl ~es; –bi [–bai]) = rhomb
rhotacism [ˈroutəsizm] s ⟨phon⟩ *Rhotaz·ismus* m (*Übergang des stimmh. s in r*)
rhubarb [ˈru:bɑ:b] s ⟨bot⟩ *Rhabarber* m || *R. als Abführmittel* **-y** [~i] a *rhabarberartig*
rhumb [rʌm] s ⟨mar⟩ *e–r der 32 Kompaßstriche* m; ~-line *Kompaßlinie* f
rhyme [raim] **1.** s ⟨pros⟩ *Reim* m (e. g.: ache, sake, steak); *double od two-syllable od female od feminine* ~ *weiblicher R.* (e. g.: garter, barter, starter); *head* ~ *Stabreim*; *R. am Zeilenanfang*; *rich* ~ (⟨a⟩ perfect, identical, echo ~) Fr *rime riche* (e. g.: rain, rein, reign; taken, mistaken); *single* ~ *männlicher R.* (*bes v einsilbigen Wörtern*); *synthetic* ~ *synthetischer R.* (e. g. in the ballad "Edward, Edward": me, O; sea, O; see, O); *tail* ~ *Schweifreim* m; *three-syllable* ~ (e. g.: slenderly, tenderly) | *to give* ~s *sich reimen*; *without* ~ *or reason ohne Sinn u Verstand*; → end s; *internal* a || *Reim(wort)* (to *auf*) | *Reimvers* m (in ~ *in Reimversen*); *Reimgedicht*, → nursery || ~-royal *Chaucer-Stanze* f (*siebenzeilige Stanza v jambischen Zehnsilblern* f [ab ab b cc]), → ottava rima **2.** vt/i || ~ (*in Reimen abfassen*); *zus–reimen* | vi *reimen, Verse* m || (of words) *sich reimen* || (of a word) *reimen* (on, with *auf, mit*) | **-d** [~d] a *gereimt, Reim–* (~ verse) **-less** [~lis] a *reimlos*
rhymer [ˈraimə], **-mester** [ˈraimstə] s *Reimer*; *Versemacher, Dichterling* m **-ming** [ˈraimiŋ] s *Reimen* n || [attr] *Reim–* (~ dictionary) **-mist** [ˈraimist] s *Reimer* m (a good ~)
rhythm [ˈriðm] s *Rhythmus* m || *Versmaß* n; *prose* ~ ⟨m. m.⟩ *rhythmisierte Prosa* f (e. g.:

esse vide·*atur*, ·excommuni·*atur*); running ~
laufender Rh. (*im Engl. die Regel: Füße v 2 or 3*
Silben: falling *fallend* = *mit Anfangs-*, rising
steigend = *mit Endbetonung*) || ⟨fig⟩ *regelmäßige*
Wiederkehr f; *An- u Abschwellen* n; *Pulsschlag*
m || ~ method ⟨physiol⟩ *periodische Enthalt-*
samkeit f ~**ic(al)** [~ik(əl)] a (–*cally* adv)
rhythmisch; *abgemessen, taktmäßig* || *regel-*
mäßig wiederkehrend, an- u abschwellend ~**less**
[~lis] a *ohne Rhythmus*
  Rialto [ri'æltou] s ⟨Am⟩ *Theaterzentrum am*
Broadway in New York || [attr] *Theater-:* ~
notes *–notizen* f pl (*v Broadway* etc) || ~ *Börse* f,
Marktplatz m
  riant ['raiənt] a *Fr lächelnd; heiter* (landscape)
  rib [rib] **1.** s ⟨anat⟩ *Rippe* f || ~s *of beef*
Rindsrippenstück n || ⟨übtr⟩ *rippenartige Erhö-*
hung; ⟨arch⟩ *–tige Verstärkung, Rippe* f,
diagonal ~s [s pl]) *Kreuzgurt(en)* m (pl), *Grat-*
sparren m (pl), ridge-~, tie-~ *Scheitelrippe* f ||
⟨bot⟩ (*Blatt-*)*Ader* f || *Schiffsrippe* f, *Inholz* n ||
Schirmstab m, *–stange* f | ⟨fam⟩ „*Rippe*‟
(*weibl Ehehälfte*); crooked ~ ⟨fam⟩ °*Haus-*
drachen m | [attr] ~-*grass* ⟨bot⟩ = *ribwort*
2. vt *mit Rippen versehen*; (*Papier* etc) *rippen,*
wellen, riefen ~**bed** [~d] a *gerippt*; *–rippig*
(close-~); *Well-* (~ paper) ⟨bot⟩ *geädert* || ~
cooler, ~ radiator ⟨mot⟩ *Rippen-, Lamellen-*
Kühler m ~**bing** ['~iŋ] s *Rippenwerk* n, *gerippte*
Arbeit f || ⟨bot⟩ *Äderung* f ~**less** [~lis] a *ohne*
Rippen etc ~**work** ['~wə:k] s = ribbing ~**wort**
['~wə:t] s ⟨bot⟩ *Spitzer Wegerich* m
  ribald ['ribəld] **1.** s *respektloser u höhnischer*
Mensch; *Spötter* m **2.** a *respektlos*; *zotig*;
lüstern; *schlüpfrig*; *lose* ~**ry** [~ri) s *unzüchtige*
Rede f, *Zoten* f pl
  riband ['ribənd] s = ribbon || *the blue* ~ *das*
Blaue Band (*Rekordauszeichnung*)
  ribband ['ribənd] s *über die Inhölzer genagelte*
dünne Latte or Leiste f || *Rödelbalken* m
  ribbon ['ribən], **riband** ['ribənd] **1.** s ⟨mar⟩
(*Seiden-* etc) *Band* (*z Schmuck*) n ⟨a arch⟩;
Borte f; *Ordens-, Vereinsband* n; ~s [pl] *Band-*
waren pl || (*of a typewriter*) *Farbband* n |
(*schmaler*) *Streifen* (a ~ *of sky*); ~s [pl] *Fetzen*
m pl (torn to ~s) | ~s ⟨fam⟩ *die Zügel* m pl
| [attr] *Band-* || ⟨arch⟩ *Häuseranbau* m *in langen Reihen*
an Ausfallstraßen, Ausfallstraßensiedlung f
[abstr] **2.** vt/i *bebändern* | vi (*of roads*) *sich*
lang ausdehnen ~**boned** ['ribənd] a *mit Bändern*
versehen or befestigt; gestreift
  ribes ['raibi:z] s L ⟨bot⟩ *Johannis-*; *Stachel-*
beerstrauch m
  Ribston(e) ['ribstən] s [attr] (*f* ~ *Park,*
Yorksh.) ~ *pippin feiner Dessertapfel* m
  Ricardian [ri'ka:diən] **1.** a (*nach D. Ricardo*;
† *1823*) *Ricardo-*. s *Anhänger* m *des R.*
  rice [rais] **1.** s *Reis* m | [attr] *Reis-* || ~-*bird*
⟨orn⟩ *Reisstar, Boblink* m || *Java-Sperling* m ||
~-*crispies* [pl] *Puffreis* m || ~-*flour Reismehl* n ||
~-*milk durch Reismehl verdickte Milch* f; *Reis-*
schleim m || ~-*paper Reispapier* n || ~-*pudding*
Milchreis; *–pudding* m || ~-*water mit Reis ab-*
gekochtes Wasser, Reiswasser n (*f Kranke*)
2. vt (*Kartoffeln*) *durchdrücken* | ~**r** ['~ə] s
Kartoffelpresse f
  rich [ritʃ] a **1.** *reich*; *wohlhabend*; the ~ *Man*
of the Gospel der Reiche, Prasser m; ~ *in reich*
an, gesegnet mit || *the* ~ *die Reichen*; no very ~
k–e sehr Reichen **2.** *reichhaltig, reichlich*;
→ rhyme; *ergiebig* (source) | *fruchtbar* (soil)
3. *wertvoll, kostbar, prächtig*; ~ *in promise*
vielversprechend **4.** *fett*; *nahrhaft* (food); ~
milk *Vollmilch* || *gewürzt* (dish) ~ ⟨mot⟩ *kraft-*
stoffreich (mixture) **5.** *stark, kräftig*; *gehaltvoll*
(wine) || *voll* (voice) || *warm, satt* (colour)
6. ⟨fam⟩ *spaßhaft, köstlich, gelungen, saftig*

7. [in comp] *reich, prächtig* (~-coloured);
~-looking ~**ly** ['~li] adv *reich, prächtig*; [a in
comp] (~-furnished) || *völlig, durchaus*; *höchst*
~**ness** ['~nis] s *Reichtum* m (in, of *an*) ||
Pracht f | *Fruchtbarkeit* f | *Reichhaltigkeit,*
Fülle f || *Wohlklang* m
  riches ['ritʃiz] s [pl] *Reichtum* m; *Reichtümer*
m pl || ⟨übtr⟩ *Fülle* f; *Überfluß* m
  rick [rik] vt & s → wrick
  rick [rik] **1.** s (*Getreide-* etc) *Feime* f, *Schober*
m | [attr] *Schober-* || ~-*stand Unterlage* f,
Gestell n *f Schober* || ~-*yard Hof* m *mit Scho-*
bern **2.** vt *in Schobern aufstellen*
  rickets ['rikits] s pl [sg konstr] ⟨med⟩ *Rach-*
itis, Englische Krankheit || [attr] *ricket*
producer *Rachitis-Erreger* m ~**ty** ['rikiti] a
rach·itisch, verkrüppelt | (*a* ~-rackety) *wack(e)-*
lig (chair) || *gebrechlich, schwach*
  ricksha(w) ['rikʃɔ:] s *R·iksha* f (*2-rädriger v*
Mann gezogener Wagen in Ostasien)
  ricochet ['rikəʃet] Fr **1.** s *Rikosch·et* n; *Ab-*
praller(schuß) m, *Ab-*, *Zurückprallen* n || ~ *fire*
Abprallerschießen n; ~ *shot Abprallschuß* m
2. vi/t || *aufschlagend ab-, zurückprallen, wieder-*
holt aufschlagen | vt *abprallen l, aufschlagen l*
  rictus ['riktəs] s L *gr Mund* m; *gr Öffnung* f
  rid [rid] vt [~ded *~-*/~] *freimachen, be-*
freien (of *v*): we have ~ded *the land of robbers*;
to ~ o.s. *of sich b. v*; to be (well) ~ *of* a *th etw*
(*z Glück*) *los s*; to get ~ *of loswerden* || ~ ⟨Am⟩
säubern, reine m (*a:* to ~ up) ~**dance** ['~əns] s
Befreiung f (from *v*) || a good ~ *ein Glück* (to *f*);
(a) good ~! *endlich allein! ein Glück, daß man*
dich (etc) *los wird* (*ist*)! they are a good ~ *ein*
G., wenn man sie los wird
  ridable ['raidəbl] a *reitbar, zu reiten*(d)
  rid(d)el ['ridl] s ⟨ec⟩ (*Altar-*)*Vorhang* m
  ridden ['ridn] pp *v* to ride || ⟨fig⟩ *beherrscht,*
verfolgt, geplagt (by *v*), [oft in comp] (passion-
~) || to be wife-~ *unter dem Pantoffel stehen*
  riddle ['ridl] **1.** s *Rätsel* n | *Geheimnis* n;
rätselhafte P or S f **2.** vi/t || *in Rätseln sprechen*
| vt *enträtseln* ~**ling** [~iŋ] a *Rätsel-* || *rätselhaft,*
dunkel
  riddle ['ridl] **1.** s *grobes* (*Draht-*)*Sieb* n (*f*
Korn etc), *Ratter* m | *Vorrichtung* f *z Draht-*
strecken, Drahtziehplatte f **2.** vt *sieben* ⟨a fig⟩
| *siebartig durchlöchern* (with *mit*) || ⟨fig⟩ *zer-*
fetzen, –pflücken ~**lings** ['ridliŋz] s pl *das durch*
Sieben n *Ausgeschiedene*
  ride [raid] vi/t [rode/ridden] **I. vi A.** (*P*) **1.** *rei-*
ten (on a horse *auf e–m Pferd*; on a p's back); ~
hound || to ~ at *Pferd lenken auf, nach* || to ~
for a fall *mit draußlosreiten, wagehalsig reiten*;
⟨fig⟩ *Unglück heraufbeschwören* || to ~ off a
p's questions ⟨fig⟩ *v jds Fragen ablenken* || to ~
out into the country *aufs Land hinausreiten*
2. ⟨übtr⟩ *fahren*, ([on] a bicycle) *radfahren,*
radeln || *in e–m öffentl. Verkehrsmittel fahren*
(to ~ in a bus, car, tram, train, etc); ⟨rail⟩ to
~ with one's back to the engine (*in der Bahn*)
rückwärts fahren; ~ with caution! *vorsichtig*
fahren! | to ~ for a th *e–r S entgegeneilen, zu-*
streben || to ~ over a p *jdn überfahren*; ~
roughshod **B.** (*P*) (*of vessels,* etc) **1.** *getragen w,*
sich bewegen; dahinziehen; treiben; schweben (on
auf) || *sich drehen* (on *auf*) || *ruhen* (on *auf*);
⟨mar⟩ to ~ at anchor *vor Anker liegen* || the
rope ~s *das Tau läuft unklar s.* **2.** (of ground)
z Reiten geeignet s; the ground ~s well *auf dem*
Boden reitet es sich gut **3.** to ~ up (of ties) *sich*
hoch-, sich verschieben **II. vt A. 1.** *rittlings sitzen*
auf; (*Pferd* etc) *reiten* (ridden by his owner
v s–m Besitzer geritten) || (*Pferd*) *lenken* (at *auf,*
nach) || ⟨fig⟩ to ~ to death (*Theorie* etc) *z Tode*
hetzen | to ~ **down** (*Pferd*) *z Erschöpfung r.* ||
⟨*jdn*⟩ *ein-, überholen; überfahren*; ⟨fig⟩ *nieder-*
reiten | ⟨Am rail⟩ to ~ the blind *od the rods*

schwarz mitfahren; to ~ the cushions *s–e Fahr-karte ordnungsmäßig bezahlen* ‖ ⟨Am univ sl⟩ to ~ the goat ⟨m. m.⟩ *das Fuchsenstechen durch–, mitmachen* ‖ ⟨aero fam⟩ to ~ the beam *auf dem Richtstrahl fliegen* **2.** [oft pass] (jdn) *be-herrschen, –drücken, plagen,* → ridden **3.** ⟨übtr⟩ *sitzen auf*; (Fahrrad) *fahren* | *liegen auf, ruhen auf*; *schwimmen auf* (to ~ the waves), *schweben auf* (to ~ the storm) ‖ to ~ an airline *e–e Fluglinie benutzen* **4.** (jdn) *reiten l* (on a p's back) **5.** ⟨Am⟩ *im Wagen befördern, fahren* **B.** (Distanz) *reiten*; (Land etc) *durchreiten* ‖ to ~ out ⟨mar⟩ (of ships) (Sturm) *be–, überstehen* ⟨a fig⟩ **C.** to ~ a race *in e–m Rennen reiten, fahren*

ride [raid] s **1.** *Ritt* m ‖ *Fahrt* f (in a bus) ‖ to go for a ~, to take a ~ *ausreiten, –fahren*; to give a p a ~ *jdn reiten or fahren l* **2.** *Reitweg* m **3.** ⟨for⟩ *Gestell* n ~-in [ˈraidˈin] s [pl ~s] ⟨Am racial pol⟩ *Busfahrt* f *Farbiger auf Sitzplätzen für Weiße*

rideau [riˈdou] s Fr *Gelände–, Bodenwelle* f

rider [ˈraidə] s **1.** *Reiter*(in f) m; *Kunstreiter* m ‖ (on a bicycle) *Fahrer*(in f) m; long-distance ~ *Dauerfahrer, Langstreckenfahrer, Steher* m **2.** ⟨jur parl⟩ *Zusatz* m; (Zusatz–)Klausel f; *Anhängsel* n; *beschränkende Nebenbestimmung* f (to f) ‖ ⟨com⟩ *Allonge* f (e–s Wechsels) **3.** ⟨tech⟩ *verschiebbarer Maschinenteil* m, *Laufgewicht* n, *Reiter* m **4.** ~s [pl] *Holz–, Eisenspanten* n pl *z Stütze des Schiffsrumpfes*

ridge [ridʒ] **1.** s *Grat,* (Wellen-)Rücken m, (Berg-)Kamm m, *Kammlinie*; *Hügelkette* f, *Höhenzug* m, ~ of mountains *Bergkette* f ‖ ⟨mar⟩ (Boden-)Schwelle f (Atlantic ⁓); ⟨geog⟩ gentle, low ~ *Landwelle* f; beach ~ *Strandwall* m ‖ *Dachfirst* m ‖ ⟨agr⟩ *Rain, Furchenrain* m (Erhöhung zwischen Furchen); ⟨hort⟩ *Rabatte* f ‖ [attr] ~-piece, ~-pole (Dach-)Firstbalken m (Zelt-)Firststange f ‖ ~ soaring ⟨aero⟩ *Hang-segeln* n ‖ ~-tile *Firstziegel* m **2.** vt/i (Feld) *furchen* (with) ‖ (Wasser) *durchfurchen* | vi *sich furchen, Furchen bilden* ~way [ˈ~wei] s *Kamm-linienweg* m

ridgy [ˈridʒi] a *grat–, kammartig*; *gefurcht*

ridicule [ˈridikjuːl] **1.** s † *etw Lächerliches* n; *Absurdität* f ‖ *Spott* m; to hold up to ~ (jdn) *lächerlich m, karikieren*; to turn into ~ *ins Lächerliche ziehen* **2.** vt *lächerlich m*; *verspotten*

ridiculous [riˈdikjuləs] a (~ly adv) *lächerlich*; *absurd, unsinnig* ~ness [~nis] s *Lächerlichkeit* f

riding [ˈraidiŋ] s *Reiten* n ‖ *Reitweg* m | [attr] *Reit–* ‖ ~-breeches [pl] *Reithose* f (a pair of ~-breeches *e–e R.*) ‖ ~-coat *–rock* m ‖ ~-habit (Damen-)Reitkleid n ‖ Little Red ⁓-Hood *Rotkäppchen* n ‖ ~-school *Reitbahn, –schule* f ‖ ~-whip *Reitpeitsche* f

riding [ˈraidiŋ] s *e–r der drei Verwaltungs-bezirke v Yorkshire*

ridotto [riˈdɔtou] s It *Kursaal* m

rifacimento [riːfaːtʃiˈmentou] s It *Umfor-mung, –gießung*; *neue Verarbeitung* f (e–s liter. Werkes)

rife [raif] a [nur pred] *häufig, vorherrschend, verbreitet* ‖ *erfüllt, voll* (with v); to be ~ *gras-sieren*

Riff [rif] s *Bewohner des Distriktes Rif* (in Marokko), *Rifi·ote, R·ifkabyle* ‖ [attr] *Rifioten-*

riffle [ˈrifl] **1.** s *wellenartige Furche* f ‖ ⟨Am⟩ *felsiges Flußbett* n; *Stromschnelle* f ‖ to make the ~ *etw glücklich fertigbringen*, °*schmeißen* **2.** vt *riffeln, furchen*; *kräuseln*

riff-raff [ˈrifræf] s (of a community) *Ausschuß, Auswurf* m; *Gesindel* n, *Pöbel* m ‖ [attr] *Aus-schuß–, wertlos*

rifle [ˈraifl] **1.** vt/i ‖ *spiralförmig riefen*; (Ge-wehrlauf) *ziehen* (~d barrel) | vi *mit e–r Büchse schießen* **2.** s *spiralförmige Riefe* f | *gezogenes*

Gewehr n, *Büchse* f ‖ ⟨Am⟩ *Wetzstein* m | ~s [pl] ⟨mil⟩ *Schützen* m pl | [attr] ~ battalion *Schützenbataillon* n ‖ ~ bullet *Gewehrschuß* m; ~ butt *–kolben* m; ~ cleaning *–reinigen* n ‖ ~-corps (freiwilliges) *Schützenkorps* n ‖ ~ drill *Griffeüben* n ‖ ~ grease *Waffenfett* n ‖ ~-grenade *Gewehrgranate* f ‖ ~-pit *Schützengra-ben* m ‖ ~ platoon *Schützenzug* m ‖ ~ rack *Gewehrgestell* n ‖ ~-range *Schießstand* m ‖ ~ (ring) target *Ringscheibe* f ‖ ~-shot *Gewehr–, Büchsenschuß* m ‖ *Schußweite* f *e–r Büchse* ‖ ~ sling *Gewehrriemen* m ‖ ~ squad ⟨Am⟩ *Schützengruppe* f ‖ ~ stock *Ge-wehrschaft* m ‖ ~ training (Gewehr-)Schießaus-bildung **rifling** [~iŋ] s *Riefen, Ziehen* n ‖ *Züge* m pl (e–s Gewehrlaufs) ‖ *Drall* m **rifleman** [ˈraiflmən] s ⟨mil⟩ *Schütze*; *Jäger* m

rifle [ˈraifl] vt/i (aus)*plündern, berauben* (of a th *e–r S*); *stehlen*

rift [rift] **1.** s (in a rock) *Ritze, Spalte* f; *Öffnung* f, *Schlitz* m ‖ ~ in the lute ⟨fig⟩ *Ver-stimmung* f **2.** vt (zer)*spalten* | ~y [ˈ~i] a *rissig*

rig [rig] **1.** s *Streich* m, ~s [pl] *Possen* m pl; to run a ~ *e–n Streich spielen* ‖ *Kniff, Schwindel* m **2.** vt *durch Machenschaften beeinflussen*; to ~ the market ⟨st exch⟩ *den Markt beeinflussen* ‖ to ~ up the prices *die Preise in die Höhe treiben* ~ger [ˈ~ə] s ⟨com⟩ *Aufkäufer*; *Speku-l·ant* m

rig [rig] **1.** vt/i ⟨mar⟩ (Schiff) (an–, auf)*takeln* ‖ ⟨aero⟩ (Flugzeug) *aufrüsten, zus–bauen, montieren*; (Maschine) *anschließen* (to an) ‖ als *Notbehelf aufstellen, errichten* ⟨fam⟩ to ~ out (jdn) *ausstatten, –staffieren, –rüsten* ‖ to ~ up = ~ out | vi: to ~ up *sich aufputzen* **2.** s ⟨mar⟩ *Takelung* f | ⟨fam⟩ *Putz* m, *Ausstaffierung* f; *Ausrüstung, Kleidung* f ‖ *Fuhrwerk* n, *Wagen* m u *Pferde* n pl ~ged [~d] a *getakelt* ~ger [ˈ~ə] s ⟨mar⟩ *Takler* m; ⟨aero⟩ *Monteur* m ~ging [ˈ~iŋ] s ⟨mar⟩ *Takelage* f ‖ ~ line *Fallschirm*(fang)*leine* f ‖ ~-loft ⟨theat⟩ *Schnür-boden* m ‖ ~ position ⟨aero⟩ *Aufrüst*(ungs)*posi-tion* f

rigamajig [ˈrigəmədʒig] s = gadget

rigescence [riˈdʒesns] s *Steifwerden* n ~ent [riˈdʒesnt] a ⟨bot⟩ *steif werdend*

right [rait] **I.** a **1.** *gerade* [nur in:] ~ line *gerade Linie* [sonst obs] | ⟨math⟩ *recht* (~ angle) **2.** *recht, billig*; *angemessen, passend*; *wahr, richtig* (it was ~ of you *es war r. von dir*); it was ~, not ~ *for you to do es war nicht richtig, daß du tatest* | *recht, korrekt*; ~ and proper *recht u billig*; that's ~ *so ist es*; *ganz recht* ⟨fam⟩ it's all ~ *for you du hast gut lachen*! | the ~ man in the ~ place *der rechte Mann am rechten Platze*; ~ motion ⟨mach⟩ *Gangbarkeit* f ‖ the ~ thing *das Richtige* ‖ the ~ side *die rechte* (bearbeitete, sichtbare) *Seite* (the ~ side of cloth); *Vorderseite* f (e–s Buches) ‖ on the ~ side of forty *noch nicht 40 Jahre*; → side **6. a.** | to be ~ *recht s, sich gehören* (to do; that); *recht h* (in one's judgement *mit s–m Urteil*); *rich-tig handeln* (in doing *z tun*); ~! ⟨fam⟩ ~ you are! *jawohl! gern! gewiß! durchaus! auf Wieder-sehen*! am I ~ for N.? *bin ich hier auf dem rechten Wege nach N.*? | to get it ~ *es in Ord-nung bringen, klarlegen* **3.** *gesund, normal*; → rain; not ~ in the head *nicht normal* ‖ *behag-lich, wohl* (I am, feel quite all ~); all ~! ⟨sl⟩ ~ oh! ~-o! ~o! *alles in Ordnung! jawohl! gut! recht so*! **4.** *echt, unverfälscht* **5.** *recht* (Ggs *link*); the ~ hand *die rechte Hand* (on the ~ hand *z Rechten, rechts*); the ~-hand side, the ~ side *die rechte Seite* **II.** adv **1.** *gerade* (~ ahead, ~ on *geradeaus*); *direkt*; ~ away *sofort* ‖ ⟨Am⟩ *sofort, gleich* (~ now); ~ along *ununterbrochen*; ~ handy *ganz nahe* (to bei) **2.** *in Ordnung, recht, richtig* (~ or wrong); to come ~ *in Ordnung k*

|| to do quite ~ *ganz recht handeln* (to leave *abzureisen*) || to put, set ~ (*etw*) *in O. bringen, berichtigen;* (*jdn*) *gesund m; aufklären;* to put o.s. ~ with a p *sich mit jdm gut stellen* || if I remember ~ *wenn ich mich recht entsinne* || it serves him ~ *es geschieht ihm recht* || ⟨mus⟩ to play ~ *richtig spielen* 3. *gänzlich; genau, ganz* (~ in front); ~ through *ganz durch; ganz u gar* || † *sehr, gar* (~ well) 4. (*in Anrede*) *hoch, sehr;* ⋋ *Honourable* (*als Titel*) *Exzellenz* 5. *rechts* (to turn ~); ~ dress! *richt euch!;* ~ face! ~ turn! *rechts um!* || ~ shoulder arms! ⟨Am⟩ *das Gewehr über!;* ~ and left *nach links u rechts* III. (a *od* adv) [in comp] ~-and-left 1. a *rechts u links passend; sich rechts u links drehend* 2. s *Schuß m aus rechtem u linkem Gewehrlauf* | ~-angled *rechtwinklig* | ~-down 1. a *regelrecht, wahr* (~-down shame); *vollkommen, gründlich* 2. adv *in hohem Grade, sehr* | ~-hand [s attr] *z Rechten befindlich; rechtshändig, –seitig;* ⟨tech⟩ *rechtsläufig* (screw); ~-h. curve, ~-h. turn *Rechtskurve* f; ~-h. man *rechter Nebenmann;* ⟨fig⟩ *die rechte Hand* | ~-handed 1. a (–ly adv) *rechtshändig;* ~-h. thread ⟨tech⟩ *Rechtsgewinde* n; ~-h. twist *Rechtsdrall* m 2. adv *nach rechts* | ~-hander ⟨fam⟩ *Schlag m mit der rechten Hand* | ~-minded· *rechtschaffen*

right [rait] s I. 1. *Recht* n; ~ to vote *Wahlrecht* n (*im öffentl. u Gesellschaftsrecht*), → option; *Billigkeit* f; to do a p ~ *jdm B. widerfahren l* 2. the ~ *das Richtige, Korrekte* n, to be in the ~ *recht h* || the ~s [pl] *der wahre Sachverhalt* m (of a question); to bring, put, set to ~s (*etw*) *in Ordnung bringen* II. *rechtmäßiger Anspruch* m; owner of the ~ of translation *Inhaber m des Übersetzungsrechts* || *Vorrecht* n (to *auf;* a ~ to do *ein R. z tun;* the ~ of doing *das R. z tun*) || ⟨engl⟩ the Bill of ⋋s *Verfassungsgesetz v 1689* n || all ~s reserved *alle Rechte vorbehalten* | by ~(s) *v Rechts wegen, v Amts wegen; eigentlich;* by ~ of a th *kraft, mit Hilfe e–r S* || deprivation of civic ~s ⟨jur⟩ *Aberkennung* f *der bürgerlichen Ehrenrechte* | in ~ of his wife *rechtmäßig f s–e Frau* o *v seiten s–r Frau* || to be in the ~ *recht h, im R. s* || (*Rechtsanspruch* m) a countess in her own ~ *e–e Gräfin aus eigenem Recht, durch Geburt* | of ~ *rechtmäßig;* the Assembly shall meet as of ~ *ohne daß es e–r* (*besonderen*) *Einberufung bedarf* || to stand on one's ~ *auf s–n Rechten bestehen* III. *rechte Seite* or *Hand, Rechte* f (on a p's ~ *z jds Rechten*); at ~ of the table *z Rechten des Tisches;* on *od* to the ~ *rechts* (of *v*); to keep to the ~ *sich rechts halten;* to ~ and left *nach rechts u links* | *recht* (*Schuh* m *des rechten Fußes; Handschuh* m *der rechten Hand*) | ⟨pol⟩ *die Rechte* IV. [in comp] ~-about 1. s to send to the ~-about(s) (*jdn*) *kurzerhand entlassen* 2. adv *rechtsum* (~ about-turn! *rechtsum kehrt!*) 3. a: ~-about turn *Wendung rechtsum kehrt;* ⟨fig⟩ *vollkommene W.* f | ~-of-way [pl ~s-of-w.] *Wegerecht* n (*Recht, e–n Weg z benutzen, befahren* etc); *Wege-,* ⟨mot⟩ *Vorfahrtrecht* n, *Vorfahrt* f, *Vorrecht* n *f Fußgänger;* ~-of-way must be given to *.. Vorfahrt hat ..* || *freibenutzbarer Weg* m

right [rait] vt/i || (*etw*) *wieder aufrichten* || to ~ o.s. *sich wieder aufrichten; wieder hochkommen; sich rehabilitieren* || (*jdm*) *Recht verschaffen* || (*Unrecht*) *wiedergutmachen* || *berichtigen* | vi ⟨mar⟩ (of ship) *sich aufrichten*

righten ['raitən] vt *in Ordnung bringen; bessern*

righteous ['rait∫əs] a (~ly adv) *gerecht; rechtschaffen* || the ~ *die Rechtschaffenen* m pl | *berechtigt* ~ness [~nis] s *Rechtschaffenheit* f

rightful ['raitful] a (~ly adv) *rechtmäßig*

(heir) || *gerecht* (cause) ~ness [~nis] s *Rechtmäßigkeit* f | *Gerechtigkeit* f

rightist ['raitist] s ⟨pol fam⟩ *Konservativer, Reaktionär* m | [attr] ⟨pol⟩ *rechtsgerichtet* (circles)

rightly ['raitli] adv *mit Recht* || *richtig, korrekt;* if I remember ~ *.. wenn ich mich recht entsinne*

rightness ['raitnis] s *Geradheit; Makellosigkeit* f | *Korrektheit, Richtigkeit* f

righto ['rait'ou] → right a 3.

rightward ['raitwəd] 1. adv *rechts, z Rechten; nach rechts* 2. a *nach rechts gerichtet* | ~s [~z] adv *nach rechts*

rigid ['ridʒid] 1. a (~ly adv) *steif* (bar); *starr;* ~ airship *Starrluftschiff* n || *unbeweglich* | (*P*) *hart, unbeugsam; streng; starr* 2. s = ~ airship ~ity [ri'dʒiditi] s *Steifheit, Starrheit* f || *Strenge, Härte* f

rigmarole ['rigməroul] s *Salbaderei* f, *eitles Geschwätz* n

rigor ['raigə:] s L ⟨med⟩ *Schüttelfrost* m || ~ mortis *Leichenstarre* f | ~ism ['rigərizm] s *übertriebene Strenge* f; *Starrheit* f || ⟨ec⟩ *Rigorismus* m ['rigərist] s *Rigorist* m ~ous ['rigərəs] a (~ly adv) *streng, hart, unerbittlich* || *peinlich, genau* || (of climate) *rauh, unfreundlich*

rigour, ⟨Am⟩ **rigor** ['rigə] s *Starrheit, Schärfe, Strenge* f; ~s [pl] *strenge Maßnahmen* f pl || *peinliche Genauigkeit* f | *Rauheit;* ~s [pl] *Unbilden* (*des Wetters*)

Rigsdag ['ri:gzdɑ:g] s (*das*) *dänische Parlament* n

Rig-veda [rig'veidə] s Ind *ältester Teil* m *des Veda*

Riksdag ['ri:ksdɑ:g] s (*das*) *schwedische Parlament* n

rile [rail] vt ⟨fam⟩ (*jdn*) *aufbringen, ärgern*

rilievo [ri'li:vou] s It = relievo, relief

rill [ril] 1. s *kl Bach* m, ⟨for⟩ *Runse* f | ~-mark *Sandrille* f 2. vi *rieseln* ~et ['~it] s *Bächlein* n

rille [ril] s ⟨Ger⟩ *grabenartige Furche, Rille* f (*auf dem Mond*)

rillett(e)s [ri'lets] s Fr *Büchsenragout aus Geflügel, Schinken* etc

rim [rim] 1. s *Rand* m; highland ~ *Randgebirge* n | ⟨fig⟩ on the ~ of the abyss *am R. des Abgrundes* || *Reifen, Radkranz* m, *Felge* f || *Hutkrempe* f, –rand 2. vt *mit Rand, Reifen umgeben* ~less ['~lis] a *ohne Rand* ~med [~d] a *mit Rand versehen;* [in comp] –randig (gold-~)

rime [raim] s & v → rhyme

rime [raim] 1. s ⟨poet⟩ *Reif, Rauhfrost* m; ⟨for⟩ *Duft* m; ~-break *Duftbruch* m 2. vt *mit R. bedecken*

rimer ['raimə] s = reamer

rimose ['raimous], **rimous** ['raiməs] a *rissig, spaltig*

rimy ['raimi] a *voll Reif, bereift*

rind [raind] s (*Baum-*)*Rinde; Schale, Hülse* f || *Käserinde; Kruste, Schwarte* f | ⟨fig⟩ *äußere Form* f, *Äußeres* n

rinderpest ['rindəpest] s ⟨Ger⟩ *Rinderpest* f

ring [riŋ] 1. s 1. (*Finger–* etc) *Ring* m; *Reif* m; flying ~s [pl] ⟨gym⟩ *Rundlauf* m || *Öse* f | *runder Rand* m 2. (*a P*) *Ring, Kreis* m; ~ of forts *Festungsgürtel* m; to form into a ~ *in e–n K. bilden;* to hold, keep the ~ *im Kreise herumstehen, Zuschauer s;* ⟨a übtr⟩ || ⟨bes Am⟩ (*Unternehmer-*)*Ring; Verband* m, *Kartell* n 3. *Ringbahn, Arena, Schranke;* (*Zirkus-*)*Manege* f (a five-~ circus) || the ⋋ ⟨box⟩ *Ring* (*Kampfplatz*); *die Boxerwelt* f, *Boxer* m pl; *die Buchmacher* m pl || the judging ~ *Schiedsrichterring,* –platz m 4. [attr & comp] *Ring-* || ~-dance

Reigen, Rundtanz m || ~-dove *Ringeltaube* f || ~-fence *vollkommene Einzäunung* f; ⟨*a* übtr⟩; *Flaksperrgürtel* m || ~-finger *Ring-, Goldfinger* m || ~-mail *Maschenpanzerhemd, Ringhemd* n, *-panzer* m || ~-neck ⟨orn⟩ *Kiebitz* m, *Ente* f *mit geringeltem Halse* f || ~-necked ⟨orn⟩ *mit geringeltem Halse* || ~-net *Schmetterlingsnetz* n || ~-ouzel ⟨orn⟩ *Ringdrossel* f || ~ sight ⟨mil⟩ *Kreisvisier* n || ~-snake *Ringelnatter* f || ~-tail ⟨orn⟩ *Weibchen* n *des Kornweihs* (→ hen-harrier), *des Blaufalken* || ~-tailed *mit Ringelschwanz* || ~-type mounting *Drehkranz(lafette* f) m **II.** vt/i [~ed/~ed] || *(Tiere) einkreisen; they* ~ed themselves round him *sie bildeten e-n Ring um ihn* | *(e-m Tier) e-n (Nasen-)Ring anlegen,* || ⟨hort⟩ *(Bäume) ringeln* | vi *(of birds) sich in spiralförmigen Flügen erheben; sich im Kreise bewegen* ~ed [~d] a ~*n Ring tragend* || *mit Ringen versehen* ~er ['~ə] s *Fuchs* m, *der gejagt in e-m Kreise läuft* || *Verwandlungskünstler* m |⟨Am⟩ *Zuschauer;* ~ *Außenseiter* m

ring [riŋ] **I.** vi/t [rang, *rung/rung] **A.** vi **1.** *(of bells) läuten;* the bell ~s *es läutet, klingelt* || *(of coins, the voice) klingen, tönen;* to ~ true *echt, wahr klingen;* to ~ in a p's ears *jdm in den Ohren klingen* **2.** *(of places) laut tönen, erschallen, widerhallen, erfüllt or voll s (with v)* **3.** *die Glocke läuten, klingeln (for tea z Tee);* to ~ for a p *nach jdm klingeln, jdn verlangen* **4.** to ~ off ⟨telph⟩ *abklingeln, abhängen, den Hörer anhängen* | ⟨fam⟩ ~ off! *nun aber Schluß!, nun halt endlich's Maul (du alte Quasselstrippe!)* || to ~ out for *einläuten (the bells rang out for the rally)* || ⟨Am⟩ *die Verhandlung etc eröffnen* **B.** vt **1.** *klingen l; z Klingen bringen; (Glocke) läuten* | to ~ the bell *klingeln;* ⟨fig⟩ *(Glück h) den Vogel abschießen* || *(Geläut) erklingen l;* to ~ the changes on a th ⟨fig⟩ *etw immer wiederholen, immer zurückkehren z etw; neu zurechtmachen; dasselbe immer in neuer Fassung vorbringen* **2.** [mit adv] to ~ **down** *(Vorhang) durch Klingelzeichen niedergehen l* || to ~ in *einläuten* || to ~ out ⟨fig⟩ *Abschied nehmen v (to ~ out the Old Year)* | to ~ up *(Vorhang) hochgehen l* || ⟨telph⟩ *(jdn) anklingeln, -rufen* **II.** s *Klingen; Läuten, Geläut* n || *Klingeln* n; there is a ~ at the door *es klingelt;* to answer the ~ *die Tür öffnen, z T. gehen, wenn es klingelt* || ⟨telph⟩ *Rufzeichen* n; *Anrufen* n, give me a ~ *rufe mich an* | *Schall, Ton, Klang* m; ⟨fig⟩ the ~ of truth *der echte Klang, bestimmte Eindruck der Wahrheit* ~er ['~ə] s *Glockenläuter* m || *Vorrichtung* f *z Glockenläuten* || ⟨Am⟩ *lauter Beifall* m || to be a ~ for *sehr ähnlich sehen* ~ing ['~iŋ] a *laut, widerhallend* || ~ tone ⟨telph⟩ *Rufzeichen* n

ringent ['rindʒənt] a ⟨bot & zoo⟩ *weit geöffnet* (mouth)

ringleader ['riŋˌliːdə] s *Rädelsführer* m

ringlet ['riŋlit] s *Ringlein* n || *(Ringel-)Locke* f ~ed [~id] a *gelockt* (hair); *mit Ringen*

ringworm ['riŋwəːm] s ⟨med⟩ *Ring-, Ringelflechte* f

rink [riŋk] **1.** s *Rollschuhbahn, (künstl.) Eisbahn* f **2.** vi *auf e-r R. laufen*

rinse [rins] **1.** vt *(a* to ~ out) *(Gefäß; Mund) ausspülen* || *(Wäsche) waschen; abspülen* **2.** s *Aus-, Abspülen* n ~-sing ['~iŋ] s *Spülen* n, *Spülung* f || ~s [pl] *Spülicht* n | [attr] *Spül-*

riot ['raiət] **I.** s **1.** *Ausschweifung; Schwelgerei* f || to run ~ *(of plants) wuchern;* ⟨fig⟩ *sich (zügellos) austoben, schwelgen, wüten; sich in allen Richtungen bewegen (over über)* || ⟨fig⟩ *Überfluß* m *(of an)* | that girl's a ~ ⟨fam⟩ .. *ist z Totlachen* **2.** *Tumult, (Volks-)Auflauf* m; The ~ Act *Gesetz gegen A.* (1715); to read the ~ Act to a p *jdn verwarnen* || ~ squad ⟨bes Am⟩ *Überfallkommando* n; to send a ~ call *das Ü. anrufen* **II.** vi/t **1.** vi *sich austoben; toben;*

schwelgen, vergehen (in in; to ~ in emotion) | an e-m Auflauf, -ruhr teilnehmen; A. verursachen **2.** vt: to ~ out *vergeuden* | ~er [~ə] s *Schwelger* || *Aufrührer(in* f) m ~ous [~əs] a (~ly adv) *ausschweifend, liederlich;* ⟨übtr⟩ *zügellos* || *lärmend, tobend* || *aufrührerisch* ~ousness [~əsnis] s *Schwelgerei* f || *aufrührerisches Wesen* n

rip [rip] **I.** vt/i **1.** vt *(Genähtes) auftrennen;* to ~ off *abreißen,* to ~ open, up *aufreißen, -ritzen, -schlitzen* | to ~ out *herausreißen* || to ~ up ⟨fig⟩ *(Skandal) aufrühren, -wärmen* **2.** vi *sich spalten; (zer)reißen, platzen* || ⟨fam⟩ *rennen;* let her ~ *laß sie gehen,* ⟨übtr vulg⟩ *Gott hab sie selig!* → r.i.p.; let things ~ *laß die Dinge laufen;* ⟨mot sl⟩ let her ~ *drück auf die Tube (= gib Gas)* **3.** [in comp] ~-cord *(Ballon-)Reißleine* f, *(Fallschirm-)Aufziehleine* f; ~-cord igniter *Abreißzünder* m | ~ hook *Faschinenmesser* n || ~-roaring *rabauzig (laut, lärmend)* || ~-saw *Kerbsäge* f **II.** s *(langer) Riß* m || *(Heu-)Büschel* n | Welle f | ⟨Am⟩ ~ *of laughter schallendes Gelächter* n; like ~s *tüchtig, gewaltig*

rip [rip] s *alter Klepper* m *(Pferd)* || *Taugenichts* m

riparian [rai'pɛəriən] **1.** a *Ufer-* **2.** s *Besitzer* m v *am Ufer gelegenem Land*

ripe [raip] **1.** a (~ly adv) *reif* (corn); ⟨for⟩ *haubar (Wald, Baum)* | ⟨übtr⟩ *gereift;* ~ age *hohes Alter* || *entwickelt, ausgereift* (wine); *vollendet* (beauty) || *reif (for f); bereit, fertig (for z); geradezu gemacht, wie geschaffen (for f)* || ⟨fam⟩ *voll (betrunken)* **2.** vt/i ⟨poet⟩ *reifen* ~ness ['~nis] s *Reife* f || (bacteriological) ~ of soil ⟨agr⟩ *Bodengare* f

ripen ['raipən] vi/t || *reifen; sich entwickeln (into z); reif w* | vt *reif m; z Reifen bringen*

riposte [ri'poust] Fr **1.** s ⟨fenc⟩ *rascher Gegen-, Nachstoß* m || ⟨fig⟩ *rasche Erwiderung* f *(to auf)* **2.** vi/t | *e-n Gegenstoß* m || *schnell erwidern* | vt: to ~ a p *jdm erwidern*

ripper ['ripə] s ⟨sl⟩ *Trenn-, Aufreißmaschine* f || *Kerb-, Schweifsäge* f || ⟨Am⟩ *(Art) Bobschlitten* m | *Prachtexemplar* n; *Prachtweib* n, *Haupt-, Prachtkerl* m, *Berühmtheit* f **ripping** ['ripiŋ] ⟨sl⟩ **1.** a (~ly adv) *glänzend, famos, kolossal* || ⟨tech⟩ ~ chisel ⟨carp⟩ *Stechbeitel* m, *Stemmeisen* n; ⟨arts⟩ *Zahnmeißel* m **2.** adv *hervorragend, überaus* (~ good)

ripple ['ripl] **1.** s ⟨tech⟩ *(Flachs-)Riffel* f, *Raffkamm* m **2.** vt *(Flachs) riffeln, kämmen*

ripple ['ripl] **1.** s *leichtes Kräuseln* n *des Wassers; kl Welle* f, *kl Wellen* pl || *Haarwelle* f || *rippling sea Kabbelsee* f | *Rieseln, Murmeln* n; ⟨fig⟩ a ~ of laughter *leises Gelächter* n | [attr] ~-cloth *Kräuselstoff* m || ~-mark *Sandrille* f; ⟨geog⟩ [mst pl] ~-marks *Rippelmarken* f pl **2.** vi/t || *sich kräuseln* || *rieseln, kl Wellen werfen;* ⟨fig⟩ *wellenförmig fließen* | *murmeln* | vt *(Wasser) kräuseln, aufrühren* || *in Wellenbewegung bringen*

ripplet ['riplit] s *kl Welle* f

ripply ['ripli] a *wellig, gekräuselt* || *murmelnd*

rip-roaring ['riprəːriŋ], **rip-snorting** ['ripsnɔːtiŋ] a ⟨Am⟩ *herzzerreißend, aufreibend, -peitschend; enorm, fam os*

Ripuarian [ripju'ɛəriən] a *ripuarisch* (Franks)

rise [raiz] [rose/~n] vi **1.** *sich erheben, aufstehen;* to ~ to one's feet *aufstehen* || ⟨parl⟩ *die Sitzung aufheben, sich vertagen* || *sich empören* (against, on gegen); to ~ in arms *z den Waffen greifen* **2.** *auf-, emporsteigen (to z)* || *(of the sun etc) aufgehen;* the risen sun *die aufgegangene Sonne* || *auferstehen (from the dead v den Toten;* the risen Christ) || *steigen, anschwellen (to a height z e-r Höhe)* ⟨a fig⟩ || *(of dough) aufgehen* || *(of fish) aus der Tiefe auftauchen, anbeißen;* ⟨fig⟩ to ~ at a bait, to ~ to it *anbeißen, auf etw* *hereinfallen* || (of curtain) *auf–, hochgehen*; the curtain ~s on a scene *der Vorhang geht hoch über e–r Szene, enthüllt e–e Szene* || ⟨aero⟩ *abheben (Flugzeug)* || ⟨meteor⟩ to ~ obliquely *aufgleiten* ⟨aero⟩ to ~ vertically *senkrecht aufsteigen (Hubschrauber)* **3.** *steigen, sich auf höhere Stufe erheben*; he rose to be 'chairman *er stieg auf z Vorsitzenden, wurde Vorsitzender*; to ~ to the occasion *sich der Lage gewachsen zeigen* || *vorwärtskommen* (in the world); to ~ above *erhaben s über* | *sich verstärken, wachsen, stärker w* || (of prices) *anziehen, steigen*; (of the voice etc) *steigen*; *ansteigen* **4.** (of buildings) *emporragen, aufsteigen*; *sichtbar w*; *erscheinen, sich zeigen* (upon the view *dem Auge*); *auftreten, –kommen* (the ~n wind) || *entstehen, –springen*; *sich bilden* **II.** **vt aufsteigen l*; (Fisch) *an die Oberfläche bringen*

rise [raiz] s **1.** **(of the sun) Aufgehen* n, *Aufgang* m; [*bes* in comp] (→ sun~) || *Aufsteigen* n || (of the curtain) *Hochgehen* n | ⟨fig⟩ *Aufstieg* m (to z), *Hochkommen* n; to have, get, take a ~ out of a p ⟨fam⟩ *jdn in die Wolle bringen, reizen* || *sozialer Aufstieg* m, *Emporkommen* n (in life) **2.** *Steigung, Anhöhe* f; *Höhe, Stufe* f (*e–s Trittes* etc) **3.** *Steigerung* f, *Anschwellen* n; *Wachsen* n (in *an*) || ⟨mus⟩ *Steigen* n (of the voice); ⟨com⟩ *Steigen* n (in, of prices *der Preise*); *Hausse* f; to be on the ~ *steigen* || (Gehalts-)*Zulage, Verbesserung* f || ~ in temperature *Temperaturerhöhung* f **4.** *Ursprung* m; to give ~ to *bewirken, veranlassen, Anlaß geben z, herbeiführen* || *Quelle* f; (S) to have, take one's ~ *entspringen* (in *in*; from *aus*)

risen ['rizn] **1.** pp *v* to rise **2.** a → to rise

2. 4. riser ['raizə] s *Aufstehender* m; early, late ~ *Früh–, Spätaufsteher* m || (of a step) *Höhe*, (Gegen-)*Stufe* f

risibility [ˌrizi'biliti] s (⟨Am⟩ –ties pl) *Lachvermögen* n || *Lachlust* f –**ble** ['rizibl] a (–bly adv) *lachlustig* || *Lach–* (~ muscles *–muskeln*) || *lächerlich*

rising ['raiziŋ] **1.** s (→ to rise) *Aufstehen* n; (*u* ~ again) *Auferstehen* n || *Aufbrechen* n, *Vertagung* f || *Aufstand* m; ⟨pol⟩ *Aufbruch* m | (of the sun etc) *Aufgang* m | *Steigerung* f; (of feeling) *Regung* f || *Vorwärtskommen* n || *Zunahme* f | *Steigung, Anhöhe* f || *kl Anschwellung, Pustel* f **2.** a (*empor*)*kommend* (a ~ man); *aufstrebend* || the ~ generation *die heranwachsende Generation* f, *der Nachwuchs* | *ansteigend*; ~ ground *Anhöhe, Erdwelle* || ~ floor ⟨astr⟩ *Hebebühne* f **3.** prs p: to be ~ twenty *ins 20. Lebensjahr gehen, treten* || ⟨Am⟩ *voll, mehr als* (~ 50 members); ~ of *mehr als*

risk [risk] **1.** s *Wagnis* n, *Gefahr* f, at the ~ of doing *auf die G. hin z tun*; at the ~ of one's life *mit eigener Lebensgefahr*; at one's own ~ *auf eigene G.* (to *f*); to run, take ~s (*od* the ~ *od* a ~) *G. laufen, sich der G. aussetzen* (of doing *z tun*) | ⟨com ins⟩ *R·isiko* n, calculated ~ *wohlkalkuliertes R.* || *Verlustgefahr* f; ~ money *Mankogeld* n (*f Kassierer*) **2.** vt *wagen, riskieren, aufs Spiel setzen* (a th; doing *z tun*); to ~ life and limb *Kopf u Kragen riskieren* | [in comp] ~-all *alles aufs Spiel setzend* ~**ful** ['~ful] a *gefahrvoll*; *risk·ant* ~**less** ['~less] a *gefahrlos* | ~**y** ['~i] a (–kily adv) *gefahrvoll, gewagt, riskant* | *heikel, schlüpfrig* (novel)

risqué ['ri·skei] a Fr *heikel, schlüpfrig*

rissole ['ri·soul] s Fr ⟨cul⟩ *Frikad·elle, Bul·ette* f

ritardando [ˌri:ta·'dændou] It ⟨mus⟩ **1.** adv *langsamer* **2.** a *langsamer werdend* or *zu spielen(d)* **3.** s [pl ~s] *Ritardando* n

rite [rait] s *R·itus* m; *Liturgie* f || *anerkannter Brauch* m

ritual ['ritjuəl] **1.** a (~ly adv) *ritu·al, ritu·ell*;

kirchlich; *vorschriftsmäßig* **2.** s ⟨ec⟩ *Gottesdienstordnung* f || *Ritu·al* n (*Buch*) || *relig. Feier* f ~**ism** [~izm] s ⟨engl⟩ *Ritual·ismus, Anglokatholizismus* m ~**ist** [~ist] s ⟨engl⟩ *Ritual·ist, Anglokatholik, Hochkirchler* m ~**istic** [ˌritjuə-'listik] a (~ally adv) ⟨engl⟩ *ritualistisch, hochkirchlich*

ritzy ['ritsi] a ⟨fam⟩ *elegant, modisch, reich*; *angeberisch, protzig, aufgeblasen*

rivage ['raividʒ] s Fr ⟨poet⟩ (*Fluß-*)*Ufer* n

rival ['raivəl] **I.** s *Riv·al(e), Nebenbuhler* m (to a p *jds*) | *Mitbewerber* m (for *um*); without a ~ *ohnegleichen* **II.** [*nur* attr a] *wetteifernd, nebenbuhlerisch* || *Konkurrenz–* (~ firm) **III.** vt/i [–ll–] || to ~ a p *wetteifern, rivalisieren, konkurrieren mit jdm* (in *an, in, im*); ⟨fig⟩ *jdm gleichkommen, es aufnehmen mit jdm* (in) | vi *rivalisieren* (with; to do) ~**ry** [~ri], ~**ship** [~ʃip] s *Nebenbuhlerschaft, Rivalit·ät* f || *Wetteifer, –bewerb* m, *Konkurrenz* f || –ries [pl] *Feindseligkeiten* f pl

rive [raiv] vt/i (~d/~d *od* ~n ['rivn]) || (*etw*) *zerreißen* | (*etw*) *reißen* (from *fort v*; out of *aus*) || (a to ~ up) (*zer*)*spalten* || ⟨übtr⟩ (*Herz*) *zerreißen* | vi *reißen* (at *an*) || *sich spalten*; *zerreißen*

rivel ['rivl] vi/t || *sich zus–ziehen* | vt (*Stirn*) *runzeln*

river ['rivə] s *Fluß, Strom* m (the ~ Thames *od* the Thames *die Themse*); down the ~ *stromabwärts*; to sell a p down the ~ *jdn* (*bes Komplizen*) *verpfeifen*; on the ~ *am Flusse*; up the ~ *stromaufwärts* | ⟨fig⟩ *Strom* m, *Flut* f (a ~ of tears); ~ of hair *flutendes Haar* | [attr] *Fluß–, Strom–* || ~-bed, ~-channel *Flußbett* n || ~-dam *Talsperre* f || ~-horse ⟨zoo⟩ *Nilpferd* n || ~-novel = saga novel || ~-police *Wasserschutzpolizei* f || ~-scape *Flußlandschaft(sgemälde* n) f || ~-traffic *Flußverkehr* m ~**ine** [~rain] a *an Flußufern liegend* or *wohnend* || *Fluß–* (curve) ~**less** [~lis] a *flußlos* ~**side** [~said] s *Flußufer* n; *–landschaft* f (by the ~); [a attr]

riverain ['rivərein] Fr **1.** a *Fluß–, Strom–* || *am Flusse gelegen* or *wohnend* **2.** s *Flußbewohner* m

rivet ['rivit] **1.** s ⟨tech⟩ *Niet* m, n, ⟨allg⟩ *Niete* f; ⟨fig⟩ *fester Zus–halt* m **2.** vt *mit Nieten verbinden*; (*Nagel*) *vernieten*; clinched and ~ed *niet- u nagelfest* | ⟨fig⟩ *heften, befestigen* (to *an*), *verankern* (in *in*); (*Blick*) *heften* (on *auf*) || (*Aufmerksamkeit*) *fesseln* || to ~ on ⟨tech⟩ (*etw*) *aufnieten* ~**er** [~ə] s *Nieter* m (welders and ~s) ~**ing** [~iŋ] s *Nieten* n; [attr] *Niet–*

rivière ['rivjɛə] s Fr *Diamantenhalsband* n

rivulet ['rivjulit] s *Flüßchen* n, *Bach* m, *Runse* f ⟨bes for⟩

roach [routʃ] s [pl ~] ⟨ich⟩ *Plötze* f, *Rotauge* n; as sound as a ~ *kerngesund*

roach [routʃ] s ⟨ent⟩ (abbr) → cock~

roach [routʃ] s ⟨mar⟩ *Gilling, Gillung* f (*Ausschweifung im Unterliek e–s Rahmsegels*) **2.** vt (*Mähne*) *stutzen* || (*Kopfhaar*) *hinten u an den Seiten kurz scheren*

road [roud] s **1.** ⟨mar⟩ [*mst* pl ~s] *Reede* f (in the ~ *auf der R.*) **2.** (*Land-*)*Straße* f; major ~ *Hauptverkehrsstraße, vorberechtigte Straße* m. ~ ahead! *Vorfahrt* (*auf Hauptstraße*) *beachten!* surfaced ~ *befestigte Straße*; in the ~ *auf der L.*; in Henley ⤳ *auf der Henley-Straße*; no ~ for cars! ⟨mot⟩ *Verkehrsverbot* n *f Kraftwagen!* | *Weg* m || in a house on the London ⤳ (i.e. the ~ leading to L.); on the ~ *auf der Wanderschaft* (to be on the ~ *Reisender* s [for]); on the ~ *unterwegs* (to nach); ⟨Austr⟩ „*auf der Straße*" (*arbeitslos*); (to travel) **by** ~ *z Fuß, auf der Landstraße, per Wagen, Auto* (*reisen*); ⟨mot⟩ (of cars) to hold the ~ well *e–e gute Straßenlage h*; to take to the ~ *Land–*

streicher w; the rule of the ~ *Straßenverkehrs-*, *Fahrordnung* f || ⟨Am rail⟩ *Gleis* n, *Eisenbahn-(linie)* f **3.** einzuschlagender *Weg* m || ⟨fig⟩ *Weg* m (to ruin *zum Ruin*) || in the ~ *im Wege*, *hinderlich*; in my ~ *mir im W.*; to get out of the ~ *aus dem W. gehen*; get out of my ~ *geh mir aus dem W.* || royal ~ ⟨fig⟩ *leichter*, *bequemer W.* (to *z*) **4.** [attr] ~ *bed Straßendecke* f; ⟨*bes* Am rail⟩ *Unterbau*, *Bahnkörper* m || ~ *behaviour Verkehrsdisziplin* f || ~ *block Straßensperre* f || ~*-book Reisehandbuch* n || ~ *carpet Oberfläche*; *Fahrbahn* f || ~ *condition report Straßenzustandsbericht* m || ~ *contact Straßenberührung* f; *-gefühl* n (*des Fahrers*) || ~ *courtesy Verkehrsdisziplin* f || ~ *crust Straßenbefestigung* f || ~ *discipline* ⟨*bes* mil⟩ *Verkehrsdisziplin* f || ~ *education Verkehrserziehung* f || ~ *embankment Straßenaufschüttung* f || ~ *feel -kontakt* m (*des Fahrers*) || ~ *havoc Verkehrschaos* n || ~*-hog* **1.** s ⟨mot⟩ *rücksichtsloser Fahrer, Kilometerfresser* m; °*Chausseefloh* m, *-wanze* f (*Motorradfahrer*) **2.** vi ⟨mot⟩ *rücksichtslos fahren* || ~*-holding* ⟨mot⟩ *Straßenlage* f; *-h. tires griffige Reifen* m pl. || ~ *Licensing Code od Order Straßenzulassungsordnung* f || ~*-liner* ⟨hum⟩ „*Straßenkreuzer*" m || ~*-making*, *Wegebau* m || ~ *narrows!* ⟨mot⟩ *Engpaß* m! verengte *Fahrbahn* f || ~ *repairs Straßen*(*bau*)*arbeiten* f pl || ~ *safety* ⟨mot⟩ *Verkehrssicherheit* f || ~*-sense angeborener Fahrinstinkt* m || ~ *test* ⟨Am mot⟩ *Probefahrt* f | to ~*-t.* [vt] ⟨mot⟩ (*Wagen*) *einfahren*, → *zeroderivation bad* ~ *surface! ausgefahrene Straße!* || ~ *Traffic Code od Regulations Straßenverkehrsordnung* f || ~*-user Verkehrsteilnehmer* m || ~*-using tax Straßenbenutzungsgebühr* f ~*able* [ˈ~əbl], a ⟨aero⟩ *straßenfähig* (*mit zus-schlagbaren Flügeln*) ~*eteria* [rouəˈtiəriə] s ⟨Am mot⟩ *Raststätte* f ~*less* [ˈ~lis], a *ohne* (*Land-*)*Straße*(*n*) ~*man* [ˈ~mən] s *Straßenarbeiter*; *-händler*; *-bummler* m ~*manship* [ˈ~mənʃip] s (*good*) ~ *Verkehrsdisziplin* f ~*mender* [ˈ~mendə] s *Straßenarbeiter* m ~*side* [ˈ~said] **1.** s; on the ~ *am Straßenrand*; ~ *ditch Straßengraben* m **2.** a *an der Landstraße gelegen* ~*stead* [ˈ~sted] s ⟨mar⟩ *Reede* f ~*ster* [ˈ~stə] s *mar Schiff* n *vor Anker auf der Reede* || *Reisepferd* n (*starkes*) *Tourenrad* n; ⟨mot⟩ (*offener*) *Tourenwagen*, *Sportzweisitzer* m ~*way* [ˈ~wei] s *Landstraße* f *Fahrweg*, *-damm* m ~*worthy* [ˈ~wəːði] a f *Landstraßen geeignet* (~ *vehicle*); *gebräuchs-einsatzfähig*, *verkehrs-*, *betriebssicher* (*vehicle*)

roam [roum] **1.** vi/t *wandern*; *streifen* (*over über*); to ~ *about the forest im Wälde umherstreifen* | vt *durchstr̄eifen*, *-wandern* **2.** s *Wandern* n ~*er* [ˈ~ə] s *Umherstreifer*; *Wanderer* m

roan [roun] **1.** a *rötlichgrau* **2.** s *Rötlichgrau* n || *Rotschimmel* m (*Pferd*)

roan [roun] s *weiches gegerbtes Schafleder* n

roar [rɔː] **I.** vi/t **A.** vi **1.** (*T*) *brüllen*, *heulen*; (of stags) *rö*(*h*)*ren* || *laut schreien* (with pain *vor Schmerz*); to ~ *at* a p *jdn anschreien*, *-brüllen* || *laut lachen* (oft: to ~ with laughter) || (of horses) *keuchen* **2.** (of water) *tosen*, *brausen* || (of thunder etc) *krachen* || (of cannon) *donnern* || (of the wind) *toben* || ⟨aero⟩ *lärmend sausen* **3.** (of places) *dröhnen*, *widerhallen* (with *v*) **B.** vt (a to ~ out) (*etw*) *herausbrüllen* **II.** s *Brüllen*, *Gebrüll*, *Schreien* n; (of stags) *Rö*(*h*)*ren* n || *schallendes Gelächter* n; to set in a ~ (*Gesellschaft*) *in sch. G. versetzen* || (of the wind etc) *Heulen* n; *Brausen*; *Toben* n || (of thunder) *Krachen* n; *Donner* m || ⟨aero⟩ *Lärm* m, *Geräusch*, *Getöse* n ~*er* [ˈ~rə] s *Brüller* m || *keuchendes Pferd* n ~*ing* [ˈ~riŋ] a *brüllend*, *laut*; *toll*; *stürmisch* (night); the ~ forties [pl] *das stürmische Meergebiet zwischen* 39° *u* 50° *nördl.*

Breite | ⟨fam⟩ *ungeheuer*, *kolossal*, *enorm*; *flott*, *schwunghaft* (trade); *famos*, *glänzend* (health)

roast [roust] **1.** vt/i | *braten*, *rösten* || *backen* || (*Kaffee*) *brennen*, *rösten* || ⟨met⟩ (*Metall*) *der Hitze aussetzen*, *rösten* || ⟨sl⟩ (*jdn*) *aufziehen* | vi *sich braten* (*l*), *gebraten w* **2.** [*nur* attr a] *gebraten*, *geröstet*, *Röst-*; ~ *beef Rinderbraten* m, ⟨engl⟩ *Roastbeef* n, ⟨Am fam⟩ „*Zigarre*" f (*Tadel*); ~ *meat*, [*aber*]: well-~ed *beef*, *joint*, etc. || ~ed *gebrannt* (coffee etc), ~(ed) *coffee beans Röstkaffee* m **3.** s *Braten* m; to rule the ~ (⟨fam⟩ roost) *die Herrschaft führen*, *herrschen* || *Brennen* n (*v Kaffee*); a pound of coffee French *od* Continental ~ *l Pfund Röstkaffee* ~*er* [ˈ~ə] s *Röster* m || (*Brat-*)*Rost* m || ⟨met⟩ *Röstofen* m || *Kaffeebrenner* m | *Spanferkel* n ~*ing* [ˈ~iŋ] **1.** s *Rösten* n | [attr] *Röst-*; ~*-jack Bratenwender* m || *Brenn-* (~ coffee) **2.** prs p to be ~ *vor Hitze umkommen*

rob [rɔb] vt/i [-bb-] (*jdn*) *berauben* (of a th *e-r S*) || (*jdn*) *bringen* (of his inheritance *um sein Erbe*) || (*etw*) *rauben* || (*Haus*) *ausrauben*, *plündern* | vi *Straßenraub ausüben* ~*ber* [ˈ~ə] s *Räuber* m (sea-~); to play at ~s *R. spielen* | *Dieb*(*in* f) m | ~*-farming Raubbau* m ~*bery* [ˈ~əri] s *Raub* (from a p *an jdm or der jdm zugefügt ist*); *Diebstahl* m || ⟨fam⟩ *Erpressung*, *Ausbeutung* f; *Geldschneiderei* f || armed ~ (*bewaffneter*) *Raubüberfall* m

robe [roub] **1.** s *Robe* f, *Talar* m; ~s [pl] *Amtskleidung*, *-tracht* f; state ~s *Staatskleid* n; gentlemen of the (long) ~ *Gerichtsherren* m pl (*Advokaten*, *Richter*) || master of the ~s (*Ober-*) *kämmerer* m || † *Frauengewand*, (*Damen-*)*Kleid* n **2.** vt/i (*jdn*) *feierlich ankleiden*; to ~ *o.s. sich ankleiden* || to ~ *sich ankleiden*; *sich schmücken* | ~*-d* [~d] a *im Talar*; *im Amtskleid*

robe-de-chambre [rɔbdəˈʃãːbr] s Fr *Morgenkleid* n, *-rock* m

Robert [ˈrɔbət] s ⟨fam⟩ *Polizist* m, → bobby

robin [ˈrɔbin] s ⟨orn⟩ *Rotkehlchen* n || ⟨Am⟩ *Wanderdrossel* | ~*-Goodfellow guter Hauskobold* m || ~*-redbreast* ⟨orn⟩ *Rotkehlchen*

Robinia [rouˈbiniə] s ⟨bot⟩ *Rob·inie*, *unechte Akazie* f

roborant [ˈroubərənt] **1.** a (~ed) *roborierend*, *stärkend* **2.** s *roborierendes Mittel* n

robot [ˈroubət] s (*russ.*) *menschl. Maschine* f, *Maschinenmensch*, *R·oboter*, *selbsttätiger Mechanismus* m; *-ges Verkehrssignal* n | [attr] *mechanisch*, *automatisch*, *Maschinen-* || ~*-bomb V1-*, *V2-Geschoß* n || ~ *pilot* ⟨aero⟩ *Kurssteuerung* f, *Selbststeuergerät* n || ~ *plane führerloses Flugzeug* n; *fliegender Sprengkörper* m ~*ize* [~aiz] vt *mechanisieren*

Rob Roy canoe [ˈrɔbˈrɔikəˈnuː] s (*nach Roman v* W. Scott) *leichtes Kan·u* n (*f eine P mit Doppelpaddel*)

roburite [ˈroubərait] s *Robur·it* m (*Sprengstoff*)

robust [roˈbʌst] a (~ly adv) *rob·ust*, *stark*, *kräftig*; *gesund*, *kernig*, *derb* (humour) ~*ious* [~ʃəs] a *stark*, *rob·ust* || *lärmend*, *laut*; *heftig*, *wild* ~*ness* [~nis] s *Kraft*, *Stärke* f

roc [rɔk] s *arabischer Rok*, *Rock* m (*sagenhafter Riesenvogel*)

rocambole [ˈrɔkəmboul] s Fr ⟨bot⟩ *Rockenbolle*, *Perlzwiebel* f

roche moutonnée [ˈrɔʃ mutɔˈne] s Fr ⟨geog⟩ (*Rund-*)*Höcker* m; region characterized by r.s m.s *Höckerlandschaft* f

rochet [ˈrɔtʃit] s ⟨ec⟩ *Chorrock* m, *-hemd* n (*f Bischöfe*)

rock [rɔk] s **1.** *Felsen* m; the ~ *Gibraltar* [koll] *Felsen* pl, *felsiges Gestein* n (masses of ~); *Gebirgsart* f || ⟨Am⟩ *Stein* m (to throw ~s) | *Fels* m, *Klippe* f; on the ~s *festgefahren*; ⟨sl⟩ *in Geldnot*, °*pleite* || ⟨Am sl⟩ ~s pl „*Kies*" m,

Moneten pl (*Geld*), *Diamanten* m pl **2.** ⟨fig⟩ *Felsen, fester Boden* m (built upon the ~) | *Klippe* f, *gefährliches Hindernis* n; to be wrecked on the ~ *an der Klippe zerschellen* || to cut the ~ ⟨min⟩ *vor Ort arbeiten* **3.** (*Stange* f *Zuckerwerk*) *Lutschbonbon* m & n, *–stange* f **4.** [attr & comp] *Fels–, Felsen–* || ~-bed *Felsengrund* m || ~-bottom [a] ⟨fam⟩ *äußerst, allerniedrigst* (price) || ~-bound *v Felsen eingeschlossen* ||, ~-cork *Holzasbest, Bergkork* m, *–leder, –holz* n || ~ crushing plant *Bergebrechanlage* f. || ~-crystal ⟨minr⟩ *Bergkristall* m || ~-drill *Gesteinbohrmaschine* f || ~ formation *Gebirge* n || ~-garden *Stein(zier)garten* m, *Alp·inum* n || ~-goat ⟨zoo⟩ *Bergziege* f || ~-hewn church *Felsenkirche* f; || ~-leather = ~-cork || ~-oil *Steinöl, Petroleum* n || ~-painting *Felsenmalerei* f || ~-plant ⟨bot⟩ *Alpenpflanze* f || ~-rose ⟨bot⟩ *Ziströschen* n || Hairy ⌁ *Taurische –*, Purple ⌁ *Purpur–*, Resin ⌁ *Harzzistrose* f || ~-salt ⟨geol⟩ *Steinsalz* n || ~ slide *Steinschlag* m || ~-tar = ~-oil || ~-wood = ~-cork || ~-work *Felsgruppe* f; *künstliches Grottenwerk* n; ⟨arch⟩ *Quaderwerk* n **–ery** [ˈ~əri] s *künstl. Grottenwerk* n; *Steingarten* m || ~ plant *Stein(garten)gewächs* n

rock [rɔk] **I.** vt/i **1.** vt (*Kind*) *wiegen; schaukeln;* to ~ to sleep (*jdn*) *in den Schlaf wiegen* | ⟨minr⟩ *schütteln, rütteln* || *ins Schwanken bringen; erschüttern* || ⟨aero⟩ to ~ wings (*mit den Flügeln*) *wackeln* **2.** vi *schaukeln* (on *auf*); *wackeln, schwanken* ⟨a fig⟩ || *sich schaukeln* **II.** s *Wiegen, Schaukeln* n || ~ and roll *exzentrisch-akrobatischer Tanz* m **~er** [ˈ~ə] s *gekrümmte Laufschiene* (*der Wiege* etc) f || ⟨Am⟩ *Schaukelstuhl* m || ⟨sl⟩ off one's ~ *verrückt* | [attr] ~ arm ⟨tech⟩ *Kipphebel* m **~ing** [ˈ~iŋ] a *schaukelnd, Schaukel–;* ~-chair *–stuhl* m; ~-horse *–pferd* n || *Wiege–; Schwing–* || ~-turn ⟨skating⟩ *Wendung* f *in entgegengesetzter Richtung beim Holländern*

rocket [ˈrɔkit] **1.** s *Rak·ete* f; dry-fuel ~ *R. mit Pulverantrieb;* liquid-fuel ~ *R. mit flüssigem Treibstoff* || flying ~ *Raketengeschoß* n || ⟨fig mil fam⟩ „*Mordszigarre*" f (*strenger Verweis*) | [attr] *Raketen–* || ~-assisted take-off ⟨aero⟩ (abbr **RATO**) *Raketenstart* m; ~-a. t.-o. gear (abbr **RATOG**) *Startrakete* f || ~ launching site *Raketenabschußbasis* f || ~ plane *–flugzeug* n || ~ power *–energie* f || ~ projectile (abbr **RP**) *Abwurfraketengeschoß* n || ~ projector *Raketenwerfer* m || ~-propelled *mit –antrieb* || ~ propulsion *–antrieb* m **2.** vt/i *mit Raketen beschießen,* (⟨a⟩ to ~-bomb) *mit Raketen beschießen,* → zero-derivation | vi (of birds) *schnell u senkrecht auffliegen; vorwärtsfliegen* || (of prices) *in die Höhe schnellen* **~eer** [rɔkiˈtiːə] s ⟨Am fam⟩ *Raketenbauer, –fachmann* m **~er** [~ə] s *senkrecht auffliegender Vogel* m

rocket [ˈrɔkit] s ⟨bot⟩ *Rauken–, Senfkohl* m, *Rauke* f | *Nachtviole* f

rockiness [ˈrɔkinis] s *felsige Beschaffenheit* f, *das Felsige* n **rocky** [ˈrɔki] a *felsig, voller Felsen* (the ⌁ Mountains, ⟨fam⟩ the Rockies [*in* USA.]) || ⟨fig⟩ *hart, unnachgiebig*

rock 'n roll [⟨urspr Am⟩ ˈrɔknroul, ⟨engl⟩ ˈrɔk–] s ⟨Am⟩ *Rock 'n Roll* m, (*moderner Tanz*) **rocky** [ˈrɔki] a ⟨sl⟩ (–ckily *adv*) *wackelnd; wacklig; schwankend;* to be ~ *wackeln*

rococo [rəˈkoukou] Fr **1.** a ⟨*bes arch* etc⟩ *Rokoko–;* ⟨fig⟩ *Schnörkel–* **2.** s *Rokoko* n

rod [rɔd] s **1.** *Reis* n, *Rute* f (divining ~) || *Bündel Zweige* n, *Rute* f || → pickle s || ⟨anat⟩ ~s *Stäbchen* n pl (*der Netzhaut*) || to kiss the ~ *sich unter jds R. beugen* || ⟨fig⟩ *Strafe* f **2.** *Stab; Herrscherstab* m; ⟨fig⟩ *Herrschaft* f || the Black ⌁ (*Träger des Stabs als Sinnbild der*

Autorität) *Beamter des* H. of L. (make way, for Black ~) | (*a* fishing-~) *Angelrute* f **3.** *Meßrute* f (= 5½ yards = 5,028 m), **4.** *Stange* f ⟨tech⟩ ~s. [pl] *Gestänge* n. **5.** ⟨Am sl⟩ *Schießeisen* n, *Knarre* f (*Pistole, Gewehr*) (hot). ~ ⟨mot⟩ f *Rennen frisierter Pkw* **6.** [attr] *Ruten–, Stangen–, Angel–* || ~-iron *Stangeneisen* n || ~ winding ⟨el⟩ *Stabwicklung* f **~less** [ˈ~lis] a *ohne (Angel-)Rute* ~let [ˈ~lit] s' *kl Stab* m; *kl Stange* f

rode [roud] pret *v* to ride

rodent [ˈroudənt] **1.** a *nagend; Nage– (~teeth)* || ⟨path⟩ *fressend* **2.** s ⟨zoo⟩ *Nagetier* n; → insect controller **~ial** [rouˈdenʃəl] a *Nagetier–* **~icide** [rouˈdentisaid] s *Rattengift* n

rodeo [rouˈdeiou], ⟨Am⟩ [ˈroudiou] s [pl ~s] *Span. Zus-Treiben des Viehs* f, *best. Zwecke* n; *Sammelplatz* m || ⟨übtr⟩ *Versammlung* f; *Cow-boy–; Wildwestvorführung* f

rodomontade [rɔdɔˈmɔnteid] *–dəmən teid*] Fr **1.** s *Prahlerei, Aufschneiderei* f **2.** a *aufschneidend, prahlerisch* **3.** vi *prahlen, aufschneiden*

roe [rou] s ⟨zoo⟩ [pl ~hunt] ~] (*a* ~-deer) *Reh* n, *Rehwild* n; *Ricke* f **~-buck** [~bʌk] s *Rehbock* m; ~ of the first head *Bock v ersten Kopf;* fair ~ *angehender (jagdbarer) Bock* m; ~-doe

roe [rou] s, (*a* hard ~) (*Fisch-*)*Rogen* m; soft ~ *Milch* f, || ~-stone ⟨minr⟩ *Rogenstein* m (*Kalkoolith*)

rogation [rouˈgeiʃən] s. ⟨ec⟩ *Bitte* f; ~s [pl] ⟨R.C.⟩ *Bittgänge* m pl, *Prozessionen* f pl; ~-Sunday *Sonntag Rogate;* ~ week *Bittwoche* f (*Himmelfahrtswoche*) **~tory** [ˈrɔgətəri] a *Auskunft suchend;* letters ~ *Rechtshilfeersuchen;* ~ commission *Untersuchungskommission* f

Roger [ˈrɔdʒə] the Jolly ~ *die Piratenflagge* || Sir ~ de Coverley *alter engl. Volkstanz* m || ⟨Am sl⟩ *in Ordnung! einverstanden!* || '!' *(wir) verstanden!*

rogue [roug] s *Landstreicher* m | *Schuft, Schurke* m; ~s' gallery *Verbrecheralbum* n | ⟨fam⟩ *Schelm, Schalk* m | (*a* ~-elephant) *abseits der Herde lebender, bösartiger Elefant* m || ⟨hors⟩ *Verbrecher* m | ⟨hort⟩ *minderwertige Pflanze* f *unter Sämlingen* **~ry** [ˈ~əri] s *Schurkerei* || ⟨fam⟩ *Schalkhaftigkeit, Schelmerei* f

roguish [ˈrougiʃ] a (*–ly adv*) *schurkisch* || *schelmisch* **~ness** [~nis] s *Schurkerei* f, *Schelmerei* f

roil [rɔil] vt ⟨Am⟩ (*Wasser*) *trüben* || ⟨übtr⟩ *verwirren*

roister [ˈrɔistə] vi *toben; lärmen, poltern* **~er** [~rə] s *Lärmer, Polterer* m **~ing** [~riŋ] a *lärmend, tobend, polternd*

rôle [roul], ⟨Am⟩ **role** s Fr ⟨theat⟩ *Rolle* f || ⟨übtr⟩ *Rolle* (the ~ of king); *Funktion* f, to play a ~ *e–e R. ausüben, Rolle spielen*

roll [roul] s **1.** (*Papier–* etc) *Rolle* f (a ~ of paper, *e–e R. Papier*) | *Urkunde* f; Master of the ~s ⟨engl⟩ *Präsident* m *des Reichsarchivs;* ~s [Series *Sammlung* f, *engl. Urkunden* | *amtl. Liste* f *der Mitglieder (e–r Körperschaft); Verzeichnis* n; *Namenliste* f (to call the ~ *die Namen verlesen*); ~ of honour *Ehrentafel* f *der Gefallenen* || to strike off the ~s *v der Liste streichen,* (*Rechtsanwalt*) *disqualifizieren* **2.** *Zus-Gerolltes* n; [koll] *zus-gerollte Papiere* n pl; ⟨Am⟩ *Rolle Banknoten; Geld* n | *Rolle (~ of butter R. Butter* etc) || *gerolltes Fleisch (etc) n, Roulade* f | *Brötchen* n, *Semmel* f **3.** ⟨arch⟩ *Schnecke* f | ⟨tech⟩ *Rolle, Walze* f **4.** [attr] ~-call ⟨school⟩ *Aufrufen* n *der Namen;* ⟨mil⟩ *Appell* m || ~-film ⟨phot⟩ *Rollfilm* m

roll [roul] vt/i **A.** vt **1.** (*Faß*) *rollen, transportieren, fahren;* ~ my log and I'll yours *e–e Hand wäscht die andere;* ⟨Am⟩ ~ your own! *bemühe dich nur selbst!* || *in e–e Masse (zus–)*

rollen; *auf–, zus–häufen* || (of rivers) *treiben, wälzen* 2. (*um die Achse*) *herumdrehen, –rollen* || (*im Geiste*) *herumwälzen* || (*Augen*) *rollen* 3. (*oft* to ~ up) *in e–e Rolle formen, aufrollen*; to ~ a cigarette *e–e Zigarette drehen* (he ~ed me a cigarette; to ~ o.s. *sich auf–, zus–rollen* (into *in*) || *einwickeln, –hüllen* (in *in*) 4. (*Eisen*) *walzen, strecken, glätten* 5. *rollend aussprechen*; to ~ one's r's *das R rollen* 6. [*mit* adv] to ~ **back** (*Preise*) *mit Hilfe staatl. Subventionen senken* || to ~ **forth** (of organ) *herausschmettern, ertönen l* || to ~ **out** (*Teig*) *glätten, rollen*; (*Worte*) *herausschmettern, –posaunen* || to ~ a p **over** *jdn umwerfen* || to ~ **up** (*Papier*) *aufrollen* || *einwickeln* || (*Hose*) *auf–, hochkrempeln* **B.** vi **1.** *rollen*; *sich wälzen* (from *v*; into *in*); *fahren* | *wandern, reisen* **2.** (of water) *ab–, dahinrollen, –fließen* || *ausgleiten* | *sich drehen* || (of the sea) *rollen, wallen, wogen* || (of land) *sich wellig ausdehnen* **3.** (of sound) *widerhallen, donnern, rollen*; *wirbeln*; *brausen* **4.** *sich herumrollen* (on *auf*), *sich* (*herum*)*wälzen* (in *in*); to be ~ing in money (*od nur*: to be ~ing) *sich im Gelde wälzen, enorm reich s*; she's simply ~ing *sie schwimmt nur so im Geld* **5.** ⟨mar & aero⟩ *schlingern* || (*P*) (*dahin*)*schlenkern, stolzieren* **6.** [*mit* adv] to ~ **in** *hereinrollen*; ⟨fig⟩ *–kommen, –schneien* || to ~ **over** *sich herumdrehen, –wälzen* (in bed) || to ~ up ⟨fam⟩ „*auftauchen*", *auf der Bildfläche erscheinen*; ⟨Am⟩ *vorfahren, ankommen* || ~-up *Abbau* m, *Abbrechen* n (*e–s Lagers* etc) **II.** s **1.** *Rollen, Wälzen* n, to have a ~ *sich wälzen* (on *auf*); *Umdrehen* n || ⟨fig⟩ *Lauf, Gang* m **2.** *wiegender Gang* m, *Schlenkern* n || ⟨mar & aero⟩ *Schlingern* n **3.** (of sounds) ⟨mil⟩ *Trommelwirbel* m; *Rollen, Brausen*; *Dahinfließen, Fluten* n || *Wohlklang* m **4.** *wellenförmige Erhöhung* f **5.** ⟨aero⟩ *Überschlag* m, *Rolle* f (*Kunstflug*); abrupt ~ *gerissene R.*; flick ~ *ungesteuerte R.* **6.** ⟨fam⟩ ~, bowl, or pitch *trotz Tod u Teufel* **III.** [in comp] ~-back [s] (*staatl*) *Preissenkungsaktion* f || ~-(-)film *Rollfilm* m || ~-fronted cabinet *Rollschrank* m || ~-top desk *–pult* n **~able** ['~əbl] a *aufrollbar, Roll–* **~ed** [~d] a *gerollt, Roll–* (~ ham *–schinken* m) || *gewalzt, Walz–* (~ metal *–blech* n) || ~ gold *Dubleegold* n **~er** ['~ə] s **1.** *Rolle, Walze* f (to run upon ~s) | *Rolle* f (*unter Möbeln*) **2.** gr *Flut–, Sturzwelle* f **3.** (*mst* ~-bandage) *Rollbinde* f **4.** ⟨orn⟩ *Blaurake* f **5.** [attr] ~ bearing *Rollen–, Walzenlager* n || ~ blind (instantaneous) shutter ⟨phot⟩ *Schlitz-(moment)verschluß* m || ~-chair (*bes* Am) *Rollstuhl* m || ~-coaster ⟨Am⟩ *Berg– u Talbahn* f || ~-skate *Rollschuh* m || ~ towel (*endloses*) *Rollenhandtuch* n

rollick ['rəlik] **1.** vi/t (*herum*)*tollen* | vt to ~ (blades) *herumfuchteln mit* **2.** s *Herumtollen* n **~ing** [~iŋ] a *ausgelassen, übermütig, lustig*

rolling ['rouliŋ] **1.** s *Rollen, Walzen* n | [attr] *Roll–, Walz–* || ~ barrage ⟨artill⟩ *Feuerwalze* f || ~ bobbin ⟨film⟩ *Abrollspule* f || ~-machine *Glätt–, Satiniermaschine* f, *Kal'ander* m || ~-mill ⟨tech⟩ *Walzwerk* n; cold ~ m. *Kaltwalzwerk* n || ~-pin *Rollholz* n (z *Backen*) || ~-press *Rotationsdruckpresse* f; = ~-machine **2.** a *rollend, Roll–*; ~-chair *–stuhl* m || *wellenförmig* (land) || ~ kitchen *Feldküche* f || ~ stock ⟨rail⟩ *rollendes Material* n; ~ stock manufacturing *Waggon– u Lokomotivenbau* m | ~ stone *rollender Stein* m; a ~ stone gathers no moss *an e–r St. setzt kein Moos an* || ⟨fig⟩ *unsteter Mensch* m

roly-poly ['rouli'pouli] **1.** s *gerollter Pudding* m || *Pummel* m & f (*dickes u rundliches Kind*) **2.** a (of children) *pummelig*

rom [rəm] s (pl ~a[s]) *Zigeuner* m

Romaic [rou'meiik] **1.** s *das Neu-Griechische*

---

2. a *neu-griechisch* **romaika** [rou'meiikə] s *modern-griech. Nationaltanz* m

Roman ['roumən] **1.** s [pl ~s] ⟨ant⟩ *Römer*(*in* f) m | *Bewohner* m v *Rom* || *römischer Katholik, Papist* m | ⟨typ⟩ (abbr rom.) (⟨*a*⟩ ~ type) *Antiqua, Altschrift* f (*Ggs* italic) **2.** a *römisch* (~ nose); ~ numerals [pl] *römische Zahlen* f pl || ⟨typ⟩ *Antiqua–* (~ type) | ~-candle *Leuchtkugel* f (*Feuerwerk*) || ~-Catholic 1. a *römisch-katholisch* 2. s *der Römisch-Katholische* || ~ cement *Wassermörtel* m

roman à clef [rəmã a 'kle:] s Fr *Schlüsselroman* m (e.g.: Montesquieu, Lettres Persanes; O. Goldsmith, Chinese Letters)

Romance [rə'mæns; ro'mæns] **1.** s *romanische Sprache* f **2.** a *romanisch*; ~ peoples [pl] *Romanen* m pl

romance [rə'mæns, ro'mæns] **1.** s (*oft* ⤸) *mittelalterl.* (*Ritter-*)*Romanze* f || *romantische Erzählung* f; *Liebes–, Abenteuerroman* m || ~ in real life *Roman* m *aus dem Leben* | *das Romantische, der Zauber*; *Schwärmerei* f || *Übertreibung* f **2.** a *Romanzen–* || *abenteuerlich*; *romantisch*; *Zauber–* **3.** vi *Erdichtungen erzählen*; *fabeln*; *aufschneiden* | **~r** [~ə] s *Romanzen–, Romanschreiber* m || ⟨fig⟩ *Aufschneider* m

Romanes [rou'ma:niz] s *Zigeunersprache* f

Romanesque [,roumə'nesk] **1.** a ⟨arch⟩ *romanisch* **2.** s *romanischer Baustil* m

Romanic [ro'mænik] **1.** a *romanisch* || *römisch* **2.** s *das Romanische* (*Sprache*)

romanish ['rouməniʃ] a *römisch-katholisch* **–ism** ['roumənizm] s *röm.-kath. Religion, Lehre* f || *altröm. Herrschaft, Welt* f **–ist** ['roumənist] s *römischer Katholik* m **–ization** [,roumənai'zeiʃən] s *Anpassung* f *an röm. Sitten* or *an röm. Katholizismus* **–ize** ['roumənaiz] vt/i || *römisch m* || *römisch-katholisch m*; *der römischen Kirche anpassen* | vi *römisch*(*-katholisch*) w

Romano– [rou'meino] [in comp] *römisch, Romano–* (~-Germanic)

Romansh, –sch [rou'mænʃ] **1.** s *das Rätoromanische* **2.** a *rätoromanisch*

romantic [ro'mæntik] **I.** a (~ally adv) **1.** *Romanzen–*; *Abenteuer–* || (*P*) *romantisch*; *phantastisch, schwärmerisch* | *zauberisch, malerisch* (village) **2.** ⟨Lit⟩ *romantisch* (~ literature; the ~ revival; *bei* Mme. de Staël *u. a. Ggs* classic) **II.** s ⟨Lit⟩ *Romantiker* m | ~s [pl] *romantische Gefühle* n pl or *Einfälle* m pl **~ism** [ro'mæntisizm] s *romantischer Charakter* m; *Zauberwelt* f || ⟨Lit⟩ *Rom'antik* f **~ist** [ro'mæntisist] s ⟨Lit⟩ *Romantiker* m **~ize** [ro'mæntisaiz] vi/t | *in romant. Stil schreiben* | vt *romantisch m*; (*e–r S*) *romant. Charakter verleihen*

Romany ['rəməni] **1.** s [pl ~nies] *Zigeuner* m; [koll] the ~ *die Zigeuner* pl | *Zigeunersprache* f **2.** a *Zigeuner–*

Rome [roum] s ⟨übtr⟩ *römisches Reich* n || *römische Kirche* f **~ward** ['~wəd] **1.** adv z *römischen Kirche hin* **2.** a z *römischen K. neigend* **~wards** ['~wədz] adv = Romeward adv

Romish ['roumiʃ] a *römisch-katholisch*; *papistisch*

romp [rəmp] **1.** vi *umhertollen, sich balgen*; *toben* || ⟨fig⟩ to ~ through *spielend hindurchkommen durch* || ⟨racing sl⟩ *rasen, fliegen*; to ~ home *spielend gewinnen* **2.** s *Range* f, *Wildfang* m || *Tollen, Toben, Balgen* n; ⟨übtr⟩ *Liebschaft* f, *Techtelmechtel* n || in a ~ *mit gr Leichtigkeit* **~er** ['~ə] s [a pl ~s] (*Kinder-*)*Spielkittel* m || ⟨Am⟩ *Art Kniehose* f **~y** ['~i] a *ausgelassen, wild*

rondeau ['rəndou] s [pl ~s] ⟨pros⟩ *R'ondeau* f, *Reigenliedchen* n z *Tanz* (*13zeilige Strophe mit Kehrreim am Anfang, im Innern u am Schluß*)

rondel ['rɔndl] s ⟨pros⟩ *besondere Art des Rondeau (14zeilig)*

rondo ['rɔndou] s ⟨mus⟩ *Rondo* n (*Komposition mit immer wiederkehrendem Hauptthema*)

rondure ['rɔndjə] s *Kreis* m, *runde Form* f

roneo ['rounio] **1.** s *Typ* m *e–r Vervielfältigungsmaschine* f **2.** vt (~ed) *vervielfältigen*

Röntgen ['rɔntjən; 'rʌntgən] ⟨Ger⟩ (*nach* W. C. ~; † *1923*) **1.** s [attr] *Röntgen–*; ~ *rays* [pl] *Röntgenstrahlen* m pl || ~ *photo* = ~ogram **2.** vt *e–e Röntgenaufnahme* m v, *röntgen* ~**ize** [~aiz] vt = to Röntgen ~o**gram** [rɔnt'genəgræm] s *Röntgenbild* n ~o**graphy** [rɔntgə'nɔgrəfi] s *Röntgenphotographie* f ~**oscopy** [ˌrɔntgə'nɔskəpi] s *Röntgenstrahlendurchleuchtung* f ~o**therapy** [ˌrɔntgənoʹθerəpi] s *Röntgentheraphie, –behandlung* f

rood [ru:d] s † *Kruzifix* n | ⟨engl⟩ *Rute* f (*Längenmaß* n) | *Viertelmorgen* m (= *10,11712 Ar*) | ~-**arch** ⟨ec arch⟩ *Triumphbogen* m || ~-beam *Apostel–, Querbalken* m | ~-**loft** ⟨ec⟩ *Empore* f *des Lettners* || ~-**screen** ⟨ec⟩ *Lettner* m

roof [ru:f] **1.** s [pl ~s] *Dach* n ⟨a übtr⟩; under my ~ *unter m–m Dach, in m–m Hause*; the ~ of heaven *Himmelsgewölbe* n; the ~ of the mouth *der harte Gaumen* m || (*Wagen–*)*Deck* n || broken ~ *französisches* or *Mansardendach*; compass–~, saddle–~ *Sattel–*; hip–~, hipped ~ *Walm–*; → attic; tent–~ *Zelt–*; wooden ~ *Balkendecke* f, *offenes Sparrwerk* n | [attr] *Dach–* (~-garden) ~ *antenna Hochantenne* f || ~-**felt** *–pappe* f || ~ *framework, ~ timbering –stuhl* m || ~-**raising** *ceremony* ⟨carp⟩ *Richtfest* n || ~-**shaped** *antenna –antenne* f || ~-**tree** *Dach–, Firstbalken* m; *Dach* n; under one's ~-**t.** *innerhalb s–r vier Wände* || ~ *trunk* ⟨mot⟩ *Verdeckkoffer* m **2.** vt *bedachen*; (*a* to ~ over) *überd·achen* (with *mit*) ~-**age** [ʹ~idʒ] s = roofing ~**er** [ʹ~ə] s *Dachdecker* m ~**ing** [ʹ~iŋ] s *Bedachung* f, *Dachwerk* n | [attr] *Dach–* ~-**felt, ~-paper** *Dachpappe* f ~**less** [ʹ~lis] a *ohne Dach*; ⟨fig⟩ *obdachlos*

Rooinek ['ro:inek] s ⟨SAfr⟩ *Bezeichnung (der Buren) f Engländer*

rook [ruk] **1.** s ⟨orn⟩ *Saatkrähe* f; → to caw | ⟨fig⟩ *Gauner*; ⟨cards⟩ *Bauernfänger* m **2.** vt ⟨cards⟩ *betrügen* ~**ery** [ʹ~əri] s *Krähenkolonie* f | ⟨of birds⟩ *Brutstätte* f ⟨a fig⟩; *Mietskaserne* f ~**let** [ʹ~lit], ~**ling** [ʹ~liŋ] s *junge Saatkrähe* f

rook [ruk] s ⟨chess⟩ *Turm* m

rooky, rookie ['ruki] s ⟨sl⟩ *Rekrut, °,,Hammel" m* || *Anfänger* m

room [ru:m] **I.** s **1.** *Raum, Platz* m (plenty of ~ *viel P.*) | *eingenommener Platz* m, *Stelle* f (in the ~ of *an Stelle v*, in my ~ *an m–r St.*); there was no ~ to swing a cat (in) *da fiel kein Apfel zur Erde, da konnte man nicht umfallen*; ⟨mot⟩ enough ~ in which to stop *ausreichende Bremsstrecke* f || to make ~ *Raum schaffen* (for a th *f etw*); *Platz* m (for a p *jdm*); to take up much ~ *viel P in Anspruch nehmen* | *Spielraum* m; *Gelegenheit* f, *Anlaß* m (for *z*; to do) **2.** *Zimmer* n, *Raum* m (a ~ looks into the garden .. *liegt nach dem Garten*); ~s [pl] *Wohnung* f; we were in ~s (by the sea) *wir hatten uns .. Zimmer gemietet* || *die Anwesenden* m pl *in e–m Raum* | [attr] *Zimmer–* (~ *temperature*) || ~ *duties* [pl] ⟨mil⟩ *Stubendienst* m **II.** vi ⟨Am⟩ *wohnen, logieren* (at *in*; with *bei*) ~**ed** [~d] a *–zimmerig* (two–~ed) ~**er** [ʹ~ə] s *Zimmerherr* m, *Untermieter*(in f) m ~**ette** [~'et] s ⟨Am⟩ *Einbettabteil* n *im Schlafwagen, Einzelschlafabteil* n ~**ful** [ʹ~ful] s *Raumvoll* m (a ~ of visitors) ~**iness** [ʹ~inis] s *Geräumigkeit* f ~**ing-house** [ʹ~iŋhaus] s ⟨Am⟩ *Gasthaus* n ~**y** [ʹ~i] a (–mily adv) *geräumig, weit*; ⟨for⟩ *räumig*

roost [ru:st] **1.** s *Hühnerstange* f; *Schlafsitz* m

(*f Vögel*) || *Hühnerstall* m; *zus–sitzende Vögel* m pl; the cock of the ~ ⟨fig⟩ *der Hahn im Korbe* | ⟨fig⟩ *Ruhe–, Schlafplatz* m; at ~ *schlafend*; to go to ~ *z Ruhe gehen* **2.** vi/t ⟨of birds⟩ *sich z Schlaf niedersetzen; sitzend schlafen* || ⟨fam fig⟩ *sich setzen* | ⟨fig⟩ *übernachten* | vt ⟨fig⟩ (*jdn*) *unterbringen* ~**er** [ʹ~ə] s *Hahn* m

root [ru:t] **I.** s **1.** *Wurzel* f (at the ~s *an den Wurzeln*); to take ~ *W. fassen* or *schlagen* (in *in*); to strike deep ~ *tief W. schlagen*; ~ and branch *mit Stumpf u Stiel* (*vollständig, tüchtig*) | [*mst* pl ~s] (*Eß–*)*Wurzel* f; (*Zahn–* etc) *Wurzel* f **2.** ⟨fig⟩ *Wurzel* f (the ~ of all evil; this is the ~ of the trouble *hier liegt der Hund begraben* ⟨fam⟩; *Quell, Ursprung* m; ⟨stat⟩ *Ausgangsmasse* f; *Grund* m; to be at the ~ of *der G., die Ursache s v* | *Grundlage* f; to have one's ~ in *s–e G. h in* || *Kern, Gehalt* m, *Wesen* n; to go to the ~ of a th *e–r S auf den Grund gehen*; to strike at the ~ of a th *e–e S an der Wurzel fassen* **3.** ⟨math & gram⟩ *Wurzel* f (cube ~ *Kubik–*; square ~ *Quadrat–*) || ⟨tech⟩ *Grund* m (*e–s Gewindes*) | [attr] *Grund–; eigentlich* (~ *cause*) || ~-**canal** *treatment* ⟨dent⟩ *Wurzelbehandlung* f || ~ *column* ⟨mil *bes* Am⟩ *Ausgangsmarschordnung* f || ~-**crop** *Rübenernte, Hackfrucht* f || ~ *diameter Kenndurchmesser* m (*e–s Gewindes*) ⟨bot⟩ ~-**hair** *Wurzelhaar* n, ~-**cap** *–haube* f, ~-**nodule** *–knoten* m, ~-**tubercle** *–knöllchen* f ~-**stock** *Rhiz·om* n, *Wurzelstock* m; ⟨fig⟩ *Urform; Quelle* f **II.** vt/i **1.** vt *tief einpflanzen, –wurzeln* | ⟨übtr⟩ *einimpfen* (in the mind *dem Geiste*); to ~ o.s. *sich einwurzeln* (in *in*); *jdn verwurzeln* (in); ⟨fig⟩ (*jdn*) *fesseln* (to *an*) || ~ out ⟨fig⟩ *ausrotten* **2.** vi *Wurzel fassen* ~-**age** [ʹ~idʒ] s *Verwurzelung* f || *Wurzelstock* m ~**ed** [ʹ~id] a (~ly adv) *eingewurzelt, verankert, –wurzelt* (in *in*); to be ~ *fest verwachsen sein, wurzeln* (in *in*) ~-**edness** [ʹ~idnis] s *Verwurzelung, –ankerung* f ~-**less** [ʹ~lis] a *ohne Wurzel* or *festen Boden* ~-**let** [ʹ~lit] s *Wurzelfaser* f ~**y** [ʹ~i] a *wurzelreich* || *wurzelartig, Wurzel–*

root [ru:t] vi/t || ⟨of swine⟩ *mit der Schnauze wühlen, brechen* (for *nach*); to ~ about ⟨fig⟩ *herumwühlen* || ~ *hog* or *die friß Vogel oder stirb,* [a attr] (~ *hog* or *die policy*) || to ~ for ⟨sport etc sl⟩ (*e–m Wettkämpfer*) *applaudieren,* (*e–n W.*) *anfeuern* | vt (*Boden*) *auf–, umwühlen*; to ~ out, up ⟨fig⟩ *ausgraben; ausfindig m* | ~**er** [ʹ~ə] s ⟨sport sl⟩ *Rufer, Beifallspender* m ~**ings** [ʹ~iŋs] s pl (of boars) *Brechen* n ~**le** [ʹ~l] vi/t *wühlen*; to ~ about *herum–* | vt to ~ out, up *auf–, umwühlen*

rope [roup] **I.** s **1.** *Seil* n, *Strick* m || to hang by a ~ *an e–m St. hängen* || ⟨mar⟩ *Reep, Tau, –ende* n; ~s [pl] *–werk* n | the ~ *der Strang* (*z Hängen*) || the ~s [pl] ⟨sport⟩ (*Seil-*)*Einzäunung* f **2.** *Strähne* f; *Bündel, Bund* n (a ~ of onions *ein B. Zwiebeln*); *Schnur* f (a ~ of pearls) || *langer Faden* m *klebriger Substanz (im Wein* etc) | ⟨aero⟩ (*Radar-*)*Düppel–, Staniolstreifen* m [pl] **3.** *Bewegungsfreiheit* f **4.** on the ~ *angeseilt* || on the high ~s *hochgestimmt; hochmütig* || to give a p ~ *jdn gewähren l* || to know the ~s *die S, °den Rummel verstehen, °den Kniff raushaben; sich auskennen* || his hands are on all the ~s ⟨fig⟩ *er hat alle Fäden in der Hand* || to put up to (the) ~s (*jdn*) *ins Bild setzen* **5.** [attr] *Seil–* || ~-**dancer** *Seiltänzer* m || ~-**drum** *Seiltrommel* f || ~-**end, ~'s end** I. s *Tauende* n **2.** vt *mit dem T. verprügeln* || ~ *ferry Seilfähre* f || ~-**ladder** *Strickleiter* f || ~-**maker** *Seiler* m || ~-**moulding** *Sims* m *in Form e–s Seilornamentes* || ~-**railway** *Seilbahn, Bahn mit Seilantrieb* f || ~-**walk** *Reeper–, Seilerbahn* f (*z Seildrehen*) || ~-**walker** *Seiltänzer* m || ~-**yard** *Seilerei* f || ~-**yarn** ⟨mar⟩ *Kabelgarn* n

II. vt/i **1.** vt *mit e–m Seil fest–, zus–binden, –schnüren* ‖ *(Bergsteiger) anseilen* | ⟨fig⟩ *(jdn) hineinziehen* (into *in*); *verlocken* (into *z*) | [*mit* adv] to ~ **in** (*mit, e–m Seil) einschließen*; ⟨fam⟩ *(jdn) einfangen, gewinnen* (to *f*) ‖ *(jdn) einlochen*; ⟨hors⟩ *(Pferd) verhalten* ‖ to ~ off, out *(Platz) (mit Strick) absperren* **2.** vi *dickliche Fäden bilden*; *dick w* | to ~ down *sich ab–*; to ~ up *sich aufseilen* **~ry** [΄~əri] *Seilerei* f
ropiness [΄roupinis] s *Klebrig–, Dickflüssigkeit* f
roping [΄roupiŋ] a: ~ run-off *Davonlaufen des Films, wobei die Zähne der Transportrollen auf den F. einschlagen*
ropy [΄roupi] a *klebrig, dickflüssig*
Roquefort [΄rəkfər] s (*nach Stadt in Südfrankr.*) Fr *Roquefort-Käse* m
roquelaure [΄rəkələ:] s Fr ⟨hist⟩ *kz Mantel* m
roquet [΄rouki] **1.** vt/i (*im Krocketspiel) die Kugel des Gegners treffen* **2.** s *Treffen* n *der Kugel des G.*
rorqual [΄rɔ:kwəl] s ⟨zoo⟩ *Finnwal* m
rorty, raughty [΄rɔ:ti] a ⟨sl⟩ *lustig, fid·el* (time); *glänzend*
rosace [΄rouzeis] s *Rosenornament* n ‖ ⟨arch⟩ *Rosenfenster* n **~an** [rou΄zeiʃən], **~ous** [rou΄zeiʃəs] a ⟨bot⟩ *Rosen–*
rosaniline [rou΄zænilain] s ⟨chem⟩ *Rosanil·in* n
rosarian [rou΄zɛəriən] s *Rosenzüchter* m | ⟨R.C.⟩ *Mitglied* n *e–r Rosenkranzbruderschaft* **–rium** [rou΄zɛəriəm] s L *Rosengarten* m **–ry** [΄rouzəri] s *Rosengarten* m | (ec R.C.) *Rosenkranz* m ‖ *Großer R.* (Gebete)
Roscian [΄rɔʃiən] a *nach Art des Roscius* (gr *röm. Schauspieler*)
rose [΄rouz] s **1.** ⟨bot⟩ *Rose* f ‖ ⟨euph vulg⟩ to pluck a ~ *e–e Buschpause* m, „*die Blümchen begießen*" ‖ *Rosenbusch* m, Alpine ~ *Alpenrose,* Christmas ~ (= black hellebore) *Christrose* f **2.** ⟨übtr⟩ *schönste Frau* f | the Wars of the ~s *die Rosenkriege* m pl | under the ~ *im Vertrauen,* sub rosa ‖ on a bed of ~s *auf Rosen gebettet* ‖ a face all milk and ~s *ein Gesicht wie Milch u Blut* **3.** *Rosafarbe* f; ~s [pl] *rosige Farben* f pl, *blühendes Aussehen* n | the ~ ⟨med⟩ *die Rose* **4.** *Darstellung e–r R.* f, *rosenförmiges Muster* n ‖ ⟨arch⟩ *Ros·ette* f | *Brause* f (*an e–r Gießkanne*) **5.** [attr & comp] *Rosen–* ‖ (~ Bay *Ole·ander* m) ‖ ~-bud *–knospe* f; Gather ye ~ buds while ye may (Herrick) *Pflücke die R., eh' sie verblüht* ‖ ~-bush ⟨bot⟩ *–strauch, –stock* m ‖ ~-chafer *–käfer* m ‖ ~-cheeked *rosenwangig* ‖ ~-colour *Rosenfarbe* f, ~ ⟨fig⟩ *angenehmes Erlebnis* n (not al ~-colour *nicht nur Sonnenschein*) ‖ ~-diamond *–stein* m; *Rosette* f (*geschliffener Edelstein*) ‖ ~-gall *–schwamm* m ‖ ~-garden *–garten* m ‖ ~-leaf *–blatt* n ‖ ~-noble ⟨hist⟩ *Rosenoble* m (*Goldmünze* Edward's III.; = 6/8) ‖ ~-pink **1.** s *Rosa* n ‖ *Rosenpigment* n **2.** a *rosa–* ‖ ~-rash ⟨med⟩ = roseola ‖ ~-red *rosenrot* ‖ ~-tinted *spectacles* [pl] *rosarote Brille* f ‖ ~-tree *Rosenstrauch* m ‖ ~-water *–wasser* n; ⟨fig⟩ *Affektiertheit* f; [attr] *affektiert* ‖ ~-window ⟨arch⟩, *Radfenster* n, (*Fenster–, Rad-)Rose* f ‖ ~-wood *Rosenholz* n
rose [rouz] pret v to rise
roseate [΄rouziit] a *rosig* ‖ ⟨fig⟩ *rosig, goldig; strahlend* | *optimistisch* (account)
rosebud [΄rouzbʌd] s *Rosenknospe* f
rosefish [΄rouzfiʃ] s ⟨ich⟩ *Gold–, Rotbarsch* m
rosemary [΄rouzməri] s ⟨bot⟩ *Rosmar·in* m
roseo– [΄rouzio] L [in comp] ⟨chem⟩ *rötlich*
roseola [rou΄zi:ələ] s L ⟨med⟩ *Hautausschlag* m *in Form roter Flecke; Röteln* pl
rosery [΄rouzəri] s *Rosenbeet* n; *–garten* m
rosette [rou΄zet] s Fr *Ros·ette* f, *Rosenornament* n ‖ ⟨arch⟩ *Rosette* f

Rosicrucian [͵rouzi΄kru:ʃjən] s ⟨hist⟩ *Mitglied* n *der Rosenkreuzer (Geheimgesellschaft)*
rosin [΄rozin] **1.** s *Harz* n ‖ *Terpentinharz, Koloph·onium* n **2.** vt *mit K. einreiben*
rosiness [΄rouzinis] s *Rosenfarbe* f; *rosiges Aussehen* n
rosolio [rə΄zouliou] s [pl ~s] It *ital. Gewürzlikör* m
roster [΄roustə] s ⟨mil⟩ *Dienstliste* f, *–plan* m, *–einteilung* f ‖ (*Namen-)Liste* f
rostral [΄rɔstrəl] a *schnabelförmig, Schiffsschnabel–*
rostrate [΄rɔstrit], **~d** [΄rɔstreitid] a *schnabelförmig, Schnabel–*
rostriferous [rɔs΄trifərəs] a *e–n Schnabel habend* **–form** [΄rɔstrifə:m] a *schnabelförmig*
rostrum [΄rɔstrəm] L s [*mst* pl *–ra*] *Rednerbühne* f; *Dirigentenpult* n; *Kanzel* f | ⟨zoo & anat⟩ *Schnabel* m ‖ *schnabelförmiger Vorsprung* m
rosulate [΄rɔzjulit] a *rosenblattartig*
rosy [΄rouzi] a (*–sily* adv) *rosenrot, rosig; –aussehend, blühend* ‖ ⟨fig⟩ *glänzend, rosig* (prospect)
rot [rɔt] **I.** s *Fäulnis, Vermoderung, –wesung* f, (*Pflanzen-)Fäule* f; the ~ (*Leber-)Fäule* f (*der Schafe*) ‖ *Unfug* m; *–wesen* n ‖ ⟨sl⟩ *Unsinn* m, °*Blech* n; to talk ~ *quasseln, quatschen* ‖ [*oft als* intj] ~! *Quatsch! Blödsinn!* ‖ ⟨sport⟩ *schlechte Spielperiode* f, *unerwartetes Pech* n **II.** vi/t **1.** vi (to ~ away) (*ver)faulen, vermodern, –wesen* ‖ ~ted leaves *verfaulte Blätter,* → rotten ‖ ⟨fig⟩ *verfaulen* | *Unsinn reden* **2.** vt *z Faulen, faulen m*; ⟨sl⟩ *verderben* | ⟨sl⟩ *necken, hänseln* **III.** [in comp] ~-gut ⟨sl⟩ *minderwertiges, schlechtes Getränk* (*bes* beer, whisky) ‖ [attr] *schädlich*
rota [΄routə] s L *Dienstturnus* m; *Liste* f ‖ ⟨R.C.⟩ *oberster Gerichtshof* m | ~ plane *Drehflügelflugzeug* n **~rian** [rou΄tɛəriən] s *Mitglied* n *des Rotary-Klubs* **~ry** [~ri] **1.** a *rot·ierend, kreisend, sich drehend, Dreh–* (~ current); *Drehtisch–*; *Rotations–* (~ machine *Rotationsmaschine, Schnellpresse mit Druckformen auf sich drehenden Zylindern*); *sich abwechselnd* ‖ ~ axis *Drehachse* f; ~ diaphragm ⟨phot⟩ *Revolverblende* f; ~ drier *Trockentrommel* f, *Walzentrockner* m; ~ hoe *Garten–, Bodenfräse* f; ~ process ⟨founding⟩ *Schleudergußverfahren* n; ~ pump *Kreiselpumpe* f; ~ selector ⟨telph⟩ *Drehwähler* m ‖ ~ Club *Rotary-Klub* (*Welt-Organisation v Geschäftsleuten* [etc]; *ggr. 1905*) **2.** s *Rotationsmaschine* f (*mit angeschlossenem Bogenanlege-(Streich)apparat*) ‖ ~ wing aircraft ⟨aero⟩ *Hubschrauber* m | *Rotary-Organisation* f ‖ **Umleitung* f, *Kreisverkehr* m **~te** [rou΄teit] **1.** a ⟨bot⟩ *radförmig* **2.** vi/t ‖ *sich um e–e Achse drehen, rot·ieren; umlaufen* | vt *drehen* ‖ (etw) *der Reihe nach abwechseln; der R. nach ab– mit (etw)* ‖ to ~ duties *sich turnusweise im Dienst ablösen* ‖ *–ting* ~ rotary **1.** ‖ *–ting irradiation Rotationsbestrahlung* f ‖ *–ting shutter* ⟨phot⟩ *rotierender Verschluß* m **~tion** [rou΄teiʃən] s *Rotation, (Um-)Drehung* (*um Achse*) f; *Kreis–, Umlauf* m; ~ about *axis Achsdrehung* f ‖ *Wechsel* m, *Abwechselung* f; by, in ~ *abwechselnd;* ~ of crops *Fruchtwechsel* m **~tional** [rou΄teiʃən] a *Dreh–; Rotations–; kreisend* **~tive** [΄routətiv] a *sich drehend, rotierend* **~tory** [rou΄teitəri; ΄routətəri] a *kreisend, rotierend, sich drehend*
rotch(e) [rɔtʃ] s ⟨orn⟩ *kl Alk* m
rote [rout] s; by ~ *rein mechanisch, durch bloße Übung; auswendig*
rotifer [΄routifə] s ⟨zoo⟩ ~s [pl] *Rädertiere* n pl
rotogravure [΄routəgrə΄vjuə] s ⟨bes Am typ⟩ (*Raster-)Tief–, Kupferdruck* m
rotor [΄routə] s (*aus* rotator) *R·otor* m (*um-*

laufender Teil elektrischer Maschinen); *rotieren-der Zylinder* m || ~ *plane* ⟨aero⟩ *Hubschrauber* m || ~ *ship* R·*otorschiff* m

rotten ['rɔtn] a (~ly adv) *faul, verfault* (~ eggs, cloth, wood, rope, luck; [*aber*]: rotted leaves; → to rot); ⟨for⟩ ~ *at the core kernfaul* (*Holz*) || *morsch* (soil); *wurmstichig; mürbe* | ⟨fig⟩ *morsch, verderbt* (~ to the core); *niederträchtig* || ⟨sl⟩ *erbärmlich, ekelhaft; kläglich; hundeübel, -elend*; ~ *luck* °*Saupech* n || *korrupt* (~ boroughs) ~**ness** [~nis] s *Fäulnis* f || ⟨fig⟩ *Morschheit; Verderbtheit* f

Rotten Row ['rɔtn'rou] s *breiter Reitweg in* Hyde Park m

rotter ['rɔtə] s *Nichtsnutz, übler Bursche; Lump* m || *wurmstichiger Gegenstand* m

rotumbulator [ro'tʌmbjuleitə] s ⟨film⟩ *Kamerawagen* m

rotund [rou'tʌnd] a (~ly adv) *rund(lich); dick* || (of the voice) (*klang*)*voll*; (of style) *abgerundet; ölig, geblümt* ~**ity** [~iti] s *Rundung* f || *Rundheit, Dicke* f

rotunda [rou'tʌndə] s ⟨arch⟩ *Rundbau* m (*mit Kuppeldach*), *Rotunde* f

rotundate [rou'tʌndit] a ⟨bot⟩ (*ab*)*gerundet*

rotundi– [rou'tʌndi] [in comp] *rund–*

roturier [ro'tyrjei] s Fr *Pleb·ejer* m

rouble ['rubl] s *russ. Rubel* m

roucou ['ruːkuː] s ⟨bot⟩ *An·attostrauch* m || *An·atto, Orlean* m (*roter Farbstoff* m)

roué ['ruːei] a Fr *Roué, Wüstling* m

rouge [ruːʒ] Fr **1.** a ⚔ *Croix,* ⚔ *Dragon* ⟨engl her⟩ *die Namen zweier der vier Pursuivants* (→ *d*) || ~ *royal rötlicher* (*belgischer*) *Marmor* m **2.** s *rote Schminke* f || *rotes Polierpulver* n || ~*-et-noir Glückspiel* n *mit 6 Whistkartenspielen* **3.** vt/i || *rot schminken* | vi *sich r. sch.*

rouge [ruːʒ] s ⟨ftb Eton⟩ *Gedränge* n

rough [rʌf] **I.** a (~ly adv) **1.** *rauh* (cloth etc) || *uneben, holperig* | (of the voice) *rauh* || (of taste) *herb* | (of the sea, etc) *stürmisch, heftig; rauh* (wind); *erregt* (with *v*) || *wild, ungestüm* (play) **2.** (of manners, etc) *grob, barsch; ungehobelt, -geschliffen, roh* (~ fellow); → *diamond* || *unangenehm, anstrengend* (life); *hart* (on a p f *jdn*) || (P) *grob; streng; hart* (with *gegen*) || ~ *and ready ungehobelt aber gediegen* (P) → 4. **3.** *noch nicht* (or *nicht genügend*) *durchgearbeitet, roh, Roh–; flüchtig*; ~ *book Kladde* f; ~ *copy,* ~ *draft erster Entwurf, Skizze* f, *Konzept* n; ~ *coat Rohputz* m; ~ *sketch Faustskizze* f | (P) ⟨fam⟩ *to feel* ~ *sich miserabel fühlen* | *roh, annähernd, ungefähr,* ~ *calculation Überschlag* m; ~ *computation Überschlagsrechnung* f; ~ *focusing* ⟨phot⟩ *Grobeinstellung* f; ~ *print Korrekturabzug* m; ~ *rule Faustregel* f **4.** ~ *and ready im groben gearbeitet; unfertig; Notbehelfs–*; ⟨fig⟩ *rauh, ungeschliffen* → **|** ~ *and tumble* **1.** a *heftig, rauh, roh, Freistil–* (fight) **2.** s ⟨fig⟩ *Rauheit* f; *Sturm* m; *Handgemenge* n | —*house* **1.** s *stürmische Versammlung* f | *Skandal* m, *Handgemenge* n **2.** [attr] *stürmisch, wild* **3.** vt/i (*jdn*) *roh behandeln, mißhandeln, arg zurichten* || vi *skandalieren, toben* | ~*-legged* ⟨orn⟩ *mit rauhen, befiederten Beinen* | ~*-neck* ⟨Am⟩ *Rowdy* m | ~*-rider Rauh–, Zu–, Bereiter* m; *verwegener Reiter; irregulärer Kavallerist* m **II.** adv *roh, gewaltsam*; *ohne Rücksicht* or *Schonung* f | [bes in comp] ~*-cast* **1.** a *roh aufgetragen, roh verputzt* **2.** s *Rohputz* m; ⟨fig⟩ *unfertiger Zustand* m **3.** vt *mit Rohputz bedecken*; ⟨fig⟩ *in Rohem verarbeiten* | ~*-dry* [vt] (*Wäsche*) *trocknen ohne sie z plätten* | ~*-hew* [vt] ⟨bes fig⟩ *im groben bearbeiten, formen, schnitzen* (from aus) || to ~*-hew* (*aus dem Stein*) *roh herausarbeiten*; ~*-hewn flüchtig im groben bearbeitet; unfertig*; ⟨fig⟩ *ungeschliffen* | ~*-shod* ⟨hors⟩ *roh beschlagen*; ⟨fig⟩ *rücksichtslos* || ⟨fig⟩ *to*

ride ~*-shod over a* p *jdn roh behandeln, vergewaltigen, mißhandeln*; ⟨fig⟩ *schurigeln,* °*zwiebeln,* °*mit jdm „Schlitten fahren"* **|** ~*-spoken grob* or *derb redend* | ~*-wrought im groben bearbeitet* **III.** s *rauhe, harte Seite* f (of life) || *Grobes, Rohes* n; *Abfall* m || *the* ~ *roher, unfertiger Zustand* m; in the ~ *unfertig, im groben* || *the* ~ ⟨golf⟩ *der rauhe, unebene Boden* m (*zw dem tee u* green, → *d*) | ⟨fam⟩ *Rowdy, Lümmel* m **IV.** vt *rauh* m | *roh bearbeiten* or *–hauen* | *flüchtig entwerfen* || *grob behandeln* || to ~ *it sich mühselig durchschlagen* | to ~ *in im groben skizzieren* | to ~ *out im groben behauen, formen*; *i. gr. skizzieren* ~**age** ['~idʒ] s *Abfall* m || ⟨cul⟩ (*unverdaulicher*) *Füllstoff,* (*Ballast*) m (*zellulosereiche, verdauungsfördernde Nahrung* f), ⟨fam⟩ *Rauhfutter* n, → bulk · ~**en** ['~ən] vt/i | *rauh* m | *erregen* | vi *rauh w* ~**ing** ['~iŋ] s [attr] ~ *filter Grobfilter* m ~**ly** ['~li] adv *roh, grob, unsanft* | *roh, im groben* | *annähernd, ungefähr*; ~ *speaking ungefähr, etwa* ~**ness** ['~nis] s *Rauheit* f || *Unebenheit* f; *rauhe Stelle* f | *Herbheit* f || *Stürmischkeit* | *Ungeschliffenheit, Grobheit, Roheit, Schroffheit* f || *Härte* f

roulade [ruː'lɑːd] s Fr ⟨mus⟩ *Pass·age* f, *schnellrollender Lauf* m

rouleau [ruː'lou] s Fr (pl ~x, ~s [–z]) *Geldrolle* f | *Rolle* f

roulette [ruː'let] s Fr *Roul·ett* n (*Glücksspiel*) || ⟨engr⟩ *Rollrädchen* n

Rouman ['ruːmən; ruː'mɑːn], ~**ian** [ruː'meinjən] **1.** s *Rumänier*(*in* f) m || *das Rumänische* **2.** a *rumänisch*

Roumeliote [ruː'miːliət] s *Bewohner* m *v Rumelien*

rouncival ['raunsivəl] s *Erbsenart* f *mit gr Früchten*

round [raund] **I.** a **1.** a. *rund* (face; apple); as ~ *as a ball kugel–* | ~ *shot Kanonenkugel* f **b.** *Rund–, im Kreise verlaufend*; ~ *dance,* ~ *tour Rundtanz* m, *–tour* f || ~ *game Gesellschaftsspiel* n || ~ *robin Bittschrift* f *mit Unterschriften im Kreise* || *the* ⚔ *Table die Tafelrunde*; ~ *table conference* (*Gesamt-*)*Konferenz* f *am runden Tisch* || ~ *trip* ⟨Am⟩ *Rundreise, –fahrt* f **c.** *rundlich, dick* (~ cheeks) **2.** *rund* (sum); *voll* (~ dozen); a ~ *number abgerundete Zahl* | *beträchtlich; vollständig; voll* (voice) || *fließend, glatt* (style) **3.** *schnell, gut* (at a ~ *pace*) **4.** *ehrlich, offen* || *kräftig* (oath; terms) **5.** [in comp] ~*-arm,* ~*-hand* [attr] ⟨crick⟩ *mit dem Arm in Schulterhöhe* || ~*-hand gr runde Schrift* f | ~*-headed rundköpfig* (race) | ~*-house* ⟨hist⟩ *Polizeigewahrsam, Gefängnis* n | ⟨mar⟩ *Kajüte, Kabine* f *am Hinterteil des Quarterdecks* | ~*-iron Rund–, Stabeisen* n || ~*-the-clock dress Ganztags–, Tageskleid* n || ~(-)*trip* ['raundtrip] s ⟨Am rail⟩ *Hin- u Rückfahrt* f | ~*-turn* ⟨mar⟩ (*provisorischer*) *einfacher Schlag, Knoten* m **II.** s **1.** *runder Gegenstand* m; (of a ladder) *Sprosse* f; ~ *of beef Rindskeule* f | *in the* ~ *in plastischer Gestalt*; ⟨fig⟩ *vollkommen* (a villain in the ~) **2.** *Rund, –teil* n; *–bau* m | *Rundung, Biegung* f || (P & S) *Kreis* (in a ~), *Ring* m **3.** *Bewegung im Kreise, Kreis–, Umlauf* m; *Runde* f; *to go, make one's* ~ *die R.* m; *herumgehen* (with); *the story went the* ~ *of the town die Geschichte machte die R. in der Stadt, ging in der St. herum* || ⟨mil⟩ *Ronde f; Patrouille* f || ⟨in games⟩ *Runde* f, *Gang* m || *Rund–, Spaziergang* m **4.** a. ⟨mus⟩ *Rundgesang* m **b.** *Folge, Reihe* f (~ of days); *Ablauf* m (*the daily* ~) **c.** *Runde, Lage* f (a ~ of beer *e–e R. Bier*) | ⟨mil⟩ *Ladung* f, *Schuß* m (30 ~s of cartridges); *Salve* f; ⟨fig⟩ ~ *after* ~ *of cheers nicht enden wollende Hurrarufe* m pl **III.** adv **1.** (a ~ about) *rund–, ringsum(her), –herum* || *all* ~ *rings–, rundherum; überall, v allen Seiten; auf der ganzen*

Linie; *durch die Bank, ohne Unterschied, allgemein*; all the country ~ *durch* or *über das ganze Land,* all the year ~ *das ganze Jahr hindurch* **2.** *im Umkreise* (ten miles ~); a long way ~ *ein langer Umweg*; to go ~ (and ~) *(immer) herumgehen, kreisen*; to hand ~ *herumreichen*; to look ~ *sich umsehen* (at *nach*); to show ~ *-führen* **3.** to ask a p ~ *jdn z sich bitten* || I'll be ~ in a minute *ich werde gleich k, dort s* || to bring a p ~ ⟨fig⟩ *jdn °herumkriegen, bekehren, überzeugen* || to go ~ to *vorsprechen bei*; → to come **IV.** prep *(a* ~ about) *(im Kreise)* um .. *herum*; it will cost ~ about £10 .. *etwa (so um)* *£10*; in .. *herum* (~ the cafés); to fly ~ and ~ the house *immer um das Haus herum fliegen* || *um* (~ the corner); he looked ~ *him er sah sich nach allen Seiten um* || to get ~ a p *jdn herumkriegen* | to sleep the clock ~ *den ganzen Tag hindurch,* ⟨fam⟩ *rund um die Uhr schlafen* || [attr] ~-the-clock raids *ganztägige Fliegerangriffe f* | show me ~ your house, the town .. **im** *Haus, in der Stadt* **herum**führen; let us take a turn ~ the garden *wollen wir etw* **im G.** **umher**gehen? | *(Ruhe)* he lives just ~ the corner .. **um** *die Ecke*; she wears a ribbon ~ her hat .. *um den H.* || they stood (a)round him (the table, the fire) .. *um .. herum*; → around || *(Bewegung)* to fly round the globe *um den Erdball fliegen*; she threw her arms ~ his neck *sie schlang ihre Arme um s–n Hals* || to sail ~ the cape; the earth revolves ~ the sun .. *bewegt sich um ..* → on || he always talked ~ the subject .. *um die S herum* || ⟨übtr⟩ to twist a p ~ one's finger *jdn um den kleinen F. wickeln* || the children ran ~ about the house .. *um das Haus herum*; → about **~about** [ˈraundəbaut] **1.** s *Kreis* m, *Rundteil* n || ⟨Am⟩ *kz Jackett* n || *Umweg* m; *(Verkehrs-)Umleitung* f *(bei Straßenkreuzungen)*; ⟨mot⟩ *Kreisverkehr* m; ~s [pl] ⟨fig⟩ *Umschweife* pl | *Karussell* n; ~s (for mine cars) ⟨rail⟩ *Wagenumläufe* m pl **2.** a *weitläufig, umständlich, abwegig*; ~ way *Umweg* m | *plump, dick* **round** [raund] vt/i **I.** vt **1.** *(Ecke) rund* m, *runden*; ~ed-glass pane *Rundglasscheibe* f || *(Hund) kupieren*; [refl] to ~ o.s. *sich r.* || *(a* to ~ off) *abrunden,* (*befriedigend) -schließen* (with); *formen* **2.** *herumgehen or fahren* (etc) *um*; *biegen um* || *umgeben* **3.** *(Gesicht) herumdrehen* (towards *nach*) **4.** [mit adv] to ~ off *abrunden, –schneiden, –schließen* (with); *(Zahl) ab–,* *auf-runden* || to ~ out *füllen, aus–* || to ~ up *(Vieh) (zus-)treiben; zus–bringen* || *umst·ellen* **II.** vi **1.** *sich umdrehen* **2.** *runde Form annehmen, sich runden, rund w* || ⟨sl⟩ to ~ on a p *jdn °anfahren; denunzieren* **3.** [mit adv] to ~ **out** *rund w* || to ~ up *sich sammeln* **III.** [in comp] ~-up *Zus–Treiben* n; *Razzia* f | *Zus–treffen* n ⟨Am⟩ ~er [ˈ~ə] s ⟨tech⟩ *Rundmaschine* f || ~s [pl] *Schlagball-(spiel)* n) m; ~ *vollendeter Lauf* m *bei diesem* **~ing** [ˈ~iŋ] s *Runden* n; *(Ab-)Rundung* f || [attr] *Rund–* (machine)

round [raund] vt/i | *flüstern* | vt *(etw) flüstern* || to ~ a p in the ear *jdm zuflüstern* (that)

roundel [ˈraundl] s *Kreisfeld* n, *–fläche* f; *runde Scheibe* f; ⟨paint⟩ *Rundbild*; ⟨her⟩ *Medaillon* n || = rondeau, rondel || ⟨aero engl⟩ *Hoheitsabzeichen* n || ⟨arch⟩ *Rundstab, Wulst* m **~ay** [ˈraundilei] s *Lied* n *mit Refrain* || *Rundtanz* m

Roundhead [ˈraundhed] s ⟨hist⟩ *Rund–, Stutzkopf (Spottname f die Anhänger des Parlaments [1642–49])* || *Rund–, Kurzkopf* m

roundhouse [ˈraundhaus] s ⟨Am⟩ *Lokomotivschuppen* m

roundish [ˈraundiʃ] a *rundlich* **roundly** [ˈraundli] adv *gründlich; tüchtig* || *rundweg; ohne Umschweife, rückhaltlos, offen* || *schnell* || *rund, im Kreise* **roundness** [ˈraundnis] s *Rund–,*

Vollheit f || (of style) *Ausgeglichenheit* f || *Offenheit* f

roundsman [ˈraundzmən] s *Laufbursche* m; *Lieferant* m, *der die Ware ins Haus bringt* || ⟨Am⟩ *(Polizei-)Rondenführer* m

roup [raup] ⟨Scot⟩ **1.** vt *versteigern* **2.** s *Aukti·on* f

roup [ru:p] s *Darre* f *(Luftröhrenseuche der Hühner* etc)

rouse [rauz] s ⟨poet⟩ *voller Zug* or *Becher* m; to have a ~ *e–n trinken, e–n Trunk tun* (with) || *Toast* m (to give a ~)

rouse [rauz] **I.** vt/i **1.** vt *(Wild) aufjagen* *(a* to ~ up) *auf-, erwecken, wecken* (from, out of *aus)* | ⟨übtr⟩ *auf-, anreizen, aufrütteln; ermuntern* (to *z*); to ~ o.s. *sich aufraffen* || *(Leidenschaft) aufpeitschen, entflammen; aufregen*; to ~ a feeling to boiling point *ein Gefühl z Siedehitze steigern* **2.** vi (*mst* to ~ up) *wach w, aufwachen*; ⟨fig⟩ *lebendig w* **II.** s ⟨mil⟩ *Reveille* f, *Wecksignal* n **rouser** [ˈ~ə] s *etw Aufregendes* n; *gr Überraschung* f || *Lüge* f | *Lärm* || *Schreier* m **rousing** [ˈrauzin] a *auf–, anregend* || ⟨fam⟩ *brausend, rauschend, stürmisch* (applause); *begeisternd* (reception); *gewaltig, gehörig*

rouse [rauz] vt *(Heringe) mit Salz bestreuen, einsalzen*

Rousseau(i)an [ru:ˈsou(i)ən] a *(nach* J. J. Rousseau) *rousseauisch, Rousseau–*

Roussillon [ˈru:si:jɔ̃:] s Fr *Roussillonwein* m *(Rotwein)*

roustabout [ˈraustəˈbaut] s ⟨Am⟩ *Werft-, Deck-, Minenarbeiter; Verkehrsarbeiter* m

rout [raut] s ⟨poet⟩ *Trupp* m, *Rotte* f | *wirrer Haufe, Pöbel* m | *Auflauf, –ruhr* m || *gr (Abend-) Gesellschaft* f

rout [raut] **1.** s ⟨mil⟩ *wilde Flucht* f; to put to ~ *in die F. schlagen, gänzlich vernichten* **2.** vt *in die F. schlagen*

rout [raut] vi/t || (of swine) *mit der Schnauze aufwühlen* || to ~ about *herumwühlen, –kramen* | vt to ~ out *jdn aufschrecken, herausholen (aus dem Bette)* || *(etw) hervorholen* || to ~ up *aufwühlen, –graben,* → to root

route [ru:t] **I.** Fr **1.** s *Route* f, *Straße* f, *Weg* m (by this ~ *auf diesem W.*) | bus ~ *Omnibuslinie*; transport ~ *Verkehrslinie* f | ~ of advance *Vormarschstraße*; ~ of approach *Anmarschweg*; ~ of communication *Nachschubstraße, Verbindungsweg*; ~ of march *Marschroute, –strecke* f, *–weg*; ~ of retreat *Rückzugsstraße* f; ~ order *Marschordnung* f | en ~ Fr *unterwegs* **2.** ⟨mil *a*⟩ [raut] *Marschbefehl* m, *–route* f (to get the ~); → march *Übungsmarsch* m **3.** [attr] ~ column *Marschkolonne* f; *–ordnung* f || ⟨aero⟩ ~ familiarization *Streckeneinweisung* f; ~ forecast *(Flug-)Strecken-(wetter)vorhersage* f || ~ step, march! *ohne Tritt, (marsch!)* **II.** vt ⟨rail⟩ *die Route kennzeichnen an (etw)* (to ~ a ticket) || ⟨traffic⟩ *leiten* (all cars were ~d via Oxford .. *über O. geleitet*) **–ting** [ˈ~iŋ] s ⟨traffic⟩ *Streckenführung* f

router [ˈrautə] s ⟨tech⟩ *Fräser* m

routine [ru:ˈti:n] s Fr *R(o)utine* f, *üblicher, gewohnheitsmäßiger Gang* or *Brauch* m; *festes Gleise* n, *Schablone* f; *(Büromaschinen-)Programm* n; familiar ~ *alter Schl·endrian* m; the day's ~ *die täglichen Arbeiten* f pl || to make a ~ of *(etw) z Regel* m, *z R. w l* || to be ~ *die R.* s || factory ~ *gewöhnliche Fabrikarbeit, Einerlei n der F.* | [attr] *gewohnheits-, maschinen-, schablonenmäßig; üblich* (~ selling); *laufend* (~ deductions, maintenance *laufende Wartung* f) **~ly** [~li] adv *routinemäßig, als Regelfall* **–inism** [ru:ˈti:nizm]s *Schablonentum* n **–inist** [ru:ˈti:nist] s *Routini·er, Schablonenmensch* m

routing [ˈru:tiŋ] s ⟨mil⟩ *Transportplanung* f || ⟨el bes mil⟩ *Kabelverbindung* f, *Leitweg(an-*

gabe f) m, *Wahl* f *des Leitwegs* || ~ through
channels *Weitergabe* f *auf dem Dienstwege* | ~
slip *Laufzettel* m
rove [rouv] **1.** vi/t || *umherziehen, –schweifen;*
wandern (over, to); (of the eyes) (*herum*)*streifen,*
schweifen (from .. to) || roving gun ⟨artill⟩ *Wan-*
dergeschütz n | vt *durchstr·eifen* **2.** s *Wanderung,*
Wanderschaft f (on the ~ *auf der W.*) | **~r**
['~ə] s *Herumstreicher* m || *Wanderer, Pfad-*
finder m (*18–25 Jahre*) || *Wandertier* m | *Fern-*
ziel n, to shoot at ~s *aufs Geratewohl, auf fernes*
Ziel schießen | [attr] ⌐ Moot *Pfadfindertreffen* n
(*18–25jähriger*); ~ ticket ⟨crick⟩ *Wanderkarte* f
(*bei e–m Wettspiel*); (*unbegrenzte*) *Tages-*(*Netz-*)
Karte f (*f Bus* etc)
rove beetle ['rouv 'bi:tl] s *Kurzflügler* m
(*Käfer*)
rove [rouv] **1.** s (*Woll–* etc) *Strähne* f; *lose*
geflochtene Faser f **2.** vt (*Wollfasern*) *zus-*
drehen, z Gespinst verarbeiten; vorspinnen **rover**
['rouvə] s *Vorspinner* m || *Vorspinnmaschine* f
roving ['rouviŋ] s *Vorspinnen* n; *Vorgespinst,*
–garn n
rover ['rouvə] s *Seeräuber* m
row [rou] s *Reihe* f; in a ~ *in e–r R.*; in ~s
reihenweise; a ~ of trees *e–e R. Bäume;* → to
hoe | *Häuserreihe; Straße* f (The ⌐ = Rotten
⌐) || ⟨theat⟩ *Sitzreihe* f (in the front ~)
row [rou] **1.** vi/t **a.** vi *rudern* | [*mit* adv] to ~
over *das Ruderrennen gewinnen* **b.** vt (*ein Boot;*
jdn) *rudern* || (*Rennen*) *rudern* || to ~ a fast *od*
long stroke *schnell rudern;* to ~ an even stroke
gleichmäßig r. | to ~ a p (*wett*)*rudern mit jdm*
(for *um*) | [*mit* adv] to ~ **down** *im Rudern über-*
holen **2.** s *Rudern* n; *Ruderfahrt, –partie* f; to go
for a ~ *e–e R. m* | ~-boat *Ruderboot* n **~er**
['~ə] s *Ruderer* m **~ing** ['~iŋ] s *Rudern* n ||
[attr] *Ruder–* (~-boat)
row [rau] ⟨fam⟩ **1.** s *Lärm, Spektakel* m || to
kick up a ~ *S. m; e–n Auflauf verursachen;*
⟨fig⟩ *lebhaft protestieren* || what's the ~? *was*
ist denn los? | *heftiger Streit* m (to have a ~
with) || *Schlägerei* f (street ~) | *Ausschelten* n,
Schelte f; to get into a ~ *sich e–n Tadel zuziehen,*
ausgescholten w **2.** vi/t *Auflauf, Skandal ver-*
ursachen | vt ⟨fam⟩ (*jdn*) *ausschelten*
rowan ['rouən, 'rauən] s (a ~-tree) ⟨bot⟩
Eberesche f
row-de-dow ['raudi'dau] s *Rabatz, Lärm* m,
Unruhe f
rowdiness ['raudinis] s *Roh–, Gewalttätigkeit*
f, *rohes Wesen* n **–dy** ['raudi] **1.** s *gewalttätiger*
Mensch, Rohling; Raufbold, Messerheld m **2.** a
roh; brutal; **Rowdy–** **-dyism** ['raudiizm] s
Rowdystreiche m pl; *Gewalttätigkeit* f
rowel ['rauəl] **1.** s ⟨hors⟩ *Spornrädchen* n,
Radsporn m **2.** vt (*Pferd*) *anspornen* (with the ~);
(*e–m Pf.*) *die Sporen geben*
rowen ['rauən] s ⟨Am & dial⟩ *Grummet* n
rowlock ['rʌlək] s ⟨mar⟩ *Dolle, Ruderklampe* f
(*des Ruderboots*)
Roxburghe ['rɔksbrə] s (*nach dem* 3d *Duke*
of ~) *feiner Bucheinband* m *mit Lederrücken*
royal ['rɔiəl] **1.** a (~ly adv) *königlich;* ⌐
Highness *Königliche Hoheit* f (His ⌐ *H.*); →
Princess || *Königs–* (~ palace; ~ regiment) |
⟨fig⟩ *königlich, fürstlich, prächtig, herrlich* (a ~
time) | *Verbindungen:* ⌐ Academician (abbr
R. A. ['ɑ:r'ei] *Mitglied* n *der Royal Academy*
(an R. A.) || ⌐ Air Force (RAF) *Britische Luft-*
waffe f; ⌐ Armoured Corps (RAC); ⌐ Army
Medical Corps (RAMC) *Brit. Sanitätstruppe* f,
⌐ Army Service Corps (RASC) *Brit. Versor-*
gungs– u Transporttruppe f | ⌐ battle s . || ~-
blue *Königsblau* n || ⌐ Corps of Signals (abbr
R Sigs) *Brit. Fernmeldetruppe* f; ⌐ Engineers
(RE) *Brit. Pionierkorps, –truppe* f || The ⌐
Exchange *das Londoner Börsengebäude* || ⌐

Marines [pl] *Brit. Marineinfanterie* f; ⌐ Navy
(RN) *Brit. Marine* f | the ~ and ancient game
das Golf(*spiel*) || ~ paper *Royalpapier* n (*z*
Schreiben 24 × 19; *z Druck* 25 × 20 *Zoll*) || ~
sail ⟨mar⟩ *Oberbramsegel* n || the ⌐ Society
die Königl. Gesellschaft f *der Mathematik u Na-*
turwissenschaften (*ggr 1662*) || ~ sovereign
bester engl. Bleistift m **2.** s *Royalpapier* n (→
royal 1.) || ⟨mar⟩ *Oberbramsegel* n || the ⌐s
[pl] *das 1. Brit. Infanterieregiment* n || ⟨hunt⟩
Zwölfender m **~ism** [~izm] s *Royal·ismus* m;
Königstreue f **~ist** [~ist] s *Royalist; Monarchist*
m; *Anhänger Karls I.* **~istic** [rɔiə'listik] a
royalistisch; königstreu **~ty** [~ti] s **1.** *Königtum*
n, *Königswürde* f **2. a.** [*mst* pl –ties] *königl. P;*
Mitglied in der königl. Familie **b.** [koll] *Fürstlich-*
keiten f pl; *Mitglieder* pl *der königl. F.* **3.** [*mst*
pl –ties] *königl. Privileg* n || *nutzbares Hoheits-*
recht, Reg·al n (*Abgabe an König*) ⟨min⟩
Pacht, Patentabgabe f | *Gewinnanteil* m;
(*Autoren-*)*Tanti·eme* f (to get a ~ on *e–e T.*
erhalten auf); ⟨com⟩ *Tantieme* f; *Prozente* n pl
|| record –ties *Schallplatten-Lizenzgebühren* f pl
4. *königl. Besitztum* n; *Königreich* n || *monar-*
chische Regierung f
Royston ['rɔistən] s (*Stadt in* Cambridgesh.)
~ crow ⟨orn⟩ *Nebel–, Aaskrähe* f
rub [rʌb] **I.** vt/i [–bb–] **A.** vt **1.** (*etw*) *reiben*
(against, on *an*); the stag ~s his horns against
trees ⟨hunt⟩ *der Hirsch fegt;* to ~ one's hands
sich die Hände r. ⟨a fig⟩ (over *über*); to ~ one's
head *mit dem Kopf reiben* (against *an*); to ~ a p
the wrong way *jdn beleidigen, ärgern,* °*ver-*
krätzen, vergrämen || *frottieren* | *wischen;*
scheuern | *putzen, wichsen* | *feilen, schleifen*
2. *reiben an;* to ~ shoulders with ⟨fig⟩ *verkeh-*
ren mit **3.** (*jdn*) *durch Reiben verletzen; Schmerz*
verursachen | *einreiben* (with); to ~ into a p
jdm (*etw*) *einbleuen* **4.** ⟨engr⟩ *abklatschen*
5. [*mit* adv] to ~ **away** *abreiben* || to ~ **down**
abreiben, (*Pferd*) *striegeln;* ⟨fam⟩ (*jdn*) *durch-*
suchen || to ~ **in** (*Farbe*) *einreiben;* (*jdn*) *ein–;*
⟨sl⟩ to ~ it in *etw unter die Nase reiben; wieder-*
holen || to ~ **off** *abreiben,* ⟨fig⟩ *–schleifen* | to
~ **out** *wegwischen; ausradieren, –löschen;* ⟨fig
Am⟩ *töten* || to ~ a th over *reiben über etw*
(with) || to ~ **up** (*Gedächtnis, Kenntnisse*) *auf-*
frischen (to ~ up one's English); (*Farbe*) *ver-*
reiben **B.** vi **1.** *sich reiben* (against, on *an*)
2. [*mit* adv] to ~ **along,** on ⟨fig⟩ *durchhalten,*
sich über Wasser halten || to ~ off *sich abreiben l*
|| to ~ out *sich auslöschen l* **C.** [*in* comp] ~-
down *Abreiben;* to have a ~-down *sich abreiben*
|| ~-out signal (*wir, telg* etc) *Irrungszeichen* n
II. s *Reiben* n; give it a ~ *reibe es ein wenig* ||
⟨fig⟩ *Hindernis* n, *Reibung; Schwierigkeit* f,
there's the ~ *da ist der Haken, da liegt der Hase*
im Pfeffer || ⟨fig⟩ *Hieb, Stich* m | *unangenehmes*
Zus–treffen n
rub-a-dub ['rʌbədʌb] **1.** s *Rum-*(*bi*)*di-bum,*
Ram-ta(*ta*)*-tam, Bumbum* n (*Trommelwirbel*)
2. vi *trommeln ziehen* (*through*)
rubber ['rʌbə] **I.** s **1.** (*P*) *Reiber, Frotteur* m
2. *Wisch–, Reiblappen* m; *Reibzeug* n; *Frottier-*
tuch n; *Strohwisch* m **3.** (*Grob–, Putz–*)*Feile* f;
Reibstein m **4.** *Gummi, Kautschuk* m; *Gummi* n;
foam ~, sponge ~ *Schaum–, Schwammgummi*
m | (*Radier–*)*Gummi* m || ⟨cycl⟩ *Gummireifen* m
|| ~s [pl] ⟨Am⟩ *Gummischuhe* m pl **5.** [attr]
aus dem Saft des Gummibaums gewonnen; aus
Gummi gemacht, Gummi– || ~ band *Gummi-*
bändchen n, *–ring* m (*z Verpacken*) || ~ boat
Floßsack m || ~ boot *Gummistiefel* m ||
~-(-covered) cable *–kabel* n || ~ cheque *fauler*
(*ungedeckter*) *Scheck* m || ~ dinghy *Schlauch-*
boot, ⟨aero⟩ (*Gummi-*)*Faltboot* n || ~ flooring
(*Fußboden-*)*Gummibelag* m || ~-insulated wire
–kabel n || ~-pedal *Gummipedal* n || ~-plant

Para-Kautschukpflanze; ~-tree *–baum* m || soft ~-shoe *Turnschuh* m || ~ stamp *Gummistempel* m || ~-trade *–handel* m || ~ truncheon *–knüppel* m; 50 blows from ~ truncheons *50 Schläge mit dem G.* || ~-tired ⟨mot, cycl⟩ *gummibereift* **II.** vi/t || ⟨sl⟩ *gaffen, sich neugierig umsehen* | vt *mit Kautschuk überziehen* ~ize [~aiz] vt *gummieren*; ~d cloth *gummierte Leinwand* f; ~d raincoat *Gummimantel* m ~neck [~nek] **1.** s °*Stielaugen* n pl; *neugieriger Eckengucker,* ,,*Wendehals*" m; ⟨übtr⟩ *Schaulustiger*; *Tourist* m || [attr] *Touristen–* (~ car *–auto* n) **2.** vi *sich neugierig umsehen, sich den Hals verdrehen, um alles z sehen,* °*Stielaugen* m | ~y [~ri] a *gummiartig; weich*

rubber ['rʌbə] s (at whist, etc) *Robber* m (*Satz v 3 Spielen*) || ⟨sport⟩ *Reihe v 5 Spielen* f; to win the ~ *über die Hälfte (also 3) der Spiele gewinnen* (*ähnlich*: to lose the ~ by 2 games to 3)

rubbing ['rʌbiŋ] s **1.** *Reiben, Aneinander–* n, *Reibung* f || *Scheuern* || *Putzen* n **2.** ⟨engr⟩ *Abklatsch* m **3.** [attr] *Reib–, Reibe–* || ~-brush *Wichsbürste* f || ~-cloth *Frottiertuch* n || ~-stone *Abziehstein, Schleifrutscher* m || ~ strake ⟨mar⟩ *Reibholz* n || ~-wax *Bohnerwachs*

rubbish ['rʌbiʃ] s *Schutt* (~-cart *–karren* m), *Kehricht, Müll* m || *Abfall* m; *Ausschußware* f, *Schund* m || ⟨fig⟩ °*Quatsch, Unsinn* m ~ing [~iŋ] a *minderwertig, kläglich* ~y [~i] a (*fam*) *mit Schutt bedeckt* | ⟨fig⟩ *Schund–* (~ music), *minderwertig; kläglich*

rubble ['rʌbl] s *Steinschutt* m; *Zwicksteine* n pl, ~ construction *Guß–, Stampfmauerwerk* n; ⟨geol⟩ *Geröll* n | ~-stone *Roll–, Bruchstein* m || ~-work ⟨arch⟩ *Bruchsteinmauer–, Füllwerk* n

rube [ru:b] s, ⟨Am fam⟩ *Bauernlümmel* m; *Unschuld v Lande* (P); *Gimpel* m (P)

rubefacient [,ru:bi'feiʃənt] a *hautrötend –faction* [,ru:bi'fækʃən] s *Röten* n; *Röte* f (*der Haut*) *–fy*, **rubi–** ['ru:bifai] vt *rot färben*

rubicelle ['ru:bisel] s *gelblichroter Spinell* m (*Edelstein*)

Rubicon ['ru:bikən] s ⟨ant⟩ *Rubikon* m (to cross, pass the ~) || ⟨übtr⟩ *Grenze* f, *Grenzlinie* f

rubicund ['ru:bikənd] a *rötlich, rot; rosig* (complexion); *frisch aussehend* ~ity [,ru:bi-'kʌnditi] s *Röte* f; *rosiges Aussehen* n

rubidium [ru:'bidiəm] s L ⟨chem⟩ *Rubidium* n

rubiginous [ru:'bidʒinəs] a *rostbraun, rötlich –go* [ru:'baigou] s ⟨bot⟩ *Rostpilz* m

rubious ['ru:biəs] a *rub·in–, rosenrot*

rubric ['ru:brik] s *roter Titel* (*–buchstabe*) m (*in Handschriften*) || *Rubrik* f || ⟨ec⟩ *liturgische Anweisung* f | [attr] *rot* (*gedruckt*) ~al [~əl] a *Rubriken–* ~ate [~eit] vt *rot bemalen or bezeichnen* || *mit Rubriken versehen, rubrizieren*

ruby ['ru:bi] **1.** s ⟨minr⟩ *Rub·in* m || *Rubinfarbe* f, *Hochrot* n; *Röte* f | ⟨typ⟩ *Parisienne* f; → agate **2.** a *dunkel–, rubinrot*; ~-red *blutrot*

ruche [ru:ʃ] s Fr *Rüsche* f **ruching** ['ru:ʃiŋ] s *Rüschen* pl, *–besatz* m

ruck [rʌk] s *Haufe* m || the ~ ⟨racing⟩ *der Pulk der nicht führenden Pferde* n pl; ⟨fig⟩ *gr Menge* f, *Durchschnitt* m (to rise out of the ~ *sich aus der M. herausheben*)

ruck [rʌk] **1.** s *Falte; Runzel* f **2.** vi/t || *hochrutschen* || *knittern* | vt *zerknüllen* || *hochschieben, –falten* ~le [~l] **1.** s = ruck s **2.** vi/t *sich falten* | vt *falten; runzeln*

rucksack ['ruksæk] s ⟨Ger⟩ *Rucksack* m

ruckus ['rʌkəs] s ⟨Am⟩ *Unruhe* f; *Skandal* m

ruction ['rʌkʃən] s ⟨sl⟩ [*oft pl* ~s] *Spektakel* m (about *über*)

rudbeckia [rud'bekiə] s ⟨bot⟩ *Rudb·eckie* f, *Sonnenhut* m

rudd [rʌd] s [pl ~] ⟨ich⟩ *Rotfeder* f, *–auge* n

rudder ['rʌdə] s ⟨mar⟩ *Steuerruder* n; ⟨hunt, zoo⟩ *Schwanz* m (*des Otters*); ⟨aero⟩ *Seitensteuer* n || ⟨sub-mar⟩ horizontal ~ *Tiefenruder* n | ⟨fig⟩ *Triebfeder* f | [attr] ~ assembly ⟨aero⟩ *Seitenleitwerk* n || ~ bar, ~ pedal *Seitenruder(fuß)hebel* m; ~ boost control ⟨Am aero⟩ *–kraftsteuerung* f ~less [~lis] a *ohne Ruder* || *führerlos; hilflos*

ruddiness ['rʌdinis] s *Röte* f

ruddle ['rʌdl] **1.** s *Rötel* m **2.** vt *mit R. bezeichnen or –malen*

ruddock ['rʌdək] s ⟨dial orn⟩ *Rotkehlchen* n

ruddy ['rʌdi] **1.** a (*–ddily* adv) (of the face) *rosig, rot, frisch, gesund* || *rötlich* || *hochrot* || *rot, gerötet* (sky) || ⟨sl⟩ (= *bloody*) *verdammt, –flucht*: that's the ~ limit *das ist denn doch die Höhe!* **2.** vt *röten, rot* m

rude [ru:d] a (~ly adv) **1.** (*P*) *roh, unzivilisiert, –gesittet* | *grob; ungebildet, unhöflich* (to *gegen*) || *grausam; heftig; unwirsch* **2.** (*S*) *rauh* (time); *uneben* (way) || *heftig, stürmisch* (sea); *wild* (scenery) || *roh, grob, unverschämt* (language) **3.** (of compositions, conditions) *roh, primitiv, einfach; kunstlos* (style); *unvollkommen, unfertig* **4.** *robust, kräftig* (health) ~ness ['~nis] s *Roheit* f etc; → rude

Rudesheimer ['ru:dəzhaimə] s ⟨Ger⟩ *Rüdesheimer* (*Wein*) m

rudiment ['ru:dimənt] s *erster Anfang* m; ⟨*a* zoo⟩ *erste Spur* f; *Ansatz* m (of *z*) || ~s [pl] *Anfangsgründe* m pl, *Grundlagen* f pl ~al [,ru:di'mentl], ~ary [,ru:di'mentəri] a *rudiment·är*; *Anfangs–; elementar*

rue [ru:] s ⟨bot⟩ (*Wein-*)*Raute* f (herb of grace) (*Sinnbild der Reue*)

rue [ru:] **1.** vt (*Tat*) *bereuen* || (*Tag*) *verwünschen, beklagen* **2.** s *Reue* f; *Kummer* m || *Mitleid* n ~ful ['~ful] a (~ly adv) *reuig; traurig, kläglich* ~ness ['~nis] s *Traurigkeit* f; *Gram*; *Kleinmul* m

rufescent [ru:'fesnt] a ⟨zoo⟩ *ins Rötliche spielend*

ruff [rʌf] s *Krause* f (*Halskragen*) || (of birds) *Feder–, Haarring* m (*um den Hals*) || ⟨orn⟩ (*männl.*) *Kampfläufer* m, *–schnepfe* f, → reeve, ree ~ed [~t] a ⟨orn⟩ *mit e–m Halsring versehen*

ruff [rʌf] s ⟨ich⟩ *Kaulbarsch* m

ruff [rʌf] **1.** s ⟨whist⟩ *Trumpfen, Stechen* n **2.** vt *trumpfen, stechen*

ruffian ['rʌfjən] s *roher Bursche; Schurke; Raufbold* m ~ism [~izm] s *Rowdytum* n; *die Raufbolde* pl ~ly [~li] a *brutal; roh; wüst*

ruffle ['rʌfl] **I.** vt/i **1.** vt *kräuseln, kraus* m; *verwirren; zerzausen* || (*Federn*) *sträuben*; to ~ one's feathers *sich aufplustern,* ⟨fig⟩ *sich aufregen* | ⟨fig⟩ (*jdn*) *verwirren; aufregen; (gute Laune) aufregen, trüben* **2.** vi *sich aufregen* **II.** s (*Hand–, Hals-*)*Krause* f; (of birds) *Federring* m (*um den Hals*) || (of water) *Kräuseln* n || *Aufregung* f || *gedämpfter Trommelwirbel* m | [attr] ⟨Am⟩ ~-shirt *Faltenhemd* n

ruffle ['rʌfl] **1.** vi *prahlerisch auftreten; aufschneiden, renommieren* (oft to ~ it) **2.** * s *Aufruhr; Streit* m | ~r [~ə] s *Prahler* m

rufi– ['ru:fi], **rufo–** ['ru:fo] L [in comp] *rötlich*

rufous ['ru:fəs] a *rötlichbraun*

Rufus ['ru:fəs] s ,,*Fuchs*", ,,*Barbarossa*" m (*Rothaariger*)

rug [rʌg] s *dicke wollene* (*Reise–* etc) *Decke* f || *Vorleger* m, *Brücke* f, *kl Teppich* m

ruga ['ru:gə] s L (pl *–gae* [–gi:]) ⟨med⟩ *Falte* f ~te ['ru:git] a ⟨zoo⟩ *faltig, gefaltet*

Rugby ['rʌgbi] s (*nach Public School in* ~, Warwicksh.) = ~ football || [attr] ~ football (⟨sl⟩ *rugger*) ⟨engl⟩ *Art Fußballspiel* n, *bei dem auch das Anfassen u Werfen mit der Hand erlaubt ist*; → Association

rugged ['rʌgid] a (~ly adv) *rauh, uneben*
(ground) || *holperig* (verse) | *zackig, zerklüftet* |
runzelig, gefurcht (face) | *rauh, hart* (life) || *rauh*
(character); *schroff, unfreundlich* ~**ness** [~nis] s
Rauheit f etc (→ rugged)
    rugger ['rʌgə] s ⟨sl⟩ = Rugby
    rugose [ru'gous] a *gefurcht, runzelig* –**gosity**
[ru'gɔsiti] s *unebener, runzliger Zustand* m ||
Runzelfalte f –**gous** ['ru:gəs] a = rugose
    ruin [ruin] **I.** s **1.** *Verfall, Sturz* m; *finanzieller
Zus–bruch, Ru'in, Untergang* m; *Vernichtung* f,
Verderben n; to bring to ~ *ins V. stürzen* ||
⟨fig⟩ *Vereitelung* f | *Ursache* f *des Untergangs*;
it will be his ~ (*od* the ~ *of* him) *es wird sein
Untergang s* **2.** *Ruine* f ⟨a fig⟩; ~s [pl] *Trümmer*
pl **II.** vt/i || (*etw*) *zerstören, vernichten; vereiteln*
|| (*jdn*) *ruinieren, zugrunde richten;* (*Mädchen*)
verführen | ⟨poet⟩ *zus–fallen* || *ruiniert* w
~**ation** [rui'neiʃən] s *Zerstörung* f; *Verderben* n
~**ed** [~d] a *zerfallen* (church) || *ruiniert*
    ruinous ['ruinəs] a *verfallen; baufällig* || z
Ruin führend; gefährlich, verderblich || ~ *price
enormer Preis* m ~**ly** [~li] adv *enorm* ~**ness**
[~nis] s *Baufälligkeit* f | *Verderblichkeit* f ||
(of prices) *Abnormität* f
    rule [ru:l] **I.** s **1.** *Regel* f (strict ~ *strenge
Regel*); ⟨ec⟩ *Ordensregel* f; *Spielregel* f ||
⟨math⟩ *Regel* f; ~ of three *Regeldetri* f **2. a.**
Vorschrift f; working to ~ *Bummelstreik* m; to
work to ~ (*als Protest*) *im Bummelstreik arbeiten* (*genau nach den überspitzten Vorschriften
arbeiten*) | ⟨jur⟩ *Verfügung*; ~ of application
Durchführungsbestimmung f; ~ of court *Ge-
richtsordnung* f; ~s [pl] of Land Warfare
Landkriegsordnung f; ~ of procedure *Verfah-
rensvorschrift, Geschäftsordnung* f; ~s of the
road *Straßenverkehrsordnung* f || *Richtschnur* f,
Maßstab m || the ~ of thumb *die Faustregel*
(*praktisches, nicht auf Wissenschaft gegründetes
Erfahrungsverfahren*); by (the) ~ of thumb
erfahrungsmäßig, auf praktischem Wege; [attr]
praktisch, Faustregel– (~ of thumb *mathema-
tics*) || (*a standing* ~) *Satzung* f **b.** *Zollstock* m,
Richtscheit n; *Line·al* n || ~ tape *Meßband* n
3. *Gewohnheit, Regel* f, to be the ~ *die R. s;* to
make it a ~ *es sich z R. m* (to do); as a ~ *in der
R.* || to work to ~ (*z Schaden des Arbeitgebers*)
stur nach Vorschrift arbeiten **4.** *Herrschaft* f
(under the ~ of) **II.** vt/i **A.** vt **1.** (*jdn*) *führen,
leiten;* to be ~d *sich l. or raten l* **2.** (*jdn*) *beherrschen* (~ Britannia ⟨engl⟩ *vaterländisches
Lied*); to ~ o.s. *sich b.;* → roast s || (*Gefühl*) *be-
herrschen, zügeln* **3.** *regeln; entscheiden, z der
Entscheidung k* (that); *anordnen, verfügen* (a th);
⟨parl⟩ to ~ a p *out of order jdm verbieten z
sprechen* (on *über*) **4.** (*Linien*) *ziehen* (on *auf*); to
~ *paper with lines Papier linieren* **5.** to ~ out
(*jdn; etw*) *ausscheiden, –schließen* **B.** vi *herrschen*
(over *über*) || *vorherrschen;* (of prices) *stehen,
liegen* (to ~ high, low)
    ruler ['ru:lə] s *Herrscher* m (of, over *über*) ||
Line·al n · **ship** [~ʃip] s *Herrschaft* f
    ruling ['ru:liŋ] **1.** s *Herrschaft* f || *amtl. or
gerichtl. Entscheidung* f, *juducial* ~ *Gerichtsent-
scheid* m || ~s [pl] *Vorschriften* f pl **2.** a *herr-
schend* || *vorherrschend* || ⟨com⟩ *laufend, Durch-
schnitts–* (price)
    rum [rʌm] s *Rum* m || ⟨Am⟩ *Alkohol,
Schnaps* m; ~-runner *–schmuggler* m
    rum [rʌm] a ⟨sl⟩ (~ly adv) *wunderlich, selt-
sam* || ~ *customer gefährlicher Kerl* m ~**ness**
['~nis] s *Wunderlichkeit* f
    Rumans(c)h [ru'mænʃ] = Romansh
    rumba ['rʌmbə] s *Rumba* m (Tanz)
    rumble ['rʌmbl] **1.** vi/t || *rumpeln, poltern,
rattern, rasseln, rollen;* (of the stomach) *knurren*
|| *holpern, fahren* | vt to ~ out (*Worte*) *heraus-
poltern* **2.** s *Rumpeln; Poltern; Rollen* n || ⟨mot⟩

Donnern n || *Gepäck–, Bedientensitz* m **3.** [in
comp] ~-tumble *rumpelnde, holpernde Bewe-
gung* f || *holpernde Kutsche* f
    rumble ['rʌmbl] vt ⟨sl⟩ *durchsch·auen, er-
kennen, entdecken*
    rumbustious [rʌm'bʌstjəs] a ⟨fam⟩ *stürmisch,
ungestüm, polternd*
    rumen ['ru:men] s L *Wanst, Pansen* m *der
Wiederkäuer* **ruminant** ['ru:minənt] **1.** a (~ly
adv) *wiederkäuend* || ⟨fig⟩ *nachdenklich* **2.** s
Wiederkäuer m –**ate** ['ru:mineit] vi/t || *wieder-
käuen* || ⟨fig⟩ *grübeln, sinnen, nachsinnen* (upon,
about *über*) | vt *nachdenken über* (to ~ a th)
–**ation** [,ru:mi'neiʃən] s *Wiederkäuen* n || ⟨fig⟩
Nachsinnen n; *Betrachtung* f –**ative** ['ru:mineitiv]
a *nachdenklich, sinnend*
    rummage ['rʌmidʒ] **1.** vt/i || *durchsuchen,
–stöbern* || to ~ out, up *auskramen, hervor-
holen* | vi *stöbern, wühlen* (among; in); to ~
about *herum–* **2.** s *Durchsuchen, –stöbern* n ||
⟨com⟩ *Ausschuß, Ramsch* m, *Restwaren* f pl;
~-sale *Ramschverkauf* m
    rummed(-up) ['rʌmd'ʌp] a ⟨Am fam⟩ °*voll,
bezecht*
    rummer ['rʌmə] s *Römer, Humpen·m*
    rummy ['rʌmi] a ⟨sl⟩ = rum a
    rummy ['rʌmi] s *R·ommé* n (*Kartenspiel*)
    rumour, ⟨Am⟩ **rumor** ['ru:mə] **1.** s *Gerücht* n
(of *über*); ~ has it, the ~ runs, *es geht das G.*
(that) || ~-mongering *Gerüchteverbreiten* n,
Flüsterpropaganda f **2.** vt [*mst* pass] it is ~ed
(that) *es geht das Gerücht* (*daß*); he is ~ed to
be .. *es geht das G., er sei ..* ~**ed** [~d] a *durch
Gerücht verbreitet*
    rump [rʌmp] s *Hinterteil* m & n, *Steiß* m;
(of a fowl) *Bürzel* m | ⟨fig⟩ *Rest m, Ende* n; the
~ *das Rumpfparlament* n (*1648*) | [attr]
Rumpf– (~ *parliament*) || ~-bone *Steißbein* n
|| ~-steak *Rumpfstück* n, *Lendenschnitte* f,
⟨engl⟩ *Rumpsteak* n
    rumple ['rʌmpl] vt *zerknittern, –knüllen;*
(*Haar*) *zerzausen; in Unordnung bringen*
    rumpus ['rʌmpəs] s ⟨sl⟩ *Kraw·all, Spektakel* m
    rumpy ['rʌmpi] s ⟨zoo⟩ *schwanzlose Katze* f
auf der Insel Man
    run [rʌn] vi/t (ran/run) **I.** vi **1. a.** (*P* etc)
rennen, laufen (→ counter); *eilen* (to a p's aid
jdm z Hilfe; to do); *losstürmen* (at, on *auf*) ||
fliehen, weglaufen (from *v*); to ~ for one's life
ausreißen | *schnell reisen* | *am Rennen teilnehmen,
wettrennen* (for *um*), *sich bewerben, bemühen*
(for) | (of fish) *schwimmen; wandern* **b.** (*S*)
laufen (on *auf*); *fahren, segeln* || (of ship) *ge-
trieben w* (on *auf*) || (of vessels) *verkehren, gehen*
|| *sich bewegen; sich schnell verbreiten;* (of
rumours) *umlaufen, –gehen* || *eilen, dahingleiten,
–fließen;* her tongue ~s continually *ihre Zunge
ist immer in Bewegung* || *sich ergießen* || *zer-
fließen;* (of plants) *wuchern* || (of balls) *rollen
|| sich drehen;* (of machines) *arbeiten, laufen, in
Betrieb s* (the hotel is ~ning again) ⟨fig⟩ *gehen*
c. (of liquids, etc) *fließen,* (of the sea) *strömen,
fluten;* a heavy sea is ~ning *es ist hoher Seegang*
|| (of metals) *schmelzen, laufen;* (of ice) *auf-
tauen;* (of colours) *zerfließen* || *strömen, triefen*
(with *v*); to ~ with tears *in Tränen schwimmen;*
(of the nose) *laufen* || *eitern* **d.** (of time, money,
etc) *hin–, vergehen, –fließen* || *in Umlauf s;
gelten; herrschen* || (of bill) *laufen;* (of prices)
sich stellen || *in Kraft bleiben;* ⟨theat⟩ *gegeben
w* || *sich erstrecken; abgehalten w, dauern*
(school ~s from 9–12) || (of lines) *laufen, sich
ziehen* || *gefühlt w, auftreten, sich zeigen;* my
taste does not ~ that way *dafür habe ich k–n
Sinn;* it ~s in the blood, in the family *es liegt
im Blute, in der Familie;* it ~s in my head *es
geht mir im Kopfe herum* || (of words) *den Wort-
laut h, lauten* **2.** [mit adj]: *werden;* feeling ~s

high *die Gefühle gehen hoch, w erregt*; to ~ hot (of motors) *sich warm laufen* ‖ to ~ light *leerlaufen* ‖ to ~ low *erschöpft w, auf die Neige gehen*; ⟨sl⟩ to ~ straight (*in der Ehe*) *nicht fremd gehen*; → *dry, foul, high, mad, short, wild* **3.** [mit prep:] to ~ **across** a p *jdn zufällig treffen* | to ~ after a p *hinter jdm herlaufen*; .. after a th *e–r S nachjagen* | to ~ against a p ⟨sport⟩ *sich im Laufen messen mit jdm* | to ~ **before** a p *herlaufen vor jdm* | to ~ for *laufen nach*; .. for it *ausreißen, sich eilen* | to ~ in a p's debt *in jds Schuld fallen* | to ~ **into** (*hinein*)*rennen, –fahren in*; ⟨aero⟩ *geraten in*; *aufgehen in*; *anwachsen z*; *sich entwickeln z* ‖ to ~ into a p *jdn zufällig treffen, jdm in den Hals rennen* | to ~ **off** the line *od* rails *entgleisen* | to ~ on → to ~ upon ‖ to ~ **out** of *knapp w mit*; we have ~ out of this article *der Artikel ist nicht mehr vorrätig, ist ausgegangen* | to ~ over a p *jdn überfahren* ‖ to ~ over *gleiten über* | to ~ **through** (a th) *laufen durch* (*etw*); *durchdringen*; *–lesen*; *untersuchen, kz behandeln* | *d·urchmachen*; *erleben* ‖ (*Vermögen*) *d·urchbringen* | to ~ to *sich belaufen auf*; *what does the bill* ~ to? *was macht die Rechnung?*; k *auf*; *ausreichen* f (*my money will not* ~ to that) ‖ *fallen in* (to ~ to the extreme *ins Extrem f.*) | to ~ to pattern *nach Schema F verlaufen* ‖ (of plants) *hervorbringen*; *sich entwickeln z*; *erreichen*; to ~ to fat *Fett ansetzen* | to ~ **upon**, on *sich beziehen auf*; *zielen auf*; (of the mind) *sich beschäftigen mit*; *neigen z, bevorzugen*; *his mind* ~s on the subject *die S kommt or will ihm nicht aus dem Sinn* | to ~ **with** *übereinstimmen mit* **4.** [mit adv:] to ~ **about** *umherlaufen* | to ~ **aground** ⟨mar⟩ *stranden* | to ~ **away** *fortlaufen* (from a p [*von*] *jdm*); (of horses) *durchgehen* ⟨a fig⟩ (with *mit*) ‖ to ~ away from ⟨fig⟩ (*Grundsatz*) *aufgeben* | to ~ **away** with *verzehren, aufbrauchen* ‖ ~-away car ⟨mot etc⟩ *Wagen, der sich ,,selbständig'' macht* | → counter | to ~ **down** *hinablaufen* ‖ (of clocks, etc) *ablaufen*; *fallen, abnehmen*; (of bearing) *auslaufen* (the b. has ~ down [*od* out] .. *ist ausgelaufen*) | to ~ in *hineinlaufen*; *besuchen* (to a p *jdn*) ‖ *übereinstimmen* (with) ‖ ⟨mot⟩ ᵄning-in! (*Wagen*) *wird eingefahren!* | to ~ **off** *davonlaufen* ‖ (of water) *ablaufen* ‖ ⟨rec⟩ *durchlaufen* | *abschweifen* | to ~ on *fortlaufen, –bestehen*; to let the arrears ~ on *die Rückstände auflaufen l* ‖ *fortfahren, unablässig schwatzen* | to ~ **out** *hinauslaufen* | *z Ende gehen, ablaufen* (*Vertrag* etc) | (of bearing) → to ~ down *vorspringen*; *sich erstrecken* ‖ to ~ out a winner *als Sieger hervorgehen, S. w* ‖ to ~ out on a p ⟨fam⟩ *jdn im Stich l* | to ~ **over** *·überlaufen, voll s* (with *v*) | to ~ **up** *hinauflaufen*; *zulaufen* (to *auf*) ‖ *hochschießen, schnell wachsen* ‖ *sich belaufen* (to *auf*); (of cloth) *eingehen, –laufen* ‖ ⟨tech⟩ *heiß–, warmlaufen, –fahren* **II.** vt **1.** (*e–n Weg*) *laufen, verfolgen, einschlagen*; to ~ one's course *s–n Gang gehen* ‖ *rennen über*; (*Strecke*) *durchl·aufen, –f·ahren*; *laufen auf* (to ~ the street); → errand | → gauntlet | *fliehen aus*; *verlassen* ‖ *sich* (*e–r S*) *aussetzen*; → risk *s*; to ~ a slight temperature *immer leichtes Fieber h* | (*Wild*) *verfolgen* | *wettrennen mit* (to ~ a p) ‖ to ~ a p close ⟨fig⟩ *jdm nahe k*; *dicht auf den Fersen s*; *ebenbürtig s* **2.** [kaus] **a.** *laufen m*; *z Laufen bringen, laufen l* ‖ ⟨tech⟩ *bedienen* (*Pferd*) *laufen l*; *treiben, jagen*; (*f ein Rennen*) *eintragen* ‖ (*Rechnung* etc) *anlaufen l* | to ~ a ship aground *Schiff auflaufen l* ‖ (*Vieh*) *weiden l* **b.** (*jdn*) *versetzen, bringen* (into *z*); to ~ o.s. into *sich stürzen in* ‖ *befördern, transportieren*; (*Ware*) *landen, schmuggeln* ‖ ⟨el⟩ (*Leitung*) (*ver*)*legen* | (*Waffe*) *stoßen, stechen, bohren* (into, through a p); to ~ a knife into a p *jdm*

das Messer in den Leib stechen, jagen; to ~ a nail into one's foot *sich e–n Nagel in den Fuß stoßen*; to ~ one's head against *mit dem Kopfe rennen gegen* ‖ (*Nadel*) *stecken*; *nähen, heften*; to ~ one's pen through (*etw*) *d·urchstreichen* **c.** *rollen l*; *gleiten l*; to ~ one's hand *mit der Hand fahren* (across *über*) **d.** *verkehren l*; (*Maschine*) *in Gang halten* ‖ (*Geschäft*) *betreiben, –wirtschaften*; *führen, leiten* | (*Kandidaten*) *aufstellen* ‖ (*jdn*) *belangen* (for *wegen*) — ⟨Am⟩ (*Linie*) *ziehen, verfolgen* **e.** *fließen l* | *v sich geben, hervorbringen*; → riot ‖ (of river) (*Gold*) *mit sich führen, führen* ‖ *vereinigen, umgestalten* (into *z*) ‖ (*Metall*) *schmelzen*; *gießen* | to ~ dry (*Gegenstand*) *erschöpfen* **3.** [mit adv] to ~ **down** (*jdn*) *niederrennen*; (*Schiff*) *in den Grund bohren* ‖ (*Tier*) *totjagen*; *einholen* ‖ (*jdn*) *heruntermachen* | to be ~ down *herunter, erschöpft s* ‖ (*S*) (*Bestände*) *herabsetzen, einschränken* | to ~ **in** *ausfüllen* (with) ‖ (*Wagen*) *einfahren* (a ~-in car) ‖ (*jdn*) *einlochen, –stecken* | to ~ **into** one another (*Worte, Töne*) *binden* | to ~ **off** (*Rede*) *herunterrasseln*; (*Wasser*) *abfließen l* | ⟨sport⟩ (*Rennen*) *entscheiden* ‖ ⟨Am sl⟩ *stehlen* | to ~ **off** (*e–e Matrize*) *abziehen*; ⟨brew⟩ *abläutern* | to ~ **out** *z Ende führen*; *beenden*; to be ~ out *z Ende s*; *ausverkauft s* ‖ *ausfüllen* (with) ‖ (*Vieh*) *hinaustreiben* ‖ to ~ o.s. out *sich überl·aufen, sich durch Laufen erschöpfen* | to ~ **over** *wiederholen* ‖ *überlegen* ‖ *schnell blicken über, d·urchsehen* (to ~ a paper over) | to ~ **through** (*jdn*) *durchbohren* (to ~ a p through) | to ~ **up** (*Schuld*) *anwachsen l* ‖ (*Fahne*) *hissen* ‖ (*Preise*) *in die Höhe treiben* ⟨fig⟩ (*etw*) *verfolgen*; (*e–r S*) *nachgehen* ‖ (*Haus*) *schnell u leicht aufbauen* ‖ ⟨aero mot⟩ *abbremsen*; (*Ziel*) *anfliegen*

run [rʌn] a ⟨mar⟩ ~ man *Deserteur m* ‖ (of fish) *vom Meere in Süßwasser heraufgekommen* (a fresh ~ salmon) ‖ *ausgelassen, geschmolzen* (butter) ‖ ~ honey *Schleuder–, Seimhonig m*

run [rʌn] s **I. 1.** *Rennen, Laufen n*; on the ~ *auf den Beinen, immer tätig*; to put a p to the ~ *jdm Beine m* | *Lauf m*; *–distanz f* ‖ to have a ~ ~ for one's money *wenigstens etw erhalten, entschädigt w* **2.** ⟨sport⟩ *Lauf; Dauerlauf m*; to go for a ~ *e–n D. m* | *Anlauf m*; to take a (short) ~ *e–n* (*kurzen*) *A. nehmen* **3.** *Jagd* (for *nach*), *Hetze f* **4.** *Fahrt f* (on a ~ *auf e–r F.*); *Segelfahrt f* ‖ *eilige Reise f* | *Spaziergang m* (to go for a ~ *e–n S. m*) **5.** *schnellende Bewegung f*, by the ~, with a ~ *plötzlich, heftig* (to fall with a ~) | *Flucht f* (on the ~ *auf der F.*) **6.** *Laufschritt m*, on the ~ *im L., im Renntempo* **7.** *Ausdauer f im Laufen* **II. 1.** ⟨bes Am⟩ *Bach*; *Rinnsal n*; *Fluß m* ‖ (of waves, etc) *Fluten n, Strom, Ansturm m* ‖ *Fluß, Lauf, Gang*; *Zustrom m* (of air) **2.** ⟨übtr⟩ *Gang, Lauf m, Richtung, Neigung f* (the general ~ of things) **3.** ⟨mus⟩ *Lauf m, Passage f* **III.** ⟨übtr⟩ **1.** *ununterbrochene Strecke* (of *v*), *Reihe, Folge f* (in ~s); a ~ of bad luck *andauerndes Unglück* **2.** ⟨fig⟩ *Ansturm m* (on a bank *auf e–e Bank*) **3.** ⟨com⟩ *starke Nachfrage f* (on *nach*) ‖ *Zulauf m*; *dauernder Erfolg, Absatz m*, to have a great ~ *e–n gr A. finden* **4.** *ununterbrochene Zeit, Dauer f*; ~ of office *Amtsdauer f* ‖ ⟨theat⟩ *Aufführungsperiode, –serie f*; the play had a ~ of 40 nights *das Stück wurde 40 Abende hinter–e–a gegeben* ‖ *Zeitdauer f* (*e–s Stückes*); ⟨tech⟩ (of machines) *Arbeitsperiode, –zeit f* | in the long ~ *auf die Dauer, am Ende, schließlich* **5.** the common ~, the ordinary ~ *die durchschnittliche Art, Klasse f* (of people *v Leuten*); *Durchschnitt m, Allgemeinheit, Majorität f*; the general ~ of writers *die Schriftsteller im Durchschnitt, die meisten Sch. m pl* ‖ ⟨com⟩ *Sorte, Qualität f* ‖ ~ of the mine *Rohkohle f*; ~ of the mill (*Mehl*) *Durch–*

schnittsqualität f **IV. 1.** *Weidegrund* m, *–trift* f; (of fowl) *Auslauf* m **2.** ⟨tech⟩ *Laufschiene, –planke* f; *Abflußrohr* n **3.** *freier Zugang* m, *freie Benutzung* f; to have the ~ of a th *freien Zutritt* h *z etw, etw benutzen* or *besuchen dürfen* **V.** ⟨mar⟩ *Piek* f (*unterster Raum im Schiff vorn u hinten*) **VI.** [in comp] **~-down** ⟨mil⟩ (*zahlenmäßige*) *Truppenverringerung* f ‖ ⟨Am sl⟩ to give a p a ~-down on a p *jdm* (*gegenüber*) *über jdn etw* °*ausquatschen* | ~-in ⟨Am⟩ → u | ~-proof *maschenfest* (*Strumpf* etc) | → run-out, runway

runabout [ˈrʌnəbaut] s *Landstreicher* m ‖ *Kleinauto* n ‖ ~ *ticket* ⟨rail⟩ *Gebietskarte* f, ⟨London⟩ *Siebentage-Netzkarte* f

runagate [ˈrʌnəgeit] † s *Flüchtling*; *Vagabund* m ‖ *Reneg·at* m

runaway [ˈrʌnəwei] **1.** s *Ausreißer* m ⟨*a* tech⟩; (*a* ~ car) *Wagen, der sich "selbständig" macht* ‖ *Durchgänger* m (*Pferd*) **2.** a *durchgegangen* (horse); *davon–, fortgelaufen* (a ~ couple); ~ *match Heirat* f *auf Grund e–r Entführung*

runcinate [ˈrʌnsinit] a ⟨bot⟩ *sägeförmig, dem dreieckigen Zahn e–r Säge gleichend* (~ lobe)

rundle [ˈrʌndl] s *Sprosse* f; *Dolde* f ‖ ⟨tech⟩ *Lochscheibe* f

run-down [rʌnˈdaun] s → run vt **II. 3.**

rune [ru:n] s *Rune* f ‖ *sinnbildl. Zeichen* n | [attr] *Runen–* ‖ ~ *staff –stab* m; *–kalender* m

rung [rʌŋ] s (*Leiter–*)*Sprosse* f ‖ ⟨fig⟩ *Stufe* f

rung [rʌŋ] pp *v* to ring

runic [ˈru:nik] **1.** a *runisch*; *Runen–* (~ inscription) **2.** s ⟨typ⟩ *e–e Reklameschrift aus Kapitalen*

run-in [ˈrʌnin] s ⟨ftb⟩ *Laufen* n *über die Mark–, Seitenlinie* ‖ *Streit, Skandal* m (with)

runlet [ˈrʌnlit] s *Bächlein* n

runnables [ˈrʌnəblz] s pl ⟨com fam⟩ *Strickwaren* f pl

runnel [ˈrʌnl] s *Flüßchen* n ‖ *Rinne* f, *Rinnstein* m ‖ *Kanal* m

runner [ˈrʌnə] s **1.** *Renner, Läufer*; *Rennläufer*; *Sprinter* m ‖ *Bote, Laufbursche*; ⟨mil⟩ *Melder, Meldegänger* m ‖ ⟨sl⟩ *Schuldeneintreiber* m ‖ ⟨dial⟩ *Schmuggler* ‖ ⟨Am⟩ *Geschäftsführer*; *Handlungsreisender*; *Schmuggler* m **2.** *Renner* m (*Pferd*) ‖ ⟨orn⟩ *Laufvogel* m; *Ralle* f **3.** ⟨bot⟩ *Ausläufer* m (*e–r Pflanze*); *Fechser* m **4.** *Laufschiene*; *–rolle, –walze* f, *–rad* n; ⟨aero⟩ *Landekufe* f; *edge·~ Koller–, Mahlgang* m ‖ (*Schirm–*)*Schieber* m; (*Schlitten–*)*Kufe* f ‖ ⟨found⟩ *Zu–, Einlauf* m, *Abstichrinne* f **5.** (*Tisch–, Zimmer–*)*Läufer*; *Brücke* f, *schmaler Teppich* m (etc) **6.** [in comp] ~-up *mit* **2.** *Preis prämiierter Hund* m; *zweiter Preisträger* (*Mannschaft* etc) or *Sieger* m

running [ˈrʌniŋ] **1.** s *Rennen, Laufen* n etc; → to run ‖ to be in the ~ *Aussichten h* (*auf Sieg, Erfolg*); *in Betracht k* (for); to be out of the ~ *k–e Aussichten h, nicht in Betracht k*; to put a p out of the ~ *jdn außer Konkurrenz setzen, verdrängen* ‖ to make the ~ *das Rennen m, gut abschneiden*; *das Tempo angeben, führen* ‖ to take up the ~ ⟨fig⟩ *die Führung übernehmen* | ~ of the nose *Schnupfen* m | [attr] ~-board (*mot* etc) *Trittbrett* n ‖ ~ *costs Betriebskosten* pl ‖ ~ *fit* ⟨tech⟩ *Laufsitz* m ‖ ~ *gear Lauf–, Räderwerk* n ‖ ~ *high jump Hochsprung* m *mit Anlauf* ‖ ~ *hour Betriebsstunde* f ‖ ~·-in ⟨mot⟩ *Wird eingefahren!* ‖ ~-in *test Probelauf* m ‖ ~ *stone Mahlstein* m ‖ ~-up ⟨aero mot⟩ *Abbremsen* n **2.** a **a.** *Rückzugs–* ‖ ~ *fight –gefecht* n, ⟨mar⟩ *laufendes Gefecht* n **b.** *fortlaufend, ununterbrochen* ‖ ~ *account laufende Rechnung* f ‖ ~ *commentary laufender Kommentar* m; ⟨wir⟩ *Hör–, Rundfunkbericht* m (on *über*) ‖ ~ *condition od order betriebsfähig, fahr–,*

betriebsbereit ‖ ~ *fire Schnell–, Trommelfeuer* n ‖ ~ *hand Kurrent–, Kursivschrift* f ‖ ~ *title Kolumnentitel* m **c.** *nacheinander* (five days ~ 5 Tage n.) **d.** *fließend* (~ water, hot and cold) ‖ *eiternd*

run-off [ˈrʌnɔf] s *Entscheidungslauf* m, *–rennen* n ‖ ⟨fam⟩ *Austreten* n ‖ ⟨geog⟩ *Abfluß* m **~·on** [ˈrʌnɔn] a *in die nächste Zeile übergehend* (~ line)

run-out [ˈrʌnaut] [attr] ⟨film⟩ ~ *leader Auslaufband* n, *–strecke* f

runt [rʌnt] s ⟨zoo⟩ *Zwergochse* m ‖ *untersetzte P* f

runway [ˈrʌnwei] s ⟨aero⟩ *Startbahn* f ‖ ~ *funnel* ⟨arch⟩ *An–, Abflugschneise* f ‖ ~ *light Landebahnfeuer* n, ~ *lighting –befeuerung* f ‖ ~ *localizer Landekurssender, ILS-Hauptbake* f

rupee [ru:ˈpi:] s Ind *R·upie* f (*Münze*, 1s. 4d.)

rupture [ˈrʌptʃə] **1.** s *Bruch* m ‖ ⟨med⟩ (*Unterleibs-*)*Bruch* m, *Hernie* f ‖ (of vessels) *Platzen, Springen* n ‖ ⟨fig⟩ *Bruch* m; *Abbrechen* n (a ~ of relations) **2.** vt/i ‖ *brechen* ⟨med⟩ (*Gefäß*) *zerreißen, sprengen*; to be ~d *e–n Bruch bek* ‖ ~d a duck ⟨Am sl⟩ *Kriegsveteran* m ‖ ⟨übtr⟩ *trennen*; *zerreißen* | vi *e–n Bruch bek* ‖ *bersten*; *reißen*

rural [ˈruərəl] **1.** a (~ly adv) *ländlich, Land–*; ~ *dean* ⟨ec⟩ *Dean, Dekan, der e–n Landbezirk verwaltet*; ~ *District Council Verwaltungsbezirk* m *auf dem Lande* ‖ *Ackerbau–, Landwirtschafts–, landwirtschaftlich* ‖ ⟨Am⟩ ~ *free delivery Landpostzustellung* f **2.** s ⟨Am⟩ *Tölpel* m **~·ite** [~ait] s ⟨Am⟩ *Landmann*; *Tölpel* m **~·ity** [ruˈræliti] s *ländlicher Charakter* m (~ of a place) ‖ *ländl. Umgebung* f (etc) **~·ization** [ˌruərəlaiˈzeiʃən] s *ländliches Leben* n **~·ize** [~aiz] vt/i ‖ *ländlich m*; *ländl. Charakter geben* | vi *aufs Land gehen*; *ländl. Charakter annehmen*

ruridecanal [ˌruəridiˈkein!] a *z e–m rural dean* (→ rural) *or dessen Bezirk gehörig*

rusa [ˈru:zə] s ⟨zoo⟩ *Rusahirsch* m; *Aristoteles–*; *Mähnenhirsch* (*auf Java*); → *sambur*

ruse [ru:z] s *List* f, *Kniff* m

rusé [ˈru:zei] a *verschlagen, gerissen*

rush [rʌʃ] s ⟨bot⟩ *Binse* f ‖ not to care a ~ about *k–n Deut fragen nach*; not worth a ~ *k–n Pfifferling wert* | [attr] *Binsen–*; ~-basket *–korb* f; ~-mat *–matte* f ‖ ~-bearing *Bestreuen u Schmücken* n *der Kirche mit Binsen z jährl. wiederkehrenden Kirchfest auf dem Lande* **~·light** [~lait] s *Binsenlicht, schwaches Licht* n ‖ ⟨oft fig⟩ *unbedeutendes Licht* n, *–der Lehrer* m ‖ *schwacher Schimmer* m **~·like** [ˈ~laik] a *binsenartig* | **~·y** [ˈ~i] a *Binsen–* ‖ *voller Binsen*

rush [rʌʃ] **I.** vi/t **1.** vi (P) *stürzen* (to ~ in *hinein–, herein–*); *eilen, rasen*; *sich werfen* (on *auf*); *sich stürzen* (into *in*); to ~ *into print voreilig an die Öffentlichkeit treten* | (S) (of wind) *sausen, stürmen*; (of water) *sich wälzen*; *herabstürzen* (from) ‖ ⟨fig⟩ *schießen, fliegen*; his mind ~ed over .. *er flog im Geiste über*; to ~ *into one's mind jdm plötzlich in den Sinn k* **2.** vt *hetzen, jagen*; (jdn) *schnell treiben, drängen* ‖ (jdn) *schnell befördern* (to *nach*) ‖ *eilig fahren*; *rasen mit* or *in* (to ~ a vehicle) ‖ (*Arbeit*) *überstürzen*; *rasch* or *eiligst ausführen, erledigen*; to ~ (a bill) *through the House* (*Gesetz*) *durch das Parlament peitschen*, *in Eile durchbringen* | ⟨mil⟩ *im Sturm nehmen*; *hinwegsetzen über* (to ~ a fence) ‖ ⟨Am⟩ to ~ *the show sich einschmuggeln, –drängen ohne z zahlen, Eintrittsgeld* °*schinden* **II.** s **1.** *Stürzen* n, to make a ~ *for sich stürzen nach*; (of the sea) *Ansturm* m; *Schwung* m (with one ~) **2.** *plötzlicher Ausbruch* m (~ of smoke; ~ of tears); ⟨el⟩ ~ *of current Stromstoß* m, *plötzliche Über-*

belastung f || ⟨fig⟩ *Anfall* m (~ of terror) || *schnelle, plötzliche Entwicklung* f; with a ~ *plötzlich* **3.** *Massenwanderung* f (to *nach*) | *Gedränge* n, *Andrang* m; there was a ~ for *man drängte sich um* || ⟨com⟩ *lebhafte Nachfrage* f (for, *nach*), *Ansturm* m (on *auf*). **4.** ⟨of business⟩ *Drang, Hochdruck; -betrieb* m; ~ hours [pl] *Hauptgeschäfts-, -verkehrszeit, Spitzenverkehr; Verkehrsspitze,* f, *Stoßverkehr, Hochbetrieb* m; ~-order *Eilauftrag* m **5.** [pl] ~es [`~lz] ⟨film⟩ *Ansichtskopien* f pl

rusk [rʌsk] s *Zwieback* m

Ruskinian [rʌs'kiniən] a *nach der Art, im Stile v* John Ruskin **-nism** ['rʌskinizm] s *Lehre* f (etc) *des* J. R.

Russ [rʌs] **1.** s *Russe* m || *russische Sprache* f **2.** a *russisch*

Russell ['rʌsl] s (a ~ cord) *geripptes, gezwirntes Gewebe, Band* n; *Wollrips* m

russet ['rʌsit] **1.** s *Rotbraun* n || *Gewebe, Tuch* n *dieser Farbe* n || *Rötling* m (*Apfel*) **2.** a *rotbraun, goldkäferfarbig* | ~y [`~i] a *rötbraun*

Russia ['rʌʃə] s [attr] ~ leather *Juchtenleder* n | ~n [~n] **1.** s *Russe* m, *Russin* f; Little ~ *Kleinrusse* m | *das Russische* (in ~ *auf russisch*) **2.** a *russisch;* ~ boots [pl] *weiche Gummistulpenstiefel* m pl (f. *Damen*) **-nism** [~nizm] s *Vorherrschen* n, *russ. Geistes* **-nize** [~naiz], **Russify** ['rʌsifai] vt *russisch* m, *russifizieren*

Russniak ['rʌsniæk] s *Kleinrusse, Rußniñake, Ruthene* m

Russo- ['rʌso] [in comp] *Russo-* ~phile [~fail] s *Russenfreund* m [a attr] ~phobe [~foub] s *-feind* m

rust [rʌst] **1.** s *Rost* m | ⟨fig⟩ *Rost; schädlicher Einfluß* m; *Verrosten, Untauglichwerden* n | ⟨bot⟩ *Rostpilz, Rost* m; ~ *preventing agent Rostschutzmittel* n; ~ *p. method Korrosionsschutzverfahren* n || ~-proof *rostfrei, nicht rostend* || ~(-)proofing *paint Rostschutzfarbe* f || ~-resisting *quality Rostbeständigkeit* f **2.** vi/t || *rostig w, rosten* || ⟨fig⟩ *ein-, verrosten, -kümmern* || ⟨bot⟩ v *Rost befallen w* | vt *oxydieren, rostig m* || ⟨fig⟩ *schwächen*

rustic ['rʌstik] **1.** a (~ally adv) *ländlich, bäuerlich; Land-* || *ländlich, einfach* || *bäuerisch, grob* || *aus Baumästen hergestellt* (~ *bridge*) || ~-work ⟨arch⟩ *Rustika* f, *Bossenwerk* n (*Mauerwerk aus Buckelquadern*) **2.** s *Landmann, Bauer* m || ⟨mil sl⟩ *Hammel* m (*Rekrut*) ||

~s [pl] ⟨arch⟩ *R·ustika* f ~ate [~eit] vt/i || *aufs Land senden* || ⟨univ⟩ (*jdn*) f *e-e Zeit ausschließen, relegieren* || *ländlich* m || (*Außenfläche*) *in rohen Quadern bearbeiten* (with); *abquadern* || ~d ashlar *Bossenquader* m; ~d masonry *Rustika* f; ~d plaster *gefurchter Putz*; ~d window *Rustikafenster* n | vi *sich aufs Land zurückziehen* ~ation [,rʌsti'keiʃən] s *Landzurückgezogenheit* f || ⟨univ⟩ *zeitweise Ausschließung* f || ⟨arch⟩ = rustic work ~ity [rʌs'tisiti] s *bäurisches Wesen* n; *Plumpheit* f ⟨a übtr⟩ (of style) || *Ländlichkeit; ländl. Einfachheit* f

rustiness ['rʌstinis] s *Rostigkeit* f || ⟨fig⟩ *Verknöcherung, Eingerostetsein* f

rustle ['rʌsl] **1.** vi/t || (of silk, etc) *rauschen* ⟨a wir⟩, *rascheln; knistern* || ⟨Am⟩ *Vieh stehlen* || °*schuften* (*hart arbeiten*) | vt *raschelnd bewegen* **2.** s *Rascheln* n | ~r [~ə] s ⟨Am⟩ *Viehdieb* m

rusty ['rʌsti] a (-tily adv) *rostig, verrostet* || *verschossen* || *rostfarbig* | ⟨fig⟩ *eingerostet, alt, veraltet; -nachlässig;* his English is a little ~ *sein Englisch bedarf der Auffrischung* || *außer Übung* (in)

rusty ['rʌsti] a *mürrisch; griesgrämig;* to turn ~ *ärgerlich w*

rut [rʌt] **1.** s (of male deer) *Brunft* f || *Brunst* f **2.** vi [-tt-] *brunften; brunsten* ~ting ['~iŋ] s *Brunstzustand* m || [attr] *Brunst-, Brunft-* (~ season, time *-zeit* f)

rut [rʌt] **1.** s (*Wagen-)Furche, Spur* f; (*Wagen-)Gleise* n; ⟨fig⟩ *altes Gleise* n (in the same old ~) | *gewohnheitsmäßige Tätigkeit* f **2.** vt [-tt-] *furchen* ~ted ['~id], ~ty ['~i] a *durchfurcht; ausgefahren, -getreten* (road)

ruth [ru:θ] s † *Mitleid, Erbarmen* n ~less ['~lis] a *grausam, unbarmherzig* ~lessly ['~lisli] adv *unbarmherzig; unerhört* ~lessness ['~lisnis] s *Unbarmherzigkeit* f

Ruthenian [ru:'θi:niən] **1.** a *ruth·enisch, ukra·inisch* **2.** s *Ruth·ene, Ukra·iner* m

ruthenium [ru:'θi:niəm] s ⟨chem⟩ *Ruth·enium* n (*Platinmetall*)

rye [rai] s ⟨bot⟩ *Roggen* m; ⟨Am⟩ *Roggen-Whisky* m || [attr] *Roggen-* || ~ bread *-brot,* ⟨allg⟩ *Vollkornbrot* n

rye-grass ['raigra:s] s ⟨bot⟩ *Lolch* m, *Raigras* n

ryepeck ['raipek] s (*Boot-)Festmachstange* f (*im Teich*)

ryot ['raiət] s Ind *indischer Landmann, Bauer* m

S

S, s [es] s (pl ~s, ~'s] *S, s* n (*än* ~ *ein S*) || ⟨mar fam⟩ mind your S's! *nur nicht auffallen!* (= be sober, simple, civil!) || S-1 (S-2, S-3, S-4) *Offizier* m *beim Stabe, e-s kl. Verbandes* (*Regiment, Bataillon*) *entsprechend dem G-1* etc

's [z] **A.** ⟨fam⟩ **1.** ~ = is (he's) **2.** ~ = has (he's) **3.** ~ = us (let's) **4.** ⟨Am⟩ ~ = does **B.** [*zur Bildung des* gen] **I.** im sg **1.** *wenn der nom nicht auf* [-s, -z] *endet:* **a.** [-z] *author's, brother's* || *Illinois's* (*das Schluß-s ist stumm!*) || † = God's ('s blood) || St. Paul's *die Paulskirche* || *Selfridge's* [pl *konstr*] *die Firma* S. **b.** [-'s] *motorist's, president's* **2.** || *Descartes's* - (*das Schluß-s ist stumm!*) **2.** [-iz] *wenn der nom auf* [-s *od* -z] *endet u das Wort* **einsilbig** *ist:* boss's, fox's, Marx's, Jones's, Times's **3.** [-iz] *wenn der nom auf* [-s *od* -z] *endet u das Wort* **mehrsilbig** *ist u dabei auf der letzten Silbe Haupt- od Neben-Akzent trägt:* Laplace's, Alphonse's || marquise's,

enterprise's **4.** *wenn der nom auf* [-s *od* -z] *endet u die letzte Silbe mehrsilbiger Wörter keinerlei Akzent trägt:* **a.** [-iz] Adams's, acquaintance's, audience's, Columbus's, governess's, heiress's, universe's (*in der Literatur bevorzugt*) **b.** ..' (*Apostroph ohne s* [-] *in Technik & Wissenschaft bevorzugt u zur Vermeidung des Wortauslauts auf* [-ziz]: Adams'; Jeffreys' || *in stehenden Redensarten:* for goodness', conscience', convenience', peace', violence' sake; *jedoch a:* for appearence's, science's sake **5.** *antike, klassische* — **bibl. Namen,** *die auf* [-s, -z] *enden:* a. ...s [-iz] (*Einsilbige*): Mars's, Zeus's | *Drei- u Mehrsilbige mit Akzent auf der* **vorvor**letzten *Silbe:* Aeschylus's, Pythagoras's, Tacitus's) || *geläufige klassische Namen wie moderne Eigennamen:* Judas's, Marcus's, Venus's || *aber:* Jesus', Moses' **b.** ..' (*Apostroph ohne s* [-] *mst:* Brutus', Catullus', Odysseus' | *Mehrsilbige auf* -es [-i:z] *mit Akzent auf der vorletzten Silbe* *immer*: Achilles', Archimedes', Ulysses', Xerxes' || (*mit Akzent auf der vorvorletzten Silbe*) *mst*: Aristophanes', Hercules', Pericles', Socrates', **II**. *im* pl **1**. *auf* [–s, –z] ...' (*Apostroph ohne* s [–]): servants', workers', lynxes', Joneses', chateaux' **2**. *unregelmäßige* pl *dagegen*: children's, men's, women's, oxen's; teeth's, feet's, geese's, lice's, mice's **III**. *von Abkürzungen, Kunstwörtern, Firmenbezeichnungen, Titeln* etc. *immer*: ~'s: RTO's, ERP's, radar's; the Edison Co.'s; George V's; Dr.'s

Saar [sɑː] s the ~ *die Saar, das –gebiet* **~lander** ['~lændə] s *Saarländer(in* f) m

Sabaean, –bean [sæˈbiən] ⟨ant⟩ **1**. a *sabäisch* **2**. s *Sab·äer* m

Sabaoth [sæˈbeiəθ] s the Lord of ~ *der Herr Z·ebaoth* m

sabbatarian [ˌsæbəˈtɛəriən] s ⟨ec⟩ *Sabba·t·arier* m **Sabbath** ['sæbəθ] s *Sabbat* m; ~-break·ing –*entheiligung* f || *Ruhetag* m || ⟨übtr⟩ *Walpurgisnacht* f

sabbatic(al) [səˈbætik(əl)] a (~ly adv) *Sab·bat*– || –al year ⟨Am univ⟩ *Urlaubsjahr* n (*e–s Professors (f Forschung* [*sreisen*])

Sabellian [səˈbeliən] ⟨ant⟩ **1**. a *sabellisch* **2**. s *Sab·eller* m

Sabian ['seibiən] s *Sabier, Mandäer* m (*Anhänger e–r gnostischen Sekte*)

Sabine ['sæbain] ⟨ant⟩ **1**. a *sabinisch* **2**. s *Sab·iner(in* f) m

sable ['seibl] s ⟨zoo⟩ *Zobel* m || *Zobelpelz* m | [attr] *Zobel*– (~ skin)

sable ['seibl] **1**. a ⟨her⟩ *schwarz* || ⟨poet⟩ *schwarz, düster* **2**. s *Schwarz* n || –s [pl] ⟨poet⟩ *Trauerkleidung* f | (*a* ~ *antelope*) ⟨zoo⟩ *Rappenantilope* f

sable ['seibl] s Fr [attr] ~ *mould process* ⟨met⟩ *Sandformverfahren* n

sabot ['sæbou] s Fr *Holzschuh* m **~age** ['sæbotɑː‌ʒ] **1**. s *Sabot·age* f, → *rattan* **2**. vt/i || *sabotieren, absichtlich (böswillig, vorsätzlich) beschädigen, zerstören* | vi *Sabotage treiben*

sabre, sabre [Aᵤ] **saber** ['seibə] **1**. s Fr *Säbel* m | *Kavallerist* m | [attr] ~-*rattling Säbelrasseln* ·n || ~-toothed tiger (*ausgestorb.*) *Säbelzahntiger* m | [attr] ~ *drain* ⟨aero⟩ *herausragende Belüftungsleitung* f (*der Kraftstoffanlage*) **2**. vt *niedersäbeln; mit dem S. –hauen* **~tache** ['sæbə‌tæʃ] s Fr ⟨mil⟩ *Säbeltasche* f

sabreur [sæˈbrɑː] s Fr *tapferer Kavallerist* m

sabulous ['sæbjuləs] a *sandig, Sand*–; ⟨med⟩ ~ *matter Sediment* n, *Ablagerung* f (*im Urin*)

saburra [sæˈbʌrə] s ⟨path⟩ *Ablagerung* f *im Magen*

sac [sæk] s ⟨biol⟩ *sackartige Höhle* f, *kl Sack, Beutel* m

sac [sæk] s ⟨fam⟩ *Saccharin* n

saccade [sæˈkɑːd] s *ruckartige Bewegung*; *kz Unterbrechung* f

saccate ['sækeit] a ⟨bot⟩ *sack*–, *taschenförmig*

saccharated ['sækəreitid] a *zuckerhaltig* –ric [səˈkærik] a ⟨chem⟩ *Zucker*– (~ acid) –riferous [ˌsækəˈrifərəs] a *zuckerhaltig* –rify (vt (*Stärke*) in *Zucker verwandeln*; ⟨brew⟩ *verzuckern* –rimeter [ˌsækəˈrimitə] s *Polarisationsinstrument* n; *Zuckergehaltsmesser* m | –rin ['sækərin] s ⟨chem⟩ *Saccharin* n; *Süßstoff* m –rine ['sækərain, –riːn] a *Zucker*–, *Süßstoff*– –ro ['sækərou] Gr [in comp] *Zucker u .. enthaltend* –roid ['sækərɔid] a **1**. ⟨geol⟩ *körnig* **2**. s *körnige Substanz* f –rometer [ˌsækəˈrɔmitə] s *Zuckergehaltsmesser* m –rose ['sækərous] s *Rohrzucker* m

sacciform ['sækifɔːm] a *sack*–, *taschenförmig* **saccule** ['sækjuːl] s ⟨anat⟩ *Säckchen* n **sacerdotal** [ˌsæsəˈdoutl] a (~ly adv) *priester·lich, Priester*– **~ism** [ˌsæsəˈdoutəlizm] s *Priestertum* n, –*herrschaft* f

sachem ['seitʃəm] s (*Indianer-*)*Häuptling* m || ⟨übtr⟩ °*hohes Tier* n, *Obermotz* m (*wichtige* P)

sachet ['sæʃei] s Fr *Parf·ümtäschchen* n; –*beutel* m

sack [sæk] s ⟨hist⟩ *span. Weißwein* m (*früher* „*Sekt*" *genannt*)

sack [sæk] **1**. s *Sack* m; ~ *race* –*laufen* n || ⟨Am⟩ ~(-)*suit Sakko-Anzug* m || *Tasche* f; to get the ~ *entlassen w, den Laufpaß, e–n Korb erhalten*; to give a p the ~ *jdm den L. geben*; to hit the ~ ⟨Am mil sl⟩ *in die Klappe or Falle* (= z Bett) *gehen, sich hinhauen*; to hold the ~ *im Stich gelassen s or w* || (*als Hohlmaß*) *Sack* (*a* ~ *of corn S. Korn*) || *Briefbeutel* m | *loser Mantel; Überhang, –wurf* m | ⟨Am mil sl⟩ °*Dussel* m, ⟨m.m.⟩ *Kaczmarek* m | ~ *gross* (net) *weigher.Brutto*–, *Netto-Absackwaage* f; ~-*shooter Sackrutsche* f **2**. vt *in Säcke tun*; (*Kartoffeln* etc) *einsacken* || ⟨fam⟩ *fristlos entlassen* **~cloth** ['~klɔθ] s *Sackleinwand* f, *Sacktuch* n **~ful** ['~ful] s *Sackvoll* m (a ~ *of*) **~ing** ['~iŋ] s = *sackcloth*

sack [sæk] s, **sacque** [sæk] s Fr (*a* ~ *coat*) *Sakko* m, *Jackett* n

sack [sæk] **1**. vt *plündern, verheeren* **2**. s *Plünderung* f; to put to ~ *plündern*

sackbut ['sækbʌt] s ⟨hist⟩ (*Baß-*)*Trompete, Posaune* f

sacral ['seikrəl] a ⟨anat⟩ *Kreuzbein*–

sacral ['seikrəl] a ⟨ec⟩ *sakr·al*

sacrament ['sækrəmənt] s ⟨ec⟩ *Sakrament* n | the ~ *das Heil. Abendmahl* n; to take the ~ *das A. nehmen*; the last ~ *die Letzte Ölung* || *Symbol* n (of f). *Eid* m **~al** [ˌsækrəˈmentl] **1**. a (~ly adv) *sakramentlich, Sakrament(s)–; gnadebringend* || *heilig* (oath) **2**. s ⟨R.C.⟩ [*mst* pl ~s] *heilige Handlung* f **~arian** [ˌsækrəmən‌ˈtɛəriən] s ⟨ec hist⟩ *Sakramentarier, Zwinglianer* m **~ary** [ˌsækrəˈmentəri] s (*Liturgie-*)*Sakrament·ar* n

sacrarium [seiˈkrɛəriəm] s ⟨ant⟩ *Ort z Aufbewahrung v .Heiligtümern* m || ⟨ec⟩ (*Hoch-*)*Altarstätte* f

sacred ['seikrid] a (~ly adv) *heilig; Heiligen*– (~ *figure*); ~ *articles Devotion·alien* pl || *biblisch* (~ *history*) || *kirchlich, Kirchen*– (~ *music*) | *geistlich* (~ *poetry*) | *unverletzlich* (oath) **~ness** [~nis] s *Heiligkeit* f

sacrifice ['sækrifais] **I**. s **1**. *Opfern* n; ~ *of Abraham* ⟨bib arts⟩ *Isaaks Opferung* f || *Opfer* n | ⟨fig⟩ *freiwillige Gabe, Auf–, Hingabe* f, *Opfer* n; to make the ~ *of a th etw aufgeben, opfern*; to make ~s *O. bringen* **2**. ⟨com⟩ *Verlust* m; (to sell) at a ~ *mit V., mit Schaden* **3**. *das Geopferte* (*P* or *S*); *to* fall a ~ *to a p jdm z O. fallen* **II**. vt/i | (*etw*) *opfern* (to God *Gott*) || ⟨fig⟩ (*etw*) *z Opfer bringen* (to a th *e–r S*); (*Kraft*) *opfern* (for f); to ~ o.s. *sich (auf)opfern* (for f) || ⟨com⟩ *unter Verlust verkaufen* | vi *opfern* | ~r [~ə] s *Opferer; Opferpriester* m

sacrificial [ˌsækriˈfiʃəl] a *Opfer*– (~ *formula* –*formel* f)

sacrilege ['sækrilidʒ] s *Kirchenraub* m || (*Kirchen*–; *Heiligtums-*)*Entweihung* f; *Schändung* f; ⟨übtr⟩ *Frevel* m –gious [ˌsækriˈlidʒəs] a (~ly adv) *kirchenschänderisch; gotteslästerlich, frevelhaft* –gist [ˌsækriˈliːdʒist] s *Schänder, Frevler* m

sacring ['seikriŋ] s *Einsegnung, Weihe* f **sacrist** ['sækrist] s ⟨R. C.⟩ *Mesner* m **~an** ['sækristən] s *Küster* m || = *sacrist* **~y** ['sækristi] s *Sakristei* f

sacrosanct ['sækrousæŋkt] a *unverletzlich* **sacrum** ['seikrəm] ·s L ⟨anat⟩ *Kreuzbein* n

sad [sæd] a **1**. *betrübt, traurig* (at *über*; at *doing z tun*) || *betrübend* (for f) || *beklagenswert* (it is ~ *that*); ~ *to say bedauerlicherweise* || † in

~ earnest *ernstlich* **2.** ⟨cont⟩ *kläglich, elend*; ⟨hum⟩ *arg, unverbesserlich*; ~ dog *Schwerenöter* m **3.** (of colour) *dunkel* (~-coloured) **~ly** ['~li] adv *betrübt* ‖ *beklagenswert; überaus, sehr* ‖ ⟨fam⟩ *unpäßlich* **~ness** ['~nis] s *Trauer* f ‖ *Niedergeschlagenheit* f

sadden ['sædn] vt/i ‖ *betrüben, traurig stimmen* (it ~s me to do) | vi *betrübt w*

saddhu [sa'dhu:] s ⟨Ind⟩ *Weiser* m

saddle ['sædl] **I.** s **1.** *Sattel* m ⟨a cycl, agr, mach⟩ (~ li) adv *betrübt* ‖ in the ~ *(fest) im S.* ⟨⟨a fig⟩ = *im Amte, an der Macht, in sicherer Stellung⟩ ‖ to put the ~ on the wrong horse ⟨fig⟩ *die Schuld auf den Falschen schieben* **2.** ⟨hors⟩ *Sattellage* f [konkr]; ~ of mutton ⟨cul⟩ *Hammelrücken* m | *Querholz* n **4.** ⟨tech⟩ *Schlitten* m **5.** [attr] *Sattel-* ‖ ~-bag *-tasche* f; [attr] *Teppichstoff-*(chair) ‖ ~ blanket *Woilach* m ‖ ~-bow *-bogen, -baum, Vorder-, Hinterwiesel* m ‖ ~-cloth *-decke* f ‖ ~-gall *Satteldruck(stelle* f) m ‖ ~-horse *Reitpferd* n ‖ ~-roof *Satteldach* n ‖ ~-shaped *shelving* ⟨arch⟩ *Eselsrücken* m **II.** vt (*Pferd*) *satteln* ‖ ⟨fig⟩ [oft pass] (jdn) *belasten* (with *mit*); to ~ a th upon a p *etw auf jdn abladen*; *jdm etw aufladen, -bürden* ~**back** [~bæk] s ⟨arch⟩ *Satteldach* n | (*Gebirgs-*)*Sattel* m | ⟨orn⟩ *Nebelkrähe* ‖ *Männchen des Grönlandwals* n | [attr] = ~**backed** [~bækt] a ⟨hors⟩ *mit tiefer Sattellage, hohlrückig* ‖ *konkav gebogen*; ⟨tech⟩ *überhöht*

saddler ['sædlə] s *Sattler* m ~**y** [~ri] s *Sattlerei* f ‖ [koll] *Sattlerwaren* pl; *Sattelzeug* n ‖ *Sattelraum* m, *Geschirrkammer* f

Sadducee ['sædjusi:] s ⟨ant⟩ *Sadduzäer* m

sadism ['sɑ:dizm] s *Sad·ismus* m, ⟨⟨a übtr⟩ *Grausamkeit⟩*

safari [sə'fɑ:ri] s *Jagdexpedition; Fußreise; Tagesreise* f ‖ *Karawane* f

safe [seif] s [pl ~s] *Geldschrank* m ‖ (a meat-~) *Speiseschrank* m ‖ cold ~ *Gefrierfach* n | ~-blower ⟨bes Am⟩ *Geldschrankknacker* m, → ~ a **5.** [in comp]

safe [seif] a (ly adv) **1.** *sicher, unversehrt, heil*; ~ and sound *gesund u munter* ‖ *wohlbehalten* (to arrive ~); *glücklich* (~ back *g. zurück*) **2.** *sicher, geschützt* (from *vor, gegen*) ‖ *außer Gefahr, gefahrlos* (for; to do); not ~ *gefährlich* (to do) ‖ it is ~ to say *man kann ruhig sagen*; you are ~ in trusting him *Sie können ihm ruhig or getrost glauben*; to make ~ first ⟨sport⟩ *mauern* ‖ *in sicherem Gewahrsam, nicht länger gefährlich*; ~ custody *sicherer Gewahrsam* ‖ ~ driving distance *Sicherheitsabstand* m (*beim Fahren in Kolonnen*) ‖ ⟨aero⟩ ~ landing *glatte L.* ‖ ~ load ⟨aero etc⟩ *zulässige Belastung* f, (*Brücke:*) *Tragfähigkeit* f ‖ ~ operating condition *betriebssicherer Z.*; ~ o. temperature *betriebszulässige T.* ‖ ~ stress *Sicherheitsbeanspruchung* f, *zulässige B.* ‖ ~ traffic *V.ssicherheit* f; ~ t. week *V.serziehungswoche* f | ~ wag(g)on ⟨rail⟩ *Schutzwagen* m **3.** *Sicherheit bietend*; as ~ as houses *absolut sicher* | (S) *sicher aufgehoben* (with *bei*) ‖ the rope is ~ *der Strick hält* ‖ to be on the ~ side *sichergehen*; in order to be on the ~ side *um sicherzug.* | (P) *vorsichtig* (driver); *zuverlässig* ‖ *bedächtig, gemäßigt* **4.** *sicher, wahrscheinlich*; it is ~ to get warmer *es wird sicherlich wärmer*; *sicher*, he is ~ to win *er wird s. gewinnen* ‖ *so gut wie sicher* (⟨parl⟩ a ~ seat) **5.** [in comp] ~-conduct *Geleitbrief* m, *sicheres Geleit* n; *bewaffnetes D. Schutzbegleiter* m ‖ ~-deposit *Bankgebäude mit Stahlkammern* n ‖ ~-keeping *sicherer Gewahrsam* m; *sichere Unterbringung* f ‖ ~-light ⟨phot⟩ *Dunkelkammer-Schutzfilter* m ~**ness** ['~nis] s *Sicherheit; Zuverlässigkeit* f

safeguard ['seifgɑ:d] **1.** s *Geleitbrief* m ‖ ⟨fig⟩ *Schutz* m, *Sicherheit, Bürgschaft* f (against) **2.** vt

schützen, sichern (against) ‖ ~ing of military information *Wahrung* f *militärischer Geheimnisse*

safety ['seifti] s **1.** *Sicherheit* f (in ~) ‖ not .. with ~ *nicht .. ohne Gefahr*; factor of ~ *Sicherheitsfaktor* m ‖ ~ of operation *Betriebssicherheit* f ‖ there is ~ in numbers *Zahlen bieten Sicherheit; Zahlen überzeugen* ‖ to carry a p to ~ *jdn in Sicherheit bringen*; to convey to ~ *in Sicherheit bringen*; to jump to ~ *sich durch e-n Sprung in S. bringen* ‖ to play for ~ *vorsichtig spielen*, ⟨fig⟩ *auf S. bedacht s, Vorsicht walten l* ‖ ~ first! *sicher ist sicher!* ⟨traffic⟩ *helft Unfälle verhüten! Vorsicht!*; ⟨übtr⟩ *Schutz gegen Unfall*; [attr] *sicherst (angelegt)* **2.** [attr] *Sicherheits-* ‖ *Rettungs-* ‖ ~-band, ~-belt *Rettungsgürtel* m; ⟨aero⟩ *Anschnallgurt* m; (*Dachdecker-*)*Sicherungsgurt* m; ~-belt assembly *Fest-, Anschnallvorrichtung* f ‖ ~-bicycle ⟨obs⟩ *Übersetzungsfahrrad* n ‖ ~ brake *Notbremse* f ‖ ~-buoy *Rettungsboje* f ‖ ~ catch *Sperrklinke* f, *Gewehr-Sicherung* f ‖ ~-coating *Schutzschicht* f ‖ ~-curtain ⟨theat⟩ *Eiserner Vorhang* m ‖ ~-film ⟨phot⟩ *unentflammbarer* (*Sicherheits-*)*Film* m ‖ ~-fuse ⟨min⟩ *Sicherheitszünder* m, *-zündschnur* f ‖ *elektr. Sicherung* f ‖ ~ glass *Sicherheitsglas* n (*z. B. Plexiglas*) ‖ ~-goggles [pl] *Schutzbrille* f ‖ ~ level of supply ⟨log⟩ *Sicherheitssoll* n ‖ ~-lock *Sicherheitsschloß* n ‖ ~-match *-streichholz* n. ‖ ~ measures [pl] *Unfallverhütungsmaßnahmen* f pl ‖ ~ school ~ patrol *Schülerlotse* m ‖ ~-pin *S.snadel* f ‖ ~-razor *Rasierapparat* m ‖ ~ slide (*Gewehr-*)*Sicherung* f [konkr], *Sicherungsflügel, -schieber* m ‖ ~ supplements [pl] *zusätzliche Sicherheitsbestimmungen* f pl ‖ ~-valve *Sicherheitsventil* n; ⟨fig⟩ *freier Abfluß, Ausweg* m (for f) ‖ ~-zone *Verkehrsinsel* f

saffian ['sæfiən] s (a ~ leather) *S·affianleder* n

safflower ['sæflauə] s ⟨bot⟩ *Färberdistel* f, *Wilder S·afran* m ‖ *getrocknete Blüten* f pl *des Safl·or* m; *Farbstoff daraus* m

saffron ['sæfrən] **1.** s ⟨bot⟩ *Krokus, Echter S·afran* m ‖ *Safrangewürz; -gelb* n **2.** a *Safran-; safrangelb*

safranin(e) ['sæfrənin] s *Safran·in* n (*Azinfarbstoff*)

sag [sæg] **I.** vi/t [-gg-] **1.** vi *sich senken; sich biegen*; ⟨mas⟩ *sich ausbauchen* ‖ ⟨mar⟩ *abtreiben* (to ~ leeward) | *sacken; sinken, fallen* ‖ *nachlassen* ⟨a fig⟩ **2.** vt *z Sacken bringen* **II.** s *Sacken* n; *Senkung* f

saga ['sɑ:gə] s (*isländ.*) *Saga* f; ⟨a übtr⟩ (Forsyte ⟲) ‖ ~ novel *Familienroman* m

sagaciate [sə'geiʃiet] vi ⟨Am⟩ *glauben, denken*

sagacious [sə'geiʃəs] a (~ly adv) *scharfsinnig, intellig·ent; klug* ~**ness** [~nis], **sagacity** [sə'gæsiti] s *Scharfsinn* m; *gesundes Urteil* n; *Klugheit* f

sage [seidʒ] s ⟨bot⟩ *Salbei* f; Jerusalem ⟲ *strauchiges Filzkraut* n

sage [seidʒ] **1.** a (~ly adv) *weise; urteilsfähig; klug* **2.** s *der Weise* ‖ *Pedant* m

saggar, -ger ['sægə] s ⟨ceram⟩ *Brennkasten* m, *-kapsel* f

Sagitta [sə'dʒitə] s L ⟨astr⟩ *Pfeil* m (*Sternbild*) ‖ ⟲ ⟨zoo⟩ *Pfeilwurm* m ⟲**l** ['sædʒitl] a *pfeilförmig*; ⟨anat⟩ *Sagittal-* (~ suture *-naht* f) ⟲**te** ['sædʒiteit] a ⟨bot⟩ *spitz wie ein Pfeil* ~**rius** [sædʒi'tɛəriəs] s L ⟨astr⟩ *Schütze* m (*Sternbild*)

sago ['seigou] s *Sago* m

sagum ['seigəm] s L *Kriegsmantel* m

Sahara [sə'hɑ:rə] s *Sahar·a* f ‖ ⟨übtr⟩ *Wüste; Öde* f

sahib ['sɑ:ib] s ⟨AInd⟩ ⟲ *Herr* m (*Titel,*

hinter dem Namen; Brown ⁓; the Major ⁓)
|| *Europäer, Engländer* m
  said [sed; *w f* səd, sid] **1.** pret & pp *v* to say
2. a *besagt, vorerwähnt*
  saiga ['seigə, 'sai–] s ⟨zoo⟩ *Saiga, Steppenantilope* f
  sail [seil] s **1.** *Segel* n || [koll] *die Segel* pl; to hoist, set ⁓ *die Segel hissen, in See gehen*; to make ⁓ *die S. beisetzen; in See gehen, abfahren*; to lower, strike ⁓ *die S. streichen*; to shorten ⁓ *die S. einziehen* || in full ⁓ *mit vollen Segeln* ⟨a fig⟩; under ⁓ *unter Segel, auf der Fahrt* **2.** [pl ⁓] *Segelschiff* n (not a ⁓); [koll] *Segelschiffe* pl (fifty ⁓) **3.** *Oberfläche e–s Windmühlenflügels* f **4.** [attr] *Segel–* || ⁓-fish ⟨ich⟩ *Riesenhai* m || ⁓-flying, ⁓-planing *Segelfliegen* n || ⁓ locker *Segelkoje* f || ⁓ loft *Segelmacherwerkstatt* f, *Segelboden* m || ⁓-maker *–macher* m || ⁓-plane *–flugzeug* n || ⁓-plane *flyer –flieger* m || ⁓-twine *–garn* n **~cloth** ['⁓klɔθ] s *Segeltuch* n **~ed** [⁓d] a *mit Segeln*; white-⁓ *mit weißen S.*
  sail [seil] **I.** vi/t **A. vi 1.** *segeln* || *absegeln, abreisen* (for *nach*) || (*z Schiff*) *fahren, reisen* || ⟨aero⟩ *fliegen* || (of goods) *z See befördert w* | to ⁓ *near the wind nahe am Winde segeln*; ⟨fig⟩ → *wind* s **2.** *dahingleiten*; (of birds) *schweben*; (of fish) *dahinschwimmen* || (P) *stolz einherschreiten* || to ⁓ *in* (P) °*hineinsegeln* ⟨fig⟩, *majestätisch hereinkommen* || ⟨fam⟩ *sich ins Mittel legen* **3.** (of a boat) *segeln* (she ⁓s well) **B. vt** (*Meer*) *durchs'egeln*; (*Luft*) *durchschw'eben, –fl'iegen* || (*Boot*) *führen* || ([*Modell-*]*Boot*) *schwimmen l* **II.** s *Segelfahrt* f (to go for a ⁓) **~er** ['⁓ə] s *Segler* (*Schiff*) m **~ing** ['⁓iŋ] s *Segeln* n; → plain, plane a || (*Segel-*)*Schiffahrt* f || *Absegeln* n, *–fahrt* f (for *nach*) | [attr] *Segel–*; ⁓-boat (⟨Am⟩ sail-b.) *–boot* n; ⁓-vessel *–schiff* n || ⁓-match *Wettsegeln* n || ⁓-orders [pl] *Fahrt–, Segelordnung* f; *Befehl z Auslaufen* m || ⁓ *training ship Segelschulschiff* n
  sailor ['seilə] s *Seemann, Matrose* m; ⁓'s home *Seemannsheim* n; ⁓'s knot *Schifferknoten* m || to be a bad (good) ⁓ (*nicht*) *leicht seekrank w* | [attr] ⁓ hat *Matrosenhut* m (*Strohhut*) || ⁓-man ⟨fam⟩ *Matrose* m **~ing** [⁓riŋ] s *Seemannsleben* n, *–beschäftigung* f
  sain [sein] vt ⟨Scot⟩ *bekreuzigen* || *segnen*
  sainfoin ['sein-fɔin] s Fr ⟨bot⟩ *Espars'ette* f, *Schildklee* m
  saint [seint]; *w f* (*vor Eigennamen*) [sənt, sint, snt, sn] **1.** a (abbr St., S.; pl SS., Sts.) *heilig*; [in comp] *Sankt–* (St. George); *Santa* | St. Andrew's cross *Andreaskreuz* n (×) || St. Anna with the Virgin and Child ⟨arts⟩ *die heilige A. selbdritt* || St. Antony's fire ⟨med⟩ *Erysip'el* n, *Rose* f || St. Elmo's fire *Elmsfeuer* n || St. George's Day *Festtag des heil. Georg* m (*23. April*) || St. George's cross *rotes Kreuz* (+) *auf weißem Grunde* || St. James's (a Court of St. James's) *der Großbritannische Hof* || St. John of Jerusalem *e–r der Ritterorden: die Johanniter* m pl || St. John's wort ⟨bot⟩ *Johanniskraut* n || St. Leger [snt'ledʒə] s *Pferderennen* n *z Doncaster im September* || St. Stephen's ⟨parl⟩ *das House of Commons* || ⁓ *summer* || St. Valentine's day *Valentinstag* m (*der 14. Februar*) || St. Vitus's dance ⟨med⟩ *Veitstanz* m **2.** s *Heilige(r* m) f, → *fire, dance* || *patron* ⁓ *Schutzheiliger* m || the ⁓s *die Heiligen* pl; the fourteen Auxiliary ⁓s *die Vierzehn Nothelfer*; All ⁓s' Day *Allerheiligen* (*1. Nov.*) || ⟨übtr⟩ *Heiliger; frommer, unschuldiger Mensch* m **3.** vt *heiligsprechen* **~ed** ['⁓id] a *heiliggesprochen; selig* || *heilig, geweiht* (place) **~like** ['seintlaik], **~ly** ['seintli] a *heiligenartig; heilig* || ⟨fig⟩ *fromm* **~liness** ['seintlinis] s *Heiligkeit* f

|| ⟨fig⟩ *Frömmigkeit* f **~ship** ['seintʃip] s *Heiligkeit* f; *Stand* m, *Würde* f *e–s Heiligen*
  sais [sais] s ⟨Ind⟩ *Diener* m
  sake [seik] s for the ⁓ of a th *aus Rücksicht auf etw, um e–r S willen*; *wegen e–r S; in der Absicht etw z erhalten* (for the ⁓ of a lunch); *im Interesse e–r S*; for the ⁓ of doing *in der Absicht z tun* |; for my ⁓ *um meinetwillen, mir zuliebe* || for God's ⁓! for goodness' ⁓! *um Gottes willen!*; *um alles in der Welt* (don't do it) || for the ⁓ of peace *um des lieben Friedens willen*
  saké ['sɑːki] s *Saki* m (*japan. Reiswein*)
  saker ['seikə] s ⟨orn⟩ *weibl. Würg–, Sakerfalk* m **~et** [,seikə'ret] s ⟨orn⟩ *männl. Sakerfalk* m
  saki ['sɑːki] s ⟨zoo⟩ *Schweifaffe* m
  sakia ['sɑːkiə] s ⟨Arab agr⟩ *S'akije* f (*ägyptisches Pumprad*)
  sal [sæl] s ⟨chem⟩ *Salz* n || ⁓-ammoniac *Salmi'ak* m || ⁓-volatile [,sælvə'lætəli] *Hirschhornsalz* n, *Riechsalz* n
  sal [sɑːl] s ⟨bot⟩ *Sal(harz)baum* m
  salaam [sə'lɑːm] **1.** s *Sal'am* n (*Begrüßung* [*s–form*] *unter Mohammedanern*) **2.** vi *sich mit S. grüßen*
  salable ['seiləbl] a *verkäuflich, z verkaufen(d)*; *gangbar, marktfähig*
  salacious [sə'leiʃəs] a (⁓ly adv) *wollüstig, geil; zotig* **~ness** [⁓nis], **salacity** [sə'læsiti] s *Wollust* f
  salad ['sæləd] s ⟨cul⟩ *Salat* m || ⟨bot⟩ *grüner Salat* m; ⁓ days [pl] *Jugendzeit* f, in my ⁓ days *als ich noch ein kl* (°*grüner*) *Junge war* | ⁓-bowl, ⁓-dish *Salatschüssel* f || ⁓-dressing *Salatsauce* f || ⁓-oil *Olivenöl* n
  salade [sə'lɑːd] s → *sallet*
  salamander ['sæləmændə] s *Feuersalamander, –geist* m || ⟨zoo⟩ *Salamander* m || ⟨übtr⟩ *gegen Hitze gefeite P* | *Schüreisen* n || *Eisenschaufel, –schüssel* f (*zum Rösten*) **–drine** [,sælə'mændrain] a *Salamander–*
  salangane ['sæləngein] s ⟨orn⟩ ⁓s [pl] *Gattung der Segler* f
  salariat [sə'lɛəriət] s *Gehaltsempfänger* m pl, *besoldete Klasse* f **–ry** ['sæləri] **1.** s *Gehalt* n, *Besoldung* f **2.** vt *besolden*; –ried *bezahlt, –soldet* (–ried classes)
  sale [seil] **I.** s **1.** *Verkauf* m; exclusive ⁓ *Allein–*; ⁓ of work *V. z Wohltätigkeitszwecken*; for ⁓, on ⁓ *zum V., z verkaufen(d)*; on ⁓ or return *in Kommission*; to put up for ⁓ *feilbieten* | *Ausverkauf* m **2.** *Absatz* m; to meet with ready ⁓ *schnellen A. findet*; *Abgang* m (to find no ⁓) || ⟨com bal⟩ ⁓s [pl] *Umsatz* m **3.** *Auktion* f; to put up for ⁓ *versteigern* **4.** [attr] *Verkaufs–, Auktions–* **a.** ⁓: ⁓ price (*Schluß-*)*Verkaufspreis* m || to ⁓-price (*Ware mit Verkaufspreis*) *auszeichnen* || ⁓-room *Verkaufs–, Auktionslokal* n, → salesroom || ⁓-week *Verkaufswoche* f **b.** ⁓s: ⁓s-counter *Ladentisch* m || ⁓s-goer *Käufer* m || ⁓s-room only *Verkaufsraum* n || ⁓ resistance ⟨com⟩ *Kaufunlust* f || ⁓s-tax *Umsatzsteuer* f **II.** vi *e–n Verkauf abhalten* || *auf Ausverkäufen einkaufen* (to go ⁓ing, –ling) **~able** ['⁓əbl] a → salable **saler** ['seilə] s *Besucher v Verkäufen* m, → sales *u* sale **4. b.**
  salep ['sæləp] s *S'alep* m (*Nährmehl aus Wurzelknollen der Orchideen*)
  saleratus [sælə'reitəs] s L ⟨Am chem⟩ *doppeltkohlensaures Natron* n (*als Backpulver*)
  sales [seilz–] [attr & in comp] ⁓ article ⟨Am⟩ *Marketenderware* f **~clerk** ['⁓klɑːk], = commissary ⟨Am⟩ *Marketenderei* f **~man** ['seilzmən] s (*Laden-*)*Verkäufer* m || ⟨Am⟩ *Geschäftsreisender* m || book ⁓ *Verlagsvertreter* m **~manship** [⁓ʃip] s *Verkauftüchtigkeit, –gewandtheit* f; high-pressure ⁓ ⟨Am⟩ *ener-*

gische Verkaufstechnik f ~**girl**, ~**lady**, ~**woman** s Verkäuferin f ~**people** [pl konstr] Verkäufer m pl, Verkaufspersonal n ~**room** ['seilzrum] s Verkaufsraum m, → sale-room ~**tax** Umsatzsteuer f, → sale 4. b.

Salian ['seiliən], **Salic** ['sælik] **1.** a salisch ‖ Salic (od Salique) law Salisches Gesetz n: 1. altes lat. Volksrecht der salischen Franken 2. frz. Thronfolgerecht n **2.** s Salier m (Franke)

salicin ['sælisin] s ⟨chem⟩ Saliz·in n

salicional [sə'liʃən¦] s ⟨mus⟩ Orgelpfeife, weiche Labialstimme f

salicyl ['sælisil] s ⟨chem⟩ Saliz·yl n ~**ate** [sæ'lisileit] s ⟨chem⟩ Salz der Salizylsäure n ~**ic** [ˌsæli'silik] a Salizyl– (~ acid)

salience ['seiljəns], —**ency** [—si] s Hervorspringen n; Hervorragen, –treten n (from aus) ‖ hervorragender Zug m, –de Stelle; hohe Bedeutung f (its ~ lies in) –**ent** ['seiljənt] **1.** a (~ly adv) hervorspringend, –tretend ‖ vorspringend (Winkel) ‖ ⟨fig⟩ hervorragend, –tretend; Haupt– (~ feature –zug m) ‖ ⟨her⟩ (T) springend ‖ (of water) sprudelnd **2.** s aus–, vorspringender Winkel m; vorspringende Verteidigungslinie f, Frontausbuchtung f, Frontbogen, Kniestellung f

saliferous [sæ'lifərəs] a salzhaltig –**fiable** ['sælifaiəbl] a ⟨chem⟩ salzbildend, –erzeugend ~**fy** ['sælifai] vi Salz bilden

saline 1. ['seilain] a salzig, salzhaltig, Salz– **2.** [sə'lain] s Salzquelle, –werk n, Sal·ine f ‖ Bittersalz n –**nity** [sə'liniti] s Salzhaltigkeit f –**nometer** [ˌsæli'nɔmitə] s Salinometer n (Vorrichtung z Messung des Salzgehalts v Solen)

saliva [sə'laivə] s L ⟨anat⟩ Speichel m ~**ry** ['sælivəri] a Speichel– (~ glands [pl] –drüsen f pl) ~**te** ['sæliveit] vt/i ‖ to ~ a p vermehrte Speichelabsonderung bei jdm hervorrufen ‖ vi vermehrten Speichel absondern ~**tion** [ˌsæli'veiʃən] s ⟨med⟩ Speichelfluß m

salix ['sæliks] s L ⟨bot⟩ Weide f

salle [sal] s Fr –à-manger Speiseraum m; ~ d'attente ⟨rail⟩ Wartesaal m

sallet ['sælit], **salade** [sə'lɑ:d] s Fr ⟨hist⟩ Sch·allern m, Sal·ade f (leichter Kriegshelm)

sallow ['sælou] s ⟨bot⟩ Salweide f ‖ ~-**thorn** ⟨bot⟩ Sanddorn m

sallow ['sælou] a bläßlich, bleich, fahl, farblos ‖ gelblich ~**ness** [~nis] s Blässe, gelbliche, fahle Farbe f

sally ['sæli] **1.** s ⟨mil⟩ Ausfall m ‖ Sprung m ‖ ⟨übtr⟩ Ausbruch; witziger Einfall m, –ge Bemerkung f ‖ ⟨tech⟩ Überhang m, Ausladung f ‖ [attr] ~-**port** ⟨fort⟩ Ausfallstor n **2.** vi ⟨mil⟩ (a to ~ out) e–n Ausfall m, ausfallen ‖ to ~ forth, out ⟨übtr⟩ aufbrechen, sich aufmachen

Sally Lunn ['sæli'lʌn] s Art Teekuchen m

sally nixon ['sæli'niksən] s (= sal enixum) Glaubersalz n

salmagundi [ˌsælmə'gʌndi] s ⟨cul⟩ Ragout n ‖ ⟨fig⟩ Mischmasch m

salmi ['sælmi] s (bes Feder-)Wildragout n

salmon ['sæmən] **1.** s [pl mst ~] ⟨ich⟩ Salm, Lachs m (these ~); (stages in ascending order: → ova, alevin, fry, parr, smolt, grilse, salmon) ‖ (a ~-colour) Lachsfarbe f **2.** a Lachs– ‖ (a ~-coloured) lachsfarben ‖ ~-**pink** lachsrot ‖ ~ trout ⟨ich⟩ Lachsforelle f

salon ['sælɔ:] s Fr **1.** Salon m, (Hotel-)Empfangs–, Gesellschaftsraum m ‖ ⟨a-engl⟩ Gesellschaftszimmer n ‖ (Photo– etc) Ausstellung f **2.** Treffpunkt der vornehmen Gesellschaft m ‖ literarische (etc) Gesellschaft f **3.** the ᷑ jährl. Pariser Ausstellung f lebender Künstler

saloon [sə'lu:n] s Empfangsraum m; (Hotel– etc) Halle f ‖ Gesellschaftszimmer n ‖ Saal m (dancing ~) ‖ vornehmer Geschäftsraum; Spielraum m ‖ ⟨Am⟩ Wirtshaus n, °Kneipe f ‖ ⟨engl⟩

~-**bar** Bar f ‖ (a ~-cabin) Kabine der ersten Kajüte or Klasse f (~ deck) ‖ ⟨rail⟩ (a ~ car, ~ carriage) Luxus–, Salonwagen m ‖ ~ car ⟨mot⟩ Limous·ine f ‖ ~-keeper ⟨Am⟩ Gastwirt m

Salopian [sə'loupiən] **1.** a Shropshire–, Shrewsbury– **2.** s Bewohner v Shropshire or Shrewsbury m

salpiglossis [ˌsælpi'glɔsis] s L ⟨bot⟩ Trompetenblume f

salsify ['sælsifi], –**safy** [–səfi] s ⟨bot⟩ Sals·ifi, Bocksbart m

salt [sɔːlt] **I.** s **1.** Salz n; a grain of ~ ein Körnchen S.; common ~ Kochsalz n; in ~ eingesalzen, gepökelt; to be not worth one's ~ (nichts taugen) k–n Schuß Pulver wert s; with a grain of ~ ⟨fig⟩ mit einiger Vorsicht ‖ smelling ~s [pl] Riechsalz pl **2.** ⟨fam⟩ Seemann m; an old ~ ein alter Seebär m **3.** Salzfäßchen n; to sit above the ~ an der Spitze der Tafel (d. h. unter den Ehrengästen) sitzen **4.** ⟨fig⟩ Saft m, Würze f (the ~ of the earth) ‖ Witz, Scharfsinn m **5.** [attr] Salz– ‖ ~-**box** –kasten m ⟨anat⟩ ~-**cellar** „–fäßchen" n (am Schlüsselbein) ‖ ~-**horse** ⟨sl⟩ –fleisch n ‖ ~-**maker** –sieder m ‖ ~-**mine** –bergwerk n ‖ ~-**pan** –pfanne f ‖ ~-**pit** –grube f ‖ ~-**shaker** –streuer m ‖ ~-**spoon** –löffel m ‖ ~-**spring** –quelle, –sole f ‖ ~-**works** [sg konstr] –werk n (a ~-works); Sal·ine f **II.** a (~ly adv) **1.** salzig (the food is ~); Salz–; ~ spring –quelle f ‖ ~ water –wasser n; [attr] See– ‖ ⟨fig⟩ bitter (~ tears) **2.** gesalzen (~ ·butter); eingesalzen, –gepökelt, Pökel– (~ meat) **3.** vom Meer überflutet ‖ in Salzboden wachsend (grass) **4.** ⟨sl fig⟩ (of prices) gesalzen, –pfeffert

salt [sɔːlt] vt **1.** salzen ‖ (a to ~ down) einsalzen, –pökeln ‖ mit Salz bestreuen ‖ mit Salz bearbeiten ‖ to ~ down ⟨übtr⟩ beiseitelegen, verstauen **2.** ⟨fig⟩ würzen (with) ‖ (Preise) pfeffern, salzen **3.** ⟨com sl⟩ (etw) falsch darstellen, zurechtmachen, °frisieren; to ~ a mine Erz in e–r Mine vortäuschen ~**ed** ['~id] a ⟨sl⟩ abgehärtet, ausgepicht; –gekocht ~**er** ['~ə] s Salzhändler; –sieder m ‖ Einsalzer, Konserven–, Pökelwarenhändler m ~**ing** ['~iŋ] s Einpökeln n ‖ salzreiches Ufer–, Schwemmland n

saltant ['sæltənt] a ⟨her⟩ springend

saltarello [sæltə'relou] s It Springtanz m

saltation [sæl'teiʃən] s Springen, Tanzen n; Springtanz m ‖ ⟨fig⟩ Sprung m –**tatorial** [sæltə-'tɔ:riəl], –**tatory** ['sæltətəri] a springend, tanzend; Spring– ‖ ⟨fig⟩ sprunghaft

saltern ['sɔːltə:n] s Salzwerk n, Sal·ine f

saltigrade ['sæltigreid] s ⟨zoo⟩ Springspinne f

saltimbanco [ˌsæltim'bæŋkou] s It Quacksalber m

saltire ['sæltaiə] s ⟨her⟩ Schrägkreuz n (Heroldsbild)

saltless ['sɔːltlis] a salzlos, ohne Salz ‖ ⟨fig⟩ eintönig, seicht –**ness** ['sɔːltnis] s Salzigkeit f, Salzgeschmack m

saltpetre, ⟨Am⟩ –**ter** ['sɔːlt,pi:tə; ,sɔːlt'pi:tə] s ⟨chem⟩ Salpeter m; Chile ~, cubic ~ Chile– m ‖ [attr] Salpeter–

salty ['sɔːlti] a salzig; ⟨fig⟩ würzig

salubrious [sə'lu:briəs] a (~ly adv) (of climate etc) heilsam, zuträglich, bekömmlich, gesund ~**ness** [~nis], **salubrity** [sə'lu:briti] s Heilsamkeit f etc

Saluki [sə'lu:ki] s ⟨zoo⟩ persisches Windspiel n

salutariness ['sæljutərinis] s Heilsamkeit f –**ry** ['sæljutəri] a (–rily adv) ersprießlich, heilsam (effect); gesund

salutation [ˌsælju'teiʃən] s Begrüßung f (a word of ~ ein Wort der B.) ‖ Gruß m; in ~ z Gruß ‖ The Angelic ᷑ ⟨bib arts⟩ der Englische Gruß –**atory** [sə'lju:tətəri; sə'lu:–] a grüßend, Begrü-

ßungs–; *Willkommens–* ‖ ⟨Am⟩ *Eröffnungs–*
salute [sə'lu:t] **1.** s *Gruß* m (to *an*) ‖ ~ *by
striking colours Dippen* n (*der Flagge*); ~ *of the
colours Flaggengruß* m; ~ *to* the colours
Flaggensalut m; in ~ *zum G.*; to give a ~
grüßen; to return a ~ *e–n G. erwidern, wieder-
grüßen* ‖ *Begrüßung* f ‖ † *Kuß* m ‖ ⟨mar & mil⟩
Gruß m; the ~ *das Salutieren* n; to give the ~
den Salut leisten; to raise one's arm in ~ (*od* to
the ~) *s–n Arm z Gruß erheben*; to stand at the
~ *salutieren*; to take the ~ *of the troops die
Front der Ehrenkompanie abschreiten, die T.
an sich vorbeimarschieren l*; *die Parade der T.
abnehmen* ‖ (of guns) *Salut* m; a ~ *of* 10 *guns
ein S. v* 10 *Schüssen* **2.** vt/i ‖ (*jdn*) *grüßen* ‖
⟨mil⟩ *grüßen, salutieren* ‖ ⟨fig⟩ *begrüßen, emp-
fangen* (with *mit*) | vi *grüßen* ⟨mil obs⟩ *salu-
tieren*
   salvable ['sælvəbl] a *erlös–, errettbar* ‖ *rett–,
einbringbar* (ship) **–age** ['sælvidʒ] **1.** s *Rettung* f;
Insicherheitbringen n; *Einbringung, Bergung* f
(of a ship) (~ *company*); (*teilverwertbares*)
Altmaterial n | ~ *dump for captured matériel
Beutepark* m; ‖ ~ *re-use Wiederverwendung* f
benutzten Materials ‖ ~ *value Schrottwert*
| *Bergegeld* n | *geborgenes Gut* n ‖ (*Abfall-*)*Ver-
wertung* f ‖ ⟨Am bal⟩ *Restwert* m ‖ ⟨fig⟩ (*soziale*) *Rettungsarbeit* f ‖ ~ *charges Bergungs-
kosten* pl **2.** vt (*Schiff*) *bergen* ‖ ⟨Am fam⟩ °*sich
etw unter den Nagel reißen* ⟨fig⟩ (*aneignen*)
   salvarsan ['sælvəsən] s ⟨med⟩ *Salvars·an* n
urne)
   salvation [sæl'veiʃən] s *Seelenrettung* f; ⟨ec⟩
Erlösung f, *Seelenheil* n (to find ~) ‖ ⟨fig⟩
Rettung (for *f*); *Befreiung* f (from *v*) ‖ (*P*) *Heil*
n, *Retter* m; to be the ~ *of der R. s v* ╫ *Army
Heilsarmee* f (*ggr.* 1877) **–ism** [~izm] s *Lehre v
dem Seelenheil* f | *Lehre* (etc) *der Heilsarmee*
–ist [~ist] s *Mitglied* n *der Heilsarmee*
   salve [sɑ:v] **1.** s (*mst poet*) (*Heil-*)*Salbe* f ‖
lip–~ *Lippensalbe* | ⟨fig⟩ *Heil–, Linderungs–,
Beschwichtigungsmittel* n (for) **2.** vt (*ein*)*salben*
‖ ⟨mst fig⟩ *beruhigen; lindern, heilen* ‖ (*Zweifel*
etc) *beheben, –seitigen*
   salve [sælv] vt (*Schiff*) *retten; bergen*
   salve ['sælvi] L **1.** intj *sei gegrüßt!* **2.** s ⟨R.C.⟩
(*a* ~ *regina*) *Marienhymnus* m
   salver ['sælvə] s *Präsentierteller* m
   Salvia ['sælviə] s L ⟨bot⟩ *Gattung der La-
biaten, S·albei* f
   salvo ['sælvou] s [pl ~s] *Vorbehalt*(*sklausel* f)
m ‖ *Ausrede, Entschuldigung* f
   salvo ['sælvou] s [pl ~es, ~s] ⟨mil⟩ *Lauf-
Salve*, (*mar*) *Salve* f; a ~ *of* 10 *guns e–e S. v*
10 *Schuß*; to discharge a ~ *e–e S. abfeuern*
| ⟨fig⟩ *Ausbruch* m, *Salve* f (a ~ *of applause*);
⟨übtr⟩ (*Bomben-*)*Massenabwurf* m, ⟨aero⟩ *Mas-
senabsprung* m; ~s [pl] *Zugstücke, Glanzpunkte*
pl
   salvor ['sælvə; –vɔ:] s *Berger* m (*v Strandgut*)
‖ *Hebeschiff* n
   Sam [sæm] s (abbr *f* Samuel) *Uncle* ~ (*aus
Un. S. Am.* [= United States of America]) *der
typische Nordamerikaner* m; *amer. Volk* n,
amer. Regierung f; ~ *Jonathan* | ⟨sl⟩ to stand
~ *alle freihalten*; upon my ~! *beim Zeus*! | ~
Browne ⟨mil engl⟩ *lederner Offiziersgürtel* m
mit Schulterriemen ‖ ~ *Hill* ⟨Am⟩ *der Teufel*
‖ → *Sammy*
   samara [sə'mɑ:rə] s ⟨bot⟩ *Flügelfrucht* f
   Samaritan [sə'mæritn] **1.** s *Samar·iter*(*in* f) m;
a good ~ ⟨fig⟩ *ein barmherziger Samariter* m
2. a *samaritisch*; *Samariter–*; the ~ *Woman*
⟨bib⟩ *die Samariterin*
   Sambo ['sæmbou] s **1.** *Mischling v Neger u
Indianer* m **2.** ⟨sl⟩ *Neger* m
   sambur ['sæmbə] s ⟨zoo⟩ *Aristoteleshirsch,
Sambar* m; → *rusa*
   same [seim] **I.** a **1.** the ~ *der–, die–, dasselbe,*

der nämliche; the ~ *book as dasselbe Buch
wie ..*; the very ~ *ganz –, eben–*; one and the ~
ein u – ‖ at the ~ *time z selben Zeit* (as *wie*;
that *in der ..*); *zugleich* ‖ at the ~ *price as zu
demselben Preise, wie* or *z dem* ‖ it comes to the
~ *thing es kommt auf dasselbe hinaus* | *iden-
tisch, gleich*, of the ~ *nature with those v der
gleichen Art wie diejenigen*; the ~ *thing with
das gleiche wie* | *unverändert*; he is no longer
the ~ *man er ist nicht mehr der alte* ‖ [pred] to
be the ~ *derselbe s*; *dasselbe bedeuten*; it is
much the ~ *es ist ziemlich dasselbe*; it is all
the ~ *to me es ist mir ganz gleich* or *einerlei* ‖
it'll all be the ~ *in* a hundred years *in 8 Tagen
spricht kein Mensch mehr davon* **2.** *[ohne the]
einförmig, –tönig* (a little ~); suffering from ~
daran (*Asthma* etc) *leidend*; and thank you for
~ *wofür wir Ihnen bestens danken* **II.** pron [abs]
the ~ *dieselbe S*; *die ebenerwähnte, besagte P
or S*; ⟨jur⟩ (the) ~ *er, sie, es, diese*(*r, –s*) ~
here *dasselbe ist hier der Fall*, (*fam*) *ich* (*mir*
etc) *auch*!; ~ there ⟨fam⟩ *du auch*! **III.** adv the
~ *in derselben Weise, ebenso* (as *wie*); to think
the ~ *of genau so denken über*; all the ~ *nichtsdestoweniger, gleichwohl*; just the ~ *genau dasselbe, genau so*; *gleichwohl*; the ~ *to you* (*in
Erwiderung e–s Wunsches*) *gleichfalls* ~**ness**
['~nis] s *Gleichheit, Identität* f | *Einförmigkeit,
–tönigkeit* f
   Samian ['seimiən] a *samisch, Samos–* (~
urne)
   samisen ['sæmisen] s ⟨mus⟩ *Samisen* (*japan.
dreisaitige Gitarre* f)
   samite ['sæmait] s ⟨hist weav⟩ (*Seiden-*)*G·old-
brokat* m
   samlet ['sæmlit] s *junger Lachs* m, → salmon
   Sammy ['sæmi] s ⟨Am⟩ *amer. Soldat im
Weltkriege* m (→ Sam)
   Samnites ['sæmnaits] s [pl] L ⟨ant⟩ *Samniten*
m pl
   Samoan [sə'mouən] **1.** a *samo·anisch* **2.** s
Samo·aner, Bewohner der Insel Samoa m
   samovar ['sæmovɑ:] s *russ. Wassererhitzer* f
die Teebereitung m
   Samoyed ['sæmɔied] s *Samoj·ede* m (*Volk
in Sibirien*)
   samp [sæmp] s ⟨Am⟩ *Maisgrütze* f ‖ *Mais-
porridge* m
   sampan ['sæmpæn] s *S·ampan* m (*chines. Haus-
Flußboot* n)
   samphire ['sæmfaiə] s ⟨bot⟩ *Meerfenchel* m
   sample ['sɑ:mpl] **1.** s ⟨com⟩ *Probe* f (a ~ *of
corn*); *Muster* n (a ~ *of cloth*); up to ~
mustergemäß ‖ a full range of your ~s *Ihre
ganze Musterkollektion* f, → range ‖ ⟨fig⟩
Probe f (to give a ~ *of one's skill*); by ~ *nach
Probe*; ⟨stat⟩ *Stichprobe* f | [attr] *Probe–,
Muster–* ‖ ~ *audit Stichprobe* f (*bei Rechnungs-
prüfung*) ‖ ~-book *Musterbuch* n; ~ *error*
⟨stat⟩ *Stichprobenfehler* m; ~-post *M.post* f;
~-room *–zimmer* n ‖ ~ *survey* ⟨stat⟩ *Stich-
probenerhebung* f ‖ ~ *tube Rohr* n *f Proben*
| ⟨agr⟩ ~ *plot Probeanbaufläche* f **2.** vt/i ‖
⟨com⟩ *e–e Probe nehmen v*; to ~ a tank *Proben
aus e–m Behälter entnehmen*; (*etw*) *nach Proben
beurteilen* ‖ *probieren, kosten; genießen* ‖ *Pro-
ben geben v*; *als Muster dienen f* | vi ⟨com⟩ to
~ out *ausfallen* | ~**r** [~ə] s (*of girls*) *Stick-
muster, –tuch* n **–ling** [~iŋ] s ⟨tech⟩ *Probe-
(ent)nahme, Bemusterung* f ‖ ~ *frequency*
⟨wir⟩ *Prüffrequenz* f ‖ ⟨stat⟩ ~ *Auslosung* f;
area ~ *Flächenstichprobe*; *stratified random* ~
geschichtete St. | ~ *frame* ⟨stat⟩ *Auswahl-
grundlage* f; ~ *unit Strichprobeneinheit* f
   Samson ['sæmsn] s ⟨übtr⟩ *Simson, Herkules*
m | ~-post ⟨mar⟩ *starker Pfeiler* m, *Stütze* f
zwischen den Decks
   samurai ['sæmurai] s **1.** ⟨hist⟩ *japan. Adels–*

klasse der Feudalzeit f **2.** *niederer Adel* m; [pl ~] *japan. Offizier* m

sanable ['sænəbl] a *heilbar* **–ative** ['sænətiv], **–atory** ['sænətəri] a *heilend, heilkräftig, Heil–* (~ *process*) ‖ *heilsam* **–atorium** [,sænə'tɔːriəm] s L [pl –ia & ~s] *Sanatorium* n, *Heilanstalt* f (at a ~ *in e–r H.*) ‖ *Schulklinik* f ‖ *Luft–, Höhenkurort* m (*in Indien*)

sanbenito [,sænbe'niːtou] s Span ⟨hist⟩ *Armesünderhemd* n *der v der Inquisition Verurteilten*

sanctification [,sæŋktifi'keiʃən] s ⟨ec⟩ *Heiligung; Weihe* f **–fied** ['sæŋktifaid] a *heilig* ‖ *heiligtuend, scheinheilig* **–fy** ['sæŋktifai] vt *heiligen, weihen;* ⟨übtr⟩ *heiligen, rechtfertigen, the end* **–fies** *the means der Zweck heiligt die Mittel* **–monious** [,sæŋkti'mounjəs] a (~ly adv) *scheinheilig* **–moniousness** [~nis], **–mony** ['sæŋktiməni] s *Scheinheiligkeit* f

sanction ['sæŋkʃən] **1.** s *Sanktion, Genehmigung, Bestätigung* f ‖ *Unterstützung* f; to give ~ to *dulden; unterstützen, bekräftigen* ‖ ⟨jur⟩ *Straf–, Zwangsmaßnahme* f; ⟨pol⟩ ~s [pl] *Sanktionen* pl ‖ (*innere*) *Bindung* f **2.** vt *sanktionieren, bindend* m; *gutheißen, genehmigen; bekräftigen; billigen,* → zero-derivation

sanctitude ['sæŋktitjuːd] s *Heiligkeit* f **–tity** ['sæŋktiti] s *Heiligkeit, Reinheit* f ‖ *Unverletzlichkeit* f ‖ *heilige Verpflichtung* f

sanctuary ['sæŋktjuəri] s *heiliger Platz* m; ⟨ec⟩ *Hochaltarstätte* f, *Altarraum* m ‖ *Heiligtum* n; ⟨a übtr⟩ (a ~ *to ein H. für*) ‖ *heiliger Zufluchtsort* m, *Asyl* n; to take ~ *Schutz suchen* (in *in*) ‖ ⟨fig⟩ *Freistatt* f ‖ *geheimes Innere* n (of a p *jds*) ‖ ~ lamp *Ewiges Licht* n

sanctum ['sæŋktəm] s L ⟨ec⟩ *Allerheiligstes* n ‖ *Heiligtum* ‖ *Privatgemach* n

sanctus ['sæŋktəs] s L ⟨R.C.⟩ *Meßhymnus, Schluß* m *des Dank– u Lobgesanges vor dem Kanon* ‖ ~-bell *Glocke* f, *die beim Meßhymnus geläutet wird*

sand [sænd] s **1.** *Sand, Streusand* m; ~s [pl] *Sandkörner* n pl, –*massen* f pl ‖ rope of ~ *nicht haltbares Seil;* ⟨fig⟩ *unmögliche S* ‖ to build on ~ ⟨fig⟩ *auf S. bauen* ‖ *Sandbank* f **2.** ~s [pl] *Sandstrecke* f, –*ufer* n; *Strand* m; *Sandwüste* f **3.** ⟨fig⟩ his ~s are running out *s–e Augenblicke sind gezählt* **4.** ⟨Am sl⟩ *Mut* m, *Energie* f, °*Murr, Schneid* m **5.** [attr] ~-bank *Sandbank* f ‖ ~ belt ⟨tech⟩ *Schleifband* n ‖ ~-blast ⟨tech⟩ *Sandstrahlgebläse* n, → to ~blast ‖ ~-box –*kasten* m ‖ cheerful as a ~-boy *kreuzfidel;* °*sauwohl* ‖ ~-drift, ~-flood *Flugsand* m ‖ ~-glass *Sanduhr* f ‖ ~-hill –*düne* f ‖ ~-hopper ⟨zoo⟩ *Strandfloh* m ‖ ~-iron (*ein*) *Golfschläger* m ‖ ~-man –*männchen* n ‖ ~-martin *Uferschwalbe* f ‖ ~-paper **1.** s *Sandpapier* n **2.** vt *mit S. abreiben* ‖ ~-shoes [pl] *Strandschuhe* m pl ‖ ~-storm ⟨Am mil fam⟩ *Maissuppe* f ‖ ~ table ⟨mil⟩ (*Ausbildungs-*)*Sandkasten* m

sand [sænd] vt *mit Sand bedecken, bestreuen* or *vermischen* ‖ ⟨tech⟩ *schmirgeln,* (*Holz*) *schleifen*

sandal ['sændl] s *Sandale* f, *Riemenschuh* m ‖ ~led [~d] a *mit Sandalen bekleidet*

sandal ['sændl], **~wood** [~wud] s *Sandelholz* n

sandarac ['sændəræk] s *Sandarak* m (*Harz des Sandarakbaumes*) ‖ = realgar

sandbag ['sændbæg] **1.** s *Sandsack* m; ⟨fort⟩ ~s [pl] –*säcke* pl **2.** vt *mit Sandsäcken bedecken, ausfüllen* ‖ ⟨Am⟩ *mit e–m S. niederschlagen;* ⟨a fig⟩ (*etw nieder–*)

sandblast ['sændblɑːst] **1.** s *Sandstrahlgebläse* n **2.** vt *sandstrahlen, abblasen;* → sand 5.

sanderling ['sændəliŋ] s ⟨orn⟩ *kl Wasserläufer, Sanderling* m

sanders ['sɑːndəz] pl = sandalwood

sandgrouse ['sændgraus] s ⟨orn⟩ *Flughuhn* n; black-bellied ~ *Sand–;* Pallas's ~ *Steppenhuhn;* pin-tailed ~ *Spießflughuhn*

Sandhi ['sændhiː] s *Laut–, Wortveränderung, –assimilation* f *unter dem Satzton*

sandiness ['sændinis] s *sandige Beschaffenheit* f

sandiver ['sændivə] s ⟨glass⟩ *Glasgalle* f

sandlot ['sændlət] s ⟨Am⟩ *Bauplatz* m, „*Sandwüste"* f (*Kinderspielplatz*)

sandpiper ['sændpaipə] s ⟨orn⟩ *Strandläufer* m ‖ broad-billed ~ *Sumpfläufer;* common ~ *Flußufer–;* curlew ~ *Sichelstrand–;* green ~ *Waldwasser–;* marsh ~ *Teichwasser–;* purple ~ *Meerstrand–;* terek ~ *Terekwasser–;* wood ~ *Bruchwasser–*

sandstone ['sændstoun] s ⟨geol⟩ *Sandstein* m

sandwich ['sænwidʒ, –witʃ] **1.** s (*nach the 4. Earl of ⸜⸝, † 1792*) *belegtes Butterbrot* n; ⟨übtr tech⟩ *dünne Schicht* f ‖ to sit ~ ⟨übtr⟩ *eingepfercht sitzen* ‖ ~ box *Butterbrot–, Frühstücksdose* f ‖ ~-date *dreieckige Verabredung* f (= *zu Dritt = 1 Mann u 2 Frauen oder umgekehrt*) ‖ ~-man (*Reklame-*)*Plakatträger* m **2.** vt (a to ~ in) *einlegen, –schieben; –pferchen, –klemmen* (to be ~ed [in] *between*)

sandwort ['sændwɔːt] s ⟨bot⟩ *Sandkraut* n

Sandy ['sændi] s *Schotte* m (*Spitzname*)

sandy ['sændi] a (of soil) *sandig* ‖ *Sand–* (~ desert) ‖ (of taste) *körnig, sandig* ‖ *sandfarben;* (of hair) *semmelblond*

sane [sein] a (~ly adv) *geistig gesund* ‖ (of proposal, etc) *vernünftig*

Sanforize ['sænfəraiz] vt (*Stoff*) *gegen Einlaufen vorbehandeln, sanforisieren, krumpfrei* m

sang [sæŋ] pret *v* to sing

sangaree [,sæŋgə'riː] s *kalter Trank* m *aus Wein u Limonadensaft,* ⟨m.m.⟩ „*kalte Ente"* f

sang-de-bœuf [,sãː dɔ'bœf] s Fr *blutrote Farbe auf altem chines. Porzellan* f; *chines. Porzellan mit dieser Glasur* n ‖ ⟨cosm⟩ *roter Nagellack* m

sang-froid ['sãː'frwɑː] s Fr *Kaltblütigkeit* f

sangrail [sæn'greil] s (*der*) *Heilige Gral* m

sanguification [,sæŋgwifi'keiʃən] s *Blutbildung* f

sanguinary ['sæŋgwinəri] a (–rily adv) *blutig, mörderisch* (battle) ‖ *blutbefleckt* ‖ *grausam, blutdürstig* ‖ ⟨sl⟩ *verflucht*

sanguine ['sæŋgwin] **1.** a (~ly adv) *blutrot* (lips); (*voll*) *rot; rötlich* ‖ ⟨poet⟩ *blutig, dunkelrot* ‖ ⟨hist⟩ *heißblütig* ‖ *lebhaft, heiter leichtblütig* ‖ *optimistisch* (~ p *Sanguiniker;* *Optimist* m); *zuversichtlich* (of *auf;* of seeing *z sehen*); the most ~ *expectations die kühnsten, höchsten Erwartungen* f pl **2.** s *roter Kreide–, Pastellstift* m; *rote Pastellzeichnung* f **–ness** [~nis] s *heiteres Temperament* n, *Zuversichtlichkeit* f **~ous** [sæŋ'gwiniəs] a *blutig; Blut–* ‖ *blutrot* ‖ *vollblütig*

sanhedrim ['sænidrim], **–drin** [–drin] s *Synedrium* n (*jüd. Hoher Rat*)

sanicle ['sænikl] s ⟨bot⟩ *Sanikel* m, *Heilkraut* n

sanify ['sænifai] vt (*Stadt* etc) *sanieren*

sanitarian [,sæni'teəriən] **1.** a *gesundheitlich, Gesundheits–* **2.** s *Gesundheitsprediger* m

sanitarily ['sænitərili] adv *in gesundheitl. Hinsicht* **–tary** ['sænitəri] a *Gesundheits–* (~ board –*amt* n), *sanitär; Sanitäts–* (~ inspector) ‖ *gesund; hygienisch* (~ belt (*Damen-*)*Bindengürtel* m ‖ ~ facility, ~ installation *sanitäre Einrichtung* f ‖ ~ police *Gesundheitspolizei* f ‖ ~ tampon *Monatstampon* n ‖ ~ towel *Damenbinde* f **–ation** [,sæni'teiʃən] s *Gesundheitspflege* f, –*wesen* n ‖ *sanitäre Einrichtungen* f pl (*in Häusern* etc) ‖ *gesundheitspolizeiliche Überwachung* f **–ty** ['sæniti] s *geistige Gesundheit* f; *der gesunde Verstand* m

sank [sæŋk] pret *v* to sink
sans [sænz; Fr sã:] prep *ohne*; ~ *façon ohne Umstände*; ~ *phrase ohne Umschweife*
sanserif [sæn'serif] s ⟨typ⟩ *Grot·esk, Schrift ohne Feinstriche* f
Sanskrit, –scrit ['sænskrit] **1.** s *Sanskrit* n **2.** a *Sanskrit–* ~**ic** [sænz'kritik] a *Sanskrit–*
Santa Claus ['sæntə'klɔ:z] s (*St.*) *Nikolaus, Weihnachtsmann* m
santal ['sæntəl] s *Sandelholz* n ~**in** [~in] s ⟨chem⟩ *Santal·in* n (*Santalsäure*)
santon ['sæntən] s Fr *Krippenfigur* f
santonin ['sæntənin] s ⟨chem⟩ *Santon·in* n (*Pflanzenstoff*)
Saorstat Eireann ['sɛərstəθ'ɛərən] s [*ohne art*] *der Irische Freistaat* m (*seit 29. Dez. 1937 ersetzt durch*: Eire [= *Irland*])
sap [sæp] **1.** s ⟨bot⟩ *Saft* m ‖ *Lebenssaft* m; ⟨fig⟩ *Mark, Lebensmark* n, *Kraft* f ‖ ~**-wood** *Splint* m, ⟨for⟩ *Splint(holz* n) m **2.** vt [–pp–] (*mst* fig) (*Kraft*) *auf–, verzehren, erschöpfen*; *schwächen* ~**less** ['~lis] a *dürr, saft–, kraftlos*; *seicht*; → ~**ling**
sap [sæp] **1.** s ⟨mil⟩ *Sappe* f, *bedeckter Laufgraben, Deckwehrgraben* m ‖ ~**-head** *Sappenposten* m **2.** vi/t [–pp–] ‖ *Sappen anlegen, sappieren* ‖ vt *unterminieren* ‖ ⟨fig⟩ *untergraben, schwächen* ~**per** ['~ə] s ⟨mil⟩ *Sappeur, Pionier* m
sap [sæp] ⟨school sl⟩ **1.** vi °*pauken*, °*büffeln*, °*ochsen* (at *an*) **2.** s °*Büffelei, Schinderei* f ‖ *Streber* m
sapajou ['sæpədʒu:] s ⟨zoo⟩ *Rollschwanz–, Winselaffe* m (*Kapuziner*)
sapan-wood ['sæpənwud] s *Sap(p)·anholz* n (*ostind. Rotholz*)
saphead ['sæphed] s ⟨sl⟩ *Tölpel, Hohlkopf* m
sapid ['sæpid] a *schmackhaft*; *interessant* ~**ity** [sæ'piditi] s *Schmackhaftigkeit* f
sapience ['seipiəns] s *Weisheit* f ‖ ⟨*oft cont & iron⟩ *Scheinweisheit* f
sapient ['seipiənt] a (~ly adv) *weise* ‖ ⟨*mst* iron⟩ *neunmal weise, überklug* ~**ial** [seipi'enʃəl] a ⟨bib⟩ *Weisheits–* (the ~ books)
sapling ['sæpliŋ] s *junger Baum, Schößling* m; ~ *growth* ⟨for⟩ *Gertenholz* n ‖ ⟨fig⟩ *Jüngling, grüner Junge* m ‖ *junger Windhund* m
sapodilla [.sæpə'dilə] s Span *Sapotillbaum* m; *–frucht* f
saponaceous [.sæpə'neiʃəs] a *seifig, seifenartig* ‖ ⟨fig⟩ *ölig, gesalbt*
saponification [sæ.pɔnifi'keiʃən] s *Seifenbildung* f **–fy** [sæ'pɔnifai] vt/i ‖ z *Seife* m ‖ vi z *S. w*
Sapphic ['sæfik] **1.** a ⟨ant⟩ *sapphisch* **2.** s [*mst* pl] ~s *sapph.* Verse m pl, *sapph. Strophe* f
sapphire ['sæfaiə] **1.** s *S·aphir* m ‖ *–blau* n **2.** a *Saphir–* (~ ring); *saphirblau* –**rine** ['sæfirain] **1.** a = sapphire a **2.** s ⟨minr⟩ *Saphir·in* m (*blauer Chalzed·on*)
sappiness ['sæpinis] s *Saftigkeit* f **sappy** ['sæpi] a *saftig* ‖ ⟨fig⟩ *markig, kräftig* ‖ ⟨sl⟩ *weichlich, schwächlich, läppig*
sapraemia [sæ'pri:miə] s ⟨med⟩ *Saprām·ie, Sepsis* f
sapro– ['sæpro] Gr [in comp] *Fäulnis–* ~**genic** [.sæpro'dʒenik], ~**genous** [sæ'prɔdʒinəs] a *fäulniserregend* ~**phyte** [~fait] s *Fäulnispflanze* f
sar [sa:] s ⟨ich⟩ *Seebrachsen, –brassen* m
saraband ['særəbænd] s *Sarab·ande* f (*spanischer Tanz*)
Saracen ['særəsn] s *Saraz·ene* m; *Mohammedaner* m ~**ic** [.særə'senik] a *sarazenisch*; *mohammedanisch*
Saratoga [.særə'tougə] s (*a* ~ trunk) *gr Koffer* m
sarcasm ['sa:kæzm] s *Sark·asmus, beißender*

Spott, bitterer Hohn m **–astic** [sa:'kæstik] a (~ally adv) *sark·astisch*; *höhnisch*; *beißend, höhnend*
sarcenet, –rse– ['sa:snit] s Fr *Sarsen·ett, Seidentaft* m
sarco– ['sa:ko] Gr [in comp] *Fleisch–* ~**de** [~ud] s *tier. Protoplasma* n ‖ ~**ma** [sa:'koumə] s ⟨med⟩ *Sark·om, Fleischgewächs* n, *–geschwulst* f ~**phagus** [sa:'kɔfəgəs] s ⟨ant⟩ (pl ~es; –gi [–gai]) *Sarkoph·ag* m (*Steinsarg*)
sarcous ['sa:kəs] a ⟨anat⟩ *fleischig, weich*
sard [sa:d]; ~**ius** ['~iəs] s ⟨minr⟩ *Sarder* m (*Chalzed·on*)
sardine [sa:'di:n] **1.** s Fr ⟨ich⟩ *Sard·ine* f ‖ *packed like* ~s ⟨fam⟩ *eingepfercht wie die Heringe* **2.** vt (*Pn*) *wie die Heringe zus-packen* ‖ (*Raum*) *wie mit Heringen vollpfropfen*
Sardinian [sa:'dinjən] **1.** a *sardinisch* **2.** s *Sardinier(in* f) m
sardonic [sa:'dɔnik] a (~ally adv) *sardonisch, bitter, höhnisch*
sardonix ['sa:dəniks] s *Sard·onyx* m (*Halbedelstein*)
saree, sari ['sa:ri:] s ⟨Ind⟩ *Sari* n, *langes Frauentuch* n (*v e–r Schulter z den Füßen gewickelt*), *–kleidung* f, *Wickelgewand* n
sargasso [sa:'gæsou] s [pl ~s, ~es] ⟨ich⟩ *Sarg·asso–, Knochenfisch* m
sarge [sa:dʒ] s ⟨Am mil sl⟩ = sergeant
sark [sa:k] s ⟨Scot⟩ *Hemd* n
Sarmatian [sa:'meiʃiən] ⟨ant⟩ **1.** *sarmatisch* **2.** s *Bewohner* m *v Sarmatia*
sarmentose ['sa:mentous] **–tous** [sa:'mentəs] a ⟨bot⟩ *rankend, rankig*
sarong [sa:'rɔŋ] s *Lendenkleid* n *der Malaien*
sarsaparilla [.sa:səpə'rilə] s ⟨bot⟩ *Sassapar·illa* f
Sarsen ['sa:sən] s (*a* ~ stone) *gr Sandsteinblock* m
Sart [sa:t] s; ~s [pl] *Sarten* m pl (*Iranier*)
sartorial [sa:'tɔ:riəl] a (*bes hum*) *Schneider–* (the ~ art) **–torius** [sa:'tɔ:riəs] s L ⟨anat⟩ *Schneidermuskel* m
Sarum ['sɛərəm] s ⟨ec⟩ *Name* f *Salisbury*; ~ *use Liturgie v S.*
sash [sæʃ] s (*bes mil*) *Schärpe; Binde* f
sash [sæʃ] s *auf– u niederschiebbarer Fensterrahmen* m ‖ ~**-window** *Aufzieh–, Schiebefenster* n (*Ggs* casement-window) ‖ ~ saw *Schließsäge* f ‖ ~ sluice *Schützenschleuse* f
sashay ['sæʃei] vi ⟨Am fam⟩ *gleiten*, °*flutschen*
sass [sæs] ⟨Am dial fam⟩ **1.** s *Frechheit, Unverschämtheit, freche Antwort* f **2.** vi/t *frech antworten* ‖ ~**-box** *Frechdachs* m ‖ t *frech s gegen* (don't ~ me) ‖ ~**y** ['~i] a *frech, unverschämt, naseweis* → saucy
sassafras ['sæsəfræs] s ⟨bot⟩ *S·assafras* m
Sassanian [sæ'seinjən], **Sassanid** ['sæsənid] **1.** s *Mitglied der Sassan·idendynastie* **2.** a *Sassaniden–*
Sassenach ['sæsənæk] s ⟨Scot⟩ (*Name f*) *Engländer* m
sat [sæt] pret & pp *v* to sit ‖ ~**-upon** *niedergedrückt, gedemütigt*
Satan ['seitən] s *Satan, Teufel* m ~**ic(al)** [sə'tænik(əl)] a (*–cally adv*) *Satans–, satanisch* ‖ ⟨übtr⟩ ⁻ *teuflisch, diab·olisch* ‖ the ~ School ⟨Lit⟩ *die Dichtung* Byrons *u* Shelleys ~**ism** ['seitənizm] s *Teufelei* f; *teuflischer Akt* m ‖ *Teufelskult* m ~**ology** [.seitə'nɔlədʒi] s *Lehre vom Teufel* f
satara [sə'ta:rə] s Ind *wollenes Tuch* n
satchel ['sætʃəl] s *Schultasche, –mappe* f
sate [seit] s ⟨tech⟩ *Schrotmeißel* m
sate [seit] vt [*mst* pass] (*über*)*sättigen* (to be ~d with *übersättigt s v*) ~**less** ['~lis] a ⟨poet⟩ *unersättlich*
sate [sæt] † pret *v* to sit

sateen [sæ'ti:n] s *Sat·in* m, *Baumwollatlas* m, *Englisch Leder* n; → satin

satellite ['sætəlait] s ⟨fig⟩ *Anhänger, Gefolgsmann* m ‖ ⟨astr⟩ *Satell·it, Trabant* m ‖ ⟨phys⟩ *(Erd-)Satell·it, Sputnik* m ‖ [attr] *untergeordnet, klein*; ~ *landing ground* ⟨aero⟩ *Feldlandeplatz* m; ~ *nation Vasallenstaat* m; ~ *radar station Radar-Nebenstelle* f **satelloid** ['sætələoid] s *(bemannte) Flugrakete* f *(f Höhen v rd 150 km)*

satiable ['seiʃiəbl] a *z sättigen(d), z befriedigen(d)* –ate ['seiʃieit] vt **sättigen* ‖ *(Begierde) befriedigen; übersättigen (with)* –ation [,seiʃi-'eiʃən] s *Sättigung* f

satiety [sə'taiəti] s *Sattheit, Übersättigung* f ‖ *Ekel (of vor); Überdruß* m; to ~ *bis zum Ü.* (with *vor*)

satin ['sætin] **1.** s *Atlas, Seidensatin* m ‖ *samtartige Oberfläche, Glanzfläche* f ‖ ⟨sl⟩ *Wacholderbranntwein* m ‖ ~(-)finishing ⟨tech⟩ *Spiegelschliff* m ‖ ~-paper *Atlaspapier* n ‖ ~-wood *Satinholz* n **2.** a *Atlas–, atlasartig* ‖ *glänzend, glatt* **3.** vt *(Papier) satinieren; glätten* ~et, ~ette [,sæti'net] s Fr *Satin·ett, Halbatlas* m ‖ ~y [~i] a *glänzend, glatt*

satire ['sætaiə] s ⟨Lit⟩ *Spottgedicht* n, *Satire* f *(upon auf)*; *scathing* ~ *beißende S.* ‖ ⟨übtr⟩ *satirische Bemerkung* f, *Ironie* f; *Hohn* m *(on auf)* –ric [sə'tirik] a *(~ally adv) satirisch (~ poem, poet)* –rical [sə'tirikəl] a *(~ly adv) satirisch* ‖ *höhnisch* (laughter), *spöttisch, beißend* –rist ['sætərist] s *Satiriker* m –rize ┤ sætəraiz] *verspotten; geißeln*

satisfaction [,sætis'fækʃən] s **1.** *Befriedigung* f *(e–s Wunsches)* (with great ~); to find ~ *B. finden (in doing z tun)*; to give ~ to *befriedigen* ‖ *Genugtuung (of seeing z sehen), Zufriedenheit* f *(at über; with über, mit)*, to the ~ of *z Z. v* ‖ *Beruhigung* f *(to f; it is a* ~ *to know)* **2.** ⟨jur⟩ *Bezahlung* f *(of a debt)* ‖ ⟨theol⟩ *Sühne* f *(for)* ‖ *Satisfaktion* f *(to give ~); Genugtuung* f –toriness [,sætis'fæktərinis] s *das Befriedigende* n –tory [,sætis'fæktəri] a *(–rily adv) befriedigend (to für)* ‖ *beruhigend (to für); angenehm (it is* ~ *to know)* ‖ *and hope you will find they are in every way* ~ .., *daß Sie damit durchaus zufrieden s w* ‖ ⟨theol⟩ *sühnend*; to be ~ *for sühnen* ‖ *very* –rily ⟨a⟩ *zu unserer vollen Zufriedenheit*

satisfy ['sætisfai] vt/i **1.** vt *(Wunsch or jdn) befriedigen (hard to* ~*schwer zu b.)*; to be –fied *with zufrieden s, sich begnügen mit* ‖ *(Hunger) stillen; sättigen* ‖ *(jdn) zufriedenstellen, überzeugen (of v; that)*; to ~ *o.s. sich ü., sich vergewissern (that)*; to be –fied *überzeugt s (that)* ‖ *(Furcht, Zweifel) beheben* ‖ *(Bitte* etc) *erfüllen; (e–r Anforderung) genügen* ‖ ⟨jur⟩ *(jdn) bezahlen; (e–r Verpflichtung) nachkommen* ‖ *(jdn) entschädigen* **2.** vi *Genugtuung geben* ~ing [~iŋ] a *(~ly adv) befriedigend, genügend, ausreichend, hinlänglich*

satrap ['sætrəp] s ⟨ant⟩ *Satr·ap; Statthalter* m ‖ *tyrannischer Statthalter* m ~y [~i] s *Statthalterschaft* f

sats [sɑ:ts] s ⟨ski⟩ *Skisprung* m, *Körperbewegung* f *vor dem Absprung*

Satsuma ['sætsumə] s *(Distrikt auf jap. Insel Kyushu)* [attr] ~ *ware feine kremfarbige Töpferwaren aus* ~ f pl

saturate 1. ['sætʃəreit] vt *durchtränken, –setzen* (with *mit*); to be ~d *durchnäßt w* ‖ ⟨fig⟩ to ~ *o.s. in sich vertiefen or versenken in*; to be ~d *with* ⟨fig⟩ *durchtränkt, –setzt w or s mit; durchdrungen, erfüllt s v* ‖ ⟨chem⟩ *sättigen* ‖ ~d *steam Sattdampf* m **2.** ['sætʃərit] a ⟨poet⟩ *durchnäßt* ‖ *durchtränkt (with v)* ‖ *(of colours) satt, kräftig, tief* –ation [,sætʃə'reiʃən] s *Durchwässerung; Durchnässung* f; *–setzung* f (with) ‖ ⟨a chem⟩ *Sättigung* f; ~ *(colour)* ⟨phot⟩ *Leuchtkraft* f; ~ *point Sättigungspunkt* m

Saturday ['sætədi] s *Sonnabend* m (on ~ *am S.*)

Saturn ['sætən] s ⟨ant⟩ *Saturn(us)* m *(Gott)* ‖ ⟨astr⟩ *Saturn* m ~alia [,sætə:'neiljə] s L pl *Saturn·alien* pl ~ian [sæ'tə:niən] a *(a astr) saturnisch*; ~ *age goldenes Zeitalter* n ~ine ['sætə:nain] a ⟨astr⟩ *saturnisch* ‖ ⟨fig⟩ *finster* ‖ ~ *poisoning Bleivergiftung* f

satyr ['sætə] s ⟨myth⟩ *S·atyr* m ‖ *lüsterne P* ~iasis [,sæti'raiəsis] s *abnormer Geschlechtstrieb* m *des Mannes* ~ic [sə'tirik] a *satyrartig, Satyr–*

sauce [sɔ:s] s *Sauce, Tunke* f; *what's* ~ *for the goose is* ~ *for the gander was dem e–n recht ist, ist dem andern billig* ‖ ⟨Am⟩ *Komp·ott* n ‖ ⟨fig⟩ *Würze* f *(to f)* ‖ *(Tabak-)Beize* f ‖ ⟨fam⟩ *Unverschämtheit* f ‖ ~-boat, ~-pot *Sauci·ere* f ~pan ['~pæn] s *Kasser·ole* f

sauce [sɔ:s] vt *(mst fig) würzen* ‖ ⟨fam⟩ to ~ *a p unverschämt s z jdm, unverschämt reden mit jdm* ‖ ~r ['sɔ:sə] s *Untertasse* f ‖ *(of a pot) Untersatz* m ‖ *Näpfchen* n, *Farbennapf* m ‖ ~-eyes [pl] *Kuller–, Glotzaugen* n pl

sauciness ['sɔ:sinis] s *Unverschämtheit, Keckheit* f

saucy ['sɔ:si] a *(–cily adv) unverschämt; naseweis, keck* ‖ ⟨sl⟩ *schmissig, flott; schmuck*

sauerkraut ['sauəkraut] s Ger *S·auerkraut* n

sauna ['zaunə] s *Sauna* f *(finnisches Dampfbad)*

saunter ['sɔ:ntə] **1.** vi *(umher)schlendern; bummeln* **2.** s *Schlendern, gemächliches Gehen* n ~er [~rə] s *Schlenderer, Bummler* m

Sauria ['sɔ:riə] s L pl *Gattung der Saurier* f ~n ['sɔ:riən] **1.** a ⟨zoo⟩ *Saurier–, Eidechsen–* ‖ *eidechsenähnlich* **2.** s *Saurier* m; *gr fossiles Rept·il* m **sauro–** ['sɔ:ro] [in comp] *Eidechsen– –saurus* [–sɔ:rəs] ⟨zoo⟩ *–saurier* m (Bronto~, Dino~, etc)

saury ['sɔ:ri] s ⟨ich⟩ *Name f versch. Fische; Hornhecht* m

sausage ['sɔsidʒ] s *Wurst* f; [attr] *Wurst– (~-meat)* ‖ ⟨aero sl⟩ ,,*Wurst*" f, *Beobachtungs–, Fesselballon* m

sauté ['soutei] a Fr ⟨cul⟩ *geschwenkt (in Butter), schnell gebraten*

Sauterne [sou'tə:n] s Fr *weißer Bordeauxwein* m

savable ['seivəbl] a *rettbar, z erretten(d)*

savage ['sævidʒ] **1.** a *(~ly adv) (of country) wild, rauh u finster* ‖ *(of peoples) unzivilisiert; roh, primitiv* ‖ *(P) wild; brutal, grausam* ‖ *(T) wild, wütend* ‖ ⟨fam⟩ *wütend; ärgerlich (with gegen)* **2.** s *Wilder; Barbar* m ‖ *brutaler Mensch* **3.** vt *wild m* ‖ *brutal behandeln* ‖ *(of horse) anfallen u beißen* ~dom [~dəm] s *(Zustand der) Wildheit* f ‖ *die Wilden* m pl ~ness [~nis] s *Wildheit, Wut* f ~rous [~ərəs] a ⟨Am sl⟩ *wild* ~ry [~əri] s *Barbarei* f (in ~) ‖ *Wildheit, Roheit, Wut; Heftigkeit* f

savannah [sə'vænə] s ⟨Am⟩ *Sav·anne, (Baum-)Steppe* f

savant ['sævənt] s Fr *(großer) Gelehrter* m

savate [sæ'væt; sə'vɑ:t] s Fr *Art Boxen mit Benutzung der Füße*

save [seiv] **I.** vt/i **A.** vt **1.** *(jdn) retten, befreien (from aus, v); (Schiff) bergen* ‖ ⟨theol⟩ *erlösen*; *The* ~d [pl] *die Auserwählten, Seligen* m pl **2.** *(jdn) bewahren (from vor; from doing z tun); schützen;* God ~ *the Queen die engl. Nationalhymne* ‖ *(Ruf) intakt erhalten, bewahren*, → *appearance* **3.** *vor Verlust schützen or bewahren;* to ~ *one's face sich vor Demütigung sch.* ‖ *schützen; sichern; (Spiel) retten;* to ~ *the situation die Situation r.* ‖ *(Post, Zug) erreichen* ‖ *(Zeit* etc) *gewinnen* **4.** *(etw) aufbewahren, –heben, –sparen (for)* ‖ *sparsam umgehen mit (etw); (Geld, Zeit, Mühe* etc) *sparen; (Zeit* etc) *er– (this* ~d *him much time)* ‖ *schonen (to* ~

o.s. *sich sch.*), to have to ~ one's strength *schonungsbedürftig s*; ⟨fig⟩ ~ your breath *schone d–e Lunge* **5.** *verhüten*; ⟨sport⟩ (*Gewinn des Gegners*) *verhindern* ‖ (God) ~ the mark *entschuldigen Sie den Ausdruck* ‖ *unnötig m*; to ~ a p a th *jdn verschonen mit etw, jdm etw ersparen*; to ~ a p (o.s.) the trouble *jdm (sich) die Mühe ersparen* (of doing) ‖ she ~d him a secretary *sie ersparte ihm e–n Sekretär* **B.** vi ⟨theol⟩ *erlösen* ‖ (*a* to ~ up) *sparen* **C.** [in comp] ~-all *Schutz–, Spar–, Sammelvorrichtung* f ‖ ⟨pap⟩ *Stoffänger* m ‖ *Kerzenschoner* m, *–sparer* ‖ *Tropfenfänger* m ‖ ~-oil *Ölwanne* f, *–untersatz* m **II.** s *Sparen* n ‖ ⟨ftb, crick⟩ *Abwehr, Verhinderung* f (*e–s Tores* [etc]); full-length ~ *from a rocket* ⟨ftb⟩ *Robinsonade* f

save [seiv] ⟨poet & †⟩ **1.** prep *außer, ausgenommen* (~ him) ‖ all ~ one *alle außer ˙e–m*; → but, except; no chronicler, ~ one, mentions it .. *außer ˙e–m, ausgenommen ein einziger, nur ein einziger Chr.* ‖ ~ and except *mit alleiniger Ausnahme v* **2.** † conj *ausgenommen*: ~ only he *ausgenommen er allein*; ~ that *außer daß* **3.** adv; ~ for *abgesehen v*

saveloy [ˈsævilɔi] s *Zervel·atwurst* f
saver [ˈseivə] s *Retter* m; life-~ *Lebens–* ‖ *Sparer* m ‖ (S) *Ersparnis* (of *an*); labour-~ *Arbeits–* ‖ ⟨ad⟩ biggest money ~! *größte Wirtschaftlichkeit* f!
savey [ˈsævi] s = savvy
savin [ˈsævin] s ⟨bot⟩ *Sab·ine* f, *Sabiner–, Sade–, Sevenbaum* m
saving [ˈseiviŋ] **1.** s *Sparen* n ‖ *Ersparnis* f (of *an*), [mst pl] ~s *Ersparnisse* pl ‖ to buy .. at a considerable ~ (*etw*) *bedeutend unter Preis kaufen* ‖ [attr] *Spar–,* ~s-bank *–kasse* f ‖ ~s account pass book *Sparkassenbuch* n; ~s-bank account *Sparkonto* n; ~s-bank book *Spar(kassen)buch* n; World ⁎s Day *Weltspartag* m (*31. Okt.*); ~s deposits [pl] *Spareinlagen* f pl ‖ ⟨jur⟩ *Vorbehalt* m **2.** a (~ly adv) *sparsam, haushälterisch* (of *mit*) ‖ [in comp] *ersparend* (labour-~ *arbeit–*) ‖ ⟨jur⟩ *Vorbehalts–,* ~ clause *–klausel* f; legal ~ clause *Sonderbestimmung* f *des Gesetzes* **3.** prep *außer, ausgenommen*; ~ my brother *außer m–m Bruder, ausgenommen mein B., m n B. aus–*; ~ your presence *mit Verlaub z sagen* **4.** conj *außer, ausgenommen* (~ in the country); ~ that *außer daß*

saviour [ˈseivjə] s *Retter* m ‖ the ⁎ *der Heiland, Erlöser* m
savoir faire [ˈsævwɑːˈfɛə] s Fr *Takt* m; *Gewandtheit* ⁎ **savoir vivre** [ˈsævwɑːˈvivr] s Fr *Lebensart, –gewandtheit* f
savory [seivəri] s ⟨cul⟩ *Bohnenkraut* n
savour, ⟨Am⟩ **savor** [ˈseivə] **1.** s (*charakt.*) *Geschmack* m ‖ *Würze* f, *Anreiz* (to *z*), *Genuß* m ‖ ⟨cul⟩ *Vorgericht* n ‖ ⟨fig⟩ *Beigeschmack, Anflug* m, *Spur* f (a ~ of) **2.** vi/t ‖ to ~ of ⟨mst fig⟩ *schmˑecken, riechen nach*; *e–n Anstrich h v*; *aussehen wie* ‖ vt ⁎ *würzen* ⟨a fig⟩ ‖ ⁎ ⟨fig⟩ *schmecken or riechen nach*; *aussehen wie* ‖ *recht genießen, auskosten, würdigen* ~ness ‖ ~rinis] s *Schmackhaftigkeit* f, *Wohlgeschmack, –geruch* m ~less [~lis] a *geschmacklos, fade* ‖ ~y [~ri] **1.** a (–rily adv) *schmackhaft; würzig, pikant* ‖ [mst neg] not ~ *nicht gerade appetitlich or anziehend* **2.** s *pikantes Vor– or Nachgericht* n, *–tisch* m

savoy [səˈvɔi] s ⟨hort⟩ *Wirsingkohl* m
Savoyard [səˈvɔiɑːd] s *Savoy·arde* m
savvy [ˈsævi] ⟨sl⟩ **1.** vt *verstehen*; no ~ *ich* (etc) *verstehe nicht* **2.** s *Verstand* m, °*Grütze* f, °*Grips* m

saw [sɔː] pret *v* to see
saw [sɔː] s *Säge* f ‖ [attr & comp] *Säge–* ‖ ~-back *gezackter Bergrücken* m ‖ ~-block *Sägeblock* m ‖ ~-fish ⟨ich⟩ *–fisch* m ‖ ~-

horse *–bock* m ‖ ~-mill *–mühle* f ‖ ~-set *Schränkeisen* n ‖ ~-teeth [pl] ⟨arts⟩ *Zahnleiste* f ‖ ~-toothed *zackig* ~dust [ˈ~dʌst] s *Sägemehl* n, *–späne* m pl ‖ to let the ~ out of a p *jdn* °*vermöbeln*; *jdm den Hochmut austreiben*; *jdn bloßstellen*

saw [sɔː] vt/i [~ed/~n, * ~ed] ‖ *sägen,* (*zer*)*schneiden* ‖ vi *sägen, sich sägen l* ~bones [ˈ~bounz] s ⟨sl hum⟩ *Chirurg* m ~ing [ˈ~iŋ] s *Sägen* n ‖ [attr] *Säge–*; ~-horse *–bock* m
saw [sɔː] s *Sprichwort* n, *Spruch* m
sawder [ˈsɔːdə] s [*nur in:*] soft ~ ⟨fam⟩ *Schmeichelei, Speichelleckerei* f
sawhorse [ˈsɔːhɔːs] s = saw-horse *Sägebock* m
Sawney [ˈsɔːni] **1.** s *Schotte* m ‖ ⁎ *Dummkopf, Tölpel* m **2.** ⁎ a ⟨fam⟩ *gut u dumm; rührselig*
sawyer [ˈsɔːjə] s (*Holz-*)*Säger* m
sax [sæks] s *Schieferschneidwerkzeug* n
saxatile [ˈsæksətail] a ⟨bot & zoo⟩ *auf Felsen wachsend or lebend*
saxboard [ˈsæksbɔːd] s ⟨mar⟩ *Dollbord* n
saxe [sæks] a; ~ blue *Sächsischblau, Neublau* n; [*a abs*]
saxhorn [ˈsækshɔːn] s ⟨mus⟩ (*nach A. Sax 1814–94*) *Saxhorn* n
saxifrage [ˈsæksifridʒ] s ⟨bot⟩ *Steinbrech* m, *Körner–, Wiesensteinbrech* m; *Pyramidal* ⁎ *Straußsteinbrech* m
Saxon [ˈsæksn] **1.** s (*Nieder-*)*Sachse* m ‖ *Sachse* m, *Sächsin* f (*des ehemaligen Königreichs*) ‖ *das Niedersächsische* ‖ *das Sächsische* **2.** a (*nieder*)*sächsisch* ‖ *sächsisch* ‖ ~y [~i] s *feines Wollgarn* n; *–tuch* n
saxophone [ˈsæksəfoun] s ⟨mus⟩ *Saxophˑon* n → saxhorn

say [sei] **I.** vt/i [said/said] **A.** vt **1. a.** *äußern, sagen* (a th; that, whether; to a p *jdm*; of a p *v jdm*) **b. Wendungen:** as was said *wie gesagt wurde*; there is much to be said *od* to say *es läßt sich viel sagen* (against, for); of the latter it is said *v letzterem wird gesagt* (that); that is ~ing a great deal, a lot *das besagt sehr viel, das will sehr viel heißen* ‖ what do you ~ to (a visit to the theatre)? *wie denkst du über ..?* what I ~ is *ich meine*; ~ *od* let us ~ *sagen wir, etwa*; I should ~ *ich möchte glauben* (that) ‖ not to ~ *um nicht z sagen*; to ~ nothing of *ganz z schweigen v*; to have nothing to ~ for o.s. *sich* (*wie gewöhnlich*) *ausschweigen*; so to ~ *sozusagen*; sad to ~ *bedauerlicherweise* ‖ to have nothing to ~ to *nichts z tun h mit* ‖ so said so done *gesagt, getan*; no sooner said than done *gesagt, getan* ‖ easier said than done *leichter gesagt als getan* **2.** *aufsagen, hersagen* (to ~ one's lessons); ~ grace, prayer s ‖ ⟨ec⟩ *lesen* (to ~ mass) **3.** *berichten*; when all was said *nach allem, was berichtet wurde*; wenn *man es recht betrachtet*; when all is said and done *letzten Endes*; it is said in the Bible *es heißt in der Bibel*; they *od* people ~, it is said *man sagt* (that; of a p that *v jdm daß*); he is said to be *er soll s* **B.** vi **1.** *die Meinung äußern, sagen* ‖ ~ away! *raus damit!* ‖ who said so? *wer sagte es?* ⟨fam⟩ you don't ~ (so)! *was Sie (nicht) sagen!* it is just as you ~ *genau wie Sie sagen*; I ~ (aber) *hör mal!* sieh e–r (an)! *nanˑu! was du nicht sagst! großartig!* that is to ~ *das heißt, will sagen*; that goes without saying *das versteht sich v selbst* ‖ ~ z. B. (a period of ~ 20 years) ‖ shall we ~ Australia, as ~ Australia *wie z. B. Australien*; 200 (~ two hundred) copies *200 (sage u schreibe) 200 Exemplare* **2.** gesagt *w* ‖ it ~s in the Bible *es heißt in der Bibel* **II.** s *Rede* f, [*nur in:*] to have a ~ (no ~) in (*nicht*) *mitzusprechen h bei* ‖ to have one's ~ *s–e Meinung sagen* (*dürfen*) (let him have his ~) ‖ it is my ~ now *jetzt komme ich an die Reihe* (*z sprechen*) ‖ to

say one's ∼ *sich aussprechen* **∼ing** ['∼iŋ] s
Sagen n, there is no ∼ *man kann nicht sagen* or
wissen | *Redensart* f, *Sprichwort* n, as the ∼ is
od goes *wie man z sagen pflegt* **∼-so** ['∼sou] s
⟨Am⟩ *Gerücht* n, *Ausspruch* m

sbirro ['zbirou] s It (pl –ri [–ri:]) *ital. Polizist* m

'sblood [zblʌd] ⟨poet & †⟩ = God's blood!
z Donnerwetter!

scab [skæb] s ⟨Am⟩ *Schiene, Lasche* f

scab [skæb] **1.** s (of a wound) *Schorf, Grind* m
|| (*T*) *Krätze* f; *Räude* f | *Schuft* m || *Streikbre-
cher* m **2.** vi *Schorf bilden* **∼bed** [∼d], **∼by**
['∼i] a *schorfig, Schorf–* || *räudig*

scabbard ['skæbəd] **1.** s (*Schwert–, Degen–*)
Scheide f || *Gewehrschuh* m (*am Sattel*) ∼-fish
⟨ich⟩ *aalartiger Fisch* m **2.** vt *in die Sch. stecken*

scabbiness ['skæbinis] s *Grindigkeit* f || ⟨fig⟩
Erbärmlichkeit f **–bby** [–bi] a ⟨fig⟩ *verächtlich,
schäbig*

scabies ['skeibii:z] s L ⟨med⟩ *Krätze* f **–ious**
['skeibiəs] a *krätzig; räudig*

scabious ['skeibiəs] s ⟨bot⟩ *Skabi·ose* f;
Grass-leaved ∼ *Grasblättrige Sk.* f, *Krätzkraut* n

scabrous ['skeibrəs] a *rauh* || (of subjects)
knifflig, heikel; anstößig, schlüpfrig

scad, skad [skæd] s ⟨ich⟩ *Bastardmakr·ele* f
scads [skædz] s pl ⟨Am⟩ *Mon·eten* pl (*Geld* n)
|| *gr Mengen* f pl

scaffold ['skæfəld] **1.** s (*Bretter–*)*Gerüst* n || ∼
pole Rundholz n; *Richtstange* f || *Schaf·ott* n
(on the ∼ *auf dem Sch.*) | ⟨anat⟩ *Knochengerüst*
n **2.** vt *mit e–m Gerüst versehen* **∼ing** [∼iŋ] s
Baumaterial, Rüstzeug n || *das Material* (*Pfähle,
Bretter*) n *f ein Gerüst; Gerüst* n; ⟨*a fig*⟩

scaglia ['skɑ:ljɑ] s It *dichter Kalkstein versch.
Farbe* m **–liola** [skɑ:'ljo:lɑ] s It *ital. Stuck z
Imitation v Steinarten* m

scalable ['skeiləbl] a *ersteigbar*

scalar ['skeilə] **1.** a ⟨bot⟩ *leiterförmig* ||
⟨math⟩ *skal·ar* || ∼ *field skal·ares Feld* n; ∼
magnitude Skal·argröße f **2.** s ⟨math⟩ *Skalar* m
(*Größe, die durch e–e einzige Zahlenangabe gekennzeichnet w kann; bei der Vektorrechnung*)

scalawag, scalla– ['skæləwæg], **scallywag**
['skæli–] s ⟨Am hist⟩ (*in Südstaaten nach Bür-
gerkrieg*) *Konjunkturritter* m, ⟨*allg sl*⟩ *Nichtsnutz, Bummler; Lump, Schuft* m; **∼s** [pl] *Gesindel* n

scald [skɔ:ld] **1.** vt (*durch heiße Flüssigkeit*)
verbrennen, –brühen || ⟨cul⟩ *abbrühen;* (*Milch*)
abkochen || (*a to* ∼ *out*) *auskochen; sterilisieren*
2. s *Verbrennung, –brühung; Brandwunde* f
∼ing ['∼iŋ] a (*a* ∼*-hot*) *brühend heiß; Brüh–*
|| ⟨fig⟩ *heiß*

scale [skeil] **I.** s **1.** ⟨zoo⟩ (*Fisch–* etc) *Schuppe*
f || ⟨anat⟩ *Schuppe* f | ⟨fig⟩ (of the eye) *Schuppe*
f, the ∼s *fall from his eyes die Schuppen fallen
ihm v den Augen* **2.** ⟨tech⟩ *Hammerschlag,
Glühspan* m | *Schale f e–s Taschenmessers* ||
Kessel–; Zahnstein m **3.** [attr] *Schuppen–*
(∼*-armour*) || ∼ *deposit Kesselsteinablagerung* f
II. vt/i **1.** vt (*Fisch*) *abschuppen; –schaben* |
⟨tech⟩ (*Kesselstein*) *ab–, ausklopfen;* (*Zahnstein*)
entfernen | *Schuppen, Kesselstein bilden in* or *an;
schuppenartig bedecken* **2.** vi *sich abschuppen;
sich abblättern* or *–schälen* || ⟨tech⟩ (*ver*)*zundern,
verschlacken; abblättern* | *mit Schuppen etc be-
deckt w* | **∼d** [∼d] a *schuppig* **∼less** ['∼lis] a
schuppenlos

scale [skeil] **1.** s *Waagschale* f; the ∼s [pl]
die Waage; a *pair of* ∼s *e–e W.* || ⟨fig⟩ to
throw into the ∼ ⟨fig⟩ *in die W. werfen* (against);
to throw one's influence into the ∼(s) *s–n Einfluß in die W. werfen, geltend m;* to turn the ∼
den Ausschlag geben | the ∼s [pl] ⟨astr⟩ *die
Waage* | ⟨racing⟩ *Waage* f (*f Jockeis*); to go to
∼ *gewogen w* | [attr] *Waage– (*∼*-beam –balken*

m) **2.** vt/i || *wiegen* (he ∼d 10 stone) | vi *gewo-
gen w*

scale [skeil] **I.** s **1.** ⟨mus⟩ *Tonleiter* f; to learn
one's ∼s *Tonleitern üben* **2.** ⟨übtr⟩ *Stufenleiter*
(the social ∼), *Abstufung, Skala* f (a ∼ of
wages); *Gradeinteilung* f **3.** *Größenverhältnis* n,
Maßstab m; *Ausmaß* n; *Größenordnung* f ||
(according) to ∼ *maßstabgerecht, –getreu;*
out of ∼ *nicht maßstabgerecht;* on a large
∼ *in großem M.;* drawn to a ∼ of 1 : 10
im M. v 1 : 10 gezeichnet; ∼ *dial Zahlenscheibe*
f; ∼ *mark Teilstrich* f; ∼ *model verkleinertes
Modell;* ∼ of rations *Rations–, Portionssatz* m;
∼ of spares *Ausgabesatz* m *f Ersatzteile*
II. vt/i **1.** vt *ersteigen, –klimmen* ⟨*a fig*⟩; ⟨mil⟩
mit Leitern erstürmen | to ∼ a th *e–n Maßstab
festlegen f etw; den Maßstab abschätzen v etw*
|| to ∼ *down nach e–m Maßstab herabsetzen;*
∼d *down verkleinert* || (*Löhne*) *herunterschrau-
ben* || to ∼ *up hinaufsetzen;* (*Preise*) *erhöhen*
2. vi *steigen* (to ∼ high)

scalene ['skeili:n, skæ'li:n] **1.** a ⟨geom⟩ *ungleichseitig* (triangle) **2.** s *ungleichseitiges Dreieck* n

scaler ['skeilə] s *jd, der Schuppen, Kesselstein*
(etc) *entfernt* || *Werkzeug* n *z Entfernung v
Schuppen* (etc)

scaliness ['skeilinis] s *das Schuppige, der
schuppige Charakter*

scaling ['skeiliŋ] s *Erklettern; Bestürmen* n |
Festlegung f nach e–m Maßstabe | [attr] ∼*-
ladder* ⟨mil⟩ *Sturmleiter* f; *Feuer–, Rettungs-
leiter* f; ∼ *relationship* ⟨scient⟩ *Ordnungsver-
hältnis* n

scall [skɔ:l] s ⟨dial⟩ (*Kopf–*)*Grind* m

scallawag ['skæləwæg] s → scalawag *Schelm,
Lausbub* m

scallion ['skæljən] s ⟨bot⟩ *Schal·otte* f

scallop, scoll– ['skɔləp] **1.** s ⟨zoo⟩ *Kammuschel*
f | (a ∼*-shell*) *Schale e–r Muschel; Porzellan-
schale* f || *Schüssel, Gericht* n (∼ of oysters)
| *bogenförmiger Ausschnitt* m; [mst pl] ∼s *Lan-
getten* f pl, *–stickerei* f (*Bogeneinfassung am
Kleid* etc); *Schuppenmuster* n **2.** vt (*Austern*) in
Schalen kochen | (*Rand*) *bogenförmig im
Schlingstich ausschneiden; mit Langetten be-
sticken*

scallywag ['skæliwæg] s → scalawag

scalp [skælp] **1.** s *Kopfhaut* f, *Skalp* m ||
⟨übtr⟩ *Siegestrophäe* f; out for ∼s *auf dem
Kriegspfade; kampflustig* || *kahle runde Berg-
spitze* f || ∼*-lock Skalplocke* f **2.** vt *skalpieren*
|| ⟨fig com Am⟩ *mit geringem Nutzen verkaufen,
kl Börsengewinn m;* ⟨pol⟩ (*Gegner*) *kaltstellen*

scalpel ['skælpəl] s ⟨surg⟩ *Skalp·ell* n (*kl
Seziermesser* n) ⟨*a fig*⟩

scalper ['skælpə] s ⟨med⟩ *Schabemesser* n
|| = scauper

scalpriform ['skælprifə:m] a ⟨zoo⟩ *meißel-
förmig* (teeth)

scaly ['skeili] a *schuppig, geschuppt; Schup-
pen–* | ⟨fig sl⟩ *schäbig*

scammony ['skæməni] s ⟨bot⟩ *Skamm·o-
nium–, Purgierwurzel* f || *Skamm·onium* n
(*Harz*)

scamp [skæmp] s *Vagabund, Taugenichts* m |
⟨hum⟩ *Racker* m

scamp [skæmp] vt *verpfuschen, liederlich arbeiten, °schluderig ausführen*

scamper ['skæmpə] **1.** vi *springen, herumjagen,
–tollen;* °*abhauen* **2.** s *Hetzen* n, *Galopp* m,
–tour f

scan [skæn] vt/i [–nn–] **1.** vt (*Vers*) *skand·ie-
ren* | *forschend* or *scharf ansehen; genau, kri-
tisch prüfen* || *betrachten* | ⟨telv⟩ (*Bild*) (*in
Licht– u Schattenelemente*) *zerlegen* || ⟨phot⟩

mit Licht abtasten ‖ *(Bereich) mit Radar ab-suchen* ‖ ⟨telv⟩ *rastern* **2.** vi (of verses) *sich skandieren l* **~ner** [′~ə] s ⟨phot⟩ *Abtaster* m ‖ ⟨telv⟩ *Bildabtaster* m, *Abtastscheibe* f, *Bild-feldzerleger* m **~ning** [′~iŋ] s ⟨telv⟩ *Bildzerle-gung* f → to *scan* ‖ ~ beam *Abtaststrahl* m ‖ ~ electron beam *abtastender Elektronenstrahl* m ‖ ~ device (*Radar-)Abtasteinrichtung* f, ⟨telv⟩ *Bildabtaster* m ‖ ~ lens ⟨phot⟩ *Abtastoptik* f ‖ ~ pattern (*Radar-)Abtastmuster* n

scandal [′skændl] s *öffentl. Ärgernis* m (to *f*); *Anstoß* m; *Aufsehen* n; *Skandal* m ‖ *Schmach* f **|** *Skandalgeschichten* f pl (fond of ~); *Klatsch* m; *Verleumdung* f; the School for ~ *die Läster-schule* f **|** ~-monger *Lästermaul* n, *Klatsche* f

scandalize [′skændəlaiz] vt * *verleumden* **|** *Anstoß erregen bei (jdm)*; to be ~d at *Anstoß nehmen an, empört s über* –**zing** s ⟨jur⟩ ~ public morals *Ärgerniserregung* f

scandalize [′skændəlaiz] vt ⟨mar⟩ *verkleinern*; to ~ a sail *die Segelfläche verkleinern*

scandalous [′skændələs] a (~ly adv) *Ärgernis or Anstoß erregend, skandal·ös* ‖ *schimpflich* ‖ *verleumderisch*; *klatschsüchtig* **~ness** [~nis] s *Anstößigkeit* f

Scandinavian [ˌskændi′neivjən] **1.** a *skandi-navisch* **2.** s *Skandinavier(in* f) m **|** *die skandi-navische Sprache* f

scandium [′skændiəm] s ⟨chem⟩ *Skandium* n

scannable [′skænəbl] a *skandierbar* (verse)

scansion [′skænʃən] s ⟨pros⟩ *Skandieren* n

scansorial [skæn′sɔ:riəl] a *Kletter–* (foot)

scant [skænt] a (~ly adv) *knapp, spärlich* **|** *kärglich, gering* ‖ *ermangelnd* (of a th *e–r S*), ~ of breath *kurzatmig* **~iness·** [′~inis], **~ness** [~nis] s *Knappheit* f ‖ *Unzulänglichkeit* f

scanties [′skæntiz] s pl (sehr) *kurzer Damen-schlüpfer* m

scantle [′skæntl] vt *zuschneiden*

scantling [′skæntliŋ] s (of timber; stone) *vor-geschriebene Größe or Stärke* f ‖ *kl Menge* f (a ~ of knowledge) ‖ *kl (Holz-)Latte* f, *zugeschnit-tenes Bauholz*; *Binde–, Brust–, Bundholz* n; ~s [pl] *kl Verbandstücke* n pl

scanty [′skænti] a (–tily adv) *knapp* ‖ *be-schränkt*; *eng* ‖ *unzulänglich, dürftig*

scape [skeip] s [in comp] –*schaft*; → *land*~, *river-~, sea-~*

scape [skeip] s ⟨arch & bot⟩ (*Säulen–*; *Blü-ten-)Schaft*; (*Feder-)Schaft* m

scape [skeip] v & s ⟨poet⟩ = *escape* **~ment** [′~mənt] s = *escapement*

scapegoat [′skeipgout] s *Sündenbock* m (for); *Prügelknabe* m

scapegrace [′skeipgreis] s *Taugenichts* m; °*Früchtchen* n

scapement [′skeipmənt] s (*Uhr-)Hemmung* f

scaphander [′skæfəndə] s ⟨aero⟩ *Höhen-(schutz)anzug* m

scapho- [′skæfo] [in comp] *Boot–, Kahn–* **~cephalus** [ˌskæfo′sefələs] s ⟨path⟩ *Kahnschä-del* m **~id** [′skæfɔid] a ⟨anat⟩ *Kahn–* (~ bone –*bein* n)

scapula [′skæpjulə] s L ⟨anat⟩ *Schulterblatt* n **~r** [~] **1.** a *Schulter–*; *Schulterblatt–* **2.** s ⟨ec⟩ *Skapul·ier* n (*Schulterbekleidung*) **~ry** [~ri] s = *scapular* s

scapus [′skeipəs] s L *Schaft* m *e–r Vogelfeder* m

scar [ska:] **1.** s *Narbe* f ‖ ⟨übtr⟩ *Furche, Runzel, Schramme* f ‖ ⟨min⟩ *Ritz* m **|** ⟨fig⟩ *zurückgebliebene Spur* f; (*Schand-)Fleck, M·a-kel* m **2.** vt/i ‖ *schrammen, ritzen* ‖ *furchen* ‖ ⟨übtr⟩ *entstellen* **|** vi: to ~ over [adv] *vernarben, –heilen*

scar [ska:] s *Klippe* f, *steiler Abhang* m; → *scaur*

scarab [′skærəb] s *Blatthorn–, bes Mistkäfer*

m ⟨ant⟩ *Skarab·äus* m (*Nachbildung des Mist-käfers in Stein*) **~aeid** [ˌskærə′bi:id] s *Gattung* f *der Blatthornkäfer* **~aeoid** [ˌskærə′bi:ɔid] s = scarabaeid ‖ ⟨ant⟩ *Siegelstein* m (etc) *in Form e–s Skarabäus* (→ scarab)

scaramouch [′skærəmu:ʃ] s Fr *Skaram·uz, Maulheld* (*bes in der* It commedia dell'arte), *Aufschneider, (feiger) Bramarbas* m; miles gloriosus L. ⟨ant⟩ **|** *Schurke* m

scarce [skɛəs] **1.** a (of food) *knapp, spärlich* ‖ *selten, rar*, to make o.s. ~ ⟨fam⟩ *sich aus dem Staube* m; *sich rar* m ‖ *schwer z finden*; *begehrt* **2.** adv ⟨poet & liter⟩ = ~ly **~ly** [′~li] adv *kaum*; ~ anything *fast nichts*; ~ .. when *kaum .. als* ‖ *nur mit Mühe, nur eben* ‖ *schwer-lich* ‖ *nicht* (I ~ know what ..) **~ness** [′~nis] s *Mangel* m (of *an*) ‖ *Seltenheit* f

scarcity [′skɛəsiti] s *Knappheit* f, *Mangel* m (of *an*) ‖ *Lebensmittelmangel* m, –*not, Teuerung* f ‖ *Seltenheit* f

scare [skɛə] **1.** vt *in Schrecken jagen, erschrek-ken*; *aufschrecken*; to be ~d of *sich fürchten vor* ‖ to be ~ed stiff *z Tode erschrocken* w or s ‖ (*Vögel*) *verscheuchen* (from *v*); to ~ away (*jdn*) *verjagen* **2.** s *plötzl. Schreck* m; *P·anik* f **|** [attr] *Schreckens–, Greuel–* (~ news) ‖ ~-buying *Angstkauf* m, –*käufe* pl ‖ ~-head(ing), ~-headline *sensationelle* (*Zeitungs-)Überschrift* f **~crow** [′~krou] s *Vogelscheuche* f ‖ ⟨fig⟩ *Schreckschuß* m; –*bild* n; *P·opanz* m **~monger** [′~ˌmʌŋə] s *Bange–, Miesmacher* m

scaredlycut [′skɛədlikʌt] s *Hasenfuß, Angst-hase* m

scarf [ska:f] s [pl scarves, ⟨bes Am⟩ ~s] *Schärpe* f ‖ *Binde* f ‖ *Halstuch* n, *Schal* m; (*Pelz-)Stola* f ‖ ⟨ec⟩ *langes breites* (*v den Schul-tern*) *herunterhängendes Seidenband* n *der engl. Geistlichen* ‖ *Halsbinde, Krawatte* f; ~-pin –*nnadel* f; ~-ring –*nring* m ‖ ⟨fig⟩ *Streifen* m (a ~ of cloud)

scarf [ska:f] **1.** vt ⟨carp⟩ (*Holzstücke* etc) *zus–blatten*; *in Längsrichtung verbinden* **2.** s a. ⟨carp & met⟩ *abgekantetes, zugespitztes Stück* (*Eisen*); *schräges Blatt* n (*Holz*) b. ⟨carp⟩ (*a ~-joint*) *Verbindung* f *zweier Holzteile in Längsrichtung*; *Verlaschen* n, *Laschung* f **|** ~-tenon *Blattzapfen* m

scarf-skin [′ska:fskin] s ⟨anat⟩ *äußere Haut-schicht*; *Epidermis* f

scarification [ˌskɛərifiˈkeiʃən] s ⟨surg⟩ *Skari-fizieren, Hauteinritzen* n –**fier** [′skɛərifaiə] s ⟨agr⟩ *Kultiv·ator* m (*Gerät*); *Straßenaufbrecher, Reißpflug* m, *Messeregge* f **~fy** [′skɛərifai] vt ⟨surg⟩ (*Haut* etc) *skarifizieren, oberflächliche Einschnitte* m in (*die Haut*) ‖ ⟨agr⟩ (*Boden*) *lockern mit e–m Kultivator*; ⟨for⟩ (*Boden*) *ver-wunden* **|** ⟨fig⟩ (*Gefühle*) *verletzen*; *kritisieren, heruntermachen*; *zerpflücken*

scarious [′skɛəriəs] a ⟨bot⟩ *dürr, trocken* ‖ ⟨zoo⟩ *nicht fleischig*

scarlatina [ˌska:lə′ti:nə] s ⟨med⟩ *Scharlach-fieber* n

scarlet [′ska:lit] **1.** s *Scharlachfarbe* f ‖ *scharlachrotes Gewand* n **|** ⟨hunt⟩ *roter Rock* m (to hunt in ⌁) **2.** a *scharlachrot*, to flush *od* turn ~ *puterrot* w ‖ ~ bean, ~-runner ⟨bot⟩ *tür-kische Bohne, Feuerbohne* f ‖ ~-dye *Kermes* m ‖ ~-hat *Kardinalshut* m **|** ~-woman ⟨bib cont⟩ *die römische Kirche* ‖ *Dirne* f **|** ⟨med⟩ *Schar-lach–* (~-fever –*fieber*); ⟨fig m.m. hist⟩ *Husaren-fieber* n)

scarp [ska:p] **1.** s ⟨fort⟩ *Eskarpe* ‖ *steile Böschung* f **2.** vt *abböschen, –dachen* ‖ ⟨sl⟩ *stehlen* **~ed** [~t] a *steil, abschüssig*

scarred [ska:d] a *Narben tragend, narbig* ‖ *gespalten*

scarus [′skɛərəs] s L ⟨ich⟩ *Seepapagei* m (*Papageifisch*)

scary ['skɛəri] a ⟨fam⟩ *schrecklich, erschrek-kend ‖ furchtsam, verschüchtert*
scat [skæt] s *Landsteuer* f (*der* freeholders *auf* Orkney)
scat [skæt] **1.** s *Schlag* m ‖ *Bums*; *Knall* m **2.** adv to go ~ *zus-brechen*; *bankrott* m **3.** vi ⟨*bes* Am fam⟩ °*schnell „verduften", sich dünne m*; ~! [imp] °*hau ab!*
scathe [skeið] s ⟨poet & †⟩ *Nachteil, Schaden* m (without ~) **~less** ['~lis] a (~ly adv) *ohne Schaden, unverletzt*
scathe [skeið] vt ⟨poet & rhet⟩ *verletzen*; *durch Feuer vernichten, versengen* **–thing** ['~iŋ] a (~ly adv) *vernichtend* ⟨a fig⟩; *scharf, beißend* (satire)
scatology [skə'tɒlədʒi] s *wissensch. Untersuchung fossiler Exkremente* f ‖ *Pornographie* f
scatter ['skætə] vt/i **1.** vt (*Samen*) *ausstreuen*; *umherstreuen* ‖ *verteilen, -breiten* ‖ *bestreuen* (with) ‖ *trennen, zerstreuen*; ⟨a fig⟩ to be ~ed to the four winds *in alle Winde zerstreut w* ‖ *verschwenden, –geuden* ‖ [attr] ~ pins ⟨Am tail⟩ *Perlenapplikation* f **2.** vi *sich zerteilen, sich verteilen, sich zerstreuen*; *sich verzetteln*; *aus-e-a-fliegen*; *zerstreut w*; *sich verbreiten* ‖ ~! [imp] ⟨fam⟩ °*hau ab!*; *sich (auf der Flucht) auflösen* **3.** s ⟨mil & stat⟩ *Streuung* f **4.** [in comp] ~**-brain** *Wirrkopf, konfuser Kopf* m ‖ ~**-brained** *konfus, faselig* **~ed** [~d] a *zerstreut liegend or auftretend*; *vereinzelt* ‖ ~ mines [pl] *Streuminen* f pl **~ing** [~riŋ] **1.** a (~ly adv) *zerstreut*; (of votes) ⟨Am⟩ *zersplittert*; *vereinzelt* **2.** s ⟨phot, at⟩ *Streuung* f ‖ ⟨tech⟩ *Zerstäubung* f
scaup [skɔ:p] s *kahle Hügelspitze* f; → scalp
scaup [skɔ:p], **~-duck** ['~dʌk] s ⟨orn⟩ *Bergente* f
scauper ['skɔ:pə] s ⟨engr⟩ *Werkzeug* n *z Aushöhlen*; *Stichel* m
scaur [skɔ:] s ⟨Scot⟩ *steiler Abhang* m; *Klippe* f; → scar
scavenge ['skævindʒ] vt/i ‖ (*die Straßen*) *kehren*, ⟨mot⟩ (*Zylinder mit Luft*) (*aus*)*spülen* ‖ vi *die Straßen fegen* ‖ ~ pump ⟨mot⟩ *Rückförder–, Absaugpumpe* f **–ging** [~iŋ] s *Straßenreinigung* f ‖ ⟨mot⟩ *Auspuffen, Ablassen* n *v Abgasen*
scavenger ['skævindʒə] **1.** s *Straßenkehrer* m **2.** vt/i *die Straßen kehren* **~ing** [~riŋ] s *Straßenreinigung* f ‖ ~ drill ⟨min⟩ *Spülbohrer* m
scena ['ʃeinə] s It ⟨mus⟩ *Szene* f *e–r Oper* ‖ *dramatisch belebtes Rezitativ* n **~rio** [si-'nɑ:riou] It s [pl ~s] ⟨theat⟩ *Szenenfolge* f *mit Anweisungen* (etc); ⟨film⟩ *Szenarium* n ‖ ⟨mil⟩ *im voraus festgelegter Manöverplan* m **~rist** ['si:nərist] s *Drehbuchschreiber* m
scene [si:n] s **1.** ⟨theat⟩ *Schauplatz* m; the ~ changes *der Sch. wird verlegt* (from .. to *v* .. nach); the ~ is laid *od* is set in *das Stück or die Handlung spielt in*; change of ~ *Wechsel* m *des Schauplatzes* ‖ (*die unsicht*) *Szene* f, *Auftritt* m; the ~ opens on a room *der A. beginnt in e-m Zimmer*; to arrive on the ~ *auftreten, erscheinen* ‖ *Bühnenausstattung* f, *–bild* n ‖ ⟨fig⟩ *Bild*; *Gebiet* n (the mineral ~ *das G. der Mineralien*) ‖ *Kulisse* f; behind the ~s [pl] *hinter den Kulissen* ⟨a fig⟩; to shift the ~s *K. schieben* **2.** ⟨Lit⟩ *Milieu* n **3.** ⟨übtr⟩ *Schauplatz* m, ~ of crime *Tatort* m; leaving *od* fleeing the ~ of an accident *Unfallflucht* f, → hit and run driving; to appear *od* come on the ~ *auf dem Sch. erscheinen*; *Schauspiel, Bild* n (a river ~) ‖ *Weltbühne* f; to quit the ~ *abtreten* (*sterben*) **3.** *Vorgang* m, (*erregter*) *Auftritt* m; *Szene* f; to make a p a ~ *jdm e-e S. m* **4.** [attr] *Theater–*, ~ painter *–maler* m; **~-shifter** *Kulissenschieber* m
scenery ['si:nəri] s ⟨theat⟩ *Szenerie, Theater–, Bühnendekoration, Ausstattung* f, *Bühnenbild* n ‖ *Schauspiel* n, *Landschaft* f; *–sbild* n

scenic ['si:nik] **I.** a **1.** (*a* * ~al) *dramatisch, Bühnen–, Theater–* ‖ *szenisch, Ausstattungs–* **2.** ⟨fig⟩ *dramatisch* ‖ *landschaftlich, malerisch*; *Landschafts–*; ⟨rail⟩ (of lines) *reich an Naturschönheiten* **II.** s ⟨film⟩ *Landschaftsfilm* m **~ally** [~əli] adv *in bühnentechnischer Hinsicht*
scenographic [,si:no'græfik] a *szenogr aphisch*; *perspektivisch* **–phy** [si:'nɒgrəfi] s *perspektivische Zeichnung* f; *Theater–, Perspektivmalerei* f
scent [sent] **1.** vt/i ‖ *riechen*; (a to ~ out) ⟨hunt⟩ (*Wild*) *wittern* ‖ ⟨fig⟩ (*etw*) *wittern* ‖ *durchduften* (with); *parfümieren* ‖ vi *schnüffeln*, *riechen* **2.** s (of dogs) *Witterungsvermögen* n; ⟨fig⟩ *Nase* f (for *f*) ‖ ⟨hunt⟩ *Witterung*; *Fährte* f; (of hounds) to carry the ~ *die Fährte halten*; ⟨fig⟩ *Spur, Fährte* f; on the false, wrong ~ *auf falscher F.*; to be on the ~ of a th *die Spur e–r S verfolgen*; to put, throw a p off the ~ *jdn v der F. abbringen*; to put a p on a ~ *jdn auf e–e F. bringen* ‖ ⟨fam fig⟩ on the ~ °*auf Achse* (*unterwegs*) ‖ *Geruch*, ⟨mst⟩ *Wohlgeruch, Duft* m ‖ *Parfüm* n ‖ [attr] *Riech–*; ~-**bottle** *–fläschchen* n **~ed** ['~id] a *wohlriechend* [*oft* in comp]; *parfümiert* **~less** ['~lis] a *geruchlos*
scepsis ['skepsis] s Gr ⟨philos⟩ *Skepsis* f
sceptic, ⟨*bes* Am⟩ sk– ['skeptik] **1.** * a (*mst* ~al) ~ philosopher *Sk eptiker* m **2.** s ⟨philos⟩ *Skeptiker* m ‖ *Zweifler*; *Ungläubiger* m **~al** [~əl] a (~ly adv) *skeptisch* ‖ *mißtrauisch* (about, *of* betreffs); *zweifelnd*; to be ~ about, of *bezweifeln* **~ism** ['skeptisizm] s ⟨philos⟩ *Skeptiz ismus* m ‖ *Zweifel* m
sceptre, ⟨Am⟩ **scepter** ['septə] s *Zepter* n ‖ ⟨fig⟩ *königl. Macht* f; to wield the ~ *das Zepter schwingen*; *herrschen* **~d** [~d] a *zeptertragend, herrschend*
Schappe [ʃæp; 'ʃapə] s ⟨Ger⟩ *Schappe, Florettseide* f
schedule ['ʃedju:l; ⟨Am⟩ 'skedju:l] **1.** s ⟨jur⟩ *tabellarisches Verzeichnis* n, *Liste, Tabelle* f (*als Anhang e–s Schriftstückes*) ‖ ⟨stat⟩ *Zählblatt* n, enumerator's *od* collective ~ *namentliche Liste* f ‖ ⟨engl⟩ *Einkommensteuerformular* n ‖ ⟨Am⟩ *Stundenplan* m; ⟨rail⟩ *Fahrplan* m, (according) to ~, on ~ *nach dem F.*, *f.mäßig*; ⟨übtr⟩ *plan–, programmäßig*; on ~ *pünktlich*; behind ~ ⟨*bes* Am rail⟩ *mit Verspätung*; to be behind ~ *V. h*, ⟨übtr⟩ *sich über die Zeit aufgehalten h* ‖ ~ of fire ⟨artill⟩ *Feuereinsatzplan* m ‖ ~ of calls *Dienstplan* m ‖ *festgesetzter Zeitpunkt, Termin* m (before ~) ‖ ⟨tech⟩ *lubrication* ~ *Schmierplan* m; maintenance ~ *Pflegeplan* m ‖ [attr] *fahrplanmäßig*; on, to ~ *time zur f.mäßigen Zeit* **2.** vt *in e–e Liste eintragen*; (*tabellarisch*) *zus–stellen*; *feststellen*, *–legen, bestimmen* ‖ the session is ~d on .. *die Sitzung ist anberaumt or festgesetzt auf ..* ‖ (*Arbeitsvorgang*) *planmäßig einteilen* ‖ *in e–m Plan ansetzen*; *–zeigen*; *vorsehen*; the ship is ~d to start on May 27. *nach dem F. soll das Schiff am 27. Mai abfahren*; ~d fire ⟨artill⟩ *Planschießen* n *od* to ~d time *z f.mäßigen Zeit* ‖ (*etw*) *als Anhang beifügen* (to *z*)
schema ['ski:mə] L s [pl ~ta] *Abriß* m; *äußere Form* (*e–s Sachverhalts*); *Ordnung, Norm* f ‖ ⟨gram⟩ *Redefigur* f; ⟨log⟩ *Figur* f **~tic** [ski'mætik] **1.** a (~ally adv) *anschaulich zusfassend*; *umrißhaft* ‖ *schem atisch*; ~ representation *Bilddarstellung* f **2.** s ⟨*bes* wir⟩ *Diagramm* n **~tism** ['ski:mətizm] s *anschauliche Anordnung* f ‖ *Schemat ismus* m; *Schematisierung*; (*übertriebene*) *schematische Anordnung* f
scheme [ski:m] **1.** s a. *Sch ema* n, *systematische Anordnung* or *Gestaltung, Zus–setzung* f ‖ *– Datstellung* f ‖ *Tabelle, Liste, Übersicht* f ‖ *Methode* f, *Plan* m (of doing *z tun*); under a ~ *nach e–m P.* ‖ *Entwurf* m **b.** *Anschlag* m,

Intr·ige f **2.** vt/i ‖ *systematisch anordnen*; *entwerfen*; *planen* (to do) ‖ *anstiften* | vi *Pläne m* ‖ *Ränke schmieden, intrigieren* **–mer** ['∼ə] s *Projektenmacher* m ‖ *Ränkeschmied* m **–ming** ['∼iŋ] **1.** a *ränkevoll, intrigierend* **2.** s *Pläneschmieden* n ‖ *Schlich* m, *Intr·ige* f

  scherm [skə:m] s ⟨Afrikaans⟩ *Windschirm* m
  scherzando [skɛət'sændou] adv ⟨mus⟩ *scherz·ando* **scherzo** ['skɛətsou] s ⟨mus⟩ *Sch·erzo* n
  Schiedam ['ski:dæm] s (*nach* ∼, *Stadt in Holland*) *holländ. Branntwein* m
  schipperke ['ʃipəki] s *holländ. Schoßhund* m
  schism ['sizm] s ⟨ec⟩ *Sch·isma* n, *Kirchenspaltung* f ‖ *Lossagung* v *der Kirche*; *Spaltung, Trennung* f (with *v*) **∼atic** [siz'mætic] **1.** a (∼ally adv) ⟨ec⟩ *schism·atisch* ‖ *abtrünnig, ketzerisch* **2.** s ⟨ec⟩ *Schism·atiker* ‖ *Abtrünniger* m **∼atical** [siz'mætikəl] a = schismatic
  schist [ʃist] s ⟨geol⟩ *Schiefer* m **∼ose** ['ʃistous], **∼ous** ['ʃistəs] a *schiefrig*; *Schiefer–*
  schizanthus [skai'zænθəs] s ⟨bot⟩ *Spaltblume* f
  schizo– ['skitsou–] Gr [in comp] *Spalt–, Spaltungs–* **∼genic** [‚skitso'dʒenik], **∼genous** [ski'tsodʒinəs] a *durch Spaltung entstanden* **∼mycetes** [‚skitsomai'si:ti:z] s pl *Schizomyz·eten* (*Spaltpilze*) pl **∼phrene** [∼fri:n] a *schizophr·en* **∼phrenese** [∼fri:'ni:z] s *Ausdrucksweise* f *e–s Schizofr·enen* **∼phrenia** [∼'fri:niə] s ⟨psych⟩ *Schizophren·ie* f, *Spaltungsirresein* n **∼phrenic** [∼'frenik] **1.** a *schizophr·en* **2.** s *der* (*die*) *Schizophrene* m (f)
  schlenter ['ʃlentə] a ⟨SAfr fam⟩ *unecht, nachgemacht*
  Schlieren ['ʃliərən] s pl Ger ⟨bes Am opt⟩ *Schlieren* pl
  schnapper ['ʃnæpə] s Ger ⟨ich⟩ *ein austral. Seefisch* m
  schnap(p)s [ʃnæps] s ⟨Ger⟩ *Schnaps* m
  schnorkel ['ʃnɔ:kl] s Ger ⟨sub mar⟩ *Schnorchel* m
  schnorrer ['ʃnɔrə] s *jüdischer Bettler* m
  scholar ['skɔlə] s ⟨† & vulg⟩ (*Elementar-*) *Schüler*(*in* f) m ‖ † *der Lernende*, he is a quick ∼ *er lernt schnell* | *Gelehrter* m ‖ *Stipendiat* m (of a college, etc) | *jd, der lesen u schreiben kann* ‖ ⟨fam⟩ he is a good English ∼ *er ist im Englischen gut beschlagen* **∼like** [∼laik], **∼ly** [∼li] a *gelehrt*; *–enhaft, Gelehrten–* **∼ship** [²∼ʃip] s *Gelehrsamkeit* f; (a classical ∼) *klassische G., humanistische Bildung* f ‖ ⟨school & univ⟩ *Stipendium*, ⟨univ⟩ *undergraduate* ∼ *Stipendium* n
  scholastic [skə'læstik; sko–] **1.** a (∼ally adv) ⟨philos⟩ *schol·astisch* ‖ *schulmäßig*; *pädagogisch* (∼ aptitude *pädagogische Eignung*); *Schul–* (∼ learning), *Lehr–* (∼ profession *–beruf* m; *–stand* m) | *pedantisch* **2.** s *Scholastiker* m **∼ism** [skə'læstisizm] s ⟨philos⟩ *Schol·astik* f
  scholiast ['skouliæst] s *Scholi·ast* m **–lium** ['skouliəm] s L ⟨ant⟩ *Sch·olie* f (*gelehrte Anmerkung*)
  school [sku:l] s **1.** *Schule* ‖ *als Institution*; → board, boarding, commercial, continuation, day, elementary, endow, grammar, high, primary, public, secondary ‖ boys' ∼, girls' ∼ *Knaben–, Mädchenschule* f ‖ the lower ∼ *die unteren*, the upper *od* senior ∼ *die oberen Klassen* f pl; *Unter–, Oberstufe* f ‖ *Schulgebäude* n ‖ *Gesamtheit* f *der Schüler* **2.** [ohne art] (*Schul-*) *Unterricht* m (in ∼ *im U.*); at ∼ *in or auf der Schule*, to go to ∼ *z Sch. gehen, die Sch. besuchen*; to tell tales out of ∼ ⟨fig⟩ *aus der Sch. plaudern* ‖ *Unterrichtszeit* f; ∼ is over *die Sch. ist aus* **3.** *Ausbildungs–, Berufsschule* f (etc); dancing ∼ *Tanzschule* ‖ *Akademie* f; ⵎ of Arts *Kunst–* f ‖ ⵎ of Motoring *Fahrschule* f **4.** ⟨fig⟩ *Ausbildungs–, Pflegstätte* f; *Zucht, Erziehung* f | the ∼ *die Schüler, Anhänger* m pl (*e–s Meisters*

etc), *Schule* f, *Lehrsystem* n, *Richtung* f (∼ of thought) **5.** ⟨univ⟩ *Fakultät* f, *die* (Honours-) *Prüfungen abhält*; *das mit e–r Prüfung abschließende wissenschaftl. Studium* n (the School of Theology) | the Medical ⵎs *die Kliniken* f pl ‖ ∼s [pl] *die* (*Fach-*)*Prüfungen* f pl; to be in, to be sitting for one's ∼s *sich den P. unterziehen* ‖ the ⵎs *Hör–, Prüfungssäle* m pl **6.** ∼ of artillery *Artillerie*(*schieß*)*schule* f, ∼ of musketry *Infanterieschießschule* f **7.** [attr] *Schul–* ‖ ∼ age *schulpflichtiges Alter, Schulalter* n; ∼-age population *Bev. im sch. A.* ‖ ∼ attendance *Schulbesuch* m ‖ ∼ board *Erziehungsrat* m f *Volksschulen* ‖ ∼-book *Schulbuch* n ‖ ∼ child ⟨demog⟩ *Kind* n *im schulpflichtigen Alter* ‖ ∼-days pl *–zeit* f, *–jahre* pl ‖ ∼-divine *Domscholaster* m ‖ ∼-edition *–ausgabe* f ‖ ∼-fee *–geld* n ‖ ∼-house *Schulhaus* n; *Wohnhaus* n *des Lehrers* or *des Direktors* ‖ ∼-ma'am, ∼-marm ['∼ma:m] ⟨fam⟩ *Schulmeisterin* f ⟨oft iron⟩ ‖ ∼ patrol *Schülerlotsendienst* m ‖ ∼ requisites pl *–sachen* pl, *–bedarf* m ‖ ∼ staff *Lehrkörper* m ‖ ∼ current ∼ statistics *Schulstatistik* f ‖ ∼-story *–roman* m ‖ ∼-teacher *Schullehrer* m ‖ ∼-time *–zeit* f ‖ ∼-work *–arbeit* f **∼able** ['∼əbl] a *schulungsfähig*; *schulpflichtig* **∼boy** ['∼bɔi] s *Schüler* m **∼fellow** ['∼felou] s *Mitschüler* m **∼girl** ['∼gə:l] s *Schülerin* f **∼ing** ['∼iŋ] s (*a*) years of ∼ ⟨stat⟩ *Schulbesuch* m **∼man** [∼mən] s *Schol·astiker* m **∼master** ['∼ma:stə] s *Direktor*; *Lehrer*; ⟨übtr⟩ *Schulmeister* m **∼masterly** ['∼ma:stəli] a *schulmeisterlich* **∼mate** ['∼meit] s *Mitschüler* m **∼mistress** ['∼mistris] s (*Schul-*)*Lehrerin* f **∼room** ['∼rum] s *Klassenzimmer* n; *Privatschulraum* m
  school ['sku:l] vt *einschulen* n ⟨übtr⟩ *unterweisen* (in); *erziehen, schulen* ‖ *beherrschen lernen, schulen*, to ∼ o.s. *sich durch Schulung gewöhnen an* a (*Pferd*) *dressieren* **∼ing** ['∼iŋ] s *Unterricht* m ‖ *Schulung* f ‖ *Schulgeld* n
  school [sku:l] **1.** s (of fish) *Schwarm* m, *Herde, Schar* f **2.** vi *in Schwärmen schwimmen* **∼er** ['∼ə] s ⟨ich sport⟩ *Meer–, Lachsforelle* f
  schooner ['sku:nə] s ⟨mar⟩ *Schoner* m (*Zweimaster*) ‖ ⟨Am fam⟩ °„*Stange*" f (*hohes Bier-Glas*)
  schorl [ʃɔ:l] s ⟨Ger minr⟩ *Schörl* m, (*schwarzer*) *Turmal·in* m
  schottische [ʃə'ti:ʃ] s ⟨Ger⟩ *Schottisch* m (*Tanz, Polka*)
  sciagram, skia– ['skaiəgræm], **sciagraph** [–grɑ:f], ⟨mst⟩ **skia–** s *Röntgenbild* n **–graphy** [skai'ægrəfi] s **1.** [mst sc–] *Schattenriß* m; *–malerei* f **2.** [mst sk–] *Röntgenphotographie* f [abstr]
  sciamachy [sai'æməki] s *Scheingefecht* n; *Kampf gegen Schatten* m, *Spiegelfechterei* f
  sciatic [sai'ætik] a ⟨med⟩ *Ischias–* (∼ nerve) **∼a** [∼ə] s L ⟨med⟩ *·Ischias* f
  science ['saiəns] s **1.** † *Wissen* n, *Kenntnisse* f pl **2.** *systematisiertes Wissen* n; *Wissenschaft* f (the ∼ of history *Geschichts–*); man of ∼ = scientist ‖ social ∼s *Sozialkunde, Gesellschaftswissenschaft* f, of s. ∼s *–wissenschaftlich* **3.** ∼ (a natural ∼) [koll] *die Naturwissenschaften* f pl → Christian **4.** ⟨sport⟩ *Können, gr Geschick* n **5.** [comp] ∼-fiction *technische Romane* pl; ∼ novel *Zukunftsroman* m
  scienter [sai'entə] L ⟨jur⟩ **1.** adv *mit Wissen, wissentlich* **2.** s to prove a (*od* the) ∼ *wissentliches Handeln nachweisen* **–tese** [saiən'ti:z] s *Fach–, „Geheim"-Sprache* f, ⟨aero⟩ *Kauderwelsch* n *der Wissenschaftler*
  scientific [‚saiən'tifik] a *wissenschaftlich systematisch, genau, exakt* ‖ *ausgebildet,* (*fach-*)*kundig* ‖ ∼ management ⟨bes Am⟩ *Planwirtschaft, Rationalisierung* f ‖ ⟨sport⟩

den Regeln gemäß; trainiert, geübt **~ally** [~əli] adv *auf wissensch. Grundlage; nach wissensch. Methode; in wissensch. Hinsicht*

scientism ['saiəntizm] s *Wissenschaftlichkeit* f **–ist** ['saiəntist] s *Wissenschaftler, Gelehrter* m || *Naturwissenschaftler, Mathematiker* m

scilicet ['sailiset] L adv (abbr sc., scil.) *nämlich, das heißt*

scilla ['silə] s L ⟨bot⟩ *Scilla* f (*Gattung* f *der Zwiebelgewächse*)

scimitar ['simitɑ:] s *Krumm–, Türkensäbel* m

scintilla [sin'tilə] s L ⟨fig⟩ *Fünkchen* n, *Spur* f (not a ~ of truth *kein F. Wahrheit*) **~nt** ['sintilənt] a (~ly adv) *funkelnd* **~te** ['sintileit] vi/t || *funkeln* || *geistig glänzen* || ⟨film⟩ *flimmern* | vt (*Licht*) *aussenden*; ⟨a übtr⟩ **–tion** [,sinti'leiʃən] s *Funkeln* n; ⟨übtr⟩ *Glänzen* n; *Funken* m (~s of wit)

sciolism ['saiolizm] s *Halbwissen* n **–ist** ['saiolist] s *Halbwisser* m

sciomancy ['saioamænsi] s *Wahrsagung* f *aus dem Schatten*

scion ['saiən] s ⟨bot⟩ *Ableger* m, *Pfropfreis* n || ⟨fig⟩ *Sproß, Sprößling; Erbe* m

scirrhous ['sirəs] a ⟨path⟩ ~ *cancer* = scirrhus || ⟨übtr⟩ *verhärtet, hart* **–hus** ['sirəs] s L ⟨path⟩ *harte Krebsgeschwulst* f

scissel ['sisl] s *Metallabfall* m, *–späne* m pl

scissile ['sisil] a (*leicht*) *spaltbar*

scission ['siʒən] s *Spalten* n, *Spaltung* f || ⟨fig⟩ *Einschnitt, Schnitt* m (in)

scissor ['sizə] vt ⟨fam⟩ *mit der Schere* (*zer*)*schneiden*; to ~ off *ab–* || (a to ~ out) (*aus*)*schneiden* (from *aus*) **~ing** [~riŋ] s; **~s** [pl] (*Schneider-*)*Abfälle* m pl, *Schnitzel* n pl **scissors** ['sizəz] s pl **1.** [a sg konstr; a ~] *Schere* f (a pair of ~, ⟨fam⟩ a ~ *e–e Sch.*); my ~ *m–e Sch.*); nail-~ *Nagel–* || *Scheren* pl **2.** [attr *mst*] scissor *Scheren–* || scissor-bill ⟨Am fam⟩ *Weltverachter* m || scissor-case *Scherenfutteral* n || ~(s)-grinder *–schleifer* m

scissure ['siʃə] s *Riß, Spalt; Einschnitt* m

sciurine ['saijuərin] **1.** a *Eichhörnchen–* **2.** s ⟨zoo⟩ *Eichhörnchen* n

sclaff [sklæf] ⟨golf⟩ **1.** s *Fehlschlag* m *auf den Boden* **2.** vt to ~ the ground *auf den Boden schlagen*

sclera ['skliərə] s L ⟨anat⟩ *weiße Augenhaut* f

sclerenchyma [skliə'reŋkimə] s ⟨bot & zoo⟩ *verhärtetes Zellgewebe* n

scleriasis [,skliə'raiəsis] s ⟨path⟩ *harte Geschwulst* f

scleritis [skliə'raitis] s *Entzündung* f *der sclera* (→ *d*)

sclero– ['skliəro] Gr [in comp] *hart; trocken* **~derm** [~dɔ:m] s ⟨ich⟩ *hartschuppiger Fisch* m **~ma** [skliə'roumə] s ⟨path⟩ = scleriasis **~meter** [skliə'rəmitə] s ⟨tech⟩ *Härtemesser* m || ~ test *Ritzversuch* m **~sis** [skliə'rousis] s Gr (pl –ses [–si:z]) *Sklerose*, *Verhärtung* f, ~ of the arteries *Arterienverkalkung* f **~tic** [skliə-'rɔtik] **1.** a *hart* || *an Sklerose leidend* **2.** s *Lederhaut* f (*des Auges*)

sclerous ['skliərəs] a *hart, verhärtet*

scobs [skɔbz] s pl! *Feilstaub, Sägestaub* m, *–späne* m pl

scoff [skɔf] **1.** s *Hohn, Spott* m (at *über*) || *Gegenstand des Spotts* **2.** vi *höhnen*; ⟨bes rel⟩ *spotten*; to ~ at *spotten über, verspotten* **~er** [~'ə] s *Spötter*(*in* f) m **~ing** [~iŋ] a (~ly adv) *spöttisch*

scold [skould] **1.** s *böses, zänkisches Weib* n, *Dragoner* m **2.** vi/t || *schelten, zanken* | vt (*jdn*) *ausschelten, –zanken* **~er** [~'ə] s to be a ~ *tüchtig schelten können* **~ing** [~iŋ] s *Schelte* f, *–ten* n; to give a p a good ~ *jdn tüchtig ausschelten*

scolex ['skouleks] s L *Kopf* m *des Bandwurms*

scoliosis [skɔli'ousis] s ⟨med⟩ *seitliche Rückgrat(s)verkrümmung* f

scollop ['skɔləp] s & v = scallop

scolopaceous [,skɔlo'peiʃəs] a ⟨orn⟩ *Schnepfen–*

scolopender [,skɔlo'pendə], **–dra** [–drə] s ⟨zoo⟩ *Tausendfüßler* m

scomber ['skɔmbə] s ⟨ich⟩ *Makr·ele* f

sconce [skɔns] s *Wandleuchter* m; *Lichthalter; Klavierleuchter* m

sconce [skɔns] s ⟨sl⟩ *Schädel* m || ⟨übtr⟩ *Helm* m || ⟨fig⟩ °*Grips* m (*Verstand*)

sconce [skɔns] **1.** vt ⟨univ Oxf⟩ (*jdn*) *in die* (*gr*) *Kanne steigen l* **2.** s ⟨Oxf⟩ *Verurteilung* f z *e–m Krug Bier* || *Strafe* f

sconce [skɔns] s *Schanze* f; *Eisscholle* f

scon(e) [skɔn] s *weicher dünner Weizen–, Gerstenmehlkuchen* m, *rundes flaches Stück Feinbrot* n

scoop [sku:p] s *Schöpfer* m, *Schöpfkelle* f; *Schaufel, Schippe* f || ⟨tech⟩ *Stecher*; → cheese | **~-net** *Streichnetz* n || **~-wheel** *Schöpfrad* n **scoop** [sku:p] **A.** vt **1.** (*Wasser*) *schaufeln, schöpfen* (from, out of *aus*); (a to ~ away) *fortschaufeln, –schaffen* || to ~ up *auf–, zusschaufeln*; (*Geld*) *zus–scharren* **2.** (a to ~ out) (*Loch*) *schaufeln, aushöhlen; graben* **3.** ⟨sl⟩ (of newspapers) (*Nachricht*) *zuerst berichten, –melden*; (*Zeitung* etc) *durch Erstmeldung ausstechen* | (*Gewinn*) *einheimsen, –stecken*; *sich zuerst (etw) aneignen* **B.** s **1.** *Schaufeln, Schippen* n; *Schub* m; in, with one ~ *mit e–m Schub* or *Griff* || *Höhle, Aushöhlung* f **2.** ⟨Am sl⟩ (in newspapers) *Allein–, Erstmeldung* f || *gr Gewinn* m

scoot [sku:t] vi ⟨sl⟩ *rasen, schießen*; °*wetzen, flitzen* || *ausreißen* **~er** [~'ə] s **1.** *Roller* m (f *Kinder* & ⟨mot⟩), *Motor-Roller* m **2.** vi *mit e–m* or *dem Roller fahren*, → *zero-derivation* **~erette** [~ə'ret] s (*Motor–, Klein-*)*Roller* m

scopa ['skoupə] s L (pl –ae [–i:]) ⟨ent⟩ *Haarbüschel* n (*am Bein* v *Bienen*)

scope [skoup] s **1.** *Ziel* n **2.** *geistiger Horizont, Gesichtskreis* m | *Wirkungskreis* m; *Anwendungsbereich* m (z B: *e–s Abkommens*); *Gebiet, Feld* n; *Rahmen, Bereich* m (beyond, within my ~ *außer–, innerhalb m–s Bereiches*; it lies outside his ~ *es entzieht sich s–r Zuständigkeit*); *Spielraum* m (for *f*); *Möglichkeiten* pl (for); *freie ~ Bewegungsfreiheit* f || to give full ~ to a th *e–r S freien Lauf l* || *Ausmaß* n, *Umfang* m (~ of obligations); ~ of application *Geltungsbereich* m (*e–s Vertrages, e–r Vorschrift*) || *Rahmen* m, *Gebiet* n || (*Radar-*)*Bildschirm* m; *Schirmbild* n **3.** ⟨mar⟩ *Länge* f *des Ankertaus*

scorbutic [skɔ:'bju:tik] **1.** a *skorbutisch, Skorb·ut–* **2.** s *Skorb·utkranker* m || → scurvy

scorch [skɔ:tʃ] **1.** vt/i || *verbrennen, –sengen* (to ~ one's face *sich das Gesicht verbrennen*); ⟨mil⟩ *verwüsten*; ~ed earth (*Politik der*) *verbrannte(n) Erde* f || *trocknen, dörren* || ⟨fig⟩ (*Gefühl*) *verletzen* | vi *versengt w* || ⟨mot fam⟩ *rasen, hetzen, jagen* (*schnell u rücksichtslos fahren*) **2.** s *Brandmal* n, *–fleck* m || ⟨mot fam⟩ *rasendes Tempo* n **~er** [~'ə] s *etw Heißes*; *sehr,* (°*brüllend*) *heißer Tag* m || ⟨fam mot⟩ *Rasender* (*rücksichtsloser Fahrer*) m || ⟨sl⟩ *etw Außergewöhnliches, Großartiges* n; *Sensationelles,* °*Mordsding* n, *Pfundsbemerkung* f **~ing** [~iŋ] **1.** s *Versengen* n; *Brandwunde* f || ⟨sl mot⟩ *rasendes Fahren, rasendes Tempo* n **2.** a (~ly adv) *sehr heiß, brennend* (day) || ⟨fig⟩ *beißend* (wit) **3.** adv *brennend* (~ hot)

score [skɔ:] s **1. a.** *Kerbe* f, *Einschnitt* m || (*Grenz-*)*Strich* m, (*Grenz-*)*Linie* f **b.** ⟨mus⟩ *Partitur; Musik* f, *musikalischer Teil* m (*e–r Operette*) **2.** *Rechnung, Zeche* f; to run up a ~ *Schulden* m | (up)on the ~ of a th *wegen e–r*

S; *um e–r S willen*; *in Hinsicht auf etw*; on this ~ *diesetwegen, was das betrifft* **3.** ⟨sport⟩ *Punktzähler* f, *–liste* f; *Punktzahl* f; ⟨mil⟩ *Treffer-Ergebnis* n; what's the ~ now? *wie steht das Spiel?* ‖ *Anzahl* f (*Läufe* etc) ‖ *Leistung* f ‖ *Glück* n, °*Dusel* m (what a ~!); a great ~ *ein Mordsspaß, großartig* **4.** [*unflekt. nach Zahlen*] *Satz v 20* (5 ~ of); threescore (years) and ten 70 (*Jahre*); *20 od 21 Pfund*; → dozen ‖ ~s [pl] *Mengen* f pl, ~s of people *gr Mengen v Menschen* **5.** [attr] ~ book *Schießbuch* n

score [skɔː] vt/i **A.** vt **1.** *einkerben, –schneiden* ⟨a fig⟩; to ~ a mark ⟨fig⟩ *e–n Eindruck hinterlassen* (in) **2.** *mit Linien versehen*; to ~ out *ausstreichen* ‖ ⟨mus⟩ *in Partitur setzen, instrumentieren* **3.** (*durch Kerben, Striche*) *aufzeichnen, festlegen*; to ~ up (*Zeche*) *auf–, anschreiben*; to ~ a sum against a p *jdm e–e Summe* °*ankreiden* ‖ (*Punkte*) *zählen*; (in games) *Punkte m* (to ~ 100); to ~ an advantage, a success *e–n Erfolg h or gewinnen, e–n E. f sich* [acc] *buchen* ‖ ⟨Am⟩ to ~ a hit *e–n Riesenerfolg h* **B.** vi *Punkte zählen*; *gezählt w, zählen* (that ~s for me) ‖ *Punkte m*; *Erfolg, Glück h*; *gewinnen* ‖ ⟨mil⟩ *Treffer erzielen* ‖ to ~ off [prep] a p ⟨fig⟩ *jdn schlagen, ausstechen*; *über jdn triumphieren* **scorer** [ˈ~rə] s ⟨sport⟩ *Punktzähler*; *–macher* m **scoring** [ˈ~riŋ] s ⟨mus⟩ *Einrichtung* f *f Orchester*

scoria [ˈskɔːriə] s L (pl *–ae* [–iː]) ⟨met⟩ *Schlacke* f ‖ ⟨geol⟩ *Gesteinsschlacke* f ‖ ~ brick *Schlacken(ziegel)stein* m ~**ceous** [ˌskɔːriˈeiʃəs] a *schlackig, Schlacken–*

scorification [ˌskɔːrifiˈkeiʃən] s ⟨met⟩ *Verschlackung*; *Schlackenbildung* f —**fy** [ˈskɔːrifai] vt (*Metall*) *verschlacken*; *in Schlacken verwandeln*

scorn [skɔːn] **1.** s *Verachtung* (of a p *jds*); *Geringschätzung* f (for *f*) ‖ *Verspottung* f, *Spott* m; to hold in ~, to think ~ of *verachten*, to laugh to ~ *lächerlich m, aus–, verlachen*; to think it ~ *es f verächtlich halten* (to do) ‖ *Gegenstand m des Spottes* (to be the ~ of a p; a ~ to a p) **2.** vt *verachten* (a p a th); he ~s *lying er verachtet die Lüge* ‖ *verschmähen, v sich weisen* (a th; to do *z tun*) ‖ ~**er** [ˈ~ə] s *Verächter* m ‖ *Spötter* m ~**ful** [ˈ~ful] a (~ly adv) *verächtlich, spöttisch* ~**ing** [ˈ~iŋ] s *Verspottung* f (Christi), → mocking

Scorpio [ˈskɔːpiou] s L ⟨astr⟩ *der Skorpi·on* m ⁓**id** [ˈskɔːpiəid] **1.** a ⟨bot⟩ *gleich e–m Skorpionsschwanz gewunden*; ⟨zoo⟩ *skorpionartig* **2.** s ⟨zoo⟩ *Skorpion* m ‖ ⁓**n** [ˈskɔːpjən] s ⟨zoo⟩ *Skorpi·on* m; false ~ *After–, Pseudo–* ‖ the ⁓ ⟨astr⟩ *der Skorpion* ‖ [attr] *Skorpion–* (~-fly –*fliege* f)

scot [skɔt] s ⟨hist⟩ *Schoß m*; *Abgabe, Steuer* f ‖ *Zahlung* f; *Beitrag* m ‖ to pay a p ~ and lot *jdn auf Heller u Pfennig bezahlen*; ⟨fig⟩ to pay one's ~ *s–n Beitrag leisten* ‖ ~-free *°steuerfrei* ‖ ⟨fig⟩ *ungestraft*

Scot [skɔt] s ⟨hist⟩ *Skote* (*Gaele*) m ‖ *Schotte m*

Scotch [skɔtʃ] **1.** a *schottisch* [*dafür mst Scottish u Scots, a in Engld. außer in best. Wendungen*] ‖ ~ broth *schott. Perlgraupensuppe* f ‖ ~ fir *Gemeine Kiefer* f ‖ ~ mist *dicker, nasser Nebel* m ‖ ~ terrier *schott. Terrier* m ‖ ~ whisky *schott. Whisky* f ‖ ~ woodcock ⟨cul⟩ *Rührei n u Anschovis f auf Toast* **2.** s the ~ *die Schotten* m pl ‖ *das Schottische* n ‖ ⟨fam⟩ *schottischer Whisky* ~-**man** [ˈ~mən] s *Schotte* m; the Flying ~ ⟨rail fam⟩ *der Schottland-Expreß* (Euston-Edinburgh) ~**woman** [ˈ~wumən] s

scotch [skɔtʃ] **1.** vt *vernichten; töten* ‖ ⟨fig⟩ *unschädlich m*; *ersticken, unterdrücken*; *z Schweigen bringen* (gossip) **2.** s *Einschnitt, Riß* m ‖ *markierte Linie* f

scotch [skɔtʃ] **1.** s *Hemmkeil, –klotz* m (*f Wagenräder*) **2.** vt (*Rad*) *durch Unterlage hemmen*

scoter [ˈskoutə] s ⟨orn⟩ (a common ~) *Trauerente*; surf ~ *Brillenente*; velvet ~ *Samtente* f

scotia [ˈskouʃə] s L ⟨arch⟩ *Kehlung* (*am Fuß e–r Säule*); *Hohlkehle, –leiste* f

Scotism [ˈskoutizm] s *Philosophie* f *des Duns Scotus* († 1308)

Scotland Yard [ˈskɔtləndˈjɑːd] s *Hauptdienstgebäude u Zentrale der Londoner Polizei, bes Kriminalpolizei*; *Lond. Polizeipräsidium* n, *–behörde* f

scotodinia [ˌskɔtoˈdainiə] s *Übelkeit* f, *Schwindel* m

scotoma [skəˈtoumə] s ⟨psych⟩ *Gesichtsfeldausfall* m

scotophobia [ˌskɔtoˈfoubiə] s ⟨psych⟩ *Dunkelheitsangst* f

Scots [skɔts] **1.** a *schottisch* (the ~ language, law) **2.** s *schottischer Dialekt* m (to speak broad ~); Middle ~ *das Mittelschottische* ~**man** [ˈ~mən] s *Schotte* m ~**woman** [ˈ~wumən] s *Schottin* f

Scottice [ˈskɔtisi] adv L *auf Schottisch* –**icism** [ˈskɔtisizm] s *schottische Spracheigenheit* f –**icize** [ˈskɔtisaiz] vt/i ‖ (*e–r S*) *schottischen Charakter geben*; (etw) *ins Schottische übertragen* ‖ vi *schottisch aussprechen* etc –**ish** [ˈskɔtiʃ] **1.** a *schottisch* (~ history, literature; the ~ church) **2.** s *das Schottische* n | * [*mst the Scots*] the ~ *die Schotten* m pl

scoundrel [ˈskaundrəl] s *Schuft, Schurke* m ~**ism** [~izm] s *Schurkerei* f ~**ly** [~i] a *schurkisch, Schurken–*

scour [ˈskauə] **1.** vt *scheuern, fest abreiben*; *–wischen* (from, off *v*); *putzen* ‖ (*Schmutz*) *wegschwemmen, –spülen*; (*Röhre*) *reinigen*; *ausspülen* ‖ (*Wolle*) *entschweißen* ‖ *ausfegen, säubern* ‖ (*Land*) *säubern* (of, from *v*) **2.** s *Scheuern, Ausschwemmen* ‖ *Durchströmen* n; *Strömung* f ‖ *Unter–, Wegwaschung* f, *ausgehöhlter Kanal* m, *–es Bett* n ‖ [a pl ~s] *Art Ruhr* f (*des Viehs*) ‖ ⟨chem⟩ *Reinigungssubstanz* (*f Wolle*) f ~**ing** [~riŋ] s ⟨fig⟩ the ~s *der Abschaum* ‖ [attr] ~ powder *Scheuermittel* n

scour [ˈskauə] vi/t ‖ *begierig eilen, jagen* (over, through); to ~ about *umherjagen* ‖ vt (*Gebiet*) *durch–, abstreifen, durch–, absuchen* (for *nach*) ‖ *ab–, blankbeizen* ‖ ⟨fig⟩ (*Schriftstück* etc) *durch–, überfliegen*

scourge [skəːdʒ] **1.** s *Geißel, Peitsche* f ‖ ⟨fig⟩ *Geißel, Plage* f **2.** vt ⟨rhet⟩ *geißeln*; ⟨fig⟩ *züchtigen, quälen, bedrücken* ‖ ~**r** [ˈ~ə] s *Geißler, Züchtiger*; *Geißelbruder* m –**ging** [ˈ~iŋ] s ⟨arts⟩ ⁓ of Christ *Christi Geißelung* f, *Christus an der Martersäule*

scout [skaut] **1.** s *Spähen* n; *Suche* f (to send on the ~) ‖ ⟨mil⟩ *Kundschafter* m ‖ ⟨Am fam⟩ *Kerl* m ‖ ⟨mar⟩ *Kundschafterschiff* n, ⟨aero⟩ *Aufklärungs–, Erkundungsflugzeug* n ‖ *Aufpasser, Wächter* m ‖ ⟨univ⟩ (*College-*)*Aufwärter* m ‖ ~ airplane *Erkundungsflugzeug* n, *Aufklärer*; ~ car (*bes Am mil*) (*Panzer-*)*Spähwagen* m ‖ Boy ~ *Pfadfinder* m (ggr. 1908); ⁓-master *Gruppenführer* m *der Pf.* ‖ ~ party *Spähtrupp* m ‖ ~ vehicle *Erkundungsfahrzeug* n ‖ ~ vessel ⟨mar⟩ *Aufklärungsfahrzeug* n **2.** vi *spähen*; ~ about *herumspähen, –horchen* ‖ (*bes mil*) *kundschaften, erkunden* ~**ing** [ˈ~iŋ] s [attr] *Aufklärungs–*; ~ raid *Erkundungsvorstoß* m

scout [skaut] s ⟨orn⟩ *Name f versch. Alkarten*

scout [skaut] vt (*Vorschlag*) *verächtlich ab–, zurück–, v sich weisen*

scovel [ˈskɔvəl] s (*S*) *Ofenwäscher*, (*Kanonen-*)*Rohrwischer* m

scow [skau] s *Leichter* m, *–schiff* n; *Prahm* m; → pram

scowl [skaul] **1.** vi *finster, grollend blicken*; to ~ at *finster anblicken* **2.** s *finsterer Blick* m

scrabble ['skræbl] vi/t | *kritzeln* (on *auf*) || to ~ about *herumscharren, –suchen* (for *nach*) | *krabbeln* | vt *bekritzeln* (with) | (to ~ away, off) *hastig fortscharren* | (*Loch*) *scharren*

scrag [skræg] **1.** s *magere P*; *Gerippe* n || *verkümmerter Baum* m || (*mst* ~-end) *dünnes Halsstück* n (*e–s Hammels*) || ⟨sl⟩ *Hals* m **2.** ⟨sl⟩ vt (*jdn*) *aufhängen*; (*jdn*) *erdrosseln, –würgen* || ⟨ftb⟩ (*jds Hals*) *umdrehen* **~giness** ['~inis] s *Magerkeit* f **~gy** ['~i] a (*–ggily adv*) *dürr, mager*

scram [skræm] vi (*bes* Am sl) °*sich dünne m* || ~! *hau ab*! *verdufte*!, → scramble | ~ action *Schnellschlußaktion* f || ~ system *Alarmvorrichtung* f

scramasax ['skræməsæks] s *Kurzschwert* n

scramble ['skræmbl] **1.** vi/t | (*herum*)*klettern*; *krabbeln, kriechen* (among *zw*); ⟨a übtr⟩ (into one's clothes) || to ~ for *grapsen nach, sich balgen* or *reißen um*; ⟨fig⟩ *jagen nach* || to ~ through *sich mühsam hindurcharbeiten durch* | vt *rasch zus–lesen, aufraffen* || (*Geld*) *umherstreuen, –werfen* (*damit andere sich darum reißen*) || (*Eier*) *verrühren*; ~d eggs [pl] *Rührei* n **2.** s *Herumklettern* n || *Balgerei* f, *Sich-Reißen* n (for *um*); ⟨fig⟩ *Jagd* f (for *nach*) || *Motorradhindernisrennen* n **3.** (*a* ~-amble) → amble-~ **4.** [attr] ~ order *Alarmstartbefehl* m || ~ table (*Verschlüsselung-*)*Würfeltafel* f

scran [skræn] s (*Lebensmittel-*)*Abfälle* m pl; ⟨sl⟩ *Fressalien* f pl || ⟨Alr⟩ *bad* ~ to him *z Teufel mit ihm, der T. hol' ihn*

scrannel ['skrænl] a *dünn, mager*; *schwach*

scrap [skræp] **I.** s **1.** *Rest* m, *Stückchen* n, *Brocken* m (~ of bread); *Schnitzel* n (~ of paper); ⟨übtr⟩ a ~ of paper *ein Fetzen* m *Papier* | ⟨fig⟩ *bißchen* n; not a ~ *nicht ein b.* || not a ~ of excuse *nicht die geringste E.*; not a ~ of imagination *k–n Funken Einbildungskraft*; it won't do a ~ of good *to make excuses alles Sich-entschuldigen ist vollkommen nutzlos* **2.** *ausgeschnittenes Bild* n, (*Zeitungs-*)*Ausschnitt* m *z Einkleben* **3.** ~s [pl] *Überreste*; *Brocken* m pl, ⟨a fig⟩ (~s of news) **4.** *Abfall* m; *Schrott* m; (*a* ~-iron) *Alteisen* n ⟨a fig⟩ **5.** [attr] ~-book *Sammel–, Einklebebuch* n || ~-heap *Müllhaufen* m; *Haufen alten Eisens* || ~ material ⟨tech⟩ *Arbeitsausschuß* m (*S*) || ~ metal *Altmetall* n, *Schrott* m || ~ tobacco ⟨Am⟩ *Shagtabak* m || ~ yard *Schrottplatz* m; *Autoverwertung* f, *–friedhof* m **II.** vt (*etw*) *z alten Eisen werfen*; *verschrotten*; ⟨fig⟩ *über Bord werfen*, *ausrangieren*

scrap [skræp] ⟨sl⟩ **1.** s *Rauferei, Balgerei* f; *Boxkampf* m || *Streit* m **2.** vi *sich balgen, kämpfen* | *sich streiten*

scrape [skreip] **I.** vt/i **A.** vt **1.** *schaben, kratzen, reiben*; *schrappen*; to ~ one's knee against *mit dem Knie reiben gegen* | *kratzen auf*; *abkratzen* | to ~ off (*etw*) *abschaben, abkratzen* || to ~ out *auskratzen*; *säubern* || to ~ together, up *zus–kratzen, –scharren* **2.** (*etw*) *kratzend ziehen, bewegen* (over *über*); *scharren*; to ~ one's feet *mit den Füßen sch.*; to ~ a fiddle *auf der Geige* (*herum*)*kratzen* **3.** ⟨übtr⟩ to ~ acquaintance with *bekannt w, anbändeln mit* || to ~ a living *sich mühsam durchschlagen* **B.** vi **1.** *sich schaben* or *reiben* (against *an*) || *meckern* (*Bekassine*) || to ~ through [prep] *sich durchwinden, –quetschen durch* | [mit adv] to ~ by *eng an–e–a vorbeifahren* | ⟨fig⟩ to ~ through *sich durchschlagen* **2.** *scharren* (with *mit*) || *kratzen* (on the fiddle) **3.** *dienern*; to bow and ~ *buckeln u dienern* **4.** *sparen, sparsam s* **II.** s

1. *Kratzen* n || *Kratzfuß* m (*mst* a bow and a ~) **2.** *Kratzer* m, *Schramme* f **3.** *kratzendes Geräusch, Kratzen* n **4.** *dünn aufgestrichene Schicht* f; *bread and* ~ *dünn beschmiertes Brot* n **5.** *Klemme, Not* f; in a ~ *in Verlegenheit* (about *um*) ~per ['~ə] s (*Violin–, Bogen-*)*Kratzer* m || *Knauser* m | ⟨tech⟩ *Schabeisen, –messer*; *Kratzeisen* n; *–bürste* f; ⟨for⟩ *Scharreisen* n || *Radiermesser* n || ⟨praeh⟩ *Schaber, Schabestein* m || (*Straßenbau-*)*Schrapper, Erdräumer, Schürfkübel* m || *Fußabstreicher* m | *Straßenreinigungsmaschine* f | ~-board *rauhes Zeichenpapier* n || ~-ring ⟨tech⟩ *Abstreifring* m **–ping** ['skreipiŋ] s *Kratzen* n || *Aufgekratztes*; *Abschabsel* n | a ~ of butter *ein wenig Butter* | [*mst* pl] ~s *Abfälle* m pl, *Abschabsel* n pl || ⟨fig⟩ ~s [pl] *Abschaum, Auswurf* m | *Zusgekratztes* n; ~s [pl] *Sparpfennige* m pl

scrapper ['skræpə] s ⟨sl⟩ *Raufbold, Boxer* m

scrappy ['skræpi] a (*–pily adv*) *bruchstückartig*; *zus-gestoppelt, –gewürfelt* || *sprunghaft, unzus–hängend*; ⟨bes Am⟩ *zänkisch*

scratch [skrætʃ] **I.** vt/i **A.** vt **1.** (*zer*)*kratzen* (with); to ~ one's hand *sich die Hand zer–* || (*Loch*) *kratzen* || *kratzen an* or *auf*; to ~ one's head *sich den Kopf k.* | ⟨fig⟩ *flüchtig berühren, –handeln* **2.** *kritzeln, schreiben* (on *auf*) **3.** ⟨sport⟩ (*Pferd*) *v der Liste streichen* or *zurückziehen* ⟨a Am parl⟩ **4.** [mit adv] to ~ out *ausradieren, –streichen* || to ~ up *zus–kratzen* ⟨a übtr⟩ **B.** vi (of cats) *kratzen* || *sich kratzen* | (*auf dem Boden*) *scharren* || to ~ along, through *sich durchschlagen* | (of pens) *kratzen-* (*des Geräusch verursachen*) | ⟨sport⟩ *s–e Meldung zurücknehmen* ⟨a fig⟩ **II.** s **1.** (*leichter*) *Riß, Ritz* m || *Schramme* f || ~es [pl] ⟨vet⟩ *Mauke* f **2.** *Gekritzel, Geschriebenes* n | ⟨sport⟩ *Strich* m *als Startlinie* (etc); ⟨fig⟩ *to bring a p* (up) *to the* ~ *jdn* °*auf den Trab bringen,* °*bei der Stange halten*; *to come up to* (the) ~ *sich nicht drücken, sich einstellen, s–n Mann stehen* || *to start from* ~ *ohne Vorgabe starten*; ⟨übtr⟩ *ohne Hilfe anfangen* || *up to* ~ ⟨fig⟩ *auf der Höhe* || ~-race *Rennen* n *ohne Vorgabe* **3.** *Kratzen* n (the ~ of a pen) **4.** *Old* ~ ⟨fam⟩ *der Alte mit dem Pferdefuß* **III.** a *zus-gewürfelt* (~ crew); *rasch hergestellt* (meal) | ~y ['~i] *kritzlig* || *kratzend* (pen) || ⟨sport⟩ *zus–gewürfelt, unausgeglichen* (crew) | *kratzend, juckend* || *geneigt sich z kratzen*

scrawl [skrɔ:l] **1.** vi/t | *kritzeln,* to ~ over a th *etw beschmieren* | vt (*etw*) *kritzeln*; *hinschmieren* **2.** s *Gekritzel* n **~y** ['~i] a *gekritzelt*

scrawny ['skrɔ:ni] a ⟨Am⟩ *mager, dünn*

scray [skrei] s ⟨orn⟩ *Seeschwalbe* f

scream [skri:m] **1.** vi/t | *schreien, kreischen*; *laut lachen* (with *vor*); to ~ out *laut* (*auf*)*schreien* || (of the wind etc) *heulen*; *toben*; *dröhnen* | vt (*mst* to ~ out) *ausrufen, –stoßen* **2.** s *Schrei* m, *Gekreisch* n; ~s [pl] *of laughter schallendes Gelächter* n || ⟨sl⟩ *spaßiger Bursche* m; *Hauptspaß* m **~er** ['~ə] s ⟨orn⟩ *Straußhuhn* n || ⟨sl⟩ *etw Großartiges, Köstliches, Tolles* n; *Mordsding* n, *–spaß* m; *–kerl* m || (*Zeitungs-*)*Riesenschlagzeile* f **~ing** ['~iŋ] a (~ly adv) *kreischend, schrill*; *Lachen erregend, toll, sehr ulkig* || [pred] °*zum Wälzen* (= *Lachen*) || ⟨fig⟩ *grell*; *hell* (nonsense) || ⟨fig aero⟩ ~ *downhill im Sturzflug* | ~y ['~i] a *kreischend, schrill*

scree [skri:] s ⟨geol⟩ *Gehängeschutt* m, *Schutthalde* f

screech [skri:tʃ] **1.** vi a. *ängstlich schreien, kreischen* b. [in comp] ~-owl ⟨orn⟩ *Wald–, Baumkauz* m **2.** s *Schrei* m, *Geschrei* n

screed [skri:d] s (of land) *Streifen* m || ⟨fig⟩ *Langausgedehntes* n; *lange Liste, Reihe* f (a ~ of); *langatmige Rede* f, *langes Zitat* n

screen [skri:n] **I.** s **1.** (*Licht–, Ofen–* etc)

Schirm; *Windschutz* m || ⟨arch⟩ *Zwischenwand* f, folding ~ *spanische Wand* f, *Wandschirm* m; *vergitterte Schranke* f, *Gitter* n (*in Gerichten* etc) || *Fliegengitter(fenster)* n || ⟨phot⟩ *Raster* m || ⟨mot⟩ *Windschutzscheibe* f; anti-glare ~ *Blendschutzscheibe* f; [attr] ~ defroster *Frostschutzscheibe* f **2.** ⟨übtr⟩ *Schutz* m, *-wand* f | *Maske* f | ⟨mil⟩ *Verschleierung, Maskierung* f; smoke-~ *künstl. Rauch-, Wolkenbildung* f **3.** *Kino-Leinwand* f; the ~ *das Kino, der Film,* on the ~ *im F.*; to bring to the ~ *auf die L. bringen, verfilmen* || ⟨phot⟩ *Werbefläche* f || ⟨telv⟩ *Fernsehschirm* m | [attr] *Film-* (~ actor); ~ *advertising Kinoreklame* f; wide ~ *film Breitwandfilm* m; ~ *noise Tarngeräusch* f; ~(-)*play* = *scenario*; ~ *reporter Bildberichter* m || ~ *time* ⟨film⟩ *Spielzeit* f || ~-*washer* ⟨mot⟩ *Scheibenspüler* m || ~(-)*writer* = *scenarist* | (*a sight-*~) ⟨crick⟩ *weiße Bretterwand* f (*z Sichtbarmachen des Balles*) **II.** vt (*be)schirmen, –schützen* (from *vor*) || (*jdn*) *schützen; verbergen, decken;* ⟨mil⟩ *einnebeln; verschleiern, maskieren* || *tarnen* || ⟨mot⟩ (*Licht*) *abblenden* || ⟨tech⟩ *abschirmen* | *verfilmen, im Film zeigen* || (*Fernsehprogramm*) *senden* || ⟨med⟩ *durchleuchten;* ⟨fig⟩ (*über)prüfen* (for *auf*) ~*ing* ['~iŋ] s *Abschirmung, Maskierung, Tarnung, Verschleierung* f; *Gefechtsvorposten* m pl, ⟨Schützen–, Sicherungs–, Rauch-⟩ *Schleier* m; *Nebelwand* f; (*Radar-)Bildschirm* m | (*Röntgen-)Durchleuchtung* f | ~-*grid* ⟨wir⟩ *Anodenschutznetz* n

screen [skri:n] **1.** s *grobes Sieb* n (*f Korn, Sand*) | ⟨phot⟩ *Raster* m (*Glasplatte*) **2.** vt (*durch)sieben* (*a* fig, pol) || *klassieren* || *sichten, überprüfen, kontrollieren* || ~*ed coal Würfelkohle* f ~*ing* ['~iŋ] s *Durchsieben* n || ~*s* [pl] *Durchgesiebtes* n || ~ *plant Sieberei* f

screw [skru:] s **1.** *Schraube* f; *Druck–, Preßschraube* f, female ~ *Schraubenmutter* f, male ~ *-spindel* f; wing-~ *Flügelschraube* | ⟨fig⟩ *Druck* m, to apply, turn the ~ *die Sch. anziehen* ⟨*a* fig⟩; to put the ~ on a p *auf jdn n Druck ausüben* | endless ~ *Sch. ohne Ende* || there is a ~ loose ⟨fig⟩ *es ist etw nicht in Ordnung*, he has a ~ loose °*bei ihm ist e-e Sch. los* | (*z Fortbewegung*) *Schiffsschraube* f **2.** [*v Verb abgeleitet*] *Schrauben, Anziehen* n, to give a th a ~ *etw fest anziehen* || *Effet* n, *Seitenbewegung* f, *–stoß* m; to put a ~ on a ball *e–m Ball Effet geben* || *etw Gerolltes* n (*Papier* etc); *Tüte Tabak* f **3.** *Geizhals* m **4.** ⟨sl⟩ *Gehalt* n, *Lohn* m **5.** [attr & in comp] *Schraub–* || ~(-)ball **1.** s ⟨Am sl⟩ *Wirrkopf, Unruhestifter, sonderbarer Kauz* m **2.** a *exzentrisch* (*P*) || ~-*cap –kapsel* f; *Überwurfmutter* f; ⟨mot⟩ *Verschlußstück* n || ~-*clamp Schraubzwinge* f || ~-*vice –stock* m | ~ *auger Schneckenbohrer* m; ~ *socket Gewindebuchse* f | *Schrauben–* || ~-*bolt –bolzen* m; ~-*driver –zieher* m || ~-*jack* ⟨tech⟩ *–winde* f, *Wagenheber* m, *–winde* f || ~-*key Schraubenschlüssel* m | ~ *plug Abschlußschraube* f || ~-*propeller* ⟨mar⟩ *Schiffsschraube* f || ~-*steamer* (abbr S.S.) *Schraubendampfer* m || ~ *tap* s **4.** || ~ *thread Schrauben–, Gewindegang* m || ~-*top tin Dose* f *mit Schraubdeckel* || ~-*wrench Schraubenschlüssel, Engländer* m

screw [skru:] vt/i **A.** vt **1.** *mit e–r Schraube befestigen; schrauben* (to, on to a th *an etw*) | to ~ *down zu–, festschrauben* || to ~ *in einschrauben* || to ~ *on an–, aufschrauben* || to ~ *up zuschrauben, fest verschließen* **2.** *drücken, pressen;* (*her)auspressen* (out of *aus*); to ~ a th *from od out of a p jdm etw abringen* || *drücken, bedrängen* | to ~ *out widerwillig geben, herausrücken* || to ~ *up* ⟨fig⟩ (*Preise*) *hochschrauben;* (*jdn*) *antreiben, stärken;* to ~ *up one's courage Mut fassen* **3.** *herumdrehen; drehen, wenden*

(one's head *den Kopf*) || *verdrehen;* to ~ *up* (*Gesicht*) *verdrehen, zus–ziehen* (into *in*) || ⟨sport⟩ (*dem Ball*) *e–e Drehung, Wendung geben* **B.** vi *sich schrauben* | *sich drehen, sich wenden* || *geizen* ~*ed* [~d] a ⟨sl⟩ *beschwipst* (*betrunken*)

screwy ['skru:i] a *sich windend, gewunden* || *beschwipst* || *geizig, knauserig*

scribal ['skraibl] a *Schreib–* (~ error);

scribble ['skribl] **1.** vt/i (*Brief*) *flüchtig hinschreiben, –kritzeln, –schmieren* | vi *kritzeln; schreiben* **2.** s *Gekritzel* n | ~**r** [~ə] s *Kritzler, Schmierer* m

scribble ['skribl] vt (*Wolle*) *krempeln* –**ler** [~ə] s *Krempelmaschine* f –**ling** [~iŋ] s *Krempeln* n; [attr] *Krempel–* (~-machine)

scribe [skraib] **1.** s ⟨ec⟩ *Schriftgelehrter* m *Schreiber, Kopist* m (*e–r Handschrift*) || ⟨cont⟩ *Schriftsteller* m | (*a* ~-awl) s *Reißahle, –nadel* f **2.** vt ⟨Am⟩ *anreißen, vorzeichnen* | ~**r** ['skraibə] s *Reißahle* f

scrim [skrim] s *dünne Polster-Leinwand* f

scrimmage ['skrimidʒ], **scrum–** ['skrʌm–] **1.** s *Handgemenge* n, *Balgerei* f || ⟨Rug ftb⟩ [*mst* scrummage; abbr scrum] *Gedränge* n **2.** vi *sich drängen;* ⟨fig⟩ *ein Gedränge bilden* –**ger** [–ə] s ⟨Rug ftb⟩ *Stürmer* m

scrimp [skrimp] **1.** vt/i (*etw*) *knapp bemessen*, (*jdn*) *knapp halten* | vi *knausern* **2.** a *knapp* (of *an*); *kärglich* | ~**y** ['~i] a *knapp, eng* (jacket)

scrimshank ['skrimʃæŋk] vi ⟨sl⟩ *sich drücken* ~**er** [~ə] s *Drückeberger* m

scrimshaw ['skrimʃɔ:] **1.** s *Ornamenthandarbeit* f *aus Muscheln, Elfenbein;* (*Elfenbein-*etc) *Schnitzerei* f **2.** vt *nach Art der* ~ *dekorieren*

scrinium ['skrainiəm] s L ⟨hist⟩ *Kapsel* f f *Buchrollen*

scrip [skrip] s ⟨com⟩ *Interimschein* m; *Berechtigungsschein* m; *saktic* f; [koll] *die –saktien* pl | [attr] ~ *money Zahlungszertifikat* n, ⟨Am⟩ *Militär–, Besatzungsgeld* n

scrip [skrip] s *kl Tasche* f; (shepherd's) ~ *Brotbeutel* m

script [skript] s *Handschrift* f; *Manuskript* n, *geschriebene Notizen* f pl | ⟨typ⟩ *Schreibschrift* f || ⟨bes⟩ *Schriftart* f (Japanese ~) | ⟨film⟩ *Drehbuch* n, ⟨wir⟩ *Sendetext* m | *Original* n; ~*s* [pl] *schriftliche Antworten der Prüfungsfragen* f pl || ~(-)*writer* = ~**er** ['~ə] s *Drehbuch–, Hörspiel–* (etc) *Schreiber* m ~**orium** [skript-'tɔ:riəm] s L ⟨hist⟩ *Schreibzimmer, Studierraum* m (*e–s Klosters*)

scriptural ['skriptʃərəl] a (~ly adv) ⟨bib⟩ *schriftmäßig, biblisch* ~**ism** [~izm] s *Schriftgläubigkeit* f

Scripture ['skriptʃə] s ~ *od the* ~*s* [pl] (*the Holy* ~) *die Bibel, Heilige Schrift* | [attr] *Bibel–* (~ text); ~-*reader Bibel(vor)leser* m

scrivener ['skrivnə] s *Berufsschreiber, Notar, Geldmakler* m; ~'*s palsy Schreibkrampf* m

scrofula ['skrɔfjulə] s L ⟨med⟩ *Skrofeln* f pl, *Skrofulose* f

scrofulous ['skrɔfjuləs] a *skrofulös* ~**ness** [~nis] s ⟨med⟩ *Skrofulose* f

scroll [skroul] s *Pergament–, Papierrolle* f || *Liste, Tabelle* f || *Schnörkel* m; ⟨arch⟩ *Schnecke* f; ⟨arts⟩ *Spruch–, Schriftband* n, *–rolle* f | *Zierrahmen* m, *–schild* n || ~ *of tendrils* ⟨arts⟩ *Laubwerk* n | [attr] ~-*saw Laubsäge* f; ~-*work –sägearbeit* f; ⟨arch⟩ *Schnörkelverzierung* f | ~**ed** [~d] a *mit Schnecken, Schnörkeln verziert* (~ brass)

scrooch [skru:tʃ] vi ⟨Am⟩ *kauern, sich ducken*

Scrophularia [ˌskrɔfju'lɛəriə] s ⟨bot⟩ *Skrofularia, Braunwurz* f

scrotum ['skroutəm] s L ⟨anat⟩ *Hodensack* m

scrounge [skraundʒ] vi/t || ⟨sl⟩ *stehlen*, °*mausen,* °*klauen,* °*stibitzen* (from *v, aus*) | vt (*etw*) *durch Winkelzüge erreichen* | ∼**r** ['∼ə] s *Dieb* m

scrub [skrʌb] s *Buschwerk* n, *–wald* m, *Gestrüpp* n || ⟨geog⟩ *Buschland* n || ⟨übtr⟩ *verkümmertes Wesen* n; *unbedeutender, armseliger Mensch* m ∼**by** ['∼i] a *gestrüppreich; struppig* || *verkümmert, klein* || *wertlos, schäbig*

scrub [skrʌb] **1.** vt/i [–bb–] || (*Boden*) *scheuern, schrubben* || (*etw*) *abreiben* (off *v*) || (*jdn*) *abreiben*; (*etw*) *tüchtig reinigen* (to ∼ one's hands *sich die Hände* ..); to ∼ o.s. *sich abreiben* (with) | vi *scheuern* **2.** s *Scheuern* n; it wants a good ∼ *es muß tüchtig gescheuert w* || *Besen* m; *Bürste* f || ⟨Am sport⟩ *Ersatzmann* m, *–mannschaft* f | [attr] *Scheuer–* ∼**ber** ['∼ə] s *Schrubber* m, *Scheuerbürste* f ∼**bing** ['∼iŋ] s *Scheuern* n; [attr] *Scheuer–* (∼*-brush*)

scruff [skrʌf] s ⟨*mst*⟩ ∼ of the neck *Hautfalten* f pl *am Genick*

scruffy ['skrʌfi] a ⟨sl⟩ *unordentlich, dreckig*

scrum [skrʌm] s → scrimmage

scrummage ['skrʌmidʒ] s → scrimmage

scrummy ['skrʌmi], **scrumptious** ['skrʌmpʃəs] a ⟨fam⟩ *famos, köstlich,* °*pfunds, prima* [invar]

scrumption ['skrʌmpʃən] s ⟨sl⟩ not a ∼ of wit, sense *k–n Funken Verstand*

scrunch [skrʌn(t)ʃ] **1.** vt/i || *zerkauen* || *zermalmen; –treten* || *zus–drücken* | vi *krachen, knirschen* **2.** s *Krachen, Knirschen* n

scruple ['skru:pl] **1.** s ⟨pharm⟩ *Skrupel* n (*Gewicht = 20 Gran = 1,296 g*) | *Skrupel* m, *Zweifel* m, *Bedenken* n; to make no ∼ *kein B. tragen* (to do); to have (no) ∼s *sich ein* (*kein*) *Gewissen* m (about doing *z tun*); without ∼ *gewissen–, skrupellos* **2.** vi [*bes neg*] *Bedenken tragen, zögern* (to do); *sich ein Gewissen* m (to do)

scrupulosity [‚skru:pju'lɔsiti] s *Bedenken* n, *Ängstlichkeit* f; *Gewissenhaftigkeit* f; *Genauigkeit* f

scrupulous ['skru:pjuləs] a (∼ly adv) *überbedenklich, ängstlich*; to be ∼ *sich ein Gewissen* (*daraus*) *m* (about doing, to do) || *gewissenhaft; genau, peinlich* ∼**ness** [∼nis] s = scrupulosity

scrutator [skru:'teitə] s *gewissenhafter Untersucher m* **scrutineer** [‚skru:ti'niə] s *Prüfer; bes Wahlprüfer* m ∼**tinize** ['skru:tinaiz] vt *genau prüfen, untersuchen* ∼**tiny** ['skru:tini] s (*eingehende*) *Untersuchung, Prüfung* f; *Kontrolle* f; *Wahlprüfung* f | *der forschende* or *prüfende Blick* m

scry [skrai] vi [*aus descry*] *aus Kristallen wahrsagen* ∼**ing** ['∼iŋ] s *Kristallschauen* n

scud [skʌd] **1.** vi *eilen, fliehen* || *jagen; gleiten, getrieben* or *getragen w* || ⟨mar⟩ *lenzen* (*bei Sturm vor dem Winde laufen*) **2.** s *Eilen, Jagen* n; *vom Wind gejagte Wolke* f; *Windbö* || *Regenschauer* m

scuff [skʌf] vi (*mit den Füßen*) *schlurren, schlurfen*

scuffle ['skʌfl] **1.** vi/t || *ringen, sich balgen* || *eilen* (through); ⟨a übtr⟩ || *schlurren* | vt (*Rock*) *schnell anziehen* **2.** s *Handgemenge* n (in the ∼ *in, bei dem H.*); *Balgerei, Hauerei* f

scuffle ['skʌfl] **1.** s *Hacke* f **2.** vt (*Boden*) *aufhacken; eggen*

scuffproof ['skʌfpru:f] a *unverwüstlich*

scull [skʌl] **1.** s *Skull, kurzes Ruder* n (*je 2 f e–e P*); → oar **2.** vt/i (*Boot*) *mit Skulls* or *e–m S. rudern* | vi *wriggen, skullen* || to ∼ around ⟨fam⟩ (*P*) *herumlungern,* (*S*) *–fahren* ∼**er** ['∼ə] s *Ruderer* m *e–s Skullbootes* || *Skuller* m, *Skullboot* n ∼**ing** ['∼iŋ] s *Skullen* n; [attr] ∼ four *Doppelvierer*; ∼ *pair –zweier* m; → scull

scullery ['skʌləri] s *Aufwasch–, Spülküche* f; ∼*-maid Küchenmagd* f

scullion ['skʌljən] s ⟨poet⟩ *Küchenjunge* m

sculp [skʌlp] vt/i *in Stein hauen, modellieren; schnitzen*

sculpin ['skʌlpin] s ⟨ich⟩ *Spinnenfisch* m

sculptor ['skʌlptə] s *Bildhauer* m; *–schnitzer* m (*in Holz*) ∼**tress** ['skʌlptris] s *Bildhauerin* f ∼**tural** ['skʌlptʃərəl] a (∼ly adv) *Bildhauer–; plastisch*

sculpture ['skʌlptʃə] **1.** s *Bildhauer–, Gravierkunst, Plastik; Skulptur; Schnitzerei* f || *gehauenes Bildwerk* n || *eingeprägte Zeichen* n pl (*auf Oberfläche; Felsen*, etc) **2.** vt/i *meißeln, aushauen* || *gravieren; schnitzen* || (*Oberfläche*) *ausfurchen* || *mit Figuren schmücken* | vi *Bildhauer sein* ∼**sque** [‚skʌlptʃə'resk] a *plastisch*

scum [skʌm] **1.** s (*Ab-*)*Schaum, Abzug; Gischt* m || *Abfall* m; ⟨met⟩ *Schlacken* f pl || ⟨fig⟩ *Abschaum* m (the ∼ of society) || °*Halunke* m **2.** vt/i || *abschäumen, v Schlacken reinigen* | vi *Schaum bilden* ∼**my** ['∼i] a *Schaum–, schäumend*

scumble ['skʌmbl] vt (*Farben e–s Gemäldes*) *vertreiben, –wischen*

scuncheon ['skʌnʃən] s ⟨arch⟩ *abgeschrägte Kante* f *der inneren Seite e–s Fensters* etc || ⟨ec arch⟩ (*vom viereckigen Turm zum Oktogon überleitender*) *Zwickel* m

scupper ['skʌpə] **1.** s *Trichter* m; ⟨mar⟩ *Speigatt* n **2.** ['skʌpə] vt ⟨sl⟩ *unfähig* m; *verwirren;* °*hinmachen,* °*abmurksen* (*töten*)

scurf [skə:f] s ⟨anat⟩ *Kopfgrind, –schorf* m, *–schuppen* f pl; ⟨a übtr⟩ ∼**iness** ['∼inis] s *schorfige Beschaffenheit* f ∼**y** a *schorfig*

scurrile ['skʌril] a = scurrilous

scurrility [skʌ'riliti] s *Gemeinheit, Zotigkeit* f ∼**lous** ['skʌriləs] a (∼ly adv) *gemein, pöbelhaft* || *zotig* || ∼ *mendacity gemeine Lügerei* f

scurry ['skʌri] **1.** vi/t *eilen, trippeln, rennen* | vt *treiben, jagen* **2.** s *Hasten* n; *schneller Ritt* m || *Regenschauer* m

scurvy ['skə:vi] **1.** a (*–vily adv*) ⟨fig⟩ *gemein, niederträchtig* (a ∼ trick) **2.** s ⟨med⟩ *Skorb·ut* m || ∼ grass ⟨bot⟩ *Löffelkraut* n

scuse, '**scuse** [skju:z] ⟨fam⟩ = excuse (me)! (*Ver*)*zeihung*!

scut [skʌt] s *Stutzschwanz* m || „*Blume*" f (*v Hase & Kaninchen*)

scutage ['skju:tidʒ] s ⟨jur⟩ *Lehnsdienstgeld* n (*an Stelle der milit. –pflicht*)

scutate ['skju:teit] a ⟨zoo⟩ *mit gr Schuppen bedeckt*; ⟨bot⟩ *schildförmig*

scutch [skʌtʃ] **1.** vt (*Flachs*) *schwingen* **2.** s (a ∼**er** ['∼ə]) *Flachsschwingmaschine* f

scutcheon ['skʌtʃən] s **1.** = escutcheon **2.** *Namenschild* n; *Schlüssellochklappe* f

scute [skju:t] s ⟨zoo⟩ *gr Schuppe* f, *Schild* m ∼**llate** ['∼eleit] a ⟨bot & zoo⟩ *mit Schildchen bedeckt* ∼**lliform** [skju:'telifɔ:m] a ⟨zoo⟩ *schildchenförmig* ∼**llum** [skju:'teləm] s L [pl *–la*] ⟨bot & zoo⟩ *Schildchen* n

scutter ['skʌtə] s ⟨mar⟩ *Speigatt* n

scutter ['skʌtə] vi ⟨fam⟩ *huschen*

scuttle ['skʌtl] s (*mst* coal–∼) *Kohleneimer, –kasten* m

scuttle ['skʌtl] **1.** vi (to ∼ away, off) °*sich drücken,* (*fort*)*eilen, ausreißen* || ⟨bes pol sl⟩ *sich hastig zurückziehen* (out of *aus*) **2.** s *eilige Flucht* f; ⟨pol⟩ *hastiger unwürdiger Rückzug* m

scuttle ['skʌtl] **1.** s ⟨arch⟩ *Dachluke* f || ⟨mar⟩ *kl Luke, Springluke* f **2.** vt ⟨mar⟩ (*Schiff*) *anbohren; durch Anbohren versenken*; (the ship) ∼**d** herself .. *wurde v s–r Mannschaft versenkt* ∼**ling** [–iŋ] ⟨mar⟩ *Selbstversenkung* f

scutum ['skju:təm] s L [pl ∼s, *–ta*] ⟨ant⟩ *Schild* m || ⟨anat⟩ *Kniescheibe* f || ⟨zoo⟩ *Schildchen* n

Scylla ['silə] s Gr *Szylla* f, *Seeungeheuer* n

scyphus ['saifəs] s L ⟨ant⟩ *Becher* m || ⟨bot⟩ *becherförmige Bildung* f

scythe [saið] **1.** s *Sense* f || ~(-)stone *Sensenwetzstein* m **2.** vt/i || *(ab)mähen* | vi *mähen*

Scythian ['siðiən] ⟨ant⟩ **1.** a *skythisch* **2.** s *Skythe* m

'sdeath! [zdeθ] † intj *(aus* God's *death) z Henker!*

sea [si:] s **1.** *See* f, *Ozean* m, *Meer* n; ⟨geog⟩ *minor ~ Nebenmeer* n; *deep ~ Tiefsee* f; *Coral ~ Korallensee*; Tasman *~ Tasmanische See* f | *Wellen* || *Seegang* m || a heavy *~ hochgehende See* f, *hoher Seegang* m; the high *~s* pl *die offene See* f; *das offene Meer* n; high *~s fleet Hochseeflotte* || *Welle* f (a *~* struck us) **2.** ⟨fig⟩ *gr Menge* f, *Strom* m, *Heer*, *Meer* n; *weite Strecke* f; *→ devil* **3. Wendungen**: at *~ auf See*; *auf dem Meere* (at *~* and on land); *z See (als Seemann* etc); *(a* all at *~)* ⟨fig⟩ *ratlos* | by the *~ an der See* (holidays by the *~*); by *~ auf dem Seewege*; by land and *~* and in the air *z Wasser, z Lande u in der Luft* | to go to *~ in See gehen*; *Seemann* w; to put (out) to *~ in See stechen* **4.** [attr & in comp] **a. See-**, *~-air –luft* f | *~ anchor Treibanker* m || *~-bathing Baden* n *in der See* || *~(-)bee* ⟨Am mil⟩ (abbr *f construction battalion) Angehöriger* m *e-s Marinebaubataillons* || *~-bird*, *~-fowl –vogel* m || *~-breeze –wind* m || *~-calf* ⟨zoo⟩ *Robbe* f || *~-coast Seeküste* f || *~-cow –kuh* f; *Walroß* n || *~-crow Seekrähe* f || *~-cucumber* ⟨zoo⟩ *Seegurke* f || *~-dog* ⟨zoo⟩ *–hund* m; ⟨fig⟩ *–bär*, *alter Matrose* m || *~-fight –gefecht* n || *~-forces* [pl] *Seekräfte* f pl || *~-gauge –tiefmesser* m | *Tiefgang* m (of a ship) || *~-going Hochsee-*, *→ ~going* || *~-grass Seegras* n || *~-gull*, *~-mew* ⟨orn⟩ *–möve* f || *~-haze green* ⟨tech⟩ *seegrün* || *~-horse* ⟨ich⟩ *–pferdchen* n || ⟨zoo⟩ *Walroß* n || *~ lane Seeweg* m, *~ l.* of supply *Nachschublinie* f *zur See* || *~-lawyer* ⟨ich⟩ *Haifisch* m | *rechthaberische P* || *~-legs* [pl] *Seetüchtigkeit* f; to find, get one's *~-legs seefest* w || *~-mile Knoten* m, *Seemeile* f, *→ mile* || *~-mouse* ⟨zoo⟩ *Seehase* f || *~-pheasant* ⟨fam mar m.m.⟩ *,,Schusterkarpfen"* m *(geräucherter Hering)* || *~-piece* ⟨paint⟩ *Marine-*, *Seestück* n, *–gemälde* n || *~-pork* ⟨fam⟩ *Walfleisch* n || *~-power* **1.** ([pl] *~-powers) Seemacht* f *(Nation)* **2.** *Seemacht*, *–stärke* f || *~ rescue airplane –notflugzeug* n; *~ r.* launch *–notboot* n; *~ r.* service *–notdienst* m || *~-road* ⟨Am⟩ *–route* f || *~-room –räumte* f || *~-rover –räuber* m || *~-route –weg* m || *~-scape* ⟨paint⟩ *–stück* n; *–landschaft* f || *~-serpent –schlange* f || *~-shore –küste* f || *~-sickness Seekrankheit* f || *~-trade –handel* m || *~ tug Hochseeschlepper* m || *~-urchin Seeigel* m || *~-voyage –reise* f || *~ warfare –krieg* m || *~-water –wasser, Meer-* n; *~-w.* resistant *seewasserbeständig* || *~-way Seegang* m; *offene See* f **b. Meer-**, *Meeres-*, *Schiffs-*; *~* biscuit *Schiffszwieback* || *~-captain –kapitän* m || *~-food Meeresfrüchte* [f pl] *(Fische &* Schalentiere) || *~-god Meeresgott* m || *~* hog *Meer schwein* n || *~-level Meeresspiegel* m, *–höhe* f || *~-slater* ⟨zoo⟩ *Meerassel* f, *~* woodlouse || *~-term Seemannsausdruck* m **c. [adj]** *~-beat(en) vom Meere bespült* || *~-borne auf dem Seewege (befördert)* || *~-b.* invasion *Landungsunternehmen* n *(v See* aus) || *~-bound vom Meer umgeben* || *~-girt* ⟨poet⟩ *meerumschlungen* || *~-going die See befahrend*, *See-* || *~-green meergrün* || *~-tossed v der See umhergeworfen* || *~-proof od ~-worthy* packing *Überseepackung* f *~-board* ['si:bɔ:d] s *(See-)Küste* f *~-coast* ['si:koust] s *Küste* f, *Ufer* n *~-drome* ['si:droum] s ⟨aero⟩ *Wasserflughafen*, *Lufthafen auf See* m *~-farer* ['si:,fɛərə] s ⟨poet⟩ *Seefahrer* m *~-faring* ['si:,fɛəriŋ] **1.** a *seefahrend*; *Seefahrer-* **2.** *Seefahren* n, *–fahrt* f *~-going*

['si:gouiŋ] a *→ sea* 4. a.; *~* bazooka *Raketenwerfer* m *f Landungsboote*; *→ unten*

seal [si:l] **1.** s **1.** *Siegelabdruck* m *(auf Wachs)*, (*Wachs-)Siegel* n (*e-s Briefes* etc) || *~-breaking* ⟨jur⟩ *Siegelbruch* m || ⟨hunt⟩ *(Otter-)Spur* f **2.** *Siegel* n, *Matrize* f, *Petschaft* n; *Stempel* m, *~-engraver –schneider* m | the Great *~* ⟨engl⟩ *königl. Großsiegel* n; the Lord Keeper of the Great *~ Großsiegelbewahrer* m *(jetzt* The Lord Chancellor); *→* privy || under *~ be-*, *versiegelt*; *unter Verschluß*; under my hand and *~ unter Brief u Siegel*; a book with 7 seals ⟨fig⟩ *ein Buch* n *mit 7 Siegeln* **3.** ⟨fig⟩ *Besiegelung*; *Bekräftigung* f; *Zeichen*, *Merkmal* n *der Bekräftigung*; to set one's *~* to *besiegeln*, *–stätigen*; under the *~* of secrecy ⟨fig⟩ *unter dem Siegel der Verschwiegenheit* **4.** ⟨tech⟩ *wasserdichter Verschluß* m **II.** vt **1.** *(Dokument) mit e–m Siegel versehen*, *siegeln* || *~-cylinder* ⟨bes ant⟩ *Rollsiegel* n; *~-signet Petschaft* n **2.** *(etw) besiegeln*, ⟨fig⟩ *bekräftigen*, *–stätigen*; *stempeln* **3.** *(a* to *~* up) *versiegeln*, *fest verschließen*; to *~* with lead *plombieren*; to *~* a p's lips *jdm Stillschweigen auferlegen* **4.** [bes pass] *(den Untergang e–r* S) *besiegeln*; *entscheiden*, *bestimmen* (his fate is *~ed)* | *~ed cabin*, *~ed compartment* ⟨aero⟩ *Höhenkabine* f **~ant** ['~ənt] s *Dichtungsmittel* n **~er** ['~ə] s *Eichmeister* m **~ing** ['~iŋ] s *Siegeln* n; ⟨tech⟩ *Abdichtung* f || [attr] *~* compound *Verschlußpaste* f, *Dichtungsmittel* n; *~* ring ⟨tech⟩ *Dichtungsring* m, *–scheibe* f; *~-wax Siegellack* m

seal [si:l] s ⟨zoo⟩ *Seehund* m, *Robbe* f, *→* to bark || grey *~ Kegelrobbe* f *(grauer Seehund)*, harp-*~ Sattel-*, ringed *~ Ringel-* || *~-fishery Robbenfang* m || *Brutstätte* f *der Robben* **~er** ['~ə] s *Robbenfänger* m **~ery** ['~əri] s *Brutstätte* f *der Robben* **~ing** ['~iŋ] s *Robbenfang* m **~skin** ['si:l-skin] s *Seehundsfell* n; *–pelz* m

Sealyham ['si:liəm] s ⟨zoo⟩ *zottiger*, *kurzbeiniger Drahthaarterrier* m

seam [si:m] **1.** s *Naht* f, *Saum* m; *Rundkante* f || (of a ship) *Fuge*, *Spalte* f || something is cracking at the *~s* ⟨fig⟩ *es rieselt im Gemäuer*, *es kracht im Gebälk* || ⟨min & geol⟩ (of coal) *Lager* n, *Nutzschicht* f, *Flöz* n || ⟨anat⟩ *Naht* f *(Knochenverbindung)*; *Narbe*, *Wunde* f; ⟨surg⟩ *Naht* f *(e–r Wunde)* | [attr] *~* welding *Nahtschweißung* f **2.** vt *(Saum) sticken*; *zus–nähen furchen*; [mst pass] *schrammen*, *ritzen* (*~ed* with); *~ed vernarbt*; *gefurcht* (with) **~ing** ['~iŋ] s *Säumen* n; *Saum* m **~less** ['~lis] a (*~ly* adv) *ohne Naht*; *ungesäumt* = *nahtlos* (Rohr) | **~y** ['~i] a *gesäumt*, *Naht-*, *Saum-*; the *~* side ⟨fig⟩ *die unangenehme Seite*, *Schattenseite* f

seaman ['si:mən] s [pl *–men*] *Seemann*; *Matrose* m **~like** [*~*laik], **~ly** [*~*li] a *seemännisch*; *Seemanns-* **~ship** ['~ʃip] s *Seemannskunst* f

seamstress, **sempstress** ['semstris] s *Näherin* f

Seanad Eireann ['ʃænəð'ɛərən] s Ir *Oberhaus* n *des Parlaments v* Eire *(dem Ir. Freistaat)*

séance ['seiɑ:ns, *–'~*] s Fr *(bes spiritistische) Sitzung* f

sea- **~plane** ['si:-plein] s ⟨aero⟩ *Wasserflugzeug* n | [attr] *Wasserflug-*, *Flug-* (*~* base, *~* station *–hafen* m); *~* carrier *Flugzeugmutter-*, *Trägerschiff* n; *~* tender *Wasserflugzeugtender* m, *–mutterschiff* n **~port** ['si:-pɔ:t] s *Seehafen* m **~quake** ['si:-kweik] s *Seebeben* n

sear [siə] a ⟨poet⟩ *verwelkt*

sear [siə] vt *welk* m; *ausdörren* ⟨a fig⟩ || *(Wunde) brennen*, *ätzen* || ⟨fig⟩ *blaß*, *fade* m || *verhärten*

sear [siə] s *→ sere* s

search [sə:tʃ] vt/i **1.** vt *(jdn; jds Tasche)*

durch-, untersuchen (for *nach*); ~ me! 〈sl〉 *k–e Ahnung!* || (*etw*) *untersuchen*, (*Herz*) *prüfen* | (*jdn*) *prüfend ansehen*; (*Horizont*) *absuchen* (with) | (of cold, etc) *durchdringen*; *dringen durch* | to ~ out *auskundschaften, ausfindig m*; *eifrig suchen, forschen nach* 2. vi *eifrig suchen* | to ~ after *streben nach, zu erlangen suchen* || to ~ for *suchen nach, durchsuchen* || to ~ into *sich versenken in* ~er [′~ə] s *Sucher; Forscher m*; *Durch-, Untersucher, Zollkontrolleur m* | 〈med〉 *Sonde f* ~ing [′~iŋ] a (~ly adv) *suchend, forschend; ein-, tiefgehend; durchdringend, scharf; gründlich; heftig* (wind) || ~ fire 〈artill〉 *Staffelfeuer*, (*Längen-*)*Streufeuer* n, 〈mar〉 *Gabelgruppenschießen* n || ~ light *Such-, Fla-Scheinwerfer m* || ~ operations 〈min〉 *Schürfen* n || ~ sector (*Radar-*)*Suchsektor m*

search [sə:tʃ] s *Suchen, Forschen, Streben* n (for *nach*); to go on one's ~ *auf die Suche gehen*; to make a ~ for *suchen*; in ~ of *auf der Suche nach* || *Durch-, Untersuchung; Prüfung* f || ~ and rescue *Such– u Rettungsdienst m* | [attr] ~-light *Scheinwerfer m* 〈a fig〉; ~-l. radar *gerichtetes Radargerät* n; ~-l. station (*Fla-*)*Scheinwerferstellung* f || ~ radar *Radar-Suchgerät* n || ~-warrant 〈jur〉 *Haussuchungsbefehl m*

seaside [′si:′said] s *See-, Meeresküste f* || *Seebad* n; at the ~ *an der See*; to go to the ~ *an die See gehen* (z *Erholung*) | [attr] ′– –] *See-; Strand-*; ~ place *Seebad m*

season [′si:zn] I. s 1. *Jahreszeit* f, dependent on the ~ *saisonbedingt*, → 2. 2. *die v Natur or Brauch vorgeschriebene Zeit f Jagd, Fest* etc (breeding ~, hunting ~), the ~ is open (close) *die Jagd ist auf* (*zu*); the holiday ~ *Festzeit*, with the best compliments of the ~ *mit den besten Wünschen fürs Fest* || *Geschäftszeit* f (dull ~ *stille G.*) | *Bade-, Kurzeit*; the ~ *die Saison* f (in London: *Frühsommer*); the height of the ~ *Hochsaison* f || *Reifezeit* f (f *Gemüse* etc); to be in (out of) ~ (*nicht*) *reif or z kaufen s*, (*nicht*) *gegessen w or saisongemäß s* || dependent on the ~ *saisonbedingt*, → 1. 3. *Zeit, Periode* f; for a ~ f *e–e Weile*; to everything there is a ~ *jedes Ding z s–r Zeit* || *die rechte Zeit*; in ~ *z rechten Z.*, out of ~ *z Unzeit, ungelegen*; in ~ and out of ~ *z allen Zeiten, immer wieder* || 〈fam〉 = ~-ticket 4. [attr] ~-crack 〈for〉 *Schwindriß m* || ~-ticket 〈rail etc〉 *Dauer-, Zeitkarte* f; traffic of ~-ticket holders *Berufsverkehr m* II. vt/i 1. vt *würzen* 〈a fig〉 (with) | z *Reifen bringen, reifen*; (*Holz*) *austrocknen* || (*jdn*) *gewöhnen an*; to be ~ed to *sich gewöhnen an* | *eingewöhnen; abhärten*; to ~ o.s. to *sich abhärten gegen* 2. vi *reifen; trocken w, trocknen* ~able [~əbl] a (–bly adv) z *Jahreszeit gehörig* | 〈fig〉 *zeitgemäß, passend, angebracht* ~ableness [~əblnis] s *das Zeitgemäße, Gelegene* n; *die rechte Zeit* f ~al [′si:zən] a *jahreszeitlich* || *in Lebensperioden auftretend*; *Zeit-* (~ *period* –*abschnitt*); 〈com〉 *Saison-, saisonüblich, –bedingt*; ~ *migration Saisonwanderung* f; ~ *trade Saisongewerbe* n; ~ *worker* –*arbeiter m* || *periodisch* (~ *migration*) ~ed [~d] a *ausgetrocknet* | *abgehärtet*; *innerlich gefestigt*; 〈mil〉 *kampferprobt*; 〈mot〉 *eingelaufen* ~ing [~iŋ] s *Würzen* n; *Würze* f 〈a fig〉

seat [si:t] I. s 1. *Sitzart, Haltung f, Sitz m* 2. *Sitz, Sitzfläche f, Sitzplatz m* (front ~ *Vordersitz m*; rearward (forward)-facing ~ *Rückwärts-*, (*Vorwärts*[*sitz*]*platz m*); occasional ~ 〈mot〉 *Notsitz m*; ejection ~, ejector ~, 〈sl〉 hot ~ 〈aero〉 *Schleudersitz m* || to keep one's ~ *sitzenbleiben*; to take a ~ *Platz nehmen, sich setzen* || to take one's ~ *den angewiesenen Platz*

einnehmen; *P. nehmen*; 〈rail〉 take your ~s! *Einsteigen!* → to take || 〈parl〉 *Sitzrecht* n, *Mitgliedschaft* f, *Sitz m* (on a board *in e–m Aufsichtsrat*; on the Council *im Rat*) || (of a chair) *Sitz, Boden m*; (*Sitz-*)*Stuhl m*, (*Sitz-*)*Bank* f; *Thron m* || 〈hunt〉 *Sasse f* (*Hasenlager*) 3. *Hinterteil, Gesäß n* (on the ~ *am G.*); *Hosenboden m* 4. *Sitzort m, Familien-, Wohn-, Landsitz m* || *Platz, Ort* (of a disease) || *Schauplatz m* (of a war); *Gegend* f 5. *Grundlage* f; 〈tech〉 *Lager* n 6. ~-stick *Jagdstuhl m* II. vt 1. *setzen* || to ~ o.s. *sich setzen; sich ansiedeln* 2. a. (*jdm*) *e–n Sitz verschaffen* (in *in*); to ~ a candidate *e–n Kandidaten z Parlament wählen* b. (*jdn*) mit *e–m Sitz versorgen*, the building ~s 500 people *das Gebäude hat Sitzplätze f 500 Pn* c. to be ~ed *sitzen*; pray be ~ed *bitte nehmen Sie Platz* || *s–n Sitz h* (in *in*); *wohnen, s–n Wohnsitz h; gelegen s, liegen* 3. 〈tech〉 (*etw*) *lagern, betten* (in) 4. (*Stuhlsitz*) *erneuern*; (*Hosenboden*) *einsetzen* in 5. (*Haus*) *mit Sitzen versehen* (to be ~ed for 500 people) | ~ed [′~id] a *sitzend*, → to seat 2. c. || [in comp] –*sitzig* (two-~); –*sitzend* (deep-~) | ~er [′~ə] s [in comp] –*sitzer m*; 〈mot〉 two-~ *Zweisitzer* ~ing [′~iŋ] s *Setzen, Mit-Plätzen-Versorgen* n || *Material* n (f *Stuhlsitze*) 〈tech〉 *Fundament* n | [attr] *Sitz-* (~ *accommodation* –*gelegenheit* f) || ~ plan 〈theat〉 *Bestuhlungsplan m*

sea- || ~ward [′si:wəd] 1. a *nach der See gerichtet* 2. adv (a ~s [~z]) *seewärts* 3. s to (the) ~ *nach der See hin* 4. [attr] ~ *patrol craft Küstenwachboot n* ~weed [′si:wi:d] s 〈bot〉 *Seetang m* ~worthiness [′si:′wə:ðinis] s *Seetüchtigkeit f* ~worthy [′si:′wə:ði] a (of ship) *seetüchtig*

sebaceous [si′beiʃəs] a 〈physiol〉 *Fett-, Talg-* (~ glands) **sebacic** [si′bæsik] a 〈chem〉 *Fett-* (acid)

sebesten, -tan [se′bestən] s *Schwarze Brustbeere f* || 〈bot〉 *Brustbeerbaum m*

sebundy [si′bʌndi] s *Klasse f irregulärer Soldaten der ind. Armee*

sec [sek] a Fr *trocken, ungesüßt* (wine)

secant [′si:kənt] 1. a 〈math〉 *schneidend* 2. s *Sek·ante f*

sécateurs [′sekətə:z] s Fr pl *Baumschere* (a pair of ~ *e–e B.*)

secco [′sekou] s (It) in ~ *auf trockenem Grund* (*malen*) ~tine [′sekouti:n] s *Schnelltrockenleim m*

secede [si′si:d] vi *sich losmachen, sich trennen* (from *v*) || *übergehen, –treten* (to *z*) | ~r [~ə] s *Separatist m*

secernent [si′sə:nənt] 1. a *sekretierend* 2. s *sekretierendes Organ* n

secession [si′seʃən] s *Lossagung f, Abfall m* (from *v*); the War of ~ *amer. Bürgerkrieg 1861–65* 〈ec〉 *Spaltung f* || *Übertritt m* (to *z*) ~ist [~ist] s *Sezessionist, Separatist; Sonderbündler m*

seclude [si′klu:d] vt (*jdn, etw*) *absondern, –schließen* (from *v, gegen*) || to ~ o.s. *sich abschließen; abgesondert leben* | ~d [~id] a (~ly adv) *abgeschlossen, einsam*

seclusion [si′klu:ʒən] s *Abschließung f* || *Zurückgezogenheit f* (in ~ *in Z.*); *Ort der Z.* || ~ of property *Absonderung f* (v *Pfandrechten v der Konkursmasse*)

second [′sekənd] 1. a a. *zweite(r, -s)*; every ~ day *alle zwei Tage* | *zweite, nächst, folgend* (in rank, etc); to come ~ *an zweiter Stelle, als zweite(r) k*; in the ~ place *an zweiter Stelle, zweitens* | *untergeordnet* (~ quality) || *nachstehend*; ~ to none *k–m nachstehend, unerreicht*; to be od stand ~ to a p *od to a th jdm, e–r S nachstehen* b. *andere(r, -s), noch eine(r, -s)*; on ~ thoughts *nach* (bei) *näherer Überlegung*; a ~ time *noch einmal* || a ~ Goethe *ein zweiter G.*

c. Verbindungen: ~ cabin *Kabine* f *zweiter Klasse* || ~-class [a & adv] *zweiten Grades, zweiter Klasse; zweitklassig* || ~-cousin *Vetter* m *zweiten Grades* || ~-gear ⟨mot⟩ *zweiter Gang* m | ~ hand 1. [s] at ~ h. *aus zweiter Hand; vom Hörensagen* 2. [a] *aus zweiter Hand erhalten; geborgt; nicht neu; gebraucht; alt, antiquarisch,* ~-h. *bookseller Antiquar* m; ~-h. car ⟨mot⟩ *Gebrauchtwagen* m; ~-h. shop *Trödlerladen* m 3. [adv] *aus zweiter Hand; antiquarisch* (to buy ~-hand) | ~-in-command (abbr 2 i/c) *stellvertretender Kommandeur* m; ⟨mar⟩ *1. Offizier* m | ~ *nature:* to become ~ nature in a p *jdm z zweiten Natur w* | ~-rate 1. a (*nur*) *zweiten Ranges; zweitrangig, zweitklassig, minderwertig* 2. s *untergeordnete P or S* || ~-rater ⟨fam⟩ *zweitklassige P* || ~ sight *zweites Gesicht, Hellsehen* n; he (she) has the ~ sight *er (sie) ist ein(e) Geisterseher(in),* °*Spökenkieker(in)* 2. adv **a.** *an zweiter Stelle; als zweiter* **b.** ~-best 1. a *zweitbest;* to come off ~-best ⟨fam⟩ (*unterliegen*) *den kürzeren ziehen, zweiter Sieger s* 2. s *das Zweitbeste* ~ly [~li] adv *zweitens, an zweiter Stelle* ~ment [~mənt] s (P) *Abstellung, Abkommandierung* f

second ['sekənd] s 1. *Zweiter* m, the ~ of May *der zweite Mai* || *Nächster* m; the ~ in command *Unterbefehlshaber* m; To make a good ~ to a p *jdm nicht viel, weit nachstehen;* to run a close ~ to a th *e-r S sehr nahekommen, ähnlich s* || ⟨rail⟩ *zweite Klasse* f || ⟨univ⟩ to get a ~ *die zweite Kl. in der Prüfung bek* 2. ⟨mus⟩ *Sekunde* f; *begleitende, 2. Stimme* f 3. ⟨cul⟩ *Nachbestellung* f (*im Restaurant*) || ⟨fam mil cul⟩ ~s up! *wer macht noch'n Klimmzug (will noch e-e Portion)?* 4. ~s [pl] ⟨com⟩ *Waren zweiter Güte* f pl || ~ of exchange *Sekundawechsel* m 5. *Beistand, Sekundant* m

second ['sekənd] s *Sekunde* f (*Zeit– u Bogenmaß*) || *kurze Zeit* f (wait a ~) | ~ hand *Sekundenzeiger* m

second ['sekənd] vt (*jdm*) *beistehen* || (*etw*) *unterstützen;* ⟨parl⟩ (*Antrag*) *unterstützen* | (*jdm*) *sekundieren* ~er [~ə] s *Unterstützer* m (*e–s Antrags*)

second [si'kənd] vt ⟨mil⟩ (*Offizier*) *abkommandieren* (for, to *z*)

secondariness ['sekəndərinis] s *das Sekundäre, Untergeordnete* (to a th *e–r S*)

secondary ['sekəndəri] 1. a (–rily adv) *erst in zweiter Linie kommend, untergeordnet, nebensächlich;* in a ~ way (*erst*) *in zweiter Hinsicht* | *abhängig, –geleitet, Neben–* (~ action ⟨chem etc⟩ *–wirkung* f; ~ armament *–bewaffnung* f; ~ attack *–angriff* m; ~ cause *–ursache* f); *Hilfs–;* ⟨philos & wir⟩ *sekundär;* ~ *Sekundär–* (~ current *–strom*) || (non-punishable) ~ act ⟨jur⟩ (*straflose*) *Nachtat* f || ~ battery ⟨el⟩ *Akkumulator* m || ~ cell *Sekundärelement* n || ~ colours [pl] *Mischfarben* f pl | *nachfolgend, Folge–* || ~ education *höhere Schulbildung* f; ~ school *höhere Schule* f; ~ modern school *Hauptschule* f || ⟨mil⟩ ~ objective *Ausweichziel* n || ~ country-road *Landweg* m 2. s *Untergeordneter* (to a p *jds*); *Stellvertreter* m

secrecy ['si:krisi] s *Heimlichkeit* (with ~); *Verschlossenheit* f; in ~ (*ins*)*geheim* || *Einsamkeit, Abgeschiedenheit* f | *Verschwiegenheit* f; *Schweigepflicht, Amtsverschwiegenheit* f; to be sworn to ~ *z A. verpflichtet w*

secret ['si:krit] 1. a (~ly adv) *geheim;* top ~ *streng geheim* || *Geheim–;* ~ door *–tür* f; ~ item, ~ material, ~ matter *Geheimsache* f, *geheimer Gegenstand* m; ~ padlock *–schloß* n; ~ service *Spionage– u –abwehrdienst, Geheimdienst* m; ~ society ⟨mst pol⟩ *Geheimbund* m; ~ treaty *Geheimvertrag* m | to keep a th ~ *etw geheimhalten* || *heimlich* (~ traffic) |

⟨übtr⟩ *verborgen, dunkel* || *einsam* || *verschwiegen* 2. s (*jds*) *Geheimnis* n (from *vor*); an open ~ *ein offenes G.;* to let a p into the ~ *jdn in sein G. einweihen;* to make a (no) ~ of *ein (kein) G. m aus;* in ~ *insgeheim, im Vertrauen;* to be in the ~ *eingeweiht s* | (*S*) *Dunkel, Rätsel* n || ⟨fig⟩ *Schlüssel* m; the ~ of health *der einzige Weg z Gesundheit* ~aire [ˌsekrə'tɛə] s Fr *Schreibschrank* m ~arial [ˌsekrə'tɛəriəl] a *Sekretärs–* (~ duties) ~ariat, -te [ˌsekrə'tɛəriət] s *Sekretariat* n, *Kanzlei(gebäude* n) f; *–angestellte* m pl ~ary ['sekrətri] s 1. *Sekretär* m, *–in* f (to *bei*) || *Schriftführer;* general ~ *Geschäftsführer* m 2. ⟨engl⟩ (≳ of State) *Kabinettminister, Minister* m, the ≳ of State for Foreign Affairs *od* the Foreign ≳ *der Außen–;* the ≳ of State for Home Affairs *Innen–;* .. for Dominion Affairs *Minister f die Dominions;* .. for War *Kriegsminister* m (etc); → colony || *Staatssekretär* m (Under ≳ *Unter–*); Patronage ≳ to the Treasury *der Haupteinpeitscher der Regierung* 3. = secretaire 4. [attr] ~-bird ⟨orn⟩ *Sekretär* m ~aryship [~ʃip] s *Schriftführeramt* n || ≳ of State *Amt* n etc *e–s Ministers*

secrete [si'kri:t] vt 1. *verbergen* (from *vor*); to ~ o.s. *sich v.* 2. ⟨physiol⟩ *sekretieren, absondern, ausscheiden* –tion [si'kri:ʃən] s ⟨physiol⟩ *Sekreti·on, Absonderung, Ausscheidung* f –tive ['si:kritiv] a (~ly adv) *verschwiegen, –schlossen* || *geheim, verborgen, –stohlen* ⟨physiol⟩ *Absonderungs–, absondernd* –tiveness [–nis] s *Verschwiegenheit* f (etc) –tory [si'kri:təri] a ⟨physiol⟩ *Absonderungs–, Ausscheidungs–*

sect [sekt] s *Sekte* f ~arian [sek'tɛəriən] 1. a *sektiererisch;* ⟨cont⟩ *konfessionell* (school) 2. s *Sektierer(in* f) m ~arianism [sek'tɛəriənizm] s *Sektiertum* n ~ary ['sektəri] s *Sektierer* m

section ['sekʃən] I. s 1. *Teilen* n, *Durchschneidung* f || ⟨surg⟩ *Sektion* f, (*Leichen-*)*Zerlegung* f 2. *Teil* m, *Stück* n || ⟨phot⟩ *Sichtausschnitt, Schnitt* m || (*Bahn-*)*Strecke; Teil–* f | *Abschnitt* m (to fall into 3 ~s); *Paragraph* m; ⟨typ⟩ (*a* ~-mark) *–zeichen* n (§) || ⟨jur typ⟩ *Abschnitt* m | (*Unter-*)*Abteilung, Gruppe, Klasse* || ⟨mil⟩ (*4. Teil e–s Zuges* → platoon) *Gruppe* f; infantry ~ *deployed in single file Schützenreihe* f; i. d. in blob formation *Schützenrudel* n 3. ⟨math⟩ *Schnitt* m (conic ~ *Kegel–*) || *Durchschnitt* m; cross ~ *Quer–;* longitudinal ~ *Längsschnitt;* golden ~ *goldener Schnitt* m || ⟨minr⟩ thin ~s [pl] *Dünnschliff* m || ⟨geog⟩ *Quadratmeile* f (640 acres) 4. [attr] ⟨rail⟩ *Strecken–,* ~-hand *–arbeiter* m || *Paragraphen–,* ~-mark *–zeichen* n || ⟨mil⟩ *Gruppen–,* ~ leader *–führer* m || ⟨tech⟩ = ~al II. vt *in Abschnitte zerlegen* || *durchschneiden* ~al ['sekʃən] a (~ly *–[ʃnəli]* adv) *Teil–* (strike); *Abteilungs–, lokal* (interests) || ⟨phot⟩ ~ exposure *Schnittaufnahme* f || ~ view *Ansicht* f *im Schnitt, Schnittbild* n | *Durchschnitts–; aus einzelnen Teilen bestehend, zus-setz– zus-legbar* || ⟨tech⟩ *Form–, Fasson–* (~ iron) ~alism ['sekʃənəlizm] s *Partikularismus* m

sector ['sektə] s L ⟨geom⟩ *Sektor, Kreisausschnitt* m || ⟨mil⟩ (*Gelände-*)*Abschnitt* m; ~ of fire *Zielabschnitt* m; ~ of search (*Radar-*)*Suchsektor* m || *Sektor–, Proportionalzirkel* m || ⟨off⟩ *Sektor* m, *Gebiet* n; ~s of research *Forschungsgebiete* n pl ~ial [sek'tɔ:riəl] 1. a *Sektoren–* || *Kreisausschnitts–* | *Schneide–* (~ teeth) 2. s *Schneidezahn* m

secular ['sekjulə] 1. a (~ly adv) *weltlich* (~ music), *diesseitig* || *nicht kirchlich, Säkular–* (~ clergy) || *Säkul·ar–, nur einmal in hundert Jahren eintretend, hundertjährlich* || *jahrhundertelang, –alt* 2. s ⟨ec R.C.⟩ *Weltgeistlicher* m ~ity [ˌsekju'læriti] s *Diesseitigkeit, Weltlichkeit* f; *weltl. Interessen* n pl ~ization ['sekjuləraiˈzeiʃən] s *Säkularisation; Verweltlichung;*

-*staatlichung* f **~ize** [′sekjuləraiz] vt *säkulari-sieren, (geistl. Güter) einziehen, verstaatlichen* ‖ *verweltlichen*

secund [si′kʌnd, ′si:kʌnd] a ⟨bot⟩ *nur an e–r Seite des Stammes stehend*

secundine [′sekəndin] s [*oft pl* ~s] ⟨med⟩ *Nachgeburt* f

secundum [si′kʌndəm] L prep *gemäß, nach*; ~ *naturam naturgemäß, natürlich*; ~ *quid in e–r gewissen Hinsicht*

securable [si′kjuərəbl] a *erreichbar, z er-langen*(*d*) **secure** [si′kjuə] **1.** a (~*ly adv*) *ruhig, sorglos* ‖ *sicher, gewiß* (of a th *e–r S*); *zuversicht-lich* (hope) **|** *ohne Gefahr, sicher* (from, against *vor*) ‖ *gesichert*; *sicher, fest* **2.** vt **a.** (*jdn*) *sichern, schützen* (against *gegen*); to ~ o.s. *sich sch.* ‖ ⟨mil⟩ *befestigen* **b.** (*Besitz*) *sichern* (to a p *jdm*); to ~ a th to a p *od* a p a th *jdm etw sichern* ‖ (*jdn*) *sicherstellen*; (*jdm*) *Sicherheit geben*; (*Zahlung* etc) *sicherstellen* ‖ ~d *creditor ab-sonderungsberechtigter Gläubiger* m **c.** *befesti-gen*; *festmachen* (to *an*); (*Tür*) *fest zumachen* (*jdn*) *einsperren* **d.** *sich* (*etw*) *sichern, beschaffen*; (*etw*) *erlangen*; (*Platz*) *belegen*

securiform [si′kjuərifə:m] a ⟨bot⟩ *axtförmig*

security [si′kjuəriti] s **1.** *Sicherheit* (in ~ *in S.*; with ~ *mit S.*); *Sorglosigkeit* f **2.** *Sicherheit* f, *Schutz* m (against, from *gegen*); ~ *for costs Kostensicherheitsleistung* f; ~ *on the march* ⟨tact⟩ *Marschsicherung* f **3.** *Gewißheit, Garantie* f **4.** *Sicherheit*(*sleistung*) f (in ~ *for als S. f*), *Bürgschaft*; to give ~ *B. leisten*; ⟨cóm⟩ *Kau-tion* f; *claims in* ~ *form verbriefte Forderungen* f pl ‖ *Deckung* f **|** *Bürge* m **5.** –ties [pl] *Effekten, Wertpapiere* n pl ⟨*a* Am bal⟩ **6.** [attr] *Sicher-heits–* (~ *pact*) ‖ ~ *classification Geheimhal-tungsstufe* f ‖ ⌁ *Council* ⟨pol⟩ *Sicherheitsrat* m ‖ ~ *force*(s pl) ⟨tact⟩ *Sicherungstruppe*(*n* pl) f, –(*streit*)*kräfte* f pl, –*einheit* f ‖ ~ *matter Ver-schlußsache* f, *geheimer Gegenstand* m ‖ ~ *risk* ⟨pol⟩ *untragbare Person* f (*weil politisch ver-dächtig*) ‖ ~ *screening* (*P*) *sicherheitsmäßige Überprüfung* f

sed [sed] s ⟨med fam⟩ = blood *sedimenta-tion*; ~ *rate* (test) *Blutsenkung*(*suntersuchung* f) f

sedan [si′dæn] s (*a* ~-chair) *Sänfte* f **|** ⟨mot Am⟩ *Limous·ine* f

sedate [si′deit] a (~*ly adv*) *ruhig, gelassen, gesetzt* ~**ness** [~nis] s *Gelassenheit* f

sedative [′sedətiv] **1.** a ⟨med⟩ *beruhigend* **2.** s *Beruhigungsmittel* n

se defendendo [′si:ˌdi:fen′dendou] L *in or aus Notwehr* (*bei Totschlag*)

sedentariness [′sedəntərinis] s *sitzende Le-bensweise* f –**tary** [′sedntəri] a (–*rily adv*) *sitzend,* ~ *life sitzende Lebensweise* ‖ *seßhaft*; ⟨zoo⟩ *Stand*(-*wild,* –*vogel* etc) **sederunt** [se-′diərənt] L s ⟨*oft* ec⟩ *Sitzung* f ⟨*a* übtr⟩

sedge [sedʒ] s ⟨bot⟩ *Ried–, Schilf–, Meergras* n **sedgy** [′sedʒi] a *mit Riedgras bewachsen, Schilf–*

sedilia [se′dailiə] s pl L ⟨ec⟩ *Reihe* f *v mst drei* (*Stein–*)*Sitzen* (*auf der Südseite des Altars*)

sediment [′sedimənt] s (*Boden–*)*Satz* m, *Hefe* f ⟨*a* fig⟩; ⟨geol⟩ *Sedim·ent, Ablagerung* f *v Schichtgesteinen* ~**ary** [ˌsedi′mentəri] a (*Boden-*)*Satz–*; ⟨geol⟩ *sediment·är, Sediment–,* ~ *rocks* –*gesteine, Schichtgesteine* n pl ~**ation** [ˌsedimen-′teiʃən] s *Sedimentbildung* f; ⟨med⟩ *blood* ~ *Blutsenkung* f

sedition [si′diʃən] s *Aufruhr,* –*stand* m ~**ary** [~əri] a *aufrührerisch,* –*ständisch*

seditious [si′diʃəs] a (~*ly adv*) *aufständisch*; –*rührerisch*; ~ *utterances* ⟨jur⟩ *Staatsverleum-dung* f

seduce [si′dju:s] vt *verführen* ‖ (*Mädchen*) *verführen* ‖ *verleiten* (to a th *z etw*; into doing

z tun) ~**ment** [~mənt] s *Verführung* f **|** ~**r** [si′dju:sə] s *Verführer* m

seduction [si′dʌkʃən] s *Verführung* f (to *zu*) ‖ *Versuchung* f ‖ *verführerischer Reiz* m –**tive** [si′dʌktiv] a (~*ly adv*) *verführerisch* ‖ *gewin-nend, reizvoll*

sedulity [si′djuliti] s *Fleiß* m, *Emsigkeit* f

sedulous [′sedjuləs] a (~*ly adv*) *fleißig, emsig* ~**ness** [~nis] s *Fleiß* m

sedum [′si:dəm] s L ⟨bot⟩ *Gattung* f *der Krassulaz·een*; *Fetthenne* f

see [si:] s ⟨ec⟩ (*erz*)*bischöflicher Stuhl* m, *Bistum, Erzbistum* n (the ~ of Canterbury *das E. Canterbury*) ‖ *Holy See* ⟨ec⟩ *päpstlicher Stuhl*

see [si:] vt/i [saw/seen] **I.** vt **A.** *Bedeutungen*: **1. a.** *sehen*; *sinnlich wahrnehmen* (a p; a th; that; how); I ~ *him come od coming ich sehe ihn k*; *he was seen to arrive man sah ihn ank* ‖ *to go, to come to* (*od* and) ~ (*jdn*) *besuchen*; *to* ~ *little* (much) *of a p jdn wenig* (*viel*) *sehen*; → 8. ‖ *what the eye does not* ~ *the heart does not grieve over was ich nicht weiß, macht mich nicht heiß* ‖ *to* ~ *things* ⟨fam⟩ *Halluzinationen h* ‖ *to* ~ *one's way to do od to doing* → *way s* **II. 1. b. 2.** *einsehen, verstehen* (a th; how; that); I ~ (that) *you are right*; → *joke s*; *ersehen* (by *aus*); *erwarten* **|** *hören, erfahren*; *it remains to be seen es bleibt abzuwarten*; ~ *last s* ‖ *erkennen, entdecken* (in) **3.** *beobachten, ansehen* (to ~ a play); *worth seeing sehenswert* **4.** *nachsehen* (who, etc); ~ *siehe*; *go and* ~ *sieh nach* **5.** *sor-gen* f, *darauf achten* (that; a th done *daß etw geschieht*) **6.** *betrachten, halten* f, *to* ~ (it) *advisable* (*es*) *f ratsam halten* (to do); I ~ *my-self obliged ich sehe mich gezwungen* (to do) **7.** *sehen, erfahren, erleben* (that; a p do *daß jd tut*; a th done *daß etw geschieht*); *to* ~ *life das Leben kennenlernen, Erfahrungen m*; *he has* ~n *better days er hat bessere Tage gesehen* ‖ *mit-machen*; *to* ~ *action mitkämpfen* (at *bei*); *to* ~ *much company viele Gesellschaften geben, viel in G. gehen* ‖ *lieber sehen* (a p do *daß jd tut*; a th done *daß etw geschieht*) ‖ → *further* **8.** (*jdn*) *be–, aufsuchen*; *sprechen mit* (*jdm*) (he saw his *principal er ging zu s–m Pr.*); (*jdn*) *befragen*; (*Arzt*) *konsultieren* ‖ (*jdn*) *empfangen, begrüßen* ‖ *he's a hard man to* ~ *man kann an ihn kaum herankommen* **B.** [*mit Pers.-Obj. u lokaler Er-gänzung*]: *to* ~ *a p home, to the door jdn nach Hause, an die Tür begleiten, bringen* **C.** [*mit adv*] *to* ~ *a p off jdn an die Bahn* (etc) *begleiten* ‖ *to* ~ *a p out jdn hinausbegleiten*; *to* ~ *a th out etw bis z Ende sehen* ‖ *to* ~ *a th through etw durchhalten, .. a p through. (jdm) durchhelfen* (with a th *bei e–r S*) **II.** vi **1.** *sehen*; ~ *if* I *don't! du wirst es sehen!*; I can't ~ *to read, etc es ist mir nicht* (*mehr*) *hell genug z Lesen* etc ‖ → *to wait* **2.** *einsehen, verstehen,* I ~ *ich ver-stehe, ach so!* you ~ *Sie verstehen, wohlgemerkt, wirklich*; do you ~? *od* ~? *verstehst du? u à* **3.** *überlegen*, I'll ~ *ich will sehen*; *let me* ~ *warte mal* **4.** *nachsehen* **5.** [*mit prep*] *to* ~ **about** (a th; doing) *Sorge tragen* f, *besorgen* (.. about packing *das Packen b.*); *untersuchen* ‖ *to* ~ *after achten auf, sich kümmern um* ‖ ~ *at 'soft' siehe* (*nach*) *unter* „*soft*" (*in e–m Wör-terbuch*) ‖ as you ~ *by these figures wie Sie aus diesen Z. ersehen,* → **II. 2.** ‖ *to* ~ **into** (*etw*) *durchschauen*; *untersuchen* ‖ *to* ~ **over** (*etw*) *besichtigen* ‖ *to* ~ **through** (*jdn, etw*) *durchschauen* ‖ *to* ~ **to** *achten auf, besorgen, .. to it that gib acht, daß*; ~ *to all lubrication* ⟨mot⟩ *l Sie den Wagen abschmieren*; *of course she did not* ~ *to it herself, but she saw to it that the butler saw to it natürlich kümmerte sie sich nicht selbst darum, aber sie sorgte dafür, daß der Butler sich darum kümmerte* ~**ing** [′~iŋ] **1.** conj ~ *od* ~ *that in Anbetracht daß, da nun* *mal* **2.** prep *in Anbetracht, angesichts*; ~ *your youth in A. d–r Jugend* **3.** [comp] ~-*eye dog* ⟨Am⟩ *Blindenhund* m

seed [si:d] **1.** s *Saat* f, *Samen* m, *Saatgut* n [*mst* koll] ‖ *kept as od for* ~ *als Saatgut zurück-gehalten* ‖ *true to* ~ *sortenecht* ‖ *to sow* ~ *S. säen; to run to* ~ *in Samen schießen*; ⟨fig⟩ *an Leistung nachlassen* ‖ ⟨biol⟩ *Samen* m ⟨a *bib*⟩, *Nachkommenschaft* f ‖ ⟨fig⟩ *Keim, Ursprung* m ‖ *to sow the* ~s *of discord* ⟨fig⟩ *Zwietracht säen or stiften* ‖ [attr] *Samen–; Saat–; Säe–* ‖ ~-*cake Kümmelkuchen* m ‖ ~-*drill Reihensäema-schine* f ‖ ~-*leaf* ⟨bot⟩ *Samen–, Keimblatt* n ‖ ~-*merchant Samenhändler* m ‖ ~-*plot* ⟨hort⟩ *Pflanzschule* f; ⟨fig⟩ *Brutstätte* f ‖ ~ *potatoes* [pl] *Saatkartoffeln* f pl ‖ ~-*vessel* ⟨bot⟩ *Frucht-hülle* f **2.** vi/t ‖ *in Samen schießen, Samen tragen* ‖ vt (*a to* ~ *down*) (*Feld*) *besäen* ‖ (*Frucht*) *ent-kernen* ‖ (*Wolken*) z *Abregnen bringen*, → *zero-derivation* ‖ ⟨sport⟩ (*Spieler*) *setzen* (*bei Turnie-ren*); (*die Verlosung*) *nach dem Setzprinzip vor-nehmen* ‖ ~**er** ['~ə] s = *seed-drill* ~**ing** ['~iŋ] s [attr] *Saat–* ‖ *natural* ~ ⟨bot⟩ *natürl. Besamung* f ~**less** ['~lis] a *samenlos*; *kernlos* (raisins, etc) ~**ling** ['~liŋ] s ⟨hort⟩ *Sämling* m ~**sman** ['~zmən] s *Samenhändler* m

seediness ['si:dinis] s *Schäbigkeit* f ‖ *Unpäß-lichkeit* f; *Katzenjammer* m **seedy** ['si:di] a ⟨hort⟩ *voller Samen* ‖ ⟨fig⟩ *schäbig* ‖ *unwohl, katzenjämmerlich* ‖ *zweideutig*

seek [si:k] vt/i [sought/sought] **1.** vt (*Ruhe, Stellung* etc) *suchen*, z *bek suchen* ‖ z *entdecken, erforschen suchen* (to ~ *the causes of* ..) ‖ *trachten nach* (to ~ *a p's life*); *erstreben*; (*etw*) *erbitten* (from *v*) ‖ (*ver*)*suchen* (to do) ‖ *to* ~ *out* (*jdn*) *aufsuchen* ‖ *to* ~ *through* (*etw*) *durch-suchen* **2.** vi *suchen* (for *nach*) ‖ *to* ~ *after jagen nach, verfolgen*, [*bes* pass] *begehren, ver-langen* (*he was much sought after*) ‖ *to* ~ [*im* pass. *Sinne*] z *suchen, to be to* ~ *noch* z *suchen, noch nicht gefunden* s (*the causes are still to* ~); *not far to* ~ *leicht z finden; to be sadly to* ~ *in* a th *versagen in etw, e r S ermangeln* ‖ ~**er** ['~ə] s *Sucher* m (*after nach*)

seel [si:l] † vt (*e–m Falken die Augenlider*) *zus–nähen, verschließen* (z *Abrichten*)

seem [si:m] vi **1.** *den Anschein h, scheinen* (to be z s, to do z *tun*) ‖ z s *scheinen, erscheinen* (the thing ~s *incredible to me*); *he* ~s *the thief er scheint der Dieb z s*; I ~ *to hear es ist mir, als wenn ich hörte*; I ~ *to remember ich erinnere mich dunkel* **2.** [imps] *it* ~s *es scheint* (that); *it* ~s *to me es sch. mir* (that *daß*; as if, as though *als wenn*); *it would* ~ *to be enough es dürfte genug* s; *as* ~s *probable wie es wahrscheinlich ist* ~**ing** ['~iŋ] **1.** a (~*ly* adv) *anscheinend, scheinbar* **2.** s † *Anschein* m ~**liness** ['~linis] s *Schicklichkeit* f; *Anstand* m ~**ly** [~li] a *schick-lich; geziemend* ‖ *hübsch, nett; it is* ~ *in a p es gehört sich* (z *tun*)

seen [si:n] pp *v* to **see** ‖ ~ *fire* (*Fla-*)*Sicht-schließen* ‖ ‖ ~ *in* ‖ *ausgerüstet mit; bewandert in*

seep [si:p] vi (*ein*)*sickern* (into *in*); *durch-sickern* ⟨a fig⟩ ~**age** ['~idʒ] s *Durchsickern* n ‖ *Durchgesickertes* n

seer ['si(:)ə] s *Seher*(*in*); *Prophet*(*in* f) m ~**craft** [~krɑ:ft] s *prophetische Kunst* f

seer [siə] s Ind → ser

seersucker ['siəsəkə] s Ind *dünnes blau u weiß gestreiftes Leinentuch* n

seesaw ['si:'sɔ:] **1.** s *Wippen* n ‖ *Schaukel-bank, Wippe* f ‖ ⟨fig⟩ *Hin u Her* n, *Auf u Ab* n **2.** a ['–~] *hin u her–, auf u ab gehend; schwan-kend, wechselnd* **3.** adv *auf u ab* **4.** vi *wippen*; (*sich*) *schaukeln* (on *auf*) ‖ ⟨fig⟩ *hin u her schwanken, auf u ab gehen, steigen u fallen*

seethe [si:ð] vt/i ‖ † *kochen, dämpfen* ‖ vi

(of liquids) *kochen, sieden* ⟨a fig⟩ (with *vor*); *gären, schäumen*

segment ['segmənt] **1.** s *Abschnitt* m; ⟨biol⟩ *Teil* m, *Glied* n (*e–s Wurms*) ‖ ⟨geom⟩ *Segm·ent* n **2.** vt/i ‖ ⟨biol⟩ *teilen* (in *in*); *in Segmente teilen* ‖ vi *sich in S. teilen* ~**al** [seg'mentəl] a *segment·är* ~**ation** [‚segmen'teiʃən] ⟨biol⟩ *Segmentation,* (*Ei-*)*Furchung* f

segregate 1. ['segrigeit] vt/i ‖ *absondern, trennen* ‖ vi *sich absondern*; ⟨biol⟩ *ausschließlich nach dem Merkmal . e–s der Eltern aufspalten* **2.** ['segrigit] a *getrennt, isoliert* ~**ation** [‚segri-'geiʃən] s *Absonderung* f ‖ ⟨demog⟩ *Bevölke-rungstrennung* f ‖ ⟨biol⟩ *Aufspaltung* ~**ationist** [–ist] s (⟨a⟩ *racial* ~) *Befürworter, Anhänger, Verfechter* m *der Rassentrennung* ‖ [attr] *die R. befürwortend, Rassentrennungs–* (~ *politician*) ~**ative** ['segrigeitiv] a *sich absondernd*

seiche [seiʃ] s Fr *periodische Niveauschwan-kung* f, *unerwartet hohe Welle v Binnenseen*

Seidlitz powder ['sedlits'paudə] s *Brause-pulver* n

seigneur [sein'jə:], **seignior** ['si:njə] s ⟨a-engl⟩ *Lehns–, Grundherr* m ~**niorage** ['si:njəridʒ] s *königl. Münzgebühr* f ~**niory** ['si:njəri] s *Ge-richtsbarkeit* f or ~*gebiet* n *e–s seignior*

seine [sein] **1.** s *Schlag–, Schleppnetz* n **2.** vt/i *mit dem Sch. fangen*

seise [si:z] vt ⟨jur⟩ = to seize

seismic(al) ['saizmik(əl)] a *seismisch, Erdbe-ben–* ‖ ~ *prospecting* ⟨geo-phys, min⟩ *seis-mische Aufschlußarbeiten* f pl (z *B* z *Ölsuche*) ‖ *–ic zone* ⟨geol⟩ *Schütterzone* f

seismo– ['saizmo] Gr [in comp] *Erdbeben–*; ~**gram** [~græm] s *Bild* n *der Erdbebenwellen* ~**graph** [~grɑ:f] s *Erdbebenanzeiger* m, *–re-gistrierinstrument* n ~**logy** [saiz'mələdʒi] s *Erdbebenkunde; Seismik* f ~**meter** [saiz'məmitə] s *Erdbebenmesser* m ~**scope** ['saizməskoup] s *Erdbebenanzeiger* m

seizable ['si:zəbl] a *greifbar* ‖ *mit Beschlag belegbar*

selze [si:z] vt/i [–zing] **A.** vt **1.** (⟨jur⟩ *mst* to seise) (*jdn*) *in den Besitz setzen* (of *v*); *to be* ~d *of im Besitz s v* **2.** *to* ~ *a th sich e–r S bemäch-tigen; etw an sich reißen; sich etw aneignen; to* ~ *into one's hands* (*Land*) *in Besitz nehmen* ‖ *be-schlagnahmen, in Beschlag nehmen; pfänden* ‖ (*jdn*) *festnehmen* ‖ ⟨telph⟩ *to* ~ *a line e–e Leitung belegen* ‖ ⟨tact⟩ (*ein*)*nehmen* ‖ ⟨mar⟩ *kapern* **3.** (*jdn*) *fassen* (by the arm *am Arm*), *packen;* (*Hand*) *ergreifen;* ⟨a übtr⟩ *to* ~ *the opportunity die Gelegenheit er–; to be* ~d *with ergriffen, befallen w v* ⟨a übtr⟩ **4.** *begreifen, er-fassen* **5.** ⟨mar⟩ (*Taue*) *zus–binden; befestigen, festbinden* (to *an*) ‖ *to* ~ *up* (*jdn z Züchtigung*) *an die Wanten binden* **B.** vi **1.** (*a* to ~ *up*) ⟨mech⟩ *steckenbleiben; sich festklemmen; fres-sen* (*Kolben, Lager*); ⟨mach⟩ *stehen bleiben; ausfallen;* ⟨mot⟩ *the brake is –zing .. sitzt fest;* ⟨tech⟩ *to* ~ (*up*) *festsitzen* **2.** *to* ~ (*un*)*on a p od* a th *sich jds, e–r S bemächtigen, jdn ergreifen,* ⟨fig⟩ *etw aufgreifen* (to ~ *on* a suggestion)

seizin, seisin ['si:zin] s ⟨jur⟩ *Besitz* m; *–er-greifung, –nahme* f

seizing ['si:ziŋ] s *Ergreifen* n etc, → to seize ‖ ⟨mar⟩ ~s [pl] *durch Bändsel* n pl *fest ver-bundene Taue* ‖ ~ *line* ⟨mar⟩ *Bändselleine* f

seizure ['si:ʒə] s ⟨jur⟩ *Besitz–, Beschlagnahme* ‖ ⟨telph⟩ *Belegung* f ‖ *Verhaftung* f ‖ *Ergrei-fung* f (~ *of power*) ‖ ⟨med⟩ *plötzlicher Anfall* m

sejant ['si:dʒənt] a ⟨her⟩ *sitzend* (lion)

selachian [se'leikiən] **1.** s ⟨ich⟩ *Haifisch* m **2.** a *Haifisch–*

selamlik [se'lɑ:mlik] s *den Männern reser-vierte Räume* pl *des mohammed. Hauses*

seldom ['seldəm] adv *selten*; [in comp] *selten–* (~-acted)

select [si'lekt] a *(aus)erlesen, –erwählt*; ~ committee *engerer Ausschluß, kl Sonderaus-schuß* m || ⟨stat demog⟩ *Auslese–* (life table) | *wählerisch* (in *in*); (of society) *exklusiv*; *vornehm*

select [si'lekt] vt *auswählen, –lesen* (for *f*); ⟨for⟩ *(Wald) (durch)plentern*; ⟨min⟩ *(aus)-klauben* ~**ed** [~id] a *auserwählt* ~**ion** [si'lekʃən] s *Auswählen* n, *Auswahl* f; for ~ *zur A.*; to make a ~ *e–e A. treffen*; to make one's own ~ *selbst die A. treffen* || ⟨biol⟩ *(a natural* ~*) natürliche Auslese*; *Zuchtwahl* f; *künstliche Züchtung* f | *die gewählte P or S* || *Auslese, –wahl* f (from *aus*) ⟨for⟩ ~-*system Plenter-betrieb* m; ~ *thinning Plenterdurchforstung* f ~**ee** [silek'tiː] s ⟨Am mil⟩ *(durch Los) Gezo-gener* m, *Einberufener* m *(gemäß dem US Selective Service Act)* ~**ive** [~iv] a (~ly adv) *auswählend, Auswahl–*; ⟨wir⟩ *selektiv, ab-stimm–, trennscharf* ⟨tech⟩ ~ *assembly Aus-tauschbau* m; ~ *assignment* ⟨mil⟩ *wahlweise Abkommandierung* f; ~ *circuit* ⟨wir⟩ *Trennkreis* m; ~ *course Auswahllehrgang* m; ~ *examina-tion Ausleseprüfung* f; ~ *immigration Ein-wanderungsauslese* f; ~ *hardening Teilhär-tung* f; ~ *Service* ⟨Am⟩ *(1940 eingeführtes) Einberufungssystem* n *zum Wehrdienst (21–35 Jahre) durch Los*; ~ *system of gear shifting* ⟨mot⟩ *Verschiebeschaltung* f; ~ *test Auswahl-prüfung* f; ~ *value Auslesewert* m ~**ivity** [siːlek'tiviti, se–] s ⟨wir⟩ *Selektivität, Ab-stimm–, Trennschärfe* f ~**man** [si'lektmən] s ⟨Am⟩ *Magistratsperson* f, *Stadtrat* m *(P)* ~**ness** [~nis] *Auserlesenheit* f ~**or** [~ə] s *Auswähler* m; ⟨el⟩ *Wähler* m; ⟨wir⟩ *Sucher* m || ⟨Austr⟩ *kl Farmer* m | ~ *switch Wähl–, Umschalter* m || ~ *valve* ⟨mot⟩ *Tankschalter* m, *Betätigungsventil* n; ~ v. unit *Wahlventilgerät* n

selenate ['selinit] s ⟨chem⟩ *Salz* n *der Sel-en-säure* –**enic** [si'liːnik] a *Selen–* (~ *acid –säure* f) –**enious** [si'liːniəs] a: ~ *acid selenige Säure* f –**enite** ['selinait] s *Selenit* m *(Gips)* –**enium** [si'liːniəm] s *Sel-en* n

seleno– [si'liːno] [in comp] *Mond–* ~**graphy** [seli'nɔgrəfi] s *Mondbeschreibung* f ~**logy** [seli'nɔlədʒi] s *Mondkunde* f

self [self] **1.** pron *selbst [nur in comp:* myself etc] || ⟨com & fam⟩ (= myself) *ich, mich, selbst* (for ~ *f mich selbst)* **2.** a *ungemischt, gleich-förmig*; *Natur–* (~-*colour –farbe* f) **3.** s [pl –lves] *[mst ohne art] Selbst* (the respect to ~ *die Rücksicht auf das eigene S.)* || *das Ich* (one's own ~) || *wahre Natur, wahrer Charakter* m (his better ~); it is his very ~ *das ist er, wie er leibt u lebt*; my poor ~ *m–e Wenigkeit* f || *Selbst* n, *Eigennutz* m || your good –lves [pl] *Ihre werte Firma*

self– [self] *betontes pref Selbst–; Eigen–*; **1.** *die eigene P betr* (~-control) **2.** *v sich aus be-wirkt* (~-acting) **3.** *automatisch* (~-filling) | ~-**abasement** *Selbstbeschämung* f | ~-**absorbed** *in sich selbst vertieft* | ~-**abuse** *Selbstbefleckung* f | ~-**acting** *selbsttätig* | ~-**actuating** *clutch* ⟨mot⟩ *selbsteinrückende Kupplung* f | ~-*adhesive film Selbstklebefolie* f | ~-**administer-ing** *(wirtschaftlich) selbständig* (⟨mil⟩ *Einheit)* | ~-**alignment** ⟨mot⟩ *Selbsteinstellung* f, *Spur-zwang* m | ~-**assertion** *Selbstbewußtsein* n; *Geltendmachung* f *der eigenen Rechte* || ~-**assertive** *selbstbewußt; rechthaberisch* | ~-**assess-ment** *Selbsteinschätzung* f | ~-**assured** *selbst-bewußt* | ~-**awareness** *Selbstbewußtheit* f | ~-**bearing** *Eigenpeilung* f | ~-**bias** ⟨el⟩ *auto-matische Gittervorspannung* f | ~-**binder** ⟨agr⟩ *Selbstbinder* m *(beim Mähen)* | ~-**centred** *auf sich selbst gestellt; mit sich selbst beschäftigt*

| ~-**chambering** *selbstladend (Waffe), Selbst-lade–* | ~-**closing** (v) *selbst schließend* (door) | ~-**coloured** *einfarbig, naturfarben* | ~-**com-mand** *Selbstbeherrschung* f | ~-**complacent** *selbstgefällig* | ~-**conceit** *Eigendünkel* m || ~-**conceited** *eingebildet* | ~-**confidence** *Selbstver-trauen* n | ~-**confident** *selbstbewußt* | ~-**conscious** (–ly adv) ⟨fig⟩ *befangen* | ⟨philos⟩ *bewußt* | ~-**consciousness** *Befangenheit* f || ⟨philos⟩ *Bewußtheit* f | ~-**consideration** *Nach-denken* n *über sich* | ~-**contained** *in sich ab-geschlossen; vollständig; unabhängig;* (of houses) *abgeschlossen, für sich allein*; ~-**contained** *house Einfamilienhaus* n || *(P) verschlossen* | ~-**control** *Selbstbeherrschung* f | ~-**cooker** –*kocher* m *(Apparat)* | ~-**correction** ⟨rhet⟩ *Selbstverbesserung* f ⟨oft in prov⟩ (e.g.: in six cases, yea, in seven) | ~-**deception** –*täuschung* f | ~-**defence** –*verteidigung* f; in ~-*defence in Notwehr* | ~-**denial** *Selbstverleugnung* f | ~-**destroying** *sich selbstzerlegend (Munition)*; ~-d. *fuse Zerlegezünder* m; ~-d. *shell Zerleger* m, *Granate* f *mit Selbst–* | ~-**determination** ⟨pol⟩ –*bestimmung* f (the right of ~–) | ~-**effacement** *bescheidene Zurückhaltung; zurückhaltende Be-scheidenheit* f | ~-**employed** *selbständig erwerbs-tätig, im eigenen Betrieb arbeitend*, ~-e. as a joiner *selbständiger Tischler* m | ~-**enumeration** ⟨stat⟩ *Selbstzählung* f | ~-**erecting** ⟨phot⟩ *Aufspring–* (camera, screen) | ~-**evident** (–ly adv) *selbstverständlich* | ~-**existent** *selbständig bestehend* | ~-**explanatory** *k–r Erklärung be-dürfend*, this is ~-e. *dies bedarf k–r E.* | ~-**feeder** *Dauerbrandofen* m || ~-**feeding** ⟨tech⟩ *sich selbst speisend or regulierend*; ~-f. *furnace* ⟨tech⟩ *Schüttfeuerung* f | ~-**governing** *sich selbst verwaltend* | ~-*government Selbstregierung*; –*bewirtschaftung* f | ~-**help** –*hilfe* f | ~-**hoop** *(Geschützrohr* n) *autofrettieren*; ~ *hooping Selbstschrumpfung, –verfestigung* f | ~-**hypnosis** –*hypnose* f | ~-**importance** –*überhebung, Wich-tigtuerei* f | ~-**ignition** *Selbstentzündung* f | ~-**indulgence** *Genußsucht* f | ~-**inflation** *Auf-geblasenheit* f | ~-**inflicted** *wound(s* pl) *Selbst-verstümmelung* f | ~-**interest** *Eigennutz* m | ~-**knowledge** *Selbsterkenntnis* f | ~-**loading** *Selbstlade–* | ~-**locking** *door Tür* f *mit Schnapp-schloß* | ~-**love** *Eigenliebe* f | ~-**made** *selbst-gemacht*; a ~-*made man ein Mann, der aus eigener Kraft emporgekommen ist*; ⟨cont⟩ *Em-pork·ömmling* m | ~-**murder** *Selbstmord* m | ~-**mutilation** *Selbstverstümmelung* f | ~-**polli-nation** ⟨bot⟩ –*bestäubung* f | ~-**portrait** *Selbst-bildnis* n | ~-**possessed** *voll Selbstbeherrschung, beherrscht* || ~-**possession** *Selbstbeherrschung* f | ~-*praise Eigenlob* n | ~-**preservation** *Selbst-erhaltung* f; *instinct of* ~-*preservation Selbst-erhaltungstrieb* m | ~-**propelled** *auf Selbstfahr-lafette*; ~-p. *mount Selbstfahrlafette* f; ~-p. *assault gun Sturmgeschütz* m; ~-p. *missile Flugkörper* m *mit Eigenantrieb* | ~-**protection** –*schutz* m (in ~ *zum S.)* | ~-**recording** *selbst-registrierend (Gerät)* | ~-**regulating** ⟨tech⟩ *sich selbst regulierend* | ~-**reliance** *Selbstvertrauen*; –*gefühl* n || ~-**reliant** *selbstvertrauend*; ~-**respect** *Selbstachtung* f | ~-**restraint** –*beschrän-kung, –beherrschung* f | ~-**righteous** a (–ly adv) *selbstgerecht* | ~-**sacrifice** *Selbstaufopferung* f | ~-**satisfied** *selbstzufrieden* | ~-**sealing** *selbst-abdichtend, beschußsicher (Kraftstoffbehälter)* || ~-**seeker** *Egoist* m | ~-**seeking** *selbstsüchtig, egoistisch* | ~-**service** *Selbstbedienung* f || [attr] *Selbstbedienungs–* (market –*laden)* | ~-**sown** ⟨for⟩ *angeflogen, wildwachsend* | ~-**starter** ⟨mot⟩ *Selbstanlasser* m; ~-st. *button Anlaß-druckknopf* m || ~-**starting** ⟨mot⟩ *mit –anlasser* (car) | ~-**sufficiency** –*genügsamkeit; –überhe-bung* f; ⟨com⟩ –*versorgung* f (raw material

~-sufficiency) | ~-suggestion *Autosuggesti·on* f | ~-supplier ⟨cul⟩ *Selbstversorger* m | ~-support *Selbstversorgung* f || ~-supporting *Selbstversorger–*; *autark (Staat)*; ~-s. p ⟨stat⟩ *selbständiger Berufsloser* m | ~-surrender *–aufgabe, –preisgabe* f | **~-taught** *Autodidakt–* || ~-timer ⟨phot⟩ *Selbstauslöser* m | ~-tipping car ⟨rail⟩ *Selbstkipper* m | it is ~-understood *es versteht sich v selbst* | **~-will** *Eigenwille* m || ~-willed *eigenwillig*

selfish [ˈselfiʃ] a (~ly adv) *egoistisch, selbstsüchtig*; *Eigennutz–* **~ness** [~nis] s *Egoismus* m, *Selbstsucht* f

selfless [ˈselflis] a (~ly adv) *selbstlos* **~ness** [~nis] s *Selbstlosigkeit* f

selfsame [ˈselfˈseim] a ⟨liter⟩ *ebenderselbe*

Seljuk [selˈdʒuːk] s *Seldsch·uke* m, *Mitglied* n *der türk. Dynastie* or *des türk. Stammes*

sell [sel] I. vt/i [sold/sold] A. vt 1. *verkaufen* (at *z*; for *f*; to *an*); *veräußern* (⟨*a* fig⟩ to ~ one's honour); to ~ dear *teuer verkaufen*; to ~ one's life dearly *s Leben teuer verkaufen* || to ~ the pass *treulos s, Verrat begehen* 2. ⟨com⟩ *handeln mit*; *absetzen* || *den Verkauf (e–r S) fördern* || ⟨Am⟩ *anpreisen* 3. ⟨Am⟩ *(jdn) z Kauf anreizen*; *(jdn) aufklären* (on *über*); to ~ a th to a p, to sell a p on a th ⟨*bes* Am fam fig⟩ *jdm etw "verkaufen", jdn überzeugen v*; to be sold on a th *überzeugt s v, schwören auf* 4. *verraten* ⟨sl⟩ [*mst* pass to be sold] (*a*: to ~ a p down the river) *(jdn) anführen, –schmieren* 5. [*mit* adv] to ~ off, out *ausverkaufen, räumen*; to be sold out *nicht mehr auf Lager s* || to ~ up ⟨jur⟩ *(jdn) auspfänden* B. vi *verkaufen*; *handeln* | *verkauft w* || *sich verkaufen (l)*; *gehen* (these goods do not ~) || the book will ~ at 7/— .. *wird .. kosten* II. s ⟨Am⟩ *hard ~ energische Verkaufstechnik* f, *soft ~ zwanglose Warenwerbung* f || ⟨sl⟩ *Enttäuschung* f, *Reinfall* m (what a ~!) || *Kniff, Trick* m | ⟨Am⟩ ~(-)out *Verrat* m; ⟨theat fam⟩ *ausverkauftes Haus* **~er** [ˈselə] s *Verkäufer* m | *(S) Artikel, der sich gut verkaufen läßt, der geht* || ~'s market *guter Markt* m, *gute Nachfrage* f || → best 1. **~ing** [ˈseliŋ] s ⟨st exch⟩ *Verkaufsaufträge* m pl

seltzer [ˈseltsə], **~-water** [ˈseltsə͵wɔːtə] s *Selterswasser* n

selvage [ˈselvidʒ] s *Salband* n, *feste (Webe-) Kante, Borte* f **–agee** [͵selviˈdʒiː] *biegsame Strähne* f v *Kabelgarn* f **–vedge** [ˈselvedʒ, –vidʒ] s = selvage

semantics [siˈmæntiks] s pl [sg konstr] *Lehre* f v *der Bedeutung u –sentwicklung,* = semasiology

semaphore [ˈseməfɔː] 1. s ⟨rail⟩ *(Flügel-) Signal(mast* m), *Mastsignal*; *Scheibensignal* n || ⟨mil, mar⟩ *Signalmast* m, *Winkgerät* n | ~ arm *Signalarm* m || ~-type traffic indicator ⟨mot⟩ *(Pendel-)Winker* m, *mechanischer Richtungsanzeiger* m 2. vi/t *durch W. signalisieren*

semasiology [si͵meisiˈɔlədʒi], **sematology** [͵si:mə'tɔlədʒi] s = semantics

semblable [ˈsembləbl] a *scheinbar* (only ~) **semblance** [ˈsembləns] s *äußere Gestalt, Form* f || *äußerer Anschein, Schein* m (the ~ of ..) || *Erscheinung* f || *Ähnlichkeit* f (to *mit*) **semble** [ˈsembl] vi Fr (abbr sem, semb.) ⟨jur⟩ *es scheint* (that)

semé(e) [ˈsemei] a Fr ⟨her⟩ *besät, bestreut* (with)

semeiology, semiology [͵si:maiˈɔlədʒi] s, **semeiotics** [͵si:maiˈɔtiks] s pl *Lehre* v *den Zeichen*; ⟨med⟩ *L. v den Symptomen* f

semen [ˈsiːmen] s L *tierischer Same(n)* m

semester [siˈmestə] s ⟨Ger & Am univ⟩ *Semester* n

semi– [ˈsemi] *betontes* pref *semi–, halb–, Halb–*; *teils* || ~-active homing *halbselbsttätiger Zielflug* m || ~-annual *halbjährlich* || ~-

bituminous *halbfett (Kohle)* || ~-centennial *50-Jahres-Jubiläum* n || ~-desert ⟨geog⟩ *Wüstensteppe* f || ~-diameter *Halbmesser* m | ~-detached house *halbes Doppelhaus* n; ~-detached houses [pl] *(alleinstehendes) Doppelhaus* n || ~-dome *Halbkuppel* f || ~-final ⟨sport⟩ *Vorschlußrunde* f [*a* attr] || ~-finished article *Halbfabrikat* n, ~-f. goods *od* manufactures *Vorerzeugnisse* n pl (*z. B. Gewebe*); ~-f. product *Halbzeug* n || ~-fit [s] (*a* ~-fit (suit) *halbfertiger Anzug* m || ~-fluid grease ⟨tech⟩ *Fließfett* n || ~-killed steel *halbberuhigter Stahl* m || ~-literate *halbgebildet*; *Halbanalphabet* m || ~-manufactured *halbfertig, Halbfertig–* (product, goods), ~-manufactures [pl] *Halbwaren* f pl (*z. B. Zwirne*) || ~-monthly *halbmonatlich* || ~-occasionally ⟨Am⟩ *selten, dann u wann* || ~-official (–ly adv) *halbamtlich, offiziös* || ~-quotes [pl] ⟨fam⟩ *einfache Anführungsstriche* m pl ('..') || ~-rigid ⟨aero⟩ *halbstarr* || ~-skilled *angelernt (Arbeiter)* || ~-trance *Dämmerzustand* m || ~-vowel *Halbvokal* m **~breve** [ˈsemibriːv] s ⟨mus⟩ *ganze Note* f **~circle** [ˈsemi͵sə:kl] s *Halbkreis* m **~circular** [ˈsemiˈsə:kjulə] a *halbkreisförmig*; *Halbkreis–* **~colon** [ˈsemiˈkoulən] s *Semikolon* n **~grand** [ˈsemigræːnd] s *Stutzflügel* m **~lunar** [ˈsemiˈljuːnə] a *Halbmond–*; ⟨anat⟩ *Semilunar–* **~(-)monocoque** [ˈmɔnokɔk] [attr] ~ construction ⟨aero⟩ *Gemischt–, verstärkte Schalenbauweise* f **~(-)private** [ˈsemipraivit] a *zwei–* or *dreibettig (Krankenzimmer)* **~quaver** [ˈsemikweivə] s ⟨mus⟩ *Sechzehntelnote* f **~tone** [ˈsemitoun] s ⟨mus⟩ *halber Ton* m **~trailer** [ˈsemitreilə] s ⟨mot⟩ *Sattelanhänger* m

seminal [ˈsiːminl] a (~ly adv) ⟨anat⟩ *Samen–*; *Zeugungs–* (~ power) || ⟨bot⟩ *Samen–, Keim–* || ⟨fig⟩ *ursprünglich*; *fruchtbar, schöpferisch*

seminar [͵semiˈnɑː] s ⟨Ger univ⟩ *Semin·ar* n

seminary [ˈseminəri] s *Akademie, Bildungsanstalt* f || ⟨fig⟩ *Pflanzstätte, –schule* f || ⟨R. C.⟩ *(Priester-)Seminar* n

semiotic(s) [si:miˈɔtik(s)] s = semantics

Semite [ˈsiːmait] s *Semit(in* f) m **–tic** [siˈmitik] 1. a *semitisch* 2. s *das Semitische (Sprache)* **–tism** [ˈsemitizm] s *semitischer Charakter* m

semolina [͵seməˈliːnə] s *(Weizen-)Grieß* m

Sempervivum [͵sempəˈvaivəm] s L ⟨bot⟩ *Hauswurz, Dachwurz* f, *–lauch* m

sempiternal [͵sempiˈtə:nl] a ⟨rhet⟩ (~ly adv) *immerwährend, ewig*

sempstress [ˈsemstris] s = seamstress

sen [sen] s *jap. Bronze– u Rechnungsmünze* f ($1/_{100}$ yen)

senary [ˈsiːnəri] a *die Zahl 6 enthaltend*; *Sechs–*

senate [ˈsenit] s ⟨parl⟩ *Sen·at* m || ⟨übtr⟩ *Parlament* n; ⟨Am⟩ the ~ *das Oberhaus* || ⟨univ⟩ *Sen·at* m; ~-house *–sgebäude* n **–tor** [ˈsenətə] s *Sen·ator* m **–torial** [͵senəˈtɔːriəl] a *senatorisch, Senats–* **–tus** [seˈneitəs] s L ⟨Scot univ⟩ *Sen·at* m

send [send] vt/i [sent/sent] I. vt A. [*P*] 1. *(jdn) senden, schicken* (to *z*; into *in*; for *nach*); to ~ to school *z Schule schicken* 2. *mit Ergänzungen: in e–n Zustand versetzen*; to ~ crashing into the sea ⟨aero⟩ *z Absturz ins Meer bringen, über dem M. z A. br.*; to ~ a p tumbling *jdn ins Taumeln bringen,* ~ to pack, spin || to ~ a p mad *od* out of his mind *jdn rasend m* B. [*S*] 1. *(etw) senden, schicken*; *befördern* || to ~ a p a th *od* a th to a p *jdm etw schicken* || to ~ (a p) one's love *(jdn) herzlich grüßen l* || to ~ (a p) word *(jdn) benachrichtigen*; *(jdm) sagen l* (that; to do) | *(etw) schenken, gewähren, bescheren*; to ~ a p a th *od* a th to a p *jdm etw* *schenken* ‖ God *od* Heaven ∼ *that* .. *Gott gebe, daß* .. **2.** *(etw) in Bewegung setzen*; *(Geschoß) losgehen l, abfeuern* ‖ *treiben*; *(Ball) schlagen*; *werfen* ‖ *(Schlag) ausführen, versetzen* **3.** *(mst* to ∼ forth, out) *aussenden*; *(Schrei) -stoßen* ‖ *(Blick) richten* (at *auf)* **C.** [*mit* adv] to ∼ **away** *fortschicken*; *(jdn) entlassen* | to ∼ **down** *(jdn) aufs Land schicken* ‖ ⟨univ⟩ *zeitweise relegieren* ‖ *(jdn) niederwerfen, -strecken* ‖ *(Temperatur* etc) *senken* | to ∼ **forth** *hinausschicken* ‖ *(Licht) aussenden*; *(Laut) v sich geben*; *hervorbringen*; *veröffentlichen* | to ∼ **in** *hineinschicken* ‖ *einreichen, -schicken*, .. *in one's name sich anmelden* | to ∼ **off** *abschicken* ‖ *(jdn) entlassen* | to ∼ **on** *voraus-, weiterschicken*; *(Brief) nachsenden* | to ∼ **out** *hinausschicken* ‖ *(jdn; etw) aussenden*; *veröffentlichen* | to ∼ **round** *umlaufen l*; *(Schüssel) herumreichen* | to ∼ **up** *hinaufschicken, -senden* ‖ *-treiben, (Preise* etc) *in die Höhe treiben* ‖ *(jdn) einsperren* **II.** vi *schicken* (to *nach)*, to ∼ to *invite a p jdn einladen l* | to ∼ **for** *holen l* (he was sent for); *bestellen* **III.** [in comp] ∼-**off** [ˈsendˈɔːf; -ˈ–] *s feierlicher Abschied m, Abschiedsständchen* n, ⟨Am fam⟩ *Nachruf* m ‖ (of plays) to have a good ∼-*off from a p gute Aufnahme bei jdm finden, günstig besprochen w v jdm* ∼**able** [ˈ∼əbl] *a versandbar* ∼**er** [ˈ∼ə] *s Sender* m; *Absender* m ‖ ⟨telg⟩ *Sender* m ‖ ⟨pol⟩ ⩽ States *Stationierungsmächte* f pl ⟨Ger⟩ *(seit 5. 5. 55)* ∼**ing** [ˈ∼iŋ] *s Schicken* n; *Absenden* n; *Sendung* f, *Versand* m ‖ [attr] *Sende-* (∼ station) | ∼-*in Einsendung, -lieferung* f

send [send] **1.** vi [∼ed/∼ed] ⟨mar⟩ (of ships) *getrieben w, stürzen v e–r Welle z anderen* **2.** *s treibende Kraft der Welle* f

sendal [ˈsendl] *s C·endal, Zindel m, dünner Seidentaft* m

senega [ˈsenəgə], **-eka** [-əkə] *s* ⟨bot⟩ *Kreuz-, Milchblume* f ‖ *Senegalwurzel* f

senescence [seˈnesns] *s Altern, Altwerden* n -**ent** [seˈnesnt] *a alternd*

seneschal [ˈsenəʃəl] *s bes* Fr *Majordomus, Hausmeier* m

sengreen [ˈsengriːn] *s* ⟨bot⟩ *Hauslauch* m

senhor [senˈjɔːr] *s (portug.) Herr* (∼ N.) | *mein Herr*; *Gebieter* m | ∼**a** [∼a] *s Herrin, Gebieterin* f ∼**ita** [senjəˈriːta] *s Fräulein* n

senile [ˈsiːnail] *a greisenhaft, altersschwach*; *Alters-* (∼ decay) | -**lity** [siˈniliti] *s Altersschwäche*; *Greisenhaftigkeit* f

senior [ˈsiːnjə] **1.** *a* (abbr sen., senr., sr.) *älter*; Mr. John Brown, sen. Herr J. B. s·enior ‖ ∼ to *älter als* (he is three years ∼ to me) ‖ *älter, vorgerückt* (∼ man -es Semester n) ‖ *dienstältere(r, -s), Ober-* (∼ lieutenant); *Haupt-,* ∼ partner *Hauptinhaber* m; → school; ⩽ Common Room (abbr S. C. R.) *Dozenten-, Lehrerzimmer* n ‖ ∼ medical officer ⟨bes mil⟩ *Chefarzt* m **2.** *s Ältere(r m)* f, he is my ∼ by three years *(od three years my* ∼) *er ist drei Jahre älter als ich* (→ ∼ a); *a little the* ∼ of *etw älter als* ‖ *Senior* m, *der Dienst-, Rangältere,* *Vorgesetzte* m ‖ ⟨Am univ⟩ *Student m im 8. Semester* ∼**ity** [siːniˈɔriti] *s höheres Alter or Dienstalter* n; *Anciennität* f (by ∼ *nach der A.)* ‖ ∼ roll *Dienstaltersliste* f

senna [ˈsenə] *s* ⟨pharm⟩ *Sennesblätter* pl

sennight [ˈsenait] *s (aus sevennight)* ⟨poet & †⟩ *Woche* f; Thursday ∼ *Donnerstag vor or in 8 Tagen*

sennit [ˈsenit], **sinnet** [ˈsinit] *s* ⟨mar⟩ *Platting m (Tauwerk)*

señor [senˈjɔːr] *s* Span *Herr* (∼ N.) ‖ *mein Herr* | ∼**a** [∼a] *s Herrin, Gebieterin* f ∼**ita** [senjəˈriːta] *a Fräulein* n

Senous(s)i [seˈnuːsi], **Senussi** [seˈnʌsi] *s Mitglied* n *eines moham. Derwischordens* (the ∼)

sensation [senˈseiʃən] *s Sinneswahrnehmung,*

-empfindung f, *-eindruck* m ‖ *Gefühl* n (a ∼ of ..) | *Gefühlserregung* f, *Aufregung* f ‖ *Aufsehen* n (to make a ∼ A. *erregen); aufsehenerregendes Ereignis* n; *Sensation* f | [attr] ∼ area ⟨ac⟩ *Hörfläche* f | ∼**al** [senˈseiʃn] *a Sinnes-, sinnlich, Empfindungs-*; *Gefühls-* | *sensual·istisch Sensations-*; ∼ novel *-roman* m ‖ *sensationell*; *aufsehenerregend* ∼**alism** [-ʃnəlizm] *s* ⟨philos⟩ *Sensual·ismus* m | *Sensationsmache* f ∼**ally** [-ʃnəli] *adv gefühlsmäßig* ‖ *um Sensation zu m*

sense [sens] **I.** *s* **1.** *Sinnes-, Empfindungsvermögen* n, *Sinn* m ‖ *Sinnesfunktion* f ‖ *Sinn* m (the five ∼s); [a koll] *Sinne* pl (the life of ∼) ‖ *Empfänglichkeit* f, *Verständnis* n (of beauty f *Schönheit)*; of justice *Gerechtigkeitssinn* m | *praktische Vernunft* f; *praktischer Verstand* m, common ∼ *gesunder Menschen-* m; good ∼ ⟨Lit criticism⟩ *Sinn u Verstand* m (cf. Boileau, Dryden, Johnson), Fr bon sens ‖ ⩽ and Sensibility (Jane Austen) = sensibleness and sentimentality | to be in one's (right) ∼s *bei Sinnen s*, to be out of one's ∼s *v S., nicht bei S. s*; to bring a p to his ∼s *jdn z Besinnung or Vernunft bringen* ‖ to have the ∼ to do *so gescheit s z tun* **2.** *Empfindung* f, *Gefühl* n (a ∼ of dread *ein G. der Furcht)*; *Eindruck* m (of a th *e–r S)* ‖ *Bewußtsein* n (∼ of duty *Pflicht-)*, *Auffassung* f (of *v)* ‖ *Stimmung, allg. Meinung* f; to take the ∼ of *die M. feststellen v* **3.** *(Wort-* etc) *Sinn* m, *Bedeutung* f; in a *(od* one) ∼ *in gewisser Hinsicht* ‖ *sinnvolle Rede* f; it makes no ∼ *es gibt k–n Sinn,* to make ∼ of *Sinn hineinbringen in*; to talk ∼ *vernünftig reden* **4.** [attr & comp] *Sinnes-* ‖ ∼-bound *an das -leben gebunden* **II.** vt *instinktiv ahnen, empfinden*; *fühlen*; *sich vergegenwärtigen (that)* ‖ *sinnlich wahrnehmen* ‖ *(bei Büromaschinen) abfühlen, abtasten* ‖ ⟨Am⟩ *verstehen* ∼**less** [ˈ∼lis] *a* (∼ly adv) *empfindungslos* ‖ *bewußtlos* ‖ *(S) gefühllos, kalt* ‖ *sinnlos* (action); *unvernünftig* ∼**lessness** [ˈ∼lisnis] *s Empfindungslosigkeit* f etc

sensibility [ˌsensiˈbiliti] *s Empfindungsvermögen* n ‖ *Empfänglichkeit* f ‖ *Empfindung* f, *Gefühl* n ‖ *(P) Empfindlichkeit* f (to *f)*; *Gefühlsduselei* f ‖ -ties [pl] *Fein-, Zartgefühl* n -**ble** [ˈsensəbl] *a* (-bly adv) **1.** *empfind-, wahrnehm-, erkennbar* ‖ *fühl-, bemerkbar* **2.** *merklich* (change); *empfindlich* (∼ error) **3.** [pred] *bei Bewußtsein* ‖ to be ∼ of (*to) a th *etw wohl empfinden or fühlen, sich e–r S bewußt s*; *etw einsehen, würdigen* **4.** *vernünftig*; ⟨fig⟩ *verständig* -**bleness** [-nis] *s Vernünftigkeit, Klugheit* f

sensitive [ˈsensitiv] **1.** *a* (∼ly adv) *Empfindungs-, Sinnes-, sinnlich*; *empfindsam, empfindend*; ∼ plant ⟨bot⟩ *Sinnpflanze, (schamhafte) Mim·ose* f | ∼ position *Vertrauensstellung* f | *empfindlich* (to *gegen or f)*, ∼ to *shock stoßempfindlich* (Munition) ‖ *reizbar*; *feinfühlig, zart* (ear) ⟨phot⟩ (of paper) *lichtempfindlich*; ∼ control *Feinstufenregelung* f ‖ to be ∼ to a th *etw lebhaft empfinden, empfänglich s f etw* **2.** *s sensibler Mensch* m -**tiveness** [-nis], -**tivity** [ˌsensiˈtiviti] *s Empfindungsfähigkeit* f ‖ *Empfindlichkeit* f; *Zündfähigkeit* f (v Munition); *Feingefühl* n ‖ ⟨phot⟩ *Lichtempfindlichkeit* f; ∼ to all colours *Allfarbenempfindlichkeit*; ∼ to red *Rot-*

sensitization [ˌsensitaiˈzeiʃən] *s Lichtempfindlichmachen* n -**tize** [ˈsensitaiz] vt *(licht)empfindlich(er) m, sensibilisieren* -**tizer** [ˈsensitaizə] *s die Lichtempfindlichkeit verstärkender Farbstoff*; *Sensibilisator* m ⟨a phot⟩ -**tometer** [sensiˈtəmitə] *s* ⟨phot⟩ *Empfindlichkeitsmesser* m *(f Platten etc)*

sensorial [senˈsɔːriəl], -**ry** [ˈsensəri] *a Sinnes-*; *Empfindungs-* -**rium** [senˈsɔːriəm] *s* L ⟨anat⟩ *Organ* n *der bewußten Empfindungen im Gehirn*

sensual [ˈsensjuəl] *a* (∼ly adv) ⟨mst dero⟩

sinnlich || *fleischlich*; *körperlich* || *wollüstig* || ⟨philos⟩ *sensualistisch* ~**ism** [~izm] s ⟨philos⟩ *Sensual·ismus* m || *Sinnlichkeit* f ~**ist** [~ist] s *Sinnenmensch* m || ⟨philos⟩ *Sensual·ist* m ~**ity** [‚sensju'æliti] s *Sinnlichkeit* f ~**ize** [~aiz] vt *sinnlich* m

sensuous ['sensjuəs] a (~ly adv) ⟨*nicht dero*⟩ *Sinnes-, sinnlich* (impression); *Sinnen-* || *sinn-fällig* || *sinn-, lebenbejahend* ~**ness** [~nis] s *Sinnlichkeit* f

sent [sent] pret & pp *v* to send

sentence ['sentəns] **1.** s ⟨jur⟩ *Rechtsspruch* m, *Urteil* n; ~ of confinement *Arreststrafe* f, ~ of imprisonment *Gefängnis-, Freiheitsstrafe* f; ~ of death *Todesurteil*; under ~ of death *z Tode verurteilt*; to pass ~ *das U. fällen* (on *über*); ⟨übtr⟩ *ein U... fällen* || *Strafe* f (a heavy ~); to serve one's ~ *s–e St. absitzen* | ⟨gram⟩ *Satz* m **2.** vt *das Urteil sprechen über* (*jdn*); *verurteilen* (to death *z Tode*; to be hanged *z Strange*; to 18 months' imprisonment *z anderthalb Jahren Gefängnis*)

sententious [sen'tenʃəs] a (~ly adv) *kurz gedrängt* || *sentenz-, spruchreich* || *affektiert, salbungsvoll* ~**ness** [~nis] s *Kürze, Bündigkeit* f || *Affektiertheit* f

sentience ['senʃəns], **-ency** [–nsi] s *Empfindung* f, *Gefühl* n **-ent** ['senʃənt] a (~ly adv) *empfindend, fühlend*

sentiment ['sentimənt] s (*inniges*) *Gefühl*; *Wert–* n (the ~ of patriotism) || *Gefühl(sregung* f) n; *Feingefühl* n (man of ~) | *Empfindsamkeit, Sentimentalit·ät, Gefühlsduselei* f | [*oft pl* ~s] *Gesinnung, Haltung, Meinung* f; ⟨hum fam⟩ them's my ~s *so seh' ich's, das ist m–e unmaßgebliche Meinung* || † *gefühlsbetonter Gedanke or Spruch, Trink–* m ~**al** [‚senti'mentl] a (~ly adv) *gefühlvoll; Gefühls–; gefühlsmäßig* || *empfindsam, sentimental*; cheaply ~ *kitschig* ~**alism** [‚senti'mentəlizm], ~**ality** [‚sentimen-'tæliti] s *Sentimentalit·ät, Empfindsamkeit* f; *Rührseligkeit, Gefühlsduselei* f; cheap ~ *Kitsch* m ~**alize** [‚senti'mentəlaiz] vi/t || *sentimental w or reden* (over, about *über*) | vt *sentimental m or gestalten*

sentinel ['sentinl] s ⟨mil⟩ *Schildwache* f (*mst* sentry, → d) || ⟨übtr⟩ *Wache* f || to stand ~ ⟨mil⟩ *W. stehen*; ⟨übtr⟩ *wachen* (over *über*)

sentry ['sentri] s ⟨mil⟩ *Schildwache* f, *Posten* m; *Wache* f; on ~ *auf Posten; auf Wache*; to go on ~ *auf W. ziehen*; to keep ~ *W. halten*; to stand ~ *Posten stehen* | ~**-box** *Schilderhaus* n || ~**-go** *Wachdienst, Postengang* m

sepal ['sepəl] s ⟨bot⟩ *Kelchblatt* n

separability [‚sepərə'biliti] s *Trennbarkeit* f **separable** ['sepərəbl] a (*–bly adv) *trennbar* || ⟨tech⟩ *demontierbar* (*Zündkerze*) **–bleness** ['sepərəblnis] s *Trennbarkeit* f

separate ['seprit] **1.** a *getrennt, geschieden, abgesondert* (from *v*); *isoliert* || to keep ~ (*etw*) *aus–e–a halten* | *Sonder–, besonder, einzeln*; ⟨com⟩ *Separat–* || 7 *unterscheiden(d), verschieden*; ~ battalion *selbständiges B.*; ~ estate ⟨jur⟩ *Vorbehaltsgut* n; ~ maintenance *Sonderunterhalt* m; ~ order *Einzelbefehl* m; ~ peace *Sonderfrieden* m **2.** s *Separatabdruck* m ~**ly** [~li] adv *besonders; getrennt*; ~ excited *fremderregt* ~**ness** [~nis] s *Abgeschiedenheit* f (from), *Isoliertheit* f

separate ['sepəreit] vt/i || *(ab)trennen* (from *von*) || (*jdn*) *trennen, entfernen* (from); *ehelich trennen*; ~d *gerichtlich getrennt* (couple); ~d couples *getrenntlebende Ehegatten*; to ~ o.s. *sich t.* || *absondern, scheiden* (from ~) || ⟨Am⟩ (*Angestellte*) *entlassen*; to be ~d ⟨mil⟩ *den Abschied erhalten* (*Offizier*); *entlassen w* (*Soldat*) || (*Dinge*) *unterscheiden, aus–e–a halten* (one the from another) || *(zer)teilen* (into); to

~ into groups (*in Klassen, Gruppen*) *einteilen* | vi *sich trennen* (we ~d); *sich lossagen* (from) || *sich ehelich trennen* || *sich (zer)teilen; sich lösen* (from); *reißen* (the cord ~d) **-atee** [‚sepərei'ti:] s ⟨Am⟩ *aus dem Wehrdienst (zu) Entlassen(d)er* m **-ation** [‚sepə'reiʃən] s *Trennung* f | ⟨jur⟩ *Ehetrennung* f, *Getrenntleben* n; judicial ~, ~ from bed and board *Scheidung, Trennung* f *v Tisch u Bett*; ~ of property *Gütertrennung* f | ~ allowance *Trennungsentschädigung* f, ⟨*bes mil*⟩ *Entlassungsgeld* n, *Übergangsgebührnisse* f pl; ~ factor ⟨stat⟩ *Aufteilungskoeffizient* m; ~ indemnity *Trennungsentschädigung* f

separatism ['sepərətizm] s ⟨ec⟩ *Separat·ismus* m; *Loslösungsbestreben* n **-tist** ['sepərətist] s ⟨ec⟩ *Sektierer* m || *Separat·ist* m || *Sonderbündler* m **-tive** ['sepərətiv] a *trennend* (from *von*); *Trennungs-* **-tor** ['sepəreitə] s *Trennender* m || ⟨tech⟩ *(Milch-)Zentrif·uge* f; ⟨weav⟩ *Scheidekamm* m; air- ~ ⟨tech⟩ *Windsichter* m; ⟨brew⟩ barley ~ *Sortiermaschine* f

Sephardi [si'fɑ:di] s [pl ~m] *span. or portug. Jude* m

sepia ['si:pjə] s L ⟨zoo⟩ *Tintenschnecke* f; *Kuttelfisch* m || *braune Flüssigkeit* f *des Tintenbeutels* || *Sepia* f (*Farbstoff*)

sepoy ['si:pɔi] s Ind *Sepoy* m (*eingeborener Soldat des brit. Heeres*); the ⚔ Mutiny *der Sepoyaufstand* m (*1857/8*)

seps [seps] s ⟨zoo⟩ *(Schlangen-)Eidechse* f

sepsis ['sepsis] s Gr *Sepsis, Blutvergiftung* f

sept [sept] s *e–e der alten irischen Sippen or Stämme* m ~**al** ['~əl] a *Stammes–, Sippen–*

sept- [sept] L [in comp] *sieben–* ~**angular** [sep'tæŋgjulə] a *siebeneckig* ~**enary** [sep-'ti:nəri] **1.** a *Sieben–* **2.** s (*die*) *Zahl Sieben* || *Satz* m *v 7 Dingen*; *Periode* f *v 7 Jahren* ~**ennate** [sep'teneit] s *Zeitraum* m *v 7 Jahren* ~**ennial** [sep'tenjəl] a (~ly adv) *siebenjährig* || *alle 7 Jahre wiederkehrend* ~**entrional** [sep'tentriənəl] a *nördlich, Nord–* ~**et(te)** [sep'tet] s ⟨mus⟩ *Sept·ett* n ~**iform** ['~ifɔ:m] a *siebenfach, -fältig* ~**ilateral** [‚septi'lætərəl] a *siebenseitig* ~**illion** [sep'tiljən] s *Septillion* f (*1 mit 42* [Am & Fr 24] *Nullen*) ~**imal** ['septiməl] a *auf die Zahl 7 gegründet* ~**ime** ['septi:m] s ⟨fenc⟩ *Sept·ime* f

septal ['septəl] a ⟨bot⟩ *Septal–* **-ate** ['septeit] a ⟨bot & zoo⟩ *durch e–e Scheidewand getrennt*

September [sep'tembə] s (abbr Sept.) *September* m (in ~ *im S.*)

septet ['septit] s ⟨pros⟩ *Siebenzeiler* m (*v mst zehnsilbigen Zeilen mit Reimfolge ab ab b c c*) = Chaucer stanza (cf. Shak, Rape of Lucrece)

septic ['septik] a (~ally adv) ⟨scient⟩ *septisch, Fäulnis erregend, faulend* ~**aemia** [‚septi-'si:miə] s ⟨med⟩ *Septikämie, Sepsis* f

septuagenarian ['septjuədʒi'nɛəriən] **1.** a *siebzigjährig* **2.** s *Siebzigjährige(r* m) f **–genary** [‚septjuə'dʒi:nəri] a *siebzigjährig*

Septuagesima [‚septjuə'dʒesimə] s L ⟨ec⟩ (*Sonntag*) *Septuagesima* m (before ~)

Septuagint ['septjuədʒint] s *Septuaginta* f (*Bibelübersetzung*)

septum ['septəm] s L [pl –ta] ⟨*a anat*⟩ *Scheidewand* f || ⟨phot⟩ *Trennschicht* f

septuor ['septjuə:] s ⟨mus⟩ *Septett* n

septuple ['septjupl] **1.** a *siebenfach* **2.** vt *versiebenfachen*

sepulchral [si'pʌlkrəl] a (~ly adv) *Grab–; Begräbnis–*, (~ rite) || ⟨fig⟩ *düster; Grabes–* (voice)

sepulchre, ⟨Am⟩ **-er** ['sepəlkə] **1.** s *Grab* n, *-stätte, Gruft* f; the Holy ⚔ *das Heilige Grab* || ⟨fig⟩ *Grab* n **2.** vt (*jdn*) *in e–r Gruft beisetzen; begraben*; ⟨*a fig*⟩ (to ~ one's hopes)

sepulture ['sepəltʃə] s *Totenbestattung* f; *Begräbnis* n, *Beerdigung* f

sequacious [si'kweiʃəs] a (~ly adv) *folgend ‖ folgsam, gefügig | folgerichtig, konsequent*

sequel ['si:kwəl] s *Folge f, folgende Zeit* f (to *auf*); in the ~ *nachher, in der Folge, wie sich herausstellte ‖ Folge(erscheinung), Wirkung* f ‖ (of a story) *Fortsetzung* f (of, to *v*)

sequela [si'kwi:lə] s L ⟨med⟩ [*mst* pl –ae] *krankhafter Zustand* m *als Folge e–r Krankheit* ‖ ⟨übtr⟩ *Folge* f

sequence ['si:kwəns] s *Auf–e–a–, Reihen͜felge* f (in historical ~); (Stufen-)Ordnung; *Reihe* f; ~ of operation *Arbeitsfolge* f, –gang m; ~ of tenses ⟨gram⟩ *Zeitenfolge* f ‖ ⟨mus & cards⟩ *Sequenz* f ‖ ⟨film⟩ *Szene* | *Folge* f, *Ergebnis* n ‖ (logische) *Folge* f, –richtigkeit, Konsequenz f | ~ shot ⟨phot⟩ *Reihenbild* n

sequent ['si:kwənt] **1.** a *auf–e–a–folgend; folgend* (to, on *auf*) ‖ *konsequent* **2.** s *zeitliche Folge* f ‖ *natürl. or logische Folge* f **~ial** [si-'kwenʃəl] a (~ly adv) *folgend* (to *auf*) ‖ *als Wirkung folgend or entstehend ‖ regelmäßig* **~iality** [si͵kwenʃi'æliti] s *natürl. Folge, Konsequenz* f

sequentes [si'kwenti:z] s L pl (abbr seq, seqq) *die folgenden Zeilen, Seiten* etc

sequester [si'kwestə] vt * *absondern*; ⟨*mst*⟩ to ~ o.s. *sich zurückziehen* (from *v*) | (*mst* to sequestrate) *konfiszieren*; ⟨jur⟩ *sequestrieren, beschlagnahmen* **~ed** [~d] a *abgelegen; zurückgezogen, einsam*

sequestrate [si'kwestreit] vt **absondern* | ⟨jur⟩ *sequestrieren; in Zwangsverwaltung (e–s Dritten) geben, unter Sequester stellen; beschlagnahmen* **–tration** [͵si:kwes'treiʃən] s *Absonderung, Ausschließung* f (from) | ⟨jur⟩ *Beschlagnahme*; *Zwangsverwaltung* f **–trator** ['sikwestreitə] s ⟨jur⟩ *Zwangsverwalter* m

sequestrum [si'kwestrəm] s L ⟨med⟩ *Sequester* m (*abgestorbenes Gewebe–, Knochenstück*)

sequin ['si:kwin] s ⟨hist⟩ *Zechine* f (*Goldmünze*) ‖ *Spange* f

sequoia [si'kwɔiə] s ⟨bot⟩ *Mammutbaum* m, *Riesentanne* f

ser, seer [siə] s Ind *gesetzl. Urgewicht in Brit.-Indien* (ca. 1 kilo)

sérac ['seræk] s Fr *Eisblock* m *auf zerklüfteten Gletschern*

seraglio [se'rɑ:liou] s [pl ~s] (It) the ⪰ *der Serˈail; Palast* m ‖ *Harem* m ⟨a übtr⟩

serai [se'rai] s *Karawanserei* f

serang [sə'ræŋ] s AInd *eingeborener Bootsmann, Kapitän* m

seraph ['serəf] s [pl ~s, ~im] *Sˈeraph* m **~ic** [sə'ræfik] a (~ally adv) *seraphisch, engelgleich; ekstatisch, verzückt*

seraphine ['serəfi:n] s ⟨mus⟩ *Saugwindharmonium* n, *amer. Orgel* f

seraskier [͵serəs'kiə] s *früherer türk. Kriegsminister* m

Serb [sə:b], **~ian** ['~jən] **1.** s *Serbe* m, –*bin* f ‖ *das Serbische* **2.** a *serbisch*

Serbonian bog [se:'bounjən'bɔg] a (*nach Lake Serbonis in Unterägypten*) *hoffnungslose Lage* f

sere [siə] a ⟨poet⟩ *trocken, dürr, welk*

sere, sear [siə] s *Abzugsvorrichtung* f *am Schloß e–r Feuerwaffe*

serein [sə'rein] s Fr ⟨meteor⟩ *feiner Regen, Tau* m

serenade [͵seri'neid] **1.** s ⟨mus⟩ *Serenˈade, Abendmusik* f; *Ständchen* n **2.** vt (jdm) *ein St. bringen*

serenata [͵seri'nɑ:tə] s It = serenade s

serene [si'ri:n] **1.** a (~ly adv) (of the sky) *klar; hell* ‖ (of water) *ruhig* | (P) *heiter, gelassen, friedlich*; ⟨sl⟩ *all* ~! *k–e Gefahr! alles ruhig!* ‖ ⟨a-engl⟩ (*als Titel*) *His* ⪰ *Highness S–e Durchlaucht* f **2.** s *heiterer Himmel* m **3.** vt

beruhigen **–nity** [si'reniti] s (of the sky, etc) *Heiterkeit* f ‖ *heitere Ruhe, Gelassenheit* f ‖ ⟨a-engl⟩ (*als Titel*) ⪰ *Durchlaucht* f (His ⪰)

serf [sə:f] s *Leibeigene(r* m) f ⟨a übtr⟩ **~age** ['sə:fidʒ], **~dom** ['sə:fdəm] s *Leibeigenschaft* f

serge [sə:dʒ] s *Serge* f (*Futterstoff*)

sergeant, ⟨bes a Am⟩ **serjeant** ['sɑ:dʒənt] s **1.** (–je–) ⟨hist jur⟩ (a ~ at law) *höherer Barrister* (*bis 1880*) ‖ (*mst* –je–) ⪰ at Arms *höherer f Ordnung* etc *sorgender Beamter des Parlaments* m (the Lord Chancellor *im* H. of L.; the Speaker *im* H.C.) **2.** (–ge–) ⟨mil⟩ (abbr Sergt) *Sergeant* m; 1st ~ *Hauptfeldwebel* (*Dienststellung*); ⟨aero⟩ staff ~ [pl st. ~s] *Feldwebel*; technical ~ *Oberfeldwebel*; ⟨mil⟩ master ~ [pl m. ~s] *Stabs–*; ~ 1st Class [pl ~s ..] *Ober–* ‖ ~'s mess *Unteroffizierkasino* n, –*messe* f ‖ *Polizeisergeant* (*Grad unter dem* inspector); (regimental) ~-major (abbr R.S.M.) [pl ~s-major] *Feldwebel, Wachtmeister* m | **~y** [~i] s (*mst* –je–) ⟨hist⟩ *Lehnsdienstbarkeit* f; the grand ~ *das gr Lehnsamt* n, *das z bes Ehrendiensten verpflichtet*; the petty ~ *das kl L.* (*jährl. Entrichtung* v *Waffen* etc)

serial ['siəriəl] **1.** a *Reihen–, Serien–; periodisch, Lieferungs–*; ~ matter ⟨bes mil⟩ *Verschlußsache mit Prüfungsnummer*; ~ mosaic ⟨aero-phot⟩ *Bildplan* m; ~ number *Fabrikations–, Reihen–, Bau–, Seriennummer* f, *laufende N.*; ~ part *Lieferung* f; ~ photographs [pl] *Reihenbild* n **2.** s *Serien–, Lieferungswerk* n, *periodische Zeitschrift* f **~ize** [~aiz] vt (*Roman*) *in Fortsetzungen veröffentlichen* **~ly** [~i] adv *reihenweise, in Lieferungen* ‖ to number ~ *laufend numerieren*

seriate [si'əriit] a *in Reihen geordnet, Reihen–* **–atim** [͵siəri'eitim] L adv *der Reihe nach* **–ation** [͵siəri'eiʃən] s *Anordnung in Reihen; Reihenfolge* f

sericeous [se'riʃəs] a *seidenartig, Seiden–; weich*

sericite ['serisait] s ⟨minr⟩ *Serizˈit* m (*dichter Muskovit*)

sericulture ['seri͵kʌltʃə] s *Seidenzucht* f

seriema [͵seri'i:mə] s ⟨orn⟩ *Seriˈema* m (*Schlangenstorch*)

series ['siəri:z] s [pl ~] *Reihe* (a ~ of trees *e–e R. Bäume*); –*nfolge* f (a ~ of years); ~ of grades *Rangfolge* f; ~ of strata ⟨geol⟩ *Schichtfolge* ‖ ⟨biol⟩ *Abteilung, Gruppe* f | *Serie* f (in ~ *in Serien*); *Satz* m ‖ ⟨el & math⟩ *Reihe* f ‖ ⟨stat demog⟩ *An–e–a–reihung* f, graduated *od* smoothed ~ *ausgeglichene Reihe* f | [attr] *Reihen–, Serien–* ‖ ~ characteristic ⟨mot⟩ *Reihenschlußcharakteristik* f, –*verhalten* n; ~ circuit ⟨el⟩ *Reihenschaltung* f; ~-conduction motor *Kommutatormotor* m; ~ connection ⟨el⟩ *Serien–, Reihen–, Hinter–e–a–schaltung* f; ~ (wound) motor *Reihenschlußmotor* m ‖ ~ mounting ⟨el⟩ *Serienschaltung* f; ~-parallel circuit ⟨el⟩ *Gruppenschaltung* f

serif, ceriph ['serif] s [pl ~s] ⟨a typ⟩ *Haarstrich* m ‖ ~s [pl] *die feinen (Quer-)Striche an den Buchstaben* (z. B. bei A, X etc) m pl

serin ['serin] s ⟨orn⟩ (*Grün-)Girlitz* m

seringa [sə'riŋgə] s ⟨bot⟩ *Pfeifenstrauch* m ‖ *brasil. Kautschukbaum* m

serio-comic ['siəriou'kɔmik] a (~ally adv) *ernst-komisch*

serious ['siəriəs] a *ernst, gesetzt; feierlich* ‖ (*nicht scherzend*) *ernst*; to be ~ *es e. meinen* ‖ *ernstgemeint, ernsthaft* (attempt) ‖ *seriös*; *ernstzunehmend* (enemy) ‖ (*ge*)*wichtig, bedeutend* ‖ *ernstlich, gefährlich* (crisis) **~ly** [~li] adv *ernst*; to take ~ (*etw*) *ernst nehmen* ‖ *im Ernst*; ~ now *ernst gesprochen, allen Ernstes* ‖ *ernstlich* | ~ disabled p (*od* soldier) *Schwer(kriegs)beschädigter* m; ~ sick p *Schwerkranke(r* m) f; ~

wounded *schwerverwundet* **~ness** [~nis] s *Ernsthaftigkeit* f || *Ernst* m || *Wichtigkeit* f

serjeant ['sɑːdʒənt] s → sergeant

sermon ['səːmən] s *Predigt* f; the ~ on the Mount ⟨bib⟩ *die Bergpredigt* || ⟨fam⟩ *Gardinen–*, *Strafpredigt* **~ize** [~aiz] vt/i || *(jdm) e–e Moralpredigt halten* | vi *Moral predigen*; *im Predigtton sprechen*

sero– ['siəro] [in comp] ⟨med⟩ *Sero–*, *Serum–*

serosity [siə'rɔsiti] s *seröse Flüssigkeit* f || *seröser Zustand* m **serous** ['siərəs] a *ser·ös*, *Serum absondernd*; *dem Serum ähnlich*

serotine ['serətin] s ⟨zoo⟩ *Spätfliegende (braune europäische) Fledermaus* f **–tinous** [se'rɔtinəs] a *spät blühend*

serpent ['səːpənt] s *(größere, giftige) Schlange* f || the ~ ⟨astr⟩ *die Schlange* || ⟨fig⟩ *(giftige P) Schlange* || ⟨übtr ec⟩ *Blashorn* n | [attr] *Schlangen–*; **~-charmer** *–beschwörer* m || **~-like** *schlangenförmig* || Common ~ Plant ⟨bot⟩ *Gemeine Schlangenwurz* f **~iform** [səː'pentifəːm] a *schlangenförmig*, *Schlangen–* **~ine** [~ain] **1.** a *Schlangen–*, *schlangenförmig* || *schlangenartig*, *teuflisch* || ⟨übtr⟩ *sich schlängelnd or windend*; *unzuverlässig* **2.** a s **a.** the ~ *der (sich schlangenartig windende) Teich in* Hyde Park (London) **b.** ⟨minr⟩ *Serpent·in*, *Schlangenstein* m

serpiginous [səː'pidʒinəs] a *serpigin·ös* **–go** [səː'paigou] s L ⟨med⟩ *Hautflechte* f *v kriechendem Charakter* || *fressende Flechte* f

serpula ['səːpjulə] s L ⟨zoo⟩ *Röhrenwurm* m **serra** ['serə] s L *Auszackung* f, *gezackter Rand* m

serradella [serə'delə], **–dilla** [–'dilə] s ⟨bot⟩ *Serradella* f *(Futterpflanze)*

serrate ['serit], **~d** [se'reitid] a ⟨scient⟩ *gezähnt*, *–zackt*, *zackig* || **~d** knife *Säge–*, *Wellenmesser* n, *Brotsäge* f || ⟨arch⟩ *vielgestaltig*, *gebrochen* (roof) **–ation** [se'reiʃən] s *Auszackung*, *Kerbung* f

serried ['serid] a *dicht*; *dicht gedrängt*; *geschlossen* (front)

serriform ['serifɔːm] a *gezähnt*, *–zackt* **serrulate** ['serjulit] a *fein gezackt*

serry ['seri] vt/i || *zus–drücken* | vi *sich zusdrücken*

serum ['siərəm] s L ⟨physiol⟩ *Blutserum* n || ⟨med⟩ *Schutz–*, *Heilserum* n

serval ['səːvəl] s ⟨zoo⟩ *Serv·al* m, *Buschkatze* f **servant** ['səːvənt] s **1.** *Diener*; *Knecht* m; *Dienstbote* m; (a `~-girl, ~-maid) *Dienstmädchen* n, *Magd* f; the (domestic) ~ problem *die Dienstbotenfrage*; ~ shortage *–mangel* m | **~s** [pl] *Dienstboten* pl, *Gesinde* n (~s'-hall *–stube* f), *Leute*, *Angestellte* pl **2.** *Beamte(r)* m, *–tin* f, Civil ~ *Staats–* m; civil **~s** [pl] ⟨demog⟩ *Beamte u Angestellte* pl *des öffentl. Dienstes* **3.** (in Briefen) *Diener* m (→ obedient) | ⟨übtr⟩ *Diener* m (a ~ of mankind)

serve [səːv] vi/t **I.** vi **1.** ⟨mil⟩ *dienen*, *Dienst tun* || ⟨mil⟩ *dienen* (with *bei*, in the army *beim Heer*); ⟨jur⟩ *ein Ehrenamt* (z. B. *als Geschworener*) *ausüben*, *e–e öffentliche Pflicht erfüllen* || *angestellt s* **2.** *dienen*, *nützen* (for *z*; to do *dazu .. z tun*); to ~ as od for *dienen als*, *statt* || (of time) *günstig s*, *passen*; *sich bieten*; as occasion **~s** *bei passender Gelegenheit* || *genügen* **3.** *servieren* (at table *bei Tisch*) | ⟨com⟩ *bedienen*, *aufwarten* || ⟨ten⟩ *angeben* **II.** vt **1.** *(jdm) dienen* || *(jdm) arbeiten* f *(jdn)* || *dienen*, *durchmachen*; to ~ one's term *od* time *s–e Zeit abdienen*; to ~ (one's) time *s–e Strafe absitzen*, *–büßen* || ⟨Am⟩ to ~ life *lebenslänglich h* **2.** (S) *dienen*, *nützen*, to ~ a p's purpose *jds Zwecken dienen*; (of memory) *nicht im Stich l* (if my memory **~s** me right) || *(jdm) dienen* (for *als*, *statt*); *(Amt) verwalten*

|| *genügen*; *(Bedürfnis) befriedigen*; *(Pflichten e–s Amtes) ausüben* **3.** *(jdn bei Tisch) bedienen*; *versehen*; *speisen* (with) || ⟨com⟩ *bedienen* | (a to ~, up) *(Speise) auftragen*, *servieren*, *reichen* || to ~ out *(etw) austeilen* || to ~ up ⟨fig⟩ *auftischen* | to ~ (a p) a turn *(jdm) e–n Dienst erweisen* **4.** ⟨fam⟩ *behandeln* || (it) **~s** you right *es geschieht dir recht*; to ~ a p out *sich an jdm rächen*, *jdm vergelten* (for a th *etw*; for doing) **5.** ⟨jur⟩ *(Klage* etc*) zustellen*; to ~ a writ on a p, to ~ a p with a writ *jdm e–n Gerichtsbefehl zustellen* **6.** ⟨ten⟩ *(Ball) aufschlagen*, *angeben* | ⟨mar⟩ *(Tau) bekleiden* (with) | *(Weibchen) belegen* | *(Geschütz) bedienen* **6.** [in comp] **~-yourself store** *Selbstbedienungsladen* m

serve [səːv] s ⟨ten⟩ *Aufschlag* m **~r** ['~ə] s ⟨ec⟩ *Gehilfe* m || ⟨ten⟩ *Spieler, der den Aufschlag hat* **~ry** ['~əri] s ⟨cul⟩ *Anrichte*, *Ausgabe* f *(Raum)*

serventese [sə'ventiːz] s It ⟨pros⟩ = sirventes **Servian** ['səːvjən] = Serbian

service ['səːvis] s **A. 1.** *Dienst* m; in ~ *im D.*; ⟨com⟩ *Dienst am Kunden*, *Kundendienst* m; we assure you of our best **~s** [pl] at all time *stets gerne z Ihren Diensten* || family **~s** [pl] *Familienbetreuung* f || *(Dienst-)Stellung* f; to go into *od* out to ~ *in St. gehen*; to take (a p) into ~ *(jdn) in St. nehmen* || ~ above Self *Gemeinnutz geht vor Eigennutz* **2.** *öffentlicher Dienst*; *(Heeres–* etc*) Dienst* m; ~ at the front *Frontdienst*; on active ~ *im aktiven D.*; ⟨engl *a*⟩ in *Ausübung des D.es*; ~ with the armed forces *Wehrdienst* m; ~ with troops *Truppendienst* m || the Civil ~ *der Staats–* (lower, intermediate, senior grade *untere*, *mittlere*, *höhere Beamtenlaufbahn*) || the **~s** [pl] *Heer*, *Flotte u Luftstreitkräfte*, *die Wehrmacht*; the fighting **~s** *die W.* || On His Majesty's ~ *(auf Briefumschlag) Dienstsache* f, ⟨Ger hist⟩ *frei durch Ablösung* || **~s** [pl] ⟨oft⟩ *Gewerbszweige* m pl; air **~s** *(luft)verkehrstechnische Anlagen* f pl, *Bodenorganisation* f; community **~s** *gemeinnützige*, *öffentliche Einrichtungen*; recreation **~s** *Erholungsfürsorge* f; social **~s**, *Sozialfürsorge* f; *soziale Fürsorge*, s. *Einrichtungen* || ⟨telph⟩ dial ~ *Wählvermittlung* f, *Selbstwähldienst* m; long distance dial ~ *Landesfernwahl* f, *Selbstwählferndienst*; manual ~ *Handvermittlung* f || ⟨med⟩ preventive health ~ *vorbeugende Gesundheitspflege* f **3.** (mst divine ~) *Gottesdienst*; at a ~ *bei e–m G.*; to attend ~ *den G. besuchen*; to conduct, take the ~ *den G. abhalten* || *kirchl. Handlung* f **4.** *Dienstleistung*, *Gefälligkeit*, *Hilfe* f; ready for ~ *einsatzbereit (Gerät)*; ~ in kind *Sachleistung* f || **~s** [pl] *Leistungen* f pl, ⟨oft⟩ *gewerbliche Dienstleistungen*; to be at a p's **~s** *jdm z Diensten stehen* || *Hilfe* f, *Rat*, *Beistand* m, *Unterstützung* f (in a cause *e–r S*) || *Nutzen* m (of ~ to von *N. f*) || ⟨fig⟩ (S) to be in ~ to a th *e–r S dienstbar s*; to go into ~ to a th *e–r S d. w, abhängig w v etw* | to do *od* render a p a ~ *jdm e–n Dienst leisten*; you have the **~s** of interpreters *Ihnen stehen Dolmetscher z Verfügung*; to place a th at a p's **~s** *jdm etw z V. stellen* | welfare **~s** *Wohlfahrtspflege* f, *fürsorgerische Leistungen* **5. a.** *Aufwarten*, *Servieren* n; *Bedienung* f; some ~, please! *Bitte, Bedienung!* **b.** *Tafelgerät*, *Service* n (tea ~) **c.** *(Röhren-) Anlage* f; **~-pipe** *Anschluß–*, *Zuleitungsrohr* n **6.** ⟨tech⟩ *Arbeit*, *–sleistung* f, *Betrieb* m; *Beanspruchung* f, *Dienst z Erhaltung öffentl. Einrichtungen*; Press ~ *Pressedienst* m; *Verbreitung* f *durch die Presse*, news ~ *Nachrichten–* m; telephone ~ *Telephondienst* || ⟨rail, mar & aero⟩ *Verkehrsdienst*, *Verkehr* (train ~ *Zug–*); *Transport* m || social ~ *soziale Arbeit* **B.** [Ableitung *v* to serve] **a.** ⟨jur⟩ *Zustellung* f; ~ by publication *öffentliche Zustellung* f **b.** ⟨mar⟩ *(Tau-)Bekleidungsmaterial* n **c.** ⟨ten⟩ *Angabe* f, *Aufschlag* m **C.** [attr] ~ *ammunition Gefechtsmunition* f || ~ *area* ⟨telph⟩ *Anschlußbereich* m; ⟨tact⟩ *rückwärtiges Gebiet* n || ~ *blouse* ⟨mil⟩ *Feldbluse* f || ~ *bonus Dienstprämie* f; ~-*book Gebet–, Gesangbuch* n || ~-*brake* ⟨*bes* Am mot⟩ *Betriebs–, Fußbremse* f || ~ *call Dienstgespräch* n || ~ *cap* ⟨mil⟩ *Schirm–, Dienstmütze* f || ~ *car* ⟨mot⟩ *Hilfswagen* m || ~ *ceiling* ⟨aero⟩ *Dienstgipfelhöhe* f || ~ *club Soldatenklub* m || ~ *company Versorgungskompanie* f || ~-*court* ⟨ten⟩ *Aufschlagsfeld* n || ~-*dress Dienstanzug* m || ~-*flat* ⟨engl⟩ *kl Etagenwohnung* f *mit Pensionsanschluß* or *Bedienung* || ~ *instructions* [pl] *Bedienungsanweisung, –vorschrift, Betriebsvorschrift* f || ~ *life* ⟨tech⟩ *Nutz–, Betriebs–, Lebensdauer, Haltbarkeit, Standzeit* f || ~-*line* ⟨ten⟩ *Aufschlagslinie* f; ⟨tech⟩ *Betriebsstromkreis* m || ~ *load Nutzlast* f || ~ *main Verbraucherleitung* f || ~ *message* ⟨telph etc⟩ *Dienstspruch* m || ~ *number Wehr(stamm)nummer* f || ~-*pipe Anschluß–, Zuleitungsrohr* n || ~ *practice* ⟨artill⟩ *Schulschießen* n; ~ *record* ⟨mil⟩ *Führungsbuch* n || *local* ~ *road örtliche Zufahrtstraße* f *z e–r Hauptlandstraße* || ~ *roster Wehrstammrolle* f || ~ *school Truppenschule* f || ~ *sector Werkleistungsgewerbe* n || ~ *stairs Neben–, Hintertreppe* f || ~ *standard Norm* f *der Streitkräfte* || (petrol) ~ *station* ⟨*bes* Am⟩ *Tankstelle* f, „*Pflegedienst*" m || ~ *status Wehrverhältnis* n || ~ *support units* [pl] *technische Verfügungstruppen* f pl || ~ *test,* ~ *trial of equipment* ⟨mil⟩ *Geräteprüfung* f, *Truppen–, Fronterprobung* f || ~ *trade Dienstleistungsgewerbe* n, ⟨mot⟩ *Pflegedienst* m || ~ *troops* [pl] *Versorgungstruppen* f pl

service [ʹsəːvis] vt/i ⟨mot⟩ (*Wagen*) *abschmieren, pflegen* || (*Gerät* etc) *justieren; reparieren* || (*Kunden*) *beliefern, versorgen* || ⟨agr⟩ (*Land*) *bearbeiten* || ⟨traffic⟩ *führen* (into *zu*) | vi *Tank auffüllen; Kundendienst leisten* || ⟨mil⟩ ~-*cing troops Nachschubtruppen* f pl || ~-*d lot an öffentliche Netze* (*Gas* etc) *angeschlossenes Grundstück* n, → zero-derivation

service [ʹsəːvis] s (*mst* ~-*tree*) ⟨bot⟩ *Sperberbaum* m; *Elzbeere* f; (*wild*) ~ ⟨*a*⟩ *Eberesche* f

serviceable [ʹsəːvisəbl] a (–*bly* adv) *nützlich, dienlich, tauglich* (to *f*), *brauch–, verwendbar* f; *dauerhaft, haltbar* (cloth); *gebrauchs–, verwendungsfähig; einsatzbereit* (*Gerät*); ~ *life Lebensdauer* (*S*) ~-**ness** [~nis] s *Dienlichkeit; Brauchbarkeit* f –**bility** [ˌsəːvisəʹbiliti] s *Brauchbarkeit* f

servicing [ʹsəːvisiŋ] s (→ to *serve*) *vehicle* ~ ⟨mot⟩ *Wartung, Wagenpflege* f; can I leave my car with you for ~ *kann ich m–n W. bei Ihnen pflegen l*? | ~ *personnel,* ~ *staff Wartungspersonal* n

servient [ʹsəːviənt] a *dienend, untergeordnet* || ⟨jur⟩ *mit Servitut belastet* (land)

serviette [ˌsəːviʹet] s Fr *Servi·ette* f

servile [ʹsəːvail] a (~*ly* adv) *Sklaven–* (~ *labour*) || *sklavisch, knechtisch, kriechend* –**lity** [səːʹviliti] s *sklavische Unterwürfigkeit* f (to *unter*); *Kriecherei* f

servitor [ʹsəːvitə] s († *poet*) *Diener* m || *Anhänger* m || ⟨hist Oxf⟩ *Stipendiat* m

servitude [ʹsəːvitjuːd] s *Sklaverei, Knechtschaft* f; ⟨*a* übtr⟩ *in* ~ *to in Abhängigkeit v* || *penal* ~ ⟨jur⟩ *Zwangsarbeit, Zuchthausstrafe* f | ⟨Scot jur⟩ *Servit·ut* n, *Dienstbarkeit* f

servo– [ʹsəːvo–] ~-*booster,* ~-*mechanism* ⟨tech⟩ *Stützmotor* m, *Hilfsvorrichtung* f || ~-*tab* ⟨aero⟩ *Flettnerruder* n

sesame [ʹsesəmi] s ⟨bot⟩ *S·esam* m; *–öl* n || *Open* ~ ⟨fig⟩ *Sesam, tu dich auf*!

sesamoid [ʹsesəmɔid] **1.** a ⟨anat⟩ ~ *bones* [pl] *S·esambeine* n pl **2.** s *Sesambein* n

seseli [ʹsisili] s ⟨bot⟩ *S·esel, Bergfenchel* m

sesqui– [ʹseskwi] L [in comp] *anderthalb* ~-**alter(al)** [ˌseskwiʹæltə(rəl)] a *anderthalbmal soviel; im Verhältnis v* 1½:1, 3:2 etc ~-**centennial** [ˌseskwisenʹtenial] a *150-jährig* **2.** s 150. *Jahrestag* m ~-**pedalian** [ʹseskwipiʹdeiliən] a ⟨übtr⟩ (of words) *vielsilbig; sehr lang* ~-**plane** [ʹseskwiplein] s ⟨aero⟩ *Anderthalbdecker* m

sessile [ʹsesail] a ⟨bot⟩ *stiellos, sitzend*

session [ʹseʃən] s *Sitzung* f (at the ~ *auf der S.*); –*speriode* f; in ~ *während der S.*; to be in ~ *tagen* || ⟨Scot univ⟩ *akademisches Jahr* n || ~*s* [pl] ⟨jur⟩ *Gerichtssitzungen* pl; → court; *petty; quarter* ~-**al** [~l] a *Sitzungs–*

sesterce [ʹsestəːs] s ⟨ant⟩ *Sesterz* f (*röm. Silbermünze*; = 2 d) –**tertium** [sesʹtəːʃiəm] s L ⟨ant⟩ *Tausend Sesterzen*

sestet [sesʹtet] s It ⟨mus⟩ *Sext·ett* n || ⟨pros⟩ *die letzten 6 Zeilen e–s Sonetts*

sestina [sesʹtiːnə] s It *Sest·ine* f (*Abart der Kanzone*)

set [set] vt/i [set/set] **I.** vt **A.** Bedeutungen: **1.** (*an e–n bestimmten Ort*) *setzen*; (*Henne*) *setzen* || (*ein*)*pflanzen* || *stellen, legen,* to ~ *before a p* (*etw*) *vor jdm ausbreiten, darlegen;* to ~ *eyes on·a th etw z Gesicht bek;* to ~ *fire* to *Feuer legen an, in Brand stecken;* to ~ *one's hand to Hand legen an* || (*Sinn, Hoffnung; Preis*) *setzen* (on *auf*) || to ~ *one's hand to a task sich an e–e Aufgabe m* || to ~ *one's teeth sich fest entschließen* || (*etw*) *gegenüberstellen* (against a th *e–r S*) **2.** (*jdn* or *etw*) *in e–e Lage bringen* or *versetzen* **a.** [*in zahlreichen Wendungen* **mit prep** *wie*] *at* (→ *afire, bay, defiance, ease, fault, liberty, rest, variance*); *in* (→ *action,* order); to ~ *in concrete* (*Eisenstange*) *einbetonieren; on* (→ *edge*) to ~ *afoot od on foot beginnen, einleiten, in die Wege leiten, zustande bringen* **b.** [mit adj] to ~ *free auf freien Fuß setzen;* → *right* II.; ~ [pp] *fair* (of weather) *beständig, schön* II.; to ~ *festsetzen; einrichten;* (*jdn*) *einsetzen* (over); (*jdn*) *bestimmen* (to do); to ~ *a p to do jdn aufgeben z tun;* to ~ *o.s. to do sich vornehmen, sich angelegen sein l z tun* || (*Regel* etc) *festsetzen* (for); (*Gesetz*) *niederlegen;* to ~ *bounds od limits to a th e–r S Grenzen setzen;* to ~ *an example ein Beispiel geben;* to ~ *the fashion die Mode angeben, einführen; den Ton angeben* || (*Aufgabe* etc) *geben, stellen;* to ~ *a p a task jdm e–e A. stellen;* to ~ *o.s. a problem sich ein Problem z Aufgabe stellen;* how far did I ~ you? ⟨school⟩ *wie weit habe ich euch aufgeben*? || (*Tempo*) *angeben* **4.** *anlegen, anordnen; zurechtmachen, –setzen, –stellen; einsetzen;* (*Haar in Wellen* etc) *legen;* (*Edelstein*) *fassen;* (*Segel*) *setzen,* → *sail;* (*Tisch*) *decken* (for) || ⟨typ⟩ *setzen* || ⟨mus⟩ *in Musik setzen, vertonen;* (*Melodie*) *komponieren* (to *z*); ⟨fig⟩ *abstimmen* (to *auf*) || ⟨theat⟩ *inszenieren, einrichten;* to be ~ *in spielen in* (a play ~ *in France .. in Frankreich spielend*) | (*Messer*) *schärfen, abziehen* || (*Säge*) *schränken* || (*Knochen*) *einrenken* ⟨med⟩ (*e–n gebrochenen Arm*) *einrichten* || (*Uhr*) *stellen* (by *nach*) || (*Haar*) *glätten, in feste Wellenform bringen* **5.** (*im Geist*) *ansetzen;* (*Betrag*) *abschätzen,* → *naught;* (*Wert*) *legen* (on *auf*) → *store s* **6.** (*etw*) *e–e feste Form annehmen l, in feste F. bringen;* (*Mund*) *zus–ziehen,* to ~ *one's face e–e ablehnende Haltung annehmen* (against *gegen*) → 7 || ⟨fig⟩ (*Zähne*) *zus–beißen* || (*Milch*) *z Gerinnen bringen, gerinnen m, erstarren m,* to be ~ *fest w* **7.** *in e–e Richtung bringen; treiben;* (*Boot*) *staken;* (*Augen*) *richten* (on *auf*); *wenden* || (*Hunde*) *hetzen* (at, on *auf*) || (*jdn*) *antreiben; bewegen, veranlassen* (to a work *z e–r Arbeit;* on doing *z tun*); to be hard ~ *in bedrängter*

Lage, gr Not s; to ~ (a th) going (*etw*) *in Gang setzen*; .. (a p) laughing (*jdn*) *z Lachen bringen*; .. (a p) thinking (*jdm*) *z denken geben* || (*jdn*) *einnehmen* (against *gegen*) || to ~ one's face *od* o.s. against *sich z Wehr setzen, heftigen Widerstand leisten, sich auflehnen gegen* → 6. || to be keen ~ *hungrig, gierig s*; to be ~ on *versessen, erpicht s auf* **8.** (*Boden*) *bepflanzen* (with) || *schmücken, einfassen, umgeben* (with) **B.** [mit adv] to ~ aside *beiseitesetzen, -legen* || *verwerfen; abschaffen; aufheben, annullieren* | to ~ back (*Uhr*) *zurückstellen* || ⟨Am⟩ how much will it ~ me back? *was werde ich zu zahlen* (°*blechen*) *h*? | to ~ by *sparen, zurücklegen* | to ~ down *niedersetzen; jdn aussteigen l, absetzen* || *auf-, niederschreiben; ansetzen* (for trial *z Verhandlung*); to ~ down a case for hearing *Termin z mündl. Verhandlung anberaumen* || *halten f; zuschreiben* (to a th *e-r S*); *auslegen, erklären* (to *als*); (*jdn*) *halten* (as, for *f*) | *sich anschicken* (to *z*; to do) | to ~ forth *zeigen, an den Tag legen; dartun*; (*Lob*) *hervorheben, rühmen* || *aus-e-a-setzen, erklären; ordnen* | to ~ in *einsetzen, -tragen* | to ~ off *schmücken, zieren* || *hervorheben, -treten l* (against a background *auf e-m H.*) || *anrechnen* (against); *kompensieren*; (*Mangel*) *ausgleichen, beheben* || (*jdn*) *versetzen* (into in); *veranlassen* (doing *z tun*) | to ~ on *loslassen, hetzen* (to *auf*); *antreiben* (to do); *anstellen* | to ~ out (*Ware*) *auslegen, -stellen* || *abstecken, markieren, bezeichnen* || *pflanzen* || *anweisen, zuweisen* || *anordnen, herrichten* || *drucken, setzen* || *schmücken, zieren* || *hervorheben, aus-e-a-setzen; schildern*; (*Szene*) *darstellen* | to ~ over (*etw*) *übereignen* | to ~ up (*z. B. Denkmal*) *errichten*; to ~ up the roof of a house *ein Haus richten* || *aufstellen* || (*Geschrei*) *erheben*, (*e-n Laut*) *ausstoßen* || (*Kandidaten*) *aufstellen, ernennen* || ⟨typ⟩ *setzen*; (*Manuskript*) *absetzen* || *hervorrufen*; (*Wellen*) *aufwerfen* || *einrichten*; (*Geschäft*) *eröffnen* || (*jdm*) *aufhelfen*; (*jdn*) *etablieren* || (*Theorie*) *aufstellen* **II. vi A.** **1.** (of clothes, etc) *sitzen* (to ~ *well*); *fallen, liegen* || ⟨astr⟩ *untergehen* ⟨a fig⟩ || ⟨hunt⟩ (of dogs) *vorstehen* || *sich einrenken* **2.** (of the face, etc) *e-n festen, starren Ausdruck annehmen* || *sich zus-ziehen, steif w* || *sich krümmen* || *ansetzen, fest w*; *gerinnen, erstarren*; (of cream) *sich absetzen*; (of the weather) *beständig w* **3.** (of the wind) *wehen, kommen* (from *v*); (of the tide) *laufen; neigen* (towards *z*) **B.** [mit prep] to ~ about a th *etw beginnen; sich anschicken* (to ~ about doing .. *z tun*); .. about a p ⟨fam⟩ *über jdn herfallen, jdn angreifen* | to ~ at *angreifen* | to ~ to work *sich daranmachen, darangehen* (to do) | to ~ (up)on *herfallen über, angreifen* **C.** [mit adv] to ~ forth *aufbrechen* (for *nach*) | to ~ forth on a journey *e-e Reise antreten* | to ~ forward *aufbrechen, sich aufmachen* | to ~ in (of the weather) *einsetzen; sich einstellen* | to ~ off *sich aufmachen, sich anschicken* (to do) | to ~ on (of machines) *einsetzen, anfangen* | to ~ out *aussetzen, e-e Pause m* | *sich auf den Weg m* (for *nach*); .. out on a journey *e-e Reise antreten* (to nach) || *sich anschicken* (to do); *damit beginnen* (by *od* with doing *z tun*) | to ~ to *ernstlich drangehen, sich m an, beginnen* (to do) | *z kämpfen beginnen* | to ~ up *sich niederlassen, sich etablieren* (as *als*); .. up for o.s. *sich selbständig m; sich e-n eigenen Hausstand gründen* || *sich ausgeben* (for *f*), *sich aufspielen* (for *als*); *sich anmaßen* (to be) **III.** [in comp] ~-back ['–'] s ⟨übtr⟩ *Rückschlag m, Verschlechterung f* (in a th *e-r S*) | ⟨bes mil⟩ *Schlappe f* || ⟨arch⟩ *Mauerabsatz, -rücksprung m*; ⟨Am⟩ *zurücktretendes Stockwerk n* (~ *skyscraper*) | ~-down ['–'] s *derbe Abfertigung f*; *Verweis, Dämpfer m* | ~-for-

ward point *Vorhalte–, theoretischer Treffpunkt m* | ~-off ['– '] s *Schmuck m, Zierde f* || *Kontrast m* || ⟨arch⟩ *Ausladung f, Vorsprung, Risal·it m* || ⟨com⟩ *Ausgleich m*; *Entschädigung f* (against, to *f*); *Gegenforderung, -rechnung f* | ~-out ['– '] s *Aufbruch m* || *Auslegen z Schau; Aus–, Schaustellung f; Aufmachung f*; *Ausstattung, –rüstung f* | ~-to ['–'] s ⟨fam⟩ *Handgemenge n, heftiger Streit; Kampf m* | ~-up ['–'] s ⟨film⟩ *Bauten pl, Aufbau m, Szenerie f* || *Aufbau e-r Organisation f* || *Situation f*

set [set] a **1.** *bestimmt, festgesetzt* (at the ~ time) | *entschlossen*; of ~ purpose *mit Fleiß* or *Absicht* | ⟨Am⟩ (*P*) *fertig zum Gehen* || ⟨mot⟩ ~ to touch *staubtrocken* **2.** *versessen, erpicht* (on *auf*) **3.** *bestimmt*; *vorgeschrieben* || no ~ subjects *k–e schriftliche Prüfung* | *formell; wohldurchdacht* (speech), in ~ phrases *in wohlgesetzter Rede* || *regelmäßig* **4.** (of eyes, etc) *starr, fest, unbeweglich*; a ~ face *e–e starre Miene f* **5.** *besetzt* (with) **6.** ~ square *Zeichendreieck n* (*als Line·al*) || ~-up *gut entwickelt, durchtrainiert*

set [set] s **I. 1.** ⟨poet⟩ *Untergang m* (at ~ of sun *bei Sonnenuntergang*) **2.** ⟨hunt⟩ *Stehen, Vorstehen n* (*e–s Hundes*) || to make a dead ~ at a p *jdn heftig angreifen*; (of women) *sich stark bemühen um, angeln nach jdm* (.. at men) | (of liquids) *Festwerden, Hartwerden n* (to take a ~ *hart w*) **3.** (of the head, etc) *Haltung; Lage f* || (of dress) *Sitz* (a wrong ~ *ein falscher Sitz*); *Schnitt m* | (of the wind) *Richtung f*; *Lauf m* | *Neigung f* (towards); ⟨fig⟩ *Strömung f* **4.** *etw Gesetztes* || ⟨hort⟩ *Setzling, Ableger m* | ⟨theat⟩ (*Bühnen–*)*Ausstattung f, Bühnenbild n* **5.** (*Säge–*)*Schrank*, → *saw-set* **6.** → *sett* **II.** *Folge* or *Reihe zus–gehöriger Dinge* or *Menschen f*; ⟨demog stat⟩ *Beobachtungsreihe f* **A.** (*S*) **1.** *Satz m* (a ~ of stamps *ein Satz Briefmarken*) || *Garnitur f; Besteck n*; *Service n* (tea ~); ~ of teeth *Gebiß n*; ~ of tires *od* tyres ⟨mot⟩ *Bereifung f*; ~ of diamonds *Brillantschmuck m*; ~ of tapestries *Teppichfolge f* | ⟨typ⟩ *Satz m* (*Sortiment*) || ⟨math⟩ *Menge f* || [*oft unübersetzt*] a ~ of pipes *Orgelpfeifen f pl* **2.** *Apparat m*; ⟨wir⟩ *Gerät n* **3.** *Einrichtung*; *Sammlung, Serie f* (~ of Shakespeare's plays) | ⟨com⟩ *Kollekti·on f* (~ of patterns *Muster–*) **4.** ⟨ten⟩ *Partie f, Satz m* (*6 Spiele*) || ⟨dancing⟩ *Tour f* (*im Kontertanz*); the first ~ *Quadrille f* **B.** (*P*) **1.** *Gruppe f* (a ~ of men) || (*Bekannten-*)*Kreis m* || *Gesellschaft f, Clique*; *Sippschaft* (a ~ of fools); *Bande f* **2.** ⟨dancing⟩ (*die*) *Tanzpaare n pl* (*im Kontertanz*) **III.** [in comp] ~-ball ⟨ten⟩ *Satzball m*

setaceous [si:'teiʃəs] a *borstig, borstenartig*; *Borsten–* **setiform** ['si:tifɔ:m] a *borstenförmig* **setigerous** [si:'tidʒərəs] a *borstentragend*

seton ['si:tn] s ⟨surg⟩ *Haarseil n*

sett [set] s ⟨tech⟩ = set [s] || ⟨bes⟩ (*viereckiger*) *Pflasterstein m* (*granite* ~s) || ⟨min⟩ *Abbaugebiet, –feld n* | ~ paving *Steinpflaster n*

settee [se'ti:] s *Lehn–, Polsterbank f, –sitz m*; *kl Sofa n*; *Ruhebett n*

setter ['setə] s *Vorstehhund, Setter m* | [*oft in comp*] *–setzer*, type-~ *Schriftsetzer m* | ⟨sl⟩ *Spitzel m*

setterwort ['setəwɔ:t] s ⟨bot⟩ *Stinkende Nieswurz f*

setting ['setiŋ] s **1.** *Setzen, Einsetzen n*; ~ of a fuse (*eingestellte*) *Brennlänge f, Einstellen n e–s Zünders* | *Fassen, Einfassen n* (of stones); *Fassung f*; *Besatz m* || ⟨übtr⟩ *Rahmen m, Umgebung f*; *Hintergrund m*; *Bühnenausstattung f, –bild n, Szene, Szenerie f* | ⟨mech⟩ *Bettung f* **2.** (of the sun) *Untergang m* **3.** *Fest–, Hartwerden n, Gerinnung f* **4.** [attr] *Setz–*; ~ lotion *Fixativ* (*f Haar*); ~ ring (*Zünder-*)*Stellring m*;

~-rule ⟨typ⟩ *Setzlinie* f (*dünne Metallschiene*);
~-up *Aufstellung* f, *Aufbau(en* n) m; ~-up
exercise ⟨Am mil⟩ *Freiübung* f
settle ['setl] s *lange Holzbank mit hoher
Lehne* f; (*Ruhe-*)*Sitz* m
settle ['setl] vt/i **I.** vt **1.** *setzen, zurechtmachen*
‖ (*Land*) *bevölkern, besiedeln* ‖ (*jdn*) *ansiedeln*;
(*fam*) (*jdn*) *erledigen*; to be ~d *ansässig* s
2. (*jdn; jds Sinn*) *beruhigen* | (*jdn*) *erledigen, ab-
tun; töten* **3.** *fest* or *stabil m, festigen* ‖ (*etw*)
sicherstellen (to *od* on a p *jdm*); (*Eigentum*) *übertragen* (to, on *auf*); (*Summe*) *aussetzen* (to, on
a p *jdm*) ‖ (*jdn*) *sicherstellen, versorgen; etablieren*; to be ~d *in fest sitzen in*; to ~ a p in
[adv] *jdm beim Einzug helfen* | (*Sprache*) *regeln*;
ordnen **4.** (*Frage*) *entscheiden; bestimmen* | (*a
to ~ up*) *etw abmachen, -schließen*; that ~s it
das entscheidet die S, gibt der S den Rest ‖ *erledigen, schlichten, ausgleichen*; (*Rechnung*) *bezahlen* **5.** v refl: to ~ o.s. *sich niederlassen* (on a
chair, in a place) ‖ *sich in Ruhe anschicken* (to
do), *sich heranmachen* (to *an*); *e-n Hausstand
gründen, heiraten* **II.** vi **1.** *sich niederlassen* (on
auf), (of disease) *sich festsetzen* (on the lungs)
‖ *sich ansiedeln, seßhaft w* **2.** (of the soil) *sich
senken, sich sacken, sich lockern; unsicher w*
3. *fest w* | (of the weather) *sich aufklären, be-
ständig w*; (of sediment) *sich setzen; sich nieder-
schlagen* | (of passion) *sich legen; z Ruhe k*
‖ *sich entschließen* (to do) **4.** *sich abfinden or
einigen, eins/ w* (with *mit*); *abrechnen* (with)
5. [*mit prep*] to ~ for *e-e Richtung annehmen
nach*; it is |-ling for rain *es wird regnerisch* | to
~ **into** *a state e-n Zustand annehmen* | to ~
upon *sich entschließen, sich entscheiden über, für*
6. [*mit adv*] to ~ **down** *sich senken; sinken*; (of
sediment) *sich setzen* | *sich hinein-, zurechtfin-
den* (in); *sich ins tägliche Leben zurück-* ([neg]
nicht z Ruhe k); *sich verheiraten; sich niederlassen* (as *als*); to ~ down to a th *übergehen z etw;
etw annehmen; kennenlernen; wieder aufnehmen*
(.. down to work) | to ~ in *einziehen* (*in ein
Haus*) | to ~d [~d] a *fest, bestimmt, eingewurzelt*
‖ *entschieden, entschlossen* | *ruhig, ernst* ‖ (of
the weather) *beständig* ‖ *verheiratet, versorgt*
settlement ['setlmənt] s **1.** *Festsetzung* f; Act
of ⁓ (*1701*) ⟨engl⟩ *Gesetz z F. der Thronfolge*
2. *Unterbringung, Versorgung* ‖ *Etablierung* f
‖ *Aufenthalt, Wohnort m mit Recht auf Armenunterstützung* **3.** *Besiedlung, Ansiedlung, Niederlassung* f ‖ ⟨demog⟩ *Siedlungsweise* f **4.** *Aussetzung* f *e-r Pension* (etc) f; ⟨jur⟩ *Vermächtnis*
n; to make a ~ on a p *jdm ein V. aussetzen* ‖
⟨jur⟩ *Eigentumsübertragung; Familienstiftung* f;
marriage ~ *Ehekontrakt* m **5.** (*Friedens-*)*Abkommen; Übereinkommen* n (to come to a ~
ein Ü. treffen) | *Beilegung, Schlichtung* f; *Aus-
gleich* m; *Begleichung* f (*e-r Rechnung*) **6.** *Abschluß* m; ⟨st exch⟩ *Liquidation* f, *-stermin* m;
~-day *Abrechnungstag* m **7.** ⟨konkr⟩ (*P*) *Siedlung, Kolonie* (Straits ⁓s); *Niederlassung* f; ⟨a
übtr⟩ (University ⁓)
settler ['setlə] s *Kolonist, Ansiedler* m ‖ ⟨fam⟩
derber Schlag m; *derbe Abfertigung* f | ~'s
homestead *Siedlerstelle* f
settling ['setliŋ] s *Festsetzen, Entscheiden* n ‖
Ansiedeln n | *Begleichen* n; ~-day ⟨st exch⟩
Abrechnungstag m | *Ablagern* n; ~s [pl] *Boden-
satz* m
settlor ['setlə:] s ⟨jur⟩ *Stifter, trust ~ Trust-
stifter* m
seven ['sevn] **1.** a *sieben* (thirty-~ 37) ‖
sieben Uhr (just on ~ *fast 7 Uhr*) ‖ *sieben Jahre*
(he is ~) | 1/7 = one (shilling) and seven
(pence) *1 Sch u 7 Pence* | ~-league boots [pl]
Siebenmeilenstiefel m pl ‖ ⟨hunt⟩ ~-pointer
ungerader Achter m | the ⁓ Sleepers *die Sieben-
schläfer* ‖ the ⁓ Years' War *der Siebenjährige*

Krieg **2.** s (*die*) *Sieben*; the ~ of clubs *Treff sieben* ‖ at sixes and ~s → six s ‖ by ~s, in ~s *in
Sätzen z sieben* ~**fold** ['sevnfould] a *siebenfach*
~**teen** ['sevn'ti:n; '--; '-'] a *siebzehn*; sweet ~
Alter n der reifenden Schönheit ~**teenth** ['sevn-
'ti:nθ; '--; '-'] **1.** a *siebzehnte(r, -s)* **2.** s *Sieb-
zehntel* n ~**th** [~θ] **1.** a *siebente(r, -s)*; the 7th
of May *der 7. Mai* **2.** s *Siebentel* n ‖ ⟨mus⟩
Septime f ~**thly** [~θli] adv *siebentens* ~**tieth**
[~tiiθ] **1.** a *siebzigste(r, -s)* **2.** s *Siebzigstel* n
~**ty** [~ti] **1.** a *siebzig*; ~-one *einundsiebzig*
2. s (*die Zahl*) 70; the –ties *die siebziger Jahre*
sever ['sevə] vt/i ‖ *abtrennen; trennen* (from
v) ‖ *aus-e-a-reißen* ‖ ⟨jur⟩ *teilen* ‖ ⟨übtr⟩
lösen | vi *sich trennen*; (of a rope) *reißen* ~**able**
[~rəbl] a *trennbar; z trennen*(d)
several ['sevrəl] **1.** a a. *besondere(r, -s), einzeln*; each ~ case *jeder einzelne Fall*; all these ~
cases *alle diese einzelnen Fälle* b. *e-m einzelnen
gehörig, besondere(r, -s), Sonder-* (~ estate) ‖
they went their ~ ways *sie gingen jeder ihrer
Wege* c. *mehrere, verschiedene* pl (~ people)
2. s *mehrere, verschiedene* pl (~ of you) ~**ly**
[~i] adv *einzeln* (jointly and ~); *besonders* ~**ty**
[~ti] s ⟨jur⟩ *Sonderbesitz* m (in ~); estate in ~
Sondereigentum n
severance ['sevərəns] s *Trennung* f (from *v*)
| [attr] ~ pay *Entlassungsgeld* n, *Abfindung* f
(*des Arbeitnehmers*)
severe [si'viə] a (~ly adv) *streng* (on, upon
gegen) | *exakt, genau* ‖ *ernst, streng, schmucklos*
(style) | *heftig, stark* (blow) ‖ *rauh* (weather);
a ~ winter *ein harter Winter* | *heftig* (pain etc)
‖ *schwierig, mühsam* (test) ‖ to let a p *od* a th
~ly alone ⟨fig⟩ *nichts mit jdm* or *etw z tun h
wollen*
severity [si'veriti] s *Strenge; Härte* f (on
gegen) ‖ *Genauigkeit* f ‖ *Heftigkeit* f ‖ *Rauheit* f
Sèvres [seivr] s Fr (*Stadt in Frankreich*)
Porzellan n aus ~
sew [sou] vt/i **1.** vt [~ed/~n, ~ed] ‖ (*etw*)
nähen (on *an*) ‖ (*Buch*) *heften, broschieren* | [*mit*
adv] to ~ in *einheften* ‖ to ~ on (*etw*) *annähen*
‖ to ~ up *zunähen*; ⟨Am fam⟩ ~ed -up (*P*)
gefangen, reingefallen; °*sternhagelvoll* (*betrun-
ken*) **2.** vi *nähen* | ~**er** ['~ə] *Näher*(in f) m
sewage ['sju:idʒ] **1.** s *Kloakenwasser* n; ~
farm *Rieselgut* n; ~ water (*städtische*) *Ab-
wässer* n pl **2.** vt (*Land*) *mit Kloake berieseln* ‖
mit Abzugsröhren versehen
sewer ['sjuə] **1.** s *Kloake f, Siel, Abzugskanal*
m | ~-gas *Faulschlammgas* n ‖ ~-rat ⟨zoo⟩
Wanderratte f **2.** vt (*Stadt*) *mit Abzugskanälen
versehen* ~**age** [~ridʒ] s *Kanalanlage, Ka-
nalisation* f
sewin ['sju:in] s ⟨ich⟩ *Art Lachsforelle* f
sewing ['souiŋ] s *Nähen* n, *Näharbeit* f |
[attr] *Näh-*, ~-machine *Nähmaschine* f
sex [seks] s *natürliches Geschlecht* n (*männl.*
or *weibl.*) (the duel of the ~es) ‖ *of both ~es
beiderlei Geschlechts* ‖ *geschlechtliche Eigenart*
f; *Geschlechtliches* n; ~ appeal (*ungewollte
erotische*) *Anziehungskraft* f *auf das andere Geschlecht* ‖ the fair ~ *das schöne, the gentle* ~
das zarte Geschlecht n; the ~ *das weibl. G.*
| [attr] *Geschlechts-, Geschlechter-; Sexual-* ‖
~ crime *Sexualverbrechen* n ‖ ~ education
sexuelle Aufklärung f ‖ ⟨demog⟩ ~ ratio *Ge-
schlechtsverhältnis* n *der Bevölkerung*; ~ r. at
conception *primäres G.* n
sex- [seks], **sexi-** ['seksi] L [in comp]
sechs-
sexagenarian [ˌseksədʒi'nɛəriən] **1.** a *sechzigjährig* **2.** s *Sechzigjährige(r m*) f ~**genary** [ˌseksə-
'dʒi:nəri] **1.** a *aus 60 bestehend; sechzigjährig*
2. s *Sechzigjähriger* m
Sexagesima [ˌseksə'dʒesimə] L s ⟨ec⟩ (a ~
Sunday) (*Sonntag*) *Sexagesima* m

sexagesimal [‚seksə'dʒesiməl] **1.** a *sechzigst*; *Sexagesim·al–* **2.** s *Sexagesimalbruch* m

sexangle ['seksæŋgl] s ⟨geom⟩ *Sechseck* n *–gular* [‚seks'æŋgjulə] a *sechseckig*

sexcentenary [‚seksen'ti:nəri] **1.** a *sechshundertjährig* **2.** s *Sechshundertjahrfeier* f

sexennial [seks'enjəl] a *sechsjährig* ‖ *sechsjährlich*

sexless ['sekslis] a *geschlechtslos* ‖ ·*asexuell*

sext [sekst] s ⟨ec⟩ *die sechste der kanonischen Stunden* or *Gebetszeiten* f (*gegen 12 Uhr mittags*)

sextain ['sekstein] s ⟨pros⟩ *sechszeilige Strophe* f

sextant ['sekstənt] s *Sextant* m (*Winkelmeßinstrument*)

sextet(te) [seks'tet] s ⟨mus⟩ *Sext·ett* n ‖ *sechszeilige Strophe* f; *die 6 letzten Zeilen e–s* ⟨bes It⟩ *Sonetts*

sextillion [seks'tiliən], **sexillion** [sek'siliən] s *Sextilli·on* f (*sechste Potenz e–r Million*; *1 mit 36* [Am & Fr *21*] *Nullen*)

sexto ['sekstou] s [pl ~s] *Sextoformat* n *~decimo* [~'desimou] s [pl ~s] *Sedezformat* n

sexton ['sekstən] s ⟨ec⟩ *Küster*, ⟨R.C.⟩ *Mesner* m ‖ *Totengräber* m **~ship** [~ʃip] s *Küster–*, *Mesner–*, *Totengräberamt* n

sextuple ['sekstjupl] **1.** a *sechsfach* **2.** vt *mit 6 multiplizieren*, *versechsfachen*

sexual ['seksjuəl] a *geschlechtlich*, *sexu·ell*; *Geschlechts–* (~ *desire –trieb*; ~ *pleasure –genuß* m); ~ *offence Sittlichkeitsvergehen*, *Sexualverbrechen* n **~ity** [‚seksju'æliti] s *Geschlechtlichkeit* f **~ly** [~i] adv *in geschlechtlicher Hinsicht*

sexy ['seksi] a *geschlechtlich interessiert* ‖ *geschlechtlich aufgeregt*, ,,*scharf*'', *geil* (to feel ~ all over ,,*scharf' s wie ein Rasiermesser*)

Seym [seim] s *gesetzgebende Gewalt* f *des Staates Polen*

sforzando [sfɔ:t'sændou] It adv ⟨mus⟩ *stark betont*

sfumato [sfu:'mɑ:tou] It ⟨paint⟩ *mit verschwimmenden Umrissen*

Shabbas ['ʃæbəs] s ⟨Jiddisch⟩ *Schabbes* m = *Sabbath*

shabbiness ['ʃæbinis] s *Schäbigkeit* f ‖ *Filzigkeit* f **shabby** ['ʃæbi] a (*–bily* adv) (*S*) *abgenutzt*, *–getragen*; *fadenscheinig* ‖ (*P*) *schäbig*, *armselig*; ~*-genteel schäbig-fein*; a ~*-genteel man ein verarmter Reicher*; the ~ *genteel das glänzende Elend* ‖ ⟨fig⟩ *gemein*; *filzig*, *knickerig*

shabrack, *–ack* ['ʃæbræk] s ⟨mil⟩ *Schabr·acke* f **shack** [ʃæk] s ⟨Am⟩ *Hütte* f ‖ ⟨Am rail⟩ *Bremser* m ‖ ~ *town Bretterbudenstadt* f

shack [ʃæk] vi/t ⟨Am⟩ ‖ *dahinschlendern* ‖ vt *jagen*

shackle ['ʃækl] **1.** s *Fessel* f ‖ ⟨mar⟩ *Schäkel* m; (*Anker–*)*Kettenglied* n ‖ *eiserner Bügel*, *Ring* m ‖ ~s [pl] ⟨fig⟩ *Fesseln*, *Ketten* pl **2.** vt *fesseln* ‖ ⟨fig⟩ *fesseln*, *hemmen*

shad [ʃæd] s ⟨ich⟩ *Alse* f

shaddock ['ʃædək] s (= *grapefruit*) *Pampelm·use* f

shade [ʃeid] **I.** s **1.** *Schatten* m (*Ggs Licht*), *Dunkel* n; the ~s [pl] *die Dunkelheit* f ‖ ⟨fig⟩ to leave in the ~ *weit hinter sich l*; to put, throw into the ~ *in den Schatten stellen* ‖ ⟨poet⟩ *schattiger*, *dunkler Ort* m ‖ ⟨arts⟩ *Schatten* m; *light and* ~ *Licht u Sch.*; ⟨übtr⟩ *Kontrastwirkung* f ‖ *Abtönung*, *Schattierung*, *Abstufung* f ‖ *geringer Grad* m, *Kleinigkeit* f (a ~ *of*); *Hauch* m, *Spur* f (not a ~ *of nicht die S. v*); ⟨übtr⟩ *mehr oder weniger* .. **2.** ⟨poet⟩ *Schatten* m (*Figur*); *Schatten*, *Geist* m, *Gespenst* n; the ~s [pl] *die Unterwelt* **3.** *Schatten*, *Schutz* m (*from gegen*) ‖ *Lampen–*, *Lichtschirm* m ‖ the ~s [pl] *der Weinkeller*; *die Bar* **II.** vt/i **1.** vt

beschatten; (*Augen vor Licht*) *schützen* (with) ‖ (*Licht*) *abhalten* (from); to ~ *light on to a th* (*durch e–n Schirm*) *Licht konzentrieren auf etw*, *etw durch Licht hervorheben* ‖ *verhüllen*, *–decken* (from *vor*) ‖ *verdunkeln* ⟨a fig⟩ ‖ ⟨paint⟩ *schattieren*, *durch Schattierung andeuten*, *abtönen*; (⟨a⟩ to ~ *off Töne abstufen*; ~d *stufenreich* ‖ ⟨com⟩ (*Preise*) *allmählich herabsetzen* **2.** vi *unmerklich 'übergehen* (to *z*, into *in*); to ~ *away, off allmählich verschwinden* **~less** ['~lis] a *schattenlos*; *unbeschattet*

shadiness ['ʃeidinis] s *das Schattige* ‖ ⟨fig⟩ *die Anrüchigkeit*

shadow ['ʃædou] **I.** s **1.** *Schatten* m, *Dunkel* n ⟨a fig⟩ (the ~s *of old age*); ~*-proof undurchsichtig* ‖ ⟨paint⟩ *Schatten* m ‖ to put into ~ ⟨fig⟩ *in den Sch. stellen* **2.** *der geworfene Schatten* (of a house etc); to cast a ~ *e–n Sch. werfen* (upon); cast ~ *Schlagschatten*; *coming events cast their* ~ *before kommende Ereignisse werfen ihre Sch. voraus*; *may your* ~ *never grow less ich wünsche dir allen Erfolg* ‖ the ~s *lengthen* ⟨fig⟩ *man wird älter*, *mit uns geht's bergab* **3.** *Schattenbild* n; *Nachahmung*, *Kopie* f; ⟨fig⟩ *Abglanz* m, *leerer Schein*, *Rest* m (the ~ *of a name*); *Kleinigkeit*, *Spur* f ‖ *without the* ~ *of a proof ohne den Sch. e–s Beweises* ‖ *Geistererscheinung* f, *Gespenst* n (~*-land –erreich*) ‖ *Detektiv* m **4.** ⟨fig⟩ *Schutz* m (under the ~ of) **5.** [attr] *Schatten–* (~*-show –spiel* n) ‖ ~ *cabinet geplantes Kabinett der Opposition* ‖ ~*-factory* ⟨aero⟩ *Tarn–*, *Ausweichbetrieb* m, *–werk* n (f *den Kriegsfall*) ‖ ~ *region* ⟨mil wir⟩ *Schweigezone* f **II.** vt *beschatten* ‖ ⟨tech⟩ *überdecken* (v *Brennstoffen*) ‖ to ~ *forth, out dunkel or leicht andeuten*; *versinnbildlichen* ‖ (*bes of detective*) (*jdn unbemerkt*) *verfolgen or beobachten* ‖ ⟨aero⟩ (f *Schiffe* etc) *Begleitschutz fliegen* **~ing** [~iŋ] s *Schattenwurf* m; ⟨tech⟩ *Überdecken*, *Beschatten* n **~less** [~lis] a *schattenlos*; ~ *window gebogene Auslagenscheibe* f ‖ **~y** [~i] a *schattig* ‖ *dunkel*, *düster* ‖ *wesenlos*, *schattenhaft* ‖ *verschwommen*

shady ['ʃeidi] a (*–dily* adv) *schattenspendend*; *geschützt*, *schattig* ‖ on the ~ *side of fifty über das 50. Lebensjahr hinaus* ‖ ⟨fam⟩ *zweifelhaft*, *anrüchig* (p); ~ *bargaining Kuhhandel* m

shaft [ʃɑ:ft] s **1.** (*Speer–*)*Schaft* m **2.** ⟨poet⟩ *Pfeil* m; ⟨fig⟩ ~s [pl] *Pfeile* pl ‖ ⟨übtr poet⟩ *Lichtstrahl* m **3.** (*Fahnen–*)*Stange* f ‖ *schlanker Baumstamm* m ‖ *Stiel*, *Griff* m (*e–r Axt*) ‖ the ~s [pl] *die* (*Einspänner–*)*Wagengabel* f, *die Tragebäume* m pl (*e–s Wagens*); to die in the ~s *in den Sielen sterben* **4.** ⟨mech⟩ *Achse*, *Spindel*, *Welle* f **5.** ⟨arch⟩ *Pfeiler* m; *bearing* ~ *Mittel–*; *attached* ~, *imbedded* ~ *Dienst* m, *Halbsäule* f; *detached* ~ (*vorgesetzte*) *Vollsäule*; *banded* ~ *Ringsäule*; *twisted* ~ *gewundene S.* **~ing** ['~iŋ] s ⟨tech⟩ *Wellentransmission* f

shaft [ʃɑ:ft] s ⟨min⟩ *Schacht* m; to sink a ~ *e–n Sch. graben*, *abteufen* ‖ ⟨übtr⟩ *Licht–*, *Luftschacht* m

shag [ʃæg] s ⟨orn⟩ *Krähenscharbe* f

shag [ʃæg] s * *rauhes, zottiges Haar* n ‖ *rauhes Tuch* n; ⟨Am⟩ *Plüsch* m ‖ (⟨a⟩ [attr] ~ *tobacco Shag* m (*grober Pfeifentabak*) ‖ ⟨vulg⟩ *Rammelei* f ‖ ~*-nasty* ⟨fam⟩ *widerlicher Kerl* m **~gy** ['~i] a (*–gily* adv) *zottig*, *rauh*

shag [ʃæg] vt/i ⟨vulg⟩ *ficken, rammeln* ‖ ~*-ged ausgepumpt* ‖ vi to ~ *back* ⟨hunt fam⟩ *e–e Hürde verweigern*

shagreen [ʃæ'gri:n] s *Chagrin(leder)* n, *Leder mit aufgepreßtem Narbenmuster* ‖ *Haifischleder mit granulierter Oberfläche* ‖ ~ *binding Ganzfranzband*

Shah [ʃɑ:] s *Schah* m **~zada** [ʃɑ:'zɑ:də] s *Titel* m *der pers.* (etc) *Prinzen*

shake [ʃeik] vt/i [shook/∼n] **I.** vt **1.** *schütteln* (a p by the arm *jdn am Arm*); *(etw) schütteln* (out of *aus*) ‖ *rütteln* ‖ ⟨Am⟩ *(Karten) mischen* | to be ∼n before taken *vor dem Gebrauch sch.* ‖ to ∼ the dust off one's feet *den Staub v den Füßen sch.*; to ∼ off (a cold) *loswerden* ‖ to ∼ hands *sich die Hand geben*; ⟨Am⟩ ∼ hands! *(Formel, die der Dritte gebraucht, wenn er zwei Pn e–a vorstellt)* ‖ to ∼ a p's hand *od a p by the hand jdm die Hand schütteln*; [ell] ∼! ⟨bes Am⟩ °*Hand drauf!* ‖ ∼ a leg! ⟨fam⟩ *nimm die Beine untern Arm u los!* ‖ ⟨bes Am sl⟩ to ∼ a hoof *das Tanzbein schwingen,* °*e–e Sohle aufs Parkett legen* ‖ to ∼ one's head *den Kopf schütteln* ⟨a fig⟩ (at, over *über*) ‖ to ∼ one's sides with laughing *sich die Seiten vor Lachen halten, sich vor Lachen schütteln* | to ∼ o.s. *sich schütteln*; to ∼ o.s. free *sich durch e–n Ruck befreien* **2.** *erschüttern* ⟨a fig⟩; *schwächen,* quite ∼n *sehr ergriffen*; badly ∼n *arg mitgenommen* **3.** [mit adv] to ∼ **down** *(Äpfel) herunterschütteln* ‖ *(Stroh) ausbreiten*; *(Lager) bereiten* ‖ ⟨mil sl⟩ *(jdn)* °*aus den Lumpen schütteln*; ⟨Am sl⟩ *(jdn) ausschütteln* (= *berauben*) | to ∼ **off** *abschütteln* (to ∼ off the dust from one's feet) ‖ *(fig) (jdn) loswerden, abstoßen* ‖ *sich befreien v*; *ablegen* | to ∼ **out** *ausschütteln* ‖ *(Fahne) entfalten, ausbreiten* | to ∼ **up** *zus–schütteln,* –*schütten*; *(Kissen) aufschütteln*; *(jdn) aufrütteln* **II.** vi **1.** *geschüttelt w*; *sich schütteln* (with *vor*) ‖ *erschüttert w* ⟨a fig⟩ ‖ *beben, zittern* (with *vor*); to ∼ in one's shoes *in den Knien zittern (bange s)* ‖ ⟨mus⟩ *trillern* **2.** [mit adv] to ∼ **down** *sich ein Lager bereiten* (with *mit*); *sich eingewöhnen,* –*einleben* **III.** [in comp] ∼-down *Not–, Nachtlager* n ‖ ∼-hands *Händedruck* m (a hearty ∼-hands) ‖ ∼-up *Umwälzung* f, –*schwung* m; –*gruppierung* f ‖ ⟨fam⟩ °„*Nervensäge*" f

shake [ʃeik] s **1.** *Schütteln* n; (a ∼ of the hand) *Händedruck* m; ∼ of the head *Kopfschütteln* n ‖ *Rütteln* n; to give a p a good ∼ *jdn tüchtig rütteln* ‖ *Erschüttern* n ‖ in a ∼, in 3 ∼s of a duck's tail *im Handumdrehen* ‖ no great ∼s! *nichts v Bedeutung! nicht der Rede wert!* **2.** *vibrierende Bewegung* f, *Zittern* n ‖ ⟨Am⟩ *Erdbeben* n ‖ ⟨mus⟩ *Triller* m **3.** *Schlag* m **4.** *Spalt, Riß* m **5.** ⟨fam⟩ *Augenblick* m (wait a ∼)

shaker [ʃeikə] s *Schüttler* m ‖ *Behälter* m *z Schütteln, Schüttelbecher* m ‖ ⟨tail⟩ *kurze Jacke* f *ohne Sattel* | ∼ *Zitterer* m *(Spottname e–r Sekte, ggr. 1770)* | ∼ screen *Schüttelsieb* n

Shakespearian [ʃeiks'piəriən] a *shakespearisch, Shakespeare*–

shakiness [ʃeikinis] s *Wackligkeit*; *Gebrechlichkeit* f

shaking [ʃeikiŋ] s *Schütteln* n; to give a th a ∼ *etw schütteln* ‖ to want a ∼ *geschüttelt w müssen* | ∼ feeder ⟨tech⟩ *Schüttelspeiser* m

shako [ʃækou] s [pl ∼s] ⟨mil⟩ *Tschako* m

shaky [ʃeiki] a (–kily adv) *wacklig* (a ∼ tree) ‖ *zitternd*; *zittrig* ‖ (of movement) *wankend* ‖ *schwach, unwohl* ‖ (of timber) *geborsten,* (kern)rissig | ⟨fig⟩ *zweifelhaft*; *schwankend, unsicher* (in *in*); *unzuverlässig* (in)

shale [ʃeil] s ⟨geol⟩ *Schieferton* m ‖ ∼-oil –*öl* n; → *shaly*

shall [ʃæl; w f ʃəl, ʃl, ʃə, ʃ] v aux [nur prs & pret]; pret **should** [ʃud; w f ʃəd, ʃd] **I.** shall (3. sg ∼; ⟨† bib poet⟩ 2. sg *thou shalt*; ⟨fam⟩ → shan't [ʃɑːnt] = shall not) **1.** [futurbildend] **a.** [in 1. p sg & pl] *werde(n)* (I ∼ go; we ∼ go); (will you do me a favour?) Certainly I ∼ *ja-wohl* **b.** [in der Frage: 1. & *2. p sg & pl] *werde(n)* (∼ I [we] find him?); wirst, werdet (∼ [mst will] you be there?) **2. a.** [in 2. & 3. p sg & pl] *soll(st)*; *sollt*; *sollen* (you ∼ go; he ∼ go);

[neg] *soll(st), sollen*; *darf(st), dürfen* (you, he ∼ not go) **b.** [in der Frage in 1. & 3. p sg & pl] *soll(en)*; *darf, dürfen* (∼ I give you some more?); *will, wollen* (∼ we turn back?) **c.** [in abhängigen Sätzen in 1., 2., 3. p sg & pl] *soll(en), sollst, sollt* (he says I, you, he ∼ leave) **II.** should **1.** *futurbildend* „*würde(n)*" (I said I should be there; he said he should [*would] be there) **2. a.** [in 1., 2., 3. p sg & pl] *sollte(st), sollten* (he is not acting as he should); you should have told him *du hättest es ihm sagen sollen* **b.** [in der Frage in 1. & 3. p sg & pl] *sollte(n)* (why should I?; why shouldn't he? = why should he not?) **3.** [in 3. p sg & pl] (*erwartend, vermutend*) it should seem *es möchte scheinen* **4.** [z Umschreibung des konj] **a.** [in Hauptsätzen in 1. p sg & pl] *würde(n)*, I should not go (have gone) there if I were you *ich würde nicht dahin gehen (gegangen s), wenn ich du wäre* **b.** [im that-Nebensatz] it is impossible, astonishing (etc) that he should be (have been) so foolish (as to ..) *es ist unmöglich, daß er so töricht ist (gewesen ist) zu ..*

shalloon [ʃə'luːn] s *Chalon* m (*Wollstoff*)

shallop [ʃæləp] s ⟨mar⟩ *Schal·uppe* f

shallot [ʃə'lɔt] s ⟨bot⟩ *Schal·otte* f

shallow [ʃælou] **1.** a (∼ly adv) *nicht tief, seicht, flach*; ∼ communication trench ⟨mil⟩ *Kriechgraben* m ‖ ∼ place *Untiefe* f ‖ ⟨fig⟩ *oberflächlich, seicht*; to run ∼ ⟨fig⟩ *verflachen, oberflächlich w* ‖ ∼-brained *einfältig*; *seicht* ‖ ∼-draught vessel ⟨mar⟩ *flachgehendes Fahrzeug* n **2.** s *Untiefe* f; ∼s [pl] *seichtes Gewässer* n ∼**ness** [∼nis] s *Seichtheit* f ‖ ⟨fig⟩ *Oberflächlichkeit* f

shallow [ʃælou] vt/i ‖ *seicht m* | vi *seicht w*

shalt [ʃælt] † 2. sg v shall

shaly [ʃeili] a ⟨geol⟩ *tonig* (sand)

sham [ʃæm] **1.** vt/i [–mm–] *(etw) vortäuschen*; –*spiegeln*; ∼ to the doctor ⟨mil fam⟩ *simulieren* | vi *sich verstellen*; he is only ∼ming *er verstellt sich bloß* ‖ *sich stellen*; to ∼ ill *sich krank st.* **2.** s (S) *Nachahmung* f; *Unechtes* n; *Trug, leerer Schein* m; *Täuschung, Heuchelei* f; *Schwindel* m ‖ *Sch·arlatan, Schwindler* m **3.** a *nachgemacht, falsch, unecht* ‖ *fingiert, Schein*–; ∼ fight *Scheingefecht* n; ∼ doctor *Quacksalber* m

sham [ʃæm] s (⟨fam⟩ *f* champagne) °*Schum* m (*f Schaumwein*)

shaman [ʃæmæn] s *Scham·ane* m, *Heil–, Zauberkundiger* m *bei Naturvölkern*

shamble [ʃæmbl] **1.** vi *watscheln*; *schlenkern* ‖ °*torkeln* **2.** s *Watschelgang* m

shambles [ʃæmblz] s pl [sg konst] *Schlachtbank* f; –*haus* n (a ∼) ‖ ⟨fig⟩ *Schlachtfeld* n (Dresden was turned into a ∼)

shambly [ʃæmbli] a *wackelig, unsicher*

shame [ʃeim] **1.** s a. *Scham* f, –*gefühl* n (from ∼ *aus Sch.*); to feel ∼ at *sich schämen über* ‖ ∼! for ∼! *pfui!*; ∼ on you! *schäme dich!* **b.** *Schmach, Schande* f **c.** it is a sin and a ∼ *es ist e–e Sünde u Schande* ‖ more's the ∼ *um so schlimmer* ‖ to ∼ to e–e *Schmach s f* ‖ to bring ∼ upon a p, to bring a p to ∼ *jdm Schande bereiten* ‖ to cry ∼ *sich entrüsten* (upon *über*) ‖ to put a p to ∼ *jdn beschämen*; .. a th to ∼ *etw in den Schatten stellen* ‖ to think ∼ *es für e–e Schande halten* (to do) **2.** vt *jdn beschämen*; *schamrot m*; to ∼ a p into doing *jdn durch Beschämung dahin bringen z tun* | *schänden,* (jdm) *Schande m* ∼**faced** [∼feist] a (∼ly [∼feistli, ∼feisidli] adv) *schamhaft, verschämt*; *kleinlaut* ‖ *blöde* ∼**facedness** [∼feisidnis] s *Schamhaftigkeit* f ∼**ful** [∼ful] a (∼ly adv) *schmachvoll, schändlich* ‖ *unanständig* ∼**fulness** [∼fulnis] s *Schändlichkeit* f ∼**less** [∼lis] a (∼ly adv) *schamlos*; *unverschämt*;

schändlich || *unanständig* **~lessness** ['~lisnis] s *Schamlosigkeit* f
shammer ['ʃæmə] s *Lügner, Betrüger* m
shammy ['ʃæmi] s (*a* ~-leather) = chamois (leather)
shampoo [ʃæm'puː] 1. vt [~es; ~'d, *~ed, ~ing] (*Körper) kneten, frottieren, massieren* || (*Kopfhaut, Haar) schampunʼieren, waschen u kneten* 2. s *Schampunieren* n || *Kopfwaschpulver* n
shamrock ['ʃæmrɔk] s ⟨bot⟩ *weißer Klee* m || ⟨Ir⟩ *Kleeblatt* n (*irisches Nationalabzeichen*)
shandrydan ['ʃændridæn] s *altmodischer klappriger Wagen* m
shandygaff ['ʃændigæf] s *Mischung* f *aus Ale u Ingwerbier*
shanghai [ʃæŋ'hai] vt [~ed; ~ing] (*nach ~, China*) ⟨sl⟩ (*jdn) betrunken m u als Matrosen auf ein Schiff verladen*
shank ['ʃæŋk] 1. s *Unterschenkel* m, *Schienbein* n; ⟨oft dero⟩ (*dünnes) Bein* n, to go on ~s's *mare* (*z Fuß gehen) auf Schusters Rappen reiten* || ⟨tech⟩ *Stiel, Schaft, Griff* m || *Gelenk* n (*e-s Schuhs*) 2. vi/t ⟨mst⟩ to ~ off (of fruits etc) *am Stiel erkranken; abfallen* | vt ⟨golf⟩ (*Ball) mit hinterem Ende der Schlagfläche treffen*; → to socket **~ed** [~t] a [in comp] *–schenklig* || ⟨hort⟩ *stielkrank* (plant)
shanny ['ʃæni] s ⟨ich⟩ *grüner Schleimfisch* m
shanʼt [ʃɑːnt] = shall not || I ~ be a minute *ich bin gleich wieder da* || ⟨fam⟩ now we ~ be long °*Augenblick, gleich sind Sie rasiert* ⟨fig⟩
shantung [ʃænˈtʌŋ] s *Schantung* m (*Seidenstoff*)
shanty ['ʃænti] s = chant(e)y
shanty ['ʃænti] s *Holzhütte* f, *Schuppen* m; *Barʼacke* f || ⟨Aust⟩ *Wirtshaus* n
shapable ['ʃeipəbl] a → shapeable
shape [ʃeip] s 1. *äußere Form* f, *Umriß* m || *feste Form* (to take ~ *feste F. annehmen*); *Gestalt* f, in the ~ of *in Gestalt v* 2. *innere (gedankliche* etc) *Form; feste Ordnung* f; *Ausdruck* m, to put into ~ *in Form gießen, formen*; to take definite ~ *feste Gestalt or Form annehmen* 3. ⟨tech⟩ *Form* f; *Figur, Fasson* f (out of ~ *außer F.*); my hat got out of ~ .. *ist aus der Form gek*; *Modell* n (hat-~) || ⟨cul⟩ *Geformtes* n **~less** ['~lis] a *formlos, ungestalt(et)* **~liness** ['~linis] s *Wohlgestalt, schöne Form* f, *Ebenmaß* n **~ly** [~li] a *wohlgestalt, schöngeformt*
shape [ʃeip] vt/i [–ping] 1. vt *formen, bilden, gestalten* | *einrichten, anpassen* (to *an*) | *geistig gestalten, ordnen; ausdrücken* || ⟨mar⟩ to ~ one's course *steuern* (for, to *nach, auf*) || ~d *charge* ⟨mil⟩ *panzerbrechende, gerichtete Haftladung* f 2. vi *Form annehmen, sich formen* l || *sich gestalten, sich entwickeln* || to ~ *up sich zeigen* || how are you ~ping? *wie h Sie sich eingelebt?* **–peable, –pable** ['~əbl] a *gestaltungs-, bildungsfähig; bildsam* **–ped** [~t], **–pen** ['~n] a [in comp] *–gestaltet* (well-~) [*i-shapen nur in* comp] **–per** ['ʃeipə] s *Form–, Modellmaschine* f
shard [ʃɑːd], **sherd** [ʃɔːd] s | *Scherbe* f || (of insects) *Flügeldecke* f
share [ʃɛə] s ⟨agr⟩ *Pflugschar* f || ~-*beam Pflugbalken, Grindel* m
share [ʃɛə] s 1. *der e–m einzelnen zufallende Teil* (of *v*) | *Anteil* (in *an*) m; *Beteiligung* f || *Beitrag* (to *z*); *bestimmter Beitrag* m, *Kontingʼent* n; *Quote* f | *Gewinn–, Geschäftsanteil* m || ⟨com⟩ (*a* ~ *certificate*) *Anteilschein* m, *Aktie* f, original *od ordinary* ~ *Stamm–* f; preferred ~ *Vorzugsaktie*; mining ~ *Kux* m 2. **Wendungen**: ~ and ~ alike *z gleichen Teilen* || to bear one's ~ of *s–n Teil tragen v* (etw) || to do one's ~ of *s–n Teil tun an* || to fall to a p's ~ *jdm zufallen* || to go ~s in a th with a p *etw teilen mit jdm* || to have, take a ~ in *beteiligt s, Anteil h an* || to hold ~s *Aktionär s* (in a company *e–r Gesell-*

schaft) 3. [attr] *Aktien–*; ~-broker *–makler* m || ~ capital *–kapital* n (⟨Am⟩ capital-stock) || ~ cropper ⟨Am⟩ *Pächter* m, *der s–e Pacht in Naturalien zahlt* **~holder** ['~houldə] s ⟨engl⟩ (⟨Am⟩ stockholder) *Aktieninhaber, Aktionär* m (in a company *e–r Gesellschaft*)
share [ʃɛə] vt/i 1. [vt] to ~ a th *etw teilen* (among *unter*; with a p *mit jdm*) || to ~ a th (of 2 persons) *sich in etw teilen* | *teilnehmen, –haben an*, to ~ a view *e–e Meinung teilen*; a generally ~d idea *e–e Meinung, die allgemein geteilt wird* | to ~ out *aus–, verteilen* (to *an*) 2. [vi] to ~ in a th *teilhaben, –nehmen an etw*; ⟨fig⟩ *e–r S unterworfen s, verfallen* || to ~ and ~ alike *gleich teilen* | **~r** ['ʃɛərə] s *Teiler* m; *Teilnehmer, –haber* m
shark [ʃɑːk] 1. s ⟨ich⟩ *Hai(fisch)* m; ~-ray ⟨ich⟩ *Meerengel* m | ⟨fam⟩ *Bauernfänger, Gauner* m; ⟨Am univ sl⟩ *Mordskönner* m 2. vi/t || *gaunern* | vt *betrügen*; (etw) *stehlen* (out of *aus*) 3. to ~-hunt *auf Haie jagen*
sharp [ʃɑːp] I. a (~ly adv *s d*) 1. (*S* etc) a. *scharf* | *spitz* | (of cold) *scharf, schneidend* || (of taste) *scharf, herb; sauer* b. (of the senses) *scharf, gut* (a ~ nose); *groß, tüchtig* (~ thirst) c. *scharf, heftig* (conflict); *empfindlich, heftig* (pain) | (of words) *bitter*; a ~ tongue *e–e böse Zunge* || *streng* d. (of movement) *schnell* (a ~ work) e. (of sounds) *schrill* 2. (*P*) a. *scharfsinnig* | *schlau, gerieben; gerissen* || (of actions) *skrupellos*; ~ practice *unehrliche, unsaubere Handlungsweise* f, *Gaunerei* f, *schäbiges Überlisten* n; ~ practices *Kniffe* m pl b. *wach–, aufmerksam, scharf* c. *hitzig* | *behende, tüchtig* (at *in*); as ~ as a needle *sehr* t. 3. ⟨mus⟩ *um e–n halben Ton erhöht* or *z hoch* (G ~ *Gis*) 4. [in comp] ~-edged *scharfkantig* || ~-nosed *spitznasig* || ~-sighted *scharfsichtig, –sinnig* || ~-witted *sinnig* II. adv. 1. *plötzlich* (to turn ~ round) 2. *pünktlich* (at ten [o'clock] ~ *p. um 10 Uhr*); *genau* (~ to time *g. zur Zeit*) 3. *stark* | *schnell*, to look ~ *sich beeilen, sich sputen* 4. ⟨mus⟩ (*c n halben Ton*) *z hoch* (to sing ~) 5. [in comp] ~-set *sehr hungrig*; ⟨fig⟩ *gierig, versessen* (upon *auf*) **~shooter** ['~ʃuːtə] s *Scharfschütze* m || ~-hair] *Freischärler* m
sharp [ʃɑːp] s 1. ⟨mus⟩ *Kreuz* n; *durch ein Kreuz erhöhte Note* 2. ⟨fam⟩ *Bauernfänger, Gauner* m 3. ⟨fam⟩ *Sachkenner, –verständiger* m 4. [mst pl] ~s *lange Nähnadeln* f pl
sharp [ʃɑːp] vt/i ⟨mus⟩ (*Ton) um halben Ton erhöhen* || ⟨fam & sl⟩ (*jdn) betrügen* (out of *um*) | vi ⟨mus⟩ *z hoch singen or spielen* || *betrügen, gaunern* **~er** ['~ə] s *Bauernfänger, Gauner* m
sharpen ['ʃɑːpən] vt/i || *schärfen, anspitzen*; *spitzen* || ⟨übtr⟩ *verschärfen; –stärken; zuspitzen* || *beleben*; (*Appetit) reizen* | vi *scharf w* **~er** [–pnə] s *Anspitzer*, pencil-~ *Bleistiftspitzer* m **~ing** [–pniŋ] ~ *stone Abzieh–, Wetzstein* m
sharply ['ʃɑːpli] adv *scharf* || *schrill* | *in scharfen Worten; heftig; barsch*; ~-worded *geharnischt* (reply) | *scharf; aufmerksam, genau* || *schnell, stark; sehr* | *plötzlich* || *bestimmt, deutlich*
sharpness ['ʃɑːpnis] s *Schärfe* f || *Spitze* f | ⟨übtr⟩ *das Schneidende* | *Herbheit* f || *Bitterkeit* f | *Heftigkeit* f | *Strenge* f | *Scharfsinn* m || *Schlauheit* f | *Deutlichkeit* f
shatter ['ʃætə] vt/i *zerschmettern, –schlagen, –brechen* | ⟨fig⟩ *zerstören, vernichten*; (*Nerven) zerrütten* | vi *zerbrechen, in Stücke gehen* || ~-proof *glass splittersicheres Glas, Schutzglas* n || ~ *zone* ⟨geol, geopol⟩ *Schütterzone* f **~ing** [–riŋ] a *vernichtend; überwältigend* (effect); ⟨fam⟩ (°*z Kotzen) langweilig, ekelhaft*
shave [ʃeiv] I. vt/i A. vt 1. *abschaben* || (*Bart) abrasieren*; (*jdn) rasieren*, to ~ o.s. *sich r.*; to get ~d *sich r. l*; clean ~d *glatt rasiert* ||

(Haar) kurz scheren | ⟨übtr⟩ *(jdn)* °*„rupfen"* *(ausrauben)* **2.** *abhobeln* || *(Leder) falzen* **3.** *streifen, leicht berühren* **4.** to ∼ a note ⟨Am⟩ *e–n Wechsel z hohem Diskont einhandeln, aufkaufen* **5.** *[mit* adv] to ∼ **off** *abrasieren, wegschneiden* **B.** vi *sich rasieren* || *(of razor) schneiden* | to ∼ through *[prep] gerade noch durchkommen durch (e–e Prüfung)* || to ∼ through *[adv] mit knapper Not durchkommen* **II.** s **1.** *Rasur* f, *Rasieren* n, I must have a ∼ *ich muß mich rasieren,* a ∼ *please! bitte rasieren!*; to get a ∼ *sich rasieren l* **2.** *Schnitte* f, *Schnittchen, Blättchen* n || *Schnittmesser* n **3.** a clean ∼ ⟨Am fig⟩ *gründliche Arbeit* || *a close od narrow* ∼ *ein knappes Entrinnen* n; a ∼ *of being killed um ein Haar getötet w or s; by a* ∼ *um ein Haar, um Haaresbreite* **4.** *Geldschneiderei, Gaunerei* f || ⟨Am⟩ *hoher Diskont or Zins* m **∼ling** [′∼liŋ] s ⟨fam⟩ *Glatzkopf, (a* ∼ *priest) Pfaffe* m

shaven [′ʃeivn] a *[attr] geschoren* || *kurzgeschnitten* (grass) || *rasiert* (a ∼ chin); *[bes in* comp] *smooth-*∼, *clean-*∼ *glatt rasiert*

shaver [′ʃeivə] s *Barbier* m || (electric) ∼ *(elektrischer) Rasierapparat* m; dry ∼ *Trockenrasierer* m | ⟨fig⟩ *Gauner, Wucherer* m | ⟨fam⟩ young ∼ *Milchbart* m, *–gesicht* n, *Grünschnabel* m

shavetail [′ʃeivteil] s ⟨Am mil sl⟩ *Leutnant,* °*„Leichnam"* m

Shavian [′ʃeivjən] **1.** a *G. Bernard Shaw betr, Shawsch* **2.** s *Anhänger* m *v B. Shaw*

shaving [′ʃeivŋ] s *Rasieren* n | *Schnittchen* n; ∼s *[pl] (Holz-)Späne* m pl; *Schnitzel* n pl | *[attr] Rasier-* || ∼ **bowl** *Barbierbecken* n || ∼**-brush** *–pinsel* m || ∼**-cream** *Rasiercreme* f ⟨tech⟩ ∼ **head** *Scherkopf* m, bi-ax ∼ **head** *Doppelscherkopf* m || ∼**-soap** *Rasierseife* f

shaw [ʃɔ:] s ⟨port⟩ *Dickicht, Wäldchen* n

shawl [ʃɔ:l] **1.** s *Schal* m, *Umhänge-, Umschlagetuch* n **2.** vt *mit e–m Sch. umhüllen*

shawm [ʃɔ:m] s ⟨mus hist⟩ *Schalm·ei* f *(Holzrohrinstrument)*

shay [ʃei] s ⟨Am fam⟩ *Kutsche* f, ×*Chaise-Wägele* n

she [ʃi:] **1.** pron pers *sie (weibliches Wesen)*; ∼ who *diejenige, welche* || *(who is* ∼?) ∼ is my wife *es ist m–e Frau* | *[personifiziert f Schiffe, Länder* etc] *er, sie, es (z. B.* the moon .. she; England .. she) **2.** s *Sie* f, *Weib* n **3.** *[attr]* *[vor* pl ∼] *(of animals) Weibchen* n; ∼**-ass** *[pl* ∼*-asses] Eselin*; ∼**-bear** *Bärin* f; ∼**-dragon** ⟨fam⟩ *Hausdrache(n)* m

shea [′ʃiə] s ⟨bot⟩ *(a* ∼*-tree) Schibutter-, Butterbaum* m; ∼ butter *Schi-, Bambukbutter* f

sheading [′ʃi:diŋ] s *e–r der 6 Verwaltungsbezirke* m *der Isle of Man*

sheaf [ʃi:f] **1.** s (pl sheaves [ʃi:vz]) *Garbe* f || ⟨übtr⟩ *(Ruhmes-)Kranz* m | *Bündel* n; a ∼ of arrows *ein B. Pfeile* || ∼ of fire ⟨mil⟩ *Schuß-, Feuergarbe* f; *Streuungskegel* m **2.** vt *(Korn) in Garben binden*

shealing, shiel– [′ʃi:liŋ] s *kl (Schutz-)Hütte* f || ⟨Scot⟩ *Schafstall* m *(in den Bergen)*

shear [ʃiə] **I.** vt/i [∼ed/shorn, *∗(bes* tech⟩ ∼ed] [(sheep are shorn in spring; ⟨fig⟩ a President shorn of his prestige; *aber:* in the accident the door-handle was ∼ed off)] **1.** vt *mit e–r Schere abschneiden; (Schaf) scheren* | *mähen* || ⟨aero⟩ *(Fahrwerk) (ab)scheren* || to ∼ off *abschneiden* || ⟨fig⟩ to be shorn *beraubt s (of a th e–r S)* | ⟨phys⟩ *(etw) e–m Druck, e–r Scherung aussetzen; entstellen* **2.** vi *schneiden* (through) **II.** s **1.** ⟨dial⟩ *Schur* f **2.** ⟨scient⟩ *Scherung, Schiebung* f, *Schub* m **3.** ∼ fracture *Scherungsbruch* m; ∼ points *[pl]* ⟨tech⟩ *Sollbruchstellen* f pl; ⟨geol⟩ ∼ zone *Gangzug* m, *–system* n

shear [ʃiə] s **1.** pl ∼s a. gr *Schere* f (a pair of

∼s *e–e Sch.)*; *Tuchschere*; *Metallschere* f b. ⟨a⟩ sheers *[oft sg konstr]* ⟨mar⟩ *Scheren-, Mastenkran* m; → ∼*-legs* **2.** *[attr]* ∼ || ∼**-blade** *Scherblatt* n || ∼*-jointed telescope Scherenfernrohr* n || ∼*-legs, sheer-legs* [pl] ⟨mar⟩ *Scherenkran* m; → shears || ∼**-steel** *Blasenstahl*; *Gärbstahl* m **∼er** [′ʃiərə] s *(Schaf-)Scherer* m || ⟨Scot⟩ *Schnitter* m **∼ing** [′ʃiəriŋ] s *Schur* f || ∼s [pl] *Scherwolle* f | *[attr]* ∼ **force** *Schubkraft* f; ∼ strength *Scherfestigkeit* f; ∼ stress *Scher-, Schubbeanspruchung* f **∼ling** [′ʃiəliŋ] s *Schaf* n *nach der 1. Schur* **∼water** [′ʃiəwɔ:tə] s ⟨orn⟩ *Wasserscherer, Sturmtaucher* m; Cory's ∼ *Gelbschnabel–*; great ∼ *Gr* –; Manx ∼ *Schwarzschnabel–*; sooty ∼ *Dunkler* –

sheat-fish [′ʃi:tfiʃ], **sheath–** [′ʃi:θ–] s [pl ∼] ⟨ich⟩ *Gemeiner Wels* m

sheath [ʃi:θ] s (pl ∼s [ʃi:ðz]) *(Schwert-)Scheide* f || *Futteral* n || ⟨bot; zoo⟩ *röhrenförmiger Teil* n *in e–r Pflanze or e–m Tier* || (of insects) *Flügeldecke* f || ⟨sex⟩ *Präservativ* n, condom | ∼ dress ⟨tail⟩ *Sack–, Futteralkleid* n | ∼**e** [ʃi:ð] vt *(Schwert) in die Scheide stecken,* to ∼ the sword ⟨fig⟩ *das Kriegsbeil begraben* | *ein–, umhüllen* || *(Schiff) überziehen, bekleiden* (with); ∼d **electrode** *Mantelelektrode* f ∼**ing** [′ʃi:ðiŋ] s *Verschalen, Beschlagen* n; *Verschalung, Beschlagung* f; *Ummantelung* f; *(of a ship) Beschlag* m; copper ∼ *Kupferhaut* f

sheave [ʃi:v] s ⟨tech⟩ *(Seil-)Scheibe, Rolle* f *(e–s Flaschenzugs)* | ∼ ratio *Scheibenübersetzung* f

sheave [ʃi:v] vt *(Korn) in Garben sammeln, zus–bringen*

sheba [′ʃi:bə] s ⟨bes Am⟩ *Schönheit* f [konkr (P)], *blitzsauberes Mädchen* n || Queen of ∼ *Königin* f *v Saba*

shebang [ʃi′bæŋ] s ⟨Am sl⟩ *Hütte, Bude* f; *Haus* n || *Sache* f; the whole ∼ *der ganze „Laden"*

shebeen [ʃi′bi:n] **1.** s ⟨Ir⟩ *(nicht konzessionierte) Branntweinschenke* f **2.** vi *unerlaubten Handel mit Branntwein treiben* **∼er** [∼ə] s *Branntweinschmuggler* m

shed [ʃed] s *Schuppen* m; ⟨aero⟩ *Flugzeug–, Luftschiffhalle* f | *Schirmdach* n || ⟨poet⟩ *Hütte* f || ⟨weav⟩ *Fach* n || ∼**-roof** *Pultdach* n

shed [ʃed] vt [shed/shed] **1.** *vergießen, ausschütten* **2.** *fallen l*; *(Haut, Blätter) abwerfen, –streifen; verlieren;* to ∼ one's skin *sich häuten* | *(Kleid, Gewohnheit) ablegen* **3.** *(Tränen) vergießen* | *fließen l, (Blut) vergießen* **4.** *(Licht, Duft, Wärme* etc) *aussenden, ausstrahlen;* to ∼ light (up)on ⟨fig⟩ *erhellen* **∼der** [′∼ə] s *Vergießer* m (a ∼ of blood) || *Tier* n *im Häutungsstadium* ∼**ing** [′∼iŋ] s *Vergießen* n; the ∼ of blood *[das] Blut–)* || ∼s [pl] *Abgeworfenes, abgefallene Blätter* n pl

shedding [′ʃediŋ] s [koll] *Schuppen* m pl, *Hütten* f pl

sheen [ʃi:n] s *Glanz*; *Schein* m *(auf Stoffen,* the ∼ on silk); ⟨a übtr⟩ || ⟨paint⟩ *Leuchtkraft* f | ∼**y** [∼i] a *glänzend*

sheeny [′ʃi:ni] s ⟨sl cont⟩ *Jude,* °*Itzig* m

sheep [ʃi:p] s **1.** [pl sheep] *Schaf* n (3 ∼), → to bleat; [koll] *Schafe* pl || the black ∼ ⟨fig⟩ *das schwarze Schaf*; a wolf in ∼'s clothing *ein Wolf in Schafskleidung;* to cast ∼'s eyes at a p ⟨fam⟩ *jdm verliebte Augen* m | *Schafleder* n | ⟨übtr⟩ *(P) Schafskopf* m, *(P) Angsthase* m | ⟨ec⟩ [koll] *Schafe* pl, to seperate the ∼ from the goats *die Schafe v den Böcken sondern* **2.** *[attr]* ∼**-dip** *Waschmittel* n *f Schafe* || ∼**-dog** *Schäferhund* m || ∼**-farm** *Schäferei* f || ∼**-farming** *Schafzucht* f || ∼**-herder** *Schäfereiknecht* m || ∼**-hook** *Hirtenstab* m || ∼**-master** *Schafzüchter* m || ∼**-pen** = ∼**fold** || ∼**-run,** ∼**-walk** *Schaftrift* f || ∼'s Bit ⟨bot⟩ *Berg-Heil-*

kraut n ‖ ~'s head *Schafskopf*; ⟨fig⟩ *Schafs-, Dummkopf* m ‖ ~-shearing *Schafschur* f ‖ ~-tick ⟨ent⟩ *Schaffliege* f ‖ ~-wash *Schafwäsche* f; *Waschmittel* n f *Schafe* ~fold ['~fould] s *Schafhürde* f

sheepish ['ʃiːpiʃ] a (~ly adv) *einfältig, schüchtern* ‖ *blöde* ~ness [~nis] s *Einfalt; Blödigkeit* f ‖ *Blödheit* f

sheepskin ['ʃiːpskin] s *Schaffell* n ‖ *Schafleder* n ‖ ⟨übtr⟩ *Pergament; Urkunde* f

sheer [ʃiə] **1.** a *unvermischt, rein, lauter; pur*; by ~ force *mit nackter Gewalt, bloß mit G.*; *absolut, völlig; glatt* (a ~ impossibility) | *steil; senkrecht* | (of textiles) *durchscheinend, dünn; hauchdünn* (*Strumpf*) **2.** adv *völlig; direkt, kerzengerade* (into *in*)

sheer [ʃiə] **1.** vi ⟨mar⟩ *gieren, nicht geraden Kurs halten; abweichen* ‖ ~ to ~ off *abgieren; sich entfernen* or *trennen* (from *v*) **2.** s ⟨mar⟩ *Abgieren* n; *Abweichung* f ‖ (of a ship) *schiefe Lage* f

sheer [ʃiə] s ⟨mar⟩ *Sprung* m, *Erhöhung des Schiffdecks v der Mitte aus nach vorn u hinten*

sheer-hulk ['ʃiəhʌlk] s ⟨mar⟩ *Hulk* (*abgetakeltes Schiff*) *mit Scherenkran* m

sheet [ʃiːt] s **1.** *Bettlaken, -tuch* n; to go between the ~s *sich aufs Ohr legen* (*z Bett gehen*) ‖ to stand in a white ~ *widerrufen, bereuen* **2.** *Blatt* n or *Bogen* m *Papier* (a ~ of notepaper *ein B. Schreibpapier*) ‖ a blank ~ *ein unbeschriebenes Blatt* ⟨a fig⟩ (*Mensch ohne Erfahrungen*) ‖ clean ~ ⟨fig⟩ *reine Weste, tadellose Führung* f **3.** ⟨bookb⟩ *Bogen* m, in ~s *ungefalzt, roh* ‖ ~ of pins *Brief* m *Stecknadeln* | ⟨übtr⟩ *Gedrucktes* n; *Schrift* f; *Flugblatt* n; *Zeitung* f (most of the Berlin ~s) **4.** *sich bewegende zus–hängende Masse* (a ~ of rain), it is coming down in ~s *es regnet in Strömen* ‖ *Fläche* (~ of water ⟨hort a⟩ *Wasserbecken* n) **5.** *Blatt* n, *Platte* f (a ~ of iron); *Scheibe, Tafel* (~ of glass) **6.** [attr] ~-anchor ⟨mar⟩ *Notanker* m ⟨a fig⟩ (*letzte Rettung; Stütze*) ‖ ~-copper *Kupferblech* n ‖ ~-gasket *Scheibendichtung* f ‖ ~-glass *Scheiben-, Tafelglas* n ‖ ~-iron *Eisenblech* n ‖ ~-lead *Tafelblei* n ‖ ~-lightning *Flächenblitz* m ‖ *Wetterleuchten* n

sheet [ʃiːt] vt (*Bett*) *be-, überziehen* ‖ *einhüllen* ‖ *mit Platten belegen; falzen* ~ing ['~iŋ] s *Leinwand* f *z Bettüchern* ‖ (*Holz-*)*Verschalung* f, *Plankenbeschlag* m

sheet [ʃiːt] **1.** s ⟨mar⟩ *Schote* f, *Schot* m, *Tau* n *z Segelspannen*; with flowing ~s *mit fliegenden Segeln* ‖ *die Bretter* n pl *am Boden e–s offenen Bootes vorn u hinten* ‖ three ~s in the wind·⟨sl⟩ °auf sieben Schoppen, °benebelt (betrunken) **2.** vt to ~ home *die Taue der Toppsegel aufs äußerste an–, festziehen*

Sheffield ['ʃefiːld] s (*Stadt in* Yorks.) [attr] ~ goods [pl] *Messerschmiedewaren* f pl *aus* ~ ‖ ~ plate *versilberte Kupferplatte* f

sheik(h) [ʃeik, ⟨*bes* Am⟩ ʃiːk] s *Scheich* m ⟨a fig *bes* Am sl⟩ (*Herzensbrecher*)

shekel ['ʃekl] s *Sekel* m (*babylon. Münze* [2/9] *u Gewicht*) ‖ ~s [pl] ⟨fam⟩ (*Geld*) *Moneten* pl

sheldrake ['ʃeldreik] s ⟨orn⟩ *Brandenterich, -gänserich* m ~duck [–dʌk] s *Brandente,* ruddy ~ *Rostgans* f

shelf [ʃelf] s [pl –lves] **1.** *Brett* n, *Sims* m; *Regal, Bücherbrett* n; *Gestell, Fach* n ‖ ⟨rail⟩ (*Schlafwagen-*)*Liege* f ‖ to be on the ~ ⟨fig⟩ *ausrangiert, z alten Eisen getan s*; to be on the ~ (of women) *sitzengeblieben s*; to put on the ~ (*etw*) *beiseitelegen, –schieben*; ⟨fig⟩ *auf die lange Bank schieben* **2.** *Felsenplatte* f ‖ *Riff* n, *Sandbank* f; continental ~ *Kontinentalsockel* m **3.** [attr] ~ life *Lagerfähigkeit, Haltbarkeit* f

~ful ['~ful] s *ein Bücherbrett voll, ein Regal voll* (a ~ of books)

shell [ʃel] s **1.** (*Ei-*)*Schale*; (*Erbsen-*)*Hülse*; *Rinde* f ⟨ent⟩ *Flügeldecke* f ‖ (of molluscs etc) *Schale* f; *Schild* m; *Muschel* f (→ tortoise); *Schneckenhaus* n ‖ ⟨tech⟩ (*Geschoß-* etc) *Mantel* m **2.** ⟨übtr⟩ (of a house & ship) *Gerüst; Gerippe* n ‖ (at schools) *Mittelstufe* f | *innere Sargfüllung* (*aus Blei*) f ‖ ⟨com⟩ ~s [pl] *Papierhüllen* f pl, *-streifen* m pl **3.** [pl ~] *Geschoß* n; *Bombe; Granate* f; ~-fire *Granatfeuer* n ‖ *Patronenhülse* f; ⟨Am⟩ *Patrone* f **4.** ⟨fig⟩ *Schale, Hülle, äußere Form* f; *äußerer Schein* m ‖ *Zurückhaltung* f, to burst out of one's ~ *aus s–r Z. heraustreten*; to come out of one's ~ ⟨fig⟩ *auftauen* **5.** [attr & comp] ~-almond *Krachmandel* f ‖ ~-back ⟨sl⟩ *alter Seebär* m ‖ ~ bogie *Geschoßwagen* (*Zubringer*) m ‖ ~-crater *Granattrichter* m ‖ ~ egg *Frisch-Ei* n (*Ggs Eipulver*) ‖ ~-fish *Schaltier* n (*Muschel, Schnecke* etc) ‖ ~ fragment *Granatsplitter* m, *Sprengstück* n ‖ ~ heap ⟨praeh⟩ (*Muschel-*)*Abfallhaufen* m ‖ ~ hit *Granat-, Artillerieeinschlag* m ‖ ~-jacket ⟨mil⟩ *Interimsjacke* f ‖ ~-pitted *area Trichterfeld* n ‖ ~ plating ⟨aero⟩ *Außenhaut* f ‖ ~-proof *bombenfest, sicher gegen Granatfeuer* ‖ ~ shock *Kriegsneurose* f ‖ ~ splinter *Granatsplitter* m, *Sprengstück* n ‖ ~-torn *area Trichterfeld* n ‖ ~-work *Muschel-, Grottenwerk* n ~ed [~d] a [in comp] *–schalig* (soft–~) ‖ → ~ing | ~y [~i] a *muschelreich; Muschel–* (~ deposit)

shell [ʃel] vt/i **1.** vt (*Ei*) *schälen*; (*Erbsen* etc) *aus–, enthülsen* | *mit Muscheln auslegen* | ⟨mil⟩ *bombardieren*; ~ed *area Trichterfeld* n | ⟨sl⟩ to ~ out (*Geld*) °*herausrücken* **2.** vi: to ~ off *sich abschälen* ‖ to ~ out ⟨sl⟩ °*berappen,* °*blechen, mit dem Geld herausrücken*

shellac [ʃeˈlæk] **1.** s *Schellack* m **2.** vt [ck–] *mit Sch. überziehen* ‖ ⟨Am fam⟩ (*jdn*) °*z Sau* m (*verprügeln*)

shelling ['ʃeliŋ] s *Beschießung* f, *Beschuß* m; heavy ~ ⟨artill⟩ *Trommelfeuer* n; within ~-range *in Artillerie-Schußweite*; ~ report (*Feind-*)*Beschußmeldung* f

shelta ['ʃeltə] s Ir (*Kesselflicker-*)*Jarg·on* m

shelter ['ʃeltə] **1.** s *Schutzdach; Obdach* n ‖ *Zufluchtsort* m; ⟨praeh⟩ *Felsschutzdach* n ‖ *Schuppen* m ‖ ⟨mil⟩ *Deckung* f ‖ ⟨aero⟩ ⟨a⟩ air-raid ~) *Luftschutzraum* m (bomb-proof ~) | ⟨fig⟩ *Schirm, Schutz* m (from *gegen, vor*) ‖ under the ~ of *unter dem Sch. v* ‖ to take ~ *Sch. suchen* (from rain *gegen Regen*); with a p *bei jdm*) **2.** vt/i a. vt *beschützen, –schirmen* (from *vor*) ‖ *schützen; bedecken* | (*jdn*) *beherbergen, aufnehmen,* (*jdm*) *e–e Zuflucht geben* ‖ *verbergen* ‖ ~ed *position* ⟨tact⟩ *gedeckte Stellung* f | to ~ o.s. *Schutz suchen* (with *bei*); ⟨fig⟩ *sich verbergen, sich –stecken* (behind a p *hinter jdm*) **b.** vi *Obdach, Schutz suchen; sich ·unterstellen* (we ~ed till ..) **3.** [attr] ~ area *Unterkünftsbereich, raum* m; ~ billets [pl] *Notunterkunft* f, ~ hair ⟨Am⟩ *Zeltbahn* f ~less [~lis] a *obdach-, schutzlos*

sheltie, -ty ['ʃelti] s Scot ⟨zoo⟩ *Shetland-Pony* n

shelve ['ʃelv] vt *mit Fächern* or *Regalen versehen* ‖ (*Bücher*) *auf ein Bücherbrett stellen* or *legen* | ⟨fig⟩ *beiseiteschieben*; (*Differenzen*) *beilegen* ‖ (*Beamte* etc) *ausrangieren; z alten Eisen werfen, aus dem Dienst drängen* ‖ (*Fragen* etc) *unberücksichtigt l*; *aufschieben, auf die lange Bank schieben*

shelve ['ʃelv] vi (of surface) *schräg herablaufen, –steigen; sich allmählich senken; abfallen* (*Küste*)

shelving ['ʃelviŋ] s *das Aufstellen in Regalen* ‖ ⟨fig⟩ *das Beiseiteschieben* | *Fächer, Regale* n pl

shelving ['ʃelviŋ] a *abschüssig; schräg*

shenanigan [ʃə'nænigən] s ⟨bes Am sl⟩ °*Mumpitz* m; [mst pl] ∼s *Dummheiten* f pl, *Lausbubenstreiche* m pl

she-oak ['ʃiːˌouk] s ⟨bot⟩ *Kasuarˑine* f (*Nutz-holzbaum*)

shepherd ['ʃepəd] **1.** s *Schäfer*; *Hirt* m ⟨a fig⟩ | [attr] ∼-boy *Hirtenknabe* m || ∼'s clock ⟨bot⟩ *Pimpernˑell* m || ∼'s club ⟨bot⟩ *Königs-kerze* f || ∼'s crook *Hirtenstab* m || ∼'s dog *Schäferhund* m || ∼'s plaid *schwarz u weiß ge-würfelter Wollstoff* m || ∼ spider ⟨ent⟩ *Weber-knecht* || ∼'s purse ⟨bot⟩ *Hirtentasche* f || ∼'s-rod, ∼'s-staff ⟨bot⟩ *Kardendistel* f **2.** vt (*Schafe* etc) (*be*)*hüten* || ⟨fig⟩ *geleiten, führen* ∼ess [∼is] s *Schäferin, Hirtin* f ⟨a fig⟩

Sheraton ['ʃerətn] s (*nach* Thomas ∼, † 1806) *strenger Stil der Möbeltischlerei* m; [oft attr]

sherbet ['ʃəːbət] s *Sorbˑet, Sorbˑett* m (*türk. Halbgefrorenes*) || (a ∼ powder) *schäumender Kühltrank* m

sherd [ʃəːd] s → shard

shereef, -rif [ʃeˑriːf] s *Abkomme* m *des Mo-hammed; Titel* m *arab. Fürsten u des Gouverneurs v Mekka*

sheriff ['ʃerif] s *Sheriff* m **1.** ⟨hist⟩ *hoher Beamter* m *der Krone* **2.** ⟨Engl, Wales & Ir⟩ (*mst* High ∼) *oberster Grafschaftsbeamter* m || ⟨Scot⟩ (a ∼-depute) *oberster Grafschaftsrichter* m; ∼-substitute *Vertreter des* ∼-depute || ⟨Am⟩ *höchster jurist. Grafschaftsbeamter* m || ⟨a⟩ *Gerichtsvollzieher, Vollstreckungsbeamter* m ∼dom [∼dəm], ∼ship [∼ʃip] s *Amt* n *e-s Sheriff* || ⟨Scot⟩ *Bezirk* m *e-s Grafschaftsrich-ters*

Sherlock (Holmes)! ['ʃəːlək ('houmz)] intj *das Ei des Kolumbus!* → elementary

sherry ['ʃeri] s *Sherry, Jerezwein* m || ∼-cobbler *Getränk* n *aus Sherry, Zitronensaft u Zucker mit Eisstückchen*

she's [ʃiːz; w f ʃiz] abbr = she has *od* is

Shetland ['ʃetlənd] s (*Inselgruppe nordöstl. v Schottld.*) ∼ pony ⟨zoo⟩ *Shetlandpony* n; → sheltie

shew [ʃou] † vt/i [∼ed/∼n] = to show

shewbread ['ʃoubred] s *Schaubrot, Opferbrot* n

shibboleth ['ʃibələθ] s ⟨fig⟩ *Erkennungs-, Losungswort* n

shi(c)kster ['ʃikstə] s *Schickse* f

shield [ʃiːld] **1.** s *Schild* m; large ∼ *Setzschild* m, round ∼ *Rund-*, || ⟨her⟩ *Wappenschild* m || ⟨geol⟩ (⟨a⟩ continental ∼) *Schild* m || ⟨fig⟩ *Schild, Schutz, Schirm* m || *Schützer, Schirmer* m | ⟨tech⟩ (*schildförmige*) *Schutzvorrichtung*; *-platte, Abschirmung* f || ⟨zoo⟩ *Rückenschild, Panzer* m | [attr] ∼-bearer *Schildträger* m || ∼-fern ⟨bot⟩ *Schildfarn* m || ∼-hand *linke Hand* f || ∼-loop *Schildfessel* f **2.** vt *beschützen, verteidigen* (from *vor, gegen*) || (*jdn*) *decken, schützen* (from *vor*) || ⟨at⟩ *abschirmen* | ∼ed ⟨at⟩ in *strahlungssicherem Behälter*; ∼ed angle ⟨mil⟩ *toter Winkel* m; ∼ed antenna ⟨wir⟩ *ab-geschirmte* A.; ∼ed port (*Panzer-*)*Blende* f | ∼ing factor ⟨tech⟩ *Durchgriff* m ∼less ['∼lis] a *ohne Schild*; ⟨fig⟩ *schutzlos* ∼lessness ['∼lisnis] s *Schutzlosigkeit* f

shieling ['ʃiːliŋ] s → shealing

shift [ʃift] vt/i **1.** vt (*etw, jdn*) (*ver*)*schieben*; *befördern, stellen* (from .. to *v* .. *nach*) || (*Schuld* etc) *schieben* (from .. to *od* on *v* .. *auf*) || (*Lage, Richtung e-s Dinges*) *verändern, -setzen, -stellen* || ⟨tech⟩ (*Hebel*) *umstellen*; (*Kupplung*) *ein-, ausrücken*; (*Riemen*) *umlegen*; (*Getriebe*) *schal-ten* | ⟨mil⟩ (*Feuer*) *verlegen* || (*Schauplatz*) *ver-legen, -schieben* || to ∼ one's feet, to ∼ from one foot to the other (*unruhig*) *v e-m Fuß auf den anderen treten* || to ∼ gears ⟨mot⟩ *schalten* || to ∼ one's ground ⟨fig⟩ *s-n Standpunkt*

ändern; .. one's lodging *umziehen* || to ∼ o.s. in mind *sich im Geiste versetzen* (to *nach*) || (*jdn*) *wegbefördern, beseitigen, loswerden* || ⟨sl⟩ *verzehren* | to ∼ off *sich* (*etw*) *vom Halse schaf-fen* **2.** vi *die Lage ändern*; *sich bewegen*; *sich stellen* (from *one side to the other v e-r Seite auf die andere*); *sich ändern or verschieben*; *ver-schoben w*; *verlegt w* (the scene ∼s to ..) || *aus-, umziehen* || (*of cargo*) *sich verlagern* | to ∼ for o.s. *auf sich selbst angewiesen s*; *sich selbst helfen* | to ∼ round (*of the wind*) *sich wenden, um-springen* (to *nach*) ∼er ['∼ə] s **1.** *Verstellvor-richtung* f || [in comp] *-schieber* (scene∼ *Kulissen-*) **2.** *durchtriebene P* ∼ing ['∼iŋ] a (∼ly adv) *beweglich; veränderlich; sich verschiebend* || ∼ clutch *Schaltkupplung* f || ∼ crane ⟨min⟩ *Versatzkran* m || ∼ device *Ausrückvorrichtung* f

shift [ʃift] s **1.** *Veränderung; -schiebung, -stellung* || *Wechsel* m; *Abwechslung* f; ∼ of crops *Fruchtwechsel* m || *Frauenhemd* n || ⟨mus⟩ *Übergreifen* n **2.** (*of workmen*) *Ablösung, Belegschaft, Schicht* f || *tägl. Arbeitszeit* f, *Tage-werk* n, *Schicht* f (day-∼, night-∼) **3.** *Hilfs-mittel* n; *Notbehelf* m; *Ausflucht* f || *Kniff* m, *List* f | to make (a) ∼ *es möglich m* (to do); *sich behelfen* (with *mit*); to make but a poor ∼ *sich kümmerlich behelfen* **4.** [attr] ∼-key *Um-schalttaste* f (*an Schreibmaschinen*) || ∼-work ⟨school⟩ *Wechselunterricht* m (*f geburtenstarke Jahrgänge*) ∼iness ['∼inis] s *Veränderlichkeit* f || *Unzuverlässigkeit*; *Verschmitztheit* f ∼less ['∼lis] a (∼ly adv) *rat-, hilflos*; *lässig, träge, unfähig* || *nutz-, zwecklos* ∼lessness ['∼lisnis] s *Rat-, Hilflosigkeit* f ∼y ['∼i] a *gewandt* || *schlau*; *verschmitzt, durchtrieben, gerissen* || *un-stet, unzuverlässig*

shikar [ʃiˑkaː] **1.** s ⟨AInd⟩ *Jagd* f, *-sport* m | [attr] ∼ fashion *nach Jägerart* **2.** vi/t *jagen* ∼i, ∼ee [ʃiˑkaːriː] s ⟨AInd⟩ (*eingeborener*) *Jäger* m

shill [ʃil] s ⟨com⟩ *Schlepper* m (*P*)

shillelagh, -lah [ʃiˑleilə] s ⟨Ir⟩ *eichener* (or *Schwarzdorn-*)*Knüppel* m

shilling ['ʃiliŋ] s [pl ∼s] (abbr s.) ⟨engl⟩ *Schilling* m; 5 ∼s 5 Sch. (£ 3 2 s. 8 d. = 3 pounds, 2 shillings, 8 pence *3 Pfd., 2 Sch. u 8 pence*; 8/6 = eight [shillings] and six [pence]); → pound s || a ∼ in the pound 5% || to cut off one's son with a ∼ *s-n Sohn enterben* || to take the King's *od* the Queen's ∼ *sich anwerben l, Rekrut w* | ∼-dreadful, ∼-shocker *Schund-, Schauerroman* m, °*Krimi* m (= *-nalroman*)

shilly-shally ['ʃili ʃæli] **1.** a & adv *unschlüssig, schwankend* **2.** s *Zögern*; *Schwanken* n, *Unent-schlossenheit* f **3.** vi *schwanken, unentschlossen s*

shily ['ʃaili] adv → shy a

shim [ʃim] **1.** s ⟨mach⟩ *Einlegstück* n (*aus Holz ot Metall*), *Ausfüllstreifen* m **2.** vt *mit e-m Einlegstück ausfüllen*

shimmer ['ʃimə] **1.** vi *schimmern, flimmern* **2.** s *Flimmern* n, *Schimmer* m ⟨a fig⟩ ∼ry [∼ri] a *flimmernd, schimmernd*

shimmy ['ʃimi] s (*aus chemise*) ⟨Am⟩ (*Frauen-*)*Hemd* n

shimmy ['ʃimi] **1.** s ⟨Am⟩ *Gesellschaftstanz* m in ⁴/₄ *Takt mit Schüttelbewegung der Schul-tern* || ⟨mot⟩ (*Räder-*)*Flattern* n || ∼ damper *Schwingungsdämpfer* m **2.** vi *den* ∼ *tanzen* || *sich schütteln* (with *vor*)

shimose [ʃaiˑmousi] s ⟨Jap mil⟩ *Pikrinsäure-Sprengstoff* m

shin [ʃin] **1.** s ⟨anat⟩ *Schienbein* n || ∼ of beef *Rindshachse* f || to break ∼s ⟨sl⟩ *Geld pumpen* | ∼-bone *Knochen* m *des Schienbeins* || ∼-guard, ∼-pad *Schienbeinschutz* m **2.** vi/t || *klettern*; to ∼ up *od* down a tree *an e-m Baum hinauf-, hinunterklettern* || ⟨Am⟩ to ∼ round (*bes nach Geld*) *herumlaufen* | vt *erklet-*

tern ‖ *(jdn) vor das Schienbein treten*; to ~ o.s. against *sich mit dem Sch. stoßen gegen*

shindig [ˈʃindig] s ⟨Am sl⟩ *Veranstaltung, Festlichkeit* f, °*Fez, Schwof, Rummel* m

shindy [ˈʃindi] s ⟨fam⟩ *Krawall, Rummel, Spektakel* m, *Schlägerei* f; to kick up a ~ *e–e Schl. anstiften*

shine [ʃain] **I.** vi/t **1.** vi [shone/shone] *scheinen*; to ~ upon *bescheinen* ‖ *leuchten, strahlen*; *glänzen* ⟨a fig⟩ (with *vor*) | ⟨fig⟩ *hervortreten, sich hervortun* (as *als*); *glänzen* ‖ to ~ *forth, out auf–, hervorleuchten* **2.** vt [~d/~d] ⟨fam⟩ *(Stiefel etc) glänzend, blank* m, *putzen* | to ~ up to a p ⟨Am⟩ *jdm z gefallen suchen* **II.** s *heller Schein*; *Sonnenschein* m; *schönes Wetter* n, in rain or ~ *bei jedem Wetter* ‖ ⟨fam⟩ *Glanz, Schein* m ⟨a fig⟩ ‖ ⟨Am⟩ *Schuhputz*; *Neger*; *Whisky* m; ⟨sl⟩ *Krach* m ‖ to take a ~ to a p ⟨Am⟩ *jdn liebgewinnen* ‖ to take the ~ out of a th *e–r S den Glanz nehmen*; .. out of a th, a p *etw, jdn in den Schatten stellen* ‖ ⟨fam⟩ no ~! *ehrlich!* °*ohne kohlen z wollen!* °*nix Beschmuh!*

shiner [ˈ~ə] s *glänzender Gegenstand* m ‖ ⟨sl⟩ *glänzende Münze* f; „*Fuchs*" m *(Goldstück* n) ‖ *Schlauberger* m ‖ *Angströhre* f *(Zylinderhut)* ‖ ~s [pl] *Juwelen* n pl ‖ ⟨mil sl⟩ „*Türke*" m ⟨fig⟩

shine [ʃain] s ⟨dial⟩ *Geselligkeit* f, *Fest* n ‖ ⟨fam⟩ *Aufheben* n, to make a ~ *about Aufhebens m über*; to kick up a ~ *Skandal anstiften*

shingle [ˈʃingl] **1.** s ⟨arch⟩ *Schindel* f (z *Dachdecken*); [koll] *Schindeln* pl (covered with ~); ~-covered *mit Schindeln gedeckt* | *halblanger Bubikopfhaarschnitt* m; → to ~ **2.** vt *mit Schindeln decken* | *(Hinterhaupt, Haar der Frau) kurz* (d. h. im *Herrenschnitt) stufenförmig schneiden u wellen* (~d hair *Herrenschnitt* m)

shingling [ˈʃingliŋ] s *Schindelbedachung* f

shingle [ˈʃingl] s *grober (Strand-)Kies* m ‖ *steiniger Strand* m

shingles [ˈʃinglz] s pl [a sg konstr] ⟨med⟩ *Gürtelrose* f

shingly [ˈʃingli] a *steinig, kiesig, Kies–*

shining [ˈʃainiŋ] a *glänzend; leuchtend* (a ~ example) ‖ ~ soot *Glanzruß* m ‖ ⟨fig⟩ *schmuck, sauber*

Shinner [ˈʃinə] s ⟨fam⟩ = Sinn Feiner

shinny [ˈʃini], **shinty** [ˈʃinti] s *Art Hockeyspiel* n (in *Nordengld.*)

shiny [ˈʃaini] a *glänzend, strahlend* (~ day); *hell, klar* (~ night) ‖ *blank* (shoes) | (of clothes) *abgetragen, fadenscheinig*

–ship [–ʃip] *(lebendes Suffix z Bildung von Abstrakten mit der Bedeutung v Amt, Stelle, Würde e–s ..)* ⟨oft⟩ –*schaft*; lordship *Lordschaft* f, friendship *Freundschaft*; (*Bezirk*) sheriffship; *(die Kunst, Tüchtigkeit, Erfahrung des ..)* waterman~ *Ruderkunst* f, → buyman~, salesman~

ship [ʃip] s **1.** [mst als f behandelt] *Schiff* n ‖ *dreimastiges Segelschiff* n ‖ ⟨aero fam⟩ *Flugzeug* n | ~ of the desert *Wüstenschiff* (*Kamel*) n ‖ ~ of the line *Linienschiff* n ‖ ~ of war *Kriegs–*; capital ~ *Großkampfschiff* | by ~ *mit dem Schiff, per Sch.* ‖ on board ~ *an Bord des Schiffes, auf dem Sch.* ‖ when my ~ comes home ⟨fam⟩ *wann das Geldschiff ankommt, wenn ich mein Glück mache* ‖ to take ~ *an Bord gehen, sich einschiffen* (for *nach*) **2.** [attr & comp] *Schiffs–* ‖ ~-biscuit *Schiffszwieback* m ‖ ~-builder's husband *Schiffsmakler* m ‖ ~-building bulb angle *Schiffbauwulstprofil* n, ~-b. trade *Schiffbau* m ‖ ~-breaker (*Schiffs-)Verschrotter, Schröter* m ‖ ~-broker *Schiffsmakler* m ‖ ~-chandler *–lieferant* m ‖ ~-chandlery *Schiffsbedarfsgeschäft* n ‖ ~-money ⟨hist⟩ *Kriegsschiffssteuer* f ‖ ~-rigged *als Vollschiff getakelt* ‖ ~'s company *Schiffsmannschaft* f ‖ ~'s husband *Schiffsbevollmächtigter, –in*

spektor, Mitreeder m ‖ ~'s papers [pl] *Schiffspapiere* n pl ‖ ~-to-shore [attr] .. attack *Küstenbeschuß* m *(Beschießung* f *der Küste v See aus)*; .. movement ⟨tact⟩ *Anlandgehen* n, → air-to-ground ‖ ~-worm ⟨zoo⟩ *Bohr–, Schiffswurm* m

ship [ʃip] vt/i **A.** vt **1.** *an Bord bringen* or *nehmen, einschiffen, verladen* ‖ (a to ~ off) *verschiffen*, ⟨allg⟩ *transportieren, senden* (for *nach*) **2.** (of ship) (*Wasser*) *aufnehmen*; to ~ a sea *e–e Sturzwelle bek* **3.** (jdn) *heuern, dingen, anmustern* **4.** *(Teile des Schiffes) in richtige Lage bringen*; (*Mast* etc) *festmachen* ‖ to ~ the oars *die Riemen einlegen, klarmachen* **5.** (*Kleidung*) *anlegen*; (*Last) auf sich nehmen* **B.** vi *sich einschiffen*; *fahren* | *sich (als Matrose) verdingen, Dienst tun* (as *als*)

ship– ‖ ~**board** [ˈʃipbɔ:d] s *nur in*: on ~ *an Bord, auf dem Schiffe* ‖ ~**builder** [ˈʃipˌbildə] s *Schiffsbaumeister, Schiffsbauer* m ‖ ~**building** [ˈʃipˌbildiŋ] s *Schiff(s)bau* m; [attr] *Schiffsbau–* ‖ ~**hoist** [ˈʃiphɔist] s *Schiff(s)aufzug* m, –*hebewerk* n ‖ ~**load** [ˈʃiploud] s *Schiffsladung* f ‖ ~**man** [ˈʃipmən] s *Seemann* m ‖ ~**master** [ˈʃipˌmɑ:stə] s *Schiffsherr, Kapitän* m (e–s *Handelsschiffs*) ‖ ~**mate** [ˈʃipmeit] s *Schiffskamerad* m ‖ ~**ment** [ˈʃipmənt] s *Verladung, Verschiffung* f (for *nach*) ‖ *Schiffsladung* f ‖ ~**owner** [ˈʃipˌounə] s *Schiffseigentümer, Reeder* m

shippen, –pon [ˈʃipən] s *Vieh–, Kuhstall* m

shipper [ˈʃipə] s *Verschiffer, Verfrachter, Verlader* m ‖ ⟨Am⟩ *Spediteur* m

shipping [ˈʃipiŋ] s *Verschiffung, Verladung* f ‖ *Schiffsbestand* m, *Schiffsfahrt* f, *Schiffswesen* n; *alle Schiffe* n pl e–s *Hafens* etc; *Flotte* f | [attr] *Schiffs–* ‖ *Verschiffungs–*; *Schiffahrt–*; *Transport–* ‖ ~-agent *Schiffsagent, –makler, –spediteur* m ‖ ~-articles [pl] *Heuervertrag* m ‖ ~-case *Transportbehälter* m ‖ ~ channel, ~ lane ⟨mar⟩ *Fahrrinne* f ‖ ~ document *Versandpapier* n ‖ ~ line *Seeverbindung* f, *Reederei* f ‖ ~-note, ~-bill *Schiffszettel* m, *Verzeichnis* n *der verschifften Waren* ‖ ~ order *Versandauftrag* m ‖ ~ route *Schiffahrtsweg* m ‖ ~ space *(verfügbarer) Schiffsraum* m ‖ ~ terms *Versand– u Lieferzeit* f

shipshape [ˈʃipʃeip] **1.** a *(nach Schiffsart) eingerichtet; richtig, ordentlich* **2.** adv *nach Schiffsart, in guter Ordnung*

shipwreck [ˈʃiprek] **1.** s *Schiffbruch* m ‖ *schiffbrüchiges Schiff* n ‖ ⟨fig⟩ *Ruin, völliger Zus–bruch* m; to make ~ of a th ⟨fig⟩ *etw vernichten, zerstören* **2.** vt/i *durch Schiffbruch vernichten; scheitern l; z Scheitern bringen*; [mst pass] to be ~ed *Schiffbruch erleiden, gescheitert, –strandet, schiffbrüchig w or s* ‖ ⟨fig⟩ *vernichten, zerstören* | vi *Schiffbruch erleiden, scheitern*; ⟨fig⟩ *vernichtet, zerstört w* | ~ed [~t] a *schiffbrüchig* ⟨a fig⟩

shipwright [ˈʃiprait] s *Schiffbauer, –sbaumeister* m **shipyard** [ˈʃipjɑ:d] s *Schiffswerft* f

shire [ˈʃaiə] s **1.** the ~s [pl] *die engl. Grafschaften, endigend auf –shire*; *gewisse mittelländ. Grafschaften* f pl ‖ ⟨Am⟩ *Bezirk* m **2.** *sonst nur in Zus–setzungen* –shire [ʃiə, ʃə]: Devonshire *die Grafschaft Devon* **3.** [attr] ~-horse *schweres engl. Zugpferd* n ‖ ~-moot ⟨hist⟩ *ags Grafschaftsgericht* n

shirk [ʃə:k] **1.** vt/i (etw) *umgehen,* (e–r *Pflicht) ausweichen, sich* (e–r S) *entziehen* | vi *ausweichen; sich drücken* (from *v*) | (of schoolboys) *schwänzen* **2.** s *Drückberger* m ~**er** [ˈ~ə] s = shirk s

shirr, shir [ʃə:] ⟨Am⟩ **1.** s *elastisches Gewebe* n; *eingewebte Gummischnur* f ‖ *Falten* f pl, *Fältelung* f **2.** vt (*Gewebe) kräuseln, in Falten ziehen* **shirred** [ʃə:d] a *mit eingewebten Gummischnüren versehen* ‖ *gefältelt, gekräuselt* ‖ ~

eggs [pl] ⟨Am⟩ *Rührei* n **shirring** [ˈʃɔːriŋ] s *gefältelte Arbeit* f

shirra [ˈʃirə] s ⟨Scot⟩ = sheriff

shirt [ʃɔːt] s (of men) *Hemd* n, abbreviated ∼ *Sakkohemd*, floral ∼ (*geblümtes*) *Buschhemd* (of women) (*a* ∼-blouse) *Hemdbluse* f | ∼ of mail *Panzerhemd* n, *Waffenrock* m || to bet, put one's ∼ on (a horse) *alles setzen auf* (*ein Pferd*) || to get a p's ∼ *out od off* ⟨sl⟩ *jdn °auf die Palme bringen* (*ärgern, erzürnen*) || not to have a ∼ to one's back *kein Hemd auf dem Leibe° h* || ⟨fam⟩ stuffed ∼ (*P*) *°vollgestopfter Strumpf* m (*eingebildeter Narr*) || ⟨Am sl⟩ to keep one's ∼ *on die Nase im Gesicht behalten* (*ruhig bleiben*) | [attr] *Hemd–, Hemden–* ∼-button; ⟨fam⟩ to go on ∼-b.s *nach dem Monde gehen* (*bes Uhr*) || ∼-frill *Busen* m || ∼-front *Oberhemdeinsatz* m || ∼ jacket ⟨*bes Am*⟩ *Damensportjacke* f (*mit Reißverschluß*) || ∼ sleeve *Hemdsärmel* m || ∼-stud *Hemdenknopf* m (*z Einfügen*) || ∼-waist ⟨Am⟩ (*Hemd-*)*Bluse* f

shirt [ʃɔːt] vt *mit e–m Hemd bekleiden* ∼**ing** [ˈ∼iŋ] s *Hemdenstoff* m

shirtless [ˈʃɔːtlis] a *ohne Hemd; nicht ein H. besitzend*

shirty [ˈʃɔːti] a ⟨sl⟩ *ärgerlich, verdrießlich, °böse, eingeschnappt*

shit [ʃit], **shite** [ʃait] **1.** s ⟨vulg⟩ *Scheiße* f; *Dreck* m | ∼! *Scheiße*! (⟨*a* aero fam⟩ *schlecht Wetter*) || shit, shit-bag (*P*) *Schisser* ⟨fig⟩, *Scheißkerl* m || the shits ⟨*bes* aero⟩ *Schiß* m (*Angst*) || to be on a p's ∼-list ⟨Am mil sl⟩ *es bei jdm °verschissen h* (*schlecht angeschrieben s*) **2.** vi ⟨vulg⟩ *scheißen*

shivaree [ʃivəˈriː] s ⟨Am sl⟩ *Rummel* m (*lustiges Treiben*)

shive [ʃaiv] s ⟨Am vulg⟩ *Messer* n, *Rasierapparat* m

shiver [ˈʃivə] **1.** s *Splitter* m; *Bruchstück, kl Stück* n; *Scherbe* f (to break into ∼s) || ⟨minr⟩ *Schiefer* m **2.** vt/i (*etw*) *zersplittern, zertrümmern, in Scherben schlagen* | vi *zersplittern, zerbrechen* | ∼y [∼ri] a *zerbrechlich, bröck(e)lig*

shiver [ˈʃivə] **1.** vi/t || *schauern, frösteln; zittern* (with *vor*) || ⟨mar⟩ (of sails) *killen, flattern im Winde* | vt (*Segel*) *killen l, im Winde flattern l* **2.** s *Schauer* m, *Schauern, Frösteln; Zittern* n; to be (all) in a ∼ ⟨fam⟩ *wie Espenlaub zittern* | the ∼s [pl] *Fieber* n, ∼*schauer* m, *Schüttelfrost* m; ⟨fam⟩ *Gänsehaut* f, *der kalte Schauer* ∼**ing** [∼riŋ] s *Schauer* m || [attr] ∼ attack, ∼-fit *Fieberschauer, Schüttelfrost* m ∼**y** [∼ri] a *zitt(e)rig* || *fröstelnd, fiebrig*

shmoo [ʃmuː] s ⟨myth⟩ *Schmu-Vogel* m (*nach Zeichnungen v* Al Capp)

shoal [ʃoul] **1.** s *Schwarm* m (*bes v Fischen*) (in ∼s) || ⟨übtr fam⟩ *gr Menge* (in ∼s), *Masse, Unmenge* f (∼s of people; ∼s of letters) **2.** vi (of fish) *in Schwärmen auftreten* or *schwimmen* || ⟨übtr⟩ *in Mengen vorkommen; sich drängen, sich scharen*

shoal [ʃoul] **1.** a *seicht, flach, untief* **2.** s *flache Stelle, Untiefe* f || *Sandbank* f | ⟨übtr⟩ *Falle, Fallgrube* f **3.** vi *flacher w, an Tiefe abnehmen* | ∼**y** [∼i] a *voll v flachen Stellen, Untiefen*

shoat, ⟨Am *a*⟩ **shote** [ʃout] s *Läuferschwein* n

shock [ʃɔk] **I.** s **1.** *heftiger Stoß* m, *Erdstoß* m; *Erschütterung* f || ⟨mil⟩ *Zus–stoß* m; [attr] *Stoß–,* → **3.** || ⟨el⟩ *Schlag* m **2.** ⟨fig⟩ *Anprall* m (with a ∼); *Schlag* (to a p's *sentiment*); *Schreck* m || to get the ∼ of one's *life wie vom Schlage getroffen w; sein blaues Wunder erleben*; it gives me quite a ∼ *es erschüttert mich im Innersten* (to think ..) || *Anstoß* m, *Ärgernis* n (to *f*) || *Schicksalsschlag* m | ⟨med⟩ *Nervenschock* m **3.** [attr] ∼-absorber *Stoßdämpfer* m; ∼-absorber ⟨aero sl⟩ *Emil* m (*Luftbeobachter*) (Ggs *Franz*) || ∼-absorption ⟨tech⟩ *Abfederung* f || ∼

battalion Sturmbatallion n || ∼ brigade ⟨SBZ⟩ *Stoßbrigade* f || ∼ mount *stoßsichere Aufhängung* f || ∼-proof *gegen Stöße, Erschütterungen sicher, stoßfest* || ∼-resistant, ∼-resisting *schlagfest* (*Stahl*), *stoßfest* || ∼ stall ⟨aero⟩ *Schallmauer* f, *Beanspruchung* f *bei Nahezu-Schallgeschwindigkeit* || ∼ troops [pl] *Stoßtruppen* f pl || ∼ wave ⟨at⟩ *Druckwelle* f || ∼ worker *Stoßarbeiter* m **II.** vt/i **1.** vt *entsetzen, in Furcht setzen* | ⟨fig⟩ (*jdn*) *verletzen, empören, abstoßen*; to be ∼ed *entsetzt* or *erschüttert, empört s* (at *über,* by *durch*; to hear *z hören*) | ⟨med⟩ (*die Nerven*) *zerrütten* || (*jdm*) *e–n elektr. Schlag versetzen* **2.** vi *heftig auf–e–a–, zus–prallen* | ∼**er** [ˈ∼ə] s ⟨fam⟩ *etw Aufregendes, Sensationelles*; (*oft* shilling ∼) *Schauer–, Sensationsroman* m ∼**ing** [ˈ∼iŋ] **1.** a (∼ly adv) *schrecklich; anstößig, ungehörig, empörend* | *furchtbar, scheußlich, ekelhaft* (∼ weather) || *riesig, gewaltig* **2.** adv ⟨fam⟩ *schrecklich, entsetzlich* || *gewaltig, höchst, sehr* (a ∼ big town) ∼**ingness** [ˈ∼iŋnis] s *das Schreckliche, Empörende* n

shock [ʃɔk] **1.** s *Hocke* f (*Haufen v Garben*) **2.** vt (*Getreide*) *in Hocken auf–, zus–stellen*

shock [ʃɔk] **1.** s ∼ of hair *zottiges Haar, Haarschopf* m || [attr] ∼-headed *strubbelig, struwwelig, zottig* **2.** a = ∼-headed

shod [ʃɔd] **1.** pret & pp *v* to shoe **2.** a *mit* (*Huf-*)*Eisen versehen, beschlagen* (∼ horse)

shoddy [ˈʃɔdi] **1.** s *Shoddy* n, *Kunst–, Lumpenwolle* f || *Shoddytuch* n || ⟨fig⟩ *Schund* m | *Protzentum* n, *Protzen* m pl | ⟨Am⟩ *Protz* m **2.** a *aus Shoddy gemacht, Shoddy–* || ⟨fig⟩ *unecht, wertlos, Schund–* (literature), *kitschig, schlecht, erbärmlich; protzig*

shoe [ʃuː] s **1.** *Schuh* m, ⟨*bes* Halb–⟩; high ∼ *Schnürschuh* m; ⟨hist⟩ beaked ∼, pointed ∼ *Schnabel–* **2.** *Hufeisen* n | *eiserner Beschlag* m (*an Stöcken u Schlitten*) || (*Möbel-*)*Fußbeschlag* m **3.** (*a* ∼-drag) *Brems–, Hemmschuh* m; ⟨cycl⟩ *Teil der Bremse, der auf der Felge liegt* **4.** that is another pair of ∼s ⟨fig⟩ *das steht auf e–m anderen Blatte* (*ist etwas ganz anderes*) || to be, stand in a p's ∼s ⟨fig⟩ [*mst* neg] *in jds Haut stecken* (*an jds Stelle s*) || to put o.s. in another p's ∼s *sich in die Lage e–s anderen versetzen* || now the ∼ is on the other foot *nun paßt es ihm* (etc) *nicht mehr in den °Kram* || to die in one's ∼s ⟨fig⟩ *e–s gewaltsamen Todes sterben; in den Sielen st.* || to know where the ∼ pinches *wissen, wo der Schuh drückt* || to shake in one's ∼s *Angst,* °*Bammel h* || to step into a p's ∼s *jds Amt übernehmen* || to wait for dead men's ∼s *auf Erbschaft lauern* **5.** [attr] *Schuh–;* ∼-brush *–bürste* f || ∼-buckle *–schnalle* f || ∼-horn *–anzieher* m || ∼-lace *–riemen* m, *–band* n || ∼-last, ∼-tree *–leisten* m || ∼-leather *–leder* n || ∼-lift *–anzieher* m || ∼-shine parlor ⟨Am⟩ *Schuhputzladen* m || ∼-string *Schuhband* n; on a ∼-string ⟨Am⟩ *mit wenig Kapital;* ∼-string [attr] *geringfügig, minim·al* ∼**black** [ˈ∼blæk] s *Schuhputzer* m ∼**less** [ˈ∼lis] a *ohne Schuhe, barfuß* ∼**maker** [ˈ∼ˌmeikə] s *Schuhmacher,* *Schuster* m (∼'s thread *Pechdraht* m) ∼**making** [ˈ∼ˌmeikiŋ] s *Schuhmachen* n (∼ trade *Schuhmachergewerbe* n)

shoe [ʃuː] vt [shod/shod] *beschuhen* (*Pferde, Schlitten, Stöcke* etc) *beschlagen* ∼**ing** [ˈ∼iŋ] s *Beschuhen; Beschlagen* n || [attr] *Beschlag–;* ∼ smith *Hufschmied* m; ∼ trade *Hufschmiedegewerbe* n

shogun [ˈʃouguːn] s ⟨hist⟩ *japan. Oberfeldherr;* (*bis 1868*) *Titel m des wirklichen erblichen Machthabers* ∼**ate** [–guneit] s *Amt* n etc *e–s* shogun

shone [ʃɔn] pret & pp *v* to shine

shoo [ʃuː] **1.** intj *husch! sch! fort!* **2.** vt/i ||

(*a* to ~ away, off) *durch „sch"-Rufe verscheu-
chen* || ⟨Am⟩ (*jdn*) *dirigieren, leiten* | vi „*sch*",
„*husch*" *rufen* **3.** [comp] ~-in [s] ⟨Am⟩ *sicherer
Kandidat* m (*bes bei Präsidentschaftswahl*)
  shook [ʃuk] pret v to shake
  shook [ʃuk] **1.** s ⟨*bes* Am⟩ *Bündel Faßlatten,
-dauben*; *B. Kistenbretter* n || *Hocke* f, *Garben-
haufen* m **2.** vt *in e–m Bündel zus–stellen, ordnen*
  shoot [ʃuːt] vi/t [shot/shot] **I.** vi **1.** *schießen*
(at *nach*) | *Wild jagen* (*durch Abschießen*); to go
~ing *auf die Jagd gehen*; to ~ over a field *ein
Feld abschießen* | ⟨phot⟩ *e–e Aufnahme m,
filmen* | ~! ⟨fam⟩ °*schieß los!* (*sag's!*) **2.** *schie-
ßen, flitzen, fliegen* (across *über*; through *durch*);
the thought shot across my mind *der Gedanke
fuhr mir durch den Kopf* | (of light) *geworfen w*
|| *rasen, laufen, stürzen*; to ~ ahead *voran–,
vorwärtseilen, .. ahead of a p jdn überholen*
| ⟨ftb⟩ *ins Tor schießen* **3.** ⟨übtr bot⟩ *keimen,
Knospen treiben, ausschlagen* | (of nerves)
schmerzen; stechen **4.** [mit adv] to ~ **up** *schnell
aufwachsen, hochschießen; plötzlich steigen* **II.** vt
1. (*Pfeil, Kugel* etc) *abschießen, –feuern* | (*Wild*)
schießen; jagen in (to ~ the park) | (*jdn*) *er-
schießen, töten* (with); to ~ a p *dead jdn tot-
schießen*; to ~ o.s. *sich erschießen*; I'll be shot
if .. *ich °freß'nen Besen, wenn ..,* → shot 1. | *schie-
ßen durch*; (*Wand*) *durchschießen* **2.** *werfen,
schleudern* | (*Anker*) *auswerfen* || (*Abfall*) *aus-
schütten, –leeren, abladen* (on to *auf*) | ⟨Am sl
übtr⟩ (*etw*) *ab–, niederlegen; ausrangieren*; to ~
one's lunch etc .. *wieder v sich geben, erbrechen*;
⟨sl⟩ to ~ one's mouth off °*große Bogen
spucken* (*prahlen*) **3.** (*Strahlen*) *aussenden*;
(*Blick* etc) *werfen* | (*a* to ~ out) ⟨bot⟩ (*Zweige*
etc) *aussenden* || (*Riegel*) *vorschieben* **4.** *schnell
fahren* or *eilen durch, über* or *entlang*; to ~ the
amber ⟨mot fam⟩ *bei gelbem Licht noch schnell
durchbrausen* (°*aufs Gas steigen*); to ~ a bridge
unter e–r Brücke durchfahren; to ~ a line ⟨sl⟩
°*große Bogen spucken* (*angeben*); to ~ Niagara
e–e waghalsige S unternehmen; to ~ a rapid
über e–e Stromschnelle fahren | ⟨phot⟩ (*jdn*) *auf-
nehmen*; to ~ a picture *e–n Schnappschuß m*;
⟨film⟩ (*Landschaft* etc) *aufnehmen* || to ~ the
moon ⟨sl⟩ *heimlich die Wohnung verlassen, ohne
Miete z zahlen* | *stricheln, sprenkeln* (with); →
shot a **5.** [mit adv] to ~ **away** *durch Feuer ver-
treiben* | to ~ **down** (*jdn*) *niederschießen*; ⟨aero⟩
.. (in flames *brennend*) *abschießen* || (*Flug ham*
°*anniesen, anscheißen* || ⟨sl⟩ (*Freund[in]*) *ab-
hängen* | to ~ **out** (*Auge*) *ausschließen* || (*Bein*)
aus–, vorstrecken || (*Zunge*) *ausstrecken* |
(*Worte*) *ausstoßen, –senden* | to ~ **up** *zus–
schießen,* → shot 1. || (*jdn*) *schnell hinaufbeför-
dern* ~**able** [*~əbl*] a *schieß–, jagdbar* ~**er**
[*~ə*] s *Schütze* m | ⟨sl⟩ *Sechskammer-Re-
volver* m ~**ing** [*~iŋ*] **1.** a *schießend; schnell*;
~ iron ⟨Am⟩ *Schießeisen* n (*Feuerwaffe*); ~
star *Sternschnuppe* f || ~ tools [pl] ⟨min⟩
⟨min⟩ *Schießzeug, –gezähe* n || *stechend* (pain)
2. s *Schießen* n, *Schießerei* f || *Erschießen* n (of
a p) || *Gelegenheit* f *z Schießen or Jagen* ||
Jagd(*revier* n) f | [attr] *Schuß–, Schieß–, Jagd–*
|| ~-box, ~-lodge *Jagdhäuschen* n || ~-gallery
Schießstand m || ~-licence *Jagdschein* m || ~-
match *Preis–, Wettschießen* n || ~-point *Ent-
ladungspunkt*; ⟨fig⟩ *Höhepunkt* m || ~-season
Jagdzeit f || ~-suit *Jagdanzug* m || ~ war
heißer Krieg m
  shoot [ʃuːt] s **1.** *Schießen* n, *Schuß* m | *Jagd-
gesellschaft* f || *Jagd* f, –*revier* n; lessee of a ~
Jagdpächter m **2.** ⟨hort⟩ *Schößling* m **3.** *Rutsche,
Gleitbahn* f; → chute || *Stromschnelle* f | *Ab-
ladestelle* f f *Schutt* **4.** *Filmaufnahme* f **5.** *Rake-
tenabschuß* m || *Start* m || *Weltraumflug* m
  shop [ʃɔp] s **1.** *Laden* m; a ~ selling tyres
⟨mot⟩ *ein Reifengeschäft* n; (to keep a ~ *e–n L.*

halten); *Geschäft* n; to set up ~ *ein G. aufmachen*; to shut ~ *das G. aufgeben, sich z Ruhe
setzen*; to come to the wrong ~ ⟨fig⟩ *an die
falsche Adresse k* | all over the ~ ⟨sl⟩ *überall
verstreut; in gr Unordnung or Verwirrung; rasend*
2. *Werkstatt* f; the ~s *die Fabrikwerkstätten* pl
|| closed ~ ⟨Am⟩ *Betrieb, der nur Gewerkschafts-
mitglieder einstellt* || union ~ ⟨Am⟩ *Betrieb, der
auch nicht-organisierte Arbeitskräfte einstellt,
die jedoch Gewerkschaftsmitglieder w müssen* ||
⟨sl⟩ °*Laden, Kasten* m (*Büro m, Institut* n, *jds
Schule, Universität* etc) | ⟨fig fam⟩ shut up ~!
halt' die Klappe! || ⟨theat⟩ „*Bau*" m | the ~ *die
Militärakademie in* Woolwich f | *Gebäude,
Wohnhaus* n **3.** *Beruf* m, *Fach* n; to talk ~ *fach-
simpeln* **4.** [attr] ~ accident *Betriebsunfall* m ||
~ assembly *Werkstattmontage* f || ~-assistant
Handlungsgehilfe, Verkäufer(in f) m || ~-boy
Ladenbursche m || ~ committee *Betriebsrat* m
(P) || ~-door ⟨fig sl⟩ °*Hosenstall* m, ×-türl n ||
~ gage *Arbeitslehre* f || ~-girl *Ladenmädchen*
n, *Verkäuferin* f || ~ hours [pl] *Ladenstunden*
f pl || ~-price *Ladenpreis* m || ~-steward
Betriebsobmann m || ~-walker *aufsichtführen-
de*(r) m (or *Dame*) (*in gr Geschäften*) ||
~-window *Schaufenster* n ~**keeper** [*~ˌkiːpə*] s
Ladenbesitzer m; *Krämer* m; ⟨fig⟩ *Ladenhüter* m
~**keeping** [*~ˌkiːpiŋ*] s *Kleinhandel* m, *Detail-
geschäft* n ~**lifter** [*~ˌliftə*] s *Ladendieb* m
~**man** [*~mən*] s *Kommis, Ladengehilfe* m
  shop [ʃɔp] vi/t [–pp–] || *Einkäufe m*; to go
~ping *einkaufen gehen* | vt ⟨sl⟩ (*jdn*) *einsperren;
festnehmen l* ~**per** [*~ə*] s *Einkäufer*(in), *Laden-
besucher*(in f) m ~**ping** [*~iŋ*] s *Einkaufen* n (*in
Läden*), to do one's ~ *Einkäufe m* || [attr] *Ge-
schäft–* (~ district) ~**py** [*~i*] **1.** a *krämerhaft;
Krämer–* || *voller Läden or Geschäfte*; ~ district
Geschäftsviertel n || ⟨fam⟩ *vom Beruf or Fach
redend* **2.** s ⟨fam⟩ *Ladenmädchen* n
  SHORAN [ˈʃɔːrən] s (abbr *f:* → short-range
navigation (*elektronische*) *Nahbereichsnaviga-
tion* f, *SHORAN-*(*Hyperbel*)*Verfahren* n
  shore [ʃɔː] s *Küste* f, *Gestade* n, *Ufer* n; *Strand*
m | ⟨Am bes⟩ *Atlantik-Küste* f || on ~ *an Land,
ans Land; auf dem L.; am or ans Ufer* || in ~
⟨mar⟩ (*in den flachen Küstengewässern*), *unter
Land* | [attr] *Küsten–* (~ fishing) | ⟨Am⟩ ~-
dinner *Mahlzeit v Seefisch– etc Gerichten* || ~-
jumper ⟨zoo⟩ *Strandfloh* m | ~ kit ⟨mar⟩ *Aus-
gehanzug* m | *Matrose* ~ line ⟨geog⟩ *Ausgleichs-
küste* f | ~ patrol ⟨Am⟩ *Marinepolizei* f ~**less**
[*~lis*] a ⟨poet⟩ *uferlos, ohne Ufer, unbegrenzt*
~**ward** [*~wəd*] **1.** a *nach der Küste zu gehend
or gelegen; Küsten–* **2.** adv *nach der Küste* or
dem Ufer zu
  shore [ʃɔː] **1.** s *Stützstrebe* f, –*balken* m;
⟨mar⟩ *Schütze* f **2.** vt (*mst* to ~ up) *mit e–r
Strebe stützen* **shoring** [ˈʃɔːriŋ] s *Stützen* n ||
[koll] *Stützbalken* m pl
  shorn [ʃɔːn] **1.** pp v to shear **2.** a *geschoren
|| gemäht* || *abgeschwächt*
  short [ʃɔːt] **I.** a **1.** a. (*of space*) *kurz*; ~er
notices *kürzere Notizen* f pl || ~ bracket
⟨artill⟩ *enge Gabel* f **b.** (of stature) *klein*; ~ and
thick *untersetzt* || ~ taper *steiler Kegel* m **c.** (of
time) *kurz*; to make ~ work of *kurzen Prozeß
m mit*; a ~ ten miles *knappe 10 Meilen*; a ~
5 minutes *knapp 5 M.* || ~ time *verkürzte Ar-
beitszeit* f **d.** ⟨com⟩ *kurzfristig*; at ~ date *auf
kurze Sicht* || *ungedeckt, Blanko–* **e.** *kurz, ge-
drängt* **f.** ⟨übtr⟩ *kurz angebunden, barsch* (with
gegen; to be ~ with a p *mit jdm kurz angebunden
s*); *reizbar* **g.** ⟨phon & pros⟩ *kurz*; *unbetont*
2. **a.** *unzureichend, knapp* **b.** ~ of *Geld*, *knapp
an; ohne; weniger als; kurz vor; außer; abge-
sehen v*; ~ of breath *kurzatmig*; ~ of cash
nicht bei Kasse; little ~ of *etw weniger als,
beinahe*; nothing ~ of *nichts* (*Geringeres*) *als*;

nur, geradezu, überaus, höchst (nothing ∼ of marvellous); 2 miles ∼ of London *2 Meilen vor London* | to be ∼ of *Mangel h an*, they were ∼ of bread *es fehlte ihnen an Brot*; to come, fall ∼ of a th *e–r S nicht entsprechen, etw nicht erreichen, zurückbleiben hinter etw*; to go ∼ of food *dürftig leben*; to run ∼ (of) *knapp w (an)* (we ran ∼ of water); *ausgehen*; our wine ran ∼ *der Wein ist uns ausgegangen*; to sell ∼ *ohne Dekkung verkaufen* 3. (of metal, pastry, etc) *brüchig, bröckelig*; *mürbe* 4. (of drink) *stark, unvermischt*; ⟨fam⟩ *sth* ∼ *etw Kräftiges (Schnaps unverdünnt)* 5. [in comp] ∼-armed *kurzarmig* ∼-bill *Wechsel m auf kurze Sicht* ∥ ∼-bread, ∼-cake *Mürbekuchen m*; *Mürbeteiggebäck n* ∥ ∼-breathed *kurzatmig* ∥ ∼-circuit 1. s ⟨el⟩ *Kurzschluß* m 2. vt *K. verursachen in* (to ∼-circuit a lamp) ∥ ∼-coated *kurzröckig* ∥ ∼-cut *Kurz–, Richtweg m* ∥ ∼-dated ⟨com⟩ *auf kurze Sicht* ∥ ∼-distance transport *Nahtransport m* ∥ ∼-fall *(Schießen) Kurzlage f* ∥ ∼-handed *(P) untersetzt*; *mit zuwenig Mannschaft or Arbeitskräften ausgestattet* ∥ ∼-haul traffic *Nahverkehr m* ∥ ∼ head ⟨anthr⟩ *Kurzkopf m* ∥ ⟨racing⟩ *Entfernung f v weniger als e–r Pferdekopflänge* ∥ ∼-headed *kurzköpfig* (race) ∥ ∼-legged *kurzbeinig* ∥ ∼-list *Auswahlliste f*; *engere Wahl f* ∥ ∼-life item *Gerät n v kz Lebensdauer* ∥ ∼-lived *kurzlebig*; *v kurzer Dauer* ∥ ∼-measure *z knappes Maß* ∥ ∼-order cook *Koch m f* à-la-carte-*Gerichte* ∥ ∼-pastry = ∼-bread ∥ ∼-range navigation (abbr SHORAN) *[elektronische(s)] Nahbereichs–, Kurzstreckennavigation(sverfahren n) f*, → SHORAN; ∼-r. fire *Schießen n auf kz Entfernung*; ∼-r. traffic *Nahverkehr m*; ∼-r. weapon *Nahkampfmittel n, –waffe f* ∥ ∼ rib *falsche Rippe f* ∥ ∼ sea *böige See f* ∥ ∼ sight *Kurzsichtigkeit f* ∥ ∼-sighted (-ly adv) *kurzsichtig* ⟨a fig⟩ (policy) ∥ ∼ story *Novelle, Kurzgeschichte f* ∥ ∼-tempered *reizbar* ∥ ∼-term [attr] *kurzfristig* (forecast) ∥ ∼ time → I. 1. c. ∥ ∼-wave *Kurzwelle f*; [attr] *Kurzwellen–*; ∼-wave sender *–sender m* ∥ ∼ weight *Untergewicht n*; ⟨fig fam⟩ *(P) kein Kirchenlicht n* ∥ ∼-winded *kurzatmig* II. adv *kurz, plötzlich, unerwartet*; to cut a p ∼ *jdn unterbrechen*; to stop ∼ (of) *plötzlich innehalten (vor)*; to take a p ∼ *jdn unterbrechen*, to be taken ∼ *Durchfall bek*; to sell ∼ ⟨com⟩ *ohne Deckung verkaufen* | *unzureichend*, to come, fall ∼ → ∼ a | [in comp] ∼-living *kurzlebig* ∥ ∼-set *untersetzt* III. s 1. subst a: for ∼ *der Kürze halber, kurz* (we call him Charlie for ∼) | *in Kürze, in kurzen Worten* ∥ → long s 2. s *kurze Silbe f*; *kurzer Vokal m* ∥ *Baissespekulant m* ∥ ⟨fam⟩ *Schnaps m* ∥ ⟨el⟩ *Kurzschluß m* ∥ ∼-s [pl] *kurze Hose, Kniehose f* (in ∼s) ⟨com⟩ *Blankoverkäufer m*; –*verkauf m*

shortage [ˈʃɔːtidʒ] s *Mangel(lage f) m, Knappheit f (of an)*; *Fehlbetrag m*

shortcake [ˈʃɔːtkeik] s ⟨Am⟩ *(Mürbeteich-) Obsttorte f mit Schlagsahne*

shortcoming [ˈʃɔːtˌkamiŋ, ˌ–ˈ—] s [mst pl ∼s] *Unzulänglichkeit f*; *Fehler, Mangel m*; *Nachteil m (in a th e–r S)* | *Fehlbetrag, Ausfall m*

shorten [ˈʃɔːtn] vt/i ∥ (Rede) (ab)kürzen; (Zeit) *verkürzen*; to ∼ sail(s) *die Segel einziehen or bergen* ∥ ⟨hort⟩ (a to ∼ in) (Baum) *beschneiden, stutzen* ∥ *vermindern* | vi *abnehmen, kürzer w* ∥ (of price) *sich senken, fallen* ∼ing [∼iŋ] s *Backfett n*

shortfall [ˈʃɔːtfɔːl] s ⟨com, bal⟩ *Defizit n, Unterschuß m (Ggs Überschuß)*

shorthand [ˈʃɔːthænd] s *Stenographie f*; to write (in) ∼ *stenographieren* ∥ ∼ typist *Stenotypist(in f) m* ∥ ∼ writer *Stenograph(in f) m* ∥ ∼ writing *Stenographieren n*

shorthorn [ˈʃɔːthɔːn] s ⟨engl⟩ *schweres kurz-*

hörniges Rindvieh n ∥ ⟨Am fig⟩ „*blutiger*" *Anfänger m*

shortish [ˈʃɔːtiʃ] a *etw or ziemlich kurz or klein*

shortly [ˈʃɔːtli] adv *alsbald, in kurzer Zeit, in kurzem* | ∼ after *kurze Zeit nachher, bald nachher*; *bald nachdem* | *kurz, bündig* (to put it ∼) | *kurz, schroff*

shortness [ˈʃɔːtnis] s *Kürze f* | *Knappheit*; *Unzulänglichkeit f*; *Mangel m (of an)*; ∼ of breath *Kurzatmigkeit f* ∥ ⟨met⟩ *Kurz–, Faulbrüchigkeit f*

Shot [ʃɔt] s ⟨mil fam⟩ *f* Aldershot

shot [ʃɔt] s 1. (Ggs shell) *Geschoß n, Kugel f* (∼ and shell) ∥ to have still a ∼ in one's locker ⟨fig⟩ *sein Pulver noch nicht (ganz) verschossen h* ∥ [pl ∼] *Bleikugel f*; 3 ∼ 3 *Schrotkugeln*; [koll] *Bleikugeln* pl (many, a few ∼); (*a* small ∼) *Schrot(korn) n* ∥ ⟨sport⟩ *Kugel f*; putting the ∼ *das Kugelstoßen* 2. † *Schießen n* | *Schuß m*; to fire, have, take a ∼ *at schießen auf, nach*; like a ∼ *sofort, blitzschnell* ∥ to make a bad ∼ *danebenschießen* ∥ a ∼ in the locker ⟨mar sl⟩ *Geld im Säckel*; ⟨fig⟩ *Hilfsquelle f* ∥ I had 2 birds down to my first ∼ *ich hatte mit dem ersten Sch. 2 Vögel heruntergeholt* ∥ *Schußweite f*, out of (within) ∼ *außer (in) Sch.*; *Bereich m* ∥ a long ∼ *Schuß auf weites Ziel*; ⟨fig⟩ *kühner Versuch m* ∥ not by a long ∼ *überhaupt nicht* | ⟨phot⟩ *Aufnahme f*; (Film-)*Aufnahme, Szene f*; °*Schuß m* ∥ ⟨wir⟩ *(Programm-)Nummer f* ∥ ⟨med fam⟩ *Injektion, Einspritzung, Impfung,* (Morphium– etc) *Spritze, Dosis f*; ⟨übtr⟩ „*Einspritzung*" *f* (Schnaps) 3. ⟨sport⟩ *Schlag, Wurf, Stoß m* 4. ⟨fam⟩ *Versuch m* (at the 3. ∼ *beim 3. V.*); to have a ∼ *etw versuchen*; to have a ∼ for (*od* at) a th *etw z bek suchen* 5. ⟨übtr⟩ *Raten n*; to make a bad ∼ *falsch raten, fehl–, danebenschießen* ∥ good ∼! *gut getroffen!* 6. *Schütze m*; dead ∼ *unfehlbarer Sch.* ∥ big ∼ *Bonze m, gr Tier n* 7. ⟨bot⟩ *Trieb*; leading ∼ *Gipfeltrieb m* 8. [attr & comp] *Schuß–* ∥ ∼-bag *Schrotbeutel m* ∥ ∼-gun *Schrotflinte f* ∥ ∼ hole ⟨min⟩ *Schußloch n* ∥ ∼-proof *kugelfest* ∥ ∼-range *Schußweite f* ∥ ∼-welding ⟨tech⟩ *Schußschweißung f* ∥ ∼ wound *Schußwunde f* (in the head)

shot [ʃɔt] s *Beitrag, Tribut m*; to pay one's ∼ *s–n Anteil zahlen*

shot [ʃɔt] 1. pret & pp *v* to shoot ∥ ∼ dead *erschossen* ∥ ⟨aero sl⟩ ∼ up, ∼ to ribbons °*sternhagelvoll (betrunken)* 2. a *gestrichelt, gesprenkelt*; ∼ (through) with ⟨fig⟩ *durchschossen, –setzt, –woben mit*; *schillernd* (∼ silk) ∥ ∼-coloured *schillernd, taubenhalsfarbig*

shote [ʃout] s ⟨Am⟩ *Läuferschwein n*, → shoat

shotted [ˈʃɔtid] a *mit Kugeln or scharf geladen* ∥ *mit Blei belastet*

shotten [ˈʃɔtn] a: ∼ herring *Hohlhering m (der gelaicht hat)*; ⟨fig⟩ like a ∼ h. *wie ein ausgenommener H.*

should [ʃud, *w f* ʃəd, ʃd] pret *v* shall

shoulder [ˈʃouldə] I. s 1. *Schulter, Achsel f*; ∼s [pl] (*oberer*) *Rücken m* ∥ (T) *Bug m, Schulter–, Vorderblatt n* (a ∼ of beef) 2. ⟨übtr⟩ *schulterartige Ausbuchtung f, Vorsprung m, Brüstung f* ∥ soft ∼ *Sommerweg m (e–r Landstraße)* 3. Wendungen: ∼ to ∼ *Schulter an Sch.*; ⟨fig⟩ *mit vereinten Kräften* ∥ ∼ of mutton *Hammelkeule f*; [attr] *groß, schwer, fleischig*; ∼ of mutton sail ⟨mar⟩ *dreieckiges Segel n* | to give a p the cold ∼, to turn the cold ∼ on a p *jdn geringschätzig behandeln,* °*schneiden, ignorieren* ∥ to put one's ∼ to the wheel ⟨fig⟩ *alle Anstrengungen m, etw fest anpacken* | you cannot put old heads on young ∼s *Jugend hat k–e Tugend* ∥ to rub ∼s with ⟨fam⟩ *verkehren mit* 4. [attr] *Schulter–*; ∼-belt ⟨mil⟩ *Wehrgehenk, Bandolier n, Schulterriemen m* ∥ ∼-blade

⟨anat⟩ *Schulterblatt* n ‖ ~-joint *Schultergelenk* n ‖ ~. knot, ~ loop, ~ mark ⟨mil⟩ *Schulterstück* n; ~ sleeve insignia ⟨mil⟩ *Oberarmabzeichen* n ‖ ~ piece *Verkröpfung* f ‖ ~-strap ⟨mil⟩ *Achsel–, Schulterklappe* f, *–stück* n; ⟨tail⟩ (*Schulter-*)*Träger* m; ⟨phot⟩ *Trag–, Umhängeriemen* m **II.** vt/i **1.** vt (*etw*) *auf die Schulter nehmen, schultern*; ~ arms! ⟨mil⟩ *das Gewehr über!* ‖ ⟨fig⟩ (*Pflicht* etc) *auf sich nehmen* ‖ to ~ the sufferings *das Elend tragen* | (*jdn*) *treiben; schieben, drängen* (out of *aus*); to ~ one's way *sich drängen; sich e–n Weg bahnen* (through) **2.** vi *sich drängen*; to ~ through [prep] *sich durchdrängen durch*; to ~ through [adv] *sich durch–* ‖ *hervortreten* **~cade** [~keid] s *bes* sport⟩ *begeisterte Gruppe, die ihren ,,Helden" auf den Schultern trägt,* → cavalcade, motorcade | **~ed** [~d] a [in comp] *–schulterig*; broad-~, square-~ *breitschulterig*

shout [[aut] **I.** vi/t **1.** vi *schreien* (with pain *vor Schmerz*); *laut rufen* ‖ *jauchzen* (for joy *vor Freude*) ‖ to ~ at a p *jdn anschreien* ‖ to ~ for a p *nach jdm rufen*; ⟨Am⟩ *sich laut einsetzen f jdn*; now you are ~ing! *das war ein Wort!* ‖ to ~ to a p *jdm zurufen* (to do) | to ~ out *aufschreien* **2.** vt (*etw*) *schreien, laut rufen or äußern* | to ~ a p down *jdn niederschreien* ‖ to ~ out *herausschreien* **II.** s *Geschrei* n, *Ruf* m ‖ to give a ~ *schreien* ‖ ⟨fam⟩ it's my ~ this time *dies ist m–e Runde* (*Schnaps* etc) | **~er** ['~ə] s *Schreier* m **~ing** ['~iŋ] s *Schreien, Geschrei* n

shove [[ʌv] **1.** vt/i **a.** vt (*etw*) *stoßen, schieben, drängen* (into *in*; off *v*; over *über*) ‖ ⟨vulg⟩ ~ that in your face °*steck dir 'ne Zigarre ins Gesicht* ‖ to ~ aside *beiseite–*, to ~ away *weg–*, to ~ down *hinunterstoßen* (etc) ‖ ⟨fam⟩ *stellen, legen* (on *auf*) ‖ ⟨sl⟩ to ~ down *niedersetzen, –schreiben*; to ~ on *anziehen*; to ~ up *aufstellen* **b.** vi (*etw*) *schieben; drängen* (don't ~); *rücken* ‖ ⟨Am sl⟩ °*abhauen* (let's ~) ‖ to ~ by *sich durch–, vorbeidrängen* ‖ to ~ off ⟨mar⟩ *abstoßen* (*v der Küste*) **2.** s *Stoß, Schub* m ⟨a fig⟩ ‖ ⟨fam⟩ to be on the ~ °*weitertrudeln*

shovel ['ʃʌvl] s *Schaufel, Schippe* f ‖ ~-hat *breitkrempiger Hut* m (*der engl. Geistlichen*) **~board** [~bɔ:d] s *Beilkespiel* n; *–tafel* f **~ful** [~ful] s *e–e Schaufelvoll* (a ~ of)

shovel ['ʃʌvl] vt [-ll-] *schaufeln* (to ~ away *fort–*), *schippen* ‖ ⟨übtr⟩ *schaufeln, schütten; befördern* (into *in*); to ~ food into one's mouth *gierig essen* | to ~ up *aufschaufeln* ‖ to ~ up *od in* (*Geld*) *einschaufeln, machen* **~ler** [~ə] s ⟨orn⟩ *Löffelente* f

show, †**shew** [[ou] vt/i [~ed/shown, * ~ed] **I.** vt **1.** *zeigen* (a p a th *od* a th to a p *jdm etw*; a p how to do *jdm, wie man tut*); not to ~ one's face *sich nicht sehen l*; to ~ one's teeth *die Zähne zeigen, fletschen*; to ~ a p the door *jdm die Tür weisen* ‖ he was ~n all the rooms *ihm wurden .. gezeigt* ‖ (*Waren*) *ausstellen, darstellen* **2.** (*den Weg*) *zeigen*; (*jdn*) *führen, geleiten* (to the door *z Tür*); to ~ a p over a place *jdn durch e–n Ort führen* **3.** (*etw*) *zeigen, erkennen l*; (*jdn*; *etw*) *zeigen, erkennen l als*; the novel ~s him (to be) a man of .. *der Roman zeigt ihn als Menschen v ..*; to ~ o.s. *sich zeigen; erscheinen* ‖ (*Güte*) *erweisen, –zeigen* **4.** *entfalten*; (a to ~ forth, out) *darlegen, –tun, aufzeigen; beweisen* (a th; that; a th to be *daß etw ist*; a p to do *daß jd tut*); as is ~n by *wie erwiesen wird durch*; to be shown to be *sich erweisen als* **5.** [*mit* adv] to ~ in (*jdn*) *hineingeleiten* | to ~ off *ostentativ entfalten, vorlegen*; (*Kostüm*) *vorführen* ‖ *prahlen mit* ‖ (of peacock) to ~ off his magnificent tail *ein stolzes Rad schlagen, stolz sein R. schl.* | to ~ out (*jdn*) *hinausgeleiten; –weisen* | to ~ up (*jdn*) *hinaufgeleiten* ‖ *bloßstellen, entlarven* **II.** vi **1.** *sich zeigen, sichtbar sein; gesehen w*; *erscheinen* ‖ ge-

zeigt w (now ~ing *wird jetzt vorgeführt*) **2.** [*mit* adv] to ~ **down** ⟨Am⟩ *die Karten auf den Tisch legen*, ⟨fig⟩ *es zur Entscheidung k l* | to ~ **off** *sich brüsten, prahlen*; °*angeben* | to ~ **up** *sich zeigen; erscheinen, auftauchen* ‖ *sich abheben* (against *gegen*) **III.** [in comp] ~-down ⟨fam⟩ *Aufdeckung* f; *Leistungsentfaltung, Kraftprobe* f, *Entscheidungskampf* m, *letzte Aus–e–a–setzung* f; ~-d. inspection ⟨mil⟩ *Vollständigkeitsappell* m ‖ ~-off ⟨fam⟩ *Angeber* m, °*Großmaul* n ~er ['~ə] s *jd, der zeigt* ‖ *Aussteller* m

show [ʃou] s **1.** * *Aufzeigen, Hochheben* n; by ~ of hands *durch H. der Hände* (*bei Wahlen*) ‖ (of teeth) *Fletschen* n **2.** *Erscheinen* n; *Entfaltung* f; *Erscheinung* f; *Eindruck* m; to make a fine (poor) ~ *prächtig* (*ärmlich*) *aussehen*; ⟨sl⟩ good (bad) ~! *gut* (*schlecht*), *der Mann!* ‖ ⟨Am⟩ *Gelegenheit* f (for *z*; to do); to give a p a ~ *jdm e–e G. geben* | *pomphafter Eindruck, Pomp, Staat* m (for ~ *um z renommieren*) | *Anzeichen* n, *Spur* f (a ~ of bud *e–e Spur v e–r Knospe*) **3.** *Anschein*; *Schein* m; *leerer Sch.*; *Vorwand* m, under a ~ of *unter dem Sch. or V. v*; to make a ~ of doing *sich stellen, so tun als wenn man tun wollte* **4.** *Anblick* m, *Schauspiel* n | *Ausstellung* f (at the ~ *auf der A.*); flower ~ *Blumenausstellung*; on ~ *z besichtigen* | *Schaustellung, –bude* f; the ~s ⟨fam *bes* Scot⟩ *der Rummel*(*platz*) ‖ *historischer Aufzug* m, gr *Darbietung* f, Lord Mayor's ~ *die Prozession des L. M.* (9. Nov.) ‖ ⟨fam⟩ *Auf–, Vorführung; Vorstellung* f; to go to some ~ *in e–e V. g.*; dumb ~ *Pantomime* f ‖ ⟨sl⟩ *Treffen* n; *Schlacht* f **5.** ⟨sl⟩ *Arbeit, Angelegenheit, Sache* f; *Einrichtung* f, *Betrieb* m; °*Kram* m; °*Kiste* f ‖ oh, bad ~! *o wie schlecht!* *o pfui!*; to run the ~ ⟨Am⟩ *die S* °*schmeißen, deichseln* (*dirigieren*); to give away the (whole) ~ *die Katze aus dem Sack l* (*das Geheimnis verraten*) **6.** [attr] ~-boat ⟨Am *fam*⟩ *Vergnügungsdampfer* m; ~-card *Reklamekarte* f; *–plakat* n (*in Läden*) ‖ ~-case *Ausstellungs–, Schaukasten* m; *Vitrine* f, *Glasschrank* m ‖ ~-girl ⟨theat⟩ (*hübsches*) *Nummermädchen* n, *Fräulein* n „*Nummer*", (*hübsche*) *Statistin* f ‖ ~-glass *Kaleidoskop* n, *Zauberspiegel* m ‖ ~-piece *Schaustück* n, *Attrappe* f ‖ ~ vessel *Standgefäß* n, *–flasche* f ‖ ~-window *Schaufenster* n **~down** ['~daun] ⟨Am⟩ **1.** vi *die Karten auf den Tisch legen*, ⟨fig⟩ *es z e–r Entscheidung k l* **2.** s *Kraftprobe* f, *Entscheidungskampf* m **~man** ['~mən] s *Schaubudenbesitzer*; *Aussteller* m; *Schaustückregisseur* m **~manship** ['~mənʃip] s *effektvolle Attraktionskunst* f **~room** ['~rum] s *Ausstellungs–, Musterraum* m **shower** ['ʃauə] **I.** s **1.** *Schauer, Guß* m (~ of rain *Regen–*) | (a ~-bath) *Brausebad* n, *Dusche* f; ~ cabinet *Duschecke, –kabine* f ‖ ⟨fig⟩ *Durchnäßtwerden* n **2.** ⟨fig⟩ *Erguß* m, *Fülle, Menge* f (~ of letters); gr *Menge Brautgeschenke* (~-party) **II.** vt/i **1.** vt (a to ~ down) *regnen l*; *herunterströmen l* ‖ (*Wasser*) *in Strömen gießen, schütten* ⟨a fig⟩ ‖ *begießen, –netzen* ‖ ⟨fig⟩ *überschütten* (a p with a th *od* a th upon a p *jdn mit etw*) **2.** vi *stark regnen, gießen* | *strömen, sich ergießen* **~iness** [~rinis] *das Regnerische, Regenwetter* n | **~y** [~ri] a *regnerisch, Regen–*

showiness ['ʃouinis] s *Pracht, Prunkhaftigkeit*; *Auffälligkeit* f

showing ['ʃouiŋ] s *Zeigen* n ‖ *Darstellung* f; *Bericht* m; by, on your own ~ *nach Ihrer eigenen Aussage* ‖ (*Film-*)*Vorführung*; *Entfaltung* f

showy ['ʃoui] a (–wily adv) *auffällig*; *anziehend* ‖ *prächtig*; *glänzend, prunkhaft*

shrank [ʃræŋk] pret *v* to shrink

shrapnel ['ʃræpnl] s (*nach* General H. ~; † 1842) ⟨mil⟩ *Schrapn·ell* n; [koll] *Schrapnelle* pl, ⟨aero⟩ *Sprengstücke* n pl

shred [ʃred] **1.** s *Lappen, Fetzen* m (in ∼s); to tear to ∼s *in F. zerreißen* ‖ ⟨übtr⟩ *Stückchen* n; ⟨fig⟩ *Funken* m, *Atom* n (not a ∼ of) **2.** vt/i [-dd-] ‖ (*in Streifen*) *zerschneiden, -teilen*; (*in Fetzen, Stückchen*) *zerreißen, -fetzen* | vi *in Stücke gehen; zerrissen w, zergehen* ‖ to ∼ away *abblättern*; ⟨fig⟩ *abfallen, verschwinden* ∼**out** [∼'aut] s ⟨Am⟩ *Teilgebiet* n (e-s *Sach-, Arbeitsgebiets*)

shrew [ʃru:] s **1.** ⟨zoo⟩ (a ∼-mouse) *Spitzmaus* f; common ∼ *Haus-*, pigmy ∼ *Zwerg-*, water ∼ *Wasser-* **2.** *böses Weib* n, *böse Sieben* f; The Taming of the ∼ *der Widerspenstigen Zähmung*

shrewd [ʃru:d] a (∼ly adv) *scharfsinnig, klug, tüchtig; scharf* (∼ observer) ‖ *gewiegt* ‖ (of the air etc) *scharf, beißend* ∼**ness** [∼nis] s *Scharfsinn* m, *Klugheit* f

shrewish [ʃru:iʃ] a (∼ly adv) *zänkisch; giftig, boshaft* ∼**ness** [∼nis] s *zänkisches Wesen* n

shriek [ʃri:k] **1.** vi/t ‖ *kreischen, schreien* (with vor) | vt (a to ∼ out) *mit Geschrei äußern* ‖ to ∼ o.s. hoarse *sich heiser schreien* **2.** s *Schrei* m; *Geschrei, Kreischen* n; ∼s of laughter *brüllendes Gelächter* n ‖ *schriller Ton, schriller Pfiff* m (a ∼ of a locomotive)

shrievalty [ʃri:vəlti] s *Amt* n, *-sdauer, Gerichtsbarkeit* f *e-s Sheriffs*

shrift [ʃrift] s *Beichte* f, [nur in:] short ∼ *Galgenfrist* f; to give a p short ∼ *kurzen Prozeß mit jdm m*; he will get sh. ∼ *ich werde kz P. mit ihm m*

shrike [ʃraik] s ⟨orn⟩ *Würger* m; great grey ∼ *Raub-*; lesser g. ∼ *Schwarzstirn-*; red-backed ∼ *Neuntöter* m; woodchat ∼ *Rotkopfwürger* m

shrill [ʃril] **1.** a (∼y adv) *schrill, gellend; grell; laut ‖ durchdringend, scharf* | ∼-tongued, ∼-voiced *mit gellender or kreischender Stimme* **2.** vi/t ‖ *schrillen, gellen* | vt * *schrill or gellend ertönen l, äußern* ∼**ness** [∼nis] s *schrille Stimme* f

shrimp [ʃrimp] **1.** s ⟨zoo⟩ (*Kl*) *Garn·ele* f, → prawn; brine-∼ *Salinenkrebs*, skeleton ∼ *Gespenster-* ‖ ⟨fig⟩ *kl Kerl, Knirps* m ‖ *blaßrote Farbe* f **2.** vi *Garnelen fangen* ∼**er** [∼ə] s *Garnelenfischer* m

shrine [ʃrain] **1.** s *Heiligen-, Reliquienschrein* m ‖ *geweihter Platz; Altar* m ‖ ⟨fig⟩ *Heiligtum* n **2.** vt ⟨poet⟩ *in e-n Schrein legen*; (*etw*) *wie ein Heiligtum verwahren*

shrink [ʃriŋk] vi/t [shrank/shrunk]→shrunken **A.** vi **1.** (*ein*)*schrumpfen, zus-schrumpfen* (into zu); (of cloth) (*in der Wäsche*) *eingehen, einlaufen; kleiner w; abnehmen* **2.** ⟨fig⟩ *zurückschrecken* (from vor; to do); *-fahren*; to ∼ from a th *sich scheuen vor etw, etw fürchten*, to ∼ from doing *ungern, widerwillig tun* **3.** to ∼ away, back *sich zurückhalten, sich -ziehen* (from v); *zurückschrecken* (from vor) **4.** [attr] ∼ fit ⟨tech⟩ *Schrumpf-, Festsitz* m ‖ ∼ rule *Schwind-, Schrumpfmaßstab* m **B.** vt *ein-, zus-schrumpfen l*; to be shrunk *zus-schrumpfen* ‖ (*Tuch*) *krimpen, krumpen* ‖ *verkürzen, -mindern* ∼**age** [∼idʒ] s *Einlaufen, Ein-, Zus-schrumpfen* n ‖ ⟨übtr⟩ *Schwund* m; *Abnahme* f (in a th e-r S) ‖ ∼ allowance *Schwindmaßzugabe* f ∼**ing** [∼iŋ] a (∼ly adv) *verschüchtert, scheu* ‖ *widerwillig*

shrive [ʃraiv] † vt [shrove/shriven] *beichten l u Absolution erteilen*

shrivel [ʃrivl] vi/t [-ll-] ‖ (a to ∼ up) *zus-schrumpfen* ‖ (of the face) *runz(e)lig w* ‖ ⟨fig⟩ *vergehen, -kümmern* | vt *zerknittern, zus-schrumpfen l, runz(e)lig m* ‖ ⟨fig⟩ *unfähig or ohnmächtig m*

shroff [ʃrɔf] s ⟨Ind⟩ *Geldwechsler* m

shroud [ʃraud] **1.** s *Leichen-, Grabtuch* n ‖ the holy ∼ *das Schweißtuch der Veronika* ‖ ⟨fig⟩ *Hülle, Decke, Bedeckung* f | ⟨mar⟩ *Want* f, [mst pl] ∼s *Wanten* pl (*seitl. Haltetaue*);

Haupttau, Rüstseil n **2.** vt/i ‖ *in ein Leichentuch einhüllen* ‖ ⟨fig⟩ *bedecken, hüllen* (in); *verbergen, -hüllen* **3.** [attr] ∼ balloon *Wetterbeobachtungsballon* m ‖ ∼ line *Fallschirmfangleine* f ‖ ∼ ring ⟨turbo⟩ *Mantelring* m ∼**less** [∼lis] a *ohne Leichentuch* ‖ ⟨fig⟩ *unverhüllt*

shrove [ʃrouv] pret v † to shrive ‖ ∼tide [ʃrouvtaid] s *Fastenzeit* f ‖ ∼ Tuesday [ʃrouv-'tju:zdi] s *Fastnacht* f, *Fastnachtdienstag* m

shrub [ʃrʌb] s *e-e Art Punsch or Grog* m

shrub [ʃrʌb] s ⟨bot⟩ *Staude* f, *Busch, Strauch* m ‖ ∼s [pl] *Busch-, Strauchwerk* n; (*Tabak-*) *Sandblätter* n pl ∼**bery** [∼əri] s *Gesträuch, Gebüsch* n; *Buschpflanzung* f ‖ [koll] *Büsche, Sträucher* pl ∼**by** [∼i] a *buschig, strauchig; Strauch-; strauchartig; dicht*

shruff [ʃrʌf] s ⟨tech⟩ *Abfall* m ‖ ∼ copper *Bruchkupfer* n

shrug [ʃrʌg] **1.** vt/i [-gg-] ‖ to ∼ one's shoulders *die Achseln zucken* | vi *die A. z.* **2.** s *Achselzucken* n; to give a ∼ *die Achseln zucken*

shrunk [ʃrʌŋk] **1.** pp v to shrink **2.** * a = ∼**en** [∼n] a *eingeschrumpft, verkümmert* ‖ (of the face) *eingefallen* ‖ (of limbs) *abgemagert*

shuck [ʃʌk] **1.** s *Hülse, Schale* f ‖ [oft pl ∼s] *etw Wertloses, wertlose S or P* ‖ ∼s! intj *Unsinn!* **2.** vt *enthülsen, -schalen*

shudder [ʃʌdə] **1.** vi *schaudern; zittern, beben* ‖ *befürchten, ängstlich besorgt s* (lest he should die *daß er stirbt*) ‖ to ∼ away *od up zurückschaudern* (from vor) ‖ *Ekel empfinden* (at über); I ∼ to think *es schaudert mich bei dem Gedanken, ich denke mit Schaudern* (that) **2.** s *Schauder* m, *Schaudern, Zittern, Erbeben* n

shuffle [ʃʌfl] **I.** vt/i **A.** vt **1.** *hin u her schieben*, to ∼ one's feet *mit den Füßen schlurren or scharren* **2.** ⟨übtr⟩ *vermengen* (*Karten*) *mischen* **3.** [mit adv] to ∼ away *auf die Seite bringen, wegpraktizieren* | to ∼ off *abschütteln, -streifen*; v *sich schieben*; (e-r *Pflicht*) *ausweichen*; (*Schuld*) *schieben* (on auf), *zuschieben* (on a p jdm) | to ∼ together *zus-werfen* **B.** vi **1.** *nachlässig gehen*; (*mit den Füßen*) *schlurren, schlurfen*; *sich mühsam schleppen, scharren* **2.** *Karten mischen*; ∼ and deal *misch u gib* **3.** *Ausflüchte m* ‖ to ∼ through *rasch erledigen* **II.** s *nachlässiger, schlurfender Gang* m ‖ *Schlurfen* n *v Tritten* ‖ *Tanzschritt* m | (*Karten-*)*Mischen* n | *Ausflucht* f, *Schwindel* m

shuffle-board s → shovelboard

shuffler [ʃʌflə] s *Schwindler* m ∼**ling** [ʃʌfliŋ] a (∼ly adv) *schwerfällig, schlodderig* (gait), *schlaksig* ‖ ⟨fig⟩ *unehrlich* ‖ *ausweichend* (reply)

shun [ʃʌn] vt (*jdm; e-r S*) *ausweichen; sich fernhalten v, meiden* (a p, a th); *meiden* (doing z tun) ∼**less** [∼lis] a *unvermeidlich, nicht z entfliehen*(d)

'**shun!** [ʃən] (*aus* attention) ⟨mil⟩ ∼! *stillgestanden! Achtung!*

shunt [ʃʌnt] **I.** vt/i **1.** vt ⟨rail⟩ (*Zug*) *auf ein anderes* (or *Neben-*)*Gleis fahren* ‖ ⟨el⟩ *mit e-m Nebenschluß versehen; parallel schalten* (to z) ‖ (a to ∼ off) ⟨el⟩ *ableiten, -zweigen* ‖ ⟨fig⟩ *beiseiteschieben or -legen*; (*jdn*) *kaltstellen* **2.** vi *rangieren, auf ein anderes Gleis fahren* **II.** s ⟨rail⟩ *Rangieren* n; *Weiche* f ‖ ⟨el⟩ *Nebenschluß*; *Umschalter* m ‖ ⟨el⟩ *Ausweichen* n | ∼ conductance ⟨el⟩ *Ableitung* f ‖ ∼ yard ⟨Am rail⟩ *Verschiebebahnhof* m ∼**er** [∼ə] s ⟨rail⟩ *Weichensteller, Rangierer* m ‖ ⟨sl⟩ *gewandter Börsenmann, Organisator* m ∼**ing** [∼iŋ] s *Rangieren* n ‖ [attr] *Rangier-* (∼ engine, ∼ station, ∼ track)

shush [ʃʌʃ] vi/t „*sch*" m; *Ruhe gebieten* | (*jdn*) *z Ruhe bringen*

shut [ʃʌt] vt/i [shut/shut] **I.** vt **1.** a. (*ver*)*schließen*; (*Buch* etc) *z·umachen, -klappen* ‖ to ∼ one's eyes to a th ⟨fig⟩ *die Augen vor etw verschließen, etw nicht sehen wollen*; the door was ∼

against him *die Tür wurde* or *war ihm verschlossen*; to ~ the door (up)on *nicht z sprechen s f (jdn)*; *(etw) unmöglich m*; to ~ one's mouth *den Mund schließen*; to ~ a p's mouth *jdn z Stillschweigen verpflichten* b. *zus–falten, –klappen* 2. *einschließen* (into *in*); *(Finger* etc) *einklemmen* (into *in*) 3. *[mit* adv] to ~ o.s. **away** *sich abschließen* (from *v*) | to ~ **down** *(Fenster) schließen*; *(Fabrik) stillegen* | to ~ **in** *einschließen* | to ~ **off** *abschließen*; *(Wasser* etc) *absperren, –stellen* | to ~ **off** the engine *(aero mot) das Gas wegnehmen* | to ~ **out** *ausschließen* (from); *(Aussicht) versperren* | to ~ **to** *z'uschließen* (~ the door to) | to ~ **up** *fest ab–, ver–, einschließen* (~ o.s. up *sich –*); *(jdn) einsperren* ⟨fam⟩ to ~ a p up *jdm den Mund stopfen*; to ~ up shop ⟨fam⟩ *den Laden* or *die Bude zumachen* ‖ ~-up [pp] in o.s. *in sich selbst verschlossen* **II. vi** 1. *sich schließen, z'ugehen*, the door ~s of itself *die Tür schließt v selbst* 2. *[mit* adv] to ~ **down** *stillgelegt w* | to ~ **to** *sich schließen* (the door ~ *to die Tür schloß sich*) | ⟨fam⟩ to ~ **up** *aufhören* (doing *z tun*); ~ up! *Ruhe! halt's °Maul!* **III.** [in comp] ~-down *Stillegung*; *Betriebseinstellung* f ‖ ~-eye ⟨sl⟩ *Schlaf* m ‖ ~-in 1. a *eingeschlossen*; *invalide* 2. s *Inval·ide* m, *Kranker, ans Krankenlager Gefesselte(r* m) f (he is a ~-in from multiple sclerosis .. *wegen ..*) ‖ ~-off valve *Abschaltventil* n, *Abstellhahn* m ‖ ~-out *Ausschuß* m **IV.** adv [pp] *zu* (the door whined ~)

shutter ['ʃʌtə] 1. s *Schließer* m | *Schließvorrichtung* f ‖ *Fensterladen* m; *(Schließ-)Klappe* f, *Deckel* m; revolving ~ *Rolladen, Fensterverschluß* m; to put up the ~s *die Fensterläden schließen*; ⟨fig⟩ *das Geschäft schließen* ⟨phot⟩ *Verschluß* m, *(Abdeck-)Blende* f | [attr] ~-bar *Querriegel* m ‖ ~-bug ⟨fam⟩ *Photonarr* m ‖ ~-door *Jalousietür* f ‖ ~ radiator ⟨aero-mot⟩ *Kulissenkühler* m ‖ ~ release ⟨phot⟩ *(Verschluß-)Auslösung* f, *Auslösehebel, –knopf* m 2. vt *mit Fensterläden versehen* ⟨fig⟩ *ein–, verschließen* ~ing ['~riŋ] s ⟨arch⟩ *Verschalung* f ‖ ~ board *Schalbrett* n ~less [~lis] a *ohne Fensterläden*

shuttle ['ʃʌtl] 1. s *Schütze* m, *Weberschiff* n ‖ (of a sewing-machine) *Schiffchen* n ‖ ⟨bes Am rail⟩ *Pendelzug* m, *–verkehr* m | [comp] ~-armature *Doppel-T-Anker* m ‖ ~-bus *Pendelbus* m ‖ ~-service *–verkehr* m ‖ ~-train ⟨rail⟩ *Zug* m *im Pendelverkehr, Zubringer* m 2. vi *hin u her fahren* or *reisen* ~cock [~kɔk] 1. s *Federball* m; (a battledore and ~) *Federballspiel* n, *Tamburinball* m *(Kinderspiel)* ‖ ⟨fig⟩ *Fangball; Streitgegenstand* m 2. vt *(jdn) wie e–n Ball hin u her werfen* or *senden*

shuttle ['ʃʌtl] s *Schleuse* f

shy [ʃai] 1. a [~er/~est] (~ly, ⟨Am *a*⟩ shily adv) a. (T) *scheu* (of *vor*); *ängstlich* b. (P) *schüchtern, zurückhaltend* | *behutsam, vorsichtig*; *mißtrauisch, argwöhnisch* (of *gegen*) ‖ to fight ~ of a p *jdn vorsichtig meiden, jdm aus dem Wege gehen*, to fight ~ of doing *sich scheuen z tun* c. (of places) *verborgen, schwer z finden(d)* ‖ ⟨sl⟩ *zweideutig, fragwürdig* d. ⟨sl⟩ I'm ~ three quid *ich habe 3 .. verloren* 2. vi ⟨hors⟩ *scheuen* (at *vor*) ‖ to ~ at, to ~ away from ⟨fig⟩ *zurückschrecken vor* 3. s ⟨hors⟩ *Scheuen* m ~er ['~ə] s *Pferd* n, *das leicht scheut* ~ness ['~nis] s *Scheu* f ‖ *Schüchternheit, Zurückhaltung* f ‖ *Argwohn* m

shy [ʃai] 1. vt/i ⟨fam⟩ *(Stein, Ball) werfen, schleudern* (at *nach*) | ~ *n werfen* 2. s *Wurf* m ‖ ⟨fig⟩ *Hieb* m; *sarkastische Bemerkung* f ‖ *Versuch* m | to have a ~ *werfen* (at *nach*), ⟨fig⟩ *e–e spitze Bemerkung m* (at *über*); *es versuchen* (at *mit*), *versuchen* (at doing *z tun*)

shyster ['ʃaistə] s ⟨Am sl⟩ *Winkeladvokat*

(unsauberer Anwalt) m ‖ ~ language *Kauderwelsch* n

si [si:] s It ⟨mus⟩ *H* n *(siebenter Ton der Tonleiter)* → A

siamang ['saiəmæŋ] s ⟨zoo⟩ *Siamang* m *(Affe)*

Siamese [saiə'mi:z] 1. a *siam·esisch* (~ twins) ‖ *Zwillings–, ähnlich* 2. s [pl ~] the ~ *der Siamese, die Siamesin; die Siamesen* pl | *das Siamesische*

sib [sib] 1. a ⟨Scot⟩ *verwandt* (to *mit*) 2. s *Verwandter* m; *die Verwandten* pl (to a p *jds*) → ~ling

Siberian [sai'biəriən] 1. a *sibirisch* 2. s *Sibirier(in* f) m

sibilance ['sibiləns], **–ancy** [–nsi] s ⟨phon⟩ *Zischen* n **–ant** ['sibilənt] 1. a *zischend, Zisch–* (~ consonant) 2. s ⟨gram⟩ *Zischlaut* m **–ate** ['sibileit] vi/t | *zischen* | vt *zischend äußern*; ⟨theat⟩ *auszischen* **–ation** [sibi'leiʃən] s *Zischen* n *(a übtr)*

sibling ['sibliŋ] s *Mitkind* n *([Halb-]Bruder, [–]Schwester)*; ~s [pl] *(Halb-)Geschwister* pl, → sib

sibyl ['sibil] s ⟨ant⟩ *Sibylle* f ⟨übtr⟩ *Wahrsagerin* f ‖ *Hexe* f ‖ ~line [si'bilain] a *sibyll·inisch* ‖ *dunkel, prophetisch*

sic [sik] adv L *so*

siccative ['sikətiv] 1. a *trocknend* 2. s *Trockenmittel, Sikkativ* n

sice [sais], **size** [saiz] s ⟨at dice⟩ *Sechs* f

sice, syce [sais] s ⟨AInd⟩ *Reitknecht* m

Sicel ['sisl], **Sikel** ['sikl] 1. s *S·ikuler, Sikeler* m *(Angehöriger der Urrasse Siziliens)* 2. a *Sikuler–* ~**iot** [si'seliət], ~**iot** [si'seliət] s [pl] ~s *Sikeli·oten* m pl *(frühe sizilische Griechen)*

Sicilian [si'siljən] 1. a *siz·ilisch, sizili·anisch* 2. s *Sizili·aner(in* f) m

sick [sik] **I.** a 1. [pred] a. ⟨engl †⟩ *(jetzt:* ill) ~ of *krank an*; ~ to death *todkrank* (of *v*) ⟨mil⟩ to go ~ *sich krank melden* ‖ ~ in quarters ⟨mil⟩ *revierkrank* b. ⟨Am⟩ *krank* 2. [attr] *krank* (a ~ man) 3. [pred] *z Erbrechen geneigt, übel,* to be, feel ~ *Brechreiz fühlen, sich übergeben müssen;* as ~ as a dog *hundeelend* | *sehnsuchtsvoll, sehnsüchtig* (for *nach*) ‖ *überdrüssig* (of a th; of doing *z tun*) 4. [mst pred] ⟨fam⟩ *betrübt, enttäuscht* (at a th *über etw*; at doing *getan z h*); *angewidert,* it makes me ~ to think *es ekelt mich, wenn ich denke ..* or *bei dem Gedanken* (that); *ärgerlich* (at doing *getan zu h*; with a p *über jdn*) 5. (of wine) *verdorben; schlecht* | ⟨st exch⟩ *flau* | (of ships) *ausbesserungsbedürftig* 6. (of jokes, etc) *übel, grausam, morbide* **II.** [abs *od* s] the ~ *die Kranken* pl ‖ ⟨vulg fam⟩ it gives me the ~(s) *°es wird mir übel dabei!* °(*ich find's*) *zum Kotzen!* **III.** [in comp] *Kranken–* ‖ ~-bed *Siechen–, Krankenbett* n ‖ ~ call ⟨mil⟩ *Revierstunde* f; to go on ~ call *sich krank melden* ‖ ~-certificate *Krankenschein* m ‖ ~ club *–kasse* f, *–verein* m ‖ ~-cup ⟨aero⟩ *Speitüte* f ‖ ~-headache ⟨med⟩ *Migräne* f ‖ *insurance Krankenversicherung, –kasse* f ‖ ~-leave *Krankheits–, Erholungsurlaub* m, *Urlaub* m *z Wiederherstellung der Gesundheit* ‖ ~-list *Krankenliste* f; to put a p on the ~-list *jdn krankschreiben* ‖ ~-nurse *–wärterin* f ‖ ~ parade ⟨mil⟩ *Revierstunde* f ‖ ~-pay *Krankengeld* n ‖ ~ quarters [pl] ⟨mil⟩ *Revier* n ‖ ~ report *Krankmeldung* f ‖ ~-room *Krankenzimmer* n, ⟨mil⟩ *Revierstube* f

sick [sik] vt (of dogs) *angreifen, fassen;* [mst imp] ~! *faß!* (Hund) *hetzen* (on *auf*)

sicken ['sikn] vi/t 1. vi *erkranken, krank w, kränkeln;* to be ~ing for sth, for a disease *etwas, e–e Krankheit in den Gliedern h* | *sich sehnen* (to do) ‖ ⟨fig⟩ *vergehen, dahinschwinden* | *Übelkeit empfinden;* ⟨fig⟩ *sich ekeln* (at *vor*) *überdrüssig, müde w* (of a th *e–r S*) **2.** vt *krank m* || (*jdn*) *anekeln*; ⟨fig⟩ to be ~ed *Ekel, Widerwillen empfinden*; *überdrüssig w* (of a th; of doing) | *schwächen* | **~er** [~ə] s ⟨sl⟩ *ekelhafter Kerl* m || *Ekel* m (of *vor*); a ~ of a blow *ein ekelhafter Schlag* **~ing** [~iŋ] a (~ly adv) *ekelhaft, widerwärtig* || ⟨fig⟩ (*P*) *eklig*

sicker [ˈsikə] s ⟨Am mil sl⟩ *Lazarett* n

sickish [ˈsikiʃ] a (~ly adv) *kränklich, unpäßlich, –wohl* || *Ekel erregend*; ⟨fig⟩ *widerwärtig*

sickle [ˈsikl] s *Sichel* f || ~–feather *Schwungfeder* f **~man** [~mən] s *Schnitter* m

sickliness [ˈsiklinis] s *Kränklichkeit* f; *krankhaftes Aussehen* n; (of climate) *Ungesundheit* f || *Widerlichkeit* f

sickly [ˈsikli] **1.** a *kränklich; krankhaft* || *schwächlich* || *krankhaft aussehend; blaß, bleich* | (of feelings; light) *schwach, matt* || (of smell) *Ekel erregend*; ⟨fig⟩ *widerlich* || (of climate) *ungesund* **2.** vt [*mst* ⟨fig⟩ & pass] *krank m* || to ~ over (adv) *ankränkeln, blaß m*

sickness [ˈsiknis] s *Krankheit* f; ~ insurance *Krankenversicherung, –kasse* f || *krankhaftes Aussehen* n | *Erbrechen* n, *Übelkeit* f, *Überdruß* m | *sleeping–* ⟨med⟩ *Schlafkrankheit* f; *sleepy* ~ *Art Gehirngrippe* f | ~ allowance *Krankengeld* n ||

Sicilian [siˈkjuːliən] s & a = Sicel

side [said] s **1.** *Seite* f; *e–e v zwei Seiten*; (of the body) *Seite* f (in the ~ *in der S.*); ~ of bacon *Speckseite* f; to shake, split one's ~s with laughing *sich vor Lachen schütteln, vor L. platzen* **2.** a. *Seitenfläche*; *–wand* f | (*Seiten-*)*Rand* m (by the ~ of the road *am R. der Straße*) || *Ufer* n, *–gelände* n | *Abhang* m **b.** ⟨bill⟩ *Effet* n **c.** *besondere Seite, Erscheinung* (*e–r S.*) f; *blind* ~ *schwache S.*; *bright* ~ *Licht–* (→ sunny), *dark* ~ *Schattenseite* f **3.** (*Seiten-*)*Richtung*; *Gebiet* n, *Gegend* f (→ country, fire, river, sea); (on) this side (of) the river *diesseits des Flusses* **4.** *Seite* (*v 2 Gruppen*); ⟨pol & sport⟩ *Partei* f (on the ~ of *auf der S. v*) || ⟨school⟩ *Abteilung* f (the modern ~) || ⟨sport⟩ *Mannschaft* f; no ~ ⟨ftb⟩ *das Spiel ist z Ende* **5.** ⟨fam⟩ *Anmaßung* f, *anmaßendes Wesen*, to have ~ *eingebildet s* **6. Verbindungen a.** [*nach prep*] **at** the ~(s) *an der (den) Seite(n)* | **by** *od* at my ~ *an meine(r) S., mir z S., neben mir*; → righthand || by the ~ of *neben*; *im Vergleich mit* || to stand by a p's ~ *neben jdm stehen*; ⟨fig⟩ *jdm z Seite stehen, helfen* || ~ by ~ *neben–e–a*; ~ by ~ with *neben* | **from** *od* on all ~s, on *od* from every ~ *auf* (*von*) *allen Seiten* || from ~ to ~ *v Seite z Seite* | **off** ~ ⟨ftb⟩ → off [a] | **on** ~ ⟨ftb⟩ → on [a] || on each ~ of *auf jeder S. v*; (on) either ~ of *auf beiden Seiten v* | she looked on every ~ of her *sie sah sich nach allen Seiten um* || on his ~ *auf s–r Seite* or *Partei*; *seinerseits* || on the ~ *außerdem, extra, nebenbei, gelegentlich* (to do some sewing on the ~); *dazu* || on the (*od* my, etc) mother's ~, on the female ~ *mütterlicherseits* || to put (a th) on one ~ (*etw*) *beiseitelegen, nicht beachten* || on the other ~ *auf der anderen Seite* (of *v*); *umstehend* || on the right ~ *auf der rechten Seite*; ⟨fig⟩ *z der richtigen Partei gehörig* || the fault was on the right ~ *der Fehler wirkte sich gut aus* || on the right ~ of *fast*; *unter*; to keep on the right ~ of a p *mit jdm in Güte fertig w* || on the wrong ~ of forty *über vierzig Jahre*, → shady || to err on the ~ of (*in e–r Richtung*) *z weit gehen* (to err on the ~ of generosity *etw z freigebig s*); to err on the safe ~ (*zu*) *vorsichtig s* || to be on the small ~ *kleingeraten s, von kl Statur s* | to turn over on to one's ~ *sich auf die S. legen* (*im Bett*) | his arm fell to his ~ *sein Arm fiel z S.* || to win (over) to one's ~ (*jdn, etw*) *f sich gewinnen* **b.** to sit **four** a ~ *z vieren auf jeder S. sitzen* (*im Zuge* etc) || to get out of

bed the **wrong** ~ *mit dem linken Fuße aus dem Bett steigen*; to get on the wrong ~ of a p (of the law) *es mit jdm verderben* (*sich etw zuschulden k l*) | **this** ~ of four *vor 4 Uhr* || there is a **serious** ~ to the question *die S hat e–e ernste Seite*; there are two ~s to the question *die S hat zwei Seiten* **c.** to **hold** one's ~ °*sich den Bauch halten* (with *vor*) || to **put on** [adv] ~ ⟨fam⟩ *vornehm tun, protzen*; °*sich dicke tun, angeben* || to put on ~ *e–m Balle Effet geben* || to **take** ~s *od* a ~ *sich f e–e Partei entscheiden*; to take ~s with a p *sich jdm anschließen* **7.** [*attr* & in comp] **a. seitlich, Seiten–**; ~-arms [pl] *–waffen* f pl || ~ cap ⟨mil⟩ *Feldmütze* f, „*Schiffchen*" n; ~-chain *–kette* f (~-chain theory ⟨biol⟩ *–kettentheorie* f); ~-cut *–hieb* m; ~-door *–tür* f; ~-entrance *–eingang* m; ~-glance, ~-look *–blick* m (at *auf*); ~-pocket *–tasche* f; ~-post *–pfosten* m; to ~-slip ⟨aero⟩ (*seitlich*) *abrutschen*; ~-stitch *–stich* m; ~-scenes pl *Seitenkulissen* f pl; ~-table *Kredenz* f, *Stollenschrank* m, *Seitentisch* m; to ~-swipe ⟨mot⟩ (*beim Überholen*) *seitlich abdrängen*; *streifen*; ~(-)thrust ⟨arch⟩ *Seitenschub* m; ~-track → **7.** c. || ~-view *Seitenansicht* f; ~-walk → sidewalk **b. Seitwärts–** || ~ sway ⟨mot⟩ *Schräglage* f | **c. seitlich, Seiten–, Neben–** (→ ⟨a⟩ 7. a.) || ~-burns [pl] ⟨Am⟩ = ~-levers (→ c.); ~-car ⟨mot⟩ *Beiwagen* m (*e–s Motorrads*); passenger in ~-c. *Beifahrer* m; ~-c. motorcycle *Beiwagenmaschine* f || ~-dish *Extra–, Zwischengang* m (*beim Essen*) || ~-drum (*Wirbel-*)*Trommel* f || ~-face *Profil* n, *Seitenansicht* f || ~-issue *Nebenfrage, –sache* f || ~-kick ⟨Am sl⟩ *Kamerad, Genosse* m || ~-levers [pl] *Koteletten* f pl (*Barttracht*) || ~-light *Seitenlicht* n, *–laterne* f; *–fenster* n, ⟨mot⟩ *Standlicht*; ⟨fig⟩ *Streiflicht* n; ~-lights [pl] *lichtvolle Aufschlüsse* m pl (on *über*) || ~-line ⟨rail⟩ *Neben–, Seiten–, Zweiglinie* f; *Nebenbeschäftigung* f, *–verdienst* n || ~-loft ⟨arch⟩ *Abseite* f (*e–r Dachkammer*) || ~-note *Randbemerkung, –glosse* f || ~-on ['–––] a *Seiten–* (~-on collision *–zus–stoß* m) || ~-saddle *Damensattel* m || ~-slip **1.** s ⟨aero⟩ *seitliches Abrutschen* n; ⟨mot⟩ *Schleudern* n **2.** vi ⟨aero⟩ *seitlich abrutschen* || ~-splitter *Mords-Ulk* m || ~-splitting *mordsulkig*; *zwerchfellerschütternd* (laughter) || ~-step **1.** s *Schritt seitwärts* m, *Seitwärtstreten* n **2.** vi/t *z Seite treten*; vt (*e–r S*) *durch Seitwärtstreten ausweichen, entgehen* || ~-track **1.** s ⟨rail⟩ *Abstell–, Nebengleis* n, ⟨fig⟩ *Sackgasse* f **2.** vt ⟨rail⟩ *auf ein Nebengleis schieben*; ⟨fig⟩ (*jdn*) *ablenken*; (*etw*) *beiseiteschieben*; *kaltstellen* || ~-wheel [attr] ~-wheel steamer (a ~-wheeler) *Raddampfer* m **~board** ['–bɔːd] s *Büfett* n || ~ motor *Außenbordmotor* m, → *u.*

side [said] vi **1.** to ~ with *es halten mit, Partei ergreifen* or *nehmen f* **2.** ⟨sl⟩ *sich brüsten* **–sided** [ˈsaidid] a (~ly adv) [in comp] *–seitig*; *double–, two–* *doppel–, zwei–* || *many–* ⟨fig⟩ *viel–* | *one–* ⟨a fig⟩ *einseitig* || *one–*ness *Einseitigkeit* f

sidelong [ˈsaidlɔŋ] **1.** adv *seitwärts, z Seite* **2.** a *Seitwärts–, Seiten–*; *schräg*; ⟨fig⟩ *indirekt, versteckt*

sidereal [saiˈdiəriəl] a *Stern–* (~ year *–jahr* n); *Sternen–*; *sid'erisch*

siderite [ˈsaidərait] s *Meteorstein* m

siderography [saidəˈrɔgrəfi] s *Stahlstich* m || *Ätzen in Stahl* n; *Stahlstecherkunst* f

siderolite [ˈsaidərəlait] s *eisenhaltiger Meteorstein*

sidesman [ˈsaidsmən] s *Kirchenratsmitglied* n

side– || **~swipe** [ˈsaidswaip] s ⟨Am⟩ = sidewipe **~walk** [ˈsaidwɔːk] s ⟨Am⟩ *Bürgersteig* m **~ward** [ˈsaidwəd] **1.** adv *seitwärts* **2.** a *seitlich, Seitwärts–, Seiten–* || **~wards** [ˈsaidwədz] adv *seitwärts* (of, from *von*) ~**wipe** ['saidwaip] s ⟨Am mot⟩ *Streifen* n (*gegenseitiges Streifen zweier Wagen*) ~**ways** ['saidweiz], ~**wise** ['saidwaiz] **1.** adv *seitwärts*; *mit der Seite liegend* or *gerichtet* (to *nach*) **2.** a *seitlich*; *Seiten–* (view)

sidhe [ʃiː] ⟨Ir⟩ [pl] *Feen* f pl

siding ['saidiŋ] s ⟨rail⟩ *Rangier–, Neben–, Anschluß–, Ausweiche–, Abstell–, Seitengleis* n

sidle ['saidl] **1.** vi *sich seitwärts fortbewegen* ‖ ⟨fig⟩ (to ~ up) *sich heranschlängeln*; *heimlich herangehen, heranschleichen* (to a p *an jdn*) **2.** s *Seitwärtsbewegung* f

siege [siːdʒ] s **1.** ⟨tech⟩ *Werktisch* m **2.** ⟨mil⟩ *Belagerung* f; in a state of ~ *im Belagerungszustand*; to lay ~ to ⟨mil⟩ *belagern*; ⟨fig⟩ *bestürmen*; to raise the ~ *die Belagerung aufheben*; to undergo a ~ *belagert w* ‖ ⟨fig⟩ *Bestürmung* f ‖ [attr] *Belagerungs–*; ~-**train** ⟨mil⟩ *–park* m ‖ ~ *artillery Belagerungs–, Festungsartillerie* f

Sien(n)ese [ˌsieˈniːz] It **1.** s [pl ~] *Sienˈese* m, *–esin* f ‖ *die Sienesen* pl **2.** a *sienˈesisch*

sienna [siˈenə] s It *Sienaerde, braune Erde* f

sierra [siˈerə] s Span *Sierra* f (*Hügel–, Felsenkette*)

siesta [siˈestə] s Span *Siˈesta, Mittagsruhe* f

sieve [siv] **1.** s *Sieb* n; ⟨a fig⟩ (of persons); to draw water in a ~ *zwecklose Arbeit tun* **2.** vt *durchsieben* ‖ ⟨fig⟩ *sieben, sichten*

sift [sift] vt/i **1.** vt (*durch*)*sieben* ‖ (*etw*) *durch ein Sieb streuen* ‖ *sichten, sondern* (from *v*) ‖ *sorgsam prüfen, untersuchen* (to the bottom *bis auf den Grund*) ‖ to ~ out *aussieben, sichten, sondern* (from *v*); *ausfindig m, herausbringen* **2.** vi *sieben* ‖ *durch ein Sieb fallen*; ⟨fig⟩ *eindringen* (into *in*) ‖ ~**er** ['~ə] s *Sieber* m ‖ ⟨fig⟩ *Erforscher* m ‖ *Sieb* n, *–apparat* m ~**ing** ['~iŋ] s *Sieben* n ‖ ~s [pl] *Durchgesiebtes* n; *Siebabfälle* m pl

sigh [sai] **1.** vi/t ~ *tief atmen*, to ~ with relief *erleichtert aufatmen* ‖ *seufzen* (with, for *vor*) ‖ *schmachten* (for *nach*) ‖ *klagen* (for *um, wegen*); *klagend heulen* ‖ vt (a to ~ out) *seufzend äußern* **2.** s *Seufzer* m; with a ~ *seufzend* ‖ to fetch, heave a deep ~ *tief aufatmen, seufzen*; to heave a ~ of relief *erleichtert aufatmen*

sight [sait] s **1.** *das Erblickte* **a.** *Anblick* m (a ~ for the gods *ein A. f Götter*); *Schauspiel* n; *Sehenswürdigkeit* f; a ~ for sore eyes *ein freudiger Anblick, e–e Augenweide*, ..! °*was schen m–e entzündeten Augen!*; a ~ to see *prächtig anzusehen*; the ~s [pl] (of a town) *die Sehenswürdigkeiten* f pl (*e–r Stadt*) **b.** ⟨fam⟩ *seltsamer* or *trauriger Anblick* m; *auffälliges Aussehen* n; to be *od* to look a ~ *toll aussehen*; has he made a ~ of me? *hat er mich schmutzig gemacht?*; what a ~ you are! *wie siehst du nur aus!* **c.** ⟨fam⟩ *gr Schar, Masse* f (a ~ of *sehr viele*); a (long) ~ [adv] *bedeutend, viel*; a long ~ *besser viel besser*; a dashed ~ *easier °verflucht leichter*; not by a long ~ *bei weitem nicht, noch lange nicht* **2.** *Blick* m (of *auf*), *Anblick* m (at the ~ of him *bei s–m A.*); *Sicht* f ‖ ⟨com⟩ *Sicht* f ‖ *Beobachtung* f ‖ *Einsicht* f (into *in*) **3.** *Sehvermögen, Sehen* n ‖ ⟨fig⟩ *Auge* n; to ruin one's ~ *sich die Augen verderben* ‖ *Sehweite* f; line of ~ *Gesichtsweite* f ‖ ⟨com⟩ *Sicht* f ‖ long ~ *Weit–, Fernsichtigkeit* f ‖ near ~, short ~ *Kurzsichtigkeit* f ‖ second-~ *zweites Gesicht* n, *Kraft seherischer Gabe* f **4.** *Visier* (an *Schußwaffen*); *Korn* n (fine ~ *Fein–*) ‖ ⟨aero⟩ bomb ~ *Bombenzielvorrichtung* f; gun ~, optical ~ ⟨artill⟩ *Aufsatz* m (mit *Rundblickfernrohr*); telescopic ~ *Rundblickfernrohr* m **5.** **Verbindungen a.** [*nach prep*] (10 days) after ~ ⟨com⟩ (*10 Tage*) *nach Sicht* ‖ at ~ *beim* (*ersten*) *Anblick*; *ex tempore*; ⟨mus⟩ *vom Blatt*; ⟨com⟩ *nach Sicht*; to shoot at ~ *sofort niederschießen* ‖ at first ~ *auf den ersten*

Blick; *im ersten Augenblick* ‖ at short ~ ⟨com⟩ *auf kurze Sicht* | **by** ~ *v Ansehen* (to know by ~) | **in** ~, within ~ *in der Nähe, in Sehweite, in Sicht*; in ~ of a th *e–r S nahe* (in ~ of completion *vor der Vollendung*); to come in ~ *sichtbar w, z Vorschein k* ‖ to keep in ~ *im Auge behalten* ‖ in ~ of a p *in jds Gegenwart* or *Nähe, vor jds Augen*; in the ~ of God *vor Gott* | **out of** ~ *außer Sicht*; ⟨fig⟩ *bei weitem* (out of ~ the most influential paper); we watched him out of ~ *wir beobachteten ihn, bis wir ihn nicht mehr sehen konnten*; out of ~ of a p *unsichtbar f jdn* ‖ get out of my ~! *mir aus den Augen!* ‖ to put out of ~ *aus den Augen legen, verbergen*, ⟨cul fam⟩ (*Speise*) °*wegputzen* ‖ out of ~, out of mind *aus den Augen, aus dem Sinn* **b.** [*abhängig v Verben*] to **catch** ~ of *erblicken* ‖ to **favour** a p with a ~ of a th *jdm e–n Blick in* or *auf etw gestatten* ‖ to **get** a ~ of *z Gesicht bek* ‖ to **hate** the (very) ~ of a p *jdn nicht sehen, ausstehen können* ‖ to have the first ~ of a th *etw zuerst sehen* ‖ to **lose** ~ of a p *jdn aus den Augen verlieren*; ⟨fig⟩ *übersehen* ‖ to lose a p to ~ *jdn aus den Augen verlieren* ‖ to lose one's ~ *blind w* ‖ to **take** ~ *zielen, visieren*; to take a ~ ⟨astr-nav⟩ *e–e Beobachtung nehmen* **6.** [attr] ~ *angle Sehwinkel* m ~-**bill**, ~-**draft** *Sichttratte* f ‖ ~ *glass Sicht–, Schauglas* n ‖ ~ *mount* ⟨mil⟩ *Richtansatz* m ‖ ~-**player**, ~-**reader** ⟨mus⟩ *jd, der vom Blatt spielt* ‖ ~-**singing** *das Vom-Blatt-Singen*

sight [sait] vt/i ~ *erblicken, z Gesicht bek, sichten* ‖ *beobachten*; (a: to ~ on) ⟨bes mil⟩ *aufs Visier, Korn nehmen, anvisieren*; *zielen auf* ‖ ⟨com⟩ (*Wechsel*) *präsentieren* or *akzeptieren* | vi *zielen* ~**ed** ['~id] a *sehend*; [in comp] *–sichtig* (long-~, short-~) ~**ing** ['~iŋ] s *Sichten* n ‖ *Zielen, Visieren* ‖ [attr] *Ziel–* (~ error); *Visier–* (~ line); ~-**shot** *Probeschuß* m

sight– ~-**less** ['saitlis] a (~ly adv) *blind, ohne Sehkraft* ‖ *unsichtbar, nicht z sehen(d)* ~-**lessness** ['~nis] s *Blindheit* f ~**liness** [saitlinis] s *ansehnliches, stattliches Aussehen* n, *Schönheit* f ~-**ly** ['saitli] a *ansehnlich, gut aussehend*; *schön* ~-**seeing** ['saitˌsiːiŋ] **1.** a *schaulustig, –gierig* **2.** s *Besichtigung v Sehenswürdigkeiten* f; to go ~ *die S. besuchen* ‖ ~ *car Rundfahrt–, Ausflugwagen* m ~-**seer** ['saitˌsiːə] s *Schaulustiger* m ~-**worthy** ['saitˌwəːði] a *sehenswert*

sigillate ['sidʒilit] a ⟨bot⟩ *mit siegelförmigen Eindrücken versehen* ‖ *gemustert*

sigma ['sigmə] s Gr *das griechische S*

sigmoid ['sigmɔid] **1.** a *sigmaförmig, S-förmig* **2.** s *S-Kurve* f ‖ ~**al** [sig'mɔidl] a = sigmoid

sign [sain] s **1.** *äußeres Zeichen* n ‖ *Zeichen mit der Hand, Handbewegung* f, *Wink* m ‖ *Gebärde* f ‖ ⟨math & mus⟩ *Vorzeichen* n | *Aushängeschild, Geschäftszeichen* n; ~s used on main roads *Verkehrszeichen* n pl *auf Hauptverkehrsstraßen*; theory of ~s = semantics ‖ *Himmels–, Wunderzeichen* (~s and wonders) **2.** *Zeichen, Symptom, Anzeichen* n (of *v, f*); *Symbol* n ‖ *Kennzeichen* (of *v*), *Merkmal* n; *Spur* f; ⟨Am hunt⟩ *Fährte* f **3.** *Wendungen:* ~ of life *Lebenszeichen* n ‖ in ~ of *z Zeichen v* ‖ to make a ~ to a p, to give a p a ~ *jdm e–n Wink, ein Zeichen geben*; to make no ~ *sich nicht rühren* **4.** [attr] *Zeichen–* (~-speech) ‖ ~ *indication distance to turn-out* ⟨mot⟩ *Entfernungsbake* f *vor Anschlußstelle* ‖ ~-**manual** (*eigenhändige*) *Unterschrift* f ‖ ~-**off** (*signal*) ⟨telph etc⟩ „*Ende!*" ‖ ~-**painter** *Schildermaler* m ‖ ~ *stimulus* ⟨eth⟩ *Schlüsselreiz* m ~-**board** ['~bɔːd] s (*Aushänge-*)*Schild* m ‖ ⟨Am⟩ *Plakat-Zaun* m

sign [sain] vt/i **A.** vt **1.** (*be*)*zeichnen, kennzeichnen* ‖ to ~ a p with the sign of the cross *über jdn das Zeichen des Kreuzes m*; to ~ o.s. with the cross *sich bekreuzigen* ‖ ~**ed** for .. (*unterzeichnet*) in *Vertretung* **2.** (*s–n Namen*) schreiben (to a document *unter e–e Urkunde*); (*etw*) *unterschreiben, –zeichnen* (in full *mit Namen, mit dem vollen Namen*); ⟨jur⟩ ∼ed, sealed and delivered *unterschrieben, besiegelt u vollzogen* ‖ ∼ed ⟨arts⟩ *bezeichnet, signiert* ‖ ⟨fig⟩ *besiegeln* **3.** *durch Zeichen z verstehen geben* (to ∼ *assent*) **4.** [*mit* adv] to ∼ **away** (*Eigentum*) *durch s–e Unterschrift aufgeben* or *abtreten* ⟨*a* übtr⟩ (to ∼ *away* one's liberty) ‖ to ∼ on *anwerben, anmustern; anstellen* **B. vi 1.** *winken, ein Zeichen geben* (to a p *jdm*) **2.** *unterzeichnen;* ⟨com⟩ *zeichnen* (for *f*); to ∼ for *quittieren* ‖ ⟨Am sport⟩ *Mitglied w* ‖ to ∼ on the dotted line ⟨pol⟩ *stillschweigend alles hinnehmen; sich in das Geschehene fügen* **3.** to ∼-off ⟨telph etc⟩ „*Ende!*" *rufen, geben* etc; ⟨wir⟩ *das Ende des Programms ansagen* ‖ to ∼ on [adv] *sich anwerben l; sich verdingen* (for *f*); ⟨wir⟩ *sich melden* | ∼**er** [′∼ə] s *Unterzeichner* m

signal [′signl] s ⟨mil⟩ *Signal, Zeichen* n (for *f, z*); ⟨rail⟩ *Signal* n; ∼ of distress (abbr *SOS*) *Notsignal* n; as though in response to a ∼ *als wie auf ein gegebenes Signal* ‖ ⟨wir⟩ *tuning* ∼ *Zeit–, Senderzeichen* n | ⟨übtr⟩ *Zeichen* n (of *v*); *Losung; Veranlassung* f, *Anlaß* m (for *z*) | [attr] ∼ *battalion Fernmeldebataillon* n ‖ ∼-book –*buch* n ‖ ∼-box ⟨rail⟩ *Stellwerk* n ‖ ∼-cartridge *Leuchtpatrone* f ‖ ∼-corps *Nachrichtentruppe* f ‖ ∼-flag *Winkflagge* f ‖ ∼-gun *Signalgeschütz* n; –*schuß* m ‖ ∼-halyard *Flaggleine* f ‖ ∼-lamp *Blinkgerät* n ‖ ∼ mast ⟨*bes a*⟩ *Küstentelegraph* n ‖ ∼ pistol *Leuchtpistole* f ‖ ∼ rocket –*kugel* f ‖ ∼ service *Fernmelde–, Nachrichtendienst* m ‖ ∼ wave ⟨wir⟩ *Arbeitswelle* f

signal [′signl] vt/i [–ll–] ‖ (*etw*) *signalisieren,* (*durch Signale*) *melden, anzeigen, mitteilen* ‖ (*jdm*) *ein Zeichen geben,* (*jdn*) *auffordern* (to do) | vi *signalisieren, Signale geben* | ∼**ler** [–nələ] s ⟨mil⟩ *Melder, Blinker* m, ⟨mar⟩ *Signalgast* m ∼**ling** [–nəliŋ] s [attr] *luminous* ∼ *installation Lichtrufanlage* f

signal [′signl] a (∼ly adv) *hervorragend, bemerkenswert; außerordentlich, ungewöhnlich* ∼**ize** [′signəlaiz] vt *auszeichnen;* ∼ to o.s. *sich hervortun* | *charakterisieren; bekanntmachen, dartun; hervorheben* ‖ *vermerken, buchen*

signalman [′signlmən] s ⟨mar⟩ *Signalgast* m ‖ ⟨rail⟩ –*wärter* m

signary [′signəri] s *Zeichensystem* n, *alphabetische Zeichen* n pl

signatory [′signətəri] **1.** a *unterzeichnend, Signatur–, Vertrags–;* the ∼ powers to a treaty *die Signatarmächte* pl *e–s Vertrages* **2.** s *Unterzeichner* m

signature [′signitʃə] s *eigenhändige Unterschrift* f; *Namenszug* m; over the ∼ of a p (of letters) *mit der Unterschrift des Namens jds* ‖ ⟨hist⟩ *charakterist. Zeichen* n; *Bezeichnung* f; *Kennzeichen* n; *Stempel* m ⟨*a* fig⟩ ‖ ⟨typ⟩ *Signatur* f; *signierter Druckbogen* m ‖ ⟨mus⟩ *Signatur* f ‖ ⟨wir⟩ *Pausenzeichen* n, *Kennmelodie* f | ∼ tune ⟨wir⟩ *Vorspann* m, *Kennmelodie* f; *Zeit–, Senderzeichen* n

signet [′signit] s *Siegel* n, *Petschaft* n; privy ∼ *Geheim–, Privatsiegel* n *des Königs;* writer to the ∼ ⟨Scot⟩ *Rechtsanwalt, Solicitor* m | ∼-ring *Siegelring* m

significance [sig′nifikəns], –**cy** [–si] s *Kraft, Ausdruckskraft* f | *Bedeutung* f (to a p *f*); *Sinn* m | *Wichtigkeit, Bedeutung* f (for, to *f*); of great ∼ *v großer B.* ‖ –**ant** [sig′nifikənt] a (∼ly adv) *bezeichnend* (of *f*); *echt* (difference) ‖ to be ∼ of *beweisen; anzeigen, bedeuten* | *Bedeutungs–* (∼ element) | *bedeutsam; bedeutend, wichtig* (for *f*) | ⟨arts sl⟩ °*„toll"* –**ation** [,signi′keiʃən] s *Bedeutung* f ‖ *Andeutung, Bezeichnung* f –**ative** [sig′nifikətiv] a (∼ly adv) *Bedeutungs–* (∼ root)

∼ *be–, kennzeichnend* (of *f*); to be ∼ of *kennzeichnen* ‖ *bedeutsam*

signify [′signifai] vt/i ‖ *bezeichnen, andeuten* ‖ *bedeuten* (a th; that) ‖ *`ankündigen, bekanntmachen, kundtun* (a th; that) | vi *z bedeuten h, v Bedeutung s;* it does not ∼ *es ist nicht v B., macht nichts*

signor [′sinjə:] s It (*als Titel* etc) *Herr* (∼ *N.*) ‖ (*als Anrede*) *mein Herr* ‖ *vornehmer Herr* m | ∼**a** [sin′jɔ:ra] s (*als Titel*) *Frau* (∼ *N.*) ∼**ina** [,sinjɔ:′ri:na] s *Fräulein* (∼ *N.*)

signpost [′sainpoust] **1.** s *Wirtshausschild* n ‖ *Wegweiser* m **2.** vt (*Straße*) *mit Wegweisern versehen*

Sikh [si:k] s Ind *Sikh* m

silage [′sailidʒ] **1.** s *im Silo konserviertes Grünfutter* n **2.** vt *in e–m Silo aufspeichern*

silence [′sailəns] **I. s 1.** *Schweigen* n ‖ *Ruhe* f (∼*! R.!*); to impose ∼ *R. gebieten;* → to break ‖ *Stillschweigen;* to impose ∼ *St. auferlegen* (on a p *jdm*); to keep, preserve ∼ *St. beobachten;* to pass over in ∼ *mit St. übergehen;* to wrap o.s. in ∼ *sich in St. hüllen* ‖ *gives consent wer schweigt, stimmt zu* ‖ ∼ is golden (*Reden ist Silber*), *Schweigen ist Gold* **2.** *Ruhe, Stille* f (in solemn ∼ *in feierlicher St.*) **3.** ⟨mot⟩ *geräuschloser Gang* m **4.** *Schweigsamkeit* f ‖ *Verschwiegenheit* f ‖ *Vergessenheit* f; to pass into ∼ *in V. geraten* ‖ ∼-cabinet *schalldichte Telephonzelle* f **II.** vt ⟨*a* mil⟩ *z Schweigen bringen* ‖ *beruhigen, beschwichtigen* ‖ ⟨ac⟩ *dämpfen* ‖ ⟨fig⟩ *unterdrücken, vernichten* ‖ ⟨sl⟩ *jdn kalt m* | –**cer** [∼ə] s ⟨tech⟩ *Schalldämpfer;* ⟨mot⟩ *Auspufftopf* m –**cing** [∼iŋ] s *Schalldämpfung* f

silent [′sailənt] **I.** a (∼ly adv) **1.** *schweigend;* to be ∼ *schweigen* (be ∼*! schweig!*); to keep ∼ about (*etw*) *verschweigen* ‖ *ohne Wortbegleitung; stumm; still* (∼ *prayer stilles Gebet*) ‖ ∼ film *Stummfilm* m (*Ggs* talking film) **2.** *nicht laut; geräuschlos* (engine); *ruhig* ‖ ⟨phon⟩ *stumm* (letter) **3.** *schweigsam, verschwiegen, stumm* (about, on *über*); ∼ as the grave *st. wie das Grab;* to be ∼ on ⟨fig⟩ *sich ausschweigen über* ‖ ∼ consent *stillschweigende Zustimmung* f ‖ ∼ hours ⟨mil⟩ *dienstfreie Zeit* f ‖ ∼ partner ⟨Am com⟩ *stiller Teilhaber* m **II.** s *stummer Film* m

silesia [sai′li:ziə] s (*urspr in Schlesien hergestellte*) *Leinwand* f (*aus Leinen* or *Baumwolle*); *Lin`on* m

Silesian [sai′li:ziən] **1.** a *schlesisch* **2.** s *Schlesier(in* f) m

silhouette [,silu′et] **1.** s *Silhou`ette* f, *Schattenbild* n, –*riß* m ‖ ∼ (figure) target *Kopf–, Figuren–, Gefechtsscheibe* f, °*„Pappkamerad"* m **2.** vt/i ‖ [*mst* pass] to be ∼d *sich wie ein Schattenriß abheben* (against, upon *gegen*) | vi ∼ to be ∼d

silica [′silikə] s L ⟨chem⟩ *Kieselsäure,* –*erde* f –**cate** [′silikit] s ⟨chem⟩ *Silik`at, kieselsaures Salz* n –**cated** [′silikeitid] a *kieselsauer* –**ceous,** –**cious** [si′liʃəs] a ⟨minr⟩ *kieselartig,* –*haltig; kieselig, Kiesel–* (∼ rock –*gestein* n) –**cic** [′lisik] a ⟨chem⟩ ∼ acid *Orthokieselsäure* f –**ciferous** [,sili′sifərəs] a *kieselhaltig* –**cify** [si′lisifai] vt/i ‖ *in Kiesel(erde) verwandeln;* *verkieseln* | vi *sich in K. verwandeln* –**cium** [si′lisiəm] s ⟨chem⟩ *Sil`izium* n –**co–** [′siliko] [in comp] *Silizium–* –**con** [′silikən] s ⟨chem⟩ *Silizium* n –**cosis** [sili′kousis] s ⟨med⟩ *Silik`ose* f –**cotic** [–′kɔtik] a *silikotisch* (∼ lungs *Staublunge* f)

siliqua [′silikwə] s, –**que** [si′li:k] s Fr ⟨bot⟩ *schotenartige Fruchthülle* f –**quose** [′silikwous] a ⟨bot⟩ *schotentragend; –artig*

silk [silk] **I.** s **1.** *Seidenfaser* f, –*faden* m ‖ *Seidengewebe* n, *Seide* f **2.** [pl ∼s] *Seidenstoff* m, –*art* f; artificial ∼ (abbr artsilk) *Kunstseide* f; figured ∼ *Seidenlampas* m; thrown ∼ *zweimal gezwirnte Kettenseide;* watered ∼ *Moiréseide* f | ∼s [pl] *Seidenwaren* f pl, –*stoffe* m pl ‖ to hit

the ~ ⟨aero fam⟩ (*mit Fallschirm*) °*„aussteigen"*
3. *Seidenkleid* n; in ~s *and satins in Samt u*
Seide | (*a* ~ *gown*) *Seidentalar* m *des* King's
Counsel; *to take* ~ ⟨jur⟩ K. C. *w* || ⟨fig⟩
King's Counsel (the senior ~); the ~ *die K. C.*
(*hohe Ränge des jur. Standes*) **4.** *Seidenglanz* m
5. [in comp] *Seiden–* || ~-cotton *–baumwolle* f
|| ~-culture *–kultur* f || ~-gland *Spinndrüse der*
Seidenraupe f || ~ *goods* [pl] *Seidenzeug* n ||
~-grower *–züchter* m || ~ *hat Zylinder(hut)* m
|| ~-mill *Seidenfabrik* f || ~-moth ⟨ent⟩
–spinner m || ~-reel, ~-winder *–spule* f ||
~-screen *process* ⟨typ⟩ *Siebdruck* m || ~-stock-
ing ⟨Am fig⟩ *reicher Müßiggänger* m **II.** *a seiden*
(~ *stocking*); *Seiden–* (~ *ribbon*) **III.** vt *in*
Seide kleiden, mit S. bedecken ~en [ʹ~ən] a **1.**
⟨poet⟩ *seiden, Seiden–* **2.** ⟨übtr⟩ *seidenartig,*
weich(*lich*); *glänzend* (~ *hair*) | ⟨fig⟩ *lieblich,*
sanft ~ *ölig, gesalbt* ~iness [ʹ~inis] s *das Seiden-*
artige || ⟨fig⟩ *das Weiche*
  silkworm [ʹsilkwə:m] s *Seidenraupe des*
–spinners f
  silky [ʹsilki] a *seiden*(*artig*), *seidig; weich* |
glänzend | ⟨fig⟩ *weich, einschmeichelnd, zart,*
lieblich, sanft || *ölig* (*wine*)
  sill [sil] s (*Tür-*)*Schwelle* f, *Süll* m | *Fenster-*
brett n, *–brüstung, –bank, Sohlbank* f | ⟨geol⟩
Lagergang m
  sillabub, sillibub, syll– [ʹsiləbʌb] s *Getränk aus*
Milch, Wein, Zucker || ⟨fig⟩ *süßliches Gefasel* n
  siller [ʹsilə] s ⟨Scot⟩ = silver
  silliness [ʹsilinis] s *Dummheit; Torheit,*
Albernheit f
  silly [ʹsili] **1.** a (*–lily* adv) *dumm, einfältig,*
töricht | *unklug, leichtfertig* | *albern, blöd* |
⟨crick⟩ ~ *point der Fänger* (*ein* fielder) *ganz*
nahe dem Schläger m || ~ *season Stille, Flaute*
im politischen u gesellschaftl. Leben u ihre Wir-
kung f, ⟨fam⟩ *Saure-Gurkenzeit* f **2.** s ⟨fam⟩
Dummkopf, Narr m
  silo [ʹsailou] **1.** s [pl ~s] Span *Silo* m, *Ge-*
treide–, Futtergrube, –miete f, *–speicher* m **2.** vt
(*Getreide* etc) *einlagern, –mieten*
  silphidae [silʹfaidi:] s [pl] *Aaskäfer* m pl
  silt [silt] **1.** s *Triebsand, Schlamm, Schlick* m ||
~ *of precipitates Senkstoffablagerung* f **2.** vi/t |
(*a to* ~ *up*) *verschlammen; mit Schlamm ver-*
stopft w || *sickern* (through) | vt (*mst to* ~ *up*)
verschlammen; –sanden; –stopfen | ~y [ʹ~i] a
verschlammt, schlammig, Schlamm–
  Silurian [saiʹljuəriən] ⟨geol⟩ **1.** a *silʹurisch,*
Silʹur– **2.** s *Silʹurformation* f
  silvan, syl– [ʹsilvən] a ⟨poet⟩ *waldig, Wald–*
  silver [ʹsilvə] **1.** s *Silber* n; German ~ *Neu-*
silber, Alpak(k)*a* n || *Silbergeld* n; *loose* ~ *ein-*
zelnes Silbergeld | *Silberzeug, –geschirr* n |
Silberglanz m **2.** [attr] *silbern, Silber–* (~ *cup*),
~ *alloy –legierung* f || *zweitbest; speech is* ~
Reden ist Silber; ~ *wedding silberne Hochzeit* f
|| the ~ *age das silberne Zeitalter* n | *silberfarbig,*
glänzend (*hair*) || *silberhell* (*tone*) || *beredt*
(*tongue*) **3.** [in comp] ~ *"C" certificate Silber-C*
n (*Segelflugprüfung*) || ~-coloured *silberfarbig* ||
~-fir ⟨bot⟩ *Silber–, Edeltanne* f || ~-fish
⟨ich⟩ *Silberfisch* m || ~ *frost Eisglätte* f ||
~-gilt (*feuer*)*vergoldetes Silber* n [a attr] ||
~-grey **1.** a *silbergrau* || *silbergraue Farbe* f |
~-haired, ~-headed *silberhaarig* || ~-lace
Silberband n, *–tresse* f || ~-leaf *Blattsilber* n;
⟨bot⟩ *silberblättrige Pflanze* f || ~-mine *Silber-*
grube f || ~-mounted *silberbeschlagen* || ~-ore
Silbererz n || ~-paper *weißes Seidenpapier* n;
Silberpapier n || ~ *pine* ⟨bot⟩ *Bergstrobe, –kiefer*
f (*Westamerikanische Weymouthskiefer*) ||
~-plate *Silbergerät, –geschirr* n; ~-plated
silberplattiert; ~-plating *Silberplattierung* f ||
~ *poplar* ⟨bot⟩ *Silberpappel* f || ~ *screen Silber-*
film m: *Filmleinwand* f; [koll] *Sprechfilme* pl ||

~-side *bester Teil der Rindskeule* f || ~-stain
Silberlot, Kunstgelb n || ~-stick-in-waiting
Kapitän m *der königl. Schloßgarde* || ~ *streak*
der Englische Kanal m || ~-ware *Silberwaren* f pl,
–geschirr, –zeug n || ~-weed ⟨bot⟩ *silberweißes*
Fingerkraut n
  silver [ʹsilvə] vt/i **1.** vt *versilbern, mit Silber*
überziehen || (*Glas* etc) *mit Folie belegen* | ⟨fig⟩
versilbern; (*Haar*) *silberweiß or grau m* | *in helles*
Licht werfen, versetzen **2.** vi *silberweiß w* | ~n
[ʹsilvən] a ⟨poet⟩ *silbern;* ~smith
[ʹsilvəsmiθ] s *Silberschmied* m | ~y [ʹsilvəri] a
Silber– (~ *leaf*), *silberfarben, –weiß* || (of the
voice, etc) *silberhell, silberklar*
  silviculture, syl– [ʹsilviˌkʌltʃə] s *Baum–,*
Forstkultur f
  simian [ʹsimiən] **1.** a *affenartig, Affen–* |
äffisch **2.** s ⟨zoo⟩ *Menschenaffe* m
  similar [ʹsimilə] **1.** a *ähnlich, gleich* (to a th
e–r S); a type ~ *to him ein ähnlicher Typ wie er*
|| *gleichartig* **2.** s *das Ähnliche* || *Ebenbild* n (to a
p *jds*) || ~s [pl] *gleichartige Dinge* n pl ~ity
[ˌsimiʹlæriti] s *Ähnlichkeit* (to *mit*); *Gleichartig-*
keit f (between) ~ly [ʹsi7miləli] adv *in ähnlicher*
Weise; ~ *circumstanced ähnlich gelagert*
  simile [ʹsimili] s L ⟨rhet⟩ *Vergleich* m, *Gleich-*
nis n (e. g. fair as a star; the shield of Satan hung
on his shoulder like the Moon [Milton, Paradise
Lost]); epic *od* Homeric ~ *entwickelter or aus-*
geführter Vergleich m **–litude** [siʹmilitju:d] s
Ähnlichkeit (between) || *äußere Gestalt* f (in the
~ of) | **Ebenbild* n | **Gleichnis* n **–lize** [ʹsimi-
laiz] vt/i | *durch Gleichnisse ausdrücken or*
erklären | * vi *in Gleichnissen reden*
  simmer [ʹsimə] **I.** vi/t **1.** vi *leicht kochen,*
wallen, brodeln | ⟨fig⟩ (*P*) *kochen; aufwallen*
(with *vor*); (of affections, etc) *gären* | to ~ *down*
sich abkühlen; ⟨fig⟩ *ruhig w, sich beruhigen* || to
~ *over ʹüberwallen* **2.** vt (*etw*) *gelinde kochen,*
leicht im Kochen halten **II.** s (*mst* fig) *leicht*
kochender Zustand (at a ~); *to bring to a* ~
leicht z Kochen bringen ~stat [~stæt] s *Thermo-*
stat m
  simmon [ʹsimən] s ⟨Am⟩ abbr f persimmon
  simnel [ʹsimnl] s (*a* ~-cake) *feiner, stark ge-*
würzter Rosinenkuchen m (z Festtagen)
  simoleon [siʹmouliən] s ⟨Am sl⟩ *Dollar* m
  simoniac [saiʹmouniæk] s *Simonʹist* m ~al
[ˌsaimoʹnaiəkl] a (~ly adv) *simonistisch*
  simonize [ʹsaimənaiz] vt ⟨mot⟩ (*Wagen*)
waschen, schamponieren
  Simon Pure [ʹsaimənʹpjuə] **1.** s ⟨oft⟩ the real
~ (*die wahre, echte P or S*) *der „wahre Jakob"*
2. [attr] *wahr, echt*
  simony [ʹsaiməni] s *Simonʹie* f (*Ämterkauf*)
  simoom [siʹmu:m] s *Samʹum* m (*heißer*
Wüstenwind)
  simp [simp] s ⟨Am⟩ abbr f simpleton
  simpatico [simʹpætiko] a It *anziehend,*
sympathisch
  simper [ʹsimpə] **1.** vi *einfältig or geziert*
lächeln **2.** s *einfältiges or geziertes Lächeln* n
  simple [ʹsimpl] **I.** a (*–ply* adv) **1.** *einfach, un-*
gemischt; nicht zus–gesetzt or verwickelt || *klar*
2. *einfach; unschuldig, harm–, arglos* || ~-hearted
arglos; ~-minded *arglos; leichtgläubig* **3.** *ein-*
fach, schlicht, anspruchs–, schmucklos; unge-
künstelt (*style*) **4.** (of birth, rank) *einfach,*
schlicht; gewöhnlich **5.** *dumm, leichtgläubig, ein-*
fältig; ~ *Simon Einfaltspinsel, Dummerjan* m
6. *rein, bloß; pure and* ~ *schlechthin, völlig,*
rein; ~ *interest Kapitalzinsen* pl **II.** s *einfacher or*
einfältiger Mensch m || *reine Medizin* f | ⟨gram⟩
Simplex n
  simpleton [ʹsimpltən] s *Einfaltspinsel* m
  simpliciter [simʹplisitə] adv L *einfach, gänz-*
lich, ausschließlich, unbedingt
  simplicity [simʹplisiti] s *Einfachheit; Unkom-*

pliziertheit f **|** Unschuld, Arglosigkeit; Einfalt f **|**
Schmucklosigkeit f **||** Durchsichtigkeit, Klarheit f
simplification [͵simplifi'keiʃən] s Verein-
fachung f **|** ⟨Am⟩ Methode f normierter Massen-
produktion (v Einzelteilen) **–fy** ['simplifai] vt
vereinfachen **||** erleichtern; leichter verständlich
m **||** (etw) als einfach hinstellen
simplism ['simplizm] s gesuchte Einfachheit f
–istic [sim'plistik] a allzu einfach, überaus einfach
simply ['simpli] adv einfach **||** unauffällig,
schmucklos **|** leicht; klar **|** bloß, nur; ~ and
solely einzig u allein **||** einfach, geradezu
simpson ['simsn] **1.** s getaufte Milch f **||** my
name is ⤴, not Samson °ich hab auch nur e i n e n
rechten Arm **2.** vt (Milch) taufen
simulacrum [͵simju'leikrəm] s L [pl ~s od
–cra] Bild, Abbild n **||** Schatten–, Scheinbild n,
leerer Schein m **||** hohle Form f
simulant ['simjulənt] a sehr ähnlich; to be ~
of aussehen wie
simulate ['simjuleit] vt (er)heucheln, simulie-
ren, vorgeben, –täuschen (to be z s; that daß) **||**
nachahmen **||** äußerlich gleich or ähnlich s (a th
e–r S) **||** ⟨mil⟩ to ~ an attack e–n Übungsangriff
m **||** under ~d (combat) conditions gefechts-
mäßig **||** ~d trainer ⟨mil⟩ = –ator **||** ~d
leather, silk ⟨bes Am⟩ Kunstleder n, –seide **–ation**
[͵simju'leiʃən] s Heucheln n, Verstellung f **|**
Nachahmung f **–ator** [~ə] s ⟨mil⟩ Ausbildungs–,
Übungsgerät n
simulcast ['siməlkɑ:st] s ⟨Am⟩ Simult·an-
sendung f (über Hör– u Bildfunk)
simultaneity [͵siməltə'ni:iti] s Gleichzeitigkeit
f; ~ of laws → merger **–neous** [͵siməl'teinjəs] a
(~ly adv) gleichzeitig (with mit) **||** ~ attack
from all sides ⟨tact⟩ konzentrischer Angriff m **||**
~ game ⟨chess⟩ Simult·anspiel n **||** ~ inter-
pretation Simultandolmetschen n **–neousness**
[~nis] s = simultaneity
sin [sin] **1.** s Sünde f (~ of omission Unter-
lassungs–); deadly ~, mortal ~ Todsünde; ~
original **|** ~ offering ⟨ec⟩ Sühneopfer n **|** ⟨übtr⟩
Versündigung f, Vergehen n (against an, gegen) **|**
it is a ~ es ist e–e Sünde (to do) **||** ⟨fam⟩ like ~
wie der Teufel or Deibel (heftig), to hate a p like
~ ⟨fam⟩ jdn wie die Sünde hassen **||** to live in ~
in unerlaubtem Umgang leben **|** ~-buster ⟨Am⟩
°Sündenabwehrkanone f (Prediger, Missionar)
2. vi/t **|** e–e Sünde begehen; sündigen, fehlen,
verstoßen (against gegen) **|** vt to ~ a ~ e–e
Sünde begehen
sinapism ['sinəpizm] s Senfpflaster n
since [sins] **1.** adv seither, später; seitdem (he
has been ill ~ er ist seitdem krank), ever ~ v
jeher **|** bis jetzt; bis dahin **|** vor (I spoke to him
a fortnight ~); long ~ vor langer Zeit, seit
langem; it is a year ~ es ist ein Jahr her; how
long~? vor wie langer Zeit?; how long ~ is it?
wie lange ist es her? **||** he came home a little
while ~ .. vor kurzem ..; but a short time ~
erst vor kurzer Zeit **2.** prep seit; nach; I have
been here ~ Sunday ich bin seit Sonntag hier
3. conj seit(dem) (it is 200 years ~ it happened;
how long is it ~ it happened? wie lange ist es
her, daß es geschah? **||** seit: I have lived (ich
lebe) here ever ~ I was born .. zeit m–s Lebens,
seit m–r frühsten Jugend **|** da (ja), weil
sincere [sin'siə] a (~ly adv) echt, lauter, rein **||**
offen, aufrichtig; treu **||** (in Briefen) Yours ~ly
(vertraulich) → faithfully, truly) Ihr aufrichtig or
sehr ergebener **|| ~ness** [~nis] s = sincerity
sincerity [sin'seriti] s Offenheit, Aufrichtigkeit
(in doing z tun); Echt–, Reinheit f; ⟨Lit⟩ Geradheit, Echtheit f
sinch [sin(t)ʃ] s: it's a ~! es ist e–e leichte
Sache!

sinciput ['sinsipʌt] · s ⟨anat⟩ Schädeldach,
Vorderhaupt n
sine [sain] s ⟨math⟩ (abbr sin [sain]) Sinus m
|| [attr] Sinus–; ⟨wir⟩ ~ wave –welle f (Welle
harmonischer Schwingungen)
sine ['saini] L prep ohne **||** ~ die ['saini'daii)
auf unbestimmte Zeit **||** ~ qua non ['sainikwei-
'nɔn] unerläßliche Bedingung f **–cure** ['sainikjuə]
s Sinek·ure f, einträgliches, müheloses Amt n,
Ruheposten m **–curist** ['sainikjuərist] s Inhaber
e–r S
sinew ['sinju:] **1.** s ⟨anat⟩ Sehne f **|** ~s [pl]
Muskelkraft f; ⟨fig⟩ Stärke, Hauptstütze f **||** the
~s of war die Seele des Krieges (Geld) **2.** vt
⟨poet⟩ stärken, kräftigen **–ed** [~d] a sehnig;
kräftig **–less** [~lis] a ohne Sehnen **||** ⟨fig⟩
schwach, kraftlos **–y** [~i] a sehnig, zäh (meat) **||**
sehnig, nervig, kräftig **||** (of style) kraftvoll, ge-
drungen
sinful ['sinful] a (~ly adv) sündig; sündhaft
⟨a übtr⟩ **–ness** [~nis] s Sündhaftigkeit f
sing [siŋ] **I.** vi/t [sang/sung] **A.** vi **1.** singen;
to ~ out of tune falsch singen; to ~ to the lute
z Laute, to a tune nach e–r Melodie singen; to ~
to a p jdm vorsingen **|** dichten; to ~ to a p's v,
besingen **|** jauchzen (for vor) **2.** ⟨übtr⟩ (of birds)
singen, zwitschern, (of nightingales) schlagen,
singen **|** (of bees, etc) summen **|** (of the wind,
etc) heulen; ⟨wir⟩ pfeifen **||** (of the ear) sausen,
klingen **||** to ~ small kleinlaut w or s **3.** sich
singen l **4.** to ~ out laut rufen, schreien **B.** vt **1.**
(etw) singen (to the tune of nach der Melodie v) **||**
to ~ the same song ⟨fig⟩ in dasselbe Horn
stoßen; to ~ another tune od song ⟨fig⟩ andere
Saiten aufziehen **|** (etw) vorsingen (to a p jdm)
2. (etw, jdn) besingen **|** to ~ a p's praises jdn
verherrlichen, preisen **3.** (jdn) durch Gesang begleiten **4.** durch Singen bringen (to z); to ~ a p
to sleep jdn in den Schlaf singen **5.** to ~ out
(etw) ausrufen **6.** [in comp] ~-down ⟨Am fam⟩
Sängerwettbewerb m **|| ~-song 1.** s Singsang m;
Gesinge n **|** Gemeinschaftssingen n **2.** a eintönig
gesungen **3.** vt/i eintönig singen **II.** S Singen n,
Gesang m **||** Summen n **||** ⟨Am⟩ Gemeinschafts–,
Liedersingen n; Liederabend m **–able** ['~əbl] a
singbar **–er** ['~ə] s Sänger(in f) m; to be a ~
singen können **|** Dichter(in f) m **|** public ~
Konzertsänger(in f) m **–ing** ['~iŋ] **1.** a (~ly
adv) singend (⟨a übtr⟩ ~ lamp); Sing–; ~-bird
–vogel n; ~-man (bezahlter) Chorsänger, Vor-
sänger m **2.** s Gesang m, Singen n **|** Brausen,
Klingen, Summen; ⟨wir⟩ Pfeifen n; ~ in one's
ears Ohrensausen n **|** [attr] Gesang–, ~-lesson
–stunde f; ~-master –lehrer **|** Sing–, ~ voice
–stimme f
singe [sindʒ] **1.** vt/i [prs p ~ing] (Geflügel)
(ab)sengen; to ~ hair die Spitzen des Haars
sengen **||** (etw) versengen; to ~ one's wings ⟨fig⟩
sich die Flügel verbrennen **|** vi sengen **2.** s Sengen
n; to give the hair a ~ das Haar sengen **||**
leichte Brandwunde f
Singhalese [͵siŋgə'li:z], **Sinhalese** [͵sinhə-
'li:z] **1.** a singhalesisch **2.** s [pl ~] Singhalese m
(–sin f); die Singhalesen pl (Bewohner v Ceylon)
| das Singhalesische
single ['siŋgl] a (–gly adv) **1.** [pred] allein,
für sich; einsam **2.** alleinstehend, ledig, ~
blessedness ⟨hum⟩ der „ideale" Ledigenstand m;
~ entity Einheit f; ~ life Junggesellenleben n,
–stand m; ~ man Junggeselle m **|** einzeln, f e–e
Person, Einzel– **|** ~ bed –bett, ~ game –spiel n;
~ room –zimmer n); ~ combat Zweikampf m;
~ eye-glass Monokel n; ~ envelopment ⟨tact⟩
Umfassung f; ~ file Gänsemarsch m **|** einfach
(ticket) **||** einmalig (~ sum); bookkeeping by ~
entry einfache Buchführung f **3.** nur ein (a ~
door), einzig (not a ~ one) **||** Ein– (~ channel,
~ level, ~ particle state) **||** einfach (birth,

delivery) ‖ *alleinig, bloß* (with the ~ exception) | *vereint* (with a ~ voice) ‖ ~ bill ⟨com⟩ *Solawechsel* m **4.** *ehrlich, aufrichtig* (~ mind) **5.** [in comp] *ein–, Ein–*; ~-breasted (of coats, etc) *einreihig* ‖ ~-coated film ⟨phot⟩ *Einschichtfilm* m ‖ ~-cylinder engine *Einzylindermotor* m ‖ ~-decker ⟨aero⟩ *Eindecker* m ‖ ~-eyed *einäugig* ‖ *zielbewußt, ehrlich* ‖ ~-file column ⟨mil⟩ *Reihe* f ‖ ~-gyro compass *Einkreiselkompaß* m ‖ ~-handed 1. a *einhändig; alleinig, ohne Hilfe* 2. adv *allein, selbständig* ‖ ~-hearted, ~-minded *aufrichtig; treu; zielbewußt* ‖ ~-line [attr] ⟨rail⟩ *eing(e)leisig* ‖ ~-mindedness *Aufrichtigkeit* f; *Zielbewußtheit, –strebigkeit* f ‖ ~-moulded line ⟨pros⟩ = end-stopped line (*bes im frühen* blank verse), → run-on line ‖ ~-night [attr] *nur einmalig* (performance) ‖ ~-phase [attr] *einphasig*; ~-ph. current *Einphasenstrom* m ‖ ~-pole *einpolig* ‖ ~ price *Einheitspreis* m (~-price store *Laden mit –preisen*) ‖ ~ release (*Bomben-*)*Einzelwurf* m ‖ ~ round *Einzelschuß* m; ~ r.s [pl] ⟨MG⟩ *Punktfeuer* n ‖ ~-seater ⟨aero⟩ *Einsitzer* m ‖ ~-seat fighter ⟨aero⟩ *Jagdeinsitzer* m ‖ ~-stage *einstufig* ‖ ~-track *eingleisig, einspurig* ‖ ~-valve set ⟨wir⟩ *Einröhrenempfangsapparat* m ‖ ~-wire line ⟨telph⟩ *Einfachleitung* f ~stick [~stik] s *Fechtstock mit Korb*; *Korbschläger* m ‖ *Stockfechten* n

single [ˈsiŋgl] **1.** s *das* or *der einzelne; einzelnes Stück* n; in ~s (*Ggs* in pairs) *einzeln* ‖ *einfache Fahrkarte* ⟨ten⟩ *Einzelspiel* n; ⟨crick⟩ *ein Lauf* m **2.** vt: to ~ out *auswählen, –lesen* (as *als*; for *für, z*); (*jdn*) *herausheben, bestimmen* (for *z*) ~ness [–nis] s *Einsamkeit*; *Ehelosigkeit* f ‖ *Vereinzelung* f ‖ *Aufrichtigkeit* f (~ of heart) ‖ ~ of purpose *Zielstrebigkeit* f

single [siŋgl] s *Wedel* m (*Schwanz des Rotwilds*)

singlet [ˈsiŋglit] s *wollenes Unterhemd* n; *–jacke* f ‖ ⟨sport⟩ *Trikothemd* n (in shorts and ~s); dancing ~ *Tanzanzug* m (*aus Trikot*)

Sing Sing [ˈsinsiŋ] s *das Staatsgefängnis* ~ ~ *v New York*

singular [ˈsiŋgjulə] **1.** a (~ly adv) *vereinzelt, gesondert, einzeln* (all and ~ *all u jeder*) ‖ ⟨gram⟩ *singularisch, Singular–* | *einzig, –artig*; ~ of its kind *einzig in s–r Art* ‖ *selten, ungewöhnlich* ‖ *ausgezeichnet, hervorragend* (in *in*) | *eigentümlich, sonderbar*; ~ to say *seltsamerweise* **2.** s ⟨gram⟩ *Singular* m (in the ~ *im S.*); *Einzahl* f ~ity [ˌsiŋgjuˈlæriti] s *Einzigartigkeit, Besonderheit* f | *Seltsamkeit, Eigenheit* f ~ly [~li] adv *besonders; höchst*

Sinhalese [ˈsinhəˈliːz] a & s → Singhalese

sinian [ˈsiniən] *sinic* [ˈsinik] a *chin·esisch*

sinify [ˈsinifai] vt *z e–m Chinesen m*

sinister [ˈsinistə] a (~ly adv) ⟨*her⟩ *link, z Linken* | *unheilvoll* (to *f*) ‖ *schlecht, schlimm, böse* ‖ *unheimlich; finster* (instinct)

sinistral [ˈsinistrəl] a (~ly adv) *linkseitig*; ⟨zoo⟩ (of shells) *v rechts nach links gewunden*

sink [siŋk] **I.** vi/t [sank/sunk] (→ sunken) **A.** vi **1.** *sinken; nieder–, versinken, untergehen* | (of ground, etc) *fallen; sich neigen* or *senken* ‖ *sinken, fallen* (on, on to *auf*) | to ~ into the grave *ins Grab sinken* ‖ (a to ~ down) *niederfallen, sich –lassen* ‖ to ~ small *in sich zus–sinken* **2.** (of liquids) *eindringen* (into *in*); ⟨übtr⟩ *sich einprägen* (into a p's mind *jdm*); to ~ in *sich einprägen* **3.** ⟨übtr⟩ *versinken* (into, in *in*) (*ver*)*fallen* (into); *übergehen* (into *in*) **4.** ⟨fig⟩ *schwach w; erliegen, zus–brechen* (under *unter*); his heart sank (within him) *ihm schwand der Mut, er war verzweifelt*; he sank fast *es ging rasch z Ende mit ihm* **5.** *herabsinken* (to *z*); *abnehmen* **B.** vt **1.** *sinken l, z Sinken bringen* | (*Schiff*) *versenken* | ⟨übtr⟩ to be sunk in thoughts

in Gedanken versunken s | ⟨fig⟩ *vernichten; verderben* | *fallen l*; (*Kopf*) *senken* ‖ *herab–, niederdrücken*; (*Preise*) *herabsetzen*; (*Stimme*) *senken* **2.** *tiefer legen*; (*Loch*) *ausgraben*; (*Brunnen*) *bohren*; (*Schacht*) *absinken, –teufen* ‖ *eingravieren*; to ~ a die *e–n Stempel schneiden* ‖ (*Stein* etc) *einlassen, –setzen* (into *in*), to be sunk *in eingebettet s in* **3.** ⟨übtr⟩ *fallen l*; (*Namen, Rang*) *aufgeben*; *überg·ehen, nicht beachten, beiseite l* ‖ (*Streit*) *beilegen* ‖ (*Schuld*) *tilgen* ‖ (*Kapital*) *fest anlegen* ‖ (*Geld*) *verlieren, wegwerfen* | °(*Schnaps*) *hinter die Binde gießen* **II.** s **1.** (in kitchens) *Ausguß* m, *–becken* n ‖ *Abzugsloch* n, *–kanal* m | *Pfuhl* m; ⟨a fig⟩ ~ of iniquity *Sündenpfuhl* ‖ *Vertiefung* f; *tiefliegendes Becken* n ‖ ⟨theat⟩ (of the stage) *Versenkung* f | [attr] ~ unit (*in Möbelstück*) *eingebauter Ausguß* m, *Einbauküche* f ~able [ˈ~əbl] a *versenkbar, zu versenken(d)* ~er [ˈ~ə] s *Stempelschneider* m ‖ ⟨mar⟩ *Senkblei* n ‖ ⟨Am⟩ = dough-nut ~ing [ˈ~iŋ] s *Sinken* n; *Senkung* f; [pl] ~s ⟨sub-mar⟩ *Versenkungen* f pl ‖ *Schwächegefühl* n, ~ at the (*od* one's) *heart Angstgefühl* n, *Gefühl der Beklommenheit* f; ~ in the stomach *Hungergefühl* n | *Versenkung* f ‖ *Aushöhlung*; *Vertiefung* f | [attr] ~-fund ⟨com⟩ (*Schulden-*)*Tilgungsfonds* m

sinless [ˈsinlis] a (~ly adv) *sündenfrei; unschuldig* ~ness [~nis] s *Sündlosigkeit* f

sinner [ˈsinə] s *Sünder*(in f) m; ⟨a übtr⟩

Sinn Fein [ˈʃinˈfein] s Ir (*eig. „wir selbst"*) *politische u nationale Bewegung u Partei* f *in Irland* (*ggr. 1905*) ~er [~ə] s *Anhänger* m *der Bewegung*

Sino- [ˈsino] [in comp] *chinesisch, China–*; ~-Japanese [ˈsino dʒæpəˈniːz] a *chinesischjapanisch* ~logist [siˈnɔlədʒist], ~logue [ˈsinəlɔg] s *Sinol·og* m (*Kenner des Chinesischen*) ~logy [siˈnɔlədʒi] s *Chinakunde* f

sinter [ˈsintə] s Ger ⟨geol⟩ *Sinter* m (*mineral. Niederschlag aus Quellen*)

sinuate [ˈsinjuit] a ⟨bot⟩ *ausgebuchtet*

sinuosity [ˌsinjuˈɔsiti] s *Gewundenheit* f ⟨a fig⟩ ‖ *Biegung, Krümmung, Windung* f ~uous [ˈsinjuəs] a (~ly adv) *gewunden, gekrümmt*; *sich windend* (*Fluß*) ‖ ⟨übtr⟩ *gewunden, krumm* ‖ *biegsam, geschmeidig* ‖ *eng anliegend* (dress); *wogend* (sound)

sinus [ˈsainəs] s L [pl ~es] ⟨anat⟩ (*Stirn–* etc) *Höhle* f ‖ ⟨path⟩ *Eitersack* m ‖ ⟨bot⟩ *Krümmung, Kurve, Ausbuchtung* f ~oidal [ˌsainəsˈɔidəl] a *Sinus–* (~ wave ⟨el⟩ *–welle* f)

Siouan [ˈsuːən] a *Sioux–* **Sioux** [suː] s (pl ~ [~z]) *Sioux* m (*Angehöriger e–s Indianerstammes*) [a attr]

sip [sip] **1.** vi/t [–pp–] *schlürfen, nippen* (of *an*) | vt (*etw*) *langsam trinken; nippen an* (*etw*); (*etw*) *schlürfen* **2.** s *Nippen; Schlückchen* n (a ~ of wine *ein Schl. Wein*)

siphon [ˈsaifən] **1.** s (*Saug*)*röhre* f, *Heber* m ‖ *Unterführung e–s Wasserlaufes, Rohrleitung* t *unter Wegen, Düker* m ‖ *Druckflasche* f, *Siphon*(*flasche* f) m ‖ ⟨zoo⟩ *Sipho* m (*Atem–, Kloakenöffnung der Muscheln*) **2.** vt (*Magen* etc) *aushebern; entleeren*

siphuncle [ˈsaifʌŋkl] s ⟨zoo⟩ *kl Kanal* m, *Röhre* (*im Muschelgehäuse*) ‖ ⟨ent⟩ *kl Sipho* m

sippet [ˈsipit] s *geröstete Brotschnitte* f (*z Suppe od z Braten gereicht*) ‖ ⟨fig⟩ *Stückchen* n

Sir [səː, *w f* sə] **I.** s **1.** (a ~) (*als Anrede gegenüber Fremden* or *Höhergestellten* or *aus Höflichkeit*) (*mein*) *Herr* (Yes, ~) ‖ (*in Briefen*): ~, *Sehr geehrter Herr!* (*vertraulich:* Dear ~, ⟨com⟩ ~s (*jetzt mst:* Gentlemen) *Sehr geehrte Herren!* **2.** (*als Titel der* Baronets & Knights *immer nur v o r dem Vornamen*) ~ George N., ⟨fam⟩ ~ George (*u h i n t e r anderen Titeln*):

Colonel ~ George N. **II.** vt to ⁀ (jdn) mit ~ anreden

sirdar ['sə:da:] s ⟨hist⟩ *Sirdar (brit. Ober-befehlshaber der ägyptischen Armee)* m

sire ['saiə] **1.** s † *(als Anrede) Majestät* f (⁀ *Euere M.*) ‖ **Fürst, Gebieter, Herr* m | ⟨poet & rhet⟩ *Vater, Vorfahr;* ~s [pl] *–väter* pl ‖ (*T*) *Vater* m, *männl. Stammtier* n, *bes Zuchthengst, Beschäler* m **2.** vt *(of horses) zeugen*

siren ['saiərin] s ⟨ant⟩ *Sir·ene* f; ⟨übtr⟩ *weibl. Seedämon* m, *Ungeheuer* n; *Verführerin* f | ⟨mar⟩ *Signalgerät* n, *Sirene* f; *Nebelhorn* n ‖ ⟨aero⟩ *Sirene* f, *Sirenenzeichen* n ‖ ⟨zoo⟩ *Arm-molch* m | [attr] *Sirenen–* ‖ *verführerisch* ~**ian** [saiə'ri:niən] **1.** s ⟨zoo⟩ *Sirene, Seekuh* f **2.** a *Seekuh–*

siriasis [si'raiəsis] m Gr ⟨path⟩ *Sonnenstich* m ‖ *Sonnenbad* n

Sirius ['siriəs] s L ⟨astr⟩ *Sirius, Hundsstern* m

sirkar, sircar ['sə:ka:] s ⟨AInd⟩ *die indische Regierung* f ‖ *Hausmeister* m ‖ *Buchhalter* m

sirloin ['sə:loin] s *Lenden–, Nierenstück* n, *Stück* n *Rindfleisch* n

siroc(co) [si'rok(ou)] s [pl ~s] It *Schir·okko* m *(Wind im Mittelmeer)*

sirrah ['sirə] s † *Bursche, Kerl* m **sirree** [si'ri:] s ⟨Am⟩ [intens voc]

sirup ['sirəp] ⟨bes Am⟩ s → syrup

sirventes [sir'ventez] s ⟨Provençal⟩ *Sirventes* n *(im Liebesdienst an e–e verheiratete Frau ge-richtetes Gedicht)*

sis [sis] s ⟨Am⟩ [abbr f] sister; sissy; *Mäd-chen* n, *Liebste* f

sisal ['sisl] s *(mexikan. Hafenstadt)* [attr] ~ grass, ~ hemp ⟨bot⟩ *Sisalhanf* m ~**kraft** [~kra:ft] s *Sisalpappe* f, *Sisalfaserplatte* f

siskin ['siskin] s ⟨orn⟩ *Zeisig* m

sissoo ['sisu:] s ⟨bot⟩ *Dalb·ergie* f ‖ *Indisches Rosenholz* n

sissy ['sisi] s ⟨bes Am⟩ *Schwesterchen* n, → sister

sissy ['sisi] s ⟨Am sl⟩ = cissy ‖ °„*Schlapp-schwanz*" m

sister ['sistə] s **1.** *Schwester* f (the ~ of; a ~ to; ~ [to a p jds]); half–; ~ *Halb–;* ~-in-law [~-s-in-law] *Schwägerin* f; the two are brother and ~ *die beiden sind Geschwister;* my brothers and ~s *m–e G.* pl ‖ ⟨übtr⟩ *Schwester* f | the three ⁀s [pl] *die Parzen* f pl **2.** ⟨rel⟩ *Nonne* f; ~ of Charity *od* Mercy *barmherzige Schwester* f ‖ (in a hospital) *Oberschwester* f **3.** [attr] ⟨mst fig⟩ *Schwester–,* ~ language *–sprache* f; ~ ship *–schiff* n ~**hood** [~hud] s *Schwesterschaft* f, *schwesterliches Verhältnis* n ‖ ⟨rel⟩ *Schwester-schaft* f ~**less** [~lis] a *ohne Schwester* ~**ly** [~li] a *schwesterlich; Schwester–* (~ love)

Sistine ['sistain] a *sixtinisch* ‖ ⁀ Chapel *Sixtinische Kapelle* f

sistrum ['sistrəm] s L ⟨mus⟩ *Sistrum* n *(alt-ägyptische Tanzrassel* f)

Sisyphean [‚sisi'fiən] a *S·isyphus–* (~ task *od* labour)

sit [sit] vi/t [sat/sat] [–tt–] **I. vi 1.** *sitzen;* ⟨orn hunt⟩ *aufhocken;* ~ting position *(Gewehr-) Anschlag sitzend* ‖ to ~ for an examination *sich e–r Prüfung unterziehen;* ⟨arts⟩ *sitzen, Modell sitzen;* .. for one's portrait *od* to a painter *sich malen* l ‖ (of hens) *sitzen, brüten* ‖ to ~ back *abwarten u die Daumen drehen* ‖ ⟨Am⟩ to ~ tight *an e–r Meinung, Ansicht etc festhalten* **2.** *s–n Sitz h, ruhen; liegen;* ⟨fig⟩ to know where the wind ~s *wissen, woher der Wind weht* **3.** *ein Amt ausüben or innehaben,* to ~ on the bench *Richter s;* ⟨fig⟩ to ~ in judgement *richten (on über)* ‖ Mitglied *e–r Körperschaft s;* to ~ on a jury *Geschworener s;* ⟨parl⟩ to ~ for a con-stituency *e–n Wahlkreis vertreten* ‖ *Sitzung halten, z S. zus–treten, tagen* ‖ *sitzen, passen* **4.**

sich setzen (on auf); ~ over there *setz dich drüben hin* **5.** [mit prep] to ~ on, upon a com-mittee *e–r Kommission angehören* (→ 3.); .. on a case *e–n Fall untersuchen, beraten* ‖ .. on a p *jdn drücken, –d liegen auf jdm;* ⟨sl⟩ *jdn verweisen, zurechtsetzen; jdn peinigen; jdm ins Gewissen reden* ‖ *jdm anstehen* ‖ to ~ on one's hands *mit dem Applaus kargen* | to ~ over *sich beschäftigen mit* | to ~ through a lecture *e–n Vortrag ganz anhören* | to ~ under a p *unter jdm (als Lehrer etc) studieren, hören* **6.** [mit adv] to ~ down *sich niedersetzen; sich niederlassen;* ⟨aero fam⟩ *landen;* .. down to *sich heranmachen an;* .. down to do *sich anschicken z tun;* .. down under an insult *e–e Beleidigung einstecken (ruhig hin-nehmen)* | to ~ in *sich anschließen (with a p jdm),* ⟨fam⟩ *Babysitter spielen* | to ~ on *bleiben* | to ~ out *e–n Tanz (etc) aussetzen, nicht mittanzen, nicht –spielen* | to ~ up *aufsitzen, –bleiben* | *sich aufrichten, geradesitzen;* ⟨fam⟩ to make a p ~ up *jdn in Schrecken or Staunen versetzen; auf-rütteln* | to ~ up and take notice *plötzlich auf-merksam w, aufhorchen* **II. vt 1. a.** to ~ o.s. *sich setzen* **b.** *sitzen auf;* to ~ a horse *ein Pferd reiten,* she ~s her h. well *sie sitzt gut im Sattel* or *zu Pferde; sitzen in* (to ~ a boat) **2.** [kaus] z *Sitzen bringen, sitzen m; setzen* **3.** [mit adv] to ~ out *(Tanz) auslassen;* (Stück) *zu Ende hören;* .. a p out *länger bleiben, aushalten als jd* ‖ to ~ a play through *ein Stück bis zu Ende anhören* **III.** [in comp] ~-down strike *Sitzstreik* m ‖ ~-in [s] [pl ~s] ⟨Am racial pol⟩ *Sitzstreik* m *(in Lokalen etc)* ‖ ~-out [s] [pl ~s] *Sitzstreik vor Gebäuden* ‖ ~-still *stillsitzend;* ~-still party *e–e Gesellschaft ohne Tanz* ‖ ~-upon ⟨fam⟩ °*Podex* m ~**ter** ['~ə] s *Sitzende(r* m) f; ~-by *Beisitzender* m ‖ (for a portrait etc) *Modell* n | ~ (-in) = baby~ | ⟨sl⟩ *leichter Treffer or Schuß* m ‖ *leichter Fang or Gewinn* m ‖ *Leichtigkeit* f ~**ting** ['~iŋ] s *Sitzen, Brüten* n ‖ *Sitzung* f (at the ~ *in* or *bei der S.*) | ⟨arts⟩ *Sitzen* n, *Sitzung* f, *Modellstellung* f | *Kirchensitz, –stuhl* m | *Zeit des Sitzens* f; *Sitzung* f (for one's portrait) ⟨phot⟩ *Aufnahme* f ‖ at a (od one) ~ *ohne Unter-brechung, auf e–n Sitz or Rutsch* (to finish a job at a ~) | *Satz Eier* m | [attr] ~ **I. 1.** ‖ ~-room ['sitiŋrum] *Wohnzimmer* n; ~-up ⟨hunt⟩ *Anstand* m

site [sait] s *Lage* f ‖ *(Bau-)Platz* m; ⟨übtr⟩ *Platz* m; *Gegend* f; *Sitz* m (~ of an industry) ‖ *Aufstellungsort* m ‖ ⟨aero⟩ *Radar–, Peilstation* f | ~ plan *Lageplan* m | ~**d** ['~id] a *gelegen* (well–)

sith [siθ] conj ⟨poet & †⟩ *da, weil*

sito– ['saito] Gr [in comp] *Nahrungs–;* ~**phobia** [‚~'foubiə] s ⟨med⟩ *–verweigerung* f

sitrep ['sitrep] s ⟨mil fam⟩ = situation report *Lagebericht* m

situ ['saitju] L in ~ ⟨mil jur⟩ *an Ort u Stelle,* → in **I. 1. a.**

situate ['sitjueit] a = ~**d** ['sitjueitid] (*S*) *liegend, gelegen,* to be ~ on *liegen an, auf* ‖ (*P*) in *e–r Lage befindlich;* to be badly ~ *sich in e–r üblen L. befinden* ‖ ~ as he is in *s–r Lage*

situation [‚sitju'eiʃən] s *Lage* f *Gegend, Ört-lichkeit* f | ⟨fig⟩ (*P*) *Situation; Lage* f ⟨a tact⟩; *packende Situation* f (in a play etc) | *Stelle, Stellung* f, *Posten* m (the ~ of cook *od* as cook) | ~ map ⟨tact⟩ *Lagekarte* f | ~ report *–bericht* m, *–meldung* f ~**al** [~'l] a *Situations–*

sitz-bath ['sits‚ba:θ] s Ger *Sitzbad* n ~**krieg** [–kri:g] s *Sitzkrieg* m (1939/40)

Sivaism ['si:vaizm] s Ind *Shiva·ismus* m, *Ver-ehrung* f *des Gottes Shiva*

six [siks] **1.** a *sechs* (thirty-~, * ~ and thirty 36); ~ and ~ (6/6) 6 *Schilling u 6 Pence;* ~ to one 6 *zu 1* ‖ 6 *Jahre* (she is ~) ‖ a party of ~ *e–e Gesellschaft v 6 Pn* | coach and ~ *Sechs-*

spänner m ‖ ~ of one and half-a-dozen of the other *gehupft wie gesprungen, Hose wie Jacke (ganz einerlei, ohne Unterschied)* | [in comp] ~-by-four (6 × 4) ⟨mot⟩ *Dreiachsfahrzeug* n *mit Vierradantrieb* m ‖ ~-chambered revolver, ~-shooter *Sechskammer-Revolver* m ‖ ~-cylinder [attr] ⟨mot⟩ *sechszylindrig* ‖ ~-foot *sechs Fuß hoch, lang* ‖ ~-footer ⟨fam⟩ *ein 6 Fuß großer Mensch* m ‖ ~-pounder ⟨hist⟩ (cannon) *Sechspfünder* m ‖ ~-wheeler ⟨mot⟩ *Dreiachser* m **2.** s *Sechs* f; (at dice) a ~ *e–e S.*; the ~ of clubs *die Treffsechs* ‖ ⟨crick⟩ *Schlag, der 6 Läufe rechnet* ‖ to be at ~es and sevens *wie Kraut u Rüben durch–e–a* (in *Verwirrung*) *s, auf dem Kopfe stehen* (everything is at ~es ..); (*sich*) *uneinig s* (about *über*; with *mit*)

sixain [ˈsiksein] s *sechszeilige Strophe* f = *sestet*

sixfold [ˈsiksfould] a *sechsfach*

sixpence [ˈsikspəns] s *6-Pence-Stück* n (I showed him some ~s) ‖ *6 Pence, ½ Schilling* m ‖ ⟨fig⟩ it doesn't matter (a) ~ *es macht k–n Deut aus* ‖ ⟨mar aero sl⟩ ~ over the wall *6 Tage Bau* (*Arrest*) –**penny** [ˈsikspəni] a *Sechspenny–* (a ~ piece) (a ~ book) –**score** [ˈsik(s)skɔ:] a † *sechsmal zwanzig, hundertzwanzig*

sixteen [ˈsiksˈtiːn; ´– –; ´– ´–] **1.** a *sechzehn* **2.** s *Sechzehn* f; ~**mo** [siksˈtiːnmou] s (*abbr* 16 mo) = *sextodecimo*

sixteenth [ˈsiksˈtiːnθ; ´– –; ´– ´–] **1.** a *sechzehnte(r, –s)* **2.** s *der* (etc) *Sechzehnte* m ‖ *Sechzehntel* n

sixth [siksθ] **1.** a *sechste(r, –s)*; the ~ form ⟨school⟩ *die Prima*; the ~ of May *der 6. Mai* **2.** s *der* (etc) *Sechste* ‖ ⟨school⟩ *Prima, Oberstufe* f ‖ ⟨mus⟩ *Sexte* f ~**ly** [´~li] adv *sechstens*

sixtieth [ˈsikstiiθ] **1.** a *sechzigste(r, –s)* **2.** s (*der* etc) *Sechzigste* ‖ *Sechzigstel* n

sixty [ˈsiksti] **1.** a *sechzig*; ~-one (~-first) *einundsechzig(st)* ‖ ⟨fam⟩ *60 Jahre; 60 Pfd.* ‖ ~-four dollar question ⟨sl⟩ (*e–e*) *harte Nuß z knacken* **2.** s *Sechzig* f; the sixties *die sechziger Jahre* (in the –ties)

sizable, sizeable [ˈsaizəbl] a *beträchtlich* or *ziemlich groß, ansehnlich*

sizar [ˈsaizə] s ⟨Cambr univ⟩ *Art Stipendiat* m, → size s l.

size [saiz] **I.** s **1.** ⟨hist⟩ *festgesetztes Maß* n, *Menge* f (*bes* f *Lebensmittel*) ‖ *bestimmte Portion, Ration* (*Essen*) f ⟨*bes* Cambr univ⟩ **2.** *Größe* (in ~ *an G.*), *Dicke; Länge* f; *Umfang* m ‖ *Format* n; *Sortierung* f; ⟨tech⟩ *Maß* n, *Stärke, Abmessung* f, *Umfang* m; (of gloves, etc) *Größe, Nummer* f, different ~ gloves *verschiedene Größen v Handschuhen*; what ~ collar? *welche Kragengröße?* ‖ what ~ is it? *wie groß ist es?*; of a ~ v *derselben Größe*; it is the ~ of *es ist ebenso groß wie ..*; that's about the ~ of it ⟨fig fam⟩ *ja, so in der* °*Preislage* (*da hast du es gerade getroffen*) **3.** ⟨fig⟩ *Größe* f, *Ausmaß, Format* n, *Bedeutung* f **4.** ⟨arts⟩ full ~ *in natürlicher Größe*, ⟨tech⟩ –*chem Maßstab* **5.** [attr] *Muß–* (~-stick) ‖ ~-distribution ⟨tech⟩ *Kornverteilung* f **II.** vt/i **1.** vt *nach der Größe ordnen* or *sortieren*; ⟨tech⟩ *dimensionieren, kalibrieren, bemessen, klassieren* ‖ ⟨mil⟩ *nach der Größe aufstellen* | to ~ up ⟨fam⟩ (*jdn, etw*) *richtig ab-, einschätzen, beurteilen; sich ein Urteil bilden über* (*jdn, etw*) **2.** vi: to ~ up *gleichkommen* (with a th *e–r S*) ‖ *sich entwickeln* | ~**d** [~d] a [in comp] v *.. Größe, –groß*; medium-~ v *mittlerer Größe*, *mittelgroß*; small-~ *klein*

size [saiz] **1.** s (*dünner*) *Leim; Kleister* m; *Steife* f **2.** vt *mit Leim überstreichen*; (*Papier*) *leimen, planieren* ‖ (*Stoff*) *steifen*

size [saiz] s ⟨dice⟩ → *sice*

sizeable [ˈsaizəbl] a → *sizable*

---

sizy [ˈsaizi] a *klebrig, zähe, leimartig*

sizzard [ˈsizəd] s ⟨Am⟩ *Zeitspanne* f *schwülen Wetters*

sizzle [ˈsizl] **1.** vi ⟨fam⟩ *zischen, sieden*; *brutzeln* **2.** s *Zischen, Sieden* n

sjambok [ˈʃæmbɔk] **1.** s *schwere Peitsche aus Nashornhaut* f **2.** vt *mit e–r Peitsche schlagen*

skald, scald [skɑ:ld] s *Skalde* m

skat [skɑ:t] s Ger *Skat* m (*Kartenspiel*)

skate [skeit] s ⟨ich⟩ (*Glatt-*)*Roche(n)* m

skate [skeit] s ⟨Am sl⟩ *Kerl* m; *Schindmähre* f

skate [skeit] **1.** s *Schlittschuh* m ‖ *Rollschuh* m ‖ ~ mount (*MG*) *Drehkranz(lafette* f) m ‖ ~-sailing *Eissegeln* n **2.** vi *Schlittschuh* or *Rollschuh laufen* ‖ ⟨fig⟩ *leicht dahingleiten* ‖ to ~ over [prep] *mit e–r Handbewegung abtun* –**ter** [´~ə] s *Schlitt–; Rollschuhläufer(in* f) m –**ting** [ˈskeitiŋ] s *Schlitt–; Rollschuhlaufen* n [attr] ~-rink *Rollschuhbahn* f ‖ * *Eisbahn* f (→ ice-rink)

skean, skene [skiːn] s *ir.* or *schott. Dolch* m | ~-dhu [´~duː] s *kl Dolch* m

skedaddle [skiˈdædl] **1.** vi ⟨fam⟩ *ausreißen, sich aus dem Staube m*; °*abhauen, türmen* **2.** s *hastige Flucht* f, *Ausreißen* n

skeeball [ˈskiːbɔːl] s ⟨Am⟩ *neue Art des Rasenkugelspiels*

skeegee [ˈskiːˈdʒiː] a ⟨Am fam⟩ *krumm*

skeered [ˈskiəd] a ⟨Am⟩ = *scared*

skeet [skiːt] s (a ~ shooting) *Tontaubenschießen* n

skeeter [ˈskiːtə] s ⟨Am⟩ = *mosquito*

skeezicks [ˈskiːziks] s ⟨Am fam⟩ *Taugenichts*; *Racker* m

skein [skein] s *Strang* m, *Docke, Strähne* f (of wild fowl) *Volk* n, *Schwarm* m, *Schar* f ‖ ⟨fig⟩ *Gewirr, Durcheinander* n ‖ ⟨mil sl⟩ °*Stremel* m (*[Glas] Bier*)

skeletal [ˈskelitəl] a *Skel·ett–*

skeleto– [ˈskelito] [in comp] *Skelett–; Knochen–*

skeleton [ˈskelitn] s **1.** *Skel·ett, Gerippe* n; ~ in the cupboard *od* family ~ ⟨fig⟩ *unangenehmes Familiengeheimnis* n | *dürrer Mensch* m, *Knochengerüst* n, *Gerippe* n; a mere ~ *ein reines Sk.*; reduced to a ~ *zum Sk. abgemagert* **2.** ⟨übtr⟩ *Gerippe, Gerüst, Gestell* n; *Rohbau* m; ~ construction *Skelett–, Stahlbau* m ‖ *kl Rodelschlitten* **3.** *Entwurf, Umriß* m ‖ ⟨mil & mar⟩ *Rahmen, Stamm, –bestand, Kader* m; [oft attr] (~-crew) **4.** [attr] *Skelett–; Mantel–* ‖ ~-army *Rahmenheer* n ‖ ~-crew (mil mot etc) *Stammbesatzung* f ‖ ~-drill *Rahmenübung* f ‖ ~ enemy *markierter Feind* m ‖ ~ equipment *Sturmgepäck* n ‖ ~ key *Dietrich* m ‖ ~ staff (P) *Stamm* m ~**ize** [~aiz] vt *das Gerippe herausarbeiten*; (T) *skelettieren, präparieren* ‖ ⟨fig⟩ *im Rohbau vorbereiten, in gr Zügen darstellen, skizzieren, entwerfen*

skelter [ˈskeltə] ⟨*bes* Am⟩ **1.** s *Lauf* m, *Hatz* f **2.** vi *eilen*

skene [skiːn] s → *skean*

skep [skep] s *leichter* (*Weiden-*)*Korb* m ‖ (*als Maß*) *Korbvoll* m (a ~ of vegetables) ‖ *Bienenkorb* m

skepsis [ˈskepsis] s etc → scepsis etc

skerry [ˈskeri] s *Felsenriff* n, –*insel* f, *Schäre* f

sketch [sketʃ] **1.** s ⟨arts⟩ (*Zeichen–* etc) *Skizze; Studie* f ‖ ⟨Lit⟩ *Skizze, kl Geschichte, Kurzgeschichte* f ‖ ⟨übtr⟩ *Skizze* f, *Entwurf* m ‖ ⟨theat & mus⟩ *Sketch* m [attr] *Skizzen–* (~-book –*buch*); *Skizzier–* (~-paper) ‖ *Zeichen–* (~-block) **2.** vt/i ⟨fig⟩ *skizzieren, andeutend zeichnen*; (a to ~ out) (*Plan*) *entwerfen*; ⟨fig⟩ *in gr Zügen schildern* ‖ ~ed ⟨fig⟩ *angedeutet* | vi *Skizzen m; skizzieren* ~**er** [´~ə] s *Skizzenzeichner* m ~**iness** [´~inis] s *das Skizzenhafte, Flüchtige, Leichte* n ~**ing** [´~iŋ] s *Skizzieren* n;

[attr] *Skizzier–* (~-block) **~y** ['~i] a (–tchily adv) *skizzenhaft; flüchtig, leicht hingeworfen* ‖ *unvollständig, –zureichend*

skew [skju:] **1.** a ⟨arch⟩ *abschüssig, schief, –winklig; schräg;* [*bes* in comp] (~-bridge *schräge Brücke*) ‖ ~-eyed *schielend* **2.** s *schräge Abdachung* f; *Winkel* m ‖ on the ~ *schief, seitlich;* ⟨fig⟩ *nicht ganz richtig* **3.** vi/t (*im Examen*) *durchrasseln* ǀ vt *durchrasseln* ǀ **~back** ['~bæk] s ⟨arch⟩ *schräges Widerlager* n (*Stützmauerwerk f Bogen*)

skewbald ['skju:bɔ:ld] a *scheckig* (horse)

skewer ['skjuə] **1.** s (*Holz-*)*Span* m, *Stäbchen* n, *Speil*(er) m (*am Wurstzipfel*); *Fleischspieß* m ‖ ⟨hum⟩ *Schwert* n **2.** vt (*Fleisch*) *speilen, speilern*

skewgee ['skju(:)'dʒi:] ⟨Am⟩ **1.** s *Drehung* f, *Fehler* m **2.** vt *verdrehen* **3.** a *verdreht, unsymmetrisch;* **4.** adv *schief, schräg*

ski [ʃi:, ski:] **1.** s [pl ~, ~s, ⟨Am *mst*⟩ ~s] *Ski, Schi, Schneeschuh* m; to be out on one's ~s *Schneeschuh laufen* ‖ ~(-)borne *mit Schneeschuhen ausgerüstet* (*Truppe*) ǀ [attr] *Ski–;* ~-boot *–stiefel* m; ~-joring *–jöring* n ǀ ~-jump *Sprungschanze* f; ~-jumper *Skispringer* m ‖ ~ racer *–(wett)läufer* m ‖ ~-smock *Schneehemd* n ‖ ~-stick *Skistock* m **2.** vi [~es/~ed/~ed (a ~'d)/~ing] *Schneeschuh laufen* ~er ['~ə] s *Schneeschuh-, Skiläufer* m ~ing ['ʃi:iŋ, 'ski:iŋ] s *Schneeschuhlaufen* n ‖ ~ ground *Skigelände* n

skiagraph, –gram → scia–

skid [skid] **1.** s *Ladebalken, –baum* m, *–klotz* m (*z Stützen*) ‖ *Gleitschiene* f ‖ *Bremsklotz, Hemmschuh* m, *–kette* f, ⟨for⟩ *Vorlegbaum* m ‖ ⟨aero⟩ *Kufe* f, *Laufrad* m ǀ *Sporn* m ǀ ⟨mot⟩ *Rutschen, Seitwärts-Gleiten;* *Schleudern* n ǀ ~ lid (*fam*) *Sturzhelm* ‖ ~ mark *Bremsspur* f ‖ ~-proof *rutschsicher* ‖ ~ tracks [pl] *Brems-, Schleuderspur* f **2.** vt/i [–dd–] ‖ (*e–m Rad*) *e–n Bremsklotz anlegen; bremsen* ‖ *hinwerfen, schleudern* (on *auf*) ǀ vi (of wheels) *gleiten; ins Gleiten k; abgleiten; ausglitschen* (on *auf*) ‖ ⟨mot⟩ *rutschen, schleudern* ⟨hum⟩ °*davonwetzen*

skidoo [ski'du:] vi ⟨Am sl⟩ °*abhauen, sich* (*ver*)*drücken* ‖ ~*! raus!*

skiff [skif] s *kl Boot* n, *Kahn* m ‖ *Gigboot; Skiff* n; *Renneiner* m

skiffler ['skiflə] s *Schlagermusik-Amateur* m (skiffle ⟨engl⟩) *neumodischer Jazz-Musik* f

skilful ['skilful] a (~ly adv) *geschickt, gewandt* (at, in a th *in etw;* in doing, to do *z tun*) ~ness [~nis] s *Geschicklichkeit, Gewandtheit* f

skill [skil] s *Geschicklichkeit* (with great ~); with no less ~ *mit nicht geringerer G.* ‖ *Gewandtheit* f (in a th; in boxing *im Boxen*) ǀ *berufliche Qualifikation* f, *Erfahrenheit, Kenntnis, Fertigkeit* f (in a th; in teaching *im Unterrichten*) ‖ ~ or judgment ⟨jur⟩ *Kenntnis* f *oder Beurteilung* f (*v Umständen durch e–e der Vertragsparteien beim Kauf*) ‖ ⟨tech⟩ *Können* n ‖ ~s [pl] *Kenntnisse u Fähigkeiten* f pl ~ed [~d] a *gewandt, geschickt, bewandert; erfahren* ǀ *Geschicklichkeit erfordernd* (~ work) ‖ (they work in a) ~ trade *Fachberuf* m ‖ ~ workman *gelernter Arbeiter, Facharbeiter* m

skill [skil] vi ⟨poet & †⟩ it ~s not *es macht nichts;* what ~s it? *was macht es?* ‖ what ~s talking? *was nützt das Reden?*

skillet ['skilit] s *Tiegel* m ‖ ⟨Am⟩ *Bratpfanne* f

skilly ['skili] s *dünne Hafergrütze* or *–suppe* f

skim [skim] vt/i [–mm–] **1.** vt *abschäumen, –schöpfen* (a fig) ‖ (*Milch*) *abrahmen;* to ~ the cream off a th ⟨fig⟩ *v e–r S den Rahm abschöpfen* ǀ *flüchtig gleiten über, flüchtig berühren* ‖ (*etw*) *schnell d'urchsehen, –fl'iegen, rasch lesen* ‖ ⟨aero sl⟩ (*a:* to ~ over [prep vi]) (*etw*) *dicht überfliegen* **2.** vi *schnell gleiten or streifen* ‖

schnell or *flüchtig lesen;* to ~ over *od* along a th *schnell hingleiten über etw; etw überfl·iegen, durchfliegen* **3.** [in comp] ~-milk *abgerahmte Milch, Magermilch* f ~mer ['~ə] s *Rahm-, Schaumkelle* f ‖ ⟨Am sl⟩ °„*Deckel*" (*Hut*) m ǀ ⟨orn⟩ *Scherenschnabel* m ~ming ['~iŋ] s *das Abgeschäumte;* [attr] *Abschaum–* (~ ladle)

skimobile → ski ['~məbi:l] s *Skilift* m

skimp [skimp] vt/i = to scrimp vt/i ǀ ~y ['~i] a = scrimpy

skin [skin] s **1.** *Haut* f ‖ to the ~ *bis auf die H.;* next to one's ~ *auf der bloßen H.;* mere ~ and bone(s) *bloß H. u Knochen;* by (*od* with) the ~ of one's teeth *um Haaresbreite, mit genauer, knapper Not, mit Hängen u Würgen* ‖ to be in a p's ~ *in jds H. stecken;* to have a thick ~ *ein dickes Fell h, dickfellig s;* to have a thin ~ *feinfühlig s;* to jump out of one's ~ *aus der Haut fahren;* to save one's ~ *sich in Sicherheit bringen* ‖ it got under my ~ ⟨fig fam⟩ *es ist mir in die Knochen gefahren* (*interessiert* or *ärgert mich maßlos*) **2.** ⟨anat⟩ *Hautschicht* f ‖ (*T*) *Schlauch* m, *Fell* n, *Pelz, Balg* m ǀ ⟨sl⟩ *Pferd* n; *Mähre* f; ⟨hum übtr⟩ *Haut* f, *Kerl* m (a good old ~) ǀ ⟨Am⟩ *Schuft, Geizkragen* m **3.** ⟨bot⟩ *Hülse, Schale; Rinde* f ‖ ⟨übtr⟩ *Oberfläche* f ǀ (of a ship) *Holz-, Eisenbekleidung* f ‖ ⟨aero⟩ *Bespannung* f (*der Tragflächen* etc); *Beplankung* f (*des Rumpfes*) **4.** [in comp] *Haut–* (~ disease; ~ reflex) ‖ ~ decontamination agent *Hautentgiftungsmittel* n ‖ ~-deep *oberflächlich, nicht tiefgehend* (wound); ⟨fig⟩ *oberflächlich* ‖ ~ diver *Schwimmtaucher* m; ~-diving *Schwimmtauchen* n (*ohne Taucheranzug*) ‖ ~-dresser *Kürschner* m ‖ ~ friction ⟨übtr⟩ *Oberflächenreibung* f ǀ ~ food ⟨cosm⟩ *Nährcreme* f ‖ ~-game *betrüger. Spiel* n, *Schwindel* m ‖ ~-grafting ⟨med⟩ *Hautübertragung* f ‖ ~-up ⟨cosm⟩ *Schälkur* f ‖ ~ wound *Hautverletzung* f **~flint** ['~flint] s *Geizhals, Knicker* m **~flinty** ['~flinti] a *geizig* **~ful** ['~ful] s *Leib-, Bauchvoll* m (a ~ of drink) **~less** ['~lis] a *hautlos, ohne Haut, bloß* ‖ ~ figure ⟨arts⟩ *Muskelmann* m, *–figur* f

skin [skin] vt/i A. vt [–nn–] **1.** (*Tier*) *häuten, (ab)balgen* ‖ (*Haut*) *abschaben;* to ~ one's knee *sich das Knie abschaben, –scheuern* ‖ (*Baum*) *abschälen, –rinden* ǀ to ~ the cat ⟨gym⟩ *e–n Kreuzaufzug m* ‖ to ~ a flint ⟨fig⟩ *auf s–m Gelde sitzen* (*überaus geizig s*) ǀ (*fam*) ~ned rabbit (*P*) °*ausgenommener Hering* ǀ to have, keep one's eyes ~ned ⟨fig⟩ *auf der Hut s* **2.** ⟨sl⟩ (*jdn*) °*rupfen, schröpfen, ausnehmen* (*ausplündern, beschwindeln*); *ausrauben* (of a th *e–r S*) **3.** (a to ~ over) *mit Haut bedecken;* ⟨fig⟩ *bedecken* **4.** ⟨Am fam⟩ *schlagen, übertreffen* **B.** vi (a to ~ over) *e–e Haut bilden, vernarben, ver–, zuheilen*

skink [skiŋk] s ⟨zoo⟩ *Skink* m (*Eidechsenart*)

skinned [skind] a *–häutig, –fellig* (thick-~) **–ner** ['skinə] s *Pelz-, Rauchwarenhändler, Kürschner* m ǀ *Abdecker* m ‖ **–ny** ['skini] **1.** a *hautartig* ‖ *mager, abgemagert* ‖ ⟨fig⟩ *geizig* **2.** s ⟨Austr fam⟩ (*schlankes*) *Mädchen* n; → slim-dilly

skint [skint] a ⟨mil & vulg⟩ °*klamm* (*mit wenig Geld*); °*blank, pleite* (*ohne Geld*)

skip [skip] s ⟨Trinity Coll., Dublin⟩ *Collegediener, –aufwärter* m

skip [skip] s ⟨min⟩ *Kübel* m

skip [skip] s ⟨sport⟩ (at bowls & curling) *Mannschaftsführer* m

skip [skip] **1.** vi/t [–pp–] **1.** vi *hüpfen, springen;* to ~ about *herumspringen* ǀ *Seil springen* ǀ (*fam*) (a to ~ it) *sich davon, aus dem Staube m;* to ~ over [adv] *schnell hinüberreisen* (to *nach*) ‖ (in reading) *e–n Sprung m, flüchtig lesen* **2.** vt (a to ~ over) *überspr'ingen* ‖ ⟨übtr⟩ *auslassen; übergehen* ‖ ⟨fam⟩ ~it! *mach dir nichts draus!*

II. s *Hüpfen* n; *Sprung* m || ⟨Anglo-Ir fam⟩ °*Schwof* m | ~ bombing *Abpraller, Bombenwurf* m || ~ distance ⟨mil wir⟩ *Sprungentfernung* || ~ zone ⟨wir, ball⟩ *tote Zone* f; ⟨wir⟩ *Schweigezone* f ~per ['~ə] s *Hüpfer, Springer* m | ⟨ent⟩ *Schnellkäfer* m | *Dickkopf* m (*Schmetterling*) ~ping ['~iŋ] s *Springen* || [attr] *Spring-*; ~-rope *–seil* n (*f Kinder*)
   skipjack ['skipdʒæk] s *Springauf* n (*Kinderspielzeug*) || ⟨ich⟩ *Blaufisch, Springer* m || ⟨ent⟩ *Schnellkäfer* m
   skipper ['skipə] s ⟨mar⟩ *Schiffer, Kapitän* m (*v kl Handelsschiff*) || ⟨sport⟩ *Mannschaftsführer* m || ⟨Am⟩ *Hauptfeldwebel, –wachtmeister* m || ⟨aero fam⟩ *Flugzeugführer* m
   skippet ['skipit] s *kl runder Kasten* m (*f Urkunden*)
   skirl [skə:l] **1.** vi (of a bagpipe) *pfeifen* **2.** s (of a bagpipe) *Pfeifen* n, *schriller Ton* m
   skirmish ['skə:miʃ] **1.** s ⟨mil⟩ *Scharmützel, Geplänkel, leichtes Gefecht* n; ~ line *Schützenlinie* f || ⟨fig⟩ *Wortgeplänkel* n **2.** vi ⟨mil⟩ *plänkeln* ~er [~ə] s ⟨mil⟩ *Plänkler* m
   skirret ['skirit] s ⟨bot⟩ *Merk* m, *Zuckerwurzel* f
   skirt [skə:t] **1.** s (*Frauen-*)*Rock* m || *Unterrock* m || *Rockschoß* m | ⟨sl⟩ „*Schürze*" f (*Frau*), a bit of ~ *ein Frauenzimmerchen* n (*P*), the ~ *das Schürzenvolk,* ⟨m. m.⟩ *die „langhaarige Rasse"* (*Frauen*) | [oft pl ~s] *Rand, Saum* m, *Grenze* f (on the ~s of the wood) || circular ~, circle ~ *Radrock*; divided ~ *Hosenrock*; flared ~ *Glockenrock* m | [attr] *Rock-* || ~-dancing *Serpentintanz* m **2.** vt/i | *einfassen, besetzen* || *grenzen an* || *entlang gehen an*; *–k an*; *– fahren an* (to ~ the coast); to ~ the outer fringe of the law *sich am Rande des Gesetzes bewegen* | vi to ~ along *entlang gehen, – fahren an* | ~ed ['~id] a *–röckig* (short-~) ~ing ['~iŋ] s *Rand* m | *Tuch* n *f Frauenröcke* || ⟨arch⟩ *Fuß-, Scheuer-, Wandleiste* f
   skit [skit] s *Stichelei; sarkastische Bemerkung* f (about, on *über*) || ⟨Lit⟩ *leichte Parodie, Satire* f (on *auf, über*) ~tish ['~iʃ] a (~ly adv) ⟨hors⟩ *bockig; scheu* || *ausgelassen; flatterhaft, tändelnd; leichtlebig*
   skite [skait] s ⟨fam⟩ °*Angeber* (*Prahlhans*) m || *Angeben* n
   skitter ['skitə] vi *jagen, rasen;* (of ducks) *flatternd entlang der Wasseroberfläche fliegen*
   skittle ['skitl] **I.** s **1.** *Kegel* m **2. a.** ~s [sg konstr] *Kegelspiel* n; to play (at) ~s *Kegel schieben;* life is not all beer and ~s *das Leben ist nicht eitel Freude u Sonnenschein* | ⟨sl⟩ ~s! *Unsinn! Quatsch!* **b.** [attr] ~ *Kegelspiel–* || ~-alley, ~-ground *Kegelbahn* f **II.** vt to ~ away, down *verschwenden* || to ~ out ⟨crick⟩ (*die schlagende Mannschaft*) *in rascher Folge z Fall bringen*
   skive [skaiv] **1.** vt (*Leder*) *spalten, in Stücke schneiden* || (*Stein*) *abschleifen* **2.** s *Schleifrad* n (*f Edelsteine*) | ~r ['~ə] s *Spaltleder* n || *Lederspaltmesser* n
   skivvy ['skivi] s ⟨fam dero⟩ °*Dienstspritze* f (*–mädchen* n), °*Besen* m
   skua [skjuə] s ⟨orn⟩ *gr Raubmöwe* f; arctic ~ *Schmarotzer-,* great ~ *gr –,* long-tailed ~ *kl –,* pomarine ~ *Mittlere –*
   skulduggery [skʌl'dʌgəri] s ⟨fam⟩ °*Schiebung, Gaunerei* f, *Schwindel* m
   skulk [skʌlk] vi (*umher*)*schleichen,* to ~ away *sich fortschleichen* || *sich verstecken, im Versteck lauern* || ⟨fig⟩ *sich drücken* ~er ['~ə] s *Schleicher; Drückeberger* m ~ing ['~iŋ] a (~ly adv) *ausweichend, sich drückend; feige*
   skull [skʌl] s ⟨anat⟩ *Hirnschale* f; *Schädel* m; a thick ~ ⟨fig⟩ *ein harter Sch.* | [attr] *Schädel-* || ~-cap (*Scheitel-*)*Käppchen* n, ⟨hist⟩ *Becken-*

haube f || *Schädeldecke* f || ~-piece *Scheitelstück* n (*e–s Helmes*) | ~ed [~d] a [in comp] *–schädlig* (broad-~)
   skunk [skʌŋk] **1.** s ⟨zoo⟩ *Skunk* m, *Stinktier* n || *Pelz des Skunks* m || ⟨fig fam⟩ °„*Stinktier*" n (*gemeiner Schuft* m) **2.** vt ⟨Am sl⟩ (*jdn*) °*zur Sau m* (*erledigen*)
   Skupshtina ['skupʃtina] s *jugoslawisches Parlament* n
   sky [skai] s [pl skies] [dazu adj ~ey] **1.** the ~ *der* (*sichtbare*) *Himmel; das –sgewölbe, Firmament* n || in the ~ *am Himmel;* in a blue ~ *an e–m blauen H.;* under the open ~ *unter freiem H.;* the ~ would not fall if .. *der H. würde nicht einfallen, wenn ..;* to praise to the skies ⟨fig⟩ (*jdn*) *in den H. heben* **2.** [oft pl skies] *Himmelsstrich* m, *Gegend* f; *Klima* n (under the skies of ..) **3.** ⟨poet & rhet⟩ (*unsichtbarer*) *Himmel* m **4.** [attr & comp] *Himmels-, himmel-* || ~ army → ~ troops || ~ barrier *Schallmauer* f || ~-blue **1.** a *himmelblau* **2.** s *Himmelblau* n || ~-bus *gr Passagierflugzeug* n || ~ girl ⟨fam⟩ *Flugbegleiterin* f || ~ glow ⟨artill⟩ *Feuerschein* m || ~-high [a & adv] ⟨fam⟩ *himmelhoch,* °*haushoch* ⟨fig⟩ || ~-hog ⟨fam⟩ „*Heckenspringer*", „*Dachrutscher*" m (*Tiefflieger*) || ~-(-)hook ⟨meteor fam⟩ *Registrierballon* m || ~-line *Horizont*(*linie* f) m; *gegen den Himmel sich abzeichnende Silhouette, Kontur* f; ⟨arts⟩ *Augenblickpunktlinie* f || ~-(-)man *Fallschirmjäger* m || ~-(-)master *Riesen-Verkehrsflugzeug* n || ~-pilot ⟨sl⟩ °„*Sündenabwehrkanone*" || (*Schiffs-*)*Geistlicher* m || ~-rocket *Rakete* f; [attr] *hochfliegend* || to ~-rocket ⟨fam⟩ **1.** vi (of prices) *schwindelnd steigen* **2.** vt (*Preise*) *in die Höhe treiben* || ~ room *Einzelkabine* f *im Großflugzeug* n || ~-sail ⟨mar⟩ *Skysegel* n (*kl Rahsegel über dem Royalsegel*) || ~-scape *Himmels-, Wolkenlandschaft* f || ~-scraper ⟨Am⟩ *Wolkenkratzer* m; *Hoch-, Turmhaus* n; ~-scraping *himmelhoch;* ⟨fig⟩ *unsolide* || ~-shouting ⟨aero⟩ *Reklameausruf* m *mittels Lautsprecher vom Flugzeug* || ~-sign *helleuchtendes Reklameschild* n || ~ tourist *Fluggast* m *der Touristenklasse* || ~ troops *Luftlandetruppen* f pl || ~ truck ⟨fam⟩ *Transportflugzeug* n || ~ wave ⟨wir⟩ *Raumwelle* f || ~-(-)way = air(-)way; ⟨Am⟩ *Autoschnellstraße* f (*über dem Stadtstraßenniveau*) || ~-writing ⟨aero⟩ (*Reklame-*) *Himmelsschrift* f
   sky [skai] vt (*Bild*) *hoch hängen, verstecken* || (*Ball*) *hoch schlagen, treiben*
   Skye [skai] s (*Hebrideninsel*) [attr] ~ terrier *Abart des schott. Terriers*
   sky– ~lark ['skaila:k] s *Feldlerche* f ~lark ['skaila:k] **1.** vi *ulken, Possen treiben; herumtollen* **2.** s (*a:* ~ing) *Ulkerei* f, *derber Streich* m ~less ['skailis] a *bewölkt, dunkel* ~light ['skailait] s *Ober-, Decklicht* n || *Oberlicht-, Dachfenster* n; *Deckenbeleuchtung* ~rocket ['skairokit] vt/i → sky-rocket ~ward ['skaiwəd] **1.** adv (*a* ~s) *himmelan, –wärts* ? *a himmelwärts gerichtet* ~way [skaiwei] s ⟨aero⟩ *Luftroute* f
   slab [slæb] **1.** s (*Metall-, Stein-, Holz-*) *Platte;* ⟨a⟩ *Grabplatte; Tafel, Fliese* f || *Palette* f || ⟨tech⟩ *Bramme* f (*walzfertiger Block*) | *Schalbrett* n, *Schwarte* f, *Schwartenbrett, Schellstück* n **2.** vt (*Holzstamm*) *behauen, zurichten* || *mit Platten auslegen*
   slab [slæb] **1.** s (*† & dial*) *Schlamm, Schlick* m **2.** a *klebrig*
   slabber ['slæbə] vi/t & s → slobber
   slack [slæk] s *Kohlengrus* m, *–klein* n
   slack [slæk] **1.** a (~ly adv) **a.** (*P*) *schlaff; nachlässig, träge* (in a th; in doing, to do *z tun*) || *langsam;* at a ~ pace *in gemächlichem Schritt* || ~ suit *Trainingsanzug* m | ⟨übtr⟩ ~ water *totes, stilles Wasser; Stillwasser* n |

schwach, flau (trade), *geschäftslos* (season) **b.** *lose, locker; schlaff* (rope; strand *Trumm*); *to keep a* ~ *hand on the rein die Zügel locker l* ⟨*a* fig⟩ ‖ ⟨phon⟩ *schlaff artikuliert, offen* (vowel) (*Ggs* tense) ‖ *nicht genügend gebacken* (bread) **2. adv** [in comp] *langsam, ungenügend* (~-baked, ~-dried) **3. s** *Stillwasser* n; (of the tide, etc) *Stillstand* m ‖ *flaue, geschäftslose Zeit, Flaute* f **|** (of a rope, sail, etc) *schlaff herabhängendes Ende* n, *Lose* f & n (*Tauende*) ‖ *Hinterteil* n (*e-r Hose*) ‖ *to take up the* ~ (of the trigger) *Druckpunkt nehmen* ‖ ⟨tech⟩ *freies Spiel* n, *toter Gang* m **|** ~s [pl] *lange, weite Arbeitshose, Sporthose;* ⟨fam & mil⟩ (*lange*) *Hose; lange Damenhose* **4. vt/i** ‖ *lockern;* to ~ *off loslassen* ‖ *vermindern;* (*Anstrengung*) *verlangsamen;* (*Pflicht*) *vernachlässigen* ‖ (*Kalk*) *löschen* **|** vi *schlaff, locker w* ‖ (*a* to ~ off) *nachlassen, erschlaffen* ‖ ⟨fam⟩ *faulenzen, trödeln* ‖ *to* ~ *up langsamer or schwächer w* ~**en** [ˈslækn] **vt/i** *lockern* ‖ *verlangsamen, vermindern, mäßigen* **|** vi *schlaff, locker w* ‖ ⟨übtr⟩ *nachlassen, erschlaffen* ‖ *sich verlangsamen; abnehmen* ‖ ⟨com⟩ *stocken, flau w* ~**er** [ˈ~ə] s ⟨fam⟩ *Faulenzer* m ‖ *Drückeberger* m ~**ness** [ˈslæknis] s *Trägheit; Langsamkeit* f ‖ *Schlaffheit, Lockerheit* f; ⟨tech⟩ *Luft* f, *Spiel* n (*e-s Lagers*) ‖ ⟨com⟩ *Flaute* f; *Flauheit* f

slag [slæg] s ⟨sl⟩ *Feigling,* °*Kneifer, Knieser* m
slag [slæg] **1. s** ⟨met⟩ *Schlacke* f ‖ *vulkanische Sch.* **|** ~ *heap,* ~ *pile Halde* f **2. vt/i** *zu Sch. m* **|** vi *Sch. bilden, zu Sch. w* ~**ging** [ˈ~iŋ] s *Entschlackung* f ~**gy** [ˈ~i] a *schlackig*

slain [slein] pp *v* to *slay*

slake [sleik] vt (*Durst*) *löschen;* ⟨fig⟩ *befriedigen, stillen* ‖ (*Kalk*) *löschen;* ~**d** *lime gelöschter Kalk*

slalom [ˈslɑːləm] s *Schneeschuh-Torlaufen, Slalom* m; *Kanu-Torfahren* n, *Slalom* m

slam [slæm] **1. vt/i** [-mm-] ‖ *heftig hinwerfen;* (*Hut*) *stülpen* (on) ‖ *schlagen; to* ~ *one's hand on mit der Hand sch. auf* **|** (*Tür*) *heftig zuschlagen; to* ~ *the door in a p's face jdm die Tür vor der Nase zuschlagen; to* ~ *the door to die Tür zuschlagen* **|** *treffen* ‖ ⟨Am sl⟩ (*jdn, etw*) °*zur Sau m, heruntermachen; to* ~ *a p into .. jdn zu* (*etw*) *schleppen* **|** vi *zugeschlagen w, heftig zˈufallen, krachen* **2. s** *lauter Schlag, Krach* m (*z. B. e-r zugeschlagenen Tür,* etc) ‖ ⟨Am sl⟩ *Heruntermachen* n **3.** ~ *lock Schnappschloß* n
slam [slæm] **1. s** ⟨cards⟩ *Schlemm* m (*Einheimsen aller Stiche*) **2. vt** *e-n Schlemm m* ‖ ⟨fig⟩ (*jdn*) *schlagen, besiegen*

slander [ˈslɑːndə] **1. s** ⟨jur⟩ *mündl. Ehrenkränkung* f ‖ *Verleumdung, üble Nachrede* f ‖ ~ *of title* ⟨jur⟩ *den Rechtstitel v beweglichen or unbeweglichen Sachen schmälernde or in Zweifel ziehende Behauptung* f **2. vt** *verleumden; in falschen Verdacht bringen* ~**er** [~rə] s *Verleumder(in)* m (f) ~**ous** [~rəs] a (~*ly adv*) *verleumderisch; ehrenrührig* ~**ousness** [~rəsnis] s *verleumderisches Wesen* n

slang [slæŋ] **1. s** *Sondersprache e-r Klasse,* (*Berufs-*)*Jargon* m; *thieves'* ~ *Diebessprache* f ‖ *Slang* m (*familiäre, nachlässige, willkürliche u z Neuerungen neigende Ausdrucksweise in allen Schichten Englands*) (standard: he is an admirable man; colloquial: he's quite a feller; slang: some bloke!) **2.** [attr] *Slang-* (a ~ expression) **3. vt** ⟨fam⟩ *heftig ausschimpfen, heruntermachen* ‖ *to* ~ *it* ⟨vulg⟩ (*betrügerisch*) *ungenau wiegen* **|** ~**y** [ˈ~i] a (-*gily adv*) *slangartig, Slang-* ‖ (*P*) *slangsprechend, unfein;* °*knallig* (*auffallend*)

slant [slɑːnt] **1. vi/t** ‖ *schräg s or liegen, schräge Richtung h; schräg abbiegen; sich neigen* **|** vt (*e-r S*) *e-e schräge Richtung geben; seitwärts ablenken; schräg legen* ‖ ~**ed** ⟨übtr⟩ *gefärbt* (article) **2. a** ⟨poet⟩ *schräg, schief, quer,*

Seiten-; abschüssig **3. adv** *schräg, schief, seitwärts, quer* **4. s** *Abhang* m; *schiefe Ebene, Neigung* f; *abschüssige Oberfläche* f ‖ *schräge Lage* f, on the ~ *schief, schräg* ‖ ⟨Am fig⟩ *Neigung,* ⟨spezielle, eigentümliche⟩ *Ansicht, Meinung* f: what's your ~ about it? *was hälst du davon?* ‖ ⟨mar⟩ *leichte Brise* f, ⟨fig⟩ *Gelegenheit* f, ,,*günstiger Wind*" m ~**ing** [ˈ~iŋ] a (~*ly* adv) *schief, schräg; seitlich* ~**wise** [ˈ~waiz] adv & a = *slanting*

slap [slæp] **1. vt/i** [-pp-] ‖ *schlagen; to get* ~-*ped Schläge bek; to* ~ *a p's face jdn ohrfeigen; to* ~ *one's hand mit der Hand schlagen* (on *auf*) ‖ *klapsen, klopfen* (a p on the back, on the shoulder *jdn auf den Rücken, die Schulter*) ‖ (*etw*) *werfen; stülpen* (on *auf*) ‖ *to* ~ *down* (*etw*) *hin-, niederwerfen* **|** vi *schlagen* (against) ‖ *to* ~ *along* (*dahin*)*wetzen,* -*fegen* **2. s** *Klaps; Schlag* m ‖ ⟨fig⟩ *Schlag* m; *Beleidigung* f **|** a ~ *in the face e-e Ohrfeige* f; ⟨übtr⟩ *Beleidigung, Enttäuschung* f **|** *to have a* ~ *at* ⟨fam⟩ *sich mit* (*jdm*), *auf* (*etw*) *einlassen* **3.** ⟨fam⟩ adv *schwapps; direkt, geradeswegs; stracks* **|** ~-*bang,* ~-*dash* **1.** adv *schwapps, plumps; blindlings, Hals über Kopf; ungestüm; sorglos* **2.** a *hastig, nachlässig, oberflächlich* **3. s:** ~-*bang Garküche* f ‖ ~-*up* [a] ⟨sl⟩ °*prima* (*famos*), *mit allen Schikanen* ~**stick** [ˈ~stik] s *Narrenstock* m, -*pritsche* f; ⟨übtr Am fam⟩ *Streich, Scherz* m (*den man jdm spielt*) ‖ [*mst* attr] ⟨übtr⟩ *Harlekins-, Clown-;* laut, roh, *Radau-;* ~ *comedy Radau-, Clownkomödie* f, *Schwank* m

slash [slæʃ] **I. vt/i 1. vt** (*jdn*) *mit e-m Messer* (etc) *zerfleischen;* -*hauen; schneiden* ‖ *zerfetzen* ‖ (*Gewand*) (*auf*)*schlitzen;* ~-*ed sleeve Schlitzärmel* m ‖ *mit der Peitsche schlagen, peitschen* ‖ ⟨fig⟩ *tadeln; zerpflücken* **2. vi** *hauen* (at *nach*) **II. s** *Hieb* m ⟨a fig⟩; *Schnitt;* (*Schwert-*)*Streich* m; *Peitschenschlag* m ‖ *tiefe Schnittwunde* f ‖ *Schlitz* m (*in Gewändern*) ‖ ⟨Am⟩ *Baumtrümmer, Holzüberreste* pl; ⟨for⟩ *Windbruch* m, *Sumpfland* n ~**er** [ˈ~ə] s ⟨fam⟩ *Pfundskerl* m, -*sache* f ~**ing** [ˈ~iŋ] a *Hieb-* ⟨weapon⟩ / ⟨fig⟩ *vernichtend, beißend, scharf* (criticism) ‖ *gehörig, tüchtig,* °*pfunds* [invar] ~**ings** [ˈ~iŋz] pl ⟨for⟩ *Abfallholz* n

slat [slæt] s *dünner* (*Holz- or Metall-*)*Stab* or *Streifen* m; (of blinds) *Leiste* f ‖ ⟨sl⟩ *Rippe* f ‖ ⟨aero⟩ *Vorflügel* m; ~ *track* -*führung* f
slat [slæt] vt/i ‖ *werfen, schleudern* ‖ *schlagen* **|** vi (of sails) *schlagen*

slate [sleit] **1. s** ⟨geol⟩ *Schiefer* m ‖ *Dachschiefer* m ‖ *Schiefertafel* f; a clean ~ ⟨fig⟩ *ein reiner Tisch, e-e reine Weste* f ‖ *Schiefergrau* n ‖ ⟨Am⟩ *Kandidaten-, Wahlliste; Vorschlagsliste* f (*Ernennungen*) **|** [attr & comp] *Schiefer-* ‖ ~ *club kl Spar-, Hilfskasse* f ‖ ~-*coloured schiefergrau* ‖ ~-*pencil Schieferstift, Griffel* m ‖ ~-*quarry Schieferbruch* m **2. vt** *mit Schiefer decken* -*ter* [ˈ~ə] s ⟨Am⟩ ~ *Dach-, Schieferdecker* m -**ting** [ˈsleitiŋ] s *Schieferdecken* n ‖ *Schieferbedachung* f ‖ [koll] *Schiefer* m pl
slate [sleit] vt ⟨fam⟩ (*jdn*) *ausschimpfen, tadeln* ‖ (*Buch*) *scharf kritisieren, heruntermachen,* °*zur Sau* m ‖ ⟨med sl⟩ (*Patient*) ,,*abschreiben*" (*aufgeben*) -**ting** [ˈsleitiŋ] s *Strafpredigt* f; *vernichtende Kritik* f

slather [ˈslæðə] s ⟨Am sl⟩ *Unmenge* f
slattern [ˈslætən] **1. s** *Schlampe, Schlumpe* f; *unordentl. Frau* f **2.** a *schlampig* ~**liness** [~linis] s *Schlamperei* f ~**ly** [~li] a *schlampig; schmutzig*
slaty [ˈsleiti] a *schieferig; schieferartig* ‖ *schieferfarben*

slaughter [ˈslɔːtə] **1. s** *Schlachten* n (*v Vieh*) *Gemetzel, Blutbad* n ‖ the ~ *of the Innocents* ⟨ec⟩ *der Bethlehemˈitische Kindermord* **|** ~-*house Schlachthaus* n; ⟨fig⟩ *Ort* m *e-s Gemetzels* ‖ ~-(-)*man Leuteschinder* m **2. vt** (*Vieh*) *schlach-*

ten || ⟨fig⟩ *niedermetzeln* || ⟨Am⟩ *vernichten*
~er [~rə] s *Schlächter* m || ⟨fig⟩ *Niedermetzler,*
Mörder m; ⟨fam⟩ *Ramsch–, Altwarenhändler,*
Lumpensammler m **~ous** [~rəs] a (~ly adv)
⟨rhet⟩ *mörderisch; verheerend* | **~y** [~ri] s =
slaughter-house

Slav [slɑːv] **1.** s *Slawe* m, *–win* f **2.** a *slawisch,*
Slawen–
  slave [sleiv] **1.** s *Sklave* m, *–vin* f; to make ~s
  of *z Sklaven* m; to work like a ~ *wie ein S.*
  arbeiten || ⟨übtr⟩ *Sklave, abhängiger Mensch;*
  Knecht m (the ~ of, a ~ to a th *der, ein Sklave*
  e–r S); no ~ to a th *kein Sklave e–r S* | [attr]
  Sklaven– ||*–born als Sklave geboren* || ~-
  dealer *Sklavenhändler* m || ~-driver *–aufseher*
  m; ⟨fig⟩ *Leuteschinder* m || ~-states [pl]
  Sklavenstaaten m pl || ~-trade *Sklavenhandel* m
  2. vi/t || *wie ein Sklave arbeiten* || *schuften, sich*
  plagen | vt to ~ o.s. to death *sich z Tode schuften*
  ~r [ˈ~ə] s *Sklavenhändler* m || *Sklavenschiff* n
  ~ry [ˈ~əri] s *Sklaverei* f || ⟨fig⟩ *sklavische Ab-*
  hängigkeit f (to *v*) || *Plackerei* f
  slaver [ˈslævə] **1.** vi/t || *geifern, sabbern* ⟨a fig⟩
  | vt *mit Geifer beflecken; belecken* (with) || ⟨fig⟩
  schmeicheln **2.** s *Geifer* m || ⟨fig⟩ *grobe Schmei-*
  chelei f **~er** [~rə] s *Geiferer* m || ⟨fig⟩ *Speichel-*
  lecker m | **~y** [~ri] a *geifernd*
  slavey [ˈsleivi] s ⟨sl⟩ °*Dienstspritze* f
  (*–mädchen* n), *Mädchen f alles*
Slavic [ˈslævik, ˈslɑːvik] **1.** a *slawisch* **2.** s *das*
Slawische (Sprache) || → Slav **–vism** [ˈslævizm,
ˈslɑːvizm] s *Slawismus* m, *Slawentum* n
  slavish [ˈsleiviʃ] a (~ly adv) *sklavisch,*
  Sklaven– || ⟨fig⟩ *knechtisch, kriecherisch* **~ness**
  [~nis] s *sklavisches Wesen* n, *Kriecherei* f
Slavo– [ˈslævo, ˈslɑːvo] [in comp] *Slawo–*
~phil [~fil] s *Slawenfreund* m
  Slavonian [sləˈvouniən] **1.** *slawonisch* **2.** s *das*
  Slawonische || *Slaw'one* m
  Slavonic || [sləˈvɔnik] **1.** a *slawisch; slawonisch*
  2. s *das Slawische*
    slaw [slɔː] s ⟨Am⟩ *Krautsalat* m
    slay [slei] vt [slew/slain] ⟨poet, rhet & Am⟩
    töten, erschlagen || *schlachten* **~er** [ˈ~ə] s *Tot-*
    schläger m
  sleazy [ˈsliːzi] a (*–zily adv*) ⟨weav⟩ = flimsy
  || ⟨fig⟩ *schlampig, schmierig*
  sled [sled] **1.** s *kl Schlitten* m **2.** vt/i ⟨Am⟩
  auf e–m Sch. befördern; (*Holz*) *schlitteln* | vi *im*
  Sch. fahren
    sledge [sledʒ] **1.** s *Schlitten* m **2.** vt/i || *auf*
    Sch. befördern; (*Holz*) *schlitteln* | vi (a to ~ it)
    im Sch. fahren
    sledge [sledʒ] s **1.** = ~-hammer **2.** [attr]
    ~-hammer 1. s *Poss'ekel* m, *schwerer Schmiede-*
    hammer m; ⟨sculp⟩ *Schlägel* m; ⟨fig⟩ *Schlag,*
    Angriff m 2. [attr] *kräftig, gewaltig,* ~-hammer
    blow *heftiger Schlag* m ⟨a fig⟩; ~-h. methods
    [pl] ⟨fig⟩ *Holzhammermethoden* f pl
  sleek [sliːk] **1.** a (~ly adv) *glatt* (skin) ||
  weich (hair) || ⟨fig⟩ *glatt, ölig, geschmeidig*
  schmeichlerisch **2.** vt *glatt* m, *glätten* ⟨a fig⟩
  glatt kämmen **~ness** [ˈ~nis] s *Glätte* || *Weich-*
  heit f || *Geschmeidigkeit* f | **~y** [ˈ~i] a = sleek a
    sleep [sliːp] **I.** s **1.** *Schlaf* m (6 hours ~ *sechs-*
    stündiger Sch.); broken ~ *unruhiger Sch.*; his
    last ~ *sein letzter ewiger Sch.*; want of ~ *Schlaf-*
    losigkeit f || to die in one's ~ *einschlafen u nicht*
    wieder erwachen; to get (*od* go) to ~ *einschlafen*
    (a *v* Gliedern); to have one's ~ *out* (sich) *aus-*
    schlafen; to put to ~ *einschläfern*; ⟨fig box⟩
    bewußtlos m; to walk in one's ~ *nachtwandeln*
    2. *Schlafperiode* f, *der einzelne Schlaf* (to get a
    ~); ⟨fig⟩ *beauty ~ Schlaf vor Mitternacht* **3.** ⟨fig⟩
    Untätigkeit; Ruhe f **4.** [attr] *Schlaf–* || ~-walker
    Nachtwandler(*in* f) m || ~-walking *Nachtwandeln*
    n **II.** vi/t [slept/slept] **A.** vi **1.** *schlafen* (like a top
    wie ein Dachs); to ~ (up)on a th *etw überschl'a-*

fen; the bed has been slept in *in dem Bett ist ge-*
schlafen worden **2.** *die Nacht verbringen* **3.** *ent-*
schlafen s, ruhen **4.** ⟨übtr⟩ (of limbs) to be ~ing
eingeschlafen s **5.** (of a top) *sich wirbelnd drehen,*
unbeweglich scheinen **6.** ⟨fig⟩ *ruhen; untätig s*
7. to ~ in *im* or *zu Hause* – || to ~ on [adv]
weiterschlafen || ~ tight ⟨Kinderspr⟩ (*gute*
Nacht) *schlaf sacht!* **B.** vt **1.** to ~ a sleep *e–n*
Schlaf tun; to ~ one's last *s–n letzten Sch. tun*
to ~ ,o.s. sober *s–n Rausch ausschlafen* **2.** ⟨fam⟩
(*jdm*) *Schlafgelegenheit geben, bieten* (the house
can ~ 50 people) **3.** to ~ off (*etw*) *ausschlafen*;
to ~ off one's intoxication *s–n Rausch aus-*
schlafen | ~er [ˈ~ə] s *Schläfer* m; to be a good
~ *gut, fest schlafen* || *stiller Teilhaber* m ⟨arch
& rail⟩ *Schwelle* f || ⟨rail fam⟩ *Schlafwagen* m
|| *Zeitbombe* f | ~-chair, ~-seat = ~ette || ~-
shawl ⟨Am⟩ *Stola* f **~erette** [sliːpəˈret] s *aus-*
ziehbarer Sofasitz, ⟨rail & aero⟩ *Schlaf–,*
Liegesitz m **~iness** [ˈ~inis] s *Schläfrigkeit* f ||
⟨fig⟩ *Trägheit* f **~ing** [ˈ~iŋ] **1.** a *schlafend, ru-*
hend, ᴪ Beauty *Dornröschen* n; ~-partner
⟨com⟩ *stiller Teilhaber* m **2.** s *Schlafen* n ||
[attr] *Schlaf–* || ~-accommodation *–gelegenheit*
f || ~-bag *–sack* m || ~-berth *Koje* m *e–r Schiffs-*
kabine f, *Bett e–s Schlafwagens* n || ~-car(riage)
Schlafwagen m || ~-cup, ~-draught *–trunk* m |
⟨Am⟩ ~-room *–zimmer* n || → sickness ||
~-suit *–anzug* m
    sleepless [ˈsliːplis] a (~ly adv) *schlaflos* || *ohne*
    Schlaf, ruhelos || ⟨fig⟩ *wachsam* **~ness** [~nis] s
    Schlaflosigkeit f
    sleepy [ˈsliːpi] a (*–pily adv*) *schläfrig* || ⟨fig⟩
    träumerisch; träge || (of places) *verschlafen,*
    friedlich || (of fruit) *saftlos, mehlig* || → sickness
    ~head [~hed] s ⟨fig⟩ *Schlafmütze* f **~-seeds**
    [~siːdz] s pl *Augenbutter* f, *Sandmännchen-*
    Sand m
  sleet [sliːt] **1.** s *Schloße* f; [koll] *der Schnee-*
  regen, die Schloßen pl (a shower of ~) **2.** vi
  graupeln, hageln (it is ~ing) | **~y** [ˈ~i] a *grau-*
  pelig, Hagel–
    sleeve [sliːv] **1.** s *Ärmel* m; to have a plan up
    one's ~ *e–n Plan in petto h, vorhaben* || to laugh
    in one's ~ *sich ins Fäustchen lachen*; to turn *od*
    roll up one's ~s *sich die Ärmel aufkrempeln*; to
    wear one's heart upon one's ~ *s–e Gefühle nicht*
    verheimlichen, aus s–m Herzen k–e Mördergrube
    m | ⟨tech⟩ *Muffe* f (*Rohrstück z Verbindg. v*
    Rohren) | [attr] ~ badge *Ärmelabzeichen* n;
    ~ coupling *Wellenverbindungsmuffe* f; ~-fish
    ⟨zoo⟩ *Tintenfisch* m || ~-link *Manschetten-*
    knopf m || ~ target ⟨aero⟩ *Schleppsack* m
    (*Übungsziel*) || ~-valve *Muffenventil* n **2.** vt *mit*
    Ärmeln versehen || ~-d [in comp] *-ärmelig*
    (long–~) ~-less [ˈ~lis] a *ohne Ärmel*
  sleigh [slei] **1.** s *Schlitten* m | *Gleitbahn* f (*f*
  Rohrrücklauf), *Rohrwiege* f || Swedish sleigh
  „Rennwolf" m **2.** vi/t || *im Sch. fahren* | vt *im*
  Sch. befördern **~ing** [ˈ~iŋ] s *Schlittenfahren* n
    sleight [slait] s *List; Geschicklichkeit* f ||
    Kunstgriff, Trick m || (*a ~of* hand) *Taschen-*
    spieler–, Kunststück n
  slender [ˈslendə] a (~ly adv) *schlank, dünn* ||
  gering (hope), *schwach; schwächlich* || *gering,*
  dürftig, unzulänglich; ~ diet *magere Kost* f **~ize**
  [~raiz] vt/i || *dünn* or *schlank* m | vi *schlank*
  bleiben || → to slim **~ness** [~nis] s *Schlankheit,*
  Dünnheit f || *Schwachheit* f || *Unzulänglichkeit* f
  slept [slept] pret & pp *v* to sleep
Slesvic [ˈslezvik] a *Schleswig–*
    sleuth [sluːθ] **1.** s (a ~-hound) *Bluthund* m ||
    ⟨fam⟩ *Detekt'iv* m **2.** vt/i || (*jds Spur*) *verfolgen* |
    vi *den Detektiv spielen; suchen*
      slew, slue [sluː] vt/i (*oft* to ~ round) (*den*
      Mast) *herumdrehen*; [a refl] (to ~ o.s.) || (*Boot*)
      herumwerfen; (*Geschütz*) *schwenken* | vi *sich*
      herumdrehen, sich um sich selbst drehen **~ing**

[′~iŋ] a *sich drehend*; *Dreh-* (~ crane *–kran* m)
slew [slu:] pret *v* to slay
slice [slais] **1.** s *Schnitte, Scheibe* f; a ~ of
meat *e–e Sch. Fleisch*; a ~ of bread and butter
ein Butterbrot || *Teil, Stück* n (a ~ of); a ~ of
luck *e–e Portion Glück* | *Kelle* f; fish-~ *Fisch-* ||
Feuerschaufel f; (a ~-bar) *Feuerhaken* m,
Schüreisen n | *Spatel* m; *Schabeisen* n **2.** vt/i
(a to ~ up) *in dünne Scheiben schneiden*; *zer-
schneiden*; *–teilen* || ⟨golf⟩ (*Ball*) *nach der Seite
schlagen* || to ~ off *abschneiden* || to ~ through
d·urchschneiden | vi *schneiden*
slick [slik] **1.** a ⟨Am⟩ *glatt, Glanzpapier-*
(magazine); ⟨sl⟩ *leicht-, glattgehend, flott* (~
play); ⟨Am⟩ ~ *chick* ⟨teens⟩ *schaue Ische* f
(*Mädchen*) || *geschickt*; *passend* **2.** adv *schnell*;
glattweg, direkt; *vollkommen* ~**ed** [~t] a: ~
down angeklatscht (*Haar*) ~**er** [′~ə] s ⟨Am⟩
langer loser Regenmantel m; ⟨fig⟩ *Schwindler,
Städter* m; ~**ness** [′~nis] s ⟨fig⟩ *Glätte* f
slide [slaid] **I.** ~*t* [slid/slid, *a* slidded]
A. vi **1.** *gleiten* (it slid off my knees *es glitt mir
v den Knien*); to ~ down a rope *an e–m Seil hin-
untergleiten* | *sich schieben l* || (on the ice) *schur-
ren, schlittern* | ⟨übtr⟩ *hineingleiten, ·übergehen*
(into *in*) || to ~ over a th ⟨fig⟩ *etw überg·ehen,
nicht berühren* **2.** *schlüpfen, schleichen, kriechen*
3. *entgleiten, vergessen w*; to let things ~ *die
Dinge laufen l, den Dingen ihren Lauf l* **4.** *ausgleiten, –glitschen, –rutschen*; ⟨aero⟩ *abrutschen*
5. [mit adv] *away dahin-, vergehen*; *unbewußt
übergehen, geraten* (into *in*); to ~ *into evil
ways auf die schiefe Ebene geraten* **B.** vt *gleiten l*;
schieben (into *in*) **II.** ~ s **1.** *Gleiten, Rutschen* n,
Rutsch m | *Erd–, Felsrutsch* m | *Schurren,
Schlittern* n || *e–e Art Schlitten* m | *Schurr-,
Schlittenbahn* f **2.** *Gleitvorrichtung, –bahn*;
(*Kinder-*)*Rutschbahn* f **3.** ⟨tech⟩ *etwas Gleitendes*
n, *Schieber* m; *Schiebeschachtel* f; (of a microscope) *Glasstreifen, Objektträger* m; (of a
projector) *Bild,* (*Farb-*)*Dia*(*positiv*) n; → lantern
|| *flache Haarspange* f | ⟨tech⟩ *throttle* ~ ⟨mot⟩
Gasschieber m **4.** [attr] *Schieber–, Schieb–,
Gleit–* || ~-box *Schieberkasten* m || ~-loop
(*Schnallen-*)*Schieber* m || ~-projector (*Steh-*)
Bildwerfer, Diaprojektor m || ~-rule *Nonius*
(*verschiebbarer Maßstab*), *Rechenschieber, –kreis*
m, *–schraube, –walze* f, *Schieblineal* n || ~(-)
switch ⟨tech⟩ *Schiebeschalter* m || ~-valve
Schieber m, *–ventil* n || ~-way *Gleit–, Schieber-
bahn* f
  slider [′slaidə] s ⟨tech⟩ *Schieber* m || *gefüllte
Waffel* f, *Eiscreme* f *zwischen Waffeln*
  sliding [′slaidiŋ] **1.** a *gleitend, verschiebbar* ||
~ bar *Riegel* m || ~ clutch *Rutschkupplung* f ||
~ contact ⟨el⟩ *Schleifkontakt* m || ~ mount
Schiebetür f || ~ mount (*Eisenbahn-*)*Gleit-
lafette* f || ~ panel *Schiebewand* f || ~ platform
⟨bes film⟩ *Schiebebühne* f || ~-rule = slide-rule
|| ~-scale *Schiebmaßstab* m; ⟨übtr⟩ *bewegliche
Lohn–, Preisskala* f, *Staffeltarif* m || ~-seat (in
a boat) *Gleit–, Rollsitz* m || ~-table *Ausziehtisch*
m || ~ throttle ⟨tech⟩ *Drosselschieber* m || ~
wedge (*Geschütz-*)*Keilverschluß* m || ~ window
Schiebefenster n **2.** s *Gleiten* n || [attr] *Gleit–* (~
contact *–kontakt* m; ~ surface *–fläche* f)
  slight [slait] **1.** a (~ly adv) *dünn, hager* | *mild*;
leicht (cold) | *schwach*; *klein*; *gering* || *unbe-
deutend, –wichtig* **2.** vt (*jdn*) *geringschätzig behandeln*; *mißachten*; *nicht beachten, ignorieren*
3. s *Geringschätzung*; *Miß–, Nichtachtung, ge-
ringe Achtung* f (for *vor*) || *Beschmutzung* f (on
a p's honour *jds Ehre*) || ~**ing** [~iŋ] a (~ly adv)
geringschätzig; *nichtachtend* ~**ness** [′~nis] s
Dünnheit f || *Schwäche* f || *Geringfügigkeit*;
–schätzigkeit f
  slim [slim] **1.** a (~ly adv) *schmächtig* (~ly
built); *schlank* | ⟨fig⟩ *dürftig, unzulänglich, ge-

ring* || *schlau, gerieben* | ~-dilly ⟨Austr fam⟩
(*schlankes*) *Mädchen* n, → skinny **2.** vi [–mm–]
(of ladies) *schlank, dünn w*, *e–e Entfettungs-,
Abmagerungs-, Diätkur m* ~**ming** [′~iŋ] s
Lebensweise f, *mit dem Ziel schlank z bleiben* or
z w; [oft attr] (~ diet) ~**ness** [′~nis] s *Schmäch-
tigkeit, Schlankheit* f || ⟨fig⟩ *Dürftigkeit* f ||
Gerissenheit f
  slime [slaim] **1.** s *Schleim* m; ~-gland *–drüse* f
|| *Schlick, Schlamm* m | ⟨fig⟩ *Schmutz* m; *Ver-
kommenheit* f || to do a ~ ⟨fam⟩ *im Trüben
fischen* **2.** vt/i || *mit Schlamm beschmieren*; *mit
Schleim überziehen* | vi „*leisetreten*"
  sliminess [′slaiminis] s *das Schlammige*;
Schleimige n || *schleimige Beschaffenheit* f
  slimsy [′slimzi], **slimpsy** [′slim(p)si] a ⟨Am⟩
dünn, schwach, zerbrechlich
  slimy [′slaimi] a *schleimig* || *schlammig,
schlickig* | ⟨fig⟩ *schmeichlerisch, kriechend*;
ekelhaft
  sling [sliŋ] s *Schleuder* f; ⟨mil hist⟩ *Wurf-
maschine* f
  sling [sliŋ] **1.** vt/i [slung/ slung] || *mit e–r
Schleuder werfen* || to ~ arms ⟨mil⟩ *Gewehr
umhängen*; ~ on packs! *Gepäck aufnehmen!* ||
⟨übtr⟩ *werfen* (out of *aus*); *schleudern*; to ~
mud at a p ⟨fig⟩ *jdn mit Schmutz bewerfen*; ||
⟨vulg⟩ to ~ a cat °*reihern, kotzen* | ⟨mil⟩ to ~
the hatchet °*koddern* (*eindringlich sprechen*) || to
~ the language °*koddern* (*fluchen*) | ⟨fam⟩ to ~
a pot *e–n hinter die Binde gießen* | ⟨vulg⟩ to ~ a
snot *sich mit den Fingern schneuzen* | ⟨aero sl⟩
to ~ around (*Flugzeug*) *einfliegen* || to ~ out
⟨fam⟩ (*jdn*) *hinauswerfen* || *schwingen* (to ~ one's
hat *s–n Hut schwingen, schlenkern*) || to ~ the
ink *Tinte verschwenden*; (*Zeitungs–* etc) *Artikel
etc zus–schmieren* | vi ⟨Scot⟩ *schlenkern*;
schreiten (into *in*) || ⟨fam⟩ to ~ off °*abhauen*
[vi] **2.** ~ s *Wurf, Schwung* m; ⟨fig⟩ *Schlag* m | ~**er**
[′~ə] s *Schleuderer* m
  sling [sliŋ] s *Schlinge* f || ⟨med⟩ *Binde,
Schlinge* f || ⟨mar⟩ *Stropp* m (*Tauschlinge*) ||
Gewehr–, Schulter–, Tragriemen m || ~-dogs
[pl] *eisernes Hebezeug* n (*aus e–m Paar Eisen-
krampen am Ende e–s Seiles*)
  sling [sliŋ] vt *e–e Schlinge legen um* (etw) *z
Beförderung*; *hochziehen*; *heben* (from *v*); to ~
o.s. up *sich hochziehen* || (in *e–r Schlinge*) *be-
festigen* | (*Arm*) *in Schlinge legen* | (etw) *schlin-
gen, hängen* (across, over *über*, round *um*); to be
slung *hängen, slung over one's back über den
Rücken geschlungen* || (etw) *aufhängen* (to *an*),
errichten
  sling [sliŋ] s ⟨Am⟩ *Gin– usw Cobbler* m (*Getränk* n *aus Branntwein, Zucker, Wasser u Eis*)
  slingshot [′sliŋʃɔt] s (Y-*förmige Hand-*)*Schleuder; Katapulte, Zwille* f
  slingtrot [′sliŋtrɔt] s *Laufschritt* m
  slink [sliŋk] vi [slunk/slunk] || *schleichen* |
to ~ off *od away sich davonstehlen* | ~**er** [′~ə] s
(*a slink*) *Drückeberger, Leisetreter* m
  slink [sliŋk] **1.** vi/t || (*T*) *fehlgebären, vor der
Zeit gebären* | vt *verwerfen, vor der Z. werfen*
2. s *fehlgeborenes Tier*
  slip [slip] vi/t [–pp–] **I.** vi **1.** *gleiten* (to ~
down *hinunter– an*; .. off [ab]*gleiten, hinab– v*;
.. over *gleiten über*) **2.** *ausgleiten*; his foot ~ped
er glitt aus || ⟨fig⟩ *Fehler* m, *sich irren* (in) | *sich
verschieben*; *rutschen*; *fallen* || (of knots) *auf-,
losgehen* | ⟨aero⟩ *seitwärts abtrudeln* **3.** *schlüp-
fen*; to ~ along *dahinfahren, –fließen, –laufen* **4.**
entschlüpfen, –weichen; *schleichen* (down the
street *die Straße hinunter*); to let a th ~ *sich
etw entgehen l* **5.** ~-ped disc ⟨med⟩ *Bandscheiben-
vorfall* m **6.** [mit prep] (→ **1.**) to ~ **from**
one's hand *der Hand entgleiten*; *aus der Hand
gleiten*; .. from *od* out of a p's memory *dem Ge-
dächtnis entfallen* || to ~ **into** *hineinschlüpfen in*

(into a suit); *sich einschleichen in, sich (heimlich)
hineinschieben, –stecken in; unmerklich geraten
in* || ∼ped **to** one side *verrutscht* **7.** [*mit adv*]
to ∼ **away** *entschlüpfen, –gehen* (from a th *e–r*
S); *dahineilen* || to ∼ **by** (of time) *verstreichen* ||
to ∼ **in** *sich einschleichen* || to ∼ **into** ⟨fam⟩ *auf*
(*jdn*) *einhauen* || to ∼ **out** *hinausschlüpfen* || to ∼
up *stolpern* ⟨*a* fig⟩; (of a tie) *sich hochschieben*
(over *über*) **II.** vt **1.** *gleiten l* | (*Ring*) *schieben* (on
to one's finger *auf den* ..) || *hineinschieben,
–stecken* (into); to ∼ one's arm *den Arm sanft
sch.* (through) || *unbemerkt stecken* (into) **2.** *los-
lassen*; (*Hund*) *v der Leine lassen*; ⟨mar⟩ to ∼ a
cable *ein Tau schießen l, schlippen*; ⟨rail⟩ (*Wagen*)
abhängen u laufen l **3.** (*jdn*) *entschlüpfen,
–weichen* || (*Fessel* etc) *abstreifen*; to ∼ a p's
memory *od* mind *jdm entfallen* **4.** [*mit adv*] to ∼
in (*ein Wort*) *einfließen l* || to ∼ **off** (*Rock*) *ab-
streifen, ausziehen* || to ∼ **on** (*Rock*) *anziehen,
überwerfen* || to ∼ **over** *überziehen* **III.** [in
comp] *Schiebe–* (∼-board *–brett* n), *Schub–* ||
∼-carriage *Abhängewagen* m || ∼ fuel tank
⟨aero⟩ *abwerfbarer Kraftstoffbehälter* m ||
∼-knot *Ziehknoten* m || ∼-on ⟨Am⟩ *Schlüpf-
jacke* f, *Pull·over* m etc || ∼(-)over *Pull·over* m,
Strick–, Überziehjacke f || ∼-road *Nebenweg*
m, *–straße* f || ∼ tank ⟨aero⟩ *Abwurfbehälter* m
|| ∼-rope *Schlipptau* n || ∼(-)stick ⟨Am sl⟩
Rechenschieber m || ∼(-)stream ⟨aero⟩ *Luft-
schraubenstrahl, Nachstrom* m || ∼-way ⟨mar⟩
Helling f; ⟨aero⟩ *Ablaufbahn* f (f *Segelflugzeuge*)
  slip [slip] s **1.** *Gleiten, Ausgleiten* n || *Rutsch* m
(∼ of earth *Erd–*); *Schlipf* m | ⟨mar⟩ *Helling* f ||
⟨aero⟩ *Schlüpfung* f (*der Luftschraube*) || ⟨sl⟩ to
give a p the ∼ *jdm ausweichen* || there is many a
∼ 'twixt the cup and the lip *es ist noch nicht
aller Tage Abend, bis dahin fließt noch viel
Wasser den Rhein hinab* **2.** (*Flüchtigkeits-)
Fehler* m, *Versehen* n, ∼ of the pen *Schreibfehler*;
it was a ∼ of the tongue *ich habe mich verspro-
chen* | *Fehltritt* m; to make a ∼ *e–n F. tun* |
Verstoß m **3.** *Schlüpfer* m, *Unterkleid* n || ∼s
[pl] *Badehose* f | (*Kissen-)Überzug* m **4.** ⟨crick⟩
(*ein fielder*) *Eckmann* m (first, second ∼) **5.** ∼s
[pl] **a.** *Koppel, Hundeleine* f **b.** ⟨hist⟩ *Kulissen*
f pl
  slip [slip] s ⟨hort⟩ *Setz–, Steckreis* n; *Steck-
ling, Ableger* m; *Sproß, Sprößling* m; ⟨fam⟩ a
mere ∼ of a boy *ein unscheinbarer* (*blutjunger
schmächtiger*) *Knabe* | *Streifen* m, *schmales
Stück* n; a ∼ of paper *ein St. Papier, Zettel* m;
⟨typ⟩ (*a* ∼-proof) *Fahne(nabzug* m) f
  slipper ['slipǝ] **1.** s *Pantoffel* m | *leichter
Damenschuh* m; Turkish ∼ *Babusche* f |
Raglan(mantel) m | *Hemmschuh, Bremsklotz* m
2. vt *mit dem Pantoffel schlagen* ∼ed [∼d] a |
Pantoffeln tragend, in Pantoffeln
  slipperiness ['slipǝrinis] s *Schlüpfrigkeit* f ||
⟨fig⟩ *Unzuverlässigkeit* f **–ry** ['slipǝri] a (*–rily*
adv) *glitschig, schlüpfrig, glatt*; ⟨mot⟩ ∼ when
frosty! *Bei Frost Glatteisgefahr*! || ⟨fig⟩ *un-
sicher, unzuverlässig, zweifelhaft*; ⟨fam⟩ *flink,
flott*
  slippy ['slipi] a ⟨fam⟩ *fix, schnell, flink, flott*;
to look ∼ ⟨fam⟩ *fix m, sich beeilen*
  slipshod ['slipʃɔd] a † *mit abgetretenen Hacken*
|| ⟨fig⟩ *unordentlich, nachlässig, liederlich*
  slipslop ['slipslɔp] s **1.** *dünnes Getränk* n ||
⟨fig⟩ (vgl Mrs ∼ in Fielding's Joseph Andrews,
1742; → Malaprop[ism]) *Gewäsch, inhaltloses
Gerede* od *Schriftstück* n; *Kitsch* m **2.** a *nichtssagend, fade, verwässert; wertlos; kitschig*
  slipway ['slipwei] s ⟨mar-aero, mar⟩ *Gleit-
bahn* f
  slit [slit] **1.** vt/i [slit/slit] [–tt–] || (*auf*)*schlitzen,
aufschneiden; spalten* || *zerschneiden* (into *in*) | vi
(*entzwei*)*reißen* **2.** s *Schlitz; schmaler Riß, Spalt*
m; ∼s of eyes *Schlitzaugen* pl || *Einschnitt* m ||

schmale Öffnung f | [attr] *Spalt–*; *Schlitz–* ||
⟨phot⟩ ∼ aperture stop, ∼ diaphragm *Spalt-
blende* f || ∼-eyed *schlitzäugig* || ∼ trench
Splitter–, Deckungsgraben m ∼ting ['∼iŋ] s
Spalten n; [attr] ∼-mill ⟨tech⟩ (*Eisen-)Schneide-
werk* n; *–maschine* f
  slither ['sliðǝ] **1.** vi/t ⟨fam⟩ (*aus*)*gleiten,
(hin)schlittern, rutschen*; to begin to ∼ *ins Rut-
schen k* | vt (*Straße*) *überschwemmen, glitschig* m
2. s (*Aus-)Rutschen* n | ∼y [∼ri] a *schlüpfrig,
schlitterig, glatt* ⟨*a* fig⟩
  sliver ['slivǝ] **1.** s (*Holz–, Knochen-)Splitter* m
(∼ of bone *Knochen–*); *der Länge nach ab-
geschlitztes, abgespaltenes Stück* n; *Span* m |
⟨tech, bes weav⟩ *Kammzug* m (*Band v Kamm-
wolle*) || ∼s [pl] ⟨tech⟩ *Walzsplitter* m pl
2. vt/i | *abreißen, –spalten* || (*zer*)*spalten* | vi *sich
spalten*
  slob [slɔb] s ⟨bes Am sl⟩ *Schlumper* m,
Schlampe f, *Tölpel(in* f) m
  slobber ['slɔbǝ] **1.** vi/t || *geifern, sabbern,
Speichel l* | vt *besabbern, mit Speichel bedecken*;
to ∼ with kisses *abküssen, –knutschen* (*oft* to
∼ over [adv]) *zus–pfuschen* **2.** s *Matsch* m ||
Geifer, Sabber m | *Salbaderei* f | ∼-swing ⟨gym
sl⟩ *Riesenwelle* f ∼ation [slǝbǝ'reiʃn] s ⟨fam &
vulg⟩ *Abschmatzen* (*Küssen*) n | ∼y [∼ri] a
matschig, schmierig || *sabbernd* || *salbadernd*;
gefühlsduselig, süßlich
  sloe [slou] s ⟨bot⟩ *Schlehe* f (*Frucht*) || (*a
∼-thorn, ∼-tree*) ⟨bot⟩ *Schlehdorn, Schwarz-
dorn* m || ∼-gin *Schlehen–, Zwetsch(g)en-
schnaps* m
  slog [slɔg] **1.** vt/i [–gg–] || (*Ball*) *heftig schla-
gen* || (*jdn*) *prügeln* || ⟨fig fam⟩ (*jdn*) *herunter-
reißen*; to get ∼ged *übers Ohr gehauen w* | vi
heftig schlagen || (*mst* to ∼ on *od* away) *sich
placken* (at *bei*) || ⟨school sl⟩ *Äpfel* °*klauen* **2.** s
wuchtiger Schlag m || *Plackerei* f; *schwere
Arbeit* f || ∼-horse ⟨übtr⟩ *Arbeitspferd* n ∼ger
['∼ǝ] s *tüchtiger Schläger, Boxer* m || *stetiger
Arbeiter* m
  slogan ['slougǝn] s **1.** ⟨Scot⟩ *Feldgeschrei* n;
Schlachtruf m **2.** ⟨übtr⟩ *Wahlspruch* m; *Losung* f
|| *Schlagwort* n ∼eer [slougǝ'niǝ] s *Werbetexter*
m ∼ize [∼aiz] vt *durch Schlagworte überzeugen,
z ü. suchen*
  sloid, sloyd [slɔid] s (Swedish) *Handfertig-
keitsunterricht, Werkunterricht* m; *Bastelarbeit* f
  sloop [slu:p] ⟨mar⟩ **1.** s *Schaluppe* f || (*a* ∼ of
war) *Korv·ette* f **2.** (*heute bes*:) *Kanonenboot,
Geleitschiff* n
  slop [slɔp] **I.** s **1.** *verschüttete Flüssigkeit* f **2.**
∼s [pl] *schwaches Getränk, °Gesöff* n; *flüssige
Krankenkost* f || *Spülicht* n; to empty the ∼s
schmutziges Wasser ausgießen **3.** ⟨fig⟩ *Kitsch* m
4. [attr] ∼-basin *Schale* f *Teereste* etc || ∼-pail
Spüleimer m **II.** vt/i [–pp–] || (*Wasser* etc) *aus–,
verschütten* || *begießen, überschütten* (with *mit*) ||
∼ped ⟨Am⟩ *betrunken* | vi (*a* to ∼ over *od* out)
·*überfließen, –schwappen*; *schwabbeln* ⟨fig⟩ *to
∼ over überschwenglich w.*
  slop [slɔp] s **1.** *Kleidungsstück*; *Jackett* n **2.** ∼s
[pl] † *Pluderhose* f; *weite, lange Hose* || ⟨mar⟩
gelieferte Bekleidung f, *Bettzeug* n f *Matrosen* ||
(*a ∼-clothes*) *billige, fertige Kleidungsstücke* n pl
3. [attr] ∼-room ⟨mar⟩ *Bekleidungsraum* m ||
∼-seller *Trödler* m || ∼-shop *Laden* m f *billige,
fertige Kleidung*
  slop [slɔp] s ⟨sl⟩ (*aus* ecilop = *umgekehrtes*
police) (*Polizist*) °*Polyp* m, °*Polente* f
  slope [sloup] **1.** s *Abhang* m; *Rampe* f; ⟨fort⟩
Böschung f || *Steigung*; *Neigung, Abdachung*,
Schräge f; ⟨arch⟩ *Giebelschenkel* m, *–schräge* f
|| ⟨geog⟩ *continental* ∼ *Kontinentalabfall* m,
–böschung f; slip-off ∼ *Gleithang*, undercut ∼
Prall– m (of a river) || on the ∼ *schief, abschüs-
sig*; with a gentle ∼ *allmählich ansteigend or*

abfallend; to give a ∼ to a th *etw abdachen* ‖ ⟨mil⟩ *Haltung* f *des übergenommenen Gewehrs* (at the ∼) **|** ∼ *position* ⟨tact⟩ *Hangstellung* f **2.** vi/t ‖ *(of ground) sich neigen or senken* ‖ *abfallen* **|** vt *(Boden) neigen, senken*; *abdachen*; *schräg anlegen, abschrägen* ‖ ⟨mil⟩ ∼ *arms! das Gewehr über!*

slope [sloup] vi ⟨fam⟩ *(a to* ∼ *off) sich aus dem Staube m, °abhauen, sich dünne m* ˌ to ∼ *about umherlungern*

sloping ['sloupiŋ] a *(∼ly adv) abschüssig, schräg*

sloppiness ['slɔpinis] s *Schlüpfrigkeit* f, *Glätte* f (of the ground); *Schmutz* m

sloppy ['slɔpi] a *(–pily adv) wässerig, schwabˌbelig, lappig* (food); ⟨aero⟩ *weich (Flugzeug im Ruder)* ‖ *naß, schmutzig, matschig* **|** ⟨fig⟩ *liederlich, oberflächlich*; *schlampig* ‖ *verwässert, –schwommen* **|** *albern*; *kitschig, rührselig*

slosh [slɔʃ] **1.** s *Schlamm, Schmutz* m ‖ *dünnes, lappiges Getränk* n **2.** vi/t ‖ *im Schlamm panschen or gehen* ‖ ⟨Am⟩ *herumlungern* **|** vt ⟨sl⟩ *(Flüssigkeit)* *übergießen, verschütten*; *(jdn) übergˈießen* (with) ‖ *schlagen*

slot [slɔt] **1.** s ⟨tech⟩ *Kerbe, Nut* f ‖ *schmale Öffnung* f, *Schlitz(einwurf)* m *(an Automaten, Briefkästen)*; ⟨theat⟩ *Versenkung* f; ⟨aero⟩ *Spaltflügel* m ‖ ∼-*machine Automat, automatischer (Waren-)Verkaufsapparat* m **2.** vt *(a to* ∼ *out) auskerben*; *mit e–m Schlitz versehen* **|** ∼**ted** ['∼id] a: ∼ *diaphragm* ⟨phot⟩ *Schlitzblende* f ‖ ∼ *disc Rastenscheibe* f ‖ ∼ *hole Langloch* n ‖ ∼ *nut Schlitzmutter* f ∼**ting** ['∼iŋ] s [attr] ∼-*machine (Nuten-)Stoß–, Stanzmaschine* f; *Spielautomat* m

slot [slɔt] s ⟨dial⟩ *Türriegel* m ‖ *Latte* f; *Querholz* n

slot [slɔt] s (of deer) *Fährte* f, *Trittsiegel* n

sloth [slouθ] s *Faulheit* f ‖ ⟨zoo⟩ *Faultier* n ∼**ful** ['∼ful] a *(∼ly adv) faul, träge* ∼**fulness** ['∼fulnis] s *Trägheit* f

slouch [slautʃ] **1.** s *gebeugte, nachlässige Haltung* f, *schwerfälliger, latschiger Gang* m ‖ *herabhängende Hutkrempe* f **|** ⟨Am sl⟩ *Pfuscher* m, *Pfuschwerk* n; *no* ∼ *nicht unbedeutend, hervorragend* **|** ∼-*hat Schlapphut* m **2.** vi *sich schlaff halten*; *latschen* **|** (of a hat) *schlaff herunterhängen* ‖ *to* ∼ *about dahinschlendern, herumlungern* **|** ∼**y** ['∼i] a *schlampig* ‖ *schnodderig*

slough [slau] s *Priel* m; *Sumpf* m ⟨a fig⟩; *sumpfige Stelle, Pfütze* f ‖ *the* ∼ *of Despond* ⟨fig⟩ *hoffnungslose Verzweiflung* f **|** ∼**y** ['∼i] a *sumpfig, Sumpf–*

slough [slʌf] **1.** s *(T) abgeworfene Haut* f ‖ ⟨fig⟩ *äußere Form, Hülle* f ‖ ⟨med⟩ *Schorf* m **2.** vi/t ‖ *sich häuten* ‖ ⟨med⟩ *verschorfen*; *to* ∼ *off sich ablösen* **|** vt *(Haut) abwerfen* ‖ ⟨fig⟩ *(a to* ∼ *off) (Gewohnheit) aufgeben* **|** ∼**y** [∼i] a *schorfig*

Slovak ['slouvæk] **1.** s *Slowˈake* m, *–kin* f ‖ *slowakische Sprache* f **2.** a = ∼**ian** [slou'vækiən, –'veik–] a *slowˈakisch*

sloven ['slʌvn] s *Schlampe, Schlumpe* f; *Schmutzfink* m ‖ *liederlicher, oberflächlicher Arbeiter* m ∼**liness** [∼linis] s *Schlampigkeit, Schlamperei* f ‖ *Nachlässigkeit* f ∼**ly** [∼li] **1.** a *schlampig* ‖ ⟨fig⟩ *liederlich*; *nachlässig* (speech) **2.** adv *liederlich*

Slovene ['slouvi:n; –'–] **1.** s *Slowˈene* m, *–nin* f **2.** a *slowenisch* ∼**nian** [slou'vi:niən] **1.** a *slowenisch* **2.** s *slowenische Sprache* f

slow [slou] **I.** a *(∼ly adv)* **1.** *(P)* **a.** *langsam, nicht schnell*; ∼ *of speech l. im Sprechen*; *to be* ∼ *in doing nur langsam tun*; *to be a* ∼ *speaker langsam sprechen* **b.** *schwer v Begriff*; *schwerfällig*; *dumm*; *to be* ∼ *in the uptake e–e lange Leitung h* **c.** *spät, unpünktlich*; *to be* ∼ *in arriving unpünktlich ankommen* ‖ *säumig, nachlässig*;

∼ *of payment nachlässig im Bezahlen*; *lässig* ‖ ⟨fam⟩ *altmodisch, rückständig, langweilig*; *schüchtern (Liebhaber)* ‖ ∼-*coach* ['– –] s *langsamer Mensch*; *Trödelfritz* m **d.** *nicht schnell* (or *nicht leicht) erregt, to be* ∼ *to take offence nicht leicht übelnehmen*; ∼ *and (od but) sure langsam aber sicher* ‖ *nicht bereit, abgeneigt, to be* ∼ *to do widerwillig tun*; *not to be* ∼ *to do schnell tun* **2.** *(S)* **a.** *langsam gehend, langsam* (at a ∼ *pace)* ‖ *lässig* **|** ∼ *fire* ⟨artill⟩ *langsames F.*; → b.; ∼ *roll* ⟨aero⟩ *gesteuerte Rolle* f; ∼ *speed langsame Fahrt* f; ∼ *time* ⟨mil⟩ *Marschtempo* n; ∼ *train Personen–, Bummelzug* m; *the clock is five minutes* ∼ *die Uhr geht 5 Minuten nach* ‖ ⟨phot⟩ *unempfindlich* (film) ‖ ∼ *motion Langsambewegung*; ⟨film⟩ *Zeitlupe* f, *in* ∼ *m. im Zeitlupentempo*, ∼er *m. verlangsamtes Tempo*; [oft attr] *Zeitlupen–* (∼-*motion picture –aufnahme* f) ‖ *untätig, flau* (season) ‖ *langweilig, öde* **b.** *lange dauernd, langwierig* (journey), *langsam wirkend, allmählich* (growth), *schleichend* (fever) ‖ *lange anhaltend*; ∼-*combustion stove Dauerbrandofen* m; ⟨hist⟩ ∼-*match Lunte* f **c.** *bewegunghemmend*; (of ground) *weich, aufgeweicht* (a ∼ *turf)* **II.** adv **a.** *[mst betont] langsam* (how ∼ *he runs)*; read *∼(er) lies langsam(er)* ‖ ⟨mot⟩ **⌐**!, Drive **⌐**ly! *Langsam fahren!* **b.** [in comp] ∼-*going langsamgehend* **III.** vi/t ‖ *(mst to* ∼ *down, up) das Tempo verlangsamen*; *die Geschwindigkeit herabsetzen, einschränken*; *langsam(er) gehen or fahren* **|** vt *(Maschinen* etc) *langsam(er) fahren l, verlangsamen* **IV.** s ⟨crick⟩ *langsamer Ball* m ∼**ing** ['∼iŋ] s ∼ *down process* ⟨phys⟩ *Bremsprozeß* m ‖ ∼ *down (of neutrons) Verlangsamung* f ∼**ness** ['∼nis] s *Langsamkeit* f ‖ *Dummheit, Schwerfälligkeit* f ‖ *Langweiligkeit* f ∼**poke** ['∼pouk] s ⟨bes Am, Austr sl⟩ *Langweiler*, °„*Nachtwächter*" m

slow-worm ['slouwə:m] s ⟨zoo⟩ *Blindschleiche* f

sloyd [slɔid] s → *sloid*

slub [slʌb] **1.** s *Vorgespinst* n **2.** vt [–bb–] *grob vorspinnen* ∼**ber** ['∼ə] s *Vorspinnmaschine* f ∼**bing** ['∼iŋ] s [attr] ∼-*machine* = *slubber* s

slubber ['slʌbə] vt/i → *to slobber* ∼**degullion** [ˌslʌbədi'gʌljən] s *Schmutzfink* m

sludge [slʌdʒ] s *Matsch* **|** ⟨geol⟩ *Schlamm* m ‖ *Abfallprodukt* n ‖ ∼ *pit (Abwässer-)Absetzbecken* n ‖ ⟨tech⟩ ∼ *scraper Schmutzabstreifring* m; ∼ *valve Schlammventil* n ∼**gy** ['slʌdʒi] a *matschig*; *schlammig*

slue [slu:] vt/i → *to slew*

sluffer ['slʌfə] s ⟨Am⟩ *Drückeberger* m

slug [slʌg] **1.** s † *Faulpelz* m ‖ ⟨zoo⟩ *Acker-Wegschnecke* f **2.** vi *Schnecken vernichten*

slug [slʌg] ⟨Am⟩ **1.** *(Faust-)Schlag* m **2.** vt *schlagen*

slug [slʌg] s *Metallklumpen* m; *Flintenkugel* m; *Posten* m *(grober Schrot)* ‖ ⟨typ⟩ *Reglette* f; *Zeilensatz, –guß der Linotype– u der Typographsetzmaschine* m; [attr] ∼-*machine* = *linotype*

slug [slʌg] vi/t ‖ *faulenzen, träge s*; *to* ∼ *in bed faul im Bette liegen* **|** vt *(Zeit) vertrödeln* **|** [in comp] ∼-*a-bed Langschläfer* m ∼**gard** ['∼əd] **1.** s *Faulpelz* m **2.** a *(∼ly adv) faul, träge* ∼**gish** ['∼iʃ] a *(∼ly adv) langsam arbeitend*; *träge* (liver) ‖ ⟨com⟩ *flau* ‖ *faul, träge* ‖ *langsam fließend* (river) ∼**gishness** ['∼iʃnis] s *Trägheit, Langsamkeit* f

slug [slʌg] vt ⟨Am⟩ *(jdn) schlagen*

sluggers ['slʌgəz] s pl ⟨mar⟩ *Schlehdorn* m *(Branntwein)*

sluice [slu:s] **1.** s *Schleuse* f ‖ *Siel* n ‖ ∼s [pl] *Abflußrinnen* f pl *(z Goldwaschen)* ‖ ⟨fam⟩ *gründliche Abwaschung* f ‖ [attr] *Schleusen–*; ∼-*gate –tor* n; ∼-*way künstl. –kanal* m **2.** vt/i ‖ *(Wasser) durch e–e Schleuse ausströmen l* ‖ *Wasser (e–s Teichs* etc) *ablassen (to* ∼ *a pond)*; *to* ∼ *off*

⟨oft fig⟩ *ableiten, –lenken* ‖ (*Wasser*) *ausgießen* ‖ *überschwemmen, begießen* ‖ ⟨fam⟩ *ab–, auswaschen, –spülen* (with) **|** vi *herausströmen, sich ergießen*

slum [slʌm] **1.** s (*a* back ⁓) *schmutziges Hintergäßchen* n; *verrufene Straße* f **|** the ⁓s [pl] (*a* back ⁓s) *verrufenes Stadtviertel*; *Armen–, Elendviertel* n ‖ ⟨Am⟩ *Fraß* m (*schlechtes Essen*) **2.** vi: to go ⁓ming *die Elendviertel z wohltätigen Zwecken besuchen*

slumber [ˈslʌmbə] **1.** vi/t ‖ ⟨mst poet⟩ *schlummern* ⟨a übtr⟩ ‖ ⟨school sl⟩ to ⁓ in [adv] °„*Infaulenzia h*" **|** vt to ⁓ *away* (*Zeit*) *schlafend, trödelnd verbringen* **2.** s [*oft pl* ⁓s] *ruhiger Schlaf*; *Schlummer* m ⟨a fig⟩ ⁓er [ˈ⁓rə] s *Schläfer* m ⁓ette [ˌslʌmbəˈret] s = sleeperette

slumb(e)rous [ˈslʌmb(ə)rəs] a (⁓ly adv) *schläfrig* ‖ *einschläfernd*

slummock [ˈslʌmək] vi *sich unbeholfen bewegen* ‖ ⟨sl⟩ *vegetieren, sich durchschlagen*

slummy [ˈslʌmi] s ⟨vulg⟩ °*Dienstspritze* f (*–mädchen* n) (*aus den Slums*)

slump [slʌmp] **1.** s ⟨st exch⟩ *Baisse* f (*Ggs* boom), *plötzlicher Sturz* (in prices *der Preise*); ⟨übtr⟩ *Wirtschaftskrise* f; ⟨fig⟩ *Tiefstand* m, *sinkendes Ansehen* n (in a *p e–r P*) **2.** vi *plötzlich* °*plumpsen, fallen* (into water *in Wasser*); to ⁓ in *hinein–* ⟨a fig⟩ ‖ ⟨st exch⟩ (of prices, etc) *plötzlich sinken, stürzen*

slung [slʌŋ] pret & pp *v* to sling ‖ ⁓-shot *Metallklumpen* m *am Lederriemen* m (*als Waffe*)

slunk [slʌŋk] pret & pp *v* to slink

slur [sləː] **1.** vt/i ‖ *undeutlich aussprechen*; (*Silben e–s Wortes*) *verschleifen* ‖ (*Wörter*) *unleserlich* (*in–e–a–*)*schreiben* ‖ ⟨fig⟩ *verwischen* ‖ ⟨mus⟩ (*etw*) *legato singen* or *spielen*; *mit e–m Bindungszeichen versehen* ‖ (*a* to ⁓ over [adv]) *leicht hinweggehen* or *hinweghuschen über* **|** vi *undeutlich aussprechen* ‖ ⟨mus⟩ *legato singen* or *spielen* ‖ to ⁓ over a th *leicht über etw hinweggehen* **2.** s *undeutliche Aussprache* or *Schrift* f ‖ ⟨mus⟩ *Bindung* f, *–szeichen* n **|** *Vorwurf, Tadel*; *Schandfleck* m (upon a *p's name*); to put a ⁓ upon a p *jdm e–e Schmach antun*

slurp [sləːp] vt ⟨bes Am⟩ (*Suppe*) *schlürfen*

slush [slʌʃ] **1.** s *Schlamm, Schmutz* m; *Matsch* m ‖ ⟨tech⟩ *Schmiere* f ‖ ⟨mar⟩ °(*Schlangen-*) *Fraß* m; *Plürre* f ‖ ⟨fam fig⟩ *Schund, Kitsch* m; *leeres Geschwätz* n; *Gefühlsduselei* f [*oft attr*] ‖ ⁓ brush (*Rohr-*)*Wischer* m, *Reinigungsbürste* f; ⁓-fund(s pl) ⟨Am⟩ *Bestechungs–, Schmiergeld* n **2.** vt/i ‖ *beschmutzen* ‖ *abspülen* **|** vi *durch Matsch waten, patschen* ⁓er [ˈ⁓ə] s *Banknotenfälscher* m **|** ⁓y [ˈ⁓i] a *schlammig, schmutzig, matschig* ‖ ⟨fig⟩ *wertlos, Schund–*

slut [slʌt] **1.** s *Schlampe, Schlumpe* f ‖ ⟨fam⟩ *junges, leichtfertiges Mädchen* n; *Range* f **2.** vi ⟨school fam⟩ to ⁓ about [adv] °*schuften, ochsen, büffeln* ⁓tish [ˈ⁓iʃ] a (⁓ly adv) *schlampig*

sly [slai] a (⁓ly adv) *schlau, listig, verschlagen, hinterhältig* ‖ *heimlich, verborgen* ‖ on the ⁓ *hinter jds Rücken; insgeheim, verstohlen* **|** *schalkhaft, schelmisch* ⁓boots [ˈslaibuːts] s *Pfiffikus, Schlauberger* m ⁓ness [ˈ⁓nis] s *Schlauheit, Hinterhältigkeit, Verschlagenheit* f

slype [slaip] s ⟨arch⟩ *enger, bedeckter Durchgang* m

smack [smæk] **1.** s *bestimmter Geschmack*; (*leichter*) *Beigeschmack* m (a ⁓ of) ‖ a ⁓ of *ein bißchen v* (a ⁓ of salt *ein b. Salz*) **|** ⟨fig⟩ *Anflug* m, *Spur* f (of *v*) **2.** vi *schmecken* (of *nach*) ‖ ⟨fig⟩ *e–n Beigeschmack* or *Anflug h* (of *v*); *riechen* (of *nach*)

smack [smæk] **1.** s *Klatsch, klatschender Schlag* m; a ⁓ in the eye ⟨fig⟩ *Schlag ins Gesicht, Sch.* °*ins Kontor, Enttäuschung* f; *eins auf den Hut* (*Verweis*); to catch, hit a p a ⁓ *jdm e–n Sch. versetzen* **|** *Schnalzen, Schmatzen* m ‖

Schmatz (*Kuß*) m ‖ ⟨fam⟩ at one ⁓ *auf Anhieb* **2.** vt/i ‖ *klatschend schlagen*; to ⁓ the whip *mit der Peitsche knallen* ‖ (*etw*) *schmatzend kosten* or *genießen* ‖ to ⁓ one's lips *mit den Lippen schmatzen, schnalzen* (over a glass of wine *beim Glase Wein*) ‖ ⟨mar fam⟩ ⁓ it about! *hau hin!* **|** vi *klatschend schlagen*; *mit der Peitsche knallen* ‖ *schmatzen* **3.** adv *patsch, klatsch, bums*; *direkt* **|** ⁓er [ˈ⁓ə] s ⟨sl⟩ *schmatzender Kuß* m ‖ ⟨Am⟩ *Dollar* m ⁓ing [ˈ⁓iŋ] s: a good ⁓ *e–e tüchtige Tracht* f *Prügel*

smack [smæk] s ⟨mar⟩ *Schmacke* f (*flaches Boot*)

small [smɔːl] **I.** a **1.** *klein* (*an Umfang*), *nicht groß*; on the ⁓ side *nicht groß genug*; a ⁓ whisky *ein kl Whisky* ‖ ⟨dial⟩ *schmal* **|** *klein, noch jung* (a ⁓ boy) **2.** *klein* (*an Zahl, Menge u Qualität*); *gering* **|** *dünn, leicht* (beverage); ⁓ beer ⟨fig⟩ *unbedeutende P* or *S*; to think no ⁓ beer of o.s. *sehr v sich überzeugt s* ‖ ⁓ change *od* money *Kleingeld* n ‖ (of voice, etc) *schwach* (of rain, etc) *fein*; ⁓ coal *Kohlengrus* m; ⁓ shot *Schrot* m & n (*Kugelkörner*) ‖ (of time) *kurz* **3.** ⟨übtr fig⟩ *unbedeutend, geringfügig* (error); *nur gering*, ⁓ blame to them *sie sind wenig z tadeln, taten ganz recht* ‖ *armselig, dürftig* ‖ in a ⁓ way *ärmlich*; *im kleinen*, ⟨fig⟩ *unbedeutend* **4.** *kleinlich, eng*; to feel ⁓ *sich schämen*, to make a p *feel* ⁓ *jdn beschämen* **5.** [in comp] *Klein–* ‖ ⁓-arms [pl] *Handwaffen* f pl; ⁓-arm inspection ⟨mil med vulg⟩ °*Schwanzparade* f ‖ ⁓-bore rifle *Kleinkalibergewehr* n; ⁓-b. target range *Kleinkaliberschießstand* m ‖ ⁓ farmer *Kleinbauer* m ‖ ⁓-holding *Kleinlandbesitz* m ‖ ⁓ hours [pl] *frühe Morgenstunden* (*1–4 nach Mitternacht*) f pl (into the ⁓ hours *bis in die frühen M.*) ‖ ⁓-minded ⟨fig⟩ *borniert, engstirnig* ‖ ⁓-parter ⟨theat fam⟩ *Spieler* m *kl–er Rollen* ‖ ⁓-sword *Degen* m ‖ ⁓-talk *Geplauder* n, *leichte Plauderei* f ‖ ⁓-time ⟨Am sl⟩ **1.** s *Nichtigkeit, Bagatelle* f **2.** a *nichtig, unwichtig, belanglos, unbedeutend* ‖ ⁓-tooth comb *enger Kamm, Staubkamm* m ‖ ⁓-towner ⟨bes Am⟩ *Kleinstädter(in* f) m ‖ ⁓-wares [pl] ⟨com⟩ *Kurzwaren* f pl **II.** s **1.** *schmaler* or *dünner Teil* m, the ⁓ of the (*od* one's) back *das Kreuz*; ⁓ of the stock (*Gewehr-*)*Kolbenhals* m **2.** ⁓s [pl] (*Knie-*)*Hose* f; *Unterwäsche* f ‖ ⟨theat fam⟩ to do the ⁓s *Abstecher in die Kleinstädte m* **3.** ⟨fam⟩ ⁓s ⟨Oxf univ⟩ *Aufnahmeprüfung, erste Prüfung f den B. A.* (= Responsions) **III.** adv [*nur in*]: to sing ⁓ ⟨fam⟩ *kleinlaut w* ⁓age [ˈ⁓idʒ] s ⟨bot⟩ *Gemeiner Sellerie* m ‖ ⟨arch⟩ *Eppichblatt* n ⁓ish [ˈ⁓iʃ] a *etwas* or *ziemlich klein* ⁓ness [ˈ⁓nis] s *Kleinheit* f ‖ *Geringheit* f ‖ *Kleinlichkeit* f

smallpox [ˈsmɔːlpɔks] s [*urspr pl*; *sg konstr*] ⟨med⟩ *Pocken* f pl (⁓ *od* the ⁓ is .. *die P. sind ..*)

smalm, smarm [smɑːm] vt/i ⟨fam⟩ (a to ⁓ down) (*Haar*) *einschmieren, glätten* **|** vi *schmeicheln* **|** ⁓y [ˈ⁓i] a *ölig* (*Haar*)

smalt [smɔːlt] s ⟨chem⟩ *Schmalte, Smalte* f; *Schmelzblau* n; *Kobaltglas* n; *Eschel* n

smaragd [ˈsmærægd] s ⟨minr⟩ *Smaragd* m

smarmy [ˈsmɑːmi] a ⟨fam⟩ „*ölig*", *schmeichlerisch*; → to smalm

smart [smɑːt] **I.** vi *schmerzen, wehe tun* (with, from *vor, v*) ‖ *Schmerz empfinden, leiden* (from, under *unter, v*); *schmachten* (under *unter*) ‖ to ⁓ for *büßen* (you shall ⁓ for it) **II.** s *Schmerz* m ‖ ⟨fig⟩ *Schmerz, Kummer* m (of *über*) ‖ ⁓-money *Schmerzens–, Reugeld*; *Loskaufgeld* n **III.** a (⁓ly adv) **1.** (of taste) *beißend, scharf* ‖ (of pain) *heftig* ‖ (of blows) *derb, kräftig*, ⟨übtr⟩ *beißend* (remarks) **2.** *rührig*; *kräftig*; *tüchtig, schneidig* ‖ *frisch*; *munter* ‖ *gewiegt* ‖ *geschickt*; to make a ⁓ *job of it die S gut ausführen* **3.**

witzig; *naseweis* || *klug*; ~ aleck ⟨Am⟩ *Alles-wisser*, °*Klugscheißer* m [*a* attr] || *schlau, ge-rieben*; *gerissen* **4.** *sauber, nett, adr ett*; *schmuck, flott, elegant, patent* | *z guten Ton gehörig*; *modisch, modern*; the ~ set *die elegante Welt* **5.** ⟨fam⟩ *beträchtlich, groß*; a ~ few *eine ziemliche Anzahl* | **~en** [′~n] vt/i || (*mst* to ~ up) *schmuck m, herausputzen* | [vi] to ~ up *sich auf-putzen* | *sich sputen* **~ish** [′~iʃ] **1.** a *ziemlich scharf* || *recht elegant* || *beträchtlich*; a ~ few *e–e beträchtliche Zahl* f **2.** adv ⟨fam⟩ *gewaltig, tüchtig* **~ness** [′~nis] s *Schärfe* f || *Heftigkeit* f || *Derbheit* f | *Lebhaftigkeit*; *Schneidigkeit* f || *Geschicktheit* f | *Klugheit*; *Geriebenheit* f | *Ele-ganz* f | **~y** [′~i] s ⟨fam⟩ °*Klugschnacker* m || *Elegant* [–′gã] m
  smartweed [′smɑ:twi:d] s ⟨bot⟩ *Wasser-pfeffer* m
  smash [smæʃ] **I.** vt/i **A.** vt **1.** (*a* to ~ up) *zer-brechen, –schmettern* (to atoms, splinters *in kl Stücke*), *–trümmern* **2.** ⟨fam⟩ (*jdn*) *schlagen*; to ~ in (*Tür*) *einschlagen* || ⟨mil⟩ (*jdn*) *vernichten* || ⟨ten⟩ (*Ball*) *schmettern* || (*Flugzeug*) °*hinrotzen* || ⟨übtr⟩ *bankrott m, z Bankrott bringen* **3.** (*An-griff*) *vereiteln* || ⟨fig⟩ *gründlich widerlegen* **B.** vi *zerbrechen* (to pieces *in Stücke*); *zer-schmettert w* || (of a vehicle, etc) *krachend rasen* or *stürzen*; *krachen* (into *in*; on to *auf, gegen*); ⟨aero⟩ *Bruch m*, to ~ to matchwood °*Kleinholz m* || ⟨übtr⟩ to ~ through *schlagartig dringen durch* || *vernichtet w*; *bank(e)rott w* **C.** [in comp] ~-and-grab raid *Schaufenstereinbruch* || ~up [s] *Zus–stoß m*, ⟨aero⟩ *Bruch m* **II.** s **1.** *Zer-schmettern n* || ⟨fam⟩ *heftiger Schlag m* || *Krach m* **2.** (*a* ~-up) *Zus–bruch, –stoß m* || *Krach, Bank(e)rott m* **3.** ⟨ten⟩ *Schmetterball m* **4.** ⟨fam⟩ *Eisgetränk n* **5.** ⟨Austr⟩ *Schwedenpunsch m* **6. Wendungen:** to break *od* knock to ~ *in Trümmer schlagen* || to come, go to ~ *in Trüm-mer gehen*; ⟨fig⟩ *bankrott w* **III.** adv *klatsch, bums* (to run ~ into) || ⟨fig com⟩ to go ~ *Bank(e)rott gehen* | **~er** [′~ə] s ⟨sl⟩ *heftiger Schlag m* || *schwerer Sturz m* || *überzeugendes Argument n, vernichtende Kritik f* | *Geldfälscher m* | °*Mordsding n*, °*Pfundssache* f; °*–mädel n*, ⟨teens⟩ „*steiler Zahn*" m **~ing** [′~iŋ] a *heftig* (blow); *vernichtend* (blow, defeat; criticism) || ⟨sl⟩ *pfunds* [invar] (*ausgezeichnet*)
  smatter [′smætə] vi *oberflächliche Kenntnis h* (of *in*); *herumpfuschen* (in *in*) **~er** [~rə] s *Stümper, Halbwisser m* **~ing** [~riŋ] s *ober-flächliche Kenntnis* f (in, of a th *in e–r S*)
  smear [smiə] **I.** vt/i **1.** vt *beschmieren, –schmutzen* | *einfetten*; *einreiben* (with); ⟨übtr⟩ (*Politiker*) *anschwärzen* | (*etw*) *schmieren* (on, on to *auf*) *auftragen* (on *auf*); to ~ letters on the wall *die Wand mit Buchstaben beschmieren* || *verschmieren, –wischen, undeutlich m* || ⟨fam⟩ (*jdn*) *in den Dreck ziehen* **2.** vi *schmieren*; *sich verwischen* **II.** s *Fett–, Schmutzfleck m* (on *auf*); *–schicht* f; (*Schmutzfleck infolge v*) *Verleumdung, V.skampagne* f || *Schmierfink, Schweinehund m* **~athon** [~′eiθən] s ⟨Am⟩ (*a* ~-athon) ⟨pol⟩ (*groß-angelegte*) *Verleumdungskampagne* f **~er** [′~rə] s *Farbenkleckser, Kitschmaler m* **~ing** [′~riŋ] s ⟨paint⟩ „*Schinken*" m || [attr] ~ brush *Auftrag-bürste* f || ~ campaign *Verleumdungsfeldzug, politischer Rufmord m* | **~y** [′~ri] a *schmierig, klebrig, fettig* (with *v*)
  smegma [′smegmə] s Gr *seifige Schmiere* f; ⟨med⟩ *Kindsschleim m*
  smell [smel] **I.** s **1.** *Geruchsinn m* || *Geruch, Duft m* || *Gestank m* **2.** (*v* to ~) *Riechen n*, to take a ~ at a th *an etw riechen, etw ·anriechen* **II.** vt/i ·[smelt/smelt; * ~ed/~ed] **A.** vt **1.** (*etw*) *riechen* || ⟨fig⟩ *wittern*; to ~ a rat *Lunte riechen* **2.** *riechen an*; (*etw*) *beriechen* **3.** to ~ out *auf–, herausfinden, entdecken* **B.** vi **1.** *riechen* (at *an*)

2. *riechen, duften* (of *nach*; like *wie*); [*oft mit a od* adv] to ~ good, deliciously *gut, köstlich r.* || ⟨fig⟩ *riechen* (of *nach*); to ~ of the lamp *nach Staub u Gelehrtenstube riechen* **3.** *schlecht, muffig riechen; stinken* | **~er** [′~ə] s ⟨sl⟩ *Riech-kolben m* (*Nase*); *heftiger Schlag* or *Fall m* || to come a ~ ⟨fam⟩ *auf die Nase fallen* **~ing** [′~iŋ] s *Riechen n*; [attr] *Riech–, ~-bottle –fläschchen n*; ~-salts pl *–salz n* **~-less** [′~-lis] a *geruchlos* **~y** [′~i] a ⟨fam⟩ *muffig, übelrie-chend*; ⟨fig vulg⟩ *anrüchig* || not ~ *geruchlos*
  smelt [smelt] s ⟨ich⟩ *Stint m*
  smelt [smelt] pret & pp *v* to smell
  smelt [smelt] vt ⟨met tech⟩ (*Erz*) *schmelzen, verhütten*; to ~ down *einschmelzen* **~able** [′~əbl] a *schmelz–, verhüttbar* **~er** [′~ə] s *Schmelzer m* || *Schmelzwerk n* **~ery** [′~əri] s ⟨met⟩ *Schmelzerei, Schmelzhütte* f **~ing** [′~iŋ] s [attr] *Schmelz–*; ~-furnace *–ofen m* || ~-works [pl] *Schmelzhütte, Schmelzerei* f
  smew [smju:] s ⟨orn⟩ *Zwergsäger m*
  smilax [′smailæks] s Gr ⟨bot⟩ *Stechwinde* f
  smile [smail] **1.** vi/t ~ *lächeln*; to come up smiling *den Kopf nicht hängen l, sich rasch er-holen* | *freundlich* or *heiter aussehen* || to ~ at a p *jdn anlächeln, lächeln über jdn*; ⟨fig⟩ *belächeln* || to ~ (up)on a p ⟨fig⟩ *jdm z·ulächeln*; *günstig, gnädig, hold s* | vt *durch Lächeln ausdrücken*; she ~d *acknowledgement* (of the welcome) *sie drückte durch L. ihre Anerkennung aus* (*f den Empfang*); to ~ away *durch Lächeln vertreiben* | ~-please run ⟨aero⟩ *Luftbild-Flug m* **2.** s *Lächeln n*; a ~ of contempt *ein verächtliches L.*; to give a p a ~ *jdm zulächeln* || ⟨fig⟩ [*oft pl* ~s] *Gunst f* || *freundlicher* or *heiterer Anblick m*; ⟨fam⟩ *Schnäpschen n* **~less** [′~lis] a *ohne ein Lächeln*
  smiling [′smailiŋ] a (~ly adv) *lächelnd* || ⟨fig⟩ *heiter, freundlich*; *günstig*
  smirch [smə:tʃ] **1.** vt ⟨bes fig⟩ *beschmieren, –sudeln* **2.** s ⟨bes fig⟩ *Fleck m* (on a p's name)
  smirk [smə:k] **1.** vi *süßlich lächeln*; *grinsen*; *schmunzeln* **2.** s *süßliches Lächeln*; *Schmunzeln n*
  smite [smait] **I.** vt/i [smote/smitten; *smit/smit] ⟨rhet & poet⟩ **A.** vt **1.** (*jdn*) *schlagen* (on *auf*); (*etw*) *schlagen* (with); to ~ one's fist on *mit der Faust schlagen auf* || to ~ off *abschlagen*; to ~ down *niederschlagen, –werfen* | (*Harfe*) *schlagen* **2.** *erschlagen, töten*; *vernichten* **3.** ⟨übtr⟩ *schlagen auf, treffen* (the light smote her hair) || *bestrahlen* **4.** *bewegen, ergreifen*; *quälen*, his conscience ~s him *das Gewissen peinigt ihn* || to be smitten with, by *ergriffen, betroffen, be-fallen w v*; *verliebt s in*; *verzehrt w v* (.. with a desire) **B.** vi (*a* to ~ out) *Schläge austeilen*; (*mit dem Hammer*) *schlagen* | to ~ into *eindringen in* || to ~ on *schlagen auf, treffen* | to ~ together (of knees) *schlottern* **II.** s ⟨fam⟩ *hoffnungslose Verliebtheit* f | ⟨obs & dial⟩ not a ~ of *kein bißchen* ..
  smith [smiθ] s *Schmied m* || ~-shop, ~'s-shop ⟨Am⟩ *Schmiede* f
  smithereens [ˌsmiðə′ri:nz], **smithers** [′smiðəz] s [pl] ⟨fam⟩ *kl Stücke n pl*; *Fetzen, Splitter m pl* (to smash to ~ *in kl Stücke zerschlagen*)
  smithery [′smiθəri] s *Schmiede* f | *Schmiede-handwerk n, –arbeit f* **smithy** [′smiði] s *Schmiede f*; ~-coal *–kohle* f
  smitten [′smitn] pp *v* to smite
  smock [smɔk] **1.** s a. † *Frauenhemd n* **b.** (*a* ~-frock) *Arbeitskittel, –anzug m* || *Spiel–, Schmutzkittel m* (*f Kinder*) || ~(-)mill (*hollän-dische*) *Windmühle* f **2.** vt (*Kleid*) *mit Falten-besatz versehen* **~ing** [′~iŋ] s *Faltenbesatz m*
  smog [smɔg] s (smoke + fog) *rauchartiger Nebel, Stadt–, Industriedunst, Kohlennebel m* **~gy** [′~i] a (*neblig-*)*dunstig*
  smokable [′smoukəbl] a *rauchbar* (cigar)

smoke [smouk] s *Rauch*; *Qualm* m || *Dampf*, *Dunst* m ⟨a fig⟩ || to end in ~ ⟨fig⟩ *in Rauch aufgehen*, *z Wasser w*; like ~ ⟨sl⟩ *sofort, schnell*; || ⟨fig⟩ no ~ *without fire kein Gerede ohne Ursache* | [attr] *Rauch–, Nebel–* || ~ *ammunition Nebelmunition* f; ~ *blanket* ⟨mil⟩ *(künstliche) –decke* f || ~-*ball*, ~-*bomb* ⟨mil⟩ *–granate, –bombe* f || ~-*black Kienruß* m || ~-*box* ⟨tech⟩ *Rauchkasten* m || ~ *cloud Rauchwolke* f, *–schwaden* m || ~-*consumer* ⟨tech⟩ *Rauchverzehrer* m, *Räucherlampe* f || ~ *curtain Nebelwand* f || ~-*dry* vt/i *räuchern* || ~ *equipment* ⟨mil⟩ *Nebelmittel* n pl; ~-*generating gear Nebelanlage* f || ~-*jack Bratenwender* m || ~ *proof* ⟨engr⟩ *Rauch–, Ruß(ab)druck* m || ~-*screen* 1. s ⟨mar & aero⟩ *Rauchschutzschleier* m; *Nebelwand* f; ⟨fig⟩ *Tarnung* f, *Tarnmanöver* n 2. vt *einnebeln* || ~-*shell* = ~-*ball* || ~-*stack* ⟨mar⟩ *(Schiffs-)Schornstein*, *Fabrikschornstein* m || ~ *Tree* ⟨bot⟩ *Perückenstrauch* m

smoke [smouk] **I.** vi/t **1.** vi *rauchen* || (of fire, etc) *rauchen, qualmen*; *blaken* || *dampfen* (with *v*) | *Pfeife* (etc) *rauchen* (may I ~?) || ⟨school sl⟩ *rot w* **2.** vt (*Fisch*) *räuchern* || *durch–, verräuchern* || *durch Rauch schwärzen* || (of milk, etc) to be ~d *Rauch annehmen* || *durch R. vertreiben* (out of *aus*) | (*Tabak, Pfeife*) *rauchen*, [a refl] (to ~ o.s. sick) | † *argwöhnen, ahnen* || † *hänseln* || *täuschen*; (jdm) *vormachen* (that) | to ~ *out ausräuchern* ⟨a fig⟩ || *ausrauchen* (a cigar) **II.** s *Rauchen* n; to have a ~ *e–e Pfeife* etc *rauchen* | ⟨fam⟩ *Zigarre, Zigarette* f

smokeless ['smouklis] a *rauchlos* (~ powder)
smoker ['smoukə] s *Räucherer* m || *Raucher* m; ~'s *heart Nikot·inherz* n || ⟨rail⟩ *Raucher(abteil* n) m
smoking ['smoukiŋ] s *Räuchern* n || *Rauchen* n | [attr] *Rauch–* (~-*room –zimmer* n); ~-*carriage Wagen* f *Raucher* (→ *non*) || ~-*concert Kaffee–, Bierkonzert* n (*bei dem geraucht w darf*) || ~ *set Rauchtischgarnitur* f
smoky ['smouki] a *rauchend* || *rauchig*; *verräuchert* || *rauchfarbig* || ⟨Am⟩ *neblig*
smolder ['smouldə] vi ⟨Am⟩ → smoulder
smolt [smoult] s ⟨ich⟩ *Lachs* m or *Meerforelle* f *auf der ersten Reise ins Meer*
smoodge [smu:dʒ] vi *schmusen (schmeicheln)* || ⟨Austr⟩ *schmusen (liebeln)*
smooth [smu:ð] **I.** a (~ly adv) **1.** *glatt, eben*; to make ~ (*etw*) *ebnen* (for a p *jdm*) || *nicht rauh*; *glatt* (face), *geglättet* (hair); *blank*; *weich* (*Brei*) || *ruhig* (water), ~ *crossing ruhige Überfahrt* f || *nicht klumpig* (liquid) **2.** ⟨übtr⟩ *mild* (taste); *weich, geschmeidig, leicht, reibungslos* (movement); *fließend* (style) **3.** *ruhig, sanft* ⟨fig⟩ *schmeichelnd*; *konzili·ant, glatt(züngig)* **4.** ⟨Am sl⟩ *ausgezeichnet, erstklassig* **5.** [in comp] ~-*bore Gewehr mit glattem Lauf* [⟨a⟩ attr] | ~-*faced haar–, bartlos*; *glatt*; ⟨oft fig⟩ *glattzüngig* || ~-*tongued glattzüngig* **II.** adv *glatt*; *ruhig*; [oft in comp] ~-*shaven glatt rasiert*
smooth [smu:ð] **I.** vt/i **1.** vt *eben m, ebnen*; to ~ *the way for a p jdm den Weg ebnen* || *glatt m, glätten*; *plätten* | [*mit* adv] to ~ *away, out entfernen, wegräumen* || to ~ *down beruhigen*; *schlichten* || to ~ *out* (*Falte*) *ausplätten* (from *aus*) || to ~ *over beseitigen*; (*Fehler*) *bemänteln* **2.** vi (a to ~ *down*) *sich glätten*; *ruhig w*; ⟨fig⟩ *sich beruhigen* **II.** s *Glätten* n; *Glätte* f; to give a th a ~ *etw glätten* || ⟨fig⟩ *angenehme Seite* || ~-*down Beruhigung* f | ~-*er* ['~ə] s *Glätter* m ~-*ing* ['~iŋ] s *Glätten* n || ⟨stat⟩ *Ausgleichung* f | [attr] *Glätt–, Plätt–*: ~-*iron Plätt–, Bügeleisen* n || ~-*plane Schlichthobel* m
smoothness ['smu:ðnis] s *Glätte, Ebenheit* f || *Weichheit* f || *Sanftheit* f || *Reibungslosigkeit*; *Geschmeidigkeit, Leichtheit* f
smother ['smʌðə] **I.** vt/i **A.** vt **1.** *ersticken* ||

erdrosseln, erwürgen || ⟨fig⟩ *unterdrücken, dämpfen* **2.** ⟨fig⟩ *verdecken, verbergen*; *unterdrücken* **3.** *bedecken* (with); *einhüllen* (in) || ⟨Rug ftb⟩ (*Gegner*) *umfassen, festhalten* || ⟨fig⟩ *überhäufen* (with) **B.** vi *ersticken* **II.** s *erstickender Rauch, Qualm* m; *dichter; erdrückender Dampf, Nebel* m || ⟨übtr⟩ *Strudel* m | ~y [~ri] a *rauchig* | *erstickend, erdrückend*
smoulder ['smouldə] **1.** vi *glimmen, schwelen, rauchen, qualmen* || ⟨fig⟩ (of feelings) *glimmen* **2.** s *schwelendes Feuer* n || *Rauch, Qualm* m
smudge [smʌdʒ] **1.** vt/i *beschmutzen, be–, verschmieren* (with) || (*etw*) *unsauber malen*; *hineinschmieren* (into *in*) | vi *schmieren*; *schmutzen*; *klecksen* **2.** s *Schmutz* m, *Schmutzfleck* m | ~r ['~ə] s ⟨phot sl⟩ *Pfuscher* m (*Straßenphotograph*)
smudge [smʌdʒ] s *qualmendes Feuer* n || ⟨Am⟩ *Reisigfeuer* n
smudgy ['smʌdʒi] a *beschmutzt, schmierig*; *verwischt; klecksig*
smug [smʌg] **1.** a (~ly adv) *schmuck, geschniegelt* || *glatt* (face) | *eingebildet, selbstgefällig, blasiert* || *satt, behaglich* **2.** s ⟨univ sl⟩ *Streber* m | *Geck* m ~**ness** ['~nis] s *Selbstgefälligkeit* f
smuggle ['smʌgl] vt/i (*Waren*) *schmuggeln* ⟨a übtr⟩ (into *in*; out of *aus*) || to ~ *in einschmuggeln* | vi *schmuggeln* –**ler** [~ə] s *Schmuggler* m || *Schmugglerschiff* n –**ling** ['smʌgliŋ] s *Schmuggeln* n, *Schmuggel, Schleichhandel* m
smut [smʌt] **1.** s *Ruß* m; *Rußflocke* f; *Ruß–, Schmutzfleck* m || ⟨bot⟩ *Getreidebrand* m || ⟨fig⟩ *Zote* f, *Zoten* pl; *Schlüpfrigkeit* f || ~-*hound* „*Schmutzfink*" m (*auf der Suche nach Pornographie*) || ~-(-)*mill Getreidereinigungsmaschine* f **2.** vt/i [–tt–] || *mit Ruß, Schmutz bedecken, –schmutzen* || ⟨bot⟩ *brandig m* || ~*ted stockig* (*Holz*) | vi ⟨bot⟩ *brandig w*
smutch [smʌtʃ] **1.** vt *beschmutzen, –sudeln* ⟨a fig⟩ **2.** s *Schmutzfleck* m, *Schmutz* m ⟨a fig⟩
smuttiness ['smʌtinis] s *Schmutzig–, Rußigkeit* f || *Brandigkeit* f || ⟨fig⟩ *Zotigkeit* f –**ty** ['smʌti] a (–tily adv) *rußig, schmutzig* || ⟨bot⟩ *brandig* || ⟨fig⟩ *schlüpfrig, zotig*
snack [snæk] **1.** s *Teil, Anteil* m; to go ~s *sich teilen* (in *in*) || *kl Imbiß* m || *bißchen* || ~-*bar Imbißhalle, –bar* f **2.** vt ⟨mil fam⟩ to ~ *up* (*schnell*) °*picken* (*essen*)
snaffle ['snæfl] **1.** s *Trense* f **2.** vt (e–m *Pferd*) *die Trense anlegen* || ⟨sl⟩ *ergreifen, packen*; °*mausen* (*stehlen*)
snafu [snæ'fu:] ⟨Am sl⟩ (= situation normal, all fouled up) **1.** a *chaotisch, verpatzt*; *wie Kraut u Rüben durch–e–a* (*vgl: Grüß euch Gott, alles durch–e–a*) **2.** s *Schlammassel* n **3.** vt [~ed, ~ing] *wie K. u R. durch–e–a–bringen*
snag [snæg] **1.** s *Knorren, Ast–, Baumstumpf* m || *Zahnstumpf* m || *im Fluß treibender Baumstamm* m | ⟨fig⟩ *unerwartetes Hindernis* n; *Haken*, there must be a ~ *in it somewhere es muß ein H. dabei s* || to strike a ~ *auf e–e unerwartete Schwierigkeit stoßen* || ~ *resistent reißfest* (*Strumpf* etc) **2.** vt [–gg–] (*Flüsse*) v *treibenden Baumstämmen säubern* || (*Boot*) *auf e–n Baumstamm treiben* || *aufreißen, –ritzen* –**ging** ['~iŋ] s ⟨tech⟩ *Grobschliff* m ~**gy** ['~i] a *ästig, knorrig* || (of a river) v *treibenden Baumstämmen wimmelnd*
snail [sneil] s *Schnecke* f; at a ~'s *pace od gallop im Schneckentempo* n || ⟨fig⟩ *Faulpelz* m || [attr & comp] ~-*like schneckenartig* || ~-*paced im Schneckengang, langsam wie e–e Schnecke* || ~-*shell Schneckenhaus* n [a attr] || ~-*wheel* (of a clock) *Schneckenrad* n
snake [sneik] **1.** s *Schlange* f; ring (–necked) *od* ringed *od* grass-~ *Ringelnatter* f; smooth ~ *Schlingnatter*; hooded ~ *Brillenschlange* f | ⟨fig⟩ „*Schlange*" (*bösartige, verräterische P*);

a ~ in the grass ⟨m. m.⟩ *ein Wolf* m *im Schafspelz* m, *falscher Kerl (geheimer Feind* m, *verborgene Gefahr* f); ⟨fam⟩ to see ~s *weiße Mäuse sehen (das Delirium h)* | [attr] *Schlangen*– ~-bird ⟨orn⟩ *Wendehals* m || ~ *bite Schlangenbiß* m || ~-charmer –*bändiger(in* f) m || ~ *fence* ⟨Am⟩ *zickzackförmige Einfriedigung* f || ~'s-head ⟨bot⟩ *Marmorlilie, Schachblume* f || ~-stone *Ammonshorn* n, *Ammonit* m **2.** vt/i (*den Kopf) emporstrecken* || ⟨Am⟩ *ziehen, winden* | *vi sich schlängeln, sich winden*

snaky ['sneiki] a *schlangenartig, Schlangen*– *sich schlängelnd* or *windend* || ⟨fig⟩ *hinterlistig, schlangengleich*

snap [snæp] **I.** vt/i [–pp–] **A. vt 1.** *gierig erschnappen, –greifen; sich (etw) sichern* || (etw) *sicherstellen* **2.** (*a* to ~ off) *abbeißen, –schnappen*; to ~ a p's head *od* nose off ⟨fig⟩ *jdn anfahren; unsanft unterbrechen* **3.** *durch–, entzwei–, zerbrechen, –reißen* ⟨a fig⟩ **4.** *mit e–m Knall schließen* or *öffnen* || ⟨phot⟩ *Momentaufnahme* m *v* **5.** [kaus] *schnappen l, knallen l*; to ~ a whip *mit der Peitsche knallen*; (*Pistole) abdrücken*; (*Worte) herausschmettern* || ⟨fig⟩ to ~ one's fingers at a p *jdn verächtlich behandeln, verhöhnen* **6.** [*mit* adv] to ~ off *abbrechen* | to ~ to z'uklappen | to ~ up *erhaschen, –schnappen* || (*Gegenstand) aufgreifen* || .. a p *up jdn kz unterbrechen; jdm ins Wort fallen* || *schnell gewinnen, in Besitz nehmen* || *aufkaufen* **B. vi 1.** *schnappen, beißen* (at *nach*); (of dog) *zuschnappen* || to ~ at a p *jdm bissig antworten, jdn anfahren* || to ~ at a th *etw gierig ergreifen* or *annehmen* **2.** *zerbrechen, –springen, bersten* **3.** *knacken, knallen; knipsen* ⟨*schnappen, springen;* to ~ into ⟨übtr⟩ *hineinstürzen in* || (*a* to ~ to) z'uschnappen, *sich schließen* || ~ out of it! ⟨Am fam⟩ *Haltung! zus–genommen!* **C.** [in comp] **1.** *Schnell*–, ~-shooter –*schütze* m; ~-shot ['–'–] *Schnellschuß* m, ⟨phot⟩ *Schnappschuß* m; ~ roll ⟨aero⟩ *ungesteuerte, schnelle, gerissene Rolle* f (*Kunstflug)*; → ~shot **2.** *plötzlich, unerwartet* || ⟨parl⟩ a ~ *division e–e plötzlich vorgenommene Abstimmung* f **3.** *Schnapp*–, ~-(-)catch ⟨phot⟩ –*verschluß* m; ~-lock –*schloß* n; ~ *fastener* ⟨tail⟩ *Druckknopf* m; ~ *hook Karabinerhaken* m **II.** adv *knacks! schwapp!* (~ went the noose) **III. s 1.** *Schnappen, Beißen* n; *Biß* m, to make a ~ at *schnappen nach* | ⟨sl⟩ *Anteil* m; *gute Gelegenheit* or *Stellung* f; *leichte* S (no ~) || ⟨dial⟩ *Stück, bißchen* n || *I do not care a ~! das ist mir* °*schnuppe!* | ⟨übtr⟩ *scharfer Wortwechsel* m || *plötzliche Temperaturwelle* f (a cold ~ *e–e Kältewelle*) **2.** *Knacks* m || *Bruch, Sprung* m || *Knall* m **3.** *Schnappschloß* n; *Schnäpper* m **4.** ⟨fig⟩ *Lebhaftigkeit* f; *Schneid, Schwung,* to put ~ *into a th Sch. in e–e* S *bringen, e–e* S *in Sch. bringen* | *Saft* m **5.** ⟨phot⟩ *Momentaufnahme* f, → I. C. **6.** ⟨Am⟩ „*Katzenbrei*" m (*leichte Aufgabe)*

snapdragon ['snæp,drægən] s ⟨bot⟩ *Löwenmaul* n || (*Weihnachtsspiel) Rosinenhaschen* n (*aus brennendem Branntwein)*

snapper ['snæpə] s *Schnapper, bissiger Hund* or *Mensch* m

snapping-turtle ['snæpiŋ,tə:tl] s ⟨Am zoo⟩ *Alligatorschildkröte* f

snappish ['snæpiʃ] a (~ly adv) (of dogs) *bissig* || (P) *reizbar; schnippisch, auffahrend* ~**ness** [~nis] s *Bissigkeit* f || *schnippisches Wesen* n

snappy ['snæpi] a **1.** ~ *snappish* **2.** *elegant, schneidig; prickelnd* || ⟨fam⟩ *schmissig* (*Roman)* || *schneidend kalt* || ⟨fam⟩ make it ~! °*dalli! hau hin!*

snapshot ['snæpʃət] **1.** s ⟨phot⟩ *Schnappschuß* m, *Momentaufnahme* f, → snap I. C. **2.** vt ⟨phot⟩ to ~ a p *e–e Momentaufnahme v jdm m; aufnehmen*

snare [snɛə] **1.** s *Schlinge* f, *Fallstrick* m || (of

a drum) *Sangsaite* f (*Darmsaite über unterem Fell*) | ⟨fig⟩ *Falle, Schlinge* f; to lay, set a ~ *for* a p *jdm e–e Falle stellen* | ~-drum *Wirbeltrommel mit Sangsaiten* f **2.** vt (*mit der Schlinge* etc) *fangen;* ⟨Austr fam⟩ °*sich* (etw) „*unter den Nagel reißen*", „*organisieren*" || ⟨fig⟩ (jdm) e–e *Falle stellen;* (jdn) *verstricken* | ~**r** ['~rə] s *Schlingenleger* m || ⟨fig⟩ *Verführer* m

snarge [snɑ:dʒ] s ⟨vulg & mil⟩ *Ekel* [n!] (P)

snark [snɑ:k] s *geheimnisvolles Geschöpf, Tier* n

snarl [snɑ:l] **1.** vi/t || (of dogs) *knurren* || (P) *knurren, brummen, murren;* to ~ at a p *jdn anfahren* | vt (*a* to ~ out) *knurrend äußern* **2.** s *Knurren* n ~**er** ['~ə] s *knurrendes Tier* n || ⟨fig⟩ *Brummbär* m

snarl [snɑ:l] ⟨Am⟩ **1.** vt/i || (*Haar) verwickeln, verwirren* ⟨a fig⟩ | vi *sich verwickeln* or *verwirren* **2.** s *Gewirr* n, *Verwickelung* f; *Wirrwarr* m, *Verwirrung* f, *Durcheinander* n

snarl [snɑ:l] vt ⟨tech⟩ (*Metall) mit erhabener Arbeit verzieren* ~**ing** ['~iŋ] s [attr] ~-*iron ein Instrument* n f *erhabene Arbeit*

snart [snɑ:t] s ⟨mil sl⟩ „*Stäbchen*" n, „*Aktive*" f (*Zigarette)*

snatch [snætʃ] **I.** vt/i **1.** vt (etw) *erschnappen, –wischen, hastig ergreifen; an sich reißen* || (etw) *schnappen, entreißen* (from a p *jdm)*; (*Kuß) stehlen* || ⟨übtr⟩ *sich sichern, z bek suchen* || to ~ away *wegraffen; entreißen* (from a p *jdm)* | to ~ up *aufraffen* **2.** vi *hastig zugreifen* || to ~ at *schnappen, greifen, haschen nach* ⟨a übtr⟩ **II.** s *Haschen, Schnappen* n, *schneller Griff* m; to make a ~ at *haschen, hastig greifen nach* || *schneller Bissen* m | [oft pl ~es] *kurze Periode* f; *Augenblick* m (happy ~es) || *kl Stück, Bruchstück* n (a ~ of a letter) || in *od* by ~es *eiligst u unregelmäßig; in kl Stücken, in Absätzen, ruckweise, dann u wann* ~**y** ['~i] a (–chily adv) *abgerissen, in Absätzen or ruckweise erfolgend, unregelmäßig*

snead [sni:d] s ⟨dial⟩ (*Sensen-)Schaft* m

sneak [sni:k] **1.** vi/t || *schleichen* (into *in;* out of *aus); heimlich kriechen;* to ~ about [prep] *herumschnüffeln in* || to ~ out of a th ⟨fig⟩ *sich e–r* S *entziehen, sich drücken um etw* || ⟨school sl⟩ °*petzen, klatschen* | vt ⟨sl⟩ °*mausen* **2.** s *Schleicher, Kriecher* m || ⟨school sl⟩ *Angeber, Petzer* m || to go upon the ~ (of thieves) *sich einschleichen* | ~-hole *Schlupfwinkel* m; ~-raid ⟨aero⟩ *überfallartiger (Nacht-)Angriff kl Verbände;* ~-thief *Einschleichdieb* m ~**er** ['~ə] s *Schleicher* m || ~ [pl] ⟨Am sl⟩ *Segeltuchschuhe* m pl ~**ing** ['~iŋ] a (~ly adv) *schleichend* || ⟨übtr⟩ *kriechend, schleichend; gemein* || *heimlich* (~ *sympathy)* | ~**y** ['~i] a (P) *kriechend, gemein* (a ~ *little demon)*

sneck [snek] **1.** s (of a door) *Klinke* f, *Drücker* m **2.** vt (*Tür) z'uklinken*

sneer [sniə] **1.** vi/t || *höhnisch lächeln* (at *über); spotten, spötteln* (at *über)* | vt *höhnisch äußern* || *durch Hohn versetzen* (into *in);* to ~ out *of countenance durch Hohn entmutigen* || to ~ down *durch Hohn nieder–, unterdrücken* **2.** s *Hohnlächeln* n || *Hohn, Spott* m; *höhnische Bemerkung* f ~**er** ['~rə] s *Spötter* m ~**ing** ['~riŋ] a (~ly adv) *höhnisch, spöttisch*

sneeze [sni:z] **1.** vi *niesen;* that is not to be ~d at *das ist nicht z verachten* or *z unterschätzen* **2.** s *Niesen* n || ⟨vulg & fam⟩ like ~s *wie der Deibel (Teufel)* || ~-**wood** ['~wud] s *Niesholz* n ~-**wort** ['~wɔ:t] s ⟨bot⟩ *Sumpfgarbe* f, *deutscher Bertram* m

snell [snel] s *kurze Darmsaite* f (or *kz Pferdehaar* n), *die die Angelhaken mit der Angelschnur verbindet*

snick [snik] **1.** vt *schneiden;* to ~ off *ab–,* to ~ out *ausschneiden* || (*ein)kerben* || ⟨crick⟩ (*den*

Ball) leicht treffen, noch eben „küssen" **2.** s *Kerbe* f, *Einschnitt* m ‖ ⟨crick⟩ *leichter Schlag* m

snicker ['snikə] **1.** vi *kichern*; → to snigger ‖ (of horses) *wiehern* **2.** s *Kichern* n

snickersnee ['snikəsni:] s *gr Messer* or *Schwert* n

snide [snaid] ⟨sl⟩ **1.** a *nachgemacht, unecht, Schein–; armselig, verächtlich* **2.** s *unechter Edelstein* m; *falsches Geldstück* n

sniff [snif] **1.** vi/t ‖ *schnüffeln, schnuppern* (at *an*) ‖ to ~ *at riechen an*; ⟨fig⟩ *die Nase rümpfen über* ‖ vt (*a* to ~ *in od up*) *durch die Nase einziehen* ‖ *durch Riechen wahrnehmen, riechen* ‖ *beriechen* ‖ ⟨fig⟩ *wittern* **2.** s *Schnüffeln* n; *schnüffelnder Atemzug* m ‖ ⟨fig⟩ *Naserümpfen* n **~le** [~l] vi *schniefen, schniffeln, schnüffeln* | **~y** ['~i] a ⟨fam⟩ *verächtlich; absprechend* ‖ *übelgelaunt* ‖ *schlecht riechend, muffig*

snifter ['sniftə] s ⟨Scot⟩ *scharfer Wind* m ‖ ×*Stamperl* n (*kl Glas Schnaps, Cocktail*)

snifty ['snifti] a ⟨mil sl⟩ °*schnaftig* (*gut*)

snigger ['snigə], **sniggle** ['snigl] **1.** vi *kichern* (at, over *über*) **2.** s *Kichern, Gekicher* n

sniggle ['snigl] vi/t ‖ *angeln* (for *nach*) | (*Fisch*) *angeln*

snip [snip] **1.** vt/i [–pp–] ‖ *schnippeln, schneiden* (into *in*; out of *aus*) ‖ to ~ *off abschneiden* | vi *schneiden, schnippeln* (at a th *an etw*) **2.** s *Schnitt* m | *Stückchen, Schnitzel* n | ⟨fam⟩ *Meister Schnipp* (*Schneider*) m | ⟨sl⟩ °*todsichere S* ‖ ⟨fam⟩ to go ~ *teilen* [vi] **~ping** ['~iŋ] s *Schnippeln* n; ⟨oft pl ~s⟩ *Schnippel* m

snipe [snaip] **1.** s [pl ~] ⟨orn⟩ *Bekassine, Schnepfe* f; ⟨oft koll⟩ *Schnepfen* pl (~ *are* ..); *great* ~ *Doppelschnepfe*; *jack* ~ *Zwerg–*; → *woodcock* | [attr] *Schnepfen–*; ~*-fish –fisch* m ‖ ~*-shooting –jagd* f **2.** vi/t ‖ *Schnepfen schießen* or *jagen* ‖ ⟨mil⟩ *aus weiter Entfernung u dem Hinterhalt gut gezielte Einzelschüsse abgeben* | vt ⟨mil⟩ (*jdn*) *aus weiter Entfernung niederschießen*; (*etw*) *aus w. E. beschießen* | **~r** ['~ə] s ⟨mil⟩ *Heckenschütze* m

snippet ['snipit] s *Stückchen, Schnippel(chen)* n; ⟨oft pl ~s⟩ *Bruchstück*; *kurzes Stück* n; *kl Teil* m; ~s pl *Schnipsel* n pl **~y** [~i] a *bruchstückartig*; *kl Stücke enthaltend*

snippy ['snipi] a ⟨Am⟩ = sniffy, supercilious

snip-snap ['snip'snæp] adv *schnipp-schnapp*

snitch [snitʃ] ⟨sl⟩ **1.** vi °*petzen, angeben* (to a p *bei jdm*) ‖ ⟨Am sl⟩ °*stibitzen, mausen* **2.** s *Angeber* m

snivel ['snivl] **1.** vi [–ll–] *(of the nose) laufen* ‖ *laut schnüffeln; schnüffeln* | *heulen, wimmern, wehleidig tun* ‖ ⟨fig⟩ *heucheln, scheinheilig tun* or *reden* **2.** s *Nasenschleim* m ‖ *Gewimmer* n ‖ ⟨fig⟩ *Scheinheiligkeit, Heuchelei* f **~ler** [~ə] s *Heultrine* f (*Kind, das viel weint*) ‖ ⟨fig⟩ *Heuchler* m **~ling** [~iŋ] a (*of the nose*) *triefend; triefnasig* ‖ *heulend; wehleidig, schwächlich*

snob [snɔb] s **1.** † *Mensch* m *aus niederen Klassen, von niederer Herkunft*; *ungebildeter Mensch* m ‖ ⟨fam⟩ *Schuhflicker* m, ⟨null⟩ *Schuster* m | ⟨univ sl⟩ *Philister* m **2.** *Snob, ungebildeter, vornehmtuender Mensch*; *kritikloser Kunstprotz, Schöngeistler* m **~bery** ['~əri], **~bishness** ['~ʃnis], **~bism** ['~izm] s *eitle Vornehmtuerei* f; *schöngeistiges Protzentum* n **~bish** [~iʃ] a (~*ly* adv), **~by** ['~i] a *vornehmtuend; protzig*

snog [snɔg] vi ⟨aero sl⟩ to go ~*ging poussieren gehen*

snood [snu:d] s ⟨Scot⟩ *Haarband* n ‖ = snell

snook [snu:k] s ⟨ich⟩ *Seehecht* m

snook [snu:k] s ⟨sl⟩ to cock a ~ at a p *jdm e–e lange Nase m*

snooker pool ['snu:kəpu:l] s *Art Billardspiel*

snoop [snu:p] vi ⟨Am sl⟩ *neugierig s*; to ~

about, around herumschleichen, –schnüffeln | vt *stibitzen* **~er** ['~ə] s *Schnüffler* m

Snoops [snu:ps] s ⟨mil sl⟩ *Militärpolente* f (= –*polizei*)

snoot [snu:t] s ⟨Am fam⟩ °*Visage* f (*Gesicht*) **~y** ['~i] a *hochnäsig, protzig*; °*großkotzig*

snooze [snu:z] **1.** vi/t ‖ *ein Nickerchen* or *Schläfchen* m; *nicken* | vt to ~ *away* (*Zeit*) *vertrödeln, –schlafen* **2.** s *Schläfchen* n | **~r** ['~ə] ⟨fam⟩ *Hoteldieb* m

snoozle ['snu:zl] vi ⟨fam⟩ *sich* (*z Schlafen*) *einkuscheln* | **~zy** ['~zi] a ⟨fam⟩ *kuscheligmüde*

snore [snɔ:] **1.** vi/t ‖ *schnarchen* | vt *mit schnarchendem Ton verrichten* ‖ to ~ *away* (*Zeit*) *durch Schnarchen, Schlafen vergeuden* **2.** s *Schnarchen* n

snorkel, **–kle** ['snɔ:kl] s [Ger] ⟨sub-mar⟩ *Schnorchel* m, (*Füllfeder–)Saugrohr* n → snort

snort [snɔ:t] **1.** vi/t ‖ (*T*) *schnauben, schnaufen* ‖ (of steam-engines) *zischen* ‖ (*P*) *schnauben, brummen* | vt to ~ *out schnaubend äußern* **2.** s *Schnauben, Schnaufen*; *Brummen* n | ⟨sub-mar⟩ *Schnorchel* m, → snorkel **~er** ['~ə] s *Schnarcher* m | ⟨sl⟩ *grobe S*; *Abfuhr* f; *grober Schlag* m | *Mordskerl* m, –*ding* n **~ing** ['~iŋ] a & adv *heftig* ‖ *glänzend* **~y** ['~i] a *schnaubend* ‖ *übelgelaunt, aufgebracht* ‖ *grob* (letter) ‖ ⟨fam⟩ °*schnaftig*, °*dufte*

snot [snɔt] s ⟨vulg⟩ *Rotz* m ‖ ⟨fig vulg⟩ *Rotznase* f ‖ ~*-rag* ⟨vulg⟩ °*Rotzfahne* f (°*Schneuztuch* n) **~ty** ['~i] a *rotzig, Rotz–*; *frech, anmaßend*, °*rotznäsig* ⟨fig⟩ ‖ ⟨mar sl⟩ *Seekadett* m

snout [snaut] s (*Tier–)Schnauze* f, *Rüssel* m ‖ ⟨fam⟩ *menschl. Nase* f; *Gesicht* n; ⟨übtr⟩ *Nase* f, *Riecher, Sinn* m (for *f*) ‖ ⟨übtr⟩ *Mundstück* n, *Schnabel* m, *Tülle* f ‖ *Gletscherzunge* f **~ed** ['~id] a *mit e–r Tülle versehen* ‖ *schnauzenförmig*; [in comp] –*schnauzig* (long–~)

snow [snou] s *Schnee* m, [pl] ~s *Schneemassen* f pl, *the* ~ *is falling fast od heavily es schneit tüchtig* ‖ *Schneeverhältnisse* pl (how is the ~ in Bavaria ?) | *glänzende weiße Farbe* f ‖ ⟨sl⟩ *Koka·in* ~s [pl] *Schneefälle* m pl, –*massen* f pl | [attr & comp] *Schnee–*; ~*-berry* ⟨bot⟩ *Schneebeere* f ‖ ~*-bird* ⟨orn⟩ –*fink* m; ⟨Am fig⟩ = ~*-fiend* ‖ ~*-blind schneeblind* ‖ ~*-boot Schneestiefel* m ‖ ~*-bound eingeschneit* ‖ ~*-bunny Skihaserl* n ‖ ~*-bunting* ⟨orn⟩ *Schneeammer* f ‖ ~*-capped schneebedeckt* ‖ ~ *cat* ⟨mot⟩ *Raupenschlitten, Schneeschlepper* m ‖ ~*-chains* ⟨mot⟩ *Schneeketten* f pl ‖ ~*-drift Schneewehe* f ‖ ~ *fence* ⟨rail⟩ –*zaun* m ‖ ~*-fiend* ⟨Am⟩ *Koka·insüchtiger* m ‖ ~*-finch* ⟨orn⟩ –*fink* m ‖ ~*-goggles* [pl] –*brille* f (a pair of ~ *e–e Sch.*) ‖ ~*-grouse* ⟨orn⟩ –*huhn* n ‖ ~*-like schneeartig, schneeig* ‖ ~*-line Schneegrenze* f ‖ ~*-man –mann* m; *abominable* –*m. Tiermensch* m ‖ ~*-owl* = snowy owl ‖ ~*-pellet Graupelschauer* m ‖ ~*-plough* (⟨Am⟩ ~*-plow*) –*pflug* m ‖ ~ *plume Schneewächte* f ‖ ~*-shoe* **1.** s *Schneereifen* m **2.** vi *Sch. laufen* ‖ ~*-slab Schneebrett* n ‖ ~*-slide*, ~*-slip –sturz* m, *Lawine* f ‖ ~*-storm Schneesturm* m ‖ ~ *sweeper* ⟨rail⟩ *Schneepflug* m ‖ ~*-topped schneebedeckt* ‖ ~*-white schneeweiß* ‖ ~*-wreath –wehe* f **~ball** ['~bɔ:l] **1.** s *Schneeball* m | ⟨übtr⟩ [attr] *Vervielfältigungs–*, ~ *system* ⟨com⟩ *Schneeball–, Hydrasystem* n **2.** vi/t ‖ *sich schneeballen* | ⟨übtr⟩ *anwachsen, sich vervielfältigen* (to *z*) | vt (*jdn*) *schneeballen* **~drop** ['~drɔp] s ⟨bot⟩ *Schneeglöckchen* n ⟨Am fig fam⟩ „*weiße Maus*" f, „*Weißhelm*" (*P*), *Militärpolizist* m **~fall** ['~-fɔ:l] s –*fall* m; –*menge* f **~flake** ['~fleik] s –*flocke* f ‖ ⟨bot⟩ *Märzglöckchen* n **~man** ['~mæn] s *Schneemensch* m (the abominable ~) → snow-man **~mobile** ['~mə,bi:l] s *Motorschlitten, Schneetraktor* m

snow [snou] vi/t ‖ *schneien* (it is ~ing) ‖

⟨übtr⟩ *schneien, hageln, fallen* (upon *auf*); to ~ in *hereinschneien*; ⟨fam⟩ it ~ed *ihm* (*ihr*) *ist die ganze Petersilie verhagelt* ‖ ⟨Am⟩ it ~s down south *es* (*Unterrock*) *blitzt* | vt ⟨übtr⟩ *hageln or fallen l* (it ~ed invitations) | [*mst* pass] to ~ in, up *ein–, zuschneien* (to be ~ed in; ⟨Am fig *a*⟩ *unter dem Einfluß v Koka·in stehen*) ‖ to ~ under *in Schnee begraben*; *überschütten* (with); to be ~ed under *by begraben w v, überhäuft, –schüttet w v*

snowy [ˈsnoui] a (–wily adv) *schneebedeckt* ‖ *schneereich, Schnee–* ‖ *schneeweiß, schneeig* ‖ ~ owl ⟨orn⟩ *Schnee-Eule* f

snub [snʌb] **1.** vt [–bb–] (*jdn*) *ab–, zurechtweisen, abfertigen, ducken* ‖ ⟨mar⟩ (*auslaufendes Tau, Boot*) *anhalten* **2.** s *schroffe Ab–, Zurechtweisung, Abfertigung* f; to give a p a ~ *jdn kurz abfertigen*; to meet with a ~ *kurz abgefertigt w* **~ber** [ˈ~ə] s ⟨mot⟩ *Stoßdämpfer* m ‖ ⟨school sl⟩ °*Annieser* m (*Schelte* f) **~bing** [ˈ~iŋ] s [attr] **~-post** ⟨mar⟩ *aufrechtstehender Pfahl, Poller* m

snub [snʌb] **1.** s (*a* ~ nose) *Stups–, Stumpfnase* f **2.** a (*a* ~-nosed) *stups–, stumpfnasig*

snuff [snʌf] **1.** vt/i ‖ (*a* to ~ up) *durch die Nase einziehen, –atmen* ‖ *beschnüffeln* ‖ ⟨fig⟩ *wittern*; to ~ it *das letzte Schnapperl tun* (*sterben*) | vi *schnüffeln* (at *an*) ‖ *die Nase rümpfen (at *über*) ‖ ⟨fam⟩ to ~ out (*a* to ~ it) °*abkratzen* (*sterben*) **2.** s *Schnüffeln* n; *Einatmen* n, *Atemzug* m ‖ *Naserümpfen* n

snuff [snʌf] **1.** s *Schnupftabak* m; a pinch of ~ *e–e Prise Schnupftabak*; to take ~ *schnupfen* | ⟨fig⟩ *bißchen* n; up to ~ ⟨fam⟩ *pfiffig, gescheit, schlau*; he's up to ~ *mit ihm kann man Pferde stehlen* ‖ ⟨fam⟩ to give a p ~ °*jdm e–e* (*kalte*) *Zigarre verpassen* (*ihn abkanzeln*) | ~-and-butter [attr] *bräunlich gelb*; ⟨übtr⟩ *rassisch gemischt* (*europäisch u indisch*) | [attr & comp] ~-box *Schnupftabaksdose* f, ⟨fig fam⟩ *Gasmaske* f ‖ ~-coloured *gelbbraun* ‖ ~-rasp *Tabakreibe* f ‖ ~-taker *Schnupfer* m **2.** vi *Schnupftabak nehmen*; *schnupfen*

snuff [snʌf] **1.** s (of a candle) *Schnuppe* f, *verkohlter Kerzendocht* m **2.** vt/i ‖ (*Licht*) *putzen* ‖ to ~ out *auslöschen*; ⟨fig⟩ *vernichten, unterdrücken* | vi: to ~ out ⟨fam⟩ *sein letztes Schnapperl tun* (*sterben*)

snuffer [ˈsnʌfə] s (*Tabak-*)*Schnupfer* m

snuffers [ˈsnʌfəz] [pl] *Lichtputze, –schere* f (a pair of ~ *e–e L.*)

snuffle [ˈsnʌfl] **1.** vi/t *schnaufen, schnüffeln*; to ~ about *herumschnüffeln* (in) ‖ *näseln, durch die Nase sprechen* | vt (*a* to ~ out *od* forth) *näselnd äußern* **2.** s *Schnüffeln, Schnaufen* n ‖ *Näseln* n | the ~s [pl] ⟨med⟩ *chronischer Schnupfen* m | –ler [~ə] s *jd der durch die Nase spricht* ‖ ⟨fig⟩ *Scheinheilige(r* m) f ‖ **–ling** [ˈsnʌfliŋ] a (~ly adv) *näselnd* ‖ ⟨fig⟩ *scheinheilig*

snuffy [ˈsnʌfi] a *schnupftabakartig*; *Schnupftabak–* ‖ *mit Schnupftabak beschmutzt, nach Sch. riechend* ‖ ⟨fam⟩ *verschnupft, ärgerlich*

snug [snʌg] **1.** a (~ly adv) **a.** ⟨mar⟩ *wohl vorbereitet u geschützt*; *wohl gebaut, dicht* ‖ *passend*; *eng* (*sitzend*); ~ fit ⟨tech⟩ *Festsitz* m **b.** *geschützt, wohl geborgen* ‖ *verborgen, versteckt* **c.** *traulich, behaglich, gemütlich, warm* ‖ *auskömmlich* ‖ *ausreichend* **2.** adv *behaglich* **3.** s = ~gery **4.** vi/t ‖ to ~ down *es sich behaglich m* | vt to ~ up *od* down *ordentlich or behaglich m* **~gery** [ˈ~əri] s *kl, behagliche Bude or Stube, gemütliche Wohnung* f; *Wohn–, Privatzimmer* n **~ness** [ˈ~nis] s *Behaglichkeit* f etc

snuggle [ˈsnʌgl] vi/t | *sich schmiegen*; *sich anschmiegen* (to *an*) ‖ (*a* to ~ up *od* down) *sich behaglich niederlegen or einhüllen*; to ~ together *es sich gemütlich m* ‖ ⟨übtr⟩ *verborgen*

liegen | vt (*jdn*) *an sich drücken, herzen* ‖ (*a* to ~ up) *behaglich einhüllen*

snum [snʌm] vi ⟨Am vulg⟩ I ~ *ich schwöre* (if *wenn*)

so [sou; *w f* so, sə] **I.** adv **1.** *so, in der u der Weise*; do you say ~? *was du sagst*!; ~? is that so? *wirklich*?; even ~ *selbst in dem Falle, selbst dann*; just ~, *quite* ~ *ganz recht*; not ~ *nicht so, nicht doch*; why ~? *warum*?; *wieso*?; this is doubly ~ *dies ist doppelt der Fall* (when) ‖ and ~ forth, and ~ on *und so weiter* ‖ ⟨jur⟩ ~ numbered *unter besagter Nummer stehend* **2.** so .. *denn, nun* (~ you arrived at last); I won't, ~ there *ich will es nicht, nun weißt du's* **3.** [*vor* a & adv] so, *dermaßen*, ~ *nice a day ein so schöner Tag*; [*mst* neg] (not) ~ .. as (*nicht*) *so .. wie*; be ~ kind as to write *sei so gut u schreib* (→ IV, 1.) ‖ ~ far ~ good! *so weit sehr schön*!; ~ far as I know *soviel ich weiß* ‖ ~ long! *auf Wiedersehen*! ‖ ~ help me God! *so wahr mir Gott helfe*! ‖ ⟨fam⟩ *überaus, sehr* (I am ~ tired) **II.** [*pronominal*] *es*, I think ~ *ich glaube* (*es*), I said ~ *das sagte ich*; ~ saying *bei diesen Worten* ‖ are you Mr. Brown? So I am *das bin ich*; *jawohl*; (you look tired.) So I am *das bin ich auch* **III.** conj **1.** [*nach* as; *mit teilweiser Inversion*] as a man thinks ~ will he write *wie ein Mensch denkt, so schreibt er* **2.** *daher, deshalb* (~ I went home) **3.** [*mit voller Inversion*] *ebenso, auch*: (I went home.) So did my brother *mein Bruder auch* **4.** ⟨Am⟩ (*a* ~'s) = ~ that ‖ ~ what? *aber was bedeutet das schon*? *und dann*? *na und*? **IV.** in *bes Verbindungen* **1.** ~ as [*vor inf*] *so daß*; *um zu, damit*; put it ~ as not to hurt them *schreib es so, daß du sie nicht verletzt* ‖ ~ long as *vorausgesetzt daß, wenn nur* ‖ ~ much (*eben*)*soviel*; *lauter* (~ much rubbish); ~ much as that *so viel*; not (*od* never) .. ~ much as *nicht einmal* ‖ ~ much for this case *damit ist dieser Fall erledigt*; ~ much the better *um so besser* ‖ ever ~ much *sehr* ‖ ~ that *so daß* **2.** if ~ *wenn dies der Fall ist, wenn ja* ‖ or ~ *etwa*; an hour or ~ *etwa e–e Stunde*; after a rest or ~ *nach einiger Ruhe* ‖ the more ~ *um so mehr* (as *als, da*) **V.** [in comp] ~-and-~ **1.** adv *so u so*; *der u der* **2.** s Mr. ~ *Herr Soundso*; ~-and-~ *andere Leute* pl | ~-called [pred] *sogenannt*; [attr] *vermeintlich, vorgegeben*

S. O. [ˈesˈou] → someone

soak [souk] **I.** vt/i **1.** vt *durchtränken* ‖ *weichen, e·inweichen*; (*Trockengemüse*) *quellen* ‖ (of rain, etc) (*jdn*) *durchw·eichen, –nässen* (to the bones *bis auf die Haut*) ‖ to ~ in, out, up *ein–, aus–, aufsaugen*; to be ~ed in ⟨fig⟩ *durchtränkt w v*; to ~ o.s. in *sich vertiefen in* | ⟨sl⟩ (*jdn*) *bestrafen* ‖ ⟨sl⟩ to ~ a p (*etw*) *fordern v jdm* (he ~ed me ten sh.); (*jdn*) *schröpfen* ‖ ⟨fam⟩ ~ed °*sternhagelvoll* ‖ ⟨Am sl⟩ *gehörig vermöbeln, –prügeln* **2.** vi *weichen*; *weich w*; *wässern* ‖ (*durch*)*sickern* (through *durch*); *einsickern* (into *in*) ‖ ⟨fam⟩ °*saufen* **II.** s **1.** *Ein–, Durchweichen* n; to give a th a ~ *etw einweichen* ‖ *Eingeweichtsein* n, *Weiche* f (to lie in ~) ‖ *Durchnässen* n **2.** ⟨fam⟩ *Regenguß* m **3.** ⟨fam⟩ *Sauferei* f; in ~ °*blau* (*betrunken*) ‖ ⟨fam⟩ *Säufer* m **4.** ⟨Am sl⟩ *Schlag* m **~age** [ˈ~idʒ] s *Einsaugen; –weichen* ‖ *durchgesickerte Flüssigkeit; absorbierte Flüssigkeit* f **~er** [ˈ~ə] s *Regenguß* m | ⟨fam⟩ *Säufer* m **~ing** [ˈ~iŋ] **1.** s *Einweichen, Durchnässen* n; to get a ~ *durch u durch naß w* ‖ ~ pit ⟨tech⟩ *Warmgrube* f, *Tiefofen* m **2.** a (~ly adv) (*durch*)*nässend*; –*näßt* **3.** adv [*nur in*]: ~ wet *durch u durch naß*

soap [soup] **1.** s *Seife* f; → soft [a] **6.** ‖ a cake of ~ *ein Stück Seife* ‖ scented ~, toilet-~ *Toilettenseife* f ‖ shaving-~ *Rasierseife* f | [attr] *Seifen–*; ~-ball *Stück Seife in Kugelform* ‖ ~-boiler, ~-maker *Seifensieder* m ‖ ~-

boiling *–siederei* f ‖ ~-box ⟨Am sl⟩ *improvisierte Rednerbühne, –plattform* f; ~-b. derby ⟨Am⟩ *Seifenkistenrennen* n ‖ ~-boxer *Plattform–, Dauerredner* m ‖ ~-bubble *Seifenblase* f ‖ ~-dish *–napf* m ‖ ~ earth *Tonseife* f ‖ ~ opera ⟨Am fam wir⟩ *Rührstück* n ‖ ~-powder *–pulver* n ‖ ~-stone ⟨minr⟩ *Speckstein* m ‖ ~-suds [pl] *Seifenlauge* f, *–wasser* n ‖ ~-works [pl] *–siederei* f ‖ ~-wort ⟨bot⟩ *–kraut* n **2.** vt/i *einseifen*; ⟨fig⟩ to ~ a p down *jdn tüchtig einseifen* | *sich einseifen* | ~y [′~i] a *seifig, seifenartig, Seifen–* ‖ ⟨fig⟩ *schmeichlerisch* ‖ (of talk, etc) *salbungsvoll*

soar [sɔ:] vi *(auf)steigen, sich auf–, emporschwingen* (to *z*) ‖ ⟨fig⟩ *sich aufschwingen, hoch fliegen; schweben* ‖ (of mountains) *(hoch)ragen, aufsteigen, sich auftürmen* ‖ (of prices) *in die Höhe gehen* ‖ ⟨aero⟩ *ohne Motorkraft fliegen, e–n Segelflug* m, *segelfliegen* ~er [′~rə] s ⟨aero⟩ *Segelflugzeug* n ~ing [′~riŋ] **1.** a ⟨oft fig⟩ *hochfliegend, emporstrebend, ehrgeizig* ‖ *erhaben* **2.** s ⟨aero⟩ *Schwebeflug* m, *Luftsegeln* n | [attr] *Schwebe–; Segel–*; ~-flight *–flug* m; ~-flyer *–flieger* m; ~-machine *–flugzeug* n

sob [sɔb] **I.** vi/t [–bb–] **1.** vi *schluchzen* ‖ *jappen* (for breath *nach Atem*) | ⟨übtr⟩ (as of engines, etc) *rattern* ‖ *heulen; klagen* **2.** vt (*mst* to ~ out) *schluchzend äußern* **II.** s *Schluchzen; Heulen* n | [attr] ⟨Am sl⟩ *Erschütterungs–, Gefühls–, Rühr–; rührselig, süßlich; kitschig* ‖ ~-sister ⟨Am sl⟩ *Verfasserin* f v *Rührstücken, –artikeln* etc, ~-stuff *(Rühr-)Kitsch* m; *Sentimentalität* f, *rührseliges Zeug* n ~bing [′~iŋ] s [oft pl] ~s *Schluchzen* n

sober [′soubə] **1.** a (~ly adv) *nüchtern, nicht betrunken*; to sleep o.s. ~ *s–n Rausch ausschlafen* ‖ *mäßig; ehrbar, züchtig* | *nüchtern, besonnen, solide; gelassen, gesetzt, vernünftig*; of ~ habits *solide*; in ~ earnest *in vollem Ernst, allen Ernstes* ‖ (of colours) *ruhig, matt* | ~-minded *besonnen, ruhig* ‖ ~-mindedness *Besonnenheit, Ruhe* f **2.** vt/i ‖ *nüchtern* m ‖ *mäßig* m, *besonnen* m; (a to ~ down, .. up) *ernüchtern* ‖ ⟨fig⟩ *dämpfen* | vi (to ~ down, .. up) *sich ernüchtern, nüchtern* or *besonnen w*

sobersides [′soubəsaidz] s ⟨fam⟩ *Trauerkloß; Philister* m

Sobranje [sou′brɑːnje] s *bulgarisches Parlament* n

sobriety [sou′braiəti] s *Nüchternheit* f ‖ *Mäßigkeit* f | *Besonnenheit* f, *Ernst* m

sobriquet, soub– [′soubrikei] s Fr *Spitzname* m

soc [sɔk] s ⟨hist jur⟩ *Gerichtsbarkeit* f ‖ *Gerichtsbezirk* m ~(c)age [′sɔkidʒ] s ⟨hist jur⟩ *nicht z Ritter–, Heeresdienst verpflichtete Lehnsleistung* f; *die auf diese gegründete Belehnung* f (land held in ~); *Dienstlehen* n, *Fron* f

soccer, socker [′sɔkə] s ⟨sl⟩ (abbr f association football) *Fußballspiel* n

sociability [ˌsoufə′biliti] s *Geselligkeit; Ungezwungenheit* f **–ble** [′soufəbl] **1.** a (–bly adv) *gesellig, umgänglich; Gesellschafts–* ‖ *ungezwungen; gemütlich, freundschaftlich* **2.** s *Phaeton* m *(offener vierrädr. Kutschwagen)* ‖ *zweisitziges Dreirad* n; *Motorzweirad* or *Flugzeug* f **2** Pn ‖ *Causeuse* f, *Plaudersofa* n ⟨fam ec⟩ *gesellige Zusammenkunft* f, *geselliges, gemütliches Beisammensein* n, *zwanglose Veranstaltung* f; *geselliger Verein* m **–bleness** [~nis] s = sociability

social [′soufəl] **1.** a (~ly adv) **a.** (P) *gesellschaftlich; sozial; Gesellschafts–* ‖ (T) *gesellig lebend* ‖ *sozial; volksverbunden; Gesamt–* **b.** *gesellschaftlich* (~ position); *Standes–* ‖ *genossenschaftlich* ‖ *gesellig, umgänglich; Gesellschafts–* **c.** ⟨for⟩ *bestandbildend* **d.** *Verbindungen:* ~ assistance *Fürsorgearbeit* f ‖ the ~ contract *Gesellschaftsvertrag* m ‖ ~ democrat *Sozial-*

demokrat m ‖ ~ engineering *soziale Neuordnung* f ‖ the ~ evil *die Prostitution* f ‖ ~ gathering, ~ meeting *Gesellschaft* f *(Veranstaltung)*, *geselliges Beisammensein* n ‖ ~ history *Kultur–, Sittengeschichte* f ‖ ~ science *Gesellschaftswissenschaft, Soziologie* f ‖ ~ service *Gemeinschaftsdienst* m ‖ ~ services *soziale Einrichtungen* f pl, *soz. Nothilfe* f ‖ ~ studies ⟨Am⟩ *Sozialkunde* f ‖ ~ worker *Fürsorger(in* f) m, *Wohlfahrtspfleger(in* f) m **2.** s ⟨fam⟩ *gesellige Zusammenkunft, Gesellschaft* f ~ism [~izm] s *Sozialismus* m ~ist [~ist] **1.** s *Sozialist* m **2.** [attr] *sozialistisch* ~istic [ˌsoufə′listik] a (~ally adv) *sozialistisch* ~ite [–ait] s ⟨fam⟩ *sozial Hochgestellter* m, *Angehöriger* m *der Hautevolée*, he's a ~ *er gehört z H.*, → –ite ~ity [ˌsoufi′æliti] s *Geselligkeit* f ‖ *Geselligkeits–, Gesellschaftstrieb* m ~ization [ˌsoufəlai′zeiʃən] s *Sozialisierung, Vergesellschaftung* f ~ize [′soufəlaiz] vt *gesellig* or *volksverbunden* m | *sozialisieren; vergesellschaften; verstaatlichen* ‖ ~d medicine *staatlich gelenkter Gesundheitsdienst* m

society [sə′saiəti] s **1.** *Gesellschaft* f (human ~) ‖ *(Volks-)Gemeinschaft* f; civil ~ *die bürgerliche G.* **2.** *Standesgesellschaft* f (good ~); *bessere Gesellschaft* (in ~ *in der guten G.*); *feine Welt* f (fashionable ~) **3.** *Umgang, Verkehr* m (with *mit*) ‖ *Geselligkeit* f; to go into ~ *G. mitmachen; gesellschaftl. Leben* n **4.** *Verein* m; ⟨com⟩ *Gesellschaft, Berufsgenossenschaft* f; co-operative ~ *Konsumverein* m | *gelehrte* (etc) *Gesellschaft* f (the Royal ~) ‖ the ~ of Friends *die Quäker* m pl ‖ the ~ of Jesus (abbr S. J.) *der Jesuitenorden* **5.** [attr] *Gesellschafts–*; ~ gossip *Gesellschaftsklatsch* m; ~ lady, ~ woman *Gesellschafts–, Weltdame* f

Socinian [sou′siniən] s ⟨ec hist⟩ *Sozinianer* m **sociogram** [′sousiəgræm] s *Soziogramm* n, *Beliebtheitsuntersuchung* f

sociological [ˌsousiə′lɔdʒikl] a (~ly adv) *soziologisch* **–gist** [ˌsousi′ɔlədʒist] s *Soziolog* m **–gy** [ˌsousi′ɔlədʒi] s *Soziologie, Gesellschaftslehre* f

socio– [′sousio–] [in comp] ‖ ⟨demog⟩ ~-œconomic *sozio-ökonomisch* (group, classification), ~-professional *sozio-professionell* (group, classification)

sock [sɔk] s *Socke* f, (kurzer) *Strumpf* m; ⟨ant⟩ *Soccus* m *(Komödien-Fußbekleidung)*, ~ cothurnus ‖ ⟨sl⟩ put a ~ in it! *schweig*! ‖ *Einlegesohle* f ‖ ⟨fig fam⟩ pull up your ~s! ⟨m. m.⟩ *krempel die Ärmel auf* (pack an)! | [attr] *Socken–* (~ suspender *–halter* m)

sock [sɔk] **1.** vt ⟨sl⟩ *hauen, prügeln*; to ~ a p one *jdm eins versetzen* ‖ (etw) *werfen, schmeißen* (at a p *nach jdm*) **2.** s ⟨sl⟩ *Schläge, Prügel* pl; to give a p ~s *jdn durch–, verhauen* ‖ ⟨übtr⟩ *Schmiß, Schwung* m (this th has got to have ~)

sock [′sɔk] s ⟨school sl⟩ *Bolchen, Bonchen* n *(Bonbon)*; ⟨Hefe– etc⟩ *Stückchen* n

sockdologer [sɔk′dɔlədʒə] s ⟨Am sl⟩ *schwerer* or *entscheidender Schlag* m; *entscheidende S* ‖ (etw sehr Großes or Schweres) °*Mordsding, –trumm* n

socker [′sɔkə] s = soccer

socket [′sɔkit] **1.** s *(Steck-)Hülse* f; *Rohransatz* m, *Flansch* m, *Buchse* f *(Hohlzylinder)*; *Stutzen* m ‖ (of a candlestick) ⟨bes ec⟩ *Traufschale* f, *–teller* m ‖ ⟨anat⟩ *Höhle* f (eye ~) ‖ (of a bone) *Pfanne* f ‖ ⟨tech⟩ *Zapfenlager* n ‖ ⟨el⟩ (wall ~) *Steckdose* f, *–kontakt* m ‖ ⟨golf⟩ *die Stelle der Schlägerfläche* f, *die an den Schaft grenzt* | ~-joint ⟨anat & tech⟩ *Kugelgelenk* n **2.** vt *in e–n Rohransatz setzen; mit e–m Ansatz* (etc) *versehen* ‖ ⟨golf⟩ (*Ball*) *socketieren, am socket* (→ d) *treffen*, → to shank

socle [′sɔkl] s ⟨arch⟩ *Sockel; Untersatz* m

socman ['sɔkmən] s ⟨jur hist⟩ *Inhaber e–s* soc(c)age

Socratic [sə'krætik] **1.** a *sokr·atisch* **2.** s *Sokratiker* m **~ally** [~əli] adv *nach Art des Sokrates*

sod [sɔd] **1.** s *Rasen* m; *Rasenstück* n; to remove ~ *abplaggen*; under the ~ *unter dem grünen Rasen* (*im Grabe*) || *Stück* n *Rasen*; *Soden* m, *Plagge* f; *Stück Torf* | ~ knife *Plaggenpflug* m || ~-widow ⟨Am sl⟩ *Witwe* f (*Ggs* grasswidow) **2.** vt *mit Rasen bedecken* | vi ⟨fam & vulg⟩ to ~ about/°herumpüttjern, –lungern

sod [sɔd] s (abbr f Sodomite) ⟨vulg⟩ *Schurke* m, °*Luder* n

soda ['soudə] s ⟨chem⟩ *Soda* f, *Natriumkarbonat* n; (*a* carbonate of ~) *kohlensaures Natron* n; *bicarbonate of* ~ *doppelkohlensaures N.* || (*a* ~-water) *Selters–, Soda–, Mineralwasser* n (a whisky and ~) | ~-fountain *Mineralwasserapparat* m; ⟨Am sl⟩ –*ausschank* m || ~ jerk ⟨Am sl⟩ °*Brausebude* f (*Mineralwasserausschank*) || ~ lye *Natronlauge* f || ~(-)pop ⟨Am sl⟩ *Brause* f, *Sprudel* m (*Getränk*) || ~-works *Sodafabrik* f **~lite** [~lait] s ⟨minr⟩ *Sodal·ith* m

sodality [sou'dæliti] s ⟨R. C.⟩ *karitative Brüderschaft* f

sodden ['sɔdn] **1.** a † *gekocht, –sotten* || *durchweicht, eingeweicht* (bread); ~ with wet *durchnäßt* || *nicht aufgegangen* or *ausgebacken*; *teigig* | (*P*) *aufgedunsen, –schwommen* (*vom Trunk*); °*versoffen, blöd* **2.** vt/i *einweichen, durchnässen* [mst pp ~ed in] | vi *durchnäßt* or –*weicht w* **~ness** [~nis] s *Durchweichtsein* n; *weicher, teigiger Zustand* m

sodium ['soudjəm] s ⟨chem⟩ *Natrium* n; ~ chloride *Kochsalz* n; ~ nitrate *Chilesalpeter* m

Sodomite ['sɔdəmait] s (abbr sod) *Sodom·it*; *Päderast* m **sodomy** ['sɔdəmi] s *Sodomie, widernatürl. Unzucht* f (*mit Tieren*)

soever [sou'evə] [*trennbares suff*] .. *auch immer, .. nur immer*; how great ~ *wie groß auch immer*

sofa ['soufə] s *Sofa* n | ~-bed *Schlafsofa* n

soffit ['sɔfit] s ⟨arch⟩ *Soff·itte, Leibung* f (*e–s Bogens* etc), *Unterfläche* f

soft [sɔft] **1.** a (~ly adv) *weich* || *weich*; *geschmeidig*; *schlapp* (hat) || *leise, leicht* (tap) || ⟨fam⟩ *leicht z tun*, a ~ thing → 6 **2.** ⟨übtr⟩ *weich* (water); *milde* (climate); *angenehm, schmackhaft* (wine) || *warm, feucht u warm* || *weich, vertrieben* (colour) || (of sound) *leise* (→ pedal) || ⟨aero⟩ *ruhig* (*Motorlauf*) || ⟨Am fam⟩ *pretty* ~ *for him! der hat's gut!* **3.** (of disposition, etc) *weich, sanft*; *zart* || *nachgiebig, milde* (sentence) || *freundlich, einschmeichelnd* (→ sawder); *zärtlich, liebenswürdig* **4.** (*P*) *sanft, milde* (with *gegen*) || ⟨fam⟩ *unmännlich*; *empfindsam*; *weichlich* | ⟨fam⟩ *einfältig*; *blöd* (~ in the head) || *verliebt* (on *in*; a: ~ down on *in*) **5.** ⟨phon⟩ *stimmhaft, weich* **6.** Verbindungen: ~ drink ⟨Am sl⟩ *alkoholfreies Getränk* n || ~ goods [pl] *Textil–, Web–, Wollwaren* f pl || ~ landing ⟨aero⟩ *weiche* or *Großmutter-Landung* f || ~ mark ⟨Am⟩ „*Gimpel*" (*P*) m || ~ money *Papiergeld* n || ⟨fam bes mil⟩ ~ number *sauberes Pöstchen* n || the ~ sex *das zarte Geschlecht* || ~ soap *Schmierseife* f; ⟨fig Am sl⟩ *Schmeichelei* f; to give ~ s. to a p → to ~-s. a p || ⟨fig⟩ to be touched in one's ~ spot *weich w*; to have a ~ spot in one's heart for *ein faible h f* (a p) || ~ tack ⟨sl⟩ *Weißbrot* n || a ~ thing *e–e Schmeichelei*; *Dummheit* f; *aussichtsreiche S*; ~ tissue wound *Fleischwunde* f; ~ weather *mildes W.* n **7.** [in comp] ~-headed *schwachköpfig* || ~-hearted *weichherzig* || ~-heartedness *Weichherzigkeit* f || ~-nosed *sich ausdehnend, zersprengend* (bullets) || to ~-soap a p *jdm Honig*

ums *Maul schmieren* (*ihm schmeicheln*) || ~-voiced *v sanfter Stimme* || ~-witted *schwachsinnig* || ~-wood ⟨for⟩ *Nadelholz* n **II.** adv *leise* (to speak ~*er leiser sprechen*); [a in comp] (~-spoken) **III.** intj ~! *sachte! ruhig!* **IV.** s ⟨fam⟩ *Einfaltspinsel* m

softa ['sɔftə] s *moham. Student* m *der Theologie* f

soften ['sɔfn] vt/i **1.** vt *weich m, biegsam m* || (*Herz*) *erweichen*; *besänftigen*; *rühren* | *zarter m*; *veredeln* | (*Schmerz*) *mildern, lindern* || *schwächen*; (a *to* ~ down) (*Ton*) *abschwächen, mildern* || (*Farben*) *vertreiben, abstufen* || *entnerven* || to ~ up °*mil*⟩ *sturmreif m* **2.** vi *weich(er) w* || *sich erweichen* || *sich mildern* || ⟨fig⟩ *sich erwärmen* (to *f*) || (of colours) *sich verschmelzen* **~er** [~ə] s (*Wasser-)Enthärtungsmittel* n || *Linderung* f, *Linderungsmittel* n || ⟨paint⟩ *weicher Pinsel* m **~ing** [~iŋ] s *Erweichung* f ⟨a fig⟩; ~ of the brain ⟨med⟩ *Gehirnerweichung* f || ⟨übtr⟩ *Weichwerden* n; *Rührung, Nachgiebigkeit* f | ~ powder (*Wasser-)Enthärtungsmittel* n

softly ['sɔftli] adv *weich*; *bequem* || *zart* || *leise* || *ruhig, geräuschlos*; ~! *sanft! sachte!*

softness ['sɔftnis] s *Weichheit* f || *Milde*; *Nachgiebigkeit* f; *Sanftheit* f || *Weichlichkeit* f

softy ['sɔfti] s *Schwachkopf* m

sog [sɔg] s ⟨Am⟩ *geistige Stumpfheit* f **~gy** ['~i] a *durchnäßt, feucht*; *sumpfig* || ⟨fig⟩ *verdrießlich*; he's a ~ type *er hat 'ne lange Leitung, ist ein Mudelfritze*; ⟨aero⟩ *er säuft* (*stark*)

soho! [so'hou] intj ⟨hunt⟩ *horrid·o! joh·o! h·o Rüd' h·o!* (*bes bei sitzenden Hasen*) **Soho** ['souhou] s (*urspr: Jagdbezirk*) *das Fremden–, Bohemeviertel* n *im Westen Londons*

soi-disant [swa·'di:zã:] a Fr *angeblich, sogenannt*

soigné [swa'ne:] a [f ~e] Fr ⟨cosm⟩ *gepflegt*

soil [sɔil] s **1.** *Boden* m, *Erde* f; top ~ *Verwitterungskrume* f || ⟨übtr⟩ † *Land* n || (*a* native ~) *Heimatland* n; on *od* in English ~ *auf englischem Boden* | *redolent of the* ~ *erdrüchig*; → racy | son *od* child of the ~ *Sohn* or *Kind der Erde, Bauer* m **2.** *Bodenart, –beschaffenheit* f ⟨a übtr⟩ || ~ amelioration, ~ improvement *Bodenverbesserung, Melioration* f || ~ condition *Bodenstruktur* f

soil [sɔil] s *Pfuhl* m, *sumpfiges Lager* n (*v Wild*)

soil [sɔil] **I.** vt/i **1.** vt *beschmutzen, –sudeln*; to ~ one's hands ⟨fig⟩ *sich beschmutzen* (with *mit*) | (*Boden*) *düngen* || ⟨übtr⟩ (*Charakter*) *beschmutzen, –sudeln* **2.** vi *schmutzen, schmutzig* or *fleckig w, flecken* **II.** s *Beschmutzen* n; *Schmutz, –fleck* m || ⟨übtr⟩ *Schmutz, Abfall* m || *Dung* m | ⟨fig⟩ *Schmutz*; *Fleck* m | ~ pipe (*am Wasserklosett*) *Abflußrohr* n **~ed** [~d] a *beschmutzt, schmutzig*; *angeschmutzt*; ~ linen *schmutzige Wäsche* f

soil [sɔil] vt (*Vieh*) *mit Grünfutter füttern*

soirée, ⟨Am⟩ **soiree** ['swa:rei] s Fr *Soiree, Abendgesellschaft*; *–vorstellung* f

sojourn ['sɔdʒə:n, 'sʌdʒ–] **1.** vi *sich vorübergehend aufhalten* (in, at a place *in*, an *e–m Orte*; with a p *bei jdm*) **2.** s *vorübergehender Aufenthalt, –sort* m | **~er** [~ə] s *Besucher, Gast* m

soke [souk] s ⟨hist jur⟩ *Recht der Ausübung der Gerichtsbarkeit* f || *Gerichtsbarkeitsbezirk* m

sokol ['soukəl] s *nationalist. Sport–, Turnverein* m *in der Tschechoslowakei*

sol [sɔl] s ⟨mus⟩ G n (*fünfter Ton der Tonleiter*)

Sol [sɔl] s L ⟨hum⟩ *die Sonne*

sol [sɔl] s ⟨phys & chem⟩ (abbr f solution) *kollo·ide Lösung* f

sola ['soulə] s ⟨bot⟩ *Solastrauch* m || ~ topi ['toupi] s *Hut z Sonnenschutz* m

solace ['sɔləs] **1.** s *Trost* m (in *in*; to *f*) || *Er-*

quickung, Erleichterung f (from *v*) **2.** vt/i ‖ *trösten* ‖ *erquicken* ‖ to ~ o.s. *sich trösten* (with *mit*) | vi *trösten, Trost bieten; erquicken*

solan [ˈsoulən] s ⟨orn⟩ (*a* ~-goose) *Tölpel, Weißer Seerabe* m

solanum [soˈleinəm] s L ⟨bot⟩ *Nachtschatten* m

solar [ˈsoulə] **1.** a *Sonnen–* ‖ *v der Sonne ausstrahlend* | ~ eclipse *Sonnenfinsternis* f ‖ ~ energy *–energie* f ‖ ~ flowers [pl] ⟨bot⟩ *Blumen* f pl, *die sich nur z bestimmten Stunden öffnen* ‖ ~ furnace *Sonnenkraftmaschine* f ‖ ~ myth *Sonnenmythus* m ‖ ~ plexus ⟨anat⟩ *Nervenbündel* n *hinter dem Magen* ‖ ~ radiation *Sonnen(be)strahlung* f ‖ ~ rays [pl] *Sonnenstrahlen* pl ‖ ~ spectrum *–spektrum* n ‖ ~ system *–system* n ‖ ~ time *Sonnenzeit* f ‖ ~ year *–jahr* n **2.** s ⟨hist⟩ *Söller* m **~ization** [ˌsouləraiˈzeiʃən] s ⟨phot⟩ *Solarisation* f (*schädlicher Einfluß der Überbelichtung* f) **~ize** [~raiz] vt (*phot*) *durch Überbelichtung schaden, überbelichten* **~-power** [~ˌpauə] vt *durch Sonnenenergie* f *antreiben*

solatium [souˈleiʃjəm] L s (pl *–tia* [–ʃjə]) ⟨*bes* jur⟩ *Entschädigung, Vergütung* f

sold [sould] pret & pp *v* to sell

solder [ˈsɔldə; ˈsɔdə] **1.** s *Lot, Lötmetall* n; hard ~ *Hart–, Schlaglot* n; soft ~ *Weich–, Schnellot* n ‖ ⟨fig⟩ *Bindemittel* n **2.** vt *löten* ‖ ⟨fig⟩ *verbinden, zus-fügen* **~ing** [~riŋ] s *Löten* n, *Lötung* f; [attr] *Löt–, ~* copper, *~-iron Lötkolben* m ‖ ~ flux *Lötflußmittel* n ‖ ~ liquid *Lötwasser* n ‖ ~ seam *-stelle* f ‖ ~ solution *–wasser* n

soldier [ˈsouldʒə] **1.** s *Soldat* m; ~'s friend ⟨fig⟩ *Braut* f *des Soldaten (Gewehr);* ~'s' home *Soldatenheim* n ‖ ⟨übtr⟩ *Soldat, Krieger, Kämpfer* m; *Feldherr* m ‖ ⟨zoo⟩ (*a* ~-ant) *Ameisenkrieger* m ‖ ⟨sl ich⟩ *Bück(l)ing,* °*Schuster-Karpfen* m | old ~ *alter Marschierer* m, ⟨fig⟩ *leere Flasche* f; *altes, ausgedientes Exemplar* n; *Zigarrenstummel* m ‖ ~ of fortune *Glücksritter* m | to go for a ~ ⟨fam⟩ *unter die Soldaten gehen* ‖ to play at ~s *Soldaten spielen* **2.** vi *als Soldat dienen;* (*mst* to go ~ing) *Soldat* w **~like** [~laik], **~ly** [~li] a *soldatisch, militärisch, Soldaten–* ‖ ⟨übtr⟩ *soldatisch; stramm, aufrecht* **~ship** [~ʃip] s *Soldatentum* n; *militärische Erfahrung* f **~y** [~ri] s *Soldaten* pl; *Militär* n ‖ *Soldateska* f, *wilder Soldatenhaufe* m

soldo [ˈsɔldou] It s (pl *–di* [–di:]) *frühere ital. Rechnungsmünze* f (¹/₂₀ *Lira*)

sole [soul] **1.** s *Fußsohle* f ‖ (of a boot) *Sohle* f; ~-leather *Sohlleder* n; ~ stitcher *Doppelmaschine* f ‖ ⟨fig⟩ *untere Fläche* f, *unterer Teil* m ‖ ~-piece ⟨arch⟩ *Stichbalken* m; ~-plate ⟨tech⟩ *Sockel* m, *Fundament* n **2.** vt *besohlen*

sole [soul] s [pl ~s] ⟨ich⟩ *Seezunge* f; lemon ~ *Rotzunge* f

sole [soul] a *einzig, alleinig, Allein–* (heir) ‖ ⟨poet †⟩ *allein, einsam* ‖ ⟨jur⟩ → corporation; feme | ~ agent ⟨com⟩ *Alleinvertreter* m ‖ ~ bill *Solawechsel* m ‖ ~ heir *Allein–, Universalerbe* m ‖ ~ owner ⟨com⟩ *Alleininhaber, –eigentümer* m **~ly** [ˈ~li] adv *allein, ausschließlich;* ~ because .. *nur weil* .. **~ness** [ˈ~nis] s *Alleinsein* n

solecism [ˈsɔlisizm] s *Sprachfehler, –verstoß* m, *Verstoß gegen die Grammatik* ‖ ⟨fig⟩ *Verstoß* m; *Unschicklichkeit* f **–cist** [ˈsɔlisist] s *Sprachverderber* m ‖ **–cistic** [ˌsɔliˈsistik] a *fehlerhaft* (construction)

solemn [ˈsɔləm] a (~ly adv) *feierlich, weihevoll, erhebend* ‖ *feierlich, bindend; formell* ‖ *ernst, wichtig* ‖ *feierlich wirkend, Ernst einflößend* (a ~ place) | (P) *ernst; traurig; ruhig* ‖ *wichtigtuend* **~ity** [soˈlemniti] s *feierlicher Ernst* m; *würdevolles Aussehen* n ‖ *Feierlichkeit,* zeremonielle Form f **~ization** [ˌsɔləmnaiˈzeiʃən] s

Feier f; the ~ of a marriage *e–e Hochzeits–* **~ize** [ˈsɔləmnaiz] vt (*Fest*) *feiern; feierlich begehen;* to ~ a marriage *e–e Ehe schließen* ‖ *weihen, feierlich stimmen* **~ness** [~nis] s *feierlicher Ernst* m

Solen [ˈsoulən] s ⟨zoo⟩ *Messerschneide* f (*Meeresmuschel*)

solenoid [soˈliːnɔid] s ⟨el⟩ *Solenoïd* n, *Induktions–, Magnetspule* f, *Relais* n

sol-fa [sɔlˈfɑː] **1.** s ⟨mus⟩ *Solmisation* f **2.** vi *solfeggieren*

solfatara [ˌsɔlfaˈtɑːra] s It *vulkanisches Schwefelwasserstoff* (etc) *ausströmendes Becken* n

solfeggio [sɔlˈfedʒiou] s (pl *–gi* [–dʒiː]) *Solfeggio* n, [pl *–gien*]

solicit [səˈlisit] vt/i **1.** vt (*jdn*) *bitten, angehen, ersuchen* (for a th *um etw;* to do) ‖ (*jdn*) *ansprechen, belästigen* | (etw) *erbitten* (of, from a p *v jdm*); to ~ a th of a p *jdn um etw bitten* **2.** vi *dringend bitten* (for *um;* to do) **~ation** [səˌlisiˈteiʃən] s *Bitte* f, *Ansuchen* n ‖ *Belästigung* f

solicitor [səˈlisitə] s * *Bittsteller* m (for *um*) | ⟨jur engl⟩ (*Art*) (*Rechts-*)*Anwalt* (*zweiter Ordnung, nur vor niederen Gerichten plädierend*), → barrister; ⟨Am *a*⟩ *City* ~ *rechtskundiger Stadtbeamter* m ‖ ~-General [pl ~s-G.] ⟨jur⟩ *zweiter Kronanwalt* m, *oberster Sachwalter* m *der Krone* (*dem Kabinett angehörender Minister*), → attorney ‖ ⟨Am com⟩ *Agent* m, (*a* = canvasser) **~ship** [~ʃip] s ⟨jur⟩ *Amt* n or *Beruf* m *e–s* solicitor

solicitous [səˈlisitəs] a (~ly adv) *besorgt* (about, for, of *um*) ‖ *begierig* (to do) **–tude** [səˈlisitjuːd] s *Besorgtheit, Sorge* f (about, for *um*)

solid [ˈsɔlid] **I.** a (~ly adv) **1.** *fest, nicht flüssig* (~ food) **2.** *fest, dicht;* ~ with people *vollbesetzt;* ~ contents *Festgehalt* m; ~ lubricant *Starrschmiere* f; ~ fuel *fester Kraftstoff* m, to ~-fuel [vt] *mit festem Kraftstoff antreiben;* ~ matter ⟨typ⟩ *kompresser Satz* m ‖ *fest, stark, haltbar, dauerhaft;* *kräftig, solid* | a ~ piece of meat *ein Stück Fleisch ohne Knochen* ‖ (of metals, etc) *gediegen* (~ silver); *massiv* (~ oak *m.* eichen) ‖ *massiv, Voll–;* ~ tire *–reifen* m; ~ wheel *Voll–, Scheibenrad* n **3.** ⟨math⟩ *Raum–, Kubik–* (~ capacity *–gehalt* m; ~ measure *–maß* n); ~ geometry = stereometry **4.** (*P*) *gründlich, zuverlässig* ‖ ⟨com⟩ *solid, re·ell, kreditfähig* | *einmütig* (in *in*); to be ~ for *sich einmütig entscheiden f;* to be ~ly behind a p *geschlossen hinter jdm stehen;* → II. **5.** *stichhaltig, wahrhaft, triftig* (reason) **6.** ⟨Am⟩ *in ·e–m Wort geschrieben* **7.** [in comp] ~-coloured *einfarbig* ‖ ~-hoofed = *soliped* **II.** adv *einstimmig; einmütig,* to go ~, to vote ~ *einmütig stimmen* (for *od* against) **III.** s ⟨phys⟩ *fester Körper* m ‖ ⟨math⟩ *Körper* m ‖ ⟨übtr⟩ the ~ *der Grundstock, Hauptteil* m ‖ [*oft* pl ~s] *feste Speise* f ‖ ⟨Am⟩ *verstockter Leugner* m, *e–r, der s–e Komplizen nicht verrät* **~arity** [ˌsɔliˈdæriti] s *Solidarität* f, *Zus–gehörigkeitsgefühl* n **~ification** [səˌlidifiˈkeiʃən] s (*of liquids*) *Verdichtung* f **~ify** [səˈlidifai] vt/i | (*Flüssigkeit*) *fest* m, *verdichten* | *vi sich verdichten; erstarren* **~ity** [səˈliditi], **~ness** [ˈsɔlidnis] s *Festigkeit* f ‖ *Dichtheit, Dichtigkeit* f ‖ *Solidität, Gediegenheit* f ‖ *Zuverlässigkeit* f ‖ *Gründlichkeit* f ‖ ⟨com⟩ *Kreditfähigkeit* f ‖ *Wahrhaftigkeit* f

solidungulate [ˌsɔlidˈʌŋgjulit] a & s = soliped

solidus [ˈsɔlidəs] s L *Solidus* m (*röm. Goldmünze* f); abbr s = shilling

solifluxion [ˌsouliflˈʌkʃən] s ⟨geol⟩ *allmähliche Bodensenkung* f

soliloquize [səˈliləkwaiz] vi *ein Selbstgespräch halten* **–quy** [səˈliləkwi] s *Selbstgespräch* n ‖ ⟨theat⟩ *Monolog* m

soliped ['sɔliped] **1.** s ⟨zoo⟩ *Ein-, Unpaarhufer* m **2.** a *einhufig*

solipsism ['sɔlipsizm] s ⟨philos⟩ *Solips·ismus* m

solitaire [ˌsɔli'tɛə] s Fr *Solitär (einzeln gefaßter Edelstein)* m ‖ *Grillenspiel* n; ⟨Am⟩ *Patience* f

solitariness ['sɔlitərinis] s *Einsamkeit* f –**ry** ['sɔlitəri] **1.** a (–rily adv) *einsam* ‖ *alleinlebend, einsiedlerisch* ‖ ⟨T⟩ *einzeln lebend* ‖ (S) *einsam, abgelegen* ‖ *einzeln* (to take a ~ walk *allein spazierengehen*); *Einzel-* (~ confinement ⟨jur⟩ –*haft* f) ‖ *einzig, alleinig* (with one ~ exception) **2.** s *Einsiedler*(in f) m ⟨a übtr⟩

solitude ['sɔlitjuːd] s *Einsamkeit* f ‖ *Einöde* f

Solly ['sɔli] s ⟨fam⟩ *Itzig* m, → Ikey

solmization [ˌsɔlmi'zeiʃən] s ⟨mus⟩ *Solmisation* f

solo ['soulou] **1.** s [pl ~s] ⟨mus⟩ [pl a *soli*] *Solo* n ‖ ⟨cards⟩ (a ~ whist) *Art Whist* m ‖ ⟨mot cycl⟩ *Solomaschine* f (*ohne Beiwagen*) ‖ ⟨aero⟩ *Alleinflug* m; [a attr] (~ flight *Allein-, Fernlenkflug*) **2.** vi [~es, ~ed] ⟨aero⟩ *allein fliegen* –**ist** [~ist] s ⟨mus⟩ *Solist; Solospieler* m

Solomon ['sɔləmən] s **1.** the Song of ~ ⟨bib⟩ *das Hohelied (Salomonis)* **2.** ⟨übtr⟩ *der Weise* ‖ ~'s Seal ⟨bot⟩ *Salomonssiegel* n; *Große Maiblume* f –**ic** [ˌsɔlə'mɔnik] a *salom·onisch*

solstice ['sɔlstis] s ⟨astr⟩ *Sonnenwende* f –**stitial** [ˌsɔls'tiʃəl] a *Sonnenwend-*

solubility [ˌsɔlju'biliti] s *Löslichkeit* f ‖ ⟨fig⟩ *Lösbarkeit* f –**ble** ['sɔljubl] a *löslich* (salt) ‖ ⟨übtr⟩ (*auf*)*lösbar, erklärbar* ‖ ~ glass ⟨chem⟩ *Wasserglas* n

solus ['souləs] s *ganzseitige Reklame* f

solution [sə'luːʃən] **1.** s *Auflösung, Lösung* f ‖ ⟨übtr⟩ (of a riddle) *Lösung* f (to f); *Erklärung* f (of of to a th e–r S) ‖ ⟨chem⟩ *Auflösung; Lösung* f; ⟨cycl⟩ *Kautschuklösung* f ‖ *Trennung* f, ~ of continuity *Unterbrechung* f **2.** vt *mit Kautschuklösung behandeln, befestigen* –**ist** [~ist] s *berufsmäßiger (Zeitungs-)Rätsellöser* m

Solutrian [sə'ljuːtriən] a ⟨praeh⟩ *Solutréen-* (*Kulturstufe der Altsteinzeit*)

solvability [ˌsɔlvə'biliti] s *Lösbarkeit* f –**vable** ['sɔlvəbl] a (*auf*)*lösbar* (problem); *erklärbar*

solve [sɔlv] vt *lösen*; to be ~d *e–e Lösung finden* ‖ (*Rätsel*) *erklären* ‖ (*Schwierigkeit*) *beseitigen*

solvency ['sɔlvənsi] s ⟨com⟩ *Zahlungsfähigkeit* f –**ent** ['sɔlvənt] **1.** a ⟨chem⟩ *lösend, auf-* ‖ ⟨com⟩ *zahlungsfähig* ‖ ⟨übtr⟩ *lösend, mildernd, befreiend* (influence), *solvent* **2.** s ⟨chem⟩ *Lösungsmittel* n ‖ ⟨fig⟩ *Auflösungsmittel* n

Somal [so'mɑːl], –**i** [~i] s [pl ~, ~s] *Eingeborener* m v *Somaliland*

somatic [sou'mætik] a (~ally adv) *körperlich, leiblich, physisch*; ~ cell *Somazelle* f

somato- ['souməto] Gr [in comp] *Somato-, Körper-* ~**logy** [ˌsoumə'tɔlədʒi] s *Körperkunde* f

sombre (⟨Am⟩ –**ber**) ['sɔmbə] a (~ly adv) Fr *dunkel, düster* ‖ ⟨fig⟩ *düster; trübe, traurig, schwermütig* ~**ness** [~nis] s *Düsterkeit* f etc

sombrero [sɔm'brɛərou] s Span *breitrandiger Hut* m

some [sʌm; w f səm] **I.** a A. [*vor sg*] **1.** *irgendein* (~ man); *irgendwelche*(r, –s); ~ message or other *irgendeine Botschaft* f ‖ ~ day, ~ time *e–s Tages, irgendeinmal* (in *Zukunft*) ‖ ~ one of them *der e–e oder andere* v *ihnen* **2.** *beträchtlich* (a man of ~ *reading*); for ~ time *einige Zeit*; to ~ extent *einigermaßen* ‖ ⟨sl⟩ *bedeutend, groß*; I call this ~ war *das nenne ich e–n Krieg!* ‖ ~ girl! *w·as für ein Mädel!* ~ rain! *heute regnet's nur einmal! der reinste Wolkenbruch!* **3.** *etwas, ein wenig*; can (od can't) I have ~ *ink? kann ich etw Tinte h?* **B.** [*vor pl*] **1.** *einige* (~ pens); ~ few *einige wenige* ‖ ⟨emph⟩ *manche*; he has

been here ~ years *er ist schon manches Jahr hier* **2.** *etwa, ungefähr, gegen* (~ 30 people) **II.** pron **1.** *etwas*; ~ of it *etw davon* ‖ ⟨Am⟩ *ziemlich viel*; and then ~ ⟨sl⟩ *und wieviel(e) nicht sonst noch* **2.** (a ~ or other) *einige* (I'll give you ~); *manche* pl (~ .. ~); ~ of these days *binnen kurzem, bald* **III.** adv *etwas* ‖ ⟨Am⟩ *ziemlich; beträchtlich, sehr*: that helped ~! *d·as half!* ‖ *gelegentlich, oft* ‖ ⟨Am⟩ to go ~ *sich (mächtig) ins Zeug legen*; ⟨sl⟩ *vernarrt* s (on *auf*) ~**body** ['sʌmbədi] s *jemand, irgendeiner* m; ~ else *jemand anders* ‖ ⟨emph⟩ [pl –*dies*] *wichtige* or *bedeutende Persönlichkeit* f ~**how** ['sʌmhau] adv *irgendwie; auf irgendeine Weise*; *aus irgendeinem Grunde* ‖ ~ or other *auf e–e oder die andre Weise, irgendwie, so oder so*; *aus irgendeinem Grunde* ~**one** ['sʌmwʌn] s *jemand, irgendeiner* ‖ ~ or other *irgendeiner* ‖ ~ else, ⟨sport⟩ S. O. else *ein ungenannter Spieler* m; → another ~(-)**place** ['sʌmpleis] adv ⟨Am⟩ = *somewhere*

somersault ['sʌməsɔːlt], **somerset** ['sʌməsit] **1.** s *Purzelbaum* m ‖ *Luftsprung* m; *Salto* m ‖ to turn a ~ *e–n Purzelbaum schlagen, e–n Salto* m **2.** vi *e–n Purzelbaum schlagen*; *e–n Salto* m (over *über*)

something ['sʌmθiŋ] **1.** s a. *etwas* (do you want ~ more?) ‖ there is always (a) ~ *e–n kl Fehler hat nun mal ein jeder* ‖ *little* ~ ⟨fam⟩ *Schnäpschen* n, *Schuß* m (*Alkohol*) ‖ ~ *old etw Altes*; a certain ~ *ein gewisses Etwas*; ~ or other *irgend etwas*; *ich weiß nicht was*; ~ else *etwas anderes, sonst etwas*; ⟨fam⟩ or ~ *oder was sonst (noch)* **b.** ⟨emph⟩ *etwas Bedeutendes* n; it is ~ *es ist wichtig* (that; to be); there is ~ in that *das hat etwas f sich*; not for ~! *nicht um alles in der Welt!*; for ~ *und nichts für* or *um nichts u wieder nichts* ‖ he is ~ of a carpenter *er ist so etwas wie ein Z.*; ~ of a sportsman *ein leidlicher Sp.*; ~ of modesty *e–e gewisse B., etwas bescheiden* ‖ he is a teacher or ~ *er ist ein Lehrer oder so etwas* **2.** adv **a.** ⟨Am⟩ *etwas, ziemlich*; ~ *frightful geradezu schrecklich* **b.** ⟨fam⟩ ~ **like** *ungefähr, annähernd; so etwas wie* (he is ~ like a teacher) ‖ *außerordentlich, bedeutend*; that is ~ like success *das ist ein gr Erfolg* ‖ that is ~ like *das lasse ich mir gefallen, das läßt sich hören, sehen*

sometime ['sʌmtaim] **1.** adv *irgendwann*; (a ~ or other) *irgendeinmal* (*in Zukunft*), *dereinst*; write ~ *schreibe mal* ‖ *ehemals, früher* **2.** a *ehemalig*; *weiland* (~ professor) ‖ ~**s** [~z] adv *gelegentlich, manchmal, zuweilen*

someways ['sʌmweiz] adv ⟨Am⟩ = *somehow*

somewhat ['sʌmwɔt] **1.** adv *etwas* (~ puzzled), *ein wenig, einigermaßen; ziemlich* **2.** pron *etwas*; *ziemlich*; of a surprise *e–e ziemliche Überraschung*; he is ~ of a tailor *er ist ein leidlicher Schneider* m

somewhen ['sʌmwen] adv* *irgendwann*

somewhere ['sʌmwɛə] adv *irgendwo(hin)* ‖ ~ else *anderswo(hin)* ‖ ~ or other *irgendwo(hin)* ‖ *irgendwann*; ~ about *annähernd, etwa* (~ about 10 *etwa um 10*)

somite ['soumait] s ⟨zoo⟩ *Ursegment* n

somnambulate [sɔm'næmbjuleit] vi *nachtwandeln* –**bulism** [sɔm'næmbjulizm] s ⟨med⟩ *Nachtwandeln* n –**bulist** [sɔm'næmbjulist] s *Nachtwandler* m –**bulistic** [sɔmˌnæmbju'listik] a *nacht-, schlafwandlerisch; Nachtwandler-*

somni- ['sɔmni] L [in comp] *Schlaf-* ~**ferous** [sɔm'nifərəs] a *schlafbringend; einschläfernd* ~**loquence** [sɔm'niləkwəns], ~**loquy** [sɔm'niləkwi] s *Sprechen* n *im Schlaf* m

somnolence ['sɔmnoləns], –**ency** [–si] s *Schläfrigkeit, Schlafsucht* f –**ent** ['sɔmnolənt] a (~ly adv) *schläfrig, schlafsüchtig* ‖ *einschläfernd*

son [sʌn] s *Sohn* m (the ~ of; a ~ to; ~ to a p *Sohn jds*); ~ and heir *Stammhalter* m ‖ [*oft pl*

~s] *Ab-, Nachkomme* m | ⟨übtr⟩ *Sohn*; *Glied* n *e-s Volkes, e-r Gemeinschaft* || ⟨fam⟩ *my* ~ *mein Sohn; mein Lieber* | ~ *of a bitch od gun Hurensohn* m || the ~ *of God Gottessohn* || the ~ *of Man des Menschen Sohn, der Menschensohn (Christus)* || a ~ *of the Muses ein Musensohn* || → mother || ~-in-law *Schwiegersohn* m

sonance ['sounəns], **-ancy** [-si] s ⟨phon⟩ *Stimmhaftigkeit* f **-ant** ['sounənt] **1.** a ⟨phon⟩ *stimmhaft* **2.** s *stimmhafter Laut* m

sonar ['sounə] s (a ~ *device*) ⟨Am⟩ *S-Gerät, Unterwasserortungs-, -echogerät* n

sonata [sə'nɑːtə] s It ⟨mus⟩ *Sonate* f **-tina** [ˌsənə'tiːnə] s It ⟨mus⟩ *Sonat-ine* f

sone [soun] s *Maß* n *der Lautheitsempfindung* (loudness)

song [sɔŋ] s **1.** *Lied* n; *Gesang* m; to give a ~ *ein Lied singen, vortragen* || ⟨mus⟩ *Liedkomposition* f (a ~ by Schubert *ein Lied v Sch.*); ~ *without words Lied ohne Worte* || (*lyrisches*) *Gedicht* n **2.** *Wendungen*: drinking-~ *Trinklied* || part-~ ⟨mus⟩ *mehrstimmiges Lied* || the ~ of Songs, the ~ of Solomon *das Hohelied Salomonis* | for an old ~ f *ein °Butterbrot (spottbillig)* | nothing to make a ~ about *nichts Nennenswertes, nichts v Bedeutung* | to be in (full) ~ (of birds) (*laut*) *singen* || to burst into ~ *laut z singen beginnen* **3.** [attr] *Sing-*; ~-bird *Singvogel* m || ~-book *Gesang-, Liederbuch* n || ~-hit (*Lied-*)*Schlager* m || ~-plug [vt] ⟨Am⟩ (*Lied*) *wiederholen in e-r Operette* f **~ful** ['~ful] a (~ly adv) *melodisch* || *sangesfreudig* **~less** ['~lis] a *gesang-, klanglos* || *nicht singend* **songster** ['sɔŋstə] s *Sänger* m || *Dichter* m || *Singvogel* m || **-tress** ['sɔŋstris] s *Sängerin* f

sonic ['sɔnik] a *Schall-*; ~ *barrier*, ~ *wall Schallgrenze, -mauer* f || ~ *boom*, ~ *explosion* ⟨aero⟩ (*Knall* m *beim Überschreiten der Schallgeschwindigkeit*) *Überschallknall* m; ~ *mine Schallmine* f

soniferous [sə'nifərəs] a *tönend*

sonless ['sʌnlis] a *ohne Sohn; to be* ~ *k-n S. h*

sonnet ['sɔnit] s *Son-ett* n [a attr] → quatorzain [ˌsɔni'tɔ] **1.** s *Sonettdichter* m || *Dichterling* m **2.** vi *Sonette dichten*

sonny ['sʌni] s ⟨fam⟩ [voc] *mein Söhnchen, Kleiner*

sonobuoy ['sounəbɔi] s *Geräusch-, Horchboje* f

sonofabitch ['sʌnəvəbitʃ] s ⟨Am⟩ = son of a bitch *Hurensohn* m

sonometer [so'nɔmitə] s ⟨ac⟩ *Sonom-eter* m (*Schallmesser*) || *Apparat* m *z Prüfung des Gehörs* **sonority** [sə'nɔriti] s *Klang* m; *Klang-, Schallfülle* f || *Wohlklang* m **-rous** [sə'nɔːrəs] a (~ly adv) *tönend, klingend; klangvoll, wohlklingend* **-rousness** [~nis] s *Klang; Wohlklang* m

sonship ['sʌnʃip] s *Stellung* f *e-s Sohnes, Sohnverhältnis* n

sonsy ['sɔnzi] a ⟨Scot⟩ *stattlich; drall, fröhlich* (girl)

soon [suːn] adv *bald* | *früh, -zeitig* || *unverzüglich, schnell* || ~ *after(wards) bald darauf* || as od [bes neg] so ~ as *so bald als; so früh .. wie; ebenso gern or gut .. wie*; I would as ~ stay (as ..) *ich möchte ebenso gern bleiben (wie ..)* || not ~ *nicht so bald* || so ~ as *sobald auch nur ..* | **~er** ['~ə] adv *eher, früher, schneller* || *lieber* | ~ *or later früher oder später* || no ~ .. than *kaum .. als* || no ~ said than done *gesagt, getan* || the ~ *um so eher*; the ~ the better *je e. desto besser* | I would ~ die than leave *ich möchte lieber or e. sterben als fortgehen* **~est** ['~ist] adv *schnellstens, frühestens*; at the ~ *frühestens* || *am liebsten*

soot [sut] **1.** s *Ruß* m **2.** vt *mit R. bedecken*

sooth [suːθ] s † *Wahrheit* f; in (good) ~, ~ to say *fürwahr, wahrlich, um die Wahrheit z sagen* **~fast** ['~faːst] † a & adv *wahrhaft, treu, verläßlich* **~say** ['suːθˌsei] vi * *wahrsagen, prophezeien* **~sayer** [~ə] *Wahrsager* m || **~saying** [~iŋ] s *Wahrsagen* || *Wahrsagung, Prophezeiung* f

soothe [suːð] vt *beruhigen, -schwichtigen, -sänftigen* || (*Schmerz*) *mildern, lindern* **-thing** ['suːðiŋ] a *besänftigend, -ruhigend* || *wohltuend* || **~ly** [~li] adv *beruhigend, um z beruhigen*

sootiness ['sutinis] s *Rußigkeit* f || *Schwärze* f **-ty** ['suti] a *rußig, rußartig; berußt, -schmutzt* || ⟨übtr⟩ *schwarz, dunkel*

sop [sɔp] s **1.** *eingetunkter or -geweichter Bissen* m | ⟨fig⟩ *Beschwichtigungsmittel* n (to f); *Bestechung* f; to throw a ~ to a p ⟨fig⟩ *jdn (zu) beschwichtigen (suchen)* || *durchnäßter Boden*; *Match* m | ⟨fam⟩ *Weichling* m, *Muttersöhnchen* n **2.** vt/i [-pp-] || (*Brot* etc) *eintauchen, -tunken* || (a ~ up) *durchweichen, -nässen* || vi *triefen* (with rain *von Regen*)

soph [sɔf] s abbr sophister od sophomore **sophism** ['sɔfizm] s *Soph-ismus, Trugschluß* m || *Tüftelei, Spitzfindigkeit* f **sophist** ['sɔfist] s *Sophist* m || ⟨fig⟩ *Tüftler, Klügler, Silbenstecher* m **~er** [~ə] s ⟨Cambr univ⟩ *Student* m *im 2. or 3. Jahr* **~ic(al)** [so'fistik(əl)] a (-cally adv) *sophistisch; spitzfindig, tüftelnd*

sophisticate [so'fistikeit] vt/i || *sophistisch darstellen or verdrehen* || ⟨ver⟩*fälschen (Text) verderben* | vi *sophistisch verfahren* || **-ated** [~id] a *verfälscht, unecht* || *unnatürlich; unehrlich* | *zivilisiert; hochentwickelt (taste)* || *vielgereist, welterfahren, -klug, -weise; geistig interessiert* || (= highbrow) *intellektuell, überkultiviert, blasiert* **-ation** [soˌfistiˈkeiʃən] s *Sophisterei* f || *Fälschung* f || *Trugschluß* m || *selbstbewußte Geistigkeit* f, *Intellektualismus* m || *Welterfahrenheit; Abgeklärtheit; Blasiertheit; Künstlichkeit; Überfeinerung* f

sophistry ['sɔfistri] s *Sophisterei; Spitzfindigkeit* f

sophomore ['sɔfəmɔː] s ⟨Am⟩ *Student im zweiten Jahre*

soporiferous [ˌsɔpəˈrifərəs] a (~ly adv) *einschläfernd* **-fic** [ˌsɔpəˈrifik] **1.** a *einschläfernd*; *Schlaf-* (~ drug) **2.** s *Schlafmittel; Nark-otikum* n; short-acting ~ *Ein-*, intermediate-acting ~ *Durch-*, long-acting ~ *Dauer-Schlafmittel* n

sopping ['sɔpiŋ] **1.** a *triefend; durchnäßt* **2.** adv: ~ wet *völlig durchnäßt* **-py** ['sɔpi] a *durchweicht; -näßt* || *naß, regnerisch (day)* || ⟨Am⟩ *trunksüchtig* | ⟨fig fam⟩ *weichlich; sentimental, rührselig*; ~ on *vernarrt in*

soprano [sə'prɑːnou] s It (pl ~s; -ni [-ni]) ⟨mus⟩ *Sopr-an* m || *Sopran-istin* f

sora ['sɔːrə] s ⟨orn⟩ *Sumpfhuhn* n (Laufvogel) **Sorabian** [so'reibiən] **1.** a *sorbisch* **2.** s *Sorbe* m (Wende) || *das Sorbische (Sprache)*

sorb [sɔːb] s ⟨bot⟩ *Speier..ng, Sperberbaum* m; -*vogelbeere* f

sorbefacient [ˌsɔːbiˈfeisiənt] **1.** a *absorbierend* **2.** s *absorbierendes Mittel* n

sorbet ['sɔːbət] s *Sorb-ett* m (Halbgefrorenes) **Sorbo** ['sɔːbou] s [attr] ~ rubber *Schwammgummi, porenreicher Gummi* m

sorcerer ['sɔːsərə] s *Zauberer* m **-ceress** ['sɔːsəris] s *Zauberin, Hexe* f **-cery** ['sɔːsəri] s *Zauberei; Hexerei* f

sordes ['sɔːdiːz] s L ⟨med⟩ *Schmutz* m, *Fäulnisreste* m pl

sordid ['sɔːdid] a (~ly adv) *schmutzig* || ⟨fig⟩ *gemein, niedrig, schmutzig* || *geizig; eigennützig* **~ness** [~nis] s *Schmutz* m || *Gemeinheit, Schmutzigkeit* f || *Filzigkeit* f

sordine [sɔːˈdiːn; ˈsɔːdiːn] s ⟨mus⟩ *Dämpfer* m

sore [sɔ:] s ⟨hunt⟩ (*Damhirsch* m *im 4. Jahr*) (*Kapital-*)*Schaufler* m, → sorel
sore [sɔ:] **I.** a (~ly adv) **1.** *wund, weh(e); entzündet* (with v); *schlimm* (a ~ finger); *schmerzhaft* ⟨a fig⟩; a ~ head °*Schädelbrummen* n; *Kopfschmerz* m; like a bear with a ~ head *mürrisch, verdrießlich*; a ~ throat *Halsschmerzen* pl **2.** *empfindlich* (~ place, spot *empfindl. Stelle*) ‖ ⟨Am⟩ *reizbar, ärgerlich, gekränkt* (about *über*) **3.** *traurig, betrübt* ‖ *betrüblich; peinlich, heikel* (a ~ subject) ‖ *sehr ernst, äußerst* (distress) **II.** adv ⟨poet †⟩ *sehr, arg, schlimm* **III.** s *wunde Stelle* f ⟨a fig⟩; an open ~ ⟨fig⟩ *e–e alte Wunde; ein altes Übel, ständiges Ärgernis* n ~**ly** [′~li] adv *arg, heftig* ‖ *äußerst, sehr* ~**ness** [′~nis] s *Schmerzhaftig–, Empfindlichkeit* f ‖ ⟨fig⟩ *reizbare Stimmung; Empfindlichkeit* f ‖ *Entrüstung* f, *Groll* m (at *über*) ~**head** [′~hed] s ⟨Am sl⟩ *schlechter Verlierer, Griesgram* m
sorel [′sɔrl] s ⟨hunt⟩ (*Damhirsch* m *im 3. Jahr*) (*Dam-*)*Schaufler*, → sore ⟨hunt⟩
sorghum [′sɔ:gəm] s ⟨bot⟩ *Sorghum, Durra* n, *Mohrenhirse* f ‖ *chines. Zuckerrohr* n, –*hirse* f
sorites [sou′raiti:z] s L ⟨log⟩ *Kettenschluß* m
soroptimist [sə′rɔptimist] s *Mitglied* n *e–s Frauen-R·otary-Klubs, Rot·arierin* f
sorority [sə′rɔ:riti] s *Schwesternschaft* f ‖ ⟨Am⟩ *Studentinnenverbindung* f, ~ *fraternity*
sorosis [sə′rousis] s Gr· *Schein–, Sammelfrucht* f (*z. B. Ananas*)
sorrel [′sɔrəl] s ⟨bot⟩ *Sauerampfer* m; –*klee* m
sorrel [′sɔrəl] **1.** a (*bes of horses*) *rotbraun* **2.** s *Rotbraun* n ‖ *Fuchs* m (*Pferd*)
sorriness [′sɔrinis] s *Reue* f ‖ *Armseligkeit* f
sorrow [′sɔrou] **1.** s *Kummer, Schmerz* m (at *über*; for *um*) *Reue* f (for *wegen*); *Bedauern* n (to express one's ~ for); to my ~ *z m–m Leidwesen* ‖ *Trübsal* f, *Leid* n; The ~s of Werther *Werthers Leiden* ‖ Our Lady of ~s *die Schmerzensmutter,* –*madonna* ‖ Man of ~s *Schmerzensmann* m (*Christus*) ‖ *Betrübnis* f; *Klagen, Jammern* n (for *um*) ‖ ⟨hum⟩ ~! = sorry! **2.** vi *trauern, sich grämen, klagen* (for a p *um jdn*; at, over, for a th *über etw*) ‖ ~ing Christ *der Schmerzensmann* ~**ful** [~ful] a (~ly adv) *kummervoll, unglücklich* ‖ *düster, traurig* ‖ *kläglich, elend* ~**fulness** [~fulnis] s *Betrübnis* f, *Kummer* m ‖ *Kläglichkeit* f
sorry [′sɔri] a (–rily adv) **1.** [nur pred] *traurig, betrübt, bekümmert* (for *um*); I am ~ for his death *sein Tod tut mir leid*; I am ~ for him *ich bedaure ihn, er tut mir leid*; I am ~ to say *leider muß ich sagen*; (I am) so ~, very ~! *es tut mir sehr leid! Verzeihung!* ‖ *reuevoll;* to be ~ for *bereuen* **2.** [nur attr] *kläglich, jämmerlich, elend* (a ~ show) *eklig, widerlich* ‖ *armselig, unglücklich* ‖ ~ and sad *traurig u schlecht*
sort [sɔ:t] **I.** s **1.** *Sorte, Gattung, Klasse; Art; Qualität* f (a new ~ of tire *e–e neue Art Reifen*); *Nummer, Größe* f **|** ~s [pl] ⟨typ⟩ *einzelne Buchstaben* (etc) pl *e–s Sortiments; Defekte* pl **2.** *Art u Weise, Art* f **3.** *Wendungen:* **a.** a good ~ ⟨fam⟩ *ein guter Kerl* ‖ it takes all ~s to make a world ⟨m. m.⟩ *unser Herrgott hat e–n gr Tiergarten* **b.** [nach of] *something of the ~ etwas Ähnliches;* not .. *anything, nothing of the ~ nichts dergleichen* ‖ to have brains of a ~ *nicht gerade dumm* s ‖ of all ~s *aller Arten* **|** ⟨fam⟩ a poet of ~s *so etwas wie ein Dichter, was man so e–n D. nennt* **c.** [vor folg of] a ~ of a peace *ein fragwürdiger Friede* ‖ a strange ~ of man *ein seltsamer Mensch* ‖ that ~ of th *so etw, etw Derartiges;* and that ~ of th *und ähnliches;* no ~ of *durchaus kein* ‖ he is not the ~ of man *er ist nicht ein Mann der Art* (who ..) ‖ all ~s of *things allerlei Dinge, allerlei* ‖ ⟨fam⟩ these ~ of men *diese Art Leute* **d.** ~ of [adv] *gleichsam, gewissermaßen* (I ~ of expected it) **e.** [nach prep

außer of, → 3. b.] **after** a ~, **in** some ~ *gewissermaßen; bis z e–m gewissen Grade* ‖ **out of** ~s *unpäßlich; unangenehm, verdrießlich* **II.** vt *auslesen, sortieren; trennen* (from v) ‖ to ~ out *aussuchen; –sondern, –rangieren* **| ~er** [′~ə] s (*Brief–* etc) *Sortierer* m, *Sortiermaschine* f
sortie [′sɔ:ti:] s Fr ⟨fort⟩ *Ausfall* m; ‖ ⟨aero mil⟩ *Feindflug, Einsatz* m ‖ ⟨mar⟩ *Auslaufen* n ‖ to make a ~ *e–n Ausfall* m, ⟨mar⟩ *auslaufen,* ⟨aero⟩ *Einsatz fliegen*
sortilege [′sɔ:tilidʒ] s *Wahrsagung durch Lose* f; *Loswerfen* n
sorus [′sɔ:rəs] s L (pl –ri [–rai]) ⟨bot⟩ *Fruchthäufchen* (*unter Farnblättern*) n pl
SOS [′esou′es] s *Funksignal* n, *drahtloser Hilferuf* m *v Schiffen in Seenot* f
Sosh [souʃ] s ⟨fam⟩ = socialism
so-so [′sousou] **1.** pred a ⟨fam⟩ *mäßig, leidlich* **2.** adv *so lala*
sostenuto [‚sɔstə′nu:tou, ‚sɔsti′nju:tou] It adv ⟨mus⟩ *gehalten,* –*tragen*
sot [sɔt] **1.** s *Trunkenbold,.. Säufer* m **2.** vi [–tt–] *zechen, saufen* ‖ ~**tish** [′~iʃ] a (~ly adv) *versoffen, trunksüchtig; blöd* ~**tishness** [′~iʃnis] s *Trunksucht, Versoffenheit* f
Sothic [′souθik] a; ~ period *Sothis–, Hundsternperiode* f
sotto voce [′sɔtou ′voutʃei] It ⟨mus⟩ *mit gedämpfter Stimme* f
sou [su:] s (pl ~s [~z]) Fr *Sou* m (*frz. 5-Centimes-Stück*)
soubrette [su:′bret] s Fr ⟨theat⟩ *Soubrette* f ‖ (*Kammer-*)*Zofe* f
soucar [′saukɑ:] s Ind *indischer Bankier* m
souchong [′su:′ʃɔŋ] s *Souchongtee* m
Soudanese [‚su:də′ni:z] a → Sudanese
souffle [′su:fl] s Fr ⟨med⟩ *Geräusch* n (*in Organen*)
souffle [′su:flei] s Fr *auflaufartige Eierspeise* f, *Eiweißschnee* m
sough [sau] **1.** s (of the wind) *Sausen, Pfeifen* n **2.** vi *sausen, pfeifen*
sought [sɔ:t] pret & pp v to seek ‖ ~-after, ~-for [a] *gesucht, begehrt*
soul [soul] s **1.** *Seele* f; nobility of ~ *Seelenadel* m **|** *Innenleben* n; *Herz* n ‖ *Geist* m **2.** ⟨fig⟩ *Seele, Triebkraft* f; *Führer* m, *Haupt* n ‖ *Sinnbild* n, *Verkörperung* f ‖ *Kern* m, *Wesen* n ‖ *Sinn* m (for *f*), *Neigung* f (for *z*) **3.** *Seele* f, *Mensch* m (500 ~s); *Einwohner* m **4.** *Verbindungen:* good ~ *gute Seele* f ‖ poor ~ *armer Kerl or Wicht* m, *armes Ding* n ‖ the life and ~ of the company *die Seele der Gesellschaft* ‖ the ~ of honour *die Ehrenhaftigkeit selbst* **|** by *od* (up)on my ~! *bei m–r Seele!* ‖ from my ~ *aus tiefster Seele* ‖ with all my (heart and) ~ *v ganzem Herzen* ‖ ⟨fig⟩ to call one's ~ one's own *über sich selbst verfügen können* **5.** [attr & comp] *Seelen–,* ~ mate *–gefährtin* f ‖ ~-bell *Totenglocke* f ‖ ~-stirring *herzergreifend* ‖ ~**ed** [~d] a [in comp] *–herzig, –gesinnt;* high~ *hochherzig* ~**ful** [′~ful] a *seelenvoll, seelisch* ‖ *gefühlvoll, bewegt* ~**less** [′~lis] a *seelen–, gefühllos*
sound [saund] s *Sund* m, *Meerenge* f; the ~ *der S.* (*M. zw Dänemark u Schweden*) ‖ ⟨ich⟩ *Schwimmblase* f
sound [saund] **I.** s **1.** *Laut, Ton* m ‖ *Geräusch* n ‖ *Hörweite* f (within ~ of) **2.** ⟨phys⟩ *Schall* m; ~ of the cannon ⟨artill⟩ *Mündungsknall* m; spherical ~, stereophonic ~ *dreidimensionaler Klang, Raumton,* –*klang* m, ⟨tech ac⟩ *Kugelstrahlung* f ‖ ⟨fig⟩ *leerer Schall* m **3.** *Klang* m (to the ~ of *unter dem K. v*); without a ~ *lautlos* **|** ⟨fig⟩ *Klang* m, *Bedeutung* f, *Sinn* m ‖ I don't like the ~ of this at all *was ich da v dir höre, gefällt mir gar nicht* **4.** [attr & comp] *Schall–* ‖ ~ baffle board *Schalldämpfungswand* f ‖ ~ band ⟨film⟩ *Tonstreifen* m ‖ ~ barrier *Schall-*

mauer, –grenze f || ~-board Resonanzboden m; ~-boards [pl] ⟨ec arch⟩ Schalldeckel m, Kanzelhaube f, –himmel m = ~ing-board || ~-box ⟨mus⟩ Schalldose f || ~ broadcasting Hörfunk m, (Ggs telecasting) → television || ~ camera Magnettonkamera f || ~ detector ⟨aero⟩ Flughorchgerät n || ~ drama Hörspiel (Ggs television drama) || ~ engineer Toningenieur m || ~ fading equipment Ein– u Austöner m || ~-film Tonfilm m || ~ head Tonkopf, –abnehmer m || ~-holes Schallöcher n pl (e–s Kirchturms) || ~ level Schallspiegel m; ~-l. control Lärmbekämpfung f, –schutz m, ~-l. indicator Geräuschmesser m || ~ locator ⟨mil⟩ Horchgerät n ⟨Am⟩ ~ movie, ~ motion picture Tonfilm || ~ pressure Schalldruck m || ~-proof schalldicht; not ~-p. hellhörig (Wand) || to ~proof schalldicht m, dämpfen || ~-proofing Schalldämpfung f; ~-pr. method Schallschutzverfahren n || ~ protection Schall–, Lärmschutz m || ~-ranging battery ⟨artill⟩ Schallmeßbatterie f || ~ reproducer ⟨rec⟩ Bandspieler m (–Gerät) || ~ speed –geschwindigkeit f || ~ track (a ~ tr. emulsion) ⟨film⟩ Tonspur f, Magnet·itrand m || ~ truck ⟨Am⟩ Lautsprechwagen m || ~ volume Lautstärke f || ~-wave ⟨phys⟩ Schallwelle f **II.** vi/t **1.** vi tönen, klingen; ertönen, –klingen, –schallen | ⟨mus⟩ blasen, spielen | ⟨fig⟩ klingen, den Eindruck m, sich anhören (as if als wenn) || (glaubwürdig etc) klingen, scheinen (to a p jdm; as if als wenn) || that ~s (a very high wage) das ist ja offenbar or wohl .. | to ~ off ⟨mus⟩ schlecht ansprechen (Instrument) **2.** vt ertönen l; –klingen l; –schallen l; to ~ a note ⟨fig⟩ e–n Ton anschlagen | ⟨mus⟩ (Instrument) blasen, spielen | aussprechen, äußern, hören l; to ~ a p's praises jds Lob singen || durch ein Tonzeichen ankündigen or –ordnen; to ~ the retreat z Rückzug blasen | (a to ~ abroad) ausposaunen, verkündigen | **~er** ['~ə] s ⟨cl⟩ Klopfer m

sound [saund] **I.** a (~ly adv) **1.** gesund (in body an Körper); (of the mind) gesund || unbeschädigt, ganz; tadellos, gut erhalten; (of fruit) unverdorben; ~ egg frisches Ei, ⟨fig⟩ ordentlicher, prächtiger Kerl m; | ~ public concept gesundes Volksempfinden n | (of sleep) gesund, ungestört, fest | tüchtig (beating); gehörig (price, etc) **2.** (of principles, etc) gesund (judgement); vernünftig | rechtmäßig, begründet, stichhaltig (reason) || echt, rechtgläubig, ⟨jur⟩ gültig | wohl überlegt; klug; gut ausgeführt (stroke) **3.** (P) zuverlässig, unverdorben; ehrlich, treu, zuverlässig | (of conduct) einwandfrei, korrekt || ⟨com⟩ (of firms) sicher, solid **4.** Wendungen: ~ health gute Gesundheit f || (as) ~ as a bell, roach, trout kerngesund, gesund wie der Fisch im Wasser || ~ in limb gesund an Gliedern || safe and ~ gesund u munter || ⟨fam⟩ he's ~ er schläft den Schlaf des Gerechten **II.** adv fest (to sleep ~); ~ asleep fest schlafend

sound [saund] **I.** vt/i **1.** vt ⟨mar⟩ loten; peilen, (die Tiefe e–s Gewässers) abmessen, bestimmen | ⟨med⟩ sondieren, (mit der Sonde) untersuchen | abhorchen | ⟨fig⟩ erkunden, z erkennen suchen, sondieren; erforschen **2.** vi ⟨mar⟩ loten || (of a whale) tauchen **II.** s ⟨med⟩ Sonde f | **~er** ['~ə] s ⟨mar⟩ Lotröhre f (Apparat z Loten, Peilen)

sounder ['saundə] s Rotte f (Wildschweine)

sounding ['saundiŋ] **1.** a schallend, tönend (loud-~ laut –) || ⟨fig⟩ hochklingend, bombastisch **2.** s Tönen n || [attr] ~-board Schallbrett n, –trichter m; ⟨mus⟩ Resonanzboden m; ~-boards ⟨ec arch⟩ = sound-boards || ~-box Schalldose f

sounding ['saundiŋ] s ⟨mar⟩ Loten n, Lotung f; to take a ~ od ~s loten || [mst pl ~s] lotbare Wassertiefe f | ~s [pl] die durch Lot festgestell-

ten Tiefen f pl, Ankergrund m | [attr] ~ device ⟨aero⟩ Peilanlage f || ~-lead Senkblei n || ~-line Lotleine f || ~-rod Peilstock m

soundless ['saundlis] a (~ly adv) laut–, klanglos

soundless ['saundlis] a (of the sea) unergründlich ⟨oft fig⟩

soundness ['saundnis] s Gesundheit f (~ of health gute G.); ~ of judgement gesundes Urteil n | (of sleep) Festigkeit, Tiefe f | Stabilität, Stärke f | Unverletzt–, Unversehrheit f; Fehlerlosigkeit, –freiheit, Bonität f | Sicherheit, Zuverlässigkeit; ⟨com⟩ Solidität f | Rechtmäßig–, Richtigkeit, Echtheit f || Rechtgläubigkeit f || Gründlichkeit f

soup [su:p] **1.** s Suppe (pea ~ Erbsen–); Fleischbrühe f; ⟨aero sl⟩ P. S. (= Pferdestärke f); in the ~ ⟨sl⟩ in der Patsche, Klemme; ⟨aero fam⟩ „Milchsuppe" f, °Sauwetter n; → pea–~ || ⟨sl jur⟩ Auftrag m (an junge Barristers) | [attr] ~-kitchen ⟨Am⟩ a ~-house) Volksküche f || ~-ladle Suppenkelle f || ~-plate –teller m || ~-square –würfel m || ~-tureen –schüssel, –terrine f **2.** vi ⟨aero & mot sl⟩ to ~ up die P. S., die Geschwindigkeit (durch Kompressor) erhöhen; ~ed-up „frisiert" (car)

sour ['sauə] **1.** a (~ly adv) sauer; to turn ~ sauer w; ~ grapes [pl] ⟨fig⟩ sauere Trauben f pl | scharf, bitter, herb | ⟨übtr⟩ streng, rauh (time) || (P) verdrießlich, bitter, mürrisch, griesgrämig || unfreundlich (weather) || kalt u feucht (soil) | ~-crout ⟨Ger⟩ Sauerkraut n || → –dough || ~ gourd ⟨bot⟩ Affenbrotbaum m || ~-puss „Trantüte" f (P); he's a ~-p. er macht ein Gesicht wie ein Topf voller Mäuse **2.** s the ~ das Saure; ⟨fig⟩ das Bittere **3.** vt/i **1.** säuern, sauer m || ⟨fig⟩ verbittern | vi sauer w || ⟨fig⟩ verbittert w

source [so:s] s **1.** Quelle f || ⟨poet⟩ Quell, Strom m **2.** ⟨übtr⟩ Quelle f (of v, f); ~ of error(s) Fehlerquelle f; ~ of supply Bezugsquelle; from a reliable ~ aus sicherer Q.; to draw from a ~ (etw) aus e–r Q. schöpfen, e–r Q. entnehmen | ~s [pl] ⟨Lit⟩ Quellen, Urkunden f pl, Zeugnisse n pl; historical ~s Geschichtsquellen | (source to f) n **3.** Ursprung m; it has its ~ in es hat s–n U. in; it takes its ~ from es entspringt, stammt her v **4.** ⟨tech⟩ Ausgangsstoff m, Fundstelle f **5.** [attr] Quellen–, ~ book –buch n; ~criticism –kritik f || ~ material Ausgangsmaterial n, –stoff m; ~-m. investigation Grundlagenforschung f

sourdine [suə'di:n] s = sordine

sourdough ['sauədou] s ⟨bes Am⟩ „Sauerteig", Pionier ⟨fig⟩, Schrittmacher, alter Marschierer m

sourish ['sauəriʃ] a säuerlich

sourkrout ['sauəkraut] s ⟨Am⟩ Sauerkraut n

sourness ['sauənis] s Säure (the sensation of ~ –gefühl n); Herbheit f || ⟨fig⟩ Bitter–; Mürrischkeit f

souse [saus] **I.** s Pökel m; –brühe f || Pökelfleisch (etc) n | Sturz m ins Wasser, Eintauchen n, to give a p a ~ jdn untertauchen || Durchnässen n; to get a ~ durchnäßt w || ⟨bes Am sl⟩ °Besoffener m **II.** vt/i **1.** vt (ein)pökeln | ins Wasser werfen, ein–, untertauchen || durchnässen **2.** vi ins Wasser plumpsen | durchnäßt w || ⟨fam⟩ °sich die Nase begießen **III.** adv schwapp, bums, plumps (to fall ~ into ..) | **~d** [~t] a ⟨sl⟩ beschwipst (betrunken)

soutane [su:'ta:n] s Fr ⟨R. C.⟩ Soutane f

souteneur ['su:tnə:] s Fr Zuhälter m

south [sauθ] **I.** adv südwärts, nach Süden (to go ~) | ~ of südlich v **II.** s Süden m; to the ~ of südlich v; towards the ~ nach S. || südliche Halbkugel f | südlicher Teil m (in the ~ of England im südlichen E.) || südl. Europa n (he is in the ~) **III.** a **1.** [nur attr] südlich; nach S.

gelegen (~ window); *aus S. kommend* (~ wind) || ⌐ [in comp] etc *Süd–* (⌐ America; the ⌐ Sea, etc) **2.** [attr & pred] (of the wind) *südlich*; the wind was ~ *der Wind kam aus Süden* **IV.** vi [a sauθ] *nach Süden fahren* || ⟨astr⟩ *durch den Meridian gehen, kulminieren*

Southdown ['sauθdaun] s (*v* the ⌐s, Suss. & Hamps.) *Southdownschaf* n (*schwarzköpfig u kurzwollig*) [a attr]

south-east, (southeast) ['sauθ'i:st; –'–; '–], **(sou'east)** ['sau'i:st] **1.** s *Südost* m; to the ~ of *südöstlich v* **2.** a *südöstlich, Südost–* **3.** adv *nach Südosten*; ~ of *südöstlich v* **~er** ['sauθ'i:stə] s *starker Südostwind* m **~erly** ['sauθ'i:stəli] **1.** a *südöstlich, Südost–* **2.** adv *nach Südosten* **~ern** ['sauθ'i:stən] [attr] a *südöstlich, Südost–* **~ward** ['sauθ'i:stwəd] **1.** adv *südostwärts, südöstlich* **2.** s *Südosten* m; to the ~ *nach S., südöstlich* **3.** a (~ly adv) *südöstlich* **~wards** ['sauθ'i:stwədz] adv *südostwärts, –östlich*

southerly ['sʌðəli] **1.** a *südlich, Süd–* || *südlich, aus dem Süden kommend* (~ wind) **2.** adv *nach* or *v Süden*

southern ['sʌðən] **1.** [*nur* attr] a *südlich*; ~ *England Südengland* || *z Süden e–s Landes gehörig* || *südeuropäisch* **2.** s *Bewohner des Südens* m (*e–s Landes; Europas*); *Südländer*(*in* f) m; ⟨Am⟩ *Südstaatler* m **~er** [~ə] s *Südländer* m; ⟨Am⟩ *Südstaatler* m **~most** [~moust] a *südlichst* **~wood** ['sʌðənwud] s ⟨bot⟩ *Eberraute* f, *Mutterkraut* n

southing ['sauðiŋ] s ⟨astr⟩ *Kulmination* f || *Südrichtung* f; *südliche Fahrt* or *Bewegung* f || *Breitenunterschied* m (*die e–r Fahrt nach Süden*)

southpaw ['sauθpɔ:] ⟨Am⟩ **1.** a (of baseball player) *mit der linken Hand schlagend* **2.** s *Linksschläger, –händer, Linkser* m

south-polar ['sauθ'poulə] a *antarktisch, Südpol–*

southron ['sʌðrən] ⟨bes Scot⟩ **1.** a *südlich, dem Süden* (*e–s Landes*) *angehörend* **2.** s *Südbewohner, –engländer* m

south-south-east ['sauθsauθ'i:st] adv *südsüdöstlich* [a a & s] **–west** ['sauθsauθ'west] adv *südsüdwestlich* [a a & s]

southward ['sauθwəd] **1.** adv *nach Süden* **2.** s *Süden* m; to the ~ of *südlich v* **3.** a *südlich, Süd–* | **~s** [~z] adv = southward [a attr] (~ move)

south-west, southwest ['sauθ'west; –'–; '–], **sou'west** ['sau'west] **1.** s *Südwesten* m; to the ~ of *südwestlich v* **2.** a *südwestlich, Südwest–* **3.** adv *südwestlich, nach Südwesten* **southwester** ['sauθ'westə] s *Südwestwind* m **sou'wester** ['sau'westə] s **1.** *Südwestwind* m **2.** *Südwester* m (*Seemannskappe*) **southwesterly** ['sauθ'westəli] **1.** a *südwestlich, Südwest–* **2.** adv *nach Südwesten* **–western** ['sauθ'westən] attr a *südwestlich, Südwest–* **–westward** ['sauθ'westwəd] **1.** adv *südwestwärts* **2.** s *Südwesten* m, to the ~ of *südwestlich v* **3.** a *südwestlich* **–westwards** ['sauθ'westwədz] adv *südwestwärts*

souvenir ['su:vəniə] s Fr *Andenken* n (*kl Geschenk*)

sovereign ['sɔvrin] **1.** a (~ly adv) *oberst; souverän, unumschränkt; unabhängig* (individual); the ~ *emblem das Hoheitszeichen* || *höchst*; the ~ *good das höchste Gut* || (of remedies, etc) *wirksamst, allerbest* || *überlegen*; with ~ *contempt mit tiefster Verachtung* **2.** s *Souver*·*än*; *Herrscher, Landesherr* m | (abbr ⟨fam⟩ sov.) *Sovereign* m (*engl. Goldmünze* = 20 s.); half ~ 10 s. **~ty** [~ti] s *höchste Gewalt, Souveränität* f || *höchste Staatsgewalt, Landeshoheit* f

soviet ['souviet] **1.** s *russischer Arbeiter– u Soldatenrat* m (USSR.); [attr] *Sowjet–; Räte–* **2.** [*mst* pl ~s] *Sowjet, russ. Kommunist* m **~ism** [~izm] s *Sowjetsystem* n **~ist** [~ist] s

kommunistischer Russe m; ~s [pl] *die Sowjets* pl **sovran** ['sɔvrən] a ⟨poet⟩ = sovereign

sow [sau] s **1.** ⟨zoo⟩ *Sau* f; ⟨hunt⟩ *Bache*; *Dächsin* f, → boar || to get *od take the right* (wrong) ~ *by the ear* (*nicht*) *den Richtigen* or *das Richtige treffen* **2.** ⟨tech⟩ *Gießform* f (*f geschmolzenes Roheisen*) || *Massel* f (*Roheisenbarren*) || ⟨fort hist⟩ *bewegl. Schutzdach* n (*f Angreifer*) **3.** [attr] *Sau–* || ~-bread ⟨bot⟩ (*europäisches*) *Alpenveilchen, Saubrot* n || ~-bug ⟨ent⟩ *Kellerassel* f || ~-thistle ⟨bot⟩ *Sau–, Gänsedistel* f

sow [sou] vi/t [~ed/~n, *~ed*] **1.** vi *säen* **2.** vt (*Samen*) *säen* | (*Land*) *besäen* || *bestreuen* | ⟨fig⟩ *verbreiten, ausstreuen; wecken*; to ~ the *seeds of hatred Haß säen* || to ~ *one's wild oats* ⟨fig⟩ *sich austoben, sich die Hörner ablaufen* || to ~ *the wind and reap the whirlwind* ⟨fig⟩ *Wind säen u Sturm ernten* | **~er** ['~ə] s *Säer, Sämann* m || *Sämaschine* f || ⟨fig⟩ *Verbreiter, Anstifter* m **~ing** ['~iŋ] s *Säen* n || *Aussaat* f | [attr] *Saat–* (~-corn), *Sä–* (~-machine) | **~n** [~n] a ⟨übtr⟩ *besät, besetzt* (with)

sowar [sə'wa:] s *indischer eingeborener Kavallerist* m

sox [sɔks] s ⟨Am sl⟩ *Socke* f; ⟨sport⟩ (*Vereinsname, z. B.*): The Red ⌐; → bobbysoxer, sock

soy [sɔi] s **1.** *Sojabohnenöl* n **2.** ⟨bot⟩ (a ~ bean) *Sojabohne* f | **~a** ['~ə] s = soy

sozzled ['sɔzld] a ⟨sl⟩ °*sternhagelvoll* (*betrunken*)

spa [spa:] s [pl ~s] *Mineral–, Heilquelle* f || *Badeort* m, *Heilbad* n; ⌐s *Federation Bädervereinigung* f

Spaaknik ['spa:knik] s ⟨hum⟩ *Verfechter* m *e–r auch z Opfern bereiten Natopolitik*

space [speis] **I.** s **1.** *Raum* m (time and ~); *conquering of* ~ *Raumüberwindung* f; to vanish into ~ *in Nichts verschwinden* | *Raum* m, *Weite, Ausdehnung* f | *best. Raum* (*f e–e S* or *P*); (in boots, etc) *Platz* m; to save ~ *Raum sparen* || *begrenzte Fläche* f (~ of wall *Wand–*) **2.** (⟨a⟩ empty ~) *Leere* f, *Zwischenraum, Abstand* m, *Lücke* f | ⟨typ⟩ *Spatium* n; ~s [pl] *Spatien* pl (*Ausschlußstücke*) **3.** *Zeitraum* m || *Weile* f (for a ~ e–e W.), *Frist* f | within the ~ of *innerhalb* **4.** [attr & comp] *Raum–* (~ effect *–wirkung* f); ~-bar (of a typewriter) *Zwischenraum–, Leertaste* f || ~-centered *raumzentriert* || ~-conquering *–überwindend* || ~-filling *raumfüllend* || ~ flight *Weltraumflug* m || ~ image ⟨film⟩ *Raumbild* n || ~ man *–fahrer* m || ~ map *Weltraumkarte* f || ~ medicine *–medizin* f || ~ platform *–station* f || ~-pusher ⟨fam⟩ *Reklameagent* m (*e–r Zeitschrift*) || ~ radiation *Weltraumstrahlung* f || ~ ship *–schiff* n || ~-time [attr] *Zeit–Raum–* (problem) || ~-writer *nach Umfang des Beitrags bezahlter Zeitungsschreiber* m **II.** vt (a to ~ out) (*jdn, etw*) *in* or *mit Zwischenräumen anordnen* or *aufstellen* || ⟨tech⟩ *ein–, verteilen* || (a to ~ out) ⟨typ⟩ (*Wörter*) *spati*(*on*)*ieren, sperren* | **~d** [~t] a ⟨typ⟩ *gesperrt, Sperr–*; to set in ~ *type gesperrt drucken* || single ~ ⟨typ⟩ *engzeilig* || ~ payments [pl] ⟨Am⟩ *Ratenzahlungen* f pl **–cer** ['speisə] s = space-bar **–cial** ['speiʃəl] a → spatial **–cing** ['speisiŋ] s ⟨typ⟩ *Sperren* n || *Zwischenraum* m (*zw Zeilen* etc), *Zeilenabstand* m, to type in double ~ *mit doppeltem Z. tippen*; stripes at 2'' ~s *Streifen in Abständen v 2 Zoll, mit 2 Zoll Zwischenraum* or *Abstand* || ~ attachment ⟨tech⟩ *Teilvorrichtung* f || ~ of blades ⟨turbo⟩ *Schaufelteilung* f || ~ of fins (*Kühl-*)*Rippenabstand* m || ~ of frequencies *Trennung* f *der Frequenzen* || ~ signal ⟨telph⟩ *Ruhezeichen* n

spacious ['speiʃəs] a (~ly adv) *geräumig, ausgedehnt* || ⟨fig⟩ *weit, umfangreich, umfassend*

~**ness** [~nis] s *Geräumigkeit* f || ⟨fig⟩ *Weite* f, *Umfang* m, *Ausmaß* n

spade ['speid] s ⟨cards⟩ *Schippen, Pik* n || *Pikkarte* f | ~s [pl] *alle Pikkarten* (*e–s Spieles*), *die Pikfarbe*; *seven of* ~s *Piksieben* f; ~s *are trumps Pik ist Trumpf* || ⟨übtr fam⟩ *Schwarzer* m (*Neger*)

spade [speid] s *Spaten* m; ⟨for⟩ *Grabscheit* n || *the first* ~ *was dug into the earth .. der erste Spatenstich wurde getan ..* || *to call a* ~ *a* ~ *das Ding beim rechten Namen nennen* || *spatenähnliches Werkzeug* n | [attr] *Spaten–* || ~-*blade* ⟨anat⟩ *Schulterblatt* n || ~-*husbandry* ⟨agr⟩ *Spatenkultur* f (*Bodenbearbeitung mit dem S.*) || ~-*work tiefes Umgraben* n; ⟨fig⟩ *Spaten–, Pionierarbeit* f; *Vorarbeiten* pl; ⟨archæol⟩ *die Wissenschaft des Spatens* ~**ful** ['~ful] s *ein Spatenvoll* m (*a* ~ *of soil ein S. Erde*)

spade [speid] vt *mit dem Spaten umgraben*

spade [speid] s *Geltling* m (*verschnittenes Tier*)

spadger ['spædʒə] s ⟨sl⟩ *Sperling, Spatz* m

spadiceous [spei'diʃəs] a *rötlichbraun* | ⟨bot⟩ *Kolben–*

spadille [spə'dil] s ⟨cards⟩ *Pik-As* n (*höchste Trumpfkarte im* L'Hombre)

spading ['speidiŋ] s *Umgraben* n; [attr] *Umgrab–, Grab–* (~-*machine*)

spadix ['speidiks] L s (pl –*dices* [–disi:z]) s ⟨bot⟩ (*Blüten-)Kolben* m

spado ['speidou] s L *Entmannter, Eunʿuch* m

spaghetti [spaʿ'geti] s It pl *Spaghʿetti* pl

Spahi ['spɑ:hi] s Fr ⟨hist⟩ *türk. Kavallerist* m || *algerischer K. im frz. Heer*

spake [speik] † pret *v* to speak

spalder ['spɔ:ldə] s *Stein–, Erzhauer* m

spall [spɔ:l] **1.** vt/i || (*zer*)*spalten* || ⟨min⟩ (*Erz*) *zerstückeln, –kleinern* | vi *sich abspalten* **2.** s *Steinsplitter* m

spalpeen [spæl'pi:n] s Ir *Schurke* m

spam [spæm] s ⟨Am⟩ (= spiced ham) *Dosenfleisch* n

span [spæn] **I.** s **1.** *Spanne, gespreizte Hand* f || (*als Maß — 9 Zoll*) *Spanne* f || ⟨aero⟩ *Spannweite*; *Spannung* f; (of an aeroplane) *Spannweite* f **2.** *Hanger* m (*kurze Ketten* or *Taue z Befestigen, Verbinden*) | ⟨Am⟩ *Gespann* n (*Ochsen* etc) **3.** (*Zeit-)Spanne* f; *Umfang* m **4.** ~-*roof Satteldach* n (*mit abschüssigen Seiten*) || ~-*worm* ⟨ent⟩ *Spannerraupe* f **II.** vt (*um*)*spʿannen*; (of the eye) *abmessen* || *überspʿannen* (the bridge ~s the river) || *to* ~ (the Ocean) ⟨aero⟩ *.. nonstop überqueren* || ⟨fig⟩ *überspannen, bedecken* || ⟨mar⟩ *mit Tauen festmachen, zurren*

span [spæn] pret *v* to spin

spancel ['spænsl] vt (*Füße e–s Tieres*) *fesseln*

spandrel ['spændrəl] s ⟨arch⟩ *Spandrʿille* f (*Zwickel[feld] zw Bogen u Einfassung*)

spangle ['spæŋgl] **1.** s *Flitter* m, –*plättchen* n, *Glitzerschmuck* m || ⟨bot⟩ (*a* oak–~) *Eich–, Gallapfel* m **2.** vt *mit Flitter besetzen* || ⟨fig⟩ *schmücken, besprenkeln, übersäen* (with *mit*); ~d *heavens* [pl] *gestirnter Himmel* m **spangly** [~i] a *Flitter–; glitzernd* (dew)

Spaniard ['spænjəd] s *Spanier*(*in* f) m

spaniel ['spænjəl] s *Wachtelhund* m || ⟨fig⟩ *Kriecher, Schmeichler* m

Spanish ['spæniʃ] **1.** a *spanisch*; the War of the ~ Succession *der Spanische Erbfolgekrieg* | ~ American **1.** a *spanisch-amerikanisch, lateinamerikanisch* **2.** s *Lateinamerikaner* m || ~ chestnut *Eßkastanie* f || ~ fly ⟨zoo⟩ *Spanische Fliege* f || ~ leather *Saffian* m **2.** s ~ *das Spanische* (*Sprache*), from ~ *aus dem* S.

spank [spæŋk] **1.** vt/i || (*jdn z Strafe*) *prügeln, schlagen* || *durch Schläge vorwärts treiben* | vi (to ~ along) *dahineilen, –jagen; rennen* **2.** s *Klaps, Schlag* m | ~**er** ['~ə] s *Renner* m (*Pferd*)

|| ⟨sl⟩ *Prachtkerl* m; –*exemplar* n | ⟨mar⟩ *Bʿesan* m, *Gaffelsegel* n; ~-boom ⟨mar⟩ *Besanbaum, –mast* m; ~-gaff –*gaffel* f ~**ing** ['~iŋ] **1.** a *schnell gehend* or *fahrend, schnell* || ⟨sl⟩ *tüchtig, fein; stark, kräftig,* °*mächtig* **2.** adv *außerordentlich, sehr* **3.** s *Tracht Prügel* f

spanner ['spænə] s ⟨tech⟩ *Schraubenschlüssel* m || adjustable *od* shifting ~ „*Engländer*" m, ⟨Am⟩ → monkey wrench

spar [spɑ:] **1.** s ⟨mar⟩ *Rundholz* n, *Spiere* f || ⟨aero⟩ *Flügel–, Tragholm* m | ~-deck *Spardeck* n (*leicht gebautes Oberdeck*) || ~ *fender* ⟨mar⟩ *Reibholz* n **2.** vt ⟨mar⟩ *mit Spieren versehen*

spar [spɑ:] s ⟨minr⟩ *Spat* m

spar [spɑ:] **1.** vi *boxen, Boxstellung einnehmen* (at *gegen*) || (of cocks) (*mit den Sporen*) *kämpfen* || ⟨fig⟩ *sich streiten, zanken* **2.** s *Boxkampf* m || *Hahnenkampf* m || ⟨fig⟩ *Zank, Streit* m ~**ring** ['~iŋ] s [attr] *Box–* (~-*match*)

sparable ['spærəbl] s *Schuhnagel* (*ohne Kopf*), –*stift* m, –*zwecke* f

spare [spɛə] **1.** a (~*ly* adv) **a.** *sparsam, spärlich, kärglich* (~ diet) || *mager, dürr* **b.** *überflüssig; –schüssig* (energy); ~ *money überschüssiges Geld* || *übrig, Reserve–* (~ wheel); *Gäste–, Fremden–* (~ room; ~ bedroom); *Muße–* (~ hours –*stunden*); *frei* (~ time); ~ t. *planning Freizeitgestaltung* f || *Ersatz–* (~ lead –*blei* n f *Fiʿllbleistift*); ~ *part –teil* n, ~ *part kit –teilkasten* m; ~ *parts depot –teillager* n; ~ *tire,* ~ *tyre –reifen* m; ~ *wheel –rad* n) || *Not–* (~ *anchor,* ~ *seat*) **2.** s ⟨tech⟩ *Ersatzteil* m; ~s *and accessories* ⟨mot⟩ *Autozubehörgeschäft* n

spare [spɛə] vt/i **I.** vt **1.** *sparsam s* or *umgehen mit*; (*etw*) *sparen, scheuen*; he ~s *no expense, no pains er scheut k–e Kosten* or *Mühe* **2.** *entbehren* (I cannot ~ him); *to* ~ *a p a th etw übrig h, erübrigen f jdn, jdm etw ablassen* (can you ~ me a penny?) || *no time to* ~ *k–e Zeit übrig*; *enough and to* ~ *vollauf, genug, reichlich,* °*und nicht z knapp* **3.** (*jdn*) *schonen, verschonen* (*nicht töten*); *to* ~ *a p's life jdm das Leben schenken* || (*Gefühle*) *schonen; to* ~ *o.s. sich schonen; if* I *am* ~d *wenn ich leben bleibe* **4.** *to* ~ *a p a th jdn verschonen, nicht belästigen mit etw* (~ *me this noise*); *jdm etw ersparen; to* ~ *a p* (*od* o.s.) *the trouble of coming jdm* (*sich*) *die Mühe* (*er*)*sparen z k*; I *was* ~d *this humiliation mir wurde die Demütigung erspart* **II.** vi *sparsam s, sparen* || *Gnade walten l*

spareness ['spɛənis] s *Dürftigkeit* f || *Magerkeit* f

sparerib ['spɛərib] s ⟨cul⟩ *Rippespeer* m

sparger ['spɑ:dʒə] s (*Wasser-)Sprengapparat* (*beim Brauen*) m

sparhawk ['spɑ:hɔ:k] s ⟨orn⟩ *Sperber* m

sparing ['spɛəriŋ] a (~*ly* adv) *karg, sparsam* (of *mit*); *mäßig* (in *in*) || *dürftig, gering knapp* ~**ness** [~nis] s *Kargheit, Sparsamkeit* f (of *mit, an*) || *Spärlichkeit, Seltenheit* f

spark [spɑ:k] **1.** s *Lebemann, Stutzer* m || *Liebhaber, Galʿan* m **2.** vi *den Stutzer* or *Galan spielen*

spark [spɑ:k] **I.** s **1.** (*Feuer-)Funke*(*n*) m (~ *of fire Feuer–*); ⟨mot & el⟩ → **4.** **2.** ⟨fig⟩ *zündender Funke* m; *vital* ~ *od* ~ *of life Lebens–* || *not a* ~ *nicht ein Funke, nicht ein bißchen* **3.** ⟨übtr⟩ *kl Diamant* m **4.** ⟨el⟩ *Funke* m; ⟨mot⟩ *Zündfunke* m | ~s [pl] ⟨wir fam⟩ *Funker* m (*auf Schiff*) **5.** [attr] *Funken–* || ~ *advance* ⟨mot⟩ *Vorzündung* f || ~-*arrester* ⟨tech⟩ *Funkenfänger* m || ~ *coil Funkeninduktor* m || ~ *ignition motor Otto-Motor* m || ~-*lever Zündungshebel* m || ~-*over path Überschlagsweg* m || ~ *potential Funkenpotential* n || ~ *plug* ⟨mot⟩ (*Zünd-)Kerze* f; ~-p. *cable* ⟨mot⟩ *Zündkabel* n || ~ *telegraphy Funkentelegraphie* f || ~ *timing* ⟨mot⟩ *Zündeinstellung* f **II.** vi/t *Funken geben* or *sprühen* ‖ ⟨mot⟩ *zünden* ‖ ⟨wir⟩ *funken* | vt ⟨bes fig⟩ *den Anstoß, –trieb geben z* ⟨*Unternehmung*⟩ **~ing** [′~iŋ] s ⟨el⟩ *Funkenbildung* f | [attr] *Funken–; ~-plug* ⟨mot⟩ *Zündkerze* f

sparkle [′spɑ:kl] **1.** vi *strahlen, glänzen, funkeln, blitzen* ‖ (of wit) *sprühen; glänzen* ‖ (of liquids) *schäumen, perlen; moussieren* ‖ ~ *up!* °*hau h·in!* **2.** s *Funke* m ‖ *heller, blitzender Punkt* m ‖ *Funkeln, Strahlen* n; *Glanz* m; *Schäumen* n ‖ (P) *sprühende, geistige Lebhaftigkeit* f –**ler** [~ə] s *etw Funkelndes* n ‖ ⟨sl⟩ *Diamant* m ‖ *auffallend schöne P.*; ⟨sl⟩ *Augenstern* m, *Guckerle* n; *Wunderkerze* f –**let** [′spɑ:klit] s *Fünkchen* n ⟨*a fig*⟩ ‖ *Brausepulverplätzchen* n –**ling** [′spɑ:kliŋ] a (~ly adv) *funkelnd* ‖ *glänzend, strahlend* ‖ (of wit) *sprühend; spritzig* (dialogue) ‖ (P) *geistsprühend* | (of wine) *moussierend; Schaum–* (~ wine *–wein* m)

sparkplug [′spɑ:kplʌg] **1.** s → spark-plug ‖ ⟨fig⟩ *Leiter, Initiator* **2.** vt (etw) *leiten, eintreten* f, → zero-derivation

sparrow [′spærou] s ⟨orn⟩ *Sperling, Spatz* m; house ~ *Haussperling*; Italian ~ *Italien–*; rock ~ *Stein–*; Spanish ~ *Weiden–*; tree ~ *Feld–* | ~-bill *Schuhstift* m, *–zwecke* f ‖ ~-grass ⟨vulg⟩ *Spargel* m ‖ ~-hawk ⟨orn⟩ *Sperber* m

sparry [′spɑ:ri] a *spatartig, Spat–* ‖ ~ iron (*Spat-*)*Eisenstein* m

sparse [spɑ:s] a (~ly adv) (of population, etc) *dünn, spärlich* ‖ *zerstreut, selten; sparsam* **~ness** [′~nis] s *Spärlichkeit* f ‖ *Seltenheit* f

Spartacist [′spɑ:təsist] **1.** a Ger *Spartak·ist, kommunist. Umstürzler* m **2.** a *spartakistisch*

Spartan [′spɑ:tən] ⟨ant⟩ **1.** s *Spart·aner* m ⟨*a* übtr⟩ **2.** a *spartanisch* ‖ ⟨übtr⟩ *einfach* (diet); *hart*

spartein(e) [′spɑ:ti:n] s *Sparte·in, farbloses, dickflüssiges Öl* n

sparterie [′spɑ:təri] s Fr *Espartogewebe* n; *Mattenarbeit* f

spasm [spæzm] s ⟨med⟩ *Krampf, krampfartiger Schmerz* m; *krampfhafte Zuckung* or *Anstrengung* f ‖ *Anfall* m (a ~ of fear) **~odic(al)** [spæz′mɔdik(əl)] a ⟨med⟩ *krampfhaft* ⟨*a* fig⟩ (~ efforts) ‖ *unregelmäßig, sprunghaft* **~odically** [spæz′mɔdikəli] adv *sprunghaft, stoßweise*

spastic [′spæstik] **1.** a ⟨med⟩ *Krampf–* **2.** *Paralytiker* m **~ity** [spæs′tisiti] s *Krampfartigkeit* f

spat [spæt] **1.** s (of oysters, etc) *Laich* m **2.** vi/t [–tt–] (of oysters) *laichen* | vt (*Laich*) *ablegen*

spat [spæt] s (abbr f spatterdash) [mst pl ~s] (*Schuh-*)*Gamasche* f (a pair of ~s *ein Paar Sch–n*) ‖ ~s [pl] ⟨aero fig fam⟩ ,,*Maukepantoffel*`` m pl (*Stromlinienbedeckung des Fahrgestells*)

spat [spæt] s ⟨Am fam⟩ *Streit,* °*Stunk* m ‖ *Schlag* m

spat [spæt] pret v to spit

spatchcock [′spætʃkɔk] **1.** s *eiligst geschlachtetes u gebratenes Huhn* n **2.** vt ⟨fam⟩ (*Worte* etc) *nachträglich einflicken, –fügen* (into in)

spate [speit] s *Hochwasser* n, *Überschwemmung* f ‖ ⟨fig⟩ *Flut* f (a ~ of)

spathe [speið] s ⟨bot⟩ *Blütenscheide* f

spathic [′spæθik], **spathose** [spæ′θous; ′– –] a *spatartig, Spat–* ‖ –ic ore *Eisenspat* m

spatial [′speiʃəl] a (~ly adv) *räumlich, Raum–* **~ity** [,speiʃi′æliti] s *räuml. Charakter* m

spatter [′spætə] **1.** vt/i ‖ *bespritzen* (with); *sprenkeln, spritzen* (on *auf*) ‖ ⟨fig⟩ *besudeln* | vi *sprühen, sprudeln, spritzen* **2.** s *Spritzen* n ‖ *Spritzer, Spritzfleck* m ‖ *Geknatter* n **~dash** [~dæʃ] s (*Reit-*)*Gamasche* f (a pair of ~es) **~dock** [~dɔk] s ⟨Am bot⟩ (*gelbe*) *Schwertlilie* f **~ing** [~riŋ] s *Geknatter* n **~work** [~wə:k] s *Spritzarbeit, –malerei* f

spatula [′spætjulə] s L *Spachtel, Spatel* m | **~r** [~] a *Spatel–* **~te** [′spætjulit] a *spatelförmig*

spavin [′spævin] s ⟨vet⟩ *Spat* m (*Pferdekrankheit*) **~ed** [~d] a (of horses) *spatig* ‖ ⟨fig⟩ *lahm*

spawn [spɔ:n] **1.** vi/t ‖ (of fish) *laichen* ‖ *hervorgehen, entstehen* | vt *ausbrüten*; (*Eier*) *legen* ‖ ⟨cont⟩ *gebären, erzeugen* ‖ ⟨fig⟩ *hervorbringen*; *ausbrüten, –hecken* **2.** s ⟨zoo⟩ *Laich; Rogen* m ‖ ⟨fig⟩ *Gezücht* n, *Brut* f **~er** [′~ə] s *weiblicher Fisch z Laichzeit, Rogner* m **~ing** [′~iŋ] s *Laichen* n ‖ [attr] ~-time *Laichzeit* f | **~y** [′~i] a ⟨aero sl⟩ *you're* ~ °*du hast aber Dusel,* °*Schwein* (gehabt)

spay [spei] vt ⟨surg⟩ to ~ a woman *e–r Frau den Eierstock entfernen*

speak [spi:k] vi/t [spoke/spoken] **I. vi 1.** *sprechen, reden* (with, to a p *mit jdm*; of v; on, about *über*); so to ~ *sozusagen*; ⟨telph⟩ (*auf Fragen*) ~ing *am Apparat*; plainly ~ing *offen gesagt*; strictly ~ing *strenggenommen*; generally *od* roughly ~ing *im allgemeinen* | *sich* or *e–a sprechen* | *e–e Ansprache* or *Rede halten, reden* (of, about *über*) **2.** *sich äußern*; ⟨mus⟩ (of instruments) *sich hören l*; *erklingen, –tönen* ‖ *wirksam s* **3.** [mit prep] to ~ **for** *sprechen f, gute Worte einlegen f*; *bezeugen*; that ~s well for him *das spricht f ihn* ‖ to ~ for o.s. *selbst sprechen; nur s–e eigene Meinung äußern, f sich sprechen*; that ~s for itself *das spricht f sich selbst* | to ~ **of** *sprechen v*; to ~ well *od* highly of *gut sprechen v, loben; not to* ~ *of ganz z schweigen v*; nothing to ~ of *nichts Erwähnenswertes* | to ~ **to** *a p sprechen z, mit jdm* (of v; on, about *über*); *jdn sprechen* | .. to a th *zu e–r S sprechen, sich äußern über etw*; *etw bezeugen, beweisen* **4.** [mit adv] to ~ **out** *laut, deutlich sprechen; frei heraus sprechen, sich* (offen) *aussprechen* | to ~ **up** *laut, deutlich sprechen; frei v der Leber sprechen;* .. up *for a p sich f jdn verwenden*; ⟨theat⟩ .. up *for a character e–m Charakter nahekommen* **II. vt 1.** (*etw*) (*aus*)*sprechen, äußern, sagen*; to ~ a (*od* one's) piece *sich aussprechen*; to ~ a p fair *jdm gute Worte geben, zureden* | *ausdrücken, dartun, bekanntgeben*; to ~ one's mind *s–e Meinung sagen* ‖ *sich ausdrücken in* (to ~ French) | *kenn–, bezeichnen*; that ~s volumes *das spricht Bände* | ⟨mar⟩ (*Schiff*) *anrufen* **2.** [mit adv] to ~ **out** *ausdrücken, erklären, bekanntgeben* **III.** [in comp] ~-easy ⟨Am sl⟩ *unerlaubter Trinkladen, Alkoholausschank* m, °*Kneipe* f

speak [spi:k] s (→ zero-derivation) new ~ ,,*Neusprech*`` n, *Reklamejargon* m

speaker [′spi:kə] s *Sprecher, Redner* m ‖ ⟨allg⟩ *Präsident* m; the ⤳ *der Präsident des engl. Unterhauses bzw. amer. Kongresses* (*Anrede:* Mr. ⤳) **~ship** [~ʃip] s ⟨parl⟩ *Amt* n *des Speaker*

speakies [′spi:kiz] s [pl] ⟨Am⟩ (*richtiges*) *Theaterstück* n (Ggs movies)

speaking [′spi:kiŋ] **1.** a *sprechend; beredt* ‖ ⟨fig⟩ *ausdrucksvoll* (look); (of portraits, etc) *sprechend ähnlich* **2.** s *Sprechen* n | [attr] *Sprach–, Sprech–* ‖ ~ *chorus Sprechchor* m; ~ *voice –stimme*); ~ *acquaintance oberflächlicher, flüchtiger Bekannter* m; on ~ terms *oberflächlich* or *flüchtig bekannt* (with); not to be on ~ terms with a p *mit jdm nicht* (*mehr*) *sprechen* | ~-machine *Sprechmaschine* f ‖ ~-trumpet *Ruf–, Sprachrohr, Megaphon* n ‖ ~-tube *Sprachrohr* n (*in Autos, Häusern* etc)

spear [spiə] **1.** s *Halm* m (~ of grass *Gras–*) **2.** vi (*a* to ~ out) (of plants) *aufsprießen*

spear [spiə] **1.** s *Speer, Spieß* m, *Lanze* f ‖ ⟨bot⟩ *Sproß* m, (*Spargel-*)*Stange* f ‖ ⟨poet⟩ *Lanzenträger* m | [attr & comp] ~-grass ⟨bot⟩ *Liegende Quecke* f ‖ ~-shaped *lanzenförmig* f † ~-side (*Ggs* distaff-side) *männliche Linie* f (*e–r Familie*) ‖ ~-thistle ⟨bot⟩ *Speer–, Heildistel* f **2.** vt (*auf*)*spießen, durchbohren* **~head** [′~hed] **1.** s *Lanzenspitze* f ‖ ⟨fig⟩ *Stoßkeil* m, *Angriffs-*

spitze, Vorausabteilung || Spitze f **2.** vt/i *Anführer s v*; ⟨tact⟩ *als Vorausabt. schicken*; *die Angriffsspitze bilden f* | vi *als Spitze vorangehen* **~man** ['~mən] s *Lanzenträger* m **~mint** ['~mint] s ⟨bot⟩ *grüne Minze* f **~wort** ['~wɔːt] s ⟨bot⟩ *Hahnenfuß* m, *Egelkraut* n

spec [spek] s (abbr *f* speculation) ⟨fam, com⟩ *Spekulation* f; on ~ *auf* or *als Spekulation*, → specs

special ['speʃəl] **I.** a **1.** *besonder, Sonder–* (~ prices); *extra*; *Separat–* (~ account *–konto* n) || *speziell, Spezial–* | *individuell, eigen* || *außergewöhnlich, vorzüglich* || *besonder, bestimmt* (a ~ day) **2.** *Verbindungen:* ~ anatomy *spezielle Anatomie* f || ~ area [pl] *Notstandsgebiet* n (⟨engl⟩ *Süd-Wales, Nordostengland*); → *distressed, depressed, development area*; (*Fla-*)*Luftsperrgebiet* n || ~ bargain ⟨com⟩ *Sonderangebot* n || ~ constable *Hilfspolizist* m || ~ contract *besiegelter Kontrakt* m || ~ correspondent *Sonderberichterstatter* m || ~ danger pay ⟨mil⟩ *Gefahrenzulage* f || ~ delivery ⟨Am⟩ *Eilbrief, durch Eilboten* || ~ duty *Sonderdienst*, for ~ d. *zur besonderen Verwendung* (*z.b.V.*) || ~ edition *Sonderausgabe* f; *Extrablatt* n || ~ line *Spezialfach* n || ~ messenger *Kurier* m || ~ pass *Sonderausweis* m || ~ pleading ⟨fig⟩ *Sophisterei, Spitzfindigkeit* f || ~ school *Hilfsschule* f || ~ service ⟨mil⟩ (*Abteilung f*) *Wehrbetreuung* f || ~ subject *Spezialgebiet* n || ~-train *Extra–, Sonderzug* m || ~ (technical) training *technische Fachausbildung* f || ~ war flat *Spezial-Flachwagen* m **II.** s *Extrazug* m || *Extrablatt* n || *Sonderberichterstatter* m **~ist** [~ist] s *Spezialist, Fachmann, –vertreter* m; ⟨med⟩ *Spezial–, Facharzt* m (in *nervous diseases f nervöse Krankheiten*) || ~'s *career Sonderlaufbahn* f **~istic** [speʃə'listik] a *fachmännisch* **~ity** [ˌspeʃi'æliti] s *Besonderheit* f; *unterscheidendes* or *charakteristisches Merkmal* n || *Spezialität* f; *Spezialfach* n, *Spezialgebiet* n; to make a ~ of a th (a of doing) *sich e–r S bes hingeben, e–e S bes pflegen*; ~ dancing *Kunsttanz* m || ⟨com⟩ *Spezialität* f, *Sonderartikel* m; *Neuheit* f **~ization** [ˌspeʃələ'zeiʃən] s *Spezialisierung* f **~ize** [~aiz] vt/i || *spezialisieren, gesondert an–* or *aufführen* || *bes bezeichnen* || ⟨biol⟩ *nach bes Richtung entwickeln* || *auf ein bes Gebiet beschränken; einengen* | vi *sich bes ausbilden* or *spezialisieren* (for *f*; in *in*); to ~ in (⟨Am⟩ on) *sich vorbereiten f, als Spezial–, Fachgebiet betreiben* **~ly** [~i] adv *im besonderen, besonders, in der bes Absicht* (I wrote ~ to remind you) **~ty** [~ti] s ⟨bes Am⟩ = speciality || ⟨jur⟩ *besiegelter Vertrag* or *Schuldschein* m

speciation [ˌspiːʃi'eiʃən] s ⟨biol⟩ *Speziation, Artentrennung, Artaufspaltung* f

specie ['spiːʃiː] L s *Hart–, Metallgeld* n (*Ggs paper money*) || *Bargeld*; in ~ *in bar*

species ['spiːʃiːz] L s [pl ~] ⟨theol⟩ (*äußere sichtbare*) *Gestalt* f (*der Sakramente beim Abendmahl*) || ⟨zoo, bot⟩ *Spezies, Art* f; *closely related* ~ [pl] *Artengruppe* f, *Nachbararten* f pl || ⟨übtr⟩ *Art, Sorte* f (a ~ of)

specific [spi'sifik] **1.** a (~ally adv) *spezifisch, arteigen*; → appetite; *Art–* (~ difference *–unterschied*); *Gattungs–*; ~ gravity ⟨phys⟩ *spezifisches Gewicht* n || *wesentlich, besonder* || ⟨log⟩ *kennzeichnend* || *spezifisch wirkend* (drug) || ⟨demog⟩ age-~ *death rate Sterbeziffer* f *nach dem Alter*; age-~ *mortality Sterblichkeit* f *nach d. A.*; age-~ *fertility rate Fruchtbarkeitsziffer* f *nach d. A.*; *duration-*~ f. r. *Fr. nach der Ehedauer*; cause-~ *mortality rate Sterbez. nach Todesursachen*; sex-age-~ *death r. St. nach Geschlecht u Altersgruppen* || *bestimmt* (~ aim) **2.** s ⟨med⟩ *spezifisches* (*Heil-*)*Mittel* n

specification [ˌspesifi'keiʃən] s *Spezifizierung, –kation, genaue, nach Stück erfolgte Angabe* (to

~ *nach den –n*), *Aufzählung, Beschreibung* f || *Vorschrift, Aufstellung, Liste*; **~s** [pl] *technische Daten* pl || *Patentbeschreibung* f **–fy** ['spesifai] vt *spezifizieren, einzeln* or *stückweise angeben, aufzählen*

specimen ['spesimin] s *Muster, Beispiel* n (of *f*); *Exemplar* n (a *P*); museum ~ *Museumstück* n || *Muster* n, *Probe* f; ~ of wares for sale ⟨bes met⟩ *V·orband* m (*M. auf Packungen, Schubfächern* etc) || (*P*) *Exemplar* n (of *v*); ⟨fam⟩ *Kerl* m (a queer ~) | [attr] ~ book ⟨com⟩ *Musterbuch* n || ~ copy *Frei–, Probeexemplar* n || ~ holder *Objekthalter, –träger* m || ~ page *Probeseite* f

speciology [ˌspiːʃi'ələdʒi] s *Lehre v den Arten* f

specious ['spiːʃəs] a (~ly adv) *blendend, bestechend; trügerisch; Schein–*; (*nur*) *scheinbar einleuchtend* **~ness** [~nis] s *das Bestechende* || *trügerischer Schein* m

speck [spek] **1.** s *Fleck* m || *kl Fleck* m (a mere ~); *Partikel, Stäubchen* n (of gold *Gold*; of dust *Stäubchen*); *Stückchen, Pünktchen* n **2.** vt *flecken, sprenkeln*

speck [spek] s ⟨Am & SAfr⟩ *Speck* m; (*Walfisch-*)*Tran* m, *Fett* n **~sioneer**, **~tioneer** [spekʃə'niə] s *leitender Harpun·ier* m

speckle ['spekl] **1.** s *Fleck* m, *Tüpfel, Tupf(en)* m **2.** vt *tupfen, tüpfeln, sprenkeln, bunt m* | **~d** [~d] a *gefleckt; bunt, gemischt; maserig* (*Holz*) **speckless** ['speklis] a *ohne Flecken* || ⟨fig⟩ *fleckenlos; untadelig, rein*

specky ['speki] a *fleckig*

specs [speks] s pl ⟨fam⟩ (abbr *f* spectacles) *Brille* f, → spec

spectacle ['spektəkl] s **1.** *Schauspiel, –stück* n || *ungewöhnliche Schaustellung* f, *–effekt* m, *Aufmachung* f || *Anblick* m (a sad ~) **2.** **~s** [pl] (⟨fam⟩ specs) *Brille* f (a pair of ~s *e-e B.*); to wear ~s *e-e B. tragen*; ⟨a fig⟩ (the ~s of prepossession) ⟨crick⟩ to get a pair of ~s (of *batsman*) *zweimal k–e Läufe m* **3.** [attr] *Brillen–*; **~-case** *Brillenfutteral* n || **~-maker** *Brillenmacher* m | **~d** [~d] a *bebrillt, brillentragend* || *Brillen–* (~ cobra)

spectacular [spek'tækjulə] **1.** a (~ly adv) *schauspielmäßig; Schauspiel–, Schau–* || *in die Augen fallend, augenfällig; offensichtlich; pomphaft, –liebend; großartig, imposant, mächtig* **2.** s ⟨bes Am theat, telv, etc⟩ (*kostspieliges*) *Ausstattungsstück* m, *pomphafte* (*Gala-*)*Vorstellung* f

spectator [spek'teitə] s **1.** *Zuschauer* m || ~'s *stand Zuschauertribüne* f **2.** *Titel versch. Zeitschriften* **~ship** [~ʃip] s *Zustand des Zuschauens* m (*mere ~*)

spectatress [spek'teitris] s *Zuschauerin* f

spectral ['spektrəl] a (~ly adv) *gespenster–, geisterhaft* || ⟨phys⟩ *spektral, Spektral–*, ~ analysis ⟨phys⟩ *–analyse* f; ~ colours [pl] *Spektral–, Regenbogenfarben* f pl

spectre (⟨Am⟩ **–ter**) ['spektə] s *Gespenst* n, *Geistererscheinung, Erscheinung* f || ⟨fig⟩ *Hirngespinst, Phantom* n || ~-insect ⟨ent⟩ *Gespenstheuschrecke* f || ~ lemur, ~ tarsier ⟨zoo⟩ *Koboldmaki* m (*Halbaffe*)

spectro- [spektro] [in comp] *Spektro–* **~gram** ['spektrəgræm] s *photogr. Aufnahme* f *e-s Spektrums* **~graph** ['spektrəgrɑːf] *Spektrograph* m (*Apparat*) **~helioscope** [ˌspektro'hiːliəskoup] s *Spektrohelioskop* n (*Apparat z direkten Betrachtung der Sonne*) **~meter** [spek'trəmitə] s *Spektrometer* n (*z Messung v Flächenwinkeln*) **~metric** [ˌspektro'metrik] a *spektralanalytisch* **~scope** ['spektrəskoup] s *Spektroskop* n (*Apparat z Untersuchen v Spektren*) **~scopic(al)** [ˌspektrə'kɔpik(əl)] a *spektroskopisch, spektral*

spectrum ['spektrəm] L s [pl –tra, *~s] ⟨phys⟩ *Spektrum* n (solar ~ *Sonnen–*); *Farbenbild* n; ~ analysis *Spektralanalyse* f || ⟨phys⟩ (*a ocular ~*) *Nachbild* n

specular ['spekjulə] a *spiegelnd, Spiegel–* || ~ iron ⟨minr⟩ *Hämatit, Eisenglanz, Roteisenstein* m

speculate ['spekjuleit] vi *nachdenken, –sinnen, grübeln* (on, upon, about, as to *über*); *sich fragen* || *theoretisieren* (on *über*) | ⟨com⟩ *gewagte Geschäfte m, spekulieren* (in *in*) **–lation** [ˌspekju-'leiʃən] s *Nachdenken, –sinnen; Grübeln* n, *Grübelei* f, *Betrachtung* f || ⟨philos⟩ *Spekulation; Theorie* f || *Vermutung* f | ⟨com⟩ *Spekulation* f

speculative ['spekjulətiv] a (~ly adv) ⟨philos⟩ *spekulat iv; theoretisch; nur erdacht* || *nachdenklich, grübelnd; prüfend* | ⟨com⟩ *spekulativ, Spekulations–* **~ness** [~nis] s *spekulative Kraft* f | *Spekulationsgeist* m

speculator ['spekjuleitə] s *Denker, Theoretiker; Grübler* m | ⟨com⟩ *Spekul·ant* m

speculum ['spekjuləm] s L ⟨med⟩ *Spekulum* n, *Spiegel* m || ⟨phys⟩ (*Teleskop*-)*Spiegel* m | ~-metal *Spiegelmetall* n

sped [sped] pret & pp *v* to speed

speech [spi:tʃ] s **1.** *Sprechen* n (~ is silver silence is golden); to have ~ of *Rücksprache nehmen mit; sprechen mit* || ⟨mus⟩ *Tönen* n; *Ton* m **2.** *menschl. Sprache* f (of a nation) *Sprache* f || *Ausdrucks–, Sprechweise* f (*e–r Klasse* etc) **3.** *Rede* f (to *an*); *Ansprache* f (by a p *v jdm*); *Vortrag* m; freedom of ~ *Redefreiheit* f; slow of ~ *langsam im Reden*; to deliver, make a ~ *e–e Rede halten* || divisions of ~ ⟨rhet⟩ *Einteilung* f or *Teile, Abschnitte* m pl *der R.* (1. introduction [exordium, proem] *Einleitung* f; 2. statement of the case [diegesis, narratio] *Hauptteil* m, –*Behauptung* f; 3. argument [agon] *Hauptteil-Beweisführung* f; 4. conclusion [epilogos, peroratio] *Schluß* m; Aristotle, Cicero) **4.** ⟨Am univ⟩ *Redekunst* f (*als Fach*) **5.** [attr] *Sprach–* (~ centre –*zentrum* m) || ~-day (*Jahres-*)*Schlußfeier* f (*an höh᛫ Schulen*) || ~-maker *Redner* m **~ification** [ˌspi:tʃifi'keiʃən] s *Reden, –halten* n; *Rede* f **~ifier** ['~ifaiə] s *Vielredner, unermüdlicher Redner* m **~ify** ['~ifai] vi ⟨fam⟩ *Reden halten, viele Worte* m

speechless ['spi:tʃlis] a (~ly adv) *wortkarg, stumm* || *sprachlos* (with *vor*) || *unsagbar* (grief) **~ness** [~nis] s *Sprachlosigkeit* f

speed [spi:d] **I.** s **1.** *Erfolg* m, to wish good ~ to a p *jdm E. wünschen* **2.** *Geschwindigkeit* f (high ~, top ~ *Höchst–*); ⟨min⟩ *extracting* ~, *hauling* ~, *winning* ~ *Fördergeschwindigkeit* f; ~ of propagation *Fortpflanzungs–* || *Eile* f || ⟨mot⟩ *Gang* m, –*art* f, *Lauf* m; forward ~ *Vorwärts–*, reverse ~ *Rückwärtsgang* m || (*Fahr-*)*Geschwindigkeit* f; ~ not restricted *Fahrgeschwindigkeit nicht begrenzt*; maximum ~ *Höchstgeschwindigkeit* f; at a ~ of 30 miles an hour *in e–r G. v 30 Meilen in der Stunde*; ~ per hour *Stundengesch.*; at full ~ *mit größter G.* or *Eile*; at *od* with the ~ of sound, light *mit Schall–, Lichtgeschwindigkeit* f; more haste less ~ *Eile mit Weile*; to gather ~ *an G. zunehmen*; to go full ~ *sich mit größter G. bewegen* ⟨aero⟩ to put on ~ *andrücken*; ~ of climb *Steiggeschwindigkeit* f || ⟨phot⟩ *Lichtstärke, –empfindlichkeit* f **3.** [attr] *Schnell–* || ~ advertising ⟨el⟩ *Laufschrift* f || high ~ balance *Schnellwaage* f || ~-ball ⟨Am⟩ *Glas n Wein* || ~-boat *Motor–, Schnellboot* n || ~ brakes [pl] *Sturzflugklappen* f pl || ~ control ⟨mot⟩ *Drehzahlregler* m || ~ cop ⟨fam⟩ *Autofalle* f; ⟨mot⟩ *Verkehrsstreife, °weiße Maus* f || ~ counter *Tourenzähler* m || ~ fences [pl] ⟨aero⟩ *Grenzschichtzäune* m pl || ~-gauge ⟨mar⟩ *Geschwindigkeitsmesser* m || ~ governor *Geschwindigkeitsregler* m || ~ indicator *Geschwindigkeits–, Fahrtmesser, –anzeiger* m || ~ lamp ⟨phot⟩ *Röhrenblitz* m || ~-limit *erlaubte Höchstgeschwindigkeit; Geschwindigkeitsbeschränkung* f ||

~ merchant || ~ plane *Rennflugzeug* n || ~ range *Drehzahlbereich* m || ~ ratio *Übersetzungsverhältnis* n || ~ reduction *Untersetzung* f || ~ ring sight *Kreiskornvisier* n || ~-road = speedway || ~ setting ⟨phot⟩ *Verschlußeinstellung* f || ~-skating *Eisschnellaufen* n || ~ truck *Schnellastwagen* m || ~ wagon *Lieferwagen* m **II.** vt/i [sped/sped] [*doch* → A. 3.] **A.** vt **1.** (*jdn, etw*) *fördern, gedeihen l*; God ~ you! *Behüt' dich G.!* || (*jdm*) *Glück wünschen* **2.** (*jdn, etw*) *schnell befördern* || (*a* to ~ *up*) *beschleunigen*; to ~ one's way *eilig s–n Weg gehen* || *nicht aufhalten*; to ~ the parting guest *sich v dem scheidenden Gast verabschieden* || *schnell senden*; *absenden*; *–schießen* || *schnell ausführen*; *–fertigen*; *erledigen* **3.** [~ed/~ed] (*e–r Maschine*) *e–e Geschwindigkeit geben* **4.** [mit adv] to ~ **down** (*die G. e–r S*) *vermindern* || to ~ **up** (*die G. e–r S*) *vergrößern*; (*Leistung*) *erhöhen; ankurbeln* ⟨fig⟩ **B.** vi **1.** *vorwärtskommen* || *gedeihen; glücken* **2.** *eilen, sich beeilen* || ⟨mot⟩ *sehr schnell fahren* | **~er** ['~ə] s *Vorrichtung* f *z Regulierung der Geschwindigkeit* || *Schnellfahrer* m **~iness** ['spi:dinis] s *Eile* f || *Promptheit* f **~ing** ['~iŋ] s *Geschwindigkeitsüberschreitung* f, *zu schnelles Fahren* n; ~ ticket *Strafmandat* n *f z sch. F.* **~mobile** ['~məˈbi:l] s ⟨bes Am mot fam⟩ „*Renner*" m **~ometer** [spiˈdɔmitə] s (⟨fam⟩ speedo ['spi:dou]) *Geschwindigkeitsmesser* (⟨fam⟩ *Tacho*) m **~ster** ['spi:dstə] s **1.** °*Kilometerfresser* m **2.** *schnelles Motorboot* n **~way** ['spi:dwei] s *Rennbahn* f (*f Autos* etc); *Autobahn* f || *Motorrad-Teamwettkampf* m **~well** ['spi:dwel] s ⟨bot⟩ *Ehrenpreis* m **~y** ['spi:di] a (–*dily adv*) *schnell, flink, geschwind* || *unverzüglich, baldig; beschleunigt*

speiss [spais] s Ger ⟨chem⟩ *Speise* f (*Gemenge v Arseniden*)

spelaean [spiˈli:ən] a *Höhlen–*

speleologist [ˌspi:liˈɔlədʒist] s *Höhlenforscher* m, → spelunker

spelican, spell– ['spelikən] s = spillikin

spell [spel] **1.** s *Zauber, –spruch* m, *–formel* f || ⟨fig⟩ *Zauber* m (under the ~ of); *Reiz* m, *Anziehungskraft* f | [attr] ⟨Am sl⟩ ~-binder *faszinierender Redner* m || ~-binding *fesselnd* || ~-bound *be–, verzaubert*; ⟨fig⟩ *wie durch Zauber gebannt* or *starr* **2.** vt *be–, verzaubern* ⟨a fig⟩

spell [spel] vt/i [spelt/spelt & *~ed/~ed [spelt]] **1.** vt *buchstabieren* | (*a* to ~ out) *orthographisch schreiben* or *drucken*; how do you ~ your name? *wie schreiben Sie Ihren Namen?*; the word is spelt with one l *das Wort schreibt sich mit einem l* | ⟨fig⟩ *als Folge ergeben, besagen, bedeuten* (to *f*) | to ~ out *entziffern, –rätseln* **2.** vi *buchstabieren; orthographisch schreiben* | **~er** ['~ə] s *Buchstabierer* m; he is a good (bad) ~ *er schreibt orthographisch (nicht) richtig* | *Fibel* f **~ing** ['~iŋ] s *Buchstabieren* n; *Rechtschreibung* f | [attr] *Rechtschreibe–*; ~-bee *Buchstabierspiel* n; ~-book *Fibel* f

spell [spel] **1.** s *bestimmte Arbeit* or *–sleistung* | *Arbeitszeit* f | *kurze Zeit* or *Dauer, Weile* f (for a ~ *e–e W.*); by ~s *hin u wieder* | *andauernde Periode* f (a ~ of *fine weather*); cold ~ *Kältewelle* f ⟨Am fam⟩ *Anfall* m (~ of toothache); *Schub* m (of jaundice) **2.** vt (*jdn*) (*in der Arbeit*) *ablösen*

spelt [spelt] s ⟨bot⟩ *Spelz, Dinkel* m (*alte Weizenart*)

spelt [spelt] pret & pp *v* to spell

spelter ['speltə] s (*Hart-*)*Zink* m, *Schlaglot* n

spelunker [spiˈlʌŋkə] s ⟨Am⟩ *Höhlenforscher* m, → speleologist

spence [spens] s ⟨dial⟩ *Speisekammer* f

spencer ['spensə] s (*nach Earl ~*) ⟨hist⟩ *Spenzer* m, *kurzer, zweireihiger Überrock* m

(*f Herren*) ‖ *kurzes, enges wollenes* (*Ärmel-*)
Jäckchen n (*f Damen u Kinder*)
  Spencer [ˈspensə] s ⟨Am⟩ (*nach* C. M. Spencer)
Repetiergewehr n
  spencer [ˈspensə] s ⟨mar⟩ *Gaffelsegel* n
  Spencerian [spenˈsiəriən] a *Spencer–* (⟨sc⟩
Herbert Spencer [† 1903])
  spend [spend] vt/i [spent/spent] **A.** vt **1.**
(*Geld*) *ausgeben* (on *f*); (*Zeit*) *aufwenden, nützlich
anlegen* (on *f, in*); he spent much time on his
work *er verwandte viel Zeit f s–e Arbeit* **2.** (*Geld*)
*unnütz ausgeben, verschwenden, –geuden, durch-
bringen* (in *f*) | (*Kräfte*) *aufbrauchen, erschöpfen;*
to ~ one's breath *in den Wind reden;* to ~ o.s.
sich erschöpfen; sich verausgaben (in doing *z tun*)
3. (*Zeit*) *ver–, zubringen* ([in] doing *z tun*); he
spent the morning (in) writing letters *er ver-
brachte den Morgen mit Briefschreiben* **B.** vi
Ausgaben m (in) | **~er** [ˈ~ə] s *Spender* m **~ing**
[ˈ~iŋ] [attr] ~ money *Taschengeld* n **~thrift**
[ˈspendθrift] **1.** s *Verschwender*(*in* f) m | ~ trust
*zugunsten e–s Verschwenders or e–s Unerfahre-
nen errichteter Trustfonds* m **2.** a *verschwenderisch*
  Spenserian [spenˈsiəriən] a *Spenser–* (⟨sc⟩
Edmund Spenser [† 1599]); ~ stanza *Spenser-
strophe* f (*aus 9 Zeilen mit Reimfolge* ab ab bc bcc;
The Faerie Queen, 1589, 1596; *so bei* Byron,
Childe Harold 1812, 1816; Keats, The Eve of
St Agnes, 1820; Shelley, Adonais, 1821)
  spent [spent] a *matt, kraftlos, erschöpft* (with
v) ‖ ~ fish *Fisch* m *nach dem Laichen* ‖ ~ hops,
~ malt ⟨brew⟩ *Hopfen–, Malztreber* pl ‖ ⟨*bes
at*⟩ *erschöpft* (fuel), *ausgebrannt* (elements)
  sperm [spə:m] s *menschl. or tierischer Same* m,
Spermatozoon n **~ary** [ˈ~əri] s ⟨anat⟩ *männl.
Samendrüse* f **~atic** [spə:ˈmætik] a ⟨anat⟩
Samen–, samenartig, –haltig | ⟨fig⟩ *fruchtbar*
  sperm [spə:m] s **1.** (a ~-whale) ⟨zoo⟩ *Pottwal, –fisch, gr Zahnwal* m **2.** **~aceti** [ˌspə:mə-
ˈseti] s *Walrat* m (*weißl. Masse*) ‖ ~-oil *Walrat-
öl* n ‖ ~-whale = sperm-whale
  spermato– [ˈspə:mətə] Gr [in comp] *Samen–*
~blast [~blɑ:st] s *Ursamenzelle* f **~genesis**
[ˌspə:mətəˈdʒenisis] s *Samenbildung* f **~phore**
[ˈspə:mətəfə:] s *Samenkapsel* f, *–träger* m
~zoon [ˌspə:mətəˈzouən] s [*mst* pl] *–zoa*
[–zouə] *Samenfäden* m pl, *–körperchen* n pl,
–zellen f pl
  spermicide [ˈspə:misaid] a *samentötend* | ~s
[ˌspə:miˈsaidi:z] s pl *Empfängnisverhütungs-
mittel* n pl
  spermo– [ˈspə:mo] Gr [in comp] *Samen–*
  spess [spes] s ⟨school sl⟩ *f* specimen
  spew, spue [spju:] vi/t ⟨fam⟩ *sich erbrechen,
speien* | vt (*a* to ~ up, out, forth) (*Nahrung*) *aus-
brechen; –spucken, –werfen*
  sphacelate [ˈsfæsileit] vi ⟨path⟩ (of flesh)
brandig w **–ation** [ˌsfæsiˈleiʃən] s ⟨path⟩ *Brand-
bildung* f
  sphaero– [ˈsfiəro] [in comp] *Sphäro–, Kugel–*
  ᴏphagnum [ˈsfægnəm] ᴏ L ⟨bot⟩ *Torf ,
Sumpfmoos* n
  spheno– [ˈsfi:no] Gr [in comp] *keilförmig,
Keil–* **~id** [ˈsfi:nɔid] **1.** a *keilförmig, –artig* ‖
⟨anat⟩ ~ bone *Keilbein* n **2.** s ⟨anat⟩ *Keilbein* n
| ⟨minr⟩ *Spheno·id* n (*Kristallform*) **~idal** [sfi:-
ˈnɔidəl] a ⟨anat⟩ *Keilbein–;* ~ bone ⟨anat⟩
Keilbein n
  spheral [ˈsfiərəl] a *sphärisch, rund* ‖ ⟨fig⟩
symmetrisch, vollkommen
  sphere [sfiə] **I.** s **1.** ⟨astr⟩ (a celestial ~)
Himmelsgewölbe n ‖ ⟨poet⟩ *Himmel* m **2.** ⟨fig⟩
Sphäre f (~ of interest *Interessen–*); *Bereich* (~
of duties *Aufgaben–*); *Gebiet* n (of training);
Kreis m (~ of business *Geschäfts–*); *Wirkungskreis* m; to be quite in one's ~ *ganz auf s–m
Gebiet, in s–m Elemente s* **3.** ⟨math⟩ *Kugel* f;

doctrine of the ~ *Sphärik, Kugellehre* f ‖ *Himmelskörper* m; music of the ~s *Sphären-
harmonie, –musik* f ‖ *Erdkugel* f **4.** [attr] ~
(-point) pen *Kugelschreiber* m **II.** vt *umgeben,
einschließen* ‖ ⟨fig⟩ *in den Himmel heben*
  spheric [ˈsferik] **1.** a ⟨poet⟩ *sphärisch, himm-
lisch* | ⟨math⟩ *sphärisch, kugelförmig* **2.** [s pl]
~s *Sphärik, Kugellehre* f **~al** [~əl] a (~ly adv)
rund, kugelförmig; ~ grenade *Kugelhand-
granate* f; ~ harmonics *Kugelfunktion* f ‖
⟨math⟩ *sphärisch,* ~ trigonometry *sphärische*
T. f **~ity** [sfeˈrisiti] s *sphärische Gestalt* f
  sphero– [ˈsfiəro] [in comp] *Sphäro–* **~meter**
[sfiəˈrəmitə] s *Meßwerkzeug* n *f sphärische
Kurven* etc
  spheroid [ˈsfiərɔid] **1.** s ⟨math⟩ *Sphäroid* n
2. a **~al** [sfiəˈrɔidl] a *sphäro·idisch* **~ical** [sfiə-
ˈrɔidikl] a = spheroidal
  spherule [ˈsferju:l] s *kleine Kugel* f; *Kügelchen*
n
  spherulite [ˈsferulait] s ⟨minr⟩ *Sphärol·ith* m
(*kugeliges Mineralgebilde in Felsen*)
  sphery [ˈsfiəri] a *Sphären–* ‖ *kugelförmig*
  sphincter [ˈsfiŋktə] s ⟨anat⟩ *Schließmuskel* m
~ic [sfiŋkˈterik] a *Schließmuskel–*
  sphinx [sfiŋks] s [pl ~es] ⟨myth⟩ *Sphinx* m &
f, ⟨a übtr⟩ | ~-like ⟨bes fig⟩ *sphinxartig,
rätselhaft* ‖ ~-moth ⟨ent⟩ *Schwärmer, Nacht-
falter* m
  sphragistics [sfrəˈdʒistiks] s pl [*a* sg konstr]
Sphrag·istik, Siegelkunde f
  sphygmo– [ˈsfigmo] [in comp] *Puls–* **~gram**
[~græm] s *Pulskurve* f **~graph** [~grɑ:f] s *Puls-
kurvenmesser* m **~manometer** [ˌsfigmomə-
ˈnəmitə] s *Blutdruckmesser* m
  spica [ˈspaikə] s L ⟨bot⟩ *Ähre, Granne* f **~te**
[ˈspaikeit] a ⟨bot⟩ *in Ähren angeordnet, ährenförmig*
  spice [spais] **1.** s *Gewürz* n; [koll] *Gewürze* pl
(a dealer in ~) ‖ ⟨fig⟩ *Beigeschmack, Anstrich,
–flug* m (a ~ of) | [attr] *Gewürz–* **2.** vt *würzen*
⟨a fig⟩ (with *mit*) **~bush** [ˈspaisbuʃ], **~wood**
[ˈspaiswud] s ⟨bot⟩ *Benzoebaum; Gewürzbusch*
m **~ry** [ˈspaisəri] s *Spezereiwaren* f pl, *Gewürze*
n pl
  spiciness [ˈspaisinis] s *Würzigkeit* f ‖ *das
Pikante* ⟨a fig⟩
  spick [spik] s ⟨Am fam⟩ *Mexikaner* m
  spick and span [ˈspikənˈspæn] a *patent, geschniegelt* ‖ spick and span new *funkelnagelneu*
  spicular [ˈspikjulə] a ⟨bot⟩ *ährchenförmig* ‖
⟨zoo⟩ *nadelförmig* ‖ **~cule** [ˈspaikju:l] s ⟨bot⟩
Ährchen n ‖ ⟨zoo⟩ *nadelartiger Fortsatz* m ‖ (in
sponges) *kieselhaltige Nadel* f
  spicy [ˈspaisi] a (–cily adv) *würzig* ‖ ⟨fig⟩
pikant; gewürzt; rassig, schneidig ‖ ⟨hors⟩ *lebhaft, schön, rassig*
  spider [ˈspaidə] s ⟨zoo⟩ *Spinne* f ‖ *Dreifuß* m
(*Untersatz*); *dreifüßige Bratpfanne* f | [attr &
comp] *Spinnen–* ‖ ~-catcher ⟨orn⟩ *Mauerspecht* m ‖ ~-crab ⟨zoo⟩ *Meerspinne* f ‖ ~-like
spinnenartig ‖ ~ web, ~'s web *Spinnwebe* f,
–gewebe n ‖ ~-work *feine Spitzen–, Filetarbeit* f
  spidery [ˈspaidəri] a *Spinnen–* ‖ ⟨übtr⟩ *dünn,
spinnenartig* ‖ *voll v Spinnen*
  spiel [spi:l] s [Ger] ⟨Am sl⟩ *Rede* f, *Gespräch* m, *langatmige Geschichte* f
  spif [spif] a ⟨dial⟩ „*sauber*", *glänzend, prima*
  spiffing [ˈspifiŋ] a ⟨fam⟩ *glänzend, prima,*
⟨teens⟩ *bopmäßig*
  spif(f)licate [ˈspiflikeit] vt ⟨Am sl⟩ (*jdn*) *abtun; vernichten* ‖ *verwirren* ‖ *bestrafen* ᴏ*ab-
murksen* | **~d** [~id] a *sternhagelvoll* (*betrunken*)
–ation [spifliˈkeiʃən] s *Vernichtung*
  spiffy [ˈspifi] a ⟨fam⟩ *schmuck; geschniegelt,
modisch*
  spigot [ˈspigət] s (*Faß-*)*Zapfen,* (*Faß-*)*Hahn* m
‖ ⟨Am⟩ *Wasserhahn* m

spike [spaik] s **1.** *gr Nagel, Spieker, Bolzen* m ‖ ⟨rail⟩ *Schienennagel* m ‖ *(Zaun-)Eisenspitze* f, „*Schweinsfeder*" f *(e–s Gitters)* ‖ *(MG-)Sporn* m ⟨eth etc⟩ *Zacke* f *(im Elektrooszillogramm)* **2.** ⟨poet bot⟩ *(Korn-)Ähre* f; ~s pl *Grannen* pl ‖ *(Blüten-)Ähre* **3.** ⟨sl⟩ *Hochkirchler* m **4.** [attr] ~-lavender ⟨bot⟩ *Lavendel* m ‖ ~-nail *Spieker* m ‖ ~-oil *Lavendelöl* n **~let** [′~lit] s ⟨bot⟩ *kl Granne, Ähre* f **~r** [~ə] ⟨mar fam⟩ *Hai* m **~wise** [′~waiz] a *ährenförmig*

spike [spaik] vt *mit Eisenspitzen* or *Nägeln versehen* ‖ *festnageln* ‖ *(Geschütz) vernageln*; to ~ a p's guns *jds Pläne vereiteln* ‖ ⟨Am sl⟩ *(Getränk) würzen, (mit Alkohol) stark* m ‖ ⟨aero⟩ *(Flugzeug) mit überschüssiger Fahrt auf die Landebahn drücken* ‖ **~d** [~t] a *zackig, mit Stacheln, Spitzen versehen* ‖ ~ *helmet Pickelhaube* f ‖ ~ *shoes* [pl] ⟨sport⟩ *Rennschuhe* m pl, *Spikes* pl

spikenard [′spaiknɑ:d] s ⟨bot⟩ *Narde* f ‖ *Nardenöl* n

spiky [′spaiki] a *spitz, spitzig* ‖ *stachlig* ‖ ⟨fig⟩ (P) *scharf, bissig* ‖ ⟨sl⟩ *hochkirchlich*

spile [spail] **1.** s *Pflock* m; *(Faß-)Zapfen, Spund* m (~-hole –*loch* n) ‖ *schwerer Pfahl* m **2.** vt *(Faß) anzapfen, durchbohren*

spill [spil] s *dünner Holz–* or *Papierstreif(en), Fidibus* m

spill [spil] **I.** vt/i [~ed/~ed [spilt] & mst spilt/spilt] **1.** vt *(Flüssigkeit) verschütten, –gießen; schütten* (on *auf*); it is no use crying over spilt milk *glücklich ist, wer vergißt, was nicht mehr z ändern ist; hin ist hin u futsch ist futsch* ‖ ⟨mar⟩ *(Segel) killen l, in den Wind brassen* ‖ ⟨fam⟩ *(jdn) werfen, schleudern (from aus)* (to be ~ed from a horse) ‖ ⟨Am⟩ to ~ a loop *das Lasso werfen* ‖ ⟨Am sl⟩ *äußern, verraten*; to ~ the beans *ein Geheimnis verraten* ‖ ⟨Am⟩ to ~ the guts *alles sagen, was man weiß* **3.** vi *überlaufen; verschüttet w; sich ergießen* **II.** s *Sturz, Fall* m *(bes aus dem Wagen)* ‖ *(Regen-)Guß* m **~age** [′~idʒ] s *Schüttverlust* m, *(das) Verschüttete* n

spillikin [′spilikin] s *Stäbchen* n *(im Federspiel)* ‖ ~s [pl] *Federspiel* n *(Art Beilkespiel, Geduld–)*

spillway [′spilwei] s *Abflußkanal, Überlauf* m ‖ ⟨geol⟩ glacial ~ *Urstromtal* n, *Schmelzwasserrinne* f

spin [spin] **I.** vt/i [spun (& [obs] span)/spun [–nn–] **A.** vt **1.** *(Wolle, Faden* etc) *spinnen*; to ~ a yarn *e–e Geschichte erzählen*; → spun ‖ *(klebrige Lösung) in Kunstseide verwandeln* **2.** *(Kreisel) drehen, wirbeln*; to ~ one's way *sich drehend bewegen* **3.** ⟨aero⟩ *(Flugzeug) trudeln l* **4.** ⟨sl⟩ *(Kandidaten) durchfallen l* **5.** [mit adv] to ~ out *ausspinnen, in die Länge ziehen* **B.** vi **1.** *spinnen* **2.** *sich schnell drehen; wirbeln*; my head ~s *mir wird schwindelig, mir dreht sich der K.*; to send a p ~ning *jdn herum–, hinschleudern, ins Taumeln bringen* **3.** ⟨aero⟩ *trudeln* **4.** [mit adv] to ~ along *schnell dahinfahren, –rollen* ‖ to ~ round *sich (im Kreise) drehen* **II.** s **1.** *Wirbeln* n; *schnelle Drehung* f; *Pirouette* f **2.** *kurze schnelle Fahrt* f, *kurzer Ritt, Galopp, Lauf* m (to go for a ~ *e–e F., e–n R.* m) **3.** ⟨aero⟩ *Sturzspirale* f, *Trudeln* n ‖ to ~ *sich abtrudeln l, abtrudeln, ins A. geraten* **4.** ⟨mil fam⟩ up for a ~ *z Rapport gemeldet* **III.** ⟨at phys⟩ [in comp] *Spin*– ‖ ~ *orbit –bahn* f

spinaceous [spi′neiʃəs] a *Spinat*– **spinach, –age** [′spinidʒ] s ⟨bot⟩ *Spinat* m [a attr]

spinal [′spainl] a *Rückgrat–*; ~ *column* ⟨anat⟩ *Rückgrat* n, *Wirbelsäule* f; ~ *curvature Rückgratsverkrümmung* f ‖ *Rückenmark–*; ~ *c(h)ord,* ~ *marrow* ⟨anat⟩ *Rückenmark* n

spindle [′spindl] **1.** s *Spindel* f ‖ *(als Garnmaß* v *Baumwolle* = 18 hanks = 13 826 m) ‖ ⟨tech⟩ *Spindel, Welle, Achse* f ‖ [attr] ~-legged, ~-

shanked *storch–, spindelbeinig* ‖ ~-shanks [pl] *lange, dünne Beine* n pl; [sg konstr] *dünnbeiniger Mensch* m ‖ ~-shaped *spindelförmig* ‖ ~ *side weibliche Linie* f *(e–r Familie)* **2.** vi ⟨bot⟩ *in die Höhe schießen, aufschießen* **–dly** [′spindli] a *spindeldürr*

spindrift [′spindrift] s *Wellenschaum* m, *Gischt* f ‖ ~ *cloud Feder–, Zirruswolke* f

spine [spain] s ⟨anat⟩ *Rückgrat* n, *Wirbelsäule* f ‖ ⟨bot⟩ *Dorn, Stachel* m ‖ ⟨zoo⟩ *Stachel* m ‖ *(Gebirgs-)Grat* m ‖ *(Buch-)Rücken* m **~d** [~d] a *dornig, stachelig, Stachel–* ‖ *Rückgrat–, Wirbel–* **~less** [′~lis] a *dornen–* or *stachellos* ‖ *rückgratlos*; ⟨fig⟩ *haltlos, ohne Rückgrat, schwankend* **~lessness** [′~lisnis] s ⟨fig⟩ *Haltlosigkeit* f

spinel [′spinəl] s ⟨minr⟩ *Spin'ell* m **spinet** [spi′net] s ⟨mus⟩ *Spin'ett* n **spini–** [′spaini] [in comp] *Rückgrat–, Wirbel–* ‖ *Dornen–, Stachel–* **~ferous** [spai′nifərəs] a ⟨bot⟩ *Dornen* or *Stacheln tragend* **~form** [~fɔ:m] a *dornen–, stachelförmig*

spinifex [′spainifeks] s ⟨bot⟩ *Dreizahn* m *(Gras)*; *Stachelkopfgras* n

spinnaker [′spinəkə] s ⟨mar⟩ *gr Dreiecksegel* n

spinner [′spinə] s ⟨zoo⟩ *Spinne* f ‖ *Spinner(in* f) m ‖ *Spinnmaschine* f ‖ ⟨zoo⟩ *Spinndrüse* f **~et** [~ret] s ⟨zoo⟩ *Spinndrüse* f ‖ **~y** [~ri] s *Spinnerei* f

spinney [′spini] s *Gebüsch, Gestrüpp* n

spinning [′spiniŋ] s *Spinnen* n, *Spinnerei* f ‖ *Gespinst* n ‖ ⟨aero⟩ (a ~ *dive) Trudeln* n ‖ [attr] *Spinn–*; ~-factory *Maschinenspinnerei* f ‖ ~-jenny ⟨tech⟩ *Feinspinnmaschine* f ‖ ~-mill *Spinnerei* f ‖ ~-wheel *Spinnrad* n

spinose [′spainous] a ⟨bot, zoo⟩ *dornig, stach(e)lig* **–nosity** [spai′nəsiti] s *das Dornige* ‖ ⟨fig⟩ *Schwierigkeit* f **–nous** [′spainəs] a ⟨bot & zoo⟩ *dornig, stach(e)lig*; ~ *process* ⟨anat⟩ *Dornfortsatz* m ‖ ⟨fig⟩ *dornig; schwierig*

spinster [′spinstə] **1.** s *ledige Frau; alte Jungfer* f **2.** [attr] *ledig, unverheiratet* **~hood** [~hud] s *Alt-Jungferntum* n

spinthariscope [spin′θæriskoup] s *Spintharisk·op* n *(Apparat z Messung radioakt. Strahlung)*

spinule [′spainju:l] s *kl Dorn, Stachel* m **–lose** [~ous], **–lous** [~əs] a *kl Dornen tragend, Stachel–*

spiny [′spaini] a ⟨bot & zoo⟩ *dornig, stach(e)lig* ‖ ⟨fig⟩ *dornig; heikel; schwierig*

spiracle [′spaiərəkl] s *Atem–, Luftloch* n, *–kanal* m ‖ ⟨zoo⟩ *Trachee, Trachealöffnung* f; *(of a whale) Spritz–, Nasenloch* n **–cular** [spai′rækjulə] a *Atemloch–*

spiræa [spai′ri:ə] s L ⟨bot⟩ *Spiräe* f; *Geißbart* m

spiral [′spaiərəl] **1.** a (~ly adv) *gewunden, spiral–, schrauben–, schneckenförmig, Spiral–* ‖ ~ *dive* ⟨aero⟩ *Sturzspirale* f, °„*Korkenzieher*" m ‖ ~ *drill Spiralbohrer* m ‖ ~-four cable *Feldfernkabel* n ‖ ~ *movement Drall* m ‖ ~ *spring (of a watch) Spiralfeder* f ‖ ~ *staircase Wendeltreppe* f **2.** s *Spir·ale; Schneckenlinie* f ‖ *heating* ~ ⟨el⟩ *Heizschlange* f ‖ *(of a watch) Spiralfeder* f ‖ ⟨aero⟩ *Spiralgleitflug* m ‖ ⟨com⟩ *(Preis-)Schraube* f **3.** vt/i ‖ *spiralförmig m* ‖ vi *sich spiralförmig bewegen* ‖ ⟨aero⟩ *e–e Spirale fliegen* ‖ to ~ up *spiralförmig ansteigen*

spirant [′spaiərənt] **1.** s ⟨phon⟩ *Spirant, Reibelaut* m **2.** a *spirantisch*

spire [spaiə] **1.** s *Baumspitze* f ‖ *spitzer Körper* m, *Spitze* f ‖ *Bergspitze* f, *steiler Gipfel* m ‖ ⟨arch⟩ *Turmhelm* m, ⟨(a)⟩ **~let** [~lit] *Fiale* f; *spitz zulaufender Kirchturm* m **2.** vi/t (a to ~ up) *spitz zulaufen, sich steil erheben; gipfeln* ‖ vt *mit e–r Spitze versehen*

spire ['spaiə] s *Spirale* f ‖ *Windung* f (*e–r Spirale*)

spireme [spaiə'ri:m] s ⟨biol⟩ *Spir·em, Kernfädenknäuel* n (*der Zelle*)

Spirillum [spi'riləm] s L [pl –lla] *Spir·ille* f (*Bakteriengattung*)

spirit ['spirit] s 1. *Geist, Odem* m ‖ (*menschl.*) *Seele* f (*Ggs* body); *Geist* m; I shall be with you in (the) ~ *ich werde im G. bei dir s*; the ~ moves me to write to you *es drängt mich, dir z schreiben* ‖ *Geist* m (*Ggs* matter) ‖ the Holy ⁓ *der Heilige G.* ‖ *abgeschiedener Geist* m ‖ *Gespenst* n 2. *seelisch-geistige Kraft* f; *gr Kopf* m (he is a great ~) ‖ *Sinn* m, *Gesinnung* f, *innere Haltung* f; the ~ of the age *der Zeitgeist*; → public 3. ~s [pl] *Stimmung* f, high ~s *gehobene St., Frohsinn* m, *ausgelassene Heiterkeit*; low ~s *gedrückte St.*; in high (low) ~s *heiter* (*niedergeschlagen*) ‖ *seelische Haltung* f (he took it in wrong ~; in a ~ of mischief; meek in ~) 4. *Leben* n, *Lebhaftigkeit* f, *Feuer* n; *Mut* (with ~), *Charakter* m (in a serious ~); ⟨fig⟩ *belebendes Prinzip* n ‖ *Inhalt* m (*Ggs* letter), *Bedeutung* f 5. *Sp·iritus* m; *Alkohol* m ‖ *motor* ~ *Vergaserkraftstoff* m; white ~ *Testbezin* m ‖ ~s [pl] *Spirituosen, geistige Getränke* pl; ~s, coffee, tea, etc *Genußmittel* n pl ‖ ~(s) of wine *Weingeist* m 6. [attr] *Spiritus–*; *Branntwein–* ‖ ~ bubble ⟨artill, surv⟩ *Libelle* f ‖ ~-lamp *Spirituslampe* f ‖ ~-level *Nivellierwaage* f ‖ ~-rapping *Geisterklopfen* n ‖ ~-soluble *alkohollöslich* ‖ ~-stove *Spirituskocher* m

spirit ['spirit] vt (*a* to ~ up) *aufmuntern* ‖ to ~ away, off *verschwinden l, hinwegzaubern* ‖ to ~ o.s. back *sich im Geiste zurückversetzen* (to *nach*) ~ed [~id] a (~ly adv) *geistvoll, lebendig* ‖ *feurig, mutig* ‖ *lebhaft* (talk) ‖ [in comp] *–gesinnt, –gesonnen*; high–~ *feurig, kühn* ‖ low–~ *niedergeschlagen* ‖ poor–~, tame–~ *mutlos, verzagt, feig(e)*; → public ~edness [~idnis] s *geistige Kraft* f; *Feuer* n, *Mut* m ‖ *Lebhaftigkeit* f (etc) ‖ [in comp] high–~ *Mut* m (etc)

spiritism ['spiritizm] s *Spirit·ismus* m –**tist** ['spiritist] s *Spirit·ist* m

spiritless ['spiritlis] a (~ly adv) *geistlos* ‖ *mutlos* ‖ *niedergeschlagen* ‖ *schlapp, temperamentlos* ~**ness** [~nis] s *Geistlosigkeit* f ‖ *Mutlosigkeit* f ‖ *Niedergeschlagenheit* f ‖ *Temperamentlosigkeit* f

spiritual ['spiritjuəl] 1. a (~ly adv) *geistig* (~ changes) ‖ *seelisch*; *Seelen–* (~ life) ‖ *geistvoll* ⟨ec⟩ *geistlich* (Lords ⁓); ~ court *Kirchengericht* n 2. s *Negerhymnus* m ‖ ~s [pl] *geistige Dinge* n pl ~**ism** [~izm] s ⟨philos⟩ *Spiritual·ismus* m ‖ *Spirit·ismus* m ~**ist** [~ist] s *Spiritual·ist* m ‖ *Spiritist* m ~**istic** [.spiritjuə'listik] a *spiritual·istisch* ‖ *spirit·istisch* ~**ity** [.spiritju'æliti] s *das Seelische* ‖ *geistige Eigenschaft*; *Geistigkeit* f ‖ *das Geistliche, Kirchliche* n; *geistl. Rechte* n pl etc ~**ize** [~aiz] vt *vergeistigen*

spirituous ['spiritjuəs] a *alkoholisch, Alkohol–*; ~ liquors [pl] *Spiritu·osen* pl

spirketing ['spə:kitiŋ] s (of a ship) *Plankengang* m *zw den Gabelhölzern*

spiro– ['spaiəro] [in comp] *Spiral–, Schrauben–*

spirometer [.spaiə'rəmitə] s *Spirom·eter, Atmungsmesser* m

spirt, spurt [spə:t] 1. vi/t *hervorspritzen* ‖ vt *ausspritzen* 2. s (*Wasser-*)*Strahl* m

spiry ['spaiəri] a *spitz zulaufend.* ‖ *vieltürmig*

spiry ['spaiəri] a *spiralförmig, gewunden*

Spit [spit] a ⟨aero fam⟩ ~ *–fire –-Flugzeug* n, → ~*ter*

spit [spit] 1. s ⟨cul⟩ *Bratspieß* m ‖ *Landzunge* f 2. vt [–tt–] *auf den Bratspieß stecken* ‖ ⟨fig⟩ *aufspießen, durchbohren*

spit [spit] s *Spatenstich* m (2 ~s deep) ‖ *Spatenvoll* m; a ~ of earth *ein S. Erde*

spit [spit] I. vi/t [spat/spat, † & ⟨Am⟩ ~/~] [–tt–] A. vi 1. *speien, spucken* (on *auf*); to ~ at a p, upon a p *jdn an–, bespucken*; to ~ in a p's face *jdm ins Gesicht spucken* ‖ ⟨fig⟩ to ~ at, upon a p *jdn verächtlich behandeln, schwer beleidigen* 2. (of a cat) *fauchen* ⟨*a* übtr⟩ 3. (of rain) *sprühen* 4. (of boiling water, etc) *zischen, spritzen* B. vt (*etw*) *speien; spucken* (to ~ blood); (*a* to ~ forth *od* out) *ausspucken, –werfen* ‖ ⟨fig⟩ (*Worte* etc) *herausprudeln* (at *gegen*), *heftig äußern*; ~ it out! ⟨sl⟩ *heraus damit! heraus mit der Sprache!* ‖ ⟨Am⟩ ~ting image = spit and i. II. s *Speichel* m, *Spucke* f ‖ (*Aus-*)*Spucken* n; (of a cat) *Fauchen* n ‖ *feiner Sprühregen* m ‖ the very ~ of *das Ebenbild v*; .. of his father *der °gespeuzte V.*; ⟨Am⟩ ~ and image *absolute Ähnlichkeit* f ‖ ~-kid ⟨mar fam⟩ *Spucknapf* m

spitchcock ['spitʃkək] 1. s *in kl Stücken gebratener Aal, Brataal* m 2. vt *stückweise braten*

spite [spait] 1. s *Groll, Ärger* m; to have a ~ against a p *jdm grollen* ‖ *Bosheit* f; out of ~ *aus B.* ‖ (in) ~ of *trotz* 2. vt (*jdn*) *ärgern, kränken*; ~ nose ~**ful** ['~ful] a (~ly adv) *boshaft, gehässig* ~**fulness** ['~fulnis] s *Bosheit, Gehässigkeit* f

spitfire ['spitfaiə] s *Brause–, Hitzkopf* m ‖ ⁓ ⟨aero⟩ ⁓-*Flugzeug* n ⟨sl *a*⟩ **Spitter** [spitə] s

spittle ['spitl] s *Speichel* m, *Spucke* f –**toon** [spi'tu:n] s *Spucknapf* m

spitz [spits] s Ger *Spitz* m (*Hund*)

spiv [spiv] s (*Schwarzmarkt-*)*Gauner*; *Gan·ove*, (*Groß-*)*Schieber* m; *feiner °Pinkel* m (*der v Wetten etc lebt*); *Lebenskünstler* m ‖ ~-knot *Windsorknoten* m (*des Schlipses*)

splanchnic ['splæŋknik] a *Eingeweide–* (~ nerves) –**chno–** ['splæŋkno] [in comp] *Eingeweide* , *Splanchno–* –**logy** [splæŋk'nələdʒi] s *Lehre* f *v den Eingeweiden*

splash ['splæʃ] 1. vt/i ‖ *bespritzen* (with *mit*); *spritzen* (on, on to *auf*; over *über*) ‖ (*be*)*sprenkeln* (*z Schmuck*) ‖ vi *spritzen*; to ~ about *herum–*; to ~ up *hoch–* ‖ (*geräuschvoll*) *p(l)atschen; planschen; plätschern* 2. intj ~! *patsch! platsch!* 3. s *Spritzen, P(l)atschen* n; *plumpsendes, plätscherndes Geräusch* n, *Plumps* m ⟨met⟩ *Guß* m, → to cast ‖ to make a ~ ⟨fig⟩ *Staub aufwirbeln* (*Aufsehen erregen*) ‖ *Spritzer, Spritzfleck, Klecks* m (~ of ink *Tinten–*) ‖ *Farb–, Lichtfleck* m ‖ *Gesichtspuder* m ‖ ~-board *Spritz–, Schutzbrett* n ‖ ~-headline *gr* (*Zeitungs-*)*Schlagzeile* f ‖ ~ wall (*mot*) *Schwallwand* f ‖ ~ water *Spritzwasser* n ‖ ~-**er** ['~ə] s *Schutzblech, –brett* n; ⟨mot⟩ *Kotflügel* m ‖ (*a* ~ mat) *Wandschoner* m *hinter dem Waschtisch* ‖ ~y ['~i] a *spritzend, p(l)atschend* ‖ *bespritzt, naß, schmutzig*

splatter ['splætə] vi/t ‖ *p(l)atschen; planschen; plätschern* ‖ *undeutlich sprechen, nuscheln* ‖ vt (*etw*) *spritzen* (on *auf*)

splay [splei] 1. vt/i *ausbreiten* ‖ *ab* , *aus schrägen* ‖ vi *schräg liegen; ausgeschrägt sein* 2. s ⟨arch⟩ *Ausschrägung, Schräge* f (*bes schräge Ausweitung* f *der* [*Fenster-*]*Leibung*) 3. a *schräg, schief; schief–; auswärts gebogen* (foot) ‖ ~-footed *mit stark auswärts gebogenem Fuß* ‖ ~-mouth *gr schiefes °Maul* n

spleen [spli:n] s ⟨anat⟩ *Milz* f ‖ ⟨fig⟩ *Ärger, Verdruß* m; *schlechte Laune* f ‖ *Melancholie, Hypochondrie* f; *°Tick* m ~**ful** ['~ful], ~**ish** ['~iʃ], ~**y** ['~i] a *mürrisch, übelgelaunt, griesgrämig*

splenalgia [spli'nældʒə] s *Milz–, Seitenstechen* n

splendent ['splendənt] a *glänzend, leuchtend*

splendid ['splendid] a (~ly adv) *glänzend, prächtig, herrlich*; ~ isolation *glänzendes Allein-*

sein (sc *Großbritanniens*) ‖ ⟨fam⟩ *ausgezeichnet, großartig* **~ness** [~nis] s *Glanz* m, *Pracht* f ‖ *Großartigkeit* f

splendiferous [splen'difərəs] a ⟨sl⟩ *herrlich, prächtig*

splendour, ⟨Am⟩ **splendor** ['splendə] s *heller Glanz* m ‖ *Pracht, Herrlichkeit* ‖ *Großartigkeit* f, *hoher Stand* (the ~ of scientific life); *Glanzleistung* f

splenectomy [spli'nektəmi] s ⟨surg⟩ *Splenektomie, Splenotom'ie* f (*Milzentfernung*)

splenetic [spli'netik] 1. a (~ally adv) *Milz–* ‖ ⟨fig⟩ *mürrisch, verdrießlich* 2. s *Hypochonder* m **–nic** ['spli:nik] a *die Milz betreffend, Milz–* ‖ ~ *fever* ⟨med⟩ *Milzbrand* m **–nitis** [spli'naitis] s ⟨med⟩ *Milzentzündung* f

splenius ['spli:niəs] s L ⟨med⟩ *Hals–, Nacken-muskel* m

splenization [‚spli:nai'zeiʃən] s *milzartige Verdichtung* f

spleno– ['spli:no] [in comp] *Milz–* **~tomy** [spli:'nɔtəmi] s = splenectomy

splice [splais] 1. vt ⟨mar⟩ *spleißen, splissen* (*die Enden zweier Taue verflechten*) [*mst* to be *od* get ~d] ‖ to ~ the main brace ⟨mar⟩ *Getränke an die Mannschaft ausgeben*; *trinken* | ⟨tech⟩ (*Holzstücke*) *durch Falz verbinden, falzen* |‖ (*an den Enden*) *verbinden, zus–fügen, –kleben*; ⟨fig⟩ *vereinigen* ‖ ⟨sl⟩ *ehelich verbinden, verheiraten*; to be *od* get ~d *sich verheiraten* 2. s ⟨mar⟩ *Splissung* f ‖ ⟨tech⟩ *Falzen* n ‖ ⟨sl⟩ *Verehelichung* f ‖ to sit on the ~ *vorsichtig spielen*

spline [splain] s *langes, biegsames, schmales Stück Holz or Metall* n ‖ ~ *shaft Schiebewelle* f

splint [splint] 1. s ⟨med⟩ *Schiene* f ‖ ⟨tech⟩ *Latte; Rute, Gerte* f ‖ ⟨dial⟩ *Splitter* m; *Bruchstück* n | ~-bone ⟨anat⟩ *Wadenbein* n ‖ ~-coal ⟨min⟩ *Splitterkohle* f 2. vt ⟨med⟩ (*Bein*) (*an–, ein)schienen*

splinter ['splintə] 1. vt/i *in lange, dünne Stücke* (*zer*)*splittern, spleißen* ‖ ~ed *gebrochen* | vi *sich splittern; in Stücke splittern* 2. s *Span, Splitter* m (bomb ~ *Bomben–*) ‖ to fly into ~s *in* (*tausend*) *Stücke gehen* | [attr & comp] ~-bar *Ortscheit* n, (*Wagen-)Schwengel* m ‖ ~-bone ⟨anat⟩ *Wadenbein* n ‖ ~ *party* ⟨pol⟩ *Splitterpartei* f ‖ ~-proof *vor Bomben–, Granatsplittern geschützt, splittersicher* | ~y [~ri] a *Splitter–, splitt(e)rig, splitterförmig* ‖ *leicht splitternd*

split [split] I. vt/i [~/~] [–tt–] A. vt 1. (*zer*)*spalten* (in two *in zwei Teile*); *zerreißen, –teilen* (into *in*); to ~ hairs *Haarspalterei treiben*; to ~ one's sides *sich totlachen* 2. to ~ a th *etw unter sich or unter–e–a teilen*; to ~ a bottle with *e–e Flasche trinken mit*; to ~ the difference *sich auf den Mittelpreis einigen*; sich den Differenzbetrag teilen ‖ ⟨übtr⟩ *aufteilen, trennen* 3. ⟨fig⟩ *trennen, entzweien, spalten* B. vi 1. (of ship) *zerschellen* (on a rock); ⟨fig⟩ *Schiffbruch erleiden, scheitern* (on *an*) 2. *platzen, bersten*; ⟨fig⟩ (*vor Lachen*) *platzen*; my head ~s *mir will der Kopf zerspringen* ‖ *sich spalten*; *reißen, brechen* 3. *sich entzweien* (on *über*) ‖ *in zwei Gruppen gehen*; *sich teilen* (into *in*) 4. ⟨sl⟩ *aus der Schule schwatzen*; to ~ (up)on a p *jdn angeben, verraten* II. a *zer–, gespalten, Spalt–*; ~-arse *pilot* ⟨aero sl⟩ *alter „Hase"* m; ~-cloth ⟨surg⟩ *Binde mit mehreren Enden* f; ~ *coupling Schalenkupplung* f ‖ ~ *fire-wood Kloben–, Scheitholz* n ‖ ~ *infinitive* (*fälschlich*) *gespaltener Infinitiv* (*z. B.* to kindly return) ‖ ~ *pin Splint* m ‖ ~ *plug* ⟨el, wir⟩ *Bananenstecker* m ‖ ~ ~ S ⟨aero⟩ *Abschwung* m ‖ ~-ring ⟨met⟩ *Spalt–, Splintring* m ‖ ~-trail *gun carriage* ⟨artill⟩ *Spreizlafette* f ‖ ~ *type landing flaps* [pl] ⟨aero⟩ *Spreizklappen* f pl III. s 1. *Spalten; Reißen, Bersten, Brechen* n ‖ *Splitter, Span* m ‖ *Riß, Spalt, Sprung* m 2. ⟨fig⟩ *Spaltung, Ent-*

zweiung f 3. ⟨sl⟩ (of whisky, brandy, etc) *ein halbes Glas* n 4. ⟨fam⟩ the ~s [pl] *Grätsche, Grätschstellung* f, °*Spag'at* m; to do the ~s *G. einnehmen* **~ter** ['~ə] s *Spalter* m; *Spaltmaschine* f **~ting** ['~iŋ] 1. s *Spalten* n ‖ ~-up of forces ⟨tact⟩ *Kräftezersplitterung* f | [attr] *Spalt–* (~-tool) 2. a *rasend, schnell* ‖ *heftig, rasend* (~ *headache*)

splodge [splɔdʒ], **splotch** [splɔtʃ] s *Klecks, Schmutzfleck* m **–chy** ['splɔtʃi] a *fleckig, beschmutzt*

splurge [splə:dʒ] ⟨Am sl⟩ 1. s *Auffälligkeit; offensichtliche Bemühung* f; °*Angabe* (*Zurschaustellung*) f; *großartiger Aufwand* m, *verschwenderische Schaustellung* f ‖ *Gefühlsausbruch* m 2. vi *auffällig auftreten* or *hervortreten* ‖ *verschwenderische Ausgaben* m (on *f*) ‖ °*angeben* **–gy** (~'i] a ⟨Am⟩ *auffallend, angeberisch*

splutter ['splʌtə] 1. s *Aufheben* n, *Lärm* m; *Getöse* n ‖ *lautes Durch–e–a–reden* (etc) n; *verworrenes Zeug* n (a ~ of French) 2. vi/t [| *laut sprudeln, spritzen*; *sich brechen*, °*kotzen*; ⟨mot & aero⟩ *kotzen* (the engine ~s) ‖ *hastig sprechen, plappern* | vt (*etw*) *spritzen* (over *über*) ‖ (a to ~ out) (*Worte* etc) *herausprudeln*

Spode [spoud] s (*nach J.* ~, † 1827) (a ~ ware) *verzierte Töpfer–, Porzellanware* f

spoil [spɔil] I. s *Beute* f, *Raub* m ‖ *Beutestück* n ‖ ~s of war *Kriegsbeute* f | ⟨fig⟩ *Ausbeute, Errungenschaft* f, *Gewinn* m ⟨Am pol⟩ ~s [pl] *Schiebung* f; ~s of office *Gewinn, den hohe Stellung einbringt*; ~s *system* ⟨pol⟩ *Bonzen–, Futterkrippensystem* n ‖ ⟨min⟩ *Abraum* m II.vt/i 1. vt a. [~ed/~ed] † *be–, ausrauben* | *plündern, verwüsten* b. [~t/~t, * ~ed/~ed] *verderben, –nichten* ‖ (*Charakter*) *stören* ‖ ⟨fig⟩ (*Charakter*) *verderben*; *beeinträchtigen* ‖ (*Plan*) *vereiteln* ‖ (*Kind*) *verziehen, –wöhnen* ‖ to ~ one's *appetite sich den Appetit verderben* 2. vi [*mst* ~t/~t] *verderben, schlecht w* | to be ~ing for *streben nach, sich heftig sehnen nach*; ~ing for a fight *streit–, raufustig* 3. [*in comp*] ~-sport *Spielverderber*(in *f*) m ‖ ~-age ⟨print⟩ *Makulatur* f **–er** ['~ə] s *Plünderer* m; *Verderber, –wüster* m ‖ ⟨aero⟩ *Störklappe* f **~ing** [~iŋ] s [attr] ~ *attack* ⟨Am⟩ *Störangriff* m **~sman** ['~zmən] s ⟨Am pol fig⟩ *Postenjäger, Parteigünstling* m; *Schieber* m

spoke [spouk] pret *v* to speak

spoke [spouk] s (of a wheel) *Speiche* f ‖ (of a ladder) *Sprosse* f ‖ ⟨mar⟩ *Spake* f (*Handhebel des Steuers*) ‖ *Hemmschuh* m, *Bremsvorrichtung* f; to put a ~ in a p's wheel ⟨fig⟩ *jdm den Knüppel zw die Beine werfen, ein Bein stellen* | ~-bone ⟨anat⟩ *Speiche* f (*des Arms*) ‖ ~-shave *Schabhobel* m **~wise** ['~waiz] adv *speichenförmig*

spoken ['spoukən] 1. pp *v* to speak 2. a *mündlich* (*Ggs* written) | [in comp] *sprechend*; well–~ (ill–~) *gut* (*schlecht*) *sprechend* or *redend*

spokesman ['spouksmən] s *Wortführer, Sprecher* m

spoliate ['spoulieit] vt/i *berauben,* (*aus*)*plündern* | vi *plündern* **–ation** [‚spouli'eiʃən] s *Beraubung, Plünderung* ‖ ⟲ *Entkleidung* f (*Christi*) **–ator** ['spoulieitə] s *Berauber, Plünderer* m **–atory** [~ri] a *Plünderungs–*

spondaic [spɔn'deiik] a ⟨pros⟩ *spond'eisch* **–dee** [spɔn:di:] s ⟨pros⟩ *Spond'eus* m (– –)

spondulic(k)s [spɔn'dju:liks] s ⟨Am sl⟩ °*Zaster* m, *Moneten* pl

spondyl(e) ['spɔndil] s ⟨anat⟩ *Wirbelknochen* m **–litis** [spɔndi'laitis] s ⟨path⟩ *Wirbelentzündung* f **–lus** ['spɔndiləs] s ⟨zoo⟩ *Gattung der Kammuscheln* f

sponge [spʌndʒ] s 1. ⟨a zoo⟩ *Schwamm* m; ⟨med, cosm⟩ *Scheidenschwämmchen* n ‖ ⟨artill⟩

Rohrwischer m || *aufgegangener Teig* m || ⟨fig⟩ *Schmarotzer* m | to pass the ∼ over ⟨fig⟩ *auslöschen* || to throw up the ∼ ⟨box⟩ *sich f besiegt erklären*; ⟨fig⟩ *die Flinte ins Korn werfen*; *es aufgeben* **2.** [attr] *Schwamm–* || ∼*-bag Schwammbeutel* m || ∼*-cake* ⟨cul⟩ *Art lockerer Kuchen* m, *Sandtorte* f || ∼*-cloth Art Frottee, loser Baumwollstoff* m || ∼*-rubber Schaumgummi* m

sponge [spʌndʒ] **I.** vt/i **1.** vt *mit e–m Schwamme abwaschen, –wischen, reinigen* || *(Tuch) dekatieren* || ⟨mil⟩ *(Geschützrohr) auswischen* | to ∼ *down v oben bis unten abwaschen* || to ∼ *out auswaschen, wegwischen*; ⟨fig⟩ *auslöschen* | to ∼ *up aufsaugen* **2.** vi *wie ein Schwamm saugen*; *sich vollsaugen* | ⟨fig⟩ *schmarotzen, schnorren, °nassauern* (on *bei*) **II.** s *(a ∼ off, down) Abwaschung* f; to have a ∼ *sich abwaschen* –**ger** ['∼ə] s *Wischer, Reiniger* m || *Schwammfischer* m | ⟨fig⟩ *Schmarotzer* m –**giform** ['spʌndʒifə:m] a *schwammähnlich, –förmig* –**giness** ['spʌndʒinis] s *Schwammigkeit, Porosität* f –**ging-house** ['spʌndʒinhaus] s ⟨hist⟩ *Schuldgefängnis* n –**giole** ['spʌndʒioul] s ⟨bot⟩ *Schwammgewebe der Pflanzenwurzel* n –**go–** ['spəŋgo] Gr [in comp] *Schwamm–* || ∼**logy** [spəŋ'gələdʒi] s *Lehre v den Schwämmen* –**gy** ['spʌndʒi] a *schwammartig, schwammig*; *porös, locker* ⟨a fig⟩ || (of soil) *sumpfig, naß*

sponsal ['spɔnsəl] a *bräutlich, Hochzeits–, hochzeitlich*

sponsion ['spɔnʃən] s *Bürgschaft* f

sponson ['spɔnsən] s *Radgehäuse* n *(an Raddampfern)*

sponsor ['spɔnsə] **1.** s *Bürge* m || ⟨Am fig⟩ *Gönner, Förderer* m; ⟨wir⟩ *Firma, die z Programm „beisteuert" u dabei (mehr or weniger erwünschte) Reklame macht*: ∼s [pl] ⟨Ger⟩ „*Werbung im Rundfunk, ein Stündchen(!) mit Musik(?)*" | *Pate* m; to stand ∼ *Pate stehen* (to *bei*) **2.** vt *pflegen, unterstützen, fördern, finanzieren* || ∼**ed** by *unter der Schirmherrschaft* [gen] ∼**ial** [spɔn'sɔ:riəl] a *Paten–* ∼**ship** [∼ʃip] s *Bürgschaft f | Patenschaft* f

spontaneity [ˌspɔntə'ni:iti] s *Freiwilligkeit* f, *freier Antrieb* m, *Spontane\|ität* f, *Fähigkeit* f *spontan z handeln* || *Natürlichkeit, Ungezwungenheit* f

spontaneous [spɔn'teinjəs] a (∼ly adv) *spontan, freiwillig*; *aus freiem Antrieb or v selbst getan*; *ungezwungen* | *e–m natürlichen or inneren Antrieb, der Eingebung folgend*; *v innen heraus erfolgend*; *unwillkürlich*; *Selbst–* || *natürlich* || *unvorbereitet* || ⟨bot⟩ *wildwachsend* | ∼ *abortion* ⟨med⟩ *Spont\`anabortus* m (= *unintentional abortion*) || ∼ *combustion Selbstentzündung*; *Verbrennung v innen* f || ∼ *generation Urzeugung* f || ∼ *ignition Selbstzündung* f ∼**ness** [∼nis] a = spontaneity

spoof [spu:f] **1.** vt ⟨sl⟩ *beschwindeln* **2.** s ⟨sl⟩ *Humbug, Schwindel* m ∼**er** ['∼ə] s *Schwindler* m

spook [spu:k] s ⟨sl⟩ *Spuk* m, *Gespenst* n **2.** vi *spuken* | ∼**y** ['∼i] a *Gespenster–, spukhaft*

spool [spu:l] **1.** s *Spule* f; ∼ *of thread Rolle Zwirn* ⟨phot⟩ *Spule, Rolle* f **2.** vt *(auf)spulen*

spoon [spu:n] **1.** s *Löffel* m (egg–∼, table–∼, tea–∼ *Eier–, Eß–, Tee–*) || *löffelartiger Gegenstand* m | *wooden* ∼ *Holzlöffel* m; ⟨fig⟩ *der Student, der beim Tripos (Cambr univ) am schlechtesten abschneidet* || to be born with a *silver* ∼ *in one's mouth* „*im Auto z Welt k*" | [attr & comp] *Löffel–* || ∼*-bait Blinker (künstl. Köder)* m || ∼*-feed* [vt] *(Kinder etc) füttern*; ⟨mst fig⟩ *helfen* (to be ∼*-fed*); *(Industrien etc durch Unterstützungen) hochzüchten* || ∼*-food, ∼-meat Kinder–, Krankenbrei* m || ∼*-wood* ⟨bot⟩ *Löffelholz* n **2.** vt/i || *mit dem Löffel heben, befördern* (out of *aus*) | vi *mit Blinker angeln* ∼**bill** ['∼bil] s ⟨orn⟩ *Löffelreiher,*

Löffler m ∼**ful** ['∼ful] s *Löffelvoll* m (a ∼ of food *ein L. Nahrung*) ∼**wort** ['∼wə:t] s ⟨bot⟩ *Löffelkraut* n

spoon [spu:n] **1.** s *Einfaltspinsel* m; *verliebter Narr*; *Flirt* (P) m; ⟨sl⟩ to be ∼s with *od* on *verschossen s in* **2.** vi/t *verliebt s, °poussieren, flirten, kosen* | vt *(jdm) hofieren* | ∼**y** ['∼i] a *verliebt, –narrt* (on *in*)

spoondrift ['spu:ndrift] s = spindrift

spoonerism ['spu:nərizm] s *(nach Rev. W. A. Spooner*; † *1930) Schüttelreim* m

spoor [spuə] **1.** s *Spur*; *Fährte* f *(mst* of *lions, elephants, etc* [pl]) **2.** vt/i *aufspüren, verfolgen* | vi *e–r Spur folgen*

sporadic(al) [spo'rædik(əl)] a (–cally adv) *sporadisch, zerstreut*; ⟨med⟩ *vereinzelt auftretend*

sporange [spo'rændʒ; 'spɔrændʒ] s, –**gium** [spo'rændʒiəm] s L ⟨bot⟩ *Sporangium* n, *Sporenbehälter* m

spore [spɔ:] s ⟨bot, zoo⟩ *Spore* f, *Keimkorn* n || ⟨fig⟩ *Keim* m | ∼*-case* ⟨bot⟩ = sporangium

sporo– ['spɔro] [in comp] *Sporen–* ∼**genesis** [spɔro'dʒenisis] s ⟨biol⟩ *Sporogon·ie* f, *Entstehung v Sporen* f ∼**zoon** [ˌspɔro'zouən] s [pl –zoa] *Sporoz·oen, Sporentierchen* n pl

sporran ['spɔrən] s ⟨Scot⟩ *mit Silberschmuck verzierte Ledertasche* f

sport [spɔ:t] **I.** s **1.** *Belustigung, Kurzweil* f; *great* ∼ *Hauptvergnügen* n || *Spaß, Scherz* m (in ∼ *im, zum Sch.*) || ⟨übtr⟩ *Spielzeug* n (the ∼ of the waves); ⟨fig⟩ *Opfer* n **2.** *Jagdsport* m **3.** *Bewegungsspiel* n (in *Freien*); to go in for ∼, to indulge in ∼ *Sport treiben* | ∼s [pl] ⟨allg⟩ *der Sport* m; *Sportkämpfe* m pl; *athletic* ∼s [pl] *leichtathletische Veranstaltung* f **4.** ⟨sl⟩ *Sportsmann, anständiger Kerl* m (an old ∼) || to be a *good* ∼ *kein(e) Spielverderber(in)* s; *she's a good* ∼ ⟨euph⟩ *sie macht mit* **5.** ⟨biol & hort⟩ *sprunghaft auftretende Ab–, Spielart* f **6.** [attr *mst* ∼s] (⟨Am⟩ *a* ∼) *sportlich, Sport–*; ∼s *badge* ⟨Ger⟩ *Sportabzeichen,* ⟨SBZ⟩ *(Sport-) Leistungsabzeichen* n; ∼s *car –wagen* m; ∼s(-)*cast* ⟨wir⟩ *Sportreportage* f || ∼s(-)*coupé zweitüriger Innenlenker* m; ∼s(-) *roadster zweisitziges Sportkabriolett* n || ∼s*clothes* [pl] *–anzug* m, *–kleidung* f; ∼s *day –fest* n; ∼s*-goods* [pl] *–artikel* m pl; ∼s*-field,* ∼s*-ground –platz* m; ∼s*-outfitter –warenhändler* m **II.** vi/t || *sich tummeln, sich belustigen*; to ∼ *with scherzen* or *spielen mit* | vt (z *Schau*) *tragen, an sich tragen* (to ∼ a *carnation*); → oak ∼**ing** ['∼iŋ] **1.** s [attr] *Jagd–* (∼*-gun –gewehr* n) *Sport–* (∼ *news,* ∼ *paper –blatt* n; ∼*-rifle –flinte* f) **2.** a (∼ly adv) *Sport–*; *sporttreibend, –liebend* || *sportlich, sportlerisch, sportsmäßig, ritterlich* (∼ *conduct*) ∼**nik** ['∼nik] s *russisches Rennpferd* n, → –nik

sportive ['spɔ:tiv] a (∼ly adv) *lustig, scherzhaft* ∼**ness** [∼nis] s *Lustig–, Scherzhaftigkeit* f

sportoon [spɔ:'tu:n] s *(sport* + *cartoon) Sportkarikatur* f

sportsman ['spɔ:tsmən] s *Sportsmann, Sportler* m | *Jäger, Fischer* m || ⟨fig⟩ *ritterlicher Mann* m ∼**like** [∼laik] a *sportsmännisch, sportlich, sportlerisch* || *weidmännisch* ∼**ship** [∼ʃip] s *sportliche Geschicklichkeit* || *Ritterlichkeit* f

sportswoman ['spɔ:tswumən] s *Sportlerin* f

sporulate ['spɔ:juleit] vt/i || ⟨biol⟩ *in Sporen verwandeln* | vi *Sp. bilden* –**lation** [ˌspɔ:ju'leiʃən] s *Sporenbildung* f ∼**le** ['spɔ:ju:l] s ⟨bot⟩ *Spore* f

spot [spɔt] s **1.** *Fleck* m || ⟨bot & zoo, etc⟩ *Fleck* m, *Stelle* f || ⟨med⟩ *Mal* n; *Pustel* f, *Eiterbläschen* n | ⟨fig⟩ *Fleck, Schand–, Makel* m; *without* ∼ *flecken–, tadellos* **2.** *Stückchen* n, ⟨Am wir⟩ *Geschäftsreklame* f || *Tropfen* m (a ∼ of whisky); *Trunk* m || *Bissen* m (∼ of lunch) **3.** *Stelle* f; ⟨fam⟩ soft ∼ *°sauberes Pöstchen* n ||

Platz, Ort m; (of ground, etc) *Fleckchen, Stückchen* n || ⟨theat⟩ = ∼light **4.** ⟨bill⟩ *Point* m | ∼s [pl] ⟨com⟩ (*a* ∼ *goods*) *Lokowaren* f pl; to be a hard ∼ ⟨st exch⟩ *festliegen* **5.** (up)on the ∼ *vom Fleck weg; auf der Stelle; sogleich* || *z Stelle, an Ort u Stelle;* to be on the ∼ *wachsam* s || *wohl am Platze, v gr Nutzen* s; ⟨Am sl⟩ °*in der Patsche, Klemme, Tinte sitzen* || to put on the ∼ *in Verlegenheit bringen,* ⟨sl⟩ °*abmurksen* (*ermorden*) || rooted on the ∼ ⟨fig⟩ *festgewurzelt* || without ∼ ⟨fig⟩ *fleckenlos* | to knock ∼s off a p, out of a p *jdn nach Strich u Faden besiegen* **6.** [attr] *Flecken–* (∼ *zone –zone* f) || ⟨com⟩ *sogleich zahl–* or *lieferbar, Loko–* (∼ *goods*) || ∼ *cash* ⟨com⟩ *sofortige Zahlung f bei Lieferung; sofortige Kasse* f || ∼(-)*check* ⟨Am⟩ *Stichprobe* f || ∼ *delivery Kassalieferung* f || ∼ *elevation,* ∼ *height* ⟨cart⟩ *Höhenangabe* f || ∼-joint *Jahrmarktbude* f || ∼ *landing* ⟨aero⟩ *Ziellandung* f || ∼(-)*light* ⟨mot⟩ *Sucher* m, → ∼light || ∼ *welding Punktschweißen* n

spot [spɔt] vt/i [–tt–] **A.** vt **1.** *beflecken, –schmutzen;* to ∼ one's fingers *sich die Finger b.* || *fleckig m* || *tüpfeln, sprenkeln;* (*Holz*) *masern* || (*Bäume*) *plätzen* || ⟨fig⟩ *beschmutzen* **2.** (*a* to ∼ *out*) *v Flecken reinigen* or *befreien* **3.** ⟨fam⟩ *erkennen; herausfinden, entdecken; erkunden* || (*Schiff*) *sichten* || ⟨bill⟩ (*e–n Ball*) *auf den Point setzen* **4.** ⟨bes Am mil⟩ (*Fahrzeug*) *einwinken* **B.** vi *fleckig w, schmutzen* ∼ted ['∼id] a *gefleckt, –tüpfelt, –sprenkelt* || *maserig* (*Holz*) || ∼ *dog* ⟨sl⟩ *Korinthenpudding* m || *Fleck–,* ∼ *fever –typhus* m | *fleckig* || ⟨fig⟩ *befleckt, mit e–m Makel behaftet* ∼ter ['∼ə] s ⟨Am⟩ *Spion, Detektiv* m || ⟨mil⟩ *Ansager, Anzeiger m* (*beim Scharfschießen*) || *Artilleriebeobachter* m || ⟨aero⟩ *Erkundungsflieger* m ∼ting ['∼iŋ] s ⟨mil⟩ *Erkunden* n, *Erkundung* f || (*Holz–*)*Maserung* f || ⟨artill⟩ *Schußbeobachtung* f || [attr] *Erkundungs–;* ∼ *aeroplane –flugzeug* n

spotless ['spɔtlis] a (∼ly adv) *fleckenlos* || ⟨fig⟩ *makel–, tadellos* ∼ness [∼nis] s *Fleckenlosigkeit* f || ⟨fig⟩ *Makellosigkeit* f

spotlight ['spɔtlait] **1.** s ⟨theat⟩ *Scheinwerferlicht* n; ⟨mot⟩ *Suchscheinwerfer* m; reversing ∼ *Rückfahr–* || ⟨übtr⟩ *Rampenlicht der Öffentlichkeit; Vordergrund* m **2.** vt *mit Scheinwerferlicht beleuchten*

spottiness ['spɔtinis] s *Fleckigkeit* f, *Be–, Geflecktsein* n **–ty** ['spɔti] a *fleckenweise; fleckig; gefleckt; bunt; zus–geflickt, als Stückwerk*

spousal ['spauzəl] **1.** s [oft pl ∼s] † *Hochzeit* f **2.** a *hochzeitlich, bräutlich, Hochzeits–; ehelich*

spouse [spauz] s *Gatte* m, *–tin* f, *Gemahl*(*in* f) m || ∼s [pl] *Eheleute* [pl] ∼less ['∼lis] a *ohne Gatten, Gattin*

spout [spaut] **I.** vt/i **1.** vt *spritzen;* (*Lava*) *ausspeien, herausschleudern* || *mit Ausguß* or *Abflußrohr versehen* || ⟨fam⟩ *vortragen, deklamieren* | ⟨sl⟩ *verpfänden, –setzen* **2.** vi *quellen, sprudeln* (from *aus*); *schießen* || (of *whales*) *spritzen* | ⟨fig⟩ *deklamieren, öffentlich reden* **II.** s **1.** (of a *roof*) *Abfluß–, Speirohr* n || (of a *vessel*) *Schneppe, Tülle* f | (of a *whale*) (a ∼-*hole*) *Nasen–, Spritzloch* n **2.** ⟨tech⟩ *Rutsche* f || ⟨übtr⟩ *Leihhaus* n || up the ∼ *verpfändet, –setzt;* ⟨vulg⟩ *erschöpft; in gr Patsche, bankrott;* she's up the ∼ °*bei ihr hat's geschnappt* **3.** *dicker Wasserstrahl, –fall* m; *Wasserhose* f; (of rain, etc) *Guß* m ∼er ['∼ə] s *Walfisch* m; *Walfischfänger* m (*Schiff*) || *Vielredner, Deklamator* m

sprag [spræg] s *Hemmungs–, Bremskeil* m; *Bergstütze* f

sprain [sprein] **1.** vt (*Fuß*) *verrenken, –stauchen* **2.** s *Verrenkung, –stauchung* f

sprang [spræŋ] pret *v* to spring

sprat [spræt] **1.** s ⟨ich⟩ *Sprotte* f; [koll]

Sprotten pl || ⟨sl⟩ *Sixpencestück* n || to throw a ∼ to catch a herring ⟨fig⟩ *mit der Wurst nach der Speckseite werfen* | ∼-day *Tag* m *des Beginns der Sprottensaison (9. Nov.)* **2.** vi [–tt–] *nach Sprotten fischen* ∼ter ['∼ə] s *Sprottenfischer* m

sprawl [sprɔ:l] **I.** vi/t **1.** vi *ausgestreckt daliegen, sich spreizen* || *sich rekeln, sich lümmeln* || *kriechen, krabbeln* | ⟨bot⟩ *wuchern; sich ausbreiten, sich dehnen, sich erstrecken* (across *über*) **2.** vt (a to ∼ *out*) *ausstrecken, –spreizen* **II.** s *ausgestreckte Lage* f || *Rekeln* n || *Kriechen* n

spray [sprei] s *Zweig* m || *Reisig* n || *kl Zweig* m, *Reis* n || (of *flowers*) *Blumenzweig* m || *zweigförmige Verzierung* f ∼ey ['∼i] a *reisigartig; verzweigt*

spray [sprei] **1.** s *Schaum* m, *Gischt* f || *Spritzwasser* n, *Wasserstaub, Sprühregen* m || *Zerstäuber* m (scent–∼s) || ⟨tech⟩ *Spritze* f | [attr] *Spritz–* || ∼ *cooler Berieselungskühler* m || ∼ *gun Zerstäuber* m, ⟨tech⟩ *Spritzpistole* f || ∼ *pattern Strahlbild* n **2.** vt/i || *mit Wasser* (etc) *besprengen, spritzen* | *zerstäuben* || (*Gas*) *abregnen* | vi *sprühen, spritzen* | ∼er ['∼ə] s *Zerstäuber* m ∼ey ['∼i] a *sprühend, schäumend* ∼ing ['∼iŋ] s ⟨mot⟩ *Absprühen* n

spread [spred] **I.** vt/i [spread/spread] **A.** vt **1.** *ausbreiten, –dehnen;* (*Tuch*) *ausbreiten;* to ∼ the cloth *den Tisch decken* || to ∼ o.s. *sich ausbreiten;* ⟨fig⟩ *sich wichtig tun* || *überz*¹*iehen, bedecken, –streichen* (with *mit*); (*Butter*) *streichen* (on *auf*) || (*Lafette, Frequenzen*) *spreizen, aus–e–a–ziehen* || to ∼ (the) fire (*mil*) *Feuer verteilen* **2.** ⟨übtr⟩ *verbreiten, ausstreuen* | *verteilen* (*z. B. Arbeit*) **3.** [mit adv] to ∼ **abroad** *aussprengen* || to ∼ **out** (*Teppich*) *ausbreiten* | *ausstreuen* ∼ wide–∼ [pp] *weit; Fern–* (air raids *–flüge*) **B.** vi (a to ∼ *out*) *sich ausdehnen, sich ausbreiten* (over) || ⟨übtr⟩ *sich verbreiten;* to ∼ abroad ⟨arts⟩ (of style, etc) *ausstrahlen* **C.** [in comp] ∼-over *Verteilung e–r best. Zahl v Arbeitsstunden* (*z. B. 8*) *über e–n größeren, aber festgesetzten Zeitabschnitt* (*z. B. 12 Std.*) **II.** a *verstreut* || *gespreizt* (lips) **III.** s *Ausdehnung* f; *behäbiger Körperumfang* m || *Aus–, Verbreitung* f || *Differenz, Spanne* (zw *2 Preisen* etc) || *weite Fläche* f; ⟨a aero⟩ *Spannweite, Fläche* f || ⟨mar⟩ to launch a ∼ *e–n* (*Torpedo-*)*Fächer abschießen* || ⟨ball⟩ (*Breiten-*)*Streubereich* m || ⟨fam⟩ *reichliches Mahl* n | ∼er ['∼ə] s ⟨tech⟩ *Vorrichtung* f *z Aus–, Verbreiten* (*z. B. v Licht, Wasser*); *Vorrichtung z Strecken* || tree ∼ ⟨hort⟩ *Baumspritze* f | ∼ing s [attr] ⟨artill⟩ ∼ effect *Breitenwirkung* f

spread eagle ['spred 'i:gl] **1.** s ⟨her⟩ *Adler* m *mit ausgebreiteten Flügeln* || ⟨cul⟩ *aufgeschnittenes, schnell gebratenes Hähnchen* n || ⟨st exch Am⟩ *Stellage* f (*Börsentermingeschäft*) **2.** a ⟨Am⟩ *prahlerisch, anmaßend, h*¹*urrapatriotisch* **3.** vt (*jds Glieder*) *ausgebreitet festbinden* (*als Strafe*) ∼-**eagleism** [–izm] s ⟨Am⟩ *Prahlerei, Anmaßung* f; *Hurrapatriotismus* m

spree [spri:] **1.** s ⟨fam⟩ *fideler Abend* m, *Zechgelage* n || *Spaß* m, *Vergnügen* n, °*Fez* m, *Bierreise* f || on the ∼ *fidel, ausgelassen;* to be on the ∼ *sich amüsieren;* to go on the ∼ *auf Abenteuer ausgehen, auf den* °*Bummel gehen, sich e–n lustigen Abend m* **2.** vi *sich amüsieren, sich e–n Spaß m; sich e–n lustigen Abend m*

sprent [sprent] a ⟨poet⟩ *gesprenkelt* (with)

sprig [sprig] **1.** s *kl Zweig* m (a ∼ of *laure Lorbeer–*); *Sprößling* m, *Reis* n || *zweigförmige Verzierung* f | *Zwecke* f; *Stift, Nagel* m (*ohne Kopf*) | ⟨fig⟩ *Sproß, Jüngling* m | *lustiger Bruder* m **2.** vt [–gg–] *mit Zweigmustern verzieren* || *mit Stiften befestigen* ∼gy ['∼i] a *mit kl Zweigen besetzt, zweigartig (verziert)*

sprightliness ['spraitlinis] s *Munter–, Leb-*

haftigkeit f **–ly** ['spraitli] a *munter, lebhaft;
heiter*
    sprigtail ['sprigteil] s ⟨Am orn⟩ *e–e Enten-
gattung*
    spring [spriŋ] vi/t [sprang/sprung] **I. vi 1.**
springen (over *über* etc), to ~ *at,* upon a p *auf
jdn lospringen;* .. *at a p's throat jdm an die
Kehle springen;* (of doors) to ~ *opcn aufspringen;* to ~ *to one's feet auf die Füße
springen;* to ~ *to the eyes in die Augen springen*
|| ⟨fig⟩ to ~ *into existence plötzlich entstehen;*
.. *into fame plötzlich berühmt w* || *sich schnell
bewegen; schnell greifen* (to arms *z den Waffen);*
⟨übtr⟩ to ~ *to attention stramme, aufmerksame
Haltung annehmen; aufmerken* **2.** *quellen,
sprudeln; entspringen; entstanden s, herstammen*
(from *v),* *sprung from entsprungen aus* || *(plötz-
lich) herkommen, erscheinen* || ⟨bot⟩ *ausschla-
gen, aufschießen, sprießen* | ⟨fig⟩ *entstehen; z
Vorschein k;* conviction had sprung upon him
die Überzeugung hatte sich s–r bemächtigt
3. (of timber, etc) *(zer)springen, brechen,
bersten, sich werfen* **4.** [mit adv] to ~ **back**
zurückspringen || to ~ **to** z·*uspringen* || to ~ **up**
aufspringen; –schießen; (of seed) *auflaufen;* (of
wind) *aufkommen, entstehen;* ⟨fig⟩ *auftauchen*
II. vt 1. *springen l; z Entladen bringen, entladen*
|| *spielen l* **2.** *zersprengen, –reißen* || *sprengen*
3. (Tier) *springen l;* (Pferd) *sprengen, jagen;*
⟨hunt⟩ *aufscheuchen, –jagen* **4.** (Geld) *springen
l; bezahlen* **5.** ⟨übtr⟩ *unerwartet hervorbringen;*
(Theorie) *aufbringen* **6.** *Wendungen:* to ~ a
leak ⟨mar⟩ *ein Leck bek, leck w* || I have sprung
my mast *mir ist der Mast gebrochen* || to ~
a mine ⟨fig⟩ *mit der Tür ins Haus fallen* || to ~
a rattle *e–e Knarre drehen, schnarren* || to ~ a
proposal, surprise on a p *jdn mit e–m
Vorschlag, e–r Überraschung überfallen, jdm mit*
.. *ins Gesicht springen* | **~er** ['~ə] s *Art Stöber-
hund m* || ~ springbo(c)k || ⟨arch⟩ *Tragstein m;*
(Gewölbe-)*Anfangstein m;* ~ springer **~ing**
['~iŋ] s ⟨arch⟩ *Treppenanlauf m*
    spring [spriŋ] s **1.** *Sprung, Satz m,* to take a
~ *e–n S. m; Anlauf nehmen* || ⟨arch⟩ *Anlauf,
–satz m (e–s Bogens* etc) **2.** *Elastizität, Schnell–,
Feder–, Sprungkraft f* || ⟨fig⟩ *geistige Spann-
kraft, Beweglichkeit f* **3.** ⟨tech⟩ *(Sprung-)Feder f;*
to set every ~ in motion ⟨fig⟩ *alle Hebel in Bew.
setzen* || ⟨mar⟩ *Springtau n* || ⟨fig⟩ *Triebfeder f* **4.**
Quelle f, Brunnen m || **~s** [pl] *Zeit der Spring-
fluten* | ⟨fig⟩ *Quell m, Quelle f, Ursprung m*
5. [a *~s* pl] *Frühling m; Frühjahr n* **6.** [attr]
Sprung–, Feder–; Schwung–; federnd, elastisch
|| *Sommer–* (~-wheat *–weizen); jung* || **~-back**
federnder Rücken; Klemmrücken m || **~-back**
notebook *Klemmnotizbuch n* || **~-balance** *Fe-
derwaage f* || **~-bed** = **~-mattress** || **~-board**
Sprungbrett n; ⟨ski⟩ *Sprungschanze f;* **~-b.**
diving *Kunstspringen n* || **~-bows** [pl] *Feder-
zirkel m* || **~-box** *Federgehäuse n* || **~-carriage,**
r̶s̶m̶ ̶a̶l̶f̶ ̶l̶e̶b̶ ̶h̶a̶r̶ ̶W̶a̶g̶e̶n̶ ̶m̶ ̶a̶u̶f̶ ̶F̶e̶d̶e̶r̶n̶ ̶||̶ ̶~̶-̶c̶a̶t̶c̶h̶
Raste | || **~-cleaning** *Frühlings-Großreine-
machen n* || ~ *day Frühlingstag m;* → autumn,
summer, winter || **~-door** *selbstschließende Tür*
f || **~** governor *Federregler m* || **~-gun** *Selbst-
geschoß m, –schuß m* || **~-head** ⟨fig⟩ *Quell, Ur-
sprung m* || **~-hook** *Karabinerhaken m* || **~-
level,** **~-line** *Quellhorizont m* || ~ *lock Schnapp-
schloß n* || **~-mattress** *Sprungfedermatratze f*
|| ~ *recuperator* ⟨artill⟩ *Federvorholer m* || ~
suspension ⟨mot etc⟩ *Federung f* || **~-tide**
⟨mar⟩ *Springflut f;* = **~-time** || **~-time**
Frühlingszeit f, Frühling m ⟨a fig⟩ || **~-trap**
⟨hunt⟩ *Tellereisen m* || **~-water** *Brunnenwas-
ser n*
    springbock, ⟨Am⟩ **springbok** ['spriŋbɔk] s
⟨zoo⟩ *Springbock m (südafr. Gazelle)*
    springe [sprindʒ] **1.** s *Schlinge; Vogelschlinge,*

Sprenkel, Dohne f **2.** vt/i || *in e–r Schlinge
fangen* | vi *Schlingen legen* or *stellen*
    springer ['spriŋə] s ⟨cul⟩ *junges (Frühjahrs-)
Hähnchen n;* → spring, **-er**
    springiness ['spriŋinis] s *Elastizität, Sprung–,
Schwung–, Feder–, Schnellkraft f*
    springlet ['spriŋlit] s *kl Quell, Brunnen m*
    springy ['spriŋi] a *elastisch, federnd* ||
schwungvoll, Schwung–; leichtbeschwingt (step)
    sprinkle ['spriŋkl] **1.** vt/i | *(etw) streuen,
sprengen* (on *auf*) | *besprengen, be–, anfeuchten*
(with) || *bestreuen; –tüpfeln, sprenkeln, übersäen*
(with *mit*) || ⟨fig⟩ *zer–, ausstreuen* || **~d** ⟨a⟩
streifig, marmoriert | vi (of rain) *sprühen* **2.** s
Sprengen, Spritzen, Begießen n || *Sprühregen,
leichter Regen m* || *kl Menge f;* a ~ of ⟨fig⟩ *ein
bißchen, etwas v* **-ler** [–ə] s *Gießkanne f* ||
Sprengapparat, Sprengwagen m; ⟨tech⟩ *Spren-
ger m, Berieselungsgerät n* || ⟨ec⟩ *Weihwedel m*
-ling ['spriŋkliŋ] s *Sprengen, Spritzen, Begießen
n;* [attr] *Gieß–; Spreng–, Berieselungs–* | *Ge-
sprengsel n; Spritzer m* (a ~ of rain) || a ~ of
⟨fig⟩ *etwas, ein bißchen* (a ~ of knowledge);
ein Anstrich, Anflug v; einige, ein paar (a ~ of
customers)
    sprint [sprint] **1.** vi *schnell rennen;* ⟨sport⟩
sprinten, über kurze Strecken laufen **2.** s (a
~-race) *Sprint, Kurzstreckenlauf m;* ⟨cycl⟩
Spurt m **~er** ['~ə] s ⟨sport⟩ *Sprinter, Kurz-
streckenläufer m*
    sprit [sprit] s ⟨mar⟩ *Spriet n (Stange)* **~sail**
['spritsl] s ⟨mar⟩ *Sprietsegel n*
    sprite [sprait] s *Geist; Kobold, Elf m;* →
spirit
    sprocket ['sprɔkit] s *Zahn m e–s Rades;*
⟨tech⟩ *Kettenrad n;* ~ chain *Gelenkkette f;* ~
wheel *Kettenrad n ⟨bes cycl⟩;* ~-wheel *Zahnrad
n* ⟨carp⟩ *dreieckiges Verbindungsstück n*
    sprout [spraut] **1.** vi/t | *aufschießen, keimen,
sprießen* | vt *sprießen l, keimen l; entwickeln,
hervorbringen* ⟨fam⟩ he ~s wings *ihm wachsen
schon Engelsflügel* **2.** s ⟨bot⟩ *Sproß, Sprößling m*
⟨a fig⟩ || **~s** (= Brussels *~s*) [pl] *Rosenkohl m*
|| ⟨Am⟩ **~s** [pl] *Drill m, Training n*
    spruce [spru:s] s (~-fir) ⟨bot⟩ *Fichte, Rot-
tanne f;* blue ~ *Sitkafichte f* || **~-beer** *Bier n
aus Blättern* (etc) *der F.*
    spruce [spru:s] **1.** a (~ly adv) *schmuck, ge-
putzt, sauber,* °*geleckt, geschniegelt* **2.** vt (a to
~ up) (heraus)*putzen* **~ness** ['~nis] s *Schmuck-
heit, Sauberkeit f*
    sprue [spru:] s *Gießloch n, –trichter m (f ge-
schmolzenes Metall)*
    sprue [spru:] s ⟨med⟩ *tropische Krankheit f
(Darm– u Halsentzündung)*
    sprung [sprʌŋ] **1.** pp *v* to spring **2.** a (of a
racket, etc) *zerborsten, gesprungen* || *mit Federn
versehen, gefedert* || ⟨sl⟩ *angeheitert, leicht an-
getrunken*
    spry [sprai] a *flink, hurtig;* to look ~ *sich
r̶u̶m̶m̶e̶l̶n̶ ̶||̶ ̶°̶f̶l̶u̶x̶,̶ ̶f̶l̶o̶g̶,̶ ̶v̶e̶h̶l̶a̶n̶*
    spud [spʌd] **1.** s *kurzer Spaten m* | ⟨fam⟩ *Kar-
toffel f;* ⟨fam⟩ *Kloß, Knirps m* **2.** vt to ~ out *od* up
ausgraben, –stechen, –jäten
    spuddle ['spʌdl] vi ⟨dial⟩ *buddeln, graben*
    spuddy ['spʌdi] a *klein u plump; untersetzt*
    spue [spju:] vt/i = to spew
    spume [spju:m] **1.** s *Schaum m; Gischt f* **2.** vi
schäumen
    spumescence [spju:'mesns] s *schäumender
Zustand m* **-mescent** [spju:'mesnt], **-mous**
['spju:məs], **-my** ['spju:mi] a *schäumend*
    spun [spʌn] **1.** pret & pp *v* to spin || **~-dyed**
spinngefärbt **2.** a: ~ gold *Goldfaden m* || ~
goods [pl] *gesponnene Waren f pl* || ~ silk
Seidengarn n || ~ yarn ⟨mar⟩ *aus 2 or 4 Duch-
ten lose geflochtenes Taugarn, Schiemannsgarn n*
    spunk [spʌŋk] s *Lunte f, Zunder m* || ⟨Scot

fig⟩ *Mut* m; *Feuer* n, °*Murr*, *Mumm* m, *Reizbarkeit* f; *man of* ~ *Hitzkopf* m **|** ~y ['~i] a *mutig, feurig, lebhaft* ‖ *hitzig, erregt*

spur [spə:] **I.** s **1.** (*Reit-*)*Sporn* m; ~s [pl] *Sporen* pl ‖ *Stachel, Dorn* m **|** *Sporn* m (*des Hahnes* etc) ‖ ⟨bot⟩ *Stachel* m ‖ ⟨arch⟩ *Strebepfeiler* m, *Widerlager* n ‖ ⟨rail⟩ *Stichbahn* f **|** ⟨fig⟩ *Ansporn, -trieb, -reiz* m (to *f*) **2.** *etw Hervorstehendes* n; *Schiffsschnabel* m; *Ramme* f ‖ ⟨fort⟩ *Vorwerk* n ‖ ⟨arch⟩ *Strebe, Stütze* f ‖ (of a mountain) *Ausläufer, Vorsprung* m **3.** *Wendungen:* (up)on the ~ *spornstreichs, in gr Hast* ‖ on the ~ of the moment *e-r plötzlichen Eingebung folgend, ohne Überlegung, unter dem ersten Eindruck* ‖ to put, set ~s to a horse *e–m Pferde die Sporen geben, ein Pf. anspornen*; ⟨a fig⟩ (P) **|** to win one's ~s ⟨fig⟩ *sich die Sporen verdienen* **4.** [attr] ~-gear ⟨tech⟩ *Stirnrad(getriebe)* n ‖ ~ *line* ⟨rail⟩ *Zweig-, Nebenlinie* or *-strecke* f ‖ ~-rack *Zahnstange* f ‖ ~-wheel *Stirnrad* n **II.** vt/i [–rr–] **1.** vt (*Pferd*) (*an*)*spornen* ‖ (*Schuh*) *mit Sporen versehen*, booted *and* ~red *gestiefelt u gespornt* **|** ⟨fig⟩ (*a to* ~ on) *anspornen, –treiben* (to *z*; to do) ‖ *beschleunigen* **2.** vi *die Sporen geben* ‖ *schnell reiten; eilen; sich beeilen*

spurge [spə:dʒ] s ⟨bot⟩ *Wolfsmilch* f, *Caper* ~ *Springwurz, Kreuzblättrige Wolfsmilch* f ‖ ~-laurel ⟨bot⟩ *Lorbeerkraut* n, *–seidelbast* m

spurious ['spjuəriəs] a (~ly adv) *unehelich* ‖ *falsch, unecht* **|** *nachgemacht, gefälscht* (notes) ‖ ⟨biol⟩ *nur äußerlich ähnelnd* ‖ ⟨phys⟩ *wild* (radiation) ~ness [~nis] s *Unehelichkeit* f ‖ *Unecht-, Falschheit* f

spurn [spə:n] **1.** vt/i ‖ *mit Füßen treten or stoßen* **|** ⟨fig⟩ (*jdn*) *zurückstoßen* (from *v*), *abweisen* ‖ (*Anbieten*) *zurückweisen; verschmähen; –achten* **|** vi *to ~ *at *verschmähen, –achten* **2.** s *Fußtritt* m

spurrier ['spə:riə] s *Sporenmacher* m

spurry, –rey ['spʌri] s ⟨bot⟩ *Knöterich, Spergel* m

spurt [spə:t] vi/t & s → spirt

spurt [spə:t] **1.** vi *e–e kurze, heftige Anstrengung* m, *alle s–e Kräfte zus–nehmen* **2.** s *plötzliche u höchste Anstrengung* f; ⟨sport⟩ *Spurt* m **|** ⟨st exch⟩ *plötzliches Steigen, Anziehen* n (in bonds *der Papiere*) **|** ⟨fig⟩ *kurzes Aufflammen* n; *flüchtige Erscheinung* f

sputter ['spʌtə] **1.** vt/i ‖ (*Worte*) *heraussprudeln; ausstoßen; zerstäuben* **|** vi *sprudeln, sprühen* ‖ (of a pen) *spritzen* ‖ *schnell u undeutlich sprechen*, °*schlabbern* ‖ ⟨mot⟩ *stottern* **2.** s *lautes Sprudeln, Gesprudel* n ‖ *überstürztes Sprechen* n ‖ *Lärm* m

sputum ['spju:təm] L s (*oft pl –ta* [–tə]) ⟨med⟩ *Speichel, Auswurf* m

spy [spai] **1.** s *Spi·on, Späher, Kundschafter* m ‖ to be a ~ (up)on a *p jdm nachspüren, jdn ausspionieren* ‖ [in comp] ~-glass *Fernglas* n ‖ ~-hole *Guckloch* n **2.** vt/i ‖ *wahrnehmen, gewahren, erspähen* ‖ to ~ out *auskundschaften* **|** *spionieren,* (*aus*)*spähen* (for *nach*) ‖ to ~ into a the *e–r S nachforschen; nachgrübeln über etw* ‖ to ~ (up)on a *p hinter jdm herspionieren, jdm nachspüren, jdn heimlich belauschen*

squab [skwɔb] **1.** a (P) *quabb(e)lig, plump; untersetzt* ‖ (of birds) *ungefiedert, jung* **2.** s ⟨orn⟩ (a ~-chick) *junger, ungefiederter Vogel* m; *junge Taube* f **|** *kl feiste P* f; ⟨Am⟩ *junges Mädchen* n **|** *Sofa* n; *Sofa-, Sitzkissen* n ~by ['~i] a *kurz u dick, untersetzt*

squabble ['skwɔbl] **1.** s *Gezänk* n, *Streit* m **2.** vi/t **|** (*sich*) *zanken, streiten* (with a *p about* a th) **|** vt ⟨typ⟩ (*den Satz*) *verrücken* **|** ~r ['~ə] s *Zänker* m

squab-pie ['skwɔbˌpai] s ⟨cul⟩ *Taubenpastete;*

Pastete f *aus Hammel–, Schweinefleisch, Äpfeln u Zwiebeln*

squacco ['skwækou] s ⟨orn⟩ *kl Haubenreiher* m

squad [skwɔd] **1.** s ⟨mil⟩ *Zug* m, ⟨Am⟩ *Gruppe, Korporalschaft* f; by ~s ⟨mil⟩ *gruppenweise; awkward* ~ ⟨mil⟩ *nicht ausgebildete Mannschaft* f ⟨a übtr⟩ ‖ ⟨gym⟩ *Riege* f ‖ *zusgeschlossene Gruppe, Gesellschaft, Abteilung* f (in ~s) **|** ~ *car Funkstreife* f ‖ ~ *column Schützenreihe* ‖ ~-room ⟨Am⟩ *Mannschaftsstube;* ~-r. leader *Stubenältester* m **2.** vt ⟨mil⟩ *in Gruppen einteilen*

squadron ['skwɔdrən] **1.** s ⟨mil⟩ *Schwadron* f ‖ (*Panzer-*)*Batallion* n ‖ ⟨mar⟩ *Geschwader* n; (flying ~ *fliegendes G.*); ⟨aero⟩ *Staffel* f (⟨engl⟩ = 12 aeroplanes); (acting) ~ *commander Staffelführer, -kapitän* m; ~ *formation –verband* m; ⚓ *Leader* (abbr SL) *Major* m ‖ (P) *zus–geschlossene Gruppe, Abteilung, Gesellschaft* f **2.** vt *in ein Geschwader formieren, zus–fassen*

squail [skweil] s *kl runde Holzscheibe* f ‖ ~s [pl] *Tischspiel ähnlich dem* tiddly-winks (→ *d*) a ‖ ⟨dial⟩ *Kegelspiel* n

squailer ['skweilə] s ⟨hunt⟩ *Wurfstock* m

squalid ['skwɔlid] a (~ly adv) *schmutzig, unsauber; eklig* ‖ ⟨fig⟩ *gemein, armselig, erbärmlich* ~ity [skwɔ'liditi], ~ness [~nis] s *Schmutz* m, *Unsauberkeit* f

squall [skwɔ:l] **1.** vi/t *laut u hell schreien* **|** vt *ausrufen* **2.** s *lauter, heller Schrei* m ~er ['~ə] s *Schreier, Schreihals* m

squall [skwɔ:l] s *Stoßwind* m, *Bö* f ‖ ⟨fig⟩ *heftiger Streit* m; to look out for ~s *sich auf ein Donnerwetter gefaßt* m; *auf der Hut* s **|** ~y [~i] a *stürmisch, böig* ‖ ⟨fig⟩ *stürmisch, unheilvoll*

squaloid ['skweilɔid] a *Haifisch–*

squalor ['skwɔlə] s *Schmutz* m ⟨a fig⟩

squama ['skweimə] s L (pl *–æ* [–i:]) ⟨bot & zoo⟩ *Schuppe* f **–miferous** [skwei'mifərəs] a *schuppentragend* **–mo–** ['skweimo] [in comp] *Schuppen–* **–mose** ['skweimous], **–mous** ['skweiməs] a *schuppenartig, schuppig, Schuppen–* (~ bone ⟨anat⟩ *–bein* n) **–mule** ['skweimju:l] s *kl Schuppe* f

squander ['skwɔndə] vt (*Geld, Zeit* etc) *vergeuden, –schwenden* ~er [~rə] s *Verschwender(in* f) m ~ing [~riŋ] a *verschwenderisch* ~mania [~'meiniə] s *Verschwendungssucht* f

square [skweə] **s 1.** *Viereck, Quadrat* n; ⟨stat⟩ *method of least* ~s *Methode* f *der kleinsten Quadrate* **2.** (in a town) *viereckiger* (*mit Gartenanlagen geschmückter, v Häusern umgebener*) *Platz* m (in Russel ⚓ *auf, an dem R. Sq.*) ‖ *Häuserviereck* n **3.** *viereckiges Stück* (a ~ of linen *ein v. St. Leinen*); *Scheibe* (a ~ of glass *e-e Sch. Glas*) ‖ (of a chess-board, of a form) *Feld* n ‖ *Winkelmaß* n **4.** ⟨math⟩ *Quadrat* n, *–zahl* f (the ~ of 2 is 4) **5.** (*Flächenmaß*) *100 Quadratfuß* ‖ ⟨arch⟩ *Säulenplatte* f **|** ⟨mil⟩ *Karree* n **6.** *Anschlagwinkel* m; T ~ *Reißschiene* f **7.** to be on the ~ ⟨fig⟩ *ehrlich s*; *out of* ~ *unnormal; unregelmäßig; in Unordnung* (to fall out of ~ *in U. geraten*) **8.** ⟨Am fam⟩ = ~ *meal* **9.** ⟨sl⟩ *Quadratschädel, Klotzkopf, Spießer* m

square [skweə] **I.** a (~ly adv) **1.** *viereckig, Quadrat–* (~ *mile*) ‖ *vierkantig* **|** *rechtwinklig* (to *z*) **2.** ⟨math⟩ *Quadrat–* ‖ ⟨Am mil⟩ ~ *division viergliedrige Division* f **3.** *gerade, aufrecht* ‖ *geordnet, ordentlich, in Ordnung* (to get things ~) **4.** *ehrlich, aufrichtig, offen* (~ dealing) **|** *unzweideutig, klar* ‖ ⟨mil fam⟩ ~ *bit, tepee, pusher anständiges Mädchen* n **5.** *gründlich, reichlich* (~ *meal*) **6.** *breit, stark, markant* (a ~ *chin*) **7.** *ausgeglichen; quitt* (with *mit*); *all* ~ ⟨golf⟩ *gleichstehend* **8.** *Wendungen:*

every ~ yard of street *jedes Quadratmeter der Straßenfläche* ‖ to be ~ with the world *mit aller Welt auf gutem Fuße stehen* or *quitt s* ‖ to get ~ with *sich ausgleichen mit, quitt w mit*; *sich abfinden mit, bezahlen* | he is a ~ peg in a round hole *od a round peg in a ~ hole er paßt dazu wie der Igel zum Halstuch* **9.** [in comp] ~-bashing ⟨mil m. m.⟩ *Barras* m ‖ ~-built *viereckig gebaut* ‖ ⟨fig⟩ *breitschulterig* ‖ ~-cluster *method of planting* ⟨bes SBZ⟩ *Kreuzpflanzverfahren* n ‖ ~-dance *Kontertanz* m, *Quadrille* f ‖ ~ foot *Quadratfuß* ‖ ~ head ⟨tech⟩ *Vierkantkopf* m; *deutscher* or *skandinav. Einwanderer*; °*Quadratschädel* m ‖ ~ inch *Quadratzoll* m ‖ ~-jawed *mit markantem Kinn* ‖ ~-leg ⟨crick⟩ (*ein fielder*) *Posten* m ‖ ~ measure *Quadratmaß, Flächenmaß* n ‖ ~ number ⟨math⟩ *Quadratzahl* f ‖ ~-planting *Quadratpflanzung* f [abstr] ‖ ~-pushing ⟨mil⟩ *anständiges* (*Aus-*)*Gehen* n *mit e-m Mädchen* ‖ ~ rigged ⟨mar⟩ *Rahsegel führend*; ~ rigger *Schiff mit Rahetakelung* n ‖ ~-root ⟨math⟩ *Quadratwurzel* f; *to extract the ~ root die Q. ausziehen* ‖ ~ sail ⟨mar⟩ [ˈskwɛəsl] *Rahsegel* n ‖ ~ shouldered *breitschulterig* ‖ ~ thread *Flachgewinde* n ‖ ~-toed (*of shoes*) (*vorn*) *breit*; ⟨fig⟩ *steif, formell* ‖ ~-toes [sg konstr] ⟨fig⟩ *Pedant, Kleinigkeitskrämer* m ‖ ~ washer *Vierkantscheibe* f **II.** [subst a] on the ~ ⟨fam⟩ *redlich, ehrlich, offen* **III.** adv *rechtwinklig*; *im rechten Winkel*; *direkt davor* or *gegenüber* ‖ *direkt, genau* ‖ *ehrlich, sauber u anständig* ~ly [ˈ~li] adv *viereckig* (~-folded) ‖ *im rechten Winkel* ‖ *direkt gegenüber* ‖ *direkt, rundweg* ‖ *einfach, deutlich*

square [skwɛə] vt/i **I.** vt **1.** *viereckig m*; (*e-r S*) *viereckige Form geben* ‖ *vierkantig behauen* ‖ *im rechten Winkel* or *parallel anbringen, legen zu* ‖ ~d paper *Millimeterpapier* n **2.** ⟨math⟩ *quadrieren, ins Quadrat erheben* (3 ~d is 9); *three* ~d (3²) *drei im Quadrat* **3.** *regeln, regulieren, ins reine bringen, anordnen* (*by nach*) ‖ *anpassen* (to *an*); *in Einklang bringen* (with *mit*), *vereinbaren wollen* (I wonder how he ~s the demand with ..) | (*Rechnung* etc) *ausgleichen* (with); *abrunden* | (*a to ~ up*) (*Rechnung*) *begleichen* | to ~ a *p sich abfinden mit jdm*; *jdn befriedigen*; *jdn bezahlen* ‖ ⟨sl⟩ (*jdn*) *beschwichtigen*; *bestechen* **4.** W e n d u n g e n : to ~ the circle *den Kreis quadrieren*; ⟨fig⟩ *Unmögliches leisten* ‖ to ~ one's conscience *sein Gewissen beruhigen* ‖ to ~ one's elbows or shoulders *Boxerstellung einnehmen, sich in die Brust werfen* ‖ to ~ the yards ⟨mar⟩ *die Rahen vierkant brassen* ‖ ~d chart ⟨mar⟩, ~d map ⟨mil⟩ *Quadratkarte* f ‖ ⟨com⟩ to ~ up [adv] (*liabilities*) *begleichen* **II.** vi **1.** *e-n rechten Winkel bilden* ‖ *viereckige, breite Form annehmen* ‖ *sich quer setzen* (in a saddle) **2.** *stimmen* (the account does not ~); *passen* (with *z*); *im Einklang stehen, übereinstimmen* (with *mit*) **3.** to ~ away *fortsegeln*; ⟨fig⟩ *e-n neuen Weg einschlagen* ‖ to ~ up *Boxhaltung einnehmen*; to ~ up to a p *sich breitbeinig vor jdn hinstellen, jdn herausfordern, mit der Faust bedrohen*; to ~ up to difficulties, etc *den Stier bei den Hörnern packen, den Dingen entschlossen ins Auge sehen*

squareness [ˈskwɛənis] s *das Viereckige* n ‖ (of shoulders) *Breite* f ‖ *Ehrlichkeit* f

squareshooter [ˈskwɛəʃuːtə] s ⟨Am⟩ *reeller Kaufmann* m

squarish [ˈskwɛəriʃ] a *etwas* or *ziemlich viereckig*

squarrose [skwæˈrous] a ⟨bot⟩ *mit vorstehenden Schuppen bedeckt*; *vorstehend* (*scales*)

squarson [ˈskwɑːsən] s (*aus* squire *u* parson) *Geistlicher, der zugleich Pfründengenießer u Squire ist*

---

squash [skwɔʃ] **1.** vt/i *zerquetschen*; *zuspressen* ‖ ⟨fig⟩ *unterdrücken, vernichten*; *mundtot m* | vi (of feet) *patschen*; *platschen* | *sich quetschen, gequetscht w* ‖ *sich drängen* **2.** s **a.** *Patschen* n, *Platsch* m **b.** *Matsch, Brei* m; to go to ~ *zu B. w, breiig w* ‖ ⟨fam⟩ *Gedränge* n; *Menge* f; ⟨school ftb sl⟩ = scrimmage ‖ *Fruchtsaft* m (lemon ~); ⟨Am⟩ *Fruchtmark* n **c.** *weicher Gummiball* m; (*a* ~-rackets) *Spiel* n *f 2 Personen mit weichem Gummiball u Rackets* **d.** [pl ~] ⟨urspr Am⟩ (*Art*) *Kürbis* m **e.** [attr] ~-hat *Schlapphut* m ‖ ~ landing ⟨aero⟩ °*Bums-, Fahrstuhllandung* f | ~y [ˈ~i] a *breiig, weich* ‖ *matschig, sumpfig*

squat [skwɔt] **I.** vi/t [–tt–] **1.** vt *kauern, hocken* ‖ ⟨fam⟩ *sitzen* | ⟨Am⟩ *sich ohne Rechtstitel ansiedeln* (*den Besitz jds*) *stören* ‖ ⟨Aust⟩ *sich auf Ödland* (*mst Regierungsland*) *ansiedeln* **2.** vt u ~ o.s. *sich kauern* or *hocken* ‖ to be ~ted *hockend sitzen, kauern* **II.** a **1.** [*nur pred*] *hockend, kauernd* **2.** *untersetzt, gedrungen, vierschrötig* **III.** s *Hocken, Kauern* n ‖ ⟨gym⟩ *Hocke* (*an Pferd*) | *flaches Erzlager* n ~ter [ˈ~ə] s ⟨Am⟩ *Ansiedler ohne Rechtstitel, Besitzstörer, Eindringling*; ⟨demog⟩ *Okkupant* m; ⟨fig⟩ ~s [pl] *Unberufene* pl ‖ ⟨Aust⟩ *Großpächter, (Groß-)Schafzüchter* m

squaw [skwɔː] s *indianische Frau, Indianerin* f; ⟨Am dero⟩ *Frau* f ‖ ~-man *Weißer, der mit dieser verheiratet ist* ‖ ⟨Am⟩ ~-winter *frühe Kälte- u Regenperiode* f (*vor dem* Indian summer)

squawk [skwɔːk] **1.** vi *schreien, kreischen, quietschen*; (of doors, etc) *knarren* **2.** s *greller Schrei* m, *Quietschen; Knarren* n

squeak [skwiːk] **1.** vi/t ‖ (of mice) *piepen, piepsen*; (of boots) *quietschen*; (of doors, etc) *knarren; knirschen* ‖ ⟨sl⟩ °*petzen, angeben* | vt *schreiend* or *kreischend äußern* **2.** s *Quietschen, Kreischen* n ‖ *Knarren* n ‖ ⟨fig⟩ *geringe Möglichkeit* or *Aussicht* f (for); *a narrow* od *tight ~ ein knappes Entkommen* n; *to have a narrow ~ mit knapper Not davonkommen* | ~er [ˈ~ə] s *Schreihals* m ‖ *junge Taube* f, *junges Rebhuhn* n; → boar: (up to 3 years) (*im 1. Jahr*) *Frischling* m, (*dann*) *Überläufer* m, *überlaufene(r Keiler* m) *Bache* f; (etc) | *Angeber*, °*Petzer,* (*Polizei-*)*Spitzel* m ‖ ~ity-squash [ˈ~itiskwɔʃ] adv *qui(e)tsch-quatsch* | ~y [ˈ~i] a (–kily adv) *kreischend*; *quietschend; knarrend*

squeal [skwiːl] **1.** vi/t ‖ *grell schreien, kreischen* ‖ (of pigs) *laut quieken, quietschen* ‖ *knarren* ‖ *sich beklagen* ‖ ⟨sl⟩ *angeben*, °*petzen; gestehen*, °„*singen*" | vt (*a to ~ out*) *schreiend* or *kreischend äußern* **2.** s *Schrei* m, *lautes Quieken, Kreischen* n ~er [ˈ~ə] s (of birds) *Schreier* m ‖ *Klagender, Nörgler* m ‖ ⟨sl⟩ *Angeber, Petzer* m

squeamish [ˈskwiːmiʃ] a (~ly adv) *leicht Ekel empfindend*; *übel* (to feel ~) ‖ *zimperlich, sehr empfindlich* (about, at *über*); *eigen, wählerisch*; *übergewissenhaft* ~ness [~nis] s *Ekel* m, *Übelkeit* f ‖ *Empfindlichkeit* f ‖ *Übergewissenhaftigkeit* f

squeegee [ˈskwiːˈdʒiː] **1.** s *gr Straßenreinigungsbesen* m; ⟨mar⟩ *Decktrockner* m ‖ ⟨phot⟩ (*Gummi-*)*Abzugtrockner* m ‖ ⟨bes mot⟩ *Wisch(er)gummi* n **2.** vt *mit e-m ~ trocknen*

squeezability [ˌskwiːzəˈbiliti] s ⟨fig⟩ *Nachgiebigkeit* f –**zable** [ˈskwiːzəbl] a *zer-, zusdrückbar*; *Plastik-* (bottle) ‖ ⟨fig⟩ *nachgiebig*

squeeze [skwiːz] **I.** vt/i **A.** vt **1.** *pressen, drücken*; to ~ a p's hand *jdm die Hand d.* ‖ to be ~d flat *plattgedrückt w* | (etw) *quetschen* (out of *od* from a th aus etw) | (a to ~ out) (*Saft* etc) *ausdrücken*; –*quetschen* **2.** (*jdn, etw*) *hineinzwängen, –drängen, zus–drängen* (into *in*); *hinausdrängen* (out of *aus*); to ~ o.s. *sich*

hineinzwängen (into *in*); to ~ one's way *sich drängen* (through) | to ~ in (*etw*) *hineinzwängen, mit Mühe –schieben, –legen* **3.** ⟨fig⟩ (*jdn*) *bedrängen; schinden, quälen* || ⟨fig⟩ (*etw*) *erpressen* (from *od* out of a p *v jdm*) **4.** [in comp] ~-*flask Plastiksprühflasche* f **B.** vi *sich zwängen* or *drängen* (into *in*; through *durch*) | *e–n Abdruck* (*auf Wachs*) *nehmen* **II.** s **1.** *Druck* m, *Pressung, Quetschung* f || *Händedruck* m, to give a p's hand a ~ *jdm die Hand drücken* || *innige Umarmung* f **2.** *Gedränge* n | ⟨fam com⟩ *Geldknappheit* f **3.** (of a coin, etc) *Abdruck* m (*auf Wachs*)
squeezer [´~ə] s *Presser* m | *Preßmaschine, Presse* f (lemon-~) || ⟨tech⟩ *Quetschapparat* m; –*werk* n

squelch [skweltʃ] **1.** vt/i || ⟨fam⟩ (*zer*)*drücken, –malmen, –quetschen* || *niederschlagen* ⟨a fig⟩ || ⟨fig⟩ *vernichten, z Schweigen bringen* | vi (of water, etc) *glucksen* | *patschen, platschen* **2.** s *glucksender Laut* m | *Patschen, Platschen* n | *zermalmender Schlag*; ⟨fig⟩ *Vernichtung* f
squib [skwib] **1.** s (*Feuerwerks-*)*Schwärmer, Frosch* m; ⟨übtr⟩ *Zündstoff* m | *Stichelei* f; *Spottgedicht* n **2.** vt [–bb–] *durch Spottgedicht angreifen*
squid [skwid] **1.** s ⟨zoo⟩ *Tintenfisch* m || *künstl. Köder* m || (*Drei-Rohr-*)*Unterwasserbombenmörser* m **2.** vi [–dd–] *mit künstl. Köder angeln*
squiffed [skwift] a ⟨Am⟩ = squiffy
squiffer [´skwifə] s ⟨sl⟩ *Schifferklavier* n, °*Quetschkommode* f (*Ziehharmonika*)
squiffy [´skwifi] a ⟨sl⟩ *angeheitert, leicht angetrunken, beschwipst, benebelt*
squiggle [´skwigl] **1.** s (*Schrift-*)*Schnörkel* m **2.** *sich winden, sich krümmen* || (*sich* [dat]) *den Mund ausspülen*
squilgee [´skwil´dʒi:] s = squeegee
squill [skwil] s ⟨bot⟩ *Meerzwiebel* f || ⟨zoo⟩ *Art Garn*·*ele* f
squinch [skwin(t)ʃ] s ⟨arch⟩ *Ecktrichter* m, *Trichternische, Trompe* f (*e–n Winkel ausfüllender Stützbogen* m)
squint [skwint] **1.** vi/t || *schielen* | *schielen* (at *nach*); *e–n verstohlenen Blick werfen* (at *auf*) || ⟨fig⟩ *ein Auge werfen; abzielen* (at *auf*) | vt (*Augen*) *verdrehen* **2.** a *schielend* (eyes) || *schräg, schief* | [in comp] ~*-eyed schielend* || *bösartig, gehässig* **3.** s *Schielen* n; to have a ~ *schielen verstohlener* or *schiefer Blick* (at *auf*) || ⟨fig⟩ *Blick* m; to have a ~ at *e–n B. werfen auf* | ⟨ec⟩ *kl Öffnung* f (*durch e–e Mauer* etc) ~*ing* [´~iŋ] a *schielend* || *schief*
squire [´skwaiə] **1.** s ⟨hist⟩ *Knappe* m | *Landedelmann, Junker* m; the ~ *der größte Grundbesitzer e–s Distriktes* || ⟨Am⟩ *Friedensrichter* m | *Kavalier* m; ~ of dames *Salonheld, Damenheld* m **2.** vt (*Dame*) *geleiten*; (*e–r Dame*) *Ritterdienste leisten* ~*arch* [~rɑ:k] s *Junker, Grundbesitzer* m ~*archy* [~rɑ:ki] s [abstr] *Junkertum* n, –*herrschaft* f [konkr] *Junkerschaft* f, *die Junker* pl ~*en* [‚skwaiə´ri:n] s *kl*, (*bes*) *irischer Landjunker* m ~*hood* [~hud] s *Stellung f e–s Junkers* || *Junkerschaft* f ~*let* [~lit], ~*ling* [~liŋ] s *kl Junker* m ~*ly* [~li] a *junkermäßig, Junker*–
squirm [skwə:m] **1.** vi (of reptiles) *sich krümmen, sich winden* ⟨a übtr⟩ (*P*) **2.** s *Windung, Krümmung* f || ⟨mar⟩ *Kink* n (*Verschlingung e–s Taus*)
squirrel [´skwirəl] **1.** s ⟨zoo⟩ *Eichhörnchen* n || *a* grey, white ~ *Feh, Grauwerk* n *des sibirischen E.* || barking ~ *Präriehund* m | [attr] *Eichhörnchen*– (~ hunt) || ⟨tech⟩ ~-*cage rotor Kurzschlußläufer* m || ~-*fish* (*ich*) *Sägebarsch* m | ~-*monkey* ⟨zoo⟩ *Totenkopfäffchen* n, *Saim·iri* m (*Seidenaffe*) **2.** vi *hamstern* || *hin– u herschusseln*, → zero-derivation

squirt [skwə:t] **1.** vt/i || (*aus*)*spritzen, sprudeln* | vi *spritzen* **2.** s *Wasserstrahl* m | *Spritze* f | ⟨fam⟩ *Groß*–, *Wichtigtuer, Schaumschläger* m | ⟨sl⟩ (*a* ~ job) *Düsenflugzeug* n || ⟨sl⟩ °*Dividendenjauche* f (*Bier*)
squish [skwiʃ] s ⟨fam⟩ *Marmel·ade* f, *Brotaufstrich* m, °*Schmiere* f
squitters [´skwitəz] s pl ⟨school sl⟩ °*Dünnpfiff*, –*schiß* m
stab [stæb] **I.** vt/i [–bb–] **1.** vt (*jdn*) *stechen* || *durchstechen, –bohren* ⟨a übtr⟩ *erstechen, –dolchen* || (*Waffe*) *bohren, jagen* (into *in*) | ⟨fig⟩ *angreifen, verwunden* | to ~ in the back (*jdn*) *hinterrücks anfallen*; ⟨fig⟩ (*jdn*) *verleumden* || to ~ a p to the heart ⟨fig⟩ *jdm e–n Stich ins Herz geben* | ⟨bookb⟩ *broschieren, mit Draht heften* **2.** vi *stechen* || to ~ at *stechen nach*; *verwunden* **II.** s *Stich, Stoß, Dolchstoß* m; ~ in the back ⟨fig⟩ *hinterlistiger Streich* m; ~-*in-the-back mongering* ⟨Ger⟩ *Dolchstoßlegende* f | ⟨fig⟩ *Stich* m (a ~ of pain) || *Versuch*; to have a ~ at *versuchen* ~*ber* [´~ə] s *Meuchelmörder* m | *Dolch* m | ⟨tech⟩ *Stecheisen* n, *Ahle* f
Stabat Mater [´stɑ:bæt´mɑ:tə] s ⟨R.C.⟩ *Karfreitagssequenz* f

stability [stə´biliti] s *Stetig*–, *Festigkeit, Unveränderlichkeit, Stabilität* f || ⟨aero⟩ *Kipp*–, *Standsicherheit* f, *dynamisches Gleichgewicht* n || (*P*) *Standhaftig*–, *Beständigkeit, Zielbewußtheit* f || ⟨com⟩ *Zahlungsfähigkeit* f –*lization* [‚steibilai´zeiʃən] s *Stabilisierung* f –*lize* [´steibilaiz] vt (*bes Währung*) *stabilisieren* || ~d warfare *Stellungskrieg* m –*lizer* [~ə] s ⟨aero⟩ *Höhen*–, *Dämpfungsflosse* f || (anti-roll) ~s [pl] ⟨mar⟩ *Stabilisierungsflossen* pl || ~ adjustment *Höhenflosseneinstellung* f
stable [´steibl] **1.** s *Stall* m ⟨a fig⟩ || *Rennstall*(*bestand*) m | ~s [pl] ⟨mil⟩ *Stalldienst* m; (*a* ~-call) –*signal* n | [attr] ~-*boy Stalljunge* m | ~-*collar Halfter* n || to let out ~ *secrets aus der Schule plaudern* || ~-*yard Stall*–, *Wirtschafts*–, *Viehhof* m **2.** vt/i– *einstallen, in den Stall bringen* | vi *im Stall wohnen*; ⟨fig⟩ *hausen* ~*man* [~mən] s *Stallknecht* m
stable [´steibl] a (–*bly* adv) *fest*; *unveränderlich, stab·il* (currency); ~ *equilibrium stabiles Gleichgewicht* || *beständig, fest, standhaft, zielbewußt* || ⟨com⟩ *haltbar, dauerhaft*; of ~ value *wertbeständig* ~*ness* [~nis] s = stability
stabling [´steibliŋ] s *Stallung* f; [koll] *Ställe* m pl

staccato [stə´kɑ:tou] It **1.** adv ⟨mus⟩ *stak·k·ato*; ⟨fig⟩ *abgerissen* **2.** a *Stakkato*–
stack [stæk] **I.** s **1.** (of corn, etc) *Miete* f, *Schober, Feim* m || (of wood, etc) *Stapel; Stoß* m, ⟨for⟩ *Beuge* f (a ~ of timber) | (of arms) *Pyramide* f | ⟨Am⟩ *Bücherregale* n pl; ~-*cards falsche, falsch gemischte Spielkarten*; ~-*room* (*Bücher-*)*Magazin* n; ~ permission *Zutrittserlaubnis* f *z diesem* **2.** (a smoke-~) *Schornstein* m; a ~ of chimneys *e–e Schornsteingruppe* **3.** *ein Holzmaß* n (*108 Kubikfuß*) **4.** ⟨fam⟩ *gr Haufe* m, *Menge* f (~s of) **II. 1.** vt (*Korn*) *aufschichten* || (*Holz*) *aufstapeln*, ⟨for⟩ –*klaftern*, ~ed measure ⟨for⟩ *Raumgehalt* m, –*maß* n; ~ed cubic meter ⟨for⟩ *Raummeter* m; ~ed wood *Klafterholz* n | ⟨mil⟩ (*Gewehre*) *zusammensetzen*, ~ arms! *setzt die Gew. zus!* || ⟨cards⟩ (*Karten*) *unehrlich mischen* **2.** vi °*schieben* | ~*er* [´~ə] s *Stapler* m ~*wood* [´~wud] s *Klafterholz* n
staddle [´stædl] s ⟨for⟩ *Reidel, Raitel, Reitel* n
stadium [´steidiəm] L s [pl –*dia*] ⟨ant⟩ *St·adion* n (*ein Maß* = ca. *180 m*); ⟨mod sport⟩ *Stadion* n, *Kampfbahn* f | ⟨med⟩ *Stadium* n, *Abschnitt* m, *Phase* f
stad(t)holder [´stɑ:tholder; ´stæd–] s ⟨hist⟩

niederländ. Statthalter m ‖ *Präsident* m *der niederl. Republik*

staff [stɑ:f] **I.** s [pl staffs; ⟨mus⟩ staves [steivz]] **1.** ⟨liter⟩ † *Stock, Stab* m ‖ *half* ∼ *Halbmast*– **|** *Zauber*–, *Amts*–, *Kommandostab* m; *pastoral* ∼ *Stab des Bischofs* **|** (of a flag, etc) *Stange* f ‖ *Meßstab* m, *–stange* f **2.** ⟨fig⟩ *Stab* m, *Stütze* f (bread is the ∼ of life) **3.** ⟨mil⟩ *Stab* m; *General* ∼ *Generalstab*; *Regimental* ∼ *Regiments*–; officers of the ∼ *Stabsoffiziere* m pl **4.** *Stab, leitender Ausschuß* m; (*a editorial* ∼) *Schriftleitung* f, *Redaktion* f, *–sausschuß* m ‖ *Beamtenkörper* m; the ∼ ⟨com⟩ *der Betrieb* (*Ggs* management; managerial ∼ *leitende Angestellte* pl), *die Angestellten* m pl, *das Personal*; executive ∼ *Angestellte* pl *in mehr* or *weniger gehobener Stellung*; office ∼ *Angestellte* pl, worker ∼ *Arbeiter*–, *Belegschaft* f; (of a college) *Lehrkörper* m (∼ *room Lehrerzimmer* n) ‖ to be on the ∼ *z Stabe* (etc) *gehören, Mitglied e–r Körperschaft s* **5.** ⟨mus typ⟩ *Liniensystem* n **6.** [attr] ∼ *college* ⟨mil⟩ *Kriegsschule* f (*f Generalstabsoffiziere*), *Generalstabsakademie* f ‖ ∼ *Delegates' Act* ⟨Ger⟩ *Personalvertretungsgesetz* n ‖ ∼ *manager Personalleiter, –chef* m ‖ ∼ *notation* ⟨mus⟩ *Bezeichnung* f ‖ ∼ *officer Offizier m beim Stabe* ‖ ∼ *regulations* [pl] *Dienstordnung* f *f das Personal* ‖ ∼ *ride Geländefahrt* f (*z –besprechung*) ‖ ∼ *sergeant* ⟨mil⟩ *Regiments*– oder *Bataillonsschreiber* m ⟨Am⟩ [m.m.] *Vizefeldwebel, –wachtmeister* m ‖ ∼ *suggestion scheme* ⟨com etc⟩ *Betriebsführung* f, *bei der vom Personal gemachte brauchbare Vorschläge besonders vergütet w*, (*Betriebsmitglied-*)*Vorschlagsystem* n ‖ ∼ *surgeon* ⟨nav⟩ *Oberstabsarzt* m ‖ ∼ *walk* ⟨mil⟩ *Geländebesprechung* f **II.** vt *mit Personal* (*u. ä.*) *versehen* ∼**ed** [∼t] *versehen* (with teachers *mit Lehrern*); [in comp] *besetzt* (well-∼)

staff [stɑ:f] s *Baustoff* m *aus Gips, Faser* etc
stag [stæg] s. **1.** s ⟨zoo⟩ *Hirsch* m [⟨hunt⟩ pl ∼] (*bes des 5.–7. Jahres*) ‖ → brocket; pricket; staggard, → to roar, bell ‖ *Männchen versch. Tiere* n **|** *kastriertes Tier* n **|** ⟨sl st exch⟩ *Konzertzeichner, Aktienspekulant* m **|** *Herr ohne Dame*; to go ∼ *ohne D. gehen* **|** [attr] ∼ *beetle* ⟨ent⟩ *Hirschkäfer* m ‖ ∼*-evil* (of horses) *Maulsperre* f ‖ ∼*-headed-top dry* ⟨for⟩ *gipfeldürr* ‖ ∼*-horn Hirschhorn* n; ⟨bot⟩ *–farn* m ‖ ∼*-hunting –jagd* f **|** ∼ *party Herrenabend* m **2.** vi/t ‖ ⟨st exch⟩ *in Aktien spekulieren* **|** vt (*den Markt*) *hochtreiben* ‖ to ∼ *it ohne Dame bummeln gehen*

stage [steidʒ] **I.** s **1.** *Gerüst, Gestell* n; diving ∼ *Sprungbrettgerüst* n *z Tauchen* ‖ (*mst* landing ∼) *Landungsstelle, –brücke* f **2.** ⟨theat⟩ *Bühne* f (on the ∼ *auf der B.*); ⟨übtr⟩ *dramatische Literatur* f ‖ *Schauspielberuf* m **|** *Schauplatz* m **3.** (*Post-*)*Station, Haltestelle* f **|** *Etappe* f, *Reiseabschnitt* m, *Teilstrecke* f **|** ⟨übtr⟩ *Abschnitt* m, (*Entwicklungs-*)*Stufe, Periode* f, *Stadium* n (*at* this ∼ *in diesem St.*); report ∼ ⟨parl⟩ *Erörterung e–r Vorlage vor der 3. Lesung* ‖ ⟨geol⟩ *Stufe* f ‖ ⟨mil⟩ ∼ *of combat* (*zeitl.*) *Kampfabschnitt* m **4.** ⟨fig⟩ *Stufe* f, *Grad* m **5.** = ∼*-coach* **6.** ∼s *of appeal* ⟨jur⟩ *Instanzenweg* m **|** by short ∼s *in kurzen Absätzen* ‖ to be on the ∼ *an der Bühne, Schauspieler s* ‖ to bring on *od* to the ∼ *auf die B. bringen* ‖ to come on to the ∼, ⟨theat⟩ (of actors) *ein–, auftreten* ‖ to go on the ∼, to take to the ∼ *z B. gehen, Schauspieler w* ‖ to hold the ∼ (of plays) *sich auf der B. halten* **7.** [attr] *Bühnen*– (∼ *success*) ‖ ∼*-box* ⟨theat⟩ *Proszeniumsloge* f ‖ ∼*-coach Eilwagen* m, *Schnellpost, Postkutsche* f ‖ ∼*-coachman Postkutscher, Postillon* m ‖ ∼*-craft Bühnenerfahrung* f ‖ ∼*-direction –anweisung* f; *Spielleitung, Regie* f ‖ ∼*-director Regisseur, Spiel-*

leiter m ‖ ∼ *drama,* ∼ *play* (*Ggs* television d.) *B·ühnenstück* n ‖ ∼*-effect –wirkung* f ‖ ∼*-fever –fieber* n ‖ ∼*-fright* ⟨theat⟩ *Lampenfieber* n ‖ ∼*-hand Bühnenarbeiter* m ‖ ∼*-manage* (*Stück*) f *die Bühne herrichten* ‖ ∼*-management* ⟨theat⟩ *Bühnenleitung* f ‖ ∼*-manager* ⟨theat⟩ *–leiter* m ‖ ∼*-name Künstlername* m ‖ ∼*-point* ⟨mount⟩ „*Zwischenlandeplatz*" m ‖ ∼*-pro- perties* [pl] → *property* **|** ∼ *right Bühnen*–, *Aufführungsrecht* n ‖ ∼*-setting Bühnenbild* n, *Theaterdekoration* f ‖ ∼*-struck* f *das Theater schwärmend, a* ∼*-struck youth ein Bühnenfex* m ‖ ∼ *whisper* ⟨fig⟩ *weit hörbares Geflüster* n ‖ to ∼*-whisper* [vi/t] ⟨fig⟩ *laut flüstern* **II.** vt *auf die Bühne bringen; inszenieren* ‖ ⟨übtr⟩ *veranstalten* **stager** ['steidʒə] s: old ∼ *alter Praktikus* m **stagey** ['steidʒi] a = stagy **staging** ['steidʒiŋ] s *Inszenierung* f

staggard ['stægəd] s *Hirsch im 4. Jahr, Sechsender* m; → brocket, stag, staggie

stagger ['stægə] **I.** vi/t **1.** vi *schwanken, wanken, taumeln;* to ∼ to one's feet *sich mit Mühe auf die Füße bringen* **|** ⟨fig⟩ *schwanken, zaudern, Bedenken tragen* **2.** vt *schwankend or taumelig m; ins Taumeln bringen* ‖ ⟨fig⟩ *verblüffen, nachdenklich or stutzig m* ‖ *erschüttern; that* ∼s *all belief das macht allen Glauben zuschanden* **|** *zickzackförmig or abwechselnd bald auf e–r, bald auf der anderen Seite anordnen* ‖ ∼ed *gegen–e–a versetzt, in Kreuzpflanzung a* (*Urlaub* etc) *gleichmäßig über e–n Zeitraum verteilen* ‖ (*Tage, Stunden*) *staffeln* ‖ ⟨tech⟩ *staffeln, versetzen, auf Lücke setzen;* ∼ed *working* ⟨telph⟩ *Staffelbetrieb* m, *Staffelung* f; to work ∼ed *hours Schicht arbeiten* ‖ ⟨aero⟩ (*den Flügel*) *staffeln* **II.** s **1.** *Schwanken, Wanken* n **2.** ⟨aero⟩ *Staffelung* f (*Anordnung der Flügel*), forward ∼ *Vorwärts*–, backward ∼ *Rückwärtsstaffelung* f **3.** (*a blind* ∼s) ∼s [sg konstr] (of sheep) *Drehkrankheit* f; (of horses & cattle) *Koller* m (*Bremsenlarvenschwindel*) **4.** the ∼s [pl] (*P*) *Schwindel* m, *–gefühl* n **|** ∼**er** [∼rə] s *Verblüffung, Überraschung* f ∼**ing** [∼riŋ] a *taumelnd, wankend* **|** *niederschmetternd* (blow); *überwältigend; beunruhigend*

staggie ['stægi] s *Hirsch* m *im 4.–5. Jahr*
staghound ['stæghaund] s ⟨hunt⟩ *Hetzhund* m
staginess ['steidʒinis] s ⟨theat⟩ *effekthaschende Aufmachung* f ‖ *theatralisches Wesen* n
staging ['steidʒiŋ] s (*Bau-*)*Gerüst* n ‖ ⟨bes AInd⟩ *Fahren* n *in Postkutschen; Postkutschenwesen* n; [attr] *Postkutsch*– **|** ⟨theat⟩ *Inszenierung, –skunst* f ‖ ∼ *area* ⟨aero tact⟩ *Bereitstellungsraum* m ‖ ∼ *centre Transportleitstelle* f ‖ ∼ *point* ⟨mil⟩ *Auffangstelle* f ‖ ∼ *post* ⟨aero⟩ (*regelmäßiger*) *Zwischenlandungs-Flughafen* m
Stagirite ['stædʒirait] s: the ∼ *Aristoteles*
stagnancy ['stægnənsi] s *Stillstand* m, *Stockung* f ‖ ⟨fig⟩ *Trägheit* f ‖ ⟨com⟩ *Stille, Flauheit* f **–nant** ['stægnənt] a (∼ly adv) (of water, etc) *stagnierend, stillstehend, stockend, abgestanden, ungesund* ‖ ⟨fig⟩ *träge* ‖ ⟨com⟩ *flau* **–nate** ['stægneit] vi (of water, etc) *stagnieren, stillstehen, stocken* ‖ ⟨fig⟩ (*P*) *träge w* ‖ ⟨com⟩ *flau w* **–nation** [stæg'neiʃən] s = stagnancy **–nicolous** [stæg'nikələs] a *in Sümpfen* etc *lebend*
stagy, stagey ['steidʒi] a ⟨theat⟩ *effekthaschend* **|** *theatralisch; geziert, –spreizt*
Stahlhelm ['stɑ:lhelm] s ⟨Ger⟩ *Stahlhelm* m (*Bund der Frontsoldaten*) ∼**er** [∼ə] *Stahlhelmer* m; → Steel Helmet
staid [steid] **1.** pret & pp v *to stay* **2.** a (∼ly adv) *ruhig, gesetzt; nüchtern* (look *Aussehn*) ∼**ness** ['∼nis] s *Ruhe; Gesetztheit* f
stain [stein] **I.** vt/i **1.** vt *färben, bemalen; beizen* **|** *bunt or mit Mustern bedrucken* ‖ (*Gewebe*) *durch Farbe verändern* ‖ *beflecken, –schmutzen* ‖ ⟨fig⟩ *besudeln, –flecken, schänden*

2. vi *flecken*; *Flecke(n) m*; *fleckig w* **II.** s **1.**
(*Schmutz-*)*Fleck* m **2.** *Beize* f; *Färbstoff*; *Farb-
körper* m, yellow ~ *Silberlot, Kunstgelb* n
3. ⟨fig⟩ *Makel, Flecken* m **~able** ['~əbl] a
färbbar, durch Färben veränderbar **~ed** [~d] a
bunt; ~ glass *buntes Glas* n, (⟨a⟩ ~-glass
window) *Glasmalerei* f **~er** ['~ə] s *Färber,
Beizer* m ‖ *Beize* f, *Färbstoff* m **~ing** ['~iŋ] s
Färben, Beizen n; ~ of glass *Glasmalerei* f
~less ['~lis] a *unbefleckt, –gefleckt* ‖ *nicht
rostend, rostfrei* (steel) ǀ ⟨fig⟩ *flecken–, makellos*
~lessness ['~lisnis] s *Unbefleckitheit* f ‖ ⟨fig⟩
Makellosigkeit f
    stair [stɛə] s **1.** (*Treppen-*)*Tritt* m, *Stufe* f
2. *Treppe, Stiege* f; [*mst* pl] ~s [*sg konstr]
Treppe f; a flight of ~s *e–e T.* ǀ above–~s *oben,
hinauf bei der* (*Dienst-*)*Herrschaft* ‖ below–~s
unten, hinunter; *im Souterrain* ‖ down ~s, up
~s = downstairs, upstairs **3.** [attr] ~-carpet
Treppenläufer m ‖ ~-head *oberster Treppenabsatz* m ‖ ~-rail *Treppengeländer* n ‖ ~-rod
Treppenläuferstange f
    staircase ['stɛəkeis] s *Treppenhaus* n ‖
Treppe f; *–naufgang* m; back ~ *Hintertreppe* f;
corkscrew ~ *Wendeltreppe* f; moving ~ *Rolltreppe* f; principal ~ *Haupt(treppen)aufgang*;
spiral *od* winding ~ *Wendeltreppe* f
    stairway ['stɛəwei] s *Treppe* f
    staith [steiθ], **~e** [steið] s *Kai, Landungsplatz*
m; *Kohlenverladungsplatz* m
    stake [steik] **1.** s *Pfahl, Grenz–, Absteck–* m
‖ *Stange* f ǀ *Brandpfahl* m; ⟨fig⟩ the ~ *der* (*Tod
auf dem*) *Scheiterhaufen* m (to die at ~) ~s
ǀ *kl Amboß* m ǀ [attr] ~-boat *Boot als Startmal* n
‖ ~-net *Staknetz* n ‖ ~-forest, ~-wood ⟨for⟩
Gertenholz n **2.** vt *durch Pfähle stützen*; (*etw*) *an
e–e Stange od e–n Pfahl binden*; (*an*)*pfählen*;
(*jdn*) *an e–n Pf. binden* ‖ *auf e–m Pfahl aufspießen* ǀ to ~ in *einpfählen* ‖ to ~ off *od* out *ab-
pfählen*, (*Land*) *abstecken* (from *v*)
    stake [steik] **I.** s **1.** (*Wett-*)*Einsatz* m; ⟨übtr⟩
Wagnis n ‖ ⟨fig⟩ *Interesse* n, *Anteil* m ǀ ~s
[pl] ⟨racing⟩ *Einlage* f; *Preis, Gewinn* m ǀ *Rennen* n *um Geldpreis, Preisrennen*; futurity ~s
*R., das lange nach Abschluß der Nennungen
stattfindet* n **2.** W e n d u n g e n : to be at ~
auf dem Spiele stehen ǀ to be at one's last ~
s–n letzten Trumpf ausspielen müssen ‖ to have
a ~ in *ein Interesse h an*; to have a ~ in the
country *ein* (*materielles*) *Interesse am Wohl-
ergehen des Staates h* ‖ to sweep the ~s *den
ganzen Gewinn einstreichen* **II.** vt (*Geld*) (*als
Einsatz*) *setzen* (on *auf*) ǀ ⟨fig⟩ (*etw*) *wagen*;
(*Ruf*) *aufs Spiel setzen*; (*Wort*) *verpfänden* (on
f); to ~ o.s. on *sich einsetzen f*; ⟨fig⟩ to ~ all
in one venture, to ~ everything on one throw
alles auf 'eine Karte setzen ǀ ⟨Am⟩ *mit Geld ausrüsten* **~holder** ['~houldə] s *Unparteiischer* m,
der die Einsätze e–r Wette (etc) *verwahrt*
    stakhanovite [stə'kɑ:novait] s ⟨Russ⟩ *Sta-
chanow-Arbeiter* m (*Henneckearbeiter*)
    stalactic(al) [stæ'læktik(əl)], **–ctiform** [stæ-
'læktifɔ:m], **–ctitic** [stælək'titik] a ⟨minr⟩
tropfsteinartig, stalakt'itisch, Stalakt'iten– **–ctite**
['stæləktait] s ⟨minr⟩ *Stalakt'it, herabhängender*
(*Zapfen-*)*Tropfstein* m **–gmite** ['stæləgmait] s
Stalagm'it, sich auf dem Boden bildender (*Säu-
len-*)*Tropfstein* m **–gmitic** [stæləg'mitik] a
(~ally adv) ⟨minr⟩ *stalagmitisch*
    stale [steil] **I.** a (~ly adv) **1.** *nicht frisch*;
altbacken (bread); *trocken*; ǀ *fade* (wine) ‖
schal, abgestanden (beer) ‖ *schlecht, verdorben,
verbraucht, muffig* (air) ‖ ⟨hunt⟩ a ~ line *e–e
alte Fuchsspur* f **2.** (*P*) *abgearbeitet, ausgepumpt*;
überanstrengt; *stumpf* (with *v*) **3.** [(abstr) *S*)
alt, veraltet, abgedroschen, –griffen; *alltäglich,
langweilig* **4.** ⟨com⟩ *flau*; ~ cheque *verjährter
Scheck* **II.** vt/i ⟨*mst* fig⟩ *alt or abgestanden m*

    vi *veraltet, abgestanden, abgedroschen w*
~ness ['~nis] s *Schalheit* f; *Abgestandenheit* f
‖ *Überarbeitung* f ǀ *Abgedroschenheit* f
    stale [steil] s (of horses & cattle) *Urin* m
    stalemate ['steilmeit] **1.** s ⟨chess⟩ *Patt* n ‖
⟨fig⟩ *Stillstand* m, *Stocken* n; *Sackgasse* f
ǀ [attr] *unsicher, gefährlich* **2.** vt ⟨chess⟩ (*jdn*)
patt setzen ‖ ⟨fig⟩ *in die Enge treiben, matt
setzen*
    stalk [stɔ:k] s ⟨bot⟩ *Stengel, Stiel* m; (of
corn) *Halm* m (on the ~ *auf dem H.*) ‖ ⟨zoo⟩
Stiel, Träger m ǀ *etw Stielähnliches* n ‖ (of a
feather, glass) *Stiel* m ǀ *Schlot, hoher Schornstein* m ‖ the ~ *der Galgen in* Punch and Judy
ǀ ~ eyed ⟨zoo⟩ *stieläugig* ǀ **~ed** [~t] a *gestielt*;
[in comp] *–stielig* (long–~) **~less** ['~lis] a
stiellos, ohne Stiel **~let** ['~lit] s *kl Stiel* m **~y**
['~i] a *stielartig, Stengel–, Stiel–* ǀ *langstielig,
stakig* (legs)
    stalk [stɔ:k] **1.** vi/t ⟨hunt⟩ *birschen, pir-
schen*; *jagen* ‖ ⟨fig⟩ (of diseases, etc) *schleichen*
ǀ *stolz einherschreiten, stolzieren* ǀ vt ⟨hunt⟩ *sich
heranpirschen an* (to ~ a stag) ǀ (*Land*) *durchschreiten* **2.** s *stolzierender, langer Schritt* m
‖ ⟨hunt⟩ *Birsch, Pirsch* f ǀ **~er** ['~ə] s ⟨hunt⟩
Pirschjäger m **~ing** ['~iŋ] s *Einherstolzieren* n
‖ *Birschen, Pirschen* n ǀ [attr] *Pirsch–* (~-
ground) ‖ ~-horse ⟨hunt⟩ *Versteckpferd* n (*f
den Pirschjäger*); ⟨fig⟩ *Vorwand* m
    stalky ['stɔ:ki] a ⟨sl⟩ *klug, gerissen*
    stall [stɔ:l] **I.** s **1.** (of a stable) *Stand* m, *Box* f
‖ *Stall* m ǀ ⟨ec⟩ *Kirchenstuhl, Chor(herren)stuhl*
m; ~s [pl] *Chorgestühl* n ‖ ⟨fig⟩ *Chorherren-
würde* f ǀ ⟨theat⟩ *Sperrsitz* m, *Parkett* n;
orchestra ~s *erstes P.*, pitt ~s *zweites P.*
2. *Markt–, Meßbude* f; *Verkaufsstand* m,
–bank f, *–tisch* m; *Stand* m; book–~ *Bücher-
stand* **3.** (*Finger-*)*Hülle* f; finger–~ *Fingerling* m;
thumb–~ *Däumling* m **4.** ⟨min⟩ *Arbeitsstand* m
f *den Grubenarbeiter* **5.** [*v Verb*] ⟨mot⟩ *Stillstand* m; ⟨aero⟩ *überzogener Flug* m ‖ ⟨Am sl⟩
Vorspiegelung f *falscher Tatsachen, Verschleppungsmanöver* n ‖ ⟨Am⟩ *vorgetäuschtes Alibi* n
6. [attr & comp] ~-feed (*T*) *im Stalle füttern*
‖ ~-feeding *Stallfütterung* f ‖ ~ start ⟨mot⟩
stehender Start m (*mit stehendem Motor*)
II. vt/i **1.** vt *im Stall halten, auf–, einstallen* ǀ *im
Stall füttern* ‖ (*Stall*) *in Boxen* or *Stände aufteilen* ǀ ⟨Am⟩ [*bes* pass] (*Wagen*) (*im Schlamme*)
festfahren; *zum Stehen bringen* ‖ ⟨mot⟩ (*Motor*) *abdrosseln, abwürgen*; ⟨aero⟩ (*Flugzeug*)
überziehen, z Stoppen bringen, abwürgen; ⟨Am⟩
to ~ off (*Bitte*) *abschlagen*; (*Gegner*) *abwehren*;
(*Angelegenheit*) *verschleppen, verzögern, hin-
halten* (→ ~ s 5.) ǀ ~ing speed ⟨aero⟩ *Abkipp–,
Überziehgeschwindigkeit* f **2.** vi *steckenbleiben*
‖ ⟨mot⟩ *stehenbleiben* ǀ ⟨aero⟩ *in überzogener
Fluglage* s ‖ ⟨Am sl⟩ *faule Ausreden gebrauchen*,
Verschleppungsmanöver anwenden **~age** ['~idʒ]
s *Stand–, Marktgeld* n
    stall [stɔ:l] **1.** s *Helfershelfer*, °*Schmieresteher*
m **2.** vi °*Schmiere stehen*
    stallion ['stæljən] s ⟨zoo⟩ (*Zucht-*)*Hengst* m
    stalwart ['stɔ:lwət] **1.** a (~ly adv) *stark,
muskulös, kräftig, handfest* ǀ ⟨fig⟩ *entschlossen,
fest, standhaft, unentwegt* (opponent); *treu*
(defender); *geharnischt* (declaration) **2.** s ⟨bes
pol⟩ *standhafter, unnachgiebiger Verfechter e–r
S* ‖ ⟨nazi⟩ *Kämpfer* (old ~) **~ness** [~nis] s
Stärke, Kraft f ǀ *Standhaftigkeit* f
    stamen ['steimen] s L [pl ~s] ⟨bot⟩ *Staub-
gefäß* n, *–faden* m
    stamina ['stæminə] s [L pl] [sg konstr]
Kraft, Stärke, Ausdauer, Widerstandskraft f
(his ~ is ..); ⟨bes sport⟩ „*Stehvermögen*" n
ǀ **–nal** ['stæminəl] a *Widerstands–* ~ strength
–kraft f ǀ ⟨bot⟩ *Staubgefäße–* **–nate** ['stæmineit]
a ⟨bot⟩ *Staubgefäße habend* (flower) ‖ *mit*

Staubgefäßen versehen –**neous** [stei'miniəs] a
Staubgefäß– –**niferous** [steimi'nifərəs] a ⟨bot⟩
Staubgefäße tragend; ~ plant *männl. Pflanze
ohne Pist·ill* f

stammer ['stæmə] **1.** vi/t *gehemmt sprechen,
stammeln, stottern* | vt (*a* to ~ out) (*Worte*)
stammeln **2.** s *Stammeln, Stottern* n –**er** [~rə] s
Stammler, Stotterer m

stamp [stæmp] vt/i **I.** **vt 1.** *stampfen mit*; to
~ one's foot *mit dem Fuße st.* || *stampfen auf*
(*etw*); *zerstampfen* (to ~ the ground) || *nieder-
treten* **2.** *stempeln* (*Metall*) *pochen*; (*Münze*)
prägen || (*oft* to ~ out) *ausstanzen*; –*schneiden*
|| (*Stoff*) *drucken* || (*Brief*) *frankieren, freima-
chen* **3.** ⟨fig⟩ (*etw*) *eingraben*, –*prägen* (on the
mind *dem Geiste*); to be ~ed upon a the *e–r S
den Stempel aufdrücken* | ⟨fig⟩ *stempeln,
kennzeichnen* (a p as *jdn als*); ~ed with *gekennzeichnet durch*; *durchfurcht* v **4.** [*mit* adv] ~
down *niedertreten* || to ~ out (*Feuer*) *austreten*;
⟨fig⟩ *unterdrücken, ausrotten*; ⟨tech⟩ *ausstanzen*
II. **vi** *stampfen* (with one's foot *mit dem Fuße*);
to ~ with rage *vor Wut mit dem F. stampfen* ||
mit Füßen treten, trampeln (on *auf*) || *stampfen,
kräftig auftreten* | ~**ed** [~t] a *gestempelt*; *fran-
kiert* | ~ sheet of paper *Stempelbogen* m ~**er**
['~ə] s *Stampfer* m || *Stampfe* f (*Gerät*) ||
(*Brief-*)*Stempler* m ~**ing** ['~iŋ] s *Stampfen* n
|| ⟨tech⟩ *Preßstück* n || [attr] *Stampf–*; ~-mill
–*mühle* f, –*werk* n || ~-press *Stampf–, Stempel-
presse* f || *Präg–*; *Stempel–*; ~-machine –*ma-
schine* f | ~-ground ⟨Am⟩ *Lieblingsort*, –*aufent-
halt* m (*T*)

stamp [stæmp] s **1.** *Stampfen* n **2.** ⟨mech⟩
Stempel m (*Druckgerät*), official ~ *Dienst-
stempel* m, → 3.; *Stampfe* f || ⟨tech⟩ *Pochstempel*
m **3.** *Stempelabdruck*; (*Amts-*)*Stempel*, (*Post–,
Waren–* etc) *Stempel* m, → 2. **4.** *Stempelmarke* f
|| (a *postage-*~) (*Brief-*)*Marke* f, to put a ~ on
e–e M. kleben auf; to put on [adv] a ~ *e–e M.
aufkleben* | ~s [pl] ⟨Am sl⟩ °*Zaster* m (*Geld*)
5. ⟨fig⟩ *Stempel* m; to set one's ~ upon a the
e–r S s–n St. aufdrücken || *Charakter* m, *Ge-
präge* n; to give a ~ to a the *e–r S G. verleihen*;
Schlag m (a man of that ~ *ein Mann v diesem
Sch.*) **6.** [attr] Stamp-Act *Stempelakte* f (*bes
die* v 1765) || ~-album *Briefmarkenalbum* n ||
~-collector *Markensammler* m || ~-duty
Stempelgebühr f || ~-machine (*Papier-*)*Stampf-
maschine* f || ~-mill *Stampfmühle* f, –*werk* n ||
~-office *Stempelamt* n || ~-pad *Stempelkissen* n

stampede [stæm'pi:d] **1.** s *plötzliche Massen-
angst u –flucht*, (*Panik*, gr *Bestürzung* f | ⟨Am sl⟩
°*Schwof* (*Tanz*) m || *Rodeo* m, *Reitturnier* n (*der
Cowboys*) || ⟨fig⟩ *wilde Jagd* f **2.** vt/i || *in Panik
versetzen* || *fluchtartig treiben, jagen* | vi *in
wilder Unordnung davonlaufen*; (of horse) *durchgehen*

stance [stæns] s ⟨golf, etc⟩ (*jds*) *Haltung,
Stellung* f (*beim Spiel, Schlagen*) || to take up a
boxing ~ *in Boxstellung gehen* f (*secure*) ~
⟨mount⟩ (*sicherer*) *Stand* m

stanch [stɑ:n(t)ʃ] a ⟨bes Am⟩ = staunch a
stanch [stɑ:n(t)ʃ], **staunch** [stɔ:n(t)ʃ] vt (*Blut*)
stillen; (*Blutfluß*) *hemmen*; (*Wunde*) z *Stillen
bringen* || (*Schmerz*) *stillen, lindern*

stanchion [stɑ:nʃən] **1.** s *Strebe, Stütze* f;
Steife f; (*Stütz-*)*Pfosten* m || (*Lkw-*)*Runge* f
|| (of a window) *eiserne Fensterstange* f (*zw
den Pfosten*) || ⟨mar⟩ *Steiper, Stieper* m (*Stütze*)
2. vt *mit Stützen versehen, stützen* || (*T*) *an e–n
Pfosten binden*

stand [stænd] vi/t [stood/stood] **I.** **vi 1.**
stehen; to ~ to the National Anthem *stehen,
während die Nationalhymne gesungen wird* ||
aufrecht–, hochstehen, his hair ~s on end *das
Haar steht ihm z Berge* **2.** *aufstehen*; *sich stellen*;
treten; to ~ aside *zur Seite* or *beiseite treten*;

to ~ back *zurück–*, to ~ forth *hervortreten*; ~
easy! ⟨mil⟩ *rührt euch!* **3.** *stehenbleiben, stocken,
stillstehen*, ~ and deliver *halt! das Geld her!* ||
stehenbleiben, Widerstand leisten, standhalten;
to ~ or fall *siegen oder sterben* || (*be*)*stehenblei-
ben, beharren*; to leave a th ~ing *etw stehenlas-
sen*; and there it ~s u *dabei bleibt es*; this must
~ ⟨typ⟩ .. *muß stehen bleiben*, stet! **4.** **a.** (of
buildings etc) *stehen, liegen, gelegen s, sich befinden*, as matters, things ~ *wie die Dinge liegen*;
to ~ on record *aufgezeichnet s* | ⟨parl⟩ the mo-
tion stands in the name of Mr. N. *der* (*schriftl.*)
Antrag ist v Mr. N. (*als Unterzeichner*) *gestellt*
(or *eingebracht*) **b.** [**mit** a **& pp**] to ~ **alone**
unerreicht dastehen; *allein stehen, ohne Hilfe s*;
~ **clear**! *freitreten* v *Geschütz*!; ~ **easy** *rühren*,
→ I. 8. at; to ~ **condemned** *überführt s*; ..
corrected *zugeben, daß man unrecht hat*; .. **fast**
feststehen, nicht weichen; (~ f.! [*Batterie*]
halt!); .. **high** *hohes Ansehen genießen*; to ~
pat ⟨Am sl⟩ *festhalten am alten, zufrieden s mit
Bestehendem*; .. **still** *stillstehen*; .. **well** with (*P*)
gut stehen mit (a p) **c.** [**mit** s]: to ~ **godfather**
Pate stehen (to *zu*); to ~ **security** *Sicherheit
leisten*; *sich verbürgen* (for) **d.** [**mit inf**] to ~
to lose (win) *sicherlich verlieren* (*gewinnen*)
5. *messen*, he ~s six feet high *od* in height *er
ist 6 Fuß hoch*; *er mißt 6 Fuß* (in his stockings
ohne Schuhe; in his shoes *mit den Schuhen*)
|| *kosten* (it ~s me 2 shillings); z *stehen k*; to
~ a p in good stead *jdm zustatten k* **6.** *in Kraft
s, gültig s*; *gelten* (as *als*) **7.** *Kurs haben, segeln*
(for, to *nach*) **8.** [**mit prep**] to ~ **against** *sich
halten gegen, widerstehen*; *sich abheben gegen*,
v | to ~ **at** 87° *auf* 87° *stehen* || ⟨mil⟩ to ~ at
attention *stillstehen*, to ~ at ease *rühren*
(⟨engl⟩ *nur der r. Fuß bleibt stehen, Hände auf
dem Rücken*); to ~ **by** a p *jdm beistehen*; .. by
a th *e–r S treubleiben*; *festhalten, beharren bei
etw*; .. by one's word z *s–m Worte stehen* | to ~
for *eintreten f, unterstützen* || *stehen* or *gelten f*;
to ~ for nothing *nichts gelten* || *Symbol s f*;
bezeichnen, –deuten; *vertreten* || *kandidieren f*
|| ⟨Am⟩ *dulden, hinnehmen* (don't ~ for that)
| to ~ **from** under ⟨Am⟩ *sich in Sicherheit
bringen* | to ~ **in** *kosten*; it ~s me in 2 shillings
es kostet mich 2 Sch. | to ~ **on**, upon *bestehen
–harren auf*; *Wert legen, halten auf* (to ~ on
ceremony) | to ~ **to** a p *jdm beistehen* || .. by
a th *sich halten an, verharren bei etw*; .. to one's
guns ⟨mil⟩ *nicht zurückweichen*; ⟨übtr⟩ *s–n
Prinzipien treubleiben, nicht nachgeben* || it ~s
to reason that *es ist selbstverständlich, versteht
sich* (v *selbst*), *daß* **9.** [**mit adv**] to ~ **by** *dabei-
stehen, dabei s*; ⟨mar⟩ *klar–, bereitstehen*; ⟨mil⟩
in Bereitschaft s; ⟨wir⟩ *sendebereit s, auf Emp-
fang bleiben* | to ~ **down** ⟨sport⟩ *ab–, zurück-
treten* (v *Wettkampf*); *sich fern–, zurückhalten* |
to ~ **for** ⟨Am⟩ (*etw*) *geschehen l, hinnehmen,
dulden* | to ~ **in** ⟨mar⟩ *landwärts segeln* || *s–e
Hilfe zusagen* | *sich verbinden, gut stehen* (with);
to ~ in with a p ⟨sl⟩ *mit jdm gemeinsame S m
teilhaben*, –*nehmen* (with a p in a th *mit jdm
an etw*) ⟨sl⟩ it ~s (me) in 8 s *es kostet mich* ..
| to ~ **off** *abseits stehen*; *sich abseits stellen* (~
off! *fort da!*); to ~ **off** and on ⟨mar⟩ *dem
Lande u wieder in See steuern* || *sich fern-
halten, abstehen* (from *von*), *sich weigern* | to ~
on ⟨mar⟩ *bestimmten Kurs einschlagen* | to ~
out *sich fernhalten*; *nicht teilnehmen*; ⟨a⟩ to ~
it out *festbleiben*, .. out against *widerstehen*
|| *eintreten* (for *f*); *sich entscheiden* (for *f*);
bestehen (for more wages *auf höheren Löhnen*)
|| *hervorragen, sich abheben* (against *gegen*;
from v); *sich herausheben* (from *aus*) ⟨mar⟩
(*mst* to ~ out to sea) *in See gehen* | to ~ **over**
liegen or *unerledigt bleiben, zurückgestellt w*
|| ⟨mar⟩ z *anderen Ufer fahren, segeln* | to ~

to ⟨mil⟩ *sich z Angriff vorbereiten, die Gräben beziehen*; ~ to! *an die Gewehre!* | to ~ **up** *aufrecht, in die Höhe stehen* ‖ *sich aufrecht halten, sich behaupten* (against) ‖ ⟨fam⟩ *sich unterstellen* ‖ .. up for *eintreten für, verteidigen* ‖ .. up in ⟨fam⟩ *am Leibe h* ‖ .. up to *standhalten, es aufnehmen mit* **II. vt 1.** (*etw*) *stellen* (against *an*) **2.** (*Stellung*) *behaupten*; to ~ one's ground *sich behaupten, s–n Mann stehen* ‖ (*e–r S*) *standhalten*; to ~ a (greater) *chance* (*bessere*) *Aussicht h*; to ~ one's chance *es darauf ankommen l* **3.** *leiden, ertragen, tragen* (to ~ the loss); *aushalten* (to ~ a comparison *e–n Vergleich aushalten*); *dulden*; *vertragen* (he can ~ a lot); to ~ no nonsense *nicht mit sich spaßen l* ‖ *ausstehen* (I can't ~ him) | *z besten geben* (a p a th *od* a th to a p *jdm etw*) **4.** *sich* (*e–r S*) *unterziehen,* (*etw*) *über sich ergehen l*; to ~ a trial *od* the test *die Probe bestehen*; *sich bewähren*; to ~ lunch for a p ⟨fam⟩ *jdn z Essen einladen*; I'll ~ you a drink ⟨fam⟩ *trink eins auf m–e Kosten, trink eins, ich lade dich ein*; to ~ one's trial *sich vor Gericht verantworten* **5.** [*mit adv*] to ~ **off** ⟨Am⟩ *aufschieben* ‖ *sich vom Leibe halten* | to ~ **out** (*etw*) *stehend z Ende hören*; *z Ende aushalten, standhalten*; *darauf bestehen* (that) | to ~ **together** *auf–, zus–stellen* | to ~ **up** ⟨Am⟩ (*jdn*) „*versetzen*" **III.** [in comp] ~-backer *Drückeberger* m ‖ ~-by *Hilfe f; Helfer m;* ⟨mil⟩ (*Alarm-*)*Bereitschaft* f; ⟨cul⟩ *Stamm*(*gericht* n) m, (*das*) *Übliche* ⟨a fig⟩; ~-by area ⟨aero⟩ *Warteraum* m; ~-by car *Reservewagen* m; ~-by frequency ⟨wir⟩ *Wachwelle* f | to give ~-down *den Alarm aufheben* | ~-easy *zwangloses Herumstehen* n, *Ruhepause* f ‖ ~-in [pl ~-ins] *gute Stellung* f; ⟨film⟩ *Double* n (*z Vorbereitung der Aufnahme*), *Probenstatist*(*in* f) m, *Ersatzmann* m ‖ ⟨Am racial pol⟩ *Sich-anstellen* n *Farbiger vor Kino* etc, *das f Weiße reserviert ist* | ~-off, ~-offish *zurückhaltend*; *überheblich*; *unnahbar* | ~-to *Alarmzustand* m | ~-up (*hoch*)-*stehend, Steh–*; ~-up collar *Stehkragen* m; ~-up fight *regelrechter Kampf* m ‖ *im Stehen genommen* (a ~-up meal)

stand [stænd] s **1.** *Stand* m, *Stehen* n, *Stillstand* m; ⟨for⟩ *Bestand* m **2.** (*Auf-*)*Stellung* f ⟨a fig⟩ ‖ (*Halte-*)*Platz* m, (*Halte-*)*Stelle* f; *Stand* m (*des Jägers*) **3.** *Gestell* n; (*Markt-*)*Stand* m, *Bude* f ‖ *Stütze* f; *Ständer* m (umbrella ~; flower-~); *Pult* n ‖ ⟨phot⟩ *Stativ* n **4.** (for spectators) *Gerüst* n; ⟨a⟩ grand ~ *Tribüne* f ‖ band-~ *Musikkiosk* m **5.** *Gruppe* f, *Satz* m, *Reihe v Dingen*; ~ of arms ⟨mil⟩ *Gewehr* n *mit Zubehör, vollständige Ausrüstung* f *e–s Soldaten* ‖ ⟨Am agr⟩ *stehendes Korn* n, *Stand* (the ~ of wheat) **6.** *W e n d u n g e n* : to be at a ~ *stocken*; *steckenbleiben* ‖ to bring to a ~ *z Stehen bringen* ‖ to come to a ~ *steckenbleiben* ‖ to make a ~ *Widerstand leisten, standhalten* (against a th *e–r S*) ‖ to take one's ~ *sich aufstellen* ‖ to take a (new) ~ ⟨fig⟩ *e–e* (*neue*) *Stellung einnehmen*

standard [ˈstændəd] **I.** s **1.** *Standarte* f (~-bearer –*nträger* m); *Fahne* f ⟨a fig⟩ **2.** *Normal–, Einheits–, Richt–, Eichmaß* n; *Normalpreis* m ‖ ⟨met⟩ (*gesetzlicher*) *Feingehalt* m; *Münzfuß* m, *Währung* (gold ~ *Gold–*), *Valuta* f **3.** ⟨fig⟩ *Richtmaß* n, *Norm, Regel* f; ~ of radiation ⟨at⟩ *Strahlungsnorm* f; safety ~s [pl] to protect the health of the general public *Sicherheitsnormen f den Gesundheitsschutz der Bevölkerung* ‖ *Durchschnitt* m (above, below the ~ *über, unter dem D.*) ‖ *Niveau* n, *Maßstab* m; by a ~ *nach e–m M.*; educational ~ ⟨school⟩ *Anforderungen f pl* ‖ to be up to the ~ *den Anforderungen genügen*; to set the ~ for *den M. abgeben f* ‖ *Muster, Ideal* n; ~ of life, ~ of

living *Lebensstandard* m, –*haltung* f; –*ideal* n; ~ of value *Wertmesser* m | *Stufe*; (*Volksschul-*)*Klasse* f | ~s [pl] *Normleistungen* f pl, –*werte* m pl **4.** *Ständer, Pfosten, Pfeiler* m | ⟨hort⟩ *freistehender hoher* (*Baum-*)*Stamm* m, ⟨for⟩ *Überhälter, –ständer* m (*Baum*) **II.** a **1.** *Normal–, Einheits–, Regel–, Muster–; mustergültig* (~ English); *klassisch* ‖ (*alt*)*herkömmlich* (*Ggs modern*) → record; *mittlere*(*r, –s*) ⟨stat⟩ (deviation) **2.** *führend, maßgebend* (~ work) **3.** *aufrecht, stehend; Steh–* (~ lamp –*lampe*) **4.** ⟨hort⟩ *hochstämmig* (~ rose) **5.** ~ author *Klassiker* m ‖ ~ bread *Normalbrot* n ‖ ~ bar *Normalstab* m ‖ ~ beam approach (SBA) *Standard-Leitstrahlanflug* m ‖ ~ bore *Einheitsbohrung* f ‖ ~ conditions [pl] *Normalzustände* m pl ‖ ~ design *Regelbauart, Norm·alausführung* f ‖ ~ gage *Normallehre, –maß* n ‖ ~-gauge [attr] ⟨rail⟩ *normalspurig, Normalspur-* ~-g. design *Normalausführung* f ‖ ~ gold *Münzgold* n ‖ ~ metal *Regelmetall* n ‖ ~ meter *Urmeter* n ‖ ~ motor *Fußmotor* m ‖ ~ (civil) time (*bürgerliche*) *Normalzeit* f ‖ ~ system of measurements ⟨bes at⟩ *einheitliches Maßsystem* n ‖ ~ value *Einheitswert* m (*e–s Grundstücks*). **~ization** [ˌstændədaiˈzeiʃən] s *Standardisierung, Vereinheitlichung, Typennormung, Normierung* f ‖ ~ Agreement *Stand.sabkommen* n ‖ ~ regulation *Normvorschrift* f **~ize** [ˈstændədaiz] vt *normalisieren, normieren, vereinheitlichen, festlegen; in Masseneinheitsformen einreihen* ‖ ~d [pp] ⟨stat⟩ *standardisiert*

standee [stænˈdiː] s ⟨bes Am⟩ *Stehende*(*r* m) f, *Stehplatzinhaber*(*in* f) m, –*besucher*(*in* f) m, ⟨fam⟩ *Stehplätzler*(*in* f) m

stander [ˈstændə] s *Stehender, Bleibender* m | ~-by [pl ~-s-by] *Zuschauer* m ‖ ~-up *Parteigänger* m

standing [ˈstændiŋ] **1.** a (*hoch*)*stehend* (~ corn); ~ jump *Schlußsprung* m; ~ position (*Gewehr-*)*Anschlag* m *stehend* ‖ *stehend, still* | *dauernd, beständig*; *stehend* (~ committee); ~ army *stehendes Heer* n | *dauernd gültig; fest* (*Lohn*); ~ order *laufende, feste Order*; ~ orders [pl] ⟨parl⟩ *Geschäftsordnung* f ‖ *laufend* (patrols) ‖ ~ wave ratio ⟨wir⟩ *Wellenziffer* f ‖ ~ rigging ⟨mar⟩ *stehendes, festes Tauwerk* n ‖ *aufgerichtet* (stone), ~ stone ⟨praeh⟩ *Steinblock* m, *Monol·ith* m | all ~ ⟨mar⟩ *so wie man ist, unvorbereitet* **2.** s *Stehen* n | *Stellung* f, *Ansehen* n, *Ruf; Rang* m, of good ~ *hochangesehen* | *Dauer* f, *Bestand* m, of long ~ *langjährig, alt* | [attr] *Stand–*; ~-desk –*pult* n; ~-power ⟨sport⟩ *Stehvermögen* n; ~-room –*platz* m (to get ~-room *e–n St. bek*)

standish [ˈstændiʃ] s † *Schreibzeug* n

standpatter [ˈstændpætə] s (→ to stand I. 4. b.) ⟨Am sl pol⟩ *hartnäckiger Verfechter* m *des Bestehenden or des Parteistandpunktes* (*bes in Zollfragen*) –**patism** [–pætizm] s *sturer Konservativismus* m

standpoint [ˈstændpɔint] s *Stand–, Gesichtspunkt* m; from this ~ v *diesem St.*

standstill [ˈstændstil] s *Stillstand* m ‖ ~ Agreement ⟨pol⟩ *Stillhalteabkommen* n ‖ to be at a ~ *stillstehen, stocken*; to come to a ~ z *Stillstand k*; to fight to a ~ *bis z Erschöpfung kämpfen*

stanhope [ˈstænəp] s (*nach* Charles Earl of ~) *leichter, zweirädriger Wagen* m ‖ (a ~ press) ⟨typ⟩ *Stanhopehandpresse* f

staniel [ˈstænjəl], **stannel** [ˈstænəl] s ⟨orn⟩ *Turmfalke* m

stank [stæŋk] pret v to stink

stannary [ˈstænəri] s *Zinnbergwerk* n ‖ the Stannaries [pl] *das Zinngrubengebiet* (v Cornwall u Devon) | [attr] *Zinngruben–, Zinn–*

stannic [ˈstænik] a ⟨chem⟩ *Zinn–* –**iferous**

[stæ′nifərəs], **–ous** [′stænəs] a *zinnhaltig, Zinn-*

stanza [′stænzə] s It *Stanze, Strophe* f **~ed** [~d] a *–stanzig* (eight-~) **~ic** [stæn′zeiik] a *Stanzen-, strophenförmig*

stapes [′steipi:z] s L *eins der 3 Gehörknöchelchen* n

staple [′steipl] **1.** s **a.** ⟨hist⟩ *Markt, Stapelplatz* m; *Handelszentrum* n **b.** (of a country) *Haupthandelsartikel* m, *–erzeugnis* n **c.** ⟨fig⟩ *Hauptinhalt, –gegenstand* m **2.** a *Stapel–* ‖ *Haupt–;* ~ *industry Hauptindustrie* f

staple [′steipl] **1.** s (of wool, etc) *Stapel* m, *Länge* f *e–s einzelnen Fadens; einzelne Wollfaser* f ‖ *einzelner Faserbüschel* m ‖ *Rohwolle* f ‖ *Rohstoff* m ‖ ~ *fibre Zellwolle* f **2.** vt (Wolle) *nach der Faser sortieren* ‖ **~d** [~d] a *–schurig,* long-~ *langschurig;* short-~ *kurzschurig* (wool)

staple [′steipl] **1.** s *Krampe, Haspe* f ‖ (of a book) *Heftklammer* f, *–draht* m; *Schließklappe* f **2.** vt *mit e–r Krampe or Klammer befestigen* ‖ (Buch) *mit Draht heften* ‖ *stapling machine Heftmaschine* f ‖ **~r** [′steiplə] s ⟨com⟩ (Woll- etc) *Sortierer, Wollgroßhändler* m **–pling** [–iŋ] ⟨bookb⟩ ~ *machine Heftmaschine* f

star [stɑ:] s **1.** *Stern* m; (a fixed ~) *Fixstern* m ‖ ⟨typ⟩ *Sternchen* n ‖ *Ordensstern* m **2.** *hervorragender Mensch,* (Bühnen-)*Stern* m; *Star* m, *berühmter Sänger or Darsteller* m, *Filmgröße* f **3.** ⟨fig⟩ *Stern* (his ~ *has set sein St. ist erloschen;* unlucky ~ *Unstern* (to be born under an unlucky ~); *Schicksal, Geschick* n (to thank one's ~s) **4.** shooting ~ ⟨astr⟩ *Sternschnuppe* f ‖ the (Spiked) ⋆ *of Bethlehem* ⟨bot⟩ (Pyrenäen-)*Milchstern* m ‖ ~s *and stripes* [pl] ⟨Am⟩ *Sternenbanner* n ‖ I see ~s ⟨fam⟩ *es flimmert mir vor den Augen* **5.** [attr & comp] ~-apple ⟨bot⟩ *Sternapfelbaum* m ‖ ~ *billing* ⟨Am⟩ *Starreklame* f ‖ the ⋆ *Chamber od* the Court of ⋆-Chamber ⟨engl hist⟩ *Sternkammer* f (Gerichtshof 1487 bis 1641) ‖ ~-crossed v *den Sternen nicht begünstigt* ‖ ~-drift ⟨astr⟩ *–drift* f, *–treiben* n ‖ ~-flower ⟨bot⟩ *Vogelmilch* f ‖ ~-gazer ⟨Am⟩ (Astronom) °*Sterngucker* m ⟨a übtr⟩; ⟨vulg⟩ „*Fernrohr*" n ‖ ~-like *sterngleich, –artig, Sternen–* ‖ ~ *performance Vorstellung* f *mit erster Besetzung* ‖ ~ *prisoner mit Stern gekennzeichneter Sträfling* m (Leichtverbrecher) ‖ ~-shaped *strahlig* ‖ ~-shell ⟨mil⟩ *Leuchtkugel* m ‖ ~-spangled *mit Sternen geschmückt, übersät* ‖ the ~-spangled banner ⟨Am⟩ *das Sternenbanner* (Nationalflagge); amer. *Nationallied* n ‖ ~ *shell* ⟨aero⟩ *Sternleuchtkugel* f, *Leuchtgeschoß* n ‖ ~-stone *Sternstein, –saphir* m ‖ ~-thistle ⟨bot⟩ *Flockenblume* f ‖ ~-turn *Hauptattraktion* f

star [stɑ:] vt/i **1.** vt *besternen* ‖ *mit e–m Sternchen versehen* ‖ ⟨theat⟩ (jdm) *die e Hauptrolle geben* **2.** vi *glänzen* ‖ ⟨theat⟩ *in der Hauptrolle gastieren; die H. spielen* (a to ~ it); ~-ring-tour *Gastspieltour* f *e–s Stars* (→ star 3)

starblind [′stɑ:blaind] a *halbblind*

starboard [′stɑ:bəd] **1.** s ⟨mar⟩ *Steuerbord* n **2.** a *Steuerbord–* **3.** vt (Steuer) *nach Steuerbord halten*

starch [stɑ:tʃ] **1.** s (Pflanzen-)*Stärke* f; [attr] *Stärke–* (~ flour *–mehl* n; ~-sugar *–zucker* m) ‖ (Wäsche-)*Stärke* ‖ ⟨fig⟩ (of conduct) *Steifheit, Formalität* f **2.** a ⟨†fig⟩ *steif, formell* **3.** vt (Wäsche) *stärken, steifen* ‖ **~ed** [~t] a ⟨fig⟩ *steif, formell* ‖ **~y** [′~i] a (–chily adv) *stärkehaltig* (food) ‖ *gestärkt* (linen) ‖ ⟨fig⟩ *steif, formell*

stardom [′stɑ:dəm] s *Welt* f *der Stars, Filmgrößen etc*

stare [stɛə] **I.** vi/t **1.** vi *starren; gr Augen* m; to ~ *at a p jdn anstarren;* to ~ *after a p jdm nachstarren;* he ~d *in front of him er starrte vor sich hin* ‖ to make a p ~ *jdn in Erstaunen*

setzen **2.** vt to ~ *a p in the face jdn anstarren;* (S) (jdm) *deutlich vor Augen stehen* ‖ to ~ *back at a p jds starrenden Blick erwidern* ‖ to ~ *down,* to ~ *out of countenance* (jdn) *durch starre Blicke verblüffen* **II.** s *Starren* n ‖ *Stieren* n, *starrer Blick* m **starer** [′~rə] s *Gaffer, Anstarrer* m

starfinch [′stɑ:fin(t)ʃ] s ⟨orn⟩ *Rotschwänzchen* n

starfish [′stɑ:fiʃ] s ⟨zoo⟩ *Seestern* m (Stachelhäuter)

staring [′stɛəriŋ] **1.** a (~ly adv) *starrend, stier* ‖ (of colours, etc) *auffallend, grell* ‖ (of hair, etc) *rauh, borstenartig* **2.** adv *völlig, ganz u gar* (~ mad)

stark [stɑ:k] **1.** a (~ly adv) ⟨† & poet⟩ *stark;* ⟨fig⟩ *unbeugsam* ‖ *steif, starr* ‖ *gänzlich, völlig; lauter, rein, nackt* **2.** adv *ganz u gar, völlig* (~ mad); ~ *naked splitternackt*

starless [′stɑ:lis] a *ungestirnt, sternenlos* **–let** [′stɑ:lit] s *Sternchen* n ‖ ⟨fig⟩ *Nachwuchsstar* m, *Filmsternchen* n **–light** [′stɑ:lait] **1.** s *Sternenlicht* n (by ~ *bei St.*) **2.** a *sternklar, –hell*

starling [′stɑ:liŋ] s ⟨orn⟩ *Star* m; rose-coloured ~ *Rosenstar*

starling [′stɑ:liŋ] s (of a bridge) *Pfeilerhaupt* n, *Strom–, Eisbrecher* m

star– ‖ ~-lit [′stɑ:lit] a *sternklar, –hell;* v *Sternen beleuchtet* **~-red** [stɑ:d] a *gestirnt* (sky) ‖ *mit e–m Stern geschmückt; besternt* ⟨typ⟩ *mit e–m Sternchen bezeichnet* ‖ ill-~ *unter e–m bösen Stern geboren; unglücklich* (victim) **~-riness** [′stɑ:rinis] s *Sternenhelle* f **~-ry** [′stɑ:ri] a *gestirnt* (sky) ‖ *sternförmig, Sternen–* ‖ *sternenhell, glänzend, strahlend* (eyes) ‖ **~-eyed** ⟨fam⟩ *träumerisch, verträumt, unpraktisch, idealistisch; mit „Sternenaugen"*

start [stɑ:t] vi/t **I.** vi **1.** *aufschrecken, –springen, in die Höhe fahren, zus–fahren* ‖ *sich ruckweise bewegen, his eyes were ~-ing from his head ihm traten die Augen aus dem Kopfe* ‖ (of nails) *sich lockern; gelöst* w; (of timber) *sich werfen, sich krümmen* **2.** *aufbrechen, sich auf den Weg* m; *abreisen* (for nach); to ~ *on a journey e–e Reise antreten, abreisen* ‖ (of trains, etc) *abfahren, –gehen;* ⟨mot⟩ *losgehen;* ⟨sport⟩ *starten,* ⟨aero⟩ *abfliegen* ‖ ⟨Am sl⟩ *Händel suchen* (with) **3.** *beginnen* (to do); to ~ *in business ein Geschäft anfangen or eröffnen* ‖ to ~ *on a th etw beginnen;* to ~ *with* (bei *Aufzählungen*) *erstens, als erstes* ‖ *s–n Anfang nehmen;* ⟨fig⟩ *ausgehen* (from v) **4.** [mit adv] to ~ *in* ⟨Am⟩ *beginnen* (to do); to ~ *in for a th etw b.* ‖ to ~ *off aufbrechen, abfahren* ‖ to ~ *out* ⟨fam⟩ *sich vornehmen* (to do) ‖ to ~ *over* ⟨Am⟩ v *neuem beginnen* ‖ to ~ *up aufspringen;* ⟨mot⟩ (of cars) *anspringen;* ⟨fig⟩ *entstehen* **II.** vt **1.** ⟨hunt⟩ (Wild) *aufjagen; –schrecken* ‖ (Faß) *stürzen, leeren* ‖ (Nagel etc) *losmachen, lockern* **2.** *in Gang or Betrieb setzen;* (Maschine) *anlassen;* to ~ *the ball rolling den Ball ins Rollen bringen* ‖ (jdn) *in Gang bringen; aufbrechen* l; ⟨sport⟩ *starten* l; ⟨aero⟩ *abfliegen* l **3.** (etw) *ins Leben rufen;* (Geschäft) *einrichten, aufmachen;* to ~ *a p in business jdn etablieren* **4.** ⟨fig⟩ (etw) *in die Welt setzen* ‖ (Gerücht) *verbreiten* ‖ (Frage) *aufwerfen, anregen;* to ~ *another hare ein neues Thema anschneiden* (um *abzulenken*) ‖ *beginnen* (working z *arbeiten*); (z Angriff) *ansetzen, antreten;* (Reise) *anbrechen* ‖ to get ~ed ⟨fig⟩ „*angekurbelt" w* **5.** [mit adv] to ~ *up in Gang, Bewegung setzen* ‖ **~er** [′~ə] s ⟨sport⟩ *Starter* m (Signalgeber z *Start*) ‖ *Starter, Teilnehmer* (am *Wettkampf*) m; *Rennpferd* n ‖ (in Hotel etc) ⟨Am⟩ *Auto–, Liftpage* m ‖ ⟨mot & tech⟩ *Anlasser* m, *Antriebsmaschine* f; *Auto* n *mit Anlasser* ‖ as a ~, for a ~ f *den Anfang* ‖ ~ *crank Andrehkurbel* f ‖ ~ *distance*

Anlauf-, Anfahrstrecke f ‖ ~ *motor Anwurf-, Anlaßmotor* m ‖ ⟨mot⟩ ~ *pinion Starterritzel* m & n; ~ *quadrant* ⟨mot⟩ *-segment* n **~ing** ['~iŋ] s *Starten* n | [attr] *Start-* (~*-post -linie* f, *-mal* n; ~*-price -preis* m *beim Wetten*) ‖ *Abfahrt-* (~*-platform -bahnsteig* m) ‖ *Ausgangs-*; ~*-point -punkt* m (*of an attempt f e-n Versuch*) ‖ ~ *price Eröffnungspreis* m ‖ ⟨mot⟩ *Anlaß-* (~*-fuel -kraftstoff* m, ~*-handle -kurbel* f) ‖ ~ *gear* ⟨mot⟩ *erster Gang* m ‖ ~ *manifold Anlaßkraftstoffleitung* f ‖ ~ *pit* ⟨sport⟩ *Startgrube* f ‖ ~ *run Anlauf(strecke* f) m ‖ ~ *solenoid Anlaßrelais* n

start [stɑ:t] s **1.** *Ruck* m, *plötzliches Auffahren*; *Stutzen* n **2.** *Aufbruch* m; to make an early ~ *früh aufbrechen* ‖ *Abfahrt, -reise* f **3.** *Beginn* (at the ~ *bei B.*), *Anfang* m; to have a good ~ *e-n guten A. m* (with) **4.** *Ausgangsort* m; ⟨sport⟩ *Start; Ort* m *des Startes*; cold ~ *Kaltstart* m ‖ ⟨aero⟩ *Abflug, Aufstieg* m **5.** *Vorsprung* m (to have a ~ *over e-n V. h vor*); *Vorgabe* f (a ten minutes ~ *e-e V. v 10 Min.*) **6.** *W e n d u n g e n :* ~s *of fancy witzige Einfälle* m pl ‖ *by* (fits and) ~s *ruckweise, dann u wann* ‖ *from* ~ *to finish v Anfang bis z Ende* | *to get the* ~ *of a p jdm zuvorkommen* ‖ *to give a* ~ *erschrecken* [vi]; *to give a p a* ~ *jdn erschrecken* ‖ *to have the* ~ *of a p e-n Vorsprung h vor; eher als jd anfangen* ‖ *to make a* ~ *anfangen, beginnen* ‖ *to make a new* ~ *in life ein neues Leben beginnen*

startle ['stɑ:tl] **1.** vt *er-, aufschrecken; aufscheuchen; unangenehm überraschen* ‖ *(jdn) antreiben* (into doing z tun); *aufrütteln* (out of *aus*) **2.** s *Auffahren, Erschrecken* n; *Überraschung, Bestürzung* f **-ling** ['stɑ:tliŋ] a *(—ly adv) erschreckend, bestürzend, überraschend, aufsehenerregend* ‖ *alarmierend .*

starvation [stɑ:'veiʃən] s *Verhungern* n; *Hungertod* m | [attr] ~*-wages* [pl] *Hungerlohn* m

starve [stɑ:v] vi/t **A.** vi **1.** *verhungern; to* ~ *to death Hungers or vor Hunger sterben* **2.** *hungern, Hunger leiden; erbärmlich leben* ‖ *hungern, fasten* **3.** ⟨fam⟩ *sehr hungrig s, vor Hunger fast umkommen* **4.** ⟨bot & zoo⟩ *an falscher or unzureichender Nahrung verkümmern* ‖ ⟨for⟩ *kümmern* **5.** ⟨fig⟩ *hungern, dursten* (for *nach*) **B.** vt **1.** *durch Hunger umbringen, to be* ~*d z Tode hungern; verhungern* **2.** *hungern l; unzureichend ernähren* ‖ *(Pflanze) verkümmern l* **3.** (a to ~ out) *(Krankheit) durch Hunger vertreiben, aushungern* **4.** *(jdn) durch Hunger zwingen* (into z) **~ling** ['~liŋ] **1.** s *Hungerleider(in* f) m; *verkümmertes Tier* n **2.** a *hungrig, ausgehungert, abgezehrt* ‖ ⟨fig⟩ *kümmerlich*

stash [stæʃ] vt ⟨Am⟩ *to* ~ (away) *beiseite tun, -legen; weglegen, -tun; horten; verstecken*

stasis ['steisis] s Gr ⟨path⟩ *Zirkulations-,* ⟨bes⟩ *Blutstockung* f

statable ['steitəbl] a *angeb-, feststellbar*

state [steit] s **1.** *Zustand* (~ *of mind Geistes-*) m; *Lage, Beschaffenheit* f; ~ *of affairs od things Sachlage;* ⟨jur⟩ ~ *of being in litigation Streitbefangenheit* f | *schlechter Zustand* m, ⟨fam⟩ *erregter Z., to be in a* ~ *erregt s* (over *über*) | ⟨engr⟩ *Plattenabdruck* m *in e-m best. Zustand des Gravierprozesses* **2.** *Glanz, Staat, Pracht* f ‖ *in* ~ *mit gr Pomp, großartig; in Gala(uniform);* to lie in ~ *auf dem Paradebett liegen;* of ~ *Staats-, Gala-* (*carriage of or –wagen*) **3.** *Klasse* f, *Rang* m; *Stand* m; *soziale Stellung* f ‖ ~s [pl] *Stände* pl **4.** ⟨pol⟩ the ~ *der Staat* m (the ~ *of Persia der St. Persien*); *Church and* ~ *Staat u Kirche;* the ~s *of the Church, the Papal* ~s [pl] *der Kirchenstaat* m; *the United* ~s [sg konstr] *die Vereinigten Staaten* pl (*v Nordam.*) (*the U.S. follows its own policy*)

| ⟨übtr⟩ (T) *Staat* m **5.** *Staat* m, *polit. Gewalt, Regierung* f; of ~ *Staats-* (affairs of ~ *–geschäfte* pl) | the ~s [pl] *die gesetzgebende Gewalt in Guernsey u Jersey;* ~s-General [pl] ⟨a-engl⟩ *Generalstaaten* pl ‖ ~'s *evidence* ⟨Am⟩ *Kronzeuge* m **6.** ⟨mil⟩ *Berichterstattung* f (*über im Felde stehende Truppen*) **7.** [attr & comp] *staatlich, Staats-* (~ *prison*) | *Parade-* (~ *apartments*), *Gala-* (~ *carriage*) | ~*-aided staatlich unterstützt* ‖ ~*-ball Hofball* m ‖ ~*-cabin* ⟨mar⟩ *Luxuskabine* f ‖ ~*-criminal,* ~*-prisoner Staatsverbrecher* m ‖ ~ *Department* ⟨Am⟩ *Außenministerium* n ‖ ~*-house* ⟨Am⟩ *Parlamentsgebäude* n ‖ ~*-opera Staatsoper* f ‖ ~*-papers* [pl] *Staatsakten* f pl ‖ ~ *retail store* ⟨SBZ⟩ *Handelsorganisation* f ‖ ~*(-)rights* [pl] ⟨Am⟩ *Rechte* n pl u *Vollmachten* f pl, *die den Einzelstaaten der U.S.A. vorbehalten sind* ‖ ~*-room Prunksaal* m; *Luxuskabine* f ‖ ~ *trade countries Staatshandelsländer* n pl ‖ ~*-trial Staatsprozeß* m ‖ ~*-wide den ganzen St. umfassend*

state [steit] vt *angeben, behaupten; erzählen, berichten, melden* (a th; that); as (was) ~d *wie erwähnt;* he is ~d *to have said.. (od he has said, it is* ~d, *..) er soll gesagt h ..* | *dar-, klarlegen, erklären;* ⟨com⟩ *(Auszug) aufstellen* ‖ ⟨math⟩ *(Problem) aufstellen* | ~d ['~id] a *bestimmt, festgesetzt, at the* ~ *time z festgesetzten Zeit* ‖ *z festgesetzten Zeit stattfindend* (a ~ *meeting); regelmäßig* ‖ not ~ ⟨off⟩ *ohne (nähere) Angaben* ~**dly** ['~idli] adv *regelmäßig*

state- ~**craft** ['steitkrɑ:ft] s *Staatskunst* f ~**hood** [~hud] s *Staat(seigen)schaft* f, *-tum* n, *-lichkeit, Eigenstaatlichkeit* f ~**less** ['steitlis] **1.** a *staatenlos* (P) **2.** s *Staatenlose(r* m) f ~**lessness** [~lisnis] s *Staatenlosigkeit* f ~**liness** ['steitlinis] s *Stattlichkeit* f ‖ *Würde* f, *Stolz* m *Pracht* f ~**ly** ['steitli] a *staatlich, imposant* ‖ *majestätisch, vornehm, stolz* ‖ *prächtig, prunkvoll* (procession)

statement ['steitmənt] s *Angabe, Feststellung, Behauptung* f; to make a ~ *e-e B. aufstellen, behaupten; e-e Erklärung abgeben* ‖ *Darlegung, Darstellung* f ‖ ⟨com⟩ *Aufstellung* f, *Auszug* m; detailed ~ *of the charges spezifizierte Rechnung* f; *financial* ~, ~ *of affairs Vermögensaufstellung, Bilanz* f ‖ *Berichterstattung* ‖ ⟨parl⟩ *Darlegung* f, *Exposé, Referat* n ‖ *offizieller Bericht* m (to *an*); to make a ~ *e-n B. liefern,* ⟨jur⟩ *e-e Erklärung abgeben* ‖ ⟨com⟩ ~ *of account Konto-, Rechnungsauszug* m; ~ *of goods Lagerbestand* m; ~ *of prices Preisliste* f | as per ~ ⟨com⟩ *laut Bericht, laut Angabe* | ⟨mar ins⟩ ~ *of average Schadenaufmachung* f | ⟨jur⟩ ~ *of facts Tatbestand* m | ⟨pol⟩ *formal* ~ *of policy Grundsatzerklärung* f

Stater ['steitə] s ⟨Anglo-Ir fam⟩ *irischer Freistaatler* m

stater ['steitə] s L ⟨ant⟩ *Name f verschied. Münzen; Silbermünze* f (= 4 *Drachmen*)

stateside ['steitsaid] s [attr] ⟨Am⟩ *U-S-amerikanisch*

statesman ['steitsmən] s *Staatsmann* m ‖ kl *Grundbesitzer, Pächter* m (*in Nordengl.*) ‖ ⟨Am⟩ *höh. Staatsbeamter* m ~**like** [~laik], ~**ly** [~li] a *staatsmännisch; Staatsmanns-* ~**ship** [~ʃip] s *Staats-, Regierungskunst* f

static(al) ['stætik(əl)] a *(–cally adv)* ⟨phys⟩ *statisch* ‖ *feststehend, bewegungslos* ‖ ⟨tc⟩ *warfare Stellungskrieg* m) ⟨a fig⟩ ‖ ⟨el⟩ *elektrostatisch* ‖ *–tic air defence system bodenständige Luftverteidigung* f ‖ to *–tic-test statisch erproben*

statics ['stætiks] s pl **1.** [sg konstr] ⟨phys⟩ *Statik* f ⟨a übtr⟩ **2.** [pl konstr] ⟨wir⟩ *atmosphärische Störungen* f pl; *Nebengeräusche* n pl

station ['steiʃən] **I.** s **1.** ⟨scient⟩ *Art* f *des Stehens;* (T) *Haltung* f, *Stand* m **2.** *Standort* m,

to take up one's ~ *s–n St. einnehmen; Stellung,
Lage* f || ⟨mil & mar⟩ *Station* f (naval ~
Marine–), *Standort* m || *amtliche Stelle* f, *Amt*
n, *police* ~ (= → ~-house) *Polizeiwache* f
|| ⟨surv⟩ *Standpunkt* m **3.** ⟨fig⟩ (*a* ~ *in life*)
gesellschaftliche Stellung f; *hoher Rang* m (*men
of* ~); *Stand* m (*above his* ~ *über s–m St.*)
4. ⟨rail etc⟩ *Haltestelle* f, *Aufenthalt*(*sort*) m;
Bahnhof m (*the* ~ *of N. der B. N.*); *at the* ~
auf dem B.; *free* ~ *bahnfrei* | ⟨ec⟩ ~s [pl]
Stationen, Haltestellen pl (*f Prozessionen*) *bei
Kreuzen* etc; ~s *of the Cross Kreuzweg* m
(*vierzehn Bildszenen aus der Passion*) **5.** ⟨Am
mot⟩ (*gasoline*) *filling* ~ *Tankstelle* f | ⟨aero⟩
Funkstelle f **6.** [attr] ~ *area Kommandantur-
bereich* m || ~-*bill* ⟨mar⟩ *Postenrolle* f (*Liste
der Posten der Mannschaft*) || ~ *headquarters
Orts–*, ⟨engl aero⟩ *Horstkommandantur* f || ~
hospital Standortlazarett n || ~-*house Polizei-
wache* f || *kl Bahnhofsgebäude* n || ~-*locker*
⟨rail⟩ *Kofferschließfach* n || ~-*master* ⟨rail⟩
Stationsvorsteher m || ~-*pointer* ⟨surv⟩ *Meß-
rute* f (*dreiarmiger Gradbogen*) || ~ *wagon*
⟨Am mot⟩ *Wagen* m *mit Holzkarosserie* (*a
Imitation*), *Kombiwagen* m **II.** vt ⟨mil⟩ *stationieren; aufstellen, postieren;* to ~ *o.s. sich auf-
stellen* || to be ~ed *in Garnison liegen* ~al [~l] a
Standorts– (~ *report*) || ⟨ec⟩ *Stations–* ~ary
[–ʃnəri] a *lokal; lokal auftretend; Orts–,
Stand–, Standorts–; stationär* (*treatment*) ||
*feststehend, stationär; unbeweglich, stillstehend;
bleibend, sich gleichbleibend* (~ *motion*), *unver-
ändert* || ~ *gun mount ortsfeste Lafette* f; ~
screen ⟨tact⟩ *Vorpostenkette* f; ~ *warfare
Stellungskrieg* m | to remain ~ *stillstehen, nicht
fortschreiten, sich gleichbleiben* || ~er [–ʃnə] s
Papier–, Schreibwarenhändler m; ~'s *shop
Papier–, Schreibwarenhandlung* f || *the* ~s'
Company ⟨hist⟩ *Buchhändlergilde* f; ~s' *Hall
Buchhändlerbörse* f (*in London*) ~ery [–ʃnəri] s
Schreibwaren pl

statism ['steitizm] s *Dirigismus* m, *wirtschaftliche Staatsallmacht* f

statist ['steitist] s *Statistiker* m ~ic [stə-
'tistik] s (*statistische*) *Maßzahl* f; classification
~ *Zuordnungs–*; test ~ *Prüfmaß* m; ~s [pl]
→ ~s **2.** ~ic(al) [stə'tistik(əl)] a (*–cally adv*)
statistisch; –al department (*Staatl.*) *Statistik-
Amt* n; ~al *table Zahlentabelle* f; *–al weight
Quantumgewicht* n ~ician [,stætis'tiʃən] s *Statistiker* m ~ics [stə'tistiks] s pl **1.** [sg konstr]
Statistik f (*als Wissenschaft*) **2.** [pl konstr]
Statistik f (*about older*) (~ *prove it*); *statist.
Zahlen* f pl, *–ergebnis* n ⟨demog⟩ *health* ~
St. des Gesundheitswesens; literacy ~ *St. des
Bildungsgrades;* order ~ *Quant'il* n; current
population ~ *St. des Bevölkerungsstandes;*
religious ~ *Religionsstatistik* f; registration ~,
vital ~ *St. der natürlichen Bevölkerungsbewe-
gung;* vital ~ technique *St. der nat. Bev.bew.*
ɔtato ['stætɔ] [in comp] *Stato–* ~scope
['stætəskoup] s ⟨aero⟩ *Variometer* n, *Feinhöhen-
messer* m

statuary ['stætjuəri] **1.** s *Bildhauer* m || [koll]
Standbilder n pl || *Bildhauerkunst, –arbeit*(*en*
pl) f **2.** a *Bildhauer–, Bildsäulen–*

statue ['stætju:] s *Statue, Bildsäule* f, *Stand-
bild* n (*a* ~ *of Roland ein Roland–*) | ~d [~d] a
mit Statuen geschmückt ~sque [,stætju'esk] a
(~*ly adv*) *statuenartig* || ⟨fig⟩ *würdevoll, streng;
starr* ~**tte** [,stætju'et] s *Statu'ette, kl Bildsäule* f

stature ['stætjə] s *Statur, Gestalt* f, *Wuchs* m
|| ⟨fig⟩ *geistiges Ausmaß, Kaliber, Format* n;
Kraft, Wucht f; *Gehalt* m | ~d [~d] a [in comp]
v .. Statur or Wuchs; small–~ *v kl Statur*

status ['steitəs] s L [pl ~es] ⟨scient⟩ *Zustand*
m; ~ *epilepticus der epileptische Z.* || ⟨jur⟩
rechtliche Lage, Stellung f; ⟨pol⟩ equality of ~

politische Gleichberechtigung f | ~ *Stellung* f,
Rang m; *soziale Stellung* f || financial ~ *Ver-
mögenslage* f || ⟨mil⟩ active ~ *aktives Dienst-
verhältnis* n, military ~ *D.* n || ⟨demog⟩ civil
~, marital ~ *Familienstand* m; employment ~
Stellung f *im Beruf, St. z Erwerbsleben;* national
~ *Staatsangehörigkeit* f; social ~ *categoris
sozioprofessionelle Gliederung* f; social ~ *group
Gesellschaftsgruppe* f || (*S*) *Stand* m, *Lage* f (*the
present* ~ *of art*) | ~ *quo* (~ *kwou*) *gegenwär-
tiger Zustand* m | ~ *quo ante Zustand, in dem
sich etw bis z e–m best. Ereignis befand* || ⟨com⟩
~ *of the pound Geltung* f *des Pfundes* | ~
conscious ⟨Am⟩ *standesbewußt*

statutable ['stætjutəbl] a (*–bly adv*) *gesetzlich,
verfassungsmäßig* || *satzungs–, statutenmäßig* ||
⟨univ⟩ *vorgeschrieben* (*age*)

statute ['stætju:t] s ⟨jur⟩ (*geschriebenes*) *Gesetz* n; ~ *of frauds zur Vermeidung v Arglist u
Betrug f bestimmte Rechtsgeschäfte die Schrift-
form vorschreibendes Gesetz;* ~ *of limitations
Verjährungsgesetz* | ⟨engl⟩ *Parlamentsakte* f; ~
of Labourers *Arbeiterlohngesetz* n (1350);
the ~ of Westminster (1931) *das Gesetz, das die
Oberhoheit des Brit. Parl. über die der Dominions
aufhob* || ⟨ec⟩ *Gesetz* n | *Statut* n, *Satzung* f
| [attr] *gesetzlich* (~ *mile*) || ~-*book Gesetz-
sammlung* f || ~-*Law Gesetzesrecht, geschrie-
benes Recht* n (*Ggs Common Law*)

statutory ['stætjutəri] a *gesetzlich, Gesetz–,
auf ein G. bezughabend, statutenmäßig* || ~
agent gesetzlicher Vertreter m || ~ *corporation
Körperschaft* f *des öffentlichen Rechts* || ~
declaration ⟨jur⟩ *eidesstattliche Erklärung* f,
*durch ein bestimmtes G. vorgeschriebene u den
Erfordernissen dieses G.es entsprechende eides-
stattliche Versicherung* f || ~ *law Gesetzes-
Recht* | ~ *meeting* ⟨com⟩ *erste Generalver-
sammlung nach der Gründung e–r Gesellschaft* f
| ~ *reserve gesetzlich vorgeschriebene Rück-
lagen* f pl

staunch [stɔ:n(t)ʃ], **stanch** [stɑ:n(t)ʃ] a (~*ly
adv*) *wasser–, luftdicht* || *in gutem Zustand be-
findlich, fest, stark* | (*P*) *zuverlässig, unerschütter-
lich, treu* ~**ness** ['~nis] *Zuverlässigkeit* f etc

staunch [stɔ:n(t)ʃ] vt → to stanch

stauroscope ['stɔːrəsˌkoup] s *Instrument* n *z
mikroskopischen Untersuchung v Kristallen* etc

stave [steiv] **1.** s (*Faß–*)*Daube* f | ⟨Leiter–⟩
Sprosse f | ⟨pros⟩ *Strophe* f | ⟨mus⟩ *Noten-
linien* f pl, *–system* n (→ *staff*) | ~-*church* ⟨arch⟩
Stabkirche f (*in Norwegen*) || ~-*rhyme Stab-
reim* m, *Alliteration* f | ~-*wood Daubenholz* n
2. vt/i ⟨~d/~d & stove/stove⟩ | *mit Dauben,
Sprossen versehen* || (*Faß*) *zerschlagen* | to ~ *in
ein Loch schlagen in; einschlagen,* (*Faß*) *–stoßen*
|| to ~ *off* (*jdn*) *abwehren;* (*etw*) *abwenden; ver-
hindern* || (*etw*) *aufhalten, verschieben* | vi ⟨Scot
& Am⟩ *jagen, rennen, rasen* (to ~ *by vorbei–*)

stavesacre ['steivzˌeikə] s ⟨bot⟩ *Scharfer
Rittersporn* m

stay [stei] vi/t **I.** vi **1.** [*bes in imp*] (*an*)*halten*
(~ *one moment*) **2.** *bleiben* (*in bed im Bette;
to dinner z Essen*); to ~ *Christian Christ blei-
ben* | to ~ *for warten auf* | [*mit adv*] to ~
away weg–, to ~ *behind zurück–, z Hause bleiben;* to ~ *in z Hause bleiben;* to ~ *on an–,
fortdauern;* to ~ *out draußen–, fernbleiben;*
(*lange*) *ausbleiben;* to ~ *over* ⟨Am⟩ *über Nacht
bleiben;* to ~ *up aufbleiben* || ⟨Am⟩ to ~ *put
an Ort u Stelle bleiben, fest bleiben* **3.** *sich aufhalten, verweilen, wohnen* (at a place *in e–m
Ort;* with a p *bei jdm*); *z Besuch s* (with *bei*) | to
come to ~ ⟨fam⟩ *sich fest einbürgern, sich festsetzen* **4.** ⟨sport⟩ *aus–, durchhalten* **5.** ⟨vulg⟩
~ *and be hanged! in Dreideibelsnamen, ja!*
II. vt **1.** ⟨liter⟩ *an–, auf–, zurückhalten; hemmen, hindern;* to ~ *a p's hand* ⟨fig⟩ *jds Hand*

hemmen, binden || (*Krankheit*) *z Stehen bringen*; (*Verfahren*) *einstellen*; *verschieben* **2.** (*Hunger* etc) *stillen*; (*Verlangen*) *befriedigen*; to ~ one's stomach *den Hunger stillen* **3.** *be-, festhalten*; to ~ one's course ⟨sport⟩ *bis zu Ende durchhalten* **4.** ⟨fam⟩ (= ~ for) *bleiben* (*bis*) *zu* (you will ~ lunch?) **III.** [in comp] ~-at-home **1.** a *häuslich*; *z Hause, in der Heimat bleibend* **2.** s [pl ~-at-homes] *Stubenhocker* m || ~-awake pill ⟨med⟩ *Anregungsmittel* n || ~-down strike *Sitzstreik* m | **~er** ['~ə] s ⟨sport⟩ *Steher* m, *durchhaltendes Rennpferd* n; *Dauerfahrer* m **~ing** ['~iŋ] a *aushaltend*; ~-power *Ausdauer, Widerstandskraft* f, ⟨sport⟩ *Stehvermögen* n

stay [stei] s *Bleiben* n, *Aufenthalt* m; to make a ~ *sich aufhalten*; duration of ~ *Länge* f *des Aufenthalts*, ⟨demog⟩ *Anwesenheitsdauer* f || *An-, Aufhalten* n; *Hemmung* f; to put a ~ on *hemmen, zügeln* || ⟨jur⟩ *Einstellung* f; ~ of execution *Abwendung* f *der Vollstreckung* || *Stillstand* m (at a ~) || ⟨fig⟩ *Ausdauer, Widerstandskraft* f

stay [stei] **I.** s ⟨mar⟩ **1.** *Stag, Stütztau* n; in ~s *im Wenden begriffen*; to miss ~s *das Wenden verfehlen* || **2.** *Stütze, Strebe* f | *Feststellvorrichtung* f (casement ~) | ⟨fig⟩ *Stütze* f; *Erleichterung* f, *Trost* m (to *f*) **3.** ~s [pl] *Korsett* n (a pair of ~s *ein K.*) **4.** [attr] *Stütz-; Korsett-* || ~-bar *Stützstange* f || ~-block ⟨mar⟩ *Ankerpfahl* m || ~-lace *Schnürband* n, *Korsettschnur* f || ~-maker *Korsettfabrikant* m **II.** vt ⟨mar⟩ *durch ein Stag befestigen* || (*Schiff*) *durch den Wind wenden* | (*a* to ~ up) *durch Stützen festigen, sichern* | (*etw*) *stützen* (*on auf*) || ⟨bib *†* fig⟩ *unterstützen, stärken* **~sail** ['steisl] s *Stagsegel* n

stead [sted] s ⟨übtr⟩ *Stelle* f, [*nur in:*] in the ~ of *an St. v*; in a p's ~ *an jds Stelle* [in comp] → bed~ etc | *Vorteil* m [*nur in:*] to stand a p in good ~ *jdm zustatten k, nützlich s* **steadfast** ['stedfəst] a (~ly adv) *fest, sicher, unbeweglich* || (of institutions, etc) *fest, unveränderlich* || (*P*) *fest, unerschütterlich; standhaft* || (of sight) *fest, unverwandt* **~ness** [~nis] s *Festigkeit*; ⟨fig⟩ *Beständigkeit, Standhaftigkeit* **steadiness** ['stedinis] s *Festigkeit, Sicherheit* f || *Beständig-, Standhaftigkeit, Beharrlichkeit* f; *Gleichmäßigkeit; Stetigkeit* f || ⟨film⟩ *Stehen* n (*des Bildes*)

steady ['stedi] **I.** a (-dily adv) **1.** *fest; sicher* (~ hand) || *fest, unerschütterlich* (faith); *beständig, standhaft* || *stetig, gleichbleibend, gleich-, regelmäßig*; ~ hum *Dauerton* m; ~ position ⟨mil⟩ *Ruhelage, -stellung* f; ~ state *gleichbleibend, Dauer-Zustand* m || ⟨mar⟩ to keep a ship ~ *ein Schiff auf dem rechten Kurse halten* **2.** (*P*) *solid, gesetzt* | *pflichttreu, zuverlässig* || [pred] *gefestigt, bedachtsam, auf der Hut* **3.** ⟨com⟩ *fest, beständig, stab·il*; to remain ~ (of prices) *sich halten* **II.** adv ~! *vorsichtig! nicht so schnell!* ~ ~! *langsam, langsam!* | ~-going *gefestigt, zuverlässig* **III.** vt/i **1.** vt *festmachen, festigen; sichern, stützen*; to ~ o.s. *sich st.* || (*Boot*) *fest u sicher steuern* || (*Pferd*) *zurückhalten, zügeln*; (*Tempo*) *verlangsamen* | ⟨fig⟩ (*jdn*) *festigen, zur Vernunft bringen* **2.** vi *fest, standhaft w* || (of boats) *sich sicher bewegen* || *ruhig w*; *zur Vernunft k* **IV.** s *Stütze* f (*f die Hand* etc) || ⟨bes Am sl⟩ (*ernsthafter*) *Dauerflirt* m (*P*)

steak [steik] *Schnitte* f *Fleisch* or *Fisch* (*z Braten*); [*oft* in comp] (rump ~) || (= beefsteak) (*halbdurchgebratene*) *Rindslende* f

steal [sti:l] vt/i [stole/stolen] **A.** vt **1.** *stehlen* (a th from a p *jdm etw*); he had a watch stolen from him *ihm wurde e-e Uhr gestohlen* **2.** ⟨übtr⟩ *stehlen, unbemerkt* or *durch List erlangen* (to ~

a kiss) || to ~ (away) a p's heart *jds Herz stehlen* || to ~ a glance, look *e-n verstohlenen Blick werfen* (at *auf, nach*) || to ~ a march on a p *jdm zuvorkommen* **B.** vi **1.** *stehlen* || *literarischen Diebstahl begehen*; to ~ from *stehlen aus* **2.** ⟨übtr⟩ *verstohlen* or *unbemerkt gleiten* or *schleichen* | [*mit* prep] to ~ **into** *sich einschleichen in* || to ~ over a p (of feelings) *sich einschleichen bei jdm, allmählich k über jdn*; *jdn beschleichen* | [*mit* adv] to ~ **away**, off *sich fortstehlen*

stealth [stelθ] s *Heimlichkeit* f; by ~ *heimlich, verstohlen* **~iness** ['~inis] s *Heimlichkeit* f **~y** ['~i] a (-thily adv) *heimlich, verstohlen*

steam [sti:m] **I.** s **1.** *Dampf* m || *Feuchtigkeit* f, *Dunst* m | *Dampfkraft* f || ⟨übtr⟩ *Energie, Kraft* f **2.** **W e n d u n g e n :** at full ~ *mit Volldampf* || with (the) ~ *on od* up ⟨tech⟩ *Dampf klar* || to get up ~ ⟨tech⟩ *heizen*, with ~ up (*Lokomotive*) *unter Dampf* (*stehend*); ⟨fig⟩ *alle Kraft zus–nehmen*; „*auf Turen k*" (*in Wut geraten*) || to let off ~ ⟨tech⟩ *Dampf ablassen*; ⟨fig⟩ *den Gefühlen freien Lauf l* || to put on ~ ⟨tech⟩ *Dampf aufmachen, anlassen* || to travel by ~ ⟨mar⟩ *mit dem Dampfer fahren* **3.** [attr & comp] *Dampf-* || ~-boiler *Dampfkessel* m || ~-box ⟨tech⟩ *-kasten, -raum* m || ~-car ⟨rail⟩: the ~-cars [pl] *der Zug* || ~-engine *-machine* f || ~-fitter (*Heizungs-*)*Installateur* m || ~-gauge *Dampfdruckmesser* m || ~ hammer *Dampfhammer* m || ~-heating *-heizung* f || ~-jacket *-mantel* (*Hohlraum um den Zylinder*) || ~-navigation *-schiffahrt* f || ~-navvy *Trockenbagger* m || ~-paddy ⟨Am⟩ *Löffelbagger* m || ~-pipe *Dampfrohr* n || ~-piston *-kolben* m || ~-power *-kraft* f || ~-(-)roller *Dampfwalze* f ⟨a fig⟩; to ~-roller (*etw*) *mit* (*brachialer*) *Gewalt durchsetzen* || ~-tight *dampfdicht* || ~-trawler *Fischdampfer* m || ~ tug *Schleppdampfer* m || ~-vessel *Dampfschiff* m || ~ whistle *-pfeife* f **II.** vi/t **1.** vi *dampfen; Dampf erzeugen; dunsten* | (of ship) (*mit Dampf*) *fahren* || (*P*) *mit e-m Dampfer fahren* (over to *hinüber nach*) | to ~ away *verdampfen*; (of ships) *abdampfen* || to ~ up *Dampf m*, (of windows) *beschlagen*; ⟨fig⟩ *eilen* **2.** vt (*Dampf*) *ausdünsten* || (*etw*) *mit Dampf behandeln, kochen, dämpfen* || to ~ (an envelope) open *mit Dampf öffnen* **~boat** ['~bout] s *Dampfboot, -schiff* n, *Dampfer* m **~er** ['~ə] s *Dampfer* m; by ~ *mit dem D.* or *Dampfschiff* || *Dampfkochtopf* m || ⟨Am⟩ ~ rug *Reisedecke* f **~ship** ['~ʃip] s *Dampfschiff* n, *Dampfer* m **~y** ['~i] a *dampfend, Dampf-* || *dampfig, dunstig; Dunst-*

stearate ['stiəreit] s ⟨chem⟩ *Salz* n *der Stearinsäure* **~ric** [sti'ærik] a *Stear·in-*; ~ acid *-säure* f || ~ candle *-kerze* f **~rin** ['stiərin] s *Stear·in* n || *-säure* f

steatite ['stiətait] s ⟨minr⟩ *Speckstein* m **steato–** ['stiəto] Gr [in comp] *Fett-* **~pygia** [~'paidʒiə] s *Fettsteiß* m **~sis** [stiə'tousis] s *Steat·ose* f (*krankhafte Fettanhäufung*)

steed [sti:d] s ⟨poet & rhet⟩ *Roß, Schlacht-* n **~less** ['~lis] a *ohne Roß*

steel [sti:l] **1.** s ⟨minr⟩ *Stahl* m (pl ~s *Stähle*); mild ~ *Fluß-* | *Werkzeug* n *aus St.* || *Feuerstahl* m (*des Feuerzeugs*) || *Waffe* f *aus St.* || ⟨poet⟩ *Schwert* n; a foe worthy of one's ~ *ein gefürchteter Gegner* || cold ~ *Waffen* pl (*Korsett-* etc) *Stahlstange* f | ⟨fig⟩ *Stahl* m, *Härte* f [attr & comp] *stählern, Stahl-* ⟨a fig⟩ || ~-clad *stahlgepanzert* || ~ engraving *Stahlstich* m || ~-frame(d) building ⟨arch⟩ *Stahlskelettbau* m || ~-grey *stahlgrau* || ~-headed *mit Stahl beschlagen, Stahlkopf-* || **~**-Helmet s ⟨Ger⟩ **1.** the **~**-Helmet League, the **~**-Helmets pl = *Stahlhelm* (→ *d*) **2.** *Stahlhelmer* m || ~ pen (*Schreib-*)*Stahlfeder* f || ~-plated *mit Stahl*

plattiert, stahlgepanzert || ∼-*point Stahlstift* m
|| ∼ *wool Topfreiniger* m (*aus Stahlwolle, vgl
Warenmarke „Abrazo"*) **2.** vt (*ver*)*stählen, mit
Stahl überziehen* || ⟨fig⟩ *stählen*; (*ver*)*härten* |
to ∼ o.s. ⟨fig⟩ *sich stählen*; *sich abhärten*
∼**iness** [*'∼*inis] s *Stahlhärte* f ∼**work** [*'∼*wɔːk] s
Stahlarbeit f, *Stahlteile* m pl (*e–s Schiffes* etc)
∼**y** [*'∼*i] a *stählern, stahlhart*; a ⟨fig⟩
steelyard ['stiːljɑːd] s ⟨tech⟩ *Laufgewichts–,
Schnellwaage* f
steen [stiːn] vt (*Brunnen*) *mit Steinen auslegen*
∼**ing** [*'∼*iŋ] s *Auslegematerial* n
steenbock ['stiːnbɔk] s ⟨zoo⟩ *südafr. Antilope* f
steep [stiːp] **1.** a (∼*ly* adv) *steil, jäh, abschüs-
sig*; ∼ *coast Steilküste* f || ∼ *grade,* ∼ *slope
Steilhang* m || ⟨aero⟩ *bank starke Querlage* f;
∼ *climb steiler Steigflug* m; ∼ *turn Steilkurve* f
| ⟨fam⟩ (*of prices*) *übermäßig hoch, gepfeffert,
ungeheuerlich* | (*of stories*) *übertrieben, un-
glaubhaft* **2.** s *Absturz, steiler Abhang* m ∼**en**
[*'∼*ən] vi/t | *steil w* | vt *steil m* ∼**ness** [*'∼*nis] s
Abschüssigkeit, Steilheit f
steep [stiːp] **1.** vt *eintauchen, –weichen,
–wässern; vollsaugen l, imprägnieren; tränken*;
⟨a übtr⟩ to be ∼ed in *durchsetzt, voll s v*; to be
∼ed in alcohol *dem Alkohol zugetan s* | ⟨fig⟩
[*mst* pass] *tauchen, versenken* (in *in*); to be ∼ed
in vice *in Laster befangen, versunken, verstrickt s*;
to ∼ o.s. *sich versenken* (in a th *in etw*) **2.** s
Einweichen, –tauchen n | *Einweichwasser* n,
Lauge, ⟨*bes* brew⟩ *Weiche* f | ∼ *ripeness*
⟨brew⟩ *Weichgrad* m
steeple ['stiːpl] s *Kirchturm*; *Spitzturm* m
∼**d** [∼d] a *mit e–m Turm versehen, Turm–;
turmförmig*
steeplechase ['stiːplt∫eis] **1.** s [konkr] *Hindernisrennen* n **2.** vi *an e–m H. teilnehmen* –**chasing**
['stiːplt∫eisiŋ] s [abstr] *Hindernisrennen* n (*als
Sport*) –**jack** ['stiːpldʒæk] s *Kirchturm–, Schorn-
steinarbeiter, Kaminbauer* m
steer [stiə] s ⟨Am⟩ (*mst verschnittener*)
junger Ochs m
steer [stiə] **1.** vt/i || (*Schiff; Wagen*) *steuern*;
to ∼ a course *e–n Kurs einhalten* || ⟨fig⟩ *lenken,
leiten* || to ∼ off *ablenken* || ∼ed *easily* ⟨bes
mot⟩ *wendig* | vi *steuern; gesteuert w* || *sich
steuern l* (the ship ∼s *well*) || *sich bewegen,
schiffen, fahren, segeln* (for *nach*) || to ∼ *clear
of* ⟨*mst* fig⟩ *sich fernhalten v; meiden* **2.** s ⟨Am
sl⟩ *Tip* (*Rat*) m ∼**able** [*'∼*rəbl] a *lenkbar* ∼**age**
[*'∼*ridʒ] s *Steuern* n, *Steuerung* f || *Heck* n |
Zwischendeck n || ∼-*way* ⟨mar⟩ *Steuer–, Fahr-
kraft* f ∼**er** [*'∼*rə] s ⟨Am⟩ *Lotse* m ⟨fig⟩ (*z
Vergnügungsstätten*) ∼**ing** [*'∼*riŋ] *Steuern* n;
⟨mot⟩ *Lenkung* f | [attr] *Steuer–;* ∼ *arm* ⟨mot⟩
Lenkarm m || ∼ *box* ⟨mot⟩ –*gehäuse* n || ∼
cam –*schnecke* f || ∼ *column* –*säule* f; ∼-*c.
control* ⟨mot⟩ *Lenkrad–, Volantschaltung* f || ∼
committee Haupt–, Lenkungsausschuß m || ∼
drop arm –*hebel* m || ∼-*gear* ⟨mar⟩ *Steuer-
maschine* f; ⟨mot⟩ *Steuerung, Lenkung* f || ∼
indicator ⟨mot⟩ *Positionsstange* f || ∼ *knuckle
Achsschenkel* m || ∼ *lock* ⟨mot⟩ *Ausschlag,
Einschlag* m *der Vorderräder* || ∼ *play toter
Gang* m || ∼ *quadrant Lenksegment* n || ∼
screw –*spindel* f || ∼ *stop* ⟨mot⟩ *Lenkungsan-
schlag* m || ∼-*wheel* ⟨mar⟩ *Steuerrad* n
steersman ['stiəzmən] s [pl –men] *Steuermann* m
steeve [stiːv] **1.** vi/t || (of the bowsprit) *in e–m
Winkel nach oben stehen* | vt (*dem Bugspriet*) *e–e
obere Neigung geben* **2.** s *Erhöhungswinkel des B.*
steeve [stiːv] vt (*Ladung*) *fest zus–pressen*
stein [stain] s *Seidel, Bierkrug* m
steinbock, ⟨Am⟩ –**ok** ['stainbɔk] s [pl ∼]
Ger ⟨zoo⟩ *Steinbock* m

stele ['stiːli] s Gr *St·ele* f, *freistehende Pfeiler-
säule* f
stellar ['stelə] a *sternförmig, Sternen–* ∼**ate**
['stelit], ∼**ated** ['steleitid] a *sternförmig* ∼**iferous**
[stə'lifərəs] a *bestirnt* (sky); *sternenförmig* (*gezeichnet*) ∼**ular** ['steljulə] a *sternchenartig,
Sternen–*
stem [stem] **I.** s **1.** ⟨bot & zoo⟩ (*Baum–*)
Stamm; Stengel, Stiel m || ∼-*rot* ⟨for⟩ *Kern-
fäule* f; ∼-*sprout* ⟨for⟩ *Stammlode* f **2.** ⟨übtr⟩
(of a column) *Schaft* m || (of a thermometer)
Röhre f || (of a wineglass, etc) *Stiel, Hals* m;
Griff m **3.** ⟨of a family & gram⟩ *Stamm* m
|| *Volksstamm* m || (of a letter) *Grundstrich* m
4. (of a watch) *Aufziehkrone* f; ∼-*winder
Remontoiruhr* f | ⟨fig Am sl⟩ (*P*) *Obermotz,
Pfundskerl* m; (*S*) *Mordsding* n **II.** vt [–mm–]
(*Blätter* etc) *vom Stengel befreien, entstengeln*
∼**less** [*'∼*lis] a *stengellos, ungestielt* ∼**let**
[*'∼*lit] s *kl Stengel* m ∼**med** [∼d] a –*stämmig*
(short–∼)
stem [stem] vt *hemmen,* (*Strom*) *dämmen* |
(*Bluten*) *stillen* || ⟨fig⟩ *eindämmen; hemmen,
hindern*
stem [stem] **1.** s ⟨mar⟩ *Vordersteven, Schiffsschnabel* m; from ∼ to stern *v vorn bis hinten*
2. vt (of a ship, etc) *sich* (*e–r S*) *entgegenstem-
men, ankämpfen gegen*; to ∼ the tide *gegen die
Flut, den Strom ankämpfen* ⟨a fig⟩
stemple ['stempl] s ⟨min⟩ *Stempel* m, *Stütz-
holz* n
stench [sten(t)∫] s *Gestank, übler Geruch* m ||
∼-*trap Schließklappe* f (*gegen üble Gase*)
stencil ['stensl] **1.** s (a ∼-*plate*) *Schablone,
Patrone, Musterform* f || *Schablonenzeichnung* f;
(*Schreibmaschinen–*)*Matrize* f || ∼ *ink Matrizen-
farbe* f **2.** vt (*Muster*) *durch Schablone hervor-
rufen* || *mit Schablonen bemalen or* –*drucken*
steno– ['steno] [in comp] *eng, kurz, Kurz–*
∼**g** ['stenəg] s ⟨Am fam⟩ °*Tipse* f (*Tippfräulein*)
∼**graph** ['stenəɡrɑːf] s *stenographisches Schrift-
zeichen* n || *Stenogramm* n || *Kurzschriftma-
schine* f ∼**grapher** [ste'nɔɡrəfə], ∼**graphist**
[ste'nɔɡrəfist] s (abbr stenog) *Stenogr·aph*(*in* f)
m, ⟨Am⟩ *Schreibmaschinenfräulein* n; ⟨jur⟩
Protokollführer(*in* f) m ∼**graphic** [stenə'ɡræfik]
a (∼*ally* adv) *stenographisch* ∼**graphy** [ste-
'nɔɡrəfi] s *Stenographie, Kurzschrift* f ∼**tic**
[ste'nɔtik] a ⟨med⟩ ∼ *murmur Durchpreß-
geräusch* n ∼**typist** ['stenotaipist] s *Stenoty-
pist*(*in* f) m (*Kurz– u Maschinenschreiber*)
∼**typy** ['stenotaipi] s –*typieren* n || –*typie* f
stenting ['stentiŋ] s ⟨min⟩ *Durchhieb* m
stentorian [sten'tɔːriən] a *überlaut; Stentor–;*
in ∼ tones *mit* –*stimme*
step [step] s **I. 1.** *Schritt* m (to know a p
by his ∼ *.. an s–m Schritt*); at every ∼ *bei jedem
Sch.*; a false ∼ *ein Fehltritt* ⟨a fig⟩; to make *od*
take a ∼ *e–n Sch. m*; to bend, direct, turn
one's ∼s *e–e Schritte lenken* (to *nach*); → to
retrace | *Tritt* m (a heavy ∼); to fall in ∼ *Tr.
fassen*; to keep in ∼ *Tr. halten*; out of ∼ *in
falschem Tr.* || *Gangart* f | *Stepp, Tanzschritt* m;
⟨sport⟩ → hop | *kurze Entfernung* f (it's but a
∼ to; within a ∼ of) **2.** ⟨übtr⟩ *Schritt* m || a ∼
forward, ∼ in advance *ein Sch. vorwärts* || in
∼ with *in gleichem Sch. mit*; out of ∼ with
nicht im Sch. mit; to keep *od* take ∼ with *Sch.
halten mit* || ∼ by ∼ *Sch.* f *Sch., schrittweise*
[a attr] (a ∼ by ∼ *advance*); *im selben Tempo*
(with *wie*) **3.** *Schritt; Maßregel,* –*nahme* f (a
∼ in the right direction *ein Sch. in der rechten
Richtung, e–e vernünftige Maßnahme*); to take
a ∼ *e–e M. ergreifen*; to take ∼s *Schritte
unternehmen* **II.** *Fußtapfen* m; to tread, walk
in a p's ∼s *in jds F. treten, jds Beispiel folgen*
|| ⟨mar⟩ (of a mast) *Spur* f **III.** (*Treppen–,
Wagen–, Leiter–*)*Tritt* m; *Türschwelle* f; *Stufe,*

mind the ~ *Vorsicht, Stufe!*; *Sprosse* f; ~s [pl] *Trittleiter* f (a pair *od* set of ~s *e–e T.*); a flight of ~s *e–e Treppe* f; stone ~s *Steintreppe* f | ⟨fig⟩ *Stufe* f, *Grad* m; to get one's ~ *befördert w* || ⟨mus⟩ *Stufe* f, *Intervall* n **IV.** [attr] ~-dance *Stepptanz* m || ~-groove *Stufennute* f || ~-in ⟨Am⟩ *Damenschlüpfer* m || ~-ladder *Trittleiter* f || ~-(-)pyramid ⟨ant⟩ *Stufenpyramide* f

step [step] vi/t **1.** vi *schreiten, gehen, treten*; please ~ this way *treten Sie näher bitte*; ~ short! *kurz treten!*; to ~ it *z Fuß gehen* || *ausschreiten* || ⟨fam⟩ to ~ lively, to ~ on it, to ~ on the gas °*auf die Tube drücken, Gas geben*, °*dalli m, sich beeilen*; → gas || to ~ out of line ⟨fig⟩ *aus der Reihe tanzen*; to ~ out of the ranks ⟨mil⟩ *vortreten* | [mit adv] to ~ **aside** *beiseitetreten* || to ~ **in** *eintreten; sich ins Mittel legen*; ~ in! *herein!* || to ~ **off** ⟨Am⟩ *ins Fettnäpfchen treten* || to ~ **out** *heraustreten, aussteigen; ausschreiten, schneller gehen;* ⟨Am⟩ *mit e–m Mädchen ausgehen; abtreten (sterben)* || to ~ it out *tüchtig ausschreiten* || to ~ **round** to a p *jdn auf e–n Sprung besuchen* || to ~ **up** to *auf (jdn) zugehen* **2.** vt *(Schritte) ausführen (beim Tanz)* || *(a* to ~ out) *(Raum) abschreiten* | ⟨mar⟩ *(Mast) einsetzen, –spuren* || to ~ down *reduzieren*; ~ed down ⟨bes mot⟩ *untersetzt* ~**mobile** ['~mə‚bi:l] s ⟨bes Am mot fam⟩ „*Renner*" m ~**per** ['~ə] s *guter Gänger* m *(Pferd)* ~**ping** ['~iŋ] s *Gehen, Schreiten* n | [attr] *Schritt–* || ~-**stone** *Schrittstein* m; ⟨fig⟩ *Stufe* f, *Mittel, Sprungbrett* n (to *z*) || ⟨fig⟩ *Schrittstein* m *(Schlüsselwort beim Dolmetschen)*

step– [step–] [in comp] *Stief–* ~**brother** ['~‚brʌðə] s *Stiefbruder* m ~**child** ['~tʃaild] s *–kind* n ~**dame** ['~deim] s † = ~**mother** ~**daughter** ['~‚dɔ:tə] s *–tochter* f ~**father** '~‚fɑ:ðə] s *–vater* m ~**mother** ['~‚mʌðə] s *–mutter* f ~**motherly** ['~‚mʌðəli] a *stiefmütterlich* (to *gegen*) || ~-**parent** ['~pɛərənt] s *–vater* m, *–mutter* f ~**sister** ['~‚sistə] s *–schwester* f ~**son** ['~sʌn] s *–sohn* m

stephanotis [‚stefə'noutis] s ⟨bot⟩ *Gattung* f *der Asklepiadazeen*

stepney ['stepni] s *(a* ~-wheel) ⟨mot⟩ *Ersatzrad* n

steppe [step] s ⟨Fr *od* Ger⟩ *Steppe* f || transformation of woodland into ~ ⟨geog⟩ *Versteppung* f

stercoraceous [‚stə:kə'reiʃəs], **–ral** ['stə:kərəl] a *kotartig, Kot–*

stereo ['steriou] s abbr *f* stereotype

stereo– ['sterio, 'stiərio] Gr [in comp] *Raum–, Körper–, Stereo–, stereo–* ~**chemistry** ['sterio'kemistri] s *Stereochemie* f ~**chromy** ['sterio'kroumi] s *bes Art der Wandmalerei* ~**film** ['steriofilm] s *Raumfilm* ~**gram** ['steriogræm] s *Raummeßbild* n ~**graphy** ['steri'ografi] s *perspektivische Zeichnung v Körpern auf e–r Fläche* f ~**meter** [‚steri'əmitə] s *Stereometer* n ~**metric(al)** [‚steriə'metrik(əl)] a *(–cally adv) stereom'etrisch* ~**metry** [steri'əmitri] s ⟨math⟩ *Stereometrie* f ~**phonic** [‚stiəriə'fɔnik] a; ~ sound *Raumton, –klang* m ~**scope** ['steriəskoup] s ⟨phys⟩ *Stereosk'op* n ~**scopic** [‚steriəs'kɔpik] a *(–ally adv) stereoskopisch* | ~ camera *Stereoapparat* m; ~ effect *Raumeffekt* m; *stereoskopische Wirkung, Tiefenwirkung* f; ~ film *Stereofilm,* 3 D*-Film* m; ~ photo, ~ picture *Raumbild* n, *Stereo-Aufnahme* f, *––Luftbild* n; ~ range finder *Raumbild(-E-Meß)gerät* n ~**type** ['steriotaip] **1.** s (abbr stereo) ⟨typ⟩ *Stereotypplatte* f; *Stereotyp'ie* f, *Plattendruck* m **2.** a (of an edition, etc) *Stereotyp–* (~ printing); ⟨fig⟩ *feststehend, stereotyp, abgedroschen* **3.** vt *stereotypieren; v Platten drucken* || ⟨fig⟩ *unveränderlich festlegen* ~**typed** ['steriə-

taipt] a *stereotyp; ständig gebraucht* (etc), *abgedroschen* (phrases, etc) ~**typer** ['steriətaipə], ~**typist** ['steriətaipist] s *Stereotypengießer, Stereotypdrucker* m ~**typography** [‚steriətai'pɔgræfi] s *Stereotypdruck(verfahren* n) m ~**typy** ['steriətaipi] s *Stereotypie* f; ⟨*a* psych⟩ *(krankhaft-mechanische) Handlungswiederholung* f ~**viewer** [~viu:ə] s *Stereobetrachter, –kieker* m

sterile ['sterail] a *unfruchtbar*; ~ period *zeitweilige Empfängnisunfähigkeit* f || *ster'il, keimfrei* || ⟨übtr⟩ *unfruchtbar; fruchtlos; hohl, öde, arm* (in, of *an*) **–lity** [ste'riliti] s *Unfruchtbarkeit* f (primary ~ *vollständige U.*; secondary ~ *Teil–*; temporary ~ *zeitweilige U.*); *Sterilität* f || ⟨übtr⟩ *Unfruchtbarkeit* f, *Hohlheit* f **–lization** ['sterilai'zeiʃən] s *Sterilisierung; Unfruchtbarmachung* f **–lize** ['sterilaiz] vt *(Tier) unfruchtbar m* || *(Milch* etc) *entkeimen, sterilisieren, keimfrei m* || ⟨fig⟩ *fruchtlos, unnütz m* || *(Land) unter Naturschutz stellen* **–lizer** [–ə] s *Sterilisierapparat* m

sterlet ['stə:lit] s ⟨ich⟩ *Sterlett* m *(Stör)*

sterling ['stə:liŋ] **1.** s ⟨hist⟩ *Sterling* m *(engl. Silberpenny)*; [attr] *Sterling–* || *engl. Geld* n (payment in ~) **2.** a *dem engl. Münzfuß entsprechend; Sterling–,* one pound ~ *ein Pfund Sterling* || ⟨fig⟩ *vollwertig, –gültig, echt;* (of qualities, etc) *gediegen, echt, bewährt*

stern [stə:n] s ⟨mar⟩ *Heck* (at her ~ [of a ship] *an s–m Heck), Schiffshinterteil, Hinterschiff* n | ⟨fig fam⟩ *Hinterteil* n; ⟨fam & vulg⟩ *park your* ~ *setz dich auf d–e 4 Buchstaben* || *(T) Schwanz* m, *Rute* f *(des* fox-hound) | [attr] ~-**chaser** *Heckgeschütz* n || ~-**fast** *Hecktau* n || ~-**frame** *Spiegelspant* n || ~-**heavy** *hecklastig* || ~-**port** *Heck–, Hinterpforte* f || ~-**post** *Hintersteven* m || ~-**sheets** [pl] *Achtersitze* pl *(des Boots)* || ~-**way** *Bewegung achteraus; Deinsen* n; to have ~ ⟨mar⟩ *rückwärts gehen* || ~-**wheel** *Heckrad* n || ~-**wheeler** *Heckraddampfer* m

stern [stə:n] a (~ly adv) *hart, unnachgiebig; streng, ernst* (with, to, towards a p *gegen jdn*); ~ necessity *harte Notwendigkeit* f | (of looks, etc) *düster* || (of countries) *düster, unfreundlich, abschreckend*

sternal ['stə:nəl] a ⟨anat⟩ *Brustbein–*

sternmost ['stə:nmoust] a ⟨mar⟩ *hinterst*

sternness ['stə:nnis] s *Ernst* m, *Strenge, Härte* f || *Düsterheit* f

sterno– ['stə:no] L [in comp] *Brustbein–* ~**costal** [~'kɔstəl] a *zw Brustbein u Rippen befindlich*

sternum ['stə:nəm] s L ⟨anat⟩ *Brustbein* n

sternutation [‚stə:nju'teiʃən] s *Niesen* n **–ative** [stə:'nju:tətiv] a *z Niesen reizend, Nies--atory** [stə:'nju:tətəri] **1.** a = sternutative **2.** s *Nies–, Schnupfmittel* n

sternward ['stə:nwəd] **1.** a *nach dem Heck z gelegen, hinterst* **2.** adv *nach dem Heck z* | ~**s** [~z] adv = sternward adv

stertorous ['stə:tərəs] a *schnarchend*

stet [stet] L ⟨typ⟩ **1.** *soll stehenbleiben* **2.** vt *(Korrektur) durch Punkte gültig erklären*

stethoscope ['steθəskoup] **1.** s ⟨med⟩ *Stethoskop, Horch–, Hörrohr* n **2.** vt *durch Hörrohr untersuchen* **–pic** [‚steθəs'kɔpik] a *(–ally adv) Hörrohr–* (examination) **–py** [ste'θəskəpi] s *Untersuchung* f *durch das Hörrohr*

stevedore ['sti:vidɔ:] **1.** s ⟨mar⟩ *Stauer, Schiffsbelader; Güterpacker* m **2.** vt *(Ladung) verstauen*

stew [stju:] **1.** vt/i || ⟨cul⟩ *schmoren; dämpfen; langsam kochen* || ~ed (to the gills) ⟨bes Am⟩ °*sternhagelvoll* | vi *schmoren; gedämpft w* || ⟨fig⟩ *(P) schmoren, braten;* ⟨sl⟩ *büffeln, ochsen* || to let a p ~ in his own juice ⟨fig⟩ *jdn im eigenen Fett braten* l *(s–m Schicksal überlassen)*

2. s ⟨cul⟩ *Schmorfleisch, geschmortes Fleisch* n; Irish ~ *Zus–gekochtes* n *aus gedämpftem Hammelfleisch, Zwiebeln u Kartoffeln* ‖ ⟨Ger⟩ *Eintopfgericht* n (*Hammel-Kohl*) | ⟨fig sl⟩ *Herzensangst, gr Aufregung, Verlegenheit* f (in a ~); in a ~ ⟨fam⟩ °(*vor Hitze*) *wie aus dem Wasser gezogen* | ~(-bum) ⟨Am sl⟩ °*Besoffener* m ‖ ~-pan *Schmorpfanne* f

steward [ˈstjuəd] s **1.** ⟨hist⟩ *Haushofmeister, Majordomus* m **2.** (of an estate) *Haushofmeister*; *Verwalter* m ‖ (in colleges) *Haushofmeister* m **3.** ⟨mar⟩ (of a ship) *Proviantmeister* m; *Steward, Aufwärter* m ‖ (of a ball, race-meeting, etc) *Festordner*; *Aufseher* m ‖ voting ~ *Wahlleiter* m **4.** Lord High ~ of England *Großhofmeister* v E.; Lord ~ of the King's Household *Königl. Oberhofmeister* m ~**ess** [~is] s *Wirtschafterin* f ‖ ⟨mar⟩ *Aufwärterin* f ‖ ⟨aero⟩ *Stewardeß* f ~**ship** [~ʃip] s *Haushofmeisteramt*; *Verwalteramt* n ‖ (*Amts-)Verwaltung* f

sthenic [ˈsθenik] a ⟨path⟩ *sthenisch*, (*voll*)*kräftig*

stibial [ˈstibiəl] a *Spießglanz–, Antimon– –bium* [ˈstibiəm] s L ⟨chem⟩ *Antim°on* n, *Spießglanz* m

stibic [ˈstikik] a *stichisch*

stichomyth [ˈstikomiθ], ~**ia** [ˌstikoˈmiθiə] s *Stichomyth·ie* f (*Wechsel v Rede u Gegenrede mit jedem Vers*)

stick [stik] vt/i [stuck/stuck] **I.** vt **1.** *durchstechen, –bohren* ‖ (*etw*) *stoßen, stecken* (in, into *in*; through *durch*), to ~ one's hands into one's pockets *die Hände in die Taschen stecken*; (*Kopf*) *stecken* (out of the window *aus dem Fenster*) **2.** *stecken, befestigen* (in, into; through) | *bestecken, –decken, schmücken* (with *mit*) **3.** *kleben* (on *auf*; to *an*); *zus–kleben* | ⟨fam⟩ *in Verlegenheit bringen*; to be stuck *festsitzen, nicht weiter können* **4.** ⟨sl⟩ *ertragen, aushalten*; ~ it! *durchhalten*! [*mst neg*] *leiden* or *ausstehen* (I can't ~ him °*ich kann ihn nicht riechen*) | ⟨sl⟩ (*jdn*) *betrügen,* °*anschmieren* (with *mit*) | ⟨Am sl⟩ to be stuck on *versessen s auf, verliebt s in* **5.** [*mit adv*] ⟨Am⟩ to ~ **around** *herumlungern* ‖ to ~ **out** (*Zunge*) *herausstecken*; (*Brust*) *herausdrücken* ‖ ⟨Am⟩ to ~ out one's neck *sich z Wachtel m*; ~ it out! *durchhalten*! | to ~ **together** (*Teile*) *zus–kleben* | to ~ **up** *aufstellen*; (*Kopf*) *–spießen* ‖ (*Plakat*) *anschlagen, –kleben* | ⟨sl⟩ (*jdn*) *anhalten u überfallen* ‖ *in Verlegenheit bringen*; to be stuck up for *verlegen s um* **II.** vi **1.** *hervortreten, vorstehen* (from *aus*) **2.** *festkleben, haften* or *klebenbleiben* (on *auf*; to *an*); *festsitzen* (on a horse) ‖ ⟨tech⟩ *klemmen* ‖ ⟨fam⟩ *bleiben*, to ~ at home *z Hause kleben* ‖ ⟨fig⟩ *festhaften* or *verbunden bleiben* (to *mit, an*) | (of thoughts) *festsitzen, sich eingraben* **3.** *sich festfahren, steckenbleiben* (in the mud ⟨a fig⟩); *nicht weiter können, stocken*; to ~ in a p's throat *jdm unmöglich s z äußern*; *jdn anwidern* **4.** [*mit prep*] to ~ **at** *bleiben, beharren bei*; *zurückschrecken vor*; *sich stoßen an* | to ~ **by** (*jdm*) *treubleiben* | to ~ **to** *a th beharren bei, festhalten, sich halten an e–e S*; *etw behalten*; to ~ to one's guns *s–r S treubleiben*; .. to the point *bei der S bleiben*; .. to a p *jdm treubleiben*; *sich nicht trennen v jdm* **5.** [*mit adv*] to ~ **in** *im Amt* (etc) *bleiben, nicht weichen* | to ~ **out** *ab–, hervorstehen* (from *aus*); *auffallen* ‖ ⟨Am sl⟩ *hervorragen* ‖ ⟨fam⟩ to ~ it out) *aushalten, nicht nachgeben*; *im Streik bleiben* | *trachten, verlangen* (for *nach*); *bestehen* (for *auf*) | to ~ **together** *zus–halten* | to ~ **up** *hervor–, emporragen*; ⟨fam⟩ *eintreten* (for *f*); ⟨fam⟩ *Widerstand leisten* (to a p) **III.** [in comp] ~-in-the-mud (*schwerfälliger Mensch*) °*Trauerkloß*; *Faulenzer* m [a attr] | ~-up *Stehkragen* m ‖ ⟨Am⟩ *Verbrecher* m | *Raubüberfall* m | ~**er** [ˈ~ə] s

Stecher ‖ (*Schweine-*)*Schlächter* m ‖ (*Plakat-*)*Ankleber* m (bill-~) ‖ *Anhänger* m (to a th *e–r* S); *beharrlicher Arbeiter* m | ⟨com⟩ *Ladenhüter* m (*schwer verkäufliche Ware*) ‖ *An–*; *Einklebzettel* m, *Klebemarke* f ‖ ⟨fig⟩ *verwirrende Bemerkung* f, „*harte Nuß*" f ~**ing** [ˈ~iŋ] s *Stechen*; *Heften*; *Steckenbleiben* n | [attr] *Heft–* (~-plaster *–pflaster* n) ‖ ~-place, ~-point ⟨fig⟩ *Halte–, Wendepunkt* m; to screw one's courage to the ~-point *s–n Mut aufs höchste anspannen*

stick [stik] **I.** s **1.** *Stock, Stab, Stecken* m; ~s [pl] *Brenn–, Reisigholz* n ‖ (*Holz-*)*Stange* f; *Knüttel* m; *Krücke* f; *Spazierstock* m | *Amtsstab* m, *Träger* m *e–s –stabes* ‖ ⟨mus⟩ *Taktstab* m ⟨crick⟩ ~s [pl] *Dreistab* m ‖ → broom~; *fiddle*~; *hockey*-~, etc | *gr Holzstück, Scheit* n ‖ ⟨mar⟩ *Mast* m ‖ ⟨aero⟩ *Steuerknüppel* m ‖ ⟨fam⟩ °*Schießeisen* (*Gewehr*) n; to fire a good ~ *ein ausgezeichneter Schütze s* ‖ ⟨bill⟩ ~ and bangers *Stock u Kugeln*; ⟨vulg fig⟩ *Taschenbillard* n ⟨Col & Am⟩ tea with a ~ in it .. *mit was rum* (*etw Rum*) ‖ ⟨mil aero⟩ *Bombenreihe* f, *Fallschirmabsprunggruppe* f **2.** ⟨übtr⟩ *Stange* f; ~ of sealing-wax *St. Siegellack* ‖ ⟨typ⟩ (a composing-~) *Winkelhaken* m | ⟨sl⟩ (shooting ~) *Pistole* f ‖ ~s of furniture ⟨sl⟩ *Möbelstücke* n pl **3.** ⟨fam⟩ *trockener, langweiliger Mensch* m ‖ ~s [pl] ⟨Am fam⟩ „*Hinterwalden*" n **4.** to cut one's ~ ⟨fam⟩ *fortgehen* ‖ to give a p the ~ *jdm e–e Tracht Prügel geben*; to want the ~ *e–e T. P. verdienen* ‖ to get hold of the wrong end of the ~ ⟨fig⟩ *das Pferd am Schwanze aufzäumen* (*die Lage mißverstehen*) ‖ to have *od* get the right (wrong) end of the ~ *das Ding am rechten* (*verkehrten*) *Ende anpacken, gut* (*schlecht*) *dabei wegkommen* ‖ to take the ~ to a p *jdn verprügeln* ‖ as dry as a ~ *korktrocken* **5.** [attr] ~ bombing *Reihenwurf* m ‖ ~ control- ⟨aero⟩ *Knüppelsteuerung* f ‖ ~ grenade *Stielhandgranate*; ~-insect *Stab–, Gespenstheuschrecke* f ‖ ~-lac *Stocklack* m **II.** vt (*Pflanzen* etc) *mit e–m Stock stützen, mit Stäben versehen* ‖ ⟨typ⟩ *in den Winkelhaken nehmen*

stickiness [ˈstikinis] s *Klebrigkeit* f

stickjaw [ˈstikdʒɔ:] s ⟨sl⟩ *dicke Süßspeise* f, *Pudding* m

stickle [ˈstikl] vi *eifern, kämpfen* (for *f*); to ~ for *verfechten* | *zanken, streiten* (about *um*) ~**back** [ˈstiklbæk] s ⟨ich⟩ *Stichling* m ~**r** [~ə] s *eifriger Verfechter* (for a th *e–r* S); *Kämpfer* (for *f*); *Pedant, Eiferer* m

stickup [ˈstikʌp] s → stick-up

sticky [ˈstiki] a *klebrig* | *zögernd* (about doing *z tun*) | ⟨sl⟩ *eklig, unangenehm* ‖ (*P*) *langweilig, hölzern, spießig* ‖ ~ bomb, etc *Bombe* f etc *mit Haftladung*; ~ charge *Haftldg.* ‖ ~ label *Klebezettel* m

stiff [stif] **I.** a (~ly adv) **1.** *steif, nicht biegsam, starr*; a ~ collar *ein steifer Kragen* | *dick, zäh(e)*; *steif, dickflüssig* | *steif, schwer beweglich* (a ~ neck); my legs are ~ *ich habe steife Beine* ‖ ⟨fam fig⟩ he's ~ in the back *er hat Rückgrat* **2.** (of manners, etc) *steif, förmlich*; *ungelenk·* (style); *unbeugsam, fest entschlossen*; *hartnäckig* **3.** (of wind) *stark, steif*; (of drink) *kräftig, steif* ‖ ⟨com⟩ (of prices) *fest*; *steigend, hoch* **4.** *schwierig*; *beschwerlich* (~ climb); ⟨for⟩ *streng* (soil) **5.** *W e n d u n g e n :* ~ in the back *entschlossen, energisch* ‖ to bore a p ~ *jdn tödlich langweilen* ‖ to keep a ~ face *od* lip *ernst bleiben, sich nicht erweichen l* ‖ to keep a ~ upper lip *unbeugsam s*; *sich nicht unterkriegen l* **6.** [in comp] ~-necked ⟨fig⟩ *steifnackig, halsstarrig* **II.** s ⟨sl⟩ *Papiergeld* n; *Wechsel* m ‖ ⟨sl⟩ *Leiche* f | ⟨Am⟩ (*mst* a big ~) *hoffnungslose, unbelehrbare P,* °*Ekel* n (*P*)

stiffen [ˈstifn] vt/i **A.** vt **1.** *steif, starr m*:

(*Wäsche* etc) *steifen* || *fest, dicht m* **2.** ⟨fig⟩ *steif, ungelenk m* **3.** *unbeugsam, hartnäckig m* **B.** *vi* **1.** *steif w, erstarren*; *to* ~ *into sich verhärten z, w z* **2.** ⟨fig⟩ *steif, förmlich w* **3.** *fest entschlossen, hart w* **4.** *an Stärke zunehmen*; *stärker, fester w* || ⟨com⟩ (*of prices*) *anziehen* | **~er** [~ə] *s* ⟨sl⟩ *Auffrischungstrunk* m; *Stärkungsmittel* n **~ing** [~iŋ] *s Steifen, Stärken* n || *steife Substanz* f | *Steifmaterial* n, *steife Einlage* f, *Steifleinen* n | *stärkender Bestandteil* m | **~-plate** ⟨tech⟩ *Verstärkungslasche* f

stiffness [ˈstifnis] *s Steifheit* f || *Zäheit* f etc → *stiff* a

stifle [ˈstaifl] *s* (*of a horse*) (*a* ~-joint) *Kniegelenk* n (*des Hinterbeins*) || ⟨vet⟩ (*Erkrankung dieses Gelenks*) *Flußgalle* f | ~-bone (*of a horse*) *Kniescheibe* f

stifle [ˈstaifl] *vt/i* || (*jdn*) *ersticken* || (*Feuer* etc) *ersticken* | ⟨fig⟩ *ersticken*, (*Lachen*) *unterdrücken, zurückdrängen*; (*Hoffnung*) *vernichten* | *vi* **~-ling** [~iŋ] a (~ly adv) *erstickend, Stick-,* ~ *air –luft* f

stigma [ˈstigmə] *s* L **1.** ⟨allg fig⟩ [pl ~s] † *Brandmal* n | ⟨fig⟩ *Brandmal* n (*the* ~ *of illegitimacy*); *Schandfleck, Schimpf* m **2.** (pl ~ta [~tə]) **a.** ⟨ec⟩ ~ta *Wundmale Christi* n pl **b.** ⟨med⟩ *böses Kennzeichen* or *Symptom* n (~ta *of degeneration*) || ⟨anat⟩ *krankhafte, periodisch blutende Stelle* (*der Haut*) f **c.** ⟨ent⟩ *Atmungs-, Luftöffnung* f || ⟨bot⟩ *Stigma* n, *Narbe* f **~-tic** [stigˈmætik] **1.** a ⟨übtr⟩ *gebrandmarkt, gezeichnet* || ⟨ec⟩ *Wundmal-* **2.** ~ s ⟨ec⟩ *Stigmatisierte(r* m) f **~-tization** [ˌ~taiˈzeiʃən] *s Brandmarkung* f || ⟨ec⟩ *Stigmatisation* f **~-tize** [~taiz] *vt* ⟨übtr⟩ *brandmarken* || ⟨ec⟩ *stigmatisieren*

stilbite [ˈstilbait] *s* ⟨minr⟩ *Desmˑin* m

stile [stail] *s Zauntritt* m

stile [stail] *s* ⟨arch⟩ *senkrechter Streifen* m (*in Tafelwerk* etc)

stiletto [stiˈletou] *s* [pl ~s, ~es] It *Stilˑett* n, *Dolch* m || *Stecher, Pfriem* m

still [stil] **1.** a (~y adv) *still, ruhig*; *unbeweglich, bewegungslos*; *to sit* ~ *stillsitzen*; *to stand* ~ *–stehen* || *schweigend* || (*of liquors*) *nicht schäumend* | ~ *life* ⟨arts⟩ [pl ~lifes] *Stilleben* n || ⟨Am⟩ ~ *hunt Pirsch* f || ⟨Am film⟩ ~ *picture zugkräftiges Bild* n || ~ *projector Bildwerfer* m || ~ *waters run deep stille Wasser sind tief* | [in comp] ~-*birth Totgeburt* f; ⟨demog⟩ *Totgeborenes* n; *Fötˑalsterblichkeit* f; ~-b. *quote Totgeborenenquote* f || ~-*born totgeboren* || *to* ~-*fish v e–m verankerten Boot aus angeln* **2.** s ⟨poet⟩ *Stille, Ruhe* f || ⟨film⟩ *Photographie* f, *Bild* n *ohne Bewegung* **3.** *adv* (*of time*) *immer noch, noch immer* || [*vor* compr] *noch,* ~ *higher* ~ *noch höher*; ~ *less noch weniger,* ~ *more noch mehr*; ~ *more so because um so mehr als* || *doch, dennoch* (*but* ~) **4.** *conj* ⟨Am *a*⟩ ~ *and* all) *trotzdem, dennoch, jedoch* || *immerhˑin* **5.** *vt/i* || *stillen* || *beruhigen* | *vi still w, sich beruhigen*

still [stil] **1.** *vt/i* ⟨poet & *⟩ || *destillieren* | *vi tropfen* **2.** s ⟨chem⟩ *Destillierapparat* m || *Destillation, Brennerei* f | ~-*room Destillationsraum* m; ⟨übtr⟩ *Vorratskammer* f

stillage [ˈstilidʒ] *s Gestell* n (*f Fässer* etc)

stillness [ˈstilnis] *s Stille* f; *Schweigen* n

stilly [ˈstili] a ⟨poet⟩ *still, ruhig, schweigend*

stilt [stilt] **1.** *s Stelze* f, [*mst* pl] ~s *Stelzen, to walk on* ~s *auf St. gehen* || (*a* ~-*bird,* ~-*plover, black-winged* ~) ⟨orn⟩ *Stelzenläufer* m | [attr] ⟨orn⟩ *Stelzen–* | (*Pflug-*)*Sterz* m **2.** *vt/i* || *auf Stelzen stellen*; ⟨fig⟩ *erheben, hochbringen* | *vi auf Stelzen gehen* | ~**ed** [ˈ~id] *a gestelzt*; ⟨arch⟩ *erhöht* (~ *arch*) || ⟨orn⟩ *Stelz–* || ⟨fig⟩ *geschraubt, gespreizt*; *hochtrabend* **~edness** [ˈ~idnis] a ⟨fig⟩ *Geschraubt-, Gespreiztheit* f

Stilton [ˈstiltn] *s* (*a* ~ *cheese*) *Stiltonkäse* m (*nach dem Dorf* ~ *in* Huntingdonsh.)

stimulant [ˈstimjulənt] **1.** a ⟨phys & med⟩ *erregend, anreizend* **2.** s ⟨med⟩ *Stˑimulans, erregendes Mittel, Reizmittel* n (*bes alkoholische Getränke*) || ⟨fig⟩ *Reizmittel* n, *Antrieb* m (*to z*) **-ate** [ˈstimjuleit] *vt/i* || ⟨med⟩ *an-, erregen, reizen* || ⟨übtr⟩ *anspornen, –reizen, –regen* (*to z*; *to do*); *antreiben* (*into z*); *erregen*; *beleben* | *vi* ⟨fam⟩ *sich durch Alkoholgenuß anregen* **-ation** [ˌstimjuˈleiʃən] *s* ⟨med⟩ *Erregung, Reizung* f; *Reiz* m || ⟨übtr⟩ *Anregung* f; *Antrieb* m **-ative** [ˈstimjuleitiv] a *antreibend, –spornend, Anreiz–*; *to be* ~ *of* (*od* to) *anspornen* **-ator** [ˈstimjuleitə] *s anreizendes Mittel* m; *Beleber* m

stimulus [ˈstimjuləs] *s* L (pl ~li [~lai]) ⟨med⟩ *Reizmittel* n, *Reiz* m || ⟨anat⟩ *Erregungsfaktor* | ⟨fig⟩ *Antrieb, –sporn* m (*to a p f jdn*; *to a th z etw*)

sting [stiŋ] **I.** *vt/i* [stung/stung] **A.** *vt* **1.** *stechen*; *verwunden*, the fly *stung my finger die Fliege stach mich in den Finger* || (*jdm*) *Schmerz verursachen*, the pepper ~s *my tongue der Pfeffer beißt mir auf die Zunge* **2.** (*jdn*) *kränken, verletzen* (with); *to be stung to wrath aufs höchste erbittert w*; *to be stung with remorse v Gewissensbissen gequält w* **3.** ⟨fig⟩ *aufstacheln, antreiben* (*to od into z*) **4.** ⟨Am sl⟩ *überteuern*; [*mst* pass] *to be stung betrogen, geneppt w* **B.** *vi e–n Stachel h*; *stechen* || *schmerzen* ⟨a fig⟩ **II.** s **1.** ⟨zoo⟩ *Stachel* m | ⟨bot⟩ *Brennhaar* n (*of a nettle*) **2.** *Stechen* n; *Stich, Biß* m || ⟨fig⟩ *Stachel* m (the ~ *of hunger*); ~ *of conscience Gewissensbiß* m **3.** *Antrieb* m; *Anreiz* m; *anreizendes Element* n; *belebende Kraft* f **4.** [attr] *Stachel–*; *Stech–* || ~-*ray* ~ *aree* **~-aree** [ˈ~əri:] *s* ⟨Am ich⟩ *Stachelrochen* m, *Giftflunder* f **~-er** [ˈ~ə] *s schmerzender Schlag* m **~-ing** [ˈ~iŋ] a (~ly adv) *stechend*; ⟨fig⟩ *stechend, schmerzend* || ~-*nettle* ⟨bot⟩ *Brennessel* f **~-less** [ˈ~lis] ⟨bot⟩ *stachellos*

stinginess [ˈstindʒinis] *s Geiz* m

stingo [ˈstiŋgou] *s* ⟨sl⟩ *starkes Getränk* n || ⟨fig⟩ *kräftiger Stoff, Kraft* f

stingy [ˈstindʒi] a (–gily adv) *geizig, to be* ~ *of knausern mit, geizen mit* || *kärglich, knapp*

stink [stiŋk] **1.** *vi/t* [stank, stunk/stunk] **a.** *vi stinken, übel riechen* (*of nach*) | ⟨fig⟩ *verrufen, anstößig s*; *to* ~ *in a p's nostrils jdm z Halse heraushängen, widerwärtig s* ⟨sl⟩ *to* ~ *of money vor Geld °stinken, klotzig reich s* **b.** *vt*: *to* ~ *out* (*Tiere*) *durch Gestank austreiben, ausstänkern* **2.** s *Gestank*; *übler Geruch* m ⟨a fig⟩ | ⟨sl⟩ ~s [pl] *Naturwissenschaften* f pl (*bes Chemie*) | [attr] *Stink–* || ~-*ball –bombe* f || ~-*bomb –bombe* f || *to play at* ~-*finger* ⟨vulg⟩ *sich Stinkefingerchen holen* || ~-*horn* ⟨bot⟩ *Gicht-, Stinkmorchel* f || ~-*pot Stinkbombe* f || *Stinker* m, *Ekel* n (*P*) → *stinker* || ~-*stone* ⟨minr⟩ *Stinkstein* m || ~-*trap Schließventil* m (*gegen üble Gase*) **~-ard** [ˈ~əd] *s ekliger Kerl* m || ⟨zoo⟩ *Stinktier* m **~-er** [ˈ~ə] *s* ⟨sl⟩ *ekliger Kerl* m || *billige Virginiazigarette* f **~-ing** [ˈ~iŋ] a (–ly adv) *stinkend*; *Stink–*; ~ *badger –dachs* m; ~-*wood –holz* n || ⟨fig sl⟩ *stinkend, gemein, eklig*

stinko [ˈstiŋkou] a ⟨Am⟩ °*stinkbesoffen*

stinkum stuff [ˈstiŋkəm ˈstʌf] *s* ⟨Am sl⟩ *Parfüm* n

stint [stint] **1.** *vt* (*etw*) *ein-, beschränken*; *umgrenzen* || *knausern mit, scheuen* (*to* ~ *neither trouble nor money*) || (*jdn*) *einschränken, knapp halten* (*of mit*) || *to* ~ *o.s. sich einschränken* (*of mit*); *sich beschränken* (*to auf*) **2.** s *Einschränkung* f; *without* ~ *ohne E., unbeschränkt* | *festgesetztes Maß* n, *festgesetzter Betrag* m || *Schicht* f (*to work by* ~ *auf Sch. arbeiten*), *bestimmtes Arbeitsquantum* n, *Arbeitszeit* f **3.** a

⟨min⟩ *taub, erzarm, mager* ~ed ['~id] a *beschränkt, knapp, karg*

stint [stint] s ⟨orn⟩ *Strandläufer* m; *little* ~ *Zwerg–*; *Temminck's* ~ *Temminck–*

stipate ['staipit] a ⟨bot⟩ *(dicht)gedrängt*

stipe [staip] s *Strunk*; ⟨bot⟩ *(Blatt–)Stiel*; *Stengel* m | ~l ['staipel] s ⟨bot⟩ *Art Nebenblättchen* n ~llate ['staipeleit] a ⟨bot⟩ *mit Nebenblättchen versehen*

stipend ['staipend] s *Besoldung* f, *Gehalt* n (*bes* f *Geistliche, Lehrer*) ~iary [stai'pendjəri] **1.** a *bezahlt, –soldet* **2.** s *besoldeter Geistlicher or Lehrer* m || (*a* ~ *magistrate*) *besoldeter Friedens–, Polizeirichter* m

stipes ['staipi:z] s L = stipe

stipiform ['staipifɔ:m] a ⟨bot⟩ *stielförmig*

stipitate ['staipiteit] a ⟨bot⟩ *mit Stiel versehen*

stipitiform ['staipitifɔ:m] a = stipiform

stipple ['stipl] **1.** vt/i ⟨arts⟩ *in punktierter Manier stechen, malen*; *in Punktiermanier bemalen* etc || ⟨übtr⟩ *punktieren, tüpfeln* **2.** s *Punktiermanier* f | ~-graver *Punktiergerät* n –ler [–ə] s *Punktierer* m –ling ['stipliŋ] s *Punktieren* n, *Punktiermanierdarstellung* f

stipular ['stipjulə] s, ~y [~ri] a ⟨bot⟩ *Nebenblatt–*

stipulate ['stipjuleit] vt/i || *als wesentlich ausbedingen* (~d *in the treaty*), *festsetzen, verabreden, vereinbaren*; *übereinkommen* (that); *as* ~d *wie vereinbart* || *verlangen, sich ausbedingen* (that) | vi: to ~ *for* a *th etw ausbedingen, festsetzen, vorsehen; übereinkommen über* –ation [ˌstipju'leiʃən] s *vertragliche Abmachung, Übereinkunft* f || *Bedingung, Klausel* f –ator ['stipjuleitə] s L *jd, der e–n Vertrag* (etc) *festsetzt*; *Kontrahent* m

stipulation [ˌstipju'leiʃən] s ⟨bot⟩ *Anordnung* f *der Nebenblätter* –le ['stipju:l] s *Nebenblättchen* n, *Blattansatz* m –liform ['stipjulifɔ:m] a *blattansatzförmig*

stir [stə:] **I.** vt/i **A.** vt **1.** *in Bewegung setzen, bewegen*; to ~ *one's.stumps* °*die Beine unter die Arme nehmen, sich beeilen, sich regen, tätig* s; *not to* ~ a *finger nicht den Finger rühren* || (*Flüssigkeit*) *umrühren, quirlen* **2.** ⟨fig⟩ *bewegen, anregen* (to, into z) || *hervorrufen, erregen*; *aufrühren, –rütteln*, to ~ a *p's blood jdn in Erregung versetzen* **3.** [mit adv] to ~ **up** *tüchtig umrühren* || *schütteln*; (*jdn*) *aufrütteln* || *hervorrufen; erregen* **B.** vi **1.** *sich bewegen, sich regen*; *not to* ~ *from nicht verlassen* || to ~ *to reagieren auf, hören auf* || *sich rühren* (without ~ring) || *aus dem Bette, auf* s; *to be* ~ring *aufgestanden* s; *to* ~ *abroad ausgehen* **2.** *tätig* s, *sich befassen* (in, about mit) **3.** *sich ereignen, geschehen; is anything* ~ring? *gibt's etwas Neues?* **C.** [in comp] ~-up *Auf–, Erregung*; *Aufrüttelung* f **II.** s *Bewegung* f (not a ~ *nicht die geringste B.*), to give a th a ~ *etw bewegen, schüren, schütteln* || *Lärm, Aufruhr* m; a ~ *of gaiety lebhaftes fröhliches Treiben* || *Aufregung* f; *Aufsehen* n, to make a ~ *A. erregen* || *geistige Aufrüttelung* f; *Unternehmungsgeist* m || ⟨Am sl⟩ *Kittchen, Loch* n (*Gefängnis*) ~about ['stə:rəbaut] **1.** s *Art Porridge* **2.** a *tätig, geschäftig* ~ring ['stə:riŋ] **1.** a (~ly adv) *aufregend; rührend* || *aufregend, bewegt* (~ times); *tätig, geschäftig* (~ p) **2.** s *Bewegen* n || ⟨fam⟩ *to have plenty of* ~ °*klotzig reich* s, *im Geld schwimmen* | [attr] *Rühr–*; ~-stick *–holz* n

stirpiculture ['stə:pikʌltʃə] s *Rassenzüchtung, –pflege* f **stirps** [stə:ps] s (pl stirpes ['stə:pi:z]) L ⟨jur⟩ (*Familien–)Stamm, Familienzweig* m || *Träger* m *e–s Zweiges* || *per stirpes* [L] *nach Stämmen*

stirrup ['stirəp] s *Steigbügel* m; *to be firm in one's* ~s *fest im Sattel sitzen*; *to hold the* ~

---

of a p *jdm den Steigbügel halten* | ⟨mar⟩ ~s [pl] *Taue* n pl *mit Ösen an den Enden* || ⟨tech⟩ *U-förmiger Bügel, Halter* m; *Klampe* f | [attr] ~-bone ⟨anat⟩ *Steigbügel* m (*Gehörknöchelchen*) || ~-cup *Abschieds–, Satteltrunk* m ~-iron *Steigbügeleisen* n; ~-leather, ~-strap *–riemen* m; ~-pump *Luftschutzpumpe* f

stitch [stitʃ] **I.** s **1.** ⟨med⟩ *Stich* (*Schmerz*), *Stich* m, a ~ *in the side Seitenstechen* n; *to get the* ~ *Stiche bek* **2.** (*in sewing,* etc) *Durchziehen* n *des Fadens, Stich* m; ⟨surg⟩ *to put* ~es *in Nadeln legen in, zus–nähen* || (*in knitting*) *Fadenschleife, Masche* f; *to drop* (*take* up) a ~ *e–e M. fallen* l (*aufnehmen*) || *Stichart* f (*beim Sticken, Häkeln*); *button-hole* ~ *Langettenstich* || *close* ~ *Schlingstich,* → *knot-carpet* || *Stickerei* f (*cross–* ~ *Kreuzstich–*) | [mst neg] (*letztes*) *Stück Zeug* n, *every* ~ *alles, was man am Leibe hat*; *without* a ~ *of clothing ohne jede Kleidung, splitter-fasernackt*; *he had not a dry* ~ *on er hatte k–n trockenen Faden am Leibe* **3.** ⟨bookb⟩ *Heftung* f **4.** [attr] ~-wheel *gezahntes Rad z Lederlochen* n **II.** vt/i || *nähen, flicken* || ⟨med⟩ *nähen,* °*flicken* || *besticken* || ⟨bookb⟩ *heften, broschieren* | vi *Stiche* m, *nähen, heften; sticken* (on *auf*) || to ~ up *zus–nähen or heften, z'uflicken, vernähen* ~ing ['~iŋ] s *Nähen, Sticken* n; *Näherei, Stickerei* f || *Heften* n | [attr] *Heft–* || ~-machine *Heftmaschine* f || → *sole stitcher* || ~-needle *Heft–, Sticknadel* f || ~-silk *Stick–, Nähseide* f || ~ *wire Heftdraht* m

stitchwort ['stitʃwə:t] s ⟨bot⟩ *Sternmiere* f; *Jungferngras* n

stithy ['stiði] s † *Schmiede* f

stiver ['staivə] s *Stüber* m (*kl holländ. Münze*) || ⟨fig⟩ *Heller* m; *bißchen* n; *Kleinigkeit* f (not a ~); *not* a ~ *nichts*

stiver ['stivə] vi/t ⟨dial⟩ || *steif in die Höhe stehen; to be* ~ed z *Berge stehen* | vt z *Sträuben bringen*

stoa ['stouə] s Gr ⟨ant arch⟩ *Stoa* f (*Säulenhalle*), → *stoic*

stoat [stout] s ⟨zoo⟩ *Hermelin, gr Wiesel* n

stoat [stout] vt *mit unsichtbaren Stichen zus–nähen*

stock [stɔk] s **1. a.** † (*Baum–)Stumpf* m || *Klotz, Block* m | ⟨fig⟩ *Klotz, Dummkopf* m **b.** (*Baum–)Stamm* m; *Stengel, Strunk* m || (*a* ~-gillyflower) *Winterlevkoje* f **c.** ~s [pl] *Stockeisen* n pl **d.** ⟨übtr⟩ *Ab–, Herkunft* f; *Stamm* m, *Geschlecht* n; *Familie* f; *of noble* ~ *v edler Herkunft, aus adliger F.*; **2. a.** *Grundstock* m, *Stütze* f, *Gerüst* n | *Amboßklotz* m ⟨mar⟩ *Ankerstock* || *Glockenstuhl* m **b.** ~s [pl] ⟨mar⟩ *Stapel* m; *on the* ~s *auf St.* (3 ships are on the ~s); ⟨fig⟩ *to be on the* ~s *in Vorbereitung, im Bau, im Werden begriffen* s || ⟨hist⟩ ~s [pl] (*Zwang-)Stock* (*als Strafe*) **3.** (of a *rifle,* etc) *Schaft, Stiel, Griff* m; ~, *lock, and barrel als Ganzes, alles, ganz u gar, mit allem Drum u Dran* || (*Rad-)Nabe* f **4.** ⟨dial⟩ *Strumpf* m || ⟨mil⟩ (*steife*) *lederne Halsbinde* f; (*Frauen–) Stehkragen* m **5.** [koll sg konstr] *Vorrat* m; *Grundvermögen, Stammkapital* n, ~ *in bank Bankkapital* n || *Staatsanleihe* f; *Gesellschaftsanteil* m; ~s [pl] *Staatspapiere* n pl; ~ *Aktien* f pl; *common* ~ ⟨Am⟩ *Stammaktien* f pl; *preferred* ~ *Vorzugsaktie* f; ~s *and bonds Wertpapiere* n pl, *Effekten* f pl || ~ *Inventar* n (*dead* ~, *live* ~ *totes, lebendes I.*) [a pl konstr] *Vieh* n (*few* ~ *were* :.); *live* ~ ⟨fam fig⟩ „*Einquartierung*" f (*Läuse* etc) | ⟨com⟩ (*Waren–)Vorrat* (~ *in trade Betriebsvorrat, Warenbestand* m); *Bestand* m (~ *on hand Waren–*) ⟨a fig⟩; *Lager* n; ⟨engl bal⟩ *Warenbestand* m, *Vorräte* m pl || *in* ~ *auf L.*; *vorrätig* (*to keep in* ~ *vorrätig halten*); *out of* ~ *ausver-*

kauft, nicht mehr vorrätig | to take ~ *Inventur m* ⟨*a* übtr⟩ || to take (no) ~ in ⟨fig⟩ *(kein) Interesse h f, (nicht) schätzen* || to take ~ of ⟨fig⟩ *abschätzen, in Augenschein nehmen; sich klar w über;* ⟨fam⟩ *(jdn) aufmerksam beobachten;* to take ~ of o.s. ⟨Am fam⟩ *mit sich ins Gericht gehen,* ⟨hum⟩ *sich v innen betrachten* **6.** *Rohstoff m, Rohmaterial n* || *Brühe f Suppe f* **7.** [attr & comp] *Effekten–; Waren–, Lager–; Vieh–* || ~*-account Kapital–; Warenkonto n; Effektenberechnung f* || ~*-book Lagerbuch n, Warenverzeichnis n* || ~*-breeder Viehzüchter m* || ~*-broker Effekten–, Fondsmakler m;* ~*-broking Effektengeschäft n* || ~ car ⟨mot⟩ *gewöhnlicher Pkw, f Rennen hergerichteter Pkw;* ~ car racing *Pkw-Rennen n* || ~*-certificate Aktie(nschein m) f* || ~ character *typische* ⟨*bes* It⟩ *Theaterfigur f,* → type || ~ company, ~ corporation *(etwa) Aktiengesellschaft f* || ~*-exchange Effektenbörse, (Fonds-)Börse f* (on the ~*-exchange an der Börse*); ⁓ Exchange tax *Börsenumsatzsteuer f* || ~*-farmer Viehhalter, –züchter m* || ~*-farming Viehzucht f* || ~*-holder* ⟨Am⟩ *Effekteninhaber; Aktionär m* || ~ indicator *Börsentelegraph m* || ~*-in-trade Arbeitsmaterial, –werkzeug n;* ⟨fig⟩ *stereotype Züge m pl or Wendungen f pl, charakteristisches Merkmal n* || ~*-jobber Börsenmakler m* || ~*-jobbing –spekulation f* || ~*-list Kurszettel n* || ~*-lock Riegelschloß n* || ~*-market Effekten–, Fondsbörse f*; [abstr] *Viehmarkt m* || ~*-piling Einlagerung, Hortung f v Gütern;* measures for ~*-p. –maßnahmen f pl;* ~*-p.* purchase *Vorratskauf m* || ~*-pot* ⟨cul⟩ *Topf m f Suppenbereitung* || ~*-rider* ⟨Am & Aust⟩ *berittener Herdenaufseher m* || ~*-rot* ⟨for⟩ *Stockfäule f* || ~*-size Lagergröße f* || ~*-still mäuschenstill* || ~*-taking Bestandsaufnahme, Inventur f* ⟨*a* engl bal⟩ (~*-taking sale –ausverkauf m*); ⟨fig⟩ *Orientierung f* || ~*-transfer tax Börsensteuer f* || ~ tub ⟨brew⟩ *Lagerfaß n* || ~*-yard Viehhof m*

stock [stɔk] *a* ⟨com⟩ *stets vorrätig* (~ size); *auf Lager* || ⟨theat⟩ *Repertoir* (~ piece) || ⟨fig⟩ *stereotyp, immer wiederkehrend, stehend* (~ phrase)

stock [stɔk] vt/i **A.** vt **1.** (*Gewehr*) *mit Schaft versehen, schäften* || (*Anker*) *stocken* **2.** [*bes* pass] (*Pflanze* etc) *im Wachstum hemmen* **3.** *versehen, –sorgen* (with); *ausrüsten* || *aufspeichern, sammeln* || (*Ware*) *auf Lager halten, führen* | to ~ (a pond) (*mit Fischen*) *besetzen;* (*Farm*) *bestocken* **4.** ⟨Am⟩ (*Land*) *besäen, –pflanzen;* ⟨for⟩ *bestocken,* ~ed *bestanden,* fully ~ed *geschlossen* **5.** [*mit* adv] to ~ up *ausroden, –rotten; aufreißen* **B.** vi *sich versorgen, sich eindecken* | ⟨bot⟩ *Sprößlinge treiben*

stockade [stɔ'keid] **1.** s *Lattenzaun m, Stak·et n, Einfriedigung, Palis·ade f* || ⟨Am⟩ *provisorisches Militärgefängnis n, Straflager n* || ~*-trap* (for pig) *Saufang m* **2.** vt *mit e–r Einfriedigung, e–m Staket umgeben*

stockdove ['stɔkdʌv] s ⟨orn⟩ *kl Holztaube f* **–fish** ['stɔkfiʃ] s ⟨ich⟩ *Stockfisch m*

stocker ['stɔkə] s ⟨Am⟩ *Mastochse m*

stockinet ['stɔkinet] s *Trikot(gewebe) n* (*f Unterkleidung*)

stocking ['stɔkiŋ] s *Strumpf m;* a fat *od* long ~ *ein praller Sparstrumpf (voll Geld);* elastic ~ ⟨med⟩ *Gummistrumpf m* || → to stand | [attr] *Strumpf–* || ~ bag *Fächertasche f (f Strümpfe)* || to walk in ~*-feet in* or *auf Strümpfen gehen* || ~*-frame* ⟨tech⟩ *Strumpfwirkerstuhl m, Strickmaschine f* ~ed [~d] a (*nur*) *mit Strümpfen bekleidet, bestrumpft* (black ~ legs)

stockist ['stɔkist] s ⟨com⟩ *Fachändler m, –geschäft n*

stocky ['stɔki] a *kurz, untersetzt*

stodge [stɔdʒ] **1.** vt/i || (*den Magen*) *voll-*

stopfen; ⟨*a* übtr⟩ || to be ~d *steckenbleiben* (in) | vi *sich vollstopfen* | ⟨fam⟩ *patschen, waten; trampeln* **2.** s *Matsch m* || *Brei m* | ⟨sl⟩ *schweres Essen,* °*Futter n;* ⟨übtr⟩ *schwere Kost f* | ~r ['~ə] s *Vielfraß, Schlemmer; Trauerkloß m*

stodgy ['stɔdʒi] a *breiig* || (of food) *schwer; schwer verdaulich, unverdaulich* || ⟨übtr⟩ (of style, etc) *schwer verdaulich, schwerfällig, ungelenk* || (P) *langweilig, fade*

stoep [stu:p] s SAfr *Veranda f,* → stoop

stogie, stogy ['stoudʒi] s ⟨Am⟩ *Stumpen m* (*Zigarre*)

stoic ['stouik] **1.** s (*mst* ⁓) *St·oiker m* ⟨*a* übtr⟩ **2.** a *stoisch* || ⟨übtr⟩ *gelassen* ~**al** [~əl] a *stoisch* ⟨*a* übtr⟩ ~**ism** ['stouisizm] s *Stoiz·ismus m;* ⟨übtr⟩ *Gleichmut m,* → stoa

stoichiometry [,stɔiki'ɔmitri] s ⟨chem⟩ *Stöchiometrie f* (*chem. Meßkunst*)

stoke [stouk] vt/i || (*a* to ~ up) *mit Feuerung nähren,* (*Feuer*) *schüren,* (*Ofen*) *heizen;* ⟨fig⟩ (*Haß*) *schüren* || ⟨übtr⟩ (*Essen*) *hineinstopfen* || (*jdn voll*)*stopfen (mit Essen);* to ~ o.s. ⟨fig⟩ *sich vollstopfen* | vi *heizen, feuern* || ⟨fig sl⟩ (⟨*a*⟩ to ~ up) *„stochern", „tüchtig einheizen",* **sich vollstopfen** | ~*-hole Schürloch n; Heizraum m* ~**hold** ['~hould] s (*Schiffsmaschinen–*)*Heizraum m*

stoker ['stoukə] s *Heizer m* || mechanical ~ ⟨tech⟩ *automatische Feuerung(svorrichtung) f*

Stokes mortar ['stouks 'mɔ:tə] s (*nach* W. Stokes, † 1927) ⟨mil⟩ *Stokes-Mörser m (leichter Minenwerfer)*

stole [stoul] s ⟨ec⟩ *St·ola f, Meßgewand n* | (*Damen–*)*Pelzkragen m*

stole [stoul] s ⟨bot⟩ = stolon

stole [stoul] pret *v* to steal | ~**n** ['~ən] pp *v* to steal || ~ goods [pl] *Diebesgut n*

stolid ['stɔlid] a (~ly adv) *schwerfällig, stumpf; dumm; gleichgültig* ~**ity** [stɔ'liditi], ~**ness** ['stɔlidnis] s *Schwerfälligkeit, Stumpf–, Dummheit f*

stolon ['stoulən] s L ⟨bot⟩ *Schößling, Ausläufer,* ~**iferous** [,stoulə'nifərəs] a ⟨bot⟩ *Ausläufer–; A. hervorbringend*

stoma ['stoumə] s Gr (pl ~ta [~tə]) ⟨anat & zoo⟩ *Öffnung, Mündung f;* ⟨bot⟩ *Spaltöffnung f*

stomach ['stʌmək] **I.** s **1.** ⟨anat⟩ *Magen m* || *Bauch, Leib m* (a pain in the ~) **2.** ⟨fig⟩ *Hunger m (for nach); Neigung f (for z)* || † *Gemütsart f* **3.** W e n d u n g e n: to go against one's ~, to stick in one's ~ ⟨fam fig⟩ *jdm im Magen liegen* || to lie heavy on one's ~ (of food) *jdm schwer im Magen liegen* || to turn a p's ~ *jdm Ekel or Erbrechen verursachen* **4.** [attr] *Magen–* || ~ ache *–schmerzen pl* || ~*-pump –pumpe f* || ~ Steinway ⟨hum⟩ *Quetschkommode f (Akkordeon)* || ~*-tube –schlauch m* || ~*-warmer Leibwärmer m* **II.** vt ⟨fig⟩ *ertragen, sich bieten or gefa'len l,* (*Beleidigung*) *einstecken* | *verdauen* ~**al** [~əl] a *Magen– –er* [~ə] s ⟨hist⟩ *Mieder n, Latz m* ~**ful** [~ful] s *Genüge, hinreichende Menge f* (a ~ of) ~**ic** [sto'mækik] **1.** a (~ally adv) *Magen–;* ~ dilatation *–erweiterung f* || *magen–, verdauungstärkend* **2.** s ⟨med⟩ *Magenstärkung f, Magenmittel n*

stomatitis [,stomə'taitis] s ⟨med⟩ *Entzündung der Mundschleimhaut, Mundfäule f*

stomato– ['stoməto] [in comp] *Mund–* ~**logy** [,stomə'tɔlədʒi] s *Lehre v den Munderscheinungen f*

stone [stoun] **I.** s **A.** [pl ~s] **1.** *Stein m;* loose ~s! *Steinschlag! m;* a wall made of ~ *e–e Steinmauer;* a heap of ~s *ein Haufen Steine m* | *Felsstein, Felsen m* **2.** *geformter Stein m; Steinblock m, –platte f* || ⟨mar⟩ *binding–, through-*~ *Binder m* || Druid's ~, standing ~ ⟨praeh⟩ *Menhir m,* → standing || ⟨arch⟩ *Naturstein m* || (*mst* precious ~) *Edelstein m*

| *Hagelstein* m **3.** *Obstkern* (cherry-~) **4.** ⟨med⟩ *Stein* m (gall-~ *Gallen*-) | *Steinleiden* n (an operation for ~) **B.** [pl ~] *Stein* m (*Gewichtsmaß* = 14 *Pfd.*) (2 ~ of flour; he weighs 12 ~) **C.** *W e n d u n g e n* : **a.** a ~'s throw *e–e Steinwurfweite*; *e–e kurze Entfernung* f (within a ~'s throw of the road) || a face of ~ *ein steinernes* or *unbewegliches Gesicht* n || a heart of ~ *ein steinernes Herz* n || philosopher's ~ *Stein der Weisen* || ~ of Sisyphus ⟨fig⟩ *Sisyphusarbeit* f **b.** rolling ~ ⟨fig⟩ *unsteter Mensch* m; a rolling ~ gathers no moss *ein rollender Stein setzt kein Moos an* **c.** to break ~s ⟨fig dero⟩ *Steine klopfen* || to harden into ~ *versteinern* ⟨*a fig*⟩ || → *bird* || to leave no ~ unturned ⟨fig⟩ *nichts unversucht l* || to mark (a day) with a white ~ (*e–n Tag*) *im Kalender rot anstreichen* || to throw ~s at a p *Steine nach jdm werfen*; ⟨fig⟩ *jdn angreifen* or *tadeln* || → *glass-house* || turned to ~ (*wie*) *versteinert* **II.** [attr *od* a] *steinern, Stein*– (~ *wall*) **III.** [comp] *Stein*–, *stein*– || ~ *age Steinzeit* f || ~ *alum Alaunstein* m || ~-*blind stockblind* || ~-*borer* ⟨zoo⟩ *Steinfresser* m (*Muschel*) || ~-*break* ⟨bot⟩ –*brech* m || ~-*breaker* –*klopfer* m; ⟨tech⟩ –*brechmaschine* f || ~-*broke* ⟨*bes* Am sl⟩ = stony-broke || **~-cast*, ~'s cast = ~'s throw || ~-*chip* –*brocken*, –*splitter* m || ~-*chip(ping)s* [pl] *Splitt* m || ~-*circle* ⟨praeh⟩ *Steinkreis* m (*megalithisches Denkmal*) || ~-*coal* ⟨minr⟩ –*kohle* f || ~-*cutter*, ~-*dresser* –*metz* m || ~-*cutter's yard Bauhütte* f || ~-*cutting saw Steinsäge* f || ~-*dead mausetot* || ~-*deaf stocktaub* || ~-*eater* ⟨zoo⟩ = ~-*borer* || ~-*fall* ⟨mount⟩ *Steinschlag* m || ~-*fence* ⟨Am sl⟩ *Mischgetränk* n || ~-*fly Afterfrühlings*–, *Stein*–, *Uferfliege* f || ~-*fruit Steinobst* n || ~-*horse* † *Hengst* m || ~-*lily* ⟨zoo⟩ *fossiler Stachelhäuter* m || ~-*marten* ⟨zoo⟩ *Steinmarder* m || ~-*mason* –*metz* m || ~-*pit*, ~-*quarry* –*bruch* m || ~-*sawing strand Drahtseilsäge* f || ~-*still mäuschenstill* || ~-*ware Steingut* n || ~-*work Mauerwerk* n; *Schotter* m | **stone** [stoun] vt *steinigen* (to ~ to death); | (*Früchte*) *entkernen* || *mit Steinen ausmauern* or *einfassen* || ⟨tech⟩ *abziehen, nachschleifen* | **stone**– | ~**chat** ['stoun-tʃæt] s ⟨orn⟩ *Steinschmätzer* m, *Schwarzkehlchen* n ~**crop** ['stoun-krɔp] s ⟨bot⟩ *Steinkraut* n, *Mauerpfeffer* m ~**hatch** ['stounhætʃ] s ⟨orn⟩ *Seeregenpfeifer* m ~**less** ['stounlis] a *steinlos* (fruit) | **stoniness** ['stouninis] s *das Steinige* n, *steiniger Charakter* m || ⟨fig⟩ *Härte* f || (of expression) *Starrheit* f | **stoning** ['stouniŋ] s *Steinigung* f | **stonk** [stɔŋk] vt ⟨aero⟩ *verbomben* | **stony** ['stouni] a (–nily adv) *steinig, steinern, v Stein* | ⟨übtr⟩ *hart* (heart) || *starr* (~ expression), *unbeweglich* ⟨sl⟩ (a ~-broke) *abgebrannt, bank(e)rott* | ~-*hearted hartherzig* | **stood** [stud] pret & pp v *to stand* | **stooge** [stu:dʒ] ⟨Am⟩ **1.** s ⟨theat sl⟩ *Lachsalvenprovokateur* m || ⟨sl⟩ *Packesel, Handlanger* m ⟨fig⟩ **2.** vi *jdm z Packesel dienen* || ⟨aero fam⟩ *Routineflüge m* | **stook** [stuk] **1.** s *Haufen* m *v Garben* **2.** vt (*Getreide*) *in Haufen zus–setzen* | **stool** [stu:l] **I.** s **1.** *Hocker* m (*Stuhl ohne Lehne*); to fall between two ~s ⟨fig⟩ *sich zw zwei Stühle setzen* (*beide Gelegenheiten verpassen*) || (a office-~) *Kontorstuhl* m || (a foot~) *Schemel* m **2.** (a close-~, night-~) *Nachtstuhl* m || *Stuhl(gang)* m (at ~ *beim St.*); to go to ~ *z Stuhl gehen, Stuhl(gang) h* **3.** *Baumstumpf* m || *Wurzelstock* m; ~-*shoot* ⟨for hort⟩ *Stockausschlag* m **4.** [attr] ~-*pigeon Taube* f *aus Holz als Köder*; ⟨übtr⟩ *Lockvogel, ⟨bes* Am sl⟩ | *Polizeispitzel* m **II.** vi ⟨bot⟩ *Schößlinge treiben* | † *z Stuhl gehen* | **stoop** [stu:p] s = stoup | **stoop** [stu:p] s ⟨Am⟩ *offene Ver·anda, Freitreppe, Vorhalle* f; *Vorplatz* m; → stoep | **stoop** [stu:p] **1.** vi/t || *sich beugen, sich bücken* (to do) || *sich gebückt* or *krumm halten, gebeugt gehen* || (of birds) *niederschießen* (at, on *auf*); ⟨fig⟩ *sich stürzen* (on *auf*) || ⟨fig⟩ *sich herablassen, sich erniedrigen* (to *z*; to do) | vt (*Kopf* etc) *beugen* **2.** s *gebeugte Haltung* f; *krummer Rücken* m (to have a ~); to walk with a ~ *gebeugt, krumm gehen* || (of birds) *Niederschießen* n ~**ing** ['~iŋ] a (~ly adv) *gebeugt*; –*duckt*; ~-*shoulders* [pl] *hängende Schultern* f pl | **stop** [stɔp] vt/i [–pp–] **I.** vt **1.** (a to ~ up) *ver*–, *z·ustopfen*, to ~ a p's mouth *jdm den Mund stopfen*; (*Weg*) *ver*–, *absperren* || (*Loch*) *ausfüllen*; to ~ a gap *e–e Lücke ausfüllen z·umachen*; (*Zahn*) *füllen, plombieren* || (*Gefäß*) *ver*–, *abschließen* || (*Blut*) *stillen* || ⟨tech⟩ *dichten*; *ausstreichen, –schmieren* **2.** (a to ~ up) *ab*–, *aufhalten*; (*Verkehr*) *hemmen*; *stoppen*; (*Licht*) *abhalten*; ⟨mach⟩ *ausschalten*; (*Schlag*) *parieren*; to ~ a bullet *od packet*, to ~ one *v e–r Kugel getötet w* || (*Geld*) *fest*–, *zurückhalten*; (*Scheck*) *sperren* || (*Dampf*) *abstellen* | *z Stehen bringen*, (*e–r S*) *ein Ende m* || (*etw*) *unterb·inden*, to be ~ped *aufhören* || *abbrechen* || (*Verfahren, Arbeit, Zahlung*) *einstellen*; (*Maschine*) *anhalten, stillsetzen* || ⟨tech⟩ *beseitigen* (~ the rattle) || *aufhören* (*mit*); ~ writing *höre auf mit Schreiben* or *z schreiben* | (a to ~ short) (*jdn*) *unterbrechen*; (*jdn*) *zurückhalten*; (*jdn*) *hindern* (doing *od* from doing *z tun*); ~ him *writing sorge dafür, daß er nicht schreibt* | ⟨mus⟩ (*Saite*) *niederdrücken*; *durch Griff* (*den Ton*) *verändern* || ⟨mar⟩ (*Schiff*) *befestigen* || ⟨tech⟩ *abstellen, außer Betrieb setzen*; *den Hochofen dämpfen*; || ⟨rail⟩ to ~ the block signal *das S. auf Halt stellen* **3.** [mit adv] to ~ **down** ⟨phot⟩ *abblenden* || to ~ **out** ⟨etching⟩ *abdecken* || to ~ up *ver*–, *zustopfen*; *aufhalten*; ~ped up *verstopft* (pipe) **II.** vi **1.** (of trains) *halten*; ~! *Halt! Warte!* || ⟨mot⟩ no ~ping! *Halteverbot!* n || ⟨Am⟩ ~, look, listen (*Vorsicht*) *Bahnübergang!* || (a to ~ dead, ~ short) *an*–, *innehalten* || (of the clock, etc) *stillstehen, stehenbleiben* *stocken* **2.** *bleiben* (in bed *im Bette*; to ~ in tea *z Tee*; with a p *bei jdm*); *sich aufhalten, z Besuch s* (with *bei*) **3.** *einhalten*; *aufhören*; to ~ short *plötzlich a.*; *e–e Pause m* **4.** [mit adv] to ~ **in** *z Hause bleiben*; ⟨Am⟩ *Stippvisite m* (*bes* Am) to ~ **off** (*Eisenbahn*-)*Fahrt unterbrechen* || to ~ **on** (*länger*) *bleiben* || to ~ **out** *aus*–, *fort*– || ⟨Am⟩ to ~ **over** (*od* off) *Fahrt unterbrechen, haltmachen, aussteigen* || to ~ **up** *aufbleiben* | **stop** [stɔp] **I.** s **1.** *Hemmung* f, *Hindernis* n (to *f*); to put a ~ to a th *e–r S Einhalt tun, ein Ende m* | *Sperrung, Sperre* f, to put a ~ on (*Ware*) *sperren, anhalten* || ⟨tech⟩ *Anschlag m, Knagge* f **2.** *Anhalten* n, *Halt* m, –*machen* n; *Aufenthalt* m; –*szeit* f || *complete* ~ *Stillstand* m || *Haltepunkt* m, –*stelle* f (the first ~ is ..), *Station* f | *Aufhören* n, *Stillstand* m, *Pause* f, to come to a (dead) ~ *plötzlich anhalten, aufhören* **3.** *Hemm*–, *Sperrvorrichtung* f (*Bolzen, Pflock, Riegel* m etc); ⟨tech⟩ *Ausschaltung* f; ⟨typewrit⟩ *Taste* f; ⟨mar⟩ *Bindsel* n || (*phot*) *Blende(nstellung* f) f **4.** ⟨mus⟩ (of an organ) *Stimme* f, *Zug* m, *Register* n || ⟨übtr⟩ *Stimmregister* n, *Saite* f, *Ton* m || (of wind instruments) *Klappe* f, *Ventil*; *Loch* n || (of a violin) *Griff* m **5.** ⟨gram⟩ *Interpunktionszeichen* n; full ~ *Punkt* m, to come to a full ~ ⟨fig⟩ *gehindert, unterbrochen w* || ⟨phon⟩ *Verschlußlaut* m; glottal ~ *Knacklaut* m **6.** [attr] ~ and tail light ⟨mot⟩ *Brems*- |

schlußlicht n || ∼ butt(s pl) (*Schießstand-*) *Kugel-*, *Geschoßfang* m || ∼-cock *Sperrhahn* m || (automatic) ∼ foil ⟨rec⟩ *Schaltfolie* f || ∼-gap *Lückenbüßer* m || ∼-go sign ⟨fam⟩ *Verkehrsampel* f || ∼-light ⟨mot⟩ *Brems-, Stoplicht* n || ∼-order ⟨com⟩ *limitierte Order* f; ⟨banking⟩ *Dauerauftrag* m || ∼-over ⟨bes Am⟩ *Fahrtunterbrechung* f (∼-over ticket), ⟨aero⟩ *Zw–landung* f || ∼-press *Letzte Nachrichten* f pl (*nach Redaktionsschluß*) || ∼ rod ⟨tech⟩ *Anschlagstange* f; ∼ screw *–schraube* f || ∼-start control* ⟨rec⟩ *Start-Stop-Taste* f || ∼-valve *Absperrventil* n || ∼-volley ⟨ten⟩ *Stoppflugball* m || ∼-watch *Stoppuhr* f **II.** *vt interpungieren*
 stope [stoup] s ⟨min⟩ *Erzkammer* f
 stoppage ['stɔpidʒ] s *Anhalten* n || *Hemmung*, (*Verkehrs-*)*Stockung* f || *Aufenthalt* m || *Verstopfung* f (of the nose) || (of goods) *Sperrung* f; ∼ of postal services ⟨mil⟩ *Postsperre* f || *Betriebsstörung* f || *Ladehemmung* f, *Versager* m || *Stillstand* m, *Einstellung* f, *Arbeits–*; (a ∼ of payment) *Zahlungseinstellung* f, right of ∼ *Rückbeorderungsrecht* n | (*Lohn-*)*Abzug* m
 stopper ['stɔpə] **1.** s *jd, der etw aufhält*; to put a ∼ on a th e-r S *Einhalt tun, etw z Stillstand bringen* || *Stöpsel, Verschluß* m || ⟨a mar⟩ *Stopper* m (*f Befestigung des Kabels* etc) **2.** vt (*Flasche*) *zustöpseln* || *stoppen, sperren*
 stopping ['stɔpiŋ] **1.** s → to stop **II. 1.** || *Verschließen* n; *Schließung* f etc || ⟨mus⟩ *Griff* m (double-∼ *Doppel–*) || *Stopfmaterial* n; ⟨dent⟩ *Plombe* f | [attr] *Halte–* (∼-place *–stelle* f, ⟨mil⟩ *–punkt* m; ∼ distance ⟨mot⟩ *Bremsweg* m) **2.** a: ∼ train *Personen-, Bummelzug* m
 stopple ['stɔpl] **1.** s *Stöpsel* m **2.** vt *zustöpseln*
 storage ['stɔ:ridʒ] s *Aufspeichern, Lagern* n; cold ∼ A. *im Kühlraum* || *Lagergeld* n || (*f Büromaschinen*) (*Informations-*)*Speicher* m, *–Gedächtnis* n || ∼-battery ⟨el⟩ *Akkumul'ator* m, *Sammler*(*batterie* f) m || ∼ bin *Vorratsbunker* m || ∼ capacity *Lager-, Aufnahmevermögen* n || ∼-cell = ∼-battery || ∼ depot *Depot, Lager, Magazin* n || ∼ life *Lagerfähigkeit, Haltbarkeit* f || ∼ park ⟨mot⟩ *Park* m || ∼ stove ⟨el⟩ *Speicherofen* m || ∼ tank *Vorratstank* m || ∼ vat ⟨brew⟩ *Lagerfaß* n || ∼ yard *Lagerplatz* m
 storax ['stɔ:ræks] s L (*flüssiger*) *St'orax* m (*Balsam*) || ⟨bot⟩ *Storaxbaum* m
 store [stɔ:] **I.** s **1.** a. *Vorrat* m (of *an*) || ∼s [pl] *Militär-, Schiffsvorräte* pl || (*Büromaschinen-Informations-*)*Speicher* m, *–Gedächtnis* n | list of ∼s on charge *Bestandsnachweisung* f **b.** *Menge; Fülle* f (of *an*); ⟨fig⟩ *Reichtum, Schatz* m (of knowledge *an Kenntnissen*) **2.** *Aufbewahren* n (for ∼ *zum A.*); in ∼ auf *Lager, vorrätig,* to be in ∼ for a p (*S*) *jdm bevorstehen, vorbehalten s, jdn erwarten;* to have in ∼ for *aufbewahrt, bereit h f* || to set great ∼ by (**upon*) *Wert beimessen, hochschätzen;* gr *Stücke halten auf* (I set great ∼ upon his work) **3. a.** *Speicher* m, *Magazin, Lagerhaus* n | the ∼s (a departmental ∼s) *Kauf-, Warenhaus* n **b.** ⟨Am⟩ *Laden* m **4.** [*mst* pl ∼s] (a ∼-*cattle*) *Mastvieh* n **5.** [attr] *Lager–* (∼-book *–buch* n); *Vorrats–* (∼-*room –kammer* f); *Proviant–* (∼-*ship*) | ⟨Am⟩ *Laden–* (∼-keeper *–besitzer* m); *fertig gekauft* (∼ clothes) | ∼ clerk ⟨mil⟩ *Kammerschreiber* m **II.** vt **1.** (a ∼ to ∼ up) *aufspeichern, –bewahren; sammeln* || (*Ernte*) *einbringen* || (*Bier*) *ablagern* || (*Möbel*) *einlagern* **2.** (of rooms) *Lagerraum bieten f, aufnehmen* **3.** *versehen, –sorgen* (with *mit*) || (*Schiff*) *verproviantieren* ∼**house** [∼*haus*] s *Magazin* n, *Speicher* m, *Lagerhaus* n | ⟨fig⟩ *Schatzkammer, Fundgrube* f (he is a ∼ of) ∼**keeper** [∼ˌki:pə] s ⟨Am⟩ *Ladenbesitzer* m ∼**room** [∼*rum*] s *Vorrats-, Gerätekammer* f
 storey, story ['stɔ:ri] s *Geschoß* n, *Stock* m,

Stockwerk n; the second floor is the third storey || ⟨blind ∼ ⟨ec arch⟩ *Blendtriforium* m || a second-∼ window *ein Fenster im II. Stock* | the upper ∼ *der °Detz* (*Kopf*) m, to be wrong in the upper ∼ ⟨fam⟩ *im Oberstübchen nicht ganz richtig s* **storeyed, storied** [∼d] a [in comp] *–stöckig* (four–∼)
 storiated [ˈstɔ:rieitid] a *kunstvoll geschmückt* *–ation* [ˌstɔ:riˈeiʃən] s *künstlerischer Schmuck* m
 storied ['stɔ:rid] a *geschichtlich, durch die Geschichte or Kultur berühmt* || *mit geschichtl. Bildern geschmückt*
 storiette [ˌstɔ:riˈet] s *sehr kl Geschichte or Erzählung* f
 storiology [ˌstɔ:riˈɔlədʒi] s *Märchenkunde* f
 stork [stɔ:k] s ⟨orn⟩ *Storch* m || black ∼ *Schwarz–,* white ∼ *Weiß–* || ∼'s-bill ⟨bot⟩ *Storchschnabel* m
 storm [stɔ:m] **I.** s **1.** *Sturm* m; *heftiger Wind* m; a ∼ blows *es stürmt* || *Unwetter* n; (a thunder–∼) *Gewitter* n; after a ∼ comes a calm *auf Regen folgt Sonnenschein* | (a ∼ of rain, rain-∼) *Platzregen* m; (a ∼ of hail, hail-∼) *schwerer Hagelfall* m; (a snow–∼) *Schneesturm* m | a ∼ in a tea-cup *ein Sturm im Wasserglas* | ⟨Am⟩ *Regen-, Hagel-, Schneefall* m **2.** ⟨übtr⟩ *dichter Schauer, Hagel* m (a ∼ of shot) **3.** ⟨fig⟩ *Sturm* m (∼ of applause *Beifalls–*) | *Aufregung, innere Erregung* f (∼ of indignation) || ∼ and stress ⟨Lit⟩ *Sturm u Drang* m [a attr] | ⟨pol⟩ *Aufruhr* m (to raise a ∼ A. *erregen*) **4.** ⟨mil⟩ *Sturm* m; to take by ∼ *im Sturm nehmen* (a übtr) **5.** [attr & comp] *Sturm–* || ∼-beaten *vom Sturm gepeitscht* || ∼-bird ⟨orn⟩ *Sturmschwalbe* f || ∼-(-)boat ⟨mil⟩ *Sturmboot* n || ∼-centre *Sturmzentrum* n, ⟨fig⟩ *Mittelpunkt* m *der Unruhe* etc; *Herd* m (e–r *Krankheit*) || ∼-cloud *Gewitterwolke* f || ∼-cock ⟨orn⟩ *Misteldrossel* f || ∼-cone ⟨mar⟩ *Sturmkegel* m (*Signal*) || ∼-finch ⟨orn⟩ = ∼-bird || ∼-petrel ⟨orn⟩ = stormy-petrel || ∼-proof *sturmfest, –sicher* || ∼-sail ⟨mar⟩ *Sturmsegel* n || ∼-signal *–signal, –zeichen* n || ∼-tossed *sturmzerzaust* || ∼-(-)trooper ⟨nazi⟩ *S.-A.-Mann* m **II.** vi/t (of wind, rain, etc) *toben, wüten;* it ∼s *es stürmt* || ⟨fig⟩ *toben, wüten* (at *gegen*) | vt ⟨mil⟩ *im Sturm nehmen, erstürmen* || ⟨fig⟩ *bestürmen* ∼**er** [∼ə] s ⟨mil⟩ *Stürmer, Angehöriger* m *e-r Sturmabteilung* ∼**iness** [∼inis] s *stürmisches Verhalten* n, *Ungestüm* n ∼**ing** [∼iŋ] **1.** s *Stürmen* n | [attr] *Sturm–;* ∼ party ⟨mil⟩ *–abteilung* f, *–trupp* m **2.** a *stürmisch erregt* | ∼**y** [∼i] a *stürmisch; Sturm–* (∼ weather); *Sturm ankündigend* || ⟨fig⟩ *ungestüm* | ∼-petrel ⟨orn⟩ *Sturmschwalbe* f
 Stormont ['stɔ:mənt] s ∼ House *Regierungsgebäude* n *v Nordirland* (*bei Belfast*)
 stornum ['stɔ:nəm] s [pl *–na*] ⟨com⟩ *Stornierung* f
 Stort(h)ing ['stɔ:tiŋ] s *St'orting* [*–u:r–*] n (*norwegisches Parlament*)
 story ['stɔ:ri] s ° *Bericht* m, *Darstellung* f, *erzählender or beschreibender Zeitungsartikel* m || *Erzählung, Geschichte* f; to tell a ∼ e-e *G. erzählen;* old *–ries olle Kamellen* pl; short ∼ *Kurzgeschichte;* long short ∼ *Novelle* f (e.g. *Kleist, Das Bettelweib v. L.; O. Ludwig, Die Heiterethei*) **2.** *Entwicklungs–* (the ∼ of the *Empire*), *Lebensgeschichte* f (the ∼ of his life) **3.** ⟨Lit⟩ *Sage* f (the *Siegfried* ∼); heroic ∼ *Heldensage* f || *Erzählung* f; short ∼ → 1. || *Anekdote* f **4.** (of a drama, etc) *Handlung* f; *Vorwurf* m **5.** (*verblaßt*) *Geschichte, Sache;* the old ∼ *das alte Lied* | *Flunkerei* f; you ∼! *du Flunkerer!* **6.** Wendungen: cock-and-bull ∼ *Ammenmärchen* n, *Mordgeschichte* f || the ∼ is *das Gerücht geht, es wird erzählt* (that) || as the ∼ goes *wie verlautet, wie es heißt* || that's

quite a different ∼ *od* another ∼ *das ist etw völlig anderes* ‖ to cut, make a long ∼ short *um es kz z sagen, um z Ende z k* **7.** [attr] ∼-book *Geschichten–, Märchenbuch* n ‖ ∼-teller *Geschichtenerzähler* m ‖ *Flunkerer* m ‖ ∼-telling *Erzählen* ‖ *Flunkern* n

story ['stɔ:ri] s = storey

stoup [stu:p] s *Trinkgefäß* n ‖ ⟨ec⟩ *Weihwasserbecken* n

stoush [stauʃ] vt ⟨Aust sl⟩ *schlagen*

stout [staut] **1.** a (∼ly adv) *dick, beleibt | tapfer | mannhaft, kühn; standfest; –haft, unbeugsam* ‖ (of a horse) *ausdauernd* | ⟨S⟩ *kräftig, stark; fest, dauerhaft* | ∼-hearted (–ly adv) *beherzt, herzhaft* **2.** s *starkes Porterbier* n ∼**en** ['∼n] vt/i ‖ *dick m, stark m* | vi *dick, st. w* ∼**ish** ['∼iʃ] a *etwas kräftig* or *beleibt* ∼**ness** ['∼nis] s *Beleibtheit* f ‖ *Mut* m, *Mannhaftigkeit* f ‖ *Ausdauer* f ‖ *Stärke, Festigkeit, Haltbarkeit* f

stove [stouv] **1.** s *Ofen* m ‖ ⟨hort⟩ *Treibhaus* n | [attr] ∼-grate *Ofenrost* m ‖ ∼-pipe *Ofenrohr* n; ⟨Am⟩ *Zylinder(hut)* m, °*Angströhre* f; flying ∼-p. ⟨sl⟩ °,,*fliegendes Ofenrohr*" n (*Lorin-Düse*[*nflugzeug* n] f) ‖ ∼-(-)wood ⟨Am⟩ *Brennholz* n **2.** vt (*Pflanzen*) *im Treibhaus ziehen*

stove [stouv] pret & pp *v* to stave

stover ['stouvə] s ⟨Am⟩ *Häckselfutter* n

stow [stou] vt/i ‖ (*ver*)*stauen*, (–)*packen* ‖ *füllen, vollpacken* (with *mit*) ‖ ⟨min⟩ *wegräumen, versetzen* ‖ ⟨sl⟩ [*mst im* imp] *aufhören mit;* ∼ *that! hör* (*damit*) *auf!* ‖ to ∼ away *wegpacken, weg–, beiseitelegen, –schaffen* ‖ [attr] ∼-away *einklappbar* (*Armstütze*), *versenkbar* (*Rücksitz*) | vi to ∼ away ⟨mar⟩ *als blinder Passagier mitfahren* ∼**age** ['∼idʒ] s *Stauen, Packen* n; to make a ∼ *verstauen* ‖ ⟨mar⟩ *Pack–, Stauraum* m ‖ ⟨mar⟩ *Stauerlohn* m | ∼ chart *Beladeplan* m ‖ ∼ compartment ⟨aero⟩ *Laderaum* m ‖ ∼ plan, ∼ table (*Schiffs-*)*Ladeplan* m ∼**away** ['∼əwei] s [pl ∼s] ⟨mar⟩ *blinder Passagier* m ‖ *Ablegeraum* m ∼**ing** ['∼iŋ] s ⟨min⟩ (*Berge-*)*Versatz;* ∼ slinger *Bergeschleuder* f

strabismal [strə'bizməl], **–bismic** [–'bizmik] a *schielend, Schiel–* **–bismus** [–'bizməs] s L ⟨med⟩ *Schielen* n **–botomy** [–'bɔtəmi] s ⟨med⟩ *Schieloperation* f

strad [stræd] s (abbr *f* Stradivarius) *Geige* (etc) *des Geigenbauers* Stradivarius

straddle ['strædl] **1.** vi/t *die Beine spreizen, breitbeinig gehen* or *stehen; rittlings sitzen* ‖ ⟨übtr⟩ *sich ausdehnen* ‖ ⟨fig⟩ *unentschlossen* or *wankelmütig s* ‖ *um die Zeche spielen* | vt (*Beine*) *spreizen* ‖ *rittlings sitzen auf, breitbeinig stehen auf* (to ∼ a horse) ‖ ⟨artill⟩ (*Ziel*) (*ein*)*decken* ‖ ⟨cards⟩ (*Einsatz*) *verdoppeln* **2.** s *Spreizen* n *der Beine* ‖ *Rittlingssitzen; Breitbeiniggehen* n ‖ ⟨com⟩ *Arbitr age;* ⟨Am⟩ *Stellage* f | ∼-legged *breitbeinig* ‖ ∼ trench *Latrinengraben* m

strafe [strɑ:f] ⟨sl⟩ Ger **1.** vt (∼d; –fing) *strafen* ‖ *schaden* ‖ *bombardieren,* ⟨aero⟩ *mit Bordwaffen* *angreifen* **2.** s [pl ∼s] *Strafe* f ‖ *Angriff* m; *Geschützfeuer* n ‖ –fing aircraft ⟨Am⟩ *Schlachtflugzeug* n (*im Tiefangriff*)

straggle ['strægl] vi *umherschweifen, –streifen, schlendern* ‖ *sich entfernen, zurückbleiben; v der Truppe abkommen* | *abseits, allein, zerstreut gehen* or *liegen; sich hinziehen* (along) ‖ ⟨bot⟩ *spärlich, kraftlos wuchern* ‖ ⟨fig⟩ *abschweifen* (into *in*) **–ler** [–ə] s *Herumstreicher* m ‖ ⟨bot⟩ *wilder Schößling* m ‖ ⟨mil⟩ *Versprengter, Nachzügler* m; ∼ collecting point *Versprengten-Sammelstelle* f; ∼ line *–Auffanglinie* f; ∼ post *Posten* m *auf der Versprengten-Auffanglinie* **–ling** ['stræglin] a (∼ly adv), **-ly** ['strægli] a *sich zerstreuend; umherschweifend; sich abseits*

haltend ‖ *zurückgeblieben; zerstreut* ‖ ⟨bot⟩ *schütter, spärlich, kraftlos wuchernd*

straight [streit] **I.** a (∼ly adv) **1.** *gerade, nicht krumm;* ⟨for⟩ *geradschäftig;* a ∼ line ⟨math⟩ *e-e Gerade* f; as ∼ as an arrow *od* a dart *kerzengerade* ‖ *gerade, direkt;* to make a ∼ course ⟨mar⟩ *e-n geraden Weg steuern* ‖ (of hair) *glatt* ‖ ⟨aero⟩ *gerade, rechtweisend* **2.** [nur pred] *in Ordnung, geordnet;* to keep a p ∼ *jdn im Zaume halten;* to make, put ∼ *in Ordnung bringen* ‖ to keep one's face ∼ *od* a ∼ face ⟨fam⟩ *ein ernstes Gesicht bewahren* ‖ ⟨fam⟩ as ∼ as a pound of candles *kerzengerade* ⟨a fig⟩ **3.** ⟨fig⟩ *gerade, offen* (answer): *redlich, anständig, rechtschaffen;* as ∼ as a die! *üb immer Treu u Redlichkeit!* ‖ *rückhaltlos; logisch* | ⟨sl⟩ *verläßlich* (a ∼ tip) **4.** ⟨Am⟩ *rein, unverfälscht* (the ∼ ticket ⟨Am⟩ *echtes, offizielles, unverfälschtes Parteiprogramm*) **5.** [in comp] ∼ and level flight ⟨aero⟩ *Geradeausflug* m ‖ ∼-boiled ⟨for⟩ *geradstämmig* ‖ ∼-edge *Lineal, Richtscheit* n ‖ ∼ jet *Nur-Düsenflugzeug* n ‖ ∼-line distance *Luftlinienentfernung* f ‖ ∼ milling *Zeilenfräsen* n ‖ ∼-run gasoline *Rohspaltbenzin* n ‖ ∼-sided ⟨tech⟩ *zweiständrig, Zweiständer-* **II.** s *gerade Linie* or *Strecke* f ‖ (at poker) *Sequenz* f ‖ out of the ∼ *schief, krumm* | ⟨Am⟩ *richtige Lesart* or *Auslegung* f; *reine Wahrheit* f (of *über*) (I want the ∼ of it from you) **III.** adv **1.** *in gerader Linie, gerade, stracks, geradeswegs,* ∼ on *geradeaus;* ∼ through *gerade durch* ‖ to ride ∼ *geradeswegs, über alle Hindernisse hinwegreiten* ‖ to think ∼ *logisch denken* | *gerade, aufrecht* ‖ ⟨Am fam⟩ ten cents ∼ .. *das Stück* **2.** *unmittelbar, direkt* | *unverdünnt* (*Getränk*) | ⟨fig⟩ (a ∼ out) *geradezu, offen heraus; ehrlich* ‖ you didn't get me ∼ ⟨fam⟩ *Sie h mich nicht recht verstanden* ‖ ∼ away *od* off *sofort, stracks, auf der Stelle* **3.** † *sofort, sogleich* **IV.** intj ∼! *wahrlich! ehrlich!*

straighten ['streitn] vt/i **I.** (a to ∼ out) *gerade m* or *richten* | (*mst* to ∼ out) *entwirren, glätten; aufklären* ‖ *in Ordnung bringen* (to ∼ out affairs *die Angelegenheit in O. b.*); *aufräumen* | vi *sich aufrichten* ‖ *gerade w* ‖ to ∼ out ⟨aero⟩ *sich* (*wieder*) *fangen* ‖ to ∼ up *wieder ehrlich w* **–ers** ['∼əz] s ⟨hum⟩ ∼ please *nicht zuviel Wasser, sonst wird so zu steif* (*der Grog*)

straightforward [streit'fɔ:wəd] a (∼ly adv) *ehrlich, gerade, offen* ‖ *schlicht, einfach* ∼**ness** [∼nis] s *Ehrlichkeit, Offenheit* f

straightness ['streitnis] s *gerade Form* f; *Geradheit* ‖ *Offenheit* f

straightway ['streitwei] adv ⟨liter⟩ *sofort, auf der Stelle*

strain [strein] vt/i **I.** vt **1.** (*jdn*) *pressen, drücken* (to one's heart *ans Herz*) **2.** *straff anziehen, – anspannen; strecken, spannen, ziehen* ‖ ⟨mus⟩ (*Saite*) *anziehen, stimmen* ‖ ⟨fig⟩ (*dem Sinn e-s Satzes*) *Gewalt antun; pressen; übertreiben;* to ∼ a point *z weit gehen* **3.** *zus–ziehen; anstrengend richten* (towards) ‖ *überanstrengen* (to ∼ one's eyes *die Augen über–*); to ∼ o.s. *sich überanstrengen;* to ∼ every nerve *sein Äußerstes tun* | *beeinträchtigen, schädigen* **4.** (*Glied*) *verrenken, –stauchen* ‖ ⟨tech⟩ *verzerren* **5.** (*Flüssigkeit*) *durchpressen, –seihen, filtrieren* (through); ⟨brew⟩ *abläutern* **6.** [mit adv] to ∼ off (*Honig*) *auslassen* | to ∼ up *hinaufschrauben* ‖ (*Miete*) *erhöhen; überanstrengen, z stark in Anspruch nehmen* **II.** vi **1.** *zerren, fest ziehen* (at an) **2.** *sich anstrengen, sich abmühen; streben, eifern* (after, for *nach*) ‖ (*beim Stuhlgang*) *drücken* **3.** *sickern, durchsickern* ⟨a fig⟩ ∼**ed** a *gezwungen, unnatürlich* ‖ *gespannt* (∼ relations) ∼**er** ['∼ə] s *Filtriertuch* n, *–trichter* m, (*Sieb-*)*Filter* m ∼**ing** ['∼in] s [attr] ∼ apparatus *Läutervorrichtung* f ‖ ∼ beam *Spannbalken* m

‖ ~ cloth *Sieb–, Seihtuch* n ‖ ~ point *Druck–, Angriffspunkt* m

strain [strein] s **1.** *Anspannung, –strengung* f; at full ~ *mit höchster A.*; on the ~ *aufs höchste angespannt* ‖ *Überanstrengung* f **2.** *Pressen* n, *Druck* m (a ~ on the rope); to be a ~ on a p's nerves *jdm auf die Nerven fallen* ‖ *starke Inanspruchnahme* f (on my purse *m–r Börse*); to put a great ~ on *gr Anforderungen stellen an* **3.** *Verstauchung* f **4.** [*oft pl* ~s] ⟨mus⟩ *Tonfolge, Weise* (martial ~s), *Melodie* f; ~s *Klänge* m pl (to the ~s of the national hymn they walked .. *unter den Klängen der Nationalhymne gingen sie* ..); *Gesang* m ‖ *Gedicht* n ‖ ⟨übtr⟩ *charakteristische Ausdrucksweise, Tonart* f (in this ~); *Ton* m (a ~ runs through .. *ein T. geht, zieht sich durch* ..); *Stil, Charakter* m ~**less** ['~lis] a *ohne Anstrengung* f

strain [strein] s *Linie* f, *Geschlecht* n; to come of a noble ~ *aus edlem G. stammen* ‖ *Brut; Zucht, Art* f ‖ *ererbter Charakter* m, *charakteristische Eigenschaft* f, *Zug* m; *Neigung* f (of *z*); *Beimischung* f, *Anflug* m (a ~ of insanity)

strait [streit] **1.** a (~ly adv) †*eng, schmal,* the ~ gate ⟨bib⟩ *die enge Pforte* ‖ † (of law, etc) *streng, hart* ‖ [in comp] ~ jacket, ~ waistcoat *Zwangsjacke* f ‖ ~-laced ⟨fig⟩ *gestreng, engherzig, prüde, pedantisch*; korrekt (the ~ *die Korrekten*) **2.** s [*in festen Verbindungen, mst* ~s pl] *Meerenge* f; the ⫫s [pl] *die Straße v Malakka, das Mittelmeer* ‖ ⟨Am⟩ the Magellan ⫫ *die M.-Str.*; the ⫫ of Florida *die Str. v F.* ‖ ⟨fig⟩ [*mst pl* ~s] *Verlegenheit, Zwangslage* f, *Klemme,* °*Patsche* f; to be in a ~ *od* in ~s *in der K. s* ~**ness** ['~nis] s *Enge* f ⟨*a* fig⟩ ‖ *Härte, Strenge* f

straiten ['streitn] vt † *eng* m, *verengen* ‖ *einengen, begrenzen* ‖ [*nur* pass] *bedrängen, in Verlegenheit bringen*; to be ~ed for *verlegen s um* ~**ed** [~d] a *beschränkt, –drängt* (~ *circumstances*)

strake [streik] s ⟨mar⟩ (*Planken-*)*Gang* m

stramineous [strə'miniəs] a *Stroh–*

stramonium [strə'mouniəm] s L ⟨bot⟩ *Stechapfel* m ‖ *Stramonin* n (*Droge*)

strand [strænd] **1.** s ⟨poet⟩ *Strand* m, *Ufer* n **2.** vt/i ‖ *auf den Strand setzen* or *werfen*; ⟨fig⟩ *scheitern l, z Scheitern bringen*; to be left ~ed *auf dem trockenen sitzen* ‖ vi *stranden* ⟨*a* fig⟩ ~**ed** ['~id] a *gestrandet*; *Strand–* (~ goods) ‖ ⟨übtr⟩ *ohne Mittel, hilflos; untergegangen, verkommen* (in vice)

strand [strænd] s *Faser* f ‖ (of a rope) *Leine, Litze* f, *Ducht* m; *Trumm* n ‖ (of hair) *Strähne* f ‖ ⟨el⟩ *Litze* f ~**ed** ['~id] pp ⟨el⟩ ~ wire *Litzendraht* m

strange [streindʒ] a (~ly adv) *fremd, unbekannt, neu* (to a p *jdm*) ‖ *ausländisch, fremd* ‖ *fremdartig, wunderlich, merkwürdig, ungewöhnlich, sonderbar, seltsam* (it is ~ that .. should); ~ to say *seltsamerweise* ‖ *unerfahren, nicht vertraut* (to *mit*) ~**ness** ['~nis] s *Fremdheit* f ‖ *Fremdartigkeit; Merkwürdigkeit* f; *Seltsamkeit* f

stranger ['streindʒə] s **1.** *Fremdling* m, *Fremde(r* m) f ‖ *Unbekannte(r* m) f; he is a ~ to me *er ist mir unbekannt* ‖ *Unerfahrene(r* m) f ‖ *Neuling* m (to *in*); the little ~ *das Neugeborene* ‖ ⟨jur⟩ *Unbeteiligter* m (to *bei*) ‖ ⟨mil sl⟩ *Kamerad* m *v der anderen Feldpostnummer* (*Feind*) **2.** *W e n d u n g e n :* you are quite a ~! *ich habe dich ewig nicht gesehen!* ‖ to be a ~ to *fremd s, unbekannt s mit; nicht vertraut s mit, unerfahren s in* ‖ no ~ to *wohlvertraut mit* ‖ to make a ~ of a p *jdn wie e–n Fremden behandeln* ‖ to see *od* spy ~s ⟨parl⟩ *die Räumung der Galerie beantragen* **3.** [attr] *fremd; ausländisch*

strangle ['stræŋgl] **1.** vt *strangulieren; erdros-*

seln, –würgen ‖ (of a collar, etc) (*den Hals*) *einschnüren* ‖ ⟨fig⟩ *ersticken, unterdrücken* **2.** s = ~-hold ‖ [attr] ~-hold ⟨wrest⟩ *erdrosselnder Griff* m (*um den Hals*) ⟨*a* fig⟩

strangles ['stræŋglz] s pl [*mst* sg konstr: ~ is ..) *Druse* f (*Pferdekrankheit mit Drüsenschwellung*)

strangulate ['stræŋgjuleit] vt ⟨med & bot⟩ (*Ader* etc) *abschnüren, –binden* ‖ (*Darmteil*) *einklemmen*; ~d hernia *eingeklemmter Bruch* ~**ation** [ˌstræŋgju'leiʃən] s *Erdrosselung* f ‖ ⟨med⟩ *Abschnürung* f; *Einklemmung* f

strangury ['stræŋgjuri] s ⟨med⟩ *Harnzwang, –drang* m

strap [stræp] **I.** s **1.** *Lederstreifen* m ‖ *Riemen, Gurt* m; the ~ *Züchtigung* f *mit dem Riemen* **2.** (*Schuh-*)*Strippe* f ‖ *Schnürband* n ‖ (*Hosen-*)*Steg* m ‖ ~s and belts [pl] *Lederzeug* n ‖ *Ledergriff* m (*z Halten im Omnibus* etc) ‖ ⟨tech⟩ *Treibriemen* m ‖ ⟨mar⟩ *Stropp* m **3.** ⟨mech⟩ (*Metall-*)*Band* n, *Bügel* m (*z Zus–halten*) **4.** ⟨bot⟩ *L·igula* f, *Blatthäutchen* **5.** [attr & comp] ‖ ~-hang [vi] *stehender Fahrgast* s; ~-hanger *Steh-Fahrgast, der sich am Handriemen hält* ‖ ~-iron *Bandeisen* n ‖ ~-shaped ⟨bot⟩ *band–, zungenförmig* ‖ ~-work *verschlungene Bandverzierung* f **II.** vt [–pp–] **1.** *mit e–m Riemen befestigen; anschirren, festschnallen* (to *an*); to ~ (in) *festschnallen* (*auf Flugzeugsitz*) ‖ to ~ (one's belt) ⟨mil⟩ (*Koppel*) *umschnallen* ‖ ~ped trousers *Steg-Hose* f ‖ ~ped ⟨Am⟩ *mittellos,* °*blank,* °*pleite* **2.** ⟨med⟩ (*Wunde* etc) *mit Klebstreifen verbinden*; (*z Halten* im *Verband*) *mit Heftpflaster befestigen* **3.** (*jdn*) *mit e–m Riemen schlagen* **4.** (*Rasiermesser*) *abziehen* ~**less** ['~lis] **1.** a *trägerlos* (bathing costume), *schulterfrei* (gown) **2.** s = ~ gown ~**per** ['~ə] s *Anschirrer, Stallknecht* m ‖ ⟨fam⟩ *strammer Bursche* m ‖ *strammes Mädchen* n, „*Dragoner*" m ~**ping** ['~iŋ] **1.** a *stämmig, stramm, drall* (girl) **2.** s (*Geschirr-*)*Riemen* m pl; *Bänder* n pl ‖ *Verbinden* n; (*Streifen-*)*Heftpflaster* n

strappado [stræ'peidou] s ⟨hist & nazi⟩ *Folterstrafe* f *am Schnell–, Wippgalgen*

strapwort ['stræpwə:t] s ⟨bot⟩ *Strandling* m

strata ['streitə] s pl L ⟨geol⟩ → stratum

stratagem ['strætidʒəm] s *Kriegslist* f ‖ *List* f, *Streich; Kunstgriff* m

stratal ['streitl] a *Schichten–*

strategic(al) [strə'ti:dʒik(əl)] a (–cally adv) *strategisch; wichtig* ‖ ~ bombing ⟨aero⟩ *Bombardierung* f *kriegswichtiger Ziele* ‖ ~ concentration *strat. Aufmarsch* m, ~ c. by rail *Eisenbahnaufmarsch* m ‖ ~ map ⟨Am⟩ *Generalstabskarte* f ‖ ~ plan *Kriegsplan* m ‖ ~ position ⟨fig⟩ *günstige Lage* f ‖ ~ reconnaissance *strat.* (⟨hist⟩ *operative*) *Aufklärung* f ‖ ~ target *kriegswichtiges Ziel* n ~**gics** [strə'ti:dʒiks] s pl = strategy ~**gist** ['strætidʒist] s *Strat·ege* m ~**gy** ['strætidʒi] s ⟨mil⟩ *Strateg·ie, Kriegskunst* f; ⟨übtr⟩ *Taktik* f

strath [stræθ] s ⟨Scot⟩ *breites* (*Fluß-*)*Tal* n

strathspey [stræθ'spei] s *lebhafter* (*schottischer*) *Tanz* m; *die Musik dazu* f

straticulate [stræ'tikjulit] a ⟨geol⟩ *in dünnen Schichten geordnet* ~**ification** [ˌstrætifi'keiʃən] s ⟨geol⟩ *Schichtung* f; social ~ *Gesellschaftsgliederung* f ~**iform** ['strætifə:m] a *schichtenförmig* ~**ify** ['strætifai] vt *schichten*; (*od* Rock *Schichtgestein* n ~**igraphic(al)** [ˌstræti'græfik(əl)] a (–cally adv) ⟨geol⟩ *stratigraphisch, Formations–* ~**igraphy** [strə'tigrəfi] s ⟨geol⟩ *Formationskunde* f

strato– ['stræto] [in comp] *geschichtet* ‖ ~-cirrus = cirrostratus ~**clipper** [~klipə] ~**cruiser** [~kru:zə], ~**liner** [~lainə] s ⟨*bes* Am⟩ *Stratosphären-Großflugzeug* n (*mit Druck-*

kabine) **~sphere** [~sfiə] s ⟨meteor⟩ *Strato-sphäre f (Luftschicht über der Troposphäre)*
stratocracy [strə'tɔkrəsi] s *Militärherrschaft f als Staatsgewalt*
stratum ['streitəm] s L [pl strata] ⟨geol⟩ *Schicht, Lage f* ‖ ⟨fig⟩ *Schicht f ⟨a soc⟩*
stratus ['streitəs] s L (pl –ti [–tai]) *niedrige Schichtwolke f*
straw [strɔ:] **I.** s **1.** [koll] *Stroh* n ‖ *man of ~ Strohmann* m, *Vogelscheuche* f; ⟨fig⟩ *vor-geschobene P; unzuverlässige, mittellose P* | *geflochtenes Stroh* **2.** *Strohhalm* m (a ~) **3.** ⟨fig⟩ *Strohhalm m, Kleinigkeit f* ‖ *the last ~ die letzte erträgliche Vermehrung e–r Last, der letzte Schlag, that was the last ~ for him das gab ihm den Rest, das fehlte ihm gerade noch*; *not to care a ~ sich k–n Deut daraus m; not worth a ~ k–и Pfifferling wert* ‖ *to catch, clutch, grasp at a ~* ⟨fig⟩ *(gleich e–m Ertrinken-den) nach e–m –halm greifen; sich an die letzte Hoffnung klammern* **4.** *Strohhut* m **5.** [attr & comp] *Stroh–* ‖ *Schein–, wertlos* ‖ *~-bid* ⟨Am⟩ *Scheingebot* n ‖ *~-blonde* ⟨Am⟩ *Pl·atinblon-dine f* ‖ *~-board Strohpappe, grobe Pappe f* ‖ *~-colour Strohfarbe f* ‖ *~-coloured strohfarben* ‖ *~ mat Strohmatte f* ‖ *~ mattress –matratze f*, ⟨mil⟩ *–sack m* ‖ *~-pipe Strohhalm m, Saug-röhrchen* n ‖ *~ plait –geflecht* n ‖ *~-stem Weinglasfuß aus e–m Guß mit der Schale* ‖ *~-thatched strohgedeckt* ‖ *~-vote* ⟨pol⟩ *Probeabstimmung f* ‖ *~-worm* ⟨ent⟩ (= caddis) *Larve der Köcherfliege, –jungfer f* **II.** vt/i ‖ *streuen, aus–* | vi ⟨bib⟩ *Stroh säen* ‖ → *to strew*
strawberry ['strɔ:bəri] s ⟨bot⟩ *Erdbeere f* | [attr] *Erdbeer–* (~ *jam*) ‖ *~-Dogwood* ⟨bot⟩ *Erdbeertragender Hartriegel m* ‖ *~-leaf Erd-beerblatt* n ‖ *the ~-leaves* [pl] ⟨fig⟩ *die Her-zogswürde* ‖ *~-tree Erdbeerbaum*
strawy ['strɔ:i] a *strohartig* ‖ *mit Stroh be-streut or gestopft*
stray [strei] **1.** vi *weglaufen* (from v) ‖ *sich verirren or verlaufen; abirren, –gehen* (from v) *herumirren;* (of eyes) *umherstreifen, wandern* | ⟨fig⟩ *irren; vom rechten Wege abweichen; sün-digen* ‖ (of the mind) *abschweifen* (from v) **2.** vt ⟨mil⟩ *to ~ the ground with fire das Ge-lände abstreuen* **3.** s a. *verirrtes Tier* n | *Herum-irrender, Heimatloser* m ‖ ⟨fig⟩ *Irrender* m b. *verlorener, vereinzelter Gegenstand* m | *~s* [pl] ⟨wir⟩ *atmosphärische Störungen* f pl **4.** a *verirrt, –laufen* ‖ *einzeln, vereinzelt, zerstreut, gelegentlich* ‖ *~ bullet, ~ shot verirrtes Geschoß n, Ausreißer m* ‖ *~ current* ⟨el⟩ *vaga-bundierender Fremdstrom* m ‖ *~ field* ⟨phys⟩ *Streufeld* n ‖ *~ mine Streumine f* ‖ *~ power Leerlaufarbeit f;* ⟨el⟩ *Wärmeverluste* m pl | *~ed* [~d] a *verirrt, –laufen* ‖ *~er* ['~ə], *~ling* ['~liŋ] s *Irrender, Verirrter* m
streak [stri:k] **1.** s *(Holz-)Ader, Maser f* ‖ *Strich, Streifen m* (~ *of light Licht–*); *~ of lightning Blitz(strahl)* m; like a ~ *wie der Blitz* ‖ *~ of luck* ⟨Am fam⟩ *Glückssträhne f* ‖ ⟨geol⟩ *Schliere f* | ⟨fig⟩ *Zug, Anflug m* (a ~ *of ein Anflug v*) ‖ *luck in* ~s ⟨cards, etc⟩ *Glückssträhne f* **2.** vt *mit Streifen kennzeichnen; streifen* | *~y* ['~i] a *streifig* ‖ (of bacon) *durchw·achsen* ‖ *geädert, –masert, Maser–* (~ *wood*) ‖ ⟨paint⟩ *gespritzt* ‖ ⟨phot⟩ *schlierig* ‖ ⟨übtr⟩ *wechselvoll, ungleich*
streak [stri:k] vi/t → *to streek*
stream [stri:m] **I.** s **1.** *Strom* m ‖ *Fluß, Bach* m | *Lauf* m, *Strömung* f, *Strom* m; *against the ~ wider den St.; with the ~ mit dem St.; up ~ stromauf–, down ~ stromabwärts* **2.** ⟨übtr⟩ *Strom* m, *Flut* f (~ *of light Licht–*); ~ *of words Wortschwall* m ‖ *lange Reihe* f (~ *of buses*) **3.** ⟨fig⟩ *Strömung, Richtung* f, *to drift with the ~* ⟨fig⟩ *mit dem Strom schwimmen* **4.** [attr]

~-anchor *Strom–, Warpanker* m *(leichter Anker)* ‖ *~-cable* ⟨mar⟩ *Tau* n *des Stromankers* | *~-line* **1.** s *Stromlinie f (in Luft u Wasser)* **2.** a (a ~-ined) *–linien–* (car), *stromlinienförmig*, ⟨fig⟩ *glattfliegend, –fahrend* **3.** vt *e–m Auto* (etc) *–linienform geben* ‖ ⟨übtr⟩ *modernisieren, ver-bessern; wirkungsvoller or zügiger or reibungs-loser gestalten; rationalisieren* ‖ *~-lined strom-linienförmig, formschön, schnittig* ‖ ⟨fig⟩ (P) *vollschlank* **II.** vi/t *strömen* (to ~ *down* [prep] *herunter– an*); *fluten* (out of *aus*; through *durch*) ‖ *überlaufen, triefen* (with v) ‖ (of flags, etc) *flattern, fliegen, wehen* | vt (a to ~ out) (etw) *ausströmen* | *~er* ['~ə] s *fliegendes Band* n; kl *Fahne* f, *Wimpel* m ‖ (of a bonnet) *Band* n ‖ ⟨arts⟩ *Bandrolle f, Spruchband* n ‖ (of light) *Lichtstrom* m ‖ *Plakatstreifen m* ‖ ⟨bes Am⟩ *(Zeitungs-)Schlagzeile f* **~ing** ['~iŋ] a *strömend* ‖ ~ *cold Mordsschnupfen m* **~less** ['~lis] a *ohne Strömung* **~let** ['~lit] s *Bächlein* n **~y** ['~i] a *strömend; flutend*
streek, streak [stri:k] vi/t ‖ *jagen, schießen, rasen* (into *in*; for *nach*) | vt *(Geschoß) jagen* (through)
street [stri:t] s **1.** *Straße f (in* [⟨Am⟩ on] *the ~ auf der St.); by–~ Neben–;* [in comp *stets ohne Akzent*] *High Street* ['haistri:t] *die Hohe St.* (oft *Haupt–*) ‖ ⟨Am fam⟩ *the ~ = Wall ~ (New York)* ‖ in *Oxford ~ (aber:* in the *Rue de la Paix,* in the *Tauentzienstraße); → road ::* the man in the ~ *der* (kl) *Mann auf der St., aus dem Volk; not in the same ~ with nicht z ver-gleichen mit;* the window looks on the ~ *das Fenster geht auf die St.* | *to be on the* ~s *Prostituierte s, auf den Strich gehen* **2.** [attr] *Straßen–* (~ *arab Straßenkind* n, *–junge* m) ‖ ~ *car* ⟨Am⟩ *Straßenbahnwagen m* ‖ *~ directory Straßenverzeichnis* n (the London ~ d.) ‖ *~-door Haustür* f ‖ *~ dress Tages–, Laufkleid* n ‖ *~-orderly Straßenkehrer* m ‖ *~-organ Dreh-orgel* f ‖ *~-sweeper Straßenkehrer m; Straßen-kehrmaschine f* ‖ *~-walker, ~-waif Straßen-dirne f* **~ward** ['~wəd] **1.** a *nach, an der Straße gelegen* **2.** adv *an der Straße; nach der St.*
strength [streŋθ] s [*pl ~s] **1.** *Stärke, Kraft f* (to do); [koll] *Kräfte* pl (his ~ *was gone;* he has used all his ~ *to open the box*) ‖ *besondere Stärke, Veranlagung f* (his ~ *lay in ..);* *feat of* ~ *Kraftstück* n; ~ *of purpose Charakter–, Willensstärke f* ‖ *what's the ~ of it?* ⟨fam⟩ *warum or wozu das eigentlich?* | *Kraftquelle; Hilfe f* (to f) **2.** ⟨mar & mil⟩ *Stärke, Wider-standskraft f (e–r Festung); place of ~ fester Platz m* ‖ *Stärke f, Bestand m (e–r Truppe);* on the ~ *in der Stammrolle eingetragen; ~ for rations Verpflegungsstärke f* **3.** (S) *Härte, Festigkeit f* ‖ (of liquids) *Konzentration; Stärke(wirkung) f, Gehalt m* (alcoholic ~) ‖ (of an argument) *zwingende, überzeugende Kraft f* **4. Wendungen:** *above, beyond a p's ~ über jds Kraft* ‖ *at full ~ vollzählig* ‖ *below ~, under ~* ⟨mil⟩ *unter Normalstärke* | *unvollzäh-lig* ‖ *on the ~ of a th im Vertrauen auf etw, auf Grund e–r S, auf e–e S hin;* on the ~ of it *daraufhin* | *to gather ~ wieder z Kräften k* ‖ *to bring up to ~* ⟨mil⟩ *auf vollen Stand brin-gen* **5.** [attr & in comp] ‖ ~ *report,* ~ *return* ⟨mil⟩ *(Ist-)Stärkemeldung f* ‖ *~-through-joy* [attr] ⟨nazi⟩ *Kraft-Durch-Freude–* ‖ *~-weight ratio Verhältnis* n *Festigkeit zu Gewicht* **~less** ['~lis] a *kraftlos, matt*
strengthen ['streŋθən] vt/i ‖ *stark m, stärken, (jdm) neue Kraft geben; stützen* ‖ *bekräftigen* ‖ *verstärken; –mehren* | vi *erstarken, stark w* **~er** [~ə] s *Stärkung f* (to f); ⟨med⟩ *Stärkungs-mittel* n ‖ *Verstärker m* **~ing** [~iŋ] s [attr] ⟨tech⟩ *Verstärkungs–* (~ *rib –rippe f*)
strenuous ['strenjuəs] a (~ly adv) *tätig*,

eifrig, unentwegt, rastlos, betriebsam; ~ *life arbeitsvolles Leben* n || *tüchtig, energisch* **~ness** [~nis] s *Eifer* m; *Tüchtigkeit, Energie* f
strepitous ['strepitəs] a ⟨mus⟩ = strepitoso **-toso** [,strepi'tousou] adv It ⟨mus⟩ *laut, lärmend, rauschend*
strepto- ['strepto] [in comp] *Strepto-* **~coccus** [~'kɔkəs] s (pl –cocci [–'kɔksai]) *Streptokokkus* m (*Bakteriengattung*)
stress [stres] **I.** s **1.** *Anspannung (des tägl. Lebens), –strengung, Belastung* f || *gewaltiger Druck*; under ~ of *unter dem D. v, gezwungen durch*; → storm || ~ *disease Managerkrankheit* f || (of weather) *Heftigkeit* f, *Ungestüm* n **2.** ⟨phys⟩ *Druck* m, *Kraft* f, *Gewicht* n || ~ *calculation Festigkeitsberechnung* f || ~ *relief Spannungsentlastung, –minderung* f, *–abfall* m **3.** ⟨fig⟩ *Gewicht* n, *Nachdruck* m, *Wichtigkeit* f; to lay ~ on *Nachdruck, Gewicht legen auf* **4.** ⟨pros & gram⟩ *Betonung* f, *Ton, Akzent* m (the ~ is on :: *der A. liegt auf* ..) **II.** vt **1.** ⟨fig⟩ *Gewicht legen auf, betonen* || ⟨pros⟩ *den Akzent legen auf, betonen* || ⟨übtr⟩ *(etw) betonen; unterstreichen* (that) **2.** ⟨tech⟩ *(etw, jdn) e–m Druck aussetzen* **~ed** [~t] pp ⟨aero⟩ ~ *skin selbsttragende Haut or Beplankung* f; ~*-skin construction* ⟨aero⟩ *Schalenbauweise* f **~ful** ['~ful] a *anstrengend, angespannt, spannungsreich* **~less** ['~lis] s *unbetont, ohne Akzent*
stretch [stretʃ] **I.** vt/i **A.** vt **1.** (*a* to ~ out) *ausstrecken, –breiten*; to ~ o.s. *sich ausstrecken, sich strecken or recken, sich rekeln; sich dehnen*; to ~ one's legs *die Beine ausstrecken*, ⟨fig⟩ *sich Bewegung* m | (jdn) z *Strecke bringen, niederstrecken* || (*a* to ~ forth, out, forward) (Hand) *aus–, vorstrecken* **2.** (*Leine etc*) *ziehen, spannen* (across *über*) || (Tuch) *straff spannen, strecken, ausdehnen, durch Spannen glätten* || (*jds Hose*) *stramm ziehen* (*ihn verprügeln*) | to ~ *on the rack auf die Folter spannen* | to ~ *a point* ⟨fig⟩ *ein übriges tun* (in favour of *f*), *fünf gerade s l, ein Auge z̄ udrücken* **3.** *gewaltsam ausweiten, –dehnen* | ⟨fig⟩ *überspannen*; (Sinn) *pressen*; *übertreiben*, ⟨com⟩ (Kredit) *anspannen, überschreiten* || (Lebensmittel) *strecken*, → ~ing **B.** vi **1.** *sich rekeln, sich strecken; sich dehnen* **2.** *sich ausdehnen; sich erstrecken* (across); *reichen* (to *bis*); to ~ out *sich weithin erstrecken*; ⟨bes Am⟩ *sich langlegen, es sich bequem m* **3.** (of gloves, etc) *sich* (aus)*weiten, sich dehnen, sich strecken* || [*mst neg*] *sich dehnen l; sich spannen l* | ⟨fig⟩ *übertreiben, aufschneiden; it would be* ~ing *too far es würde z weit gehen* (to say) **II.** s **1.** *Ausdehnen, –strecken* n; *Ausdehnung* f | *Rekeln, Recken* n; to give a ~ *sich recken* | *Ausarbeitung* f *der Beine, Spaziergang* m (to go for a ~) **2.** *Dehnung, Ausweitung* f || *Spannung, Anspannung* f (nerves on the ~ *angespannte Nerven*); *Anstrengung* f || on the ~ *mit Anspannung aller Kräfte, in gr Eile*, ⟨fig⟩ *in gr Spannung, angespannt*; with a ~ of *imagination mit einiger Phantasie*; not .. by any ~ of *imagination nicht bei angestrengtester Arbeit der Einbildungskraft* | *Überspannung, Überschreitung* f (~ of law, power); *Übertreibung* **3.** *ununterbrochene Zeitstrecke* f; a ~ of *years* = *e Reihe v Jahren*; at a ~ *in e–m Zuge, hinter–e–a* | ⟨sl⟩ (*ein Jahr*) *Zuchthaus* **4.** *gleichförmige Raumstrecke* f; *Weite, Ausdehnung, Fläche* f (a ~ of water) || *Landstrich* m || *gerade Strecke* f *der Rennbahn* | *Streckstrumpf* m **5.** [attr] ~ *break Entspannungspause* f || ⟨tech⟩ ~ *cycle Lastspiel* n; ~ *ratio Spannungsverhältnis* n; ~ *reversal Lastwechsel* m; ~ *stocking Streckstrumpf* m; ~*-strain diagram Spannungs–, Dehnungs- Diagramm* n **~er** ['~ə] s **1.** ⟨tech⟩ (Handschuh– etc) *Strecker* m, *Streckwerkzeug* n; *Schuhleisten* m || *Streckhalter*; ⟨paint⟩ *Keil-*

rahmen m; *Spannstab* m (e–s *Regenschirmes*) **2.** ⟨arch⟩ *Läufer* m (*Stein der Länge nach versetzt*; Ggs header) || ⟨mar⟩ *Fußleiste* f, *Stemmbrett* n (*im Boot*) || *Tragbahre, Krankentrage*; *Pritsche* f **3.** (Flunkerei) „*Räuberpistole*" f, *Lügenmärchen, Jägerlatein* n **~ies** ['~iz] s pl *Streckstrümpfe* m pl **~ing** ['~iŋ] s [attr] *Streck–* || ~ *stuffs* [pl] *Streckmittel* n pl, → I. **3.** ⟨com⟩ **~y** ['~i] **1.** a ⟨fam⟩ *biegsam, elastisch* || to get ~ *sich strecken* **2.** s ([mst pl] –ies) *Streckstrumpf* m
strew [stru:] vt [~ed/~n, ~ed] (aus)*streuen* || *bestreuen* (with *mit*) || → to straw
stria ['straiə] s L (pl striæ ['straii:]) s ⟨scient⟩ *Riefe, Furche* f; *Streifen* m || ⟨geol⟩ *Schramme* f **~te 1.** ['straiit] a ⟨ly adv⟩ *gerieft, –furcht; Furchen–* **2.** [strai'eit] vt *furchen* || ⟨geol⟩ *kritzen* **~ted** [strai'eitid] a = striate a || *gestreift*; ⟨phot⟩ ~ *optical inhomogeneities* [pl] *Schlieren* f pl **~tion** [strai'eiʃən] s *Furchung, Riefung; Schichtung* f || ⟨bes geol⟩ *Furche, Schramme* f **~ture** ['straiətʃə] s *Anordnung v Furchen; Furche* f
stricken ['strikən] **1.** ⟨Am⟩ pp *v* to strike **2.** a † *verwundet* (~ deer) | (of objects) *getroffen* || (P) *schwer betroffen* (a ~ man); *heimgesucht, ergriffen* (with *v*); terror~ *schreckenerfüllt* ~ in *years hochbejahrt* || ⟨übtr⟩ *wund, krank* (a ~ heart) | a ~ *field e–e regelrechte Schlacht* || for a ~ *hour e–e geschlagene Stunde* | [in comp] poverty-~ *ganz verarmt*; panic-~ *z Tode erschrocken*; rain–~ *v Regen vernichtet*; famine–~ *ausgehungert*
strickle ['strikl] s *Brett, Stück Holz z Abglattstreichen* n (*v Korn in Gefäßen*); → to strike || *Schleifbrett* n
strict [strikt] a (~ly adv) *strikt, genau, exakt*; *streng* (rules); in ~ *confidence streng vertraulich*; ~ly speaking *genau genommen* | (P) *streng* (with *mit, gegen*) | *genau, peinlich* (a ~ *observer of* ..) **~ness** ['~nis] s (*peinliche*) *Genauigkeit* f || *Strenge* f
stricture ['striktʃə] s ⟨med⟩ *krankhafte Verengerung, Strikt̄ur* f || [mst pl ~s] *tadelnde Bemerkung* f (on *über*); *scharfe Kritik* f (on *an*) | **~d** [~d] a *mit Strikturen behaftet*
stridden ['stridn] pp *v* to stride
stride [straid] **I.** vi/t [strode/*stridden] **1.** vi † *gespreizt stehen* (across *über*) | *schreiten, mit langen Schritten gehen* | *e–n langen Schritt* m; to ~ across *schreiten über, überschreiten* (to ~ across a river); to ~ over an obstacle *ein Hindernis überst̄eigen, –winden* | to ~ out *tüchtig ausschreiten* **2.** vt (*mit langem Schritt*) *über–, durchschr̄eiten; überst̄eigen* || *rittlings sitzen auf* (to ~ a horse) **II.** s **1.** *langer Schritt* m; → giant || *Schritt, Gang* m; to take long ~s *lange Schritte* m | ⟨Am sl⟩ ~s [pl] °„*Gehöse*" n (Hose) **2.** ⟨fig⟩ *Fortschritt* m; to make rapid ~s *schnelle Fortschritte m* **3.** *Schritt* m (als *Längenmaß*) || *größte Schrittlänge* f || *Galopp* m; *Schwung* m; to get into one's ~ *richtig in Sch., auf hohe Touren k*; to take a th in one's ~ ⟨fig⟩ *etw ohne Schwierigkeit, spielend leicht, so nebenbei, ohne Aufhebens tun*
strident ['straidnt] a (~ly adv) *laut, knirschend; knarrend* || (of the voice) *kreischend; grell, scharf* | *geharnischt* (declaration); *schreiend* (colour) **–ncy** [–dnsi] s *Schärfe, Grellheit etc*
stridulate ['stridjuleit] vi *zirpen; schwirren, schnarren* **–lation** [,stridju'leiʃən] s *Zirpen, Schwirren, Schnarren* n **–lator** ['stridjuleitə] s *Insekt, das zirpendes etc Geräusch macht* n **–lous** ['stridjuləs] a = strident
strife [straif] s *Streit, Zank* m || *Hader, Krieg* m || at ~ *uneins*

strig [strig] s *Blattstiel* m ‖ *Stiel* m (*e–s Werkzeugs*)

striga ['straigə] s L (pl –gæ [–dʒi:]) *kz Borste* f, *steifes Haar* n

strigil ['stridʒil] s ⟨ant⟩ *Striegel* m *z Abreiben nach dem Bad*

strigose ['straigous], **–gous** [–gəs] a *mit kz Borsten bedeckt, Borsten–*

strike [straik] vt/i [struck/struck, ⟨Am⟩ stricken, → d] **I. vt 1.** (*Korn*) *ab–, glattstreichen*; (*Haut*) *glätten* **2.** (*Linie*) *ziehen* ‖ (*jdn*) *streichen* (off the list *v der Liste*) ‖ (*Komitee*) *bilden, zusetzen* **3.** ⟨mar⟩ (*Segel*) *streichen*; to ~ one's flag *die Flagge streichen* ⟨a fig⟩ ‖ (*Zelt*) *abbrechen*; to ~ camp *das Lager abbrechen* ‖ *entfernen* ‖ (*Arbeit*) *einstellen*, to ~ work *streiken* ‖ **4. a.** (*jdn*) *schlagen* (in the face *ins Gesicht*); to ~ a p a blow *jdm e–n Schlag versetzen* ‖ (*Schlag*) *ausführen*; to ~ a blow at a p *schlagen nach jdm*; to ~ a blow for *e–e Lanze brechen f* ‖ Moses –king the Rock ⟨arts⟩ *M. schlägt Wasser aus dem Felsen* ‖ (*jdn*) *treffen* (in the eye *ins Auge*); *klopfen* (on *auf*), *verwunden*; *durchbohren* (with); to be struck *erschlagen w*; ⟨fig⟩ *ergriffen w* (by *v*) **b.** (*Ball*) *treffen* ‖ (*Münze*) *schlagen*; (*Geld*) *prägen* ‖ *abdrucken* ‖ (*Trommel*) *schlagen*; (*Harfe*) *schlagen* **c.** (*Feuer*) *schlagen* (from *aus*); ⟨fig⟩ (*etw*) *entfachen* ‖ (*Streichholz* etc) *anzünden, –streichen* **d.** (*Taste, Akkord*) *anschlagen*; ⟨fig⟩ (*Ton*) *anschlagen* **e.** (*Zeit* etc) (*durch Schlag*) *anzeigen*; the clock has struck the hour *die Uhr hat voll geschlagen* ‖ [kaus] (*die Uhr*) *schlagen l* **5.** ⟨übtr⟩ **a.** (*jdn*) *durch Schlag in e–n Zustand versetzen*; [mit adj] to ~ blind *blind m*; to ~ deaf *taub m*, .. dead *erschlagen*; .. dumb *betäuben, z Schweigen bringen*; ~ me dead! *Gott straf mich!* **b.** (*jdn*) *erfüllen* (with), to ~ terror into a p *jdm Schrecken einflößen, einjagen* **c.** (*Wärme*) *eindringen l, einflößen, mitteilen* (to a th *e–r S*) ‖ (*Wurzel*) *schlagen*; *durch Absenker fortpflanzen* **6. a.** *stoßen an, auf*; *zus–stoßen mit* ‖ to ~ one's head against *mit dem Kopfe stoßen gegen* ‖ (of ship) *auflaufen auf* (to ~ a rock) ‖ *stoßen auf, treffen*; (of lightning) *einschlagen in* (to ~ a house) **b.** ⟨übtr⟩ (of thoughts, etc) (*jdm*) in den Sinn k, *auffallen* (it ~s me that) ‖ *Eindruck m auf; gefallen; überraschen*, to ~ the eye *dem Auge auffallen*; to ~ a p's fancy *jdm gefallen*; to be struck with *geblendet, eingenommen s v* **c.** (*jdm*) *e–n best. Eindruck m, vorkommen, erscheinen* (to ~ a p in a new light); it ~s me that *ich finde daß*; it ~s me as strange *es kommt mir sonderbar vor* (that); to be unpleasantly struck *unangenehm berührt w* or *s* **d.** ⟨Am⟩ *erreichen, stoßen auf; ausfindig m, entdecken*; to ~ it rich, to ~ oil *e–e reiche Quelle entdecken*, ⟨übtr⟩ *Erfolg h* **e.** (*jdn*) *angehen* (for *um*) **7. Wendungen** [mit Akk.-Obj.:] → attitude ‖ to ~ an average *den Durchschnitt nehmen* ‖ to ~ a balance, *den Saldo ziehen*; ⟨fig⟩ *e–n Ausgleich finden* ‖ → *bargain* ‖ to ~ camp *das Lager abbrechen* ‖ to ~ (one's) hands *sich einigen, ein Abkommen treffen* (with) ‖ to ~ a line *e–n Weg einschlagen* ‖ → oil **8.** [mit adv] to ~ down (*jdn*) *niederstrecken, z Boden schlagen* ‖ to ~ off (*Haupt*) *abschlagen* ‖ *ausstreichen, tilgen* ‖ (*Bild*) *schnell produzieren*; ⟨print⟩ *abziehen, Probedruck m* ‖ to ~ out (*etw*) *ausstreichen; entfernen* (from *v*) ‖ *hervorrufen*; (*Plan*) *schmieden*; *entwerfen* ‖ ⟨fig⟩ *sich* (*e–n Weg*) *bahnen*; to ~ out a line of one's own *e–n eigenen Weg einschlagen* ‖ to ~ up (*Lied*) *anstimmen* ‖ (*Bündnis*) *schließen*; (*Freundschaft*) *anknüpfen* (with) ‖ ⟨Am⟩ to be struck up with *verwirrt s durch*; *fasziniert s v, durch*; to be struck up on *verliebt s in* **II. vi 1.** *die Flagge streichen, sich ergeben*

2. *streiken* **3.** *e–n Weg einschlagen* (across, etc); *sich schlagen* (to the left *z Linken*); to ~ into *übergehen in, plötzlich beginnen; teilnehmen an* (a debate); to ~ inwards (of disease) *nach innen schlagen* ‖ (of light, etc) *dringen, brechen* (through) ‖ *Wurzel schlagen* ‖ (a to ~ out) *mit den Armen ausholen, schwimmen* **4.** *schlagen, z'ustoßen*; (of snake) *zum Biß vorschnellen; losschlagen* (the enemy has struck); *ausholen* (at *nach*) ‖ (hin)*zielen* (at *nach*), to ~ at the root of a th *etw an der Wurzel treffen, z vernichten drohen* ‖ *kämpfen, sich schlagen* (for *um*) ‖ (of the watch) *schl.*; ten (o'clock) is striking *es schlägt zehn*; the hour has struck *es hat voll geschl.*; ⟨fig⟩ his hour has struck *s–e Stunde hat geschl.* ‖ (of the heart) *schlagen*; (of lightning) *ein–* ‖ (of matches) *sich entzünden, angehen* **5.** *stoßen* (against *gegen*; on *an, auf*); *zus–stoßen*, (of ships) *auflaufen* (on a rock) ‖ (of light) *fallen* (on *auf*) ‖ ⟨fig⟩ *auffallen, in die Augen fallen* **6.** [mit adv] to ~ **back** *wiederschlagen, sich z Wehr setzen* (against) ‖ to ~ **home** (of blows, etc) *treffen; sitzen; wirken, Eindruck m* ‖ to ~ **in** *nach innen schlagen* ‖ *unterbrechen* ‖ *in e–e Unterhaltung einfallen* ‖ to ~ **out** *ausschreiten, schwimmen* (for *nach*); .. out for o.s. *sich selbst e–n Weg bahnen* ‖ *einschlagen* (at *auf*); *ausholen* (at *nach*) ‖ to ~ **up** *Lied anstimmen*; ⟨mus⟩ *spielen* ‖ *sich erheben*

strike [straik] s **1.** *Abstreichholz* n **2.** *Schlag* m (at *nach*) ‖ (*Glocken-*)*Schlag* m ‖ ⟨mil⟩ (*bes Luft-*)*Angriff* m ‖ ⟨geol⟩ *Richtung* f, *Streichen* n (of a bed) **3.** ⟨pol⟩ *Streik* m, on ~ *ausständig, streikend*; to go on ~ *streiken*; to come out on ~, to go on ~ *in den St. treten*; to call off a ~ *e–n St. abbrechen, –blasen* **4.** *Glückserfolg* m, to make a ~ with °*Dusel h mit* or *bei* ‖ ⟨Am⟩ *Fund* m **5.** ⟨Am⟩ *Bluff* m **6.** [attr] *Streich–* ‖ ⟨mil⟩ *Eingreif–* (fleet, force) ‖ *Streik–*; ~(-)bound *bestreikt* (factory, area); ~-breaker *–brecher* m

striker ['straikə] s *Schläger* m ‖ ⟨el⟩ *Zünder* m ‖ *Streikender, Ausständiger* m ‖ ~ lighter *Streichfeuerzeug* n ‖ ~ pin *Schlagbolzen* m

striking ['straikiŋ] **1.** a (~ly adv) *schlagend, Schlag–* (~-clock *–uhr* f) ‖ *eindrucksvoll; auffallend, schlagend* (example) ‖ (of portraits) *treffend, sprechend* **2.** s *Schlagen* n ‖ ⟨mus⟩ *Anschlag* m ‖ [attr] *Schlag–* (~ distance *–weite* f); *Aufschlags–* ‖ ~ fleet *Eingreifflotte* f ‖ ~ heat ⟨brew⟩ *Einmaischtemperatur* f ‖ ~ velocity ⟨ball⟩ *End–, Auftreffgeschwindigkeit* f ‖ ~-off ⟨typ⟩ *Abdruck* m **~ness** [~nis] s *das Auffallende, Treffende* n

string [striŋ] s **1.** *Schnur* f, *Band* n, *Bindfaden* m (a piece of ~ *ein Stück B.*) ‖ ⟨Am⟩ *Peitsche* f ‖ to tie up with ~ *mit B. zubinden* ‖ to hold all the ~s ⟨fig⟩ *alle Fäden in der Hand h*; to pull the ~s ⟨fig⟩ *der Drahtzieher s*; to pull a few ~s for a p (*s–n Einfluß f jdn geltend m*) *f jdn e–e Lanze brechen* ‖ *Gängelband n: to have, lead* (a p) on a ~ ⟨fig⟩ (*jdn*) *am Bande führen, gängeln*; she has two men on the ~ *sie hat .. am Bändel* ‖ ⟨übtr⟩ *Beschränkung* f (to a th *e–r S*) **2.** (T) *Sehne, Flechse* f; ⟨bot⟩ *Fiber, Faser* f **3.** (of a violin, etc) *Saite* f (the G ~); to touch a ~ ⟨fig⟩ *e–e Saite anschlagen*; the ~s [pl] *die Streicher* m pl **4.** *Bogensehne* f; to have two ~s to one bow ⟨fig⟩ *zwei Eisen im Feuer h*; by the ~ *rather than by the bow ohne Umwege, schnurstracks* **5.** ⟨sport⟩ *Spitzenspieler* m **6.** *Kette* (a ~ of pearls); ⟨fig⟩ *lange Reihe* f (~ of people); in a long ~ *in e–r langen R. hinter–e–a* ‖ *Schar* f (*Herde*) ‖ *Folge* f ‖ ⟨Am⟩ *Gespräch* n **7.** [attr] ⟨mus⟩ *Streich–*; ~-band *–orchester* n; ~-quartet *–quartett* n ‖ ~-beans [pl] ⟨Am⟩ *grüne Bohnen* f pl ‖ ~-board, ~-piece ⟨arch⟩ *Treppenwange* f ‖ ~-course ⟨arch⟩ *Fries, Sims* m,

Mauerband n (*um ein Gebäude*) || ~-game (*Bindfaden-*)*Abnehmspiel, Abnehmen* n || ~-piece ⟨arch⟩ *Längenstück* n, *Streckbalken* m | **~ed** [~d] a *aufgereiht* || *besaitet, Saiten–*

string [striŋ] vt/i [strung/strung] **A.** vt **1.** (*Bogen*) *mit e-r Sehne versehen*, (*Bogen*) *spannen* || (*Geige* etc) *besaiten, mit Saiten versehen*; ⟨poet⟩ (*Geige* etc) *stimmen* | ⟨fig⟩ (*a* to ~ *up*) *anspannen*; *kräftigen, aufmuntern*; the nerves are strung to the highest pitch *die Nerven sind aufs höchste angespannt*; high(ly) strung *erregt* **2.** *binden, verschnüren* **3.** *aufreihen, auf Schnüre ziehen*; ⟨übtr⟩ to ~ *together zus–fügen, verfassen* **4.** (*etw*) *hängen, schlingen* (across *über*); strung with *behängt mit*; *aufhängen* | ⟨fig⟩ (*Ideal*) *hochhängen, –spannen* **5.** (*a* to ~ *out*) *ausdehnen, –strecken, –spannen* **6.** (*Bohnen*) *abziehen, entfasern* **7.** ⟨bes Am sl⟩ *zum besten h*; *aufziehen*; °*auf die Schippe nehmen* **B.** vi *faserig w* | **~er** ['~ə] s *Saitenaufzieher* m || *Stützbalken* m

stringency ['strindʒənsi] s *Strenge, Schärfe* f; *zwingende Kraft* f | ⟨com⟩ *Knappheit* f (~ *of money Geld–*); (of the market) *Gedrücktheit* f **–gent** ['strindʒənt] a (~ly adv) (of taste) *streng, scharf* | *hart, streng* (law), *scharf*; *fest* (rule); *bindend* (clause) || *zwingend* (argument); *überzeugend, bündig* | ⟨com⟩ (of money) *knapp*; (of the market) *gedrückt*

stringhalt ['striŋhɔ:lt] s *Hahnentritt* m (*der Pferde*)

stringiness ['striŋinis] s *Faserigkeit* f || *Zähigkeit* f **–gy** ['striŋi] a *faserig, zäh* (meat) || *ziehig, fadenziehend*; *klebrig, zäh(e)*

strip [strip] **1.** vt/i [–pp–] || (*Haut* etc) *abziehen, –streifen, –schälen*; (*Baum*) *abrinden* || (*Bett*) *abziehen* || (*Gebäude*) *abreißen* || ⟨tech⟩ *aus–e–a–nehmen, abmontieren* || ~ped atom *Atomkern* m || (*jdn*) *entkleiden* (to the skin *bis auf die Haut*); ~ped *nackt* (⟨a tech⟩ ~ *chassis*) || ⟨mar⟩ (*Schiff*) *abtakeln* || to ~ *a p of a th jdn e-r S* (*des Amtes* etc) *entkleiden*; *jdm etw entziehen*; *fortnehmen* | (*etw*) *berauben* (of a th *e-r S*) | vi *sich ausziehen* | ~ *tease* ⟨theat⟩ *Entkleidungsnummer* f, *–akt* m **2.** s *langer, schmaler Streifen* m (~ of paper *St. Papier*) || *schmales Stück* n (*Land* etc) || ⟨tech⟩ *Leiste* f, *Bandstahl* m || ⟨aero⟩ *Landestreifen* m || ~ *of* (coconut) *matting* (*Kokos-*)*Läufer* m | (stair and hall) ~ *carpeting* (*Treppen– u Flur-*)*Läufer* m || ~ *cutting* ⟨for⟩ *Saumschlag* m || ~-line ⟨tech⟩ *Trennlinie* f || ~ *map* ⟨mil⟩ *Marschskizze* f || ~-mining ⟨Am⟩ *Tagebau* m || ~ *sandals* [pl] *Spangenschuhe* m pl, *Sandaletten* f pl **~per** ['~ə] s *Schälmaschine* f **~ping** ['~iŋ] s ~ (of an engine) *Zerlegung* f | ⟨attr⟩ ~ *film Abzugs–, Kopierfilm* m

stripe [straip] **1.** s (*farbiger*) *Streifen* m; → *star* || ⟨mil⟩ (*Ärmel-*)*Tresse*; *Litze* f, (*Ärmel-*)*Streifen* m; to get the ~s *die Tressen bek, Unteroffizier w* || *langes schmales Stück* n, a ~ of land *ein Strich Land* m || ⟨fig Am⟩ *Art, Gattung*, ⟨fam⟩ *Qualität* f **2.** vt *mit St. schmücken*; *streifen* | *in St. teilen* | **~d** [~t] a *gestreift* (~ trousers); *streifig* || ~ *film Magnetfilm* m

stripe [straip] s † (*Peitschen-*)*Schlag* m

stripling ['stripliŋ] s *Bürschchen* n, *Grünschnabel* m

stripy ['straipi] a = striped

strive [straiv] vi [strove/striven ['strivn]; *-d/~d] *streben* (after *nach*; to do), *sich bemühen* (for *um*; to do) | *kämpfen, ringen, wetteifern* (for *um*; with *mit*)

strobile ['strɔbail; 'stroubil] s *Tannenzapfen* m **strobo** ['stroubou] ~ *light* ⟨phot⟩ *Röhrenblitz* m

strode [stroud] pret v to stride

stroke [strouk] **I.** s **1.** *Schlag, Streich* m (~

of the axe *Axt–*); 20 ~s of the cat *20 Schläge mit der „Katze"* (→ cat); at one ~ *mit e-m Sch.*; *sofort* || ⟨sport⟩ (*Hand-*)*Schlag* m; *Schlagart* f || (*Uhr-*)*Schlag* m, on the ~ *pünktlich*, on the ~ of 3 *Schlag drei* || *Pulsschlag, Schlag* m | (*Flügel-*)*Schlag* m; (*Ruder-*)*Schlag* m; to pull a swinging ~ *kräftig rudern*; (*Schwimm-*)*Stoß* m | ⟨mech⟩ *Hub* m (*Weg des Maschinenkolbens*) || four-~ *engine Viertaktmotor* m **2.** (*Feder-*)*Zug*, (*Feder-*)*Strich* m; at *od* with a ~ of the pen (*wie*) *mit e-m Federstrich*; (*Pinsel-*)*Strich* m; down-~ *Grund–*, up-~ *Haarstrich* m; finishing ~s [pl] *letzte Feile* f ⟨a übtr⟩ **3.** *Schicksalsschlag* m || ⟨med⟩ *Schlag, –anfall* m; to have a ~ *e–n Sch. bek*, → ~let **4.** *Anstrengung* f | *Ausführung, Leistung* f (a ~ of genius *e–e geniale L.*); a masterly ~ *Meisterstück* n; a ~ of luck *Glück* n, *–sfall* m; a ~ of business *ein gutes Geschäft*; he has not done a ~ of work *er hat k-n Handschlag gearbeitet* **5.** *Vorruderer, Schlagmann* m; to row ~ *als V. rudern* **II.** vt: to ~ a boat *als Vormann in e-m Boot rudern*; *Schlagmann s* (~d) *leichter Schlaganfall* m, → stroke I. **3.** **~sman** ['~smən] s = stroke 5.

stroke [strouk] **1.** vt (*Haar*) *streichen*; (*Tier* etc) *streicheln*; to ~ a p (up) the wrong way ⟨fig⟩ *jdn reizen, ärgern* | (*Falten*) *glätten* **2.** s *Streicheln* n

stroll [stroul] **1.** vi *herumschlendern, spazierengehen, bummeln* **2.** s *Herumschlendern* n, *kl Spaziergang, Bummel* m; to take a ~ *e–n B. m* **~er** ['~ə] s ⟨Scot⟩ *Bummler* m || *umherziehender Schauspieler* m **~ing** ['~iŋ] a *umherziehend*; ~ *company*, ~ *players* [pl] *Wandertruppe*; *Schmiere* f

stroma ['stroumə] s Gr ⟨biol⟩ *Grundgewebe, Bindegewebsgerüst* n **~tic** [strou'mætik] a *Stroma–*

strong [strɔŋ] **I.** a (~ly adv) **1.** (*P*) *körperlich stark*, with a ~ hand *mit Gewalt* | *gesund* || to use the ~ arm *rohe, brachiale Gewalt anwenden* | *charakter–, willensstark, –fest, energisch*; ~ nose *Charakternase* f; a p's ~ point *jds starke Seite* | *klar, klug, scharf*; a ~ mind *ein kluger Kopf* | *eifrig, lebhaft*; to be ~ on *Wert legen auf, regen Anteil nehmen an*; to feel ~ about *sich erregen über* | *Aussichten habend* (candidate) | ⟨Am⟩ ~ for it *sehr dafür* **2.** (*S*) *stark, fest*; *widerstandsfähig* || *kräftig, laut* (voice) || *starkwirkend, schwer* (drink) || *scharf, übel* (smell); *ranzig* (butter) || *scharf, heftig* (wind) | *kraftvoll* (expression); ~ *language Kraftausdrücke* m pl; *Fluchen* n || *nachdrücklich, gewichtig, triftig* (reason); *überzeugend, zwingend* (argument) | ⟨gram⟩ *stark* (~ verb) | ⟨com⟩ *dauerhaft, fest* (tendency) | ⟨cards⟩ ~ suit *lange Farbe* f; ⟨fig⟩ *starke Seite* f || ~ water *Ätz–, Scheidewasser* n **3.** ⟨mil⟩ a thousand (men) ~ *1000 Mann stark* **4.** [in comp] ~-arm ⟨Am⟩ *kräftig, muskulös* || –bodied *stark, voll* (wine) || ~-box *Geldkass'ette* f; *Stahlfach* n || ~-minded *energisch, willensstark* (bes of women) || ~-room *Geldtres'or* m, *sicheres, feuerfestes Gewölbe* n **II.** adv ⟨fam⟩ to come *od* go it ~, to come out ~ ⟨fig⟩ *ins Geschirr gehen* || [in comp] ~-fixed *festgegründet* || ~-framed, ~-set *stark gebaut* ~**hold** ['~hould] s *Feste* f || ⟨fig⟩ *Bollwerk* n ~**point** ['~pɔint] s ⟨tact⟩ *Stützpunkt, Widerstandskern* m **~ly** ['~li] adv *kräftig*; to be ~ of the opinion *der festen Meinung s*; to feel ~ about *sich erregen über*; *ausgesprochene Ansichten h über*

strontia(n) ['strɔnʃiə(n)] s ⟨chem⟩ *Strontiumoxyd* n, *Strontianerde* f **–tium** ['strɔnʃiəm] s ⟨chem⟩ *Strontium* n (*Metall*)

strop [strɔp] **1.** s *Streichriemen* m (for razors) || ⟨mar⟩ *Stropp* m **2.** vt (*Rasiermesser*) *abziehen*

strophanthus [strɔ'fænθəs] s ⟨bot⟩ *Strophantus,* *–strauch* m || ⟨med⟩ *Strophant'in* n (*Arzneimittel*)

strophe ['stroufi] s ⟨pros⟩ *Strophe* f –**phic** ['strɔfik] a *strophisch*

strove [strouv] pret *v* to strive

strow [strou] vt † = to strew

struck [strʌk] **1.** pret & pp *v* to strike || *getroffen, betroffen, ergriffen* (at *über,* with *v*) || ⟨pol⟩ *bestreikt* (∼ factory, area) **2.** a ∼ measure *gestrichenes Maß* n

structural ['strʌktʃərəl] a *Bau–, baulich, Struktur–;* ∼ weight ⟨aero⟩ *Rüstgewicht* n; ∼ chemistry *chemische Struktur* f || ⟨tech⟩ ∼ *defect Konstruktionsfehler* m; ∼ *limit Festigkeitsgrenze* f; ∼ *member Bauglied* n; ∼ steel *Profilstahl* m; ∼ steelwork *Stahlfachwerk* n; ∼ timber *Bauholz* || ∼ weight ⟨aero⟩ *Rüstgewicht* n || *in der Struktur begründet* (its weaknesses are ∼) || *organisch* (disease) ∼**ly** [∼i] adv *der Struktur nach*

structure ['strʌktʃə] s *Bauart* f || *Aufbau* m; *Struktur, Gliederung, Anordnung* f, *Gefüge* n || *Gebäude* n, *Bau* m || ⟨biol⟩ *Organismus* m || ⟨stat⟩ *Verteilung* f | ∼**d** [∼d] a *organisch gegliedert* || [in comp] *–gebaut, –gefügt* ∼**less** [∼lis] a *ohne Gliederung* or *Anordnung; der Gl. entbehrend*

strue [stru:] vt ⟨school fam⟩ (*Satz*) *konstruieren*

struggle ['strʌgl] **1.** vi *kämpfen* (with *mit*); *ringen* (for *um*) | *sich winden, zappeln;* to ∼ to one's feet *mühsam auf die Beine k, mühsam hochkommen* || *sich sträuben* (against *gegen*) | *Anstrengungen m* (to do); *sich abmühen* (with) **2.** s *Ringen* n, *Kampf* m (for *um;* with *mit;* to do); the ∼ for existence *od life der Daseinskampf, Kampf ums Dasein* m; mental ∼ *Seelenkampf* m; to carry on a ∼ *e–n K. durchführen* || *Sträuben* n; *heftige, sich windende Bewegung; Zuckung* f, *Anstrengung* f (to do), *Abmühen* n | ∼**r** [∼ə] s *Kämpfer* m

struldbrug ['strʌldbrʌg] s (*aus* Swift's Gulliver's Travels) ⟨übtr⟩ *Hilfloser, Almosenempfänger* m

strum [strʌm] **1.** vi/t [–mm–] || *klimpern* (on *auf*) | vt *klimpern auf;* to ∼ a piano *auf e–m Klavier k.* **2.** s *Geklimper* n

struma ['stru:mə] s L ⟨med⟩ *die Skr'ofel* f || *Kropf* m –**mose** ['stru:mous], –**mous** ['stru:məs] a *skroful'ös; strom'ös, Kropf–*

strumpet ['strʌmpit] s *Dirne, Metze* f

strung [strʌŋ] **1.** pret & pp *v* to string **2.** a finely-∼ *zartbesaitet;* highly-∼ *nervös*

strut [strʌt] **1.** vi *sich spreizen, sich brüsten, stolzieren* || to ∼ around (*P*) *umherstaken* (–*gehen*) **2.** s *Einherstolzieren; Sichbrüsten* n; *stolzer Gang* m || ⟨fig⟩ *Affektiertheit* f

strut [strʌt] **1.** s ⟨arch⟩ *Strebebalken* m, *Strebe, Steife; Stütze* f; *Trag–, Kopf–, Strebeband* n; *Verstrebung* f || ∼ *e Scherenspreizen* f pl, *Bügel* m, *Verstärkung* f || ∼ camera ⟨phot⟩ *Spreizenkamera* f || ∼**-frame** *Sprengwerk* n **2.** vt [–tt–] *durch e–e Strebe versteifen, stützen* || ∼**ted** *verstrebt* ∼**ting** ['∼iŋ] s *Ver–, Abstrebung, Versteifung* f

struthious ['stru:θiəs] a ⟨orn⟩ *Strauß–*

strychnia ['strikniə] s † = strychnine –**nic** ['striknik] a *Strychn'in–* (∼ acid) –**nine** ['strikni:n] s ⟨chem⟩ *Strychn'in* n || [attr] *Strychnin–;* ∼ poisoning *–vergiftung* f

stub [stʌb] **1.** s *Stumpf* m || (a ∼-nail) *Kuppnagel* m || *Stummel* m || (*Scheck–* etc) *Abschnitt, Talon* m || ∼ axle ⟨tech⟩ *Vorder–)Achsschenkel* m || ∼ shaft *Stummelwelle* f **2.** vt [–bb–] (*mst* to ∼ up) *ausroden* || (*Land*) *roden, v Stümpfen befreien* || to ∼ out (*Zigarette*) *ausmachen*

| *sich stoßen an;* to ∼ one's toe (against) *mit dem Zehen, der Zehe, dem Fuß stoßen (gegen, an)*

stubble ['stʌbl] s **1.** [koll] *die Stoppeln* f pl **2.** ∼s [pl] *Stoppeln* pl || ⟨übtr⟩ (of a beard) *Stoppeln* | *Stoppelfeld* n **3.** [attr] ∼**-field** *Stoppelfeld* n || ∼**-goose** *–gans* f || ∼**-rake** *–rechen* m –**ly** ['stʌbli] a *stopp(e)lig, Stoppel–* || *stoppelförmig, spitz*

stubborn ['stʌbən] a (∼ly adv) *hartnäckig, widerspenstig, eigensinnig, halsstarrig* || *schwer z behandeln(d)* || *unbeugsam, beharrlich, standhaft* (resistance); facts are ∼ *things Tatsachen sind hart u unerbittlich* || *spröde* (*Material*) || *strengflüssig* (metal) ∼**ness** [∼nis] s *Hartnäckigkeit* f; *Eigensinn* m; *Halsstarrigkeit* f || *Strengflüssigkeit* f

stubby ['stʌbi] a *untersetzt, kurz u dick*

stucco ['stʌkou] **1.** s [pl ∼es, * ∼s] *Stuck* m (coat of ∼ *–überzug* m); *Stuckarbeit; Stuckverzierung* f || [attr] *Stuck–* **2.** vt [∼es; ∼ed] *mit Stuck versehen, überziehen*

stuck [stʌk] **1.** pret & pp *v* to stick || ∼ on *vernarrt in* **2.** ∼**-up** ⟨fam⟩ *aufgeblasen, hochnäsig*

stud [stʌd] s *Gestüt* n || [koll] *Pferde* n pl *e–s Gestüts* or *e–s* (*Renn–)Stalles* || [attr] *Gestüs–; Pferde–* (∼*-groom*) || ∼**-book** *Herdbuch* n; (*Verzeichnis v Vollblutpferden) Zuchtbuch* n || ∼**-horse** *Zuchthengst* m

stud [stʌd] **1.** s ⟨arch⟩ *Pfosten* m, *Säule* f; *Wandsäule* f, *Ständer* m || [koll] (*in Fachwerkbauten) Holzlatten* f pl, *–gerüst* n | *Beschlagnagel* m; ⟨tech⟩ *Warze* f || *Knauf* m (*als Schmuck*) || *Straßen(verkehrs)nagel* m || ⟨mil⟩ *Seitengewehrhalter* m || (*nicht festgenähter) Hemden–* or *Manschettenknopf* m; collar–∼ *Kragen–,* shirt–∼ *Hemdknopf* m || ⟨tech⟩ *Steg* m *im Glied e–r Ankerkette;* ⟨Am⟩ drive ∼ *Kerbbolzen* m | [attr] ∼**-bolt** ⟨tech⟩ *Schraubenbolzen* m || ∼**-chain** *Stegkette* f **2.** vt [–dd–] (*mit Beschlagnägeln* etc) *beschlagen* or *verzieren* || ⟨übtr⟩ *besetzen, –säen* (with) || ∼**ded** boots *Nagelschuhe* m pl, → spiked shoes

studding-sail ['stʌdiŋseil], ⟨mar⟩ 'stʌnsl], **stunsail** ['stʌnsl] s ⟨mar⟩ *Beisegel* n

student ['stju:dənt] s **1.** *Stud'ent, Studierender* m; *Kursteilnehmer(in* f) m, ⟨SBZ⟩ *Kurs'ant* m; the ∼s [pl] *die Studentenschaft* f; ∼ of law, law-∼ *Student der Rechte;* ∼ of medicine, medical ∼ *St. der Medizin;* to be a ∼ of .. *studieren;* hostel for ∼s *Studentenheim* n; ∼ *teacher dem Lehrberuf sich widmender Student, der als Lehrer an Volksschulen tätig ist* **2.** *Forscher, Gelehrter* m (∼ of law *Rechts–*) | *Liebhaber* m; *eifriger Leser* m (*e–r Zeitung*) | ∼⟨Christ Church Oxf⟩ *Fellow* m **3.** [attr] *Studenten–* (∼ life) || ∼ *airman,* ∼ *flier,* ∼ *pilot Flugschüler* m || ∼ *driver Fahrschüler* m || ∼ *quota Teilnehmerquote* f (*bei Lehrgängen*) ∼**hood** [∼hud] s ⟨Ger⟩ *Studentenschaft* f ∼**ship** [∼ʃip] s *Studentsein* n; *Studentenzeit* f || *Stipendium* n

studied ['stʌdid] a (∼ly adv) *gut einstudiert; durchdacht, wohlüberlegt; geflissentlich, gesucht*

studio ['stju:diou] s [pl ∼s] (*Künstler–)Atelier* n || ⟨wir⟩ *Aufnahme–, Senderaum* m || ⟨film⟩ *Aufnahmeatelier* n; *Versuchsraum* || ∼ *continuity sheet* ⟨film⟩ *Szenenbuch* n; ∼ reels *Arbeitskopien* f pl *e–s Films*

studious ['stju:djəs] a (∼ly adv) *z Studium gehörig; gelehrtenhaft, den Wissenschaften ergeben* | *sorgfältig; fleißig, beflissen; eifrig bedacht* (of *auf;* to do *z tun*) || *geflissentlich, gesucht* ∼**ness** [∼nis] s *Fleiß; Eifer* m

study ['stʌdi] s **1.** *Bestreben, –mühen* n; *Fleiß* m | *sinnende Betrachtung* f; brown ∼ *Träumerei* f | *Studieren, Lernen* n || ⟨theat⟩ *Einstudieren der Rolle;* to be a slow ∼ *s–e Rolle* *schwer lernen* | *sorgsame Untersuchung* f; *etw Untersuchungswertes* n (his voice is quite a ~) **2.** *wissenschaftl. Studium*; *Forschen* n; *Forschung* f; to ˈmake a ~ of a th *etw eifrig studieren*; .. of doing *sich Mühe geben, es darauf absehen, ablegen z tun* || *wissenschaftl. Untersuchung, Arbeit, Studie* f (in, of *zu*, *über*; a ~ in *od* (of Byron) **3.** (*Studien-*)*Fach* n, (*Studien-*)*Zweig* m **4.** ⟨arts⟩ *Studie* f || ⟨mus⟩ *Etüde* f **5.** *Studierzimmer, Arbeits–, Herren–* n **6.** [attr] ~ *group Studien–, Arbeitsausschuß* m, *–gruppe* f || ~ *guide Arbeitsanleitung* f || ~ *trip Studienreise* f **II.** vt/i **1.** vt **a.** (*Sprache* etc) *studieren* || *sorgsam lesen, sorgsam untersuchen, durchforschen*; to ~ out *z erforschen, z lösen suchen* | *lesen* | *sorgsam beobachten* | (*er*)*lernen, einstudieren* **b.** *bedacht s auf* || (*jdm*) *z gefallen suchen, entgegenkommen* **2.** vi *dem Studium obliegen, studieren* (at a university); to ~ for *languages Sprachen studieren* || † (*nach*)*sinnen, nachdenken* | *sich bemühen, suchen* (to do) | to ~-in ['–'–] s [pl ~-ins] (*Protestkundgebung* f f) *gleiche Studienberechtigung* f f *Farbige u Weiße*; *Aufhebung* f *der Rassentrennung in Schulen*

stuff [stʌf] **I.** s **1.** *Materiˈal* n, (*Roh-*)*Stoff* m | *Baumaterial* n || (*Woll-*)*Stoff* m, *Zeug, Gewebe* n; printed ~ *Druckzeug* n; foreign ~ *fremde Fabrikate* n pl | ⟨fam⟩ (a doctor's ~) *Arznei* f || ⟨Am sl⟩ *Zaster* m (*Geld*) || *Essen* n, *Trunk* m (good ~); the ~, the sort of ~ *das Richtige, die richtige Art* || green ~ *Gemüse* n || ⟨mil sl⟩ *heavy od big* ~ *schwerer Zunder* m (*Feuer*), *dicke Koffer* m pl (*Kaliber*) || ⟨fam⟩ „*Stoff*" (*Schnaps* etc); *Zeug* n (*Diebesgut*) || † household ~ *Hausgerät* n, *Möbel* n pl **2.** (*übtr*) *Stoff* m (the ~ of history) || *innerer Gehalt, Stoff* m (of a p *jds*); the ~ that heroes are made of *das Holz, aus dem Helden geschnitzt sind* **3.** *wertloses or dummes Zeug* n, *Unsinn* m; ~ and nonsense *alles Unsinn, dummes Zeug* || ⟨arts⟩ *paltry* ~ *Kitsch* m **4.** [attr] *Woll–, wollen*; ~ gown *Wolltalar* m (*Tracht des jüngeren* barrister), → silk **II.** vt/i **A.** vt **1.** (*etw*; *jdn*) *vollstopfen, –packen* (with); (*Geist*) *überladen* (with); to ~ o.s. *sich vollstopfen; sich beladen* (with); *sich überessen* || (*jdn*) °*einseifen, z besten h* **2.** (*Möbel*) *polstern*; ~ed *gepolstert, Polster–* (~ed chair) || ⟨sl⟩ ~ed shirt (*P*) *aufgeblasener Strumpf* m (*Angeber*) || to ~ geese *Gänse mästen or nudeln*; to ~ up *zustopfen* (*ein Tier* etc) *ausstopfen* || ⟨cul⟩ (*Geflügel*) *füllen* (with) **3.** *packen, stecken, schieben* (into) || ⟨Am⟩ to ~ a ballot box *gefälschte Wahlscheine in den Wahlkasten werfen* **B.** vi *stopfen, sich vollstopfen*, °*fressen* ~**iness** ['~inis] s *Verstopfung* f; *Verstopftheit* f ~**ing** ['~iŋ] s *Stopfen* n, *Verstopfung* f | *Polstermaterial* n, *Polsterung* f || ⟨cul⟩ *Farce, Fleischfüllung* f, *Füllsel* n; ⟨fam⟩ to knock the ~ out of a p *jdn z Besinnung bringen über sich*; *unschädlich m, vernichten* | ~**-box** ⟨tech⟩ *Stopfbüchse* f | ~**y** ['~i] a *stickig, schwül, muffig* (air) || (*P*) *langweilig*; *stumpf* || *benommen, dumpf* (feeling) || ⟨fam⟩ *verdrießlich, ärgerlich*

stuggy ['stʌgi] a *kurz u dick, untersetzt*

stultification [ˌstʌltifiˈkeiʃən] s *Dummachen* n, *Verdummung* f **–fy** ['stʌltifai] vt (*jdn*) *verdummen, dumm or lächerlich m*; to ~ o.s. *sich lächerlich m* | *widerlegen*; *wirkungs–, nutzlos m*

stum [stʌm] s *ungegorener Wein, Most* m

stumble ['stʌmbl] **I.** vi/i **1.** vi *stolpern, straucheln* (over *über*; against *gegen*) | *in der Rede stocken, anstoßen*; *stammeln*; *stottern* || ⟨fig⟩ *stolpern, e–n Fehltritt tun, fehlen* | [*mit* prep] to ~ at ⟨fig⟩ *Anstoß nehmen an* || to ~ into *unerwartet geraten in or erlangen* | to ~ (up)on, across *unerwartet finden*; *zufällig stoßen auf* **2.** vt † *verwirren, befremden* **II.** s *Stolpern, Straucheln* n || ⟨fig⟩ *Fehler*; *Fehltritt* m **–bling**

['stʌmbliŋ] s *Stolpern* n || [attr] ~**-block** *Stein* m *des Anstoßes*; *Hindernis* n (to *f*)

stumer ['stju:mə] s ⟨sl⟩ *unechte, gefälschte Münze* f (etc)

stummick ['stʌmik] s ⟨vulg dial⟩ = stomach

stump [stʌmp] **I.** s **1.** (of a limb etc) *Stummel, Stumpf* m; ⟨fam⟩ *Bein* n; to stir one's ~s ⟨fam⟩ *die Beine unter die Arme nehmen, Beine m* || (of a tree) *Stumpf* m; to buy on the ~ (*Holz*) *auf dem Stamm kaufen*; ⟨for⟩ ~-shoots [pl] *Stockausschlag* m; ~-wood *–holz* n || (of a cigar, etc) *Stummel* m || (of a branch) *Strunk* m || *up* a ~ °*in der Tinte, Patsche, Klemme* **2.** (*Baumstumpf, als*) *Rednertribüne* f; to go on the ~, to take the ~ *e–e* (*politische*) *Agitationsreise m*; ~ *orator, ~ speaker Volks–, Wahlredner* m | ⟨crick⟩ *e–r der drei Stäbe des Tores* m; to draw (the) ~s *das Spiel abbrechen* **II.** vi/t **1.** vi *stampfen, schwerfällig gehen*; *tappen* | ⟨bes Am⟩ *Wahlreden halten* | to ~ up ⟨sl⟩ (*aus*)*zahlen*, °*berappen* **2.** vt (*Bäume*) *bis auf den Stumpf abhauen, stutzen* || (*a* to ~ *up*) (*Baumstümpfe*) *ausroden*; (*Land*) *roden* || ⟨crick⟩ (*a* to ~ *out*) *durch Abschlagen der Querhölzer or Umwerfen der stumps e–n außerhalb der Schlagmallinie stehenden Schläger aus m, außer Gefecht setzen* | ⟨fig⟩ [*bes* pass] *in Verlegenheit setzen, verblüffen* || ⟨bes Am⟩ (*Gegend*) *als Wahlredner durchziehen*; to ~ it *davonlaufen*, °*berappen* || ~**er** ['~ə] s ⟨crick sl⟩ *Torhüter* m | *schwierige Frage, harte Nuß* f | ~**y** ['~i] **1.** a *stoppelig* || *kurz u dick, untersetzt* **2.** s *Stöpsel* m (*P*)

stump [stʌmp] **1.** s ⟨drawing⟩ *Wischer* m **2.** vt *mit dem W. bearbeiten, abtönen*

stun [stʌn] vt *betäuben* || *niederschmettern, verblüffen* || I was ~ned *ich war verblüfft*, °*platt*; *es benahm mich*

Stundist ['stundist] s *Mitglied* n *e–r evang. Sekte in der russischen Kirche*

stung [stʌŋ] pret & pp. *v* to sting

stunk [stʌŋk] pret & pp *v* to stink

stunner ['stʌnə] s ⟨sl⟩ *Mords–, Prachtkerl* m; „*Bild*" n *v e–r Frau*; *Bombensache* f **–ning** ['stʌniŋ] a (~ly adv) *betäubend*; *niederschmetternd* || ⟨fig sl⟩ *pyramidˈal, famos*

stunsail ['stʌnsl] s → studdingsail

stunt [stʌnt] vt *im Wachstum hindern*; ⟨fig⟩ *verkümmern l* ~**ed** ['~id] a *verkümmert, –krüppelt* ~**edness** ['~idnis] s *Verkümmerung* f (*a for*)

stunt [stʌnt] ⟨sl⟩ **1.** s (*bes Am*) *Kraftprobe* f; *Kraft–, Kunststück* n; ⟨aero⟩ *Kunstflug* m, *Flugkunststück* n || *Reklameschlager* m; *Reklame–, Propaganda–, Schaustück* n; *aufsehenerregende Unternehmung* f; *gr Aufmachung, Tamtam* n; *sensationelle Überraschung* f || *Geschäft* n, *Sache* f || ⟨fam⟩ *Trick* m, *Idee* f || ⟨mil⟩ *Unternehmen* m | [attr] *Kunst–* (~ flying); ~ *film Trickfilm* m **2.** vi *Flugkunststücke m* | ~**er** ['~ə] s *Kunstflieger* m

stupa ['stju:pə] s *indisch. Kuppelbau* m *mit Buddha-Schrein*

stupe [stju:p] s ⟨fam⟩ *Narr* m, → stupid

stupe [stju:p] **1.** s *heißer Umschlag* m **2.** vt (*jdm*) *e–n U. an–, auflegen*

stupefaction [ˌstju:piˈfækʃən] s *Betäubung* f || *Abstumpfung* f | ⟨fig⟩ *Bestürzung, Verblüffung* f **–fy** ['stju:pifai] vt *betäuben* || *verdummen, abstumpfen* | *bestürzen, verblüffen*

stupendous [stju:ˈpendəs] a (~ly adv) *riesig, erstaunlich*; *horrˈend* (mistake) ~**ness** [~nis] s *das Erstaunliche* n, *Erstaunlichkeit* f

stupeous ['stju:piəs] a *haarig, wollig*

stupid ['stju:pid] **1.** a (~ly adv) † *betäubt*; *–nommen* (with *v*) | *dumm*; as ~ as an owl *dumm wie e–e Gans* || *albern, töricht, dumm* || *fade*; *stumpfsinnig, langweilig* **2.** s *stupide P*,

Narr m **~ity** [stju'piditi] s *Dummheit, Albernheit* f || *Stumpfsinn* m

stupor ['stju:pə] s L (of limbs) *Erstarrung, Betäubung* f, *Eingeschlafensein* n || *Stumpfheit* f, *–sinn* m || to drink o.s. into a ~ *sich besinnungslos* or *sinnlos betrinken* || ⟨psych⟩ *Reaktionslosigkeit* f **~ous** [~rəs] a *stumpf, abgestumpft*

stupose ['stju:pous] a ⟨bot⟩ *mit Büscheln v langen Fasern bedeckt*

sturdiness ['stə:dinis] s *Stärke, Kräftigkeit; Festigkeit* f **–dy** ['stə:di] a (–dily adv) *stark, kräftig; derb* || ⟨fig⟩ *fest, standhaft, unnachgiebig* || (S) *hart, fest, stark* || *strapaz·ierfähig* (dress) || ⟨phot⟩ *standfest (Stativ)*

sturdy ['stə:di] s ⟨vet⟩ *Drehkrankheit* f *(der Schafe)*

sturgeon ['stə:dʒən] s [pl ~] ⟨ich⟩ *Stör* m (~ are ..)

stutter ['stʌtə] **1.** vi/t || *stottern, stammeln* || ⟨mot⟩ *spucken* | vt *(oft to ~ out) herausstammeln* **2.** s *Stottern, Stammeln* n; to have a ~ *stottern* || ⟨mot⟩ *Spucken* n | **~er** [~rə] s *Stotterer, Stammler* m

sty [stai] **1.** s [pl sties] *Schweinestall* m ⟨a fig⟩ **2.** vt *in e–n Sch. einsperren*

sty(e) [stai] s ⟨med⟩ *Gerstenkorn* n

Stygian ['stidʒiən] a *stygisch* || *höllisch, abscheulich*

style [stail] **I.** s **1.** ⟨hist⟩ *Griffel* m | *Grabstichel* m; *(Radier-)Nadel* f, *(Grammophon-* etc) *Nadel* f || ⟨med⟩ *Sonde* f | ⟨bot⟩ *(of a pistil) Griffel* m || *(of a sun-dial) Zeiger* m **2.** *Stil* m, *Ausdrucksweise* f *e–s Schriftstellers; Schreib-, Vortragsart* f || *guter Stil* m || *Bauart* f; *(Kunst-, Bau-)Stil* m (in the Gothic ~ *in gotischem St.*); *animal* ~ *Tierornamentik* f; *decorated* ~ *Hochgotik* f; *perpendicular* ~ *Perpendikularstil* || *Manier* f || ⟨sport⟩ *(Fecht-, Spiel-)Stiel* **3.** *Lebensstil* m; *körperliche u seelische Verfassung* f; *Typ; vornehmer Stil* m | *Mode* f **4.** *Anrede, Bezeichnung, Benennung* f, *Titel* m, *under the* ~ *of unter dem Namen* or *der Firma v* **5.** *Zeitrechnung* f, *Stil* m (→ *new,* old) **6.** *Typ* m, *Art* f; *Art u Weise; Machart, Aufmachung* f; *in the same* ~ *in derselben Art; what* ~ *of? welche Art v?* **7.** *W e n d u n g e n :* in ~ *stilvoll;* in *fine* ~ ⟨fam⟩ *fein, nobel;* in good, grand ~ *glänzend;* to be in the ~ of (S) *sich im Stil anlehnen an;* to live in grand ~ *auf gr Fuße leben* || *that* ~ *of thing derartiges* || to cramp a p's ~ *jds Leistungen beeinträchtigen* **II.** vt *benennen, –titeln, anreden*

stylet ['stailit] s *Stil·ett* n *(Dolch)* || ⟨med⟩ *Sonde* f

styliform ['stailifə:m] a ⟨bot⟩ *griffelförmig*

styling ['stailiŋ] s *Abfassung* f *(e–s Textes)* || ⟨bes mot⟩ *Herausbringen* n *neuer Typen*

stylish ['stailiʃ] a *stilvoll; modisch; elegant, fesch* **~ness** [~nis] s *Eleganz* f; *Stilmäßiges* n

stylist ['stailist] s *Stilist; Meister* m des *Stils* **~ic** [stai'listik] a *stil·istisch, Stil–* **~ically** [stai'listikəli] adv *in stilistischer Hinsicht, dem Stil* (etc) *nach*

stylite ['stailait] s *Styl·it, Säulenheiliger* m

stylize ['stailaiz] vt *nach e–m Stil formen, stilisieren*

stylo ['stailou] s abbr *f* **~graph**

stylo– ['stailo] [in comp] *Säulen-, Stylo–* **~bate** ['stailobeit] s ⟨arch⟩ *abgestuftes Fußgestell n der Säulen* **~graph** ['stailəgra:f] s (a ~ pen) *Füllfeder* f **~graphic** [.stailə'græfik] a (~ally adv) ~ pen = *stylograph* **~id** ['stailoid] a: ~ *process* ⟨anat⟩ *Griffelfortsatz* m *(des Schläfenbeins)*

stymie ⟨bes Am⟩ **–my** ['staimi] ⟨golf⟩ **1.** s *Lage der Bälle auf dem Grün, in der der Ball des Gegners in gerader Linie zw dem Ball des Spielers u dem Loch liegt* **2.** vt *(jdn) durch die Lage*

---

des ~ *hindern, in das Loch z k* || ⟨fig⟩ *(jdn) lahmlegen, hindern*

styptic ['stiptik] **1.** a ⟨med⟩ *blutstillend;* ~ *pencil Alaunstift* m **2.** s *blutstillendes Mittel* n

styrax ['stairæks] s = *storax*

Styrian ['stiriən] **1.** a *steiermärkisch, steirisch* **2.** s *Steiermärker(in* f) m

Styx [stiks] s L Gr ⟨myth⟩ *Styx* m *(Fluß der Unterwelt);* to cross the ~ *sterben*

Suabian ['sweibiən] a & s → *Swabian*

suability [sju:ə'biliti] s ⟨Am⟩ *Verklagbarkeit* f **–ble** ['sju:əbl] a ⟨bes Am⟩ *verklag–, belangbar*

suasion ['sweiʒən] s *Überredung* f, *moral* ~ *gütliches Zureden* n **–sive** ['sweisiv] a (~ly adv) *über-, zuredend (of zu); überzeugend*

suave [sweiv] a (~ly adv) *verbindlich, höflich* || *lieblich, angenehm* (wine) **–vity** ['swæviti] s *Höflichkeit* f | *Lieblichkeit* f

sub [sʌb] s ⟨fam⟩ abbr = *subaltern; submarine; subordinate; substitute; subscription*

sub [sʌb] L prep *unter;* ~ *rosa unter dem Siegel der Verschwiegenheit; vertraulich;* ~ *voce unter dem u dem Worte*

sub– [sʌb] L *[lebendes, mst betontes pref]* **1.** *unten, drunter, unterhalb, Unter-, Grund–, Sub–* || **~-bass** ⟨mus⟩ *Grundbaß* m **2.** *untergeordnet, Neben-, Nach-, Sub-, Unter-, Hilfs–* || **~-area** *Gebietsteil* m || **~-breed** ⟨zoo⟩ *Unterart* f; **~-bureau** *Nebenbüro* n; **~-calibre gun** *Abkommkanone* f; **~-deity** *Nebengottheit* f; **~-frame** ⟨mot⟩ *Hilfs-, Zwischenrahmen* m; **~-species** ⟨zoo⟩ *Unterart* f; **~-standard** ⟨com⟩ *minderwertig* (goods); **~-teens** [pl] ⟨Am fam⟩ *Kinder* n pl *unter 10 (Jahren),* °*Pimfe* m pl; **~-variety** ⟨bot⟩ *–spielart* f **3.** *nahe; grenzend an; folgend* (→ ~alpine) **4.** *unvollkommen, teilweise; annähernd;* **~-audible** *kaum hörbar;* **~-indication** *leichte Andeutung* f **~acid** ['sʌb·æsid] **1.** a *etwas sauer; säuerlich;* ⟨fig⟩ *etwas scharf* or *beißend* **2.** s *säuerlicher Stoff* m **~aerial** ['sʌb'ɛəriəl] a (~ly adv) *(Ggs subterranean) auf der Erdoberfläche liegend, geschehend; subärisch* **~agency** ['sʌb'eidʒənsi] s *Unter-, Nebenagentur* f **~agent** ['sʌb'eidʒənt] s *Unteragent* m

suba(h)dar ['su:bəda:] s ⟨AInd⟩ *Statthalter, Führer* m || *eingeborener Kompanieführer* m

sub– || **~alpine** ['sʌb'ælpain] a *subalpin, am Fuß der Alpen wachsend (lebend* etc) **~altern** ['sʌbltən] **1.** a *subaltern, untergeordnet, Unter–* || ⟨log⟩ *besondere(r, –s)* **2.** s *Untergebener* m || *Unterbeamter* m | ⟨engl mil⟩ *Offizier unter dem captain, (Ober-)Leutnant* m || ⟨fam⟩ *that was a* ~'s *luncheon da hieß* or *heißt es den Schmachtriemen enger schnallen* **~apennine** ['sʌb'æpənain] a *Subapennin–* (hills) **~aquatic** ['sʌbə'kwætik] a *(teilweise) unter dem Wasser befindlich* **~aqueous** ['sʌb'eikwiəs] a *unter dem Wasser befindlich* || *unter dem W. zu tragen(d)* (~ helmet) || ~ *ranging Unterwasserortung* f **~arch** ['sʌb'a:tʃ] *Tragbogen* m **~arctic** ['sʌb-'a.ktik] a *subarktisch,* ~ *zone Übergangsgebiet* n v *der gemäßigten z nördl. Polarzone* **~assembly** ['sʌbə'sembli] s *Nebenteil* m; *Bauteilgruppe* f; *Teilmontage* f **~atom** [sʌb'ætəm] s *Bestandteil e–s Atoms* **~atomic** [sʌbə'təmik] a *subatom·ar, innerhalb e–s Atoms* (~ process, ~ particle) **~audio** [sʌb'ə:diou] [attr] ~ *telegraphy Unterlagerungstelegraphie* f **~audition** ['sʌbə:'diʃən] s *stillschweigendes Mitverstehen, Ergänzen* n *(v Gesagtem); Nebenbedeutung* f **~(-)base** ['sʌb'beis] s *(Straßen-)Unterlage* f **~caudal** ['sʌb'kə:dl] a ⟨zoo⟩ *unter* or *nahe dem Schwanz liegend* **~central** ['sʌb'sentrəl] a *nahe* or *unter dem Mittelpunkt befindlich* **~class** ['sʌbkla:s] s ⟨biol⟩ *Unterklasse* f **~clavian** ['sʌb'kleiviən], **~clavicular** ['sʌbklə'vikjulə] a ⟨anat⟩ *unter dem Schlüsselbein befindlich*

~committee ['sʌbkə‚miti] s *Unterausschuß* m (on *für*)

subconscious ['sʌb'kənʃəs] a (~ly adv) *halb* or *z. T. bewußt*; *Unterbewußtsein–* **~ness** [~nis] s *Unterbewußtsein* n

sub– || **~continent** ['sʌb'kɔntinənt] s *Land groß genug, um ein Kontinent z s* **~contract** ['sʌb'kɔntrækt] s *Nebenkontrakt* m **~contrary** ['sʌb'kɔntrəri] a *subkonträr, in untergeordnetem Grade entgegengesetzt* **~costal** ['sʌb'kɔstl] a *unter* or *zw den Rippen gelegen* **~counteritis** ['sʌb‚kauntə'raitis] s ⟨hum⟩ *(Schwarzhandel-)* „*Bückwarenkrankheit*" f **~cutaneous** ['sʌbkju'teiniəs] a (~ly adv) *unter der Haut befindlich, subkut·an* || **~ injection** ⟨med⟩ *Einspritzung f unter die Haut* **~deacon** ['sʌb'di:kn] s ⟨ec R.C.⟩ *Subdiakonus* m **~dean** ['sʌb'di:n] s ⟨ec⟩ *Unterdechant* m **~deb** ['sʌb'deb] s ⟨Am⟩ (abbr f subdebutante) *Mädchen* n *(aus guter Familie) vor dem ersten Ball* **~department** ['sʌbdipɑ:tmənt] s: *head of* ~ *Referent* m **~divide** ['sʌbdi'vaid] vt/i || (etw) *noch einmal teilen, ·unterteilen* || ⟨Am⟩ *parzellieren* | vi *in Unterabteilungen zerfallen* **~division** ['sʌbdi‚viʒən] s *Unterteilung* f || *Unterabteilung* f || ⟨Am⟩ *Parzelle* f || ⟨pol⟩ *Gebietskörperschaft* f **~dominant** ['sʌb'dɔminənt] s ⟨mus⟩ *Unterdominante, Quarte* f **~dual** [səb'dju:əl] s *Unterwerfung* f **~duct** [səb'dʌkt] vt *abziehen* (from *von*) **~due** [səb'dju:] vt (jdn) *unterwerfen* (to a p *jdm*; to a th *e–r S*); *unterjochen* || *(Feuer) bezwingen* | ⟨fig⟩ *bezähmen, bändigen* || *(Land) kultivieren* | *mildern; (Farben) dämpfen, vertreiben*; **~d** ⟨a⟩ *matt, stumpf (Farbe)* **~duer** [~ə] s *Unterjocher, Bändiger* m **~dueing** [~iŋ] ~d *of light Lichtdämpfung* f **~-edit** ['sʌb'edit] vt *unter der Leitung e–s Redakteurs herausgeben* **~-editor** ['sʌb'editə] s *(Zweiter) Redakteur* m **~equal** ['sʌb'i:kwəl] a *fast gleich*

suber ['sju:bə] s L *Kork m, Rinde f des Korkbaums* **~eous** [sju:'biəriəs] a *Kork, korkähnlich* **~ic** [sju:'berik] a *Kork–* (~ acid) **~ification** ['sju:bərifi'keiʃən] s ⟨for⟩ *Verkorkung* f **~in** ['sju:bərin] s ⟨chem⟩ *Suber·in* n *(Korksubstanz)* **~ose** ['sju:bərous], **~ous** ['sju:bərəs] a *korkig, Kork–*

sub– || **~family** ['sʌb‚fæmili] s ⟨zoo & bot⟩ *Unterfamilie* f **~febrile** ['sʌb'fi:brail] a *annähernd fiebernd* **~fusc** ['sʌbfʌsk] a *dunkelfarbig, düster* **~genus** ['sʌb'dʒi:nəs] s L ⟨bot & zoo⟩ *Unterart* f **~glacial** [‚sʌb'gleisiəl] a *unter dem Gletscher befindlich, unterglazial; teilweise glazial* **~globular** [sʌb'glɔbjulə] a *fast kugelförmig* **~(-)grade** ['sʌb'greid] s *(Straßen-)Unterbau* m **~heading** ['sʌb‚hediŋ] s *Untertitel* m || *Titel* m, → vote I. 4. **~human** ['sʌb'hju:mən] a *annähernd menschlich* **~jacent** [sʌb'dʒeisənt] a *darunterliegend, tiefer gelegen* | ⟨fig⟩ *zugrunde liegend*

subject ['sʌbdʒikt] I. a 1. [pred & attr] *untertan* (to a p *jdm*); *–worfen* (~ race) || *ausgesetzt* (to a th *e–r S*); *empfindlich* (to *gegen*); *geneigt* (to *z*; ~ to gout) 2. ~ to [oft adverbial] *abhängig v, vorbehaltlich* [gen]; ~ to this *unter diesem Vorbehalt*; ~ to notice *kündbar*; ~ to reservations *unter Vorbehalt*; ~ to duty *zollpflichtig*; to be ~ to (of rights, etc) *vorbehalten s, unterliegen* | *gemäß, nach* (~ to my order) II. s 1. *Untertan m, Staatsangehörige(r m)* f 2. *(Versuchs-)Gegenstand* m || living ~ *lebendes Objekt* n; *(Versuchs-)Person f, Leichnam* m || ⟨phot⟩ *Mot·iv, Objekt* n 3. *(Gesprächs–* etc) *Gegenstand, Stoff* m; ⟨a mus⟩ *Thema* n; on the ~ of a th *hinsichtlich e–r S* | *Ursache, Veranlassung* f (for *z*) || ~: *(in Briefen) Betr.* (= *Betrifft* or *Betreff*), → reference 4. ⟨gram & log⟩ *Subjekt* n || ⟨philos⟩ *Substanz f; das Ich* n 5. [attr] *Gegenstands–* (~ reference *–verweis*

m) || ~ distance *Meßentfernung* f | ~ finder ⟨phot⟩ *Mot·ivsucher* m | ~ index *Sachregister* n | ~-matter *Stoff* m; *(Gegenstands-)Stoff* m; *(behandelter) Gegenstand* m || *Inhalt* m (Ggs form, style)

subject [səb'dʒekt] vt (jdn, etw) *unterwerfen* (to a p *jdm*; to one's rule *s–r Herrschaft*) || (jdn, etw) *unterwerfen, aussetzen* (to a th *e–r S*), to ~ o.s. *sich aussetzen* (to a th) **~ion** [səb'dʒekʃən] s *Unterwerfung* f (to *unter*); *Abhängigkeit* f (to *v*); to be in ~ to a p *jdm unterworfen s; unterst·ehen*; to bring under ~ *unterwerfen* | with due ~ to you *ohne Ihnen z nahe z treten* **~ive** [səb'dʒektiv] (~ly adv) *subjekt·iv* (~ writer, e.g. Thomas Wolfe); *persönlich; einseitig* | *nach psychologischer Methode* | ⟨gram⟩ *Subjekts–* (~ case) 2. s *Nominativ* m **~iveness** [sʌb'dʒektivnis] s = subjectivity **~ism** [sʌb'dʒektivizm] s *Subjektivismus* m **~ivist** [sʌb'dʒektivist] s *Subjektiv·ist·m* **~ivity** [‚sʌbdʒek'tiviti] s *Subjektivit·ät* f

sub– || **~join** ['sʌb'dʒɔin] vt *hinzufügen, –setzen* || *beifügen, –legen* **~jugate** ['sʌbdʒugeit] vt *unterjochen, –werfen* (to a th *e–r S*) **~jugation** [‚sʌbdʒu'geiʃən] s *Unterjochung* f **~jugator** ['sʌbdʒugeitə] s *Unterjocher* m **~junctive** [sʌb'dʒʌŋktiv] 1. a ⟨gram⟩ *konjunktivisch*; ~ mood *Konjunktiv* 2. s ⟨gram⟩ *Konjunktiv* m **~kingdom** [‚sʌb'kiŋdəm] s ⟨zoo & bot⟩ *Unterabteilung f des Tier–, Pflanzenreiches* **~lapsarian** ['sʌblæp'sɛəriən] s & a = infralapsarian **~late** [sʌb'leit] vt ⟨log⟩ *leugnen; widersprechen* || ⟨philos⟩ *aufheben* **~lease** ['sʌb'li:s] 1. s *Afterverpachtung, Untervermietung* f 2. vt = to sublet **~lessee** ['sʌble'si:] s *Unterpächter, –mieter* m **~let** ['sʌb'let] vt [~/~] *wieder verpachten. weiter–, untervermieten* (to a p *an jdn*) **~letting** ['sʌb'letiŋ] s *Untermiete, –pacht* f **~librarian** ['sʌblai'breəriən] s *Bibliothekar* m; → librarian **~lieutenant** ['sʌblu:'tenənt] s ⟨nav⟩ *Leutnant* m

sublimate ['sʌblimit] 1. a ⟨chem⟩ *sublimiert* 2. s ⟨chem⟩ *Sublim·at* n **–ate** ['sʌblimeit] vt ⟨chem⟩ *sublim·ieren* || ⟨fig⟩ *erheben, –höhen, veredeln* (into *z, in*); *vergeistigen* **–ation** [‚sʌbli'meiʃən] s ⟨chem⟩ *Sublimation* f || ⟨fig⟩ *Erhebung, Veredelung f; Vergeistigung* f ⟨psych⟩ *unbewußte Umwertung* f

sublime [sə'blaim] 1. a (~ly adv) *erhaben, majestätisch, hoch*; ~ Porte || *hervorragend, vollendet* || *horr·end, hochgradig* (impudence); *kraß* (ignorance) 2. s the ~ *das Erhabene* n 3. vt/i ⟨chem⟩ *sublimieren* || ⟨fig⟩ *erheben; –höhen, veredeln* (into *z, in*); *läutern* | *verflüchtigen* | vi ⟨chem⟩ *sublimiert w* || ⟨fig⟩ *erhöht, veredelt w* **–minal** ['sʌb'limin] a *im Unterbewußtsein vorhanden, unterbewußt* (the ~ self) **~mity** [sə'blimiti] s *Erhabenheit* f || *Vornehmheit* f || *Höhepunkt, höchster Grad* m

sub– || **~lingual** ['sʌb'liŋgwəl] a ⟨anat & med⟩ *unter der Zunge liegend* **~littoral** ['sʌb'litərəl] a *nahe der Küste liegend* **~lunar(y)** ['sʌb'lu:nə(ri)] a *unter dem Monde befindlich; irdisch* **~machine gun** ['sʌbmə'ʃi:ngʌn] s *Maschinenpistole* f **~main** ['sʌbmein] ⟨telph⟩ *Zweigleitung* f **~man** ['sʌbmæn] s *minderwertiger Typ v Mensch* m **~marginal** ['sʌbmɑ:dʒin] ⟨com⟩ *nicht mehr rentabel* **~marine** ['sʌbməri:n] 1. a *auf dem Meeresboden, unter dem Wasser befindlich* or *lebend; unterseeisch; Untersee–* (~ cable) 2. s ⟨mar⟩ *Unterseeboot* n || ~ chaser *U-Boot-Jäger* m || ~ pen *U-Boot-Bunker* m **~marining** [~iŋ] s *Unterseebootkrieg* m **~maxillary** ['sʌbmæk'siləri] a *unter dem Kinnbacken befindlich* **~mental** ['sʌbmentl] a *unter dem Kinn befindlich*

submerge [sʌb'mɑ:dʒ] vt/i (etw) *untertauchen; unter Wasser setzen, überschwemmen*

|| ⟨fig⟩ *unterdrücken*; *übertönen* || the ~d
tenth ⟨soc⟩ *die Entrechteten* | vi *untertauchen,
–sinken* ~nce [~əns] s *Untertauchen* n || *Über-
schwemmung* f; ~ *of ground* [abstr] *Boden-
senkung* f || ⟨fig⟩ (*in Gedanken*) *Versunkensein* n
    sub– || ~mersed [sʌb'məːst] a ⟨bot⟩ *unter
Wasser liegend, wachsend* ~mersible [sʌb-
'məːsəbl] a *untertauchbar* (vessel) || ~ *sinking
pump Abteufpumpe* f ~mersion [sʌb'məːʃən] s
Untertauchen n ~mission [səb'miʃən] s *Unter-
werfung* f (to *unter*) | ⟨fig⟩ *Unterwürfigkeit* f,
Gehorsam m, *Ergebenheit* f; *with all due* ~
mit allem schuldigen Respekt | (*schriftliche*)
Vorlage f [abstr], *Unterbreitung* f (*v Anträgen
etc*)
    submissive [səb'misiv] a (~ly adv) *ergeben,
unterwürfig*; *to be* ~ *to a p jdm gehorchen*
~ness [~nis] *Ergebenheit, Unterwürfigkeit* f
    submit [səb'mit] vt/i [–tt–] 1. vt *(etw) unter-
breiten*; *einliefern*; *anbieten* || (*Toast*) *ausbrin-
gen* (of *auf*) || (*Zeugnis*) *beibringen, vorlegen*;
übergeben (to a p *jdm*) || *(jdn, etw) unterwerfen,
aussetzen* (to a th *e–r S*) | *to* ~ *to a p jdm an-
heimstellen* (that *daß*); I ~ *ich gebe z erwägen*
(that) | *to* ~ o.s. *sich unterwerfen or –ziehen*
(to a th *e–r S*); *sich fügen* (to *in*) 2. vi *nachgeben*; *sich unterwerfen* (to a p *jdm*), *sich ergeben or fügen* (to *in*); *to* ~ *to treatment sich
(medizinisch) behandeln l*
    sub– ~montane ['sʌb'mɔntein] a *am Fuße
e–s Berges gelegen* ~mucous ['sʌb'mjuːkəs] a
etwas schleimig || ⟨anat⟩ *unter den Schleim-
häuten gelegen* ~multiple ['sʌb'mʌltipl] s *Zahl* f,
*die in e–r anderen mehrere Male ohne Rest ent-
halten ist* ~normal ['sʌb'nɔːməl] 1. a *unter-
normal* 2. s *Subnorm'ale* f ~occipital ['sʌbɔk-
'sipitəl] a *unter dem Hinterhaupt liegend* ~ocular
['sʌb'ɔkjulə] a *unter dem Auge befindlich* ~order
['sʌb'ɔːdə] s ⟨zoo, bot & biol⟩ *Unterabteilung,
–ordnung* f
    subordinate I. [sə'bɔːdnit] 1. a (~ly adv)
subordiniert, untergeordnet (to a p *jdm*); *to be* ~
to a th e–r S an Bedeutung nachstehen; ~
clause ⟨gram⟩ *Nebensatz* m | *nebensächlich,
unwichtig* | ~ *part* ⟨theat⟩ *Chargenrolle* f 2. s
Untergebener m, *untergeordnete or nebensäch-
liche S* f II. [sə'bɔːdineit] vt (*etw*) *unterordnen*
(to a th *e–r S*); (*jdn*) *zurückstellen* (to a p *hinter
jdm*) –ation [sə,bɔːdi'neiʃən] s *Unterordnung*;
–*werfung* f (to *unter*) || *Unterwürfigkeit* f –ative
[sə'bɔːdinətiv] a *unterordnend*
    suborn [sʌ'bɔːn] vt (*jdn*) *verleiten* (to commit
a crime *ein Verbrechen z begehen*); (*jdn*) *be-
stechen* (to do a th *etw z tun*) ~ation [sʌbɔ:-
'neiʃən] s *Anstiftung* f | *Bestechung, Verleitung*
f, ~ *of perjury A. or V. z Meineid* ~er [sʌ-
'bɔːnə] s *Anstifter, Verleiter* m (of *zu*) || *Be-
stecher* m
    sub– || ~phrenic ['sʌb'frenik] a *unterhalb des
Zwerchfells gelegen* (~ *abscess*) ~plot ['sʌb-
'plɔt] s ⟨theat⟩ *Nebenhandlung* f ~pœna [səb
'piːnə] L 1. s ⟨jur⟩ (*a writ of* ~) *Vorladung* f
unter Strafandrohung; ~ *duces tecum L Zeugen-
vorladung* f *mit Auflage, Beweismittel vorzu-
legen* 2. vt [~es; ~ed & ~'d; ~ing] (*jdn*)
unter St. vorladen ~polar ['sʌb'poulə] a *nahe
dem Pol gelegen* | ⟨astr⟩ *unter dem Himmelspol
gelegen* ~population ['sʌbpəpju'leiʃən] s ⟨stat⟩
Teilbevölkerung f ~prefect ['sʌb'priːfekt] s *Un-
terpräfekt* m ~prior ['sʌb'praiə] s *Subprior* m
~region ['sʌb,riːdʒən] s ⟨geog⟩ *Subregion* f
~reption [sʌb'repʃən] s ⟨jur⟩ *Erschleichung* f
(*durch Angabe falscher Tatsachen*); → *obreption*
~rogation [,sʌbro'geiʃən] s ⟨jur⟩ *Subrogation,
Unterschiebung* f, *Ersatz* m *e–s Gläubigers
durch e–n anderen* ~routine ['sʌbruː'tiːn] s
Teil–, Unterprogramm n (f *Büromaschinen etc*)

~scapular [ˈsʌbˈskæpjulə] a ⟨anat⟩ *unter dem
Schulterblatt befindlich*
    subscribe [səb'skraib] vt/i A. vt 1. (*s–n Na-
men*) *unterzeichnen* || (*Schriftstück*) *unterschrei-
ben, –zeichnen* || (*etw*) *durch Unterschrift an-
erkennen*; (*e–r S*) *beipflichten* 2. (*Kosten*) *durch
Beiträge aufbringen*; (*Geld*) *zeichnen* (to a fund
z e–m Fonds*; for a th *für etw*) B. vi 1. *s–n
Namen unterzeichnen, unterschreiben* 2. *to* ~
to a th a. *etw* (*durch Unterschrift*) *anerkennen,
einwilligen in etw*; *e–r S zustimmen*; *to* ~ *to a
proposal e–n Vorschlag annehmen*; *to* ~ *to a
doctrine sich e–r Lehre verschreiben* b. *Sammlung f etw unterschreiben*; *Geld zeichnen f etw*
c. *abonnieren auf etw* (to ~ *to a newspaper*)
3. *to* ~ *for vorausbestellen*; *to* ~ *for a book
ein Buch vor Erscheinen vorausbestellen* || *zeich-
nen auf* (to ~ *for a loan .. auf e–e Anleihe*)
| ~r [~ə] s *Unterzeichner* m || *Subskrib'ent,
Abonn'ent* m (to *auf*) || *Zeichner* m (to, for *f*)
| *Vorausbesteller* m (for a book *e–s Buches*)
|| ⟨telph⟩ *Teilnehmer* m; ~'s *residence station
Wohnungsanschluß* m; ~'s *station Fernsprech-
anschluß* m –bing [–iŋ] a ⟨jur⟩ ~ *witness
Unterschriftszeuge* m
    subscript ['sʌbskript] 1. s *Unterschrift* f 2. a
untergeschrieben ~ion [səb'skripʃən] s 1. *Unter-
zeichnung, –schrift* f || (*durch U. vollzogene*)
Einwilligung (to *z, in*), *Zustimmung* (to *z*)
2. (*Geld-*)*Zeichnung*; *Subskription* f (by ~); ~
of stock Aktienzeichnung f | *Abonnement* n
(to *auf*); *to withdraw one's* ~ *das A. aufgeben*;
to take out a year's ~ *for ein Jahresabonnement
nehmen auf* 3. (*Subskriptions-*)*Betrag* m, *ge-
zeichnete Summe* f; *Beitrag* m | ⟨telph⟩ *Grund-
gebühr* f 4. [attr] *Subskriptions–, Abonnements–*
(~ *concert*); ~ *library Buchgemeinschaft* f;
~-*list Subskriptions–, Zeichnungsliste* f || ~
radio staatliches Rundfunkwesen n || ~-*price
Subskriptions–, Bezugspreis* m
    sub– || ~section ['sʌb'sekʃən] s *Unterabtei-
lung* f | ⟨jur typ⟩ *Unterabschnitt* m; *Absatz* m,
Ziffer f ~sellium [sʌb'seliəm] s L *niedere* (*Kir-
chen-*)*Bank* f ~sensible ['sʌb'sensəbl] a *jenseits
der sinnl. Wahrnehmung befindlich*
    subsequence ['sʌbsikwəns] s (*das*) *folgende
Ereignis* n; *Folge* f –ent ['sʌbsikwənt] a *nach-
herig*; *später*; *folgend*; *Nach–*; ~ *delivery
Nachlieferung* f; ~ *neutrons* [pl] *Neutronen* n
pl, *die nach der Spaltung freigegeben w*; ~
payment Nachzahlung f; ~ *treatment Nachbe-
handlung* f ⟨geol⟩ *subsequent* | ~ *to folgend
auf*; *im Anschluß an*; *später als*; *nach*, ~ *to his
death nach s–m Tode* || ~ *upon infolge* –ently
[~li] adv *später, nachher*; *if* ~ *required wenn
nachträglich verlangt* || ~ *to gleich nach*
    subserous ['sʌb'siərəs] a *unter e–r serösen
Haut befindlich*
    subserve [səb'səːv] vt (*e–r S*) *förderlich, dien-
lich s*; (*etw*) *fördern* –vience [səb'səːvians],
–cy [–si] s *Dienlichkeit* f, *Nutzen* m (to *f*) ||
Unterwürfigkeit f (to a p *jdm gegenüber*) –vient
[səb'səːviənt] a (ly adv) *dienlich, förderlich* (to
f) || *dienstbar, untergeordnet* (to a p *jdm*) || *un-
terwürfig*; *sklavisch gehorsam* (to a p *jdm*)
    subside [səb'said] vi (S) *sinken*; *sich senken*;
sacken; *absacken*; *sich setzen* | (of the
ground) *ein–, zus–sinken* | (P) *sinken, sich nie-
derlassen* (into *in*) | *abnehmen, nachlassen, sich
legen*; *abflauen, fallen* (into *in*) ~nce ['sʌb-
sidəns] s *Sichsetzen, Sinken* n || *Zus–sinken* n,
(*Boden-*)*Senkung* f || *Abnahme* f, *Nachlassen,
Ruhigwerden* n
    subsidiary [səb'sidjəri] 1. a (–rily adv) *behilf-
lich* (to *bei*), *Hilfs–*; *mitwirkend*; *to be* ~ *to
dienen, unterstützen, ergänzen* || *untergeordnet,
Subsidi'ar–*; *Neben–*; ~ *river –fluß* m; ~
subject –fach n | (of troops, etc) *mit Geld unter-*

stützt, *v Hilfsgeldern abhängig, Subsidien–*; ~ company ⟨com⟩ *Tochtergesellschaft* f; ~ treaty *Subsidienvertrag* m **2.** s [*mst pl* –ries] *Hilfe, Stütze* f ‖ *Helfer, Gehilfe* m ‖ ⟨com⟩ *Tochtergesellschaft* f

subsidize [ˈsʌbsidaiz] vt (*Heer, Land*) *mit Geld unterstützen; Subs·idien zahlen f* ‖ (*Schulen*) *subventionieren, mit Hilfsgeldern versehen* ‖ (*jdn*) *durch Bestechung gewinnen*

subsidy [ˈsʌbsidi] s ⟨hist⟩ (*Staats-*)*Sondersteuer* f ‖ [*mst pl* –dies] *Subs·idien* pl, *Geldbeihilfe* f ‖ *Regierungsbeihilfe, staatliche Hilfe, Subvention* f

subsist [səbˈsist] vi/t **1.** vi *existieren, bestehen* ‖ (*noch*) *in Kraft or Gebrauch s* | *sich ernähren, leben* (upon *von*); *sich erhalten* (by an occupation) **2.** vt (*jdn*) *erhalten, unterhalten* **~ence** [~əns] s *Existenz* f, *Dasein* n ‖ (*Lebens-*)*Unterhalt* m, *Auskommen* n; minimum of ~ *Existenzminimum* n ‖ ~ level ⟨physiol⟩ *Existenzminimum* n ‖ ~ money (*Lohn-*)*Vorschuß; Zuschuß* m

sub– ‖ **~soil** [ˈsʌbsɔil] s *Erdschicht* f *unmittelbar unter der Oberfläche* ‖ ⟨agr⟩ *Untergrund* m (~ plough –*pflug* m) **~sonic** [sʌbˈsounik] a *unter Schallgeschwindigkeit (bleibend), Unterschall–* **~species** [ˈsʌbˌspiːʃiːz] s L ⟨bot & zoo⟩ *Unterart* f, **~specific** [ˈsʌbspiˈsifik] a *z e–r Unterart gehörig* **~spinous** [ˈsʌbˈspainəs] a *etwas dornig, stachelig* **~stage** [ˈsʌbsteidʒ] s ⟨geol⟩ *Unterstufe* f ‖ *Beleuchtungsapparat e–s zus-gesetzten Mikroskops* m

substance [ˈsʌbstəns] s **1.** ⟨philos & theol⟩ *Substanz, Wesenheit* f ‖ ⟨phys⟩ *Substanz* f, *Stoff* m **2.** (of a book, etc) *Stoff* m, *Gegenstand, Inhalt* m (~ and form); *körperliche Masse* f; *realer Gegenstand* m; *reales Ding* n **3.** *das Wesentliche* n; *Hauptsache* f, *–inhalt* m; *Gehalt, Kern, Charakter* m; in ~ *im wesentlichen* **4.** *Vermögen* ‖ *Kapital* n, *Mittel* pl; of (great) ~ (*sehr*) *vermögend*

substandard [ˈsʌbˈstændəd] s [attr] *Unternorm–* (*Wohnung*); (*Ware*) *zweiter Wahl* ‖ ~ film *Schmalfilm* m ‖ of ~ qualifications (*P*) *mit ungenügender Ausbildung*

substantial [səbˈstænʃəl] a **1.** *wirklich, wahr, echt* (~ reality) **2.** ⟨philos⟩ *wesenhaft, substantiell* ‖ *wesentlich, materiell* **3.** (of food) *nahrhaft, kräftig*; a ~ meal *e–e gehaltvolle, reichliche Mahlzeit* **4.** *wesentlich, beträchtlich, ansehnlich* ‖ *wichtig* ~ grounds *wichtige Gründe*); *wertvoll; verläßlich* **5.** *stark, kräftig, solide; fest, dauerhaft* **6.** *vermögend, wohlhabend* **~ity** [səbˌstænʃiˈæliti] s *Substantialität, Wesenheit* f ‖ *Wirklichkeit* ‖ *Gediegenheit, Solidität* f ‖ *Stärke, Festigkeit* f **~ize** [səbˈstænʃəlaiz] vt (*e–r S*) *Substanz, Wirklichkeit verleihen* **~ly** [~li] adv *im wesentlichen, in der Hauptsache*

substantiate [səbˈstænʃieit] vt (*e–r S*) *Dasein or Wirklichkeit geben* ‖ *kräftigen, stärken* ‖ *als echt erweisen; bestätigen, erhärten*; (*Behauptung*) *beweisen, begründen* **–ation** [səbˌstænʃiˈeiʃən] s *Verwirklichung* f ‖ *Bestätigung* f, *Erhärtung* f, *Beweis* m; in ~ of *zum B. von*

substantival [ˌsʌbstənˈtaivəl] a ⟨gram⟩ *substantivisch, Substantiv–* **–tive** [ˈsʌbstəntiv] **1.** a (~ly adv) *wirklich existierend; selbständig, unabhängig* ‖ ~ law *materielles Recht* n ‖ ⟨mil⟩ *fest angestellt u besoldet* (~ rank) ‖ *wesentlich, beträchtlich* ‖ *wirklich, real* ‖ *stark, fest* ‖ ⟨gram⟩ *substantivisch*; a noun ~ *ein Hauptwort, S·ubstantiv* n ‖ *Existenz bezeichnend*; ~ verb *verbum substantivum* n **2.** s ⟨gram⟩ *S·ubstantiv, Hauptwort* n

substation [ˈsʌbˈsteiʃn] s ⟨el⟩ *Unterwerk* n ‖ ⟨telph⟩ *Anschluß* m

substitute [ˈsʌbstitjuːt] **1.** s *Stellvertreter* m; to act as a ~ for a p *jdn vertreten* ‖ ⟨mil⟩ *Er-*

satzmann m | *Ersatz* m (for *f*), *Ersatzmittel, Surrogat* n; butter ~ *Butterersatz* m | [attr] *Ersatz–* ‖ ~ steel *Austauschstahl* m **2.** vt (*jdn, etw*) *an die Stelle setzen* (for *f*); (*jdn, etw*) *einsetzen* (in the place of *an Stelle v*), *austauschen* (for *f*); to ~ a th for a th *etw durch etw ersetzen* ‖ ⟨jur⟩ *~d* penalty of confinement (in default of payment) *Ersatzfreiheitsstrafe* f

substitution [ˌsʌbstiˈtjuːʃən] s *Substitution* (~ method *–smethode* f), *Ersetzung* f; the ~ of a th for another *die Ersetzung e–r S durch e–e andere, die Einsetzung e–r S f e–e andere*; the ~ of facts for phrases *der Ersatz v Phrasen durch Worte* ‖ *Austausch* m (for *gegen*) ‖ *Stellvertretung* f ‖ ⟨biol⟩ *Ersetzung* f ‖ ⟨jur⟩ *Einsetzung* f *e–s Nacherben* **~al** [~l] a (~ly adv) *Stellvertretungs-, stellvertretend; ersetzend* **~ary** [~ʃnəri] a = substitutional

sub– ‖ **~stitutive** [ˈsʌbstitjuːtiv] a *z Stellvertretung geeignet* **~stratosphere** [sʌbˈstrætosfiə] s ⟨aero⟩ *Substratosphäre* f (*zw 5,5 u 11 km Höhe*) **~stratum** [ˈsʌbˈstreitəm] s [pl –ta] ⟨philos⟩ *Substrat* n, *Unter–, Grundlage* f | ⟨geol⟩ *Unterschicht, tiefere Schicht* f ‖ ⟨übtr⟩ *Keim–, Nährboden* m **~struction** [ˌsʌbˈstrʌkʃən] s ⟨arch⟩ *Grund–, Unterbau* m ‖ ⟨fig⟩ *Grundlage* f **~structure** [ˈsʌbˌstrʌktʃə] s ⟨arch⟩ *Grundlage* f; *Unterbau* m ⟨a übtr⟩ ‖ ⟨rail⟩ *Bahnkörper* m **~sume** [ˌsʌbˈsjuːm] vt (*etw*) *subsumieren, zusfassen* (under *unter*); *einreihen, einbegreifen, –schließen* (in *in*); (*etw*) *in sich schließen* **~sumption** [ˌsʌbˈsʌmpʃən] s *Zus–fassung; Einreihung* f (under *unter*) **~surface** [ˈsʌbˈsɔːfis] **1.** s *Schicht* f *unter der Oberfläche* **2.** a *unter der Oberfläche befindlich*; *Untergrund–* **~tangent** [ˈsʌbˈtændʒənt] s ⟨geom⟩ *S·ubtangente* f **~temperate** [ˈsʌbˈtempərit] a *an die gemäßigte Zone grenzend* **~tenant** [ˈsʌbˈtenənt] s *Untermieter, –pächter* m **~tend** [səbˈtend] vt ⟨geom⟩ (of a side) (*e–m Winkel*) *gegenüberliegen*; [oft pass] to be ~ed by a side *e–r Seite gegenüberliegen* **~tense** [ˌsʌbˈtens] s ⟨geom⟩ *Sehne* f

subter– [ˈsʌbtə] L [pref] *unter, weniger als* **~fuge** [ˈsʌbtəfjuːdʒ] s *Vorwand* m, *Ausflucht* f **subterranean** [ˌsʌbtəˈreinjən] a = subterraneous **–aneous** [ˌsʌbtəˈreinjəs] a (~ly adv) *unterirdisch* ‖ ⟨fig⟩ *heimlich, heimtückisch*

subtil(e) [ˈsʌtl] a = subtle **–lization** [ˌsʌtilaiˈzeiʃn] s *Verfeinerung, –dünnung* f ‖ ⟨fig⟩ *Verfeinerung* f ‖ *Spitzfindigkeit* f **–lize** [ˈsʌtilaiz] vt/i **1.** vt ⟨fig⟩ *verfeinern, verflüchtigen* | *ausklügeln, spitzfindig erklären* **2.** vi *sich in Spitzfindigkeiten ergehen* (on, about *über*) **–lty** [ˈsʌtlti] s † = subtlety

subtitle [ˈsʌbˌtaitl] s *Untertitel* m ‖ ⟨film⟩ ~s *die Handlung erläuternder Text* m, *Worte* n pl, *Überschrift* f

subtle [ˈsʌtl] a (–tly adv) **1.** (of odours, etc) *fein, dünn, zart* | ⟨übtr⟩ *fein, zart; fein, hochentwickelt* (sense) ‖ *kunstvoll, sinnreich* **2.** *scharfsinnig; klug* | *spitzfindig* ‖ **3.** *heimlich, schleichend, heimtückisch* (~ drug) ‖ *hinterlistig* **~ty** [~ti] s *Zart–, Feinheit* f; ⟨a fig⟩ | *gr Scharfsinn* m ‖ *Spitzfindigkeit, Haarspalterei* f ‖ *Schlauheit; Hinterlist* f

subtonic [ˈsʌbˈtɔnik] s ⟨mus⟩ **7.** *Ton* m *der Tonleiter*

subtract [səbˈtrækt] vt ⟨math⟩ *abziehen, subtrahieren* (to ~ 3 from 6) **~ion** [səbˈtrækʃən] s ⟨math⟩ *Subtraktion* f, *Abziehen* n (from *v*) ‖ ⟨fig⟩ *Wegnahme* f, *Abzug* m **~ive** [~iv] a *abziehend; Abzugs–* (~ terms)

sub– ‖ **~trahend** [ˈsʌbtrəhend] s ⟨math⟩ *Subtrah·end* m **~triangular** [ˈsʌbtraiˈæŋgjulə] a *fast dreieckig* **~tribe** [ˈsʌbtraib] s *Abteilung* f *e–s Stammes, e–r Art* f

subtropic [ˈsʌbˈtrɔpik] **1.** a *subtr·opisch*

2. [s pl] ~s *subtropische Gegenden* f pl ~al [~əl] a *subtropisch*

subulate ['sju:bjulit] a ⟨zoo & bot⟩ *schlank u spitz zulaufend*

suburb ['sʌbə:b] s [*oft* pl ~s] *Vorstadt* f, *Vorort* m (in the ~s *im V*.); the ~ of N. *der V.* N. ‖ ⟨mod⟩ *Stadtrandsiedlung* f [konkr], → ~an ~**an** [sə'bə:bən] **1.** a *vorstädtisch, Vorstadt–, Vororts–*; ~ *development Stadtrandsiedlung* f [abstr], → suburb ‖ ⟨fig⟩ *kleinstädtisch* **2.** s *Vorstädter, Vorstadtbewohner* m ~**anese** [sʌb‚ə:bə'ni:z] s *Vorstadtjargon* n ~**anite** [sʌb'ə:bənait] s ⟨*bes* Am⟩ *Stadtrandsiedler, –bewohner* m, → –ite ~**anize** [sə'bə:bənaiz] vt (*e–e Gegend) z e–m Vorort m*

sub– ‖ ~**variety** ['sʌbvə‚raiəti] s *Unterart* f ~**vention** [səb'venʃən] **1.** s *Subvention* f ‖ *Beihilfe* f (for, to *f*) ‖ *Erhaltung, Unterstützung* f **2.** vt [*nur* pp] *subventionieren,* (*mit Geld) unterstützen* (the ~ed *works*)

subversion [sʌb'və:ʃən] s *gewaltsame Beseitigung; Umsturz* m; *Vernichtung; Zerstörung* f ‖ ⟨pol⟩ *Unterwanderung* f –**rsive** [sʌb'və:siv] a *Umsturz–, umstürzend; zerstörend;* to be ~ of *zerstören; untergraben* ‖ *untergrabend, Wühl–* (~ *activity);* to be ~ to *untergraben* –**rt** [sʌb-'və:t] vt *erschüttern; untergraben* ‖ (*Gesetz) umstürzen; gewaltsam beseitigen, zerstören* ‖ (*Dynastie) stürzen*

subvertebral ['sʌb'və:tibrəl] a ⟨anat⟩ *unter den (Rücken–)Wirbeln liegend*

subway ['sʌbwei] s *unterirdischer Gang* m, *Unterf ührung* f; (*Fußgänger–)U.* f ‖ ⟨Am⟩ *Untergrundbahn* f ~**ite** [~ait] s ⟨Am⟩ *U-Bahnfahrer* m

subzero ['sʌb'ziərou] a ⟨Am⟩ [attr] ~ *weather Wetter* n *unter Null Grad (Fahrenheit)*

succades [sʌ'keidz] s pl *kandierte Früchte* f pl

succedaneum [‚sʌksi'deiniəm] s L [pl ~s & –nea] *Ersatzmittel* n (for *f*)

succeed [sək'si:d] vi/t **I.** vi **1.** *folgen* **a.** (*S) folgen* (to a th *e–r S, auf e–e S) (sunshine* ~ed to the storm) **b.** (*P) folgen, nachfolgen* ‖ to ~ to a p *jdm (nach)folgen, auf jdn folgen; jdn beerben;* to ~ to an estate *ein Gut erben, den Besitz e–s Gutes antreten;* to ~ to the office of a p *jds Amt antreten;* .. to the throne *auf den Thron folgen* **2.** (*P) Erfolg h* (with a p *bei jdm);* we ~ed in doing *es gelang uns z tun* ‖ (*S) glücken* (with a p *bei jdm), gelingen* (the plan ~ed) **II.** vt **1.** (*S)* to ~ a th *e–r S folgen, auf etw folgen;* the storm was ~ed by sunshine *dem Sturm folgte Sonnenschein* **2.** (*P)* to ~ a p *auf jdn folgen, jdm (nach)folgen;* to ~ a p on the throne *jdm auf dem Thron folgen*

succès [syk'sei] s Fr ~ *d'estime Achtungserfolg* m

success [sək'ses] s **1.** *erfolgreicher Ausgang, Erfolg* m (in *in);* with ~ *erfolgreich;* to make a ~ of E. h mit ‖ (a good ~) *glückliches Ergebnis, Gelingen, Glück* n **2.** *erfolgreiche P* or *S* f, *Glanzleistung* f; to be a ~ *ein Erfolg s;* (*P) erfolgreich s* (as *als), Furore m* (her dance was a ~) ‖ ~ *worker hervorragender, in der Presse belobigter Arbeiter* m ~**ful** [~ful] a (~ly adv) *erfolgreich;* to be ~ *Erfolg h* (in *in;* in doing *z tun)* ‖ *glücklich* ‖ (*S) bewährt* (remedy) ~**fulness** [~fulnis] s *guter Erfolg* m ‖ *Glück* n **succession** [sək'seʃən] s **1.** *Folgen* n, *Folge* f (in rapid ~); in ~ *nach–, auf–, hinter–e–a* ‖ **2.** *Erbfolgeordnung* f, *–recht* n; *Nach–, Erbfolge* f; the ~ to an estate *das Erbe, die Erbschaft e–s Gutes;* the ~ to the throne *die Thronfolge* f; in ~ to *als Nachfolger v;* to be next in the ~ to a p *als nächster auf jdn folgen* ‖ *Nachfolge, Übernahme* f (to an office *e–s Amtes)* ‖ *Apostolic* ⌐ *Apostolische Sukzession* or *Nachfolge* ‖ the War of the Spanish ⌐ ⟨hist⟩ *der Spa-*

nische Erbfolgekrieg **3.** *Reihe, Folge, Reihenfolge* f (a ~ of houses, plays) **4.** [attr] ~ *duty Erbschaftssteuer* f (*f Grundbesitz)* ‖ the ⌐ States [pl] *die Nachfolgestaaten* m pl (*der Österr.-Ung. Monarchie nach 1918)* ~**al** [~l] a *nach–, auf–e–a–folgend; sich forterbend* ~**ist** [~ist] s *Verfechter* m *der apostol. Nachfolge*

successive [sək'sesiv] a *auf–e–a–folgend* ‖ *nach u nach geschehend, allmählich; stufenweise erfolgend,* ~ *attack Angriff* m *in mehreren Wellen,* ~ *photographs* [pl] *Reihenbild* n; three ~ *times dreimal hinter–e–a* ~**ly** [~li] adv *nach–, hinter–e–a* ~**ness** [~nis] s *Folge, Auf–e–a–folge* f

successor [sək'sesə] s *Nachfolger* m (the ~ of a p *der N. jds;* a ~ to a p *ein N. für jdn, jds;* the ~ of a th, a ~ to a th *der, ein N. auf, in etw);* the ~ to the management *der N. in der Leitung;* the ~ to the throne *der Thronfolger* ‖ ~ in business *Rechtsfolger* ‖ ~ *company Nachfolgegesellschaft* f

succinct [sək'siŋkt] a (~ly adv) ⟨fig⟩ *kurz, bündig* ~**ness** [~nis] s *Kürze, Bündigkeit* f

succory ['sʌkəri] s ⟨bot⟩ *Zich·orie* f; → *chicory*

succose ['sʌkous] a *saftig*

succotash ['sʌkətæʃ] s ⟨Am⟩ *Gericht* n *aus grünem Mais u Bohnen*

succour, ⟨Am⟩ **succor** ['sʌkə] **1.** s *Hilfe* f, *Beistand* m ‖ *Hilfsmittel* n; ~s [pl] *Hilfstruppen* f pl **2.** vt (*jdm) helfen, beistehen*

succuba ['sʌkjubə] s L *weibl. Buhldämon* m –**bus** ['sʌkjubəs] s L *Buhldämon* m (a *weiblicher)*

succulence ['sʌkjuləns], –**ency** [–si] s *Saftigkeit* –**ent** ['sʌkjulənt] a (~ly adv) *saftig; nahrhaft* ‖ ⟨fig⟩ *kraftvoll, reich*

succumb [sə'kʌm] vi *erliegen* (to a th *e–r S);* *zus–brechen* (to *unter); sterben* ‖ *unterliegen* (to a p *jdm); nachgeben, weichen* (before *vor)*

succursal [sʌ'kə:səl] **1.** a *Hilfs–; Filial–, Tochter–* (~ *church)* **2.** s *Zweigeinrichtung* f

succussion [sə'kʌʃən] s *Schütteln* n, *Erschütterung* f

such [sʌtʃ] **I.** a **1.** *solch, derartig* ‖ ~ a *house* as *ein solches Haus, das ..;* ~ *skill* as he *commands ein derartiges Geschick, über das er verfügt;* ~ *progress ein solcher Fortschritt, solche Fortschritte;* few ~ *books wenige solche Bücher;* ~ *plays* as .. *die(jenigen) Stücke, welche; alle die St., welche ..* ‖ one ~ *sign ein solches Zeichen;* the only ~ *incident das einzige derartige Ereignis* ‖ ~ a one *ein solcher, e–e solche* ‖ there is ~ a th *so etw gibt es;* no ~ th *nichts dergleichen* ‖ **as:** a *system* ~ as this *ein derartiges System* ‖ (the novel) ~ as it is *so wie er ist; wenn man ihn so nennen darf* ‖ [*nach* pl *Subst.:*] *wie z. B.;* people ~ as *Leute wie z. B.* ‖ [*vor* adj:] *so;* ~ *fine apples so schöne Äpfel;* ~ few *books so wenige Bücher* **2.** *derartig; so groß;* ~ a *fright that ein derartiger Schrecken, daß ..;* ~ was the *interest dermaßen groß war das Interesse* ‖ *sehr groß, gewaltig* (we had ~ fun) **3.** [in comp] ~*–and–* *der und der* (~*–and–* a man) **II.** pron [abs] **1.** *ein solcher (–s), eine solche; solche (Personen* or *Dinge)* pl ‖ *another* ~ *ein anderer solcher, noch ein s.* ‖ and ~ *und dergleichen* ‖ as ~ *als solche(r)* (not afraid of change as ~); he is a poor *teacher* as ~ *but* a *brilliant scholar er ist zwar .., aber ..* ‖ ~ **as** *solche* or *diejenigen, welche; alle, die ..; als da sind ..* **2.** ⟨com⟩ *diese(r, –s);* ~ or ~ *of dieser oder jener v* ‖ ⟨jur⟩ *selbig* ~**like** ['~laik] a *ähnlich, dergleichen* (or ~)

suck [sʌk] **I.** vt/i **A.** vt **1.** (*etw) saugen* (from *v;* out of *aus)* ‖ to ~ (noisily) (*die Suppe) schlürfen* ‖ ⟨fig⟩ (*etw) holen, gewinnen* (from *aus)* ‖ to ~ the *blood* of a p ⟨fig⟩ *jdm das Blut aussaugen* ‖ (of bees) (*Honig) saugen* **2.** (*etw)* *lutschen*; *saugen an* (to ~ the breast); *lutschen an*; to ~ one's thumbs *an den Daumen l.* **3.** *einsaugen*; ⟨fig⟩ *aufnehmen*; *verschlingen* ‖ (*Nutzen*) *ziehen* **4.** [*mit adv*] to ~ in *einsaugen*; *absorbieren*; (*hin)einziehen*; *aufnehmen*; *verschlingen*; ~ed in ⟨fam⟩ *geprellt*, °*geölt*, °*gelackmeiert* ‖ to ~ out *aussaugen*; ⟨fig⟩ *aussaugen, -fragen, -pumpen, -quetschen* ‖ to ~ up *aufsaugen*; *verschlingen* **B.** *vi saugen, lutschen* (at *an*); *ziehen* (at *an*) ‖ (of pumps) *Luft einziehen* ‖ to ~ up a p ⟨fam⟩ *jdn f sich einnehmen or günstig stimmen* **II.** s **1.** *Saugen* n; to give ~ to *stillen, säugen*; take a ~ at it *saug mal daran* **2.** *saugendes Geräusch* n; *Wirbel, Strudel* m **3.** ⟨sl⟩ *kl Schluck* m ‖ ⟨sl⟩ *Täuschung* f

sucker [ˈsʌkə] **I.** s **1.** *saugendes Tier* n, (*bes*) *Spanferkel* n ‖ ⟨fam⟩ (P) *Säugling* m (⟨*a fig*⟩ *Anfänger*) ‖ *Lutschstange* f, *–bonbon* n ‖ ⟨fig⟩ *Schmarotzer*, °*Nassauer* m ‖ ⟨Am fig⟩ *Grünschnabel, Gimpel, Einfaltspinsel* m (*Neuling*) **2.** ⟨bot⟩ *Schößling* m **3.** ⟨zoo⟩ *Saugorgan* n **4.** ⟨ich⟩ *Lumpfisch, Seehase* m **5.** ⟨tech⟩ *Saugscheibe* f, *–rohr* n, *–kolben* m **II.** *vt/i* (*Pflanze*) *v Sprößlingen befreien* ‖ *vi Sprößlinge treiben*

sucking [ˈsʌkiŋ] **1.** s *Saugen* n ‖ [*attr*] *Saug–* (~-pump *–pumpe* f) **2.** a *saugend*; ~ *infant Säugling* m; ~ *pig Spanferkel* n ‖ ⟨fig⟩ *jung, angehend, eben anfangend*; *unerfahren*

suckle [ˈsʌkl] *vt* (*Kind*) *säugen, stillen* ‖ ⟨übtr⟩ *nähren* **–ling** [–iŋ] s *Säugling* m ‖ *saugendes Tier* n ‖ ⟨übtr⟩ *junger Anfänger* m

sucrose [ˈsjuːkrous] s ⟨chem⟩ *Rohrzucker* m

suction [ˈsʌkʃən] s *Saugen* n (*mit dem Munde*) ‖ ⟨übtr⟩ *Ansaugen, Saugen* n ‖ [*attr*] *Saug–*; ~ *carburetor Vergaser* m *mit Saugförderung* ‖ ~ *main* ⟨tech⟩ *Saugleitung* f ‖ ~-pipe, ~-tube ⟨tech⟩ *Saugrohr* n ‖ ~-plate ⟨dent⟩ *Prothese* f *mit Saugplatte* ‖ ~-pump ⟨tech⟩ *Saugpumpe* f ‖ ~ *socket* ⟨med⟩ *Niederdruck-(Oberschenkel-)Kunstbein* n ‖ ~ *stroke Saughub* m ‖ ~ *valve* ⟨aero mot⟩ *Einlaßventil* n ‖ ~ *zone Depressions–, Saugzone* f

suctorial [sʌkˈtɔːriəl] a *Saug–*

Sudanese, Soud– [ˌsuːdəˈniːz] **1.** a *sudanˈesisch, Sudˈan–* **2.** s [pl] *Sudanˈese* m, *Sudanesin* f ‖ *die Sudanesen* pl

sudarium [sjuːˈdɛəriəm] s L *Schweißtuch* n (*der heil. Veronika*)

sudation [sjuːˈdeiʃən] s *Schwitzen* n; *Schweiß* m **–torium** [ˌsjuːdəˈtɔːriəm] s L ⟨bes ant⟩ *Schwitzbad* n; *–kasten* m; *–kammer* f **-tory** [ˈsjuːdətəri] **1.** a *Schweiß–, schweißtreibend, Schwitz–* **2.** s = sudatorium ‖ *schweißtreibendes Mittel* n

Sudbury [ˈsʌdbəri] s (*nach Stadt in* Canada) [*attr*] ~ *nickel Sudbury Nickel* m

sudd [sʌd] s *treibende Masse v Pflanzen* (etc) *im Weißen Nil* f

sudden [ˈsʌdn] **1.** a (~ly *adv*) *plötzlich, unerwartet, unvorhergesehen* ‖ (of actions) *jäh, hastig, unstet* ‖ ~ *concentration* ⟨artill⟩ *Feuerschlag, –überfall* m **2.** s (all) of a ~, on a ~ (*ganz*) *plötzlich* **~ness** [ˈsʌdnnis] s *Plötzlichkeit* f; *das Unvermutete* ‖ *Schnelligkeit* f

Sudeten [suːˈdeːtn; sjuːˈdeːtn] s ⟨Ger⟩ [*attr*] ~ *Germans Sudˈetendeutsche* m pl

sudoriferous [ˌsjuːdəˈrifərəs] a = sudorific ‖ *schweißabsondernd* **2.** s ⟨med⟩ *schweißtreibendes Mittel* n

sudorific [ˌsjuːdəˈrifik] **1.** a *schweißtreibend* ‖ *schweißabsondernd* **2.** s ⟨med⟩ *schweißtreibendes Mittel* n

Sudra [ˈsuːdrə] s Ind *Mitglied* n *der niedrigsten Hindukaste*

suds [sʌdz] s pl (*mst* soap-~) *Seifenwasser* n, *–lauge* f

sue [sjuː] [~s; ~d; suing] *vt/i* ⟨jur⟩ (*jdn*) (*gerichtlich*) *belangen* (for *um*), *verklagen* (for *wegen*), (*etw*) *einklagen* ‖ (*jdn*) *bitten* ‖ to ~ out (*etw*) *vor Gericht beantragen* ‖ *vi klagen* (for

auf); *e–e Klage einreichen* (to a court *bei e–m Gerichtshof*; for a th *um etw*); to ~ for a th *etw einklagen* ‖ *bitten, flehen* (for *um*)

suède [sweid] s Fr *weiches* (*schwedisches*) *Ziegenleder* n; [*attr*] ~ *glove Handschuh aus Z.*

suet [sjuit] s *Nierenfett* n; *Talg* m ‖ ~-pudding *Pudding* m *aus Mehl u Talg* ‖ **~y** [ˈ~i] a *talgig, Talg–*

suffer [ˈsʌfə] *vt/i* **1.** *vt* (*etw*) *leiden, ertragen, –dulden*; *erleiden*; *sich* (*etw*) *zuziehen* ‖ [*mst neg*] (*etw*) *ertragen, dulden, leiden* ‖ (*etw*) *erlauben, dulden,* (*zu*)*lassen*; to ~ a p to do *zulassen, daß jd tut* (.. a th to be done .. *daß etw geschieht*); † he ~ed himself to be cheated *er ließ sich betrügen* **2.** *vi leiden* (from a diesease an *e–r Krankheit*) ‖ *bestraft w, büßen* (for *f*); *den Tod* (*bes Märtyrertod*) *erleiden* ‖ ⟨übtr⟩ *leiden* (from, under *unter*); *Schaden erleiden* (in *in, bei*); *verlieren* (in *an*; from *durch*; from doing *dadurch daß man tut*); ⟨mil⟩ *Verluste erleiden* **~able** [~rəbl] a (*–bly adv*) *erträglich* **~ance** [~rəns] s † *Erdulden, Leiden* n ‖ *Duldung, Einwilligung* f; on ~ *unter stillschweigender Duldung, nur geduldet* **~er** [~rə] s *Leidende(r* m) f (from *an*), *Dulder(in* f) m; to be a ~ from *leiden an* ‖ *Märtyrer, Dulder* m ‖ *Geschädigter* m **~ing** [~riŋ] s *Leiden, Dulden* n

suffete [ˈsʌfiːt] s ⟨ant⟩ ~s [pl] *oberste Behörde* f *Karthagos*

suffice [səˈfais] *vi/t* ‖ *genügen, hinreichen, hinreichend s* (for *f*; to do); ~ *it to say that es genüge z sagen, daß*; *–cing genügend* ‖ *vt* (*jdn*) *befriedigen*; (*jdm*) *genügen*

sufficiency [səˈfiʃənsi] s *Genüge, Hinlänglichkeit, Angemessenheit* f ‖ *hinreichendes Auskommen* n ‖ *hinreichende Menge or Zahl* f; a (no) ~ *of money* (*nicht*) *genug Geld*; to make a ~ *of auskommen mit* ‖ † *hinreichende Fähigkeit* f (for a th; to do)

sufficient [səˈfiʃənt] **1.** a *genügend, hinlänglich, ausreichend* (for a p f *jdn*; for a th f *etw*; to do); to be ~ *genügen*; *beyond what is* ~ *mehr als genug* ‖ ⟨philos⟩ *zureichend* (~ *reason*) ‖ † *tauglich, fähig* (for *z*) **2.** s ⟨fam⟩ *genügende Menge* f, *genug* (have you had ~?) **~ly** [~li] adv *genügend, z Genüge*

suffix 1. [ˈsʌfiks] s ⟨gram⟩ *Suffix* n, *Nachsilbe* f **2.** [sʌˈfiks] *vt anhängen, –fügen* (to *an*) ‖ (*gram*) *als Suffix anfügen* (to *an*)

suffocate [ˈsʌfəkeit] *vt/i* (*jdn*) *ersticken*; ⟨fig⟩ to be ~d *benommen, erdrückt w* (with *v*) ‖ ⟨fig⟩ *unterdrücken, zerstören* ‖ *vi ersticken*; ⟨fig⟩ *umkommen* (with *vor*) **–ating** [–iŋ] a (*–ly adv*) *erstickend, stickig* (air) **–ation** [ˌsʌfəˈkeiʃən] s *Ersticken* n (to ~ *bis z E.*) ‖ ⟨fig⟩ *Stickluft* f

suffragan [ˈsʌfrəgən] **1.** s ⟨ec⟩ *Weih–, Suffraganbischof* m **2.** a; ~ *bishop od bishop* ~ *Weih–, Suffraganbischof* m

suffrage [ˈsʌfridʒ] s (*Wahl-*)*Stimme* f ‖ *Zustimmung* f ‖ *Abstimmung* f ‖ *Stimmrecht* n; *manhood* ~ *Männer–*; *female* ~, *woman* ~ *Frauenstimmrecht* n; *universal* ~ *allgemeines Wahlrecht* n ‖ † *Fürbitt-Gebet* n **–gette** [ˌsʌfrəˈdʒet] s ⟨dero⟩ *Frauenrechtlerin* f **–gist** [ˈsʌfrədʒist] s *Stimmrechtler(in) bes* (*Frauen–*) m (f)

suffuse [səˈfjuːz] *vt* (of liquids, etc) *benetzen, übergießen*; to be ~d *überströmen* (with *v*) ‖ ⟨oft übtr⟩ (of colour) *überziehen* (with *mit*); *bedecken*; ~d with *blushes schamrot* ‖ (of light, etc) *über–, durchfluten, –strömen*; ~d with *durchflutet, erfüllt v* **–sion** [səˈfjuːʒən] s *Übergießung, –flutung* f (with); *Überzogensein* n ‖ *Blutunterlaufung*; *Errötung, Schamröte* f

sugar [ˈʃugə] **I.** s **1.** ⟨a chem⟩ *Zucker* m; → beet; cane; milk; moist; refined; sucrose ‖ ~ *of lead* ⟨chem⟩ *Bleizucker* m ‖ ~s [pl] *Zuckerarten* f pl ‖ ⟨fig⟩ *Schmeichelei* f, *süßliche Worte*

n pl || [voc] ~ *Süße!* (*P*) **2.** [attr] *zuckerig,*
Zucker- || ~-baker *Zuckerbäcker* m || ~-basin
-dose f || ~-beet ⟨bot⟩ *-rübe* f; ~-beet chips
[pl] *-rübenschnitzel* n pl || ~ bush *Hain* m v
~-maples || ~-candy *Kandiszucker* m || ~-
cane *Zuckerrohr* n || ~-castor *-streuer* m ||
~-(-)daddy ⟨sl⟩ *„Onkelchen"* n (*freigebiger*
alter Verehrer), *Lustgreis* m || ~ *dispenser*
Zuckerportionierer m (*S*) || ~-house s *-fabrik* f
|| ~-icing *-guß* m | ~-loaf *-hut* m; [attr]
Zuckerhut- || ⟨übtr⟩ *Bergkegel* m | ~-maple
⟨bot⟩ *Zuckerahorn* m || ~-mite ⟨ent⟩ *-milbe* f
|| ~-plantation *-(rohr)pflanzung* f || ~-plum
Zuckerplätzchen n ⟨a übtr⟩ || ~-refinery
-raffinerie f || ~ server = ~ *dispenser* ||
~-tongs [pl] *-zange* f || ~-works [pl] *-fabrik* f
II. vt/i || *zuckern, versüßen* || *mit Zucker über-*
ziehen, überzuckern || ⟨übtr⟩ *versüßen; schmei-*
cheln, durch Schmeicheln verdecken | *beschöni-*
gen | vi ⟨sl⟩ *sich drücken* (*v der Arbeit*) **~iness**
[~rinis] s *Süße* f; *Lieblichkeit* f **~less** [~lis] a
ungezuckert, ohne Zucker | **~y** [~ri] a *zuck(e)-*
rig, zuckersüß ⟨fig⟩ *süßlich, schmeichlerisch;*
verführerisch

suggest [səˈdʒest] vt **1.** (*etw*) *anregen, -deuten,*
nahelegen; vorschlagen (a th; doing *z tun*; that);
I ~ed that he should write *ich schlug ihm vor*
z schreiben || (*jdn*) *vorschlagen, empfehlen* (to
a p *jdm*; as *als*) **2.** *im Geiste hervorrufen; sug-*
gerieren; eingeben, -flößen (a th to a p *jdm etw*)
|| (of an idea etc) to ~ itself *sich aufdrängen,*
sich einstellen; to ~ itself to a p *jdm in den Sinn*
k **3.** *hinweisen auf* (*etw*); *darauf hinweisen*
(that); *z verstehen geben; schließen l, verraten,*
andeuten (a th; that) || ⟨jur⟩ I ~ *ich wage anzu-*
deuten, -nehmen (that) **~ibility** [səˌdʒesti-
ˈbiliti] s *Beeinflußbarkeit* f **~ible** [səˈdʒestəbl] a
suggerierbar, z beeinflussen(d) || *vorschlagbar*
~ion [səˈdʒestʃən] s **1.** *Vorschlag* m (to make
a ~ *e–n V. m*); *Anregung* f (at the ~ of *auf A.*
v) **2.** *Eingebung, -flüsterung* f || *Beeinflussung;*
Suggestion f **3.** *Wink* m; *Erinnerung* f (of *an*);
Andeutung f, *Anzeichen* n (of *v*); *Spur, Idee* f
(no ~ of *k–e I. v*) **~ionize** [səˈdʒestʃənaiz] vt
durch Suggestion beeinflussen **~ive** [səˈdʒestiv]
a (**~ly** adv) *bezeichnend, e–e Andeutung ent-*
haltend, andeutend; to be ~ of *andeuten, ver-*
raten || ⟨fig⟩ *anregend; vielsagend; verführerisch*
|| *schlüpfrig, zweideutig* **~iveness** [~ivnis] s *das*
Be–, Kennzeichnende n || *das Vielsagende* n ||
Schlüpfrigkeit f

sui [ˈsjuːai] pron L: ~ generis *einzigartig*
|| ~ juris *in eigenem Rechte; unabhängig, mün-*
dig

suicidal [sjuiˈsaidl] a *selbstmörderisch, Selbst-*
mord- (⟨a mot⟩ ~ speed) || ⟨fig⟩ *zerstörend*
(to *für*) **~ly** [~i] adv *in selbstmörderischer Weise*

suicide [ˈsjuisaid] s **1.** *Selbstmörder* m; ~
club *-klub* m; ⟨hum⟩ *Handgranatenwerfer* m
pl (etc) **2.** *Selbstmord* m; attempted ~ *-versuch*
m, to commit ~ *S. begehen* || ⟨fig⟩ *Ruin* m
3. ⟨Am⟩ to ~ [vi] *S. begehen*

suilline [ˈsjuːilain] a *z Gattung der Schweine*
gehörig

suint [swint] s *Schafschweiß* m, *Lanol·in* n

suit [sjuːt] s **1.** *Bitte* f, *Gesuch* n (to a p *an jdn*)
|| *Werbung* f; (*Heirats-*)*Antrag* m **2.** ⟨jur⟩
Klage(*sache*) f, *Prozeß* m **3.** *Satz* m (*zus-gehö-*
riger Dinge); *Garnitur* f (a ~ of harness *Ge-*
schirr– f); a ~ of clothes *ein Anzug* m || *Anzug*
m; *Kostüm* n; to cut one's ~ *according to*
one's cloth ⟨fig⟩ *sich nach der Decke strecken*
| ⟨cards⟩ *Farbe* f (~ of spades *Pikfarbe*) || to
follow ~ *Farbe bekennen;* ⟨fig⟩ *dasselbe tun*
4. [attr] ~-case *Handkoffer* m

suit [sjuːt] vt/i A. vt **1.** (*etw*) *passend* m; *an-*
passen (to a th *e–r S*); *einrichten* (to *nach*), to
~ one's action to one's words *den Worten die*

Tat folgen l || *sich anpassen an* (to ~ the occa-
sion) **2.** (*jdm*) *passen* (to do); (*jdm*) *recht s,*
gefallen; ~ yourself *tu wie dir beliebt* || (*Ge-
schmack*) *befriedigen* | to ~ a p *jdn befriedigen;*
versehen (with *mit*); *für jdn etw Passendes finden;* to be ~ed *etw Passendes gefunden h* **3.**
(*jdm*) *angemessen s, anstehen; passen z; entsprechen, zutreffen auf;* to ~ a p's book *jdm*
in den Kram passen || (*jdn*) *kleiden,* (*jdm*) *passen,
stehen* || (of climate, etc) (*jdm*) *z'usagen, bekom-
men* **B.** vi *passen, genehm s* || *passen* (with *z*)
~ability [ˌsjuːtəˈbiliti] s *Angemessenheit, Eig-
nung* f || *gegenseitiges Verständnis* n **~able**
[ˈ~əbl] a (*–bly* adv) [very ~/more ~/most ~]
passend, geeignet (to, for *f, z*); to be ~ *passen*
| *angemessen* (to, for *f*; to do); *entsprechend*
~ableness [ˈ~əblnis] s *suitability* **~ed**
[ˈ~id] a [well ~/better ~/best ~] *geeignet,
passend* (to, for *z, f*) **~ing** [ˈ~iŋ] s *Anpassung* f
(to *an*) || *Herrenstoff* m

suite [swiːt] s Fr *Gefolge* n || *Folge, Reihe* f
(of *v*); ~ of apartments, of rooms *Zimmerflucht*
f || (*Möbel-*)*Garnitur, Zimmereinrichtung* f
| ⟨mus⟩ *Su·ite* f

suitor [ˈsjuːtə] s *Bittsteller(in* f) m || *Freier,
Bewerber* m (for *um*) || ⟨jur⟩ *Prozeßführender* m

sulcal [ˈsʌlkəl] a ⟨anat⟩ *durch e–e Furche verbunden* **-cate(d)** [ˈsʌlkeit(id)] a ⟨bot & anat⟩
furchig, gefurcht **-cus** [ˈsʌlkəs] s L (pl –ci
[–sai]) ⟨anat⟩ *Furche* f

sulfur [ˈsʌlfə] s ⟨Am⟩ → sulphur, etc

sulk [sʌlk] **1.** vi *schmollen, trotzen* (with) **2.** s
[mst pl ~s] *Schmollen, Trotzen* s; to be in the
~s *schmollen, schlechte Laune h* **~iness** [ˈ~inis]
s *Schmollen* n, *schlechte Laune* f **~y** [ˈ~i] **1.** a
(*–kily* adv) *mürrisch, verdrießlich; schmollend*
|| (of the weather, etc) *trübe, düster* **2.** s *leichter,
zweirädriger* (⟨Am⟩ *vierrädr.*) *Wagen* m (*mit
e–m Pferd f e–e P*); ⟨racing⟩ *Trabrennwagen*
|| ~ plow ⟨Am⟩ *einschariger Pflug* m (*mit
Fahrersitz*)

sullage [ˈsʌlidʒ] s *Abwasser* n, *Jauche* f
|| ⟨cast⟩ *Schaum* m

sullen [ˈsʌlən] **1.** a (~ly adv) *finster, düster* ||
mürrisch, grämlich || *verärgert, -drießlich,
-drossen* || *widerspenstig, trotzig* **2.** s the ~s
[pl] *mürrisches Wesen* f **~ness** [~nis] s *Düster-
keit* f || *mürrisches Wesen* n || *Trotz* m

sully [ˈsʌli] vt *beschmutzen, –sudeln;* ⟨mst
übtr⟩

sulph– [sʌlf], **sulpho–** [ˈsʌlfo] [in comp]
Schwefel–, Sulfo–

sulphate [ˈsʌlfeit] s ⟨chem⟩ *schwefelsaures
Salz* n || ~ of lead *Bleivitri·ol* n || ~ of magnesia
Bittersalz n || ~ of potash *schwefelsaures Kali* n
|| ~ of sodium, ~ of soda *-saures Natron,
Glaubersalz* n || ~ of zinc *Zinkvitriol* n **-phide**
[ˈsʌlfaid] s *Sulf·id* n; hydrogen ~ *Schwefelwasserstoff* m **-phite** [ˈsʌlfait] s *Sulf·it* n,
schwefligsaures Salz n || ⟨Am sl⟩ *Freidenker,
Fienerbrätler* m **-phonal** [ˈsʌlfənəl] s *Sulfon·al* n
(*Schlafmittel*) **-phonamides** [sʌlˈfɒnəmaidz] s pl
schwefelhaltige Drogen f pl

sulphur [ˈsʌlfə] **1.** s ⟨chem & minr⟩ *Schwefel*
m; roll ~, stick ~ *Stangenschwefel;* flowers of
~ ⟨chem⟩ *Schwefelblüte* f, *-blumen* f pl; milk
of ~ *-milch* f **2.** [attr & a] *schwefelartig,
-farbig, Schwefel–;* ~ drug(s) ⟨fam⟩ *Sulfona-
m'id(e)* n (pl); ~-mine *-bergwerk* n; ~-spring
-quelle f **3.** vt (*aus*)*schwefeln, mit Schwefel
räuchern* **~ate** [~ˈreit] vt *mit Schwefel verbinden; einschwefeln;* ~d bath *Schwefelbad* n
~ation [ˌsʌlfəˈreiʃən] s *Ausschwefelung* f;
Schwefeln n, *Schwefelung* f **~eous** [sʌlˈfjuəriəs] a
(~ly adv) *schwef*(*e*)*lig, schweflicht, -haltig,
Schwefel–, schwefelfarbig* **~et** [ˈsʌlfjuret] s =
sulphide **~etted** [ˈsʌlfjuretid] a *geschwefelt;* ~
hydrogen *Schwefelwasserstoff* m **~ic** [sʌl-

'fjuərik] a *Schwefel–*; ~ acid *–säure* f; ~
ether ⟨chem⟩ *–äther* m ~**ize** ['sʌlfjuraiz] vt
schwefeln; *vulkanisieren* ~**ous** ['sʌlfjurəs: –fərəs]
a *Schwefel–*; *schwefelig*; ~ acid *schweflige
Säure* f ‖ ⟨fig⟩ *erhitzt* | ~**y** ['sʌlfəri] a *Schwefel–*;
schwefelhaltig, –farbig

sultan ['sʌltən] s *S·ultan* m ‖ ⟨fig⟩ *Despot,
Tyrann* m ‖ ⟨zoo⟩ *Sultanshuhn* n ‖ ⟨bot⟩
Flockenblume f | ~**a 1.** [sʌl'taːnə] s *Sultanin* f
2. [səl'taːnə] s (*a* ~ raisin) *Sultan·ine* f, *große,
kernlose Rosine* f ~**ate** ['sʌltənit] s *Sultan·at* n
~**ess** ['sʌltənis] s *Sultanin* f ~**ship** ['sʌltənʃip] s
Sultanswürde f

sultriness ['sʌltrinis] s *Schwüle* f *–ry* ['sʌltri] a
(*–rily* adv) *schwül, drückend* ‖ ⟨fig⟩ *heftig,
hitzig*

sum [sʌm] **I.** s **1.** *Summe* f; ~*-total Gesamt-
summe* f ‖ *Geldsumme* f **2.** ⟨übtr⟩ *Summe* f, *das
Ganze* n; (*Gesamt-*)*Betrag* m **3.** ⟨math⟩ *End-
summe* ‖ *arithmetische Aufgabe, Rechenaufgabe*
f; to be good at ~s *gut rechnen können*; to do
~s ⟨fig⟩ *Summe* f, *Inbegriff* m, *Wesen* n; *Hauptinhalt* m; *Gipfel, Höhepunkt* m
II. vt/i [*–mm–*] ‖ *summieren, addieren, zus–
zählen* ‖ ⟨fig⟩ (*mst* to ~ up) *zus–fassen*; *kz
zus–fassen* | *vi rechnen* ‖ to ~ up ⟨fig⟩ *zus–fas-
sen, e–e zus–fassende Übersicht geben* ~**less**
['~lis] a ⟨poet⟩ *unzählig*

sumac(h) ['suːmæk] s ⟨bot⟩ (*Gerber-*)*Sumach*
m ‖ *Gerbstoff des Sumach*; *Schmack* m

Sumerian [sjuː'miəriən] **1.** a *sum·erisch* **2.** s
Sum·erer m | *das Sumerische* n

summariness ['sʌmərinis] s *Kürze* f ‖ *kurzes
Verfahren* n *–rize* ['sʌməraiz] vt *zus–fassen* *–ry*
['sʌməri] **1.** a (*–rily* adv) (*kz*) *zus–fassend*
(⟨stat⟩ table *Tabelle*); ⟨stat⟩ ~ *card Summen-
karte* f; ~ punch *–locher* m ‖ *summarisch,
kurz* ‖ ⟨jur⟩ *summarisch, abgekürzt, Schnell–*; ~
jurisdiction –verfahren n; ~ *court-martial
Einfaches Kriegsgericht* n; ~ *dismissal fristlose
Entlassung* f; ~ *judgment Urteil* n *ohne strei-
tige Verhandlung*; ~ *punishment Disziplinar-
strafe* f **2.** s *Auszug* m, *Übersicht* f, *Abriß* m;
Hauptinhalt m *–tion* [sʌ'meiʃən] s *Summierung* f,
Zus–zählen n ‖ *Summe* f

summer ['sʌmə] **1.** s *Sommer* m (in [the] ~
im S.; in the ~ of 1837 *im S. 1837*) ‖ Indian ~
Nach–, Spätsommer; St. Luke's ~ (ca. 18. Okt.),
St. Martin's ~ (ca. 11. Nov.) *Altweibersommer*
m ‖ *Sommerwetter* n | ⟨übtr⟩ *Blüte* f, *Höhe-
punkt* m ‖ a lady of 20 ~s *e–e Dame* v 20
Lenzen **2.** [attr & comp] *Sommer–, sommerlich*
‖ ~*-corn Sommergetreide* n ‖ ~*-day od* ~'s
day *Sommertag* m (→ autumn, spring, winter)
‖ ~*-house Gartenhaus* n ‖ ~*-like sommerlich*
‖ to ~*-rent* f *den Sommer, die Saison mieten*
‖ ~ *resort Sommerfrische* f **2.** ~*-time Sommers-
zeit* f; ~ *Time Sommerzeit* f (*vorverlegte Stun-
denzählung* → App. **3.** vi/t ‖ *den Sommer verbrin-
gen*; (*of cattle*) *auf der* (*Sommer-*)*Weide* s | vt
(*Vieh*) *auf der* (*Sommer-*)*Weide halten* ~**ite**
[~rait] s ⟨Am⟩ *Sommerfrischler(in* f) m ~**less**
[~lis] a *ohne Sommer, nicht sommerlich*

summer ['sʌmə] s ⟨arch⟩ *Trägerbalken* m;
Tragstein, Bogenansatz m

summersault ['sʌməsɔːlt], *–set* ['sʌməset] s
= somersault

summerly ['sʌməli], **summery** ['sʌməri] a
sommerlich, Sommer–

summing-up ['sʌmiŋ'ʌp] s *kz Zus–fassung* f,
Resüm·ee n ‖ ⟨jur⟩ *Rechtsbelehrung* f (*der Geschworenen*)

summit ['sʌmit] s (*Berg-*)*Gipfel* m, *Spitze* f
‖ ⟨fig⟩ *Gipfel, Höhepunkt*, ⟨ball⟩ *Scheitelpunkt*
m; to stand at the ~ *auf dem H. stehen* | ~*-
conference*, ⟨*bes* Am *a*⟩ ~ *talks* [pl] ⟨pol⟩
Gipfelkonferenz f; ~*-level höchste Erhebung* f
(*e–r Straße etc*)

summon ['sʌmən] vt *zus–rufen, berufen* (a
parliament etc) ‖ ⟨jur⟩ (*jdn*) *vor Gericht laden,
vorladen* ‖ *rufen, kommen* l; *alarmieren* (to ~
the fire-brigade, .. the police) ‖ *auffordern* (to
do) ‖ ⟨fig⟩ (*Kraft*) *zus–nehmen* ‖ to ~ up
(*one's*) *courage den Mut zus–nehmen* (to do *od*
for doing) ~**er** [~ə] s ⟨hist⟩ *Gerichtsbote* m ‖
Bote m

summons ['sʌmənz] **1.** s [pl ~es] (a ~ was,
various ~es were issued) *Aufforderung* f (to a
p *an jdn*) ‖ *Zus–rufung, Berufung* f *e–s Parlaments* ‖ ⟨jur⟩ (*a writ of* ~) *Vorladung, Ladung*
f; *Strafmandat* n; a County Court ~ *e–e L.
vor das Grafschaftsgericht*; to grant, issue ·a ~
⟨jur⟩ *e–e V. erlassen*; to take out a ~ *e–e V.
erwirken* **2.** vt ⟨jur⟩ (*jdn*) *zitieren, vorladen*

summum bonum ['sʌməm'bounəm] s L *das
höchste Gut* n

sump [sʌmp] s *Sumpf* m ‖ *Senkgrube* f ‖
⟨min⟩ *Grube* f *am Schachtende z Ansammeln des
Grubenwassers*; ⟨mot⟩ *Kurbel–, Ölwanne* f,
⟨tech⟩ *–trog, –sumpf* m

sumpter ['sʌmptə] s [*mst* attr] ~*-horse,
~-mule Pack–, Saumtier n ‖ ~*-saddle Pack-
sattel* m

sumption ['sʌmpʃən] s ⟨log⟩ *Obersatz* m

sumptuary ['sʌmptjuəri] a *den Aufwand betr,
Aufwand(s)–*; ~ *law Gesetz* n *betr den übermäßi-
gen Aufwand* **–tuosity** [,sʌmptju'ɔsiti] s *Aufwand*
m, *Pracht* f

sumptuous ['sʌmptjuəs] a (~*ly* adv) *kostspielig; –bar, prächtig, herrlich* ~**ness** [~nis] s
= sumptuosity

sun [sʌn] **I.** s **1.** [*oft* masc konstr] *Sonne* f ‖
Sonnenwärme f, *–licht* n, *–schein* m ‖ ⟨poet⟩
Tag m; *Jahr* n ‖ ⟨astr⟩ *Nebensonne* f | ⟨fig⟩
Glanz m; *Glück* n, *Wohlstand* m **2.** *W e n d u n -
g e n* : in the ~ *in der Sonne*; *im Sonnenschein*;
a place in the ~ ⟨fig⟩ *ein Platz an der Sonne*
‖ under the ~ ⟨poet⟩ *unter der Sonne, auf
Erden* ‖ with the ~ *mit Tagesanbruch*; *mit dem
Laufe der S., in der Richtung der Uhrzeiger*;
against the ~ *in der entgegengesetzten R. der U.*
| to have the ~ in one's eyes *die S. im Gesichte
h*; ⟨fam⟩ *bier–, weinselig s* ‖ his ~ is set *s–e
schönen Tage sind vorüber*; *s–e Tage sind vorüber* ‖ to take, shoot the ~ ⟨mar⟩ *nach der
Kulminations-Höhe der S. den Breitengrad feststellen* **3.** [attr & comp] *Sonnen–* ~*-and-
planet* ⟨tech⟩ *Umlauffräder–, Planetengetriebe* n
‖ ~ arc = ~ lamp ‖ ~*-bath Sonnenbad* n
‖ ~*-bird* ⟨orn⟩ *–vogel* m ‖ ~*-blind Markise* f
‖ ~ blinkers [pl] = ~*-glasses* ‖ ~*-bright,
~-clad* ⟨poet⟩ *sonnenhell* ‖ ~*-bow Regenbogen*
m ‖ ~*-burner künstl. Leuchtkörper* m ‖ ~*-
burst plötzlicher Durchbruch* m *der Sonne* ‖ ~
clips [pl] *Vorhänger* m pl f *die Brille* ‖ ~*-dial
Sonnenuhr* f ‖ ~*-dog* ⟨astr⟩ *Nebensonne* f ‖
~*-dried an der Sonne getrocknet* ‖ ~*-fish*
⟨ich⟩ *Sonnen–, Klumpfisch*; *Mondfisch* m ‖ ~
flavour ⟨brew⟩ *Lichtgeschmack* m ‖ ~*-glasses*
[pl] (*farbige*) *Sonnenbrille* f; mirror ~*-g.
Spiegelgläser* n pl, *–sonnenbrille* f ‖ ~*-god
Sonnengott* m ‖ ~*-hat gr –hut* m ‖ ~*-helmet
Tropenhelm* m ‖ ~*-lamp künstl. Höhensonne* f;
⟨film⟩ *Jupiterlampe* f ‖ ~*-myth Sonnenmythos*
m ‖ ~ parlor ⟨Am⟩ *Glasveranda* f ‖ ~*-picture
Photographie* f, *Lichtbild* n ‖ ~*-rays* [pl] *ultraviolette Strahlen* m pl ‖ ~*-rose* ⟨bot⟩ *Sonnen-
rose* f ‖ ~ shade (*Sonnen-*)*Schirm* m; ⟨phot⟩
Gegenlicht–, Sonnenblende f ‖ ~*-spot –fleck* m;
⟨übtr⟩ *Sommersprosse* f ‖ ~*-stricken od ~-
struck* ‖ ~*-tan Sonnenbräune* f, ~*-tan lotion
Hautöl* n ‖ ~*-up* ⟨Am⟩ *Sonnenaufgang* m ‖
~*-worship –anbetung* f ‖ ~*-worshipper –anbeter* m **II.** vt/i [*–nn–*] ‖ *sonnen, in die Sonne
stellen, der Sonne aussetzen*; to ~ *o.s. sich son-
nen* ‖ ~ned *besonnt, Sonnen–* (~ned side) | vi

sich sonnen, ein Sonnenbad nehmen ~beam
['sʌnbi:m] s *Sonnenstrahl* m ~burn ['sʌnbə:n]
1. s *Sonnenbrand* m **2.** vt/i [~ed/~ed & ~t/
~t] || *bräunen* || ~ed, ~t *sonnverbrannt* | vi
gebräunt w || → ~day, etc

sundae ['sʌndei] s *Fruchteiscreme* f

Sunday ['sʌndi] s *Sonntag* m (on ~ *am S.*;
Palm ~ *Palm*–); on ~(s) *sonntags*; ~ *evening*,
~ *night Sonntagabend*; my ~ out *mein freier
S.*; Show ~ ⟨Oxf univ⟩ *Sonntag vor Commem-
oration* (→ *d*) || a month of ~s ⟨fig⟩ *sehr
lange, ewig* || to look two ways to find ~ ⟨fam⟩
schielen || to look like a wet ~ *ein Gesicht m
wie 7 Tage Regenwetter* | [attr] *sonntäglich,
Sonntags–* || his ~ *best* ⟨fam⟩ *s–e Sonntags-
kleider* n pl || ~ *clothes* [pl] *Sonntagskleider* pl
|| ~ school *Sonntagsschule* f || ⟨fam⟩ ~-go-to-
meeting togs [pl] *Sonntagnachmittagausgeh-
anzug* m

sunder ['sʌndə] **1.** [pred a] ⟨poet & rhet⟩
[*nur in*:] in ~ *entzwei, aus–e–a* → *asunder*
2. vt/i ⟨poet & rhet⟩ || *trennen, sondern* (from
v); *spalten, spalten* | vi *sich trennen; zerbrechen,
–reißen* ~ance [~rəns] s *Trennung* f

sundew ['sʌndju:] s ⟨bot⟩ *Sonnenkraut* n

sundown ['sʌndaun] s ⟨Am⟩ *Sonnenuntergang*
m ~er [~ə] s *Bettler m um Nachtasyl*

sundry ['sʌndri] **1.** a *mannigfaltige; mehrere,
einige, verschiedene* pl **2.** s sundries [pl] *Ver-
schiedenes, Diverses* n; *Neben–, Extra-Unkosten*
pl | all and ~ *alle mit–e–a, all u jeder*

sunflower ['sʌnflauə] s ⟨bot⟩ *Sonnenblume* f

sung [sʌŋ] pp *v* to sing

sunk [sʌŋk] **1.** pp *v* to sink **2.** a ⟨tech⟩ *vertieft; tief eingelassen; versenkt* (ship, panel,
shelf, screw); ~ *fence* = ha-ha s ~en ['sʌŋkən]
a (→ to sink) || *versunken* | *eingesunken* | ⟨of
eyes, cheeks, etc) *eingefallen, hohl* | ⟨tech⟩ *ver-
tieft (angelegt); tief eingelassen, versenkt* || ~
rock blinde Klippe f

sun– || ~less ['sʌnlis] a *sonnenlos, ohne Sonne,
ohne Licht* ~light ['sʌnlait] s *Sonnenlicht* n
~like ['sʌnlaik] a *sonnenähnlich, Sonnen–;
glänzend* ~lit ['sʌnlit] a *v der Sonne beleuchtet*

sunn [sʌn] s (a ~ hemp) *Madras–, Sunnhanf* m

Sunna(h) ['sʌnə] s *Inbegriff* m *der Lebens-
gewohnheiten* (etc) *Mohammeds* Sunni ['sʌni],
Sunnite ['sʌnait] s *orthodoxer Mohammedaner* m

sun– || ~iness ['sʌninis] s *Sonnigkeit* f || ⟨fig⟩
Heiterkeit f ~ny ['sʌni] a (–nily adv) *sonnig* ||
sonnenhell, –klar || ⟨fig⟩ *sonnig, heiter* | the ~
side *die Sonnenseite* f; ⟨fig⟩ *Lichtseite* f; to be
on the ~ side of 40 *noch nicht 40 Jahre alt s*; to
to look on the ~ (of bright, rosy) side of things
*das Leben v der Lichtseite, heiteren Seite be-
trachten* ~proof ['sʌnpru:f] a *f Sonnenstrahlen
undurchdringlich* ~rise ['sʌnraiz] s *Sonnenaufgang* m ~set ['sʌnset] s *Sonnenuntergang* (at ~
bei S.), ⟨poet⟩ *Sonnensinke* f || *Abend* m; ⟨fig⟩
sky (od glow) –rot n || ⟨fig⟩ *Abstieg, Ausklang*
m; ~ of life *Lebensabend* m ~shade ['sʌn-
ʃeid] s *Sonnenschirm* m ~shine ['sʌnʃain] s
Sonnenschein m (in brilliant ~ *bei hellem S.*);
–licht n || *sonniges Wetter* n | ⟨fig⟩ *Fröhlich–,
Heiterkeit* f || *Glanz* m; *Glück* n ~shiner [~ə] s
⟨sl⟩ *jd, der in den Tropen gewohnt hat* (*vgl
„Afrikaner"* etc) ~shiny ['sʌnʃaini] a *sonnig,
Sonnenschein–* || ⟨fig⟩ *sonnig, heiter* ~stroke
['sʌnstrouk] s ⟨med⟩ *Sonnenstich* m; *Hitz-
schlag* m; to die of ~ *am H. sterben*; to have ~
e–n S. h ~struck ['sʌnstrʌk] a *vom Sonnenstich
befallen* ~up ['sʌnʌp] s ⟨Am⟩ *Sonnenaufgang* m
(by ~ *mit S.*) ~ward ['sʌnwəd] **1.** adv (a ~s
[~z]) *nach der Sonne hin* **2.** a *nach der S. gerichtet* ~wise ['sʌnwaiz] **1.** adv *in der Richtung
der S.* **2.** a *der R. der S. folgend*

sup [sʌp] **1.** vt/i [–pp–] ⟨bes Scot⟩ || *in kl
Mengen essen, trinken* || ⟨fig⟩ *auskosten, er-*

leben || to ~ up *aufschlürfen, verschlingen* | vi
nippen **2.** s *kl Menge* f, *kl Schluck* m (at a bottle
aus e–r Flasche); *Mundvoll* m (a ~ of); a bite
and a ~ *etwas z essen u z trinken*, neither bite
nor ~ *weder z essen noch z nagen*

sup [sʌp] vi/t [–pp–] || *z Abend essen*; to ~
off (*od* on) cold meat *kaltes Fleisch zu A. essen*
| vt (*jdn*) *z Abendessen bewirten*

supe [sju:p] s ⟨sl⟩ = super s || ⟨aero sl⟩ =
supercharger

super ['sju:pə] ⟨sl⟩ **1.** s abbr *f* ⟨theat⟩
supernumerary s; *superintendent* s; *superfine* a;
superficial a **2.** a *erstklassig*

super– ['sju:pə] [*lebendes betontes pref* ⟨bes
scient⟩] *Super–* || *darüber; obenauf; oberhalb*;
Ober– || *Über–; darüber hinaus; höher als; mehr
als; übermäßig* || *Neben–, Unter–*

superable ['sju:pərəbl] a (–bly adv) *überwind-
bar*

super– || ~abacus [ˌsju:pər'æbəkəs] s ⟨arch⟩
Dienst, Wandpfeiler m, → abacus ~abound
[ˌsju:pərə'baund] vi *reichlich vorhanden s* ||
Überfluß h (in, with *an*) ~abundance [ˌsju:pərə-
'bʌndəns] s *Überfluß* m (of *an*) ~abundant
[ˌsju:pərə'bʌndənt] a (~ly adv) *im Überfluß
vorhanden, überreichlich* ~add [ˌsju:pər'æd] vt
weiter, noch hinzufügen (to *zu*) ~addition
[ˌsju:pərə'diʃən] s *weitere Hinzufügung* f; *Zusatz* m (to *zu*) ~altar ['sju:pəˌrɔ:ltə] s *geweihte
tragbare Steinplatte f auf e–m Altar* || *Hinterbau
m an A.* ~annuate [ˌsju:pə'rænjueit] vt (*jdn*)
*wegen Erreichung der Altersgrenze entpflichten,
in den Ruhestand versetzen* || (*Schüler*) *wegen
nicht vorschriftsmäßigen Alters zurückweisen*
~annuated [~id] a *altersschwach, gebrechlich,
überaltet* || *abgetragen, unmodern* || *ausgedient,
in den Ruhestand versetzt, pensioniert* ~annu-
ation [ˌsju:pəˌrænju'eiʃən] s *Entpflichtung* f;
Pensionierung f || *Ruhegehalt* n, *Pension* f ||
[attr] *Pensions–* (~-fund *–fonds* m); ~ *allowance Alterszulage* f ~aqueous [ˌsju:pər'eikwiəs]
a *über dem Wasser befindlich*

superb [sju:'pə:b] a (~ly adv) *herrlich, prächtig* ~ness [~nis] s *Herrlich–, Prächtigkeit* f

super– || ~-balloon tyre ['sju:pəbə'lu:n'taiə]
⟨mot⟩ *Riesenluftreifen* m ~bipartient ['sju:-
pəbai'pa:ʃənt], ~bitertial ['sju:pəbai'tə:ʃəl] a
⟨math⟩ *im Verhältnis v 5:3 stehend* ~cargo
['sju:pəˌka:gou] s (pl ~es) *Superkargo, Karga-
d–eur, Ladungsaufseher* m ~celestial [sju:pəsi-
'lestiəl] a *über dem Firmament befindlich*;
ätherisch ~charged ['sju:pəˌtʃa:dʒd] a *über-
beladen* || ⟨mot⟩ *über–, vorverdichtend* (engine
Lader–, Höhenmotor m) || ⟨fig fam⟩ *voll* (wie
e–e Strandhaubitze), *betrunken* ~charger ['sju:-
pəˌtʃa:dʒə] s ⟨mot⟩ *Kompressor, Auflader,
Über–, Vorverdichter* m || *Gebläse* n (piston ~
Kolben–) || ~ engine *Kompressor–, Gebläse-
motor* m ~ciliary [ˌsju:pə'siliəri] a *Augenbrauen–* ~cilious [ˌsju:pə'siliəs] a (~ly adv)
*hochmütig, anmaßend; geringschätzig, herablas-
send* ~ciliousness [~nis] s *Hochmut* m, *Gering-
schätzigkeit* f ~civilized [ˌsju:pə'sivilaizd] a
überzivilisiert ~-confidence man ['sju:pə'kɔnfi-
dəns 'mæn] s *raffinierter Hochstapler* m
~conscious [ˌsju:pə'kɔnʃəs] a ⟨psych⟩ *das Bewußtsein überschreitend* ~cooled ['sju:pə'ku:ld]
a *bis unter den Gefrierpunkt abgekühlt, unter-
kühlt* ~cretaceous ['sju:pəkri'teiʃəs] a ⟨geol⟩
über der Kreide liegend ~dominant [ˌsju:pə-
'dɔminənt] s ⟨mus⟩ *Oberdominante* f ~duper
['sju:pə'dju:pə] [attr] ⟨sl⟩ *Riesen–, Über–*
(~–d. liner) ~elevation [~eli'veiʃən] s *Kurven–,
⟨rail⟩ Schienenüberhöhung* f ~duty ['sju:pə-
'dju:ti] [attr] *höchstbeanspruchbar, –strapazierfähig* ~ego ['sju:pə'ri:gou] s ⟨psych⟩ *Über-Ich* n
~eminence [ˌsju:pə'reminəns] s *hohe Stellung* f;
hoher Ruhm m, *Vorzüglichkeit* f ~eminent

[ˌsjupəˈremɪnənt] a (~ly adv) *hervorragend,
vorzüglich, -trefflich* (for *wegen*) **~erogation**
[ˈsjuːpərˌeroˈgeiʃən] s ⟨R.C.⟩ *works of ~ die
über Gebühr getanen guten Werke* pl ‖ ⟨übtr⟩
übergebührliche Leistung, Mehrleistung f **~erogat-
ory** [ˈsjuːpəreˈrɔgətəri] a *überpflichtig; über das
Maß der Pflicht hinausgehend* **|** *überflüssig*
~ette [ˌsjuːpəˈret] s ⟨Am⟩ *kl Selbstbedienungs-
laden* m **~excellence** [ˌsjuːpəˈreksələns] s
höchste Vortrefflichkeit f **~excellent** [ˌsjuːpə-
ˈreksələnt] a *höchst vortrefflich* **~fecundation**
[ˈsjuːpəfekənˈdeiʃən] s ⟨biol⟩ *Überfruchtung* f
~fetation [ˈsjuːpəfiːˈteiʃən] s ⟨biol⟩ *Überfruchtung, -schwängerung* f ‖ ⟨fig⟩ *Überproduktion* f;
-fluß m (of *an*) **~ficial** [ˌsjuːpəˈfiʃəl] a (~ly
adv) *an der Oberfläche befindlich, Oberflächen-*
‖ (abbr super) *Flächen-, Quadrat-* (50 ~ *feet
od* 50 *feet ~*); ~ *measure Flächenmaß* n ‖ ⟨fig⟩
oberflächlich, seicht **~ficiality** [ˌsjuːpə fiʃiˈæliti]
s *Oberflächenlage* f ‖ ⟨fig⟩ *Oberflächlichkeit* f
~ficies [ˌsjuːpəˈfiʃiːz] s L ⟨math⟩ *Oberfläche* f
‖ *Außenseite, Oberfläche* f (of a th) **~fine**
[ˈsjuːpəˈfain] **1.** a *extra-, super-, hochfein*
2. s ⟨com⟩ ~s pl (abbr supers) *extrafeine
Waren* f pl **~fineness** [~nis] s *hochfeine Beschaffenheit* f **~fluid** [ˌsjuːpəˈfluid] s *ideale
(gut wärmeleitende) Flüssigkeit* f **~fluity**
[ˌsjuːpəˈfluiti] s *Überfluß* m (of *an*) ‖ *das Überflüssige* n, *-flüssigkeit* f **~fluous** [sjuːˈpəːfluəs] a
(~ly adv) *reichlich vorhanden; überreichlich
(of an)* ‖ *überflüssig, unnötig* (to do) **~fluous-
ness** [~nis] s = superfluity **~fortress** [ˌsjuːpə-
ˈfɔːtris] s ⟨Am aero⟩ *Überfestung* f (B 29)
 superheat [ˌsjuːpəˈhiːt] vt (*Dampf*) *überhitzen*
~er [~ə] s (*Dampf-*)*Überhitzer* m (*Rohrbündel
an e–m Dampfkessel*)
 superhet [ˈsjuːpəˈhet] s abbr *f* **~erodyne**
[ˈsjuːpəˈhetərədain] s ⟨wir⟩ *Überlagerungs-
empfänger, Superhet* m
 super- **~highway** [ˌsjuːpəˈhaiwei] s ⟨bes
Am⟩ *Autobahn* f, *Fern(verkehrs)straße* f **~-
human** [ˌsjuːpəˈhjuːmən] a (~ly adv) *übermenschlich* **~impose** [ˈsjuːpərimˈpouz] vt (*etw*)
legen (on *auf, über*), *auflegen, lagern* (on
auf); *hinzufügen* (on *zu*); to ~ *three sheets
one on the other drei Laken über–e–a–legen*
| ~d [~d] a *obenauf gelegt, darübergelegt;
über–e–a–liegend;* ~ *one on the other auf-,
über–e–a–gelegt, -geschichtet;* ~ *with über-
lagert* v, ⟨fig⟩ *verstärkt durch* **~incumbent**
[ˈsjuːpərinˈkʌmbənt] a *obenauf liegend, darauf-,
darüberlagernd* **~individual** [ˈsjuːpərindiˈvidjuəl]
a *überindividuell* **~induce** [ˌsjuːpərinˈdjuːs] vt
noch, weiter hinzufügen (on a th *e–r S*) ‖ *neu
dazubringen, neu einführen;* (*obendrein*) *herbeiführen*
 superintend [ˌsjuːpərinˈtend] vt *beaufsichtigen,
überwachen; verwalten* **~ence** [~əns] s *Ober-
aufsicht* (over *über*)*, Verwaltung* f (of a th *e–r
S*) **~ent** [~ənt] **1.** s *Oberaufseher, Inspektor* m
(the ~ *of schools Schul-*); *Vorsteher* m; the ~
of police ⟨engl⟩ *Leiter der Polizei* (*e–r Stadt*)*,
Polizeidirektor* m (*über dem inspector*) ‖ *Direktor, Leiter* m ‖ ⟨ec a-engl⟩ *Superintendˑent* m
2. a *aufsichtführend, Aufsichts-, Kontroll-*
 superior [sjuːˈpiəriə] **I.** a (~ly adv) **1.** (of
space) ⟨a bot, zoo⟩ *obere(r, -s), höher* (*gelegen*)*,
Ober-;* ~ *letter über der Linie stehender Buchstabe* **2.** (of rank) *vorgesetzt, höher, ober,
Ober-* (~*-court -gericht* n, *gerichtshöhere Instanz* f); ~ *planets* [pl] *obere, äußere Planeten*
m pl ‖ ⟨philos⟩ *höher, allgemeiner* **3.** (of
quality) *besser, vortrefflicher; größer* (to *als*);
größer an Zahl (~ *forces*) ‖ *überlegen* (to a p
jdm, to a th *e–r S;* in a th *in, an etw*); to be ~
to übertreffen (in *in, an*) ‖ *erhaben* (to *über*)
| ⟨com⟩ *ausgezeichnet; Spitzen-* (~ *wine*) **4.** ⟨oft
iron⟩ *vornehm, gebildet* ‖ *überheblich, herab-*

lassend **II.** s *Überlegene(r* m) f (in *in, an*); to be
the ~ *of a p jdn übertreffen* (in *in, an*); he has
no ~ *ihn übertrifft k–r* (in *in, an*); he is my ~
er ist mir überlegen (in *in, an*) ‖ [*mst mit* pron
poss] *Vorgesetzter* m (my ~s) ‖ ⟨ec⟩ ⩘ *Superior, Oberer* m (*e–s Klosters* etc); *Mother* ⩘,
Lady ⩘ *Oberin* f **-ity** [sjuˌpiəriˈɔriti] s *Überlegenheit* f (in *in, an;* to, over, above *über*) ‖
Überheblichkeit f
 superjacent [ˌsjuːpəˈdʒeisnt] a *darauf-, dar-
überliegend*
 superlative [sjuˈpɔːlətiv] **1.** a (~ly adv)
höchst; unübertrefflich, hervorragend **|** ⟨gram⟩
Superlativ-, superlativisch; ~ *degree Superlativ* m **2.** s ⟨gram⟩ *Superlativ* m, *Meiststufe* f
‖ ⟨fig⟩ *Übertreibung* f (in ~s *in den höchsten
Tönen, Gefühlen* etc) **~ness** [~nis] s *höchster
Grad* m; *Vortrefflichkeit* f
 superlunar(y) [ˌsjuːpəˈljuːnə(ri)] a *jenseits des
Mondes gelegen; himmlisch* ‖ ⟨fig⟩ *überspannt*
 superman [ˈsjuːpəmæn] s ˑ*Übermensch* m
~hood [~hud] s *Übermenschentum* n
 super- **~market** [ˈsjuːpəˈmɑːkit] s ⟨Am⟩
Groß-Kaufhaus n (*mit Selbstbedienung*) **~nacu-
lum** [ˌsjuːpəˈnækjuləm] L **1.** adv *bis auf den
letzten Tropfen; vollständig* **2.** s *Wein bester
Qualität* m; ⟨übtr⟩ *köstliche S* **~nal** [sjuˈpəːnl] a
⟨poet⟩ *himmlisch, überirdisch, jenseitig* **~natant**
[ˈsjuːpəˈneitənt] a *oben, auf der Oberfläche
schwimmend* **~national** [ˈsjuːpəˈnæʃnəl] a *über-
national*
 supernatural [ˌsjuːpəˈnætʃrəl] a (~ly adv)
übernatürlich; the ~ *das Übernatürliche, das
Wunder(bare)* n **~ism** [~izm] s *Supranaturalis-
mus, Offenbarungs-, Wunderglaube* m **~ness**
[~nis] s *Übernatürlichkeit* f
 super- **~normal** [ˈsjuːpəˈnɔːməl] a *über das
Normale hinausgehend* ‖ *ungewöhnlich* **~numer-
ary** [ˌsjuːpəˈnjuːmərəri] **1.** a *überzählig, extra*
2. s (abbr super) *Überzähliger* m ‖ *Hilfsange-
stellter, -beamter* m ‖ ⟨theat⟩ *Statist* m; ~ *line
(das) Fach des Statisten* **~oxide** [ˌsjuːpər-
ˈɔksaid] s ⟨chem⟩ *Superoxyd* n **~personal**
[sjuːpəˈpəːsnl] a ⟨philos⟩ *überpersönlich* **~-
phosphate** [ˌsjuːpəˈfɔsfeit] s ⟨chem⟩ *über-
phosphorsaures Salz, Superphosphat* n **~pose**
[ˈsjuːpəˈpouz] vt *lagern, legen, schichten,*
⟨tech⟩ *vorschalten* (on *über, auf*) **~position**
[ˈsjuːpəpəˈziʃən] s *Drauf-, Über–e–a–legen* n;
Über–e–a–lagerung f ‖ ⟨geol⟩ *Art der Schichtung* f; the *law of* ~ *geol. Gesetz, nach dem die
untenliegende Schicht älter ist als die obere*
~quick [ˈ~kwik] a *empfindlich* (*Zünder*)
~royal [sjuːpəˈrɔiəl] a (of paper) *im Format
größer als Royalpapier* (→ royal a) **~saturate**
[ˌsjuːpəˈsætʃəreit] vt ⟨chem⟩ *übersättigen* **~sat-
uration** [ˈsjuːpəˌsætʃəˈreiʃən] s *Übersättigung* f
~scribe [ˈsjuːpəˈskraib] vt (*ein Schriftstück*) *am
Kopfe mit s–m Namen versehen;* [oft pass] to
be ~d by) ‖ (*Namen*) *auf ein Paket* (etc) *schreiben;* (etw) *beschriften, –schreiben* **~script**
[ˈsjuːpəskript] a *übergeschrieben* **~scription**
[ˌsjuːpəˈskripʃən] s *Auf-, Überschrift* f
 supersede [ˌsjuːpəˈsiːd] vt **1.** (*jdn*) *verdrängen;
to be* ~d *abgesetzt w* ‖ (*jdn*) *ersetzen;* (*jds
Stelle) einnehmen, an (jds Stelle treten; to be
~d abgelöst w* (by *v*) ‖ (*jdn*) *überflüssig m* ‖ (*jdn*)
(*in der Beförderung*) *übergehen* **2.** (etw) *außer
Gebrauch setzen; aufheben, abschaffen* ‖ (etw)
ersetzen (by *durch*) **~nce** [~əns] * s = su-
persession
 supersedeas [ˌsjuːpəˈsiːdiæs] s L ⟨jur⟩ *Hem-
mungs-, Suspendierungsbefehl* m
 super- ‖ **~sensible** [ˌsjuːpəˈsensəbl] a *übersinnlich* **~sensitive** [ˌsjuːpəˈsensitiv] a *überempfindlich, außerordentlich e.* **~sensual** [ˌsjuːpə-
ˈsensjuəl], **~sensuous** [ˌsjuːpəˈsensjuəs] a *übersinnlich* **~serviceable** [ˌsjuːpəˈsəːvisəbl] a *über-

dienstbereit, –zuvorkommend ~**session** [ˌsjuːpə-ˈseʃən] s *Verdrängung, Abschaffung* f || *Absetzung, Enthebung* f || *Ersetzung* f, *Ersatz* m (by *durch*) ~**sonic** [ˌsjuːpəˈsɔnik] a (of sound-waves) *sehr hochfrequent; fast unhörbar; überschallschnell* || ⟨übtr⟩ ~! *phantastisch!* || *über Schallgeschwindigkeit (gehend), Überschall–* || ~ *bang –knall* m, → sonic boom || ~ *drill –bohrer* m || ~ *frequency Ultraschallfrequenz* f || ~ *range Überschallbereich* m || ~ *speed –geschwindigkeit* f; ~*sp.* aircraft *Flugzeug(e* pl) n *mit Ü.* | ~**sonics** [~s] s [pl] *Überschall* m ~**sound** [ˈsjuːpəˈsaund] s ⟨aero⟩ *Überschall* m ~**stition** [ˌsjuːpəˈstiʃən] s *Aberglaube* m; *abergläubische Vorstellung* or *Gewohnheit* f ~**stitious** [ˌsjuːpəˈstiʃəs] a (~ly adv) *abergläubisch* ~**stitiousness** [~nis] s *abergläubisches Verhalten* n; *Aberglaube* m ~**stratum** [ˌsjuːpəˈstreitəm] s ⟨geol⟩ *obere Schicht* f ~**structure** [ˈsjuːpəˌstrʌktʃə] s *Oberbau* m; *Überbau* m ⟨a übtr⟩ || ⟨mar⟩ *Aufbauten* f pl; (firm of) ~ and underground engineering *Hoch– u Tiefbau(firma* f) m ~**subtle** [ˌsjuːpəˈsʌtl] a *überfein, –spitzfindig* ~**subtlety** [~ti] s *übergroße Feinheit* f ~**tax** [ˈsjuːpətæks] s *(seit 1929)* = surtax ~**temporal** [ˌsjuːpəˈtempərəl] a *überzeitlich* ~**temporal** [ˌsjuːpəˈtempərəl] a ⟨anat⟩ *über dem Schläfenbein gelegen* ~**terranean** [ˌsjuːpəˈteˈreiniən], ~**terrene** [ˌsjuːpəˈteˈriːn] a *über, auf der Erde befindlich* ~**terrestrial** [ˌsjuːpəˈteˈrestriəl] a *über der Erde befindlich; überirdisch, himmlisch* ~**tonic** [ˈsjuːpəˈtɔnik] s ⟨mus⟩ *Sekunde* f ~**vacaneous** [ˈsjuːpəvəˈkeiniəs] a *überflüssig* ~**vene** [ˌsjuːpəˈviːn] vi (of actions, etc) *dazu–, hinzukommen, –treten* (upon, on *zu*); *sich plötzlich einstellen, unvermutet eintreten* ~**vention** [ˌsjuːpəˈvenʃən] s *Hinzukommen* n (on *zu*); *unvermutetes Eintreten* n ~**vise** [ˈsjuːpəvaiz] vt *beaufsichtigen, überwachen; leiten; die* (Ober-)*Aufsicht h über (etw)* || –*vising guardian Gegenvormund* m ~**vision** [ˌsjuːpəˈviʒən] s *Aufsicht, Leitung, Kontrolle* f (of *über*); ~ of manufacture *Fertigungskontrolle* f ~**visor** [ˈsjuːpəvaizə] s *Aufseher, Inspektor* m || ⟨stat⟩ *Oberzähler* m; ⟨demog⟩ ~s pl *Angestellte* m pl *in einfacher Stellung* || ⟨univ⟩ *Doktorvater* m ~**visory** [ˌsjuːpəˈvaizəri] a *Aufsichts–*; ~ authority –*behörde* f ~**zoom** [ˈsjuːpəˈzuːm] s [attr] ~ lens ⟨telv⟩ *Gummilinse* f

supination [sjuːpiˈneiʃən] s *Drehung* f *des Unterarms, durch die die Handfläche nach oben kommt (Ggs* pronation)

supine [sjuːˈpain] a (~ly adv) *auf dem Rücken liegend (Ggs* prone); *rückwärts gestreckt;* ~ hand *Hand mit der Handfläche nach oben* f || ⟨übtr⟩ *nachlässig, träge, untätig* ~**ness** [~nis] s *Trägheit, Untätigkeit, Gleichgültigkeit* f

supine [ˈsjuːpain] s ⟨gram⟩ *Supˈinum* n

supper [ˈsʌpə] s *Abendessen* n || the ⌣ at Emaus ⟨arts⟩ *die Jünger in E.* || the Lord's ⌣ *das heilige Abendmahl* ~**less** [~lis] a *ohne Abendessen* n

supplant [səˈplɑːnt] vt (*jdn*) *vom Platz, Amt etc verdrängen;* (*mst* S) *ersetzen* (by) ~**er** [~ə] s *Verdränger* m; (S) *Ersatz* m

supple [ˈsʌpl] **1.** a (~ly, –ply adv) *biegsam, geschmeidig, elastisch* || *lenkbar, gelehrig; willfährig* (to *z*) || ⟨übtr⟩ *kriechend, geschmeidig* | ~-jack ⟨bot⟩ *Liˈane* f; *Spazierstock aus dem Stamm der L.* || ⟨Spielzeug⟩ *Hampelmann* m ⟨a übtr pol⟩ **2.** vt/i *biegsam* m; *geschmeidig* m || ⟨übtr⟩ *glätten; verfeinern* || (*ein Pferd*) *zureiten* | vi *biegsam* or *geschmeidig* w

supplement 1. [ˈsʌplimənt] s *Ergänzung* f, *Zusatz* m (to *z*); *Nachtrag* m (to a book *z e–m Buch*); *Ergänzungs–, Nachtragsband* m || (of a periodical, etc) *Beilage* f (to *z*); commercial ~ *Handelsbeilage* f | ⟨math⟩ *Supplemˈent* n **2.**

[ˈsʌpliment] vt *ergänzen; e–n Nachtrag liefern z* ~**al** [ˌsʌpliˈmentl] *ergänzend, Ergänzungs–*; to be ~ to *ergänzen* | ⟨math⟩ *Supplemˈent–* (~ angle) ~**ary** [ˌsʌpliˈmentəri] a *ergänzend, Ergänzungs–*; *Nachtrags–*; ~ volume –*band* m; *Nach–* (~ order *–bestellung* f); to be ~ to *ergänzen; e–n Nachtrag bilden z* || *Hilfs–, Ersatz–* (~ engine) || ⟨phot⟩ ~ lens *Vorsatzlinse* f || ⟨ins⟩ *Nachtrags–* (policy) || ⟨rail⟩ to take a ~ ticket *nachlösen* || ⟨jur⟩ ~ proceedings *Ergänzungsverfahren* n (*nach stattgefundenem fruchtlosen Pfändungsversuch z Zweck der Feststellung geheimgehaltener Vermögenswerte des Urteilsschuldners*) ~**ation** [ˌsʌplimenˈteiʃən] s *Ergänzung* f; *Ersatz* m

suppleness [ˈsʌplnis] s *Biegsam–, Geschmeidigkeit* f ⟨a fig⟩ || *Willfährigkeit* || *Kriecherei, Liebedienerei* f

suppliant [ˈsʌpliənt] **1.** a (~ly adv) *demütig bittend, flehend* **2.** s *Bittsteller(in* f) m

supplicate [ˈsʌplikeit] vt/i || (*jdn*) *demütig bitten; anflehen* | (*etw*) *erflehen, erbitten; bitten um* (*etw*); to ~ pardon *um Verzeihung bitten* | vi *demütig bitten, nachsuchen* (for *um*) ~**cation** [ˌsʌpliˈkeiʃən] s *demütige Bitte* f (for *um*) || (*Bitt-)Gebet* n ~**catory** [ˈsʌplikətəri] a *flehend, demütig bittend, Bitt–* (~ letter)

supplier [səˈplaiə] s *Lieferant(in* f) m, *Versorger* m

supply [səˈplai] **I.** vt **1.** (*e–m Mangel) abhelfen*; (*etw*) *ergänzen;* (*Verlust) ersetzen* || (*Bedarf*) *decken* || (*Hintergrund) ausfüllen* **2.** (*etw*) *liefern; gewähren* || (*etw*) *versehen* (with) || (*jdn*) *beliefern, versorgen* (with *mit*: he *–lied them with food,* (*Am a*) *.. them food); we are fully –lied with tobacco wir sind z. Z. mit T. voll eingedeckt, .. h .. k–n Bedarf an T.* **3.** (*jdn*) *ersetzen, vertreten* **II.** s **1.** *Ersetzung, Ergänzung* f | *Stellvertretung* f || *Stellvertreter, Ersatzmann* m; on ~ *als St., als Ersatz* **2.** *Lieferung* (to *an*); *Belieferung, Versorgung* f (~ of water *Wasser–*); ~ of services *Dienstleistungsverkehr* m || ~-lies [pl] ⟨com⟩ *Bezüge* m pl **3.** *Lager* n, *Vorrat, Bedarf* m (of *an*); *Zufuhr* f (water-~); to be in short *od* limited ~ *nur beschränkt vorhanden* or *lieferbar* s || supplies [pl] *Vorräte* pl, *Versorgungsgüter* n pl; *Proviant* m; *Nachschub* m; *Bedarfsdeckung* f; ⟨bal⟩ *Hilfs– u Betriebsstoffe* m pl; Ministry of Supplies *Beschaffungsministerium* n **4.** ⟨com⟩ ~ and demand *Angebot u Nachfrage* **5.** ⟨parl⟩ supplies [pl] *extra z bewilligende Gelder* n pl **6.** [attr] *Ersatz–* (~ teacher) | *Lieferungs–;* *Liefer–* (~-wagon) || ⟨rec⟩ *Abwickel–* || *Versorgungs–, Nachschub–:* ~ area *V.gebiet* n; ~ base *V.–, N.-basis* f; ~ bomb *V.-bombe* f; ~ clerk *Materialverwalter* m; ~ column *N.kolonne* f; ~ company *V.kompanie* f; ~ depot *N.depot, Proviantamt* n; ~ fleet *V.flotte* f; ~ form ⟨Am⟩ *Anforderungsformular* n; ~ item *N.gut* n, *N.artikel* m; ~ line *Zuleitung* f; ~ lines [pl] *Troß* m; ~ N.C.O. *Funktionsunteroffizier* m; ~ officer *V.offizier* m; ~ point *Ausgabestelle* f; ~ train *N.kolonne* f, ⟨rail⟩ *–zug* m; ~ vessel *V.schiff* n

support [səˈpɔːt] **I.** vt **1.** (*etw*) *ertragen, dulden* **2.** (*jdn*) *unterstützen,* (*jdm*) *beistehen, den Rücken decken,* ⟨mil⟩ (*jdm*) *Hilfe leisten* || *fördern, eintreten f, verteidigen* || (*etw*) *bekräftigen, –stätigen, rechtfertigen, begründen;* ⟨a⟩ *begünstigen* **3.** (*jdn*) *unterhalten, ernähren* (on *v*); to ~ o.s. *on sich erhalten v* | *beliefern, versorgen* **4.** (*jdn*) *stützen* || ⟨arch⟩ (*etw*) *tragen, halten* || (*etw*) *aufrechterhalten, behaupten; erhalten, bewahren* **II.** s **1.** *Unterstützung, Hilfe* f (with the ~ of *mit H. v*); to give ~ to *unterstützen;* to throw one's full ~ behind a th *e–e S mit Nachdruck unterstützen* **2.** *Bekräftigung, Verteidigung* f (in ~ of *zur V.* or *Stütze v*) **3.** *Rückendeckung* f,

Rückhalt m ‖ ⟨mil⟩ in ~ *in Reserve*; ~s [pl] *Nachschub* m; ~ *proper Haupttrupp* m; ~-trench *Bereitschaftsgraben* m **4.** *Erhaltung, Unterhaltung* f (of institutions); (*Lebens-*) *Unterhalt* m **5.** ⟨übtr⟩ *Stütze* f (he was the chief ~ of); *Halt* m (for *f*) ‖ (*S*) *Stütze* f, *Träger, Untersatz* m; *Gestell* n ‖ *masculine* ~ *Suspensorium* n ~**able** [~əbl] a (–bly adv) *z ertragen(d), erträglich* ‖ *halt–, tragbar* ~**er** [~ə] s *Unterstützer*; *Helfer* m ‖ *Verteidiger, –fechtε* m ‖ *Anhänger* m | ⟨tech⟩ *Stütze* f; ⟨arch⟩ *Träger* m ‖ ⟨her⟩ *Schild–, Wappenhalter* m (*P & T*) ~**ing** [~iŋ] a *Stütz–*; *Unterstützungs–* ‖ ⟨theat⟩ ~ *player Spieler e–r Nebenrolle, Mitspieler* m ‖ ~ *bracket Tragarm* m, *Konsole* f ‖ ~ *facility* ⟨tech⟩ *Halterungsvorrichtung* f ‖ ~ *frame Tragrahmen* m, *–gerüst* n ‖ ~ *programme* ⟨film⟩ *Beiprogramm* n ‖ ⟨aero⟩ ~ *surface tragende Fläche* f; ~ *surfaces* [pl] *Tragwerk* n

supposable [sə'pouzəbl] a (–bly adv) *anzunehmen(d), denkbar*

suppose [sə'pouz] vt **1.** (*als möglich*) *annehmen*; ~ [imp], *supposing angenommen (daß, wenn),* ~ (*od supposing*) *we went* ..? *wie wäre es, wenn wir gingen* ..? ~ (*od supposing*) *him born in England angenommen, er wäre in E. geboren* **2.** *vermuten, sich denken, glauben* (I ~ *so ich glaube* [*es*]), *meinen, halten für,* I ~ *him* (to be) *an artist ich halte ihn für e–n Künstler*; *he is* ~d *to leave man glaubt, erwartet, daß er abreist, er soll abreisen* ‖ *you are not* ~d *to do this das ist nicht d–e Aufgabe, man erwartet nicht v Ihnen das z tun* or, *daß Sie das tun* **3.** *voraussetzen* ‖ *als gegeben annehmen*; *in sich schließen* | ~**d** [~d] a (~ly [sə'pouzidli] adv) *vermutlich, angeblich*

supposition [ˌsʌpə'ziʃən] s *Voraussetzung, Annahme* f; on the ~ *that unter der V., in der A., daß* ‖ *Vermutung* f (mere ~) ~**al** [~l] a (~ly adv) *auf Annahme begründet, angenommen, hypoth'etisch*

supposititious [səˌpɔzi'tiʃəs] a (~ly adv) *unecht*; *untergeschoben* (child) ‖ *nur angenommen, auf Annahme begründet* ~**ness** [~nis] s *Unechtheit* f

suppositive [sə'pɔzitiv] a *auf Annahme begründet, angenommen*

suppository [sə'pɔzitəri] s ⟨med⟩ (*Darm–, Stuhl-*)*Zäpfchen* n

suppress [sə'pres] vt **1.** (*Revolution etc*) *unterdrücken* ‖ (*Publikation*) *hemmen, unterdrücken* ‖ ⟨med⟩ (*Blutung*) *hemmen, stillen* ‖ (*Gefühle etc*) *unterdrücken, ersticken* **2.** (*Stelle*) *ausschneiden*; *beseitigen* ‖ *aufheben, abschaffen* **3.** *vertuschen, –schweigen, –heimlichen* **4.** ⟨el, wir⟩ *entstören* | ~**ed** [~t] a *gehemmt, nicht z Ausbruch gek* ‖ *verhalten* (laughter) ~**ible** [~əbl] a *unterdrückbar* ~**ion** [sə'preʃən] s *Unterdrückung* f ‖ *Aufhebung* f ‖ (of feelings) *Unterdrückung, Zurückhaltung* f | *Vertuschung, Verheimlichung* f | ⟨med⟩ *Hemmung*; (*Urin-*)*Verhaltung* f ‖ ~ *filter* ⟨phot⟩ *Sperrfilter* m ~**ive** [~iv] a ~ *Unterdrückungs–*; *unterdrückend* ~**or** [~ə] s ⟨wir⟩ *Entstörer* m, *Entstörvorrichtung* f

suppressio veri [sʌ'preʃou'wiərai] s ⟨jur⟩ *Verheimlichung* f *v Tatsachen bei Feststellung des Tatbestandes*

suppurate ['sʌpjuəreit] vi ⟨med⟩ *eitern* **–ation** [ˌsʌpjuə'reiʃən] s *Eiterung* f **–ative** ['sʌpjurətiv] a *eiternd, Eiter–*

supra– ['sju:prə] L [*lebendes betontes pref* ⟨*bes* scient⟩] *über–, oberhalb, ober–* ‖ *früher, vorhergehend* ‖ *über* .. *hinaus, über–* ~**ciliary** [ˌsju:prə'siliəri] a *über der Augenbraue befindlich* ~**mundane** [~'mʌndein] a *überweltlich, –irdisch* ~**national** [ˌ~'næʃn̩] a *überstaatlich, –national,* ⟨mst⟩ *supranation'al* (on a ~ *level*) ~**natural** [ˌ~'nætʃrəl] a = supernatural

supremacy [sju'preməsi] s *Obergewalt* f; *Suprem'at* n; *Act of* ~ ⟨hist⟩ *Suprematsakte* f (1534); *oath of* ~ ⟨hist⟩ *Supremateid* m ‖ *höchste Gewalt*; *Herrschaft* f (over *über*) | *Vorrang* m, *Übergewicht* n, *–legenheit* f (over *über*)

supreme [sju'pri:m] a ⟨poet⟩ **1.** *oberst, höchst (gelegen)* **2.** ⟨übtr⟩ *oberst, höchst*; the ~ *command* ⟨mil⟩ *das Oberkomm'ando*; the ~ *Court of Judicature* ⟨jur⟩ *Oberster Gerichtshof* m *v England u Wales* (*bestehend aus:* Court of Appeal *u* High Court of Justice); ⟨Ger hist⟩ *Reichsgericht* n, ⟨mod⟩ *Bundesgerichtshof* m; ⟨Am⟩ the ~ *Court* ⟨parl⟩ *höchste über dem Parlament stehende Behörde* f; the ~ *good* ⟨philos⟩ *das höchste Gut* ‖ to be ~ *herrschen* (over *über*) **3.** (of quality, etc) *höchst, größt*; *erstklassig* ‖ *letzt, äußerst*; *kritisch* (the ~ *moment*) | ~**ly** [~li] adv *im höchsten Grade, überaus*

suq [su:k] s *arabischer Marktplatz* m

sur– [sə:] [*lebendes pref* ⟨scient⟩] = supra–, super– (→ ~base)

surah ['sjuərə] s *Surahseide* f

sura(h) ['suərə] s *Sure* f (*des Korans*)

sural ['sjuərəl] a *Waden–* (~ *vein*)

surat ['suərət, su'ræt] s (*nach Stadt in Indien*) (*Surat-*)*Baumwolle* f ‖ *grober Baumwollstoff* m

surbase ['sə:beis] s ⟨arch⟩ *Kragen, Kranz* m (*des Postamentes*)

surcease [sə:'si:s] **1.** † vi/t ‖ *aufhören, ablassen* (from *v*) | vt *aufhören mit, unterbrechen* **2.** † s *Ende, Aufhören, Nachlassen* n; *Unterbrechung* f

surcharge [sə:'tʃɑ:dʒ] **1.** s *geldliche Überbürdung, –besteuerung* f ‖ *Überforderung* f, *–teuerung* f; *zuviel berechnete Gebühr* f ‖ *Strafgebühr*; *Zuschlagsgebühr* f; *Nach–, Zuschlags–, Strafporto* n ‖ *neuer Auf–, Überdruck* m (*auf e–r Briefmarke*) **2.** vt (*jdn*) *überl'aden, –lasten* ‖ (*etw*) *übersättigen, –laden* (with) ‖ ⟨fig⟩ *überlasten*; *n'iederdrücken* | *überf'ordern, –teuern* ‖ (*jdn*) *mit Strafgebühr, Zuschlagporto, –steuer belegen* | (*Briefmarke*) *überdrucken* (*um den Wert z ändern*)

surcingle ['sə:siŋgl] **1.** s (*Sattel-*)*Gurt* m ‖ *Leibgurt* m (*e–s Priesterrocks*) **2.** vt (*Pferd*) *umgürten*; *mit e–m Gurt befestigen*

surcoat ['sə:kout] s ⟨hist⟩ *Überrock* m ‖ ⟨Am⟩ (*gefütterte*) *Sportjacke* f

surd [sə:d] **1.** a ⟨math⟩ *irrational*; ⟨übtr⟩ *sinnlos* ‖ ⟨phon⟩ *stimmlos* **2.** s ⟨math⟩ *irrationale Größe* f ‖ ⟨phon⟩ *stimmloser Konsonant* m

sure [ʃuə] **I.** a **1.** *zuverlässig, vertrauenswürdig* (by a ~ *hand*) ‖ *sicher* (climber); *nicht wankend, stetig* ‖ *sicher, unfehlbar* (way) ‖ *gesichert, fest* (ground) **2.** [*subjektiv, gefühlsbetont*] *sicher* (of a th *e–r S*); *überzeugt* (of *v*; that); I *am* ~ *he is there ich bin überzeugt, daß er dort ist*; *to feel* ~ *of getting überzeugt s z erhalten*; I *am* ~ *sicherlich, wirklich, allerdings*; *ich d·enke d'och!* u *'ob*!; I'm ~ I *don't know ich weiß w'irklich nicht*; I *am not* (so) ~ *ich bin nicht* (*so*) *sicher* (that *ob*); *she was not* ~ *that she had heard es war ihr so, als hätte sie gehört* | *are you* ~? *wollen Sie wirklich nicht?* | *to be* ~ *sicherlich, in der Tat, freilich*; *natürlich*! well I'm ~ *od well to be* ~ *sieh mal an*! ‖ ~ [intj] *sicherlich*! **3.** [*nur in best. Wendungen*] *objektiv sicher, gewiß, bestimmt* | *for* ~ *gewiß, sicher*; ~ *thing*! *sicher, gewiß*! *ja freilich*! ‖ *he is* ~ *to come er kommt sicher*; *you must be* ~ *to admire it Sie müssen es gewiß bewundern* ‖ *it is* ~ *to get warmer es wird sicherlich wärmer*; *he is* ~ *to win er wird sicher gewinnen* **4.** *be* ~ *gib acht, vergiß ja nicht* (to do), *be* ~ *and go od to go* .. *gehe ja* .., *vergiß ja nicht z gehen* ‖ *be* ~

now! *jetzt gilt's!* | to make ~ *überzeugt s* (that);
sich überzeugen (of *v*); *sicher–, feststellen* (of a
th *etw*); *sich bemächtigen*; *sich vergewissern* (of
a th *e–r S*; that *ob*); *sich versichern* (of a p *jds
Hilfe*) **5.** [in comp] ~-fire [a] ⟨Am⟩ *sicher
wirkend*; ~-f. stuff *todsichere S, Aufführung* etc
|| ~-footed *fest auf den Füßen* **II.** adv ⟨poet⟩
sicherlich, zweifellos; (as) ~ as a gun *bomben-
sicher*; ~ enough *allerdings, richtig*; *so gut wie
sicher* **III.** intj ⟨Am⟩ = ~ly | **~ly** ['~li] adv
ohne Gefahr; *sicher*; ~ but slowly *langsam aber
sicher* || *unzweifelhaft* || *sicherlich, in der Tat*;
doch, doch wohl; it ~ cannot be he *er kann es
doch nicht s* ~**ness** ['~nis] s *(objektive) Sicher-
heit f, Gewißheit f* || *sichere Überzeugung f* |
Sicherheit, Zuverlässigkeit f

surety ['ʃuəti] s *Sicherheit f*; ⟨jur⟩ *Bürgschaft
f*; to stand ~ *B. or Sicherheit leisten* | † of a ~
wahrhaftig, sicherlich | *Bürge m* | [attr] *Kau-
tions–* || ~ company *Bürgschaftsgesellschaft f*
~ship [~ʃip] s *Verbürgung, Bürgschafts-
leistung f*

surf [sə:f] **1.** s *Brandung f* || [attr] *Brandungs–*
|| ~-riding *Wellenreiten n,* → **2.** vi ⟨sport⟩
*Wellen reiten, sich auf e–m länglichen Brett v
der Brandung treiben l*

surface ['sə:fis] **I.** s **1.** *Oberfläche f*; *land* ~,
continental ~ ⟨geog⟩ *Landoberfläche f* ||
⟨mot⟩ *bad* ~ *schlechte Wegstrecke f*; *bad road*
~ *ausgefahrene Straße f*; *uneven* ~ *Uneben-
heiten f pl* | ⟨min⟩ *Erdoberfläche f, Tag m*
2. *Außenseite f*; *Äußeres n* || ⟨aero⟩ *tragende
Fläche f* **3.** ⟨fig⟩ *Oberfläche f, Schein m*; on the
~ *oberflächlich*; *oberflächlich or äußerlich betrachtet*; on the ~ of a *th bei oberflächlicher
Betrachtung e–r S*; to lie on the ~ *an der O.
liegen, deutlich sichtbar s*; to bring to the ~ *an
die O. bringen, zutage fördern* **4.** ⟨geom⟩
Fläche f **II.** [attr *od* a] *Oberflächen–*; *Land–,
See–*; *auf dem Land–, Seewege (befördert* etc);
⟨fig⟩ *oberflächlich, äußerlich*; at a ~ *inspection
bei oberflächlicher Betrachtung* || *Schein–* | ~
area ⟨demog⟩ *Wohnfläche f* || ~ *building Hoch-
bau m* || ~ *burst* ⟨at⟩ *Bodendetonation f* || ~-
car ⟨Am⟩ *Straßenbahn f* (*Ggs elevated car,
subway car*) || ~ *conditions* [pl] *Oberflächen-
beschaffenheit f* || ~ *drainage –entwässerung f*
|| ~-feeding *ducks* [pl] *Schwimmenten f pl*
| ~ *fire* ⟨for⟩ *Lauffeuer n* || ~ *forces* ⟨mar⟩
Überwasserstreitkräfte f pl || ~ *mail gewöhn-
liche Post f* (*Ggs airmail*) || ~ *mission (Fla-)Ein-
satz m gegen Erd–* or *Seeziele* || ~-printing
⟨typ⟩ *Relief–, Hochdruck m*; (in calico-print-
ing) *Reliefwalzendruck m* || ~-tension ⟨phys⟩
(of liquids) *Oberflächenspannung f* || ~-to-~
→ air-to-air, air-to-~, ground-to-ground || ~-
transport Land–, Seebeförderungsmittel n [pl],
by ~ tr. *auf dem Land–, Seewege (befördert)*
|| ~-water ⟨geol⟩ *O.wasser n* **III.** vt/i || (*e–r S*)
e–e bes Oberfläche geben; (*etw*) *glätten, ebnen*
| vi (*v U-Boot*) *auftauchen* ~**man** [~mən] s
⟨mil⟩ *Streckenarbeiter m* || ⟨min⟩ *Tagearbeiter
m* | ~ [~ə] s ⟨tech⟩ *Spachtelmasse f*

surfeit ['sə:fit] **1.** s *Überessen n*; *–sättigung f*
(of *an*) || ⟨fig⟩ *Überfütterung f* (of *mit*); *Übermaß
n* (of *an*) || *Ekel, Überdruß m* (to ~ *bis z Ü.*)
2. vt/i || (*jdn*) *überfüttern, –sättigen* || ⟨fig⟩
überfüllen, –laden, –sättigen (with) | vi *über-
reichlich essen*; *übersättigt w or s*

surficial [sə:'fiʃəl] a ⟨geol⟩ *(Erd-)Oberflächen–*
surfy ['sə:fi] a *Brandungs–, brandend*

surge [sə:dʒ] **1.** s *Sturzsee, Woge f* || *Wellen-
bewegung f, Wogen n* (*des Meeres*); *Brandung f*
|| ⟨fig⟩ *Woge, Welle f* | ⟨poet⟩ *Meer n* | ~ *valve
Druckventil n* **2.** vi *branden, (herein)brau-
sen* || ⟨fig⟩ (*mst* to ~ up) (of emotions) *wogen,
hochgehen* || ⟨el⟩ *heftig schwingen*

surgeon ['sə:dʒən] s *Chirurg, Wundarzt m*

|| *Militär–, Schiffs–, Stabsarzt m* | ~-dentist
[pl ~-d.s] (*Diplom-)Zahnarzt m* || ~-general
[pl ~-s-g.] ⟨mil⟩ *Generalarzt m* || ~-major
[pl ~-s-m.] ⟨mil⟩ *Oberstabsarzt m* -**gery**
['sə:dʒəri] s *Chirurgie*; *chirurgische Behandlung f*
|| *Operations–*; *Sprechzimmer n* || ~ (hours
[pl]) *Sprechstunden f pl* -**gical** ['sə:dʒikəl] a
(~ly adv) *chirurgisch* || ~ *boots, ~shoes* [pl]
orthopädische Fußkleidung f

surging ['sə:dʒiŋ] s ⟨el⟩ *lebhafte Schwingung f*
suricate ['sjuərikeit] s ⟨zoo⟩ *Surik·ate f*
(*Schleichkatze*)

Surinam ['sjuərinæm] s [attr] ~ *toad* ⟨zoo⟩
Amerikanische Wabenkröte f

surliness ['sə:linis] s *Verdrießlichkeit*; *Schroffheit f* -**ly** ['sə:li] a (*–lily adv*) *mürrisch, unwirsch,
verdrießlich*; *schroff* || (of weather) *unfreundlich,
rauh*

surmaster ['sə:ma:stə] *⟨engl school⟩ K·on-
rektor m,* ⟨Ger m. m.⟩ *Oberst·udienrat m*

surmisable [sə:'maizəbl] a *vermutbar* -**mise**
1. ['sə:maiz; sə'maiz] s *Vermutung; Mutma-
ßung, Einbildung f* || *Argwohn, Verdacht m*
2. [sə:'maiz] vt/i || (*etw*) *vermuten, sich einbilden*
| *argwöhnen* (a th; a th to be *daß etw ist*) | vi
e–e Vermutung aufstellen

surmount [sə:'maunt] vt (*Schwierigkeit*) *über-
winden* (*Berg*) *übersteigen* || *überragen*; to be
~ed *by bedeckt or gekrönt s mit, v* ~**able**
[~əbl] a *übersteigbar* || ⟨fig⟩ *überwindlich*

surmullet [sə:'mʌlit] s ⟨ich⟩ *Surmul·et, Strei-
fenbarbe f*

surname ['sə:neim] **1.** s † *Beiname m* | *Zu–,
Familienname m* **2.** vt (*jdn*) *nennen, benennen*;
(*jdm*) *e–n Bei–, Zunamen geben*; ~d *mit dem
Bei–, Zunamen* (N. N. ~d the Silent)

surpass [sə:'pɑ:s] vt (*jdn, etw*) *übertreffen*;
(*etw*) *–steigen, –bieten*; not to be ~ed *nicht z
übertreffen, unübertrefflich* ~**ing** [~iŋ] a (~ly
adv) *vortrefflich, unübertrefflich* || *unerreicht*;
außerordentlich

surplice ['sə:pləs] s ⟨ec⟩ *St·ola f, Chorhemd n*
|| ~ *fees* [pl] *Tauf–, Eheschließungseinnahmen
(des Geistlichen) f pl* | ~**d** [~t] a *mit e–m Chor-
hemd bekleidet*

surplus ['sə:pləs] **1.** s *Überschuß, Mehrbetrag*;
Rest m **2.** a *überschüssig*; *Überschuß–*; *Reserve–*;
Mehr–, Über– || ~ *heat Wärmeüberschuß m* ||
~ *population Überbevölkerung f* || ~ *weight
Mehrgewicht n* ~**age** [~idʒ] s *Überschuß m*
(of *an*); *überreiches Material n* || ⟨jur⟩ *unwe-
sentlicher Umstand m*

surprisal [sə'praizəl] *s Überraschung f*
surprise [sə'praiz] **I.** s **1.** *Überraschen n,
Überraschung f* || ⟨mil⟩ *Überfall m, Überrum-
pelung f* || *überraschende S* (to *f*) || *überraschen-
des Gefühl*; *Erstaunen n, Verwunderung f, Befremden n* (at *über*); *Überraschung f* (to *f*); to
my ~ *z m–r Ü.* **2.** what a ~! *welche Ü.!* || to
come as a ~ *to a p jdm als Ü., unerwartet k* || to
give a p a ~ *jdn überraschen* || to spring a ~
überraschen (with *mit*); to spring a ~ on a p
jdn über– (by *durch*) || to stare in ~ *gr Augen m*
|| to take a p by ~ *jdn überraschen, –rumpeln*
|| to be taken by ~ at ⟨fig⟩ *überrascht s über*
3. [attr] *überraschend, Überraschungs–* (~
attack, ~ *packet –paket n, Wundertüte f*; ~
visit –besuch m) **II.** vt ⟨mil⟩ *überrumpeln* || (*jdn*)
überraschen, ertappen; *überraschend entdecken*
|| (*jdn*) *überraschen* (with *mit*), *in Erstaunen
setzen, befremden*; to be ~d *to find od see that
überrascht s, daß*; I should not be ~d *..ich
würde mich nicht wundern, wenn ..*; to be ~d *.*
sich wundern über; *befremdet, entrüstet s ü[ber]*
|| (*jdn*) *unvermutet verleiten* (into *z*) ~[ing]
[sə'praiziŋ] a (~ly adv) *überraschend, ers[taunt]*
lich

surra ['suːrə] s Ind *Surakrankheit* f (*der Haustiere*)

surrealism [səˈriəlizm] s Fr ⟨arts & Lit⟩ *Surrealismus* m (*Kunst des Unbewußten*; → dadaism)

surrebut [ˌsʌriˈbʌt] vi ⟨jur⟩ *dem rebutter* (→ d) *des Beklagten antworten* ~ter [ˌsʌriˈbʌtə] s ⟨jur⟩ (*Schriftsatz*) *Quintupl·ik* f (*die Antwort des Klägers auf den* rebutter (→ d) *des Beklagten*)

surrejoin [ˌsʌriˈdʒɔin] vi ⟨jur⟩ *dem rejoinder* (→ d) *des Beklagten antworten* ~der [ˌsʌriˈdʒɔində] s ⟨jur⟩ (*Schriftsatz*) *Tripl·ik* f (*Antwort des Klägers auf den* rejoinder (→ d) *des Beklagten*)

surrender [səˈrendə] **I.** vt/i **1.** vt (*etw*) *übergeben, ausliefern, –händigen* (to a p *jdm*); *abliefern* (arms); *abgeben* (*Erzeugnisse*) ‖ (*etw*) *freiwillig aufgeben, verzichten auf* ‖ ⟨jur⟩ *abtreten* (to *an*) | to ~ o.s. *sich ergeben; sich hingeben* or *überlassen* (to a th *e–r S*) **2.** vi *sich ergeben* (to a p *jdm*); to ~ to one's bail ⟨jur⟩ *sich* (*dem Gericht*) *wieder stellen* **II.** s *Auslieferung, Aufgabe* f ‖ ⟨com⟩ *Abgabe* f, *abgabepflichtige Erzeugnisse* n pl ‖ *Hin–*, ⟨mil⟩ *Übergabe* f (to *an*), unconditional ~ *bedingungslose Kapitulation* f | ~ value ⟨ins⟩ (of a policy) *Rückkaufswert* m

surreptitious [ˌsʌrəpˈtiʃəs] a (~ly adv) *durch Betrug* (etc) *erlangt, erschlichen* ‖ *betrügerisch, unerlaubt*; ~ edition *unerlaubter Nachdruck* m (*e–s Buches*) ‖ *unecht, gefälscht* (~ passage *gefälschte Stelle*) | *heimlich, verstohlen*

surrey ['sʌri] s ⟨hunt & mot⟩ *Jagdwagen* m

surrogate ['sʌrogit] s *Stellvertreter* m (*bes e–s Bischofs* etc) | ⟨Am jur⟩ *Nachlaßrichter* m; ~'s Court *Nachlaßgericht* n | *Ersatz* m (for, of *f*); Surrog·at n

surround [səˈraund] **1.** vt (*etw*) *umgeben, einschließen* (with) ‖ ⟨a mil⟩ (*jdn*) *einschließen, umzingeln* ‖ *herumstehen um* (to ~ a bed) | ⟨übtr⟩ (*jdn*) *umgeben* (with) **2.** s *Umzingeln* n; ⟨Am⟩ *Treibjagd* f | *Fußboden* m *zw Teppich u Wand* ~ing [~iŋ] **1.** a *umgebend, –liegend*; ~ country *Umgegend* f **2.** [s pl] ~s *Umgegend* f ‖ (*S & P*) *Umgebung* f

surtax ['səːtæks] **1.** s (*Einkommen-*)*Steuerauf–, –zuschlag* m (on *auf*); bis 1929 = supertax **2.** vt *mit e–m Steuerzuschlag belegen*

surtout ['səːtuː] s Fr *einreihiger Überzieher, Mantel* m

surveillance [səˈveiləns] s Fr *Überwachung, Aufsicht, Kontrolle* f; under ~ *unter ständiger Bewachung* f ‖ ~ radar (element) (abbr SRE) *Rundsuchradargerät* n

survey [səˈvei] vt *besichtigen; prüfen* ‖ (*Gegend, Lage*) *überblicken, –schauen* | (*ab*)*schätzen, begutachten* | *aus–, vermessen, aufnehmen* **2.** ['səːvei] s **a.** *Besichtigung, Schätzung, Prüfung, Enqu·ete* f ‖ (*Prüfungs-*)*Bericht* m, *Gutachten* n | *Fragebogenaktion* f ‖ wage ~s [pl] *Erhebungen* f pl *über die Löhne* **b.** *umfassende Ansicht* f (of *v*); *Übersicht* f; *–blick* m (of *über*) ‖ *weiter, umfassender Blick* m (*des Geistes*) **c.** (*Land-*)*Aus–, Vermessung, Aufnahme* f; → ordnance **d.** to make *od* take a ~ of a th *etw prüfen, genau betrachten; übersehen, –blicken; beschreiben* ~ing [səˈveiiŋ] s *Vermessung* f, *–skunst* f, *Feldmeßkunde* f ~or [səˈveiə] s **1.** *amtl. Inspektor, Verwalter* m | *Bauinspektor, –rat* m, town–~ *Stadtbaurat*; ~'s Office, Board of ~s *Baubehörde* f, *–polizei* f **2.** ⟨ins⟩ *Sachverständiger, Schätzer* m **3.** *Feld–, Landmesser* m ~orship [səˈveiəʃip] s *Amt e–s Inspektors; e–s Feldmessers*

survival [səˈvaivəl] s *Lebenbleiben, Übrigbleiben* n (the ~ of the fittest) ‖ *Überbleibsel* n, *Überrest* m ‖ ~ kit *Notausrüstung* f ‖ ~ ratio *technique* ⟨stat⟩ *Methode* f *der Überl·ebens-*

wahrscheinlichkeiten ‖ ~ value ⟨biol⟩ *Überl·ebenswert, arterhaltender Wert* m –vive [səˈvaiv] vt/i ‖ (*jdn, etw*) *überleben; –dauern* ‖ (*etw*) *überst·ehen, aushalten* | vi *am Leben bleiben; sich erhalten* (into *bis z*) ‖ *noch leben, noch am Leben s, noch erhalten s, fortleben; übriggeblieben s* –vivor [səˈvaivə] s *Überlebende(r* m) f (from *aus*); ⟨stat, demog⟩ single (ever-married) ~s (*nicht*) *ledig das Alter x Erlebende* pl ‖ ⟨jur⟩ *Hinterbliebene(r* m) f ~ship [~ʃip] s *die Stellung* f *e–s* survivor ‖ ⟨jur⟩ *das Recht des* or *der Überlebenden, den Anteil e–s Verstorbenen an e–r* joint tenancy (→ d) f *sich z beanspruchen*

susceptibility [səˌseptəˈbiliti] s *Neigung* f (to z), *Empfänglichkeit* f (to *f*) ‖ ~ to hardening ⟨tech met⟩ *Vergütbarkeit* f ‖ *Empfindlichkeit* f; –ties [pl] *die empfindlichen Stellen* f pl (of a p *jds*) –ble [səˈseptəbl] a (–bly adv) **1.** [*nur pred*] to be ~ of *zulassen*; to be ~ of proof *Beweis zulassen* **2.** [attr & pred] *zugänglich, empfänglich, aufnahmefähig* (to *f*) ‖ *empfindlich* (of, to *gegen*); *anfällig* (to *f*)

susceptive [səˈseptiv] a *aufnahmefähig, empfänglich* (of *für*) –vity [ˌsʌsepˈtiviti] s *Aufnahmefähig–, Empfänglichkeit* f

susi ['suːsi] s Ind *gestreiftes Gewebe* n *aus Baumwolle u Seide*

suslik ['sʌslik, 'suːs–] s ⟨zoo⟩ *Ziesel* m & n, *Zieselmaus* f

suspect ['sʌspekt] **1.** [pred a] *verdächtig* (of a th *e–r S*); *irgendwie belastet* (to be ~) **2.** [s] [pl ~] *Verdächtige(r* m) f

suspect [səsˈpekt] vt/i **A.** vt **1.** (*etw*) (*be*)*argwöhnen, Mißtrauen hegen gegen* (*etw*); (*etw*) *bezweifeln* **2.** (*jdn*) *verdächtigen, im Verdacht h* (of *wegen*; of doing *getan z h*); to be ~ed *im Verdacht stehen* (of doing *getan z h*) **3.** (*etw*) f *möglich* or *wahrscheinlich halten* ‖ (*etw*) *vermuten, mutmaßen; annehmen* (a p to be *daß jd ist*; that) **B.** vi *Verdacht, Argwohn hegen* ~able [~əbl] a *verdächtig, Verdacht erregend* ~ed [~id] a (~ly adv) *verdächtigt; verdächtig*

suspend [səsˈpend] vt (*etw*) (*auf*)*hängen* (from the ceiling *an die Decke*); to be ~ed *hängen* (by [a ribbon] *an*; from *v*; in *in*) | (*etw*) *in der Schwebe l, auf–, verschieben; unterbrechen, zurückhalten mit* (*etw*); (*Urteil*) *aussetzen* (*Zahlung*) *einstellen* | (*jdn*) *suspendieren, des Amtes entheben* (for *wegen*), (*zeitweise*) *ausschließen*; *entlassen* (from *v*) | ~ed [~id] a *hängend; schwebend; Schwebe–* (particle) | *verhalten* (breath) ‖ ~ animation *Bewußtlosigkeit* f; *Scheintod* m ~er [~ə] s *Strumpfhalter* m | ⟨Am⟩ ~s [pl] *Hosenträger* m (a pair of ~s *ein H.*)

suspense [səsˈpens] s *Aufschub* m; (*Urteils-*)*Aussetzung* f; in ~ *in der Schwebe* ‖ *Ungewißheit, Spannung* f, (*a* Lit⟩ *der Ungewißheit* or *Erwartung*) ‖ in ~ (*S*) (*noch*) *unerledigt,* (*P*) *in Spannung*; to keep in ~ *in Spannung, in Ungewißheit halten* or *l* | ~ account ⟨com⟩ *Interimskonto* n ‖ ~ file *Wiedervorlagemappe* f

suspensible [səsˈpensəbl] a *aufschiebbar* –sion [səsˈpenʃən] s **1.** *Aufhängen* n; front wheel ~ ⟨mot⟩ *Vorderrad-Aufhängung* f; independent wheel ~ *Einzelrad––, –-Federung* f, *Schwingachse* f ‖ *Federung* f **2.** *einstweiliger Aufschub* m, *Aussetzung* f | *Einstellung* f (~ of payment *Zahlungs–*); ~ of arms ⟨mil⟩ *kurze Waffenruhe* f ‖ *Unterbrechung* f ‖ ~ of period of limitation *Ruhen* n *der Verjährung* **3.** *Amtsenthebung, Suspension* f (from *v*); *Ausschaltung, –stoßung* f (of a p) ‖ ⟨sport bes mot⟩ *Disqualifizierung* f, *Startverbot* m | ⟨chem⟩ *Suspension* f **4.** ⟨mus⟩ *Vorhalt* m **5.** [attr] ~ arm ⟨mot⟩ *Schwingarm* m ‖ ~-bridge ⟨tech⟩ *Hänge–, Kettenbrücke* f ‖ ~ buffer *elastische Unterlage* f ‖ ~ ferry *Schwebefähre* f ‖ ~ gear ⟨tech⟩ *Gehänge* n ‖ ~ post *Hängesäule* f, *–pfosten* m

|| ~-railway ⟨rail⟩ *Schwebebahn* f || ~-spring ⟨mot⟩ *Tragfeder* f **-sive** [səs'pensiv] a ⟨jur⟩ *Aussetzungs-, Aufschub-* || *unterbrechend, aufhaltend* **-sory** [səs'pensəri] a *hängend, Schwebe-, Hänge-*; *Stütz-*; ~ *bandage* ⟨med⟩ *Tragband* n, *-beutel* m, *Suspensorium* n | *Aufschub-, Aussetzungs-*

suspicion [səs'piʃən] **I.** s **1.** *Argwohn, Verdacht* m, *Mißtrauen* n (of a p *gegen jdn*; of a th *gegen etw*) | *Zweifel* m (of a th *an etw*; that *daß*) | *Verdacht* m, *Verdächtigung* f | *W e n d u n g e n* : above ~ *über jeden Verdacht erhaben* || *on* ~ *of treachery unter dem V. des Verrats* || *to be under* ~ *im V. stehen, verdächtigt w* || ~ *is upon him man hat auf ihn V., es besteht V. gegen ihn* || *to draw* ~ *on V. lenken auf* || *to entertain, have a* ~ *V. hegen, Zweifel hegen* (of *an*; that) || ~ *fell on him der V. fiel auf ihn* || *to place* ~ *on a p jdn verdächtigen* **2.** [*mst* neg] *Vermutung, Ahnung* f (I have a ~) **3.** *bißchen* n, *Kleinigkeit* f; *Anflug* m (of *v*) **II.** vt ⟨Am⟩ *argwöhnen* | *Verdacht hegen* (that) || *(jdn) verdächtigen* (of a th *e-r S.*)

suspicious [səs'piʃəs] a (~ly adv) *verdächtig, verdachterregend* | *argwöhnisch, mißtrauisch* (of *gegen*); *to be* ~ *of a th etw befürchten* **~ness** [~nis] s *Verdächtigkeit* f | *Mißtrauen* n, *Argwohn* m (of *gegen*)

suspiration [ˌsʌspi'reiʃən] s *Seufzen* n, *Seufzer* m | *tiefes Atmen* n ⟨a übtr⟩ **-ire** [səs'paiə] vi ⟨poet⟩ *tief atmen* || *seufzen* | ⟨fig⟩ *schmachten*; *sich sehnen* (for, after *nach*)

sustain [səs'tein] vt **1.** (*etw*) *aufrecht halten, stützen* || ~ing *programme* ⟨wir⟩ *eigentliches Programm* (Ggs commercial pr.) **2.** (*Leben*) *erhalten*; *stützen* || *unterstützen*; *-halten*; (*jdn*) *stärken*; (*jdm*) *Kraft geben* || (*Anspruch* etc) *aufrechterhalten*; (*Stimmung*) *erhalten*; (*Interesse*) *wachhalten* || ⟨mus⟩ (*Note*) *aushalten* **3.** *tragen*; *ertragen, aushalten*; *widerstehen*; *to* ~ *a comparison with e-n Vergleich aushalten mit* || (*Verlust*) *erleiden*; (*Gebrechen*) *davontragen* (*to* ~ *a broken arm*) **4.** *bekräftigen, -stätigen* **~able** [~əbl] a *halt-, tragbar; aufrechtzuerhalten(d)* **~ed** [~d] a *ununterbrochen aufrechterhalten*; *gleichmäßig durchgeführt* || ⟨mus⟩ *getragen* || ~ *fire* ⟨mil⟩ *Dauerfeuer* n **~er** [~ə] s *Träger* m, *Stütze* f **~ment** [~mənt] s *Erhaltung*; *Nahrung* f || *Stütze* f

sustenance ['sʌstinəns] s (*Lebens-*)*Unterhalt* m, *Auskommen* n || *Lebensmittel* pl; *Erhaltung, Ernährung* || ⟨fig⟩ *Nahrung* f

sustentation [ˌsʌstən'teiʃən] s *Aufrechterhaltung, Erhaltung* f (the ~ *of peace*) || *Unterstützung* f; ~ *fund* ⟨ec⟩ *-sfonds* m || *Versorgung* f, *Unterhalt* m; *Ernährung, Nahrung* f

susurrant [sju'sʌrənt] a *flüsternd, murmelnd*; *rauschend* **-ation** [ˌsju:sə'reiʃən] s *Flüstern, Murmeln* n || *Rauschen*; *Rascheln* n (of trees) **-ous** [sju'sʌrəs] a = susurrant

sutler ['sʌtlə] s *Marketˈenderˈ(in* f) m

Sutra ['suːtrə] s Ind *Reihe* f *aphoristischer* *Sätze der altind. Texte*

suttee, sati ['sʌtiː; sʌ'tiː] s Ind *Witwe* f, *die sich mit der Leiche ihres Mannes verbrennen läßt* || *freiwilliger Feuertod e-r Witwe*

sutural ['sjuːtʃərəl] a (~ly adv) *Naht-*; *mit e-r Naht versehen* **suture** ['sjuːtʃə] s **1.** *Nähen, Heften* n || *Naht* f; ⟨surg⟩ *Naht* f, *Zus-nähen* n *v Wunden* || ⟨anat⟩ *Naht, feste Knochenverbindung* f || ⟨bot⟩ *Naht, Verwachsungslinie* f || ⟨fig⟩ *Verbindungsnaht, -stelle* f **2.** vt *durch e-e Naht verbinden*; (*a to* ~ up) *zus-nähen, vernähen*

suzerain ['suːzərein] s *Lehnsherr* m || *Oberhoheit* f | [attr] *ober(lehns)herrlich*; *-hoheitlich*; ~ *lord Oberlehnsherr* m **~ty** [~ti] s *Ober(lehns)herrlichkeit, -herrschaft, -gewalt* f

svarabhakti [ˌsvɑːrə'bhækti] s ⟨Ind⟩ *Ent-* *wicklung* f *v silbenbildenden Vokalen vor* l, m, r

svelte [svelt] a Fr (of women) *schlank u graziös, anmutig*

swab [swɔb] **1.** vt [-bb-] *aufwischen, reinigen* || ⟨mar⟩ *schwabbern, schrubben* **2.** s *Scheuer-Wischtuch* n, *-lappen, Schrubber* m ⟨mar⟩ *Schwabber* m || ⟨bact & med⟩ *Abstrich* m || ⟨sl⟩ *Offiziersepaulette* f | ⟨sl⟩ *Tölpel* m **~ber** ['~ə] s ⟨mar⟩ *Schwabberer, Schiffsreiniger* m

Swabian, Sua- ['sweibiən] **1.** a *schwäbisch* **2.** s *Schwabe* m, *Schwäbin* f | *das Schwäbische* n

swack [swæk] vt ⟨Am fam⟩ °*schmeißen*; °*verdreschen*

swaddle ['swɔdl] **1.** vt (*Kind*) *in Windeln legen, wickeln* || (*a to* ~ up) *einwickeln, umhüllen* (with) **2.** s ⟨Am⟩ **~s** [pl] *Windeln* f pl **-ling** ['swɔdliŋ] s *Wickeln* n || ~s [pl] *Windeln* f pl | ~-bands [pl] *Wickelbänder* n pl, *Windeln* f pl; ~-clothes [pl] *Windeln* f pl; ⟨fig⟩ *to be still in one's* ~-clothes *noch in den W. liegen, die Kinderschuhe noch nicht ausgezogen h* (*in den Anfängen stecken*)

swaddy ['swɔdi] s ⟨mar & mil sl⟩ *Kamerad* m

swadeshi [swɑː'deiʃi] s Ind *Boykˈott fremder, bes brit. Waren* m

swag [swæg] s *Girlande* f; *Blumengehänge* n | ⟨sl⟩ (*Diebes-*)*Beute* f || ⟨Aust⟩ (*Reise-*)*Bündel* n

swage [sweidʒ] **1.** s ⟨tech⟩ *Gesenk* n (*stählerne Hohlform z Pressen u Formen*) **2.** vt ⟨tech⟩ (*Metall*) *in Gesenken formen*

swagger ['swægə] **1.** vi/t || *einherstolzieren* | *renommieren, großtun, prahlen* (about *mit*) | vt: *to* ~ *a p into a th jdn durch Prahlerei z etw bringen* **2.** s *stolzierender Gang* m; *Großtuerei, Prahlerei* f ⟨a übtr⟩ (*a* ~-*cane*) *Angeber-, Ausgehstöckchen* n (*der englischen Soldaten*) || ~-coat *Hänger* m (*Mantel*) **3.** a (*fam*) *protzig*; *hochelegant* | **~er** [~rə] s *Prahler, Renommist* m

Swahili [swɑː'hiːli] s *Suahˈeliˈ(neger)* m || *Suahelistamm* m || *das Suaheli* (*Sprache*)

swain [swein] s ⟨poet⟩ *Bauernbursche, Schäfer, Liebhaber* m

swak [swæ(l)k] s = S.W.A.(L.)K. ⟨mil & mar⟩ (of letter) *sealed with a* (loving) *kiss*

swale [sweil] s ⟨Am⟩ *Senke, Vertiefung* f

swallet ['swɔlit] s ⟨min⟩ *unterirdischer Felsriß* m, *-loch* n; *unterird. Strom, Strudel* m

swallow ['swɔlou] s ⟨orn⟩ (*Rauch-*)*Schwalbe* f; *red-rumped* ~ *Rötel-*; *one* ~ *does not make a summer e-e Schwalbe macht k-n Sommer* | [attr] ~-tail *Schwalbenschwanz* m || ⟨mar⟩ *schwalbenschwanzartig auslaufender Wimpel* m || ⟨zoo⟩ *Schwalbenschwanz* m || (*a* ~-tails [pl]) ⟨fam⟩ *Schniepel, Frack* m || ~-tailed ⟨orn⟩ *schwalbenschwanzig*; *Schwalbenschwanz-* || ~-wort ⟨bot⟩ *Giftkraut* n | *Schwalbenkraut* n

swallow ['swɔlou] **I.** vt/i **A.** vt **1.** *verschlucken, -schlingen* | ⟨übtr⟩ (*a to* ~ up) (*Land*) *verschlingen*; (*Gebiet*) °*überschlucken*; (*Summen*) *verschlingen* | *vernichten*; *verzehren* | (*Worte*) *verschlingen, gierig aufnehmen*; *als bare Münze nehmen*; *to* ~ *the bait* ⟨fig⟩ *auf etw hineinfallen* **2.** (*Beleidigung* etc) *einstecken, herunterschlukken* | (*a to* ~ down) (*Ärger*) *unterdrücken*; *verheimlichen* **3.** *widerrufen*; (*Worte*) *zurücknehmen* **4.** [*mit* adv] *to* ~ down *hinunterschlucken*; → a 2. || *to* ~ up *verschlucken, -schlingen*; °*überschlucken* ⟨a übtr⟩ → 1. **B.** vi *schlucken* **II.** s **1.** *unterirdischer Felsriß* m, *-sches Felsloch* n **2.** *Kehle* f, *Schlund* m **3.** *Schlucken* n; *Schluck* m (*a* ~ *of brandy*) **4.** *Appetit* m; *Gier*; *Gefräßigkeit* f **5.** [attr] ~-hole = ~ → II. s 1.

swam [swæm] pret *v to* swim

Swami ['swɑːmi] s Ind *Titel, Anrede* f *e-n Brahmanen*

swamp [swɔmp] **1.** s *Morast, Sumpf* m, *Moor*

n | ~-oak ⟨bot⟩ *Sumpfeiche* f 2. vt/i | (of water) *z Sinken bringen*; *überschwemmen* || ⟨fig⟩ [*mst* pass] *überschwemmen* (to be ~ed with *überschwemmt w v, mit*); *unterdrücken, erdrücken*; *überwältigen* | vi (of ship) *vollaufen*; *versinken*; *untergehen* ~er ['~ə] s ⟨Am mot⟩ *Beifahrer* m | ~y ['~i] a *morastig, sumpfig, Sumpf–*

swan [swɔn] s 1. ⟨orn⟩ *Schwan* m; Bewick's ~ *Zwerg–*, mute ~ *Höcker–*, whooper ~ *Sing–*; → cygnet, to trumpet (of wild ~); the ~ of Avon: *Shakespeare* || ⟨astr⟩ *Schwan* m 2. [attr & comp] *Schwanen–* || ~-like *schwanenartig* || ~-neck *Schwanenhals* m | ~'s-down *Schwanendaune* f; [koll] –*daunen* pl || *feiner, dicker Wollstoff* m | ~-shot *grobes Schrot* m || ~-skin *weicher Flanell* m || ~-song *Schwanengesang* m || ~-upping *das alljährliche Zeichnen der Themse-Schwäne* ~nery ['~əri] s *Schwanenteich* m

swank [swæŋk] 1. vi ⟨sl⟩ *aufschneiden, großtun, renommieren, prahlen* 2. s *Prahlerei, Aufschneiderei* f 3. a ⟨sl⟩ *elegant, großartig*; *protzig*; *luxuriös*; °*dufte, prima* | ~y ['~i] a = swank 3.

swap, ⟨*bes* Am⟩ **swop** [swɔp] 1. vt/i [–pp–] | ⟨fam⟩ (*Sachen, Plätze*) *vertauschen, wechseln* || *austauschen*; (*etw*) *tauschen* (with a p), to ~ a th for *etw eintauschen f, vertauschen mit*; to ~ *anecdotes sich gegenseitig Anekdoten erzählen* | vi *tauschen* 2. s ⟨fam⟩ *Tauschen* n; *Tausch* m

Swaraj [swɑː'rɑːdʒ] s Ind *Selbstregierung* f *f Indien*; *polit*. *Tätigkeit* f *f dieses Ziel* ~ist [~ist] s *Verfechter des* Swaraj m

sward [swɔːd] s *Rasen* m; ⟨*bes* for⟩ *Grasnarbe* f || ~-cutter ⟨hort⟩ *Rasenstecher* m (*Gerät*) ~ed ['~id] a *mit Rasen bedeckt*

sware [swɛə] † pret *v* to swear

swarf [swɔːf] s *Metall–, Holzspäne* m pl

swarm [swɔːm] 1. s (of bees) *Schwarm*, new ~ *Ablegerschwarm* m || ⟨übtr⟩ *Schwarm, Haufe* m (a ~ of bills *ein H. Rechnungen*; *gr Menge* (~ of dust) | [attr] ~-spore ⟨biol⟩ *Schwärmspore* f 2. vi (a to ~ off) (of bees) *schwärmen* || ⟨fig⟩ *strömen* (out of *aus*; to *nach*); *zus–strömen, sich drängen* || *häufig vorkommen, sehr zahlreich s*, beggars ~ in this place *es wimmelt v Bettlern in diesem Ort* || (of places) *wimmeln* (with *v*)

swarm [swɔːm] vt/i (a to ~ up) *erklettern, hochklettern an, hinaufklettern an* (to ~ a rope) | vi *klettern*

swart [swɔːt] † ⟨poet⟩ = swarthy –**thiness** ['swɔːðinis] s *das Schwärzliche, Dunkelfarbige* n; *dunkle Gesichtsfarbe* f –**thy** ['swɔːði] a (–thily adv) *schwärzlich, dunkelfarbig*; *dunkelhäutig* || (*v der Sonne*) *gebräunt*

swash [swɔʃ] 1. vi/t || (of water) *schwappen, klatschen*; *brausen*; *rauschen* || *heftig schlagen* (to ~ about) | vt *schwappen gegen* | *bespritzen* (with); *durchnässen* 2. s *lauter, heftiger Guß* m || *schallender Schlag, Patsch, Klatsch* m || *Rauschen, Brausen, Schwappen, Klatschen* n | ~ plate ⟨tech⟩ *Taumelscheibe* f ~ing ['~iŋ] a *heftig, vernichtend* (blow) | ~y ['~i] a *wässerig, matschig*

swashbuckler ['swɔʃˌbʌklə] s *Säbelrasseler, Prahler, Schaumschläger* m –**ling** [–liŋ] a *prahlerisch, schaumschlägerisch*

swastika ['swæstikə; 'swɔs–] s *Hakenkreuz* n

swat [swɔt] 1. vi/t ⟨school sl⟩ || vi °*büffeln, ochsen* | vt to ~ French 2. s (⟨*a*⟩ ~ter) *Streber* m

swat [swɔt] 1. vt [–tt–] ⟨fam⟩ (*Tier*) *zerdrücken, –quetschen, –malmen* || ~(-)fest ⟨Am⟩ *Rauferei* f ~ter ['~ə] s *Fliegenschläger* m, –*klatsche* f

swatch [swɔtʃ] s ⟨*bes* Scot⟩ *Stoffmuster* n

swatchel ['swɔtʃəl] s (Punch) „*Schwätzler*" m, *Kasperle* n

swath [swɔːθ] s [pl ~s] ⟨agr⟩ *Schwaden* m || *abgemähter Raum* m | *lange Reihe gemähten or geharkten Grases* (etc) f (in ~s)

swathe [sweið] 1. vt (*etw*) *umwickeln* (with); *einwickeln* (in) 2. s *Binde*; *Hülle* f; ⟨surg⟩ *Umschlag* m

sway [swei] I. vi/t 1. vi *sich schwingen, sich* (*auf u ab, hin u her*) *bewegen*; *sich wiegen*; *schwanken* | *sich neigen* (towards) || *sich biegen* (with *vor*) | *herrschen* (over *über*) 2. vt (*etw*) *schwingen, schwenken*; *bewegen, wiegen* || ⟨mar⟩ *aufhissen* | ⟨fig⟩ (*jdn*) *bewegen, –einflussen*; *dienstbar* m (to a th *e–r S*) | (*etw*) *lenken, regieren*; to ~ the sceptre *das Zepter führen* II. s 1. *Schwingen* n; *Schwung* m; *Wucht* f 2. *Einfluß* m; to fall under a p's ~ *unter jds E. geraten*; *Bann* m (under the ~ of instincts) || *Übergewicht* n (over *über*), *Herrschaft, Macht* f (over); to hold ~ *herrschen* (over *über*) | ⟨mot⟩ *Neigung* f; lateral ~ *Seiten–* (*in der Kurve*) ~ing [~iŋ] s ⟨mot⟩ *Schräglegen* n, → to sway

swear [swɛə] I. vt/i [swore/sworn] A. vt 1. (*etw*) *beschwören*; *durch Schwur bekräftigen* or *bestätigen* || *schwören, beteuern, geloben* (to do; that); (*Treue*) *schwören*; to ~ an oath *e–n Eid leisten, eidlich aussagen, geloben* (to do; that) || *fluchen* 2. (*jdm*) *den Eid abnehmen*; (*jdn*) *e–n Eid leisten l* (on *auf*), to ~ a p on a th *jdn etw beschwören l*; to have sworn to o.s. *sich* [dat] *geschworen h* (that) || (*jdn*) *vereidigen*; he was sworn a member *er wurde als Mitglied vereidigt*; to be sworn of a council *unter Eidesleistung in e–n Rat aufgenommen w* || (*jdn*) *eidlich verpflichten* (to secrecy *z Verschwiegenheit*) 3. [*mit* adv] to ~ in (*jdn*) *vereidigen* || to ~ off (*dem Trunk* etc) *abschwören* (to ~ off smoking) B. vi 1. *e–n Schwur leisten*; to ~ on the book *auf die Bibel schwören* || *fluchen*; ⟨fam⟩ *fauchen* || (of tiger, etc, engine) *fauchen* 2. [*mit* prep] to ~ at *fluchen auf*; *schimpfen mit*; (*jdn*) *aus–, beschimpfen*; (of colour) *sich beißen mit* | to ~ by *schwören bei* (the name of God); to ~ by all that's holy *Stein u Bein sch.* || ⟨übtr⟩ *sch. auf* (*vertrauen auf*) (he ~s by iodine) | to ~ to a th *etw beschwören*; *die Existenz e–r S b.*; .. to a p *die Identität jds b.* II. s *Schwur*; *Fluch* m ~ing ['~riŋ] s *Schwören, Fluchen* n || ~-in *Vereidigung* f ~-word ['swɛəwəːd] s ⟨fam⟩ *Fluch* m, *Schimpfwort* n

sweat [swet] I. s 1. *Schweiß* m; bloody ~ *Blutschweiß* m; by the ~ of one's brow *im Schweiße s–s Angesichts* 2. *Schwitzen* n, *Schwitzkur* f || *erhitzter Zustand* m, to be in a ~ *schwitzen*; cold ~ *kalter Schweiß* 3. ⟨übtr⟩ *feuchter Niederschlag* m 4. ⟨fig⟩ *Mühe, schwere Arbeit*, °*Schufterei* f || ⟨sl⟩ old ~ *Marschierer*", „*Krieger*" (*Soldat*) m 5. [attr] *Schweiß–* || ~-band –*band* n (*im Hute*) || ~-duct ⟨anat⟩ –*kanal* m || ~-gland –*drüse* f || ~ shirt *kurzärmeliger Pullover* m || ~(-)suit ⟨sport⟩ *Flanell–, Übermantel* m II. vi/t [~ed/ ~ed] 1. vi *schwitzen* (with *vor*) || *sich ausdünsten*; *austrocknen* | ⟨fig⟩ *sich abmühen* (at an); *f Hungerlohn arbeiten*; ⟨teens⟩ *mitmachen* or *dabei s wollen* 2. vt (*Blut*) *schwitzen*; (a to ~ out) *ausschwitzen, –dünsten*; *durch Schwitzen vertreiben* (*Schweiß*) *entfernen* ⟨fam⟩ to ~ one's gut out *sich abrackern* | [kaus] (*jdn*) *schwitzen l*; *in Schweiß jagen* || *jdn f Hungerlohn arbeiten l, ausbeuten, –saugen*; *schinden* | ⟨Am sl⟩ (*jdn*) (*durch Mißhandlung*) *z Geständnis zwingen* | ⟨tech⟩ *schweißen*; to ~ down ⟨sl⟩ (*etw*) *in Miniaturgröße herausbringen* ~ed ['~id] a *ausgebeutet, schlecht bezahlt* || *f Hungerlohn hergestellt* ~er ['~ə] s *Leuteschinder* m | *Sweater* m, *dicke, wollene Sport–, Strickjacke* f || ~ girl ⟨fam⟩ *Lollo* f

(*Mädchen* n *mit Atombusen*) **~iness** ['~inis] s *Schweißigkeit* f **~ing** ['~iŋ] s *Schwitzen* n | [attr] *Schwitz-* (~-bath *–bad* n) || *Ausbeutungs-* (~-system) || ~-iron *Schweißmesser* n (z *Abreiben der Pferde*) || ~-shop 〈Am〉 *Ausbeuterbetrieb* m || ~-sickness 〈med hist〉 *Englischer Schweiß* m, *Schweißfieber* n | **~y** ['~i] a (*–tily* adv) *Schweiß-, schweißig, schwitzig; heiß* || *arbeitsreich*

Swede [swi:d] **1.** s *Schwede* m, *Schwedin* f | ⤳ *Wruke, schwedische Rübe* f **2.** a 〈Am〉 *schwedisch* (a ~ *girl*)

Swedenborgian [ˌswi:dn'bɔ:dʒiən] **1.** a *Swedenborg-* **2.** s *Anhänger* m *des schwed. Gelehrten Swedenborg* († *1772*)

Swedish ['swi:diʃ] **1.** a *schwedisch*; ~ drill, ~ exercises *Schwedische Gymnastik* f, *Freiübungen* f pl || ~ turnip = swede **2.** s *das Schwedische* (*Sprache*)

sweeny ['swi:ni] s 〈hors vet〉 *Muskelschwund* m

sweep [swi:p] **1.** vi/t [swept/swept] **A.** vi **1.** *fegen* **2.** 〈übtr〉 *fegen, schießen, rasen, stürmen*; (of the wind, etc) *peitschen* (across, over *über*; out of *aus*); (of emotions) *fluten, sich ergießen* (through) | to ~ by *vorüberlaufen an*; to ~ down *sich stürzen* (on *auf*) **3.** *stolz u majestätisch einherschreiten* (to ~ up .. *hinauf–*); *rauschen* **4.** (a to ~ away) *sich ausdehnen* (north *nach Norden*) **B.** vt **1.** (*Raum*) (*aus*)*fegen, kehren*; 〈fig〉 to ~ the board *allen Gewinn einstreichen; überall Sieger s* **2. a.** (a to ~ away) (*etw*) *fort–, wegfegen; fort–,* (*hin*)*wegraffen, –reißen*; to ~ off *dahinraffen* | (a to ~ away) *beseitigen, austilgen, zerstören* **b.** (*jdn*) *fortjagen, –treiben* (from *v*), they swept the enemy before them *sie trieben den Feind vor sich her*; he swept his audience along with him *er riß die Zuhörer mit* || to ~ a p off his feet 〈fig〉 *jdn überrennen, –wältigen* **3.** *fegen über*; (of waves) *schlagen über, überschwemmen* (to ~ the boat) || 〈mil〉 (*mit Feuer*) *bestreichen* (to ~ the decks); to ~ the ground with fire *das Gelände abstreuen* | (*Horizont*) *absuchen*; (*Meer*) *durchsuchen; forschend prüfen* | *gleiten über*; (*Saiten*) *berühren, anschlagen* **4.** *schnell gleiten l, streichen l*, to ~ one's hand *mit der Hand gleiten* (over *über*) || *jagen, treiben*, to ~ death and ruin over a country *Tod u Verderben über ein Land bringen* **5.** (*e–e schwungvolle Bewegung*) m; to ~ a p a bow *vor jdm e–e Verbeugung m* **II.** s **1.** *Fegen, Kehren*; to give a th a ~ *etw ausfegen* || 〈fam〉 °*Nasenpopel* m || 〈übtr〉 to make a clean ~ of *reinen Tisch m mit; ausräumen, beseitigen* **2.** *gewaltsame, schwingende Bewegung* f, *Schwingen* n, *Schwung* m (a ~ of the arm *ein Sch. mit dem Arm*; of the sword *mit dem Schwert*), with a ~ of the hand *mit e–r schwungvollen Handbewegung* | *gleichmäßigstetige Bewegung* f (of the tide); *Lauf* m (the ~ of civilization) | 〈astr〉 *Absuchen, Untersuchen* n **3.** *Ausdehnung* f, *Bereich, Spielraum* m; (*Einfluß-*)*Sphäre* f, (of the mind) *Ausmaß* n **4.** *Bogen* m, *Windung, Kurve, Krümmung* f; *fließende Linie* f (~ of drapery) || 〈mar〉 *gr langes Ruder* n || *gewundener Fahrweg* m, *Auffahrt* f (carriage ~ *Wagen–*) **5.** *Schornsteinfeger* m; 〈fig〉 *Schmutzfink*, °*Schweinigel* m || 〈sl〉 *mürrischer Geselle* m **6.** 〈fam〉 = ~stake **7.** [attr] ~-net *gr Schleppnetz* n || *Schmetterlingsnetz* n || ~ seconds hand — ~hand | ~-seine *Schleppnetz* n **~back** ['~bæk] s 〈aero〉 *Pfeilform, –stellung* f (*der Tragflächen*) **~er** ['~ə] s (*Straßen-*)*Kehrer* m || *Kehrmaschine* f **~hand** ['~hænd] s *Zentralsekundenzeiger* m **~ing** ['~iŋ] **1.** a (*–ly* adv) *schwungvoll, fort–, mitreißend, heftig* || *umfassend, weittragend*, ~ statement *e–e zu allgemeine Behauptung* f || *gründlich, durchgreifend*

(change), *–schlagend* (success), a ~ victory *ein Sieg* m *auf der ganzen Linie* || 〈mot〉 having ~ lines *rassig, schnittig, stromlinienförmig* **2.** [s pl] ~s *Kehricht, Abgang* m; 〈fig〉 *Auswurf* m **~stake** ['~steik] s (a pl ~s) *Art* (*Renn-*)*Wettspiel, –lotterie* f; to get up a ~ *e–e Lotterie veranstalten*

sweet [swi:t] **I.** a (~ly adv) **1.** *süß* || *süß schmeckend; süßlich; frisch* (butter) || to have a ~ tooth *ein Leckermäulchen s* **2.** (of smell) *lieblich, duftig* || (of sound) *angenehm, süß, melodisch* | (of sleep) *wohltuend, köstlich* **3.** *lieb* (to z), *liebenswürdig, freundlich, gütig* (to *gegen*) || to be ~ on 〈fam〉 *verliebt s in* | 〈fam〉 *süß, reizend, entzückend* **4.** [in comp] ~-brier, ~-briar 〈bot〉 *wilde Rose* f || ~ chestnut *Eßkastanie* f || ~-flag 〈bot〉 *Kalmus* m, *Magenwurz* f || ~-gale 〈bot〉 *Topfgagelstrauch* m || ~ gasoline *geruchfreies Benzin* n || ~-oil *Olivenöl* n | ~-pea 〈bot〉 *Gartenwicke, Spanische Wicke* f || 〈fam euph hum〉 to do *od* plant a ~-pea *ein Bächlein* m, *die Blümchen gießen* 〈fig〉 | ~-potato 〈bot〉 *Batate* f || ~-scented, ~-smelling *duftend, wohlriechend* || ~-shop *Schokoladengeschäft* n || ~-sop 〈bot〉 *An·one* f, *Zucker–, Zimtapfel* m || ~-tempered *sanftmütig* || ~-tongued *schmeichelnd, liebenswürdig* || ~-william 〈bot〉 *Bart–, Federnelke* f **II.** s (*das*) *Süße* n; *Süßigkeit* f | *Bonbon* n || ~s [pl] *Süßigkeiten, süße Speisen* f pl; *Nachtisch* m | *Annehmlichkeit* f; [mst pl ~s] *Genuß* m, *Freude* f (the ~s of life) || *Liebling* m (my ~) **~bread** ['swi:tbred] s *Kalbsbröschen* n, *–milch* f ~en ['swi:tn] vt/i || *süßen, süß* m | 〈fig〉 *versüßen*; *gefällig, angenehm* m || 〈Am sl〉 *bestechen* || ~ing of gasoline *Benzinsüßung* f | vi *süß w* **~ener** [~ə] s *der Versüßende, Mildernde* m (in); *Beschwichtigungsmittel* n **~heart** ['swi:thɑ:t] **1.** s *Schatz* m, *Liebchen* n, *Geliebte(r* m) f, *Liebhaber* m **2.** vi *poussieren* (to go ~ing) **~ie** ['swi:ti] s [mst pl ~s] *Süßigkeiten* f pl **~ing** ['swi:tiŋ] s 〈hort〉 *süßer Apfel, Johannisapfel* m **~ish** ['swi:tiʃ] a *süßlich* **~meat** ['swi:tmi:t] s *Bonbon* m, *Zuckerkonfekt* n **~ness** ['swi:tnis] s *Süßigkeit* f | *Wohlgeruch* m || *Frische* f | *das Süßliche* n; *das Angenehme* n; *Annehmlichkeit* f || *Lieblichkeit* f || *Liebenswürdigkeit* f **~wood** ['swi:twud] s 〈bot〉 *indisches Lorbeerholz* n **~y** ['swi:ti] s 〈fam〉 = sweetmeat

swell [swel] vi/t [~ed, † swoll/swollen, *~ed] **A.** vi **1.** (a to ~ out, up) (of limbs, etc) (*an*)*schwellen; sich weiten, dick w* || (of grain) (*auf*)*quellen; dick u weich w* || (of water) (*an*)*steigen*, (*an*)*schwellen* || (of land) *ansteigen* || *sich bauschen*; (of sails) *sich blähen* | 〈arch〉 *sich ausbauchen* (into z) **2.** 〈übtr〉 *zunehmen, anschwellen, –wachsen* (into, to z) || (of sound) *anschwellen* (into z) || 〈fig〉 (of feelings, etc) *sich übermäßig weiten* or *steigern* (his grief ~s); *schwellen, sich aufblähen* (to ~ with pride); *bersten; his heart ~s with indignation sein Herz birst vor Wut* || (a to ~ it) *sich blähen, sich brüsten, prahlen* **B.** vt **1.** (a to ~ out, up) z *Schwellen bringen, anschwellen l, dick w l* || his hand is swollen *s–e H. ist geschwollen,* ~ed l| *ausweiten; aufblasen; dehnen* || (*Flüsse*) *anschwellen; steigen l* **2.** 〈übtr〉 (a to ~ out, up) *steigern, anschwellen* (to z); *vergrößern, –mehren* || 〈mus〉 *anschwellen l* | [mst pass] 〈fig〉 *aufblasen, –blähen; swollen with aufgebläht v* **C.** [in comp] ~-fish 〈ich〉 *Kugelfisch* m || ~-head ~ed head || ~-headed (fam) *aufgeblasen, eingebildet* | ~ed [~d] a *angeschwollen* 〈bes med〉 (to have [od suffer from] a ~ed head); ~-head 〈fig fam〉 *Aufgeblasenheit* f; 〈Am〉 *Knallprotz* m (P) **~ing** ['~iŋ] **1.** s *An–, Aufschwellung* f; *Wölbung, Schwellung, Bauchung* f; *Vorsprung; Hügel* m || 〈med〉 *Ge-*

schwulst f 2. a *anschwellend; ansteigend; ausgebaucht, geschwellt* || (of style) *geschwollen, schwülstig*

swell [swel] **I.** s **1.** *Schwellung, Wölbung* f; ⟨arch⟩ *Ausbauchung; Schweifung* f ⟨geog⟩ *Land–, Bodenwelle* f || (of the sea) *Wellengang* m; *Dünung* f; there was a heavy ~ on *es war schwerer Seegang, die Wogen gingen sehr hoch* || *Steigung, Anhöhe* f | ⟨mus⟩ *Anschwellen* n *des Tones*; *Crescendo(zeichen)* n || (of an organ) *Schweller* m; [oft attr] ~-box *–gehäuse* n; ~-pedal *Rollschweller* m **2.** *vornehmer Herr* m; ⟨sl⟩ *Dandy, Stutzer* m; *Modedame* f || *hoher Herr* m, gr Tier n (a big ~) | *Könner, Meister* (at Latin *des Lateins*); *hervorragender Spieler* (at tennis) **II.** a *hoch elegant, aufgedonnert; vornehm*; ~ mob [koll] *die Hochstaplerwelt* f, *Verbrecher* m pl | *ausgezeichnet, vorzüglich,* °knorke, °dufte; *Spitzen–* (~ player) **~dom** ['~dəm] s ⟨sl fam⟩ *vornehme, elegante Welt* f **~ish** ['~iʃ] a ⟨fam⟩ *elegant; stutzerhaft, Stutzer–*

swelter ['sweltə] **1.** vi *vor Hitze verschmachten* or *umkommen; in Schweiß gebadet s* **2.** s *drückende Hitze* f *–try* ['sweltri] a *drückend, schwül*

swept [swept] pret *v* to sweep || ~-wing, ~-back wing = sweepback

swerve [swəːv] **1.** vi/t *e–e Seitenbewegung* m || *plötzlich abweichen, das Ziel aus dem Auge verlieren*; ⟨mot⟩ *aus–, einbiegen*; ⟨aero a⟩ *pendeln*, to ~ in taking off *beim Start ausbrechen* | *abschweifen* (from *v*) || to ~ down ⟨mot⟩ *in Kurven abwärts fahren* | vt *z Abweichen bringen, abweichen l; ablenken* || ⟨sport⟩ (Ball) *Effet geben* **2.** s *Seitenbewegung; Abweichung* f

swift [swift] **1.** a (~ly adv) *schnell, geschwind, eilig, flink, hurtig* || (of time) *schnell dahineilend, flüchtig* (~ hour) || *sofortig, umgehend* || *schnell bereit* (to a th *zu etw*; to do) || ⟨fam⟩ (P) *leicht* (Mädchen), *schwer* (Junge) | ~-footed *schnellfüßig* || ~-handed *schnell handelnd* or *wirkend* || ~-winged *schnellfliegend, beschwingt* **2.** adv [mst in comp] *schnell, eilig, flink* (~-swimming) **3.** s ⟨zoo⟩ *Molch* m || ⟨orn⟩ *Mauerschwalbe* f, *Mauer–, Turmsegler* m; Alpine ~ *Alpensegler,* pallid ~ *Fahl–* || ⟨tech⟩ *Haspel, Garnwinde* f **~ness** ['~nis] s *Schnellig–, Geschwindigkeit* f

swig [swig] **1.** vt/i [–gg–] || ⟨sl⟩ (etw) °saufen; aus–; *hinunterschütten*; ~ged °besoffen || vi *e–n tüchtigen Zug tun* (at *aus, v*) **2.** s ⟨sl⟩ (°„Kuh"-)*Schluck, Zug* m; to take a ~ at *tüchtig trinken, e–n Zug tun aus, v*

swill [swil] **1.** vt/i (a to ~ out) *(ab)spülen, –waschen* | (Getränk) *herunterspülen,* °*saufen*; to ~ o.s. drunk °*sich voll laufen l* | vi *gierig trinken,* °*saufen* **2.** s *Spülen, Spülicht* n; *Spültrank* m (f Schweine) || °*Gesöff* n, *Schlempe* f

swim [swim] **I.** vi/t [swam/swum] [–mm–] **A.** vi **1.** *schwimmen* (across *über*); to ~ about *umherschwimmen*; to ~ on one's back (on one's side) *auf dem Rücken (auf der Seite) schwimmen*; .. with the tide *od* stream ⟨fig⟩ *mit dem Strom sch.*; to ~ like a stone *wie e–e bleierne Ente sch.*; sink or ~ ⟨fig⟩ *siegen oder untergehen* **2.** (S) *getragen w, getrieben w; treiben, schwimmen*; ⟨mar⟩ *flott s*; (of dust, etc) *schweben; schwebend sich bewegen; gleiten* (into in) | *überschwemmt s, schwimmen* (to ~ in blood); *überfließen, voll s* (with *v*) **3.** ⟨fig⟩ *v Schwindel ergriffen s*; my head ~s *es schwindelt mir; sich drehen, schwimmen* (all swam before his eyes) **B.** vt **1.** (e–e Strecke etc) *schwimmen* | *schwimmen über, durchschwimmen* (to ~ the river) **2.** *schwimmen l, schwimmend hinüberführen* (to ~ a horse across ..) **3.** to ~ a race *an e–m Wettschwimmen teilnehmen* || to ~ a p *mit jdm um die Wette schwimmen, gegen jdn im*

Wettschwimmen auftreten **II.** s **1.** *Schwimmen* n; to go for a ~ *zum Sch. gehen*; to have, take a ~ *baden, schwimmen* **2.** ⟨fig⟩ *schwindelndes Gefühl* n **3.** *Strom des Lebens, der Ereignisse* to be in the ~ ⟨fam⟩ *mit dazu gehören, auf dem laufenden s* | to be in the ~ with *im Bunde s mit* || to be out of the ~ *nicht (mehr) dazugehören* | ~-in ['–'–] s [pl ~-ins] → swimming-in **4.** ⟨sl⟩ *Geschäft, Unternehmen* n **~mer** ['~ə] s *Schwimmer(in* f) m || *Schwimmvogel* m **~ming** ['~iŋ] **1.** a (~ly adv) *schwimmend* | *schwindelnd, sich drehend* | ⟨fig⟩ *leicht; ohne Schwierigkeit, glatt, glatt vonstatten gehend* (to go ~ly *glatt gehen); erfolgreich* **2.** s *Schwimmen* n || *schwindelndes Gefühl* n (to have a ~ in one's head) | [attr] *Schwimm–*; ~-bath, ~-pool *Schwimmbad* n || ~-belt *–gürtel* m || ~-bladder ⟨anat⟩ *–blase* f || ~ gala *Wassersportfest* n || ~-in ['–'–] s [pl ~-ins] ⟨Am pol⟩ (Protestkundgebung f f) *Aufhebung* f *der Rassentrennung beim Baden; Benutzung* f *des Badestrandes durch Farbige wie Weiße* || ~-instructor *–lehrer* m || ~-lessons [pl] *–stunden* pl || ~-match *Wettschwimmen* n || ~-pool → ~-bath; indoor ~-p., *Hallenbad* n; open air ~-p. *Freibad* n **~meret** ['swiməret] s *Schwimmfuß* m (der Krustentiere)

swindle ['swindl] **1.** vt/i (jdn) *beschwindeln, –trügen* (out of *um*) || (etw) *erschwindeln, –pressen* (out of a p *v jdm*) | vi *schwindeln, betrügen* **2.** s *Schwindel; Betrug* m *–ler* [–ə] s *Schwindler(in), Betrüger(in), Gauner(in* f) m || to work a ~ *etw schieben* **–ling** [–iŋ] a (~ly adv) *Schwindel–, schwindelhaft, betrügerisch*

swine [swain] s **1.** [koll pl konstr] *Schweine* n pl (~ are ..; 3 ~; several ~); one of the ~ *ein Sch.* **2.** ⟨rhet & poet & †⟩ [pl ~s] *Schwein* n (dafür: pig, hog) **3.** ⟨fig⟩ [pl ~] °*Schwein* n; *Schweinehund* m (P); these ~ [pl] *diese Schweine* pl **4.** [attr] *Schweins–* (~ eyes) || ~-bread *Trüffel* f || ~-fever, ~-plague ⟨vet⟩ *Schweinepest* f || ~-pox ⟨med⟩ *Art Windpocken* f pl || ~'s snout ⟨bot⟩ *Löwenzahn* m **~herd** ['~həːd] s *Schweinehirt* m **~ry** ['~əri] s *Schweinestall* m | ⟨fig⟩ *Schweinerei* f

swing [swiŋ] vi/t [swung ([obs] swang)/swung] **I.** vi **1.** *hin u her schwingen, schwingend hängen, baumeln* (from a hook *an e–m Haken*); ⟨fig⟩ *abhängen* (from *v*) | (sich) *schaukeln; schweben* (in the air) | ⟨sl⟩ *gehenkt w* (for *wegen, f*) || (of the pendulum) *schwingen, pendeln* | *sich schaukeln* **2.** *sich umdrehen, sich wenden*; ⟨mar⟩ (of ship) *schwaier; schwojen* || to ~ open *auffliegen, sich auftun*; to ~ round *sich umdrehen; sich wenden*; to ~ to *zuschlagen* **3.** *sich in e–r Windung bewegen*; (of lines) *sich hinziehen* **4.** *sich behend, frei, elastisch, wiegend bewegen*; to ~ along *dahinschwanken, –schaukeln*, to go ~ing past *schwungvoll vorbeigehen, –ziehen an* | ⟨mil⟩ to ~ into line *einschwenken* || to ~ out *im Bogen hinausfahren* (at a gate *aus e–m Tor*) || to ~ round the circle ⟨Am fig⟩ *e–e volle Kehrtwendung* m, *sich in s–r Meinung um 180 Grad wenden* **II.** vt **1.** (etw) *schwingen, schwenken*; to ~ one's arms *mit den Armen schwenken, die Arme schlenkern* || (etw) *baumeln l* (from one's finger *am Finger*) || (etw) *hangen l, hängen* (from the ceiling *an die Decke*) || *herum–, hin u her schwingen*; there's no room to ~ a cat (in) *hier fällt kein Apfel z Erde, (man kann sich hier kaum umdrehen)* || to ~ the lead ⟨mar sl⟩ *sich drücken, sich krank stellen* **2.** (Zeit) *durch Schwingungen anzeigen; gleichmäßig schwingen, (Sekunden) etc) schwingen* | (etw) *rhythmisch schwingen*, to ~ Indian clubs *Keulen schwingen* || (jdn) *schaukeln* **3.** (jdn, etw) *hoch schwingen, heben* (on to *auf*) || ⟨fig fam⟩ to ~ it °*die S schmeißen, deichseln, schaukeln*; to ~ (a matter, business) over one's shoulder

od head (etw) aus dem Handgelenk m, → II. 5.
4. *umschwenken l*; ⟨mil⟩ *to* ∼ *into line (Truppe)
einschwenken l* **5.** ⟨Am⟩ *beeinflussen*; *–herrschen*; *erfolgreich durchführen*, °*drehen*, °*schaukeln*; *kapieren, spitzkriegen*; *genießen, auskosten*;
→ II. 3. **III.** [in comp] ∼-*away Abschwenken* n (from) | ∼-*back Einstellscheibe* f | ⟨fig⟩
Umstellung f (∼-*b.* of opinion); *Rückkehr* f (to
z) ‖ ∼-(-)*bridge Drehbrücke* f | ∼-*over Umstellung* f; *Übertritt* m (to *z*) ∼**ing** [ʹ∼iŋ] a (∼ly
adv) *schwungvoll, kräftig, heftig* | *rhythmisch* ‖ *schwebend, wiegend* ‖ ∼-*chair
Schaukelstuhl* m ‖ ∼-*lamp Hängelampe* f

swing [swiŋ] s **A.** [abstr] **1.** *Schwingen* n,
schnellende Bewegung f; *to come full* ∼ *in vollem Galopp* k or *jagen* **2.** (*Hin-und-her-)Schwingen* n, *Schwingung* f; *Swing(tanz)* m; *the* ∼ *of*
the pendulum die Sch. des Pendels ‖ *Schaukeln*
n, *Schaukelfahrt* f ‖ ⟨übtr & fig⟩ *Hin u Her,
Auf u Ab* n, *Schwanken* n; *to be on the* ∼ *hin u
her schaukeln* ‖ *Schwenkung* f **3.** ⟨übtr⟩ *Schwung*
m (*to get into* ∼ *in Sch., in Schuß k*); *in full* ∼
in vollem Gang, im Zuge | *to get into the* ∼ *of
a th sich mit etw vertraut m, sich an etw gewöhnen* ‖ *to give a* th a ∼ *etw in Sch., in Gang
bringen* | ⟨box⟩ *Swing* m, ⟨fig⟩ *Konjunktur(periode* f) f **4.** *freier, elastischer Gang* m |
Rhythmus m ‖ *to go with a* ∼ (of verse) *leicht,
schnell. dahinfließen*; *–wogen*; (of plays) *noch
dieselbe Zugkraft h*; (of events) *glatt verlaufen*
5. *Schwungweite* f | *Spielraum* m, *Freiheit* f; *to
give full* ∼ *to a* th *e–r S freien Lauf l*; *to let a* th
have its ∼ *e–r S ihren Lauf l* **6.** ⟨tech⟩ *Drehdurchmesser* m **B.** [konkr] **1.** *Schaukel* f; *what
you lose on the* ∼s *you make up on the roundabouts ein Verlust hier wird ausgeglichen durch
e–n Gewinn dort* **2.** ⟨phot⟩ = ∼-*back* (→ to
swing III.) **C.** [attr] *Schwing–, Schwung–* ‖
∼-*back* [attr] *zurückklappbar* ‖ ∼-*bar Ortscheit* n ‖ ∼-*boat Schiffschaukel* f ‖ ∼-*bridge
Drehbrücke* f ‖ ∼-*couch* ⟨Am⟩ *SchaukelCouch* f ‖ ∼-*door Klapp–, Drehtür* f ‖ ∼-*glass
Drehspiegel* m ‖ ∼-*plough Schwingpflug* m ‖ ∼-
shift ⟨Am fam⟩ *Spätschicht* f ‖ ∼-*wheel* (of a
clock) *Schwungrad* n

swinge [swindʒ] † vt *peitschen, hauen, prügeln* ∼*ing* [ʹ∼iŋ] a *heftig, wuchtig* (blow) ‖
⟨fam⟩ *gewaltig, riesig, ungeheuer*

swingle [ʹswiŋgl] **1.** s (*Flachs-)Schwinge* f,
Schwingbrett n, *–maschine* f | ∼-*tree* (*Wagen-)
Schwengel* m **2.** vt (*Flachs*) *schwingen u ribben
–ling* [–iŋ] s (*Flachs-)Schwingen* n ‖ [attr]
Schwing–; ∼-*tow Werg* m, *Hede* f

swinish [ʹswainiʃ] a (∼ly adv) *Schweins–*;
Schweine– ‖ ⟨fig⟩ *schweinisch* ∼**ness** [∼nis] s
°*Schweinerei* f; *Schmutz* m

swink [swiŋk] † **1.** vi *sich placken* † **2.** s
Plackerei f

swinny [ʹswini] a ⟨vulg⟩ °*besoffen*

swipe [swaip] **1.** vi/t ‖ *saufen* ‖ *weit ausholend,
kräftig schlagen* (at nach) | vt (*Ball*) *mit aller
Kraft schl.* ‖ ⟨sl⟩ °*stibitzen* **2.** s *kräftiger Schlag,
Stoß* m | ∼s [pl] *Dünnbier, Bier* n

swipey [ʹswaipi] a ⟨fam⟩ *angetütert, –heitert,
leicht beschwipst*

swirl [swəːl] **1.** vi/t ‖ (of water etc) *e–n Strudel bilden, wirbeln*; *sich drehen*; *sausen* | * vt
(*etw*) *herumwirbeln* **2.** s (*Wasser-)Strudel, Wirbel* m ‖ *schnelldrehende Bewegung* f ‖ ⟨Am⟩
falscher Haarknoten m (*z Bubikopf*)

swish [swiʃ] **1.** vt/i **a.** vt (*etw*) *geräuschvoll
schwingen* ‖ *schnell or hin u her bewegen* ‖
⟨fam⟩ *durchprügeln* | *to* ∼ *off* (*mit e–m sausenden Geräusch*) *abhauen* **b.** vi *flutschen*; *sausen*,
(of bullets etc) *pfeifen*; *schwirren*; *zischen* ‖
spritzen, plätschern ‖ *rauschen*; (of dress)
rascheln **2.** s *Sausen, Pfeifen* n ‖ *Rauschen*;

Rascheln n **3.** a ⟨sl⟩ *elegant* **4.** intj *hui! sch! ss!*
5. adv *sausend, pfeifend*

Swiss [swis] **1.** ·s **a.** [pl ∼] *Schweizer(in* f) m;
the ∼ *der Sch.*; *die Sch.* pl | *der Schweizer
Dialekt* **b.** [pl ∼es] *Schweizermusselin* m **2.** a
schweizerisch, Schweizer–; ∼ *cheese – Käse* m;
∼ *German –deutsch* n ‖ ∼ *milk kondensierte
Milch* f; ∼-*roll aufgerolltes Backwerk* n *mit
Marmelade darin*

switch [switʃ] **I.** s **1.** (*Reit-)Gerte, Rute* f
2. *falscher Zopf* m **3.** ⟨rail⟩ *Weiche* f **4.** ⟨mil⟩
Befestigungslinie f **5.** ⟨tech⟩ *Hahn*; *Gashahn* m
‖ ⟨el⟩ (*Um-)Schalter* m, *to flick od flip the* ∼
das Licht anknipsen; *lever* ∼ *Hand–, Hebel–*;
series parallel ∼ *Serien–*; *two-way* ∼ *Wechselschalter* **6.** [attr] → ∼*board* ‖ ∼-*gear* ⟨arch⟩
Schaltanlagen f pl, *–werk* n ‖ ∼-*lever* ⟨mot⟩
Fahrschalthebel m ‖ ∼-*signal Weichensignal* n
‖ ∼ *tower* ⟨rail⟩ *Stellwerk(turm* m) n **II.** vt/i
A. vt **1.** *mit e–r Gerte* (etc) *schlagen*; *peitschen*
‖ *schwingen, to* ∼ *one's tail mit dem Schweif
schlagen* **2.** ⟨rail⟩ (*Zug*) *rangieren* | ⟨el⟩ (*um-)
schalten* ‖ ⟨übtr⟩ (*jdn*) *umschwenken l, umlenken,
herüberführen* (to *z, nach*) ‖ ⟨Am fam⟩ I'll be
∼ed °*ich werd' verrückt* **3.** [mit adv] *to* ∼ *off*
(*Hahn*) *abdrehen*; (*Licht*) *ausschalten, –knipsen*;
⟨telph⟩ (*jdn*) *trennen*; ⟨tech⟩ *stillsetzen*; ⟨fig⟩
ab–, umlenken ‖ *to* ∼ *on* (*Hahn*) *aufdrehen*;
(*Licht*) *einschalten, anknipsen*; ⟨telph⟩ (*jdn*)
verbinden (to *mit*) ‖ *to* ∼ *over* (*Interesse*) *umschalten, –stellen* (from .. to); *to be* ∼*ed over
sich verlagern* (from .. to) **B.** vi **1.** *rangieren*
‖ *umgelenkt w* **2.** [mit adv] *to* ∼ *back to* ⟨fig⟩
(*in Gedanken*) *zurückspringen auf* ‖ *to* ∼ *off
die Verbindung trennen*; *Radio abstellen*; (the
action) ∼es *off on to* .. (..) *springt über auf* ..
‖ *to* ∼ *off!* ⟨aero mot⟩ (*Zündmagneten) aus!*, ⟨fig
fam⟩ *schalt' aus!* °*halt's Maul* | *to* ∼ *on to*
⟨wir⟩ *anschließen an* (to ∼ *on to an aerial*)
∼**back** [ʹ∼bæk] s *Zickzackbergbahn* f ‖ *Berg– u
Talbahn* f ∼**board** [ʹ∼bɔːd] s ⟨el⟩ *Schalttafel* f,
–brett n ∼**man** [ʹ∼mən] s ⟨rail⟩ *Weichensteller*
m ∼**yard** [ʹ∼jɑːd] s *Abstellbahnhof* m

Switzer [ʹswitsə] s † *Schweizer*

swivel [ʹswivl] **1.** s ⟨tech⟩ *Wirbel, Drehzapfen, –ring* m ‖ ⟨mar⟩ *Drehstütze* f (*f Geschütze*) | [attr & comp] ∼-*bridge Drehbrücke* f
‖ ∼-*chair Drehstuhl* m ‖ ∼-*eye* ⟨sl⟩ *Schielauge*
n ‖ ∼-*eyed schieläugig* ‖ ∼-*gun* ⟨hist⟩ *Drehbasse* f, *Steinkugelmörser* m (*kl Geschütz*) ‖ ∼
(gun) mount *Schwenklafette* f ‖ ∼ *joint Kugelgelenk* n ‖ ∼-*seat Drehsitz* m **2.** vi/t *sich auf
e–m Zapfen drehen* | vt *auf e–m Z. drehen*

swizzle [ʹswizl] ⟨fam⟩ **1.** s *Schnaps*, (*Art*)
Schwedenpunsch m **2.** vi/t *schnapsen* | ∼d *beschwipst* ∼-*nick* [∼nik] s ⟨Am⟩ *Säufer* m ∼
(-)*stick* [∼stik] s *Sektquirl* m

swob [swɔb] s = swab

swollen [ʹswoulən] pp *v to* swell ‖ a: ∼ *head* =
swelled head, → swelled

swoon [swuːn] **1.** vi (*a to* ∼ *away*) *ohnmächtig
w, in Ohnmacht fallen* (for *joy vor Freude*,
with *pain vor Schmerz*) ‖ ⟨poet⟩ *absterben,
nachlassen*; *herabsinken* (to, into *z*) ‖ *to* ∼
away vergehen (with *vor*) **2.** s *Ohnmacht* f,
–sanfall m

swoop [swuːp] **1.** vi/t ‖ (of eagles etc) (*a to* ∼
down) (*herab)stoßen, niederschießen*; *heruntersausen* (upon *auf*) ‖ *to* ∼ *down* ⟨aero⟩ *im
Sturzflug niedergehen, –brausen, –schießen* ‖
⟨übtr⟩ *herfallen* (upon *über*) | vt (*mst to* ∼ *up*)
schnell ergreifen, packen **2.** s *Stoß* m (*e–s Raubvogels*) ‖ ⟨übtr⟩ *Überfall* m (upon *auf*); *Anprall*
m; *at one* ∼ *mit e–m einzigen Stoß, auf einmal*

swop [swɔp] v & s = swap

sword [sɔːd] s **1.** *Schwert* n; *the* ∼ *of Damocles das Damoklessch.* ‖ ⟨mil⟩ *Säbel, Degen* m
‖ *wooden* ∼ *Pritsche* f | ⟨fig⟩ *the* ∼ *das Sch.*;

militärische Gewalt f; *der Krieg* m (fire and ∼)
2. *W e n d u n g e n :* ∼ and cloak [attr]
aristokratisch ‖ ∼ *in hand mit dem Schwerte in
der Hand* ‖ at the point of the ∼ *mit Gewalt*
‖ to cross, measure ∼s with *die Degen kreuzen
mit ⟨a fig⟩* ‖ to draw the ∼ *das Sch. ziehen*;
zum Sch. greifen; to draw ∼ *kämpfen* (he never
drew ∼ again) ‖ to fall to the ∼ *durch das
Schwert fallen* ‖ to put to the ∼ *mit dem
Schwerte töten* ‖ to sheathe ∼ *das Sch. einstecken* **3.** [attr & comp] *Schwert*– ‖ ∼-arm
rechter Arm m ‖ ∼-bayonet *langes, breites
Bajon·ett* n ‖ ∼-bearer *Schwertträger* m ‖ ∼-
belt *Degengehenk* n ‖ ∼-blade *Degen*–, *Schwert-
klinge* f ‖ ∼-cane *Stockdegen* m ‖ ∼-cut
Schwert–, *Säbelhieb* m ‖ ∼-dance *Schwerter-
tanz* m ‖ ∼-exercise *Säbelfechten* n ‖ ∼-fish
⟨ich⟩ *Schwertfisch* m ‖ ∼-flag ⟨bot⟩ *Schwertlilie* f ‖ ∼-grass ⟨bot⟩ *Riedgras* n ‖ ∼-guard
Stichblatt n (*zw Griff u Klinge*) ‖ ∼-hand
rechte Hand f ‖ ∼-hilt *Degengriff* m ‖ ∼-knot
Degen–, *Säbelquaste* f, *Portepee* n, *Faustriemen*
m ‖ ∼-lily ⟨bot⟩ *Siegwurz, Schwertlilie* f ‖
∼-play *Säbelfechten* n, *Fechtkunst* f ‖ ∼-shaped
schwertförmig ‖ ∼-stick *Stockdegen* m ‖ ∼-
thrust *Schwertstoß* m **∼less** [´∼lis] a *schwertlos,
ohne Degen* **∼sman** [´∼zmən] s *Fechter* m
∼smanship [∼zmənʃip] s *Fechtkunst* f
　swore [swɔ:] pret *v* to swear **sworn** [swɔ:n]
1. pp *v* to swear **2.** a *Eid*–; *durch Eid ge*–, *verbunden* (∼ brother, ∼ friend); ∼ enemy *Tod-
feind* m ‖ *be*–; *vereidigt* (∼ member); ∼ evidence *beeidigte Aussagen* f pl ‖ ∼ to [adv]
before me *vor mir beschworen*
　swosh [swɔʃ] s ⟨fam⟩ °*Quatsch* (*Unsinn*) m
　swot [swɔt] ⟨sl⟩ **1.** vi/t [–tt–] °*büffeln, pauken*
2. s °*Büffelei, Paukerei* f ‖ *Streber* m **∼ter**
[´∼ə] s *Streber* m
　swum [swʌm] pp *v* to swim
　swung [swʌŋ] pret & pp *v* to swing
　sybarite [´sibərait] **1.** s *Sybar·it, Genüßling*;
verweichlichter Schlemmer; *Weichling* m **2.** a
= –tic [ˌsibə´ritik] a (∼ally adv) *sybar·itisch,
schwelgerisch*; *verweichlicht* –tism [´sibəraitizm]
s *Schwelgerei, Genußsucht* f
　sybil [´sibil] s = sibyl
　sycamine [´sikəmain] s ⟨bot⟩ *Maulbeerbaum*
m
　sycamore [´sikəmə:] s ⟨bot⟩ *Sykom·ore* f,
Maulbeerfeigenbaum m ‖ (*a* ∼ maple) *Bergahorn* m ‖ ⟨Am⟩ *Platane* f
　syce, sice [sais] s Ind *Pferde*–, *Stallknecht* m
　sycee [sai´si:] s *feines Silber* n (*in Barren*;
als Tauschmittel in China)
　syconium [sai´kouniəm] s L ⟨bot⟩ *Schein*–,
Sammelfrucht f
　sycophancy [´sikəfənsi] s *Kriecherei* f
　sycophant [´sikəfənt] s *Kriecher, Schmeichler*
m **∼ic** [ˌsiko´fæntik] a (∼ally adv), **∼ish**
[ˌsiko´fæntiʃ] a *kriecherisch*
　sycosis [si´kousis] s L *Bartflechte* f
　syenite [´saiinait] s ⟨geol⟩ *Syen·it* m (*kristall.
Gestein*)
　syllabary [´siləbəri] s *Silbenliste, -tabelle* f;
⟨übtr⟩ *Abc* n
　syllabic [si´læbik] a (∼ally adv) *syllabisch,
Silben*– ‖ *silbig; silbenbildend* –**bicate** [–eit] vt
in Silben teilen; silbenweise aussprechen ‖ *nach
Silben aussprechen* –**bication** [si·læbi´keiʃən],
–**bification** [si·læbifi´keiʃən] s *Silbenbildung* f
–**bify** [si´læbifai], –**bize** [´siləbaiz] vt = sylla-
bicate
　syllable [´siləbl] **1.** s *Silbe* f ‖ not a ∼ *nicht
ein Wort* **2.** vt *nach Silben deutlich aussprechen*
‖ **∼d** [∼d] a *Silben*–; –*silbig* (four-∼)
　syllabub [´siləbʌb] s = sillabub
　syllabus [´siləbəs] s L (pl ∼es, mst –bi
[–bai]) *Auszug, Abriß* m; *Verzeichnis; Programm*

n ‖ *Lehrplan* m; ∼ of lectures *Vorlesungsver-
zeichnis* n ‖ ⟨R.C.⟩ *Syllabus* m
　syllepsis [si´lepsis] s L (pl –ses [–si:z]) ⟨gram
& rhet⟩ *Syll·epsis* f (*Beziehung der Aussage auf
2 versch. Subjekte*) **sylleptic** [si´leptik] a (∼ally
adv) ⟨gram & rhet⟩ *syll·eptisch*
　syllogism [´silədʒizm] s ⟨log⟩ *Syllog·ismus,
Vernunftschluß* m –**gistic** [ˌsilo´dʒistik] a
(∼ally adv) *syllog·istisch* –**gize** [´silodʒaiz]
vi/t *durch Syllogismus schließen* ‖ vt *durch
S. folgern*
　sylph [silf] s *Sylphe* f, *Luftgeist* m ‖ ⟨fig⟩
Sylphe f, *schlankes, zierliches Mädchen* n
‖ ∼-like *sylphenartig, Sylphen*–
　sylvan [´silvən] a ⟨poet⟩, **silvan** [´silvən] a ⟨poet⟩
waldig, Wald–
　sym– [sim] Gr pref *Sym*–, *mit* .., *zus*– ‖
→ syn–
　symbion(t) [´simbiən(t)] s ⟨biol⟩ *Partner* m
e–r Symbiose –**osis** [ˌsimbi´ousis; –bai–] s
soziales Zus–leben n ‖ ⟨biol⟩ *Symbi·ose* f (*Zus-
leben artfremder Lebewesen*) –**otic** [ˌsimbi´ɔtik] a
(∼ally adv) *symbi·ontisch, in Symbiose lebend*
　symbol [´simbəl] s *Symb·ol* n (the ∼ of a th
das S. e–r S, für etw), *Sinnbild, Zeichen* n;
Evangelistic ∼s [pl] *Evangelistenzeichen* n pl
‖ *graphisches Zeichen* **∼ic(al)** [sim´bɔlik(əl)] a
(–cally adv) *symbolisch, sinnbildlich* (of *f*); to be
∼ic of *versinnbildlichen* **∼ics** [sim´bɔliks] s pl
[sg konstr; ∼ is ..] ⟨theol⟩ *Symb·olik* f (*Wissenschaft v den Symbolen*) **∼ism** [´simbəlizm] s
Symb·olik, sinnbildliche Darstellung f ‖ *Symb-
ol·ismus* m (*Kunstlehre e–r frz. Dichter– u
Malerschule des 19. Jhs*) **∼ist** [´simbəlist] s
Anhänger m des frz. Symbolismus **∼ization**
[ˌsimbəlai´zeiʃən] s *Symbolisierung, Versinn-
bildlichung* f **∼ize** [´simbəlaiz] vt *symbolisieren;
sinnbildlich darstellen* –**ogy** [sim´bɔlədʒi] s
Symb·olik f; *Symbole* pl
　symmetric(al) [si´metrik(əl)] a (–cally adv)
symm·etrisch, gleich–, *ebenmäßig* ‖ ⟨math⟩
(*bes* –cal) *symmetrisch* –**trize** [´simitraiz] vt
symm·etrisch or *ebenmäßig m* –**trophobia**
[siˌmetrə´foubiə] s ⟨arch⟩ *Abneigung f gegen
Symmetrie* –**try** [´simitri] s *Symmetr·ie* f;
Ebenmaß n
　sympathetic [ˌsimpə´θetik] **I.** a (∼ally adv)
1. ⟨hist⟩ *sympath·etisch; geheimkräftig*; ∼
cure *Heilung f durch Besprechen* ‖ ∼ induction
Stimmungsübertragung, ,,Ansteckung'' f ‖ ∼
ink *sympathetische* (*bei Erwärmen sichtbar werdende*) *Tinte* f **2.** ⟨anat⟩ *symp·athisch*; ∼ nerve
Sympathisches Nervensystem n, *Symp·athikus* m
(*Lebens*–, *Eingeweidenerven* pl) **3.** ⟨fig⟩ *auf
Sympathie beruhend; mitfühlend, wohlwollend,
verständnisvoll, teilnehmend; empfänglich* (to *f*)
‖ *Sympathie*–; ∼ strike –*streik* m ‖ *seelen*–,
geistesverwandt, sympathisch, kongeni·al **II.** s
⟨anat⟩ = sympathetic nerve (→ d) ‖ *f Hypnose
empfänglicher Mensch* m –**thize** [´simpəθaiz] vi
(of moods) *gleichgestimmt s* (with *mit*) ‖ *sympa-
this·ieren, mitfühlen* (with a p in a th *mit jdm in
etw*; with a th *mit etw*) ‖ *sein Mitgefühl or Beileid ausdrücken* (with a p *jdm*) ‖ *wohlwollend
gegenüberstehen* (with a th *e–r S*); to ∼ with
a feeling *ein Gefühl teilen*; *übereinstimmen*
(with a p) –**thizer** [–ə] s *Mitfühlende(r* m) f
‖ *Zustimmende(r* m) f; *Anhänger* m (with a p
jds) –**thy** [´simpəθi] s **1.** *Sympath·ie, Zuneigung* f
(for *f*); in, out of ∼ with *aus Zuneigung z;
Neigung f, Wohlwollen* n; my ∼ goes out to *ich
fühle mich hingezogen z*; I offer you my sincere
∼ on the death of .. *z Tode (jds) spreche ich
Ihnen m–e aufrichtige Teilnahme aus* **2.** *mit-
fühlendes Verständnis* n (with a p *für jdn*); *Einklang* m, *Übereinstimmung* f (with); *Harmonie* f
(between), ∼ of souls *Seelenverwandtschaft* f
3. *Mitgefühl* n (in a th *f etw*), *Mitleid* n (for, with

a p *mit jdm*); *Anteilnahme* f; *Beileid* n (letter of ~ *-schreiben*); to express ~ with a p in a loss *jdm sein Mitgefühl an e-m Verlust ausdrücken*; to feel ~ for *od* with a p *M. h mit jdm*; to feel ~ for, with a th *Anteil nehmen an etw* **4.** ⟨physiol⟩ *wechselseitige Wirkung* f (*v Organen auf-e-a*)
    sympetalous [sim'petələs] a ⟨bot⟩ *mit verwachsenen Blumenkronblättern*
    symphonic [sim'fɔnik] a (~ally adv) ⟨mus⟩ *symph·onisch, Symphonie-* **-nious** [sim'founiəs] a *harmonisch* ⟨a übtr⟩ **-nist** ['simfənist] s ⟨mus⟩ *Symphoniekomponist* m **-ny** ['simfəni] s † *harmonischer Zus-klang* m | ⟨mus⟩ *Symphonie* f || [attr] *Symphonie-* (~ *concert*)
    symphysis . ['simfisis] s ⟨anat⟩ *Symphyse* f (*Verbindg. zweier Knochen durch Knorpel*)
    sympiesometer [ˌsimpie'zɔmitə] s *Barometer* n *mit gasgefüllter Glasröhre* || *Apparat* m *z Messung v* (*Wasser-* etc) *Strömungen*
    sympodium [sim'poudiəm] s ⟨bot⟩ *Scheinachse* f (*der Sprossen*)
    symposiac [sim'pouziæk], **-sial** [sim'pouziəl] a *Gastmahls-*; *Versammlungs-* **-sium** [sim-'pɔziəm] s [pl *-sia*] ⟨ant⟩ *Gelage, Gastmahl* n || ⟨fig⟩ *wissensch. Versammlung, Konferenz, Tagung* f | *Sammlung* f *v Beiträgen z e-m Thema* || *Zus-stellung* f
    symptom ['simptəm] s ⟨med⟩ *Symptom* (of *v*, *f*); *Krankheitszeichen, Merkmal* n || *äußeres Zeichen, Anzeichen* n; *Erscheinung* f (of *v*) **~atic** [ˌsimptə'mætik] a (~ally adv) *symptom·atisch, charakteristisch, bezeichnend* (of *für*), to be ~ of *kennzeichnen; andeuten* **~atology** ['simptəmə'tɔlədʒi] s *Lehre v den Symptomen, Symptomatik* f
    syn– [sin] Gr pref *Syn-*, *mit, zusammen*; → **sym–**
    syn(a)eresis [si'niərisis] s Gr ⟨gram⟩ *Synär·ese* f (*Zus-ziehung zweier Laute u Silben*)
    synagogue ['sinəgɔg] s *Synag·oge* f
    synallagmatic [ˌsinæləg'mætik] a *gegenseitig bindend* (*treaty*)
    synal(o)epha [ˌsinə'li:fə] s L ⟨gram⟩ *Verschmelzung* f *zweier Silben*
    synantherous [sin'ænθərəs] a ⟨bot⟩ *mit vereinigten Staubbeuteln*; ~ *plant Komposite* f, *Korbblüter* m
    syncarp ['sinkɑ:p] s ⟨bot⟩ *zus-gewachsener Fruchtknoten* m
    synchroflash ['sinkrouflæʃ] s ⟨phot⟩ *Synchr·onblitz* m
    synchromesh ['sinkrou'meʃ] s ⟨tech⟩ *Gleichlauf* m; (⟨a⟩ ~ *gear*) *Synchr·ongetriebe* n
    synchronism ['sinkrənizm] s *Synchron·ismus* m; *Gleichzeitigkeit* f || *Gleichlauf* m || *synchronistische Tabelle, Geschichtstabelle* f **-nistic** [ˌsinkrə'nistik] a (~ally adv) *synchronistisch, gleichzeitig* **-nization** [ˌsinkrənai'zeiʃən] s *zeitl. Zus-fallen* n (with ||) ⟨mus⟩ *Zus-spiel* n || ⟨film⟩ *Synchronisierung, Tonüberspielung* f || ~ *of watches Uhrenvergleich* m **-nize** ['sinkrənaiz] vi/t || (*zeitlich*) *zus-fallen* (with *mit*); *Schritt halten* (with ||; (of clocks) *gleichgehen; synchron laufen* | vt (*zeitlich*) *in Übereinstimmung bringen*; ⟨aero-rail-mar⟩ (*Fahrpläne*) *zeitlich abstimmen* (*Uhren* etc) *gleichgehend* m || *zus-fallen* l; *z Zus-spiel bringen* || *-nizing leader* ⟨film⟩ *Vorlaufband* n *mit Einsatzfeldern* **-nizer** ['sinkrənaizə] s *Synchronis·ator* m **-nous** ['sinkrənəs] a (~ly adv) *gleichzeitig* (with); to be ~ with *zus-fallen mit* || *synchron, gleichlaufend*, *-gehend* (clocks); to be ~ with *gleichgehen mit*; *Schritt halten mit* || ~ *motor Synchronmotor* m **-ny** ['sinkrəni] s = *synchronism*
    synclinal [sin'klainəl] a ⟨geol⟩ *muldenförmig, synklin·al* **-cline** ['sinklain] s ⟨geol⟩ *Mulde* f (*Faltungssenke in Schichtgestein*)
    syncopal ['sinkəpəl] a ⟨med⟩ *Ohnmachts-*

    syncopate ['sinkəpeit] vt ⟨gram⟩ (*ein Wort*) *durch Ausstoßung e-s unbetonten Vokals kürzen, zus-ziehen* || ⟨mus⟩ *die Betonung* (*e-r Note*) *verschieben* (*vom leichten Taktteil auf den nächsten schweren*)*, synkop·ieren* **-pation** [ˌsinkə'peiʃən] s ⟨gram & mus⟩ *Synkopierung* f **-pe** ['sinkəpi] s ⟨gram & mus⟩ *Synkope* f || ⟨med⟩ *tiefe Ohnmacht, Bewußtlosigkeit* f **-pic** [sin'kəpik], **-ptic** [sin'kɔptik] a ⟨med⟩ *Ohnmachts-*
    syncretic [sin'kri:tik], **-tistic** [ˌsinkri'tistik] a *synkretistisch* **-tism** ['sinkritizm] s *Synkretismus* m (*Verschmelzung versch. heidn. Kulte*)
    syndactylism [sin'dæktilizm] s *Syndaktil·ie* f (*angeborene Verwachsung der Finger*)
    syndesmosis [ˌsindez'mousis] s *Verbindung* f *v Knochen durch Bänder* **-detic** [sin'detik] a ⟨gram⟩ *verbindend*
    syndic ['sindik] s ⟨a-engl⟩ *Syndikus*; *Bevollmächtigter*; *Vertreter* m || ⟨Cambr univ⟩ *Senatsmitglied* n || ⟨paint⟩ The ~s of the Drapers (Rembrandt) *die Vorsteher des Tuchhauses, die Tuchhändler* m pl **-alism** [~əlizm] s *Syndikal·ismus* m **~ate** **1.** [~it] s *Amt* n *e-s Syndikus*; *Behörde* f *der Syndici* || *Syndik·at, Konsortium, Kartell* n, *Ring* m; *shooting* ~ *Jagdgenossenschaft* f **2.** [~eit] vt *z e-m Syndikat zus-schließen*; *durch S. betreiben* || (*in mehreren Zeitschriften*) *gleichzeitig veröffentlichen* (~d *humor*, ~d *features*) **~ation** [ˌsindi'keiʃən] s *Bildung* f *e-s Syndikats*
    syndrome ['sindroum] s ⟨med⟩ *Zeichen, Anzeichen* n; *brain* ~ ⟨psych⟩ *hirnorganisches Z.*
    syne [sain] Scot adv = *since* || *auld lang* ~ *vor langer, langer Zeit*; *die Zeiten der Vergangenheit*
    synecdoche [si'nekdəki] s L *Syn·ekdoche* f (*Vertauschung v Teil u Ganzem* etc [*pars pro toto*]: e.g. 50 sail = 50 ships)
    synergic [si'nə:dʒik] a *z gleichem Zweck zus-arbeitend, -wirkend, synerg·istisch*
    synesis ['sinisis] s ⟨gram⟩ *Abweichung* f *v der gram. Konstruktion*
    syngenetic [ˌsindʒi'netik] a ⟨min⟩ *durch Zusballung entstanden*
    synizesis [ˌsini'zi:sis] s ⟨gram⟩ *Syniz·ese, Kontraktion zweier Vokale* f
    synod ['sinəd] s ⟨ec⟩ *Synode* (in a ~ *auf e-r S.*), *Kirchenversammlung* f; *Konzil* n; the ~ of N. *das K., die Synode z N.* || ⟨fig⟩ *beratende Versammlung* f **~al** [si'nɔdl] a ⟨ec⟩ *Synod·al-* **~ic(al)** [si'nɔdik(l)] a (-cally adv) ⟨ec⟩ *Synod·al-* || [astr] *syn·odisch*
    synonym ['sinənim] s *Synonym*; *sinnverwandtes Wort* n (to close, to shut; *aber auch*: bold, brave, reckless, etc) || ⟨übtr⟩ *Zeichen* n; *Bezeichnung* f; *ein anderes Wort* n; *Kenn-, Wahrzeichen* n (for *für*) **~ic** [sinə'nimik] a *synonymisch* **~ity** [ˌsinə'nimiti] = *synonymy* **~ous** [si'nɔniməs] a (~ly adv) *synonym*; *sinnverwandt, gleichbedeutend* (with *mit*) | **~y** [si'nɔnimi] s *Synonymit·ät*; *Sinnverwandtschaft* f
    synopsis [si'nɔpsis] s Gr (pl *-ses* [-si:z]) *vergleichende Übersicht* f; *Zus-schau* f || *Tabelle, Zahlentafel* f
    synoptic [si'nɔptik] **1.** a (~ally adv) ⟨bib⟩ *syn·optisch* (the ~ gospels) || (*a* **~al** [~əl]) *nebeneinandergereiht*; *übersichtlich, kurzgefaßt* || ~ *table Übersichtstabelle* f **2.** s ⟨bib⟩ *Syn·optiker* m **synoptist** [si'nɔptist] s = *synoptic* s
    synostosis [sinɔs'tousis] s *Synost·ose* f (*Verbindung zweier Knochenenden durch Knochensubstanz*)
    synovia [si'nouviə] s ⟨anat⟩ *Schleim zw Gelenken* m; *Gelenkschmiere* f | **~l** [~l] a *Schleim-*
    syntactic(al) [sin'tæktik(əl)] a (-cally adv) ⟨gram⟩ *syntaktisch* **syntax** ['sintæks] s ⟨gram⟩ *Syntax, Satzlehre* f || ⟨übtr⟩ *grammat. Korrektheit* f

synthesis ['sinθisis] s L pl (–ses [–si:z]) *Synth·ese* f, *Zus–fügung, Verbindung*; *Zus–schau* f ‖ ⟨chem⟩ *Aufbau* m (*e–r Verbindung*) **–thesize** ['sinθisaiz] vt = synthetize **–thetic** [sin'θetik] a (∼ally adv) *zus–setzend*; *synth·etisch, auf Synthese beruhend* ‖ *künstlich hergestellt, Kunst–*; ∼ *plastic material Kunstharzstoff* m; ∼ *rubber synthetisches Gummi* n ‖ ⟨übtr⟩ *minderwertig*: ⟨aero⟩ ∼ *equipment Bodenausbildungsausrüstung*; ∼ *training Bodenausbildung* f **–thetical** [sin'θetikəl] * a = synthetic **–thetics** [sin'θetiks] s [pl] *vollsynthetische Fasern* f pl **–thetize** ['sinθitaiz] vt *durch Synthese verbinden, aufbauen* ‖ ⟨chem⟩ *künstlich herstellen* (from aus)
syntonik [sin'tənik] a ⟨wir⟩ *auf dieselbe Wellenlänge abgestimmt* **–nize** ['sintənaiz] vt *abstimmen, einstellen* (to *auf*) **–ny** ['sintəni] s *Abstimmung* f ⟨phys⟩, *Abgestimmtsein* n, *Resonanz* f
sypher ['saifə] vt (*Plankenenden*) *durch Über–e–a–legen verbinden*
syphilis ['sifilis] s ⟨med⟩ *Syphilis* f **–litic** [ˌsifi'litik] a *syphilitisch* **–lize** ['sifilaiz] vt *mit Syphilisserum impfen* ‖ (*jdn*) *durch Syphilis infizieren* **–lo–** ['sifilo] [in comp] *Syphilis–* **–loid** ['sifiloid] a *syphilisähnlich*
***syphon** ['saifən] s → siphon
***syren** ['saiərin] s → siren
Syriac ['siriæk] **1.** a *altsyrisch* **2.** s *das Altsyrische* n **Syrian** ['siriən] **1.** a *syrisch* **2.** s *Syrer(in* f) m
syringa [si'riŋə] s ⟨bot⟩ *Flieder* m
syringe ['sirindʒ] **1.** s *Spritze* f **2.** vt *einspritzen*; (*Ohren* etc) *ausspritzen* ‖ (*Pflanzen*) *bespritzen* **∼ful** [∼ful] s *e–e Spritzevoll* f (a ∼ of ..)
syringitis [ˌsirin'dʒaitis] s *Entzündung* f *der Eustachischen Röhre* **–gotomy** [ˌsiriŋ'gotəmi] s *Fisteloperation* f **syrinx** ['siriŋks] s L (pl ∼es, –nges [–ndʒi:z]) ⟨hist⟩ *Syrinx, Hirtenflöte* f ‖ ⟨anat⟩ *Eustachische Röhre* f (*des Ohrs*) ‖ ⟨orn⟩ *unterer Kehlkopf* (*der Vögel*) m ‖ ⟨surg⟩ *Fistel* f
Syro– ['saiəro] Gr [in comp] *Syro–*; → Syrian
syrtis ['sə:rtis] s L (pl –tes [–ti:z]) *Triebsand*; → quicksand

syrup, sirup ['sirəp] s ⟨med⟩ *S·irup* m (*Zuckerlösung*) ‖ *Sirup* m (*aus Zuckerrüben*) ‖ **∼y** [∼i] a *Sirup–, sirupartig* ‖ *klebrig, zäh*
syssitia [si'sitiə; –'sai–] s Gr ⟨ant⟩ *gemeinsames* (*Männer–*)*Mahl* n
systaltic [sis'tæltik] a *zus–ziehend*
system ['sistim] s.**1.** *System* n, linear ∼ of co-ordinates *lineares Koordinaten–*; *Anordnung*; *Einheit* f (*zus–gehöriger Dinge*) ‖ the ∼ *der* (*tierische*) *Körper*; *Organismus* m; *nervous* ∼ *Nervensystem* n ‖ ∼ of control ⟨tech⟩ *Steuerungsart* f ‖ ∼ of government *Regierungsform* f ‖ *legal* ∼ *Rechtssystem* n; Erhard ∼ (= system of free competition with special regard to its social aspect) (*freie u*) *soziale Marktwirtschaft* f ‖ ⟨tech⟩ ∼ of pulleys *Flaschenzug* m; ∼ of railways *Eisenbahnnetz* n ‖ ⟨mot⟩ cooling ∼ *Kühlung* f; air (water) cooling ∼ *Luft–(Wasser–)Kühlung* f; ignition ∼ *Zündanlage* f **2.** *nach Prinzipien geordnetes Ganzes* n (*zus–gehöriger Erkenntnisse*) ‖ *Anordnung* f, *Plan* m (*zus–gehöriger Merkmale*) ‖ ⟨geol⟩ *Formation* f ‖ *System* n, *Ordnung* f, *Plan* m (on the ∼ of *nach dem S von*); *Methode* f **∼atic** ['sistə'mætik] a (∼ally adv) *systematisch, planmäßig, methodisch geordnet*; *planvoll, zielbewußt* **∼atist** ['sistimətist] s *Systematiker* m **∼atization** ['sistimətai'zeiʃən] s *Systematisierung* f **∼atize** ['sistimətaiz] vt *systematisieren, in ein System bringen* **∼aty** ['sistiməti] s *systematische Klassifizierung* f **∼ic** [sis'temik] a (∼ally adv) *das Körpersystem betr*; *Körper–, Organismus–*
systole ['sistəli] s ⟨med⟩ *Zus–ziehung* f (*des Herzmuskels*) **–lic** [sis'tolik] a ⟨med⟩ *zus–ziehend, durch Zus–ziehung gekennzeichnet*; = stenotic
systrophe ['sistrofi] s ⟨rhet⟩ *Wiederholung* f *durch Definition* (e.g. "sleep" *in* Macbeth II, 2. 34ff)
systyle ['sistail] a ⟨arch⟩ (of columns) *dicht a–e–stehend*
syzygy ['sizidʒi] s ⟨astr⟩ *Bezeichnung* f f *Konjunktion u Opposition* f

T

T, t [ti:] s [pl ∼s, ∼'s] *T, t* n ‖ to a ∼ *bis aufs Tüpfelchen*; *aufs Haar genau*; *aus dem ff*; it suits me to a T *es ist genau das Richtige*; I know him (you) to a T *ich kenne m–e Pappenheimer* ‖ to cross one's t's ⟨fig⟩ *genau sein* ‖ ∼-shaped T-*förmig* ‖ ∼-shirt ⟨Am⟩ *Unterhemd, Ruderleibchen* n (*enganliegendes kurzärmeliges Trikothemd*) ‖ ∼-square ['ti:-skwɛə] s *Reißschiene* f
ta [tɑ:] intj ⟨fam⟩ ∼! *danke*!
taal [tɑ:l] s ⟨SAfr⟩ the ∼ *der holländ. Dialekt in Südafrika* m
tab [tæb] **1.** s *Lasche* f ‖ (*Schuh–*)*Strippe*; *Litze* f ‖ (*Rock–*)*Aufhängsel* n ‖ *Zipfel* m ‖ *Anhänger* m, (*Akten–*)*Fahne* f, (*Kartei–*)*Reiter* m; *Schildchen, Etikett* n ‖ ⟨aero⟩ *Kante* f (*Trimmung*), *Hilfsruder* m ‖ ⟨Am⟩ *Rechnung* f; to keep (a) ∼ *od* ∼s on a p *jdn ständig beobachten*; *kontrollieren*; he keeps (close) ∼s on them *er ist ihnen (dicht) auf den Fersen*; to keep ∼s on one's wife *eifersüchtig über s–e Frau wachen* **2.** vt [–bb–] ⟨fam⟩ *registrieren, .. mit Anhänger etc versehen, etikettieren*
tabard ['tæbəd] s ⟨hist⟩ *Wappenrock* m (*über der ritterl. Rüstung*) ‖ *Heroldsrock* m
tabaret ['tæbəret] s *gestreifter Möbelstoff* m

tabasheer, –shir [ˌtæbə'ʃiə] s *Tabax·ir* n (*kieselhaltige Körnchen im Bambusrohr*)
tabby ['tæbi] **1.** s *Moiré* m & n; (⟨a⟩ ∼ gown *od* dress) *Moirékleid* n ‖ (⟨a⟩ ∼ cat) *getigerte Katze* f ‖ ⟨fam⟩ *alte Jungfer*; ⟨cont⟩ *Klatschbase* f ‖ *Kalkmörtel* m **2.** a *gestreift, scheckig*; *gewässert, schillernd* ‖ *Moiré–, aus Moiré gemacht* ‖ ⟨Am⟩ *Altweiber–, schlampig* **3.** vt (*Stoff*) *moirieren*
tabefaction [ˌtæbi'fækʃən] s ⟨med⟩ *Auszehrung* f
taberdar ['tæbədɑ:] s ⟨univ⟩ *Name* m f best. *Stipendiaten* (*in* Queen's Coll. Oxf.)
tabernacle ['tæbənækl] I. s **1.** *Hütte* f, (*Bundes–*)*Zelt* n ‖ (*jüdische*) *Stiftshütte* f (feast of ∼s *Laubhüttenfest* n) **2.** ⟨übtr⟩ *Bethaus* n (*f Dissenters*) ‖ ⟨Am⟩ *Kirche* f *mit gr Zuhörerraum* ‖ ⟨fig⟩ (*Körper als*) *irdische Hülle* f (*der Seele*) **3.** ⟨ec⟩ *Tabern·akel* n (*f Hostie*) **4.** *Nische* f *mit Schutzdach* **5.** ⟨mar⟩ *Sockel, Bock* m f *den Mast* 6. [attr] ∼-work ⟨ec arch⟩ *Gitterwerk* n II. vt/i ‖ *vorübergehend mit Wohnung versehen* ‖ vi (*e–e Zeitlang*) *wohnen, s–e Zelte aufschlagen* ⟨a fig⟩ **–cular** [ˌtæbə'nækjulə] a ⟨arch⟩ *gegittert, Gitter–* (∼ work)
tabes ['teibi:z] s L ⟨med⟩ *Auszehrung*,

Schwindsucht f; *dorsal* ~ *Rückenmarksschwind-sucht* f ~**cence** [tə'besns] s *Auszehrung* f ~**cent** [tə'besnt] a *auszehrend* **tabetic** [tə'betik] **1.** a ⟨med⟩ *schwindsüchtig* **2.** s *Schwindsüchtige(r* m) f **tabic** ['teibik], **tabid** ['teibid] a = tabetic

tabinet ['tæbinet] s *Moiréstoff* m *aus Seide u Wolle*

tablature ['tæblətʃə] s † ⟨mus⟩ *Tabulatur* f | *Phantasiebild* n

table ['teibl] **I.** s **1.** (*mit e—r Inschrift ver-sehene Holz–* etc) *Platte* or *Tafel* f; *the* ~s *of the law die Gesetzestafeln, die 10 Gebote* n pl **2.** *Tisch* m; *Eß–*; *Spieltisch* m (billiard–~, etc); → *dining*; *folding*; *night*; *round*, *sliding*, *work*; *writing* || ⟨parl⟩ *Tisch des Hauses* || *Holy* ⁓ *Tisch des Herrn* **3.** *Essen* n, *Mahlzeit, Kost* f (a *good* ~), *Tafel* f, *Tisch* m || *the Lord's* ⁓ *das heilige Abendmahl* n **4.** *Tisch–*; *Spielgesellschaft* f **5.** *Tab·elle* f (~ *of births Geburten–*; ~ *of limits* ⟨tech⟩ *Toleranz–*; ~ *of logarithms Logarithmentafel* f; *current* ~ ⟨stat⟩ *Quer-schnitt–* || *Register, Verzeichnis* n (~ *of contents Inhalts–*) || *Schema* n || ⟨math, astr⟩ *Tafel, Tabelle* f; ~s [pl] (*in der Schule gebrauchte*) *mathematische Tabellen* pl; *multiplication* ~ *Einmaleins* n || ⟨Am mil⟩ ~ *of (basic) allow-ance* (T/A) *Ausrüstungsnachweisung* f; ~ *of distribution* (T/D) *vorläufige Stärkenachwei-sung* f; ~ *of organization and equipment* (T/O & E) ⟨Am mil⟩ (*Kriegs-*)*Stärke– u Aus-rüstungsnachweisung* f || ~ *of contents Inhalts-angabe* f **6.** ⟨arch⟩ *Tafel* f, *Feld* n || ⟨geogr⟩ (*Land-*)*Fläche* f; *Plateau* n **7.** *W e n d u n g e n :* *at* ~ *bei Tisch, beim Essen* | *to bring persons to one* ~ *Personen an ·e–n Tisch bringen* || *to clear the* ~ (*den Tisch*) *abdecken, –räumen,* (*Essen*) *–tragen* || *to keep a good* ~ *e–e gute Küche führen* || *to lay the* ~ (*den Tisch*) *decken* || *to lay* (a th) *on the* ~ ⟨parl⟩ (*etw*) *liegenlassen, zurückstellen*; *verschieben*; *to lie on the* ~ *ver-schoben w* || *to learn one's* ~s *rechnen lernen* || *to put on to the* ~ ⟨fig⟩ *ins Feld führen* || *to rise from* ~ *die Tafel aufheben* || *to set the* ~ *in a roar die (Tisch-)Gesellschaft in Lachen ver-setzen* || *to sit down to* ~ *sich z Tisch setzen* || *to take the head of the* ~ *bei Tische obenan sitzen* || *to turn the* ~s *der S e–e andere Wen-dung geben; den Spieß umdrehen* (on, *upon a p gegen jn*); *the* ~s *are turned das Blättchen hat sich gewendet* || ⟨vulg⟩ *under the* ~ *unter der Hand* **8.** [attr & comp] *Tisch–* || ~-**clamp** *Tischklammer* f || ~-**cloth** *–tuch* n || ~-**flap** *–klappe* f || ~-**lamp** *–lampe* f || (high) ~-**land** ⟨geogr⟩ *Hochebene* f, *Tafelland* n || ~-**leaf** *Tischklappe*; *Zwischenplatte* f (*e–s Auszie-tisches*) || ~-**linen** *Tischzeug* n || ~-**lifting**, ~-**turning** *Tischrücken* n || ~ **mountain** ⟨geog⟩ *Tafelberg* m || ~-**plate** *Silbergeschirr* n || ~-**rapping** *Tischklopfen* n || ~-**runner** *of paper Papier-Tischläufer* m || ~-**spoon** *Eß-löffel* m || ~-**talk** *Tischgespräch* n || ~-**tennis** *Tischtennis* n || ~-**tomb** *Hochgrab* m || *top Oberfläche* f *der Tischplatte* || ~-**ware** *Tisch-geschirr* n **II.** vt ⟨parl⟩ *auf den Tisch des Hauses legen*; (*Antrag*) *vorlegen* || (*in e–e Tabelle*) *ein-tragen*; *aufzeichnen* || (*Entschließung*) *aufsetzen, z Papier bringen, formulieren*

tableau ['tæblou] s Fr (pl ~x, *~s [~z]) ⟨fig⟩ bildl. anschauliche Darstellung or Beschrei-bung* f, *Gemälde* n (a ~ *of the past*) || *gr Grup-penbild* n; ~ *vivant lebendes Bild* n | ⟨fig⟩ *dra-matische Situation* f | *amtl. Verzeichnis* n, *Liste* f

table d'hôte ['ta:bl'dout] s Fr (*gemeinschaft-liche*) *Gasthaustafel* f

tablespoonful ['teibl'spu:nful] s *Eßlöffelvoll* m (a ~ *of ..*)

tablet ['tæblit] s *Täfelchen* n; *kl* (*Inschrift-*) *Tafel* f || *Schreibtafel* f | (of soap, etc) *Stück* n;

a ~ *of chocolate e–e Tafel Schokolade* | ⟨med⟩ *Tablette, Past·ille* f

tablette ['tæblet] s Fr *Täfelchen* n | ⟨arch⟩ *Tafel* f, *Feld* n || *Abdeck–, Schlußstein* m

tablier ['tæbliei] s Fr *kl Schürze* f

tabling ['teibliŋ] s ⟨carp⟩ *Mauerabdeckung* f || ⟨mar⟩ *breiter Saum* m (*am Segel*)

tabloid ['tæbloid] s ⟨med⟩ *Past·ille, Tabl·ette* f, *Plätzchen* n || ⟨fig⟩ (*Volks-*)*Zeitung mit Kurz-berichten*; *Bildzeitung* f; [oft attr] *konzentriert*; *in* ~ *form in konzentrierter Form*

taboo [tə'bu:] **1.** a [*nur pred*] (*den Göttern*) *geweiht*; *unberührbar* || *verboten* || *in Verruf, verrufen*; °*–pönt* **2.** s [pl ~s] *Tab·u, Verbot* n *der Berührung*; *Bann*; *Verruf* m; *to put a th under* ~ *etw f Tabu erklären* **3.** vt [~es; *~'d, *~ed*; ~ing] (*etw*) *f Tabu, unverletzlich erklären*; *ver-bieten*; *meiden*

tabor ['teibə] s ⟨mus⟩ *Tambur·in* n, *Hand-trommel* f

tabouret ['tæbərit] s *Tabur·ett* n, *Hocker, niedriger Stuhl* (*ohne Lehne*) m || *Stickrahmen* m

tabret ['tæbret] s *kl* (*Hand-*)*Trommel* f

tabula ['tæbjulə] s L; ~ *rasa* [~ 'rɑ:zə] ⟨übtr⟩ *völlige Leere* f, *unbeschriebenes Blatt* n; *to make a* ~ *rasa of .. reinen Tisch m, völlig auf-räumen mit ..*

tabular ['tæbjulə] a *tafelförmig, Tafel–*; *flach, dünn* || *blätt(e)rig* | *tabellarisch*; *Tabellen–* || ~ *key* ⟨typewr⟩ *Tabulatortaste* f

tabulate ['tæbjuleit] **1.** a *tafel–, flächenförmig, Tafel–, flach, dünn* || *blätt(e)rig* **2.** vt *tafelförmig m*; *täfeln* | *tabellarisch ordnen*; *in e–e Tabelle aufnehmen*; ⟨stat⟩ *auszählen* || *–ting error* (stat etc) *Irrtum m in der Gruppeneinreihung*; *–ting machinery Zählmaschine* f *–ation* [,tæbju-'leiʃən] s *Tabellarisierung, Tabellierung*, ⟨stat⟩ *Auszählung* f *–ator* ['tæbjuleitə] s *Tabellarisierer* m, *Tabelliermaschine* f || *Tabul·ator, Kolonnen–, Spaltensteller* m (*an Schreibmaschine*)

tac [tæk] s ⟨sl⟩ *f tachometer*

tacamahac ['tækəməhæk] s *west– u ostind. Takamah·ak* n (*Harz*)

tac-au-tac ['tækou'tæk] Fr s ⟨fenc⟩ *Parade* f *mit riposte* (→ *d*) || *schnelle Folge* f *v Stoß u Gegenstoß*

tace ['teisi] vi L [imp] *schweig* ~**t** ['teiset] vi L ⟨mus⟩ *Anweisung, daß ein best. Instrument nicht mitwirkt*

tachina [tæ'kainə] s ⟨ent⟩ *Raupenfliege* f

tachometer [tæ'kɔmitə] s *Drehzahl–, Geschwin-digkeitsmesser* m

tachy– ~**cardia** [,tæki'kɑ:diə] s Gr *Tachy-kard·ie* f, *beschleunigter Herzschlag* m ~**dermist** ['tæki'də:mist] s *Präparator* m ~**graphic(al)** [,tæki'græfik(əl)] a *Schnellschrift–* (sign) ~**graphy** [tæ'kigrəfi] s *Schnellschrift* f ~**lyte** ['tækilait] s ⟨minr⟩ *Tachylyt, glasig ausgebilde-ter Basalt* m ~**meter** [tæ'kimitə] s *Schnellmesser* m f *Geländeaufnahmen* ~**metry** [tæ'kimitri] s *Schnellmessung* f

tacit ['tæsit] a (·ly adv) *still* || *stillschweigend* (with ~ *approval*) ~**urn** [~ə:n] a (~ly adv) *schweigsam, verschlossen* ~**urnity** [,tæsi'tə:niti] s *Schweigsamkeit, Verschlossenheit* f

tack [tæk] **I.** s **1.** *Stift, kl Nagel* m, *Zwecke* f; *thumb* ~, *wall* ~ *Reißnagel* m | *to come down to* ~s *od to brass* ~s *z den Tatsachen, zur S k* **2.** (needlework) *langer Stich* m **3.** ⟨mar⟩ *Geitau, Segelseil* n; *Haltetau* n *des Segels*; *Hals* m; *untere vordere Ecke* f *der Segel* || *Schlagbug, Schlag, Gang* (*beim Lavieren*) m; *Lavieren* n; *to be on the port* ~ ⟨mar⟩ *nach Backbord lavieren* | ⟨fig⟩ *Lavieren* n, *Handlungs-weise* f; *Weg, Kurs* m (a *new* ~), *Richtung* f; *Plan* m (*to change one's* ~); *to be on the wrong* ~ *auf dem Holz–, Irrwege* s **4.** *Klebrig-keit* f **II.** vt/i || (*etw*) *befestigen, heften* (*to an*)

|| durch Stiche zus–heften || ⟨fig⟩ (etw) anhän-
gen, –schließen (to, on to an) | vi ⟨mar⟩ la-
vieren, wenden || ⟨fig⟩ lavieren
tack [tæk] s *Nahrung, Kost* f, °*Futter* n;
hard ~ *Schiffszwieback* m
tackiness ['tækinis] s *Haftvermögen* n (v
Klebband)
tackle ['tækl] **1.** s *Gerät* n; *Werkzeuge* n pl,
Ausrüstung f || (*Pferde-*)*Geschirr* n | ⟨mar⟩
Talje f, (a block and ~) *Flaschenzug* m; *Takel*
n; ground ~ *Ankertauwerk* n; ~-block *Takel-
block* m || ⟨min⟩ *Haspel* m, *Förderwelle* f ||
lifting ~ *Hebevorrichtung* f | ⟨Ass ftb⟩ *Angrei-
fen* n (→ to ~) **2.** vt/i || (*Pferd*) *anschirren*
|| ⟨fam⟩ *ergreifen, anpacken* || *angreifen*; ⟨Ass
ftb⟩ (*Gegner im Besitz des Balls*) *packen, angreifen*; ⟨Rug ftb⟩ (*Gegner*) *z Boden werfen*
|| ⟨fig⟩ (*jdn*) (*mit Fragen* etc) *angehen* (on be-
treffs); *angreifen*; (*etw*) *in Angriff nehmen, an-
packen* || (*e–m Problem*) *ins Auge sehen* | vi: to ~
to a th ⟨fam⟩ *etw in Angriff nehmen* || to ~ to
[adv] *sich anschicken* (for z) –ling ['tæklin] s
Takel·age f, *Takelwerk* n || ⟨ftb⟩ sliding ~
Hineingrätschen n
tacky ['tæki] a *klebrig*
tacky ['tæki] a ⟨Am⟩ *unordentlich; schäbig*
tact [tækt] s *Takt* m, *Zart–, Fein–, Taktgefühl*
n (of *f*) || ⟨mus⟩ *Takt* m ~**ful** ['~ful] a (~ly
adv) *taktvoll* ~**less** ['~lis] a (~ly adv) *taktlos*
tactical ['tæktikəl] a (~ly adv) ⟨mil⟩ *taktisch*;
~ aircraft *Kampfflugzeug*(*e* pl) n; ~ formation
Gefechtsformation f; ~ grouping –*gliederung*;
Kräfteverteilung f; ~ locality *taktisch wichtiges
Gelände* n; ~ march *Kriegsmarsch* m; ~
operation *Gefechts–, Kampfhandlung* f; ~
operations staff *Gefechtsstab* m; ~ reconnaissance aircraft, ~ r. airplane ⟨aero⟩ *Nahauf-
klärer* m; ~ situation *taktische Lage* f, *Gefechtslage* f; ~ unit *taktische Einheit, Kampf-
einheit* f | ⟨übtr⟩ *planvoll, klug* **tactician** [tæk-
'tiʃən] s ⟨mil⟩ *Taktiker* m **tactics** ['tæktiks] s pl
1. [sg konstr] ⟨mil⟩ *Taktik* f, ⟨Am *a*⟩ *taktische
Bewegung* f pl || (~ is the execution of plans,
etc; *aber*: ~ are subordinate to strategy)
2. ⟨fig⟩ [pl konstr] ⟨übtr⟩ *Taktik* f, *planvolles
Vorgehen* n (his ~ are bad) || a clever stroke of
~ *e–e kluge Taktik*
tactile ['tæktail] a *fühl–, greifbar, tastfähig*
|| *Tast–* (~ sense –*sinn* m) –**lity** [tæk'tiliti] s
Greifbarkeit, Tastfähigkeit f
tactual ['tæktjuəl] a (~ly adv) *tastbar,
Tast–*
tad [tæd] s ⟨Am⟩ *kl Kind* n, *kl Junge* m
tadpole ['tædpoul] s ⟨zoo⟩ *Kaulquappe* f ||
~-fish ⟨ich⟩ *Froschfisch* m
taedium vitae ['ti:diəm 'vaiti:] s L *Lebens-
müdigkeit* f
tael [teil] s *Tael* m (*chinesisches Gewicht aus
Silber, als Rechnungsgeld verwandt*)
ta'en ['tein] ⟨poet & dial⟩ = taken, pp v to
take
taenia ['ti:niə] s L ⟨anat⟩ *Längsfaserschicht* f
des Dickdarms || *Bandwurm* m **taenioid** ['ti:nioid]
a *Bandwurm–*
tafferel ['tæfril] s ⟨mar⟩ *Heckbord* n **taffrail**
['tæfreil] s *Heckreling* f
taffeta ['tæfitə] s *Taft, T·affet* m
taffy ['tæfi] s ⟨Am & Scot⟩ = toffee ||
Schmeichelei f
Taffy ['tæfi] s ⟨fam⟩ *Waliser* m
tafia ['tæfiə] s *Art Rum*
tag [tæg] I. s **1.** *loses, hängendes, gerissenes
Stück* or *Ende* n; *Anhängsel* n; *Zipfel* m, *Ende* n;
Troddel f, *Quaste* f **2.** *Stift* m, *Spitze* f *e–s Schnür-
senkels, Nestelstift* m; (*Schuh-*)*Strippe* f || (*T*)
Schwanzspitze f, (of a fox) (*weiße*) *Blume,
Flamme* f (*Spitze der Lunte*) **3.** *angehängter
Zettel* m; *Etik·ett* n, *Preisschildchen* n, *Gepäck-*

marke f || ⟨mil⟩ *Begleitzettel* m (*f Verwundeten*
etc) || dog ~ *Hundemarke* f, ⟨Am mil sl⟩
Erkennungsmarke f (*mit Angabe der Blutgruppe,
Tetanus-Impfung u Religion*) **4.** ⟨fig⟩ *schmücken-
der Zusatz* or *Schluß* (*e–s Stückes*) m || *stehende
Redensart, feste Wendung* f; *bekannter Aus-
spruch; Refrain* m || ⟨theat⟩ (*eindrucksvolle*)
Abgangsworte n pl, (–*r*) *Abgang* m (*e–s Schau-
spielers bei Szenenschluß* etc); *oft reimender
Zweizeiler im blank verse*; ⟨*a*⟩ [attr] (~ rhyme)
5. ⟨Am⟩ *Name* m **6.** [attr] *Etikett–; Zettel–* || ~-
day ⟨Am soc⟩ *Blumen–, Sammeltag* m || ~-line
Führungstrosse f || ~-money ⟨Am mot⟩ *Zu-
lassungsgeld* n **II.** vt/i [–gg–] **1.** vt (*Senkel*) *mit
e–m Stift versehen* || *mit e–m Anhängezettel ver-
sehen*; ⟨com⟩ (*Ware*) *auszeichnen* || ~ged atom
markiertes A. | ⟨fig⟩ *hinzufügen, anflicken,
–heften* (to *an*) || *zus–fügen*, (*Verse*) *schmieden*
| ⟨fam⟩ (*jdn*) *verfolgen* **2.** vi: to ~ after a p *jdm
überall nachlaufen* || to ~ along *dahinziehen,
–schlendern* ~**ger** ['~ə] s *dünnes Eisenblech* n
tag [tæg], **tig** [tig] **1.** s *Zeck* m, *Kriegenspielen,
Letztengeben* n **2.** vt [–gg–] (*jdn*) *haschen,
°kriegen*, (*jdm*) *den Letzten geben*
Tagetes [tæ'dʒi:ti:z] s ⟨bot⟩ *Studenten–,
Samtblume* f
taiga ['taigə] s (*weite Nadelwaldfläche in
Sibirien*) *Taiga* f
tail [teil] I. s **1.** *Schwanz* m; ⟨vulg fam⟩ *my
~ is out* °*mir geht der Hut hoch*, °*mir platzt der
Papierkragen* | ⟨übtr⟩ ~ of hair *Haarzopf* m;
~ of comet *Kometenschweif* | *Ausläufer* m || (of
a letter) *Sch.* m; ⟨mus⟩ (of a note) *Hals* m
2. *unterer Teil* m, (*Rock-*)*Schoß* m; (*Kleid-*)
Schleppe f || ~s [pl] = ~-coat **3.** *hinterer Teil,
Schluß* m, *Ende* n; ⟨fam⟩ °*Podex*; out of the ~
of her eye (*Blick*) *aus dem „Eckfensterl"* n *ihrer
Augen, „eckfensterlnd"* (*Blick*) || ⟨aero⟩ *Heck,
Rumpfende* n, *Schluß* m, attack under the ~
–*angriff* | *Gefolge* n, *Anhang* m; ⟨mil fam⟩
°*Nachschubklumpatsch* m (*Troß*) || (of a coin)
Schrift–, Rückseite f **4.** ~(*s*) up ⟨fig⟩ *in guter
Stimmung*; *in Kampf–* || with his ~ between his
legs *betreten*, °*bedeppert*; *mit eingezogenem
Schwanz* ⟨°*a* fig⟩ || to turn ~ *die Farben wech-
seln; ausreißen, Fersengeld geben* **5.** [attr] ~
attack ⟨aero⟩ *Angriff v hinten* || ~ bearing
Rückenpeilung f || ~-board (*hintere*) *Wagen-
klappe* f || ~-coat *Schoßrock, Frack,* °*Schniepel*
m || ~ controlled ⟨aero⟩ *schwanzgesteuert* ||
~-end *Schluß* m; *Ende* n || ~-feathers ⟨orn
hunt⟩ *Stoß* m (*des Habichts* etc), *Spiel* n (*des
Birkhahns* etc) → trains || ~ fin ⟨a aero⟩
Schwanzflosse f || ~-first machine ⟨aero⟩ *Enten-
flugzeug* n || ~ fuse *Bodenzünder* m || ~-gate un-
teres Tor n (*e–r Schleuse*) || ~ group ⟨aero⟩ *Leit-
werk* n || ~ gun ⟨aero⟩ *Heckwaffe* f || ~-light
⟨mot⟩ *Rück–, Schlußlicht* n || ~ parachute →
parabrake | ⟨übtr⟩ ~-piece (*typ*) *Schlußverzierung* f
(*e–r Seite*); (of a violin) *Saitenhalter* m || ~-
pipe *Saugrohr* n (*e–r Pumpe*); ⟨aero⟩ *Ausstoß-
rohr* n || ~-plane ⟨aero⟩ *Höhenflosse* f || ~-race
Schußwasser n (*e–s Mühlstromes*) || ~ rope
Schlepptau n || ~-sitter *Pinguinflugzeug* n ||
~-skid ⟨aero⟩ *Schwanzsporn* m || ~-spin
⟨aero⟩ *Trudeln* n || ~ turret ⟨aero⟩ *hinterer
Kanonenstand* m || ~-unit ⟨aero⟩ *Leitwerk* n
|| ~ wheel ⟨aero⟩ *Spornrad* n || ~ wind ⟨aero⟩
Rückenwind m **II.** vt/i **A.** vt **1.** (*etw*) *mit e–m
Schwanz versehen* (to ~ a kite) **2.** (*etw*) *beschneiden, stutzen* **3.** (*jdm*) *dicht folgen*; (*jdn*) *bewachen, beobachten, ausspionieren, „beschatten"*
4. *das Ende bilden v* (*etw*) (to ~ a procession)
5. to ~ in (*Holz*) *an e–m Ende in die Wand einlassen* **B.** vi **1.** to ~ after a p *jdm dicht folgen*
|| to ~ to the tide (of a ship) *mit der Flut steigen*
or *fallen* **2.** [*mit adv*] to ~ **away** *sich verlieren,
sich verziehen; abnehmen* || to ~ off *allmählich*

kleiner w (to *bis, z*) **| ~ed** [~d] a *geschwänzt* || *-schwänzig* (long-~) || ~ rime *Schweifreim* m **~heavy** [′~hevi] a ⟨aero⟩ *schwanzlastig* **~ings** [′~iŋz] s pl (*Erz-, Getreide-*)*Abfälle* m pl, → *offal* | *Ausschußmehl* n **~less** [′~lis] a *ungeschwänzt, ohne Schwanz* or *Ende* || ~ *plane Nurflügelflugzeug* n

tail [teil] **1.** s ⟨jur⟩ *Beschränkung* f *der Erbfolge*; *estate in* ~ *male nur an männliche Erben vererbliches Gut* n **2.** a *erblich begrenzt*

tailor [′teilə] **1.** s *Schneider* m; *lady's* ~ *Damenschneider* m; → *merchant* | [in comp] **~-fashion** *im Türken-, Schneidersitz* (to sit ~-f.); **~-made** *vom Schneider angefertigt*; (of a lady) *gut gekleidet*; ⟨bes Am & mar fig⟩ „*Aktive*" f (*fabrikmäßig hergestellte Zigarette*); **~-made** *costume Schneiderkleid* n **2.** vi/t | *schneidern* | vt *von Schneider herstellen* l | *schneidern* f (to ~ a p) | **~ed** ⟨übtr⟩ *zugeschnitten, geformt, gestaltet* || ⟨fig⟩ to ~ *to suit* od *fit a* th (*etw*) *auf etw zuschneiden* || ⟨hunt⟩ *weidwund schießen*; *zerfetzen*; a *poor* ~*ing shot* (*Ggs* a clean kill) *Krellschuß* m **~ess** [~ris] s *Schneiderin* f **~ing** [~riŋ] s *Schneiderarbeit* f

tain [tein] s *dünne Silberschicht f* (f *Spiegel*)

taint [teint] **1.** s (*Schand-*)*Fleck, Makel* m || *Seuche; Ansteckung* f || *Verderbtheit* f (moral ~) || *latente Krankheitsspur* f **2.** vt/i || *beflecken*; **~ed** *with belastet mit* || *anstecken, vergiften*; *schädlich beeinflussen* || *verderben* (~ed *meat*) | vi (of meat) *verderben, schlecht w* **~less** [′~lis] a (~ly adv) *makellos, rein*

Tai-ping, Tae-ping [′tai′piŋ] s *Name f e–n der Aufständischen in China* (*1850–1865*)

taj [tɑ:dʒ] s *gr kegelförmige Kopfbedeckung f der moham. Derwische*

take [teik] vt/i [took/taken] **I.** vt A. [*P*] **1.** (*jdn*) *nehmen*; ~ *me, for example* ⟨bes Am⟩ *ich zum Beispiel, z. B. ich* (to ~ a p by the hand, in one's arms *jdn bei der Hand, in die Arme nehmen*; → *word* || (*jdn*) *auf-, annehmen*, to ~ a p into one's confidence *jdn ins Vertrauen ziehen*; to take in marriage, to wife, (*jdn*) *z Frau nehmen* **2.** (*jdn*) *ergreifen, fassen, packen* || (*jdn*) *treffen* (in the shoulder); → C. || (of pain) (*jdn*) *stechen* || *sich* (*jds*) *bemächtigen*; (*jdn*) *gefangennehmen*; *überwältigen*; ⟨übtr⟩ to be ~n with *ergriffen w v, krank w an*; to be ~n ill *krank w, erkranken* (with an) **3.** (*jdn*) *überfallen, –raschen, ertappen* (in bei); → *surprise* | ⟨fig⟩ (*jdn*) *fesseln, gefangennehmen*; to be ~n with *eingenommen s f, entzückt s v* | (*jdn*) *in Anspruch nehmen, kosten*, it will ~ *you 2 hours du wirst 2 Stunden brauchen* (to do); it would ~ *me too long es würde mich z weit führen* || *erfordern*, it ~s a clever man *es gehört ein geschickter Mann dazu*; it ~s *two to make a bargain es gehören zwei dazu* **4.** (*jdn*) *bringen, führen, begleiten*; to ~ a p for a walk *jdn auf e–n Spaziergang mitnehmen*; ⟨Am fam⟩ they took him for a ride ⟨fig⟩ *sie wollten ihn um die Ecke bringen* ⟨fig⟩; to ~ o.s. *sich begeben* (to nach); to ~ o.s. *to doing sich anschicken z tun* | to ~ (a p) off one's feet (*jdn*) *umwerfen* **B.** [*mit* S] **1.** (*etw*) *nehmen, ergreifen*; ~ *arms! Gewehr in die Hand!*; ~ *cover! Deckung!*; ⟨fig⟩ to ~ one's life into one's hands *sein Leben aufs Spiel setzen*; to ~ a p's eye (*jdm*) *ins Auge fallen* || *in Besitz nehmen*; (*Schiff*) *kapern*; (*Stadt*) *erobern* || (*Zimmer*) *mieten* || ⟨Am⟩ to ~ a fall out of (*jdn*) *den kürzeren ziehen* l | (*Platz*) *einnehmen*; the Lord Chancellor (*im* H. *of* L.) took his seat on the Wollsack, the Speaker (*im* H.C.) took the chair *der Lordkanzler bzw. Speaker eröffnete die Sitzung* | (*Zeitung*) *beziehen* || (*Form* etc) *annehmen* | (*Pflicht* etc) *auf sich nehmen*; → *pain; part; trouble* || (*Amt*) *antreten* || to ~ (up)on o.s. (*Aufgabe*) *auf sich nehmen*; I will ~

it upon me *od myself ich will es auf mich nehmen* (to do); to ~ a th off a p's hands *jdm etw abnehmen*; ~ it off my hands ⟨a⟩ *übernimm du es!* → D. || *ausführen*; (*Dienst*) *ausüben, tun* || he could not ~ it ⟨bes Am⟩ *er konnte* (*es*) *nicht durchhalten* | *sich* (*etw*) *aneignen*; to take the biscuit ⟨sl⟩ *den ersten Preis bek* (for f); that ~s the cake! ⟨bes Am fam⟩ *nun schlägt's 13!* | (*Speise*) *z sich nehmen, einnehmen* || *auf sich ziehen*; ⟨gram⟩ the word ~s the accent on the first syllable *das Wort hat den Ton auf der 1. Silbe* **2. a.** *wählen*; (*Weg*) *einschlagen, nehmen*; to ~ it easy *es sich bequem m, sich nicht überanstrengen*; ~ it easy *nimm es nicht z schwer, mach dir nichts draus, laß es dich nicht anfechten, immer mit der Ruhe*; what size do you ~ in hats? *welche Hutgröße h Sie?* | (*Waren*) *auswählen*; *bestellen, abnehmen* || (*Gelegenheit*) *benutzen, ergreifen*; *unternehmen*; to ~ action *Schritte unternehmen* (to do; against); to ~ steps *Maßregeln ergreifen* | (*Wagen* etc) *nehmen, besteigen* | *erreichen*; *gelangen z* (to ~ a harbour) **b.** (*in Angriff nehmen, vornehmen, beginnen*, to ~ a journey *e–e Reise m* || ⟨theat⟩ (*Probe*) *abhalten* **3.** (*Zeit*) *erfordern, bedürfen, in Anspruch nehmen* (to do; in doing z tun); I won't ~ a minute *ich brauche höchstens e–e M.*; how long does it ~? *wie lange dauert es?* it doesn't ~ much *es gehört nicht viel dazu*, ~ 3. || the players took 10 curtains *die Spieler mußten 10mal vor dem Vorhang erscheinen* **4. a.** (*etw*) *entnehmen* (from a th *e–r S*); *fort-, wegnehmen* (from a p *jdm*); to ~ one's life *sich das Leben nehmen* | (*Ursprung*) *ableiten* (from) || *sich* (*etw*) *sichern*; (*Information*) *einholen* || (*Maß*) *nehmen*; (*Temperatur*) *messen* **b.** *niederschreiben*, (*Notiz*) *machen*; ~ a letter! *schreiben Sie!*; ⟨mil⟩ ~ his name! *aufschreiben!*; to ~ the minutes *das Protokoll aufnehmen* || ⟨phot⟩ to ~ a p's photograph *jdn aufnehmen*, to ~ a picture of (*etw*) *photographieren, aufnehmen*, to ~ a snapshot of *e–n Schnappschuß m v*; → *king* **5. a.** *empfangen, erhalten; gewinnen, erwerben*; to ~ a degree ⟨univ⟩ *graduieren, promovieren*; *hinnehmen*; he won't ~ 'no' for an answer *er läßt sich nicht abspeisen*; ~ it or leave it! *entweder – oder! mach, was du willst*; we won't ~ it lying down *das l wir uns nicht so ohne weiteres gefallen or bieten*; I wouldn't ~ *that from anybody das laß ich mir nicht bieten*; ⟨Am fam⟩ he took it on the chin *er hat sich dabei gut gehalten*; to ~ a joke *Spaß verstehen* | (*etw*) *genießen*; to ~ a holiday *Ferien m* | (*etw*) *an-, aufnehmen*; → *heart; part* || (*Wette*) *annehmen*; (*etw*) *wetten* (to ~ ten to one) | *befolgen* (he took the hint) **b.** *sich unterwerfen, sich unterziehen* (to ~ one's trial); *erleiden* | *sich* (*Krankheit*) *zuziehen*; *bekommen* || *sich abfinden mit*; to ~ the consequences *die Folgen tragen, die Konsequenzen ziehen* || ⟨Am mot⟩ to ~ a p's dust *jds Staub schlucken*, ⟨fig⟩ *sich v jdm überflügeln l* **c.** *als wahr an-, hinnehmen, glauben, you may ~ it from me du kannst es mir glauben*; ~ it from me *laß es dir* (v mir) *gesagt s* **d.** (*etw*) *überwinden*; *springen* or *setzen über*; (*Hindernis*) *nehmen* **6.** (*etw*) *geistig erfassen, aufnehmen, begreifen* | *verstehen*; as I ~ it *wie ich es annehme, wie ich es verstehe, nach m–r Meinung* || *annehmen, der Meinung s*, I ~ it *ich denke, finde* (to be *es ist*; that); → to grant | *schätzen, halten f* | *auslegen, betrachten, auffassen*; taking one thing with another *eins ins andere gerechnet* || → *account; consideration* **7.** (*etw*) *bringen* (~ the letter to ..) → C. || *tragen*; I'll ~ it with me *ich will es mitnehmen* **8.** [*feste Verbindungen mit Subst. als Objekt*] → *account; aim; air; alarm; bath; breath; care; chair; comfort; compassion; counsel; drive; effect;*

exercise; fancy; fire; heart; hint; hold; horse; leave; liberty; measure; note; notice; oath; offence; pain; part; pity; place; pleasure; possession; pride; rest; rise; seat; ship; stick; stock; time; trouble; turn; view; walk; water; way; word **C.** [*mit 2 Objekten:*] to ~ a p a blow *jdm e–n Schlag versetzen* | I took him flowers *ich brachte ihm Blumen* **D.** [*mit prep*] to ~ **for** (*jdn*) *halten f, irrtümlich halten f* | to ~ a th **off** a p ⟨Am⟩ *etw v jdm hinnehmen* || to ~ some of the work **off** a p's hands *jdm e–n Teil s–r Arbeit abnehmen* | to ~ **out of** (*etw*) *heraus–, fortnehmen, entfernen aus*; to ~ all the weariness **out of** shopping *dem Einkaufen die Langeweile nehmen*; .. out of a p *jdm* (*etw*) *austreiben*; to be ~n out of o.s. *sich selbst vergessen* | to ~ it out of a p *jdn arg mitnehmen, erschöpfen, –müden* (it ~s a lot out of you) || *sich bei jdm schadlos halten*; *sich an jdm rächen, s–e Wut an jdm auslassen* **E.** [*mit adv*] to ~ **aback** (*jdn*) *überraschen, verblüffen* | to ~ along *mitnehmen* | to ~ **away** *fort–, wegnehmen*, to ~ a p's breath away *jdm den Atem rauben*; it fairly took my b. away °*da blieb mir doch die Spucke weg*; to ~ (workers) away *abwerben* | *beseitigen*; *fortraffen* | (*etw*) *abziehen* | to ~ **back** *wieder–, zurücknehmen*; –*bringen* || (*etw*) *zurücknehmen, widerrufen* || (*jdn*) *im Geist zurückführen, –versetzen* (to) | to ~ **down** *herunternehmen, –bringen*; *niederwerfen*; (*Baum*) *fällen*; (*Haus*) *abreißen, –tragen, niederlegen* | (at school, etc) (*jdn*) *ein–, überholen* || (*Stolz*) *demütigen* || *z Papier bringen, niederschreiben* (from dictation *nach Diktat*), ~ down, please *Diktat, bitte!, bitte schreiben Sie!* | to ~ **forward** (*jdn*) *weiterbringen* (this chapter ~s us forward 2 years) | to ~ **in** *einnehmen, –saugen*; *essen, trinken* (*Segel*) *einziehen* || (*Arbeit*) *an–, übernehmen*; (*Geld*) *einnehmen*; (*Zeitung*) *halten* || (*Gebiet*) *einschließen*; *in Besitz nehmen* || (*Vorrat*) *einnehmen*; .. petrol *tanken* || (*Waren*) *an–, einkaufen* || (*jdn*) *hereinführen*; *z Tisch führen* || (*Kleid* etc) *enger m, einlassen, –nähen*; *verkürzen*; (*Masche*) *abnehmen* || (*etw*) *in sich fassen, einschließen, umfassen* || (*Situation*) *erfassen, erkennen*; *verstehen*; *überblicken, –schauen* || *glauben, hinnehmen* || ⟨fam⟩ (*jdn*) *täuschen*; *betrügen, anführen* | to ~ **off** (*etw*) *abnehmen*; *entfernen* || (*Kleid*) *ausziehen, ablegen*; (*Hut*) *abnehmen* || *austrinken* || (*Passagier*) *absetzen* || (*jdn*) *abführen*; *fortschicken*; to ~ o.s. off *sich fortmachen* || (*Aufmerksamkeit*) *ablenken* || (*Zug*) *einstellen, nicht fahren l* || *bildl. darstellen, malen* || (*jdn*) *nachahmen, kopieren, aufziehen*; ⟨fam⟩ *karikieren* | to ~ **on** an Bord nehmen || (*Fleisch*) *ansetzen*; (*Miene* etc) *annehmen* || (*Wette*) *annehmen* || (*jdn*) *engagieren, an–, einstellen* || (*etw*) *unternehmen, anpacken*; *anfangen* (to do); (*Farm*) *übernehmen* || ⟨Am fam⟩ to ~ a p on *jds Forderung, annehmen*; I'll ~ you on at that ⟨bes Am⟩ *ich nehme dich beim Wort* | to ~ **out** *herausnehmen*; (*Fleck*) *entfernen* || (*Buch*) *entleihen*; (*Geld*) *abheben* || (*jdn*) *herausführen, –bringen* || (*Zitat*) *ausziehen* || (*Vorladung, Berechtigung*) *erwirken*; (*Versicherung*) *abschließen*; (*Patent*) *anmelden, erhalten*; .. out a licence *e–n Erlaubnisschein lösen* || ⟨Am⟩ to ~ out one's first papers *die amerik. Staatsangehörigkeit beantragen* || to ~ it out on a p ⟨bes Am fam⟩ *an jdm sein Mütchen kühlen* | to ~ **over** (*Pflicht*) *übernehmen* | to ~ **together** *zus–nehmen* | to ~ **up** (*etw*) *aufnehmen, –heben* || (*Straße*) *aufreißen* || *ergreifen*, → *cudgel* || (*Beruf*) *ergreifen*; ⟨bes Am univ⟩ to ~ up law *sein juristisches Studium beginnen* || (*Passagier*) *auf–, mitnehmen* || (*Gurt*) *anziehen, enger m*; (*Masche*) *aufnehmen* || (*Geld*) *aufnehmen*; (*Buch*) *aufkaufen* || (*Anleihe* etc) *auf-*

nehmen; *beziehen*; (*Wechsel*) *einlösen* || *absorbieren* || *aufnehmen, würdigen* || (*Stellung*) *einnehmen*; (*Wohnung*) *nehmen*; (*Stelle*) *annehmen, –treten*; (*jdn*) *an–, aufnehmen* || ⟨übtr⟩ (*jdn*) *hinaufführen* (to *z*; to the 19. century) | to ~ up speed *an G. gewinnen* || (*jdn*) *festnehmen* || (*jdn*) *unterbrechen*; → *short*; (*jdn*) *zurechtsetzen* || (*etw*) *wiederaufnehmen*; *anfangen mit*, to ~ up reading *mit Lesen, z lesen beginnen*; (*Buch*) *vornehmen*; what do we ~ up today? *was wollen wir heute durchnehmen?* || *unternehmen, in die Hand nehmen, sich befassen mit*; *sich* (*e–r S*) *annehmen or widmen*; *nähertreten*; to ~ it up with a p ⟨bes Am⟩ *sich bei jdm beschweren, es mit jdm besprechen* | (*jdn*) (*voll*) *in Anspruch nehmen*; (*Zeit*) *wegnehmen*; (*Raum*) *einnehmen*; to be ~n up with *beschäftigt s mit, vertieft s in*; *Gefallen finden an* || I'll ~ you up at that ⟨bes Am fam⟩ *ich nehme dich beim Wort* | **~-up** [*attr*] ⟨z. B. rec⟩ *Aufwickel–* **II. vi 1.** ⟨tech⟩ to ~ into *greifen in, fassen in* **2.** ⟨bot⟩ *Wurzel fassen*; *auf–, angehen, einschlagen* | *absorbiert w, eindringen* | ⟨übtr⟩ *ergriffen w* | ⟨fam & dial⟩ to ~ ill *krank w* || (of novels, etc) *Gefallen, Anklang finden, einschlagen* (with *bei*) || *sich anschicken, unternehmen* (to do) | (of medicine, etc) *wirken*; *anschlagen*; *ziehen*, that does not ~ *das zieht nicht* || he's got what it ~s *er ist* (*dazu*) *aus dem richtigen Holz geschnitzt* || *Feuer fangen* | (of fish) *anbeißen* | ⟨phot⟩ *sich aufnehmen l*, to ~ well *leicht z photographieren s* (a woman ~s better standing) || to ~ well ⟨Am⟩ *sich gut anlassen, e–n guten Eindruck m* || to ~ and do ⟨Am fam⟩ *etw z tun beginnen* **3.** [*mit prep*] to ~ **after** a p *losgehen auf jdn* || *jdm ähneln* | to ~ **from** *abziehen v*; (*e–r S*) *Abbruch tun*; (*etw*) *herabsetzen, schwächen* | to ~ **to** a th *Zuflucht nehmen z, Z. suchen in etw*; to ~ kindly to .. *eingehen auf ..*; to ~ to the forests *in die Wälder fliehen*; → *heel* || *sich begeben nach* (to ~ to bed) || *sich beschäftigen mit, sich legen auf, sich abgeben mit etw*; *sich e–r S widmen*; (*Gewohnheit* etc) *annehmen*; *Gefallen finden an etw* || to ~ to a p *sich hingezogen fühlen z jdm, jdn liebgewinnen*; *warm w mit jdm*; children ~ to him .. *mögen ihn*; to ~ to drink *sich dem Trunk* (°*Suff*) *ergeben* **4.** [*mit adv*] → *amiss* | to ~ **away** *den Tisch abräumen, –decken*, .. away from *schmälern, herabsetzen* | to ~ **off** *nachlassen*; *aufhören* | *sich ab–, fortnehmen l* | *sich abzweigen* || *abspringen*; ⟨bes aero⟩ *starten*; *e–n Anlauf nehmen* (for *z*); ⟨aero⟩ *aufsteigen, starten* (from *v*); *ready to ~ off flugklar, startbereit*; ⟨fig⟩ he'll ~ off any minute now! *gleich geht er hoch* (*wird wütend*) | to ~ **on** ⟨fam⟩ *sich aufregen*; to ~ on about a th *sich etw z Herzen nehmen, betrübt s über etw* || *Dienst antreten, sich verdingen, arbeiten* (at 4 sh.) || *anbinden, sich einlassen* (with *mit*) || (of a play, etc) *Anklang finden*; ⟨com⟩ *abgehen* | to ~ **out** *sich herausnehmen l* | to ~ **over** *die Regierung übernehmen*; to ~ over from a p *jdn ablösen* | to ~ **up** (of the weather) *sich bessern, schön w* || ⟨Am⟩ *eintreten* (for) || *in Verbindung treten, anbändeln, sich einlassen* (with); to ~ up with a fashion *e–e Mode mitmachen* **III.** [*in comp*] ~-in *Täuschung f*; *Schwindel m* | ~-off [*pl* ~-offs] *Verulkung, Karikatur f, Zerrbild n* | *Absprung, Ausgangspunkt, Start m* ⟨a fig⟩; ⟨aero⟩ ~-off *under own power Eigenstart m* | ⟨aero⟩ ~-off aid *Starthilfe f*, ~-off clearance *–freigabe f*; ~-off distance *–strecke, –länge f*; ~-off point (*Flugplatz-*)*Start m*, *–stelle f*; ~-off power *–leistung f*; ~-off roll *Rollen n während des Starts*; ~-off run *Anlauf m, –strecke f*; ~-off speed *Abhebegeschwindigkeit f* | ~-up ⟨tech⟩ *Vorrichtung z An–, Festziehen*; *z Aufnehmen, –rollen, –winden* etc

take [teik] s (of fish) *Fang* m, *Beute* f || ⟨film⟩ (*Kurz-*)*Szenenaufnahme* f | ⟨theat⟩ *Einnahme* f || ⟨typ⟩ *Schiebung* f, *Transport* m (*Teil druckfertigen Manuskripts z Setzen*)

taken ['teikən] pp *v* to take || ~ all round *alles in allem genommen*; ~ together *alles zusgenommen* || ~ with *zus–genommen mit, in Verbindung mit*; → to take I. A. 2. 3. D **taker** ['teikə] s *Abnehmer, Käufer* m || *jd, der* (*e–e Wette*) *annimmt*

taking ['teikiŋ] **1.** s *Nehmen* n; *Einnahme* f (the ~ of a town) || ~ of power *Leistungsentnahme* f || ⟨phot⟩ *Aufnahme* f; ~ conditions *Aufnahmebedingungen* f pl, *Lichtverhältnisse* n pl (etc) || ~ and recording of evidence *Aufnahme* f u *Protokollieren* n *v Beweisen* || ⟨fam⟩ *Aufregung* f | [*mst* pl] ~s (*Geld-*)*Einnahme* f; *Gewinn* m **2.** a (~ly adv) *fesselnd, anziehend, einnehmend* || *ansteckend* **~ness** [~nis] s *Anziehung* f, (*das*) *Fesselnde* n

taky ['teiki] a ⟨Am⟩ *ansprechend, anziehend,* ⟨teens⟩ *schau* (*girl*)

talapoin ['tæləpɔin] s *buddhist. Mönch* or *Priester* m

talaria [tə'lɛəriə] s L pl ⟨ant⟩ *Knöchelflügel, Flügelschuhe* m pl (*des Hermes* etc)

talbot ['tɔ:lbət] s *ausgestorb. Jagdhundrasse* f **Talbot** ['tɔ:lbət] s (*nach* Gilbert ~, † *1915*) ~ House (abbr Toc H., → *d*), *christl.-humanitäre Gesellschaft* f, *Kameradschaftsorden* m

talc [tælk] s ⟨minr⟩ *Talk*(*um*) m || [attr] *Talk–* **~ky** ['~i] a *Talk–* **~ose** ['~ous], **~ous** ['~əs] a *talkig, Talk–* **~um** ['~əm] s L = talc || ~ powder *Körperpuder* m

tale [teil] s **1.** *Bericht* m; *Erzählung* f (to tell the ~ of *erzählen*); *Geschichte* f, thereby hangs a ~ *hiermit ist e-e G. verknüpft* || (a fairy ~) *Märchen* n; old wives' tales [pl] *Ammenmärchen* n pl | *Klatschgeschichte* f; to tell ~s (out of school) *klatschen; aus der Schule plaudern* or *schwatzen*; dead men tell no ~s *tote Hunde beißen nicht* **2.** ⟨fast †⟩ *Aufzählung; Zahl, Anzahl* f; by ~ *der Zahl nach* **~bearer** ['~bɛərə] s *Angeber* m, *Zwischenträger* m, *Klatsche* f, °*Klatschmaul* n **~bearing** ['~bɛəriŋ] s [attr] *Klatsch–*

talent ['tælənt] s **1.** ⟨ant⟩ *Talent* n (*Geldeinheit*) **2.** *Talent* n (his ~ as a poet), *Anlage, Geschicklichkeit, Fähigkeit* f (for *f*; for doing *z tun*) **3.** [koll pl konstr] *Talente, talentierte Personen* pl, *Intelligenz* f (all the ~ are ..) **~ed** [~id] a *talentiert, talentvoll, begabt* **~less** [~lis] a *unbegabt*

tales ['teili:z] s L ⟨jur⟩ *Ergänzung* f *v Ersatzmännern e–r Jury* || *Liste* f *der Ersatzgeschworenen* **~man** [~mən] s *Ersatzmann, –geschworener* m

taleteller ['teil‚telə] s *Erzähler* m || *Angeber* m, *Klatsche* f

talion ['tæliən] s Fr *Vergeltung* f *e–r Handlung durch e–e gleiche*

taliped ['tæliped] L **1.** a *klumpfüßig* **2.** s °*Klumpfuß* m (*P*) **talipes** ['tælipi:z] s | *Klumpfuß* m

talipot ['tælipɔt] s ⟨bot⟩ *Schatten–, Fächerpalme* f

talisman ['tælizmən] s [pl ~s] *Talisman* m, *Zaubermittel* n **~ic** [‚tæliz'mænik] a *magisch, zauberisch*

talk [tɔ:k] **I.** vi/t **A.** vi **1.** *reden; sich unterhalten* (with *mit*; of *v*; about, on *über*) || to ~ big *od* that ⟨fam⟩ *großreden, aufschneiden* || now you are ~ing *das läßt sich* (*eher*) *hören* | *klatschen* (about *über*) **2.** [mit prep] to ~ at a p *jdn indirekt ansprechen* | to ~ of *sprechen v*, to ~ of doing *davon sprechen z tun*; ~ing of .. *da wir gerade sprechen v* ..; *bezüglich* | to ~ over people's heads ⟨fig⟩ *über die Köpfe der*

Leute hinwegreden | to ~ round a th *um etw herumreden, –sprechen* | to ~ to a p *mit jdm sprechen; jdm die Meinung sagen; jdn schelten, tadeln* || to ~ to o.s. *vor sich hinreden, Selbstgespräche führen; phantasieren* **3.** [mit adv] to ~ up *laut sprechen* **B.** vt **1.** (*Sprache*) *sprechen* (to ~ French *Französisch sp.*); *äußern*; to ~ nonsense *Unsinn reden* || *reden über* or *v*; to ~ politics *politisieren*; to ~ shop *vom Geschäft sprechen; fachsimpeln* ⟨Am fam⟩ to ~ a blue streak *reden wie ein Wasserfall* || ⟨fam⟩ to ~ the hind leg off a cow, dog, etc °*e–m ein Loch in'n Bauch reden* **2.** (*jdn*) *durch Reden bringen* (into *z*; out of *um*), *abbringen* (out of *v*); to ~ a p into a th *jdn z etw bereden, jdn etw einreden*; to ~ a p out of a th *jdm etw ausreden*; he won't be ~ed out of it *das läßt er sich nicht nehmen* || to ~ o.s. hoarse *sich heiser reden* **3.** [mit adv] to ~ **down** (*jdn*) *unter den Tisch reden*; ⟨aero⟩ (*Flugzeug*) *heruntersprechen, durch Sprechfunk z Landung einweisen* || to ~ **over** (*etw*) *ausführlich besprechen* | to ~ a p over *od* round *jdn überreden* **II.** s **1.** *Gespräch* n, there is ~ of *es ist die Rede v* (of doing .. *davon z tun*) || *Unterhaltung* f (to have a ~ with); to take all the ~ on one's side *allein das Wort führen* || in ~ *gesprächsweise*, to throw out in ~ g. *äußern* | ⟨Am⟩ = discussion, conference **2.** (*bes* wir) *Vortrag* m **3.** *Reden* n; ~ is cheap *Sie h gut reden*; to have had enough ~ *genug geredet h* || *leeres Gerede, Geschwätz* n || *Gesprächsgegenstand* m, it is all the ~ *es geht allgemein das Gerücht* (that); it's the ~ of the town *es ist Stadtgespräch* n, °*die Spatzen pfeifen's v den Dächern* **~athon** ['~əθən] s *Dauerverhandlung* f, *–geschwätz* n, *–lufterschütterung* f **~ative** ['~ətiv] a (~ly adv) *gesprächig, redselig, geschwätzig* **~ativeness** ['~ətivnis] s *Gesprächig–, Geschwätzigkeit* f **~ee** [tɔ:'ki:] s ⟨Am⟩ *Sprechfilm* m, → movie, talkie **~ee-~ee** ['~i'~i] s *radebrechendes Englisch* n (*der Neger* etc) || *Geschwätz* n **~er** ['~ə] s *Sprechende*(*r*), *Redende*(*r*) m f; a good ~ *ein unterhaltender Mensch* m || *Schwätzer*(*in* f) m **~ie** ['~i] s [*mst* pl] ~s ⟨sl⟩ *Sprech–, Tonfilme* m pl; (*Tonfilm-*)*Kino* n **~ing** ['~iŋ] **1.** s *Unterhaltung* f; all the ~ was on his side *er führte allein das Wort* || *Geplauder, –rede, Geschwätz* n || ~ point(s pl) *Gesprächsstoff* m | ~-to ⟨fam⟩ *Tadel, Verweis* m, *Schelte* f; to give a p a ~-to *jdm ins Gewissen reden* **2.** a *sprechend; Sprech–* (~-film, ~-picture *Sprech–, Tonfilm* m) | **~y** ['~i] **1.** a *geschwätzig*; ~ talk *leeres Geschwätz* n **2.** s ⟨fam⟩ *Tonkino* n

tall [tɔ:l] **I.** a **1.** *groß* (*v Statur*); how ~ are you? *wie groß bist du*? || *lang, schlank* | (of houses, trees) *hoch* || ⟨Am⟩ ~ grass *baumlose Fläche, – Ebene* f; the ~ timber *d'ie westlichen Wälder*, ⟨fig⟩ *wo sich Fuchs u Wolf gute Nacht sagen* **2.** ⟨sl⟩ *großsprecherisch*; *übertrieben, unglaublich, phantastisch*; a ~ order *e–e harte Nuß* (for); *starke Zumutung, starkes Stück, sehr viel verlangt* | (ol) *fabelhaft, koloss ul* **II.** adv ⟨sl⟩ *großspurig; stolz, aufgeblasen*; to talk ~ *großsprechen* **~boy** ['~bɔi] s *Kommode* f *mit Aufsatz* **~ness** ['~nis] s *Größe, Höhe, Länge* f

tall(i)age ['tæl(i)idʒ] s ⟨hist⟩ (*Gemeinde-*)*Steuer, Abgabe* f

tallow ['tælou] **1.** s *Talg* m || vegetable ~ *Pflanzenfett* n || ⟨tech⟩ *Schmiere* f | [attr & comp] *Talg–* || ~-candle *Talgschicht* n || ~-chandler *Lichtzieher* m || ~-faced *bleich* (*aussehend*) || ~-tree ⟨bot⟩ *Talgbaum* m **2.** vt *mit Talg einschmieren, –fetten* || (*Schafe*) *mästen* **~ish** [~iʃ], **~y** [~i] a *talgig*

tally ['tæli] **I.** s **1.** (*als Berechnung dienendes, in 2 Hälften spaltbares*) *Kerbholz* n || *K. als amtl. Quittung* || (*Gegen-*)*Rechnung* f || *eins v 2* zus–gehörigen Dingen; Duplik·at, Gegen–, Seitenstück n (of z) || ⟨vulg⟩ to live ~ in wilder Ehe leben **2.** Liste f (v Waren) || Strich–, Kontrolliste f | Zahl–, Stückmaß n (to buy by the ~) **3.** Identifizierungszeichen n (auf Kisten); Marke f, Etikett n || Kupon; kl Schein m **4.** [attr] Abzahlungs– (~-shop –laden m, –geschäft n; ~ list Strichliste f; ~-system, ~-trade A.system, –geschäft n); Zähl– (~-sheet –bogen m, Wahlprotokoll n); ~ book ⟨for⟩ Aufmaßbuch n **II.** vt/i || (Ladung) stückweise nachzählen, buchen, registrieren, kontrollieren || (Waren etc) aus–, bezeichnen | vi übereinstimmen, passen (with mit, z) **~man** [~mən] s Inhaber m e–s Abzahlungsgeschäfts || Ladungs–, Warenkontrolleur m

tally-ho! [ˈtæliˈhou] **1.** [intj] hallo! ho!; ⟨aero wir⟩ Abschuß! **2.** s Jagd–, Weidruf m || ⟨Am⟩ Vierspänner m **3.** vi hallo rufen; die Hunde antreiben

talma [ˈtælmə] s Fr (nach F. ⋊, † 1826) ⟨hist⟩ langer Herren–, Damenmantel m

talmi [ˈtælmi] s (a ~ gold) Talmi n

Talmud [ˈtælmud] s Talmud m **~ic(al)** [tælˈmudik(əl)] a Talmud– **~ist** [ˈtælmədist] s Talmud·ist m **~istic** [ˌtælməˈdistik] a talmudisch; talmudistisch

talon [ˈtælən] s Klaue, Kralle f ⟨a übtr⟩ (P) || ⟨arch⟩ Kehlleiste f; verkehrt steigendes Karnies n || ⟨com⟩ Talon m, Erneuerungsschein m (an Wertpapieren); Zinskupon m, –leiste f || ⟨cards⟩ Talon m **~ed** [~d] a mit Klauen (Krallen) versehen

taluk, –look [təˈluːk] s ⟨Ind⟩ Erbgut n e–s Eingeborenen | Regierungsdistrikt m **~dar** [~daː] s Inhaber m e–s Erbgutes; Vorsteher m e–s Distrikts

talus [ˈteiləs] s L (pl –li [–lai]) ⟨anat⟩ Sprungbein n; Enkel m || Abdachung, Böschung f || ⟨geol⟩ Schutthalde f, Geröll n

tam [tæm] s ⟨fam⟩ → tam-o'-shanter

tamability [ˌteiməˈbiliti] s (Be-)Zähmbarkeit **–ble** [ˈteiməbl] a (be)zähmbar

tamandua [təˈmændjuə] s ⟨zoo⟩ Ameisenfresser m

tamanu [ˈtæmenuː] s ⟨bot⟩ Gummiapfel m, Schönblatt n

tamarack [ˈtæməræk] s ⟨bot⟩ Amerikanische Lärche f

tamarin [ˈtæmərin] z ⟨zoo⟩ Tamarin, Seidenaffe m

tamarind [ˈtæmərind] s ⟨bot⟩ Tamar·inde f

tamarisk [ˈtæmərisk] s ⟨bot⟩ Tamar·iske f; French ⋊ Gallische T.

tamasha [təˈmaːʃə] s ⟨AInd⟩ Lustbarkeit f; öffentl. Schaustellung f || Getue n

tambour [ˈtæmbuə] Fr **1.** s ⟨mus⟩ gr Trommel f || (a ~-frame) runder Stickrahmen m || tamburierter Stoff m | ⟨arch⟩ Säulentrommel f; Tamb(o)·ur m (Unterbau e–r Kuppel) || ⟨mil⟩ Palisade f | [attr] ~-table Rollschreibtisch, Schreibtisch m mit Rollverschluß || Tamburier–; ~-work –arbeit f; ~-stitch –stich m **2.** vt (Stoff) tamburieren; in e–m Rahmen sticken **~in** [ˈtæmbərin] s Fr lange schmale Trommel f (der Provence) **~ine** [ˌtæmbəˈriːn] s Fr ⟨mus⟩ Tambur·in n, (mit Glöckchen besetzte) Handtrommel f

tame [teim] **1.** a (~ly adv) zahm | ⟨übtr⟩ mutlos; friedlich, unterwürfig | matt, geistlos, langweilig, eindruckslos **2.** vt (T) zähmen, bändigen | ⟨übtr⟩ unterwerfen, beugen; bezähmen, gefügig m **~able** [~əbl] a = tamable **~r** [~ə] s Bändiger(in f) m (lion–~) **~ness** [ˈ~nis] s Zahmheit f || Mutlosigkeit f || Langweiligkeit f

Tamil [ˈtæmil] s T·amil n, dravidische Sprache f || Einwohner m v Südindien u Ceylon **~ian** [tæˈmiliən] a Tamil–

Tammany [ˈtæməni] s ⟨Am⟩ (a ~ Society) organisierte demokratische Partei f in New York City || ~ Hall, deren Parteihaus n

tam-o'-shanter [ˌtæməˈʃæntə] s (⟨fam⟩ tam, tammy) weit überhängende, runde Wollmütze, Schottenmütze f

tamp [tæmp] vt (Spreng–, Bohrloch) abdämmen (mit Lehm etc) || (Lehm etc) feststampfen, –kneten || (Beton) rammen **~ing** [ˈ~iŋ] s Abdämmen, Zustopfen n || Stampf–, Stopfmasse f | [attr] Stampf–; Stopf– (tool) || ~ roller ⟨mot⟩ Egge f

tampan [ˈtæmpen] s ⟨ent⟩ Zecke, Milbe f

tampax [ˈtæmpæks] s (Damen-)Monatstampon n

tamper [ˈtæmpə] vi **1.** to ~ with a p heimlich unterhandeln, intrigieren mit jdm; jdn z bestechen suchen **2.** to ~ with a th sich (ein)mischen in; hineinpfuschen in etw || herumpfuschen an etw (a document); etw verderben; –fälschen

tampion [ˈtæmpiən] s ⟨mil⟩ Mündungspfropfen m (of a gun) || ⟨tech⟩ Dübel m

tampon [ˈtæmpən] **1.** s Pfropfen m; ⟨surg⟩ Watte–, Mullbausch m, Gazestreifen m || Scheidenschwämmchen n, –tampon m **2.** vt (Wunde) tampon·ieren **~ade** [tæmpəˈneid], **~ment** [ˈtæmpənmənt] s Tamponade f (Ausfüllung e–r Wunde)

tam-tam [ˈtæmtæm] s = tom-tom

tan [tæn] **1.** s Lohe f (gemahlene Eichenrinde) || Lohfarbe, gelbbraune Farbe, braune Farbe f | Sonnenbräune f | [attr] ~-bark Loh–, Gerbrinde f; ~-b. coppice Schälwald m || ~-liquor, ~-ooze, ~-pickle Lohextrakt m || ~-pit Lohgrube f || ~-yard Lohgerberei f **2.** a lohfarben; (gelb)braun; ~ shoes [pl] braune Schuhe m pl **3.** vt/i [–nn–] || gerben | (Gesicht) bräunen; ~ned sonnenverbrannt || ⟨sl⟩ (jdn) durchgerben, to ~ a p's hide jdm das Leder gerben (ihn verprügeln) | vi braun, sonnverbrannt w

tan [tæn] s abbr f tangent

tana [ˈtaːnə], **tanna** [ˈtænə] s ⟨Ind⟩ Polizeiwache, –station f **~dar** [~daː] s Vorsteher m e–r P.

tanager [ˈtænədʒə] s ⟨orn⟩ den Finken verwandte Vogelgattung f

Tanagra [ˈtænəgrə] s (griech. Stadt) ~ figurine Tanagrafigur f (kl bemalte Tonfigur)

tandem [ˈtændəm] L **1.** adv (of horses) eins hinter dem andern, hinter–e–a; to drive ~ mit hinter–e–a gespannten Pferden fahren **2.** s Tandem n (ein Paar Pferde hinter–e–a gespannt) | Tandem (Gespann mit zwei hinter–e–a gespannten Pferden) || ⟨cycl⟩ Tandem n; Fahrrad mit 2 Sitzen hinter–e–a | ⟨tech⟩ ~ airplane ⟨aero⟩ Tandemflugzeug n; ~ arrangement Reihenanordnung f; ~ connexion Serienschaltung f; ~ compound engine Reihenverbundmaschine f; ~ exchange, ~ office ⟨telph⟩ Knotenamt n; ~ propellers [pl] Doppelluftschraube f; ~ rack Tandemträger m, ⟨aero⟩ Tandembombenträger m; ~ seat Doppelsitz m (hinter–e–a)

tandsticker [ˈtændstikə] s schwedisches Streich–, Zündholz n

tang [tæŋ] **1.** s spitzer Stift m; (of a knife, etc) Griff–, Heftzapfen m; Angel f; Dorn m | durchdringender Geruch, scharfer Geschmack m; Beigeschmack m || ⟨fig⟩ Beigeschmack, Anflug m (of v) **2.** vt mit e–m Stift etc versehen

tang [tæŋ] s ⟨bot⟩ Seetang m, Braunalge f

tang [tæŋ] **1.** vt/i || (Glocke etc) anschlagen, läuten l | vi laut ertönen **2.** s scharfer Ton or Klang m, Mißton m

tangency [ˈtændʒənsi] s Berührung f, point of ~ –spunkt m **–gent** [ˈtændʒənt] **1.** a ⟨math⟩ sich berührend (to mit); Berührungs–; to be ~ to berühren **2.** s ⟨math⟩ (abbr tan [tæn]) Tang·ente f ‖ to go off, fly off at a ~ ⟨fig⟩ *plötzlich* „*in der Tangente*" *vom Gegenstande abspringen* ‖ ~ elevation ⟨artill⟩ *Aufsatzwinkel* m, → sight, range –**gential** [tæn'dʒenʃəl] a (~ly adv) *Berührungs–, Tangential–;* ~ force *Tangential–, Zentrifugalkraft* f ‖ ⟨fig⟩ *sprunghaft; flüchtig*

Tangerine ['tændʒə'riːn] **1.** a *aus Tanger stammend* **2.** ~̌ s (a ~ orange) ⟨bot⟩ *Mandarine* f

tangibility [,tændʒi'biliti] s *Greifbar–, Berührbar–, Fühlbarkeit* f –**ble** ['tændʒəbl] a (–bly adv) *greif–, fühlbar* ‖ ⟨jur⟩ *materi·ell; re·al;* ~ property *Sachvermögen* n, *körperliche Sachen* f pl ‖ ⟨fig⟩ *greifbar, handgreiflich* –**bleness** [~nis] s = tangibility

tangle ['tæŋgl] **1.** vt/i ‖ *verflechten, in–e–a verschlingen; durchfl·echten* (with *mit*) ‖ *verwirren* ‖ *verwickeln, –stricken* ‖ vi *verwickelt* or *–strickt w* or *s; sich verwickeln* **2.** s *Gewirr* n, *Verwicklung* f, *Knoten* m ‖ ⟨bot⟩ *Seetang* m ‖ ⟨fig⟩ *Gewirr* n, *Verwirrung, –wicklung* f, to run o.s. into ~s *sich festrennen*, to be all in a ~ *(ganz) verwickelt* or *–wirrt s* ~**foot** [~fut] s ⟨Am sl⟩ *Alkohol; Whisky* m ~**some** [~səm] a *verworren, wirr*

tangly ['tæŋgli] a *verwickelt, dicht verwachsen*
tango ['tæŋgou] s [pl ~s] Span *Tango* m *(Gesellschaftstanz)*

tangram ['tæŋgræm] s *chines. Zus–setzspiel* n
tangy ['tæŋi] a *scharf, durchdringend* (flavour)
tanist ['tænist] s *gewählter Nachfolger* m *e–s kelt. Häuptlings* ~**ry** [~ri] s *Nachfolge* f *der Häuptlinge durch Wahl*

tank [tæŋk] **1.** s *Zisterne* f, *(Wasser-)Becken* n; *(Metall-)Becken* n, *Behälter* m ‖ ⟨agr Am⟩ *Viehtränke* f ‖ ⟨for⟩ *Schwemmteich* m ‖ ⟨tech⟩ *Tank* m; to fill up the ~ ⟨mot⟩ *tanken* ‖ ⟨rail⟩ *Wasserkasten* m *des Tenders;* (a ~**-engine** ⟨rail⟩ *Tenderlokomotive* f ‖ (a ~**-steamer**) *Tankdampfer* m ‖ ⟨mil⟩ *Tank, Panzer (gepanzerter Kampfwagen)* m ‖ ~ ammunition *Panzermunition* f ‖ ~**-buster** *Pak (Panzerabwehrkanone)* f, *Panzerzerstörer* m ‖ ~**-busting** ⟨fam⟩ *Panzer-Abschuß* m ‖ ~ development ⟨phot⟩ *Standentwicklung* f ‖ ~ farm *Lagerplatz* m *f Treibstoffbehälter; Behälterdepot* n ‖ ~ farming = hydroponics ‖ ~ filler (cap) *Einfüllstutzen* m ‖ ~ force *Panzerwaffe* f, *–truppe* f ‖ ~ killer ⟨sl⟩ *–knacker* m ‖ ~ landing craft *–landungsboot* n ‖ ~ squadron *–bataillon* f ‖ ⟨Am⟩ ~ town *Kleinstadt* f ‖ ~ track *Panzerkette* f, *–spur* f ‖ ~ trap *Tankfalle* f ‖ ~ troop *–kompanie* f ‖ ~ wagon ⟨rail⟩ *Kesselwagen* m **2.** vt/i ‖ *in e–n Behälter füllen* ‖ vi *tanken* ‖ ⟨fam⟩ to ~ up ⟨fig⟩ „*tanken*", *sich vollaufen l, sich* [dat] *die Nase begießen*, ~ed °*voll (betrunken)* ~**age** ['~idʒ] s *Tankanlage, –station* f ‖ *Aufbewahren* n *in Tanks* ‖ *Fassungsraum* m *e–s Tanks* ‖ *Gebühr* f *(f Aufbewahren)* ~**er** ['~ə] s (a ~ ship) *Tankdampfer, Tanker* m; ⟨aero⟩ *Tankflugzeug* n *(zur Versorgung anderer in der Luft);* ⟨Am mil⟩ *Panzermann* m ~**odrome** [~ˈoudroum] s ⟨mil⟩ *Park* m *f Tanks*

tankard ['tæŋkəd] s *Deckel–, Trinkkrug* m, *Kanne* f, *Seidel* n

tanna ['tænə] s → tana
tannable ['tænəbl] a *gerbbar* –**nage** ['tænidʒ] s *Gerben* n ‖ *Gerbereiware* f –**nate** ['tæneit] s ⟨chem⟩ *Salz* n *der Gerbsäure* –**ner** ['tænə] s *(Loh-)gerber* m –**nery** [~ri] s *Gerberei* f –**nic** ['tænik] a *Gerb–;* ~ acid ⟨chem⟩ *Gerbsäure* f –**niferous** [tæ'nifərəs] a *gerbsäurehaltig* –**nin** ['tænin] s ⟨chem⟩ = tannic acid –**ning** ['tæniŋ] s *Gerben* n

tanner ['tænə] s ⟨sl⟩ *Sechspencestück* n
tanrec ['tænrek], **tenrec** ['tenrek] s ⟨zoo⟩ *Tanrek* m *(Borstenigel)*

tansy ['tænzi] s ⟨bot⟩ *Gänserich* m; *Rainfarn* m

tantalization [,tæntəlaiˈzeiʃən] s *Tantalusqual* f –**ize** ['tæntəlaiz] vt *peinigen, quälen; schmachten l* –**izer** [~ə] s ⟨fam⟩ „*Circe*" f –**izing** [–iŋ] a (~ly adv) *schmerzlich, peinlich; verführerisch, unwiderstehlich; die Phantasie aufs höchste anregend;* ~ly prepared ⟨cul⟩ *höchst verlockend zubereitet*

tantalum ['tæntələm] s L ⟨chem⟩ *Tant·al (Grundstoff)* n (~ lamp *–lampe*)

tantalus ['tæntələs] s L *(verschließbarer) Flaschenhalter, –ständer* m ‖ ⟨orn⟩ *Nimmersatt* m ‖ ~**-cup** *Vexierbecher* m

tantamount ['tæntəmaunt] a *gleichbedeutend, –wertig* (to *mit*); to be ~ to ⟨fig⟩ *hinauslaufen auf, gleichkommen*

tantara [tæn'taːrə] s *(Trompeten-)Fanf·are* f
tantivy [tæn'tivi] **1.** s *Jagdruf* m ‖ *rasender Galopp* m; *Dahinstürmen* n **2.** a *eilig; dahinstürmend* **3.** adv *spornstreichs*

tantra ['tæntrə] s *Gattung altind. mystischer Literaturwerke* –**trism** ['tæntrizm] s *Lehre* f *der Tantra*

tantrum ['tæntrəm] s [*mst* pl ~s] ⟨fam⟩ *schlechte Laune* f (to be in one's ~) ‖ *Wut* f; to fly, get into a ~ *in W. geraten*

tanyard ['tænjaːd] s *Lohgerberei* f
Taoism ['taːouizm] s *Tao·ismus* m *(chines. Volksreligion)*

tap [tæp] s **1.** *(Faß-)Hahn, Spund, Zapfen* m; *Gas–, Wasserhahn* m; *–leitung* f ‖ to turn on ~s [pl] *das Wasser anstellen* ([*in die Badewanne*] *laufen l)* ‖ ~s [pl] ⟨aero sl⟩ *Instrumente* n pl; to hit *od* open the ~s °*auf die Tube drücken (Gas geben)* ‖ on ~ *angestochen, –gezapft;* ⟨fig⟩ *auf Lager; erhalt–, verfügbar* **2.** (⟨a⟩ ~**-room**) ⟨fam⟩ *Schankstube* f **3.** *Getränk* n; *Stoff* m (excellent ~); a fresh ~ *ein frisches Faß* ‖ ⟨fig fam⟩ *Art* f **4.** ⟨tech⟩ (a screw–~) *Gewinde–, Schraubenbohrer* m **5.** [attr] ~**-root** ⟨bot⟩ *Haupt–, Pfahl–, Herzwurzel* f ‖ ~**-water** *Leitungswasser* n

tap [tæp] vt/i [–pp–] **A.** vt **1.** *(Faß) anzapfen, –stechen, abzapfen* **2.** ⟨med⟩ *(jdn) punktieren, Punktion vornehmen an (jdn)* **3.** *(Gebiet, Quellen) erschließen* ‖ ⟨fig⟩ *(jdn) anzapfen; (jdn) angehen (for·um)* **4.** *sich (etw) widerrechtlich zugänglich m;* to ~ telegraph wires *Telegramme abfangen;* to ~ the telephone wire *Gespräche mithören* **5.** ⟨tech⟩ *(Innen-)Gewinde schneiden an* .., *mit e–m Schraubengewinde versehen;* ~ped hole *Gewindeloch* n, ~ped thread *Einschraubgewinde* n ‖ ⟨fig⟩ *(jdn) anpumpen* **B.** vi ⟨wir⟩ *mithören, schwarzhören* ⟨for⟩ *harzen*

tap [tæp] **I.** vt/i [–pp–] **1.** vt *(etw) leicht schlagen; schlagen auf*, to ~ the stone *(drei) Hammerschläge ausführen* ‖ *klopfen an, auf* or *gegen; beklopfen* ‖ to ~ a p's fingers *jdn auf die Finger schl.;* .. one's head *sich an den Kopf schl.* ‖ *(jdn) schlagen* (on the shoulder); ⟨mil fam⟩ he's ~ped °*er hat'n Vogel* ‖ to ~ a th against *od* on a th *mit etw schl. gegen* or *auf etw* (to ~ one's stick on) ‖ ⟨Schuh⟩ *besohlen* **2.** vi *schlagen, klopfen* (on *od* at the door *an die Tür;* with *mit*) **II.** s s **1.** *Klopfen* n (at the door); *leichter Schlag* m ‖ ⟨Austr fam⟩ not to do a ~ of work °*k–n Strich tun* ‖ ~**-dancing** *Steppen* n **2.** ~s [pl] ⟨mil⟩ *Zapfenstreich* m *(Signal)* **3.** ~ *Schuhsohle* f; *Stück Leder (z Besohlen)* n

tape [teip] **1.** s *(Zwirn-)Band* n ‖ ⟨wir⟩ recording ~ *Langspielband* n; ⟨sport⟩ *Zielband* n; to breast the ~ ⟨racing⟩ *(als erster) durchs Ziel gehen* ‖ *Papierstreifen* m *(des Telegraphenapparates)* ‖ ~ red–~ s [attr] ~ library ⟨wir⟩ *Bandbibliothek* f ‖ ~**-line**, ~**-measure** *Band–, Zoll–, Zentimetermaß* n ‖ ~**-machine** *autom. Telegraphenapparat* m ‖ ~**-recorder** ⟨wir⟩ *Ton-*

bandgerät, Magnetophon n ‖ ~-recording ⟨wir⟩ *Bandaufnahme* f; to wipe clean a ~ r. *e-e B. löschen* ‖ ~ relay ⟨telg⟩ *Lochstreifenbetrieb* m **2.** vt *mit e–m Band etc versehen* ‖ (*mit Meßband*) *messen* ‖ ⟨el⟩ *um–, bewickeln* ‖ (*Buchteile*) *heften* | ⟨mil⟩ (*Geschütz*) *zum Schweigen bringen* ‖ *auf* (*Ton-*)*Band aufnehmen;* ~d *music Tonbandmusik* f ‖ to ~ off (*z. B. Minenfeld*) *abstecken*

taper ['teipə] **1.** s *mit Wachs überzogener Docht* m; *dünne* (*Wachs-*)*Kerze* f ‖ ⟨for⟩ (*Umfang-*)*Abnahme* f (*e–s Stammes gegen den Gipfel*) ‖ ~ *gauge Kegellehre* f (*Meßinstrument*); ~-grinding *Konischschleifen* n; ~ *thread Kegelgewinde* n **2.** a (*mst poet*) *spitz zulaufend, konisch, spindelförmig* ‖ ⟨for⟩ *abfällig* (*Baum-*[*krone*]) **3.** vi/t ‖ (*a to* ~ off) *spitz zulaufen* (to a point *in e–e Spitze*); *allmählich abnehmen or aufhören* | vt (*a to* ~ off) *spitz zulaufen* l; *z·u-spitzen* ‖ *vermindern* ~ing [~riŋ] a (~ly adv) = taper a ~**wise** [~waiz] adv *spitz zulaufend*

tapestry ['tæpistri] **1.** s *gewirkte Tapete* f, *Bild–, Wandteppich* m ‖ *Tapisserie* f; *Kanevasstickerei* f; *Gobelinkunst* f ‖ garden-~ *geblümter W.* | [attr] *Wandteppich–; Tapisserie–* ‖ ~-loom *Wirkstuhl* m, ~-worker *Gobelinwirker* m **2.** vt (*mit Wandteppichen*) *behängen* ‖ *auf Wandteppiche sticken*

tapeworm ['teipwə:m] s ⟨zoo⟩ *Bandwurm* m

tapioca [ˌtæpi'oukə] s *Tapi·oka* f, *–mehl* n

tapir ['teipə] s ⟨zoo⟩ *T·apir* m ~**oid** [~rɔid] a *tapirähnlich*

tapis ['tæpi:] s Fr [*nur in:*] to be on the ~ *erörtert w, aufs Tap·et gebracht w;* to come on the ~ *aufs Tapet k*

tapotement [tə'poutmənt] s Fr *leichtes Massieren; Klopfen u Klatschen* n *e–s Körperteiles*

tapper ['tæpə] s *Zapfer* m (rubber-~)

tappet ['tæpit] s ⟨tech⟩ *Daumen, Arm, Hebel* m; *Nocken, Vorsprung* m *an e–r Welle etc* ‖ ⟨mot⟩ *Steuerknagge* f, (*Ventil-*)*Stößel* m

tapster ['tæpstə] s *Zapfer; Schank–, Schenkkellner* m

tar [tɑ:] **1.** s *Teer* m; ⟨fig⟩ *a touch of the* ~-*brush ein Tropfen* m *Negerblut in den Adern* | [attr] ~-*board Teer–, Dachpappe* f ‖ ~-*brush Teerquaste* f ‖ ~-*macadam* ['tɑ:mə·kædəm] s (*nach Erfinder* MacAdam) (abbr tar-mac) *Teermischmacad·am* m (→ macadam), *Teerbeton* m **2.** vt *teeren, mit Teer beschmieren* ‖ he was ~red with the same brush ⟨fig⟩ *er war ebenso, wies dieselben Mängel auf*

tar [tɑ:] s ⟨fam⟩ (*a* jack-~) *Teerjacke* f (*Matrose*)

taradiddle, tarradiddle ['tærədidl] **1.** s *Flunkerei* f; ~s [pl] *Flausen* f pl **2.** vi *flunkern*

tarantara ['tærən'tɑ:rə], **taratantara** ['tærətæn'tɑ:rə] s *Tatarat·a* n, *Fanf·are, Trompetengeschmetter; Hornsignal* n

tarantella [ˌtærən'telə] s It ⟨mus⟩ *Tarant·ella* f (*Tanz*)

tarantula [tə'ræntjulə] s ⟨ent⟩ *Tar·antel* f ~**r** [~] a *Tarantel–*

taraxacum [tə'ræksəkəm] s ⟨bot⟩ *Löwenzahn* m

tarboosh [tɑ:'bu:ʃ] s *Tarb·usch, Fes* m (*kegelförmige orient. Kopfbedeckung*)

Tardenoisean, –sian [tɑ:də'nɔiziən] a ⟨praeh⟩ *Tardenoisien–* (*z mittleren Steinzeit gehörig*)

tardigrade ['tɑ:digreid] **1.** a *langsam sich bewegend* **2.** [s pl] ~s ⟨ent⟩ *Tardigr·aden* pl (*Spinnentiere*)

tardiness ['tɑ:dinis] s *Langsam–, Säumigkeit* f; *Trägheit* f ‖ *Verspätung* f; *Zuspätkommen* n –*dy*·['tɑ:di] a (*–dily adv*) *langsam, säumig; träge* (to do; in doing) ‖ ⟨Am⟩ *spät; verspätet,* to be ~ *sich verspäten, z spät k* (for dinner *z Essen*)

tare [tɛə] s ⟨bot⟩ *Wicke* f

tare [tɛə] **1.** s ⟨com⟩ *Gewicht* n *der Verpakkung, T·ara* f; ~ and tret *T. u Gutgewicht* n **2.** vt ⟨com⟩ (*das Gewicht e–r Verpackung*) *feststellen*

targe [tɑ:dʒ] s ⟨hist⟩ *Tartsche* f (*Schild*)

target ['tɑ:git] s **I. 1.** ⟨hist⟩ *Tartsche* f (*Schild*) **2.** (*Schieß–, Ziel-*)*Scheibe* f ‖ ~ and drones [pl] *Zielflugzeuge* n pl, „*Huckepack*" n, „*Vater u Sohn*" | *Preisschießen* n; ~-shooting *Scheibenschießen* n | ⟨fig⟩ *Zielscheibe* f (for *f*) | ⟨com⟩ *Richtzahl* f, *Soll* n; ⟨mot⟩ (*Höchst-*)*Leistungsfähigkeit* f | ⟨log⟩ *Bevorratungsziel* n **3.** ⟨rail⟩ *kl rundes Signal* n (*an Weichen*) **4.** [attr] *Ziel–;* ~ *acquisition Zielauffassung* f ‖ ~ *area* ⟨phys⟩ *Aufprallfläche* f ‖ ~ *banner Luft-*(*schlepp*)*scheibe* f ‖ ~ *date* ⟨com⟩ *Stichtag* m ‖ ~ *designation* ⟨tact⟩ *Zielansprache* f; ~ *d. grid* ⟨artill⟩ *Zielgevierttafel* f ‖ ~ *displacement Zielauswanderung* f ‖ ~-*force Wachtmannschaft* f (*an Brücken u. a. kriegswichtigen Punkten*) ~-*indicator* ⟨aero⟩ *Boden*(*ziel*)*markierung* f ‖ ~ *practice Scheibenschießen* n ‖ ~-*ship Zielschiff* n ‖ ~ *sled* (*Schießstand-*)*Scheibenschlepper* m ‖ ~ *sleeve* (*Ziel-*)*Schleppsack* m ‖ ~ *towing tug* ⟨mar⟩ *Scheibenschlepper* m ‖ ~ *travel Zielauswanderung* f ‖ ~ *trench* (*Schießstand-*)*Scheibengraben* m **II.** vt ⟨fig⟩ *planen* ~**eer** [ˌtɑ:gi'tiə] s ⟨hist⟩ *mit Schild bewaffneter Fußsoldat* m

Targum ['tɑ:gəm] s *Targ·um* n (*westaramäische Übersetzung des Alt. Test.*)

tariff ['tærif] **1.** s *Tarif* m (on *auf*); *Zolltarif* m; [koll] *Zölle* m pl ‖ *preferential* ~ *Vorzugszoll* m; *retaliatory* ~ *Vergeltungszölle* pl | ⟨com⟩ *Tarif* m; *Preisverzeichnis* n | [attr] ~-*rate Zollsatz* m ‖ ~ *reform* **1.** ⟨engl⟩ *Einführung f v Schutzzöllen, Schutzzollpolitik* f (*Deckname f* protection) **2.** ⟨Am⟩ *Freihandelspolitik* ‖ ~-*wall Zollschranke* f (*e–s Staates*) **2.** vt (*Ware*) *mit Zoll belegen; e–n Tarif aufstellen f* ‖ (*Ware*) *auszeichnen*

tarlatan ['tɑ:lətən] s Fr *T·arlatan* m (*Musselinstoff*)

tarmac ['tɑ:mæk] s ⟨fam⟩ *Rollbahn* f, *–feld* n, *Hallenvor–* n (*asphaltiert or zementiert*)

tarn [tɑ:n] s *kl Bergsee* m

tarn [tɑ:n] s ⟨orn dial⟩ *f* tern

tarnation [tɑ:'neiʃən] s ⟨Am⟩ ~! *verdammt!*

tarnish ['tɑ:niʃ] **1.** vt/i ‖ (*Glanz*) *matt, trübe, blind* m, *entglänzen, trüben;* ⟨tech⟩ *mattieren* ‖ ⟨fig⟩ (*Ruf*) *beflecken, –schmutzen* | ~ed ⟨a⟩ *verblichen* | vi *matt, trübe, blind w;* (of metal) *anlaufen* ‖ ⟨fig⟩ *an Kraft verlieren* (with age) **2.** s *Anlaufen; Verrosten* n; *Belag* m (*auf Metall* etc) ‖ ⟨fig⟩ *Fleck* m

taro ['tɑ:rou] s ⟨bot⟩ *Ägyptische Zehrwurzel* f, *T·aro* m (*Nahrungspflanze*)

taroc ['tɑ:rək] s It ~ *tarot* ['tærou] s (pl ~s [~z]) Fr *Tarock* n (*Kartenspiel*)

tarp [tɑ:p] s ⟨Am⟩ = tarpaulin

tarpan ['tɑ:pən] s ⟨zoo⟩ *T·arpan* m, *kl Wildpferd* n (*der russ. Steppen*)

tarpaulin [tɑ:'pɔ:lin] s ⟨mar⟩ *Pers·enning* f, *geteertes Segeltuch* n; *Zeltbahn, –leinwand* f | *Plane, Regendecke* f ‖ *Ölhut* m; *–kleidung* f, *–zeug* n | ~ *frame Spriegel* m

tarpon ['tɑ:pən] s ⟨ich⟩ *Silberkönig* m (*Heringsfisch*) m

tarradiddle ['tærədidl] = tara–

tarragon ['tærəgən] s ⟨bot⟩ *Estragon* m ‖ *–essig* m

tarragona [ˌtærə'gounə] s *Tarag·ona* m (*span. Wein*)

tarras ['tærəs] s = trass

tarrock ['tærək] s ⟨orn⟩ *Meerschwalbe* f ‖ *dreizehige Möwe* f; *Wintermöve* f

tarry ['tɑ:ri] a *teerig*

tarry ['tæri] vi/t || *zögern, zaudern, säumen*
|| *sich aufhalten* | vt *ab–, erwarten*
 tarsal ['tɑ:səl] a ⟨anat⟩ *Tars·al–, Fußgelenk–*
 tarsia ['tɑ:siə] s It *Intarsia* f, *Holzmosa·ik* n,
[a attr] (∼-work)
 tarsier ['tɑ:siə] s Fr ⟨zoo⟩ *Gespenstmaki* m
 tarso– ['tɑ:so] [in comp] = **tarsus** ['tɑ:səs]
L s (pl –si [–sai]) ⟨anat⟩ *Fußwurzel* f || *Fußglied*
n (*e–s Insekts*)
 tart [tɑ:t] s (*a* open ∼) (*Frucht-*)*Torte* f
|| *Frucht–, Obstpastete* f (*Frucht u Backwerk
darüber*) (apple ∼) | ⟨fig sl⟩ *Hure, Dirne* f
|| ∼-ed-up °*aufgedonnert*
 tart [tɑ:t] a (∼ly adv) *sauer, herb* || ⟨fig⟩
scharf, schroff, beißend
 tartan ['tɑ:tən] s *Tartan* m; *buntkarierter
Stoff* m; *kariertes Muster* n || *der nach* Clans
verschiedene deckenartige Überwurf m *der
Bergschotten* | ⟨übtr⟩ *schottischer Hochländer* m;
schottische Truppen f pl | [attr] *Tartan–*
 tartan ['tɑ:tən] s *Tart·ane* f, *ungedecktes einmastiges Fischerfahrzeug* n
 Tartar, Tatar ['tɑ:tə] 1. a *tat·arisch* 2. s
Tat·ar, Tart·ar m | ⟨fig⟩ (✗) *Wüterich, Hitz-
kopf* m; *wilder Range* m || to catch a ∼ *an den
Unrechten k, übel ankommen* ∼**ian** [tɑ:'tɛəriən] a
tat·arisch, Tat·aren–
 tartar ['tɑ:tə] s ⟨chem⟩ *Weinstein* m ||
∼-emetic ⟨chem⟩ *Brechweinstein* m | ⟨dent⟩
Zahnstein m ∼**ic** [tɑ:'tærik] a ⟨chem⟩ *Weinstein–*; ∼ acid *–säure, Weinsäure* f ∼**ize** [∼raiz]
vt *mit Weinstein behandeln*
 tartarean [tɑ:'tɛəriən] a *Tartarus–*; *höllisch*
 Tartarus ['tɑ:tərəs] s L ⟨ant⟩ *T·artarus* m
 tartish ['tɑ:tiʃ] a *säuerlich*
 tartlet ['tɑ:tlit] s (*Obst-*)*Törtchen* n
 tartness ['tɑ:tnis] s *Herbheit, Säure* f || ⟨fig⟩
Schroffheit, Schärfe f
 tartrate ['tɑ:treit] s ⟨chem⟩ *weinsteinsaures
Salz* n
 tash [tæʃ] s ⟨mil fam⟩ = *moustache*
 tasimeter [tæ'simitə] s *Tasimeter* m, *elektr.
Apparat z Messung v Druckschwankungen*
 task [tɑ:sk] 1. s *Aufgabe* f (the ∼ of doing
die A. z tun; it is my ∼ to do); to him fell the ∼
ihm fiel die A. zu (of doing) | *aufgegebene Arbeit*
f, *Schularbeit* f, to set a p a ∼ *jdm e–e Aufgabe
stellen* || to take to ∼ *z Rede stellen, ins Gebet
nehmen* (for *wegen*) | ∼ *force* ⟨mil⟩ *Sonder-
verband* m, *Kampfgruppe* f, ⟨mar⟩ *Einsatz-
Flotte, –Flottille* f 2. vt (*jdm*) *e–e Aufgabe stellen, Arbeit auferlegen* or *zuweisen*; (*jdn*) *be-
schäftigen* || (*Gedächtnis*) *anstrengen, in An-
spruch nehmen* ∼**master** ['∼ˌmɑ:stə] s *Aufseher*
m; ⟨fig⟩ *Zuchtmeister* m ∼**work** ['∼wə:k] s
Akkordarbeit f
 Tasmanian [tæz'meinjən] 1. a *tasm·anisch*
2. s *Tasm·anier(in* f) m
 tass [tæs] s *kl Becher* m || *kl Trunk, Schluck* m
∼**ie** ['∼i] s *Becher* m
 tassel ['tæsl] 1. s *Quaste, Troddel* f; *Lese-
zeichen* n (*angeheftetes Band*) || ⟨bot⟩ *quasten-
artiger Blütenstand* m; ⟨Am⟩ *Maisblüte* f 2. vt
mit Quasten schmücken
 tasset ['tæsit] s *Beintasche* f, *Hüftgehänge* n
(*der Plattenrüstung*)
 tastable ['teistəbl] a *schmeckbar, z schmek-
ken(d)*
 taste [teist] I. vt/i 1. vt (*etw*) *schmecken,
kosten; probieren*; (*Tee* etc) *prüfen* || *heraus-
schmecken; entdecken*; I cannot ∼ anything
ich habe k–n Geschmack (im Munde) || (*Nah-
rung*) *essen, trinken* | ⟨übtr⟩ *versuchen; prüfen,
erfahren, –leben*; *genießen* 2. vi a. *schmecken
|| e–n best. Geschmack h*, to ∼ *sweet süß sch.*
b. to ∼ of *sch. nach*; ⟨fig⟩ *riechen nach, e–n
Anstrich h v* || * *essen v* || * *erleben, genießen*
II. s A. 1. *Geschmackssinn* m; *Schmecken* n ||

Geschmack m, to leave a bad ∼ in the mouth
⟨fig⟩ *e–n üblen Nachgeschmack, Eindruck zurücklassen* 2. *das Geschmeckte* n; *Bissen* m,
Stückchen n (a ∼ of meat); *Schlückchen,
Tröpfchen* n (*z Kosten*); to give a p a ∼ of a th
⟨fig⟩ *jdn etw schmecken l* 3. ⟨fig⟩ *Beigeschmack,
Anflug* m (of *v*) 4. *Erproben* n; (*Geschmacks-*)
Probe f, *Zeugnis* n (a ∼ of) **B. 1.** *künstlerischer*
(etc) *Geschmack* m (in *in*; a man of ∼); in the
Scandinavian ∼ *nach skandinavischer Art*; to
tickle popular ∼ *dem öffentl. G. z gefallen
suchen*; ∼s differ *die Geschmäcke(r* ⟨hum⟩)
sind verschieden; there is no accounting for ∼s
über den Geschmack läßt sich nicht streiten ||
Geschmacksrichtung, Mode f, to be again the
∼ *wieder M. s* || *Geschmacksausdruck, Takt* m;
good ∼ *geschmackvoll*, (in) bad ∼ *geschmacklos*, that is bad ∼ *das ist unfein* 2. *Neigung,
Vorliebe* f (for *f*); *Appetit* m (for *auf*); not to
my ∼ *nicht nach m–m Geschmack* ∼**ful** ['∼ful]
a (∼ly adv) *schmackhaft; geschmack–, taktvoll*
∼**fulness** ['∼fulnis] s *guter Geschmack* m ∼**less**
['∼lis] a *unschmackhaft, fade* || ⟨arts⟩ *reizlos,
schal* || *geschmack–, taktlos* ∼**lessness** ['∼lisnis]
s *Geschmacklosigkeit* f
 taster ['teistə] s (*Tee–* etc) *Schmecker,
Koster* m || ⟨fam⟩ (*Verlags-*)*Berater* m | ⟨tech⟩
Probierbecher m || (*Käse-*)*Stecher* m || ⟨fam⟩
Portion Eiscreme f **tasty** ['teisti] a (–tily adv)
schmackhaft || ⟨fig⟩ *geschmackvoll*
 tat [tæt] vi/t [–tt–] || *Frivolitäten–, Schiffchen-
arbeit* m | vt *mit Frivolitätenarbeit versehen*
 tat [tæt] s *rauhe ind. Leinwand* f
 tata ['tæ'tɑ:] 1. intj ∼! *auf Wiedersehen!
lebe wohl!,* ⟨fam⟩ *tjüs!* 2. s *Spaziergang* m (to
go for a ∼ *e–n Sp. m,* ⟨*z Kind*⟩ *ada-ada-gehen*)
 Tatar ['tɑ:tə] s = Tartar
 tater ['teitə], **tatie** ['teiti], **tattie** ['tæti] s
⟨fam & vulg⟩ = potato ⟨m.m.⟩ *Tüfte* f
 Tatra ['tɑ:trə] s High ∼ *die Hohe Tatra* f
(*der Karpaten*)
 tatter ['tætə] s [*mst* pl ∼s] *Fetzen* m; in ∼s
zerfetzt || to tear to ∼s *in Fetzen reißen*; ⟨fig⟩
zerpflücken ∼**demalion** [ˌtætədə'meiljən] s *zer-
lumpter Kerl* m; [attr] *zerlumpt, –fetzt* | ∼**ed**
['tætəd], ∼**y** ['tætəri] a *zerfetzt, –lumpt*
 Tattersall's ['tætəsɔ:lz] s (*nach* Richard
Tattersall, † 1795) ⟨engl⟩ *Pferdebörse* f; *Renn–,
Wettbüro* n
 tatting ['tætiŋ] s *Frivolitäten* pl; *–arbeit,
Schiffchenarbeit* f
 tattle ['tætl] 1. vi/t || *schwatzen, plaudern,
klatschen* | vt (*etw*) *schwatzen* 2. s *Geschwätz* n,
Klatsch m ∼**r** [∼ə] s *Schwätzer; Plauderer* m
|| ⟨orn⟩ *Wasserläufer* m
 tatto ['tætou] s ⟨Scot & fam⟩ = tater
 tattoo [tə'tu:] 1. s ⟨mil⟩ *Zapfenstreich* m
(*Signal*); *Zeit des Z.* || ⟨*urspr* m.m.⟩ *Locken* n
(½ hour before taps: = signal "lights out")
|| *gr militär.* (*Abend-*)*Vorführung* f, *gr Schau-
stück* n; (*Abend-*)*Parade* f *mit Vorführungen
|| Trommeln, Klopfen* n (on the door), to beat
devil's ∼ *ungeduldig mit den Fingern trommeln*
(on *auf*) 2. vi [∼es; ∼'d, *∼ed; ∼ing] *den
Zapfenstreich blasen, trommeln* ⟨a übtr⟩
 tattoo [tə'tu:] 1. vt [∼es; ∼'d, *∼ed;
∼ing] (*Haut*) *tatauieren, tätowieren* || (*Figur*)
eintätowieren, –ritzen (on *auf*) 2. s *Tatauierung,
Tätowierung* f
 tatty ['tæti] s Ind (*Gras-*)*Matte, Decke* f
 tau [tɔ:] s Gr *griech. Buchstabe Tau* (= T)
|| ∼ cross *T-förmiges Kreuz* n
 taube ['taubə] s ⟨Ger mil aero⟩ *Eindecker* m
 Tauchnitz ['tauknits, 'taux–] s [pl ∼es]
⟨Ger⟩ (*nach* Ch. B. ∼ † 1895) *Tauchnitzband* m;
[attr] ∼ edition *–ausgabe* f
 taught [tɔ:t] pret & pp *v* to teach
 taunt [tɔ:nt] 1. vt (*ver*)*höhnen, –spotten* || to

~ a p with a th *jdm etw vorwerfen* 2. s *Spott, Hohn* m; *Stichelei* f || *Gegenstand* m *des Spottes* (to *f*) ~ing ['~iŋ] a (~ly adv) *spöttisch, höhnisch; herausfordernd*

taunt [tɔ:nt] a ⟨mar⟩ (of a mast) *hoch* || *voll getakelt*

tauriform ['tɔ:rifə:m] a *stierförmig* –**rine** ['tɔ:rain] a *stierartig, Stier–* –**romachy** [tɔ:-'rɔməki] s *Stierfechten* n; –*kampf* m **Taurus** ['tɔ:rəs] s L ⟨astr⟩ *Stier* m (*Sternbild*)

taut [tɔ:t] a (~ly adv) (of ropes, etc) *straff, angespannt; stramm* || *fein geputzt, sauber* ~**en** ['~n] vt/i || *straff* m; *stramm ziehen; (Glied) strecken* | vi *sich straffen; straff* w ~**ness** ['~nis] s *Steif–, Straffheit, Spannung* f

tauto– ['tɔ:to] Gr [in comp] *dasselbe* ~**chrone** ['tɔ:təkroun] s *Linie* f *gleicher Fallzeit* ~**logic** [‚tɔ:tə'lɔdʒik]*a = tautological ~logical [‚tɔ:-tə'lɔdʒikəl]* a (~ly adv) *tautol·ogisch, dasselbe besagend* ~**logous** [tɔ:'tɔləgəs] a = tautological ~**logy** [tɔ:'tɔlədʒi] s *Tautolog·ie* f

tavern ['tævən] s *Schenke, Wirtshaus* n | [attr] *Wirtshaus–, Schenk–*

taw [tɔ:] s *Murmelspiel* n || *Murmel* f

taw [tɔ:] vt (*Häute*) z *Leder verarbeiten; weiß gerben* ~**er** ['~ə] s *Weißgerber* m ~**ery** ['~əri] s *Alaun–,. Weißgerberei* f ~**ing** ['~iŋ] s *Alaungerberei* f

tawdriness ['tɔ:drinis] s *das Flitterhafte* n, *Flitter* m || ⟨fig⟩ *Wertlosigkeit* f –**ry** ['tɔ:dri] 1. a (–rily adv) *flitterhaft, Flitter–; geschmacklos aufgeputzt* || ⟨fig⟩ *wertlos* 2. s *wertloser Putz, täuschender Glanz, Flitter* m

tawniness ['tɔ:ninis] s *Lohfarbe* f, *Gelbbraun* n –**ny** ['tɔ:ni] a *lohfarben, –braun, gelbbraun, braungelb, fahlrot*

taws(e) [tɔ:z] s (? *urspr* pl *v* obs *s* taw *Riemen*) ⟨Scot⟩ [pl konstr] *Peitsche, Gerte* f (a pair of ~ *e–e P.*); to get the ~ *Schläge bek*

tax [tæks] I. vt 1. ⟨jur⟩ (*Kosten*) *taxieren, festsetzen; einschätzen* 2. (*jdm*) *e–e Steuer, Taxe auferlegen;* (*jdn, etw*) *besteuern* || ⟨Am⟩ *als Preis fordern v* (*jdm*) (what will you ~ me ?) 3. ⟨fig⟩ *belasten* || (*Geduld* etc) *in Anspruch nehmen, auf e–e harte Probe stellen; anspannen* 4. to ~ a p with a th *jdm e–r S beschuldigen, jdm etw vorwerfen* II. s 1. *Staatssteuer* f (*Ggs* rate), *Abgabe* f; *Besteuerung* f (on a p *jds*); a ~ on the rentier *e–e Rentnerbesteuerung* f; to cut down the ~es *die Steuern herabsetzen* | *Gebühr, Taxe* f; levying of ~es *Erhebung* f *v St.*; ~es [pl] on earnings *Ertragsteuern* 2. ⟨fig⟩ *Bürde, Last, Belastung; hohe Anspannung, Inanspruchnahme* f (on a p's patience *der Geduld jds*) 3. [attr & comp] *Steuer–* || ~ avoidance –*hinterziehung, –umgehung* || ~ consultant –*berater* m || ~**-collector** –*einnehmer* m | ~ exemption –*freiheit* f || ~ expert *Steuerberater* m || ~**-free** *steuerfrei* || ~ horse-power ⟨mot⟩ –*leistung* f || ~ rate –*satz* m || ~ relief(s pl) –*ermäßigung*(en pl) f, *steuerliche Entlastung* f || ~ rebate –*ermäßigung* f || ~**-return** *Steuererklärung* f ~**ability** [‚tæksə'biliti] s *Besteuerung; Steuerbarkeit* f ~**able** ['~əbl] a *besteuerbar* || *Steuer–* (~ capacity *Steuerkraft* f) || *steuerpflichtig;* ~ horse-power ⟨mot⟩ *Steuer-PS* || ⟨jur⟩ *gebührenpflichtig* (costs) ~**ation** [tæk-'seiʃən] s ⟨jur⟩ *Abschätzung* f | *Besteuerung* f || [koll] *Steuern* pl

taxi ['tæksi] 1. s [pl ~s] (abbr *f* ~meter) (*a* ~-cab) *Autotaxe, Taxe* f, *Taxameter* m, *Taxi, Mietsauto* n | [attr] ~ dancer *Gigolette; Animierdame* f; → dance hostess; ~**-driver,** ~**-man** *Taxifahrer* m || ~ holding position ⟨aero⟩ *Haltepunkt* m || ~**-rank,** ⟨Am⟩ ~**-stand** *Halteplatz* m *f Taxen* || ~**-strip** ⟨aero⟩ *Rollbahn* f, –*streifen* m 2. vi/t [~es; ~ed; ~ing] || *in e–m Taxi fahren* || ⟨aero⟩ (*auf der Erde*) *rollen, an–,*

abrollen || ⟨mot⟩ *rangieren, manövrieren* | vt *in e–m Taxi befördern* ~**cab** [~kæb] s *Kraftdroschke* f; ~ rank *Droschkenplatz* m ~**meter** [~'mi:tə] s *Taxam·eter, Fahrpreisanzeiger, Zähler* m ~**plane** [~plein] s ⟨aero⟩ *leichtes* (*Miets-*)*Flugzeug, Flugtaxi* n ~**way** [~wei] s *Rollbahn* f

taxidermal [‚tæksi'də:məl], –**mic** [‚tæksi-'də:mik] a *Ausstopf–* –**mist** ['tæksidə:mist] s *Ausstopfer* (*v Tieren*) m –**my** ['tæksidə:mi] s *Kunst* f *des Ausstopfens*

taxin ['tæksin] s ⟨chem⟩ *Tax·in* n (*Harz des Eibenbaums*)

taxiphone ['tæksi:foun] s ⟨bes Am⟩ *Münzfernsprecher* m

taxis ['tæksis] s Gr ⟨surg⟩ *Zurückbringen* n (*v Brüchen*); *Wiedereinrichtung* (*e–s Gelenks* etc) f || ⟨zoo⟩ *Klassifizierung* f || ⟨gram⟩ *Anordnung* f || ⟨eth⟩ *Taxis* f, *raumorientierte Bewegung* f, *räumlich orientierende Wendung* f

taxless ['tækslis] a *steuerlos, –frei*

taxonomic(al) [‚tæksə'nɔmik(əl)] a *klassifizierend; Klassifizierungs–* –**my** [tæk'sɔnəmi] s ⟨bot zoo⟩ *Klassifizierung, Taxonom·ie, Systematik* f

taxpayer ['tæks‚peiə] s *Steuerzahler* m

tazza ['tætsə] s It *flache* (*Zier–*)*Bowle, Vase* f

tscha [tʃɑ:] intj = pshaw

tea [ti:] 1. s ⟨bot⟩ (*a* ~-plant) *Teestrauch* m || [koll] *getrocknete Teeblätter* n pl || ~s [pl] *Teesorten* f pl (Ceylon ~s are different from China ~s) | *Tee* m, *Teegetränk* n; → spirits; –*mahlzeit* f (to sit at ~ *with den Tee einnehmen mit*); five o'clock ~ *Fünf-Uhr-Tee* m; high ~, meat ~ *kalte Abendmahlzeit* f *mit Tee* | *Brühe* f, *Aufguß* m; beef–~ *Kraftbrühe* f | [attr & comp] *Tee–* || ~**-caddy,** ~**-canister** *Teebüchse* f || ~**-cake** –*gebäck* n || ~**-chest** –*kiste* f (*f Export*) || ~**-cloth** –*decke* f || ~**-cosy** *Teemütze* f || ~**-cup** *Teetasse* f; storm in a ~-cup *Sturm* m *im Wasserglas* || ~**-cupful** *Teetassevoll* f || ~**-dealer,** ~**-merchant** *Teehändler* m || ~**-dust** –*grus* m || ~**-fight** ⟨sl⟩ –*gesellschaft,* ⟨hum⟩ –*schlacht* f || ~**-garden** –*garten* m || ~**-gown** *Hauskleid* n *z Tee* || ~**-grower** *Teepflanzer* m || ~**-hound** ⟨Am⟩ *Weichling; Salonlöwe* m || ~**-kettle** –*kessel* m || ~**-leaf** –*blatt* n, ~**-leaves** [pl] *Teesatz* m; ⟨fig⟩ *Ausschuß* m, –*ware* f || ~**-party** *Teegesellschaft* f; *Tee–, Kaffeeklatsch* m || ~**-pot** *Teekanne* f || ~**-rooms** [pl] *Teezimmer* n sg, –*restaurant* n || ~**-rose** ⟨bot⟩ *Teerose* f || ~**-service,** ~**-set,** ~**-things** [pl] –*service, –geschirr* n || ~**-table** –*tisch* m || ~**-taster** –*prüfer* m || ~**-time** –*stunde* f || ~**-tray** –*brett* n || ~**-urn** –*kochmaschine* f || ~**-wagon** –*wagen* m 2. vi/t [pret ~d] || *den Tee einnehmen* | vt (*jdn*) *z Tee einladen*

teach [ti:tʃ] vt [taught/taught] 1. a. (*jdn*) *lehren* (to do); to ~ a child to write *ein Kind schreiben lehren;* (*jdm*) *beibringen* (to obey); (*jdn*) *trainieren* (to do); (*Hund*) *abrichten* (to do); you can't ~ an old dog new tricks ⟨m.m.⟩ *was der Bauer nicht kennt, das ißt er nicht, was Hänschen nicht lernt, lernt Hans nimmermehr* || (*Ohr* etc) *gewöhnen* (to do) || ⟨fam⟩ I will ~ you to laugh at me *ich will dir das Lachen vertreiben* || to ~ a p better *jdn e–s Besseren belehren; verweisen* b. to ~ a p a th *od a* th to a p *jdn etw lehren* (I was taught Latin); to ~ a p manners *jdn Anstand, Mores lehren* 2. (*jdn*) *unterrichten, –weisen* 3. (*etw*) *unterrichten, Unterricht geben in* (to ~ Latin); [a abs] *unterrichten* ~**able** ['~əbl] a *lehrbar* || *gelehrig* ~**ableness** [~əblnis] s *Lehrbarkeit* f || *Gelehrigkeit* f ~**er** ['~ə] s (*allg*) *Lehrperson, –kraft* f, *Lehrer(in* f) m; ⟨Am *mst*⟩ *Lehrerin;* (→ master); *Erzieher* m ~**ing** ['~iŋ] 1. s *Lehren* n; *Lehrberuf* m || *Lehre* f | [attr] *Lehr–, Unterrichts–*

|| ～ aids *–hilfsmittel* n pl **2.** a *lehrend* | [attr] *Lehr–* (～ university); ～-staff *Lehrkörper* m, *Dozentenschaft* f

Teague [ti:g] † s *Spitzname* m *f Irländer*

teak [ti:k] s ⟨bot⟩ *Teak–, Tiekbaum* m || ⟨com⟩ *Teak–, Tiekholz* n

teal [ti:l] s [pl ～] ⟨orn⟩ *Krickente* f

team [ti:m] **I.** s *Zug* m, *Gespann* n (a ～ of horses *ein G. Pferde*) || (of birds) *Flug* m, *Brut* f (*z. B. Enten*) | [a pl konstr] ⟨sport⟩ *Mannschaft* f (the four ～ bob *der Viererbob*) || *Arbeitsgruppe* f || (of workmen) *Abteilung, Schicht* f | [attr] ～ classification *Mannschaftswertung* f || ～-mate ⟨*bes* hors⟩ *Stallgefährte* m; ⟨mot racing⟩ *Beifahrer* m || ～-spirit *Kameradschafts–, Mannschaftsgeist* m || ～-work *Gemeinschafts–, Zus–arbeit* f; ⟨theat⟩ *Ensemblespiel* n **2.** vt (*Pferde*) *zus–spannen* || (*Arbeit*) *an Unternehmer vergeben* ～**ster** [′～stə] s *Koppelknecht; Fuhrmann* m ～**wise** [′～waiz] adv *in Gespannen*

teapoy [′ti:pɔi] s *kl Teetisch* m

tear [tiə] s *Träne* f || in ～s *weinend; in, unter Tränen*; to burst into ～s *in Tränen ausbrechen*; drowned-in-～s [attr] *weltschmerzlerisch*; ～s gushed into his eyes *s–e Augen flossen v Tränen über*; to shed ～s *T. vergießen* | crocodile ～s *Krokodiltränen* pl | ⟨übtr⟩ *Tropfen* m | [attr & comp] ～-drop *Tränentropfen* m || ～-duct *–kanal* m || ～-gas *–gas* n; ～-gas bomb *–gasbombe* f; to ～-gas [vt/i] (*Feind*) *mit Tränengas angreifen, beschießen* | vi *mit T. schießen, eingreifen* || ⟨hum⟩ she works the ～-pump *und ihre Tränen fließen wie's Bächlein auf den Wiesen* || ～-shell *–gasbombe* f || ～ smoke (*Art*) *–gas* n || ～-stained *tränenbenetzt; verweint* (eyes)

tear [tɛə] **I.** vt/i [tore/torn] **A.** vt **1.** (a to ～ up) *zerreißen*, to ～ one's coat *sich den Rock z.*; to ～ in *od* to pieces *in Stücke reißen* **2.** *ziehen an*; (*etw*) *reißen*; to ～ one's hair ⟨*mst* fig⟩ *sich die Haare ausraufen* || (*etw*) *herausreißen* (out of aus) | (*jdn*) *fortreißen* (from v), to ～ o.s. away *sich fortreißen* || to ～ a th from a p *jdm etw entreißen* **3.** (*Haut*) *aufreißen, zerfleischen, ritzen* (to ～ one's hands *sich die Hände aufreißen*) | ⟨fig⟩ *auf–, zerreißen, –splittern*, torn by *aufgewühlt, zermürbt* v; torn between *hin u her gerissen zw* || to ～ it *alles vernichten, –eiteln* **4.** [mit adv] to ～ down (*Plakat*) *ab–, herunterreißen; nieder–* || to ～ off (*Kleid*) v *sich reißen* || to ～ out (*Blatt*) *herausreißen* || to ～ up (*Pflanze*) *ausreißen* (by the roots *mit den Wurzeln*) **B.** vi **1.** *zerren, reißen* (at an); ⟨fig⟩ to ～ at a p's heart *jds Herz aufwühlen* || (*zer*)-*reißen* (the rope will ～) **2.** *rasen, wüten* | *rasen, jagen, stürzen,* °*wetzen, fegen, flitzen*; to ～ along the road *die Straße hinunterrasen*; to ～ about *umherrennen*; to ～ off *losrennen* **3.** ⟨übtr⟩ *fliegen* (through *durch*; to ～ through a book) **C.** [in comp] ～-away [a] *ungestüm* || ～-off *Abreißen* n; [attr] *Abreiß–* (～-off calendar) **II.** s **1.** *Riß* m (*im Tuch* etc) || *Abnutzung* f → wear s *2. Eilen, Stürzen* n; at full ～ *mit rasender Geschwindigkeit* | *Wut* f || ⟨Am sl⟩ *Fröhlichkeit* f, = spree ～**ing** [′～riŋ] a *rasend* (hurry); *wild, heftig* | [attr] ～ strength *Reißfestigkeit* f

tearful [′tiəful] a (～ly adv) *tränenvoll, in Tränen*; to be ～ *weinen, Tränen vergießen* || *traurig* ～**ness** [～nis] s ⟨fig⟩ *Trauer* f

tearless [′tiəlis] a (～ly adv) *ohne Tränen, ohne z weinen*

teary [′tiəri] a ⟨fam⟩ *weinerlich*

tease [ti:z] **1.** vt (*Wolle* etc) *kämmen, krempeln*; (*Flachs*) *hecheln* || (*Tuch*) *rauhen, kardieren*; ⟨a fig⟩ (*jdn*) *necken, hänseln, aufziehen; ärgern* | (*jdn*) *quälen, plagen, bestürmen* (for *wegen*;

with *mit*; to do) **2.** s *Necker; Quäl–, Plagegeist* m **teaser** [′～ə] s ⟨tech⟩ (*Woll–*)*Kämmer* m | *Necker; Quäl–, Plagegeist* m | ⟨fig fam⟩ *harte Nuß, schwierige Frage* f

teasel, teazel, teazle [′ti:zl] **1.** s ⟨bot⟩ *Kardendistel* f || ⟨tech⟩ *Karde; Kardätsche; Krempel* f **2.** vt (*Tuch*) *rauhen, kardieren; krempeln* **teaseler** [′ti:zələ], **teazler** [′ti:zlə] s (*Tuch–*) *Rauher* m

teaspoon [′ti:spu:n] s *Teelöffel* m ～**ful** [～ful] s *Teelöffelvoll* m (2 ～s of ..)

teat [ti:t] s *Zitze, Brustwarze* f ～**like** [′～laik] a *zitzenartig*

tec [tek] s ⟨sl⟩ abbr *f* detective

tec(h) [tek] s ⟨sl⟩ the ～ [abbr *f*] the Technical College *od* Institution

technic [′teknik] **I.** a (～ally adv) = ～al **II.** s **1.** = technique → *d* **2.** ～s [a sg konstr] **a.** (= technique) *Technik* f (literary ～s) **b.** [sg konstr] *Technik* (*angewandte Naturwissenschaft*) f || *Gewerbs–, Handfertigkeit* f; *technische Handhabung* f ～**al** [～əl] a (～ly adv) *technisch, der Technik dienend*; ～ bureau *Konstruktionsbüro* m; ～ college *Technische Hochschule* f || *gewerblich, Gewerbe–* (～ school *–schule* f) || *z Technik gehörig, kunstgerecht, fachgemäß*; *Fach–* (～ term *–ausdruck* m, ～ personnel, *–personal* n) || *das äußere Verfahren betr* (～ difficulty) | *regelrecht* (～ assault); *buchstäblich*; ～ly *eigentlich* || ⟳ Orders [pl] (abbr TOs) *Technische Anweisungen* f pl ～**ality** [͵tekni′kæliti] s *das Technische* n, *die technische Eigentümlichkeit* f; *technische Bezeichnung* or *Methode* f; –ties [pl] *technische Einzelheiten* f pl ～**ian** [tek′niʃən] s *Techniker*; ⟨a⟩ lab ～) *Laborant*(in f) m; *jd, der in der Technik tätig ist; (geschickter) Ausüber* m v *Regeln u Kunstgriffen* ～**ist** [′teknisist] s = technician

technicolor [′teknikʌlə] s *Farb–; –filmverfahren* n, *–film* m

technique [tek′ni:k] s Fr *Technik* f, *die Lehre v den Regeln u der Durchführung e–r Kunst or Leistung* | *Praxis* f | *Kunstfertigkeit, technische Ausführungsart, –methode* f || (constructed) in accordance with the most modern ～s [pl] *nach den letzten technischen Erkenntnissen or Gesichtspunkten*

technocracy [tek′nɔkrəsi] s *Herrschaft* f *der Technik u der Maschine* –**nologic(al)** [͵teknə-′lɔdʒik(əl)] a *technol·ogisch; gewerblich* –**nologist** [tek′nɔlədʒist] s *Technolog; Gewerbekundiger* m –**nology** [tek′nɔlədʒi] s *Technologie; (Lehre v der) Technik* f *Fach–, Gewerbekunde* f || [koll] *Gewerbe* n pl; school of ～ *Technische Hochschule* f || *Fertigungstechnik* f

techy [′tetʃi] a = tetchy

tectogenesis [͵tekto′dʒenisis] s *Entstehung* f *der Struktur der Erdrinde*

tectology [tek′tɔlədʒi] s ⟨biol⟩ *Lehre* f vom *organ. Aufbau* || *Strukturlehre* f

tectonic [tek′tɔnik] **1.** a ⟨arch⟩ *tekt·onisch, baulich, Bau–* || *durch den Bau der Erdrinde bedingt* **2.** [s pl] ～s *Tektonik; (Lehre v der) Gliederung* (v *Kunstwerken*) f; *Aufbau* m (v *Kunstwerken*) || *Lehre* f *vom Bau der Erdrinde*

tectorial [tek′tɔ:riəl] a ⟨anat⟩ *bedeckend, Deck–* **tectrices** [′tektrisi:z] s L pl ⟨orn⟩ *Deckfedern* f pl

ted [ted] vt (*Gras, Heu*) *z Trocknen ausbreiten u wenden* ～**der** [′～ə] s *Heuwendemaschine* f

teddy bear [′tedi′bɛə] s *Bär* (*Kinderspielzeug*) m || *Teddy Boy (Girl)* (*geckenhaft or auffallend or salopp gekleidete(r) Jugendliche(r) mit anstößigem Benehmen*) *Halbstarker* m, (*Halbschwache, –zarte* f)

Te Deum [′ti:′di:əm] s L ⟨ec⟩ *Ambrosianischer Lobgesang* m, *Dankgottesdienst* m

tedious [′ti:diəs] a (～ly adv) *langweilig,*

lästig; *weitschweifig*, *ermüdend* ~**ness** [~nis] s *Langweiligkeit*; *Weitläufigkeit* f

tedium ['ti:diəm] s L = tediousness

tee [ti:] s (*der Buchstabe*) T || T-*förmiger Gegenstand* | [attr] T-*förmig* (~-frame) || ~ shirt → T-shirt

tee [ti:] 1. s *Ziel*, *Mal* n (*bei gewissen Ballspielen*) || ⟨golf⟩ *Erdhaufen* m (z *Auflegen des Balles*) 2. vt/i || ⟨golf⟩ (*den Ball*) *auf e-n Erdhaufen legen* | vi: to ~ off ⟨golf⟩ *den Ball abschlagen*; *starten*

tee [ti:] s *schirmförmige vergoldete Verzierung* f *auf Pagoden*

teem [ti:m] vt/i 1. † vt *hervorbringen*; *gebären* 2. vi a. † *schwanger s* b. *überreichlich vorhanden s*; *wuchern* | *fruchtbar s*; *erfüllt s* (with v); *wimmeln*, *strotzen* (with v) ~**ing** ['~iŋ] a ⟨fig⟩ *fruchtbar* || *wimmelnd*; *gedrängt voll* (with von)

teem [ti:m] vt (*Gefäß*) *leeren* || (*etw*) *gießen* (into *in*; out of *aus*)

teen [ti:n] † s *Kummer* m, *Leid* n, *Sorge* f

teen [ti:n] [in comp] || ~ *age* ['ti:n 'eidʒ] s *jugendliches Alter* n || [attr] (the ~-age twins) || *Jugend*- (~-age Times; ~-age crime *Jugendkriminalität* f) ~-**ager** ['ti:neidʒə] s ⟨bes Am, (a teener)⟩ „*Backfisch*" m, *Jüngling* m, *Junge* m or *Mädchen* n *im Alter v 13—19 Jahren*, °*Halbstarker* m, °*Halbschwache* f || ~-**agers** [pl] *Jugend* f *dieses Alters* || ~ menagerie ⟨teens⟩ *Backfischaquarium* n (*Mädchenschule*) ~**ese** [ti'ni:z] s *Teenagerslang* m

teenicide ['ti:nisaid] s ⟨Am⟩ *durch Jugendliche* (→ teens) *verursachter tödlicher Verkehrsunfall* m | ~**(r)** [~(ə)] s ⟨Am⟩ *jugendlicher Autowildling*, „*Benzinhunne*" m

teens [ti:nz] s pl (*aus Endung* teen *in* thirteen etc) *13.—19. Lebensjahr* n; to be in one's ~ *noch nicht zwanzig Jahre alt s*, *noch in den Kinderschuhen stecken*; to be in his ~ *er ist halt or noch in den Flegeljahren*, → teenager ~

teeny ['ti:ni] a (a ~ weeny) *sehr klein*, *winzig*

teeter ['ti:tə] ⟨bes Am fam⟩ 1. vt/i *schaukeln* ⟨a fig⟩, *wippen*; ⟨Am⟩ [vi] *zittern* 2. s *Schaukel*, *Wippe* f

teeth [ti:θ] s pl v tooth | ~ *arm fechtende Truppengattung* f || ~-*drawing Zähneziehen* n || ~-ridge ⟨phon⟩ *Zahnfleisch* n ~**e** [ti:ð] vi *zahnen* ~**ing** ['ti:ðiŋ] s *Zahnen* n; ~-ring *Zahnring* m

teetotal [ti:'toutl] a *abstinent*, *enthaltsam*, *Enthaltsamkeits*- | ⟨fam⟩ *gänzlich*, *total* ~**ism** [~izm] s *Abstinenzprinzip* n ~**ler** [~ə] s *Abstinenzler* m ~**ly** [~i] adv *gänzlich*

teetotum [ti:'toutʌm] s *Kreisel*-, *Drehwürfel* m (*als Kreisel eingerichteter Würfel mit vier durch Buchstaben bezeichneten Seiten*; *Kinderspielzeug*) ⟨a fig⟩

teg(g) [teg] s ⟨zoo⟩ *Schaf* n *im 2. Jahr*

tegular ['tegjulə] a (~-ly adv) *ziegelförmig*, *Ziegel*-; *geschuppt*, *schuppig*

tegument ['tegjumənt] s *Decke*, *Hülle* f || ⟨anat & zoo⟩ *Membran* f, *Häutchen* n ~**al** [,tegju'mentl], ~**ary** [,tegju'mentəri] a *aus Häutchen bestehend*; *Decken*-, *Haut*-

tehee [ti:'hi:] 1. s *Kichern* n 2. vi *kichern*

teil [ti:l] s ⟨bot⟩ (*mst* ~-tree) *Linde* f

teind ['ti:nd] s Scot ⟨ec⟩ *der Zehnte* m

teknonymy [tek'nɔnimi] s ⟨anthr⟩ (*bei Naturvölkern*) *Benennung* f *des Vaters* (etc) *nach dem Kinde*

telamon ['teləmən] s L [pl ~s] ⟨arch⟩ *Atlas* m (*männl. Figur als Träger v vorspringenden Bauteilen*)

telautogram [te'lɔ:təgræm] s *Fernschrift* f; *Briefbild* n —**graph** [te'lɔ:təgrɑ:f] s *Telautograph*, *Fernschreiber*, *Briefbildsender* m (*Instrument*) —**graphy** [,telə'tɔgrəfi] s *Fernschreiben* n

mit Hilfe des Telautographen ~**matics** [,telə:to-'mætiks] s pl (*drahtlose*) *Fernsteuerung* f

tele– ['teli] *lebende Vorsilbe* (= television) *z Bezeichnung* 1. v *Fern*–, *Tele*–: ~*car fahrbares Telegraphenamt* n; ~*communication* 2. v „*z Fernsehen gehörig*, *passend*, *geeignet*": ~ ~ *colo(u)r*, ~*film*, ~*man*, ~*movies*, ~*photograph*, ~*picture*, ~*screen*, ~*vaudeville*, ~*visage*, ~*woman* 3. s ⟨fam⟩ on ~ *im Sehfunk*, *Fernsehen*, → ~*vision* | [in comp] *Tele*–, *Fern*– *Fernseh*– ~**cast** [~kɑ:st] 1. s *Fernsehsendung* f 2. vt/i [~/~; *~ed/~ed]* *fernsehsenden* ~**caster** [~kɑ:stə] s *Sprecher*, *Schauspieler* m *am Fernsehsender* ~**ceiver** ['tele'si:və] s *Fernsehempfänger* m ~**communication** [,teli,kɔmjuni-'keiʃən] s *Fernmeldetechnik* f ~**cord** [~kɔ:d] s ⟨telph, wir⟩ *Gespräch-Aufnahme-Gerät* n ~**counter** [~kauntə] *Fernzähler* m, –*zählwerk* n ~**course** [~kɔ:s] s *Fernseh-Lehrgang* m ~**cue** [~kju:] s *Textband* n ~**film** [~film] s *durch F.sender übertragener Film*, *Fernsehfilm* m, –*verfilmung* f ~**focus** [~foukəs] s *Fernfokus* m ~**genic** [,teli'dʒenik] a *f F.-Übertragung geeignet*; *bildwirksam* (face)

teledu ['telidu:] s ⟨zoo⟩ *Stinkdachs* m (*auf Java*)

telegony [te'legəni] s *Telegonie* f (*Nachwirkung e-s fremdrassigen Männchens auf alle späteren Würfe e-s reinrassigen Weibchens*)

telegram ['teligræm] s *Telegramm* n, *Drahtnachricht* f; by ~ *telegraphisch*; to hand in [adv] a ~ *ein T. aufgeben* || ~ *delivered by mail Brieftelegramm* n

telegraph ['teligrɑ:f] 1. s *Telegraph* m || (a ~ board) ⟨sport⟩ *Anzeigetafel* f | [attr] *Telegraphen*– (~ *boy Telegraphenbote* m || ~ *code Telegrammschlüssel* m || ~ *form Telegrammformular* n || ~ *line Telegraphenleitung*, –*linie*, –*route* f || ~ *office* –*amt* n || ~-*pole*, ~-*post* –*stange* f || ~ *wire* –*draht* m 2. vi/t *telegraphieren*, *drahten* || *durch Zeichen kundgeben* (to a p *jdm*) | vt *drahten*, *telegraphieren* (a p a th od a th to a p *jdm etw*) || (*jdn*) *telegraphisch benachrichtigen* or *auffordern* || ⟨sport⟩ (*Ergebnisse*) *bekanntgeben* || (*etw*) *durch Zeichen z verstehen geben* | ~**er** [ti'legrəfə] s *Telegraph·ist*(*in* f) m ~**ese** ['teligræ'fi:z] s *Telegrammstil* m ~**ic** [,teli'græfik] a (~*ally* adv) *telegraphisch* | (*of style*) *telegrammförmig*, *Telegramm*– ~**ist** [ti'legrəfist] s *Telegraphist* m | ~**y** [ti-'legrəfi] s *Telegraphie* f, wireless ~ *drahtlose T.*

telekinesis [,telikai'ni:sis] s Gr *Telekin·ese* f (*Fernbewegung* f v *Gegenständen durch ein Medium*)

telelesson ['teli'lesn] s ⟨Am⟩ *Schulfunk-Bildsendungsstunde*, *Fernsehstunde* f

telemark ['telimɑ:k] s ⟨ski⟩ *Ausfall*-, *Telemarkschwung* m (*Kreisbewegung des Schneeschuhes um s–e Spitze*)

telemeter [te'lemitə] s *Entfernungsmesser* m, *Fernmeldeapparat* m

telemobile ['telimə'bi:l] s (*schalldichter*) *Fernsprechwagen* m

teleologic(al) [,teliə'lɔdʒik(əl)] a *teleol·ogisch*, *zweckbestimmt* —**gy** [teli'ələdʒi] s *Teleologie* f

teleostean [teli'ɔstiən] s ⟨ic⟩ *Knochenfisch* m

telepad ['telipæd] s *Kopfhörer* m

telepathic [,teli'pæθik] a (~*ally* adv) *telep·athisch* —**thist** [ti'lepəθist] s *Telep·ath* m —**thize** [ti'lepəθaiz] vt/i *durch Telepathie beeinflussen* | vi *T. ausüben* —**thy** [ti'lepəθi] s *Telepath·ie* f

telephone ['telifoun] (abbr phone; → d) 1. s *Teleph·on* n, *Fernsprecher* m; inquiries by ~ *telephonische Anfragen* f pl | at the ~ *am Telephon* (*am Apparat*); on the ~ *durch Fernsprecher*; *am Telephon*, *telephonisch*; to be on the ~ *Fernsprechanschluß h, Telephon h*; *am Apparat s* ‖ a conversation on the ~ *ein Orts–, Telephongespräch*; to ring a p up on the ~ *jdn ·antelephonieren, –rufen*; over the ~ *durch das T.*; a talk over the long-distance ~ *Überseegespräch* n ‖ → automatic **|** [attr] *Fernsprech–* ‖ ~-booth, ~-box *Fernsprechzelle* f ‖ ~-call *Telephonanruf* m, *–gespräch* n; ~-call number *Fernsprechnummer* f ‖ ~-central *–zentrale, –vermittlung* f ‖ ~-connexion *Telephonverbindung* f, *Fernsprechanschluß* m ‖ ~-directory *Telephon-Adreßbuch* n ‖ ~-exchange *Fernsprechamt* n ‖ ~-flex *Telephondraht* m, *–schnur* f ‖ ~-line (–)*Leitung* f ‖ ~-message (–)*Gespräch* n, *fernmündliche Bestellung* f ‖ ~-office *–amt* n ‖ ~-operator *Telephonist(in* f) m ‖ ~-rates *Fernsprechgebühren* f pl ‖ ~-receiver (*Fernsprech-*)*Hörer* m ‖ ~ set *–apparat* m ‖ ~-subscriber *–teilnehmer* m **2.** vi/t *telephonieren* **|** vt *telephonieren* (a th to a p *od* a p a th *jdm etw*; that) ‖ (*jdn*) (*telephonisch*) *anrufen, antelephonieren* **–nee** [telifou'ni:] s (*Telephon-*)*Gesprächspartner* m **–nic** [‚teli'fɔnik] a (~*ally adv*) *fernmündlich, –amtlich* **–nist** [ti'lefənist] s *Telephon·ist(in* f) m **–ny** [ti'lefəni] s *Fernsprechwesen* n

telephote ['telifout] s ⟨phot⟩ *Teleapparat* m, *photoelektrische Fernkamera* **–to** ['teli'foutou] 1. a = telephotographic **2.** s ⟨phot⟩ *Teleobjektiv* n **|** *Funkbild* n ‖ ~ lens *Teleobjektiv* n **–tograph** ['teli'foutəgrɑ:f] s *photogr. Fernaufnahme* f (*Bild*) **–tographic** ['telifoutə'græfik] a *fernphotographisch* **–tography** [‚telifə'təgrəfi] s *Fernphotographie* f; *Bildtelegraphie* f **teleprinter** ['teliprintə] s *Fernschreiber* m (*P & S*), to operate a ~ *e–n F. bedienen*; to send a message over ~ to a p *jdm ein –schreiben senden* **–prompter** [–prɔmptə] s ⟨wir⟩ *Textband* n

teleran ['teliræn] s = Television Radar Air Navigation ⟨aero⟩ *Fernsehsteuerung* f

telescope ['teliskoup] **1.** s *Telesk·op, Fernrohr* n, ~ word **|** [attr] *Fernrohr–* ‖ ~ sight ⟨hunt sc⟩ *Zielfernrohr* n ‖ ~-table *Ausziehtisch* m ‖ ~ word = portmanteau word **2.** vt/i ‖ (*Dinge*) *in–e–a–schieben* **|** vi *sich in–e–a–schieben* **–pic** [‚teli'skɔpik] a (~*ally adv*) *telesk·opisch, Fernrohr–* ‖ *nur durch F. sichtbar* **|** ⟨fig⟩ *weitsehend* **|** *sich in–e–a–schiebend, Auszieh–*; ~ umbrella (*Ggs* walking-length u.) *Taschenschirm, „Knirps"* m **–pist** [ti'leskəpist] s *Teleskop·ist* m **–py** [ti'leskəpi] s *Teleskop·ie* f

tele– ['teli–] **~screen** [~skri:n] s *Bildschirm, Fernseh–* **~scriptor** [~‚scriptə] s *Briefbildsender* m **~seme** [~si:m] s ⟨el⟩ *Zeichengeber* m (*S*) (*in Hotels*) **~station** [~steiʃən] s *Fernseh-Sendestelle* f **~student** [~stju:dənt] s ⟨*bes Am*⟩ *–student* m **~studio** [~'stu:diou] s *–studio* n **~teaching** [~ti:tʃiŋ] s *Unterricht* m *mit –apparat* **~thermometer** [~θə'mɔmitə] s *Fernth.* n **~thon** [~ðən] s *Mammut-Fernsehveranstaltung* f, → –thon **~torium** [teli'tɔ:riəm] s ⟨*Am*⟩ *Fernsehstudio* n **~trician** [teli'triʃən] s ⟨*bes Am*⟩ (*geprüfter*) *–mechaniker* m **~type** ['telitaip] **1.** s *Fernschreiber* m (*S*), *–schreibverbindung* f **2.** vi/t *fernschreiben* ‖ ~ net *Fernschreibnetz* n ‖ ~-setter ⟨typ⟩ *Fernsetzmaschine* f (*Zeilensetzmaschine, bei der Setzen u Gießen getrennt sind*) **~typer** [~ə], **~typewriter** [~raitə] s *Fernschreiber* m (*S*) **~typist** [~taipist] s *Fernschreiber* m (*P*) **~view** [~vju:] vi *fernsehen, ein Fernsehprogramm ansehen* **~viewer** [~ə] s *Fernsehapparat* m ‖ *–teilnehmer, –zuschauer, –empfänger* m (*P*) **~vise** [~vaiz] vt/i (*etw*) *fernsehsenden, –übertragen*; *durch Bild–, Schaufunk übertragen* **|** vi *fernsehen* **~visibility** [~vizi'biliti] s (*Schaufunk-*)*Bildwirksamkeit* f **~vision** [~'viʒən] s *Fernsehen* n; *Bild–,* ⟨*besser*⟩ *Schaufunk* ⟨*amtlich*⟩ *Fernsehfunk* m ‖ commercial ~

Fernsehreklame f; free *od* independent ~ *Reklamefernsehen* n; educational ~ *Schul-Bildfunk* m ‖ to watch ~ ⟨*fam*⟩ *fernsehen*, → television ‖ on ~ *im Schaufunk* **|** [attr] *Fernseh–* (announcer *–ansager*); ~ broadcasting *Schaurundfunk* m; ~ drama *Fernsehspiel* n; ~ panel show *schaufunkübertragene Diskussion* f; ~ screen *Fernsehschirm* m; ~ set *Fernsehapparat* m; ~ station *–sender* m **~visor** [~vaizə] s *–apparat* m **~visiphone** [~'vizifoun] s *Fernsehtelephon* n **~visual** [‚teli'vizjuəl] a f *Schaufunk geeignet, Bildfunk-Reportage günstig* (occasion) **~vitis** [‚teli'vaitis] s ⟨*fam*⟩ (*krankhafte*) *Fernsehleidenschaft* f

telford ['telfəd] s ⟨*Am*⟩ [attr] ~ base (*Straßen-*)*Packlage* f; ~ pavement *leichtes Makadam* n; ~ road *fundamentierte Straße* f **tell** [tel] vt/i [told/told] **I.** vt **1.** ⟨parl⟩ (*Stimmen*) *zählen*; → bead; all told *im ganzen, alles in allem* **2. a.** (*etw*) *erzählen*; *äußern, sagen* (to ~ the truth); to ~ the truth *od* truth to ~ *offen gesagt*; ~ me the names *nennen Sie mir die Namen*; → fortune ‖ *ausdrücken, offenbaren, verraten*; this ~s its own tale *dies spricht f sich selbst, erklärt sich v selbst*; to ~ tales *aus der Schule plaudern, anzeigen* **b.** (of clocks) (*Zeit*) *angeben, anzeigen* **3. a.** (*etw*) *erzählen*; *berichten* (a th); there's no ~ing what may happen *man weiß nicht* (or *kann nie wissen*), *was* (*noch*) *kommt*, → **II. 2. b.** [*mit 2 Obj.*] *mitteilen* (a p a th *od* a th to a p *jdm etw*; a p of a th *jdm v etw*; a p that *jdm daß*; that); I will ~ you what it is *ich will es Ihnen sagen, ich will Ihnen sagen, um was es sich handelt*; I (will) tell you what *ich habe e–e Idee, ich mach dir e–n Vorschlag!, weißt du was?* (: *wir gehen*), *ich will dir mal was s·agen* (: *die S ist so ..*); you can't ~ him a th *er läßt sich nichts sagen* ‖ ⟨*fam*⟩ ~ me another! *das kannte d–r Waschfrau erzählen!* **c.** [*ohne Sachobj.*] don't ~ me .. *erzähl mir doch nicht ..*; didn't I ~ you? *you know I told you? ich hab es doch gleich gesagt!*; I was told *ich erfuhr, man erzählte mir* (of *v*); I had him told *ich ließ ihm sagen* (that); I told you so *ich habe es dir ja gleich gesagt*; I'll ~ the world ⟨*Am sl*⟩ *dessen bin ich sicher*; kindly ~ me *geben Sie mir bitte Bescheid* **|** I'm ~ing you °*das kann ich dir sagen*; you are ~ing **me**, don't ~ **me**! *man sagte Sie das? u wie! das brauchen Sie doch m·ir nicht zu sagen!* **4.** *zeigen, erklären*; *versichern* (a p a th *od* a th to a p *jdm etw*); I can ~ *you ich kann Sie versichern* (that) **5.** *befehlen, heißen* (a p to do *jdm z tun, daß jd tun soll*) **6.** (*etw*) *ausfindig m, erklären* ‖ *erkennen* (by, from *an*); *unterscheiden* (from *v*); I cannot ~ them apart *ich kann sie nicht aus–e–a–halten* **7.** [*mit adv*] to ~ off *abzählen*; to ~ off by threes *z dreien abzählen* ‖ (*jdn*) *abkommandieren* (to do) ‖ ⟨*sl*⟩ (*jdn*) *anschnauzen, jdm die Leviten lesen* **|** to ~ over *nachzählen* **II. vi 1.** *erzählen, berichten* (about *über,* of *v*) **2.** *erkennen* (by *an*); how can you ~? *wie kannst du es wissen?* for all we can ~ *soviel wir wissen; you never can man kann (es) nie wissen, der Schein trügt; wer weiß?* ‖ there was no ~ing *es war nicht z sagen* (if; when) → **I. 3. a. 3.** *Geheimnis verraten*; °*petzen*; to ~ on a p ⟨*fam*⟩ *jdn anzeigen* **4.** *wirksam s, sich auswirken*; that ~s against him *das spricht gegen ihn* ‖ ⟨*fig*⟩ *sitzen* (every blow ~s); to ~ for *hinzielen auf, bewirken* ‖ (of impressions) *hervortreten, sich zeigen, sich abheben* **|** to ~ (up)on *e–e schlechte Wirkung ausüben auf, sich unangenehm bemerkbar m, sich zeigen bei* (*jdm*) **~able** ['~əbl] a *erzählbar* **~er** ['~ə] s *Zähler* m; ⟨parl⟩ *Stimmenzähler* m ‖ ⟨com⟩ *Kassierer* m ‖ *Erzähler* m **~ing** ['~iŋ] **1.** s *Zählen* n ‖ *Erzählen* n, to lose nothing in the ~ (of a story) *nichts v dem Wert* *beim Erzählen verlieren, sich gut anhören* **2.** a (∼ly adv) *wirkungs-, eindrucksvoll; durchschlagend* (with ∼ effect) **∼tale** ['∼teil] **1.** s *Ohrenbläser, Zwischenträger* m; *Klatsche* f | ⟨fig⟩ *(verräterisches) Kennzeichen* n | *automatische Registriervorrichtung* f, *-apparat* m; *Zähler, Anzeiger* m **2.** [attr a] *sprechend* (face); *verräterisch* (a ∼ blush); *anzeigend, Warnungs-, Erkennungs-;* ∼ *lamp Anzeige-, Kontroll-, Warnlampe* f || ∼ *sign Schauzeichnen* n || ∼ *watch Kontrolluhr* f

tellural [te'ljuərəl] a *irdisch, Erd- -rate* ['teljureit] s ⟨chem⟩ *Salz* n *der Tellursäure* **-ret** ['teljuərit] s *Tellurid* n *(Tellurverbindung)* **-rian** [te'ljuəriən] **1.** a *irdisch, Erd-* **2.** s *Erdbewohner* m **-ric** [te'ljuərik] a ⟨chem & minr⟩ *tell·urisch, Tell·ur-* | *Erd-* **-ride** ['teljuəraid] s = *telluret* **-rium** [te'ljuəriəm] s L ⟨chem⟩ *Tell·ur* n *(Grundstoff)* **-rous** ['teljuərəs] a *Tell·ur-*

Telly ['teli] s ⟨fam⟩ *The* ∼ = *The Daily Telegraph*

telly ['teli] s → *television;* ⟨fam⟩ *Fernsehen* n; (a ∼ viewer) *Fernsehapparat* m

telpher ['telfə] **1.** a *der elektrischen Beförderung dienend;* ∼*-line Elektrohängebahn, (elektrische) Drahtseilbahn, Seilbahn* f **2.** s *elektr. getriebenes Fahrzeug* n **∼age** [∼ridʒ] s *elektrische Beförderung* (v *Gütern*) f

telson ['telsən] s ⟨zoo⟩ *letztes Segment* n *des Unterleibs (der Krustentiere)*

Telugu ['teləgu:] s *drawidische Sprache, Spr* f *der Telinga*

t'em [təm] ⟨bes Am fam⟩ = *to them*

temblor ['temblɔ:] s ⟨Am⟩ *Erdbeben* n

temenos ['teminəs] s ⟨Gr⟩ *geweihter Tempelbezirk* m

temerarious [ˌteməˈrɛəriəs] a (∼ly adv) *verwegen, tollkühn; unbesonnen* **temerity** [tiˈmeriti] s *Verwegen-, Tollkühn-; Unbesonnenheit* f

temp. [temp] (abbr f *tempore* L) *zur Zeit* v (∼ *Henry II;* ∼ 15. *century*)

temper ['tempə] **I.** vt/i **1.** vt a. *richtig mischen* | *(Getränk) durch Mischen verdünnen* (with *mit*) || ⟨übtr⟩ *mäßigen, mildern; modifizieren, berichtigen, abschwächen* (with *durch*) || ⟨mus⟩ *temperieren, (ab)stimmen* b. ⟨tech⟩ *(Lehm) erweichen u kneten* || *(Metall) härten;* (*Stahl*) *glühfrischen, tempern* | *(Gußeisen) adouzieren, erweichen* || *(Farben) anmachen* **2.** vi ⟨met⟩ *weich, biegsam w* **II.** s **1.** **die richtige Mischung* or *Beschaffenheit* f | (of clay) *Festigkeit* f; ⟨met⟩ *Härte* f, *-grad* m, *Stählung* f **2.** ⟨fig⟩ *natürliche Anlage* f, *Natur* f, *Temperament* n, *Charakter* m | *Laune, Stimmung* f (in a good ∼) || *Erregung, Gereiztheit, Wut* f; *his* ∼ *boils up sein Unmut wallt auf;* to get into a ∼ *wütend w;* that got my ∼ up *das brachte mich in Wut, machte mich rasend;* to have an evil ∼ *jähzornig s* **3.** *Gleichmut* m, *Seelenruhe* f, *out of* ∼ *aufgeregt;* to keep one's ∼ *die Ruhe behalten;* to lose one's ∼ *wütend, heftig w;* to put a p out of ∼ *jdn erzürnen, jdm die Laune verderben;* to try one's ∼ *jdn reizen* | **∼ed** [∼d] a (∼ly adv) *gehärtet, gestählt; Temper-* | [in comp] *-gelaunt, -gestimmt* (good-∼) **∼er** [∼rə] s *(Lehm-)Kneter* m **∼ing** [∼riŋ] s *Härten* n | [attr] *Härte-*

tempera ['tempərə] s It *Temperamalerei* f, → *distemper*

temperament ['tempərəmənt] s *Temperament* n, *Gemütsart* f; *excitable by* ∼ *reizbar* v *Natur* || ⟨mus⟩ *Temperatur* f *(abweichende Stimmung)* **∼al** [ˌtempərəˈmentl] a *natürlich; Temperaments-, Gemüts-* || *launisch* **∼ally** [ˌtempərəˈmentəli] adv v *Natur*

temperance ['tempərəns] s *Mäßigkeit, Beherrschung* f | *Enthaltsamkeit* f | [attr] *Enthaltsamkeits-, Temperenz-* (∼ *movement -bewegung*

f); *alkoholfrei,* ∼ *hotel Hotel* n, *in dem kein Alkohol verkauft wird*

temperate ['tempərit] a (∼ly adv) *mäßig, enthaltsam* | *maßvoll, zurückhaltend* | *gelassen, ruhig* | (of weather, etc) *gemäßigt, mild* **∼ness** [∼nis] s *Mäßigkeit* f || *Gelassenheit* f || (of weather) *Milde* f

temperature ['tempritʃə] s *Temperat·ur* f (at a ∼ *bei e-r T.*) || *Körpertemperatur;* to have (⟨fam⟩ to run) a ∼ ⟨fam med⟩ *Temperatur, Fieber h;* to take a p's ∼ ⟨med⟩ *jds T. messen;* ∼ *curve Fieberkurve* f | ⟨fig⟩ *Gärung, Wallung* f | ⟨tech⟩ ∼ *gradient,* ∼ *lapse rate* ⟨meteor⟩ *T.gefälle* n; ∼ *range Temperaturschwankung* f; ∼*-responsive temperaturabhängig*

tempest ['tempist] **1.** s *Sturm* m | ⟨fig⟩ *Sturm, Aufruhr; Ausbruch* m | [in comp] ∼*-beaten,* ∼*-tossed vom Sturme getrieben* or *gepeitscht* **2.** vt/i || *(Meer) aufwühlen* [a übtr] | vi *wüten, rasen* **∼uous** [temˈpestjuəs] a (∼ly adv) *stürmisch, ungestüm; heftig* **∼uousness** [temˈpestjuəsnis] s *Ungestüm* n; *Heftigkeit* f

Templar ['templə] s ⟨hist⟩ (a *Knight* ∼) *Tempelritter* m || ⟨jur⟩ *Student der Rechte, Jurist* m *(mit Wohnung im* Inner *od* Middle Temple, London) || *Mitglied e-s Freimaurerordens* (knight ∼); *Good* ∼ *Guttempler* m

template ['templeit] s ⟨tech⟩ = *templet*

temple ['templ] s *Tempel* m ⟨a übtr⟩ || *The Expulsion of the Merchants from the* ⌖, *Clearing the* ⌖, *Christ Driving the Merchants from the* ⌖ ⟨bib arts⟩ *die Vertreibung der Händler aus dem T., Chr. treibt die H. aus dem T.* || *the* ⌖ *Name* v 2 *Rechtsinstituten der* Inns of Court *in* London (Inner *u* Middle ∼)

temple ['templ] s ⟨anat⟩ *Schläfe* f

temple ['templ] s *Tömpel* m, *Spannstock der Weber*

templet ['templit] s *Schabl·one* f *(Gerät)* || *Lehre* f *(Meßwerkzeug)* || *Stück Holz* n *als Stütze unter Tragbalken*

tempo ['tempou] s (pl ∼s, -pi [-pi:]) It ⟨mus⟩ *T·empo* n || ⟨übtr⟩ *(genaue) Geschwindigkeit* f, *Zeitmaß* n

temporal ['tempərəl] a (∼ly adv) ⟨Ggs *spatial*⟩ *zeitlich; spatial and* ∼ *räumlich u zeitlich* || (Ggs *eternal*) *irdisch, zeitlich* || ⟨ec⟩ ⟨Ggs *spiritual*⟩ *weltlich* || ⟨gram⟩ *Zeit-, temporal* **∼ity** [ˌtempoˈræliti] s [mst pl] *-ties irdische, weltliche Güter* n pl; *der Geistlichkeit zufallende weltliche Vorteile* m pl, *Einkünfte* f pl, *Gefälle* n pl **∼ty** [∼ti] † s **1.** *-ties* pl = *temporalities* **2.** ⟨ec⟩ *Laienschaft* f, *weltliche Stände* m pl

temporal ['tempərəl] a *Schläfen-;* ∼ *bone -bein* n

temporariness ['tempərərinis] s *Zeitweiligkeit* f **-ry** ['tempərəri] **1.** a (-rily adv) *zeit-, einstweilig, vorläufig, provis·orisch* || *Aushilfs-, Not-, Behelfs-, Gelegenheits-* (∼ *work -arbeit* f); ∼ *administrator Interimsnachlaßverwalter* m; ∼ *construction Behelfsbau* m; ∼ *duty* ⟨mil⟩ *Dienstreise, Abkommandierung* f; ∼ *provision Übergangsbestimmung* f; ∼ *repair Notreparatur* f **2.** s *Zeitverpflichteter* m

temporization [ˌtempəraiˈzeiʃən] s *Zeitgewinnung* f **-ze** ['tempəraiz] vi **1.** *die Zeit abwarten; sich nicht binden, Zeit z gewinnen suchen* || *sich vorläufig anpassen; den Mantel nach dem Winde hängen* **2.** to ∼ *with a p jdn hinhalten* | *mit jdm verhandeln* **-zer** [∼ə] s *Achselträger* m **-zing** [∼iŋ] a (∼ly adv) *abwartend; hinhaltend* || *liebedienerisch, achselträgerisch*

temporo- ['tempəro] [in comp] *Schläfen-*

tempt [tempt] vt **1.** † *auf die Probe stellen;* † *(Gott) versuchen* **2.** *(jdn) verführen, -locken* (to a th *z etw;* to do) || *(jdn) überreden, dazu bringen* (to do); to be ∼ed *geneigt s* (to do) || *(S) reizen* (to a th; to do) **∼ation** [tempˈteiʃən] s *Versu-*

chung f, to lead into ~ *in V. führen* || ⟨bib arts⟩ ⁓ by the Serpent *Sündenfall* m; ⁓ of Christ, St. Anthony *Versuchung Christi, des hl. Antonius* || *Anreiz* m, *Verlockung, –führung* f (to *z*; to do) **⁓er** [´~ə] s *Versucher, –führer* m **⁓ing** [´~iŋ] a (~ly adv) *verführerisch* (to do); *–lockend*; *reizvoll* **⁓ingness** [´~iŋnis] s *das Verführerische* n **⁓ress** [´~ris] s *Verführerin* f

ten [ten] **1.** a *zehn*; ~ *times zehnmal* **2.** s *Zehn* f, ~s of thousands (of soldiers) pl *Zehntausende* (*v Soldaten*) pl || ~ to one *zehn zu eins, todsicher*; eight out of ~ *acht von zehnen*; ~s [pl] of others ⟨fam⟩ *'zig andere*; by ~s, in ~s *zu zehn, jedesmal zehn* || the upper ~ *die oberen Zehntausend* pl | ⟨Am fam⟩ ~-gallon hat *gr Cowboyhut* m; ~-strike *Kegelschub "alle zehn"* m; ⟨fig⟩ *Treffer, Erfolg* m; → *tenpin*

tenable [´tenəbl] a ⟨mil⟩ *haltbar, verteidigungsfähig* || ⟨übtr⟩ *halt–, tragbar*; *überzeugend* (assumption, theory) || (of scholarship, etc) to be ~ *verliehen od vergeben w* (for 3 years)

tenace [´tenəs] s ⟨whist⟩ *Besitz* m *der besten u drittbesten Karte*

tenacious [ti´neiʃəs] a (~ly adv) **1.** *zus–haltend*; *klebrig, zähe* || *festhaltend, fest* (grip); to be ~ of *festhalten*; *festhalten an* || ⟨tech⟩ *widerstandsfähig* **2.** ⟨fig⟩ *festhaltend*; *zähe*; to be ~ of *festhalten an, bestehen auf* (.. of one's rights); to be ~ of life *zähe am Leben festhalten* || *hartnäckig* (foe) || *treu, gut* (memory) **⁓ness** [~nis], **tenacity** [ti´næsiti] s *Zähig–*; *Klebrigkeit* f || *Tenazität, Ziehbarkeit* f (*v Stoffen*); *Reiß–, Zugfestigkeit* f | ⟨fig⟩ *Hartnäckig–, Zähigkeit* f; ~ of life *zähes Leben* || (of memory) *Stärke, Treue* f

tenaculum [te´nækjuləm] s L ⟨surg⟩ *e–e Art Zange* f; *scharfer Haken* m

tenail(le) [te´neil] s Fr ⟨fort⟩ *Zangenwerk* n || [attr] *Zangen–*

tenancy [´tenənsi] s ⟨jur⟩ *Pacht–, Mietverhältnis* n || *Besitz*; *Miet–, Pachtbesitz* m; ~ in common *gemeinsames Eigentum* n *an Immobilien* (etc); ~ by the entirety *ehelicher Gesamtgrundbesitz, auf Ehegatten lautender Grundstückstitel* m, *der nach dem Tode e–s der Ehegatten auf den anderen übergeht*; ~ by sufferance *Besitzverhältnis* n *des Pächters oder Mieters nach beendetem Pacht– u Mietverhältnis*; ~ in common *Miteigentum* n *nach Bruchteilen*; joint ~ *Miteigentum an I. zur gesamten Hand* | *Miet–, Pachtdauer* f

tenant [´tenənt] **I.** s **1.** ⟨jur⟩ *Besitzer, Inhaber v Realbesitz* m **2.** ⟨jur⟩ *Mieter* m || *Pächter* m; ~ farmer *Gutspächter* m; ~ at will *Pächter, dem der Eigentümer nach Belieben kündigen kann* || ~s' association *Mieter(schutz)vereinigung* f **3.** ⟨fig⟩ *Be–, Einwohner, Insasse* m **II.** vt [*bes* pass] *bewohnen, in Pacht or Miete h* || ⟨fig⟩ *innehaben* **⁓able** [~əbl] a *pacht–, miet–*; *wohnbar* **⁓ed** [~id] a *gepachtet, –mietet* **⁓less** [~lis] a *unbewohnt, leer* **⁓ry** [~ri] s *Pacht* f || [koll pl konstr] (*die*) *Pächter* m pl

tench [tenʃ] s [pl ~] ⟨ich⟩ *Schleie* f

tend [tend] vt/i a (*Kranke*) *pflegen* || (*Tiere*) *hüten* || (*Wachstum*) *pflegen*; *behüten* || (*Maschine* etc) *bedienen* | vi to ~ *upon a p jdn* (*bei Tisch*) *bedienen* **⁓ance** [´~əns] s *Hüten, Pflegen*; *Bedienen* n, *Bedienung, Pflege* f

tend [tend] vi *sich* (*in e–r bestimmten Richtung*) *bewegen*; it ~s in our direction *es bewegt sich in unserer Richtung* || *streben, gerichtet s* (to, towards *nach*) | ⟨übtr⟩ *gerichtet s, abzielen, hinauslaufen* (to *auf*); *führen* (to *z*); it ~s to diminish *es führt dazu, daß es vermindert* .. || *e–e Tendenz or Neigung zeigen* (towards *nach* .. *hin*); *neigen* (to *z*; to do) **⁓ency** [´tendənsi] s *Neigung* f (to do; the ~ for a p to do

die N. jds z tun); *Streben* n; *Hang, Zug* m (to, towards *z*) | ⟨übtr⟩ *Gang, Lauf* m (the ~ of events); *Richtung, Strömung* f (a ~ in) || *Tendenz, Absicht* f, *Zweck* m | [attr] *Tendenz–*, ~ drama (etc) *–drama* n

tendentious, –cious [ten´denʃəs] a (~ly adv) *tendenziös, Tendenz–* || *einseitig Stellung nehmend*

tender [´tendə] s *Wärter*(*in* f) m | ⟨rail⟩ *Tender* m (*e–r Lokomotive*) | ⟨mar⟩ *Tender* m, *Begleitschiff, Beiboot* n, *Leichter* m | *Mutterschiff* n (*f Reparatur u Versorgung*) || air-craft ~ *Luftfahrzeugmutterschiff* n

tender [´tendə] a (~ly adv) **1.** (of food) *zart, mürbe, weich* || *leicht zerbrechlich*, ~ porcelain *Frittenporzellan* n (*weiches, stark durchscheinendes Porzellan*) | *zart, schwächlich*; of a ~ age *im zarten Alter* **2.** *empfindlich* (spot, wound) | ⟨übtr⟩ *empfindlich, zart* (a ~ conscience) | ⟨fig⟩ *zart, heikel* (a ~ point) **3.** *sanft, weich, mitleidig* (heart) || *gütig, zärtlich* **4.** *sorgsam*; *besorgt* (of *um*); to be ~ of *Rücksicht nehmen auf*; *sorgsam bedacht s* (of doing *nicht z tun*), *sich hüten* (of doing *z tun*) | ~-hearted *weichherzig* **⁓foot** [~fut] s ⟨Col Am sl⟩ *Neuankömmling* m | *Neuling* m; *Unerfahrener* m **⁓loin** [~lɔin] s ⟨Am⟩ *Lendenstück* n || ⁓ (a ⁓ district) *Hauptvergnügungsviertel* n in New York **⁓ness** [~nis] s *Zartheit* f | *Empfindlichkeit* f (*a fig*) || *Weichheit*; *Zärtlichkeit* (to *gegen*) || *Besorgtheit* f **⁓ize** [~raiz] vt (*Fleisch*) *zart m* **⁓izer** [~raizə] s *Fleischmürber* m

tender [´tendə] **1.** vt/i a. vt *anbieten, beantragen*; to ~ one's resignation *s–e Entlassung einreichen, beantragen* | *darbieten, z Verfügung stellen*; ⟨com⟩ (*etw*) *andienen, sofortige Lieferung* (*e–r S*) *erbieten* || (*etw*) *als Zahlung anbieten* || to ~ (a p) one's thanks (*jdm*) *s–n Dank aussprechen*, ⟨parl⟩ *danken* | ⟨jur⟩ (*Beweis* etc) *antreten* || to ~ an oath to a p *od* ~ a p an oath *jdm e–n Eid zuschieben* b. vi *ein Angebot* m (for *auf*); *sich an e–r Ausschreibung beteiligen* (for), ⟨com⟩ *e–e Lieferung übernehmen* (for) **2.** s *Anerbieten* n; *Beweis* m (~s of good will) || ⟨com⟩ *Zahlungs–, Lieferungsangebot* n (for *auf*), *Offerte* f, *Kostenanschlag* m; by ~ *durch* (in) *Submission* | *legal* ~ *gesetzliches Zahlungsmittel* n (not legal ~ *kein g. Z.*) || to invite ~s (f *Auftragsvergabe*) *ausschreiben* **⁓able** [~rəbl] a *verfügbar*; *marktfähig, –gängig* **⁓er** [~rə] s *Bieter, Bewerber* m (*bei Ausschreibungen*); *jd, der Angebot, Kostenanschlag macht*

tendinous [´tendinəs] a *sehnig, flechsig* **–don** [´tendən] s ⟨anat⟩ *Sehne, Flechse* f || Achilles' ~ *Achillessehne* f

tendril [´tendril] s ⟨bot⟩ *Ranke* f || ⟨übtr⟩ (*Haar-*)*Strähne* f

tenebrae [´tenibri:] s L pl ⟨ec⟩ *Finstermetten* f pl *der Karwoche* **–brous** [´tenəbrəs] a * *dunkel, finster*

tenement [´tenimənt] s ⟨jur⟩ (*Pacht-*)*Grundbesitz* m || *Wohnhaus* n || *Mietwohnung* f; ~-house *Miethaus* n, (*dero*) *Mietskaserne* f | ⟨übtr⟩ *Wohnung* f **⁓al** [ˌteni´mentl], **⁓ary** [ˌteni´mentəri] a *Miets–*; *Pacht–* (~ land)

tenet [´ti:net] L s *Satz, Grundsatz* m, *Lehre* f || *Meinung* f

tenfold [´tenfould] a & adv *zehnfach, –fältig*

tenigue [te´ni:g] s (= *tension fatigue*) ⟨mot⟩ *Konzentrationserschlaffung* f

tenner [´tenə] s ⟨fam⟩ *Zehnpfundnote* f, *10 Pfd.* || ⟨Am⟩ *Zehndollarnote* f

tennis [´tenis] s **1.** (*altes Netzballspiel auf bedecktem Platz*) *Tennis* n **2.** *kz f* lawn ~ (→ d) **3.** [attr] ~-ball *Tennisball* m || ~-court *Tennisplatz* m; ⟨hist⟩ *Ballhaus* n || ~-racket (*Tennis-*)*Schläger* m

tenon [´tenən] **1.** s ⟨arch⟩ (*Holz-*)*Zapfen* m

|| ~-saw *Fuchsschwanz* m (*Säge*) **2.** vt *verzapfen*

tenor ['tenə] s *T·enor, Sinn, Wortlaut, (Gedanken-)Inhalt* m; *Absicht* f || ⟨Lit⟩ *Gedanke(ninhalt* m) m (*e–r Metapher*) ⟨Ggs image⟩ || *Verlauf, Gang* m (the ~ of his life) || ⟨jur⟩ *genaue Abschrift* f; *genauer Wortlaut* m; *Beschlußformel* f ([dispositive portion of a] decision, order)

tenor ['tenə] s ⟨mus⟩ *Ten·or* m, *–stimme* f; *–sänger* m || *Bratsche* f | [attr] ⟨mus⟩ *Ten·or–* || *Bratschen–* **~ist** [~rist] s *Tenorsänger* m

tenotomy [te'nɔtəmi] s ⟨surg⟩ *Sehnendurchschneidung* f

tenpin ['tenpin] s *Kegel* m || ~s [sg konstr] ⟨Am⟩ *Kegeln, Kegelspiel* n (*mit 10 Kegeln*)

tenrec ['tenrek] s → tanrec

tense [tens] s ⟨gram⟩ *Tempus* n, *Zeitform* f

tense [tens] a *gespannt, stramm, straff* || ⟨fig⟩ *gespannt* (with *vor*) || *straff, geschlossen* (action) **~ly** [~li] adv *gespannt; in Spannung* (to be held ~) **~ness** [~nis] s *Spannung, Straffheit* f; ⟨a fig⟩

tensibility [ˌtensi'biliti] s *Dehnbarkeit* f **–sible** ['tensəbl] a *dehnbar* **–sile** ['tensail] a *dehnbar* || *Dehnungs–, Spannungs–* (~ strength); ~ load *od* stress *Zugbeanspruchung* f || ~ test specimen *Zerreißprobe* f [konkr] **–sion** ['tenʃən] **1.** s *Spannung, Gespanntheit* f || ⟨phys, el⟩ high ~ *Hochspannung* f || *Spannkraft* f | ⟨fig⟩ *Spannung* f, to relieve *od* ease the ~ *die Sp. vermindern* or *lösen; gespanntes Verhältnis* n; *Anspannung* f | [attr] *Spann–;* ~ crack *Spannungsriß* m; ~ load *Zugbelastung, Spannkraft* f; ~ test specimen *Zerreißprobe* f [konkr]; ~-roller *–rolle* f; ~-screw *–feder* f **2.** vt *spannen* (highly ~ed) **–sional** [~l] a *Spannungs–* **–sive** ['tensiv] a *Spannung verursachend* (pain) **–sor** ['tensə] s ⟨anat⟩ *Streck–, Spannmuskel* m || ⟨math⟩ *T·ensor* m

tenson ['tensn], **tenzon** ['tenzn] *Tenz·one* f (*provenzalischer Wettgesang*)

tent [tent] **1.** s *Zelt* n; to pitch one's ~ *sein Z. aufschlagen; sich häuslich niederlassen;* ⟨fig⟩ to withdraw to one's ~s *sich v der Öffentlichkeit zurückziehen* || ⟨fig⟩ *Wohnstätte, Wohnung* f | [attr] ~-bed *Himmelbett* n || *Feldbett* n || ~-peg, ~-pin *Zeltpflock, Hering* m || ~-pitching *Zeltbau* m || ~-pole *Zeltstange* f || ~-rope *Zeltleine* f || ~ section, ~ square *Zeltbahn* f **2.** vi/t || *in Zelten wohnen, lagern* | ⟨fig⟩ *sich aufhalten, wohnen* | vt (*in Zelten*) *unterbringen; mit e–m Zelt bedecken* **~age** ['~idʒ] s *Zeltausrüstung* f **~ed** ['~id] a *Zelt–* (~ *arena –arena*)

tent [tent] **1.** s ⟨med⟩ *Mullgaze* f, *–pfropfen* m **2.** vt (*Wunde*) *offen halten* (*durch Einstopfen v Mullgaze*)

tent [tent] s *süßer, leichter span. Rotwein* m

tentacle ['tentəkl] s ⟨zoo & bot⟩ *Fühler*, *Greifarm* m ⟨a fig⟩ (to stretch out a ~) || ⟨tact⟩ *Fühlungshalter* m, *vorgeschobener Verbindungstrupp* m **–cular** [ten'tækjulə] a *fühlerartig, Fühler–* **–culate** [ten'tækjulit] a *mit Fühlern versehen*

tentative ['tentətiv] **1.** a *versuchend; Versuchs–, Probe–* **2.** s *Versuch* m; *Probe* f **~ly** [~li] adv *versuchsweise, als ein Versuch,* ⟨a⟩ *zögernd*

tenter ['tentə] s ⟨tech⟩ *Bediener* m; *Maschinist* m

tenter ['tentə] s *Spannrahmen* (*f Tuche*) m | ~-hook *Spannhaken* m; to be on ~-hooks ⟨fig⟩ *in größter Spannung s, wie auf heißen Kohlen sitzen*

tenth [tenθ] **1.** a *zehnte(r, –s)* **2.** s *der (die, das) Zehnte* m (f, n) || *Zehntel* n || ⟨hist⟩ *Zehnt* m (*v geistlichen Gütern*) || ⟨mus⟩ *D·ezime* f **~ly** ['~li] adv *zehntens*

tenuis ['tenjuis] s (pl tenues ['tenjui:z]) ⟨phon⟩ *T·enuis* f, *stimmloser Verschlußlaut* m **–uity** [te'njuiti] s *Dünnheit* f; *Schlank–, Zartheit* f || (of air, etc) *Dünnheit* f | ⟨fig⟩ *Einfachheit, Spärlich–, Dürftigkeit* f **–uous** ['tenjuəs] a *dünn, schlank, zart* || *dünn* (air) || *fein* (distinction) | ⟨fig⟩ *spärlich; dürftig* **–uousness** [~nis] s *Dünn–, Zartheit* f || *Dürftigkeit* f

tenure ['tenjuə] s ⟨jur⟩ (*Land–)Besitz* m; *Lehen* n || *Art der Belehnung,* → soc(c)age; *Besitzart* f; *–titel, –anspruch* m; ~ at will *jederzeit kündbarer Pachtbesitz* m | ⟨übtr⟩ *Innehaben* n, *Bekleidung* f (*e–s Amtes*) || *Besitzdauer* f (~ of office *Amtsdauer* f) || *Angestelltwerden* n, *Anstellung* f | ⟨fig⟩ *Besitz, Genuß* m **–rial** [te'njuəriəl] a *mit Besitz verbunden; Besitz–*

tenuto [te'nu:to] a It ⟨mus⟩ *ausgehalten*

teocalli [ˌti:o'kæli] s *altmexikan. Tempelpyramide* f

tepee ['ti:pi:] s *Zelt* n, *Hütte* f (*der Indianer*)

tepefy ['tepifai] vt/i || *lauwarm m* | vi *lauwarm w.*

tephrite ['tefrait] s ⟨geol⟩ *Tephr·it* m (*Basaltgestein*)

tepid ['tepid] a *lau;* ⟨a fig⟩ (assent) **~ity** [te'piditi], **~ness** [~nis] s *Lauheit* f ⟨a fig⟩

ter [tə:] adv L ⟨bes mus⟩ *dreimal;* [a in comp]

ter [tə] *Schreibg. f* to

teraphim ['terəfim] s pl *Hausgötter der alten Israeliten* m pl

teratoid ['terətɔid] a: ~ tumor = teratoma **–tology** [ˌterə'tɔlədʒi] s *Wundergeschichte* f | *Lehre* f *v den Mißbildungen* ⟨bot & zoo⟩ **–toma** [ˌterə'toumə] s L ⟨med⟩ *angeborene Mißgeschwulst* f

terbium ['tə:biəm] s L ⟨chem⟩ *Terbium* n (*Grundstoff*)

terce [tə:s] s ⟨ec hist⟩ *Offizium* n *der dritten kanonischen Stunde*

tercel ['tə:sl] s ⟨orn⟩ *männl. Falke* m

tercentenary [ˌtə:sen'ti:nəri], **–tennial** [ˌtə:sen'tenjəl] **1.** a *dreihundertjährig* **2.** s *dreihundertjähriger Gedenktag* m

tercet ['tə:sit], **tiercet** ['tiəsit] s ⟨pros⟩ *Terz·ine* f; *Dreizeiler* m (⟨a⟩ *e–s* It *Sonetts*), → sestet; *interlinked* ~ = *terza rima* || ⟨mus⟩ *Triole* f

terebene [ˌterə'bi:n] s *Desinfektionsmittel* n *aus Terpentin*

terebinth ['terəbinθ] s ⟨bot⟩ *Tereb·inthe, Terpentinpistazie* f **~ine** [ˌterə'binθain] a *Terebinthen–*

terebratula [ˌteri'brætjulə] s L *Gattung* f *der Armfüßer*

teredo [te'ri:dou] s [pl ~s] L ⟨zoo⟩ *Bohrwurm* m || *Pfahlmuschel* f

tergal ['tə:gəl] a *Rücken–*

tergiversate ['tə:dʒivə:seit] vi *Winkelzüge, Ausflüchte m; sich drehen u wenden; sich winden, sich widersprechen* **–sation** [ˌtə:dʒivə:'seiʃən] s *Ausflucht, Finte* f || *Abfall* m; *Wankelmut* m; *schwankendes Verhalten, Unbeständigkeit, Inkonsequenz* f

term [tə:m] **I.** s **A.** **1.** (*Raum–)Grenze* f; ⟨geom⟩ *Grenzpunkt* m, *–linie* f | ⟨ant arch⟩ *Grenzstein* m, *Terme* f | ⟨übtr⟩ ~s [pl] (of reference *Richtlinien* f pl, *Zuständigkeit* f (under its ~s of r. this committee deals with .. *dieser Ausschuß ist zuständig f ..*) **2.** (*Zeit–)Grenze* f **a.** *Term·in* m (~ of payment *Zahlungs–*); to set a ~ *e–e Grenze setzen* (to a th *e–r S*); birth at ~ *rechtzeitig geborenes Kind* n; confinement *od* delivery at ~ *rechtzeitige Geburt* f **b.** *bestimmte Zeitdauer* f (for a ~ of) || *Frist* f, to complete one's ~ of service *s–e Militärdienstzeit abdienen* || long ~ [attr] *langfristig;* full ~ birth *rechtzeitig geborenes Kind* n; short

~ debentures *kurzfristige Schuldverschreibungen* f pl ‖ ⟨com⟩ *Ziel* n; on ~ *auf Zeit*; (of a bill) *Laufzeit* f ‖ ~ of office *Amtszeit* f **c.** ⟨engl univ⟩ *Semester* n, during *od* in ~ (time) *im S*.; to eat one's ~s, to keep ~s *Jura studieren* (*in den Inns of Court*) **d.** ⟨jur⟩ (*a* ~ of court) *Sitzungsperiode* f **e.** *bestimmte Besitz–, Miets–, Pachtzeit* f (→ termor) ‖ *Jahresabschnitt* m; *Quartal* n; *–stermin, –stag* m **f.** ⟨med⟩ *Menstruation* f **3.** ⟨math⟩ *Glied* n ‖ ⟨log⟩ *Begriff* m (major ~ *Ober–*); contradiction in ~s *innerer Widerspruch, W. in sich selbst* **4. a.** *Terminus, Fachausdruck* m (the ~ novel) ‖ *Ausdruck* m, *Wort* n **b.** ~s [pl] *Ausdrücke* m pl, *Ausdrucksweise* f; the exact ~s *der genaue Wortlaut* m; in ~s of *in der Sprache, Form* [gen]; *vermittels*, in ~s of approval *beifällig*; to be in the following ~s *folgendermaßen lauten*; to think in ~s of *.. im Auge h*; ~ of trade *Preisspanne* f *zw Ex– u Import*; in plain *od* round ~s *rund heraus(gesagt)*; in no uncertain ~s *ohne ein Blatt vor den Mund z nehmen*; in set ~s *festgelegt* **B.** [nur pl] ~s **1.** *Bedingungen,* (⟨a⟩ ~s of contract) *Vertragsbestimmungen* f pl; ~s of delivery *Lieferungsbedingungen*; ~s of reference *Aufgabenstellung* f, *–bereich* m; on easy, equal ~s *unter günstigen, gleichen B.*; to bring a p to ~s *jdn z Annahme der B. zwingen*; on any ~s *unter jeder B.*; to come to ~s with, to make ~s with *sich einigen, vergleichen mit* **2.** *Zahlungsforderungen* f pl, *Honorar* n, *Preis* m; what are your ~s? *welches sind Ihre Preise?*; inclusive ~s *Preis, in dem alles eingeschlossen ist* **3.** *Beziehungen* f pl; (not) on easy ~s *auf* (*k–m*) *vertrautem Fuße*, on strained ~s *auf gespanntem Fuße* (with *mit*); on the best ~s *od* on the best of ~s *auf bestem F.* (with); on speaking, visiting ~s *im Sprechverhältnis, auf Besuchsfuße* (with *mit*); to be not on ~s *nicht verkehren* (with); to be on ~s of equality *auf gleichem Fuß stehen* (with) **4. in ~s** [pl] **of** *.. a. im Sinne v, in Begriffen* [gen]: all our thinking is done in ~s of concepts and words *wir denken ausschließlich in Begriffen u Wörtern* ‖ *..* development *v Standpunkt der Entwicklung aus*; (invincible) *.. air power .. im Sinne der Luftüberlegenheit*; *..* chemistry *in chemischen Begr., auf dem Gebiet der Ch.*; *..* approval *beifällig*; *..* money *dem Geldwert nach, geldmäßig*; *..* history *in geschichtlichen Zeitbegriffen gesprochen*; *..* symbols *mit S. umschrieben*; *..* time *an Zeit* **b.** *im Zus–hang mit*: to think of old age *..* security *an das Alter im Z. mit e–m gesicherten Lebensabend denken*; to think of a future war *..* a clash between Russia and the U.S.; to treat a problem *..* individual beings; to assess the future *..* the present *die Zukunft v der G. her ermessen* **c.** *hinsichtlich* [gen], *betreffs* [gen], *in bezug auf; für:* what does that mean *..* our future? *.. f unsere Z.*; *..* freedom *was F. betrifft*; *..* large business concern *hinsichtlich der Groß– or großen Betriebe*; *..* disadvantages *in bezug auf .. * **d.** *gemessen an:* 100 gallons is a lot *..* chewing-gum *.. bei K. als Maßstab*; to interpret Russia *..* western experience *.. mit den Maßstäben .. w. E.*; *..* other currencies *gemessen an a. W.*; *..* of volume *volumenmäßig* **II.** vt *bezeichnen, –nennen, nennen*

termagant [ˈtɜːməgənt] s *zanksüchtige Frau* f, °*Drache* m ‖ [attr] *zanksüchtig, zänkisch*

terminability [ˌtɜːminəˈbiliti] s *Begrenzbarkeit*; *Begrenztheit*; *Befristung* f

terminable [ˈtɜːminəbl] a (–bly adv) *begrenzbar, –stimmbar*; *zeitlich begrenzt, –fristet*; ~ annuity *Rente auf bestimmte Zeit* f **~ness** [~nis] s = terminability

terminal [ˈtɜːminl] **1.** a *begrenzend, Grenz–*; *End–*; ~ figure ⟨sculp⟩ *Herme* f; ~ station

⟨rail⟩ *Kopf–, Endstation* f; ⟨aero⟩ ~ aerodrome *Bestimmungsflughafen* m; ~ air traffic control *Flugsicherung* f *im Nahverkehrsbereich*; ~ block ⟨telph⟩ *Kabelendverzweiger* m; ~ building *Abfertigungsgebäude* n; ⟨el⟩ ~ voltage *Klemmenspannung* f ‖ ⟨bot⟩ *termin·al, endständig* ‖ (of time) *Schluß–; Abschluß–; letzt*; ~ examination *Semester–, Abschlußprüfung* f ‖ *terminmäßig, Termin–*; ⟨univ⟩ *Semester–* **2.** s **a.** *Endstück* n, *Spitze* f, *Ende* n **b.** ⟨tech, el⟩ *Klemmschraube* f; *Anschluß–, Endklemme* f, *Pol* m (*e–s Elements*); ⟨mot⟩ *Kabelschuh* m (f *Zündung*); ⟨wir⟩ *Endstecker* m ‖ ⟨gram⟩ *Endsilbe* f, *–wort* n ‖ ⟨Am⟩ *Endstation* f; ⟨aero⟩ *Bestimmungsflughafen* m **c.** ⟨univ⟩ *Semesterprüfung* f **d.** ⟨biochem⟩ *Ende* n; C–~ *Carboxyl-Ende*, N–~ *Amino-Ende der Peptidkette* **~ly** [~nəli] adv *am Ende*; *z Schluß*; *in jedem Semester*

terminate 1. [ˈtɜːminit] a *begrenzt* ‖ ⟨math⟩ *endlich* (a ~ *decimal*) **2.** [ˈtɜːmineit] vt/i ‖ (räumlich) *begrenzen* ‖ *beendigen* ‖ vi (of space) *aufhören; enden* (in *in*); (of words, etc) *ausgehen* (in *auf*) **–nation** [ˌtɜːmiˈneiʃən] s *Aufhören* n; *Schluß* m, *Ende* n; to put a ~ to a th *e–r S ein E. m* ‖ *Ende* n, *Abschluß* m; *Ausgang* m, *Resultat* n ‖ ⟨gram⟩ *Endung* f ‖ (*S*) *Grenze* f, (*äußerstes*) *Ende* n **–national** [~!] a ⟨gram⟩ *Schluß–; Endungs–* **–native** [ˈtɜːmineitiv] a *Schluß–; End–* **–ner** [ˈtɜːminə] s ~ *oyer*

terminological [ˌtɜːminəˈlɒdʒikəl] a (~ly adv) *terminolˑogisch* **–logy** [ˌtɜːmiˈnɒlədʒi] s *Terminologie, Fachsprache* f: uniform nuclear ~ *einheitliche F. auf dem Kerngebiet* ‖ *Gesamtheit* f *der Fachausdrücke*

terminus [ˈtɜːminəs] s L (pl –ni [–nai], ~es) *Grenzzeichen* n ‖ *Endpunkt* m, *Ziel*; *Ende* n, *Endpunkt* m; ~ ad quem (a quo) *Zeitpunkt* m, *bis z dem* (*v dem*) *gerechnet w kann*; ⟨ins⟩ ~ ad quem (= *cessation of the risk*) *Risikoende* n; ~ a quo (= *attachment of risk*) *Risikobeginn* m ‖ ⟨rail⟩ *Endstation* f

termite [ˈtɜːmait] s ⟨ent⟩ *Termˑite* f ‖ ~-hill *Termitennest* n

termless [ˈtɜːmlis] a *grenzen–, endlos* ‖ *bedingungslos*

termor [ˈtɜːmə] s ⟨jur⟩ *Besitzer* m *auf Zeit*

tern [tɜːn] s ⟨orn⟩ *Seeschwalbe* f; arctic ~ *Küsten–*; black ~ *Trauer–*; common ~ *Fluß–*; gull-billed ~ *Lachs–*; little ~ *Zwerg–*; roseate ~ *Rosen–*; sooty ~ *Ruß–*; whiskered ~ *Weißbart–*; white-winged black ~ *Weißflügelschwalbe*

tern [tɜːn] s *Gruppe* f, *Satz* m *v dreien* ‖ *drei gleichzeitig gezogene Gewinnummern* f pl **~al** [~əl] a = ternary a **~ary** [~əri] **1.** a *ternär, dreifach*; *aus dreien bestehend, dreistoffig, drei–* ‖ ⟨bot⟩ *zu dreien stehend, dreizählig* ‖ ⟨mot⟩ ~ fuel *Dreiergemisch* n, *Rennkraftstoff* m **2.** s *Dreizahl* f **~ate** [~eit] a (~ly adv) *dreiteilig, drei–*; ⟨bot⟩ *–zählig*

terne [tɜːn] s (a ~-plate) s *matt verzinntes Weißblech* n

terpene [ˈtɜːpiːn] s ⟨chem⟩ *Name f in Pflanzenölen vorkommende ungesättigte Kohlenwasserstoffe*

Terpsichorean [ˌtɜːpsikoˈriː(ː)ən] a *Tanz–* (~ art)

terra [ˈtɛrə] s L *Erde* f, *Land* n ‖ ~-cotta *Terakˑotta, –figur* f ‖ ~ firma *festes Land* n ‖ ~ incognita *unbekanntes, –erforschtes Land or Gebiet* n ‖ ~ sigillata *Siegelerde* f

terrace [ˈtɛrəs] **1.** s ⟨a geol⟩ *Terrˑasse* f; *Erderhöhung, –stufe* f; rock ~ ⟨geol⟩ *Denudationsterrasse* f ‖ *Häuserreihe* f (*auf ansteigendem Gelände*) ‖ *abgelegene Straße* f ‖ [attr] *Terrassen–; terrassenförmig*; ~ house *Reihenhaus* n

2. vt *–förmig anlegen* ‖ ~d *flach* (roof) ‖ ~d landscape *Stufenlandschaft* f

terrain [te'rein] s *Terrain, Gelände* n | [attr] ~ analysis, ~ appreciation ⟨tact⟩ *Geländebeurteilung* f ‖ ~ briefing *–einweisung* f ‖ ~ clearance indicator ⟨aero⟩ *Echolot* m ; ~ compartment *Geländeabschnitt* m ‖ ~ corridor m *–streifen* m

terramara ['terə'mɛərə] s It [pl –re] = **terramare** [terə'mɛə] s [pl ~s] **1.** *Dungerde* f **2.** ⟨praeh⟩ *Siedlung* f *der Bronzezeit in der Poebene*

terraneous [te'reiniəs] a ⟨bot⟩ *auf dem Lande wachsend*

terrapin ['terəpin] s ⟨zoo⟩ *Sumpfschildkröte* f

terraqueous [te'reikwiəs] a *aus Land u Wasser bestehend* (globe; surface)

terrene [te'ri:n] a *irdisch, weltlich, diesseitig* ‖ *Erd–*

terrepleine ['tɛ:əplein] s *Wallgang* m

terrestrial [ti'restriəl] **1.** a (~ly adv) *irdisch, weltlich* ‖ *Erd–* (~ globe *–globus* m); *terrestrisch* ‖ *auf dem Lande lebend, Land–;* ~ fire ⟨artill⟩ *Erdziel–, Seezielbeschuß* m ; ~ navigation *Sicht-navigation* f; ~ observation ⟨artill⟩ *Erdbeobachtung* f; ~ photography ⟨aero-phot⟩ *Geländeaufnahme* f **2.** s *Erdbewohner* m

terret ['terit] s *Zügelring* m (*am Geschirr*)

terrible ['terəbl] a (–bly adv) *schrecklich, furchtbar, entsetzlich* | ⟨fam⟩ *außerordentlich; fürchterlich* (~ heat); a ~ little *ein ganz klein wenig* **~ness** [~nis] s *Schrecklich–, Furchtbarkeit* f

terrier ['teriə] s ⟨zoo⟩ *Terrier* m (*Hund*); → black ‖ ⟨fam⟩ (= territorial) *Landwehrmann* m

terrier ['teriə] s ⟨hist⟩ (*Land-*)*Grundbuch* n

terrific [tə'rifik] a (~ally adv) *furchtbar;* ⟨fam⟩ *wuchtig, stark, intensiv; fürchterlich, ungeheuer aufregend* ‖ he's ~! *er ist großartig!* **–fy** ['terifai] vt *erschrecken; verängstigen;* to be *–fied of sich erschrecken, sich fürchten vor* ‖ ⟨dial⟩ *ärgern*

terrigenous [te'ridʒinəs] a ⟨geol⟩ *terrig·en, vom Festland stammend* (deposit)

terrine [te'ri:n] s Fr *irdenes Gefäß* n (*z Einmachen*)

territorial [,teri'tɔ:riəl] **1.** a (~ly adv) *Boden–, Grund–* (~ owner *–eigentümer* m) ‖ *territori·al, z e–m Staatsgebiet gehörig; Hoheits–* (~ waters *–gewässer* n pl); *Landes–, Gebiets–* ‖ ⟨mil⟩ ⁓ *Landwehr–,* ⁓ army *freiwillige Ersatz–, Zivilreserve, Landwehr* f (*Ergänzung der Regular Army durch Freiwillige aus best. Landesbezirken*) ‖ ⟨zoo⟩ ~ species *revierverteidigende Art* f **2.** s ⟨mil⟩ *Ersatzreservist, Landwehrmann* m ‖ ~s [pl] = ~ army **~ize** [,teri'tɔ:riəlaiz] vt *territorial* m, *z Staats–, Landesgebiet* m

territory ['teritəri] s *Gebiet, Staatsgebiet* n (in German ~ *auf dtsch. St.*) ‖ *Landesgebiet; Territorium* n (*Ggs Reichsgebiet*) ‖ *sovereign* ~ *Hoheitsgebiet* ‖ *Gegend* f; *Landschaft* f ‖ *Verbreitungsgebiet* n ‖ ⟨com⟩ *Reisegebiet, Vertretungsgebiet* n ‖ ⟨übtr⟩ *Gebiet* n, *Bereich* m

terror ['terə] s L **1.** *Schrecken* m; *schreckliche Furcht* f (of *vor*); to strike a p with ~ *od* ~ *into a p jdm Sch. einflößen;* ~*–stricken,* ~*–struck v Sch. ergriffen* ‖ *ständige Angst* f (in ~ of *in Angst um, besorgt um*) **2.** *schreckeneinflößende P or S* f; he is a ~ to .. *er ist ein Schrecken f ..;* the king of ~s *der Tod* m **3.** *Terror* m, the Reign of ~, the ⁓ *die Schreckensherrschaft* f **4.** ⟨fam⟩ *lästige P* f; *unruhiger Geist* m **~ism** [~rizm] s *Terror·ismus* m, *Schreckensherrschaft* f **~ist** [~rist] s *Terrorist, Anhänger* m *des Terror* ‖ ~ organization *Terrororganisation* f **~ize** [~raiz] vt *terroris·ieren, vergewaltigen* ‖ *einschüchtern*

terry ['teri] s *ungeschnittener Samt; plüsch–, samtartiger Stoff* m ‖ ~ velvet *Halbsamt* m

terse [tə:s] a (~ly adv) (of style, etc) *kurz u bündig; einfach u klar; markig; überzeugend* **~ness** ['~nis] s *Kürze, Bündigkeit, Klarheit* f

tertial ['tə:ʃiəl] a ⟨orn⟩ *der 3. Reihe der Schwingfedern angehörig*

tertian ['tə:ʃən] **1.** a (of fever, etc) *jeden dritten Tag auftretend; Terti·an–* **2.** s *Tertianfieber* n ‖ ⟨Scot univ⟩ *Student im 3. Jahr* m

tertiary ['tə:ʃəri] **1.** a *z dritten Ordnung gehörig; an dritter Stelle stehend; die dritte Periode einnehmend* ‖ ⟨geol⟩ *terti·är, Tertiär–* **2.** s: the ⁓ ⟨geol⟩ *das Tertiär* n; *Tertiär–, Braunkohlenformation, –zeit* f

tertium quid ['tə:ʃiəm 'kwid] L *dritte Möglichkeit* f, (*drittes*) *Mittleres* n *zw zweien*

tertius ['tə:ʃəs] a *dritte(r, –s)*; N. ~ *N. der Dritte*

terylene ['terili:n] s *Teryl·en* n (*Kunststoff aus Polyesterfaser, „Perlon"*)

terza rima ['tɛətsə 'ri:mə] s ⟨It pros⟩ *Gebilde* n *v Terzinen* (*dreizeiligen Versen, Kette v 11-silbigen Dreizeilern mit Reihenfolge:* aba, bcb, cdc .. mnm, n, *wie in Dantes Divina Comedia;* v *Boccaccio u Petrarka nachgeahmt,* Shelley, Ode to the West Wind)

terzetto [tə:t'setou] s [pl ~s] It *Gesangsstück f 3 Stimmen* n

Tesla ['teslə] s (*nach dem Amerikaner* Nikola ~). ~ currents ⟨el⟩ v ~ *hergestellte Wechselströme* m pl

tessellar ['tesilə] a *würfelförmig*

tessellate ['tesileit] vt *tesellieren, mit Täfelchen auslegen, mosaikförmig zus–setzen* | **~d** [~id] a *gewürfelt, Mosaik–; mit Fliesen gepflastert or ausgelegt* **–ation** [,tesi'leiʃən] s *Mosaikarbeit* f

tessera ['tesərə] s L (pl –rae [–ri:]) *Würfel* m, *viereckiges Täfelchen* n

test [test] I. s **1.** ⟨met⟩ *Kapelle* f, *Versuchstiegel* m; *bewegl. Herd* m *e–s Flammofens* **2.** *Probe* f; *Versuch* m; endurance ~ *Geduldsprobe* f; to put to the ~ *auf die Probe stellen;* to put a th to the ~ of experience *etw nachprüfen in bezug auf die Erfahrung;* to stand the ~ *die Probe bestehen, sich bewähren;* → crucial **3.** ⟨hist engl⟩ *Testeid* m; to take the ~ *den Testeid leisten;* ⁓ Act ⟨hist⟩ *englische Testakte* f (1673) **4.** *Test* m, *Eignungsprüfung* f **5.** *Prüfungsmittel* n, *–verfahren* n ‖ *Stichprobe* f; *Prüfungsmaßstab; Prüfstein* m (of *f*) **6.** ⟨chem⟩ *Probe, Analyse* f, *Reag·ens* n ‖ blood ~ *Blutprobe* **7.** [attr] *Probe–; Versuchs–* (~ bay *Versuchsstand;* ~–piece) | ⟨chem⟩ *Reag·enz–,* ~–glass *–glas* m; ~–paper *–papier* n ‖ *Mod·ell–* (case *–fall*) | *Beurteilungs–, Prüfungs–;* ~ (probe); *Versuchs–* (rod, series); ~–piece *Prüfungsstück* n, ⟨sport⟩ *Pflichtübung* f ‖ ~ cricketer *Spieler* m *der Nationalmannschaft;* ~–match *Wettspiel, internationales Kricketspiel* n | ⟨aero⟩ ~ airplane *Versuchsflugzeug* n ‖ ~ flight *Probe–, Abnahme–, Werkstattflug* m ‖ ~ flying *Versuchsfliegen* n | to ~–market ⟨com⟩ *versuchsweise herausbringen* | ~ modulation ⟨wir⟩ *Prüfmodulation* f | ~ load *Prüfbelastung* f, *Probelast* f | ~ parachutist *Fallschirmeinspringer* m; ~ pilot ⟨aero⟩ *Einflieger* m | to ~–pilot vt/i (*Flugzeug*) *als Versuchspilot einfliegen* ‖ vi *Vers.pilot s* | ~ (plot) ⟨phot⟩ *Probeabzug* m | ~ run *Versuchsfahrt* f, *Probe–, Prüflauf* m | ~ signal ⟨wir⟩ *Abstimmzeichen* n | ~ specimen *Probestück* n | ~ track *Versuchsstrecke* f | ~ tube *Probierröhre* f, *Reagenzglas* n; ~–tube event *Probefall* m | ~–word *Erkennungs–, Stichwort* n **II.** vt (*nach e–r Methode*) *prüfen, erproben* (for *in bezug auf*) ‖ ⟨chem⟩ *untersuchen, analysieren*

|| ~ed by *gemessen nach* ~able ['~əbl] a *prüf–, untersuchbar*

test [test] s ⟨zoo⟩ *harte Schale* f (*v Mollusken* etc) ~**acean** [tes'teiʃən] **1.** a ⟨zoo⟩ *schalentragend, Schaltier–* **2.** s ⟨zoo⟩ *Schaltier* n ~**aceous** [tes'teiʃəs] a *hartschalig, Schal–*

testacy ['testəsi] s ⟨jur⟩ *Testamentshinterlassung* f

testament ['testəmənt] s ⟨bib⟩ *Testament* n, the Old, New ~ ⟨ec⟩ *das Alte, Neue T.* || ⟨fam⟩ *das Neue T.* | ⟨jur⟩ [*nur in:*] last will and ~ *letzter Wille* m ~**ary** [,testə'mentəri] a ⟨jur⟩ *testamentarisch, letztwillig, Testaments–* || ~ burden *Auflage* f; ~ capacity *Testierfähigkeit* f; ~ disposition *letztwillige Verfügung* f

testamur [tes'teimə] L s ⟨univ⟩ (*Prüfungs-*) *Zeugnis* n

testate ['testit] **1.** a ⟨jur⟩ *ein Testament hinterlassend*; to die ~ *mit Hinterlassung e–s Testaments sterben* **2.** s *jd, der stirbt unter Hinterlassung e–s T.s* –**ator** [tes'teitə] s ⟨jur⟩ *Erblasser* m –**atrix** [tes'teitriks] s (pl ~es, –ices [–isi:z]) *Erblasserin* f

tester ['testə] s *B·aldachin*; (*Bett-*)*Himmel* m || ⟨hist⟩ *Kopfrüstung* f (*e–s Streitrosses*)

tester ['testə] s *Prüfer* m || *Prüf–, Testvorrichtung* f

tester ['testə] s ⟨hist⟩ *Schilling* m *Heinrichs VIII.* || † ⟨fam⟩ *Sixpencestück* n

testicle ['testikl] s ⟨anat⟩ *Hode* f –**cular** [tes'tikjulə] a *Hoden–*

testification [,testifi'keiʃən] s *Zeugnis* n, *Beweis* m (to *f*) –**fy** ['testifai] vi/t || *Zeugnis ablegen* (against); *bezeugen, –weisen* (that); to ~ to a th *etw bezeugen, erweisen* | vt ⟨jur⟩ (*etw*) *eidlich bezeugen* || *zeugen* v; (*etw*) *bekunden*; (*etw*) *beweisen* (to a p *jdm*)

testimonial [,testi'mounjəl] s (*schriftliches*) ([*un*]*amtliches*) *Zeugnis* n; to give a p a written ~ *jdm ein schriftl. Z. ausstellen* (on über) || *Attest* n, ~ to a p's character *Führungsattest* n | *Ehrengabe* f, –*geschenk* n; [attr] *Ehren–* (~ dinner) ~**ize** [~aiz] vt (*jdm*) *ein Attest ausstellen* || (*jdm*) *ein Ehrengeschenk m*

testimony ['testiməni] s *Zeugnis* n; *Beweis* m (to *f*); in~ whereof ⟨jur⟩ *urkundlich dessen*; to bear ~ to a th *v e–r S Zeugnis ablegen* ⟨jur⟩ *Zeugenaussage* f | [koll] *Zeugnisse* pl, *bezeugte Berichte* m pl (the ~ of history) || ⟨ec⟩ the ~ od the –nies [pl] *die göttliche Offenbarung* f, *das Gesetz* n

testiness ['testinis] s *Verdrießlich–, Empfindlichkeit, Gereiztheit* f

testing ['testiŋ] s *Testung, Prüfung* f | [attr] *Probe–; Probier–; Prüfungs–, Prüf–* || ~ certificate *Prüf(ungs-)Attest* n

testis ['testis] s L ⟨anat⟩ [*mst* pl] –tes [–ti:z] *Hoden* f pl

testudo [tes'tju:dou] s [pl ~s] L *Schildkröte* f

testy ['testi] a (–tily adv) *verdrießlich, empfindlich, reizbar*

tetanic [te'tænik] a *starrkrampfartig* –**nization** [,tetənai'zeiʃən] s *Starrkrampfverursachung* f –**nize** ['tetənaiz] vt *Starrkrampf hervorrufen in* (to ~ a leg) –**nus** ['tetənəs] s L ⟨med⟩ *Starrkrampf* m

tetchiness ['tetʃinis] s *Empfindlichkeit* f; *launisches* or *mürrisches Wesen* n

tetchy, techy ['tetʃi] a (–chily adv) *leicht gereizt; empfindlich, launisch, mürrisch*

tête-à-tête ['teitɑ:'teit] Fr **1.** adv *unter vier Augen* **2.** a *vertraulich* **3.** s *Gespräch* n *unter vier Augen*

tête de pont ['teit də pɔ̃] s Fr ⟨fort⟩ *Brückenkopf* m

tether ['teðə] **1.** s *Spann–, Haltseil* n || ⟨fig⟩ *Spielraum* m; *Grenze* f *der Kraft*; beyond one's ~ *jenseits der Grenzen s–r Kräfte*; to be at the

end of one's ~ *am Ende s–r Kraft, ratlos s*; *k–e Geduld mehr h*; *sich nicht mehr z helfen wissen* **2.** vt *mit e–m Seil anbinden* (to *an*) || ⟨fig⟩ *binden* (to *an*)

tetra– ['tetrə] Gr [in comp] *Tetra–, vier–* ~**chord** ['tetrəkɔ:d] ⟨mus⟩ *Tetrachord* m & n ~**-ethyl lead** ['tetrə 'eθil'led] s *Bleitetraäthyl* n ~**gon** ['tetrəgən] s ⟨geom⟩ *Viereck* n ~**gonal** [te'trægənəl] a ⟨geom⟩ *viereckig* ~**gynous** [te'trædʒinəs] a ⟨bot⟩ *vier Griffel habend* ~**hedral** ['tetrə'hedrəl] a ⟨geom⟩ *vierflächig*; *Tetra·eder–* ~**hedron** ['tetrə'hedrən] s ⟨math⟩ *Tetraeder* n ~**logy** [te'trælədʒi] s ⟨Lit⟩ *Tetralogie* f ~**meter** [te'træmitə] s ⟨pros⟩ *Tetr·ameter* m ~**ndrous** [te'trændrəs] a ⟨bot⟩ *mit vier gleichlangen Staubgefäßen* ~**pod** ['tetrəpəd] s ⟨zoo⟩ *Vierfüßler* m ~**rch** ['ti:trɑ:k] s ⟨hist⟩ *Vierfürst* m ~**rchy** ['ti:trɑ:ki] s *Vierfürstentum* n

tetrad ['tetræd] s *Vierzahl* f; *Satz* f *v vieren* m, *Tetr·ade* f

tetter ['tetə] s ⟨med⟩ *Hautausschlag* m, –*flechte* f

teuf-teuf ['tøf'tøf] s Fr *Töfftöff* n (*Geräusch e–s Kraftwagens* etc)

Teuton ['tju:tən] s *Germane* m || ⟨fam⟩ *Deutscher* m ~**ic** [tju:'tənik] **1.** a *germanisch* || ~ order *Deutschorden* m **2.** s *das* (*Ur-*)*Germanische* n ~**ism** [~izm] s *Germanismus* m (*Idiom*) ~**ranment** n; *germanische Eigenart* f ~**ize** [~aiz] vt *germanisieren*

tex [teks] s *Tex* n (*internat. Garn-Numerierungssystem seit 1956: Gewicht e–r Garnlänge v 1000 m*)

Texan ['teksən] s *Bewohner* m *v Texas*

texrope ['teksroup] s *Keilriemen* m

text [tekst] s *Wortlaut, Text* m; to form a ~ from *e–n T. gestalten nach* || *Bibelstelle* f, –*text* m | *Thema* n (*e–r Rede* etc); to stick to one's ~ *bei der S bleiben* | *eigentlicher Inhalt* m (*e–r Schrift*) || (*a* ~-hand) gr *Schreibschrift* f | [attr] *Text–* || ~-book *Leitfaden* m, *Lehrbuch* n

textile ['tekstail] **1.** a *Web–* (~ art) || *gewebt*; ~ fabric *Gewebe* n | *Textil–,* ~ industry –*industrie* f || ~ pulp *Edelzellstoff* m **2.** s *Gewebe* n, *Webstoff* m || ~s [pl] *Web–, Textilwaren* f pl

textual ['tekstjuəl] a (~ly adv) *textlich, Text–* (~ criticism –*kritik* f); ~ reading *die Lesart des Textes* f || *wortgetreu, wörtlich*

textural ['tekstʃərəl] a *Gewebe–* –**ture** ['tekstʃə] s *Gewebe* n | ⟨anat⟩ *Gewebe* n | *Gewebezeichnung*; (*Holz-*)*Maserung* f || ⟨übtr⟩ *Gefüge* n, *Beschaffenheit, Struktur* f; ~ of soil *Bodenstruktur* f

thalamus ['θæləməs] s L ⟨anat⟩ optic ~ *Sehhügel* m (*im Gehirn*)

thaler ['tɑ:lə] † s ⟨Ger⟩ *Taler* m (*Geldstück* = *3 Mark*)

thallic ['θælik] a ⟨chem⟩ *Th·allium–* (~ oxyde) –**ium** ['θæliəm] s ⟨chem⟩ *Thallium* n

thallus ['θæləs] s L ⟨bot⟩ *Thallus* m (*Pflanzenkörper ohne Stengel, Wurzel, Blatt*)

than [ðæn, *w ʃ* ðən, ðn] conj [*nach compr*] *als* (taller ~ he); (they wrote more) ~ was their habit (..) *als es ihre Gewohnheit war*; (..) they would rather die ~ surrender (..) *sie wollten lieber sterben als sich ergeben*; (no better training ..) ~ to live in the country *als auf dem Lande leben* || a man ~ whom no one is more competent to do (..) *ein Mann, der wie kein anderer berufen ist z tun* (..)

thanage ['θeinidʒ] s *Rang, Würde e–s thane* || *Lehensgut* n

thanato– ['θænəto] Gr [in comp] *Tod–* ~**id** ['θænətəid] a *todähnlich*

thane [θein] s ⟨hist ags⟩ *Gefolgsadliger, Lehnsmann* m; *erbl. Großgrundbesitzer* m || *schottischer Adliger, Than* m

thank [θæŋk] s **1.** [*nur im pl*] ~s [pl konstr; † sg konstr] *Dank* m (my ~s are due to ..); *Dankesbezeigung, Danksagung* f **2.** *W e n d u n g e n* **a.** cordial ~s *herzlicher Dank*; letter of ~s *Dankschreiben* n ‖ in ~s for *z D. für*; with ~s *mit D.*; *dankend* | to accept a p's ~s *jds D. entgegennehmen*; to return ~s *D. sagen* (to a p *jdm*); to speak one's ~s to a p *jdm s–n D. ausdrücken* **b.** ~s (very much) ⟨*fam*⟩ *danke* (*sehr*); no, ~s *nein, danke* ‖ many ~s *vielen Dank* ‖ small ~s I got *wenig Dank erntete ich* | my best ~s to him *ich lasse ihm bestens danken*; ~s be to God *Gott sei Dank* or *gedankt* ‖ no ~s (*od* small ~s) to him *ohne sein Zutun, ohne s–e Hilfe* **c.** ~s to *dank,* ~s to your help *dank d–r Hilfe* **3.** [attr] ~, ~s | → ~sgiver ‖ ~-offering *Dankopfer* n ~**ful** ['~ful] a (~ly adv) *dankbar* (that; to a p *jdm*), *erkenntlich* (to *gegen*) ~**fulness** ['fulnis] s *Dankbarkeit* f ~**less** ['~lis] a (~ly adv) (*P*) *undankbar* ‖ (of actions, etc) *undankbar, wenig erfreulich*; *unergiebig, –fruchtbar* (a ~ task) ~**lessness** ['~lisnis] s *Undankbarkeit* f

thank [θæŋk] vt *danken* (a p *jdm*; for *f*; kindly *recht schön*) ‖ ~ you *danke*; *bitte*; yes, ~ you *wenn ich bitten darf*; no, ~ you *nein, danke* ‖ ~ing you in anticipation (*Ihnen*) *im voraus dankend* ‖ I will ~ you *ich möchte Sie bitten* (for *um*; to do *z tun*) ‖ you have only yourself to ~ for it *du hast es dir selbst zuzuschreiben* ‖ ~ you for nothing *dann wird's auch ohne Sie gehen*

thanksgiver ['θæŋksgivə] s *Danksager* m **–giving** ['θæŋksgiviŋ; ·'–·] s *Danksagung* f ‖ ~ *Dankfest* (⟨*bes Am*⟩ ~ Day *Dankfest* n (*letzter Donnerstag im Nov.*)

that [ðæt] **I. pron dem abs 1.** [*ohne pl*] *das,* ~ may be *das mag s*; ~ he did *das tat er*;. do you call ~ a poet *nennst du das e–n Dichter?* and ~ *und zwar*; *u das noch daz'u* ..; and ~ was ~ *das wäre erledigt*; ~'s it *so ist's recht*; is ~ it? *ist es das?*; ⟨*vulg & fam*⟩ ~'s right! *ja! richtig! einverstanden*; so ~'s ~ *damit basta so, das wär's* (*wäre getan, wäre alles*); ~'s so *so ist es*; (is) ~ so? *ist das wirklich so?*; ~'s what it is *daran* (or *so*) *liegt es* ‖ ~ was the children *das waren die Kinder, h die K. getan* (*vgl* 2 b.) ‖ ~ which *das, was* | (if we do not share in ..) ~ is because .. *so geschieht dies, weil* ..; ~ is (to say) *das heißt* ‖ and all ~ *und allerlei anderes* | this or ~? *dies oder das?* to talk of this, ~, and the other *v allerlei Dingen reden* | at ~ *dazu, obendrein*; for all ~ *trotz alledem*; like ~ *so*; what of ~? *was macht, tut das?*; with ~ *damit* **2.** [*mit pl* those [ðouz] **a.** (*S*) *der, die, das* (*da*); (die (*da*) b] *I* like ~ (those) better *ich habe den* (*die*; *sc Hut, Hüte*) *lieber*; few of those *wenige v denen*; those who *die(jenigen) welche* **b.** (*P*) *das* [*nur vor* to be] (~ is the man I saw), ~'s a good boy *so bist du ein artiger Junge*; those are they *das sind die*; those are his children *das sind s–e Kinder* **II. a a.** [sg] *der, die, das* (*da*); *jener, jene(s)*; *dieser, diese(s)*, ~ house over there *das Haus da drüben* ‖ ~ one *jener* ‖ during ~ six weeks *während jener 6 Wochen* ‖ ⟨*vulg*⟩ ~ there (Fr ce .. là) *jener* (~ there man, ~ there affair) ‖ *solch,* to ~ degree that *in solchem Grade daß* **b.** [pl] those *die, jene; diejenigen* (those books) ‖ those ones *jene* **III. adv** ⟨*fam*⟩ *so, derartig* (~ angry, ~ easily)

that [ðæt; *mst w f* ðət, ðt] **pron rel** [pl ~] [*in einschränkenden Sätzen; nie nach prep; als Akk. oft ausgelassen*] **1.** *welche(r, –s)*; *der, die, das*; no one ~ *keiner, die*; the letter (~) I sent you, I referred to *der Brief, den ich dir sandte, den ich meinte*; any book ~ .. *jedes Buch, das* ..; it is the ideas ~ matter *die Gedanken sind die Hauptsache* ‖ fool ~ he is! *der Narr!* ‖ Mrs.

Brown, Miss Smith ~ was *Frau B., geborene S.* | *soweit*; *insofern*; (there is no reference) ~ I can see .. *soweit ich sehen kann* **2.** was; all ~, everything ~ *alles, was*; much ~ *vieles, was*; nothing ~ *nichts, was*; the best ~ *das Beste, was*; whatever .. ~ *was immer* .., das **3.** [adverbial:] the day (~) I met him *der Tag, an dem ich ihn traf*; for the very reason ~ .. *aus demselben Grunde, aus dem* (or *weswegen*) ..

that [ðæt; *w f* ðət] **conj 1. a.** [*in Subjekt– u Objektsätzen*; *in letzteren oft ausgelassen*] *daß*; it seems (~) you are wrong *es scheint, du hast unrecht, daß du unrecht hast*; (it was her own fault) ~ nobody liked her (..), *wenn sie niemand gern hatte*; I said (~) you were wrong *ich sagte, daß du unrecht hättest* | it is two years ~ he died *er starb vor 2 Jahren, es ist 2 J. her, seit er starb*; it is there (~) I met him *dort traf ich ihn* | *ob*; I am not sure ~ *ich bin nicht sicher, ob*; I do not know ~ .. *ich weiß nicht, ob* **b.** [*in Wunschsätzen*] Oh that I knew the truth! *Daß ich (doch) die Wahrheit wüßte!* **2.** *daß, damit*; he stopped ~ he might see *er hielt inne, damit er sähe, erkennen konnte*; in order ~ *damit* **3.** [*in Folgesätzen*] *daß*; so ~ *so daß* **4.** *weil, da*; (if I stop ..) it is ~ (..) *so ist es weil* ..; not ~ *nicht weil, nicht daß* (not ~ I have any objection); not ~ it mightn't be better *vielleicht wäre es doch besser* (to do) ‖ now ~ *nun da, jetzt da* **5.** [*abhängig v der prep in*] ⟨*liter*⟩ in ~ *deshalb weil, insofern als*

thatch [θætʃ] **1.** s *Dachstroh* n ‖ *Strohdach* n (⟨*a fig*⟩ *dichtes Haar*) **2.** vt *mit Stroh decken* ‖ ~ed roof *Strohdach* n ‖ ⟨*fam hum*⟩ he's well ~ed *er hat e–n hübschen Wuschelkopf* ~**er** ['~ə] s *Strohdecker* m ~**ing** ['~iŋ] s *Strohdecken*; *Stroh* n (*z Decken*) ‖ [attr] *Bedachungs–*

thaumato– ['θɔ:məto] Gr [in comp] *Wunder–* **–trope** ['θɔ:mətroup] s ⟨*opt*⟩ *Strobosk'op* n, *Wunderscheibe* f **–turge** ['θɔ:mətə:dʒ] s *Wundertäter* m **–turgic(al)** ['θɔ:mə'tə:dʒik(əl)] a *wundertätig, Wunder–* **–turgist** ['θɔ:mətə:dʒist] s *Wundertäter* m **–turgy** ['θɔ:mətə:dʒi] s *Wundertätigkeit, Zauberei* f

thaw [θɔ:] **1.** vi/t ‖ *tauen* (it is ~ing *es taut*) ‖ ⟨*fig*⟩ *auftauen*; *warm, frei, natürlich w* | vt (*Schnee*) *schmelzen* ‖ ⟨*fig*⟩ *wärmen* ‖ *auftauen l, z Auftauen bringen* **2.** s *Tauen, Tauwetter* n ⟨*a fig pol*⟩; *Schneeschmelze* f; a ~ has set in *T. hat eingesetzt* ‖ silver ~ *Glatteis* n

the [*emph* ði:, *sonst vor Vok.* ði, *vor Kons.* ðə] def art (→ ye) *der, die, das*; pl the **I.** [*in konkretem Sinn*] **1. a.** (*bestimmend*) ~ day I met him *der Tag, an dem ich ihn traf* (~ author of the play; ~ roof of ~ house; ~ Protestant religion; ~ British Empire) ‖ ~ one on the table *die* (sc *Flasche*) *auf dem Tische* | a [ell] between ~ garden and meadow *zw G. u W.* | [*vor Eigennamen:*] ~ England of to-day *das E. v heute*; ~ Thames *die Themse* ‖ [*vor pl*] ~ Balkans *der Balkan*; ~ Alps *die Alpen*; ~ Miltons *ein Milton*; ~ Millers *die Familie Miller* **b.** (*der, die, das Erwähnte*) *jene(r)*, ~s (in consequence of ~ mistake) **2.** *der, die, das* (*Einmalige* or *Vertraute*), ~ king *der König* (sc *unseres Landes*) (~ Pope, ~ Bible; ~ sun) | [*vor Abstr.*] ~ soul *die Seele* (~ world; ~ Revolution; ~ church; ~ law) **3.** [*vor Titeln:*] ~ Prince of Wales *der Prinz v W.* (~ Lord Bishop of N.) **4.** [*vor Maßen:*] 2 sh ~ (*od* a) pound *2 Schilling das* (or *jedes*) *Pfund*; by ~ day *tageweise*; by ~ dozen *dutzendweise* **5.** [*emph*] *der, die, das* (*Alleinige, Typische*), claret is ~ [ði:] drink for old age *Rotwein ist das Getränk fürs Alter* **II.** [*in allg od abstraktem Sinn*] **1.** [*vor Gattungsnamen:*] ~ lion *der Löwe* (~ drama) **2.** [*vor subst adj:*] ~ good *die Guten*;

~ English *die Engländer* pl **|** ~ good *das Gute*
the [ðə] adv *desto, um so mehr*; ~ .. ~ *je* ..
desto (~ more he gets ~ more he wants [*od*
does he want]) **||** so much ~ better *um so besser*;
not any ~ better *keineswegs besser*; ~ more as
um so mehr als; so much ~ worse for him *um so*
schlimmer für ihn; one hope ~ poorer *um eine*
Hoffnung ärmer **||** ⟨Ir⟩ for ~ *weil*
    theandric [θiː'ændrik], **theanthropic** [ˌθiːæn-
'θrəpik] a ⟨theol⟩ *zugleich göttlich u menschlich*
    thearchy ['θiːɑːki] s *göttliches Regiment* n **||**
Götterherrschaft f
    theatre, ⟨Am⟩ **theater** ['θiətə] s **1**. *Theater*,
Schauspielhaus n **|** *Theater* n, *Zuschauer* m pl
| *Theater* n, *Schauspielern* n, *Schauspielkunst* f
2. *(amphitheatralisch angelegter) Raum* m *f Vorlesungen* etc; *Halle* f, *Saal* m (operating-~
Operations–) **3**. ⟨übtr⟩ *Schauplatz* m (the ~
of war *der Kriegs–*); ⟨mil⟩ *(a* ~ of operations)
Operationsgebiet n **4**. [attr] *Theater–* **||** ~-goer
Theaterbesucher m; ~-going *–besuch* m
    theatrical [θiˈætrikəl] **1**. a (~ly adv) *Theater–*,
Bühnen– **||** *bühnenmäßig* **|** ⟨fig⟩ *theatralisch*;
prunkend **2**. [s pl] ~s *Theateraufführungen* f pl;
private ~s *Amateuraufführungen* pl **~ity**
[θiˌætriˈkæliti] s *theatralisches Wesen* n
    Thebaid ['θiːbeid] s ⟨Lit⟩ *Theb·ais* f
    Theban ['θiːbən] **1**. a *thebanisch* **2**. s *The-
baner* m
    thé dansant [tei dãˈsã] s Fr *Tanztee* m
    thee [ðiː; *w f* ði] ⟨bib, poet & †⟩ acc & dat
v thou *dich, dir*; of ~ *deiner*; → thou **|** ⟨dial,
etc⟩ *du* **|** she ~'d and thou'd him *sie duzte ihn*
    theft [θeft] s *Diebstahl* m (from *aus*; from a p
an jdm); insurance against ~ *Diebstahl– u
Einbruchsversicherung* f, → larceny
    theine ['θiːin] s ⟨chem⟩ *Te·in* n
    their [ðɛə] pron poss (*zu* they) *ihr* **||** ⟨fam⟩
sein, ihr; everybody must take their umbrellas
jeder muß den Regenschirm mitnehmen **|** ~**s**
[ðɛəz] pron poss [abs] *der, die, das ihrige* or
ihre; a friend of ~ *ein Freund v ihnen*; this is ~
dies gehört ihnen; the fault is ~ *es ist ihre
Schuld*
    theism ['θiːizm] s *The·ismus* m
    theist ['θiːist] s *Theist* m **~ic(al)** [θiˈistik(əl)] a
theistisch
    them [ðem; *w f* ðəm, ðm] **1**. pron pers
a. dat (*v* they) *ihnen* **b**. acc *sie*; to them, *ihnen*
c. (*auf* [koll] *bezogen*) *ihn, sie, es* **||** *ihm, ihr*
2. pron refl *sich*; they looked about ~ *sie sahen
sich um* **3**. pron dem ⟨vulg & dial⟩ = those (~
fellows)
    thematic [θiˈmætik] a (~ally adv) ⟨mus⟩
z Thema gehörig, them·atisch **||** ⟨gram⟩ *Stamm–*,
thematisch (~ vowel)
    theme [θiːm] s *Thema* n, *Stoff, Gegenstand* m;
to have for ~ *zum G.* or *Thema h* **||** ⟨Am⟩
(Schul–)Aufgabe f, *Aufsatz* m **|** ⟨mus⟩ *Thema,
Motiv* n; ~-song ⟨film⟩ *Hauptschlager* m
|| ⟨wir⟩ *Kennmelodie* f, *Vorspann* m **|** ⟨gram⟩
Stamm m
    themselves [ðəmˈselvz] **1**. emph pron [pl]
sie selbst **2**. pron refl [pl] *sich*
    then [ðen] **1**. adv **a**. *dann (in der Zukunft)*;
when .. then *wenn .. dann* **|** (Ggs now) *damals*
|| there and ~ *auf der Stelle, sofort, in demsel-
ben Augenblicke*; ~ and there *ohne Umschweife*;
now and ~ *dann u wann*, every now and ~ *alle
Augenblicke*; long before ~ *lange vorher*
| (gleich) *darauf*; *später* **||** ⟨fam⟩ ~ the band
played *u so war's denn auch: der alte Herr hatte
s–n Hut wieder u die Menge trollte vergnügt
vondannen* **b**. *in dem Falle, dann*; if .. ~ *wenn ..
dann*; all right ~, well ~ *nun gut denn* **||** but ~
aber freilich, aber andererseits **c**. *denn* (how ~
did you manage it?); ~ how are ye? *nun wie
geht's?* **|** *also* (take it ~); ~ is it so? *also doch?*

you know him ~ ? *du kennst ihn also?* **|** now ~
nun also; aber bitte **2**. a *damalig* (the ~ secretary), → present **3**. conj *dann, außerdem,
ferner* (~ there are the minstrels) **4**. s *die be-
stimmte Zeit* **||** by ~ *z der Zeit, um die Zeit,
inzwischen, bis dahin*; from ~ *v da ab*; till ~
bis dahin; not till ~ *erst dann*
    thenar ['θiːnɑ] s Gr *Handfläche, Fußsohle* f;
Daumenballen m
    thence [ðens] adv *von dort, von da* **||** (of time)
seit jener Zeit, von da an **|** ⟨übtr⟩ *daraus, daher*
(~ it follows [that]; it ~ follows) **~forth**
['~'fɔːθ], **~forward** ['~'fɔːwəd] adv (*oft* from
~) *v der Zeit an, seitdem, hinfort, v da ab*
    theo– ['θiːɔ] Gr [in comp] *Theo–, Gottes–*
~cracy [θiˈɔkrəsi] s *Theokratie, Gottesherrschaft*
f; *Priesterherrschaft* f **~crat** ['θiːɔkræt] s *Theo-
kr·at* m **~cratic(al)** [θiɔˈkrætik(əl)] a *theokr·a-
tisch* **~dicy** [θiˈɔdisi] s *Theodiz·ee* f
    theodolite [θiˈɔdəlait] s ⟨phys⟩ *Theodol·it* m
(Winkelmeßwerkzeug)
    theo– **||** **~gony** [θiˈɔgəni] s *Lehre* f *v der Ent-
stehung u Abstammung der Götter* **~logian**
[θiəˈloudʒiən] s *Theol·og(e)* m **~logical** [θiə-
'lɔdʒikəl] a (~ly adv) *theol·ogisch* **~logy**
[θiˈɔlədʒi] s *Theolog·ie, Gottesgelehrtheit* f
~machy [θiˈɔməki] s ⟨ant⟩ *Kampf* m *unter den
Göttern* **~morphic** [θiɔˈmɔːfik] a *in göttlicher
Gestalt; gottähnlich* **~phany** [θiˈɔfəni] s ⟨theol⟩
Erscheinung f *Gottes (in menschl. Gestalt),
Theophan·ie* f
    theorbo [θiˈɔːbou] s ⟨mus⟩ *The·orbe* f *(Baß-
laute)*
    theorem ['θiərəm] s ⟨math⟩ *Lehrsatz* m
(binomial ~); *(Erkenntnis-)Satz* m *–*retic(al)
[θiəˈretik(əl)] a *(–cally adv) theoretisch* **||** *rein
gedanklich; spekulativ* **|** ~ deflection shift
⟨artill⟩ *schußtafelmäßige Seitenverschiebung* f **||**
~ manœuvre *Kriegs–, Planspiel* n **~rist** ['θiərist]
s *Theoretiker* m **|** *Buchgelehrter* m **rizc**
['θiəraiz] vi *Theorien aufstellen, theoretisieren*
*–*ry ['θiəri] s *Theorie* f (on his own ~ *nach s–r
eigenen T.*); *wissenschaftl. Tatsachen u Hypo-
theseh z e–m Ganzen verarbeitende Einheit u Er-
klärung* f **||** *die wissenschaftl. Grundbegriffe* m pl
(*e–r Disziplin* etc) (the ~ of music) **|** *rein ge-
dankl. Betrachtung; Gedankenwelt*; *Buchgelehr-
samkeit* f **||** *eingebildete Meinung, Einbildung* f;
to have a ~ *sich einbilden* (that) **||** ~ of heat
Wärmelehre f; ~ of probabilities *Wahrschein-
lichkeitsrechnung* f
    theosophic(al) [θiəˈsɔfikəl] a *theos·ophisch*
–phist [θiˈɔsɔfist] s *Theos·oph* m *–phy* [θiˈɔsɔfi] s
Theosophie f
    therapeutic(al) [ˌθerəˈpjuːtik(əl)] a ⟨med⟩
therap·eutisch, Heil– **–peutics** [ˌθerəˈpjuːtiks] s
[sg konstr] *Therap·eutik, Lehre* f *v der Behandlung der Krankheiten* **–pist** ['θerəpist] s *Thera-
p·ist(in* f) m *(medizinisch technischer Assistent*
m *des Therapeuten)* **–py** ['θerəpi] s *Therapie,
Heilverfahren·n* (radio–)
    there [ðɛə; *w f* ðə, *vor Vok.* ðr] **I**. adv **1**. (Ggs
hɛrə) **a**. *dort, da, daselbst, darin*; here and ~ *da
u dort*; ~ and then *auf der Stelle, sofort* **|** →
thereabouts **|** you ~! *du da!* ~ it is *da ist es*
|| down ~ *dort (or da) unten*, up ~ *da oben*
|| in ~ *dort drinnen*, out ~ *dort draußen*; over
~ *da drüben* **|** ⟨vulg⟩ that ~ = that [pron
dem] **II**. a. **b**. ⟨übtr⟩ *an der Stelle, an dieser St.*
(~ is the difficulty); ~ it is *so steht es, da liegt
die Schwierigkeit*; *so ist es*; well, ~ we are *so
steht es*; ~ you are *da hast du's, was hab' ich
dir gesagt*; and ~ you are ⟨fam⟩ *und schon ist's
da, schon ist es geschehen*; but ~ it was *aber da
sah man's wieder*; so, ~ it was *da hatte er's, so
war es also* **c**. ~'s a good boy! *das ist ein braver
Junge! so ist es brav! sei brav!* ~'s a good
fellow! *sei so gut* (→ 3.) **d**. ⟨sl⟩ all ~ *wach*,

pfiffig, auf der Hut; to be all ~ *ganz geweckt s*; he's not all ~ *er hat s–e 5 Sinne nicht bei–e–a*; ⟨Am fam⟩ *that vase is ~ .. °ist in Ordnung* **2.** *dorthin, dahin, hin* (take it ~); ~ *and back hin u zurück*; ⟨sl⟩ *to get ~ erreichen, was man will* **3.** [*vor intr. Verben*] *es*; ~ *is es gibt*; *es ist*; ~ *are es gibt*; *es sind*; ~ *arises the question es erhebt sich die Frage*; ~ *were embraces man umarmte sich*; ~ *is no jesting with him* ⸱ *läßt nicht mit sich spaßen*; ~ *is no living wit⸱ him es läßt sich nicht mit ihm leben*; *will* ~ *be any dancing? wird getanzt w*? *here* ~ *were found relics hier wurden Überreste gefunden*; ⟨fam⟩ *there's two of them es gibt zwei v ihnen* **II. intj** ~! *So! sieh*! ~ ~! *sei gut! nur ruhig*!; *but* ~ *aber natürlich, aber selbstverständlich*; ~ *now od so* ~ *nun weißt du's*; *da siehst du, da hast du's*!; *now* ~ *da sieht man mal; hör auf*; *so* ~! *damit basta; well* ~! *nun hör nur mal*! **~abouts 1.** [ˈðɛərəbauts] *adv* (*da*) *herum, da ungefähr*; *ungefähr so* **2.** [ˌðɛərəˈbauts] *or* ~ *oder ungefähr da*; *oder so etwa, oder ungefähr so*(*viel*) || *there or* ~ *dort oder dort umher*; ⟨übtr⟩ *so ungefähr*; *etwa* **~after** [ðɛərˈɑːftə] *adv danach, seither* **~at** [ðɛərˈæt] † *adv daselbst, dort*; *dabei, bei der Gelegenheit*; *deswegen* **~by** [ˈðɛəˈbai]; *'–=;–'–*] *adv dabei, –neben* || *dadurch, damit* **~for** [ðɛəˈfɔː] † *adv dafür* **~fore** [ˈðɛəfɔː] *adv deshalb, deswegen, darum*; *daher, folglich, also* (it is not surprising ~) **~from** [ðɛəˈfrɔm] *adv daraus, daher* **~in** [ðɛərˈin] *adv darin*; *in dieser Hinsicht* **~inafter** [ˌðɛərinˈɑːftə] *adv später, unten* (*in e–m Schriftstück*) **~of** [ðɛərˈɔv] † *adv davon*; *daraus*; *dessen, deren* (in the body ~ *in dessen Körper*) **~on** [ðɛərˈɔn] † *adv darauf* **~out** [ðɛərˈaut] † *adv daraus* **~to** [ðɛəˈtuː] † *adv dazu, daran, dafür*; *außerdem* **~under** [ðɛərˈʌndə] † *adv darunter* **~unto** [ðɛərˈʌntuː] † *adv dahin* **~upon** [ˈðɛərəˈpɔn] *adv darauf, hierauf* || *sogleich* || *infolgedessen* **~with** [ðɛəˈwið] *adv damit, im selben Augenblick* **~withal** [ˌðɛəwiˈðɔːl] *adv überdies, außerdem* || *d'amit* (and ~ *he ..*)

there's [ðɛəz] = there is *od* has
theriac [ˈθiəriæk] s ⟨hist⟩ *Gegengift* n
theriomorphic [ˌθiəriɔˈmɔːfik] ⸱a *theromorphisch, Tiergestalt habend*
therm [θəːm] s ⟨engl⟩ *Therm* n (*Wärmeeinheit, die gebraucht wird, 1 g Wasser auf 1° C z erwärmen*; *als Gaspreiseinheit = 100 000 brit. Therm = 25 200 Kilokalorien*) → *caloric* **~al** [ˈ~əl] **1.** a *Therm⸱al–, warm, Warm–*; *heiß* (~ *waters*); ~ *springs* [pl] *Thermen* f pl || *Wärme–* (~ *unit –einheit* f) || ~ *barrier Hitzemauer* f || ~ *conductivity Wärmeleitfähigkeit* f; *coefficient of* ~ *c. Wärmeleitfaktor* m || ~ *current* ⟨meteor⟩ *Warmluftstrom* m || ~ *jet engine* ⟨aero⟩ *Heißstrahltriebwerk* n || ~ *power station kalorisches or Wärme-Kraftwerk* n || ~ *radiation* ⟨at⟩ *thermische Strahlung* f || ~ *up current* ⟨meteor⟩ *Wärmeaufwind* m || ~ *value Heizwert* m **2.** s ⟨aero⟩ *thermischer Aufwind* m
thermae [ˈθəːmiː] s L [pl] ⟨ant⟩ *warme Quellen* f pl; *öffentl. Bäder* n pl
thermic [ˈθəːmik] a *Wärme–, Hitze–, thermisch* || ~ *current Thermik* f; ~ *flight Thermikflug* m
thermionic [ˌθəːmiˈɔnik] a *thermi⸱onisch*; ~ *control Elektronensteuerung* f; ~ *valve* ⟨wir⟩ *Elektronen–, Kathodenröhre* f
thermite [ˈθəːmait], **thermit** [ˈθəːmit] s *Therm⸱it* n (*Gemisch v Metalloxyden u Metallpulver*) || ~ *grenade Therm⸱ithandgranate* f
thermo– [ˈθəːmo] Gr [in comp] *Thermo–, Wärme–* **~chemistry** [ˌθəːmoˈkemistri] s *Thermochemie* f **~bulb** [~bʌlb] s *Fernthermometer* n **~couple** [~kʌpl] s *Thermoelement* n (*Wider-*

standselement), *Fernthermomèter* n **~dynamics** [~daiˈnæmiks] s pl [sg konstr] *Th.dynamik* f **~electric(al)** [~iˈlektrik(əl)] a *thermoelektrisch* **~electricity** [~ilekˈtrisiti] s *Thermoelektrizität* f **~graph** [ˈ~grɑːf] s ⟨phys⟩ *Thermograph* m (*Wärmemesser*) **~jet** [ˈθəmodʒet] s *Düsenflugzeug* n; *Raketenantrieb* m **~meter** [θəˈmɔmitə] s *Thermom⸱eter* m & n **~metric(al)** [ˌθəːməˈmetrik(əl)] a (–*cally adv*) *thermometrisch* **~-nuclear** [~ˈnjuːkliə] a ⟨at⟩ *durch thermische Kernreaktion ausgelöst* (~ *fission*); *thermonukle⸱ar* (⟨a übtr⟩ ~ *age*) || ~*-n. bomb Wasserstoffbombe* f **~phile** [~fail] a *auf Wärme ansprechend* **~phore** [~fɔː] s *Thermoph⸱or* m (*Heizapparat*) **~pile** [~pail] s *Thermosäule* f **~plastic** [ˌθəːməˈplɑːstik] a *in Wärme bildsam bleibend* **~plastics** [~s] s pl *thermoplastische Kunststoffe* m pl **~scope** [~skoup] s ⟨phys⟩ *Thermoskop* n **~setting** [ˈθəːməsetiŋ] a *hitzehärtbar, aushärtend* (plastics) **~stat** [~stæt] s ⟨phys⟩ *Thermost⸱at* m (*selbsttätiger Wärmeregler*) **~static** [ˌθəːmoˈstætik] a *Regler–* || ~-*iron Regler(bügel)eisen* n **~therapy** [ˌθəːmoˈθerəpi] s ⟨med⟩ *Thermotherapie* f
thermos [ˈθəːmɔs] s [pl ~es] (*a* ~ *flask*, ~ *bottle*) *Thermosflasche* f
theroid [ˈθiərɔid] a ⟨med⟩ *tierisch* (~ *idiot*) **–ology** [θiəˈrɔlədʒi] s *Lehre* f *v den Säugetieren*
thesaurus [θiːˈsɔːrəs] s L *Thesaurus* m, *Wortschatz* m, *Lexikon* n, *Enzyklopädie* f
these [ðiːz] pl *v this* → *d.*
thesis [ˈθesis] s Gr (pl theses [ˈθiːsiːz]) ⟨pros⟩ *Senkung* f (Ggs arsis)
thesis [ˈθiːsis] s Gr (pl theses [ˈθiːsiːz] s *These* f, (*Leit–, Streit–)Satz* m || ⟨univ⟩ *Dissertation* f || ~-*play Problemstück* n
Thespian [ˈθespiən] **1.** a *thespisch, Schauspiel–* **2.** s *Trag⸱öde, Schauspieler* m
theurgic(al) [θiːˈəːdʒik(əl)] a *wundertätig* **–gy** [ˈθiːəːdʒi] s *Wundertätigkeit* f || *Zauberkunst* f
thews [θjuːz] s pl *Muskeln* m pl, *Körperkräfte* f pl || ⟨fig⟩ *geistige Kraft* f
thewy [ˈθjuːi] a *muskulös, sehnig*
they [ðei] pron pers pl *sie*; they're = they are || *es*; ~ *are shadows es sind Schatten* || ~ *say man sagt* || ~ *who die(jenigen), welche* | (*auf* [koll] *bezogen*) *er, sie, es* (the couple ..; they ..)
they [ðei] adv ⟨Am *Neger* vulg⟩ = there: ~*s od* ~ *is*
thiamine [ˈθaiəmiːn] s *Avern⸱in* n (*Vitamin B1*)
thick [θik] **I.** a **1.** (Ggs thin) *dick, 2 feet* ~ *od two-foot* ~ *zwei Fuß dick or hoch*; *a bit* ~ ⟨sl⟩ *etwas happig*! *starkes Stück*! °*starker Tobak*!; *to spread* ~ (*Butter*) *dick aufstreichen* || *geschwollen* (~ *ear*; *sc vom Schlag*) || *breit* (*script*) **2.** *dicht* (*forest*; *fog*); *to stand* ~ *dicht stehen* | [*mst pred*] *dicht or häufig hinter–e–a* (*folgend*), *zahlreich*; *to fall* ~*ly häufiger w reich, voll* (*with v*); *dicht besät* (*with mit*); *leaves were* ~ *on the trees die Bäume waren dicht mit Blättern besät* **3.** (of liquids etc) *trübe* || (of the voice) *belegt, heiser* (in ~ *tones*) || (*geistig*) *stumpf* **4.** *intim, vertraut, as* ~ *as thieves dicke Freunde* **II.** s ~ *der dichteste Teil*, ⟨fig⟩ *das Gewoge* n (the ~ *of the battle*); *Brennpunkt* m; *to be in the* ~ *of a crisis mitten in e–r Krise stehen*; *to be in the* ~ *of it mittendrin stehen* | *through* ~ *and thin durch dick u dünn* | *stumpfsinnige Person* f **III.** adv *dicht*, the blows came (fell) fast and ~ *die Schläge kamen dicht hinter–e–a*; the letters came ~ *and fast es regnete Briefe*; to lay it on ~ ⟨sl fig⟩ *dick auftragen, nicht zurückhalten* **IV.** [in comp] *dick–* ~-**head** [ˈθikhed] *Dummkopf* m || ~-**headed** *dickköpfig, dumm* || ~-**lipped** *dicklippig* || ~-**skinned** *dickhäutig*; –*schalig*; ⟨fig⟩ *dickfellig*
thicken [ˈθikən] vt/i **1.** vt *dick(er)* m, *ver-*

dicken || ⟨cul⟩ *eindicken* | ⟨fig⟩ *verstärken*
2. vi *dick(er) w* || *sich verdichten, s. –dicken* ||
sich trüben || *sich vermehren* || *sich verstärken,*
the fight ∼*s der Kampf wird heftiger* **∼ing**
[∼iŋ] s *Verdickung; Anschwellung* f || ⟨cul⟩
Verdickungsmittel n
   thicket [ˈθikit] s *Dickicht* n
   thickness [ˈθiknis] ₃ **1.** *Dicke* f; two inches
in ∼ *zwei Zoll dick* | *Dichtheit* f | *Trübheit* f
| *Stumpfheit* (of the mind) || *Verschwommen-
heit* f; ∼ of speech *Undeutlichkeit der Aussprache*
2. *dicker Teil* m || *dichtester Teil* m | *Lage,
Schicht* f, three ∼es of cardboard *3 Lagen
Pappe*
   thickset a [ˈθikˈset; [attr] ʹ– –] *dicht ge-
pflanzt, dicht* (∼ hedge) || *untersetzt*
   thickʻun [ˈθikʌn] s ⟨sl⟩ *Sovereign* m, *Pfd.
Sterling* n
   thief [θi:f] s (pl thieves [θi:vz]) *Dieb(in f)* m;
Spitzbube m; the two –ves ⟨bib⟩ *die beiden
Schächer* m pl (*am Kreuz*) | to set a ∼ to catch
a ∼ *den Bock z Gärtner m*; stop ∼! *haltet den
Dieb!* | ⟨fam⟩ *Schnuppe* f *am Licht, Räuber* m
   thieve [θi:v] vi/t | *stehlen* | vt (*etw) stehlen* **∼ry**
[ˈθi:vəri] s *Diebstahl* m, *Dieberei* f
   thievish [ˈθi:viʃ] a (∼ly adv) *diebisch, un-
ehrlich; Diebs–* || ⟨fig⟩ *heimlich, verstohlen*
∼ness [∼nis] s *diebisches Wesen* n, *Spitz-
büberei* f
   thigh [θai] s (*Ober-)Schenkel* m | ∼*-bone*
⟨anat⟩ *Schenkelbein* n || ∼*-leading* ⟨hors⟩
–hilfe f || ∼*-piece* ⟨hist⟩ *Beinzeug* n, *–schiene* f
|| ∼ waders [pl] (*langschäftige) Wasserstiefel* m
pl ∼**ed** [∼d] a *–schenklig*
   thill [θil] s *Gabeldeichsel* f || ∼ prop (*Waffen-)
Gabelstütze* f || ∼*-horse* **∼er** [ˈ∼ə] s *Deichsel-
pferd* n
   thimble [ˈθimbl] s *Fingerhut* m | ⟨tech⟩
(*kurze Metallröhre) Muffe* f | *Metallring* m;
(*Stock-)Zwinge* f || ⟨mar⟩ *Kausche* f (*Metall-
ring mit Hohlrand*) ∼**ful** [∼ful] s *Fingerhutvoll*
m; *bißchen, Schlückchen* n (a ∼ of brandy)
   thimblerig [ˈθimblrig] **1.** s *Taschenspieler-
kunststück* n, *Trick* m **2.** vi [–gg–] *Taschen-
spielerkunststücke vorführen; betrügen* ∼**ger**
[∼ə] s *Taschenspieler; Gauner, Bauernfänger* m
   thin [θin] **I.** a (∼ly adv) **1.** *dünn; leicht*
(clothes) || *dünn u lang, schlank* (fingers); *zart,
fein* (script) || *mager, hager, dürr*; as ∼ as a lath
(*od rake, shadow) spindeldürr* || ⟨phot⟩ ∼
negative flaues N. **2.** *nicht dicht; spärlich* (hair);
schwach besucht, ⟨theat⟩ a ∼ *house ein schwach
besuchtes Haus*; to run ∼ *spärlich ausfallen*
|| ⟨fam⟩ to have a ∼ time *schlechte Zeiten
durchmachen* **3.** (of liquors, etc) *dünn, schwach,
leicht* (ale) || *verdünnt; wässerig* || *durchsichtig*
|| ⟨fig⟩ *fadenscheinig* (excuse) **4.** ⟨fig⟩ *inhaltlos,
ärmlich, kümmerlich* **5.** [in comp] ∼*-bodied
dünnflüssig* (oil) || ∼*-faced schmalbäckig* || ∼*-
paper edition Dünndruckausgabe* f || ∼*-skinned
dünnhäutig;* ⟨fig⟩ *empfindlich* **II.** adv [*nur in
comp] dünn–;* ∼*-spun dünngesponnen* **III.** vt/i
1. vt *dünn m, verdünnen* || (a to ∼ down) *ver-
mindern* || (u to ∼ out) (*Wald* etc) *lichten* (a
übtr) (a head ∼ned of hair) || ⟨for⟩ *durch-
forsten,* to ∼ out *aus–, verlichten* **2.** vi (a to ∼
down) *dünn(er) od spärlich(er) w; sich verdünnen*
|| *sich vermindern; abnehmen;* to ∼ away
dah`inschwinden | to ∼ out *geringer w, abnehmen*;
(of audience) *sich lichten* || ⟨geol⟩ *sich auskeilen,
immer dünner w* | ∼**ner** [ˈ∼ə] s etc → thinner etc
   thine [ðain] † pron poss (*vor Vok.*) = thy
→ d | [abs] *der, die, das Deinige* or *Deine,* the
fault is ∼ *die Schuld liegt an dir*

   thing [θiŋ] s **I.** [*nur sg] etw Beliebiges, das
man denkt, tut, sagt* **1.** *Ding* n, *Sache* f, *Geschäft*
n, *Angelegenheit* f || that was a ∼ to be *das
sollte man w*; that's another ∼ *das ist etwas*

anderes; a better ∼ *etwas Besseres*; what a
good ∼ he .. *was* (f) *ein Glück, daß er* ..; that's
a nice ∼ *das ist e–e schöne Geschichte*; it is a
strange ∼ *that es ist merkwürdig, daß*; the
astonishing ∼ *das Erstaunliche;* it is the most
abominable ∼ of you *es ist höchst abscheulich
v dir* (to do); no such ∼ *nichts dergleichen;* no
small ∼ *k–e Kleinigkeit;* one good ∼ was ..
das e–e Gute war ..; some pointed ∼ *etwas
Scharfes* | the ∼ *das* (the ∼ could not be) | the
first (next) ∼ *das erste* (*nächste*); the first ∼
after *gleich zuerst, nachdem*; first ∼ in the
morning *in aller Frühe* || one ∼ *eins* (tell me
one ∼); the one ∼ or the other *das e–e oder
das andere*; taking one ∼ with another *im
großen ganzen, alles in allem* | for one ∼ *erstens
einmal* (or *weil), als erstes, einerseits* (for another
∼ *andererseits*); it comes to the same ∼ *es
läuft auf dasselbe hinaus* | to know a ∼ or two
einiges verstehen (about *v); Bescheid wissen, bewandert s* (in), °*wissen, wo Barthel den Most holt*
2. the ∼ *das Richtige, Passende, Gegebene* n,
that's the ∼ *das ist das Richtige;* just the ∼ we
want *gerade das, was wir brauchen;* I am not
(do not feel) quite the ∼ *ich fühle mich nicht
ganz auf der Höhe* | *das Schickliche;* it is not the
∼ to do *es schickt sich nicht z tun;* to do the
handsome ∼ *sich anständig, großzügig verhalten*
(by *gegen*) | *das Wichtige* n, *die Hauptsache* f
(about *über*); the ∼ is *die H. ist* **II.** ⟨philos⟩ the
∼ in itself *das Ding an sich, das ,,wahre" Sein*
II. [*mit pl ∼s] etw Individuelles* **1.** *ein beliebiger
materieller* or *immaterieller Gegenstand* m; any
little ∼ *irgendein kl Gegenstand;* there was not
a ∼ in the place *es war rein gar nichts z Stelle;*
not a ∼ left *nichts übrig* | the latest ∼ *die letzte
Neuheit* f **2.** *ein beliebiges lebendes Wesen, Geschöpf* n, .. *Person* f, every living ∼ *jedes lebende
Wesen,* a dear little ∼ *ein liebes kl Ding, Wesen;*
old ∼ ⟨fam⟩ *mein Lieber, m–e Liebe;* the dear
old ∼ *der liebe Alte* etc; a sweet little ∼ *ein
netter kl Käfer* (*Mädchen*) | *a stupid old* ∼
⟨cont⟩ *ein einfältiger alter Tropf* m | Oh, poor
∼! *die* (*der) Ärmste!*; poor ∼s! *die Ärmsten!*
IV. ∼s [pl] **1. a.** *Dinge, Angelegenheiten* pl;
Sachlage f (etc); ⟨fam⟩ ∼s as they are *die Wirklichkeit* f; ∼s have changed *die Verhältnisse h
sich geändert*; other ∼s being equal *unter sonst
gleichen Bedingungen;* as ∼s go *wie es in der
Welt geht;* as ∼s stand *wie die Dinge liegen;*
how are ∼s? *wie geht's?* || to take ∼s as one
finds them (*bes Am) die Feste feiern, wie sie
fallen* **b.** [*abhängig v prep] above, before all* ∼s
vor allen Dingen, vor allem || in all ∼s *in jeder
Hinsicht* || in the nature of ∼s *in der Natur der
Verhältnisse* || of all ∼s *vor allen Dingen;* this
of all ∼s! *ausgerechnet d`as!* || to be out of ∼s
v der Welt losgerissen s **2.** *Einrichtungen* f pl,
Verhältnisse n pl (∼s political); *charakteristische
Eigenheiten* f pl, *Züge* m pl; ∼s feminine *alles
Weibliche;* ∼s Irish *alles Irische* **3.** *Gedanken*
m pl; *Äußerungen* f pl **4.** *materielle Dinge,
Sachen* pl (take your ∼s); *Zubehör, Eigentum* n
(∼s personal *persönliches E.*) | *Kleidung* f: our
∼s *unsere Sachen;* where can I leave my ∼s?
wo kann ich ablegen? | *Nahrung* f (sweet ∼s)
|| ⟨fam⟩ *Geräte, Werkzeuge* n pl; *Geschirr* n;
the kitchen ∼s *das Geschirr;* the tea ∼s *das
Teegeschirr* | *literarische Produkte* n pl | *lebende
Wesen* pl; *Pflanzen* f pl (free-growing ∼s)
∼**amy** [ˈθiŋəmi], ∼**umajig** [ˈθiŋəmidʒig], ∼**-
um(a)bob** [ˈθiŋəm(i)bɔb], ∼**ummy** [ˈθiŋəmi] s
⟨fam⟩ °*Dings, Dingsda* m & n, *Dingerich* n
|| Mr. ∼ *Herr °Dingskirchen*

   think [θiŋk] vt/i [thought/thought] **I.** vt
1. (*etw) denken, sich* (*etw) vorstellen;* to ∼ that
wenn man bedenkt, daß || *darüber nachdenken*
(how; whether); (*etw) ausdenken* **2.** *gedenken,*

im Sinn h, beabsichtigen (to ~ *no harm*) **3.** *der Meinung s, glauben, meinen, annehmen* (that); he ~s he is authorized *er glaubt berechtigt z s* (to do); I ~ him (he was thought) to be a poet *ich glaube* (*man glaubte*), *daß er ein Dichter ist*; he was thought to have stolen .. *man glaubte, daß er .. gestohlen habe*; it was thought of him that .. *man glaubte v ihm, daß ..* || *halten für, erachten, betrachten als,* I ~ him a poet *ich halte ihn für e–n Dichter;* to ~ o.s. clever *ich f klug halten;* I ~ it probable (best) *ich halte es f wahrscheinlich* (*das beste*) (to do); to ~ fit, proper *es f richtig halten* (to do); it is not thought fair *man hält es nicht f gerecht* (to do) **4.** (*sich*) *durch Denken bringen, versetzen* (into *in*); to ~ o.s. into *sich hineindenken in* **5.** [*mit adv*] to ~ **out** (*etw*)· *ausdenken, lösen; z Ende denken, gründlich überlegen* | to ~ a th **over** *etw überdenken, –legen* | to ~ **up** 〈*fam*〉 (*etw*) *ausdenken, erfinden;* (*Plan*) *aushecken* **II. vi 1.** *denken,* to ~ to o.s. *bei sich denken* || *sich denken, sich vorstellen, only ~ denk dir nur,* you can't ~ *du kannst dir nicht denken* || I don't ~ 〈*sl iron*〉 *wahrlich, wahrhaftig;* (you are a fine specimen, I don't ~) | *überlegen, nachdenken* (let me ~); to make a p ~ *jdn z Denken anregen* **2.** *im Glauben s; gefaßt sein, erwarten* (I did not ~ to find you here) **3.** *im Glauben s* (to do); *der Meinung sein, glauben, meinen,* I ~ so *ich glaube* (*es*); I should ~ not! *das fehlte noch!* I should ~ so *das will ich meinen* **4.** *urteilen, halten* (of *v*); what do you ~ of ..? *was hältst du v ..?*; to ~ highly of *e–e hohe Meinung h v;* to ~ little, much, nothing of a p *wenig, viel, nichts halten v jdm;* .. nothing of a th *sich nichts m aus etw;* .. better of it *sich e–s Besseren besinnen;* .. the world of *wunder was halten v* **5.** [*mit prep*] to ~ **about** *in Gedanken verweilen bei; nachdenken über* | to ~ **for** (*nach* as, than) *erwarten, vermuten* | to ~ **of** *denken an* (I ~ of home *ich denke an die Heimat*); to ~ of doing *denken z tun;* I should not ~ of doing *es würde mir nicht einfallen z tun;* a thing not thought of *e–e ungeahnte S* || *nachdenken über, sich besinnen auf; verfallen auf* **6.** [in comp] ~-box 〈Am fam〉 *Gripskasten* m (*Kopf*) || ~-piece 〈Am〉 *Stimmungsbericht* m **III.** s 〈Am〉 *Gedanke* m ~**able** ['~əbl] a *denkbar* ~**er** ['~ə] s *Denker; Philosoph* m ~**ing** ['~iŋ] s *Denken* n || *Meinung* f; to my ~ *nach m–r M., m–r M. nach, m–s Erachtens;* to be of a p's way of ~ *jds M. s* | 〈mot〉 ~ *distance Weg m während der Reaktionszeit;* ~ *time „Schrecksekunde"* f

thinner ['θinə] s *Verdünnungsmittel* n

thinness ['θinnis] s *Dünnheit, Dünne* f etc → thin | *Seltenheit* f || intelectual ~ *geistige Armut* f

thio– ['θaio] 〈chem〉 *Schwefel–*

third [θə:d] **1.** a *dritte*(r, –s); 〈gram〉 ~ *person dritte P* | ~-class *dritte*(r) *Klasse* || ~ *degree* 〈Am〉 *Zwangsmaßnahme* f, *um Angeklagten z Geständnis z bringen; Folterverhör* n || ~ echelon maintenance *Feldinstandsetzung* f ~ Force 〈bes Fr pol〉 *Demokratie* f (*Ggs Faschismus u Kommunismus*) || ~ line troops *Ersatzreserve* f || ~ man 〈crick〉 *weit zurückstehender Eckmann* m || ~ party 〈jur〉 *dritte P* f, *Dritter* m; ~-party beneficiary contract *Vertrag* m *zugunsten Dritter;* ~-party insurance *Haftpflichtversicherung* f || ~ party liability *Haftpflicht* f ~ *Reich* 〈nazi〉 *Drittes Reich* (*1933–1945*) || ~-rate *dritten Ranges* **2.** s *der, die, das Dritte* m, f, n || 〈rail〉 *die dritte Klasse* f | *Drittel* n; two–~s majority *zweidrittel Mehrheit* || 〈mus〉 *Terz* f **3.** vt *dritteln* ~**ly** ['~li] adv *drittens*

thirst [θə:st] **1.** s *Durst* m; to quench one's ~ *s–n D. löschen* || *Trockenheit, Dürre* f || 〈fig〉

Durst m, *Begierde* f (for *nach*; to do) **2.** vi *dürsten* || 〈fig〉 *dürsten, gierig s* (for, 〈fig〉 after *nach*; to do) | ~**y** ['~i] a (–tily adv) *durstig;* to be ~ *dürsten,* I am ~ *mich dürstet,* 〈mst〉 *ich habe Durst* || *dürr; trocken* (soil) || 〈fam〉 *Durst verursachend* || 〈fig〉 *gierig* (after, for *nach*; to do)

thirteen ['θə:'ti:n; '–.–;–'–] **1.** a *dreizehn* **2.** s *Dreizehn* f | ~**th** [~θ] **1.** a *dreizehnte*(r, –s) **2.** s *Dreizehnte*(r, –s) | *Dreizehntel* n | ~**thly** adv *dreizehntens*

thirtieth ['θə:tiiθ] **1.** a *dreißigste*(r, –s) **2.** s *der Dreißigste* m | *Dreißigstel* n

thirty ['θə:ti] **1.** a *dreißig* **2.** s *Dreißig* f; the –ties [pl] *die dreißiger Jahre* (*jds* or *e–s Jahrhunderts*)

this [ðis] pron dem **I.** [abs] **1.** ([pl] these [ði:z]) **a.** (*S*) *diese*(r, –s) (*hier*); *folgendes;* I like ~, these (sc tie, ties) much better *ich habe diesen, diese viel lieber;* ~ is to confirm (*im Brief*) *hiermit möchte ich bestätigen;* ~ is to certify *hiermit wird bestätigt* (*daß*); ~ is an age of unrest *wir leben in e–r Zeit der Unruhe;* a critical moment for him ~ *dies war ein kritischer Augenblick f ihn* || ~ to include all the books *u zwar einschließlich aller Bücher* **b.** (*P*) [*nur or to be*] *dies;* ~ is (these are) my son(s) *dies ist* (*sind*) *mein*(e) *Sohn* (*Söhne*) || 〈wir〉 ~ is Radio N. *hier* N. **2.** [*ohne pl*] *dies* (*auf Vorhergehendes u Folgendes bezüglich*); ~ is what I like *dies liebe ich,* ~ *was years ago dies war vor Jahren* || ~ is what happened *folgendes ereignete sich;* all ~ *dies alles;* like ~ *so, folgendermaßen* | (*die gegenwärtige Zeit*) by ~ *inzwischen;* before ~ *schon* (*vorher*); from ~ *v jetzt ab* **II.** a [pl these] **1.** *dieser, diese*(s) (*hier*), ~ *man dieser Mann,* these people *diese Leute* pl; ~ one *dieser* (~ one went away), these ones *diese* pl || ~ *much so viel;* ~ once *dieses eine Mal* **2.** *diese*(r, –s) (*erwähnte, gegenwärtige ..*); ~ *year dieses, das laufende Jahr;* by ~ *time mittlerweile* || ~ *day heute,* ~ *day week heute vor* or *in 8 Tagen;* ~ *morning* (etc) *heute morgen* || ~ *half hour seit e–r halben Stunde;* these 30 *years 30 Jahre hindurch;* these *od this three weeks seit 3 Wochen* | one of these days an *e–m zukünftigen Tage, e–s Tages* **III.** [in comp] ~-worldly *diesseits gerichtet*

thistle ['θisl] s 〈bot〉 *Distel* f; Globe ~ *Kugel–* || 〈Scot〉 the Order of the ~ (*a* the ~) *Distelorden* m | [attr] ~-down *der feine Haarschopf* m *der Distelfrucht* 〈*a* fig〉 || ~-finch *Stieglitz, Distelfink* m **thistly** ['θisli] a *voll Disteln* || *distelähnlich, stach*(e)*lig*

thither ['ðiðə] **1.** adv *dahin, dorthin; nach der Richtung* || *hither and* ~ *hin u her* **2.** a *dortig, jenseitig;* on the ~ side of a th *jenseits v etw; über etw .. hinaus* (on the ~ side of 60 *über 60 Jahre alt*)

tho', 〈*bes* Am〉 **tho** [ðou] conj = *though*

thole [θoul] s (*a* ~-pin) *Dolle* f, *Ruderpflock* m (*e–s Boots*)

thole [θoul] vt 〈dial & †〉 *erdulden, –tragen*

Thomism ['toumizm] s 〈philos〉 *die auf Thomas v Aquino zurückgehende Philosophie* f

–thon [–θən] *lebendes Suffix* (*vgl* marathon) *z Bildung v Subst. m. d. Bedeutung v Dauer–,* → talkathon

thong [θɔŋ] **1.** s (*Leder-*)*Riemen* m || *Peitschenschnur* f **2.** vt *mit Riemen versehen* || *peitschen*

thoracic [θə:'ræsik] a 〈anat〉 *Brust–* || ~ duct 〈anat〉 *Brustlymphgang* m **thoraco–** [θə:-'reikou] [in comp] *Brust–* **thorax** ['θə:ræks] s [pl ~es, –ces] 〈anat〉 *Brustkasten, –korb* m || 〈zoo〉 *Bruststück* n (*e–s Insekts*)

thorite ['θə:rait] s 〈minr〉 *Thor*it m

thorium ['θə:riəm] s L 〈chem〉 *Thorium* n (*Metall*)

thorn [θɔ:n] s *Dorn, Stachel* m; *no rose without a* ～ *k–e Rose ohne Dornen* || ⟨fig⟩ *Dorn, Stachel* m; *to be a* ～ *in a p's side jdm ein Dorn im Auge s*; *to be od sit on* ～s *wie auf heißen Kohlen or auf Nadeln sitzen* | ⟨bot⟩ (*a* ～-bush) *Dornbusch, Hage-, Weißdorn* m | [attr] ～-apple ⟨bot⟩ *Stechapfel* m || ～-hedge *Dornenhecke* f ～**back** ['～bæk] s ⟨ich⟩ *Rochen* m ～**iness** ['～inis] s *Dornigkeit, dornige Beschaffenheit* f || ⟨fig⟩ *Herb-, Rauheit* f; *Mühseligkeit* f ～**less** ['～lis] a *dornenlos* | ～**y** ['～i] a *dornig, stach(e)lig* || *voller Dornen* | ⟨fig⟩ *mühselig, beschwerlich, dornenvoll* (path)

thorough (⟨*bes* Am *a*⟩ thoro) ['θʌrə] a (～ly adv) **1.** *durchgreifend, gründlich* (measures) || *gründlich* (knowledge); *not* ～ *oberflächlich* || *völlig; vollkommen, vollständig; vollendet* (rascal) **2.** [in comp] ～-bass ⟨mus⟩ *Generalbaß* m | ～-bred **1.** a (*T*) *reinrassig; Vollblut–*; (*P*) *erstklassig, gediegen* || *richtiggehend; gründlich* (philosopher) || ⟨mot⟩ *rassig, schnittig* **2.** s *Vollblut* n, *Vollblüter* m || *erstklassiger Mensch* m; (⟨*a*⟩ ～-goer) | ～-going *richtiggehend; gründlich; extrem* (socialist) || *energisch, durchgreifend* (reform); *tatkräftig* | ～-paced *echt, gediegen, gründlich* || *ausgekocht, durchtrieben, abgefeimt* (rascal) ～**fare** ['θʌrəfɛə] s *Durchgang* m, *–fahrt* f || (*Haupt-*)*Verkehrsstraße* f ～**ness** ['θʌrənis] s *Gediegenheit, Gründlichkeit* f | *Vollständigkeit* f

thorp(e) [θɔ:p] s ⟨† & hist⟩ *Dorf* n

those [ðouz] pl *v* that [pron dem]

thou [ðau] ⟨bib & †⟩ **1.** pron pers *du* **2.** vt/i *duzen* (*a* to ～ and thee) → thee

thou [θau] s ⟨Am fam⟩ = thousand, thousand dollars

though, tho' [ðou] **1.** conj *obgleich, obschon; wenn auch*; *small* ～ *my resources are so gering auch m–e Hilfsmittel sind* || *as* ～ *als ob, als wenn*; *as* ～ *I were .. als wenn ich wäre ..* || (*a* even ～) *selbst wenn* | *what* ～ *..? was macht es, wenn ..? wenn nun auch ..?* **2.** adv ⟨fam⟩ (*am Satzende*) *indessen, immerhin, zwar, doch, dennoch* (I wish you had told me ～)

thought [θɔ:t] pret & pp *v* to think

thought [θɔ:t] s **1.** [*mst* sg] **a.** *Denken* n, *Denkprozeß* m; *Nachdenken* n, *in* ～ *in Gedanken; without* ～ *ohne Gedanken; beyond all* ～ *über alle Maßen; to take* ～ *mit sich z Rate gehen* | *Denkfähigkeit, –folge* f **b.** *Denkarbeit* f, *Denken* n; *Gedankenwelt* f (modern ～; Greek ～) **c.** *besorgtes Denken* (of *an*); *Sorge, Rücksicht* f; *to take* ～ *Sorge tragen* (for *um*; to do) **d.** *a* ～ *etwas, ein wenig* (*a* ～ *arrogant*) **2.** [*mit* pl ～s] *das Gedachte* n **a.** *Gedanke* m (of *an*; of doing *z tun*); *on first* (second) ～s *bei* (or *nach*) *flüchtiger* (*reiflicher*) *Überlegung* f; *the leading* ～ *of der leitende Gedanke in*; *a penny for your* ～s *ich möchte wissen, was du jetzt denkst; to conceive a* ～ *e–n Gedanken fassen; it never entered my* ～s *es kam mir nie in den Sinn; to give a* ～ *to a th an etw denken, e–r S Aufmerksamkeit schenken; to read a p's* ～s *jds Gedanken lesen* **b.** *Absicht* f; I had some ～s of doing *ich dachte halb u halb daran z tun*; he had no ～ of doing *er hatte nicht die Absicht z tun* **c.** [*oft* pl ～s] *Meinung* f (I will tell you my ～s about ..) **3.** [attr] *Gedanken–* || ～-reader *–leser* m || ～-transference *–übertragung* f ～**ful** ['～ful] a (～ly adv) (*P*) *nachdenklich; beschaulich* || *ernst, traurig* || *aufmerksam, rücksichtsvoll* (of a *p von jdm*; it is very ～ of you) || *vorsorglich* || (of books, etc) *gedankenvoll, –reich* ～**fulness** ['～fulnis] s *Überlegtheit; Nachdenklich-; Beschaulichkeit; Rücksichtnahme* f ～**less** ['～lis] a (～ly adv) *gedankenlos; unbesonnen, leichtsinnig; sorglos, fahrlässig* || *rücksichtslos* (it is ～ of you .. *von dir*) ～**lessness** ['～lisnis] s *Gedanken-*

losigkeit f || *Sorglosigkeit* f || *Rücksichtslosigkeit* f

thousand ['θauzənd] **1.** [s] *a* ～ *Tausend* n; *thirty* ～ *dreißigtausend; by the* ～ *tausendweise, z Tausenden* | *one in a* ～ *e–r unter Tausenden; einzigartig* | ～s [pl] *Tausende; many* ～s *of times viele tausend Mal; hundreds of* ～s *Hunderttausende* pl, *they came in their* ～s *sie kamen z Tausenden* **2.** [a] *tausend, a* (hundred) ～ *people* (*hundert*)*tausend Leute* || ⟨fig⟩ *e–e gr Menge; unzählige, a* ～ *times tausendmal; a* ～ *thanks tausend Dank* || *a* ～ *and one* ⟨fig⟩ *zahllos* (*.. apologies*); *those* ～ *and one things jene zahllosen Dinge* n pl ～**fold** [～fould] **1.** a *tausendfältig* **2.** adv ⟨*mst*⟩ *a* ～ *tausendfach, tausendmal*

thousandth ['θauzən(t)θ] **1.** a *tausendste(r, –s)* **2.** s *der Tausendste* m | *Tausendstel* n

thraldom ['θrɔ:ldəm] s *Hörigkeit, Knechtschaft* f **thrall** [θrɔ:l] s *Sklave; Leibeigener, Knecht* m || ⟨fig⟩ *Sklave* m; ～ *to his passions Sklave s–r Leidenschaften* | ⟨fig⟩ *Gefangen-, Knechtschaft* f (in ～ *in G., in K.*)

thrap [θræp] vt [–pp–] *festbinden*

thrapple ['θræpl] s → thropple

thrash [θræʃ], (**thresh** [θreʃ]) **I.** vt/i **A.** vt **1.** [*mst* thresh] (*Korn*) *dreschen* **2.** ⟨fig⟩ *to* ～ *od thresh straw leeres Stroh dreschen* || *to* ～ *od thresh out* (*Problem* etc) *gründlich erörtern, aufklären* **3.** [*mst* thrash] *prügeln, to* ～ *the life out of a p jdn tüchtig* °*vermöbeln* || ⟨fig⟩ *schlagen, besiegen* **B.** vi **1.** [*mst* thresh] *Korn dreschen* **2.** [*mst* thrash] ⟨mar⟩ *sich mühsam vorwärtsarbeiten* || *hin u her schlagen, sich schnell hin u her bewegen* **II.** s *Dreschen* n || *Schlagen, Prasseln* f ～**er** ['～ə] s ⟨ich⟩ *Seefuchs* m | [*mst* thresher] *Drescher* m || *Dreschmaschine* f ～**ing** ['～iŋ] s **1.** *Dresche, Prügel* f; *to give a p a* ～ *jdn verprügeln* || *Niederlage* f **2.** [*mst* threshing] *Dreschen* n || *gedroschenes Getreide* n, *Drusch* m | [attr] *Dresch-* (～- machine), ～-floor *Tenne* f

thrasonical [θrə'sɔnikəl] a *prahlend, aufschneidend*

thread [θred] **I.** s **1.** (*Flachs–* etc) *Faden* m || *Zwirn* m, *Garn* n || ⟨übtr⟩ *to hang by od on a* ～ *an e–m F. hängen* || *he has not a dry* ～ *on him er hat k–n trockenen Faden am Leibe* | *Faser, Fiber* f; ⟨bot⟩ *Staubfaden* m **2.** ⟨tech⟩ (of a screw) *Schraubengewinde* n | ⟨minr⟩ (of ore) *Ader* f **3.** ⟨fig⟩ *Faden, Zus–hang* m; *to lose the* ～ *of the discourse den F. der Rede verlieren; to resume, take up the* ～ *den F. wieder aufnehmen* **4.** [attr] *Zwirn–*; ～-paper *–wickel* m **II.** vt (⟨*a*⟩ *to* ～ up) (*Nadel*) *einfädeln* || (*Perlen*) *aufreihen, –ziehen*; (*mit Fäden*) *durchziehen* || ⟨fig⟩ *sich durchwinden durch, sich durchschlängeln durch; mühsam durchqu eren; to* ～ *one's way s–n Weg* (*mühsam*) *verfolgen* || ～ed *bush Gewindebuchse* f; ～ed *closing cap Verschlußschraube* f; ～ed *pin Gewindestift* m; ～ed *primer* (*Munitions-*)*Zündschraube* f ～**bare** ['～bɛə] a *fadenscheinig, abgetragen* || (*P*) *schäbig* || ⟨fig⟩ *alt, abgedroschen* (subject) ～**bareness** ['～bɛənis] s *Fadenscheinigkeit* f || ⟨fig⟩ *Abgedroschenheit* f ～**er** ['～ə] s *Einfädelmaschine* f ～**ing** ['～iŋ] s ⟨tech⟩ *Gewindeschneiden* n || ～ *term Bestimmungsstück* n || ～ *wire Einfädler* m ～**like** ['～laik] a *fadenartig* ～**worm** ['～wə:m] s ⟨zoo⟩ *Fadenwurm* m | ～**y** ['～i] a *Faden-, fadenartig; faserig* || ⟨übtr⟩ *gering; schwach* (pulse); *kl* (voice)

threat [θret] s *Drohung* (of *mit*; to *gegen*); *Androhung* f (to do) || *Gefahr* f (to *f*), *Bedrohung* f; *a* ～ *to peace e–e B. des Friedens* | *bedrohliches Anzeichen* n, *there is a* ～ *of rain es droht Regen or z regnen*

threaten ['θretn] vt/i **1.** vt (*jdm*) *drohen* (with

a th *mit etw*); danger ∼s him *ihm droht Gefahr*; he was ∼ed with punishment *ihm wurde Strafe angedroht* | *damit drohen* (to do; that); *drohen* (to be .. *z s*; to become .. *z w* ‖ *drohen mit* (to ∼ a penalty); (*etw*) *androhen* (upon a p *jdm*) ‖ *drohend ankündigen*; the weather (*od* it) ∼s rain *das Wetter droht mit Regen* ‖ (*e–r S*) *drohend bevorstehen*; (*etw*) *gefährden* (to ∼ peace) **2.** vi *drohen*, the weather is ∼ing *es droht z regnen* ‖ to ∼ at *bedrohen* | ⟨fig⟩ *im Anzuge s* (danger ∼s) ∼ing [∼iŋ] a *drohend*, *Droh-*, ∼ letter *–brief* m | *drohend* (*aussehend*) | ⟨fig⟩ *bedrohlich*

three [θri:] **1.** a *drei*; → R; ∼ parts *fast, beinahe* **2.** s [pl ∼s] *Drei* f; in ∼s *z dreien* ‖ ∼ and a half *drittehalb*, ⟨*mst*⟩ *dreieinhalb* ‖ → rule s **3.** [in comp] *drei–* ‖ ∼-blade(d) ⟨mar aero⟩ *dreiflügelig* (*Schraube*) ‖ ∼-colour [a] ⟨*typ*⟩ *Dreifarben-*, ∼-colour process *–druck* m ‖ ∼-cornered *dreieckig* ‖ ∼-Ds, 3-Ds [pl] (*sich anschmiegende, „dreidimensionale“*) *Fasson-strümpfe* m pl ‖ ∼-decker ⟨mar⟩ *Dreidecker* m (*Linienschiff mit 3 Batterien über–e–a*); ⟨fam⟩ *dreibändiger Roman* m, ⟨Am fam⟩ *Drei-Scheiben-Sandwich* n ‖ ∼-(-)dimensional *film* (*3-D-Film*) *plastischer Film*; ∼-d. presentation *Raumbild* n ‖ ∼-figure exchange ⟨telph⟩ *Tausenderamt* n ‖ ∼-foot [a] *drei Fuß lang* ‖ ∼-halfpence *anderthalb Penny* (1½ d) ‖ ∼-in-one dress *Verwandlungskleid* n | ∼-lane [attr] ⟨mot⟩ *dreigleisig* (*Fahrbahn*) ‖ ∼-legged *drei-beinig*; ∼-legged race *Dreibeinwettlaufen* n ‖ ∼-master ⟨mar⟩ *Dreimaster* m ‖ ∼-percents [pl] *3prozentige Staatspapiere* n pl ‖ ∼-phase current ⟨el⟩ *dreiphasiger Wechselstrom*; *Drehstrom*; ∼-phase motor, ∼-phaser *Drehstrommotor* m ‖ ∼-piece (*a* ∼-p. costume, ∼-p. suit) *dreiteiliges Kostüm* ‖ ∼-ply [a] (of thread, etc) *dreifach*; *dreischichtig* (wood) ‖ ∼-pointer ⟨aero⟩ *Dreipunkt-*, °*Eierlandung* f ‖ ∼-quarter **1.** s ∼-quarters [pl] ⟨Rug ftb⟩ *Dreiviertel-Reihe* f **2.** a *dreiviertel*; ∼-qu. view *Dreiviertelwendung* f ‖ ∼-speed gear ⟨mot & cycl⟩ *dreifache Übersetzung* f ‖ ∼-stage rocket *Dreistufenrakete* f ‖ ∼-storied *dreistöckig* ‖ ∼-valve receiver ⟨wir⟩ *Dreiröhrenempfänger* m ‖ ∼-wheeled vehicle ⟨*bes* mot⟩ *Dreirad* n ‖ ∼-wheeler ⟨mot fam⟩ (*Liefer-*)*Dreirad* n, *Lastenroller* m ‖ ∼-wire mooring ⟨aero⟩ *Dreiseilverankerung* f ∼fold [ˈθri:fould] **1.** a *dreifach, dreimal so groß*; *dreimal wiederholt*; *aus 3Stükken bestehend* **2.** adv *dreifach* ∼pence [ˈθrepəns] s *drei Pence* pl ([pl] I showed him some ∼s) ‖ ∼ halfpenny *dreieinhalb Pence* ∼penny [ˈθrepəni] a *drei Pence wert, Dreipence–* | ∼-bit, ∼-piece *Dreipencestück* n (*in Silber*) ∼score [ˈθri:ˈscɔ:; ˈ‑ ‑] a *sechzig* (∼ years) ∼some [ˈθri:səm] s ⟨golf⟩ *Spiel* n *z dreien* (*e–r gegen zwei*)

threnode [ˈθri:noud] s = threnody **–dial** [θri:ˈnoudiəl], **–dic(al)** [θri:ˈnɔdik(əl)] a *Klagelied–* **–dy** [ˈθri:nɔdi] s ⟨ant & übtr⟩ *Klagelied* n, *–gesang* m

thresh [θreʃ] vt/i ∼ to thrash **–er** [ˈ∼ə] s → thrasher ∼ing [ˈ∼iŋ] s → thrashing

threshold [ˈθreʃ(h)ould] s *Schwelle* f ‖ ⟨fig⟩ *Schwelle* f (the ∼ of consciousness *Bewußtseins–*); ⟨fig⟩ *Anfang, Eingang* m; on the ∼ of the 18. c *an der Schwelle des 18. Jhs* ‖ auditory ∼, ∼ of audibility ⟨ac⟩ *Hörschwelle* f, ∼ of pain ⟨ac⟩ *Schmerzschwelle* f ‖ ⟨biol⟩ difference ∼ *Unterschiedsschwelle* f | ⟨eth⟩ *Eintrittsschwelle* f

threw [θru:] pret *v* to throw

thrice [θrais] adv *dreimal* ‖ ⟨fig⟩ *dreimal* (*sehr*) (∼ happy) ∼-cut → triglyph

thrift [θrift] s *Sparsam-, Wirtschaftlichkeit* f; ∼-priced ⟨Am⟩ *preisgünstig* ‖ ⟨bot⟩ *Meer-*, *Seenelke*; *Grasnelke* f | **–er** [ˈ∼ə] s ⟨Am⟩ *Sparer* m ∼iness [ˈ∼inis] s *Sparsam-, Wirtschaft-*

lichkeit f ∼less [ˈ∼lis] a (∼ly adv) *nicht haushälterisch*; *verschwenderisch* ∼lessness [ˈ∼lisnis] s *Verschwendung* f | ∼y [ˈ∼i] a (–tily adv) *sparsam, haushälterisch* (of *mit*) ‖ *gedeihlich, gedeihend*, ⟨*bes* Am com⟩ *gutgehend, blühend* ‖ *glücklich* | ⟨for⟩ (*froh*)*wüchsig*

thrill [θril] **1.** vt/i ‖ (of feelings) [*oft* pass] (*jdn*) *durchschauern, –dringen, –rieseln* ‖ (*P*) (*jdn*) *packen, im Innern aufwühlen*; *erschüttern*; ∼ed *erschüttert* (at *über*; by *v*) | vi *erschauern, –beben*; *ergriffen w, erschüttert w* (at *über*; with *vor*) | *zittern, beben* ‖ ⟨übtr⟩ *wogen*; *fluten*; *laut schallen, hallen, brausen* (through *durch*) ‖ to ∼ to a p *jdm zujauchzen* **2.** s *durchdringendes plötzliches Gefühl or Erlebnis* n; *seelische Erregung*, (*Seelen-*)*Wallung*; ⟨übtr⟩ *Welle, Woge* f; *Auflodern* n; *Sturm* m; a ∼ of joy *helle Freude, e–e freudige Erregung*; a ∼ of indignation *ein Sturm der Entrüstung*; a ∼ of home *brennendes Heimatgefühl* ‖ *Entzücken* n, *Freude* f (at *über*) ‖ *Schauer* m (a ∼ of horror); *Zittern* n, *Erbeben* n | *etw Aufregendes, –peitschendes* n (as in a play, etc); *Sensation, sensationelle Überraschung* ‖ ⟨*sl*⟩ *Schauererzählung* f, *Schlager* m | ∼-ride *Vergnügungsfahrt* ‖ to ∼-ride *e–e V. m durch* (a country) | ∼er [ˈ∼ə] s ⟨fam⟩ *Schauerroman*; *Schlager* m ∼ing [ˈ∼iŋ] a *Schauer erregend*; *packend, aufregend* ‖ *durchdringend* (voice)

thrips [θrips] s ⟨ent⟩ *Blasenfüßer* pl

thrive [θraiv] vi [throve/thriven; * ∼d/∼d] (*P*) *Glück* or *Erfolg h, vorwärts k, reich w* ‖ ⟨bot, etc⟩ *gedeihen, –raten* ‖ ⟨übtr⟩ *gedeihen* (on freedom *auf dem Boden der Freiheit*); *blühen* –ving [ˈθraiviŋ] a (∼ly adv) *gedeihlich, gedeihend*; *emporkommend, blühend* (a ∼ town) **thro'** [θru:] = through

throat [θrout] s **1. a.** *Gurgel* f, *Kehle* f; *Hals*; *Rachen, Schlund* m; sore ∼ *Halsschmerzen* m pl ‖ (*äußerer*) *Hals* m, *Kehle* f **b.** to clear one's ∼ *sich räuspern* ‖ to cut one's (a p's) ∼ *sich* (*jdm*) *den Hals abschneiden* ‖ to jump down a p's ∼ *in Harnisch geraten* ‖ to lie in one's ∼ *gröblich lügen* ‖ the words stuck in my ∼ *die Worte blieben mir im Halse stecken* ‖ to take, seize (a p) by the ∼ (*jdn*) *an die Kehle packen* ‖ to thrust a th down a p's ∼ *jdm etw aufzwingen* **2.** ⟨übtr⟩ *enger Durchgang* m; *Öffnung*; ⟨tech⟩ *Gicht* f (*am Hochofen*) ‖ ⟨arch⟩ *Hohlkehle* f; ⟨carp⟩ *Dünnung* f ‖ ⟨mar⟩ *Klau* f (*des Großsegels*) **3.** [attr] ∼ microphone *Kehlkopfmikrophon* n ‖ ∼-spray *Inhalierapparat* m | ∼ed [ˈ∼id] a [in comp] *–kehlig* (white–∼) ∼iness [ˈ∼inis] s *gutturale Aussprache* f | ∼y [ˈ∼i] a *guttural, Kehl–* | *heiser, rauh*

throb [θrɔb] **1.** vi (of the heart, etc) *schlagen, pochen, klopfen* | *heftig zittern, beben* (with *vor*) **2.** s *Schlagen* n, (*Puls-*)*Schlag* m; *Pochen, Klopfen, Pulsieren* n ‖ ⟨übtr⟩ *plötzl. Bewegung, Erregung*; *Wallung*; *Woge* f; *Stoß* m

throe [θrou] s [*mst* pl ∼s] *heftige Schmerzen* m pl (the ∼s of toothache) ‖ *Geburtswehen* f pl | ⟨übtr⟩ *krampfhafter or gärender Zustand* m; *Gärung* f; in the ∼s of *im Kampfe mit*

thrombosis [θrɔmˈbousis] s Gr ⟨med⟩ *Thrombose* f

throne [θroun] **1.** s *Thron* m; speech from the ∼ *Thronrede* f; to come to the ∼ *auf den T. k, folgen*; to follow a p on the ∼ *jdm auf den T. folgen*; to raise a p to the ∼ *jdn auf den T. erheben*; to succeed to the ∼ *auf den T. folgen*; → accede; ascend; mount ‖ *königl. Macht* f; *König* m **2.** vt/i ‖ *auf den Thron setzen, einsetzen* ‖ (*jdm*) *Ehre erweisen, ehren* | * vi *thronen* ∼less [ˈ∼lis] a *ohne Thron*

throng [θrɔŋ] **1.** s *Gedränge* n; *Andrang* m ‖ *Schar* f; *Menge* f **2.** vi/t ‖ *sich drängen*; to ∼ upon a p *sich jdm aufdrängen, jdn bedrängen* (duties ~ upon him) | vt *um-, bedrängen* || (*Ort*) *überschwemmen*; (*an*)*füllen* (with)

thropple ['θrɔpl], **thrapple** ['θræpl] s ⟨dial *mst* vet⟩ = throat

throstle ['θrɔsl] s ⟨orn⟩ (*Sing-*)*Drossel* f || ⟨tech⟩ *Spinnmaschine* f

throttle ['θrɔtl] **1.** s ⟨fam⟩ *Kehle, Luftröhre* f || ⟨tech⟩ (*a* ~-*valve*) *Drosselventil* n, *-klappe* f; to open the ~ ⟨mot⟩ *Gas geben*; at full ~ *mit Vollgas* ⟨*a* fig⟩; with the ~ against the stop *mit Vollgas* | ~ lever *Gashebel* m **2.** vt (*jdn*) (*er*)*drosseln* || ⟨fig⟩ (*Verkehr* etc) *unterdrücken, niederhalten, hemmen* || ⟨tech⟩ (*a*: to ~ back) (*ab*)*drosseln*

through, thro' ['θru:] **I.** prep **1.** (*räumlich*) *durch, quer durch, durch .. hindurch,* [*mst in Verbindung mit Verben*] (to get ~, go ~, etc) *durch*: we came ~ villages, fields, woods; ~ Munich; we travelled ~ France; to look ~ a telescope; the book passed ~ many hands; to speak ~ the nose; ⟨rail⟩ ~ a tunnel; ⟨übtr⟩ to go *od* pass ~ *d'urchmachen* (he went ~ many trials); to see ~ a p *jdn durchschauen* **2.** (*zeitlich*) *.. hindurch, während* (~ the night *die Nacht hindurch, während der N.*); all ~ his life *sein ganzes Leben hindurch*; ~ generations *durch G.* || ~ all these years *die ganzen Jahre hindurch*; ~ all the summer *den ganzen S. hindurch* **3.** (*Mittel*) *durch, vermittels* (to send ~ the post) || ~ a middleman **4.** (*Ursache*) *durch, aus, vor* (~ shame *aus Scham*) || the child died ~ the effects of a chill .. *starb* **an** .. || he did it ~ ambition, prejudice .. **aus** *Ehrgeiz, Vorurteil* || ⟨*bes* Am mil⟩ **bis**, *bis einschließlich* (captain ~ colonel; figures 4 ~ 8) || *durch*: his house is imposing ~ its height; he was injured ~ a car accident; England became a sea power ~ Cromwell; we lost the game ~ him; ~ my own fault; ~ the discovery of Australia; sleeplessness ~ overwork; loss ~ waste (*Verderb*) | **vor:** I fell asleep ~ weakness, → from || ~ sudden illness he could not act his part *wegen plötzlicher Erkrankung* (*leichter Fall*) .. **II.** adv *mittendurch* (to pierce ~) || *durch, ohne z halten*, the train goes ~ *der Zug geht durch* || (*zeitlich*) *durch, hindurch* (the whole night ~) | *durch, zu Ende*; he reads the book ~ *er liest das Buch durch* || to be ~ *durch s*; ⟨telph⟩ *verbunden s*; ⟨fig⟩ *fertig s* (with *mit*) | [*nur nach adj & pp*] *durch u durch, ganz u gar* (wet ~) || ~ and ~ *durch u durch, ganz u gar, gänzlich* **III.** a *durchreisend*; ~ passenger *Durchreisender* m || *durchgehend* (~ car, ~ carriage, ~ train); ~ ticket *durchgehende, direkte Fahrkarte* f; ~ flight *durchgehender Flug* m; ~ B/L *Durchkonnossem'ent* n (*f Schiff & Bahn*); ~-*fare*, ~-*rate* ⟨*bes* aero⟩ *D'urchrate* f || *Durchgangs-* (~ traffic, ~ station); ~ passage *Durchgang* m || no ~ road! *Sackgasse* f! || ~ street *Hauptverkehrsstraße* f || (⟨Am *a*⟩ [pred]) *fertig* (are you ~ with the salt?) | **~ly** ['~li] adv ⟨bib & †⟩ *gänzlich, ganz u gar, gründlich*

throughout [θru(:)'aut] **1.** adv *durch u durch, durchaus, ganz u gar* || *überall* | *die ganze Zeit hindurch* **2.** prep (*räumlich*) *ganz durch*; ~ the country *durch das ganze Land, überall im Lande, über das ganze L. verteilt*; ~ the tales *in allen Erzählungen*; .. resented ~ Christendom .. *in der ganzen christlichen Welt*; spread ~ the country *im ganzen Lande verbreitet* | (*zeitlich*) *hindurch* (~ the year *das Jahr hindurch* or *über*); ~ his whole life *sein ganzes L. hindurch*; ~ the middle ages *das ganze M. hindurch*, → (all) through || *während*: ~ the reign of, ~ the day, ~ the entire operations

throughput ['θru:put] s ⟨tech⟩ *Durchsatz* m, *Leistung* f

throw [θrou] vt/i [threw/thrown] **I.** vt **1.** (*etw*) *werfen* (at a p's head *jdm an den Kopf*; into *in*; on *auf*); to ~ a p a th *jdm etw z'uwerfen* || ~ o.s. *sich werfen* (into *in*) || to ~ into the bargain (*etw*) *beim Kauf draufgeben* || *werfen mit* (to ~ stones); to ~ dice *würfeln*; ~ing the discus *Diskuswerfen*; ~ing the javelin *Speerwerfen* n || *schleudern*; to be ~n off the line ⟨rail⟩ *entgleisen* || (*Netz*) *auswerfen* | (*Schatten, Licht*) *werfen* (on, upon *auf*; over *über*) || (*Worte*) *schleudern* (at *gegen*; in a p's face *jdm ins Gesicht*); to ~ a fit ⟨Am⟩ *in Wut geraten*; → glance, look || (*Sprung*) *ausführen* || ⟨Am⟩ to ~ a gun on (*jdn*) *mit der Pistole bedrohen*; to ~ a party ⟨fam⟩ *e-e Gesellschaft geben*, °*schmeißen* **2.** (*jdn*) *niederwerfen, besiegen* || ⟨Am⟩ (*Kampf* etc) *verlieren*; ~n for a loss (*P*) *zurückgeworfen* ⟨fig⟩ || (*Baum*) *fällen* | (*Reiter*) *abwerfen* (he was ~n from his horse) || (*Haut*) *abwerfen* || (*Damm*) *aufwerfen* || (*Junge*) *werfen*; *hervorbringen* | *auswerfen, entladen* **3.** (*Seide*) *spinnen, zwirnen* || ⟨in pottery⟩ *formen, drehen* || to ~ a key *e-n Schaltschlüssel umlegen* **4.** ⟨übtr & fig⟩ **a.** (*etw*) *werfen, plötzlich legen* (over) || (*Brücke*) *schlagen* || (*Macht*) *legen* (into the hands of) || (*Truppen*) *werfen* (into *in*) || (*Worte* etc) *ausdrücken, übersetzen* (into *in*) **b.** *drängen, treiben, versetzen* (into *in*); to be ~n into prison *verhaftet w* || to ~ one's soul *od* heart into *ganz aufgehen in*; to ~ into confusion *in Verwirrung bringen* || to ~ o.s. into *sich verwickeln in*; *sich versenken in* | to ~ a p off a th *jdm etw entziehen* || to ~ out of work (*jdn*) *arbeitslos m*; *außer Arbeit stellen* | to be ~n with a p *mit jdm zus-gebracht w* **c.** to ~ o.s. (up)on a p *sich wenden an, appellieren an* || to ~ o.s. (up)on a th *sich e-r S ganz hin-, ergeben*; *sich ausliefern*; to be ~n upon a p's resources *v jdm abhängig s*; to be ~n upon o.s. *auf sich selbst angewiesen s* **d.** to ~ open (*Tür*) *aufreißen öffnen*; *zugängig m* (to a p *jdm*); *eröffnen*; (*Stelle*) *ausschreiben* (for competition) **5.** [*mit adv*] to ~ **away** *fort-, wegwerfen*; ⟨fig⟩ *verwerfen*; (*Zeit* etc) *vergeuden, -schwenden* (on *an*); to be ~n away ⟨fig⟩ *wertlos s* | (*Gelegenheit*) *verpassen* | to ~ **back** *zurückwerfen*, ⟨a fig⟩ (*civilization*); (*Bild*) *zurückstrahlen* || (*jdn*) *ver-, anweisen* (on; on to *auf*), to be ~n back upon *angewiesen s auf*; *s-e Zuflucht nehmen z* | to ~ **down** *niederwerfen* (to ~ o.s. down *sich n.*); -*reißen* ⟨a fig⟩ | to ~ **in** *hineinwerfen*; *ein-, (hin)zufügen*; *einschieben* || *dazugeben*; with breakfast ~n in *Frühstück in einbegriffen* || to ~ in one's hands *den Kampf m aufgeben* || .. in one's lot with a p *jds Los n teilen*; *jds Partei f nehmen* | to ~ **off** *abwerfen*; *loswerden*, *v sich werfen*; ⟨fig⟩ *sich befreien v* (to ~ off a cold) || (*Kleid*) *schnell abstreifen*, -*legen, ausziehen* || (*jdn*) *abschütteln* ⟨hunt⟩ (*Hund*) *v der Spur ablenken* (the fox threw them off); ⟨a fig⟩ (to be ~n off the scent) ⟨hunt⟩ (*Hunde*) *loslassen* || *aussenden, v sich geben* || *hervorbringen, schnell produzieren* || ⟨typ⟩ *abziehen* | to ~ **on** *schnell anziehen, -legen, überwerfen* | to ~ **out** *hinausschleudern* || *hinauswerfen, vertreiben* || *aussenden, -breiten*; *hervorbringen*; to ~ **out** a feeler *e-n Fühler ausstrecken* || ⟨mil⟩ (*Truppen*) *aussenden* (*Posten*) *ausstellen* || (*Worte*) *hinausschleudern*; *hinwerfen, fallen lassen, äußern* || *zeigen* || *ausscheiden, ablehnen, verwerfen* || ⟨sport⟩ (*jdn*) *hinter sich zurücklassen* || *jdn verwirren*; to be ~n out in *sich irren in* | to ~ **over** *über den Haufen werfen* || ⟨fig⟩ *verwerfen* || *verlassen, im Stich lassen, aufgeben* | to ~ **to** (*Tür*) *z'uwerfen* | to be ~n together *zus-sein, bei-e-a s* | to ~ **up** *in die Höhe werfen*; (*jdn*) *in die Höhe bringen* || (*Wall*) *aufwerfen* || .. up one's hands *die Hände hochheben, em-*

porhalten || *hervortreten lassen, hervorholen* || *(Creme) bilden* || *hervorbringen, z Welt bringen* || *(Stellung) aufgeben*; *(Amt) niederlegen* || ⟨fig *bes* Am⟩ to ~ up the sponge *das Rennen aufgeben* || ⟨Am fam⟩ to ~ it up to a p *es jdm unter die Nase reiben* **II.** vi **1.** *Wurf ausführen, werfen* || to ~ at a p (of dogs) *jdn anfallen* **2.** [*mit* adv] to ~ **about** ⟨*mar*⟩ *plötzlich wenden* | ~ **back** to ⟨fig⟩ *plötzlich zurückkehren z, Spuren aufweisen v; zurückgreifen auf, –reichen bis auf*; a child often ~s back in appearance to a grandfather .. *kommt oft auf den Gr. heraus* | to ~ **in** *einwerfen (in der Unterhaltung)* || ⟨sport⟩ *sich melden (for zu)* | to ~ **off** ⟨hunt⟩ (of hounds) *die Jagd beginnen*; ⟨fig⟩ *den Anfang m* | to ~ **out** ⟨bot⟩ *sich ausbreiten* | I feel like ~ing **up** ⟨*bes* Am⟩ *mir wird übel* **III.** [in comp] ~-away ⟨fam⟩ *Flugblatt n*; ~-back ⟨fig⟩ *Rückschlag m; Rückkehr f (to z); Wiederauftreten n (to a type e–s Typs); Rückfall m (a P)* || ~-off ⟨hunt⟩ *Aufbruch, Beginn m*; ~-off practice ⟨mar fam⟩ *Zielschiff-Schießen n* || ~-out *beschädigtes, abgelegtes, fehlerhaftes Stück, Ausschußstück n* || ~-over *Vernichtung f* | *Überwurf m (Kleid)* | ~**er** ['~ə] s **1.** *Werfer m* | ⟨mech⟩ *Seidenzwirner m* || ~-up *Kegeljunge m* **2.** ⟨in pottery⟩ *Former m* ~**ing** ['~iŋ] s *Werfen n*, ~ the hammer ⟨sport⟩ *Hammerwerfen n* | ~**n** [~n] a *gezwirnt*; ~ silk *Seidengarn n* | ~**ster** ['~stə] s ⟨mech⟩ *Seidenspinner m*

throw [θrou] s **1.** *Werfen n*; ⟨wrest⟩ *Werfen, Besiegen n* || *Wurf m, a stone's ~ e–n Steinwurf weit ⟨a fig⟩* it's my ~ ⟨beim Würfeln⟩ *ich bin am Werfen, ich werfe* || ⟨fig⟩ *Versuch m* **2.** ⟨mech⟩ (of a crank, etc) *Spiel n, Hub m; Kröpfung f*

thru [θruː] ⟨Am⟩ → through || ~way *Fern(verkehrs)straße f*

thrum [θrʌm] **1.** s [*mst* pl ~s] ⟨weav⟩ *Salband n, –kante, Webkante f; Trumm m & n* | *Franse f* || ⟨mar⟩ *grobes Wollgarn n* || ~s [pl] *Garnabfall m, –abfälle pl*; ⟨fig⟩ *Bruchstücke n* pl **2.** vt *mit Fransen* (etc) *versehen*

thrum [θrʌm] vi/t **1.** vi ⟨mus⟩ *klimpern, spielen (on auf)* || *mit den Fingern trommeln (on auf)* **2.** vt *klimpern auf, trommeln auf (to ~ an instrument); (Melodie) spielen (on auf)*

thrush [θrʌʃ] s ⟨orn⟩ *Drossel f*; mistle ~ *Mistel–, rock ~ Steinrötel n*, blue rock ~ *Blaumerle f*; song-~ *Singdrossel f* || ~ nightingale *Sprosser m*

thrush [θrʌʃ] s ⟨med⟩ *Mundschwamm m, Entzündung der Mundschleimhaut (bes bei Säuglingen)* (= aphtha) || ⟨hors⟩ *Strahlfäule f*

thrust [θrʌst] **I.** vt/i ⟨~/~⟩ **A.** vt **1.** *(Waffe* etc) *stoßen (into in; through durch)*; to ~ a p through *jdn durchbohren* | *schieben, stecken (into in)*; to ~ one's nose into ⟨fig⟩ *die Nase stecken in*; to ~ into prison *ins Gefängnis werfen* || to ~ one's way *sich e–n Weg bahnen* **2.** *(jdn) drängen, treiben (into z)*, to ~ a th upon a p *jdm etw gewaltsam aufdrängen, –hängen* | to ~ o.s. *sich drängen (into a position)*; ⟨fig⟩ *eindringen (into in)*; .. o.s. forward ⟨fig⟩ *sich vordrängen* **3.** [*mit* adv] to ~ **forward** *vor(wärts) schieben, –rücken* | to ~ **home** *(z. B.* ⟨med⟩ *Nadel, Spritze) kräftig einstecken, –stoßen* | to ~ **in** *hineinstecken* | to ~ **out** *hinausstoßen; (Hand* etc) *ausstrecken* **B.** vi *stoßen (at nach); to ~ home losschlagen, angreifen* | *sich drängen (through durch)* **II.** s **1.** *Stoß m (with mit)* || ⟨mil⟩ *Vorstoß (towards gegen); Angriff m (at auf) ⟨a fig⟩* || *Hieb m (at auf); sword ~ Schwertstich m; cut-and-~ Hieb u Gegenhieb m*, ⟨übtr⟩ *Hin u Her n (the cut-and-~ of dialogue); home-~ sitzender Hieb m* **2.** ⟨mech, aero, arch⟩ *Schub, Druck m* **3.** [attr] *Stoß–*; ~-bearing *Drucklager n* || ~-

boosting device ⟨turbo⟩ *Schubverstärker m* || ~ collar –ring m || ~ line ⟨tact⟩ *Stoßlinie f* || ~ load *Längsdruck m* || ~ loading *Schubbelastung f* || ~ plane ⟨geol⟩ *Überschiebungsfläche f* | ~**er** ['~ə] s ⟨hunt⟩ *Draufgänger m, ungestümer Jäger, der den Hunden zu nahe kommt*

thud [θʌd] **1.** s *dumpfer Ton* or *Schlag m*; *Dröhnen n* (of engines) **2.** vi [–dd–] *dumpf aufschlagen; dröhnen*

thug [θʌg] s ⟨Ind⟩ *Raubmörder, Thug m (Mitglied e–r organisierten Räuberbande)* || ⟨Am⟩ *Strolch, Rohling m* ~**gee** ['~giː], ~**gery** ['~əri] s *Räuberei f, Raubmordsystem n*

Thule ['θjuːli(ː)] s *Thule n* || the ultima ~ ⟨fig⟩ *äußerste Grenze f; Höhe f, Gipfel m*

thum [θʌm] (= temperature-humidity) flight ⟨aero sl⟩ *Wettererkundungsflug m*

thumb [θʌm] **1.** s *Daumen m*; → rule s || his fingers are all ~s ⟨fig⟩ *er hat zwei linke Hände*; to feel all ~s *s–n ungeschickten Tag h* || under a p's ~ ⟨fig⟩ *in jds Gewalt* | (of a glove) *Daumen m* || ⟨sl⟩ to travel on (the) ~ *per ,,Anhalter" fahren* | ⟨tech⟩ *Daumen, Aufheber, Zapfen m* | [attr] *Daumen–* || ~-hike ⟨mot⟩ *per ,,Anhalter" fahren* | ~-mark *Daumenschmutzfleck m (auf Papier)* || ~-nail –*nagel m*, ⟨Am fam fig⟩ *Dollar m* || ~-nut *Flügelmutter f* || ~-print *Daumenabdruck m* || ~-screw *Flügelschraube f* | ⟨hist⟩ *Daumenschraube f (Folterinstrument)* || ~-stall *Däumling m, Fingerkappe f* || ~-tack *Heftzwecke f* **2.** vt *mit dem Daumen befühlen* || *ungeschickt handhaben | (Buch* etc) *mit dem Daumen beschmutzen; abgreifen* | ⟨fam⟩ *(jdn) um Anhalterfahrt bitten*; to ~ a lift *od* ride *auf ,,Anhalter" mitgenommen w, um ,,A." bitten* ~**nail** ['~neil] vt (etw) *kurz umreißen* | ~**y** ['~i] a *durch Daumenspuren beschmutzt, °begrapscht* || *unbeholfen*

thump [θʌmp] **1.** s *dumpfer Schlag, Bums m; Knuff, Puff m* **2.** vt/i *(etw, jdn) heftig schlagen, bumsen; puffen, knuffen* || *schlagen auf* | vi *schlagen (against gegen; on auf); aufbumsen* | ⟨fig⟩ (of the heart) *schlagen, beben* ~**er** ['~ə] s *Schläger m* | ⟨fam⟩ *etw Gewaltiges* or *Kolossales n; grobe Lüge f* ~**ing** ['~iŋ] **1.** a ⟨fam⟩ *gewaltig, ungeheuer* **2.** adv *kolossal; riesig, überaus (~ great)*

thunder ['θʌndə] s **1.** *Donner m* || *Gewitter n; risk of* –*gefahr f (a clap of* ~, peal of ~) *Donnerschlag m* **2.** ⟨fig⟩ *donnerähnliches Geräusch n (like a ~ donnerartig);* ~s of applause *brausender, tosender Beifall m* | [*oft* pl ~s] *donnernde Reden, Anklagen f* pl **3.** *Wendungen:* ⟨fam⟩ in ~! *zum Donnerwetter!* || to steal a p's ~ *jds Verfahren nachahmen; sich jds Waffen, Vorteile zunutze m; jdm den Wind aus den Segeln nehmen, die Trümpfe aus der Hand nehmen* || ⟨fam⟩ ~ and lightning!, ~ and turf! *Donner u Doria!* **4.** [attr & comp] *Donner–* || ~-clap –*schlag m* || ~-charged *gewitterschwanger* || ~-cloud *Gewitterwolke f* || ~-flash *Knallkorken, –frosch m* || ⟨theat⟩ ~ machine *Donnermaschine f* || ~-shower *G.regen m* || ~-storm *Gewitter n* || ~-struck *wie vom Donner gerührt* || ~ whistle *Trillerpfeife f* ~**bolt** [~boult] s *Blitzstrahl u Donner m* || ⟨fig⟩ *unerwartetes Ereignis n, plötzlicher Schlag m, Blitz m (like a ~)* | ⟨geol⟩ *Donnerkeil m*

thunder ['θʌndə] vi/t **1.** vi *donnern (it ~s, is* ~ing *es donnert)* || ⟨übtr⟩ *donnerartiges Geräusch m, toben, brausen;* ⟨fig⟩ *(P) donnern, wettern* **2.** vt *(etw) donnernd äußern, herausdonnern, brüllen* ~**ation** [θʌndə'reiʃən] intj ⟨*bes* Am⟩ *Donnerwetter!* ~**er** [~rə] s *Donnerer m, the* ~ *Jehova* | The ~ = *die Times* ~**ing** [~riŋ] **1.** a ⟨fig⟩ *donnernd, brüllend, tobend* || ⟨fam⟩ *riesig, ungeheuer (~ mistake)* **2.** adv ⟨fam⟩ *hervorragend, sehr (~ good)*

thunderous ['θʌndərəs] a *donnernd* || *gewitterschwül* | ⟨fig⟩ *donnerartig; heftig; zerstörend*

thundery ['θʌndəri] a *gewitterhaft; –schwül;* ⟨*a* fig⟩ (a ~ state)

thuribel ['θjuəribl] s ⟨ec⟩ (*Weih-*)*Rauchfaß* n –**ifer** ['θjuərifə] s *Rauchfaßträger* m –**ification** [ˌθjuərifi'keiʃən] s *Räucherung* f

Thuringian [θjuə'rindʒiən] **1.** a *thüringisch* **2.** s *Thüringer(in* f) m

Thursday ['θəːzdi] s *Donnerstag* m (on ~ *am D.*); on ~(s) *donnerstags* m; ~ *morning Donnerstagmorgen;* → Maundy

thus [ðʌs] adv *so, auf diese Weise* || *so, wie folgt, folgendermaßen* || *so, daher, demgemäß* || ~ *far so weit* || ~ *much so viel* ~**ly** ['~li] adv ⟨Am⟩ = thus

thwack [θwæk] **1.** vt *(jdn) durchbleuen, –prügeln* **2.** s *derber Schlag* m

thwaite [θweit] s ⟨dial⟩ *(in Ortsnamen) urbar gemachtes Stück Land* n

thwart [θwɔːt] **1.** † adv *quer; querüber* **2.** prep **a.** ⟨poet & †⟩ *quer durch, quer über* **b.** ~**-ship 1.** a ⟨mar⟩ *querschiff liegend* **2.** adv (*a* ~-ships) ⟨mar⟩ *quer, querschiff* **3.** a *quer, schräg* || *widerstrebend, eigensinnig, verstockt* || *(S) ungünstig, verkehrt, widerwärtig* **4.** s ⟨mar⟩ *Ducht, Ruderbank* f **5.** vt (*Plan* etc) *durchkreuzen, vereiteln;* (*jdm*) *entgegenarbeiten;* (*jdm*) *e–n Strich durch die Rechnung m* ~**wise** ['~waiz] **1.** adv *querüber* **2.** a *querlaufend* or *–liegend; Querüber*

thy [ðai] ⟨bib, poet & †⟩ pron poss (*v* thou) *dein(e)* ~**self** [ðai'self] ⟨poet & †⟩ **1.** pron emph *du selbst; dich selbst* **2.** pron refl *dich; dir*

thylacine ['θailəsin] s ⟨zoo⟩ *Beutelwolf* m

thyme [taim] s ⟨bot⟩ *Thymian* m

thymol ['θaiməl] s ⟨chem⟩ *Thym·ol* n

thymus ['θaiməs] s Gr ⟨med⟩ *Thymusdrüse* f

thymy ['taimi] a *voll Thymian; Thymian–*

thyroid ['θairɔid] **1.** a *Schilddrüsen–,* ~ *gland Schilddrüse* f **2.** s = ~ *gland*

thyrsus ['θəːsəs] Gr s (pl –si [–sai]) ⟨ant⟩ *Thyrsus, Bacchusstab* m

tiara [ti'aːrə] s L *Ti·ara, Papstkrone* f; ⟨fig⟩ *päpstliche Würde* f | *Damenkopfschmuck* m

Tibetan [ti'betən] **1.** a *T·ibet–* **2.** s *T·ibeter, Bewohner* m *v T·ibet* || *r·ibetische Sprache* f

tibia ['tibiə] L s (pl –biae [–biiː]) ⟨anat⟩ *Schienbein* n | ~**l** [~l] a *Schienbein–*

tibio– ['tibio] [in comp] *Schienbein–* ~**tarsal** [~ˌtaːsəl] a *zw dem Schienbein u Enkel befindlich*

tic [tik] s ⟨med⟩ *krampfhaftes (Muskel-) Zucken* n; (*a* ~ douloureux) ⟨med⟩ *nervöses Gesichtszucken* n, *Gesichtsschmerz* m

tick [tik] s ⟨ent⟩ *Milbe, Zecke* f || ⟨sl⟩ *elender Wicht* m

tick [tik] s *Zieche* f; *Matratzenbezug, Kissenbezug* m; (*Daunen-*)*Inlett* n; full as a ~ ⟨Am fam⟩ °*vollgefressen, überfressen* | *Drell, Drillich* m ~**ing** ['~iŋ] s *Drell* m

tick [tik] **I.** vi/t **1.** vi *ticken* || ⟨mot⟩ to ~ over *leer laufen* **2.** vt *durch Ticken anzeigen* || *to* ~ out (*Nachrichten*) *durch Telegraphenapparat bekanntgeben* | (mst to ~ off) *ein Vermerkzeichen m vor* ot *neben e–m Worte* (etc) (to ~ a name); (*ein Wort*) *anhaken, –streichen;* ⟨fam⟩ *erkennen* | ⟨sl⟩ to ~ off *tadeln* || to ~ up *aufschreiben* **II.** s **1.** *Ticken* m; ⟨fam⟩ *Augenblick* m; to (*od*°on) the ~ *auf den Glockenschlag, pünktlich;* with every ~ *of the clock mit jedem Schlag der Uhr* || *Häkchen* n (√) *vor e–m Worte, Punkt* m, *Vermerk–, Kontrollzeichen* n (*in e–r Liste o. ä.*) **2.** [comp] ~-**tack**, ~-**tock a.** adv *tick-tack* **b.** s *Tick-Tack* n; *die Tick-tack* f (= *Uhr*); ⟨racing⟩ *Buchmachergehilfe* m, *der den Stand der Wetten signalisiert; Tick-tack* n (*Buchmachers Zeichensprache*)

tick [tik] ⟨sl⟩ **1.** s *Kredit, Pump* m; on ~

⟨fam⟩ *auf Pump;* to run on ~ *auf Pump kaufen, in die Kreide k* || *Kredit; Vertrauenswürdigkeit* f || *Debet* n, *Schuldposten* m **2.** vi *Kredit geben*

ticker ['tikə] s *selbsttätiger Telegraphenapparat, akustischer Empfänger* m *f Telegraphie, bes f Börsenkurse* f || ⟨sl⟩ *Uhr* f

ticket ['tikit] **I.** s **1.** *Eintrittskarte* f (only by ~ *nur gegen E.*); season ~ *Saisonfahr–* f; *Abonnementskarte* f || ⟨rail⟩ *Fahrschein* m (coupon ~ *–heft* n), *–karte* f **2.** *Zettel* m (price ~); *Etikett* n; *Schein* m (pawn ~ *Pfand–*); *Gepäck–, Lieferschein* m; ⟨aero sl⟩ *Führerschein* m || (*Lotterie-*)*Los* n || the policeman gave him a ~ *.. e–e gebührenpflichtige Verwarnung* f **3.** ⟨pol⟩ *Wahl–, Kandidatenliste* f; (*Partei-*) *Programm* n; the ~ ⟨fam⟩ *das Richtige* n (not quite the ~) **4.** to work one's ~ *sich v e–r S drücken; die Kosten der Überfahrt durch Arbeit ableisten* **5.** [attr & comp] *Fahrkarten–,* ~-collector *Fahrkartenabnehmer* m; ~-holder *–inhaber* m; ~-inspector *–kontrolleur* m; ~-office ⟨Am⟩ *–schalter* m || ~-day ⟨com⟩ *Abrechnungstag* m || ~-of-leave ⟨jur⟩ (*Schein über*) *vorzeitige bedingungsweise Entlassung* f (*e–s Sträflings*) || ~ sales (*bes Am aero*) *Flugscheinverkauf* m || ⟨Am theat⟩ ~ scalper *wilder Einlaßkartenhändler* m **II.** vt (*etw*) *etikettieren, mit Etikett versehen,* (*Ware*) *auszeichnen*

tickle ['tikl] **1.** vt/i | (*jdn*) *kitzeln* (with *mit*); to ~ the soles of a p's feet *jdn unter den Sohlen kitzeln;* to ~ a p's arm *jdn am Arm k.* || ⟨übtr⟩ *kitzeln, reizen; z gefallen suchen;* to ~ the palm of a p *jdn bestechen* | *belustigen* || to ~ the carburetor ⟨mot⟩ *am Vergaser tippen* || ⟨Am⟩ to ~ the ivories *auf dem Klavier herumklimpern;* ~d to death °*gebauchpinselt* | vi *kitzeln; jucken;* my foot °s *es juckt mich am Fuße, der Fuß juckt mich* **2.** s *Kitzeln; Jucken* n | *Kitzel, Reiz* m **tickler** ['~ə] s *schwierige Frage* f || ⟨mot⟩ (*Vergaser-*)*Tipper* m || ~ coil *Rückkopplungsspule* f ⟨sl⟩ *Handgranate* f; ⟨Am⟩ *Notizblock* m || ~ file *Wiedervorlagemappe* f

ticklish ['tikliʃ] a (~ly adv) *kitz(e)lig, empfindlich gegen Kitzeln* n | ⟨fig⟩ (*P*) *empfindlich;* (*S*) *heikel, kitzlig* ~**ness** [~nis] s *Kitz(e)ligkeit* f

tidal ['taidl] a *Gezeiten–, Flut–* || ~ basin *Flutdock* n || ~ flat *Watten* n pl || ~ inlet *Priel* m || ~ range *Tidenhub* m || ~ river *v Ebbe u Flut f abhängiger Fluß* m || ~ steamer (train) *Dampfer* (*Zug*) m, *der sich nach der Flutzeit richtet* || ~ wave *Flutwelle* f; ⟨fig⟩ *Flut, gr Welle, Sturmwelle* f

tidbit ['tidbit] s ⟨Am⟩ = titbit

tiddle ['tidl] vt (*Ball*) *päppeln* || ~d °*beschwipst,* → tiddley

tiddley ['tidli] ⟨sl⟩ **1.** s *alkohol. Getränk* n; on the ~ *betrunken* **2.** a *betrunken*

tiddly-winks ['tidliwiŋks], **tiddledy–** ['tidldi–] s pl (*Kinderspiel*) *Floh(hupf)spiel* n || ⟨übtr⟩ „*Gesellschaftsspiel n z zweien*"

tiddy ['tidi] a ⟨dial⟩ *klein, winzig*

tide [taid] **I.** s **1.** [† *außer* in comp] *Zeit* f; *bestimmte Zeitspanne* f **2.** *Gezeiten* pl, *period. Steigen u Fallen* n *des Meeres, Ebbe u Flut* f; ebb-~ *Ebbe* f; flood-~ *Flut* f || high ~ *höchster Stand,* low ~ *niedrigster Stand* m *der Flut;* spring ~ *Springflut* f || the ~ *is coming in die Flut steigt;* the ~ *is going out die F. fällt;* the ~ *is down es ist Ebbe;* the ~ *is up es ist Flut* **3.** ⟨fig⟩ *Strom* m (to go with the ~ *mit dem St. schwimmen*); *Lauf* m | *Seifenflocken* f pl (*urspr Markenbezeichnung*) || the ~ *turns das Glück* (*Blatt*) *wendet sich;* turn of the ~ *Glückswechsel* m, *Wendung* f, *Umschwung* m; the full ~ *die Hochflut* f; high ~ *Höhepunkt* m (at high ~ *auf dem H.*) **4.** [attr] *Flut–* || ~-gate *Flutgatter,* *–tor* n || ~-gauge *Flutmesser* m || ~-mark *Flutzeichen* n || ~-over allowance *Wartegeld* n

|| ~-table *Gezeitentafel* f || ~-waiter *(Hafen-) Zollbeamter* m || ~-water *Flut-, Gezeiten-, Küstenwasser* n || ~-way *Flußteil* m, *auf dem sich die Flut bemerkbar macht, Flutkanal* m **II.** vi/t || *(mit dem Strom* or *der Flut) treiben, fahren; ein-, auslaufen* || ⟨fig⟩ *to* ~ *over a* th *hinwegkommen über etw, etw überwinden* | vt *(etw) mitführen, –treiben* || † *(jdm) hinweghelfen* (over *über*) **~less** ['taidlis] a *flutlos*; *to be* ~ *(of seas) k–e Ebbe u Flut h.*

tidiness ['taidinis] s *Sauber–, Nettigkeit* f

tidings ['taidiŋz] s pl ⟨liter⟩ [sg *u* pl konstr] *Nachricht* f, *–en* pl, *Botschaft* f, the ~ *come(s) too late die B. kommt zu spät* || *Neuigkeit(en* pl) f

tidy ['taidi] **1.** a (–dily adv) *sauber, ordentlich; nett, schmuck; hübsch, anständig* || ⟨fam⟩ *°sauber (beträchtlich)* (a ~ *income,* a ~ *penny*) **2.** s *Schutzdeckchen* n, *Schoner* m || *Kasten, Korb (f Papier* etc) m **3.** vt/i || *(oft* to ~ *up) (Zimmer* etc) *sauber* m, *zurechtmachen, in Ordnung bringen*; ⟨übtr⟩ *(S) bereinigen* | vi *aufräumen* **~ing** [~iŋ] s [attr] *Säuberungs– (*~ *process)*

tie [tai] s **1.** *Band* n (⟨*a* fig⟩ ~s pl *Zus–halt* m) || *Knoten* m; *Schleife; Krawatte, Binde* f, *Schlips* m || *kl Pelzkragen* m *(f Damen)* | *Bindestück* n, *Klammer* f || ⟨arch⟩ *Band* n, *Anker* m; ⟨Am⟩ *Bahnschwelle* f || *Schnürschuh* m **2.** ⟨mus⟩ *Bindung* f | ⟨fig⟩ *Bindung* f, *Band* n (the ~s *of friendship)* || *Verpflichtung, Last, lästige Fessel* f **3.** ⟨sport⟩ *Gleichstand* m; *Unentschieden* n, *unentschiedenes Spiel* n || ⟨parl⟩ *Stimmengleichheit* f || ⟨sport⟩ *Ausscheidungsspiel* n *in e–m Turnier* **4.** [attr] ~-beam ⟨arch⟩ *Ankerbalken* m || ~-bolt ⟨arch⟩ *Anker* m || ~-up *(bes* Am⟩ *Verkehrsstörung* f || ~-wig *Knotenperücke* f

tie [tai] vt/i [~d/~d; tying] **I.** vt **1.** *(etw) binden, befestigen* (to *an*) || *binden* (in a bow *in e–e Schleife)*, to ~ *one's tie den Schlips binden*; to ~ *a knot e–n Knoten* m || *(Teile) durch Bindestück befestigen*; ⟨arch⟩ *verankern* || *zusbinden, verknüpfen* || ⟨mus⟩ *binden* **2.** ⟨fig⟩ *(jdn) binden* (to, down to *an*); *verpflichten*; to ~ *the hands of a* p *jdm die Hände binden, die Freiheit beschneiden*; to be ~d *to time an die Zeit gebunden s* || ⟨fig⟩ *(jdn) beschäftigt halten; behindern* **3.** *[mit* adv] to ~ **down** *(Hund) fest an den Boden binden* || ⟨fig⟩ *jdn binden, fesseln* (to *an*) | to ~ **up** *fest zus–binden, verschnüren* || *(Glied) verbinden* || ⟨fig⟩ *(jdn) binden, einengen* || *(Eigentum) durch Bestimmung binden, festlegen* || *aufhalten, hemmen* **II.** vi *sich binden l, sich befestigen l* || ⟨sport & parl⟩ *to* ~ *with a* p *die gleiche Zahl Punkte* or *Stimmen h wie jd, gleichstehen mit jdm* | *to* ~ *up sich verbinden* (with *mit*) || ⟨mar⟩ *festmachen* **III.** [in comp] ~-beam, ~-rod ⟨arch⟩ *Spannriegel* m, *Verbindungsstange* f; ~-in *sale (bes* Am⟩ *Koppelgeschäft* n, *–(ver)kauf* m; ~-on [a] *z Festmachen, z befestigend* (a ~-on label *Anhängezettel* m) | ~-up [s] *Schleife* f || *Vereinigung* f; *Kart·ell* n || *Arbeitseinstellung* f; ⟨Am rail⟩ *Streik* m **tied** [taid] a *gebunden, gefesselt* || ~ *house Wirtshaus* n, *das an e–e best. Brauerei gebunden ist; Dienst–, Werkswohnung* f, *Werkhaus* n

tier ['taiə] s *Binder* m *(P)* || *Band* n || ⟨Am⟩ *Kleiderschürze* f

tier [tiə] **1.** s *Reihe, Linie; Lage, Schicht* f (in ~s), *Stapel* m || *Reihe* f, *Streifen* m *(e–s Frieses, e–s verzierten Tympanons)* || ⟨theat⟩ *Sitzreihe* f, *Rang* m **2.** vt *schichten–, reihenweise anordnen, aufstapeln*

tierce 1. [tiəs] s *altes Weinmaß* n (= 42 gallons) || ⟨mus & fenc⟩ *Terz* f **2.** [tə:s] ⟨cards⟩ *Sequ·enz* f *(v 3 Karten)* || → terce

tiercel ['tjə:sl] s ⟨orn⟩ = tercel

tiercerun ['tiəsərən] s ⟨arch⟩ *Nebenrippe* f *(e–s Kreuzgewölbes)*

tiercet ['tiəsit] s = tercet

tiers état ['tjɛərzei'ta:] s Fr *(der) dritte Stand* m *(Bürgertum)*

tiff [tif] **1.** s *leichtes Mißverständnis* n, *kl Streit* m, *Unstimmigkeit* f, *Mißmut* m, *Schmollen* n; *°Krak·eel* m **2.** vi *schmollen*

tiff [tif] s ⟨sl⟩ *°Gesöff* n || *Schluck* m

tiffany ['tifəni] s *Art (Seiden-)Flor* m; *(Seiden-)Gaze* f

tiffin ['tifin] s ⟨AInd⟩ *Gabelfrühstück* n

Tiffy ['tifi] s ⟨fam⟩ *Typhoon Flugzeug* n

tig [tig] s & v → tag

tige [ti:ʒ] s Fr ⟨arch⟩ *(Säulen-)Schaft* m || ⟨bot⟩ *Stamm* m

tiger ['taigə] s **1.** ⟨zoo⟩ *Tiger* m; *American* ~ *Jaguar* m; → growl **2.** ⟨fig⟩ *grausamer Mensch, Wüterich* m; *starker Gegner* m || ⟨Am⟩ = *Tammany Hall* || ⟨Am sl⟩ *to buck the* ~ *(gegen die Bank) spielen* **3.** *Page* m *(in Livree)* **4.** ⟨sl⟩ *three cheers and a* ~ *dreimal hoch u ein Schlußtusch* **5.** [attr] *Tiger–* || ~-cat *–katze, Wildkatze* f || ~-flower ⟨bot⟩ *Pfauen–, Tigerlilie* f || ~-lily ⟨bot⟩ *Feuerlilie* f || ~-moth ⟨ent⟩ *Bärenspinner, der Braune Bär* m *(gr Schmetterling)* || ~-wood *Lettern–, Tigerholz* n **~ish** [~riʃ] a (~ly adv) *tigerartig* || ⟨fig⟩ *wild, blutdürstig*

tight [tait] **I.** a (~ly adv) **1.** *dicht, abgedichtet, undurchlässig* (~ cask), *nicht leck* (~ ship); *water–* ~ *wasserdicht* **2.** *festgebaut, stark; festgebunden, fest* (~ knot); *straff, gespannt* (~ rope); *to keep a* ~ *rein on a* p *jdn straff halten* | *wohlgebaut; schmuck; sauber* **3.** *dicht anliegend, fest anschließend, –sitzend* (~ jacket); *(zu) eng* (~ boot) || *a* ~ *squeeze ein dichtes Gedränge* n **4.** ⟨fig⟩ *beengt, schwierig, heikel;* a ~ *corner* od *place e–e heikle Lage, Klemme* f **5.** *(of money) knapp; angespannt* (~ market) || *(P)* (a ~-fisted) *knauserig, knickerig* **6.** ⟨sl⟩ *bezecht, betrunken* (~ as an owl, ~ as a drum *°sternhagelvoll, „veilchenblau", „kornblumenblau")* **7.** *(of style) durch Tradition beengt; im kleinen steckenbleibend* **8.** [in comp] ~-rope *gespanntes Seil, Drahtseil* n; ~-rope *dancer –tänzer* m || ~-wad *°Knauser, Fitz* m **II.** [s pl] ~s *(Artisten-)Trikot(anzug)* m || *eng anliegende Hose* f *(a pair of* ~s *e–e H.)* **III.** adv *fest* (~-fitting *fest anliegend)* || *to sit* ~ *fest im Sattel sitzen*; ⟨fig⟩ *sitzenbleiben, ruhig bleiben; sich nicht rühren; festhalten an s–n Grundsätzen* (etc) | **~en** ['taitn] vt/i *fest, straff* m; *festigen*; *zus–ziehen*; *(Zügel) anziehen*; *to* ~ *one's grip fest anfassen*; *to make a* p ~ *his belt jdm den Brotkorb höher hängen* || *to* ~ *up* ⟨tech⟩ *festziehen* | vi *straff* w; *sich zus–ziehen; sich versteifen* || *to* ~ *on. fest umklammern* **~ening** [~iŋ] [attr] ~ *nut* ⟨tech⟩ *Klemmutter* f, ~-*strap Spannband* n **~ies** [~iz] s pl ⟨fam⟩ *eng anliegender Damenschlüpfer* m *(a pair of* ~ *ein Schl.)* **~ness** ['~nis] s *Dichtheit, Dichtigkeit* f || *Enghe it* f || *Straffheit* f || ⟨com⟩ *Festigkeit* f || *Geiz* m

tigon ['taigən] s ⟨zoo⟩ *Abkömmling* m *v Tiger u Löwin,* → liger

tigress ['taigris] s *Tigerin* f || *wütiges Weib* n

tike, tyke [taik] s *Köter* m *(Hund)* || *(Bauern-)Lümmel* m || ~ ⟨fam⟩ = Yorkshireman *(Spitzname)*

tiki ['ti:ki:] s *hölzernes Bildnis* n *des Schöpfers* or *Vorfahren (bei den* Maoris)

tilbury ['tilbəri] s *leichter, zweirädriger Wagen* m

tilde [tild; 'tildi] s ⟨Span⟩ *(a* ~-mark) *Tilde* f *(das Zeichen* ~ *über span.* n, *um die Aussprache* nj *anzudeuten)*; ⟨übtr⟩ *Wiederholungszeichen* n, *Tilde* f (~)

tile [tail] s *Ziegel* m; to have a ~ loose ⟨fig⟩ *e–e Schraube* f *verloren* h, *nicht ganz richtig im Kopfe* s ‖ to be out on the ~s °*sumpfen* | (*Ofen-*)*Kachel* f; Dutch ~ *farbige Kachel* f ‖ (*Fußboden-*)*Platte, Fliese* f | ⟨fam⟩ °*Angströhre* f (*Zylinderhut*) | [attr] *Ziegel*– ‖ ~-*burner*, ~-*maker Ziegelbrenner* m ‖ ~-*end* ⟨arch⟩ *Stirnziegel* m ‖ ~-*kiln Ziegelei* f ‖ ~-*works* [pl] *Ziegelei, Ziegelbrennerei* f **~stone** ['~stoun s ⟨geol⟩ *Flies*–, *Sandstein* m

tile [tail] vt *mit Ziegeln decken*; *mit Kacheln auslegen*; *kacheln* (a ~d *bath-room*) ‖ (*mst* tyle) ⟨freemasonry⟩ *den Logeneingang* m *durch e–n* tiler (→ d) *schützen* or *bewachen* l **tiler** ['~ə] s *Ziegeldecker* m ‖ (a tyler) *Logenschließer*, –*wächter* m **tilery** ['~əri] s *Ziegelei* f

tiliaceous [tili'eiʃəs] a ⟨bot⟩ *Linden*–

till [til] s (*Geld-*)*Schublade* f; *Laden*(*tisch-*)*kasse* f

till [til] **1.** prep (*zeitlich*) *bis* (~ *Monday*); *bis in* (~ *death bis in den Tod*); *bis zu* (~ the *next day*; ~ *my return*) ‖ ~ *now bis jetzt*; ~ *then bis dahin*; *bis nachher*; ~ *this day bis heute*; → *until* ‖ *not* ~ *erst* (*not* ~ *after Monday*; I shall not be able to come ~ *six ich kann nicht vor 6 k* **2.** conj *bis* (~ I *return*)

till [til] vt (*Land*) *bestellen*, *pflügen* **~able** ['~əbl] a *bestellbar* **~age** ['~idʒ] s *Ackern, Pflügen* n; *Acker*–, *Feldbau* m; in ~ *in Kultur* ‖ *bestelltes Land, Ackerland* n ‖ *proper state of* ~ *Bodengare* f **~er** ['~ə] s ⟨liter⟩ *Ackerbauer, Pflüger* m; ~ *of the soil Ackerbauer* m

tiller ['tilə] **1.** s ⟨bot⟩ *junger Schößling* m; *Wurzelsproß* m **2.** vi *Schößlinge treiben*

tiller ['tilə] s ⟨mar⟩ *Ruderpinne, Steuerstange* f; ~-*rope Steuerreep* n ‖ ⟨tech⟩ *Handgriff* m (*e–r Schrotsäge etc*)

tilt [tilt] **1.** s *Zelt* n; –*decke* f; *ausgespannte Decke über e–m Boot*; *Wagendecke, Plane* f **2.** vt *mit e–r Plane bedecken*

tilt [tilt] **I.** vi/t **1.** vi *hin u her schwanken*; *sich neigen* (to z), *kippen*; *kentern* ‖ to ~ *over überkippen* | *turnieren, mit der Lanze kämpfen* ‖ (*mit der Lanze*) *stoßen, stechen* (at *nach*); *anstürmen* (against) ‖ ⟨fig⟩ *kämpfen* (at *gegen*) **2.** vt (*etw*) *neigen, schief legen*; (*um*)*kippen* | ⟨tech⟩ *mit e–m Schwanzhammer* m *schmieden*; *hämmern* **II.** s **1.** *Neigung, schiefe Lage* f (at a ~ *in sch. L.*); *Verkantung* f; ⟨mar⟩ *Krängung* f; to give a ~ to a th *etw schief legen, neigen, kippen* **2.** *Lanzenstechen*, –*brechen, Turnier* n; to run full ~ at, into *in vollem Galopp* or *mit voller Wucht rennen auf, gegen, in*; to run full ~ *against anrennen gegen* ‖ ⟨fig⟩ *Kampf, Streit* m **3.** [attr] ~-*cart Kipp*–, *Sturzkarren, Sturzwagen* m ‖ ~-*hammer* ⟨tech⟩ *Schwanzhammer* m ‖ ~-*yard Turnierplatz* m, *Schranken* f pl, → *lists* **~ing** ['~iŋ] s [attr] *Turnier*– (~ *helm*, *lance*); ~ *match Ringelstechen* n | a ⟨tech⟩ *kippbar, Kipp*– **~ometer** [til'təmitə] s ⟨aero⟩ *Neigungsmesser* m

tilth [tilθ] s *Acker*–, *Feldbau* m ‖ *Ackerland* n

timbal ['timbəl] s ⟨hist⟩ *Kesselpauke* f

timbale [uæm bɑ:l] s Fr *Pastete* f (*aus Fleisch, Fisch etc*)

timber ['timbə] **I.** s **1.** *Bau*–, *Nutzholz* n; *cross grain* ~ *Hirnholz, grain* ~ *Langholz* n (*a standing* ~) *Holz auf dem Stamme*; (*Nutzholz-*)*Bäume* m pl **2.** (*of ships*) *Inholz, Spant* n; ~s [pl] *Gerippe, Rippenwerk* n ‖ ⟨hunt⟩ [koll] *Hürden, Gatter, Zäune* pl etc **3.** ⟨fig⟩ *körperliches, natürliches Material* n, *Stoff* m ‖ ⟨Am⟩ *presidential* ~ *ein Mann, der das Zeug z Präsidenten hat* ‖ to *rouse* one's ~s *sich aufrütteln* **4.** [attr & comp] *Holz*– ‖ ~-*framed* (*Holz-*)*Fachwerk*– ‖ ~ *line* ⟨Am⟩ *Baumgrenze* f ‖ ~-*man* ⟨min⟩ *Stempelsetzer* m ‖ ~-*merchant Holzhändler* m ‖ ~ *operations* [pl] ⟨for⟩

Bauholzeinschlag m ‖ ~-*toes* [pl] ⟨fam⟩ *Mensch* m *mit Holzbein* ‖ ~-*trade Holzhandel* m ‖ ~-*tree Nutzholzbaum* m ‖ ~-*wag(g)on Langholzwagen* m ‖ ~ *wolf* (*zoo* Am⟩ *Grauwolf* m ‖ ~-*work Zimmerwerk* n; *Holzbau* m; *Dachstuhl* m, *Sparrwerk* n; *half*-~ *work Fachwerk* n ‖ ~-*yard Zimmerplatz* m **II.** a *hölzern, Holz*– **III.** vt **1.** † *zimmern* **2.** *mit Holz auszimmern, füllen, stützen* | **~ed** [~d] a *gezimmert, aus Holz* n *gebaut* ‖ *mit Bäumen* m pl *bewachsen, bewaldet* ‖ ⟨fig⟩ *gebaut* (*well*-~); *beschaffen* **~ing** [~riŋ] s *Zimmererarbeit* f ‖ *Bau*–, *Zimmerholz* n ‖ ⟨min⟩ *Schachtzimmerung* f

timbre [tɛ̃:br] s Fr *Klangfarbe* f

timbrel ['timbrəl] s ⟨mus⟩ *Schellentrommel* f, *Tambur'in* n

time [taim] s **1.** *begrenzter Zeitraum* m; *length of* ~ *Zeitdauer* f | *Zeitalter* n, *Epoche, Ära* f (in the ~ *of Henry VIII*); the ~ *of the action is the 19. c. das Stück spielt im 19. Jh* ‖ *close* ~ ⟨hunt⟩ *Schonzeit* f **|** ~s [pl] *Zeiten* pl; (*Zeit-*)*Verhältnisse* n pl (the *life and* ~s *of Elizabeth*) | the ~s [sg konstr] *die Times* (*Zeitung*) **2. a.** *bestimmter Zeitabschnitt* m; the ~ *of delivery Lieferzeit*; *Briefbestellung* f; ⟨jur⟩ ~ *to serve od interpose an answer Einlassungsfrist* f ‖ *erlebte Zeit*; *Lebenszeit* f; ~ *of life Alter* n (at my ~ *of life*); *limitation of* ~ ⟨jur⟩ *Zeitbestimmung* f; I had a hard ~ *doing it es fiel mir schwer es z tun* | *Zeit, Muße* f ‖ ⟨sport⟩ *kürzeste Zeit* f | *Arbeitszeit* f (*broken* ~ *Verlust an A. u Stundenlohn*); *work of* ~ *zeitraubende Arbeit* **b.** *Intervall* n ‖ ⟨Am⟩ ~ *out Pause, Rast, Zwischenzeit* f **c.** *Zeitmaß, Tempo* n; ⟨mil⟩ *Marschtempo, quick* ~ *Geschwindschritt* m; *slow* ~ *langsames Tempo* n ‖ ⟨mus⟩ *Takt* m; *dance* ~ *Tanztempo* n **3. Zeitpunkt** m (⟨vulg fam⟩ → 6. *by the* ~) ‖ *bed*-~, *dinner*-~ *Zeit f des Schlafengehens, Essenszeit*; ~ *of departure Abfahrtzeit* f ‖ *Gelegenheit* f (at *such* ~s *bei solchen Gelegenheiten*); *Mal* n; *five* ~s *as many as 5mal soviel wie*; *five* ~s the *size of 5mal so groß wie*; *five* ~s the *population of 5mal so viele Einwohner wie*; *five* ~s *three is* (*od* are) *fifteen 5 mal 3 ist* (*macht*) *15* | ~s [pl] *feste Zeiten* pl, *Zeittabelle* f **4. Zeitrechnung** f, *mean* ~ *mittlere Zeit* f (*Greenwich Mean* ~, abbr *G.M.T.*) → *App.*; *solar* ~ ⟨astr⟩ *wahre Sonnenzeit* f; *standard* ~ *Ortszeit* f; *Summer* ~ *Sommerzeit* f ‖ the ~ *of day die Tageszeit* f; the *right* ~ *die richtige* (*Uhr-*)*Zeit* **5.** [abstr *ohne art*] *Zeit* f (*Ggs space*) **6. Wendungen: a.** *all that* ~ *die ganze Zeit*; *all the* ~ *die ganze Z.*, ⟨Am *a*⟩ *vor allem*; *each* ~ *jedesmal*; z *jeder Z.*; *every* ~ *jedesmal* ‖ *high* ~ *you did it* ⟨*bes* Am⟩ *es wird höchste Z., daß du es tust* ‖ *little* ~ *wenig Z.*; *kurzer Aufenthalt* m; a *little* ~ *etwas Z., ein wenig Z.* ‖ a *long* ~ *since seit langer Z.* ‖ *many a* ~ (and *oft*) *manches* (*liebe*) *Mal* ‖ *most of his* ~ (he *spent* ..) *die meiste Z.* (..) ‖ a *short* ~ *kurze Z.* ‖ *some* ~ *about midday etwa um Mittag*; *some* ~ *longer noch einige Zeit* | ~ *and* ~ *again* ~ *immer wieder, wiederholt*, °*x-mal* | *this long* ~ *seit langem* ‖ *this* ~ *twelve months heute übers Jahr*; *this* ~ *to-morrow morgen um diese Z.*; *what* ~? z *welcher Z.?* ‖ ~ *enough Zeit genug, früh genug*; *höchste Zeit* (*that you arrive*) ‖ ~ *out of mind seit* (or *vor*) *undenklichen Zeiten* **b.** the ~ *has* (*od* is) *come es ist an der Z.*; *his* ~ *is* (*od* has) *come s–e Zeit ist gek*; (the) ~ *is up die Zeit ist um* (*abgelaufen*) ‖ it is *bound to be some* ~ *before .. es muß einige Zeit vergehen, bis* .. ‖ it is (*high*) ~ *es ist* (*höchste*) *Z.* (*that* .. *should*) ‖ he was a *long* ~ (in) *doing er brauchte lange* (*Z.*) z *tun* ‖ the ~s *are out of joint die Welt ist aus den Fugen* ‖ there is a ~ *for everything alles z s–r Zeit*; *jedes Ding hat s–e*

Z.; (there is) ~ to decide, ~ to decide! *kommt Z. kommt Rat*; there is no ~ to lose *es ist k–e Z. z verlieren*; *es eilt* || ~ was, when *od the* ~ has gone by, when *die Z. ist vorüber, als* | what's the ~? what ~ is it? *wieviel Uhr ist es*? what the ~ was I did not know *wie spät es war, wußte ich nicht* || ~ will show *die Zeit wird's lehren* **c.** [nach prep] **against** ~ *mit größter Anstrengung*, to speak against ~ *sehr schnell sprechen* | **at** a ~ *auf einmal, zusammen* (two at a ~); to enter one at a ~ *einzeln eintreten*; for a day at a ~ *e–n ganzen Tag* || at all ~s, at any ~ *z jeder Z.*; at no ~ *nie*; at one ~, at some ~ *einst*; at some other ~ *ein anderes Mal* || at that ~, at this ~ *zu der, dieser Z.*; at that ~ of day *z der Stunde, damals*; at this ~ of day *z dieser Tageszeit f*; *so spät* || at the ~ *seinerzeit, z der (jener) Z., damals*; *gerade*; at (the) ~ of writing *während ich* (etc) *schreibe* (*schrieb*); at the present ~ *gegenwärtig*; at the same ~ *zur selben Z.*; *dennoch, anderseits,* °*nichtsdestotrotz*; at ~s *zu Zeiten* | **before** one's ~ *zu früh* | **behind** one's ~ *zu spät*; behind the ~s *rückständig*; to be behind ~ *Verspätung h* | **between** ~s *in den Zwischenzeiten* | **by** that ~ *bis dahin, inzwischen*; by the ~ *bis dahin*, (⟨vulg fam⟩ [abs] ~) | **for** a ~, for some ~ *e–e Zeitlang, einige Z.*; for a long ~ *past seit langer Z.*; not for a long ~ *es wird lange dauern bis, erst nach langer Z.*; for all ~ *f alle Zeiten* || for the ~ being *f den Augenblick*; *bis jetzt*; *unter den Umständen, vorläufig* || for this ~ *f diesmal* | **from** ~ to ~ *v Z. z Z.*; from ~ immemorial *seit undenklichen Zeiten* | **in** ~ *in der Zeit, zeitlich*; *z rechten Z.*; *mit der Z.*; in ~ to come *in Zukunft f* || in a short ~ *in kurzer Zeit* || in my ~ *z m–r Zeit* || in course of ~ *im Lauf der Z.* || in due ~ *z rechter Zeit*; in good ~ *rechtzeitig, gerade recht*; all in good ~ *alles z s–r Z.*; in one's own good ~ *wenn es e–m paßt* || in no ~ *im Handumdrehen*; *sehr bald, in kürzester Zeit* || in olden ~s, in ~s of old *in alten Zeiten* || in the ~ *zur Zeit* || in the mean ~ *mittlerweile, inzwischen* || in the nick of ~ *im richtigen Augenblick m* || in these ~s of ours *in unseren Zeiten* | **near** one's ~ (of women) *der Entbindung nahe*; she was near her ~ *ihre schwere Stunde stand bevor* | now of all ~s *ausgerechnet jetzt* | **on** ~ ⟨bes Am⟩ *z rechten Zeit*; *pünktlich* | **out of** ~ ⟨mus⟩ *aus dem Takt m* | **till** such ~ as *bis, so lange als* | **to** ~ *pünktlich, rechtzeitig* || **up to** ~ *pünktlich*; up to the present ~, up to this ~ *bis jetzt* || up to that ~ *bis dann, bis dahin* | once **upon** a ~ *vor Zeiten, einstmals, einmal* | **with** ~ *mit der Zeit* **d.** [mit Verben:] to **beat** ~ *den Takt m schlagen* || to **call** ~ ⟨sport⟩ (Anfangs-, End-)Signal n *geben* || ⟨Am⟩ to **come** to ~ *nachgeben, klein beigeben* || to comply with the ~s *sich in die Z. schicken* | to **do** ~ (of criminals) ⟨sl⟩ *die Z. absitzen* (for *wegen*); he is doing ~ *er sitzt* || ~ just **flew** *die Zeit flog nur so* || ⟨Am⟩ to get one's ~ *entlassen w* || to **give** *od* **pass** a p the ~ of day *jdm guten Tag sagen* || as ~s **go** *bei den jetzigen Zeiten* | to **hang** → **heavy** 4. | to **have** ~ *Zeit h*; to have ~ on one's hands *nichts z tun h, viel Zeit h*; to have a good ~ (of it) *es gut haben, sich amüsieren*; have a good ~! *viel Vergnügen*!; to have had one's ~ *sein Gutes genossen h*; to have one's ~ over again *noch einmal leben*; if I had my ~ over again *wenn ich noch mal auf die Welt komme*; to have a ~ of one's life *das Leben genießen*; *sein höchstes Glück erleben, den Himmel auf Erden h, im 7. Himmel s*; ⟨iron⟩ we'll give him the ~ of his l. *er soll sein blaues Wunder erleben* | to **keep** ~ ⟨mus⟩ *Takt m halten* (with) || to keep good ~ (of clocks) *richtig-*

gehen || to kill ~ *die Zeit totschlagen* || to knock a p out of ~ ⟨box⟩ *jdn kampfunfähig m*, to be knocked out of ~ *ausgezählt w* || to **lose** ~ (of clocks) *nachgehen* | ⟨bes Am⟩ ~ we **made** good ~ *wir sind schnell gefahren* || to **mark** ~ *auf der Stelle treten*; ⟨fig⟩ *abwarten*; ⟨st exch⟩ *unverändert notiert w* || to **pass** the ~ of day *e–a die Tageszeit bieten* (*grüßen*) || to be pressed for ~ *es eilig h* || to **serve** one's ~ *s–e Lehrzeit f ableisten, in der Lehre f s*; ⟨mil⟩ (*s–e Z. ab*)*dienen* | to **take** ~ *sich* [dat] *die Zeit nehmen* (to do) || to take one's ~ *sich* [dat] *Z. nehmen* or *l*; he takes his good old ~ ⟨bes Am fam⟩ *er läßt sich wie immer Zeit dazu* || to take the ~ from *sich in der Zeit richten nach* || to take ~ by the forelock *die Zeit beim Schopfe fassen* | to **watch** the ~ *viel nach der Uhr f sehen*; to watch one's ~ *sich* [dat] *den günstigen Augenblick m abwarten* **7.** [attr & comp] ~ **accelerator** ⟨film⟩ *Zeitraffer m* || ~ **and percussion fuse** *Doppelzünder m* || ~**-ball** ⟨mar⟩ *Zeitsignalkugel (die alle Stunden* or *um 1 Uhr mittags fällt)* || ~**-bargain** *Zeit-, Termingeschäft n* || ~**-base** (*Radar-*)*Zeitbasis f* || ~**-bomb** *Zeit(zünder)bombe f* || ~**-clock** *Stech-, Kontrolluhr f* || ~, **distance, speed computer** (TDS computer) ⟨aero⟩ *Dreieckrechner m* || ~**-expired** *ausgedient* (soldier) || ~**-exposure** ⟨phot⟩ *Zeitaufnahme f* || ~**-fuse** ⟨mil⟩ *Zeitzünder m* || ~**-honoured** *altehrwürdig* | ~**-keeper** *Zeitmesser m, Chronometer m & n* || *Aufseher m*; ⟨sport⟩ *Zeitnehmer m* | ⟨mus⟩ *Taktmesser m* || ~**-lag** *Zeitverzögerung, -spanne f* (zw Ursache u Wirkung), *lange Zwischenzeit f* || ~**-lens** ⟨opt⟩ *Zeitlupe f* | ~**-limit** *Frist f* || ~ (recording) **clock** *Kontroll-, Stechuhr f* || ~**-saving** *zeit(er)sparend* || ~ **series** ⟨stat⟩ *Zeitreihe f* || ~**-server** *Achselträger, Heuchler m* || ~**-serving** **1.** s *Achselträgerei f* **2.** a *achselträgerisch* | ~**-signal** ⟨wir⟩ *Zeitzeichen n* || ~**-span** *-spanne f* || ~ **study man** *Refa-, Arbeitsstudienmann m* | ~**-table** *Fahrplan m* | *Plan, Stunden-*; *Lehrplan m* (to draw up a ~-table); *Zeittabelle f* || ~**-travel diagram**, ~**-traverse diagram** *Zeit-Weg-Diagramm n* || ~**-work** *nach der Zeit bezahlte Arbeit f* || ~**-worn** *abgenutzt*

time [taim] vt/i **1.** vt *die Zeit wählen, einrichten, regeln f* (etw) (to ~ a journey); *die Zeit an–, festsetzen f* (to ~ a race; a train); (Zeit) *einteilen* (etw) (*z richtigen Zeit tun* or *unternehmen* || (*die Zeitdauer e–s Vorgangs*) *beobachten*; *zeitlich feststellen*; *bestimmen*; *regeln* (to *nach*) || (Uhr) *stellen* | ⟨mus⟩ *den Takt schlagen* or *angeben z* (etw) || she ~s her coughs ill *sie hustet immer zur unrechten Zeit* || (film, etc) *auf Zeitlänge prüfen* **2.** vi *übereinstimmen* (with *mit*) || Takt halten (to *mit*) | ~**d** [~d] a *zeitlich reguliert* || [in comp] ill-~ *z unrechten Zeit*; well-~ *z rechten Zeit*

timeless ['taimlis] a (~ly adv) ⟨poet⟩ *unzeitgemäß* || *zeitlos*; *ewig* | *nicht an Zeit gebunden*

timeliness ['taimlinis] s *Rechtzeitigkeit f*; *Zeitigkeit f*; *Aktualität f*

timely ['taimli] **1.** a *rechtzeitig* || *zeitgemäß*, *angebracht*; *aktuell* **2.** adv *rechtzeitig*; to come ~ *wie gerufen k, geschehen*

tim(e)ous ['taiməs] a ⟨Scot⟩ *früh* || *z rechten Zeit kommend*; *zeitgemäß*

timepiece ['taimpi:s] s *Chronometer m, Uhr f*

timer ['taimə] s *rechtgehende Uhr f* || (*Uhr-*)*Regulierer m* || ⟨sport⟩ *Zeitnehmer*; *Trainer m* || *Zeitmesser m* (*Apparat*)

timid ['timid] a (~ly adv) *furchtsam, ängstlich* (of *vor*) || ~**ity** [ti'miditi], ~**ness** [~nis] s *Furchtsam-, Ängstlichkeit f*

timing ['taimiŋ] s *Regulierung, Steuerung f* || birth ~ *Auf–e–a–folge f v Geburten* || ~ of ignition *Zündeinstellung f* || to retard the ~

⟨mot⟩ *Spätzündung* f *einstellen*; to adjust the ∼ of the spark *die Zündung einregulieren* | ∼ mark ⟨mot⟩ *Einstell–, Totpunktmarke* f

timings [ˈtaimiŋz] s pl → time | *Abfahrts– u Ankunftszeiten, Fahrzeiten* f pl; *Fahrplanangaben* f pl

timist [ˈtaimist] s ⟨mus⟩ *jd, der gut Takt hält* (a good ∼)

timocracy [taiˈmɔkrəsi] s *Timokratˈie* f (*Staatsform* f, *in der die Rechte u Pflichten der Bürger nach dem Vermögen abgestuft sind*; *Staat* m, *in dem Ehre, Ehrgeiz u Ruhm über alles gelten*) **–cratic** [ˌtaimoˈkrætik] a *timokratisch* (→ timocracy)

timorous [ˈtimərəs] a (∼ly adv) *sehr furchtsam, ängstlich*; *verzagt* ∼**ness** [∼nis] s *Furchtsamkeit* f

timothy [ˈtiməθi] s ⟨bot⟩ (a ∼ grass) *Liesch–, Timˈotheusgras* n

tin [tin] **I.** s **1.** ⟨met⟩ *Zinn* n || *verzinntes Blech, Weißblech* n **2.** *Blech–, Konservenbüchse, Dose* f (a ∼ of sardines *e–e D. Sardinen*); blown ∼ *Bombage* f; *Inhalt* m *e–r Dose* **3.** ⟨sl⟩ °*Pinke(-Pinke)* f, °*Draht* m (*Geld*) **4.** [attr] **a.** *zinnern, Zinn–*; *Büchsen–, Blech–* || *Eisenwellblech–* **b.** *wertlos, unbedeutend* (place); a little ∼ *god ein Gernegroß* m **c.** ∼ box *Blechbüchse* f || ∼-can *Blechdose* f; ⟨mar sl⟩ *Zerstörer* m || ∼-case *Blecheinsatz* m || ∼-clad ⟨hum⟩ *Panzerschiff* n || ∼-coating *Feuerverzinnung* f || ∼ fish ⟨mar sl⟩ *Torpedo* n | ∼-foil **1.** s *Blattzinn, Stanniˈol* n || *Silberpapier* n **2.** vt *mit Stanniol bedecken*; *in St. verpacken* | ∼-foundry *Zinngießerei* f || ∼ hat ⟨theat fam⟩ *Helm*; ⟨mil sl⟩ *Stahlhelm* m || ∼-horn [a] ⟨Am⟩ *klein, billig*; *angeberisch* | ∼ kettle serenade *Katzenmusik* f ⟨fig⟩ || ∼-lined case *Kiste* f *mit Blecheinsatz* || ∼ Lizzie ⟨mot fam⟩ „*Blechbüchse*" f, „*Brotkasten*" m (*auf Rädern*) ⟨mst⟩ *Fordwagen*) || ∼-mine *Z.grube* f | ∼-opener *Büchsenöffner* m || ∼ Pan Alley *Schlager-Bezirk* m *um* Charing Cross Road, ⟨Am⟩ *Broadway* m *in* New York (*Zentrum der Schlagerproduktion & Theater*); ⟨übtr⟩ *Schlagerwelt* f | ∼-plate *Zinnplatte* f; *Weißblech* n || ∼-tack *kl verzinnter Nagel* m; to come down to ∼-tacks ⟨sl⟩ *z S k* || ∼-ware *Zinn–, Blechwaren* pl || ∼-works [pl] *Zinngießerei, –hütte* f **II.** vt [–nn–] *verzinnen* || *in Büchsen einmachen or packen*

tinamou [ˈtinəmu:] s ⟨orn⟩ *Pampashuhn* n (*Steißhuhn*)

tincal, tinkal [ˈtiŋkəl] s *roher Bˈorax* m

tinct [tiŋkt] ⟨poet⟩ **1.** a *gefärbt* **2.** s *Farbe*; *Färbung* f ∼**ion** [ˈtiŋkʃən] s *Färben* n ∼**orial** [tiŋkˈtɔ:riəl] a *z Färben dienend*; *Färbe–*; *Farb–* ∼**ure** [ˈtiŋktʃə] **1.** s *Farbe, Färbung* f (of *v*) || ⟨chem & med⟩ *Tinktˈur* f | ⟨fig⟩ *Beigeschmack, Anstrich* m, *Spur* f **2.** vt *leicht färben* | ⟨fig⟩ (*e–r S*) *e–n Anstrich geben v* (*etw*); (*etw*) *durchtränken, erfüllen* (with *mit*); to be ∼d with *e–e Spur, e–n Anstrich h v*

tindal [ˈtindəl] s AInd ⟨mar⟩ *Unter-Bootsmann* m

tinder [ˈtində] s *Zunder* m (to burn like ∼) | ∼-box ⟨hist⟩ *Feuerzeug* n | ∼y [∼ri] a *Zunder–*; *leicht entzündbar*

tine [tain] s (of a fork) *Zinke*; *Zacke* f ⟨hunt⟩ (*Geweih-*)*Sprosse* f, (–-)*Ende* n

tinea [ˈtiniə] s L ⟨ent⟩ *Gattung* f *der Kleidermotten* f || ⟨med⟩ = ringworm

tines [tainz] s pl ⟨fam⟩ the ∼ *die ganz Kleinen* (sc *Kinder*), → tiny

ting [tiŋ] **1.** vi/t || (*er*)*klingen* | vt *z Klingen bringen, erklingen l, läuten* **2.** s *Klingen, Läuten* n

tinge [tindʒ] **1.** vt/i || *färben*; *schattieren* || ⟨fig⟩ [mst pass] *e–n Anstrich or Beigeschmack* m *geben v*; (*etw*) *erfüllen, durchtränken* (with *mit*); to be ∼d with *e–e Spur besitzen, e–n Bei-*

geschmack h v | vi *sich färben*; *gefärbt w* **2.** s *Färbung, Schattierung, Tönung* f || ⟨fig⟩ *Spur* f, *Anstrich, Beigeschmack* m (of *v*)

tingle [ˈtiŋgl] **1.** vi (of the ear) *klingen, summen* (with *vor*); my ear ∼s *mir summt es im Ohr, mir klingt das Ohr* || *prickeln*; *stechen, schmerzen* (with *vor*) | ⟨übtr⟩ *erregt s, brennen* (with *vor*) || *zittern, beben* (with *vor*) **2.** s (*Ohren-*)*Klingen, Summen* n || *Prickeln, Schmerzen* n || *Zittern* n

tink-a-tink [ˈtiŋkətiŋk] s (*Klavier-*)*Geklimper* n

tinker [ˈtiŋkə] **1.** s (⟨Am *a*⟩ tinner) (*reisender*) *Kesselflicker* m || ⟨fig⟩ *Pfuscher* m || *Flickerei, Pfuscherei* f **2.** vi/t || *als Kesselflicker tätig s* || ⟨fig⟩ *herumpfuschen* (at, with *an*) | vt (*Kessel*) *flicken* ⟨*a* übtr⟩ || to ∼ up *zus–flicken*; ⟨fig⟩ *zurechtpfuschen*

tinkle [ˈtiŋkl] **1.** vi/t || (of bells, etc) *hell* (*er*)*klingen, läuten* || *klirren* | vt *erklingen l, läuten* **2.** s *Klingen, Läuten*; *Geklingel* n || give me a ∼ ⟨telph fam⟩ *klingle* or *ruf mich an* –**ler** [ˈ–ə] s ⟨sl⟩ *Glöckchen* n

tinman [ˈtinmən] s *Zinngießer*; *Klempner*; *Blechschmied* m

tinned [tind] a *verzinnt* | (*in Büchsen*) *eingemacht*; ∼ fruit *Obstkonserven* f pl; ∼ meat *Büchsenfleisch* n | ∼ music *maschinelle, mechanische Musik* f (*z. B. im Film*)

tinner [ˈtinə] s = tinman, ⟨Am⟩ = tinker –**ning** [tiniŋ] s *Verzinnen* n || *Verzinnung* f; *Zinnüberzug* m | *Einmachen* n

tinnitus [tiˈnaitəs] s L ⟨med⟩ (*ständiges*) *Ohrenklingen, –sausen* n

tinny [ˈtini] a *zinnhaltig* || ⟨fig⟩ *blechern, metˈallen*

tinsel [ˈtinsəl] **1.** s *Glitzerschmuck* m, *Flitter–, Rauschgold, –silber* n || ⟨fig⟩ *Flitter(kram), täuschender Glanz*; *Kitsch* m **2.** a ⟨mst fig⟩ *flitterhaft*; *flimmernd*; *Schein–*; *geschmacklos aufgeputzt, kitschig* **3.** vt *mit Flitterwerk* n *schmükken* || ⟨fig⟩ *mit falschem Glanz* m *herausputzen* | ∼**ly** [∼i] a = tinsel a

tinsmith [ˈtinsmiθ] s = tinman

tint [tint] **1.** s *dünne, zarte Farbe* f || *Färbung* f; *Farbton* m (autumn ∼s); *Tönung, Schattierung* f || ⟨paint⟩ *Weißmischung* f **2.** vt *färben, e–n leichten Anstrich* m *verleihen*; *abtönen, schattieren* | ∼**ed** [∼id] a *gefärbt*; *farbig* (∼ spectacles); ∼ glass ⟨mot⟩ *Blendschutzglas* n; ∼ paper *Tonpapier* n || [in comp] *–farbig* (orange–∼) ∼**er** [ˈ∼ə] s *Schattierer* m || *farbiger Glasstreifen* m

tintinnabular(y) [ˌtintiˈnæbjulə(ri)] a *klingelnd, Klingel–* –**lation** [ˈtintiˌnæbjuˈleiʃən] s *Klingeln, Geklingel, Tönen* n

tintometer [tinˈtɔmitə] s *Farbenmesser, Kolorimeter* m

tiny [ˈtaini] **1.** a *winzig, klein*; → teeny || *kaum hörbar* **2.** s *Kleine(r, –s)* f (m, n), *kl Kind* n; the –nies [pl] *die Kleinen* pl

tip [tip] **1.** s *äußerstes Ende* n, *Spitze* f || (*Berg-*)*Gipfel* m, *Spitze* f || (*Ohr*) *Zipfel* m | *die* ∼s of one's fingers *od* finger-∼s [pl] *die Fingerspitzen* pl (to touch with the ∼s of one's fingers); to the ∼s of one's fingers *bis an die F.* || with a black ∼ to his tail *mit schwarzer Schwanzspitze* f || I had it at (*od* on) the ∼ of my tongue *es schwebte mir auf der Zunge* || on the ∼s of one's toes *auf Zehenspitzen*, ∼ tiptoe || ∼ and run raid ⟨mil⟩ *Überraschungsüberfall* m | ⟨tech⟩ (*Stock–* etc) *Zwinge* f; *Ortband* n || *Mundstück* n (*e–r Zigarette*) | [attr] ∼ tank ⟨aero⟩ *Flächenendbehälter* m **2.** vt [–pp–] *mit e–r Spitze, Zwinge versehen*; ∼ped *mit Mundstück* (∼ped cigarette) | ⟨poet⟩ *schmücken* | *die Spitzen* (*e–s Dinges*) *beschneiden, stutzen* (to ∼ a bush)

tip [tip] **I.** vt/i [–pp–] **1.** vt (*etw*) *umstürzen*, *–werfen, –kippen; werfen, kippen; schieben* (into *in*; out of *aus*; to the side *auf die Seite*) ‖ (*Wagen*) *durch Kippen entleeren* ‖ (*Schutt*) *abladen* | [*mit* adv] to ~ **off, out** *durch K. ausschütten, –gießen* ‖ to ~ **over** *umstürzen*, *–werfen* ‖ to ~ **up** *hochkippen; umkippen* **2.** vi *sich neigen* (for *z*) | to ~ **out** *herausfallen* ‖ to ~ **over, up** *umkippen* **3.** [in comp] ~-up *hochklappbar, Klapp–;* ~-up seat *–sitz* m **II.** s *Neigung* f, to give a ~ to *kippen* ‖ *Kippkarren* m ‖ *Abladeplatz* m | [attr & comp] ~-cart *Kippkarren* m ‖ ~-cat *kz an beiden Enden zugespitztes Stückchen Holz* n; *ein Kinderspiel* n, *in dem dies Holz in die Höhe geschnellt vor dem Fall noch einmal z treffen ist* ‖ → ~**tilted** ‖ ~-**wagon** *Lkw* m *mit Kippvorrichtung*

tip [tip] **1.** s (*leichter*) *Schlag* m (of the whip *mit der Peitsche*); *leichte Berührung* f **2.** vt/i [–pp–] ‖ *leicht schlagen* or *berühren* | vi *trippeln*

tip [tip] **I.** vt/i [–pp–] **A.** vt **1.** *geben, reichen* (*mst a p a th jdm etw*); ~ me a shilling *gib mir e–n Sch.* ‖ *darbieten* (~ us a song) | to ~ a p the wink *jdm e–n Wink geben*; ⟨Am fam⟩ to ~ a p off *jdn warnen* **2.** (*jdm*) *ein Geldgeschenk, Trinkgeld geben* (to ~ a waiter) **3.** ⟨racing⟩ *tippen auf*, to ~ a horse *auf ein Pferd tippen* **B.** vi *Trinkgeld geben* **II.** s **1.** *Trinkgeld* n **2.** ⟨racing, etc⟩ *Tip, nützlicher Wink* m (*f Gewinn*), the straight ~ *der richtige Tip*; ⟨Am⟩ hot ~ *guter Tip*; to get a ~ for *e–n T. erhalten* f ‖ ⟨übtr⟩ to give a p the ~ *jdm raten* (to do), take my ~ *folge m–m Rat*

tippet ['tipit] s *Pelzkragen* m, *Peler·ine* f ‖ ⟨ec⟩ (*Seiden-*)*Band* n (*um den Hals*), *Schärpe* f

tipple ['tipl] **1.** vi/t *tüchtig trinken, zechen* | ~r ['~ə] s *Trinker, Zecher* m

tipsiness ['tipsinis] s *Bezecht–, Trunkenheit* f

tipstaff ['tipstɑːf] s (pl ~s, -**staves** [-steivz]) ⟨hist⟩ *langer, mit Metall beschlagener Amtsstab* m ‖ *Gerichtsdiener* m

tipster ['tipstə] s *jd, der erwerbsmäßig „Tips" gibt* m ‖ ⟨fig⟩ *Ratgeber* m

tipsy ['tipsi] a (–sily adv) *angeheitert, beschwipst* ‖ ⟨fig⟩ *wack(e)lig*, unsicher ‖ ~-cake ⟨cul⟩ *Weinpudding* m *mit Schlagsahne*

tiptilt ['tiptilt] s (of nose) *Aufgestülptsein* n, *Stups* m (with a slight ~) ~**ed** [~id] a: ~ nose *Stupsnase* f

tiptoe ['tip'tou; 'tiptou] **1.** adv (*mst* on ~) *auf den Zehenspitzen* (to stand [on] ~) ‖ ⟨fig⟩ on ~ *neugierig, gespannt* (with *vor*); on ~ with expectation *voller Erwartung* f **2.** a *Zehenspitzen–*, ~ steps *Schritte auf Z.* ‖ ⟨fig⟩ *gespannt* **3.** vi [~s; ~d; ~ing] *auf den Zehenspitzen stehen* ‖ *auf Z. gehen; trippeln*

tiptop ['tip'tɒp] **1.** s *die höchste Spitze* f, *Gipfel* m ‖ ⟨fig⟩ *Höhepunkt, Gipfel* (at the ~ of *auf dem G. v*); *höchster Grad* m, *das Beste* or *Höchste* n **2.** a (*fam*) *ausgezeichnet, erstklassig, hochfein* **3.** adv *ausgezeichnet, vortrefflich*

tirade [tai'reid] s Fr *Tir·ade* f, *Wortschwall* m; *lange leidenschaftliche Rede; Redeerguß* m

tirailleur [,tirai'ə:] s Fr *Tiraill·eur, in offener Ordnung kämpfender Schütze* m

tire ['taiə] **1.** s **a.** † *Kleidung* f; *Kopfputz* m; † ~-woman *Kammerjungfer* f **b.** (oft tyre, ⟨Am mst⟩ tire) *Rad–, Autoreifen* m; ~s [pl] *Bereifung* f; pneumatic ~ *Pneum·atik, Luftreifen* m; ⟨mot⟩ solid ~ *Vollgummireifen* m; tube-type ~ ⟨Am⟩ = tubeless ~ *schlauchloser R., Schlauchreifen* m ‖ to repair a ~ *e–n R. flicken* | [attr] ~ chains ⟨mot⟩ *Schneeketten* f pl ‖ ~ gauge *Reifen-Druckmesser* m ‖ ~ lever *Schlauchlöffel, Montierhebel* m ‖ ~-pump *Luftpumpe* f ‖ ~ repair outfit ⟨mot⟩ *Flickzeug* n **2.** vt † *putzen, schmücken* | (a tyre) (*Rad*) *bereifen* ~**less** [~lis] a *ohne Reifen* m pl

tire ['taiə] vt/i **1.** vt (*jdn*) *ermüden, –schöpfen* ‖ ⟨fig⟩ *ermüden; langweilen* (with *mit*) ‖ to ~ out *od* to death *gänzlich ermüden, todmüde m*, ⟨fig⟩ *z Sterben langweilen* **2.** vi *müde w, ermatten* (with *vor*) | ⟨fig⟩ *müde* or *überdrüssig w* (of a th *e–r S*; of doing *z tun*) | ~**d** [~d] a (~ly adv) **1.** [mst pred] *müde, erschöpft;* ~ to death *todmüde* ‖ ⟨fig⟩ *müde, überdrüssig* (of a th *e–r S*; of doing *z tun*); to make a p ~ *jdn ermüden, langweilen* **2.** *erschöpft, verbraucht, abgenutzt* (~ ship) ~**dness** [~dnis] s *Müdigkeit* f ‖ ⟨fig⟩ *Überdruß* m ~**less** [~lis] a (~ly adv) *unermüdlich; nicht erlahmend* (zeal) ~**lessness** [~lisnis] s *Unermüdlichkeit* f ~**some** [~səm] a (~ly adv) *ermüdend* | *verdrießlich; unangenehm, lästig; langweilig* ‖ *unartig, nicht nett* (of a p *v jdm*) ~**someness** [~səmnis] s *das Ermüdende* n ‖ *das Unangenehme* ‖ *die Langweiligkeit*

tiring ['taiəriŋ] a *ermüdend* ‖ * *langweilig*

tiring-room ['taiəriŋ,rum] s † ⟨theat⟩ *Ankleideraum* m; *Garderobe* f

tiro, tyro ['taiərou] s L [pl ~s] *Anfänger* m

tirocinium [,tairo'siniəm] s L *Anfangsstadium* n (*e–r Tätigkeit*), *Lehrjahre* n pl

tirra-lirra ['tirə'lirə] s *Trillern* n, *Tralal·a* m

tirwit ['tə:wit] s ⟨orn⟩ *Kiebitz* m

'**tis** [tiz] = it is

tisane [ti'zæn] s = ptisan

tissue ['tisju:] **I.** s **1.** *feines Gewebe* n; *feiner Schleierstoff* m; gold ~, silver ~ *Gold–, Silberstoff* ‖ ~-paper | ⟨phot⟩ *Kohlepapier* n **2.** ⟨anat⟩ *Gewebe* n (cellular ~ *Zellen–*) **3.** ⟨fig⟩ *Gewebe* n (a ~ of lies *Lügen–*); *Verknüpfung* f **4.** [attr] *Gewebe–* ‖ ⟨at⟩ ~ dose *Gewebe-(strahlungs)dosis* f; ~ injury *Gewebeschaden* m ‖ ~-paper *Seidenpapier* n **II.** vt *weben, wirken* ⟨a übtr⟩

tit [tit] s: ~ for tat *wie du mir, so ich dir; Wurst wider Wurst; e–e Hand wäscht die andere;* to give a p ~ for tat *jdm Gleiches mit Gleichem vergelten* ‖ *Wiedervergeltung* f (for *f*); [attr] *Vergeltungs–* (plan)

tit [tit] s *kl Pferd* n, *Gaul* m ‖ ⟨sl⟩ *Kind, Mädchen* n ‖ *Vogel*, ⟨bes⟩ *Meise* f; → titmouse; azure ~ *Lasur–;* bearded ~ *Bart–;* blue ~ *Blau–;* coal ~ *Tannen–;* crested ~ *Hauben–;* great ~ *Kohl–;* long-tailed ~ *Schwanz–;* marsh ~ *Sumpf–;* penduline ~ *Beutel–;* Siberian ~ *Lappland–;* sombre ~ *Trauer–;* willow ~ *Weidenmeise* f

Titan ['taitən] s *Tit·an* m ⟨a fig⟩ | [attr] *tit·anenhaft, gig·antisch, Riesen–* (~ crane), *riesengroß* ~**esque** [,taitə'nesk] a *titanenhaft; riesengroß* ~**ess** ['taitənis] s *Titanin* f ~**ic** [tai-'tænik] a *titanisch, titanenhaft, riesengroß, himmelstürmend*

titanic [tai'tænik] a ⟨chem⟩ *Tit·an–* ~ acid *Titansäure* f –**nite** ['taitənait] s ⟨minr⟩ *Titan·it* m –**nium** [tai'teiniəm] s ⟨chem⟩ *Titan* n (*Metall*)

titbit ['titbit] s (⟨Am *a*⟩ tidbit) *Leckerbissen* m ⟨a fig⟩

tithable ['taiðəbl] a *zehntabgabepflichtig*

tithe [taið] **1.** s [oft pl ~s] ⟨ec⟩ (*der*) *Zehnte* m; *Abgabe* f | *Zehntel* n; ⟨bes fig⟩ *zehnter Teil* m; not a ~ of *nicht der zehnte T., nicht ein bißchen v* | [attr] *Zehnten–* **2.** vt *den Zehnten bezahlen* v ‖ *den Zehnten erheben* v **tithing** ['taiðiŋ] s ⟨hist⟩ *Zehntschaft* f

titillate ['titileit] vt ⟨mst fig⟩ (*Gaumen, Gefühle*) *kitzeln, angenehm an–, erregen, reizen* –**ation** [,titi'leiʃən] s *Kitzel* m, *Kitzeln* n ‖ *angenehmer Kitzel* m, *Lust* f, *Wohlbehagen* n

titivate, titi– ['titiveit] vt/i *feinmachen, herausputzen;* to ~ o.s. *sich herausputzen* | vi *sich feinmachen, sich herausputzen* –**vation** [,titi'veiʃən] s *Schmuck, Putz* m

titlark ['titlɑːk] s ⟨orn⟩ (*Wiesen-*)*Pieper* m

title ['taitl] s **1.** (*Buch–* etc) *Titel* m (under the

~ of); half-~ *Schmutztitel* m; ⟨übtr⟩ *Titel* m (= *Buch*) | ⟨jur⟩ *Überschrift* f; ⟨*bes* Am⟩ *Rubrum* n | ⟨übtr⟩ *Benennung* f, *Name* m (for) **2.** (*Adels-, Ehren-, Amts-* etc) *Titel* m; the ~ of duke *der T. e-s Herzogs, Herzogstitel*; by *od* under the ~ of James I *unter dem T. J. I.* **3.** ⟨jur⟩ *Rechtstitel, -anspruch* m (to *auf*; to do) | ⟨fig⟩ *Anspruch* m (to *auf*); ~ to *Eigentum* or *Besitz an* **4.** [attr] ~ certificate, ~ policy *Rechtstitelurkunde* f, *Rechtstitelversicherungs-schein* m || ~ company *Grundstückstitelversicherungsgesellschaft* f || ~-deed *Eigentumsurkunde* f || ~-page *Titelblatt* n; sham ~-page *Schmutztitel* m || ~-role *Titelrolle* f **titled** ['taitld] a *betitelt, tituliert, adlig* (a ~ family) || ~ film (*fremdsprachiger*) *Film* m *mit unterlegtem Text* **titling** ['taitliŋ] s *Aufdrucken* n *e-s Titels* (*auf Buchrücken*) || *Betitelung*; *Benennung* f
titling ['titliŋ] s ⟨orn⟩ *Pieper* m
titmouse ['titmaus] s [pl –mice] ⟨orn⟩ *Meise* f → tit
titrate ['taitreit] vt ⟨chem⟩ *titrieren*, to ~ a solution *e-e Maßanalyse f ausführen an e-r Lösung* **–ration** [tai'treiʃən] s ⟨chem⟩ *Titrieren* n; *Maß-, Titrieranalyse* f
titter ['titə] **1.** vi *kichern* **2.** s *Kichern* n
tittle ['titl] s *Häkchen* n; *i-Punkt* m || ⟨fig⟩ *bißchen*, every ~ *das geringste bißchen*, *Tüttelchen* n; to a ~ *aufs Haar genau*; not a ~ of *nicht die Spur* v; not one jot or ~ *nicht das geringste*, *nicht die Bohne*
tittle-tattle ['titl,tætl] **1.** s *Geschwätz*; *Geklatsch* n **2.** vi *plaudern, schwatzen*; *klatschen*
tittup ['titəp] **1.** vi *hüpfen, springen* | *leicht galoppieren* (over) **2.** s *Hüpfen, Springen* n; *Galopp* m | ~y [~i] a *hüpfend, fröhlich* | *wackelig*
titty ['titi] s ⟨fam⟩ °*Titte* f
titubate ['titjubeit] vi *taumeln, wanken* **–ation** [,titju'beiʃən] s *Taumeln, Wanken* n; *wankende Bewegung* f
titular ['titjulə], ~y [~ri] **1.** a *Titel–* || *nur dem Titel* or *Namen nach, nominˈell*; *Titulˈar–* (~ bishop; ~ professor) **2.** s *Titular-, Titelheiliger* m || = ~ bishop
titulus ['titjuləs] s ⟨rel⟩ (*Kreuz-*)*Titelbrett* n (INRI)
tityre-tu ['titirei'tju:] L (*aus* Virgil) s ⟨hist⟩ *Angehöriger e-r Straßenbande der besseren Stände unter Karl II.*
tizzy ['tizi] s ⟨sl⟩ *Sixpencestück* n
tmesis ['tmi:sis] s Gr ⟨gram⟩ *Tmˈesis* f (*Trennung e-r Zus-setzung durch ein anderes Wort*)
-to- ⟹ air-to-air, coast-to-coast
to [tu:, *vor Vok.* tu; *w f* tu, *vor Kons.* tə,t] **prep A.** → *a* D. ⟨eig⟩ [*vor Subst.*] **1.** (**räumlich**) *zu* (come here ~ me); *nach* (~ London); *in* (I have never been ~ London); ⟨Am⟩ *bei* (I bought it ~ Miller's *.. bei Miller*); to play ~ an empty house *vor e-m leeren Hause spielen*; they sprang ~ their feet *.. auf die Füße* | *nach* (*.. hin*), *an, auf*; to the left *auf der linken Seite, links*, → *ground* s; *point* v || *bis nach, bis an, bis zu*; from *..* to *von .. bis* | *neben, bei, an*; back ~ back *Rücken an Rücken*; → face, hand || (to fasten) ~ (*..*) *an* **2.** (**zeitlich**) *bis zu*; ten minutes ~ (⟨Am⟩ of) two *zehn Minuten vor 2*; ~ time *pünktlich* **3.** [*oft* = for] (**Absicht, Wirkung, Ziel**) *für, zu, zwecks*; ~ my cost *z m–m Schaden*; ~ my delight, disappointment *zu m–r Freude, Enttäuschung* f; ~ this end *zu diesem Zwecke*; to come ~ hand *in* (*jds*) *Besitz gelangen*; here's ~ you! *auf dein Wohl! Prosit!* **4.** (**Grenze, Ausdehnung, Grad**) *bis auf, bis zu*; ~ a high degree *in hohem Grade*; ~ the life *getreu nach dem Leben*; ~ a man *bis auf den letzten Mann*; ~ a nicety *aufs Haar*; ~ suffocation *z Ersticken voll* **5.** (**Zugehörigkeit, Be-**

sitz) (2 pounds) ~ one's credit *zu jds Gunsten*; designer ~ a firm *Zeichner* m *bei e-r Firma*; (he has) a duke ~ his son-in-law *e–n Herzog als, z Schwiegersohn*; heir ~ the crown *Thronerbe* m; preface (etc) ~ a book *Vorrede* f *z e–m Buch*; secretary ~ the king *Sekretär* m *des Königs* || that is all there is ~ it *das ist alles*; there is more ~ it than this *das ist noch nicht alles* **6.** (**Verhältnis**) in comparison ~ *im Verhältnis* n *z*; nothing ~ *nichts im Vergleich z*, 3 is ~ 4 as 6 ~ 8 *3 verhält sich z 4 wie 6 z 8*; ten ~ one *zehn z eins*; three ~ the dozen *3 aufs Dutzend*; ~ all appearance *allem Anschein nach*; ~ my knowledge *soviel ich weiß*; ~ my taste *nach m–m Geschmack*; to dance ~ a tune *nach e–r Melodie tanzen* (to sing ~ the lute) | as to *was .. anbetrifft, betreffs* **7.** (**verblaßt**) ⟨übtr & fig⟩ **a.** [*mst*] *gegen*, aversion ~ *Abneigung* f *gegen* **b.** [*nach* adj] *für, gegen* (or ⟨Ger⟩ dat); agreeable ~ him *angenehm f ihn, ihm angenehm*; → alive, due, faithful, familiar, etc **c.** [*nach Verben mst*] *für* (or ⟨Ger⟩ dat); to have all ~ o.s. *alles f sich h*; what's that ~ you? *was bedeutet das f dich?*; → to admit, belong, attend, happen, listen, mean, read, seem, speak, subscribe, swear, etc | (the dead) fallen ~ their hands (*die Toten,*) *die durch ihre Hände gefallen waren* **B.** [**Formwort, Dativ bildend**] I gave, explained it ~ him *ich gab, erklärte es ihm* (I wrote a letter ~ him) **C.** [**vor inf**] **1.** [*mit erhaltener Bdtg*] **a.** [*adverbial*] *um zu, zu,* (I have come) ~ see you *.. (um) dich z besuchen*; the time ~ learn *die Zeit z Lernen*; too hot ~ drink *z heiß z trinken* || the first man ~ invent *der erste, der erfindet* or *erfand* or *erfinden wird* or *erfinden sollte* || to be about ~ do *im Begriff s z tun* **b.** [*attributiv*] much work ~ do *viel z tun*; no one ~ see us *niemand, der uns besucht* || ~ come *zukünftig* (in years ~ come) **c.** [*bei* be + inf] he is ~ be king *er soll König w*; what are we ~ do? *was sollen wir tun?* what is ~ be done? *was ist z tun?* **2.** [*als bloßes Kennzeichen des* inf] **a.** ~ be or not ~ be *sein oder nicht sein* || to begin ~ read *z lesen beginnen*; to refuse ~ stay *nicht bleiben wollen* **b.** [*beim* acc *u* nom c inf] I expect him ~ come *ich erwarte, daß er kommt*; I think him ~ be your friend *ich halte ihn f d–n Freund*; he was seen ~ fall *man sah ihn fallen* **3.** [*als Ersatz vorhergehenden Verbs*] (I meant to call) but had no time ~ (*..*) *aber hatte k–e Zeit* (*dazu*); he promised ~ (sc to come); [*oft:*] I want ~ **D. an** [dat] repairs to a building; ambassador ~ the Court of St. James *.. am engl. Hof*; an operation ~ her neck *.. am Hals*; back ~ back *R. an R.*; an injury ~ his head *.. am K.* | [acc] ~ arms! *an die Gewehre!* || to see a p ~ the station *jdn an die Bahn begleiten*; (she pressed her child) ~ her breast *.. an die Brust*; (the clothes) were frozen ~ his body *.. waren ihm an den Leib gefroren*; to row ~ the shore *ans Ufer rudern*; to go ~ the seaside *an die See fahren* | to attach an order ~ the board; tie the dog ~ the railings!; the ship was fastened ~ the quay || to appeal ~ a higher court; to attend closely to one's orders *sich streng halten an ..*; to get accustomed ~ *sich gewöhnen an*; to marry ~ *verheiraten* (~ *an*); to apply ~ a policeman *sich wenden an* || adaptation ~ circumstances *Anpassung an ..*; a petition ~ the government *e-e Eingabe an ..*; devotion ~ a subject *Hingabe an ..*; the call ~ youth || refer ~ drawer (R.D.)! *an Aussteller zurück!*; the dictator brought his country ~ the verge of ruin *.. an den Rand des Verderbens*; to put the finishing touch ~ a book, picture *die letzte Hand anlegen an ..* | **auf** [acc]: to go ~ the station, a ball, a fair; to climb ~ the top of a hill;

cook has gone ~ market .. *ist auf den M. ge-gangen*; take this letter ~ the post bring .. *auf die P.* | [dat] I have been to the station *ich war auf dem B.* | (*Zeit*) to postpone a th ~ the last minute *etw auf die letzte M. verschieben*; to arrive (punctually) ~ the minute *auf die M. k* | [*nach Verben*] → to allude, amount, apply, confine o.s., limit, raise, refer, return, subscribe, swear ~ *anspielen*, .. etc .., *schwören auf* | applicable ~ *anwendbar auf*; transferable ~ *übertragbar auf* || an allusion, reference ~ *e-e Anspielung auf* | (*Verhältnis*) one spoonful ~ a glass of water; 12 inches go ~ the foot .. *gehen auf* .. | **bei** [dat]: secretary ~ the Prince; to have access ~ the Prince *bei* .. *Zutritt h* | [*nach Verben*] → to announce, apologize, appeal, complain, denounce, excuse, introduce, report o.s., stick ~ || that is up ~ you *das steht bei Ihnen* | **bis zu** [dat]: read ~ the next page; to see ~ the bottom *bis auf den Grund sehen*; soaked ~ the skin *bis auf die Haut durchnäßt*; fill it ~ the brim .. *bis an den Rand*; buttoned (up) ~ the top *bis oben zugeknöpft* | (*Zeit*) ~ a great age *bis ins hohe Alter*; ~ the very last *bis zu allerletzt*; ~ the bitter end *bis zum bitte-ren Ende*; the church goes back ~ the 15th century .. *reicht bis ins 15. Jh. zurück*; ~ this very hour *bis auf diese Stunde*, ~ this very day *bis auf den heutigen Tag* | (up) to this amount *bis z diesem Betrag*; up ~ his ears in debt *bis über den Hals in Schulden* | **für**: open ~ the public | acceptable, adapted, agreeable, alive, dangerous, difficult, essential, fatal, interesting, necessary, oppressive, susceptible, useful ~ .. *für* | an acquisition, advice, a hard blow, a burden, a challenge, a danger, a discovery, a disgrace, a help, a lesson, openess, poison, a great satisfaction, a warning ~ *für* | keep it ~ yourself *behalt es f dich* (= *geheim halten*); I have a room all ~ myself; I am always at home ~ you; → for | **gegen** [acc] to hold a th ~ the light; to raise one's eyes ~ heaven .. *ge-gen den H.*; to ascend ~ heaven *gen H. fahren* | to inure o.s. ~ cold; to lose ~ a team; to object ~ smoking *etw h gegen das Rauchen*; I have (there is) no objection to your smoking | blind, callous, charitable, considerate, cruel, deaf, fair, indifferent, insensitive, inured, just, merciful, respectful, susciptible ~ .. *gegen* | an antidote ~ poison; → aversion, antipathy, brutality, cruelty, dislike, falseness, gratitude, hostility, indifference, indulgence, justice, kind-ness, obedience, obligation, sensibility ~; this is (a) child's play ~ what you have done .. *ein Kinderspiel gegen* | to bet ten ~ one *10 gegen 1 wetten*; to fight man ~ man; this is nothing ~ what I saw; ~ you I am a beginner; to shut one's eyes ~ one's children's faults; to make an objection ~ a motion | **in** [dat] [Ger: *Ruhe*, Engl: *Bewegung*] I have been to London, England, his house; a visit to L., E.; to welcome ~ L.; Richmond lies ~ the west of L. || [acc] to go, come ~ town *in die Stadt gehen*, *k*; to go ~ the town *in die nächste Marktstadt gehen*; to go ~ church, school *in die K., Sch. gehen*; to go ~ the theatre *ins Th. gehen* || a crusade ~ the Holy *Land* || scattered ~ the four winds *in alle W. zerstreut* | to agree, consent ~ *ein-willigen in*; correct "typic" ~ "typical"! || to submit ~ *sich fügen in* | an introduction ~ a club; resignation ~ God *Ergebung in G.*; a successor ~ the management .. *in der Leitung*; restoration ~ the office *Wiedereinsetzung ins Amt* | to come ~ a mature **age** *ins reife A. k*; ~ the amount of *im Betrag v*; to reduce ~ ashes *in A. legen*; to put ~ confusion *in V. bringen*; ~ a certain extent *in gewissem Maße*; to eat ~ excess *im Übermaß essen*; to put ~ flight *in die*

F. schlagen; to resign ~ one's fate *sich in sein Sch. ergeben*; to tell s. th. ~ a p's face .. *ins G. ..*; to set ~ music *in M. setzen*; recall it ~ your mind *ruf es dir ins G. zurück*; he was returned ~ Parliament .. *ins P. gewählt*; raised ~ the peerage *in den Adelsstand erhoben*; broken, taken ~ pieces *in St. gebrochen, zer-legt*; raised ~ the third power *in die 3. Potenz erhoben*; that makes no difference ~ the price *das macht k—n U. im P.*; to bring ~ ruin *ins Verderben stürzen*; to praise .. up ~ the skies *in den Himmel heben*; ~ the value of *im Werte v*; to preach ~ the winds *in den W. reden* | **mit** [dat] engaged, married, related ~ *verlobt mit*; introduced ~ a p, a problem *bekannt gemacht mit ..*; to reconcile o.s. ~ afflictions, ~ one's lot; can I speak ~ you?, I want to talk ~ you about it | her marriage ~ .. *Heirat, Verehe-lichung mit* | **nach** [dat]: a journey ~ England; export ~ England; the train ~ (*od* for) Paris; a view ~ the south .. *nach S.*; his transfer ~ Oxford *s—e Versetzung nach O.* | to aspire, direct, emigrate, go, lead, move, ⟨wir⟩ relay, remove ~; look ~ the left! *schau nach links* || to conform ~ the law *sich nach dem G. richten* | ⟨übtr⟩ ~ all appearance *allem A. nach*; ~ the best of my ability (knowledge) *nach besten Kräften (Wissen u Gewissen)*; ~ your heart's content *nach Herzenslust*; depicted ~ the life *nach dem L. geschildert*; made ~ measure *nach Maß gemacht*; to dance ~ a melody; ~ my taste *nach m—m G.*; I won't dance ~ your tune *ich will nicht nach d—r Pfeife tanzen* | our superiority ~ the enemy .. *Übergewicht* **über** .. | **unter** [acc]: he put his name ~ the document | **von** [dat]: an exception ~ the rule; he is an heir ~ one million dollars || to persuade a p ~ the contrary; the hall resounded ~ their cries | **vor** [dat]: to drive up (*vorfahren*) ~ a house *vor* .. | ⟨theat⟩ to play ~ a full house; to lecture ~ an audience || (*Zeit*) ten minutes ~ six *10 M. vor 6* | to bow ~ a lady *sich verbeugen vor ..*; to justify o.s. ~ *sich rechtfertigen vor*; he knelt ~ his Queen *kniete (nieder) vor ..* | with all due deference ~ him *bei aller Hoch-achtung vor ihm* | [acc] to go ~ the dogs *vor die Hunde gehn*; he was brought ~ trial .. *vor Gericht* | **zu** [dat]: → bed; to go ~ communion *zum Abendmahl gehen*; ~ dinner *zu Tisch gehen*; ~ ground; to commit one's thoughts ~ paper .. *zu P. bringen*; take (*bring!*) this letter ~ the post-office .. *zur Post*; to sit down ~ table *sich z Tisch setzen* | this is the way ~ the station .. *zum B.*; access ~ the library, headmaster, sea *Zutritt z·* | to come, bring ~ an end *z Ende k*, *bringen* | (*nach Verben*) → to add, admit, apply, belong, challenge, condemn, contribute, con-vert, to feel called ~ *sich berufen fühlen z*; → to help, incite, instigate, lead, lean (hinneigen), lend o.s. *sich hergeben z*; ~ promote, return, seduce, stick, stimulate, summon, train, turn | entitled ~ *berechtigt z*; born, destined ~ great things; liable ~ cough, inclined ~ mischief, disposed ~ rheumatism | [*nach Substantiv*] admission, advent (*Emporkommen*), allegiance, annex, appointment; a call ~ arms *e—e Einberufung z den W.*; challenge, consent, conversion, disposition, encouragement, intro-duction, invitation, prelude, stimulus, way ~ | [*vor abstr*] ~ my annoyance, astonishment, consternation, cost (*Schaden*), detriment, de-spair, regret, relief, satisfaction, shame, sorrow, surprise | (*Maß*) to bet ten ~ one || 2 is ~ 6 as 6 is ~ 18 | (*nach Verben*) to **ask** (= invite) a p ~ dinner *zum Essen bitten*; that does not bind you ~ anything *das verpflichtet dich z nichts*; it bores me ~ death; to bring a th ~ a conclu-sion, ~ a p's knowledge *e—m zur K. br.*; to call a p ~ one's help .. *zu Hilfe rufen*; to call ~ order *zur O. rufen*, ~ account *zur Rechenschaft ziehen*; to call heaven ~ witness *den H. zum Z. anrufen*; to come ~ a head *zur Entscheidung k*, to come ~ a decision *zu e–m E. k*, to come ~ the point *zur S k*; it came ~ my ears *es ist mir zu Ohren gek*; doomed ~ destruction; to engage o.s. ~ nothing *sich z nichts verpflichten*; the motion (*Antrag*) goes ~ the vote *kommt zur Abstimmung*; it goes ~ my heart *es geht mir z Herzen*; I incline ~ the opinion; she was moved ~ tears; to pass ~ the order of the day *zur Tagesordnung übergehen*; to pray ~ God *z G. beten*; reduced ~ a skeleton *zum Gerippe abgemagert*; to resort ~ means *z Mitteln greifen*; to take a th ~ heart *sich etw z Herzen nehmen*; to worry o.s. ~ death *sich z Tode grämen, quälen*

to [tu:] adv *zu, geschlossen*, the door is ~ *die Tür ist zu*; to fall ~ *z·ulangen*; to go ~ *los–, heran–, vorwärtsgehen*; → to come || ~ and fro *auf u ab, hin u her*

toad [toud] s ⟨zoo⟩ *Kröte f, Surinam ~ Waben–* | ⟨übtr⟩ *Kröte (widerliche P)* || ⟨hum⟩ *Wurm* m (the poor ~) || ~ in the hole ⟨cul⟩ *Beefsteakfleisch* n *in Kuchenteig gekocht* | [attr] ~-eater *Speichellecker* m || ~-eating 1. a *speichelleckerisch* 2. s *Speichelleckerei* f || ~-flax ⟨bot⟩ *Leinkraut* n ~stone ['~stoun] s *Krötenstein* m (*Versteinerung*) ~stool ['~stu:l] s ⟨bot⟩ *Giftpilz, Pilz* m

toady ['toudi] 1. s *Speichellecker* m 2. vt (*jdm*) *niedrig schmeicheln* ~ism [~izm] s *Speichelleckerei* f

toast [toust] I. s [pl ~s] 1. *geröstetes Brot* n, *Toast* m (on ~ *auf T. serviert*); to have a p on ~ ⟨sl⟩ *jdn* (*in s–r Gewalt*) h || *Stück Toast in Wein*; French ~ *französ. Welsh Rabbit* n (*in geschlagenes Ei mit Milch getauchte u gebackene Brotscheibe* f) 2. *Toast, Trinkspruch* m; to give, propose, submit the ~ of a p *e–n T. ausbringen auf jdn* 3. *Person* f, *auf deren Gesundheit getrunken wird*; ⟨bes⟩ *Frau, Schönheit* f 4. [attr] *Toast–* || ~-master *Toastmeister* m || ~-rack *Gestell* n f *geröstetes Brot* II. vt/i || (*Brot*) *rösten* || ⟨übtr⟩ *wärmen*; to ~ one's feet, toes *sich die Füße gründlich w.* || *toasten or trinken auf* | vi (of bread etc) *sich rösten l* (to ~ *well*) || *sich wärmen* | *toasten* (to *auf*) | ~er ['~ə] s *Röster* m || *Gerät z Rösten* n | *Toastmeister* m ~erette [~ə'ret] s ⟨Am⟩ *Toastscheibe* f ~ing ['~iŋ] s [attr] *Röst–*; ~-fork *Röstgabel* f

tobacco [tə'bækou] s [pl ~s] *Tabakpflanze* f | *Tabak* m; chewing-~ *Kautabak*; smoking-~ *Rauchtabak* m | [attr] *Tabaks–* (~ cloud *–qualm* m) || ~ heart *Nikotinherz* n || ~-pipe *Tabakspfeife* f || ~-pouch *–beutel* m ~nist [tə'bækənist] s *Tabakhändler* m; the ~'s (shop) *der Tabakladen*

Tobira [to'baiərə] s ⟨bot⟩ = Japanese Pittosporum *Chinesischer Klebsamen* m (*Strauch*)

toboggan [tə'bɔgən] 1. s *Rodelschlitten* m; ~-slide, ~-shoot *Rodelbahn* f 2. vi *rodeln* | ~er [~ə], ~ist [~ist] s *Rodler* m

Toby ['toubi] s (a ~ jug) (*Porzellan-*)*Trinkkrug* m (*in Form e–s dicken Mannes*) || *der Hund in* "Punch and Judy" | [attr] ~ frill *Halskrause* f **toby** ['toubi] s ⟨Am⟩ ,,*Rauch-du-sie*" f (*billige Zigarre*)

toccata [tə'kɑ:tə] s It ⟨mus⟩ *Tokkata* f f *Orgel or Klavier*

toc emma ['tɔk'emə] s ⟨mil fam⟩ f trench mortar *Minenwerfer* m

Toc H ['tɔk'eitʃ] s *Signalaussprache f* Talbot House, → d

toco, toko ['toukou] s ⟨sl⟩ *Prügel* pl; to catch ~ *P. bek*

tocology [tə'kɔlədʒi] s *Entbindungskunde* f

tocsin ['tɔksin] s *Alarmsignal* n ⟨a übtr⟩ || *Alarm–, Sturmglocke* f

tod [tɔd] s † *Busch* m, *Gesträuch* n | *Gewicht* n (f *Wolle*; 28 lbs.)

tod [tɔd] s ⟨dial⟩ *Fuchs* m

Toda ['toudə] s Ind *Angehöriger* m *e–s Stammes der Dravida*

today [tə'dei] 1. adv *heute*; *heutzutage, heutigestages, gegenwärtig*; ~ week *heute in* or *vor 8 Tagen* 2. s *Heute* n, *der heutige Tag* m || ~'s heutig (~'s paper *die heutige Zeitung*); *Tages–* || *Gegenwart* f (the writers of ~)

toddle ['tɔdl] 1. vi *watscheln* | *schlendern* || ⟨fam⟩ *sich trollen*; *fortgehen*, °*abrücken* 2. s *watschelnder Gang* m, *Watscheln* n | *Herumschlendern* n || ⟨fam⟩ *kl Kind* n | ~r [~ə] s *kl Kind* n, *kl Tolpatsch* m

toddy ['tɔdi] s *Art Grog, Punsch*; *Eisbrecher* m

to-do [tə'du:] s *Aufheben* n (much ~); *Lärm* m (about *über*); to make a ~ *Aufhebens* m (about)

tody ['toudi] s ⟨orn⟩ *westind. Sitzfüßler* m

toe [tou] s 1. *Zehe* f; great *od* big ~ *gr Z.*, little ~ *kl Z.* || from top to ~ *v Kopf bis z Fuß*; *vollständig*; to shake a ~ ⟨fam⟩ *das Tanzbein schwingen*, °*e–e* (*saubere*) *Sohle aufs Parkett legen*; to tread on a p's ~s ⟨fig⟩ *jdm auf die Füße, Hühneraugen treten, jdn ärgern, reizen*; to turn one's ~s in, out *ein–, auswärts gehen* || ⟨Am⟩ up one's ~s *auf den Beinen, rührig* | ⟨hors⟩ *Vorderhuf* m 2. *Spitze* f (*des Strumpfes or Stiefels*); pointed ~s *spitze Kappen* f pl 3. ⟨fam⟩ ~s [pl] *Füße* m pl; → to toast 4. ⟨übtr⟩ *Spitze* f, *Ende* n (*e–s Gegenstandes*) 5. [attr] ~-binding ⟨ski⟩ *Backenbindung* f; ~-cap *Stiefelkappe* f || ~-dancing *Spitzentanz* m || to get a ~(-)hold (*festen*) *Fuß fassen* || ~-nail *Zehennagel* m || ~-peepers [pl] ⟨fam⟩ *zehenfreie Schuhe* m pl || ~-rags [pl] *Fußlappen* m pl

toe [tou] vt/i [~s; ~d; ~ing] A. vt 1. (*Strümpfe*) *mit neuen Zehen, Spitzen versehen*; (*Stiefel*) *vorschuhen* 2. *mit den Zehen berühren* | to ~ the line *in e–r Linie antreten*; ⟨fig⟩ *z e–m Rennen* (etc) *antreten* (with); *sich den* (*Partei–* etc) *Vorschriften unterwerfen, sich gleichschalten*; ⟨übtr⟩ *sich unterwerfen, sich einfügen, –fügen lernen* || ⟨Am fam⟩ to ~ the mark *etw leisten* 3. ⟨sl⟩ (*jdn*) *treten* | ⟨golf⟩ (*Ball*) *mit der Spitze des Schlägers schlagen* B. vi to ~ in (out) *die Füße nach innen* (*außen*) *setzen* | ~-in *Radsturz* m | ~d [~d] a [in comp] *–zehig* (three-~)

toff [tɔf] ⟨sl⟩ 1. s *Geck, Stutzer, Dandy* m || *feiner Herr* m 2. a °*prima, knorke, pfundig* 3. vt *aufputzen*

toffee, toffy ['tɔfi], ⟨Am & Scot⟩ **taffy** ['tæfi] s *Sahnekaram·elle* f, *–bonbon* m

toft [tɔft] s *Hofstelle* f; ~ and croft *H. mit zugehörigem Land* f | *Hügel* m

tofu [tə'fu:] s *Bohnenkäse* m, *käseartiges Nahrungsmittel* n (*Ostasiens*)

tog [tɔg] s ⟨sl⟩ *Rock* m; [most pl] ·s *Kleider* n pl, *Kleidung* f, °*Klamotten* f pl 2. vt [–gg–] (*jdn*) *herausputzen*

toga ['tougə] s [pl ~s] L ⟨ant⟩ *T·oga* f ~ed [~d] a *in e–e T. gekleidet*

together [tə'geðə] adv 1. *zus–, gemeinsam* (to live ~); ~ with *zus– mit, samt, mitsamt* | *mit–, gegen–e–a* (to fight ~) || *in–, auf–e–a* (to rush ~) 2. (*zeitlich*) *nach–, hinter–e–a* (for days ~ *tagelang h.*) || *zus–, zugleich, z gleicher Zeit, gleichzeitig* (both ~)

togger ['tɔgə] s ⟨Oxf univ sl⟩ f *torpid* || ~s [pl] = torpids pl

toggery ['tɔgəri] s ⟨fam⟩ *Anzug* m, *Kleidung* f, °*Klamotten* f pl || *Berufs–, Amtskleidung* f || ⟨Am a⟩ *Konfektionshaus* n

toggle ['tɔgl] **1.** s ⟨mar⟩ *Knebel* m, *Querholz* n (*z Festhalten zweier Taue* etc) || (*a* ∼-joint) ⟨tech⟩ *Knebel–, Kniegelenk* n | ∼ *lever Kniehebel* m; ∼ *motion Kniehebelbewegung* f; ∼ *switch Kipp–, Knebelschalter* m **2.** vt ⟨mar⟩ *durch ein Querholz verbinden, befestigen*

togt [tɔxt] s SAfr *Handelsexpedition* f | [attr] *reisend*

toil [tɔil] s [*mst* pl ∼s] *Netz* n, *Schlinge* f ⟨*a* fig⟩ || in the ∼s *in den Schlingen; in den Fesseln*; ⟨fig⟩ *verstrickt*

toil [tɔil] **1.** vi *sich placken,* °*schuften; mühselig arbeiten* (at *an*) || *mühsam gehen; sich mühselig durcharbeiten* (through *durch*), *sich hinaufarbeiten* (up the hill *auf den Hügel*), *sich vorwärtsarbeiten* (along *auf*) **2.** s *schwere Arbeit, Mühe, Plage* f; *Plackerei* f | [comp] ∼-worn *abgearbeitet* | ∼-er ['∼ə] s *angestrengt Arbeitende(r* m) f, *Schwerarbeitender* m ∼-ful ['∼ful] a = ∼some ∼ing ['∼iŋ] a *arbeitend* (classes) ∼some ['∼səm] a *mühsam, –selig* ∼someness ['∼səmnis] s *Mühseligkeit* f

toilet ['tɔilit] s **1.** [koll] *Toilettengarnitur* f **2.** (*a* ∼-table) *Ankleide–, Putztisch* m **3.** *Toil'ette* f, *Anziehen, –kleiden* n; to make one's ∼ *T. m, sich ankleiden* || *Toilette* f, *Kostüm* n, *(Gesellschafts-)Anzug* m **4.** *Garderobe, Ankleideraum* m | *Badezimmer* n; *Waschraum* m *mit Klosett*; ⟨*bes* Am⟩ *Klosett* n **5.** [attr] ∼-case *Reisenecessaire* n || ∼-paper *Toilettenpapier* n; ∼ crepe paper *Krepp-T.-p.*; ∼-roll *Rolle T.* || ∼-set *Toilettengarnitur* f ∼ries [∼riz] s pl ⟨Am⟩ *Toilettenartikel* m pl

Tokay [tou'kei] s *Tok'aier* m (*Wein*); ∼ grape *Tokaiertraube* f

toke [touk] s ⟨fam⟩ °*Futter* n (*Nahrung*); *Brot* n

token ['toukən] s *Zeichen, Anzeichen* (of *f*); *Merkmal* n || *Beweis* m (of a th *f e–e S, e–r S*) || in ∼ of *als* or *z Zeichen* (or *als symbolische Handlung*) v [*od:* gen]; by the same ∼ *desgleichen, ebenfalls, ferner;* more by ∼ *um so mehr* (as *od* that *als*) | *Andenken* n | *Unterpfand* n | ∼ money ⟨engl hist⟩ *Scheidemünze* f, *–geld* n; *Not–, Privatgeld* n; *Rechenpfennig* m || ∼ payment *An(erkennungs)zahlung* f || ∼ strike (*nomineller*) *Warnungsstreik* m || *Prestige–* (∼ raids, ∼ resistance) || *den guten Willen zeigend* (∼ imports) || *geringfügig* || *Schein–, vorgetäuscht, pro forma* (*Handlung*)

toko s → toco

tokology s → toco–

tola ['toulə] s ⟨Ind⟩ *ein* (*Gold–, Silber-*) *Gewicht* (= 180 grains)

told [tould] pret & pp v to tell

tolerable ['tɔlərəbl] **1.** a *erträglich* (to *f*) || *leidlich; mittelmäßig* **2.** adv *ziemlich* || [pred] *leidlich* or *ziemlich wohl* –**bly** [–i] adv *leidlich*; *ziemlich* –**ableness** [–nis] s *Erträglichkeit* f || *Leidlich–, Mittelmäßigkeit* f

tolerance ['tɔlərəns] s *Toler'anz, Duldsamkeit, Duldung, Nachsicht* f (of *mit*); in ∼ of *unter Duldung* v; to gain ∼ *geduldet w* | ⟨med⟩ *Widerstandsfähigkeit* f (*gegen Gift*) | *zugelassene Abweichung* f (*vom Standard*) –**ant** ['tɔlərənt] a (∼ly adv) *tolerant, duldsam* (of *gegen*) || ⟨med⟩ *widerstandsfähig* (of *gegen*) –**ate** ['tɔləreit] vt (*etw*) *dulden, zulassen* || *duldsam s gegen* || *ertragen; sich abfinden mit* || (*Nahrung*) *vertragen; sich gewöhnen an* || ⟨med⟩ *vertragen* –**ation** [ˌtɔlə'reiʃən] s *Nachsicht, Duldung* f || *Toleranz, Duldsamkeit* f

toll [toul] s **1.** ⟨hist⟩ *Zoll* m, *Abgabe, Steuer* f || *Wege–, Brückengeld* n, *–zoll* m; *Markt–, Standgeld* n **2.** ⟨telph⟩ *Vorort-Ferngespräch* n; [oft attr] *Nahverkehr–*; **3.** ⟨fig⟩ *Tribut* m (to pay one's ∼ of *s–n T. zahlen an* [of killed *an Toten*]), ∼ *exacted by durch .. geforderter T.*

Lösegeld n; *Zoll* m; heavy ∼s pl *schwere Verluste* m pl; the ∼ of the road *die Verkehrsunfälle* m pl, *Todesopfer* n pl *der Landstraße;* to take ∼ of a p ⟨fig⟩ *jdn arg mitnehmen;* the hurricane took ∼ of 1000 lives *der Orkan forderte 1000 Todesopfer* **4.** [attr] (→ **2.**) ∼-bar, ∼-gate *Schlagbaum* m; ∼ broadcasting *gebührenpflichtiger Rundfunk* m; ∼ cable *Fernkabel* n; ∼-house *Zollhäuschen* n; ∼ line *Fernleitung* f; ∼ road, ∼ superhighway *gebührenpflichtige Autobahn* f, *Zollstraße* f f *Schnellverkehr* ∼-able ['∼əbl] a *zollpflichtig, verzollbar* ∼-age ['∼idʒ] s *Zollabgabe* f

toll [toul] **I.** vt/i **1.** vt (*Glocke*) *läuten* (*Glocke*) *in langsamen Zwischenräumen läuten* | (of a bell) (*Stundenzeit*) *erschallen l;* (*die Zeit*) (*an*)*schlagen* || *durch Läuten verkünden* || *durch L. rufen* **2.** vi (of a bell) (*an*)*schlagen; feierlich läuten* **II.** s *langsames, gleichmäßiges, feierliches Läuten* || *Glockenschlag* m

toll, tole [toul] vt ⟨Am & dial⟩ *verlocken, –leiten;* to ∼ in *hineinlocken*

tol(l)booth ['toulbu:ð] s ⟨Scot⟩ *Rathaus* n || *Stadtgefängnis* n

tolly ['tɔli] s ⟨sl⟩ *Talgkerze* f

Toltec ['tɔltek] s *Tolt'eke* m (*Angehöriger des Nahuastammes Altmexikos, ca. 700–1000 A.D.*)

tolu [tɔ'lju:] s (*a* ∼ balsam) *Tol'ubalsam* m

toluene ['tɔlui:n] s ⟨chem⟩ *Tolu'in* n **toluol** ['tɔljuəl] s ⟨chem⟩ *Tolu'ol* n (*Steinkohlenteeröl*)

tom [tɔm] s **1.** (abbr *v* Thomas) ∼, Dick, and Harry *Hinz u Kunz;* ∼ Fool, ∼-noddy *Dummkopf, Einfaltspinsel* m ∼ Thumb *Däumling* m **2.** (T) *Männchen* n ∼-boy ['∼bɔi] s *Wildfang* (*Mädchen*) m, *Range* f ∼-cat ['∼kæt] s ⟨zoo⟩ *Kater* m

tomahawk ['tɔməhɔ:k] **1.** s *T'omahawk* m, *Streitaxt, –keule* f || to bury the ∼ ⟨fig⟩ *die Streitaxt begraben* **2.** vt *mit der Streitaxt töten*

tomalley [tɔ'mæli] s *Leber* f *des nordamer. Hummers*

toman [to'mɑ:n] s *pers. Goldmünze* f (7 s. 1 d.)

tomato [tə'mɑ:tou] s [pl ∼es] ⟨bot⟩ *Tomatenpflanze* f || *Tom'ate* f (*Frucht*)

tomb [tu:m] **1.** s *Grab* n; ∼stätte f || *Grabgewölbe; –mal* n **2.** vt * *begraben* ∼stone ['∼stoun] s *Grabstein* m

tombac ['tɔmbæk] s *Tombak* m (*Mischung aus Kupfer u Zink*)

tombola ['tɔmbələ] s It *T'ombola, Lottospiel* n

tome [toum] s *dicker Band* (*Buch*), *Wälzer* m **tomentose** [tou'mentous] a ⟨bot⟩ *dicht behaart* –**ntum** [tou'mentəm] s L ⟨bot⟩ *dichte Haarbedeckung* f

tomfool ['tɔm'fu:l] **1.** s *Einfaltspinsel, Hansnarr* m **2.** vi *den Narren spielen* [∼əri] s *Narretei* f | *Narrheit* f, *albernes Benehmen* n

tommy ['tɔmi] s [dim *v* Thomas] **1.** ∼ (*a* ∼ Atkins) *Tommy* m (*britischer Soldat* m) **2.** ∼ *Brot* n, *Nahrung* f, *Naturalien* [pl] *an Stelle v Geldlohn* | ∼ cooker *Schnellkocher* m | ∼ gun *Maschinenpistole* f (*nach General* J. T. Thompson) || ∼ screw *Knebelschraube* f || ∼-shop *Naturalienhandlung* f; ∼ system (= truck system) *Truck-System* n (*Bezahlung in Waren*) **3.** ∼ rot ⟨sl⟩ *purer Blödsinn, Quatsch* m (*mit Soße*)

tomorrow, to-morrow [tə'mɔrou] **1.** adv *morgen* || (I'll) see you ∼! *auf Wiedersehn!* **2.** s *der morgige Tag* m; ∼'s *morgig* (∼'s paper) | [attr] *morgen;* ∼ morning *morgen früh;* ∼ week *morgen in 8 Tagen;* → day

tompion ['tɔmpiən] s → tampion

tomtit ['tɔm'tit] s ⟨orn⟩ *Meise* f → tit, titmouse

tomtom ['tɔmtɔm] **1.** s Ind (*Hindu-*)*Trommel* f ⟨*a* fig⟩ || (*chines.*) *Gong* n, *Tamtam* n **2.** vi/t *trommeln*

ton [tʌn] s **1.** ⟨mar⟩ *Tonne* f (*Raummaß*)

a. *Tonnengehalt* m, *Lade–*, *Tragfähigkeit* f (*e–s Schiffes*); register ~ *Registertonne* f (= 100 cubic feet) **b.** *Tonne der Wasserverdrängung* (displacement ~; = 35 cubic feet) **c.** *Tonne der Fracht* (freight ~; = 40 cubic feet) **2.** ⟨com⟩ *Tonne* f (*Raummaß v verschiedener Größe f Weizen, Holz etc*) **3.** ⟨com⟩ *Tonne* f (*Gewichtsmaß = 20 Zentner*); **3** →s (*od* ~) of coal *3 Tonnen Kohlen*; the long *od* gross ~ = 2240 (*engl.*) *Pfd.*; the short (American) ~ = 2000 (*engl.*) *Pfd.*; metric ~ = 2204,6 *Pfd.* **4.** ⟨fam⟩ *gr Gewicht* n; to weigh a ~ *sehr schwer wiegen* || *gr Menge* f; ~s of .. *sehr viel(e)* (~s of time)

ton [tɔ:] s Fr *Mode* f || *Modewelt* f || *guter Ton* m

tonal ['tounl] a *Ton–* **~ity** [tou'næliti] s ⟨mus⟩ *Tonalität*; *Tonart* f; *Toncharakter* m; *Stimmung* f || ⟨paint⟩ *Farbton* m, *Tönung*, *Abtönung* f

   to-name ['tu:neim] s ⟨dial⟩ *Zu–*, *Beiname* m

   tondo ['tɔndou] It [pl ~s] *Rundbild* n (*Gemälde* or *Relief*)

tone [toun] **I.** s **1.** *Ton* m (heart ~s *Herztöne*); *Laut*, *Klang* m || *Klangart*; *Tonhöhe*, *–modulation* f || ⟨mus⟩ (*Voll-*)*Ton*, quarter–~ *Viertel–* || ⟨phon⟩ *Betonung*, *Intonation* f **2.** ⟨med⟩ *Spannkraft* f (to lose ~) || *geistige Haltung*, *moral.* (*Spann-*)*Kraft* f **3.** ⟨arts⟩ *Farbton* m, *Färbung* f, *Tönung*, *Schattierung* f; ⟨phot⟩ *Ton* m **4.** ⟨Lit⟩ *Ton*, *Stil* m, *Haltung* f; to set the ~ of *den Ton angeben* f; to set the ~ of a book *bezeichnend s f ein Buch* | ⟨übtr⟩ *Verhalten* n, *Haltung*, *Stimmung* f || ⟨st exch⟩ *Stimmung* f **5.** [attr] ~ arm *Tonabnehmer(arm* m) m || ~ control ⟨wir⟩ *Klangfarbenregelung* f || ~-deaf *unmusikalisch* **II.** vt/i **A.** vt ⟨mus⟩ **1.** *abtönen*; (*e–r S*) *Ton verleihen* | (*Instrument*) *stimmen* | ⟨arts⟩ (*Bild*) *abtönen*; *Färbung geben*; (*Farbe*) *abstufen* | ⟨phot⟩ *tonen*; toning bath *Tonbad* n **2.** ⟨übtr⟩ (*um*)*formen*, *modeln*; *regeln* **3.** [mit adv] to ~ down *herabstimmen*, *mildern*, *schwächen*, *dämpfen*; (*Worte*) *mäßigen* || to ~ up *heraufstimmen*, *stärken* **B.** vi (a to ~ down) *milder w* || to ~ in with *sich verschmelzen mit*; *stimmen z* || to ~ up *stärker w* | ~d [~d] a *tönend*; *abgetönt*; ~ paper *Tonpapier* n **~less** ['~lis] a *ton–*; *farblos* || ~y ['~i] a ⟨Am⟩ = tony

   tong [tɔŋ] s *chines. Geheimbund* m, *–gesellschaft* f

   tonga ['tɔŋgə] s ⟨Ind⟩ *leichter Wagen* m

   tongs [tɔŋz] s pl *Zange* f (a pair of ~ *e–e Z.*); I would not touch that with a pair of ~ ⟨fig⟩ *das möchte ich nicht mit der Z. anfassen* (*davon möchte ich die Finger l*) || hammer and ~ *mit allen Kräften*

tongue [tʌŋ] **I.** s **1.** *Zunge* f; to give ~ (of dogs) *Laut geben*; *bellen*, *anschlagen*; ⟨hunt⟩ the hound throws his ~ .. *gibt Hals*, (*Spur-*)*Laut*; to have a fluent, ready ~ *fließend sprechen*; to hold one's ~ *den Mund halten*; to loll out, put out one's ~ *die Z. herausstrecken*; → slip s, tip s | (*Kalbs-* etc) *Zunge* f || ~ kissing *Zungenkuß* m **2.** *menschliche Sprache* f (the German ~); one's mother ~); malicious ~s [pl] *böse Zungen* pl; to find one's ~ *die Sprache wiederfinden*; *sich erholen*; to give ~ to, to lay one's ~ to *äußern*; to lose one's ~ °*auf den Mund gefallen s*, °*die Sprache verlieren*; to speak with one's ~ in one's cheek *ironisch sprechen*; *nicht offen reden* || ~ in cheek *mit unterdrücktem Lächeln* | *Sprechart*, *Ausdrucksweise* f || to have a ~ *ein (loses) Mundwerk h* **3.** ⟨übtr⟩ *vorspringender Teil* m; (*Land-*)*Zunge* f || (*Flammen-*)*Zunge* f | ⟨mech & tech⟩ (of boots) *Zunge*, *Lasche* f | (of a balance) *Zeiger* m || (of a bell) *Klöppel* m || *Führungsleiste*, *–feder* f (*e–r Schiebetür*) || *Heftzapfen* m (*e–s Degens*)

|| *Schnallendorn* m || ~ and groove *Nut u Feder* f **4.** [attr & comp] *Zungen–* || ~-file *–feile* f || ~-in-cheek attitude *ironische Haltung* f || ~-tied *mit Zungenfehler behaftet* || ~-twister *Zungenbrecher* m **II.** vt (*Töne auf d. Flöte*) *mit der Z. hervorbringen* [a vi] || *mit Nut u Feder versehen* | ~d [~d] a [in comp] *–zügig* (double-~) **~less** ['~lis] a *ohne Zunge* | ⟨fig⟩ *sprachlos*

   toni ['touni] s ⟨Am cosm⟩ *Heimdauerwelle(r* m) f

tonic ['tɔnik] **1.** a (~ally adv) ⟨med⟩ *tonisch*, ~ spasm *tonischer Krampf* m || ⟨med⟩ *stärkend*, *kräftigend*; ~ water *Mineralwasser* n | ⟨mus⟩ *tonisch*, *Ton–*, *Klang–*; ~ chord *Grundakkord* m; ~ sol-fa ⟨engl⟩ *Methode* f *der Elementargesangslehre* | ⟨phon⟩ *Ton–*, ~ accent *musikalischer Akzent* m | ⟨arts⟩ (*Farb-*)*Ton–* **2.** s ⟨med⟩ *stärkendes Mittel* n (*a fig*); *Mineralwasser* n | ⟨mus⟩ *Grundton* m, *Tonika* f || *Haupttonsilbe* f **~ity** [tə'nisiti] s ⟨med⟩ *Spannkraft*, *Elastizität* f | ⟨mus⟩ *musikalischer Ton* m

   tonguy ['tʌŋi] a ⟨Am⟩ *gesprächig*, *schwatzhaft*

tonight [tə'nait] **1.** adv *heute nacht* || *heute abend* **2.** s *diese Nacht*; *die nächste Nacht* f; *der heutige Abend* m; ~'s mail *die heutige Abendpost*

   tonite ['tounait] s *Tonit* m (*Sprengpulver*)

tonka-bean ['tɔŋkəbi:n] s ⟨bot⟩ *Tonkabohne* f

tonnage ['tʌnidʒ] **I.** s **1.** ⟨engl hist⟩ (*Wein-*)*Zollgebühr* f | ⟨mar⟩ *Tonnengeld* n, *Frachtgebühr* f **2.** ⟨mar⟩ *Tonnengehalt* m, *Frachtraum* m, *Tragfähigkeit* f (*e–s Schiffes*) **3.** ⟨übtr⟩ *Gesamttonnage*, *Gesamtschiffsraum* m; *Handelsschiffe* n pl (*e–s Landes*) || *die nach tons berechnete Produktion* f (~-steel) **II.** vt (of ships) *e–n Tonnengehalt h v*

   tonneau ['tɔnou] s Fr *hinterer Teil* m (*mit Rücksitzen*) *e–s Kraftwagens*

   tonner ['tʌnə] s [in comp] *Schiff* n *v .. Tonnen* (a 5000 ~ *ein Sch. v 5000 T.*)

   tonometer [tou'nɔmitə] s *Tonmesser* m

tonsil ['tɔnsl] s ⟨anat⟩ *Mandel* f **~lar** ['tɔnsilə] a *Mandel–* **~lectomy** [.tɔnsi'lektəmi] s *chirurg. Entfernung der Mandeln* **~litis** [.tɔnsi'laitis] s *Mandelentzündung* f **~lotomy** [.tɔnsi'lɔtəmi] s = tonsillectomy

   tonsorial [.tɔn'sɔ:riəl] a *Barbier–*; ~ artist *Barbier* m

tonsure ['tɔnʃə] **1.** s *Haarschneiden* n, *–schur* f | ⟨ec⟩ *geschorene Stelle*, *Platte*, *Tonsur* f **2.** vt *scheren*; *mit e–r Tonsur versehen*; *tonsurieren*

   tontine [tɔn'ti:n] s *Tontine* f (*Art Lebensrente*, *bei der die Anteile der Absterbenden den Überlebenden zufallen*), *wachsende Leibrente* f

tony ['touni] **1.** a *stilvoll*, *modisch*, *elegant* **2.** s *e–e Modefarbe* f *zw Rot u Braun*

too [tu:] adv **1.** [*vor a & adv*] *zu*, *allzu* (~ large a house *od* a ~ large house); ~ good to be true *zu gut um wahr z s*; ~ high for you to reach *lt zu hoch*, *als daß du es erreichen könntest*; ~ much *zu viel*; ~ much exaggerated *zu sehr übertrieben*; ~ much of a good th *z viel des Guten*; all ~ familiar *nur zu vertraut*; far ~ many *viel zu viele* || [*oft in comp*] (~-fervent) | *sehr* (you are ~ kind) **2.** (*nie [außer* ⟨Am⟩] *am Anfang des Satzes*; *stets nach dem Zusatzwort*) *auch*, *dazu*, *außerdem*, the others ~ *auch die anderen*; I shall sign ~ **3.** ~ ~ a. adv ⟨fam⟩ *außergewöhnlich*, *höchst* (how ~ delightful! it's ~ ~ delightful!); he's not ~ well today *es geht ihm heute nicht besonders gut* **b.** a *übertrieben*, *–schwenglich*

   toodle-oo ['tu:dl'u:] intj (*auf Wiedersehen*) °*tjüs*

   took [tuk] pret *v* to take

tool [tu:l] **1.** s *Werkzeug, Gerät, Instrument* n || ⟨bookb⟩ (*Rollen–* or *Platten–*)*Stempel* m || ⟨übtr⟩ ~s pl *Handwerkszeug* n | ⟨fig dero⟩ *Werkzeug, Geschöpf* n, *Kreatur* | [attr] *Werkzeug–* | ~-box, ~-chest *Werkzeugkasten* m; ⟨min⟩ *Gezähetrommel* f, –kasten m **2.** vt/i || *mit Werkzeugen bearbeiten* || (*Steine*) *behauen* || (*Lederbände*) *mit e–m Stempel verzieren, punzen* || ⟨sl⟩ (*Wagen*) *fahren, lenken;* (*jdn*) *fahren* | vi *mit Werkzeugen arbeiten* || ⟨sl⟩ *fahren, kutschieren* || *to* ~ *about od around* °*herumpüttjern* | ~**er** [ˈ~ə] s *Steinmeißel* m ~**ing** [ˈ~iŋ] s *Punzarbeit* f | ~ *process* ⟨mach⟩ *Arbeitsverfahren* n

toon [tu:n] s ⟨bot⟩ *Toona(baum)* m

toot [tu:t] **1.** vi/t *tuten, blasen;* ⟨übtr Am⟩ *prahlen* || ~*ing his own horn!* ⟨bes Am⟩ *Eigenlob (stinkt)!* **2.** s *Tuten, Blasen* n, *Trompetenstoß* m || ⟨übtr Am fam⟩ *Bummel* m, *Bummeln* n; ⟨Am fam⟩ *Narr* m | *I don't care a* ~ *das macht mir den Teufel nichts aus,* → *hoot* | ~**er** [ˈ~ə] s *Blashorn* n || ⟨mot⟩ *Hupe* f

tooth [tu:θ] s [pl teeth] **1. a.** *Zahn* m **b.** *in the teeth of a th e–r S* (*direkt*) *entgegen* or *gegenüber; z Trotz, trotz e–r S* | *long in the* ~ [pred] *alt;* ⟨fam⟩ *she's up in the* ~ *sie hat sich die Kunden all lang abgebissen* (*P*) || *armed to the teeth bis an die Zähne bewaffnet* || ~ *and nail unerbittlich, mit aller Kraft, Wucht* f, (*sich*) *mit Händen u Füßen* (*sträuben*), (*sich*) *mit Eifer* (*daranmachen*) | → *to cast I.* **5.** || *to clean one's teeth sich die Zähne putzen* || *to cut one's first* ~ *den ersten Zahn bek* || *to draw a p's teeth* ⟨fig⟩ *jdn beruhigen; unschädlich* m; *to have a* ~ *drawn sich e–n Z. ziehen l* || *to get one's teeth into a th* ⟨fig⟩ *sich die Zähne ausbeißen an etw* || *to take one's teeth to* [prep] ⟨fam⟩ *tüchtig einhauen in* (*essen v*) || → *to pick, show* || → *edge, sink* s; *sweet a* **2.** ⟨tech⟩ *Zahn* m, *Zinke, Zacke* f **3.** [attr & comp] *Zahn–* || ~-billed ⟨orn⟩ *mit gezacktem Schnabel* || ~-brush *Zahnbürste* f (⟨a fig⟩ *Bärtchen*) || ~-carpenter ⟨vulg⟩ °,,*Zahnklempner*'' m || ~-paste *–paste* f || ~-powder *–pulver* n || ~-wash *–wasser* n || ~-wheel *–rad* n ~**ache** [ˈ~eik] s *Zahnweh* n, *–schmerzen* m pl; *to have (the)* ~ *Z. h* ~**less** [ˈ~lis] a *zahnlos, ohne Zähne* ~**pick** [ˈ~pik] s *Zahnstocher* m || ~ *legs* [pl] ⟨Am⟩ *Streichhölzerbeine* n pl ~**some** [ˈ~səm] a (~*ly adv*) *schmackhaft* | ~**y** [ˈtu:ði] a ⟨Am⟩ *lecker* (⟨a übtr⟩ ~ *bathing beauties*); *a* ~ *smile* ⟨fam⟩ *ein ,,Blendax''-Lächeln* n

tooth [tu:θ] vt/i || ⟨tech⟩ (*Rad*) *mit Zähnen versehen* | *verzahnen* | vi (of cog-wheels) *in–e–a–greifen* | ~**ed** [~t] a ⟨bot⟩ *gezahnt, –zackt* || [in comp] *Zahn–* (~ *wheel*) || *sweet–*~ *naschhaft* ~**ing** [ˈ~iŋ] s ⟨tech⟩ (*Ver-*)*Zahnung* f || ~-stone ⟨arch⟩ *Ansatz–, Zahnstein* m

tootle [ˈtu:tl] **1.** vi *wiederholt blasen, tuten* **2.** s *Tuten* n || ~ ~*! tut tut!*

tootle-oo [ˈtu:tlˈu:] → toodle-oo

top [tɔp] **I.** s **A. 1.** *oberer, oberster Teil* m (*e–s Gegenstandes*); *Jacke* f (*pyjama* ~) || *Spitze* f, *Gipfel* m, *the* ~ *of a hill od the hill–*~ *der G. des Hügels;* (of a tree) *Wipfel* m, *Krone* f; *Kopf* m || ⟨Am mil sl⟩ *Spieß* m (*Hauptfeldwebel, –wachtmeister*) (*company* ~) | *at the* ~ *of the tree od ladder auf höchster Stufe; in höchster Stellung; an oberster Spitze, erster Stelle* || → *bottom* || *on* (the) ~ *of oben auf; zus–gewürfelt mit; to sit on the* ~ *of each other auf–e–a sitzen* || *on* (the) ~ *of it noch dazu, obendrein;* ⟨Am⟩ *on* ~ *the box auf dem Kasten; to be on* ~ ⟨fig⟩ *obendrauf* s; *to come out on* ~ ⟨fig⟩ *als Sieger, Erster hervorgehen; to come to the* ~ ⟨fig⟩ *an die Spitze k; sich durchsetzen* || → D., E. **2.** ⟨übtr⟩ (of the head) *Scheitel* m; → *toe* || (of a page, etc) *oberes Ende* n, *Kopf* m (p. 56 at the ~ *S. 56 oben*); *at the* ~ *of a table obenan* || (of beer) *Blume* f (*to take the* ~ *off die B. abtrinken*) | ⟨arch⟩ *Dachfirst, –stuhl* m || (of boots) *Stulpe* f, *Oberleder* n; ~s [pl] ⟨sl⟩ *Stulpenstiefel* m pl || (of a vehicle) *Verdeck* n | ⟨mar⟩ (a ~s) *Mars, Mastkorb, Topp* m; → *main* ||; *fore* ~; *mizzen* ~ | *to go over the* ~ (sc *des Schützengrabens*) (*zum Angriff* etc) *über die Deckung springen,* ⟨fig⟩ *den Sprung in die Ehe wagen* | ⟨mot⟩ *größter Gang* m → ~-*gear* **B.** *Haarbüschel* m; (*Woll–*) *Strähne* f **C.** *obere Fläche* or *Seite* f; *Oberfläche* f **D.** ⟨übtr⟩ *höchster Punkt, Rang* m, *höchste Stufe* f; *at the* ~ *of obenan; to be the* ~ *of a class Primus* s || ⟨fig⟩ *Höhe* f, *Gipfel* m (*the* ~ *of one's ambition);* → A. **1. E.** *höchster Grad* m, *at the* ~ *of one's speed mit höchster Geschwindigkeit, at the* ~ *of one's voice, at the* ~s *of their voices aus voller Kehle; to the* ~ *of one's bent nach (besten) Kräften, nach Herzenslust* **II.** attr od a [*nur attr*] **1.** *oberst, höchst;* ~ *line Kopf–, Titelzeile* f; *the* ~ *rung* ⟨fig⟩ *der höchste Punkt, die oberste Stellung* f || ~ *and bottom embroidery Doppelstickerei* f **2.** *größt* (*at* ~ *speed*); *höchst* (~ *prices*) **3.** *erste(r, –s)* (*the* ~ *place*); ⟨sl⟩ *the* ~ *dog* (*Ggs under dog*) ⟨fig⟩ *Sieger* m, *siegreiche Partei* f (*to come out* ~ *dog*) | *Haupt–; vornehmst* **III.** [*in comp*] ~-beam *Hahnbalken* m (*des Daches*) || ⟨Am⟩ .. *gets* ~ *billing* .. *spielt Titelrollen* || ~-boots [pl] *Stulpenstiefel, Langschäfter* pl || ~-cap ⟨mot⟩ **1.** s (*Reifen-*)*Lauffläche* f **2.** vi *die L. erneuern* || ~ *carriage Oberlafette* f || ~ *chord* (*Brücken-*)*Obergurt* m | ~-coat *Überrock* m; ⟨tech⟩ *Deckanstrich* m || ~-draining ⟨agr⟩ *Trockenlegung* f *der Bodenfläche* || ~-dress [vt] ⟨hort⟩ (*Land*) *obenauf düngen* || ~-dressing ⟨hort⟩ *Kopfdüngung* f || ~(-)flight [attr] ⟨Am sl⟩ (*P*) *höchst, hervorragend, wichtigst, gewichtig,* °*prima* [invar] || ~-level ⟨fig⟩ ~-gear ⟨mot⟩ *größter Gang, to go on* ~-gear *im größten G. fahren,* ~-hamper ⟨mar⟩ *obere Takelung, Belastung* f *in der T. auf Deck;* ⟨übtr⟩ *Belastung* f || ~-hat *Zylinderhut* m; ~(-)hats *der vornehme Welt* || ~-heavy *oben zu schwer* f *den unteren Teil; im oberen Teil überladen;* ⟨mar⟩ *topplastig* || ⟨fig⟩ *he's* ~-h. *er hat e–n über den Durst getrunken* || ~-hole ⟨sl⟩ *erstklassig,* °*prima* || ~(-)kick ⟨Am sl⟩ °*Spieß* (*Hauptfeldwebel, –wachtmeister*) m || ~-level *conference Gipfelkonferenz* f, *Besprechung* f *auf höchster Ebene, Treffen* n *führender Staatsmänner* || ~ *level order Befehl* m *v höchster Stelle* || ~-light ⟨mar⟩ *Topplaterne* f || ~ *lighting Oberlicht* n || ~-liner *führender Mann,* °*Haupthahn* m || ~ *lofty* ⟨fam⟩ → ~-*lofty* || ~-notch ⟨Am⟩ → ~-flight || ~ *rudder* ⟨aero⟩ *Höhensteuer* n || ~-sawyer (*der*) *oben auf dem Holzblock* m *stehende Säger,* ⟨fig⟩ *Haupthahn, –kerl* m; *erste Kraft* f || ~ *secret* ⟨mil⟩ **1.** *streng geheim* **2.** *geheime Kommandosache* f (*abbr gKdos spr gekados*) || ~ *sergeant Hauptfeldwebel, –wachtmeister* m || ~-shot (*for*) *Gipfeltrieb* m || ~-speed *Höchstgeschwindigkeit* f || ~ *tank* ⟨mot⟩ *Fallbehälter* m || ~ *view Draufsicht* f

top [tɔp] vt [–pp–] **1.** *mit e–r Spitze* (etc) *versehen; bedecken, krönen* || ⟨mot⟩ *to* ~ *up the radiator Kühlwasser nachfüllen* **2.** ⟨hort⟩ *stutzen, kappen* (*to* ~ *a tree*) **3.** *die Spitze e–s Dinges erreichen* (*to* ~ *the hill*) | (*etw*) *am oberen Teil treffen, schlagen;* ⟨golf⟩ (*Ball*) *auf den Kopf schlagen,* ~ *oben treffen* **4.** (*jdn*) *an Größe übertreffen; he* ~s *me by half a head er ist e–n halben Kopf größer als ich; he* ~s 5 *feet e–r ist über 5 Fuß groß* | ⟨fig⟩ *überragen, –treffen;* ⟨com⟩ *hinausgehen über* (*e–n Preis*)

top [tɔp] s *Kreisel* m; → *to sleep* A. **5.**

topaz [ˈtoupæz] s [pl ~es] ⟨minr⟩ *T·opas* m

tope [toup] s ⟨ich⟩ *Glatthai* m

tope [toup] s ⟨arch⟩ *Stupa* m, → stupa
tope [toup] vi/t *zechen*, °*saufen* **| ~r** [ˈ~ə] s *Zecher, Säufer* m
topek [ˈtoupek] s *Eskimohütte* f
topgallant [ˈtɔpgælənt] s [attr] ⟨mar⟩ *Bram–*; ~ mast *–stenge* f; ~ sail *–segel* n
Tophet [ˈtoufet] s ⟨übtr⟩ *Hölle* f; *Hölle auf Erden* || *Chaos* n
tophus [ˈtoufəs] s L ⟨med⟩ [pl *–phi*] *Gichtknoten* m
topi, topee [ˈtoupiː] s Ind (→ sola ~) *Tropenhelm* m
topiary [ˈtoupiəri] s *Kunst* f *des Bäumeschneidens* || ~ work *Baumverschnitt* m
topic [ˈtɔpik] s *Thema* n, *Gegenstand* m; ~ of discussion *Gesprächs–* || ⟨log⟩ *Topik* f (*Lehre v den allg Gesichtspunkten*) || ⟨wir⟩ *Zeitfunk* m || *aktueller Film* m ~**al** [~əl] **1.** a (~ly adv) *örtlich, Orts–*; ~ colours [pl] *topische Farben* f pl || ⟨med⟩ *lokal, örtlich* || *das Thema betr, Thema–* || *aktuell* (of ~ *interest*) **2.** s *aktueller Film* m ~**ality** [ˌtɔpiˈkæliti] s *aktuelle Bedeutung* f
top– || ~**knot** [ˈtɔpnɔt] s *hervorstehender Haarknoten, –büschel* m; (of birds) *Federbüschel* m || ⟨fam⟩ *Kopf* m ~**less** [ˈtɔplis] a *ohne Kopf* || *sehr hoch* ~**lofty** [ˈtɔpləfti] a ⟨fam⟩ *größenwahnsinnig, prahlerisch, angeberisch* ~**mast** [ˈtɔpməst] s *Marsstenge* f ~**most** [ˈtɔpmoust] *oberst, höchst* ~**notch** [ˈtɔpˈnɔtʃ] a [attr] ⟨Am⟩ *höchst, hervorragend* ~**notcher** [ˈtɔpˈnɔtʃə] s ⟨Am⟩ *Mords–, Pfundskerl* m, *–sache* f
topo– [ˈtɔpo] Gr [in comp] *Orts–, Topo–* ~**grapher** [təˈpɔgrəfə], ~**graphist** [~fist] s *Topograph* m ~**graphic(al)** [ˌtɔpəˈgræfik(əl)] a (–cally adv) *topographisch* ~**graphy** [təˈpɔgrəfi] s *Topographie, Ortsbeschreibung* f ~**logy** [təˈpɔlədʒi] s *Ortslehre, –kunde* f ~**nymy** [təˈpɔnimi] s *Ortsnamenkunde* f ⟨a übtr⟩
topper [ˈtɔpə] s *oberer Stein* m || ⟨fam⟩ *großartiges Ding* n; *Mordskerl* m || ⟨sl⟩ *Zylinder(hut)* m, °*Angströhre* f || *Hänger* m (*Mantel*) || ⟨Am mil sl⟩ °*Spieß* m (*Hauptfeldwebel, –wachtmeister* m); ⟨Am sl⟩ *Mords–, Pfundskerl* m, *–sache* f
topping [ˈtɔpiŋ] **1.** a (~ly adv) *höchst, Haupt–* || ⟨fam⟩ *erstklassig; famos, riesig*; °*prima* **2.** s ~s [~z] pl ⟨Am cul⟩ *Nachtisch* m || ⟨mot ect⟩ ~ up *Nachfüllung* f
topple [ˈtɔpl] vi/t *kippen, wackeln; purzeln, stürzen* || *drohend hängen* (on *auf*, over *über*) || to ~ down, over *umfallen, –kippen; niederstürzen* | vt (to ~ down, ~ over) *niederwerfen, umstürzen*
topsail [ˈtɔpsl] s ⟨mar⟩ *Mars–, Toppsegel* n
topside [ˈtɔpsaid] **1.** s *oberer Teil* m *der Schiffseite* **2.** adv *oben, auf dem Topp* ⟨a fig⟩
topsyturvy [ˈtɔpsiˈtəːvi] **1.** adv *kopfüber, das Oberste zuunterst, das Unterste zuoberst; alles durch–e–a*; ⟨fig⟩ *drunter u drüber*; *auf den Kopf gestellt, verkehrt* **2.** a *auf den Kopf gestellt* (the room was ~ *in dem Raum war alles* ..), *durch–e–a–liegend, verkehrt, –wirrt* **3.** s *Durcheinander* n; *völlige Unordnung* f **4.** vt *völlig durch–e–a–bringen* ~**dom** [~dəm] s *völlige Umkehrung, –wälzung* f
toque [touk] s *kl runder (barettartiger) Frauenhut* m
tor [tɔː] s *spitzer, felsiger hoher Hügel; Felsberg, –hügel* m
torah [ˈtɔːrə] s *alttestam. Gesetz* n, *Pentateuch* m
torc [tɔːk] s = torque (*Schmuck*)
torch [tɔːtʃ] s *Fackel* f || *electric* ~ *elektr. Taschenlampe* f || ⟨tech⟩ *Lötlampe* f; *Schweißbrenner* m || ⟨fig⟩ *Fackel* f (the ~ *of learning*); to hand on [adv] the ~ ⟨fig⟩ *die Fackel (der Kultur) weitergeben* | ~*–bearer Fackelträger* m ~**light** [ˈ~lait] s *Fackelschein* m; *–beleuchtung* f

(by ~ *bei F.*) || ~ *procession Fackelzug* m (to form a ~– *e–n F. veranstalten*)
torchon [ˈtɔːʃən] s Fr ~ *lace Torchonspitze* f (*Klöppelspitze*)
torcular [ˈtɔːkjulə] s ⟨surg⟩ *Aderpresse* f
tore [tɔː] pret v to tear
toreador [ˈtɔriədɔː] s Span *Stierkämpfer* m (*z Pferde*) **torero** [təˈrɛərou] s Span *Stierkämpfer* m (*z Fuß*)
toreutic [təˈruːtik] **1.** a *bossiert, gehämmert, Ziselier–, Drechsler–* **2.** [s pl] ~s *Bildnerei* f *in Metallen; Toreutik* f
torii [ˈtɔːriː] s *Tor* n, *–eingang* v *jap. Schintoheiligtümern*
torment [ˈtɔːment] s *Folter, Marter* f || *Schmerz* m, *Pein, Qual* f || *Quäl–, Plagegeist* m **torment** [tɔːˈment] vt *foltern, martern* || *quälen, peinigen* (~ed by) | ⟨übtr⟩ (*jdn*) *quälen, belästigen* (with *mit*) ~**or** [~ə] s *Folterknecht; Quäler, Peiniger* m | ⟨hort⟩ *Art Egge* f || *lange Fleischgabel* f ~**ress** [~ris] s *Peinigerin, Quälerin* f
tormentil [ˈtɔːməntil] s ⟨bot⟩ *Blutwurz, –wurzel* f
tormina [ˈtɔːminə] s L *Leibschmerzen* m pl, *Kolik, Kolik* f
torn [tɔːn] pp v to tear
tornado [tɔːˈneidou] s [pl *–es*] Span *Tornado, Wirbelsturm* m || ⟨fig⟩ *Sturm, Ausbruch* m *–dic* [tɔːˈnædik] a *Tornado–*
torose [tɔːˈrous], **torous** [ˈtɔːrəs] a ⟨zoo, bot⟩ *knotig, knorrig; wulstig*
torpedo [tɔːˈpiːdou] L **1.** s [pl *–es*] ⟨ich⟩ (*a* ~ *fish*) *Zitterrochen* m | ⟨mar⟩ *Torpedo* n; *aerial* ~ *Lufttorpedo* n || (*a toy* ~) *Knallerbse* f | [attr] *Torpedo–* || ~*–boat Torpedo–* , *–boot* n; ~*–boat destroyer* ⟨mar⟩ *–bootzerstörer* m; ~ *launching device* od *gear Ausstoßvorrichtung* f; ~ *motor boat Schnellboot* n; ~ *tube Ausstoßrohr* n **2.** vt [~es; ~ed; ~ing] ⟨mar⟩ *torpedieren; mit Torpedos* or *Minen belegen* || ⟨fig⟩ *torpedieren, zertrümmern; unschädlich* m, *vernichten*
torpid [ˈtɔːpid] **1.** a (~ly adv) *betäubt, starr, erstarrt* || *träge; schlaff; apathisch, stumpf* **2.** s *Boot* n *in den* ~s (→ *d*) || ~s [pl] ⟨Oxf⟩ *Bootrennen* n *im Lent term* ~**ity** [tɔːˈpiditi], ~**ness** [~nis] s *Erstarrung, Betäubung* f || *Trägheit, Stumpfheit* f (intellectual ~)
torpor [ˈtɔːpə] s L ⟨med⟩ *Gefühllosigkeit; Starrheit* f || *Trägheit, Stumpfheit* f ~**ific** [ˌtɔːpəˈrifik] a *betäubend, lähmend*
torps [tɔːps] s ⟨mar fam⟩ *Torpedooffizier* m
torque [tɔːk] s (*Schmuck–*)*Ring* m *aus gedrehtem Bronzestab* (etc); ⟨bes⟩ *gallischer gewundener Halsreif* m | ⟨mech⟩ *Drehkraft* f, *–moment* n
torrefaction [ˌtɔriˈfækʃən] s *Dörren, Rösten* n *–fy* [ˈtɔrifai] vt *dörren, rösten*
torrent [ˈtɔrənt] s *reißender Strom; Gießbach, Gebirgsstrom* m || *Regenguß* m; it *rains in* ~s *es gießt in Strömen* | ⟨fig⟩ (of words, etc) *Strom* m, *Flut* f || *Ausbruch* m (*of grief*) *–ial* [tɔˈrenʃəl] a (~ly adv) *gießbachartig, Gießbach–; wolkenbruchartig, strömend; reißend*; ~ *rain Wolkenbruch* m | ⟨fig⟩ *ungestüm, wild* ~**iality** [tɔˌrenʃiˈæliti] s *ungestüme Eigenschaft* f
torrid [ˈtɔrid] a *ausgedörrt, dürr* || *brennend heiß*; ~ *zone heiße Zone* f ~**ity** [tɔˈriditi] s *Dürre; sengende Hitze* f ~**ness** [ˈtɔridnis] s = torridity
Torridonian [ˌtɔriˈdouniən] a: ~ *sandstone* ⟨geol⟩ *Torridonsandstein* m *in Schottland* (*zw Archaikum u Kambrium*)
torsel [ˈtɔːsl] s *kurzes Brett* n *als Stütze, unter dem Ende e–s Balkens angebracht*
torsion [ˈtɔːʃən] s *Drehung, Windung; Drillung. Torsion* f || ⟨mech⟩ *Drehungselastizität* f

|| ⟨med⟩ *Abschnürung* f (*e–r Arterie*) | ∼-balance ⟨phys⟩ *Dreh–, Torsionswaage* f **∼al** [∼l] a *Drehungs–, Torsions–* || ∼ strength *Verdrehungsfestigkeit* f

torsive ['tɔ:siv] a ⟨bot⟩ *spiralförmig gewunden*

torsk [tɔ:sk] s ⟨ich⟩ *Dorsch* m

torso ['tɔ:sou] It s [pl ∼s] *Rumpf* m || ⟨arts⟩ *T·orso* m || ⟨fig⟩ *unvollendetes Werk* n, *Torso* m

tort [tɔ:t] s ⟨engl jur⟩ (*zivilrechtliches*) *Un-recht, Del·ikt* n || *action in* ∼ *Deliktsklage* f **∼feasor** ['∼fi:zə] s (joint) ∼ (*Mittäter*) *Täter* m *e–r zivilrechtlich unerlaubten Handlung* **∼ious** ['tɔ:ʃəs] a *Delikt–*; ∼ *act Delikt* n, *Straftat* f

torticollis [ˌtɔ:ti'kɔlis] s (*rheumat.*) *steifer, schiefer Nacken, Schiefhals* m

tortile ['tɔ:tail] a *gedreht, –wunden*

tortilla [tɔ:'tilə] s Span *kl runder Maismehl-kuchen* m

tortoise ['tɔ:təs] s ⟨zoo⟩ (*Land–*)*Schildkröte* f || as slow as a ∼ *langsam wie e–e Schnecke* | [attr] *Schildkröten–* || ∼-shell *Schildpatt* n; [attr] *Schildpatt–* | *large* (*small*) ● ∼-shell (*butterfly*) ⟨ent⟩ *Gr* (*Kl*) *Fuchs* m

tortuosity [ˌtɔ:tju'ɔsiti] s *Krümmung, Win-dung* f || *Gewundenheit* f || ⟨fig⟩ *Unlauterkeit* f **–ous** ['tɔ:tjuəs] a (∼ly adv) *gekrüm:mt, –wunden* || ⟨fig⟩ *sich windend, nicht offen*; *unlauter* **–ousness** [–nis] ∼ tortuosity

torture ['tɔ:tʃə] **1.** s *Folter, Tort·ur* f; *to put to* the ∼ *auf die Folter spannen* || ⟨fig⟩ *Schmerz* m, *Qual, Marter* f; *Druck* m || *Verdrehung* f (*of words*) | ∼ *implements* [pl] *Folterwerkzeuge* n pl **2.** vt *auf die Folter spannen, foltern* || ⟨fig⟩ *quälen, peinigen* | (*Worte* etc) *verdrehen*; *pressen* (*into in*) | **∼r** [∼rə] s *Folterknecht* m | *Peiniger, Quäler* m

torturous ['tɔ:tʃərəs] a *folternd, Folter–* || *ver-drehend*

torula ['tɔrjulə] s L *schlauchiges Zellgebilde* in *der Pilze* || *Gattung* f *der* Hyphomyzeten (*mikroskopische Pilze*)

torus ['tɔ:rəs] s L ⟨arch⟩ *Wulst* m *an der Basis v Säulen* || ⟨anat⟩ *Wulst* m || ⟨mot⟩ *driv-ing* ∼ *Pumpenrad* n, *Treiber* m; *driven* ∼ *Tur-binenrad* n, *Läufer* m | ∼ *cover Pumpengehäuse* n

Tory ['tɔ:ri] s ⟨engl hist⟩ *Tory, Anhänger* m *Jakobs II.* (*Ggs* Whig) | *strenger Konser-vativer* m (*Ggs* Liberal) || ⟨Am hist⟩ *England-freund* m (*z Zeit der Revolution*); *Vertreter* m *des Arbeitgeberstandpunktes* | [attr] *Tory–, konservativ* **∼ism** [∼izm] s *Torytum* n; *Konser-vatismus* m

tosh [tɔʃ] s ⟨sl⟩ *Unsinn* m, *leeres Geschwätz* n, *Quatsch* m

tosher ['tɔʃə] s ⟨univ sl⟩ *k–m* College *ange-höriger Student* m, ⟨m.m.⟩ „*Fink*" m

toss [tɔs] **I.** vt/i **A.** vt **1.** (*bes of the sea*) (*Schiff*) *auf u nieder, hin u her werfen* || (*a to* ∼ off) (*jdn*) *abwerfen* || (*of a bull*) (*jdn*) *mit den Hörnern in die Luft schleudern* **2.** (*etw*) *mit der Hand werfen, schleudern* | (*a to* ∼ up) (*Münze*) *hochwerfen* (*beim Losen*); *to* ∼ *a p mit jdm losen* (*for um*; *I'll* ∼ *you for it*) **3.** (*den Kopf*) *hoch–, zurückwerfen* | ⟨mar⟩ *to* ∼ *oars die Riemen pieken* (*z Gruß senkrecht in die Höhe strecken*) **4.** ⟨fig⟩ (*a to* ∼ *about*) (*jdn*) *herumwerfen, –schleudern*; *erschüttern* **B.** vi (*a to* ∼ *about*) *sich hin u her werfen, herum–* (*in one's sleep*) || (*of waves*) *auf u ab gehen* || *umher–, hin u her geworfen, geschüttelt w* || (*of ships*) *stoßen, rollen* || (*S*) *herumflattern, –fliegen* (∼ing *curls*) | (*a to* ∼ *up*) *durch Münzwurf losen* (*for um*; *who ..*) **C.** [in comp] ∼-pot °*Säufer* m || ∼-up (*of a coin*) *Wurf* m, *Losen* n; ⟨fig⟩ *Sache des Zufalls, reiner Zufall* m, *it's a* ∼-up *die Chancen sind gleich*, *.. between the two e–r v beiden wird es s ..*; *whether .. or es ist ebenso unbestimmt, ob .. oder ob* **II.** s **1.** *Hingeworfenwerden* n, *to*

take, have a ∼ *ab–, niedergeworfen w* (*vom Pferde*); *fallen* **2.** *Werfen, Schleudern* n || *Hoch–, Zurückwerfen* n (*of the head des Kopfes*) || (*of a coin*) *Wurf* m, *Losen* n; *to win the* ∼ *beim Wurf, Losen gewinnen*; *wählen können*

tossy ['tɔsi] a ⟨fam⟩ *hochnäsig* || *verächtlich*

tot [tɔt] s *kl Kerl* m, *kl Mädchen, Kindchen* n, ⟨fam⟩ *Knirps* m (*tiny* ∼)

tot [tɔt] s ⟨fam⟩ *Gläschen, Schlückchen*; *Biß-chen* n

tot [tɔt] **1.** s ⟨fam⟩ *Gesamtsumme* f; *Additions-aufgabe* f, *Addieren* n; *to do* ∼s *addieren* **2.** vt/i [–tt–] || (*a to* ∼ *up*) *addieren, zus–zählen* | vi *sich belaufen* (*to auf*)

tot [tɔt] s *Knochen*; *Lumpen* m

total ['toutl] **1.** a (∼ly [–tli] adv) *ganz, ge-samt, Gesamt–* (∼ *number*); *sum* ∼ *Gesamt-betrag* m, *–summe* f || *völlig*; ∼ *abstinence völlige Abstinenz* f || ∼ *movement in traverse* ⟨artill⟩ *Schwenkbereich* m || ∼ *war totaler Krieg* m || ∼ *weight* ⟨aero⟩ *Fluggewicht* n **2.** s *das Ganze* n; *Summe* f; (*a grand* ∼) *Ge-samtsumme* f, *–betrag* m | the ∼ *die gesamte Zeit* f || (*this makes*) a ∼ *of* (*40 hours*) *insge-samt* **3.** vt/i [–ll–] || *sich im ganzen belaufen auf* (*they* ∼led 25) || *zus–zählen* | vi (*a to* ∼ *up*) *sich belaufen* (*to auf*) **∼iser** ['toutəlaizə] s ⟨Am⟩ *Kraftstoffzähler* m **∼itarian** [ˌtoutæli'tɛəriən] a ⟨pol⟩ *Total–, total* (∼ *state*) **∼ity** [tou'tæliti] s *Gesamtheit* f, *das Ganze* || *Vollständigkeit* f

totalization [ˌtoutəlai'zeiʃən] s *Zus–zählung, –fassung* f **–zator** ['toutəlaizeitə], **–zer** ['toutə-laizə] s (abbr tote) *Totalis·ator*, °*Toto* m **–ze** ['toutəlaiz] vt/i *zus–zählen* || *voll* m, *z e–m Ganzen abrunden* | vi *e–n Totalisator verwenden*; *–zing machine Totalisator* m | *am T. wetten*

tote [tout] ⟨Am⟩ **1.** vt *schleppen, befördern, tragen* **2.** s *Last* f | ∼ *bag* ⟨mod⟩ *Kübeltasche* f

tote [tout] s **1.** ⟨dial⟩ *Summe* f **2.** abbr f *totalizator* | [attr] *Wett–*; *Totalisator–* (∼-house)

totem ['toutəm] s *T·otem* n, *indianisches Stammwappen, –zeichen* n, *Stamm* m || *Totem, Wappentier* n (*Tier* etc, *mit dem sich ein bes Stamm f verwandt hält u das er verehrt*) || ∼-pole *Totemsäule* f | **∼ic** [tou'temik] a (∼ally adv) *Totem–* **∼ism** ['toutəmizm] s *Totem·ismus* m **∼istic** [ˌtoutə'mistik] a *totem·istisch*

t'other, tother ['tʌðə] pron & a (*aus mittel-engl.* thet [= that] other, the tother) ⟨fam sl⟩ = the other

toties quoties ['tɔtii:z'kwɔtii:z] L adv *jedes-mal*

toto ['touto] s [pl ∼] Fr ⟨sl⟩ *Laus* f

toto caelo ['toutou 'si:lou] adv L *ganz u gar, total*

totter ['tɔtə] vi *wankend gehen*; °*torkeln* || ⟨fig⟩ *to* ∼ *to one's grave z Grabe gehen* || (*of objects*) *schwanken, wackeln* || ⟨fig⟩ *schwanken*; *wanken*; *to* ∼ *to one's fall zus–brechen, nieder-stürzen* **∼ing** [∼riŋ], **∼y** [∼ri] a *schwankend, wack(e)lig*

totter ['tɔtə] s *Lumpensammler* m; → tot s

toucan ['tu:kæn] s ⟨orn⟩ *T·oko, Tuk·an, Pfefferfresser* m

touch [tʌtʃ] vt/i **I.** vt **A.** (*P*) **1.** (*etw, jdn*) *be-rühren* (*with mit*); *to* ∼ *the bell klingeln*; → bottom; *to* ∼ *glasses anstoßen* (*with mit*); *.. one's hat grüßen* (*to a p jdn*); *.. wood unter den Tisch klopfen*; ∼ *wood! unberufen!* || *an–, befühlen, –tasten* || (*Klavier*) *anschlagen, spielen*; (*Saiten*) *rühren* | ⟨mar⟩ *anlegen an*, (*Hafen*) *an-laufen* **2.** [mst neg] *sich befassen mit, anrühren*; *belästigen*; *essen, trinken* (*I couldn't* ∼ *anything*) || (*jdn*) *anfassen, schlagen* **3.** ⟨fig⟩ (*Gegenstand*) *leicht berühren, –handeln* **4.** *an sich nehmen, (Gehalt) empfangen* || ⟨sl⟩ (*jdn*) *anpumpen* (*for um*); °*anhauen* || ⟨sl⟩ *betrügen*; ⟨Am⟩ (*Geld*) *erbetteln, pumpen, stehlen* **B.** *(S)* **1.** *in Berührung* k *mit, berühren; grenzen* or *stoßen an* || *reichen an; hinaufgehen bis* **2.** *berühren, betreffen, sich beziehen auf* **C.**·⟨übtr⟩ *(P & S)* **1.** *sich berühren mit, Verwandtschaft zeigen mit* **2.** *rühren, bewegen* (to the heart *bis ins Innerste;* to tears z *Tränen)* **3.** ⟨fig⟩ *erregen* | *beeinflussen, –eindrucken* | *reizen, verletzen* **4.** *erreichen, heranreichen an* (nobody can ∼ him; it), *gleich–, nahekommen* **D.** [*mit* adv] to ∼ **off** *auslösen* || to ∼ **up** *anspornen, –treiben* | *(etw) aufbessern, –frischen; retuschieren; restaurieren; (Möbel) herrichten* **II.** vi **1.** *sich berühren, an–e–a–k* **2.** [*mit* prep] to ∼ **at** (of ships) *kurze Zeit anlaufen, anlegen in* (to ∼ at a port) | to ∼ **(up)on** ⟨fig⟩ *grenzen an; (Thema) berühren, –handeln;* z *sprechen* k *auf, (etw)* z *Sprache bringen* **3.** [*mit* adv] to ∼ **down** ⟨aero⟩ *landen* **III.** [in comp] ∼-and-go **1.** s *riskante,* °*brenzlige Lage, gewagte S;* it was a matter of ∼-and-go *es fehlte nicht viel* (whether *daß* ..); it's ∼-and-go *es steht auf der Kippe, es hängt an* ′e–m *Haar* (whether *ob,* with *mit)* **2.** a °*brenzlig, unsicher* (business); *zweifelhaft* (with *mit);* it was ∼-and-go with us *es stand sehr kritisch mit uns* || ∼-bottom ⟨aero sl⟩ *Bruchlandung* f || ∼-hole *Zündloch* n ⟨a fig⟩ || ∼-me-not ⟨bot⟩ *Rührmich-nicht-an* n ∼**able** ['∼əbl] a *berühr–, tastbar* | ⟨fig⟩ z *rühren(d),* z *bewegen(d)* ∼**ed** [∼t] a *bewegt, gerührt* (with, by *v)* | (of meat, etc) *leicht verdorben, angegangen* | *angesteckt* | ⟨fig⟩ *verdreht, –rückt* ∼**er** ['∼ə] s ⟨sl⟩ as near as a ∼ ⟨fig⟩ *um ein Haar* ∼**ing** ['∼iŋ] **1.** a (∼ly adv) *rührend, ergreifend* **2.** prep *betreffs*

touch [tʌʃ] s **1.** *Tastgefühl, –empfinden* n, –*sinn* m, it is hot to the ∼ *es fühlt sich heiß an* **2. a.** *Berühren* n; *Berührung* f; on the slightest ∼ *bei der leisesten B.;* ⟨oft fig⟩ *Fühlung* f (in ∼ with; out of ∼ with); to get into ∼ with *F. suchen mit;* to keep in ∼ with *in F. bleiben mit;* ⟨telph⟩ to put a p in ∼ with *jdn verbinden mit* || *Berührungsbereich* m, within ∼ of *in Reichweite v, in Berührung mit* **b.** *Anrühren, –fühlen* n (at a ∼ *beim A.); leichte Berührung* f **c.** *leichter Stoß, Schlag* or *Druck* m | *leichter Anfall* m, a ∼ of the sun *l. Sonnenstich* m **d.** ⟨mus⟩ *Anschlag* m (soft *weich,* heavy *hart);* (of the violinist) *Strich* m; *Pinsel–;* to give, put the finishing ∼es *od* a final ∼ to a th *die letzte Feile* or *Hand an etw legen;* e–r S *den letzten Schliff geben* || *Farbenauftrag* m; *Pinseldruck* m [abstr]; ⟨übtr⟩ ∼ of grey in her hair *Anflug* m *grauen Haares, einige Silberfäden* m pl *in ihrem Haar* **3.** ⟨fig⟩ *charakterist. Zug, Ausdruck* m; *Haltung; Fertigkeit; Hand* f, *Griff* m (a happy ∼; with sure ∼) | ⟨fig⟩ *Qualität, Güte* f; (Qualitäts-)*Probe* f. to put to the ∼ *auf die P. stellen* | it is a shilling ∼ *es kostet e–n Schilling* **4.** ⟨fig⟩ *Beigeschmack, Anflug* m, *Färbung;* *Spur* f; he has a ∼ of genius .. *etwas* v *e–m Genie* | not a ∼ of sense *k–e Spur Verstand* **5.** [attr] *Berührungs–* | ∼ body, ∼ corpuscle *Tastkörperchen* n || ∼ hole *Zündloch* n || ∼-line ⟨ftb⟩ (Seiten-)*Grenzlinie, Seitengrenze* f | ∼-needle *Probiernadel* f || ∼-paper *Zündpapier* n ∼-(-)system ⟨typewr⟩ *Zehnfingersystem* n ∼-down ['tʌtʃdaun] s ⟨Am ftb⟩ *Handdrauf* n | ⟨aero⟩ *Zwischenlandung* f ∼**iness** ['tʌtʃinis] s *Empfindlichkeit* f ∼**stone** ['tʌtʃstoun] s *Probierstein* m (schwarzer *Kieselstein)* || ⟨fig⟩ *Prüfstein* m; *Prüfung* f, *Kriterium* n ∼**wood** ['tʌtʃwud] s *Zunder* m, –*holz* n | ∼**y** ['tʌtʃi] a (–chily adv) *empfindlich* (on *in bezug auf); leicht reizbar* || *heikel*

tough [tʌf] **1.** a (∼ly adv) *zäh(e)* (meat); *hart, fest* || *(P) zäh, kräftig, robust;* ∼ costumer *grober Kunde, Grobian* m | *fest, hartnäckig* || *unangenehm, schwierig* (a ∼ job) | ⟨Am sl⟩ *verderbt,*

–*brecherisch* **2.** s ⟨Am sl⟩ *Raufbold* m, *Rauhbein* n; *Verbrecher* m; °*schwerer Junge* || *Kraftmeier, –mensch* m | ∼**en** ['tʌfn] vt/i *zäh(e), fest, kräftig* m | vi *zäh(e), fest, kräftig* w ∼**ish** ['tʌfiʃ] a *etwas zäh(e)* ∼**ness** ['tʌfnis] s *Zähigkeit, Widerstandsfähigkeit* f || *Hartnäckigkeit* f || *Stärke* f

toupee ['tu:pei] s *Toupet* n, (mst: falscher) *Haarbüschel, Schopf* m

tour [tuə] **1.** s *Tour, Reise* f (of Germany *durch Deutschland); circular* ∼ *Rundreise* f; ⟨hist⟩ the grand ∼ *Reise durch Europa* (als *Bildungsmittel);* a foreign ∼ *e–e R. ins Ausland* || *Ausflug; Rundgang* m (of the town *durch die Stadt);* ∼ of guard duty *Wachdienst* m, –*dauer* f, –*einteilung* f; ∼ of inspection *Besichtigungsrundgang* m; *Runde* f | ⟨mil⟩ *Dienst* m, –*zeit* f | ∼ conductor *Reiseleiter* m; ∼ director *Ehrenbegleiter* m **2.** vi/t *e–e Tour* or *Rundreise* m; *reisen* (through); to ∼ about *herum–* || ⟨mot⟩ *langsam fahren* | vt *bereisen* (to ∼ Italy) | ∼**er** ['∼rə] s = touring-car ∼**ing** ['∼riŋ] s [attr] ∼-car ⟨mot⟩ *Tourenwagen* m ∼**ism** ['∼rizm] s *Fremdenverkehr* m ∼**ist** ['∼rist] s *Tour'ist, Vergnügungsreisender* m [attr] *Reise–* | ∼ court ⟨Am⟩ → motel | ∼-ticket *Rückfahr–, Rundreisefahrkarte* f | ⟨Am mot⟩ ∼-camp *Ausflügler-Lager* n || ∼ class ⟨mar⟩ *zweite Klasse* (Ggs cabin class) || ∼ guide *Fremdenführer* m || ∼ trade *Fremdenverkehrsgewerbe* n

tourbillon [tuə′biljən] s Fr *Tafelrakete* f (Feuerwerk)

tourmalin(e) ['tuəməlin] s Fr ⟨minr⟩ *Turmal·in* m (kieselsaures Aluminium)

tournament ['tuənəmənt] s **1.** ⟨hist⟩ *Turnier* n **2.** ⟨sport⟩ *Wettkampf* m, *Turnier* n; ∼ rider –*reiter* m ∼**ney** ['tuəni] **1.** s = tournament **1.** **2.** vi ⟨hist⟩ *turnieren*

tourniquet ['tuəniket] s Fr ⟨surg⟩ *Aderpresse* f

tousle, touzle ['tauzl] vt (Haar) *zausen; zerzausen; unordentlich* m

tous-les-mois ['tu:leimwɑ:] s Fr *Arrowroot* n, *Pfeilwurzstärke* f (des Blumenrohrs)

tout [taut] **1.** vt/i ⟨sl⟩ *heimlich beobachten;* to ∼ race-horses *über Rennpferde Kunde z erlangen suchen* | (Kunden) *werben* | vi *auszuschauen, spähen, suchen* (for *nach);* ⟨com⟩ *Kunden werben; Wähler schleppen* (z *Wahlurne bringen);* to ∼ round ⟨racing⟩ *über Rennpferde Kunde z erlangen suchen* **2.** s *Kundensucher; Helfershelfer; Schlepper* m || *jd, der Tips gibt* | ∼**er** ['∼ə] s = tout **2.**

tout ensemble ['tu:tã:'sã:bl] Fr s *Gesamteindruck* m, –*wirkung* f

tow [tou] s *Werg* n, *Hede* f | ∼-(-)head *Flachskopf* m || ∼-(-)headed *flachsköpfig, –haarig*

tow [tou] **1.** vt (Boot) (am Seil, Strick) *schleppen, treideln* | (Schiff) *schleppen, ein–, ausschleppen* | (Wagen etc) *abschleppen* | to ∼ in(to port) ⟨mar⟩ *einschleppen* || ∼ed artillery *gezogene Artillerie* f; ∼ed boat *Schleppkahn* m; ∼ed flag ⟨target⟩ *Luft(schlepp)scheibe* f; ∼ed flight *Schleppflug* m; ∼ sleeve target –*sack* m; ∼ed target firing (Fla-)*Schleppzielbeschuß* m **2.** s *Schleppen* n; to take in ∼ *ins Schlepptau nehmen, abschleppen* ⟨a mot⟩; ∼ed load ⟨mot⟩ *Anhängelast* f || ⟨fig⟩ *unter s–n Schutz nehmen;* to have in ∼ *schleppen;* ⟨fig⟩ (jdn) *im Schlepptau h; in der Gewalt h* | *geschlepptes Fahrzeug* n; *Schleppzug* m (a ∼ of 20 boats) | ∼-boat *Bugsierboot* n, *Schlepper* m || ∼-line, ∼-rope *Schlepptau, Treidel* n | ∼-path *Leinpfad, Treidelweg* m ∼**age** ['∼idʒ] s *Schleppen; Bugsieren* n || *Bugsier–, Schlepplohn* m; –*gebühr* f ∼**er** ['∼ə] s *Bugsierer, Treidler* m ∼**ing** ['∼iŋ] s *Schleppen* n; *Schleppschiffahrt* f | [attr] *Schlepp–* || ⟨mot⟩ ∼ ambulance *Abschleppwagen* m; ∼

attachment *Abschleppvorrichtung* f ‖ ~-*path Leinpfad* m ‖ ~-*rope Schlepptau* n

toward ['touəd] † a [*nur pred*] *bevorstehend, nahe*; *im Gange, am Werk* ‖ *geneigt, bereitwillig, folgsam* ~**ly** [~li] † a *günstig* ‖ *bereitwillig, füg-, folgsam* ~**ness** [~nis] † s *Bereitwilligkeit* f ‖ *Fügsamkeit* f

towards [tə'wɔ:dz; tɔ:dz], **toward** [tə'wɔ:d; tɔ:d] prep [*towards übl in Prosa u mündl. Gebrauch*] **1.** (*örtlich*) *zu .. hin, auf .. zu, nach .. zu, gegen* ‖ the ship drove ~ the cliffs; he drove ~ the town .. *auf .. zu* ‖ to march ~ the north *gegen, nach N. ..*; the ship steams ~ the open sea .. *gegen .. zu* ‖ the magnetic needle points ~ the north .. *zeigt nach N.*; I live ~ the street *ich wohne nach der Str. zu* **2.** (*zeitlich*) *gegen* (~ the end of the 16. c.); *ungefähr um* (~ 8 o'clock) ‖ it is getting on ~ midnight *es geht auf M. zu* ‖ ~ midday the sun was hot *gegen Mittag ..*; ~ the end of the year *gegen Jahresende* ‖ ~ the end of May *um Ende M. herum* **3.** *betreffend*; *gegen*; *gegenüber* (~ him) ‖ *gegen* [*acc*] you did not behave well ~ your best friend; just, fair ~ everybody; indulgent ~ his equals ‖ his conduct, behaviour ~ us; Englands attitude ~ Germany; his severity ~ children **4.** *für, zum Zwecke v* [*od gen*]; a contribution ~ the expense *ein Beitrag z den Ausgaben*; the first step ~ gaining our object .. *zur Erreichung unseres Zieles*

towel ['tauəl] **1.** s *Handtuch* n, ⟨dial⟩ *Twele* f; roller ~ *Rollhandtuch* n; to throw (*od* toss) in [*adv*] the ~ *sich f besiegt erklären* ‖ † ⟨sl⟩ (*a* oaken ~) *Stock, Knüttel* m ‖ ~-horse *Handtuchständer* m **2.** vt/i [-ll-] ‖ *mit e–m Handtuch trocknen, abreiben* or *abwischen* ‖ ⟨sl⟩ *prügeln* ‖ vi *sich abtrocknen* ~**ling** [~iŋ] s *Handtuchdrell* m ‖ *Tracht Prügel* f (to get a ~)

tower ['tauə] **1.** s *Turm* m; leaning ~ *schiefer Turm*; ~ of Babel *Babylonischer Turmbau* m, *Turmbau zu Babel* ‖ *Kastell* n, *Burg* f, *Zwinger* m, *Feste* f (The ~ of London) ‖ ⟨fig⟩ *Schutz*; ~ of strength *starker Hort* m ‖ ~ shelter *Hochbunker* m **2.** vi *sich türmen, sich erheben, emporragen* (to *bis* an) ‖ (of birds) *hoch schweben* ‖ to ~ above *ragen, sich erheben über*; ⟨übtr⟩ *übertönen*; *hervorragen über* ‖ ~**ed** [~d] a *mit Türmen versehen, (hoch) getürmt* ~**ing** ['~riŋ] a *turmhoch aufragend, hoch*; *hoch schwebend* ‖ ⟨fig⟩ *hochstrebend, ehrgeizig* ‖ *gewaltig, heftig* (~ rage)

town [taun] s **1.** *Stadt* f (*unter dem Range der* city); county ~ *Hauptort* m; the ~ of Oxford, Oxford ~ *die St. O.*; of this ~ *hiesig* ‖ the ~ *die Stadt, die Bewohner* m pl *e–r Stadt*; he is the talk of the ~ *die St. spricht über ihn* ‖ ⟨Am⟩ *Gemeinde* f ‖ the ~ *die nächste Marktstadt* ‖ man about ~ *Lebemann*; *Großstädter* m **2.** [*ohne art*] **a.** *Stadtinneres* n (in ~; into ~) **b.** ~ *London*; in ~ *in L.*; away from ~, *out of* ~ *fort v L.*; *verreist*; *auf dem Lande*; to go up to ~ *nach L. reisen* **3.** ⟨Oxf & Cambr⟩ *Bürgerschaft* f (~ and gown *B. u Studentenschaft*) **4.** [attr & comp] *Stadt–, städtisch* ‖ ~-bred *in der Stadt aufgewachsen* ‖ ~-clerk *Stadtsyndikus*, (Ober-)*Stadtdirektor* m (*höchstbezahlter Beamter der Stadt*) ‖ ~ council *Stadtrat* m (*Körperschaft*), *Stadtverordnetenversammlung* f ‖ ~ councillor *Stadtrat* m (P); -verordneter m ‖ ~ crier *Ausrufer* m ‖ ~ hall *Rathaus* n ‖ ~ house *Stadthaus* n (Ggs country house) ‖ ~-man ⟨Am rail⟩ (P) *Weichensteller, Signalschaffner* m ‖ ~ meeting *Bürgerversammlung* f ‖ ~-planning *Kunst* f *des Städtebaus* ‖ *planvoller Städtebau* m ‖ ~ talk *Stadtgespräch* n ‖ ~ wall *Stadtmauer* f ‖ ~**ee** [tau'ni:] s ⟨Oxf & Cambr sl dero⟩ *Bürger, Kaufmann* m ~**ified** ['taunifaid] a *Stadt–* (~ air) ~**ship** ['~ʃip]

1. ⟨engl hist⟩ *Einwohner* m pl *e–s Kirchspiels*; *Kirchspieldistrikt* m ‖ *Gemeinwesen* n **2.** ⟨Am⟩ *Grafschaftsbezirk* m (*v 6 Meilen im Quadrat*) **3.** ⟨Aust⟩ *Dorf* n ~**sfolk** ['taunzfouk], ~**speople** ['taunzpi:pl] s pl *Stadtleute* pl ~**sman** ['taunzmən] s [pl –men] *Bürger, Städter*; *Mitbürger* m ‖ ⟨univ⟩ (Ggs gownsman) *Bürger, Philister* m ~**ward** ['taunwəd] a *nach der Stadt z, Stadt–* ~**wards** [~z] adv *stadtwärts* ‖ ~**y** ['tauni] ⟨Am⟩ **1.** s *Städter* **2.** a *städtisch*

towy ['toui] a *aus Werg, wergartig, Werg–*

toxaemia [tɔk'si:miə], **toxihaemia** [tɔksi-'hi:miə] s *Toxäm·ie, Blutvergiftung* f (*durch Toxine*)

toxic ['tɔksik] a (~ally adv) *giftig, Gift–, v Gift verursacht* ~**ant** [~ənt] **1.** a *toxisch, giftig* **2.** s *giftige Substanz* f, *Gift* n ~**ity** [tə'ksisiti] s *Giftigkeit* f

toxicological [‚tɔksikə'lɔdʒikəl] a (~ly adv) *toxikol·ogisch* -**logy** [‚tɔksi'kɔlədʒi] s ⟨med⟩ *Toxikologie, Giftlehre* f

toxin ['tɔksin] s *Tox·in* n, *Giftstoff* m

toxophilite [tɔk'sɔfilait] s (*eifriger*) *Armbrust–, Bogenschütze* m

toy [tɔi] **1.** s *Spielzeug* n; ~s [pl] *Spielwaren* f pl ‖ *Tand* m; *Kleinigkeit, Lapp·alie* f; *Torheit, Kinderei, Tändelei* f ‖ ⟨fig⟩ *Spielzeug* n (a mere ~ in the hands of) ‖ [attr] *Spiel–, Spielzeug–*; *Kinder–*; ~-dealer *Spielwarenhändler* m ‖ ~ dog *Schoßhund* m; ~-terrier *–terrier* m ‖ ~-fire-arm *Kinderschußwaffe* f ‖ ~-making *Kunsttischlerei, –schnitzerei* f ‖ ~-man *Kunstdrechsler, –schnitzer* m ‖ ~ soldier *Zinnsoldat* m ‖ ~-theatre *Puppentheater* **2.** vi *spielen* (with) ‖ ⟨fig⟩ *spielen, tändeln, liebäugeln* (with an idea mit e–m Gedanken) ~**shop** ['~ʃɔp] s *Spielwarenhandlung* f

trabeated ['treibieitid] a ⟨arch⟩ *aus Balken gebaut* (Ggs arcuated); *Balken–* (~-ceiling) -**beation** [‚treibi'eiʃən] s ⟨arch⟩ *Balkenbauart* f -**becula** [træ'bekjulə] s L ⟨anat⟩ *Bälkchen, (Gewebe-)Faserband* f

trace [treis] s *Zugriemen, Strang* m ‖ in the ~s angespannt ‖ to kick over the ~s ⟨fig⟩ *über die Stränge schlagen*; *aus der Rolle fallen*

trace [treis] **I.** s **1.** *Spur, Fährte* f; to be (hot) on the ~s of a p *jdm (scharf) auf der Spur s* ‖ ⟨übtr⟩ *Spur* f, *Anzeichen, Zeichen* n; to leave one's ~s on *s–e Spuren hinterlassen auf* **2.** *Kleinigkeit, Spur* f (not a ~ of) **3.** *Zeichnung, Skizze* f; ⟨arch⟩ *Grundriß* m **4.** [attr] ~ elements [pl] *Spurenelemente* n pl **II.** vt **1.** (a to ~ out) (*auf)zeichnen; entwerfen, skizzieren* ‖ (*nieder)-schreiben* ‖ *durchzeichnen, –pausen*; ~d chart *Planpause* f **2.** to ~ a p, a th *der Spur jds* or *e–r S folgen* ‖ (*Weg*) *verfolgen* ‖ (*jds Spur*) *folgen*; (*jdn*) *verfolgen* ‖ (*etw*) *aufspüren, (e–r S) nachspüren*; (*Ursprung* etc) *verfolgen* ‖ (*etw, jdn*) *ausfindig m, auffinden* ‖ (*etw*) *erkennen; feststellen, nachweisen*; *herleiten* (from v) **3.** [mit adv] to ~ back *zurückverfolgen* (to *bis zu*); *nachweisen* ~**able** ['~əbl] a *auffind–, nachspür- bar, nachweisbar, –lich, zurückführbar, zurück- verfolgen(d)* ‖ ~**r** ['~ə] s *jd, der verlorene Gegenstände wieder ausfindig macht*; *Aufspürer*; *Spurfinder* m ‖ *Lauf–, Umlaufschreiben* n, *Laufzettel* m ‖ ⟨mil & aero⟩ (a ~ bullet *od* shell) *Leucht–, Rauchspurgeschoß* n; ~ path, ~ trajectory *Leuchtspur* f; ~ stream *Leuchtspurgarbe* f ‖ *Auf–; Durchzeichner, Pauser* m ‖ ⟨mech⟩ *Vorzeichner* m (*Werkzeug*) ‖ ⟨at, med⟩ *Isotopenindikator* m ‖ ⟨at⟩ (a ~ element) *Spuren-Element* n ‖ ~**ry** [~ri] s ⟨arch⟩ *Maßwerk* n; *Verzierung* f ‖ ⟨übtr⟩ *Flecht–, Netzwerk* n; *Verzierung* f

trachea [trə'ki:e] s L (pl ~s; tracheae [trə'ki:i:]) ⟨anat⟩ *Luftröhre* f ‖ ⟨zoo⟩ *Trach·ee* f ‖ ⟨bot⟩ *Spiralgefäß* n ‖ ~**l** [~l], ~**n** [~n] a *Luftröhren–* -**cheitis** [‚treiki'aitis] s ⟨med⟩ *Luft-*

röhrenentzündung f **–cheotomy** [ˌtræki'ɔtəmi] s ⟨med⟩ *Luftröhrenschnitt* m

trachelo– [trə'ki:lo] [in comp] *Nacken–*

trachoma [trə'koumə] s L ⟨path⟩ *Trach·om* n (*infektiöse Bindehautentzündung*)

trachyte ['trækait] s ⟨geol⟩ *Trachyt* m (*Erguß-gestein*)

tracing ['treisiŋ] s *Aufspürung* f; ~ **service** (*internationaler*) *Suchdienst* m | *Zeichnen* n; *Zeichnung* f, *Riß* m | *Pause* f, *Durchpausen* n (to take a ~ of *durchpausen*), *Pauszeichnung* f || (*Ab-*)*Pauspapier* n | [attr] *Paus–*, ~-**cloth** *-leinwand* f; ~-**paper** *-papier* f

track [træk] **I.** s **1.** (*Wagen-*)*Spur* f; (of a vessel) *Fahrwasser* n || *Fußspur* f **2.** *Pfad*, *Weg* m; ⟨hunt⟩ *Fährte*, *Spur* f (on the ~ of); off the ~ *auf falscher F.* || to lose ~ of *aus dem Auge verlieren* || ⟨sl⟩ to make ~s *ausreißen* | (übtr) *Zeichen* n, *Spur* f; to cover up one's ~s *die Spuren verwischen*; to leave one's ~s *s-e Sp.* *hinterlassen* || ⟨bes Am fam⟩ to keep ~ of what one spends *über s-e Ausgaben Buch führen*; not to lose ~ *e-e klare Linie verfolgen* || ⟨med⟩ ~ of gunshot wound *Schußkanal* m **3.** (*ausge-tretener*) *Weg* m; the beaten ~ ⟨fig⟩ *das aus-getretene, alte Gleise* n; off the beaten ~ ⟨fig⟩ *abseits der breiten Straße* || ⟨racing⟩ *Bahn* f; → **event** | ⟨rail⟩ *Geleise* n, *Schiene* f || on ~ *auf der Achse, rollend, unterwegs* || off the ~ *entgleist*; ⟨fig⟩ *auf dem Holzweg* **4.** ⟨tech⟩ *Lauf-*, *Raupenkette* f (*e-s Raupenschleppers*) **5.** ⟨rec⟩ *Spur* f; to cover a ~ *e-e Sp. durchlau-fen* l; twin ~, dual ~ *Doppelspur* **6.** [attr] ⟨mot⟩ ~ **guard** *Kettenschutz* m; ~-**holding** **properties** [pl] *Spurhaltigkeit* f; ~-**type vehicle** *Ketten–*, *Raupenfahrzeug* n | ⟨sport⟩ ~ **judge** *Bahnrichter* m || ~ **landing gear** ⟨aero⟩ *Fahr-werk* m *mit Raupenketten* || ~ **suit** ⟨sport⟩ *Trainingsanzug* m || ⟨Am rail⟩ ~-**walker** *Streckenaufseher* m **II.** vt/i **1.** vt (*jdn*) *aufspüren*; *verfolgen*; (*jdm*) *nachspüren*; (*Weg*) *verfolgen* || (*Weg*) *kennzeichnen* (by) | ⟨mar⟩ (*Schiff*) *vom Ufer ziehen* | to ~ **down**, **out** *aufspüren, ausfin-dig m* **2.** vi *Spur verfolgen*; *ziehen* || (of wheels) *in der Wagenspur bleiben* ~**age** ['~idʒ] s ⟨rail⟩ [koll] *Schienen* f pl; *–länge* f ~**er** ['~ə] s *Ver-folger* m || ⟨hunt⟩ *Aufspürer*, *Fährtenfinder* m ~**ing** ['~iŋ] s ⟨aero⟩ *Funkfeueranflug* m *mit Berücksichtigung des Luvwinkels* ~**less** ['~lis] a *pfadlos*; *unbetreten* || *spurlos* || *ohne Schienen* ~**ster** ['~stə] s ⟨Am sport⟩ *Leichtathlet* m

tract [trækt] s *Abhandlung* f || *Trakt·at* m || *Traktätchen* n

tract [trækt] s **1.** *Gebiet* n, *Strecke*, *Gegend* f, *Strich* m (a ~ of land *ein Land–*) || *ausgedehnte Strecke*, *Fläche* f (a ~ of water, sand) **2.** *Zeit-raum* m; *Ausdehnung*, *Zeitspanne* f **3.** ⟨anat⟩ (*Organ-*)*Gebiet* n, (*Funktions-*)*System* n; *diges-tive* ~ *Verdauungssystem* f; *biliary and urinary* ~s [pl] *Gallen– u Harnwege* m pl

tractability [ˌtræktə'biliti] s *Lenksam–*, *Ge-fügigkeit* f **blo** ['trʊktəbl] a (*bly adv*) *lenk–*, *füg–*, *folgsam* || *handlich*; *leicht z bearbeiten(d)*

Tractarian [træk'teəriən] s ⟨ec⟩ *Traktari·aner* m; *Gründer*, *Anhänger des* tractarianism → d ~**ism** ['~izm] s ⟨ec⟩ *Lehre f. der Traktarianer* (= the Oxford Movement)

tractate ['trækteit] s *Abhandlung* f

traction ['trækʃən] s *Ziehen* n, *Zug* m (power of ~) || *Dehnen*, *Ziehen* n | ⟨anat⟩ *Zus–ziehung* f (*v Muskeln* etc) || ~ **bandage** ⟨surg⟩ *Streck-verband* m || ⟨tech⟩ *Zug* m, *-leistung* f; (a force of ~) *Zugkraft* f (electric ~); *Reibungsdruck* m || ⟨mot⟩ *Griffigkeit* f (*der Reifen*); ~ of the road *Bodenhaftung* f | *Fortbewegung* f, *Trans-port* m ||⟨Am⟩ *Städteschnellverkehr* m || ~-**engine** *Traktor* m, *Zugmaschine*; *Straßenloko-*

motive f || ~ **gear** ⟨mot⟩ *Zugvorrichtung* f | ~**al** [~l] a = tractive

tractive ['træktiv] a *Zug–* (~ force)

tractor ['træktə] s ⟨tech⟩ *Zugmaschine* f, *–kraftwagen*, *Schlepper*, *Traktor*, *Trecker* m; *Raupenschlepper* m; ((*a*) ~ truck) *Sattelzug-maschine* f, *–schlepper* m || ⟨agr⟩ *Straßenloko-motive* f; ~ **plough** *Motorpflug* m || ⟨aero⟩ *Zugschraube*; ~ **aeroplane** *Flugzeug mit Z.* || ~ **driver** ⟨SBZ⟩ *Traktorist* m || ~-**trailer train** *Schlepp–*, *Lastzug* m (*mit mehreren An-hängern*) || ~ **truck** *Sattelschlepper* m || ~-**type propeller** *Zugluftschraube* f || ~-**type under-carriage** ⟨aero⟩ *Raupenfahrwerk* n

trade [treid] **I.** s **1.** *Handwerk*, *Gewerbe* n (the ~ of a butcher); to be a butcher by ~ *Schlachter v Beruf* s **2.** *Geschäft* n, *Kleinhandel* m, to be in ~ *Geschäftsmann* s; to carry on a ~ *ein Geschäft betreiben*; to do a good ~ *gute Ge-schäfte m*; to ply one's ~ *sein G. betreiben*; to sell to the ~ *an Wiederverkäufer verkaufen* **3.** *Handels–*, *Warenverkehr*, *Verkehr*, *Handel* m (foreign ~ *Außen–*; home ~ *Binnen–*) || ⟨engl⟩ the Board of ⟨ᶻ⟩ *das Handelsministerium* n (President of the Board of ⟨ᶻ⟩ *Handelsminister*); ⟨Am⟩ *Handelskammer* f **4.** *Beschäftigung* f, *Beruf* m, Jack of all ~s *Hans Dampf in allen Gassen*; every one to his ~ *jeder nach s–m Beruf* **5.** [koll pl konstr] *Handelswelt*, *Kauf-mannschaft* f; *Händler* m pl (*e–s best. Gewerbes*), *Branche* f; the ~ *der Bierhandel* **6.** the ~s [pl] (a ~-winds) *Passatwinde* m pl **7.** [attr] **a.** *Ge-schäfts–* (~ expenses); *Fach–*, *Gewerbe–* (~ school); *Handels–* (~ balance *–bilanz* f, acceptance *–akzept* n); *Kaufmanns–*; *Waren–* || ~-**board** *Behörde* f *v Arbeitgebern u –nehmern z Regulierung v Lohnfragen* || ~ **cask** *Versand-faß* n || ~ **custom** *Handelsbrauch* m || ~ **directory** *Branchenadreßbuch* m || ~ **discount** *Rabatt* m f *Wiederverkäufer* || ⟨ᶻ⟩ **Disputes** [pl] *Streiks u Aussperrungen* pl || ~-**mark** *Schutz-marke* f, *Warenzeichen* n; ~-**m. registration** *Warenzeichenschutz* m || ~-**name** *Firmenname* m || ~ **paper** ⟨com⟩ *Fachzeitschrift* f || ~-**price** *Engrospreis* m || ~ **secret** *Betriebsgeheimnis* n || ~ **tax** *Gewerbesteuer* f || ~ **test** (*Berufs–*)*Eig-nungsprüfung* f; to ~-**test** a p *jdn e–r E. unter-ziehen* || ~ **training** ⟨tech⟩ *Fachausbildung* f || ~ **usage** *Handelsbrauch* m || ~ **value** *Han-dels–*, *Verkehrswert* m **b.** *gewerkschaftlich*; ~-**union** [pl ~-unions] *Gewerkschaft* f (abbr T.U.); ~ **u.'s council** ⟨bes SBZ⟩ *Betriebsge-werkschaftsleitung* f || ~-**unionism** *Gewerk-schaftswesen* n || ~-**unionist** *Gewerkschaftler* m; *law as to* ~-**unions** *Koalitionsrecht* n **c.** ~ **wind** *Passatwind* m **d.** *Fach–* ⟨film⟩ (~ premiere) **II.** vi/t **1.** vi *Handel treiben*, *handeln* (in a th *mit etw*; with a p *mit jdm*); *Waren liefern* (to a country) | to ~ (up)**on** ⟨fig⟩ *spekulieren*, *reisen auf*; *ausnutzen*, *mißbrauchen* **2.** vt (*Waren*) *ein-tauschen* (for *gegen*; with a p *mit jdm*); (*Papiere*) *handeln* || to ~ **in** [adv] (*etw Gebrauchtes*) *in Zahlung geben, eintauschen*; ~-**in car** *Eintausch-wagen* m; ~-**in value** *Wiederverkaufswert* m

trader ['treidə] s *Händler*, *Handelskaufmann*, *Kaufmann* m | *Handels–*, *Kauffahrteischiff* n

trades– ~-**folk** ['treidzfouk], ~-**people** ['treidzˌpiːpl] s *Handels–*, *Geschäftsleute* pl, *Gewerbetreibende* m pl ~-**man** ['treidzmən] s *Geschäftsmann*, *Gewerbetreibender*; *Händler*; *Kleinhändler* m | *Handwerker* m ~-**woman** ['treidzwumən] s *Händlerin*, *Handelsfrau* f

trading ['treidiŋ] **1.** s *Handeln* n, *Handel* m | [attr] *Handels–* (~-port; ~ vessel); *Gewerbe–*, *Geschäfts–*, *Betriebs–* (~ capital) || ~ **estate** *Industriesiedlung* f (*z Aufschließung e–s Gebiets f industr. Zwecke*) **2.** a *handeltreibend* (classes); *Handels–* (company) || *Industrie–* (~ estate)

tradition [trə'diʃən] s **1.** ⟨jur⟩ *Übergabe, Auslieferung* f **2.** *Tradition, Überlieferung* f | *das Überlieferte, Brauchtum* n; *mündliche Überlieferung* f, *alter Brauch* m; *Herkommen* n; *to be in the ~ die T. innehalten, sich im Rahmen der T. halten* || ⟨Lit⟩ *überlieferte Grundsätze* m pl etc | **~al** [~l] a (~ly adv) *Traditions~, traditionell*; *(mündlich) überliefert*; *brauchtümlich, herkömmlich*; *üblich* **~alism** [~əlizm] s ⟨ec⟩ *Traditionalismus* m || *Festhalten* n *an der Tradition* **~ary** [~əri] a = traditional

traduce [trə'dju:s] vt *verleumden* **~ment** [~mənt] s *Verleumdung* f | **~r** [~ə] s *Verleumder(in* f) m

traduction [trə'dʌkʃən] s *Übertragung* || *Fortpflanzung* f *(der Seele)* || *Verleumdung* f

traffic ['træfik] **1.** s *Handel* m (in a th *in, mit etw*); slave ~ *Sklavenhandel* | *öffentlicher Verkehr* m; *Schiffs~, Eisenbahnverkehr, ~betrieb* m; goods ~ *Güter~*, passenger ~ *Personenverkehr* m; ~ of excursionists *Ausflugs~*; oncoming ~ ⟨mot⟩ *Gegen~*; road ~ *Straßen~*; short distance ~ *Nah~* m; heavy ~ *starker V., Andrang* m | [attr] *Verkehrs~* || ~ accident *-unfall* m, ~ a. squad *Unfallkommando* n | ~ census *-zählung* f; ~ circulation map *Straßenverkehrskarte* f; ~ congestion *Verkehrsstockung* f, *-störung* f; ~ fitness *-tauglichkeit* f; ~ hold-up *-unterbrechung* f, *°-salat* m; instruction *-unterricht* m; ~ island *-insel* f; ~ jam *-stockung* f; ~-light ⟨Am⟩ *-ampel* f; ~ monitor *Schülerlotse* m; ~ offender *Verkehrssünder* m; ~ operation *-abwicklung* f; ~ pattern ⟨aero⟩ *Platzflugverkehr* m, *Platzrunde* f; ~ police *-polizei* f; German ~ regulations [pl] *-regeln* f pl *in Deutschland*; ~ rules *-regeln*; ~ signal *-ampel* f; ~ snarl ⟨Am fam⟩ *°-salat* m; ~ warden = ~ monitor | ~-returns [pl] ⟨rail⟩ *Betriebsstatistik* f || ~ sinner *Verkehrssünder* m **2.** vi/t [-icked; -icking] || *Handel treiben, handeln* (with a p *mit jdm*; in a th *mit etw*) || *handeln, schachern* (for *um*) | vt (a to ~ away) *verschachern* **~ability** [ˌtræfikə-'biliti] s *(bes Am) Befahrbarkeit, Verkehrseignung* f **~ator** ['træfikeitə] s ⟨mot⟩ *Richtungsanzeiger, Winker* m **~ker** [~ə] s *Kauf~, Geschäftsmann* m || ⟨dero⟩ *Schacherer* m

tragacanth ['trægəkænθ] s *Trag·ant* m *(Gummi, Klebmittel)*

tragedian [trə'dʒi:diən] s *Tr·agiker, Tragödiendichter* m || *Trag·öde* m *-dienne* [træˌʒi:di'en] s Fr *Trag·ödin* f *-dy* ['trædʒidi] s ⟨theat⟩ *Tragödie* f, *Trauerspiel* n; ~ of circumstance ⟨m.m.⟩ *Schicksalstragödie* f, ~ of recoil *Charakter~* || ⟨fig⟩ *erschütternder, tragischer Vorfall* m; *Unglück* n (the ~ is that)

tragic ['trædʒik] a (~ally adv) ⟨Lit⟩ *tragisch* (the ~ art, actor, stage); ~ flaw *tragische Schuld* f (e.g. in King Lear); ~ irony *die tragische Ironie* | ⟨übtr⟩ *tragisch, unheilvoll, düster* (a ~ event, tale) **~al** [~əl]* a = tragic **~alness** [~əlnis] s ⟨übtr⟩ *Tragik* f, *das Tragische, die tragische Natur*

tragi-comedy ['trædʒi'kɔmidi] s ⟨theat⟩ *Tragikomödie* f **~-comic** ['trædʒi'kɔmik] a (~ally adv) *tragikomisch*

tragopan ['trægoupæn] s ⟨orn⟩ *Tragop·an* m *(Satyrhuhn)*

trail [treil] **I.** s **1.** *langer schmaler (End-)Streifen* m (a ~ of smoke *Rauchstreifen*, *-fahne* f); ⟨aero⟩ *Kondensstreifen* m; ~-net *Schleppnetz* n | *(Meteor-)Schwanz* m ⟨mil⟩ *Lafettenschwanz* m || ~ bombing *Bombenreihenwurf* m; ~ bridge *Gierfähre* f; ~ officer *Schließender, Schlußoffizier* m; ~ party *Nachhut* f; ~ spade *Lafettensporn* m **2.** *Witterung, Spur, Fährte* f (on the ~ *auf der F.*; on a p's ~

jdm auf der Spur) **3.** *ausgetretener Weg, Pfad* m; to blaze a ~ „*Pionier"-Arbeit leisten, bahnbrechend wirken* **4.** [in comp] ~-blazer *Bahnbrecher*, „*Pionier"* m; ~ mark *Wegmarkierung* f **II.** vt/i **1.** vt *hinter sich herziehen, schleppen* || *schleifen, to ~ one's coat herausfordernd auftreten* || ⟨mil⟩ *to ~ arms Gewehr in der rechten Hand am Riemen tragen*; ~ arms! *Gewehr rechts!* | *(etw) über or durch das Wasser ziehen* || ⟨fig⟩ *gewaltsam ziehen*; *herunterziehen* | *(Wild) aufspüren, verfolgen* **2.** vi *schleppen, schleifen* | *sich (hin)schleppen, dahinkriechen*; *to ~ on sich weiter schleppen* || ⟨bot⟩ *kriechen* **3.** [in comp] ~ formation ⟨mil; aero⟩ *Reihe* | *(hinter-e-a)*; ~-(-)truck ⟨mot⟩ *Schlepper* m | **~er** ['~ə] s ⟨bot⟩ *Kriechpflanze* f, *langer Ausläufer* m || ⟨hunt⟩ *Spürhund* m || ⟨mot⟩ *Anhänge~, Bei-, Wohnwagen, Anhänger* m || ~s [pl] ⟨film⟩ *Vorschau* f, *Beiprogramm* n; *Voranzeige* f, *-spann* m; ⟨film⟩ *Start~, Endband* n, *Blankfilm* m, *Schwanzende* n | ~ coupling *Anhängerkupplung* f **~erite** ['~ərait] s ⟨Am⟩ *Wohnwagenbenutzer, -inhaber, -siedler* m, → *-ite* **~ing** ['~iŋ] a ⟨bot Am⟩ *Kriech~* || ~ antenna ⟨Am aero⟩ *Eierantenne* f || ~-axle *Hinterachse* f || ~-edge ⟨aero⟩ *hintere Flügelkante* f || ~ wheel ⟨mot⟩ *mitlaufendes Rad, Schleifrad* n

train [trein] **I.** s **1.** *(Kleid-)Schleppe* f || *(Kometen-)Schweif* m || ~s [pl] (of a hawk etc) *Stoß* m *(Schwanzfedern)* | valley ~ ⟨geol⟩ *fluvio-glazialer Schotter* m **2.** *Gefolge* n, *Begleitung* f (in the ~ of) **3.** *Reihe, Kette* f, *Zug* m; ~ of barges *Schleppzug* m *(Kähne)*; ~ of bombs *Bombenreihe* f; ~ of gears *od wheels Räderwerk* n | (a railway-~) *(Eisenbahn-)Zug* m; by ~ *mit dem Zuge, per Bahn*; by the 5 o'clock ~ *mit dem 5-Uhr-Zuge*; on the ~ *im Z.*; to be on the ~ *mitfahren* (is he on the ~?); to take ~ to *mit dem Z. fahren nach* | ⟨tech⟩ *Reihe* v *Rädern, Walzen*; *Räder~, Walzwerk* n | ⟨mil⟩ *Leitfeuer* n **4.** ⟨übtr⟩ *Reihe, Folge* f, ~ of thought *Gedankenfolge* f, *Gedankengang* m | ⟨fig⟩ *Entwicklung* f, *Gang* m (in ~ *in G., im Zuge*; *im Entstehen*); it brings .. in its ~ *es bringt .. mit sich*; to put in ~ *in G. setzen* **5.** [attr] *Schleppen~* (~-bearer *-träger*) ⟨rail⟩ *Eisenbahn~*; ~-accident *-unglück* n, *-unfall* m || ~-boy ⟨Am rail⟩ *Zeitungs~, Obst~* (etc) *Verkäufer* m || ~ commander ⟨mil⟩ *Transportführer* m || ~ conductor *Zugführer* m || ~-ferry *Eisenbahntrajekt* n || ~-road, ~-way *provisorische Eisenbahnlinie* f || ~-service *-verbindung* f, *-verkehr* m || ~-staff *Zugpersonal* n **II.** vt/i **1.** vt *erziehen, bilden, aufziehen* || *(Tier) dressieren, abrichten* (to do) || ⟨mil⟩ *drillen, ausbilden, einexerzieren* (to do) || ⟨sport⟩ *trainieren* | *(Geschütz* etc) *richten, zielen* (on *auf*) || ⟨hort⟩ *ziehen*, ~ed *fruit-tree Spalierbaum* m **2.** vi *(sich) üben* | *sich ausbilden* (for *z, als*), to ~ for a masseuse *M. lernen* || ⟨sport⟩ *(sich) trainieren* (for *f*) | (a to ~ it) ⟨fam⟩ *mit dem Zuge fahren* | **~ee** [trei'ni:] s ⟨mil⟩ *Zivilberufsschüler* m; ⟨Am⟩ *militärischer Vorbildungsschüler* m **~er** ['~ə] s *Lehrmeister, Abrichter* m || *Zureiter* m || *Sportlehrer, Trainer* m || ⟨aero⟩ *Übungs~, Schulflugzeug* n **~ing** ['~iŋ] s *Erziehung, Schule*; *Schulung, Ausbildung* f || *Übung* f; ⟨sport⟩ *Trainierung* f, *Training* n | [attr] *Trainings~*; || ~ aids [pl] *Schulungs~, Ausbildungshilfsmittel* n pl, ~ teaching aid || ~ area *Truppenübungsplatz* m, *Übungsgelände* n || ~ battalion *Lehr~, Ausbildungsbataillon* n || ~ camp *Übungs~, Ausbildungs~*, ⟨pol⟩ *Schulungslager* n || ~-college *Lehrerseminar* n || ~ film *Lehrfilm* m || ~ flight *Schulflug* m || ~ hand-wheel ⟨artill⟩ *Seitenrichtrad* n || ~ manual ⟨mil⟩ *Ausbildungsvorschrift* f || ~ project outline

Ausbildungsrichtlinien f pl || ~-ship ⟨mar⟩ *Schulschiff* n **~man** ['~mən] s ⟨Am⟩ *Eisenbahner* m

 train-oil ['treinɔil] s *Fischöl* n, *Tran* m

 traipse [treips] s & vi = trapes

 trait [trei] Fr s (pl ~s [~z]) *Zug, Anflug* m (a ~ of *ein A. v*) || *Gesichtszug* m || *Charakterzug, charakteristischer Zug* m, *Merkmal* n

 traitor ['treitə] s *Verräter* m (to *an*) **~ous** [~rəs] a *verräterisch* **~ously** [~rəsli] adv *in verräterischer Weise* **~ousness** [~rəsnis] s *Verräterei* f

 traitress ['treitris] s *Verräterin* f (to *an*)

 traject 1. ['træjikt]* s *Übergang–, Überfahrtstelle* f || *Überfahrt* f **2.** [trə'dʒekt]* vt (*Gedanken* etc) *übertragen* **~ory** ['trædʒiktəri] s ⟨math⟩ *Bahn* f || ⟨phys⟩ *Flug–, Geschoß–, Wurfbahn* f; bomb with ~ correction *nachgesteuerte B.* f || ~ chart *graphische Schußtafel* f || flat ~ fire ⟨mil⟩ *Flachfeuer* n

 tram [træm] **1.** s ⟨min⟩ *Förderwagen, Laufkarren* m | (a ~-road) *Schienenstrang* m (f *Förderwagen*) || *Straßenbahnwagen* m; *Straßenbahn* f (by ~ *mit der St.*) | [attr] ~-car *Straßenbahnwagen* m || ~-head (~-)*Endstation* f || ~-line *Straßenbahnschiene, –linie* f || ~-rail *–schiene* f || ~-road → tram **2.** vt/i || (*Erz* etc) *im Förderwagen fahren* | vi (*in der*) *Straßenbahn fahren*

 tram [træm] s (a ~-silk) *Einschlag–, Tramseide* f

 trammel ['træməl] **I.** s **1.** (a ~-net) (*Schlepp-*) *Netz* n **2.** *Spannriemen* m (f *Pferd*) **3.** *Kesselhaken* m **4.** [*mst* pl ~s] ⟨fig⟩ *Fessel* f; *Zwang* m; *Hindernis* n **5.** ⟨tech⟩ *Ellipsenzirkel* m | ~s [pl] *Stangenzirkel* m (a pair of ~s *ein St.*) **II.** vt ⟨*mst* fig⟩ *fesseln, hemmen, hindern*

 tramontane [træ'mɔntein, træmən'tein] **1.** a *jenseits der Berge* (*bes Alpen*) *wohnend; fremd* **2.** s *Fremdling* m

 tramp [træmp] **1.** vi/t || *trampen, schwerfällig u laut gehen; in schwerem, festem Schritt gehen* || (a to ~ it) *z Fuß wandern, reisen, gehen* || *lange Strecken z Fuß gehen; wandern, umherstreifen* | vt (*Straße*) *durchstreifen, –wandern* **2.** s a. *Trampen* n || *schwere, feste Fußtritte* m pl **b.** *Landstreicher, Vagabund* m **c.** *lange Fußreise* f, *mühsame Wanderung* f, on the ~ *auf der Wanderschaft* **d.** (a ocean-~) *Tramp, –dampfer* m (*ohne feste Route u festen Fahrplan*) **e.** [attr] *Tramp–* (~-*shipping –schiffahrt* f)

 trample ['træmpl] **I.**vt/i **1.** vt *niedertrampeln, –treten;* to ~ to death *tottrampeln* | to ~ down *niedertreten;* ⟨fig⟩ *mit Füßen treten* (a p's feelings) | to ~ out (*Feuer*) *austreten* **2.** vi *trampeln, treten;* to ~ upon a p ⟨fig⟩ *jdn mit Füßen treten, unterdrücken* **2.** s *Trampeln, Getrampel* n

 trampoline ['træmpəli(:)n] s (a ~ trainer) ⟨Am⟩ *Trampolin*(e f) m & n (*Ausbildungsgerät aus Segeltuch z Körperkontrolle*)

 tramway ['træmwei] s *Straßenbahn* f || ~-system *–netz* n || ~ tracks [pl] *–geleise* n pl

 trance [tra:ns] **1.** s *Trance* f, *schlafähnlicher Entrückungszustand* m *der Medien* || *Ekstase, Verzückung* f **2.** vt ⟨poet⟩ *in Trance or Ekstase versetzen; verzücken*

 trank [træŋk] s *längliches Stück Leder* n (f *Handschuhe*)

 tranquil ['træŋkwil] a (~ly adv) *ruhig, unbewegt* (air, water) || *ruhig, friedlich* (life); *ungestört; gelassen; heiter* **~lity** [træŋ'kwiliti] s *Stille, Ruhe; Gelassenheit; Heiterkeit* f **~lization** [træŋkwilai'zeiʃən] s *Beruhigung* f **~lize** ['træŋkwilaiz] vt/i || *beruhigen, ruhig stimmen* | vi *ruhig w; sich beruhigen* **~lizer** [~aizə] s ⟨fam⟩ *Beruhigungstablette* f

 trans- [træns; trænz] *lebendes* pref L *über*;

durch; jenseits von || ~-sonic [–'sounik] a *mit etwa Schallgeschwindigkeit,* → transonic

 transact [træn'zækt] vt/i || (*Geschäfte, Verhandlungen* etc) *führen;* (*ab*)*machen,* (*Geschäfte*) *abwickeln* (to ~ business with); *erledigen, abschließen, zustande bringen* | vi *handeln, unter–, verhandeln* (with *mit*) **~ion** [træn'zækʃən] s *Verrichtung; Abwicklung, Durchführung* f || *Geschäft* n, *geschäftl. Angelegenheit* f; *größeres geschäftl. Unternehmen* n, *Transaktion* f || ⟨jur⟩ *Vergleich* m; *Abmachung* f | ~s [pl] *Verhandlungen* f pl, (*Sitzungs-*)*Berichte* m pl **~or** [træn'zæktə] s *Unterhändler* m

 Transalpine ['trænz'ælpain] a *transalp·inisch, jenseits der Alpen*

 transatlantic ['trænzət'læntik] **1.** a *transatl·antisch; überseeisch, Übersee–* (~ liner) **2.** s *Amerikaner* m

 transceiver [træn'si:və] s ⟨wir⟩ *Sender-Empfänger* m (*Einheitsgerät* n)

 transcend [træn'send] vt *überst·eigen, –schr·eiten* || *übertreffen* **~ence** [~əns], **~ency** [~ənsi] s *Überlegenheit* f, *Vorzüglichkeit; Erhabenheit* f || ⟨philos & theol⟩ *Transzend·enz* f **~ent** [~ənt] a *vortrefflich, höchst, über–, hervorragend, außerordentlich* | ⟨philos⟩ *transzend·ent, über alle Erfahrung hinausgehend;* ⟨theol & math⟩ *transzendent* **~ental** [,trænsen'dentl] a (~ly adv) *vortrefflich, ausgezeichnet* | ⟨philos⟩ *transzendent·al* || ⟨übtr⟩ *über alle Erfahrung hinausgehend, außergewöhnlich, übernatürlich; phantastisch; abstrus, dunkel* | ⟨math⟩ *transzend·ent* **~entalism** [,trænsen'dentəlizm] s *transzendentale Philosophie* f

 transconductance ['trænskən'dʌktəns] s ⟨el⟩ *Steilheit* f

 transcontinental ['træns,kɔnti'nentl] a *durch den Kontinent gehend* (railway)

 transcribe [træns'kraib] vt *kopieren, ab–, ausschreiben; umschreiben* || ⟨mus⟩ *transkribieren* || ⟨wir⟩ *auf Tonband aufnehmen, v Tonband abspielen*

 transcript ['trænskript] s *Abschrift, Kopie* f || ⟨stat⟩ (⟨a⟩ ~ion) (*Standesamts-*)*Zählblatt* n **~ion** [træns'kripʃən] s *Ab–, Umschreiben* n || *Ab–, Umschrift* f; ⟨mus⟩ *Transkription* f; ⟨wir⟩ *Tonband* n, *–aufnahme* f; ~ turn-table *Plattenspieltisch* m (*im Senderaum*)

 transect [træn'sekt] vt *quer durchschneiden*

 transept ['trænsept] s ⟨ec arch⟩ *Querschiff* n

 transfer I. [træns'fə:] vt/i **1.** vt *hinüberbringen, –tragen* (from .. to *v* .. *nach*); *verlegen, –setzen* (into *in;* to *nach*) || to get ~red ⟨mil⟩ *versetzt w* (*P*) || ⟨mil⟩ (*Feuer, Truppen*) *verlegen* || (*Bevölkerung*) *umsiedeln* | *übertragen* (to *auf*); the licence shall not be ~red by the licensee *die Lizenz ist nicht übertragbar* || (*Geld*) *überweisen* (from .. to *v* .. *auf*) || ⟨jur⟩ *abtreten, zedieren, übertragen* (to a p *jdm*) || ⟨typ⟩ (*Muster* etc) *umdrucken, übertragen* || ⟨Lit⟩ ~red *epithet übertragenes Beiwort* n (e.g. dusty death) **2.** vi *übertreten* (to *z*) || *verlegt w* (to *nach*); *sich verlegen* | *umsteigen* **II.** ['trænsfə.] s **1.** *Übertragung* f (to *auf*); to make a ~ to the credit of a p's account *Geld auf jds Konto überweisen* || ⟨jur⟩ *Abtretung, Zession* f (to *an*) **2.** *Überf·ührung; Verlagerung* f (of activities); *Verlegung, –setzung* f (to *nach*) || ⟨com⟩ (*Geld-*)*An–, Überweisung* f || population ~ *Umsiedlung* f **3.** *Übertrag* m || ⟨typ⟩ *Umdruck; Abzug* m; *Abziehbild* n **4.** ⟨Am⟩ *Umsteiger* m (*Fahrschein*) **5.** [attr] *Übertragungs–* (~-book *–buch*); ~-deed *–urkunde* f || ⟨typ⟩ *Umdruck–* (~-ink *–tinte* f; ~-paper *–papier* n ⟨a phot⟩) || ~ picture *Abziehbild* n || ~ process *Umdruck* m || ~ tax *Nachlaß–, Erbschaftssteuer* f || ~ type (stripping) paper *Abziehpapier* n || ~-ticket ⟨rail⟩ *Umsteigefahrkarte* f; ⟨com⟩ *Verrechnungsscheck* m **~ability** [trænsˌfəːrəˈbiliti] s *Übertragbarkeit* f ‖ *Transportfähigkeit* f **~able** [trænsˈfəːrəbl] a *übertragbar* (to *auf*) ‖ *abtretbar* (to *an*) ‖ *transportfähig* (*Verwundeter*) **~ee** [ˌtrænsfəˈriː] s ⟨jur⟩ *Zession·ar, neuer Käufer, neuer Empfänger*; ⟨com⟩ *Indossat·ar* m ‖ *Versetzter* m **~ence** [ˈtrænsfərəns] s *Übertragung, Verlegung* f (from .. to) **~ential** [ˌtrænsfəˈrenʃəl] a *Übertragungs-, übertragend* **–feror** [ˌtrænsfəˈrɔː] s ⟨jur⟩ *Übertrager; Abtretender, Zedent*; ⟨com⟩ *Indossant* m **–ferrer** [trænsˈfəːrə] s (*allg*) *Überträger* m, *Übertragungsvorrichtung* f **–ferring** [–ˈfəːriŋ] s *Übertragung* f, *Abziehen* n (*e–s Gemäldes v Holz*) to canvas *auf Leinwand* f

transfiguration [ˌtrænsfigjuəˈreiʃən] s *Umgestaltung* f; ~ of souls *Seelenwanderung* f | ⟨ec⟩ **~** (*Christi*) *Verklärung* f; *Fest* n der V. (6. Aug.) **–figure** [trænsˈfigə] vt *umgestalten; verwandeln* (into) | *verklären*

transfix [trænsˈfiks] vt *durchbohren, –stechen* (with) ‖ ⟨fig⟩ (of pain) *durchb·ohren; erstarren l, lähmen*, to be ~ed with *starr s vor* **~ion** [trænsˈfikʃən] s *Durchbohrung* f ‖ ⟨fig⟩ *Erstarrtsein* n

transform [trænsˈfɔːm] vt *umbilden, –formen, –gestalten; verwandeln* (into *in*) ‖ ⟨el⟩ *umwandeln, transformieren* | ⟨übtr⟩ (*jdn*) *bekehren, umwandeln* (from .. into *v .. z*) **~able** [~əbl] a *um–, verwandelbar* **~ation** [ˌtrænsfəˈmeiʃən] s *Umformung, –bildung* f (from .. to *v .. z, in*) ‖ ~ under sub-contract ⟨tech⟩ *Lohnveredelung* f ‖ ⟨phys & el⟩ *Transformation* f ‖ *Verwandlung* f; ~ scene *–sszene* f ‖ ⟨zoo⟩ *Metamorph·ose* f | *Damenperücke* f **~ative** [trænsˈfɔːmətiv] a *umwandelnd* **~ator** [ˌtrænsfəˈmeitə] s ⟨el⟩ *Transform·ator* m **~er** [trænsˈfɔːmə] s *Umgestalter* m ‖ ⟨el⟩ *Transform·ator* m **~ism** [trænsˈfɔːmizm] s ⟨biol⟩ *Transformationstheorie* f (*Deszendenztheorie*)

transfuge [trænsˈfjuːdʒ] s *Überläufer* m

transfuse [trænsˈfjuːz] vt (*Flüssigkeit*) ·*umgießen* ‖ (*Blut*) *übertragen* ‖ ⟨fig⟩ (*etw*) *einflößen* (into a p *jdm*); *durchtränken* (with *mit*) **–sion** [trænsˈfjuːʒən] s *Umgießen* n ‖ ⟨fig⟩ *Übertragung* f ‖ ⟨med⟩ *Transfusi·on, Blutübertragung* f **–sive** [trænsˈfjuːsiv] a *sich übertragend; Übertragungs–*

transgress [trænsˈgres] vt/i ‖ ⟨übtr⟩ *überschreiten; (Gesetze etc) übertr·eten, verletzen; (Termin) nicht innehalten* | vi *fehlen, sich vergehen* **~ion** [trænsˈgreʃən] s *Überschreitung* f; *Übertretung, (Gesetz-)Verletzung* f; *Vergehen* n ‖ ⟨geol⟩ *übergreifende Auflagerung* f **~ive** [trænsˈgresiv] a *verstoßend* (of *gegen*) **~or** [trænsˈgresə] s *Übertreter, Missetäter* m

Trans Highway Service [ˈtræns ˈhaiwei ˈsəːvis] s *Verkehrswacht* f

tranship [trænˈʃip], **trans-ship** [trænsˈʃip] vt/i ‖ (*mar, rail, mot*) (*Güter*) *umladen, –expedieren*; (by Train Ferry Service) ⟨rail⟩ *weiterbefördern* | vi ⟨mar⟩ *umsteigen* **~ment** [træn(s)ˈʃipmənt] s *Umladung; –(ex)spedierung; Umschlag* m; ~ *harbour –shafen*

transhumance [trænsˈhjuːməns] s *periodische Wanderung* f (*v Herden in andere klimat. Gegenden*)

transience [ˈtrænziəns], **–ency** [ˈtrænziənsi] s *rasches Verfliegen* n, *Vergänglich–, Flüchtigkeit* f (the ~ of pleasure) **–ent** [ˈtrænziənt] **1.** a (~ly adv) *vorübergehend, vergänglich; Momentan–; flüchtig* (~ smile) ‖ ~ target ⟨mil⟩ *Augenblicksziel* n ‖ ~ visitor ⟨stat⟩ *zeitweilig anwesende P* f ‖ ⟨Am⟩ ~ hotel *Passantenhotel* n **2.** s ⟨Am⟩ *Pass·ant, Zeitmieter* m (etc) ‖ ⟨orn⟩ *Durchzügler* m

transilient [trænˈsiliənt] a (*v e–m zum anderen*) *überspringend; in–e–a übergehend* (~ rock)

transilluminate [ˌtrænziˈljuːmineit] vt ⟨med⟩

(*Organ* etc) *durchleuchten* **–ation** [ˌtrænziljuːmiˈneiʃən] s ⟨med⟩ *Durchleuchtung* f

transire [trænˈzaiəri] s L *Passierschein, (Zoll-) Begleitschein* m

trans-isthmian [trænˈzismiən] a *über e–e Landenge gehend* (traffic)

transit [ˈtrænsit] **1.** s *Durchschreiten, –fahren* n; *Durchgang* m; *–fuhr* f (*v Waren*); in ~ *unterwegs, auf der Fahrt, auf Transport befindlich* ‖ *Durchgangsverkehr* m ‖ ⟨astr⟩ *Durchgang* m ‖ ⟨fig⟩ *Durch-, Übergang* m (to *zu*) ‖ [attr] ~**-camp** *Durchgangslager* n; ~**-depot** *Durchgangs-, Durchlauf-, Umschlagdepot* n; ~**-duty** *Durchfuhrzoll* m **2.** vt *durchschr·eiten* ‖ [astr] *durchgehen durch*

transition [trænˈsiʒən] s *Übergang* m (from .. to *v .. z*); a period of ~ *e–e Übergangszeit* f, *–stil* m; *Periode* f *des Übergangs* ‖ (a ~ training) *Umschulung* f (*v .. z ..*) ‖ [attr] *Übergangs-, Durchgangs-*; ~ *firing* ⟨mil⟩ *Schulgefechtsschießen* n; ~ *period Übergangsperiode* f; ~ *stage –stadium* n **–al** [~l] a (~ly adv), **~ary** [~əri] a *e–n Übergang bildend, Übergangs-* (~ period); ~ *work –stil*); *–al zone* ⟨geog⟩ *Randlandschaft* f

transitive [ˈtrɑːnsitiv] a (~ly adv) ⟨gram⟩ *transit·iv* ‖ *übergehend* (*v e–m zum anderen*) ‖ * *Übergangs-, Zwischen-* **~ness** [~nis] s ⟨gram⟩ *Transitivität* f

transitoriness [ˈtrænsitərinis] s *Vergänglich–, Flüchtigkeit* f **–tory** [ˈtrænsitəri] a (*–torily adv*) *vergänglich, flüchtig*

Transjordan [ˌtrænzˈdʒɔːdən], **~ia** [ˌtrænzdʒɔːˈdeiniə] s *Transjordanien* n (*1920–49 brit. Mandatsgebiet*) **~ian** [ˌtrænzdʒɔːˈdeiniən], **~ic** [ˌtrænzdʒɔːˈdænik] a *transjordanisch →* Jordania

translatable [trɑːnsˈleitəbl] a *übersetzbar* **–late** [trɑːnsˈleit] vt/i **A.** vt **1.** † (*etw*) *verlegen; befördern* (to *nach*) | ⟨ec⟩ (*jdn*) *versetzen* ‖ ⟨ec⟩ *entrücken* (to heaven *in den Himmel*) | to be ~d (*P*) ·*umschwenken, übergehen* (from .. to *v .. z*) **2.** *übersetzen, –tr·agen* (from .. into *v .. in*) ‖ ⟨übtr⟩ (*Zeichen*) *übertr·agen, ·umsetzen* (into *in*) **3.** ⟨bes tech⟩ *umarbeiten, –modeln, aufarbeiten* (into *z, in*) **B.** vi *übers·etzen* (into) ‖ *sich übers·etzen l* **–lation** [trɑːnsˈleiʃən] s ⟨bes ec⟩ *Versetzung, –legung* f ‖ ⟨ec⟩ *Entrückung* (*in den Himmel*), *Himmelfahrt* f | *Übersetzung* f (rights of ~ *–srechte*); *Übertragung* f (from .. into); ⟨a übtr⟩ ‖ ⟨telg⟩ *Übertragung* f **–lational** [~l] a *Übersetzungs-* ‖ ⟨phys⟩ *weitertragend* **–lative** [ˈtrɑːnslətiv] a ⟨phys⟩ *über-, weitertragend* ‖ *übersetzend, Übersetzungs-* ‖ ⟨jur⟩ *übertragend* **–lator** [trɑːnsˈleitə] s *Übersetzer, –trager* m ‖ *Auf-, Umarbeiter* m

transliterate [trænzˈlitəreit] vt *in ein anderes Alphabet ·umschreiben; transkribieren* (with *durch*) **–ation** [ˌtrænzlitəˈreiʃən] s ·*Umschreibung, Transkription* f

translucence [trænzˈluːsns], **–ency** [–si] s *D·urchscheinen* n ‖ *Durchsichtigkeit* f **–ent** [trænzˈluːsnt] a *durchsichtig; nicht ganz durchsichtig, halb durchsichtig*

transmarine [ˌtrænzməˈriːn] a *überseeisch, Übersee-*

transmigrant [trænzˈmaigrənt] **1.** a *übersiedelnd* **2.** s *ausländischer Durchreisender* m ‖ ⟨orn⟩ *Durchzügler, Durchzugvogel* m **–grate** [ˈtrænzmaigreit] vi *übersiedeln, auswandern, wegziehen* ‖ (of souls) *wandern, in e–n anderen Körper übergehen* **–gration** [ˌtrænzmaiˈgreiʃən] s *Übersiedelung, Auswanderung* f ‖ ~ of souls *Seelenwanderung* f **–gratory** [trænzˈmaigrətəri, –maiˈgrei–] a *wegziehend; wandernd, Wanderzügler* m

transmissibility [trænzˌmisəˈbiliti] s *Übersend–, Übertragbarkeit* f **–ble** [trænzˈmisəbl] a *übersendbar* ‖ *übertragbar* (to *auf*)

transmission [trænzˈmiʃən] s **1.** *Übersendung;*

–*mittlung, Mitteilung* || *Verschickung* f, –*sand* m || (*Telegramm*–, etc) *Beförderung; Weitergabe* f **2.** *Übertragung,* –*lassung* f || ⟨biol⟩ *Vererbung* f || ⟨phys⟩ *Fortpflanzung* f (*v Wellen*) || ⟨mech⟩ (*Kraft*-)*Übertragung, Transmission* f; ⟨mot⟩ *Getriebe* n, automatic ~ *automatische Schaltung* f || ⟨wir⟩ *Übertragung, Sendung* f **3.** ⟨phil⟩ *Überlieferung* f, ~ of text *Text*– **4.** [attr] *Transmissions*– || ~-gear ⟨mech⟩ *Vorgelege* n (*Vorrichtung z Antrieb e–r durch Riemen getriebenen Arbeitsmaschine*) || ~ range ⟨wir⟩ *Sendebereich* m, –*reichweite* f || ~ ratio ⟨tech⟩ *Übersetzungsverhältnis* n

transmit [trænz'mit] vt/i [–tt–] **A.** vt **1.** *übersenden, schicken, übermitteln,* –*liefern* (a th to a p *jdm etw*) || (*Telegramm* etc) *befördern* || to ~ by key ⟨wir etc⟩ *tasten* || ~ted data [pl] ⟨artill⟩ *Ausgangswerte* m pl **2.** (*Titel, Eigenschaft*) *vererben* (to a p *jdm*); *übertragen* (to *auf*); (*Eigentum*) *über*–, *hinterlassen* (to a p *jdm*) || to be ~ted in *überliefert, erhalten s in* **3.** (*Eindrücke* etc) *vermitteln, mitteilen* (to a p *jdm*) || (*Lichtwellen* etc) (*fort*–, *weiter*-)*leiten, übertragen; verbreiten* || ⟨wir⟩ *übertragen* **B.** vi ⟨jur⟩ *sich vererben* ~**tal** [~əl] s [attr] ~ slip *Laufzettel* m ~**ter** [~ə] s *Übersender* m || ⟨wir⟩ *Sendeapparat, Sender* m; ~/receiver ⟨wir⟩ *Sender/Empfänger* m; ~ unit *Sendegerät* n ~**ting** [~iŋ] a ⟨wir⟩ *sendend, Sende*– (~ station) || ~ wave ⟨wir⟩ *Sende*–, *Arbeitswelle* f

transmogrification [ˌtrænzmɔgrifi'keiʃən] s *gänzliche Umgestaltung* f –**fy** [trænz'mɔgrifai] vt *gänzlich umgestalten; verwandeln* (into)

transmontane [trænz'mɔntein] a = tramontane

transmutability [trænzˌmjuːtə'biliti] s *Umwandelbarkeit* f –**mutable** [trænz'mjuːtəbl] a (–bly adv) *umwandelbar* –**mutation** [ˌtrænzmjuː-'teiʃən] s *Um*–, *Verwandlung* f || ⟨biol⟩ *Transmutation, Umbildung* f ~s [pl] *Veränderungen, Schwankungen* f pl –**mutative** [trænz'mjuːtətiv] a *umwandelnd* –**mute** [trænz'mjuːt] vt *um*–, *verwandeln* (into *in*)

transoceanic ['trænzˌouʃi'ænik] a *überseeisch, Übersee*– || *transozeanisch, Ozean*– (~ flight)

transom ['trænsəm] s ⟨arch⟩ *Querbalken; Kämpfer* m (*bes an Tür u Fenster*); *Oberlicht*–, *Supraportengitter* n || ⟨mar⟩ *Balken* m *quer über dem Hintersteven* | (*a* ~-window) ⟨arch⟩ *durch ein Querholz geteiltes Fenster* n; *Oberlicht* n

transonic [træn'sɔnik] a *schallnah, im* –*en Bereich, beim Durchstoßen der Schallmauer*

transpadane [træns'peidein] a *nördl. vom Po gelegen*

transparence [træns'pɛərəns] s *D urchsichtigkeit* f –**cy** [træns'pɛərənsi, –'pæ–] s *Durchsichtigkeit* f | *Leuchtbild, Transpar ent(bild)* n; ⟨phot⟩ *Diapositiv* n; ~ film *Diafilm* m; ~ frame, ~ mount *Dia-Rahmen* m

transparent [træns'pɛərənt, –'pæ–] a (~ly adv) *durchscheinend,* –*sichtig* || *schwach angedeutet; paper with* ~ *lines in sich gemustertes Papier* || ~ to infra-red *ultrarotdurchlässig* || ~ slide ⟨phot⟩ *Dia(positiv)* n || ~ stripping film *Diapositivabzugsfilm* m || ~ viewer *Dia-Betrachter* m | ⟨fig⟩ *durchsichtig, offenkundig; klar, hell* || *klar* (style) || *offen, ehrlich* ~**ness** [~nis] s = transparence

transpierce [træns'piəs] vt *durchbohren;* ⟨a übtr⟩

transpiration [ˌtrænspi'reiʃən] s *Ausdünstung* f || *Hautausdünstung* f, *Schweiß* m || ⟨phys⟩ (of gas) *Strömen* n *durch enge Röhren* –**pire** [træns-'paiə] vt/i **1.** vt *ausdünsten,* –*schwitzen* **2.** vi *ausdunsten; ausgedünstet w* | ⟨fig⟩ *ruchbar or bekannt w, durchsickern, verlauten, verlautbaren* (it ~d that) | (*inkorrekt*): *sich ereignen*

transplant [træns'plɑːnt] vt/i ·*umpflanzen* || ⟨fig⟩ *verpflanzen,* –*setzen* (to *nach*; into *in*); to ~ o.s. *sich versetzen* (into) | vi *sich umpflanzen l* ~**ation** [ˌtrænsplɑːn'teiʃən] s *Umpflanzung* f || ⟨fig⟩ *Verpflanzung* f (into *in*; to *nach*) ~**er** [træns'plɑːntə] s *Umpflanzungsgerät* n

transpolar ['træns'poulə] a *über den* (*Nord*-) *Pol, Polar*– (flight)

transpontine ['trænz'pɔntain] a *jenseits der Brücke* || (*in London*) *südlich der Themse* | ⟨übtr⟩ *rührselig, Schauer*–; *kitschig*

transport A. [træns'pɔːt] vt **1.** *transportieren* ⟨a phot⟩; *befördern, fortschaffen;* (*etw*) *abfahren; versenden* | (*Verbrecher* etc) *deportieren* | ⟨übtr⟩ to ~ o.s. a century back *sich ein Jahrhundert zurückversetzen* **2.** *entzücken, hinreißen; heftig erregen;* to be ~ed with *hingerissen, entzückt, außer sich s vor* **B.** ['trænspɔːt] s **1.** *Transp·ort* m ⟨a phot⟩; *Beförderung, Fortschaffung, Überführung* f; *Versand* m, *Spedition* f; Minister of ⁓ *Verkehrsminister* m **2.** *Beförderungsmittel* n; (*a* ~ ship *od* vessel) *Transport*–, *Truppenschiff* n || *Troß* m || air ~s pl *Luftverkehr* m; public ~s *öffentlicher Verkehr* m **3.** *Hitze, Leidenschaft* f; *Entzücken* n; in a ~ of rage *in rasender Wut;* to go into ~s of joy *vor Freude außer sich, in Entzücken geraten* **4.** [attr] ~ (airplane) *Transportflugzeug* n; ~ charges [pl] *Transport*–, *Speditionskosten* pl || ~ column *Fahrkolonne* f, *Troß* m || ~ glider ⟨aero⟩ *Lastensegler* m || ⁓ House [*ohne art*] *Haus der Labour Party, London* || ~ operators pl *Verkehrsbetriebe* m pl || ~ worker *Transportarbeiter* m ~**ability** [trænsˌpɔːtə'biliti] s *Versand*–, *Transportfähigkeit* f ~**able** [træns'pɔːtəbl] a *fortschaff*–, *transportier*–, *versendbar* ~**ation** [ˌtrænspɔː'teiʃən] s *Fortschaffung, Versendung, Beförderung, Überführung* f, *Versand, Transport* m | *Deportierung* f (*v Verbrechern* etc) || ⟨Am rail⟩, *Reisekosten* pl, *Fahrtausweis* m, *Fahrkarte* f || ⟨Am⟩ railroad ~ *Eisenbahnverkehr* m | ~ tax *Beförderungssteuer* f | ~ ticket ⟨Am mil⟩ *Fahrschein* m, –*karte* f ~**er** [træns-'pɔːtə] s *Beförderer* m || *Transportvorrichtung* f; *Umladeapparat* m

transposal [træns'pouzəl] s ·*Umstellung* f –**pose** [træns'pouz] vt ·*umstellen,* –*setzen* || ⟨mus⟩ *transponieren; versetzen* –**position** [ˌtrænspə'ziʃən] s *Umstellen* n; *Umstellung* f || ⟨mus⟩ *Transpositi·on* f, *Übertragung* f || *Umstilisierung* f

trans-ship [træns'ʃip], etc → tranship, etc

trans-sonic [træn'sɔnik] a = transonic

transubstantiate [ˌtrænsəb'stænʃieit] vt (*stofflich*) *um*–, *verwandeln* (into *in,* to *zu*) || ⟨ec⟩ (*Wein u Brot*) *verwandeln* –**tiation** ['trænsəbˌstænʃi'eiʃən] s *Stoffumwandlung* f || ⟨ec⟩ *Transsubstantiati·on, heilige* (*Wesens*-)*Wandlung* f

transudation [ˌtrænsju·'deiʃən] s (of liquids) *Ab*–, *Aussonderung* f –**sudatory** [træn'sjuːdətəri] a *ab*–, *aussondernd* –**sude** [træn'sjuːd] vi/t || (of liquids) *durchsickern; dringen* (through *durch*); *abgesondert w* | vt *absondern*

transuranic [ˌtrænsjuə'reinik] a ⟨chem⟩ *Transuran*– (~ element); ~ elements [pl] *Transur·ane* n pl; → *Bd.* II. *S.* 1322 *ff*

Transvaal ['trænzvɑːl] s the ~ SAfr *Transvaal* **transversal** [trænz'vəːsəl] **1.** a (~ly adv) *quer hindurchgehend; quer verlaufend, Quer*– (~ line) || ~ gallery ⟨mil⟩ *Verbindungsgang* m || ~ route *Querverbindungs*–, ⟨mil⟩ *Gürtelstraße* f **2.** s ⟨math⟩ *Transvers·ale* f

transverse ['trænzvəːs '– –] **1.** a (~ly adv) *diagon·al, quer, Quer*– (~ section –*schnitt*); *querlaufend* (to *zu*) **2.** s *Querachse* f; *Quermuskel* m

tranter ['træntə] s *Höker, Krämer* m

trap [træp] s ⟨geol⟩ *Trapp* m (*Eruptivgestein*)

trap [træp] s [mst pl ∼s] ⟨fam⟩ *Siebensachen* pl (to pack up one's ∼s), *Habe* f; *Gepäck* n

trap [træp] **I.** s **1.** (*Tier*-)*Falle* f ‖ ⟨fig⟩ *Falle* f; to lay, set a p a ∼ *od* a ∼ for a p *jdm e–e F. stellen*; to fall, walk into the ∼ *in die F. gehen* ‖ ⟨Am fig⟩ „*Klappe*" f (*Mund:* you shut your ∼! *halt' die Kl.*!) ‖ *Schlinge* f, *Fallstrick* m ‖ *Kniff, Betrug* m | ⟨sl⟩ *Spitzel, Detekt'iv* m **2.** *Stück Holz* n (*auf das der Ball beim* --*ball* (→ *d) gelegt wird*); ∼ and ball = ∼-ball **3.** ⟨tech⟩ *Siphon* m (*in Spülaborten*); *Dampf–, Wasserverschluß* m; *Abscheider* m **4.** *leichter zweirädr. Wagen* m **5.** = ∼-door **6.** [attr] ∼-ball *Art* (*Schlag-*)*Ballspiel* n ‖ ∼-door *Falltür* f; ⟨theat⟩ *Versenkung* f (*auf der Bühne*); ⟨aero⟩ *Bodenklappe* f ‖ ∼-shooting *Tontaubenschießen* n **II.** vt/i [–pp–] **1.** vt *mit* or *in e–r Falle fangen* ‖ (*Klosettröhre*) *gegen Gase ab–, verschließen* | (*jdn*) *ertappen* **2.** vi *Fallen setzen* ‖ *Trapper* s

trapan [trə'pæn] **1.** s *Falle* f **2.** vt *fangen, verstricken* ∼**ner** [∼ə] *Verführer* m

trapes, traipse, trapse [treips] **1.** s ⟨fam⟩ *Schlumpe, Schlampe* f **2.** vi ⟨fam⟩ *umherschlendern, –bummeln*

trapeze [trə'pi:z] s ⟨sport⟩ *Schwebereck, Trap'ez* n (on the flying ∼ *am fliegenden T.*)

trapeziform [trə'pi:zifɔ:m] a *trapezförmig* –**zium** [trə'pi:zjəm] s L ⟨math⟩ *Trap'ez* n ‖ ⟨anat⟩ *viereckiger Handwurzelknochen* m –**zoid** ['træpizɔid] s ⟨math⟩ *Trapezo'id* n

trapper ['træpə] s *Fallensteller; Trapper, Pelztierjäger* m

trappings ['træpiŋz] s pl (*reich geschmücktes Pferde–* etc) *Geschirr* n; (*reich verzierte*) *Pferdedecke* f | ⟨fig⟩ *Schmuck, Putz, Pomp, Staat* m

Trappist ['træpist] s ⟨ec⟩ *Trapp'ist* m (*Mitglied e–s Zisterzienserordens, ggr. 1665*)

trappy ['træpi] a (*S*) *voll v Fallen; trügerisch* ‖ *heikel; knifflig*

trapse [treips] s & vi = trapes

trash [træʃ] **1.** s ⟨koll⟩ *abgehauene Äste* m pl, *Reisig* n ‖ *Abfall* m; *Abfälle* pl (tobacco ∼) ‖ *Schund, Ausschuß, Plunder* m ‖ ⟨Am⟩ (*P*) (white) ∼ *arme(r) Weiße(r)* m **|** *od* m pl ‖ (of books, etc) *Schund, Kitsch* m **|** (of talk) *Geschwätz* n, *Unsinn* m, *Quatsch* m **|** ∼-basket ⟨Am⟩ *Papierkorb* m ‖ ∼-dump *Schuttabladestelle* f **2.** vt (*Zuckerrohr*) *entblättern* ∼**iness** ['∼inis] s ⟨fig⟩ *Minderwertigkeit, Wertlosigkeit* f | ∼**y** ['∼i] a (–shily adv) *Schund–, minderwertig, wertlos; kitschig, Kitsch–;* °*schofel*

trass [træs], **tarras** [ˈtærəs] s ⟨geol⟩ *Traß, Tuffstein* m

trattoria [trætə'ri:ə] s It *Speisehaus* n, *Gastwirtschaft* f

trauma ['trɔ:mə] s Gr ⟨med⟩ *Wunde, Verletzung* f ‖ *schädigende Gewalteinwirkung* f (*seelischer Art*) ∼**tic** [trɔ:'mætik] a (∼ally adv) *durch Verletzung verursacht, Wund–;* ∼ *neuroses* [pl] *durch Gemütserschütterung verursachte nervöse Störungen* f pl

travail ['træveil] **1.** s † *Mühe, schwere Arbeit* f | *Kreißen* n, (*Geburts-*)*Wehen* pl, ⟨mst fig⟩; to be in ∼ *with schwer ringen mit* **2.** vi † *schwer arbeiten, sich plagen* | ⟨med⟩ *kreißen, in Wehen liegen*

travalarm ['trævəla:m] s ⟨Am⟩ *Reisewecker* m

travel ['trævl] vi/t [–ll–] **1.** vi **1.** ∼ *e–e Reise m, reisen* ‖ ⟨com⟩ *reisen* (in *in*) ‖ *sich bewegen, fahren* (by rail *mit der Eisenbahn;* by coaches *in Wagen;* 3d class *dritter Klasse*) *reiten* **2.** ⟨übtr mech⟩ *wandern, hin u her gehen* ‖ *sich ausdehnen* (to *nach*) **3.** *sich schnell bewegen, laufen; sausen* **II.** vt *be–, durchr'eisen, –wandern* (to ∼ a country) ‖ ⟨übtr⟩ (*Strecke*) *durchl'aufen, zurücklegen* ∼**led**, ⟨Am⟩ ∼**ed** [∼d] a *weit gereist; bewandert, erfahren* ∼**ler**, ⟨Am⟩ ∼**er** [∼ə] s **1.** *Reisender* m; a ∼ in the Alps *ein Alpenreisen-*

der m; commercial ∼ *Geschäfts–, Handlungsreisender* m ‖ ⟨tech⟩ *Sägeschlitten* m, *Vorschubwagen* m **2.** [attr] **a.** ∼ *Reise–, reisend* (∼ monk) **b.** ∼'s: ∼'s cheque, ⟨Am⟩ check *Reisescheck* m ‖ ∼'s joy ⟨bot⟩ (*Deutsche*) *Waldrebe* f; Blue ∼'s Joy *Blaue Clematis;* Erect ∼'s Joy *Aufrechte W.* ‖ ∼'s tale *kühn erfundene Erzählung* f **c.** ∼s': ∼s' book *Fremdenbuch* n; ∼s' guide *Reisehandbuch* n ∼**ling**, ⟨Am⟩ ∼**ing** [∼iŋ] **1.** s *Reisen* n, *Reise* f | [attr] *Reise–,* ∼ allowance *–kostenvergütung* f; ∼-bag *–tasche* f; air ∼ card *internationaler Ausweis* m f *Flugscheine,* → IATA; ∼-case *–koffer* m; ∼ claim *–kostenrechnung* f; ∼ alarm, ∼ clock *–wecker* m; ∼-guide *–führer* m; ∼ iron *–bügeleisen* n; ∼ orders [pl] ⟨Am⟩ *Marschbefehl;* ∼-rug *–decke* f | **2.** a *reisend, wandernd* ‖ ⟨mech⟩ *beweglich, Lauf–:* ∼ belt *Fließband* n; ∼ crane *Laufkran* m ‖ *Wander–:* ∼ circus *–zirkus* m ⟨*a* fig mil⟩ ("*fliegender" Truppenteil*); ∼ grate ⟨tech⟩ *–rost* m; ∼ trophy ⟨*bes* Am sport⟩ *–preis* m

travel ['trævl] s **1.** *Bewegung* f, *Lauf* m (*e–r Maschine*); ⟨mech⟩ *Hub* m ‖ dead ∼ *Leerweg* m; *toter Gang;* free ∼ ⟨tech⟩ *Spiel* n **2.** ∼s [pl] (*bes lange*) *Reisen,* (*Auslands-*)*Reise* f pl; to be on one's ∼s *auf R. s* ‖ *Wanderungen* f pl ‖ *Reisebeschreibung* f (book of ∼s) ∼**ogue** ['trævəlɔg] s ⟨Am⟩ (*Lichtbilder-*)*Vortrag* m (*über Reiseerlebnisse*), *Reisebericht* m ‖ ∼ film *Reisefilm* m ∼**ope** ['trævəloup] s ⟨Am aero⟩ *Umschlag* m f *Flugreisedokumente* → envelope

traversable ['trævəsəbl] a *durchkreuzbar* ‖ *passierbar*

traverse ['trævə:s] **I.** a *querlaufend, Quer–;* ∼ sailing *Zickzackkurs* m **II.** s **1.** *Trav'erse* f, *Querbalken* m, *–holz, –stück* n; *–schwelle* f ‖ ⟨fort⟩ *Traverse, Schulterwehr* f ‖ *Querdamm, –wall* m **2.** *Durchquerung* f, *–fahren, –wandern* n ‖ *Quergang* m, *Traverse* f (*in horizontaler Richtung*) ‖ total movement in ∼ ⟨artill⟩ *Schwenkbereich* m **3.** *Quer–, Durchgang* m; *–fahrt* f ‖ ⟨mar⟩ *Zickzackkurs* m **4.** ⟨fig⟩ *Widerwärtigkeit* f ‖ *Querstrich* m, *Hindernis* n | ⟨jur⟩ *ausdrückl. Leugnung* f *e–r Tatsache* **5.** [attr] ∼-sleeper ⟨rail⟩ *Querschwelle* f ‖ ∼-table ⟨mar⟩ *Tafel* f *z Ablesen des Kurses* **II.** vt/i **A.** vt **1.** (of lines) *kreuzen* (to ∼ a road) **2.** *durchw'andern, –kr'euzen; –queren, –ziehen, –fahren; –fließen* ‖ *hin u her* or *auf u ab gehen in* (to ∼ a room *in e–m Zimmer hin u her gehen*) ‖ (*Distanz*) *zurücklegen* | ⟨fig⟩ (*Gegenstand, Zeit*) *d'urchgehen, behandeln* **3.** ⟨fig⟩ (*Pläne* etc) *durchkreuzen* | (*e–r S*) *widersprechen,* (*etw*) *bestreiten* | ⟨jur⟩ (*Behauptung*) *leugnen, bestreiten* **4.** ⟨mil⟩ (*e–m Geschütz*) *Seitenrichtung geben,* (es) *seitlich richten* ‖ ⟨tech⟩ *überzwerch hobeln* | ⟨mech⟩ *seitwärts drehen* **B.** vi **1.** to ∼ along, through a country *quer durch ein Land gehen, fahren, reiten* ‖ (*in e–m Raum*) *hin u her* or *auf u ab gehen* **2.** ⟨mech⟩ *sich drehen* ‖ ⟨hors⟩ *traversieren;* ⟨fenc⟩ *seitwärts ausfallen* ‖ *e–e Traverse m, queren, horizontal vorwärtsschreiten*

traverser ['trævəsə] s ⟨jur⟩ *Leugner* m | ⟨rail⟩ *Fahr–, Schiebebühne; Drehscheibe* f

traversing ['trævəsiŋ] s ⟨tech⟩ *Katzfahren* n ‖ mil ∼ and searching fire *Breiten– u Tiefenfeuer* n; ∼ fire *Streufeuer* n ‖ ∼ gear *Fahrwerk* m; ⟨artill⟩ *Seitenrichtvorrichtung* f ‖ ∼ lever ⟨artill⟩ *Richtbaum* m ‖ ⟨artill⟩ ∼ motion *Schwenkung* f; ∼ rack *Zahnkranz* m; ∼ rail *Schwenkschiene* f; ∼ stop *Seitenbegrenzer* m

travertin(e) ['trævətin] s It *gelblichweißer Kalktuff* m (*Baustoff*)

travesty ['trævisti] **1.** vt *travestieren* ‖ ⟨übtr⟩ (*Rolle*) *entstellen; karikieren* **2.** s *Travest'ie* f

trawl [trɔ:l] **1.** vt/i ‖ (*Fisch*) *im Schleppnetz*

fangen || (*Sch.*) *schleppen* | vi *mit e–m Sch.*
fischen || ⟨fig⟩ = to fish for compliments (to
go ∼ing) **2.** s (*a* ∼-net) *Grundsch.* n || (*a* ∼-line)
Langleine f **∼er** [′∼ə] s *Sch.fischer* m || (*mit
Sch. ausgerüsteter*) *Fischdampfer* m **∼ing** [′∼iŋ]
s *Sch.fischerei* f

tray [trei] s *Präsentierteller* m; *Servierbrett,*
(*Kaffee–, Tee-*)*Brett, Tablett* n || *letter* ∼
Briefkörbchen n, in-∼ *B. f Eingänge,* out-∼ *B.
f Ausgänge* m pl || *Einsatz* m (*e–s Koffers*)
| ⟨tech⟩ *Fang–, Schutzvorrichtung* f (*vorn an
Straßenbahnen*) | ∼ agriculture = hydroponics
treacherous [′tretʃərəs] a (∼ly adv) *verräte-
risch, treulos* (to *gegen*); *tückisch* (dog) || ⟨übtr⟩
trügerisch; unsicher (ice); *unzuverlässig* (memory); ∼ *road schwierige Straße* f **∼ness** [∼nis]
s *Verräterei, Treulosigkeit* f || ⟨übtr⟩ *Tücke;
Unzuverlässigkeit, Unsicherheit* f
treachery [′tretʃəri] s *Treulosigkeit* f; *Verrat* m
(to *an*); *Perfidie, Tücke* f
treacle [′tri:kl] s *Art S·irup* m || *Mel·asse* f
|| *Allheil–, Univers·almittel* n || ⟨fig⟩ *Schmeiche-
lei* f **–cly** [′tri:kli] a *sirupartig, Sirup–* || ⟨fig⟩
süßlich, salbungsvoll
tread [tred] **I.** vi/t [trod/trodden] **1.** vi *treten;
schreiten; trampeln* (on, upon *auf*) || to ∼ (up)on
treten auf; zertreten; aus Versehen treten auf;
to ∼ on air ⟨fig⟩ *wie auf Wolken gehen;* .. on
a p's corns *od* toes ⟨fig⟩ *jdm auf die Hühner-
augen treten;* .. on the heels of a p ⟨fig⟩ *jdm auf
dem Fuß folgen;* .. in the footsteps of a p ⟨fig⟩
in jds Fußtapfen treten **2.** vt a. (*sich e–n Weg*)
bahnen, (*e–n Weg*) *gehen* || (*Tanzschritt*) *machen;*
to ∼ a measure *tanzen* || *treten auf,* (*etw*) *be-
schreiten; betreten;* to ∼ the boards *als Schau-
spieler auftreten* || *zertreten, stampfen;* to ∼
grapes *Trauben keltern* **b.** ·to ∼ under foot
⟨fig⟩ (*jdn*) *vernichten* **c.** ⟨orn⟩ *treten, begatten*
d. [*mit adv*] to ∼ *down nieder–, zertreten;
unterdrücken* || to ∼ out (*Feuer*) *austreten,
löschen;* ⟨fig⟩ *vernichten* **II.** s **1.** *Tritt; Schritt* m
|| *Gang* m, *–art* f **2.** ⟨orn⟩ *Treten* n, *Begattung* f
3. *Tritt* m (*e–r Treppe* etc); *Stufenbreite* f,
Auftritt m (*e–r Treppenstufe*) | *unterer Teil der
Schuhsohle* f || *Gleit–, Lauffläche* f, *Gleitschutz*
m (*e–s Radreifens* etc); ⟨cycl⟩ *Pedalabstand* m
4. [*attr*] ∼-wheel *Tretrad* n **∼mill** [′∼mil] s
Tretmühle f; ⟨fig⟩ to be again on the ∼ *wieder
in der T.* s
treadle [′tredl] s ⟨tech⟩ *Fußhebel* m, *Tritt-
brett* n || ⟨cycl⟩ *Ped·al* n | [*attr*] *Tret–* (∼ lever)
treason [′tri:zn] s *Verrat* m (to *an*; *gegen*)
|| (*a* high ∼) ⟨jur⟩ *Hochverrat* m **∼able** [′tri:-
znəbl] a (*–bly adv*) *verräterisch; Hochverrats-*
∼ableness [′tri:znəblnis] s *Verräterei* f
treasure [′treʒə] **I.** s *Schatz* m; [koll] *Schätze;
Juwelen; Reichtümer* m pl || *Geld* n || ⟨übtr⟩
[*pl* ∼s] *Schatz, Kostbarkeit; Seltenheit* f; *Kul-
turgut* n | (*P*) *Schatz* m, my ∼ *mein Sch.;* a
perfect ∼ *e–e wahre Perle* | [*attr*] ∼-house
Schatzkammer f || ∼-trove ⟨jur⟩ (*ausgegra-
bener u herrenloser*) *Schatz, Schatzfund* m **2.** vt
(*mst* to ∼ up) *aufhäufen, sammeln* || (*mst* to ∼
up) (*im Gedächtnis*) *bewahren* || *hegen; schätzen,
hochschätzen*
treasurer [′treʒərə] s *Schatzmeister* m, *Kas-
sierer*(in f) m; *Kassenwart* m | *Lord High* ∼
⟨hist⟩ *Lord Oberschatzmeister* m **∼ship** [∼ʃip] s
Schatzmeister–, Kassiereramt n
treasury [′treʒəri] s **1.** *Schatzkammer* f ||
Staatsschatz, Schatz m **2.** ⟨engl⟩ the ∼ *das
Schatzamt, Finanzministerium* n; the Lords
(*od* Commissioners) of the ∼ *die Minister* m pl
des engl. Schatzamts; the First Lord of the ∼
der Präsident des Sch. (*mst der* Prime Minister);
→ secretary **3.** ⟨übtr⟩ *Schatzkammer* f, *Schatz*
m, *Anthologie* f (the golden ∼ of songs) **4.** [attr]
∼ bench ⟨parl⟩ *Ministerbank* f (*im* H.C.) || ∼

bill *kurzfristiger Schatzwechsel* m || ∼ bond
Schatzanweisung f || ∼ *Department* ⟨Am⟩
Schatzamt or *Finanzministerium* n || ∼ note
Schatzanweisung f (*im Betrage v* £ *1 u 10 s zw
1914–28*); ⟨Ger hist⟩ *Reichskassenschein* m ||
∼ warrant = ∼ bond
treat [tri:t] **I.** vt/i **A.** vt **1.** (*jdn*) *behandeln,
·umgehen mit* (*jdm*) | (*jdn*) *ärztlich behandeln*
(with *mit*; for *wegen*) | ⟨chem⟩ (*etw*) *behandeln*
(with); *–arbeiten* (with) **2.** (*Thema* etc) *ab–, be-
handeln* | *betrachten, ansehen, behandeln* (as
als) **3.** to ∼ a p to a th *jdn bewirten, freihalten,
traktieren, jdm aufwarten mit etw; jdm etw spen-
dieren, etw ausgeben, zahlen f jdn;* to ∼ o.s. to
a th *sich* (*ausnahmsweise*) *etw leisten, genehmigen* **B.** vi *handeln* (of *v*); to ∼ of *behandeln,
erörtern* || *unter–, verhandeln* (with *mit*) || *e–n
ausgeben* **II.** s **1.** *Bewirtung* f, *Schmaus* m, *Fest* n
| *geschlechtl. Genuß* m | *Ausflug* m; *Dutch* ∼
Ausflug (etc), *bei dem ein jeder f sich bezahlt;*
school-∼ *Schulfest* n | to stand ∼ ⟨fam⟩ *etw
z besten geben, die S bezahlen* || it is my ∼ *es
geht auf m–e Rechnung, ich darf Sie wohl einladen* **2.** ⟨fig⟩ *Freude* f, *Fest* n, *Hochgenuß* m
(to *f*; to do); to give a p a ∼ *jdm ein Fest be-
reiten* **∼er** [′∼ə] s *Gastgeber* m | *Unterhändler*
m **∼ment** [′∼mənt] s *Behandlung* f (*jds*) || *Be-
arbeitung, Handhabung* f || *ärztliche Behandlung* f
(*under* ∼ *in B.*); *Kur* f | *künstlerische* (etc)
Behandlung f | *Verfahren* n (for *f*)
treatise [′tri:tiz] s *Abhandlung, Monographie* f
treaty [′tri:ti] s **1.** *Ver–, Unterhandlung* f;
to be in ∼ with a p for a th *mit jdm wegen e–r
S in Unterhandlungen stehen* **2.** *Vertrag* (the ∼
of) m; commercial ∼ *Handelsvertrag* m; ∼ of
friendship *Freundschaftsvertrag* m; peace ∼
Friedens– m **3.** [attr] *Vertrags–;* ∼ powers [pl]
Vertragsmächte f pl
treble [′trebl] **1.** a (*–bly adv*) *dreifach;* ∼
figures *dreistellige Zahlen* || ⟨mus⟩ *Disk·ant–,
Sopran–; hoch, schrill;* ∼ clef *Violinschlüssel* m;
∼ string *Quinte* f **2.** s *das Dreifache* || (*Ton-*)
Höhe f || ⟨mus⟩ *Disk·ant, Sopran* m (*der Kna-
ben*) **3.** vt/i | *verdreifachen* | vi *sich verdreifachen*
(the navy had ∼d in size)
trecentist [trei′tʃentist] s ⟨arts & Lit⟩ *ital.
Künstler* m *des 14. Jhs* **–to** [trei′tʃentou] s It
das 14. Jahrhundert (*in ital. Kunst* etc)
tree [tri:] **I.** s **1.** *Baum* m; ∼ of Heaven
Hoher Götterbaum m | ⟨bib⟩ *Kreuz* n (*Christi*)
2. ⟨tech⟩ *Schaft, Stamm* m; boot-∼ *Stiefelleisten* m **3.** (*mst* family ∼) *Stammbaum* m
4. Wendungen: the ∼ of knowledge ⟨ec⟩ *der
Baum der Erkenntnis* || the ∼ of life ⟨ec⟩ *der
Baum des Lebens;* ⟨bot⟩ *Lebensbaum* | → top
|| up a ∼ *schlimm dran, in der °Patsche, Klemme*
| as the ∼ is, so is the fruit *der Apfel fällt nicht
weit vom Stamme* || he cannot see the wood for
the ∼s *er kann den Wald nicht vor Bäumen
sehen* **5.** [attr] *Baum–* (∼bark *–rinde* f) || ∼
calf *feines Kalbsleder* n || ∼(-)dozer ⟨tech⟩
Baumräumer m, *Waldplanierraupe* f || ∼-frog
⟨zoo⟩ *Laubfrosch* m || ∼ limit ⟨geog, for⟩
Baumgrenze f || ∼-lined *baumbepflanzt* (*Straße*)
|| ∼-louse ⟨zoo⟩ *Blattlaus* f || ∼ nursery
Baumschule f **II.** vt (*Tier*) *auf e–n Baum treiben*
|| (*Stiefel*) *auf den Leisten schlagen* | ⟨fig fam⟩
in Verlegenheit bringen; to be ∼d *in der Klemme
sitzen* **∼less** [′∼lis] a *baumlos* **∼nail** [′∼neil] s
trenail [′tren|l] s ⟨mar⟩ *langer Holznagel, Dübel*
m
trefoil [′trefɔil] s ⟨bot⟩ *Klee* m || ⟨arch⟩
Klee–, Dreiblatt n || ∼ed apse *Dreikonchenchor*
m

trek [trek] SAfr **1.** vi (of oxen) *ziehen;
schleppen; trecken* || *mit* or *im Ochsenwagen
ziehen, reisen; wandern* | ⟨sl⟩ *ausreißen* **2.** s
Treck m, *Wanderung* f, *Auszug* m | [attr] *Zug–*

|| ~ Boer (*als Kolonist*) *ziehender, auswandernder Boer* m || ~-ox *Zugochse* m

trellis ['trelis] **1.** s *Gitter, Gatter* n; ⟨hort⟩ *Spalier* n; ~-work *Gitter-, Flecht-, Lattenwerk* n **2.** vt *vergittern* || (*Pflanzen*) *am Spalier ziehen*

tremble ['trembl] **I.** vi/t **A.** vi **1.** *zittern, zucken, beben* (with *vor*; from *v*); to ~ *all over am ganzen Leibe zittern*; her mouth ~d *es zuckte um ihren Mund* || (of the earth) *beben* **2.** ⟨übtr⟩ (of leaves etc) *bewegt w, sich schnell bewegen, flattern, zittern*; to ~ *in the balance* ⟨fig⟩ *in der Schwebe, unentschieden s* **3.** ⟨fig⟩ *ängstlich w, erschrecken, zittern* (at *bei*; before a p *vor jdm)*;*fürchten, in Furcht s* (for *um, f*); to ~ *to think zittern bei dem Gedanken* **B.** vt *zitternd werfen* (the trees were –bling their shadows over ..) **II.** s *Zittern* n || in a ~ *zitternd*; to be all of a ~ *am ganzen Leibe zittern* –ler ['trembl] s ⟨el⟩ *Selbstunterbrecher*; ⟨wir⟩ *Schwingungshammer, Ticker* m | ~ *bell Wecker mit Selbstunterbrechung, Gleichstromwecker* m; *elektr. Klingel* f –ling ['trembliŋ] a (~ly adv) *zitternd; Zitter–* ||, ~-grass ⟨bot⟩ *Zittergras* || ~ *poplar* ⟨bot⟩ *Zitterpappel, Aspe, Espe* f –lor ['trembl] s ⟨Am⟩ *Erdbeben* n

tremendous [tri'mendəs] **1.** a *fürchterlich, schrecklich, entsetzlich* || ⟨fam⟩ *riesig, ungeheuer, kolossal* **2.** adv ~ly *ungeheuer* ~ly [~li] adv *schrecklich; ungeheuer; höchst, sehr* ~ness [~nis] s *das Schreckliche* n; *Ungeheuerlichkeit* f || ⟨fam⟩ *das Ungeheure*

tremolo ['treməlou] s [pl ~s] It ⟨mus⟩ *Tremolo* n

tremor ['tremə] **1.** s L *Zittern, Beben, Zucken* n || ⟨übtr⟩ *zitternde Bewegung* f (of the voice, etc), *Beben* n | *Ausbruch, Anfall* m (of fear *v Furcht*) || *Erregung; Furcht, Angst* f (without a ~) **2.** vi *zittern, beben* (with *vor*)

tremulous ['tremjuləs] a (~ly adv) *zitternd, bebend* || *zitternd, furchtsam, nervös* ~ness [~nis] s *Zittern, Beben* n

trenail ['tren] s → treenail

trench [tren(t)ʃ] **I.** vt/i **1.** vt *schneiden, ab-, einschneiden*; to ~ *one's way sich e–n Weg bahnen* | ⟨agr⟩ (*Boden*) *mit Gräben durchziehen* | *tief graben*; (*Land*) *umgraben, rig·olen* || ⟨mil⟩ *durch Gräben befestigen* | ⟨übtr⟩ *durchfurchen, runzeln* **2.** vi *Gräben ausheben; aus-, umgraben* || ⟨mil⟩ *Schützengräben* m pl *anlegen* or *ausheben* | to ~ (up)on ⟨fig⟩ *übergreifen auf, beeinträchtigen*; to ~ *on reserves Reserven* f pl *angreifen* || ⟨fig⟩ *nahe grenzen an, nahe herankommen an* **II.** s *Graben* m; *Furche, Rinne* f || ⟨geol⟩ *Tiefseegraben* m, Japan ~ *Japanischer Gr.* | ⟨mil⟩ *Schützengraben* m (~ warfare); to mount the ~es *die Schützengräben beziehen* | ⟨übtr⟩ *Runzel, Furche* f | [attr] ~ altiscope *Grabenspiegel* m || ~ candle *Hindenburglicht* n || ~-coat *Trenchcoat, Regen-, Wettermantel* m || ~-foot *Fußkrankheit* f (erworben im Schützengraben) || ~-jacket *Windjacke* f || ~-mortar *Granatwerfer* m || ~ periscope *Grabenspiegel* m || ~-plough ⟨agr⟩ **1.** s *Raj·olpflug* m **2.** vi/t *rajolen* || ~ *type traverser* ⟨tech⟩ *versenkte Schiebebühne* f || ~ *warfare Stellungskrieg* m || ~ *work Erdarbeit* f

trenchancy ['tren(t)ʃənsi] s ⟨fig⟩ *Schärfe* f –ant ['tren(t)ʃənt] a (~ly adv) ⟨poet⟩ *scharf* || ⟨fig⟩ *scharf, schneidend; durchdringend; einschneidend* (reform) || *entschieden, schneidig*

trencher ['tren(t)ʃə] s *Tranchier-, Schneidebrett* n; *Brett* n *z Brotschneiden* || ⟨tech⟩ *Grabenbagger* m | ⟨übtr⟩ *Tafel, Nahrung* f | [attr] ~-cap ⟨univ⟩ *viereckige College-Mütze* f || ~-man *Esser* m (a good ~-man)

trend [trend] **1.** vi (of currents etc) *e–e best. Richtung h, sich erstrecken; in e–e Richtung abgehen, laufen* (to *nach*); *sich neigen*; ⟨geol⟩

streichen | ⟨fig⟩ *e–e best. Neigung* or *Tendenz h, streben* (in the direction of *in der Richtung nach*; towards) || *due to a general upward* ~ *konjunkturell bedingt* **2.** s *schiefe Richtung; Neigung* f | ⟨fig⟩ *allg Neigung* f, *Streben* n, *Tendenz* f; *Hauptrichtung* f, *Gang, Lauf* m (the ~ of events) || ⟨geol⟩ *direction of* ~ *Streichen* n *Streichungsrichtung* f, ~ *of beds Schichtstreichen* n

trental ['trentl] s ⟨ec⟩ *dreißig Seelenmessen* f pl

trepan [tri'pæn] **1.** s ⟨surg⟩ *Schädelbohrer* m || ⟨min⟩ *Bohrmaschine* f **2.** vt [–nn–] ⟨surg⟩ (*Schädelhöhle*) *trepanieren, öffnen*

trepan [tri'pæn] vt [–nn–] *in e–r Falle fangen, überl·isten*

trepang [tri'pæŋ] s ⟨zoo⟩ *chines. Seegurke* f

trephine [tri'fi:n] **1.** s ⟨surg⟩ *verbesserter Schädelbohrer* m (→ trepan), (*Schädel-*)*Rundsäge* f **2.** vt *trepanieren*

trepidation [ˌtrepi'deiʃən] s *zitternde Erregung, nervöse Unruhe; Bestürzung* f || ⟨med⟩ (*Glieder-*)*Zittern, Zucken* n

trespass ['trespəs] **1.** s *Übertretung* f, *Vergehen* n, *Sünde* f || *unbefugtes Betreten* n; (*jede*) *unerlaubte, gewalttätige, die P, das Eigentum oder sonstiges Recht e–s Dritten verletzende Handlung* f | ⟨übtr⟩ *Verletzung* f (to a th *e–r S*) | *Übergriff, unbefugter Eingriff* m (on *in*); *Inanspruchnahme, Mißbrauch* m (on a th *e–r S*) **2.** vi *ungesetzlich gewalttätig handeln, unbefugt fremdes Eigentum betreten*; to ~ *upon a p's land jds L. u. b.* || *sich vergehen, sündigen* (against) | to ~ *upon* ⟨fig⟩ *über Gebühr in Anspruch nehmen* (.. upon a p's time *jds Zeit* ..); *beeinträchtigen, mißbrauchen* ~er [~ə] s *jd, der fremden Boden unbefugt betritt; des trespass schuldige P* f || *Rechtsbrecher, –verletzer* m; *Sünder* m || ~s *will be prosecuted!* (frei:) *unbefugtes Betreten dieses Platzes* (*Ortes*) *ist bei Strafe verboten!*

tress [tres] **1.** s *Locke, (Haar-)Flechte* f | *Geflecht* n (*Verzierung*) **2.** vt (*Haar*) *flechten, binden* ~ure ['treʃə] s *Haarband* n; –schmuck m | ~y ['tresi] a *mit Flechten geziert*

trestle ['tresl] s *Gestell* n | *Bockgestell* n, *Schragen* m | *Gerüst* n | [attr] *Gestell–* || ~-board *Brett* n, *Platte* f (z *Auflegen auf Böcke*) || ~ *bridge Bockbrücke* f || ~ *upright Jochpfahl* m || ~-work *Balkengerüst* n (z *Stützen v Brücken* etc)

tret [tret] s ⟨com⟩ *Refaktie* f (*Vergütung* f *Schadhaftigkeit der Ware* etc), *Gutgewicht* n, → tare

trews [tru:z] s pl *Hose* f (aus kariertem Stoff) *der Hochlandschotten* (a pair of ~ *e–e H.*)

trey [trei] s *Drei* f (im Spiel)

trez [trez] s (*Geweih-*)*Mittelsprosse* f

tri– [trai, tri] L [in comp] *Drei–; dreifach*

triable ['traiəbl] a ⟨jur⟩ *verhandlungsreif, z verhandeln(d)* | (*P*) *z belangen(d), belangbar, z verfolgen(d)*

triad ['traiəd] s *Dreiheit, Götterdreiheit, –trias* f | ⟨mus⟩ *Dreiklang* m | ⟨chem⟩ *dreiwertiges Element* n || ⟨Gr pros⟩ *Triade* f (*Strophe + Antistrophe + Epode*)

trial ['traiəl] s **1.** *Versuch* m (of *mit*); by way of ~ *versuchsweise*; to give a th a (fair) ~ *e–n (ehrlichen) V.* m *mit etw*; *etw ausprobieren, erproben*; to give a p a ~ *jdn durch Erprobung aussuchen, prüfen*; to make the ~ *den V.* m | *Probe* f (of *mit*); on ~ *auf P., z Prüfung*; to make a ~ *of erproben, versuchen* || *Probefahrt* f || ~ *and error Regula f falsi* **2.** (*Schicksals-*) *Prüfung, Heimsuchung* f; *Leid* n, *Kummer* m, *Sorge* f (to be a great ~ to); *Plage, Belästigung* f **3.** ⟨jur⟩ *gerichtl. Untersuchung* f, *Gerichtsverfahren* n, *Prozeß* m, *Anklage* f (for theft *wegen*

Diebstahls); (*mündliche*) *Hauptverhandlung* f, ~
by jury *Schwurgerichts–*; *Verhör* n **|** to be on ~
od on one's ~, to stand ~ *unter Anklage stehen*
(for *wegen*); to bring to ~, to put on one's ~
vor Gericht stellen; to commit a p for ~ *jdn z
Aburteilung e–m Schwurgericht übergehen, –weisen*; to undergo a ~ *unter Anklage, vor Gericht
gestellt w* (for *wegen*) **4.** [attr] *Probe–*; ~ ascent
⟨aero⟩ *–aufstieg, –flug* m **||** *Versuchs–* (⟨Am⟩ ~
balloon) **||** ~ black-out *Verdunklungsübung* f
|| ~ fire, ~ firing ⟨mil⟩ *Ein–, An–, Probeschie-
ßen* n **||** ~ flight *Probeflug* m, *Einfliegen* n **||** ~
lawyer *Strafverteidiger* m **||** ~-match *Aus-
scheidungsspiel* n **||** ~ model *Modell* n, ⟨mil⟩
Versuchsbaumuster n **||** ~ run ⟨mot⟩ *Probe-
fahrt* f; ⟨theat⟩ to give a play a ~ run *ein Stück
probeweise aufführen* **||** ~ trip *Probefahrt* f
  triangle ['traiæŋgl] s ⟨geom⟩ *Dreieck* n **||**
⟨mus⟩ *Triangel* m **||** ⟨mil hist⟩ *Gestell* n *v 3
Pfosten* (*als Züchtigungsinstrument*) **|** ~ com-
putor *Dreieckrechner* m; ~ of error *Fehler-
dreieck* n
  triangular [trai'æŋgjulə] a (~ly adv) *drei-
eckig* **||** *dreiwinklig* **||** ⟨übtr⟩ *drei Personen or
Parteien umfassend* (a ~ talk) **||** ⟨mil⟩ ~ divi-
sion *dreigliedrige Division* f; ~ organisation
Dreigliederung f **||** ~ road junction *Straßen–,
Wegedreieck* n **~larity** [trai͵æŋgju'læriti] s *dreieckige Form* f **–late** [trai'æŋgju:leit] vt (*Land*)
in Dreiecken vermessen, triangulieren **–lation**
[trai͵æŋgju'leiʃən] s *Triangulation, trigono-
metrische Netzlegung, Dreiecksaufnahme* f
  Trias ['traiəs] s ⟨geol⟩ *Trias(formation)* f
~sic [trai'æsik] a *Trias–*
  tribal ['traibəl] a *Stammes–* **~ism** [~izm] s
Stammessystem n, *–organisation* f
  tribasic [trai'beisik] a ⟨chem⟩ *dreibasisch*
  tribe [traib] s *Stamm* m, *Geschlecht* n **||** ⟨bot
& zoo⟩ *Tribus, Klasse* f **|** ⟨fig, oft dero⟩ *Sippe,
Clique, Zunft* f (the ~ of critics); the scribbling
~ *die Literaten, Journalisten* m pl **~sman**
['~zmən] s *Stammesgenosse* m **~smanship**
['~zmənʃip] s *Stammesgenossenschaft* f
  triblet ['triblit], **tribolet** ['tribəlet] s ⟨tech⟩
Dorn m, *Reibahle* f
  tribrach ['tribræk] s Gr ⟨pros⟩ *Fuß* m *v 3 kurzen Silben*
  tribulation [͵tribju'leiʃən] s *Trübsal* f, *Leiden*
n, *Drangsal* f
  tribunal [trai'bju:nl] s *Richterstuhl* m **||** *Ge-
richtshof* m **||** ⟨übtr⟩ *Tribun·al* n, *Richterstuhl* m
  tribunate ['tribjunit] s ⟨ant⟩ *Amt* n *e–s Tri-
bunen, Tribun·at* n
  tribune ['tribju:n] s ⟨ec⟩ *Bischofsthron* m;
Galerie f; *Rednerbühne* f
  tribune ['tribju:n] s ⟨ant⟩ *Trib·un* m; ~ of
the people *Volks–*, military ~ *Kriegstribun* m
|| ⟨übtr⟩ *öffentl. Verteidiger, Beschützer* m
~ship [~ʃip] s *Tribunat* n
  tributariness ['tribjutərinis] s *Tribut–, Zins-
pflichtigkeit* f **–ry** ['tribjutəri] **1.** a (*–rily adv*)
tribut–, abgabe–, zinspflichtig (to a country
e–m Lande) **|** ⟨fig⟩ *helfend; beisteuernd* (to *z*);
to be ~ to *sich ergießen in* **||** (of a river) *Neben–;
~ stream –fluß* m **2.** s *Tribut–, Zinspflichtiger* m
|| *Nebenfluß* m
  tribute ['tribju:t] s *Tribut* m **||** *Abgabe, Steuer*
f, *Zoll, Zins* m; to hold a p to ~ *sich* [dat] *jdn
tributpflichtig halten*; to lay a p under ~ *sich
jdn tributpflichtig m* **|** ⟨fig⟩ *Tribut* m; to pay a
od one's ~ to a th *e–r S s–n T. zollen, etw wür-
digen* **||** *Huldigung, schuldige Hochachtung* f;
Ehrung f (to *f*); *Achtungsbezeigung* f **||** ⟨min⟩
*Naturallohn, den Grubenarbeitern überlassener
Erzanteil* m **||** ⟨min⟩ ~ work *Gedingearbeit* f
  tricar ['traika:] s ⟨mot⟩ *dreirädriger Kraftwagen* m, ((*Liefer-*)*Dreirad* n, *Lastenroller* m

  trice [trais] s *Augenblick* m; in a ~ *im Nu,
im Handumdrehen*
  trice [trais] vt (*mst* to ~ up) ⟨mar⟩ (*Segel*)
aufholen, –winden
  triceps ['traiseps] s L *dreiköpfiger Muskel* m
(*am Oberarm*)
  trichiasis [tri'kaiəsis] s Gr ⟨med⟩ *Einwärts-
kehrung* f *der Augenwimpern*
  trichina [tri'kainə] s (pl ~s, –nae [–ni:])
Trichine f **–nosis** [͵triki'nousis] s ⟨med⟩ *Tri-
chin·ose, Trichinenkrankheit* f
  tricho– ['triko, 'traiko] [in comp] *Haar–*
~logist [tri'kolədʒist] ⟨Am ad sl⟩ *Haarspezia-
list* m **~ma** [tri'koumə] s L ⟨bot⟩ *Behaarung* f
der Pflanzen
  trichord ['traiko:d] **1.** s *Dreisaiteninstrument* n
2. a *Dreisaiten–*
  trichosis [trai'kousis] s *Trich·ose* f (*Haar-
krankheit*)
  trichotomy [trai'kotəmi] s *Dreiheit, –zahl,
–teilung, –teiligkeit* f
  trichromatic [͵traikrou'mætik] a ⟨phot &
typ⟩ *dreifarbig, Dreifarben–*
  trick [trik] **I.** s **1.** *Kniff, Trick* m, *List* f (by a
~); ~s [pl] *Ränke* pl, *Schliche, Winkelzüge* m
pl; to be up to a p's ~s *jds Schliche durch-
schauen*; none of your ~s with me *d–e Kniffe
sind bei mir nicht angebracht*; to try one's ~s
on a p *jdn z überlisten versuchen* **||** *Kunststück* n,
–griff m, ⟨sl⟩ to do the ~ ⟨fig⟩ (*den Zweck erreichen, z Ziele k*) °*die S schmeißen*; that'll do
the ~ °*wir w das Kind schon schaukeln* **||** the
~s of the trade *die besonderen Geschäfts–,
Kunstgriffe* pl **||** (*Sinnes-*)*Täuschung, Illusion* f
(a ~ of the senses); the ~s of the memory *die
Tücken* f pl *des Gedächtnisses* **||** the whole bag
of ~s *der ganze Kram* m **2.** *üble Angewohnheit* f
(of doing *z tun*); *Eigentümlichkeit, Eigenart* f **||**
(of style) *Manieriertheit* f **3.** *Scherz, Spaß, dum-
mer Streich* m, *Dummheit* f (full of ~s); a dirty
od mean ~ *ein gemeiner St.*; to play (*od
serve*) a p a ~ *od* to play a ~ upon a p *jdm e–n
St. spielen*; to play ~s *Unfug, Mätzchen m*
4. ⟨cards⟩ *Stich* m; ⟨fam⟩ how's ~s? *wie
steht's?* (*a übtr*) *wie geht's?*) **5.** ⟨mar⟩ *Dienst*
m (*v mst 2 Std.*) *am Steuer* **6.** ⟨Am fam⟩ *kl,
junges Ding* n (*Kind, Mädchen*) **7.** [attr] ~-
button ⟨tech⟩ *Tricktaste* f **||** ~-film, ~-picture
Trick–, Zeichenfilm m **||** ~-flier ⟨aero⟩ *Kunst-
flieger(in* f) m **||** ~-rider *–reiter* m **||** ~ shot
–schütze m **||** ~ welding *–schweißen* n **II.** vt/i
1. vt (*jdn*) *betrügen, prellen* (out of *um*) **||** *ver-
leiten, –führen* (into doing *z tun*); *durch List* f
ablenken (out of *v*) **|** to ~ out, up (*auf*)*putzen,
schmücken* **2.** vi *Scherze treiben, spielen* (with)
~er ['~ə] s *Gauner* m **~ery** ['~əri] s *Betrug* m,
Gaunerei f **~iness** ['~inis] s *List, Verschmitzt-
heit* f; *Täuschung; Unzuverlässigkeit* f **||** *Kompli-
ziertheit* f **~ish** ['~iʃ] a (*–ly adv*) *betrügerisch;
listig, verschmitzt, schlau* **||** *schwierig, heikel*
~ishness ['~iʃnis] s *Verschmitztheit* f **||** *Unzu-
verlässigkeit* f
  trickle ['trikl] **1.** vi/t **||** *sickern; tröpfeln, rie-
seln* (to ~ down the wall *an or v der Wand herab-
tröpfeln*) **||** to ~ into *hineinfließen in* **|** vt *tropfen
l, träufeln* **||** ⟨golf⟩ (*Ball*) *langsam rollen l*
2. s *Tröpfeln, Rieseln* n; *Tropfen* m; *Rinnsal* n
  trickster ['trikstə] s *Gauner, Schwindler* m
–sy ['triksi] a *schmuck, nett* **|** *schelmisch; ver-
schmitzt* **||** *listig* **|** *trügerisch*
  tric(k)-trac(k) ['triktræk] s *Tricktrack; Art
Puff–, Brettspiel* n
  tricky ['triki] a (*–ckily adv*) *ränkevoll, schlau*
|| *schalkhaft, verschmitzt, durchtrieben; unzu-
verlässig* **|** (S) *verwickelt, –flixt*; ⟨fam⟩ *heikel*
  triclinic [trai'klinik] a ⟨cryst⟩ ~ system
trikl·ines Kristallsystem n

tricoline ['trikəlin] s *Trikol·ine* f (*feines Baumwollgewebe*)

tricolour, -lor ['trai,kʌlə, 'trikələ] s *Trikolore* f ‖ ~ed *dreifarbig*

tricot ['trikou] s (pl ~s [~z]) *Trikot* m (*Stoff*) ‖ *Trikotkleidungsstück* n

tricuspid [trai'kʌspid] a ⟨med⟩ *Trikuspid·al–*; ~ *valve –klappe* f (*des Herzens*)

tricycle ['traisikl] **1.** s ⟨cycl⟩ *Dreirad* n **2.** vi *Dreirad fahren* **–clist** ['traisiklist] s *Dreiradfahrer* m

tride [traid] a *kurz u bündig, schnell u kurz*

trident ['traidənt] s *dreizackiger (Fisch-) Speer*; *Dreizack* m [*a* attr] **~al** [trai'dentəl] a *dreizackig*, ~ *spear Dreizack* m

Tridentine [trai'dentain] **1.** a *trident·inisch*; the ~ *Council das Trienter Konzil* **2.** s *orthodoxer Katholik* m

tried [traid] **1.** pp *v* to try **2.** a *zuverlässig, erprobt* (~ *friendship*; *old and* ~)

triennial [trai'enjəl] **1.** a (~ly adv) *dreijährig* ‖ *dreijährlich*; a ~ *change alle 3 Jahre ein Wechsel* m **2.** s *Tri·ennium* n

trier ['traiə] s *Prüfer, Untersucher* m ‖ ⟨jur⟩ (*Untersuchungs–)Richter* m

trierarchy ['traiərɑ:ki] s *Triarchie, Dreiherrschaft* f

tri-fi ['trai'fai] → 3 D (*Abkürzungen*)

trifid ['traifid] a ⟨bot & zoo⟩ *dreiteilig, -spaltig, -zipflig*

trifle ['traifl] **1.** s a. *Kleinigkeit* f, *kl unbedeutender Gegenstand* m ‖ *leichte Sache, Lapp·alie* f, *Kleinigkeit* f; a mere ~ *to a p e–e bloße K. für jdn*; to stand upon ~s *Kleinigkeitskrämer* s; not to stick at ~s *sich nicht mit Kleinigkeiten abgeben* b. ⟨fig⟩ *bißchen* n (a ~ of) ‖ a ~ [adv] *ein wenig, etwas*; a ~ *big ein bißchen or etwas groß* c. ⟨cul⟩ *Auflauf* m **2.** vi/t ‖ *spielen, scherzen, tändeln* (with *mit*) ‖ ⟨fig⟩ *sein Spiel treiben* (with *mit*); he is not to be ~d with *od not a man to* ~ with *er läßt nicht mit sich spaßen, mit ihm ist nicht z sp.* or °*fackeln*; I did but ~ *ich meinte es nur im Scherz* ‖ *trödeln*; to ~ through [prep] *vertrödeln* ‖ vt (*a to* ~ *away*) (*Zeit*) *vertrödeln, vertändeln* ‖ to ~ one's *money on sein Geld verschwenden an* **trifler** [~ə] s *Müßiggänger, Tändler* m; *flacher Mensch* m

trifling ['traifliŋ] a (~ly adv) *tändelnd* ‖ *unbedeutend, geringfügig* **~ness** [~nis] s *Bedeutungslosig–, Geringfügigkeit* f

trifoliate [,trai'fouliit] a ⟨bot⟩ *dreiblätt(e)rig* **–lium** [trai'fouljəm] s L ⟨bot⟩ *Gattung* f *der Kleegewächse* f

triforium [trai'fɔ:riəm] L s ⟨ec arch⟩ *auf Säulen* f pl *ruhende Galerie (über Mittelschiff)*

triform ['traifɔ:m] a *dreiteilig*; *–förmig*

trifurcate 1. [trai'fə:kit] a *dreigablig, –zackig* **2.** [trai'fə:keit] vt/i ‖ *in drei Teile spalten, gabeln* ‖ vi *sich in drei T. gabeln*

trig [trig] **1.** s *Hemmklotz, –keil; –schuh* m **2.** vt [–gg–] *hemmen* ‖ (*a to* ~ up) (*hoch)stützen*

trig [trig] **1.** a *hübsch or nett gekleidet* ‖ *kräftig*; *fest, sicher* **2.** vt ⟨dial⟩ (*heraus)putzen*

trig [trig] s ⟨sl⟩ = trigonometry

trigamous ['trigəməs] a *dreifach verheiratet* **–my** ['trigəmi] s *Trigamie* f

trigger ['trigə] **1.** s *Abzug, Drücker* m (*am Gewehr*); ⟨bes Am fam⟩ *quick on the* ~ *schlagfertig* ‖ ~ *guard (Gewehr-)Abzugsbügel* m ‖ ~ *mechanism* ⟨a artill⟩ *–vorrichtung* f ‖ ⟨phot *a*⟩ ~ *release* (*Drücker-)Auslöser* m; ~ *return spring Auslösehebelfeder* f **2.** vt ⟨el⟩ *auslösen*; ⟨a fig⟩ (*war, holdups*)

triglot ['traiglɔt] a *dreisprachig*

triglyph ['traiglif, 'trig–] s ⟨ant arch⟩ *Trigl·yph, Dreischlitz* m (*Teil des dorischen Tempelgebälks*)

trigon ['traigən] s *Dreieck* n ‖ ⟨astrol⟩ *Trigon·alschein* m (*Aspekt*) **~al** [~əl] a *dreieckig*; ⟨bot⟩ *–seitig*

trigonometric(al) [,trigənə'metrik(əl)] a (–cally adv) *trigonometrisch* **–metry** [,trigə'nəmitri] s *Trigonometrie* f

trigonous ['trigənəs] a *dreieckig*

trike [traik] s ⟨fam⟩ abbr = tricycle

trilateral ['trai'lætərəl] **1.** a (~ly adv) *dreiseitig* **2.** s *dreiseitige Figur*

trilby ['trilbi] s (*nach e–m Roman v* George du Maurier) (a ~ hat) *weicher Filzhut* m

trilinear ['trai'liniə] a *dreizeilig* **–lingual** ['trai'liŋgwəl] a *dreisprachig* **–literal** ['trai'litərəl] a *dreibuchstabig* **–lith** ['trailiθ], **–lithon** [–ən] s Gr ⟨praeh⟩ *Tril·ith* m (*Denkmal aus 3 Steinen*)

trill [tril] **1.** s ⟨mus⟩ *Triller* m; *Kolorat·ur* f ‖ ⟨phon⟩ *gerollter Konsonant* m, ⟨bes⟩ *gerolltes* r n **2.** vi/t ‖ *trillern* ‖ vt (*Lied*) *trillern* ‖ to ~ to o.s. (*etw*) *vor sich hintrillern* ‖ ⟨phon⟩ ⟨*Konsonanten, das* r) *rollen*; to ~ the r *gerolltes* r *sprechen*

trilling ['triliŋ] s *Drilling* m

trillion ['triljən] s *Trillion* f (*mit 18 Nullen*) ‖ ⟨Am⟩ *Billion* f (*mit 12 Nullen*)

trilobate [trai'loubeit] a ⟨bot⟩ *dreilappig*

trilobite ['trailəbait] s ⟨zoo⟩ *Trilob·it* m

trilogy ['trilədʒi] s *Trilogie* f (*bes* ⟨ant⟩ *Gruppe v 3 Tragödien + Satyrdrama* [*z. B.* Äschylos' *Orestie*])

trim [trim] **I.** vt/i [–mm–] **A.** vt **1.** a. *ordnen, in Ordnung bringen, zurechtmachen* b. *putzen, schmücken*; *garnieren* ‖ (*Hut* etc) *besetzen* (with *mit*) c. (*Bart* etc) *stutzen, pflegen* ‖ (*Hecke* etc) *einfassen, be–, zurechtschneiden*; *putzen* ‖ ⟨for⟩ *ausasten* ‖ ⟨tail⟩ *verbrämen* ‖ ⟨arch⟩ *behauen, zurichten* ‖ (*Feuer*) *schüren* d. ⟨mar⟩ (*Segel*) *stellen, setzen*; *brassen, nach dem Winde drehen*; ⟨fig⟩ to ~ one's *sails to every wind sein Mäntelchen nach dem Winde hängen* ‖ (*Boot*) *trimmen, in die richtige Schwimmlage bringen* ‖ (*Flugzeug*) (*aus)trimmen* e. (*Ladung*) *vorteilhaft verstauen*, (*Kohlen*) *trimmen, z den Kesseln schaffen* ‖ (*Geschütz*) *richten* f. ⟨phot⟩ *beschneiden* g. ⟨tech⟩ *entgraten* **2.** ⟨fam⟩ to ~ a p *jdn abkanzeln*, °*herunterputzen* ‖ ⟨sl⟩ *betrügen* (out of *um*), *hineinlegen* **3.** to ~ up *ausputzen*; to ~ o.s. up *sich heraus–* **B.** vi ⟨fig⟩ *lavieren, schwanken*; ⟨pol⟩ *sich anpassen*, to ~ with the times *mit den Zeiten gehen, sich den Zeiten anpassen, Opportunitätspolitik treiben* **II.** s **1.** *Ordnung* f (to put a th in good ~); *richtiger Zustand* m, *Bereitschaft* f; in fighting ~ *gefechtsbereit* **2.** *richtige* (*körperl.* or *seel.*) *Verfassung* f (in fine ~ *in bester V.*) **3.** ⟨mar⟩ *ausgerüsteter Zustand* m, in (out of) good ~ (*nicht*) *gut gerüstet* ‖ *Trimm* m; *vorteilhafteste Schwimmlage* f (*e–s Schiffes*); *Gleichgewichtslage* f; *richtige Stellung* f *der Segel* (etc) ‖ ⟨aero⟩ *Trimmlage* f ‖ *the* ~ *of the hold vorteilhafte Verstauung* f *der Ladung* **4.** *Putz, Staat* m **5.** ⟨phot⟩ *Beschnitt* m **6.** [attr] ⟨aero⟩ ~ *flap Trimmklappe* f, *–ruder* n; ~*-flap position indicator Trimmungsanzeiger* m; ~ *tab* ⟨aero⟩ *Trimmruder* n, *–klappe* f; ~ *wheel Trimmrad* n **~mer** ['~ə] s **1.** *Putzer* m ‖ (of hats, etc) *Putzmacher(in* f) m; *Besatznäherin* f ‖ *Beschneider* m; *Werkzeug* n z *Beschneiden* etc **2.** ⟨arch⟩ *Wechselbalken* m **3.** ⟨mar⟩ *Kohlenzieher, Trimmer* m ‖ ⟨aero⟩ *Trimmrad* n **4.** ⟨pol⟩ *Opportunist, Achselträger* m **~ming** ['~iŋ] s **1.** *Ausputzen* n ‖ *Beschneiden* n **2.** a. (of a dress, etc) *Besatz* m, *Einfassung, Verbrämung*; *Borte*; *Garnitur* f b. ~s [pl] *Abfälle* m pl ‖ *Posam·enten, Besatzartikel, Borten* f pl ‖ *Zutaten* f pl; ⟨cul⟩ *Garnierung, Beilage* f, *leg of mutton and* ~s *Hammelkeule* f *garniert* ‖ ⟨fig⟩ *Rede–, Stilblüten* f pl **3.** ⟨mar⟩ *vorteil–*

hafte Verteilung or *Verstauung* f (*der Ladung*);
Lastigkeitsregelung, Trimmung f **4.** *Achselträge-*
rei f **5.** [attr] *Besatz–* (~ button); *Posamenten–*
|| ⟨aero⟩ ~ flap *Trimmklappe* f; ~ system
–anlage f || ~ machine *Beschneidemaschine* f
|| ~ press ⟨tech⟩ *Abgratpresse* f

trim [trim] a (~ly adv) *gut in Ordnung, ord-*
nungsmäßig; gut ausgerüstet; passend; bequem;
geputzt, hübsch, schmuck

trimester [tri'mestə] s *Periode* f *v 3 Monaten;*
⟨univ⟩ *Trim·ester* n, *Term* m

trimeter ['trimitə] s ⟨pros⟩ *Tr·imeter* m

trimness ['trimnis] s *Geputztsein* n; *Sauber-*
keit f; *gutes Aussehen* n || *gute Ordnung* f

trimotor ['trai‚moutə] s ⟨aero⟩ *dreimotoriges*
Flugzeug n ~ed [–d] a *dreimotorig*

trinal ['trainl] a = trine a **trine** [train] **1.** a
dreifach **2.** s *Gruppe* f *v dreien* || ⟨astrol⟩ *Trigo-*
nal–, Gedrittschein m; *Trigonalaspekt* m (in ~)

tringle ['triŋgl] s *Gardinen–, Vorhangstange* f
|| ⟨arch⟩ *Deck–, Fugen–, Kranzleiste* f

Trinitarian [‚trini'tɛəriən] **1.** a ⟨ec⟩ *Drei-*
einigkeits– | ⟨ec hist⟩ *Trinitarier–* | *dreifach,*
–gliedrig (~ group) **2.** s *Bekenner* m *der Drei-*
einigkeit || ⟨ec hist⟩ *Trinitarier* m ~ism [‚trini-
'tɛəriənizm] s ⟨ec⟩ *Dreieinigkeitslehre* f

trinitrophenol [trai'naitro‚fi:nəl] s *Pikrin-*
säure f

trinitrotoluene [trai‚naitro'tɔljui:n] s , –uol
[–juɔl] s ⟨at⟩ (abbr T.N.T.) *Trin·itrotoluol* n
(*starker Sprengstoff*)

trinity ['triniti] s *Dreiheit* f | ~ ⟨ec⟩ *Drei-*
faltig–, Dreieinigkeit f (the Holy ~, ⟨arts a⟩
der Gnadenstuhl); the feast of the Blessed ~
Trinitatisfest; ~ Sunday ⟨ec⟩ *Sonntag Trini-*
tatis

trinket ['triŋkit] s *Schmuck* m, *–stück* n, *Ge-*
schmeide n; [mst pl] ~s *Schmucksachen* pl;
⟨fig⟩ *Tand* m, *Flitterwerk* n

trinomial [trai noumjəl] **1.** a *dreinamig,*
dreigliedrig **2.** s *Trin·om* n, *dreigliedrige Zahlen-*
größe f *–minal* [trai'nəminəl] a = trinomial

trio ['tri(:)ou] s [pl ~s] ⟨mus⟩ *Tr·io* n || ⟨fig⟩
Trio, Kleeblatt n (a ~ of persons)

triode ['traioud] s ⟨wir⟩ *Dreielektrodenröhre* f

triolet ['tri:oulet] s ⟨pros⟩ *Triol·ett* n (*Ringel-*
gedicht v 8 Zeilen)

trior ['traiə] s = trier s

trip [trip] **I.** vi/t [–pp–] **A. vi 1.** *trippeln;*
hüpfen **2.** (*a to* ~ up) *stolpern, straucheln* (over
über); *ein Bein stellen* (to ~ in football) || (in
speech) *anstoßen* **3.** ⟨fig⟩ *e–n Fehltritt tun, sich*
vergehen; sich irren, fehlgehen || to catch a p
~ping *jdn bei e–m Fehler ertappen* **4.** (*a to* ~
it) *e–n Ausflug m* **B. vt 1.** (*a to* ~ up) (*jdm*) *ein*
Bein stellen; (*jdn*) *z Fall bringen;* to be ~ped up
⟨fig⟩ *z Fall k, verhindert w, scheitern* || (*Fuß*) *z*
Ausgleiten bringen | ⟨tech⟩ *auslösen* || ~ magnet
Auslösemagnet m **2.** ⟨mar⟩ (*Anker*) *lichten*
3. ⟨fig⟩ (*Plan*) *zunichte m, vereiteln* **4.** to ~ up
jdn erwischen, ertappen (in *bei*) **II.** s **1.** (*Vergnü-*
gungs–)*Reise, Tour* f; *Ausflug* (to go on a ~
e–n A. m), *Abstecher* m; *Fahrt* f (to sea *z See*);
~s [pl] *regelmäßige Fahrten* pl || *Seefahrt* f
2. *Trippeln* n, *trippelnder Gang* m **3.** *Stolpern,*
Straucheln, Ausgleiten n || *Beinstellen, Zufall-*
bringen n | *Fehltritt, Vergehen* n; *Irrtum* m
4. [attr] *Auslöse–* (~ lever) || *Ausflugs–* || ~
flare *Leuchtmine* f | ~*–hammer Schmiede-*
hammer m || ~*–(-)ticket Fahrbefehl, –ausweis* m
|| ~*–wire* ⟨mil⟩ *Stolperdraht, Drahtschlinge* f;
~ w. mine *Stolperdrahtmine* f ~**ping** ['~iŋ] s
⟨tech⟩ *Schaltung* f || [attr] *Schalt–*

tri-pack ['traipæk] s *ein Pack* n *v 3 licht-*
empfindl. Filmen

tripartite ['trai'pɑ:tait] a *dreiteilig, –geteilt*
|| *dreifach ausgefertigt; zwischen dreien abge-*

schlossen (~ treaty); *zu dritt, Dreier–* (Pact ~)
–tition [‚traipɑ:'tiʃən] s *Dreiteilung* f

tripe [traip] s ⟨cul⟩ *Kaldaunen* pl, *Gekröse* n
(boiled ~) || [mst pl ~s] ⟨vulg⟩ *Eingeweide* n
|| ⟨übtr⟩ *wirre Masse* f; ⟨sl⟩ *Schund* m *Kitsch* m
| *Quatsch,* °*Mist* m (*Unsinn*)

tripedal ['traipidl, ‚trai'pi:dl] a *dreifüßig*

triphase ['traifeiz] a *dreiphasig* || ~ current
⟨el⟩ *Drehstrom* m

triphibious [trai'fibiəs] a *triphibisch, z Land*
u Wasser u in der Luft (~ strategy)

triphthong ['trifθəŋ] s ⟨gram⟩ *Triphthong,*
Dreilaut m

triping ['traipiŋ] s (*ungereinigte*) *Förder-*
kohle f

triplane ['traiplein] s ⟨aero⟩ *Dreidecker* m

triple ['tripl] **1.** a (–ply adv) *dreifach, –mal(ig),*
~ as many *dreimal so viel* (as *wie*) || *Drei–,*
Tripel–; ~ Alliance *Dreibund* m || ⟨mus⟩ *drei-*
teilig; ~ time ⟨mus⟩ *Tripeltakt* m **2.** vt/i
|| *verdreifachen* | vi *sich v.*

triplet ['triplit] s *Satz* m *v 3 Personen* or
Dingen, ⟨fig⟩ *Kleeblatt, Trio, Tripl·ett* n ||
⟨mus⟩ *Tri·ole* f || ⟨poet⟩ *Dreireim* m = tercet
|| *Drilling* m, ~s [pl] *Drillinge* pl

triplex ['tripleks] **1.** a *dreifach;* ~ glass *nicht*
zersplitterndes Glas, ⟨Ger⟩ *Plexi–* (etc) *Glas,*
Sekurit n **2.** s ⟨mus⟩ *Tripeltakt* m

triplicate I. ['triplikit] **1.** a *dreifach ausgefer-*
tigt **2.** s *Triplikat* n, *dritte Ausfertigung* f; ~
original *Drittschrift* f; ~s [pl] *drei gleich aus-*
geführte Exemplare n pl || in ~ *in dreifacher*
Ausfertigung, –führung; drei zugleich **II.** ['tripli-
keit] vt *verdreifachen, dreifach ausfertigen*
–cation [‚tripli'keiʃən] s *Verdreifachung* f *–ce*
['triplitʃe] [it pol] *Dreibund* m (*Deutschland,*
Österreich, Italien; 1882/83) *–city* [tri'plisiti] s
Verdreifachung f || *Dreiheit* f, *Trio* n

tripod ['traipɔd] s *Dreifuß* m, *–gestell, –bein*
n, *Gestell* n (*Tisch, Stuhl*) *mit 3 Füßen* || ⟨phot⟩
Stativ n; ~ bush *–mutter* f; ~ with round head
Rundkopfstativ n

tripoli ['tripəli] s ⟨geol⟩ *Polierschiefer, Tri-*
pel m

tripos ['traipɔs] s ⟨univ Cambr⟩ "honours"
Examen n *f den* B.A.

tripper [tripə] s *Tänzer*(in f) m || *Stolpernder*
m ⟨a fig⟩ | *Ausflügler, Tourist* m; [attr] *Aus-*
flügler– (~ train) **tripping** ['tripiŋ] a (~ly adv)
hüpfend; schnell; munter || ⟨fig⟩ *leicht, fließend*
| *stolpernd* || ⟨fig⟩ *irrend, sündigend*

triptych ['triptik] s *Tr·iptychon* n (*dreiteil.*
Tafelbild)

triptyque ['triptik] s ⟨mot⟩ *Triptik* n

triquetra [trai'kwetrə] s L *dreieckiges Bogen-*
ornament n

trireme ['traiəri:m] s ⟨ant⟩ *Tri·ere, Trir·eme* f,
Dreiruderer m (*Schiff*)

trisect [trai'sekt] vt *in drei* (*gleiche*) *Teile*
teilen ~**ion** [trai'sekʃən] s *Dreiteilung* f

trismus ['trizməs] s L *Kinnbackenkrampf* m

trisyllabic ['traisi'læbik] a (~ally adv)
⟨gram⟩ *dreisilbig* **–ble** [‚trai'siləbl] s ⟨gram⟩
dreisilbiges Wort n

trite [trait] a (~ly adv) *abgedroschen, –ge-*
griffen, –genutzt; seicht, platt ~**ness** ['~nis] s
Abgedroschenheit f etc

Triton ['traitn] s ⟨ant myth⟩ *Tr·iton, Meer-*
gott m || a ~ among the minnows ⟨fig⟩ *ein*
Riese unter Zwergen | ⟨zoo⟩ *Wassermolch* m

triturate ['tritjəreit] vt *zerreiben, –mahlen;*
–quetschen, –stoßen, pulverisieren *–ation* [‚tritjə-
'reiʃən] s *Zerreibung; –stoßung, Pulverisierung* f

triumph ['traiəmf] **1.** s *Triumph, Sieg* m
(over *über*); in ~ *triumphierend* | *triumphie-*
render Erfolg m, *glänzende Errungenschaft* f
(the ~s of science) | *Siegesgefühl* n, *–freude* f
(at *über*), *Frohlocken* n **2.** vi a. *triumphieren, den*

Sieg davontragen, Sieger bleiben; Erfolg h || to ~ *over obsiegen über; besiegen, niederringen* **b.** *triumphieren, frohlocken, jubeln* (over *über*) **~al** [trai'ʌmfəl] a *Triumph–, Sieges–;* ~ *arch Triumphbogen* m; ~ *procession Triumphzug* m **~ant** [trai'ʌmfənt] a (~ly adv) *triumphierend, glor–, sieg–, erfolgreich* | *frohlockend, jubelnd, Triumph–* (~ *shout*)

triumvir [trai'ʌmvə] s ⟨ant⟩ *Tri·umvir* m **~ate** [trai'ʌmvirit] s ⟨ant⟩ *Triumvir·at* n; ⟨übtr⟩ *Dreigestirn* n

triune ['traiju:n] a *dreieinig* **–nity** [trai'ju:niti] s = *trinity*

trivalent ['traivælənt] a ⟨chem⟩ *dreiwertig*

trivet ['trivit] s *Dreifuß* m (*f Kochgefäße*) || *as right as a* ~ *richtig, in Ordnung*; °*sauwohl* (*to feel* ..)

trivia ['triviə] s pl L *Kleinigkeiten* f pl, *Unwesentliches* n

trivial ['triviəl] a (~ly adv) * *gewöhnlich, alltäglich* | *gering, unbedeutend, nichtssagend, armselig, trivial* (remark) | *gering, leicht, unerheblich* (expenses); ~ *damage Bagatellschaden* m | ⟨bot & zoo⟩ (of names) *volkstümlich* **~ity** [ˌtrivi'æliti] s *Trivialit·ät; triviale Bemerkung; Plattheit* f | *Unbedeutendheit, Nebensächlichkeit* f

trivium ['triviəm] s ⟨hist⟩ *niedere Abteilung* f *der freien Künste im Mittelalter,* → quadrivium

tri-weekly [ˌtrai'wi:kli] **1.** a *dreiwöchentlich, –wöchig* | *dreimal wöchentlich erscheinend, wiederkehrend* or *verkehrend* (~ train) **2.** adv *alle 3 Wochen* | *dreimal wöchentlich*

trizonal ['trai'zounl] a *tri–, dreizon·al, Dreizonen–* **Trizone** ['trai'zoun] *Triz·one* f **Trizonia** [trai'zouniə] s ⟨fam⟩ *Dreizonendeutschland* n

trocar, –char ['troukɑ:] s ⟨surg⟩ *Trokar* m (*Instrument z Entleeren v Flüssigkeiten*)

trochaic [trou'keiik] **1.** a *troch·äisch* **2.** s *Troch·äus; trochäischer Vers* m

troche [trouk] s *kl runde Tablette, Past·ille* f **trochee** ['trouki:] s *Trochäus* m

trochlea ['trɔkliə] s ⟨anat⟩ *anat. Gebilde* n, *das e–r Rolle gleicht* | **~r** [~] a ~ *nerve Rollmuskelnerv* m

trocho– ['trɔko] Gr [in comp] *Rad–* **~id** ['troukɔid] a *sich um e–e Achse drehend; radförmig*

troco ['trouko] s *Art Rasenbillardspiel* n

trod [trɔd] s ⟨hunt⟩ (*Hasen-*)*Spur* f

trod [trɔd] pret **~den** ['~n] pp *v* to tread

troglodyte ['trɔglodait] s *Troglodyt, Höhlenbewohner* m || ⟨fig⟩ *Einsiedler* m **–tic** [ˌtrɔglə-'ditik] a *troglodytisch*

trogon ['trougən] s ⟨orn⟩ *Tr·ogon, Nageschnäbler* m (*Klettervogel*)

troika ['trɔikə] s *russ. Dreigespann* n

Troilus verse ['trɔiləs vəːs] s = *rhyme royal* **Trojan** ['troud͡ʒən] **1.** a *trojanisch* **2.** s *Trojaner*(in *f*) m || ⟨fig⟩ *wackerer, tüchtiger Mensch; echter Kerl* m || *like a* ~ *sehr wacker:* to work *lik a* ~ *f zwei* or *wie ein Pferd arbeiten*

troll [troul] s *Troll; Unhold; Kobold* m

troll [troul] **I.** vt/i ⟨dial *od* †⟩ **1.** vt (*Ball* etc) *rollen, trudeln* | (*Lied*) *trällern* | (*Lied*) *im Rundgesang singen* **2.** vi *rollen, sich drehen, trudeln* | *e–n Rundgesang anstimmen; trällern* | *mit der Schleppangel, dem Köder* or *e–r auf Rolle laufenden Schnur angeln* or *fischen* (for *nach*) **II.** s *Rundgesang* m

trolley, trolly ['trɔli] s *Karren;* (tea-)~ *Teewagen* m || ⟨min⟩ *Hund, Förderkarren* m | ⟨rail⟩ *Drais·ine* f || ⟨tech⟩ *Laufkatze* f || *Kontaktrolle* f (*bei elektr. Eisenbahnen*) || ⟨Am⟩ *elektr. Straßenbahnwagen* m | [attr] **~-bus** *Omnibus* m *mit elektr. Oberleitung,* ⟨fam⟩ *O-Bus* [pl *O-Busse*] m || ~ **-**(-car) ⟨el⟩ *Straßenbahn*(*wagen* m) f || ~ *contact Stromabnehmer* m

|| ~ *jack fahrbarer Wagenheber* m || **~-pole** *Stromzuführungsstange* f (*v der Kontaktrolle z Motorwagen*) || ~ *track Laufkatzenfahrbahn* f || ~ *wire* ⟨el⟩ *Fahrleitung* f

trollius ['trɔliəs] s L ⟨bot⟩ *Troll–, Glotzblume* f **trollop** ['trɔləp] **1.** s *Schlumpe, Dirne* f **2.** vi *bummeln, schlendern* (to ~ *behind hinterher–*)

tromba ['trɔmbə] s It *Trompete* f **–bone** [trɔm'boun] s It ⟨mus⟩ *Posaune* f; ~ *player Posaunenbläser* m

tromometer [tro'mɔmitə] s *Apparat* m *z Messung leichter Erdbeben*

trompe [trɔmp] s Fr ⟨tech⟩ (*Wasser-*)*Gebläseapparat* m *in e–m Gebläseofen*

troop [tru:p] **1.** s *Trupp, Haufe(n)* m, *Schar* f | ⟨mil hist⟩ *Beritt* m; ⟨mod⟩ *Batterie* f, (*Panzer-*)*Kompanie* f || **~s** [pl] ⟨mil⟩ *Truppen* pl || ⟨fam⟩ *don't bully the* ~s! °*mach die Gäule nicht scheu*!; *that's the stuff to give the* ~s *das ist was* f *m–m Vater s–n Sohn* | ⟨mil⟩ *Marschsignal* n | [attr] **~-carrier** (plane) = **~-plane**; ⟨mar⟩ (*Truppen-*)*Transporter* m || ~ *concentration Truppenansammlung* f || **~-horse** ⟨mil⟩ *Kavalleriepferd* n || ~ *orientation Einweisung* f || **~-plane** ⟨aero⟩ *Truppentransportflugzeug* n || ~ *room Mannschaftsstube* f || **~ shift** *Truppenverschiebung* f || **~-ship** *Transp.schiff* n **2.** vi/t || *sich scharen, sich sammeln;* to ~ *with sich vereinigen, zus–gehen mit* | *marschieren, geordnet gehen;* ⟨oft übtr⟩ || *ziehen, strömen, eilen;* to *come* ~ing out of *in Scharen strömen aus* || (oft to ~ *away od off*) *sich davonmachen, abziehen* | [vt] to ~ *the colour(s)* ⟨mil⟩ *die Fahnenparade abnehmen;* (the) ~ing (of) *the colour die Fahnenparade* f | to ~ *the line die Front abschreiten* | **~er** ['~ə] s ⟨hist⟩ *Reiter, Kavallerist* m; ⟨mod⟩ *Panzermann* m; *like a* ~ *tüchtig, gehörig* || *Kavalleriepferd* n || *Truppentransportschiff* n | ⟨Am⟩ *Staatspolizist* m

Tropaeolum [tro'pi:ələm] s L ⟨bot⟩ *Kapuzinerkresse* f

trope [troup] s *bildlicher Ausdruck* || ⟨ec⟩ (*Erweiterung* f *der Liturgie*) *Trope* f

trophic ['trɔfik] a *trophisch, die Ernährung betr, Ernährungs–*

trophied ['troufid] a *mit Trophäen* f pl *geschmückt*

tropho– ['trɔfo] Gr [in comp] *Ernährungs–* **trophy** ['troufi] s *Troph·äe* f, *Siegesbeute* f; *Siegeszeichen* n | ⟨fig⟩ *Errungenschaft* f

tropic ['trɔpik] **1.** s ⟨astr & geog⟩ *Wendekreis* m (the ~ of *Cancer u* the ~ of *Capricorn der W. des Krebses u des Steinbocks*) || ~s [pl] ⟨geog⟩ *Tropen* pl **2.** a *Tropen–, tropisch* | ⟨fig⟩ *heiß* | ~ *bird* ⟨orn⟩ *Tropikvogel* m | **~-proof** *tropensicher, –fest* **~al** [~əl] a (~ly adv) **1.** ⟨astr⟩ *tropisch* (the ~ *year*) | ⟨geog⟩ *Tropen–, tropisch, in den Tropen gelegen* or *vorkommend;* ~ *frenzy Tropenkoller* m; ~ *fruit Südfrüchte* f pl || ⟨fig⟩ *tropisch heiß* **2.** ⟨rhet⟩ *bildlich, figürlich* **~alize** [~əlaiz] vt ⟨bes Am⟩ *tropenfest* m, → winterize

tropological [trɔpo'lɔd͡ʒikəl] a *bildlich, metaphorisch* **–logy** [trə'pɔləd͡ʒi] s *bildliche Ausdrucksweise* f || ⟨bib⟩ *bildliche Erklärung* f **–pause** ['trɔpɔpɔːz] s *Grenze* f *zw Troposphäre u Stratosphäre* **–sphere** ['trɔposfiə] s ⟨meteor⟩ *Troposphäre* f (*Luftschicht unter der Stratosphäre; bis ca. 10 km Höhe*)

trot [trɔt] **I.** vi/t [–tt–] **1.** vi (*T*) *traben* | ⟨P⟩ *im Trab reiten* | ⟨übtr fam⟩ *im Trabe s, sich schnell bewegen, im Gange s;* to keep a p ~ting *jdn im Trabe, Gange halten* | to ~ *along schnell hingehen* (to do); *fortgehen* **2.** vt a. (*Pferd*) *in Trab bringen* or *setzen; traben l* | (*jdn*) *führen* (to *nach*); to ~ *a p round a place jdn in e–m Orte herumführen* **b.** to ~ *out* (*Pferd*) *vorbeitraben l, im Trabe vorführen;* ⟨fam⟩ to ~ *out*

a judy *mit e–m Mädchen ausgehen* || ⟨fig fam⟩
(*etw*) *vorführen, entfalten* (*um es bewundern zu
l*); (*Argumente*) *vorbringen, anführen*; (*jdn*)
lächerlich u **II.** s **1.** *Trott, Trab m* (*des Pferdes*);
Ritt m *im T.*; at a ~ *im T.*; to lift to a ~ *in T.*
setzen | ⟨übtr⟩ *Trab m, schnelle Bewegung* f; on
the ~ *im T., im Gange, auf den Beinen* (he is
always on the ~) || to go for a ~ *e–n Spazier-
gang m* **2.** ⟨fam⟩ *kl Kind* n || ⟨Am school fam⟩
Klopp, Trans f (*Übersetzung*) || ⟨Am fam⟩
°*Schwof* m (*Tanz*) **~ter** [´~ə] s *Traber* m
(*Pferd*) | ⟨hum fam⟩ *Fuß* m (*bes e–s Kindes or
Mädchens*) | [*mst pl*] ~s ⟨fam cul⟩ *Kalbs–* or
Schweinsfüßchen m pl **~tie** [´~i] s *kl Kind* n
~ting [´~iŋ] s *Trabrennen* n **~ty** [´~i] a *zierlich u klein*

troth [trouθ] s † *Treue* f, *–gelöbnis* n; by *od*
upon my ~, in ~ *m–r Treu, wahrlich*; to
pledge one's ~ *sein Wort verpfänden* (to a p
jdm); *ewige Treue schwören*; to plight one's ~
sich verloben

trottoir [´trɔtwa:] s Fr *Trotto·ir* n, *Bürgersteig* m

troubadour [´tru:bəduə] s Fr *Tr·oubadour* m
trouble [trʌbl] vt/i **I. vt 1.** (*Flüssigkeit*) *aufrühren, in Bewegung setzen*; (*Wasser*) *trüben*
|| ⟨fig⟩ ~d *waters verworrene Lage, getrübte
Verhältnisse*; to pour oil on ~d *waters Frieden
stiften* **2.** (*P*) (*jdn*) *verwirren, beunruhigen,
ängstigen*, to be ~d *about sich ängstigen über*;
to be ~d *in mind sich beunruhigen*; ~d ⟨*a*⟩
friedlos; never ~ ~[s] *till* ~[s] ~s *you reg dich
nicht auf, sorge dich nicht* (or *warte ab*), *bis es
so weit ist* || (*jdm*) *Kummer, Verdruß bereiten*
3. (*jdn*) *quälen, plagen,·heimsuchen* (to be ~d
with the *gout*); to ~ *one's head sich den Kopf
zerbrechen* (*about über*) **4.** (*jdn*) *belästigen*
(*with mit*); (*jdn*) *behelligen, stören*; (*jdm*) *Unannehmlichkeiten bereiten, Mühe m*, (*jdn*) *bemühen* (I am sorry to ~ *you*); to ~ *o.s. sich
die Mühe m* (to do); don't ~ *yourself! k–e Umstände, bitte!*; to ~ *a p on a matter jdn mit etw
belästigen* | (*jdn*) *bemühen, bitten* (for *um*; to do),
may I ~ *you for the salt? darf ich Sie um das
Salz bitten?*; ⟨iron⟩ I will ~ *you ich werde dich
noch lange bitten* (to do this) **II. vi** *sich aufregen,
sich beunruhigen* (*about über*); I shall not ~ *if
ich werde beruhigt* (*froh*) s, *wenn ..* || *sich die
Mühe m* (to do *z tun*; don't ~ *to answer*); *sich
Umstände m*; don't ~ *mach dir k–e U.*

trouble [´trʌbl] s **1.** *Sorge f, Kummer, Verdruß m*; *Leid, Unglück* n; → to ~ **2.** **2.** *Krank-
heit* f, *Leiden* n (*heart* ~) | *Fehler m* (that is
your ~), *die schwache Seite* f | ⟨fam⟩ *Entbin-
dung* f (to be over one's ~) **3.** *Belästigung, Last* f
(to *f*); *Störung* f, *Unannehmlichkeit, Beschwerde,
Unruhe* f | *Schwierigkeit* f (in doing *z tun*); ⟨fig⟩
Haken m, the ~ *is es hat den H., der H. dabei
ist* (that) || *Mühe, Bemühung* f; it is no ~ *es
macht k–e Mühe* (to do) | ⟨tech⟩ *Störung,
Panne* f, *Defekt* m (engine ~) **4.** ⟨pol⟩ *Unruhe*
f, *Aufruhr m* **5. Wendungen**: to ask *od* look for
~ *das Unglück herausfordern* || to be in ~
*sich in Not, Verlegenheit or mißlicher Lage be-
finden*; ⟨euph⟩ (*im Kittchen*) *sitzen, ein unehe-
liches Kind erwarten* || to be out of one's ~s
aus der Verlegenheit or v den Sorgen befreit s
| to bring ~ *upon a p Unheil über jdn bringen*
|| to get into ~ *sich* [*dat*] *Unannehmlichkeiten
zuziehen*; *sich in die Nesseln setzen* || to get a p
into ~ *jdm Unannehmlichkeiten bereiten* || to
give a p ~ *jdm Mühe or Sorgen verursachen*
|| to give a p the ~, to put a p to the ~ *jdm die
Mühe m or verursachen* (of doing *z tun*) || to
make ~ *Schwierigkeiten m* (*about betreffs*)
|| to save o.s. the ~ *of doing sich die Mühe
ersparen z tun* || to spare a p ~ *jdm Mühe sparen*
|| to stir up ~ *Unruhe m, stiften* || to take (great)

~ *sich* (*gr*) *Mühe geben* (incapable of taking ~)
|| to take the ~ *sich die Mühe m* or *nehmen*
(of doing, to do *z tun*) **6.** [*attr*] *Unruhe–*, ~-
maker *–stifter* m | ⟨telph⟩ *Störungs–*; ~
department *–stelle* f; ~(-)man, ⟨fam⟩ ~-
shooter *–sucher* m; ~ *shooting –suche, –beseitigung* f

troubler [´trʌblə] s *Unruhestifter, Störenfried*
m

troublesome [´trʌblsəm] a (~ly adv) *störend,
lästig* (a ~ cough); *beschwerlich, schwierig*
(job); *unangenehm* (he is a ~ man to deal with)
|| *unruhig, lärmend; stürmisch, aufregend* (~
times) **~ness** [~nis] s *Lästig–, Beschwerlich–,
Schwierigkeit* f; *das Unangenehme*

troublous [´trʌbləs] a † *unruhig, aufgeregt* (~
times)

trough [trɔf] s (*Holz–, Stein–*)*Trog m, Mulde* f;
(*kl*) *Wanne* f || ⟨aero⟩ (*Bomben–*)*Schüttkasten* m
| ⟨übtr⟩ *längliches Gefäß* n; ⟨el⟩ *längl. Kasten m
mit mehreren Zellen*; (a ~-battery) *voltaische,
galvanische Batterie* | *muldenartige Vertiefung,
Rinne* f; (*Mühlen–*)*Gerinne* n || ⟨mar geol⟩
Graben m, *Aleutian* ~ *Ale·utengraben* m | ~
of the sea *Wellental* n || ⟨meteor⟩ *Tief* n,
–punkt m (above the ~)

trounce [trauns] vt *züchtigen, prügeln*, °*ver-
wichsen*; *strafen* (for *wegen*) | ⟨fig⟩ *bemängeln,
kritisieren, heruntermachen*

troupe [tru:p] s Fr (*Schauspieler–*)*Truppe* f
~r [´tru:pə] s *Mitglied* n *e–r* (–) *Truppe*

trouser [´trauzə] s **1.** ⟨vulg⟩ *lange Hose* f
(a ~ *e–e H.*) | *Hosenbein* n; the leg of my ~
mein Hosenbein n **2.** ~s [*pl*] (*lange*) *Hose* f,
Beinkleid n (a pair of ~s *e–e Hose*) **3.** [*attr
mst* ~] *Hosen–* | ~-button *Hosenknopf* m |
~-leg *–bein* n | ~(s)-pocket *–tasche* f | ~-press
–bügelfalter, –strecker m || ~-skirt *–rock* m ||
~-strap *–steg* m (*z Strap*) | ~-stretcher
–strecker m **~ed** [~d] a *lange Hosen tragend*
~ing [~riŋ] s *Hosenstoff* m

trousse [tru:s] s Fr *chirurgisches Besteck* n
trousseau [´tru:sou] s (pl ~s, ~x [–z]) Fr
Brautausstattung, –aussteuer f (*Kleidung, Wäsche*; *Juwelen*)

trout [traut] s [pl ~] ⟨ich⟩ *Forelle* f (five ~)
[*aber*:] the ~s of Scotland || brow ~ *Bach-
forelle* f; rainbow ~ *Regenbogen–* | ~-fly
künstliche (*Forellen–*)*Fliege* f || ~-stream
Forellenbach m

trouvère [tru:´vɛə] s Fr ⟨hist⟩ *nordfrz. epischer
Dichter des 11. bis 14. Jhs*

trover [´trouvə] s ⟨jur⟩ *rechtswidrige Inbe-
sitznahme* f | *Schadenersatzklage* f *wegen wider-
rechtlicher Aneignung beweglicher Sn* | *action
of* ~ *Fundklage* f

trow [trou, trau] ⟨poet & †⟩ vt (*jdm*) *glauben*
|| *meinen, glauben* (that); I ~ *ich glaube*; (*nach
e–r Frage*) I ~ *möchte ich wissen*

trowel [´trauəl] **1.** s (*Maurer–*)*Kelle* f; to lay
it on with a ~ ⟨fig fam⟩ *stark auftragen, über-
treiben, sehr schmeicheln* || *kl Spaten, Aushebe-
m* **2.** vt *mit der Kelle glatten* || (*mit der K.*) *auf-
tragen* (*a fig*), that was laid on with a ~ ⟨*a*⟩
so e–e plumpe Lüge or Schmeichelei!

troy [trɔi] (a ~-weight) s *Troygewicht* n (*f
Gold, Silber u Juwelen*) (*1 Pfd. = 373,2419 g =
12 ounces*); → App.

truancy [´tru:ənsi] s *Müßiggang* m; *Aus–,
Wegbleiben* n || (*Schul–*)*Schwänzen* n **–ant**
[´tru:ənt] **1.** s *Müßiggänger, Bummler* m |
Schulschwänzer m; to play ~ (*die Schule*)
schwänzen; ⟨fig⟩ *s–e Pflicht vernachlässigen,
bummeln* **2.** a *träge, faul; bummelnd, die Schule
schwänzend* **3.** vi *die Schule schwänzen, bummeln*

Trubenize [´tru:bənaiz] vt (*Textilien*) *waschbar stärken* (~d *collars*)

truce [tru:s] s *zeitweiliger Waffenstillstand* m,

–ruhe f; ~ of God ⟨hist⟩ *Gottesfriede* m | ⟨fig⟩ *Schutzzeit* f (from *gegen*) || *Aufhören, Ende* n, a ~ to *Schluß mit, hör auf mit* (a ~ to *talking*) –**cial** [ˈtruːʃəl] a *durch Waffenstillstand gebunden* (state), *die Waffenruhe betreffend*

truck [trʌk] **I.** s **1.** *Tauschhandel, –verkehr* m; *Tausch* (in ~ for *z T.* f); *Handel, Verkehr* m, to have no ~ with *nichts z tun h mit* **2.** [koll] kl *Waren* f pl, *Hausbedarf* m; *Gegenstände* m pl *v geringem Wert*; *Plunder, Trödel* m || *Unsinn* m **3.** ⟨Am⟩ *Gemüse* n (~ *farm –gärtnerei* f) **4.** *Bezahlung* f *der Arbeiter in Waren* (*statt in Geld*), ~ *system Trucksystem* n **II.** vt/i **1.** vt (*etw*) *eintauschen* (for f), *austauschen* (for *gegen*); *tauschen* (with a p *mit jdm*) || *vertauschen, –schachern* (for *gegen*) | (*Arbeiter*) *in Waren entlohnen* **2.** vi *Tauschhandel* m *treiben*; to ~ for a th with a p *etw mit jdm tauschen* || *handeln, schachern* (for a th *um etw*; with a p *mit jdm*); *hausieren* || *verhandeln*; *z tun h* (with) | *Lohn* m *in Waren zahlen* **~er** [ˈ~ə] s *Händler* m || ⟨Am⟩ *Gemüsebauer, –gärtner* m

truck [trʌk] **1.** s *Block–, Handwagen*; *Hand–, Gepäck–*; *Kraftkarren* m; *Rollwagen* m; ⟨min⟩ (⟨a⟩ ~ *dog*) *Hund* m || *Lastkraftwagen* m, –*auto* n || ⟨rail⟩ *offener Güterwagen* m, *Lore* f || ⟨rail⟩ *beweglicher Wagenrahmen* m, *Dreh–, Rad–, Untergestell* n || ⟨mar⟩ *Flaggenknopf* m | [attr] *Wagen–* (~-*driver*) | *Drehgestell–* || ~ *column Lkw-Kolonne* f || *long distance* ~ *driver Fernlastfahrer* m || ~-*head* (*Lkw-)Ausladekopf* m, *Umschlagstelle* f || ~-*setter Rangierer* m || ~-*trailer* ⟨Am⟩ *Lkw* m *mit Anhänger, Lastzug* m || ~ *winch Seilwinde* f f *Lkw* **2.** vt (*Güter*) *in Block–, Güterwagen verladen* or *befördern* || ~*ed* (*Truppen*) *verlastet* (*Truppen*) **~age** [ˈ~idʒ] s *Beförderung* f *auf Güterwagen* || *Wagen–, Rollgeld* n

truckle [ˈtrʌkl] **1.** s (a ~-*bed*) *niederes Rollbett* n (*z Unterschieben unter ein höheres*); *schlechtes Bett* **2.** vi *sich demütigen; kriechen* (to *vor*) –**ler** [~ə] s *Kriecher, Speichellecker* m

truculence [ˈtrʌkjuləns] s *Wildheit, Grausamkeit*; *Roheit* f –**lent** [ˈtrʌkjulənt] a (~ly adv) *wild, grausam; roh, grob*

trudge [trʌdʒ] **1.** vi/t | *sich mühsam fortschleppen* || *mühsam z Fuß gehen* | vt *mühsam durchwandern* **2.** s *langer, mühseliger Marsch* or *Weg* m

trudgen [ˈtrʌdʒən] s (*nach J.* Trudgen) (a ~ *stroke) Hand-über-Hand-Schwimmen* n

true [truː] **I.** a (adv *truly*) **1.** *treu* (to a p *jdm*); ~ *as steel treu wie Gold* **2.** *wahr* (of *in bezug auf*); to be ~ of *zutreffen auf*; to come ~ *sich bewahrheiten, sich bestätigen*; (of *dreams*) *sich erfüllen*; to prove (to be) ~ *sich als wahr erweisen*; (it is) ~ *freilich, zwar, allerdings*; ~, he is an artist *es ist wahr, allerdings, freilich* (*zugegeben*), *er ist Künstler* | (*P*) *wahr*(*haft*), *aufrichtig, zuverlässig* **3.** *echt, getreu* (*copy*); *wirklich; genau, richtig* (*weight, time*); (*regel*)*recht*; *glatt, eben* (*ground*); ⟨tech⟩ *in richtiger Lage befindlich; richtig gestellt* || ⟨aero⟩ ~ *airspeed* (abbr TAS) *Eigengeschwindigkeit* f; ~ *airspeed indicator Absolutfahrtmesser* m || ~ *bearing Abweichung* f *der Nordnadel, Mißweisung* f; *rechtweisende Peilung* f || ~ *bill* (*öffentliche*) *Anklage*(*erhebung*) f → 4. || ~ *colour perception* ⟨mil med⟩ *Farbentüchtigkeit* f || ~ *course rechtweisender Wind* m || ~ *declination Ortsmißweisung* f || ~ *north rechtweisend* or *geographisch Nord* || ~ *track rechtweisender Kurs* or *Kartenkurs* m (⟨aero⟩ *über Grund*) || ~ *value Istwert* m | ~ to *in Einklang mit*, ~ to *life lebenswahr, –getreu*, ~ to *nature naturgetreu*; ~ to *colour farbrichtig*, ~ to *shape formgetreu*, ~ to *sides seitenrichtig*; [abs] ⟨mot⟩ the wheels are not ~ *die Räder flattern* **4.** *rechtmäßig* (heir); ⟨jur⟩ a ~ *bill e–e begründete,*

berechtigte, vom Schwurgericht bestätigte Anklage f → 3. **5.** [in comp] ~-*blue* 1. a *v blauer Farbe*; ⟨übtr⟩ *standhaft, treu, waschecht* 2. s *waschechtes Blau* n; *treue Person* f | ~-*bred* (T) *rasseecht* || ⟨übtr⟩ *wohlerzogen, gebildet* | ~-*born echt* (Frenchman) | ~-*hearted treugesinnt* | ~-*love Geliebte*(r m) f; ~-*love knot*, ~-*lover's knot Liebes–, Doppelknoten* m; ~-*penny* ⟨fam⟩ *oller, ehrlicher Seemann* ⟨fig⟩ **II.** adv *wahrhaftig, wahrheitsgemäß* (tell me ~); to breed ~ *sich rasseecht vermehren; this holds* ~ *das gilt für* f) **III.** vt (~s; truing, *~ing) ⟨tech⟩ *genau* m; (*Rad*) *zentrieren; nachschleifen; abrichten; abziehen;* to ~ a *bearing ein Lager ausrichten* | (*Papier*) *beschneiden* **~ness** [ˈ~nis] s *Wahrheit, Aufrichtigkeit* f || *Treue* f || *Echtheit* f || *Genauigkeit* f

truffle [ˈtrʌfl] s *Trüffel* f

truing [ˈtruːiŋ] s ⟨tech⟩ *Nachschleifen, Abrichten, –ziehen* n

truism [ˈtruːizm] s *Gemeinplatz* m, *Binsenwahrheit* f || ⟨jur⟩ *offensichtlich wahre Tatsachenfeststellung* f

trull [trʌl] s *Weib* n, *Dirne* f

truly [ˈtruːli] adv *treu; als* (*als Briefschluß*) Yours ~ (*formell*) *Ihr sehr ergebener*, ⟨fam⟩ *m–e Wenigkeit* f | *wahrheitsgemäß* || *wirklich, echt; in der Tat, offen gesagt*

trumeau [ˈtruːmou, –ˈ–] s Fr *Pfeiler* m *zw 2 Fenstern*

trump [trʌmp] **I.** s **1.** ⟨† & poet⟩ *Trompete* f **2.** *Trompetenstoß* m || the last ~, the ~ of doom ⟨ec⟩ *Posaune* f *des Jüngsten Gerichts* **II.** vi (of *bullfrog*) *brüllen*

trump [trʌmp] **1.** s a. ⟨cards⟩ *Trumpf* m; (a ~-*card*) *Trumpfkarte* f; ⟨bridge⟩ no ~s *ohne Trumpf*; it is no ~s *es wird kein T. gereizt* | ⟨fig⟩ *Trumpf* m || to play one's ~-*card* ⟨fig⟩ *den letzten Trumpf ausspielen* || to put a p to his ~s *jdn z Äußersten treiben, z letzten Anstrengung antreiben* || to turn up ~s 1. *immer Glück, Erfolg h* 2. *sich als das beste* or *als glücklich erweisen* b. ⟨fam⟩ *guter Kerl; Prachtmensch* m **2.** vt/i (*über*)*tr*umpfen, *stechen* ⟨fig⟩ (*jdn*) *übertrumpfen* (with); *ausstechen* | vi *trumpfen, stechen* || to ~ out *Trumpf ausspielen*

trump [trʌmp] vt (*mst* to ~ up) *abkarten, anzetteln; erdichten, zurechtschwindeln*

trumpery [ˈtrʌmpəri] **1.** s *wertloses Zeug* n, *Abfall, Schund, Plunder, Ramsch* m, –*ware* f | *Geschwätz* n, *hohle Phrase* f; °*Quatsch* m **2.** a *wertlos, erbärmlich; Schund–, kitschig* || *nichtssagend, belanglos*

trumpet [ˈtrʌmpit] **1.** s ⟨mus⟩ *Tromp*ete f; to sound the ~ *die Trompete blasen;* to blow one's own ~ ⟨fig⟩ *sein eigenes Lob singen* | *Schalltrichter* m; (*Grammophon-)Lautsprecher* m; ear–~ *Hörrohr* n | (a ~ *blast*) *Trompetenstoß* m; the last ~ *Posaune* f *des Jüngsten Gerichts* | [attr & comp] ~-*call Trompetensignal* n || ~ *Flower* ⟨bot⟩ *rankende Trompetenblume* f || ~-*major* ⟨mil⟩ *Stabstrompeter* m || ~-*tongued mit Posaunenzungen* **2.** vi/t || *Trompete blasen, trompeten;* (of *elephants*) *trompeten* | vt (*Trompete*) *blasen* || ⟨fig⟩ (a to ~ forth) *ausposaunen, (laut) verkünden* | **~er** [~ə] s ⟨mil⟩ *Tromp*eter m || ⟨fig⟩ *Ausposauner* m || ⟨orn⟩ *Trompetertaube* f; –*vogel* m

trumph [trʌmf] s ⟨Scot cards⟩ = trump

truncal [ˈtrʌŋkl] a *Stamm–, Rumpf–, Körper–*

truncate [ˈtrʌŋkeit] **1.** vt *verstümmeln, stutzen, beschneiden* **2.** a *abgestutzt, –gestumpft* –**ated** [–id] a *verstümmelt;* ~ *cone Kegelstumpf* m || ⟨übtr⟩ *abgekürzt, verkürzt, zus–gestrichen* (speech) –**ation** [trʌnˈkeiʃən] s *Verstümmelung, Stutzung* f || ~ *error Abrundungsfehler* m (*in Rechengeräten*)

truncheon [ˈtrʌn(t)ʃən] s *Polizei–,* (rubber ~)

Gummiknüppel m || Kommando–, Feldherrn-
stab m

trundle ['trʌndl] **1.** s *kl breites Rad* n, *Rolle,
Walze* f; ~-bed *Rollbett* n || *kl Rollwagen* m
| ⟨tech⟩ *Triebstockgetriebe* n **2.** vt/i || *rollen,
wälzen*; to ~ a hoop *e–n Reifen schlagen* || (*etw*)
auf Rädern bewegen, ziehen; (*jdn*) *fahren* | vi
rollen, sich wälzen, trudeln || *auf Rädern fahren*

trunk [trʌŋk] s **1.** *Baumstamm* m || *Rumpf,
Körper, Leib* m **2.** ⟨übtr⟩ *Stamm, Hauptteil* m
|| ⟨rail, etc⟩ *Hauptstrecke, –linie, –leitung* f;
⟨telph⟩ *Fernleitung* f; ~s! *Fernamt bitte!*
3. *Kiste* f, *gr Reisekoffer* m **4.** (of an elephant)
Rüssel m **5.** ~s [pl] ⟨theat⟩ *Kniehose* f; ⟨bes
Am⟩ *Badehose* f **6.** [attr] ~-bending ⟨sport⟩
Rumpfbeugen n || ~-call ⟨telph⟩ *Fernanruf* m,
–gespräch n || ~ compartment ⟨mot⟩ *Koffer-
raum* m || ~-exchange ⟨telph⟩ *Fernamt* n ||
~-hose ⟨hist⟩ *Kniehose* f || ~-line ⟨rail⟩
Hauptlinie f, ⟨telph⟩ *Fernleitung* f || ~-maker
Koffermacher m || ~ office ⟨telph⟩ *Fernamt* n
|| ~ rack ⟨mot⟩ *Kofferbrücke* f || ~-road *gr
Landstraße, Hauptland–, Autostraße* f || ~
wood *Stammholz* n || ~ system *Fernleitungs-
netz* n

trunnel ['trʌnəl] s = tree-nail

trunnion ['trʌnjən] s ⟨tech⟩ (*Dreh-*)*Zapfen* m
|| ⟨mil⟩ *Schildzapfen* m (*in der Lafette*) | ~-
plate ⟨mil⟩ *Schildzapfendeckel* m

truss [trʌs] **1.** s *Bündel* (a ~ of hay *ein B.
Heu* = 60 lb.); *Bund* n | ⟨arch⟩ *Gerüst, Hänge-
werk* n; *Träger* m, *Strebe* f, *Unterzug* m; *Binde-
dreieck* n; *Dachstuhl* m || ⟨mar⟩ *Rack* n (*Vor-
richtung z Festhalten der Rahe am Mast*) ||
⟨med⟩ *Bruchband* n | ~-bridge *Gitter(fach-
werk)brücke* f; ~-frame *Hängewerk* n; ~ type
fuselage ⟨aero⟩ *Gitterrumpf* m **2.** *vt (a to ~
up) zus–binden, bündeln* || *anbinden, festschnü-
ren*; (*Kleider etc*) *aufstecken, hochschürzen* ||
(*Verbrecher etc*) *aufhängen* || ⟨cul⟩ (*Geflügel*)
zaumen || ⟨arch⟩ (*etw*) *durch ein Gerüst etc
stützen*; ~ed frame *versteifter Rahmen* m

trust [trʌst] **I.** s **1.** *Zu–, Vertrauen* n (*in auf*),
to put one's ~ *in sein V. setzen auf*; to take on
~ *auf Treu u Glauben hinnehmen*; breach of ~
Vertrauensbruch m, position of ~ *–sstellung* f
| *Zuversicht, zuversichtliche Erwartung or Hoff-
nung* f (he is my sole ~) | *Kredit* m (on ~ *auf
K.*), to give ~ *K. geben*; *Borg* m (on ~ *auf B.*)
2. ⟨jur⟩ *anvertrautes Gut* n, *treue Hand, Treu-
hand* f; *Pflegschaft* f, in ~ *z treuen Händen, z
Verwahrung*, to hold in ~ *verwahren, –walten*
|| *Treubesitz, Treuhandvermögen* n; private ~
Familienstiftung f; ~ *money Mündelgeld* n
3. *die mit Treubesitz verbundene Verpflichtung*
(to fulfil one's ~); *die heilige V.* (to do) **4.** (*die*)
Personen pl, *die Treuhandvermögen verwalten*
5. ⟨com⟩ *Trust, wirtschaftl. Zus–Schluß* m (*v
Unternehmungen*), *Ring* m, *Kartell* n **6.** [attr]
Treuhand–; ~-company *–gesellschaft* f ||
~-deed *Übertragungsurkunde* f *e–s Treuhand-
vermögens* | *Trust–*; ~-house *e–m Trust gehöri-
ges Hotel* **II.** vt/i **1.** vt: to ~ a p *jdm vertrauen,
glauben*; *sich auf jdn verlassen*; ~ him for that
⟨iron⟩ *verlaß dich nur auf ihn* || *jdm trauen* (I do
not ~ him round the corner *ich trau ihm nicht
übern Weg*); *jdm Kredit geben, kreditieren* | *an-
vertrauen* (a p with a th *od* a th to a p *jdm etw*);
to ~ o.s. to a p *sich jdm anvertrauen* | *zuver-
sichtlich erwarten or hoffen* (to do; that *daß*)
|| *überzeugt s, glauben* (that) **2.** vi *Vertrauen h*;
to ~ to a p *vertrauen auf jdn*; .. to a th *sich verlassen auf*, *sich binden an etw*; to ~ to meeting
again *darauf vertrauen, sich wiederzutreffen*;
we ~ (you will be satisfied) *.. hoffen, daß* (..)
| ~ee [trʌs'tiː] s *Treuhänder* | *Kurator* m, *Ver-
walter* (~ in bankruptcy *Konkurs–*); *property
vests in* ~ *Vermögenswerte gehen an Konkurs-*
verwalter über* || *Bevollmächtigter*; *Beauftragter*
m || ~ security, ~ stock *mündelsicheres Papier*
n ~eeship [trʌs'tiːʃip] s *Amt* n *e–s Treuhänders,
Verwalters* || *Kuratorium* n ~ful ['~ful] a (~ly
adv) *vertrauend, vertrauensvoll* ~fulness ['~ful-
nis] s *Vertrauen* n ~ification [,~ifi'keiʃən] s
⟨sl⟩ *Trustbildung, Vertrustung* f ~iness ['~inis]
s *Zuverlässigkeit, Treue* f ~ing ['~iŋ] a (~ly
adv) *vertrauenerweckend, vertrauensvoll* ~-
worthiness ['~wə:ðinis] s *Zuverlässig–, Ver-
trauenswürdigkeit* f ~worthy ['~wə:ði] a
vertrauenswürdig, zuverlässig | ~y ['~i] a
(–tily adv) *zuverlässig, treu*

truth [tru:θ] s (pl ~s [tru:ðz]) **1.** † *Treue* f
(to *gegen*) **2.** *Aufrichtig–, Wahrhaftig–, Ehrlichkeit* f **3.** *Wahrheit* f; to tell the ~ *die W. sagen*;
in (very) ~, † of a ~ *wahrhaftig* || to tell the
~, ~ to tell *um die Wahrheit z sagen*; that's
the ~ of it *das ist die volle W.*; there is no ~
in it *daran ist nichts Wahres* || home ~s [pl]
eindrückliche Wahrheiten pl; to tell a p some
home ~s *jdm gehörig die Wahrheit, Meinung
sagen* | *anerkannte Wahrheit in Religion, Wis-
senschaft* **4.** *Genauig–, Wirklichkeit, Echtheit,
Treue* f; ~ to *Lebens–*, ~ to nature *Natur-
treue* f | *Richtigkeit* f (*in Lage etc*), out of ~
aus der richtigen Lage **5.** [in comp] *Wahrheits–*;
~-loving *wahrheitsliebend* ~ful ['~ful] a
(~ly adv) *wahr, wahrheitsgemäß* || *wahrheits-
liebend* | *getreu, echt*; *genau* ~fulness ['~fulnis]
s *Wahrhaftigkeit* f || *Wahrheitsliebe* f || *Echtheit*
f ~less ['~lis] a *unwahr, falsch* || *treulos*

try [trai] **I.** vt/i [~ed/~ed/~ing] **A.** vt
1. (a to ~ out) (*Metalle*) *scheiden*; *reinigen*;
raffinieren; (*Spiritus*) *rektifizieren* || (*Talg*) *aus-
schmelzen, –braten* || (*Gewichte*) *prüfen* **2.** (*Eigen-
schaft*) *erproben, auf die Probe stellen*; (*etw*)
prüfen (by *an der Hand v, nach*) || (*Geduld* etc)
auf e–e harte Probe stellen; *stark in Anspruch
nehmen*; (*Augen*) *anstrengen, –greifen* || (*jdn*)
arg mitnehmen, plagen, quälen **3.** (*etw*) *aus–,
durchprobieren*; *es versuchen mit* (~ water;
I tried reading); *e–n Versuch m mit* (*e–r S*)
(~ our tabloids *versuchen Sie es mit ..*) || (*Ver-
such*) *anstellen*; (*Experiment*) *machen* (⟨fam⟩
~ it on the dog *m Sie nicht m·ich z Versuchskaninchen*; (*etw*) *durch Versuch feststellen*; to
~ the door *die Tür z öffnen suchen*; to ~ one's
luck *sein Glück versuchen* (with *bei*) | (*etw*) *ver-
suchen*; *in Angriff nehmen*, to ~ one's best
sein Bestes tun, .. one's hardest *sich die größte
Mühe geben* || you just ~ it *l Sie sich das ja
nicht einfallen* **4.** ⟨jur⟩ (*Fall*) *untersuchen*; (*Prozeß*) *verhandeln*; (*jdn*) *vor Gericht bringen* (for
wegen); *verhören* || ⟨Am⟩ (*Prozeß*) *führen*; *plä-
dieren* **5.** [mit adv] to ~ on (*Rock*) *anprobieren*
(~ it on); (*Hut*) *aufprobieren* ⟨fig⟩ to ~ it
on *e–n Versuch m* (with *bei*); no use ~ing it on
with me *bei mir ist jeder Versuch erfolglos, bei
mir ist nichts z m* | to ~ out *ausprobieren, er-
proben* | to ~ over *etw durchprobieren, –gehen*
B. vi *versuchen, sich bemühen* (to do); *e–n Versuch m, es versuchen* (I'll ~), ~ to *repeat,*
⟨fam⟩ ~ and *repeat versuche z wiederholn*
| to ~ for *für a th sich bemühen um etw, etw z bek
suchen* **C.** [in comp] ~-on *Anprobe* f || *Versuch*
m || ~-out *Erprobung, Probe* f, *Brauchbarkeits-
erweis* m **II.** s [pl tries] *Versuch* m, *Probe* f, to
have a ~ at a th *etw versuchen, probieren*, *e–n
Versuch m mit etw* | ⟨Rug ftb⟩ *Versuch* m (=
3 points) ~ing ['~iŋ] a (*P*) *schwierig, unange-
nehm* | (*S*) *anstrengend* (to *f*); *mühsam, be-
schwerlich* || *mißlich, kritisch* ~out ['traiaut] s
⟨Am⟩ *Preisausschreiben* n ~sail ['traisl] s *Gaffelsegel* n

trypanosome ['tripənəsoum] s Gr ⟨vt⟩ *Fla-
gell·at, Blutschmarotzer* m –**miasis** [,tripənosou-
'maiəsis] s *afrik. Schlafkrankheit* f

trypsin ['tripsin] s ⟨physiol⟩ *eiweißzerlegendes Ferm·ent* n *des Bauchspeichels*

tryst [trist] **1.** s *Verabredung* f, *Stelldichein* n (to hold a ~ with) || *Zus–kunftsort* m || ⟨Scot⟩ *Viehmarkt* m **2.** vi/t *sich verabreden* (with *mit*) | vt (*jdn nach e–m bestimmten Platz*) *hinbestellen* || (*Zeit*) *verabreden* **~ing** ['~iŋ] s *Verabredung* f || [attr] ~-day *Tag* m *d. V.*; ~-place *Versammlungsort* m

Tsar [zɑ:] s = *Czar*

tsetse-fly ['tsetsiflai] s ⟨ent⟩ *Tsetsefliege* f

tuatara [tuə'tɑ:rə] s ⟨zoo⟩ *Brückenechse* f (*Reptil*)

tub [tʌb] **I.** s **1.** *Kübel* (wash-~), *Zuber, Bottich* m, *Faß* n (butter-~); (*Butter–, Getreide–, Tee-*)*Maß* n *verschiedenen Inhalts* || ⟨mar⟩ *Balge, Kufe* f || ⟨min⟩ *Hund, Förderkorb, –wagen* m **2.** *Badewanne* f | ⟨fam⟩ (*Wannen-*)*Bad* n (to have a ~); to draw one's ~ *sein Bad bereiten*; to take one's ~ *baden* **3.** ⟨mar⟩ *plumpes Schiff* n; *Übungsruderboot* n **4.** ⟨sl⟩ *Kanzel* f (*bes der Dissenters*) **5.** [attr & comp] ~-*thumper Kanzelpauker* m || ~-*thumping eifernd* **II.** vt/i [–bb–] || (*Kind*) *in e–r Wanne baden* || *in ein Faß* or *e–n Kübel tun* || ⟨sl⟩ (*jdm*) *Ruderunterricht geben* | vi ⟨fam⟩ *baden* **~bing** ['~iŋ] s ⟨min⟩ *Streckenzimmerung* f

tuba ['tju:bə] s [pl ~s] L ⟨mus⟩ *Baßtuba* f

tubal ['tju:bəl] g *Röhren–* || ⟨path⟩ *Eileiter–* (*pregnancy*)

tubby ['tʌbi] a *tonnenartig; Tonnen–* || ⟨fam⟩ *dickbäuchig* | ⟨mus⟩ *dumpf* or *hohl klingend*

tube [tju:b] **1.** s *Röhre* f (glass ~); *Rohr* n; *torpedo* ~ *Ausstoßrohr* n || ⟨cycl⟩ *Schlauch* m || ⟨anat, zoo & bot⟩ *Röhre* f, *Kanal* m || (*Blech-*)*Tube* f (*f Farben*) || *Röhrleitung* f (*f Pakete*) | *the* ᵥ⟨ (*Londoner*) *elektr. Untergrundbahn* f (by ᵥ⟨ *mit der U.*) | [attr] *Röhren–; Rohr–* (~-*living worm* ⟨zoo⟩ → *tubiculous*) || *Untergrunds–* (~-*lift*) **2.** vt *mit e–r Röhre* or *mit Röhren versehen* || *in Tuben verpacken* **~less** ['~lis] a ⟨mot⟩ *schlauchlos* (*Luftreifen*) (⟨Am a⟩ ~-*tire type*)

tuber ['tju:bə] s ⟨bot⟩ *Knollen* m, *Knolle* f || ⟨anat⟩ *Knoten* m, *Schwellung* f || ~-*worm* ⟨ent⟩ *Kartoffelmotte* f **~cle** ['tju:bə:kl] s ⟨anat⟩ *kl Knoten* m, *Schwellung* f || ⟨path⟩ *Tub·erkel* f || ⟨bot⟩ *kl Knolle* f **~cular** [tju'bə:kjulə] a *höckerig, knotig, warzig* | *Tub·erkel–; tuberku·l·ös* **~cularize** [tju'bə:kjuləraiz] vt (*jdm*) *ein Tuberkelpräparat* n *einimpfen* **~culosis** [tju,bə:-kju'lousis] s ⟨med⟩ *Tuberkul·ose* f **~culous** [tju'bə:kjuləs] a *mit Tuberkeln behaftet; Tuberkel–; tuberkulös*

tuberose ['tju:bərous, –rouz] s ⟨bot⟩ *Tuberose, Nachthyazinthe* f

tuberose ['tjubərous], **–rous** ['tjubərəs] a *höckerig, knotig, knollig* || ⟨anat⟩ *mit Schwellungen behaftet* **–rosity** [,tju:bə'rɔsiti] s ⟨anat & zoo⟩ *Knoten* m, *Schwellung* f

tubiculous [tju:'bikjuləs] a ⟨zoo⟩ ~ *worm Röhrenwurm* m

tubing ['tju:biŋ] s *Röhrenanlage; Rohrleitung* f || *Röhrenmaterial* n || [koll] *Röhren* f pl, *Reihe* f *v Röhren* | *Stück* n *Röhre; India rubber* ~ *Gummischlauch* m

tubular ['tju:bjulə] a *röhrenförmig, Röhren–* || *aus Röhren bestehend;* ~ *boiler* ⟨tech⟩ *Heizrohr–, Röhrenkessel* m || ~ *fold* ⟨arts⟩ *Röhrenfalte* f || ~ *furniture Stahl(rohr)möbel* n pl

tubule ['tju:bju:l] s *Röhrchen* n

tuck [tʌk] **I.** vt/i **A.** vt **1.** (*Stoff*) *in Falten legen;* (*Falte*) *einschlagen;* (*Saum*) *umlegen, –nähen* **2.** *dicht zus–pferchen; stecken; klemmen;* (*weg*)*stecken* (into *in*) | (*Beine*) *zus–ziehen, –legen* **3.** [mit adv] to ~ **away** *verstecken, –bergen; unterbringen, verstauen* (in *in*); to be ~ed *away* ⟨übtr⟩ *versteckt liegen* (in *in*) | to ~

in ⟨fam⟩ *verschlingen, –drücken* || *einnähen* | to ~ **up** *zus–drängen* || *aufschürzen, –stecken, –stülpen;* to ~ *up one's sleeves die Ärmel hochstreifen, aufkrempeln;* to ~ *up o.s. in bed sich im Bett fest einwickeln, –packen* **B.** vi *Falten legen* || *sich zus–ziehen* | ⟨fam⟩ to ~ *in tüchtig zugreifen, essen* **C.** [in comp] → ~ s **5.** (~-in, ~-out) **II.** s **1.** (*Quer-*)*Falte* f, to make a ~ *in e–e F. legen in; Saum, Umschlag* m (*am Kleid*) **2.** ⟨mar⟩ *Gilling* f (*nach innen gewölbter Teil des Hinterschiffs*) **3.** ⟨sl⟩ *köstliches Mahl* n || *Backwerk* n, *Süßigkeiten* f pl **4.** ⟨Am sl⟩ °*Murr* m (*Energie* f, *Leben* n) **5.** [attr & comp] ~-in, ~-out ⟨fam⟩ *Schmauserei* f | ~-shop ⟨sl⟩ *Bäckerei* f, *Schokoladengeschäft* n | ⟨weav⟩ ~-loop, ~-stitch *Fangmasche* f; ~ *pattern Preßmuster* n; ~ *press Musterpresse* f; ~-rib *fabric Fangware* f | ~-er ['~ə] **1.** s ⟨hist⟩ *Brust–, Halsstreifen* m || *Hemdchen* n | → *bib* s | (*an Nähmaschine*) *Faltenleger* m **2.** vt ⟨Am fam⟩ *ermüden, erschöpfen,* °*auspumpen* **~ing** ['~iŋ] s ⟨weav⟩ *Fangmuster* n

tucket ['tʌkit] s *Trompetenstoß* m, *Fanfarensignal* n

Tudor ['tju:də] a *Tudor–* (*Zeit v* Henry VII *bis* Elizabeth I); ~-*arch Tudorbogen* m (*englischer* [*gedrückter*] *Spitzbogen*) || ~-*style* ⟨arch⟩ *spätgotischer Baustil* m

tudor ['tju:də] s ⟨mot⟩ *zweitürige Limousine* f, *Tudor* m

Tuesday ['tju:zdi] s *Dienstag* m (on ~ *am D.*); on ~(s) *dienstags;* ~ *evening Dienstagabend;* ~ *morning –morgen*

tufa ['tju:fə] s It ⟨minr⟩ *Kalktuff* m (*poröse kalkige Ablagerung*) **~ceous** [tju:'feiʃəs] a *Tufa–*

tuff [tʌf] s ⟨geol⟩ *Tuff* m (*Gestein aus vulkan. Asche*)

tuft [tʌft] **1.** s *Büschel* m n (a ~ *of hair ein B. Haare*); *Busch, Schopf* m | *Knebelbart* m | *kl Baum–* or *Buschgruppe* f | *Troddel* f (*e–r Mütze*), *Quaste* f; ⟨univ sl⟩ *Student* m *aus Adelsfamilie* (*urspr mit goldener Troddel an der Mütze*) | [attr] ~-*hunter Schmarotzer, Streber* m || ~-*hunting Streber–, Schmarotzertum* n **2.** vt/i || *mit Büscheln* or *Troddeln versehen* || (*Matratzen* etc) (*durch*)*heften u garnieren* || (*Hirsch*) *jagen* | vi *Büschel bilden* || ⟨hunt⟩ *den Hirsch jagen* | ~ed ['~id] a *mit e–m Büschel* or *Schopf versehen, büschelig* || ⟨orn⟩ *Hauben–;* ~ *lark* ⟨orn⟩ *Haubenlerche* f | ~y ['~i] a *büschelig, in Büscheln wachsend*

tug [tʌg] **1.** vt/i [–gg–] || *heftig ziehen, reißen, zerren* || ⟨mar⟩ *schleppen;* to ~ *away wegziehen* | vi *heftig ziehen, zerren* (at *an*); to ~ *at a p jdn zausen* || ⟨fig⟩ *sich placken, sich mühen; sich hinschleppen* **2.** s *heftiger Zug, Ruck* m; *Ziehen, Zerren* n, to give a ~ *at heftig ziehen an* | *Anstrengung* f, *erbitterter Kampf* m (for *um*); ~ *of war* ⟨sport & fig⟩ *Tauziehen* n || ⟨übtr⟩ *wogender Kampf* m (for *um*) | (a ~-*boat*) *Schleppdampfer, Schlepper* m || ⟨aero⟩ (for glider) *Schleppflugzeug* n, *Schlepper* m

tuition [tju'iʃən] s *Unterricht* m, *Belehrung* f **~al** [~l], **~ary** [~əri] a *Unterrichts–*

tula ['tu:lə] s *T·ula, Ni·ello* n (*Schmelzverzierung*)

tularemia [tu(:)lə'ri:miə] s ⟨vet⟩ (= *rabbit fever*) *Tularäm·ie* f

tulip ['tju:lip] s ⟨bot⟩ (*Garten-*)*Tulpe* f | ~ *tree Tulpenbaum* m; *Magn·olie* f || ~-*type tulpenförmig* (*valve*) || ~-*wood Tulpenholz* n

tulle [tju:l] s Fr *Tüll* m

tulwar ['tʌlwə] s Ind *indischer Säbel* m

tumble ['tʌmbl] **I.** vi/t **A.** vi **1.** *heftig fallen,* to ~ *over a th stolpern, fallen über etw;* to ~ *over each other sich überschlagen* || (of lover) *fallen gelassen w* **2.** *Purzelbaum schlagen, springen* **3.** *sich wälzen, sich herumwerfen* (*im Bett*)

4. *blindlings eilen, stürzen* (into *in*); *purzeln* (to ~ into a war *in e–n Krieg hineinschlittern*); to ~ on a p *auf jdn stoßen* ‖ to ~ to a th ⟨sl⟩ *etw begreifen, erfassen* **5.** [*mit* adv] to ~ down *niederfallen; hinunterstürzen* ‖ to ~ in *einstürzen* ‖ ⟨fam⟩ *z Bett gehen* ‖ .. over *um–, niederfallen* **B.** vt (*jdn*) *z Fall bringen, um–, niederwerfen;* (*jdn*) *werfen, schleudern* (out of *aus;* over *über*) ‖ *in Unordnung bringen, zerknüllen* | to ~ in (*Holz*) *einfassen, –fügen* **II.** s *Fall, Sturz* m; to get, have a ~ *fallen* ‖ *schweres Schwanken* n (*e–s Schiffs*) ‖ *Purzelbaum; Salto* m | *Unordnung* f (to be in a ~ *in U. s*) ‖ *Gewirr, Durcheinander* n; rough and ~ *rauher Kampf* m | ~-down [a] *baufällig*

tumbler [ˈtʌmblə] s **1.** (*Spring-*)*Akrobat* m | *Flug–, Purzeltaube* f, *Tümmler* m **2.** (*fuß–, henkelloses Trink-*)*Glas* n, *Becher* m (*vgl* dtsch. *Tümmler*) **3.** ⟨tech⟩ *Nuß* f (*am Gewehrschloß*), *Zuhaltung* f (*e–s Türschlosses*); ~ spring *–sfeder* ‖ ~ switch ⟨el⟩ *Kipp*(*schalt*)*er* m ‖ ~s [pl] *Halde* f ~ful [~ful] s *ein Glasvoll* n (two ~s of water)

tumbling [ˈtʌmbliŋ] s [attr] ~ barrel, ~-box *zylindrisches, rotierendes Gefäß, Faß* n (*z Reinigen v Metall*)

tumbrel [ˈtʌmbrəl], **–ril** [–ril] s *Schutt–, Dungkarren* m ‖ ⟨mil⟩ *Munitionswagen* m

tumefacient [ˌtjuːmiˈfæsiənt] a *an–, aufschwellend* **–faction** [ˌtjuːmiˈfækʃ∫ən] s *Anschwellung, Geschwulst* f **–fy** [ˈtjuːmifai] vt/i ‖ *z Anschwellen bringen, anschwellen l* ‖ vi *an–, aufschwellen* **–scence** [tjuːˈmesns] s *Anschwellen* n; *Schwellung* f **–scent** [tjuːˈmesnt] a *leicht anschwellend* or *an–, aufgeschwollen* ⟨a übtr⟩

tumid [ˈtjuːmid] a (~ly adv) *geschwollen* ‖ *hervorstehend, ausgebaucht* ‖ ⟨fig⟩ *schwülstig, hochtrabend* ~ity [tjuːˈmiditi] s *Geschwollenheit* f ‖ ⟨fig⟩ *Schwülstigkeit* f

tummals [ˈtʌmɔlz] s [pl] ⟨min⟩ *Halde* f

tummy [ˈtʌmi] s ⟨fam⟩ *Bäuchl* n (*Magen* m)

tumour, ⟨Am⟩ **tumor** [ˈtjuːmə] s ⟨med⟩ *T·umor* m, *Geschwulst* f

tump [tʌmp] s ⟨dial⟩ *kl Hügel* m ‖ ⟨sl⟩ °*Quatsch* m (*Unsinn*)

tumtum [ˈtʌmtʌm] s ⟨fam⟩ *Bäuchi* n (*Magen* m)

tum-tum [ˈtʌmtʌm] s ⟨Ind⟩ *vierrädriger Wagen* m

tumular [ˈtjuːmjulə], ~y [~ri] a *hügelig,* (*Grab-*)*Hügel–*

tumult [ˈtjuːmʌlt] s *Tumult, Lärm; Auflauf, –ruhr* m ‖ ⟨fig⟩ *innere Erregung* f ~uary [tjuːˈmʌltjuəri] a (–rily adv) *undiszipliniert, irregulär* (troops) ‖ *verwirrt, unordentlich, verworren, übereilt* ‖ *tumultu·arisch, wild, aufrührerisch* ~uous [tjuːˈmʌltjuəs] a (~ly adv) *unordentlich, ungestüm, lärmend* (meeting); *heftig, stürmisch* (feelings) ~uousness [tjuːˈmʌltjuəsnis] s *unruhiger Zustand* m, *aufrührerisches, stürmisches Wesen* n

tumulus [ˈtjuːmjuləs] s L (pl –li [–lai]) ⟨praeh⟩ *alter Toten–, Grabhügel* m, *Hügelgrab* n

tun [tʌn] **1.** s *Tonne* f, *Faß* n | *Tonne* f (*altes Flussigkeitsmaß* ∫ *Wein* = 252 gallons = 1144,983 l) | ~-bellied *dickbäuchig* **2.** vt *in Tonnen, auf Fässer füllen*

tuna [ˈtjuːnə] s ⟨ich⟩ gr *Thunfisch* m

tunable [ˈtjuːnəbl] a (–bly adv) *wohlklingend, klangvoll, melodisch*

Tunbridge [ˈtʌnbridʒ] s (*kz* f ~ Wells, *Stadt in* Kent) [attr] ~ work *Holzmosaikarbeit* f *aus* ~ Wells

tundra [ˈtʌndrə] s *Tundra* f (*Sumpfebene der Polargegend*)

tune [tjuːn] **I.** s **1.** ⟨mus⟩ *Weise, Melodie* f, a catchy ~ *e–e leicht z behaltende M.*; to the ~ of *nach der M. v*; give us a ~ *sing uns etwas vor* ‖ *Hymne* f, *Kirchenlied* n **2.** *richtiges Gestimmt-*

sein n, *Harmonie* f, to be in ~ *richtig gestimmt* s, not in ~ *verstimmt* s; to sing in ~ *richtig* (*rein*), out of ~ *schlecht, falsch, unrein singen* | ⟨aero⟩ in ~ *startbereit* **3.** ⟨fig⟩ *Stimmung* f, *Einklang* m; to be in ~ with *im E. stehen mit;* out of ~ with *in Zwietracht mit;* to call the ~ *den Ton anschlagen, –geben;* to sing another ~, to change one's ~ *e–n anderen Ton* (*in Unterhaltung*) *anschlagen* | to the ~ of *in der Höhe v; v sage u schreibe* (£ 50); to every ~ *nach Strich u Faden* **II.** vt/i **A.** vt **1.** ⟨mus⟩ (*Instrument*) *stimmen, abstimmen* (to *auf*) ‖ ⟨wir⟩ (*Apparat*) *abstimmen, einstellen* (to *auf*); to be ~d to *gestimmt s auf* ‖ ~d circuit ⟨wir⟩ *Abstimmkreis* m | ⟨übtr⟩ (*Ton*) *anpassen* (to *an*); *modulieren, färben* **2.** ⟨fig⟩ (*jdn*) in *e–n best. Zustand bringen, versetzen* (to a mood in *e–e Stimmung*); *anpassen an, bearbeiten* ‖ ~d ⟨fam *bes* Am⟩ „*fertig*" (*betrunken*) **3.** [*mit* adv] to ~ down ⟨wir⟩ *auf Zimmerlautstärke stellen, leiser einstellen* ‖ to ~ in ⟨wir⟩ (*Apparat*) *einstellen, abstimmen* (to *auf*) ‖ to ~ out ⟨wir⟩ *auskoppeln, –schalten* | you are ~d to *hier* (*spricht der Sender*) .. ‖ to ~ up (*Instrument*) *höher stimmen;* ⟨übtr⟩ *hinaufschrauben, Leistung* f (*e–r Maschine* etc) *erhöhen;* ⟨aero⟩ (*Maschine*) *startbereit* m **B.** vi **1.** *tönen, klingen* **2.** to ~ in ⟨wir⟩ *den Apparat abstimmen, einstellen* (to *auf*); *Radio* n *hören; Sendeapparat* m *einschalten, –stellen; übertragen; im Radio mithören* | to ~ up (of orchestra) *stimmen* ‖ *z singen beginnen, anstimmen* ~ful [ˈ~ful] a (~ly adv) *melodienreich; klangvoll; wohlklingend, melodisch, harmonisch* ‖ *musikalisch* ~fulness [ˈ~fulnis] s *Wohlklang* m ~less [ˈ~lis] a *unmelodisch, –musikalisch* ‖ *klanglos, stumm*

tuner [ˈtjuːnə] s (*Instrumenten-*)*Stimmer* m (piano ~) ‖ *Stimmapparat* m (*e–r Orgel*) ⟨wir⟩ *Abstimmvorrichtung, –spule* f

tungsten [ˈtʌŋstən] s ⟨chem⟩ *Wolfram* n (*Grundstoff*) **–stic** [ˈtʌŋstik] a *Wolfram–, ~ acid –säure* f **–stous** [ˈtʌŋstəs] a *Wolfram–*

Tungus [ˈtuŋgəs] s [pl ~, ~es] *Tung·use, Angehöriger der Tung·usen* (*mongol. Völkergruppe*); [koll] *Tungusen* pl

tunic [ˈtjuːnik] s ⟨ant hist⟩ *T·unika* f ‖ ⟨engl mil⟩ *Waffenrock* m ‖ (*Frauen-*)*Überkleid* n | ⟨anat, zoo & bot⟩ (*a tunica*) *hautartiges Gewebe, Häutchen* n | ~ shirt (*Herren-*)*Sporthemd* n *mit weichem Kragen* ~ata [ˌtjuːniˈkeitə] s L ⟨zoo⟩ *Tunik·aten* pl (*Manteltiere*) ~ate [ˈtjuːnikeit] **1.** a ⟨zoo⟩ *Mantel–;* ⟨bot⟩ *häutig* **2.** s ⟨zoo⟩ *Manteltier* n

tunicle [ˈtjuːnikl] s ⟨ec⟩ *Meßobergewand* n *des Subdiakons*

tuning [ˈtjuːniŋ] s ⟨mus⟩ *Stimmen* n; *Abstimmung* f ‖ sharp ~ ⟨wir⟩ *Feinabstimmung* f | [attr] *Abstimmungs–, Abstimm–,* ~-apparatus ⟨wir⟩ *-vorrichtung* f; ~-coil *-spule* f ‖ *Stimm–,* ~-fork *–gabel* f, ~-hammer, ~-key ⟨mus⟩ *–hammer* m | ~ control ⟨wir⟩ *Frequenzeinstellung* f ‖ ~-in ⟨wir⟩ *Abstimmung, Einstellung* f

Tunisian [tjuːˈnizjən] a *Tunis–*

tunk [tʌŋk] s ⟨bes Am fam⟩ *Schlag* m („*mit dem Holzhammer*") *auf den Kopf*

tunnage [ˈtʌnidʒ] s *Weinzoll* m

tunnel [ˈtʌnl] **1.** s *T·unnel* m, *Unterführung* f; *unterirdischer Gang* m ‖ ⟨min⟩ *Stollen, Schachtgang* m | ~ kiln ⟨ceram⟩ *Tunnelofen* m **2.** vi/t ‖ *e–n Tunnel anlegen, sich e–n unterirdischen Weg bahnen* (into; through) | vt *tunnelförmig aus–* or *durchbohren;* to ~ a hill *e–n T. unter e–m Hügel anlegen* ~ling [ˈ~iŋ] s *Tunnelanlage* f, *–bau* m

tunny [ˈtʌni] s [pl ~] ⟨ich⟩ (a ~ fish) *Thunfisch* m (3 ~ *drei T–e*)

tuny [ˈtjuːni] a ⟨fam⟩ *melodisch, melodi·ös, melodienreich*

tup [tʌp] **1.** s ⟨zoo⟩ *Widder* m || ⟨tech⟩ *Hammerkopf* m; *Rammklotz, -bär, Hammerbär* m **2.** vt [-pp-] (of rams) *bespringen, -legen*

tuppence [ˈtʌpəns] ⟨fam⟩ = *twopence*

Turanian [tjuəˈreinjən] **1.** a *turanisch, uralaltaisch* **2.** s *Turanier* m

turban [ˈtəːbən] s *Turban* m || ⟨übtr hist⟩ *turbanartiger Kopfschmuck* m (*der Frauen des 18., 19. Jhs*) || *randloser Hut* m (*um 1850*)

turbary [ˈtəːbəri] s *das Recht* n, *Torf z stechen* (*auf fremdem Land*) || *Torfmoor* n

turbid [ˈtəːbid] a (~ly adv) (of liquids) *trübe, schlammig, dick* | ⟨übtr⟩ *dicht*; *wirr* (hair) || ⟨fig⟩ *verworren, unklar, verschwommen* || *unruhig* (sleep) **~ity** [təːˈbiditi], **~ness** [~nis] s *Trübung, Trübheit; Schlammigkeit* f || ⟨fig⟩ *Verworrenheit* f

turbinal [ˈtəːbinəl] **1.** ⟨anat, zoo⟩ *spiral-, muschelförmig* **2.** s *untere Nasenmuschel* f

turbinate [ˈtəːbinit] a *kreiselnd; kreiselförmig; Kreisel-* || ⟨anat⟩ *muschelförmig*

turbine [ˈtəːbin] s *Kreiselrad* n; ⟨tech⟩ *Turb·ine* f | [attr] *Turbinen-*; ~ *steamer –dampfer* m

turbit [ˈtəːbit] s *Art kl Haustaube* f

turbo– [ˈtəːbo] ⟨tech⟩ *Turbinen-* | ~**-blower** *Turbogebläse* n; ~**-(super)charger** *–lader* m; ~**-compressor** *–kompressor* m; ~**-jet** (engine) *Flugzeug* m *mit Strahltriebwerk* **~-jet** [~ˈdʒet] s *Strahlturbine* f | **~-liner** [~ˈlainə] s *Düsenverkehrsflugzeug* n **~-prop** [~ˈprɔp] *Propellerturbine* f || ~ *engine* (airliner) (*Flugzeug* n *mit*) *Gasturbinen-Propellertriebwerk* n, *Propellerturbinenmaschine* f

turbot [ˈtəːbət] s [pl ~] ⟨ich⟩ *Steinbutt* m

turbulence [ˈtəːbjuləns] s *Unruhe* f, *Ungestüm* n || *unruhiger Zustand* m; *Aufruhr; Sturm* m || ⟨meteor⟩ *Böigkeit* f || ⟨tech⟩ *Durchwirbelung* f; *Wirbelbildung* f || ~ *chamber Wirbelkammer* f **-lent** [ˈtəːbjulənt] a (~ly adv) *ungestüm, stürmisch* (passion) || ⟨meteor⟩ *böig* || *unruhig, stürmisch* (sea); *z Wirbeln neigend* || *aufrührerisch, unruhig*

Turco–, Turko– [ˈtəːko] [in comp] *türkisch-* || → *Turkoman* **~-phil(e)** [~fil] s *Türkenfreund* m **~-phobe** [~foub] s *–hasser* m

turd [təːd] s ⟨vulg⟩ (*Menschen-*)*Kot* m, °*Scheiße* f

turdine [ˈtəːdain] a ⟨orn⟩ *Drossel–* (~ family)

tureen [təˈriːn; tjuˈr–] s *Terr·ine* f

turf [təːf] **1.** s [pl –rves, (*bes* Am) ~s] *Rasen* m || *Rasenstück* n; *–platz* m || *Grasnarbe* f || ⟨Ir⟩ *Torf* m (*z Brennen*) | the ~ *die Rennbahn* f; ⟨fig⟩ *der Rennsport, die Sportwelt*; *to be on the* ~ *Rennsport* m *treiben* | [attr] ~**-cutter** ⟨Ir⟩ *Torfstecher* m || ~**-man** = *–ite* **2.** vt *mit Rasen* m *bedecken* **~-ite** [~ait] s ⟨fam⟩ *Rennsportler, –reiter; Rennplatzbesucher* m **~-less** [ˈ~lis] a *nicht mit Rasen bedeckt; graslos* | **~-y** [ˈ~i] a *rasig, voll Rasen; Rasen–* | *torfartig, torfreich; Torf–* || *Rennsport–*

turgescence [təːˈdʒesns] s *An–, Aufschwellung* f || *Geschwulst* f || ⟨fig⟩ *Schwülstigkeit* f, *Schwulst* m **-scent** [təːˈdʒesnt] a *an–, aufschwellend* || ⟨fig⟩ *schwülstig*

turgid [ˈtəːdʒid] a (~ly adv) (*an*)*geschwollen* || ⟨fig⟩ *pomphaft, schwülstig* **-ity** [təːˈdʒiditi], **~ness** [~nis] s *Geschwollenheit* f, *–sein* n || ⟨fig⟩ *Schwülstigkeit* f, *Schwulst* m

turion [ˈtjuəriən] s ⟨bot⟩ *schuppiger Sproß, Sprößling* m; *Überwinterungsknospe* f

Turk [təːk] s *Türke* m; *Türkin* f || *The Grand od Great* ~ *der Großtürke, Sultan* m || *Young* ~s pl *Jungtürken* pl | ⟨fam⟩ *Wüterich* m (*young* ~ *Unband* m (*wilder, unbändiger Junge* m) | ~*'s-head* (*kugelförmiger Besen*) *Eule* f; ⟨hist⟩ *Lanzenstecher* m, *Phant·om* n, → *quintain*

Turkey [ˈtəːki] s *die Türkei*; ~ *in Asia die Asiatische Türkei,* ~ *in Europe die Europäische T.* | [attr] *türkisch* || ~**-carpet** *türkischer* (*Woll-*)*Teppich* m || ~ *corn Mais* m || ~ *red* ⟨chem⟩ *Türkischrot* n, *Krapp* m

turkey [ˈtəːki] s ⟨orn⟩ *Truthuhn* n, *–hahn* m || ⟨Am fam⟩ *talking* ~ *zur S gesprochen* || ⟨Am fam⟩ *Angsthase* m (*Feigling*) | ~**-bird** ⟨orn⟩ *Wendehals* m || ~**-cock** *Truthahn, Puter* m (as red as a ~ *puterrot*), → *to gobble*; ⟨fig⟩ *eingebildeter Mensch, Prahlhans* m || ~**-hen** *Truthenne* f

Turki [ˈtuəki] **1.** a *turktat·arisch* **2.** s *turktatarische* (*uralaltaische*) *Sprache or Rasse* f **Turkic** [ˈtuəkik] a = *Turki* a

Turkish [ˈtəːkiʃ] **1.** a *türkisch*; ~ *woman Türkin* f || ~ *bath türkisches Bad, Schwitzbad* n || ~ *delight türkisches Konfekt* n || ~ *towel Frottier*(*hand*)*tuch* n **2.** s *türkische Sprache* f

Turkoman, turco– [ˈtəːkəmɑːn] s [pl ~s] *Turkm·ene, Turkom·ane* m; ~s [pl] *Turktat·aren* pl

tumeric [ˈtəːmərik] s ⟨bot⟩ *Gelb–, Gilbwurz* f || *Turmerikwurzel, Kurkuma* f; *Kurkumagelb* n (*Farbstoff*); ~ *paper Kurkumapapier* n

turmoil [ˈtəːmɔil] s *Tumult, Aufruhr* m, *Unruhe* f (a state of ~)

turn [təːn] vt/i **I.** vt **1.** (*etw*) *um e–e Achse* f *drehen, wenden, herumdrehen*; *to* ~ *the key zuschließen* **2.** *drechseln, drehen* || (*rund*) *formen, gestalten*; (*Satz*) *runden*; ⟨übtr⟩ *kunstvoll herstellen, formen* (a well–~ed phrase) **3.** *die Lage* (*e–s Dinges*) *verändern; wenden*; *to* ~ *the other cheek* ⟨fig⟩ *um des Friedens willen etwas einstecken, dem Frieden dienen* || (*etw*) *im Geiste hin u her wenden, überlegen* (*to* ~ *in one's mind*) || *umbiegen*; *to* ~ *the enemy's flank* ⟨tact⟩ *die feindliche Flanke aufrollen, umfassen, umgehen*; *to* ~ *a p round one's little finger* ⟨fig⟩ *jdn um den Finger wickeln* | (*Messer*) *stumpfen, to* ~ *the edge of abstumpfen* | (*Blatt*) *umdrehen, to* ~ *the leaf* (of a book) *umblättern* || (*Land*) *umgraben* | (*Rock*) *wenden*; *to* ~ *a th inside out* (*outside in*) *das Innerste e–r S nach außen* (*das Äußerste nach innen*) *kehren*; *to* ~ *upside down* ⟨fig⟩ *auf den Kopf stellen* || *to* ~ *head over heels e–n Purzelbaum* m **4.** a. *Weg, Richtung* (*e–s Dinges, jds*) *ändern* | *abwenden, –wehren* | ⟨rail⟩ (*Weiche*) *stellen* | ⟨fig⟩ (*Gedanken*) *abbiegen*; (*Unterhaltung*) *ändern, wechseln* || (*herum*)*gehen or –fahren um* (*to* ~ *a corner*); *to* ~ *the corner* ⟨fig⟩ *Krisis glücklich überwinden, –stehen*; *to* ~ *a curve e–e Kurve fahren* || ⟨mil⟩ *umg·ehen* || *hinausgehen über, übersteigen, I am* ~ed (of) 60 *ich bin über* 60 (*Jahre*) **b.** ·*umdrehen*; (*Gesicht*) *wenden* || (*Blick* etc) *richten* (*to, on auf*); *to* ~ *a wandering eye about the room das Auge im Zimmer umherschweifen l*; (*Schritt*) *wenden, to* ~ *one's steps gehen* (*towards nach*) || → *back* s **c.** *lenken, führen; senden; treiben* (*into*); *befördern, werfen* (*into in*; *out of aus*) || (*Waren* etc) *umsetzen* **d.** ⟨übtr⟩ (*Gedanken*) *lenken, richten, konzentrieren* (*to auf*); (*Gefühl*) *richten* (*against*) || (*jdn*) *feindlich stimmen, aufreizen* (*against*) **e.** *anwenden, nutzbar* m (*to* f), *to* ~ (a th) *to one's profit*, (*etw*) *z s–m Besten wenden*; *to* ~ (a th) *to one's account sich* (*etw*) *zunutze* m, *mit Nutzen verwenden*; *to* ~ *one's hand to a th etw in Angriff* m *nehmen, beginnen, he can* ~ *his hand to anything er ist z allem z gebrauchen* **5.** a. *verändern, ändern; um–, verwandeln* (*water into wine Wasser in Wein*; *joy to bitterness Freude in Leid*) || *umändern* (*into*), *–tauschen*; *to* ~ *into money* (*etw*) *z Gelde* m || *to* ~ *into ridicule lächerlich* m **b.** [*mit adj*] *r·machen, to* ~ *a p sick jdn krank* m; ~ *loose* **c.** *übertragen, –setzen* (*into in*); (*Text*) *abändern* **d.** *verwirren, –drehen, to* ~ *a p's head jdm den Kopf verdrehen, .. a p's stomach jdm den Appetit* *verderben, Übelkeit bereiten* || (*Milch*) *sauer m, verderben* **6.** [*mit Subst. als Objekt*] → *back, balance, colour, car, hair, honest, scale, step, tail, turtle* **7.** [*mit adv*] to ~ **aside** *abwenden* | to ~ **away** *abwenden, (jdn) abweisen, crowds were* ~*ed away zahlreiche Leute fanden k–n Eintritt*; to ~ *away money* ⟨*theat*⟩ *die Tür schließen müssen* | (*jdn*) *entlassen; verabschieden* | to ~ **back** (*etw*) *umkehren; z Umkehr f veranlassen* | to ~ **down** *nach unten wenden, umbiegen, –legen* || *herunterklappen* (*Gashahn*) *klein stellen; (Licht) abschwächen* | (*Bett*) *aufdecken* || ⟨*fam*⟩ (*Trunk*) *hinunterkippen* || ⟨*Am sl*⟩ (*jdn*) *tadeln, abkanzeln* || (*etw*) *abwenden* | ⟨*Am*⟩ (*Anerbieten*) *ablehnen, –weisen; (jdm) e–n Korb geben; (etw) im Stich l* | to ~ **in** (*etw*) *nach innen biegen* || ⟨*agr*⟩ (*Unkraut*) *untergraben, verdecken* | (*Füße*) *nach innen, einwärts setzen* | to ~ **off** *entlassen; fortschicken* | *abwenden, –halten; ablenken* || (*Wasser*) *absperren, –stellen; (Licht) ausschalten, –machen;* ⟨*wir*⟩ (*Apparat*) *abstellen* || ⟨*sl*⟩ (*jdn*) (*auf*)*hängen* | (*leicht*) *erledigen; fertigstellen; (Entfernung) zurücklegen* | to ~ **on** (*Gashahn*) *an–, aufdrehen;* (*Wasser*) *anstellen; (Licht) einschalten, anmachen* | to ~ **the** *taps on* ⟨*fam*⟩ °*die Tränenschleusen öffnen* | to ~ **out** *hinauswerfen; vertreiben; (Vieh) auf die Weide treiben* | (*Füße*) *auswärts setzen* || (*jdn*) *entlassen* | (*Regierung*) *stürzen* || (*Tasche*) *umkehren; (Zimmer) ausräumen, leeren* || (*Licht*) *ausmachen* || ⟨*com*⟩ (*Waren*) *herstellen, liefern; (Kohlen) fördern; schnell produzieren; (Ertrag) erzielen; he* ~*ed his pupils out good citizens er schuf aus s–n Schülern gute Staatsbürger* || *ausrüsten, –statten* | to ~ **over** (*etw*) *umwenden, –drehen;* ~ *over! bitte wenden!* to ~ *over the pages die Seiten* (*e–s Buches*) *umschlagen, –blättern,* (*Buch*) *lesen;* to ~ *over some pages einige Seiten weiter umblättern;* → **3.** *u leaf* || *umwerfen; (Heu) wenden* || ⟨*fig*⟩ *im Geiste prüfen, überlegen* (to ~ *a th over in one's mind*) | (*etw*) *übertragen* (to *a p jdm*); *übergeben, ausliefern* (to *a p jdm*); ⟨*com*⟩ (*Geld* etc) *umsetzen* | to ~ **round** (*etw*) *umkehren, –drehen;* ⟨*fig*⟩ (*jdn*) *bekehren* | to ~ **up** *nach oben wenden. richten.* .. *up one's nose at die Nase rümpfen über, verachten* || *aufstülpen* || *short* ~*ed-up features Mopsgesicht n* || (*Hose*) *auf–, umschlagen; (Kleid) aufstecken* || ⟨*for, agr*⟩ (*Boden*) *stürzen* || (*Karten*) *aufdecken* || *ausgraben, ans Licht bringen* || (*jdn*) ·*überlegen, übers Knie legen* || (*Wort*) *nachschlagen* || (*Gashahn*) *weiter aufdrehen* || ⟨*sl*⟩ (*Arbeit*) *aufgeben, hinschmeißen* || (*jdm*) *Übelkeit bereiten* (*the sight* ~*ed him up*) **II. vi 1.** *sich um die Achse drehen, sich herumdrehen;* ⟨*pol*⟩ ~ *o: double umschwenken, –drehen, sich um 180° wenden* || to ~ *on, upon a th* ⟨*fig*⟩ *abhängen v, sich drehen um etw; etw z Gegenstand h, handeln v etw* **2.** *drechseln; sich drehen l* **3. a.** *sich richten; sich begeben* (*into in*); *sich wenden* (to *nach*); *to the left nach links*); *east östlich);* to ~ *right* (*left*) ⟨*bes mot*⟩ *rechts* (*links*) *einbiegen; sich umdrehen* (*in bed*); to ~ *out of bed aufstehen* || (*of ways*) *abbiegen; sich abzweigen* **b.** *in entgegengesetzter Richtung gehen* || *sich umkehren, sich –drehen,* ~ *heel* (*auf dem Wege*) *umkehren* || *s–n Weg nehmen, gehen* (*out of aus*); *not to know which way to* ~ ⟨*fig*⟩ *nicht wissen, was tun* || (*of the tide*) *sich wenden; the tide has* ~*ed* ⟨*fig*⟩ *das Blatt hat sich gewendet* || *sich abwenden* (*from v*); *sich wenden* (*against, on a p gegen jdn*) **c.** to ~ *to a th sich wenden z etw; sich befassen mit etw; etw betrachten* || .. to *doing sich anschicken z tun* || to ~ *to a p sich richten, sich wenden an jdn* (*for um*), *sich Rat holen bei jdm* (*for wegen*), *s–e Zuflucht nehmen z jdm; jdn befragen* || *sich hinwenden or bekehren* (to *God*)

d. to ~ *on a p sich wenden gegen jdn; herfallen über jdn, angreifen* **4. a.** *sich verändern, sich verwandeln* (*into,* to *z*) || [*abs*] (*of the weather*) *umschlagen;* (*of wine*) *umschlagen* **b.** [*mit adj*] *the milk has* ~*ed sour die Milch ist sauer geworden;* to ~ *pale bleich w* **c.** [*mit Subst. ohne Art.*] to ~ *soldier Soldat w;* to ~ *Whig Whig w;* to ~ *traitor z Verräter w* **d.** (*of milk*) *sauer w, verderben* (*the milk has* ~*ed*) || (*of hair etc*) *grau w, sich verfärben* || (*of fruit*) *reif w* **e.** *verwirrt, gestört w, his head has* ~*ed* ⟨*fig*⟩ *ihm ist der Kopf verdreht* (*with v*); *my head* ~*s mir wird schwindlig; my stomach* ~*s mir wird übel* **5.** [*mit adv*] to ~ **about** *umkehren* | to ~ **aside** *sich abwenden; e–n neuen Weg einschlagen* | to ~ **away** *sich abwenden* (*from v*) | to ~ **back** *umkehren* (*from vor*); *zurückgehen, –kehren* | to ~ **down** *nach unten gehen; nach unten gebogen s* | to ~ **in** *hineingehen, eintreten* (*at a door durch e–e Tür*); ⟨*fam*⟩ *z Bett gehen* ⟨*fam & mar*⟩ *in die Koje gehen* || *sich einwärts wenden, einwärts gerichtet s* | to ~ **off** *sich seitwärts wenden; abbiegen* (*v Wege*); *sich abzweigen* || *schlecht w, verderben* | to ~ **out** *hinausgehen,* ~*rücken, –ziehen;* ⟨*mil*⟩ ~ *out, guard! Wache 'raus!* | *z Stelle s* || *fortgehen* | *sich auswärts wenden, auswärts gerichtet s* || *die Arbeit einstellen, in Streik treten* || *ausfallen, ablaufen* (to *a p f jdn*); *werden* (*it* ~*ed out fine; she has* ~*ed out a pretty girl*) || *sich gestalten z, sich erweisen als, he* ~*ed out* (to *be*) *his son er erwies sich als sein Sohn;* it ~*ed out that he had .. od he* ~*ed out to have had .. es stellte sich heraus, daß er .. hatte;* to ~ *out well e–n befriedigenden Ausgang nehmen* | to ~ **over** *sich umdrehen* (*in bed*) *umfallen, –schlagen, –kippen* | to ~ **round** *sich umdrehen* (to *nach*) || ⟨*mar*⟩ (*of ship*) *löschen u mit neuer Fracht weiterfahren* || ⟨*fig*⟩ *die Meinung* (etc) *ändern* | to ~ **to** *sich befleißigen, fleißig w* (*let us* ~ *to again*) | to ~ **up** *sich nach oben wenden, nach o. gerichtet s* || *erscheinen; plötzlich auftauchen, z Vorschein, ans Licht k; eintreten, geschehen;* to *wait for a th to* ~ *up sich abwartend verhalten* || *sich herausstellen als, werden* (to ~ *up rough*) **III.** [*in comp*] ~ *and bank indicator* ⟨*aero*⟩ *Wende–* (*u Querlagen-*)*Zeiger m* || ~*-around* → ~*-round* || ~*-bench Drehbank f* | ~*-bridge Drehbrücke f* | ~*-buckle* ⟨*tech*⟩ *Spannvorrichtung f, –schraube f, –wirbel m* | ~*-control* ⟨*aero*⟩ *Richtunggeber m* | ~*-down* [*a*] *Umlege–* (~*collar –kragen m,* ~ *boots Stulpenstiefel m pl*) || [*s*] *Abfuhr, –sage f* | ~*-in* [*s*] *Einfahrt f; Einsendung, Vorlage f; Rückgabe f* (*an ein Depot*); ⟨*aero*⟩ *Einkurven n;* ~*-in slip Rückgabeschein* | ~*-indicator gyro* ⟨*aero*⟩ *Wendezeigerkreisel m* | ~*-out* [*s*] **1.** *Zum-Vorschein-Kommen n* | *Versammlung f; Besucher, Zuschauer m pl; Beteiligung, Teilnahme f* (*an e–r Versammlung:* a *big* ~*-out*); *Ertrag m* **2.** *Arbeitseinstellung f, Ausstand m* **3.** *Ausstattung f; Art der Ausrüstung, Zuschnitt m* || *Gespann n* || *Gesamtproduktion f* || ⟨*rail*⟩ *Weiche, Ausweichstelle f* | *Ausfahrt f;* *indicator board at* ~*-out* ⟨*mot*⟩ *Wegweiser m an Anschlußstelle* | → *turnover* | ~*-round* ⟨*rail, mar,* etc⟩ *Umlauf*(*szeit f*) *m, Gesamt-Hin- u Rückfahrtzeit f* (*mit Be– u Entladen*); *Ent– u Beladen n* | ~*-screw Schraubenzieher m* | ~*-switch* ⟨*el*⟩ *Drehschalter m* | ~*-table* ⟨*rail* etc⟩ *Drehscheibe f;* ⟨*wir*⟩ *Plattenspieler m; mobile* ~*-t. ladder Kraftfahrdrehleiter f, Leiterfahrzeug n* | ~*-up* (*of trousers*) *Umschlag m* || ⟨*fam*⟩ *Tumult, Aufruhr, Streit m*

turn [tə:n] **s 1.** *Drehung, Umdrehung f; done to a* ~ *tadellos gekocht* (*gebraten*); *right* (*left*) ~ *rechtsum* (*linksum*); *right about* ~ *od right* ~ *about rechtsum kehrt* || ⟨*aero*⟩ (*Kehrt-*)*Wendung f* || *drehende Bewegung f* (*of the wrist mit dem ..*);

in a ~ of the hand *im Handumdrehen* n ||
⟨mus⟩ *Doppelschlag* m **2.** *Biegung, Windung*
⟨*a* fig⟩; *Krümmung* f; (of a rope) *Windung* f
3. *Richtungsänderung, umgekehrte Richtung* f;
Haken(schlagen n) m (*des Hasen*) (*über* 90°,
→ wrench); *Veränderung* f, *Wechsel* m; ⟨fig⟩
Wendung, Krisis f, *Wendepunkt* m, *Wende* f
(at the ~ of the 18. c.); the ~ of the century
die Jahrhundertwende f || to be on the ~ *sich
wenden, umschlagen*; the butter is on the ~
.. ist stark (= *beinahe ranzig*); out of ~ ⟨tech⟩
außer Betrieb || to take a bad ~ *e–e Wendung* f
z Schlechten nehmen; to take a ~ for the better
(worse) *sich z Bessern (Schlechtern) wenden*
|| ⟨com⟩ *Umschlag* m (of the market) **4.** *kurzer
Gang, Spaziergang* m; to take a ~ *e–n S.* m
5. a. *vorübergehende Beschäftigung* f; to take a
~ at *sich versuchen an, sich kurze Zeit befassen
mit* **b.** *Gefälligkeit* f, *Dienst* m, to do a p a ~
jdm e–n D. erweisen; one good ~ deserves
another *e–e Liebe ist der andern wert* **6. a.**
Wechsel m, the ~ of the tide *Wechsel der Gezeiten*; ⟨fig⟩ *Wendung* f *der Lage, Umschlag* m,
the tide is on the ~ *die Gezeit wechselt* **b.** *regelmäß. Abwechslung* f *bei Ausübung e–r Pflicht,
e–s Rechtes*; *T·urnus* m, *Reihenfolge* f, (*Arbeits-*)
Schicht f || *Gelegenheit* f (for *z, f*) | at every ~
bei jeder Gelegenheit, auf allen Seiten, ständig;
by ~s, by ~ and ~ about *nach–e–a, abwech-
selnd*; in ~, in ~s *der Reihe nach* || he became
in his ~ *.. er wurde, als s–e Gelegenheit kam*,
.. || in his *od* its ~ *s–rseits, in her ~ ihrerseits*
|| it is my ~ *ich bin an der Reihe*, it was my ~
to say *es blieb mir nichts weiter übrig als z sagen*;
your ~ will come later *du wirst später an die R.
k*; it came to the ~ of the Puritans *die Puri-
taner kamen an die R.* || to take one's ~ *an die
R. k*; to take ~s *sich abwechseln* (we shall take
~s) **7.** (*Varieté-*)*Nummer* f **8.** *Zweck* m (to
serve a p's ~) **9.** ⟨übtr⟩ *herrschende Richtung,
Eignung, Neigung* f, *Talent* n (for *zu, für*) | ⟨fig⟩
besondere Richtung, Form, Gestalt f; *Beschaffenheit, Art, Stilart* f; *Zuschnitt* m; ~ of mind
geistiger Z., Denkweise f **10.** *Nervenschock,
Schreck* m (it gave me a ~ *es erschreckte mich*)

turnabout ['tə:nə'baut] s *Kehrtwendung* f,
Kehrt n || ⟨pol⟩ *100%iger Kurswechsel* m
| [attr] *beiderseitig tragbar* (raincoat)

turnapull ['tə:nəpul] s ⟨mot⟩ *Einachsschlep-
per* m

turnback ['tə:nbæk] s *Ausreißer* m (*Feigling*)
turncoat ['tə:nkout] s *Überläufer, Abtrünniger, Achselträger* m

turned [tə:nd] a *gedreht, gedrechselt* || ~-
down *Umlege–* (~-~ collar) || ~-up nose
Stülpnase f

turner ['tə:nə] s *Dreher, Drechsler* m || *Töpfer;
Schleifer* m | ~y [~ri] s *Drechseln* n || *Drechs-
lerarbeit* f || *Drechslerei* f

turning ['tə:niŋ] **1.** s *Drehen* n; *Drechseln* n
Drehung, Wendung f; *Biegung, Krümmung,
Windung* f || *Abweichung* f || *Querstraße* f; take
the second ~ to the left *gehen Sie die zweite
Straße links* || (*Straßen-*)*Ecke* f (at the next ~)
2. [attr] *Schwenk–* (arm) || *Dreh–*; ~-door
–*tür* f || ~-lathe, ~ machine –*bank* f || ~
circle ⟨mot⟩ *Wendekreis* m || ~ combat ⟨aero⟩
Kurvenkampf m || ~ movement ⟨tact⟩ *Umfas-
sungs–, Umgehungsbewegung* f || ~-point ⟨fig⟩
Wendepunkt m; to mark a ~-point *e–n W. be-
zeichnen* (in) || ⟨aero & racing⟩ *Wendemarke* f

turnip ['tə:nip] s ⟨hort⟩ (*weiße*) *Rübe* f | ⟨sl⟩
„*Käs*" m (*plumpe silberne Taschenuhr*) | ~-tops
pl *Rübenkraut* n, –*blätter* n pl

turn– || ~key ['tə:nki:] s *Schließer, Gefange-
nenwärter* m ~over ['tə:n‿ouvə] s *Um–, Ver-
änderung; Umgruppierung, Verschiebung* f ||
⟨com⟩ *Umsatz* m (~ tax) || ⟨biochem⟩ *Wechsel*

m (*der roten Blutkörperchen*) || ⟨cul⟩ *Gebäck* n *mit
Füllung;* apple ~s *Apfeltaschen* f pl || ~ socks
[pl] *Sportstrümpfe* m pl ~**pike** ['tə:npaik] s
⟨hist⟩ *Zollschranke* f, *Schlagbaum* m | (*a* ~
road) *Straße mit Sch.*; *Landstraße, Chaussee* f;
⟨Am⟩ *Hauptverkehrsstraße* f = toll road
| ~-man ⟨hist⟩ *Chausseegeldeinnehmer* m || ~
toll *Autobahngebühr* f ~**sole** ['tə:nsoul] s ⟨bot⟩
Lackmuskraut n || *Sonnenblume, –wende* f
~**spit** ['tə:nspit] s *Bratspießdreher* m (*Hund* or
P) ~**stile** ['tə:nstail] s *Drehkreuz* n (*Sperrvor-
richtung auf Fußwegen*) ~**stone** ['tə:nstoun] s
⟨orn⟩ *Steinwälzer* m

turpentine ['tə:pəntain] s ⟨chem⟩ *Terpent·in* n
|| (*a* oil of ~) *Terpentinöl* n, –*spiritus* m | ~
tree ⟨bot⟩ *Terebinthe* f

turpeth ['tə:peθ] s ⟨bot⟩ (*Wurzel der*) *Jala-
penwinde* f || ~ mineral s ⟨chem⟩ *basisches
Merkurisulfat* n

turpitude ['tə:pitju:d] s *Schlechtigkeit; Schändlichkeit, Verworfenheit* f

turps [tə:ps] s (abbr *f* turpentine) *Terpentin-
öl* n

turquoise ['tə:kwɑ:z, –k(w)ɔiz] s ⟨minr⟩
Türk·is m || *Farbe des T.*

turret ['tʌrit] s *kl Turm* m, *Türmchen* n ||
⟨mar⟩ *Geschütz–; Panzerturm* m | [attr] ~ gun
Turmgeschütz n || ~ head ⟨tech⟩ *Revolverkopf*
m || ~ lathe ⟨tech⟩ *Revolverdrehbank* f | ~**ed**
[~id] a *mit Turm* or *Türmchen versehen*

turtle ['tə:tl] s ⟨zoo⟩ (*Wasser-*)*Schildkröte* f
|| to turn ~ ⟨mar⟩ (of ship) *kentern*, ⟨mot⟩
sich überschlagen | ~-shell *Schildpatt* n || ~-
soup ⟨cul⟩ *Schildkrötensuppe* f

turtle ['tə:tl] s ⟨orn⟩ (*mst* ~-dove) *Turtel-
taube* f ⟨*a* übtr⟩

Tuscan ['tʌskən] **1.** a *tosk·anisch* **2.** s *Tos-
k·aner(in* f) m || *das Toskanische* n

tush [tʌʃ] s (of horses) *Eckzahn* m | ⟨hunt⟩
~es [pl] (= 4 tusks) (*Schwarzwild-*)*Gewehre* n
pl, *Waffen* f pl, *Gewaff* n

tush [tʌʃ] **1.** † intj *pah!* **2.** † vi *spotten* ~**ery**
['~əri] s *archaisierende Affektiertheit* f

tusk [tʌsk] **1.** s *Fang–, Stoßzahn; Hauer* m
⟨*a* übtr⟩ **2.** vt *mit dem Hauer durchbohren* or
verwunden | ~**ed** [~t] a *mit Hauern versehen*
or *bewaffnet* | ~**er** ['~ə] s *Elefant* (or *Eber*) *mit
(ausgewachsenen) Stoßzähnen (Hauern)* m;
hauendes Schwein n, *Keiler* m, *grobe männl. Sau* f
| ~**y** ['~i] a ⟨poet⟩ = tusked

tussah ['tʌsə] s = tussore

tussive ['tʌsiv] a *Husten–*

tussle ['tʌsl] **1.** s *Kampf* m, *Rauferei* f, *Streit*
m; *hartes Ringen* n **2.** vi *kämpfen; sich balgen,
raufen* (with a p for a th *mit jdm um etw*) || ⟨fig⟩
ringen (with)

tussock ['tʌsək] s (*Gras–* etc) *Büschel* m || ~-
grass ⟨bot⟩ *Busch–, Tussockgras* n || ⟨ent⟩ pale
~ moth *Rotschwanz* m | ~**y** [~i] a *grasreich;
buschig*

tussore ['tʌsɔ:], **tusser** ['tʌsə], **tussah** ['tʌsə] s
(*a* ~ silk) *Tussahseide* f (*wilde Seide*) || ⟨zoo⟩
Tussahspinner m

tut [tʌt] s ⟨min⟩ *Akkord* m (upon ~ *auf A.*);
~-work –*arbeit* f

tut [tʌt] **1.** intj *pah! ach was!* ~ ~! *dummes
Zeug!* **2.** vi *spötteln*

tutee [tju·ti:] s ⟨*bes* Am⟩ *Schüler* m

tutelage ['tju:tilidʒ] s *Vormundschaft* f ||
neglect of ~ *Vernachlässigung* f *der Aufsichts-
pflicht* || ⟨fig⟩ *Schutz* m, *Leitung* f | *Unmündig-
keit* f

tutelar ['tju:tilə], ~**y** [~ri] a *Vormunds–;
Vormundschafts–; schützend, Schutz–*

tutor ['tju:tə] L **1.** s ⟨jur Scot⟩ *Vormund* m
| ⟨univ Oxf & Cambr⟩ *T·utor, Studienleiter* m
(*mst ein* fellow) || *Privat–, Hauslehrer* m ||
private ~ *Einpauker* m **2.** vt/i (*jdn*) *unterrich-*

ten (in *in*); *schulen, erziehen*; to ~ o.s. *sich erziehen* | vi *Tutor s* ~**ess** [~ris] s *weiblicher Tutor* f; *Privat–, Hauslehrerin, Erzieherin* f ~**ial** [tjuːˈtɔːriəl] **1.** a *Lehrer–* ‖ ⟨univ⟩ *Tutor–* **2.** s ⟨Oxf sl⟩ *Unterrichtskursus* m *e–s Tutors* ~**ship** [~ʃip] s *Amt* n, *Stelle* f *e–s Tutors* ‖ *Schutz* m

tutsan [ˈtʌtsən] s ⟨bot⟩ *Konradskraut* n

tutti [ˈtuti] It s ⟨mus⟩ *Einsetzen* n *aller Stimmen* (*des Orchesters, Chores*); [attr] (of soloists) *im Zus–spiel mit dem Orchester* (the ~ part)

tutti-frutti [ˈtutiˈfruti] s It ⟨cul⟩ *Tuttifr'utti* n

tutty [ˈtʌti] s *Ofenbruch, –galm'ei*; *Gichtschwamm* m (*Zinkoxyd*)

tutu [ˈtjutju] s *Ballettröckchen, –kleidchen* n

tu-whit [tuˈwit], **tu-whoo** [tuˈwuː] s *Schrei* m *der Eule*

tuxedo [tʌkˈsiːdou] s [pl ~s] ⟨Am⟩ *Smoking* m

tuyère [ˈtwiːjɛə] s ⟨met⟩ *Windform* f, *Eßeisen* n (*Lufteintrittsrohr in die Wand v Hochöfen*)

TV [ˈtiːˈviː] s → *Abkürzungen* ~**mobile** [~məbiːl] s ⟨bes Am mot fam⟩ *Fernseh–(übertragungs– or –aufnahme)wagen* m

Twaddell [ˈtwɔdl] s (*nach Erfinder*) *Art Hydrometer* n

twaddle [ˈtwɔdl] **1.** s *sinnloses Gewäsch, –schwätz* n; °*Quatsch, Unsinn* m **2.** vi *schwatzen, quatschen*

twain [twein] ⟨poet⟩ † **1.** a *zwei* ‖ [abs] in ~ *entzwei, in zwei Teile(n)* **2.** s *Paar* n

twang [twæŋ] **1.** s *heller, scharfer Ton* m, *Klingen, Schwirren* n ‖ (a nasal ~) *näselnder Ton* m, *näselnde Aussprache* f (American ~) **2.** vi/t *schwirren, scharf klingen*; ⟨fig⟩ *krächzen* | *fiedeln* (on a violin) ‖ *näseln* | vt *erklingen l*; (*Saiteninstrument*) *spielen* ‖ *näselnd äußern*

twang [twæŋ] s *Nach–, Beigeschmack* m ‖ ⟨fig⟩ *Beigeschmack, Anflug* m (of *v*)

twangle [ˈtwæŋgl] **1.** vi/t ⟨mus⟩ *klimpern* (on *auf*) | vt (*etw*) *klimpern* **2.** s *heller gellender Klang* m

'**twas** [twɔz; *w f* twəz] ⟨fam⟩ = it was

twayblade [ˈtweibleid] s ⟨bot⟩ *eiblättriges Zweiblatt* n

tweak [twiːk] **1.** vt *zerren, reißen*; *zwicken, kneifen* **2.** s *Zerren, Reißen*; *Kneifen* n | ~**er** [ˈ~ə] s *Zwille, °Zwacke* f (Y-*Schleuder*)

tweed [twiːd] s *Tweed* m (*feingemusterter Woll– u Halbwollstoff*) | ~**y** [ˈ~i] a *Tweed–*

tweedle [ˈtwiːdl] vi *fiedeln, dudeln, klimpern* ~**dum and** ~**dee** [ˈtwiːdlˈdʌmənˈtwiːdlˈdiː] s *Dideldum*! ‖ ⟨übtr⟩ *zwei P or S, die nur dem Namen nach verschieden sind*; *Hose wie Jacke* (to them it was all ~dum and ~dee)

'**tween** [twiːn] = between ‖ ~-decks [pl] *Zwischendeck* n

tweeny [ˈtwiːni] s ⟨fam⟩ (a ~ maid) *Aushilfs–, Hilfsdienstmädchen* n ‖ *Zigarillo* m

tweeter [ˈtwiːtə] s ⟨fam⟩ *Hochton-Lautsprecher* m, → woofer

tweezers [ˈtwiːzəz] s pl *Feder-Haarzange, Pinz'ette* f (a pair of ~ *e–e P*)

twelfth [twelfθ] **1.** a *zwölfte* ‖ ᵡ-Night *Dreikönigsabend* m; *–fest* n **2.** s *der, die, das Zwölfte* | *Zwölftel* n

twelve [twelv] **1.** a *zwölf* ‖ [abs] *12 Uhr* (it is ~) **2.** s *Zwölf* f ‖ *Zwölfzahl* f ‖ [pl ~s] *Satz* m *v 12* (*P or S*) (in ~s) ~**fold** [ˈtwelvfould] a & adv *zwölffach* ~**mo** [ˈ~mou] s (abbr 12mo) *Duod'ez* n, *–format* n ~**month** [ˈ~mʌnθ] s *Jahr* n, *–esfrist* f, this day ~ *heute in* or *vor e–m Jahre*

twentieth [ˈtwentiiθ] **1.** a *zwanzigste* **2.** s *der, die, das Zwanzigste* ‖ *Zwanzigstel* n

twenty [ˈtwenti] **1.** a *zwanzig* (~-two *zweiundzwanzig*) **2.** s *Zwanzig* f ‖ the twenties [pl] *die zwanziger Zahlen* (*20–29*) f pl; *die zwanziger*

Jahre n pl (*e–s Jahrhunderts* etc) ~**fold** [ˈtwentifould] a & adv *zwanzigfach*

'**twere** [twɛː; *w f* twə] ⟨fam⟩ = it were

twerp [twəːp] s ⟨sl⟩ *Doofmann* m, *Ekel* n (*P*)

twi–, twy– [twai] [in comp] *zwei–, Zwei–* ~**bill** [ˈ~bil] s *Breithacke* f; *Karst* m ‖ ⟨hist⟩ *Zwerchaxt* f

twice [twais] adv *zweimal* (~ 2 is four), ~ a year *zweimal im Jahre* ‖ to think ~ *sich zweimal überlegen*; *schwanken*; not to think ~ *about* doing *z tun vergessen*; *ohne Bedenken tun, nicht lange überlegen z tun* | *zweifach, doppelt*; ~ as much *zweimal soviel, das Doppelte*; ~ the *sum die doppelte Summe* f | ~-told *oft erzählt*; *alt, abgedroschen* | ~**r** [ˈtwaisə] s *jd, der zweimal sonntags z Kirche geht*_‖ ⟨mil & cul⟩ *jd, der e–n Nachschlag verlangt* ‖ ~s [pl] ⟨vulg⟩ *Zwillinge* pl

twiddle [ˈtwidl] **1.** vt/i **a.** vt (*müßig*) *herumdrehen*; *spielen mit* ‖ to ~ one's thumbs (*od* fingers) *die Daumen drehen*; ⟨fig⟩ *nichts tun, die Hände in den Schoß legen* | (*Tatsachen*) *verdrehen* **b.** vi *spielen* (with *mit*) ‖ *sich drehen*; *zittern* **2.** s *kl Drehung* f ‖ *Schnörkel* m

twig [twig] s *Zweig* m, *Rute* f; to hop the ~ ⟨sl⟩ *sterben* | ⟨dial⟩ *Wünschelrute* f ‖ ~s [pl] ⟨sl⟩ ×*Ripserle* n pl (*Streichhölzer*) ‖ a ~ and beries! ⟨hum⟩ „*Ei, ei'' sagte die Hebamme, u siehe, es war ein Knäblein* ~**gery** [ˈ~əri] s *Zweige* pl, *Zweigwerk* n ~**gy** [ˈ~i] a *zweigig, Zweig–*

twig [twig] vt/i [–gg–] ‖ *beobachten* ‖ *bemerken, sehen* ‖ ⟨fig⟩ *verstehen, begreifen*, °*kapieren* ‖ *bemerken* | vi *verstehen* (I don't ~)

twilight [ˈtwailait] **1.** s *Zwielicht* n; (*Abend-)Dämmerung* f (by ~ *in der D.*) ‖ ⟨fig⟩ *Schimmer* m, *Dämmerung* f, *Dunkel* n ‖ the ~ of the gods ⟨myth⟩ *Götterdämmerung* f **2.** a *dämmernd, schattenhaft, Dämmerungs–*; ~ sleep ⟨med⟩ *Dämmerschlaf* m (*Betäubung durch Morphium*)

twill [twil] **1.** s ⟨com⟩ *Köper* m **2.** vt *köpern*

'**twill** [twil] ⟨fam⟩ = it will

twin [twin] **1.** a *Zwillings–*, ~ birth *–geburt* f; ~ brother *–bruder* m, ~ sister *–schwester* f; ~ axis *–achse* f; ~ energy *–energie* f ‖ *doppelt; Doppel–*; ~ condenser *–kondensator* m; ~ island *–insel* f (e.g. New Zealand); ~ engined *aeroplane Zweimotorenflugzeug* n; ~-rotored *mit zwei Rotoren or Hubschrauben* ‖ ~ lens *reflex camera zweiäugige R.* f ‖ ~ machine gun *Zwillings-MG* n ‖ ~-screw *Doppelschraube* f; *Doppelschraubendampfer* m ‖ ~ tail ⟨aero⟩ *Doppelleitwerk* n ‖ ~ tires, ~ tyres [pl] *Doppel–, Zwillingsreifen* m ‖ ⟨bot⟩ *gepaart, in Paaren* | *eng zus–hängend, ähnelnd, nahe verwandt* ‖ ⟨fig⟩ *verwandt* (~ souls) ‖ ⟨Am⟩ ᵡ-Cities [pl] = St. Paul and Mineapolis ‖ ~-set ⟨tail⟩ (*Twin-)Set* n (*Pullover u Weste aus derselben Wolle*) **2.** s *Zwilling* m, ~s [pl] *Zwillinge* pl ‖ *Zwillingskristall* m ‖ the ᵡ-s ⟨astr⟩ *die Zwillinge* pl | ⟨fig⟩ *Gefährte* m ‖ *Gegenstück* n (of *z*) **3.** vt/i [–nn–] ‖ *eng verbinden* ‖ *z e–m Zwillingskristall vereinen* | *vi Zwillinge gebären* ~**ning** [ˈ~iŋ] s *Zwillingsbildung* f

twine [twain] **1.** s *starker Bindfaden, Strick* m ‖ *Schnur* f; *Zwirn* m | *Windung, Krümmung* f | *Geflecht* n, *Knoten* m **2.** vt/i [twining] *zwirnen, zus–drehen*; *weben*; (*Kränze*) *binden* | *flechten*; *verflechten*; ⟨fig⟩ *verweben, –flechten* | (*Finger*) *verschlingen, zus–legen* | (*Arme* etc) *schlingen* (round *um*) ‖ to ~ o.s. (of ideas) *sich schlingen* (round, about *um*) ‖ *umschl'ingen, –geben* (with) | vi *sich verflechten, sich vereinigen* ‖ ⟨bot⟩ *sich winden, –schlingen* (round *um*); *sich schlängeln* | ~**r** [ˈ~ə] s *Flechter, Weber* m | *Schlingpflanze* f

twinge [twindʒ] **1.** vt [–ging] *zwicken, kneifen, stechen*; a *–ging knee Stechen im Knie* **2.** s *Ste-*

chen n, *stechender Schmerz, Stich* m; a ~ of toothache *stechender Zahnschmerz* m ‖ ⟨fig⟩ *Stich*; a ~ of conscience *Gewissensbiß* m

twinkle ['twiŋkl] **1.** vi/t ‖ *blinken, blitzen, funkeln* (with *v*); *auflimmern* ‖ *sich schnell bewegen, hin u her huschen, flattern, zucken* ‖ † *zwinkern, blinzeln* ‖ vt *funkelnd aussenden* **2.** s *Funkeln, Blinken, Blitzen* n ‖ *Zwinkern, Blinzeln* n ‖ *Zucken, Flattern, Flackern* n ‖ in a ~, in the ~ of an eye ⟨fig⟩ *im Augenblick, im Nu, im Handumdrehen*

twinkling ['twiŋkliŋ] s *Funkeln, Blinken, Flimmern* n ‖ ⟨fig⟩ *Augenblick, Nu* m; in a ~, in the ~ of an eye *od* of a bedpost ⟨fig⟩ *im Augenblick, im Nu*

twirl [twə:l] **1.** vt/i ‖ *schnell drehen, wirbeln* ‖ (*Stock*) *schwingen* ‖ (*Bart*) *drehen, zwirbeln* ‖ vi *sich drehen* **2.** s *schnelle Umdrehung* f, *Wirbel* m ‖ *Schnörkel* m **~ing** ['~iŋ] s [attr] *Dreh–* ‖ ~ stick *Quirl* m

twirp [twə:p] s ⟨el⟩ *Ekel* n (*P*) → twerp

twist [twist] **I.** s **1.** *Gewebtes, Geflochtenes* n; (*Maschinen–*)*Garn* n; *Twist*; *Faden* m; *Schnur* f, *Strick* m; *Tau* n ‖ *Rolle Kautabak* f **2.** *Drehen* n, *Drehung* f, to give a ~ to a th *etw* (*um*)*drehen*; ⟨spin⟩ *Drall* m (*Anzahl der Drehungen auf e-e best. Fadenlänge*) ‖ *Wendung, Biegung* f; to give a ~ to a th *etw biegen* ‖ *Windung, Krümmung* f ‖ *spiralförmige Verzierung* f ⟨tech⟩ *Spirale* f, *spiralige Kurve* f; *Drall* m (*e-r Feuerwaffe*) ‖ ⟨sport⟩ *seitl. Bewegung* f, *Effet* n **3.** ⟨übtr⟩ *Wendung* f, *Dreh* m ‖ ⟨fig⟩ *Verdrehung, –zerrung* f ‖ ⟨fig⟩ *Verschlingung, Windung* (~s and turns); *Schlinge* f ‖ *Abweichung* f *vom Normalen* ‖ ⟨Am sl⟩ °,,*Langhaarige*" f (*Frau, Mädchen*) ‖ *abnorme Eigentümlichkeit* or *Neigung* f; *Unehrlichkeit* f **4.** [attr] ~ effect *Drallwirkung* f ‖ ~ grip ⟨mot⟩ *Drehgriff* m **II.** vt/i **A.** vt **1.** *drehen*; (*Seil*) *flechten*; *zwirnen*; (*Blumen*) *binden*; (*Kränze* etc) *winden*; ~ed pair cable *Doppelleitungskabel* n ‖ to ~ o.s. into ⟨fig⟩ *sich einschleichen in* ‖ (*etw*) *schlingen* (round *um*) ‖ ⟨übtr⟩ *verflechten, –wickeln* (with *mit*); to get ~ed *sich verwickeln* ‖ to ~ a p round one's little finger *jdn um den Finger wickeln* **2.** (*spiralisch*) *umdrehen* (to ~ a p's arm); *biegen, krümmen*; to ~ one's ankle *mit dem Fuß umknicken* **3.** (*Gesicht*) *verziehen*; *verdrehen, –zerren* ‖ ⟨fig⟩ (*Sinn*) *verdrehen*; *entstellen* **B.** vi *sich drehen* ‖ (of the face) *sich verziehen* ‖ (of rivers) *sich winden, sich schlängeln*; *sich umdrehen* (to ~ round); (of balls) *beim Aufspringen die Richtung ändern, aus urspr Richtung abspringen* ‖ ⟨fig⟩ *sich winden*; to ~ and turn *sich drehen u wenden; unaufrichtig sein* ‖ **~er** ['~ə] s **1.** *Dreher; Zwirner; Seiler, Seildreher* m ‖ ⟨Am meteor⟩ = tornado **2.** *jd, der sich dreht u wendet; Intrigant; Schwindler* m ‖ ⟨sl⟩ *Mordslüge* f **3.** *Zwirnmaschine* f ‖ ⟨ten⟩ *Schnittball* m **5.** ⟨fig⟩ *schwierige Aufgabe, harte Nuß* f; *verwirrende Lage* f; *Schreckschuß* m ‖ (in a play) *Verwickelung* f ‖ *gehörige Tracht* f *Prügel* **~ing** ['~iŋ] s [attr] *Zwirn–* (~ machine) ‖ ⟨theat⟩ *Schürzung* f *des Knotens* ‖ **~y** ['~i] a *sich windend*; ⟨fig⟩ *unzuverlässig*

twit [twit] vt (*jdn*) *höhnisch aufziehen* (with); *tadeln*; to ~ a p with a th *jdm etw vorwerfen*

twitch [twitʃ] **1.** vt/i ‖ *zupfen* (by the sleeve *am Ärmel*); *ruckend ziehen; zerren; reißen* (from *aus*; off *v*) ‖ *zwicken, kneifen* ‖ *krampfhaft zusammenziehen, hin u her bewegen; zucken mit* (to ~ one's eyelids) ‖ vi *zerren, ziehen* (at *an*) ‖ *sich krampfhaft bewegen or zusammenziehen; zucken* (with *vor*) **2.** s *Zupfen* n, *Ruck* m, *Zerren; Reißen* n ‖ *krampfhaftes Zucken* n ‖ *Zwicken, Kneifen* n; *Stechen* n; a ~ of toothache *stechender Zahnschmerz* m ‖ ⟨vet⟩ *Nasenbremse* f (*f Pferde*)

twitch [twitʃ] s = quitch

twite [twait] s ⟨orn⟩ *Berghänfling* m

twitter ['twitə] **1.** vi/t ‖ *zwitschern* ‖ ⟨fig⟩ *zirpen* ‖ (*P*) *piepsen* ‖ ⟨dial⟩ *aufgeregt s*; *zittern* ‖ vt (*etw*) *zwitschern* **2.** s *Zwitschern, Gezwitscher* n ‖ *Aufregung* f; *Zittern* n; in a ~ *zitternd*

twit-twat ['twitwɔt] s ⟨orn⟩ *Spatz, Haussperling* m

'twixt [twikst] prep ⟨fam⟩ = betwixt

two [tu:] **1.** a *zwei; beide* (the ~ gentlemen; his ~ sisters; → both) ‖ one or ~ (books) *einige, ein paar* (*Bücher*); ~ or three *ein oder zwei Bücher, einige Bücher* **2.** s [pl ~s] *Zwei* f; the ~ *die beiden; beide* (→ both); the ~ of us *wir beide*; by ~s, in ~s *z zweien* ‖ ~ and ~ *zwei u zwei, paarweise* ‖ to put ~ and ~ together → to put **I. F.** ‖ in ~ *entzwei* ‖ ~ can play at that game ⟨fig⟩ *so grob kann ich auch s*; *das kann ich* (or *ein an drer*) *auch* ‖ ~'s (= is) company *zwei* m *ein Paar* **3.** [in comp] *zwei–, zwie–; Zwei–* ‖ ~-axle vehicle *Zweiachser* m ‖ ~-bank radial (engine) ⟨aero⟩ *Doppelsternmotor* m ‖ ~-barrelled gun *Zwillingsgeschütz* n ‖ ~-cycle engine *Zweitaktmotor* m ‖ ~ days' *zweitägig* (debate) ‖ ~-decker ⟨bes Am⟩ *zweistöckiger Bus* m ‖ ~-edged *zweischneidig*; ⟨a fig⟩ ‖ ~-faced *doppelgesichtig*; ⟨fig⟩ *falsch, heuchlerisch* ‖ ~-foot *zwei Fuß lang* (etc) ‖ ~-handed *zweihändig*; *f zwei P–n* (game); *mit zwei Händen z handhaben*(*d*) ‖ ~-handkerchief [attr] *rührselig* (film, movie) ‖ ~-horse *zweispännig* ‖ ~-in-one dress *Verwandlungskleid* n ‖ ~ job man *Doppelverdiener* m ‖ ~-lane highway *Straße* f *mit zwei Fahrbahnen* ‖ ~-legged *zweibeinig* ‖ ~-line letter, ~-lined letter ⟨typ⟩ *großer Anfangsbuchstabe* m ‖ ~-phase ⟨el⟩ *zweiphasig* ‖ ~-pin plug ⟨el⟩ *Steckkontakt, Stecker* m ‖ ~ plane formation *Rotte* f ‖ ~-ply *v doppelter Dicke; zweisträhnig; doppelt gewebt* ‖ ~-point landing ⟨aero⟩ *Radlandung* f ‖ ~-pole *doppelpolig* (⟨el⟩ wire) ‖ ~-power standard *Zwei-Mächte-Standard* m ‖ ~-row radial (engine) ⟨aero⟩ *Doppelsternmotor* m ‖ ~-seater ⟨mot & aero⟩ *Zweisitzer* m ‖ ~-sided *zweisitzig*; ⟨fig⟩ *zweideutig* ‖ ~-speed ⟨tech⟩ *f zwei* (*Geschwindigkeits-*)*Gänge eingerichtet*; *Zweigang–*; ~-speed gear *doppelte Übersetzung* f ‖ ~-spot ⟨Am⟩ *2-Dollar-Note* f ‖ ~-stage [attr] *zweistufig* (*Rakete*) ‖ ~-station net *Funklinie* f; ~-station range finder ⟨artill⟩ *Langbasisgerät* n ‖ ~-step *Twostep* m (*Tanz*) ‖ ~-story *zweistöckig* ‖ ~-third rule ⟨Am parl⟩ *Grundsatz* m, *der e-e* ⅔-*Mehrheit zur Nominierung e-s demokratischen Präsidentschaftskandidaten verlangt* ‖ ~-stroke engine *Zweitaktmotor* m ‖ ~-time [vi] ⟨Am fam⟩ *mit e-m* (*e-r*) *anderen ausgehen* ‖ ~-tone [attr] *zweifarbig* (car) ‖ ~-to-one-keel standard *Zwei-zu-einem-Kiel-Standard* (*zwei engl. Großkampfschiffe gegen ein deutsches*) ‖ ~-tongued *doppelzüngig* ‖ ~-way adapter ⟨el⟩ *Doppelstecker* m ‖ ~-way communication ⟨wir⟩ *Gegen–, Wechselverkehr* m ‖ ~-year-old **1.** a *zweijährig* **2.** s *zweijähriges Kind* or *Tier* n

twofold ['tu:fould] a & adv *zweifach, doppelt*

twopence ['tʌpəns] s (*Wert v*) *zwei Pence*; ⟨übtr⟩ *ein Deut*; not ~ *k–n Pfifferling* ‖ ⟨hist⟩ *Zweipencestück* n ‖ ~ halfpenny (*Wert v*) *zweieinhalb Pence* **-penny** ['tʌpəni] **1.** a *zwei Pence wert* or *betragend, Zweipenny–* ⟨fig⟩ *wertlos, armselig* ‖ ~-halfpenny [a] *Zweieinhalb-Penny–* (stamp); ⟨mst fig⟩ *minderwertig, armselig, elend* **2.** s ⟨fam⟩ *Dünnbier* n ‖ ⟨sl⟩ *Detz* m (*Kopf* m)

twosome ['tu:səm] **1.** s ⟨bes Scot⟩ *zwei Personen, Zwei* ‖ *Tanz* m or *Spiel* n *zweien* ‖ ⟨tail⟩ *Jackenkleid* n **2.** a *z zweien ausgeführt*

Tyburn ['taibə:n] s ⟨hist⟩ *Hinrichtungsplatz* m (*in* London *bis* 1783, *nördl. v* Hyde Park)

|| ⟨übtr⟩ [attr] *Galgen–*; ∼ ticket ⟨hist⟩ *Galgenschein* m, *Blutgeld* n; ∼ tippet *Galgenstrick* m

tycoon [tai'ku:n] s (*japan. Titel*) *Führer* m ||
⟨Am⟩ *Industriemagnat, –baron* m

tying ['taiiŋ] s & prs p *v* to tie

tyke [taik] s = tike

tyle [tail] vt → tile | **∼r** ['∼ə] s → tiler

Tylopod ['tailəpɔd] s ⟨zoo⟩ *paarzehiges Huftier* n, *Schwielensohler* m (*Kamele* etc)

tylosis [tai'lousis] s ⟨med⟩ *Gewebeverhärtung*; *Schwielenbildung* f

tymp [timp] s ⟨met⟩ (*a* ∼-stone) *Tümpelstein* m *e–s Hochofens*

tympan ['timpən] s ⟨typ⟩ *Preßdeckel* m || *gespannte Membr·ane* f || ⟨arch⟩ *Giebelfeld* n

tympanic [tim'pænik] a ⟨anat⟩ *z Mittelohr gehörig, Mittelohr–, Trommelfell–*; ∼ membrane *Trommelfell* n **–nites** [,timpə'naiti:z] s Gr *Blähsucht* f **–num** ['timpənəm] s L *Trommel* f, *Trommelfell* n || ⟨anat⟩ *Mittelohr* n; *Trommelfell* n || ⟨arch⟩ *Giebel–, Bogen–, Türfeld, Tympanon* n, *Lünette* f || ⟨tech⟩ *Tretrad; Schöpfrad* n

Tynwald ['tainwɔld] s: the ∼ *die gesetzgebende Körperschaft* f *der Isle of Man*

tyo(h) ['taiou] a ⟨Kinderspr & hum⟩ = tired *müdi* (= *müde*)

typal ['taipəl] a *typisch* || *Typen–*

type [taip] **I.** s **1.** *Symbol, Sinnbild* n (of a th *e–r S*; *f etw*) || † *Gepräge, Kennzeichen* n **2.** *Typus* m, *gemeinsame Grundform* f; *die e–r Gruppe v Wesen eigene Natur, –anlage* f, true to ∼ *artgemäß* (growing true to ∼ *Samenbeständigkeit* f), *die charakt. Kennzeichen aufweisend* ‖ *charakterist. Klasse, Gattung, Gruppe* f || *Typ* m (the ∼ of man); *Art* f, *Kal·iber* n, *Schlag* m (men of his ∼), *Kategorie* f || ⟨theat⟩ *Standardfigur; typische, herkömmliche Figur* f (e.g. It: Pantalone, Zanni, Pulcinella, Capitano, etc) **3.** *Ur–, Vorbild, Muster* n (the very ∼ of) || ⟨tech⟩ *Baumuster* n, *Typ* m, *Art* f **4.** ⟨typ⟩ *Type, Letter* f, *Buchstabe* m, movable ∼s [pl] *bewegliche Lettern* pl || ⟨koll⟩ *Typen* pl, *Schrift* f; bold ∼ *Fettdruck* m (in bold ∼); set of ∼ *Satz Schrift*; specimen of ∼ *Satz–, Schriftprobe* f; in ∼ (*ab*)*gesetzt*, to set up in ∼ *setzen*; to be in ∼ *abgesetzt s* || to appear in ∼ *im Druck erscheinen* **5.** [attr] ∼-approval *Musterzulassung* f; ∼-designation *–bezeichnung* f || ∼ area ⟨typ⟩ *Satzspiegel* m || ∼-caster, ∼-founder *Schriftgießer* m || ∼-foundry *Schriftgießerei* f || ∼ metal *Letternmetall* n || ∼ of fire-control ⟨artill⟩ *Schießverfahren* n || ∼ of weapon ⟨mil⟩ *Waffenart* f || ∼-script **1.** s *Maschinenschrift* f; *Durchschlag* m **2.** a (Schreib-)*Maschinen*– || ∼-setter *Schriftsetzer* m || [oft unübersetzt] → truss ∼ fuselage; .. *förmig,* → tulip ∼ **II.** vt/i || *Symbol, Kennzeichen s* f, *symbolisieren* || *ein Muster s* f (*etw*) || (*etw*) *auf der Schreibmaschine schreiben,* °*tippen* | vi *tippen* **typing** ['taipiŋ] s [attr] ∼ paper *Schreibmaschinenpapier* n

typewrite ['taip-rait] vt/i [–wrote/–written] *auf der Maschine schreiben,* °*tippen* **–writer** ['taip,raitə] s *Schreibmaschine* f; ∼-ribbon

–nfarbband n | *Maschinenschreiber*(*in* f) m **–writing** ['taip,raitiŋ] s *Maschinenschreiben* n **–written** ['taip,ritn] a *mit der Maschine geschrieben*; ∼ copy *Maschinenschriftexemplar* n, *Durchschlag* m

typhlitis [ti'flaitis] s ⟨med⟩ *Blinddarmentzündung* f

typhoid ['taifɔid] **1.** a *typhusartig*; *Typhus–* (∼ bacillus); ∼ fever (*jetzt mst* enteric fever) (*Unterleibs-*)*Typhus* m **2.** s = ∼ fever || *Typho·id* n, (*Unterleibs-*)*Typhus* m | **∼al** [tai'fɔidl] a *Typhus–*

typhonic [tai'fɔnik] a *Taif·un–* **typhoon** [tai-'fu:n] s *Taif·un* m (*Orkan*)

typhous ['taifəs] a *typh·ös, Typhus–*

typhus ['taifəs] s (a ∼ fever) ⟨med⟩ *Flecktyphus* m, *–fieber* n

typic ['tipik] a (∼ally adv) = typical a **1.** | **∼al** [∼ə] a (∼ly adv) **1.** *symbolisch, sinnbildlich*, to be ∼ of *sinnbildlich darstellen, verkörpern* **2.** *typisch* (of f), *vorbildlich, echt, regelrecht* **3.** *kennzeichnend, charakteristisch* (of f), to be ∼ of *charakterisieren, kennzeichnen* **∼alness** [∼əlnis] s *das Typische* n; *die Sinnbildlichkeit* f

typify ['tipifai] vt *sinnbildlich darstellen, verkörpern* || *typisch s* or *ein typisches Beispiel s* f *s*

typist ['taipist] s *Maschinenschreiber*(*in* f) m (⟨*a*⟩ copy ∼) || shorthand ∼ *Stenotypist*(*in* f) m

typo ['taipou] s ⟨sl⟩ abbr *f* ∼grapher

typographer [tai'pɔgrəfə] s *Buchdrucker, Setzer* m **–phic(al)** [,taipo'græfik(əl)] a (–cally adv) *typographisch, Buchdrucker–; drucktechnisch; Druck–* (∼ error) **–phy** [tai'pɔgrəfi] s *Typographie, Buchdruckerkunst* f

typological [taipo'lɔdʒikəl] a (∼ly adv) *typol·ogisch; Typen–* **–logy** [tai'pɔlədʒi] s ⟨theol⟩ *Typik, Typologie* f (*Parallelismus der Figuren im AT u NT*) || ⟨übtr⟩ *Typenlehre* f

tyrannic(al) [ti'rænik(əl)] (*mst* –cal) a (–cally adv) *tyrannisch, Tyrannen–; despotisch* **–nicidal** [ti,ræni'saidl] a *Tyrannenmord–* **–nicide** [ti-'rænisaid] s *Tyrannenmord* m | *Tyrannenmörder* m **–nize** ['tirənaiz] vi *tyrannisch herrschen*; to ∼ over a p *jdn tyrannisieren* **–nous** ['tirənəs] a (∼ly adv) *tyrannisch; despotisch*; *Tyrannen–* (∼ power) || ⟨fig⟩ *unerbittlich* **–ny** ['tirəni] s *Tyrannei* f; *Despotismus* m || *Willkürherrschaft* f

tyrant ['taiərənt] s *Tyrann, Despot, Unterdrücker* m

tyre ['taiə] s *Rad–, Autoreifen* m; ⟨Am *mst*⟩ → tire

Tyrian ['tirian] **1.** a *tyrisch* **2.** s *Tyrer* m

tyro ['taiərou] s (*bes* Am) = tiro

Tyrol [ti'roul; 'tirəl] s: the ∼ *Tirol* n **∼ean** [,tiro'li:ən] a *tirolisch, Tiroler–* **∼ese** [,tiro'li:z] **1.** a *tirolisch, Tiroler–* **2.** s [pl ∼] *Tiroler*(*in* f) m; the ∼ *die T.* pl

tzar [za:], **tzarina** [za:'ri:nə] s = czar, czarina

Tzigane [tsi'gu:n], **Tzigany** [tsi'gɑini] **1.** a *Zigeuner–* (∼ music) **2.** s *Zigeuner* m | ∼-like *zigeunerartig*; ⟨übtr⟩ *Schmieren–* (∼-like performance)

U

U, u [ju:] s [pl ∼'s, ∼s] *U, u* n (a ∼ *ein U*) || U-shaped valley ⟨geog⟩ *U-Tal* n

uberous ['ju:bərəs] a *reichlich Milch gebend*; ⟨übtr⟩ *reichlich, voll*

ubiety [ju:'baiiti] s ⟨philos⟩ *Irgendwosein* n

Ubiquitarian [ju:bikwi'tɛəriən] s ⟨theol⟩ *Ubiquitarier* m

ubiquitous [ju:'bikwitəs] a *allgegenwärtig, überall z finden(d)* **–ty** [ju:'bikwiti] s *Allgegenwart* f

U-boat ['ju:bout] s Ger (*Bezeichnung f dtsch.*) *Unterseeboot* n

udal ['ju:dǝl] s ⟨jur⟩ *Art e–s Lehnsbesitzes auf* Orkney *u* Shetland; ~ land *erbliches Freigut* n **|** [attr] *allodi·al*

udder ['ʌdǝ] s *Euter* n ~less [~lis] a *ohne Euter* **||** *mutterlos* (~ lamb)

udometer [ju:'dǝmitǝ] s ⟨phys⟩ *Regenmesser* m

ugh [ʌx, uh, ǝ:h] intj *hu! oh! pfui!*

uglify ['ʌglifai] vt *häßlich m, verunschönen;* *entstellen*

ugliness ['ʌglinis] s *Häßlichkeit* f **||** *Schändlich–, Widerwärtigkeit* f

ugly ['ʌgli] **1.** a (uglily adv) *häßlich, garstig, widerwärtig, abstoßend* **|** *schlimm, niederträchtig* (crime), *gemein; unangenehm* **|** *kritisch, gefährlich, bedrohlich* (weather); an ~ *customer* ⟨fam⟩ *ein gefährlicher Kerl* m; as ~ as sin *häßlich wie die Nacht* **2.** s *häßlicher Mensch* m **||** to come the ~ ⟨fam⟩ *drohen* **||** ⟨hist⟩ *Art Schirm* m (*an Frauenhüten*)

Ugrian ['u:griǝn] **1.** a *·ugrisch* **2.** s *·Ugrier* m **||** *ugrische Sprache* f **Ugric** ['u:grik] a = Ugrian

uhlan ['u:lɑ:n] s Ger *Ul·an* m

uitlander ['oitlændǝ, eit–] s ⟨SAfr⟩ *Ausländer* m

ukase [ju:'keiz; –'keis] s *·Ukas* m, *russische Verordnung* f **||** ⟨übtr⟩ *Ukas* m

Ukraine [ju:'krain] s the ~ *die Ukr·aine* f ~nian [~iǝn] a *ukrainisch, Ukraine–*

ukulele [ju:kǝ'leili] s *hawaiische viersaitige Gitarre* f

ulcer ['ʌlsǝ] s L ⟨med⟩ *Geschwür* n **||** ⟨fig⟩ *Geschwür* n, (*Eiter-*)*Beule* f, *Schandfleck* m **||** *verderblicher Einfluß* m ~ate [~reit] vt/i **|** *ein Geschwür erzeugen in;* ~d *eitrig, vereitert* **||** ⟨fig⟩ *vergiften, korrumpieren* **|** vi *eitern, schwären* ~ation [–'reiʃǝn] *Eiterung* f; *Geschwür* n ~ative ['ʌlsǝrativ] a *eiternd; Eiter–* ~ous ['ʌlsǝrǝs] a (~ly adv) *eiternd; geschwürig* (~ leg) **||** *Eiter–* **|** *vereitert* **|** ⟨fig⟩ *vergiftend, giftig; schädlich* ~ousness ['ʌlsǝrǝsnis] s *eiternder or vereiterter Zustand* m

ulema ['u:limǝ] s [koll pl] *Gelehrte* m pl *in mohammed. Theologie u. Jurisprudenz*

*uliginose [ju:'lidʒinous], **uliginous** [ju:-'lidʒinǝs] a *schlammig, sumpfig; Sumpf–*

ullage ['ʌlidʒ] s ⟨com⟩ *Flüssigkeits–, Gewichtsmanko* n (*in Faß or Flasche*), *Fehlmenge* f, *ungenutzter Tankraum* m; on ~ *nicht ganz voll*

ulmaceous [ʌl'meiʃǝs] a ⟨bot⟩ *ulmenartig, Ulmen–*

ulmic ['ʌlmik] a ⟨chem⟩ ~ acid *Ulm·in–, Humussäure* f **ulmin** ['ʌlmin] s ⟨chem⟩ *Ulm·in* n (*braune, dicke Substanz an Ulmen u in Humus*)

ulna ['ʌlnǝ] L s (pl ~ae ['ʌlni:]) ⟨anat⟩ *Elle* f **|** ~r [~] a ⟨anat⟩ *uln·ar*

ulotrichous [ju:'lɔtrikǝs] a Gr ⟨ethn⟩ *kraushaarig* (race)

ulster ['ʌlstǝ] s *Ulstermantel* m

ulterior [ʌl'tiǝriǝ] a (~ly adv) (*räumlich*) *jenseitig, darüber hinausliegend* **||** (*zeitlich*) *folgend; später folgend, später; ferner, weiter* **||** *anderweitig, sonstig* **|** *entfernter liegend, verdeckt, –heimlich;* ~ *motives* [pl] *tiefere Beweggründe, Hintergedanken* m pl

ultimate 1. ['ʌltimit] a *äußerst, entferntest* (regions) **||** *letzt, endlich, schließlich* (~ peace) **||** *letzt, elementar, Grund–* (~ truths) –*facts rechtserhebliche Tatsachen* f pl **||** *Grenz–;* ⟨tech⟩ ~ *load Bruchlast* f; ~ *strength –festigkeit* f; ~ *stress –spannung* f **2.** ['ʌltimeit] s/v ⟨Am⟩ to ~ in *enden mit* ~ly [~li] adv *letzten Endes, im Grunde* **||** *schließlich, endlich*

ultimatum [ʌlti'meitǝm] s L [pl ~s; –ta] *Ultim·atum* n (to *an*) **||** ⟨übtr⟩ *letztes Wort* n (to

state one's ~); *letzter Vorschlag* m **||** *letzter Punkt* m; *äußerste Grenze* f **||** *letztes Prinzip, Grundprinzip* n; *Kernfrage* f

ultimo ['ʌltimou] adv L (abbr ult.) *letzten, vorigen Monats;* (my letter of the 3rd ult. *mein Brief vom 3. letzten Monats*) **||** *vgl.* instant; proximo ~**geniture** [~'dʒenitʃǝ] s *Erbfolge* f *an den jüngsten Sohn* m

ultra ['ʌltrǝ] L **I.** a **1.** [*nur* attr] *extrem, radikal, Erz–, Ultra–* **2.** [attr & pred] *übermäßig, –trieben* **II.** s *Radikaler, Extremer* m **III.** prep: ~ *vires über jds Kräfte or Befugnis*

ultra– ['ʌltrǝ] *lebendes betontes* pref **1.** *jenseits .. liegend,* ~-Martian ['—'—] a *jenseits des Mars* l. **||** ~-red ['–'–] *ultrarot;* ~-short wave *Ultrakurzwelle* f; ~ ⟨aero⟩ *Dezimeterwelle* f **||** ~-violet ['–'–'–] a *–violett* **2.** *über .. hinausgehend; übertrieben; Über–, über–, Ultra–;* ~-fashionable ['–'–'–] a *übermodern* ~-natural ['–'–'–] a *·übernatürlich* **||** ~-microscope *Ultramikrosk·op* n **||** ~-Protestant *strenger Protestant* m **3.** *höchst, extr·em:* ~(-)high-speed lens *höchst-lichtstarkes Objektiv* n **||** ~-rapid ⟨phot⟩ *höchstlichtstark* **||** ~-wide-angle lens *extremes Weitwinkelobjektiv* n ~**ism** ['ʌltrǝizm] s *extreme Richtung* f, *extremer Standpunkt* m ~**ist** ['ʌltrǝist] s *Radikaler, Extremer* m ~**marine** [,ʌltrǝmǝ'ri:n] **1.** a a. *überseeisch, Übersee–* b. *ultramarin* (~ blue) **2.** s *Ultramar·in*(*blau*) n ~**montane** [,ʌltrǝ'mǝntein] **1.** a *jenseits der Berge* (*der Alpen*) *befindlich* **||** ⟨ec⟩ *ultramont·an, streng päpstlich gesinnt* **2.** s ⟨ec⟩ *Ultramont·ane*(r m) f ~**montanism** [,ʌltrǝ'mǝntinizm] s ⟨ec⟩ *Ultramontan·ismus* m ~**montanist** [,ʌltrǝ'mǝntinist] s ⟨ec⟩ *Ultramont·ane*(r m) f ~**mundane** [,ʌltrǝ'mʌndein] a *außer–, überweltlich* ~**sonic** [,ʌltrǝ'sɔnik] a ⟨phys⟩ to expose to ~ waves *od frequency* (*etw*) *beschallen;* exposure to ~ waves *Beschallung* f; ~ speed *Über·schallgeschwindigkeit* f ~**sonics** [,ʌltrǝ'sɔniks] s pl *Ultra–, Über·schall* m → suprasonics

ululant ['ju:ljulǝnt] a *heulend; tosend* –**ate** ['ju:ljuleit] vi *heulen, schreien* **||** *laut wehklagen* –**ation** [ju:lju'leiʃǝn] s *Heulen; Geheul; Wehklagen* n

umbel ['ʌmbǝl] s ⟨bot⟩ *Dolde* f; *Hopfendolde* f ~**late** [~eit], ~**lated** [~eitid] a *doldenblütig, –förmig; Dolden–* ~**lifer** [ʌm'belifǝ] s *Umbellif·ere* f, *Doldengewächs* n ~**liferous** [ʌmbe-'lifǝrǝs] a *doldentragend, Dolden–;* *Umbellif·eren* ~**lule** [ʌm'belju:l] s *Döldchen* n

umber ['ʌmbǝ] **1.** s ⟨minr⟩ *Umber, Umbra* f, *Umbererde* f (*brauner Farbstoff*) **2.** a *dunkelbraun* **3.** vt *mit Umbra färben*

umber ['ʌmbǝ] s ⟨ich⟩ = grayling

umber-bird ['ʌmbǝ,bǝ:d] s ⟨orn⟩ = umbre

umbilical [ʌmbi'laikǝl; ʌm'bilikǝl] a *Nabel–* **||** ~ cord ⟨anat⟩ *Nabelschnur* f –**cate** [ʌm-'bilikit] a *nabelförmig, Nabel–* –**cus** [ʌm'bilikǝs] s L ⟨anat⟩ *Nabel* m **|** ⟨bot⟩ (*Samen-*)*Nabel* m **||** ⟨übtr⟩ *Nabel*(*stück* n); *Schildbuckel* m

umbo ['ʌmbou] s L (pl ~s; ~nes [ʌm-'bouni:z]) *Buckel* m (*e–s Schildes*) **||** ⟨übtr bot zoo⟩ *runder Vorsprung* m, *Wölbung* f; ⟨anat⟩ *zentrale Vertiefung* f *des Trommelfells* ~**nal** [~nǝl] a *an der Wölbung, in der Vertiefung gelegen* ~**nate** [~nit] a *mit e–r Wölbung versehen*

umbra ['ʌmbrǝ] s [pl ~s] L ⟨astr⟩ (*Erd–, Mond-*)*Schatten* m; *dunkler Teil* m *e–s Sonnenflecks*

umbraculiform [ʌm'brækju:lifǝ:m] a ⟨bot⟩ *regenschirmförmig*

umbrage ['ʌmbridʒ] s ⟨mst poet⟩ (of trees) *Schatten* m; *Dunkel* n **||** *Schatten* m, *–bild* n **|** *Ärger, Anstoß* m, to give ~ A. *erregen* (to *bei*); to take ∼ at *A. nehmen an* **∼ous** [ʌm-ˈbreidʒəs] a (∼ly adv) *schattig, schattenreich* | *argwöhnisch, empfindlich* **∼ousness** [ʌmˈbreidʒəsnis] s *schattige Beschaffenheit* f

umbral [ˈʌmbrəl] a ⟨astr⟩ *Schatten–*(→ umbra)

umbre [ˈʌmbə], **∼tte** [ʌmˈbret] s ⟨orn⟩ *Schattenvogel* m

umbrella [ʌmˈbrelə] s *Schirm*, ⟨bes⟩ *Regen–* m; to put up an ∼ *e–n Schirm aufspannen* || ⟨aero fam⟩ *Fallschirm* m, ⟨tact⟩ *Jagd–, Fliegerschutz* m, *Abschirmung* f *durch Fliegerverbände*; ⟨pol⟩ *Schutz* m || ⟨artill etc⟩ *Feuerglocke* f | [attr] *Schirm–* || **∼-case** –*überzug* m || **∼-man** ⟨aero⟩ *Fallschirmspringer* m || **∼-stand** *Schirmständer* m || **∼-tree** ⟨bot⟩ –*baum* m, –*mahagonie* f

Umbrian [ˈʌmbriən] **1.** a *umbrisch* **2.** s *Umbrier* m || *das Umbrische* n

umbriferous [ʌmˈbrifərəs] a *schattig, schattengebend*

umiak [ˈuːmiæk] s *Frauenboot* n *der Eskimo*

umlaut [ˈumlaut] s [pl ∼s] Ger ⟨gram⟩ *Umlaut* m

umpirage [ˈʌmpaiəridʒ] s * *Schiedsrichteramt* n || *Schiedsspruch* m

umpire [ˈʌmpaiə] **1.** s ⟨jur, mil, sport⟩ *Schiedsrichter*; *Unparteiischer* m || **∼s'** *convention* ⟨mil⟩ *Schiedsrichterbesprechung* f **2.** vi/t || *Schiedsrichter* s or *spielen* (in a game; for persons) | vt (*Spiel*) *als Schiedsrichter leiten* || *durch Schiedsspruch entscheiden* **∼ship** [∼ʃip] s *Schiedsrichteramt* n

umpteen [ˈʌmtiːn] a ⟨sl⟩ *mehrere, verschiedene; zahlreiche, viele;* °*zig, zig:* ∼ *times x-mal, zig-mal* **–ty** [ˈʌmti] s *unbestimmte gr Zahl* f

un, 'un [ən] (= one) ⟨vulg⟩ a *thick* ∼ *ein Runksen* m (*Butterbrot*) || ⟨fam⟩ *that's a good* ∼ *das ist ein guter Witz*

un– [ʌn] *lebendes* pref **1.** [*vor Verben*:] *ent–; los–; auf–; ver–* [*Die meisten dieser Verbal-Zusammensetzungen* h *doppelten Akzent* (to unbutton [ˈʌnˈbʌtn], unfix [ˈʌnˈfiks]); *doch besteht bei häufig gebrauchten die Neigung z unbetontem* pref (to unfit [ʌnˈfit], unpack [ʌnˈpæk])] **2.** [*vor Adj., Adv., Subst.*:] *Un–, un–, nicht.* [*In den meisten dieser Verbindungen ist das* pref *betont* (*oder doch nebenbetont*), d. h. *das Wort hat doppelten Akzent. Unter den häufig gebrauchten jedoch* h *einige unbetontes* pref, d. h. *nur* ·*e–n Hauptakzent* (*auf dem Grundwort*), *bes Adj.* (*bes die auf* –able *u* –ing): *uncommon* [ʌnˈkəmən], *unfailing* [ʌnˈfeiliŋ], *unfortunate, unhappy* [ʌnˈhæpi]; *unnecessary, unusual* (*Bei Gegenüberstellungen rückt aber der Ton bei Adj. gelegentlich auf das* pref: *happy .. unhappy* [ˈʌnˈhæpi])] **3.** [*Adj. mit doppeltem Akzent können unter dem Einfluß des Satzakzents bald Anfangsbetonung* (*an unborn* [ˈʌnbəːn] *child*), *bald Endbetonung annehmen* (*an infant yet unborn* [ʌnˈbəːn])] **4.** [*Die mehr als dreisilbigen Substantiva h mit wenigen Ausnahmen betontes* pref, *also zwei Hauptakzente u ferner e–n Nebenakzent* unsubstantiality [ˈʌnsəbˌstænʃiˈæliti]

                               7   5   3

(*v hinten gezählt: die 3., die meist betont ist, die 5. und 7*)]

unabashed [ˈʌnəˈbæʃt] a *schamlos, unverschämt; unverfroren* || *furchtlos* **–abated** [ˈʌnəˈbeitid] a *unvermindert* (interest) **–abating** [ˈʌnəˈbeitiŋ] a *nicht nachlassend; anhaltend* **–abbreviated** [ˈʌnəˈbriːvieitid] a *ungekürzt, –verkürzt*

unable [ʌnˈeibl] a *unfähig* (for a th z etw; to do), ∼ to pay ⟨com⟩ *zahlungsunfähig*; to be ∼ to do *außerstande, nicht in der Lage* s z *tun, nicht tun können* || *unfähig, untüchtig, unzurei-*

chend | *schwach* (of his legs *auf den Beinen*) || → inability

unabridged [ˈʌnəˈbridʒd] a *unverkürzt*

unaccented [ˈʌnækˈsentid] a *unbetont*

unacceptable [ˈʌnəkˈseptəbl] a (–bly adv) *unannehmbar* (to *für*); *unangenehm, –willkommen* **∼ness** [∼nis], **–ability** [ˈʌnəkˌseptəˈbiliti] s *Unannehmbarkeit* f

unaccommodating [ˈʌnəˈkəmədeitiŋ] a *ungefällig, –verträglich, –nachgiebig, –kulant* **–accompanied** [ˈʌnəˈkʌmpənid] a *unbegleitet, ohne* (*Familien-*)*Anhang* ⟨mus⟩ *ohne Begleitung* **–accomplishable** [ˈʌnəˈkəmpliʃəbl] a *undurchführbar* **–accomplished** [ˈʌnəˈkəmpliʃt] a *unvollendet* || *unbegildet*

unaccountability [ˈʌnəˌkauntəˈbiliti] s *Unerklärlichkeit; Seltenheit* f || *Nicht-Verantwortlichkeit* f **–able** [ˈʌnəˈkauntəbl] a *unerklärlich, unerklärbar; eigenartig, sonderbar* || *nicht verantwortlich* **–ably** [ˈʌnəˈkauntəbli] adv *auf unerklärliche Weise*

unaccredited [ˈʌnəˈkreditid] a *unbeglaubigt, nicht anerkannt*

unaccustomed [ˈʌnəˈkʌstəmd] a *nicht gewöhnt* (to *an*) || *ungewöhnlich, fremd* **∼ness** [∼nis] s *Ungewöhntheit* f || *Ungewöhnlichkeit* f

unachievable [ˈʌnəˈtʃiːvəbl] a *unausführbar; –erreichbar* **–acknowledged** [ˈʌnəkˈnəlidʒd] a *nicht anerkannt* || *nicht zugegeben, nicht eingestanden* (crime) || *nicht bestätigt* (letter); *nicht erwidert* **–acquainted** [ˈʌnəˈkweintid] a *unbekannt* (with *mit*), to be ∼ with *nicht kennen*; *nicht gewöhnt sein an* **–actable** [ʌnˈæktəbl] a ⟨theat⟩ *nicht aufführbar* **–acted** [ʌnˈæktid] a *nicht ausgeführt* || *nicht aufgeführt* (play) **–adaptable** [ˈʌnəˈdæptəbl] a *nicht anpaßbar* (to *an*) **–adapted** [ˈʌnəˈdæptid] a *nicht angepaßt* (to a th *e–r S*); *ungeeignet, nicht eingerichtet* (to *für*) **–addressed** [ˈʌnəˈdrest] a (of letters, etc) *unadressiert* **–adjusted** [ˈʌnəˈdʒʌstid] a *nicht angepaßt* (to *an*) || *ungeordnet* || *unerledigt* **–adorned** [ˈʌnəˈdɔːnd] a *ungeschmückt; einfach* **–adulterated** [ˌʌneˈdʌltəreitid] a *unverfälscht, rein, echt; pur* **–adventurous** [ˈʌnədˈventʃərəs] a *ohne Abenteuergeist* m || *ereignislos* (journey)

unadvisable [ˈʌnədˈvaizəbl] a *nicht ratsam, unratsam, nicht z empfehlen*(d) || (of persons) **–advised** [ˈʌnədˈvaizd] a *unberaten* || ⟨fig⟩ *unbedacht, –vorsichtig, –klug, –besonnen* **–belehrbar –vised** [ˈʌnədˈvaizd] a (∼ly [ˈʌnədˈvaizidli] adv)

unaffected 1. [ˈʌnəˈfektid] a *unverändert* (by *durch*); *–beeinflußt, –berührt* (by *v*) || *ungerührt* **2.** [ˌʌnəˈfektid] a (∼ly adv) *ungekünstelt, natürlich; einfach* (style) || *wahr, echt, aufrichtig* (delight) **∼ness** [ˌʌnəˈfektidnis] s *Natürlichkeit* f

unafraid [ˈʌnəˈfreid] a *unerschrocken; nicht bange* (of *vor*) **–aggressive** [ˈʌnəˈgresiv] a *nicht angreiferisch; friedfertig* **–aided** [ʌnˈeidid] a [pred] *ohne Hilfe* (by *v, durch*) | [attr] (of the eye) *unbewaffnet, bloß* **–aired** [ʌnˈɛəd] a *unausgelüftet* (room); *nicht trocken, feucht* (bed) **–alarmed** [ˈʌnəˈlɑːmd] a *nicht beunruhigt* **–alarming** [ˈʌnəˈlɑːmiŋ] a *nicht beunruhigend* **–alienable** [ʌnˈeiljənəbl] a (–bly adv) *unveräußerlich* **–ali(g)ned** [ˈʌnəˈlaind] a *unausgerichtet* **–allied** [ˈʌnəˈlaid] a *nicht verwandt* || [pred] *ohne Verbündete* **–allowable** [ˈʌnəˈlauəbl] a *unzulässig, nicht erlaubt* **–alloyed** [ˈʌnəˈlɔid] a *unvermischt, –legiert* (metal) || *rein, echt, ungemischt* (joy) **–alluring** [ˈʌnəˈljuəriŋ] a *nicht verlockend*

unalterability [ʌnˌɔːltərəˈbiliti] s *Unveränderlichkeit* f

unalterable [ʌnˈɔːltərəbl] a (–bly adv) *unveränderlich; –abänderlich* (law) **∼ness** [∼nis] s = unalterability

unaltered [ˈʌnˈɔːltəd] a *unverändert*

unamazed ['ʌnə'meizd] a *nicht verwundert*; to be ~ at *sich nicht wundern über*

unambiguous ['ʌnæm'bigjuəs] a (~ly adv) *unzwei-, eindeutig* ~**ness** [~nis] s *Unzweideutigkeit* f

unambitious ['ʌnæm'biʃəs] a (~ly adv) *nicht ehrgeizig* || (S) *anspruchslos, schlicht*

unamenable ['ʌnə'mi:nəbl] a *unzugänglich* (to f); *unnahbar*

unamended ['ʌnə'mendid] a *unverbessert, -abgeändert*

unamiability [ʌn,eimiə'biliti] s *Unliebenswürdigkeit* f –**ble** [ʌn'eimiəbl] a (-bly adv) *unliebenswürdig* –**ableness** [~nis] s = unamiability

unamusing ['ʌnə'mju:ziŋ] a *nicht unterhaltend; langweilig* –**analyzable** ['ʌn'ænəlaizəbl] a *nicht analysierbar; undefinierbar* –**anchor** ['ʌn'æŋkə] vt/i || (*Schiff*) v *Anker losmachen* | vi *die Anker lichten*; ⟨übtr⟩ *sich losmachen* –**animated** [ʌn'æni,meitid] a *unbelebt*; ~ picture ⟨Film, phot⟩ *stehendes Bild* n || *langweilig* || → inanimate

unanimity [ju:nə'nimiti] s *Einmütig-, Einstimmigkeit* f; with ~ *einmütig, -stimmig* –**mous** [ju'næniməs] a (~ly adv) *einmütig* (in doing); to be ~ *sich einig s* (on *über*; in doing z *tun*) || *einstimmig* (applause); ~ vote *Einstimmigkeit* f

unannealed ['ʌnə'ni:ld] a *ungetempert* (metal) –**announced** ['ʌnə'naunst] a *unangemeldet* (to enter ~)

unanswerable [ʌn'ɑ:nsərəbl] a (-bly adv) *nicht z beantworten(d); unlösbar* (riddle) || *unwiderlegbar* || *nicht verantwortlich* (for) ~**ness** [~nis] s *Unwiderlegbarkeit* f

unanswered [ʌn'ɑ:nsəd] a *unbeantwortet* (letter); *unerwidert* (feeling) || *unwiderlegt* –**anticipated** ['ʌnæn'tisipeitid] a *nicht vorhergesehen; unerwartet* –**appalled** ['ʌnə'pɔ:ld] a *unerschrocken* –**apparent** ['ʌnə'pærənt] a *nicht sichtbar; unsichtbar; -klar* –**appealable** ['ʌnə'pi:ləbl] a ⟨jur⟩ k-e *Berufung zulassend* (judgement) –**appeasable** ['ʌnə'pi:zəbl] a *nicht z besänftigen(d), unversöhnlich* || *nicht z befriedigen(d), unersättlich* (hunger) –**applied** ['ʌnə'plaid] a *nicht angewandt* or *gebraucht*

unappreciable [ʌnə'pri:ʃəbl] a = inappreciable –**ciated** ['ʌnə'pri:ʃieitid] a *nicht gewürdigt* or *geschätzt; nicht gehörig beachtet* –**ciative** ['ʌnə'pri:ʃiətiv] a *nicht anerkennend* or *würdigend*

unapprehended ['ʌnæpri'hendid] a *nicht gefaßt* or *verhaftet* || *nicht begriffen* or *verstanden* –**hensive** ['ʌnæpri'hensiv] a *furchtlos; unbekümmert* (of *um*); to be ~ of *nicht fürchten* || *nicht begreifend, einsichtslos* –**hensiveness** [-nis] s *Sorglosigkeit* f || *Einsichtslosigkeit* f

unapproachable [ʌnə'proutʃəbl] a (-ly adv) (of place) *unzugänglich, nicht betretbar* || (P) *unnahbar, -zugänglich* || *unerreichbar, -vergleichbar* ~**ness** [~nis] s *Unnahbarkeit* f || *Unzugänglichkeit* f

unappropriated ['ʌnə'prouprieitid] a *nicht verwendet* or *–braucht* || *nicht in Besitz genommen; herrenlos* –**approved** ['ʌnə'pru:vd] a *ungebilligt*

unapt [ʌ'næpt] a (~ly adv) *untauglich, -geeignet* (for z); *nicht geeignet* (to do z *tun*); *ungeschickt* (at *in*) || *unpassend* | *nicht geneigt* (to do); to be ~ to do *nicht gern* or *leicht tun*

unarm ['ʌn'ɑ:m] vt/i || (jdn) *entwaffnen* | vi *die Waffen niederlegen* ~**ed** [~d] a *unbewaffnet, wehrlos*; ⟨zoo & bot⟩ *unbewehrt* (ohne Stacheln)

unarmoured ['ʌn'ɑ:məd] a ⟨mar⟩ *ungepanzert, -geschützt* –**arranged** ['ʌnə'reind ʒd] a *nicht geordnet* || *nicht vorbereitet* or *geplant* –**arrayed** ['ʌnə'reid] a *ungeordnet, -aufgestellt* || *unbekleidet, -geschmückt*

unartful [ʌn'ɑ:tful] a *ungekünstelt, einfach* || *arglos* || *ungeschickt; -künstlerisch* –**artistic** ['ʌnɑ:'tistik] a *unkünstlerisch; nicht z Kunst gehörig*

unascertainable ['ʌnæsə'teinəbl] a *nicht z ermitteln(d)* or *festzustellen(d)* –**tained** ['ʌnæsə'teind] a *unermittelt, -bekannt* || ~ goods *Gattungssachen* f pl

unashamed ['ʌnə'ʃeimd] a *nicht beschämt; unerschrocken* || *schamlos* ~**ly** ['ʌnə'ʃeimidli] adv *ohne Scham; offen zugegeben*

unasked ['ʌn'ɑ:skt] a *ungefragt* || *ungebeten; -aufgefordert, -verlangt* –**aspiring** ['ʌnə'spaiəriŋ] a *anspruchslos, ohne Ehrgeiz, bescheiden* –**assailable** [ʌnə'seiləbl] a *unangreifbar* || ⟨fig⟩ *unanfechtbar; -tastbar; nicht z widerlegen(d)* (argument); *unerschütterlich* –**assignable** ['ʌnə'sainəbl] a ⟨jur⟩ *nicht übertragbar* || *nicht zuzuschreiben(d)* (to a th e-r S); *nicht zurückführbar* (to *auf*) –**assimilable** [ʌnə'similəbl] a *nicht assimilierbar, nicht assimilierungsfähig* –**assisted** ['ʌnə'sistid] a *ohne Stütze, Unterstützung* or *Hilfe* || *unbewaffnet, bloß* (eye) –**assuming** ['ʌnə'sju:miŋ] a *anspruchslos, bescheiden* –**assured** ['ʌnə'ʃuəd] a *unsicher* (peace) || *unzuversichtlich, -sicher* || ⟨ins⟩ *nicht versichert* –**attached** ['ʌnə'tætʃt] a *nicht befestigt* (to *an*) || *nicht verbunden* (to *mit*), *nicht gehörig* (to z); ~ participle *unverbundenes Partizipium* n | ⟨mil⟩ z *Disposition gestellt*; ~ rifleman *Einzelschütze* m || ⟨univ⟩ *extern, z k-m College gehörig*

unattainable ['ʌnə'teinəbl] a *unerreichbar; -erfüllbar* ~**ness** [~nis] s *Unerreichbarkeit* f

unattempted ['ʌnə'temptid] a *unversucht* –**attended** ['ʌnə'tendid] a *ohne Begleitung* or *Gefolge, unbegleitet*; ⟨übtr⟩ to be ~ by, with *nicht begleitet s* v || *unbeaufsichtigt; unverbunden* (~ wounds) || to be ~ to *vernachlässigt w* –**attested** ['ʌnə'testid] a *unbezeugt; -bewiesen* –**attractive** [,ʌnə'træktiv] a (~ly adv) *reizlos, nicht anziehend* or *einnehmend*

unauthentic ['ʌnɔ:'θentik] a *nicht authentisch; unecht* ~**ated** [~eitid] a *unverbürgt, -beglaubigt*

unauthorized ['ʌn'ɔ:θəraizd] a *nicht bevollmächtigt* || *unberechtigt, -rechtmäßig, eigenmächtig* || *unerlaubt, -befugt* || ~ belligerent *Freischärler* || ~ p *Unbefugte(r* m) f –**available** ['ʌnə'veiləbl] a *frucht-, nutz-, erfolglos, vergeblich* || *nicht benutzbar, unbrauchbar; nicht erreichbar* –**availing** ['ʌnə'veiliŋ] a (~ly adv) *unnütz, vergeblich, fruchtlos*

unavoidable [,ʌnə'vɔidəbl] a (-bly adv) *unvermeidlich, nicht z vermeiden(d); unabwendbar* || ⟨jur⟩ *nicht umstoßbar* ~**ness** [~nis] s *Unvermeidlichkeit* f etc

unawakened [,ʌnə'weikənd] a *nicht erwacht* || *nicht entfacht, schlafend* (passion)

unaware [,ʌnə'wɛə] a [nur pred] *ohne Wissen* or *Kenntnis, unbewußt* (of a th e-r S); to be ~ of a th *etw nicht wissen, nicht bemerken, nicht ahnen*; to be ~ *nicht ahnen* (that) | ~s ['ʌnə'wɛəz] adv *unbeabsichtigt, -versehens, aus Versehen* || *unerwartet, -vermutet*; to take *od* catch a p ~ *jdn überraschen* || at ~ *unerwartet, plötzlich*

unbacked [ʌn'bækt] a ⟨hors⟩ *nicht zugeritten* || ⟨fig⟩ *ungestützt, -gedeckt* (by *durch*); *ohne Hilfe* || ⟨racing⟩ an ~ horse *ein Pferd, auf das nicht gesetzt ist* –**bag** ['ʌn'bæg] vt (*Tier*) *aus e-m Sack herauslassen* –**baked** ['ʌn'beikt] a *ungebacken*; (of tiles, etc) *ungebrannt* || ⟨fig⟩ *roh, unreif*

unbalance ['ʌn'bæləns] **1.** s *Unwucht* f; degree of ~ *Ungleichförmigkeitsgrad* m **2.** vt *aus dem Gleichgewicht bringen; umwerfen* ⟨a fig⟩ ~**d** [~t] a *aus dem Gleichgewicht gebracht* (to become ~); *nicht im G. befindlich; unsicher*

|| 〈fig〉 *unausgeglichen; –gefestigt, –stet, schwankend* || 〈com〉 *nicht ausgeglichen, nicht saldiert*
unbale [ˈʌnˈbeil] vt (*Waren*) *aus dem Ballen packen*
unballast [ˈʌnˈbæləst] vt (*Schiff*) *vom Ballast befreien* | **~ed** [~id] a *ohne Ballast* || *ungefestigt, –sicher*
unbank [ˈʌnˈbæŋk] vt (*Feuer*) v *Schlacken befreien* **–baptized** [ˈʌnbæpˈtaizd] a *ungetauft* **–bar** [ʌnˈbɑ:] vt (*Tür*) *aufriegeln, öffnen;* 〈oft übtr〉 *offen legen* **–bark** [ʌnˈbɑ:k] vt *ent–, abrinden, schälen* **–barked** [ˈʌnˈbɑ:kt] a *berindet* (*Holz*), → *to bark entrinden* **–bathed** [ˈʌnˈbeiðd] a *ohne Bad* || *nicht naß; trocken*
unbearable [ʌnˈbɛərəbl] a (–bly adv) *unerträglich* **–ness** [~nis] s *Unerträglichkeit* f **–bearded** [ˈʌnˈbiədid] a *ohne Bart, bartlos* || 〈bot〉 *ohne Grannen* **–beaten** [ˈʌnˈbi:tn] a *ungeschlagen, –bestraft* || *unbetreten* (~ track); 〈übtr〉 *unerforscht* (region) || *unbesiegt* (~ army) || *unübertroffen* (~ record)
unbecoming [ˈʌnbiˈkʌmiŋ] a (~ly adv) *unschicklich, –ziemlich* || *unpassend* (in a p *für jdn*); *nicht geeignet; unangebracht* (to *für*) || *unkleidsam* **~ness** [~nis] s *Unziemlichkeit* f || *Unangebrachtheit* f
unbedded [ˈʌnˈbedid] a *ungebettet,* 〈geol〉 *nicht geschichtet* **–befitting** [ˈʌnbiˈfitiŋ] a *unpassend, nicht geziemend* (to do) **–befriended** [ˈʌnbiˈfrendid] a *ohne Freunde, freundlos* || *hilflos* **–begotten** [ˈʌnbiˈgɔtn] a *nicht erzeugt, nicht geboren*
unbeknown [ˈʌnbiˈnoun] **1.** pred a: ~ *to a p ohne jds Wissen* **2.** *unbekannt* (to a p *jdm*) **~st** [~st] pred a & adv 〈fam〉 *unbekannt* || ~ *to a p ohne jds Wissen*
unbe– **~lief** [ˈʌnbiˈli:f] s *Unglaube* m || 〈übtr〉 *Zweifel* m; *Mißtrauen* n **~lievable** [ˈʌnbiˈli:vəbl] a (–bly adv) *unglaublich, –haft* **~liever** [ˈʌnbiˈli:və] s *Ungläubiger; Zweifler* m **~lieving** [ˈʌnbiˈli:viŋ] a *ungläubig* **~loved** [ˈʌnbiˈlʌvd] a *nicht geliebt*
unbelt [ˈʌnˈbelt] vt *aus dem Gurt nehmen;* (*Schwert*) *ab–, losschnallen*
unbend [ˈʌnˈbend] vt/i [–bent/–bent] || (*Bogen*) *entspannen* || 〈mar〉 (*Segel*) v *den Rahen herabnehmen, abschlagen;* (*Kabel*) *vom Ankerring losmachen;* (*Tau*) *losbinden* || 〈übtr〉 *to* ~ *one's mind den Geist entspannen, ruhen l; to* ~ *o.s. sich ausruhen* | vi *sich entspannen; sich lockern* || 〈übtr〉 *zwanglos w, sich gehen l; mitteilsam or freundlich w, auftauen* **~ing** [~iŋ] a *nicht biegsam* || *ungebeugt, aufrecht* || 〈fig〉 *unbeugsam, –nachgiebig* | *freundlich, mitteilsam*
unbeneficed [ˈʌnˈbenifist] a *ohne Pfründe*
unbe– **~rufen** [ˌʌnbiˈru:fən] a 〈Ger〉 *unberufen* **~seeming** [ˈʌnbiˈsi:miŋ] a (~ly adv) = *unbecoming, –unbefordert, freiwillig*
unbias(s)ed [ˈʌnˈbaiəst] a (~ly adv) *unparteiisch; –befangen, –beeinflußt, ohne Vorurteil; sachlich* **–bidden** [ˈʌnˈbidn] a *ungebeten; –geheißen* || *unaufgefordert, freiwillig* **–bind** [ˈʌnˈbaind] vt [–bound/–bound] 〈bes poet〉 *auf–, losbinden; lösen* || (*jdn*) *befreien* || (*Buch*) *aus dem Einband lösen* **–bitt** [ˈʌnˈbit] vt (*Kabel*) *aus dem Beting lösen* **–blamable** [ˈʌnˈbleiməbl] a (–bly adv) *untadelig, –bescholten, –schuldig* **–bleached** [ˈʌnˈbli:tʃt] a *ungebleicht* **–blemished** [ʌnˈblemiʃt] a *fleckenlos* || 〈fig〉 *makellos, unbefleckt* **–blended** [ʌnˈblendid] a *ungemischt, rein* **–blooded** [ʌnˈblʌdid] a *nicht rasserein* (horse) **–bloody** [ʌnˈblʌdi] a *nicht mit Blut befleckt; unblutig; ohne Blutvergießen geschehen* pp || 〈fig〉 *nicht blutdürstig* **–blown** [ʌnˈbloun] a *noch nicht in Blüte, noch im Keim befindlich; unentwickelt*

–blushing [ʌnˈblʌʃiŋ] a (~ly adv) *nicht errötend* || *schamlos* **–bodied** [ˈʌnˈbɔdid] a *körperlos, unkörperlich; vom Körper befreit*
unbolt [ʌnˈboult] vt (*Tür*) *aufriegeln, öffnen* | **~ed** [~id] a *unverriegelt, offen*
unbolted [ʌnˈboultid] a *ungebeutelt, –gesiebt* (flour) **–bonnet** [ʌnˈbɔnit] vi/t || *den Hut abnehmen* (to *vor*) | vt to ~ *a p jdm den Hut vom Kopfe schlagen* **–bookish** [ˈʌnˈbukiʃ] a *nicht belesen; nicht gelehrt, nicht aus Büchern schöpfend* **–boom** [ˈʌnˈbu:m] s *Wirtschaftsflaute* f, → *recession* **–boot** [ʌnˈbu:t] vt/i || (*jdm*) *die Stiefel ausziehen* | vi *sich die Stiefel ausziehen* **–born** [ˈʌnˈbɔ:n] a (*noch*) *ungeboren* || *zukünftig* **–bosom** [ʌnˈbuzəm] vt/i || (*Gedanken*) *enthüllen, offenbaren; to* ~ *o.s. sein Herz ausschütten* (to a p *jdm*) | vi *sich offenbaren* or *anvertrauen* (to a p *jdm*) **–bought** [ˈʌnˈbɔ:t] a *nicht käuflich erworben; nicht erkauft* || *durch Natur eigen, natürlich, naturgegeben* **–bound** [ˈʌnˈbaund] a *ungebunden, lose;* 〈fig〉 *nicht gebunden, frei* || 〈bookb〉 *ungebunden, geheftet, ohne Einband* **–bounded** [ʌnˈbaundid] a (~ly adv) *unbegrenzt* || 〈fig〉 *unbeschränkt; schranken–, grenzenlos* **–bowed** [ˈʌnˈbaud] a *ungebeugt, –gebrochen* (by durch) **–box** [ˈʌnˈbɔks] vt *aus dem Kasten nehmen;* (*Pferd*) *aus der Box nehmen* **–brace** [ˈʌnˈbreis] vt *losmachen, lösen* || *lockern, entspannen* (a fig; to ~ the mind) || *schwächen* **–breakable** [ˈʌnˈbreikəbl] a *unzerbrechlich* **–bred** [ʌnˈbred] a *unerzogen, –gebildet; nicht erzogen* (to *zu*) **~breech** [ʌnˈbri:tʃ] vt (e–*m Kinde*) *die Hosen herunterziehen* **–breeched** [ˈʌnˈbri:tʃt] a *ohne Hose;* (of boy) *noch Kleider, noch k–e Hosen tragend* **–bribable** [ʌnˈbraibəbl] a *unbestechlich* **–bridle** [ʌnˈbraidl] vt (*Pferd*) *abzäumen* || 〈fig〉 *losmachen,* (*Zunge*) *lösen* | **–d** [~d] a *ungezäumt* || 〈fig〉 *zügellos*
unbridgeable [ʌnˈbridʒəbl] a *unüberbrückbar*
unbroken [ʌnˈbroukn], * **unbroke** [ʌnˈbrouk] a *unzerbrochen, –gebrochen; heil, ganz* || 〈fig〉 *ungebrochen, –vermindert, –geschwächt; –verletzt* (~ promise) || *ununterbrochen* || 〈hors〉 *nicht zugeritten* || (of land) *ungepflügt, –berührt* || *unübertroffen* (record)
unbrotheriy [ʌnˈbrʌðəli] a *unbrüderlich* **–buckle** [ˈʌnˈbʌkl] vt *aus der Schnalle lösen; auf–, losschnallen* **–burden** [ʌnˈbə:dn] vt *entlasten, –laden; to* ~ *one's mind of sein Herz befreien, erleichtern* v | 〈fig〉 *enthüllen, offenbaren, to* ~ *one's heart to a p jdm sein Herz ausschütten* **–buried** [ˌʌnˈberid] a *unbeerdigt* **–burned** [ˈʌnˈbə:nd], **–burnt** [ˌʌnˈbə:nt] a *nicht verbrannt* || *ungebrannt* (brick) **–bury** [ʌnˈberi] vt *ausgraben* || 〈fig〉 *enthüllen, aufdecken* **–business-like** [ʌnˈbiznislaik] a *unkaufmännisch, nicht geschäftsmäßig, ungeschäftsmäßig* **–button** [ʌnˈbʌtn] vt (*Rock*) *aufknöpfen* || 〈fig〉 *frei m, lösen;* (e–r S) *Luft m;* ~ed 〈fig〉 *frei, ungehemmt, in an* ~ed *frame of mind* (*zugänglich*) „*aufgeknöpft"*
uncage [ˈʌnˈkeidʒ] vt *aus dem Käfig befreien* **–calcined** [ʌnˈkælsind] a: ore *Roherz* n **–calculated** [ʌnˈkælkjuleitid] a *nicht durch Rechnung festgestellt; nicht berechnet* **–called** [ʌnˈkɔ:ld] a *unaufgefordert, –gerufen* | ~-for *unaufgefordert, nicht begehrt; unerwünscht; –angebracht, –nötig; überflüssig* || *ungerechtfertigt, –berechtigt, –gehörig* **–cancelled** [ˈʌnˈkænsəld] a *nicht durchgestrichen; nicht aufgehoben, nicht entwertet* (stamp) **–candid** [ˈʌnˈkændid] a (~ly adv) *unaufrichtig, –ehrlich* **–canny** [ʌnˈkæni] a (–nily adv) *unheimlich, nicht geheuer; gefährlich, unsicher* **–canonical** [ˈʌnˈkænɔnikl] a (~ly adv) 〈bib〉 *nicht dem Kanon angehörig* || *dem kanonischen Recht widersprechend* **–capping** [ˈʌnˈkæpiŋ] s (*Steinbruch-*)*Aufdeckarbeit* f **–cared** [ˌʌnˈkɛəd] a: ~ *for unbeachtet; vernach–*

lässigt **–careful** [ˈʌnˈkɛəful] a *unvorsichtig* | *sorglos, unbekümmert* ‖ ~ *of ohne Rücksicht auf* **–carpeted** [ˈʌnˈkɑːpitid] a *nicht mit e–m Teppich versehen* **–cart** [ʌnˈkɑːt] vt *v e–m Karren laden, abladen* **–case** [ʌnˈkeis] vt *auspacken* ‖ *aus e–r Hülle herausnehmen*; *(Fahne) entfalten* **–catalogued** [ˈʌnˈkætələgd] a *nicht katalogisiert* **–caught** [ʌnˈkɔːt] a *nicht gefangen* **–caused** [ʌnˈkɔːzd] a *nicht durch etw verursacht*; *ohne Ursache geschehen* **–ceasing** [ʌnˈsiːsiŋ] a (~ly adv) *unaufhörlich, andauernd*; *to be ~ ständig im Gange sein* **–cemented** [ˈʌnsiˈmentid] a *unverkittet* **–ceremonial** [ˈʌnˌseriˈmounjəl] a *zwanglos* **–ceremonious** [ˈʌnˌseriˈmounjəs] a (~ly adv) *ungezwungen, zwanglos (meeting)* ‖ *formlos*; *unhöflich*

uncertain [ʌnˈsəːtn] a (~ly adv) *unsicher, –bestimmt, zweifelhaft* | *schwankend*; *unzuverlässig (person)*; *launenhaft*; *unberechenbar* | *nicht sicher, nicht gewiß (of a th e–r S)* **~ty** [~ti] s *Unsicher–*; *Ungewißheit* f; ⟨jur⟩ *void for ~ ungültig wegen Unklarheit* ‖ *Unzuverlässigkeit*; *Unberechenbarkeit* f

uncertificated [ˈʌnsəˈtifikeitid] a *unbescheinigt, ohne Bescheinigung or Zeugnis* **–fied** [ˈʌnˈsəːtifaid] a *unbewiesen, –bezeugt*

unchain [ʌnˈtʃein] vt *losketten* ‖ *befreien*; ⟨fig⟩ *(Leidenschaft) entfesseln* **–challengeable** [ˈʌnˈtʃælindʒəbl] a *nicht anzuzweifeln(d) or anzufechten(d)* **–challenged** [ˈʌnˈtʃælindʒd] a *nicht herausgefordert* ‖ ⟨fig⟩ *nicht angezweifelt, unbeanstandet, –angefochten, –bestritten*

unchangeable [ʌnˈtʃeindʒəbl] a (–bly adv) *unveränderlich*; *–verwandelbar* **~ness** [~nis] s *Unveränderlichkeit* f

unchanged [ˈʌnˈtʃeindʒd] a *unverändert* **–changing** [ʌnˈtʃeindʒiŋ] a (~ly adv) *unveränderlich*; *gleichbleibend* **–characteristic** [ˈʌnˌkæriktəˈristik] a (–ally adv) *nicht charakteristisch (of für)* **–charged** [ʌnˈtʃɑːdʒd] a *unbelastet (with mit)* ‖ *nicht angeklagt* ‖ *⟨a el⟩ ungeladen (~ gun)*

uncharitable [ʌnˈtʃæritəbl] a (–bly adv) *lieblos, hartherzig* **~ness** [~nis] s *Lieblosigkeit* f

uncharted [ʌnˈtʃɑːtid] a *nicht angegeben or bezeichnet (auf Karten)* ‖ ⟨übtr⟩ *unbekannt* **–tered** [ˈʌnˈtʃɑːtəd] a *nicht privilegiert*; *nicht durch Freibrief genehmigt* ‖ *gesetzlos*

unchaste [ʌnˈtʃeist] a (~ly adv) *unkeusch, unrein* **–teness** [–nis], **–tity** [ʌnˈtʃæstiti] s *Unkeuschheit, –reinheit* f

unchecked [ˈʌnˈtʃekt] a *ungehindert*; ⟨fig⟩ *–gehemmt* ‖ *nicht kontrolliert, nicht geprüft* **–chivalrous** [ʌnˈʃivəlrəs] a (~ly adv) *unritterlich* **–christened** [ʌnˈkrisnd] a *nicht bekehrt*; *ungetauft* **–christian** [ʌnˈkristjən] a (~ly adv) *unchristlich* **–church** [ʌnˈtʃəːtʃ] vt *aus der Kirche ausschließen* ‖ *(e–r Gemeinde) den kirchl. Charakter nehmen (a to ~ a church)*

uncial [ˈʌnsiəl] 1. a *Unzial–* 2. s *Unzialbuchstabe* m ‖ *Handschrift* f *in Unzialbuchstaben*

unciform [ˈʌnsifɔːm] a ⟨anat⟩ *hakenförmig* **–inate** [ˈʌnsinit] a ⟨bot zoo⟩ *hakenförmig (gekrümmt)*; *hakige Stacheln tragend*

uncircumcised [ˈʌnˈsəːkəmsaizd] a *unbeschnitten (Jew)* ‖ *ungläubig, heidnisch* **–sion** [ˈʌnˌsəkəmˈsiʒən] s *Unbeschnittenheit* f *(e–s Juden)*; *the ~* ⟨bib⟩ *die Heiden* m pl

uncivil [ʌnˈsivl] a (~ly adv) *unhöflich*; *schroff (to gegen), grob* ‖ → *incivility* **~ized** [ʌnˈsivilaizd] a *unzivilisiert, –gesittet*

unclad [ˈʌnˈklæd] a ⟨tech⟩ *nicht plattiert* **–claimed** [ʌnˈkleimd] a *nicht als Eigentum angesprochen or beansprucht* ‖ *nicht abgehoben (money)*; *nicht abgenommen (goods)* ‖ *unbestellbar (letters)* **–clamping** [ʌnˈklæmpiŋ] s ⟨tech⟩ *Ausspannen* n *(e–s Werkstücks)* **–clasp** [ʌnˈklɑːsp] vt/i ‖ *aus e–m Haken lösen, loshaken* |

lösen; *(gewaltsam) öffnen* | vi *sich lösen, sich öffnen* **–classed** [ʌnˈklɑːst] a *z keiner Klasse gerechnet or gehörig* **–classified** [ˈʌnˈklæsifaid] a *nicht (nach Klassen) geordnet* ‖ *nicht klassifiziert* ‖ ⟨mil⟩ *offen, freigegeben (nicht geheim)*

uncle [ˈʌŋkl] s *Onkel, Oheim* m, *great–~ Großonkel* m; → *Sam* ‖ *Onkel (als Anrede f älteren Mann)* ‖ ⟨sl⟩ *Pfandleiher* m

unclean [ˈʌnˈkliːn] a (´––) *unreinlich, unrein*; *belegt (tongue)* ‖ *rituell unrein*; ⟨hebr⟩ *nicht koscher* ‖ *moralisch unrein, unkeusch* **~ness** [~nis] s *Unreinlichkeit* f ‖ *Unreinheit* f **–ly** [ˈʌnˈklenli] a *unrein, schmutzig*

unclear [ʌnˈkliə] a *nicht klar, unklar*; *dunkel* ⟨a übtr⟩ **~ed** [ʌnˈkliəd, ´––] a *nicht abgeräumt (~ table)* ‖ *ungelichtet (~ forest)* ‖ *nicht freior losgesprochen (of v)* ‖ *nicht bezahlt* ‖ *nicht (auf)geklärt, nicht behoben*

uncleft [ˈʌnkleft, ´–´] a *ungespalten (Holz), wood Rundholz* n **–clench** [ʌnˈklen(t)ʃ] vt *(die geballte Faust) öffnen*; *(Tür) gewaltsam öffnen* ‖ *loslassen* **–clerical** [ʌnˈklerikəl] a *ungeistlich, e–m Geistlichen nicht geziemend* **–clinch** [ʌnˈklin(t)ʃ] vt = *to unclench* **–cloak** [ʌnˈklouk] vt/i *(jdm) den Mantel abnehmen, to ~ o.s. den Mantel ausziehen* ‖ ⟨fig⟩ *enthüllen, entlarven* | vi *den Mantel ausziehen* **–cloistered** [ʌnˈklɔistəd] a *keinem Kloster angehörig*

unclose [ʌnˈklouz] vt/i ‖ *öffnen* ‖ ⟨fig⟩ *enthüllen* | vi *sich öffnen, geöffnet w* | **~d** [~d] a *nicht geschlossen, unverschlossen, offen* ‖ *nicht beengt, frei (view)* ‖ *unbeendet*

unclothe [ˈʌnˈklouð, (attr) ´––] vt *entkleiden*; *entblößen* ‖ ⟨fig⟩ *frei m, enthüllen* | **~d** [~d] a *unbekleidet, nackt*

unclouded [ˈʌnˈklaudid] a *unbewölkt*; *klar, heiter* ⟨a fig⟩

unco' [ˈʌŋkou] Scot (→ *uncouth*) 1. a *ungewöhnlich, seltsam*; *unheimlich* ‖ *groß* 2. adv *höchst, äußerst, sehr*; *the ~ guid* [gid] *die Selbstgerechten* m pl 3. s *Neuigkeit* f; *seltsame, ungewöhnliche S or P* f

uncock [ʌnˈkɔk] vt *(den Hahn e–s Gewehres etc) entspannen* **–coffined** [ˈʌnˈkɔfind] a *nicht eingesargt* **–cog** [ʌnˈkɔg] vt *(Uhr-Schlagwerk) auslösen* **–coil** [ʌnˈkɔil] vt/i ‖ *(Tau) abwickeln or –rollen* | vi *sich loswickeln* **–coined** [ˈʌnˈkɔind] a *ungeprägt (silver)* **–collected** [ˈʌnkəˈlektid] a *ungesammelt, nicht eingesammelt or erhoben (taxes)* ‖ ⟨fig⟩ *ungeordnet, verworren (thoughts)* **–coloured**, ⟨Am⟩ **–colored** [ˈʌnˈkʌləd] a *ungefärbt, nicht farbig* | ⟨fig⟩ *ungefärbt, nicht farbig* | ⟨fig⟩ *ungefärbt, –geschminkt, schlicht* ‖ *nicht beeinflußt (by)* **–combed** [ˈʌnˈkoumd] a *ungekämmt* **–combined** [ˈʌnkəmˈbaind] a ⟨a chem⟩ *unverbunden* ‖ *ungebunden (heat)*; *frei (carbon)* **–comeatable** [ˈʌnkəmˈætəbl] a ⟨fam⟩ *unerreichbar, –zugänglich, –nahbar* **–comeliness** [ˈʌnˈkʌmlinis] s *Unschönheit, Häßlichkeit* f ‖ *Unanständigkeit* f **–comely** [ˈʌnˈkʌmli] a *unansehnlich, unschön, häßlich* ‖ *ungeziemend, –anständig*

uncomfortable [ʌnˈkʌmfətəbl] a (–bly adv) *unbequem, –behaglich, –gemütlich* ‖ *unangenehm, –erfreulich*; *beunruhigend* **~ness** [~nis] s *Unbehaglichkeit* f ‖ *Unerfreulichkeit* f

uncommendable [ˈʌnkəˈmendəbl] a *nicht z empfehlen(d)* **–commercial** [ˈʌnkəˈməːʃəl] a *nicht handeltreibend* ‖ *unkaufmännisch* **–commissioned** [ˈʌnkəˈmiʃənd] a *nicht beauftragt, unbestallt*; *unbeamtet* **–committed** [ʌnkəˈmitid] a *nicht begangen, nicht ausgeübt (crime)* ‖ *nicht gebunden (to an)*

uncommon [ʌnˈkɔmən] 1. a (~ly adv) *ungewöhnlich, selten* ‖ *außer–, ungewöhnlich, außerordentlich* 2. adv ⟨fam⟩ *ungewöhnlich, außerordentlich* **~ness** [~nis] s *Ungewöhnlichkeit*; *Seltenheit* f ‖ *Außergewöhnlichkeit* f

uncommunicable ['ʌnkə'mju:nikəbl] a *nicht mitteilbar*

uncommunicative ['ʌnkə'mju:nikeitiv] a *nicht mitteilsam*; *verschlossen* **~ness** [~nis] s *Verschlossenheit* f

uncompanionable ['ʌnkəm'pænjənəbl] a *ungesellig, nicht umgänglich* **-passionate** ['ʌnkəm'pæʃənit] a *mitleidslos*; *hart* (law) **-pelled** ['ʌnkəm'peld] a *ungezwungen*

uncomplaining ['ʌnkəm'pleiniŋ] a (~ly adv) *nicht klagend* or *murrend*; *geduldig* **~ness** [~nis] s *Geduld* f

uncompleted ['ʌnkəm'pli:tid] a *unvollendet, nicht vollendet* **-plicated** ['ʌn'kɔmplikeitid] a *nicht kompliziert* or *verwickelt*; *einfach* **-plimentary** ['ʌn,kɔmpli'mentəri] a *nicht schmeichelhaft* || *unhöflich* **-pounded** ['ʌnkəm'paundid] a *nicht zus–gesetzt*; *unvermischt*; ⟨mot etc⟩ *ungefettet* (*Öl*) **-promising** [ʌn'kɔmprəmaiziŋ] a (~ly adv) *z k–m Vergleich geneigt, unnachgiebig, –versöhnlich, –beugsam*; *strikt*

unconcealed ['ʌnkən'si:ld] a *unverborgen, –verhohlen, offen* **-cern** ['ʌnkən'sə:n] s *Sorglosigkeit* f; *Gleichgültigkeit* f (with ~) **-cerned** ['ʌnkən'sə:nd] a (~ly adv) [ʌnkən'sə:nidli] adv) *unbekümmert, sorglos* (about *über, um, wegen*) || *nicht beunruhigt* || *gleichgültig*; *uninteressiert* (with *an*) || *nicht verwickelt* (in *in*) *unbeteiligt* (in *an*) **-cernedness** ['ʌnkən'sə:nidnis] s = unconcernment **-cernment** ['ʌnkən'sə:nmənt] s *Sorglosigkeit* f (about *um*) || *Gleichgültigkeit*; *Uninteressiertheit* f || ⟨ec⟩ *Nichtbeteiligtsein* n **-ciliatory** ['ʌnkən'siliətəri] a *unversöhnlich*

uncondemned ['ʌnkən'demd] a *nicht verurteilt*; *nicht getadelt* **-ditional** ['ʌnkən'diʃnl] a (~ly adv) *unbedingt* (satisfaction), *bedingungslos*; *uneingeschränkt*; *vorbehaltlos* **-ditionality** ['ʌnkən,diʃə'næliti] s *Bedingungslosigkeit* f; *Vorbehaltlosigkeit* f **-ditioned** ['ʌnkən'diʃnd] a *bedingungslos*; ⟨philos⟩ *unbedingt, absolut*

unconfessed ['ʌnkən'fest] a *nicht eingestanden* (crime) || [pred] ⟨ec⟩ *ohne Beichte abgelegt z h* (to die ~) **-fined** ['ʌnkən'faind] a *unbegrenzt, –beschränkt*; *–hindert* (by *durch*) || *nicht befestigt*; *lose* **-firmed** ['ʌnkən'fə:md] a *unbestätigt, –verbürgt* || ⟨ec⟩ *unkonfirmiert* **-formable** ['ʌnkən'fɔ:məbl] a (–bly adv) *unvereinbar* (to *mit*); *nicht übereinstimmend* (to *mit*); *widerstrebend* (to a th *e–r S*) || ⟨geol⟩ *nicht in derselben Richtung laufend* (strata) **-fused** ['ʌnkən'fju:zd] a *nicht verwirrt* or *beeinträchtigt* (by *durch*)

uncongenial ['ʌnkən'dʒi:njəl] a (~ly adv) *nicht kongenial*; *unsympathisch* || *nicht zusagend* (climate); *nicht passend* (to *zu*) || *unangenehm* **-connected** ['ʌnkə'nektid] a (~ly adv) *nicht verbunden* (with); *nicht zus–hängend*; *isoliert* || *nicht verwandt* || ⟨log⟩ *nicht zus–hängend*; *unzus–hängend*

unconquerable [ʌn'kɔŋkərəbl] a (–bly adv) *unüberwindlich*; *unbesiegbar* **-quered** ['ʌn'kɔŋkəd] a *unbesiegt*

unconscientious ['ʌnkɔnʃi'enʃəs] a (~ly adv) *gewissenlos, skrupellos* **-scionable** [ʌn'kɔnʃnəbl] a (–bly adv) *gewissenlos* || *unverantwortlich*; *unanständig, hemmungslos* || *übermäßig, enorm*; *unglaublich* **-scious** [ʌn'kɔnʃəs] **1.** a (~ly adv) *unbewußt*; *nicht wissend*; to be ~ of a th *etw nicht ahnen*; *sich e–r S nicht bewußt sein* || ⟨med⟩ *bewußtlos* || *unbewußt*; *–beabsichtigt*; *–freiwillig, –willkürlich*; [pred] *in Gedanken* || *kein Bewußtsein habend* (~ nature) **2.** s the ~ *das Unter–, Unbewußte* n **-sciousness** [–nis] s *Unkenntnis* f; *Unbewußtheit* f || ⟨med⟩ *Bewußtlosigkeit* f

uncon- || **~secrated** ['ʌn'kɔnsikreitid] a *ungeweiht* **~senting** ['ʌnkən'sentiŋ] a *nicht einwilligend*; *nicht zustimmend, ablehnend* **~sidered**

['ʌnkən'sidəd] a *nicht beachtet* || *unbedacht, –überlegt* **~stitutional** ['ʌn,kɔnsti'tju:ʃnl] a (~ly adv) *verfassungswidrig* **~stitutionality** ['ʌn-kɔnsti,tju:ʃə'næliti] s *Verfassungswidrigkeit* f **-strained** ['ʌnkən'streind] a (~ly [–nidli] adv) *ungezwungen*; *frei* || ⟨fig⟩ *ungezwungen, zwanglos, natürlich* **-straint** ['ʌnkən'streint] s *Ungezwungenheit* f

uncon- || **~taminated** ['ʌnkən'tæmineitid] a *unbefleckt, –berührt*; *rein* **~templated** [ʌn'kɔntəmpleitid] a *nicht bedacht, nicht erwartet* **~tested** ['ʌnkən'testid] a *unbestritten*; *unumstritten*; an ~ election *e–e Wahl ohne Gegenkandidat* **~tradicted** ['ʌn,kɔntrə'diktid] a *unwidersprochen, –bestritten* **~trollable** [,ʌnkən'trouləbl] a (–bly adv) *unumschränkt* || *unkontrollierbar, nicht zu meistern(d)* || *unbändig*; *unbeherrscht, zügellos* **~trolled** ['ʌnkən'trould] a (~ly [–lidli] adv) *ohne Aufsicht, unbeaufsichtigt, –gehindert* || *unbeherrscht, zügellos* || **-** mine *Streumine* f || ~ mosaic ⟨aero–phot⟩ *Bildskizze* f **~troverted** ['ʌn,kɔntrə'və:tid] a *unbestritten, –angefochten*

unconventional ['ʌnkən'venʃən] a (~ly adv) *unkonventionell, formlos*; *ungezwungen, zwanglos, natürlich* || ~ warfare *irreguläre Kriegführung* f (z. B. *Bandenkrieg*) **~ity** ['ʌnkən,venʃə'næliti] s *Zwanglosigkeit, Ungezwungenheit* f

uncon- || **~versant** ['ʌn'kɔnvəsnt] a *unbewandert, nicht vertraut* (with *mit*) **-verted** ['ʌnkən'və:tid] a ⟨ec⟩ *unbekehrt* || *unüberzeugbar* || *unverwandelt* || *unverändert* **-vertible** ['ʌnkən'və:təbl] a *unverwandelbar* || *ungleichwertig*; *nicht vertauschbar* (terms) || ⟨com⟩ *unumwechselbar, nicht umsetzbar* **-vinced** ['ʌnkən'vinst] a *nicht überzeugt* **-vincing** ['ʌnkən'vinsiŋ] a (~ly adv) *nicht überzeugend*

uncooked ['ʌn'kukt; '– –;–'–] a *ungekocht, roh* **-cord** [ʌn'kɔ:d] vt *los–, aufbinden, aufschnüren* **cork** [ʌn'kɔ:k] vt (*Flasche*) *entkorken* || ⟨fam fig⟩ *frei m, (e–r S) freien Lauf l* (to ~ one's feelings *s–n Gefühlen freien Lauf l*) **-corrected** ['ʌnkə'rektid] a *unverbessert*; *nicht berichtigt* **-corroborated** ['ʌnkə'rɔbəreitid] a *unbestätigt* **-corrupted** ['ʌnkə'rʌptid] a *nicht verdorben* || ⟨fig⟩ *unverdorben* **-cosy** ['ʌn'kouzi] a *unbehaglich, –gemütlich* **-countable** ['ʌn'kauntəbl] a *unzählbar*; *unzählig* **-counted** ['ʌn'kauntid] a *ungezählt* || *zahllos* **-couple** ['ʌn'kʌpl] vt (*Hunde*) *aus der Koppel loslassen* || *loslösen, trennen* || ⟨tech⟩ *aus–, loskuppeln*; *ausschalten*

uncourteous [ʌn'kə:tiəs] a (~ly adv) *unhöflich* **~ness** [~nis] s *Unhöflichkeit* f **uncourtly** ['ʌn'kə:tli] a *nicht vornehm, nicht fein* || *unhöflich*; *ungeschliffen*

uncouth [ʌn'ku:θ] a (~ly adv) **1.** † *unbekannt, fremd*; *seltsam*; (of places) *einsam*; *wild, rauh* **2.** *ungewandt, –beholfen, –geschlacht, –gehobelt, bäurisch, linkisch*; *roh, ungebildet* **~ness** [~nis] s *Ungeschlachtheit* f etc

uncovenanted ['ʌn'kʌvənəntid] a *nicht kontraktlich verpflichtet* or *gesichert* (~ civil servant of India)

uncover [ʌn'kʌvə] vt/i || *aufdecken, bloßlegen* || *entkleiden*; *–blößen* (to ~ one's head); to ~ o.s. *den Hut abnehmen* || ⟨fig⟩ *aufdecken, enthüllen, offenbaren* (one's heart to a p *jdm sein Herz*) || ⟨mil⟩ *bloßlegen, außer Deckung bringen, ohne D. l* | vi *den Hut abnehmen, grüßen* | **~ed** [–d] a *unbedeckt*; ⟨mil⟩ *ungedeckt, –geschützt* || *barhäuptig, unbedeckt; –bekleidet, nackt*

uncracked ['ʌn'krækt] a *nicht zersprungen* or *geborsten* (pot) **-create** ['ʌnkri:'eit] vt *des Daseins berauben*; ⟨fig⟩ (*Leben*) *auslöschen* **-credited** ['ʌn'kreditid] a: to be ~ *nicht geglaubt w*; ⟨com⟩ *ohne Kredit* s **-crippled** [ʌn'kripld] a *nicht verkrüppelt* || *unbeschädigt*

–critical [ˈʌnˈkritikl] a (∼ly adv) *unkritisch*; *kritiklos* ‖ *kritikwidrig*

uncross [ˌʌnˈkrɔs] vt *aus der Kreuzlage bringen, geradelegen* | **∼ed** [∼t] a *nicht gekreuzt* (legs) ‖ (of a cheque) *ungekreuzt* ‖ *nicht ge–, verhindert* (by *durch, von*)

uncrowned [ˈʌnˈkraund; ˈ–ˈ–] a *ungekrönt* ⟨a übtr⟩

unction [ˈʌŋkʃən] s **1.** (of kings) *Salbung* f ‖ ⟨ec⟩ *Ölung* f; ⟨R.C.⟩ Extreme ⟳ *Letzte Ölung* f (to administer Extreme ⟳ *die L. Ö. geben*) | ⟨med⟩ *Einreibung* f **2.** ⟨fig⟩ *Salbung, Inbrunst, Rührung* f; *Wärme* f, *Pathos* n ‖ *heuchlerische Inbrunst* f **3.** *Öl* n, *Salbe* f ‖ ⟨fig⟩ *Balsam* m; *innere Kraft* f; *inneres Behagen* n (with ∼) **–tuosity** [ˌʌŋktjuˈɔsiti] s *Öligkeit* f ‖ ⟨fig⟩ *Salbung* f **–tuous** [ˈʌŋktjuəs] a (∼ly adv) *ölig, fettig* ‖ ⟨fig⟩ *salbungsvoll* **–tuousness** [–nis] s = unctuosity

uncul– ‖ **∼tivable** [ˈʌnˈkʌltivəbl] a *unbebau–, unbestellbar* (soil) **∼tivated** [ˈʌnˈkʌltiveitid] a *unangebaut, –bebaut* ‖ ⟨fig⟩ *ungeübt, vernachlässigt* (talent); *nicht gepflegt* ‖ *ungebildet, roh, verwildert* **∼tured** [ˈʌnˈkʌltʃəd] a *nicht bebaut* ‖ ⟨fig⟩ *ungebildet, –gesittet*

uncumbered [ˈʌnˈkʌmbəd] a *unbeschwert, –belastet* (by *durch*) **–curbed** [ˈʌnˈkəːbd] a *ohne Kinnkette* (bridle) ‖ ⟨fig⟩ *ungezähmt, zügellos* **–cured** [–ˈkjuəd] a *nicht geheilt* ‖ ⟨cul⟩ *ungesalzen, –gepökelt* **–curl** [ˌʌnˈkəːl] vt/i ‖ *to* ∼ *a* th *die Locken, Kräuseln e–r S entfernen*; (*Haar*) *glatt m*; *gerade m* | *vi glatt or gerade w* **–curtailed** [ˈʌnkəːˈteild] a *unbeschnitten; –gekürzt*; *–geschmälert*

uncus [ˈʌŋkəs] s L (pl unci [ˈʌnsai]) *Haken* m

uncustomary [ˈʌnˈkʌstəməri] a *ungebräuchlich* **–customed** [ˈʌnˈkʌstəmd] a *unverzollt* **–cut** [ˈʌnˈkʌt; ˈ–ˈ–] a *ungeschnitten, ungemäht* ‖ *unbeschnitten* ‖ ⟨bookb⟩ *nicht aufgeschnitten*

undamaged [ˈʌnˈdæmidʒd] a *unbeschädigt; –verdorben; –versehrt* **–damped** [ˈʌnˈdæmpt] a *nicht entmutigt* ‖ *ungedämpft* (oscillations) **–dashed** [ˈʌnˈdæʃt] a *nicht gemischt* (with); *nicht beeinflußt* (by *durch*)

undate(d) [ˈʌndeit(id)] a ⟨bot⟩ *wellenförmig, wellig*

undated [ʌnˈdeitid] a *undatiert*; *to be* ∼ *ohne Datum s*

undaunted [ʌnˈdɔːntid] a (∼ly adv) · *unerschrocken, furchtlos* **∼ness** [∼nis] s *Unerschrockenheit* f

undé, undee [ˈʌndi] a ⟨her⟩ *wellig*

undecagon [ʌnˈdekəgɔn] s ⟨math⟩ *Elfeck* n

undecaying [ˈʌndiˈkeiiŋ] a *unvergänglich*

unde– ‖ **∼ceive** [ˈʌndiˈsiːv] vt (*jdm*) *die Augen öffnen, die Illusion zerstören*; (*jdn*) *über Irrtum aufklären* | **∼d** [∼d] a *nicht getäuscht, nicht irregeführt* (by *durch*) **∼cided** [ˈʌndiˈsaidid] a (∼ly adv) *unentschieden, –bestimmt; –beständig* (weather) ‖ (P) *unschlüssig; –entschlossen* ‖ *unbestimmt, –ausgesprochen* (features) **∼cipherable** [ˈʌndiˈsaifərəbl] a *nicht entzifferbar, nicht z entziffern(d)*; *unerklärlich* **∼clared** [ˈʌndiˈklɛəd] a *nicht bekannt gemacht, nicht erklärt* (war) ‖ ⟨com⟩ *nicht deklariert* **∼dicated** [ˈʌnˈdedikeitid] a *ungeweiht* (church) ‖ *nicht gewidmet* ‖ (of land, etc) *nicht dem öffentl. Verkehr übergeben* **∼fended** [ˈʌndiˈfendid] a *unverteidigt, –beschützt* ‖ ⟨jur⟩ *nicht verteidigt or gestützt*; *unverteidigt, keine Verteidigung findend* (action) **∼filed** [ˈʌndiˈfaild] a *unbefleckt, makellos; rein* ‖ *nicht entweiht* (by) **∼finable** [ˈʌndiˈfainəbl] a *undefinierbar, –bestimmbar* **∼fined** [ˈʌndiˈfaind] a *nicht begrenzt, unbestimmt* (term); *unklar*

undeify [ˈʌnˈdiːifai] vt (*jdn*) *des Gottestums, der Heiligkeit entkleiden*

undelivered [ˈʌndiˈlivəd] a *nicht befreit* (from

von) ‖ *unbestellt* (letter); *nicht (ab)geliefert* (goods) ‖ *nicht gehalten* (speech)

undemocratic [ˈʌnˌdeməˈkrætik] *undemokratisch*

undemonstrative [ˈʌndiˈmɔnstrətiv] a (∼ly adv) *zurückhaltend, unaufdringlich*; *gemessen* **∼ness** [∼nis] s *Zurückhaltung* f

undeniable [ˌʌndiˈnaiəbl] a *unleugbar, –bestreitbar, –mißverständlich* ‖ *nicht abzuleugnen(d), unanfechtbar; vortrefflich, tadellos* **–ably** [ˌʌndiˈnaiəbli] adv *unleugbar, unstreitig; sicher*

undenominational [ˈʌndiˌnɔmiˈneiʃn] a *interkonfessionell, paritätisch*; ∼ school *Simultanschule* f

undependable [ˈʌndiˈpendəbl] a *unzuverlässig*

under [ˈʌndə] **I.** prep **1.** *unter* [+ dat] (∼ the table); he carried his umbrella ∼ his arm *.. unter dem Arm*; he struck me ∼ the left eye *er traf mich unter das* (acc) (*dem* [dat]) *linke(n) A.*; to lie ∼ water *unter Wasser* [dat] *stehen*; to publish ∼ one's own name, ∼ the title of *.. unter* [dat]; ⟨fig⟩ there is nothing new under the sun *unter* [dat]; *unterhalb* [+ gen] (e–r S); ∼ ground *unterhalb des Erdbodens*; (to assemble) ∼ the wall *am Fuße der Mauer*; → foot | ∼ a p's nose *jdm vor der Nase* ‖ ∼ the rose *im Vertrauen* | from ∼ *unter .. hervor* (from ∼ the table) | *unter, hinein in* [+ acc] (put it ∼ the table; to inject ∼ the skin); brought ∼ the hammer (z *Versteigerung*) *unter den H. gebracht* **2.** ⟨übtr⟩ *unter* [+ dat] **a.** *z Füßen, unter der Leitung v* (to study ∼ a master; the troops are *od* fight ∼ the command of General N.) **b.** *unter der Hülle, dem Mantel, Schutze v* (∼ the darkness *unter dem Sch. der Dunkelheit*); ∼ arms *unter den Waffen* ‖ ∼ cover of *unter dem Schutze v*; ∼ this cover *beiliegend* ‖ ∼ fire *unter Feuer* ‖ to be ∼ an impression ‖ ∼ the mask of friendship ‖ ∼ the seal of secrecy ‖ ∼ the semblance of a lie | *unter dem Eindruck v* (∼ the novelty *unter dem E. der Neuigkeit*); *unter dem Druck, der Einwirkung v*, ∼ the burden, ∼ the load *unter der Last*; ∼ chloroform *in der Narkose*; ∼ a cloud *unter dem Verdacht stehend; übel beleumdet* ‖ *unter* [acc]: the prisoner fell ∼ the amnesty **c.** *unter der Regierung* (jds), *beherrscht v* (∼ the Tudors) → **d.** *im Zustande v*; ∼ these circumstances *unter diesen Umständen*; ∼ the present circumstances *der augenblicklichen Sachlage nach* ‖ to be ∼ consideration, discussion *erwogen, erörtert w*; to be ∼ a delusion *od* mistake *sich in e–m Wahn or Irrtum befinden*; ∼ repair *in Reparatur*; ∼ sail *unter Segel*; ∼ sentence of death *z Tode verurteilt*; ∼ treatment *in Behandlung* ‖ ∼ way, ∼ weigh ⟨mar⟩ *im Segeln, in vollem Lauf, in Fahrt* ‖ to come, be ∼ discussion *z D. k, stehen* ‖ to stand ∼ an impeachment for high treason *unter Anklage des H. stehen* ‖ to act (come) ∼ the influence of a p, of alcohol [dat] *stehen*, [acc] *geraten* ‖ forbidden ∼ a heavy penalty, ∼ penalty of £ 5 *.. bei schwerer, bei e–r Strafe v .. verboten* ‖ he did it ∼ pressure, ∼ the pressure of circumstances *unter dem Druck der Verhältnisse* ‖ to keep, to be ∼ restraint *in Gewahrsam* .. **e.** *auf Grund v*, *im Sinne v, laut* (∼ the treaty *laut Vertrag*); *in Übereinstimmung mit* (∼ his edict) ‖ ∼ this act *nach or laut diesem Gesetz*; ∼ English law *nach englischem Recht* ‖ ∼ oath *unter Eid* **f.** *während der Zeit v* (∼ king John) ‖ ∼ the date (of) *unter dem Datum* (des) ‖ *unter* [dat] ∼ the old system, → c **3.** ⟨übtr⟩ *unter*; *geringer als, niedriger als* (no one ∼ a bishop); *weniger als* (people ∼ 40 years); a fraction ∼ 4 feet *ein Bruchteil unter 4 Fuß*; ∼ three days, ∼ three minutes *in weniger als 3 Tagen, 3 Minuten* | ∼ age *minderjährig* ‖ ∼ one's breath *flüsternd*, *leise* ‖ this loaf is ∼ weight .. *unter dem normalen G.* ‖ you cannot buy it ∼ £ 10 .. *nicht unter 10 £* ‖ to sell ∼ price *unter (dem festgesetzten) Preis verkaufen* **II.** adv *unter*; *–halb*, [*mst mit Verben*] → to bring, go, keep, knuckle, etc ‖ as ∼ *wie hierunter (angegeben)* ‖ (10) and ∼ (10) *u darunter* **III.** a *untere(r, –s), Unter–*; *unten befindlich*; *untergeordnet*; *ungenügend*

under– [ˈʌndə] *lebendes* pref [*betont in Subst. u Adj.*; *nebenbetont in Verben*] **1.** [*vor Verben*] *unter–* (to ∼*line*) **2.** [*vor Subst.*] *Unter–* (∼*ground*); ∼*-agent Unteragent* m; ∼*-gardener Untergärtner* m; ⌇ *Secretary of State Unterstaatssekretär* m; ∼*-the-counter prices Schwarzhandelspreise* m pl **3.** [*vor Verb. u Adj.*] *nicht genügend, zuwenig* (to ∼*-bid*); *minder–*; ∼*-ripe nicht vollreif* ∼**act** [ˈʌndərˈækt] vt/i ⟨theat⟩ ‖ (*Stück*) *ungenügend darstellen*; (*e–m Charakter*) *nicht gerecht w* | vi *ungenügend spielen* ∼**arm** [ˈʌndərɑːm] **1.** s *Unterarm* m; [attr] *Unterarm–*; ∼ service ⟨ten⟩ *Aufschlag* m *v unten* **2.** adv *mit dem U.* (to bowl ∼)

underbid [ˈʌndəˈbid] vt [–dd–] (→ to bid) (*jdn*) *unter*b·*ieten*; (*jdn*) *durch geringeres Angebot ausschließen* ∼**der** [∼ə] s *der zweithöchste Bieter* m

underbill [ˈʌndəˈbil] vt ⟨Am⟩ (*Waren*) *z niedrig deklarieren* –**bred** [ˈʌndəˈbred] a *ungebildet*, *–fein*, *–vornehm* –**brush** [ˈʌndərʌʃ] s *Unterholz, Gesträuch* n –**buy** [ˈʌndəˈbai] vt (→ to buy) (*etw*) *unter Preis kaufen* ‖ to ∼ a p *billiger kaufen als jd*

under– ‖ ∼**car** [ˈʌndəkɑː] s *Chassis* (∼ antenna) ∼**carriage** [ˈʌndəˈkæridʒ] s ⟨aero⟩ *Fahrwerk* n (*e–s Flugzeugs*) ‖ ∼ cushioning *–abfederung* f; ∼ door *–klappe* f; ∼ indicator *–anzeige(gerät* n) f; ∼ track *–Spurweite* f ∼**cart** [ˈʌndəkɑːt] s ⟨aero sl⟩ *Fahrwerk* n ∼**charge** [ˈʌndəˈtʃɑːdʒ] **1.** vt to ∼ a th *zuwenig berechnen f etw* ‖ to ∼ a p *jdn z gering belasten* (for *f*) | (*Geschütz*) *zuwenig laden* **2.** s *z geringe Berechnung, z geringe Belastung* f; *z niedriger Preis* m ∼**class** ⟨Am univ⟩, ∼ freshman and sophomores ∼**clay** [ˈʌndəklei] s *Tonschieferschicht* f *unter e–m Kohlenflöz* ∼**clerk** [ˈʌndəˈklɑːk] s ·*Unterschreiber* m ∼**cliff** [ˈʌndəklif] s *Gesteins–, Felsstufe* f, *–absatz* m (*unter e–r Klippe*) ∼**clothed** [ˈʌndəˈkloußd] a *nicht genügend gekleidet* ∼**clothes** [ˈʌndəˈklouðz] s pl, ∼**clothing** [ˈʌndəˈkloußiŋ] s *Leib–, Unterwäsche* f, *–kleider* n pl ∼**coat** [ˈʌndəkout] s *Rock, der unter e–m anderen getragen wird* ‖ ⟨paint⟩ *Grundierung* f, *erster Anstrich* m ∼**cover man** [ˈʌndəˈkʌvə mæn] ⟨Am⟩ *Geheimagent* m ∼**croft** [ˈʌndəkrɔft] s *unterirdisches Gewölbe* n, *Krypta* f ∼**crowded** [ˈʌndəˈkraudid] a ⟨for⟩ *räumig* ∼**current** [ˈʌndəˌkʌrənt] s *Unterströmung* f ‖ ⟨fig⟩ *untere (verborgene) Strömung, Tendenz* f; *Untergrund* m ∼**cut** [ˈʌndəˈkʌt] **1.** vt *den unteren Teil e–s Dinges ausschneiden, –höhlen* (to ∼ a cliff); *beschneiden* | (*Preise*) *beschneiden*; *unterb·ieten* ‖ to ∼ a p *f niedrigeren Lohn arbeiten als jd* **2.** s ⟨cul⟩ *Fil·et(stück)* n; ⟨fig fam⟩ °*Betthaserl* n

under-develop [ˈʌndədiˈveləp] vt ⟨phot⟩ *unterentwickeln* ‖ ∼**ed** ⟨übtr⟩ *rückständig, technisch jung, Entwicklungs–* (country)

underdo [ˈʌndəˈduː] vt (→ to do) (*etw*) *unvollkommen tun* ‖ ⟨cul⟩ *nicht genug braten* or *kochen* | ∼**ne** [ˈʌndədʌn] a ⟨cul⟩ *nicht durchgebraten, nicht gar*

under– ‖ ∼**dog** [ˈʌndədɔg] s ⟨übtr⟩ *der Unterlegene, Besiegte* m ∼**dose** **1.** [ˈʌndədous] s *z geringe Dosis* f **2.** [ˈʌndəˈdous] vt (*jdm*) *e–e z geringe D. geben* ∼**drain** [ˈʌndəˈdrein] **1.** vt (*Land*) *durch unterirdische Abzugskanäle entwässern, trockenlegen* **2.** s *unterirdischer Abzugskanal* m ∼**draw** [ˈʌndəˈdrɔː] vt (→ to draw)

ungenau, ungenügend zeichnen or *darstellen* ‖ (*das e–m Zustehende*) *unterziehen*, [abs] *zu wenig empfangen* ∼**dress** [ˈʌndəˈdres] **1.** vt/i (*jdn*) *z einfach anziehen* | vi *zuwenig anziehen, sich z einfach anziehen* **2.** s *Unterkleid* n; *–kleidung* f ∼**drive** [ˈʌndədraiv] s ⟨mot⟩ *Geländegang* m, *langsame Übersetzung* f

under-enumeration [ˈʌndəriˌnjuːməˈreiʃən] s ⟨stat⟩ *Unterlassung* f

underestimate **1.** [ˈʌndərˈestimeit] vt *unterschätzen, z gering einschätzen* or *ansehen* **2.** [ˈʌndərˈestimit] s, **–ation** [ˈʌndərˌestiˈmeiʃən] s *Unterschätzung* f

under-expose [ˈʌndəriksˈpouz] vt ⟨phot⟩ *unterbelichten* **–exposure** [ˈʌndəriksˈpouʒə] s ⟨phot⟩ *Unterbelichtung* f

underfeed [ˈʌndəˈfiːd] vt/i (→ to feed) ‖ *nicht genügend nähren* or *füttern*; *unterernähren* | vi *sich ungenügend ernähren* ∼**ing** [∼iŋ] s *Unterernährung* f

under– ‖ ∼**(-)field** [attr] *auf freiem Gelände* (conditions) ∼**flow** [ˈʌndəflou] s *Unterströmung* f ⟨a übtr⟩ ∼**foot** [ˈʌndəˈfut] adv *unter* or *mit den Füßen*; *unten, darunter, auf dem Boden* ‖ ⟨fig⟩ *in niedriger, unterworfener, –geordneter Stellung* (to keep a p ∼) ∼**frame** [ˈʌndəfreim] s (*Wagen-*)*Untergestell* n ∼**garment** [ˈʌndəˌgɑːmənt] s *Unterkleid* n; ∼s [pl] *Unter–, Leibwäsche* f ∼**glaze decoration** ⟨ceram⟩ *Unterglasurdekoration* f ∼**go** [ˌʌndəˈgou] vt (→ to go) *erleiden, –dulden*; *durchmachen, erfahren sich unterziehen* (an operation *e–r Operation*) ∼**graduate** [ˌʌndəˈgrædjuit] s *der Nichtgraduierte, Student* m | [attr] *Studenten–* ∼**grate draft** [ˈʌndəgreit drɑːft] s ⟨tech⟩ *Unterwind* m ∼**ground I.** [ˌʌndəˈgraund] adv *unter der Erde*; *unter die E.* ‖ *in der Untergrundbahn* (to travel) ‖ ⟨fig⟩ *im verborgenen, verborgen, dunkel, heimlich*; to go ∼ *in den Untergrund gehen* **II.** [ˈʌndəgraund] **1.** a *unterirdisch*; *Erd–* (∼ cable); *Untergrund–* (∼ line *od* railway *–bahn* f); *Tiefbau–*; ∼ cable *Erdkabel* n; ∼ construction, ∼ engineering *Tiefbau* m; ∼ passage *Unterführung* f, *Tunnel* m; ∼ pipe *erdverlegtes Rohr* n; ∼ shelter *Unterstand* m; *Tiefbunker* m; ∼ water *Grundwasser* n ⟨min⟩ *unter Tage* | ⟨fig⟩ *unterirdisch*; *Geheim–, geheim, verborgen, dunkel* **2.** s *unterirdischer Raum* m ‖ *Untergrundbahn* f (by the ∼ *mit der U.*) | ⟨pol⟩ *Untergrund–*, ⟨Ger⟩ *Widerstandsbewegung* f ∼**grown** [ˈʌndəˈgroun] a *nicht ausgewachsen* ∼**growth** [ˈʌndəgrouθ] s *Unterholz, Gestrüpp* n

underhand [ˈʌndəhænd] **1.** adv ⟨crick⟩ *mit dem Handrücken nach unten, ohne den Arm über Schulterhöhe z bringen* (to bowl ∼) | ⟨fig⟩ *unterderhand, hinter dem Rücken* (to work ∼), *unehrlich*; *heimtückisch* **2.** a ⟨crick⟩ *mit nach unten gekehrtem Handrücken ausgeführt* (∼ bowling) | ⟨fig⟩ *heimlich, verstohlen*; *hinterlistig* (conduct) | ∼**ed** [ˈʌndəˈhændid] a (∼*ly* adv) *heimlich, unter der Hand* | *an Arbeitskräften knapp* ∼**edness** [ˈʌndəˈhændidnis] s *Heimlichkeit*; *Hinterlist* f

underhung [ˈʌndəˈhʌŋ] a (of the lower jaw) *über dem Oberkiefer vorstehend*; (P) *mit vorstehendem Unterkiefer* (an ∼ man)

underinflated [ˈʌndərinˈfleitid] a *nicht genügend aufgepumpt*; the tires are ∼ *die Reifen h nicht genügend Luft* –**flation** [–ˈfleiʃən] s (*Reifen-*)*Unterdruck, ungenügender Luftdruck* m

underived [ˌʌndiˈraivd] a *nicht abgeleitet* (word) ‖ *selbständig, unabhängig, absolut* (power)

under– ‖ ∼**laid** [ˌʌndəˈleid] a *am unteren Teil versehen* (with), *gestützt* (by *durch*) ∼**lay** **1.** [ˌʌndəˈlei] vt/i (→ to lay) ‖ *unterlegen, stützen* ‖ to ∼ a th *unter etw liegen* | vi ⟨min⟩ *einfallen, sich neigen* (towards *nach*) **2.** [ˈʌndəlei] s [pl ∼s]

Unterlage f; *unterhalb liegende Schicht* f **~lease** [ˌʌndəˈliːs] s *Unterpacht, -miete* f **~let** [ˈʌndəˈlet] vt [-tt-] (→ *to let*) *unter dem Werte vermieten* or *verpachten* ‖ *in Aftermiete geben* **~letter** [~ə] s *Aftermieter* m **~lie** [ˌʌndəˈlai] vt (→ *to lie*) *to* ~ *a th liegen* or *sich befinden unter etw, unter der Oberfläche* e-r S l. ‖ (*e-r Anklage*) *unterliegen*; (*e-r S*) *unterworfen s* ‖ ⟨fig⟩ (*e-r S*) *zugrunde liegen*; *den Hauptinhalt* or *Hintergrund* (*e-r S*) *bilden* (the dream underlay every thought) **~line 1.** [ˌʌndəˈlain] vt (*Wort*) *unterstreichen* ‖ ⟨fig⟩ *unterstreichen, betonen, hervorheben* **2.** [ˈʌndəlain] s *Linie* f (*unter e-m Wort*); *with double* ~ *zweifach* or *doppelt unterstreichen* ‖ ⟨theat⟩ *Ankündigung* f (*e-s Stückes*) *am unteren Ende des Theaterzettels* etc ‖ ⟨arts typ⟩ *Unterschrift* f (*unter e-m Bilde*) **~linen** [ˈʌndəˌlinin] s *Unter-, Leibwäsche* f **~ling** [ˈʌndəliŋ] s ⟨cont⟩ *Untergebener, untergeordneter Mensch*; *Handlanger, Gehilfe* m **~lip** [ˈʌndəlip] s *Unterlippe* f **~lying** [ˈʌndəˈlaiiŋ] a *zu Grunde liegend*; ~ *cause of death* ⟨stat etc⟩ *Grundleiden* n; ~ *theme Hauptthema* n; → *underlie* **~man** [ˈʌndəˈmæn] vt [-nn-] (*Schiff*) *nicht genügend bemannen* **~masted** [ˈʌndəˈmɑːstid] a: *an* ~ *ship ein Schiff mit z wenigen* or *z kl Masten* **~mentioned** [ˌʌndəˈmenʃənd] a *unten erwähnt* **~mine** [ˌʌndəˈmain] vt (*Festung*) *unterminieren* ‖ (*of rivers*) (*Felsen*) *unterhöhlen, -waschen, aushöhlen* ‖ ⟨fig⟩ *untergraben, schwächen*; *zerstören* ‖ -mining ⟨pol⟩ *Unterwanderung* f ‖ -mining *the willingness to serve and the discipline of the Forces Wehrkraftzersetzung* f **~most** [ˈʌndəˌmoust] **1.** a *unterst* **2.** adv *zuunterst* (to be ~) **~neath** [ˌʌndəˈniːθ] **1.** adv *unten, unterhalb, -wärts, darunter* (*liegend*); *from* ~ *v unten her* **2.** prep *unter*; *unterhalb* (*e-r S*); *from* ~ *v unter .. her* (from ~ the table) ‖ the ball rolled ~ the bed .. *unter das B.* ‖ we have no cellar ~ our house .. *unter dem H.* **~(-)occupied** [ˈʌndəˈrɔkjupaid] a *unterbelegt* (*Wohnraum*)

undernourished [ˈʌndəˈnʌriʃt] a *unterernährt* **-ishment** [ˈʌndəˈnʌriʃmənt] s *Unterernährung* f

underpainting [ˈʌndəˌpeintiŋ] s *Grundierung* f **underpass** [ˈʌndəpæs] s ⟨bes Am rail⟩ *Unterführung* f

underpay [ˈʌndəˈpei] vt (→ *to pay*) (*Arbeiter*) *ungenügend, schlecht bezahlen* **~ment** [~mənt] s *unzureichende Bezahlung* f, *schlechter Lohn* m **underpin** [ˌʌndəˈpin] vt [-nn-] ⟨arch⟩ (*Mauer*) *stützen, unterbauen, -fahren, -fangen*; (*frisch*) *-mauern* ‖ ⟨fig⟩ *untermauern, stützen* (with) **~ning** [~iŋ] s ⟨arch⟩ *Unterfangen, -fahren* n, (*-mauern*) ‖ *Stütze*; *Grundlage* f, *Unterbau* m

under- ‖ **~play 1.** [ˈʌndəˈplei] vt/i ‖ (*Momente*) *nicht ausfüllen*; (*e-r S*) *nicht gerecht w* ‖ vi ⟨cards⟩ *e-e niedrige Karte* (*statt höherer*) *spielen* **2.** [ˈʌndəplei] s *zugrunde liegendes, verborgenes Spiel* n **~plot** [ˈʌndəˌplɔt] s *Nebenhandlung* f (in a play) **~populated** [ˈʌndəˈpɔpjuleitid] a *unter(be)völkert* **~population** [ˈʌndəˌpɔpjuˈleiʃən] *Untervölkerung* f **~price** [ˈʌndəprais] s *Preis unter dem Wert, Schleuderpreis* m **~print** [ˈʌndəˈprint] vt ⟨phot⟩ *unterkopieren* **~privileged** [ˈʌndəˈprivilidʒd] **1.** a (m.m.) *minder* or *wenig(er) begünstigt, minderbemittelt, -begünstigt* **2.** s *Minderbemittelte(r* m) f **~-production** [ˈʌndəprəˈdʌkʃən] s *Unterproduktion* f **~prop** [ˌʌndəˈprɔp] vt [-pp-] *v unten stützen* ‖ *unterstützen* **~quote** [ˌʌndəˈkwout] vt ⟨com⟩ (*Preis*) *niedriger berechnen, notieren* (*als andere*); (*jdn*) *unterbieten* **~rate** [ˌʌndəˈreit] vt *unterschätzen, zu niedrig ansetzen* or *einschätzen* **~-registration** [ˈʌndəˌredʒisˈtreiʃən] s ⟨stat⟩ *Unterlassung* f **~run** [ˌʌndəˈrʌn] vt [-nn-] (→ *to run*) *unter* (*etw*) *hinfahren, -fließen* ‖ ⟨mar⟩ *to* ~ *a cable*

ein Kabel, e-n Schlauch an s-r unteren Seite untersuchen **~score** [ˌʌndəˈskɔː] vt (*Wort*) *unterstreichen* **~sea** [ˈʌndəsiː] a *unterseeisch* ‖ ~ *diver Kampfschwimmer* m **~secretary** [ˈʌndəˈsekrətəri] s ⟨engl⟩ ⋏ *Unterstaatssekretär* m **undersell** [ˈʌndəˈsel] vt (→ *to sell*) (*etw*) *unter dem Werte* or *Preis verkaufen, verschleudern* ‖ *to* ~ *a p jdn unterbieten, billiger verkaufen als* ‖ jd **~er** [~ə] s *Preisdrücker* m

under- ‖ **~set 1.** [ˈʌndəˈset] vt (*Mauer*) *stützen* (with) ⟨a fig⟩ **2.** [ˈʌndəset] s *Gegenströmung* f (*unter der Wasseroberfläche*) **~sheriff** [ˈʌndəˈʃerif] s *Vertreter* m *e-s Sheriffs* **~shirt** [ˈʌndəˈʃəːt] s *Unterhemd* m **~shoot** [ˈʌndəˈʃuːt] vt/i *unterschießen* ‖ ⟨film⟩ *den Film spannen* ‖ ⟨aero⟩ *to* ~ *the airfield vor dem Flughafen landen* **~shot** [ˈʌndəʃɔt] a (of water wheels) *unterschlächtig, v unten durch Wasser getrieben* ‖ *mit vorspringendem Unterkiefer* ⟨phot⟩ *unterbelichtet* **~shrub** [ˈʌndəʃrʌb] s *kl struppige Pflanze* f **~side** [ˈʌndəsaid] s *Unterseite* f **~sign** [ˌʌndəˈsain] vt *unterzeichnen, -schreiben* ‖ **~ed** [~d] a *unterzeichnet* ‖ the ~ed [ˈʌndəsaind] *der* (*die*) *Unterzeichnete* m (f), *die Unterzeichneten* pl **~sized** [ˈʌndəˈsaizd] a *unter der durchschnittlichen, normalen Größe*; *im Wachstum zurückgeblieben* **~skirt** [ˈʌndəskəːt] s *Unterrock* m **~sleeve** [ˈʌndəsliːv] s *Unterziehärmel* m **~slung** [ˈʌndəslʌŋ] a: ~ *radiator* ⟨aero⟩ *Hänge-, Bauchkühler* m **~soil** [ˈʌndəsɔil] s *der unter der Oberfläche liegende Boden* m; *Untergrund* m **~song** [ˈʌndəsɔŋ] s *begleitender Gesang, Refrain* m (*e-s Gesangs*) **~speed** [ˈʌndəˈspiːd] s ⟨bes aero⟩ *Unterdrehzahl, -geschwindigkeit* f **~staffed** [ˈʌndəˈstɑːft] a ⟨mil etc⟩ *unterbesetzt*

understand [ˌʌndəˈstænd] vt/i [-stood/-stood] **I.** vt **1.** (*etw*) *verstehen, begreifen*; what do we ~ by? *was verstehen wir unter*?; *to* ~ *a th for etw verstehen, auffassen als* ‖ *sich verstehen auf* (to ~ an art) ‖ (*die Natur jds; jdn*) *verstehen*; *to* ~ *one another sich* or *e-a verstehen*; (*mit-e-a*) *harmonieren* ‖ (*e-e Sprache*) *verstehen* (to ~ English) ‖ (*Bedeutung, Sinn e-r S* or *Äußerung jds*) *verstehen*; ~ *me please verstehen Sie mich wohl*; we must not be understood *wir dürfen nicht dahin verstanden w* (that); to make o.s. understood *sich verständlich m* **2.** *einsehen, erkennen* ‖ *in Erfahrung bringen*; *erfahren, hören* (from *aus*; that) ‖ to give a p to ~ *jdn erkennen l, jdm z verstehen geben*; I was given to ~ *mir wurde z verstehen gegeben* **3.** *stillschweigend voraussetzen* (that); *als sicher annehmen, meinen*; I understood him to say *ich nahm an, er sagte*; he was understood to imply *man nahm sicher an, daß er sagen wollte*; be it understood *wohlverstanden*; that is understood *das versteht sich*; an understood th *e-e ausgemachte, selbstverständliche S* ‖ *schließen* (from *aus*); to ~ *from a th e-r S entnehmen* ‖ *mitverstehen, bei sich* or *sinngemäß ergänzen* (nothing should be understood) **II.** vi *begreifen*; ~ [imp] *man verstehe* ‖ *Verstand h* ‖ *erfahren, hören* ‖ am I to ~ .., do I ~ (you did it) *soll das heißen, daß ..* ‖ I ~ (that) *so viel ich weiß, man hat mir gesagt, ich habe gehört*; *ich weiß nicht, ob es stimmt* (, *daß ..* [*aber*]) ‖ **~able** [~əbl] a *verständlich, begreiflich*; to make ~ *to a p jdm verständlich m* **~ed** [~id] † a *verstanden*; *verständlich, einfach*; to be ~ of the people *dem Volke verständlich s, v Volke verstanden w* **~ing** [~iŋ] **1.** s a. *Verstand* m (a man of ~); *Intelligenz* f; the ~ *das Begriffsvermögen* n, *der Intellekt* m b. *Verständnis* n (of *f*) ‖ *Einvernehmen* n; to have a good ~ *with a p in gutem E. stehen mit*; *Vereinbarung, Übereinkommen* n, *Einigung* f (on *über*), *Verständigung* f; to come to an ~ *sich verständigen* (with *mit*); to have an ~ *with sich v. mit*; on the ~ that *unter der bestimmten Bedingung, Vor-*

aussetzung, daß **c.** ~s [pl] ⟨sl⟩ *Schuhwerk* n, °„*Kähne*" m pl; *Beine* n pl, °„*Fahrgestell*" n; *Füße* m pl, °„*Pedale*" n pl **2.** a *urteilsfähig, verständig, einsichtsvoll, klug* ~**ingly** [~iŋli] adv *mit Verstand; verständig; verständnisvoll*

understate [ˈʌndəˈsteit] vt *z gering angeben or ansetzen*; (*mit Absicht) maßvoll ausdrücken or darstellen, mit Vorbehalt aussagen, mildern, schwächen; untertreiben* ~**ment** [~mənt] s *z geringe or ungenügende Angabe; maßvolle Angabe, Unterbewertung; Untertreibung* f

under- || ~**stock** [ˈʌndəˈstɔk] vt (*ein Lager) ungenügend versorgen* (with *mit*) ~**strapper** [ˈʌndəˌstræpə] s ⟨fam⟩ = underling ~**stratum** [ˈʌndəˈstreitəm] s *unter der Oberfläche f liegende Schicht* f ~**study** [ˈʌndəˌstʌdi] **1.** s ⟨theat⟩ *Ersatzspieler; Schauspieler* m, *der bei Verhinderung e–s Spielers einspringt* | *he is my* ~ *er wird v mir als mein Nachfolger eingearbeitet* **2.** vt (*Rolle) z diesem Zwecke einstudieren* || *to* ~ *an* actor *einspringen f e–n Darsteller; e–n Darsteller vertreten* || *sich als* (*jds*) *Vertreter or Nachfolger einarbeiten* ~**take** [ˌʌndəˈteik] vt/i [–took/–taken] **A.** vt **1.** (*Aufgabe) auf sich nehmen; sich befassen mit* (*etw*); (*Amt*) *übernehmen* **2.** *sich verpflichten* (to do); *garantieren, sich verbürgen* (that) || (*Reise) unternehmen* **3.** † (*jdn) herausfordern* **B.** vi **1.** † *sich verbürgen* (for *f*) || *to* ~ *to a p sich jdm gegenüber verpflichten* (that; to do) **2.** ⟨fam⟩ *Leichenbestatter sein* ~**taker 1.** [ˌʌndəˈteikə] s **Unternehmer, Lieferant* m **2.** [ˈʌndəteikə] *Leichenbestatter, Bestattungsunternehmer* m | ⟨hist⟩ [*mst pl* the ~s] *Mitglieder des Parlaments, die im 17. Jh. das Parlament zugunsten der Krone beeinflußten* n pl ~**taking 1.** [ˌʌndəˈteikiŋ] s *Unternehmen, –fangen* n || *bindendes Versprechen* n, *Verpflichtung* f (to do *z tun*); *to give an* ~ *sich verpflichten* (that) **2.** [ˈʌndəteikiŋ] *Leichenbestattung* f ~**tenancy** [ʌndəˈtenənsi] s *Unterpacht, –miete* f ~**tenant** [ˈʌndəˈtenənt] s *Unterpächter, –mieter* m ~**-the-counter** [ˈʌndədəˈkauntə] a [attr] *Unter-der-Hand-* (*Verkäufe*) ~**-the-table** [ˈʌndəˈteibl] a [attr] *Unter-der-Hand-* (*Bezahlung*) ~**tint** [ˈʌndətint] s *gedämpfte Farbe, leichte Färbung* f; *Unterton* m ~**tone** [ˈʌndətoun] s *leiser Ton* m; *gedämpfte Stimme* f; ~ *mit gedämpfter St.* || *gedämpfte Farbe* f | ⟨fig⟩ (of feeling) *Unterton* m, *–strömung* ~**tow** [ˈʌndətou] s (of waves) *Rück-, Gegenströmung* f, *Sog* m (*unter der Oberfläche*) ~**valuation** [ˈʌndəˌvælju-ˈeiʃən] s *z geringe Schätzung, Unterschätzung* f || *Geringschätzung* f ~**value** [ˈʌndəˈvælju:] vt (*Ware) z niedrig schätzen*; (*Wert, Preis* etc) *z gering angeben* || *unterschätzen; geringschätzen* ~**vest** [ˈʌndəvest] s *Unterhemd* n ~**way** [ˈʌndə-ˈwei] [attr] ~ *logistic support Versorgung* f *durch Begleitschiffe*; ~ *steaming hours* ⟨mar⟩ *Betriebsstunden* f pl *in See* ~**wear** [ˈʌndəwɛə] s *Unterkleider* n pl, *–zeug* n, *Leibwäsche* f ~**weight** [ˈʌndəweit] s *ungenügendes Gewicht* n; *Gewichtsausfall* m ~**went** [ʌndəˈwent] *pret v to* undergo ~**wing** [ˈʌndəwiŋ] s ⟨ent⟩ *Ordensband* n, *Nachtfalter* m ~**wood** [ˈʌndəwud] s *Unterholz, Gestrüpp* n ~**work 1.** [ˈʌndəˈwə:k] vt/i || (*Maschine* etc) *nicht genügend arbeiten l* || *to* ~ *a p für e–n geringeren Lohn arbeiten als jd* || *to* ~ *a wood* *–n W. z wenig nutzen* || *–ed labour unterbeschäftigte Arbeiter* m pl || vi *z wenig arbeiten* **2.** [ˈʌndəwə:k] s *untergeordnete* or *unzureichende Arbeit* f ~**world** [ˈʌndəwə:ld] s *Unterwelt* f | ⟨poet⟩ *Antipoden* m pl | ⟨fig⟩ *Unterwelt* f

underwrite [ˈʌndərait] vt/i (→ to write) **1.** vt (*Frieden) unterschreiben* || ⟨com, bes mar⟩ (*e–e Versicherungspolice) unterzeichnen* (*Versicherung f Güter) übernehmen; versichern gegen* (*Gefahr*) || ⟨com⟩ (*e–e Aktien-, Anleiheemission*)

durch Unterzeichnen garantieren durch Ankauf der v Publikum nicht gekauften Aktien **2.** vi *Versicherungsgeschäft betreiben* –**ter** [ˈʌndəˌraitə] s *Versicherer* m; *Versicherungsgesellschaft* f (*in Seegeschäften*) || *Garant* m (*e–r Aktien-, Anleiheemission*) –**ting** [ˈʌndəˌraitiŋ] s *Seeversicherung*(*sgeschäft* n) f; *Versicherung* f *v Emissionen*

unde- || ~**scribable** [ˈʌndisˈkraibəbl] a *unbeschreiblich* ~**served** [ˈʌndiˈzə:vd] a (~ly [–vidli] adv) *nicht verdienend* (favour); *unverdient* (punishment) ~**serving** [ˈʌndiˈzə:viŋ] a (~ly adv) *unwürdig, –wert* (of a th *e–s S*), *to be* ~ *of a th etw nicht verdienen* | *nicht verdienend; schuldlos, unschuldig* ~**signed** [ˈʌndiˈzaind] a (~ly [–nidli] adv) *unbeabsichtigt* ~**signing** [ˈʌndiˈzainiŋ] a *nicht hinterhältig; harmlos, ehrlich*

undesirability [ˈʌndiˌzaiərəˈbiliti] s *Unerwünschtheit* f –**rable** [ˈʌndiˈzaiərəbl] **1.** a (–bly adv) *nicht wünschenswert, unerwünscht, lästig* || ~ *tree*(*s* pl) ⟨for⟩ *Unholz* n **2.** s *unerwünschte, lästige P*; ~s pl *unbequeme Elemente* n pl || –**discharge** ⟨Am⟩ *Entlassung* f *wegen mangelnder Eignung* –**red** [ˈʌndiˈzaiəd] a *ungewünscht, –aufgefordert* || *unerwünscht* –**rous** [ˈʌndiˈzaiərəs] a *nicht begierig* (of *nach*); *to be* ~ *of nicht wünschen, nicht trachten nach*

unde- || ~**tected** [ˈʌndiˈtektid] a *nicht entdeckt, unbemerkt* (by *von*) ~**termined** [ˈʌndi-ˈtə:mind] a *unentschieden, –bestimmt* || *unentschlossen, schwankend* ~**terred** [ˈʌndiˈtə:d] a *nicht abgeschreckt* (by *durch*) ~**veloped** [ˈʌndi-ˈveləpt] a *unentwickelt; nicht ausgewachsen* (child) | (of land) ⟨a geog⟩ *unerschlossen* | *noch nicht voll ausgenutzt* ~**viating** [ʌnˈdi:vieitiŋ] a (~ly adv) *nicht abweichend* || *stetig; unentwegt* (industry); *unwandelbar, unverbrüchlich* (loyalty) || *unbeugsam, gerade* (P)

undid [ˈʌnˈdid] *pret v to* undo
undies [ˈʌndiz] s pl (abbr f *underclothes* etc) (*Frauen-)Leib-, Unterwäsche* f

undifferentiated [ˈʌndifəˈrenʃieitid] a *nicht ungleichartig; homog·en* –**digested** [ˈʌndiˈdʒestid] a *unverdaut* ⟨a fig⟩ (thoughts) –**dignified** [ʌn-ˈdignifaid] a *würdelos; unedel* –**diluted** [ˈʌndai-ˈlju:tid] a *unverdünnt, –verfälscht; –vermischt* (joy) –**diminished** [ˈʌndiˈminiʃt; '– – – –] a *unvermindert, –geschmälert*

undine [ˈʌndi:n] s ⟨Ger myth⟩ *Wasserjungfrau* f

undiplomatic [ˈʌnˌdipləˈmætik] a (~ally adv) *undiplomatisch; einfältig* –**directed** [ˈʌndiˈrektid] a *ungeleitet, –geführt; führungslos* || *unadressiert* (~ letters)

undis- || ~**cerned** [ˈʌndiˈsə:nd] a *unbemerkt; nicht erkannt* ~**cernible** [ˈʌndiˈsə:nəbl] * a (–bly adv) = indiscernible ~**cerning** [ˈʌndi-ˈsə:niŋ] a (~ly adv) *nicht unterscheidend, urteilslos; einsichtslos, dumm* ~**charged** [ˈʌndis-ˈtʃɑ:dʒd] a *nicht bezahlt* || *unerledigt* (duty) || *noch nicht entlastet* || *nicht abgeschossen* (gun) ~**ciplined** [ʌnˈdisiplind] a *undiszipliniert, zuchtlos* || *ungeschult, –geübt* ~**closed** [ˈʌndisˈklouzd] a *nicht aufgedeckt, geheimgehalten, nicht bekanntgegeben* ~**couraged** [ˈʌndisˈkʌridʒd] a *nicht entmutigt* ~**coverable** [ˈʌndisˈkʌvərəbl] a *unentdeckbar, nicht aufzufinden*(d) ~**covered** [ˈʌndisˈkʌvəd] a *unenthüllt; unentdeckt* || *nicht herausgefunden; unbemerkt* ~**criminating** [ˈʌndisˈkrimineitiŋ] a (~ly adv) *keinen Unterschied machend, unterschiedslos; unkritisch* ~**guised** [ˈʌndisˈgaizd] a (~ly [–zidli] adv) *unverhüllt, nicht verkleidet* || ⟨fig⟩ *unverhohlen, offen* ~**mayed** [ˈʌndisˈmeid] a *unerschrocken; –verzagt* ~**posed** [ˈʌndisˈpouzd] a *nicht geneigt, unwillig* (to a th; to do) || ~ *of nicht vergeben; nicht verteilt; nicht verkauft* ~**puted** [ˈʌndis-ˈpju:tid] a *unbestritten* ~**sembling** [ˈʌndi-

'sembliŋ] a *sich nicht verstellend, offen, aufrichtig* **~solved** ['ʌndi'zɔlvd] a *nicht aufgelöst* || *ungeschmolzen* **~tinguishable** ['ʌndis'tiŋgwiʃəbl] a *(–bly adv) nicht erkennbar; undeutlich* || *nicht unterscheidbar (from von)* || *untrennbar* **~tinguished** ['ʌndis'tiŋgwiʃt] a *nicht getrennt* || *nicht ausgezeichnet; unbekannt* **~tinguishing** ['ʌndis'tiŋgwiʃiŋ] a *keinen Unterschied machend* || *unterschieds–, wahllos* **~torted** ['ʌndis-'tɔ:tid] a *unverzeichnet* **~turbed** ['ʌndis'tə:bd] a *(–ly [–bidli] adv) ungestört (by durch); unberührt; ruhig*

unditch [ʌn'ditʃ] vt ⟨mot⟩ to ~ (a car) .. *aus dem Graben herausholen, –ziehen*

undivided ['ʌndi'vaidid] a *(~ly adv) ungeteilt; ununterbrochen* || *ungeteilt, ganz (attention)* || *alleinig (responsibility)*

undo ['ʌn'du:, ʌn'du:] vt [–did/–done] **1.** *(Paket etc) aufmachen, öffnen* || *(Kleidung) aufknöpfen, –lösen; (Kragen) abknöpfen, ab–, losmachen* || *(Strickarbeit) auftrennen* | to ~ a p *jdn ausziehen, jdm die Kleider öffnen* **2.** *ungeschehen m, aufheben, rückgängig m* **3.** **zerstören, vernichten, zunichte m; zugrunde richten; vollkommen verwirren* | **~er** [~ə] s *Verderber, Zerstörer m* **~ing** [~iŋ] s *Aufmachen, Öffnen, Losmachen n* | *Untergang, Vernichtung f, Verderben n; Verderb m, Unglück n* | *(⟨psych⟩ unbewußt symbolisches) Ungeschehen–, Rückgängigmachen n*

undock ['ʌn'dɔk] vt *(Schiff) aus dem Dock n nehmen* **–domesticated** ['ʌndo'mestikeitid] a *unhäuslich* **–done** ['ʌn'dʌn] **1.** pp *(v to undo)* **2.** a *unbefestigt, aufgemacht;* to come ~ *auf–, losgehen; sich lösen* | *verloren, –nichtet;* I am ~ *es ist aus mit mir* **–done** ['ʌn'dʌn] a *(→ done) ungetan, –ausgeführt, –vollendet* || to leave ~ *nicht vollenden, ungetan l; unterlassen,* to leave nothing ~ *nichts unterlassen, alles tun (to help him)* **–doubted** [ʌn'dautid] a *(~ly adv) zweifellos, unzweifelhaft, –bestritten; sicher* **–doubting** [ʌn'dautiŋ] a *(~ly adv) nicht zweifelnd; zuversichtlich* **–drape** ['ʌn'dreip] vt *(e–r S) die Drapierung nehmen; entkleiden, –hüllen* **–dreamed** [ʌn'dremt], **–dreamt** [ʌn'dremt] a *mst* ~-of *völlig unerwartet;* ⟨fig⟩ *ungeahnt (success); unerhört*

undress ['ʌn'dres] **1.** vt/i *entkleiden, ausziehen* | vi *sich aus–, sich entkleiden* **2.** s *Alltags–, Hauskleid n, –rock m* || ⟨mil⟩ *Interimsuniform f* | attr ['ʌndres] *Haus–* (~ jacket); *Feld–* | **~ed** [~t] a *unbekleidet, nackt; nicht ordentlich angezogen, im Hauskleid*

undressed ['ʌn'drest] a ⟨cul⟩ *ungarniert, –zubereitet* || *unverbunden (wound)* || *ungegerbt (leather)*

undried ['ʌn'draid] a *ungetrocknet* **–drinkable** ['ʌn'driŋkəbl] a *nicht trinkbar* **–due** ['ʌn'dju:; '– –; '–'–] a *(–duly adv) noch nicht fällig (bill)* | *unpassend, –angemessen, –gehörig, –zulässig, –gebührlich;* ~ *influence ungebührliche Beeinflussung f* || *unverhältnismäßig, übermäßig, –trieben* (with ~ haste)

undulate ['ʌndjuleit] **1.** a = ~d **2.** vi/t *wogen, wallen, sich wellenförmig bewegen; wellenförmig verlaufen* | vt *in wellenförmige Bewegungen versetzen* **–ted** [–id] a *wellenförmig, wellig, gewellt* **–ting** ['ʌndjuleitiŋ] a *(~ly adv) wallend, wogend* || *wellig, gewellt* **–tion** [ˌʌndju'leiʃən] s *Wallen, Wogen n* || *wellenförmige Bewegung f;* ⟨phys⟩ *Wellenbewegung f* || *wellenförmiges Aussehen n; wellenförmiger Umriß m; wellenförmiges Ansteigen u Abfallen n (e–r Landschaft)* **–tory** ['ʌndjuleitəri] a *(–rily adv) wellenförmig, Wellen–;* ~ theory ⟨phys⟩ *Wellentheorie f*

undutiful ['ʌn'dju:tiful] a *(~ly adv) pflichtvergessen; ungehorsam; –ehrerbietig* **~ness**

[~nis] s *Pflichtwidrigkeit, –vergessenheit* f; *Ungehorsam m*

undying [ʌn'daiiŋ] a *unsterblich, –vergänglich* || *nie endend; unaufhörlich* **–earned** ['ʌn'ə:nd] a *unverdient, –erarbeitet* || ~ *income Einkommen n aus Kapitalvermögen* || ~ *increment od increase unverdienter Mehrertrag or Wertzuwachs m* **–earth** [ʌn'ə:θ] vt *ausgraben; (Tier) aus der Höhle auftreiben* || ⟨fig⟩ *ans Tageslicht bringen* **–earthly** [ʌn'ə:θli] a *nicht irdisch, überirdisch, –natürlich; geisterhaft, unheimlich, schaurig* || ⟨fam⟩ *ungewöhnlich früh* || at this ~ *hour od time zu so nachtschlafender Zeit* **–easiness** [ʌn'i:zinis] s *körperliches Unbehagen n, Unbehaglichkeit, Beschwerde f* || *innere Unruhe f* **–easy** [ʌn'i:zi] a *(–sily adv) unbehaglich, –bequem* || *nicht fest, unsicher (on the throne)* || *unruhig (to feel ~ u. s), ängstlich (about über, wegen)* || *beängstigend (dream)* || *ungelenk, ungeschickt, verlegen* **–eatable** ['ʌn'i:təbl] a *ungenießbar* **–eaten** ['ʌn'i:tn] a *ungegessen*

uneconomic(al) ['ʌn,i:kə'nɔmik(əl)] a *(–cally adv) unwirtschaftlich* || *verschwenderisch* **–edifying** ['ʌn'edifaiiŋ] a *unerbaulich* **–educated** ['ʌn'edjukeitid] a *unerzogen, –gebildet* **–embarrassed** ['ʌnim'bærəst] a *nicht verlegen* || *unbehindert, –belastet; v (Geld-)Sorgen frei* **–emotional** ['ʌni'mouʃn̩l] a *(~ly adv) nicht leicht erregbar; leidenschafts–; teilnahmslos; nüchtern* **–employable** ['ʌnim'plɔiəbl] **1.** a *nicht verwendbar; arbeits–, verwendungsunfähig* **2.** s ⟨stat, demog etc⟩ *Arbeitsunfähige(r m) f* **–employed** ['ʌnim-'plɔid] a *unbenutzt, –gebraucht;* ~ *capital totes Kapital n* || *unbeschäftigt; arbeits–, erwerbslos* | the ~ *die Arbeitslosen m pl* **–employment** ['ʌnim'plɔimənt] s *Arbeits–, Erwerbslosigkeit f* | [attr] *Arbeits–, Erwerbslosen–* (~ problem); ~ *benefit,* ~ *relief –unterstützung f (to draw* ~*-benefit A. beziehen);* ~ *insurance –versicherung f* **–encumbered** ['ʌnin'kʌmbəd] a *unbelastet (estate)* || *unbehindert (by durch); frei* **–ending** [ʌn'endiŋ] a *(~ly adv) nicht endend, endlos; ständig, unaufhörlich* **–endowed** ['ʌnin'daud] a *nicht ausgestattet, nicht dotiert (with mit)* **–endurable** ['ʌnin'djuərəbl] a *(–bly adv) unerträglich* **–engaged** ['ʌnin'geidʒd] a *nicht gebunden; nicht verlobt* || *frei*

un-English ['ʌn'iŋliʃ] a *nicht englisch; unenglisch*

unenlightened ['ʌnin'laitnd] a *nicht erleuchtet* || ⟨fig⟩ *unaufgeklärt* **–entangled** ['ʌnin'tæŋgld] a *nicht behindert (by durch)* **–enterprising** ['ʌn'entəpraiziŋ] a *nicht unternehmend, nicht unternehmungslustig;* ~ *man ein Mann ohne Unternehmungsgeist* **–enviable** ['ʌn'enviəbl] a *nicht z beneiden(d), nicht beneidenswert* **–equal** ['ʌn'i:kwəl] a *(~ly adv) ungleich(artig)* || ~ *angles ungleichschenkliges Winkeleisen n* || *uneben* || *unangemessen;* to be ~ *to a th* ⟨fig⟩ *e–r S nicht gewachsen s* **–equalled** ['ʌn'i:kwəld] a *unerreicht (by v); –vergleichlich (for wegen); [pred] ohnegleichen* **–equivocal** ['ʌni'kwivəkəl] a *(~ly adv) unzweideutig eindeutig; klar* **–erring** ['ʌn'ə:riŋ] a *nicht irregehend; unfehlbar, –trüglich; sicher* **~ly** [~li] adv *ohne irrezugehen* **–escapable** ['ʌnis'keipəbl] a *unentrinnbar* **–essential** ['ʌni-'senʃəl] **1.** a *wesenlos* || *unwesentlich, –wichtig* **2.** s: the ~s [pl] *die unwesentlichen Dinge n pl, Nebensachen f pl*

uneven ['ʌn'i:vn] a *(~ly adv) nicht glatt, uneben (ground)* || *ungerade (numbers)* || *ungleichartig; –gleich (performance)* || *ungleich (temper); launenhaft* || *ungleichmäßig* (~ working of an engine) **~ness** [~nis] s *Unebenheit f* || *Ungleichheit f* || *Launenhaftigkeit f*

uneventful ['ʌni'ventful] a *(~ly adv) ereignislos; –leer; ruhig (life)*

unex– || **~acting** [ˌʌnig'zæktiŋ] a *anspruchslos*

~ampled [ˌʌnig'zɑːmpld] a [pred] *ohnegleichen*; *not* ~ *ohne Beispiel* | [attr] *beispiellos*; *unvergleichlich, ganz ungewöhnlich* **~celled** ['ʌnik'seld] a *unübertroffen* **~ceptionable** [ˌʌnik-'sepʃnəbl] a *nicht z beanstanden(d); einwandfrei, tadellos; vortrefflich* **~ceptional** ['ʌnik'sepʃənl] a = *unexceptionable* || *k–e Ausnahme zulassend; ausnahmslos* **~citing** ['ʌnik'saitiŋ] a *reibungslos, ruhig* (life) **~ecuted** ['ʌn'eksikjuːtid] a *unausgeführt, nicht erfüllt* || ⟨jur⟩ *nicht vollzogen, nicht zustande gekommen* **~hausted** ['ʌnig'zɔːstid] a *nicht erschöpft, nicht aufgebraucht* **~pected** ['ʌniks'pektid] a (~ly adv) *unerwartet, –vermutet, –vorhergesehen* **–pectedness** [~nis] s *das Unerwartete* n; *Überraschung* f **~pired** ['ʌniks-'paiəd] a *noch nicht abgelaufen* (lease) **~plainable** ['ʌniks'pleinəbl] a *unerklärlich, nicht z erklären(d)* (by *durch*) **~plained** ['ʌniks'pleind] a *unerklärt* **~ploded** ['ʌniks'ploudid] a *blindgegangen*; ~ *shell Blindgänger* m **~plored** ['ʌniks-'plɔːd] a *unerforscht, –erschlossen* **~pressed** ['ʌniks'prest] a *unausgedrückt, –ausgesprochen* **~pressive** ['ʌniks'presiv] a (*mst* inexpressive) *ausdruckslos* **~purgated** ['ʌn'ekspə:geitid] a *unverstümmelt; ungekürzt* (edition)

unfading [ʌn'feidiŋ] a (~ly adv) *nicht verwelkend* || (of colour) *nicht verbleichend; (licht)echt* | ⟨fig⟩ *unvergänglich* (glory) **–failing** [ʌn-'feiliŋ] a (~ly adv) *unfehlbar, sicher, unerschöpflich, –versieglich* (source) || *nie versagend; fest, treu*

unfair ['ʌn'fɛə] a *·unfair, unbillig, –gerecht* (to a p *gegenüber jdm*) || *nicht gerecht, parteiisch* (judge) || *nicht anständig, ungehörig; übel* | *unehrlich; unlauter* (~ *competition –terer Wettbewerb*) | **~ly** [~li] adv *mit Unrecht* n (not ~); *z sehr, übermäßig* **~ness** [~nis] s *Unbilligkeit, Unehrlichkeit* f etc

unfaith ['ʌn'feiθ] s *Unglaube* m **~ful** [~ful] a (~ly adv) *ungetreu; untreu, treulos* || *nicht (wort)getreu, ungenau* .⟨translation⟩ **~fulness** [~fulnis] s *Untreue, Treulosigkeit* f

unfaltering [ʌn'fɔːltəriŋ] a (~ly adv) *nicht schwankend* (step); *nicht zitternd, fest* (voice) || ⟨fig⟩ *unbeugsam; entschlossen*

unfamiliar ['ʌnfə'miljə] a *unbekannt* (to a p *jdm*) || *ungewohnt* || *nicht vertraut* (with *mit*) **~ity** ['ʌnfə.mili'æriti] s *Unbekanntheit* f || *Unvertrautheit* f (with *mit*)

unfashionable ['ʌn'fæʃnəbl] a *unmodern; altmodisch* || *nicht fein* or *elegant* **~ness** [~nis] s *das Unmoderne*

unfasten [ʌn'fɑːsn] vt/i || *auf–, losbinden, aufmachen, lösen* | vi *sich lösen, aufgehen* **~ed** [~d] a *unbefestigt, lose*

unfathered ['ʌn'fɑːðəd] a *vaterlos* || *nicht anerkannt, illegitim* ⟨a übtr⟩ **–therly** ['ʌn'fɑːðəli] a *unväterlich; lieblos, hart*

unfathomable [ʌn'fæðəməbl] a (–bly adv) *unergründlich (tief)* (abyss) || *unermeßlich, weit* (distance) || ⟨fig⟩ *unermeßlich, unfaßbar, –erklärlich* **~ness** [~ nio] ɒ *Unergründlichkeit* f

unfavourable [ˌʌn'feivərəbl] a *ungünstig, unvorteilhaft* (to, for *für*); *widrig* (weather) **–ableness** [–nis] s *Unvorteilhaftigkeit* f **–ably** [ˌʌn'feivərəbli] adv *ungünstig, z jds Nachteil* m

unfeasible ['ʌn'fiːzəbl] a *unausführbar*

unfed ['ʌn'fed] a *ohne Nahrung f* ⟨a fig⟩

unfeeling [ʌn'fiːliŋ] a (~ly adv) *unempfindlich, gefühllos* **~ness** [~nis] s *Gefühllosigkeit* f

unfeigned [ʌn'feind] a (~ly –nidli] adv) *nicht geheuchelt, nicht verstellt; echt, ehrlich* **–felt** ['ʌn'felt] a *nicht gefühlt, nicht empfunden* **–feminine** ['ʌn'feminin] a *unweiblich* **–fermented** ['ʌnfə:'mentid] a *ungegoren*, ~ *fruit juice Süßmost* m **–fertile** ['ʌn'fə:tail] a *unfruchtbar* **–fetter** [ʌn'fetə] vt *aus Fesseln lösen, befreien* ⟨a fig⟩ **~ed** [~d] a *frei*; ⟨*mst* fig⟩ *unbehindert,*

–beschränkt **–figured** ['ʌn'figəd] a *nicht bilderreich* (style) **–filial** ['ʌn'filjəl] a (~ly adv) *unkindlich* **–filled** ['ʌn'fild] a *unausgefüllt; –besetzt* (post); *leer* **–finished** ['ʌn'finiʃt] a *unvollendet, –fertig*; ~ed *goods* [pl] ⟨bal⟩ *halbfertige Erzeugnisse* n pl || ⟨fig⟩ *unvollendet, –geglättet* (style)

unfit ['ʌn'fit] a (~ly adv) *untauglich, –geeignet* (for *zu*; to do) || *unfähig* (for *zu*; to do) || ⟨mil⟩ (⟨*a*⟩ ~ *for active od* military service) (*wehrdienst)untauglich*; ~ *for duty dienstunfähig* **~ness** [~nis] s *Untauglich–*, *Unbrauchbarkeit* f (for *zu*; to do)

unfit [ʌn'fit] vt [–tt–] *untauglich* or *unfähig* m (for *zu*) **~ted** [~id] a *ungeeignet, –tauglich* | *nicht versehen* or *ausgerüstet* (with *mit*) **~ting** [~·iŋ] a (~ly adv) *unpassend, –geeignet* || *unschicklich, –anständig*

unfix [ˌʌn'fiks] vt *losmachen, lösen*; ~ *bayonets!* ⟨mil⟩ *Bajonett an Ort!* | ⟨fig⟩ *unsicher* m; *ins Wanken bringen* **~ed** [~t] a *unbefestigt, beweglich, lose* || ⟨fig⟩ *schwankend*

unflagging [ʌn'flægiŋ] a (~ly adv) *nicht erschlaffend, unermüdlich* **–flammable** ['ʌn'flæməbl] a *unentzündbar, unbrennbar* **–flattering** ['ʌn-'flætəriŋ] a (~ly adv) *nicht schmeichelnd, nicht schmeichelhaft* (to *für*) **–fledged** ['ʌn'fledʒd] a *nicht flügge* || ⟨fig⟩ *unentwickelt, –reif* **–fleshed** ['ʌn'fleʃt] a *noch nicht erprobt; unerfahren* **–flinching** [ʌn'flin(t)ʃiŋ] a (~ly adv) *nicht zurückweichend, unnachgiebig, unentwegt, unermüdlich*

unfold [ʌn'fould] vt/i || *entfalten; (Tuch) ausbreiten; öffnen* || ⟨fig⟩ *enthüllen, offenbaren* || *klarlegen; entwickeln* | ~ed *gespreizt (Lafette)* | vi *sich entfalten* or *öffnen* **–forced** ['ʌn'fɔːst] a *ungezwungen* || ⟨fig⟩ *ungezwungen, natürlich* **–foreseen** ['ʌnfɔː'siːn] a *unvorhergesehen, –erwartet* **–forgettable** ['ʌnfə'getəbl] a (–bly adv) *unvergeßlich* **–forgivable** ['ʌnfə'givəbl] a *unverzeihlich, nicht z verzeihen(d)* **–forgiven** ['ʌnfə-'givn] a *unverziehen* **–forgiving** ['ʌnfə'giviŋ] a *unversöhnlich, nachtragend* **–forgotten** ['ʌnfə-'gɔtn] a *unvergessen* **–formed** ['ʌn'fɔːmd] a *formlos, ungeformt* || *unentwickelt, fertig* **–fortified** ['ʌn'fɔː'tifaid] a *unbefestigt*

unfortunate [ʌn'fɔː'tʃnit] **1.** a *unglücklich; Unglücks–* (~ *day*) || *elend; unglückselig* || *verhängnisvoll* || *bedauerlich* **2.** *Unglückliche(r* m) f || *Dirne* f **~ly** [~li] adv *unglücklicherweise, leider*

unfounded ['ʌn'faundid] a *unbegründet; gegenstands–, grundlos*

unframed ['ʌn'freimd] a *ungerahmt* **–free** ['ʌn'friː] a *unfrei* **–freeze** [ʌn'friːz] vt *die Bewirtschaftung (e–r S) aufheben, (Preise, Löhne) wieder dem freien Markt übergeben* **–frequent** [ʌn'friːkwənt] a (~ly adv) *nicht häufig; selten* (not ~) **–frequented** ['ʌnfri'kwentid] a *nicht* or *wenig besucht; einsam* (district) **–friended** ['ʌn-'frendid] a *freundlos* **–friendliness** ['ʌn'frendlinis] s *Unfreundlichkeit* f **–friendly** ['ʌn'frendli] **1.** a *unfreundlich* (an ~ *act); nicht freundlich gesinnt* (to *gegen*) || *ungünstig* (tor, to *jur*) **2.**·* adv *unfreundlich* **–frock** [ʌn'frɔk] vt ⟨ec⟩ (jdm) *das Priestergewand, –amt entziehen*

unfruitful ['ʌn'fruːtful] a (~ly adv) *unfruchtbar*; ⟨*mst* fig⟩ *frucht–, ergebnislos* **~ness** [~nis] s *Unfruchtbarkeit* f; ⟨fig⟩ *Fruchtlosigkeit* f

unfulfilled ['ʌnful'fild] a *unerfüllt; nicht verwirklicht* **–funded** ['ʌn'fʌndid] a *nicht fundiert, schwebend* (~ *debt) –furl* [ʌn'fə:l] vt/i || *auseinanderbreiten, ausbreiten, entfalten; (Segel) beisetzen; (Fächer) aufspannen* | vi *sich entfalten* **–furnished** ['ʌn'fə:niʃt] a *unausgerüstet; (of houses) unmöbliert*

ungainliness [ʌn'geinlinis] s *Plump–, Ungeschicktheit* f **–gainly** [ʌn'geinli] **1.** a *plump, ungeschickt, linkisch* **2.** adv *plump* **–gallant 1.**

[ˈʌnˈgælənt] a *nicht tapfer* **2.** [ˌʌngæˈlænt] a
(~ly adv) *ungalant, –höflich* (to *gegen*) **–garbled**
[ˈʌnˈgɑːbld] a *undurchgesiebt, –ausgesucht* ‖
(of statements) *unverstümmelt, nicht entstellt*
–gear [ˌʌnˈgiə] vt ⟨tech⟩ *außer Gang setzen,
auskuppeln*; (*Tier*) *auskoppeln, abschirren* **–generous** [ˈʌnˈdʒenərəs] a (~ly adv) *nicht freigebig*
‖ *unedel(mütig)* **–genial** [ˈʌnˈdʒiːniəl] a *ungünstig, –angenehm, nicht passend* (to *für*) ‖
unfreundlich
ungentle [ˈʌnˈdʒentl] a (–tly adv) *nicht vornehm* ‖ *unsanft; –freundlich; –höflich, hart, grob*
~ness [~nis] s *Unfreundlichkeit* f **~manlike**
[ʌnˈdʒentlmənlaik] a *e–s Gentlemans unwürdig;
unfein, –vornehm; unedel* **–manliness** [ʌn-
ˈdʒentlmənlinis] s *unedles, –vornehmes Wesen* n
~manly [ʌnˈdʒentlmənli] a = ungentlemanlike
unget-at-able [ˈʌngetˈætəbl] a *unzugänglich;
schwer erreichbar* ‖ *unnahbar*
ungifted [ˈʌnˈgiftid] a *unbegabt* ‖ *unbeschenkt*
–gilded [ˈʌnˈgildid], **–gilt** [ˈʌnˈgilt] a *nicht vergoldet* **–gird** [ˌʌnˈgɜːd] vt *aus dem Gürtel, Gurt
befreien; losgürten* ‖ (*Kleidung*) *lockern* **–girded**
[ˌʌnˈgɜːdid], **–girt** [ˌʌnˈgɜːt] a *nicht gegürtet; gelockert* **–glazed** [ˈʌnˈgleizd] a *unverglast, glaslos*
‖ *unglasiert* **–godliness** [ˈʌnˈgɒdlinis] s *Gottlosigkeit* f **–godly** [ˈʌnˈgɒdli] a (–lily adv) *gottlos;
böse* (the ~) ‖ *Gott mißachtend*
ungovernable [ʌnˈgʌvənəbl] a (–bly adv) *unlenksam, zügellos* **–ness** [~nis] s *Unlenksam–,
Zügellosigkeit* f
ungraceful [ˈʌnˈgreisful] a (~ly adv) *ohne
Anmut, nicht graziös* ‖ *ungelenk; plump* **–gracious** [ˈʌnˈgreiʃəs] a (~ly adv) *ungnädig; –liebenswürdig, –freundlich* ‖ *unangenehm* **–grammatical** [ˈʌngrəˈmætikəl] a (~ly adv) *ungrammatisch; ungrammatikalisch, nicht korrekt*
–graspable [ˈʌnˈgrɑːspəbl] a *unverständlich*
ungrateful [ʌnˈgreitful] a (~ly adv) *undankbar* (to *gegen*) ‖ (of trees, etc) *nicht gedeihend;
unfruchtbar* ‖ ⟨fig⟩ *undankbar* (task), *–angenehm*
(duty) **~ness** [~nis] s *Undankbarkeit* f
ungratified [ˈʌnˈgrætifaid] a *unbefriedigt*
ungrounded [ˈʌnˈgraundid] a *unbegründet*
ungrudging [ˈʌnˈgrʌdʒiŋ] a *nicht murrend;
(bereit)willig* ‖ *gern auf sich nehmend; unermüdlich*; to be ~ in praise *Lob reichlich spenden*
‖ **~ly** [~li] adv *gern, bereitwillig*
ungual [ˈʌŋgwəl] a ⟨anat & zoo⟩ *Nagel–,
Klauen–, Huf–*
unguarded [ˈʌnˈgɑːdid] a (~ly adv) *unbewacht,
–gedeckt, –geschützt; nicht geschützt* (by *durch*);
unbeschrankt (Bahnübergang) ‖ ⟨fig⟩ *unbewacht*
(moment) ‖ *unvorsichtig; unbedacht, übereilt;
gedankenlos*
unguent [ˈʌŋgwənt] s *Salbe* f
unguided [ˈʌnˈgaidid] a *ungeleitet; führungslos, ohne Führung*
unguiform [ˈʌŋgwifɔːm] a *nagel–, klauenförmig*
ungulate [ˈʌŋgjuleit] **1.** a *hufförmig; Huf–* (~
animal) **2.** s *Huftier* n
unhackneyed [ʌnˈhæknid] a *nicht abgenutzt* or
abgedroschen **–hair** [ˈʌnˈhɛə] vt (*Fell*) *enthaaren*
–hallowed [ʌnˈhæloud] a *nicht geheiligt, ungeweiht* ‖ *unheilig; gottlos* **–hampered** [ˈʌn-
ˈhæmpəd] a *ungehindert; frei* **–hand** [ʌnˈhænd]
vt (*etw*) *loslassen* **–handiness** [ˌʌnˈhændinis] s
Ungeschick n, *Ungeschicklichkeit* f ‖ *Unhandlichkeit* f
unhandsome [ʌnˈhænsəm] a (~ly adv) *unansehnlich, unschön; häßlich* ‖ *unfein, –edel, gewöhnlich* **~ness** [~nis] s *Häßlichkeit* f ‖ *Unfeinheit* f
unhandy [ˌʌnˈhændi] a (–dily adv) *unbequem;
nicht leicht z handhaben(d); unhandlich* ‖ *ungelenk, ungeschickt; plump*

unhang [ˈʌnˈhæŋ] vt (→ to hang) (*hängenden
Gegenstand*) *herunternehmen* (from *v*)
unhappily [ʌnˈhæpili] adv *unglücklich* ‖ *unglücklicherweise, leider* **–piness** [ʌnˈhæpinis] s
Unglück, Elend n ‖ *inneres Unglück* n **–py**
[ʌnˈhæpi] a *unglücklich, elend* ‖ *Unglück bringend; unheilvoll* ‖ *unpassend, unglücklich*
(remark)
unharmed [ˈʌnˈhɑːmd] a *unbeschädigt; unversehrt* **–harmonious** [ˈʌnhɑːˈmounjəs] a *nicht harmonisch, nicht melodisch* ‖ ⟨fig⟩ *unharmonisch*
–harness [ˈʌnˈhɑːnis] vt (*Pferd*) *abschirren, ausspannen* **–healthiness** [ʌnˈhelθinis] s *Ungesundheit; Kränklichkeit* f **–healthy** [ʌnˈhelθi] a
(–thily adv) a *ungesund; krank; kränklich* ‖ (of
places) *ungesund, gesundheitsschädlich;* ⟨sl⟩ *gefährlich* ‖ ⟨fig⟩ *krankhaft* **–heard** [ˈʌnˈhɜːd] a
ungehört; long–~ lange nicht gehört ‖ *unbekannt*
‖ *unangehört, –verhört* ‖ *~-of* [ʌnˈhɜːdəv] *noch
nicht dagewesen, beispiellos; unerhört* (impudence) **–heeded** [ʌnˈhiːdid] a *unbeachtet*; to go
~ by *nicht beachtet w von* **–heedful** [ʌnˈhiːdful] a
nicht achtend (of *auf*); *unachtsam; sorglos* **–heeding** [ʌnˈhiːdiŋ] a *nicht beachtend; nicht achtend*
(of *auf*); *unachtsam* **–helped** [ˈʌnˈhelpt] a [pred]
ohne Hilfe u Unterstützung (by *von*) **–helpful**
[ˈʌnˈhelpful] a *hilflos* ‖ [pred] *ohne Hilfe* or
Nutzen (to *für*) **–heroic** [ˈʌnhiˈrouik] a (~ally
adv) *unheroisch; nicht heldenhaft* **–hesitating**
[ʌnˈheziteitiŋ] a *nicht zögernd; unbedenklich;
anstandslos; bereitfertig, unverzüglich* ‖ **~ly**
[~li] adv *ohne Zögern, ohne weiteres* **–hewn**
[ˈʌnˈhjuːn] a *unbehauen* **–hindered** [ˈʌnˈhindəd]
a *ungehindert, –gehemmt* **–hinge** [ʌnˈhindʒ] vt
(*Tür*) *aus den Angeln heben, aushängen* ‖ ⟨fig⟩
aus dem Gleichgewicht bringen; (*Geist*) *verwirren;*
(*Nerven*) *zerrütten; erschüttern*
unhistoric [ˈʌnhisˈtɒrik] a *unhistorisch* (method) ‖ **~al** [~əl] a (~ly adv) *unhistorisch; nicht
geschichtlich*
unhitch [ˈʌnˈhitʃ] vt *aufhaken, losmachen*
(from *von*) ‖ (*Pferd*) *ausspannen, losbinden*
–holiness [ʌnˈhoulinis] s *Unheiligkeit; Ruchlosigkeit* f **–holy** [ʌnˈhouli] a *unheilig, profan; ungeweiht* ‖ *ruch–, gottlos; böse* ‖ ⟨fam⟩ *abscheulich,
schrecklich* **–homogeneous** [ˈʌnˌhɔmoˈdʒiːniəs] a
ungleichartig **–honoured** [ˈʌnˈɔnəd] a *nicht geehrt; nicht verehrt* **–hook** [ˌʌnˈhuk] vt (*Kette*)
loshaken ‖ (*die Haken e–r S*) *öffnen;* (*Kleid*)
auf–, loshaken **–hoped** [ʌnˈhoupt] a *mst* ~ for
unverhofft, –erwartet, –geahnt (success); *unverhofft* **–horse** [ˌʌnˈhɔːs] vt (*Reiter*) *aus dem Sattel
werfen* ‖ ⟨fig⟩ *verwirren* **–house** [ˈʌnˈhauz] vt
aus dem Hause verjagen or *–treiben; obdachlos* m
‖ **–d** [~d] a *vertrieben; heimatlos* **obdachlos**
–human [ˈʌnˈhjuːmən] a *nicht menschlich, übermenschlich, –irdisch* **–hung** [ʌnˈhʌŋ] a (of
persons) *noch nicht aufgehängt; nicht gehenkt*
–hurried [ˈʌnˈhʌrid] a *ruhig, geruhsam* (in the ~
days before the war) **–hurt** [ˈʌnˈhɜːt] a *unverletzt, –beschädigt*
uni– [ˈjuːni] ⟨scient⟩ [in comp] *uni–, Uni–,
ein–, Ein–; einzig* **~axal** [ˈjuːniˈæksəl], **~axial**
[~ˈæksiəl] a ⟨minr & opt⟩ *e–inachsig* **~cameral**
[ˈjuːniˈkæmərəl] a ⟨jur⟩ *aus e–r Kammer bestehend* **~cellular** [ˈjuːniˈseljulə] a ⟨biol⟩ *e–inzellig* **~coloured** [ˈjuːniˈkʌləd] a *einfarbig*
~corn [ˈjuːnikɔːn] s **1.** *Einhorn* n (Fabeltier);
⟨engl her⟩ the lion and the ~ *die 2 Schildhalter*
2. s *Dreigespann* n **3.** [attr] *Einhorn–;* ~ fish
⟨zoo⟩ *–fisch* m, *Narwal* m ‖ etc → *u.*
unideaed, unidea'd [ˈʌnaiˈdiəd] a *ideenlos,
keine Ideen besitzend* **–ideal** [ˈʌnaiˈdiəl] a *ideallos, kein Ideal habend* ‖ *nicht ideal; materialistisch* **–identified** [ˈʌnaiˈdentifaid] a *herrenlos*
(dog)
unidimensional [ˈjuːnidaiˈmenʃənəl] a *e–indimensional* **–directional** [ˈjuːnidiˈrekʃənəl] a a

nach einer Richtung hin; ⟨wir⟩ ～ *traffic einseitiger Verkehr* m

unidiomatic [ˈʌnˌidioˈmætik] a *unidiomatisch*
unification [juːnifiˈkeiʃən] s *Vereinigung, Zus-fassung, Vereinheitlichung* f **-fier** [ˈjuːnifaiə] s *Einiger* m; *das einigende Band* n (of science)
uniform [ˈjuːnifɔːm] **1.** a (～ly adv) *gleichförmig, übereinstimmend* ‖ *einheitlich* | *nicht variierend, gleichmäßig* | *einförmig; Einheits-* (～ quotation *-kurs* m); *eintönig* **2.** s *Uniform* f ‖ [attr] *Uniform-* **3.** vt *gleichförmig or –mäßig* m; *uniformieren* | ～ed [–d] a *uniformiert* **-formity** [juːniˈfɔːmiti] s *Gleichförmigkeit* f; *Übereinstimmung* f; *Gleichheit; Einheitlichkeit* f (Act of ～) ‖ *Gleichmäßigkeit* f ‖ *Einförmigkeit* f *Eintönigkeit* f **-fy** [ˈjuːnifai] vt *z Einheit zusschließen; vereinheitlichen* ‖ –fied command ⟨Am mil⟩ *einheitliche Führung* f, *-es Kommando* n **-lateral** [ˈjuːniˈlætərəl] a (～ly adv) *einseitig* (～ car-parking); *einseitig (bindend)* (～ contract)

unilluminated [ˌʌniˈljuːmineitid] a *nicht erleuchtet*; ⟨a fig⟩ –**imaginable** [ˌʌniˈmædʒinəbl] a (–bly adv) *undenkbar, –vorstellbar* **-imaginative** [ˈʌniˈmædʒinətiv] a *phantasielos* **-imagined** [ˈʌniˈmædʒind] a *ungeahnt* **-impaired** [ˈʌnimˈpɛəd] a *unvermindert, –geschwächt* **-impassioned** [ˈʌnimˈpæʃənd] a *leidenschaftslos*
unimpeachable [ˌʌnimˈpiːtʃəbl] a (–bly adv) *unanfechtbar, –antastbar; –bezweifelbar* ‖ *schuld-, vorwurfsfrei, untadelhaft; einwandfrei* (French) **-ness** [～nis] s *Unanfechtbarkeit* f ‖ *Schuldlosigkeit* f
unimpeded [ˈʌnimˈpiːdid] a *unbehindert* –**portance** [ˈʌnimˈpɔːtəns] s *Unwichtig-; Nebensächlichkeit* f **-portant** [ˈʌnimˈpɔːtənt] a *unwichtig; nebensächlich* **-posing** [ˈʌnimˈpouziŋ] a *nicht imponierend; eindruckslos* **-pregnated** [ˈʌnimˈpregneitid] a *unbefruchtet* (female) –**pressionable** [ˈʌnimˈpreʃnəbl] a *f Eindrücke unempfänglich* **-pressive** [ˈʌnimˈpresiv] a (～ly adv) *keinen Eindruck machend, eindrucklos* –**provable** [ˈʌnimˈpruːvəbl] a *unverbesserlich* –**proved** [ˈʌnimˈpruːvd] a *unverbessert, nicht veredelt* ‖ (of land) *unbebaut, nicht kultiviert* –**proving** [ˈʌnimˈpruːviŋ] a *nicht bildend, nicht veredelnd*
unin– ‖ **-flamed** [ˈʌninˈfleimd] a ⟨fig⟩ *ohne Erregung, nicht erregt* **-flammable** [ˈʌninˈflæməbl] a *nicht entzündbar or feuergefährlich* **-flected** [ˈʌninˈflektid] a ⟨gram⟩ *unflektiert; flexionslos* **-fluenced** [ˈʌninˈfluənst] a *unbeeinflußt* (by durch) **-fluential** [ˈʌninfluˈenʃəl] a *einflußlos; keinen Einfluß habend*; to remain ～ *keinen E. hinterlassen* **-formed** [ˈʌninˈfɔːmd] a *nicht unterrichtet* (on über), *uneingeweiht* ‖ *unwissend, –gebildet* **-habitable** [ˈʌninˈhæbitəbl] a *unbewohnbar* **-habited** [ˈʌninˈhæbitid] a *unbewohnt, leer* **-itiated** [ˌʌniˈniʃieitid] a *uneingeweiht* **-jured** [ˈʌnˈindʒəd] a *unverletzt, –beschädigt* ‖ ⟨fig⟩ *unverdorben* (by von) **-jurious** [ˈʌninˈdʒuəriəs] a *unschädlich* **-spired** [ˈʌninˈspaiəd] a *nicht begeistert or inspiriert* **-structed** [ˈʌninˈstrʌktid] a *nicht unterrichtet* (in), *unwissend* ‖ [pred] *nicht instruiert, ohne Verhaltungsmaßregeln* **-structive** [ˈʌninˈstrʌktiv] a *nicht belehrend* **-sured** [ˈʌninˈʃuəd] a ⟨ins⟩ *nicht versichert* **-telligent** [ˈʌninˈtelidʒənt] a (～ly adv) *nicht intelligent, geistlos* ‖ *beschränkt, dumm* **-telligibility** [ˈʌninˌtelidʒəˈbiliti] s *Unverständlichkeit* f, *–klarheit* f
unintelligible [ˈʌninˈtelidʒəbl] a (–bly adv) *unverständlich; unklar* **-ness** [～nis] s *Unverständlichkeit* f
unin– ‖ **-tended** [ˈʌninˈtendid] **-tentional** [ˈʌninˈtenʃn] a (～ly adv) *unbeabsichtigt, –absichtlich; ～ abortion* ⟨med⟩ *Spontanabortus* m

uninter– ‖ **-ested** [ˈʌnˈintristid] a *uninteressiert,–beteiligt; gleichgültig* **-esting** [ˈʌnˈintristiŋ] a (～ly adv) *uninteressant; langweilig* **-mitted** [ˈʌnintəˈmitid] a *ununterbrochen* **-mitting** [ˈʌnˌintəˈmitiŋ] a *ununterbrochen; anhaltend* **-pretable** [ˈʌnintəˈpritəbl] a *unerklärbar, nicht z erklären(d)* **-rupted** [ˈʌnˌintəˈrʌptid] a (～ly adv) *ununterbrochen, fortlaufend, andauernd, –haltend* (success) ‖ *nicht unterbrochen or gestört* (by durch)
unin– ‖ **-ventive** [ˈʌninˈventiv] a *nicht erfinderisch* **-vited** [ˈʌninˈvaitid] a *uneingeladen, –gebeten* (guest) **-viting** [ˈʌninˈvaitiŋ] a (～ly adv) *nicht einladend or anziehend or verlockend; reizlos*
unio [ˈjuːniou] s [pl ～s] L ⟨zoo⟩ *Flußmuschel* f
union [ˈjuːnjən] s **1. a.** *Vereinigen, –binden* n, *–einigung, –bindung* f; *Anschluß* m (with an) ‖ ⟨tech⟩ *joint Schraubverbindung, Röhrenkuppelung* f | *eheliche Verbindung, Ehe* f **b.** *Einheit, –tracht* f (in perfect ～); ⟨arts⟩ *Übereinstimmung, Harmonie* f; ～ *among the peoples Zus-schluß der V.* **c.** ⟨pol⟩ *Uni·on* f; the ≈ ⟨engl hist⟩ *die Vereinigung v England u Schottland (1707), die v Großbritannien u Irland (1801)* **2.** (*Körperschaft*) **a.** *Vereinigung* f, *Verein* m, *monetary* ～ *Münzverein* m; *postal* ～ *Post-union* f | the ≈ *Universitätsklub* m **b.** ⟨pol⟩ *Uni·on* f; *Staatenbund* m; the ≈ *the Union* f (*der Vereinigten Staaten v Nordamerika*); the ≈ *of South Africa die Südafrik. U.* **c.** (mst trade-～) *Gewerkschaft* f **d.** *Zweckverband* m; ⟨engl⟩ *Kirchspielverband* m; (a ≈ House) *Arbeits–, Armenhaus* n **3.** (*linker oberer* [*die polit. Vereinigung v Ländern anzeigender*] *Teil e–r Nationalflagge*) *Gösch* f; to hoist, fly a flag ～ *down die Notflagge aufziehen*; the ～ *flag,* ⟨engl⟩ the ≈ *Jack National–, Reichsflagge v Großbritannien,* ⟨Am⟩ *Gösch* f (*48 Sterne auf blauem Grund*) **4.** ⟨com⟩ *aus verschiedenem Material gewebter Stoff, aus Leinen u Baumwolle* (= *Halbleinen*), *aus Seide u Wolle* etc ‖ ～**-suit** ⟨Am⟩ *Hemdhose* f (⟨engl⟩ = combinations pl) **-ism** [～izm] s ⟨hist pol⟩ *unionistische Politik* f (*bes in bezug auf enge parlamentarische Vereinigung der Teile des British Empire, bes v Großbritannien u Indien bzw Irland* [Ggs Home Rule]) ‖ *Gewerkschaftsgrundsätze* m pl, *–system* n **-ist** [～ist] **1.** s ⟨pol⟩ *Unionist* m, *Anhänger* m *e–r unionist. Politik* ‖ ≈s *Partei* (seit 1886) *aus Konservativen u e–r Anzahl v Liberalen* f (*gegen Home Rule*); *heute* = conservatives ‖ *Gewerkschaftler* m **2.** a *Unionisten–* (～ party); *unionistisch* **-istic** [juːnjəˈnistik] a = unionist a **-ize** [ˈjuːnjənaiz] vt *in e–e Gewerkschaft zwingen, z e–r G. zus-schließen, G.svorschriften* [dat] *unterwerfen*
uniovular [juːniˈovjulə] s *ein–eiig* (twins)
uniparous [juːˈnipərəs] a ⟨zoo⟩ *nur ein Junges gebärend bei e–m Wurf*
unipartite [juːniˈpɑːtait] a *aus e m Teil bestehend, einteilig*
unipolar [juːniˈpoulə] a *einpolig*
unique [juːˈniːk] **1.** a *einzig, alleinig*; ～ *of its kind einzig in s–r Art* ‖ *einzigartig; unerreicht, ohnegleichen;* ⟨fam⟩ *außerordentlich, bemerkenswert* **2.** s *ein nur einmal existierendes Exemplar* n; *Seltenheit* f ‖ *Unikum* n **-ly** [～li] adv *ausschließlich, allein* ‖ *in einzigartiger Weise; besonders* **-ness** [～nis] s *Einzigartigkeit; Unerreichtheit* f
unisexual [juːniˈseksjuəl] a *eingeschlechtig*
unison [ˈjuːnizn, –isn] s ⟨mus⟩ *Ein–, Gleichklang* m; in ～ *unisono, einstimmig* | ⟨fig⟩ *Einklang* m, *Übereinstimmung* f; in ～ *with in Einklang mit* **-ant** [juːˈnisənənt], **-ous** [juːˈnisənəs]

a ⟨mus⟩ *einstimmig, gleichtönend* ‖ ⟨fig⟩ *übereinstimmend*

unit [ˈjuːnit] s **1.** ⟨math⟩ *einzelne Größe* or *Zahl* f; *kleinste ganze Zahl* f; *Einer* m **2.** *Einzelperson* f, *–ding* n **3.** ⟨phys⟩ *Grundmaßstab* m; *Einheit* f (*e–s Maßsystems*); ~ *of force Krafteinheit* f; → M-K-S *system*, c.g.s. *system*; ~ *of measure Maßeinheit* f **4.** (*z e–r Gruppe* or *Vereinigung gehörige*) *Einzeleinheit*, *Einheit* f; ⟨mil⟩ *Einheit* f, *armed* ~, *fighting* ~ *Kampfbund* m, *–formation* f; *farm* ~ *landwirtschaftlicher Betrieb* m; ~ *afloat* ⟨mar⟩ *schwimmender Verband* m ‖ ⟨mach⟩ *Anlage*, *Einheit* f, *Aggregat* n ‖ ⟨com soc⟩ *Gemeinschaft*, *Vereinigung* f (*v P* or *S*) (*Film* ⟳; *kitchen* ~ *Küchen-Kombinationsmöbel* n; *health* ~; *neighbourhood* ~ *Nachbargemeinschaft* f) ‖ ⟨Am⟩ *to be a* ~ *·e–r Meinung s* (*on über*) **5.** [attr] *Einheits–*, *–einheit* f (~ *measure*) ‖ ~ *furniture ·Anbaumöbel* n pl ‖ ~ *journal* ⟨Am mil⟩ *Tagebuch* n ‖ *in* ~ *lines* ⟨mil⟩ *im Lager*, *in der Unterkunft* ‖ ~ *reserves Reservebestände* m pl *bei der Einheit* ‖ ~ *stores* pl (*Waffen–*, *Geräte–* etc) *Kammer* f ‖ ~ *training geschlossene Ausbildung* f

Unitarian [juːniˈtɛəriən] **1.** s ⟨ec⟩ *Unit·arier* m **2.** a ⟨ec⟩ *unitarisch* **~ism** [~izm] s ⟨ec⟩ *Lehre* f *der Unitarier*

unitary [ˈjuːnitəri] a *nach Einheit strebend*, *Einheits–* (~ *movement*) ‖ *normiert* ‖ *einheitlich*, *Einheits–*; (~ *state –staat* m

unite [juːˈnait] vt/i **1.** vt (*Stücke*) *vereinigen* (*with*, *to mit*) ‖ ⟨chem⟩ *verbinden* ‖ (*Menschen*) *einen*; *verbinden*, *durch Ehe verbinden*, (*jdn*) *verheiraten* (*to mit*) ‖ (*Eigenschaften*) *in sich vereinigen*; *besitzen* **2.** vi (*P*) *sich vereinigen* (*with a p mit jdm*; *in a th in e–r S*; *in doing*, *to do z tun*) ‖ *sich ehelich vereinigen*, *sich verheiraten* (*with mit*) ‖ ⟨chem⟩ *sich verbinden* (*to*, *with mit*)

united [juːˈnaitid] a (~ly adv) **1.** *vereinigt*, *–bunden*; (*oft in Verbindungen*): *the Society of* ⟳ *Brethren* ⟨ec⟩ *die Brüdergemeinde* f; *the* ⟳ *Kingdom das ·Vereinigte Königreich* n (*Großbritannien u Nordirland*); *the* ⟳ *Provinces* pl *die Vereinigten Niederlande* pl; *the* ⟳ *States* pl [sg konstr] *die Vereinigten Staaten* v *Nordamerika* m pl; [attr] *vereinsstaatlich*, *U.S.-amerikanisch* ‖ ⟳ *Nations Organisation* (abbr UNO) *Organisation* f *der Vereinten Nationen*; ⟳ *Nations Security Council* (abbr UNSC) *Sicherheitsrat* m *der V.N.* **2,** *vereint*; *gemeinsam* (~ *action*); *Einheits–* (~ *front*); ⟳*statish Amerikanisches Englisch*, *Amerikanisch* n

unitive [ˈjuːnitiv] a *vereinigend*, *–bindend*

unitize [ˈjuːnitaiz] vt (*Getriebe an Motor*) *anblocken* ‖ ~d *construction Blockanordnung* f

unity [ˈjuːniti] s *Einheit* f; *the dramatic unities die drei Einheiten des Dramas* (*action*, *time*, *place*) ‖ *Einheitlichkeit* f (*to give* ~ *to a th e–r S E. verleihen*) ‖ *Eintracht*, *Einigkeit* f, *Übereinstimmung* f (*between*); *to be at* ~ *with* (*P*) *übereinstimmen mit* ‖ ~ *is strength Einigkeit macht stark*

uni· **~valent** [juːˈnivələnt] a ⟨chem⟩ *einwertig* **~valve** [ˈjuːnivælv] **1.** a ⟨zoo⟩ *einschalig* (*Weichtier*, *Molluske*) **2.** s ⟨zoo⟩ *einschaliges Tier* n (*Molluske*) **~versal** [juːniˈvəːsl] **1.** a (~ly adv) **a.** *univers·al*, *allumfassend* *weltumfassend*, *Welt–*, *Univers·al–*, ~ *language Weltsprache* f ‖ ~ *postal union Weltpostverein* m **b.** *allgemein* (*Ggs particular*); *allg bindend* (~ *rules*); *allg verbreitet* or *durchgeführt*; ~ *suffrage allg Wahlrecht* n, *to be* ~ *among allg verbreitet s* ‖ ~ *unter* ~ *compulsory military service*, ~ *conscription* ‖ ~ *service system*, ⟨Am⟩ ~ *military training allg Wehrpflicht* f ‖ *ganz* (*the* ~ *world*; ~ *Spain das ganze Spanien*) (*P*, etc) ‖ *universal*, *univers·ell*, *allumfassend* (*mind*) **e.** ⟨jur⟩ *Universal–*, ~ *legacy –vermächtnis* n ‖

⟨tech⟩ *Universal–*; ~ *current* ⟨el⟩ *Allstrom* m; ~ *joint Universal–*, *Kardangelenk* n; ~ *screwwrench englischer Schraubenschlüssel* m ‖ ~ *transverse mercator grid* ⟨cart⟩ *Merkatornetz* n ‖ ⟨phot⟩ ~ *multifocus view-finder Universalsucher* m **2.** s *das Allgemeine*; ⟨log⟩ *allg Begriff* m, *allg Urteil* n ‖ *the concrete* ~ ⟨Lit⟩ *das Allgemeingültige dargestellt im Einzelfall* ‖ ~s [pl] *Univers·alien*, *Allgemeinbegriffe* pl **~versalism** [juniˈvəːsəlizm] s ⟨ec⟩ *Universalismus* m, *Lehre* f v *der allg Erlösung* **~versalist** [juːniˈvəːsəlist] s ⟨ec⟩ *Anhänger* m *des Universalismus*, *Universalist* m **~versality** [juːnivəːˈsæliti] **1.** s *Allgemeinheit* f; *allg Verbreitung* f ‖ *Universalität* f **2.** *allg Anwendung* f; (*of laws*, etc) *Allgemeingültigkeit* f **3.** ⟨fig⟩ *Universalität* f (of *genius*); *Vielseitigkeit* f **4.** † *Allgemeinheit*, *Masse* f *des Volkes* **~versalize** [juːniˈvəːsəlaiz] vt *allg bindend* m; (*e–r S*) *allg Charakter verleihen* ‖ *allg verwenden*, *–breiten* **~verse** [ˈjuːnivəːs] s *Weltall*, *Universum* n; *Kosmos* m ‖ *Welt*, *Erde* f **~versity** [juniˈvəːsiti] s **1.** *Universität* f (*the* ~ *of Oxford od Oxford* ~ *die U. Oxford*); *Professor of Mathematics in the* ~ (*of Cambridge*) *Professor der Mathematik an der U.* (*C.*); *to go up to the* ~ *die U. beziehen*; *to go down from the* ~ *die U. verlassen* ‖ *the* ~ *die Mitglieder* n pl *der U.*; *die Universitätsbehörde* f ‖ ⟨sport⟩ *Universitätsmannschaft* f **2.** [attr & comp] *Universitäts–* (~ *register –matr·ikel* f); *Hochschul–* ~ *education –bildung* f) ‖ *akademisch*; ~*-bred akademisch gebildet*; a ~ *man ein akademisch Gebildeter*, *Akademiker* m ‖ ~ *extension Volkshochschule* f **~vocal** [juːˈnivokəl] a (~ly adv) *eindeutig*, *unzweideutig*

unjaundiced [ˈʌnˈdʒɔːndist] a *neidlos*, *nicht eifersüchtig* **–join** [ˈʌnˈdʒɔin] * vt *trennen* **–joint** [ˈʌnˈdʒɔint] vt *trennen*, *auseinanderreißen* **–just** [ˈʌnˈdʒʌst] a (~ly adv) *ungerecht* (*to gegen*), *–billig* (*it is* ~ *to do*); *the just and the* ~ *die Gerechten u Ungerechten*, *jedermann* ‖ *vgl injustice* **–justifiable** [ʌnˈdʒʌstifaiəbl] a (~bly adv) *unverantwortlich*, *ungerechtfertigt*, *nicht z rechtfertigen(d)* **–justified** [ʌnˈdʒʌstifaid] a *ungerechtfertigt*, *–berechtigt* **–justness** [ˈʌnˈdʒʌstnis] s *Ungerechtigkeit* f **–kempt** [ˈʌnˈkempt; ´––] a *ungekämmt* ‖ *unordentlich*, *vernachlässigt*, *ungepflegt* (*lawn*); *liederlich*, *schlampig* **–killable** [ˈʌnˈkiləbl] a *nicht umzubringen(d)*

unkind [ʌnˈkaind] a *unfreundlich*, *lieb–*, *rücksichtslos* (*to gegen*) **~liness** [~linis] s *Unfreundlichkeit* f **~ly** [~li] **1.** a *unfreundlich* (*weather*); *lieblos* **2.** adv *unfreundlich* **~ness** [~nis] s *unfreundl. Wesen* n, *unfreundl. Behandlung* f

unkinglike [ʌnˈkiŋlaik], **–ly** [ʌnˈkiŋli] a *unköniglich*, *e–s Königs unwürdig*

unkinkable [ʌnˈkiŋkəbl] a *knickfest* (*cable*, *wire*)

unknightly [ʌnˈnaitli] a *unritterlich* **–knit** [ˈʌnˈnit] vt (→ *to knit*) (*Strickarbeit*, *Knoten*) *auflösen*, *–knüpfen* ‖ ⟨bes fig⟩ *entwirren*; *auflösen* ‖ *vernichten* **–knot** [ˈʌnˈnɔt] vt [–tt–] *aufknoten*, (*Knoten*) *auflösen* **–knowable** [ˈʌnˈnouəbl] a *unerkennbar*; *the* ~ *das Unerkennbare*, *Absolute* n **–knowing** [ˈʌnˈnouiŋ] a *unwissend*, *unbewußt*; [pred] *ohne z wissen* (~ *where ..*) ‖ *nichts wissend* (of *v*) **–ly** [~li] adv *ohne z wissen*, *unwissentlich* **–known** [ˈʌnˈnoun; ´––; ––´] **1.** a *unbekannt* (*to a p jdm*) ‖ ~ *to a p ohne jds Wissen* ‖ *unbeschreiblich* (*delight*) **2.** s: *the* ~ [pl ~s] *die unbekannte Person* f; *the Great* ⟳ *Sir Walter Scott* ‖ *the* ~ *das* or *die Unbekannte*; ⟨math⟩ *die unbekannte Menge* or *Größe*

unlabelled [ʌnˈleibld] a *nicht etikettiert*; *nicht mit Etikett versehen*; *ohne* (*Gepäck–* etc) *Zettel* **–laboured** [ʌnˈleibəd] a *ohne Mühe erworben* or *ausgeführt*; *ungezwungen, leicht* (style), *natürlich* –**lace** [ˈʌnˈleis] *vt aufschnüren*

unlade [ˈʌnleid] *vt* (→ *to lade*) (*etw*) *ab–, ausladen* (from *v*); ⟨mar⟩ (*Schiff*) *entladen*; (*Ladung*) *löschen*; ⟨*a* übtr⟩ | **~n** [~n] *a unbeladen*; ~ *weight Leergewicht* n || ⟨fig⟩ *unbelastet* (with)

unladylike [ˈʌnˈleidilaik] *a e–r Dame unwürdig*; *unfein, –schicklich*

unlagged [ˈʌnˈlægd] *a unverkleidet, nackt, nicht wärme-isoliert*

unlaid [ˈʌnˈleid] *a* (of a table) *ungedeckt* | *nicht mit Wasserzeichen versehen* (paper) || ⟨fig⟩ (of spirits) *ungestillt, –beruhigt* –**lamented** [ˈʌnləˈmentid] *a unbeklagt, –beweint* –**lash** [ʌnˈlæʃ] *vt* (*Schiff* etc) *losmachen* –**latch** [ʌnˈlætʃ] *vt* (*Tür*) *aufklinken*

unlawful [ˈʌnˈlɔːful] *a* (~ly adv) *ungesetzlich, rechtswidrig; unerlaubt* (gain); *den Frieden gefährdend* (assembly) **~ness** [~nis] *s Ungesetzlichkeit* f

unlay [ˈʌnˈlei] *vt* (→ *to lay*) (*die Strähnen e–s Taus*) *aufflechten*

unlearn [ˈʌnˈlɔːn] *vt* (→ *to learn*) *aus dem Gedächtnis verlieren; verlernen* || (*Erlerntes*) *umlernen, anders lernen* | **~ed** [ˈʌnˈlɔːnt] pp *a nicht gelernt* (lesson) | **~ed** [ˈʌnˈlɔːnid] **1.** *a* (~ly adv) *ungelehrt, –wissend, –gebildet* **2.** s: the ~ *die Ungebildeten* m pl

unleash [ʌnˈliːʃ] *vt* ⟨mst fig⟩ *loslassen, befreien*

unleavened [ˈʌnˈlevnd] *a ungesäuert*

unless [ənˈles; ʌn–] *conj wenn nicht, wofern nicht, vorausgesetzt daß nicht; ausgenommen wenn, außer wenn; es sei denn, daß*

unlettered [ˈʌnˈletəd] *a ungelehrt; –belesen; –gebildet* –**levelled** [ˈʌnˈlevəld] *a* ⟨min⟩ *nicht söhlig* –**licensed** [ʌn ˈlaisənst] *a unerlaubt, –berechtigt; nicht konzessioniert* (dealer); *wild; ~ driving* ⟨mot⟩ *Schwarzfahrt* f –**licked** [ˈʌnˈlikt] *a* ⟨mst fig⟩ *ungeleckt, –beleckt, –geformt; roh*; ~ cub ⟨fam⟩ *ungeleckter Bär, un–, eingebildeter Geck*; °*grüner Junge* m

unlike [ˈʌnˈlaik] **1.** *a ungleich, –ähnlich* (to a p *jdm*); *verschieden* **2.** prep *anders als, verschieden von, nicht wie*; ~ him *anders als er*, *ihm unähnlich*; ~ his father *im Gegensatz zu s–m Vater* **~lihood** [ʌnˈlaiklihud], **~liness** [ʌnˈlaiklinis] *s Unwahrscheinlichkeit* f (the ~ that); the ~ of a th happening *die U., daß etw eintritt* **~ly** [ʌnˈlaikli] **1.** *a unwahrscheinlich*; he is ~ to come *er wird wahrscheinlich nicht k* || *aussichtslos* **2.** adv *unwahrscheinlich* **~ness** [ˈʌnˈlaiknis] *s Ungleichheit, –ähnlichkeit* f (to a p)

unlimber [ʌnˈlimbə] *vt* ⟨mil⟩ (*Geschütz*) *abprotzen, v der Protze abhängen* –**limited** [ʌnˈlimitid] *a* (~ly adv) *unbegrenzt; –beschränkt* (powers); ⟨meteor⟩ ~ ceiling *Wolkenlosigkeit* f; ~ visibility *unbegrenzte Sicht* f || ~ company ⟨com⟩ *Gesellschaft* f *mit unbeschränkter Haftung* | ⟨fig⟩ *grenzenlos* (impudence); *uferlos* –**lined** [ˈʌnˈlaind] *a ungefüttert, ohne Futter* –**lined** [ˈʌnˈlaind] *a unliniert, ohne Linien* || *nicht markiert* –**link** [ʌnˈliŋk] *vt losketten, –lösen; trennen* –**liquidated** [ˈʌnˈlikwideitid] *a unbeglichen, –bezahlt* (debts) || *unbestimmt, nicht festgestellt*

unload [ˈʌnˈloud] *vt/i* || (*Schiff*) *entladen* || (*Ladung*) *ab–, ausladen* (from *aus*); *löschen* || (*ein Gewehr* etc) *entladen* || ⟨übtr⟩ *entlasten, befreien, erleichtern* (of *von*); to ~ o.s. *sich erleichtern* | (*e–m Gefühl*) *Luft m* || ⟨st exch⟩ (*Papiere*) *auf den Markt werfen, abstoßen, verkaufen* | *ausladen; ausgeladen w* **~ing** [~iŋ] s [attr] *Auslade-* (crane)

unlock [ʌnˈlɔk] *vt* (*Tür*) *aufschließen, öffnen* || (*Waffe*) *entsichern* || ⟨fig⟩ *aufdecken, –schließen* (to ~ one's heart); *enthüllen* –**looked** [ʌn

ˈlukt] *a:* ~-at *unangesehen* (wares) || ~-for *–vorhergesehen, –erwartet, überraschend* –**loose** [ˈʌnˈluːs], –**loosen** [ʌnˈluːsn] *vt* (*Kette*) *losmachen, lösen* || *aufmachen, –lösen*; *lockern* || *befreien* (from *v*)

unlovable [ˈʌnˈlʌvəbl] *a nicht liebenswert* || *unliebenswürdig* (to *gegen*); *abstoßend* –**ved** [ˈʌnˈlʌvd] *a ungeliebt* –**veliness** [ˈʌnˈlʌvlinis] *s Reizlosigkeit, Unschönheit* f –**vely** [ˈʌnˈlʌvli] *a unschön, widerlich, eklig* (this ~ quarrel) || *nicht anziehend, häßlich* (form) –**verlike** [ˈʌnˈlʌvəlaik] *a nicht e–s Liebhabers würdig; lieblos* –**ving** [ˈʌnˈlʌviŋ] *a* (~ly adv) *lieblos; kalt*

unluckily [ʌnˈlʌkili] adv *unglücklicherweise* –**iness** [ʌnˈlʌkinis] *s Unglück* n || *Ungünstigkeit* f | –y [ʌnˈlʌki] *a unglücklich*; to be ~ *Unglück h* (at cards *beim Kartenspiel*; in love *in der Liebe*) || *Unglück verheißend* || *unheilvoll, Unglück bringend* || *ungünstig, –zeitgemäß*

unmade [ˈʌnˈmeid] *a ungemacht, –geschaffen*; *–fertig* –**maidenly** [ʌnˈmeidnli] *a nicht mädchenhaft, unschicklich* –**mailable** [ʌnˈmeiləbl] *a* (*durch die Post*) *nicht beförderbar, unbestellbar* –**maintainable** [ˈʌnmənˈteinəbl] *a nicht aufrecht z erhalten(d); unhaltbar, –tragbar*

unmake [ˈʌnˈmeik] *vt* (→ *to make*) *aufheben* (*Entschlüsse* etc) *rückgängig m, umstoßen, widerrufen* || (*König'* etc) *absetzen* || *v Grund auf ändern* || *vernichten, zerstören*

unman [ˈʌnˈmæn] *vt* [–nn–] *unmenschlich m*; *verrohen* || *der Manneskraft berauben; entmutigen; entkräften, verweichlichen* || ~ned *unbemannt* –**manageable** [ʌnˈmænidʒəbl] *a unlenksam; widerspenstig* || *unkontrollierbar* || *schwer z handhaben(d); unhandlich* –**manliness** [ˈʌnˈmænlinis] *s Unmännlichkeit* f –**manly** [ˈʌnˈmænli] *a unmännlich; weibisch; feige* –**mannerliness** [ʌnˈmænəlinis] *s Ungezogenheit* f –**mannerly** [ʌnˈmænəli] *a unmanierlich, –erzogen*; *–gezogen,roh* –**manufactured** [ˈʌnˌmænjuˈfæktʃəd] *a* ⟨tech⟩ *unverarbeitet, –bearbeitet* –**marked** [ˈʌnˈmɑːkt] *a ungezeichnet, –bezeichnet; nicht gekennzeichnet* (by *durch*) || *unbemerkt*; to pass ~ *unbemerkt hingehen* –**marketable** [ʌnˈmɑːkitəbl] *a nicht marktfähig; unverkäuflich* –**marriageable** [ʌnˈmæridʒəbl] *a nicht heiratsfähig* –**married** [ˈʌnˈmærid; ʹ– –; ʹ– ʹ–] *a unverheiratet; ledig*

unmask [ˈʌnˈmɑːsk] *vt/i* || (*jdm*) *die Maske abnehmen*; (*jdn*) *demaskieren* || ⟨mil⟩ (*ein Geschütz*) *durch Feuer entdecken* || ⟨fig⟩ *entlarven* | *vi sich demaskieren, die Maske abnehmen*; ⟨fig⟩ *s–n wahren Charakter zeigen* **~ing** [~iŋ] s *Entlarvung* f

unmastered [ˈʌnˈmɑːstəd] *a unbewältigt* (past) –**matchable** [ʌnˈmætʃəbl] *a nicht z vergleichen(d); unvergleichlich* –**matched** [ˈʌnˈmætʃt] *a unvergleichlich; nicht seinesgleichen habend; unerreicht* –**material** [ˈʌnməˈtiəriəl] *a immateri·ell, geistig* –**meaning** [ʌnˈmiːniŋ] *a* (~ly adv) *ausdruckslos, nichtssagend; bedeutungs–, sinnlos*; to be ~ *keinen Sinn geben* –**meant** [ˈʌnˈment] *a unbeabsichtigt, nicht gewollt* –**measured** [ʌnˈmeʒəd] *a unermeßlich; grenzenlos; unbegrenzt* || *reichhaltig, übermäßig* || *unmäßig, zügellos* –**mechanical** [ˈʌnmiˈkænikl] *a nicht mechanisch; nicht maschinenmäßig, nicht gedankenlos* –**meet** [ˈʌnˈmiːt] *a unpassend, –geeignet* (for *f, z*); *untauglich* (for *z, für*; to do); *unschicklich* –**melodious** [ˈʌnmiˈloudjəs] *a* (~ly adv) *unmelodisch*; *–musikalisch* –**mentionable** [ʌnˈmenʃnəbl] **1.** *a nicht z erwähnen(d), unnennbar* **2.** [s. pl] ~s ⟨fam⟩ (*die*) *Unaussprechlichen* pl (sc *die Hose*) –**mentioned** [ˈʌnˈmenʃənd] *a nicht erwähnt* (by *v*) –**merchantable** [ʌnˈmɑːtʃəntəbl] *a nicht z Verkauf geeignet; nicht marktfähig; unverkäuflich*

unmerciful [ʌnˈmɑːsiful] *a* (~ly adv) *unbarmherzig* **~ness** [~nis] *s Unbarmherzigkeit* f unmeritable [ˌʌnˈmeritəbl] a *ohne Anspruch auf Anerkennung, wertlos* –merited [ˌʌnˈmeritid] a *unverdient* (credit *Ehre*) –metalled [ˌʌnˈmetəld] a *unbe-, ungeschottert* (way) –methodical [ˌʌnmiˈθɔdikl] a *unmethodisch; nicht planvoll, planlos, wirr* –metrical [ˌʌnˈmetrikl] a *unmetrisch, nicht in Versform geschrieben* –military [ˌʌnˈmilitəri] a *unmilitärisch; –soldatisch || nicht militärisch, Zivil–* –mindful [ˌʌnˈmaindful] a (~ly adv) *nicht achtend, ohne Rücksicht* (of *auf*); *nicht denkend* (of *an*); *uneingedenk* (of a th *e–r S*); to be ~ of a th *etw nicht beachten, sich nicht abhalten l durch etw* –mingled [ˌʌnˈmiŋgld] a *ungemischt, unvermischt, unverfälscht* –misgiving [ˌʌnmisˈgiviŋ] a *furchtlos, unbesorgt, –erschütterlich* (confidence) –mistak(e)able [ˌʌnmisˈteikəbl] a (–bly adv) *nicht mißzuverstehen(d), unverkennbar* –mitigated [ˌʌnˈmitigeitid] a *ungemildert, –geschwächt || unbedingt, völlig, richtig, Erz–* (scoundrel) –mixed [ˌʌnˈmikst; ˈ––] a *ungemischt, nicht gemischt* (with) || ⟨fig⟩ *ungemischt, –getrübt; lauter, rein* (gain) –modified [ˌʌnˈmɔdifaid] a *nicht abgeändert, unverändert* (by *durch*) –molested [ˌʌnmoˈlestid] a *unbelästigt;* to live ~ *in Frieden leben* –moor [ˌʌnˈmuə] vt/i || ⟨mar⟩ *(Schiff v der Vertäuung) losmachen* | vi ⟨mar⟩ *die Anker lichten* –moral [ˌʌnˈmɔrəl] a *amoralisch, nicht dem Sittengesetz, sittl. Maßstäben unterworfen* (Ggs immoral) –mortgaged [ˌʌnˈmɔːgidʒd] a *unverpfändet; nicht (mit Hypotheken) belastet* –mould [ˌʌnˈmould] vt *aus der Form nehmen;* (Pudding) *stürzen* –mounted [ˌʌnˈmauntid] a *nicht montiert* (gun) || *nicht beritten* (troops) || *nicht aufgezogen* (prints) || *nicht (ein)gefaßt* (gems) –mourned [ˌʌnˈmɔːnd] a *unbetrauert*

unmov(e)able [ˌʌnˈmuːvəbl] a *unbeweglich; nicht z bewegen(d)* –ved [ˌʌnˈmuːvd] a *unbewegt, nicht gerührt || unverändert; unerschüttert, fest | ruhig, standhaft* –ving [ˌʌnˈmuːviŋ] a *sich nicht bewegend, bewegungslos; regungslos*

unmuffle [ˌʌnˈmʌfl] vt (Gesicht) *enthüllen, aufdecken;* to ~ o.s. *sich enthüllen* –murmuring [ˌʌnˈməːriŋ] a *nicht murrend; ohne z klagen* –musical [ˌʌnˈmjuːzikl] a (~ly adv) *unmusikalisch || unmelodisch, mißtönend* –mutilated [ˌʌnˈmjuːtileitid] a ⟨übtr⟩ *unverstümmelt* (text); –beschädigt –muzzle [ˌʌnˈmʌzl] vt (e–m Hunde) *den Maulkorb abnehmen || ⟨fig⟩ (jdm) freie Meinungsäußerung gewähren ||* to be ~d *ohne Maulkorb sein* ⟨a fig⟩

unnail [ˌʌnˈneil] vt: to ~ a box *aus e–r Kiste die Nägel herausziehen || (etw) losmachen* (from *von*) –nam(e)able [ˌʌnˈneiməbl] a *unnennbar, –beschreibbar, –sagbar* –named [ˌʌnˈneimd] a *unbe–, ungenannt, namenlos, ohne Namen*

unnatural [ʌnˈnætʃrəl] a (~ly adv) *nicht natürlich, unnatürlich; übernatürlich || außer–, ungewöhnlich* (weather) || *naturwidrig, widernatürlich* (child) || *gezwungen || ungeheuerlich, abscheulich* (crime) ~ness [~nis] s *Un–, Widernatürlichkeit f*

unnavigable [ʌnˈnævigəbl] a *nicht befahrbar, nicht schiffbar* (coast)

unnecessarily [ʌnˈnesisərili] adv *unnötigerweise* –ry [ʌnˈnesisəri] **1.** a *unnötig* (to do); *überflüssig; nutzlos* **2.** s –ries pl *unnötige, überflüssige Dinge* n pl

unneeded [ʌnˈniːdid] a *nicht benötigt* (by *von*); *nutzlos* –needful [ʌnˈniːdful] a *unnötig* –neighbourly [ʌnˈneibəli] a *nicht nachbarlich; unfreundlich* –nerve [ʌnˈnəːv] vt *entnerven, –kräften; schwächen || (jdm) den Mut nehmen, entmutigen* –noted [ʌnˈnoutid] a *unbemerkt, nicht beobachtet || nicht beachtet, unberühmt* –noticed [ʌnˈnoutist] a *nicht bemerkt, nicht beobachtet; unbeachtet* –numbered [ʌnˈnʌmbəd] a *ungezählt, zahllos || (of tickets, etc) unnume-*

riert; ohne Nummern; (of books) *ohne Seitenzahlen*

unob– ~jectionable [ˌʌnəbˈdʒekʃnəbl] a (–bly adv) *einwandfrei, untadelhaft* ~liging [ˌʌnəˈblaidʒiŋ] a *ungefällig, –zuvorkommend* ~literated [ˌʌnoˈblitəreitid] a *unverlöscht; –verwischt* ~scured [ˌʌnəbˈskjuəd] a *nicht verdunkelt* or –deckt (by *durch*) –servable [ˌʌnəbˈzɔːvəbl] a *unmerklich* ~servant [ˌʌnəbˈzɔːvənt] a *unaufmerksam, –achtsam* (of *auf*); to be ~ of *nicht beachten* ~served [ˌʌnəbˈzɔːvd] a (~ly [–vidli] adv) *unbeobachtet, –bemerkt;* ~ map fire ⟨artill⟩ *Planschießen* n ~structed [ˌʌnəbˈstrʌktid] a *unversperrt; –gehindert; –gestört* ~tainable [ˌʌnəbˈteinəbl] a *nicht erhältlich; unerreichbar* ~trusive [ˌʌnəbˈtruːsiv] a (~ly adv) *unaufdringlich, zurückhaltend, bescheiden* ~trusiveness [~nis] s *Zurückhaltung f*

unoccupied [ˌʌnˈɔkjupaid] a *unbeschäftigt, frei ||* ~ population ⟨stat⟩ *Nicht-Erwerbspersonen f pl || unbenutzt; –besetzt* (seat); *leerstehend, unbewohnt* (house) –offending [ˌʌnəˈfendiŋ] a *unanstößig; –schädlich; harmlos* –official [ˌʌnəˈfiʃəl] a (~ly adv) *inofiziell, nicht amtlich, außerdienstlich || ⟨st exch⟩* ~ broker *Kulissenmakler m* –opened [ʌnˈoupənd] a *ungeöffnet, verschlossen* (letter) || *unerschlossen* –opposed [ˌʌnəˈpouzd] a *unbehindert* (by *durch*); *keine Gegnerschaft, keinen Widerstand findend* –ordered [ˌʌnˈɔːdəd] a *ungeordnet || unbestellt* (goods) –organized [ˌʌnˈɔːgənaizd] a *keine organische Struktur aufweisend || nicht organisiert; wirr, wild* –original [ˌʌnəˈridʒənl] a *nicht originell or ursprünglich; entlehnt* –orthodox [ˌʌnˈɔːθədɔks] a *nicht orthodox; eigenwillig* –ostentatious [ˌʌnˌɔstenˈteiʃəs] a (~ly adv) *nicht prunkend; anspruchslos; einfach || nicht grell or schreiend* (colours) –owned [ˌʌnˈound] a *herrenlos || nicht anerkannt* (child)

unpack [ʌnˈpæk; ˈʌnˌpæk] vt/i || (Koffer, Sachen) *auspacken* | vi *auspacken* –paged [ˌʌnˈpeidʒd] a *nicht paginiert* –paid [ˌʌnˈpeid; ˈ––; ˌ––ˈ–] a *unbezahlt* (debt); *rückständig* (wages) | (P) *unbesoldet; ehrenamtlich* | (a ~ for) *nicht bezahlt, unbezahlt* (work); *unfrankiert* (letter) –paired [ˌʌnˈpɛəd] a *nicht in Paaren geordnet; ungepaart, nicht paarig ||* ⟨parl⟩ → to pair –palatable [ʌnˈpælətəbl] a (–bly adv) *unschmackhaft, schlecht schmeckend || ⟨fig⟩ ungenießbar; unangenehm, widrig* –paralleled [ʌnˈpærəleld] a *unvergleichlich, beispiellos* –pardonable [ʌnˈpaːdnəbl] a (–bly adv) *unverzeihlich* –parental [ˌʌnpəˈrentl] a (of actions) *e–s Vaters, e–r Mutter unwürdig* –parented [ˌʌnˈpɛərəntid] a *elternlos, verwaist* –parliamentary [ˌʌnˌpɑːləˈmentəri] a *parlamentswidrig; unparlamentarisch* (language) –patented [ʌnˈpeitəntid] a *unpatentiert* –patriotic [ˌʌnˌpætriˈɔtik] a (~ally adv) *unpatriotisch* –paved [ˌʌnˈpeivd] a *ungepflastert* –payable [ʌnˈpeiəbl] a *unbezahlbar || unrent'abel*

unpedigreed [ʌnˈpedigriːd] a *ohne Stammbaum m* –peg [ˌʌnˈpeg] vt [–gg–] (Seil) *lospflöcken || ⟨com⟩ (den Markt) nicht (fest)halten;* (Währung) *nicht mehr stützen ||* (Währung) v *Einschränkungen befreien* –pen [ˌʌnˈpen] vt [–nn–] (Schafe etc) *ausperchen, herauslassen* –pent [ˌʌnˈpent] a *nicht eingepfercht, nicht geschlossen* (by v) –people [ˌʌnˈpiːpl] vt *entvölkern*

unper– ~ceivable [ˌʌnpəˈsiːvəbl] a *unmerklich | nicht wahrnehmbar* (God) ~ceived [ˌʌnpəˈsiːvd] a *unbemerkt, –beachtet | nicht beobachtet* ~forated [ˌʌnˈpɔːfəreitid] a *nicht perforiert* or *durchlöchert* ~formed [ˌʌnpɔːˈfɔːmd] a *nicht ausgeführt, ungetan, –verrichtet* ~suadable [ˌʌnpəˈsweidəbl] a *nicht z überzeugen(d); unerbittlich, fest* ~suasive [ˌʌnpəˈsweisiv] a *nicht überzeugend* ~turbed [ˌʌnpəˈtəːbd] a *nicht beunruhigt; ruhig*

unphilosophical [ˈʌnˌfiləˈsɒfikəl] a (~ly adv) *unphilosophisch*; *–systematisch*

unpick [ˈʌnˈpik] vt (*Naht*) (*auf*)*trennen* –**picked** [ˈʌnˈpikt] a *nicht ausgelesen, unsortiert*; *ungesiebt* –**picturesque** [ˈʌnˌpiktʃəˈresk] a *unmalerisch* –**pin** [ˌʌnˈpin] vt [–nn–] *abpflöcken* || to ~ a dress *aus e–m Kleid die Nadeln herausnehmen*; *losstecken*; –**lösen**, –**heften** –**pitied** [ˈʌnˈpitid] a *nicht bemitleidet, nicht bedauert* –**pitying** [ˈʌnˈpitiiŋ] a (~ly adv) *erbarmungslos, unbarmherzig*

unplaced [ˈʌnˈpleist] a ⟨sport⟩ (of horses) *unplaciert* || *nicht untergebracht, nicht angestellt* –**plait** [ˌʌnˈplæt] vt *die Falten herausmachen aus* (*etw*), *glätten* (to ~ the hair) –**playable** [ˈʌnˈpleiəbl] a *nicht z spielen*(*d*), *schlecht, schwierig* (ball) || *z Spielen untauglich*

unpleasant [ʌnˈpleznt] a (~ly adv) *unangenehm, –erfreulich, mißfällig; eklig, widerlich*; to be ~ to taste *schlecht schmecken* –**santness** [~nis] s *das Unangenehme* n; *Unannehmlich–, Unbehaglichkeit* f; *Widerlichkeit* f || *Mißverständnis* n, *Reibung, Mißhelligkeit* f –**sing** [ʌnˈpliːziŋ] a (~ly [ʌnˈpliːziŋli] adv) *unangenehm; –erfreulich* (to f)

unpledged [ˈʌnˈpledʒd] a *nicht verpflichtet* || *unverpfändet* –**pliable** [ˈʌnˈplaiəbl] a *nicht biegsam* || *unnachgiebig* –**pliant** [ˈʌnˈplaiənt] a *unbiegsam; steif* || *unnachgiebig* –**ploughed** [ˈʌnˈplaud] a *ungepflügt*; –**bebaut** –**plug** [ˌʌnˈplʌg] vt [–gg–] to ~ a hole *den Pflock entfernen aus e–m Loche* || *den Stöpsel herausnehmen aus*; ~**ged** *nicht gestöpselt* –**plumbed** [ˈʌnˈplʌmd] a *unergründlich, –ergründet*

unpoetical [ˈʌnpouˈetikəl] a (~ly adv) *unpoetisch, –dichterisch* –**pointed** [ˈʌnˈpɔintid] a *nicht* (*zu*)*gespitzt*; *stumpf* –**polished** [ˈʌnˈpɒliʃt; ˈ––; ˈ–ˈ–] a *ungeglättet, –poliert, –geschliffen* || ⟨übtr⟩ *unausgeglichen, –geglättet* (style) || *nicht fein* (manners), *unvornehm*; –**gebildet** –**politic** [ˈʌnˈpɒlitik] a = *impolitic* –**political** [ˈʌnpəˈlitikəl] a *nicht politisch; politisch unfähig or schwach* –**polled** [ˈʌnˈpould] a *nicht zugelt or eingetragen* (vote) || ~ *voter Nichtwähler* m –**polluted** [ˈʌnpəˈluːtid] a *unbefleckt* (by *durch*); *rein* –**pooled** [ˈʌnˈpuːld] a *unbewirtschaftet* (~ fuel) –**popular** [ˈʌnˈpɒpjulə] a (~ly adv) *unpopulär, –volkstümlich; ungern gesehen; unbeliebt* –**popularity** [ˈʌnˌpɒpjuˈlæriti] s *Unvolkstümlichkeit, –beliebtheit* f –**possessed** [ˈʌnpəˈzest] a *nicht im Besitz or in Gewalt*; to be ~ *nicht besessen w* (by v) || *nicht besitzend*; to be ~ of *nicht besitzen* –**posted** [ˈʌnˈpoustid] a *nicht in den Briefkasten gesteckt* (~ letters); *nicht z Post gebracht* || *uninformiert, –unterrichtet*

unpractical [ˈʌnˈpræktikəl] a (~ly adv) *unpraktisch* (person); *erfolglos* (life); *unbrauchbar* –**practicality** [ˈʌnˌpræktiˈkæliti] s *Unbrauchbarkeit, –geschicklichkeit* f –**practised** [ʌnˈpræktist] a *unerfahren, –geübt* (in *in*) || *nicht verwendet, nicht üblich* (word)

unpre– || ~**cedented** [ʌnˈpresidəntid] a (~ly adv) to be ~ *noch nicht dagewesen sein* || *beispiellos, unerhört*; ⟨jur⟩ *ohne Präzedenz* ~**dictable** [ˈʌnpriˈdiktəbl] a *unvorhersagbar, unvorsehbar* ~**judiced** [ʌnˈpredʒudist] a *vorurteilsfrei, nicht voreingenommen, unbefangen, –parteiisch* ~**meditated** [ˈʌnpriˈmediteitid] a (~ly adv) *nicht vorbedacht, unüberlegt, –absichtlich* || *unvorbereitet, aus dem Stegreif* ~**pared** [ˈʌnpriˈpɛəd] a (~ly [–ridli] adv) *nicht vorbereitet* (for a th *für, auf etw*; to do) || *unvorbereitet, nicht bereit* (for f, z) ~**paredness** [ˈʌnpriˈpɛəridnis] s *Unvorbereitetsein* n ~**possessing** [ˈʌnˌpriːpəˈzesiŋ] a *nicht einnehmend, nicht anziehend, reizlos, unangenehm* ~**sentable** [ˈʌnpriˈzentəbl] a *nicht präsentabel, nicht gesellschafts– or vorstellungsfähig, nicht vornehm* || *nicht an-*

ziehend, reizlos ~**suming** [ˈʌnpriˈzjuːmiŋ], ~**sumptuous** [ˈʌnpriˈzʌmptjuəs] a *nicht anmaßend; anspruchslos, bescheiden* ~**tending** [ˈʌnpriˈtendiŋ] a (~ly adv) *nichts Falsches vorspiegelnd*; *echt* || *nicht auffällig, schlicht* ~**tentious** [ˈʌnpriˈtenʃəs] a (~ly adv) *bescheiden, anspruchslos* ~**ventable** [ˈʌnpriˈventəbl] a *nicht z verhindern*(*d*); *unvermeidlich*

unpriced [ˈʌnˈpraist] a *unschätzbar* || *ohne* (*feste*) *Preisangabe* –**prime** [ʌnˈpraim] vt (*Bombe*) *entschärfen* –**principled** [ˈʌnˈprinsəpld] a *ohne sittliche Grundsätze; pflichtvergessen; charakterlos, unmoralisch* (conduct); *gewissenlos* (rascal) –**printable** [ˈʌnˈprintəbl] a *nicht druckbar* –**printed** [ˈʌnˈprintid] a *ungedruckt* (writings) || *unbedruckt* (calico) –**privileged** [ˈʌnˈprivilidʒd] a *nicht privilegiert; nicht bevorrechtet* or *bevorrechtet*

unpro– ~**claimed** [ˈʌnprəˈkleimd] a *nicht verkündet, nicht bekanntgegeben* ~**curable** [ˈʌnprəˈkjuərəbl] a *nicht z beschaffen*(*d*), *nicht z haben*(*d*) ~**ductive** [ˈʌnprəˈdʌktiv] a (~ly adv) *unfruchtbar* || *nichts eintragend, nicht einträglich; unergiebig* || to be ~ of *nicht reich s an*; ~ time *Totzeit* f | ~**ness** [~nis] s *Unfruchtbarkeit* f || *Unproduktivität* f; *Unergiebigkeit* f ~**fessional** [ˈʌnprəˈfeʃn̩l] a *berufslos; unbeschäftigt* || *unfachmännisch, nicht berufsmäßig* ~**fitable** [ʌnˈprɒfitəbl] a (–bly adv) *uneinträglich; nicht gewinnbringend* || *unvorteilhaft; nutzlos* | ~**ness** [~nis] s *Uneinträglichkeit* f || *Nutzlosigkeit* f ~**gressive** [ˈʌnprəˈgresiv] a *nicht fortschreitend*; ⟨fig⟩ *stillstehend* || *nicht fortschrittlich, reaktionär* ~**mising** [ˈʌnˈprɒmisiŋ] a *nicht vielversprechend, aussichtslos* ~**mpted** [ʌnˈprɒmptid] a *nicht getrieben or beeinflußt* (by v); *aus eigenem Antrieb* ~**nounceable** [ˈʌnprəˈnaunsəbl] a *nicht or schwer auszusprechen*(*d*); *unaussprechbar*

unprop [ˈʌnˈprɒp] vt [–pp–] (*e–r S*) *die Stütze entziehen*

unpro– || ~**phetic** [ˈʌnprəˈfetik] a *unprophetisch* ~**pitious** [ˈʌnprəˈpiʃəs] a *ungünstig* (to, for f); *ungnädig* (fate); *unglücklich* (circumstances) ~**tected** [ˈʌnprəˈtektid] a *schutzlos; unbeschützt, –gedeckt* || *nicht* (*durch Zoll*) *geschützt* ~**tested** [ˈʌnprəˈtestid] a *nicht protestiert* (bill)

unprovable [ˈʌnˈpruːvəbl] a *unbeweisbar* –**ved** [ˈʌnˈpruːvd] a *unbewiesen* **unpro–** || ~**vided** [ˈʌnprəˈvaidid] a *unversorgt; nicht versehen* (with *mit*) || *unvorbereitet; unvorhergesehen* | ~ for *nicht vorgesehen; unversorgt* (children) ~**voked** [ˈʌnprəˈvoukt] a *nicht herausgefordert or gereizt* || *nicht herausgefordert or veranlaßt* (insult)

unpublished [ˈʌnˈpʌbliʃt] a *unveröffentlicht* –**punctual** [ˈʌnˈpʌŋktjuəl] a (~ly adv) *unpünktlich* || –**ity** [ˈʌnˌpʌŋktjuˈæliti] *Unpünktlichkeit* f –**punishable** [ʌnˈpʌniʃəbl] a *nicht strafbar* –**punished** [ˈʌnˈpʌniʃt] a *unbestraft*; to go ~ *straflos ausgehen* –**purchasable** [ˈʌnˈpəːtʃəsəbl] a *nicht kaufbar* || *unkäuflich* (by *durch*) –**qualified 1.** [ˈʌnˈkwɒlifaid] a *unqualifiziert, –berechtigt* (for a th; to do); *ungeeignet, –befähigt* (to do) **2.** [ʌnˈkwɒlifaid] a *unbedingt, uneingeschränkt; –gemildert* || ⟨fam⟩ *handgreiflich, regelrecht* –**quenchable** [ʌnˈkwen(t)ʃəbl] a *unstillbar, –löschbar* || ⟨fig⟩ *unersättlich; –auslöschlich* –**questionable** [ʌnˈkwestʃənəbl] a *unzweifelhaft, –bestritten, –bestreitbar* –**questionably** [ʌnˈkwestʃənəbli] adv *unstreitig; zweifellos* –**questioned** [ʌnˈkwestʃənd] a *ungefragt, –befragt* || *unbezweifelt, –bestritten* –**questioning** [ʌnˈkwestʃəniŋ] a [pred] *ohne z fragen; ohne Neugier* | [attr] *bedingungslos* (loyalty), *blind* (obedience) | ~**ly** [~li] adv *ohne z fragen, ohne Zögern; bedingungslos* –**quiet** [ˈʌnˈkwaiət] a (~ly adv) *unruhig* (age); *ruhelos* || → inquietude | ~**ness** [~nis] s *Unruhe, Ruhelosigkeit* f –**quotable**

[ʌn'kwoutəbl] a *nicht zitierbar* –**quote** ['ʌn-'kwout] s (*im Diktat*) *Anführungsstriche z·u!* –**quoted** [ʌn'kwoutid] a *nicht angeführt, nicht zitiert* || ⟨st exch⟩ *nicht notiert*

unratified ['ʌn'rætifaid] a *nicht ratifiziert* –**ravel** [ʌn'rævəl] vt [-ll-] (*Gewebe*) *auszupfen, ausfasern, in Fasern ausziehen; auftrennen; entwirren* || ⟨fig⟩ *lösen, enträtseln* || ∼ling [s] ⟨theat⟩ *Lösung f des Knotens,* → dénouement –**read** ['ʌn'red] a *ungelesen* (book) || *unbelesen; unbewandert* (in *in*) –**readable** ['ʌn'ri:dəbl] a *unleserlich, undeutlich* (handwriting) || *unlesbar* (to *f*); (hoffnungslos) *langweilig* (book) || *nicht lesenswert; it is almost* ∼ *es ist kaum ein Genuß, bringt kaum Gewinn es z lesen* –**readiness** ['ʌn'redinis] s *Unbereitschaft f, Nichtgerüstetsein n* –**ready** ['ʌn'redi] a (–dily adv) *nicht in Bereitschaft, nicht bereit* (for a th *zu etw*; to do) || *zaudern, langsam; unentschlossen*

unreal ['ʌn'riəl] a (∼ly adv) *unwirklich; nicht in der Wirklichkeit lebend* || *wesenlos; nur eingebildet* ∼**ity** ['ʌnri'æliti] s *Unwirklichkeit f* ∼**izable** [ʌn'riəlaizəbl] a *nicht z verwirklichen(d); nicht realisierbar; nicht verwertbar, nicht verkäuflich* ∼**ized** [ʌn'riəlaizd] a *nicht vergegenwärtigt, nicht erkannt* (by *v*) || *nicht verwirklicht, nicht erfüllt*

unreason ['ʌn'ri:zn] s. *Unvernunft; Torheit f* ∼**able** [ʌn'ri:znəbl] a (–bly adv) *vernunftlos* (animal) || *unvernünftig; -gerechtfertigt* || *unmäßig, -billig, übermäßig, -trieben* (demand); *z hoch* (price) ∼**ableness** [ʌn'ri:znəblnis] s *Unvernunft f* || *Unbilligkeit f* ∼**ing** [ʌn'ri:zniŋ] a (∼ly adv) *nicht v Vernunft geleitet; vernunftlos, -widrig; blind* (hatred)

unre– || ∼**buking** ['ʌnri'bju:kiŋ] a (∼ly adv) *ohne Vorwurf*; ∼ly *ohne –würfe z m* ∼**callable** ['ʌnri'kɔ:ləbl] a *unwiderruflich* ∼**ceipted** ['ʌnri-'si:tid] a *unquittiert* (bill) ∼**ceptive** ['ʌnri'septiv] a *nicht aufnahmefähig, unempfänglich* ∼**ciprocated** ['ʌnri'siprəkeitid] a *nicht auf Gegenseitigkeit begründet*

unreckoned ['ʌn'rekənd] a *nicht gezählt; nicht mitgerechnet*

unre– || ∼**claimed** ['ʌnri'kleimd] a *nicht zurückgefordert* || *nicht gebessert* || *ungezähmt* (of land) *nicht kultiviert, unbebaut* ∼**cognizable** ['ʌn'rekəgnaizəbl] a *unerkennbar; nicht wiederzuerkennen(d)* ∼**cognized** ['ʌn'rekəgnaizd] a *nicht (wieder)erkannt* || *nicht anerkannt* (merit) ∼**compensed** ['ʌn'rekəmpenst] a *unbelohnt* ∼**conciled** ['ʌn'rekənsaild] a *unversöhnt, –ausgesöhnt* (to *mit*) ∼**corded** ['ʌnri'kɔ:did] a (*in den Annalen*) *nicht aufgezeichnet or eingetragen*; (*historisch*) *unbekannt* ∼**covered** ['ʌnri'kʌvəd] a *nicht wiedererlangt* || ⟨med⟩ (*noch*) *nicht wiederhergestellt* (from *von*)

unrectified ['ʌn'rektifaid] a *unverbessert, –berichtigt* || ⟨chem⟩ *ungereinigt* (spirit)

unre– || ∼**deemable** ['ʌnri'di:məbl] a ⟨rel⟩ *nicht erlösbar* || *untilgbar* ∼**deemed** ['ʌnri-'di:md] a ⟨rel⟩ *nicht erlöst* || *nicht zurückgewonnen* || *uneingelöst* (promise; pawn), *ungetilgt* (debt) || ⟨fig⟩ *nicht gemildert* (by *durch*) || *schlecht* ∼**dressed** ['ʌnri'drest] a *ungesühnt, nicht wiedergutgemacht*

unreel [ʌn'ri:l] vt/i || *abhaspeln, –spulen; –rollen* | vi *sich abspulen, sich –wickeln*

unre– || ∼**fined** ['ʌnri'faind] a (of metals, etc) *ungeläutert; –gereinigt; Roh–*; ∼ *sugar Rohzucker m* || (of manners) *unfein, –gebildet* ∼**flecting** ['ʌnri'flektiŋ] a (∼ly adv) *nicht nachdenkend; unüberlegt, gedankenlos* ∼**formed** ['ʌnri'fɔ:md] a *ungebessert, –verbessert* ∼**futed** ['ʌnri'fju:tid] a *unwiderlegt* ∼**garded** ['ʌnri-'gɑ:did] a *unberücksichtigt, –beachtet, vernachlässigt* ∼**gardful** ['ʌnri'gɑ:dful] a *rücksichtslos; to be* ∼ *of nicht beachten* ∼**generacy** ['ʌnri-

'dʒenərəsi] s ⟨theol⟩ *Sündhaftigkeit, Verderbtheit, Unverbesserlichkeit* f ∼**generate** ['ʌnri-'dʒenərit] a ⟨theol⟩ *nicht wiedergeboren, sündhaft; verderbt, unverbesserlich*

unregistered ['ʌn'redʒistəd] a *unaufgezeichnet, nicht eingetragen* || *nicht eingeschrieben* (letter)

unregretted ['ʌnri'gretid] a *unbedauert, –beklagt*

unregulated ['ʌn'regjuleitid] a *ungeregelt, –geordnet; nicht reguliert* (clock)

unre– || ∼**hearsed** ['ʌnri'hə:st] a *ungeprobt* (play) ∼**lated** ['ʌnri'leitid] a *nicht verwandt; nicht in Beziehung stehend; einzeln* (individual) || *nicht erzählt* ∼**laxing** ['ʌnri'læksiŋ] a *nicht nachlassend* ∼**lenting** ['ʌnri'lentiŋ] a (∼ly adv) *unnachgiebig; –erbittlich* ∼**liability** ['ʌnri,laiə'biliti] s *Unzuverlässigkeit f* ∼**liable** ['ʌnri'laiəbl] a *unzuverlässig; unseriös* (P) ∼**lieved** ['ʌnri'li:vd] a *ungelindert; unerleichtert; -gemildert* (by *durch*) || *ungeschwächt, –vermindert; ununterbrochen; nicht unterbrochen* (by *v*) ∼**ligious** ['ʌnri'lidʒəs] a *der Religion entfremdet* ⟨Ggs *irreligious*⟩ ∼**membered** ['ʌnri'membəd] a *vergessen, –schollen* ∼**mitting** [ʌnri'mitiŋ] a (∼ly adv) *unablässig; –aufhörlich, –ermüdlich* ∼**munerative** ['ʌnri-'mju:nərətiv] a *nicht lohnend or einträglich* ∼**newed** ['ʌnri'nju:d] a *nicht erneuert* ⟨a fig⟩ ∼**pair** ['ʌnri'pɛə] s *Zustand* m *der Unfertig–, Schadhaftigkeit; Verfall* m ∼**pealed** ['ʌnri-'pi:ld] a *nicht widerrufen or aufgehoben* (decree) ∼**peatable** ['ʌnri'pi:təbl] a *unwiederholbar* ∼**pentant** ['ʌnri'pentənt] a *reuelos, unbußfertig* ∼**pented** ['ʌnri'pentid] a *unbereut* (sin); a ∼-of ∼**pining** ['ʌnri'painiŋ] a (∼ly adv) *nicht klagend, gelassen*; [pred] *ohne Murren, ohne Klage* ∼**placeable** ['ʌnri'pleisəbl] a *unersetzbar* ∼**ported** ['ʌnri'pɔ:tid] a *nicht berichtet; nicht überliefert* ∼**presented** ['ʌn,repri'zentid] a *nicht im Parlament vertreten* || *nicht vertreten* (in e–r *Ausstellung* etc) ∼**producible** ['ʌnriprə'dju:səbl] a *nicht wiederzugeben(d)* ∼**proved** ['ʌnri'pru:vd] a *ungetadelt, ohne Tadel* (to go ∼) ∼**quited** ['ʌnri-'kwaitid] a *unerwidert* (love) || *unbelohnt* (service) || (of crimes) *unvergolten, to go* ∼ *unvergolten bleiben; nicht gesühnt* w || ⟨com⟩ *ungedeckt* (imports, exports) ∼**sented** ['ʌnri-'zentid] a *ungeahndet; ohne Groll* ∼**senting** [,ʌnri'zentiŋ] a (∼ly adv) *nicht übelnehmend, nicht nachtragend* ∼**serve** ['ʌnri'zə:v] s *Offenheit f* (to speak with ∼)

unreserved ['ʌnri'zə:vd] a *rückhaltlos, uneingeschränkt; völlig* (confidence) || *freimütig, offen* || *nicht reserviert, nicht im voraus bestellt* (seat) | ∼**ly** ['ʌnri'zə:vidli] adv *ohne Einschränkung, rückhaltlos* || *ohne Zurückhaltung* ∼**ness** ['ʌnri-'zə:vidnis] s *Rückhaltlosigkeit f* || *Offenheit f*

unre– || ∼**sisted** ['ʌnri'zistid] a *ungehemmt, keinen Widerstand findend* ∼**sisting** ['ʌnri'zistiŋ] a (∼ly adv) *widerstandslos* ∼**solved** ['ʌnri-'zɔlvd] a *ungelöst* (enigma) || ⟨fig⟩ *unentschieden; –entschlossen* || ⟨chem & mus⟩ *unaufgelöst* ∼**spectable** ['ʌnris'pektəbl] a *nicht achtbar* ∼**spected** ['ʌnris'pektid] a *nicht geachtet* ∼**sponsive** ['ʌnris'pɔnsiv] a (∼ly adv) *nicht erwidernd or reagierend; teilnahmslos* (to gegen); *kalt*

unrest ['ʌn'rest] s (*innere*) *Unruhe f* ∼**ful** [–ful] a (∼ly adv) *unruhig, rastlos* || *zappelig* ∼**ing** [ʌn'restiŋ] a (∼ly adv) *nicht ermüdend, unermüdlich* (diligence)

unre– || ∼**strained** ['ʌnris'treind] a (∼ly [–nidli] adv) *ungehemmt, –behindert; uneingeschränkt* || *zügellos* ∼**straint** ['ʌnris'treint] s *Ungehemmtheit; Zwanglosigkeit f, Ungezwungenheit f* ∼**stricted** ['ʌnris'triktid] a *uneingeschränkt, unbeschränkt* ∼**tarded** ['ʌnris'tɑ:did] a *unverzögert* ∼**turned** ['ʌnri'tə:nd] a: to be ∼ *unerwidert bleiben* ∼**vealed** ['ʌnri'vi:ld] a *nicht enthüllt*;

geheim **~vised** ['ʌnri'vaizd] a *nicht durchgesehen*
or *revidiert* (version) **~voked** ['ʌnri'voukt] a
nicht widerrufen **~warded** ['ʌnri'wɔ:did] a *unbe-
lohnt*

unrhetorical ['ʌnri'tɔrikl] a *unrhetorisch*; *nicht
schönrednerisch*; *nicht phrasenhaft*; *schlicht*
–rhymed ['ʌn'raimd] a *ungereimt, reimlos*
–rhythmical ['ʌn'riθmikl] a *unrhythmisch*; *nicht
taktmäßig* **–riddle** [ʌn'ridl] vt *enträtseln*; *erklären* **–rifled** ['ʌn'raifld] a *ungeplündert, nicht be-
raubt* || (of guns) *ungezogen, glatt* **–rig** ['ʌn'rig]
vt [–gg–] ⟨mar⟩ *abtakeln*

unrighteous [ʌn'raitʃəs] a (~ly adv) *ungerecht*
(judgement) || *gottlos* **~ness** [~nis] s *Gottlosig-
keit* f

unrip ['ʌn'rip] vt [–pp–] *aufreißen, –schlitzen*;
auftrennen

unripe ['ʌn'raip; ´––; –´–] a *unreif*; *–entwickelt* **~ness** [~nis] s *Unreife* f

unrisen ['ʌn'rizn] a *noch nicht aufgegangen*
(moon) **–rivalled** [ʌn'raivəld] a *unvergleichlich,
–erreicht* **–rivet** ['ʌn'rivit] vt *die Nieten, Bolzen
entfernen aus* (etw); *losmachen*; ⟨fig⟩ *lösen*
(from) **–robe** ['ʌn'roub] vt/i || *aus–, entkleiden*
| *sich entkleiden* **–roll** ['ʌn'roul] vt/i || *abrollen,
–wickeln*; *entfalten*; *ausbreiten* | *entwickeln* | *i*
sich aus–e–a–rollen; *sich entfalten*; *entfaltet w*
–romantic ['ʌnro'mæntik] a (~ally adv) *un-
romantisch* || *pros·aisch, alltäglich* **–roof** ['ʌn-
'ru:f] vt (Dach) *abdecken* **–root** ['ʌn'ru:t] vt *ent-
wurzeln* || ⟨fig⟩ *ausrotten, vernichten* **–round**
['ʌn'raund] vt ⟨phon⟩ (Laut) *entrunden* **–royal**
['ʌn'rɔiəl] a (~ly adv) *nicht e–s Königs würdig*
|| *nicht königlich* **–ruffled** ['ʌn'rʌfld] a *ungekräu-
selt, glatt* || ⟨fig⟩ *unbewegt, ruhig, gelassen*
–ruled ['ʌn'ru:ld] a ⟨fig⟩ *unbeherrscht, –ge-
zügelt* || *unliniiert* **–ruliness** [ʌn'ru:linis] s *Wider-
spenstigkeit* f **–ruly** [ʌn'ru:li] a *widerspenstig,
störrisch, unbändig*; *aufrührerisch* **–saddle** ['ʌn-
'sædl] vt (Pferd) *absatteln* || (jdn) *aus dem Sattel
werfen*

unsafe ['ʌn'seif] a (~ly adv) *unsicher*; *gefährlich* **~ness** [~nis] s *Unsicherheit* f

unsaid ['ʌn'sed] a *ungesagt* (to leave ~)
–salaried ['ʌn'sælərid] a *unbesoldet*; *Ehren–* (~
post *–posten* m) **–sal(e)able** ['ʌn'seiləbl] a *unver-
käuflich* **–salted** ['ʌn'sɔ:ltid] a *ungesalzen*
–sanctified ['ʌn'sæŋktifaid] a *ungeweiht* **–sanc-
tioned** ['ʌn'sæŋkʃənd] a *unbestätigt, –bekräftigt*
–sanitary ['ʌn'sænitəri] a *ungesund*; *–hygienisch*
unsatis– || **~factoriness** ['ʌnˌsætis'fæktərinis] s
das Unbefriedigende n; *Unzulänglichkeit* f **~-
factory** ['ʌnˌsætis'fæktəri] a (–rily adv) *unbefrie-
digend, –genügend* || *unerfreulich* || ~ report
⟨Am mil⟩ *Mängelbericht* m **~fied** ['ʌn'sætisfaid]
a *unbefriedigt*; *unzufrieden* (with *mit*) **~fying**
['ʌn'sætisfaiiŋ] a (~ly adv) *unbefriedigend*

unsavouriness, ⟨Am⟩ **–vor–** ['ʌn'seivərinis] s
Unschmackhaftigkeit f || ⟨fig⟩ *Widerlichkeit* f
–ry ['ʌn'seivəri] a (–rily adv) *unschmackhaft*
|| ⟨fig⟩ *unangenehm*; *widerlich, abstoßend* || (sitt-
lich) *anstößig*

unsay ['ʌn'sei] vt (→ to say) *widerrufen, zurücknehmen* **–scalable** ['ʌn'skeiləbl] a *unerklimm-
bar, nicht zu erklimmen(d)* **–scale** [ʌn'skeil] vt
(Fisch) (ab)*schuppen* || ⟨übtr⟩ (Augen) v *Schup-
pen befreien* **–scared** ['ʌn'skɛəd] a *furchtlos*
–scarred ['ʌn'skɑ:d] a *unverwundet, ohne Narben* **–scathed** ['ʌn'skeiðd] a *unbeschädigt, –versehrt* **–scheduled** ['ʌn'ʃedju:ld], ⟨Am⟩ 'ʌn-
'skedju:ld] a *unprogrammäßig, (im Programm)
nicht vorgesehen*; *unfahrplanmäßig* || ⟨bes aero⟩
außerplanmäßig (Flugzeug) **–scholarly** ['ʌn-
'skɔləli] a *ungelehrt* || *unwissenschaftlich*
–schooled ['ʌn'sku:ld] a *ungeschult* (in *in*)
|| *ungebildet* || *nicht verbildet, natürlich* **–scientific**
['ʌnˌsaiən'tifik] a (~ally adv) *unwissenschaftlich*
–scramble [ʌn'skræmbl] vt *dechiffrieren* **–screen–**

ed ['ʌn'skri:nd] a *nicht geschützt* (by *durch*) ||
ungesiebt **–screw** ['ʌn'skru:] vt/i || *ab–, auf–,
losschrauben* | vi *aufgeschraubt w* || *sich ab–,
aufschrauben* l **–scriptural** ['ʌn'skriptʃərəl] a
(~ly adv) *nicht schriftmäßig, nicht biblisch,
unbiblisch*

unscrupulous [ʌn'skru:pjuləs] a *gewissen–,
hemmungslos*; ~ly [adv] *ohne Bedenken* **~ness**
[~nis] s *Gewissenlosigkeit* f

unseal ['ʌn'si:l] vt *das Siegel entfernen v*
(to ~ a letter); (jds Lippen) *öffnen* || *enthüllen*
| **~ed** [~d] a *unversiegelt*; *ohne Siegel* **–search-
able** [ʌn'sə:tʃəbl] a *unerforschlich, –ergründlich*
–seasonable [ʌn'si:znəbl] a (–bly adv) *nicht zeit-
gemäß, ungelegen, –angebracht* || *nicht der
Jahreszeit entsprechend*; *ungewöhnlich* (weather)
| **~ness** [~nis] s *Ungelegenheit* f **–seasoned**
['ʌn'si:znd] a ⟨cul⟩ *ungewürzt* || *nicht ausge-
trocknet* (timber); *nicht ausgewachsen* or *–ge-
reift* || *nicht abgehärtet* **–seat** ['ʌn'si:t] vt (jdn)
aus dem Sattel heben, abwerfen || (jdn) *aus s–r
Stellung vertreiben*; *absetzen*; ⟨parl⟩ (jdn) *s–s
Sitzes berauben* **–seated** ['ʌn'si:tid] a *nicht
sitzend*; to be ~ *nicht sitzen* **–seaworthiness** ['ʌn-
'si:ˌwə:ðinis] s *Seeuntüchtigkeit* f **–seaworthy**
['ʌn'si:ˌwə:ði] a *seeuntüchtig* **–sectarian** ['ʌnsek-
'tɛəriən] a *frei v Sektiererei* || *nicht sektiererisch*
–secured ['ʌnsi'kjuəd] a *nicht gesichert*; *nicht
befestigt* || ⟨com⟩ *ungedeckt, nicht sichergestellt*
–seeing ['ʌn'si:iŋ] a *nicht sehend, unaufmerksam,
leer, träumend* (eyes) **–seemliness** [ʌn'si:mlinis] s
Unziemlichkeit f **–seemly** [ʌn'si:mli] a *unziemlich,
–schicklich* || *unschön, –ansehnlich*

unseen ['ʌn'si:n] 1. a *ungesehen, –bemerkt*;
unsichtbar; the ~ *das Unsichtbare*; *Unvorher-
gesehene* n || (of translations) *nicht vorbereitet*
or *vorher durchgearbeitet* 2. s *nicht vorbereitete
Übersetzungsaufgabe, Klausur* f

unseizable [ʌn'si:zəbl] a *un(er)greifbar, –erfaßbar*

unseldom [ʌn'seldəm] adv *nicht selten, oft*;
not ~ (oft irrig:) *häufig*

unselfish ['ʌn'selfiʃ] a (~ly adv) *selbstlos, uneigennützig, altruistisch* **~ness** [~nis] s *Selbstlosigkeit* f

unsensational ['ʌnsen'seiʃnl] a (~ly adv) *nicht
aufregend* **–sent** ['ʌn'sent] *nicht gesandt, nicht
(ab)geschickt* (by *von*) || ~ for *ungerufen*
–sentimental ['ʌnˌsenti'mentl] a *nicht sentimental, frei v Sentimentalität* **–separated** ['ʌn'sepə-
reitid] a *ungetrennt*; *–geteilt*

unserviceable ['ʌn'sə:visəbl] a (–bly adv) *un-
dienlich, –zweckmäßig* || *unbrauchbar* (to *für*);
unbenutzbar, betriebsunfähig; ⟨mil⟩ *untauglich*
~ness [~nis] s *Unbrauchbar–, Untauglichkeit* f
unset ['ʌn'set] 1. vt (→ to set) (Stein) *aus der
Fassung nehmen* 2. a *un(ein)gefaßt* (stones) ||
nicht eingepflanzt || *nicht untergegangen* (sun)

unsettle ['ʌn'setl] vt *aus der gefestigten Lage
bringen* || ⟨übtr⟩ *entwurzeln, aus den Angeln
heben*; *verwirren, in Verwirrung, Unordnung
bringen* || *beunruhigen, aufregen* | **~d** ['ʌn'setld;
´––; –´–] 1. *gestört*; *unsicher, schwankend*
(state); *noch nicht z Ruhe gek* || *unruhig, aufge-
regt* (times) || *unbeständig* (weather) || *unstet*;
–regelmäßig (life) 2. *ohne festen Wohnsitz, um-
herschweifend* || *unbesiedelt* (land) 3. *unbezahlt,
–beglichen* (debts) 4. (P) *schwankend, unent-
schlossen*; *–entschieden, –gewiß* || *geistesgestört*

unsevered [ʌn'sevəd] a *ungetrennt, –zerrissen*
–sex ['ʌn'seks] vt (Frau) *der fraulichen Eigenschaften berauben* **–shackle** ['ʌn'ʃækl] vt (jdm)
die Fesseln abnehmen, (jdn) befreien **–shackled**
['ʌn'ʃækld] a *unbehindert, nicht gehemmt* or *gebunden* (by *durch*) **–shaded** ['ʌn'ʃeidid] a *nicht
verdunkelt, frei v Vorhängen* || *nicht schattiert*
–shadowed ['ʌn'ʃædoud] a *unbeschattet, nicht
verdunkelt* (by *durch*); ⟨fig⟩ *nicht getrübt* (by

durch) –**shak(e)able** [ʌnˈʃeikəbl] a *nicht z er-schüttern(d)*; ⟨*bes* fig⟩ *unerschütterlich* (conviction) –**shaken** [ˈʌnˈʃeikən] a ⟨*bes* fig⟩ *unerschüttert; stetig; fest* –**shapely** [ˈʌnˈʃeipli] a *ungestalt, –förmig* –**shaved** [ˈʌnˈʃeivd], –**shaven** [ˈʌnˈʃeivn] a *unrasiert; e–n Bart tragend* –**sheathe** [ʌnˈʃiːð] vt (*Waffe*) *aus der Scheide ziehen;* to ~ the sword ⟨übtr⟩ *sich z Kampf bereiten; den Krieg erklären or beginnen* –**shed** [ˈʌnˈʃed] a *unvergossen* (tears) –**sheltered** [ˈʌnˈʃeltəd] a *ungeschützt* ⟨*a* übtr⟩ –**ship** [ʌnˈʃip] vt ⟨mar⟩ (*Ladung*) *löschen, ausladen;* (*Passagiere*) *ausschiffen* ‖ (*Mast* etc) *aus fester Lage herausheben or losmachen* ⟨*a* übtr⟩ –**shod** [ˈʌnˈʃɔd] a *unbeschuht; barfuß* ‖ (of horses) *unbeschlagen* –**shorn** [ˈʌnˈʃɔːn] a *ungeschoren* –**shortened** [ˈʌnˈʃɔːtnd] a *unverkürzt, –ge–* –**shrinkable** [ˈʌnˈʃriŋkəbl] a *nicht einlaufend* (cloth) –**shrinking** [ʌnˈʃriŋkiŋ] a *nicht zurückweichend, nicht nachgebend; unverzagt; furchtlos* –**shriven** [ˈʌnˈʃrivn] a: *to die* ~ *ungebeichtet sterben, ohne Beichte st., st. ohne gebeichtet z h* –**shut** [ˈʌnˈʃʌt] a *nicht geschlossen, nicht verschlossen; offen* (gate) –**sifted** [ˈʌnˈsiftid] a *nicht gesiebt* ‖ ⟨fig⟩ *ungeprüft* –**sighted** [ˈʌnˈsaitid] a 1. to be ~ **a.** *nicht z sehen sein, nicht gesehen w* **b.** *am Sehen verhindert sein, nicht sehen können* 2. *nicht mit Visier versehen* –**sightliness** [ʌnˈsaitlinis] s *Unansehnlich–; Häßlichkeit* f –**sightly** [ʌnˈsaitli] a *unansehnlich; häßlich* –**signed** [ˈʌnˈsaind] a *nicht signiert; nicht unterzeichnet* –**silt** [ˈʌnˈsilt] vt *ausbaggern* –**sinkable** [ˈʌnˈsiŋkəbl] a *nicht versenkbar* –**sisterly** [ˈʌnˈsistəli] a *unschwesterlich* (it is ~ of her) –**sized** [ˈʌnˈsaizd] a *nicht grundiert, nicht glasiert* ‖ *unsortiert*

unskilful [ˈʌnˈskilful] a (~ly adv) *ungeschickt, –beholfen; –erfahren* ~**ness** [~nis] s *Ungeschick* n, –*kenntnis, –erfahrenheit* f

unskilled [ˈʌnˈskild] a ʹ– –] a *ungeschickt, –erfahren* (in *in*) ‖ *ungelernt;* ~ *labourer ungelernter Arbeiter* m; ~ *labour die ungelernten A.* pl ‖ *k–e Geschicklichkeit erfordernd;* ~ *labour Handarbeit; mehr mechanische Arbeit* f

unskimmed [ˈʌnˈskimd] a *nicht abgerahmt;* ~ *milk Vollmilch* f –**slackened** [ˈʌnˈslækənd] a *nicht erschlafft; ungeschwächt* –**slaked** [ˈʌnˈsleikt] a *ungelöscht* (lime *Kalk*) ‖ ⟨fig⟩ *unbefriedigt, –gelöscht* (thirst) –**sleeping** [ˈʌnˈsliːpiŋ] a *schlaflos* (night) ‖ ⟨fig⟩ *nie schlafend, unermüdlich* –**smoked** [ˈʌnˈsmoukt] a *ungeräuchert* (bacon) ‖ *nicht aufgeraucht* (cigar) –**snarl** [ʌnˈsnaːl] vt *entwirren, in Ordnung bringen* –**sociability** [ˈʌnˌsouʃəˈbiliti] s *Ungeselligkeit; Zurückhaltung* f –**sociable** [ʌnˈsouʃəbl] a (–bly adv) *nicht umgänglich; ungesellig; reserviert* | ~**ness** [~nis] s ~ *unsociability* –**social** [ˈʌnˈsouʃəl] a *asoziʹal; unsozial, –gesellschaftlich; nicht volksverbunden* –**soiled** [ˈʌnˈsɔild] a *unbefleckt; rein* –**sold** [ˈʌnˈsould] a *unverkauft* –**solder** [ˈʌnˈsɔldə] vt *das Lötmetall entfernen v* ‖ ⟨fig⟩ *auflösen; trennen* –**soldierlike** [ʌnˈsouldʒəlaik], –**soldierly** [ʌnˈsouldʒəli] a *unsoldatisch, –militärisch; –kriegerisch* –**solicited** [ˈʌnsəˈlisitid] a *unaufgefordert, nicht gebeten* ‖ *nicht verlangt, nicht begehrt, nicht erbeten; freiwillig* –**solid** [ˈʌnˈsɔlid] a *nicht fest; nicht solide gearbeitet; nicht gediegen ‖ nicht fest begründet, unbegründet* –**solvable** [ˈʌnˈsɔlvəbl] a *unlösbar* (enigma) –**solved** [ˈʌnˈsɔlvd] a *ungelöst* (enigma) –**unsophisticated** [ˈʌnsəˈfistikeitid] a (~ly adv) *nicht vergeistigt; naturhaft; natürlich, einfach, ungekünstelt ‖ unverfälscht, rein, echt ‖ unverdorben, arglos* –**catedness** [–nis], –**cation** [ˈʌnsəfistiˈkeiʃən] s *Unverfälschtheit; Natürlichkeit* f

unsorted [ˈʌnˈsɔːtid] a *ungeordnet ‖ unsortiert* **unsought** [ˈʌnˈsɔːt; – ʹ– –] a (a ~-for) *nicht gesucht, nicht verlangt, nicht erstrebt*

unsound [ʌnˈsaund] a (~ly adv) *nicht gesund, kränklich; ungesund;* of ~ mind, ~ in mind *geisteskrank* | *verdorben, –fault* (fruit), *wurmstichig* (timber); *rissig* ‖ *ungesund* (criticism); *nicht stichhaltig* (argument) ‖ *unsicher, –zuverlässig* (ice) ~**ness** [~nis] s *Ungesundheit* f ‖ *Verdorbenheit* f ‖ *Unrichtigkeit, Fehlerhaftigkeit* f | *Unzuverlässigkeit* f

unsounded [ʌnˈsaundid] a *nicht ausgemessen;* ⟨mar⟩ *nicht gelotet* ‖ ⟨fig⟩ *nicht erkundet; unergründet*

unsown [ˈʌnˈsoun] a *unbesät* (land) ‖ *ungesät; wild wachsend*

unsparing [ʌnˈspɛəriŋ] a (~ly adv) *nicht kargend;* to be ~ in *nicht zurückhalten mit; freigebig, verschwenderisch sein mit ‖ schonungslos, hart* (of, to *gegen*) ~**ness** [~nis] s *Freigebigkeit* f ‖ *Schonungslosigkeit* f

unspeakable [ʌnˈspiːkəbl] a (–bly adv) *unsagbar; unbeschreiblich* (joy) | *unsäglich* (misery); *entsetzlich, greulich* ~**ness** [~nis] s *Unbeschreiblichkeit; Entsetzlichkeit* f

unspecialized [ʌnˈspeʃəlaizd] *nicht spezialisiert; nicht* (*fachlich*) *ausgebildet* –**cified** [ˈʌnˈspesifaid] a *nicht spezifiziert, nicht einzeln angegeben* –**culative** [ˈʌnˈspekjulətiv] a *nicht spekulativ; in der Wirklichkeit bleibend ‖ nicht nachsinnend*

unspent [ʌnˈspent; ʹ– –] a *nicht ausgegeben, nicht verbraucht; nicht erschöpft* –**spiritual** [ˈʌnˈspiritjuəl] a (~ly adv) *nicht geistig, geistlos; mechanisch* –**spoiled** [ˈʌnˈspoilt], –**spoilt** [ˈʌnˈspoilt] a *unbeschädigt, –verdorben* –**spoken** [ˈʌnˈspoukən] a *ungesprochen, –geäußert* (thought) ‖ ~-of *unerwähnt* ‖ ~-of *unangeredet* –**spontaneous** [ˈʌnspɔnˈteiniəs] a (~ly adv) *spontan; nicht v innen heraus erfolgend; gezwungen, mechanisch* –**sporting** [ˈʌnˈspɔːtiŋ] a, –**sportsmanlike** [ˈʌnˈspɔːtsmənlaik] a *nicht sportmäßig; nicht sportlerisch;* ⟨hunt⟩ *unweidmännisch ‖ unritterlich* –**spotted** [ˈʌnˈspɔtid] a *nicht be– or gefleckt; fleckenlos* ‖ ⟨übtr⟩ *unbefleckt, rein*

unstable [ʌnˈsteibl] a *nicht fest, unsicher, schwankend;* ⟨tech⟩ *labil* (balance) ‖ ⟨übtr⟩ *labil, unsicher; –beständig, schwankend* ~**ness** [~nis] s *Schwanken* n ‖ *Labilität; Unbeständigkeit* f

unstained [ʌnˈsteind] a *ungefärbt; –befleckt, fleckenlos* ‖ ⟨fig⟩ *unbefleckt, rein* –**stamped** [ˈʌnˈstæmpt] a *ungestempelt; unfrankiert* (letter) –**starched** [ˈʌnˈstaːtʃt] a *ungestärkt* (collar); ⟨fig⟩ *nicht steif* –**statesmanlike** [ˈʌnˈsteitsmənlaik] a *nicht staatsmännisch* –**steadfast** [ˈʌnˈstedfəst] a *unbeständig, schwankend* –**steadiness** [ˈʌnˈstedinis] s *Unfestigkeit, Unsicherheit* f ‖ *Unbeständigkeit* f –**steady** [ˈʌnˈstedi] a (–dily adv) *unfest, schwankend, unsicher* (on one's feet *auf den Füßen*) ‖ *uneben, –regelmäßig* | ⟨übtr⟩ *unstet, –beständig; –zuverlässig; leichtfertig* –**stemmed** [ˈʌnˈstemd] a (*Tabak*) *mit nicht entfernten Stielen u Rippen* –**stick** [ˈʌnˈstik] vi/t ⟨aero⟩ (of planes) *abheben; vom Boden or dem Wasser loskommen* | ~ speed ⟨aero⟩ *Abhebegeschwindigkeit* f | vt (*P*) „*absägen*" ([jdn] s–s Amtes entheben, [jdm] den Abschied geben) –**stinted** [ˈʌnˈstintid] a *uneingeschränkt* (praise) *–beschränkt* –**stitch** [ˈʌnˈstitʃ] vt (*Genähtes*) *auftrennen;* to come ~ed *sich lostrennen; aufgehen* –**stop** [ˈʌnˈstɔp] vt (–pp–) *entkorken; öffnen* –**stopped** [ˈʌnˈstɔpt] a *nicht verschlossen; teilweise geöffnet* –**strained** [ˈʌnˈstreind] a *nicht angespannt; nicht angestrengt* (by durch) ‖ ⟨fig⟩ *ungezwungen, zwanglos, natürlich* –**strap** [ʌnˈstræp] vt (–pp–) *auf–, losschnallen* –**stressed** [ˈʌnˈstrest] a *nicht betont; unbetont* (syllable)

unstring [ˌʌnˈstriŋ] vt (→ to string) (*Instrument*) *entspannen; entsaiten* ‖ (Schnur e–r Geldtasche) *aufziehen* ‖ (Perlen etc) *von e–r Schnur* *abnehmen, lösen* | ⟨übtr⟩ *entspannen, lockern* || (*Nerven*) *überanspannen, schwächen* **-strung** [ˈʌnˈstrʌŋ] a ⟨fig⟩ *abgespannt, erschüttert* (nerves) **-studied** [ˈʌnˈstʌdid] a *unbewandert* (in *in*) || *ungekünstelt*; **-**gezwungen, zwanglos **-subduable** [ˈʌnsəbˈdjuːəbl] a *ununterwerfbar,* *-besiegbar* **-subdued** [ˈʌnsəbˈdjuːd] a *nicht unter-jocht*; *unbesiegt,* *-bezwungen* **-submissive** [ˈʌn-səbˈmisiv] a (∼ly adv) *nicht unterwürfig*

unsubstantial [ˈʌnsəbˈstænʃəl] a *unkörperlich;* *substanzlos* || *wesenlos, unwirklich* || *unbegründet, haltlos* (theory) || *nicht solide, schwach, leicht* (fabric) **-ity** [ˌʌnsəbˌstænʃiˈæliti] s *We-senlosigkeit, körperl. Schwäche* f || *Unwirklich-keit* f

unsuccess [ˈʌnsəkˈses] s *Miß–, Nichterfolg* m **-ful** [∼ful] a (∼ly adv) *nicht erfolgreich;* (of candidates) *durchgefallen* || *erfolg–, fruchtlos* || ∼ take-off ⟨aero⟩ *Fehlstart* m **-fulness** [∼fulnis] s *Erfolglosigkeit* f, *Mißlingen* n

unsuitable [ˈʌnˈsjuːtəbl] a (-bly adv) *unpas-send, -angemessen, -tauglich* (to, for *zu, für*) **-ness** [∼nis] s *Unangemessenheit, -tauglich-keit* f

unsuited [ˈʌnˈsjuːtid] a *nicht passend, unge-eignet* (to *f*) **-sullied** [ˈʌnˈsʌlid] a *unbefleckt* ⟨oft fig⟩ (∼ glory) **-summoned** [ˈʌnˈsʌmənd] a *unaufgefordert, -geladen* **-sung** [ˈʌnˈsʌŋ] a *unge-sungen* || *nicht im Lied* (etc) *besungen* **-sunned** [ˈʌnˈsʌnd] a *nicht besonnt, nicht v der Sonne be-schienen, erhellt* or *erwärmt* || *nicht v der S. ge-bräunt* **-supplied** [ˈʌnsəˈplaid] a *nicht versehen, nicht versorgt* (with) **-supportable** [ˌʌnsəˈpɔːtəbl] a *unerträglich* **-supported** [ˈʌnsəˈpɔːtid] a *nicht gestützt, nicht bestätigt* (by *durch*) **-suppressed** [ˈʌnsəˈprest] a *nicht unterdrückt, nicht vernichtet* (by *durch*) **-sure** [ʌnˈʃuə] a *unsicher, -gewiß; zweifelhaft* | (*P*) *schwankend, unsicher* || *unzu-verlässig* **-surfaced** [ˈʌnˈsɔːfist] a *unbefestigt* (*Straße*) **-surmountable** [ˌʌnsəˈmauntəbl] a *un-überwindlich* **-surpassable** [ˈʌnsəˈpɑːsəbl] a (-bly adv) *unübertrefflich* **-surpassed** [ˈʌnsə-ˈpɑːst] a *unübertroffen* **-susceptible** [ˌʌnsə-ˈseptəbl] a *nicht empfänglich, unzugänglich* (of *f*) **-suspected** [ˈʌnsəsˈpektid] a *nicht verdächtig* || *nicht vermutet; ungeahnt*

unsuspecting [ˈʌnsəsˈpektiŋ] a *keinen Ver-dacht hegend; nicht mißtrauisch; arglos* || *nicht vermutend;* to be ∼ *of a th etw nicht vermuten, nicht ahnen* | **-ly** [∼li] adv *unvermutet, nichts ahnend*

unsuspicious [ˈʌnsəsˈpiʃəs] a (∼ly adv) *nicht mißtrauisch* (of a th *in bezug auf etw*) *arglos* || *nicht verdächtig* **-sustainable** [ˈʌnsəsˈteinəbl] a *unhaltbar* (opinion)

unswathe [ˈʌnˈsweið] vt (*Kind*) *aus den Win-deln nehmen, trocken legen* || ⟨fig⟩ *befreien* (from *v*) **-swayed** [ˈʌnˈsweid] a *nicht beeinflußt* (by *durch*) **-swear** [ˈʌnˈswɛə] vt (∼ to swear) *abschwören, eidlich widerrufen* **-sweepable** [ˈʌn-ˈswiːpəbl] a *v Minenräumgeräten nicht unschäd-lich z m* (mine) **-sweetened** [ˈʌnˈswiːtənd] a *nicht gesüßt; unversüßt* **-swerving** [ʌnˈswəːviŋ] a (∼ly adv) *standhaft, unentwegt, nicht wankend, fest, beständig, unerschütterlich, unwandelbar* (loyalty) **-sworn** [ˈʌnˈswɔːn] a *unbeschworen* || *ungeschworen* (oath) || *unvereidigt*

unsymbolical [ˈʌnsimˈbɔlikəl] a *nicht symbo-lisch* **-symmetrical** [ˈʌnsiˈmetrikəl] a (∼ly adv) *unsymmetrisch* **-sympathetic** [ˈʌnˌsimpəˈθetik] a (∼ally adv) *nicht mitempfindend; unbarmherzig, gefühllos* || *unsympathisch* **-systematic** [ˈʌnsisti-ˈmætik] a (∼ally adv) *unsystematisch; planlos*

untack [ˈʌnˈtæk] vt *losmachen, lösen* (from *von*) **-tactful** [ˈʌnˈtæktful] a *taktlos* **-tainted** [ˈʌnˈteintid] a *unbefleckt* || ⟨mst übtr⟩ *flecken-los* (virtue); *unverdorben, rein* **-talented** [ʌn-ˈtæləntid] a *nicht talentiert*

untam(e)able [ˈʌnˈteiməbl] a *un(be)zähmbar;* *-bezwingbar* **-ness** [∼nis] s *Un(be)zähmbar-keit* f

untamed [ˈʌnˈteimd] a *ungezähmt; wild* || ⟨fig⟩ *ungebändigt, -gezügelt* **-tangle** [ˈʌnˈtæŋgl] vt *aus der Verwickelung befreien* || ⟨übtr⟩ *ent-wirren* **-tanned** [ˈʌnˈtænd] a *ungegerbt* || *un-gebräunt* (face) **-tarnished** [ˈʌnˈtɑːniʃt] a *un-befleckt, -getrübt* **-tasted** [ˈʌnˈteistid] a *un-gekostet, -berührt* (dishes) || ⟨fig⟩ *noch nicht genossen* or *gelesen* **-taught** [ˈʌnˈtɔːt] a *nicht unterrichtet, unwissend* (in *in*) || *nicht angelernt* or *eingeübt* **-taxed** [ˈʌnˈtækst] a *unbesteuert, steuerfrei*

unteach [ˈʌnˈtiːtʃ] vt (→ to teach) (*jdn*) *etw vergessen l* || (*etw*) *anders lehren* **-able** [∼əbl] a *unbelehrbar, -gelehrig* || *nicht lehrbar* (doctrine)

untearable [ˈʌnˈtɛərəbl] a *unzerreißbar* **-tech-nical** [ˈʌnˈteknikəl] a *nicht fachgemäß* or *kunst-gerecht* || *nicht technisch geschult* **-tempered** [ˈʌnˈtempəd] a ⟨tech⟩ *ungehärtet* (steel) || ⟨fig⟩ *nicht gemäßigt, nicht gemildert* (by, with *durch*) **-tenability** [ˈʌnˌtenəˈbiliti] s *Unhaltbarkeit* f **-tenable** [ˈʌnˈtenəbl] a *unhaltbar* (fortress); ⟨a fig⟩ (theory) **-tenantable** [ˈʌnˈtenəntəbl] a *unvermietbar; nicht bewohnbar* **-tenanted** [ˈʌn-ˈtenəntid] a *unverpachtet, -vermietet* || *unbe-wohnt* **-tended** [ˈʌnˈtendid] a *unbehütet, -be-aufsichtigt; vernachlässigt* **-tested** [ˈʌnˈtestid] a *ungeprüft; nicht erprobt* || *unbewiesen* **-thanked** [ˈʌnˈθæŋkt] a *unbedankt,* [pred] *ohne Dank empfangen z h*

unthankful [ˈʌnˈθæŋkful] a (∼ly adv) *undank-bar* (to a p *gegen jdn*; for a th f *etw*) || *undank-bar, -angenehm* (task) **-ness** [∼nis] s *Undank-barkeit* f

unthink [ˈʌnˈθiŋk] vt [mst nur inf] (*etw*) *weg-denken*; [abs] *umdenken* **-able** [∼əbl] a *nicht vorstellbar, unbeschreiblich* || *undenkbar* || ⟨fam⟩ *höchst unwahrscheinlich* **-ing** [∼iŋ] a (∼ly adv) *nicht denkend* || *gedankenlos*

unthinned [ˈʌnˈθind] a ⟨for⟩ *undurchforstet* **unthought** [ˈʌnˈθɔːt] a *ungedacht, nicht vor-gestellt* || ∼-of [ʌnˈθɔːtəv] *unerwartet, -ver-mutet; nicht geahnt* **-ful** [∼ful] a (∼ly adv) *nicht achtend* (of *auf*); *unachtsam* || *nicht nach-denkend, gedankenlos*

unthread [ˈʌnˈθred] vt (*Nadel*) *ausfädeln* || ⟨mst fig⟩ *entwirren, auflösen; sich hindurchwin-den durch*

unthrift [ˈʌnˈθrift] s *Unwirtschaftlichkeit, Ver-schwendung* f || [attr] *verschwenderisch* **-iness** [∼inis] s = unthrift s | **-y** [∼i] a (-tily adv) *k-n Nutzen bringend; nicht gedeihlich; unein-träglich* || *unwirtschaftlich, verschwenderisch, -derblich* || ⟨for⟩ *un–, schlechtwüchsig*

unthrone [ˈʌnˈθroun] vt *entthronen* **-tidiness** [ʌnˈtaidinis] s *Unordnung, -sauberkeit* f **-tidy** [ʌnˈtaidi] a (-dily adv) *unordentlich, -sauber* **-tie** [ˈʌnˈtai] vt *los–, aufbinden, aufknoten; öffnen* || ⟨fig⟩ (*Knoten*) *lösen*; (*Bande der Ge-meinschaft*) *lösen*

until [ənˈtil; ʌnˈtil] **1.** prep (ot time) *bis* (∼ 2 o'clock); ∼ late in the afternoon *bis spät nachmittags* **2.** conj *bis;* [nach neg gern f till] not ∼ *erst als, erst wenn;* not ∼ he returned did we start *erst als er zurückkehrte, brachen wir auf;* → till

untile [ʌnˈtail] vt (*Dach*) *abdecken*

untilled [ˈʌnˈtild] a *unbebaut* **-timeliness** [ʌn-ˈtaimlinis] s *Un–, Frühzeitigkeit* f **-timely** [ʌn-ˈtaimli] **1.** a *un–, vor–, frühzeitig* (death) || *un-passend, -günstig, -gelegen; zur Unzeit* **2.** adv *unpassend, ungünstig* || *frühzeitig* **-tinctured** [ˈʌnˈtiŋktʃəd] a ⟨fig⟩ *ungemischt* (with *mit*); *-beeinflußt; nicht begleitet* (by *von*) **-tinged** [ˈʌnˈtindʒd] a *nicht gefärbt, nicht verändert* (by *durch*) –**tiring** [ʌnˈtaiəriŋ] a (∼ly adv) *nicht ermüdend* (traveller) || *unermüdlich*

unto [ˈʌntu] prp ⟨† & poet, bib, rhet⟩ = to

untold [ˈʌnˈtould] a *nicht erzählt, nicht berichtet* | *ungezählt*; (*vor* sg) *ungeheuer* (number); (*vor* pl) *unzählig, zahllos,* ∼ *years zahllose Jahre*; [*vor* abstr] *unermeßlich, unsäglich*

untouchable [ʌnˈtʌtʃəbl] **1.** a *nicht z berühren(d*); *unberührbar*; *unnahbar* || *unerreichbar* **2.**´ s *Hindu* m *der niedrigsten Kaste* –**chability** [ˌʌnˌtʌtʃəˈbiliti] s *Unberührbarkeit; Unnahbarkeit* f –**ched** [ˈʌnˈtʌtʃt] a *unberührt, –angetastet* | *nicht betreten* || *nicht gekostet* || *nicht retuschiert, nicht zurechtgemacht*; ⟨fig⟩ *ungefärbt, –geschminkt* | (a ∼-upon) *nicht behandelt* or *bearbeitet* | *nicht berührt, nicht betroffen* (by *v*) || *nicht beeindruckt, nicht beeinflußt, unberührt* (by *v*) || *ungerührt* (by *durch*)

untoward [ʌnˈtouəd, ʌnˈtəˈwɔːd] a (∼ly adv) *schwer z behandeln(d), widerhaarig, –spenstig, eigensinnig* || *schwer z bearbeiten(d), steif, starr* | *ungünstig, widerwärtig* || *unwillkommen* (news) ∼**ness** [∼nis] s *Widerspenstigkeit* f, *Eigensinn* m || *Ungunst, Widerwärtigkeit* f

untraceable [ʌnˈtreisəbl] a *unaufspürbar, –entdeckbar* || *nicht zurückführbar* (to *auf*) –**tracked** [ˈʌnˈtrækt] a *gleislos* –**trained** [ˈʌnˈtreind; ´– –; ´–´–] a *ungeübt, –geschult* || *unabgerichtet, –dressiert* || ⟨sport⟩ *untrainiert* || ⟨mil⟩ *unausgebildet* –**trammelled** [ˈʌnˈtræməld] a *unbe–, ungehindert, –gefesselt* || *ungebunden* –**transferable** [ˈʌnˈtrænsˈfəːrəbl] a *unübertragbar* –**translatable** [ˈʌnˈtrɑːnsˈleitəbl] a *unübersetzbar* –**transplanted** [ˈʌnˌtrænsˈplɑːntid] a ⟨hort⟩ *unverzogen*; ⟨for⟩ *unverschult* –**travelled** [ˈʌnˈtrævəld] a *ungereist* || *unbereist* (region) –**traversed** [ʌnˈtrævəst] a *undurchquert, –schritten* –**treated** [ˈʌnˈtriːtid] a *Roh–* (∼ water) –**tried** [ˈʌnˈtraid] a *unversucht* || *unerfahren*; *–erprobt* || ⟨jur⟩ *unverhört* –**trimmed** [ʌnˈtrimd; ´– –] a *nicht in Ordnung*; *nicht geputzt* || *unbeschnitten* –**trodden** [ˈʌnˈtrɔdn] a *unbetreten* –**troubled** [ˈʌnˈtrʌbld] a *ungestört, –belästigt* || (of water) *ungetrübt; ruhig*

untrue [ˈʌnˈtruː] a *unwahr; irrig* || *treulos, untreu; –ehrlich* || *ungenau, –regelmäßig, –vollkommen, nicht in Übereinstimmung* (to *mit*) || ⟨tech⟩ *ungerichtet, unrund; schwimmend, umspringend* (*Magnetnadel*); ∼ *running Unrundlaufen* n

untruly [ˈʌnˈtruːli] adv *irrig, irrtümlicherweise*

untrustworthiness [ˈʌnˈtrʌstˌwəːðinis] s *Unzuverlässigkeit* f –**thy** [ˈʌnˈtrʌstˌwəːði] a *unzuverlässig*

untruth [ʌnˈtruːθ] s (pl ∼s [ˈʌnˈtruːðz]) *Unwahr–, Falschheit* f || *Unwahrheit, Lüge* f ∼**ful** [∼ful] a (∼ly adv) (*P*) *unwahr* (of facts) *unwahr, falsch* ∼**fulness** [∼fulnis] s *Unwahr–; Falschheit* f

untuck [ˌʌnˈtʌk] vt *aus e–r gefalteten* (etc) *Lage losmachen, lösen, befreien* –**tune** [ʌnˈtjuːn] vt *verstimmen* || ⟨fig⟩ *verstimmen, –wirren* –**turned** [ˈʌnˈtəːnd] a *nicht* (*um*)*gewendet, nicht gedreht*; to leave no stone ∼ ⟨fig⟩ *kein Mittel, nichts unversucht l* –**tutored** [ˈʌnˈtjuːtəd] a *nicht unterwiesen* or *unterrichtet* || *unerzogen, –gebildet* | *roh, naturhaft* (instincts) –**twine** [ˈʌnˈtwain], –**twist** [ˈʌnˈtwist] vt/i (*etw*) *auf–, losflechten; losmachen* (from *v*) || *auflösen; entwirren, lösen* | vi *sich aufdrehen; auf–, losgehen*

unused [ˈʌnˈjuːzd] a *unbenutzt, –gebraucht* **2.** [ˈʌnˈjuːst] *nicht gewöhnt* (to *an*; to do)

unusual [ʌnˈjuːʒuəl] a (∼ly adv) *un–, außergewöhnlich* ∼**ness** [∼nis] s *Un–, Außergewöhnlichkeit* f

unutterable [ʌnˈʌtərəbl] a (–bly adv) *nicht auszusprechen(d)* (word) || *unaussprechlich*;

–*sagbar* || *unbeschreibbar, toll, ungeheuer; ausgefeimt* (rascal) | ∼s [pl] → *unmentionables* –**uttered** [ˈʌnˈʌtəd] a *nicht geäußert, unausgesprochen*

unvaccinated [ʌnˈvæksineitid] a *ungeimpft* –**valued** [ˈʌnˈvæljuːd] a *nicht geschätzt; wertlos* || *nicht abgeschätzt; untaxiert* –**varied** [ˈʌnˈvɛərid] a *sich nicht verändernd; nicht abwechselnd; eintönig* || *unveränderlich, andauernd* –**varnished** [ˈʌnˈvɑːniʃt] a *nicht gefirnißt* || ⟨fig⟩ *ungeschminkt* (truth); *schlicht, schmucklos* || (*P*) *schlicht, natürlich* –**varying** [ʌnˈvɛəriiŋ] a (∼ly adv) *unveränderlich, –wandelbar* –**veil** [ʌnˈveil] vt/i (*Gesicht*) *entschleiern*; (*Denkmal*) *enthüllen* || ⟨fig⟩ *enthüllen, aufdecken* | vi *sich entschleiern, sich enthüllen* || ⟨fig⟩ *sich offenbaren, sich enthüllen* –**ventilated** [ˈʌnˈventileitid] a *nicht ventiliert* –**veracious** [ˈʌnviˈreiʃəs] a *unwahr* –**verified** [ˈʌnˈverifaid] a *nicht als wahr erwiesen* –**versed** [ˈʌnˈvəːst] a *unbewandert, –erfahren* (in *in*) –**violated** [ˈʌnˈvaiəleitid] a *unverletzt; nicht entweiht* –**visited** [ˈʌnˈvizitid] a *nicht besucht; nicht aufgesucht* || *nicht heimgesucht* –**vitiated** [ˈʌnˈviʃieitid] a *nicht verdorben; rein* (air) –**vocal** [ˈʌnˈvoukəl] a *stumm* –**voiced** [ˈʌnˈvoist] a *nicht ausgesprochen* or *geäußert* || ⟨gram⟩ *stimmlos* –**vouched** [ˈʌnˈvautʃt] a (a ∼-for) *unverbürgt, –bezeugt* –**vulcanized** [ˈʌnˈvʌlkənaizd] a: ∼ *rubber Rohgummi* m

unwalled [ˈʌnˈwɔːld] a *nicht ummauert, unbefestigt* –**wanted** [ˈʌnˈwɔntid] a *unge–, unerwünscht* –**wariness** [ʌnˈwɛərinis] s *Unbedachtsamkeit* f –**warlike** [ˈʌnˈwɔːlaik] a *unkriegerisch; friedlich* –**warmed** [ˈʌnˈwɔːmd; ´– –] a *ungewärmt; –geheizt* (room) –**warped** [ˈʌnˈwɔːpt] a *unbeeinflußt* (by *durch*)

unwarrantable [ʌnˈwɔrəntəbl] a (–bly adv) *ungerechtfertigt, unverantwortlich; –haltbar; –tragbar* –**tableness** [–nis] s *Unhaltbar–, Unverantwortlichkeit* f –**tably** [ʌnˈwɔrəntəbli] adv *in unverantwortlicher Weise* –**ted 1.** [ˈʌnˈwɔrəntid] a *unverbürgt* **2.** [ʌnˈwɔrəntid] a *ungerechtfertigt, unberechtigt, unbefugt*

unwary [ʌnˈwɛəri] a (–rily adv) *unbedacht, –vorsichtig; übereilt* –**washed** [ˈʌnˈwɔʃt; ´– –] a *ungewaschen; unrein*; the great ∼ *der Pöbel* || *unbespült* (*v Meer*) –**watched** [ˈʌnˈwɔtʃt] a *unbewacht, –beobachtet* –**watchful** [ˈʌnˈwɔtʃful] a (∼ly adv) *nicht wachsam; unbekümmert* –**watered** [ˈʌnˈwɔːtəd] a *nicht besprengt* || *unbewässert, trocken* || *unverwässert, –verdünnt* –**wavering** [ʌnˈweivəriŋ] a (∼ly adv) *nicht wankend; beharrlich; standhaft, fest* –**weakened** [ˈʌnˈwiːkənd] a *ungeschwächt* –**weaned** [ʌnˈwiːnd] a *nicht entwöhnt* (child) –**wearable** [ˈʌnˈwɛərəbl] a *nicht tragfähig, nicht z tragen(d)* (shoes) –**weariable** [ˈʌnˈwiəriəbl] a *nicht ermüdend, unermüdlich* –**wearied** [ʌnˈwiərid] a (–ly adv) *nicht ermüdend, unermüdlich* –**wearying** [ʌnˈwiəriiŋ] a *unermüdlich; nicht ermüdend* || *sich gleichbleibend; anhaltend* (charm) –**weave** [ˈʌnˈwiːv] vt (→ to weave) (*Gewebe*) *ausfasern; auftrennen*; (*Dunkel*) *auflösen, lösen* –**wed** [ˈʌnˈwed], –**wedded** [–id] a *unverheiratet, –vermählt; ledig* –**weeded** [ˈʌnˈwiːdid] a *ungepflegt, verwildert* (garden) –**weighed** [ˈʌnˈweid] a *ungewogen* || *nicht erwogen; unbedacht* (words) –**welcome** [ʌnˈwelkəm] a *unwillkommen* (to *f*) –**well** [ˈʌnˈwel] pred a *unpäßlich, unwohl; nicht wohl, übel*; I am ∼ *mir ist übel, ich fühle mich übel* –**wept** [ʌnˈwept] a *unbeweint, –beklagt*

unwholesome [ʌnˈhoulsəm] a (∼ly adv) *ungesund, schädlich* (climate) || *unmoralisch, verderblich, schädlich* (book); (*P*) *nicht gesund, krankhaft, krank* ∼**ness** [∼nis] s *Schädlichkeit; Verderbtheit* f

unwieldiness [ʌnˈwiːldinis] s *Unbeholfenheit, Schwerfälligkeit* f || *Unkontrollierbarkeit; Un–*

handlichkeit f **–dy** [ʌnˈwiːldi] a *unbeholfen, schwerfällig* ‖ *unmäßig groß, massig, plump* (bulk) ‖ *schwer z handhaben(d), unhandlich* ‖ *sperrig, ungefüge*

unwifely [ˈʌnˈwaifli] a *unfraulich, nicht frauenhaft*

unwill [ˈʌnˈwil] vt ⟨poet⟩ (etw) *durch neuen Willensentschluß umwerfen* ‖ (jdn) *der Willenskraft berauben*; ~ed *ungewollt*

unwilling [ˈʌnˈwiliŋ] a *nicht wollend, nicht gewillt, abgeneigt*; willing or ~ *ob man will oder nicht*; to be ~ to do a th *etw nicht tun wollen, k–e Lust h etw z tun* ‖ ⟨übtr⟩ *widerspenstig* ~**ly** [~li] adv *ungern, widerwillig* ~**ness** [~nis] s *Abgeneigtheit* f ‖ *Nichtbereitwilligkeit* f

unwind [ˈʌnˈwaind] vt/i (→ to wind) ~ *ab–, loswickeln*; (Papier) *abrollen*; *abhaspeln*; *abwinden* ‖ (Schlinge, Verband etc) *ab–, aufbinden, lösen*; *abnehmen* | vi *sich ab– or loswickeln*; *sich abwinden*; (of a tie) *sich lösen*; *aufgeben*; (of springs) *locker w, nachgeben* **–winking** [ˈʌnˈwiŋkiŋ] a *nicht mit den Augen blinzelnd* ‖ *wachsam* (attention) **–wisdom** [ˈʌnˈwizdəm] s *Unverstand* m, *–klugheit* f **–wise** [ˈʌnˈwaiz] a (~ly adv) *unweise*; *–klug, töricht* (it is ~ to do; for a p to do *daß jd tut*) **–wished** [ʌnˈwiʃt] a *ungewünscht* ‖ (a ~–for) *unerwünscht* **–withered** [ˈʌnˈwiðəd] a *unverwelkt* ‖ ⟨fig⟩ *frisch, jung* **–witnessed** [ʌnˈwitnist] a *nicht beobachtet* (by v); *unbezeugt* **–witting** [ʌnˈwitiŋ] a (~ly adv) *unwissentlich, –bewußt*; *–beabsichtigt* ‖ [pred] *ohne es z wissen*

unwomanly [ʌnˈwumənli] **1.** a *unweiblich, –fraulich* ‖ f *e–e Frau ungeeignet* (work) **2.** adv *in unfraulicher Weise*

unwon [ˈʌnˈwʌn] a *nicht gewonnen* (by *durch*) ‖ *nicht ausgenutzt*; *ungefördert* (ore)

unwonted [ʌnˈwountid] a (~ly adv) *ungewohnt* ‖ *ungewöhnlich* ‖ *nicht gewöhnt* (to an) ~**ness** [~nis] s *Ungewohntheit, –gewöhnlichkeit* f

unwooded [ˈʌnˈwudid] a *unbewaldet*

unworkable [ʌnˈwəːkəbl] a *nicht betriebsfähig* ‖ *nicht z bearbeiten(d), nicht z behandeln(d)* (material) ‖ *nicht ausszuführen(d), unausführbar* (plan) ‖ *nicht z handhaben(d), nicht z kontrollieren(d)* **–worked** [ˈʌnˈwəːkt] a ⟨bes fig⟩ *unbearbeitet* (ground); ~ coal ⟨min⟩ *anstehende Kohle* f **–workmanlike** [ˈʌnˈwəːkmənlaik] a *nicht fachgemäß* (ausgeführt); *unakkurat or unsauber ausgeführt*; *stümperhaft* **–worldliness** [ˈʌnˈwəːldlinis] s *unweltliche Gesinnung, Uneigennützigkeit* f ‖ *Weltfremdheit* f **–worldly** [ˈʌnˈwəːldli] a *unweltlich*; *geistig gerichtet*; *nicht materiell, uneigennützig* ‖ *weltfremd* **–worn** [ˈʌnˈwəːn] a *nicht getragen* ‖ *nicht abgetragen* (clothes); *unabgenutzt* ‖ ⟨fig⟩ *ungeschwächt*

unworthiness [ʌnˈwəːðinis] s *Unwürdigkeit* f **–thy** [ʌnˈwəːði] a (–thily adv) **1.** attr *wertlos* ‖ (P) *unwürdig*; *verächtlich* ‖ *unverdient, –gerechtfertigt* (treatment) **2.** [pred] *nicht würdig* (to do), ~ to bear arms *wehrunwürdig*; to be ~ of a th (* ~ a th) *etw nicht verdienen, e–r S nicht wert s* | *unwürdig* (of a p [* ~ a p] jds); –passend ‖ *schädlich, abträglich* (of a th [* ~ a th] e–r S)

unwound [ˈʌnˈwaund] a *losgewunden, abgewickelt, lose* (Trumm); to come ~ *sich loswinden* ‖ *nicht aufgezogen* (watch)

unwounded [ˈʌnˈwuːndid] a *unverwundet* **–woven** [ˈʌnˈwouvn] a *ungewebt* **–wrap** [ʌnˈræp] vt [–pp–] (Paket) *auf–, aus–, loswickeln, auspacken*; *öffnen*; (Bettdecke) *aufschlagen* **–wrinkle** [ˈʌnˈriŋkl] vt *entrunzeln, glätten* | ~d [~d] a *nicht gerunzelt* (face) **–written** [ˈʌnˈritn; ˈ––] a *ungeschrieben* (law) ‖ *unbeschrieben* (page) **–wrought** [ˈʌnˈrɔːt] a *unbearbeitet; –verarbeitet, roh; Roh–*; ~ iron *Roheisen* n ‖ *nicht*

ausgearbeitet **–wrung** [ˈʌnˈrʌŋ] a *nicht ausge-*(w)rungen, nicht ausgepreßt ‖ our withers are ~ ⟨fig⟩ *das* (sc *die Anschuldigung*) *trifft uns nicht, das läßt uns kalt*

unyielding [ʌnˈjiːldiŋ] a (~ly adv) *nicht nachgebend; nicht biegsam, hart, steif* ‖ ⟨fig⟩ *unbeugsam, –nachgiebig, –zugänglich* (to *für*); *hartnäckig* **–yoke** [ˈʌnˈjouk] vt (Pferde) *aus–, losspannen* ‖ ⟨fig⟩ *lostrennen, lösen*

unzip [ʌnˈzip] vt *den Reißverschluß v etw öffnen*

up [ʌp] adv **I.** (Bewegung, Richtung) **1. a.** *in die Höhe* (to put ~ one's hands *die Hände in die H. halten*); ~ and ~ *immer höher* ‖ *hoch, auf,* to jump ~ *aufspringen*; ~ and down *auf u ab* ‖ *in die Luft,* → to fly ‖ *herauf* (come ~ *here*); *empor* ‖ *hinauf* (to look ~); *hinan* ‖ *den Fluß hinauf* ⟨artill⟩ ~! *höher!* **b.** *aufrecht,* to sit ~ *sich aufrichten, geradesitzen,* to stand ~ *aufstehen, sich erheben* ⟨a fig⟩ *auf die Füße, auf,* to get ~ *aufstehen* **c.** *nach .. hin, heran,* to come ~ *herankommen* **2.** ⟨fig⟩ **a.** [mit Verben] *auf höhere Stufe,* to come, get, move ~ *in the world emporkommen in der Welt* **b.** *in Bewegung, Erregung,* → to fire, hurry, pluck ~; → II. 2. b. **c.** *beschleunigend, verstärkend [bei vielen Verben]* ⟨bes Am⟩ to connect ~, cripple ~, divide ~, end ~, finish ~, fry ~; to go ~ *steigen, hochgehen*; ⟨mil⟩ ~ you go with all luck! k.v. (= *kriegsverwendungsfähig*) *und alles Gute!*; to own ~ *offen gestehen*; to polish ~; to settle ~; to speak ~ *laut(er) sprechen*; to think ~, wash ~ **d.** *z Entwicklung, Reife,* → to bring, grow, spring, train ~ ‖ *in Erscheinung* → to crop, set, turn ~ **e.** *z Kenntnis, Berücksichtigung* etc, to come ~ *for discussion erörtert w*; to have a p ~ *jdn vor Gericht stellen* (for *wegen*) **f.** *z Vollendung, z Abschluß, z Ende,* → to add, burn, clean, dry, eat, finish, follow, polish, tear ~ etc **g.** *in feste Form or Verbindung bringend, zus–,* → to bind, coil, fold, gather, make ~ **3.** [vor prep] ~ **against** *gegen .. an–*; to run ~ against a p *gegen jdn anrennen* | ~ **from** *heraus aus, aus* (~ from poverty to .. *aus Armut zu ..*); *von* (~ from the country *vom Lande*) | ~ **into** *hinauf in* (~ into the sky) | ~ **on** *höher als, mehr als* (the receipts are £ 90 ~ on those at ..) | ~ **till** *bis* (~ till now) | ~ **to** *hinauf zu* (~ to God); *bis an, bis zu,* ~ ear ‖ *hinauf nach, nach* (~ to Scotland); ~ to town *nach London* (bzw. *der Hauptstadt*); he came ~ to me, our house .. *auf mich, unser H. zu*; to draw ~ *to vorfahren vor*; to go ~ to the university *z Universität gehen, die U. beziehen* ‖ *hinan an; heran an*; (he walked) ~ to the peak .. *bis zum Gipfel* ‖ to be ~ to (P) *im Schilde führen*; you've been ~ to some trick *du hast sicher etw ausgefressen* ‖ (of time) *bis an, bis zu* (~ to death, paid ~ to the 1st of June *bis zum 1. Juni*); → ~ to date ‖ ~ to now, ~ to the present *bis jetzt* ‖ *gemäß, zufolge, entsprechend*; to be ~ to the mark ⟨fig⟩ *auf der Höhe s*; to get ~ to a p *Schritt halten mit jdm* | ~ with *in gleicher Höhe, Entfernung mit*; to come ~ with *Schritt halten mit* **4.** [elliptisch f get ~, hold ~, put ~ etc *als* intj] *hoch* (hands ~!) ‖ auf! ~ with you! *auf mit dir! steh auf!* he ~ with his fist *er mit erhobener Faust* (→ III. u ~) **II.** (Ruhelage) **1. a.** *hoch oben, oben* (~ in the air); ~ there *dort oben*; ~ in the mountains *oben im Gebirge* ‖ *hoch*; two storeys ~ *zwei Stockwerke hoch* ‖ *in die Höhe gegangen, hoch geflogen* ‖ (of a collar) *hoch(geschlagen)* ‖ ⟨artill⟩ *hoch* (= *zu hoch*)! **b.** (aufrecht)stehend, ~ *auf den Füßen* ‖ *aufgestanden* (to be ~ of s); to be, sit, stay ~ all night *die ganze Nacht aufs*, *aufbleiben*; to be ~ and about *wieder auf den Beinen s* ‖ (of the sun) *aufgegangen* ‖ (of the

curtain) *hoch*, *–gegangen* **c.** *in der Hauptstadt,
in London*, ~ *for a week e–e Woche in L.* || *im
College, in der Schule,* to be ~ *during the vacation während der Ferien im C. s, wohnen* **d.** (of
roads) *aufgerissen, im Bau begriffen* || (of rivers)
hoch **2.** ⟨fig⟩ **a.** *in Aufruhr* (to be ~ *in A. s,
revoltieren*); ~ *in arms die Waffen ergriffen h*
|| *in Erregung,* his blood *od* his temper is ~ *sein
Blut ist in Wallung* **b.** *in Bewegung, Tätigkeit;* to
be ~ *and about* ⟨*bes Am*⟩ *sich einigermaßen
wohl befinden;* to be ~ *and doing tätig s, früh
auf den Beinen s;* ⟨*bes* Am⟩ to be ~ *and coming
vigilant s;* ~ *for bereit z;* the cider is ~ *very
much der Apfelwein schäumt sehr* **c.** *im Fortschreiten, Steigen* etc; (of shares) *hochstehen;*
is anything ~? *ist was los?* what is ~? *was
gibt's?,* °*was ist hier gefällig* (= *los*)? what is ~
with him? *was ist los mit ihm?* || to be hard ~
schwer z kämpfen h ⟨fig⟩ || to be ~ *in years an
Jahren vorgeschritten s* || to be ~ *obenauf, an der
Spitze s* || to be 8 ~ 8 *Punkte voraus s* || the
piano is ~ *a tone das Klavier ist e–n Ton z hoch*
|| the case is ~ *before the High Court der Fall
wird vom High C. verhandelt* **d.** *vollendet, beendet,
fertig, abgelaufen, vorüber, vorbei, aus* (school
is ~); ⟨parl⟩ *vertagt, aufgehoben;* the game is
~ *die S ist aus, erledigt; es ist alles aus, verloren;*
it is all ~ with him *es ist aus mit ihm* **3.** [*vor
prep*] to be ~ **against** (*Schwierigkeiten*) *gegen-
überstehen* | to be ~ **in** *bewandert s in;* to be
well ~ in *beherrschen* || ⟨*bes* Am⟩ ~ **in** the air
(*noch*) *in der Schwebe, ungeklärt* | up **on** ⟨*bes*
Am⟩ *bewandert in* || to be ~ **on** o.s. ⟨*vulg*⟩
mordseingebildet s | ~ **to** the knees in water
bis an die Knie || ⟨*übtr*⟩ *bis zu* (~) *the amount
of;* to count ~ *to one hundred bis ..;* the lake
warmed ~ *to 15 degrees .. bis auf;* ~ *to* (the
value of) *bis zum Werte v ..;* to be ~ *to geeignet
s z* || *vorbereitet, gefaßt s auf;* (*e–r S*) *gewachsen
s* || *vertraut s mit* (*etw*); *wohl kennen* || to be ~
to the mark *den Anforderungen genügen* or *ent-
sprechen* || to feel ~ *to doing bereit, in Stim-
mung s z tun* || *gleichwertig s mit* (*etw*) || to be ~
to a p *jdm gewachsen s;* not ~ *to much nicht
viel wert* || *beschäftigt s mit;* what are you ~ to
there? *was macht ihr da?;* to be ~ *to mischief
Unfug im Schilde führen* || *obliegen* | it is ~ to
him *es ist s–e Pflicht, s–e Sache; es ist an ihm*
(to do) | ~ **to and including** *1959 bis 1959 ein-
schließlich* | ~ **with** *auf gleicher Höhe mit, neben;*
to keep ~ with *Schritt halten mit* **III.** [in comp]
~-and-coming *tätig, rührig;* → ~-and-down

up [ʌp] prep **I.** (*Bewegung*) **1. a.** *auf .. hinauf,
hinauf;* ~ a hill *e–n Hügel hinauf;* ~ the stairs
die Treppe hinauf || *in .. hinein;* ~ the country
in das Land hinein, landeinwärts **b.** ~ the river
fluß–, stromaufwärts; to row ~ the stream *gegen
den Strom rudern* **c.** *hinauf, an .. entlang, auf ..
entlang;* ~ the street *die Straße, auf der Straße
entlang* **2.** ⟨fig⟩ *hinauf, empor;* to work one's
way ~ *the form sich in der Klasse emporarbeiten*
II. (*Ruhelage*) *oben;* he lives further ~ the road
er wohnt weiter oben an der Straße; a mile ~ the
hill *e–e Meile entfernt oben am Berge,* → tree
|| *hoch;* ~ two pair of stairs *zwei Treppen hoch*

up [ʌp] a *nach oben gehend, hinaufgehend,
–fahrend;* the ~ *coach der den Berg hinauffah-
rende Wagen* | *nach e–r großen Stadt fahrend;* ~
line *Bahnlinie* f *nach der Stadt, Ankunftsbahn-
linie* f, *–gleis* n; ~ platform *Ankunftsbahnsteig*
m; ~ train *nach der Stadt fahrender, in der St.
ankommender Zug* m

up [ʌp] s: the ~s and downs [pl] ⟨fig⟩ *das
Auf u Ab* n; *die Wechselfälle* m pl

up [ʌp] vi (*fam vulg*) *plötzlich sich erheben,
aufstehen, –springen;* to ~ and ask a p *jdn plötzlich fragen* (he ~s and asks him), *vgl* up adv **I. 4.**

up– [ʌp] [*lebendes pref in der Bdtg:*] *auf, hin-*

auf; [*die Verben haben mst Stamm–, die Substantive Präfixbetonung*]

up-and-down ['ʌpən'daun] **1.** adv *auf u ab;
auf u nieder; hinauf u hinunter; hin u her; hin u
zurück* || ⟨Am⟩ *gerade heraus, offen* **2.** [prep]
~ the line *auf der Linie hin u zurück* **3.** a *auf-
und-ab–;* ~ *motion Auf-und-ab-Bewegung; stei-
gend u fallend* | *hin u her fahrend* or *reisend* ||
⟨Am⟩ *gerade, regelrecht*

Upanishad [u:'pɑ:niʃəd] s Ind *Upanisch·ade* f
(*philos. Text zum Weda gehörig*)

upas ['ju:pəs] s ⟨bot⟩ *Gift–,* ·*Upasbaum* m
|| *Upassaft, Upas-Antiar* m (*Pfeilgift*)

upbear [ʌp'bɛə] vt (→ to bear) ⟨*mst poet*⟩
aufrecht erhalten, stützen, tragen ⟨a fig⟩

up-bow ['ʌpbou] s ⟨mus⟩ *Aufstrich* m

upbraid [ʌp'breid] vt (*jdn*) *tadeln, schelten;* to
~ a p with *od* for a th *jdm etw vorwerfen, z Last
legen* ~**ing** [~iŋ] **1.** s *Schelten* n, *Vorwurf* m
2. a (~ly adv) *vorwurfsvoll*

upbringing ['ʌp·briŋiŋ] s *Auf–, Großziehen* n,
Erziehung f

upcast ['ʌpkɑ:st] **1.** a *hoch–, aufgeworfen, in
die Höhe geworfen; in die H. gerichtet* (look)
|| (of eyes) *aufgeschlagen* **2.** s *Hinauf–, Hoch-
werfen* n, *–wurf* m || ⟨min⟩ (*a* ~ shaft) *Ausfluß-
schacht* m (f *schlechte Luft*) | *hochgeworfene
Masse* f

upcountry ['ʌp'kʌntri] **1.** s *das Binnenland,
Landinnere* n **2.** a *binnenländisch, im Inneren
des Landes gelegen; Binnen–* **3.** adv [ʌp'kʌntri]
nach innen, landeinwärts

up-current ['ʌpkʌrənt] s ⟨meteor⟩ *Aufwind* m;
~ due to a slope *Hangaufwind;* ~ due to hot
air *thermischer Aufwind*

update [ʌp'deit] vt ⟨Am⟩ *auf den neusten
Stand bringen*

upend [ʌp'end] vt (*etw*) *umstülpen, –kehren*

upgrade 1. ['ʌpgreid] s *Anhöhe, Steigung* f;
⟨übtr⟩ *Aufstieg;* on the ~ *im A., im Steigen;
sich bessernd* **2.** [ʌp'greid] vt *auf e–e höhere
Stufe heben* (*in Gehalt, Stellung*) *höherstufen*
–ding [ʌp'greidiŋ] s *Qualitätsverbesserung* f

upgrowth ['ʌpgrouθ] s *Entwicklung; –stehung*
f; *Anwachsen* n || *Wachstum* n, *Resultat* n *des
Wachstums*

upheaval [ʌp'hi:vl] s ⟨geol⟩ (*mst vulkanische*)
Bodenerhebung f || ⟨fig⟩ *Erhebung; Umwälzung*
f; *Umbruch* m **–heave** [ʌp'hi:v] vt/i (→ to heave)
|| *empor–, aufheben; emporschleudern* | vi *sich
erheben; ansteigen*

uphill ['ʌp'hil] '––; – '–] **1.** s *Erhebung* f;
hoher Anstieg m **2.** a *oben gelegen* | ⟨an⟩*steigend,
bergauf;* ~ *driving Berg·anfahrt* f || ⟨fig⟩ *müh-
sam, beschwerlich* (work) **3.** adv *bergan, –auf*

uphold [ʌp'hould] vt (→ to hold) (*etw, jdn*)
aufrecht–, hochhalten, stützen | (*etw*) *aufrecht-
erhalten, in gutem Zustand erhalten* || (*Wert*) *be-
halten* || (*Brauch*) *erhalten, hochhalten* || (*unter*)*-
stützen; billigen; bestätigen* ~**er** [~ə] s *Verteidiger* m, *Stütze* f

upholster [ʌp'houlstə] vt (*Sofa*) *auf–, aus-
polstern;* (*Stuhl*) *mit Polster versehen* || (*Zimmer*
etc) *möblieren, ausstatten, dekorieren* (with)
~**er** [~rə] s *Tapezierer;* (*Zimmer-*)*Ausstatter,
Dekorateur* m | ~**y** [~ri] s *Tapezieren* n || *Tape-
zierarbeit* f; (*Zimmer-*)*Ausstattung, Dekoration* f
|| [koll] *Polsterwaren* f pl, *Teppiche* m pl

uphroe ['ju:frou] s ⟨mar⟩ ~s [pl] *Jungfern* pl
(*Blöcke mit Löchern f die Taljereepe*)

upkeep ['ʌpki:p] s *Wartung, Instandhaltung* f;
–skosten pl

upland ['ʌplənd] **1.** s † [*a* ~s pl] *Binnenland* n;
Hochufer n; *Mittelgebirge* n; *Hochland* n
(Kazakh ~s *Hochland v K.*) | [*mst* pl ~s]
Hochland n **2.** a *Binnenlands–* || *hoch gelegen,
Hochlands–;* ~ *moor Hochmoor* n

uplift 1. [ʌp'lift] vt (*Hände*) *auf–, emporheben*

‖ (*Stimme*) *erheben* **2.** [ˈʌplift] s ⟨geol⟩ *Heraushebung, Aufhebung, Erhebung* f (*der Erdoberfläche*) ‖ ⟨fig *bes* Am⟩ *innere Erbauung, seelische Erhebung* f, *Auftrieb* m ⟨fig⟩ ‖ *Aufbauarbeit* f (*social* ~); *Aufschwung* m; *Besserung* f (*in a th e–r S*) | [attr] *Erbauungs–*

upmost [ˈʌpmoust] **1.** a *oberst* **2.** adv *zuoberst*
upon [əˈpɔn; *w f* əpən] prep = *on* ‖ [*on ist im allg gebräuchlicher* ⟨*bes* fam⟩ *als* upon] ‖ [~ *wird bevorzugt, wenn die* prep *in Infinitivsätzen am Ende steht*:] *nothing to live* ~ [*aber*: *which desk did you put it on*?] ‖ [~ *ist üblich in festen Wendungen*:] ~ *my honour,* ~ *my word auf mein Wort*; *once* ~ *a time* (*es war*) *einmal* ‖ [*oft richtet sich der Gebrauch von* ~ *u* on *nach dem Satzrhythmus*] *auf*: to build ~ *a foundation auf e–r Grundlage aufbauen*; to react ~ *the slightest touch*; depend ~ *my word*; he is intent ~ *keeping his own ends up er ist auf s–e Interessen bedacht*; ~ his recommendation *auf s–e E. hin* | *für*: we must fix ~ *a plan wir müssen uns f e–n Plan entschließen* | *gegen*: the lion turned ~ *its keeper* | *mit*: to pride o.s. ~ *one's wit sich brüsten mit* ..; he likes to play ~ *words* | *nach*: he acted strictly ~ *instructions* | *über*: to reflect ~ *o.s.*; a disaster broke in ~ *the family*; he wrote letter ~ *letter*; to make debt ~ *debt* | I could not decide ~ *it ich konnte micht nicht dazu entschließen*

upper [ˈʌpə] **I.** a **1.** *ober, höher* (*gelegen*), *Ober–* ‖ *höher* (*an Rang*), *übergeordnet* **2.** [*Verbindungen & comp*:] ~ beam headlights [pl] ⟨mot⟩ *Fernlicht* n ‖ ~-bracket [attr] *mit nahezu höchster Gehalts–* etc *Stufe* (*e–r Gehalts–* etc *Gruppe*) ‖ ~ carriage ⟨artill⟩ *Oberlafette* f ‖ ~ circle ⟨theat⟩ *Erster Rang* m ‖ the ~ classes [pl] *die oberen Klassen* f pl ‖ ~-cut ⟨box⟩ *Aufwärtshaken* m ‖ ⟨Am⟩ the ~ crust *die oberen Zehntausend* pl ‖ ~ deck ⟨mar⟩ *Oberdeck* n ‖ ~-dog *Sieger* m ‖ ~ cold front ⟨meteor⟩ *Höhenkaltfront* f ‖ ~ hand *Oberhand, Vorteil* m; to gain, get the ~ hand *die Oberhand gewinnen,* to have the ~ hand *die Oberhand h* (*of über*); to take the ~ hand *in den Vordergrund treten; gewinnen* ‖ the ⟨♏⟩ House ⟨parl⟩ *das Oberhaus* n, *Haus der Lords* ‖ ~ leather ⟨tech⟩ *Oberleder* n ‖ ~ lip *Oberlippe* f ‖ ~ storey *oberes Stockwerk* n ⟨fam fig⟩ *Oberstübchen* n, (*Kopf* m) ‖ the ~ ten (thousand) [pl] *die oberen Zehntausend* pl, *die Aristokratie, vornehme Welt* f; *die Reichen* m pl ‖ ~-winds [pl] ⟨meteor⟩ *Höhenwinde* m pl ‖ ~-works [pl] ⟨mar⟩ *totes Werk* n (*am Schiff*) **II.** s *Oberleder* n ‖ [*mst* pl ~s:] down on one's ~s *in zerlumpten Schuhen*; ⟨fig⟩ *heruntergekommen, in äußerster Bedrängnis or Geldverlegenheit* ‖ ⟨Am rail⟩ *obere Liege* f

upperclass [ˈʌpəklæs] s ⟨Am⟩ *drittes u viertes Schuljahr e–r* high school *or Universität*
uppermost [ˈʌpəmoust] **1.** adv *zuoberst, ganz oben* **2.** a *oberst, höchst*; (*of rivers*) *obere*(*r, –s*) (the ~ Thames) ‖ ⟨fig⟩ *vorherrschend, hauptsächlich*; to be ~ *die Führung, Oberhand h, vorherrschen* (the feeling is ~); to come ~ *die O. gewinnen*
uppish [ˈʌpiʃ] a (~ly adv) *anmaßend*; ~ son *Sohn, der obenauf ist* ‖ *unverschämt* ~**ness** [~nis] s *Anmaßung* f, *Hochmut* m
up-point [ˈʌpˈpɔint] vt (*Lebensmittel* etc) *in der Punktzahl der L.-Karte hinaufsetzen*
upraise [ʌpˈreiz] † vt *er–, hochheben* | ~**d** [~d] a *erhoben* (with hands ~)
uprear [ʌpˈriə] vt *aufrichten, erheben*
upright 1. a [ˈʌpˈrait; ʹ––; –ʹ–] **a.** [pred] [ʌpˈrait] *aufrecht* (to go, sit, stand, etc ~); (*P*) *sich gerade haltend* **b.** [attr] [ˈʌprait] *aufrecht stehend* or *sitzend*; *vertikal, gerade, senkrecht* (stone); ~ piano *Pianino* n ‖ ⟨ftb⟩ ~ kick „*Kerze*" f; ~ pass *Steilvorlage* f **c.** [pred & attr]

[ˈʌprait] (~ly adv) ⟨fig⟩ *aufrecht* (man); *gerade*; *ehrlich, rechtschaffen* **2.** s [ˈʌprait] *senkrechte Stellung* f ‖ *Säule* f; (*Tür-*)*Pfosten, Ständer* m ‖ *Pian·ino* ~**ness** [ˈʌpraitnis] s ⟨fig⟩ *Gradheit* f, *Ehrlichkeit, Rechtschaffenheit* f

uprise [ˈʌpraiz] s *Aufstieg* m, *Steigung* f ‖ ⟨fig⟩ *Aufstieg* m, –sing ⟨pol⟩ *Aufbruch* m
uprise [ʌpˈraiz] vi (→ to rise) ⟨poet⟩ *sich erheben, aufstehen*; (of the sun, etc) *aufgehen* –sing [ʌpˈraiziŋ] s *Aufstehen* n; *Aufgang* m (the ~ of the sun) ‖ ⟨fig⟩ *Aufstand*, –ruhr m, *Erhebung* f
up-river [ˈʌpˈrivə] **1.** a *stromaufwärts gelegen* **2.** adv *stromaufwärts, nach der Quelle zu*
uproar [ˈʌprɔ:] s *wildes Geschrei* n, *Lärm, Tumult, Radau* m ~**ious** [ʌpˈrɔ:riəs] a (~ly adv) *lärmend, Radau–* (~ meeting); *tobend; laut, tosend* (~ laughter), *stürmisch* (~ applause)
uproot [ʌpˈru:t] vt (*etw*) *mit den Wurzeln ausreißen* ‖ ⟨fig⟩ (*jdn*) *herausreißen* (from aus); *entreißen* (from one's country *s–r Heimat*); ~ed *entrissen* (from a th *e–r S*); *entwurzelt* | ⟨fig⟩ *ausmerzen, –rotten* ~**ing** (~ly) *s* (Baum-)*Rodung* f ‖ ~ machine *Stumpenrodemaschine* f
uproused [ʌpˈrauzd] a *aufgeweckt, –gerüttelt*
upset [ʌpˈset] **I.** vt/i (→ to set) **1.** vt *umwerfen, –stürzen* (*Regierung* etc) *(Pläne* etc) *über den Haufen werfen, vereiteln* | ⟨fig⟩ *aus der Fassung bringen; verwirren, beunruhigen, stören* ‖ (*Organ*) *in Unordnung bringen* ‖ (*jdn*) *unwohl m*; the food has ~ him *die Nahrung ist ihm schlecht bek* ⟨tech⟩ *stauchen* **2.** vi *umfallen*; –*kippen, –schlagen, kentern* **II.** s *Umfallen, –kippen* n; *Fall* m (from a wagon *v e–m Wagen*) | *Umwerfen, –stürzen* n; (of results) to be an ~ to a th *etw über den Haufen werfen* ‖ *Bestürzung, Verwirrung* f (to cause an ~); *Unordnung* f ‖ ⟨fig⟩ *Erregung* f, in some ~ *in furchtbarer Aufregung*; *Ärger; Streit* m (with)
upset [ʌpˈset] a *aufgerichtet, erhoben, gerade* | *umgeworfen, –gekippt* | ~ [ˈʌpset] *price* ⟨com⟩ *Anschlag–, Einsatzpreis* m (*bei Auktionen*)
upshot [ˈʌpʃɔt] s *Ausgang* m, *Resultat* n (the ~ of it *das R. davon*); *Endresultat* n; *Schlußeffekt* m, *Ende* n, *Schluß* m; in the ~ *am Ende, schließlich*
upside [ˈʌpsaid] s **1.** *obere Seite* f ‖ ⟨rail⟩ *die Bahnlinie nach der Stadt fahrender Züge*; *Ankunftsseite* f (*f Züge*) **2.** ~ down [adv] **a.** *das Oberste zuunterst,* ⟨fig⟩ *drunter u drüber; vollkommen in Unordnung*; to turn a th ~ down *etw vollk– auf den Kopf stellen,* ⟨*a* fig⟩ **b.** a *wirr* **3.** ~-down flight *Rückenflug* m
upsides [ʌpˈsaidz] adv ⟨dial & fam⟩ to be ~ with a p ⟨fig⟩ *abrechnen mit jdm; es jdm heimzahlen, vergelten*
upslope [ˈʌpˈsloup] [attr] ~ wind *Auf–, Talwind* m
upstage [ˈʌpˈsteidʒ] a *im Hintergrund der Bühne* (*befindlich*) ‖ ⟨fig fam⟩ *rückständig; schüchtern, kühl*; ⟨Am⟩ *steif, protzig, hochnäsig*
upstair [ˈʌpˈstɛə] a = upstairs a ‖ ⟨Am⟩ = ~s room ~**s** [ˈʌpˈstɛəz; ʹ––; –ʹ–] **1.** adv *die Treppe hinauf, nach oben* (to go ·) ‖ *oben* (*im Hause*) (to be ~ in bed) ‖ ⟨fam⟩ to kick a p ~ *jdn wegloben, wobei er „die Treppe hinauffällt"* **2.** a *im oberen Stockwerk gelegen, oben gelegen,* an ~ room ‖ *z oberen Stockwerk gehörig* (~ bell) ‖ ⟨aero fam⟩ *oben, in der Luft* **3.** s pl ⟨Am⟩ = ~ rooms
upstanding [ʌpˈstændiŋ] a *sich gerade, aufrecht haltend*
upstart [ˈʌpsta:t] s *Emporkömmling, Parvenü* m ‖ *Protz* m | [attr] *emporgekommen, parvenühaft*
up-state [ˈʌpˈsteit] a & adv ⟨Am⟩ *im Hinterland e–s Staates*
upstream [ˈʌpˈstri:m; –ʹ–] **1.** adv *stromauf–*

wärts **2.** a *stromaufwärts gehend* or *gerichtet* or *gelegen*

upstroke [ˈʌpstrouk] s (in writing) *Auf–, Haarstrich* m ‖ ⟨tech⟩ *Hochhub, –gang* m

upsurge [ˈʌpsəːdʒ] s ⟨fig⟩ *Aufwallung* f

upsweep [ˈʌpswiːp] s *Hoch–, Windstoßfrisur* f **–swept** [ˈʌpswept] a ['– –] (hair), her hair was [ʌpˈswept] *sie trug H.* or *W.* ‖ ∼ hair-style *Hochfrisur* f, → hairdo

upswing [ˈʌpswiŋ] s ⟨fig⟩ *Aufstieg, Aufschwung* m (in the trade *des Handels*); economic ∼ *Wirtschaftsanstieg* m

uptake [ˈʌpteik] s ⟨Scot⟩ *Erfassen, Begreifen* n; to be slow in *od* on the ∼ *e–e lange Leitung* h

upthrow [ˈʌpθrou] s *Umwälzung* f; ⟨geol⟩ the ∼ side *die hangende Scholle (e–r Verwerfung)*

upthrust [ˈʌpθrʌst] s ⟨bes geol⟩ *Emporschleudern; Emporgeschleudertwerden* n

up to date [ˌʌptuˈdeit] adv *bis auf den heutigen Tag, bis in die neuste Zeit, bis heute* **up-to-date** [ˈʌptuˌdeit] a *neuzeitlich, modern, neuster Art, der Neuzeit gemäß* ‖ (P) [pred] *auf der Höhe; mit der neusten Entwicklung, Forschung vertraut* (to be ∼); *mit der neusten Mode gehend, modisch*

up-town [ˈʌpˈtaun; –'–] **1.** adv *in der oberen Stadt; in die obere Stadt, nach der Stadt;* ⟨Am⟩ *am Stadtrande* **2.** a *in der oberen Stadt wohnend*

upturn [ʌpˈtəːn] vt *emporrichten (to nach, z); auf–, hochwerfen; aufwühlen, umstülpen* **∼ed** [∼d; '– –] a *nach oben gerichtet* ‖ *umgeworfen, –gekippt, gekentert* ‖ *nach oben gebogen, ∼ nose Stupsnase* f

upward [ˈʌpwəd] **1.** adv ⟨bes poet⟩ *aufwärts* ⟨a fig⟩ (from the animals ∼) **2.** a (∼ly adv) *aufwärts gerichtet; nach oben gerichtet* or *ausgeführt* (∼ rubbing) ‖ *auf–, ansteigend;* ⟨fig⟩ *steigend* (∼ tendencies), *Aufwärts–* (∼ movement); ∼ current *Aufwind* m ‖ *stromaufwärts gerichtet* or *gelegen* ‖ ⟨com⟩ *(an)steigend* ‖ ∼ circle ⟨gym⟩ *Felgen–, Riesenaufschwung* m ‖ **∼s** [ˈʌpwədz] adv *in die Höhe, nach oben, aufwärts* ‖ ⟨übtr⟩ from the 14 c ∼ *v dem 14. Jh an aufwärts* ‖ *stromaufwärts* ‖ ⟨fig⟩ *darüber;* ten years and ∼ *10 Jahre u darüber;* ∼ of *mehr als, über* (∼ of 1000 years)

upwash [ˈʌpwɔʃ] s ⟨meteor⟩ *Aufwind* m, *Thermik* f

upwind [ˈʌpwind] **1.** s *Aufwind* m **2.** adv *windwärts, gegen den Wind*

uraemia [juəˈriːmiə] s L ⟨med⟩ *Harnvergiftung, Urämʹie* f **–mic** [juəˈriːmik] a *Urämʹie–*

uraeus [juəˈriːəs] s L ⟨Egypt rel arts⟩ *Uräus–, Brillenschlange* f

Ural-Altaic [ˈjuərəl ælˈteiik] **1.** a *uralaltaisch* **2.** s *uralaltaische Sprache* f

uralite [ˈjuərəlait] s ⟨minr⟩ *Uralʹit* m

Uranian [juəˈreiniən] a **1.** *himmlisch* ‖ ⟨ant⟩ *Urʹania–* **2.** ⟨astr⟩ *Uranus–* **uranic** [juəˈrænik] a *Uran–* (acid) **uraniferous** [juərəˈnifərəs] a *uranhaltig* **uranium** [juəˈreiniəm] s ⟨chem⟩ *Urʹan* n (Grundstoff) ‖ ∼-bearing *urʹanenthaltend* ‖ ∼ content *Urʹangehalt* m

urano– [ˈjuərəno] [in comp] *Himmels–* **∼graphy** [juərəˈnɔgrəfi] s ⟨astr⟩ *Himmelsbeschreibung* f

uranous [ˈjuərənəs] a ⟨chem⟩ *Uran–, urʹanig* **Uranus** [ˈjuəˈreinəs] s L ⟨astr⟩ *Uranus* m (Planet)

urban [ˈəːbən] a *städtisch* (district *Gemeinde*), *Stadt–* (population) ‖ **∼e** [əːˈbein] a (∼ly adv) *großstädtisch;* ∼ area *Wohngegend* f; ∼ district *Stadtbezirk* m ‖ *höflich, verbindlich; gebildet; fein, verfeinert* ‖ *formgewandt* (style) **∼eness** [əːˈbeinnis], **∼ity** [əːˈbæniti] s *Höflich–, Artigkeit* f **∼ization** [ˌəːbənaiˈzeiʃən] s *Verstädterung* ⟨demog⟩; *Verfeinerung* f **∼ize** [ˈəːbənaiz] vt *städtisch m;* ⟨demog⟩ *verstädtern* ‖ *verfeinern* **urbiculture** [ˈəːbikʌltʃə] s ⟨arch⟩ *Stadtplanung* f

urceolate [ˈəːsiəlit] a ⟨bot⟩ *urnenförmig*

urchin [ˈəːtʃin] s ⟨zoo⟩ *Igel* m ‖ (a sea–∼) ⟨zoo⟩ *Seeigel* m ‖ *Knirps, Schelm, Balg* m

Urdu [əːˈduː; urˈduː] s *Form des Hindustani* (modern-ind. *Volkssprache*)

urea [ˈjuəriə] s L *Harnstoff* m

ureal [ˈjuəriəl] a *Harnstoff–*

uredo [juəˈriːdou] s L *Rostpilz* m

ureter [juəˈriːtə] s Gr ⟨anat⟩ *Harnleiter, Ureter* m **–thra** [juəˈriːθrə] s Gr ⟨anat⟩ *Harnröhre* f **–thral** [∼l] a *Harnröhren–* **–thritis** [juəriːˈθraitis] s ⟨med⟩ *Entzündung der Harnröhre* f **–throscope** [juəˈriːθrəsˌkoup] s ⟨med⟩ *Instrument* n *z Untersuchung der Harnröhre* **–tic** [juəˈretik] a ⟨med⟩ *harntreibend;* → *uric* etc, *uro–*

urge [əːdʒ] **I.** vt **1.** (*Tier*) *antreiben* ‖ (*jdn*) *antreiben; drängen* (to do); to ∼ on *antreiben* ‖ (*jdn*) *dringend auffordern, nötigen, (jdm) zusetzen*, we are ∼d *uns wird zugesetzt* (to do); (*jdn*) *anspornen* **2.** (*etw*) *be–, voran–, vorwärtstreiben, –drängen;* (*Tempo*) *beschleunigen;* to ∼ one's way *sich e–n Weg bahnen* (through) **3.** (*Argument*) *vorbringen* (against) ‖ *nahelegen; nachdrücklichst betonen; hervorheben* (that); *bestehen auf* (etw) ‖ (*etw*) *eindringlich empfehlen, vorstellen, einschärfen, vor Augen führen, ans Herz legen* (upon a p *jdm*) **II.** s (*innerer*) *Drang, Antrieb, Auftrieb, Impuls* m, *Inbrunst* f, *Feuer* n (the religious ∼) **∼ncy** [ˈəːdʒənsi] s *dringende Not, Bedrückung* f ‖ *Dringlichkeit, dringende Eile* f ‖ *Drängen* n, –ncies pl *dringende Vorstellungen* f pl ‖ ⟨Lit⟩ *Eindringlichkeit* f (*e–s Charakters*) **∼nt** [ˈəːdʒənt] a (∼ly adv) *dringend, ernstlich* (∼ need) ‖ *dringlich, eilig, drängend;* ∼ action *dringende Maßnahme;* ∼ call ⟨telph⟩ *dringendes Gespräch* n; the matter is ∼ *die Sache drängt, eilt* ‖ (P) *begierig* (to do); *drängend;* to be ∼ *darauf drängen* (that); to be ∼ with a p *jdn bedrängen* (for a th *um etw*), *auf jdn eindringen* (to do) ‖ *aufdringlich*

uric [ˈjuərik] a *Harn–;* ∼ acid ⟨chem⟩ *Harnsäure* f

urinal [ˈjuərinl] s *Nachttopf* m ‖ *Bedürfnisanstalt* f *f Männer* **–alysis** [juəriˈnælisis] s *Urin–, Harnuntersuchung* f **–ary** [ˈjuərinəri] a *Urin–, Harn–* ‖ ∼ incontinence *Harnfluß* m **–ate** [ˈjuərineit] vi *urinʹieren, harnen, Harn l* ‖ **-e** [ˈjuərin] s *Urin, Harn* m **–ometer** [juəriˈnɔmitə] s ⟨med⟩ *Harnmesser* m

urn [əːn] s **1.** *Urne* f (f *Asche*); cinerary, funeral ∼ *Graburne* f ‖ *Grabstätte* f ‖ *Wasserkrug* m ‖ (a tea ∼) *Teemaschine* f ‖ cinerary ∼ *Aschenkrug* m, –urne **2.** vt *in e–r Urne aufbewahren*

uro– [ˈjuəro] Gr [in comp] *Harn–* **∼scopy** [juəˈrɔskəpi] s ⟨med⟩ *Harnuntersuchung* f

uro– [ˈjuəro] Gr [in comp] *Schwanz–; Steiß–* **∼dele** [∼diːl] s ⟨zoo⟩ *Schwanzlurch* m

Ursa [ˈəːsə] s L ⟨astr⟩ *Bär* m; ∼ Major (Minor) *Großer (Kleiner) Bär* m **ursine** [ˈəːsain] a *Bären–, bärenartig*

urtica [əːˈtikə] s L *Gattung* f *der Nesselpflanzen* **∼ceous** [əːtiˈkeiʃəs] a *Urtikazeen–* **∼ria** [əːtiˈkeəriə] s ⟨med⟩ *Nesselsucht* f **∼te** [ˈəːtikeit] vi/t ⟨bot⟩ *stechen* ‖ vt *mit Nesseln schlagen, bearbeiten* **∼tion** [əːtiˈkeiʃən] s *stechendes, prickelndes Gefühl* n

urubu [ˈuːrubuː] s ⟨orn⟩ *dunkler Rabengeier* m

Uruguayan [ˌuruˈgwaiən] **1.** a *uruguʹaisch* **2.** s *Bewohner(in* f) m *v Uruguʹay*

urus [ˈjuərəs] s L *Ur, Auerochse* m

us [ʌs; w f əs] **1.** pron pers *uns* [dat] ‖ *uns* [acc]; to ∼ *uns; z uns* etc; we all of ∼ *wir alle;* both of ∼ *wir beide* ‖ ⟨fam⟩ = **we 2.** pron refl [*nach betonter prep*] *uns* (we looked above us); ⟨sonst †⟩

usable ['ju:zəbl] a *brauchbar, verwendbar, gebrauchsfähig*
usage ['ju:zidʒ] s **1.** *Gewohnheit f, Herkommen* n; *Sitte f, Brauch* m, common ~ *der allgemeine B.* ‖ *fester Brauch* m; [koll] *Bräuche* pl | *Geschäftsbrauch; Sprachgebrauch* m **2.** *Gebrauch* m, *Benutzung* f **3.** *Behandlungsweise, Behandlung* f (good ~)
usance ['ju:zəns] s *Gebrauch* m, *Gewohnheit* f; ⟨mst com⟩ *Handelsbrauch* m; *Us'ance* f; *Uso* m (at ~ *nach U.*), *Wechselgebrauch* m, *-frist* f, bill at ~ *Usowechsel* m
use [ju:s] s **1.** *Anwendung, Handhabung* f (the ~ of arms); *Benutzung* f (for *f*); *Verwendung* f (to have a ~ for *V. h f*); the ~ by the socialists of the word *die V. des Wortes seitens der Sozialisten*; ~ of leisure *Freizeitgestaltung* f | **Gebrauch** m, for ~ *zum G.*, in ~ *im G., gebräuchlich,* out of ~ *außer G., ungebräuchlich,* with ~ *beim, im G., durch, nach G.* ‖ to fall, go, pass out of ~ *außer Gebrauch k, ungebräuchlich w;* to make (good) ~ of (*guten*) *G. m v,* (*gut*) *gebrauchen, anwenden;* to make a bad ~ of *schlechten G. m v* | to put to ~ (*etw*) *mit* **Nutzen,** *nutzbar anwenden* ‖ ⟨bes Am com⟩ in ~ in *business angelegt* (*Gewinn*) ‖ peaceful ~s [pl] *friedliche* **Nutzung** f (*der Atomenergie*) **2. Fähigkeit, Kraft** f, *etw z gebrauchen* (to lose the ~ of one's arm); to have the ~ of one's limbs *s-e Glieder benutzen können* **3. Nützlich–, Brauchbarkeit** f, **Nutzen** m (for the ~ of *z N. v*) *Vorteil; Zweck* m; to be of ~ *v Nutzen, dienlich* s (to *f*); of no ~ *ohne Nutzen;* can I be of any ~? *kann ich irgendwie helfen?;* to be (of) some ~ in the world *der Welt v irgendwelchem Nutzen* s; it is (of) no ~ doing *od* to do *es ist nutzlos z tun;* talking is no ~ *Reden ist nutz–, zwecklos;* it was no ~ *es war zwecklos* ‖ there is no ~ in doing *es hat k–n Zweck z tun;* what's the ~ of talking *was nützt es, was f Zweck hat es z reden?* **4. Verwendung** f (for *f*), to have no ~ for ⟨fig⟩ *nichts übrig h f, nicht schätzen* **5.** the ~ *der* **Brauch** m, *die Übung, Praxis f, Gewohnheit* f; according to ancient ~ *nach altem Brauch* ‖ ⟨ec⟩ *ritu'eller Brauch* m (the ~ of York) **6.** ⟨jur⟩ **Nutznießung** f, *Genuß* m ‖ ⟨hist⟩ = trust s
use [ju:z] vt/i **I. vt 1.** *benutzen, handhaben* ‖ *nützlich anwenden, gebrauchen* (as, for *als*), to ~ one's legs *die Beine g., z Fuß gehen;* to ~ one's brains *den Verstand gebrauchen, denken* ‖ (*Fleiß*) *z Anwendung bringen,* (*Gewalt*) *anwenden;* (*Wort*) *anwenden* (of *in bezug auf*); *ausüben* ‖ *benutzen, sich* (*etw*) *zunutze m, sich* (*e–r S*) *bedienen,* may I ~ your telephone? *darf ich Ihr Telephon benutzen?* ‖ ~d car *Gebrauchtwagen* m **2. verbrauchen,** *–ausgaben* (for) ‖ ~d air ⟨tech⟩ *Abluft* f **3.** (*jdn*) *behandeln* (to ~ well, ill *gut, schlecht b.*); hard ~d *schlecht behandelt;* how has the world ~d you? *wie ist es dir ergangen?* **4.** [mit adv] to ~ up *aufbrauchen,* the soap is ~d up *die Seife ist aufgebraucht* ‖ *abnutzen, erschöpfen,* ~d up *erschöpft, –ledigt; verbraucht* (air); ⟨fig⟩ *ausgedient* **II. vi** [nur in pret] used [ju:st] *pflegte,* I ~d to go *ich pflegte z gehen,* what ~d he to do? *was pflegte er z tun?;* he ~d to live here *er wohnte früher hier;* he ~d not (⟨fam⟩ did not use) to do *er pflegte nicht z tun;* I ~n't to [abs] *das tat ich im allgemeinen nicht;* it ~d to be said *man pflegte z sagen;* there ~d to be a door there *dort war früher e–e Tür*
used [ju:st] pred a *gewöhnt* (to a th *an etw;* to doing *z tun*); to get ~ to *sich gewöhnen an;* ~ to traffic *verkehrsgewöhnt*
useful ['ju:sful] a *nützlich; tüchtig; brauchbar;* to make o.s. ~ *sich nützlich m* ‖ *heilsam, dienlich* ‖ *nutzbar, Nutz–;* ~ effect *–effekt* m; ~

value *–wert* m ~**ly** [~i] adv *in nützlicher, heilsamer Weise* ~**ness** [~nis] s *Benutzbarkeit, Nützlich–, Brauchbarkeit* f
useless ['ju:slis] a (~ly adv) *nutzlos, unbrauchbar* (to *f*); *unnütz, frucht–, zwecklos* (to do); *vergeblich* (protest) ‖ to be ~ *sich erübrigen* ‖ tennis is ~ to him *er hat nichts f Tennis übrig* ~**ness** [~nis] s *Nutzlosig–, Unbrauchbarkeit; Fruchtlosigkeit* f
user ['ju:zə] s *Benutzer(in), Gebraucher(in* f) m
user ['ju:zə] s ⟨jur⟩ *Benutzungsrecht* n, *Nutznießung* f, *Genuß* m
ush [ʌʃ] ⟨Am *bes* theat⟩ vt/i ‖ *begleiten,* (*herein*)*führen* | vi *Platzanweiser(in* f) m s
usher ['ʌʃə] **1.** s *Türhüter, Pförtner; Platzanweiser* m; *Gerichtsdiener; Saaldiener* m ‖ **Gentleman** ⁓ *Königl. Zeremonienmeister* m (*offizieller Titel des* Black Rod [→ black]) ‖ ⟨mod *mst* dero⟩ **Hilfs–, Unterlehrer* **2.** vt to ~ a p *feierlich vor jdm voranschreiten* | (*mst* to ~ in) (*jdn*) *anmelden, hineinführen* | ⟨fig⟩ (a to ~ in) *einführen;* (*neue Ära*) *–leiten;* (*Frühling*) *ankündigen* ~**ette** [ʌʃə'ret] s *Platzanweiserin* f ~**ship** ['~ʃip] s *Pförtneramt* n ‖ *Hilfslehrerstelle* f
usquebaugh ['ʌskwibɔ:] s *Whisky* m ‖ ⟨Ir⟩ *Branntwein* m
usual ['ju:ʒuəl] **1.** a (~ly adv) *gebräuchlich, üblich, gewöhnlich; handelsüblich;* ~ language *Umgangssprache* f; *Stamm–* (his. ~ café); the kindness ~ with him *die ihm eigene Güte;* it is ~ for him to go there *er geht gewöhnlich dorthin;* it is ~ for shops to close at 6 *Läden schließen gewöhnlich um 6* | as ~ *wie gewöhnlich or üblich;* more than ~ *mehr als gewöhnlich* **2.** s the ~ *das Übliche, das übliche Maß* n ‖ in his ~ (sc: state of health) *unverändert* ~**ly** [~i] adv *gewöhnlich, in der Regel, meistens* ~**ness** [~nis] s *Gewohnheit* f
usucaption [ju:zju'kæpʃən], **–pion** [ju:zju-'keipiən] s ⟨jur⟩ *Ersitzung* f (*e–s Rechts*)
usufruct ['ju:sjufrʌkt] s ⟨jur⟩ *Nießbrauch* m, *Nutznießung* f ~**uary** [ju:sju'frʌktjuəri] s ⟨jur⟩ *Nutznießer* m
usurer ['ju:ʒərə] s *Wucherer* m
usurious [ju:'ʒuəriəs] a (~ly adv) *wucherisch; wucherhaft, Wucher–* (~ interest *–zinsen* pl) ~**ness** [~nis] s *Wucherei* f, *das Wucherische* n
usurp [ju:'zə:p] vt/i ‖ (*etw*) *an sich reißen, sich* (*etw*) *widerrechtlich aneignen, sich* (*e–r S*) *bemächtigen;* to ~ the power *die Macht an sich reißen* | vi **to* ~ (up)on a p *in jds Rechte eingreifen, sich Übergriffe erlauben gegen jdn;* to ~ (up)on a th *sich e–r S widerrechtlich bemächtigen* ~**ation** [ju:zə:'peiʃən] s *Usurpation, widerrechtliche Aneignung or Besitzergreifung* f (of a th *e–r S*) ‖ *unberechtigter Über–, Eingriff* m (on *in*) ‖ ~ of office *Amtsanmaßung* f ~**er** [ju:'zə:-pə] s *unrechtmäßiger Besitzergreifer, Usurpator, Thronräuber* m ‖ ⟨fig⟩ *Eindringling* m (on *in*) ~**ing** [ju:'zə:piŋ] a *usurpierend; widerrechtlich or unrechtmäßig sich aneignend* ~**ingly** [ju:-'zə:piŋli] adv *widerrechtlich, gewaltsam*
usury ['ju:ʒuri] s *Wucher* m ‖ *Wucherzinsen* m pl; to lend money at *od* (up)on ~ *Geld auf* (or *zu*) *Wucherzinsen ausleihen* | ⟨fig⟩ *Zinsen* pl, to return with ~ *mit Z. zurückzahlen, vergelten*
ut [ut] s L ⟨mus⟩ *der erste Ton* (*C*) *des Hexachords, jetzt* = do (→ *d*)
utas ['ju:tæs] s ⟨hist⟩ *Oktave* f (= 8 *Tage*) *e–s Festes*
utensil [ju:'tensl] s *Gerät, Werkzeug* n; ~s [pl] *Utens'ilien* pl ‖ *Gefäß* n *z Hausgebrauch;* ~s [pl] *Geschirr* n
uterine ['ju:tərain] a ⟨anat⟩ *Gebärmutter– v der Mutterseite her verschwistert;* ~ brother *Halbbruder* m, ~ sister *–schwester* f (*v Mutterseite*)

uterus ['juːtərəs] s L (pl –ri ['–rai]) ⟨anat⟩ *Gebärmutter* f –

utilitarian [juːtiliˈtɛəriən] **1.** s ⳠＵ *Utilit･arier, Verfechter* m *des Nützlichkeitsprinzips, Nützlichkeitsmensch* m **2.** a *utilit･arisch, dem Nützlichkeitsprinzip huldigend, Nützlichkeits–* (the ~ *point of view –standpunkt*) Ⳡｉsm [~izm] s *Utilitar･ismus* m, *Nützlichkeitstheorie* f

utility [juːˈtiliti] s **1.** *Nützlichkeit* f, *Nutzen* m (to *f*); *of no* ~ *v k–m N., nutzlos* ‖ ⟨arch⟩ *Sachlichkeit* f **2.** *nützliche S., Vorteil* m ‖ *public* ~ *öffentl. Dienst* m, *öffentl. Einrichtung* f; public –ties [pl] *Stadtwerke* n pl (*Gas–, Wasser–, Elektrizitätswerk*) ‖ –ties [pl] *notwendige Bedürfnisse* n; *Einrichtungen* f pl; (*a* –ties *systems*) (*Strom–, Gas– u Wasser-*)*Versorgungsanlagen* f pl, *–betriebe* m pl **3.** ⟨theat⟩ (*a* ~ actor, ~ man) (*Hilfs-*)*Schauspieler* m, *der kleinste Rollen spielt*; *Anfängerrolle* f ‖ [attr] *Gebrauchs–*; *Durchschnitts–, zweitrangig* ‖ ~ car ⟨mot⟩ *Nutz–, Gebrauchsfahrzeug* n, *Kombiwagen* m; ~ company *Elektrizitäts–, Kraftwerk* n; ~ crockery *Gebrauchsgeschirr* n; ~ plane *Mehrzweckflugzeug* n

utilizable ['juːtilaizəbl] a *benutz–, verwertbar* **–zation** [juːtilaiˈzeiʃən] s *Nutzbarmachung, Verwertung, Nutzung* f; ~ *of heat Wärmenutzung,* ~ *of waste Abfallverwertung* f | **–ze** ['juːtilaiz] vt (*etw*) *nutzbar* or *zunutze* m, *verwerten*

utmost ['ʌtmoust] **1.** a *äußerst* (limits); *fernst* (ends); *weitest* ‖ ⟨fig⟩ [*immer mit best. Art.*] *höchst* (the ~ *pleasure*), *größt* (the ~ *profit*), *Höchst–, weitest*; *in a state of the* ~ *confusion im Zustand höchster Verwirrung*; *with the* ~ *accuracy mit äußerster Genauigkeit* **2.** s *das Äußerste, Höchste* n; *to the* ~ *aufs äußerste*; *to the* ~ *of one's power nach besten Kräften*; *to do one's* ~ *sein möglichstes tun*

Utopia [juːˈtoupjə] s (*die Insel*) *Ut･opia* f *nach Sir T. More* (the island of ~) (cf. Plato's Republic; Gulliver's Travels; Butler's Erewhon; etc) | ⟨übtr⟩ *Idealzustand* m, *–land* n; *Zukunftstraum* m ‖ *Hirngespinst* n, *Luftschloß* n | ⟨Lit⟩

Utop･ie f | ~n [~n] **1.** a *ut･opisch*; *visionär, erträumt*; *phantastisch* **2.** s *Ut･opier* ‖ *Utopist* m, (*bes politischer*) *Schwärmer, Phantast* m ~**nism** [~nizm] s *Utopismus* m; *polit. Schwärmerei* f

utricle ['juːtrikl] s ⟨bot⟩ *kl Sack, Schlauch* m (*der Wasserpflanzen*) ‖ ⟨anat⟩ *blasenartiges Gefäß*; *Vorhofsäckchen* n (*des Ohrs*) **–cular** [juːˈtrikjulə] a *blasen–, schlauchartig, Schlauch–*

utter ['ʌtə] a **1.** † *außerhalb gelegen*, [*nur in:*] ~ *barrister* ⟨jur⟩ *Rechtsanwalt* m, *der nur außerhalb der Schranken e–s Gerichtshofes plädieren darf* **2.** ⟨fig⟩ *äußerst* (misery), *gänzlich, völlig* (darkness) ‖ ~ *stranger Wildfremde*(r m) f **3.** *endgültig, entschieden* (~ refusal) **4.** *vollendet, regelrecht, abgefeimt, ausgekocht* (~ rogue)

utter ['ʌtə] vt **1.** † *auf den Markt bringen*; *veröffentlichen* | (*falsches Geld*) *in Umlauf bringen* **2.** (*Laut* etc) *ausstoßen, v sich geben* ‖ (*Laut*) *aussprechen* ‖ (*Gedanken* etc) *ausdrücken* ~**able** ['~rəbl] a *ausdrück–, aussprechbar, auszudrücken(d)* ~**ance** [~rəns] s **1.** *Äußern* n; *to find* ~ *in Ausdruck finden in*; *to give* ~ *to a th etw äußern, e–r S A. geben* | *Sprech–, Ausdrucksweise* f; *Aussprache* f **2.** *das Geäußerte* n, *Äußerung* f; *Ausdruck* m; [*oft pl* ~s] *Wort* n, *Ausspruch* m; *Rede, Ansprache* f (official ~) **3.** ⟨poet & †⟩ *äußerster Grad* m; *to the* ~ *bis z Äußersten* ~**er** ['ʌtərə] s *Äußernder* m ‖ *Verbreiter* m (*v Falschgeld* etc) ~**ly** ['ʌtəli] adv *äußerst*; *gänzlich, völlig* ~**most** ['ʌtəmoust] **1.** a *äußerst, entferntest* (the ~ *parts of the world*) ‖ *letzte*(r, *–s*); *to the* ~ *farthing bis auf den letzten Heller* | ⟨fig⟩ *äußerst* **2.** s *der äußerste Grad* m, *das Äußerste, Höchste* n, *to the* ~ *of one's power nach besten Kräften* ~**ness** ['ʌtənis] s *Vollständig–, Völligkeit* f, the ~ *of his collapse sein vollkommener Zus–bruch* m

uvula ['juːvjulə] s L (pl –lae [–liː]) ⟨anat⟩ (*Gaumen-*)*Zäpfchen* n **–lar** [~] a *Zäpfchen–* **–litis** [juːvjuˈlaitis] s *Entzündung* f *des Zäpfchens*

uxorious [ʌkˈsɔːriəs] a (~ly adv) *unter dem Pantoffel stehend*; *unterwürfig* ~**ness** [~nis] s *Pantoffelheldentum* n; *Unterwürfigkeit* f (*gegenüber der Frau*)

V

V, v [viː] s [pl ~s, ~'s] *v, V* n ‖ v-*förmige Gestalt* f ‖ [attr] (⟨oft⟩ = Victory) V-Day *mutmaßlicher Tag des Endsieges im 2. Weltkrieg* (31. 12. 1946); V. E. (= Europe) Day: 8. 5. 1945, V. J. (= Japan) Day 14. 8. 1945 ‖ V-dump car ⟨Am⟩ *Muldenkipper* m ‖ V-formation *Pfeilspitzenaufstellung* f ‖ V-fronted *Spitz–* (radiator) ‖ V-mail *Briefpost* f *in Mikronegativen* ‖ ~-belt ⟨tech⟩ *Keilriemen* m ‖ v-shaped v-*förmig*; *keilförmig* ‖V-sign (= Victory-sign) *Victoria-Zeichen* n (*gespreizte Zeige- u Mittelfinger*) ‖ V-type engine *V-Motor* m (*doppelter Reihenmotor in V-Form*) ‖ V-weapon ⟨Ger⟩ V-(= *Vergeltungs-*)*Waffe* f

vac [væk] s ⟨fam⟩ abbr = vacation

vacancy ['veikənsi] s **1.** *leerer Raum* m; *Leere* f (*to look into* ~ *ins L. blicken*) ‖ *freier, leerer Platz* m; *Leerheit* f | *Lücke* f; ⟨fig⟩ *Lücke* f (*to fill a* ~ *in e–e Lücke ausfüllen in* ..) **2.** *geistige Leere* f, *Leerheit*; *Geistesabwesenheit* f **3.** *Frei–, Erholungszeit, Muße, Untätigkeit* f **4.** *Vak･anz* f (no ~ *in an instructorship k–e V. e–r Lehrstelle*); *Frei–, Unbesetztsein* n (*e–s Postens*) ‖ *freie* or *offene Stelle* f; *to cause a* ~ *e–e freie St. schaffen*

vacant ['veikənt] a (~ly adv) **1.** (*S* etc) **a.** *leer* (space) ‖ (*of rooms, seats*) *frei, unbesetzt*, ‖ (*of houses*) *leerstehend, unbewohnt* ‖ *leergeworden*; ⟨jur⟩ *herrenlos* **b.** (*of a post*) *frei, vakant, offen, unbesetzt*; ~ *chair unbesetzter Lehrstuhl* m ‖ (*of time*) *frei, unbeschäftigt* **c.** *gedankenlos*; *leer, ausdruckslos* (*a* ~ *look*) **2.** (*P*) *untätig, müßig*

vacate [vəˈkeit] vt (*Zimmer*; *Stadt*) *leermachen, leeren*; *räumen* | (*Sitz*) *frei m*, (*Stellung* etc) *aufgeben*; *to* ~ *an office v e–m Amt zurücktreten, ein A. niederlegen* ‖ (*dem Thron*) *entsagen* ‖ (*Truppen*) *entfernen* (from *aus, v*) | ⟨jur⟩ (*Kontrakt* etc) *annullieren, aufheben*

vacation [vəˈkeiʃən] **1.** s *Freisein* n (*v e–r Tätigkeit*) | (abbr vac) *Gerichts–, Schul–, Universitäts-*)*Ferien* pl, the Christmas ~ *die Weihnachts–*, the long ~ *die gr F.* ‖ ⟨Am⟩ *Erholungsurlaub* m; ~ = ⟨engl⟩ holiday(s pl) | *Räumung* f (*e–s Hauses*) | *Aufgabe, Niederlegung* f (*e–s Amtes* etc) | [attr] *Ferien–* (~ tasks) **2.** vi ⟨Am⟩ ~, ~**ate** [~eit], ~**ize** [~aiz] *auf Urlaub gehen, Ferien m* ‖ *to* ~ *abroad s–n U. im Ausland verbringen*

vaccinal ['væksinəl] a *Impf–* ‖ **–ate** ['væksineit] vt ⟨med⟩ (*jdn*) *impfen*; ⟨*a* übtr & fig⟩ **–ation**

[ˌvæksiˈneiʃən] s ⟨med⟩ (Schutzpocken-)Impfung f –ator [ˈvæksineitə] s Impfarzt m ‖ Impfmesser n (Instrument)

vaccine [ˈvæksiːn] 1. a Kuhpocken–, Impf–, ~ lymph, ~ matter ⟨med⟩ Lymphe f, Impfstoff m (f Pockenimpfung) | Kuh– 2. s Vakzin n, Lymphe f, Impfstoff m

vaccinia [vækˈsiniə] s L Kuhpocken pl

vacillate [ˈvæsileit] vi hin u her schwingen, wackeln, schwanken; unsicher sein (on one's feet auf den Füßen) | ⟨mst fig⟩ schwanken (between zw); zaudern, unentschlossen s, unsicher s ‖ –ating [–iŋ] a (~ly adv) schwankend, unschlüssig –ation [ˌvæsiˈleiʃən] s Schwanken n | ⟨fig⟩ Schwanken n, Unschlüssigkeit; Wankelmut m, Unbeständigkeit f ‖ policy of ~ Schaukelpolitik f

vacuity [væˈkjuiti] s * Leere f, leerer Raum m, Lücke | ⟨mst fig⟩ (geistige) Leere, Ausdrucks–, Gedankenlosigkeit f

vacuolar [ˈvækjuələ] a ⟨biol⟩ Hohl– (~ space) –ole [ˈvækjuoul] s ⟨biol⟩ Vakuole f (hohler Raum)

vacuometer [ˌvækjuˈəmitə] s Vakuummesser m **vacuous** [ˈvækjuəs] a (~ly adv) *leer | ⟨mst fig⟩ ausdrucks–, gedankenlos, nichtssagend (look) ‖ inhaltlos, leer, müßig (life) ~ness [~nis] s ⟨fig⟩ Leere f, Ausdrucks–, Gedankenlosigkeit f

vacuum [ˈvækjuəm] 1. s L (pl ~s & vacua [–juə]) (das) Leere n; leerer Raum m ‖ ⟨phys⟩ Vakuum n, luftleerer Raum m ‖ ⟨tech⟩ Vakuum n, Unterdruck m, Luftleere f ‖ ⟨fig⟩ Leere, Lücke f | [attr] Vakuum– ‖ ~ activity f ~ annealed vakuumgeglüht f ‖ ~-bottle, ~ flask Thermosflasche f ‖ ~ brake ⟨rail⟩ Vakuumbremse f (ununterbrochen tätige Bremse); ⟨mot⟩ Unterdruck–, Servobremse f ‖ ~ cleaner Staubsauger m ‖ ~-controlled carburettor ⟨mot⟩ Vergaser m mit Unterdrucksteuerung f ‖ ~ feed U.förderung f ‖ ~ pan Zuckerkochapparat m, Vakuumpfanne f ‖ ~ (spark) advance ⟨mot⟩ Unterdruckverstellung f ‖ ~ sweeper = ~ cleaner ‖ ~ tank Saugwindkessel m, ⟨mot⟩ Unterdruckförderer m ‖ ~ tube ⟨wir⟩ Vakuumröhre f 2. vt ⟨fam⟩ staubsaugern

vade-mecum [ˈveidiˈmiːkəm] s L Vademˈekum, Hand–, Taschenbuch n

vag [væg] s ⟨Am⟩ abbr f vagabond

vagabond [ˈvægəbənd] 1. a herumwandernd, nicht seßhaft, Nomaden–; fahrend; ~ minstrel fahrender Sänger m | vagabundierend, herumstreichend, landstreicherisch 2. s Landstreicher; Vagabund m ‖ Spitzbube, Halunke m 3. vi umherschweifen, herumvagabundieren ~age [~idʒ] s 1. Landstreicherei f, Vagabundenleben n 2. [koll] Landstreicher, Vagabunden pl ~ism [~izm] s = vagabondage 1. ~ize [~aiz] vi vagabundieren, umherschweifen, –streichen

vagal [ˈveigəl] a ⟨anat⟩ Vagus–; → vagus

vagarious [vəˈgɛəriəs] a launisch, sprunghaft, unberechenbar –ry [vəˈgɛəri] s [mst pl –ries] Grille, Laune (die –ries of the weather); Unberechenbarkeit f; wunderlicher Einfall m, Wunderlichkeit f (of fortune); ~ of fashion Modelaune f ‖ Phantasterei f, Hirngespinst n

vagina [vəˈdʒainə] s L (pl ~s & –nae [–niː]) ⟨anat⟩ (weibl.) Scheide f –nal [~l] a Scheiden–, scheidenförmig –nitis [ˌvædʒiˈnaitis] s ⟨med⟩ Entzündung f der Scheide

vago– [ˈveigo] [in comp] ⟨anat⟩ vago–, → vagus

vagrancy [ˈveigrənsi] s Landstreicherei f, Vagabundieren n; ⚔ Act Gesetz gegen die Landstreicherei n; [koll] die Landstreicher m pl ‖ Umherwandern, –schweifen n ‖ ⟨fig⟩ (Gedankenetc) Sprung m, Unruhe f –rant [ˈveigrənt] 1. s Vagabund, Landstreicher m ‖ Wanderer, Umher-

---

schweifender m; ⟨stat⟩ P f ohne festen Wohnsitz m 2. a (~ly adv) vagabundierend ‖ umherwandernd, fahrend (minstrel); umherirrend ‖ ⟨fig⟩ unruhig, –beständig, –stet

vagrom [ˈveigrəm] a (nach Shakespeare) = vagrant

vague [veig] a (~ly adv) 1. (S etc) vag, unbestimmt, –deutlich (taste) ‖ unklar, gestaltlos; nebelhaft (hope); verschwommen (thought); not the ~st notion nicht die leiseste Ahnung (what to do) ‖ zwei–, vieldeutig (answer); dehnbar, nichtssagend (promise) 2. (P) unklar; zerstreut, geistesabwesend ‖ unbestimmt, zurückhaltend ~ness [ˈ~nis] s Unbestimmt–, Unklarheit f etc → vague

vagus [ˈveigəs] s L ⟨anat⟩ das zehnte Hirnnervenpaar

vail [veil] s † [mst pl ~s] Geldgeschenk; Trinkgeld n

vail [veil] vt/i ⟨† & poet⟩ ‖ senken, sinken l, (Augen etc) niederschlagen ‖ (Hut etc) abnehmen (to a p vor jdm) | vi (of banners, etc) sich senken ‖ den Hut abnehmen (to vor), grüßen (to a p jdn)

vain [vein] a 1. (S) müßig, vergeblich, fruchtlos (efforts); it is ~ to do es ist f. z tun | nichtig (pleasure), eitel, hohl (pomp); leer (dream); inhaltlos (threat) 2. (P) eitel, eingebildet, stolz (of auf) ‖ großspurig 3. in ~ vergebens, umsonst; to take in ~ (den Namen Gottes) mißbrauchen, unnütz (im Munde) führen; ⟨ubtr⟩ (jds Namen) mißbräuchlich erwähnen ~ly [ˈ~li] adv umsonst, vergebens ~ness [ˈ~nis] s Fruchtlosig–, Vergeblichkeit f ‖ Nichtigkeit f | Eitelkeit f

vainglorious [veinˈglɔːriəs] a (~ly adv) prahlerisch, hoffärtig, aufgeblasen; großspurig ~ness [~nis] s Großtuerei, Prahlerei; Aufgeblasenheit f **vainglory** [veinˈglɔːri] s eitler Stolz m; Großtuerei f

vair [vɛə] s ⟨her⟩ farbiges Pelzwerk (blau u silbern), Grauwerk n; Eisenhutmuster n

vakeel, vakil [væˈkiːl] s ⟨Ind⟩ Gesandter, Bevollmächtigter m ‖ eingeborener Anwalt m

valance [ˈvæləns] s Vorhang; Bettvor–, Bettbehang m

vale [veil] s ⟨mst poet⟩ Tal n ‖ this ~ of tears od woe ⟨fig⟩ dies Jammertal n

vale [ˈveili] L 1. intj lebewohl! 2. s Lebewohl n; to say one's ~ to a p jdm L. sagen ~diction [ˌvæliˈdikʃən] s Lebewohl, Abschiednehmen n; Abschied m; –sworte n pl ~dictory [ˌvæliˈdiktəri] 1. a Abschieds– 2. s ⟨Am⟩ Abschiedsansprache, –rede f

valence [ˈveiləns], –cy [–si] s ⟨chem⟩ Valˈenz, Wertigkeit f

Valencia [vəˈlenʃiə] s (Stadt in Spanien) Stoff m aus Wolle, Seide u Baumwolle

Valenciennes [ˌvælənsiˈen] s Fr (Stadt in Frankreich) Valenciˈenner Spitzen f pl

Valentine [ˈvæləntain] s 1. St. ~'s Day Valentinstag m (14. Februar) 2. ⚔ z Valentinstag gesandtes Liebesbriefchen or Scherzbildchen n; wired → Valentintelegramm n | Schatz, Geliebter m

Valentino [vælenˈtiːnou] s ⟨Am⟩ Don Juan m **valerian** [vəˈliəriən] s ⟨bot⟩ Bˈaldrian m; red ~ rote Spornblume f ‖ ⟨pharm⟩ Baldrian | [attr] Baldrian– (~ tea) –rianic [vəˌliəriˈænik], –ric [vəˈlerik] a Baldrian– (~ ether)

valet [ˈvælit] 1. s Fr. (Kammer-)Diener m 2. vt Diener s bei (jdm); (jdn) bedienen, versorgen

valetudinarian [ˈvæliˌtjuːdiˈnɛəriən] 1. a kränklich, schwächlich 2. s kränkliche Person f ~ism [~izm] s Kränklichkeit f

valetudinary [ˌvæliˈtjuːdinəri] a & s = valetudinarian

valgus [ˈvælgəs] s ⟨med⟩ O-Beinigkeit f ‖ „O-Bein" n (P)

Valhalla [væl'hælə] s ⟨myth⟩ *Walh·all(a)* f; ⟨übtr⟩ *Heldenhalle* f

valiance ['væljəns], **-cy** [-si] s † *Tapferkeit* f

valiant ['væljənt] a (~ly adv) *tapfer; heroisch, heldisch, Helden–* (deeds)

valid ['vælid] a (~ly adv) || ⟨jur⟩ *gültig, rechtsgültig, –kräftig* (marriage) || *wohlbegründet, unbestreitbar; einwandfrei* (test [result]) || *bindend* (for *f*); *zwingend, triftig* (reason) || **gesund, kräftig* **~ate** [~eit] vt (*Wahl* etc) *f* (*rechts*)*gültig erklären* || *bestätigen* **~ation** [.væli'deiʃən] s *Gültigkeitserklärung* f **~ity** [væ'liditi] s *Rechtsgültigkeit* f || *bindende, zwingende Kraft* (of an objection), *Gültigkeit, Triftigkeit* f || (of a ticket) (*a* period of ~) *Gültigkeitsdauer* f

valise [və'li:z] s Fr ⟨Am⟩ *Handkoffer* m || ⟨mil⟩ *Ranzen, Tornister, Mantelsack* m

Valkyr ['vælkiə], **~ia** [væl'kiriə], **~ie** [væl-'kiəri] s *Walk·üre* f

vallecula [væ'lekjulə] s L (pl –lae [–li:]) ⟨anat⟩ *Furche* f, *Spalt, Riß* m

valley ['væli] s *Tal* n, *Mulde* f; a ~ opens down into *ein T. läuft aus in ..* || *Flußgebiet* n (the Thames ~) || *rift* ~ ⟨geol⟩ *Graben* m; transverse ~ ⟨geog⟩ *Durchbruchstal* n | ⟨arch⟩ (*Dach-*) *Kehle, Einkehle* f; *Dachrinne* f | ~ *breeze Talwind* m; ~ *head Quellmulde* f; ~ *roof Kehldach* n

vallum ['væləm] s L ⟨ant⟩ *Verteidigungswall* m

valonia, **-ll-** [və'louniə] s *Fruchtbecher der Knoppereiche* m, *Levantische Knoppern, Ackerdoppen* pl

valorize ['væləraiz] vt ⟨com⟩ *aufwerten* **–zation** [.vælərai'zeiʃən] s *Aufwertung* f

valorous ['vælərəs] a (~ly adv) *tapfer; kühn; heldenhaft, –mütig* **valour**, ⟨Am⟩ **valor** ['vælə] s ⟨*mst* poet⟩ *Tapferkeit* f, *Heldenmut* m

valuable ['væljuəbl] **1.** a *abschätzbar, abzuschätzen(d)* (a service not ~ in money) || *wertvoll, kostbar, teuer* (three times more ~ than) || *nützlich* (service), *wertvoll* (to, for a p *f jdn*; for a th *z etw*; for doing *um z tun*) **2.** s [*mst* pl] ~s *Kostbarkeiten, Wertsachen* f pl, *–besitz* m **~ness** [~nis] s *Wert* m; *Kostbarkeit* f

valuation [.vælju'eiʃən] s *Bewerten* n; *Bewertung* f (a ⟨engl bal⟩); *Abschätzung, Taxe, Veranschlagung* f || ⟨bal⟩ *Wertansatz* m || *abgeschätzter Wert* or *Preis, Schätzungswert* m (at à ~ of *z W. von*); [attr] *Wert–* || ⟨fig⟩ *Wertschätzung; Wertung* f; to take a p at his own ~ *jdn so werten, wie er gewertet s will* || (*Münzwesen*) *Valvation* f

valuator ['væljueitə] s *Abschätzer, Taxator* m

value ['vælju:] **I.** s **1.** *Wert* m (of great ~ *v gr W.*), *Nutzen* m (to *f*); to be of ~ to a p *jdm wertvoll, nützlich s*; to get full ~ *out of* a th *den vollen Wert aus etw herausholen* || ~ *in use Gebrauchswert* | *Wertschätzung, Bewertung* f; to place a ~ on (*hohen*) *Wert legen auf*; to set much ~, a high ~ on *hohen Wert legen auf, hoch bewerten* || *propaganda* ~ *Propagandawert, scarcity* ~ *Seltenheitswert* **2.** ⟨übtr⟩ *Wert, Gehalt* m (intrinsic ~ *innerer G.*) || *Bedeutung* (*e–s Wortes*) f || ⟨math & mus⟩ *Wert* m || ⟨paint⟩ *tonal* ~ *Helldunkelnuance* f, *Helligkeitsgrad, –wert* m; *Tonwert* m, *–abstufung* f; *Valeur* f **3.** *Preis, Wert* m (below ~ *unter W.*; in ~ *an W.*), *standard* of ~ *Wertmesser* m; of good ~ *vollwertig*; ~ *received Gegenwert* or *–leistung erhalten*; ~ *in exchange Tauschwert* || *Betrag* m, of the ~ of, to the ~ of *im B. v*; to the ~ of *bis z, im Werte v* || *Valuta* f, at ~ *z Tageskurs* | ⟨banking⟩ *Wertstellung* f; *Wert* m, *Valuta* f (*8. Mai 59*) **4.** *Gegenwert* m (to give ~ *for* a th); ⟨com⟩ *preiswerte Ware* f; to get good ~ for *one's money etw preiswert erhalten* or *kaufen, reell bedient w*; to give good ~ *reell bedienen* **II.** vt [*mst mit Sachobj.*] (*etw*) (*ab*)*schätzen*,

taxieren, veranschlagen (at *auf*) || ⟨übtr⟩ (*etw*) *bewerten* (by *nach*); *Wert legen auf* (*etw*); (*hoch*)*schätzen*, (*hoch*)*achten*; *werten*; to ~ o.s. on *sich etwas einbilden auf* | **~d** [~d] a ⟨com⟩ *geschätzt* || *veranschlagt*, ~ at £3 *drei Pfd. wert* **~less** [~lis] a *wertlos* **~lessness** [~lisnis] s *Wertlosigkeit* f

valuer ['væljuə] s *Tax·ator, Abschätzer* m

valuta [və'lju:tə] s It *Val·uta, Währung* f

valval ['vælvəl] a ⟨bot⟩ *Klappen–* **–vate** ['vælvit] a (of leaves) *e–e Klappe bildend, an den Rändern zus–stoßend*

valve [vælv] s **1.** *Flügel* m (*e–r Doppeltür*) || *Schleusentor* n || *e–r der beiden Teile e–r Muschelschale* f || ⟨bot⟩ *e–e der beiden Klappen* (*e–r Schote* etc) **2.** *Verschlußvorrichtung* f; ⟨anat⟩ (*Herz–* etc) *Klappe* f || ⟨tech⟩ *Ventil* n, *Klappe* f; drain ~, dump ~ *Ablaß–*; safety ~ *Sicherheits–* n; throttle ~ ⟨mot⟩ *Gasschieber* m **3.** ⟨wir⟩ *Empfangs–, Senderöhre* f, (*Elektronen-*)*Röhre* f **4.** [attr] *Ventil–*; ~ *lifter*, ~ *tappet* ⟨*bes* aeromot⟩ *Ventilstößel* m || ⟨wir⟩ *Röhren–*, ~*-set –apparat* m (a five-~ set, ⟨fam⟩ a five ~ *ein Fünfröhren–*); ~ *stem Ventilschaft* m | **~d** [~d] a *mit Klappen, e–r Klappe, e–m Ventil versehen* || *–röhrig*, four-~ set *Vier-Röhren-Apparat* m **~less** ['~lis] a *ohne Klappen, ohne Ventil*; ~ *compressor* ⟨mot⟩ *Kapselgebläse* n

valvular ['vælvjulə] a ⟨anat & bot⟩ *klappenförmig, klappig, Klappen–*; ~ *disease* of the heart *Herzklappenfehler* m **–vule** ['vælvju:l] s ⟨anat & bot⟩ *kl Klappe* f **–vulitis** [.vælvju'laitis] s ⟨med⟩ (*Herz-*)*Klappenentzündung* f

vambrace ['væmbreis] s *Schutzbekleidung* f *f den Unterarm*; ⟨hist⟩ *Armzeug* n

vamoose [və'mu:s], **vamose** [və'mous] vi ⟨Am sl⟩ °*sich dünne m*; *durchbrennen, ausreißen, –kratzen*

vamp [væmp] **1.** s *Oberleder*, (*Vorder-*)*Blatt* n (*e–s Schuhes*); *Deckblatt* n || (*Vorder-*)*Flicken* m (*auf e–m Schuh*) | ⟨fig⟩ *Flickwerk* n || ⟨mus⟩ *improvisierte Begleitung* f **2.** vt/i || (a to ~ up) (*Möbel*) *aufbessern*; (*Schuhe*) *flicken, ausbessern*; *vorschuhen* | ⟨fig⟩ (a to ~ up) *zus–stoppeln* || ⟨mus⟩ *aus dem Stegreif begleiten* | vi ⟨mus⟩ *aus dem Stegreif spielen, improvisieren*

vamp [væmp] **1.** s (abbr *f* vampire) ⟨sl⟩ *Vamp* m (*dämonisch-verführerische Frau*); *Nepperin* f vt/i || (*Männer*) *neppen*; *bezirzen*; (*jdm*) *den Kopf verdrehen* | vi *flirten, neppen*

vampire ['væmpaiə] s *V·ampir, nächtlicher Blutsauger* m, *Gespenst* n || *Erpresser, Blutsauger* m || (a ~-bat) ⟨zoo⟩ *Vampir* m (*Art Fledermaus*) || ⟨theat⟩ *Versenkungsvorrichtung* f (*f Geister*) **–rism** ['væmpaiərizm] s *Vampirglaube* m || ⟨fig⟩ *Blutsaugerei* f

van [væn] **1.** s (*Getreide–* etc) *Schwinge* f || ⟨min⟩ *Schwingschaufel* f || ⟨min⟩ *Schwingprobe des Erzes* f || ⟨poet⟩ (of a bird) *Flügel* m; *Windmühl(en)flügel* m **2.** vt (*Erz*) *schwingen, sieben, waschen* **~ner** ['~ə] s *Erzwäscher* m

van [væn] **1.** s *Planwagen, Last–, Transportwagen* m; *delivery* ~ *Lieferwagen* || (a *furniture* ~) *Möbelwagen* m || ⟨rail⟩ *geschlossener Güterwagen* m; (a *luggage* ~) *Gepäck–, Packwagen* m || *Reise–, Wohnwagen* m || *Gefangenenwagen* | [attr] *Wagen–*; ~*-load –ladung* f (two ~*-loads* of meat) || ~*-dragger* ⟨sl⟩ *Transport–, Lieferwagendieb* m **2.** vt [–nn–] *in e–m Plan–* or *Güterwagen verschicken*

van [væn] s ⟨mil & mar⟩ *Vortrab* m, *–hut* f | ⟨fig⟩ *Vorhut, Spitze* f; *die Führer, die Ersten* m pl; in the ~ of *an der Spitze, unter den ersten v*, to lead the ~ of *an der Spitze marschieren v*

vanadate ['vænədeit] s ⟨chem⟩ *Vanadan·at* n (*Salz der Vanadiumsäure*) **–dic** [və'nædik] a *Vanadium–* (~ *acid –säure* f) **–dium** [və'neidiəm] s L *Van·adium* n (*Metall*)

Vandal ['vændl] **1.** s *Wand·ale, Vandale* m, –*lin* f; (*a* ⨼) ⟨fig⟩ *zerstörungssüchtiger Mensch* m **2.** a *vandalisch, Vandalen–* ‖ (*a* ⨼) ⟨fig⟩ *zerstörerisch; roh* ~**ic** [væn'dælik] **1.** a *vandalisch* ‖ ⟨fig⟩ *zerstörerisch* **2.** s *die vandalische Sprache* f ⨼**ism** [–dəlizm] s *Vandal·ismus* m, *Zerstörungswut* f; *Kunstfrevel* m; (*Natur–*)*Verschandelung* f ⨼**istic** [vændə'listik] a *zerstörerisch, Zerstörungs–* ⨼**ize** [–dəlaiz] vt (*Natur*) *verschandeln, verunstalten*

Vandyke [væn'daik] **1.** s: a ~ *ein Bild* n *v* van Dyck († 1641) ‖ *Vandyckkragen* m (*mit ausgezacktem Rand*) ‖ (*a* ⨼) *Zackenspitze* f, –*muster* n **2.** [attr] a ['vændaik] *Vandyck–* (~ brown, portrait); ~ *beard Knebelbart* m ‖ (*a* ⨼) *ausgezackt, mit Zackenmuster versehen* (~ collar) **3.** to ⨼ [vt] *mit Zackenmuster versehen, auszacken*

vane [vein] s *Wetterhahn* m, –*fahne* f ‖ *Windmühlenflügel* m **|** ⟨tech⟩ *Visiergerät* n, *Di·opter* n **|** ⟨tech⟩ *Flügel* m, *Blatt* n *e–r Schraube*; ⟨mot⟩ *Schaufel, Rippe* f; ~ type pump *Flügelpumpe* f ‖ ⟨aero⟩ *Propellerflügel* m

vanessa [və'nesə] s ⟨ent⟩ *Tagfalter* m, *Tagpfauenauge* n, *Admiral* m

vang [væŋ] s ⟨mar⟩ (*Gaffel–*) *Geer* f, *eins der beiden Haltetaue an der Gaffel*

vanguard ['vænga:d] s ⟨mil⟩ *Spitze, Vorausabteilung; Vorhut* f, ⟨hist⟩ –*trab* m; ⟨fig⟩ *Spitze* f, *die Führer* (*e–r Bewegung*) m pl; ⟨pol⟩ *Avantgarde* f

vanilla [və'nilə] s ⟨bot⟩ *Echte Van·ille* f

vanish ['væniʃ] vi (*a* to ~ away) *verschwinden* ‖ *verschwinden, weichen* (from *v*) ‖ *dahinschwinden, schwinden, vergehen* (into *in*); ⟨math⟩ *Null* w ~**ing** [–iŋ] s *Verschwinden* n ‖ [attr] ~-*line* ⟨arts⟩ *Fluchtlinie* f; ~-*point* ⟨arts⟩ *Augen–, Fluchtpunkt* m; ⟨fig⟩ *Nullpunkt* m ‖ ~ *target* ⟨mil⟩ *Zugscheibe* f

vanity ['væniti] s *Leerheit, Hohlheit, Nichtigkeit* f; ⨼ *Fair Jahrmarkt der Eitelkeit* m, *die in Müßigkeit lebende vornehme Welt* f ‖ *Eitel–, Selbstgefälligkeit* f ‖ *Nichtig–, Nutzlosigkeit* f ‖ [attr] ~ *bag Handtasche* f (*der Damen*)

vanquish ['væŋkwiʃ] vt/i ‖ *besiegen, überwältigen, –winden* **|** vi *siegreich, Sieger* s; *siegen* ~**able** [–əbl] a *überwind–, besiegbar* ~**ed** [~t] a *besiegt*; the ~ [pl] *die Besiegten* m pl ~**er** [~ə] s *Sieger, Überwinder, Eroberer* m

vantage ['va:ntidʒ] s † *Überlegenheit* f, *Vorteil* m **|** ⟨ten⟩ *Vorteil* m ‖ coign of ~, point of ~, ~-*ground Überlegenheit, günstiger Angriffspunkt, überlegene or günstige Stellung* f; ~ *point* ⟨mil⟩ *Aussichtspunkt* m

vanward ['vænwəd] **1.** a *in der Vorhut befindlich; vorder* **2.** adv *vorn, nach vorn zu*

vapid ['væpid] a (~ly adv) *geschmacklos, schal, abgestanden* ‖ ⟨fig⟩ *schal, inhaltlos, leer, flach* ~**ity** [væ'piditi], ~**ness** [~nis] s *Schalheit* f ‖ ⟨fig⟩ *Flachheit, Leere* f

vaporable ['veipərəbl] a *verdampf–, verdunstbar* –**rific** [veipə'rifik] a *Verdunstung verursachend* –**rization** [veipərai'zeiʃən] s *Verdunstung* –**rize** ['veipəraiz] vt/ı ‖ *verdampfen l, –dünsten,* ⟨bes phot⟩ *zerstäuben* **|** vi *verdunsten* ‖ *–zing oil Traktorenkraftstoff* m –**rizer** ['veipəraizə] s ⟨tech⟩ *Verdampfungsapparat, Verdampfer; Zerstäuber* m –**rous** ['veipərəs] a (~ly adv) *dunstig, dampfig; dampfförmig; Dampf–* ‖ ⟨fig⟩ *inhalt–, substanzlos, nebelhaft* (argument) ‖ ⟨paint⟩ *verblasen* (style) ‖ (of fabrics) *gazeartig, duftig, leicht*

vapour, ⟨Am⟩ **vapor** ['veipə] **1.** s *Dunst, Dampf* m ‖ ⟨fig⟩ *Dunst* m, *Einbildung* f, *Luftgebilde, Hirngespinst* n; *Wahn* m **|** † ~s [pl] ⟨med⟩ *Blähungen* f pl; (a the ~) *üble Laune, Melancholie, Hypochondrie, Hysterie* f ‖ [attr] *Dampf–,* ~-*bath Dampf–, Schwitzbad* n ‖ ~

(condensation) *trail* (abbr contrail) ⟨aero⟩ *Kondensstreifen* m ‖ ~ *heating system Unterdruckdampfheizung* f **2.** vi * (*ver*)*dampfen* ‖ ⟨fig⟩ *prahlen, prahlerisch äußern;* °*seichen* ~**er** [~rə] s *Prahler* m ‖ ~-*moth* ⟨ent⟩ *ein Bürstenspinner* ~**ing** [~riŋ] **1.** a (~ly adv) ⟨fig⟩ *prahlerisch* ‖ *hysterisch* **2.** s [*mst pl* ~s] *Prahlerei* f, *leeres Geschwätz* n **|** ~**y** [~ri] a *dunstig, Dunst–*; ⟨fig⟩ *nebelhaft, dunkel, verschwommen*

vapulatory ['væpjulətəri] a *Prügel–* (~ methods)

vaquero [væ'kɛərou] s [pl ~s] Span *Cowboy, Kuhhirt* m

Varangian [væ'rændʒiən] **1.** s *Waräger, Wäringer* m (*schwed. Wikinger*) **2.** a *Waräger–*

varec ['værek] s *Seetang* m ‖ *Seetangasche* f, *V·arek* m; → kelp

variability [vɛəriə'biliti] s *Veränderlichkeit* f, *Schwanken* n ‖ ⟨fig⟩ *Unbeständigkeit* f **|** ⟨biol⟩ *Variabilität* f ‖ ⟨stat⟩ *Streuung* f

variable ['vɛəriəbl] **1.** a (–bly adv) *veränderlich; schwankend* ‖ ⟨tech⟩ *mit variablem Durchgriff* (~ valve); ~ *state Zustandsgröße* f ‖ ⟨fig⟩ *wandelbar, unbeständig* ‖ ⟨astr, math & biol⟩ *vari·abel* (~ star) ‖ ~ *capator,* ~ *condenser* ⟨el⟩ *Drehkondensator* m ‖ ~ *focus lens Objektiv* n *mit verstellbarer Brennweite* ‖ ~-*pitch propeller Verstellpropeller* m, –*luftschraube* f ‖ ~ *speed transmission Regelgetriebe* n ‖ ~ *time fuse Zeit–, Brennzünder* m; *Abstands–, Annäherungszünder* m **2.** s ⟨math⟩ *variable, veränderliche Größe, Veränderliche* f ‖ ⟨mar⟩ *veränderlicher Wind* m ‖ *variabler Stern* m ~**ness** [~nis] s *Veränderlichkeit* f, *Schwanken* n; *Unbeständigkeit* f

variac ['vɛəriæk] s *Spannungsregler* m

variance ['vɛəriəns] s *Veränderung* f, *Wechsel* m; ⟨stat⟩ *Varianz* f ‖ *Verschiedenheit* f; *Unvereinbarkeit* f; *Widerstreit* m; ⟨jur⟩ *Widerspruch* m (between *zw*) **|** *Uneinigkeit* f, *Streit, Zwist* m ‖ to be at ~ (*S*) *sich widersprechen; im Widerspruch stehen* (with *mit, z*), *unvereinbar* s (with); (*P*) *sich streiten, im Kampf liegen; uneinig* s (with) ‖ to set at ~ *entzweien, uneinig m*

variant ['vɛəriənt] **1.** a *abweichend* (from *v*) ‖ *veränderlich, –schieden* (results) **2.** s *Vari·ante* f, *andere Form or Spielart* f (of *v*); *andere Lesart* f

variation [vɛəri'eiʃən] s *Veränderung* f, *Wechsel* m; *Abänderung, –wechslung* f (elegant ~ *A. im Stil*); a ~ *from* a th *e–e Unterbrechung e–r S* ‖ *Ungleichheit, Schwankung* f (in *in*); ~ *in speed Touren–;* ~ *of frequency Frequenz–* ‖ *Abweichung* f (from *v*), *Deklination* (*der Magnetnadel*) f, *Ortsmißweisung* f, *Mißweisung* f (*Kompaß*) ‖ ⟨biol, math, phys & mus⟩ *Variation* f; ⟨arts⟩ *veränderte Fassung* f ‖ ⟨artill⟩ *Streuung* f ‖ ⟨stat⟩ *Streuung* f ~**al** [~l] a *Variations–* (theory)

varicella [væri'selə] s L ⟨med⟩ *Windpocken* pl

varicocele ['værikosi:l] s ⟨med⟩ *Krampfaderbruch* m

varicoloured ['vɛəri͵kʌləd] a *vielfarbig*

varicose ['værikous] a ⟨med⟩ *mit Krampfadern behaftet; krampfadrig angeschwollen; Krampfader–,* ~ *leg –bein* n; ~ *vein Krampfader* f –**cosis** [͵væri'kousis], –**cosity** [͵væri'kositi] s *Varikosität der Venen, krankhafte Venenerweiterung* f

varied ['vɛərid] a (~ly adv) *verschieden, mannigfaltig* ‖ *verschiedenartig* **|** *abwechselnd, abwechslungsreich, –voll* (life); *bunt, –farbig*

variegate ['vɛəriegeit] vt *bunt, –farbig m*; ⟨fig⟩ *Abwechslung hineinbringen in;* (*etw*) *durch A. beleben* (with) –**ted** [~id] a *bunt(farbig), gefleckt;* ~ *marble Brocat·ellmarmor* m ‖ *ständig wechselnd, wechselvoll;* ⟨fig⟩ *bunt gemischt* (with); to be ~ with *durch Abwechslung belebt* s v, durch **-tion** [ˌvɛəriə'geiʃən] s *Buntheit, -farbigkeit* f, *Vielfarbigkeit* f

variety [və'raiəti] s **1.** *Verschiedenheit, Verschiedenartigkeit* f; *Mannigfaltigkeit* (great ∼ gr M.); *Vielseitigkeit* f; *Buntheit* f; *Abwechslung* f; for the sake of ∼ *zwecks A.* **2.** a ∼ of [a pl konstr] *e–e Reihe*, gr *Menge v, e–e Auswahl v*; a ∼ of things *verschiedenartige Dinge* pl; a ∼ of shapes *verschiedenartige Formen* **3.** *besondere Art, Abart, Spielart* f; ⟨biol⟩ *Varietät* **4.** ⟨theat⟩ (⟨Am⟩ vaudeville) *Varieté* n, *–vorstellung* f; [attr] ∼ *entertainment Varietéaufführung, –schaubühne* f, ∼ theatre *–theater* n

variform ['vɛərifɔ:m] a *in der Form verschieden, abwechselnd*; *vielgestaltig*

vario-coupler ['vɛəriˌkʌplə] s ⟨wir⟩ *veränderliche Kopplungsspule* f

variola [və'raiələ] s L ⟨med⟩ *Blattern, echte Pocken* f pl **-lar** [və'raiələ] a *Pocken– –lite* ['vɛəriəlait] s ⟨geol⟩ *Blatterstein* m *–lous* [və-'raiələs] a *pockenartig, Pocken–* ‖ *an Pocken leidend* **-loid** ['vɛəriəlɔid] **1.** a *pockenähnlich* **2.** s *milde Abart* f *der Pocken*

variometer [ˌvɛəri'əmitə] s *Variometer* n *(Instrument z Beobachtung v Schwankungen v Luftdrucks* etc)

variorum [ˌvɛəri'ɔ:rəm] L: ∼ edition *Ausgabe* f *mit Anmerkungen verschiedener Erklärer*

various ['vɛəriəs] a (∼ly adv) **1.** *verschiedenartig, verschieden*; a ∼ reading *e–e andere Lesart* **2.** *vielseitig, abwechslungs–, wechselvoll*; *bunt* **3.** [vor pl] *verschiedene, mehrere, viele* (∼ people) ‖ [abs od als s] ⟨fam⟩ *verschiedene, mehrere Leute* **-ness** [∼nis] s *Verschiedenartigkeit* f etc

varix ['vɛəriks] s L (pl *–rices* ['værisi:z]) ⟨med⟩ *Krampfader* f ‖ ⟨zoo⟩ *längliche Erhöhung auf der Oberfläche e–r Muschel* f

varlet ['vɑ:lit] s ⟨hist⟩ *Page, Knappe* m ‖ *Schuft* m

varmint ['vɑ:mint] s ⟨fam & sl⟩ [koll] *Ungeziefer* n; *Untier, Raubtier* n ‖ *ungezogenes Kind* n, *kl Schuft, Racker* m

varnish ['vɑ:niʃ] **1.** s *Firnis,* (*Klar–, Blank-*) *Lack* m; ⟨übtr⟩ *Glasur* f, *Glanz* m ‖ ⟨fig⟩ *Firnis,* (*äußerer*) *Anstrich* m, *äußere Feinheit* f ‖ ∼ colour coat *Lackfarbenanstrich* m **2.** vt *mit Firnis bestreichen, firnissen, lackieren* ‖ *glasieren*; (*Möbel*) *auffrischen, –polieren* ‖ ⟨fig⟩ (a to ∼ over) *übertünchen; beschönigen, –mänteln* (with); *hinwegtäuschen über* (etw) (with) **-er** [∼ə] s *Lackierer* m **-ing** [∼iŋ] s; ∼ day *letzte Übermalung, –holung* f (*aufgehängter Bilder kz vor der Ausstellung*); Fr *Vernissage* n, *Firnistag* m

Varsity ['vɑ:siti] s ⟨fam⟩ = university (at the ∼)

varsovienne [ˌvɑ:souvi'en] s ⟨mus⟩ *ein polnischer Tanz* m, *Warschauer* m

varus ['vɛərəs] s L *Art Klumpfuß* m

vary ['vɛəri] vi/t ‖ *sich* (*ver*)*ändern*; *variieren,* (*ab*)*wechseln* (from hour to hour) ‖ *von–e–a verschieden s* (they *–ried in ..*); *abweichen* (from v); *veränderlich s* ‖ vt (etw) (*ab–, ver*)*ändern*; *variieren*; to ∼ a th *abwechseln in etw*; *etw verschieden or mannigfaltig m* **-ing** [∼iŋ] a *verschieden*

vas [væs] s L (pl *–a* ['veisə]) ⟨anat & bot⟩ *Gefäß* n (*bes Blut–*) **-al** ['veisl] a *Gefäß–* **-cular** ['væskjulə] a ⟨anat & bot⟩ *gefäßförmig; Gefäß–* (∼ system *Blut– u Lymphgefäßsystem*) **-cularity** [ˌvæskju'læriti] s *Form, Art* f, *Zustand* m *der Gefäße* **-culum** ['væskjuləm] s L ⟨bot⟩ *kl Gefäß* n ‖ *Botanisierbüchse* f

vase [vɑ:z] s *Vase* f; *Ziergefäß* n, *–schale* f ‖ ⟨arts⟩ *bemalte Tonvase*

vaseline ['væzili:n] s *Vaselˑine* f

vasiform ['veizifɔ:m] a *gefäßförmig, Gefäß– vasenförmig*

---

vaso– ['veiso] [in comp] *gefäß–, Gefäß–*

vassal ['væsəl] **1.** s ⟨hist⟩ *Vasˑall, Lehnsmann* m; rear ∼ *Afterlehnsmann* m ‖ ⟨fig⟩ *Untergebener, –tan*; *Knecht, Sklave* m **2.** [attr od a] *Vasallen–* (∼ fealty *–treue*) *unterworfen* **-age** [∼idʒ] s ⟨hist⟩ *Vasallentum, Lehnsverhältnis* n, *Lehndienst* m; to hold in ∼ z *Lehen h* ‖ ⟨fig⟩ *Unterwerfung* f (to *unter*); *Knechtschaft* f; ⟨übtr⟩ *Abhängigkeit* f (to v) **-dom** [∼dəm] s *Unterwerfung, Knechtschaft* f

vast [vɑ:st] **1.** a **a.** (of space) *unermeßlich* (*expanse*); *weit, ausgedehnt*; ⟨übtr⟩ *ungeheuer, gewaltig, of* ∼ scope v *gewaltigem Ausmaß* **b.** (of number) *sehr groß, gewaltig, Un–,* a ∼ crowd of people *e–e Unmenge Leute*; ∼ quantities [pl] of water *Unmengen* f pl (v) *Wasser* **c.** ⟨fam⟩ *groß, beträchtlich, bedeutend* (*difference*) **2.** s ⟨poet⟩ *ausgedehnte Fläche* f (a ∼ of ocean) **-ly** ['∼li] adv *ungeheuer, enorm* ‖ *in hohem Maße, weit* (∼ inferior to) ‖ *äußerst, höchst* **-ness** ['∼nis] s *Weite, Unermeßlichkeit* f; *ungeheure Größe* f (a übtr) ‖ **-y** ['∼i] a *unermeßlich, weit*

vat [væt] **1.** s gr *Gefäß* n, *Kufe* f, gr *Kübel* m, gr *Faß* n, *Bottich* m; *Fuder* n; *Färberküpe*; *Lohgrube* f **2.** vt [*–tt–*] *in ein Faß tun; in e–m Faß bewahren or behandeln* **-ted** ['∼id] a (of wine) *faßreif*; ⟨a fig⟩

Vatican ['vætikən] **1.** a *Vatikˑan* (⟨a übtr⟩ *päpstl. Autorität or Regierung*) **2.** a *vatikanisch* **-ism** [∼izm] s *Unfehlbarkeit* f *des Papstes*; *Ultramontanismus* m

vaticinal [væ'tisinl] a *prophetisch* **-nate** [væ-'tisineit] vt/i ‖ (etw) *weissagen, prophezeien* ‖ vi *Prophezeiungen m* **-nation** [ˌvætisi'neiʃən] s *Weissagung, Prophezeiung* f **-nator** [væ'tisineitə] s *Prophet, Seher* m

vaudeville ['voudəvil] s Fr **1.** ⟨Lit hist⟩ *volkstümliches heiteres Lied* n; *Gassenhauer* m **2.** ⟨engl⟩ *Gesangsposse* f, *Singspiel* n **3.** ⟨Am⟩ (a ∼ theater) *Varieté(theater* n) n (= ⟨engl⟩ *musichall*)

vault [vɔ:lt] **1.** s ⟨arch⟩ *Gewölbe* n; *Wölbung* f; cloistered ∼ = cloister ∼ing, cross-ribbed ∼ *Kreuzrippengewölbe*, fan–∼, fan-tracery ∼ing *Fächer–*, groined ∼ *Kreuzgrat–*, barrel ∼, tunnel ∼, wagon ∼ *Tonnen–*, pointed tunnel ∼ *Spitzbogentonne* f, star ∼ *Sterngewölbe*, stalactite ∼ *Stalaktiten–*, ⟨fig⟩ ∼ of heaven *Himmelsgewölbe* n ‖ ⟨anat⟩ *gewölbte Höhlung* f ‖ *Grabgewölbe* n, *Gruft* f ‖ [oft od ∼s] *Kellergewölbe* n, *Keller* m (wine ∼s *Wein–*) ‖ ⟨com⟩ *Stahlkammer* f, *Tresor* m; *Schatzkammer* f **2.** vt (a to ∼ over) *überwölben* ‖ *ed* ['∼id] a *gewölbt* **-ing** ['∼iŋ] s *Gewölbebau* m ‖ *Gewölbe* n; *Wölbung*; *Einwölbung* f ‖ ∼ cell *Gewölbekappe* f

vault [vɔ:lt] **1.** vi/t ‖ (*mit Schwung*) *springen* (over *über*); *sich schwingen* (on to a horse *auf ein Pferd*) ‖ vt *springen über, übersprˑingen, hinwegsetzen über* (to ∼ a hedge) **2.** s *Sprung, Satz* m ‖ ⟨gym⟩ ∼s over the horse *Sprünge am Pferd*; flank ∼ *Flanke* f; front ∼ *Wende*; rear ∼ *Kehre* f ‖ **-er** ['∼ə] s *Springer, Voltigeur* m **-ing** ['∼iŋ] **1.** s *Springen* n; [attr] *Sprung–, Schwung–*; ∼-horse *Pferd* n (*Turngerät*) **2.** a *sich über alles hinwegsetzen* (ambition)

vaunt [vɔ:nt] **1.** vi/t ‖ *prahlen* (of *mit*); *sich rühmen* (of a th *e–r S*) ‖ *frohlocken, triumphieren* (over *über*) ‖ vt *sich brüsten mit*; *protzen mit* (to ∼ one's education); *rühmen, preisen* **2.** s *Rühmen* n, *Prahlerei* f ‖ **-er** ['∼ə] s *Prahler* m **-ing** ['∼iŋ] a (a ly adv) *prahlerisch*

vavasour ['vævəsuə] s ⟨hist⟩ *Aftervasall* m **'ve** [v] abbr = have (I'∼, we'∼)

veal [vi:l] s *Kalbfleisch* n (*als Nahrung*); roast ∼ *Kalbsbraten* m; [attr] *Kalbs–*; ∼ cutlet *–kotelett* n ‖ ∼-white *kreidebleich*

vector ['vektə] **1.** s L ⟨math⟩ *Vˑektor* m

(*durch Maßzahl u Richtung bestimmte Größe*) ||
⟨ent⟩ *Überträger* m (*v Bakterien*) | ~ radiant
⟨at⟩ *Strahlungsvektor* m 2. vt (*Flugzeug*)
(*mittels Radar* etc) *einweisen* ~ial [vek'to:riəl] a
vektoriell, Vektor–

Veda ['veidə] s Ind *W·eda* m **Vedanta** [vi-
'dæntə] s *ein führendes System* n *der ind. Philosophie* f

Vedda ['vedə] s ; ~s [pl] *Reste der Urbevölke-
rung v Ceylon*

vedette [vi'det] s Fr ⟨hist mil⟩ *Ved·ette* f,
Kavalleriewachtposten m

Vedic ['veidik] a *wedisch*

Vee formation ['vi:fɔ:'meiʃən] s ⟨aero⟩ *Keil-
formation* f

veer [viə] vi/t 1. vi ⟨mar⟩ (*of a ship*) *sich
drehen* | (*of the wind*) *umspringen* (*to the north
nach Norden*); ⟨aero⟩ (*nach rechts*) *drehen*; to ~
and haul sich drehen u schralen (*schräg v hinten
k*) || ⟨aero⟩ to ~ *away od off abdrehen* (*anderen
Kurs einschlagen*) | ⟨fig⟩ *sich wenden, sich* (*um*)-
drehen, lavieren, to ~ *round hinüberschwenken*
(*to z*); *·umschwenken* (*to nach*); *wechseln* (*from ..
to von .. z*); (*of fortune*) *umschlagen* 2. vt (*Schiff*)
halsen, vor dem Winde wenden || (*a* to ~ *away,
out*) (*Tau*) *ablaufen l, loslassen, fieren*

Vega ['vi:gə] s L ⟨astr⟩ *Wega* f, *hellster Stern
im Sternbild „Leier"*

vega ['veigə] s Span *tiefliegender, feuchter*
(*Gras-*)*Boden* m

vegetable ['vedʒitəbl] 1. a *pflanzlich; vege-
tabilisch* (~ *life*); *Pflanzen–* (~ *kingdom* –*reich*
n) || *Gemüse–* (~ *soup*) || ~ **marrow** ⟨bot⟩
Kürbisfrucht f 2. s a. *Pflanze* f || *Gemüse–*,
Futterpflanze f | *Gemüse* n (*have some* ~) b. ~s
[pl] *Gemüsearten* pl, *Gemüse* n (*to sell fruit and
~s*); *green* ~s [pl] *frisches Gemüse* n s. [attr]
Gemüse– || *diet Gemüse–, Pflanzenkost* f; ~
garden Gemüsegarten m || ~ *oil pflanzliches
Öl, Pflanzenöl* n

vegetal ['vedʒitl] 1. a *vegetab·ilisch, pflanzlich,
Pflanzen–* || *vegetativ* 2. s *Pflanze* f

vegetarian [,vedʒi'tɛəriən] 1. s *Veget·arier,
Vegetari·aner* m 2. a *vegetarisch* ~ism [~izm] s
vegetarische Grundsätze m pl, *veg. Lebensweise* f

vegetate ['vedʒiteit] vi *wie e–e Pflanze leben* ||
⟨fig⟩ *stumpf dahinleben, veget·ieren;* °*dösen*

vegetation [,vedʒi'teiʃən] s *Wachstumstätig-
keit* f (*der Pflanze*); *Pflanzenwuchs* m || ⟨fig⟩
Dahinvegetieren n | *Vegetation, Pflanzenwelt* f,
Pflanzen f pl || ⟨med⟩ *Wucherung* f ~al [~l] a
Vegetations–

vegetative ['vedʒiteitiv] a *dem Wachstum
dienend; Vegetations–* (~ *season* –*zeit* f) ||
*wachstumskräftig, das Wachstum fördernd;
vegetat·iv* | *Wachstums–* (~ *stage*) ~ly [~li]
adv *durch Wachstum; auf vegetativem Wege*

vehemence ['vi:imæns], * –cy [~si] s *Heftigkeit,
Gewalt* f || ⟨fig⟩ *Feuer* n, *Hitze, Leidenschaft* f,
Ungestüm n

vehement ['vi:imənt] a *heftig* || ⟨fig⟩ *unge-
stüm, heiß* (*desire*); *groß* | (*P*) *hitzig, leiden-
schaftlich* ~ly [~li] adv *heftig; leidenschaftlich;
wärmstens*

vehicle ['vi:ikl] s *Gefährt, Fuhrwerk, Fahrzeug,
Beförderungsmittel* n || ~ *drawn by animals*
(*horses*) *Gespann,* (*Pferde-*)*Fuhrwerk* n || *three-
wheeled* ~ ⟨*bes* mot⟩ *Dreirad* n || ⟨paint⟩
(*Farb-*)*Bindemittel* n || ⟨med⟩ *Erleichterungs-
mittel* (*mst Flüssigkeit*) z *Einnehmen bitterer
Medizin* n || *Geschoß* n, *Träger* m (*z. B. e–s
Atomsprengkopfes*) | ⟨fig⟩ (*Übertragungs-*)
Mittel, Hilfsmittel, Werkzeug n (*of f*) || *Ver-
mittlung; Vermittler, Träger* m (a ~ *of ideas*);
Gefäß n (*for f*) | ~ *pool Fahrbereitschaft* f || ~
registration book ⟨engl⟩ *Kraftfahrzeugbrief* m
~**cular** [vi'hikjulə] a *ein Fuhrwerk betr* (*things
~*); *Fuhrwerk–, Wagen–* (*traffic*); *Verkehrs–*

(*volume*) || ~ *installation Einbau* m *im Fahrzeug;*
~ *radio set* ⟨mil etc⟩ *Fahrzeug-Funkgerät* n

vehmgericht ['feimgəriçt] s ⟨Ger hist⟩ *Fem-
gericht* n (*westfäl. Gerichtsbehörde*) **vehmic**
['feimik] a *Femgerichts–*

veil [veil] 1. s *Schleier* m, *flowing* ~s *wehende
Sch.* pl; to *take the* ~ ⟨ec⟩ *den Sch. nehmen,
Nonne w;* taking *the* ~ *Einkleidung* f | ⟨übtr *mst*
ec⟩ *Vorhang; Behang* m | ⟨ec⟩ (*Kelch-*)*Velum* n,
Umhüllung f | ⟨fig⟩ *Hülle* f; *Schleier* m *der Ver-
gessenheit,* let's *draw a* ~ *over it! Schwamm
drüber!* || *Verschleierung* f, *Maske* f, *Deckmantel*
m; to *throw a* ~ *of mystery over verschleiern,
–decken* | ⟨anat, zoo & bot⟩ *Segel* n 2. vt (*Ge-
sicht*) *verschleiern* || ⟨fig⟩ *verhüllen, –bergen,
–decken; tarnen* ~**ing** ['~iŋ] s *Verschleierung* f
|| ⟨com⟩ *Schleierstoff* m ~**less** ['~lis] a *ohne
Schleier, unverdeckt*

vein [vein] I. s 1. ⟨anat⟩ *Ader* f || ⟨ent & bot⟩
Ader f (*in Blättern, Flügeln* etc) 2. ⟨geol⟩ (*Erz-
etc*) *Gang* m; *ore* ~ *Erzgang* m | *Wasserader* f
3. ⟨übtr⟩ *Streifen, Strich* m, *Maser* f (*in Holz*
etc) 4. ⟨fig⟩ (*P*) *Wesenszug, Zug, Beigeschmack*
m; *Ader* | *Neigung, Anlage* f (*of z*) | *Stil* m, *Art*
f (*in the* ~ *of*) || *Laune, Stimmung* f (*for z*), to
be in the ~ *in St., aufgelegt* s (*for z;* for *doing*)
II. vt *ädern;* (*Holz*) *marmorieren, masern* || [*mst
in* pp ~ed]: *finely* ~ed *fein geädert* ~**ing**
['~iŋ] s *Äderung* f; *geäderte Struktur, Verzierung* or *Stickerei* f ~**less** ['~lis] a *ungeädert*
~**ous** ['~əs] a *dickadrig* (*hands*) | ~**y** ['~i] a
adrig | *geädert* || *mit dicken, hervorstehenden
Adern versehen, dickadrig* (*hands*)

velamen [vi'leimen] s L (pl –*mina* [–*minə*])
⟨bot⟩ *Wurzelhülle* f || ⟨anat⟩ *Hülle* f

velar ['vi:lə] 1. a ⟨gram⟩ *vel·ar, Vel·ar–,
Gaumen–* 2. s *Velarlaut* m

velarium [vi'lɛəriəm] s L ⟨ant⟩ (*Schutz-*)*Leinwand gegen die Sonne* f

veldt, veld [velt] s ⟨SΛfr⟩ *offenes Weideland*
n || ~*-shoe,* ~*-schoen* ⟨SΛfr⟩ *leichter Schuh*
m *aus ungegerbter Haut* f

velleity [ve'li:iti] s ⟨philos⟩ *schwacher, kraft–,
tatenloser Wille* m

vellum ['veləm] s L *feines Pergamentpapier,
Schreibpergament* n || *Pergamenthandschrift* f,
–band m || ~ *paper Velin*(*papier*) n

velocipede [vi'lɔsipi:d] s ⟨hist⟩ *Velozip·ed,
Fahrrad* n *–itron* [–sitrən] s *Laufzeitspektrograph*
m *–ity* [–siti] s *Schnelligkeit; Geschwindigkeit* f
(*at a* ~ *of in e–r G. v*); *initial* ~ *Anfangsge-
schwindigkeit* f; ~ *of air flow Luftdurchsatz–;*
~ *of fall Fall–;* ~ *of impact Auftreff–, Auf-
schlag–* | ~*-head speed indicator* ⟨aero⟩ *Stau-
druckfahrtmesser* m; ~ *ratio Geschwindigkeits-
verhältnis* n

velours [ve'luə] s Fr *Vel·ours* m || *Velours-
hut* m

velum ['vi:ləm] s L ⟨anat⟩ *weicher Gaumen* m,
Gaumensegel n || [pl *vela*] ⟨bot & zoo⟩ *Membran*
f; *Hülle* f, *Segel* n

velure [ve'ljuə] s *Abart des Velours*

velvet ['velvit] 1. s *Sam(me)t, samtartiger
Stoff* m; *Velvet* m; *ribbed* ~ *Rippsammet* m ||
(*samtartiger Überzug des jungen Geweihs*) *Bast*
m; *in* ~ *im Bast* | *Sam(me)t* (*der Haut*) ⟨übtr⟩
samtartige, weiche Oberfläche f || ⟨fig⟩ *Profit,
Gewinn* m; *to be on* ~ *glänzend dastehen, gegen
Verlust gesichert* s || ~ed *sammetweich* 2. a
samtartig, Sam(me)t–; ~ *hat Velours*(*hut* m) m
⟨fig⟩ *with an iron hand in a* ~ *glove mit ge-
ballter Faust in der Tasche* (*Gewaltsamkeit durch
äußere Liebenswürdigkeit verdeckend*) | *sam-
(me)tweich;* ⟨fig⟩ *weich* ~**een** ['velvi'ti:n] s
*Baumwollensam(me)t, Man(s)chester, Rippen-
samt* m | ~**y** [~i] a *sam(me)tartig; –weich* ||
⟨fig⟩ *weich, lieblich* (*wine*)

venal ['vi:nl] a *feil; käuflich* (*post*); *bestech-*

lich (judge) || *unehrlich, betrügerisch* ~**ity** [vi:-
'næliti] s *Feilheit, Käuflichkeit; Bestechlichkeit* f
venatic [vi:'nætik] a *Jagd–*
venation [vi:'neiʃən] s ⟨bot⟩ *Aderung* f
vend [vend] vt ⟨*mst* jur⟩ *verkaufen* || *feilbieten,
hausieren mit* | ~**ee** [ven'di:] s ⟨*mst* jur⟩ *Käufer*
m (*Ggs* vendor) ~**er** ['vendə] s *Verkäufer,
Händler, Hausierer* m ~**ibility** [‚vendi'biliti] s
Verkäuflichkeit f ~**ible** ['vendəbl] a *verkäuflich*
~**ing** ['~iŋ] s; ⟨Am⟩ ~ *machine Verkaufs-
automat* m ~**ition** [ven'diʃən] s *Verkauf* m ~**or**
['vendə:] s ⟨jur⟩ *Verkäufer* m (*Ggs* vendee);
~'s box *Bauchladen* m
vendace ['vendeis] s [pl ~] ⟨ich⟩ *Renke,
Mar·äne* f
Vendean [ven'di:ən] **1.** s *Bewohner des frz.
Departement* Vendée m ⟨*bes* hist⟩ (1793) **2.** a
Vendée–
vendetta [ven'detə] s It *Blutrache* f
veneer [və'niə] **1.** vt (*Holzstück*) *furnieren* ||
(*Stein* etc) *auslegen* | ⟨fig⟩ (*e–r S*) *e–n schönen
Anstrich geben*; (*etw*) *umkleiden* (with *mit*); *verdecken* (with *durch*) **2.** s *Furn·ier(blatt)* n; *Fur-
nierholz* n | ⟨fig⟩ *äußerer Anstrich, Schein* m
~**ing** [~riŋ] s *Furnieren* n || *Furnierholz* n;
–arbeit f || ⟨fig⟩ *schöner Anstrich* m
venerability [‚venərə'biliti] s *Ehrwürdigkeit* f
venerable ['venərəbl] a (*–bly* adv) (*P & S*) *ehr-
würdig* | *alt; verehrungswürdig* | ⟨C. E.⟩ (*Titel* f
archdeacon; abbr Ven. *od* Venbl.) *hochwürdig*;
~ Sir *Hochwürden* ~**ness** [~nis] s = venerability
venerate ['venəreit] vt (*ver*)*ehren*; *mit Ehrfurcht betrachten* ~**ation** [‚venə'reiʃən] s *Verehrung* f (for, of *vor*); *to hold in* ~ *verehren
–ator* ['venəreitə] s *Verehrer* m (a ~ of ancient
customs)
venereal [vi'niəriəl] a *geschlechtlich, sexu·ell*;
Sexual–, Geschlechts– | *geschlechtskrank, vene-
risch*; ~ *diseases Geschlechtskrankheiten* f pl
–reologist [‚viniəri'olədʒist] s ⟨med⟩ *Spezialist,
Facharzt* m f *Geschlechtskrankheiten –ry* ['venəri]
s † *Geschlechtsgenuß, –verkehr* m
venery ['venəri] s † *Weidwerk* n, *Jagd* f, → o.
venesection [‚vi:ni'sekʃən] s ⟨med⟩ *Aderlaß* m
Venetian [vi'ni:ʃən] **1.** a *venetianisch*; ~
blind (*Zug–, Roll–*)*Jalousie* f; ~ *mast spiralförmig bemalter Mast* m (f *Straßendekoration*)
2. s *Venetianer(in* f) m | *geköperter Stoff* m; ~s
[pl] *starke Jalousieschnur* f
Venezuelan [‚vene'zweilən] **1.** a *venezuela-
nisch* **2.** s *Venezuelaner(in* f) m
vengeance ['vendʒəns] s *Rache* f; *to take* ~
on sich rächen an || *Racheakt* m || *with a* ~ ⟨fig⟩
*mit aller Macht, ganz gehörig; tüchtig; daß es
e–e Art hat, gewaltig;* °*daß 's Ende* n *weg ist; erst
recht; und wie; mit Haut u Haar; there is a new
situation with a* ~ *es ist e–e neue Situation u
w·as f e–e*
vengeful ['vendʒful] a (*~ly* adv) *rachsüchtig*
~**ness** [~nis] s *Rachsucht* f
venial ['vi:niəl] a (*~ly* adv) *verzeihlich, ent-
schuldbar, leicht* || ~ *sin* ⟨R. C.⟩ *läßliche Sünde,
Erlaßsünde* f (*Ggs* mortal sin) ~**ity** [‚vi:ni'æliti] s
Verzeihlichkeit f
venire facias [vi'naiəri 'fæsiæs] s ⟨jur hist⟩
gerichtl. Aufforderung v *dem Sheriff* z *Einberu-
fung e–r Jury* f
venison ['venzn] s *Wildbret* n
Venite [vi'naiti] s L ⟨C. E.⟩ *Name* f *den
95. Psalm*
venom ['venəm] s (*Tier-*)*Gift* n || * *nichttieri-
sches Gift* n || ⟨fig⟩ *Gehässigkeit* f (with great ~),
Gift n, *Tücke, Bosheit* f ~**ed** [~d] a ⟨*mst* fig⟩
giftig, boshaft ~**ous** [~əs] a (*~ly* adv) *giftig*
(snake) ⟨fig⟩ *giftig, boshaft* ~**ousness** [~əsnis]
s *Giftigkeit* f ⟨fig⟩ *Bosheit* f
venose ['vi:nous, vi:'nous] a ⟨bot⟩ *geädert*

venosity [vi:'nositi] s ⟨path⟩ *ven·öse Beschaffenheit* f **venous** ['vi:nəs] a ⟨anat⟩ *ven·ös, Venen–*
(*Ggs* arterial) | ⟨*bes* bot & ent⟩ *geädert*
vent [vent] s (*Rücken-*)*Schlitz* m (*an Röcken*)
vent [vent] **I.** s **1.** *Öffnung* f; ⟨orn, etc⟩ *After*
m || *Aus–, Abfluß* m; *Spundloch* n (*am Faß*)
Vulkanschlot m || ⟨mil⟩ *Zündloch* n **2.** ⟨übtr &
fig⟩ *Ausweg, –gang, Abfluß* m; *to find* (a) ~
e–e A. finden (for *f*); *to find some* ~ *for a feeling
e–m Gefühl Luft* m (in in, *durch*); *to give* ~ *Luft
m, freien Lauf l* (to a th *e–r S*) **3.** [attr] ~*-hole
Luft–, Zugloch, Abzugsrohr* n, *Öffnung* f; ~*-line
Belüftungsleitung* f; ~*-peg Spundzapfen* m;
~ *plug Ablaßstopfen* m **II.** vt **1.** *ein* (*Luft–,
Spund–* etc) *Loch* m *in* || (*Rauch*) (*durch e–e
Öffnung*) *herauslassen* **2.** ⟨fig⟩(*e–r S*) *freien
Lauf l, Luft* m (on a p *jdm gegenüber*); to ~ o.s.
sich Luft m (in *in*) || (*s–n Ärger* etc) *auslassen* (on,
upon *an*) | (*Erklärungen* etc) *äußern, v sich geben*
~**age** ['ventidʒ] s (*Finger-*)*Loch* e–s Blasinstru-
ments n || ⟨übtr⟩ *Abfluß, Ausweg* m
ventail ['venteil] s *Schembart* m, *unterer beweglicher Teil e–s* (*Helm-*)*Visiers*
venter ['ventə] s L ⟨anat⟩ *Leib* m, *Magenhöhle*
f (*v Insekten* etc)
ventilate ['ventileit] vt (*Korn*) *schwingen* ||
(*durch Zufuhr v Luft*) *frisch halten; reinigen,
lüften* (*Raum*) *mit frischer Luft versehen;
frische Luft zuführen; ventilieren* || *mit Luft-
löchern versehen* || (*Bienen*) *sterzeln* | ⟨fig⟩ (*e–e
Frage* etc) *erörtern, ventilieren,* (*Frage*) *anschnei-
den* || *prüfen, erwägen* | *–tion* [‚venti'leiʃən] s
Luftzug m || *Ventilation, Lüftung* f, *Luftzufuhr* f,
–wechsel m (in a room) || ⟨min⟩ *Wetterführung* f
|| ~ *dam* ⟨min⟩ *Wetterdamm* m; ~ *damper
Luftklappe* f | ⟨fig⟩ *freie Erörterung; Prüfung* f
–tive ['ventilətiv] a *Ventilations–* | *–tor* ['ventileitə]
s *Entlüfter* m; *Lüftungsvorrichtung, –klappe,
–anlage* f; → fan 1.; ⟨min⟩ *Grubenventilator* m
|| ⟨fig⟩ *Erörterer* m
ventipane ['ventipein] s ⟨mot⟩ *Luftklappe* f
(*Seitenfenster*)
ventral ['ventrəl] a (*~ly* adv) ⟨anat⟩ *den
Bauch betr, Bauch–* | ⟨aero⟩ ~ *drop tank
Rumpfabwurfbehälter* m
ventri– ['ventri] L [in comp] *Bauch–* ~**cle**
['ventrikl] s ⟨anat⟩ *Höhlung;* (*Hirn-*)*Höhle,*
(*Herz-*)*Kammer* f ~**cular** [ven'trikjulə] a *Magen–,
Bauch–* | (*Herz-*)*Kammer–* ~**loquial** [‚ventri-
'loukwiəl] a (*~ly* adv) *Bauchrede–* (~ *art
–kunst*) ~**loquism** [ven'triləkwizm] s *Bauchrede-
kunst* f, *Bauchreden* n ~**loquist** [ven'triləkwist] s
Bauchredner m ~**loquize** [ven'triləkwaiz] vi/t ||
bauchreden | vt (*durch Bauchreden*) *äußern*
~**loquous** [ven'triləkwəs] a *bauchrednerisch*
~**loquy** [ven'triləkwi] s = ventriloquism
~**potent** [ven'tripotənt] a *dickbäuchig* || *e–n gr
Magen besitzend, gefräßig*
ventro– ['ventrou] L [in comp] *Bauch–*
venture ['ventʃə] **I.** s **1.** † *Glück* n | *at a* ~ *auf
gut Glück, aufs Geratewohl; bei roher Schätzung;
to draw a bow at a* ~ ⟨fig⟩ *auf den Busch
klopfen* **2.** *Wagnis, R·isiko* n; *to put to the* ~
riskieren, versuchen | ⟨com⟩ (*Handels-*)*Spekula-
tion* f, *–sunternehmen* n; *–objekt* n, *schwimmendes
Gut* n **2.** vt/i **A.** vt *wagen, aufs Spiel setzen* (one's
life) | (*Verlust*) *wagen, nothing* ~, *nothing have
wer nicht wagt, der nicht gewinnt* || (*Gefahr*)
wagen; riskieren, unternehmen; (*etw*) *wagen, z tun
wagen* (to ~ a flight) | ⟨übtr⟩ (*Meinung*) z
äußern w. **B.** vi *wagen* (to do) || *sich erlauben*
(to do); *if I might* ~ *wenn ich mir erl– dürfte
an*); *sich unterstehen* (to do); *sich wagen* (near *nahe
an*); *sich hinaus–* (on *auf*) | ⟨übtr⟩ *to* ~ *on a th
sich einlassen in etw; etw wagen; es versuchen mit
etw* | [*mit adv*] *to* ~ *away sich fortwagen* (from)
|| *to* ~ *on sich weiter wagen* || ~**r** [~rə] s *Wager;
Unternehmer; Schiffahrer* m ~**some** ['ventʃəsəm]

a (~ly adv) *waghalsig, unternehmend; verwegen, kühn* ‖ *gefährlich* **~someness** [~nis] s *Waghalsigkeit, Unternehmungslust; Verwegenheit* f

venue ['venju:] s 〈jur〉 *zuständiger Gerichtsort; Zuständigkeitsbezirk* m; 〈jur〉 *change of* ~ *Verweisung* f *e-s Streitfalles an ein anderes Gericht* | 〈fam〉 *Zus–kunftsort, Treffpunkt* m

Venus ['vi:nəs] s L 〈myth〉 *Venus* f ‖ 〈übtr〉 *schöne Frau, Schönheit* f ‖ 〈astr〉 *Venus* f ‖ ~'s *fly-trap* 〈bot〉 *Venusfliegenfalle* f; ~'s *slipper* 〈bot〉 *Marien–, Frauenschuh* m

Vera ['viərə] s = vision, electronic, recording apparatus

veracious [və'reiʃəs] a (~ly adv) *wahrheitsliebend, glaub–, vertrauenswürdig* ‖ *wahr* (statement) **~ness** [~nis], **–city** [və'ræsiti] s *Wahrheitsliebe, Wahrhaftigkeit, Glaubwürdigkeit* f ‖ [a pl –ties] *wahre Aussage, Wahrheit* f

veranda(h) [və'rændə] s *Veranda* f

veratria [ve'reitriə], **–trine** ['verətrain] s 〈chem〉 *Veratr·in* (*Alkalo·id*) n

veratrum [ve'reitrəm] s L 〈bot〉 (*Weiße*) *Nieswurz* f

verb [və:b] s 〈gram〉 *Zeitwort, Verb*(*um*) n **~al** ['~əl] a (~ly adv) **1.** *aus Worten bestehend, Wort–* (~ memory); *Verbal–,* ~ *note* 〈dipl〉 *–note* f; ~ *inspiration* 〈ec〉 *–inspiration* f ‖ *nur in Worten bestehend, Wort–,* ~ *dispute ein Streit um Worte,* to be merely ~ *nur den Worten nach bestehen* ‖ *wörtlich, buchstäblich* ‖ *mündlich* (contract) **2.** 〈gram〉 *verb·al* **~alizm** ['~əlizm] s *Wortausdruck* m ‖ *Überwiegen* n *des Wortes* (*statt der S*); *Wortklauberei* f **~alist** ['~əlist] s *Worterklärer; –klauber* m **~alize** ['~əlaiz] vt *in ein Zeitwort verwandeln* ‖ *in Worten ausdrücken*

verbascum [və:'bæskəm] s L 〈bot〉 *Fackel–, Wollkraut* n, *Königskerze* f

verbatim [və:'beitim] L **1.** adv *wörtlich, Wort f Wort* **2.** a *wörtlich, wortgetreu* **3.** s *wortgetreuer Bericht* m

verbena [və:'bi:nə] s L 〈bot〉 *Eisenkraut* n; Lemon ~ *Zitronenstrauch* m

verbiage ['və:biidʒ] s *Wortschwall* m ‖ *Wortausdruck* m, *Dikti·on* f

verbose [və:'bous] a (~ly adv) *weitschweifig* ‖ *wortreich, –überladen* ‖ **~ness** [~nis], **verbosity** [və:'bəsiti] s *Weitschweifigkeit* f, *Wortfülle* f, *–schwall* m

verdancy ['və:dənsi] s (*das*) *Grün*(*e*); (*das*) *frische Grün*; (*die*) *grüne Frische* | 〈fig〉 *Unreife* f ‖ **–dant** ['və:dənt] a (~ly adv) *grün, frisch grünend* | 〈fig〉 *unreif, –erfahren*

verd-antique ['və:dæn'ti:k] s Fr *Ophikalz·it* (*grüngeäderter Serpentin*) m ‖ *Antikengrün* n, *Edelrost* m

verderer ['və:dərə] s 〈hist〉 *Forst–, Wildmeister, Förster* m

verdict ['və:dikt] s 〈jur〉 *Urteils–, Wahrspruch* m (*der Geschworenen*); a ~ *of guilty ein U. auf schuldig;* to give the ~ *den U. fällen;* the jury returned a ~ *of murder die Jury erkannte auf Mord* | 〈übtr〉 *Urteil* n (*to pass one's* ~ *on sein U. abgeben über*), *Meinung, Ansicht* f

verdigris ['və:digris] s Fr *Grünspan* m (*a* chem〉 **~ed** [~t] a *mit G. überzogen*

verditer ['və:ditə] s *Berggrün* n (*Mineralfarbe*)

verdure ['və:dʒə] s *Grün* n, *grüne Vegetation* f, *grüner u frischer Pflanzenwuchs* m; *amid the* ~ *im Grünen* ‖ *Verdüre* f, ~ *tapestry* f 〈fig〉 *Frische, Kraft* (of youth); *Blüte* f **~less** [~lis] a *ohne Grün; kahl, welk*

verdurous ['və:dʒərəs] a *grünend, mit Grün bekleidet, grün u frisch*

verge [və:dʒ] **I.** s **1.** 〈hist ec〉 *Amtsstab* m ‖ *Spindel* f (*e–r Uhr*) | 〈hist〉 *Gerichtsbarkeit* f *um den kgl. Hof* (within the ~) ‖ *Grenzen* f pl ‖ *Bereich* m (within the ~ of) ‖ *Spielraum* m (for

f) **2.** *Rand* m, *Grenze* f; (*Fahrbahn-*)*Rand*(*streifen* m) m; 〈poet〉 *Horizont* m ‖ 〈hort〉 (*Gras-*)*Einfassung* f (*e–s Beetes*) | 〈fig〉 *Rand* m, *Grenze* f; to the ~ of a th *bis an die Grenze, bis an den Rand e–r S, bis unmittelbar an etw;* on the ~ of *am Rande* or *an der Grenze v* (*.. of war .. des Krieges*), *dicht an;* on the ~ of doing *nahe daran, im Begriff z tun* **II.** vi *grenzen, streifen, liegen* (on an) ‖ 〈übtr〉 *grenzen* (on *an*); *sich nähern* (on a th *e–r S*); (an estate) verging on 4 acres *.. etwa v 4 Morgen*

verge [və:dʒ] vi (of the sun) *sich neigen, hinabsinken* ‖ *sich bewegen; sich erstrecken* ‖ *sich nähern, neigen* (towards *nach .. hin*) ‖ *übergehen* (into *in*)

verger ['və:dʒə] s *Amtsstabträger* m ‖ 〈ec〉 *Kirchendiener, Küster* m, *Mesner* m

veridical [ve'riðikl] a (~ly adv) 〈oft iron〉 *wahrheitsliebend; glaubwürdig* ‖ (of dreams) *wirklich, mit der Wirklichkeit übereinstimmend*

verier ['veriə], **veriest** ['veriist] → very I. A.

verifiability [,verifaiə'biliti] s *Be–, Nachweisbarkeit* f **–fiable** ['verifaiəbl] a *nachweisbar, –lich, beweis–, nachprüfbar* **–fication** [,verifi-'keiʃən] s *Wahrheitsbeteuerung* f; *–nachweis* m ‖ *Bewahrheitung, Bestätigung* f; in ~ of this *od* of which *urkundlich dessen* ‖ *Nachweis der Richtigkeit* m; *Nachprüfung* f **–fier** ['verifaiə] s 〈tech〉 *Prüfmaschine* f **–fy** ['verifai] vt *als wahr be–, nachweisen* (a th; that) ‖ *erweisen, bestätigen; wahr* m, to be *–fied sich bestätigen, sich bewahrheiten, sich als wahr erweisen* ‖ (etw) *auf s–e Richtigkeit* (*nach*)*prüfen, die Richtigkeit* (*e–r S*) *feststellen* ‖ 〈jur〉 (*Urkunde*) *beglaubigen* ‖ 〈tech〉 *eichen, prüfen* ‖ 〈com〉 *beurkunden*

verily ['verili] adv † *wahrlich, wahrhaftig, fürwahr*

verisimilar [,veri'similə] a * *wahrscheinlich* **–litude** [,verisi'militju:d] s *Wahrscheinlichkeit* f

verism ['verizm] s 〈arts, Lit〉 *Ver·ismus* m

veritable ['veritəbl] a (–bly adv) *wahr, wirklich, wahrhaftig, echt* (a ~ king) °*förmlich*

verity ['veriti] s *Wahrheit* f (in ~ *in W.*) ‖ [a pl –ties] *wahre Tatsache, Wahrheit, Wirklichkeit* (are *–ties*); *Grundwahrheit* f ‖ 〈rhet〉 of a ~! *wahrhaftig!, wirklich!*

verjuice ['və:dʒu:s] s *Saft* m *unreifer Trauben* or *unreifen Obstes; Säure* f ‖ 〈fig〉 *verdrießliches Aussehen* n (etc)

vermeil ['və:meil] s **1.** a *hoch–, purpurrot* **2.** s *Purpur–, Scharlachrot* n ‖ *vergoldetes Silber* n

vermi– ['və:mi] L [in comp] *Wurm–* **~celli** [,və:mi'seli] s It *Fadennudeln* f pl **~cide** ['və:-misaid] s 〈pharm〉 *Wurmtötungsmittel* n **~cular** [və:'mikjulə] a *wurmartig, –förmig* ‖ *Wurm–* *welli, gewunden* **~culate** [və:'mikjulit] a (*mst* fig〉 *wurmartig, –förmig* **~culated** [və:'mikju-leitid] a *wurmstichig* ‖ 〈arch〉 (of stones) *mit wurmlinigen gewundenen Verzierungen ausgelegt* **~culation** [və:,mikju'leiʃən] s *Wurmstichigkeit* f ‖ *wurmähnliche Bewegung* f ‖ 〈arch〉 *wurmlinienförmige Verzierung* f **~form** ['və:mifə:m] a *wurmförmig, –artig, Wurm–;* ~ *appendix* 〈anat〉 *Wurmfortsatz;* ~ *process* 〈anat〉 *Wurm* m (*der Kleinhirnhemisphären*) **~fuge** ['və:mifju:dʒ] s 〈med〉 *wurmabtreibendes Mittel* n

vermilion [və'miljən] s **1.** s *Zinnober* m, *Mennig* m, *Mennige* f ‖ *Scharlach–, Zinnoberrot* n **2.** a *scharlach–, zinnoberrot* **3.** vt *scharlach–, zinnoberrot färben, röten*

vermin ['və:min] s [*nur* sg-Form] **1.** [koll pl konstr; these ~] kl *schädliche Raubtiere* n pl ‖ *schädl. Insekten* n pl, *Parasiten* m pl; *Gewürm; Ungeziefer* n (such ~ as bugs and rats); ~-*killer Insektenpulver* n **2.** 〈fig〉 a. [koll] *Brut* f, *Gesindel; Geschmeiß* n **b.** a ~ *ein Aussauger* m, *Untier* n **~ate** [~eit] vi *Ungeziefer erzeugen*

~ous [~əs] a *mit Ungeziefer behaftet*; *verlaust* || *durch U. erzeugt* | ⟨fig⟩ *paras·itisch*; *gemein*

vermouth [ˈvə:mu:t] s Fr *Wermut* m || ~s [pl] *Gläser* n pl *W.* (offered them ~s *bot ihnen e–n W. or ein Glas W. an*)

vernacular [vəˈnækjulə] **1.** a (only of language) *einheimisch*; ~ language *Landes–, Volkssprache* f || *in einheimischer Sprache geschrieben* or *schreibend*; *Heimat–* (~ poet); *Lokal–* **2.** s *Landes–, Mutter–, Volkssprache* f; in the ~ in *der V.*; ⟨fig hum⟩ to speak in the ~ to a p *mit jdm gut ·englisch*, ⟨m. m.⟩ *gut d·eutsch reden* || *Lokaldialekt* m, *–sprache* f || *Jargon* m **~ism** [~rizm] s *Ausdruck der Volkssprache* f, *landes- sprachliches Idiom* n **~ize** [~raiz] vt *in die Volks- sprache übertragen* **~ly** [~li] adv *in der Volks- sprache*; *idiomatisch*

vernal [ˈvə:nl] a *frühlingsartig, Frühlings–*; the ~ equinox *die Frühlings-Tagundnachtgleiche*; ~ grass ⟨bot⟩ *Ruchgras* n || ⟨fig⟩ *jugendlich, Jugend–, frisch*

vernation [və:ˈneiʃən] s ⟨bot⟩ *Anordnung, Lage der Blätter in der Knospe* f

Verner's Law [ˈvə:nəzˈlɔ:] s ⟨phil⟩ *Verners Gesetz* n (*nach dem Dänen* Karl Verner, † 1896)

vernicle [ˈvə:nikl] s ⟨arts⟩ *Ver·onikatuch, Schweißtuch der hl. V.*; *Christi Bildnis* n *als Zierschmuck* m

vernier [ˈvə:niə] s Fr ⟨surv & math⟩ *Vernier* (*nach* Pierre ~, † 1637), *Nonius, beweglicher Gradteiler* m || ~ cal(l)iper *Feinmeß-Schieb- lehre* f

veronal [ˈverənl] s Ger *Veron·al* n (*Schlaf- mittel*)

Veronese [ˌverəˈni:z] **1.** a *veron·esisch* **2.** s [pl ~] *der* (*die*) *Veron·eser*(*in* f) m || the ~ *die Veroneser* pl | *das Veronesische*

veronica [vəˈrɔnikə] s L ⟨bot⟩ *Ehrenpreis* m

verruca [veˈru:kə] s L *Warze* f **–cose** [veˈru:- kous] a *warzig*

versatile [ˈvə:sətail] a (~ly adv) *veränderlich, wandelbar, unbeständig* || *wandlungsfähig, ge- schmeidig*; *beweglich* (mind), *gewandt*; *vielseitig, vielseitig begabt* or *gebildet* | ⟨bes bot & zoo⟩ *drehbar, sich frei drehend, sich bewegend* **–tility** [ˌvə:səˈtiliti] s *Veränderiich–, Wandelbarkeit* f || (of the mind) *Gewandtheit, Beweglichkeit* f || *Vielseitigkeit* f || *vielseitige Verwendbarkeit* f

verse [və:s] **I.** s **1.** [pl ~s] *Verszeile* f, *Vers* m || *Bibelvers* m, *Teil* m *e–s Kapitels* || *Vers* m, *Strophe* f (five ~s, he sent me these ~s) **2.** [koll sg konstr] *Verse* pl, in ~ in *Versen* [*ohne* art] *metrische Form* f; *Dichtung* f (*Ggs* prose); free ~ ⟨m. m.⟩ *Prosagedicht* n; light ~ ⟨m. m.⟩ *Leichte Muse, Zehnte Muse* f (e.g. Aristophanes, Shak's songs, Limericks, nursery rhymes, etc); ~-monger *Verseschmied* m **II.** vi/t || *Verse* m | vt (*etw*) *in Verse bringen*; *in Versen besingen* or *aus- drücken*

versed [və:st] a *bewandert, geschickt, erfahren* (in *in*)

versed [və:st] a: ~ sine ⟨math⟩ *Sinus versus* n

verset [ˈvə:set] s (*Bibel-*)*Vers* m | *kurzes Orgel- vorspiel* n

versicle [ˈvə:sikl] s *Psalmvers* m (*bes der Liturgie*) || *Verszeile* f, *Verschen* n

versicoloured [ˈvə:siˌkʌləd] a *vielfarbig, schil- lernd*

versification [ˌvə:sifiˈkeiʃən] s *Verskunst* f, *Versemachen* n || *Versbau* m, *Metrum* n **–fier** [ˈvə:sifaiə] s *Verskünstler, Dichter* m; ⟨*mst* cont⟩ *Dichterling, Verseschmied* m **–fy** [ˈvə:sifai] vi/t || *Verse* m, *dichten* | vt *in Verse bringen, in Versen besingen*

version [ˈvə:ʃən] s *Übersetzung* f (the Author- ized ~) || *Fassung, Version, Lesart, Darstellung* f (*e–s Ereignisses* etc) || ⟨arts⟩ second ~ *Replica* f

vers libre [vɛrˈli:br] s Fr *freies Versmaß* n ~ **-brist** [vɛrˈli:brist] s Fr *Dichter, der in freiem Versmaß schreibt*

verso [ˈvə:sou] L s *Rückseite* f *e–s Blattes im Buch* (Ggs recto) || *Rückseite e–r Münze* etc (Ggs obverse)

verst [və:st] s *Werst* f (*russ. Längenmaß* = 1066,78 m)

versus [ˈvə:səs] prep L (abbr v.; vs.) ⟨jur & sport⟩ *gegen*

vert [və:t] **1.** s ⟨ec⟩ *Übergetretener, Konvert·it* m **2.** ⟨fam ec⟩ (in *e–e andere Kirche*) ·*übertreten*

vert [və:t] s ⟨jur⟩ *das Grün, Dickicht* n *e–s Waldes* (z *Schutz des Wildes*) || *Holzungsrecht* n || ⟨her⟩ *Grün* n

vertebra [ˈvə:tibrə] s L ⟨zoo & anat⟩ *Rücken- wirbel* m; [pl] the vertebrae [–bri:] *die Wirbel- säule* **–bral** [ˈvə:tibrəl] a (~ly adv) z *Wirbelsäule gehörig*; *aus Wirbelknochen bestehend*; *Wirbel–*; ~ animal ⟨zoo⟩ *Wirbeltier* n; ~ column ⟨anat⟩ *Wirbelsäule* f **–brate** [ˈvə:tibrit] **1.** a ⟨zoo⟩ *mit e–r Wirbelsäule versehen, Wirbel–*; ~ animal ⟨zoo⟩ *Wirbeltier* n || *Wirbeltier–* (~ remains) | ⟨fig⟩ *festgefügt, gediegen* **2.** s ⟨zoo⟩ *Wirbeltier* n **–brated** [ˈvə:tibreitid] a = vertebrate || **–bration** [ˌvə:tiˈbreiʃən] s *Wirbelbildung* f; ⟨fig⟩ *Rückgrat* n

vertex [ˈvə:teks] s L (pl ~es, –tices [ˈvə:tisi:z]) ⟨geom⟩ *Spitze* f (*e–s Dreiecks* etc), *Scheitel- (punkt)* m || ⟨astr⟩ *Scheitelpunkt, Zenit* m || ⟨anat⟩ *Scheitel* m || ⟨übtr⟩ *Spitze* f, *Gipfel* m, *Krone* f

vertical [ˈvə:tikəl] **1.** a *Vertikal–, Höhen–*, ~ circle *Vertikalkreis* m || *im Zenit stehend* (sun) | *vertikal, senkrecht* (to *auf*); *Scheitel–, ~ angles* [pl] *–winkel* m pl || *senkrecht fallend* (rays); (*aufrecht*) *stehend* (engine) || ~ axis *Hochachse* f; ~ bank *Messerflug* m (*Kunstflug*) || ~ combination *Vereinigung* v *Unternehmun- gen* f, *in denen alle Zweige e–r Industrie* (*vom Rohprodukt bis* z *Fertigfabrikat*) *hergestellt w* || ~ design ⟨tech⟩ *stehende Bauart* f || ~ dive ⟨aero⟩ *Kopfsturz* m || ~ envelopment ⟨tact⟩ *Luftlandeangriff* m *in Zus–arbeit mit motorisier- ten Truppen* || ~ gradiant ⟨meteor⟩ *Temperatur- gradient* m || ~ stabilizer ⟨aero⟩ *Seitenflosse* f || ~ take-off (VTO) (of a flying bedstead) *senk- rechter Flugstart* m **2.** s the ~ *die senkrechte Linie, Senkrechte* f **~ity** [ˌvə:tiˈkæliti] s *Höhen–, Zenitstellung* f || *senkrechte Stellung* f **~ly** [~i] adv *in vertikaler Lage od Richtung*; *direkt senk- recht über* or *unter*

verticil [ˈvə:tisil], **–cel** [–sel] s ⟨bot⟩ *kreis- förmige Anordnung um e–e Achse*; *quirlige Blatt- stellung* f, *Quirl, Wirtel* m **~late** [vəˈtisileit] a ⟨bot⟩ *quirlblätterig, quirlig*

verticity [vəˈtisiti] s *Hang* m *sich* z *drehen*; *Umdrehungsgeschwindigkeit* f

vertiginous [vəˈtidʒinəs] a *wirbelnd, sich im Kreise drehend*; *Wirbel–* || *schwindlig, so* ~ *sich sch. fühlen*; *Schwindel–*; ~ attack *–anfall* m || *Schwindel erregend*; *schwindelnd* (height) || ⟨fig⟩ *unbeständig, flatterhaft* **~ly** [~li] adv *in schwindelerregender Weise*

vertigo [ˈvə:tigou] s ⟨med⟩ *Schwindel(anfall)* m, *–gefühl* n || ⟨aero⟩ *Höhenkrankheit* f || *Nervenverlieren* n || *Gleichgewichtsstörung* f

vertu [və:ˈtu:] s = virtu

vervain [ˈvə:vein] s ⟨bot⟩ *Eisenkraut* n, → verbena

verve [və:v, vɛəv] s Fr *Kraft* f, *Schwung* m, *Begeisterung* f, *Feuer* n

very [ˈveri] **I.** a A. *wahr, wirklich, echt*; the ~ truth *die reine* or *lautere Wahrheit*; that is the ~ devil *das ist rein* (or *direkt*) z *Totärgern* || *rein, for* ~ pity's sake *aus reinem Mitleid, nur aus*

Mitleid; for ~ weariness *aus lauter Müdigkeit* |
verier ['veriə] compr [*nach unbest. Art.*] *echter,
reiner, größer* (a verier knave) || veriest ['veriist]
sup [*nach* the] *reinste*(r, –s), *größte*(r, –s), *kleinste*(r, –s), the veriest nonsense *der reinste Unsinn,*
the veriest rascal *der größte Schurke,* the veriest
baby *das kleinste Kind* **B.** [*als Intensiv* or emph]
1. [*nach* the] *bloß, allein,* the ~ idea *der bloße
Gedanke, schon der Gedanke* | *genau, gerade,
direkt,* the ~ opposite *das gerade Gegenteil,* the
~ thing *gerade das Richtige* || at the ~ begin-
ning *gleich am Anfang*; from the ~ outset *schon
v Anfang an*; in the ~ act *auf frischer Tat*; to the
~ bones *bis auf die Knochen* | *derselbe,* the ~
man *derselbige Mann*; the ~ day *am selben Tag*
2. [*nach* this, that]: *der–, die–, dasselbe,* that ~
afternoon *noch derselbe Nachmittag, noch denselben* or *an demselben N.*; this ~ day *noch
heute; gerade heute* **3.** [*nach* pron poss]: their ~
look *schon ihr Blick, ihr Blick allein*; in his ~
presence *direkt in s–r Gegenwart* **II.** adv **1.** [*vor
adj, adjektivischem* pp *u* adv]: *sehr, in hohem
Grade* (~ good, ~ badly; a ~ interesting book;
the book is ~ interesting; a ~ celebrated poet;
how ~ pleased he was); ~ good *sehr wohl, nun
gut, einverstanden*; ~ well *nun gut*; *bitte sehr*;
freilich || ⟨wir⟩ ~ high frequency (abbr VHF)
Ultrakurzwelle (abbr *UKW*); ~ high frequency
range ⟨wir⟩ *Ultrakurzwellenbereich* m; ~ low
frequency (VLF) *sehr niedrige* (*Hoch-*)*Frequenz*
f, *Myriameter–, Längstwelle* f | not ~ *nicht ge-
rade*; *ziemlich*; not ~ much *nicht gerade viel* ||
~ much [*vor reinem* pp] *sehr,* he is ~ much
annoyed *er ärgert sich* (*gar*) *sehr* **2.** [*rein intensiv*] **a.** [*vor* sup]: *aller–* (the ~ best thing), the ~
next day *schon* or *gleich am folgenden Tage*; the
~ best thing *das Allerbeste*; to the ~ last drop
bis auf den letzten Tropfen **b.** the ~ same man
derselbe Mann || to be one's ~ own *jdm allein
gehören*; for your ~ own *f dich* (*allein*)
Very ['veri] s (*nach amer. Erfinder* S. W. ~)
⟨mil⟩ ~ light *Leuchtpatrone* f || ~ pistol *–pistole*
f || ~ signal light *Leuchtkugel, –patrone* f
  vesica [ve'saikə, 'vesikə] s L ⟨anat & zoo⟩
Blase f (*bes T*) || ⟨bot⟩ *Säckchen* n | ~l ['vesikl]
a ⟨anat & zoo⟩ *Blasen–* | ~nt ['vesikənt] **1.** s
blasenziehendes Mittel, Zugpflaster n **2.** a
blasenziehend ~te ['vesikeit] vt/i || *Blasen
ziehen auf* (to ~ the skin) | vi *Blasen ziehen*; *sich
mit Blasen bedecken* ~tion [vesi'keiʃən] s
Blasenbildung f; *Blase* f ~tory ['vesikeitəri] **1.** a
blasenziehend **2.** *blasenziehendes Mittel, Zugpflaster* n **vesicle** ['vesikl] s *Bläschen* n **vesico–**
['vesiko] [in comp] *Blasen–*; ~-vaginal fistula
Vesikovagin·alfistel f **vesicular** [ve'sikjulə] a
blasenförmig; *bläschenartig*; *aus Bläschen* or
Zellen zus–gesetzt || *Bläschen–, vesikul·är*; ~
murmur *vesikuläres Atemgeräusch* n **–late** [ve-
'sikjulit] a *aus Bläschen, Zellen bestehend*
  vesper ['vespə] s L **1.** ⟨poet⟩ ~ *der Abendstern*
m | ⟨poet⟩ *Abend* m; [attr] *Abend–* **2.** ~s [pl]
⟨ec⟩ *Vesper* f, *Abendgottesdienst* m ~tilionid
[ˌvespə'tiliənid] a ⟨zoo⟩ ~ *bats* [pl] *Glattnasen*
(*Fledermäuse*) f pl ~tinal [ˌvespə'tainl], ~tine
['vespətain] a *abendlich, Abend–*
  vespiary ['vespiəri] s *Wespennest* n –piform
['vespifɔ:m] a *wespenartig* –pine ['vespain] a
Wespen–
  vessel ['vesl] s **1.** *Gefäß* n || ⟨fig bib †⟩ *Ge-
schöpf, Gefäß* n (*Gottes*); a chosen ~ *ein aus-
erwähltes Rüstzeug* n; the weaker ~ ⟨ec⟩ *das
Weib* (*als das schwächere Geschlecht*) **2.** ⟨mar⟩
Fahrzeug, Schiff n **3.** ⟨anat, bot⟩ *Gefäß* n,
Kanal m; blood-~ *Blutgefäß* n
  vest [vest] s **1.** † *Kleidung* f **2.** *Unterjacke* f,
–hemd, Damenhemd n || ⟨com *bes* Am⟩ *Weste* f
|| ~-pocket *–ntasche* f; [attr] *Klein–*
  vest [vest] vt/i **A.** vt **1.** ⟨poet & ec⟩ *bekleiden*

(with *mit*), [*mst* pp] ~ed with || to ~ o.s. *sich
ankleiden* **2.** ⟨fig⟩ [*mst* pass] (*jdn*) *bekleiden,
ausstatten* (with rights *mit Rechten*); *einsetzen*
(in *in*) || (*Recht* etc) *übertragen, verleihen* (in a p
jdm); [*mst* pass] to be ~ed in a p *in den Händen
jds liegen* **B.** vi ⟨*bes* ec⟩ *sich ankleiden* | ⟨fig⟩ (of
rights) *übertragen w, anheim–, zufallen* (in a p
jdm) | ~ed ['~id] a *festbegründet, durch Tradi-
tion gesichert, wohlerworben* (~ rights); *alther-
gebracht, festgefügt* (~ interests *Privilegien*); ~
right, ~ estate *unbedingtes, gegenwärtiges Recht*
n ~ing ['~iŋ] s *Bekleiden* n || *Übertragung* f ||
~ order *Beschlagnahmeverfügung* f
  Vesta ['vestə] s L ⟨myth⟩ *V·esta* f (*röm.
Göttin des Herdfeuers*) || ⟨astr⟩ *Vesta* f (*Plane-
to·id*) || ~ *Wachsstreichholz* n **vestal** ['vestl]
1. a ⟨myth⟩ *vestalisch* (~ virgin) || ⟨fig⟩ *jung-
fräulich, keusch* **2.** s ⟨myth & fig⟩ *Vest·alin* f
  vestiary ['vestiəri] s ⟨hist⟩ *Kleiderkammer* f
(*bes in Klöstern*) || *Garderobe* f
  vestibular [ves'tibjulə] a ⟨anat⟩ *Vestibular–* ||
Vorhallen– **–bule** ['vestibju:l] s ⟨hist⟩ *Vorhof* m
|| *Vorhalle* f, *–zimmer* n; (in flats) *Vorplatz* m ||
⟨fig⟩ *Vorhof* m | ⟨anat⟩ *Eingang z Hohlorganen,
Vorhof* m (~ of the ear) | ⟨Am rail⟩ *geschlosse-
ner Übergangsraum an beiden Enden e–s Eisen-
bahnwagens* m; ~ train ⟨Am⟩ *D-Zug* m
  vestige ['vestidʒ] s Fr † *Fußtapfe* f | ⟨fig⟩
sichtbares Merkmal, Kennzeichen n || ⟨fig⟩
Überbleibsel n, *Spur* f; *Rest* m, *bißchen* (not a ~
of) | ⟨biol⟩ *verkümmertes Glied, Rudim·ent* n
–gial [ves'tidʒiəl] a *spurenhaft, restlich*; ⟨*bes*
biol⟩ *rudimentär, verkümmert*
  vesting ['vestiŋ] s ⟨com⟩ [*mst* pl ~s] *Westen-
stoff* m
  vestiture ['vestitʃə] s *Kleidung* f || ⟨fig⟩ *Hülle,
Decke* f (under a ~ of words)
  vestment ['vestmənt] s ⟨ec⟩ *Amtskleidung* f,
Talar m, *Gewand* n || ⟨ec⟩ *liturgisches G.* ||
⟨R. C.⟩ *Meßgewand* n
  vestry ['vestri] s ⟨ec⟩ *Sakristei* f || *Versamm-
lungsraum* m f *Gemeindevertreter* | ⟨ec⟩ (*a com-
mon* ~) *Gemeindeversammlung* f; *die Gemeinde-
vertreter* m pl; ⟨hist⟩ (*a select* ~) *Kirchen-
vorstand* m | ~ clerk *Kirchenbuchführer* m
~dom [~dəm] s *Regierung* f or *System der
Gemeindevertretung* n ~man [~mən] s *Mitglied
n der Gemeindevertretung*; *Kirchenältester* m
  vesture ['vestʃə] s ⟨† poet⟩ *Kleid, Gewand* n;
Kleider pl, *Kleidung* f || ⟨fig poet⟩ *Bekleidung,
Hülle* f | ~d [~d] a *bekleidet* (with *mit*); *ge-
kleidet* (in *in*); ⟨a fig⟩
  vesturer ['vestʃərə] s ⟨ec⟩ *Aufseher über die
Gewänder*
  Vesuvian [vi'su:viən] **1.** a *den Vesuv betreffend,
vesuvisch* **2.** s ~ ⟨minr⟩ *Idokr·as* m (*Mineral*) ||
Sturm–, Windstreichholz n
  vet [vet] s ~ ⟨fam⟩ abbr f *veterinarian od
veterinary* **2.** vt ⟨fam⟩ (*Menschen, Tiere*) *medi-
zinisch untersuchen, behandeln* | ⟨fig fam⟩ *prü-
fen, kritisch untersuchen*
  vet [vet] s ⟨Am⟩ abbr f *veteran* || ⟨mar fam⟩
„Ausgegrabener" m
  vetch [vetʃ] s ⟨bot⟩ *Wicke* f ~ling ['~liŋ] s
⟨bot⟩ *Platterbse, Gelbe Wiesenwicke*; *Tufted* ~
Vogelwicke f | ~y ['~i] a *voll Wicken, Wicken–*
  veteran ['vetərən] **1.** s *Veter·an, alter Soldat*
or *Matrose, alter Krieger* or *Haudegen* m; ⟨Am
a⟩ *ehemaliger Frontkämpfer* or *Kriegsteilnehmer*
m; ~s Administration (*staatl.*) *Kriegsopfer-
versorgung* f || ⟨übtr⟩ *erfahrener Mann* m;
⟨for⟩ *Überhälter* m (*Baum*) | ~ car *Fahrzeug-
Veteran* m; ~ troops *kampferprobte Truppe(n*
pl) f **2.** a *im Dienst ergraut, Veteranen–* || *er-
probt, –fahren*
  veterinarian [ˌvetəri'nɛəriən] **1.** s (abbr vet)
Tierarzt, Veterin·är m **2.** a *tierärztlich* **–nary**
['vetnri] **1.** a *tierärztlich*; *Tierarznei–*; ~ science

–kunde f; ~ surgeon *Tierarzt* m; ~ hospital *Pferdelazarett* n **2.** s (abbr vet) *Tierarzt* m

vetmobile ['vetməbi:l] s ⟨*bes* Am sl⟩ (*Kriegs-*) *Versehrtenauto* n

veto ['vi:tou] L **1.** s [pl ~es] ⟨parl⟩ *V'eto* n, *verfassungsmäßiges Einspruchsrecht des Staatsoberhauptes* (etc) n ‖ *Gebrauch des Vetos, Einspruch* m | ⟨übtr⟩ *Einspruch* m, *Veto* n (on *gegen*); to put a *od* one's ~ on *ein, sein Veto einlegen gegen* **2.** vt [~es, ~ed, ~ing] *Veto einlegen gegen* (to ~ a bill) ‖ (*etw*) *verbieten, untersagen* (to be ~ed)

vetturino [vetu'ri:no] s It *Lohnkutscher* m

vex [veks] vt (*jdn*) *mit Kleinigkeiten plagen, quälen; belästigen; verärgern; schikanieren* ‖ *ängstigen, aufregen, beunruhigen* ‖ *ärgern*; to be ~ed *böse* s (with a p *auf jdn*), *sich ärgern* (with a p *über jdn*) | (*jdm*) *Mühe, Verlegenheit bereiten* **~ation** [vek'seiʃən] s *Plage, Belästigung, Schikane* f ‖ *innere Beunruhigung, Sorge* f, *Kummer* m ‖ *Ärger, Verdruß*; to my great ~ *zu m-m großen V.* **~atious** [vek'seiʃəs] a (~ly adv) *ärgerlich* (it is ~ that ..), *verdrießlich; lästig* ‖ ⟨jur⟩ *schikanös*; a ~ suit ⟨jur⟩ *ein schikanöser Prozeß* m **~atiousness** [vek'seiʃəsnis] s *Ärgerlich-, Verdrießlich-, Lästigkeit* f (of doing *tun z müssen*) | **~ed** [~t] a (~ly ['veksidli] adv) *beunruhigt* ‖ *ärgerlich* (at a th *über etw*; with a p *über jdn*) ‖ *strittig, umstritten,* ~ question *viel umstrittene Frage* f **~ing** ['~iŋ] a (~ly adv) *quälend, beunruhigend, verdrießlich, ärgerlich* (~ cares)

via ['vaiə] L **1.** s ⟨*L̃* ⟩ *Lactea Milchstraße* f ‖ ~ media ⟨übtr⟩ *Mittelweg* m, *–straße* f **2.** prep (*reisend*) *über* (to travel ~ *London to Oxford*); → by ‖ ⟨Am⟩ *mit Hilfe* v

viability [,vaiə'biliti] s *Lebensfähigkeit* f

viable ['vaiəbl] a ⟨med⟩ *lebensfähig* ⟨a übtr⟩

viaduct ['vaiədʌkt] s *Viad'ukt* m, *Talbrücke, Überbrückung, –führung* f

vial ['vaiəl] s *Phi'ole* f, *Fläschchen* n; ⟨bib⟩ to pour out the ~s of one's wrath *die Schale s–s Zorns ausgießen*

viameter [vai'æmitə] s *Distanz–, Wegmesser* m

viand ['vaiənd] s *Speise* f, *Gericht* n ‖ [*mst* pl ~s] *Lebensmittel* n pl

viaticum [vai'ætikəm] s L [pl –ca] *Reisegeld* n, *Zehrpfennig* m; *Wegzehrung* f ‖ ⟨ec⟩ *letztes Abendmahl* n (f *Sterbende*)

vibracular [vai'brækjulə] a ⟨zoo⟩ *Tentakel–* **–lum** [vai'brækjuləm] s L [pl –la] ⟨zoo⟩ *Tentakel* m (*der Moostierchen* etc)

vibrancy ['vaibrənsi] s *Schwingung, Erschütterung, Resonanz* f **–ant** ['vaibrənt] a *vibrierend, Schwingungs–, schwingend* ‖ *zitternd, bebend* (with *vor*); ⟨übtr⟩ *pulsierend, erregt* (with *v*) **–ate** [vai'breit] vi/t **1.** vi *hin u her schwingen* ‖ ⟨übtr⟩ *hin u her schwanken* (from .. to) | *vibrieren, schwingen; zittern; schwirren, klingen* ‖ ⟨übtr⟩ *nachschwingen, –zittern* ‖ ⟨fig⟩ *erschauern, erschüttert* w or s; (*er*)*zittern* (with *vor*); *pulsieren* **2.** vt *durch Schwingungen aussenden* ‖ *schwingen, wackeln mit* (to ~ one's tail) ‖ (*etw*) *schwingen* or *klingen l*; (*jdn*) *in schwingende Bewegung versetzen* ‖ (of a pendulum) (*Zeit*) *durch Schwingungen messen* or *angeben* **–atile** ['vaibrətail] a *schwingend; zitternd* ‖ *schwingungsfähig*

vibration [vai'breiʃən] s *Schwingen* n, *Schwingung* f (*des Pendels*) ‖ *rasches Schwingen, Vibrieren* n; ⟨*wir*⟩ 30 to 20 000 ~s in frequency *v 30 Hertz* (Hz) *bis 20 kilo-Hertz* (*kHz*) ‖ *Zittern* n; *zitternde Bewegung* f ‖ ⟨fig⟩ *Schwanken* n (between) | ~-proof *erschütterungsfrei*; ~ screen *Vibrationssieb* n | **~al** [~l] a *Schwingungs–* | **~or** [~ə] s *Summer* m; ⟨el⟩ *Wechselrichter* m

vibrator [vai'breitə] s *Schwingungssaite* f;

–vorrichtung f ‖ *Summer* m | **~y** ['vaibrətəri] a *schwingend*; *Vibrations–* (~ sensation *–gefühl* n); *schwingungsfähig*; ~ fatigue strength ⟨tech⟩ *Schwingungsfestigkeit* f

vibrio ['vibriou] s L (pl ~s; ~nes [,vibri'ouni:z]) *Gattung der Zittertierchen* f (*Bakterien*)

vibrissae [vai'brisi:] s L pl *Nasenhaare* n pl

vibro– ['vaibro] [in comp] *Vibrations–, Vibro–* **~graph** ['vaibrəgrɑːf] s *Vibrograph, Stimmgabel–, Vibrationschronograph* m **~scope** ['vaibrəskoup] s *Vibrationsmikroskop* n

viburnum [vai'bəːnəm] s L ⟨bot⟩ *Schlinge* f, *Schlingbaum* m; *Schneeball, Wasserholder, –ahorn* m

Vic [vik] s ⟨fam⟩ *Victoria Station* f, *London*; (*mst* the Old Vic) *Victoria Theatre* n, *London*

Vic [vik] s ⟨aero fam⟩ *Flugzeugstaffel* f (etc) *in Winkelform* f

vicar ['vikə] s **1.** *Stellvertreter m, [*nur in*]: the ~ of Christ *Titel des Papstes* ‖ ⟨R. C.⟩ *Stellvertreter, Vik'ar* m; ~ apostolic *Apostolischer V., Stellvertreter des Papstes; stellvertretender Bischof*; ~-forane ⟨R. C.⟩ *Priester mit richterl. Gewalt in e–r Stadt* (etc); ~ general *Generalvikar, Stellvertreter des Bischofs* **2.** ⟨C. E.⟩ *Pfarrer* m, *der nicht die gr Fruchtzehnten erhält* (Ggs rector); ⟨Am⟩ *Kapl an* m *der Episkopalkirche*; ~ choral *Chorvikar* m (*der e–n Teil der Liturgie singt*) **~age** [~ridʒ] s ⟨C. E.⟩ *Pfarrhaus e–s Vikars* n ‖ [vai'kɛəriəl] a ⟨C. E.⟩ *Vikar–* **~iate** [vai'kɛəriit] s *Vikaramt* n; *–szeit* f ‖ ⟨R. C.⟩ *Amtsgebiet* n *e–s* vicar apostolic **~ship** ['vikəʃip] s *Vikarstelle* f, *–amt* n

vicarious [vai'kɛəriəs] a (~ly adv) *stellvertretend* ‖ f *andere getan* or *erlitten* (~ sufferings) **~ness** [~nis] s *Stellvertretung* f

vice [vais] s *Laster* n; ⟨theat⟩ the ⟨*L̃*⟩ ⟨hist⟩ (*Darsteller e–s Lasters*) *Hanswurst* m ‖ *moralische Verderbnis, Verderbtheit, Untugend, Unmoral* f; practising ~ *professionell berufsmäßige Unzucht* f ‖ a ~ in a horse *Unart* f *e–s Pferdes* | *körperlicher Fehler* m, *Gebrechen* n ‖ ⟨arts⟩ *Verirrung, entarteter Zug* m (~ of style) ‖ ⟨Am⟩ ~ squad *Trupp* m *der Sittenpolizei*

vice [vais] **1.** s (⟨Am⟩ vise) ⟨tech⟩ *Schraubstock* m; hand-~ *Feilkloben* m **2.** vt *in e–m Sch. fest zus–pressen, einspannen*

vice [vais] s ⟨fam⟩ abbr *f* vicechancellor, –president etc *Vize* m

vice ['vaisi] L prep (*an*)*statt, an Stelle* v (~ Mr. N.)

vice– [vais] Fr [in comp] [*mit* level stress] *Vize–; Unter–* | ~-admiral [pl ~-admirals] *Vizeadmiral* m | ~-chairman *stellvertretender Vorsitzender, Vizepräsident* m | ~-chancellor *–kanzler* m ‖ ⟨engl univ⟩ *geschäftsführender Rektor* m | ~-consul *Vizekonsul* m | ~-governor *–gouverneur* m | ~-president *–präsident* m

vicegerent ['vais'dʒerənt] **1.** s *Statthalter, Verweser; Stellvertreter* m **2.** a *stellvertretend*

vicennial [vai'seniəl] a *zwanzigjährig, 20 Jahre dauernd*

viceregal ['vais'ri:gəl] a *vizeköniglich, Vizekönigs–* (~ speech *die Rede e–s V.*) **–reine** ['vais'rein] s *Gemahlin* f *des Vizekönigs*

viceroy ['vaisrɔi] s *Vizekönig* m **~al** [~l] a *Vizekönigs–* **~alty** [vais'rɔiəlti], **~ship** ['vaisrɔiʃip] s *Vizekönigswürde* f, *–amt* n ‖ *Vizekönigstum* n (*Gebiet*)

vice versa ['vaisi 'vəːsə] L adv *umgekehrt,* and ~ *und* (*dasselbe* or *ebenso*) *umgekehrt* (I don't like him and ~)

Vichy ['viːʃiː] (*Stadt in Frankr.*) [attr] ~ water *Mineralwasser* n *aus* ~

vicia ['visiə] s L ⟨bot⟩ *Gattung* f *der Wicken*

vicinage ['visinidʒ] s *Nachbarschaft* f; *die Nachbarn* m pl ‖ *Nähe* f (in the ~ of) ‖ *aus der*

Nachbarschaft entstehende gemeinsame Rechte n pl **–nal** ['visinļ] a *nahe, benachbart* **–nism** ['visinizm] s ⟨biol⟩ *die Neigung, sich unter Einfluß benachbarter Formen z entwickeln* **–nity** [vi'siniti] s *Nähe* f, in the ~ of *in der N. v* ‖ *Nachbarschaft* f, *nahe Umgebung* f

vicious ['viʃəs] a (~ly adv) *lasterhaft, verderbt* ‖ *schlecht, böse, unmoralisch, verwerflich* ‖ *boshaft, bösartig* (horse) **|** *fehlerhaft, verderbt* (text), *mangelhaft; unrein* (pronunciation), *schlecht* (style) ‖ ~ circle ⟨philos⟩ (= L *circulus vitiosus*) *Zirkelschluß, teuflischer Zirkel* m, *Verflechtung v Umständen, die sich gegenseitig schädlich beeinflussen u in ihrer schädlichen Wirkung verstärken* **~ness** [~nis] s *Lasterhaftigkeit, Verderbtheit* ‖ *Bosheit* f; *Bösartigkeit* f **|** *Fehler–, Mangelhaftigkeit, Unvollkommenheit* f

vicissitude [vi'sisitjuːd; vai's–] s *Veränderung* f, *Wandel, Wechsel* m ‖ ~s [pl] *Wechselfälle* m pl (the ~s of life) **–dinous** [vi.sisi'tjuːdinəs] a *wechselvoll*

victim ['viktim] s **1.** *Opfertier, Schlachtopfer* n (*T* or *P*) **2.** (*P*) *Opfer* n (the ~ of one's own ambition; a ~ of the war); the ~ of circumstances *das O. der Verhältnisse*; ~ of a motorcar accident *Verkehrsopfer* n; to fall a ~ to a p *od a* th *jdm, e–r S z O. fallen, erliegen; überwältigt w von jdm, etw* **|** (*der*) *Leidtragende, Benachteiligte, Dumme* m **~ization** [.viktimai'zeiʃən] s *Opferung* f ‖ *Schikanierung* f; *Betrug* m **~ize** [~aiz] vt (*Tier* etc) *opfern* ‖ (*jdn*) *opfern, preisgeben* ‖ (*Pflanze*) *vernichten; zerstören* ‖ (*jdn*) *quälen, schikanieren, belästigen*, to be ~d by a p *jdn ertragen müssen* ‖ (*jdn*) *betrügen*

victor ['viktə] s L *Sieger* m **|** [attr] *siegreich, Sieges–; Sieger–* (the ~ powers)

victoria [vik'tɔːriə] s L (*nach Queen* ⚔) *leichte vierrädrige Kutsche f f 2 Personen* f pl ‖ ⚔ Cross (abbr V. C. ['viːˈsiː]) *Viktoriakreuz* n (*höchste brit. Tapferkeitsauszeichnung; gest. 1856*) ‖ (*a* ⚔ regia, ~ lily) *Königliche Wasserlilie* f (*Seerose*)

Victorian [vik'tɔːriən] **1.** a *aus der Zeit der Königin Viktoria stammend; viktorianisch* (the ~ Era *od* Age *die vikt. Ära*) **|** Literature *die vikt. Literatur; Viktoria–*; the ⚔ Order *der Viktoriaorden* m (*gest. 1896*) **2.** s *Viktorianer, viktorian. Dichter* m etc **~ism** [~izm] s *vikt. Einrichtung* f; *vikt. Geschmack* m (etc)

victorine ['viktəriːn] s (*Damen-)Pelzkragen* m, *B·oa* f ‖ *Art Pfirsich* m

victorious [vik'tɔːriəs] a (~ly adv) *siegreich* (over *über*); to be ~ *Sieger s, den Sieg davontragen* ‖ *Sieges–; siegbringend* **~ness** [~nis] s ⟨übtr⟩ *Sieg* m (of truth)

victory ['viktəri] s **1.** *Sieg* m (over *über*) ‖ *Triumph, Erfolg* m (over *über*) **|** a signal ~ *ein einzigartiger S.*; the ~ of N. *der S. bei N.* ‖ to achieve ~ *den S. erringen; siegen* ‖ to follow up one's ~ *den S. voll ausnützen*; to gain a ~ *e–n S. erringen* (over); to help a p to ~ *jdm z Siege verhelfen*; to sail to ~ *in the .. cutter im Kuttersegeln Sieger w* **|** ⚔ Garden ⟨Am⟩ *Kriegs-Gemüsegarten* m **2.** ⚔ *die Siegesgöttin* (the statue of ⚔)

victress ['viktris] s *Siegerin* f

victrola [vik'troulə] s ⟨Am⟩ ⟨Art⟩ *Grammophon* n

victual ['vitl] **1.** s [*mst* pl ~s] *Lebensmittel, Eßwaren* pl; *Essen* n, *Proviant* m **2.** vt/i [–ll–] ‖ *verproviantieren, mit Lebensmitteln versehen* **|** vi *sich verproviantieren, Lebensmittel einnehmen* ‖ *essen*; (*T*) *fressen* **~ler** ['vitlə] s *Lebensmittelhändler, –lieferant* m; licensed ~ *Schank–, Schenkwirt* m ‖ ⟨mar⟩ *Proviantschiff* n **~ling** ['vitliŋ] s *Lebensmittelhandel* m ‖ *Verproviantierung* f **|** [attr] ~ house *Speisehaus* n ‖ ~-

office (*Marine-)Proviantamt* n ‖ ~-ship *Proviantschiff* n

vicuna [vi'kjuːnə] s Span ⟨zoo⟩ *Vik·unja, wildes Lama* n ‖ *Vigognewolle* f

vide ['vaidi] L adv *siehe* **videlicet** [vi'diːliset] L adv (abbr viz [*mst gelesen als:* namely]) ⟨jur⟩ *nämlich* **vidimus** ['vaidiməs] L s *beglaubigte Abschrift* f *e–r Urkunde* f

video ['vidiou] s ⟨wir⟩ *Fernsehen* n ‖ [attr] *Fernseh–;* ~ entertainment *–darbietung;* ~ frequency *Bildfrequenz* f; ~ show *Fernsehprogramm* n (*im Senderaum*) **~cast** [~kɑːst] s *Fernsehsendung, –übertragung* f **~phone** [~foun] s *Fernsehtelefon* n

vidual ['vidjuəl] a *Witwen–*

vie [vai] vi *wetteifern* (with a p for a th *mit jdm um etw*; with a p in a th *mit jdm an, in etw*; with a p in doing *mit jdm z tun*); *es aufnehmen* (with a p in a th *mit jdm in etw*) ‖ → vying

Viennese [.vie'niːz] **1.** a *wienerisch* **2.** s [pl ~] *Wiener(in* f) m; the ~ *die Wiener* pl

view [vjuː] **I.** s **A.** (**sinnlich**) **1. a.** **Besichtigung; Prüfung* f ‖ ⟨paint⟩ private ~ (of an exhibition) *"Firnistag"* m **b.** *Sehen* n; *Sicht* f **|** at first ~ *auf den ersten Blick*; in ~ *in Sicht, sichtbar*; in the ~ of a p *vor jds Augen*, in full ~ of a p *direkt vor jds A.*; on ~ *z besichtigen, z sehen, ausgestellt*; on nearer ~ *bei näherer Betrachtung*; to outward ~ *dem äußeren Anschein nach*; plain to the ~ *gut sichtbar* **|** to come into ~ *sichtbar w*; to disappear from ~ *außer Sehweite k*; to get a full ~ of a p's face *jds Gesicht ganz z sehen bek, ganz sehen*; to have a clear ~ of the road *die Straße gut übersehen können*; to lose to ~ *aus dem Auge verlieren*; to take a ~ of *prüfen* **2.** *Blick; Ausblick* m, *–sicht* f (of the mountains *auf die Berge;* of the port *in den Hafen*) **3.** *Anblick* m (of *v*); *Aussehen* n **4.** ⟨phot & arts⟩ *Bild* n, *Ansicht* (back ~ *Rück–*); *Aufnahme* f (aerial ~ *Luft–*), to take ~s of *Aufnahmen m v*; a private ~ of a film *e–e private Vorführung* f *e–s Films* ‖ ~s [pl] ⟨telv⟩ *Fernsehprogramme* n pl **B.** (**geistig**) **1.** *Auffassung* f, *Standpunkt* m; [*oft* pl ~s] *Urteil* n, *Meinung, Ansicht* f (of women *über Frauen*); what are your ~s on this matter? *was ist Ihre A. über die S?* ‖ ~ of life *Lebensanschauung* f ‖ point of ~ *Gesichts–, Standpunkt* m **|** in ~ *im Sinn, im Auge*; to have in ~ *im A. h*; to keep in ~ *im A. behalten*; in my ~ *nach m–r Ansicht*; in ~ of *angesichts, in Anbetracht* [*gen*], *im Hinblick auf, mit Rücksicht auf* **|** to change one's ~ *s–e Ansicht ändern* ‖ to form a ~ of *sich e–e Auffass'·g, Ansicht bilden über* ‖ to hold, take a ~ *e–e Auffassung h v etw*; to take a dim *od* poor ~ of ⟨fam⟩ (etw) *geringschätzig abtun* ‖ to reach a ~ *z der A., Ansicht k* (that) ‖ to take a ~ *e–n Standpunkt einnehmen*; I take, hold the ~ *ich vertrete den St., die Ansicht* (that); to take a bright ~ of a th *etw in rosigem Lichte betrachten*; to take a grave ~ of a th *etw ernst auffassen, beurteilen*; to take the long ~ *auf weite Sicht denken* **2.** *Absicht* (to have ~s on) f, *Plan* m, *Ziel* n; with the ~ of doing *in der A. z tun*; with a ~ to a th *z Zwecke e–r S*; with a ~ to doing *in der A. z tun, um z tun* **C.** [in comp] ~-finder ⟨phot⟩ *Sucher* m ‖ ~-hallo(o) ⟨hunt⟩ *Hallo* n, *–ruf* m ‖ ~-point *Aussichts–, Gesichts–, Standpunkt* m; = point of view: ⟨Lit⟩ *Standpunkt* m; to take a ~-point e–n *St. vertreten* **II.** vt *prüfen, besichtigen* ‖ *ansehen, überschauen, –blicken* ‖ *etw* (geistig) *auffassen, betrachten, –urteilen* ‖ ⟨fam⟩ *fernsehen* **~able** ['~əbl] a *z sehen(d), sichtbar* ‖ ⟨bes telv⟩ *sehenswert, mit Niveau* **~er** ['~ə] s *Aufseher, Beschauer, –sichtiger* m ‖ ⟨phot⟩ *Bildbetrachter, °Kieker* m ‖ ⟨opt⟩ (a *viewing spectacles for 3-D-film*) *Polarisationsbrille* f ‖ *Fernsehapparat* m, → televiewer **~ing** ['~iŋ] s [attr] ~ period,

~hours ⟨telv⟩ *Sendezeit* f; ~ slot *Sehschlitz* m
~less [′~lis] a *unsichtbar* ‖ *nicht sehend* ‖
urteilslos | **~y** [′~i] a *wesenlos, schwärmerisch;
phantastisch, verstiegen; auffallend*

vigil [′vidʒil] s ⟨ec⟩ *Vigʹilie* f, *Vorabend kirchlicher Feste* m (on the ~ of *am V. v*) ‖ [*mst* pl
~s] *Gebet* n, *Gottesdienst* m *am Vorabend kirch-
licher Feste* | ⟨übtr⟩ *Wachen* n, *Nachtwache* f;
to hold, keep ~ *wachen* ‖ *Abend* m **~ance**
[~əns] s *Wachsamkeit, Umsicht* f; ~ committee
⟨*bes Am*⟩ *Überwachungs–, Sicherheitsausschuß*
m ‖ ⟨med⟩ *Schlaflosigkeit* f **~ant** [~ənt] a
(~ly adv) *wachsam, aufmerksam, umsichtig*
~ante [vidʒiˈlænti] s *Mitglied e–s Vigilance
Committees*

vignette [viˈnjet] **1.** s Fr *Vignʹette* f, *Zier–,
Titelbildchen* n; *Randzeichnung* f; *Zierleiste* f
2. vt *mit e–r V. verzieren* **–tist** [viˈnjetist] s
Vignʹettenzeichner m

vigorous [′vigərəs] a (~ly adv) (*P*) *stark,
kräftig; energisch* ‖ *lebhaft, tätig* | (*S*) *nach-
drücklich, kernig, eindringlich* (language) **~ness**
[~nis] s *Kraft, Stärke* f

vigour, ⟨Am⟩ **vigor** [′vigə] s (*Körper-*)*Stärke,
Kraft* f; *geistige u charakterl. Kraft; Vitalität* f;
Energie, Lebhaftigkeit f ‖ (*S*) *Stärke, Nach-
drücklich–, Wirksamkeit* f; *kräftige Wirkung* f

viking [′vaikiŋ] s ⟨hist⟩ *Wiking* m; [attr]
Wikinger–

vilayet [viˈlɑːjet] s *Wilajʹet* n (*türk. Provinz*)

vile [vail] a (~ly [′~li] adv) *niedrig, schlecht,
niederträchtig, gemein* ‖ ⟨fam⟩ *ekelhaft, abscheulich* (a ~ pen) **~ness** [′~nis] s *Niederträchtigkeit, Gemeinheit* f

vilification [ˌvilifiˈkeiʃən] s *Schmähung, Verleumdung* f ‖ **–fier** [′vilifaiə] s *Schmäher* m **–fy**
[′vilifai] vt (*jdn*) *herabsetzen* ‖ *verleumden,
schmähen* **–pend** [′vilipend] vt (*etw*) *mißachten,
verachten* ‖ (*jdn*) *schmähen*

villa [′vilə] s L *Vʹilla* f ‖ *vornehmes Landhaus*
n **–dom** [~dəm] s *Villenviertel* n, –*kolonie* f

village [′vilidʒ] s *Dorf* n (the ~ of *N. das
Dorf* N.); Children's ⁓ *Jugenddorf* n | [attr]
dörflich, ländlich; Dorf–, ~ *community –ge-
meinschaft* f | ~ *industry Heimarbeit, Haus-
industrie* f | **~r** [~ə] s *Dorfbewohner, Land-
mann* m

villain [′vilən] **1.** s a. ⟨hist⟩ = villein **b.** † *unfeiner Mensch, Bauer* m **c.** *Schuft, Schurke* m ‖
⟨fam hum⟩ *Schelm, Bösewicht* m (you little ~!)
| ⟨Lit⟩ the ~ *der Schurke* (in a play etc) **2.** a
schurkisch, Schurken– **~ous** [~əs] a (~ly adv)
Schurken– (~ face), *schurkisch, schändlich* ‖
⟨fam⟩ *scheußlich, abscheulich, miserabel* (hotel)
~ousness [~əsnis] s *Schurkerei* f | **~y** [~i] s
Schurkerei f; *schurkischer Akt* m

villanella [ˌviləˈnelə] s It *alter ital. Bauerntanz*
m

villanelle [ˌviləˈnel] s Fr *lyrisches Gedicht* n *v
19 Zeilen*

villatic [viˈlætik] a *Landhaus–* ‖ *ländlich;
Dorf–*

villeg(g)iatura [viˌledʒiəˈtuərə] s ⟨It⟩ *Landauf-
enthalt* m ‖ *Landhaus* n

villein, villain [′vilin] s ⟨hist⟩ *unfreier Bauer,
Hintersasse* m; *Leibeigener* m **~age** [~idʒ] s
Hintersassengut n; *Leibeigenschaft* f, *Frondienst*
m

villian [′viljən] s ⟨Am⟩ = villain

villiform [′vilifɔːm] a ⟨zoo⟩ *faserförmig*
–losity [viˈlɔsiti] s *behaarte, wollige Beschaffenheit* f **–lous** [′viləs] a ⟨anat⟩ *zottig, Zotten–,
haarig, rauh* ‖ ⟨bot⟩ *dicht behaart, wollig,
flaumig* **–lus** [′viləs] s L (pl villi [′vilai]) [*mst*
pl] (*Darm-*)*Zotte* f ‖ ⟨bot⟩ *feines Härchen* n

vim [vim] s L ⟨fam⟩ *Kraft, Stärke* f; *Ungestüm*
n, *Schwung, Schneid* m

vimen [′vaimen] s L *langer schmaler Zweig* m

viminal [′vaiminl] a *lange Zweige hervorbringend* **vimineous** [vaiˈminiəs] a = viminal ‖
aus biegsamen Zweigen bestehend

vinaceous [vaiˈneiʃəs] a *Wein–, Trauben–* ‖
weinrot

vinaigrette [ˌviniˈgret] s Fr *Riechfläschchen* n

vincibility [ˌvinsiˈbiliti] s *Besiegbar–, Über-
windlichkeit* f

vincible [′vinsəbl] a *besiegbar, überwindlich*
~ness [~nis] s = vincibility

vinculum [′viŋkjuləm] s L ⟨*mst fig*⟩ *Band* n ‖
⟨math⟩ *Verbindungsstrich* m (*über 2 Zahlen*)

vindicable [′vindikəbl] a *z rechtfertigen(d),
z verteidigen(d)*

vindicate [′vindikeit] vt (*jdn; e–e Handlung*)
verteidigen, rechtfertigen, in Schutz nehmen
(from *gegen*); [refl] to ~ o.s. *sich rechtfertigen*
‖ *gerechtfertigt erscheinen l* | (*Recht*) *behaupten,
sichern, schützen* ‖ (*etw*) *in Anspruch nehmen* (to,
for a p); to ~ a p a place *od* a place for a p *f jdn
e–n Platz beanspruchen* (in *in*) **–cation** [ˌvindi-
ˈkeiʃən] s *Verteidigung, Rechtfertigung* f; in ~
of a th *zur R. e–r S* | *Behauptung* f **–cative**
[′vindikeitiv] a *verteidigend; rechtfertigend* ‖
ahndend **–cator** [′vindikeitə] s *Verteidiger,
Rechtfertiger* m **–catory** [′vindikeitəri] a *rechtfertigend, verteidigend* ‖ *rächend, ahndend*

vindictive [vinˈdiktiv] a *rachsüchtig, nach-
tragend* ‖ *strafend, ahndend* **~ly** [~li] adv *beleidigt, in nachtragender Weise* **~ness** [~nis] s
Rachsucht f

vine [vain] s ⟨bot⟩ *Weinstock* m; *Rebe* f ‖
rankende Pflanze, Ranke f; Cross-⁓, Quarter-⁓
Rankende Trompetenblume f; Potato ⁓ *Schlin-
gender Nachtschatten* m; Trumpet-⁓ *Trompeten-
rebe* f | [attr] *Wein–, Reben–, Reb–* ‖ ~-arbour
Weinlaube f ‖ ~-branch –*ranke* f ‖ ~-clad
rebenbekränzt ‖ ~-culture *Weinbau* m ‖ ~-
disease ⟨bot⟩ *Falscher Meltau* m; *Reblaus-
krankheit* f ‖ ~-dresser *Winzer* m ‖ ~-grower
Weinbauer, Winzer m ‖ ~-growing *Weinbau* m
‖ ~-leaf *Weinblatt* n ‖ ~-louse, ~-pest ⟨ent⟩
Reblaus f ‖ ~-prop, ~-stake, ~-support *Reb-
stecken* m

vinegar [′vinigə] **1.** s (*Wein-*)*Essig* m ‖ ~ eel
⟨zoo⟩ *Essigälchen* n; ~ plant –*pilz* m; ~ tree
–*baum* m **2.** vt *mit Essig behandeln, säuren* | **~y**
[–ri] a *essigähnlich; gesäuert* ‖ *sauer*; ⟨*mst fig*⟩
sauer, verdrießlich

vinery [′vainəri] s *Treibhaus* n *für Weinstöcke*

vineyard [′vinjəd] s *Weinberg, –garten* m; ⟨
übtr⟩

vingt-et-un [ˈvæntetˈɑːŋ] s Fr ⟨cards⟩ *ein
Glücksspiel* n, *Siebzehn-und-vier* n

vinic [′vainik] a ⟨chem⟩ *Wein–, Alkohol–*

viniculture [′vinikʌltʃə] s *Weinbau* m

vinification [ˌvinifiˈkeiʃən] s *Weinkeltern* n,
–*kelterung* f

vinosity [viˈnɔsiti] s *weinartige, weinige Beschaffenheit* f **vinous** [′vainəs] a *Wein–, weinig* ‖
weinrot ‖ *durch Weingenuß eingegeben* or *erzeugt; überschäumend, trunken*

vintage [′vintidʒ] s *Weinlese* f; –*zeit* f ‖ *Wein-
ertrag* m, –*ernte* f ‖ (*Wein-*)*Jahrgang* m; (ɑ ~
wine) *Spitzenwein* m ‖ ⟨fig⟩ *Ernte* f; *Nach-
wuchs* m | ~ car *Autoveteran* m, *altes Modell,
,,Schnauferl''* n | **~r** [~ə] s *Weinleser, Winzer* m

vintner [′vintnə] s *Weinhändler* m; the ⁓s
[pl] (*Londoner*) *Weinhändlergilde* f

viny [′vaini] a *weinartig, Wein–, weinreich*

viol [′vaiəl] s ⟨hist & †⟩ (*5–7saitiges*) *Saiteninstrument* n (*früheste Form der Geige*) **viola** [vi-
ˈoulə] s It ⟨mus⟩ *Viʹola, Bratsche* f

viola [′vaiələ] s L ⟨bot⟩ *Viola* f, *Veilchen* n

violable [′vaiələbl] a *verletzbar*

Violaceae [ˌvaioˈleisiiː] s L pl ⟨bot⟩ *Viola-
zʹeen* (*Veilchengewächse*) pl

violaceous [‚vaiə'leiʃəs] a *veilchenartig, Veilchen–* ‖ *veilchenblau, violett*

violate ['vaiəleit] vt (*Eid*) *verletzen,* (*Gesetz*) *übertreten, brechen* ‖ (*Frau*) *notzüchtigen, schänden* ‖ (*Heiligtum*) *entweihen, schänden* ‖ *sich vergehen an ..* **–lation** [‚vaiə'leiʃən] s *Verletzung* (the ~ of a th by a p *die V. e–r S durch jdn*); in ~ of *bei, unter V. von* ‖ *Übertretung* f, *Bruch* m (of a promise) ‖ ~ of duty *Pflichtverletzung* f ‖ ~ of traffic regulations *Verkehrsübertretung* f, *–delikt* n ‖ *Schändung, Entweihung* f **–lator** ['vaiəleitə] s *Verletzer, Übertreter* m ‖ *Schänder* m ‖ *Verkehrssünder* m **–lence** ['vaiələns] s *Gewalt, –tätigkeit* f; *gewalttätiger Akt* m; by ~ *gewaltsam;* with ~ *mit Gewalt,* robbery with ~ *v Gewalttätigkeit begleiteter Raub;* to do ~ to a p *jdm Gewalt antun;* to practice ~ *G. anwenden* ‖ *Gewaltsamkeit* f, *Heftigkeit* f, *Ungestüm* n (with ~); *gewaltsame* or *heimtückische Einwirkung* f; ~ of sunshine *greller Sonnenschein* m **–lent** ['vaiələnt] a (~ly adv) **1.** *gewaltig, heftig* (gale) ‖ *stark, kräftig* (blow) ‖ *gewaltsam* (deed); *unnatürlich* (death) ‖ (of colour) *grell* ‖ *laut* **2.** (*P*) *ungestüm, hitzig, erregt* ‖ *leidenschaftlich; extrem* (views) **3.** (*als Intensiv*) *sehr groß, heftig*

violescent [‚vaiə'lesnt] a *Veilchen–* (~ blue)

violet ['vaiəlit] **1.** s 〈bot〉 *Veilchen* n; Dog's Tooth ~ *Zahnlilie* f; 〈euph〉 to gather ~s *e–e Buschpause* m, „*die Blümchen begießen*" (*urinieren*) ‖ [attr] *Veilchen–* (~-powder); ~-root 〈pharm〉 *–wurzel* f ‖ *Veilchenfarbe* f, *Violett* n **2.** a *viol·ett, veilchenfarbig*

violin ['vaiəlin], **~e** [~] s 〈chem〉 *Viol·in* n

violin [‚vaiə'lin] s 〈mus〉 *Violine, Geige* f; to play the ~ *G. spielen* ‖ the first ~ *die erste G., der erste Geiger;* to play first ~ 〈fig〉 *die erste G. spielen* ‖ [attr] ~-bow *Geigenbogen* m ‖ ~-case *–kasten* m ‖ ~-maker *–bauer* m ‖ ~-making *–bau* m ‖ ~-string *–saite* f **~ist** [~ist] s *Geiger(in* f) m

violist ['vaiəlist] s 〈mus〉 *Viola–, Bratschenspieler* m

violoncellist [‚vaiələn'tʃelist] s *Cellist* m **–cello** [‚vaiələn'tʃelou] s (pl ~s) It 〈mus〉 *Violonc·ello, Cello* n **violone** ['vaiəloun] s It 〈mus〉 *Baßviole, gr Baßgeige* f

viper ['vaipə] s 〈zoo〉 *V·iper, Otter* f; *Kreuzotter* f ‖ 〈fig〉 *Schlange* f; to nurture a ~ in one's bosom *e–e Sch. an s–m Busen nähren* **~iform** [~rifɔ:m] a *viper–, schlangenförmig* **~ine** [~rain] a *schlangenartig, Viper–, Schlangen–* ‖ 〈fig〉 *giftig, boshaft* **~ish** [~riʃ] a 〈fig〉 *giftig, schlangenähnlich* **~ous** [~rəs] a = viperine

virago [vi'ra:gou] L s [pl ~s, ~es] † *Mannweib* n ‖ *zanksüchtiges Weib* n, *Zankteufel* m

virelai ['virəlei] s Fr 〈hist〉 *altfranz. Gedichtgattung in Stanzen mit kunstvoll angeordnetem Refrain* f

virescence [vi'resns] s 〈bot〉 *Grünen, Grün* n **–ent** [vi'resnt] a *grünend; grünlich*

virgate ['və:geit] **1.** s *altes engl. Landmaß* (~ ¼ hide) **2.** a 〈bot〉 *rutenförmig, schlank, länglich*

Virgilian [vəː'dʒiliən] a *virgilisch*

virgin ['vəːdʒin] **1.** s *Jungfrau* f; the wise and the foolish ~s 〈bib arts〉 *die klugen u die törichten Jungfrauen* ‖ the (Holy) Virgin 〈ec〉 *die (heilige) Jungfrau* f; a ~ *ein Bild der J.;* Death of the ~ *Tod* m *Mariä;* the Blessed ~ *die heilige J.;* opening ~ *Klapp–, Schreinmadonna* f; ~ Suckling the Child *Stillende Madonna* f; ~ of Mercy *Schutzmantel–, Gnaden–, Mutter* f *des Erbarmens;* ~ of the Seven Sorrows *Madonna der sieben Schmerzen;* ~ of the Rocks *Madonna in der Felsengrotte* (L. da Vinci) ‖ *keuscher Mann* ‖ 〈astr〉 *Jungfrau* f ‖ 〈fam〉 *Virginiazigarette* f; *Cocktail aus Wermut u Gin* ‖ [attr] ~-born 〈ec〉 *v e–r Jungfrau ge-*

boren ‖ ~-'s-bower 〈bot〉 *Mannesbart* m **2.** a **a.** *jungfräulich, Jungfrauen–, Jungfern–* **b.** 〈übtr fig〉 *jungfräulich, rein, keusch;* the ~ Queen *die Königin Elisabeth I.* ‖ *unberührt,* ~ country *Naturlandschaft* f, ~ forest *Urwald* m; *noch nie bestiegen* (peak) ‖ *unbezwungen* (fortress) ‖ *unausgenutzt, –bebaut;* ~ soil *jungfräulicher, unbebauter Boden* m, 〈fig〉 *unverbildeter Geist* m ‖ *gediegen, rein* (~ metal), *Roh–* (aluminium) ‖ *jung;* ~ honey *Jungfernscheibenhonig* m; *neu, frisch, rein* (cloth) ‖ *erst, Anfangs–* (force); ~ speech 〈parl〉 *Jungfernrede* f ‖ **~al** [~l] a *Jungfrauen–;* ~ membrane *Jungfernhaut* f ‖ 〈fig〉 *keusch, rein* **~hood** [~hud] s *Jungfräulichkeit* f

virginal ['vəːdʒin] s 〈hist mus〉 the ~ *od* the ~s *das Spin·ett, Klavikord;* (on the ~s)

Virginia [və'dʒinjə] s 〈geog〉 *Virginien* n ‖ 〈com〉 (a ~ tobacco) *Virginiatabak* m ‖ ~ creeper 〈bot〉 *wilder Wein* m, *Virginische Waldrebe* f ‖ **~n** [~n] **1.** a *virginisch* **2.** s *Virginier(in* f) m

virginity [vəː'dʒiniti] s *Jungfräulichkeit* f ‖ 〈fig〉 *Rein–, Unberührt–, Unbefleckt heit* f

Virgo ['vəːgou] s L 〈astr〉 *Jungfrau* f

virgulate ['vəːgjuleit] a 〈bot〉 *rutenförmig* **–le** ['vəːgju:l] s Fr *Komma* n

virid ['virid] a 〈poet〉 *grün, grünend* **~escence** [‚viri'desns] s *Grün* n, *frisches G.;* 〈fig〉 *frische Jugend* f **~escent** [‚viri'desnt] a *grün; grünlich* **~ity** [vi'riditi] s *Grün; frisches G.* n ‖ 〈fig〉 *Frische* f

virile ['virail] a *männlich, Mannes–* (~ courage); *Männer–* (~ voice) ‖ *mannhaft, männlich; stark, kräftig* **–lescence** [‚viri'lesns] s 〈zoo〉 *Auftreten männl. Geschlechtsmerkmale bei Weibchen im Alter* n **–lity** [vi'riliti] s *Mannesalter* n ‖ *Männlichkeit* f, *männl. Wesen* n ‖ 〈übtr〉 *Stärke, Kraft* f

virologist [vai'rɔlədʒist] s *Virusforscher* m **–gy** [–dʒi] s *Viruskunde, Virolog·ie* f; → virus

virose ['vaiərous], **virous** ['vaiərəs] a 〈bes bot〉 *giftig* ‖ *stark u übel riechend*

virtu [vəː'tuː] s It *Kunstliebhaberei* f, *–geschmack* m ‖ *Kunstwert* m; article of ~ *Kunstgegenstand* m, 〈a〉 objects [pl] of ~ 〈a〉 *Nippsachen* f pl ‖ [koll] *Kunstgegenstände* pl

virtual ['vəːtjuəl] a *dem Wesen nach, eigentlich* (the ~ ruler); *dem Inhalt nach* (a ~ promise) ‖ *tatsächlich* ‖ 〈mech〉 *potential* ‖ 〈opt〉 *gedacht* (focus) ‖ ~ height *effektive Höhe* f; ~ value *tatsächlicher Wert* m ‖ *wirksam* **~ity** [‚vəːtjuˈæliti] s *Wesen* n, *–heit* f **~ly** [~li] adv *dem Wesen nach, im Prinzip; im wesentlichen; im Grunde genommen; praktisch* (= *fast*)

virtue ['vəːtjuː] s **1.** (*P*) *Tugend* f; *Unbescholtenheit* f; the cardinal ~s *die Kardinaltugenden* pl, to make a ~ of necessity *aus der Not e–e Tugend* m; to make a ~ of doing *e–e T. daraus* m, *es sich für T. m zu tun* ‖ (of women) *Keusch–, Reinheit* f, a woman of ~ *e–e tugendhafte Frau* **2.** (*S*) **a.** *wirksame Kraft, Wirksamkeit, Wirkung* f; by ~ *of a th kraft, vermöge e–r S;* in ~ of *infolge, auf Grund v;* in ~ of one's office *v Amts wegen* **b.** *Wert* m (of a play), *Vorzüglichkeit* f, *Vorzug* m (the ~ of being *der V. z s*)

virtuosity [‚vəːtjuˈɔsiti] s *Kunstsinn* m, *–interesse* n; *Kunstliebhaberei* f ‖ *Kunstfertigkeit, Virtuosität* f **–tuoso** [‚vəːtjuˈousou] s [pl ~s, –si [si:]] It *Virtu·ose* m (a ~ on the violin *ein Geigen–*) ‖ *Kunstkenner, –liebhaber* m

virtuous ['vəːtjuəs] a (~ly adv) *tugendhaft* ‖ *ehrenhaft, trefflich* ‖ *sittsam, keusch, züchtig* ‖ † (*S*) *wirksam* (drug) **~ness** [~nis] s *Tugendhaftig–, Sittsamkeit* f

virulence ['virul:əns], **–cy** [–si] s (of speech etc) *Giftigkeit* f, *Bösartigkeit, Schärfe* f ‖ *Viru·lenz, Gift–, Ansteckungskraft* f **–lent** ['virul:ənt] a (~ly adv) *giftig; tödlich* ‖ 〈fig〉 *giftig, bösartig,* *scharf* (tone) **virus** ['vaiərəs] s L [pl ~es] (*Schlangen-*)*Gift* n || ⟨med⟩ *Virus, Giftstoff* (smallpox ~), *giftiger Ansteckungsstoff, Krankheitserreger* m | ⟨fig⟩ *Gift* n (the ~ of hatred); *Giftstoff* m | ~ pneumonia ⟨med⟩ *V·iruspneumon·ie*; ~ warfare *Virus-*(*Bazillen-*)*Krieg* m

vis [vis] s L (pl vires ['vaiəri:z]) *Kraft* f || ~ inertiae ⟨phys⟩ *Beharrungsvermögen* n; ⟨fig⟩ *Trägheit* f || ~ major *höhere Gewalt* f

visa ['vi:zə] Fr s & vt [~es, ~ed, ~ing] = visé

visage ['vizidʒ] s *Gesicht, Angesicht* n ~d [~d] a [in comp] *ein .. Gesicht habend* (long-~)

vis-a-vis ['vi:zɑ:vi:] Fr 1. adv *gegenüber* (to, with *v*) 2. prep *gegenüber* (~ a p *jdm g.*) 3. s *Gegenüber* n (to speak to one's ~) || *Begegnung* f (with *mit*)

viscacha [vis'kætʃə] s Span ⟨zoo⟩ *Hasenmaus* f

viscera ['visərə] s L pl ⟨anat⟩ *Eingeweide* pl ~ral [~l] a *z den Eingeweiden gehörig, Eingeweide-* –rate ['visəreit] vt *(Tier) ausweiden, Eingeweide (aus e–m Tier) entfernen* –ro- ['visəro] [in comp] *Eingeweide-*

viscid ['visid] a *klebrig, zähflüssig* ~ity [vi'siditi] s *Klebrig-, Zäh-, Dickflüssigkeit* f

viscin ['visin] s *Visz·in* n, *Vogelleim* m

viscose ['viskous] s *Art Zellulose* f, ~ silk *Art Kunstseide* f –simeter [,visko'simitə] s *Zähflüssigkeitsmesser* m –sity [vis'kɔsiti] s *Zäh-, Dickflüssigkeit* f; → viscous

viscount ['vaikaunt] s ⟨engl⟩ *Vicomte* m (*Adliger zw.* Earl & Baron) (To the Right Honbl. The ~ N.; *Anrede*: My Lord) || *Titel f ältesten Sohn des* ~ *cy* [~si] s ~ viscounty ~ess [~is] s *Vicomt·esse* f (*Gemahlin e–s* viscount) | *Vicomt·esse* f (*aus eigenem Recht*) ~ship [~ʃip], ~y [~i] s *Stellung f, Rang m e–s Vicomte*

viscous ['viskəs] a *klebrig, zäh-, dickflüssig*

vise [vais] s ⟨tech Am⟩ = vice || *Handschelle* f (*der Polizei*)

visé ['vi:zei] Fr 1. (→ visa) s (*Paß-, Einreise-*)*V·isum* n, *Sichtvermerk* m 2. vt [~s, ~'d, ~ing] (*Paß etc*) *mit Visum versehen*

visibility [,vizi'biliti] s *Sichtbarkeit* f || ⟨mar⟩ *Sichtigkeit*; ⟨bes mot⟩ *Sicht(igkeit f*) f, *Sichtverhältnisse* n pl, –weite f; poor ~ *wenig Sicht* f

visible ['vizəbl] 1. a *sichtbar* || ~ horizon *Kimm* f || *augenscheinlich, offenbar, deutlich* | pred (*P*) *z sprechen* (is he ~ ?) 2. s the ~ *das Sichtbare* n, *die sichtbare Welt* f ~ness [~nis] s *Sichtbarkeit* f **visibly** ['vizəbli] adv *sicht-, offenbar* || *deutlich, sichtlich* (~ afraid); *merklich, wesentlich*

Visigoth ['vizigəθ] s ⟨hist⟩ *Westgote* m ~ic [,vizi'gɔθik] a *westgotisch, Westgoten-*

vision ['viʒən] 1. s a. *Erscheinung, Vision* f; *Phantasie-, Traumbild, Gesicht* n b. *visionäre Kraft, Einbildungskraft* f c. *Sehen, Sehvermögen* n; ~ by night *Nachtsehvermögen* n, *Nachtsicht* f; ~ slit *Sehschlitz* m d. *Blick; Anblick* m 2. vt (*in der Einbildung*) *schauen* | ~al [~l] a *Visions-* (~ theory) || *visionär; traumhaft* ~ariness [~ərinis] s *das Phantastische* n; *Träumerei, Phantasterei* f ~ary [~əri] 1. a *geisterhaft, Geister-* || *eingebildet, phantastisch, unwirklich* | *z Visionen neigend, hellseherisch* || *schwärmerisch, träumerisch* || *verstiegen, überspannt* 2. s *Hellseher, Geisterseher* m || *Schwärmer, Träumer, Idealist, Phantast* m

visit ['vizit] I. vt/i A. vt 1. (*jdn*) *besuchen* || (*e–n Kranken*) *besuchen* 2. (*Land*) *aufsuchen*; (*Ort*) *besuchen, besichtigen* || *gewohnheitsmäßig auf-, besuchen* || *durch-, untersuchen, visitieren* 3. (*jdn; Land*) *befallen, heimsuchen* (with *mit*); to be ~ed with *heimgesucht w v* || (*Fehler*) *ahnden* (on a p *an jdm*); to ~ the sins of the parents on the children *die Sünden der Eltern heimsuchen an den Kindern*; to be ~ed with *geahndet, be-*

straft w mit B. vi *Besuche* m; to go out ~ing *Besuche* m || we do not ~ *wir verkehren nicht mit–e–a* || ⟨Am⟩ *zus–treffen*; *sprechen* (with) II. s 1. *kurzer Besuch* m (of a p *jds*); a ~ from a p *der B. jds, seitens jds, von jdm* (they had a ~ from the Queen); a ~ to a p *ein B. bei jdm* (my ~ to his father); the ~ to a place, to a country *der B. e–s Ortes, e–s Landes* || at my ~ *bei m–m B.*; on a ~ to *auf B., zu B. bei*; to be in London, to come to L. on a short ~ *L. e–n kurzen B. abstatten*; to pay a p a ~ *od* a visit to a p *jdm e–n B. m, abstatten* | *Besuch* m, *Besichtigung* f, a ~ to the Museum *ein B. des Museums* || *Krankenbesuch* m; *Konsultation* f (to a doctor *bei e–m Arzt*) 2. *Durch-, Untersuchung* f || ⟨Am⟩ *Gespräch* n ~able [~əbl] a *z besuchen(d)*; *besuchenswert* ~ant [~ənt] 1. a ⟨poet⟩ *besuchend* 2. s ⟨poet⟩ *Besucher* m | ⟨orn⟩ *Strichvogel* m ~ation [,vizi'teiʃən] s *offizieller Besuch* m; *Besichtigung f, Durch-, Untersuchung* f; *Kirchenvisitation* f || *göttliche Heimsuchung* f; ⟨bib⟩ ~ *Heimsuchung Mariä, Mariä Besuch bei Elisabeth* || ⟨zoo⟩ *gr Wanderung f v Vögeln etc* || ⟨fam⟩ *langer Besuch* m ~atorial [,vizitə:riəl] a *Visitations-; Überwachungs-, Aufsichts-*; ~ Board ⟨univ⟩ –*behörde* f ~ing ['vizitiŋ] s *Besuchen* n etc, → to visit | [attr] *Besuchs-*; ~ alien ⟨stat⟩ *vorübergehend anwesender Ausländer* m; ~ correspondent ⟨Am mil⟩ (*amtlich zugelassener*) *Berichterstatter* m; ~ doctor *praktischer Arzt* m; to be on ~-terms with a p *mit jdm auf Besuchsfuß stehen; mit jdm verkehren*; ~-card *Visitenkarte* f ~or ['vizitə] s 1. *Besucher* (to a p *jds*; to a country *e–s Landes*); alien ~ ⟨stat⟩ *vorübergehend anwesender Ausländer* m; lady~ *Damenbesuch* m || *Gast* m (to *bei*) || ~s [pl] *Besuch* m; many ~s *viel B.*; ~s book *Besuchs-*, (*Hotel-*)*Fremdenbuch* n; ~s' hours *Besuchszeiten* f pl | *Kurgast* m; ⟨Ger⟩ ~s' tax *Kurtaxe* f 2. (*oft* ~) *Visit·ator, Inspektor* m

visor, vizor ['vaizə] s (*Helm-*)*Visier* n || *Maske* f || ⟨fig⟩ *Maske, Verkleidung* f || (*Mützen-*)*Schirm* m; (*Sonnen-, Lese-*)*Visier* n; ⟨film⟩ *Augenschirm* m; ⟨mot⟩ *Blendschutz-*(*scheibe* f) m, *Schute* f ~ed [~d] a *maskiert*

vista ['vistə] s It 1. *weite Aussicht, Fernsicht* f, *Blick, Ausblick* m (of *auf, über*) || ~ dome ⟨rail⟩ *Aussichtsdeck* n 2. (*Baum-*)*Allee* f || ⟨arch⟩ *langer Gang, Korridor* m 3. ⟨fig⟩ (*geistiger*) *Ausblick* m (into *in*); *innere Schau* f (a ~ of thoughts); *Perspektive* f, a long ~ of years *e–e lange Reihe v Jahren, long* ~ of *weite Strecken v*

visual ['vizjuəl] a (~ly adv) *mit dem Auge wahrgenommen* (~ arts *bildende Künste*); *durch Sehen erlangt, visu·ell* || *wahrnehm-, sichtbar* || *Gesichts-, Seh-* (~ acuity –*schärfe* f; ~ nerve –*nerv* m); ~ aids [pl] *Anschauungsmaterial* n (*f den Unterricht*); ~ angle *Gesichtswinkel* m; ~ exposure meter *Photometer, Belichtungsmesser* m; ~ field *Gesichtsfeld* n; ~ flight rules [pl] (abbr VFR) ⟨aero⟩ *Sichtflugregeln* f pl; ~ inspection ⟨bes aero⟩ *äußere Überprüfung*; ~ power *Sehvermögen* n, –*kraft* f; ~ range *Sichtbereich* m; ~ sign *Schauzeichen* n; ~ signal *optisches Signal* m ~ity [,vizju'æliti] s *Sichtbarkeit* f ~ization [,vizjuəlai'zeiʃən] s *geistige Vergegenwärtigung* f ~ize [~aiz] vt (*sich*) *im Geiste vergegenwärtigen, sich ein Bild m v* || ⟨tech⟩ *bloßlegen, sichtbar m*

vita glass ['vaitəglɑ:s] s L *Ultravi·olglas* n (*f ultraviolette Strahlen durchlässiges Glas*)

vital ['vaitl] a (~ly adv ~təli] adv) 1. *vit·al, Lebens-* (~ functions –*funktionen*); ~ energy, ~ force, ~ power *Lebenskraft* f || ~ area, ~ ground, ~ terrain ⟨mil⟩ *taktisch wichtiges Gelände* n || ~ index ⟨demog⟩ *Vitalitätsindex* m || ~ statistics *standesamtliche Urkunden* f pl || ⟨poet⟩ *lebenspendend, kräftigend* 2. *lebenswich-*

tig, –notwendig; ~ *organ*, ~ *part lebenswichtiger, edler Teil* m; ~ *economic necessity wirtschaftl. Lebensnotwendigkeit* f **3.** ⟨fig⟩ *wesentlich, hochwichtig, notwendig* (to *f*), ~ *question Lebensfrage* f **4.** ⟨poet⟩ *lebensprühend, lebenskräftig* **~ism** ['vaitəlizm] s *Vital·ismus* m **~ity** [vai'tæliti] s *Vitalität, Lebenskraft; –fähigkeit, –dauer* f **~ize** ['vaitəlaiz] vt *mit Lebenskraft erfüllen; beleben, kräftigen*; ⟨mst übtr⟩ *verlebendigen, lebendig gestalten*

vitals ['vaitlz] s pl *lebensnotwendige Organe* n pl, *edle Teile* m pl || ⟨fig⟩ *Kern(punkt)* m, *das Wesentliche, Wichtigste* n

vitamin ['v(a)itəmin], **~e** ['v(a)itəmi:n] s *Vitam·in* n **~ous** [v(a)i'tæminəs] a *Vitamin–*

vitamized ['v(a)itəmaizd] a *vitam·inreich, vitami(ni)s·iert, Vitam·in–* (milk)

vitaphone ['vaitəfoun] s ⟨Am⟩ *Tonfilm* m *mit Grammophondialog*

vitellary ['vitələri] a = *vitelline* **–lin** [vi'telin] s *Vitell·in* n (*Eiweißkörper des Eidotters*) || **–line** [vi'telain] a *Eidotter–* **–lus** [vi'teləs] s L *Eidotter* n & m

vitiate ['viʃieit] vt (*etw*) *verderben, beeinträchtigen* || (*jdn*) *verderben, verderbt* m || (*Luft*) *verunreinigen*; ~d *unrein*; ~d *air verbrauchte Luft* f || ⟨jur⟩ (*Testament*) *aufheben, ungültig* m, *umstoßen* **–ation** [,viʃi'eiʃən] s *Verderbnis, Beeinträchtigung* f || ⟨jur⟩ *Ungültigmachen* n, *Aufhebung* f

viticultural [,viti'kʌltʃərəl] a *Weinbau–* **–re** ['vitikʌltʃə] s *Weinbau* m **–rist** [,viti'kʌltʃərist] s *Weinbauer* m

vitiosity [,viʃi'ɔsiti] s *moral. Verderbtheit* f

vitreous ['vitriəs] a *aus Glas bestehend, Glas–* | *gläsern, glasartig, Glas–*; ⟨geol⟩ *glasig* (lustre), *vitrophyrisch* (rock) || ~ *humour od body* ⟨anat⟩ *Glaskörper* m (*des Auges*) | *aus Glas gewonnen*; ~ *electricity positive Elektrizität, Glaselektrizität* f **–trescence** [vi'tresns] s *Verglasung* f **–trescent** [vi'tresnt] a *verglasend* **–trescible** [vi'tresəbl] a = *vit·rifiable* ['vitrik] a *Glas–; glasartig* || **–trifaction** [,vitri'fækʃən] s *Verglasung* f **–trifacture** ['vitrifæktʃə] s *Glasfabrikation* f **–trifiable** ['vitrifaiəbl] a *verglasungsfähig, verglasbar* **–trification** [,vitrifi'keiʃən] s = *vitrifaction* **–trify** ['vitrifai] vt/i || *verglasen* | vi (*sich*) *verglasen; Glas w.*

vitriol ['vitriəl] s ⟨chem⟩ *Vitri·ol* m & n; ~ *of copper Kupfervitriol*; *oil of* ~ *Vitriolöl* n, *rauchende Schwefelsäure* f || ⟨fig⟩ *Bissiges, Scharfes* n; *Bosheit* f | [attr] *Vitriol–* **~ate** ['vitrioleit] vt *mit Vitriol behandeln* **~ic** [,vitri'ɔlik] a *vitriolisch, Vitriol–*; ~ *acid Vitriolöl* n, *rauchende Schwefelsäure* f | ⟨fig⟩ *scharf, bissig, sarkastisch, heftig* **~ize** ['vitriəlaiz] vt (*jdn*) *durch Vitriol verletzen* || *in V. verwandeln*

Vitruvian [vi'tru:viən] a ⟨ant arch⟩ *im Stil v* Vitruvius *Pollio*; ~ *scroll Mäanderverzierung* f

vitta ['vitə] s L ⟨bot⟩ *ölhaltige Röhre* f (*in Früchten v Doldenpflanzen*) || ⟨zoo⟩ *Farbstreifen* m

vituline ['vitjulain] a *ein Kalb betr., Kalbs–*

vituperate [vi'tju:pəreit] vt (*jdn*) *tadeln, schelten, schmähen* (as *als*) **–ation** [vi,tju:pə'reiʃən] s *Tadel* m, *Schmähung, Beschimpfung* f **–ative** [vi'tju:pəreitiv] a (~ly adv) *tadelnd, scheltend, schmähend, Schmäh–*

viva ['vi:və] It **1.** intj *Hoch!* **2.** s [pl ~s] *Hoch* n, *–ruf* m

viva ['vaivə] L (abbr *f* ~ *voce*) ⟨univ fam⟩ **1.** s *mündl. Prüfung* f **2.** vt/i || *jdn mündl. prüfen* (to be ~ed) | vi *mündl. prüfen*

vivace [vi'vɑ:tʃi] It adv ⟨mus⟩ *lebhaft*

vivacious [vi'veiʃəs] a (~ly adv) *lebhaft, munter* **~ness** [~nis] s, **–city** [vi'væsiti] s *Lebhaftig–, Munterkeit* f, *jugendliches Feuer* n

vivarium [vai'vɛəriəm] s L *Terrarium* n, *Tier-*

gehege n, *Natur–, Tierpark* m || *Aquarium*; *Fischteich* m

viva voce ['vaivə'vousi] L **1.** adv *mündlich* || *laut* **2.** a *mündlich* **3.** s *mündliches Examen* n

vives [vaivz] s pl (in horses) *Unterkieferdrüsenentzündung, Druse* f

vivi– ['vivi] L [in comp] *lebendig*

vivid ['vivid] a (~ly adv) (*P*) *lebhaft* || (of light & colour) *lebhaft*; *hell, glänzend* || *lebensvoll, lebendig* **~ness** [~nis] s *Helligkeit* f || *Lebendigkeit, Lebhaftigkeit* f

vivification [,vivifi'keiʃən] s *Belebung* f **~fy** ['vivifai] vt (*e–r S*) *Leben geben*; (*etw*) *beleben, lebensvoll* m; (*Gedanken*) *verlebendigen*; *glänzend(er) erscheinen l* **~parity** [,vivi'pæriti] s *Vivipar·ie, –parit·ät* f (*Lebendiggebären*) **~parous** [vi'vipərəs] a (~ly adv) ⟨zoo⟩ *vivip·ar, lebendgebärend* **~sect** [,vivi'sekt] vt/i || (*Tier*) *vivisezieren* ⟨*a* übtr⟩ | vi *vivisezieren* **~section** [,vivi'sekʃən] s ⟨anat⟩ *Vivisektion* f ⟨*a* übtr⟩ **~sectional** [~l] a *Vivisektions–* **~sectionalist** [~ist] s *Vivisezierer* m | *Anhänger* m *der Vivisektion* **~sector** [vivi'sektə] s *Ausüber der Vivisektion* m

vixen ['viksn] s ⟨zoo⟩ *Fähe, Füchsin* f || ⟨fig⟩ *Keiferin, Zänkerin, böse Sieben* f **~ish** ['viksəniʃ], **~ly** ['viksənli] a *zänkisch, keifend*

viz [viz] abbr (*mst gelesen als* namely) = videlicet

vizard ['vizəd] s = visor

vizier [vi'ziə] s *Wes·ir* m; *grand* ~ *Großwesir* m **~ate** [~reit] s *Wesir·at* n

vizor ['vaizə] s → visor

Vlach [vlæk] s *Wal·ache* m; → Wallach **~ian** ['~iən] a *walachisch*

vocable ['voukəbl] s *Vokabel* f **–bulary** [və'kæbjuləri, vo'k–] **1.** s *Wortschatz* m || *Wörterverzeichnis, –buch* n **2.** a *Wortschatz–*

vocal ['voukəl] a (~ly adv) **1.** *gesprochen, mündlich*; *Sprech–* (~ *film –film* m) || ⟨mus⟩ *stimmlich*; *gesanglich*; *Vokal–, Gesang–*; ~ *music Vokalmusik* f || *tönend*; *stimmhaft*; ⟨gram⟩ *vokalisch*; ~ *sound Vokal* m || ⟨anat⟩ *Stimm–*; ~ *c(h)ords* [pl] *Stimmbänder* n pl **2.** *tönend, klingend, widerhallend* (with *von*) || (*sich*) *laut* (*äußernd*); *vernehmbar*; ~ *frequency* ⟨wir⟩ *Sprechfrequenz* f; *to become* ~ *sprechen, sich hören l, sich äußern* **~ic** [vou'kælik] a *vokalisch* **~ism** ['voukəlizm] s *Stimmgebung* f || *Gesangskunst* f **~ist** ['voukəlist] s *Sänger(in f)* m **~ity** [vou'kæliti] s *Stimmeigenart; Tongebung, Klangwirkung* f **~ization** [,voukəlai'zeiʃən] s *Vokalisierung* f (*e–s Konsonanten*) || *Vokalaussprache* f ⟨mus⟩ *Stimmgebung* f **~ize** [~aiz] vt/i || (*Laut*) *aussprechen* || *singen* || ⟨phon⟩ *vokalisieren* | vi *singen* **~ly** [~i] adv *in stimmlicher od gesanglicher Hinsicht*

vocation [vou'keiʃən] s ⟨theol⟩ *göttliche Berufung* f || *Eignung* f (for *f* [*ein Amt*]); *Neigung* (to *zu*) || *Beruf* m **~al** [~l] a *beruflich, berufsmäßig, Berufs–*; ~ *education –ausbildung* f; ~ *guidance –beratung* f; ~ *rehabilitation Umschulung* f (*auf e–n Zivilberuf*) **~ally** [~ʃəli] adv *in beruflicher Hinsicht; vom berufl. Standpunkt aus*

vocative ['vɔkətiv] **1.** a *Anrede–, ~ case* ⟨gram⟩ *Anredefall, Vokativ* m **2.** s ⟨gram⟩ *Vokativ* m

vociferance [vou'sifərəns] s *Geschrei* n **–rant** [vou'sifərənt] a *schreiend, brüllend* **–rate** [vou'sifəreit] vi/t || *schreien, brüllen, laut rufen* | vt (*etw*) *schreien* **–ration** [vou,sifə'reiʃən] s *Schreien, Geschrei* n **–rator** [vou'sifəreitə] s L *Schreier, Schreihals* m **–rous** [vou'sifərəs] a *laut schreiend, to be* ~ *laut schreien, singen* || *laut* (talk)

vodka ['vɔdkə] s *Wodka* m (*russ. Branntwein*)

voe [vou] s *kl Bucht* f

vogue [voug] s **1.** *Beliebtheit* f; *guter Ruf* m (such ~ *ein solcher Ruf*); *hohes Ansehen* n (as a *poet als Dichter*); *Erfolg* m (a great ~) || *to be* in full ~ *sich großer Beliebtheit erfreuen, sehr beliebt* or *im Schwange* or *modern s*; (of plays) *großen Zulauf h*; to bring into ~ *in Aufnahme bringen*; to come into ~ *in A. k, beliebt* or *modern w* **2.** Mode f (a short ~); the ~ *die (herrschende) Mode* f (of a th); to be the ~ *Mode s*; all the ~ *die neueste Mode* ‖ *besondere Vorliebe*; the ~ *for Shakespeare die V. f Sh.*; *die Beliebtheit Sh.s* **3.** [attr] ~-word *Modewort* n

voice [vɔis] s **1.** *menschl. Stimme* f; in ~ *bei Stimme*; to be in splendid ~ *glänzend bei St. s*; loss of ~ *Stimmverlust* m **|** *Stimmton, -charakter* m; in a loud (low) ~ *mit lauter (leiser) St.*, to lift up one's ~ *die St. erheben*; my (etc) ~ *is in my (etc) boots „Im tiefen Keller sitz' ich hier"* *(tiefe Stimme h)* **2.** *Ausdruck* m, to find ~ *in A. finden in*, to give ~ *to a feeling e-m Gefühl A. geben, verleihen* **3.** ⟨übtr⟩ (of the sea, etc) *Stimme* f; the ~ *of conscience die St. des Gewissens* **4.** ⟨fig⟩ *Stimme, Meinung* f, with one ~ *einstimmig*; to give one's ~ *for stimmen f*; to have a ~ *in e-e St., e-n Einfluß h in, bei* **5.** ⟨phon⟩ *Stimmton* m, *-haftigkeit* f **6.** ⟨gram⟩ *Genus des Verbs* n, active ~ *Aktiv* n, passive ~ *Passiv* n **7.** [attr] ~ radio *Sprechfunk* m; ~ *radio operator Sprechfunker* m

voice [vɔis] vt *aussprechen, in Worte fassen, (e-r S) Ausdruck geben, verleihen*; *(etw) äußern*, to ~ one's doubts *Zweifel äußern*; to ~ an opinion *e-e Meinung zum A. bringen*; to ~ one's o. *s-e Ansicht vertreten* ‖ *(Orgelpfeife) regulieren* ‖ ⟨phon⟩ *(Laut) stimmhaft aussprechen* **| ~d** [~t] a [in comp] *mit .. Stimme*; low-~d *mit leiser St.* ‖ ⟨phon⟩ *stimmhaft* **~ful** ['~ful] a ⟨poet⟩ *tönend, klangvoll, widerhallend* (with *v*) **~less** ['~lis] a *stumm*; *still*; *sprachlos* ‖ ⟨parl⟩ *nicht stimmfähig* ‖ ⟨phon⟩ *stimmlos*

void [vɔid] a **1.** a *leer*; *luftleer*; *unbesetzt*; *–bewohnt (house)* ‖ *unwirksam, zwecklos* ‖ *ungültig, nichtig*; null and ~ *null u nichtig* **|** ~ of *leer an*; *frei v, ohne* (~ of fear); *arm an*; ~ of a th *e-r S ermangelnd*; to be ~ of a th *e-r S ermangeln, etw nicht besitzen, nicht aufweisen* **2.** s *Leere* f, the ~ *der leere Raum*; *Hohlraum* m; *Luftleere* f ‖ *Lücke* f (to fill the ~ *die L. ausfüllen*) ‖ *unbewohntes Haus* n ‖ ⟨fig⟩ *Leere* f, *Lücke* f (to fill an aching ~) **3.** vt *(Kot, Stuhl) ausleeren*; *(Blasenstein etc) ausscheiden* ‖ † *verlassen, räumen* ‖ *aufheben, ungültig m* **~able** ['~əbl] a ⟨jur⟩ *aufheb-, anfecht-, annullierbar* **~ance** ['~əns] s *Entleerung* f *(des Darms)* ‖ *Freiwerden* n *(e-r Stelle), Vakanz* f **~er** ['~ə] s ⟨her⟩ *e-e Heroldsfigur* f **~ness** ['~nis] s *Leere* f ⟨a fig⟩ ‖ *Ungültigkeit* f

voile [vwa:l] s Fr *durchsichtiger Kleiderstoff* m

voivode [vɔi'voud] s *Woiw·ode* m *(Titel des Fürsten in südosteurop. Ländern)*

volant ['voulənt] a Fr *fliegend* (angel) ‖ *schnell*

Volapük ['vɔləpuk] s *Volap·ük* n *(Weltsprache)*

volar ['voulə] a *Handflächen-*; *Fußsohlen-*

volatile ['vɔlətail] a † *fliegend* ‖ (of liquids) *sich verflüchtigend, schnell verfliegend* or *–dunstend, flüchtig, ätherisch* (~ oil); ~ alkali *Ammoniak* m; ~ salt ⟨chem⟩ *Riechsalz* n; ~ sal **|** ⟨fig⟩ *flüchtig, wesenlos* (dream) ‖ *wankelmütig, unbeständig, leichtfertig, flatter-, sprunghaft* **~ness** [~nis], **–tility** [,vɔlə'tiliti] s ⟨chem⟩ *schnelle Verdunstbarkeit, Verflüchtigung* f ‖ ⟨fig⟩ *Unbeständig-, Flatterhaftigkeit* f

volatilizable [,vɔləti'laizəbl] a *leicht verdunstbar* **–zation** [,vɔlətilai'zeiʃən] s *Verflüchtigung* f **–ze** ['vɔlətilaiz] vt/i ‖ ⟨chem⟩ *verflüchtigen, zu Verfliegen bringen* **|** vi *sich verflüchtigen*; *verfliegen, –dunsten*

vol-au-vent ['vɔlou'vã:] s Fr *hohle, mit Fleisch (etc) gefüllte Blätterteigpastete* f

volcanic [vɔl'kænik] a (~ally adv) *vulkanisch*; *Vulkan–* (~ eruption *–ausbruch* m); ~ dust ⟨tech⟩ *Lava* f; ~ glass *Obsidi·an* n ‖ ⟨fig⟩ *vulkanisch, ungestüm, feurig* **~ity** [,vɔlkə'nisiti] s *vulkanische Beschaffenheit* or *Tätigkeit* f

volcanism ['vɔlkənizm] s *Vulkan·ismus* m ‖ *vulkanische Erscheinungen* f pl **–ize** ['vɔlkənaiz] vt *vulkanisieren*; *Hartgummi* m **–ize** ['vɔlkənaiz] vt *vulkanisieren*

volcano [vɔl'keinou] s It [pl ~es] *Vulkan* m ‖ extinct ~ *erloschener V.*; ⟨fig⟩ *ausgetrockneter Krater* m ‖ to sit on the top of a ~ ⟨fig⟩ *wie auf e-m Pulverfaß sitzen* **~logist** [,vɔlkə'nɔlədʒist] s *Vulkanforscher* m **~logy** [,vɔlkə'nɔlədʒi] s *Lehre* f *v den Vulkanen*

vole [voul] s ⟨cards⟩ *Vola* f *(Gewinn aller Stiche)*; to go the ~ *alles aufs Spiel setzen*

vole [voul] s ⟨zoo⟩ *gr Wühl–, Feldmaus* f ‖ bank-~ *Rötel–, Waldwühlmaus* f; short-tailed ~ *Feldmaus*; water-~ *Wasserratte* f

volet ['vɔlei] s (pl ~s [~z]) Fr *e–r der drei Teile e-s Triptychons* m

volitant ['vɔlitənt] a L ⟨zoo⟩ *fliegend* **–tation** [,vɔli'teiʃən] s *Fliegen* n

volition [vou'liʃən] s *Willensäußerung, Wollung* f, *Willensentschluß* m ‖ *Wille* m, *Wollen* n, *Willenskraft* f **~al** [~l] a (~ly adv) *Willens-, willensmäßig, –fähig, –stark* **~ary** [~əri] a *Willens–*

volitive ['vɔlitiv] a *Willens–*

volkslied ['fɔlksli:d] s (pl ~er; ~s) Ger *Volkslied* n

Volksraad ['fɔlksra:d] s SAfr *gesetzgebende Körperschaft* f *im alten* Orange Free State

volley ['vɔli] **1.** s *(Gewehr-)Salve* f, ⟨artill & Fla–⟩ *Gruppe* f; a ~ of ten *e-e Zehnersalve, zehn Salven* ‖ ⟨übtr⟩ *Hagel* m (~ of arrows) ‖ (of words, etc) *Schwall, Strom* m, *Flut* f **|** ⟨ten⟩ *Flugschlag* m, *–ball* m; half-~ ⟨ten⟩ *Halbflugschlag* ‖ ~ bombing *(Bomben-)Reihenwurf* m **2.** vt/i ‖ *(Geschosse) in e–r Salve abschießen* ‖ *(mst* to ~ forth, off, out) *(Flut v Worten* etc) *ausstoßen* ‖ ⟨ten⟩ *(Ball) als Flugball spielen, nehmen* **|** vi *e–e Salve abfeuern, abgeben* ‖ *sich entladen* ‖ *toben, brüllen* ‖ *strömen, sich ergießen, dahinschießen* ‖ ⟨ten⟩ *Flugbälle spielen, nehmen* **| ~er** [~ə] s *Flugballspieler* m

volplane ['vɔl'plein] **1.** vi ⟨aero⟩ *im Gleitflug niedergehen* **2.** s *Gleitflug* m

Volsteadism ['vɔlstedizm] s *(nach Amerikaner A. J. Volstead) Alkoholverbot* n

volt [voult] s *(nach Italiener A. Volta)* ⟨el⟩ *Volt* n *(Einheit der elektr. Spannung)* **|** [attr] *Volt–* **~age** ['~idʒ] s *elektromotorische Spannung* or *Kraft* f *in Volt* **~aic** [vɔl'teiik] a (~ally adv) ⟨el⟩ *voltaisch, Volta–, galvanisch*; ~ battery ⟨el⟩ *voltaische Batterie* f; ~ cell *galvanisches Element* n; ~ couple *–e Kette* f; ~ current ⟨el⟩ *–er Strom* m; ~ electricity ⟨el⟩ *Galvanismus* m; ~ pile ⟨el⟩ *voltaische Säule* f **~ameter** [vɔl'tæmitə] s ⟨el⟩ *Voltameter* m *(z Messung der Stromstärke)* **~meter** ['~,mi:tə] s ⟨el⟩ *Voltmesser, Spannungsmesser* m

volt [vɔlt] vi ⟨fenc⟩ *e–e Volte m* ⟨a fig⟩

Voltairian [vɔl'tɛəriən] **1.** s *Anhänger Voltaires* **2.** a *Voltaire–*

volte, volt [vɔlt] s Fr **1.** ⟨fenc⟩ *Volte, (schnelle) Wendung* f **| ~-face** ['~fa:s] s [pl ~s-face] ⟨fenc⟩ *Umdrehung, Kehre* f; ⟨fig⟩ *Frontwechsel* m; *Wendung*; *Kehrtwendung* f ⟨fig⟩ **2.** ⟨hors⟩ *Volte* f

volubility [,vɔlju'biliti] s *Drehbarkeit* f *(um e–e Achse)* ‖ *Redefluß* m, *Zungenfertigkeit* f ‖ **–ble** ['vɔljubl] a *(–bly adv)* ⟨bot⟩ *sich rankend, sich windend* **|** *zungenfertig, redegewandt* ‖ (of language) *fließend*

volume ['vɔljum] s **1.** (abbr vol.) *Band* m (complete in 3 vols); a three-~ romance *e–e Romanze in 3 Bänden*; that speaks ~s ⟨fig⟩ *das* *spricht Bände* (for *f*) **2. a.** *Masse, gr Menge* f (a ~ of water *e–e M. Wasser*); [*a* übtr] (a ~ of indignation) **b.** *Umfang* m (in ~ *an U.*), *Volumen* n; *Rauminhalt, Gehalt* m; by ~, in terms of ~ *volumenmäßig*; swept ~ ⟨mach⟩ *Hubraum* m; ~ of compression *Kompressionsraum* m; ~ of credit *Kreditvolumen*; ~ of goods carried *Verkehrstransportleistung* f; ~ of sound *Schallstärke* f ‖ ⟨mus⟩ (*Klang-*)*Fülle* f; (*Stimm-*)*Umfang* m ‖ ⟨wir⟩ *Lautstärke* f; ~ control *Lautstärkenkontrolle* f; ~ equalization ⟨rec⟩ *Pegelgleichheit* f; to ~-produce [vt/i] *massenproduzieren*; ~ regulator *Lautstärkenregler* m **|** ~**d** [~d] a *-bändig* (a three-~ novel)

volumenometer [vəˌljuːmiˈnɔmitə] s *Stereometer* n (*Apparat z Bestimmung des Rauminhalts fester Körper*) **—metric(al)** [ˌvɔljuˈmetrik(ə)l] a (*–cally adv*) *nach Volumen messend*; *–tric analysis* ⟨chem⟩ *Maßanalyse* f; *–tric density Raumdichte* f; *–tric efficiency volumetrischer Wirkungsgrad* m; *–trical increase Volumensteigerung, –zunahme* f; *–trical weight Raumgewicht* n → titration **–minal** [vəˈljuːminəl] a *Volumen–, Umfang– –minosity* [vəˌljuːmiˈnɔsiti] s *Umfang, Reichtum* m (*literar. Produktion*)

voluminous [vəˈljuːminəs] a *viel schreibend* or *produzierend* (writer) ‖ *vielbändig, bändereich, –füllend* ‖ *umfangreich, ausgedehnt, groß*; *füllig* (dress) ‖ *dick; massig, massenhaft; gewaltig* ~**ly** [~li] *adv umfangreich, reichlich* ‖ *in gr Menge* ~**ness** [~nis] s *Umfang* m; *Dicke* f; *Menge* f

voluntariness [ˈvɔləntərinis] s *Freiwilligkeit; Willensfreiheit* f **–ry** [ˈvɔləntəri] **1.** a (*–rily adv*) *freiem Willen entsprungen; aus eigenem Antrieb getan; absichtlich; auf Freiwilligkeit beruhend* (⟨stat⟩ *inquiry Erhebung*); *freiwillig* (*auf sich genommen*); *spontan* ‖ *durch freiwillige Gaben aufrecht erhalten* (~ *school*) ‖ ⟨psych⟩ *voluntar·istisch, willensmäßig*; the ~ *faculty der Wille* ‖ ~ *muscle* ⟨anat⟩ *willkürlicher Muskel* m **2.** s *Orgelsolo* n ‖ *freiwillige Arbeit* f

volunteer [ˌvɔlənˈtiə] **1.** s *Freiwilliger* m; ⟨engl mil⟩ *Mitglied* n *des Freiwilligenkorps* ‖ ⟨com⟩ *Volontär* m **2.** a *Freiwilligen–* **3.** vi/t *als Freiwilliger dienen; sich freiwillig melden* (for) ‖ *freiwillig tätig s, auftreten* (as als) ‖ *sich freiwillig erbieten* (to do) **|** vt (*Dienst*) *freiwillig anbieten* or *übernehmen* ‖ (*etw*) *unaufgefordert tun*; (*Information* etc) *unaufgefordert geben; sich* (*etw*) *aus freien Stücken leisten* (he ~ed the remark)

voluptuary [vəˈlʌptjuəri] **1.** s *Wollüstling, sinnlicher Mensch* m **2.** a *sinnlich, wollüstig*

voluptuous [vəˈlʌptjuəs] a (~**ly** *adv*) *wollüstig, sinnlich, geil; üppig; lüstern* (glance) ~**ness** [~nis] s *Wollust, Sinnlichkeit; Üppigkeit* f

volute [vəˈljuːt] **1.** s ⟨arch⟩ *Vol·ute, Schnecke* f, *Schnörkel* m (*an Giebeln*) (*Spiralzierstück*) ‖ ⟨zoo⟩ *Rollschnecke* f **|** ~ *chamber* ⟨tech⟩ *Auslauf–, Ausströmraum* m **2.** a *spiralförmig, gewunden* **|** ~**d** [~id] a = volute 2. ‖ *mit spiralförmiger Verzierung geschmückt*

volution [vəˈljuːʃən] s *drehende Bewegung* f ‖ ⟨anat⟩ *Windung* f ‖ *Gewinde* n (*e–r Muschel*)

volvulus [ˈvɔlvjuləs] s L ⟨med⟩ *Darmverschlingung* f

vomica [ˈvɔmikə] s L (pl –ae [ˈvɔmisiː]) ⟨med⟩ *Lungenabszeß* m

vomit [ˈvɔmit] **I.** s **1.** *Erbrechen* n **2.** *das Erbrochene* or *Ausgespiene* n ‖ *black* ~ ⟨med⟩ *Auswurf* m *bei gelbem Fieber; gelbes Fieber(n) mit schwarzem Erbrechen* n **3.** *Brechmittel* n ‖ ⟨fig⟩ (*P*) *Brechmittel* n; *Auswurf* m **II.** vi/t **1.** vi *sich erbrechen, sich übergeben; würgen;* °*kotzen* ‖ *Lava ausspeien* **2.** vt (*oft* to ~ forth, out, up) (*Speise*) *ausbrechen; –speien* ‖ † (*jdn*) *z Erbrechen bringen* **|** (übtr) (*Rauch*) *ausstoßen*; (*Feuer*) *speien*; (of trains) (*Reisende*) *aus–, entladen* **|**

⟨fig⟩ (*Flüche*) *ausstoßen; v sich geben, entladen* ~**ive** [~iv] **1.** a *Erbrechen verursachend* **2.** s *Brechmittel* n ~**ory** [~əri] **1.** s *Speier* m, *Speiloch* n **2.** a *Erbrechen–* ‖ *Erbrechen verursachend* ~**urition** [ˌvɔmitjuˈriʃən] s *Brechreiz* m ‖ *häufiges Erbrechen* n

voodoo [ˈvuːduː] **1.** s *Zauberei, Hexerei* f (*unter Negern Westindiens*) ‖ *Hexenpriester, Zauberer* m **2.** vt *behexen*

voracious [vɔˈreiʃəs] a (~ly *adv*) *gefräßig, gierig* ‖ ⟨fig⟩ *unersättlich, gierig*

voracity [vɔˈræsiti] s *Gefräßigkeit* f; ⟨fig⟩ *Gier, Sucht* f (of *nach*)

vortex [ˈvɔːteks] s L [pl —es; –tices] *wirbelnde Bewegung* f, *Wirbel*; (*Wasser-*)*Strudel* m ‖ *Wirbelwind* m **|** ⟨fig⟩ *Strudel* m; *Gewalt* f, *Ungestüm* n; *Gewoge* n **–tical** [ˈvɔːtikəl] a (~ly *adv*) *wirbelnd, sich drehend, Wirbel–; strudelartig* **–ticism** [ˈvɔːtisizm] s ⟨arts engl⟩ *futuristische mit Spiralen arbeitende Kunstrichtung* f (*seit 1915*); ~ *cubism* **–ticity** [vɔːˈtisiti] s ⟨tech⟩ ~ *potential Wirbelwert* m **–ticose** [ˈvɔːtikous] a (~ly *adv*) = vortical **–tiginous** [vɔːˈtidʒinəs] a = vortical

votaress [ˈvoutəris] s *Jüngerin, Verehrerin* f **–ry** [ˈvoutəri] s ⟨rel⟩ *Geweihter, Mönch* m ‖ *Anbeter* m ‖ ⟨fig⟩ *Verehrer; Jünger* m

vote [vout] **I.** s **1.** (*jds*) *Stimme* f (*bei Wahlen*); (agreed to) by 93 ~s to 52 *mit 92 gegen 52 Stimmen* (*angenommen*); to cast a ~ *s–e St. abgeben*; to give one's ~ to a p *jdm s–e St. geben, für jdn stimmen*; the Labour ~ s [koll] *die Stimmen der Arbeiterpartei* pl; ~s polled *die abgegebenen Stimmen*; total ~s cast [pp] *Gesamtstimmenzahl* f **2.** *Stimmabgabe, Abstimmung* f, by ~ *durch A.*, to put to the ~ *zur A. bringen*; to take a ~ *A. vornehmen, abstimmen*; a ~ was taken on *es wurde abgestimmt über* ‖ *Votum* n; ~ of confidence *Vertrauens–*; ~ of 'No Confidence' ⟨parl⟩ *Mißtrauensvotum*; majority ~ *Mehrheitswahl* f ‖ *Beschluß* m, *Bewilligung* f **3.** (*jds*) *Stimmrecht* n, to have a ~ *St. h*, without a ~ *ohne St.* ‖ *Stimme* f (on the Council *im Rat*) ‖ the ~ *das allg. Stimmrecht* (women have the ~) **4.** (*a* ~ heading) *Kapitel* n (*e–s Etats*), → sub-head(ing) **II.** vi/t **A.** vi *s–e St. abgeben; abstimmen* (for *f*); to ~ by head *nach der Kopfzahl abstimmen* ‖ to ~ to suspend a p *jdn abwählen, jdn durch Abstimmung suspendieren* **B.** vt **1.** to ~ a p *jdn wählen; stimmen f jdn* (he ~d Gladstone) ‖ (*jdn*) *durch Abstimmung wählen* (into *in*; off a list *v der Liste*) **2.** (*etw*) *beschließen, annehmen*, (*Geld*) *bewilligen* (to a p *jdm*; for) **3.** *erklären f* or *als*; the book was ~d a great success *das Buch wurde als gr Erfolg hingestellt, bezeichnet* **4.** ⟨fam⟩ *vorschlagen* (that) **5.** [mit adv] to ~ **away** *durch Abstimmungsbeschluß beseitigen* ‖ to ~ **down** (*Antrag*) *überstimmen, ablehnen* ~**less** [ˈ~lis] a *keine* (*Wahl-*)*Stimme; kein Stimmrecht habend*

voter [ˈvoutə] s *Stimmberechtigter, Wähler* m **–ting** [ˈvoutiŋ] s (*Ab-*)*Stimmen* n, *Wahl* f **|** [attr] *Stimm–, Wahl–* ‖ ~-*paper Stimmzettel* m ‖ ~-*trust agreement Vertrag* m *zw Aktionaren zwecks Stimmrechtsübertragung an e–n Dritten*

votive [ˈvoutiv] a (~ly *adv*) *gelobt, –weiht, Weih–, Votiv–* ‖ ~ *crown Weihekrone* f; ~ *medal Denkmünze* f; ~ *tablet Votivtafel* f

vouch [vautʃ] vt/i ‖ * (*z Zeugnis* etc) *anführen* ‖ *bezeugen, –legen, –stätigen, –teuern, verbürgen* ‖ *erklären f*; to ~ a p (as *od* to be) a fit successor *jdn f e–n geeigneten Nachfolger erklären* **|** vi *sich verbürgen; einstehen, zeugen* (for *f*) ~**er** [ˈ~ə] s **1.** *Zeuge* (for a th *e–r S*); *Gewährsmann* m ‖ *Zeugnis* n; *Nachweis* m; *Quittung* f, *Belegschein* m; *Unterlage* f; *Gutschein, Bon* m (luncheon ~); (*Schuh–* etc) *Bezugsschein* m; service ~ ⟨mot⟩ *Kundendienstscheck* m;

British Armed Forces ⁓s (BAFVs) *Besatzungs-geld* n f *Britische Zone* | [attr] ⁓ *copy Beleg-exemplar* n **2.** vt ⟨bes mil⟩ to ⁓ off *abbuchen*; to ⁓ over *umbuchen* (to *nach, zu*)

vouchsafe [vautʃ'seif] vt (*gnädig*) *gewähren, bewilligen* (a p a th *od* a th to a p *jdm etw*); *sich herablassen z* (*etw*) not to ⁓ a word to a p *jdn nicht e–s Wortes würdigen* || *geruhen, sich herab-lassen* (to do)

voussoir ['vu:swa:] s̩ Fr *Keilstein* m (*keil-förmiger Gewölbestein*)

vow [vau] **1.** s *Gelübde* n, to take the ⁓s *den Schleier nehmen, Nonne w* | *Gelöbnis* n, (*Treu-*etc) *Schwur* m || *feierliches Versprechen* n; to be under a ⁓ *sich verpflichtet h, ein Gelübde ab-gelegt h* (to do), to be bound by ⁓ *durch V. gebunden s* (to do); to make, take a ⁓ *ein Ge-lübde tun* **2.** vt **a.** (*etw*) *feierlich versprechen, geloben* (to a p *jdm*); to ⁓ one's loyalty to a p *jdm Treue geloben* || *feierlich geloben, beteuern, ver-sichern* (to; that) || to be ⁓ed to a th *e–r S durch Gelübde verpflichtet w*; to ⁓ o.s. to a th *sich e–r S weihen, widmen* | (*etw*) *weihen, widmen* (to a p *jdm*) **b.** *kundtun, erklären* (that) || † *zu-geben, gestehen* (that)

vowel ['vauəl] s *Vokal, Selbstlaut* m || ⁓ *gradation Ablaut* m || ⁓ *mutation Umlaut* m | ⁓-like *vokalähnlich*; ⟨phon⟩ *silbenbildend* ⁓**ize** [⁓aiz] vt *vokalisieren* ⁓**less** [⁓lis] a *ohne Vokal*

vox [vɔks] s L *Stimme* f, ⁓ *populi die St. des Volkes*

voyage [vɔidʒ] **1.** s (*mst lange*) *Reise*; *Rund-reise z Wasser, Seereise*; *Luftreise* f; *homeward* ⁓ *od* ⁓ *home Heim–*; *return* ⁓ *Rückreise*; *outward* ⁓ *Ausreise* f (*e–s Schiffes*); ⁓ *out Hinreise* || ⁓ *of discovery Forschungs–* **2.** vi/t (*bes z See*) *reisen*, ⟨aero⟩ *fliegen* | * vt (*z See*) *bereisen* | ⁓**r** ['vɔidʒə] s *Seereisender* m

Vulcan ['vʌlkən] s ⟨ant myth⟩ *Vulk·an* (*altita-lischer Gott*) || ⁓ *powder ein Explosivstoff* m ⁓**ian** [vʌl'keiniən] a *Vulkan–* ⁓**ic** [vʌl'kænik] a = *volcanic* ⁓**ism** ['vʌlkənizm] s = *volcanism* ⁓**ist** ['vʌlkənist] s ⟨geol⟩ *Anhänger* m *des Vulka-nismus*; ⁓ ⟨bes mot⟩ *Vulkaniseur* m (*P*) ⁓**ite** ['vʌlkənait] s *Hartgummi, Ebon·it* m ⁓**ization** [ˌvʌlkənai'zeiʃən] s ⟨tech⟩ *Vulkanisie-rung* f ⁓**ize** ['vʌlkənaiz] vt ⟨tech⟩ (*Kautschuk*) *vulkanisieren, härten, in Gummi verwandeln*; ⁓d fibre *Vulkanfiber* f

vulgar ['vʌlgə] **1.** a **a.** (of time etc) (*all*)*gemein* (*gebräuchlich*), *gewöhnlich*; the ⁓ *era* (*allg ge-bräuchliche*) *christl. Zeitrechnung* f | ⁓ *fraction* ⟨math⟩ *gemeiner, gewöhnlicher Bruch* m | *allge-mein, üblich*; the ⁓ *tongue die Landessprache* **b.** *gemein, niedere(r, –s)* (the ⁓ *circles*) || *vulgär* (*pronunciation*),· *ungebildet, unfein*; *gewöhnlich, ungesittet, rüpelhaft, gemein* **2.** s the ⁓ *das gemeine Volk, der Pöbel* ⁓**ian** [vʌl'gɛəriən] s *ge-wöhnlicher Mensch, Pleb·ejer* m || *Protz, Neu-reicher* m ⁓**ism** ['vʌlgərizm] s *gemeiner* or *vul-gärer Ausdruck* m || *gemeines Benehmen* n, *Gemeinheit* f ⁓**ity** [vʌl'gæriti] s *Gewöhnlichkeit, Vulgarität*; *Gemeinheit, Rohheit, Pöbelhaftig-keit* f ⁓**ization** [ˌvʌlgərai'zeiʃən] s *Popularisie-rung, Verbreitung* f || *Herabwürdigung, Erniedri-gung* f ⁓**ize** ['vʌlgəraiz] vt *populär m, populari-sieren*; *verbreiten* || *herabwürdigen, erniedrigen, gemein m* ⁓**ly** ['vʌlgəli] adv *allgemein, gemeinhin* || *vulgär, gemein*

Vulgate ['vʌlgit] s *Vulg·ata* f (*lat. Bibel*)

vulgus ['vʌlgəs] s L *das gemeine Volk*

vulnerability [ˌvʌlnərə'biliti] s *Verwundbar-keit* f || –ties [pl] ⟨fig⟩ *verwundbare, empfind-liche Stellen* f pl ⁓**able** ['vʌlnərəbl] a (–ably adv) *verwundbar, verletzbar*; *anfechtbar, angreifbar*; (of places) *ungeschützt, offen*; ⁓ to air attacks *luftgefährdet*; ⁓ *point empfindlicher Punkt* m, ⁓ *p. protection* ⟨mil⟩ *Objektschutz* m ⁓**ableness** [⁓nis] s = vulnerability –**ary** ['vʌlnərəri] **1.** a *Wunden heilend, Wund–, Heil–*; ⁓ *herb –kraut* n **2.** s *Wundmittel* n

vulpicide ['vʌlpisaid] s *Töten* n *e–s Fuchses* (*nicht durch normale Jagd*) || *Fuchstöter* –**pine** ['vʌlpain] a *fuchsartig, Fuchs–* || ⟨fig⟩ *schlau, listig, fuchsig* –**pinism** ['vʌlpinizm] s *Schlauheit, Listigkeit* f

vulture ['vʌltʃə] s ⟨orn⟩ *Geier* m; bearded ⁓ *Bart–*, black ⁓ *Mönchs–*, Egyptian ⁓ *Aas–*, Schmutz–, Griffon ⁓ *Gänse–* || ⟨fig⟩ *Blutsauger* m –**rine** ['vʌltʃurain], –**rous** ['vʌltʃərəs] a *geier-artig* || ⟨fig⟩ *raubgierig*

vulva ['vʌlvə] s L *äußere weibliche Scham* f –**val** ['vʌlvəl], –**var** ['vʌlvə] a *Scham–, Scham-lippen–* –**vitis** [vʌl'vaitis] s ⟨med⟩ *Entzündung* f *der äußeren Schamteile*

vying ['vaiiŋ] **1.** prs p *v* to vie **2.** a (⁓ly adv) *wetteifernd*

W

W, w ['dʌblju:] s [pl ⁓s, ⁓'s] *W, w* n

wabble ['wɔbl] vi & s = wobble

Wa(a)c [wæk] s (*aus* Women's Army (Auxili-ary) Corps [*ggr. 1917*]); *ein Mitglied* n *dieser Organisation* f

Waaf [wæf] s abbr *f* Women's Auxiliary Air Force

wack [wæk] ⟨sl⟩ **1.** s *Exzentriker* m **2.** a (*a* ⁓y [⁓i]) *exzentrisch, schrullig*

wad [wɔd] **1.** s ⟨† dial⟩ *kl* (*Stroh–* etc) *Bündel* n | *Pfropf(en)* m (a ⁓ of cotton-wool *ein Watte-bausch* m); (of a gun) *Ladepf.* | (*übtr Am*) *Päck-chen* n, *Rolle* f, *Stoß* m (*v Banknoten* etc) || (P) °*Proppen* **2.** vt [–dd–] (*zu e–m Bündel, Klumpen*) *zus–pressen, –knüllen* | (*Öffnung*) *mit e–m Pfropfen versehen, zustopfen* || (*Kleidungsstück*) *ausstopfen, –polstern, wattieren* ⁓**ding** ['⁓iŋ] s *Einlage* f; *lockeres, weiches Material* n *z Pol-stern*; to line with ⁓ *auspolstern, wattieren* || *Watte* f | *Polsterung, Füllung*; *Wattierung* f; [attr] *Wattier–* (⁓ *linen*)

wadable, –**deable** ['weidəbl] a *durchwatbar, z durchwaten(d)*

waddle ['wɔdl] **1.** vi *watscheln* (wie *e–e Ente*), *wackeln* **2.** s *Watscheln* n

waddy ['wɔdi] s ⟨Aust⟩ *hölzerne Kriegskeule* f

wade [weid] **1.** vi/t || *waten* (through) || ⟨fig⟩ *sich mühsam durcharbeiten* (through *durch*) || to ⁓ in *ins Wasser gehen*; ⟨fig⟩ *dazwischen-treten, sich einmischen*; *angreifen* || (Am fam) to ⁓ into (*e–r S*) *z Leibe gehen*; (*jdn*) *fertig m* (*schelten*) | vt (*Fluß*) *durchw·aten* **2.** s *Waten* n || ⟨fam⟩ *Furt* f | ⁓**r** ['⁓ə] s ⟨orn⟩ *Stelzvogel* m | ⁓s [pl] *Wasserstiefel* m pl

wade-in ['weid'in] s [pl ⁓s] ⟨Am⟩ = swim-in

wadi, –dy ['wɔdi] s Arab *tiefes, steiles Felstal* n (*in der Sahara* etc); *O·ase* f

wading ['weidiŋ] **1.** s *Waten* n || [attr] *Wat–* **2.** a *watend*; ⁓ *bird* ⟨orn⟩ *Stelzvogel* m

wae [we(i)] s ⟨Scot⟩ = woe

WAF, Waf [wæf] s ⟨Am⟩ (= Women's Auxiliary Ferrying Squadron) *Angehörige* f *des* *weiblichen amerikanischen Flugzeugüberführungsgeschwaders*

Wafd [wɔft] s Arab *Wafd-Partei* f, *(Bezeichnung f) die extremen Nationalisten* pl *in Ägypten, die nach völliger Unabhängigkeit streben* **~ist** ['~ist] **1.** a *Wafd–* **2.** s *Mitglied* n *der Wafd-Partei*

wafer ['weifə] **1.** s ⟨cul⟩ *Waffel* f *(z Eis)* || *Oblate* f *(z Siegeln v Briefen), Siegelmarke* f || ⟨ec⟩ (⟨RC a⟩ communion ~) *Oblate (Hostie)* f **2.** vt *(Briefe etc) mit e–r Oblate schließen* | **~y** [~ri] a *waffelähnlich, –artig*

waffle ['wɔfl] s ⟨cul⟩ *Waffel* f, *–kuchen* m *(im Waffeleisen gebacken)* || *–iron Waffeleisen* n
waffle ['wɔfl] ⟨sl⟩ **1.** s *Gequatsche, Geschwafel* n **2.** *quatschen, schwafeln*

waft [wɑ:ft, –ɔ:–] **1.** vt/i || *(etw) (in Luft or Wasser) leicht fortbewegen; wehen; tragen* (I was ~ed on the pinions); *fort–, aussenden; (etw) heran–, zutragen* (to a p *jdm*); [*oft* pass] *to be* ~ed | vi *schweben, wehen* **2.** s **a.** *Hauch, Luftzug* m; ⟨a übtr⟩ a ~ of peace *ein Hauch des Friedens* **b.** *Duft* m | ⟨fig⟩ *Anflug* m (of *v*) **c.** ⟨orn⟩ *Flügelschlag* m **d.** ⟨mar⟩ *Flaggen–, Notsignal* n
wag [wæg] s *Spaßvogel, Witzbold* m
wag [wæg] **I.** vi/t [–gg–] **1.** vi ⟨fam⟩ [*mst* neg] *die Glieder rühren, sich rühren, sich bewegen* | *sich hin u her bewegen,* (of the tail) *wedeln; hin u her schwingen* | (of the tongue) *immer in Bewegung s;* to set tongues ~ging *ein Gerede aufbringen* | so the world ~ *so geht's in der Welt;* let the world ~ on *laß die Leute nur reden or laufen* **2.** vt *(ein Körperglied) hin u her bewegen; wackeln mit;* not to ~ a finger *nicht e–n Finger rühren;* to ~ one's finger at a p *jdm mit dem F. drohen;* to ~ one's head *mit dem Kopfe wackeln, nicken, den Kopf schütteln;* (of dogs) to ~ the tail *mit dem Schwanz wedeln* **II.** s *Wedeln* n (with a ~ of the tail); to give a ~ of the tail *mit dem Schwanze wedeln* || *Wackeln* n

wage [weidʒ] s **1.** [*mst* pl ~s] *(Arbeits–, Dienst-)Lohn* m (the ~ is, the ~s were ..); a certain ~; a (fair) day's ~ for a (fair) day's work *gerechte Bezahlung* f; a living ~ *ausreichender Lohn* m | ⟨ec⟩ *Vergeltung* f **2.** ⟨fig⟩ *Lohn* m, *Belohnung* f **3.** [attr *mst* ~] *Lohn–,* ~-*deflation –abbau* m || low ~ *countries* [pl] *Niedrigpreisländer* n pl || ~-*earner L.empfänger* m; independent ~-*earners (v Eheleuten) Doppelverdiener* m pl || ~ *freeze Lohnstop* m || ~-(s)-*fund –fonds* m || ~s-*tax –steuer* f || ~ *laws* ⟨m. m.⟩ *Tarifverträge* m pl **~less** ['~lis] a *ohne Lohn*

wage [weidʒ] vt *(Krieg etc) führen, unternehmen* (on *gegen*); ⟨übtr⟩ to ~ effective war upon a *te–r S wirksam z Leibe gehen* || ⟨Am⟩ to ~ the peace *den Frieden erhalten*

wager ['weidʒə] **1.** s * *Wettgeld* n, *Einsatz, Wettpreis* m | *Wette* f | ⟨hist jur⟩ ~ of law *Austrag* m *des Prozesses durch Eideshelfer;* ~ of od by battle ⟨hist⟩ *Beweisführung, Entscheidung* f *durch Zweikampf* **2.** vt *(Geld) wetten, (als Einsatz) setzen* (on *auf*); to ~ a p *jdm wetten* (that *daß*); [abs] *e–e Wette eingehen* (that) || ⟨fig⟩ *(Ruf) aufs Spiel setzen*

waggery ['wægəri] s *Spaß* m, *Schelmerei* f
waggish ['wægiʃ] a ⟨–ly adv⟩ *spaßig, komisch; schalkhaft, schelmisch* **~ness** [~nis] s *Schalkhaftigkeit* f
waggle ['wægl] **1.** vt/i || ⟨fam⟩ *hin u her bewegen, – schwingen;* to ~ one's tail *mit dem Schwanze wackeln;* to ~ one's head *den Kopf, mit dem Kopfe schütteln* | *wackeln, watscheln* || ⟨golf⟩ *waggeln* **2.** s *Wackeln, Hin-und-her-Schwingen* n (with a ~ of)
waggly ['wægli] a ⟨fam⟩ *wacklig* | *uneben* (path)
wag(g)on ['wægən] s (⟨Am⟩ wagon) *(vier-*

rädriger) Fracht–, Last–, Rollwagen m; to be on the ~ ⟨bes Am sl⟩ *Abstinenzler* s; to go on the ~ A. w; covered ~ *Plan–* | *(Eisenbahn-) Güter–, Waggon* m; by ~ *per Achse* ⟨Am fam⟩ *Kinder–; Gefangenen–* | [attr] *Wagen–;* ~-*boiler Dampfkessel in Form e–s Wagendaches* m || ~-*box* ⟨Am⟩ ~-*load –ladung, Frachtgut in W., Fuhre* f; by the ~-*load waggonweise, in Waggonladungen* || ~-*roof Wagendach* n | ~ *train* ⟨Am⟩ *Güter–,* ⟨mil⟩ *Versorgungszug* m **~age** [~idʒ] s *Frachtgeld* n, *Fuhrlohn* m || *Beförderung* f *in e–m Waggon* || *Wagenpark* m **~er** [~ə] s *(Fracht-)Fuhrmann* m || ~ ⟨astr⟩ *Fuhrmann* m **~ette** [,wægə'net] s *Break* m
wagon-lit ['vægɔ:'li:] s Fr ⟨rail⟩ *Schlafwagen* m (on a train *in e–m Zuge)*

wagtail ['wægteil] s ⟨orn⟩ *(a water-~) Bachstelze* f; blue-headed ~ *Schafstelze* f, grey ~ *Gebirgs–,* pied ~ *Trauer–,* white ~ *Bach–,* yellow ~ *Englische Schaf–*
Wahabi, –bee [wə'hɑ:bi] s *Mitglied* n *e–r mohammed. puritanischen Sekte* f
wahoo [wæ'hu:] s ⟨Am bot⟩ *Ulmenart* f | *Diptam* m *(Eschenwurzelstaude)* | *Linde* f | *Wegedorn* m

waif [weif] s ⟨jur⟩ *gefundene, herrenlose Sache* f; *Strandgut* n; ⟨a fig⟩ || *verlaufenes Vieh* n | *verlassener or heimatloser Mensch* m; ⟨bes⟩ *heimatlos u verwahrlostes Kind* n | ~s and strays [pl] *Abfälle, Überreste* m pl; *heimatlose verwahrloste Kinder* n pl

wail [weil] **1.** s *Wehklage* f, *–klagen* n; *Wehgeschrei,* ~ of pain *Schmerzensschrei* m **2.** vi/t || *(weh)klagen; schreien, jammern* (over *über);* to ~ for beklagen | vt *(Los) bejammern, –klagen* **~ful** ['~ful] a *(weh)klagend, jammernd, Jammer–* **~ing** ['~iŋ] **1.** s *Wehklagen* n [*oft* pl ~s]; ~s of despair *Verzweiflungsschrei* m || ~ over the Body of Christ *Beweinung* f *des Leichnams Christi* **2.** a (~ly adv) *wehklagend, Klage–, Jammer–*

wain [wein] s ⟨*mst* poet⟩ *Last–, Frachtwagen* m || Charles's ~, the ~ ⟨astr⟩ *der Große Bär*
wainscot ['weinskət] **1.** s ⟨tech⟩ *(z Täfelung verwendetes) Eichenholz* n || *Getäfel, Tafelwerk* n, *Täfelung,* f; *Paneel* n, *Int·arsien* pl | [attr] *getäfelt* (~ floor) **2.** vt *(Wand* etc) *täfeln, verschalen, mit Holz verkleiden* **~ing** [~iŋ] s *Täfeln* n | *Wandverkleidung* f; *Täfelung* f | [koll] *(Wand-)Verkleidungsbretter* pl

waist [weist] s *Mitte* f *(des Körpers);* ⟨tail⟩ *Taille* f | ⟨Am⟩ *(Hemd-)Bluse* f; *Leibchen, Mieder* n | ⟨übtr⟩ *schmalste Stelle (e–s Dings)* f || ⟨mar⟩ *mittlerer Teil des Schiffes* || (of a bell) *Schweifung* f | [attr] ~-*band (oberer, festeingefaßter) Bund* m *(an Hosen, Röcken)* || ~-*belt (Leib-)Gürtel* m; ⟨mil⟩ *Koppel* n; ⟨hist⟩ *Feldbinde* f; ⟨aero⟩ *Bauchgurt* m || ~-*cloth Lendentuch* n || ~-*deep* **1.** *a bis an die Taille, Hüfte reichend* **2.** adv *bis an die Taille, Hüfte* || ~-*hugging enganliegend (Jacke)* || ~ *line sector Zentralabschnitt* m || ~ *measurements* pl *Bundweite* f || ~-*slip Unterrock* m ~*ed* [~d] a *mit e–r .. Taille versehen;* short-~*ed mit kurzer T.*

waistcoat ['weiskout, 'weskət] s *Weste* f || *Damenweste* f; *Unterjacke ohne Ärmel* f, *Wams* n; sleeved ~ *(Woll-)Jacke mit Ärmel* f

wait [weit] **I.** vi/t **A.** vi **1.** *warten,* to keep a p ~ing od to make a p ~ *jdn warten l;* the work is still ~ing to be done *die Arbeit läßt noch auf sich warten;* to ~ and see *abwarten* (° u *Tee trinken*) || to ~ in line *Schlange stehen* || *Geduld h, sich gedulden* (until *bis)* **2.** *aufwarten, bedienen* (at table) **3.** (of letters) *liegenbleiben, unbeantwortet bleiben* **4.** [*mit* prep] to ~ for *warten auf;* to ~ for a p to come *warten, bis* or *daß jd kommt* || *lauern auf* | to ~ (up)on a p *jdn bedienen; jdn warten, pflegen;* † *jdn begleiten; jdm s–e Auf-*

wartung m (with *mit*) ‖ ⟨Am⟩ to ~ on table (*als Kellner*) *bedienen* [vi] **5.** [*mit* adv] to ~ **up** for a p *aufbleiben, bis jd kommt* **B.** vt **1.** *erwarten; warten auf* **2.** *abwarten* (a p's return), to ~ one's opportunity *die Gelegenheit abwarten*; to ~ a p's convenience *warten, bis es jdm paßt* **3.** to ~ dinner (etc) for a p *mit dem Essen auf jdn warten* **II.** s **1.** *Warten, Lauern n*, to lie in ~ for a p *jdm auflauern*; to lay ~ for a p *jdm e–n Hinterhalt legen* ‖ *lange Wartezeit f* **2.** ~s [pl] *Stadt–, Dorfmusikanten, Weihnachtssänger m pl* | **~er** [′~ə] s *Kellner m*; ~, check please ⟨bes Am⟩ *Ober, bitte zahlen* | *Servierteller m* ‖ ⟨fam⟩ *full* ~s *Frack m, half* ~s *Smoking m* **~ing** [′~iŋ] **1.** s **a.** *Warten n*; ~ *prohibited, no* ~ ⟨bes mot⟩ *Halteverbot! n* ‖ *Aufwarten n, –wartung f, Dienst m* (*bei Hof*); in ~ *im Dienst, z Aufwartung*; *lord-in-*~ *königl. Kammerherr vom Dienst*; *diensttuender K.*; lady-in-waiting *königl. Ehren–, Hofdame f* **b.** [attr] *Warte–*; ~ area ⟨tact⟩ *–raum m*; ~ position ⟨tact⟩ *Warte–, Lauerstellung f*; ~-room ⟨rail⟩ *W.raum, –saal m* ‖ ~-list *Vormerkliste f* (*f Bewerber*); to place on the ~-list *in den Wartestand versetzen*; ~ salary *–geld n* ‖ ~-girl, ~-maid *Aufwärterin, Kellnerin f, Kammermädchen n* | *abwartend; die Kräfte erst am Schluß einsetzend*; ⟨hors⟩ *verhalten(d)* (~ *race*) **2.** a (~ly adv) *wartend; aufwartend*; ~-maid *Kammermädchen n*

waitress [′weitris] s *Kellnerin f*

waive [weiv] vt (*Rechte etc*) *aufgeben, fahren l; verzichten auf* (*etw*); to ~ an advantage *sich e–s Vorteils begeben* | **~r** [′~ə] s ⟨jur⟩ *rechtl. Verzicht m* (*of auf*), *Aufgabe f; Sondergenehmigung f*; Hard Core ⌇ ⟨com⟩ *befristete Sonderg.* (*des GATT*)

wake [weik] s ⟨mar⟩ **1.** *Kielwasser n* (*e–s Schiffes*); ⟨aero⟩ *Nachstrom, Sog m* **2.** ⟨übtr⟩ *aufgepeitschtes Wasser n; Strudel m* | *Spur f*; ~ of light *Lichtspur* **3. Wendungen**: in the ~ of a ship ⟨mar⟩ *im Kielwasser e–s Schiffes, direkt hinter e–m Sch.* ‖ ⟨fig⟩ in the ~ of a p, of a th *in den Fußstapfen, auf der Spur jds, e–r S; unmittelbar hinter jdm, etw; in Nachahmung jds, e–r S* ‖ to bring in one's ~ (*etw*) *nach sich ziehen, z Folge h*; to follow in the ~ of a p *od* a th *unmittelbar hinter jdm, e–r S folgen; jdm, e–r S auf dem Fuße folgen*

wake [weik] **I.** vi/t [woke, * ~d/[act] woken, [pass] woken & ~d] I woke early; I woke up with a start; the noise woke me (up); has baby woken up yet? what time do you want to be ~d? you 've woken the baby **A.** vi **1.** *wachen, wach s; wach bleiben* **2.** (*mst* to ~ up) *aufwachen; erwachen* (*from, out of aus*); *wach w, sich bewußt w* (to a th *e–r S*), *sich vergegenwärtigen* (to a th *etw*) **3.** ⟨fig⟩ *wach or lebendig w, sich regen, – rühren* **B.** vt (a to ~ up) *wecken; auf–, erwecken* ‖ ⟨fig⟩ (a to ~ up) (*er*)*wecken, erregen*; (*Erinnerungen*) *wachrufen, lebendig w lassen* ‖ (*jdn*) *anspornen, aufrütteln* (to, into *zu*) | ~-up ⟨Am orn⟩ *Specht m* **II.** s *Wachen n*, [*nur in*]: between sleep and ~ *zw Schlafen u Wachen, im Halbschlaf m*; ~ and dream *Wachen u Träumen* | ⟨bes Anglo-Ir⟩ *Totenwache f; Leichenschmaus m* ⟨hist⟩ *Kirchweihfest n; (Jahres-)Dorffest n; Jahrmarkt m* **~ful** [′~ful] a (~ly adv) *wachend* ‖ *schlaf–, ruhelos* (*night*) ‖ ⟨fig⟩ *wachsam* **~fulness** [′~fulnis] s *Wachen n; Schlaflosigkeit f* ‖ ⟨fig⟩ *Wachsamkeit f*

waken [′weikən] vi/t ‖ (a to ~ up) *auf–, erwachen, wach w* ‖ ⟨übtr⟩ *wach w, lebendig w* ⟨fig⟩ (*mst* to ~ up) *sich bewußt w* (to a th *e–r S*) | vt *aufwecken* (*from, out of aus*) ‖ ⟨übtr fig⟩ *aufrütteln* ‖ (*Gefühl*) *wachrufen, erregen*

wake-robin [′weik,rɔbin] s ⟨bot⟩ *Aron m, –wurzel f*

Walach [′wɔləx] s → Wallach

Waldenses [wɔl′densi:z] s pl (*nach* Peter Waldo) ⟨ec⟩ *Wald·enser m pl* (*ggr. 1170*) **–densian** [wɔl′densiən] a *waldensisch, Waldenser–*

wale [weil] s *Strieme, Schwiele f* ‖ ⟨tech⟩ *Salleiste f, Salband n, feste Webkante f* ‖ ⟨mar⟩ *Berg–, Gurt–, Krummholz n; Dollbord n*

wale-knot [′weilnət] s → wallknot

walk [wɔ:k] **I.** vi/t **A.** vi **1. a.** *gehen* (into *in .. hinein*; out of *aus* etc); *sich bewegen* (~ a little) **b.** *langsam gehen; umherwandern*; (of horses) *im Schritt gehen*; (of ghosts) *umgehen, spuken* **c.** (a to ~ it) *z Fuß gehen* ‖ *spazierengehen* ‖ to ~ on air *im siebenten Himmel s* **d.** (* fig) *wandeln, sich betragen*, to ~ with God *ein gottgefälliges Leben führen* **e.** ⟨fam & sl⟩ *abtreten, °abkratzen* (*sterben*) **2.** [*mit* prep] ⟨sl⟩ to ~ **into** a p *herfallen über jdn, jdn angreifen; .. into a th tüchtig einhauen in etw* (sc *e–e Speise*); *kräftig essen, trinken v etw* ‖ to ~ **over** the course *im Schritte gehend gewinnen* **3.** [*mit* adv] to ~ **about** *umhergehen* | to ~ along *weitergehen* | to ~ away *fortgehen*; to ~ away from a p *jdn leicht hinter sich l, leicht übertreffen, schlagen* | to ~ **in** *hineingehen, –kommen*; ~ **in** *treten Sie näher* | to ~ **off** *davongehen*; .. off with *durchgehen, ausreißen mit* (*etw*) | to ~ **out** *ausgehen, verkehren* (with a p *mit jdm*) ‖ ⟨fam⟩ to ~ **out** on (*jdn, etw*) *unbefriedigt verlassen, (jdn, etw) (in mißlicher Lage) stehen l, im Stich l* | to ~ **over** *leicht gewinnen* (→ *o.* 2.) | to ~ **up** *hinaufgehen, heraufkommen*; ~ **up!** *treten Sie näher!, immer hereinspaziert!* (*in Jahrmarktsbude*); to ~ **up** to a p *auf jdn zugehen* **B.** vt **1. a.** (*Strecke, Zeit*) *z Fuß gehen, zurücklegen* **b.** (*Land*) *z Fuß durchgehen, –wandern; auf u ab gehen in or auf*; (*Raum*) *durchschreiten*; to ~ the deck, the street *auf dem Deck, der Straße auf u ab gehen* ‖ to ~ the boards *Schauspieler s*; to ~ the chalk *auf dem (Kreide-)Strich gehen können (nüchtern s)*; to ~ the earth *auf der Erde leben*; to ~ the hospitals (*als Student*) *die klinischen Semester durchmachen, sein Praktikum m*; to ~ the rounds *die Runde m* **2.** [kaus] **a.** (*Pferd*) *im Schritt gehen l*; to ~ a puppy *e–n jungen Hund trainieren* ‖ to ~ out (*Hund*) *ausführen* **b.** (*jdn*) *führen, geleiten* (into *in .. hinein*; out of *aus .. heraus*; to *nach*); *spazierenführen* ‖ I'll ~ you ten miles *ich werde 10 Meilen mit dir um die Wette gehen*; to ~ a p **in** *jdn hineinführen*; to ~ a p **off** *jdn ab–, fortführen*; to be ~ed off *abgeführt w*; to ~ a p **out** *jdn ausführen* **C.** [in comp] ~-around ⟨Am⟩ *Kreis–, Rundtanz m der Neger* ‖ ~-in closet *Auskleide–, Schrankkabine f* ‖ ~-on (*a* ~-on part) ⟨theat⟩ *Statistenrolle f* ‖ ~-out ⟨Am sl⟩ *Streik m* ‖ ~-over ⟨sport⟩ *leichter, kampfloser Sieg m*; ⟨fig⟩ *Leichtigkeit f, Kinderspiel n* ‖ ~-up [*a* attr] ⟨Am⟩ (of flats, etc) *ohne Fahrstuhl* (a ~-up *flat*) **II. 1.** s *Gehen; Zufußgehen n; Schrittgehen n*, to go at a ~ *im Schritt gehen* **2.** *Gang m, –art f, Schritt m* **3.** *Spaziergang m*, to take a ~, to go for a ~ *e–n S. m, spazierengehen*; to take a p for a ~ *jdn z e–m S. ausführen* ‖ *Wanderung, Tour f* ‖ quite a ~ *ein gutes Stück z gehen* ‖ ⟨mil fam⟩ ,,*Spaziergang*" *m* (*leichter Sieg*) **4.** *regelm. Gang*; (*Arbeits-)Bezirk m* | *Tätigkeit f*; the ~ of (*od* in) life *Lebensstellung, –lage f, –gebiet n; Beruf m, Laufbahn f* **5.** *Promenier–, Spazierweg m, Allee, Promenade f*; covered ~ *Wandelhalle f* | *Weide f* **6.** [attr] ~-away, ~-over ,,*Spaziergang*" (*leichter Sieg*), ~-bill ⟨com⟩ *Platzwechsel m* ‖ ~-out *wilder Streik m* ‖ ⟨Am⟩ ~-up *Etagenwohnung f ohne Aufzug* **~able** [′~əbl] a *z beschreiten(d), begehbar zurücklegbar* (*distance*) **~athon** [′~əθən] s ⟨sport⟩ *Marathon n der Geher* **~er** [′~ə] s **1.** *Fußgänger(in), Spaziergänger(in f) m*; not much of a ~ *kein großer Sp.*; to be a good ~ *gut z Fuße s* **2.** ⟨sport⟩ *Geher m* **3.** ⟨orn⟩ *Gehvogel m*

4. ⟨theat⟩ ~-on *Star'ist* m **~ing** ['~iŋ] **1.** s
Gehen n (*a als Sportart*) | [attr & comp] *Geh-*,
Marsch-, *Spazier-* ‖ ~-boot, ~-shoe *Marsch-
stiefel* m ‖ ~-dress *Tages-*, *Lauf-*, *Straßenkleid*
n | ~-on part *Statistenrolle* f ‖ ~-papers [pl],
~-ticket ⟨Am sl⟩ *Laufpaß* m, *Entlassungspapiere*
n pl ‖ ~-stick *Spazierstock* m ‖ ~-tour *Fußreise*, *-wanderung* f **2. a** *gehend, wandernd,* ~
corpse wandelnde Leiche ‖ ~ *delegate Gewerk-
schaftsvertreter* m (*der die Mitglieder aufsucht*) ‖
⟨theat⟩ *Statisten-* (~-part); ~ *gentleman*
⟨theat⟩ *Star'ist* m, ~ *lady Statistin* f ‖ ~-leaf
⟨ent⟩ *Blattinsekt* n ‖ ~ *wounded marschfähiger
Verwundeter* m

Walker ['wɔ:kə] intj (*a Hookey* ~) *Unsinn!
Ich falle nicht darauf hinein!* ‖ ⟨fam⟩ *my name's*
~! (= I'm off) *°ich hau' ab!*

walkie- ['wɔ:ki:] [in comp] **~-lookie** [~'luki]
s ⟨fam⟩ *Fernsehaufnahmegerät* n, *-kleinkamera* f
~-talkie [~'tɔ:ki] s ⟨wir⟩ *Kofferapparat* (*tragbarer Hörsender*) m; ⟨mil⟩ *Tornister-*, *Feld-
Sprechfunkgerät* n

walk-in ['wɔ:k'in] s [pl ~s] ⟨Am racial pol⟩
(*Protestkundgebung* f *f*) *Aufhebung* f *der Rassentrennung in Museen* etc

wall [wɔ:l] **I.** s **1. a.** *Wand* f (*party* ~ *Tren-
nungs-*); ~ *of partition* ⟨fig⟩ *Trennungswand* |
Mauer f (*within the* ~s); *retaining* ~ *Stützmauer* f, *-wand* **b.** ⟨übtr anat bot⟩ *Seitenwand* f
c. ⟨fig⟩ *Wall* m (a ~ *of armed men*) **2.** *Seite* f
(*des Bürgersteigs*) *nahe der Häuserreihe* (*auf der
man Damen etc gehen läßt*), *to give a p the* ~
jdn auf dieser Seite gehen l (*um ihn z ehren*), *to
take the* ~ *of a p jdm diese Seite nicht ein-
räumen* **3.** *with one's back to the* ~ *in die Enge
getrieben* ‖ *to be up against a brick* ~ *nicht
weiter können* ‖ *to go to the* ~ ⟨fig⟩ *'untergehen,
-l'iegen, an die Wand gedrückt w*; *hintenan gesetzt w*; *Konkurs* m ‖ *he had his back to the* ~
⟨fig⟩ *er leistete verzweifelten Widerstand* ‖ ~ *ear*
‖ *to meet a dead* ~ ⟨fig⟩ *taube Ohren, kein Verständnis finden* ‖ *to paint the devil on the* ~ *den
Teufel an die W. malen* ‖ *to push, drive, thrust
a p to the* ~ *jdn in die Enge treiben* ‖ *to run one's
head against a* ~ *mit dem Kopf gegen die Wand
rennen* ‖ *to send a p to the* ~ ⟨fig⟩ *jdn an die
Wand drücken* **4.** [attr] *Wand-*, *Mauer-* ‖ ~
arch Gurtbogen m ‖ ~ *box* ⟨el⟩ *Wanddose* f ‖
~-creeper ⟨orn⟩ *Mauerspecht* m ‖ ~-cress
⟨bot⟩ *Gänsekresse* f ‖ ~-eye ⟨vet⟩ *Glasauge* n
(*des Pferdes*) (*Pferdekrankheit*); ~-eyed *glas-
äugig* ‖ ~ *fern* ⟨bot⟩ *Korallenwurzel* f ‖ ~-
flower ⟨fig Ger, Am⟩ *Mauerblümchen* n (*das
k–n Tänzer findet*) ‖ ~-fruit *Spalierobst* n ‖
~-game ⟨Eton⟩ *Art Ballspiel an der Mauer* ‖
~-less ['wɔ:llis] *ohne Wand or Mauer* ‖ ~-map
Wandkarte f ‖ ~-moss ⟨bot⟩ *Mauerpfeffer* m ‖
~-newspaper *Aushängezeitung* f, *Zeitungsaus-
hang* m ‖ ~-painting *Wandmalerei* f ‖ ~-paper
Tapete f ‖ ~ *passage* ⟨hist⟩ *Runden-*, *Wehrgang*
m ‖ ~-pepper ⟨bot⟩ *Mauerpfeffer* m, *Pfeffer-
kraut* n ‖ ~-plate ⟨arch⟩ *Mauerplatte* f ‖
~-plug ⟨el⟩ *Stecker* m ‖ ~-rue ⟨bot⟩ *Mauer-
raute* f ‖ ~-socket ⟨el⟩ *Steckdose* f, *-kontakt* m
‖ ~-tile *Wandfliese*, *-kachel* f ‖ ~-tree
⟨hort⟩ *Spalierbaum* m **II.** vt (*a to* ~ *in*) *mit e-r
Mauer umgeben* (~ed *town*); *ummauern,
-wallen* ‖ ⟨fig⟩ *um-*, *ein-*, *verschließen* ‖ *to* ~
up z'umauern

wallaby ['wɔləbi] s ⟨zoo⟩ (*e–e Art*) *kleineres
Känguruh* n; [koll] *die Känguruhs* pl ‖ *-bies* [pl]
die Australier m

Wallach, Walach ['wɔlək] s *der Wal'ache* m,
die Wal'achin (*Südrumäniens*); → Vlach **~ia**
[wɔ'leikiə] s ~ *die Walach'ei* **~ian** [wɔ'leikiən]
1. a *wal'achisch* **2.** s = Wallach ‖ *die walachi-
sche Sprache*

walla(h) ['wɔlə] s AInd *Mann, Bursche* m
wallaroo [ˌwɔlə'ru:] s ⟨Aust⟩ *gr Art v Känguruh* n

wallet ['wɔlit] s † *Reisetasche* f, *Ranzen* m,
Felleisen n, *Brief-*, *Geldtasche* f, *kl lederne Werk-
zeugtasche* f

wallflower ['wɔ:lˌflauə] s ⟨bot⟩ *Goldlack* m ‖
⟨fig⟩ *Mauerblümchen* n (*Mädchen, das wenig z
Tanz aufgefordert wird*)

wall-knot ['wɔ:lnət], **wale-knot** ['weilnət] s
fester Knoten m (*am Ende e–s Taus*)

Walloon [wɔ'lu:n] **1.** s *Wall'one* m, *-nin* f ‖
das Wallonische **2. a** *wallonisch*

wallop ['wɔləp] ⟨fam & dial⟩ **1.** s *Plumps*;
Schlag m **2.** vi/t ‖ *wallen, brodeln* ‖ ⟨mst⟩ *to* ~
*along schwerfällig u geräuschvoll umhergehen,
poltern* | vt *verprügeln* **~ing** [~iŋ] f **a** ⟨sl⟩
plump **2.** adv ~ *great mächtig groß* **3.** s *Tracht
Prügel* f

wallow ['wɔlou] **1.** vi *sich wälzen* (in *in*); ⟨fig⟩
to be ~ing *in money im Gelde schwimmen* ‖
schwelgen (in) **2.** s *Sich-Wälzen* n ‖ *Schmutz* m;
Suhle f

Wallsend ['wɔ:lzend] s (*Stadt in* Northumberland) *feine Sorte v Hauskohle* f

Wall Street ['wɔ:l stri:t] s (*Straße in*
New York) *amerik. Kapital- u Geldmarkt* m
(on ~ *am amer. G., an der Börse*); *amer.
Finanzwelt, Hochfinanz* f

wally ['wɔli] s ⟨Am sl⟩ *Stadtfrack* m (*P*)

walnut ['wɔ:lnət] s *Walnuß* f ‖ ⟨bot⟩ (*a* ~-
tree) *Walnußbaum* m ‖ *Nußbaumholz* n

Walpurgis-night [væl'puəgis ˌnait] s ⟨myth⟩
Walpurgisnacht f (*die Nacht vor dem 1. Mai*)

walrus ['wɔ:lrəs] s [pl ~es] ⟨zoo⟩ *Walroß* n;
[a koll] *Walrosse* pl

waltz [wɔ:lts] **1.** s *Walzer* m (*Tanz*); ⟨mus⟩
Walzer m **2.** vi/t *Walzer tanzen, walzen* | vt *to*
~ *a p mit jdm W. tanzen* ‖ ⟨Am⟩ *rollen, wälzen*
| **~er** ['~ə] s *Walzertänzer(in* f) m

wamble ['wɔmbl] **1.** vi ⟨dial⟩ *sich drehen, sich
wenden* ‖ *unsicher gehen, wanken, taumeln* **2.** s
⟨fam & dial⟩ *Übelkeit(sgefühl* n) f

wampee [wɔm'pi:] s ⟨bot⟩ *W'ampibaum* m;
-frucht f

wampum ['wɔmpəm] s *Wamp'um* m (*auf
Schnüre gereihte Muschelschalen der Indianer als
Geld or Schmuck*) ‖ ⟨Am sl⟩ *Moneten* pl,
Zaster m

wampus ['wɔmpəs] s ⟨Am sl⟩ *dicker Faulpelz*;
Trottel m ‖ *Wolljacke, -weste* f

wan [wɔn] a (~ly adv) *blaß, bleich* (face) ‖
farb-, glanzlos; *schwach* (light) ‖ *gezwungen*
(smile)

wand [wɔnd] s ⟨dial⟩ *Rute* f | (*Amts-*, *Diri-
genten-*, *Kommando-* etc) *Stab* m | *Zauberstab* m
⟨a übtr⟩

wander ['wɔndə] vi/t **A.** vi **1.** *wandern, streifen*
(through); *umherwandern, -ziehen, -streifen;
wandern* (from .. *to v* .. *z, nach*; *to nach*); *to* ~
about umherwandern, -streifen; ⟨aero⟩ *to* ~ *off
course v Kurs abkommen, °sich verfranzen* **2.** (*of
the eye*) *schweifen* **3.** *irregehen, sich verirren*; *to*
~ *out of one's way sich verirren* ‖ *abirren*
(from *v*); *abschweifen* (from *v*); *to* ~ *off* ⟨fig⟩
sich verlieren (into) ‖ *to be* ~ing *irre reden,
fiebern, phantasieren*; *geistesabwesend or zerstreut s*; *faseln* **B.** vt ⟨poet⟩ *durchwandern* ‖
⟨fam⟩ *irreführen, verwirren* | **~er** [~rə] *Wande-
rer* m **~ing** [~riŋ] **1.** s *Wandern, Umherirren*;
[mst pl ~s] *weite Wanderung, Wanderschaft* f ‖
[mst pl ~s] *geistige Abwesenheit* f; *Irrereden* n,
Fieberphantasie f, *-wahn* m **2.** a (~ly adv) *wandernd, Wander-, umherschweifend, Nomaden-*;
→ Jew ‖ *unstet, ruhelos* ‖ *zerstreut, konfus* ‖ *planlos angelegt* (garden) ‖ ⟨bot⟩ *Kriech-, Schling-*;
⟨anat⟩ *Wander-*; ~ *cell -zelle* f; ~ *kidney
-niere* f | *irregehend, abirrend* (bullet)

wanderlust ['vandəlust; 'wɔndəlʌst] s ⟨Ger⟩ *Wanderlust* f

wanderoo [ˌwɔndə'ruː] s ⟨zoo⟩ *Wander·u, Bartaffe* (*Mak·ake*) m

wane [wein] **1.** vi *geringer w, abflauen, abnehmen;* (of the moon) *abnehmen* ‖ (of light) *schwächer w, erbleichen* ‖ ⟨übtr⟩ ⟨*oft* to be⟩ *waning*⟩ *zu Ende gehen, schwinden* **2.** s *Abnehmen* n, in ⟨*od* at⟩ the ~ of the moon *bei abnehmendem Mond* ‖ ⟨fig⟩ *Abnahme* f, *–flauen* n, *Verfail* m ‖ ⟨for⟩ *Wald–, Wahnkante* f ‖ to be on the ~ (of the moon) *abnehmen;* ⟨übtr⟩ *schwinden, verfallen* | **~y** ['~i] a ⟨for⟩ *wald–, wahnkantig*

wangle ['wæŋgl] **1.** vt/i ‖ ⟨sl⟩ *sich* (*etw*) *unter der Hand, v hinten herum beschaffen, herausschlagen* ⟨fig⟩; (*etw*) *durch Kniff durchführen;* (*Abkommen*) *durch List zustande bringen* ‖ to ~ a th out of a p *jdm etw °ablotsen* ‖ (*jdn*) *verleiten* (to do) | vi *durch Machenschaft erreichen;* ⟨sl⟩ *mogeln* **2.** s *Machenschaft, Schiebung* f, *Kniff* m

wangun, **–gan** ['wæŋgən] s ⟨Am⟩ *Proviantbehälter* m, *–boot* n

wanion ['wɔnjən] s † with a ~ *tüchtig, gehörig;* with a ~ on (*od* to) him! *z Teufel mit ihm!*

wanna ['wɔnə] ⟨fam vulg⟩ = want to (I ~ go home)

wanness ['wɔnnis] s *Blässe* f

want [wɔnt] s **1.** *Fehlen* n (of a th *e–r* S); *Mangel* m (of *an*), for (*od* from) ~ of a th *aus M. an etw, mangels e–r* S, to be in ~ of *M. h an* **2.** *Bedarf* m, to be in (great) ~ of a th *e–r* S (*dringend*) *bedürfen, etw benötigen, brauchen, nötig h;* in ~ of repair *reparaturbedürftig* **3.** *Bedürftigkeit, Armut, Not* f **4.** [*mst* pl *–*s] *Bedürfnis* n (a man of few ~s); to supply a long-felt ~ *e–m sich seit langem fühlbar machenden B. abhelfen* **5.** [attr] ~ ad ⟨Am fam⟩ *Stellengesuch, –angebot* n, *Such–, Kleinanzeige* f; *→* ad

want [wɔnt] vi/t **I.** vi **1.** † *fehlen, mangeln* **2.** to be ~ing **a.** *fehlen* (in *an*); *es fehlen l* (in *an*); there is a leaf ~ing *es fehlt ein Blatt;* to be ~ing to a th, to a p *e–r* S, *jdm fehlen;* ⟨fig⟩ to be ~ing to a p *jdn im Stich l* | to be found ~ing *z leicht, mangelhaft befunden w;* he was found ~ing to his task *er war s–r Aufgabe nicht gewachsen* **b.** *geistesschwach s,* he is a little ~ing *bei ihm ist e–e Schraube locker* **3.** to ~ for a th [*mst* neg] *e–r* S *ermangeln, etw nicht h,* let him ~ for nothing *laß es* (*möge es*) *ihm an nichts fehlen* | ⟨Am⟩ I ~ in, off, out *ich möchte hinein, weg, hinaus* **II.** vt **1.** *Mangel h an, fehlen an, ermangeln, entbehren;* the book ~s two pages *dem Buch fehlen 2 Seiten;* he ~s skill (*od* is wanting in skill) *es fehlt ihm an Geschick* | [imps] it ~s *es fehlt an,* it ~s 8 minutes to († of) 10 *es fehlen 8 Minuten an 10 Uhr* (*heute mst:* it is 8 minutes to ten); it ~ed only that! *das fehlte nur noch!* **2. a.** (*e–r* S) *bedürfen,* (*etw*) *benötigen, erfordern* (it ~ed a good deal of character); *brauchen,* to ~ rest *Ruhe nötig h;* to ~ badly (*etw*) *dringend benötigen* **b.** [*vor* inf *od* gerund] *müssen,* you ~ to have your hair cut *du mußt dir das Haar schneiden l;* it ~s to be done *od* ~s doing *es müßte, sollte geschehen,* the book ~s correcting *das B. bedarf der Korrektur* **c.** [in Frage & neg] *brauchen,* what does a girl ~ with education *wozu braucht ein Mädchen Bildung?* was *tut ein M. mit B.?* ‖ you don't ~ to be rude *du brauchst nicht grob z s* **d.** ⟨Am⟩ you ~ to do (= ought to do) *du solltest tun* **e.** ~ed *gesucht,* ~ed a governess *e–e Gouvernante gesucht;* situations ~ed (*in Zeitungen*) *Stellungsgesuche* n pl **3. a.** *haben mögen, wollen, wünschen,* what do you ~? *was wollen, wünschen Sie?* ‖ do you ~ anything more of me? *wünschen Sie noch mehr v mir?;* I ~ you to ~ it? *was wollen Sie damit?* .. with me? .. *v mir?* I ~ him with you *ich wünsche, daß er bei dir ist* **b.** [*vor*

inf] *wollen,* he ~ed to know *er wollte wissen,* he will ~ to know *er wird wissen wollen* ‖ ⟨Am⟩ you ~ to keep your eyes open *du mußt d–e A. o. halten* | [*mit* acc c. inf] I ~ you to go there *ich wünsche, daß du dorthin gehst* | [*mit* acc c. pp] I ~ it done *ich wünsche, daß es gemacht wird, daß es geschieht* **c.** (*jdn*) *z sprechen* (etc) *wünschen,* you are ~ed *Sie w gewünscht;* to ~ none of a p *nichts z tun h wollen mit jdm* | ~ed by the police *v der Polizei gesucht* | **~age** ['~idʒ] s ⟨Am com⟩ (*das*) *Fehlende* n, *Defizit* n **~ed** ['~id] s ⟨fam⟩ *Stellenangebot* n **~ing** ['~iŋ] **1.** a [attr] *fehlend* (*über* to be ~ *–→* to want I., 2.) **2.** prep *in Ermangelung v, ohne;* ~ one *bis auf ·e–n, ohne ·e–n*

wantless ['wɔntlis] a *bedürfnislos*

wanton ['wɔntən] **1.** a ⟨*ly* adv⟩ *mutwillig, übermütig, ausgelassen* ‖ (of growth) *wild, üppig, schwelgerisch* | *liederlich, ausschweifend; wollüstig, geil* **2.** s *Wüst–, Wollüstling* m, *Buhlerin* f ‖ to play the ~ *with tändeln, scherzen mit* **3.** vi *umhertollen, ausgelassen s* ‖ *buhlen* (with) ‖ *üppig wachsen, wuchern* **~ness** [~nis] s *Mutwille, Übermut* m; *Leichtfertigkeit* f ‖ *Ausschweifung, Geil–, Lüsternheit* f

wapentake ['wɔpənteik] s *Hundertschaft* f, *Gau* m (*Unterteilung d. nördl. Grafschaften Englands*)

wapiti ['wɔpiti] s ⟨zoo⟩ *Wap·iti, –hirsch* m; [koll] *die W. pl*

war [wɔː] **I.** s **1.** *Krieg* m (gas ~ *Gas–*); ~ of movement *Bewegungskrieg* m; ~ of nerves *Nervenkrieg* m; cold ~ *kalter K.,* hot ~, shooting ~ *Schießkrieg;* open ~ *offener K.* (to begin open ~); ~ to the knife *K. bis aufs Messer* ‖ civil ~ *Bürger–,* the Great ⤢ *der Weltkrieg* m ‖ The ⤢s of the Roses *die Rosenkriege* pl; the ⤢s of Liberation ⟨Ger⟩ *die Freiheits–* ‖ Secretary of State for ⤢ ⟨engl⟩ *Kriegsminister* m | council of ~ *Kriegsrat* m; declaration of ~ *–erklärung* f; seat *od* theatre of ~ *–schauplatz* m, *–zone* f; state of ~ *–zustand* m **2.** ⟨übtr⟩ *Kampf* m (~ on unemployment *K. gegen die Arbeitslosigkeit*) ‖ *Feindschaft* f, *Haß* m **3. a.** [*nach* prep] at the ~ ⟨mil⟩ *im Kriege,* draußen *im Felde* (he was at the ~) ‖ to be at ~ *Krieg führen* (with *mit*); ⟨fig⟩ *auf Kriegsfuß stehen* (with *mit*) | in the ~ *während des Krieges;* im *K.; am Kriege teilnehmend* ‖ to have been in the ~s ⟨fig⟩ *arg mitgenommen s* | to go to ~ *Krieg beginnen* (with), *sich bekriegen* ‖ to go to the wars *als Soldat, im Heere dienen* **b.** [*nach* Verben]: there's a ~ on *es ist K.,* ⟨mil fam⟩ *Mensch wir h K.!* (*eil Dich*); to carry the ~ into the enemy's camp *den K. ins feindl. Land tragen,* ⟨fig⟩ *z Gegenangriff übergehen* ‖ to declare ~ *den K. erklären* (on a p *jdm*) ‖ to drift into ~ *in den Krieg* (*hinein*)*getrieben, gezogen w* ‖ to fight a ~ *e–n Krieg führen, Kampf ausfechten* ‖ to make ~ *Krieg führen, beginnen* (on, against *gegen*); to wage ~ *K. führen* (on, against), *im Kriege s* (on *gegen, mit*) **4.** [attr & comp] *Kriegs–* (~ years *–jahre*) ‖ ~ atrocities [pl] *–greuel* n pl ‖ ~-blasted *v Kriege verwüstet* ‖ ~-blinded a [abs] the ~-blinded *die Kriegsblinden* m pl; a ~-blinded man *ein Kriegsblinder* m ‖ ~ bond *–schuldverschreibung* f ‖ ~-bride *–braut* f ‖ ~ bulletin, ~ communiqué *–bericht* m ‖ ~-cloud *–wolke* f ‖ ~ college *–akademie* f ‖ ~ correspondent *–berichter* m ‖ ~ criminal *–verbrecher* m ‖ ~-cry *–geschrei* n, *Schlachtruf* m ‖ ~ damage commission *Kriegsschädenamt* n ‖ ~-dance *Kriegstanz* m ‖ ~-debt(s) *Kriegsschuld(en)* f (*Geld*) ‖ ⤢ Department ⟨Am hist⟩ *Kriegsministerium* n → D. of *Defense* ‖ ~ effort ‖ ~ establishment *Kriegs-Stärke– u Ausrüstungsnachweisung* f; according to ~ e. *mobmäßig* ‖ ~ factory *Rüstungsfabrik* f

‖ ~ fatigue *Kriegsneurose* f ‖ ~ flat *Spezial-Flachwagen* m ‖ ~ flight badge *Frontflugspange* ‖ ~ footing *Kriegsstand* m, to place on a ~ footing (*Heer*) *auf K. bringen, kriegsbereit m*; on on a ~ f. *kriegsstark* ‖ ~ grave *Kriegergrab* n; ~ Graves Commission *Kriegsgräberfürsorge* f ‖ ~ guilt lie *Kriegsschuldlüge* f ‖ ~(-)head ⟨mil⟩ *Spreng-, (Gefechts-)Kopf* m (*v Torpedo, Mine* etc) ‖ ~-horse *Streitroß* m, ⟨fig⟩ *Haudegen* m ‖ ~-loan *Kriegsanleihe* f ‖ ~-lord *Kriegsherr* m (= ⟨Ger⟩ „*Kriegsherr*") ‖ ~ memorial *Krieger-denkmal, Ehrenmal* n (*f die Gefallenen*) ‖ ~-minded *kriegerisch gesinnt* ‖ ~(-)monger *Kriegstreiber, –hetzer,* ⟨SBZ⟩ *–brandstifter* m ‖ ~ nose *Geschoßzünder* m‖ ~ Office *Kriegs-ministerium* n ‖ ~-paint *–bemalung* f (*der Indianer*) ⟨*a* fig⟩ (*Staat, Putz*) ‖ ~-path *–pfad* m; on the ~-path ⟨fig⟩ *auf dem K., kampflustig* ‖ ~-plane ⟨aero⟩ *Kampfflugzeug* n ‖ ~ pro-fiteer *Kriegsgewinnler* m ‖ ~ room *Lagezimmer* n ‖ ~ service pay *Wehrsold* m (*im Kriege*) ‖ ~-ship *–schiff* n ‖ ~-strength *–stärke* f ‖ ~-time table of organization ⟨Am⟩ *Kriegsstärke-nachweisung* f ‖ ~-wearied, ~-weary, ~-worn *kriegsmüde* ‖ ~-wedding *Kriegstrauung* f ‖ ~-whoop *indianisches Kriegsgeschrei* n ‖ ~ widow *Kriegerwitwe* f ‖ ~ zone *Kriegsgebiet* n **II.** vi [–rr–] *Krieg führen; kämpfen* (against, on *gegen*; with *mit*); *sich bekriegen* ‖ ⟨fig⟩ *kämpfen, streiten* (against *gegen*)

waratah [ˈwɔːrətaːˌ; ˈwɑːr-] s ⟨bot Aust⟩ *Strauch* m *mit scharlachroten Blüten*

warble [ˈwɔːbl] **1.** vi/t ‖ *trillern, (trillernd) singen*; (of birds) *schlagen, singen, schmettern* | vt (*etw*) (*trillernd*) *singen, herausschmettern; singen* **2.** s *Trillern* n **–ler** [ˈwɔːblə] s *Sänger(in* f) m ‖ ⟨orn⟩ *Singvogel* m; ⟨bes⟩ *Grasmücke* f; aquatic ~ *Seggenrohrsänger* m, arctic ~ *Nordischer Laubsänger*, barred ~ *Sperbergrasmücke*, Bonelli's ~ *Berglaubsänger*, Cetti's ~ *Seidensänger*, garden ~ *Gartengrasmücke*, grasshopper ~ *Feldschwirl* m, greenish ~ *Grüner Laub-sänger*, icterine ~ *Gelbspötter* m, marsh ~ *Sumpfrohrsänger*, melodious ~ *Orpheusspötter* m, moustached ~ *Tamariskensänger*, orphean ~ *Orpheusgrasmücke*, reed ~ *Teichrohrsänger*, great r. ~ *Drosselrohrsänger*, river ~ *Schlag-* m, Savi's ~ *Rohrschwirl* m, sedge ~ *Schilf-rohrsänger*, subalpine ~ *Bartgrasmücke* f, willow ~ *Fitis* m, wood ~ *Waldlaubsänger* m **–ling** [ˈwɔːbliŋ] s *Trillern* n, *Triller* m; ~s [pl] *Lied* n

warco [ˈwɔːkou] s ⟨fam⟩ (= war correspondent) *Kriegsbericht(erstatt)er* m

ward [wɔːd] **I.** s **A.** **1.** † *Wache* f [*nur in*]: to keep watch and ~ *Wache halten*; outer ~ ⟨fort⟩ *äußerer Burghof* m **2.** * *Aufsicht* f, *Schutz* m, *Verwahrung* f [*Vormundschaft* f; to ~ *unter V.* **3.** **Haft, Schutzhaft* f, *Gefängnis* n; to put a p in ~ *jdn ins G. setzen* **B.** *Mündel* m, n; ⟨fig⟩ *Schützling* m **C.** ⟨fenc⟩ *Abwehrstellung, Parade* f **D.** *Abteilung* f (*e–s Gefängnisses; e–s Armen-hauses*); *Station* f (*e–s Krankenhauses*); casual ~ *Obdachlosenasyl* n; ~-maid ⟨med⟩ *Stations-hilfe* f | *Bezirk* m, *Viertel* n (city ~ *Stadt–*); *städtischer Verwaltungsbezirk* **E.** ⟨tech⟩ *Gewirr* n (*Inneres e–s Türschlosses*); *Besatzung* f; (*Schlüs-sel-)Bart* m **F.** [in comp] ~ heeler ⟨Am parl fam⟩ *Stimmungsmacher* m (*f Parteibonzen*) ‖ ~ money *Mündelgeld* n ‖ ~-room ⟨mar⟩ *Offiziers-messe* f, ⟨Am parl⟩ *Wahllokal* n **II.** vt **1.** † *be-wahren, schützen, verteidigen* (from *vor*) **2.** (*jdn*) *in e–e Krankenhausstation·or ein Obdachlosen-asyl aufnehmen* **3.** to ~ off (*Schlag* etc) *ab-wehren, parieren*; (*Gefahr* etc) *abwenden, –lenken*

warden [ˈwɔːdn] s **1.** ⟨poet⟩ *Wächter, Wärter, Aufseher, Hüter* m ‖ ⟨for⟩ *Hüter* m ‖ ⟨übtr⟩ *Hüter* m (~ of culture) ‖ air-raid ~ ⟨aero⟩ *Luft-*

schutzwart m **2.** (prime) ~ *Zunft(ober)meister* m **3.** *Gouverneur* m (Lord ~ of the Cinque Ports) ‖ *Rektor* m *mehrerer* Colleges (Oxf) *Vor-steher, Direktor* m (~ of the Fleet *Gefängnis–*); ~ of the Mint *Münzward·ein* m ‖ (*a* church–~) *Kirchenvorsteher* m **~ship** [~ʃip] s *Amt* n *e–s Aufsehers, Vorstehers, Rektors* etc

warden [ˈwɔːdn] s ⟨bot⟩ *e–e Art Kochbirne* f

warder [ˈwɔːdə] s † *Wächter* m; *Wache* f | *Gefängniswärter* m

warder [ˈwɔːdə] s *Amts–, Kommandostab* m

wardmote [ˈwɔːdmout] s *Distrikts–, Bezirks-versammlung* f (*bes in* London)

Wardour Street [ˈwɔːdə striːt] s (*Straße in* London *als Zentrum des Antiquitätenhandels*) ~ English *absichtlich archaisierendes Englisch* n ‖ *Londoner Kinoindustriezentrale* f; ⟨fig⟩ *Kino-welt* f

wardress [ˈwɔːdris] s *Gefängniswärterin* f

wardrobe [ˈwɔːdroub] s *Kleiderschrank* m ‖ (of a person) *Kleiderbestand* m, *Garderobe* f

wardship [ˈwɔːdʃip] s *Vormundschaft* f (of, over *über*); under ~ *unter V.*; under the ~ of *unter der V. v* ⟨fig⟩ *Vormundschaft, Aufsicht* f, *Schutz* m | *Minderjährigkeit* f

ware [wɛə] s **1.** [*nur* sg; *mst* in comp] (iron~, tin~, etc) *Ware* f; [koll] *Waren* pl ‖ *Töpfer-waren* pl; *Steingut, Geschirr* n (china ~, Delf ~, stone ~); hollow ~ *Scheffel(macher)ware* f **2.** [*mst* pl ~s] *Waren* (*die jd feilbietet*) pl; ⟨*a* fig⟩ (to praise one's own ~s)

ware [wɛə] pred a ⟨poet⟩ *wachsam*

ware [wɛə] vt ⟨fam⟩ *sich in acht nehmen vor, sich hüten vor* ‖ ~! ⟨*bes* hunt⟩ *Achtung! Vor-sicht!* (~ traps!)

warehouse [ˈwɛəhaus] **1.** s *Lagerhaus* n, *Speicher, Güterschuppen* m, *Warenlager* n, *Niederlage* f, *Engrosgeschäft* n ‖ free our ~ *ab Lager* | [attr] *Lager–, Speicher–, Magazin–* ~ receipt *Lagerempfangsschein* m **2.** vt ⟨obs fam⟩ *aufs Leihhaus bringen* **~man** [~mən] s *Lager-verwalter, –aufseher, Lagerist* m ‖ *Lagerinhaber, Engroshändler* m ‖ *Lager–, Speicherarbeiter* m

warehouse [ˈwɛəhauz] vt (*etw*) *auf Lager brin-gen or nehmen, aufspeichern, einlagern* ‖ (*Möbel* etc) *z Aufbewahrung geben or nehmen* **–sing** [–ziŋ] s *Lagerhaltung* f

warfare [ˈwɔːfɛə] s *Kriegführung* f (the art of ~); psychological ~ *psychologische Kampf-führung* f ‖ *Kriegsdienst* m, *–leben* n ‖ ⟨fig⟩ *Kampf* m, *Fehde* f, *Streit* m, to be, live at ~ with *im St. leben mit*

wariness [ˈwɛərinis] s *Behutsamkeit, Vorsicht* f

warlike [ˈwɔːlaik] a *kriegerisch* ‖ *Kriegs–*

warlock [ˈwɔːlɔk] s † *Zauberer* m

warm [wɔːm] **I.** a (~ly adv) **1.** (S) *warm* (water; weather) ‖ *wärmend* (fire) | *heiß*; ⟨*a* fig⟩; ~ work *schwere Arbeit; heißer Kampf*; the place is too ~ for him *der Boden brennt ihm unter den Füßen*; to make it *od* things ~ for a p *jdm die Hölle heiß m* ⟨übtr⟩ *warm* (reception); *warmherzig* (thanks) ‖ (of colours) *warm, tief* | ⟨hunt⟩ *frisch, nahe* (*um Ziel*) **2.** (P) *warm, herz-lich* (to feel ~ towards a p *innig empfinden mit jdm*) | *eifrig; heiß, leidenschaftlich, enthusiastisch* ‖ *erregt, lebhaft, erhitzt* (with *v*) ⟨fam⟩ *vermö-gend, reich*: he's ~ *er sitzt im Warmen* ⟨fig⟩ **3.** [in comp] ~-blooded *warmblütig*, ~-blooded animals [pl] *Warmblüter* pl ‖ ⟨fig⟩ *hitzig, jäh-zornig, heiß* | ~-hearted *warmherzig* ‖ ~-heartedly [adv] *warmherzig* ‖ ~-heartedness *Warmherzigkeit* f **II.** vt/i **1.** *warm m, wärmen*, to ~ one's feet *sich die Füße w.*; to ~ o.s. *sich w.* ‖ (*Glas*) *anwärmen* ‖ (*Zimmer*) *heizen* | ⟨fig⟩ (*Herz*) *erwärmen*; ~ed with *erwärmt, durch-glüht v* ‖ ⟨dial⟩ *verprügeln* | to ~ up *aufwärmen* **2.** vi *warm w; wärmer w; sich erwärmen* ‖ ⟨fig⟩ *sich erwärmen* (to *f*); (*a* to ~ up) *warm, inter-*

essiert w (to an; on in bezug auf) **III.** s Wärmen n, to have a ~ sich wärmen; to give a th another ~ etw noch einmal wärmen | ~er ['~ə] s Wärmer m (foot-~ Fuß–) ~ing ['~iŋ] s Wärmen n || Tracht f Prügel pl (to give a p a ~)

warmth [wɔ:mθ] s Wärme f || ⟨fig⟩ Wärme, Herzlichkeit || Erregtheit f, Ärger, Eifer m

warn [wɔ:n] vt **1.** (jdn) warnen (of a th vor etw; against a p vor jdm; that); to ~ a p against doing od not to do jdn davor warnen z tun **2.** (jdn) verwarnen, ermahnen **3.** (jdn) warnend hinweisen (of auf); frühzeitig aufmerksam m (of auf), benachrichtigen (of v; that); unterrichten; (jdm) raten (of z) **4.** [mit adv]: to ~ off jdn abbringen, –halten (from v) ~ing ['~iŋ] s **1.** Warnen n, Warnung f (of a th vor etw; to a p an, für jdn); to give a p fair ~ jdn rechtzeitig warnen (of vor); to take ~ by sich warnen l, sich belehren l durch **2.** warnendes Anzeichen n (of f); Wink m, Benachrichtigung f; without ~ unerwartet **3.** Kündigung f (seitens des Arbeitgebers or –nehmers); to give a p ~ jdm kündigen; a month's ~ Kündigung or Aufgabe des Dienstes nach Monatsfrist; at a minute's ~ sofort, fristlos **4.** [attr] Warn–, Warnungs–, Signal– (~-bell); ~ colours [pl] ⟨ent⟩ Warn–, Trutzfarben f pl || ~ order ⟨mil⟩ Ankündigungs–, Vorbefehl m || ~ shot Warn(ungs)schuß m || ~ signal Ankündigungs–, Warn–, Vorsignal n

warp [wɔ:p] **I.** vt/i **A.** vt **1.** (Holz) krumm m, krümmen, biegen, verziehen **2.** (a to ~ up) (Land) verschlammen, düngen **3.** ⟨weav⟩ (Garn) schären, (an)scheren, die Kettenfäden (des Gewebes) parallel neben–e–a anordnen **4.** ⟨fig⟩ moralisch verdrehen, –zerren, entstellen || nachteilig or schlecht beeinflussen | (jdn) abbringen (from v), verleiten (into z) || (Tatsache etc) entstellen (into z) **5.** ⟨mar⟩ (Boot) an der Warpleine verholen, weiterziehen **B.** vi **1.** (of timber) sich werfen, krümmen, krumm w **2.** ⟨fig⟩ verdreht or entstellt w **3.** ⟨mar⟩ verholen **4.** ⟨weav⟩ scheren, schären **II.** s **1.** ⟨weav⟩ Aufzug m; Kettenfäden, Längsfäden f pl (e–s Gewebes), Kette f; → weft || ~ beam Kettbaum m **2.** ⟨mar⟩ Warp n & m, Verholtau n, Warpleine f **3.** ⟨geol⟩ (abgesetzter) Schlamm, Schlick m **4.** (of timber) Werfen, Ziehen n, Verkrümmung f **5.** ⟨fig⟩ Entstellung, Verzerrung, Verdrehung f **6.** ~ and woof ⟨fig⟩ verschlungenes Gewebe n ~age ['~idʒ] s Verzug m ~ing ['~iŋ] s ⟨geol⟩ Verbirgung f

warrant ['wɔrənt] **I.** s **1.** Ermächtigung, Vollmacht, Befugnis f (for z); Berechtigung f (not without ~) **2.** (Urkunden): Vollziehungsbefehl m, ~ of arrest Haftbefehl m; ~ of apprehension Steckbrief m; ~ of attorney Prozeßvollmacht f, Mandat n; ~ of commitment Einlieferungsbefehl m (upon remand in Untersuchungshaft; upon conviction nach Schuldigsprechung); ~ of distress Pfändungsbefehl m; search ~ Durchsuchungsbefehl m || Ausweis m; Zahlungsanweisung f | Kreditschein n (e.g. for Assisted Passage Loan für Einwanderer) | Lagerhausschein n **3.** Patent n, Bestellungsurkunde f (→ 4.) || (Offiziers-)Patent n; ~ officer Feldwebelleutnant m **4.** [attr] ~-holder Inhaber m e–s Lieferungspatentes, Königl. Hoflieferant m **II.** vt rechtfertigen | verbürgen, einstehen f, garantieren, gewährleisten, to ~ a th genuine gewährleisten, daß etw echt ist; to ~ a p honest .., daß jd ehrlich ist || ⟨fam⟩ I'll ~ (you) ich garantiere, versichere Sie ~able [~əbl] a gerechtfertigt, berechtigt | (of stags) jagdbar ~ableness [~əblnis] s Rechtmäßigkeit f ~ee [,wɔrən'ti:] s jd, dem Bürgschaft gegeben wird, Sicherheitsempfänger m ~er [~ə], ~or [~ɔ:] s Bürge, Gewährsmann m ~y [~i] s Gewähr(leistung), Garantie f | Ermächtigung, Berechtigung f (for z)·|| Zusicherung f | ~ deed Grundstücksübereignungsurkunde f (verbunden

mit Zusicherungen des ungestörten Besitzes u Gewährleistung f Rechtsmängel) || ~ of title Gewährleistung f f Rechtsmängel

warren ['wɔrin] s ⟨hist jur⟩ Wildgehege n; (a free ~) das Recht ein W. z halten, in ihm z jagen | Kaninchengehege n, –bau m (packed like rabbits in a ~), (⟨hunt⟩ the beasts and fowls of ~ = hare, cony, pheasant, partridge, bustard, rail, vgl Kleinwild n) ~er [~ə] s ⟨hist⟩ Wild–, Hegemeister m

warrigal ['wɔrigəl] s ⟨Aust⟩ Eingeborener m || wilder australischer Hund m

warring ['wɔ:riŋ] a sich bekriegend || ⟨übtr⟩ sich bekämpfend, sich streitend || ⟨fig⟩ widerstreitend, –strebend, entgegengesetzt (influences)

warrior ['wɔriə] s ⟨mst poet⟩ Krieger, Kämpfer m; the doughty ~s [pl] ~ worthies | [attr] kriegerisch, Krieger–

wart [wɔ:t] s Warze f || ⟨bot⟩ Auswuchs m (in horses) Mauke f | ~-grass ⟨bot⟩ Wolfsmilch f | ~-hog ⟨zoo⟩ Warzenschwein n || ~-weed ⟨bot⟩ Wolfsmilch f; Schellkraut n ~wort ['wɔ:twɔ:t] s ⟨bot⟩ Wolfsmilch f; Kleine Wolfsmilch | ~y ['wɔ:ti] a warzig; warzenartig

wary ['wɛəri] a (–rily adv) behutsam (in reading beim Lesen); vor–, umsichtig || wach–, achtsam; to be ~ of sich hüten, auf der Hut s vor; .. of doing z tun

was [wɔz; w f wəz] 1. & 3. pers pret v to be

wash [wɔʃ] **I.** vt/i **A.** vt **1.** waschen || (Schüssel) abwaschen | (a to ~ clean, white) rein waschen, reinigen || to ~ o.s. sich w. || to ~ one's hands sich die Hände w.; die H. reiben (vor Verlegenheit) || ⟨fig⟩ to ~ one's hands of unschuldig s an, k–e Verantwortung übernehmen f, nicht verantwortlich s f, nichts z schaffen h wollen mit || come and ~ your neck gehn wir e–n zischen (trinken) || ⟨paint⟩ waschen, lavieren, tuschen **2.** (of the sea) (Land) bespülen, to ~ ashore (etw) ans Land spülen or schwemmen | (jdn) werfen, spülen (over board) | (of rain) (Rinne) aushöhlen, bilden **3.** (Erze) waschen, schlämmern | ⟨met⟩ (Metall) plattieren, mit dünner Schicht überziehen (~ed with) **4.** [mit adv] to ~ away, off ab–, wegwaschen (from v) || fort–, wegspülen | to ~ down gründlich abwaschen; ⟨mot⟩ (Wagen) waschen; (Speise) hinunterspülen | to ~ out auswaschen, –spülen; durchwaschen | auswaschen, –höhlen | ⟨fig⟩ tilgen, ausmerzen || to be ~ed out die Farbe verloren h, ausgewaschen s; ⟨fig⟩ erschöpft, blaß s | to ~ over (etw) überwaschen; –streichen, –tünchen | to ~ up ·aufwaschen; (jdn) fortspülen || ~ed-up verblaßt; ⟨sl fig⟩ erledigt, ausgeschieden, durchgefallen ⟨fig⟩ **B.** vi **1.** sich waschen (go and ~) | Wäsche waschen **2.** (of fabrics) gewaschen w können, sich waschen l; waschecht s || ⟨fig fam⟩ e–r Prüfung standhalten; Annahme finden; überzeugend, zuverlässig, stichhaltig s; that won't ~ das hält nich stand **3.** fließen, sich wälzen (over über); gespült w, geworfen w **4.** [mit adv] to ~ out sich auswaschen l, sich durch Waschen entfernen l || ausgewaschen, ausgehöhlt w | to ~ up aufwaschen **C.** [in comp] ~-out ⟨geol⟩ Ausspülen n; Durchbruch m (of floods); [attr] Spül– | ⟨sl⟩ Mißerfolg, –griff, Fehlschlag m; ⟨fig⟩ Pleite, Niete (what a ~!) f; it's a ~ °jetzt ist zappenduster (= aus) **II.** s **1.** Waschen n; to have a ~ sich waschen; to give a th a ~ etw (ab)waschen **2.** Gewaschenwerden n, Wäsche f, to send to the ~ in die W. geben, in the ~ in der W.; to be at the ~ auf der Wäscherei s **3.** (das) Gewaschene; Wäsche f; to hang out the ~ to dry die W. zum Trocknen aushängen **4.** Waschung f (hair-~) || Haar–, Schönheitswasser n **5.** leicht aufgetragene Farbe, Tusche, Tünche f, Anstrich m | ⟨paint⟩ Lavierung f, brown ~ Bister–, Indian ink ~ Tuschzeichnung f || ⟨met⟩ Plattierung f || ⟨fig⟩ with no ~ of ideas in their

heads *ohne e–n Funken Phantasie* **6.** *Wellenschlag*
m, *Brandung* f; *Fahr–, Kielwasser* n ‖ ⟨aero⟩
Luftstrudel m **7.** *Spülicht* n; *Schweinefutter* n;
dünnes °*Gesöff* n; ⟨fig⟩ *verwässerter Stoff* m;
Gewäsch n; ⟨school sl⟩ *Plürre* f, „*Spülwasser*"
(*schlechter Tee* etc), ⟨übtr⟩ *Quatsch* m (*Unsinn*)
8. *Angespültes; Schwemmland* n **9.** [attr & in
comp] ~-basin, ⟨Am⟩ ~-bowl *Waschbecken* n,
–schüssel f ‖ ~-board *–brett* n; ~-b. road
Waschbrett–, Rüffelbrettstraße f, *Str. mit
Schlaglöchern u Querrinnen, holperige Str.*;
Knüppeldamm m ‖ ~-boiler *–kessel* m ‖ ~-bottle
⟨chem⟩ *Apparat* m *z Reinigen v Gasen* ‖ ~-cloth
Abwaschlappen; ⟨Am⟩ *Waschlappen, –handschuh* m ‖ ~-day *Wäschetag* m ‖ ~-hand-basin
Waschbecken n, *–schüssel* f ‖ ~-hand-stand
Waschständer m ‖ ~-house *Waschhaus* n,
–raum m ‖ ~-kitchen *–küche* f ‖ ~(-)lady ⟨Am⟩
= ~(-)woman ‖ ~-leather *imitiertes Sämischleder, Putzleder* n ‖ ~(-)rag ⟨Am⟩ *Waschlappen*
m ‖ ~-stand *Waschständer* m ‖ ~-tub *Wasch-
faß* n ‖ ~(-)woman ⟨Am⟩ *Waschfrau* f
   washable ['wɔʃəbl] a *waschbar, –echt*
   washateria [ˌwɔʃə'tiəriə] s ⟨Am⟩ = launderette
   washer ['wɔʃə] s *Wäscher(in* f) m ‖ *Wasch-
maschine* f **|** ⟨tech⟩ *Dichtungsring* m, *–scheibe* f
~woman [~ˌwumən] s [pl –women] *Wäscherin,
Waschfrau* f
   washiness ['wɔʃinis] s *Wässerigkeit* f ‖ ⟨fig⟩
(of style, etc) *Verwässerung, Kraftlosigkeit,
Schwäche* f
   washing ['wɔʃiŋ] **I.** s **1.** *Waschen, Spülen* n ‖
Gewaschenwerden n (to need ~); *Reinigen* n;
Waschung f; *⁓ of the Apostle's feet Fußwaschung* f ‖ ⟨minr⟩ *Schlämmen, Auswaschen* n
‖ (of water) *Strömen, Fließen, Branden* n ‖
⟨paint⟩ (*Farb–*)*Überzug* m **2.** *Wäsche z Waschen*
f; *gewaschene Wäsche* f **3.** ~s [pl] *Waschwasser*
n, *Spülicht* n ‖ *durch Regen* or *Fluß fortgespülte
Massen* f pl, *Abfälle* m pl **4.** [attr & in comp]
Wasch– ⟨cloth *–lappen*⟩ ‖ ~ action ⟨bes
mot⟩ *Spülwirkung* f ‖ ~-day *Waschtag* m ‖
~-machine *–maschine* f ‖ ~ powder *–pulver* n ‖
~-up *Aufwaschen* n **II.** a *strömend, brandend*; *v
Wasser überfließend, triefend* **|** *waschbar, –echt*;
~-silk *Waschseide* f
   washy ['wɔʃi] a *wässerig, dünn* (liquid) ‖ *blaß*
(colour) ‖ ⟨fig⟩ (of style, etc) *verwässert, kraftlos, seicht, fad(e*); *schlaff, lappig*
   wasp [wɔsp] s ⟨zoo⟩ *Wespe* f **|** ~-beetle ⟨ent⟩
Widderbock m ‖ ~-waisted *mit e–r schmalen
Wespentaille* **~ish** ['~iʃ] a (~ly adv) *wespenartig* ‖ ⟨bes übtr⟩ *reizbar, scharf, bissig, gehässig*
~ishness ['~iʃnis] s *Reizbar–, Gehässigkeit* f
   wassail ['wɔseil] **1.** s *Festgetränk* n, *Alepunsch*
m, *Würzbier* n **|** *Trinkgelage* n **|** ~-bowl,
~-cup (*Ale–*)*Becher, Humpen* m **2.** vi *zechen* **~er**
[~ə] s *Zecher* m
   wast [wɔst] † **2.** pers pret *v* to be
   wastage ['weistidʒ] s *Verlust* m (*im Gebrauch*),
Abgang m **|** *Vergeudung* (of a *th e–r S*); *–schwen-
dung* f (*of coal an, v Kohle*) ‖ ⟨fig⟩ *Leerlauf* m
   waste [weist] **I.** s **1.** *Wüste, Einöde; öde Fläche*
f (a ~ of water[s]) **2.** *Abnahme* f, (*Gewichts–,
Kraft–, Wert–*)*Verlust* m **3.** *Vergeudung, –schwen-
dung* f (a ~ of time) *Zeit–* ‖ *Verderb* m **|** ⟨fig⟩
(a loss by ~) *Leerlauf* m; to go to ~ *verloren*
(°*futsch, verschütt*) *gehen*; to run to ~ *ungenutzt
daliegen, vergeudet w; zugrunde gehen, ver-
wildern* **4.** (*Seide–, Woll–*)*Abfall* m; (*Kohlen–*)*Abgang* m; *Makulatur* f ‖ ~s [pl] *Abfallstoffe* m pl
‖ ⟨jur⟩ (*Fahrlässigkeits–*)*Schade* m; *Verschlechterung* f, *Wertminderung* (*e–s Grundstücks*) **5.**
[attr] ~-basket ⟨bes Am⟩ *Papierkorb* m ‖
~-book *Kladde* f ‖ ~-disposer *Müllschlucker* m
‖ ~-dump (*Schutt–, Abraum–*)*Halde* f ‖ ~-gate
Freiarche, Flutschleuse f ‖ ~-pipe ⟨tech⟩ *Abzugsrohr* n **II.** a *wüst, öde* ‖ *unbebaut* (land);

to lie ~ *brach liegen*; to lay ~ *verwüsten,
–heeren* ‖ ⟨fig⟩ *öde; eintönig, uninteressant* **|**
Abfall– (products); ~ energy *Abfallenergie* f;
~ gas *Abgas* m; ~ heat *Ab–, Verlustwärme* f,
–hitze f; ~ liquor ⟨tech⟩ *Ablauge* f; ~-paper
Makulatur f; ~-paper basket *Papierkorb* m;
~-p. drive *Altpapiersammlung* f, *Papiersammel-
aktion* f; ~ power *Leistungsverlust* m; ~ steam
Abdampf; ~ water *Ab–, Schmutzwasser* **|**
überschüssig (energy) **III.** vt/i **1.** vt *verwüsten,
–heeren* ‖ *zehren an*; (*Kräfte*) *aufzehren,
schwächen*; *wasting disease zehrende Krankheit,
Abzehrung* f ‖ ⟨jur⟩ (*Grundstück*) *in Verfall
geraten l, vernachlässigen* **|** (*Geld; Worte*) *ver-
schwenden* (in a *th*; in *doing*); (*Zeit*) *vergeuden,
–trödeln* (in *doing z tun*; in *reading mit Lesen*);
(*Kraft*) *verschwenden* (on, over *an*) ‖ to be ~d
nutzlos s, ohne Wirkung s (on a *p auf jdn*); *am
falschen Platze stehen* **2.** vi (a *to* ~ away)
schwach w, abnehmen, verfallen ‖ *durch Trainieren das Gewicht vermindern* (a *to* ~ o.s.) ‖ *aufgebraucht w*; *verschwendet w*; (*dahin*)*schwinden,
vergehen*
   wasteful ['weistful] a (~ly adv) *verschwenderisch, kostspielig* (habits) ‖ (*P*) *verschwenderisch*
(of *mit*); to be ~ of *–schwenden* **|** ⟨poet⟩ *wüst,
leer, unbewohnt* (place) **~ness** [~nis] s *Verschwendungssucht, –schwendung* f
   waster ['weistə] s *Verschwender, Tunichtgut* m
‖ *Zerstörer, Verwüster* m **|** *etw, das Verlust ver-
ursacht* ‖ ⟨com⟩ *fehlerhaftes Exemplar* n, *Ausschuß, –artikel* m, *–ware* f ‖ *Fehlguß* m ‖ *Ausschuß–, Abfallstück* n
   wastrel ['weistrəl] s ⟨com⟩ *fehlerhaftes Exem-
plar* n, *Ausschuß* m, *minderwertige Ware* f **|**
Tunichtgut m ‖ *Straßenkind* n, *Range* m & f **|**
[attr] *Ausschuß–, Abfall–*
   watch [wɔtʃ] s **1.** † *Wachsein* n ‖ *Wachen* n ‖
⟨hist⟩ *Totenwache* f **|** *Nachtwache* f (*Zeitab-
schnitt d. Nacht*) **2.** *Wache, Wachsam–, Achtsamkeit* f; (up)on the ~ *auf der Hut*; (for
nach); to be on the ~ *aufpassen* (for *auf*); to
keep ~ *Wache halten* (over), to keep ~ of a p,
a ~ on a p *jdn bewachen, wachsam beobachten*;
to set a ~ upon a *p jdn beaufsichtigen* **|** ~ and
ward *scharfe, angestrengte Wache* f (to keep ~
and ward against) **3.** † *Wache* f, *Wächter* m ‖
⟨hist⟩ *Posten* m, *Schildwache, Wache* f **|** Black ⚓
⟨mil⟩ *42. Infantrieregiment* n *der Hochländer*
4. ⟨mar⟩ *Schiffswache* f (*v 4 Stunden*) ‖ *Wachmannschaft* f; → dog **5.** *Taschenuhr* f (it is ten by
my ~ *es ist 10 nach m–r Uhr*) **6.** [attr] ~(-)allo-
cation ⟨mar⟩ *Wacheinteilung* f ‖ ~-boat ⟨mar⟩
Wachboot n ‖ ~-box *Wärterhaus* n; ⟨mil⟩
Schilderhaus n ‖ ~-cap *Uhr–, Springdeckel* m;
⟨mar⟩ *Wollmütze* f ‖ ~-case *Uhrgehäuse* n ‖
~-chain *–kette* f ‖ ~ coat *Postenmantel* m ‖
~-committee *städt. Ordnungsdienst* m ‖ ~-dog
Wach–, Hofhund m ‖ ~-fire ⟨mil⟩ *Signal–,
Wachtfeuer* n ‖ ~-glass *Uhrglas* n ‖ ~-guard
–kette f; *–band* n ‖ ~-house *Wachthaus* n,
Wache f ‖ ~-key *Uhrschlüssel* m ‖ ~ officer
⟨mar⟩ *wachhabender O. m* ‖ ~-pocket *Uhrtasche* f ‖ ~ point *Aussichtspunkt* m ‖ ~-spring
Uhrfeder f ‖ ~-stand *–gestell* n ‖ ~ strap *Uhr-
armband* n ‖ ~-tower *Wachtturm* m
   watch [wɔtʃ] vi/t **A.** vi **1.** *wach s, wachen* (with
a *p bei jdm*) **2.** *achthaben* (for *auf*); *achtgeben,
aufpassen; achtgeben, lauern* (for *auf*), *wachsam
s, auf der Hut s* **3.** ⟨mil⟩ *Wache h, Posten stehen*
4. [mit prep & adv] to ~ after ⟨Am⟩ *überwachen* ‖ to ~ out *aufpassen, achtgeben, sich
vorsehen* ‖ to ~ over *wachen über, bewachen*
B. vt **1.** *bewachen, achthaben auf, sorgsam beobachten*; (*Schafe*) *hüten* ‖ *sorgsam betrachten,
beobachten* ⟨Am⟩ ~ *your step! geh vorsichtig*
‖ to ~ a p eat *od eating beobachten, wie jd ißt*;
jdn beim Essen beobachten **2.** ⟨fig⟩ (*etw*) *be-*

obachten, im Auge behalten || ⟨fam⟩ I'd ~ it! *das möcht' ich gern sehen!* || ⟨jur⟩ (*Prozeß*) *beobachten, im Interesse jds verfolgen, –treten* || *achtgeben auf;* (*Lauf*) *verfolgen;* **3.** (*etw*) *abpassen, wahrnehmen;* to ~ one's opportunity *die Gelegenheit abwarten;* he cannot ~ his time *er kann die Zeit nicht abwarten* **–er** ['~ə] s *Beobachter* m || *Wächter* m **~ing** ['~iŋ] s [attr] a ~ brief ⟨jur⟩ *ein Auftrag* m *z Wahrnehmung, Verfolgung e–s Prozesses*

watch– || **~ful** ['wɔtʃful] a (~ly adv) *wachsam* (over *über*); *acht–, aufmerksam* (of *auf*), *lauernd* (for *auf*); to be ~ for *lauern auf;* to be ~ of *bewachen, beobachten* **~fulness** [~nis] s *Wach–, Aufmerksamkeit* f (of *auf*); *Wachen* n (over *über*) **~maker** ['wɔtʃ͵meikə] s *Uhrmacher* m **~making** ['wɔtʃ͵meikiŋ] s *Uhrmacherei* f || **~man** ['wɔtʃmən] s *Am, sonst hist*⟩ *Nachtwächter* m || *Wächter* m **~word** ['wɔtʃwə:d] s ⟨fig⟩ *Losung, Parole* f || *Schlagwort* n

water ['wɔ:tə] s **I.** *Wasser* n, ~s [pl] *Wassermassen* f pl **1.** [*mst* pl ~s] *Mineral–* n (mineral ~s, table ~s); *Wasser* (*e–r Heilquelle*) n, *Brunnen* m **2.** (of rivers etc) *Wasser* n, *–fläche* f || *Fluß* m, *Meer* n; ~s [pl] *Wasser* pl, *Gewässer* sg & pl; the ~s *das Meer* **3.** *Gezeit* f; high ~ *Flut* f; low ~ *Ebbe* f **4. a.** [*nach* prep] above ~ *über W.;* to keep one's head above the ~ ⟨fig⟩ *sich eben über Wasser halten* || by ~ *z Wasser, auf dem Wasserwege,* to travel by ~ *z W., z See reisen* | ⟨übtr⟩ in deep ~(s) *in Schwierigkeiten, in der Klemme* || to be in low ~ ⟨fig⟩ *auf dem trockenen sitzen;* (*S*) *schlecht gehen;* .. in smooth ~ *gedeihen;* written in ~ *in Sand geschrieben* | to get into hot ~ for *sich in die Nesseln setzen,* °*in Teufels Küche k wegen;* to get into hot ~ with *in Konflikt geraten mit* | (to spend) like ~ *verschwenderisch* (*ausgeben*) || on the ~ *auf dem W.; z See;* to be on the ~ *auf dem Wasserwege befördert w* || to alight on ~ ⟨aero⟩ *wassern* | under ~ *unter W.* **b.** mere ~ *bewitched* (*dünner Tee*) *Plürre* f | to bring the ~ to a p's mouth *jdm den Mund wässerig m* || to drink the ~s (*Kur-*)*Brunnen trinken, e–e Trink–, Brunnenkur m* | much ~ has flowed (*od* run) under the bridge ⟨fig⟩ *viel W. ist den Fluß hinabgelaufen* || to hold ~ *wasserdicht s,* ⟨fig⟩ *stichhaltig s;* accusations, none of which hold ~ *völlig unbegründete Beschuldigungen;* this story does not hold ~ .. *ist nicht unanfechtbar* or *einwandfrei* or *stichhaltig;* smooth ~s run deep *stille Wasser sind tief* || to take the ~ (of ships) *vom Stapel laufen, ins Wasser gehen* || to take the ~s (*Kur-*)*Brunnen trinken* || to throw cold ~ on a th ⟨fig⟩ *etw herabsetzen; gefährden; vereiteln* || → to trouble || → fish; fire, oil; hot; still **II.** ⟨chem⟩ [in comp] *Wasser* n, *–lösung* f (rose-~) **III.** ⟨med⟩ *Wasser* n, *–absonderung* f; ~ on the brain *Wasserkopf* m | *Wasser* n, *Urin* n; to make, pass ~ *Wasser lassen;* to hold (one's) ~ *das W. anhalten* **IV.** (*wasserartiger*) *Glanz* m (*v Edelsteinen, Perlen*); *schillernder Glanz* m (*an Stoffen*), *Moiré* n || of the first ~ ⟨fig⟩ *v reinstem Wasser, erster Qualität* (a man of the first ~) **V.** ~s [pl] ⟨fam⟩ *Aquarelle* n pl **VI.** [attr] *Wasser–* **~bearing** *wasserführend* (⟨min⟩ *Schicht*) | **~bed** *Wasserbett* n, *Dauerbad* n | **~beetle** *–käfer* m; great **~b.** *Gelbrand*(–) m **~bird** ⟨orn⟩ *Wasservogel* m | **~blister** *–blase* f (*auf der Haut*) | **~boatman** ⟨ent⟩ *Rückenschwimmer* m | **~borne** *z Wasser befördert* | **~bottle** *Wasserflasche* f; *Feldflasche* f | **~brash** *Wasserkolk* m (*Erbrechen v wässerigem Schleim*); *Sodbrennen* n | **~butt** *Regenfaß* n | **~carriage** *Transport* m *auf dem Wasser* | **~carrier** *Wasserträger* m | ⟨astr⟩ ☽ *Wassermann* n | **~cart** *Sprengwagen* m | **~chute** *Wasserrutschbahn* f | waste ~ clarification *Abwasserklärung* f

| **~clock** *Wasseruhr* f | **~closet** (*Wasser-*)*Klosett* n, *Toilette* f | **~colour** *Wasserfarbe* f (to paint in ~-colours) || *Aquar'ell* n; (a ~-colours [pl]) *Aquarellmalerei* f | **~colourist** *Aquarellmaler* m | **~cooled** *mit Wasserkühlung versehen, Wasserkühl–* (engine) | **~craft** *Wasserfahrzeug* n, → **~craft** | *Gewandtheit* f *im Schwimmen, Tauchen, Steuern; Wassersportleistung* f | **~cure** ⟨med⟩ *Wasserkur* f | **~diviner** *Wassersucher, Wünschelrutengänger* m | ~ dog ⟨bes Am⟩ *Wasserratte* f ⟨fig⟩ | **~drinker** *-trinker* m | **~dropwort** ⟨bot⟩ *Rebendolde* f | **~economy** *Wasserhaushalt* m ⟨a geog⟩ | **~faucet** ⟨Am⟩ *Wasserhahn* m | **~finder** (*Wünschel-*)*Rutengänger* m | **~flag** ⟨bot⟩ *Wasserschwertlilie* f | **~flea** ⟨zoo⟩ *Wasserfloh* m || **~funk** ⟨fam⟩: he's a ~-f. *er ist wasserscheu* ⟨Am⟩ **~-gap** *Flußdurchbruch* m (*zw Hügeln*) | **~gas** *Wassergas* n | **~gate** *Schleuse* f | **~gauge** *Wasserstandmesser, Pegel* m | **~glass** *Wasserglas* n; **~glass egg** *eingelegtes Ei* n | **~hammer** *Wasserhammer* m | **~hen** ⟨orn⟩ *Moorhuhn* n | **~ice** *Wassereis* n | **~incrustation** *Kesselstein* n | **~jacket** ⟨tech⟩ *Kühl-(wasser)mantel* m, *Wasserkühlung* f | **~level** *Wasserstand(slinie* f) m || ⟨geol⟩ *Grundwasserspiegel* m || ⟨tech⟩ *Wasserwaage* f | **~lily** ⟨bot⟩ *Wasserlilie, –rose, Kolbwurz* f | **~line** ⟨mar⟩ *Wasser(stands)linie, –höhe* f | ~ logged (of wood etc) *voll Wasser gesogen; v Wasser durchtränkt* | (of ship) *voll Wasser* (*gelaufen*) | **~loop** *Wasserkreislauf* m | **~main** *Hauptrohr* n (*der Wasserleitung*) | **~melon** *Wassermelone* f | **~mill** *–mühle* f | **~motor** *mot'or* m | **~nymph** *Najade* f | **~pillar** *–kran* m | **~pipe** *–leitungsrohr* n | **~pitcher** *–krug* m | **~plane** ⟨aero⟩ *–flugzeug* n | **~plug** *–hahn* m | **~plume** *Wassersäule* f | **~polo** *–ball* m | **~power** *–kraft* f | **~(-)pump** windmill *Windrad* n | **~purification unit** *Trinkwasseraufbereitungsanlage* | waste ~ *purifying plant* (*Abwasser-*)*Kläranlage* f | waste ~ *purifying plant* (*Abwasser-*)*Kläranlage* f | ~ ram *hydraulischer Widder* m | **~rat** ⟨zoo⟩ *Wasserratte* f | **~rate** *–geld* n | **~repellent** *wasserabstoßend* | **~ret, ~rot** [vt] *–tt* (*Flachs*) *rösten, faulen l* | **~rod** *Wünschelrute* f | **~scorpion** *Wasserskorpion* m | **~screw** *Wasserschraube* f | **~shoot** *–rinne* f (*am Hause*) | **~shortage** *–mangel* m | **~side** *–seite* f, *–kante* f, *Meeresufer* n, *Küste* f || [attr] *am Wasser befindlich* or *arbeitend* | **~ski** **1.** s *Wasserschi–* (*sport* m) m **2.** vi *Wasserschi laufen* | **~skipper, ~strider** ⟨ent⟩ *Wasserläufer* m | **~solubly** *in Wasser löslich* | **~splash** *überschwemmte Weg–, Straßenstrecke* f; beware of the ~-splash! *Achtung Wasserrast!* f | **~sprite** *Wassergeist* m | **~sprout** ⟨for⟩ *–reis* n | ~ sterilizing apron *od* bag *od* canvas *–filtersack* | **~stratum** ⟨min⟩ *Schicht* f *mit Wasserführung* | **~supply** *–versorgung* f | **~table** ⟨arch⟩ *Wasserabflußleiste* f, *–rinne* f || ⟨for⟩ *Querrinne* f || ⟨geol⟩ *Grundwasserspiegel* m | **~tank** *Wasserbehälter* m | ~ ᵛ vapour *Schwaden* m | **~vole** ⟨zoo⟩ *–ratte* f | ⟨Am⟩ **~wagon** *Sprengwagen* m; on the ~-wagon ⟨sl⟩ *vorübergehend antialkoholisch* (*P*) | **~way** ⟨mar⟩ *Wasserstraße* f, *Schiffahrtsweg* m || *Wassergang* m (*auf Schiffen*) | **~wheel** ⟨tech⟩ *–rad* n | **~worn** *vom Wasser beschädigt, abgeschliffen, ausgehöhlt*

water ['wɔ:tə] **A.** vt **1.** (*Tiere*) *tränken* | (*jdn*) *mit Wasser versorgen* | (*Pflanzen*) (*be)gießen* | (*Land*) *bewässern* **2.** (*Wein* etc) *verdünnen, panschen* | ⟨übtr⟩ (*Kapital*) *verwässern* | ⟨fig⟩ *verwässern; mundgerecht, populär m* **3.** [*mst* pp] (*Zeug*) *wässern, moirieren* (~-ed silk *Moiré* n, *Mohr* m); *~ed steel gehärteter Stahl; flammen* (~-ed cloth), *mit Flammenmustern schmücken* **4.** [*mit* adv] to ~ down (*Wein*) *verdünnen* ||

〈fig〉 *verwässern, abschwächen, herabsetzen* **B.** vi **1.** *wässern*; (of the eyes) *tränen* (his eyes ~); to make a p's eyes ~ *jdm die Tränen in die Augen treiben*; (of the mouth) *wässern w*, my mouth ~s 〈fig〉 *es wird mir der Mund wässerig* (for *nach*); to make a p's mouth ~ *jdm den M. w. m* **2.** *e–e Kur m, Brunnen trinken* **3.** (of ship) *Wasser einnehmen*

waterage ['wɔːtəridʒ] s *Wasserfracht* f (*Beförderung auf dem Wasser*)

water– ‖ **~bus** ['wɔːtəbʌs] s *Motorboot* n, *Themse–, Flußdampfer* m **~course** ['wɔːtəkɔːs] s *Wasserlauf* m ‖ *Strom–, Flußbett* n **~craft** ['wɔːtəkrɑːft] s *Wasserfahrzeug(e* pl) n **~cress** ['wɔːtəkres] s 〈bot〉 *Brunnenkresse* f **~fall** ['wɔːtəfɔːl] s *Wasserfall* m **~fowl** ['wɔːtəfaul] s *Wasser–, Schwimmvogel* m ‖ [koll] *–vögel* pl **~iness** ['wɔːtərinis] s *Feuchtig–*; *Wässerigkeit* f ‖ *Dünnheit* ‖ 〈fig〉 *Verwässerung, Fad–, Seichtheit* f **~ing** ['wɔːtəriŋ] s **1.** *Bewässern, –sprengen, –gießen* n ‖ *Wässern* n ‖ *Tränken* n ‖ (of ships, etc) *Wassernehmen* n ‖ 〈tech〉 *Moirierung* f, *Flammen* n ‖ *Mischen mit Wasser, Verwässern* n **2.** [attr] **~–can, ~–pot** *Gießkanne* f ‖ **~–cart** *Sprengwagen* m ‖ **~–place** *Schwemme, Tränke* f ‖ 〈mar〉 *Ort* m *z Wassernehmen* ‖ *Badeort* m, (*See–)Bad* n **~less** ['wɔːtəlis] a *wasserlos* **~loo** ['wɔːtəluː] s 〈fig〉 *in her he met his ~ bei ihr kam er an die unrechte* (〈hum〉 *richtige*) **~man** ['wɔːtəmən] s *Fährmann, Bootsführer* m ‖ *Ruderer* m (a good ~) **~manship** [~ʃip] s *Kunst des Ruderns, Riemenkunst* f *beim Rudern* **~mark** ['wɔːtəmɑːk] **1.** s *Wasserstandszeichen* n ‖ high–~ *Hochwasserstand–, Flutzeichen* n; 〈fig〉 *Höhepunkt, Hochstand* m ‖ low–~ *Tiefwasserstandzeichen* n; 〈fig〉 *Tiefstand* m ‖ *Wasserzeichen* n (*auf Papier*) **2.** vt (*Papier*) *mit e–m Wasserzeichen versehen* **~proof** ['wɔːtəpruːf] **1.** a *wasserdicht, imprägniert*; ~ *sheet* (*wasserdichte*) *Bettunterlage* f **2.** s *imprägnierter Mantel, Gummi–, Regenmantel* m **3.** vt *wasserdicht m, imprägnieren* **~proofing** [~iŋ] s *Imprägnierung* f, *wasserdichter Stoff* m ‖ ~ *liquid Imprägnierungsmittel* n **~scape** ['wɔːtəskeip] s 〈paint〉 *Seelandschaft* f, *–stück* m **~shed** ['wɔːtəʃed] s *Wasserscheide* f ‖ *Fluß–, Stromgebiet* n **~spout** ['wɔːtəspaut] s *Wasserrohr* n ‖ *Wasserhose* f; *Wolkenbruch* m **~tight** ['wɔːtətait] a *wasserdicht* ‖ 〈fig〉 *sicher, unangreifbar*; *zuverlässig*; *sicher* (to make the plan ~) ‖ *selbständig* (department) **~works** ['wɔːtəwəːks] s [*oft* sg konstr] *Wasserwerk* n (a ~) ‖ 〈sl〉 to turn on one's ~ 〈fig〉 *Tränen vergießen* ‖ 〈fam〉 *Wasserlassungsorgane* n pl

watery ['wɔːtəri] a 〈poet〉 *Wasser–*; the ~ *waste –wüste* f ‖ *wässerig, feucht* ‖ (of the eye) *tränend* ‖ *regnerisch, Regen–*; ~ *sky Regenhimmel* m ‖ (of colour) *verwässert, dünn, blaß* ‖ (of food) *wässerig, dünn* ‖ 〈fig〉 *lappig, fade, seicht, schal; geistlos*

watt [wɔt] s (*nach* James ⌁, † 1819) 〈el〉 *Watt* n **~age** ['~idʒ] s *Wattstärke, –leistung* f **~our** ['~auə] o (abbr Wh) *Wattstunde* f **~less** ['~lis] a *Blind–* (current)

wattle ['wɔtl] **1.** s [a pl ~s] *Flecht–, Gitterwerk* n; *Hürde* f ‖ ~ *and daub Fachwerk* n ‖ 〈bot〉 *Australische Akazie* f, *Blue–leaved* ⌁ *Blaublättrige A.*, Sydney Golden ⌁ *Langblättrige A.* ‖ ~–work *Flechtwerk* n **2.** vt *aus Flechtwerk herstellen*; *in Fachwerk bauen* ‖ *flechten, mit Ruten zus–binden* **–ling** ['wɔtliŋ] s *Flechtwerk* n

wattle ['wɔtl] s *fleischiger Kehl–* or *Nackenlappen* m (*v Hühnern* etc) ‖ (of fishes) *Bart* m

waul [wɔːl] vi *schreien, heulen*

WAVE, Wave [weiv] s 〈Am mil〉 (= Women's Reserve Corps of the U. S. Naval Service) *Ange–*

hörige f *des amer. Reserve-Marinehelferinnenkorps*

wave [weiv] vi/t **A.** vi **1.** *wehen, flattern* ‖ *wogen, wallen* **2.** *winken*; to ~ to a p *jdm winken, zuwinken* (to do) **3.** (of hair) *wellig s*; *sich wellig bewegen*; *wellenförmig verlaufen* **B.** vt **1.** (*etw*) *hin u her bewegen*, (Stock) *schwingen, schwenken*; to ~ one's *arms mit den Armen fuchteln*; to ~ one's *hand mit der Hand winken* ‖ (*Gruß* etc) *durch Wink ausdrücken*; to ~ a p *farewell od farewell to a p jdm ein Lebewohl z'uwinken*; to ~ a p *welcome od welcome to a p jdn durch Wink willkommen heißen* ‖ to ~ a p *nearer jdn durch Wink auffordern näherzukommen* ‖ to ~ a p *aside jdn beiseite winken*; to ~ a th *aside e–e S abwinken, etw abweisen* ‖ to ~ a p *away jdm abwinken*; to ~ a th *away etw abweisen, ablehnen* ‖ to ~ (a car) *down* (*ein Taxi*) *anhalten* **2.** *wellig m, wellen*, (Haar) *ondulieren*; (Stoff) *flammen, moirieren*; (Metalldeckel) *guillochieren*; *mit welligen Zierlinien versehen*

wave [weiv] s **1. a.** *Welle, Woge* f; 〈poet〉 the ~s *das Meer* **b.** 〈phys〉 *Welle* f ‖ *heat* ~ *Hitze–* f **c.** 〈übtr〉 *Wellenbewegung* f; *wellenartige Vorwärtsbewegung, Welle* (~ *after* ~ *of men*); to *attack in* ~s 〈mil〉 *in Wellen angreifen* ‖ 〈fig〉 (of feeling) *Aufundabbewegung* f, *Welle* f (a ~ *of indignation*) **2.** *wellenförmige Linie, Verzierung, Welle, Flamme* f (*im Stoff*); *Guilloche* f ‖ *Welle* (*im Haar*), *Ondulation* f ‖ *permanent* ~ *Dauerwelle* f **3.** *Winken* n; *Wink* m (a ~ *of the hand ein W. mit der Hand*) ‖ –ving on traffic 〈mot〉 *Winken* n *in Verkehrsrichtung* **4.** [attr] *Wellen–* ‖ ~–band 〈wir〉 *Wellenband* n ‖ ~–breaker *–brecher* m ‖ ~–detector 〈wir〉 *Wellenanzeiger* m ‖ ~ *filter* 〈wir〉 *–filter* m ‖ ~–length 〈phys, wir〉 *–länge* f 〈a fig〉 ‖ ~ *mechanics* 〈phys wir〉 *–mechanik* f ‖ ~–meter 〈el〉 *–messer* m ‖ ~–motion *–bewegung* f ‖ ~–theory *–theorie* f ‖ ~–trap 〈wir〉 *Sperrkreis* m **~less** ['~lis] a *wellenlos*; *glatt* **~let** [~lit] s *kl Welle* f **~like** ['~laïk] a & adv *wellenförmig*

waver ['weivə] vi *wanken, schwanken* (*im Gehen*) ‖ *schweben, flattern* ‖ 〈übtr〉 *schwanken* (between), *unschlüssig s*; to ~ *from abweichen v* ‖ (of troops) *wanken* ‖ (of the eye) *unruhig w*; *flimmern, zittern* ‖ (of light) *flackern, flimmern* **~er** [~rə] s *schwankender* or *unentschlossener Mensch* m **~ing** [~riŋ] a (~ly adv) → to wave *schwankend* ‖ *schwebend, wogend, flatternd* ‖ *wankend, schwankend, unschlüssig* ‖ *unstet, flackernd, flimmernd*

wavey, wavy ['weivi] s 〈orn〉 *nordamer.* (*Schnee–)Gans* f

waviness ['weivinis] s *das Wellige*; *Wellenbewegung* f, *Wogen* n

wavy ['weivi] a *Wellen schlagend*; *wogend, wallend, Wellen–* ‖ *wellenförmig* (~ *line*); *Auf– und–Ab–* (~ *motion*); *wellig, gewellt* ‖ ~–grained, ~–fibred 〈for〉 *wimmerig* (*Holz*) ‖ ⌁ *Navy* 〈fam〉 = The Royal Naval Volunteer Reserve (*mit Wellenstreifen auf Ärmel*)

wax [wæks] **1.** s *echtes Wachs*, (*Bienen–)Wachs* n ‖ *Pflanzenwachs* n (*vegetable* ~) ‖ *hergestelltes Wachs* n (*f Kerzen* etc); cobbler's–~ *Schusterpech* n ‖ (a *ear–*~) *Ohrenschmalz* m ‖ (a *sealing–* ~) *Siegellack* m ‖ [attr] *wächsern, Wachs–* ‖ ~–berry 〈bot〉 *Wachsbeere* f ‖ ~ *candle Wachslicht* n ‖ ~–chandler *–lichtzieher* m ‖ ~–cloth *Tuch z Wachsen*; *Wachstuch* n ‖ ~–coated paper *Wachspapier* n ‖ ~ *doll Wachspuppe* f ‖ ~–end *Pechdraht* m ‖ ~–figure *Wachsfigur* f ‖ ~–light *Wachslicht* n ‖ ~–match *–zündholz* n ‖ ~–moth *–motte* f ‖ ~–painting *–malerei* f ‖ ~–palm 〈bot〉 *–palme* f ‖ ~–paper *–papier* n ‖ ~–pocket *–tasche* f, *–gefäß* n (*der Bienen*) *lost* ~ *process* 〈met〉 *Wachsausschmelzverfahren* n, *Guß* m *in verlorener Form* ‖ ~–taper *–stock* m,

-kerze f || ~-work *Wachsbildnerei f* **2.** vt *mit Wachs überziehen* || *mit W. putzen, (etw) wachsen; wichsen; (Fußboden) bohnern* || *mit Pech überziehen, pichen* || -ed *paper Pergamentpapier* n | ⟨Am wir⟩ *auf (Wachs-)Platten aufnehmen*

wax [wæks] s ⟨fam⟩ *Ärger m*; to be in a ~ *aufgebracht s*; to get into a ~ *aufgebracht w.*

wax [wæks] vi † (of men, etc) *wachsen* || (of the moon) *zunehmen* | ⟨übtr⟩ *zunehmen, wachsen* (in *an*); to ~ and wane *zunehmen u abnehmen* || *sich verstärken, sich entwickeln* (into *z*) | [*mit* adj] *werden* (to ~ *strong*)

waxen ['wæksən] a † *wächsern, Wachs–* | ⟨übtr⟩ *wachsähnlich; glatt, glänzend* || *wachsfarbig, bleich* || ⟨fig⟩ *weich, nachgiebig*

waxwing ['wækswiŋ] s ⟨orn⟩ *Seidenschwanz m*

waxwork ['wækswə:k] s *Wachsarbeit, –bildnerei f* || *Wachsfigur f*; ~-show *Wachsfiguren-ausstellung f* || ~s [pl] *Wachsfigurenkabinett n*

waxy ['wæksi] a *wächsern; wachsartig, Wachs–* || *wachsfarbig, wächsern, bleich* || ⟨fig⟩ *weich, beeinflußbar*

waxy ['wæksi] a ⟨sl⟩ *wütend, ärgerlich*

way [wei] s (→ way adv) **I. 1.** *Weg m, Straße f; Pfad m, Bahn f; permanent* ~ ⟨rail⟩ *Geleise n* | *across, over the* ~ *über die Straße, gegenüber* **2.** ⟨mar⟩ ~s [pl] *Balken m pl, Planken f pl* (*z Befördern*) || *Schlitten m (beim Stapellauf)* **II.** [*oft nach pron poss*] *der Weg, den jd macht* etc **1. a.** *Weg; Gang m; Fahrt f, Lauf m*; the parting of the ~s ⟨fig⟩ *der Punkt, an dem sich die Wege scheiden* | right of ~ ⟨mot⟩ *Vorfahrtrecht n* | ⟨übtr⟩ *Weg m, Möglichkeit f* | ~ out *Ausgang m* | *–weg m* **b. Wendungen:** to ask a p the ~ *jdn nach dem Wege fragen* (to *nach*) || how is the snow your ~? *wie sind die Schneeverhältnisse in eurer Gegend; bei euch?* || in a family ~ *zwanglos*; in the f. ~ *guter Hoffnung, in anderen Umständen* | to beg one's ~ *sich durchbetteln*; to come in a p's ~ *jdm begegnen* (these things had not come in his ~); to come a p's ~ *derselben Weg mit jdm k* or *gehen* || to find one's ~ *sich zurechtfinden* | to go one's ~ *s–s Weges gehen; fortgehen;* † *go, wend your ~s geh d–r Wege*; to go the ~ of all flesh (*od things*) *sterben*; they go all the same ~ *home sie finden alle dasselbe Ende*; they went their different ~s *jeder v ihnen ging e–n anderen Weg* | to have one's own ~ *out sich z helfen wissen*; to have no ~ of doing *k–e Möglichkeit h z tun* || to know one's ~ (about) *den W. kennen, Bescheid wissen* (*über*) || to lead the ~ *vorangehen; anführen* || to pave the ~ *den W. ebnen* (for *od* to a th *e–r S*) || to point out the ~ to a p *jdm den W. zeigen* || to put a p in the right ~ *jdn auf den richtigen W. bringen*; ⟨fig⟩ *jdm verhelfen* (to *z*) | to see one's ~ *den Weg, e–e Möglichkeit vor sich sehen, e–n W. finden* (to do); I do not see my ~ *ich sehe mich* (or *ich bin*) *nicht in der Lage, ich fühle mich nicht berechtigt, ich kann mich nicht dazu verstehen* (to do); I don't see my ~ *clear yet to say okay ich sehe zunächst k–e Möglichkeit zuzustimmen* || to see a ~ out *e–n Ausweg sehen* or *wissen* **2.** *Vorwärtsbewegung f, Fortgang, –schritt m* || to force, push one's ~ *sich e–n W. bahnen* || ⟨mar⟩ to gather ~ *Geschwindigkeit entfalten* || to go a long ~ *viel dazu beitragen* (to *z*; to do, towards doing *z tun*); that goes a long ~ *with him das wirkt sehr bei ihm* || to lose ~ *an Geschwindigkeit abnehmen* || to make one's ~ *sich begeben* (to *nach*); ⟨fig⟩ *s–n W. m, sich Bahn brechen; sich durchsetzen, vorankommen*; to make the best of one's ~ *sich beeilen* || to make ~ *vorwärtskommen*; ⟨fig⟩ *sich durchsetzen, an Geltung gewinnen* || to take one's ~ *sich aufmachen, reisen* **3.** *Wegroute f,* ⟨mar⟩ *Kurs m, Richtung f* | one ~ in, *nach e–r R.* || that, this ~ *in der, dieser*

R., dort–, hierhin; which ~? *in welcher R.? wohin?*, every ~ *nach allen Seiten* || one-~ *road Einbahnstraße f* || the other ~ *round in umgekehrter Richtung, umgekehrt* || the wrong ~ *falsch*, to go down the wrong ~ *in die falsche Kehle k* || one ~ or (the) other *od* another *so oder so*, [neg] *weder so noch so*; to express o.s. one ~ or the other *s–e Ansicht eindeutig äußern* or *mitteilen* || ⟨mar⟩ to make one's ~ north *die Richtung nach Norden nehmen* **4.** *zurückgelegter* or *–zulegender Weg m, Strecke, Entfernung f*; to walk on for a little ~ *e–e kl Strecke weitergehen*; a long ~ *bei weitem*, *e–e weite Strecke*; a great, long ~ *from weit entfernt v*; a ~ down *tief nach unten*, a long ~ *back weit zurück*; from a long ~ *off v sehr weit her*; → **II. 2. III.** *freier Weg, Raum m*; ⟨fig⟩ *Gelegenheit f* || to give ~ *weichen* (to a th *e–r S*), ⟨mot⟩ *dem anderen die Vorfahrt l* || *nachlassen, –geben* || to make ~ for a p *jdm Platz schaffen*, ⟨fig⟩ *jdm Platz m, vor jdm zurücktreten* **IV.** ⟨übtr & fig⟩ **1.** *Weg m, Mittel n; Art u Weise f; Verfahren n, Methode f* || ~s and means *Mittel u Wege* pl; ⟨parl⟩ *Deckungsmittel n pl* (Committee of ~s and means) || the right ~ of doing (*od* to do) *der richtige Weg z tun*, to go the right (wrong) ~ *richtig (falsch) zuwege gehen* (to do; of doing) || that is the ~ *so ist es richtig* || yes, I'm a little that ~ *ja, ein wenig* (sc. *so*) || imagine the ~ that *stell dir die Art u Weise vor, in der* or *wie* || any ~ *auf irgendeine, jede Art, jedenfalls*; (in) that (this) ~ *auf jene (diese) Art*, some ~ or other *auf die e–e oder andere Art* | to have one's own ~ *s–n Willen h, bek, s–n Kopf durchsetzen*; to have everything one's own ~, to have it all one's own ~ *alles nach s–m Willen h wollen, nur s–n Willen kennen, nach Gutdünken verfahren*; all right, have it your ~ *bitte, du sollst recht behalten* || to have a wonderful ~ with *glänzend umzugehen wissen mit* **2.** *Gewohnheit, Art, Beschaffenheit f*; a ~ of doing *e–e Art z tun* (a ~ of giving her life a purpose) || to my ~ of thinking *nach m–r Meinung* || the German ~ *die deutsche Art* (z *denken* etc) || the ~ of the world *der Gang, Lauf der Welt* || good in their ~ *gut in ihrer Art* || that's always the ~ with you *so ist es immer mit dir* || it is often the ~ with heroes *es ist oft so bei Helden* || he became a nuisance in his ~ *er wurde durch sein Benehmen lästig* || he has a terrible ~ with him *er hat e–e furchtbare Art an sich* | ~s [pl] *Gewohnheiten; Eigenarten* pl (the ~s of war); funny ~s *komische Manieren*; to mend one's ~s *sich bessern* || *Sitten f pl, Bräuche m pl* **3.** *Beschäftigung f, Berufskreis m* || ⟨com⟩ in the fish ~ *in der Fischbranche* || in the same ~ of business *in derselben Beschäftigung* || in a small (great) ~ *in kl (gr) Maßstabe, auf kl (gr) Fuß* || it is not (*od* it does not lie *od* come) in my ~ *es gehört nicht in mein Fach, in m–n Bereich* || to be in the drapery ~ *im Tuchhandel beschäftigt s* || to pay one's ~ *auf s–e Kosten k*; to pay one's ~ (*S*) *sich rentieren* || ⟨Am⟩ to work one's ~ *Werkstudent s* **4.** *Zustand m, Lage f*; to be in a bad ~ *in schlimmer Lage s* || to be in the family ~ *schwanger s, ein Kind erwarten* || ⟨fam⟩ *Verfassung f*, to be in a terrible ~ *in schrecklicher V. s* || ⟨dial⟩ in a ~ *in Aufregung* **5.** *Hinsicht, Beziehung f*; in a ~ *in e–r Hinsicht, sozusagen*; every ~ *in jeder H.*; in some ~s *in mancher H.*; in what ~s *in welcher H.?*; in no ~ *in k–r H., k–swegs* || to feel the same ~ (about a th) as .. *genau so (über etw) denken wie ..* **V.** [*nach prep*] (*vgl a* **IV. 2., 3., 4., 5.**) **1. by** ~ of *auf dem Wege über* (by ~ of the Strand), *via*; ⟨fig⟩ *in der Absicht z, um z zwecks, z Zwecke* (by ~ of recreation); *an Stelle v, als* (by ~ of excuse *als Entschuldigung*); *vermittels, durch* || to be by ~ of being *jdm zu-*

fallen z s, jds Aufgabe s z s; he was by ~ of doing *er war gewöhnt, hatte die Aufgabe z tun* | by the ~ *im Vorbeigehen; am Wege, auf dem W.* (go back) by the ~ you came); *unterwegs* (he stopped by the ~); *während der Reise, unterwegs*; ⟨fig⟩ *beiläufig, nebenbei, übrigens* || not by a long ~ *(noch) lange nicht* **2. in** a fair ~ of recovery *auf dem Wege der Besserung* || once in a ~ *ab u zu* einmal, *ausnahmsweise, einmal* | in every ~ *in jeder Hinsicht, durchaus* | in a p's ~ (→ I.) *auf der Straße, auf der jd geht,* ⟨übtr⟩ to come in a p's ~ *od* to come a p's ~ ⟨fig⟩ *(S) jdm in die Hände k; jdm begegnen* (the things had not come [in] his ~) || *in jds Fach, auf jds Gebiet* | to be̦ stand in a p's ~ *jdm im Wege s, stehen*; his ambition stood in the ~ of success *sein Ehrgeiz stand dem Erfolg im Wege* | in the ~ of *in der Gestalt v, nach Art v; in bezug auf*; in the ~ of business *auf dem üblichen Geschäftswege* || to be in the ~ ⟨fig⟩ *auf dem Wege s* (of a th *z etw*; to be in the ~ of solution); *Aussicht h* (to get) || to put a p in the ~ of doing *jdm Gelegenheit geben z tun* **3. on** the *od* one's ~ (→ II.) *auf dem Wege* (while on his ~ *auf dem W.* [to *nach, z*]); *unterwegs*; ⟨artill telph⟩ on the ~! *Schuß!* (*Meldung an den Beobachter*); on one's ~ back *auf dem Rückwege*; on one's ~ home *auf dem Heimwege*; on one's ~ out *auf der Aus–, Hinreise*; on one's ~ through *auf der Durchreise* || he is on his ~ *er ist schon auf dem W., kommt gleich* || to set out on one's ~ *sich auf den W. m* | to be well on the ~ ⟨fig⟩ *im Gange s; ziemlich weit gek s* (in *in*); to be well on one's ~ to ⟨fig⟩ *mitten auf dem Wege s nach* **4. out of** the ~ *fort vom Wege, abseits; abgelegen, entfernt*; out-of-the-way [attr] *abgelegen* || ⟨fig⟩ *abseits* | [pred] ⟨fig⟩ *abwegig, ungewöhnlich* (anything out of the ~) | to be out of a p's ~ *jdm aus dem W. s, nicht v ihm gesehen w; nicht auf jds W. liegen* || to go out of one's ~ *sich bes Mühe geben, k–e M. scheuen* (to do) || to keep out of the ~ *sich abseits halten* || to lead a p out of the ~ *jdn vom Wege abführen, auf Irr–, Umwege führen* || to put o.s. out of the ~ *sich Mühe m* (for *wegen*), *sich der Mühe unterziehen* (to do) || to put a p out of the ~ *jdn aus dem Wege schaffen, töten* || to take a p out of his ~ *jdn e–n Umweg m l* **5. under** ~ ⟨mar⟩ *in Fahrt; unterwegs*; to get under ~ *in F. gehen, abfahren* ⟨übtr⟩ *im* or *in Gang* (to get under ~ *in G. k*), *in Bewegung; in Vorbereitung* **VI.** [attr & comp] ~-**bill** *Passagierliste* f; *Ladeliste* f, *Frachtliste* f, *–brief, Warenbegleitschein* m || *Reisepaß, –brief* m (*f Wanderburschen*) | ~ **in** [adv] ⟨*bes* mot⟩ *Einfahrt* f | ~-**leave** *Erlaubnis* f, *e–n Weg z e–m Zwecke z benutzen* || ~-**mark** *Meilenstein* m || ~-**post** *Wegweiser* m | ~ **out** ⟨*bes* mot⟩ *Ausfahrt* f | ~-**station** ⟨Am⟩ *Kleinbahnhof* m || ~-**train** ⟨Am⟩ *Zug* m, *der an allen Stationen hält* || ~-**worn** *v der Reise ermüdet, reise–, wegmüde*

way [wei] adv ⟨Scot & Am⟩ **1.** *fort, weg* | *weit weg, weit entfernt* | [*mit* prep] ~ below .. *̍eit unter ..*; ~ down south *weit unten im Süden* || [*mit* adv] ~ off *weit weg*; ~ out ⟨Am⟩ *weit draußen*; ~ over ⟨Am⟩ *weit drüben*; ~ up *weit oben* **2.** [in comp] ~-back ⟨Am sl⟩ *weit entfernt*; (*zeitlich*) *weit zurück* (~-back in Victorian times); from ~-back *v weit her, v ferr: aus dem Innern des Landes*

 way- ~**farer** [ˈweiˌfɛərə] s (*Fuß-*)*Wanderer* m ~**faring** [ˈweiˌfɛəriŋ] **1.** a *reisend, wandernd*; ~ man *Reisender* m | ⟨bot⟩ Laurel ~ Tree *Lorbeer-Schneeball* m **2.** s *Wandern* n, *Reise* f (in their ~s *auf ihren Reisen*) ~**lay** [weiˈlei] vt (→ to lay) (*jdn*) *abpassen*; (*jdm*) *auflauern* (*jdn*) *angehen, –sprechen* ~**side** [ˈweisaid] **1.** s *Seite* f *e–s Wegs, e–r Straße*; by the ~ *an der Straße* **2.** a *am Wege stehend* (~ flowers); *an der Straße*

gelegen, Straßen– ~**ward** [ˈweiwəd] a (~ly adv) *eigensinnig, widerspenstig; launisch, unberechenbar* || ~**wardness** [~nis] s *Eigensinn* m; *Widerspenstigkeit* f; *Launenhaftig–, Unberechenbarkeit* f

 we [wi:; *w f* wi] pron pers [pl] *wir* || (of kings) *Wir* (*ich*) || ⟨vulg⟩ *uns*

 weak [wi:k] a (~ly adv) **1.** (*P*) *nicht stark* or *widerstandsfähig; schwach, gebrechlich, leicht z bezwingen(d)*; the ~er sex *das schwache Geschlecht* || *schwach, nachsichtig* (with *gegen*); as ~ as water *windelweich, schwach* || *nicht leistungsfähig* (team) || *unfähig, nicht geschickt* (in playing); he is at his ~est here *hier ist er am schwächsten* **2.** (*S*) *schwach, leicht anzugreifen(d)*; the ~ points of a fortress, of an argument *die schwachen Stellen e–r Festung, Behauptung*; the ~ point *od* side of a p *jds schwache Seite* || *schwächlich, schwach* (~ eyes, etc), a ~ stomach *ein empfindlicher Magen* || ~ foot *Senkfuß* m || *nicht fest, lab·il, schwankend* (character) || *auf schwachen Füßen stehend* (argument) || *schlaff, kraftlos, matt* (style etc) || *schwach, dünn* (liquid); ⟨mot⟩ *arm* (*Gemisch*); ~ gas *Schwachgas* n || ⟨com⟩ *schwach, flau* | ⟨gram⟩ *schwach* (~ verb, ~ declension) **3.** [in comp] ~-eyed *schwachsichtig* || ~-headed, ~-minded *–köpfig*; *–sinnig, geistesschwach* || ~-kneed *mit schwachen Knien*; ⟨fig⟩ *charakterschwach,* °*schlapp; nachgiebig, unentschlossen; auf schwachen Füßen stehend* (argument) || ~-sighted *schwachsichtig* || ~-spirited *mutlos* | ~-en [ˈ~ən] vt/i || *schwächen, schwächer m* | ⟨fig⟩ *schwächen, entkräften* | vi *schwach* or *schwächer w, erschlaffen; nachlassen* || ~**ling** [ˈ~liŋ] s *Schwächling,* °*Schlappschwanz* m ~**ly** [ˈ~li] a *schwächlich; kränklich* ~**ness** [ˈ~nis] s *Schwäche* f; *Schwächlich–, Kränklichkeit* f; ~ of mind *Geistesschwäche* f || *Charakterschwäche* f *schwache Seite* f, *schwacher Punkt* m; *Nachteil* m; *Schwäche* f, *Mangel* m, *Unvollkommenheit* f (in) || ⟨fam⟩ *Schwäche, Vorliebe* f (for *f*); to be a ~ of a p *jds Sch. s* or *ausmachen*

 weal [wi:l] s † *Wohl* n, *–fahrt* f, [*nur in*]: in ~ and woe *in Wohl u Wehe, in guten u bösen Tagen*; the public ~, the general ~ *das Gemeinwohl*

 weal [wi:l] **1.** vt (*jdn*) *schwielig schlagen* **2.** s *Strieme, Schwiele* f

 Weald [wi:ld] s The ~ (*früher bewaldeter*) *Bezirk* m *in Südengld.* (*grüne Hügellandschaft*) || ~-clay *obere Schicht der Wealden-Formation* f | ~-en [ˈ~ən] **1.** a ⟨geol⟩ *Wealden–* **2.** s ⟨geol⟩ *Wealden–, Wälderformation* f (*aus Sandsteinen u Tonen*)

 wealth [welθ] s (*gr*) *Reichtum, Wohlstand* m; [koll] *Reichtümer* pl, *Geld u Gut* n | ⟨fig⟩ *Reichtum* m, *Fülle* f (of *an, von*) ~**iness** [ˈ~inis] s *R.* m, *Wohlhabenheit* f | ~**y** [ˈ~i] a (–thily adv) *reich, wohlhabend* || ⟨fig⟩ *reich* (in *an*)

 wean [wi:n] vt (*Kind* etc) *entwöhnen* || ⟨fig⟩ (a ~ to ~ away) (*jdn*) *abbringen* (from *v*), *entfremden* (from a th *e–r S*) ~**ling** [ˈ~liŋ] s *vor kurzem entwöhntes Kind* or *Tier* n

 wean [wi:n] s ⟨Scot⟩ *Kind* n

 weapon [ˈwepən] s (*die einzelne*) *Waffe* f || shafted ~s [pl] ⟨hist⟩ *Stangenwaffen* [pl]; missile ~s *Wurfwaffen* || ⟨übtr⟩ *Glied, Organ als Waffe* | ⟨fig⟩ *Waffe* (a political ~) ~**ed** [~d] a *bewaffnet*; ⟨a fig⟩ (~ peace) ~**less** [~lis] a *unbewaffnet, wehrlos* ¹

 wear [wɛə] I. vt/i (wore/worn) A. vt **1.** *tragen, an sich tragen, an–, aufhaben* (to ~ a hat); to ~ mourning *Trauer tragen*; to ~ the breeches ⟨fig⟩ (of wife) *die Hosen anhaben* || to ~ one's hair long *das Haar lang tragen* || (*Ehre, Würde*) *tragen*; to ~ a name *e–n Namen t.* **2.** *z Schau tragen, ausdrücken, zeigen*, to ~ a sour look *ein saures Gesicht m* **3.** *abtragen, –nutzen, verbrau-*

chen; to ~ one's trousers into holes *die Hosen so lange tragen, bis Löcher drin sind* || ⟨übtr⟩ a worn joke *ein alter Witz* | *durch Abnutzung hervorrufen*; (*Furche*) *eingraben, aushöhlen* (to ~ a track) **4.** ⟨übtr⟩ *ermüden, –schöpfen* (worn with *ermüdet vor*); *zermürben*; *vernichten*; to ~ o.s. *sich aufreiben* **5.** [mit adv] to ~ away *aushöhlen, –nagen*; *–löschen, verwischen*; *zerstören*; (*Zeit*) *verbringen* | to ~ down (*die Hacken*) *ablaufen*; (*Oberfläche, Stufe*) *austreten, –höhlen* || ⟨fig⟩ (*Widerstand*) *brechen*; (*jdn*) *überholen* | to ~ off *abnutzen* | to ~ out (*Kleid*) *abtragen*; *–nutzen* || ⟨fig⟩ [oft pass] (*Kräfte*) *erschöpfen*; *auf–, verzehren*; *auslöschen*; to ~ o.s. out *müde w* (doing *z tun*) **B.** vi **1.** *sich tragen, sich halten, haltbar s*; *sich bewähren* || to ~ well *sehr haltbar sein*; (*P*) *lang gut* (*jung*) *halten*; *der Kritik standhalten* || to ~ thin ⟨fig⟩ (of effects, etc) *schwach w, locker w*; *matt w*; *verblassen, zerfließen*; ⟨hum⟩ (*P*) *nachlassen, sich gehen l, sich z s–m Nachteil entwickeln* **2.** *sich ab–, sich verbrauchen*; *verbraucht w* **3.** *sich langsam hinziehen, z Ende gehen*; worn *vorüber, vorgeschritten*; to ~ on a *p jdn mitnehmen, ermüden* **4.** [mit adv] to ~ away *dahinziehen, vergehen, –schwinden* | to ~ off *sich abnutzen, sich abtragen* || ⟨fig⟩ *verfliegen, vorübergehen, verschwinden, sich verlieren* | to ~ on *weiter–, fortschreiten, sich entwickeln* | to ~ out *sich abtragen, sich erschöpfen* **II.** s **1.** *Tragen*; *Getragenwerden* n, for seaside ~ *z Tragen am Strande*; for hard ~ *z Strapazieren, strapazierfähig*, *f dauernden Gebrauch*; ~ *resistant verschleißfest* || to be in ~ (*viel*) *getragen w, Mode s*; to have in ~ *tragen* **2.** *Tracht, Kleidung* f (men's ~ *Herrenkleidung* f, *–sachen* f pl; town ~ *Stadtkleider* n pl) **3.** *Haltbar–, Dauerhaftigkeit* f, there's still a great deal of ~ in it *es läßt sich noch gut tragen* **4.** *Benutzung* f, *Gebrauch* m (signs of ~) **5.** *Abnutzung* f (e.g. of coins); *Verschleiß* m (*z. B. v Verbrauchsgütern*) || to be the worse for ~ *abgetragen s*; ⟨übtr Am⟩ *stark mitgenommen s* (after influenza) || ~ and tear *natürliche Abnutzung* f (the ~ and tear of time *die A. durch die Zeit*) ~**able** ['~rəbl] a *z tragen*(d), *tragbar* ~**er** ['~rə] s *Träger* m (*P*); ~ of glasses *Brillenträger* m ~**ing** ['~riŋ] **1.** s *Tragen* n | (a ~-away, ~-out) *Abnutzen, –tragen* n | (of tires) ~ action *Radieren* n || ~-apparel *Kleidungsstücke* n pl || ~ course *Deckschicht, –lage* f, *Straßendecke* f, *Verschleißschicht* f || ~-plate ⟨tech⟩ *Schutzplatte* f **2.** a *ermüdend, lästig*; *aufreibend* (life) || ⟨übtr⟩ *abschleifend, Abschleifungs–* (~ process)

wear [weə] vt/i [wore/wore] || ⟨mar⟩ (*Schiff*) *halsen* | vi *sich drehen, vor dem Winde wenden*

wear [wiə] s = weir

weariless ['wiərilis] a * *unermüdlich* ~**riness** ['wiərinis] s *Ermüdung, Müdigkeit* f || ⟨fig⟩ *Lästigkeit, Last* f (to *f*) || *Überdruß* m (of *an*)

wearisome ['wiərisəm] a (~ly adv) *ermüdend*, to be ~ *ermüden* || *lästig, langweilig* ~**ness** [~nis] s *Ermüdung*; *Langweilig–, Lästigkeit* f

weary ['wiəri] **1.** a (–rily adv) *müde, erschöpft* (with *v*); ⤲ Willie *Schwachm'atikus, Schwächling* m || ⟨fig⟩ *müde, überdrüssig* (of a th *e–r S*; of doing *z tun*) | *ermüdend, lästig, beschwerlich* **2.** vt/i || (*jdn*) *müde m, ermüden* || *langweilen* (with *mit, durch*) || to ~ a *p jds Geduld erschöpfen*; (*jdn*) *aufreiben, belästigen* (with) | vi *müde w* || ⟨fig⟩ *müde, überdrüssig, satt w* (of a th *e–r S*) || *sich sehnen* (for *nach*; to do *z tun*); to ~ for a *p jdn sehr vermissen*

weasand, *–eaza–* ['wi:zənd] s ⟨dial⟩ *Luftröhre* f; to cut, slit a p's ~ *jdm die Kehle durchschneiden*

weasel ['wi:zl] **1.** s [pl ⟨hunt⟩ ~] ⟨zoo⟩ *Wiesel* n || ~-faced *schmalbäckig* || ⟨Am⟩ ~-

word *zweideutiges Wort* n **2.** vi: to ~ out of .. *sich wie ein W. herauswinden aus* ..

weather ['weðə] **I.** s **1.** *Wetter* n, *Witterung* f; April ~ *Aprilwetter* n; → *inclemency, vagary* || what filthy *od* dirty ~! *was f ein Hunde-* °*Sauwetter*! || ⟨Am⟩ *Regen* m (we are going to have some ~; don't go out in the ~) || in fine (spring) ~ *bei schönem* (*Frühlings-*)*W.*; ~ *permitting wenn es das W. erlaubt, bei gutem W.*; under stress of ~ *durch das W. gezwungen*; under the ~ ⟨sl⟩ *unpäßlich, nicht wohl, niedergedrückt*; ⟨Am fig⟩ *schlecht bei Kasse, in Geldnot*; to make good (bad) ~ ⟨mar⟩ *auf gutes* (*schlechtes*) *W. stoßen* || to make heavy ~ *Schwierigkeiten m* **2.** ⟨mar⟩ *Wetter–, Luvseite* f; to drive with the ~ *mit dem Winde treiben* **3.** [attr & comp] **a.** *Wetter–* || ~-beaten *verwittert, wetterhart* || ~-bound *durch schlechtes W. festgehalten*, (am Ausgeben etc) *verhindert* || ~-box *–häuschen* n || ~ *briefing –beratung* f || ~-bureau *–station, –warte* f || ~-chart *–karte* f || ~-cloth ⟨mar⟩ *Persenning* f, *Schutz–, Wetterdecke* f (*f Boote* etc) || ~-contact ⟨el⟩ *Wetterberührung* f (*der Telegraphendrähte*) || ~-forecast *–bericht* m, *–vorhersage* f || ~-glass *–glas* n, *Barometer* m & n || ~-map *Wetterkarte* f || ~-proof *wetterfest* || ~-prophet *–prophet* m || ~ *scientist* ⟨bes Am⟩ *Meteorologe* m || ~-service *–dienst* m || ~-stain *–fleck* m, *Beschädigung* f *durch das W.* || ~-station *Wetterwarte, –station* f || ~-strip *Dichtungsstreifen* m (*f Ritzen*) || ~-tight *wetterfest, –dicht* || ~(-)wear *Regen*(*be*)*kleidung* f || ~-wise *–kundig* f | worn *verwittert* **b.** ⟨mar⟩ *Luv–, Wind–* || ~-beams [pl] (of a ship) *Luvseite* f || ~-brace *Luvbrasse* f || ~-eye: to keep one's ~-eye open ⟨fam⟩ *gut aufpassen* || ~-ga(u)ge *Luv* f, *Wind–, Luvseite* f; *Vorteil m des Windes*; ⟨übtr⟩ *Vorteil* m; to have the ~-ga(u)ge of a ship *die Luv e–s Schiffes h, luvwärts v e–m Schiffe fahren*; ⟨fig⟩ *Vorsprung gewinnen über ein Schiff* || ~ *ship* (*Küsten-*)*Wachtschiff* n || ~-side *Luv* f, *Wind–, Luvseite* f; *Windseite* (*e–s Hauses*) **II.** vt/i **A.** vt **1.** *dem Wetter aussetzen, lüften, austrocknen* || ⟨geol⟩ (*Gestein*) *durch das W. zersetzen, bröckelig m* **2.** ⟨mar⟩ to ~ a ship *luvwärts v e–m Schiffe fahren, an e–m Schiffe vorübersegeln* (*etw*) *luvwärts umfahren, –segeln* **3.** ⟨mar⟩ (*Sturm*) *überstehen, "abreiten"*; (*dem St.*) *trotzen*; *glücklich überwinden*, ⟨fig⟩ (*Krise* etc) *überstehen, –winden* **4.** (*Oberfläche*) *abschrägen* **B.** vi ⟨geol⟩ *verwittern*

weatherboard ['weðəbɔ:d] **1.** s ⟨arch⟩ *Schutz–, Schal–, Schindelbrett* n (*gegen Regen*); [koll] *Schalbretter* pl || ⟨mar⟩ *Luv–, Windseite* f **2.** vt (*Mauer* etc) *mit Schutzbrettern versehen*; *verschalen, –kleiden* ~**ing** [~iŋ] s *Verschalung, –kleidung* f; [koll] *Schalbretter* n pl

weathercock ['weðəkɔk] s *Wetterhahn* m, *Windfahne* f || ⟨fig⟩ *wetterwendischer Mensch* m

weathering ['weðəriŋ] s ⟨geol⟩ *Verwitterung* f || *Bewitterung* f || *Abschrägung* f (*e–r Oberfläche*)

weatherly ['weðəli] a (of a vessel) *geeignet, fähig gegen den Wind z segeln, luvgierig*; *den Kopf gegen den Wind drehend*

weathermost ['weðəmoust] a ⟨mar⟩ *am weitesten luvwärts*

weatherwear ['weðəwɛə] s *Regenschutz–, Wetterkleidung* f

weave [wi:v] **I.** vt/i [wove/wove(n)] **1.** vt *weben* || (*Stoff*) *wirken, mit der Hand herstellen* || (*Kranz*) *flechten* | ⟨fig⟩ *erfinden, –sinnen, –dichten* | *zus–fügen*; (*Ereignis*) *verweben, ein–, verflechten* (into *in*); through the background .. he ~s the narrative .. *den Hintergrund .. durchwebt er mit e–r Erzählung* .. | [mit adv] to ~ in *verweben* (with *mit*) **2.** vi *weben* || ⟨aero sl⟩ *dem*

Feind ausweichen || ⟨tech⟩ *flattern, schlagen, schwanken* **II.** s *Gewebe* n; *Webart* f –**ver** ['wi:və] s *Weber, Wirker* m; ~'s *knot Weberknoten* m || *Mitglied* n *der Londoner Webergilde* || ⟨fig⟩ *Ersinner, Erdichter* m | (*a* ~-*bird*) ⟨orn⟩ *Webervogel* (*Singvogel*) m –**ving** ['wi:viŋ] s *Weben* n, *Weberei* f; *Wirken* n | ~-*loom Webstuhl* m || ~-*mill Webfabrik, Weberei* f

weazand ['wi:zənd] s = weasand

weazen ['wi:zən] a = wizen

web [web] **I.** s **1.** *Gewebe* n || *gewebtes Tuch* n | ⟨fig⟩ *Gewebe, Netz* n, *Netzwerk* n; *a* ~ *of lies ein Lügengewebe* n | (*a spider's* ~, *spider*-~) *Spinnengewebe* n **2.** ⟨anat⟩ *Gewebe* n | ⟨zoo⟩ *Schwimmhaut* f | (*of a feather*) *Bart* m, *Fahne* f **3.** ⟨tech⟩ *Papierbahn* f (*endloses Papier*), *lange Rolle Maschinenpapier* f | *Blatt* (*e–r Kreis–, Gattersäge*) n || *Stag, Stiel* m (*e–r Schiene*) | *dünne Metallplatte* f | ⟨aero⟩ *Fadenkreuz* n (*im Visier*) **4.** [attr] ~(-)*belt* ⟨mil⟩ *Stoffgurt* m, –*koppel* m || ~-*foot Schwimmfuß* m || ~-*footed schwimmfüßig* **II.** vt [–bb–] *mit e–m Gewebe or Netzwerk überziehen* || *in e–m Spinngewebe fangen* || *mit Schwimmhäuten versehen* | ~**bed** [~d] a *mit Schwimmfüßen versehen,* ~ *foot Schwimmfuß* m ~**bing** ['~iŋ] s *gewebtes Material* n; *Gurtgewebe* n; *Gurt* m, –*band* n

Webley ['webli] s *Art Revolver* m (*nach dem Fabrikanten benannt*)

Webster ['webstə] s *gr amerik. Wörterbuch* n || ⟨Am⟩ *use* ~! *gebrauche ein Wörterbuch!*

wed [wed] vt/i [–dd–] [~ded, * ~/~ded, * ~] **A.** vt **1.** ⟨liter⟩ (*jdn*) *heiraten* **2.** ⟨ec⟩ (*ein Paar*) *verheiraten* (*to mit*) [*oft pass*] **3.** ⟨fig⟩ (*etw*) *vereinigen, –binden* (*with, to mit*); *to be* ~*ded to a th* (*P*) *e–r S sehr zugetan s, huldigen; not to be* ~*ded to a th nicht verheiratet s mit etw, nicht gekettet s an; nicht bestehen auf* **B.** vi *heiraten; sich verheiraten* (*with*) ~**dcd** ['~id] a *verheiratet* (*a* ~ *pair*) | *ehelich; Ehe–;* ~ *happiness –glück* n, ~ *life –leben* n ~**ding** ['~iŋ] s *Heirat, Verheiratung* f (*of a p to jds mit*); ⟨stat⟩ *Eheschließung* f; *Hochzeit* f (*at Cana zu K.*); *silver, golden, diamond* ~ *silberne, goldene, diamantene H.* || *Hochzeitsfeier* f | [attr] *Hochzeits–, Trau–, Braut–* (~ *night*) || ~ *breakfast Hochzeitsessen, –mahl* n | ~ *cake –kuchen* m || ~ *cards* [pl] *Vermählungsanzeige* f | ~ *day Hochzeitstag* m || ~-*dress Brautkleid* n || ~-*favour weiße Rosette* f (*als Schmuck der Gäste*) || ~-*loan* ⟨Ger⟩ *Ehestandsdarlehen* n || ~-*present Hochzeitsgeschenk* n || ~-*ring Trauring* m || ~-*tour,* ~-*trip Hochzeitsreise* f

wedge [wedʒ] **1.** s *Keil* m; *to drive a* ~ (*in*) *e–n K.* (*ein*)*treiben* (*between*) || ⟨übtr⟩ (*keilförmiges*) *Stück* n; *ein Golfschläger* m; *Ecke* f (~ *of cheese*); *Klumpen* m (~ *of salt*) || *the thin end of the* ~ ⟨fig⟩ *ein schwacher Anfang, der erste Schritt* m; *to get in the thin end of the* ~ *erst mal in Gang k* | [attr & comp] *Keil–* (~-*form*) | ~ *axe Spaltaxt* f | ~ *breech mechanism* ⟨artill⟩ *Keilverschluß* m || ⟨aero⟩ ~ *formation Kettenkeil* m, *Keilform* f | ~-*shaped keilförmig* || ~-*tailed mit keilförmigem Schwanze* **2.** vt/i **A.** vt **a.** *durch e–n Keil festmachen, befestigen; to* ~ *on aufkeilen;* ~*d verkeilt* **b.** *durch e–n Keil spalten; to* ~ *apart aus–a–spalten; to* ~ *off abspalten; to* ~ *open aufbrechen* **c.** (*etw*) *fest einkeilen* (*between*); *drängen, pressen* (*into in*); *through durch*); *to* ~ *o.s. in* (*sich*) *hineindrängen* (*between*); *to become* ~*d klemmen* **B.** vi *sich drängen, drängen* (*through*) ~**wise** ['~waiz] adv *nach Art, in Form e–s Keiles*

wedgies ['wedʒiz] s pl ⟨fam⟩ *Keilschuhe* m pl

wedging ['wedʒiŋ] s *Verkeilung* f; *Hängenbleiben* n

Wedgwood ['wedʒwud] s (*nach Josiah* ~,

† 1795) *Wedgwoodware; Tonware* f, *unglasiertes Steinzeug* n

wedlock ['wedlək] s *Ehe* f || *born in* ~ (*out of* ~) *ehelich* (*unehelich*) *geboren*

Wednesday ['wenzdi] s *Mittwoch* m; *on* ~ *am M.*; *on* ~(*s*) *mittwochs;* ~ *morning M. morgen*

wee [wi:] a ⟨*bes* Scot & *fam*⟩ *winzig, klein* | *a* ~ *bit ein kl bißchen, ein klein wenig*

weed [wi:d] s † *Kleid* n, *Kleidung* f | ~s [pl] (*a widow's* ~s) *Witwen–, Trauerkleidung* f

weed [wi:d] **I.** s **1.** *Unkraut* n; *ill* ~s *grow apace* ⟨fig⟩ *U. verdirbt nicht* || ⟨poet⟩ *Kraut* n, *Pflanze* f | *Tabak* m; ⟨fam⟩ „*Kraut*" n (*Zigarre*) || ⟨fig⟩ *schmächtiger, schwächlicher Mensch* m **2.** [attr & comp] *Unkraut–* | ~-*grown v Unkraut bewachsen* || ~ *killer Unkraut-Vertilger* m, –*Vernichtungsmittel* n, –*Ex* n (*Marke*) **II.** vt/i **1.** vt ⟨hort⟩ (*Unkraut*) *jäten* || ⟨fig⟩ *reinigen, säubern* (*of v*) || (*a to* ~ *out*) *aussondern, –merzen* (*from aus, v*) **2.** vi *jäten* **3.** [in comp] ~-*out* ⟨übtr⟩ *Ausjäten, –merzen* n | ~**er** ['~ə] s *Jäter* m || *Jätwerkzeug* n, –*maschine* f ~**icide** ['~isaid] s → *weed killer* ~**iness** ['~inis] s *Bewachsensein mit Unkraut* n ~**ing** ['~iŋ] s *Jäten* n | ~-*chisel Jäteisen* n | ~-*fork –harke* f | ~**y** ['~i] a *voll Unkraut* || *unkrautartig* || ⟨fig fam⟩ *hochbeinig, klapperdürr*

week [wi:k] s *Woche* f; *a* ~ *of Bach e–e Bach-Woche* || ⟨fam⟩ *Woche, sechs Arbeitstage* pl **2. Wendungen:** *a* ~ *or two einige Wochen; e–e kz Zeit* | *next* ~ *nächste W.*; ⟨fam⟩ *into next* ~ *windelweich* (*schlagen*) || *twice a* ~ *zweimal wöchentlich* || *Monday* ~ *Montag in or vor 8 Tagen* | *today* ~, *this day* ~ *heute über* (*in*) *8 Tage*(*n*); *heute vor 8 Tagen* || *in,* ~ *out Woche f W.* || ~ *by* ~ *Woche für or um W*; (*in Zeitschriften*) *Wochenbericht* || *by the* ~ *wochenweise* | *for* ~s *wochenlang* || ⟨fam⟩ *inside of a* ~ (*v Montag bis Samstag*) (*noch*) *diese Woche* **3.** [attr] ~-*day Wochentag* m; [attr] *wochentägig, Wochentags–* (*service*) | ~-*end* **1.** s *Wochenende* n || [attr] *Wochenend–;* ~-*end ticket* ⟨rail⟩ *Sonntags*(*rückfahr*)*karte* f **2.** vi *das Wochenende verbringen* (*at a place*)

weekly ['wi:kli] **1.** a *wöchentlich, Wochen–* **2.** adv *wöchentlich* (*to pay* ~) **3.** s [pl –lies] *Wochenblatt* n, –*schrift* f

weem [wi:m] s ⟨praeh⟩ *Stein–, Felshöhle* f

ween [wi:n] † vt *wähnen, glauben* (*that*) || *vermuten, hoffen, erwarten* (*that*)

weep [wi:p] vi/t [wept/wept] **1.** vi *weinen* (*at, over a th über; for a p wegen etw*; *for pain vor Schmerz*) || *to* ~ *for a p w. um jdn, jdn beweinen; beklagen* | ⟨übtr⟩ *feucht s, triefen; schwitzen* || (*of trees*) *tröpfeln, träufeln* **2.** vt *weinen* (*to* ~ *bitter tears*) || (*jdn; etw*) *beweinen* | ⟨übtr⟩ (*Feuchtigkeit*) *ausschwitzen* | ~**er** ['~ə] s **1.** *Weinender, Leidtragender; Klagender* m; ⟨arts⟩ *Klage–, Trauerfigur* f **2.** ~-*schleier* m; ~s [pl] *weiße Trauermanschetten* f pl (*der Witwen*) ~**ing** ['~iŋ] **1.** a (~*ly* adv) *weinend, trauernd; tränenvoll* | *feucht; triefend, tropfend* | ⟨med⟩ *Flüssigkeit absondernd, nässend*; ~ *eczema nässendes Ekz'em* | ⟨bot⟩ *Trauer–* || ~-*ash Traueresche* f || ~-*birch –birke* f || ~-*willow –weide* f **2.** s *Weinen; Trauern; Jammern,* (*Weh-*)*Klagen* n

weeshy ['wi:ʃi] a ⟨AIr⟩ *winzig, sehr klein*

weet [wi:t] vt/i ⟨poet & †⟩ || *wissen* (*a th; that*) | vi *wissen*

weever ['wi:və] s ⟨ich⟩ *Meer–, Seedrache* m

weevil ['wi:vil] s ⟨zoo⟩ *Kornwurm, Wiebel* m; [koll] *Kornwürmer* pl; *grain* ~ *Kornkäfer,* –*wurm; rice* ~ *Reiskäfer* | ~-*beetle Rüsselkäfer* m

wee(-)wee ['wi: wi:] vi ⟨fam⟩ °*pinkeln, pissen*

weft [weft] s ⟨weav⟩ *Einschlag,* –*schuß*,

Schuß m, *Querfäden* m pl (*e-s Gewebes*); → warp || *Gewebe* n; ⟨*a* übtr⟩ | *Wolkenstreifen* m; *Rauchschicht* f

weigh [wei] s under ~ (= underway) *in Bewegung, in Fahrt*

weigh [wei] **I.** vt/i **A.** vt **1.** (*etw, jdn*) *wiegen* **2.** ⟨fig⟩ (*etw*) *wägen, abwägen* (with *od* against *gegen*) || *sorgsam erwägen, prüfen*; to ~ one's words *s-e Worte wägen* **3.** to ~ anchor *den Anker lichten; aus-, losfahren* **4.** [*mit adv*] to ~ down *niederdrücken* || ⟨fig⟩ *niederdrücken, -beugen*; to be ~ed down *niedergedrückt s*; ~ed down by sin *mit der S. belastet*; to ~ in/out (*Jockei*) *nach/vor dem Rennen wiegen* | ⟨mil⟩ to be ~ed off (*P*) *gemeldet, bestraft w* | to ~ out (*etw*) *ab-, auswiegen* (for a th *für etw*); to a p *jdm*) | to ~ up ⟨fam⟩ *abschätzen, sorgsam prüfen* **B.** vi **1.** *wiegen, soundso schwer s*; *das Gewicht v .. h* (to ~ 20 stone); how much do you ~? *wieviel wiegst du?* || (of jockeys etc) *sich wiegen, gewogen w* **2.** ⟨übtr⟩ *wiegen, wert s* (to ~ much *v großem Gewicht, Wert s*); *v Einfluß s, gelten, Gewicht h, ausschlaggebend s* (with a p *bei jdm*) **3.** *lasten, lastend liegen, drücken* (on *auf*) **4.** ⟨mar⟩ *den Anker lichten; absegeln, -fahren* **5.** [*mit adv*] to ~ in (of jockeys) *nach dem Rennen gewogen w, sich wiegen l*; ~in! ⟨fam⟩ *schieß los!* ⟨fig⟩ || to ~ in with *einführen, vorbringen*; to ~ in with an argument *ein Argument vorbringen* || to ~ off (*Ballon-)Ballast abwerfen* || to ~ out (of jockeys) *vor dem Rennen gewogen w* **II.** s *Wiegen* n | [attr] ~-box = ~-house || ~-bridge *Brückenwaage f* (f *Wagen* etc) || ~-house *Wägehaus; öffentl. Waage* f **~able** [ˈweiəbl] a *wägbar* || **~age** [ˈweiidʒ] s *Wägegeld* n, *-gebühr* f **~er** [ˈweiə] s *Wäger* m | *Waagemeister* m || (*Personen-)Waage* f **~ing** [ˈweiiŋ] s *Wiegen* n; ~ of Souls *Seelenwägung* f || ⟨fig⟩ *Abwägen, Erwägen, Prüfen* n | [attr] *Wiege-, Wäge-* || ~-house *Stadtwaage* f; ~-in ⟨bes mot racing⟩ *Abnahme* f || ~-machine *Waage; Brückenwaage* f

weight [weit] **I.** s **A.** ⟨eig⟩ **1.** *Messung* f (*v Körpern*) *durch Wiegen*; by ~ *nach Gewicht* **2. a.** *Schwere* f, *Gewicht* n, light in ~ *leicht an G.* || .. was found short in ~ (*der Ballen*) *hatte Untergewicht* n **b.** *abgewogenes Quantum* n, *Gewicht* n; *Körpergewicht* n, what is your ~ *wieviel wiegen Sie?*; he has a ~ of 8 stone *er wiegt 8 Stein*; he is twice your ~ *er ist zweimal so schwer wie du* || to put on ~ *Fett ansetzen; zunehmen* || ⟨übtr fig⟩ (a bit) above one's ~ (*reichlich*) *über s-e Verhältnisse* | ⟨com⟩ *Gewicht* n; to be 3 lb. in ~ *3 Pfd. schwer s, wiegen* || gross ~ *Brutto-,* net ~ *Nettogewicht* n; dead ~ *Eigengewicht* n; live ~ *Lebendgewicht* n || ~ by volume *Volumengewicht* n || ~ on axle *Achsdruck* m || ~ per unit volume *Raumgewicht* n **c.** *schweres Gewicht* n, *Schwere, Last* f || *Jockeigewicht* n **B.** ⟨fig⟩ **1.** *Gewicht* n, *Druck* m, *Last* f (the ~ of years) **2.** *Gewicht, Geltung* f (to lose in ~ *an G., G. verlieren*); *Bedeutung* f, *Wert* m; of ~ *gewichtig*; to add ~ to a th *etw verstärken, erhöhen* || *Ansehen* n, *Einfluß* m, to carry ~ with a p *schwer wiegen, viel gelten bei jdm*; this argument carriers ~ *dies ist ein gewichtiges A.* || to give due ~ to a th *e-r S volle Beachtung schenken, etw würdigen* || to have great ~ with a p *viel wiegen, bedeuten bei,* to have no ~ with *nichts wiegen, nicht entscheidend s bei jdm* || to lend great ~ to a th *e-r S bes Gewicht geben, verleihen* **C.** *Gewichtsmaß* n, *-einheit* f; ~s and measures [pl] *Maße u Gewichte* n pl; apothecary's~ *Apotheker-* n; ~ avoirdupois, troy; App. | *schweres Gewichtsstück (aus Metall)* n | ⟨sport⟩ to put the ~ *Kugel stoßen*; putting the ~ *Kugelstoßen* n || *Uhrgewicht* n **D.** ⟨stat⟩ *Wägungsfaktor* m **E.** [attr & comp] *Gewichts-*

|| ~ lifting ⟨sport⟩ *Gewichtheben* n || ~s [pl] and measures [pl] office *Eichamt* n || ~ rate of flow *Durchsatz* m **II.** vt **1.** *mit Gewichtstück belasten, -schweren* | (*minderwertige Ware*) *durch Beimischung schwerer m* || (*e-m Pferde*) *best. Gewicht geben* | ⟨stat⟩ (*e-r Zahl*) *relative Bedeutung geben* **2.** ⟨übtr⟩ *belasten, -schweren* (to be ~ed with); to ~ the scales in favour of a p *etw f jdn in die Waagschale werfen, f jdn e-e Lanze brechen* **3.** *wiegen, wägen;* ⟨fam⟩ *Gewicht* (*e-r S*) *abwägen* | ~ed average *od* mean ⟨stat⟩ *gewogenes Mittel* n ~**iness** [ˈ~inis] s *Schwere* f || ⟨fig⟩ *Gewicht* n; *Wichtigkeit, Bedeutung* f ~**less** [ˈ~lis] a *gewichtslos; nicht schwer; leicht* || ⟨fig⟩ *unwichtig* || ~**y** [ˈ~i] a (*-tily* adv) *schwer* || ⟨fig⟩ *(ge)wichtig, schwerwiegend*; *erheblich*

weir, wear [wiə] **1.** s *Wehr* n || (for fish) *Reuse* f **2.** vt *mit e-m Wehr versehen*

weird [wiəd] **1.** s ⟨† & Scot⟩ *Schicksal* n || *jds Schicksal* n, to dree one's ~ *sein Schicksal ertragen, hinnehmen* | *Zauberin, Hexe* f || ~s [pl] *Schicksalsschwestern* f pl **2.** a (~ly adv) *Schicksals-*; the ~ sisters [pl] *die Schicksalsschwestern* f pl || *zauberkundig* || *überirdisch, geisterhaft, unheimlich, grausig* | ⟨sl fam⟩ *seltsam, eigenartig* ~**ness** [ˈ~nis] s *das Unheimliche; Überwältigende* n

Welch [welʃ] a (→ Welsh) *walisisch,* [*nur in*]: the ~ regiment & the Royal ~ Fusiliers

welcome [ˈwelkəm] **1.** a **a.** (*P*) *willkommen* (a ~ guest); to make a p ~ *jdn w.k. heißen* || (*S*) *w.k. angenehm, erfreulich* **b.** [pred] *w.k., gern zugelassen, herzlich eingeladen* (to *z*); you are ~ to it *bitte behalten Sie es, es steht Ihnen z Verfügung*; you are ~ to do *es steht Ihnen frei, es steht ganz in Ihrem Belieben z tun*; ⟨iron⟩ you are ~ to your own opinion *meinetwegen kannst du dir denken, was du willst* || (you are) ~! *nichts z danken, k-e Ursache, (es ist) gern geschehen!* || and ~ *gern;* take it, and ~! *bitte nehmen Sie es gern!* **2.** intj *willkommen!* ~ home to London *w.k. wieder in L.* **3.** s *Willkomm* m, *Willkommen* n & m (words of ~ *-sworte*); to bid a p ~ *jdn willkommen heißen* || *Bewillkommnung, freundliche Aufnahme* f; *Willkomm(s)gruß* m (to *an*); to a book ~ *e-s Buches*) **4.** vt (*jdn*) *willkommen heißen* (to London *in L.*); *bewillkommnen* || ⟨fig⟩ *bewillkommnen, -grüßen* || *gern annehmen* (to ~ a p's proposal) ~**ness** [~nis] s *Willkommenheit* f, *Willkommensein* n

welcomer [ˈwelkəmə] s *jd, der bewillkommt*

weld [weld] s ⟨bot⟩ (*Färber-)Wau* m, *Gelbe Reseda* f

weld [weld] **1.** vt/i ⟨tech⟩ (*Metallstücke*) (*zus-)schweißen, an-e-a-schmieden; anschweißen* || ⟨fig⟩ *in-e-a-, zus-fügen;* ⟨fig⟩ *zus-flechten, -schmieden, vereinigen* (into *z*) || *sich schweißen l* **2.** s *Schweiß-, Verbindungsstelle* f || *Schweißen* n, *Schweißung* f ~**able** [ˈ~əbl] a *schweißbar* ~**ed** [ˈ~id] a *geschweißt, Schweiß-*; ~ iron *Schweißeisen* n ~**er** [ˈ~ə] s *Schweißer* m (*P*) || *Schweißgerät* n ~**ing** [ˈ~iŋ] s [attr] ~ pistol *Schweißkolben* m || ~ seam *-naht* f || ~ torch *-brenner* m ~**ment** [ˈ~mənt] s *Schweißen* n || *zus-geschweißte Teile* m pl

welfare [ˈwelfeə] s *Wohlfahrt* f, *-ergehen* n; *Betreuung* f; common ~ *Allgemeinwohl* n; *Fürsorge* f (child ~ *Kinder-*) | ~ officer *Truppenbetreuungsoffizier* m || child *od* infant ~ services [pl] *Säuglings- & Kinderfürsorge* f || ~ statism *System* n *des Wohlfahrtsstaates,* ~ -staatliche Einrichtungen f pl, → welfarism || ~-work *soziale Wohlfahrt, Fürsorge* f f *Angestellte, Arbeiter* ~**rism** [ˈwelfeərizm] s ⟨Am⟩ *Wohlfahrtsstaatspraktiken* f pl, *-staatswesen* n, *System* n *des Wohlfahrtsstaates,* → welfare statism ~**rist** [ˈ~ist] s [attr] *wohlfahrtsstaatlich*

welkin ['welkin] s ⟨poet⟩ *Himmel* m, *–zelt* n
well [wel] s **1.** ⟨dial & †⟩ (*Natur-*)*Quelle* f
(*bes in Ortsnamen*) || *Mineralbrunnen* m, *–quelle*
f | ⟨fig⟩ *Urquell* m, *Quelle* f, *Ursprung* m; the
Five ⤳s of Pity *die 5 Wundmale* n pl *Christi* **2.**
gegrabener (*Trinkwasser-*)*Brunnen* m, *Zieh-
brunnen* m | *Bohrloch* n; *senkrechter Grubenbau,
Schacht* m, *tiefe Grube* f; *Schneeschacht; Öl-
schacht* m, *–bohrung* f **3.** ⟨mar⟩ *Pumpensod,
Schacht* m *z Schutze der Pumpe* || *Fischbehälter*
m (*im Fischerboot*) **4.** ⟨arch⟩ (*a* ~ *staircase*)
Treppenhaus n; (*a* ~*hole*) *Schacht* m (*in e–m
Hause*); *Lichtschacht* m; *Luftschacht*; *Fahrstuhl-
schacht* m || (*of a court*) *eingefriedigter Platz* m
der solicitors **5.** *eingelassener Behälter, Raum* m
f *Gepäck* (*im Wagen*) etc || *Tintenbehälter* m
(*in Tischen* etc) **6.** [attr] *Brunnen–* || ~*-head*
(*Fluß–* etc) *Quelle* f, ⟨a fig⟩ *Brunnenmündung* f
| ~*-hole* → **4.** || ~*-room* (*Mineral-*)*Brunnenhaus*
n || ~*-sinker* –*macher* m || ~*-spring* = ~*-head*
|| ~ wag(g)on ⟨rail⟩ *Tiefladewagen* m || ~*-
water Brunnenwasser* n

well [wel] vi (*a* to ~ up, out, forth) *hervor-
quellen, –sprudeln; herausströmen* (from *aus*);
strömen (through); tears ~ed up to his eyes *die
Tränen traten ihm in die Augen* | ⟨fig⟩ *hervor-
quellen, –brechen* (from *aus*) | to ~ over *·über-
fließen* ⟨a fig⟩ (with *vor*)

well [wel] **I.** adv [better/best] **1.** *gut, befriedi-
gend* || *richtig, passend* (to behave ~); you did
~ to do *du tatest gut (recht) daran z tun* |
günstig; freundlich, freundschaftlich, to stand ~
with a p *mit jdm gut stehen, sich mit jdm gut
stellen, bei jdm gut angeschrieben s* || to wish a p
~ *jdm Erfolg wünschen* **2. a.** *beträchtlich, in
hohem Grade; tüchtig, gründlich* (shake the
bottle ~); ~ and truly *recht gründlich* **b.** [*mit
adv*] ~ **away** *weit weg, weithin* (to *bis*); to be ~
away *tüchtig ausholen, Fortschritte* m, ⟨fam⟩
gut eingeheizt (getrunken) h || to be ~ on in
years *an Jahren vorgeschritten s* || to be ~
under ⟨Austr⟩ *gut eingeheizt (getrunken) h*
c. ~ into *bis spät in* (.. into the evening); until ~
into the 17. c *bis mitten ins 17. Jh hinein*; → way
V. **3. d.** to do ~ *Erfolg h* || to do o.s. ~ *sich
gütlich tun* || ~ done! *bravo!* ~ met! *du kommst
wie gerufen!* **3.** [*vor* adj] *wohl, durchaus* (~ able)
4. *mit Recht, wohl, vielleicht*, you may ~ ask *du
kannst mit Recht or wohl fragen*, not very ~
wohl nicht, nicht gerade **5. as** ~ **a.** [*am Ende des
Satzes*] *ebenso, desgleichen* (I was ruined and
they as ~); *noch dazu, außerdem* **b.** *ebensogut,
we may as* ~ *start at once wir können ebensogut
gleich aufbrechen*; that's just as ~ *das ist ebensogut so* **c.** as ~ as *so gut wie, sowohl .. als auch*;
in France as ~ as in England *sowohl in F. als
auch in E.*; they as ~ as I were ruined *sie sowohl
wie ich wurden ruiniert*, I as ~ as they was
ruined *sowohl ich wie sie wurden ruiniert*; → **5. a.**
II. intj ~! *mein Gott!* || *Unerhört!* | ~ (then)?
nun (*also*)? | [*Antwort einleitend, nicht zu-
stimmend*] *ja, ..; nun, ..* | ~ od ~ ~ *nun, nun
wohl, schön*; ~ ~ *sachte, sachte* III. a **1.** [pred]
[better/best] **a.** *wohl, gesund*; to be, feel ~ *sich
wohl fühlen*, I am not ~ *mir ist nicht wohl*; to
look ~ *wohl aussehen*; far from ~ *k–swegs wohl*
|| *in Ordnung* (all will be ~); *zufrieden* (I am
quite ~ here) **b.** *ratsam, empfehlenswert, richtig*,
it would be ~ *es würde sich empfehlen* (to do;
for a p to do *daß jd tut*) **c.** *vorteilhaft, günstig*; all
is ~ with him *alles steht gut mit ihm*; it may be
(just) as ~ *es mag ebenso günstig s* (to do) || ~
and good *schön u gut* || ~ enough *ziemlich gut,
ganz leidlich* || all's ~ that ends ~ *Ende gut,
alles gut* | very ~ *nun gut*; it's all very ~ ⟨iron⟩
es ist alles ganz schön, schön u gut (but ..) **2.**
[attr] ⟨Am⟩ *gesund* (a ~ man) **3.** [abs] the ~
die Gesunden pl **IV.** [in comp] ~*-advised wohl*

überlegt (step) || ~*-appointed wohl ausgerüstet,
–gestattet* (hotel, house) || ~*-balanced im
Gleichgewicht* || ⟨fig⟩ (*innerlich*) *ausgeglichen*;
ruhig, gesetzt || ~*-behaved wohlerzogen, an-
ständig* | ~*-being Wohl, –sein, –behagen* n ||
Wohlfahrt f || ~*-beloved vielgeliebt* | ~*-born
v guter Herkunft* || ~*-bred wohlerzogen* ||
~*-chosen gut gewählt; passend* || ~*-connected
hohe Verwandte habend; mit guten Beziehungen*
|| ~*-deserved wohlverdient* || ~*-deserving ver-
dienstvoll* | ~*-directed wohl gezielt* (blow) ||
wohl geleitet, angewandt | ~*-disposed wohl-
gesinnt* (to a p *jdm*; towards *gegen*) || well-doing
tugendhaftes Leben; Glück n, *Erfolg* m || ~*-done*
⟨cul⟩ *durchgebraten* || ~*-dressed gut angezogen*
|| ~*-favoured schön, hübsch* | ~*-fed wohlge-
nährt* | ~*-filled voll*; ⟨theat⟩ *besetzt* || ~*-
founded wohlbegründet* (suspicion) || ~*-groom-
ed*, ~*-heeled gut angezogen, wohlhabend*; ⟨sl⟩
°*„schwer beladen"* (*betrunken*) || ~*-grounded*
⟨fig⟩ *gut ausgerüstet, –gebildet* | *wohlbegründet*
|| ~*-inclined wohlgeneigt* || ~*-informed –unter-
richtet* || ~*-intentioned –gesinnt; gutgesinnt;
wohlgemeint; wohlmeinend* | ~*-judged –ange-
bracht, passend* || ~*-kept wohlgepflegt* || ~*-knit
wohlgefügt; kräftig gebaut* || ~*-known wohl-
bekannt; bekannt* (a ~*-known poet*) || ~*-looking
schön* (*aussehend*) | ~*-made gut gemacht* || (*P*)
kräftig gebaut | ~*-mannered wohlerzogen* ||
~*-meaning wohlmeinend* || ~*-meant gutgemeint*
|| ~*-nigh* [adv] *beinahe, fast* | ~*-off* ['–'–]
wohlhabend, in guten Verhältnissen, gut situiert
|| *günstig gelegen*; ~*-off for gut versehen mit*
| ~*-oiled* ⟨fig⟩ *behaglich* || *schmeichelnd* ⟨sl⟩
leicht beschwipst | ~*-padded gut or reich ge-
polstert* || (*P*) *dick, untersetzt* | ~*-preserved
wohlerhalten* || ~*-proportioned –gebaut* || ~*-
read belesen; bewandert* (in) || ~*-regulated
wohlgeordnet* | ~*-reputed seriös* (*P*) | ~*-
rounded* (*P*) *dicklich, behäbig* | *wohlabgerundet,
elegant* (style) | ~*-set stark, schnig, muskulös* ||
~*-spoken mit guter Aussprache; gewählt, höflich
im Ausdruck* || ~*-taken* ⟨Am⟩ *gut ausgewählt* ||
~*-thought-out wohldurchdacht* || ~*-timed zeit-
gemäß; rechtzeitig, angebracht* || ~*-to-do
wohlhabend*; the ~*-to-do die wohlhabenden
Kreise* pl || ~*-tried erprobt* | ~*-trodden aus-
getreten* (path); ⟨fig⟩ *oft begangen, oft behandelt*
|| *abgedroschen* | ~*-turned* ⟨fig⟩ *wohlgesetzt,
–gedrechselt* | ~*-wisher Gönner, Freund* m;
to be a ~*-wisher of a p jdm wohlwollen* | ~*-
worn abgenutzt; –getragen*; (of boots) *ausgetre-
ten* || ⟨fig⟩ *abgedroschen, –gegriffen*

welladay ['welə'dei], **wellaway** ['welə'wei] †
1. intj *wehe!* **2.** s *Wehgeschrei* n
Wellingtons ['welintənz] s (*nach* First Duke of
Wellington, † 1852) pl (*a* Wellington boots [pl])
Stulpenstiefel m pl
Wellsean, **Wellsian** ['welziən] a *charakteristisch f* H. G. Wells
Welsh [welʃ] **1.** a *walisisch, aus Wales stammend*; ~ rabbit, ⟨fam⟩ ~ rarebit ⟨cul⟩ *geröstete
Käseschnitte* f **2.** s *das Walisische* | the ~ *die
Waliser* pl ~*-man* [~mən] s *Walliser* m ~*-woman*
['~wumən] s *Waliserin* f
welsh [welʃ] vi/t || ⟨sport⟩ *mit dem Wettgeld
durchbrennen* | vt (*Gewinner*) *betrügen* ~**er** ['~ə]
s ⟨sport⟩ *Buchmacher* m, *der mit dem Wettgeld
durchbrennt or sich z zahlen weigert*; *Wett-
schwindler* m
welt [welt] **1.** s (of a shoe) *genähte* (*Leder-*)
Einfassung f, *genähter Rand* m (*zw Sohle u Ober-
leder*); ~*-leather Randleder* n || *oberer Saum,
Rand* m (*e–s Rockes* etc); *Borte* f || *Schmarre* f,
Schmiß m; *Strieme* f, *Striemen* m | *Schlag* m
2. vt (*Sohlen*) *mit e–r Einfassung versehen*; ~ed
shoes [pl] *randgenähte Schuhe* m pl; ~ed work
Rahmenarbeit f | ⟨fam⟩ *durchprügeln*

welter ['weltə] s ⟨sport⟩ *schwerer Reiter*; ⟨box⟩ *Weltergewichtsboxer* m ‖ ⟨fam⟩ *schwerer Gegenstand* m, *schwere P* | [attr] ⟨sport⟩ *Welter-gewichts–, Welter–* ‖ ∼-weight ⟨box⟩ *Weltergewicht* n (*nicht über 133 Pfd.*, ⟨engl⟩ *147 lbs*); [*a* attr]

welter ['weltə] **1.** vi *sich wälzen, rollen* (in *in*) **2.** s *Wirrwarr* m, *Durcheinander, Gewirr, Ch'aos* n (a ∼ *of passion*) ‖ *Rollen, Branden* n (*der Wellen*) ‖ *wirre Masse* f

wem [wem] s ⟨aero fam⟩ (= *wireless and electrical mechanic*) *Elektro– u Funkmechaniker* m

wen [wen] s ⟨med⟩ *Geschwulst* f (*bes am Kopf* or *Hals*) ‖ ⟨übtr⟩ *gr überfüllte Stadt* f, the great ∼ *London*

wen [wen] s *der altengl. Buchstabe f* w

wench [wen(t)ʃ] † s *Mädchen* n, ⟨*bes*⟩ *Land–, Dienstmädchen* n ‖ *Dirne* f ‖ ⟨Am *a*⟩ *Negerin* f ‖ *buxom od hefty* ∼ *Apparat* m ⟨teens, fig⟩

wend [wend] vt/i [∼ed/∼ed] ‖ [*nur*]: to ∼ one's way *s–n Weg nehmen, sich begeben, sich wenden, s–e Schritte lenken* (to *z, nach*) | † vi *gehen, sich begeben* (to *nach*; *homeward nach Hause*)

Wend [wend] s *Wende* m, *Wendin* f ∼**ic** ['∼ik] a *wendisch* ∼**ish** ['∼iʃ] **1.** a *wendisch* **2.** s *das Wendische*, ⟨*bes*⟩ *das Sorbische*

Wenlock ['wenlək] s (*Stadt in Shropshire*) [attr] ⟨geol⟩ ∼ *formation Wenlockformation* f (*Silurische F.*)

Wensleydale ['wenzlideil] s (*Distrikt in Yorksh.*) *e–e Käsesorte* f (*aus* ∼)

went [went] pret *v* to go

wentletrap ['wentltræp] s ⟨zoo⟩ *Wendeltreppe* f (*Schneckengattung*)

wept [wept] pret & pp *v* to weep

we're [wiə] abbr = we are

were [wə:, weə; *w f* wə] **1. 2.** p sg pret *v* to be: (*du*) *warst*, (*Sie*) *waren* **2.** 1.–3. p pl ind pret *v* to be: *waren, waret* ‖ *as you* ∼! ⟨mil⟩ (*Griff* etc) *zurück*! ‖ *there* ∼ *es gab* **3.** sg & pl pret subj *v* to be: *wäre(n)* ‖ *as it* ∼ *sozusagen, gleichsam*)

wer(e)wolf ['wiəwulf] s *Werwolf* m

werf [werf] s ⟨SAfr⟩ *Werft, umzäunte Siedlung* f (*der Eingeborenen*)

wert [wə:t] † 2. p sg pret *v* to be

Wertherism ['wɔ:tərizm] s (*nach Goethes „Werther")* *Wertherstimmung* f

Wesleyan ['wezliən] **1.** a *z* John Wesley's († *1791*) *Freikirche gehörig, method·istisch*; ∼ methodist *Method·ist* m **2.** s *Methodist* m ‖ ∼**ism** [∼izm] s *Method·ismus* m

west [west] **1.** adv *nach Westen, westwärts* (to go ∼); to go ∼ ⟨fig⟩ *verlorengehen, untergehen*, °*abkratzen* (*sterben*) ‖ ∼ *of westlich v* | ∼-bound *nach dem Westen reisend, fahrend* ‖ ∼-north-west [adv] *westnordwestwärts* **2.** s the ∼ *der Westen*; the wind is in the ∼ *der Wind kommt v Westen* ‖ to the ∼ *of westlich v* ‖ the ∼, the Empire of the ∼ *das weströmische Reich* | *der westl. Teil, Westen* m (*der Welt*; *e–s Landes, bes Englands*); in the ∼ *of im westl. Teil v* ‖ the ∼ **1.** *das Abendland* **2.** ⟨Am⟩ *die westl. Staaten*; ⟨fig⟩ *Ort freier Entfaltung* **3.** *der W. Londons* **3.** a *westlich, West–, im* or *nach Westen gelegen* | ∼-bound *nach Westen reisend, fahrend* | ∼ central *z westl. Bezirk der Londoner Postverwaltung gehörig* ‖ ∼-country *der Westen* (*e–s Landes*) ‖ *Westen, Südwesten* m (*Englands*) | ∼ end **1.** *westl. Ende* n; the ∼ *End Westend* n (*vornehmster Stadtteil Londons*); ⟨*a* übtr⟩ **2.** [attr] *Westend–* | ∼-Indiaman *Westindienfahrer* m (*Schiff*) ‖ ∼-Indian **1.** s *Bewohner* m *der westind. Inseln* **2.** a *westindisch* ‖ the ∼ *Indies* [pl] *Westindien* n ‖ ∼ *Point* ⟨Am⟩ (*Sitz* m *der) Militär-Akademie* f **4.** vi (of the sun) *nach Westen ziehen*

wester ['westə] **1.** a ⟨Scot⟩ *westl. gelegen* **2.** vi (of the sun, etc) *nach Westen ziehen* ∼**ing** [∼riŋ] a *westlich gehend, nach Westen neigend, laufend*

westerly ['westəli] **1.** a *vom, aus dem Westen kommend* (wind) ‖ *im* or *nach Westen gelegen, im W. wohnend; nach W. gerichtet* **2.** adv *westwärts*

western ['westən] **1.** [*nur* attr a] *aus dem Westen kommend* (wind) ‖ *westlich, West–, abendländisch*; the ∼ Church *die abendländische Kirche* f; the ∼ Empire *das weströmische Reich* **2.** s the ∼ *der Abend–, Westländer* m ‖ ⟨Am⟩ *Einwohner* m *der westl. Staaten* ‖ ⟨Am⟩ *Wild-westfilm* m, *–geschichte* f etc, *Indianer–, Cowboy–* | ∼**er** [∼ə] s *Einwohner der westl. Staaten Nordamerikas* ‖ *Abend–, Westländer* m ∼**ize** [∼aiz] vt (*e–m Land*) *abendländ. Charakter geben* ∼**most** [∼moust] a *westlichst, am weitesten westlich*

westing ['westiŋ] s *nach Westen zurückgelegte Entfernung* f ‖ *westl. Richtung* f

Westminster ['westminstə] s *ein Stadtteil Londons* ‖ (*a* ∼ Abbey) *Westminster-Abtei* f ‖ *das engl. Parlament*; ⟨fig⟩ *die politische Haltung desselben* ‖ → *statute* ‖ (*a* ∼ School) *die Westminsterschule* (*in London*); *ein Schüler der Schule* (*an old* ∼)

Westphalian [west'feiljən] **1.** a *westfälisch* **2.** s *Westfale* m, *Westfälin* f

Westralian [wes'treiliən] a ⟨fam⟩ = Western Australian

westward ['westwəd] **1.** adv *westwärts, im Westen* **2.** s *westl. Teil* m, *westl. Richtung* f (to the ∼); to the ∼ *of westlich v* **3.** a *westlich* | ∼**s** ['westwəds] adv *westlich, westwärts*

wet [wet] I. a **1.** *feucht, naß* (with *v*); ∼ behind the ears *noch nicht trocken hinter den Ohren* (*unerfahren*); ∼ with tears *tränenbenetzt* ‖ ⟨tech⟩ ∼ extraction *Auslaugung* f; ∼ purification *Naßreinigung* f; ∼ steam *Naßdampf* m ‖ ∼ pack *feuchte Packung* f ‖ paint! *frisch gestrichen*! ‖ ∼ through *durch u durch naß, durchnäßt*; ∼ to the skin *bis auf die Haut durchnäßt* | ∼ bargain *durch e–n Trunk bekräftigtes Geschäft* n ‖ → blanket ‖ ∼ dock ⟨mar⟩ *Dockhafen* m ‖ ∼ sump system ⟨mot⟩ *Naß-Sumpfanlage* f ‖ ∼-nurse **1.** s *Amme* f **2.** vt (*jdn*) *als Amme säugen, nähren* **2.** *regnerisch, feucht* (climate) **3.** ⟨Am sl⟩ *alkoholische Getränke gestattend* (∼ state) (Ggs dry), ∼ goods *alkoholische Getränke* n pl; ⟨übtr⟩ *falsch, sehr schlecht*; ∼ Quaker *stiller Säufer* m II. s **1.** *Feuchtigkeit, Nässe* f ‖ the ∼ *nasses Wetter, Regenwetter* n ‖ *Wasser* n, *Regen* m (in the ∼) **2.** ⟨sl⟩ *Trunk* m | ⟨Am⟩ *Nasser, Gegner m des Alkoholverbotes* ‖ ⟨Am⟩ *Ignorant* m III. vt [∼ted/∼ted] (*durch*)*nässen* ‖ *naß* m; *anfeuchten, benetzen* ‖ (*Ereignis*) °*begießen, durch Trinken feiern*. ‖ to ∼ one's whistle ⟨fam⟩ *sich die Kehle anfeuchten*; °*begießen* (⟨aero fam⟩ to ∼ one's props) | ∼-back ⟨Am fam⟩ *unerwünschter Einwanderer* m *aus Mexiko* ‖ ∼-bed ⟨fam⟩ *Bettnässer* m

wether ['weðə] s ⟨zoo⟩ *Schöps, Hammel* m

wetness ['wetnis] s *Nässe, Feuchtigkeit* f

wetting ['wetiŋ] s *Durchnässung*; to get a ∼ (*v Regen*) *naß* w ‖ *An–, Befeuchtung* f ‖ *Anfeuchtung* f *der Kehle* f, *Trunk* m ‖ ∼ brush *Anfeuchtpinsel* m **wettish** ['wetiʃ] a *etwas feucht, ziemlich feucht*

we've [wi:v] abbr = we have

wey [wei] s *Trockengewicht* (*sehr variierend*): (of wool) *182 Pfund*, (of coal, corn) *40 Scheffel*

whack [wæk] **1.** vt *durchprügeln, verhauen* [a abs] | *zustande bringen* ‖ ⟨sl⟩ *verteilen* ‖ ⟨vulg⟩ to ∼ it out *es durchfechten*, °*–pauken* **2.** s ⟨fam⟩ *Schlag, Hieb* m ‖ to have a ∼ at a th *e–r S e–n Stoß versetzen*; ⟨Am⟩ *etw anpacken, sich wagen* *an*\ || ⟨fam⟩ *Anteil* m; to get one's ~ *s–n A. bek* || out of ~ *nicht in Ordnung, in Unordnung,* °*aus dem Leim* **~er** ['~ə] s ⟨sl⟩ *Mordsding* n, *–kerl* m || *grobe Lüge* f **~ing** ['~iŋ] **1.** s *Schlagen; Tracht* f *Prügel* pl, *Schläge* pl **2.** a ⟨fam⟩ *enorm, gewaltig* **3.** adv *ungeheuer*

whale [weil] s [pl ⟨hunt⟩ ~] ⟨zoo⟩ *Wal* m; bull~ *männlicher, cow ~ weiblicher Wal;* right-~ *Nord–, Grönlandwal* m; toothed ~ *Zahnwal* m; very like a ~ *unwahrscheinlich, unglaublich;* a ~ of *enorm viel* (time); a ~ of a time! *es war wunderbar!* || ⟨Am⟩ *Mordskerl* m, *großes Tier* n (P), young ~ *begabter junger Mann* || to be a ~ *on versessen s auf;* to be a ~ at *sehr gut s in* (.. at football) | ⟨attr⟩ *Wal– ~-back Boot mit rundem Dach* n *über Deck* || ~-boat ⟨mar⟩ *Walboot* n || ~-calf *junger Wal* m° || ~-catching *Walfang* m || ~-fin ⟨com⟩ = whalebone || ~-fishery *Walfang* m || ~ gun *Harpunengeschütz* n || ~-oil *–tran* m || ~-ship ⟨mar⟩ *–fänger* m (Schiff) **~bone** ['weilboun] s *Fischbein* n || ~-whale ⟨zoo⟩ *Bartwal* m **~man** ['weilmən] s *Walfänger* m (P) || **~r** ['weilə] s *Walfänger* m (P or Schiff) || ⟨Am fam⟩ *Mordsding* n **whaling** ['weiliŋ] s *Walfang* m | ⟨attr⟩ ~-gun *Walgeschütz* n (z *Abfeuern der Harpune*)

wham [wæm] s ⟨Am⟩ *Unsinn,* °*Quatsch,* °*Mist* m

wham [wæm] ⟨Am⟩ **1.** vt *zerschmettern, k-o-schlagen* **2.** intj *bautz!*

whang [wæŋ] **1.** s ⟨fam⟩ *Dröhnen* n; *Knall, Krach* m (with a ~) **2.** vt/i ⟨fam⟩ *laut, heftig schlagen* | vi *dröhnen, knallen, krachen, pfeifen*

whap [wɔp] **1.** s *Schlag* m **2.** vt/i *prügeln*

wharf [wɔ:f] **1.** s [pl ~s & ⟨bes Am⟩ wharves] *Kai, Landungs–, Ladeplatz* m; ex ~ ⟨bes Am⟩ *ab Kai* || ~-rat ⟨Am⟩ *Hafendieb* m **2.** vt (Schiff) *am Kai festmachen* || (Waren) *löschen, ausladen* **~age** ['~idʒ] s *Lade–, Löschgelegenheit* f | *Kaigeld* n **~inger** ['~indʒə] s *Kaibesitzer* m | *Kaiaufseher, –meister* m

what [wɔt] **I.** a **1.** [in der Frage stets ohne unbest. Art.] **a.** [direkt] *was für* (ein[e, –r, –s]), *welche(r, –s),* ~ wine is this *was für (ein) Wein ist dies?* ~ kind, manner of man is he *was für e–e Art Mensch ist er?* | (at) ~ price z *welchem Preise?;* ~ time is it? *wieviel Uhr ist es?* **b.** [indirekt] I don't know ~ books he reads *ich weiß nicht, welche Bücher er liest* **2.** [im Ausruf] *was für (ein), welche(r, –s)* **a.** [vor konkr mit unbest. Art.] ~ a fool you are! *was für ein Narr du bist!* ~ a glorious morning! *welch herrlicher Morgen!* **b.** [vor pl & abstr, ohne unbest. Art.] ~ news! *was für e–e Nachricht!* ~ nonsense! *welcher Unsinn!* **3.** [Relativ] *der, die, das .. welche(r, –s); die .. welche* pl, *was .. an;* I'll give you ~ money I have *ich will dir das Geld geben, welches (das) ich habe;* .. *was ich an Geld habe;* ~ time ⟨poet⟩ z *der Zeit, als ..* **II.** pron **A.** [interr] **1.** [direkt] *was?* ~ is his name? *wie heißt er?* ~ are the advantages? *worin bestehen die Vorteile?* ~ do you call, ~ is called *was, wie heißt?;* ~ is he? *was ist er (v Beruf)?* || ~ for? *wofür, wozu* | ~ next? *sonst noch was? was denn noch?* | [ell] ~ about? *wie steht es mit?* || ~ if *wie wenn? wenn z. B.?* was wäre dabei, wenn? || ~ though *u wenn auch; was tut es, wenn* || ~ of that? *was kann das m? das macht nichts* | Mr. ~'s his name, Mr. ~-do-you-call-him *Herr Dingsda* **2.** [indirekt] *was;* (I do not know) ~ to say (..), *was ich sagen soll;* I know ~ ~ ich hab' e–n *Gedanken;* ~'s ~ *wahrer Sachverhalt* m; I know ~'s ~! *ich bin nicht v gestern;* I'll tell you ~ ⟨dial⟩ *ich will dir was sagen;* to give a p ~ for *jdm zeigen, was e–e Harke ist;* to know ~'s ~ *wissen, was los ist; im Bilde s;* to tell a p ~'s ~ *jdm zeigen, was e–e* °*Harke ist* || and ~ not *u (wer weiß) was*

sonst noch! u *was (weiß ich) noch* or *nicht alles;* or ~ *oder etw Ähnliches* **B.** [Ausruf] *was! wie sehr!* (~ we have suffered!) **C.** pron [rel] *das, was; was;* ~ I have said I have said *was ich gesagt habe, habe ich gesagt;* give me ~ you can *gib mir, was du kannst* || the English temperament being ~ it is (the result will be ..) *wie die engl. Eigenart nun mal ist* (..) || that's ~ it is *so ist es; wahrhaftig* || → worth [a] || or ~ else *oder was sonst* || in ~ appeared a succession *in scheinbarer Auf–e–a–folge* **III.** adv *od* conj ~ with .. ~ with *od* ~ with .. and *teils durch .. teils durch* (life is exhausting ~ with the noise, the bustle and the many troubles ..) **~dyecallem** ['wɔtdji̧kɔ:ləm] s ⟨Am fam⟩ *Herr Dingsda* m **~e'er** [wɔt'ɛə] ⟨poet⟩ = **~ever** [wɔt'evə] **I.** a **1.** ⟨fam vulg⟩ (= ~ ever) *was nur für ein ..;* ~ plan is that? *was ist das nur für ein Plan?* **2.** *was für* (ein[e, –r, –s]) *auch immer* (~ reasons you have); *einerlei welche(r), of* ~ origin *einerlei welchen Ursprungs* **3.** [nach dem subst, verstärkend] *any person* ~ *jede beliebige P;* no pity ~ *nicht das geringste Mitleid;* nothing ~ *absolut nichts* **II.** pron **1.** ⟨fam vulg⟩ (= what ever) *was .. nur, was in aller Welt?* (~ can he want?) **2.** *was auch immer* (~ happens); ~ you do *was man auch tut, auf jeden Fall;* [neg] *auf k–n Fall* **~not** ['wɔtnɔt] **1.** (and) ~ *u was sonst* **2.** s *Etag̀ere* f **~sis** ['wɔtsis] s ⟨Am fam⟩ *Dingsda* m | **~so** ['wɔtsou] ⟨† poet⟩ = whatsoever **~so'er** [,wɔtsou'ɛə] ⟨poet⟩ = **~soever** [,wɔtsou'evə] a & pron emph = whatever

whaup [(h)wɔ:p] s ⟨Scot orn⟩ *Br̀achvogel (Regenpfeifer)* m

wheal [wi:l] s *Strieme* f || ⟨med⟩ *Quaddel* f, *Nesselausschlag* m, *–mal* n

wheat [wi:t] s ⟨bot⟩ *Weizen* m, *–pflanze* f || *Weizen* m, *Weizenkorn* n || ~s [pl] *Weizenarten* f pl | ~-bread *Weizenbrot* n; ~-cake ⟨Am cul⟩ *Pfannkuchen* m; ~-flour *W.mehl* n; ~ germs [pl] *Weizenkeime* m pl; ~ nematode ⟨ent⟩ *–älchen* n; ~ whole meal *–(back)schrot* m

wheatear ['wi:t-iə] s ⟨orn⟩ *Steinschmätzer* m; black-eared ~ *Mittelmeer-Steinschm.* m

wheaten ['wi:tn] a *Weizen–*

Wheatstone ['wi:tstən] s (nach Sir C. ~, † 1875) (a ~ bridge) *Wheatstonesche Brücke* f (*elektr. Meßinstrument*)

wheedle ['wi:dl] vt/i || *beschwatzen, durch Schmeicheln überreden* (into z; into doing z tun) || to ~ a th out of a p *jdm etw abschwatzen, durch Schmeicheln abgewinnen,* °*–lotsen* | vi *schmeicheln*

wheel [wi:l] **I.** s **1. a.** *Rad* n; balance ~ *Schwungrad;* bevel ~ *Kegel–;* helical ~ *Schrauben–;* idle ~ *Zwischen–;* sprocket ~ *Ketten–;* spur ~ ⟨tech⟩ *Planetenhaupt–;* wire ~ *Drahtspeichen–* || ⟨ec⟩ ~ of bells *Schellen–* || → *Catherine-wheel;* cog ~ **b.** Wendungen: *Fortune's* ~ *Rad des Schicksals;* ~ of fortune *Glücksrad* n || to break a p on the ~ *jdn aufs Rad flechten, rädern* || to break a fly on the ~ *offene Türen einschlagen* || the ~ has come full circle *das Rad hat e–e ganze Umdrehung gemacht, hat sich einmal gedreht* || to put one's shoulder to the ~ (*sich anstrengen*) *ins Zeug gehen* || to put a spoke in a p's ~ *jdm e–n Knüppel zw die Beine werfen* || ~s up ⟨aero⟩ *mit eingezogenem Fahrwerk,* ~s-up landing *Bauchlandung* f **2.** the ~s [pl] *das Räderwerk, –getriebe* ⟨a fig⟩; ~s within ~s *verwickelte Vereinigung v verschied. Kräften, Umständen;* there are ~s within ~s *die Dinge sind höchst verwickelt* **3.** ⟨mach⟩ (a potter's) ~ *Töpferscheibe* f || ⟨engr⟩ *Roul̀ett* n | (a steering-) ~ *Steuerrad* n, at the ~ *am Steuer,* ⟨fig⟩ *Ruder;* to take the ~ *o.s. selbst fahren;* ⟨a fig⟩ (a firm hand at the ~) || (a spinning-~) *Spinnrad* n **4.** ⟨bes Am⟩

Fahrrad n; *free* ~ *Freilauf* m; *–laufrad* n **5.** *drehende Bewegung, Um–, Kreisdrehung* f || ⟨mil⟩ *Schwenkung* f; ⟨*a* übtr⟩ (the ~ of thought) | to turn ~s *radschlagen* **6.** ⟨Am⟩ *Dollar* m **7.** [attr] *Rad–* || ~ *base Achsabstand, Achsen–, Radstand* m, *Spurweite* f (long [short] ~ b. *weiter* [*enger*] *Radstand*) || ~ *block Bremsklotz* m || ~-*chair Fahr–, Rollstuhl* m || ~ *changing* ⟨mot⟩ *Radwechsel* m || ~ *deflection Radaus-schlag* m || ~-*horse Deichselpferd* n, ⟨Am *pol* fig⟩ (*P*) (*Futter-*)*Krippenjäger* m || ~-*house* ⟨mar⟩ *Steuerradgehäuse, Steuerhaus* n (*auf dem Schiff*) || ~ *shimmy* ⟨mot⟩ *Radflattern* n || ~ *skid Rad–, Hemmschuh* m || ~ *spider* ⟨tech⟩ *Radstern* m || ~-*static collector* ⟨mot⟩ *Ent-störer* m *f Fahrzeugräder* || ~ *statics* [pl] ⟨mot⟩ *Störgeräusche* n [pl] *v Rädern u Bremsen* || ~ *track Rad–, Wagenspur* f || ~ *tractor Radschlepper* m || ~-*tread* ⟨*bes* mot⟩ *Reifenprofil* n, *das den Bo-den berührt* || ~ *well* ⟨aero⟩ *Fahrwerkschacht* m || ~-*window* ⟨arch⟩ *Radfenster* n, *Rose* f **II. vt/i 1.** vt *um e–e Achse drehen, im Kreise* (*herum–, um*)*drehen* || (*Fahrrad*) *schieben* || ⟨mil⟩ *schwen-ken* l | *auf Rädern befördern; schieben, rollen, karren, fahren* **2.** vi **a.** *sich drehen; rotieren* || *sich im Kreise drehen* || ⟨mil⟩ *schwenken; right, left* ~! *rechts, links schwenkt–marsch!* **b.** (*a to* ~ round) *sich plötzlich umdrehen* **c.** ⟨fam⟩ *radeln, radfahren* ~**age** [ˈ~idʒ] s *Rollgeld* | ~**barrow** [ˈwiːlˌbærou] s *Schiebkarren* m || ~**ed** [~d] a *mit Rädern versehen; –rädrig, two–* ~ *zweirädrig* | ~ *stretcher Rollbahre* f | *Fuhrwerks–, Wagen–* (~ *traffic –verkehr*) || ~ *up* ⟨mil *sl, bes* Am⟩ *z Rapport gemeldet* | ~**er** [ˈwiːlə] s **1.** *Stell-macher, Wagner* m || *Stangen–, Deichselpferd* n | *two-*~, *four-*~ *zwei–, vierrädriger Wagen* m **2.** *Fahrer* m || ⟨Am⟩ *Motorradpolizist* m ~**ing** [ˈwiːliŋ] s ⟨mil⟩, (⟨tact⟩ ~) *manœuvre*) *Schwen-kung* f ~**man** [ˈwiːlmən] s ⟨fam⟩ *Radfahrer* m | ⟨Am *mar*⟩ *Steuermann* m ~**wright** [ˈwiːlˌrait] s *Stellmacher, Wagner* m

wheeze [wiːz] **1.** vi/t || *schnaufen, keuchen; krächzen* | vt *krächzend äußern; schnarrend or knarrend hervorbringen* **2.** s *Schnaufen, Keuchen, Krächzen* n || ⟨theat sl⟩ *improvisierter Scherz, Jux, Ulk* m; *lustige Geschichte* f; *Trick* m | ~**zy** [ˈwiːzi] a *schnaufend, keuchend; krächzend; knarrend, schnarrend*

whelk [welk] s *Pustel, Finne* f, *Pickel* m

whelk [welk] s ⟨zoo⟩ *Wellhornschnecke* f

whelm [welm] vt *untertauchen, versenken, –schütten; begraben* | ⟨übtr⟩ *be–, niederdrücken* || *verwickeln* (in); *überschütten* (with *mit*)

whelp [welp] **1.** s *Welpe, junger Hund* m || *junges Tier, Junges* n || ⟨fig⟩ *ungezogener Junge, Straßenjunge* m **2.** vt/i || (*Junge*) *werfen* | vi *Junge werfen*

when [wen] **1.** adv **a.** [interr] *wann*?; *since* ~ *seit wann, wie lange, till* ~ *bis wann*? || [indirekt] *say* ~ *sag, wann* **b.** [rel] *a stage* ~ *ein Stadium, in dem ..*; *the time* ~ *die Zeit, in* or *zu der*; *die Zeit, als*; *times* ~ *Zeiten, in denen* | *worauf; und dann*; *since* ~ *u seit dieser Zeit* **2.** conj **a.** *als*; *als gerade*; → *scarcely*; ~ *seeing him* (he cried) *als er ihn sah* (*schrie er*); ~ *back* (he went ..) *als er zurück war* (*ging er ..*) || ⟨a⟩ ~ (that) he was a little boy *als er noch ein kl J. war* || *z der Zeit als* (he could not have achieved these things ~ I was born) || *sobald als, nachdem*; ~ *received nach Empfang* **b.** *während*; (he grinned) ~ *passing* (*er grinste*) *während er vorüberging* **c.** [*nie mit folg.* Futur] *wenn* (I shall tell you ~ he is back) | *jedesmal wenn* || *even* ~ *selbst dann wenn* **d.** *obwohl doch*; *da doch* (how could you tell him ~ you knew it would hurt him?)

whence [wens] † adv (= *where .. from*) **1.** [interr] *woher, von wo*? || *aus welcher Quelle*?; *from* ~ *woher*? || ⟨übtr⟩ *woher, wie*? || ~

comes it that ..? *wie kommt es, daß ..*? | [indirekt] *der Ort, von wo* (tell me ~ ..); *dorthin, wo* **2.** [rel] the place (from) ~ *der Ort, von* or *aus dem*; *der Ort, von wo* | *u daher* ~**soever** [ˌwenssouˈevə] adv = *whencever*

whencever [wensˈevə] adv *woher* or *von wo auch immer*

when(d)jer [ˈwendʒə] ⟨vulg fam⟩ = when do od did you?

whenever [wenˈevə], ⟨poet⟩ **whene'er** [wen-ˈɛə], [emph] **whensoever** [ˌwensouˈevə] adv **1.** *wenn auch immer*; *einerlei wann*; *so oft ..*; *jedesmal wenn, allemal wenn* **2.** ⟨fam⟩ [emph] (= when ever) *wann*?

where [wɛə] **I.** adv **1.** [interr] *wo*? *wohin*? | ⟨übtr⟩ *wo*? *an welcher Stelle*? *in welcher Hin-sicht*? *in welcher Weise*? **2.** [rel] (*da, dort*) *wo* || (dahin) *wo*; *wohin* (go ~ you like) || *den Ort, wo ..* (he told her ~ ..); I don't know ~ to have him *ich weiß nicht, wie man an ihn herankommt* || to tell a p ~ he gets off ⟨fig⟩ *jdm zeigen, was e–e* °*Harke ist* | *wohingegen* **II.** pron **1.** [interr] ~ .. from? *von wo*?; ~ .. to? *wohin*? **2.** [rel] the place ~ *der Ort, an dem*; *der Ort, wo*; this is where *hier* | *from* ~ *von daher, wo*; *near* ~ *nahe an der Stelle, wo ..*; to ~ *dahin, wo* | that's ~ it is *so steht es, das ist das Schlimme* ~**abouts 1.** [ˈwɛərəˈbauts] adv *wo*(hin) *ungefähr, wo*(hin) *etwa, in welche*(r) *Gegend*? | *ungefähr den Ort, wo* (to know ~) **2.** [ˈwɛərəbauts] s *zeitweiliger Aufenthalt, Wohnort* m (his ~ was unknown) | ~**as** [wɛərˈæz] conj ⟨jur off⟩ *in Anbetracht dessen, daß*; (*all*)*dieweil*; *da nun*; *in Erwägung* (that *daß*) | *während* (*doch*); *während* (*sonst*); *wohingegen* | ~**at** [wɛərˈæt] adv **1.** [interr] *worüber*? **2.** [rel] *wo* (the place ~) | *worüber*; *u darüber* || *wobei*; *u dabei* | *worauf*; *u darauf* | ~**by** [wɛəˈbai] adv **1.** [interr] *wodurch*? *wie*? **2.** [rel] *wodurch, wovon*; *u dadurch* | ~'**er** [wɛərˈɛə] ⟨poet⟩ = *wherever* ~**fore** [ˈwɛəfɔː] **1.** adv [interr] *warum*? *weshalb*? *wozu*? | [rel] *weswegen, u deshalb* **2.** s *Warum* n ~**from** [wɛə-ˈfrɒm] * adv *woher*; *von wo* | ~**in** [wɛərˈin] adv **1.** [interr] *worin*? **2.** [rel] *in dem* (*der, denen*); *worin* || and this is ~ .. *u hierin*; *u in dieser Hin-sicht* ~**insoever** [wɛərˈinsouˈevə] † adv *worin auch immer* ~**into** [ˌwɛərinˈtuː] adv **1.** [interr] *wohinein*? **2.** [rel] *wohinein* (the place ~) | ~**of** [wɛərˈɒv] adv *wovon, v dem* (*der, denen*); *woran, worüber* | ~**on** [wɛərˈɒn] adv [interr] *worauf*? **2.** [rel] *worauf*; *auf dem* (*der, denen*) (the ground ~) ~**out** [wɛərˈaut] † adv *woraus* ~**soever** [ˌwɛəsouˈevə] adv [emph] = *wherever* ~**through** [wɛəˈθruː] adv [rel] *wodurch*; *durch den* (*die, das*) | ~**to** [wɛəˈtuː] adv **1.** [interr] *wozu*? *wofür*? **2.** [rel] *wohin* (the place ~) || *woran, worauf* ~**under** [wɛərˈʌndə] adv [rel] *worunter*; *unter dem* (*der, denen*) ~**unto** [ˌwɛərʌnˈtuː] adv * [Relativ] *woran* (the rock ~) ~**upon** [wɛərəˈpɒn] adv **1.** [interr] *worauf*? **2.** [rel] *worauf; wonach*; *u darauf* ~**ver** [wɛərˈevə] adv *wo auch immer* || *wohin auch immer* ~**with** [wɛəˈwið] † adv **1.** [interr] *womit*? **2.** [rel] *womit* ~**withal 1.** adv [ˌwɛəwiˈðɔːl] *womit* **2.** s [ˈwɛəwiðɔːl] the ~ *das Nötige, das* (*nötige* °*Klein-*)*Geld* (to do)

wherry [ˈweri] s *Fähre* f, *Fährboot* n || *Jolle* f || *breites Fluß–, Lastschiff* n ~**man** [~mən] s *Fährmann* m

whet [wet] **1.** vt [–tt–] (*Messer*) *wetzen, schärfen* || ⟨übtr⟩ (*Appetit* etc) *anregen, reizen* **2.** s *Wetzen, Schärfen* n || ⟨fig⟩ *Reizmittel* n; *Appetitanregungsmittel* n; *leichte Erfrischung* f, *Trunk* m; *Schnäpschen* n

whether [ˈweðə] **1.** † pron *welche*(r, –s) *v den beiden* **2.** conj *ob* (I don't know ~); it is doubt-ful ~); the question (as to) ~ *die Frage ob* || ~ .. or ~ *ob .. oder ob*; ~ .. or not *ob .. oder nicht*; .. ~ or not you plan it *ob Sie es vorhaben* *oder nicht* | ~ or no *so oder so, in beiden Fällen*; *auf jeden Fall*

whetstone ['wetstoun] s *Wetz–, Schleifstein* m || ⟨fig⟩ *Reizmittel* n

whew [ẏ; hwu:] intj *hui! huh!*

whey [wei] s *Molke* f, *Molken* m, *Käsewasser* n | ~-faced *blaß, bläßlich* ~ey ['weii] a *molkig, molkenartig*

which [witʃ] I. a 1. [interr] *welche bestimmte P or S?* (~ book do you like best?) 2. [rel] *welche(r, –s),* 5×4 camera ~ size is the most popular (od ~ is the most popular size) 5×4-*Kamera, e–e Größe, die am beliebtesten ist*; ~ *things Dinge, welche* .. II. pron 1. [interr] *welche(r, –s)? aus best. Zahl* (P or S) (~ of the books do you prefer?); I don't know ~ is ~? *ich kann sie nicht unterscheiden* 2. [rel] a. (*nur S*) [gen]: *of which, whose*; [dat]: *to which welche(r, –s); der, die, das*; [pl] *die* (the books, which, etc) | (the convent) of ~ he was the chief benefactor (*das Kloster*), *dessen Hauptwohltäter er war*; all of ~ v *denen alle, die alle* || lectures .., the responsibility for ~ rests on the lecturer *Vorträge, f die allein der Vortragende verantwortlich ist* || (in the 20 years) for ~ he has been leader .. *die er Führer ist* b. [*auf den vorhergehenden Satz bezügl.*] *was*; ~ he did *u das tat er* c. † (P) *der* (our Father, ~ art in heaven) ~ever [witʃ'evə] a & pron *welche(r, –s) auch immer; einerlei welche(r, –s)* (choose ~ book you like) ~soever [,witʃsou'evə] a & pron [emph] = *whichever*

    whidah, whydah ['widə] s (*a* ~ *bird*) ⟨orn⟩ *Witwenvogel, W·idafink* m; → widow-bird

whiff [wif] I. s 1. *leichter (Luft-)Zug, Hauch* m || ⟨übtr⟩ *leises Wehen* n, *Hauch* m; *unangenehmer Duft* m || ⟨fig⟩ *Anflug* m 2. *Zug* m (*an der Zigarre*); to take a ~ at one's pipe *e–n Z. aus der Pfeife tun* || *ausgestoßener* (*Tabaks-*)*Rauch* m 3. ⟨übtr⟩ *Zigarette, Zigarillo* f 4. *knallendes Geräusch* n 5. ⟨mar⟩ *leichtes Ruderboot* n, *Skuller* m II. vi/t *blasen, paffen* | vt (*Rauch*) *ausstoßen* || (*Pfeife*) *rauchen* | to ~ *away vertreiben*

    whiffet ['wifit] s *Hündchen* n || ⟨Am fam⟩ (P) °*Niete, Null* f; *Laffe* m; = little whiff

    whiffle ['wifl] vi/t || (of the wind) *in kl Böen wehen*; to ~ *about umherwehen, sich drehen; sich wenden*; ⟨a übtr⟩ *flattern; flackern* | vt *fort–, wegwehen, –treiben*

    whiffy ['wifi] a *unangenehm riechend*

Whig [wig] 1. s ⟨hist parl⟩ *Whig* (*Ggs Tory*) || *Liberaler* m 2. a *z Whigpartei gehörig, Whig-* ~gery ['~əri] s ⟨cont⟩ *polit. Grundsätze* m pl, *polit. Haltung* f *der Whigs* ~gish ['~iʃ] a (~ly adv) *z Whigpartei gehörig, Whig-* || *liberal* ~gism ['~izm] s *polit. Grundsätze* m pl *der Whigs* || *Liberalismus* m

while [wail] s *Weile, Zeit(spanne)* f | the ~ *während der Zeit, so lange, derweil*; all the ~ *die ganze Zeit über* || a (little) ~ *e–e* (*kl*) *Weile*; in a little ~ *bald* || a long ~ *e–e lange or ganze W.* (to do); *e–e lange Zeit*; quite a ~ *e–e ganze W.* | between ~s *zuweilen, dann u wann* || for a ~ *e–e Zeitlang* || once in a ~ *gelegentlich, dann u wann* || → worth *a*

    while [wail] conj *während*; ~ there (he went ..) *während er* (etc) *dort war* (*ging er* ..); ~ on his way back *während er auf dem Rückwege war* | *solange als, solange nur* || *während* (*hingegen*); *wo*(*hin*)*gegen*; *wenn auch*; ~ regretting .. he realized .. *wenn er auch* .. *bedauerte, so vergegenwärtigte er sich doch* ..

    while [wail] vt (*mst* to ~ away) *verbringen, sich* (*die Zeit*) *vertreiben* (with *mit*)

    whiles [wailz] | conj = while conj

whilom ['wailəm] † 1. adv *einst, ehemals, weiland* 2. a *einstig*

whilst [wailst] conj = while conj

whim [wim] s *Grille, Laune* f, *Einfall* m || ⟨tech⟩ *Göpel* m, *Fördermaschine* f

whimbrel ['wimbrəl] s ⟨orn⟩ *kl Regen-Brachvogel* m; → curlew

whimper ['wimpə] 1. vi/t *wimmern, winseln* | vt *wimmernd äußern* 2. s *Wimmern* n, *jammernder Ton* m; *Winseln* n ~ing [~riŋ] s = whimper

whimsical ['wimzikəl] a (~ly adv) *grillenhaft, launisch* || ⟨iron⟩ *wunderlich, seltsam* ~ity [,wimzi'kæliti], ~ness [~nis] s *Grillenhaftigkeit* f || *Wunderlich–, Seltsamkeit* f

whimsy ['wimzi] 1. s *Grille, Laune* f || *wunderliche, phantastische Schöpfung* f 2. a *wunderlich*

whimwham ['wimwæm] s *phantastischer Gegenstand* m; *Spielzeug* n, *Tand* m || *Wunderlichkeit, Grillenhaftigkeit* f

whin [win] s ⟨bot⟩ *Stechginster* m

whin [win] s ⟨geol⟩ *Basalt, Trapp, Dolerit* m

whinberry ['winbəri] s ⟨bot⟩ *Heidelbeere* f

whinchat ['win,tʃæt] s ⟨orn⟩ *Braunkehlchen* n

whine [wain] 1. vi/t *wimmern, winseln*; *greinen, jammern, klagen*; *quengeln* || *jammernd bitten* (*um um*) | vt *wimmernd äußern*; *bejammern* 2. s *Wimmern, Winseln*; *Jammern* n; *Quengeln* n

whinger ['wiŋə] s *Dolch* m, *kz Schwert* n

whining ['wainiŋ] a (~ly adv) *weinerlich*

whinny ['wini] 1. vi *wiehern* 2. s *Wiehern* n

whinsill ['winsil] s ⟨geol⟩ *Basaltsteinschicht* f –stone ['winstoun] s ⟨geol⟩ = whin

whip [wip] vt/i (~ped, ~t/~ped, ~t]

A. vt 1. *peitschen, mit der Peitsche etc schlagen, hauen* || *mit der Peitsche antreiben* || *hineintreiben* (into *in*); *heraustreiben* (out of *aus*) || (*Kreisel*) *treiben* || ⟨cul⟩ (*Eier*) *schlagen*; ~ped cream *Schlagsahne* f; ~ped eggs [pl] *Eiweißschnee* m || (*Fluß etc*) *durch ständiges Werfen der Angelschnur abangeln* | ⟨fam⟩ to ~ the cat *knausern; blau* m (*am Montag*) 2. ⟨übtr⟩ a. (S) *peitschen, schlagen, treiben* || *durch Schlagen* or *schnelle Bewegung hervorrufen* b. (*etw*) *einbleuen* (into a p *jdm*); (*etw*) *austreiben* (out of a p *jdm*); (*etw*) *reißen* (off v) c. ⟨fig⟩ (*jdn*) *schlagen, strafen* (with); *quälen* d. ⟨Am fam⟩ *übertreffen; schlagen, besiegen* 3. (*Tau*) *mit Garn* (etc) *umwickeln*; *durch Umwickeln befestigen* || (*Saum*) *übernähen, –schlagen*; (*etw*) *umsäumen* (with); (*Teile*) *überwendlich nähen* 4. [mit adv] to ~ *away weg–, vertreiben* | to ~ **back** *zurückpeitschen* | to ~ **in** ⟨hunt⟩ (*Jagdhunde mit der Peitsche*) *zus–treiben, zus–halten* || ⟨parl⟩ (*Parteimitglieder*) (z *Abstimmungen etc*) *zus–trommeln* | ' to ~ **off** *wegtreiben; hinwegjagen; –führen*; (*jdn*) *mit sich nehmen, fortreißen* (to do) || (*Rock*) *abwerfen* || (*Trunk*) *hinunterkippen* | to ~ **on** (*Kleider*) *hastig anlegen, überwerfen* || (*Pferd*) *antreiben* | to ~ **out** *hinauspeitschen* || (*etw*) *aus der Tasche reißen, ziehen* || to ~ out a word *mit e–m Wort herausplatzen* | to ~ **up** *mit der Peitsche antreiben* || (*etw*) *schnell greifen, an sich reißen, aufraffen* || *zus–bringen, –trommeln* || ⟨ten⟩ (*Ball*) *blitzschnell zurückschlagen* || (*Leidenschaft*) *aufpeitschen* ⟨mil fam⟩ to whip up a smart one *zackig grüßen, zackige Ehrenbezeugungen* m

B. vi 1. *peitschen, prügeln* 2. *rasen, stürzen* (out of *aus*; upstairs *die Treppe hinauf*); *sausen; schnellen, flitzen, springen* 3. [mit adv] to ~ **off** *schnell ausreißen* (to *nach*) | to ~ **round** *sich schnell umdrehen*

whip [wip] s 1. *Peitsche* f; to ride ~ and spur *Hals über Kopf reiten* || ⟨übtr⟩ *Zuchtrute*; *Geißel* f 2. *Kutscher* m; to be a good ~ *gut fahren* || ⟨hunt⟩ *Pikör* m 3. ⟨parl⟩ *Einpeitscher e–r Partei* m (*Parlamentsmitglied, das Disziplin hält, die Parteigenossen z Abstimmung zus–bringt* etc); government ~ *E. der regierenden Partei* (→ secretary) || *Zus–trommeln* n (*der Parteimitglieder*); (*oft* ~-round) *Aufforderung* f (*an die Parteimitglieder*); *Rundschreiben* n, threeline ~ *dreimal unterstrichenes Aufforderungs-schreiben* n **4.** *Arm e–r Windmühle* m **|** (*a* ~-and-derry) *Flaschenzug* m **5.** [attr & comp] *Peit-schen–* **|** ~ aerial ⟨wir⟩ *Stabantenne* f **||** ~-and-derry *Flaschenzug* m **|** → ~cord **||** ~-fish ⟨ich⟩ *Art Klipp–, Korallenfisch* m **||** ~-gin *Block f den Flaschenzug* m **||** ~-hand *rechte Hand* f *des Reiters* (etc), *die die Peitsche hält*; to have the ~-hand of a p ⟨fig⟩ *jdn in s–r Gewalt h* **||** ~-lash *Peitschenriemen* m, –*schnur, Schmicke* f **|** ~-saw **1.** s *Schrotsäge* f **2.** vi/t *mit der Sch. sägen* **||** ⟨Am sl⟩ *nach zwei Seiten s–n Vorteil wahrnehmen* **||** vt *zersägen*

whipcord [ˈwipkəːd] *Peitschenschnur* f; *Heft-faden* m **||** ⟨com⟩ *Kord, gerippter Kammgarn-stoff* m

whipper [ˈwipə] s *Peitschender, Geißler* m **||** *Kohlentrimmer* m **|** ~-in ⟨hunt⟩ *Pikör* m **||** ⟨parl hist⟩ *Einpeitscher* m **||** ~-snapper *kl freches Bürschchen* n; *Naseweis, Gelbschnabel* m; *Laffe* m

whippet [ˈwipit] s ⟨zoo⟩ *kl Rennhund* m (*Kreuzung zwischen Windspiel u Terrier*) **||** ⟨mil⟩ *leichter, schneller Trank* m

whipping [ˈwipiŋ] s *Peitschen* n (of criminals); *Durchprügeln; Prügel* pl, *Hiebe* m pl **||** ⟨sport⟩ *Niederlage* f **|** *umgewickeltes Garn* n (*f Tauende*) **|** [attr] ~-boy ⟨fig⟩ *Prügeljunge, –knabe* m (for all ills) **||** ~-in ⟨parl⟩ *Einpeitschen* n **||** ~-post *Schandpfahl* m, *Staupsäule* f **|** ~-top *Kreisel* m

whippletree [ˈwiplˌtriː] s *Ortscheit* n, *Schwen-gel* m

whip-poor-will [ˈwippuəwil] s ⟨orn⟩ *Ziegen-melker* m

whippy [ˈwipi] a *schlank, biegsam*

whipster [ˈwipstə] s *unbedeutender Mensch* m; a ~ of a poet *ein unbedeutender Dichter*

whipstich [ˈwipstitʃ] s ⟨bes Am⟩ *Festonstich* m **|** ⟨fig⟩ in a ~ *im Nu*

whipstock [ˈwipstək] s *Peitschengriff, –stiel* m

whir [wəː] v & s → whirr

whirl [wəːl] **1.** vi/t *wirbeln, sich schnell im Kreise drehen* **|** (a to ~ about) *sich plötzlich um-drehen* **||** *sich schnell bewegen, rasen, eilen, sausen; sich im Tanz drehen* (round a room *in e–m Raum*) **||** (of the head) *wirbeln, schwindlig w, schwindeln*; my head ~s *es wirbelt mir im Kopf, mir schwindelt* **|** vt (*etw*) (*herum*)*wirbeln, drehen, drehend schwingen* (to ~ one's stick) **||** *im Wirbel forttragen; treiben; wirbelnd werfen, schleudern* **2.** s *Wirbeln* n, *wirbelnde Bewegung* f; *Drehen* n, *Drehung* f **||** *Wirbel, Strudel* m **|** ⟨fig⟩ *Gewirr* n, *wirres Eilen* or *Treiben* n; *Aufregung* f; in a ~ *in wilder Eile* **||** *Schwindel* m, his head was in a ~ *es schwindelte ihm im Kopf* **|** [attr] ~-blast *Wirbelwind* m **||** ~-bone ⟨anat⟩ *Kugelgelenk* n **||** ~ chamber *Wirbelkammer* f ~igig [ˈ~igig] s *Dreh–, Schnurrädchen* n (*Spielzeug*) **||** *Karussell* n **|** ⟨fig⟩ *Wirbel, Strudel* m (the ~ of time); *krei-sende Bewegung* f **|** ⟨zoo⟩ *Schwimm–, Taumel-käfer* m ~ing [ˈ~iŋ] s *Drehen, Wirbeln* n **|** [attr] ~-table ⟨phys⟩ *Schwung–, Zentrifugalmaschine* f (z *Untersuchung der Gesetze der Fliehkraft*) ~pool [ˈwəːlpuːl] s *Strudel* m **||** ⟨fig⟩ *Strudel, Wirbel* m, *Gewirr* n ~wind [ˈwəːlwind] s *Wirbel-wind* m, *Windhose* f **||** ⟨übtr⟩ *Gewirr* m, to sow the wind and reap the ~ *Wind säen u Sturm ernten* ~ybird [ˈwəːlibəːd] s ⟨Am aero sl⟩ *Hubschrauber* m

whir(r) [wəː] **1.** vi/t *schwirren* **||** *schwirrendes Geräusch* m **|** vt (*etw*) *schnell bewegen*; to ~ one's wings *mit den Flügeln schlagen* **2.** s *Schwir-ren, schwirrendes, flatterndes Geräusch* n

whish [wiʃ] vi *schwirren, surren, fegen* (e.g. of revolving door)

whisht [wiʃt] intj ⟨dial⟩ = whist

whisk [wisk] s **1.** *Bündel* n (of twigs); *Stroh-bündel* n, *Wisch* m; *Büschel* m; *Wedel, Wischer;*

kl Besen m **2.** ⟨cul⟩ (*Eier–* etc) *Schneebesen, –schläger* m

whisk [wisk] **I.** vt/i **1.** vt *fegen, wischen, kehren; fortwischen, –fegen* (off v) **||** *schwingen;* to ~ one's tail *mit dem Schwanz um sich schlagen* **||** *schnell bewegen;* ⟨cul⟩ (*Eier*) *schlagen* **|** (*jdn*) *im Schwung forttragen, bringen* (across *über*) **|** [mit adv] to ~ **away** *fortjagen, –treiben; ab-wischen* **||** to ~ **off** (*etw*) *schnell fortnehmen;* (*jdn*) *mit sich reißen* **2.** vi *sich schnell bewegen; rasen, sausen; flitzen* (out of *aus;* round *um*); *im Fluge fahren* (through) **||** *huschen* **II.** s *kurze, schnelle Bewegung* f, a ~ of the tail *e–e B. mit dem Schwanz;* with a ~ *mit e–m Schwung* **|** ~! *wupp!*

whisker [ˈwiskə] s [*mst* pl ~s] *Backenbart* m **||** (T) *Bart* m, *Schnauzhaare* n pl **|** ~**ed** [~d] a *mit e–m Backenbart, bärtig*

whisk(e)y [ˈwiski] s *Whisky,* engl. *Kornbrannt-wein* m **||** ⟨Am⟩ –y (= *importiert*), –ey (= *in U.S.A. gebrannt*) **|** [attr] ~-liver *Säuferleber* f **||** ~-toddy *Whiskypunsch* m –**kified** [ˈwiskifaid] a *durch Whisky beeinflußt, Whisky–*

whisky [ˈwiski] s *leichter zweirädriger Wagen* m

whisky-jack [ˈwiskidʒæk] s ⟨orn⟩ *kanad. Eichelhäher* m

whisper [ˈwispə] **1.** vi/t *flüstern, wispern, wispeln; raunen;* to ~ to a p *jdm zuflüstern* **||** *munkeln* (about *über*) **||** ⟨poet⟩ (of leaves, etc) *rascheln, flüstern, raunen, rauschen* **|** vt (*Worte*) *flüstern* **||** *durch Flüstern ausdrücken* **||** (*jdn*) *flüsternd ansprechen,* to ~ a p *jdm zuflüstern, ins Ohr fl.* (to do) **||** *leise, im Vertrauen mit-teilen* (to a p *jdm*) **||** to ~ a th to a p *jdm etw zuflüstern, –raunen;* to ~ to a p *jdm zu–* (to do; that *daß*) **||** it was ~ed (that) *man munkelte* (*daß* ..) **2.** s *Flüstern, Raunen, Wispern* n; in a ~, in ~s *flüsternd, im Flüsterton* **|** *Rauschen, Rascheln* **|** (*zu*)*geflüstertes Wort* n; *geheime Mitteilung* f **||** ~s [pl] *Gemunkel* n; there were ~s *es wurde gemunkelt* **|** ~**er** [~rə] s *Flüsterer* m **||** *Zwischenträger; Ohrenbläser* m ~**ing** [~riŋ] **1.** s *Flüstern* n **|** [attr] ~-gallery, ~-dome ⟨arch⟩ *Flüstergewölbe* n **2.** a (~ly adv) *flüsternd, wispernd*

whist [wist] s *Whist(spiel)* n **||** ~-drive *Whistturnier* n

whist [wist] **1.** intj *pst! still!* **2.** vi *still* s **3.** s ⟨Ir⟩ *Schweigen* n, to hold one's ~ *schweigen*

whistle [ˈwisl] **I.** vt/i **A.** vi **1.** *pfeifen, flöten; durch Flöten ein Zeichen geben* (to a p *jdm*) **||** (of birds) *pfeifen* **|** ⟨mus⟩ *Flöte spielen* **2.** ⟨übtr⟩ (of the wind etc) *heulen, pfeifen;* (of bullets) *pfeifen; schwirren;* (of an engine) *pfeifen* **3.** to ~ for *vergeblich erwarten* or *ersehnen;* to ~ for one's money *das Geld in °den Schornstein schrei-ben;* you may ~ for it! *pfeif mal, vielleicht kommt's* (*darauf kannst du lange warten!*) **B.** vt **1.** (*Melodie*) *pfeifen, flöten* **2.** [mit adv] to ~ a p back *jdn durch e–n Pfiff zurückrufen* **||** to ~ up (*jdn*) *heranrufen* **II.** s *Pfeifen* n, *Pfiff* m **|** *Flöte, Pfeife* f; to pay for one's ~ ⟨fig⟩ *tüchtig zahlen, °draufzahlen, °blechen, °bluten* (müssen) **|** ⟨fam⟩ *Kehle* f; → to wet **|** ~-clean *blitzsauber* **|** ~-stop ⟨Am fam⟩ **1.** s ⟨rail⟩ °*Bummelzug-haltestelle* f **2.** vi ⟨pol⟩ *auf* (*Präsidentschafts-*) *Wahlreise* s, *Wahlreden halten;* ~ prop-stop **|** ~-ler [ˈwislə] s *Pfeifer, Pfeifender* m ~**ling** [ˈwisliŋ] a *pfeifend; Pfeif–*

whit [wit] s *kleinster Teil* m, *bißchen* n; never a ~, not a ~ *auch nicht ein Teilchen, kein Jota; nicht im geringsten, k–swegs;* no ~ superior to *k–n Deut besser als*

Whit [wit] a *Pfingst–,* [nur in]: ~ Monday *–montag* m etc; ~ Week *–woche* f; → ~sunday

white [wait] **I.** a **1.** *weiß* (hair etc); as ~ as snow *schneeweiß* **||** *Weiß–;* ~ bread *Weißbrot;*

~ coffee *K. verkehrt*; ~ meat *weißes Fleisch* n (*Geflügel* etc) ‖ ~ wine *Weißwein* m **|** (of men) *weiß*; the ~ races *die weißen Rassen* pl; the ~ man *der Weiße* (the ~ man's burden *die [Kul-tur-]Aufgabe des weißen Mannes*, ⟨hum⟩ *die Ar-beit*) ‖ ⟨übtr fam⟩ *anständig* (it is ~ of you); *ehr-lich, anständig* (a ~ man) **|** a ~ crow *ein weißer Rabe* (*e–e Seltenheit*) **2.** *farblos, bleich, weiß*; as ~ as a sheet *kreidebleich*; → feather **3.** *weiß-gekleidet* **4.** *royalistisch, königlich gesinnt, Re-gierungs–* (~ army) (*Ggs* red) **5.** ⟨fig⟩ *rein*; *unschuldig, harmlos* (*Ggs* black) ‖ ~ magic *gutartige Magie* f **6.** [in comp] *Weiß–* ‖ ~ alloy *–metall* n ‖ ~ ant ⟨zoo⟩ *Term·ite, weiße Ameise* f; to ~-ant ⟨Austr⟩ *sabotieren* ‖ ~ bear *Eisbär* m ‖ ~-bearded *weißbärtig* **|** ~-cap **1.** ⟨orn⟩ *Rotschwänzchen* n **2.** ⟨Am⟩ *Ausüber* m *der Lynchjustiz* ‖ ~-caps [pl] *Wellenkämme* m pl, *Schaumwellen* f pl ‖ ~ coal „weiße Kohle" (*Wasserkraft*) f ‖ ~ coat *Schneehemd* n ‖ ~-collar [attr] ⟨Am⟩ *geistig, Stehkragen–* (proletariat); *Kopf–* (worker); ~-c.-man *Beam-ter, Angestellter,* °„*Unterkieferwackler*" m **|** ~ corpuscle *weißes Blutkörperchen* n; → Leucocyte ‖ „~" discharge ⟨mil⟩ *ehrenvoller Abschied* m ‖ ~ elephant *weißer Elefant* m; ⟨fig⟩ *lästiges Amt* n, *lästiger Besitz* m ‖ ~ ensign (*rotes Kreuz auf weißem Grunde*) *Kriegsflagge* f *der brit. Flotte* ‖ ~-faced *blaß* **|** ~ fir *Fichte, Rottanne* f ‖ ~ fish *Weißfisch* m, ⟨a⟩ *Felchen* m, → whit-fish, whiting ‖ ~ flag (of truce) *Parlamentär-flagge* f ‖ ⁼ Friar ⟨ec⟩ *Karmeliter* m ‖ ~ frost *Rauhreif* m ‖ ~-handed ⟨fig⟩ *unschuldig, makel-los* ‖ ~-headed *weißköpfig* ‖ ~-heart-cherry *helle Herzkirsche* f **|** ~ heat *Weißglühhitze, Weiß-glut* f ‖ ⟨fig⟩ *höchste Erregung* (at ~-heat *in höchster E., hocherregt), höchste Leidenschaft* f; „*Weißglut", höchste Wut* f **|** he is the ~ hope *auf ihn setzt man die größte Hoffnung* ‖ ~-horses = ~-caps ‖ ~-hot *weißglühend*; ⟨fig⟩ *leiden-schaftlich; wütend* ‖ the ⁼ House ⟨Am⟩ *das Weiße Haus* (*Regierungsgebäude in* Washington) ‖ ~ lead (chem) *Bleiweiß* n ‖ ~ leather *Alaun–, Weißleder* n ‖ ~ lie *harmlose Lüge, Notlüge* f ‖ ~-light *gewöhnliches Licht, Tages-licht* n; ~ light district ⟨Am⟩ *Vergnügungs-viertel* n (*bes* Broadway, *New York*) ‖ ~ line ⟨typ⟩ *Durchschuß* m ‖ ~-lipped *mit blassen Lippen* ‖ ~-livered *feig(e)* ‖ ~ metal *Weiß–, Lagermetall* n ‖ ~ mule ⟨Am sl⟩ *unabgelagerter schwarz-gebrannter Whisky* m ‖ ~ night *schlaflose Nacht* f ‖ ~ paper ⟨engl⟩ *Weißbuch* n, *informierender Bericht m der Regierung* ‖ ~-rent ⟨engl⟩ *Zins der Zinngießer in* Devon *u* Cornwall *an den* Prince of Wales ‖ ~ Russian *Weißrusse* m ‖ ~ sheet ⟨fig⟩ *Sündergewand* n ‖ ~-skinned *mit weißer Haut, weißhäutig* ‖ ~ slave trade *Mädchenhandel* m ‖ ~ squall *Sturmbö* f *aus heiterem Himmel* ‖ ~-thorn ⟨bot⟩ *Weißdorn* m **|** ~ war *kalter Krieg* m ‖ ~-ware *Weiß–, Leinenwaren* f pl **II.** s **1.** *weiße Farbe* f; *das Weiß,* Spanish ~ *Spanischweiß* n **2,** [pl ~s] *weißer Gegenstand* m; *weißer Stoff* m, dressed in ~ *in Weiß gekleidet* **|** ⟨ent⟩ *black-(green-)veined ~ Baum-(Raps)weißling* m, small ~ *Rüben–,* wood ~ *Senf–*; marbled ~ ⟨ent⟩ *Damenbrett* n **|** (the) ~ of egg *das Eiweiß*; the ~ of the eye *das Weiße des Auges*; to turn up the ~ of one's eyes (*bigott* etc) *die Augen verdrehen* **3.** *der, die Weiße*; poor ~s [pl] ⟨Am⟩ *arme Weiße* (*Ggs* Neger) **4.** ~s [pl] *Leukorrh·öe* f (*Frauenkrankheit*) **III.** † vt *weiß m, weißen*

whitebait [′waitbeit] s ⟨ich⟩ *kl silberweißer Fisch* m, *Sprotte* f, *Breitling* m

whiteboy [′waitbɔi] s ⟨Ir⟩ *Mitglied* n *e–r auf-rührerischen Landorganisation* (1761)

Whitechapel [′wait,tʃæpl] s (*östl. Distrikt in*

London) ~ cart *leichter zweirädriger Liefer-wagen* m

Whitehall [′wait′hɔ:l; ′–––; –′–] s (*Straße in* London *mit den Ministerien*) ⟨fig⟩ *engl. Regie-rung* f; *Beamtentum* n *der Ministerien*

whitely [′waitli] **1.** adv *weiß(lich)* **2.** a ⟨Scot⟩ *weiß, –lich*

whiten [′waitn] vt/i ‖ *weißen, weiß m* ‖ ⟨tech⟩ *bleichen* **|** vi *weiß w, bleichen* ‖ *blaß w, erblassen* ~ing [~iŋ] s *Weißen, Tünchen*; *Bleichen* n ‖ *Schlämmkreide* f

whiteness [′waitnis] s *Weiße, weiße Farbe* f ‖ *Blässe* f **|** *Reinheit, Unschuld* f

whiteslaver [′waitsleivə] s *Mädchenhändler* m **|** ~y *Mädchenhandel* m

whitesmith [′waitsmiθ] s *Blechschmied; Silber-schmied* m

whitethroat [′waitθrout] s ⟨orn⟩ *Dorngras-mücke,* lesser ~ *Klappergrasmücke* f

whitewash [′waitwɔʃ] **1.** vt *tünchen, weißen*; *kalken* **|** ⟨fig⟩ (*jdn*) *weiß* or *rein waschen,* ⟨Am fig⟩ (*jdn im Spiel*) *nach Strich u Faden schlagen* ‖ to be ~ed ⟨com⟩ *durch Konkursgericht wieder zahlungsfähig erklärt w* **2.** s *Kalkmilch* f; *Tünche* f ⟨a fig⟩ ‖ ⟨fig⟩ *Rehabilitierung, Ehren-rettung* f ‖ ⟨com⟩ *Wiedersolvenzerklärung* f (*e–s Bankrotteurs*) **|** ~er [~ə] s *Tüncher, Anstreicher* m ‖ ⟨fig⟩ *Ausgleicher* m, *versöhnende Kraft* f ‖ ⟨sl⟩ (Sherry-)*Schlußtrunk* m *nach dem dinner*

whitfish [′witfiʃ] s ⟨ich⟩ [pl ~] *Felchen* m, → white-fish, whiting

whither [′wiðə] adv **1.** [interr] *wohin?* **2.** [rel] *dahin, wo* (I go ~ ..) ‖ *z dem* (*der, denen*) (the place ~) **3.** s *Wohin* n, *Bestimmungsort* m ~soever [,wiðəsou′və] adv *wohin auch immer* ‖ *einerlei wohin, überall hin* ~ward [′wiðəwəd] adv **1.** *wohin?* **2.** *dahin, wo; und dahin*

whiting [′waitiŋ] s [pl ~] ⟨ich⟩ *Wittling, Merlan* m (60 ~) ‖ ~-pout *e–e Art Schellfisch* m ‖ → white-fish, whitfish

whiting [′waitiŋ] s *Schlämmkreide* f, *Putz-pulver* n ‖ *Tünche* f

whitish [′waitiʃ] a *weißlich*

whitleather [′wit,leðə] s *mit Alaun bearbeitetes Leder* n

Whitley Council [′witli′kaunsl] s (*nach* J. H. Whitley) *Körperschaft* f *v Arbeitgebern u –nehmern z Besprechung u Erledigung industrieller Verhältnisse* (1916)

whitlow [′witlou] s ⟨med⟩ *kl Finger–, Nagel-geschwür* n ‖ ~-grass ⟨bot⟩ *dreifingeriger Steinbrech* m

Whitmanese [,witmə′ni:z] a *Stil, Diktion v* Walt Whitman (*amer. Dichter,* † 1892)

Whitsun [′witsn] a *Pfingst–, pfingstlich,* ~ week *Pfingstwoche* f ~day [′wit′sʌndi] s *Pfingst-sonntag* m ~tide [′witsntaid] s *Pfingsten* n (at ~ *zu Pf.*) ‖ [attr] *Pfingst–*; ~ recess *–ferien* pl

whittle [′witl] **1.** s ⟨dial⟩ *gr Messer* n, *Schlach-ter–; gr Taschenmesser* n *Schnitzmesser* n **2.** vt/i ‖ (*Stücke*) *abschneiden, –schälen* ‖ *schnitzen, formen* ‖ ⟨fi⟩ to ~ away *od* down *verkleinern,* (*Gehalt*) *beschneiden; schwächen* **|** vi *schneiden, schnitzen* (at *an*)

whittler [′witlə] s ⟨Am⟩ *Polizeivorstand, Feuerwehrhauptmann* m (*in kl Orten*)

whity, whitey [′waiti] a *weißlich*; [oft in comp] ~-brown *weißlich braun, blaß–, hellbraun*

whiz(z) [wiz] **1.** vi *zischen; schwirren* (to ~ forth *hervorschwirren, –sprühen*) ‖ *sausen, rasen* (along) **2.** s *Zischen, Schwirren* n ‖ ⟨sl⟩ *Ab-machung* f; it's a ~ *es ist abgemacht* ‖ ⟨Am fam⟩ *Kenner* m, ⟨univ⟩ *Könner* m ‖ ~-bang ⟨mil sl⟩ °*Ratscher, Ratschbum* m (*Granate v hoher Geschwindigkeit*) **whizzer** [′wizə] s *Zentri-fugaltrockenmaschine* f

who [hu:] pron **1.** [interr] *wer?* ~ are these people? *wer sind diese Leute?* ‖ ~ is ~? *wer* *ist's*? || [*abhängig*] ~ this làdy is is not known *wer diese Dame ist, ist ..*; and I don't know ~ all! *u wer sonst noch*! | ⟨fam⟩ *wen*? (~ are you speaking of?) **2.** [rel] (*P*) *welche(r, -s)*; *der, die, das*; pl *die* || a man ~ I know is reliable *ein Mensch, der wie ich weiß, zuverlässig ist*; I ~ write these lines *ich, der diese Zeilen schreibt* | ⟨liter⟩ *wer*; *derjenige, welcher*; pl *die, welche*; as ~ should say *wie e–r, der sagen wollte* **3.** → whom; whose **~e'er** [hu:'ɛə] ⟨poet⟩ = **~ever** [hu:'evə] pron **1.** [rel] *wer* (*auch*) *immer*; *jeder, der*; pl *alle, die* || *einerlei wer* || ⟨fam⟩ = whomever **2.** [interr] ⟨fam⟩ (= who ever) ~ is it? *wer in aller Welt kann es*?

whoa [wou] intj *brr*! *halt*!; → wo, woa

whodunit [huˈdʌnit] ⟨sl⟩ „*Wer ist der Täter*?", *Kriminalroman* m, *–hörspiel* n

whole [houl] **I.** a (→ wholly adv) **1.** (*P*) † *gesund* | *heil, unverletzt*; to get off with a ~ skin *mit heiler Haut davonkommen* **2.** (*S*) **a.** *heil, nicht zerbrochen, intakt, ganz* **b.** *nicht zerteilt, nicht zerschnitten*; *ganz* (apples baked ~) **c.** *nicht vermindert, Voll–* (~ meal *–mehl*); dried ~ milk powder *Vollmilchpulver*) **d.** ⟨übtr⟩ *ungeteilt, vollständig, –kommen*; *ganz* (~ number; a ~ tone) || the ~ truth *die volle, ganze Wahrheit* || to go the ~ hog *etw gründlich tun, alles daransetzen, aufs Ganze gehen* || cut out of ~ cloth *erlogen* | with one's ~ heart *aus voller Seele, v ganzem Herzen*; his ~ energy *all s–e Kraft* | [*vor* pl] ~ towns *ganze Städte*; ⟨Am sl⟩ ~ works *alles, alle*; four ~ years *vier ganze Jahre* **3.** [in comp] **~**-bound *in Ganzleder gebunden* || **~**-coloured *einfarbig* || **~**-hearted *warmherzig*; *tief empfunden, aufrichtig* | **~**-heartedly [adv] *aus vollem Herzen* || **~**-hogger *eingefleischter, leidenschaftl. Anhänger* m *e–r Richtung* f | **~**-length **1.** a *in Lebensgröße* (~-length picture) **2.** s *Porträt in L.* | **~**-life [attr] ⟨ins⟩ *auf Lebenszeit* (a ~-life policy) || **~**-meal bread *Vollkorn–, Schrotbrot* n || **~**-seas [*nur* pred] (a ~-seas over) °*sternhagelvoll, total betrunken* || **~**-souled = **~**-hearted || **~**-time [attr] *voll beschäftigt* **II.** s: the ~ **1.** *die Gesamtheit* f, *alle Glieder* (*e–r Gruppe* etc) n pl || ⟨*oft*⟩ the ~ of *ganz*; the ~ of England *ganz England*, the ~ of Protestant E. *das ganze protest. England*, the ~ of Christendom *die ganze Christenheit* || [*vor* pl] *alle* (the ~ of the affairs) | *der ganze Umfang, Inhalt* m (the ~ of morality) **2.** the ~ *das Ganze* (*als Einheit*), a ~ *ein Ganzes* | as a ~ *als Ganzes*; as ~s *als ganze Teile* || in ~ or in part *ganz oder teilweise* || (up)on the ~ *im ganzen*; *alles in allem* **~ness** [ˈ~nis] s *Ganzheit; Vollständigkeit* f

wholesale [ˈhoulseil] **1.** s *Verkauf im großen* || ⟨*mst*⟩ by ~ ⟨com⟩ *im ganzen, en gros*; ⟨fig⟩ *in Massen, reichlich, ohne Unterschied* **2.** adv ⟨com⟩ *im ganzen, en gros* (to buy, sell ~) | ⟨fig⟩ *in gr Umfang od Maßstab* || *in Massen* || *unterschiedslos* **3.** a ⟨com⟩ *Engros–* (~ firm, ~ house *–firma* f, *–haus* n); *Groß–* (~ dealer, merchant *–händler* m; ~ trade *–handel, –betrieb* m); *Großhandels–* (~ business *–geschäft* n, *Großhandlung* f) | ⟨fig⟩ *unbegrenzt, allgemein* (~ theory); *unterschiedslos* || *reichlich, Massen–* (~ creation); ~ slaughter *–schlachten* n ‖ °*überschwenglich* (her ~ way) **4.** vi *en gros verkaufen* **~saler** [ˈhoulˌseilə] s *Großhändler* m

wholesome [ˈhoulsəm] a *gesund, zuträglich* || *moralisch heilsam; wohltuend; förderlich* | **~ly** [~li] adv *gesundheitsfördernd; heilsam* **~ness** [~nis] s *Heilsamkeit* f || *der fördernde Charakter* m; *Nützlichkeit* f

wholly [ˈhoulli] adv *gänzlich, ganz, völlig*; I am ~ with you in thinking *ich bin ganz derselben Meinung wie du* (that) || *ausschließlich*

whom [hu:m] pron [acc *v* who] **1.** [interr] **a.** *wen*?; to whom? *wem*? || (*abhängig*) (*auf P*

bezügl.) *wen* (I don't know ~ to ask); to whom *wem* **b.** *wem*? (~ do you serve?) **2.** [rel] **a.** *welche(n)*; *den*; *die*; pl *welche*; *die*; to ~ *welchem, dem* (etc), (the man to ~ he promised it); all of ~ *v denen alle, welche alle* | ⟨liter⟩ *den, welchen*; *wen auch immer*; ~ it will be opened by does not matter *v wem es auch geöffnet wird, ist einerlei* **b.** *welchem*; *dem* (etc); *denen* (the man ~ he serves ..) **~ever** [hu:mˈevə] pron rel [acc *v* whoever] *wen auch immer*; *jeden, den* (he wrote to ~ had invited him) | *wem auch immer* (~ you serve) | **~soever** [ˌhu:msouˈevə] pron [acc *v* whosoever] *wen auch immer*; *jeden, den* | *wem auch immer* (~ you serve) | † *einerlei wen, jedermann*

whoof [hwu:f] s *rauher, dumpfer Schrei* m; [*a* intj]

whoop [hu:p] **1.** intj *he! ho! hallo*!; ~ for ..! *es lebe ..!* **2.** s (*Kriegs-*)*Geschrei* n; *Schrei* m (~ of joy *Freudenschrei* m) || *Keuchen* n || → hoop **3.** vi/t || *schreien, rufen* || *keuchen* | vt (*etw*) *schreien* | (*jdn*) *anschreien* || to ~ it up ⟨Am sl⟩ *Skandal* m, *Unruhe hervorrufen* | **~ee** [ˈwu:pi:; ˈhu:pi:] s ⟨Am⟩ *Freudenfest* n; to make ~ *ein Fest feiern*; *sich freuen, jubilieren* (about) | **~er** [ˈ~ə] s: **~**-swan ⟨orn⟩ *Singschwan, Wilder Schwan* m **~ing** [ˈhu:piŋ] a: ~-swan ⟨orn⟩ *Singschwan* m || **~**-cough ⟨*bes* Am med⟩ *Keuchhusten* m, → hooping-cough

whop [wɔp] vt [–pp–] ⟨fam⟩ *prügeln, durchhauen* | ⟨fig⟩ *besiegen, schlagen* **~per** [ˈ~ə] s ⟨fam⟩ *etwas Großes* or *Plumpes* m, *Mordsding* n, *–kerl* m | *krasse Lüge* f **~ping** [ˈ~iŋ] **1.** s *Prügel* f **2.** a ⟨fam⟩ *ungeheuer groß, kolossal, ungeheuer* (a ~ lie) **3.** adv *kolossal* (~ great)

whore [hɔ:] **1.** s *Hure* **2.** vi *huren* **~monger** [ˈ~mʌŋgə] † s *Hurenjäger* m

whorl [wə:l] s ⟨tech⟩ (*Spinn-*)*Wirtel* m (*als Schwungrad dienende Kugel, Scheibe der Handspindel*) || ⟨bot⟩ *Quirl, Wirtel* m, *quirlige Blattstellung* f || *Windung* f (*e–r Spiralmuschel*) | **~ed** [~d] a ⟨bot⟩ *quirlig* | *gewunden* (shell)

whortleberry [ˈwə:tlˌberi] s ⟨bot⟩ *Heidelbeere* f; [attr] *Heidelbeer–* || red ~ *Krons–, Preisel–, Preißelbeere* f

whose [hu:z] pron [gen *v* who] **1.** [interr] *wessen*?; ~ else? *wessen sonst*? **2.** [rel] (*P & S*) *dessen, deren* **~soever** [ˌhu:zsouˈevə] † pron [gen *v* whosoever] *wessen auch immer*

whoso [ˈhu:sou], **~ever** [ˌhu:souˈevə] † pron rel = whoever

whump [wʌmp] s *dumpfes Geräusch* n, *Bums, Wumm* m

why [wai] **I.** adv **1.** [interr] *warum, weshalb? weswegen*? ~ not? *warum nicht*? ~ so? *warum das*? **2.** [rel] the reasons ~ *die Gründe, weshalb*; this is ~ *dieserhalb*; that is ~ *deshalb*; *das ist der Grund, weshalb* **II.** s [pl ~s] *Warum* n; the ~ and the wherefore *das Wie u Warum* **III.** intj (*der Überraschung*) *nun, wahrhaftig* etc; ~, you are wet *du bist ja naß* || *freilich*!

wibbly-wobbly [ˈwibliˈwɔbli] a ⟨fam⟩ *schwankend, wankend*

wick [wik] s (*Kerzen–*; *Lampen-*)*Docht* m || to turn up the ~ ⟨aero sl⟩ °*die Pulle reinschieben* (*Gas geben*) | [attr] *Docht–* || ~ carburettor *–vergaser* m; ~ lubrication *–schmierung* f; ~ oiler ⟨mot⟩ *–öler* m; ~-rack *–schraube* f (*e–r Lampe*)

wick [wik] s ⟨dial⟩ *Dorf* n; *Weiler* m || *Gehöft* n

wicked [ˈwikid] a (~ly adv) *gottlos, sündhaft, schlecht*; *verrucht, böse*; the **~** One *der Böse* (*Teufel*) | *boshaft, mutwillig, schalkhaft* **~ness** [~nis] s *Gottlosig–, Schlechtigkeit* f || *Bosheit* f

wicker [ˈwikə] s *bearbeiteter Weidenzweig* m, *bearbeitete Korbweide* f || *Flechtwerk* n | [attr] *aus Weidenzweigen geflochten, Weiden–, Flecht–,*

Korb– ‖ ~ *basket Weidenkorb* m ‖ ~ *bottle Korbflasche* f ‖ ~ *chair Rohrlehnstuhl, Korbstuhl* m ‖ ~*-work Flechtwerk* n ‖ *Korbflechtwaren* f pl

wicket ['wikit] s (*a* ~*-door*) (*Einlaß-*)*Pförtchen* n; *kl Seiten–, Nebentür* f (*innerhalb e–r größeren*); *Halbtür* f | ⟨crick⟩ *Tor* n, *Dreistab* m; *to keep* ~ *Torwart* s; (*of bowler*) *to take a* ~ *den Schläger ausmachen, z Ausscheiden bringen; to win by 2* ~s *das Spiel gewinnen, ohne daß 2 Spieler geschlagen h; three* ~s *down drei Schläger ausgemacht* | *Raum* m, *Bahn* f *zw den beiden Toren* | [attr] ~*-keeper* ⟨crick⟩ *Torhüter, –wart* m

wickiup ['wikiʌp] s ⟨Am⟩ (*Reisig-*)*Hütte* f *der Indianer, Hütte*

wide [waid] **A.** a (~*ly* adv → *d*) **1.** *weit* (*the* ~ *world*) ‖ *weit reichend* (~ *view*); *ausgedehnt* (~ *distribution*); *a* ~*r public ein breiteres Publikum* | ⟨übtr⟩ *umfangreich, groß* (*knowledge*), *reich* (*experience*) ‖ *allgemein*; ~ *culture Allgemeinbildung* f ‖ *weitherzig, großzügig* (~ *views*) ‖ ⟨sl⟩ *durchtrieben* (~ *boy, Schwindler, Gauner* m) **2.** (*Ggs narrow*) *breit* (*door*) ‖ (*bei Maßen*) *one metre* ~ *ein M. breit; a three-inch* ~ *strip ein 3 Zoll breiter Streifen* | (*Ggs tight*) *weit* (~ *trousers*) ‖ (*mst* ~ *open*) *weit offen* (*eyes*); *weit ausgedehnt* (*arms*); ⟨mil⟩ *breit* (*Front*); ⟨rail⟩ ~ *gauge Breitspur* f ‖ → *berth* | ⟨phon⟩ *breit* (~ *vowel*) **3.** *sich ausdehnend zw best. Grenzen; weit* (*distance*); *groß* (*difference*) ‖ [*mst* pred] *weit* (*v Ziel*) *entfernt, weit abirrend* (*of v*); ~ *ball* ⟨crick⟩ *Ball außerhalb der Reichweite des batsman;* ~ *of the mark weit v Ziel,* ⟨*a* fig⟩ *weit gefehlt, verkehrt, irrig;* ~ *of the truth weit v der Wahrheit entfernt* | *hinausgehend über die Grenzen; übermäßig* **B.** adv **1.** *weit, ausgedehnt; far and* ~ *weit u breit* **2.** *weit aus–e–a* (*sit* ~ *setzt euch –*); ~ *apart weit getrennt* **3.** *in vollem Maße, weit; to open* ~ *weit öffnen; to open one's mouth too* ~ *zu gierig, raffig, ehrgeizig s* ‖ ~ *one weit offen, auf; to have one's eyes* ~ *open die Augen weit aufhalten, –m; auf der Hut, vorsichtig, schlau s* **4.** *weit v Ziel entfernt;* ~ *of the mark weit v Ziele ab;* ⟨fig⟩ *nicht z Sache* **5.** [in comp] ~ *angle lens* ⟨phot⟩ *Weitwinkelobjektiv* n ‖ ~*-awake* **1.** a *hell wach;* ⟨fig⟩ *aufmerksam, wachsam; vorsichtig* **2.** s *Filz–, Schlapphut* m | ~*-open weit, unbegrenzt* (*chance*); *ohne Schranken, k–e Grenzen kennend* ‖ ~ *screen picture Panoramabild* n, *plastischer Film* m **C.** s *to the* ~ *vollkommen, broke to the* ~ *vollkommen gebrochen or ruiniert* | ⟨crick⟩ (= ~ *ball,* → ~ *a* 3.) *außerhalb der Reichweite des batsman abirrender Ball* m

widely ['waidli] adv *weit* (~ *distributed*); *ausgedehnt; in weiten Kreisen, allgemein* (~ *known*) ‖ *in hohem Maße, außerordentlich, sehr* (*to differ* ~); *most* ~ *am meisten* (*the most* ~ *read paper*)

widen ['waidn] vt/i | *erweitern, breiter m* ‖ ⟨fig⟩ *erweitern* (*one's horizon*); *ausdehnen* | vi *sich erweitern* (*into in, z*); ⟨*a* fig⟩

wideness ['waidnis] s *Weite* f ‖ *Breite* f ‖ *weite Ausdehnung, Größe* f; ~ *of range Reichweite* f

widespread ['waidspred] a *weit verbreitet*

widgeon ['widʒən] s [pl ~] ⟨orn⟩ *Pfeifente* f; [koll] *Pfeifenten* pl

widget ['widʒət] s ⟨Am⟩ = *gadget*

widish ['waidiʃ] a *ziemlich weit, etwas weit*

widow ['widou] **I.** s **1.** *Witwe* f; *grass* ~ *Strohwitwe* f **2.** [attr] **a.** ~ *Witwen–* (~ *state –stand* m); *verwitwet;* ~ *woman Witwe* f **b.** ~*'s Witwen–,* ~*'s weeds Witwentracht* f **II.** vt *z Witwe m* ‖ ⟨fig *mst* poet⟩ (*jdn*) *berauben* (*of a p jds; of a th e–r S*) | ~**ed** [~d] a *verwitwet;* ⟨fig⟩ *verlassen* ~**er** [~ə] s *Witwer* m; *grass* ~ *Stroh-*

| [attr] *verwitwet* ~**hood** [~hud] s *Witwenstand* m

widow-bird ['widouˌbə:d] s ⟨orn⟩ *Witwenvogel* m; → *whidah*

width [widθ] s *Weite, Breite* f; ⟨mil⟩ ~ *of frontage Frontbreite* f; ~ *between the rails od* ~ *of the track* ⟨rail⟩ *Spurweite* f ‖ *Geräumigkeit* f | *Umfang* m ‖ ⟨fig⟩ *Weite, weite Ausdehnung, Größe* f (~ *of mind*) | [pl ~s konkr] *Stoffstück* n (*v best. Größe*), *Bahn* f

wield [wi:ld] vt (*Werkzeug* etc) *handhaben, benutzen, schwingen, führen* ‖ ⟨übtr⟩ *handhaben; to* ~ *the pen schreiben* ‖ *to* ~ *the sceptre* ⟨fig⟩ *das Zepter schwingen; regieren, herrschen* | ⟨fig⟩ (*Macht* etc) *ausüben* (*over*) ~**er** ['~ə] s ~ *of power Machthaber* m

wieni ['wi:ni] s ⟨Am fam⟩ *Wienerle* n (*Würstchen*)

wife [waif] s (pl wives [waivz]) **1.** ⟨dial & †⟩ [*außer* in comp: apple-~, etc] *Frau* f, *Weib* n; *old* ~ *altes, geschwätziges W.* n | *old wives' tale Altweibergeschichte* f, *Ammenmärchen* n **2.** *Ehefrau, Gattin* f ‖ *my* ~ *m–e Frau* (*nicht Gattin!!*), → *mistress; to be a good* ~ *to a p jdm e–e gute E. s; to be a* ~ *zur Frau nehmen* | ⟨orn⟩ *old* ~ *Eisente* f | [in comp] ~*-ridden husband od man Pantoffelheld* m ~**hood** ['~hud] s *Ehestand* m (*e–r Frau*) ‖ *Würde e–r Ehefrau* f, *Frauentum* n ~**less** ['~lis] a *unbeweibt, ohne Frau* ~**like** ['~laik], ~**ly** ['~li] a *frauenhaft, fraulich, e–r* (*Ehe-*)*Frau geziemend* ~**manship** ['~mənʃip] s (*echte*) *Fraulichkeit* f, → *-manship*

wig [wig] **1.** s *Perücke* f; *the forensic* ~ *die Gerichts–* ‖ ~s *on the green* ⟨fam⟩ *Streit* m, *Rauferei* f ‖ ⟨hum⟩ *Haupthaar* n | ⟨sl⟩ *Schelte, Rüge* f | [attr] *Perücken–* (~*-maker*) **2.** vt [-gg-] *mit e–r Perücke versehen* | ⟨sl⟩ °*abkanzeln, ausschelten* ~**ged** [~d] a *e–e Perücke tragend* ~**ging** ['~iŋ] s ⟨sl⟩ *Rüge, Schelte* f; *to get a* ~ *tüchtig abgekanzelt w* ~**less** ['~lis] a *ohne Perücke*

wiggle ['wigl] vi/t ‖ ⟨fam⟩ *sich winden, sich schlängeln; schwankend gehen, wackeln* | vt (*etw*) *schlängelnd hin u her bewegen; wackeln mit* (*to* ~ *one's ears*) | *wiggle-waggle* ['wigl̩ˌwægl] **1.** vi/t *to wiggle* **2.** s *Hin-und-her-Wackeln* n | ~**r** [~ə] s ⟨Am⟩ *Moskito-, Schnakenlarve* f

wight [wait] † s *Wicht, Kerl* m, *menschliches Wesen* n

wigwag ['wigwæg] vi ⟨mar⟩ (*mit Flaggen or Lampe*) *Winkzeichen, Signale geben* ~**ger** [~ə] s ⟨mar⟩ (*Wink-*)*Signalgast* m

wigwam ['wigwæm] s *Wigwam* m, *kegelförmiges* (*Indianer-*)*Zelt* n, (*Indianer-*)*Hütte* f, ~ *way of life Nomaden–, Zeltleben* n

WILCO ['wilkou] ⟨aero wir⟩ (= *will comply*) *werde Anweisungen befolgen*

wild [waild] **I.** a (~*ly* adv, → *d*) **1.** (*T*) *wild, ungezähmt;* ~ *horses will not persuade me nicht vier Pferde w* (or *k–e Kraft der Welt wird*) *mich überreden* (*to do*) ‖ (*of game*) *furchtsam, scheu* **2.** ⟨bot⟩ *wild* (*wachsend*) ‖ *to run* ~ *wild wachsen, ins Kraut schießen;* ⟨fig⟩ *wild, ohne Aufsicht aufwachsen* ‖ ~ *shot Ausreißer* m (*Geschoß*) **3.** (*P*) **a.** *wild, unzivilisiert* **b.** *wild* (*to hit out* ~*ly wild um sich schlagen*) ‖ *toll, ausgelassen; ausschweifend, liederlich;* ~ *oat* **c.** ⟨fig⟩ *erregt, wütend, rasend* | ~ *with: begeistert, –rückt* (*with v, vor*); *erpicht, to be* ~ *about verrückt s auf, vernarrt s in* **d.** *wahnsinnig, verrückt; to drive a p* ~ *jdn ganz verrückt m* **4.** (*S*) *wüst, unbebaut* (*land*) ‖ *unordentlich* (*hair*) ‖ *verstört, wirr* (*eyes*) ‖ *unbesonnen; toll* (*plan*), *phantastisch, abenteuerlich* (*scheme*) ‖ *wild, unorganisiert* (*strike*) | *ungestüm* (*cheers*); *stürmisch* (*sea*) **5.** [in comp] ~*-boar Wildschwein* n ‖ ~*-cat* **1.** *Wildkatze* f ‖ ⟨fam⟩ *wilder Spekulant; unsolider Geschäftsmann* m; *Schwin-*

delunternehmen n ‖ ⟨Am⟩ *eingelegter Zug, Extrazug* m, „*wilde Lok"* f 2. [attr] ⟨fam⟩ *unsicher; –re·ell; schwindelhaft, Schwindel–* (∼-cat bank); *abenteuerlich, phantastisch* (scheme) **|** → ∼-cat, ∼cat ‖ ∼-catter ⟨Am⟩ *wilder Spekulant* m ‖ ∼-duck [pl ∼-duck] ⟨orn⟩ *wilde Ente, Wildente* f ‖ ∼-fowl [koll] *Wildhühner* n pl ‖ ∼-goose ⟨orn⟩ *Wildgans* f; ∼-goose chase ⟨fig⟩ *vergebliche Bemühung* f, *fruchtloses Unternehmen* n ‖ ∼-life reserve *Naturschutzgebiet* n ‖ ∼-wood *Naturwald* m **II.** adv *wild, kopflos, unbesonnen;* to shoot ∼ *drauflosschießen, ins Blaue schießen;* to talk ∼ *kopflos, sinnlos reden, übertreiben* **III.** s *unbebautes Land* n, *Öde* f ‖ ∼s [pl] *Wildnis* f **∼cat** ['∼kæt] vi ⟨Am⟩ *sich an e–m zweifelhaften Unternehmen beteiligen;* to ∼ for oil *in e–m kaum untersuchten Gebiet nach Öl bohren,* → ∼-cat

wildebeest ['wildibi:st] s ⟨zoo⟩ = *gnu*
wilder ['wildə] vt ⟨poet⟩ *irreführen; verwirren*
wilderness ['wildənis] s *Wildnis, Wüste, Einöde* f; ⟨fig⟩ to go into the ∼ *in die Wüste gehen* (*sich v den Menschen absondern*) ‖ ⟨übtr⟩ *lange eintönige Gegend* or *Strecke* f (∼ of woods); *Gewirre* n, *lange* or *wirre Reihe* (∼ of houses) ‖ *wilder, labyrinthischer Garten* m
wildfire ['waild̩faiə] s *Griechisches Feuer* n (*e–e stark zündende Mischung; schwer auszulöschendes Feuer*); ⟨fig⟩ to spread like ∼ *sich wie ein Lauffeuer, wie der Blitz verbreiten* ‖ *phosphoreszierendes Licht* n
wilding ['waildiŋ] s ⟨bot⟩ *Wildling* m, *unveredelte Pflanze* f; *–ter Apfelbaum* m ‖ *Wild–, Holzapfel* m ‖ ⟨*a* fig⟩
wildly ['waildli] adv *wild, wütig, heftig* (→ wild I. 3. b.) ‖ *in höchstem Maße, °bannig; überaus, sehr* (not ∼ satisfied)
wildness ['waildnis] s (*P, T* & ⟨bot⟩) *Wildheit* f **|** *Ausgelassenheit* f ‖ *Ausschweifung* f **|** *Zügellosigkeit, Überspanntheit; Leidenschaftlichkeit* f
wile [wail] **1.** s **a.** ⟨† & pst⟩ *List, Tücke* f, *Trick, Kniff* m **b.** [pl] ∼s *Kniffe, Ränke, Tücken* pl **2.** vt (*jdn*) *durch List* (*hinein*)*locken* (into *in*); *herauslocken* (out of *aus*) **|** (*mst* to ∼ *away*) *angenehm verbringen* (to ∼ *away* the time)
wilful, ⟨Am *a*⟩ **willful** ['wilful] a (∼ly adv) *eigenwillig, –sinnig, hartnäckig* **|** *vorsätzlich, absichtlich* (∼ murder) ⟨jur⟩ ∼ act *Vorsatz* m; ∼ default *vorsätzliche Verabsäumung* f **∼ness** [∼nis] s *Eigenwille, –sinn* m, *Hartnäckigkeit* f ‖ *Vorsätzlichkeit* f
wilily ['wailili] adv *v* wily **a williness** ['wailinis] s *List, Verschlagenheit* f
will [wil] s **1.** (*bewußter*) *Wille* m; *unbending* ∼ *unbeugsamer W.*; free ∼, *freedom of the* ∼ *die Willensfreiheit* f; *of one's own* free ∼ *freiwillig, aus freien Stücken* ‖ *Willensvermögen* n; *–kraft* f; the ∼ *to live Lebens–,* the ∼ *to peace Friedenswille* m; *to have a* (no) ∼ *of one's own e–n* (*k–n*) *eigenen W.* h ‖ *Energie* f, *with a* ∼ *mit E., mit Lust u Liebe* **2.** *Willensäußerung* f **|** *fester Entschluß* m; *against my* ∼ *gegen m–n W.*; *where there is a* ∼ *there's a way wo ein Wille ist, ist auch ein Weg* ‖ ⟨com⟩ good ∼ *Geschäftswert* m **3.** *Wunsch* m, *Verlangen* n (*to* do), *what is your* ∼? *was ist Ihr Begehr?*; *to have one's* ∼ *s–n W.* h ‖ *Belieben* n (*at* ∼ *nach B., nach Willen*) **4.** *letztwillige Verfügung* f, *letzter Wille* m (*oft:* last ∼ *and* testament); *to make one's* ∼ *sein T.* m **5.** [in comp] ∼-less ['willis] a *willenlos* ‖ ∼-power *Willenskraft* f; *training of* '∼-p. *Willensbildung* f **| ∼ed** [∼d] [in comp] *e–n best. Willen habend, –willig* (strong-∼); self-∼ *eigenwillig*
will [wil] vt aux [*nur prs* & *pret*]; [pret] **would** [wud]; *w f* wəd, əd, d] **I.** will (3. sg ∼; ⟨fam⟩ 'll [l]; ⟨bib & poet⟩ [2. sg]

thou wilt, 'lt; won't = *will not*) **A.** (*in mehr od weniger urspr Bdtg*) **1.** (*Willensentschluß*) ⟨bes⟩ l. p; *desgl.* **2.** p (*Frage*) *will, willst* etc (I ∼ do it if ..; ∼ you come? *whether* I (he) ∼ *or* not); [emph] I ∼ *see it ich will es durchaus sehen;* (*just take it down*) ∼ you? *nicht wahr? ja?*; the fire won't burn *das Feuer will nicht brennen* ‖ [ell] come what ∼ *komme, was wolle;* call it what you ∼ *mag man es nennen, wie man will* **|** ∼-he, nill-he → willy-nilly **2.** (*in der Natur des Gegenstandes liegend*) water ∼ *not go uphill Wasser fließt nicht den Berg hinauf;* boys ∼ be boys *Jungens sind nun mal Jungens;* he ∼ have his smoke *er kann das Rauchen nicht l* **3.** (*Gewohnheit*) **3.** p *pflegt* (he ∼ *idle away the rest of* the day) **4.** (*Vermutung*) he ∼ be surprised *er ist vielleicht überrascht; what* ∼ *that be? was mag das s?* **B.** [*futurbildend in* 2. & 3. p] *wird, wirst;* *werdet* (he ∼ *leave* to-morrow); he ∼ *have left by now er wird inzwischen abgereist s* **|** (⟨dial⟩ [Scot Ir] *in* 1. pers) *werde(n)* **C.** (*modal*) I'll be hanged (if ..) *ich will mich hängen l* .. ‖ (*in Nebensätzen nach* to beg, etc) I request that you ∼ come .. *daß du kommst* **D.** ⟨bes mil⟩ (*anordnend*) *müssen,* (z *tun*) *haben* or *sein;* the door will be kept closed .. *ist geschlossen z halten;* .. will be returned .. *muß zurückgegeben* w; .. will report to .. *hat sich z melden bei* .. **II.** **would** (⟨fam⟩ 'd; ∼n't, 'd not = ∼ not); ⟨bib poet⟩ **2.** sg thou ∼st, 'dst **A.** [*in mehr or weniger urspr Bdtg*] **1.** *wollte(st)* etc, he ∼ *not go any further er wollte nicht weiter gehen;* (I asked him to come) but he ∼ not *aber er wollte durchaus nicht;* do what we ∼ *mochten wir tun, was wir wollten* **2.** (*Gewohnheit*) **3.** p *pflegte(n);* he ∼ sit there for hours *er saß da so in s–r Art stundenlang* **3.** (*Vermutung*) it ∼ be about half an hour before .. *es mochte etwa ½ Stunde s, bis ..* **B.** (*futurbildend in* 2. & 3. p) (he promised to come) if his time ∼ permit (..) *wenn es s–e Zeit erlaubte* **C.** (*modal*) **1.** [*im Nebensatze nach* to beg etc] *möchte;* (they requested him) that he ∼ not go *daß er nicht gehen möchte* **2.** [*im Hauptsatz*] **a.** (I) ∼ *ich möchte, wünschte;* I ∼ (to God, to heaven) it were otherwise *ich möchte* (*bei Gott*) *es wäre anders* **b.** *möchte(n)*; ∼ you like to see it? *möchtest du es gern sehen?*; it ∼ seem *es scheint fast* **c.** [*in konditionalen Satzgefüge in* 2. & 3. p] *würdest, würdet, würde(n);* he ∼ come *if he could er käme, wenn er könnte,* he ∼ have come *er wäre gek* (if ..)
will [wil] vt/i **1.** vt **a.** *durch Testament bestimmen* (that); *hinterlassen, vermachen* (a p a th *od* a th to a p *jdm etw*) **b.** (*etw*) *bestimmen, entscheiden* (*jdn*) *bestimmen, veranlassen* (to do); to ∼ o.s. *sich zwingen* (to do) **c.** (*etw*) *wollen* (he ∼ed it) **2.** vi *wollen, es h wollen* (as God ∼s) **∼ing** ['∼iŋ] a *willensbereit, bereitwillig;* [pred] *willens, gewillt, einverstanden, geneigt* (to do, that) ‖ *willfährig, hilfreich* (heart) (of actions) *gern geleistet* or *gegeben* or *geschehen* **∼ingly** ['∼iŋli] adv *gern, mit Vergnügen* **∼ingness** ['∼iŋnis] s *Willigkeit, Geneigtheit, Bereitwilligkeit,* to notify one's ∼ *s–e B. erklären* (to do); *Entgegenkommen* n
William ['wiljəm] s: Sweet ∼ Catchfly ⟨bot⟩ *Gartenleimkraut* n
willies ['wiliz] s pl ⟨Am⟩ that noise gives me the (blue) ∼ .. *macht mich verrückt, rasend*
will-o'-the-wisp ['wiləðəwisp] s [pl ∼s] *Irrlicht* n

willow ['wilou] s ⟨bot⟩ *Weide* f; goat ∼ *Salweide;* white ∼ ⟨bot⟩ *Dotterweide* f; → weeping; to wear the ∼ ⟨fig⟩ *um den Verlust der* (*des*) *Geliebten trauern* ‖ ⟨sport⟩ *Kricketschlagholz* n (*aus Weidenholz*) **|** [attr] *Weiden–;* ∼-culture *Weidenwerder* n; ∼-herb ⟨bot⟩ *Antonskraut* n; *Haariges Weidenröschen* n ‖ ∼-pattern *Stein–*

gut, Porzellan n *mit blauem chines. Muster* v *Weidelandschaften* | **~ed** [~d] a *mit Weiden bewachsen*

willow ['wilou] **1.** vt ⟨tech⟩ (*Fasern der Baumwolle*) *auf der Karde, im Krempelwolf auflockern u reinigen, krempeln*; (*Wolle*) *wolfen* **2.** s *Krempel(maschine)* f, *Krempel–, Reißwolf* m; *Karde* f; → **willy ~ing** [~iŋ] s [attr] ~ *machine* = willow 2.

willowy ['wiloui] a *weidenartig, biegsam* || *mit Weiden bewachsen, voll W.*

willy ['wili] s ⟨tech⟩ *Krempelmaschine* f; → willow

willy ['wili] s ⟨Am fam⟩ ~ *boy Dandy, Geck* m

willy-nilly ['wili'nili] adv *ob man will oder nicht, wohl oder übel, nolens volens*

wilt [wilt] † **2.** p v will [v aux]

wilt [wilt] vi/t || (*ver)welken* || ⟨übtr⟩ *dahinwelken* (under); *schwach, schlapp w*; *erlahmen* | vt *verwelken* m; z *Verwelken bringen*; *entkräften* | ~ *disease Welkkrankheit* f

Wilton ['wiltən] s (*nach Stadt in* Wiltshire) (a ~ carpet) *Mokade–, Plüschteppich* m

wily ['waili] a (wilily adv) *listig, schlau, verschmitzt*

wimple ['wimpl] **1.** s (*das Gesicht freilassendes*) *Kopftuch* n; *Kinnbinde, –haube* f, *Wimpel* m; (*Nonnen-)Schleier* m; ~s [pl] *Mitrabänder* n pl || *Falte; Windung* f **2.** vt/i || (*Kopf*) *verhüllen; verschleiern* | vi *in Falten fallen* || (of a stream) *sich winden*

win [win] **I.** vt/i [won/won [wʌn]] [–nn–] **A.** vt **1. a.** (*Schlacht*) *gewinnen* || (*Rennen*) *gewinnen*; (*Sieg*) *erringen* (by 2 lengths) || (*jds Hand*) *gewinnen; erlangen, erhalten* | to ~ the day, the field *den Sieg davontragen* || to ~ a th from a p *jdm etw abgewinnen* **b.** ⟨übtr⟩ to ~ one's goal *das Ziel erreichen*; to ~ *golden opinions die allg Achtung der Menschen gewinnen* || to ~ one's spurs (P) *die Sporen bek*; ⟨fig⟩ *sich die Sp. verdienen* || to ~ one's way *s–n Weg* m; *gelangen* (into *in*), *sich durchsetzen* **c.** *einbringen* (a p a th *od* a th for a p *jdm etw*); to ~ a p *many friends jdm viele Freunde gewinnen* **d.** *beim Spiel gewinnen*; to ~ *money from a p jdm Geld abgewinnen* **e.** (*jdn*) f *sich gewinnen, überreden* (to do); to ~ a p over *jdn gewinnen* (to f); to ~ a p over to one's side *jdn auf s–e Seite ziehen, f sich gewinnen* **f.** (*Erze*) *gewinnen* **2.** (*Ufer*) *erreichen* **B.** vi **1.** *Sieger s, siegen, gewinnen* (by 2 lengths *um zwei Längen*); ⟨fam⟩ to ~ *hands down spielend siegen* **2.** *Einfluß gewinnen* (upon, on a p *bei, auf, über jdn*) **3.** *sich Eingang verschaffen* (in), *glücklich hindurchkommen* (through *durch*) **4.** [*mit* adv] to ~ **out** ⟨fig⟩ *ans Ziel k, sich schließlich durchsetzen, siegen; sich schließlich hineinfinden* (into *in*) || to ~ **through** *sich durchsetzen, sich durchringen* (to z); *gewinnen, siegen* **II.** s *Gewinnen* n; ⟨sport⟩ *Erfolg, Sieg* m || [*oft* pl ~s] *Gewinn* m

wince [wins] **1.** vi *zus–fahren, zus–zucken, zurückzucken; –schrecken, erschrecken* (at *über*); *without wincing ohne mit der Wimper z zucken* **2.** s *Zus–zucken, Zurückfahren, –schrecken* n; with a ~ *erschreckend*

wincey ['winsi] s ⟨com⟩ (*starker*) *Halbwollstoff* m

winch [win(t)ʃ] s ⟨tech⟩ (*Förder-)Haspel* m, *–welle* f; *Winde* f || *Kurbel* f (z *Drehen e–r Welle*)

wind [wind; ⟨poet *a*⟩ waind] **I.** s **1.** *Wind* m **a.** like the ~ *windschnell* || the ~ rises *der W. nimmt zu* | the four ~s *die vier Windrichtungen* f pl; from the four ~s *aus allen Richtungen*; to the four ~s *nach allen R.*; ⟨übtr⟩ *durch Rundfunk* || ~ and weather permitting *bei günstigem Wind u Wetter* **b.** [*nach* prep] **against** the ~, in the ~'s eye, in the teeth of the ~ *gegen den*

Wind, dem Winde entgegen, dem W. trotzend | **between** ~ and water ⟨mar⟩ zw *W. u Wasser* (~ and water line *Konstruktionswasserlinie* f); ⟨fig⟩ *an gefährlicher Stelle* | **by** the ~ ⟨mar⟩ *an or beim Winde* (*Wind v vorn schräg auf das Schiff*) | **down, before** the ~ *vor, mit dem Wind* (*in Richtung des Windes*) (to fly down the ~) | **in** the ~ *im Winde* (*gegen den W.*); to be in the ~ ⟨fig⟩ *im Werke, Gange, in der Luft s* | **into** the ~ *gegen den W.* | **on** the ~, **to** the ~ *nahe im Winde, in der Richtung des Windes* | **under** the ~ *in Lee, –seite* **c.** where is the ~ from? *was f Wind h wir?* the ~ is in the east *der W. kommt v Osten* || it is an ill ~ that blows nobody good *kein Unglück ist so groß, es trägt ein Glück im Schoß* || to get, have the ~ of a ship *e–m Schiff den W. abgewinnen*; to get, have the ~ of a p *jdm Vorteil abgewinnen* || to go to the ~s ⟨fig⟩ *vor die Hunde gehen* || to know how the ~ blows *od* lies ⟨fig⟩ *wissen, woher der W. weht* || to blow the ~ *ever so fast it will lower strenge Herren regieren nicht lange* || to raise the ~ ⟨sl⟩ *Geld auftreiben* || to sail close to the ~ *hoch an den W. gehen*; ⟨fig⟩ *Gefahr laufen, sich strafbar z m or gegen die Moral z verstoßen* || to speak to the ~ *in den W. reden* || to take the ~ out of a p's sails ⟨fig⟩ *jdm den W. aus den Segeln nehmen* || to throw, cast (a th) to the ~s ⟨fig⟩ (*etw*) *über den Haufen werfen*; *in den W. schlagen*, (*Ruf*) *aufs Spiel setzen*; (*Furcht*) *ablegen*; to be thrown to the ~s *in alle Winde zerflattern* **2.** ⟨hunt⟩ *Wind* m, *Witterung* f; to get ~ of ⟨hunt & fig⟩ *Wind bek v*, ⟨fig⟩ *erfahren über* **3.** (*künstl.*) *Wind* m, *Luft(strömung)* f || ⟨mus⟩ the ~ [*koll sg konstr*] *die Blasinstrumente* pl (the wood = *die Holzbläser*); *die Bläser* pl (P) **4.** ⟨übtr⟩ **a.** *Wind* m, *Blähung* f, to break ~ *Winde l*; to get the ~ up ⟨fig⟩ *Dampf, Angst bek*; baked ~ ⟨Am fam⟩ *blauer Dunst* m; to put the ~ up a p *jdm Angst m* || *Atem* m || broken ~ (of a horse) *Dampf, kz Atem* m **b.** second ~ *Wieder-zu-Atem-Kommen*, ⟨übtr⟩ *neue Kraftgewinnung*; to get one's (second) ~ (*frischen*) *A. holen*; to have a good ~ *nicht leicht außer Atem k, e–e gute Lunge h*; ⟨sl⟩ to hit a p in the ~ *jdn in den Bauch* (*unter den Gürtel*) *stoßen*, to lose one's ~ *den Atem verlieren, außer A. k*, **5.** [attr & comp] ~ *allowance Windberücksichtigung* f || ~-bound ⟨mar⟩ v *widrigen Winden aufgehalten* || ~-break ⟨Am⟩ *Windschutz* m (*Hecke* etc) || ~-breakage ⟨for⟩ *Windbruch* m || ~-breaker *Windjacke* f || ~-broken (of horses) *kurzatmig, lungenkrank* | ~-(-)cheater *Windjacke f, Anorak* m || ~-chest *Windkasten* m (*der Orgel*) || ~ collector ⟨min⟩ *Windfang, Wetterhut* m || ~-colic *Kolik* f *durch Blähungen* || ~-component indicator ⟨artill⟩ *Wetterspinne* f || ~ cone ⟨meteor⟩ *Windsack* m || ~ correction angle *Luvwinkel* m || ~ deflection *Ablenkung* f *durch den Wind* || ~-egg *Windei* n || ~-flower ⟨bot⟩ *Buschwindröschen* n || ~-gall (in horses) *Fesselgalle* f || ~-gauge *Anemometer* n, *Windmesser* m || ~-instrument ⟨mus⟩ *Blasinstrument* n || ~-jammer ⟨mar sl⟩ *gr schnelles Segelschiff* n, *Segler* m; ⟨Am⟩ *Hornbläser* m; *Maulheld, gr Schwätzer* m || ~ *reference number* ⟨artill⟩ *Windziffer* f || ~-row *Schwaden* m || ~-sail ⟨mar⟩ *Luftsegel* n (z *Ventilation des Schiffes*) || ~-screen ⟨bes Am⟩, ~-shield ⟨mot, aero⟩ *Windschutzscheibe* f; *bevelled od full-width* ~-scr., ⟨Am⟩ *panorama* ~-scr., ⟨fam⟩ *wrap-round* ~-scr. *Vollsichtscheibe* f; ~-scr. *heater* ⟨mot⟩ *Scheibenhitzer* m; ~-sh. *defroster* ⟨aero⟩ *Kabinenentlüftung* f; ~-scr. *wiper* ⟨mot⟩ *Scheibenwischer* m (S); ~-sh. *washer* ⟨bes Am mot⟩ *Scheibenspüler* m, *–waschanlage* f || ~-stick ⟨sl aero⟩ *Propeller* m || ~-swept *windzerzaust*, → hairdo || ~ *tunnel*

⟨aero⟩ Windkanal m ‖ ~ way ⟨min⟩ Wetter-strecke f **II.** vt [wind] [~ed/~ed] ⟨hunt⟩ (Wild) *wittern, spüren;* to ~ the fox *v dem F. W. bek* | [mst pass] *außer Atem bringen, erschöpfen* | (Pferd) *verschnaufen l*

wind [waind] vt [~ed, wound/~ed, wound] (Horn etc) *blasen* | (Ton) *auf e–m Horn* (etc) *blasen*

wind [waind] **I.** vi/t [wound/wound] **A. vi 1.** (of wood) *sich krümmen, sich verziehen* **2.** *sich in Windungen bewegen* (to ~ along, down, up); (of roads, etc) *sich winden, sich schlängeln;* ⟨a fig⟩ (to ~ through) **3.** ⟨mar⟩ *sich drehen, sich wenden* **4.** *sich winden* or *legen* (round um) **5.** ⟨phot⟩ *drehen,* to ~ from one exposure to the next *v e–r Aufnahme z anderen weiterdrehen, –spulen* **6.** [mit adv] to ~ **up** *Geschäft auflösen, liquidieren;* compulsory ~ing-up ⟨com⟩ *Konkurs m* ‖ ⟨fig⟩ *schließen* (with mit); (P) *Schluß m, aufhören;* to ~ up by saying *.. mit den Worten schließen ..* **B. vt 1.** *wenden* [nur in]: to ~ one's way *sich windend bewegen* (through) | (Schiff) *wenden, herumholen* **2.** (Tuch) *winden, schlagen, wickeln* (about, round a th um etw) ‖ ⟨fig⟩ to ~ o.s. *sich einschmeicheln* (into) ‖ to ~ a p in *jdn umwinden mit, einwickeln in* ‖ ⟨fig⟩ to ~ a p round one's little finger *jdn um den kl Finger wickeln* | (Wolle, Garn) *wickeln;* to ~ on to/off a reel (Garn) *auf–/abspulen* ‖ (Film) *drehen, kurbeln* | (etw) *umwˈickeln, –schließen* (with) **3.** (auf e–r Winde) *in die Höhe winden, hoch-winden* (from aus) **4.** [mit adv] to ~ **off** *ab-wickeln* | to ~ **up** *aufwickeln, –spulen* ‖ *in die Höhe winden* ‖ (Uhr) *aufziehen* ‖ (etw) *abschlie-ßen, beenden* (with, by mit), (Sitzung) *beenden;* ⟨com⟩ (Gesellschaft) *auflösen* ‖ ⟨fig⟩ (jdn) *wieder in Ordnung, in Form bringen, auffrischen;* to become wound up *in Form k* **II.** s *Winden, Drehen n* ‖ *Windung, Krümmung f* (of a path, etc)

windage [ˈwindidʒ] s (*Differenz f zw dem Durchmesser e–s Geschosses u dem des Laufes*) *Spielraum m* (e–s Geschosses im Lauf) ‖ *Ab-lenkung f* (e–s Geschosses) *durch den Wind, Windeinfluß* ‖ *Luftdruck m beim Geschützfeuer* | ~ scale *Windmesser m; –skala f; Anemometer n*

windbag [ˈwindbæg] s ⟨fig⟩ *Windbeutel, Schwätzer m*

winder [ˈwaində] s *Aufwinder(in), Haspler(in f) m* ‖ *Haspel m & f, Winde f; Kurbel f* ‖ (Uhr– etc) *Schlüssel m*

windfall [ˈwindfɔ:l] s *Windwurf* (Ausreißen v Bäumen durch Sturm) m, *–bruch m* (Abbrechen v Stämmen); ⟨for⟩ *Windfall(blöße f) m* | *Fall-obst n* ‖ ~s pl *Windfallholz n, Fallobst n* | ⟨fig⟩ *unerwarteter Glücksfall m* (Vermächtnis etc) (to come into a ~)

windiness [ˈwindinis] s *Windigkeit f* ‖ ⟨fig⟩ *Leerheit, Aufgeblasenheit f*

winding [ˈwaindiŋ] **1.** s *Winden, Haspeln, Spulen n* ‖ (Ein–, Auf–)*Wickeln n;* ⟨el⟩ *Wicke-lung f* ‖ *Windung, Biegung, Krümmung f* | [attr & comp] ~-engine ⟨tech⟩ *Förderwelle f, –kran m; Dampfwinde f, –kran m* ‖ ~-machine **1.** = ~-engine **2.** *Spulmaschine f* ‖ ~-rope *Förder-seil n* | ~-sheet *Grab–, Leichentuch n; Sterbe-kleid n* ‖ ~-tackle ⟨mar⟩ *Gien n* (starker Flaschenzug) | ~-up *Aufwinden, –ziehen n;* ~-up mechanism *Aufziehwerk n* ‖ ⟨fig⟩ *Ab-wicklung f, Abschluß m, Ende n* ‖ ⟨com⟩ *Auf-lösung f* **2.** a *gewunden, sich windend* or *krüm-mend, sich schlängelnd; Schlangen–* (~ lane –weg m); *windungs–, kurvenreich* (mountain road) ‖ ⟨fig⟩ *verwickelt* | ~ curve *Wellenlinie f* ‖ ~ staircase *Wendeltreppe f*

windlass [ˈwindləs] **1.** s *Wellbaum m, Haspel*

f & m; *Winde f;* ⟨mar⟩ *Spill n* (starke Winde); *Kran m* **2.** vt *durch e–e Winde etc heben*

windless [ˈwindlis] a *ohne Wind, windstill*

windlestraw [ˈwindlstrɔ:] s *trockener Gras-stengel m*

windmill [ˈwin(d)mil] **1.** s *Windmühle f;* ~ airplane, ⟨fam⟩ flying ~ *–nflugzeug n, Hub-schrauber m* ‖ ⟨fig⟩ to fight ~s *gegen Wind-mühlen kämpfen* ‖ to throw one's cap over the ~ *sich in Phantastereien einlassen* **2.** vt *wie e–e Windmühle bewegen* (to ~ one's arms) [a vi]

window [ˈwindou] s *Fenster n* (at the ~ am F.); bow-~, jut-~ *Erker m, Chörlein n;* to break a ~ *e–e Fensterscheibe zerschlagen;* to climb in at the ~ *z Fenster hineinklettern;* to look out of (the) ~ *z F. hinaussehen;* my ~ looks on the street *mein F. geht, liegt nach der Straße;* to sit by the ~ *am F. sitzen* | ⟨com⟩ *Schau-fenster n;* ⟨fig⟩ he has (od puts) all his knowledge in the ~ *er geht mit s–m W. hausieren, sein W. ist Fassade* ‖ ⟨Ger⟩ (Post– etc) *Schalter m* | [attr] ~-bar ⟨ec⟩ *Windeisen n, –stange f* | ~-blind *Rouleau n* ‖ ~-box *Fensterkasten m* (f Blumen) ‖ ~-curtain *–vorhang m, Gardine f* ‖ ~-display *Schaufensterauslage, –reklame f;* ~-dressing *–dekoration f;* ⟨fig⟩ *schöne äußere Aufmachung f, °Frisieren n, Schönfärberei f* ‖ ~-frame *Fensterrahmen m;* to fit panes in a ~-frame *Fensterscheiben einsetzen* ‖ ~-ledge *–brüstung f* ‖ ~-pane *–scheibe f* ‖ ~-recess *Fensternische f* ‖ ~-sash *–rahmen m an Schiebe-fenstern* ‖ ~-seat *gepolsterter Sitz unterhalb des Fensters m* ‖ ~-shade ⟨Am⟩ *Vorhang m, Rouleau, Rollo n* ‖ ~-shutters [pl] *Fensterläden m pl* ‖ ~-sill *–brett n, –bank f* ‖ ~ed [~d] a *mit Fenstern versehen* ~less [~lis] a *fensterlos, ohne Fenster*

windpipe [ˈwindpaip] s ⟨anat⟩ *Luftröhre f*

windrow [ˈwindrou] **1.** s *Schwaden m* (Reihe gemähten Grases etc); ⟨a übtr⟩ **2.** vt (Gras) in *Sch. legen*

Windsor [ˈwinzə] s (Stadt in Berkshire) [attr] ~ bean *Windsorbohne f* (gr Puff–) ‖ ~ chair *Stuhl m mit gebogener Lehne u Armen* ‖ ~ soap *braune Toilettenseife f*

windward [ˈwindwəd] **1.** a *windwärts gelegen, Wind–;* ~ side *–seite f* **2.** adv *luv–, windwärts* **3.** s *Luv–, Windseite f;* to sail to ~ *gegen den Wind segeln* ‖ to get to ~ of a p ⟨fig⟩ *jdm e–n Vorsprung abgewinnen, ein Schnippchen schlagen*

windy [ˈwindi] a *windig, stürmisch* (weather) ‖ *v Wind getrieben; dem Wind ausgesetzt, wind-wärts gelegen, Wind–;* the ~ City Chikago [:] ~ side *Windseite f;* on the ~ side of ⟨fig⟩ *außer Reichweite v, frei v* ‖ *blähend; Blähung verur-sachend* | ⟨fig⟩ *windig, eitel; leer, hohl; geschwät-zig; langatmig* (speeches) ‖ ⟨sl⟩ *nervös, erregt*

wine [wain] **1.** s (Trauben-)*Wein m;* ~s [pl] *Weinsorten f pl, Weine m pl;* in ~ *angeheitert, betrunken;* to take ~ with a p *jdm zutrinken;* good ~ needs no bush *gute Ware empfiehlt sich selbst* | *gegorener Fruchtsaft m* (v Äpfeln etc) ‖ *Medizinalweinlösung f* | ⟨univ⟩ *Weinabend m;* to have a ~ *e–n W. abhalten* | [attr] *Wein–* (~ trade) ‖ ~-bin *Weinflaschengestell n* ‖ ~-car-riage *Weinflaschenständer m* (auf Rollen) ‖ ~-cask *Weinfaß m* ‖ ~-cellar *–keller m* ‖ ~-cooler *–kühler m* ‖ ~-grower *–bauer m* ‖ ~-growing *–bau m* ‖ ~-list *–karte f* ‖ ~-merch-ant *–händler m* ‖ ~-press → winepress ‖ ~-shop *–handlung, –stube f* | *–stand m* ‖ ~-taster *–prober m; Stechheber m, Weinprobeschale f* ‖ ~-vault *–keller m; –handlung, –stube f* **2.** vi/t (bes univ) *Wein trinken* | vt (jdn) *mit Wein traktieren* (to dine & ~ a p) ~bag [ˈwainbæg] s *Weinschlauch m* ~bibber [ˈwainbibə] s *Wein-säufer m* ~bottle [ˈwainbɔtl] s *Weinflasche f* ‖ *Weinschlauch m* ~fat [ˈwainfæt] s *Weinkufe f;*

–presse f ~glass ['waingluːs] s *Weinglas* n
~glassful [~ful] s *Weinglasvoll* n (a ~ of)
~less ['wainlis] a *weinlos, ohne Wein* (~ dinner)
~press ['wainpres] s *Weinkelter* f; ⟨rel⟩ (mystic)
~.⟨arts⟩ *Kelter Christi, mystische K.* ~ry ['~ri]
s ⟨Am⟩ *Weinhandlung* f ~skin ['wainskin] s
Weinschlauch m | ~y ['waini] a ⟨vulg⟩ *wein-*
selig, (wein)trunken

wing [wiŋ] s **1. a.** (of birds, insects) *Flügel* m
|| ⟨übtr⟩ (of angels, the wind) *Flügel* m **b. Wen-**
dungen: his ~s are sprouting ⟨iron⟩ *ihm wachsen*
schon Engelsflügel; on the ~ *im Fluge, fliegend*;
⟨fig⟩ *in Bewegung, auf den Beinen*; *im Begriff*
abzureisen; *fliehend, auf der Flucht* || on the ~s
of the wind *auf den Fittichen des Windes*; *mit*
Windeseile || under the ~ of a p, under a p's ~
unter jds Fittichen (Schutze) | to clip the ~s
of a p *jdm die Flügel beschneiden* || to lend ~s
to a th *etw beflügeln, beschleunigen* || to take ~
auffliegen; fortgehen, fliehen || (S) to take to o.s.
~s *schnell verschwinden* (money takes to itself
~s *das Geld fliegt nur so davon*) **2.** ⟨aero⟩ *Trag-*
flügel m, –fläche f (e–s *Flugzeugs*); ~s [pl]
Flugzeugführerabzeichen n [high–, low–, mid–~
[attr] (mono)plane *Hoch–, Tief–, Mitteldecker*
m **3.** (S) *Flügel* m, *Seitenstück* n, –*teil* m (of
doors, houses, etc); stationary ~ *fester Flügel* ||
umgeklappte Ecke (e–s Kragens) ⟨mot⟩ *Kot-*
flügel m || ⟨mil⟩ *äußeres Ende* n, *Flügel* m;
⟨aero⟩ *Gruppe* f, ⟨Am⟩ *Geschwader* n (2 *Staffeln,*
etwa 30 Flugzeuge) →*commander* → com-
mander | ⟨theat⟩ (a side–~) *Kulisse* f **4.** ⟨anat &
bot⟩ (Lungen–, Nasen– etc) *Flügel* m **5.** [attr &
comp] *Flügel–* || ~-beat *Flügelschlag* m || ~-
case *Flügeldecke* f || ~ chair ⟨Am⟩ *Ohren–,*
Armstuhl m || ~-covert *Deckfeder* f || ~-collar
Eckenkragen m || ~ drop tank ⟨aero⟩ *Trag-*
flächenabwurfbehälter m || ~-feather *Schwung-*
feder f || ~ flap ⟨aero⟩ *Landeklappe* f ||
footed ⟨poet⟩ *beschwingt; schnellfüßig* || ~-man
⟨ftb⟩ *Außenstürmer* m || ~-nut ⟨tech⟩ *Flügel-*
mutter f; ⟨bot⟩ *Caucasian* ~-nut *Kaukasische(r)*
Flügelnuß(baum) f || ~-panel *Altar–, Ret'abel-*
flügel m || ~-sheath = ~-case || ~ span ⟨aero⟩
Spannweite f || ~-spread *Flügelspanne* f; ⟨aero⟩
Flügelspannweite, Tragflächenbreite f || ~-stroke
Flügelschlag m || ~ tank *Tragflächenbehälter* m
|| ~ tip *Tragflächenende* n; ~ tips [pl] ⟨aero⟩
Zusatztanks m pl | ~ed [~d] a *mit Flügeln ver-*
sehen, geflügelt; ~ horse *geflügeltes Pferd* n,
Pegasus m; ~ words [pl] *geflügelte Worte* n pl
|| ⟨fig⟩ *beflügelt, schnell* | [in comp] –*flüglig*
(long–~)

wing [wiŋ] vt/i **A.** vt **1.** *mit Flügeln versehen*;
(*Pfeil* etc) *mit Federn versehen* || ⟨fig⟩ *beflügeln*,
–*schwingen, –schleunigen* **2.** *durchfliegen, fliegend*
durchqueren; to ~ one's flight *s–n Flug nehmen,*
fl'iegen; to ~ one's way (*auf Flügeln*) *s–n Weg*
nehmen || *auf Flügeln tragen* **3.** (*Geschoß*) *ab-*
schießen, schleudern (against) **4.** (*Vogel*) (*in den*
Flügel treffen) flügeln; ⟨a übtr⟩ (to ~ an aero-
plane) || (*Arm*) *durch Schuß verwunden, treffen*
B, vi *fliegen*

wingless ['wiŋlis] a *flügellos, ohne Flügel*
winglet ['wiŋlit] s *kl Flügel* m
wink [wiŋk] **I.** vi/t **A.** [vi] **1.** *blinzeln, mit den*
Augen zwinkern; to ~ at a p *jdm zublinzeln* | to
~ at a th ⟨fig⟩ *ein Auge zudrücken bei e–r S* ||
(of eyes) *sich schnell schließen u öffnen*; → ~ing
2. (of light) *blinken, leuchten, blitzen* **B.** [vt] to ~
the (*od* one's) eyes *mit den Augen blinzeln,*
zwinkern | (*etw*) *durch Lichtzeichen kundtun*
II. [s] **1.** *Schläfchen* n; forty ~s ⟨fam⟩ *kurzes*
Schläfchen n **2.** *Blinzeln, Zwinkern* | *Z'ublinzeln*
n, *Wink* m; to give, tip a p the ~ *jdm e–n Wink*
geben (that) || *Blitzen* n; to give a ~ *aufblitzen*
3. ⟨übtr⟩ *kurzer Augenblick* m; in a ~ *im Nu* ||
not a ~ *nicht ein bißchen* (not a ~ of sleep)

~er ['~ə] s ⟨mot⟩ *Blinklicht* n; ⟨fig⟩ ~s pl
⟨sl⟩ *Guckerle* n pl (*Augen*) ~ing ['~iŋ] s *Blinzeln*
n || *Blinken, Leuchten* n | ⟨sl⟩ like ~ *im Nu*;
as easy as ~ *spielend schnell* | ~ light = *winker*
⟨mot⟩

winkle ['wiŋkl] **1.** s ⟨zoo⟩ *eßbare Schnecke*;
Uferschnecke f; → periwinkle | ~-fishing ⟨vulg
fam⟩ *Popeln* n **2.** vt: to ~ out *herauspolken,*
–*popeln*

winner ['winə] s *Gewinner(in); Sieger(in* f) m
Winnie ['wini] s ⟨fam⟩ = The Rt. Hon. Sir
Winston Churchill
winning ['winiŋ] **1.** s *Gewinnen* n || ~s [pl]
(*Wett–*)*Gewinn* m | ⟨min⟩ *Förderung* f | [attr]
~-post ⟨sport⟩ *Ziel* n **2.** a (~ly adv) *gewinnend,*
Sieger– (~ team); ~ name *der Name des Siegers*
(*in e–m Rennen* etc) | *den Sieg herbeiführend,*
entscheidend (~ move) || ⟨fig⟩ *einnehmend, ge-*
winnend; his ~ ways [pl] *sein einnehmendes*
Wesen n

winnow ['winou] **1.** vt (*Getreide*) *worfeln* (v
Spreu reinigen); *sieben, schwingen, wannen* |
⟨fig⟩ (a to ~ out) (*Anzahl, Liste*) *sichten, sieben*;
(*Gesellschaft*) *reinigen, säubern*; (*Wertvolles*)
sondern, trennen (from v) | (*Wertloses*) *aus-*
merzen, –scheiden, –sondern (from v) **2.** s *Ge-*
treideschwinge f | ~er [~ə] s *Worfler(in* f) m ||
Kornreinigungsmaschine f ~ing [~iŋ] s *Schwin-*
gen, Worfeln n | ~-machine *Kornreinigungs-*
maschine f

winsome ['winsəm] a (~ly adv) *reizend,*
anziehend, einnehmend; lieblich ~ness [~nis] s
das Reizende, Lieblichkeit f, *Reiz* m

winter ['wintə] **1.** s *Winter* m (in ~ *im W.*);
in the ~ of 1707/08 *in dem W. 1707/08* || ⟨poet⟩
Jahr n **2.** [attr *od* a] **a.** *winterlich, Winter–* (~
garden; ~ sleep) | ~ crop *Winterfrucht* f ||
~ damage (to crops) ⟨agr⟩ *Auswinterungs-*
schäden m pl; ~-green ⟨bot⟩ –*grün* n; *Immer-*
grün m || ~-moth ⟨ent⟩ *Frostspanner* m || ~
quarters [pl] *Winterquartier* n | ~ sports
Wintersport m **b.** ~'s: ~'s day *Wintertag* m; one
~'s day *an e–m W.*; → autumn, spring, sum-
mer || ~'s morning *Wintermorgen* m **3.** vi/t |
den W. verbringen, überwintern | vt f *den W.*
unterbringen (in); (*Vieh im W. halten, weiden* l
~ing [~riŋ] [attr] ~ pond ⟨ich⟩ *Hälterteich* m
~ization [ˌwintəraiˈzeiʃən] s *Winterung* f;
Winterschutzmaßnahmen f pl ~ize [~raiz] vt
winterfest m; f *den Winter(gebrauch) vorbereiten*;
(*Auto*) *überwintern* ~kill [~kil] vt ⟨Am agr⟩
auswintern [vt]; to be ~ed *auswintern* [vi]
~less [~lis] a *winterlos, –frei; ohne Winter* ~ly
[~li] a *winterlich, Winter–* ~tide [~taid] s
Winterzeit f

wintriness ['wintrinis] s *winterlicher Charakter*
m **wintry** ['wintri] a *winterlich; kalt* || ⟨fig⟩ *alt,*
grau; schwach || *kühl, frostig*

winy ['waini] a *weinartig, –rot, Wein–*
winze [winz] s ⟨min⟩ *nicht an die Oberfläche*
gehender Zwischen–, Verbindungsschacht m

wipe [waip] **I.** vt **1.** (*ab*)*wischen* (with); →
tape recording; *reinigen, abtrocknen*; to ~ one's
nose *sich die Nase putzen*; to ~ one's eyes *sich*
die Tränen abwischen || to ~ the eye of a p *jdn in*
den Schatten stellen, ausstechen; to ~ a p's eye
for him *jdn gehörig ducken* || to ~ the floor with
a p *jdn gehörig abführen, jdm heimleuchten*
2. ⟨sl⟩ *schlagen, hauen* **3.** [mit adv] to ~ away
abwischen (from v); to ~ away one's tears *sich*
die Tränen abwischen | to ~ off *weg–, abwischen*
(with *mit*); (*Rechnung*) *begleichen*; (*Schuld*)
tilgen, bezahlen || to ~ out *auslöschen, –waschen*
|| (*etw*) *auslöschen, –wischen, verwischen* ⟨übtr⟩
(*Makel*) *tilgen, beseitigen* || *ausschalten, unter-*
drücken || ⟨fig⟩ *töten, (Heer) vollkommen ver-*
nichten, zerstören; (*Rasse*) *ausrotten; wegfegen*
4. [in comp] ~-out ⟨fig⟩ *Auslöschung, –tilgung*

f; ⟨telg⟩ *Tilgung* f (of a signal by another)
II. s 1. *(Ab-)Wischen, Abtrocknen* n; to give a
th a ~ *etw ab–, auswischen, reinigen* **2.** ⟨sl⟩
„*Wischer*", *Schlag, Hieb* m; ⟨fig⟩ *Seitenhieb* m,
spöttische Bemerkung f, *Spott* m **3.** ⟨sl⟩ *Taschentuch* n **4.** ⟨film⟩ *Wischer* m (z *Bildwechsel*)

wiper ['waipə] s *(Aus-)Wischer, Putzer* m (P)
|| *Wischer* m (pen–~ *Feder–*); *Wischtuch* n

wire ['waiə] **I. s 1.** *Draht* m (copper ~;
steel ~) || (a barbed ~) *Stacheldraht* m, *Draht-
verhau* m **2.** *(elektrischer) Leitungsdraht* m (f
Telegraphie etc); live ~ ⟨el⟩ *geladener Draht*;
⟨bes Am⟩ *Energie-geladener Mensch* m | *Tele-
graphie* f; *Draht* m; by ~ *telegraphisch* || ⟨Am⟩
to be on the ~ *Telephonanschluß* h || ⟨übtr fam⟩
Telegramm n, *Drahtnachricht* f **3.** ⟨mus⟩ *Draht-
saite* f **4.** ~s [pl] *Drähte* m (*beim Puppenspiel*);
to pull the ~s *die Drähte ziehen*, ⟨fig⟩ *der (unsichtbare) Drahtzieher, Urheber* s **5.** ⟨fam⟩
Drahthaar m & n (*Terrier*) **6.** [attr & comp]
Draht– || ~ apron ⟨mil⟩ *Drahtsperre* f || ~
boom ⟨mar⟩ *Sperrtrosse* f || ~-bridge *Draht-
seilbrücke* f || ~-cloth *Drahtgewebe* n || ~ core
Drahtseele f || ~-cutter[s pl] *Drahtschere* f ||
~-dancer *Seiltänzer(in* f) m || ~ drawing mill
Drahtzieherei f || ~ fabric *–gewebe* n || ~-edge
Grat m (*durch Überschleifen des Messers*); to
take off the ~-edge *ein Messer neu abziehen* ||
~-entanglement ⟨mil⟩ *Drahtverhau* m || ~
fence *–zaun* m || ~ frame *viewfinder* ⟨phot⟩
Sport–, *Rahmensucher* m || ~-gauge *Drahtlehre*
f (*Werkzeug*) || ~ gauze *–gewebe, –sieb, –netz* n
|| ~ grip ⟨tech⟩ *Froschklemme* f || ~-haired
borstenhaarig; Drahthaar– (*foxterrier*) || ~
intercept service *Lauschdienst* m || ~ nail *Draht-
stift* m || ~ netting *feines –geflecht* n || ~ patrol
Störungssuchtrupp m || ~(-)photo *Bildfunk* m;
–telegram n; *Funkbild* n || ~ pliers [pl]
Drahtzange f || ~-puller *Marionettenspieler* m;
⟨fig⟩ (*unsichtbarer*) *Drahtzieher* m || ~-pulling
⟨parl⟩ *politische Manipulationen* f pl; *Anwen-
dung* f v *Geschäftskniffen* || ~ recorder *Draht-
·aufnahmegerät* n, *–magnetophon* n || ~ rod
Walzdraht m || ~ rope *Drahtseil* n || ~(-)tapper
Abhorcher m || ~-tapping *champ* ⟨telph⟩
Lauschzange f; ~-t. device *Abhörapparat* m ||
~ terminal *Drahtklemme* f || ~ trench *Kabel-
graben* m || ~-walker *Drahtseilakrobat* m ||
~-worm ⟨zoo⟩ *Drahtwurm* m, *Schnellkäferlarve*
f, → *click-beetle* || ~-wove *Velin–* (~-wove
paper *glattes Papier*) **II.** vt/i **A.** vt **1.** *mit Draht
zus–binden, heften, befestigen or börteln* || *auf
D. ziehen; steifen, stützen* || *durch D. abgrenzen,
einzäunen;* ⟨mil⟩ *durch Stacheldraht schützen* ||
⟨el⟩ (*Haus*) *mit Drahtleitung versehen,* ⟨tech⟩
schalten; to ~ a room *elektr. Leitung in e–m
Zimmer anlegen* || ~d *wireless Drahtfunk* m
2. *mit (Draht-)Schlingen fangen* **3.** ⟨fam⟩ *telegraphieren* (a th *etw*; a p th *od* a th to a p *jdm
etw*); to ~ a p *jdm drahten* (to do) **4.** [mit adv]
to ~ in ⟨fam⟩ *energisch ans Werk gehen* **B.** vi
⟨fam⟩ *drahten, telegraphieren* (to a p *jdm*)

wiredraw ['waiə'drɔ:] vt (→ to draw) (*Metall*)
z Draht ausziehen || ⟨übtr⟩ (*Unterredung* etc) *in
die Länge ziehen, hinziehen;* (*Ausdruck*) *pressen*
~**er** [~ə] s (*Metall-*)*Drahtzieher* m

wireless ['waiəlis] **I.** a ⟨el⟩ *drahtlos; Funken–*
(*telegraphy*); *Funk–* (*message*) **II. s 1.** (a ~
telegram *od* message) *Funkspruch* m || (a ~
telegraphy) *drahtlose Telegraphie, Funktele-
graphie* f (by ~ *drahtlos, funktelegraphisch*) |
Rundfunk m, *Radio* n; by ~ *durch das R., durch
Rundfunk;* on the ~ *im Radio, im Rundfunk* (to
hear on the ~; talks on the ~); speaker on the
~ *Rundfunksprecher* m **2.** [attr & comp]
Radio–, Rundfunk– || ~ bearing *Funkpeilung* f
|| ~-fitted *mit Radio ausgestattet* || ~ inter-
ception station *Horchstelle* f || ~ licence *Rund-*

funkgebühren f pl || ~-listener *–hörer* m || ~
operator ⟨mar⟩ *Funktelegraphist, Funker* m || ~
set, ~ receiving-set *Radioapparat* m || ~
station *Funkstation* f || ~ transmitter *Sender* m
III. vi/t | *drahtlos telegraphieren, funken* | vt
(*etw*) *funken;* to ~ a p *jdm funken* (to do)

wiriness ['waiərinis] s *Sehnig–, Zähigkeit* f

wiring ['waiəriŋ] s *Leitungssystem* n, *Ver-
drahtung* f || *Drahtlegen* n; *–leitung* f || ~
diagram *Schaltbild, –schema* n || [koll] *Drähte*
m pl, *Drahtnetz* n

wiry ['waiəri] a *aus Draht bestehend, Draht–*
|| (of hair) *steif, borstig* || ⟨fig⟩ (P) *sehnig,
zäh(e),* „*drahtig*"

wis [wis] vi (*nur* 1. sg prs; *aus* pret wist
wußte) I ~ *ich weiß wohl*

wisdom ['wizdəm] s *Weis–, Klugheit* f (the ~
of doing) | † *Gelehrsamkeit* f || † *weise Lehren*
f pl || ⟨bib⟩ the ⁓ (of Solomon) *die Sprüche*
m pl *Salomons;* the ⁓ of Jesus the son of Sirach
(= Ecclesiasticus) *das Buch Jesus Sirach* | ~
tooth *Weisheitszahn* m

wise [waiz] † s *Art, Weise* f (in gentle ~ *in
sanfter W.*) | in any ~ *irgendwie;* in no ~ *auf
k–e Weise;* → nowise || (we produce) in such ~
as to provide (..) *derartig, daß wir versehen* .. ||
on this ~ *auf diese Weise –wise* [waiz] *lebendes*
suff z *Bildung* v *Adv. –weise* (*cross–*)

wise [waiz] a (~ly adv) *weise, klug u einsich-
tig; verständig, erfahren; abgeklärt; klug* (it
would be ~ of him); ⟨Am sl⟩ *gut unterrichtet;
gescheit, gescheut;* a word to the ~ *laß dir raten,
wenn du klug bist* | *wissend, unterrichtet;* as ~ as
before *so klug wie vorher;* none the ~r *um nichts
klüger, gescheiter* (of in *bezug auf;* for *durch*);
⟨Am⟩ to put a p ~ to a th *jdn über etw unter-
richten, benachrichtigen* | ~ man *Weiser* m; the
~ men of the East *die 3 Weisen aus dem Morgen-
lande* || † ~ woman *Hexe, Wahrsagerin;
Hebamme* f

wise [waiz] vt/i ⟨Am fam⟩ (a to ~ up) *unter-
richten, lehren* ~d-up *gut informiert* | vi *studie-
ren*

wiseacre ['waizeikə] s *Überkluger, Klugtuer,
–redner, Klügling, Neunmalkluger* m

wisecrack ['waiz,kræk] s ⟨Am sl⟩ **1.** s *kluge,
treffende, witzige Bemerkung* f; *kluger Ausspruch*
m **2.** vi *treffende Bemerkung* m

wisehead ['waizhed] s ⟨Am⟩ *kluger Kopf* (P),
⟨oft iron⟩ *Neunmalweiser* m

wise(n)heimer ['waiz(n)haimə] s ⟨Am⟩ *Neunmalkluger*

wish [wiʃ] **I.** vt/i **A.** vt *wünschen, verlangen*
1. to ~ a th *etw wünschen* || just as I had ~ed
genau wie ich gewünscht hatte; as might be ~ed
wie z wünschen wäre **2.** [mit Obj.-Satz] I ~
(that) you may get in *ich wünsche, daß du hinein-
kommst* || I ~ *ich möchte, wünschte* (I ~ I were
you); I ~ he would come *ich wünschte, er käme;*
he ~es that they had answered *er wünschte, daß
sie geantwortet hätten* **3.** [mit inf] he ~ed to talk
to you *er wünschte mit dir z sprechen;* I ~ed to
see it *ich wollte es sehen* | [mit acc c. inf] *wün-
schen, dringend bitten,* I ~ you to learn better
ich wünsche, daß du besser lernst | [mit acc c.
part *od* a, adv] I ~ it done *ich wünsche, daß es
geschieht, gemacht wird;* I ~ it better *ich w. es
besser;* they ~ed me away *sie wünschten, daß
ich weg wäre;* to ~ a p at the devil ⟨fam⟩ *jdn z
Henker wünschen* **4.** to ~ a p a th *od* a th to a p
jdm etw wünschen; to ~ a p good luck *jdm
Glück wünschen* **B.** vi to ~ a p [dat] well (ill) *od*
to ~ well (ill) to a p *jdm Gutes (Böses) wünschen,
wohl(übel)-gesinnt* s; to ~ for a th (*sich*) *etw
wünschen, etw h wollen;* ~ed for *erwünscht,
–sehnt* **II. s 1.** *Wunsch* m (the ~ to do); *Verlangen* n (for *nach*); at a p's express ~ *auf jds
ausdrücklichen W.;* the ~ was father to the

thought *der W. war der Vater des Gedankens* |
Bitte f; *Befehl* m | ~es [pl] *Wünsche, Glück-*
wünsche m pl (with all good ~es for .. *mit herz-*
lichen Glückwünschen f ..); Grüße m pl **2.** *Wunsch,*
Wille m (his ~ was that they should do); to
have one's ~ *s–n Willen h*; a p's last ~ *jds*
letzter W. **3.** [attr] ~-bone ⟨= ing-bone ||
~-dream *Wunschtraum* m | **~er** [′~ə] s [in
comp] well-~ *jd, der e–m Gutes wünscht* **~ful**
[′~ful] a (~ly adv) *vom Wunsche erfüllt, sehn-*
süchtig, begierig (to do *z tun*) || ~ thinking
(*unterbewußte*[*r*]) *Wunschgedanke*[*n* pl] m
~fulness [′~fulnis] s *Sehnsucht* f **~ing** [′~iŋ] s
Wünschen n | [attr] ~-bone *Gabelbein* n *des*
Geflügels || ~-cap *Zaubermütze,–kappe* f

wish-wash [′wiʃwɔʃ] s (*dünnes, wässeriges Ge-*
tränk), °*Plurre, Plempe* f || ⟨fam⟩ *seichtes Gerede,*
–wäsch; *Geschreibsel* n; *Kitsch* m **wishy-washy**
[′wiʃi‚wɔʃi] a *wässerig, dünn* || ⟨übtr⟩ *saft–,*
kraftlos; labberig, fade, seicht (talk); *kitschig*
(writing)

wisp [wisp] **1.** s (*Stroh–* etc) *Bündel* n, *Wisch*;
(*Haar–*)*Büschel* m || ~ of paper *Papierstreifen*
m, *Fidibus* m; ~ of straw *Strohwisch* m || (~ of
smoke) *Rauchring* m, *–wölkchen* n, *–fahne* f |
(of birds) *Schar* f || ⟨fig⟩ *Hauch* m **2.** vi *in*
Büscheln hängen (about *um*) | **~y** [′~i] a
büschelartig, wuschelig (hair) || ~ dress °*„Fähn-*
chen" n

wist [wist] † pret *wußte*; → wis *u* to wit
wistaria [wis′tɛəriə] s ⟨bot⟩ *Glyz·ine* f
wistful [′wistful] a (~ly adv) *sehnsüchtig;*
sehnsuchtsvoll, schmachtend (look); *wehmütig*;
to be ~ of *sich sehnen nach* || *nachdenklich,*
gedankenvoll; ernst **~ness** [~nis] s *Sehnsucht* f;
Wehmut f || *Nachdenklichkeit* f

wit [wit] s **1.** ⟨bes philos⟩ *Denkvermögen* n,
Verstand m, the ~ of man *der menschl. V.*; a
man of ~ *ein kluger Kopf*; mother ~ *Mutterwitz*
m; the five ~s *die 5 Sinne* m pl **2.** ~s [pl]
geistige Fähigkeiten f pl, *Geist* m; a lady of ~s
e–e geistreiche Dame; he has not the ~s *er hat*
nicht den K. dazu | to be at one's ~s' end *mit*
s–m Verstand am Ende s, weder ein noch aus
wissen; sich nicht (mehr) *z raten od z helfen*
wissen || to lose one's ~s *den V. verlieren*; to be
in one's ~s *bei V. s* || to be out of one's ~s *den*
Kopf, Verstand verloren h || to drive a p out of
his ~s *jdn verrückt m* || to frighten *od* scare a p
out of his ~s *jdm e–n Todesschreck einjagen,*
jdn z Tode erschrecken || to have one's ~s about
one *s–n Verstand, s–e fünf Sinne beisammen h*;
ganz bei der S s || to keep one's ~s about one
auf der Hut s || to live by one's ~s *ein skrupel-*
loses Abenteuerleben führen || to shake one's ~s
together sich zus–nehmen, °*sich aufrappeln* || →
woolgathering **3.** † *gr geistige intellektuelle*
Kraft; geistige Beweglichkeit f **4.** *Witz,* (a sally
of ~) *witziger Einfall* m; blaze of ~ *sprühende*
Witz; brevity is the soul of ~ *in der Kürze liegt*
die Würze **5.** † *kluger Kopf*; *gr Geist* m **6.** *witziger*
Mensch, Witzbold m

wit [wit] † vi *wissen* [prs I, he wot *ich, er*
weiß; thou wottest *du weißt*; pret *wist wußte*(*n*);
prs p witting] | [*noch lebendig in*]: to ~ *das*
heißt, nämlich

witch [witʃ] **1.** s *Hexe* f; ~es' Sabbath *–nsab-*
bat m | ⟨fig⟩ *Mensch* (*bes Frau*) *v bezauberndem*
Wesen m || (*mst old* ~) *altes, häßliches Weib,*
alte Hexe f | [attr] ~-doctor *Medizinmann,*
Zauberer m (*bei wilden Völkerschaften*) || ~-
hunt *Hexenjagd* f, ⟨pol bes Am⟩ „*Hexenverfol-*
gung" f, ⟨übtr⟩ *Treibjagd* f *auf* (*vermeintliche*)
Kommunisten || ~-meal ⟨bot⟩ *Hexenmehl* n,
Bärlappsamen m || ~'s cauldron *Hexenkessel* m
2. vt *behexen, –zaubern* ⟨a fig⟩ || *verzaubern*
(into *in, z*) **~craft** [′~krɑːft] s *Hexerei* f,
trial Hexenprozeß m || ⟨fig⟩ *Zauberkraft* f,

Zauber m **~ery** [′~əri] s *Hexerei, Zauberei* f ||
–ries [pl] *Verzauberungen* f pl | ⟨fig⟩ *Zauber-*
kraft f, *bezaubernde Wirkung* f, *Zauber* m **~ing**
[′~iŋ] a (~ly adv) *hexend, Hexen–, Gespenster–*
(the ~ hour, time) || ⟨fig⟩ *bezaubernd*

witch, ⟨bes Am⟩ **wych** [witʃ] s [in comp]
~-hazel ⟨bot⟩ *Zauberhasel* f || → wych–

witenagemot [′witənəgi′mout] s ⟨ags⟩ *Ver-*
sammlung f *der geistl. u weltl. Großen im Angel-*
sachsenreich

with [wið; * wiθ] prep **1.** *gegen, mit* (to
contend, fight, etc ~) **2.** *mit* (*Gemeinschaft,*
Begleitung, Gleichzeitigkeit, Beziehung, Bezie-
hung, Art u Weise etc *ausdrückend*) **a.** ~ one
another *miteinander* || the horse carried the
rider with it *das Pferd riß den Reiter mit sich*;
he carried them ~ him ⟨fig⟩ *er riß sie mit sich* |
it (the war) carried with it *er hatte im Gefolge* ||
he took her ~ him *er nahm sie mit* **b.** ~ this
hiermit, –auf; ~ that *damit, –rauf* || ~ these
words *bei diesen Worten* || to be ~ it ⟨bes Am
fam⟩ *mitmachen; auf Draht s* || ~ a choke *wür-*
gend vor Erregung || ~ a broad grin *über das*
ganze Gesicht grinsend | ~ almost a shriek *gera-*
dezu laut aufschreiend | ~ here a leaflet and there
a booklet *hier mit e–m Blättchen u dort mit e–m*
Büchlein **c.** ~ one's hat off *mit bloßem Haupte* ||
~ mother in that mood *wenn Mutter in dieser*
Stimmung ist || ~ never a break in his speech
ohne s–e Rede je z unterbrechen || with only you
to help him *wenn er nur dich hat* (etc), *der ihm*
hilft (etc) || ⟨mus⟩ ~ Mr. N. conducting *unter*
der Leitung v Herrn N. || ~ all the world
looking on *während die ganze Welt zuschaut*(e) ||
~ the door locked (open) *bei verschlossener*
(*offener*) *Tür* **d.** the man ~ the bald head *der*
Herr mit der Glatze || he has a way ~ him
er hat etwas an sich || ~ child *schwanger* || ~
young *trächtig* **e.** with the stream *mit dem*
Strome (*in der Richtung des Stromes*) | of the
same nature ~ those *v derselben Art wie die-*
jenigen | of a piece ~ *v derselben Art wie* **f.** he
can dance ~ any one *er kann tanzen wie nur*
irgendeiner; he could dance ~ the best of them
es konnte k–r tanzen wie er **g.** to be attended ~
⟨fig⟩ *begleitet s v*; to be concerned with (*S*)
sich beschäftigen mit; betreffen, behandeln; to
deal ~ *handeln v* **h.** ~ pleasure *mit Vergnügen* ||
~ all speed *in aller Eile* **3.** *zus– mit; nebst, samt*;
the King ~ the Queen *der König nebst der*
Königin | one ~ another *zus-gerechnet* **4.** *bei* **a.**
(*P*) ~ the Romans *bei den Römern* || his influ-
ence ~ the king *sein Einfluß beim, auf den König*
|| it is just so ~ me *es geht mir genau so* || it is a
rule ~ him *es ist die Regel bei ihm* || it rests ~
you *es steht bei dir* || nothing succeeds ~ me
nichts gelingt mir || what do you want ~ me?
was willst du v mir? **b.** (*S*) it is not so ~ the
drama *es ist nicht so bei dem Drama, .. was das*
D. betrifft || I find great difficulty ~ your script
d–e Schrift macht mir gr Schwierigkeit **5.** *auf*
Seite v; für; they were ~ us *sie waren für uns* ||
there I am ~ you *da bin ich ganz d–r Meinung*
6. *trotz*, ~ all her charms *trotz aller ihrer Reize*
7. (*Mittel*) *vermittels, mit, durch*; to strike ~ a
stick *mit e–m Stocke schlagen* || ~ age *durch*
Alter | to cure ~ fasting *durch Fasten heilen*
8. (*Folge, Ursache, Ursprung*) *an, von, vor*, to be
down ~ scarlet fever *an Scharlach daniederlie-*
liegen | to die ~ hunger *vor Hunger sterben* |
to weep ~ joy *vor Freude weinen* || mad ~ rage
toll vor Wut | angry ~ a p *böse auf jdn* **9.**
(*Trennung*) *von,* to part ~ *sich trennen v* || to
differ ~ a p *anderer Meinung als jd* **10. an:** he
has a strange way ~ him *er hat e–e komische*
Art an sich | **auf:** the word ends ~ (*od* in) a
vowel; he readily agreed ~ my request *er ging*
gern auf m–e Bitte ein; to dispense ~ *verzichten*

auf || he is very angry, cross, furious ~ you .. *böse* etc *auf* .. | **aus**: to die ~ (*od* of) grief; ~ all his might *aus Leibeskräften* | **bei**: I live, board ~ them; I shall stay ~ you for a week; have you the papers ~ you?; I left the parcel ~ the porter || he began ~ the last man; ⟨mil⟩ I served ~ the Highlanders; will you help me ~ the translation; to register ~ the police *sich (bei der Polizei) polizeilich anmelden*; to insure the inventory ~ a Fire Insurance Company || that is not so ~ the drama, not the case ~ Milton, different ~ the ancients; appetite comes ~ eating *der A. kommt beim Essen*; to sleep ~ the windows open *bei offenem Fenster schl.*; ~ God all things are possible; that is the rule ~ him; I lose my patience ~ you; it rests ~ you to decide; that is not difficult ~ his knowledge; those arguments won't do ~ me .. *ziehen bei mir nicht*; ~ us in Germany; to publish a book ~ Winter & Co. | (= *trotz*) ~ all his faults he is a good friend; ~ all respect for your opinion I beg to differ from you || try your luck ~ her; she takes French lessons ~ Mr. N.; you may leave word ~ the maid .. *Bescheid hinterlassen bei* .. | **gegen**: he is strict (*streng*) ~ his children | **in**: never meddle ~ other people's affairs *misch dich nicht in andrer Leute Angelegenheiten*; he fell in love ~ her *er verliebte sich in sie* || he did it ~ the best of intentions .. *in der besten Absicht*; exhibited ~ a view to its being sold .. *in der Absicht* ..; they spoke of him ~ marked disdain .. *in sehr verächtlichem Ton* | **mit**: to swim ~ the stream; to sail ~ the wind; he spent the evening ~ me; play ~ me | (*Gleichzeitigkeit*) his suffering increased ~ his years .. *wurde mit den Jahren schlimmer*; it changes ~ the seasons .. *mit der Jahreszeit*; he is always behind ~ his rent .. *rückständig mit* .. | [*die Mehrzahl der im Engl. mit der Präposition* "with" *verbundenen Verben wird im Deutschen entsprechend mit* „mit" *verbunden*] → to accomodate, agree, amuse, assist, associate, charge, compare, compete, concern, confer, confront, confuse, content o.s., disagree, dispute; to do ~ little *mit wenig ausk*; to endow, entrust, equip, familiarize, favour, fit, indentify, infect, involve, load, negotiate, oblige, occupy, overwhelm, play, present *beschenken*, quarrel, reconcile, satiate, saturate, speak, struggle, threaten || familiar ~ *vertraut mit*, (in)compatible ~ (*un)vereinbar mit* | ⟨übtr⟩ ~ gilt edges *mit Goldschnitt*; ~ these words he went out; to lie in bed ~ a fever *mit F.* ..; how far have you advanced ~ your work?; it is all over *od* up ~ him *es ist aus mit ihm* || (*Umstände*; *Art u Weise*) ~ a good appetite; to expect .. with anxiety *mit Spannung* ...; to see with the naked (*bloß*) eye; to speak English ~ fluency *mit gr Geläufigkeit*; with great interest; do not speak ~ your mouth full .. *mit vollem M.*; he put me off ~ mere promises *er speiste mich mit leeren V. ab*; ~ reluctance; the rocket exploded ~ a loud report .. *mit lautem Knall* || (*Mittel, Werkzeug*) to write ~ chalk; to plant (*bestellen*) fields ~ potatoes; besieged (*bestürmt*) ~ questions | **über**: I was angry, offended ~ him .. *aufgebracht, ärgerlich über* .. | **unter**: ~ reference to *unter Bezugnahme auf*; we could only get on ~ difficulties; ~ tears *unter Tränen* (*sprechen*) | **von**: overflowing ~; to part ~ a p, a th; the valley echoed ~ their voices || disgusted ~ *angeekelt v*; impressed ~ *beeindruckt v*; bent ~ years *v den Jahren gebeugt*; → by | I thank you ~ all my heart .. *v ganzem Herzen*; I shall do it ~ all my heart .. *v Herzen gerne* .. | **vor**: to burn ~ curiosity; to drip ~ dew; to tremble ~ cold, fear; to howl ~ pain; to suffocate ~ heat || breathless ~ excitement; beside o.s. ~ anger,

joy; exhausted ~ laughter; his hands were black ~ dirt; → for | **wegen**: she had to tax her servant ~ being lazy .. *wegen ihrer Trägheit tadeln*; we reproached him ~ his ingratitude | **zu**: sit ~ me *setz dich zu mir*; to eat bread ~ one's meat *Brot zum Fleisch essen* || this accords ill ~ his character .. *paßt schlecht z*

withal [wi'ðɔ:l] **1.** † *adv zugleich, außerdem, obendrein, überdies, daneben* **2.** *prep* [*nur nach dem Subst.* or *in Endstellung*] *mit* (I have no friend to play ~)

withdraw [wið'drɔː] vt/i [→ to draw] **1.** vt **a.** (*etw*) *zurück–, wegziehen* (from) || *wegnehmen, entfernen* (from *aus, v*); to ~ a th from a p *jdm etw entziehen* || (*Vorhang*) *zurück–, beiseiteziehen* || ⟨com⟩ (*Geld* etc) *abheben, zurückziehen* (from *v*) || (*Worte* etc) *zurücknehmen, widerrufen* **b.** (*jdn*) *wegnehmen* (from school *v der Schule*); (*Truppen*) *zurückziehen* | to ~ o.s. *sich zurückziehen* (from *v*) **2.** vi ⟨a mil⟩ *sich zurückziehen; zurückgehen, –weichen; –treten* (from *v*); *weggehen* || ~! ⟨parl etc⟩ *aufhören*! || ⟨übtr⟩ ~ from a th *sich zurückziehen v etw*; *etw aufgeben*; to ~ within o.s. *sich in sich zurückziehen* | **~al** [~əl] s *Ein–, Zurückziehen*; ⟨med⟩ *unterbrochener Beischlaf* (coitus interruptus); *Zurückziehung, Entfernung* f (from *v*) || *Zurücknehmen* n; *Zurücknahme* f, *Widerrufung* f || ⟨com⟩ (*Geld-)Abhebung* (from a bank); ~ form *–sformular* n, *Entnahmeschein* m || ⟨oil, etc⟩ *Entnahme* f | *Sich-Zurückziehen; Zurückgehen, –treten* n; *Rücktritt* m (from an office *v e–m Amt*; from a transaction *v e–m Geschäft*); age at ~ ⟨demog⟩ *Alter n beim Ausscheiden* n *aus dem Erwerbsleben* n; ~ from action *Abbrechen* n *des Gefechtes* || ~ route *Rückzugsstraße* f **~ing** [~iŋ] s [attr] ~-room = drawing-room

withe [wiθ] s *Weidenrute* f

wither ['wiðə] vi/t || *verwelken, –trocknen* || ⟨fig⟩ *schwach w, verfallen*; *zurück–, ein–, vergehen* || *fallen* (in price) | vt *ausdörren, –trocknen*; *welk m* || ⟨fig⟩ *lähmen*; *vernichten* | **~ed** [~d] a *verwelkt, welk* || *dürr, ausgetrocknet, leblos* || ⟨übtr⟩ *gelähmt, lahm* (limb) || ⟨fig⟩ *matt*; *schal, fade* **~ing** [~riŋ] a (~ly *adv*) *verwelkend* || ⟨fig⟩ *lähmend*; *zersetzend, vernichtend* (glance)

withers ['wiðəz] s pl [* sg wither] *Widerrist* m (in horses); → *unwrung*

withershins ['wiðəʃinz] adv *gegen den scheinbaren Lauf* m *der Sonne* f

withhold [wið'hould] vt [→ to hold] **1.** (*jdn*) *zurück–, abhalten, hindern* (from doing *z tun*); to ~ o.s. *sich zurückhalten*; to ~ o.s. from a th *sich e–r S entziehen* **2.** to ~ a th *etw zurückhalten* (from *v*); *zurückhalten mit etw* (to ~ one's consent); to ~ one's hand *sich zurückhalten* || to ~ a th from a p *jdm etw versagen, vorenthalten*

within [wið'in] **1.** adv (*Ggs* without) *innen, d(a)rinnen*; *im Inneren des Hauses* (etc); *zu Hause* (to be ~) || *hinein, ins Haus, nach Hause* (to go ~) || ⟨übtr⟩ *im Inneren; im Herzen* **2.** s *Innenseite* f; from ~ *v innen*; *aus dem Inneren des Hauses* (etc) **3.** prep **a.** (of space) *innerhalb, im Innern*; ~ the house *innerhalb, im Innern des Hauses*; from ~ the house *aus dem I. des H.*; ~ doors *zu Hause*; ~ the walls *innerhalb der vier Wände* | *innerhalb der Grenzen, des Bereiches* (*e–s Gegenstandes, e–r Körperschaft*); ~ the nobility *in den Reihen des Adels*; to thrash a p ~ an inch of his death *jdn halb z Tode prügeln*; from ~ the nobility *aus der Mitte, den Reihen des A.* | ~ o.s. *in s–m Innern, im Geiste* (to say ~ o.s.); ⟨fig⟩ *in den Grenzen der eigenen Kraft, ohne Überanstrengung* (to be rowing ~ o.s.) **b.** (of time) *innerhalb, binnen, nicht mehr als,* two editions were sold ~ a year *in ·e–m Jahr wurden ..;* ~ a reasonable space *in absehbarer Zeit;* ~ two hours *binnen zwei Stunden;* ~ a year of his death *noch ein Jahr nach (vor) s–m Tode;* ~ 20 years from now *in den nächsten 20 Jahren v jetzt ab* **c.** (of distance etc) *innerhalb, nicht hinausgehend über, nicht weiter als* ‖ to live ~ an easy walk of the university *die Universität v der Wohnung bequem z Fuß erreichen können* ‖ ~ two miles of London *in e–m Umkreis v nicht über 2 Meilen v L.* ‖ (S) to agree ~ 4 inches *bis auf 4 Zoll übereinstimmen* ‖ ~ a few steps of him *einige Schritte v ihm entfernt* ‖ ~ call *in Ruf–,* ~ hearing *in Hör–,* ~ (my) reach *in Reich–,* ~ shot *in Schuß–,* ~ sight *in Sehweite* **d.** ⟨übtr⟩ to be ~ an ace of destruction *mit knapper Not dem Untergang entgehen;* he was ~ an ace of death *er hätte getötet w können;* to be, fall ~ the regulations *unter die Bestimmungen fallen* ‖ to live ~ one's income *in den Grenzen s–s Einkommens leben* ‖ ~ the meaning of the act *innerhalb des Gesetzes* ‖ ~ a p's powers *innerhalb der Machtbefugnis jds*

without [wið'aut] **1.** adv **a.** *außen, draußen, äußerlich* **b.** ⟨fam⟩ (→ ~ prep b.) *ohne das* (to be better ~); to go ~ *nichts bek* (you'll eat this or go ~) **2.** s *Außenseite* f; from ~ *von außen* **3.** prep **a.** ⟨liter & †⟩ (Ggs within) *außerhalb (v* or [gen]) (things ~ us), *jenseits;* ~ doors *außer dem Hause, vor der Tür;* the church stands ~ the City .. *außerhalb* [gen] **b.** *ohne;* ~ change ⟨rail⟩ *ohne Umsteigen;* ~ doubt *zweifellos;* ~ end *endlos;* ~ number *zahllos;* to be ~ a th *etw entbehren, vermissen l* ‖ → to do, go | [*vor* gerund] *ohne zu;* ~ seeing *ohne z sehen;* that goes ~ saying *das versteht sich v selbst;* (..) without their ⟨fam⟩ them) *wenn* me (..) *ohne daß sie mich sehen (sahen)* | **Wendungen:** ~ further ado *ohne weitere Umstände;* ~ more ado *ohne weiteres;* ~ the agreement of the parties *ohne Zustimmung der Parteien;* ~ aim or end *ohne Zweck u Ziel;* no rule ~ an exception *k–e R. ohne A.;* ~ formality *ohne Umstände;* ~ the slightest foundation *ohne jeden Grund;* ~ guarantee *ohne Gewähr;* ~ a hat *ohne Hut;* ~ a hitch *ohne Störung;* ~ male issue *ohne männliche Nachkommen;* not ~ some justification *nicht ohne e–e gewisse Berechtigung;* to play ~ music *ohne Noten spielen;* a minister ~ portfolio *ein M. ohne Geschäftsbereich;* ~ reserve *ohne Vorbehalt;* ~ respect of p *ohne Ansehen der P;* ~ restriction *ohne Beschränkung;* ~ rhyme or reason *ohne Sinn u Verstand;* ~ the shadow of a proof; ~ a stop *ohne Pause* [*mit Ellipse des Obj.*] → ~ adv b. **4.** conj ⟨† *od vulg⟩ wenn nicht, ausgenommen, daß*

withstand [wið'stænd] vt/i (→ to stand) ‖ (jdm) *Widerstand leisten,* (e–m Angriff; e–r Versuchung) *widerstehen; sich (jdm) widersetzen* | vi *Widerstand leisten*

withy ['wiði] s *junge Weide; Korb–* f ‖ *Weidenrute* f, *–zweig* m | [attr] *Weiden–* ‖ as limp as · wind *weich, sanft wie Zephirsäuseln*

witless ['witlis] a (~ly adv) *ohne Verstand, unvernünftig; töricht* (to do), *dumm, einfältig, blöde* ~**ness** [~nis] s *Unvernunft; Stumpfsinn* m ‖ *Einfältigkeit, Dumm–, Torheit* f

witling ['witliŋ] s *Stumpfbold* m ‖ *Witzling, –bold* m

witness ['witnis] **I.** s **1.** *Zeugnis* n (the ~ of a p *das Z. jds*) ‖ *Bezeugung durch Unterschrift* f; ~ my hand *z Zeugnis m–e Unterschrift;* in ~ of *z Zeugnis v;* in ~ hereof *od whereof z Zeugnis* or *urkundlich dessen* | *Bestätigung, Bekräftigung* f, *Zeugnis* n, *Beweis* m (of, to a th *e–r S, f e–e S*); to bear ~ of *od* to a th ⟨fig⟩ *Zeugnis ablegen v etw; etw bestätigen, beweisen;* to bear false ~ *falsches Z. ablegen* ‖ ~ Byron *als Beweis dient*

B. ‖ as ~ *als B.* (*nenne ich ..*) **2.** *Zeuge* m, *Zeugin* f (of, to a th *e–r S; f etw*); of an accident *Unfallzeuge* m ‖ ⟨jur⟩ ~ for the crown *od* the prosecution *od* the people *Belastungszeuge* m; ~ for the defence *Entlastungszeuge* ‖ *Zeuge,* to be a ~ of an event *Z. e–s Ereignisses s; Gewährsmann* m; *Augenzeuge* m; we are ~es (*od* ~) of .. *wir sind Zeuge v, wir erleben* .. ‖ to call as a ~ *als Zeugen anrufen;* to call, take a p to ~ *jdn als Zeugen anrufen;* the hearing of ~es *die Zeugenvernehmung* **3.** [attr] *Zeugen–* ‖ ~-box, ⟨Am⟩ ~-stand *Zeugenbank* f **II.** vt/i **A.** vt **1.** *be–, erweisen* (a th; that) ‖ ⟨übtr⟩ (etw) *bezeugen, Zeugnis sein v* (etw) **2.** (*Unterschrift jds*) *als Zeuge unterschreiben, beglaubigen* ‖ (*Dokument*) *unterschriftlich beglaubigen;* to which ~ my hand and seal, ⟨jur⟩ *des z Zeugnis m–e Unterschrift u mein Siegel* **3.** (*Augen-*)*Zeuge s v,* als Zeuge *zugegen s bei* (etw), *mit eigenen Augen* (etw) *sehen* ‖ ⟨fig⟩ (P) *sehen, erleben* **B.** vi *zeugen, Zeuge s, Zeugnis ablegen* (against *gegen;* to *f*); to ~ to a th ⟨fig⟩ *etw bezeugen, Zeugnis s v etw*

–**witted** ['witid] a [in comp] –*denkend,* quick-~ *geweckt* ‖ half-witted *blöde, blödsinnig*

witticism ['witisizm] s *witzige, treffende Bemerkung* f; *Witz* m, *Witzelei* f, *Scherz* m

wittiness ['witinis] s *Treffsicherheit* f; *scherzhafter Charakter* m (of a p's remarks)

witting ['witiŋ] a (~ly adv) *bewußt* ‖ *vorsätzlich, wissentlich, absichtlich, geflissentlich*

witty ['witi] a (wittily adv) *voll v sprühendem Witz* or *Geist; geistreich, witzelnd, scherzend* ‖ *witzig, ulkig* (story)

wive [waiv] † vi/t ‖ *heiraten, sich verheiraten* | vt (jdn) *heiraten*

wivern, wyv– ['waivə:n] s ⟨her⟩ *Darstellung* f *e–s fliegenden Drachen* m

wives [waivz] s pl *v* wife ‖ The Merry ⁓ of Windsor [sg] (was acted)

wiz [wiz] ⟨Am⟩ abbr *f* wizard ‖ ⟨Am univ⟩ *Leuchte* f (*Student*)

wizard ['wizəd] s *Zauberer, Hexenmeister, Magier* m ‖ ⟨übtr⟩ *jd, der Wunderbares, Großes leistet: Leuchte* f (P) ‖ the ⁓ of the North = *Sir Walter Scott* | [attr] *Wunder–, Zauber–;* °*Mords–, Pfunds–, pfundig* ~**ry** [~ri] s *Zauberei* f ‖ ⟨übtr⟩ *Wunder–, Zauberkunst* f

wizen ['wizn], **weazen** ['wi:zn] a *dürr, zusgeschrumpft* ~**ed** [~d] a *dürr, verwelkt* ‖ ⟨übtr⟩ *dürr, runzlig, zus-geschrumpft* ‖ *ausgetrocknet, –gepumpt*

wo, woa [wou] intj ~! *brr! halt!;* → whoa

woad [woud] **1.** s ⟨bot⟩ (*Färber-*)*Waid* m ‖ *Blaufarbstoff* m **2.** vt *mit Waid* (blau) *färben*

wob [wɔb] s ⟨Am fam⟩ *Mitglied der linksradikalen* Industrial Workers of the World

wobble, wabble ['wɔbl] **1.** vi *sich unsicher bewegen, wackeln, schwanken, torkeln* (to ~ about *herum–*); *schaukeln* ‖ *nicht fest sitzen* ‖ *zittern;* (of knees) *schlottern* ‖ ⟨mot⟩ *flattern* ‖ ⟨tech⟩ *schlagen* ‖ ⟨fig⟩ *schwanken* (between); *zögern* **2.** s *Wackeln, Wanken; Schaukeln* n ‖ ⟨fig⟩ *Schwanken* n; *wankelmütige, schwankende Haltung* f ‖ ~ pump (*Not-*)*Handpumpe* f | ~**r** [~ə] ⟨pol⟩ *unsicherer Zögerer* m (*bes bei Stimmabgabe*)

woe [wou] **1.** intj ⟨poet & †⟩ *wehe! ach!* ‖ ~ is me! *weh mir! ach, ich Unglücklicher!;* ~ be to us! † *weh uns!, weh über uns!;* ~ betide you! *wehe dir!;* ~ worth the day! *verflucht sei der Tag!* **2.** s ⟨mst poet⟩ *Weh, Leid* n, *Jammer, Kummer* m; the weal and ~ *das Wohl u Wehe;* a face of ~ *ein kummervolles Antlitz;* ~s [pl] *Sorgen, Nöte, Kümmernisse* f pl, *Leiden* n pl ~**begone** ['woubi,gɔn] a *jammervoll, vergrämt, betrübt (aussehend)* ~**ful** ['wouful] a (~ly adv) *sorgenvoll, traurig; elend, jammervoll* ‖ *beklagenswert, betrüblich* (results)

wog [wɔg] s ⟨mil sl⟩ *Levant·iner* m

woke [wouk] pret, **~n** ['~n] pp *v* to wake

wold [would] s *freies, unkultiviertes Moor–* or *Heideland* n ‖ *Hügelland* n

wolf [wulf] **1.** s (pl wolves ['wulvz]) **a.** ⟨zoo⟩ *Wolf* m ‖ a ~ in sheep's clothing *ein Wolf im Schafspelz* ‖ to cry ~ *blinden Lärm schlagen* ‖ to have *od* hold a ~ by the ears ⟨fig⟩ *in der Klemme s, nicht ein noch aus wissen* ‖ to keep the ~ from the door ⟨fig⟩ *sich vorm Verhungern bewahren* ‖ to throw to the wolves *den Wölfen in den Rachen werfen* **b.** *Räuber, grausamer, gieriger Mensch* m; ⟨Am⟩ *Herzensbrecher* m; lone ~ ⟨fig⟩ *Einzelgänger* m **c.** [attr] *Wolfs–* ‖ ~-call ⟨Am sl⟩ (P) „Balzruf" m ‖ ~-cub *junger W.* ‖ ⟨übtr⟩ *Mitglied des Jungvolks der* Boy Scouts; → brownie ‖ ~-dog, ~-hound (*irischer*) *Wolfshund* m; Alsatian ~-dog *Deutscher Schäferhund* ‖ ~'s-bane ⟨bot⟩ *Gelber Eisenhut* m ‖ ~'s-claws, ~'s-foot ⟨bot⟩ *Bärlapp* m, *Kolbenmoos* n ‖ ~'s glen *Wolfsschlucht* f ‖ ~'s-milk ⟨bot⟩ *Wolfsmilch* f ‖ ~-tooth *Wolfszahn* m (*der Pferde*) **2.** vt (*a* to ~ up) (*Nahrung*) *verschlingen*; to ~ down *herunterschlingen* ‖ ⟨Am⟩ *jdn bei s–m Mädchen ausstechen* **~ish** ['~iʃ] a (~ly adv) *wölfisch, Wolfs–* ‖ *wild, raubgierig; gefräßig* ‖ ⟨Am fam⟩ *heißhungrig* **~ishness** ['~iʃnis] s *Wildheit–, Gefräßigkeit* f

wolfram ['wulfrəm] s ⟨minr⟩ *Wolfram* n (*Metall*) **~ite** [~ait] s ⟨minr⟩ *Wolfram·it* n

wolfskin ['wulfskin] s *Wolfsfell* n ‖ *Wolfspelz* m

wolverene, –rine ['wulvəri:n, – –'–] s ⟨zoo⟩ *Vielfraß* m (*nordamer. Raubtier*)

woman ['wumən] **I.** s [pl women, → d] **1. a.** *Weib* n, *erwachsene Frau* f; single ~ *alleinstehende F.*; *alte Jungfer* f; young ~ *junges Mädchen* n; the Holy Women at the Tomb *die drei Frauen am Grabe* (*Christi*); the ~ with the Issue of Blood ⟨bib arts⟩ *Heilung* f *der blutflüssigen Frau*; the old ~'s picking her geese ⟨myth⟩ *Frau Holle schüttelt die Betten* (= *schneit*); ~ goose; ~ of the world *Weltdame* f **b.** [ohne art] *weibl. Geschlecht* n (*Ggs* man); women's diseases [pl] *Frauenkrankheiten* f pl; women's rights pl *~rechte* n pl **c.** the ~ *das* (*charakteristisch*) *Weibliche, Frauliche*; to play the ~ *sich weibisch benehmen* **d.** ⟨cont⟩ *Weibsbild* n, *Frauenzimmer* n ‖ *Mann mit weibl. Eigenschaften* m (old women) **e.** ⟨Am⟩ *Ehefrau* f **f.** [mst pl women] *Zofe, Kammerjungfer* f **2.** [attr] ~ [vor pl ~ od women] *weiblich, Frauen–* ‖ ~ auxiliary ⟨mil⟩ *Truppenhelfering* f ‖ ~ doctor [pl women-doctors *od* ~-doctors] *Ärztin* f ‖ ~ student *Studentin* f ‖ ~ suffrage *Fr.stimmrecht* n **3.** [in comp] *~-born vom Weibe geboren* ‖ ~ grown *Erwachsene* f ‖ ~-hater *Weiberfeind* m **4.** [als suff] *–frau*, gentle~ *Edelfrau* f ‖ [= *dtsch. Suffix –in*] needle~ *Näherin* f etc **II.** vt (*Hospital* etc) *mit Frauen versehen* ‖ (*e–e Frau*) *mit* ~ *anreden* **~hood** ['wumənhud] s *Stellung* f *der erwachsenen Frau* f (to grow to ~ *Frau* w) ‖ *Würde der Frau; Weiblichkeit* f, *Frauentum* n, *Fraulichkeit* f ‖ [koll] *Weiblichkeit, Frauenwelt* f **~ish** ['wuməniʃ] a (~ly adv) *weibisch, schwach* **~ishness** [~nis] s *weibisches, verweichlichtes Wesen* n **~ize** ['wumənaiz] vt/i **i** (*Mann*) *verweichlichen* ‖ vi ⟨fam⟩ *unerlaubten geschlechtl. Umgang mit Frauen* h **~izer** [~ə] s *Schürzenjäger* m **~kind** ['wumən'kaind] s *Weiblichkeit, Frauenwelt* f, *die Frauen* f pl ‖ one's ~ *die Frauen* pl *e–s* (*Familien–, Verwandtschafts–* etc) *Kreises* **~less** ['wumənlis] a *ohne Frau(en)* (a ~ play) **~like** ['wumənlaik] **1.** a *frauenhaft, fraulich, weiblich* ‖ *weibisch* **2.** adv *nach fraulicher Art, nach Art e–r Frau* **~liness** ['wumənlinis] s *Weiblich–, Fraulichkeit* f ‖ **~ly** ['wumənli] a *weiblich, fraulich* ‖ *frauenhaft, weiblich*; a ~ woman *e–e echte Frau*

womb [wu:m] s ⟨anat⟩ *Gebärmutter* f ‖ *Mutterleib, Schoß* m ‖ ⟨fig⟩ *Schoß* m; in the ~ of time *im Schoße der Zeit* ‖ from the ~ to the tomb *v der Wiege bis zur Bahre*

wombat ['wɔmbət] s ⟨zoo⟩ *W·ombat* m

women ['wimin] [pl ~ woman, → d; ~ aviators, ~ spies, ~ students, ~ writers] **~folk** [~fouk] s *Frauen u Mädchen* pl; *Frauen* pl, *–welt* f ‖ one's ~, the ~ *die Frauen* pl (*e–r Familie, e–s Haushalts* etc)

won [wʌn] pret & pp *v* to win ‖ ~ minerals ⟨min⟩ *Haufwerk* n

wonder ['wʌndə] s **1.** [konkr] **a.** *etw Wunderbares* (*Gegenstand* or *Person*); *Wunder* n; he is a ~ *er ist ein wahres Wunder*; [koll] *die Wunder* n pl, *Schönheiten* f pl, *das Wunderwerk* (the ~ of nature) **b.** *Wundertat* f, to do *od* work ~s *Wunder tun* **c.** *wunderbares Ereignis* n, *wunderbare S* f; signs and ~s *Zeichen u Wunder* pl; a nine days' ~ *ein sensationelles Tagesgespräch* n ‖ tale of ~ *Wundererzählung* f ‖ for a ~ *wunderbarerweise* (he arrived in time for a ~) ‖ the ~ is *man wundert sich, muß sich wundern* (that); it is a ~ *es ist ein W.* (that); is it any ~? *ist es ein W.* (that)?; no ~! *kein W.*!; it is little *od* small ~ that *es kann wenig wundernehmen, daß*; (it is) no ~ *kein Wunder* (that); small ~ if *man braucht sich kaum z wundern, wenn*; what ~ that (*od* if) ..? *was Wunder, was braucht man sich z wundern, daß* (or *wenn*) ..? ‖ in the name of ~! *um* (*des*) *Himmels willen!* ‖ to promise ~s *goldene Berge versprechen* **2.** [abstr] *Verwunderung* f (to be filled with ~); *Erstaunen* n; *Staunen* n; in ~ *verwundert*; to excite ~ *Staunen erregen* **3.** [attr & comp] *Wunder–*; *wunderbar* ‖ ~-sign *–zeichen* n ‖ ~-struck *erstaunt, verblüfft*; °*platt vor Staunen* ‖ ~-worker *Wundertäter* m, *jd, der Wunder vollbringt* ‖ ~-working *wundertuend, –tätig* (cure), *–wirkend*

wonder ['wʌndə] vi **1.** *sich wundern, erstaunt s* (at *über*; at seeing *od** to see *z sehen*); I ~ he is not here *ich bin erstaunt, daß er nicht hier ist*; you will not ~ that .. *du darfst dich nicht wundern, wundere dich nicht, daß*; it is not to be ~ed at *es ist nicht erstaunlich, nicht z verwundern* (if *wenn*); I should not ~ if .. ⟨fam⟩ *es sollte mich nicht wundern, überraschen, wenn* ..; I ~ if he'll be in time *ob er wohl pünktlich s wird*? **2.** *sich Gedanken m* (over *über*); *sich verwundert fragen*, I ~ to myself *ich frage mich vergebens* (how *wie*); I ~ that *ich verstehe nicht, daß* ..; I ~ how .. *wie .. wohl* **3.** *wissen mögen, neugierig s, begierig s z wissen* (if, whether *ob*; how *wie*); I ~! *das möchte ich gern wissen! das bezweifle ich!*; *das frage ich mich!, vielleicht!* ‖ I ~ that too [vt] *das frage ich mich auch*

wonderful ['wʌndəful] a *bewundernswert, wundervoll* (sight); *–schön; wunderbar; erstaunlich* (courage) ‖ *prachtvoll, köstlich, herrlich, glänzend* (meal) ‖ by all that's ~! *beim Zeus!* **~ly** [~i] adv *wunderbar, großartig; außerordentlich* **~ness** [~nis] s *das Wunderbare, Erstaunliche* n ‖ *Herrlichkeit, Köstlichkeit* f

wondering ['wʌndəriŋ] a (~ly adv) *verwundert, staunend* (eyes) **–rland** ['wʌndəlænd] s *Wunder–, Märchenland* n ‖ *–ment* ['wʌndəmənt] s *Verwunderung* f; *Staunen* n (at *über*) ‖ *wunderbare S, Wunder* n

wondrous ['wʌndrəs] **1.** a (~ly adv) ⟨poet⟩ *wunderbar, herrlich; erstaunlich* **2.** adv *erstaunlich, außerordentlich* **~ness** [~nis] s *Pracht, Herrlichkeit* f

wonky ['wɔŋki] a ⟨sl⟩ *unsicher, schwankend* ‖ *wacklig, locker, lose* ‖ *unzuverlässig* ‖ *schwächlich, kränklich, anfällig*; °*klapperig*

wont [wount; ⟨Am⟩ wʌnt] **1.** a [nur pred] *ge-*

wohnt (to do *z tun*); to be ~ to do a th *etw z tun pflegen* **2.** s *Gewohnheit* f, it is his ~ *es ist s–e G.* (to do); *gewohnheitsmäßige Neigung* f (to *z*); use and ~ *(fester) Brauch* m **3.** ⟨poet⟩ v aux (prs I ~; thou ~est; he ~s *od* ~; pret ~) *gewohnt* s (to do) | **~ed** [´~id] a [*nur attr*] *gewohnt*; at one's ~ *hour z gewohnten Stunde* || *üblich, gewöhnlich*

won't, wont [wount] ⟨fam⟩ = will not

woo [wu:] vt [~es; ~'d,* ~ed; ~ing] to ~ a woman *um e–e Frau werben, freien*; *e-r Frau den Hof* m | ⟨übtr⟩ *locken, durch Locken drängen* (to *z*; to do) | ⟨fig⟩ *z gewinnen suchen, trachten nach*; *buhlen um* (to ~ the patronage of a p)

woobut, oubit [´u:bit] s ⟨zoo⟩ *behaarte Raupe* f, *Bärenraupe* f

wood [wud] s **1.** (⟨Am *a*⟩ a ~s) *Wald* m (~ of oaks *Eichen–*); *Waldung* f, *Holz, Gehölz* n, *Forst* m; ⟨for *a*⟩ *Bestand* m || *dead* ~ ⟨fig⟩ *dürres Holz*; *leeres Stroh* n || he does not see the ~ for the trees ⟨fig⟩ *er sieht den Wald vor lauter Bäumen nicht*; the ~ is never lost in the trees *das Ganze ist symmetrisch, klar angelegt, das Ganze bleibt im Einzelnen lebendig* || to be out of the ~ ⟨fig⟩ *außer Gefahr* or *über den Berg* s **2.** *Holz* n; ~s [pl] *Holzarten* f pl, *Hölzer* n pl; → *lumber, timber*; to touch ~, ⟨Am⟩ to knock on ~ *(abergläubisch) Holz anfassen* **3.** *Gegenstand* m *aus Holz* || *Faß* n; *wine in the* ~ *Wein im Faß, wine from the* ~ *W. direkt vom Fasse* || the ~ ⟨mus⟩ [koll sg konstr] *die Holzblasinstrumente, Holzbläser* **4.** [attr] *Holz–, Wald–* | ~-agate *versteinertes Holz* n || ~-anemone ⟨bot⟩ *Buschwindröschen* n || ~-block *Holzstock, Druckstock* m *(auf den eingeschnitten wird)* || ~-carver *Holzschnitzer* m || ~-carving *Holzschnitzerei* f || ~-coal *Braunkohle* f || ~-cutter *Holzhauer*; = ~-engraver || ~-engraver *–schneider* m || ~-engraving *–schneidekunst* f, *Xylographie* f; *–stich, –schnitt* m || ~-fibre *–faser* f || ~-gas *–gas* n *(Leuchtgas)* || ~-grouse *Auerhuhn* n || ~-house *Holzschuppen* m || ~-leopard ⟨ent⟩ *Blausieb* n *(Holzbohrer)* || ~-louse ⟨ent⟩ *Mauerassel* f; *(Am) Holzwurm* m; *armadillo* ~-l., *pill* ~-l. *Kugelassel, brown* ~-l. *Mauer–, grey* ~-l. *Keller–*, → *sea-slater* || ~-notes [pl] ⟨fig⟩ *Naturdichtung* f || ~-nymph *Waldnymphe* f || ~-opal ⟨minr⟩ *Holzopal* m *(verkieseltes Holz)* || ~-painting *Tafelmalerei* f || ~-paper *H.papier* n || ~-pavement *Holzpflaster* n || ~-pie ⟨orn⟩ *Großer Buntspecht* m || ~-pigeon ⟨orn⟩ *Große Holz–, Ringel–, Waldtaube* f || ~-pile, ⟨Am⟩ ~-rick *Holzhaufen, –stoß* m || ~-pulp ⟨pap⟩ *Holzstoff* m, *Holzfasermasse* f, *–zellstoffe* m pl || ~-reeve *Forstaufseher, –meister* m || ~ road ⟨for⟩ *Abfuhrweg* m || ~-rush ⟨bot⟩ *Hainsimse* f || ~-shavings* [pl] *Hobelspäne* m pl || ~-shed *Holzschuppen* m || ~-sorrel ⟨bot⟩ *Sauerklee* m || ~-tar *Holzteer* m || ~-turret *Dachreiter* m || ~-wind *Holzblasinstrument* n; the ~-wind [koll sg konstr] *die Holzblasinstrumente, Holzbläser* pl || ~-wool *Holzwolle* f, *Zellstoff* m || ~ work *Gebälk* n, ~ *work of a roof Dachstuhl* m || ~-worm *Holzwurm* m ~**bine** [´wudbain], ~**bind** [´wudbaind] s ⟨bot⟩ *Geißblatt* n || *billige Zigarettenmarke* f ~**chat** [´wudt∫æt] s ⟨orn⟩ *Neuntöter, Würger* m ~**chuck** [´wudt∫ʌk] s ⟨zoo⟩ *amer. Waldmurmeltier* n ~**cock** [´wudkɔk] s ⟨orn⟩ *Waldschnepfe* f, → *snipe* ~**craft** [´wudkrɑ:ft] s *Weidmannskunst* f; *Forstkenntnisse* f pl || ~ *movement* = *e engl. Jugendorganisation* f ~**cut** [´wudkʌt] s *Holzschnitt* m ~**ed** [´wudid] a *bewaldet, waldig, Wald–*; ~ *area Waldgelände, –gebiet* n; *sparsely* ~ *waldarm* ~**en** [´wudn] a (~ly adv) **1.** *aus Holz, hölzern, Holz–* || ~ *hut* ⟨mil⟩ *Holzbaracke* f || ~ *spoon* **1.** *Holzlöffel* m **2.** ⟨übtr Cambr⟩ *Student* m, *der im mathem. Ab-*

schlußexamen am schlechtesten abgeschnitten hat || ~ *walls* [pl] *Schiffe* n pl, *hölzerne Mauern* f pl **2.** ⟨übtr⟩ *hölzern; steif* (fingers) || ⟨fig⟩ *ledern, ausdruckslos, langweilig* (expression) || *unbeholfen, steif* || *geistig stumpf*; ~ *head Holzkopf* **3.** [in comp] ~-*headed dickköpfig, dumm* || ~ *leg Stelzfuß* m ~**enness** [~nis] s ⟨übtr⟩ *Ausdruckslosigkeit, Steifheit* f ~**iness** [´wudinis] s *holzige Beschaffenheit* f || *waldige Beschaffenheit* f, *Waldreichtum* m || ⟨fig⟩ *~-bearing Wolle tragend* \ ~**land** [´wudlənd] s *Waldland* n, *Waldung* f | [attr] *waldig, Wald–* ~**lark** [´wudlɑ:k] s ⟨orn⟩ *Wald–, Baumlerche* f ~**lot** [´wudlɔt] s ⟨Am⟩ *Wäldchen, Waldstück* n ~**man** [´wudmən] s *Förster, Forstaufseher* m || *Holzfäller* m ~**pecker** [´wud͵pekə] s ⟨orn⟩ *Specht* m; *black* ~ *Schwarz–*; *green* ~ *Grün–*; *grey-headed Grau–*; *pied* ~, *great spotted* ~ *Bunt–, lesser sp.* ~ *Klein–, middle sp.* ~ *Mittel–*; *three-toed* ~ *Dreizehen–*; *white-backed* ~ *Weißrücken–* m ~**ruff** [´wudrʌf] s ⟨bot⟩ *Waldmeister* m ~**sy** [´wudzi] a ⟨Am⟩ *waldig (Geruch* etc) ~**work** [´wudwɔːk] s ⟨übtr⟩ *Holzwerk* n, *die aus Holz bestehenden Teile* m pl *(e–s Gebäudes* etc) | ~**y** [´wudi] a *holzig, Holz–* (~ *stem –stamm*) || = *wooded* ~**yard** [´wudjɑːd] s *Holzlager* n, *–hof* m, *Zimmerplatz* m

wooer [´wuːə] s *Freier, Bewerber* m

woof [wuːf] s [pl ~s] ⟨weav⟩ *Einschlag* m, → *weft* || ⟨fig⟩ *Fäden* m pl || *Gewebe* n ⟨a fig⟩ → *warp*

woofer [´wuːfə] s ⟨wir⟩ *Tiefton-Lautsprecher* m, → *tweeter*

wooing [´wuːiŋ] **1.** s *Werben, Freien* n; *Werbung* f (of *um*) to go a ~ *auf Freiersfüßen gehen* **2.** a (~ly adv) ⟨fig⟩ *anziehend, verlockend, –führerisch*

wool [wul] **I.** s **1.** (*Schaf–* etc) *Wolle* f; *dyed in the* ~ *in der W. gefärbt*; ⟨fig⟩ °*ausgekocht*; *much cry and little* ~ ⟨fig⟩ *viel Geschrei u wenig W.* **2.** *Wollfaden* m; *–garn* n **3.** *gewebter Wollstoff* m, *–tuch* n, *–kleid* n **4.** ⟨übtr⟩ *flaumige, daunige Masse* or *Substanz* f | *Negerhaar, kurzes wolliges Haar* n; ⟨sl⟩ *Kopf*; to lose one's ~ ⟨fig⟩ *aus der Haut fahren (ärgerlich w)* || to pull the ~ *over a p's ears jdm ein X f ein U vormachen* **5.** *Faserstoff* m, *Zell–, Pflanzenwolle* f **6.** [attr & comp] *Woll–* || ~-*bearing Wolle tragend* | ~-*card Wollkrempel, –kratze* f || ~-*carding –krempeln* n || ~-*comber –kämmer* m || ~-*combing –kämmen* n || ~-*dyed in der Wolle gefärbt* || ~-*fat natürl. Wollfett; Lanolin* n || ~-*gathering* **1.** s ⟨fig⟩ *Zerstreutheit* f **2.** *his wits have gone* ~-*gathering er ist nicht bei der S* **3.** a ⟨fig⟩ *zerstreut* || ~-*grower Schafzüchter* m || ~-*hall Wollbörse* f, *–markt* m || ~-*merchant Wollhändler* m || ~-*oil* = ~-*fat* || ~-*pack –ballen* m *(240 Pfd.)* || ~-*staple Stapelplatz* f *Wolle* m || ~-*stapler Wollgroßhändler* m || ~-*trade –handel* m || ~-*work –stickerei* f **II.** vt *(e–m Schaf die Wolle) ausreißen* || ⟨bes Am fam⟩ *(jdn) in der Wolle* (= *im Haar) zausen*, ⟨Am⟩ *(jdm) das Haar ausreißen*

woold [wuːld] vt ⟨mar⟩ *(Mast) mit Tauen umwinden*

woollen, ⟨Am *a*⟩ **woolen** [´wulin] **1.** a *wollen, Woll–* (~ *cloth*); ~ *goods* [pl] *Wollwaren* f pl **2.** s *Wollstoff* m || ~s [pl] *Wollwaren* pl; *Woll–, Flanellkleidung* f; *British* ~s *Englische (Woll–)Stoffe* m pl | [attr] ~-*draper Wollwarenhändler* m

woollenette [͵wulə´net] s *dünner Wollstoff* m, *Wollmusselin* n

woolliness [´wulinis] s *wollige, flaumige Eigenschaft* or *Substanz* f **woolly**, ⟨Am *a*⟩ **wooly** [´wuli] **1.** a *wollig, Woll–* || ~ *bear* ⟨zoo⟩ *Bärenraupe* f || *wollartig* ~ *weich* | ⟨fig⟩ *unbestimmt*; (of sound) *unklar, heiser*; (of painting, etc) *unklar, verschwommen* || ⟨Am⟩ *wild and wooly* *rauh u wild* (early settlers) **2.** s *wollenes Klei-dungsstück* n, *Sweater* m || [*mst* pl] –lies *wollene Unterkleidung* f; my –lies °*m–e Wollenen* pl

woolsack [ˈwulˌsæk] s *Wollsack* m || ⟨parl⟩ *Sitz* m *des* Lord Chancellor *im* H. of Lords; → to take B. 1.

woorali [wuːˈrɑːli] s = wourali

woozy [ˈwuːzi] s ⟨Am⟩ *verwirrt*; *bezecht*

wop [wɔp] s ⟨Am sl⟩ *italien. Einwanderer* m

wop [wɔp] s ⟨aero sl⟩ (= wireless operator) *Funker* m

word [wəːd] s **I. 1.** (*einzelnes*) *Wort* n (the ~ Whig *das W. Whig*); ~s *Wörter* pl, a ~ of 3 syllables *ein dreisilbiges W.* | *Wortinhalt* m, the ~ *das richtige W.* (for *f*); ~ of command *Kommandowort* n | *Losung*(*swort* n) f; to give the ~ *das Zeichen geben* **2.** *zus–hängende Rede* f **a.** ~s [pl] *Worte* pl; big ~s *prahlerische*, fair ~s *schöne, schmeichelnde*, high, hot, warm ~s *zornige W.* || at these ~s *bei diesen Worten*; a man of few ~s *ein Mann v wenig Worten*; in the ~s of Goethe *mit den Worten Goethes*; in other (a few) ~s *mit anderen (einigen) Worten*; too silly for ~s *unsagbar töricht* || to give good ~s to a p *jdm gute Worte geben*; to have no ~s for k–e *Worte h f*; to put into ~s *in W. kleiden*; to make no ~s *k–e W. verlieren* (about *über*); to play upon ~s *ein Wortspiel m* | to bandy, have ~s with *Worte wechseln, sich streiten mit*; to lead to ~s *z Streitigkeiten führen* | to eat one's ~s s–e *Worte zurücknehmen müssen, z Kreuze kriechen*; to waste (one's) ~s s–e *W. verschwen-den, unnütz reden* | to hang on a p's ~s *jdm aufmerksam zuhören* **b.** [*mit best Art.*] on the ~ (he rose) *bei dem Worte, als er das hörte* (*erhob er sich*) || with the ~ (he rose) *bei diesem Worte, dies sagend* (..), *nach dem Worte, darauf* | to have the last ~ *das letzte W. h* || the last ~ *das letzte Wort, abschließende Urteil* (lies with *.. liegt bei ..*); ⟨*bes com*⟩ *das Vollkommenste, die letzte Errungenschaft, Neuheit, das letzte Wort* (in *in*) || to suit the action to the ~ *die Tat dem W. auf dem Fuß folgen l* **c.** [*mit unbest. Art.*] **a** ~ must be given to Mr. N. *einige Worte müssen Herrn N. gewidmet w*; a ~ or two *einige Worte*; to have a ~ with *ein paar W. reden mit*; a ~ with you! *nur ein paar W.!*; a ~ in (out of) season *ein* (*un*)*angebrachter Rat*; a ~ in a p's ear *ein Wort im Vertrauen*; not a ~ of it is true *es ist kein wahres Wort daran*; to have a ~ to say *etwas Gewichtiges mitzuteilen h*; to speak a (good) ~ for *ein* (*gutes*) *W. einlegen f*; it was but a ~ and a blow *es wurde gleich zugeschlagen* || in a ~ *mit e–m W., kurz u gut* **d. by** ~ of mouth (*nur*) *mündlich*; ~ **for** ~ *wörtlich* (to translate ~ for ~); (to say) **in** so many ~s *ausdrücklich* .. **3. the words** [pl] *der Text, das Libretto* **4.** [*ohne Art.*] *Mitteilung, Nachricht, Botschaft, Meldung* f; to bring ~ *Nachricht bringen*; to have, receive ~ *N. erhalten*; to send ~ *N. senden*; to leave ~ *Bescheid hinterlassen* (with *bei*); ~ came *N. kam* (that) **5.** [*mst* the ~] *Wunsch* m; if you say the ~ *wenn du den W. aussprichst* || *Anweisung* f (at a ~ from *auf A. v*); *Befehl* m, to give ~ *B. geben* (to do); sharp's the ~! *jetzt heißt es sich eilen! flugs! schnell gemacht!*; → mum **6.** *Versprechen, Wort* n, *Zusage* f, a man of his ~ *ein Mann v W.*; my ~ for it *auf mein W.*; I give you my ~ for it *ich gebe dir mein W. darauf*; my ~! *bei Gott!* || to be as good as one's ~ *zu s–m Worte stehen, sein W. halten* || to break one's ~ *sein W. brechen*; to keep one's ~ *W. halten*; to take a p at his ~ *jdn beim W. nehmen*; to take a p's ~ *jdm Glauben schenken* **7.** ⟨theol⟩ the ❤ *die göttliche Natur Christi* | (a the ❤ of God, God's ❤) *das Wort Gottes, die Heilige Schrift; das Evangelium* **8.** [attr & comp] *Wort–* || ~-blindness ⟨path⟩ *–blindheit* f || ~-

book *Wörterbuch* n; *Operntext* m, *Text–*, ⟨film⟩ *Drehbuch* n || ~-deafness ⟨path⟩ *Wort-taubheit* f || ~-formation *–bildung* f || ~-paint-ing *–malerei*; *lebendige Schilderung* f || ~-perfect *jedes Wort s–r Rolle genau kennend, be-herrschend* || ~-picture *Wortbild* n || ~ salad *Wortsalat* m || ~-splitting *Wortklauberei, Sophisterei* f || °*Kümmelspalterei* f || ~-square *–viereck* n **II. vt** (*etw*) *in Worte fassen or kleiden*; *ausdrücken*; carefully ~ed *sorgfältig* (*ab*)*gefaßt* **~ing** [ˈ~iŋ] s *Wortlaut* m, *Fassung* f, *Aus-drucksweise* f **~iness** [ˈwəːdinis] s *Wortreich-tum* m, *Weitschweifigkeit* f || **~less** [ˈwəːdlis] a *wort-, sprachlos* **~smanship** [ˈ~zmənʃip] s *Wortgewandtheit* f, → –manship | **~y** [ˈwəːdi] a *wortreich* | *weitschweifig* | *Wort–*; ~ warfare *–krieg* m

wore [wɔː] pret *v* to wear

work [wəːk] **I.** s **1. a.** *zweckdienliche* (*körperl. u geistige*) *Arbeit* f (I have some ~ to do); a piece of ~ *e–e Arbeit*; → stroke || *Berufsarbeit, Beschäftigung, Tätigkeit* f, (hard) at ~ (*tüchtig*) *bei der A.*, *tätig*; to be at ~ on *arbeiten an, be-schäftigt s mit* (an opera); to be at ~ doing *dabei s z tun*; to be out at ~ *auf A. s* || to be in (good) ~ (*feste*) *A. h*; out of ~ *arbeitslos*; the out-of-~ [pl out-of-~s] *der Arbeitslose* || to go, set to ~ *an die A., ans Werk, zu Werke gehen* || to do ~ *Arbeit leisten* || seeking ~ ⟨demog⟩ *Arbeitsuchende(r* m) f || ~ to strike; way | *Be-trieb* m; ⟨mach⟩ at ~ *im Gang* | in ~ *im Betrieb*; wirksam | *z leistende Arbeit, Aufgabe* f; → to cut; a day's ~ *ein Tagewerk* n; to have much ~ on hand *od* to do *viel z tun h* || to put (an order) in ~ .. *in Arbeit geben* | *schwere Arbeit; Mühe* f; to make ~ *A., M. verursachen*; hard ~ rowing *schweres Rudern* n; **b.** ⟨phys⟩ *Arbeit* f (*Ergebnis aus Kraft mal Weg*) **2.** weibl. *Handarbeit*, [abstr] *Nadelarbeit* f; *Näherei*; [*a konkr*] *Handarbeit, Stickerei* f **3.** *die einzelne Arbeitsleistung* f (~ of salvage *Rettungswerk* n); ⟨tech⟩ ~ of impact *Stoßarbeit* f || to be past one's ~ *nicht mehr arbeiten können* || *Arbeitsprozeß* m, *Handlung, Tat* f, *Resultat, Werk* n (the ~ of the devil; the ~ of 20 minutes); to make sad ~ of it *etwas Schönes anrichten*; to make short ~ of *kurzen Prozeß m mit* | ⟨rel⟩ ~s *Werke* pl (the ~s of God) **4.** *Produkt(e) der Arbeit* n pl, *Erzeugnis* n; a ~ of art *ein Kunstwerk*, early ~ *Jugend–*, late ~ *Spätwerk* n; a ~ on Italy *ein W. über Italien*; the ~s of Byron *die Werke Byrons*, ~s by Byron *W. v B.*; a bad piece of ~ *e–e schlechte Arbeit* | → basket; iron; relief, etc **5.** [*mst* pl] ~s *bauliche Arbeiten* or *Anlagen* f pl (public ~s *staatliche Arbeiten*); the Board, Office of ❤s ⟨engl⟩ *Behörde f öffentl.* (*bes historische*) *Bauten, Anlagen* f || ⟨fort⟩ *Festungswerke* pl, defensive ~s *Verteidigungs–* | ~s [sg konst] *Fabrik* f (a glass–~s, brick–~s, an iron–~s; at a ~s *in e–r F.*; the iron–~s is (*od* are) near the station) **6.** ~s [pl] *Maschinenwerk, Getriebe* n, the ~s of a clock *das Uhrwerk* **7.** [attr] **a.** ~ *Arbeits–* || ~-bag *–beutel* m (*f Nadelarbeit*) || ~-box *–kästchen* n || ~-camp *–lager* n || ~-flow *–ablauf* m || ~-hardening ⟨tech⟩ *Verfestigung* f || ~ holding device *Aufspannvorrichtung* f || ~-house ⟨Am⟩ → ~house || ~-load *–anfall, –pensum* n || ~-people *–leute, Arbeiter* pl || ~-room [ˈ~rum] *Arbeitsraum* m || ~-shy *arbeitsscheu* || ~-table *Arbeits–, Nähtisch* m **b.** ~s [pl] *Fabrik–*; ~s-kitchen *–küche* f || ~s council ⟨Ger⟩ *Betriebsrat* m (*bestehend aus Arbeitnehmern*); ❤s C. Act ⟨Ger⟩ *Betriebsverfassungsgesetz* n; ~s engineer *Be-triebsingenieur* m; ~s' library *Werkbücherei* f; ~ superintendent *–direktor* m; ~ supervision *–überwachung* f **II. vt/i** [~ed/~ed & * † wrought/wrought] **1.** † *tun, verrichten,* to ~

wonders *Wunder tun*; *anrichten*: the storm ~ed (wrought) great ruin; *mit sich bringen*: time has ~ed (wrought) many changes; their sufferings ~ed (wrought) upon our feelings *ihr Leid ging uns zu Herzen* **2.** *herstellen, hervorbringen* || ⟨† poet⟩ *kunstvoll ausarbeiten*; [*mst* pp] wrought → *d* | *stricken*; *wirken, weben*; *nähen*; (*Muster*) *sticken* (on *auf*); (*etw*) *besticken* (with); ⟨weav⟩ *durchwirken* **3.** *ver-, bearbeiten, gestalten* (into *z*); *formen*; (*Metall*) *hämmern, schmieden*; (*Holz*) *zurichten, bearbeiten* | *pressen, kneten* **4.** (*Land*) *bebauen* || (*Erz*) *gewinnen; fördern* | (*Farm*) *bewirtschaften* || to ~ one's passage *s–e Überfahrt durch Arbeit an Bord bezahlen* | ⟨com, fam⟩ (*Gegend*) *geschäftlich bearbeiten, –reisen*; ⟨sl⟩ *verkaufen* | (*etw*) *gründlich bearbeiten, untersuchen* | ⟨math⟩ *ausrechnen, lösen* | [refl] (*S*) to ~ *s. loose sich lösen, – lockern*; to ~ *o.s. right in richtige Bahnen k* | (*jdn*) *bearbeiten, beeinflussen*; *arbeiten an* (*jdm*) || ⟨sl⟩ (*jdn*) *anschmieren* **5.** *zuwege bringen, fertigbringen, zustande bringen, hervorrufen, bewirken* [*oft* pp wrought by] **6.** [kaus] **a.** (*etw*) *arbeiten l,* (*etw*) *in Bewegung bringen* or *setzen*; (*an*)*treiben*; (*Maschine*) *bedienen* | *arbeiten mit* (to ~ one's jaws *mit den Kinnbacken arbeiten*) **b.** *führen, lenken,* (*Zug*) *leiten* (over *über*) **c.** (*jdn*) *arbeiten l,* (*Tier*) *z Arbeit verwenden, anspannen, anstrengen*; *schwer arbeiten l* | (*Grube* etc) *ausbeuten* **7.** [refl] to ~ *o.s. to death sich z Tode arbeiten* | to ~ *o.s. od* to ~ one's way *sich hineinarbeiten, –knien* (into); *sich begeistern, sich aufschwingen* (into *z*); *sich hindurcharbeiten, e–n Weg bahnen* (through) || to ~ *o.s.* (*od* one's fingers) *to the bone for a p sich f jdn abarbeiten* **8.** [*mit* adv] to ~ **in** (*etw*) *einfügen, hineinarbeiten* (in *in*) | to ~ **off** ⟨typ⟩ *abdrucken, –ziehen* || (*etw*) *vormachen, verabreichen* (on a p *jdm*) | *etw loswerden*; (*Kraft*) *abstoßen*; (*Gefühl*) *abreagieren*; (*e–m Gefühl*) *Luft m* (in) || (*etw*) *erledigen, beendigen* | to ~ **out** *austilgen* || *abnutzen*; (*Grube*) *abbauen*; *aus-, erschöpfen* | (*Schuld*) *abarbeiten* | *zuwege bringen, ausführen, vollenden, erreichen* || *be-, errechnen, lösen* || (*Idee*) *ausarbeiten, –gestalten, entwickeln* (in) || it ~ed itself out *es wirkte sich aus* | to ~ **up** ⟨cul⟩ (*Gericht*) *mischen* || *auf-, verarbeiten, entwickeln* (into *z*) || *ausarbeiten, erweitern* (to, into *z*) || *empor–, in die Höhe bringen*; (*Preise*) *in die Höhe treiben*; ⟨fig⟩ (*Gefühle*) *aufpeitschen, emportreiben* (into, to *z*); to get ~ed up *sich aufregen* || *aufarbeiten, ausgestalten, abfassen* || (*Gegenstand*) *durcharbeiten, studieren* (for) || (*jdn*) *bearbeiten* (to, into *z*); to ~ *o.s. up sich hineinarbeiten* (into *in*) || (*jdn*) *überreden* (to do); to ~ ~ up courage (to ask) *sich* [dat] *ein Herz fassen* | (*jdn*) *auf– erregen, –stacheln, –peitschen, –wiegeln* (to) **II. vi** [~ed/~ed] **1.** (*P*) **a.** *arbeiten* (at *an*); to ~ on experience *auf Grund eigener Erfahrung arbeiten* | *Arbeit h* || *tätig, beschäftigt s* (at Latin *mit Latein*, on a work *mit e–m größeren Werk*) | *sich bemühen* (to do) || to ~ against time *nach der Uhr arbeiten, in festgesetzter Zeit fertig z w suchen* **b.** *nähen, sticken* || ⟨arts⟩ *wirken, tätig s* || to ~ (up)on a p *jdn bearbeiten* **2.** (*S*) *arbeiten, Wirkung tun, wirken, sich auswirken*; (of plans) *gelingen, glücken, klappen* (with *bei*) | *sich entwickeln*; *reifen* (to *z*) | *gären* | ⟨mach⟩ *arbeiten, gehen, laufen*; the bell does not ~ *die Glocke geht nicht, funktioniert nicht*; to ~ together (of wheels) *in–e–a–greifen*; to ~ loose *sich* (*ab*)*lösen, sich lockern*; *abgehen* | to ~ (up)on *wirken auf* **3.** *sich* (*mühsam*) *bewegen*; (*mar*) *lavieren* (to *nach*); *sich hineinarbeiten* (into) *sich* (*hin*)*durcharbeiten*; *durchkommen* (through); to ~ through a book *ein Buch durcharbeiten*; to ~ out of *sich herausarbeiten aus* | (of the face) *sich verziehen, sich*

krampfhaft bewegen, zucken (with *vor*) || *herumfuchteln* (with) || (of the sea) *wüten, rasen*; ⟨fig⟩ *krampfhaft arbeiten, in Gärung s* **4.** [*mit* adv] to ~ **in** *sich hineinarbeiten*; *eindringen* || ⟨fig⟩ *sich einarbeiten, zus–gehen, harmonieren* (with) | to ~ **out** *herauskommen, z Vorschein k, gelöst w*; *sich auswirken* | *..* out *at sich belaufen auf*; *ergeben*; *sich stellen, k auf* (it ~s out at 3 each) | to ~ **round** *sich mit Mühe vorwärts–, hindurcharbeiten* (to *nach*); *sich zurückfinden* (to *nach*); (of the wind) *sich wenden* | to ~ **up** *sich empor–, hinaufarbeiten, .. up to* (*Amt, Stelle*) *erreichen* **III.** [in comp] ~-out *Übung f, Probe f* ~**ability** [ˌwəːkəˈbiliti] s *Brauchbar–, Anwendbarkeit f* || *Ausführbarkeit f* ~**able** [ˈwəːkəbl] a *z bearbeiten*(*d*) (soil) || *brauchbar*; *nützlich* || (of plans, etc) *aus–, durchführbar* ~**aday** [ˈwəːkədei] a *Werktag–* (~ clothes); *alltäglich, Alltags–* (~ look) || ⟨fig⟩ *alltäglich, gewöhnlich*; *ereignislos* ~**ation** [wəːˈkeiʃən] s ⟨Am⟩ (= work vacation) *Ernte-*(etc)*-Ferien* pl ⟨fig⟩ ~**day** [ˈwəːkdei] s *Werk–, All–, Wochentag m* [attr] *alltäglich, Alltags–* ⟨fig⟩ *alltäglich, gewöhnlich* ~**er** [ˈwəːkə] s *Arbeiter*(*in* f) m (at *an*; in *in*); ⟨stat⟩ agricultural ~s [pl] *landwirtschaftl. Erwerbspersonen f* pl; clerical and office ~ *Angestellte*(*r m* f) ; experienced *Arbeitsuchende*(*r m*) f, *die* (*der*) *bereits e–e Stellung hatte*; inexperienced *od* new ~ *erstmalig Arbeitsuchende*(*r m*) f; ~ on own account, independent ~ *alleinschaffender Selbständige*(*r m*) f || ⟨zoo⟩ (*a* ~ ant, ~ bee, etc) *Arbeiter* (bei *Ameisen, Bienen* etc) ~s [pl] *Arbeitskräfte f* pl || ~s' representatives (*Arbeiter-*)*Betriebsvertretung f*; ~s' rights to co-determination *Mitbestimmungsrecht n der Arbeitnehmer* ~**house** [ˈwəːkhaus] s *Arbeits–, Armenhaus n,* ⟨Am⟩ *Besserungsanstalt f*; [*a* attr] ~**ing** [ˈwəːkiŋ] **I.** s **1.** *Arbeiten*; *Schaffen* || *Wirken n* | *ständiges Tätigsein* (the innermost ~ of his mind) || *Tätigkeit f*; ⟨mach⟩ *Bewegung f, Gang m*; (of factories, etc) *Betrieb m* **2.** *Be , Verarbeitung f*; ⟨min⟩ *Ausbeutung f* **3.** *Handlung, Tat f* | *Wirkung, Auswirkung f* **4.** [*oft* pl ~s] *Bergwerks–, Grubenanlage f, Bau m*; *Grube f* **5.** [attr & comp] *Arbeits , Betriebs* || ~ **basis** *Arbeitsbasis f, Basis, auf der sich arbeiten läßt* || ~ **capacity** ⟨mach⟩ *Arbeitsbereich m* || ~ **capital** ⟨com⟩ *Betriebs–, Geschäftskapital n* || ~ **condition** *Betriebszustand m, Arbeitsverhältnis n*; in ~ c. *betriebsfähig* || ~ **day** *Arbeitstag m* || *tägliche Arbeitszeit f* || ~-**drawing** ⟨arch⟩ *Bauplan m, nach dem gearbeitet wird* || ~ **expenses** [pl] *Betriebskosten pl* || ~ **feed** *Arbeitsgang m* || ~ **hours** [pl] *Arbeitsstunden f* pl || ~ **life** ⟨demog, stat⟩ *Erwerbstätigkeitsdauer f* || ~ **load** *Maximum der Belastung n*; to bear a ~ *load of .. e–e Höchstbelastung v .. zulassen* || ~ **method** *Arbeitsverfahren n* || ~ **model** *Versuchsmodell n* || ~ **order** *Arbeitsweise f, Gang, Betrieb m* (*v Maschinen* etc); in ~ order *in* (*richtigem*) *Gange*; *in Ordnung, betriebs–,* ⟨mot⟩ *fahrbereit* || ~-**out** *Ausarbeiten n, Darstellen n*; (in a play) *Ausarbeitung, Entwicklung t* (*z Katastrophe hin*) || ~ **party** (1945) (*Wirtschafts-*)*Ankurbelungskommission f* (*bestehend aus Arbeitern, Arbeitgebern u Unparteiischen*) || ~ **pit** *Reparaturgrube f* || ~ **power** *Leistungsfähigkeit f* (*v Maschinen*) || ~ **specification** *Werkvorschrift f* || ~ **theory** *e–e Theorie f, mit der sich arbeiten läßt* || ~ **ticket** ⟨mot⟩ *Fahrbefehl m* || ~ **uniform** *Arbeits–, Drillichanzug m* **II.** a **1.** *arbeitend, Arbeits–* (~ woman); *werktätig* (population) || *praktisch ausübend* (~ builder); *Arbeits–* (~ committee) || *im Betriebe, continuous–* ~ *ständig arbeitend* (furnace) || *arbeitermöglichend, brauch–, gangbar* **2.** *bes* **Verbindungen:** ~ **bee** *Arbeitsbiene f* || ~ **classes** [pl] *arbeitende Klassen pl* || ~ **horse** *Arbeitspferd*

n || ~ majority ⟨parl⟩ *arbeitsfähige Mehrheit* f || ~-man (*Ggs* employer) *Arbeiter* m; *Handarbeiter, –werker* m || ~ partner ⟨com⟩ (*Ggs* sleeping partner) *aktiver Teilhaber* m || ~ quarter *Arbeiterviertel* n **~less** [′wɔ:klis] a *arbeitslos*; the ~ pl *die Arbeitslosen* m pl **~man** [′wɔ:kmən] s *Arbeiter* m, *bes Handarbeiter, –werker* m || (*Ggs* employer) *Arbeiter* m || ~'s ticket ⟨rail⟩ (*verbilligte*) *Arbeiter(rückfahr)-karte* f **~manlike** [~laik] a *geschickt, kunstgerecht, fachmännisch*; *stilgerecht* || *leistungsfähig* (horse) **~manship** [~ʃip] s *die Arbeit* f, *das Werk* n (*jds*); this is his ~ *dies ist v ihm gemacht, sein* W. | *Geschicklichkeit, Kunst(fertigkeit)* | *Ausführung, Technik* f; *Verarbeitungsgüte* f **~piece** [′wɔ:kpi:s] s ⟨tech⟩ *Werkstück* n **~shop** [′wɔ:kʃɔp] s *Werkstatt* f || ~ drawing *Konstruktionszeichnung* f; ~ for arts and crafts *Kunstwerkstätten* f pl; ~ theatre ⟨SBZ⟩ *Kulturgruppe* f **~woman** [′wɔ:kwumən] s *Arbeiterin, Arbeitsfrau* f
world [wɔ:ld] s **I.** [*mit best. Art.*] **A. 1.** the ~ *die Welt* f, *in der wir leben*; *Dasein, Universum* n; this ~ *die diesseitige W.*; the other ~, the ~ to be *od* to come *die zukünftige W.* || to come into the ~ *auf die W. k* **2. Wendungen:** (all) the ~ over *über die ganze Welt, auf der ganzen Welt* | from all over the ~ *aus aller Herren Länder* || in the ~ *in der W.*, the greatest in the ~ *der Größte der Welt*; all the good in the ~ *alles denkbar Gute*; who in the ~ was it? *wer in aller W. war es*?; nothing in the ~ *absolut nichts*; no reason in the ~ *nicht der geringste Grund* || blind to the ~ *vollkommen betrunken* | I would give the ~ *ich würde wer weiß nicht was geben* (to know) || to be all the ~ to a p *jdm sein ein u alles sein*; for all the ~ like (a p; a th) *genau gleich* (*e–r S*; *jdm*); for all the ~ as if *genau, als ob*; .. not for the ~ *um k–n Preis der W., nicht um alles in der Welt, nicht um die W.* **B.** the ~ *die Erde* f, *das Leben auf ihr*; to the ~'s end *bis ans Ende der W.*; to go round the ~ *e–e Reise um die W.* | the Old ~ *die Alte Welt*; the New ~ *die Neue W.* (*Amerika*) || the organic ~ *die organische W.* | [*a pl* ~s] *Welt anderer Planeten* (~s in collision) **C.** the ~ *das menschl. Leben* n, *die Menschen* m pl (⟨fam⟩ *all the* ~ *and his wife Gott u alle Welt*); *menschliche Verhältnisse* n pl; as the ~ goes *wie es in der W. geht*; it is the way of the ~, such is the ~ *das ist der Lauf der W.* || to begin the ~ *ins Leben eintreten*, to begin the ~ again *v neuem anfangen* || to carry the ~ before one *Glück, Erfolg h in der W.* || to push o.s. in the ~ *sich in der Welt vorwärtsbringen* || to see the ~ *Land u Leute kennenlernen* || how goes the ~ with you? *wie geht es Ihnen*? || the ~'s championship *Weltmeisterschaft* f **D.** *Naturreich* n, the animal ~ *das Tierreich* **E.** *weltliche Neigungen* f pl, to forsake the ~ *der W. entsagen* **F.** *Welt als menschl. Gesellschaft* | *Gesellschaftsschicht, –klasse* f; man of the ~ *Mann der Gesellschaft*; the fashionable ~ *die feine W.*, the great ~ *die vornehme W.* | (*Gesellschafts–, Berufs*-)*Sphäre* f, the ~ of commerce *die Geschäftswelt*; the sporting ~ *die Sportwelt*; the ~ of letters *die gelehrte W.*, the scientific ~ *die wissenschaftl. W.* **G.** *die Welt* *e–s einzelnen, Umwelt* f | *Gesichtskreis, geistiger Horizont* m **II.** [*ohne Art.*] ⟨ec⟩ ~ without end *v Ewigkeit z Ewigkeit* **III. a ~ of** ⟨fig⟩ *e–e Unmenge, Unzahl, Welt v, ein gr Umfang v, sehr viel*, a ~ of good *sehr viel Gutes*; a ~ of trouble *großer, sehr viel Kummer* || a ~ too shy *viel zu scheu* | to think the ~ of *wunder was, sehr viel halten v, gr Stücke halten auf* | ~s [pl *als* adv] *sehr viel, unendlich*; ~s away from *weltenweit entfernt v*; not .. for ~s *um k–n Preis* **III.** [attr & comp] *Welt–* || ~-all *Weltall* n || ~-famous *weltberühmt* || ~-forgotten *weltver-*
gessen || ~-historic *welthistorisch* || ~-language *Weltsprache* f || ~-old *uralt* || ~-opinion *Weltmeinung* f || ~-outlook *–anschauung* f || ~-peace *–friede* m || ~-power ⟨pol⟩ *Weltmacht* f || ~-renowned *weltberühmt* (for *wegen*) || ~-view *–anschauung* f || ~-weary *weltmüde* || ~-wide *–umspannend, –weit, –bekannt, weitverbreitet, allgemein anerkannt*; ~-wide reputation *Weltruf* m; ~-wide strategy *Großraumstrategie* f || ~ Youth Festival *Welt-Jugendfestspiele* n pl **~liness** [′wɔ:ldlinis] s *Weltlichkeit* f; *weltlicher, materieller Sinn* m **~ling** [′wɔ:ldliŋ] s *Weltkind* n; *weltlicher Mensch* m **~ly** [′wɔ:ldli] **1.** a *weltlich, Welt–, irdisch, zeitlich* || *weltlich gesinnt* (~ people); ~ wisdom *Weltklugheit* f | ~-minded *weltlich gesinnt* **2.** adv [*in comp*] ~-wise *weltklug, –erfahren*

worm [wɔ:m] **I.** s **1.** ⟨zoo⟩ *Wurm* m; even a ~ will turn *auch der Wurm krümmt sich, wenn er getreten wird* **2.** *Made, Larve, Raupe* f; measuring ~ *Spanner* m **3.** ⟨fig⟩ *gemeiner, niedriger Mensch, „Wurm"* m; poor ~ of earth *armseliger Erdenwurm* m | ⟨fig⟩ *Qual* f, *Kummer* m; ~ of conscience *Gewissensbisse* m pl **4.** [übtr] ⟨tech⟩ *spiralförmiges Werkzeug* n; (*Schrauben–, Schnecken-*)*Gewinde* n | *Schnecke, Schraube ohne Ende* f (*an e–m Schneckengetriebe*) || *röhren–, schlauchförmige Vorrichtung z Kondensieren, Kühlen* f; cooling ~ *Kühlschlange* f **5.** [attr & comp] *Wurm–* || ~-cast *vom Regenwurm an die Oberfläche geworfene spiralförmige Erdmasse* f || ~ conveyor ⟨tech⟩ *Transportschnecke* f || ~-drive ⟨tech⟩ *Schneckenantrieb* m || ~-eaten *wurmstichig*; ⟨fig⟩ *alt, veraltet, abgenutzt* || ~-fence ⟨Am⟩ *Schlangengitter* n || ~-fishing *Angeln* n *mit Würmern* (*als Köder*) || ~-gear ⟨tech⟩ *Schneckengetriebe, –rad* n || ~-like, ~-shaped *wurmartig, –förmig* || ~-wheel ⟨tech⟩ *Schneckenrad* n | ~'s eye finder ⟨phot⟩ *Froschperspektivesucher* m; ~'s eye view *Ansicht v unten* **II.** vt/i **A.** vt **1.** (*Tier, Pflanze*) *v Würmern befreien* **2.** (*etw*) *herauslocken, –ziehen* (out of, from a p *aus, v jdm*); to ~ a secret out of a p *jdm ein Geheimnis entlocken, jdm die °Würmer aus der Nase ziehen* || to ~ out (*etw*) *auf Umwegen herausbekommen, –locken* **3.** *durch Windungen bewegen, winden, befördern* (out of *aus*; through *durch*) || to ~ o.s., to ~ one's way *sich schlängeln, sich winden*; *sich einschleichen* (into *in*) **4.** ⟨mar⟩ (*Ankertau*) *mit Garn spiralförmig umwickeln* **B.** vi **1.** ⟨orn⟩ *nach Würmern suchen* **2.** *sich schlängeln, sich winden* (into *in*; out of *aus*); *sich windend kriechen*; *sich einschleichen* (into *in*) **~iness** [′wɔ:minis] s *Wurmstichigkeit* f **~seed** [′wɔ:m-si:d] s *Wurm–, Zitwersamen* m (*Mittel gegen Würmer*) **~wood** [′wɔ:mwud] s ⟨bot⟩ *Wermut* m || ⟨fig⟩ (*Sinnbild des Schmerzes, Leids*) *Galle* f, *Wermut, bitterer Tropfen* m; it is (gall and) ~ to him *es wurmt or kränkt ihn* | ~y [′wɔ:mi] a *wurmig, wurmstichig* || *voll v Würmern, voller Würmer* || *wurmartig* || ⟨fig⟩ *kriechend, krumm, gewunden* (~ ways)

worn [wɔ:n] **1.** pp *v* to wear **2.** *getragen; abgenutzt, abgetragen* (clothes) || ⟨tech⟩ *verschlissen, ausgeleiert; ausgelaufen* (*Lager*), *ausgeschlagen* (*Achse, Zylinder*), *abgefahren* (*Reifen*) || *abgehagert, verhärmt* (face) || *abgedroschen* (words) || (*P*) *erschöpft* (with *v*), *abgekämpft, mürbe* | [*in comp*] ~-down *abgenutzt, ausgefahren* (*Straße*) || ~-out *abgenutzt, –getragen, verbraucht* | *abgedroschen, veraltet, überlebt* | *erschöpft, zermürbt, –rüttet*

worriment [′wʌrimənt] s (*bes Am*) *Quälerei, Plage* f; *Belästigung, Unruhe* f **–isome** [′wʌrisəm] a *qualvoll, lästig* **–it** [′wʌrit] ⟨fam⟩ **1.** vt/i *quälen, plagen* | vi *sich sorgen* **2.** s *Kummer* m, *Sorge* f | *Quälgeist* m

worry ['wʌri] **I.** vt/i [~ed/~ed/~ing]
A. vt 1. (of dogs, etc) *an der Kehle packen, würgen; zerfleischen, beißen* ‖ (P) *zausen* **2.** ⟨fig⟩ (jdn) *ärgern, aufregen, reizen* (into z) ‖ (jdn) *plagen, belästigen, -stürmen* (with mit); (jdm) *zusetzen* (to do) ‖ (jdn) *durch ständiges Quälen treiben* (into z; out of aus) ‖ (jdn) *beunruhigen, ängstigen* ‖ to ~ o.s., *to be worried sich ärgern, - aufregen; - ängstigen* **3.** to ~, to ~ out *(ein Problem etc) immer wieder vornehmen, anpacken, nicht loslassen* **B. vi 1.** *zerren* (at an) **2.** *sich aufregen, sich beunruhigen* (about über); *sich Gedanken, Sorgen m, sich sorgen, sich ängstigen* (about) ‖ ⟨Am fam⟩ I should ~! *ich wünsch', ich hätt k–e anderen Sorgen! betrifft mich nicht! was mach ich mir schon daraus!* **3.** *sich abmühen; sich mühsam winden* (through) ‖ to ~ along *sich eben durchschlagen; eben durchkommen* **II.** s (of dogs) *Würgen, Zausen u Beißen* n ‖ *Aufregung* f, *Ärger, Verdruß* m ‖ *Sorge, Besorgnis* f, *Kummer* m

worse [wə:s] **I.** a [compr] **1.** [attr & pred] *schlechter* (no ~ *nicht sch.*); *geringer* ‖ ⟨com⟩ *schlechter, niedriger* ‖ ~ and ~ *immer schlechter* ‖ *übler, schlimmer* (~ *things than ..*); the ~ *desto schlimmer*, so much the ~ *um so schlimmer, um so übler*; ~ *luck! leider! unglücklicherweise!* **2.** [pred] *schlechter gestellt* (for wegen) ‖ (of health) *schlimmer* (he is ~) **3.** (not) to be the ~ for (P & S) *(nicht) schlechter daran s wegen*; (k–n) *Schaden erlitten h durch* ‖ to be the ~ for *drink nicht (mehr) ganz nüchtern s*; to be little the ~ for *wenig Schaden erlitten h durch*; to be (much) the ~ for wear *(sehr) abgetragen s, (sehr) gelitten h durch Tragen*; ⟨übtr⟩ *arg mitgenommen s* ‖ to be none the ~ *nicht schlechter, übler daran s* (for wegen); the hat would be none the ~ for a brushing *bürsten würde dem Hut wahrhaftig nicht schaden* ‖ (of health) to be none the ~ for a th, a p *durch etw, jdn k–n Schaden erlitten h* **II.** adv **1.** *schlechter*, none the ~ *nicht schlechter*; it would be none the ~ for it *könnte der S nichts schaden*; to think none the ~ of a p *nicht geringer denken v jdm* (if wenn) ‖ to be ~ off *schlechter daran s* → to fare **2.** *schlimmer, ärger, stärker, mehr* **III.** s *Schlimmeres* n; ~ followed *Sch. folgte* ‖ for better for ~ *wohl oder übel, ob z Schaden oder Vorteil; ob in besserem oder schlechtem Sinne; wie man es auch nimmt* ‖ a change for the ~ (of conditions) *e–e Wendung z Schlechtern, e–e Verschlechterung* f; from bad to ~ *aus dem Regen in die Traufe*

worsen ['wə:sn] vt/i ‖ *schlechter m, verschlechtern, (Unglück) vergrößern, -schlimmern* ‖ (jdn) *schlechter stellen, schädigen* ‖ vi *schlechter, schlimmer w; sich verschlechtern, -schlimmern* ~**ing** [~iŋ] s *Verschlechterung* f

worship ['wə:ʃip] **I.** s **1.** † *Achtung, Ehre* f, *Ansehen* n, *guter Ruf* m; *hohe Stellung* f; a man of ~ *ein Mann m v Ansehen od Ehre* **2.** Your ⁂ *Euer Hochwürden*; his ⁂ *Seine H., Seine Gnaden* **3.** ⟨rel⟩ *Anbetung* f, *Verehrung* f; *Kultus* m (of a deity) ‖ *Ritus, Gottesdienst* m (public ~); place of ~ *Gotteshaus* n, *Kirche* f ‖ ⟨fig⟩ *Anbetung, Verehrung* f; to offer, render ~ to a p *jdn verehren, anbeten* **II.** vt/i [-pp-] ‖ (Gott) *anbeten, verehren* ‖ ⟨übtr⟩ (jdn) *-ehren, -göttern*; (Mammon) *anbeten* ‖ vi *s–e Andacht verrichten* ~**ful** [~ful] a (~ly adv) † *angesehen, achtbar, ehrwürdig* ‖ (in titles, etc) ⁂ *ehrenwert* (the ⁂ Company of ..), *wohllöblich, verehrlich* (Justice of the Peace etc); Right ⁂ *hochwohllöblich, -angesehen* (mayor, sheriff, etc; the Right ⁂ the Mayor of ..) ~**per**, ⟨Am⟩ ~**er** [~ə] s *Anbeter* m (of God) ‖ *B°eter(in* f) m; the ~s [pl] *die Andächtigen* m pl ‖ ⟨übtr⟩ *Anbeter(in* f) m; ~ of idols *Götzendiener* m ~**ping**, ⟨Am⟩ ~**ing** [~iŋ] s *Anbetung* f

worst [wə:st] **1.** a [sup] *schlechteste(r, –s)* ‖ *ärgste(r, –s); stärkste(r, –s)* **2.** adv *am ärgsten, schlechtesten;* ~-damaged *am schlimmsten, meisten beschädigt* **3.** s a. *der (die) Schlechteste, Übelste, Schlimmste* m (f); *die Schlechtesten, Schlimmsten* pl (one of the ~) **b.** *das Schlimmste, Ärgste* n ‖ the ~ of it is .. *das Ä. daran ist ..* ‖ to do one's ~ ⟨iron⟩ *es so schlimm, schlecht m, wie es e–m beliebt* ‖ to get the ~ of it, to have the ~ *den kürzeren ziehen, besiegt w* ‖ at (the) ~ *im schlimmsten Falle*; the writer, even at his ~ *der Schriftsteller selbst da, wo er am schwächsten ist*; the fire was at its ~ in .. *das Feuer war am schlimmsten in ..*; to see a p (a th) at his (its) ~ *jdn (etw) v der od s–r schlechtesten Seite sehen* ‖ to be prepared for the ~ *auf das Schlimmste gefaßt s* ‖ if the ~ comes to the ~ *wenn es z Schlimmsten kommt, schlimmstenfalls* **4.** vt *besiegen, schlagen; überwältigen* ⟨a übtr⟩

worsted ['wustid] s *Kammgarn, Garn aus Kammwolle* n ‖ *Kammgarnstoff* m ‖ [attr] *Kammgarn-; wollen, Woll-;* ~ articles [pl] ⟨com⟩ *Wollwaren* f pl; ~ socks [pl] *wollene Socken* f pl

wort [wə:t] s ⟨bot †⟩ *Pflanze* f, *Kraut* n ‖ [in comp] *-wurz, -kraut* (liver~)

wort [wə:t] s ⟨brew⟩ (Malz-)*Würze* f; original ~ *Stammwürze* f ‖ ~ kettle *Würzpfanne* f

worth [wə:θ] **I.** a [nur pred] **1.** (e–n best. Betrag) *wert* (to a p *jdm* or *für jdn*); it is ~ little, much, nothing to me *es ist mir (f mich) wenig, viel, nichts wert*; it is ~ 60 pounds *es ist 60 Pfund wert*; £60 if ~ anything *mindestens 60 Pfd. wert;* not ~ a penny *k–n Pfifferling wert;* ⟨fam⟩ ~ a guinea a box °*bessere S z 15* ‖ (f) to be ~ something *wenigstens etwas wert s, etw besitzen* ‖ to be ~ a million *e–e Million besitzen*; take all I am ~ *nimm alles, was ich besitze* ‖ to be ~ *verdienen, einnehmen*, he is ~ £1000 a year *er hat ein jährliches Einkommen v 1000 Pfd.* ‖ for all I am (was) ~ *so gut ich kann (konnte); mit allen Kräften* (etc) *for what they are* ~ *wenn man ihnen Wert beilegen kann*; my opinion for what it is ~ *m–e unmaßgebliche Meinung* ‖ little ~ ⟨poet⟩ *nur wenig wert* ‖ ~ candle **2.** ⟨übtr⟩ (P) *wert, würdig* (your help *d–r Hilfe*); not ~ powder and shot *k–n Schuß Pulver wert*; not to be ~ one's salt *nichts taugen, z nichts nützen* **3.** ⟨übtr⟩ (S) *wert;* ~ the trouble *der Mühe wert* (it is not ~ the t.) ‖ the game is not ~ the candle *die S lohnt die Mühe nicht* ‖ ⟨fam⟩ it's ~ it *es lohnt sich* ‖ not ~ a button, a continental, a curse, a farthing, a hair, a ha'porth, a hen, a leek, an oyster, a snap, that, a toss, etc *nicht e–n Pfifferling, Deut, roten Heller etc wert* ‖ ~ doing *wert getan zu w*; ~ having *wert z besitzen;* ~ mentioning *erwähnenswert;* ~ speaking of *der Rede wert,* ~ the winning *wert errungen zu w* **4.** to be ~ *while, ~* one's while, ⟨fam⟩ ~ it *der Mühe (Zeit* etc) *wert s* (to do; doing *z tun*; a p *od* a p's doing *daß jd tut*); *sich lohnen;* to make it ~ one's while *es jdm vergelten, belohnen* ‖ ~-while [attr] *lohnend* (a ~-while excursion) **II.** s *geldlicher Wert* m; of great ~ *sehr wertvoll, teuer;* to get the ~ of one's money *für sein Geld etw (Gleichwertiges) erhalten*; to buy a shilling's ~ of stamps *Marken im Wert v 1 sh. kaufen, f 1 sh. Marken kaufen* ‖ *Wert* m, *Bedeutung* f ‖ *Ansehen* n, *Würde* f; *Verdienst* n **III.** vi ⟨† & poet⟩ [nur 3. sg subj]: woe ~ *wehe über, verflucht sei* (woe ~ the day) ~**ily** ['wə:ðili] adv (v worthy) *in Ehren, würdig* ‖ *dem Verdienste jds gemäß; mit Recht* ~**iness** ['wə:ðinis] s *Wert* m, *Würdigkeit* f ~**less** ['wə:θlis] a (~ly adv) *wertlos; ohne Bedeutung* ‖ *nichts-, unwürdig, verächtlich* ~**lessness** [~nis] s *Wertlosigkeit* f ‖ *Un-, Nichtsswürdigkeit* f

~while ['wɔ:θ'wail] a ⟨Am⟩ *lohnend* ‹ a übtr⟩
worthy ['wɔ:ði] I. a (→ worthily) 1. [attr] a. *würdig, hochachtbar, ehrenwert* (p); *angesehen, schätzbar* b. *würdig, jds ebenbürtig* (successor) | (S) *ausreichend, angemessen* (reward) 2. [pred] *würdig, wert* a. ~ to live *wert z leben* || a th ~ to be done *etw, das wert ist, getan z w;* a man ~ to be considered *ein Mann, der würdig ist, berücksichtigt z w, der Berücksichtigung verdient;* to be ~ to be considered *verdienen, wert s, berücksichtigt z w* | a man, a subject ~ of consideration *ein M., ein Gegenstand, der der Berücksichtigung wert ist,* B. *verdient* || to be ~ of a th *e–r S wert, würdig s, etw verdienen* (~ of praise, recognition); *e–r S angemessen s, z e–r S passen* (his conduct is ~ of his high office) b. * ~ a th *e–r S wert, würdig* (feelings ~ the cause); to be ~ a th *etw verdienen* (he is ~ remenbrance) II. s *hervorragender, höchst verdienstvoller Mann* m (the Worthies of England); the Nine Worthies (of the World) *die neun Besten, .. guten Helden, .. starken Männer* m pl; *gr Persönlichkeit, Größe* f; *Held* m || ⟨fam iron⟩ *Persönlichkeit, Person* f
wot [wɔt] † vi → to wit [vi]
wotcher ['wɔtʃə] adv ⟨vulg⟩ (aus what cheer) *wie geht es?*
would [wud] pret *v* will [v aux] (→ *d*) | [in comp] ~-be [a] *gern* (etw) *s wollend, sich wünschend; den Anschein* (e–r Fähigkeit) *erweckend; angeblich, sogenannt;* ~-be sensible things *Dinge, die vernünftig klingen sollen* | ~-be assassin *jd, der sich als Mörder ausgibt* || ~-be buyer *Kauflustiger* m || ~-be painter *Farbenkleckser* m || ~-be poet *Gerne-Dichter, Dichterling* m || ~-be politician *Kannegießer* m || ~-be purchaser *Interessent* m || ~-be sportsman *Sonntagsjäger* m || ~-be wit *jd, der witzig sein möchte*
wound [wu:nd] 1. s *Wunde* f (in the head *am Kopfe;* in the leg *am Bein*); mortal ~ *tödliche W.* f; ~ of entry *Einschuß* m, ~ of exit *Ausschuß;* the five ~s of our Lord *die 5 Wundmale Christi;* to bleed from many ~s *aus vielen Wunden bluten;* to inflict a ~ (up)on a p *jdm e–e W. beibringen, zufügen* || *Einschnitt, Riß* m (in trees) | ⟨fig⟩ *Verletzung, Kränkung, Beleidigung* f || ⟨poet⟩ ~s [pl] *Liebeskummer* m | [attr] ~-badge, ~-stripe *Verwundetenabzeichen* (five-~ stripe *Streifen f 5malige Verwundung*) 2. vt (jdn) *verwunden* (in the head *am Kopfe;* in the leg *am Bein*) | ⟨fig⟩ *verletzen,* (Stolz) *kränken* ~ed ['~id] a *verwundet;* [abs] the ~ *die Verwundeten* (500 ~); ~ veteran *Kriegsbeschädigter,* ~versehrter m ~less ['~lis] a *unverwundet, frei v Wunden, ohne W.*
wound [waund] pret & pp *v* to wind vt & vi/t
woundwort ['wu:ndwɔ:t] s ⟨bot⟩ *Goldrute* f, *Wundkraut* n; *Waldziest* m
woundy ['waundi, 'wu:ndi] † adv & a (–dily adv) *sehr groß, ungeheuer, gewaltig*
wourali, woor– [wu:'rɑ:li] s ⟨bot⟩ *Schlingpflanze Guyanas* f, *aus der* curare (→ *d*) *gewonnen wird*
wove [wouv] 1. pret *v* to weave 2. pp *v* to weave | ~ paper *Velinpapier* n | ~n ['wouvn] pp *v* to weave | ~ fabrics [pl] *Web–, Wirkwaren* f pl
wow [wau] s ⟨Am sl⟩ *großartige S or P;* gr *Erfolg* m; *Pracht–,* °*Mordskerl* m
wowser ['wausə] s ⟨Am fam⟩ *Moralprediger, Spielverderber* m
wrack [ræk] s *Untergang, Ruin* m, *Verderben* n; to go to ~ *zugrunde gehen*
wrack [ræk] s ⟨dial⟩ *Wrack* n (Schiff) || † *Wrackgut* n, *Schiffstrümmer* pl | *am Meeresstrand ausgeworfene Algenmassen* f pl; *angeschwemmter Unrat* m

wrack [ræk] s → rack
Wraf [ræf] s [pl ~s] *Mitglied* n *der* Women's Royal Air Force
wraith [reiθ] s [pl ~s] *Erscheinung* f *e–s Verstorbenen; Geist* m, *Gespenst* n || *geisterhafte Erscheinung* f *e–s Lebenden, s–s eigenen Selbst* (als böse Vorbedeutung des Todes); → fetch [s]
wrangle ['ræŋgl] 1. vi *sich laut mit Worten zanken, streiten* (over *über;* with); °*sich katzbalgen, sich in den Haaren liegen* || ⟨Am⟩ *Pferde zus–treiben* 2. *lauter Zank, Streit* m; *Katzbalgerei* f
wrangler ['ræŋglə] s *Zänker* m || to be a ~ *debattieren können* || senior ~ ⟨Cambr⟩ *Student* m, *der bei der höchsten* math. *Abschlußprüfung die erste Klasse erhalten hat;* → wooden || ⟨Am⟩ *Cowboy* m ~ship [~ʃip] s ⟨univ⟩ *Stellung e–s* wrangler
wrap [ræp] I. vt/i [–pp–] A. vt 1. (a to ~ up) (jdn) *einwickeln, –packen, –hüllen* (in *in*); *umgeben* (with *mit*) || to ~ o.s. up *sich warm anziehen;* to be ~ped in *eingehüllt s in* | (etw) *umhüllen, –geben* (with) 2. ⟨übtr⟩ (jdn) *hüllen* (in); *verwickeln, –stricken* (in *in*) || to be ~ped up in *vollkommen eingenommen, in Anspruch genommen w v, gänzlich aufgehen in* (.. in one's work), *versunken s in* (.. in slumbers); *gänzlich enthalten s in;* (of a country) *gänzlich abhängig s v* (.. in its army *v s–m Heere*) 3. (etw) *hüllen, verhüllen* (in *in*) (a question ~ped in darkness); (to ~ up) (Tadel) *verhüllen, verbergen, –decken* (in *in*) | (etw) *verdecken, bedecken* 4. (Papier etc) *wickeln* (round *um*); (Mantel) *hüllen, legen* (about, around, round a p *um jdn*) B. vi ⟨mst⟩ (to ~ up) *sich einhüllen, sich einpacken* (in *in*) | *sich wickeln, sich winden, sich legen* (round *um*) | (of garments) *sich legen; fallen* (over) C. [attr & comp] ⟨bes mot⟩ ~-around *herumgezogen* (Stoßstange); ~-a. rear glass *Vollsichtrückfenster* n; ~-a. view, ~-a. windshield *Rund–, Vollsichtverglasung* f II. s *Hülle* f; (Reise-)*Decke* f | *Schal, Überwurf* m | [pl ~s] *Umschlag, –decke* f, *Mantel* m (etc) ~page ['~idʒ] s *Hülle, Decke* f, *Umschlag* m || [ohne art] *Packmaterial* n, *Verpackung* f ~per ['~ə] s *Packer(in* f) m | *Hülle, Decke, Verpackung* f | *loser* (Buch-)*Umschlag, Schutzdeckel* m; *Kreuz–, Streifband* n (f *Postsendungen*) | *Schal* m, *Umhängetuch* n || *Schlaf–, Morgenrock* m; *Arbeitsmantel* m | (of a cigar) *Deckblatt* n ~ping ['~iŋ] s *Einwickeln* n | *Umhüllung, Decke, Hülle; Verpackung* f | [attr] ~ paper *Pack–, Einschlagpapier* n
wrasse [ræs] s ⟨ich⟩ (Streifen-)*Lippfisch* m
wrath [rɔ:θ; ⟨Am⟩ ræθ] s *Zorn* (the ~ of God); *Grimm* m, *Wut* f ~ful [~ful] a (~ly adv) *grimmig, zornig* (with *auf*); *wütig, wutentbrannt* | ~y ['~i] a ⟨Am⟩ = wrathful
wreak [ri:k] ⟨poet & †⟩ 1. vt (jdn) *rächen* (on *an*) | (Rache, Wut etc) *auslassen, –üben* (on *an*); to ~ dire vengeance *blutige R. nehmen* (upon *an*) 2. s *Rache* f; to take a p's ~ on *jdn rächen an*
wreath [ri:θ] s (pl ~s [ri:ðz]) 1. *Kranz* m; to place a ~ on the grave *e–n K. am Gr. niederlegen* || *Sieger–, Ehrenkranz* || *Girlande* f 2. *kranzförmiges Geflecht, Gewinde* n; *geflochtener Streifen, Rand* m 3. *Drehung, Windung* f; *spiralförmige, sich windende Bewegung* f; ~ of smoke *Rauchwölkchen* n; ~ of snow *Schneewehe* f **wreathe** [ri:ð] vt/i 1. vt (etw) *winden, wickeln, drehen* (round, about *um*) | *einhüllen* (in); *umgeben* (with) || (jdn) *bekränzen, schmücken* (with) | (Teile) *verschlingen; zus–binden;* (Kranz) *flechten* | (Körper etc) *verdrehen, –zerren* (to *z;* into *in*) 2. vi *sich drehen, sich winden; sich kräuseln* or *ringeln* **wreathy** ['ri:ði] a *sich windend, ringelnd* (smoke) || *geflochten*
wreck [rek] I. s 1. ⟨jur⟩ *Strandgut* n 2. *Wrack*

n *(Schiff)* | ⟨*oft* übtr & fig⟩ *zerschlagener Teil* m, *Bruchstück* n, *Trümmerhaufen* m; ∼s [pl] *Trümmer, kümmerliche Überbleibsel* n pl ‖ *(P) Wrack* n (a mere ∼) **3.** *Schiffbruch* m ‖ ⟨übtr⟩ *Untergang, Ruin* m; *Zerstörung, Verwüstung* f; to go to ∼ (and ruin) *zugrunde gehen* **4.** [attr] *Wrack–* ‖ *Schiffbruch–* **II.** vt/i **1.** vt ⟨mar⟩ *(Schiff) z Scheitern bringen, zerschellen; (jdn) z Sch. bringen* ‖ *to be* ∼*ed scheitern, stranden; Schiffbruch erleiden* | ⟨übtr rail⟩ *(Zug) z Entgleisen bringen;* to be ∼ed *entgleisen* ‖ *(Gebäude) zertrümmern, zerstören* | *(etw) z Fall bringen, scheitern l; (Hoffnung) vernichten; (Gesundheit) zugrunde richten; verderben l* **2.** vi *Schiffbruch erleiden, scheitern* ⟨a übtr⟩ ∼**age** [′∼idʒ] s *Scheitern* n, *Schiffbruch* m; ⟨a fig⟩ *Untergang* m, *Vernichtung* f | *Schiffstrümmer* pl ‖ ⟨fig⟩ *Trümmer* pl; *gescheiterte Existenzen* f pl ∼**ed** [∼t] *a gescheitert* (ship), *gestrandet, Strand–* (∼ *goods) gescheitert, schiffbrüchig* (sailors) ‖ ⟨übtr⟩ *vernichtet, zerstört; zerrüttet* (mind) ∼**er** [′∼ə] s *Strandräuber* m | *Abbruch–,* ⟨*bes* Am⟩ *dampfer* m, *–dampfer* m; *(a ∼ truck) Abschleppwagen* m; ∼s [pl] (⟨*a*⟩ –king company) *–gesellschaft* f, *–unternehmen* n ‖ ∼ *service* ⟨mot⟩ *Abschleppdienst* m ∼**ing** [′∼iŋ] s **1.** s *Strandraub* m | ⟨Am⟩ *Rettung* or *Bergung* f v *Strandgut* | [attr] ⟨Am⟩ *Bergungs–* (∼ crew); *Rettungs–, Hilfs–;* ∼ *train* ⟨rail⟩ *Hilfszug* m ⟨Am⟩ ∼ *car* ⟨mot⟩ *Kran–, Abschleppwagen* m **2.** *a verheerend, vernichtend, Vernichtungs–*

wren [ren] s ⟨orn⟩ *Zaunkönig* m ‖ golden-crested ∼ *Goldhähnchen* n

wrench [ren(t)ʃ] **1.** s a. *heftige Drehung, Wendung* f ‖ *Verrenkung* f; to give one's knee a ∼ od a ∼ *to* one's knee *sich das Knie verrenken* ‖ *heftiger Ruck* m (with one ∼) ‖ ⟨hunt⟩ *Haken-*(schlagen n) m *(des Hasen) (unter 90°),* → turn **3.** **b.** ⟨fig⟩ *(Trennungs-)Schmerz* m; it would be a great ∼ *to* me *es würde sehr schmerzlich f mich s* (if) **c.** ⟨tech⟩ *Schraubenschlüssel* m **2.** vt *mit Ruck (heraus)–ziehen, –reißen* (out of *aus);* to ∼ o.s. *sich los–* (from *v*) ‖ to ∼ *open (Tür etc) auf–, erbrechen, aufreißen, –sprengen;* to ∼ *off abreißen* ‖ *(etw) entreißen, –ringen, –winden* (from a p *jdm*) | *verdrehen, –zerren; (Glied) verrenken, –stauchen* (to ∼ one's leg *sich das Bein ver–*) ‖ ⟨fig⟩ *verdrehen, –zerren*

Wrens [renz] s *Mitglieder* n pl *des* Women's Royal Naval Service

wrest [rest] **1.** vt *(etw) gewaltsam (heraus)reißen* (out of; from *aus); (etw) entreißen, –winden* (from a p *jdm*) ‖ ⟨übtr⟩ *abringen* (from a p *jdm*); *gewaltsam erpressen* (from a p *v jdm*) | ⟨fig⟩ *(Ausdruck) pressen; mißdeuten; (Sinn) abbiegen* (from); *umbiegen* (to *z); entstellen, verdrehen* (from *aus;* to *z*) **2.** s ⟨mus⟩ *Stimmschlüssel* m (f *Saiteninstrumente*) | ∼-block *Stimmstock* m *(des Klaviers)* ‖ ∼-pin *Stahlflock* m (f *Saite im Klavier*)

wrestle [′resl] **1.** vi/t ‖ *sich ringen; ringen* (with *mit*) ⟨*a* übtr⟩ ‖ ⟨fig⟩ *schwer kämpfen, ringen* (with *mit;* for *um, nach); sich abmühen* (with) | vt to ∼ a p *mit jdm ringen;* (a to ∼ down) *(jdn) niederringen* **2.** s *Ringen* n; *Ringkampf* m ‖ ⟨fig⟩ *schwerer Kampf* m (with); *Ringen* n (for *um*) –**ler** [′reslə] s *Ringer* m ‖ –**ling** [′resliŋ] s *Ringen* n | the, a ∼ *der, ein Ringkampf* m; all-in ∼ *Freistil-R.* (in dem jeder Griff erlaubt ist) | ⟨fig⟩ *schweres Kämpfen* n (with); ∼ *Ringen* (for *um*) | [attr] ∼ *bout,* ∼ *match Ringkampf* m

wretch [retʃ] s *unglücklicher Mensch* m, *armes Wesen* n; poor ∼ *armer Wurm, armer Teufel;* the little ∼ *der kl Kerl, Bursche* | *Lump, Schuft* m ∼**ed** [′∼id] a (∼ly adv) **1.** (P) *unglücklich, elend* ‖ *arm, armselig, traurig* ‖ to

feel ∼ *sich erbärmlich, sich schlecht fühlen* (with *vor*) **2.** (S) *kläglich* (education), *traurig, erbärmlich* (place), *dürftig* (food), *schlecht* | *gemein* (weather), *eklig* (pain), *ekelhaft, gräßlich, häßlich* ‖ *niederträchtig, gemein* (intrigue) ∼**edness** [′∼idnis] s *Unglück, Elend* n ‖ *Erbärmlich–, Armseligkeit* f; *Eklig–, Widerlichkeit* f ∼**lessness** [′∼lisnis] s *Unbekümmertheit* (of *um*), *Sorglosigkeit* f

wrick, rick [rik] **1.** vt *(Glied* etc) *verrenken* (to ∼ one's neck) **2.** s *leichte Verrenkung* f

wriggle [′rigl] **I.** vi/t **1.** vi *sich ringeln; sich windend fortbewegen* (to ∼ along a path *sich auf e–m Pfad entlang bewegen); sich winden* (through) ‖ ⟨übtr⟩ *(of rivers* etc) *sich schlängeln* | *sich unruhig, verlegen hin u her bewegen* | ⟨fig⟩ *sich hineindrängen,* ∼ *einschmeicheln,* ∼ *hineinschleichen* (into *in); sich (heraus)winden, –ziehen* (out of *aus*) | *Winkelzüge* m **2.** vt a. *(etw) hin u herbewegen; ringeln* ‖ to ∼ one's way *sich winden* **b.** to ∼ o.s. *sich ringeln* (into a shape); *sich winden* (along *entlang*); *sich schlängeln;* ⟨fig⟩ *auf gewundenen, krummen Wegen eindringen, sich durch Windungen Eingang verschaffen* (into *in); sich herauswinden* (out of *aus*) **II.** s *ringelnde Bewegung* f, *Ringeln* n; *Windung, Krümmung* f; *Schlängelweg* m –**ler** [′riglə] s *Ringeltier* n, *–wurm* m

wright [rait] s † *Arbeiter* m; *Handwerker* m ‖ [in comp] *–macher, –bauer, –anfertiger* m (ship–∼; wheel–∼) → play–

wring [riŋ] **I.** vt [wrung/wrung] **1.** *(saftige Frucht) auspressen, –drücken, –quetschen; (Wasser* etc) *–pressen, –ringen* (from, out of *aus*) **2.** *(Glied) verdrehen; (Gesicht) verziehen, –zerren;* wrung with *verzerrt vor* **3.** *(Wäsche* etc) *aus(w)ringen, –winden* | *(Hände* etc) *ringen* (over *vor Verzweiflung über); pressend drehen;* (of a shoe) *drücken* | ⟨übtr⟩ *(Herz) bedrücken, –klemmen, quälen, martern* (wrung with *gequält v*); it ∼s my heart *es schmerzt mich tief;* ⟨aero sl⟩ to ∼ it out *alles aus e–m Flugzeug (leistungsmäßig) herausholen* **4.** *ver–, umdrehen;* to ∼ the neck of animals *Tieren den Hals abdrehen;* to ∼ a p's neck *jdm den Hals umdrehen* ‖ *durch Drehen abreißen, –trennen* (off *v*) **5.** ⟨übtr⟩ *(Steuern) pressen* (out of a p *aus jdm); (etw) entreißen, –winden* (from a p *jdm*); *(etw) abringen, –gewinnen* (from a p *jdm); erpressen* (from, out of *v*) | *(Sinn) abbiegen, entstellen* (from *v*) | *(Hand) drücken; (jdn) drücken* (by the hand) **6.** [mit adv] to ∼ *off abreißen* ‖ to ∼ *out ausringen; (etw) erpressen, abringen* (from a p *jdm*); to ∼ *up pressen* **II.** s *Wringen, Pressen, Quetschen* n; *Druck* m, *Pressung* f; to give a th a ∼ *etw ausdrücken, –pressen, –wringen;* to give a p's hand a ∼ *jdm die Hand drücken* | ∼**er** [′∼ə] s *Bedrücker, Erpresser* m ‖ *Auswringer(in* f) m ‖ *Wringmaschine* f ∼**ing** [′∼iŋ] **1.** s *(Aus-)Wringen; Drücken, Pressen* n etc | [attr] ∼ fit ⟨tech⟩ *Haftsitz* m ‖ ∼-machine *Wringmaschine* f **2.** a *drückend, pressend;* ∼-wet *z Auswringen naß, sehr naß* | *bedrückend, beklommen* (∼ to the heart *herz–*)

wrinkle [′riŋkl] **1.** s *Falte* f, *Kniff* m ‖ *Vertiefung, Unebenheit* f ‖ *Runzel, Falte* f | ⟨fam⟩ *geschickter Handgriff* m, *Kniff* m ‖ *Tip; Wink* m; ⟨Am⟩ *Marotte* f, *Steckenpferd* n **2.** vi/t | *sich falten, Falten werfen;* (of the face) *Runzeln bek* | vt *falten, kniffen; stockings* ∼d [pp] *about his legs Strümpfe in Falten an den Beinen liegend* ‖ (a to ∼ up) *runzeln;* to ∼ one's brows *die Stirn runzeln; (Augen) zukneifen; verdrehen* (at a p *nach jdm*) ‖ to ∼ one's nose *die Nase rümpfen* –**led** [′riŋkld], ∼**ly** [′riŋkli] *a faltig; runzlig* –**ling** [′riŋkliŋ] s *Faltenbildung* f

wrist [rist] s **1.** (a ∼-joint) *Handgelenk* n (on my ∼ am H.) ‖ ⟨tech⟩ (a ∼-pin) *(Wellen-)*

Zapfen m *(am Rade)* **2.** [attr] **a.** *Handgelenks–* || ~ alarm *Armbandwecker* m || ~-bag *Damentäschchen* n *(am Handgelenk)* || ~-drop ⟨path⟩ *Handgelenkslähmung* f || ~-watch *Armbanduhr* f **b.** ⟨mus & sport⟩ *aus dem Handgelenk*; ~-stroke *Schlag aus dem H.*; ~ touch *Anschlag aus dem H.* **~band** [ˈ~bænd] s *Bündchen* n, *Prise* f *am Hemdärmel, (Hemd-)Manschette* f || *Armband* n **~let** [ˈ~lit] s *Pulswärmer* m || *Armband* n; ~ watch *–uhr* f || *Handschelle* f | **~y** [ˈ~i] a *(of blow) aus dem Handgelenk, mit losem H.*

writ [rit] s * *Geschriebenes, Schreiben* n; *Schrift* f; *Holy* ~, *Sacred* ~ [ohne art] *die Heilige Schrift* | *Urkunde* f || *königlicher, behördlicher Erlaß* m; ⟨jur⟩ *Schriftstück* n, *durch das ein Prozeß eingeleitet, e–e Handlung or Unterlassung angeordnet wird; Vorladungsschreiben* n; *schriftl. Aufforderung* f (for an election etc) || ~ of assistance *Beschlagnahmebefehl* m; ~ of attachment, ~ of capias *Haftbefehl*; ~ of error *Berufungs–* m, *Reskript* n *zur Urteilsrevision*; ~ of execution *Vollstreckungs–, Zahlungs–*; ~ of fieri facias *Vollstreckungsbefehl* || to serve a ~ upon a p ⟨jur⟩ *jdm e–e Vorladung zustellen* || to take out a ~ against a p ⟨jur⟩ *e–e Vorladung gegen jdn erwirken*

write [rait] vi/t [wrote/written; ⟨poet & †⟩ writ/writ] **A.** vi **1.** *schreiben* (on paper *auf Papier*; on one side only *nur auf e–r Seite*) | *schriftlich mitteilen* (to a p *jdm, an jdn*; about *v, über*; on *über*) || to ~ to ask *schriftlich anfragen* (if *ob*) || to ~ back *zurückschreiben* || to ~ for a th *schr. um etw; etw bestellen; k l 2. schriftstellern, schreiben* (for the press; about, on *über*) **B.** vt **1.** *(etw) schr.*, to ~ shorthand *stenographieren*; .. a good hand *gut schr., e–e gute Handschrift schr.*; writ large *in gr Lettern eingeschrieben, deutlich sicht–, erkennbar* || to ~ o.s. *sich unterzeichnen*, he ~s himself B. A. *er unterzeichnet sich als B. A.* **2.** *äußern, sagen, mitteilen* (that) || *brieflich m.* (a th to a p *od* ⟨fam⟩ a p a th *jdm etw*; to a p, ⟨fam⟩ that *jdm daß*); to ~ a letter to a p, (⟨fam⟩ a p a l.) *jdm e–n Brief schr.* **3.** *(etw) mit Geschriebenem ausfüllen*, written all over *ganz voll geschrieben* **4.** *verfassen; dichten* **5.** ⟨fig⟩ *beschreiben, darstellen* **6.** [mit adv] to ~ **down** *(etw) auf–, niederschreiben; notieren, aufzeichnen*; .. down in full *s–n Namen* (etc) *ganz aus–* || *herabsetzen, herunterreißen, tadeln* | *(etw, jdn) beschreiben als, darstellen als*; the book is written down a failure *das Buch wird als Mißerfolg hingestellt* | to ~ **in** *eintragen, –fügen* | to ~ **off** *schnell schreiben, abfassen, herunterschreiben* || *(Schuld) abschreiben*; written off *als Totalverlust abgeschrieben*; it's a ~-off ⟨aero fam⟩ *die Kiste (Flugzeug) können wir abschreiben* | to ~ **out** *(etw) ganz ab–, ausschreiben*, .. out fair *ins Reine ab–*; .. out over again *noch einmal ab–*; *(Rezept) schr.* (for a p *jdm*) || to ~ o.s. out *sich ausschreiben, sich im Schreiben erschöpfen* | to ~ **up** *(etw) ausführlich, breit darstellen, eingehend berichten über, lobend schreiben über, preisen* || *(etw) lobend hervorheben, anpreisen*; to ~ a p up *jdn lobend erwähnen; herausstreichen* || *ausfüllen, vervollständigen*; ⟨com⟩ *(etw) ein–, nachtragen* | *zus–stellen* **C.** [in comp] ~-off (of £ 9/-/-) *Abschreibung* f || ~-up ⟨bes Am⟩ *Bericht, (lobender, ausführlicher) Artikel* m (he didn't get much of a ~-up)

writer [ˈraitə] s **1.** *Schreiber(in* f) m; ~'s cramp *od* palsy *Schreibkrampf* m; ~ hereof *Schreiber dieses (Briefes)*; to be a good ~ *gut schreiben* || *Schreiber, Kanzlist, Sekretär* m **2.** ⟨Scot⟩ ~ to the signet *Rechtsanwalt* m (Solicitor) **3.** *Schriftsteller(in), Verfasser(in* f) m

~ship [~ʃip] s *Schreiberstelle* f, *Amt* n *e–s Schreibers*

writhe [raið] **1.** vi/t || *sich krümmen, sich winden* (with pain *vor Schmerz*) || ⟨poet⟩ *sich windend fortbewegen* || ⟨fig⟩ *sich krampfhaft krümmen, – winden* (under an insult *unter den Qualen e–r Beleidigung*; with pain *vor Schmerz*) | vt *(Haar* etc) *wickeln, drehen, ringeln* || *(Körper) winden, verdrehen; (Gesicht) verzerren* **2.** s *Verzerrung* f, *Zucken* n

writing [ˈraitiŋ] **I.** s **1.** *Schreiben* n, *Schrift* f; in ~ *schriftlich*; to be in ~ *schriftlich aufgezeichnet* s; to put in ~, take down in ~ *schriftlich aufsetzen* || *Handschrift* f **2.** *schriftl. Ausfertigung* f, *Abfassung* f || *Schriftstellern; Schriftstellerei* f; ⟨mus⟩ *Komponieren* n || *Schreibart* f, *Stil* m **3.** *Geschriebenes, Schreiben* n; *Brief* m || *Urkunde* f || *Inschrift* f || *Schrift* f; *Aufsatz, Artikel* m; *literar. Werk* n **4.** [attr] *Schreib–* || ~-book *–heft* n || ~-case *–mappe* f || ~-desk *–pult* n || ~-kit *–mappe* f || ~-master *–lehrer* m || ~-off = write-off || ~-pad *–unterlage* f; *–papierblock* m || ~-paper *–papier* n || ~-school *–schule* f || ~-table *–tisch* m **II.** a *schreibend, schriftstellernd* (~ people); *Schriftsteller–* (~ life)

written [ˈritn] **1.** pp *v* to write; it is ~ ⟨bib⟩ *es steht geschrieben* **2.** a *geschrieben* (~ law); ~ language *Schrift–, Literatursprache* f || *beschrieben* || *schriftlich* (document)

wrong [rɔŋ] **I.** a [ohne compr & sup] **1.** *unrecht, unbillig*; it is ~ of him *es ist unrecht v ihm* (to do) **2.** *unrichtig, verkehrt, falsch*; ⟨fam⟩ to get up (on) the ~ side *mit dem linken Fuß zuerst aufstehen*; to say the ~ th *etw Unpassendes sagen* || *irrig, irreführend* (⟨crick sl⟩ ~'un = googly); the ~ date *das falsche Datum*, the ~ fount (abbr w. f.) ⟨typ⟩ *die falsche Type*; the clock is ~ *die Uhr geht falsch* || to be ~ (P) *unrecht h* (in doing *z tun*); *sich irren* || ~ side *verkehrte Seite*, ⟨weav⟩ *Rückseite* f; ~ start ⟨Am aero⟩ *Fehlstart* m **3.** *in Unordnung*, there is something ~ with *es ist etw nicht in Ordnung mit*; ⟨fam⟩ s.th. ~? *stimmt was nicht?*; what's ~? *was fehlt?, wo fehlt's denn?*; what's ~ with? *was ist los mit?* ⟨fam⟩ *wie steht es mit?* ⟨fam⟩ *wie wäre es mit?* (what's ~ with a cup of tea?) | *ungeeignet; –passend*; nothing ~ *nichts Unangenehmes, k–e Verstimmung* **4.** in the ~ box *in der Klemme* | the ~ side (of cloth) *die linke Seite*; ~ side out *das Innere (e–s Rockes) nach außen*; ⟨fig⟩ to be the ~ side out *schlechter Laune s*; on the ~ side of 40 *über 40 Jahre alt* || to do the ~ th in the ~ place *das Unrichtige am unrechten Orte tun* || to get hold of the ~ end of the stick ⟨fig⟩ *e–e S falsch auffassen, völlig mißverstehen; verdrehen* || he will laugh on the ~ side of his mouth *das Lachen wird ihm vergehen* || to take (a th) the ~ way *übelnehmen* **5.** [in comp] ~-headed *querköpfig, verschroben; im Irrtum beharrend* **II.** adv *unrecht* (to act ~) | *unrichtig; falsch* (to play ~); to guess ~ *falsch raten* || to get it ~ *e–e Summe falsch ausrechnen*; *sich irren, etw ganz falsch verstehen, mißverstehen*; *falsch m or darstellen* || to go ~ *vom rechten Wege abgehen, auf Abwege geraten*; *sich irren, fehlgehen* (in doing *wenn man tut*), (S) *fehlgehen*; her nerves began to go ~ *sie bekam es mit den Nerven z tun* || ⟨Am fam⟩ to get a p in ~ *jdn in Mißkredit bringen* (with *bei*); to get in ~ with a p *jds Gunst verlieren, Mißfallen erregen* **III.** s **1.** *Unrecht, Fehl* n, *Sünde* f; to do ~ *U. tun, sündigen* **2.** *Ungerechtigkeit, Unrecht* n (to suffer ~); to do a p ~ *od* ~ to a p *jdm U. tun*; to right a ~ *ein U. gut m* | *unrechte Handlung, Unrecht* n (to a p *an jdm*), *Unbill* f, *Schaden* m, the ~ he had done (to) him *der Schaden, den er ihm zugefügt hatte* | *Beleidigung* f (to *f)*; ⟨jur⟩ *Rechtsverletzung* f; ~s [pl] *Vergehen* n pl (public ~s) **3.** the ~ *das Unrecht, der Irrtum*, to be in the ~ *im U. s, u. h*; to put a p in the ~ *jdn ins U. setzen* **IV.** vt [*nur mit Pers.-Obj.*] (*jdm*) *unrecht, Schaden tun, (jdn) ungerecht behandeln* (to think o.s. ~ed); he is ~ed *ihm geschieht Unrecht* ‖ ~ed ⟨*a*⟩ *gekränkt*, → to offend ‖ (*jdm*) *schaden, Schaden zufügen*; (*jdn*) *benachteiligen; betrügen* (of *um*) ‖ to ~ a p *e–e falsche Meinung v jdm h, jdm unrecht tun* (in assuming *wenn man annimmt*) **~doer** ['~'du:ə] s *Übel–, Missetäter, Sünder* m ‖ **~doing** ['~'du:iŋ] s *Missetat, Sünde* f ‖ *Verbrechen, Vergehen* n **~ful** ['~ful] a *ungerecht; –recht, –billig ungesetzlich, –rechtmäßig, widerrechtlich ‖ kränkend, beleidigend; nachteilig* **~fully** ['~fuli] adv *ungerechterweise; widerrechtlich ‖ irrtümlicherweise* **~fulness** ['~fulnis] s *Ungerechtigkeit* f ‖ *Unrechtmäßig–, Ungesetzlich–, Unrichtigkeit* f **~ly** ['~li] adv *ungerecht(erweise) ‖ ungeziemend, –gehörig ‖ unrichtig, falsch ‖ mit Unrecht*; rightly or ~ *mit Recht oder U.* ‖ *irrtümlich(erweise)* **~ness** ['~nis] s *Ungenauig–, Fehlerhaftigkeit ‖ Unrechtmäßigkeit* f **~ous** ['~əs] a (~ly adv) ⟨Scot jur⟩ *ungesetzlich, –rechtmäßig*

wrote [rout] pret v to write

wroth [rouθ, rɔθ] pred a ⟨*poet &* †⟩ *zornig; erzürnt* (with a p *auf jdn*)

wrought [rɔːt] pret & † pp v to work [vt] [*in bes Bedeutung u Verbindungen*] **1.** [*pret*] *bewirkte, brachte hervor* (a change) | *be–, verarbeitete* **2.** [*pp*] *bewirkt* | *be–, verarbeitet, gearbeitet* (in marble), *gehämmert, –schmiedet*; finely ~ *reich verziert* | [a] ~ iron *Schmiede-*

eisen n ‖ *gestickt, –wirkt* (~ silk); (~ tapestries; dishes ~ of silver; a curiously ~ ring) ‖ [in comp] **~-up** *überreizt, –spannt, –anstrengt* (~-up nerves, state)

wrung [rʌŋ] pret v to wring

wry [rai] a (~ly adv) *schief, krumm, verdreht, –zerrt* ‖ ~ look *schiefer Blick* m ‖ ~ neck *schiefer or steifer Hals* m; to make (draw, pull) a ~ face *e–e Grimasse ziehen or schneiden* | [in comp] **~-bill** ⟨orn⟩ *schiefschnabliger Kiebitz* m ‖ **~-mouth** *Seefisch mit senkrechter Maulöffnung* m ‖ **~-mouthed** *schiefmäulig* ‖ **~-necked** *–halsig* **~neck** ['rainek] s ⟨orn⟩ *Wendehals* m **~ness** ['rainis] s *Schiefheit; schiefe, krumme Beschaffenheit* f

wuff [wʌf] vi *bellen*

wump [wʌmp], **wumph** [wʌmf] s *Plumps, Rumms, Pardauz* m, *dumpfes Geräusch* n, *schwerer Fall* m

wunna ['wʌnə] ⟨Scot⟩ = will not

wurlitzer ['wə:litsə] s *Wurlitzer Orgel, Kinoorgel* f

Wyandotte ['waiəndət] s *Name e–s Indianerstammes* ‖ ~ [pl] *e–e Hühnerrasse* f

wych, witch, wich [witʃ] s [in comp] **~-elm** ⟨bot⟩ *Bergrüster* f, *–ulme* f ‖ → witch, wych

wye [wai] s *der Buchstabe Y* ‖ *Y-förmiger Gegenstand* m

Wykehamist ['wikəmist] s *Mitglied* n v Winchester College

wynd [waind] s ⟨Scot⟩ *enge Gasse* f

wyvern ['waivə:n] s = wivern

X

X, x [eks] s (pl ~s, ~'s ['~iz]) *X, x* n ‖ ⟨math⟩ *erste unbekannte Größe* f ‖ ⟨übtr⟩ *unbekannter, geheimnisvoller Faktor* m ‖ XX *od* double-x *doppelt stark* (ale, stout) | [in comp] x-axis ⟨math⟩ *Abszissen–, X-Achse* f ‖ ~-brace ⟨Am⟩ *Kreuzstrebe* f, *–band* n ‖ x-chair ⟨hist⟩ *Scherenstuhl* m ‖ x-chromosome *X-Chromos·om* n (*bei 2 X-Chr. in der Keimzelle ist der Nachkomme weiblich, bei 1 X u 1 Y männlich*) ‖ ~-engine *M·otor* m *mit x-förmiger Zylinderanordnung* ‖ x-hook *der X-Haken* m (*z Aufhängen*) ‖ → ~-ray ‖ x-stopper ⟨wir⟩ *Nebengeräuschunterdrücker* m

xanthein ['zænθiin] s *wasserlösliches Blumengelb* n

Xanthian ['zænθiən] a ⟨ant⟩ *X·anthos–* (~ marbles)

xanthic ['zænθik] a ⟨chem⟩ *gelb, –lich, Gelb–* **–thin** ['zænθin] s *wasserunlösliches Blumengelb* n **–thine** ['zænθain] s ⟨chem⟩ *Xanth·in, Krappgelb* n

Xanthippe [zæn'tipi, zæn'θipi] s ⟨fig⟩ *streitsüchtiges Weib* n, *Xantippe* f

xantho– ['zænθo] Gr [in comp] *gelb–, xantho–, Xantho–* **~chroi** [zæn'θəkrouai] Gr s pl ⟨ethn⟩ *blondhaarige weiße Rassen* f pl **~melanoi** ['zænθo'melənəi] Gr s pl *schwarzhaarige, dunkle (gelbe) Rassen* f pl **~phyll** ['zænθofil] s *Xantophyll* n (*Gelb n der Herbstblätter*)

xanthous ['zænθəs] a *gelb, mongolisch*

xebec ['zi:bek] s ⟨mar⟩ *Scheb·ecke* f (*kl Dreimaster*)

xenelasia [ˌzeni'leisiə] Gr s *spartanischer Brauch* m, *Fremde auszuschließen*

xenial ['zeniəl, 'zi:niəl] a (*gast*)*freundschaftlich*

xeno– ['zeno] Gr [in comp] *fremd–, Fremd–*,

Xeno– ~gamy [zi'nəgəmi] s ⟨bot⟩ *Xenogamie* f (*Fremdbestäubung* f) **~phobe** [~foub] s *jd, der unter* xenophobia *leidet* **~phobia** [~'foubiə] s *krankhafte Abneigung* f *gegen(über) Ausländern* **xenon** ['zenən] Gr s ⟨chem⟩ *Xen·on* n (*Edelgas*)

xeransis [ziə'rænsis] Gr s *Austrocknung* f

xeranthemum [ziə'rænθiməm] s ⟨bot⟩ *Xer·anthemum* (*Strohblume*) f

xerasia [ziə'reisiə] s Gr *krankhafte Trockenheit* f *des Haars*

xero– ['ziəro] Gr [in comp] *trocken; Dürr–, Xero– ~philous* [ziə'rəfiləs] a *xeroph·il;* ~ plants [pl] *Xerophyten (Dürrpflanzen)* f pl **~phyte** ['ziərəfait] s ⟨bot⟩ *Xerophyt, Dürrpflanze* f **~phytic** [ziəro'fitik] a *trocken, Trocken–* (forest *–wald* m)

xiphi– ['zifi], **xipho–** ['zifo] Gr [in comp] *Schwert–* **~xiphoid** ['zifɔid] a *Schwert–;* ~ process ⟨anat⟩ *Schwertfortsatz* m (*des Brustbeins*)

xoanon ['zouənən] Gr s *primitives Götterbildnis* n

x-ray ['eks'rei] **1.** s a. ~s [pl] *X-Strahlen, Röntgenstrahlen* m pl b. [attr] *Röntgen–* (~ apparatus); ~ examination ⟨med⟩ *–untersuchung* f; ~ paper ⟨phot⟩ *–photographisches Papier* n; ~ photograph *–aufnahme* f; ~ unit *–anlage, –abteilung* f; ~ sickness *–kater* m; ~ therapy ⟨med⟩ *–behandlung* f **2.** vt *röntgen, mit Röntgenstrahlen durchleuchten, bestrahlen*

xylem ['zailem] s ⟨bot⟩ *Xyl·em* n (*Gefäßteil*)

xylene ['zaili:n], **xylol(e)** ['zailəl] s ⟨chem⟩ *Xyl·ol* n

xylo– ['zailo] Gr [in comp] *Holz–* **~graph** ['zailəgrɑːf] s *Holzschnitt* m **~grapher** [zai-'ləgrəfə] s *Xylograph, Holzschneider* m **~graphic** [zailə'græfik] a *xylographisch, Holzschneide-*

~graphy [zai'ləgrəfi] s *Holzschneidekunst* f **~nite** ['zailənait] s *Zellulo·id* n (*leicht brennbarer Stoff*) **~phone** ['zailəfoun] s ⟨mus⟩ *Xyloph·on* n (*Schlaginstrument aus abgestimmten Holzstäben*) **~se** ['zailous] s *Xyl·ose* f, *Holzzucker* m

xyster ['zistə] s ⟨med⟩ *chirurgisches Schabemesser* n
xystus ['zistəs] s L (pl *xysti* ['zistai]) ⟨ant⟩ *gedeckter Säuleneingang* m *als Kampfhalle* ⟨a übtr⟩

Y

Y, y [wai] s (pl ~s, ~'s) *Y, y* (*Ypsilon*) n; a ~ *ein Y* ‖ ⟨math⟩ *zweite unbekannte Größe* ‖ *y-förmiger Gegenstand* **|** [attr] *gegabelt, Gabel–, gabelförmig* ‖ Y-axis ⟨math⟩ *Y-Koordinate, Y-Achse, Ordinate* f ‖ Y-connection, Y-connexion ⟨el⟩ *Dreieck–, Sternschaltung* f; *Gabelschaltung* f ‖ Y-coordinate ⟨math⟩ *Ordinate, Y-Koordinate* ‖ Y-cross *Gabel–, Schächerkreuz* n ‖ Y-gun *Wasserbombenwerfer* m ‖ Y-level *Libelle, Wasserwaage* f (*z Bestimmung waagerechter Richtung e–r Ebene*) ‖ ~-strut ⟨aero⟩ *Gabelstiel* m, *Y-Strebe* f ‖ ~-track ⟨rail⟩ *Kehr–, Wendegleis* n (*mit 3 Weichen*) ‖ ~-valve *Schrägsitzventil* n
y– [i] † pref *ge–*; → yclept
yacht [jət] **1.** s ⟨mar⟩ (*Segel–, Motor-*)*Yacht* f ‖ *Segel–, Rennboot* n **|** [attr] ~-club *Jachtklub* m **|** ~-racing *Wettsegeln* n **2.** vi *auf e–r Jacht fahren; segeln* (to spend 2 weeks ~ing) ‖ *in e–r Jacht rennen* ~er ['~ə] s = yachtsman ~ing ['~iŋ] s (*Wett-*)*Segeln* n; *Jacht–, Segelsport* m; *Segelkunst* f **|** [attr] *Jacht–, Segel–* ~sman ['~smən] s *Jachtfahrer; Segler, Segelsportler* m ~smanship ['~smənʃip] s *Segelkunst* f
yaffle, yaffil ['jæfl] s ⟨dial orn⟩ *Grünspecht* m
yager ['jeigə] s Ger ⟨mil⟩ *Jäger* m
yah [jɑː] intj *äh! pfui!*
yahoo [jə'hu] s (*aus* Swift's Gulliver's Travels) *Bestie* f, *Tier* n *in Menschengestalt;* ⟨übtr⟩ (*bestialischer, brutaler Mensch*); *Rohling,* °*schlechter Kerl* m ‖ ⟨Am⟩ *Tölpel, Bauernlümmel* m
Yahveh ['jɑːvei] s ⟨bib⟩ *Jeh·ova*
yak [jæk] s ⟨zoo⟩ *Yak, Grunzochs* m
yale-lock ['jeil,lɔk] s (*nach* L. Yale) *ein Patentschloß* n ‖ ~-(-type) key (*zylindrischer*) *Yale-Schlüssel* m
yall [jɔːl] ⟨Am⟩ = you all, → you
yam [jæm] s ⟨cul⟩ *Yamwurzel* f ‖ ⟨bot⟩ *Yam–, Mehlwurzel* f
Yama ['jɑːmɑ] s Ind *indischer Todesgott* m
Yamen ['jɑːmen], **–mun** ['jɑːmʌn] s *Residenz* f *des Mandar·ins*
yammer ['jæmə] vi ⟨Scot & Am⟩ *jammern*
yank [jæŋk] ⟨Am sl⟩ **1.** vt/i **|** *mit e–m Ruck, heftig herausziehen, –reißen* (out of); to ~ up *hochziehen* **|** vi *heftig ziehen* (a an) **2.** *Ruck* m; to give a th a ~ *etw heftig ziehen*
Yank ['jæŋk] s abbr ⟨sl⟩ = Yankee
Yankee ['jæŋki] s ⟨hist⟩ *Y·ankee, Neuengländer* m, *Nordstaatler* m (*im Bürgerkriege*) ‖ ⟨engl fam⟩ *Nordamerikaner* m **|** [attr] *Yankee–, neuenglisch; yankeeartig; amerikanisch;* ~-doodle ⟨hist⟩ *amer. Volks– u Nationallied* m ~dom ['~dəm] s *die Yankees, Amerikaner* m pl, *die Vereinigten Staaten* f pl ~fied [~faid] a *amerikanisiert* ~ism [~izm] s *charakterist. Eigentümlichkeiten* f pl *der Yankees or Amerikaner; amerikan. Spracheigenheit* f
yaourt ['jɑːurt] s *Yoghurt(milch* f) m
yap [jæp] **1.** vi [–pp–] *kläffen, kurz u laut bellen* ‖ ⟨übtr Am sl⟩ *schwatzen* **2.** s *Kläffen, Gekläff* n ‖ ⟨Am⟩ *Kläffer; Schwätzer* m ‖ °*Klappe* f, *Maul* n
yapon ['jɔːpən] s ⟨bot⟩ *amer. Stechpalme* f; ~ tea *Paraguaytee*, → *maté, yerba*

yapp [jæp] s *Bucheinband* m *in biegsamem Leder* n
yappy ['jæpi] a ⟨Am⟩ *närrisch*
yard [jɑːd] **1.** s *eingefriedigter Platz, Hof, Hofraum* m (*mst* [in comp] castle ~, stable ~, etc) ‖ the ~ = Scotland ~ (→ d) ‖ (*Vieh–* etc) *Hof* m, *Gehege* n, *Hürde* f (farm–, poultry-~) ‖ ⟨Am⟩ (*Gemüse-*)*Garten* m **|** *Arbeits–, Werkplatz* m, *–stätte* f ‖ (a railway-~) *Verschiebe–, Rangierbahnhof* m; a railroad ~s ⟨Am⟩ *Bahnhof(-Gleisanlage* f) m; → ship ~ ‖ [attr] ~-master *Vorsteher e–s Rangierbahnhofs* m ‖ ~ track *Rangier–, Abstellgeleise* n **2.** vt (*Vieh*) *in e–m Viehhof* (etc) *einschließen;* (*Holz*) *aufspeichern* ~age ['~idʒ] s *Recht* n *der Benutzung* f *e–s* yard; *Gebühr* f *dafür* ~man ['~mən] s *Hof–, Stall–, Werftarbeiter* m **|** ⟨rail⟩ *Rangierer* m
yard [jɑːd] s ⟨engl⟩ *der Elle entsprechende Maßeinheit* f (0,914 m); I don't trust him a ~ *ich trau ihm nicht um die Ecke* ‖ Elle *Stoff* f **|** ⟨mar⟩ *Rahe* f (*waagerechte Segelstange*) **|** † *P·enis* m **|** ⟨Am⟩ *100 Dollar* **|** [attr] ~-arm ⟨mar⟩ *Nock, Rahnock* n ‖ ~-measure, ~-stick *Yardmaß* n, *–stock* m ~age [~idʒ] s *in Yards angegebene Zahl* f, *in Y. abgeschätzter Betrag* m
yarn [jɑːn] **1.** s **a.** *gesponnener Faden* m; (*Spinn-*)*Garn* n ‖ ⟨mar⟩ *Garn* f *Taue, Seile* etc **b.** ⟨fam⟩ (*bes Seemanns-*)*Geschichte* f, *Garn* n; horror ~ *Schauergeschichte;* huntsman's tough ~ *Jägerlatein* n; to spin a ~ *e–e* (*Abenteuer–, Wunder-*)*Geschichte erzählen, ein Garn spinnen* **|** *Aufschneiderei; Lügengeschichte* f **c.** [attr] ~-beam *Kettenbaum* m **2.** vi ⟨fam⟩ *e–e lange Geschichte erzählen* ‖ *erzählen*
yarrow ['jærou] s ⟨bot⟩ *Schafgarbe* f
yashmak ['jæʃmæk] s *Gesichtsschleier* m *moham. Frauen*
yataghan ['jætəgən] s *Y·atagan* m (*orient. Schwert mit doppelt. geschwungener Klinge*)
ya-ta-ta ['jɑːtə'tɑː] s ⟨Am sl⟩ *Geschwätz, Gewäsch* n
yatter ['jætə] vi *schwatzen, plappern*
yaw [jɔː] **1.** vi ⟨mar & aero⟩ *scheren, gieren, nicht geraden Kurs halten, unsicher steuern* ‖ ⟨fig⟩ *wanken, schwanken* **2.** s ⟨mar⟩ *Gieren* n ‖ ⟨fig⟩ *Wanken, Schwanken* n
yawl [jɔːl] s ⟨mar⟩ (*Segel-*)*Jolle* f ‖ *Beiboot* n
yawl [jɔːl] **1.** vi ⟨dial⟩ *heulen, laut weinen* **2.** s *Heulen, Geheul* n ‖ → yowl
yawn [jɔːn] **1.** vi/t *gähnen;* to make a p ~ *jdn langweilen* ‖ ⟨fig⟩ *gähnen, klaffen* (an abyss ~s ..); *weit offen stehen, sich weit u tief öffnen or auftun* **|** vt *gähnend äußern* **2.** s *Gähnen* n ‖ ⟨fig⟩ *Klaffen* n, *weite Öffnung* f, *Abgrund* m ~ing ['~iŋ] a (~ly adv) *gähnend;* ⟨a übtr⟩ (abyss)
yawp, yaup [jɔːp] **1.** vi ⟨dial⟩ *schreien, brüllen* **2.** s *Schreien* n, *Geschrei*
yaws [jɔːz] s *Frambös·ie* (*tropische Hautkrankheit*) f
yclept [i'klept] [pp] a ⟨† & hum⟩ *genannt*
ye [jiː] s ⟨bib, poet & †⟩ pron **1.** *ihr, Sie* ‖ *du, Sie* (how d'ye do ['haudi'duː]?) hark ~ ['hɑːki] *horch mal;* look ~ ['luki] *sieh* **2.** *euch, Sie* ‖ *dich, Sie* ‖ *dir, Ihnen* ‖ thank ~ ['θæŋki] *danke;* I tell ~ *ich sage dir*

ye [ji:] † art def *Schreibung* f the ('~ *Olde Booke Shoppe*')

yea [jei] ⟨dial & †⟩ **1.** adv *ja* ‖ *ja, sogar*; *gewiß, fürwahr* ‖ *nun* **2.** s *Ja* n; the ~s [pl] ⟨parl⟩ *die Ja-Stimmen* pl, *die mit ja Abstimmenden* m pl (the ~s and nays)

yean [ji:n] ⟨dial & †⟩ vt/i ‖ (*ein Lamm*) *werfen* ‖ vi (of sheep) *lammen, werfen* ~**ling** ['~liŋ] † s *Lämmchen* n

year [jə:; jiə] s **1.** ⟨astr⟩ *Jahr* n, → astral; lunar; solar; tropical **2.** (*Zeiteinheit*) *Jahr* n (*v 1. Jan. bis 31. Dez.*); → calendar, civil, leap, new, old; grace, Lord ‖ dying ~ *abrüstendes J.* (*das zur Neige geht*) ‖ in the ~ 1904 *im J. 1904* ‖ at this time of ~ *z dieser Jahreszeit* ‖ by the ~ *jahresweise, jährlich*; ~ by ~ *J. für J.* ‖ from ~ to ~ *von J. zu J.*; ~ in ~ out *jahrein jahraus*; throughout the ~ *ganzjährig* ‖ every other (second) ~ *alle 2 Jahre*; one ~ with another *ein J. ins andere gerechnet*; 500 a ~ *jährlich, das J. £ 500*; this ~'s *diesjährig* (exhibition) ‖ school ~ *Schuljahr* **3. a.** *Jahr* n (*v beliebigem Tag gerechnet*) **b.** a six-~-old child *ein 6 Jahre altes Kind*; ten-~ reign *zehnjährige Regierung* f; a ~ ago *vor e-m Jahr* ‖ two ~s' *zweijährig*; many ~s' experience *vieljährige Erfahrung* ‖ after ten ~s' work *nach e-r Arbeit v 10 Jahren* ‖ at nine ~s old *im Alter v 9 Jahren* ‖ for (many) ~s (*viele*) *Jahre lang*; *auf* (*viele*) *Jahre hinaus*; *seit* (*vielen*) *Jahren* (it has not been seen for ~s); for more than 20 ~s *mehr als 20 Jahre* (*lang*) ‖ in a ~'s time *in e—m J.*; of late ~s recent ~s *in den letzten Jahren* ‖ with the ~s *mit den Jahren* ‖ a ~ or two *einige Jahre*; a ~ and a day *Jahr u Tag*; it is 40 ~s this May since they met *in diesem Mai sind es 40 Jahre her, daß* (or *seit*) *sie sich trafen* **4.** ~s [pl] *Alter* n, clever for his ~s *klug f sein A.*; young for one's ~s *jung f sein A.*; in ~s ⟨poet⟩ *hochbetagt*; ~ discretion **5.** [attr & comp] ~-book *Jahrbuch* n ‖ ⟨jur⟩ ~-books [pl] *amtl. Sammlung* f *v Rechtsfällen, gedruckte Rechtsquellen* f pl (*1292 bis 1534*) ‖ ~-long *ein ganzes Jahr* or *jahrelang dauernd, jahrelang* ~**ling** ['~liŋ] **1.** s (*T*) *Jährling* m, *einjähriges Tier* n; *Tier im zweiten Jahr* ‖ ⟨Am⟩ (*Student im im*) *1. u 2. Semester* n (*P*) **2.** a (*T*) *einjährig* ~**ly** ['~li] **1.** a *einmal im Jahr geschehend, alle Jahre geschehend; jährlich*; *Jahres-* (~ rent) **2.** adv *jährlich*

yearn [jə:n] vi *schmachten, verlangen, sich sehnen* (after, for *nach*; to do *z tun*); *sich hingezogen fühlen* (after *nach*; towards *z*) ~**ing** ['~iŋ] **1.** s *Sehnsucht* f, *Verlangen* n (after, for *nach*; to do *z tun*) **2.** a (~ly adv) *schmachtend, sehnsüchtig, sehnend, verlangend*

yeast [ji:st] s (*Bier-*)*Hefe* f; bottom ~ *Unter-*, top ~ *Oberhefe*; pure ~ culture *Hefereinzucht* f ‖ *Backhefe, Gest* f ‖ *Schaum, Gischt* m ‖ ⟨fig⟩ *Sauerteig* m ‖ [attr] *Hefe-* ‖ ~-powder *Backpulver* n ‖ ~ propagator ⟨brew⟩ *Hefeapparat* m ‖ ~**y** ['~i] a *hefig* ‖ ⟨fig⟩ *schäumend, gärend; unruhig* ‖ *inhaltlos, oberflächlich, leer, hohl; schaumschlagend*

yegg [jeg] ⟨Am sl⟩ **1.** s *Verbrecher, Räuber, Dieb* m **2.** vi *betteln, stehlen*

yeld [jeld] s ⟨hunt⟩ ~ hind *Gelttier* n (*über 3jähr. Hirschkuh, die noch nicht gesetzt hat*)

yelk [jelk] s = yolk

yell [jel] **1.** vi/t ‖ *gellen, gellend schreien, laut aufschreien* (with *vor*) ‖ *laut, brüllend lachen* ‖ vt (etw) *schreiend äußern, ausstoßen* **2.** s *gellender Schrei, Aufschrei* m ‖ ⟨Am sport⟩ *anfeuernder Ruf; Kampf-, Schlachtruf* m

yellow ['jelou] **I.** a (* ~ly adv) **1.** *gelb, Gelb-*; ~ filter ⟨phot⟩ *Gelbfilter* m ‖ *v gelber Hautfarbe* (the ~ races); the ~ peril *die gelbe Gefahr* ‖ ⟨fig⟩ *neidisch, eifersüchtig, mißtrauisch* ‖ ⟨sl⟩ *feige, ohne Schneid* ‖ ⟨Am⟩ *sensationslüstern,*

kriegshetzerisch **2.** ~-band street ⟨fam⟩ *Straße* f *mit gelb angestrichenen Laternenpfählen* etc *zur Bezeichnung des Parkverbots* ‖ ~-book ⟨pol⟩ *Gelbbuch* n ‖ ~ boy ⟨sl⟩ „*Fuchs*" m (*Goldstück*); ⟨Am⟩ *Banknote* ‖ ~-back ⟨Am⟩ *Mulatte* m, *–ttin* f ‖ ~-brass *Gelbguß* m, *Messing* n ‖ ~ cartilage ⟨anat⟩ *Netzknorpel, gelber Knorpel* m ‖ ~ dog ⟨fig⟩ *wertlose P* or *S*; *Schuft; Schund* m; [attr] *unbedeutend* ‖ ~ earth *Ockergelb* n ‖ ~ fever ⟨med⟩ *Gelbes Fieber* n ‖ ~-haired *gelb-, gold-, flachshaarig* ‖ ~ (h)ammer *Goldammer* f ‖ ~ heat *Gelbglut* f ‖ ~ jack ⟨sl⟩ *Gelbes Fieber* n ‖ ~ limonite *Gelbeisenerz* n ‖ ~ man [abstr] *die gelbe, mongolische Rasse*; ~ men *Angehörige* m pl *der gelben R.* ‖ ~ metal *e–e Legierung* f (*60 Teile Kupfer u 40 T. Zink*) ‖ ~ ochre *Berggelb* n ‖ ~ press *chauvinistische Hetzpresse* f ‖ the ~ Sea *das Gelbe Meer* (*zw Nordchina u Korea*) ‖ ~ soap *Öl-, Schmierseife* f ‖ ~ spot *Gelber Fleck* m (*im Auge*) ‖ ~-wood *gelbes Brasilienholz, Gelbholz* n **II.** s *Gelb* n, *gelbe Farbe* f ‖ ⟨Am sl⟩ *goldene Uhr* f ‖ ~s [pl] *Angehörige der gelben Rasse* m pl ‖ † the ~s *die Gelbsucht* **III.** vt/i ‖ *gelb färben* ‖ vi *vergilben, gelb w* (with *v*) ~**back** [~bæk] s *billiger* (*Reise-*)*Roman, Hintertreppen-, Kriminal-, Schundroman* m ~**ish** [~iʃ] a *gelblich* ‖ ~-green *gelblichgrün* ~**ness** [~nis] s *gelbe Farbe* or *Färbung* f; *gelber Ton* m ‖ ~**y** [~i] a *gelblich* (foam)

yelp [jelp] **1.** vi *kläffen; heulen; kreischen* **2.** s *Gekläff; Heulen* n

yen [jen] s *jap. Münzeinheit* f (= 100 sen ⟨hist⟩ [ca. 2 s.]); → Band II. S. 1317

yen [jen] ⟨Am sl⟩ **1.** s *Mar·otte, Vernarrtheit* f **2.** vi *sich sehnen* (for *nach*)

yeoman ['jouman] s [pl yeomen] **1.** *Diener höheren Grades, Beamter* m *in königl.* or *adligem Haushalt*; ~ of the Guard *königl. Leibgardist* m **2.** *Freibauer, –sasse, kl freier Grund-, Gutsbesitzer* m (forty-shillings freeholder) **3.** *berittener Milizsoldat* m **4.** ⟨Am mar⟩ *Kammer-Deckoffizier* m **5.** [attr] ~ service, ~'s service *guter, nützlicher Dienst* m ‖ ~**ly** [~li] a *Yeoman-* ‖ *kräftig* ‖ *einfach, schlicht* ‖ ~**ry** [~ri] s (*Klasse, Rang der*) *Freisassen, –bauern* m pl, *freie Bauernschaft* f ‖ *berittene Miliz* f

Yeos [jouz] s pl ⟨mil fam⟩ the ~ = The Yeomanry

yep [jep] ⟨Am & dial⟩ = yes

yer [jə] ⟨fam⟩ = you are ‖ ⟨dial⟩ = you(r)

yerba ['jə:bə] s Span *Paragu·aytee* m, → maté, yapon

yercum ['jə:kəm] s ⟨bot⟩ = mudar

yes [jes] **1.** adv *ja*; ~, sir! *jawohl* ⟨mil⟩ *jawohl, Herr Hauptmann* etc!; (he is a nice fellow) ~ he is *ja, durchaus*; to say ~ to a p *jdm sein Jawort geben*; to say ~ to life *das Leben bejahen* ‖ [mit steigender Intonation] ~? Nun? Was wünschst du? ‖ So? Wirklich? ‖ doch; Oh ~ o doch ‖ [emph] *ja, ja sogar* **2.** s [pl ~es] *Ja* n; the ~es *die Ja*(-*Stimmen* f pl) n pl **3.** [in comp] ~-and-no-man ⟨Am⟩ *Chef* m ‖ ~-man *Ja-Bruder* m

yester- ['jestə] [in comp] ⟨poet⟩ *letzt, vergangen* ‖ ~-evening, ~-night *gestern abend* (etc) ~**day** [~di] **1.** s *der gestrige Tag, das Gestern*; the whole of ~ *den ganzen gestrigen Tag*; ~'s *gestrig*, ~'s paper *die gestrige Zeitung*; of ~ *v gestern, v einst*(*mals*) ‖ ~s [pl] *vergangene Tage* m pl, – *Zeiten* f pl **2.** adv *gestern*; the day before ~ *vorgestern* **3.** [attr] ~ afternoon, morning (etc) *gestern nachmittag, morgen* ~**year** [~jə] s *letztes Jahr* n; ⟨übtr⟩ *vergangene Zeiten* f pl

yestreen [jes'tri:n] ⟨Scot⟩ **1.** s *der gestrige Abend* **2.** adv *gestern abend*

yet [jet] **I.** adv **1.** *noch, dazu, außerdem*

(another and ∼ another); ∼ again *nochmals* ‖ [*vor* compr] *noch, sogar* (a ∼ more difficult task) | *jedoch, trotzdem* (strange and ∼ true); but ∼ *aber doch* 2. (of time) a. *noch, immer noch* (∼ ill); ∼ undeveloped *noch unentwickelt*; ∼ to be done *noch z tun* ‖ as ∼ *bis jetzt, soweit* b. *bis jetzt* (the largest ∼ found) ‖ *schon* (*jetzt*), need you go ∼? *mußt du schon gehen*? not .. just ∼ *nicht .. gerade jetzt* ‖ † ere ∼ [conj] *bevor, ehe* c. [neg] *noch,* not .. ∼ *noch nicht;* nothing ∼ *noch nichts* d. *in ferner Zukunft, dereinst, einst,* what they may ∼ be *was sie einst s mögen* II. conj *nichtsdestoweniger, jedoch, dennoch* ‖ and ∼ *dabei* (*ist es 3mal so groß*)

yew [ju:] s (a ∼-tree) ⟨bot⟩ *Eibe* f, *–nbaum* m ‖ *Eibenholz* n | [attr] *Eiben–* ‖ ∼-leaved fir *Edeltanne* f ‖ ∼ wood *Eiben–, Taxusholz* n

yew [ju:] s ⟨Am⟩ *Sehnsucht* f, *Verlangen* n

Yg(g)drasil [ˈigdrəsil] s ⟨myth⟩ *Yggdrasill, Weltbaum* m (*Weltesche* f) *der german. Götterlehre*

yid [jid] s ⟨Am⟩ (*deutscher*) *Jude* m
Yiddish [ˈjidiʃ] s *Judendeutsch, J·iddisch* n | [attr] *jiddisch*

yield [ji:ld] I. vt/i A. vt 1. *als Ertrag geben, hervorbringen* ‖ (*Resultat*) *erzielen, ergeben, liefern;* (*Vorstellung*) *bieten* (of v) ‖ (*Geheimnis*) *aufdecken, verraten* ‖ (*Gewinn*) *einbringen, abwerfen, eintragen* (to a p *jdm*) ‖ to ∼ energy *E. freimachen, abgeben* 2. *zugestehen;* to ∼ consent *einwilligen* ‖ *gewähren, einräumen* (a th to a p *od* a p a th *jdm etw*) ‖ *zulassen* (a th to be done *daß etw geschieht*); to ∼ the palm to a p *jdm die Palme des Sieges zugestehen;* to ∼ place to a th *e–r S Platz m;* → *precedence* 3. (*e–e Stellung*) *unter Zwang aufgeben; übergeben, –lassen* ‖ (*Festung*) *ausliefern; abtreten* (to a p *jdm, an jdn*) ‖ to ∼ to superior force *der Übermacht weichen* ‖ to ∼ o.s. prisoner *sich gefangengeben* | to ∼ up *auf–, übergeben* (to a p *jdm*) B. vi 1. *Ertrag geben;* to ∼ well *guten E. liefern* 2. (*P*) *nachgeben, weichen* (before *vor*); *unterliegen, erliegen* (to a th *e–r S*) ‖ *sich* (*freiwillig*) *unterwerfen, sich fügen* (to a th *e–r S*); *einwilligen* (to *in*) ‖ to ∼ to none *niemandem nachstehen* (in *in*) 3. (*S*) *unter Druck nachgeben; zus–brechen; sich lockern* | to ∼ to *beeinflußt w durch; sich verändern durch;* the disease ∼s to treatment *die Krankheit wird durch Behandlung gebessert* II. s *Erzeugung* f; *Ertrag* m, *Ernte* f; *Aufkommen n;* ‖ ⟨min⟩ ∼ of ores *Erzausbeute* f, *Metallgehalt* m ‖ ⟨com⟩ *Ausbeute* f, *Gewinn* m ‖ ∼-point, ∼ strength ⟨tech⟩ *Streck–, Fließgrenze* f ‖ ∼-stress *Fließspannung* f ‖ money ∼-table *Geldertragstafel* f **∼ing** [ˈ∼iŋ] a (∼ly adv) *nachgebend, biegsam, dehnbar* ‖ *nachgiebig, willfährig* ∼ drive *Reibantrieb* m

yip [jip] vi *schreien, brüllen; jaulen* (*Hund*) **∼pee** [ˈjipi] s ⟨Am⟩ *Ausruf, Ruf m der Cowboys*
ylang-ylang [ˈiːlæŋˈiːlæŋ; iˈlæŋiˈlæŋ] s ⟨bot⟩ *Can·angabaum* m; *Yl·ang-Ylang-Öl* n

yodel (a *yodle*) [ˈjoudl] 1. vi/t (–l[l]) *jodeln* | vt (*Melodie*) *jodeln* 2. s *J·odel, Jodler* m (*Gesang*) **∼ist** [∼ist] s *jodelnde P, Jodler* m

yoga [ˈjougə] s ⟨Ind⟩ *philos. System n, das durch Meditation u seelische Schulung Vereinigung mit der Weltseele erstrebt* **yogi** [ˈjougi] s ⟨Ind⟩ *Vertreter der Y·ogaphilosophie* **yogism** [ˈjougizm] s *Yogaphilosophie* f
yog(h)urt [ˈjogurt] s → *yaourt*
yo-heave-ho [ˈjouˈhiːvˈhou], **yo-ho** [jouˈhou] intj ⟨mar⟩ *hau–ruck!*
yoicks [jɔiks] 1. intj *hallo!;* ⟨hunt⟩ *hussa! joh·o! ho Rüd hoh!* 2. vi/t ‖ (a *yoick*) *hussa rufen* | vt *durch Hussaruf antreiben*
yoke [jouk] I. s 1. *Joch* n (*Geschirr f Ochsen* etc) ‖ ⟨tech⟩ *Bügel* m, *Joch, Querhaupt* n ‖ ⟨el⟩ *Magnet-Poljoch* n 2. *Tragholz, Tragejoch* n,

(*Schulter-*)*Trage* f ‖ (*Hemd–* etc) *Schulterstück* n ‖ ⟨mar⟩ (*Steuer-*)*Ruderjoch* n (*zweiarmiger Hebel*) 3. *Paar* n (*durch ein Joch verbundener Tiere, bes Ochsen;* [pl] two ∼ of oxen) ‖ † ∼ of land *durch ein J. Ochsen an ·e–m Tage gepflügtes Land* n 4. ⟨fig⟩ *Joch* n (to submit to a ∼); to come, pass under the ∼ ⟨fig⟩ *unter das Joch k* | *Knechtschaft, Unterwerfung* f | *Last, Verpflichtung* f 5. [attr] ∼-bone *Jochbein* n ‖ ∼ end ⟨mot⟩ *Gabelkopf* m ‖ ∼-fellow *Arbeitsgenosse* m; *Mitarbeiter* m | *Lebens–, Leidensgefährte* m (*–tin* f) ‖ ∼-lines [pl] *Taue* n pl am *Ruderjoch* ‖ * ∼-mate = ∼-fellow II. vt/i 1. vt (*Tiere*) *in das Joch spannen,* (mit *e–m J.*) *anschirren* | (*Tier*) *anspannen* (to *an*); (*Wagen*) *anspannen* | *verbinden, paaren* (to, with *mit*); ∼d in marriage *ehelich verbunden* ‖ to ∼ to a th (*etw*) *e–r S unterwerfen, binden an etw* 2. vi *zus–arbeiten* | *verheiratet s* (with)

yokel [ˈjoukəl] s *Bauerntölpel* m
yolk [jouk], **yelk** [jelk] s *Eidotter, –gelb* n; ∼-bag, ∼-sac *Dotterhaut* f; ∼ sac ⟨ich⟩ *Dottersack* m ‖ *Wollfett* n **yolked** [joukt] a [in comp] *–dottrig* (double-∼) **yolky** [ˈjouki] a *dott(e)rig, Dotter–*

yon [jɔn] † 1. a † *jene(r, –s) dort, der* (*die, das*) *da drüben* 2. pron ⟨Scot⟩ *jene P dort, jenes Ding da drüben* 3. adv ⟨dial⟩ *da drüben* **yonder** [ˈjɔndə] 1. adv *da or dort drüben* 2. a *weiter entfernt, entfernter* ‖ *da drüben gelegen, jene(r, –s) dort or drüben*

yoo hoo [ˈjuːˈhuː] intj *juh·u!*
yore [jɔ:] adv: of ∼ *ehe–, einstmals;* in days of ∼ *vor alters, einst*
York [jɔ:k] s (*Stadt in* Yorkshire) [attr] 1. *York–, Yorkshire–* (∼ ham) 2. *das königl. Haus* ∼ *betr;* ∼-and-Lancaster rose *rot– u weißgefärbte Rose* f **∼ist** [ˈ∼ist] s ⟨hist⟩ *Mitglied* n or *Anhänger m des House of York* | [attr] *York–* **∼shire** [ˈ∼ʃiə] s (*engl. Grafschaft*) *Yorkshire* f | [attr] *Yorkshire–;* ∼ cabbage *Yorker Kopf–, Weißkohl* m ‖ ∼ flannel *Flan·ell aus ungefärbter Wolle* m ‖ ∼ pudding ⟨cul⟩ *Eierteig* m, *der z Roastbeef gegessen wird* **∼shireman** [ˈ∼ʃəmən] s *Bewohner m der Grafschaft York*

york [jɔ:k] vt ⟨crick⟩ (*jdn*) *durch e–n Yorker* (→ d) *ausmachen* **∼er** [∼·ə] s ⟨crick⟩ *direkt vor dem Schläger niederfallender Ball* m

you [ju:; *w f* ju] 1. pron pers (→ yer, ye) a. *du; Sie;* is it ∼? *bist du es?;* it's ∼ who matter *es dreht sich um Dich or Sie, auf Dich or Sie kommt es an;* ∼ there *du da* ‖ pl *ihr, Sie;* the rest of ∼ *ihr übrigen* ‖ stand ∼ over there *stellen Sie sich dorthin* | [indef] *man;* ∼ never can tell *man kann nie wissen* b. *dich, Sie;* to ∼ *dir, Ihnen;* for ∼ *für dich; dir; Ihnen* (I bring this book for ∼) ‖ *dir, Ihnen* | *euch; Sie;* to ∼ *euch, Ihnen;* for ∼ *für euch, f Sie; euch, Ihnen* | *euch, Ihnen* | [indef] *einem* (a force that knocks ∼ down); *einem* (a means that helps ∼ in all cases) 2. pron refl a. [*nach prep*] *dich; euch* (etc); *sich;* look below ∼ *sieh unter dich, seht unter euch, sehen Sie unter sich* b. † sit ∼ down *setz dich;* get ∼ gone *mach, daß du fortkommst* 3. ∼-all ⟨Am⟩ = you

young [jʌŋ] I. [a] 1. (*P & T*) *jung;* ∼ people *junge* (*heiratsfähige*) *Leute* pl; ∼ in years *jung an Jahren* ‖ a ∼ family *e–e Familie mit kl Kindern;* a ∼ hopeful *ein hoffnungsvoller Sprößling;* ∼ man (*Anrede*) *junger Mann;* ∼ Men's Christian Association *Christlicher Verein Junger Männer;* her ∼ man *ihr Schatz;* a ∼ person *ein junges Mädchen;* the ∼ person [koll] *die unverdorbene, –verbildete Jugend* | ∼ Brown *Brown junior, B. der Jüngere* | his ∼ ones [pl] *s–e Kinder* n pl; ∼ 'un *Jüngling* m, *Kind* n 2. (*übtr*) *jung, z Jugend gehörig, Jugend–,* ∼ days [pl] *–zeit, Jugend* f; a grey head on ∼ shoulders *ein* *grauer Kopf auf jungen Schultern* 3. *der Jugend eigen, jung, jugendlich*; *frisch*; to be ~ at sixty *sich mit 60 Jahren noch jung fühlen*; ~ for his age *jung für sein Alter*; ~ blood *junges Blut*; ~ love *junge Liebe*; ~ wood *junges, frisches Holz* 4. *jung, unentwickelt*; *unerfahren* (in) | *noch nicht fortgeschritten* (the year is still ~); *im Anfangsstadium, eben begonnen*; *neu*; *nicht alt* 5. ⟨pol⟩ *fortschrittlich, Jung–*; ~ England *das England der jüngeren Generation* n II. [s] the ~ [pl] *die jungen Leute* pl || ⟨fam⟩ (T) ~ [pl] *Junge* f pl; its (her) ~ *ihre Jungen* pl; with ~ *trächtig* | **~er** [′~gə] a [compr] *jünger*; the ~ Pitt *der jüngere Pitt*; [abs] the ~s [pl] *die jüngeren Personen* or *Mitglieder* pl || *weniger fortgeschritten, neuer* || ~ hand ⟨cards⟩ (*bei 2 Spielern*) *Hinterhand* f **~est** [′~gist] a [sup] *jüngste(r, –s)* || ~ hand ⟨cards⟩ *Hinterhand* f **~ish** [′~iʃ] a *ziemlich, etwas jung* **~ling** [′~liŋ] s *Jüngling* m, *junges Mädchen*; *Kind* n || *junges Tier* n **~ster** [′~stə] s *Jüngling, Knabe* m; *Kind* n

younker [′jʌŋkə] † s = youngster

your [jə:; juə] a pron poss (→ yer) 1. *dein*; *Ihr* || ⟨iron⟩ there's ~ *fine pen das ist die schöne Feder* v dir || ~ Grace *Euer Gnaden* | *euer, Ihr* 2. [indef] *ein* (~ Lamb and Hazlitt .. *ein L. u H.*..)

you're [juə] = you are

yourn [juən] ⟨vulg⟩ = yours

yours [jə:z] abs pron poss 1. *der, die, das Deine, Deinige*; *Ihre, Ihrige*; *eurige, Ihre* | [pl] *die Deinen* etc a. [pred] this book is ~ *dies ist dein (Ihr) Buch, dies B. gehört dir* (etc) || → faithfully b. I prefer ~ *ich ziehe das deine vor*; ~ is a fine specimen *dein Exemplar (das E. von dir) ist herrlich*; my husband and ~ *mein Mann u Ihr Gatte* || (is he) a friend of ~? (*ist er*) *ein Freund v dir? e–r d–r Freunde?* that false step of ~ *immer wieder dein verflixter falscher Tritt* 2. *die Deinen, deine Angehörigen* (kind regards to you and ~)

yourself [jə:′self] pron (pl –selves [–′selvz]) 1. [emph] *du (ihr, Sie) selbst*; *sich selbst*; do it ~ *tu es selbst*, ⟨prov⟩ *selbst ist der Mann* || you ~ said so *du selbst sagtest es* || ⟨sl⟩ how is ~? *wie*

geht's selbst? || be ~ ⟨fam⟩ *nimm dich zus!* || you are not ~ today *Sie sind heute nicht (ganz) auf der Höhe* | by ~ *allein*; *ohne Hilfe* || you must see for ~ *du mußt selbst sehen, dich selbst überzeugen*; get a copy for ~ *verschaff dir ein Exemplar* 2. [refl] *dich*; *sich*; [pl] *euch*; *sich*; don't trouble ~ *bemühen Sie sich nicht*; what have you done with ~ to-day? *was h Sie heute angefangen, getan, gemacht, unternommen?*

youth [ju:θ] s (pl ~s [ju:ðz]) 1. [abstr] *Jugend* f, *Jungsein* n; ~ has no virtue *Jugend hat* or *kennt k–e Tugend* || *Jugend, –zeit* f || ⟨übtr⟩ *Frühzeit, Jugendperiode* f | *Jugendlichkeit*; *jugendliche Frische, Kraft* etc f || *jugendl. Schwäche* f 2. [konkr] a. [koll pl konstr] *die Jugend* f, *die jungen Leute* pl, *die junge Welt* f b. [pl ~s] *Jüngling, junger Mann* m (a ~ of 18) 3. [attr] *Jugend–*; ~-club *–bund* m; ~ hostel *–herberge* f; ~ hosteller *–wanderer* m, *Mitglied* n *e–s –herbergsverbandes*; *–herbergsvater* m; ~ leader *–leiter(in* f) m; ~ movement *–bewegung* f || ~ rally *–treffen* n || ~ worker *Jugendleiter, –betreuer* m **~ful** [~ful] a (~ly adv) *jung* || *Jugend–, Jünglings–* || *jugendlich, jugendfrisch* **~fulness** [′~fulnis] s *Jugend, –lichkeit*; *Jugendfrische* f

you've [ju:v] = you have

yowl [jaul] 1. vi (*klagend*) *heulen* 2. s *klagendes Heulen, Geheul* n

yo-yo [′joujou] s *Yo-Yo-Spiel* n; to play ~ with a p *jdn z besten h*

ytterbic [i′tə:bik] a ⟨chem⟩ *Ytter–, Ytterb·in–* **–bium** [i′tə:biəm] s ⟨chem⟩ *Ytt·erbium* n (*Erdmetall*)

yttria [′itriə] s ⟨chem⟩ *Yttererde* f **–ric** [′itrik] a *Yttrium–* **–rium** [′itriəm] s ⟨chem⟩ *·Yttrium* n (*Erdmetall*) **–ro–** [′itro] [in comp] *Yttro–*

yucca [′jʌkə] s ⟨bot⟩ *Palmlilie, Mondblume* f

yuft(en) [′juft(ən)] s *Juchtenleder* n

yuga [′ju:gə] s ⟨Ind⟩ *eins der 4 Weltalter*

Yugoslav [′ju:gou′slɑ:v] s & a → Jugo-Slav

yule [ju:l] s *Jul(fest), Weihnachtsfest* n; pre–[attr] *vorweihnachtlich, Advents–* | [attr] ~-log *Weihnachtsklotz* m, *–scheit* n || ~-tide *Weihnachtszeit* f

Z

Z, z [zed, ⟨bes Am a⟩ zi:] s (pl ~s, ~'s) *z*; *Z* n; from A to ~ *von A bis Z* || *z-förmiger Gegenstand, Zickzack-Gegenstand* m | [in comp] ~-hour → H-hour; ~-shaped *z-förmig*

zaffre, zaffer [′zæfə] s Fr ⟨chem⟩ *Zaffer* m, *Kobalts·aflor* n (*ein Kobalterz z Blaufärben v Glas*); → smalt

zambo [′zæmbou] s = sambo 1.

zander [′rændə] □ (ioh) *Zander* m

Zante [′zænti] s (*ionische Insel*) *Zakynthos, Z·ante* (~ wine); ~ wood *Fisettholz, Holz des Perückenbaums* n

zany [′zeini] 1. s ⟨hist⟩ *Diener, Gehilfe e–s Clowns, Hansw·urst* m; *berufsmäßiger Narr* m (*in der* [bes It] *Komödie*) ⟨a übtr⟩; → commedia dell' arte 2. a ⟨bes Am⟩ *dumm, närrisch, seltsam* (a ~ light; ~ eyes)

Zanzibari [‚zænzi′bɑ:ri] 1. s *Eingeborene(r* m) f v *S·ansibar* 2. a *S·ansibar–*

Zarathustrian [‚zærə′θu:striən] a & s = Zoroastrian

zareba, zariba [zə′ri:bə] s *mit stacheligem Buschwerk* (etc) *geschütztes Lager* n (*im Sudan*); ⟨übtr⟩ *Schutzwand* f

zeal [zi:l] s (*dienstwilliger*) *Eifer* m; *Begeisterung* f (for *f*; in *in*); full of ~ *diensteifrig*

zealot [′zelət] s ⟨hist⟩ (*jüdischer*) *Zel·ot, fanatischer Eiferer* m | ⟨übtr rel⟩ *blinder Eiferer* m; a ~ of the rod *ein begeisterter Angler* m | **~ry** [~ri] s *Zelotismus*; *blinder Eifer* m

zealous [′zeləs] a *eifrig*; *eifernd* (for *nach*); *eifrig bedacht* (for *auf*); *begierig* (to do) || *warm, begeistert* (*adherent*); *diensteifrig*; *innig* (cooperation) **~ness** [~nis] s *Eifer* m

zebec(k) [′zi:bek] s = xebec

zebra [′zi:brə, ′zebrə] s ⟨zoo⟩ *Zebra* n | [attr] *Zebra–*; ~ crossing (*Verkehrs–*)*Zebrastreifen* m pl, *–übergang* m || ~-wood *Zebra–, Palmenholz* n **–brine** [′zi:brain, ′ze–] a *zebraartig, Zebra–*

zebu [′zi:bu:] s ⟨zoo⟩ *Z·ebu, Buckelochs* m

zecchin [′zekin] s ⟨hist⟩ *Zech·ine* f (*venedische Goldmünze*)

zed [zed] s *Zet* n, *Buchstabe Z, z*

zedoary [′zedouəri] s *Zitwerwurzel* f (*Magenmittel*)

zee [zi:] s ⟨Am⟩ *Zet* n (Z, z) → Z | ~s [pl] ⟨tech⟩ *z-Profile* n pl, *z-Stahl* m

Zeiss [zais] s Ger (*nach C.* ~, † 1888) [attr]
Zeiss–; ~ microscope *Zeissmikroskop* n
zeitgeist ['tsaitgaist] s Ger *Zeitgeist* m
Zelanian [zi'leiniən] a *Neuseeland–*
zemindar ['zemindɑ:] s ⟨Ind⟩ *gr eingeborener
Landpächter* m *der brit. Regierung*
zemstvo ['zemstvou] s (pl ~s) *russ. Wahlbezirk* m
zenana [ze'nɑ:nə] s ⟨Ind⟩ *Frauengemach* n;
[attr] ~ work (*christl.*) *Missions–, Reform-
arbeit* f | (*a* ~ cloth) *ein leichtes dünnes Gewebe* n
Zend [zend] s *Zend*(*sprache* f) n || ~-*Avesta
Avesta* f (*heiliges Buch der Parsen*)
zenith ['zeniθ] s (pl ~s) ⟨astr⟩ *Zen·it, Scheitel-
punkt* m (*Ggs* nadir) || ~-*distance Zenitabstand*
m | ⟨fig⟩ *Gipfel, Höhepunkt* m; to be at one's ~
auf dem H. s; to reach the ~ *den H. erreichen* |
~**al** [~əl] a *Zenit–, Kulminations–*; *höchst,
erhabenst*
zeolite ['ziəlait] s ⟨minr⟩ *Zeol·ith* m (*Silikat*)
zephyr ['zefə] s ⟨myth⟩ ⚥ *der Westwind,
Zephyros* m | ⟨poet⟩ *milder, warmer Wind* m |
⟨com⟩ *sehr leichtes wollenes Gewebe; leichtes
woll. Kleidungsstück* n; *Sporttrikot* m || *leichter
Baumwollstoff* m (*f Hemden*)
Zepp [zep] s ⟨fam⟩ = ~**elin** ['zepəlin] s (*nach
Graf v.* ~, † 1917) *Zeppel·in* m (*Starrluftschiff*)
zero ['ziərou] **I.** s [pl ~s] **1.** *Null* f (*Ziffer*) |
(of a thermometer) *Nullpunkt* m; absolute ~
der absolute Nullpunkt (–273,2°C) || *Gefrier-
punkt* m; ten degrees above ~, below ~ *zehn
Grad über, unter Null* | [abstr] *Null* f, *Nichts* n
2. ⟨fig⟩ (*P*) *Null* f, *bloße Figur* or *Zahl* f || *Null-
punkt* (to sink to ~), *tiefster Punkt, Tiefstand* m
(at ~ *auf dem T.*) | *Anfangspunkt, tatsächlicher
Anfang* m (the hour of ~) | ⟨aero⟩ (flying) at ~
nicht über 500 Fuß hoch **3.** [attr] ~ adjustment
⟨tech⟩ *Nulleinstellung* f || ~ altitude ⟨aero⟩
Bodennähe f || ~ axis *Nullinie* f || ~-derivation
⟨gram⟩ *Nullableitung, suffixlose Ableitung* f, →
service, speak, spectacular, road-test || ~ hour
⟨mil⟩ *x-Zeit* f (*genauer Zeitpunkt* m *des Beginns
e–r Operation*) || *Stunde des tiefsten Standes der
Arbeitsleistung* f || ~ line *Nullinie* f, ⟨artill⟩
Grundrichtungslinie f || ~ order *nullte Ordnung* f
|| ~ reading method ⟨tech⟩ *Nullablesung* f **II.** vt
[~ed/~ed; ~ing] to ~ ⟨tech⟩ (*Apparat*) *auf Null
stellen* || ⟨mil⟩ to ~ in (*Geschütz*) *mit* (*Rundblick-
fernrohrstellung*) *Null auf ein Ziel richten*
zest [zest] **1.** s *würzender Zusatz* m, *Würze* f ||
⟨fig⟩ to give a ~ to a th *e–r S W. verleihen* |
würziger Beigeschmack m | *erhöhter Geschmack*
m, *Genuß* m; *Lebensfreude* f; (*Wohl-*)*Behagen* n
(with ~); *Lust, Freude* f, *Gefallen* m (for *an*); ~
for gambling *Spielleidenschaft* f || ~ for life
Lebenshunger m **2.** vt *würzen* ~**ful** [~ful] a *eifrig*
zeta ['zi:tə] s *Z·eta* n (*griech. Buchstabe*)
zetetic [zi:'tetik] a *erforschend, untersuchend*
(~ method); *Untersuchungs–*
zeugma ['zju:gmə] Gr s *Z·eugma* n (*verbin-
dende Wortfigur*) (e.g. Sam Weller took his hat
and his leave ⟨m.m.⟩ *S. W. zog den H. u davon*)
~**tic** [zju:g'mætic] a *zeugm·atisch*
Zeus [zju:s] s ⟨ant⟩ *Zeus*
zibet ['zibet] s ⟨zoo⟩ *Z·ibetkatze* f || *Zibet* n
(*Riechstoff*)
zigzag ['zigzæg] **1.** [s] *Zickzack* m (in ~ *im
Z.*); *Blitz–, Zickzacklinie* f; ⟨fig⟩ *Hin u Her* n,
Schwanken n || *Straße* f *mit zickzackförmigen
Windungen* ⟨fort⟩ *zickzackförmig verlaufender
Annäherungsgraben* m | ~ tread ⟨mot⟩ *Zick-
zackprofil* n (*e–s Reifens*) **2.** [a] *zickzackförmig*
(*verlaufend*); *Zickzack–* || ⟨fig⟩ *unbeständig*
3. [adv] *im Zickzack, zickzackförmig; hin u her*
4. [vi/t] [–gg–] || *sich zickzackförmig bewegen,
zickzack laufen* or *verlaufen; im Zickzack fahren*
| vt *zickzackförmig gestalten* || *im Zickzack
durchqueren*

zillah ['zilə] s Ind *Verwaltungsbezirk* m *in
Vorder-Indien*
zinc [ziŋk] **1.** s ⟨minr⟩ *Zink* m & n | [attr]
Zink–; ~-dross *Zinkasche* f; ~-foil *Zinkf·olie* f;
~-plate *Zinkblech* n; ~ spar *Zinkspat, Galmei*
m, *Kieselzinkerz* n; ~ works [sg konstr]
Zinkhütte f **2.** vt [pret & pp zinked, zincked;
~king] *mit Z. überziehen, verzinken* | ~**ic** [~ik]
a *Zink–* ~**iferous** [ziŋ'kifərəs] a *zinkhaltig*
~**ification** [ˌziŋkifi'keiʃən] s *Verzinken* n ~**ify**
['ziŋkifai] vt *verzinken*
zinco ['ziŋkou] s abrr *f* ~graph
zinco– ['ziŋko] [in comp] *Zink–* ~**graph**
['ziŋkogrɑ:f] **1.** s *Atzung, Radierung auf Zinkplatte* f; *Zinkogravüre* f, *Zinkdruck* m (*Bild*)
2. vi/t | *Zinkplatten ätzen, durch Ätzung mit
Muster etc versehen* | vt (*Muster, Bild*) v *e–r
Zinkplatte drucken* ~**grapher** [ziŋ'kogrəfə] s
Zinkätzer, –radierer m ~**graphic** [ˌziŋko'græfik]
a *zinkographisch* ~**graphy** [ziŋ'kogrəfi] s *Zinko-
graph·ie, Zinkätzkunst* f; *Zink*(*flach*)*druck* m
~**type** ['ziŋkotaip] s = zincograph
zincous ['ziŋkəs] a *zinkartig, Zink–*
zingaro ['ziŋgərou] s (pl –ri [–ri]) *Zigeuner* m
zinke ['tsiŋkə] s Ger ⟨mus⟩ *Zinke* f, (*Blas-
instrument aus Holz*)
zinky ['ziŋki] a *zinkartig, Zink–*
zinnia ['ziniə] s ⟨bot⟩ *Z·innie* f (*Zierpflanze*)
Zion ['zaiən] s *Zionshügel* m, *Jerusalem* |
alte israel. Kirchenverfassung f; *kirchl. Gemeinde*
f || *christl. Kirche* f || *himmlisches Jerusalem* n
~**ism** [~izm] s *Zion·ismus* m ~**ist** [~ist] s
Zion·ist m
zip [zip] s ⟨fam⟩ *Schwirren, Surren* n || ⟨Am⟩
Mumm, Murr m || ⟨mot fam⟩ *Anfahrzugkraft* f,
Beschleunigungsvermögen n | ~-fastener, ~-
fastening *Reißverschluß* m; ~-in *od* ~-out
lining *Innenfutter* n *mit Reißverschluß* m || to
~ up [vt] *mit dem R. schließen, zuziehen*;
~-up boots *Après-Schi-schuhe* m pl ~**per** ['~ə]
s = zip-fastener || *Tasche* f (etc) *mit Reißver-
schluß* ~**py** [~i] a *lebhaft, blendend, fix*
zircon ['zə:kən] s ⟨minr⟩ *Zirk·on* n (*Zirko-
niumsilikat*) ~**ate** [~eit] s ⟨chem⟩ *Zirkon·at* n
(*Salz*) ~**ic** [zə:'kənik] a ⟨chem⟩ *Zirk·on–* ~**ium**
[zə:'kouniəm] s ⟨chem⟩ *Zirkonium* n (*Metall*)
zither ['ziθə] s ⟨mus⟩ *Zither* f | [attr] *Zither–*
(~ player) ~**ist** [~rist] s *Zitherspieler* m
zloty ['zloti] s *Zloty* m (*polnische Münze* f;
⟨hist⟩ 10 d)
zob [zob] s ⟨Am⟩ *Narr, Weichling* m
zodiac ['zoudiæk] s ⟨astr⟩ *Tierkreis, Zod·iakus*
m (signs of the ~) || *Darstellung des Tier-
kreises* f; → Band II. S. 1286 ~**al** [ˌzou'daiəkl] a
Tierkreis– (~ signs) || *Zodiak·al–* (~ light)
zoetrope ['zouitroup] s *stroboskopischer
Zylinder, Zoetr·op* (*Lebensrad, Schnellseher*)
zoic ['zouik] a ⟨geol⟩ *Tier–, Pflanzenspuren
enthaltend* || *tierisch, Tier–*
Zolaesque [ˌzoulə'esk] a *im Stile Zolas,
zolaisch* **zolaism** ['zouləizm] s (*nach E. Zola*, †
1902) *Stil* m, *Methode* f *Zolas; übertriebener
Naturalismus* m || **zolaistic** [ˌzoulə'istik] a
zolaisch, Zola–
zollverein ['tsol-fərain] s ⟨Ger⟩ the German
~ *der Deutsche Zollverein* || *Zollunion* f
zombie ['zombi] s ⟨West Indies⟩ *lebender
Leichnam* m || ⟨sl⟩ *Dummkopf, Langweiler* m
zonal ['zounəl] a *ring–, kreis–, zonenförmig;
durch Kreise gekennzeichnet* | *Zonen–* (~ area
–gebiet m); east (west) ~ ⟨Ger pol⟩ *die Ost-
*(*West-*)*Zone betreffend* –**ary** ['zounəri] a *zonen–,
gürtelförmig* –**ate** ['zouneit] a ⟨bot & zoo⟩ *mit
Ringen, Streifen gekennzeichnet*
zone [zoun] **1.** [s] a. ⟨geog⟩ *Zone* f, *Erdgürtel*
m; the frigid ~ *die kalte*, temperate ~ *gemäßig-
te*, torrid ~ *heiße Zone* || *Landstrich, Gebiets-
streifen* m; ⟨pol⟩ *Zone* f || ⟨übtr⟩ *Zone* f (fire

~); ⟨mil⟩ ~ of attack ⟨tact⟩ *Angriffsraum* m; ~ of dispersion *Streuungsbereich* m; ~ of operations *Operationsgebiet* n; ~ of interior *Heimatkriegsgebiet* n ‖ ⟨rail⟩ *Zone* f ‖ *Bereich* m, *Gebiet* n **b.** ⟨poet⟩ *Gürtel* m (*um die Hüften*); the ~ of chastity *Keuschheits–* ‖ ⟨übtr⟩ *Gürtel*; *Streifen*; *Ring* m, *Band* n **c.** [attr] *Zonen–*; ~ time *Landes–*, *Ortszeit* f (*Ggs* Greenwich time) ‖ ~ fire *Streufeuer* n (*mit gestaffelten Entfernungen*), ⟨mar⟩ *Gabelgruppenschießen* n **2.** [vt] *mit e–m Gürtel umgeben* ‖ *mit Ringen* (etc) *kennzeichnen* ‖ *aufteilen* (into *in*) **zoning** ['zounɪŋ] s *Zonen–*, *Gebietsabgrenzung* f ‖ ⟨min⟩ *Schichtung* f ‖ ~ laws [pl] *Gesetze* n pl *betreffend die Errichtung v industriellen, geschäftlichen u Wohnbezirken innerhalb e–s Stadtgebietes*

    zonular ['zounjulə] a ⟨anat⟩ *ringförmig* **zonule** ['zounju:l] s *kl Zone* f; ⟨anat⟩ *kl ringförmige Membran* f (*des Auges*)

    Zoo [zu:] s ⟨fam⟩ (abbr *f* Zoological Gardens) the ~ *der °Zˑoo*; *Zoologischer Garten* m (at the ~ *im Z. G.*)

    zoo [zu:] s ⟨Am sl⟩ = ~logy

    zoo– ['zouo] Gr [in comp] *tierisch*, *Tier–*, *Zoo–* **~blast** ['zouobla:st] s *tierische Zelle* **~chemistry** [ˌzouo'kemistri] s *Zoochemie* f **~dynamics** [ˌzouodai'næmiks] s pl *tierische Physiologie* f **~geny** [zou'ədʒini] s *Zoogenˑie*, *Stammesgeschichte* f **~geography** [ˌzouodʒi'ɔgrəfi] s *Tiergeographie* f **~graphy** [zou'ɔgrəfi] s *beschreibende Zoologie*, *Tiergeographie* f **~id** ['zouəid] **1.** [s] ⟨biol⟩ *Zooˑid* n; *durch Zellteilung entstandenes Wesen*; *einzelnes Wesen in den Kolonien der Moostierchen* n **2.** [a] *tierähnlich*

    zooks [zu:ks] s pl ⟨Kinderspr⟩ *Bolchen*, *Bonchen* n pl

    zoo– ['zouo] ‖ **~latry** [zou'ɔlətri] s *Tierdienst* m, *–verehrung* f **~lite** ['zouolait] s *fossiles Tier* n **~logical** [ˌzouə'lɔdʒikəl] a (~ly adv) *zoologisch* ‖ ~ [zu'lɔdʒikəl] *garden(s* pl) *Zoologischer Garten* m; → Zoo **~logist** [zou'ɔlədʒist] s *Zoolˑog(e)*; *Tierkenner* m **~logy** [zou'ɔlədʒi] s *Zoologˑie*; *Tierkunde* f

    zoom [zu:m] **1.** vi/t ‖ ⟨aero sl⟩ *mit dem Flugzeug e–n Sprung* m (over *über*); *schnell in steilem Winkel hochfliegen* ‖ *summen*, *brummen*, *schwirren* ‖ vt ⟨aero⟩ (*Flugzeug*) *anspringen l*, *hochreißen* **2.** ⟨aero⟩ *Hochfliegen im steilen*

Winkel ‖ ⟨mot fam⟩ = zip ‖ ~ lens (*a* ᴢar lens) ⟨phot telv⟩ *Gummilinse* f **3.** [in comp] ~-off ⟨aero⟩ *Kavalierstart* m

    zoo– ['zouo] ‖ **~magnetism** [ˌzouo'mægnətizm] s *tierischer Magnetismus* m **~morphic** [ˌzouo'mɔ:fik] a *tiersymbolisch* **~phyte** ['zouofait] s ⟨zoo⟩ *Zoophyt* m, *Zölenterˑat*, *Pflanzentier* n **~phytic** [ˌzouo'fitik] a ⟨zoo⟩ *Zoophyten–*, *Zölenterˑaten–* **~plastic** [ˌzouo'plæstik] a ⟨surg⟩ *heteroplastisch*, *tierisches Gewebe auf Menschen überpflanzend* **~psychology** [ˌzouosai'kɔlədʒi] s *Tierpsychologie* f **~sperm** [ˌzouo.spə:m] s *Samenzelle* f; = zoospore **~spore** ['zouo.spɔ:] s *Einzelzelle* f *mit spontaner Bewegungskraft* **~tomy** [zou'ɔtəmi] s *Zootomˑie* f, *Anatomie der Tiere*

    zoot-suit ['zu:t ˈs(j)u:t] s ⟨sl⟩ *Angeberanzug* m (tight-ankled, long-coated)

    zoril ['zɔril] s ⟨zoo⟩ *Zorˑilla* m (*Stinktier*)

    Zoroastrian [ˌzɔrou'æstriən], **Zarathustrian** [ˌzærə'θu:striən] **1.** a *zoroˑastrisch* **2.** s *Anhänger der Lehre Zoroˑasters* m

    zouave [zu(:)'ɑ:v] s *Zuˑave* m

    zounds [zaundz] intj (*aus* God's wounds) † ~! *potztausend! sakerment!*

    zucchetta [tsu'ketə], **zucchetto** [tsu'ketou] s ⟨R. C.⟩ *nach Rang verschiedenfarbige Kappe* f *der Geistlichen*

    Zulu ['zu:lu:] s (*a* ~ Kaffir) *Sˑulu–*, *Zˑulukaffer* m; *Sprache* f *der Sulus*

    zwieback ['zwi:bæk] s *Ger Zwieback* m

    Zwinglian ['zwiŋliən; tsw–] **1.** s *Zwingliˑaner* **2.** a *Zwingli-*

    zygal [zaigəl] a ⟨anat⟩ *jochförmig*; H-*förmig*

    zygo– ['zaigo] Gr [in comp] *Joch–*, *Zygo–* ‖ *in Paaren auftretend* **~ma** [zai'goumə] Gr s (pl ~ta [~tə]) ⟨anat⟩ *Wangen–*, *Jochbein* n **~matic** [zaigo'mætik] a *Jochbein–* **~sis** [zai'gousis] s ⟨biol⟩ *Kopulation* f (*zweier Zellen*) **~spore** ['zaigəspɔ:] s ⟨biol⟩ *Zygospˑore* f (*durch Kopulation zweier Gameten entstandene Spore*) ‖ **~te** ['zaigout] s ⟨biol⟩ = zygospore

    zymoma [zai'moumə] s *Ferment* n, *Gärungsstoff* m

    zymogenic [ˌzaimo'dʒenik] a *gärungserregend* **zymosis** [zai'mousis] s Gr *Gärung* f ‖ ⟨med⟩ *ansteckende Krankheit* f **zymotic** [zai'mɔtik] a *Gärungs–*, *gärend* ‖ ⟨med⟩ *epidemisch. Infektions–*, *ansteckend*

I. PROPER NAMES

EIGENNAMEN

A Select Pronouncing Vocabulary of Proper Names

Verzeichnis ausgewählter Eigennamen
nebst Aussprachebezeichnungen

This list contains only proper names in the strict sense of the word. For those which are originally common names such as 'Alps', 'Netherlands' the reader is referred to the dictionary. Where necessary the rendering in German has been added

In diese Liste sind nur reine Eigennamen aufgenommen. Ursprüngliche Gattungsnamen, wie z. B. 'Alps', 'Netherlands', suche man im Wörterbuch. Wo erwünscht, ist die deutsche Entsprechung hinzugefügt worden

A

Abbotsford ['æbətsfəd]
Abdera [æb'diərə]
A Becket [ə'bekit]
Aberbrothok [ˌæbəbrə'θɔk]
Abercorn ['æbəkɔ:n]
Abercrombie ['æbəkrɔmbi]
Aberdeen [ˌæbə'di:n]; ~shire [~ʃiə]
Aberdour [ˌæbə'dauə]
Abergavenny *Familie* [ˌæbə'geni]; *Ort* [ˌæbəgə'veni]
Abernethy [ˌæbə'ni:θi; –'neθi]
Aberystwyth [ˌæbə'ristwiθ]
Abingdon ['æbiŋdən]
Abinger ['æbindʒə]
Ab(o)ukir [ˌæbu:'kiə]
Abraham ['eibrəhæm]
Abram ['eibrəm]
Abruzzi [ə'brutsi(:)]
Absalom ['æbsələm]
Abydos [ə'baidɔs, 'æbidɔs]
Abyssinia [ˌæbi'sinjə]
Accadia [ə'keidiə]
Achæa [ə'ki(:)ə]
Achaia [ə'kaiə]
Acheron ['ækərɔn]
Acheson ['ætʃisn]
Achilles [ə'kili:z]
Achitophel [æ'kitofel, ə'kitofel]
Ac(k)land ['æklənd]
Aconcagua [ˌækɔŋ'ka:gwə]
Actium ['æktiəm]
Ada ['eidə] *Ada, Edith*
Adair [ə'dɛə]
Adam(s) ['ædəm(z)]
Adamson ['ædəmsn]
Addison ['ædisn]
Adelaide ['ædəleid]
Adeline ['ædili:n, –lain]
Adelphi [ə'delfi]
Aden ['eidn]
Adige ['ædidʒ]: the ~ *die Etsch*
Adolf ['ædɔlf] || Adolphus [ə'dɔlfəs]
Adonais [ˌædo'neiis]
Adonis [ə'dounis]
Adowa ['æduwə] *Adaua (Stadt)*
Adria(n) ['eidriə(n)]
Adrianople [ˌeidriə'noupl]
Aduwa = Adowa
Ægeus ['i:dʒju:s, i'dʒi:əs]
Ægina [i(:)'dʒainə]
Æneas [i(:)'ni:æs]
Æolia [i(:)'ouliə]
Æolus ['i(:)oləs]
Æschylus ['i:skiləs]
Æsculapius [ˌi:skju'leipjəs]
Æsop ['i:sɔp]
Æthiopia [ˌi:θi'oupjə]
Ætna ['etnə]
Ætolia [i:'touliə]
Afghanistan [æf'gænistæn]

Afric ['æfrik] ⟨poet⟩ *Afrika*
Africa ['æfrikə]
Agamemnon [ˌægə'memnən]
Agate ['eigət]
Agatha ['ægəθə]
Agesilaus [əˌdʒesi'leiəs]
Aggie, Aggy ['ægi] *Kosef. f* Agatha
Agincourt ['ædʒinkɔ:t]
Agnes ['ægnis]
Agra ['a:grə]
Agricola [ə'grikələ]
Agrippa [ə'gripə]
Agrippina [ˌægri'pi:nə] → vol. II p. 1269
Ahasuerus [əˌhæzju'iərəs]
Aiken, Aikin ['eikin]
Aileen ['eili:n]
Ainsworth ['einzwə:θ]
Aintree ['eintri:]
Aix-la-Chapelle [ˌeiksla:ʃæ'pel] *Aachen*
Ajaccio [ə'jætʃiou]
Ajax ['eidʒæks]
Alabama [ˌælə'ba:mə]
Aladdin [ə'lædin]
Alaric ['ælərik]
Alaska [ə'læskə]
Alastor [ə'læstɔ:]
Alba ['ælbə]
Alban(s) ['ɔ:lbən(z)]
Albania [æl'beinjə]
Albany ['ɔl'bəni]
Albemarle ['ælbima:l, –ə–]
Albert ['ælbət]
Alberta [æl'bə:tə]
Albigenses [ˌælbi'dʒensi:z]
Albion ['ælbjən]
Alcazar (*Span. Palast*) [æl'kæzə], (*music hall*) [æl'kæzə]
Alcester ['ɔ:lstə]
Alcestis [æl'sestis]
Alcibiades [ˌælsi'baiədi:z]
Alcott ['ɔ:lkət]
Alcuin ['ælkwin]
Alcyone [æl'saiəni]
Aldborough ['ɔ:ldbərə; *örtlich* 'ɔ:brə]
Aldbury ['ɔ:ldbəri]
Aldebaran [æl'debərən]
Aldeburgh ['ɔ:ldbərə]
Alden ['ɔ:ldən]
Alderney ['ɔ:ldəni]
Aldersgate ['ɔ:ldəzgit]
Aldershot ['ɔ:ldəʃɔt]
Aldgate ['ɔ:ldgit]
Aldine ['ɔ:ldain]
Aldis ['ɔ:ldis]
Aldrich, –ridge ['ɔ:ldridʒ]
Aldwych ['ɔ:ldwitʃ]
Alec(k) ['ælik] *Kosef. f* Alexander
Aleppo [ə'lepou]

Alessandria [ˌæli'sændriə]
Alexander [ˌælig'za:ndə]
Alexandra [ˌælig'za:ndrə]
Alexandria [ˌælig'za:ndriə]
Alexis [ə'leksis]
Alf [ælf] *Kosef. f* Alfred
Alfonso [æl'fɔnzou, –s–]
Alford ['ɔ:lfəd]
Alfred ['ælfrid]; ~a [æl'fri:də]
Alger ['ældʒə]
Algeria [æl'dʒiəriə] *Algerien*
Algernon ['ældʒənən]
Algiers [æl'dʒiəz] [sg] *Algier*
Algoa [æl'gouə]
Algy ['ældʒi] *Kosef. f* Algernon
Alhambra [æl'hæmbrə]
Ali Baba ['æli'ba:bə, –ba:]
Alicant ['ælikænt]
Alicante [ˌæli'kænti]
Alice ['ælis] *Alice, Else*
Alick ['ælik] *Kosef. f* Alexander
Aline [æ'li:n, æli:n, 'eili:n]
Alison ['ælisn]
Alix ['æliks]
Alkham ['ɔ:lkəm, 'ɔ:kəm]
Alkmene ⟨myth⟩ [ælk'mi:ni] → vol. II p. 1269
Allah ['ælə]
Allahabad [ˌæləhə'bæd]
Allard ['æla:d]
Allardice ['ælədais]
Allbright ['ɔ:lbrait]
Allbut ['ɔ:lbət]
Alldridge ['ɔ:ldridʒ]
Alleghany ['æligeini]
Allegheny ['æligeni]
Allen ['ælin]
Allenby ['ælənbi]
Allworth ['ɔ:lwə(:)θ]
Ally ['æli] *Kosef. f* Alice
Alma ['ælmə]
Almanzor [æl'mænzɔ:]
Alma-Tadema ['ælmə'tædimə]
Almaviva ['ælmə,vi:və] → vol. II p. 1269
Almesbury ['a:mzbəri]
Almondbury ['a:məndbəri]
Alnmouth ['ælnmauθ]
Alnwick ['ænik]
Alph [ælf]
Alphonso [æl'fɔnzou, –s–]
Alsace ['ælsæs] *Elsaß*
Alsatia [æl'seiʃiə] *Elsaß*
Altai [æl'teiai]
Alton ['ɔ:ltən]
Altona *Stadt in Deutschland* ['æltonə]; *Stadt in Amerika* [æl'tounə]
Amadis ['æmədis]
Amanda [ə'mændə]
Amantia [ə'mænʃiə]
Amara [ə'ma:rə]
Amaryllis [ˌæmə'rilis]

Amazon ['æməzən]: the ∼ der Amazonenstrom
Ambrose ['æmbrouz]
Amelia [ə'mi:ljə] Amalie
America [ə'merikə] Amerika
Amery ['eiməri]
Ames [eimz], ∼bury ['∼bəri]
Amiel ['æmiəl]
Amiens französische Stadt ['æmjɛ̃:(ŋ)]; Gestalt bei Shakespeare ['æmiənz]; Straße in Dublin ['eimjənz]
Amlwch ['æmlu:x]
Ampère ['æmpɛə]
Amphitryon [æm'fitriən]
Amsterdam ['æmstə'dæm]
Amundsen ['a:mʌntsən] → vol. II p. 1269
Amur [ə'muə]
Amy ['eimi] (Kosef. f Amelia) Malchen
Anacreon [ə'nækriən]
Ananias [,ænə'naiəs]
Anastasia [,ænə'steiziə]
Anatolia [,ænə'touljə] Anatolien
Anaxagoras [,ænæk'sægəræs]
Andalusia [,ændə'lu:ziə]
Andersen, –son ['ændəsn]
Andes ['ændi:z]: the ∼ die Anden
Andorra [æn'dɔrə]
Andover ['ændouvə]
Andreas ['ændriæs]
Andrew(s) ['ændru:(z)]
Andromache [æn'drɔməki]
Andromeda [æn'drɔmidə]
Andronicus [,ændrə'naikəs]; bei Shakespeare: [æn'drɔnikəs]
Angela ['ændʒilə]
Angeles ['ændʒili:z]
Angelica [æn'dʒelikə]
Angelina [,ændʒi'li:nə]
Angelo ['ændʒilou]
Angier ['ændʒiə]
Anglesea, –sey ['æŋglsi]
Anglia ['æŋgliə]
Angora [æŋ'gɔ:rə]
Angostura [,æŋgəs'tjuərə]
Angus ['æŋgəs]
Anjou [ɑ̃:'ʒu:; 'ændʒu:]
Ann(a) ['æn(ə)]
Annabel ['ænəbel]
Annabella [,ænə'belə]
Annagh [æ'nɑ:]
Anne [æn] Anna
Annesley ['ænzli]
Annie ['æni]
Annunzio, d' [dæ'nʌntsjou] → vol. II p. 1269
Ansley ['ænzli]
Anstey ['ænsti]
Anstruther ['ænstrʌðə]
Anthony ['æntəni] Anton
Antigone [æn'tigəni]
Antigonus [æn'tigənəs]
Antilles [æn'tili:z]
Antimachus [æn'timəkəs]
Antinous [æn'tinouəs]
Antioch ['æntiɔk] Anti·ochia
Antiochus [æn'taiəkəs]
Antoinette [,æntwɑ:'net, –wə–]
Antonia [æn'touniə]
Antonine ['æntənain] Antonius
Antonio [æn'touniou]
Antonius [æn'touniəs]
Antony ['æntəni]
Antwerp ['æntwə:p] Antwerpen

Anty ['ænti] Kosef. f Anthony
Apache [ə'pætʃi] Am Ap·ache
Apennines ['æpinainz]: the ∼ die Apenninen
Aphrodite [,æfro'daiti]
Apollinaris [ə,pɔli'nɛəris; –'nɑ:–]
Apollo [ə'pɔlou]
Appalachian [,æpə'lei(t)ʃiən]
Appius Claudius ['æpiəs 'klɔ:diəs] → vol. II p. 1269
Apulia [ə'pju:liə]
Aquila ['ækwilə]
Aquinas [ə'kwainæs, –nəs]
Aquitaine [,ækwi'tein]
Aquitania [,ækwi'teinjə]
Arabella [,ærə'belə]
Arabia [ə'reibjə] Arabien
Arachne [ə'rækni]
Aragon ['ærəgən]
Aran ['ærən]
Araucania [,ærɔ:'keiniə]
Arbor ['ɑ:bə]
Arbroath [ɑ:'brouθ]
Arbuthnot [ɑ:'bʌθnət, 'ɑ:b–]
Arcadia [ɑ:'keidiə]
Archelaus [,ɑ:ki'leiəs]
Archibald ['ɑ:tʃibəld, –bɔ:ld]
Archimedes [,ɑ:ki'mi:di:z]
Ardagh ['ɑ:də, –ɑ:]
Arden ['ɑ:dn]
Ardennes [ɑ:'denz]
Areopagus [,æri'ɔpəgəs]
Ares ['ɛəri:z]
Arethusa [,æri'θju:zə]
Argentina [,ɑ:dʒən'ti:nə] Argentinien
Argentine ['ɑ:dʒəntain]: the ∼ Argentinien
Argolis ['ɑ:gəlis]
Argonaut ['ɑ:gənɔ:t]
Argyle, Argyll [ɑ:'gail]; ∼shire [∼ʃiə]
Ariadne [,æri'ædni]
Ariel ['ɛəriəl]
Arimathæa [,ærimə'θiə]
Arion [ə'raiən]
Ariosto [,æri'ɔstou] Ari·ost
Ariovistus [,ærio'vistəs] → vol. II p. 1270
Aristarchus [,æris'tɑ:kəs]
Aristides [,æris'taidi:z]
Aristophanes [,æris'təfəni:z]
Aristotle ['æristɔtl]
Arius ['ɛəriəs] → vol. II p. 1270
Arizona [,æri'zounə]
Arkansas (Staat) ['ɑ:kənsɔ:]; (Stadt) [ɑ:'kænsəs]
Arkwright ['ɑ:krait]
Armagh [ɑ:'mɑ:]
Armenia [ɑ:'mi:njə] Armenien
Armorica [ɑ:'mɔrikə]
Armstrong ['ɑ:mstrɔŋ]
Arno ['ɑ:nou]
Arnold ['ɑ:nld], ∼son [∼sn]
Arran ['ærən]
Artaxerxes [ɑ:tə'zɔ:ksi:z] → vol. II p. 1270
Artemis ['ɑ:timis]
Arthur ['ɑ:θə]
Arundel ['ærəndl]
Asaph ['æsəf]
Ascalon ['æskələn]
Ascanius [æs'keiniəs]
Ascham ['æskəm]
Ascot ['æskət]
Asham ['æʃəm]

Ashburnham ['æʃbə:nəm, æʃ'b–]
Asher ['æʃə]
Ashford ['æʃfəd]
Asia ['eiʃə]
Asquith ['æskwiθ]
Assam ['æsæm, æ'sæm]
Assisi [æ'si:zi]
Assyria [ə'siriə] Assyrien
Astarte [æs'tɑ:ti]
Astle ['æsl]
Aston ['æstən]
Astor ['æstɔ:, 'æstə]
Astoria [æs'tɔ:riə]
Astrakhan [,æstrə'kæn]
Astrophel ['æstrəfel]
Asturias [æs'tuəriæs] Ast·urien
Atalanta [,ætə'læntə]
Atcheen [ə'tʃi:n]
Atchison ['ætʃisn, 'eitʃisn]
Athanasius [,æθə'neiʃəs; –sjəs]
Athelney ['æθəlni]
Athena [ə'θi:nə] Athene
Athenæum [,æθi'ni(:)əm]
Athene [ə'θi:ni(:)]
Athens ['æθinz] sg Ath·en
Athlone [æθ'loun]
Athole, Atholl ['æθəl]
Atkins ['ætkinz]
Atkinson ['ætkinsn]
Atlanta [ət'læntə]
Atlantis [ət'læntis]
Atreus ['eitriu:s, –əs]
Attenborough ['ætnbrə]
Atterbury ['ætəbəri]
Attica ['ætikə]
Attila ['ætilə]
Attleborough ['ætlbrə]
Attlee ['ætli]
Aubrey ['ɔ:bri]
Auburn ['ɔ:bən]
Aucher ['ɔ:kə]
Auchinachie [ɔ:'xinəxi]
Auchinlek [,ɔ:xin'lek]
Auchtermuchty [,ɔxtə'mʌxti]
Auckland ['ɔ:klənd]
Audley ['ɔ:dli]
Augeas [ɔ:'dʒi:æs]
Augusta [ɔ:'gʌstə]
Augustin(e) [ɔ:'gʌstin]; Saint∼ [,sintɔ:'gʌstin]
Augustus [ə'gʌstəs]
Aulis ['ɔ:lis]
Aumerle [ə'mə:l]
Aurelia [ɔ:'ri:ljə]
Austell ['ɔ:stəl]
Austen ['ɔ:stin]
Austin ['ɔ:stin]
Australasia [,ɔ:strə'leiʒiə; –eiziə]
Australia [ɔ:s'treiljə] Australien
Austria ['ɔ:striə] Österreich
Autolycus [ɔ:'təlikəs]
Avebury ['eibəri; 'eivbəri]
Averr(h)oës → vol. II p. 1270
Avon ['eivən; 'ævən]
Axminster ['æksminstə]
Ayers [ɛəz]
Ayerst ['aiəst]
Aylesbury ['eilzbəri]
Ayr [ɛə], ∼shire ['∼ʃiə]
Ayscough ['æskə, 'æskju:]
Ayscue ['eiskju:]
Azariah [,æzə'raiə]
Azores [ə'zɔ:z]: the ∼ die Azoren
Aztec ['æztek]

B

Babington ['bæbiŋtən]
Babylon ['bæbilən]
Babylonia [͵bæbi'lounjə] *Babylonien*
Bacchus ['bækəs]
Bach *engl. Eigenname* [beitʃ]; *dtsch. Komponist* [baːx; baːk]
Bache [beitʃ]
Bacon ['beikən]
Baden Ger ['baːdn]
Baden-Powell ['beidn'pouəl]
Badminton ['bædmintən]
Baedeker ['beidikə]
Baffin ['bæfin]
Baal ⟨hebr myth⟩ ['beiəl]
Bagdad ['bæg'dæd]
Bagehot ['bædʒət]
Bagot ['bægət]
Bahama [bə'haːmə]
Bakerloo ['beikə'luː]
Balaclava [͵bælə'klaːvə]
Balder ['bældə, 'bɔːldə]
Baldwin ['bɔːldwin]
Bâle [baːl] = Basle
Balearic [͵bæli'ærik, bə'liərik]: the ∼ Isles pl *die Bale-aren* pl
Balfour ['bælf(u)ə]
Baliol ['beiljəl]
Balkans ['bɔːlkənz]: the ∼ *der Balkan*
Ballantrae ['bæləntrei, bælən-'trei]
Ballantyne, –tine ['bæləntain]
Balliol ['beiljəl]
Ballycastle [͵bæli'kaːsl]
Balmoral [bæl'mɔrəl]
Balthazar [bæl'θæzə]; *bei Shakespeare* [͵bælθə'zaː]
Baltimore ['bɔːltimɔː]
Baluchistan [bə'luːkistæn]
Balzac ['bælzæk] → vol. II p. 1270
Banbury ['bænbəri]
Bancroft ['bænkrɔft]
Banff [bæmf, bænf]; ∼shire ['∼ʃiə]
Bangkok ['bæŋkɔk, –'–]
Bangor *in Wales u Irland* ['bæŋ-gə]; *in Amerika* ['bæŋgə:]
Bannerman ['bænəmən]
Bannockburn [͵bænək'baːn, '–'–, –'–]
Banquo ['bæŋkwou]
Barabbas [bə'ræbəs]
Barbado(e)s [baː'beidouz, –dəs]
Barbara ['baːbərə]
Barbarossa [͵baːbə'rɔsə]
Barbary ['baːbəri] *die Berberei*
Barbour ['baːbə]
Barcelona [͵baːsi'lounə]
Barclay ['baːkli]
Bardolph ['baːdɔlf]
Barebones ['bɛəbounz]
Barham ['bærəm]
Baring ['bɛəriŋ, 'bæriŋ]
Barker ['baːkə]
Barkis ['baːkis]
Barkisland ['baːkislənd, 'baːs-lənd]
Barlow(e) ['baːlou]
Barnabas ['baːnəbəs]
Barnaby ['baːnəbi]
Barnard ['baːnəd]
Barnardo [baː'naːdou]
Barnes [baːnz]

Barney ['baːni]
Barnstaple ['baːnstəpl]
Barnum ['baːnəm]
Baroda [bə'roudə]
Barrett ['bærət]
Barrie ['bæri]
Barrington ['bæriŋtən]
Bartholomew [baː'θɔləmjuː] *Bartholomäus*
Barthwick ['baːθwik]
Bartlett ['baːtlit]
Barton ['baːtn]
Barugh [baːf]
Barum ['bɛərəm]
Barwick ['bærik]
Basan ['beisæn]
Baseden ['beizdən]
Basford ['beisfəd]
Bashan ['beiʃæn]
Basil ['bæzl] *Basil(ius)*
Basingstoke ['beiziŋstouk]
Baskervill(e) ['bæskəvil]
Basle [baːl] *Basel*
Bass [bæs]
Bassanio [bə'saːniou]
Bassenthwaite ['bæsənθweit]
Basuto [bə'suːtou]
Baswich ['bæsidʒ, 'bæsitʃ]
Batavia [bə'teiviə]
Batavier [͵bætə'viə]
Bates [beits]
Bath [baːθ]
Bathsheba ['bæθʃibə]
Battenberg ['bætnbəːg]
Battersea ['bætəsi]
Baudelaire ['boudəlɛə] → vol. II p. 1270
Baugh [bɔː]
Bavaria [bə'vɛəriə] *Bayern*
Bayeux [bei'juː, bai'jə:]
Bayne(s) [bein(z)]
Bayreuth ['bairɔit, –'–]
Bayswater ['beiz͵wɔːtə]
Beachy Head ['biːtʃi'hed]
Beaconsfield *Ort in* Bucks ['bekənsfiːld]; *in* Lord ∼ ['biːkənsfiːld]
Beaminster ['biːminstə]
Beardsley ['biədzli]
Beatrice ['biətris]
Beatrix ['biətriks]
Beattie, Beatty ['biːti]
Beauchamp ['biːtʃəm]
Beauclerc, –rk ['bouklɛə]
Beaufort ['boufət]
Beaulieu ['bjuːli]
Beaumaris [bou'mæris]
Beaumont ['boumənt]
Beaverbrook ['biːvəbruk]
Bechuana [͵bekjuː'aːnə]
Becket(t) ['bekit]
Becky ['beki] *Kosef. f* Rebecca
Beddoes ['bedouz]
Bede [biːd] *Beda*
Bedel ['biːdl, bi'del]
Bedford(shire) ['bedfəd(ʃiə)]
Bedivere ['bediviə]
Bedouin ['beduin] *Beduine*
Beecham ['biːtʃəm]
Beecher-Stowe ['biːtʃə'stou]
Beelzebub [bi(ː)'elzibʌb]
Beerbohm ['biəboum]
Beethoven *dtsch. Komponist* ['beithouvn]; *Platz in London* ['biːthouvn]
Begum ['biːgəm]
Behring ['beriŋ]
Beirut ['beiruːt, –'–]

Belarius [bi'lɛəriəs]
Belfast ['belfaːst; –'–]
Belgium ['beldʒəm]
Belgrade [bel'greid]
Belgrave ['belgreiv]
Belgravia [bel'greivjə] *vornehmes Viertel in London*
Belial ['biːliəl]
Belinda [bi'lində]
Belisar ['belisaː] → vol. II p. 1270
Belisha [bə'liːʃə]
Bella ['belə] *Kosef. f* Arabella
Bell(e) [bel] *Kosef. f* Anabel, Arabella, Isabel, Rosabel
Bellamy ['beləmi]
Bellaston ['beləstən]
Bellenden ['belandən]
Bellerophon [bə'lerəfən]
Bellevue ['bel'vjuː]
Bellingham *in* Northumberland ['belindʒəm]; *Familienname* ['beliŋəm]
Belloc [be'lɔk, '– –]
Belmont ['belmənt]
Beloe ['biːlou]
Belshazzar [bel'ʃæzə] *Bels'azar*
Beluchistan [bə'luːkistæn]
Belvoir *Schloß* ['biːvə]; *Straßenname* ['belvwɔː]
Ben [ben] *Kosef. f* Benjamin
Benares [bi'naːriz]
Benedick ['benidik]
Benedict ['benidikt, 'benit]
Bengal [beŋ'gɔːl] *Bengalen*
Benjamin ['bendʒəmin]
Bennet(t) ['benit]
Ben Nevis [ben'nevis]
Benson ['bensn]
Bentham ['benθəm]
Bentinck ['bentiŋk]
Benvolio [ben'vouliou]
Beowulf ['beiowulf, 'biə-]
Berengaria [͵beriŋ'gɛəriə]
Berenice ['berini:s]
Beresford ['berizfəd, –isf–]
Berkeley ['baːkli; Am 'bəːkli]
Berkham(p)stead ['bəːkəmstid]
Berks [baːks] = ∼shire
Berkshire ['baːkʃiə]
Berlin [bəː'lin, '–'–, '– –]
Bermondsey ['bəːməndzi]
Bermuda [bə(ː)'mjuːdə]
Bernard ['bəːnəd]; *als Familienname a* [bəː'naːd]
Bernardo [bəː'naːdou]
Bern(e) [bəːn]
Bernini [bəː'niːni] → vol. II p. 1270
Bert [bəːt] *Kosef. f* Albert, Herbert
Bertha ['bəːθə]
Bertie ['bəːti] *Kosef. f* Albert, Herbert
Bertram ['bəːtrəm]
Berwick(shire) ['berik(ʃiə)]
Besant ['bezənt; bi'zænt]
Bess ['bes] *Kosef. f* Elizabeth
Bessarabia [͵besə'reibjə]
Bessemer ['besimə]
Bessie, –ssy ['besi] *Kosef. f* Elizabeth
Bet [bet] *Kosef. f* Elizabeth
Bethany ['beθəni]
Bethel ['beθəl]
Bethesda [be'θezdə]
Bethlehem ['beθlihem]
Bethsaida [beθ'seidə]

Bethune *Familienname* [ˈbiːtn];
  Straßenname [beˈθjuːn]
Betsy [ˈbetsi] *Kosef. f* Elizabeth
Bettina [beˈtiːnə]
Bettws-y-Coed [ˈbetəziˈkɔid]
Betty [ˈbeti] *Kosef. f* Elizabeth
Beurle [bəːl]
Beverley [ˈbevəli]
Bewick(e) [ˈbju(ː)ik]
Beyrout(h) [ˈbeiruːt, -ˈ-]
Bianca [biˈæŋkə]
Bicester [ˈbistə]
Bickerstaff [ˈbikəstɑːf]
Biddy [ˈbidi] *Kosef. f* Bridget
Bideford [ˈbidifəd]
Bigelow [ˈbigilou]
Bigod [ˈbaigɔd]
Bill [bil] *Kosef. f* William
Billingsgate [ˈbiliŋzgit]
Billy, Billie [ˈbili] *Kosef. f*
  William
Bink(e)s [biŋks]
Birchenough [ˈbəːtʃinʌf]
Birkenhead [ˈbəːkənhéd, -ˈhed]
Birmingham [ˈbəːmiŋəm]
Birnam [ˈbəːnəm]
Biron [ˈbaiərən]; *bei* Shake-
  speare: [biˈruːn]
Biscay [ˈbiskei] *Biskaya*
Bishopsgate [ˈbiʃəpsgeit]; –git]
Bismarck [ˈbizmɑːk]
Björnsson [ˈbiəːnsən] → vol. II
  p. 1270
Blackheath [ˈblækˈhiːθ]
Blackmore [ˈblækmɔː]
Blackpool [ˈblækpuːl]
Blair [blɛə]
Blair-Atholl [ˈblɛərˈæθəl]
Blake [bleik]
Blamires [bləˈmaiəz]
Blanchard [ˈblæntʃəd]
Blantyre [blænˈtaiə]
Blawith [ˈblɑːiθ]
Blencowe [blenˈkou]
Blenheim [ˈblenim]
Blewett [ˈbluː(ː)it]
Blifil [ˈblifil]
Bloemfontein [ˈbluːmfɔntein]
Blom(e)field [ˈbluː(ː)mfiːld]
Blondel(l) [ˈblʌndl]
Bloomfield [ˈbluːmfiːld]
Bloomsbury [ˈbluːmzbəri]
Blount [blʌnt]
Blücher [ˈbluːkə]
Blunden [ˈblʌndn]
Blyth [blai, blaiθ]
Blythe [blaið]
Boadicea [ˌbouədiˈsiə]
Boanas [ˈbounəs]
Boanerges [ˌbouəˈnəːdʒiːz]
Boas [ˈbouæz, ˈbouəz]
Bob [bɔb]; ~by [ˈ~i] *Kosef. f*
  Robert
Boccaccio [boˈkaːtʃiou]
Bodley [ˈbɔdli]
Bœotia [biˈouʃiə]
Boethius [bouˈiːθiəs]
Bohemia [bouˈhiːmjə] *Böhmen*
Bohun [buːn]
Boileau [ˈbwalou] → vol. II p.
  1270
Bokhara [boˈkaːrə] 1. ~ *die*
  Stadt Buchˈara 2. *die Bucharˈei*
Boleyn [ˈbulin, -ˈ-]
Bolingbroke [ˈbɔliŋbruk]
Bolivia [boˈliviə] *Bolivien*
Bologna [bəˈlounjə]

Bolton [ˈboultən]
Bombay [bɔmˈbei]
Bonaparte [ˈbounəpɑːt]
Bonar [ˈbɔnə]
Boney [ˈbouni] *Kurzf. f* Bona-
  parte
Boniface [ˈbɔnifeis] *Bonifatius*
Booby [ˈbuːbi]
Boog [boug]
Booth(e) [buːð]
Bordeaux [bɔːˈdou]
Boreas [ˈbɔriæs]
Borghese [bɔːˈgeizi] → vol. II
  p. 1270
Borgia [ˈbɔːdʒə]
Borneo [ˈbɔːniou]
Borthwick [ˈbɔːθwik]
Bosanquet [ˈbouznkit]
Bosham [ˈbɔzəm]
Bosnia [ˈbɔzniə] *Bosnien*
Bosphorus [ˈbɔsfərəs], Bospo-
  rus [ˈbɔspərəs]
Bos(s)iney [bɔˈsini]
Boston [ˈbɔstən]
Boswell [ˈbɔzwəl]
Bosworth [ˈbɔzwə(ː)θ]
Botha [ˈboutə]
Bothnia [ˈbɔθniə]
Bothwell [ˈbɔθwəl, ˈbɔðwel]
Botticelli [ˌbɔtiˈtʃeli]
Bottomley [ˈbɔtəmli]
Boucicault [ˈbuːsikɔːlt, -kou]
Boughton [ˈbɔːtn, ˈbautn]
Boulogne [buˈloun, -ˈlɔin]
Bourbon [ˈbuəbən]
Bourne [bɔːn; buən; bɔːn]
Bournemouth [ˈbɔːrnməθ]
Bouverie [ˈbuːvəri]
Bowdler [ˈbaudlə]
Bowen [ˈbouin]
Bowles [boulz]
Bowling [ˈbouliŋ]
Bowlker [ˈboukə]
Bowyer [ˈboujə] ‖ Boz [bɔz]
Brabant [brəˈbænt]
Brabantio [brəˈbænʃiou]
Bracher [ˈbreitʃə]
Bra(c)kenbury [ˈbrækənbəri]
Bracy [ˈbreisi]
Bradford [ˈbrædfəd]
Bradshaw [ˈbrædʃɔː]
Bradwardine [ˈbrædwədiːn]
Braemar [breiˈmɑː]
Braeriach [ˌbreiəˈriəx]
Brahan [brɔːn]
Brahma [ˈbrɑːmə]
Brahmaputra [ˌbrɑːməˈpuːtrə]
Braithwaite [ˈbreiθweit]
Brasenose [ˈbreiznouz]
Bratislava [ˈbrɑːtisˈlaːva] *Preß-*
  burg
Braughing [ˈbræfiŋ]
Brazil [brəˈzil] *Brasilien*
Brecon [ˈbrekn]
Bridewell [ˈbraidwəl, -wel]
Bridges [ˈbridʒiz]
Bridget [ˈbridʒit] *Brigitte*
Bridie [ˈbraidi]
Bridoon [briˈduːn]
Bridson [ˈbraidsn]
Brigham [ˈbrigəm]
Brighton [ˈbraitn]
Brisbane [ˈbrizbən]
Bristol [ˈbristl]
Britannia [briˈtænjə]
Brittany [ˈbritəni] *die Bretagne*
Brobdingnag [ˈbrɔbdiŋnæg]
Brocklehurst [ˈbrɔklhəːst]

Broke [bruk]
Bromley [ˈbrʌmli, ˈbrɔmli]
Brompton [ˈbrɔmptən]
Bromwich [ˈbrʌmidʒ]
Brontë [ˈbrɔnti]
Brooklyn [ˈbruklin]
Broom(e) [bruːm]
Brough [brʌf]
Brougham [bruːm, ˈbruːəm]
Broughton [ˈbrɔːtn]
Browning [ˈbrauniŋ]
Browse [brauz]
Bruce [bruːs]
Bruges [bruːʒ]
Brunhilde [brunˈhildə]
Brunswick [ˈbrʌnzwik] *Braun-*
  schweig
Brussels [ˈbrʌslz] *Brüssel*
Brutus [ˈbruːtəs]
Bryan [ˈbraiən]
Bryce [brais]
Buccleugh [bəˈkluː]
Bucephalus [bju(ː)ˈsefələs]
Buchan [ˈbʌxən, ˈbʌkən]
Buchanan [bju(ː)ˈkænən]
Bucharest [ˈb(j)uːkərest, -ˈ-]
  Bukarest
Buckingham(shire) [ˈbʌk-
  iŋəm(ʃiə)]
Buckland [ˈbʌklənd]
Bucks [bʌks] = Buckingham-
  shire
Budapest [ˈbjuːdəˈpest, ˈbuː-]
Buddha [ˈbudə, ˈbʌdə]
Buenos Ayres [ˈbwenəsˈaiəriz]
Buggs [bjuːgz; bʌgz]
Buist [bjuːst]
Bukarest [ˈb(j)uːkərest]
Bulgaria [bʌlˈgɛəriə] *Bulgarien*
Bullen [ˈbulin, -ən]
Buller [ˈbulə]
Bullokar [ˈbulokɑː]
Bulwer [ˈbulwə]
Bumpus [ˈbʌmpəs]
Bunsen [ˈbunsn]
Bunyan [ˈbʌnjən]
Burbage [ˈbəːbidʒ]
Burgh *Heide in* Surrey *u* Lincs
  [ˈbʌrə]; *in* Suffolk [bəːg]
Burgin [ˈbədʒiːn]
Burgoyne [bəːˈgɔin]
Burgundy [ˈbəːgəndi] *Burgund*
Burke [bəːk]
Burleigh [ˈbəːli]
Burley [ˈbəːli]
Burlington [ˈbəːliŋtən]
Burma(h) [ˈbəːmə] *Birma*
Burnaby [ˈbəːnəbi]
Burnand [bə(ː)ˈnænd]
Burne [bəːn]; ~ Jones [bəːn
  ˈdʒounz]
Burnett [bə(ː)ˈnet, ˈbəːnit]
Burns [bəːnz]
Burton [ˈbəːtn]
Bury *Ort:* [ˈberi]; *Familien-*
  name: [ˈbjuəri, ˈberi]
Bushire [bju(ː)ˈʃaiə]
Buszard [ˈbʌzəd]
Bute [bjuːt]
Butler [ˈbʌtlə]
Buttar [bəˈtɑː]
Buxton [ˈbʌkstən]
Buzfuz [ˈbʌzfʌz]
Byas(s) [ˈbaiəs]
Byng [biŋ]
Byrne [bəːn]
Byron [ˈbaiər(ə)n]
Bysshe [biʃ]

Bythesea ['biðəsi]
Byzantium [bai'zæntiəm]

C

Cabot ['kæbət]
Cadiz ['keidiz]
Cadman ['kædmən]
Cadmus ['kædməs] *Kadmus*
Cadogan [kə'dʌgən]
Cædmon ['kædmən]
Caerleon [kɑ:'li:ən]
Caerlyon [kɑ:'laiən]
Cæsar ['si:zə]
Cæsarea [ˌsi:zə'riə]
Cain(e) [kein] *Kain*
Caird [kɛəd]
Cairns [kɛənz]
Cairo ['kaiərou]
Caithness ['keiθnes]
Caius *röm. Name:* ['kaiəs];
  College *in* Cambridge: [ki:z]
Calabar [ˌkælə'bɑ:]
Calabria [kə'leibriə]
Calais ['kælei; 'kæli]
Calcot *bei* Reading ['kælkət]
Calcott ['kɔ:lkət]
Calcutta [kæl'kʌtə]
Calderon ['kældərən] → vol.
  II p. 1271
Caledon ['kælidən]
Caledonia [ˌkæli'dounjə]
Calgary ['kælgəri]
Calhoun [kæl'houn, kə'hu:n]
Caliban ['kælibæn]
Calicut ['kælikət]
California [ˌkæli'fɔ:njə]
Caligula [kə'ligjulə]
Callaghan ['kæləhən, –əgən]
Calliope [kə'laiəpi] *Kalliope*
Callisthenes [kæ'lisθəni:z]
Calne [kɑ:n]
Calverley ['kælvəli; 'kɑ:vəli]
Calvin ['kælvin] *Kalvin, Calvin*
Calydon ['kælidən]
Calypso [kə'lipsou]
Camberwell ['kæmbəwəl,
  –wel]
Cambria ['kæmbriə] *Wales*
Cambridge ['keimbridʒ];
  ~shire ['keimbridʒiə]
Cambyses [kæm'baisi:z]
Camden ['kæmdən]
Camembert ['kæməmbɛə]
Cameron ['kæmərən]
Cameroon ['kæməru:n]
Campbell ['kæmbl]
Cana ['keinə]
Canaan ['keinən]
Canada ['kænədə]
Canaries [kə'nɛəriz]: the ~ *die*
  Kanarischen Inseln
Candida ['kændidə]
Cannes [kæn]
Canning ['kæniŋ]
Canopus [kə'noupəs]
Canterbury ['kæntəbəri]
Cantire [kæn'taiə]
Canton *in China:* ['kæn'tən];
  in Wales, Amerika u als
  Familienname: ['kæntən]
Canute [kə'nju:t]
Capel(l) ['keip(ə)l]
Cappadocia [ˌkæpə'dousiə]
Capri ['kæpri]
Capua ['kæpjuə]
Capulet ['kæpjulet]
Caractacus [kə'ræktəkəs]

Caradoc [kə'rædək]
Cardiff ['kɑ:dif]
Cardigan(shire) ['kɑ:digən-
  (ʃiə)]
Carew [kə'ru:]
Carey ['kɛəri]
Carfax ['kɑ:fæks]
Caria ['kɛəriə] *Karien*
Carinthia [kæ'rinθiə] *Kärnten*
Carisbrooke ['kærizbruk]
Carl [kɑ:l]
Carleton ['kɑ:ltən]
Carlile [kɑ:'lail]
Carlisle [kɑ:'lail]
Carlos ['kɑ:ləs]
Carlyle [kɑ:'lail, 'kɑ:'lail]
Carlyon [kɑ:'laiən]
Carmarthen(shire) [kə'mɑ:-
  ðən(ʃiə)]
Carmen ['kɑ:men]
Carmichael ['kɑ:maikəl, kɑ:-
  'maikəl]
Carnarvon(shire) [kə'nɑ:vən-
  (ʃiə)]
Carnegie [kɑ:'negi]
Carolina [ˌkærə'lainə]
Caroline ['kærəlain]
Carolus ['kærələs]
Carpathians [kɑ:'peiθjənz]: the
  ~ *die Karpaten*
Carr [kɑ:]
Carrickfergus [ˌkærik'fə:gəs]
Carrie, Carry ['kæri] *Kosef. f*
  Caroline
Carrington ['kæriŋtən]
Carroll ['kærəl]
Carruthers [kə'rʌðəz]
Carshalton [kə'ʃɔ:ltən]
Carson ['kɑ:sn]
Carstairs ['kɑ:stɛəz]
Cartagena [ˌkɑ:tə'dʒi:nə]
Carteret ['kɑ:təret]
Carthage ['kɑ:θidʒ] *Karthago*
Cartwright ['kɑ:trait]
Caruthers [kə'rʌðəz]
Cary ['kɛəri] *Kosef. f* Caroline
Casabianca ['kæsəbi'æŋkə]
Casanova [kæsə'nouvə] → vol.
  II p. 1271
Casement ['keismənt]
Casey ['keisi]
Cashmere [kæʃ'miə] *Kaschmir*
Cassandra [kə'sændrə]
Cassilis ['kæslz]
Cassius ['kæsjəs]
Cassy ['kæsi] *Kosef. f* Cassan-
  dra
Castalia [kæs'teiliə]
Casterbridge ['kɑ:stəbridʒ]
  (= Dorchester *bei* Hardy)
Castlerea(gh) ['kɑ:slrei]
Castor ['kɑ:stə]
Catalonia [ˌkætə'lounjə] *Kata-
  lonien*
Catesby ['keitsbi]
Catharine ['kæθərin]
Cathay [kæ'θei]
Cathcart ['kæθkət, –kɑ:t]
Catherine ['kæθərin]
Cathleen ni Hoolihan ['kæθli:n
  ni 'hu:lihən]
Catiline ['kætilain]
Cato ['keitou]
Cattanach ['kætənæk]
Cattegat ['kæti'gæt]
Cattell [kæ'tel, kɑ't–]
Catullus [kə'tʌləs]
Caucasus ['kɔ:kəsəs]

Caudle ['kɔ:dl]
Cavan ['kævən]
Cavell ['kævl, kə'vel]
Cavendish ['kævəndiʃ]
Caversham ['kævəʃəm]
Cawdor ['kɔ:də]
Cawnpur [kɔ:n'puə]
Caxton ['kækstən]
Cayenne [kei'en]
Cayley ['keili]
Cecil(e) ['sesl, 'sisl]
Cecilia [si'siljə] *Cäcilie*
Cecily ɫ'sesili, 'sisili] *Cäcilie*
Cedric ['si:drik; 'sedrik]
Celebes [se'li:bez]
Celestine ['selisti:n]
Celia ['si:ljə]
Celsius ['selsjəs]
Cenci ['tʃentʃi]
Cerberus ['sə:bərəs]
Ceres ['siəri:z]
Cervantes [sə:'vænti:z]
Cesarewitch *das Rennen zu*
  Newmarket [si'zɑ:rəwitʃ]
Cetewayo [ˌseti'weiou]
Ceuta ['sju:tə]
Cévennes [si'ven]
Ceylon [si'lɔn] *Ceylon*
Ceyx ['si:iks]
Chablis ['ʃæbli:]
Chadwick ['tʃædwik]
Chalcedon ['kælsidən]
Chalcis ['kælsis]
Chaldea [kæl'di(:)ə]
Chalkis ['kælkis]
Chalmers ['tʃɑ:məz]
Chamberlain ['tʃeimbəlin;
  –lein]
Chambers ['tʃeimbəz]
Chamonix ['ʃæməni]
Chandos ['ʃændɔs, 'tʃændɔs]
Chantrey ['tʃɑ:ntri]
Chapman ['tʃæpmən]
Charing Cross ['tʃæriŋ 'krɔs]
Charlemagne ['ʃɑ:lə'mein]
  Karl der Große
Charles [tʃɑ:lz] *Karl*
Charleston ['tʃɑ:lstən]
Charley, Charlie ['tʃɑ:li] *Kosef.*
  f Charles
Charlotte ['ʃɑ:lət]
Charmian ['kɑ:miən]
Charon ['kɛərən, –rən]
Charteris ['tʃɑ:təz; –təris]
Chartreuse [ʃɑ:'trə:z]
Charybdis [kə'ribdis]
Chastney ['tʃæsni]
Chatham ['tʃætəm]
Chatsworth ['tʃætswə:θ]
Chattanach ['tʃætənæk]
Chatterton ['tʃætətn]
Chaucer ['tʃɔ:sə]
Cheapside ['tʃi:p'said]
Cheatham ['tʃi:təm]
Cheddar ['tʃedə]
Cheetham ['tʃi:təm]
Chelmsford ['tʃelmsfəd]
Chelsea ['tʃelsi]
Cheltenham ['tʃeltnəm]
Chenies ['tʃi:niz; *örtlich*
  'tʃeiniz]
Chequers ['tʃekəz]
Cherbourg ['ʃə:buəg]
Cherith ['tʃiəriθ]
Cherokee [ˌtʃero'ki:]
Chersonese ['kə:səni:s]
Cherwell ['tʃɑ:wəl]
Chesapeake ['tʃesəpi:k]

Chesham ['tʃeʃəm]
Cheshire ['tʃeʃə]
Cheshunt ['tʃesnt]
Chesney ['tʃesni, 'tʃezni]
Chester ['tʃestə]
Chesterfield ['tʃestəfiːld]
Chesterton ['tʃestətn]
Chetham ['tʃetəm]
Chevalier [ʃə'væljei]
Cheviot ['tʃeviət]
Cheyne ['tʃeini, tʃein]
Chicago [ʃiˈkɑːgou; ⟨Am⟩ ʃiˈkɔːgou]
Chichele ['tʃitʃili]
Chichester ['tʃitʃistə]
Chiddingly ['tʃidiŋlai]
Chile ['tʃili]
Chillon ['ʃilɔː]
Chiltern ['tʃiltə(ː)n]
Chimborazo [ˌtʃimbə'rɑːzou]
China ['tʃainə]
Chios ['kaiəs]
Chislehurst ['tʃizlhəːst]
Chisholm ['tʃizəm]
Chiswick ['tʃizik]
Chloe ['kloui]
Chloris ['klɔːris]
Cholm(e)ly ['tʃʌmli]
Cholmondely ['tʃʌmli]
Chopin ['ʃɔpɛ̃ː]
Chris(sie) ['kris(i)] Stine ([dim] v Christine)
Christ [kraist]
Christabel ['kristəbel]
Christchurch ['krais(t)tʃəːtʃ]
Christian ['kristjən]
Christiana [ˌkristi'ɑːnə]
Christiania [ˌkristi'ɑːniə]
Christie ['kristi]
  Kosef. f Christian
Christina [kris'tiːnə] Christine
Christine ['kristiːn]
Christopher ['kristəfə]
  Christoph
Christopherson [kris'təfəsn]
Churchill ['tʃəːtʃil]
Churchtown ['tʃəːtʃtaun; örtlich 'tʃouzn]
Chuzzlewit ['tʃʌzlwit]
Cibber ['sibə]
Cicely ['sisili] Cäcilie
Cicero ['sisərou]
Cincinnati [ˌsinsi'nɑːti]
Cinderella [ˌsində'relə] Aschenbrödel
Cinthio ['sintiou, 'sinθiou]
Circe ['səːsi]
Cirencester ['saiərənsestə; 'sisi(s)tə]
Cissie, Cissy ['sisi] Kosef. f Cecily
Clackmannan [klæk'mænən]
Clacton ['klæktən]
Clanricarde [klæn'rikəd]
Clapham ['klæpəm]
Clara ['klɛərə]
Clare [klɛə]
Claremont ['klɛəmənt]
Clarence ['klærəns]
Clarendon ['klærəndən]
Claridge ['klæridʒ]
Clarissa [klə'risə]
Clark(e) [klɑːk]
Claud(e) [klɔːd]
Claudia ['klɔːdiə]
Claudius ['klɔːdiəs]
Claverhouse ['klævəz; 'kleivəz; 'klævəhaus]

Clayton ['kleitn]
Cleather ['kleðə]
Clegg [kleg]
Cleishbotham ['kliːʃbɔðəm]
Clemens ['klemənz]
Clement ['klemənt]
Clementina [ˌklemən'tiːnə]
Clementine ['kleməntain]
Cleon ['kliːən]
Cleopatra [klio'pɑːtrə]
Clerkenwell ['klɑːkənwəl]
Clervaux ['klɛəvou]
Clevedon ['kliːvdən]
Cleveland ['kliːvlənd]
Cleves [kliːvz] Kleve
Clifford ['klifəd]
Clio ['klaiou]
Clive [klaiv]
Clo [klou] Kosef. f Chloe
Cloten ['kloutən]
Clotho ['klouθou]
Cloudesley ['klaudzli]
Clough [klʌf, kluː]
Clovis ['klouvis] → vol. II p. 1271
Clyde [klaid]
Cnut [kə'njuːt]
Cobbett ['kɔbit]
Cobden ['kɔbdən]
Cobham ['kɔbəm]
Coburg ['koubəːg]
Cochin-China ['kɔtʃin'tʃainə]
Cochran ['kɔkrən]
Cochrane ['kɔkrin]
Cockai(g)ne [kɔ'kein]
Cockburn ['koubəːn]
Cockerell ['kɔkərəl]
Codrington ['kɔdriŋtən]
Cody ['koudi]
Cœur de Lion [ˌkəːdə'liːɔ̃ː] Löwenherz
Coke [kouk, kuk]
Cokeson ['koukson]
Colchester ['koultʃistə]
Colclough ['koukli]
Coldstream ['kouldstriːm]
Cole [koul]; ~man ['~mən]
Coleridge ['koulridʒ]
Coliseum [ˌkɔli'siəm]
Collier ['kɔliə]
Collingwood ['kɔliŋwud]
Collins ['kɔlinz]
Colman ['koulmən]
Colnaghi [kɔl'nɑːgi]
Colne [koun; kouln]
Cologne [kə'loun] Köln
Colombo [kə'lʌmbou]
Colorado [ˌkɔlə'rɑːdou]
Colosseum [ˌkɔlə'siəm]
Colquhoun [kə'huːn]
Columba [kə'lʌmbə]
Columbia [kə'lʌmbiə] Kolumbien
Columbus [kə'lʌmbəs]
Combe [kuːm]
Comin ['kʌmin]
Como ['koumou]
Compton ['kɔmtən, kʌm–]
Comus ['koumɔs]
Confucius [kən'fjuːʃiəs]
Congo ['kɔŋgou]
Congreve ['kɔŋgriːv; 'kɔŋg–]
Coningsby ['kɔniŋzbi]
Coniston(e) ['kɔnistən]
Connaught ['kɔnɔːt]
Connecticut [kə'netikət]
Connemara [ˌkɔni'mɑːrə]

Connie, –y ['kɔni] Kosef. f Constance
Connor ['kɔnə]
Conrad ['kɔnræd]
Constable ['kʌnstəbl]
Constance ['kɔnstəns]
Constantine ['kɔnstəntain]
Constantinople [ˌkɔnstænti-'noupl]
Conster ['kɔnstə]
Conway ['kɔnwei]
Conybeare ['kɔnibiə]
Cook(e) [kuk]
Coomb(e) [kuːm]
Cooper ['kuːpə]
Copenhagen [ˌkoupn'heigən]
Copernicus [ko'pəːnikəs]
Copland ['kɔplənd, 'kouplənd]
Copperfield ['kɔpəfiːld]
Cora ['kɔːrə]
Corcoran ['kɔːkərən]
Cordelia [kɔː'diːliə]
Cordilleras [ˌkɔːdi'ljɛərəz]: the ~ die Kordilleren
Cordova ['kɔːdəvə]
Corea [ko'riə]
Corfu [kɔː'fuː]
Corinth ['kɔrinθ]
Coriolanus [ˌkɔriou'leinəs]
Cork [kɔːk]
Corneille [kɔː'nei]
Cornelia [kɔː'niːljə]
Cornelius [kɔː'niːljəs]
Cornell [kɔː'nel]
Corney ['kɔːni] Kosef. f Cornelius
Cornhill ['kɔːn'hil; '––; –'–]
Cornwall ['kɔːnwəl]
Cornwallis [kɔːn'wɔlis]
Coromandel [ˌkɔrə'mændl]
Coronel ['kɔrənel]
Corregio [kɔ'redʒ(i)ou] → vol. II p. 1271
Corsica ['kɔːsikə]
Cortes ['kɔːtiz] Cortez
Corydon ['kɔridən]
Cosgrave ['kɔzgreiv]
Cosham ['kɔsəm]
Cotswold ['kɔtswould]: the ~ Hills od the ~s
Couch [kuːtʃ]
Couper ['kuːpə]
Coupland ['kuːplənd, koup–]
Courtenay ['kɔːtni]
Courthope ['kɔːtəp]
Coutts [kuːts]
Couzens ['kʌznz]
Covent ['kɔvənt]
Coventry ['kɔvəntri]
Coverdale ['kʌvədeil]
Coverley ['kʌvəli]
Cowes [kauz]
Cowley ['kauli]
Cowper ['kuːpə] (so der Dichter); ['kaupə]
Cox [kɔks]
Crabbe [kræb]
Crackenthorp(e) ['krækənθɔːp]
Cracow ['krɑːkou] Krakau
Craig [kreig] ‖ ~avon [~'ævən]
Craigenputtock [ˌkreigən'pʌtək]
Craik [kreik]
Cranborne, –bourne ['krænbɔːn]
Cranbrook ['krænbruk]
Crane [krein]

Cranmer ['krænmə]
Crashaw ['kræʃɔ:]
Cratchit ['krætʃit]
Craven [kreivn]
Crawcour ['krɔ:kə]
Crawford ['krɔ:fəd]
Crawley ['krɔ:li]
Creagh [krei]
Creaghan ['kri:gən]
Creakle ['kri:kl]
Crees [kri:s, kri:z]
Creighton ['kraitn]
Cremona [kri'mounə]
Cressida ['kresidə]
Cresswell ['krezwəl]
Cressy ['kresi]
Crete [kri:t]
Crewe [kru:]
Criccieth ['krikieθ]
Crichton ['kraitn]
Crieff [kri:f]
Crimea [krai'miə]: the ~ *die Krim*
Cripplegate ['kriplgeit]
Croatia [krou'eiʃiə] *Kroatien*
Crœsus ['kri:səs] *Krösus*
Croker ['kroukə]
Cromarty ['krɔməti]
Cromer ['kroumə]
Crompton ['krʌmtən]
Cromwell ['krɔmwəl]
Crooke [kruk]
Crosby ['krɔzbi, 'krɔsbi]
Crowe [krou]
Crowther ['krauðə]
Croyden, –don ['krɔidn]
Cruikshank ['krukʃæŋk]
Crummles ['krʌmlz]
Crusoe ['kru:sou]
Crysell ['kraisl]
Cuba ['kju:bə]
Cubitt ['kju:bit]
Cuchulinn ['ku:xulin]
Culloden [kə'lədn]
Cullompton [kə'lʌm(p)tən]
Cumberland ['kʌmbələnd]
Cumbria ['kʌmbriə]
Cunard [kju:'na:d]
Cunliffe ['kʌnlif]
Cunningham ['kʌniŋəm]
Curan ['kʌrən]
Curran ['kʌrən]
Currer ['kʌrə]
Currie ['kʌri]
Curtice, Curtis ['kə:tis]
Curzon ['kə:zn]
Cushing ['kuʃiŋ]
Custance ['kʌstəns]
Cutch [kutʃ]
Cuthbert ['kʌθbət]
Cuvier ['kju:viei; 'kui]
Cuyp [kaip]
Cymbeline ['simbili:n]
Cynthia ['sinθiə]
Cybele [sai'bi:li] ⟨myth⟩
Cyprianus [sipri'einəs]
Cyprus ['saiprəs] *Cypern*
Cyrene [sai'ri:ni]
Cyril ['siril] *Cyrillus*
Cyrille ['siril, si'ri:l]
Cyrus ['saiərəs]
Czecho-Slovakia ['tʃekouslou-'vækiə]: ~ *die Tschechoslo-wakei*
Czerny ['tʃə:ni, 'zə:ni]

D

Dacia ['deisiə] *Dazien*
Dacota [də'koutə]
Dædalus ['di:dələs]
D'Aeth [deiθ]
Dago ['deigou]
Dagobert ['dægoubə:t]
Dagonet ['dægonet]
Dahomey [də'houmi] *Dahome*
Daimler ⟨Ger⟩ ['deimlə]
Daisy ['deizi] *Kosef. f* Margaret
Dakota [də'koutə]
Dalbeattie [dæl'bi:ti]
Dalby ['dɔ:lbi, 'dælbi]
D'Alembert ['dæləmbɛə]
Dalgetty [dæl'geti]
Dalgleish [dæl'gli:ʃ]
Dalhousie [dæl'hu:zi, dæl-'hauzi]
Dalila [də'lailə] → Delilah
Dalkeith [dæl'ki:θ]
Dalkey ['dɔ:lki; *örtlich* 'dɔ:ki]
Dallas ['dæləs]
Dalmanutha [ˌdælmə'nju:θə]
Dalmatia [dæl'meiʃiə] *Dalma-tien*
Dalmeny [dæl'meni]
Dalry [dæl'rai]
Dalrymple [dæl'rimpl]
Dalston [də'lstən]
Dalton [də'ltən]
Daly ['deili]
Dalzell [dæl'zel, di:'el]
Dalziel ['dælziəl, 'dæljəl; ⟨Scot⟩ di:'el]
Damascus [də'mæskəs]
Damocles ['dæməkli:z]
Damon ['deimən]
Dampier ['dæmpjə]
Dan [dæn] *Kosef. f* Daniel
Dana ['deinə]
Danaë ['dæneii:]
Danakil [ˌdænə'ki:l]
Danby ['dænbi]
Daniel(l) ['dænjəl]
Danite ['dænait]
Dante ['dænti]
Danube ['dænju:b]
Danvers ['dænvə(:)z]
Danville ['dænvil]
Danzig ['dæntsig]
Daphne ['dæfni]; Daphnis ['dæfnis]
D'Arbley ['da:bli]
Dardanelles [ˌda:də'nelz]: the ~ *die Dardanellen*
Dardanus ['da:dənəs]
Darien [dɛəriən]
Darius [də'raiəs]
Darjeeling [da:'dʒi:liŋ]
Darley ['da:li]
Darlington ['da:liŋtən]
Darnley ['da:nli]
Dartie ['da:ti]
Dartmoor ['da:tmuə]
Dartmouth ['da:tməθ]
Darwin ['da:win]
Dasent ['deisənt]
Dauphiné ['doufinei]
Dave [deiv] *Kosef. f* David
Davenant ['dævinənt]
Davenport ['dævnpɔ:t]
Daventry ['dævntri; *örtlich* 'deintri]
Davey ['deivi] *Kosef. f* David
David ['deivid]
Davidge ['dævidʒ]

Davidson ['deividsn]
Davie, –vy ['deivi] *Kosef. f* David
Davies ['deivis]
Davis ['deivis]
Davison ['deivisn]
Davitt ['dævit]
Davos ['da:vɔs]
Dawes [dɔ:z]
Dawson ['dɔ:sn]
Dayton ['deitn]
Dealtry ['diəltri]
Dean(e) [di:n]
Deans [di:nz]
Death *Familienname* [deiθ, deθ]
De Bathe [də'ba:θ]
Deborah ['debərə]
Decameron [di'kæmərən]
Deccan ['dekən]
Dedlock ['dedlɔk]
Dee [di:]
Defoe [də'fou, di'fou]
Deighton ['daitn]
Deirdre ['di:ədri]
Dekker ['dekə]
Delagoa [ˌdelə'gouə, 'deləg–]
Delamain ['deləmein]
De la Mare ['deləmɛə, –ma:]
De Lancey [də'la:nsi]
Deland ['di:lənd]
De la Pasture [də'læpətə]
De la Poer [ˌdelə'puə, –'pə:]
De la Pole [ˌdelə'poul]
De la Rue ['deləru:, ˌdelə'ru:]
Delaware ['deləwɛə]
De la Warr ['deləwə]
Delhi ['deli]
Delia ['di:liə]
Delilah [di'lailə]
De l'Isle *engl. Name* [də'lail]
Delisle *frz. Name* [də'li:l]
Delius ['di:liəs]
Delos ['di:lɔs]
Delphi ['delfai]
Demerara [ˌdemə'rɛərə]
Demeter [di'mi:tə]
Demetrius [di'mi:triəs]
Democritus [di'mɔkritəs]
Demosthenes [di'mɔsθəni:z]
Denbigh(shire) ['denbi(ʃiə]
Denham ['denəm]
Denholm(e) ['denəm]
Denis ['denis]
Denmark ['denma:k] *Däne-mark*
Dennehy ['denəhi:]
Dennis ['denis]
Dent [dent]
Denver ['denvə]
Denys ['denis]
Depere [di'piə, də'p–]
Depew [di'pju:]
Deptford ['detfəd]
De Quincey [də'kwinsi]
Derbe ['də:bi]
Derby(shire) ['da:bi(ʃiə]
Dereham ['diərəm]
D'Eresby ['diəzbi]
Derham ['derəm]
Dering ['diəriŋ]
De Rohan [də'rouən]
De Ros [də'ru:s]
Derric(k) ['derik]
Derwent ['də:wənt], ~water [ˌ~'wɔ:tə]
De Salis [də'sælis]
Desart ['desa:t]
Desbarres [dei'ba:]

Desborough ['dezbrə]
Descartes [dei'ka:t]
Desdemona [‚dezdi'mounə]
Deslys [dei'li:s]
Desmond ['dezmənd]
Des Vaux [dei'vou]
Des Vœux [dei'vou]
Detroit [də'trɔit]
Deucalion [dju(:)'keiliən]
de Valera [dəvə'liərə]
Deventer ['devəntə]
De Vere [də'viə]
Devereux ['devəru:, ‚-ru:ks]
Devine [də'vain]
Devizes [di'vaiziz]
Devon(shire) ['devn(ʃiə)]
Devonport ['devnpɔ:t]
Dewar ['dju(:)ə]
D'Ewes [dju:z]
De Wet [də'vet]
Dewey ['dju(:)i]
Dewsbury ['dju:zbəri]
D'Eyncourt ['deinkə:t]
De Zoete [də'zu:t]
Diana [dai'ænə]
Dick [dik], ~ie ['~i] Kosef. f
  Richard
Dickens ['dikinz]
Dickinson ['dikinsn]
Dickson ['diksn]
Diderot ['di:dərou] → vol.
  II p. 1271
Dido ['daidou]
Digby ['digbi]
Digges [digz]
Diggory ['digəri]
Dilke [dilk]
Dillon ['dilən]
Dillwyn ['dilən]
Dinah ['dainə]
Dingwall ['diŋwɔ:l]
Dinmont ['dinmənt]
Diocletian [‚daiə'kli:ʃiən]
Diodorus [‚daiə'dɔ:rəs]
Diogenes [dai'ɔdʒini:z]
Diomede ['daiəmi:d]
Diomedes [‚daiə'mi:di:z]
Dionysia [‚daiə'niziə]
Dionysius [‚daiə'naisiəs]
Dionysus [‚daiə'naisəs]
Disraeli [diz'reili]
Dizzy ['dizi] Kosef. f Disraeli
Dnieper ['(d)ni:pə]: the ~ der
  Dnjepr
Dniester ['(d)ni:stə]: the ~ der
  Dnjestr
Dobb [dɔb], ~in ['~in]
Dobell [dou'bel]
Dobrée ['doubrei]
Dobson ['dɔbsn]
Doddridge ['dɔdridʒ]
Dodo ['doudou] (Kosef. f
  Dorothea) Dorchen, Dörte,
  Dörli
Dodsley ['dɔdzli]
Doeg ['doueg]
Dogberry ['dɔgberi]
Doggett ['dɔgit]
Doherty ['douəti, dou'hə:ti]
Dohoo [dɔ'hu:]
Dolgelley [dɔl'geli]
Doll [dɔl]; ~y ['~i] Kosef. f
  Dorothy
Dolores [dɔ'lɔ:ris]
Dombey ['dɔmbi]
Dominica [‚dɔmi'ni:kə]
Domitian [dɔ'miʃiən]
Domvil(l)e ['dʌmvil]

Donalbein ['dɔnlbein]
Donald ['dɔnld]; ~son [~sn]
Don Carlos ['dɔn'ka:lɔs]
Doncaster ['dɔŋkəstə]
Donegal(l) ['dɔnigə:l]
Dongola ['dɔŋgələ]
Donizetti [‚dɔni'zeti]
Don Juan [dɔn'dʒu(:)ən]
Donne [dʌn, dɔn]
Donnybrook ['dɔnibruk]
Dono(g)hue ['dʌnehu:]
Donough ['dɔnou]
Donoughmore ['dʌnəmɔ:]
Donovan ['dɔnəvən]
Don Quixote ['dɔn'kwiksout]
Dora ['dɔ:rə]
Dorcas ['dɔ:kəs]
Dorchester ['dɔ:tʃistə]
Doris ['dɔris]
Dorking ['dɔ:kiŋ]
Dornoch ['dɔ:nɔx]
Dorothea [‚dɔrə'θiə]
Dorothy ['dɔrəθi]
Dorrien ['dɔriən]
Dorrit ['dɔrit] Kosef. f Dorothy
Dorset(shire) ['dɔ:sit(ʃiə)]
Dostojewski [dɔstɔ'jevski] →
  vol. II p. 1271
Dot [dɔt] Kosef. f Dorothy
Dothan ['douθæn, -θən]
Doudney ['dju:dni]
Dougal(l) ['du:gəl]
Dougherty ['douəti]
Doughty ['dauti]
Douglas(s) ['dʌgləs]
Dousabel ['du:səbel]
Doust [daust]
Dover ['douvə]
Dowden ['daudn]
Dowell ['dauəl]
Dowie ['daui]
Downing ['dauniŋ]
Dowse [daus]
Doyle [dɔil]
Drachenfels ['drækənfelz]
Draco griech. Name ['drei-
  kou]; engl. Name ['dra:kou]
Drage [dreidʒ]
Drake [dreik]
Drave [dra:v]: the ~ die Drau
Drawcansir ['drɔ:kænsə]
Drayton ['dreitn]
Dresden ['drezdən]
Drew, ~s [dru:, ~z]
Dreyfus ['dreifəs, 'draifəs]
Drinkwater ['driŋk‚wɔ:tə]
Drogheda ['drɔ:ədə]
Dromio ['droumiou]
Drumclog [drʌm'klɔg]
Drummond ['drʌmənd]
Drury ['druəri]
Druse [dru:z, dru:s] Druse
Drusus ['dru:səs]
Dryden ['draidn]
Drysdale ['draizdeil]
Dublin ['dʌblin]
Du Buisson engl. Name ['dju:-
  bisn]
Du Cane [dju:'kein]
Duchesne engl. Name [du(:)-
  'ʃein, 'dju:ksn]; frz. Name
  [dju:'ʃein]
Duckworth ['dʌkwə:θ]
Duddell [dʌ'del, dju(:)'del]
Duddon ['dʌdn]: the ~ der D.
Dudley ['dʌdli]
Duff [dʌf]
Dufferin ['dʌfərin]

Dugald ['du:gəld]
Dugdale ['dʌgdeil]
Duluth [dju:'lu:θ]
Dulwich ['dʌlidʒ]
Dumain [dju(:)'mein]
Dumaresq [du:'merik]
Dumas ['dju:ma:]
Du Maurier [dju(:)'mɔ:riei]
Dumbarton(shire) [dʌm-
  'ba:tn(ʃiə)]
Dumbiedikes ['dʌmbidaiks]
Dumfries [dʌm'fri:s]; ~shire
  [dʌm'fri:sʃiə]
Dunbar [dʌn'ba:]
Duncan ['dʌŋkən]
Dundalk [dʌn'dɔ:k]
Dundas [dʌn'dæs, 'dʌndæs]
Dundee [dʌn'di:'; '‒‒]
Dundonald [dʌn'dɔnld]
Dundreary [dʌn'driəri]
Dunedin [dʌ'ni:din]
Dunfermline [dʌn'fə:mlin]
Dunholme ['dʌnəm]
Dunkeld [dʌn'keld]
Dunkirk [dʌn'kə:k]
Dunlop Familienname [dʌn-
  'lɔp; 'dʌnlɔp]; attr ['dʌnlɔp]
  (~ tyre)
Dunmow ['dʌnmou]
Dunning ['dʌniŋ]
Dunsany [dʌn'sæni, -'seini]
Dunsinane [‚dʌnsi'nein; dʌn-
  'sinən]
Dunstable ['dʌnstəbl]
Dunstaffnage [dʌn'stæfnidʒ]
Dunstan ['dʌnstən]
Dunster ['dʌnstə]
Duquesne [dju(:)'kein]
Durand [djuə'rænd]
Durban ['də:bən]
D'Urbervilles ['də:bəvilz]
Durden ['də:dn]
Durell [djuə'rel]
Durham ['dʌrəm]
Durlacher [də'lækə]
Durward ['də:wəd]
Duse ['du:zi]
Duthie ['dʌθi]
Dutton ['dʌtn]
Dvorak ['(d)vɔ:ʒæk]
Dwight [dwait]
Dyche [daitʃ]
Dyke [daik]
Dymond ['daimənd]
Dysart ['daizət]
Dyson ['daisn]

E

Ealing ['i:liŋ]
Eames [i:mz, eimz]
Earl(e) [ə:l]
Easdale ['i:zdeil]
Eastbourne ['i:s(t)bə:n]
Eastcheap ['i:s(t)tʃi:p]
Eastham ['i:st(h)əm]
Easthampton ['i:st‚hæm(p)tən]
Eastleigh ['i:stli]
Eaton ['i:tn]
Ebbw ['ebu:]
Ebenezer [‚ebi'ni:zə]
Ebro ['i:brou]
Ebury ['i:bəri]
Ecclefechan [‚ekl'fexən]
Ecuador [‚ekwə'dɔ:, '‒‒‒]
Eddie, ‒dy ['edi] Kosef. f
  Edmund, Edward
Eddystone ['edistən]

Eden ['i:dn]
Edgar ['edgə] *Edgar*
Edgbaston ['edʒbəstən]
Edgcumbe ['edʒkəm]
Edgehill ['edʒ'hil]; *Familienname* ['edʒhil]
Edgeworth ['edʒwə:θ]
Edgware ['edʒwɛə]
Edie 1. ['edi] *Kosef. f* Edward 2. ['i:di] *Kosef. f* Edith
Edinburgh ['edinbərə]
Edison ['edisn]
Ediss ['edis]
Edith ['i:diθ] *Edith*
Edmonton ['edməntən]
Edmund ['edmənd]
Edna ['ednə]
Edom ['i:dəm]
Edward ['edwəd] *Eduard*
Edwin ['edwin] *Edwin*
Effie ['efi] *Kosef. f* Euphemia
Egbert ['egbə:t] *Egbert*
Egeria [i(:)'dʒiəriə]
Egerton ['edʒətn]
Egeus *griech. Name* ['i:dʒ(j)u:s]; *bei* Shakespeare [i(:)-'dʒi:əs]
Eggleston ['eglstən]
Egham ['egəm]
Eglamore ['egləmɔ:]
Egypt ['i:dʒipt] *Ägypten*
Eilean ['i:lən]
Einstein ['ainstain] → vol. II p. 1272
Eire ['ɛərə] → *Wörterbuch*
Eirene [ai'ri:ni]
Elain(e) [e'lein]
Elam ['i:ləm]
Elba ['elbə]
Elbe [elb]: the ~ *die Elbe*
Elcho ['elkou]
Eldred ['eldrid, –red]
Eleanor ['elinə]
Eleanora [,eliə'nɔ:rə]
Electra [i'lektrə]
Eleonora [,eliə'nɔ:rə]
Eleusis [e'lju:sis]
Elgar ['elgə]
Elgie ['eldʒi; 'elgi]
Elgin(shire) ['elgin(ʃiə)]
Elias [i'laiəs]
Elinor ['elinə]
Eliot(t) ['eljət]
Eliza [i'laizə] *Elise*
Elizabeth [i'lizəbəθ]
Ell [el] *Kosef. f* Helen
Ella ['elə]
Ellen ['elin]
Ellesmere ['elzmiə]
Ellicott ['elikət]
Elliot(t) ['eljət]
Ellis ['elis]; ~on [~n]
Ellsworth ['elzwə:θ]
Elphin ['elfin]
Elsie, –sy ['elsi]
Elsinore [,elsi'nɔ:]
Elsmere ['elzmiə]
Elspeth ['elspeθ]
Elswick ['elsik, 'elzik, 'elzwik]
Eltham ['eltəm]
Elton ['eltən]
Elvira [el'vaiərə]
Elwes ['elwiz]
Ely ['i:li]
Emeer [e'miə]
Emerson ['eməsn]
Emery ['eməri]
Emilia [i'miliə]

Emily ['emili]
Emma ['emə]
Emmanuel [i'mænjuəl]
Emmet ['emit]
Emmie, –my ['emi]
Endell ['endl]
Endicott ['endikət]
Endymion [en'dimiən]
Eneas [i(:)'ni:æs]
Eneid ['i:niid]
Enfield ['enfi:ld]
Engadine ['engədi:n]
England ['inglənd]
Enid ['i:nid]
Enoch ['i:nɔk] *Henoch*
Eochaidh ['jɔxei]
Eothen [i(:)'ouθen]
Epaminondas [i,pæmi'nɔndæs]
Ephesus ['efisəs]
Ephraim ['i:freiim, 'efreim]
Epictetus [,epik'ti:təs]
Epicurus [,epi'kjuərəs]
Epimenides [,epi'menidi:z]
Epipsychidion [,episai'kidiən]
Epirus [e'paiərəs]
Epping ['epiŋ]
Epsom ['epsəm]
Erard ['era:d]
Erasmus [i'ræzməs]
Erastus [i'ræstəs]
Erath [i'ra:θ]
Erewhon ['eriwən]
Eric ['erik]
Erie ['iəri]
Erin ['ierin, 'erin] *Erin, Irland*
Ernest ['ə:nist] *Ernst*
Erny ['ə:ni] *Kosef. f* Ernest
Eros ['i:rɔs] ⟨myth⟩ → vol. II p. 1272
Erskine ['ə:skin]
Erswin ['ə:swin] → vol. II p. 1273
Escombe ['eskəm]
Escot(t) ['eskət]
Esmé ['ezmi]
Esmeralda [,ezmə'rældə] → vol. II p. 1272
Esmond(e) ['ezmənd]
Essex ['esiks]
Este ['esti] → vol. II p. 1272
Esther ['estə]
Esthonia, –ton– [es'touniə]
Ethel ['eθəl]; ~bald [~bə:ld]
Ethelbert ['eθəlbə:t] *Adalbert*
Ethelbertha [,eθəl'bə:tə]
Ethelred ['eθəlred]
Etherege ['eθəridʒ]
Etherington ['eðəriŋtən]
Ethiopia [,i:θi'oupjə] *Äthiopien*
Etna ['etnə] *Ätna*
Eton ['i:tn]
Etruria [i'truəriə] *Etrurien*
Euclid ['ju:klid]
Eudora [ju:'dɔ:rə]
Eugene ['ju:dʒi:n, ju:'dʒi:n]
Eugenia [ju:'dʒi:niə]
Eulalia [ju:'leiljə]
Euler *engl. Name* ['ju:lə]; *dtsch. Name* ['ɔilə]
Eunice ['ju:nis, ju(:)'naisi]
Euphemia [ju:'fi:miə]
Euphrates [ju:'freiti:z] *Euphrat*
Euphues ['ju:fju(:)i:z]
Euripides [juə'ripidi:z]
Europa [juə'roupə]
Europe ['juərəp] *Europa*
Eurydice [juə'ridisi(:)]
Eustace ['ju:stəs] *Eustach(ius)*

Euston ['ju:stən]
Euterpe [ju:'tə:pi]
Euxine ['ju:ksain]: the ~ Sea *das Schwarze Meer (Pontus Euxinus)*
Eva ['i:və]
Evan ['evən]
Evangeline [i'væn(d)ʒili:n]
Evans ['evənz]
Eve [i:v] *Eva*
Evelina [,evi'li:nə]
Eveline ['i:vlin; 'evili:n]
Evelyn ['i:vlin]
Everard ['evəra:d]
Everest ['evərist]
Evesham ['i:vʃəm, *örtlich* 'i:ʃəm, 'i:səm]
Evian ['eiviã:]
Ewart ['ju(:)ət]
Ewell ['ju(:)il]
Ewen ['ju(:)in]
Ewing ['ju(:)iŋ]
Excalibur [eks'kælibə]
Exeter ['eksətə]
Exmoor ['eksmuə]
Exmouth ['eksmauθ]
Eyam ['i:əm]
Eyck [aik]
Eyemouth ['aiməθ]
Eyles [ailz]
Eyre [ɛə]
Eyton ['aitn]
Ezekiel [i'zi:kiəl] *Hesekiel*
Ezra ['ezrə]

F

Faber *engl. Name* ['feibə]; *dtsch. N.* ['fa:bə]
Fabius ['feibiəs]
Fabricius [fə'briʃiəs]
Faed [feid]
Fagin ['feigin]
Fahrenheit ['færənhait]
Fairbairn ['fɛəbɛən]
Fairfax ['fɛəfæks]
Fairholme ['fɛəhoum]
Fairlegh, –leigh ['fɛəli]
Falconbridge ['fɔ:kənbridʒ]
Falconer ['fɔ:knə]
Falkirk ['fɔ:lkə:k]
Falkland ['fɔ:klənd]
Falkner ['fɔ:knə]
Faller ['fælə]
Falloden ['fælədən]
Falmouth ['fælməθ]
Falstaff ['fɔ:lsta:f]
Fancourt ['fænkɔ:t]
Faneuil ['fænl]
Fanny ['fæni] *Kosef. f* Frances
Fanshawe ['fænʃɔ:]
Faraday ['færədi]
Fareham ['fɛərəm]
Fargus ['fa:gəs]
Faribault ['færibou]
Farleigh, –ley ['fa:li]
Farnborough ['fa:nbərə]
Faroe ['fɛərou]
Farquhar ['fa:kwə, 'fa:kə]
Farragut ['færəgət]
Farrant ['færənt]
Farringdon ['færiŋdən]
Fastolf ['fæstɔlf]
Fatima ['fætimə]
Faulconbridge ['fɔ:kənbridʒ]
Faulkland ['fɔ:klənd]
Faulkner ['fɔ:knə]
Fauntleroy ['fɔ:ntlərɔi]

Faustus ['fɔ:stəs, 'faustəs]
    Faust
Faversham ['fævəʃəm]
Fawcett ['fɔ:sit]
Fawkes [fɔ:ks]
Feaist [fi:st]
Feargus ['fə:gəs]
Featherstone ['feðəstən]
Featherstonehaugh
    ['feðəstənhɔ:]
Feilden ['fi:ldən]
Feilding ['fi:ldiŋ]
Feiling ['failiŋ]
Feist [fi:st]
Felicia [fi'lisiə]
Felix ['fi:liks]; ~stowe [~tou]
Felkin ['felkin]
Fellowes ['felouz]
Feltham *Personenname* ['fel-
    θəm]; *Ortsname* ['feltəm]
Fenella [fi'nelə]
Fenn [fen]
Fenton ['fentən]
Fenwick ['fenik]
Feodor ['fi(:)odə:]; ~a [ˌfi(:)o-
    'də:rə]
Ferdinand ['fə:dinənd]
Fergus ['fə:gəs]
Fermanagh [fə(:)'mænə]
Fernando [fə(:)'nændou]
Fernhough ['fə:nhou]
Festus ['festəs]
Feversham ['fevəʃəm]
Ffoulkes [fouks, foulks]
Fidele [fi'di:li]
Fidelia [fi'di:ljə]
Fidelio [fi'deiliou]
Fielding ['fi:ldiŋ]
Fiennes [fainz]
Fife(shire) [faif(ʃiə)]
Fifield ['faifi:ld]
Fiji [fi:'dʒi:; '--] *Fidschi*
Finch [fin(t)ʃ]
Findlater ['fin(d)leitə]
Findlay ['fin(d)lei]
Fingal ['fiŋgəl]
Fingall ['fiŋgɔ:l]
Finland ['finlənd]
Finlay ['finlei]
Finsbury ['finzbəri]
Fiona [fai'ounə, fi–]
Fisk(e) [fisk]
Fison ['faisn]
Fitzalan [fits'ælən]
Fitzgibbon [fits'gibən]
Fitzmaurice [fits'mɔris]
Fitzroy *Familienname* [fits'rɔi];
    Straße in London ['fitsrɔi]
Fitzurse [fits'ə:s]
Fitzwygram [fits'waigrəm]
Flamborough ['flæmbərə]
Flammock ['flæmək]
Flamstead ['flæmstid]
Flanders ['flɑ:ndəz] sg *Flan-
    dern*
Flaubert ['floubɛə] → vol. II p.
    1272
Flavel ['flævəl]
Flavell ['fleivl]
Flavia ['fleiviə]
Flaxman ['flæksmən]
Fleance ['fli:əns]
Fleay [flei]
Fleetwood ['fli:twud]
Fletcher ['fletʃə]
Fleur [flə:]
Flintshire ['flintʃiə]
Flite [flait]

Flodden ['flɔdn]
Flora ['flɔ:rə]
Flo [flou] *Kosef. f* Florence
Florence ['flɔrəns]
Flores ['flɔ:riz]
Florida ['flɔridə]
Florizel ['flɔrizel]
Florrie, –ry ['flɔri]; Flossie,
    –ssy ['flɔsi] *Kosef. f* Florence
Floyd [flɔid]
Fluellen [flu(:)'elin]
Flushing ['flʌʃiŋ]
Foley ['fouli]
Folger ['fouldʒə]
Folkestone ['foukstən]
Foote [fut]
Forbes [fɔ:bz; ⟨Scot⟩ 'fɔ:bis]
Ford(e) [fɔ:d]
Fordyce ['fɔ:dais]
Forfar(shire) ['fɔ:fə(ʃiə)]
Forman ['fɔ:mən]
Formosa [fɔ:'mousə]
Forres ['fɔris]
Fors Clavigera [ˌfɔ:z klæ'vi-
    dʒərə]
Forster ['fɔ:stə]
Forsyte ['fɔ:sait]
Forsyth [fɔ:'saiθ]
Fortescue ['fɔ:tiskju:]
Forteviot [fɔ:'ti:vjət]
Fortinbras ['fɔ:tinbræs]
Fortunatus [ˌfɔ:tju(:)'neitəs]
Fothergill ['fɔðəgil]
Fotheringay ['fɔðəriŋgei]
Fouberts ['fu:bə:ts]
Foulis [faulz]
Foulkes [fouks; fauks]
Fowey [fɔi]
Fowke [fauk]
Fowler ['faulə]
France [frɑ:ns] *Frankreich*
Frances ['frɑ:nsis] *Franziska*
Francesca [fræn'seskə,
    –'tʃeskə]
Francis ['frɑ:nsis] *Franz*
Franconia [fræŋ'kouniə]
Frankfort ['fræŋkfət] *Frankfurt*
Franklin ['fræŋklin]
Fraser, Frazer ['freizə]
Fred [fred]; ~dy ['~i] *Kosef. f*
    Frederic
Frederic(k) ['fredrik]
Frederica [ˌfredə'ri:kə]
Freeman ['fri:mən]
Fremantle ['fri:mæntl]
Frere [friə]
Freud [frɔid]
Freyer [friə, 'fraiə]
Fritz ⟨Ger⟩ [frits]
Fröbel ⟨Ger⟩ ['frə:bəl]
Frobisher ['froubiʃə]
Frome [fru:m]
Froude [fru:d]
Frowde [fru:d, fraud]
Frye [frai]
Fuad ['fu(:)æd]
Fudge [fʌdʒ, fju:dʒ]
Fulham ['fuləm]
Fulke [fulk]
Fuller ['fulə]; ~ton [~tn]
Fulton ['fultən]
Furness ['fə:nis]
Furneux ['fə:niks]
Furnival(l) ['fə:nivəl]
Fyson ['faisn]

G

Gabbitas ['gæbitæs]
Gaboon [gə'bu:n]
Gabriel ['geibriəl]
Gabriella [ˌgæbri'elə]
Gaby ['gɑ:bi] *Kosef. f* Gabriel
Gadara ['gædərə]
Gadsby ['gædzbi]
Gadsden ['gædzdən]
Gainsborough ['geinzbərə]
Gaius ['gaiəs]
Galahad ['gæləhæd]
Galashiels [ˌgælə'ʃi:lz]
Galbraith ['gælbreiθ; –'–]
Galen ['geilin]
Galicia [gə'liʃiə] *Galizien*
Galilee ['gælili:]
Galileo [ˌgæli'leiou]
Gallagher ['gæləxə]
Gallaher ['gæləhə]
Gallia ['gæliə]
Gallipoli [gə'lipəli]
Galloway ['gælowei]
Galsworthy ['gɔ:lzwə:ði], *so
    nannte sich* John ~
Galt [gɔ:lt]
Galvani [gæl'vɑ:ni]
Galveston(e) ['gælvistən]
Galway ['gɔ:lwei]
Gandhi ['gændi:]
Ganges ['gæn(d)ʒi:z]
Ganymede ['gænimi:d]
Gard(i)ner ['gɑ:dnə]
Gareth ['gæreθ]
Garfield ['gɑ:fi:ld]
Gargantua [gɑ:'gæntjuə]
Gargery ['gɑ:dʒəri]
Garibaldi [ˌgæri'bɔ:ldi]
Garnet(t) ['gɑ:nit]
Garret(t) ['gærət]
Garrick ['gærik]
Garrioch ['gærik]
Garrod ['gærəd]
Gascoigne ['gæskɔin]
Gascony ['gæskəni] *Gaskogne*
Gaselee ['geizli:]
Gaskell ['gæskəl]
Gatacre ['gætəkə]
Gateshead ['geitshed]
Gauden ['gɔ:dn]
Gaul [gɔ:l] *Gallien*
Gauss ⟨Ger⟩ [gaus]
Gautama ['gautəmə]
Gaveston ['gævistən]
Gawain ['gæwein]
Geddes ['gedis]
Geelong [gi:'lɔŋ]
Gehazi [gi'heizai]
Geikie ['gi:ki]
Gellatley ['gelətli]
Geneva [dʒi'ni:və] *Genf*
Geneviève ['dʒenəvi:v]
Gennesaret [gi'nezərit]; –reth
    [–riθ]
Genoa ['dʒenouə] *Genua*
Geo. [dʒɔ:dʒ] *abbr f* George
Geoffr(e)y ['dʒefri] *Gottfried*
Geordie ['dʒɔ:di] *Kosef. f*
    George
George [dʒɔ:dʒ]
Georgia ['dʒɔ:dʒiə] *Georgia,
    Georgien*
Georgiana [ˌdʒɔ:dʒi'ɑ:nə] *Ge-
    orgine*
Georgie ['dʒɔ:dʒi] *Kosef. f*
    George
Georgina [dʒɔ:'dʒi:nə]

Geraint [dʒe'reint]
Gerald ['dʒerəld]
Geraldine ['dʒerəldi:n]
Gerard ['dʒerɑ:d, dʒe'rɑ:d]
Germany ['dʒə:məni] *Deutschland*
Gerrard ['dʒerəd; dʒe'rɑ:d]
Gerry ['geri, 'dʒeri] *Gerd, Gert*
Gerty ['gə:ti] (*Kosef. f* Gertrude) *Trudchen, Trudl*
Gertrude ['gə:tru:d]
Gervase ['dʒə:vəs]
Gethsemane [geθ'seməni]
Gettysburg ['getizbə:g]
Ghana ['gɑ:nə]
Gha(u)t [gə:t]
Ghent [gent]
Ghoorka, Ghurka ['guəkə]
Giaour ['dʒauə]
Gibbie ['dʒibi]
Gibbon ['gibən]
Gibraltar [dʒi'brɔ:ltə]
Gibson ['gibsn]
Gielgud ['gi(:)lgud]
Gieve [gi:v]
Giffen ['gifin, 'dʒifin]
Gifford ['gifəd]
Giglio ['dʒi:liou]
Gihon ['gaihɔn]
Gila ['hi:lə]: the ~ (*Fluß*)
Gilbert ['gilbət]
Gilchrist ['gilkrist]
Gilead ['giliæd]
Giles [dʒailz] *Julius*
Gilfillan [gil'filən]
Gill [gil]; → *Wörterbuch*
Gillespie [gi'lespi]
Gillette [dʒi'let]
Gillian ['dʒiliən] *Juliane*
Gillies ['gilis; –liz]
Gillingham *in Kent* ['dʒiliŋəm];
sonst ['giliŋəm]
Gil(l)more ['gilmɔ:]
Gillott ['dʒilət]
Gills [gilz]
Gillson ['dʒilsn]
Gilpin ['gilpin]
Gilson ['gilsn; 'dʒilsn]
Gingell ['gindʒəl]
Girton ['gə:tn]
Gissing ['gisiŋ]
Gizeh ['gi:zei]
Gladstone ['glædstən]
Gladys ['glædis]
Glaisher ['gleiʃə]
Glamis [glɑ:mz]
Glamorgan(shire) [glə'mɔ:-gən(ʃiə)]
Glasgow ['glɑ:sgou]
Glastonbury ['glæstənbəri]
Glegg [gleg]
Glenallan [gle'nælən]
Glenavon [gle'nɑ:vən]
Glencairn [glen'kɛən]
Glencoe [glen'kou]
Glendower ['glendauə, –'–']
Glengarry [glen'gæri]
Gloriana [glɔri'ɑ:nə]
Gloster ['glɔstə]
Gloucester(shire) ['glɔstə(ʃiə)]
Glubdubbdribb *bei* Swift ['glʌbdʌb'drib]
Gluck [gluk]
Glyn(n) [glin]
Gobbo ['gɔbou]
Godalming ['gɔdlmiŋ]
Goddard ['gɔdəd] *Gotthard*

Goderich ['goudritʃ]
Godfree, –frey ['gɔdfri] *Gottfried*
Godiva ['godaivə, –'–·]
Godmanchester ['gɔnʃistə]
Godolphin [gə'dɔlfin]
Godwin ['gɔdwin] *Gottwin*
Goethe ['gə:tə]
Gogmagog ['gɔgməgɔg]
Golconda [gɔl'kɔndə]
Goldsmith ['gouldsmiθ]
Golgatha ['gɔlgəθə]
Goliath [go'laiəθ, gə'l–]
Gollancz ['gɔlənts]
Gomorrah [gə'mɔrə]
Goneril ['gɔnəril]
Gonzalo [gɔn'zɑ:lou]
Gooch [gu:tʃ]
Goodell [gu'del]
Goodge [gu(:)dʒ]
Goodrich ['gudritʃ]
Goodwin ['gudwin]
Goodyear, –yer ['gudjə(:)]
Googe [gu(:)dʒ]
Goole [gu:l]
Gordon ['gɔ:dn]
Gorgon ['gɔ:gən] *Gorgone*
Gorgonzola [ˌgɔ:gən'zoulə]
Gorham ['gɔ:rəm]
Goring ['gɔ:riŋ]
Gorringe ['gɔrindʒ]
Goschen, Goshen ['gouʃən]
Gosport ['gɔspɔ:t]
Goss(e) [gɔs]
Gotha ['gouθə]
Gotham *in* Nottinghamshire ['gɔtəm]; *in* New York ['gouθəm]
Gothland ['gɔθlənd]; **Gottland** ['gɔtlənd] *Gotland* (*Insel in der Ostsee*)
Gough [gɔf]
Gould [gu:ld]
Goulden ['gu:ldən]
Gourlay, –ley ['guəli]
Gow [gau]
Gowan ['gauən]
Gower ['gauə]
Gowrie ['gauri]
Gracchi ['græki] → vol. II p. 1273
Grace [greis] *Gratia*
Gradgrind ['grædgraind]
Graeme [greim]
Grafton ['grɑ:ftən]
Graham(e) ['greiəm]
Grainger ['greindʒə]
Granada [grə'nɑ:də]
Granby ['grænbi]
Grandgent ['grændʒent; –dʒənt]
Grandison ['grændisn]
Granger ['greindʒə]
Grant [grɑ:nt]
Granville ['grænvil]
Grasmere ['grɑ:smiə]
Gratian ['greiʃiən]
Gratiano *bei* Shakespeare [ˌgreiʃi'ɑ:nou, ˌgrɑ:–]
Graves [greivz]
Gravesend [greiv'zend]
Gray [grei]
Greaves [gri:vz, greivz]
Greece [gri:s] *Griechenland*
Greel(e)y ['gri:li]
Greenaway ['gri:nəwei]
Green(e) [gri:n]

Greenhalgh ['gri:nhæld; –hælʃ]
Greenhaulgh ['gri:nhɔ:]
Greenland ['gri:nlənd] *Grönland*
Greenwich ['grinidʒ]
Greg(g) [greg]
Gregory ['gregəri] *Gregor*
Greig [greg]
Gremio ['gri:miou]
Grenville ['grenvil]
Gresham ['greʃəm]
Greta ['gri:tə, 'gretə]
Gretna Green ['gretnə'gri:n]
Greville ['grevil]
Grey [grei]
Grice [grais]
Gridley ['gridli]
Grieg [gri:g]
Grierson ['griəsn]
Griffith ['grifiθ]
Grimsby ['grimzbi]
Griqualand SAfr ['gri(:)kwə-lænd]
Griselda [gri'zeldə]
Grisons ['gri:zɔ̃:] *Graubünden*
Griswold ['grizwould]
Grizel [gri'zel; 'grizəl]
Grosmont *in* Yorkshire ['grou-mənt]; *in* Monmouthshire ['grɔsmənt]
Gross [grɔs]
Grossmith ['grousmiθ]
Grosvenor ['grouvnə]
Grote [grout]
Grotius ['grouʃiəs]
Grumio ['gru:miou]
Grundtvig ['gruntvig]
Grundy ['grʌndi]
Gruyère ['gru:jɛə]
Guadalquivir [ˌgwɑ:dəl-'kwivə]
Guarany [ˌgwɑ:rə'ni:]
Guatemala [ˌgwæti'mɑ:lə]
Gudrun ['gudru:n]
Guernsey ['gə:nzi]
Guiana [gi'ɑ:nə]
Guido ['gwi:dou]
Guildenstern ['gildənstə:n]
Guildford ['gilfəd]
Guillamore ['giləmɔ:]
Guinea ['gini]
Guinevere ['gwiniviə]
Guiness ['ginis; gi'nes]
Guisborough ['gizbərə]
Guise [gi:z; gwi:z]
Guiseley ['gaizli]
Gujarat [ˌgu:dʒə'rɑ:t]
Gujarati [ˌgu:dʒə'rɑ:ti]
Gulliver ['gʌlivə]
Gummidge ['gʌmidʒ]
Gunter ['gʌntə]
Gupta ['guptə]
Gurney ['gə:ni]
Gus [gʌs] *Kosef. f* Augustus & Gustavus
Gussy ['gʌsi] (*Kosef. f* Augusta) *Gustchen*
Gustavus [gus'tɑ:vəs] *Gustav*
Gutenberg ['gu:tnbə:g]
Guthrie ['gʌθri]
Guy [gai] *Guido, Veit*
Guy Fawkes ['gai'fɔ:ks]
Gwalior ['gwɑ:liɔ:]
Gwendolen ['gwendolin]
Gwladys ['glædis]
Gwydyr ['gwidiə]

Gwyn, Gwynn(e) [gwin]
Gye [dʒai]
Gyges [ˈgaidʒi:z]
Gyp [dʒip]

H

Haarlem [ˈhɑ:lem]
Habakkuk [ˈhæbəkək]
Habberton [ˈhæbətən]
Hackett [ˈhækit]
Haddon [ˈhædn]
Hades [ˈheidi:z]
Hadleigh, –ley [ˈhædli]
Hadow [ˈhædou]
Hadrian [ˈheidriən]
Hagar bibl. Name [ˈheigɑ:];
  mod. Personenname [ˈheigə]
Haggai [ˈhægeiai]
Haggard [ˈhægəd]
Hague [heig]: the ∼ der Haag
Haidarabad [ˈhaidərəbæd]
Haidee [haiˈdi:]
Haig [heig]
Haigh [heig, hei]
Haileybury [ˈheilibəri]
Haiti [ˈheiti]
Hakluyt [ˈhæklu:t]
Hal [hæl] (Kosef. ʃ Harry)
  Heinz
Haldane [ˈhɔ:ldein]
Halford [ˈhɔ:lfəd]
Haliburton [ˈhælibə:tn]
Halifax [ˈhælifæks]
Halkett [ˈhɔ:lkit, ˈhælkit,
  ˈhækit]
Hallam [ˈhæləm]
Halley [ˈhæli]
Halliday [ˈhælidei]
Hals [hæls]
Halsbury [ˈhɔ:lzbəri]
Halstead [ˈhɔ:lsted]
Halys [ˈheilis]
Hamb(o)urg [ˈhæmbə:g]
Hamelin [ˈhæmilin]
Hamerton [ˈhæmətən]
Hamilton [ˈhæmiltən]
Hamlet [ˈhæmlit]
Hamley [ˈhæmli]
Hammersmith [ˈhæməsmiθ]
Ham(m)ond [ˈhæmənd]
Hampden [ˈhæmpdən]
Hampshire [ˈhæmpʃiə]
  (→ Hants)
Hampstead [ˈhæm(p)stid]
Hampton [ˈhæm(p)tən]
Hanbury [ˈhænbəri]
Hancock [ˈhænkɔk]
Handel [ˈhændl] Händel
Hankow [ˈhænˈkau]
Hanley [ˈhænli]
Hannah [ˈhænə]
Hannibal [ˈhænibəl]
Hanover [ˈhænovə]
Hansa [ˈhænsə]
Hants [hænts] = Hampshire
Happisburgh [ˈhæzbrə]
Hapsburg [ˈhæpsbə:g]
Harcourt [ˈhɑ:kət]
Hardicanute [ˈhɑ:dikənju:t]
Harding(e) [ˈhɑ:diŋ]
Hardres [hɑ:dz]
Hardwick(e) [ˈhɑ:dwik]
Hardy [ˈhɑ:di]
Harenc [ˈhærən]
Harford [ˈhɑ:fəd]
Hargreaves [ˈhɑ:gri:vz]
Harlech [ˈhɑ:lek; –li]

Harley [ˈhɑ:li]
Harlow(e) [ˈhɑ:lou]
Harmsworth [ˈhɑ:mzwə(:)θ]
Harnack [ˈhɑ:næk]
Harold [ˈhærəld] Harald
Harrap [ˈhærəp]
Harries [ˈhæris]
Harris [ˈhæris]
Harrogate [ˈhærogit]
Harrow [ˈhærou]
Harry [ˈhæri] (Kosef. ʃ Henry)
  Heinrich, Heinz
Hart(e) [hɑ:t]
Hartlepool [ˈhɑ:tlpu:l;
  –tlipu:l]
Hartz [hɑ:ts]
Harvard [ˈhɑ:vəd]
Harvey [ˈhɑ:vi]
Harwich [ˈhæridʒ]
Harz [hɑ:ts]: the ∼ der Harz
Haslemere [ˈheizlmiə]
Hastings [ˈheistiŋz]
Hathaway [ˈhæθəwei]
Hatherell [ˈhæðərəl]
Hatteras [ˈhætərəs]
Hattie [ˈhæti] Kosef. ʃ Hen-
  rietta
Haughton [ˈhɔ:tn]
Hausa [ˈhausə]
Havana [həˈvænə]
Havelo(c)k [ˈhævlək]
Haverhill [ˈheivəril]
Hawaii [hɑ:ˈwaii:]
Hawarden [ˈhɔ:ədn]
Haweis [ˈhɔ:is]
Hawick [ˈhɔ:ik]
Hawkins [ˈhɔ:kinz]
Haworth [ˈhɔ:əθ, ˈhɔ:wə(:)θ]
Hawthornden [ˈhɔ:θɔ:ndən]
Hawthorne [ˈhɔ:θɔ:n]
Haydn [ˈhaidn]
Haydon [ˈheidn]
Hayes [heiz]
Haymarket [ˈheiˌmɑ:kit]
Hayti [ˈheiti]
Hazledean [ˈheizldi:n]
Hazlitt [ˈhæzlit]
Headlam [ˈhedləm]
Headstone [ˈhedstoun]
Healey [ˈhi:li]
Hearn(e) [hə:n]
Heathcoat [ˈhi:θkout]
Heathcote [ˈheθkət]
Heathfield [ˈhi:θfi:ld]
Hebe [ˈhi:bi(:)]
Hebrides [ˈhebridi:z]
Hebron [ˈhi:brɔn]
Hecate [ˈhekəti(:)]
Hecla [ˈheklə]
Hector [ˈhektə]
Hecuba [ˈhekjubə]
Heep(e) [hi:p]
Helen [ˈhelin] Helena
Helena [ˈhelinə, heˈli:nə]
Helicon [ˈhelikɔn, –kən]
Heligoland [ˈheligo(u)lænd]
  Helgoland
Hellas [ˈhelæs]
Hellespont [ˈhelispɔnt]
Hellingly [ˈheliŋli]
Helvellyn [helˈvelin]
Helvetia [helˈvi:ʃiə] die Schweiz
Hemans [ˈhemənz]
Heming [ˈhemiŋ, hi:–]
Henderson [ˈhendəsn]
Hendon [ˈhendən]
Heneage [ˈhenidʒ]
Hengist [ˈheŋgist]

Henley [ˈhenli]
Henlopen [henˈloupən]
Henness(e)y [ˈhenisi]
Henrietta [ˌhenriˈetə]
Henry [ˈhenri]
Hensley [ˈhenzli]
Henslowe [ˈhenzlou]
Henty [ˈhenti]
Hepburn [ˈhebə(:)n]
Hephæstus [hiˈfi:stəs]
Heracles [ˈherəkli:z]
Heraclitus [ˌherəˈklaitəs]
Herat [heˈræt]
Héraucourt [ˈ(h)erokuə] →
  Harcourt
Herbert [ˈhə:bət]
Herculaneum [ˌhə:kjuˈleiniəm]
Hercules [ˈhə:kjuli:z]
Hereford(shire) [ˈherifəd(ʃiə)]
Herero [ˈhiərərou]
Hereward [ˈheriwəd]
Herford [ˈhə:fəd, ˈhɑ:fəd]
Herkomer [ˈhə:komə]
Herman [ˈhə:mən]
Hermes [ˈhə:mi:z]
Hermia [ˈhə:miə]
Hermione [hə:ˈmaiəni]
Herne [hə:n]
Herod [ˈherəd] Herodes
Herodias [heˈroudiæs]
Herodotus [heˈrɔdətəs]
  Herodot
Herrick [ˈherik]
Herschel(l) [ˈhə:ʃəl]
Hertford in England
  [ˈhɑ:(t)fəd]; ∼shire [∼ʃiə]
Hertford in Amerika [ˈhə:tfəd]
Herts [hɑ:ts] = Hertfordshire
Hertz [hə:ts]
Hervey [ˈhɑ:vi, ˈhə:vi]
Herzegovina [ˌhə:tsəgouˈvi:nə]
Hesiod [ˈhi:siɔd]
Hesperides [hesˈperidi:z]
Hesse [ˈhesi] Hessen
Hester [ˈhestə]
Hetty [ˈheti] Kosef. ʃ Henrietta
Heward [ˈhju:(:)əd]
Hewes [hju:z]
Hewetson [ˈhju:(:)itsn]
Hewke [hju:k]
Hewlett [ˈhju:lit]
Hexham [ˈheksəm]
Heysham [ˈhi:ʃəm, ˈhei–]
Heywood [ˈheiwud]
Hiawatha [ˌhaiəˈwɔðə]
Hibernia [haiˈbə:niə] Irland
Hichens [ˈhitʃinz]
Hick(e)s [hiks]
Hickinbotham [ˈhikinbɔtəm]
Hickman [ˈhikmən]
Hieronymus [ˌhaiəˈrɔniməs]
Higden [ˈhigdən]
Higgins [ˈhiginz]
Higham [ˈhaiəm]
Highgate [ˈhaigit]
Hilaire [hiˈlɛə]
Hilary [ˈhiləri] Hilarius
Hilda [ˈhildə]
Hildebrand [ˈhildəbrænd]
Hildegard [ˈhildəgɑ:d]
Hillel [ˈhiləl]
Hillyard [ˈhiljəd]
Hilton [ˈhiltən]
Himalaya [ˌhiməˈleiə]
Hind(e) [haind]
Hindenburg [ˈhindənbə:g]
Hindustan [ˌhinduˈstæn,
  –ˈstɑ:n]

Hiorns ['haiənz]
Hippocrates [hi'pɔkrəti:z]
Hippocrene [,hipo'kri:ni(:)]
Hippodamia [,hipodə'maiə]
Hippolyta [hi'pɔlitə]
Hippolyte [hi'pɔliti:]
Hippolytus [hi'pɔlitəs]
Hitchcock ['hitʃkɔk]
Hoadl(e)y ['houdli]
Hoangho ['houæŋ'hou]
Hoar(e) [hɔ:]
Hobart ['houbət]
Hobbema ['hɔbimə]
Hobbes [hɔbz]
Hobhouse ['hɔbhaus]
Hoboken ['houboukən]
Hobson ['hɔbsn]
Hodder ['hɔdə]
Hodge [hɔdʒ] Kosef. f Ro(d)ger
Hodges ['hɔdʒiz]
Hodgson ['hɔdʒsn]
Hoey [hɔi, 'houi]
Hogarth ['hougɑ:θ]
Hohenzollern [,houən'zɔlən]
Holbech ['houlbi:tʃ]
Holbein ['hɔlbain]
Holborn ['houbən]
Holbrook ['houlbruk; hɔl–]
Holcroft ['houlkrɔft]
Holdsworth ['houldzwə:θ]
Holinshed ['hɔlinʃed]
Holland ['hɔlənd]
Holles ['hɔlis]
Holloway ['hɔləwei]
Hollywood ['hɔliwud]
Holman ['houlmən]
Holmby ['houmbi]
Holmes [houmz]
Holofernes [,hɔlo'fə:ni:z]
Holstein ['hɔlstain]
Holt [hoult]
Holyhead ['hɔlihed]
Holyoake ['houliouk]
Holyrood ['hɔliru:d]
Holywell ['hɔliwəl]
Home [houm, hju:m]
Homer ['houmə]
Honduras [hɔn'djuərəs]
Hong-kong ['hɔŋ'kɔŋ]
Honolulu [,hɔnə'lu:lu:]
Hood [hud]
Hoog(h)ly ['hu:gli]
Hook(e) [huk]
Hooker ['hukə]
Hooper ['hu:pə]
Hopkins ['hɔpkinz]
Horace ['hɔrəs] Hor'az
Horatio [ho'reiʃiou]
Horatius [ho'reiʃjəs]
Horn(e) [hɔ:n]
Hornell [hɔ:'nel]
Horner ['hɔ:nə]
Hornsey ['hɔ:nzi]
Horrocks ['hɔrəks]
Horsa ['hɔ:sə]
Horsham ['hɔ:ʃəm]
Horsley ['hɔ:zli, 'hɔ:sli]
Horwich ['hɔridʒ]
Hosmer ['hɔzmə]
Hotham ['hʌðəm]
Hotspur ['hɔtspə(:)]
Hough [hʌf]
Houghton ['hɔ:tn, 'hautn, 'houtn]
Houndsditch ['haunzditʃ]
Hounslow ['haunzlou]
Housman ['hausmən]
Houston ['hu:stən]

Houyhnhnm ['huihnəm]
Hove [houv]
Hovenden ['hɔvndən]
How [hau]
Howard ['hauəd]
Howe [hau]
Howell ['hauəl]
Howick ['hauik]
Howie ['haui]
Howorth ['hauəθ]
Howse [hauz]
Howth [houð]
Hoyden ['hɔidn]
Hubbard ['hʌbəd]
Hubert ['hju:bə(:)t] Hubert(us)
Huckleberry ['hʌklbəri]
Hucknall ['hɔknəl, –nl]
Huddersfield ['hʌdəzfi:ld]
Hudibras ['hju:dibræs]
Hudson ['hʌdsn]
Hueffer ['hefə]
Hugesson ['hju:dʒisn]
Huggin ['hʌgin]
Hugh [hju:] Hugo
Hughes [hju:z]
Hugo ['hju:gou]
Huguenot ['hju:gənɔt] Huge-
  notte
Huish ['hju:iʃ]
Hull [hʌl]
Hulme [hju:m, hu:m]
Humber ['hʌmbə]
Humbert ['hʌmbə(:)t]
Hume [hju:m]
Humphie ['hʌmfi] Kosef. f
  Humphrey
Humphr(e)y ['hʌmfri]
  Humfried
Hungary ['hʌŋgəri]
Hunstanton [hʌn'stæntən]
Huntingdon(shire) ['hʌntiŋ-
  dən(ʃiə)]
Huntl(e)y ['hʌntli]
Hunts [hʌnts] = Huntingdon-
  shire
Hurd [hə:d]
Huron ['hjuərən]
Hurstmonceux [,hə:stmən-
  'sju:]
Hussey ['hʌsi]
Hutchinson ['hʌtʃinsn]
Huthwaite ['hu:θweit]
Hutton ['hʌtn]
Huxley ['hʌksli]
Huygens ['haigənz]
Hwang-ho ['hwæŋ'hou]
Hyde [haid]
Hyde Park ['haid'pɑ:k; '- -]
Hyderabad ['haidərəbæd]
Hygeia [hai'dʒi(:)ə]
Hyndman ['haindmən]
Hypatia [hai'peiʃiə]
Hyperion [hai'piəriən]
Hythe [haið]

I

Iachimo [ai'ækimou]
Iago [i'ɑ:gou]
Ian [iən]
Ianthe [ai'ænθi]
Iberia [ai'biəriə] Iberien, Spa-
  nien
Ibsen ['ibsn]
Icaria [ai'kɛəriə]
Icarus ['aikərəs]
Iceland ['aislənd] Island
Ida ['aidə]

Idaho ['aidəhou]
Iddesleigh ['idzlei]
Iden ['aidn]
Ido ['i:dou]
Idomeneus [ai'dəminju:s]
Idumea [,aidju(:)'mi(:)ə]
Ightham ['aitəm]
Ignatius [ig'neiʃiəs]
Ikey ['aiki]
Ilchester ['iltʃistə]
Ilfracombe [,ilfrə'ku:m, '- -]
Iliffe ['ailif]
Ilium ['ailiəm]
Ilkestone ['ilkistən]
Illingworth ['iliŋwə(:)θ]
Illinois [,ili'nɔi]
Illyria [i'liriə] Illyrien
Immanuel [i'mænjuəl]
Imogen ['imoudʒen]
Inchbald ['in(t)ʃbɔ:ld]
India ['indjə] Indien
Indiana [,indi'ænə]
Indianapolis [,indiə'næpolis]
Indies ['indiz, 'indi:z]
Indo-China ['indou'tʃainə]
Indore [in'dɔ:]
Indus ['indəs]
Inez ['i:nez] Inez
Inge [iŋ, indʒ]
Ingelow ['indʒilou]
Ingersoll ['iŋgə(:)sɔl]
Ingestre ['iŋgestri]
Ingleborough ['iŋglbərə]
Inglis ['iŋglz; 'inglis]
Ingoldsby ['iŋgɔldzbi]
Ingram ['iŋgrəm]
Inigo ['inigou]
Inkerman ['iŋkəmən]
Inman ['inmən]
Innes(s) ['inis]
Innocent ['inəsent]
Inverary [,invə'rɛəri]
Invercargill in Schottld. [,in-
  vəkɑ:'gil]; in Neuseeland
  [,invə'kɑ:gil]
Inverkeithing [,invə'ki:θiŋ]
Inverlochy [,invə'lɔxi]
Inverness(shire) [,invə-
  'nes(ʃiə)]
Iolanthe [,aiə'lænθi]
Iona [ai'ounə]
Ione bei Shelley [ai'ouni]
Ionia [ai'ounjə] Ionien
Iowa ['aiouwə]
Iphigenia [i,fidʒi'naiə] Iphi-
  g'enie
Ipswich ['ipswitʃ]
Iran [iə'rɑ:n]
Iraq, Irak [i'rɑ:k]
Ireland ['aiələnd] Irland
Irene [,ai'ri:ni]
Ireton ['aiətn]
Iris ['aiəris]
Irkutsk [ə:'kutsk]
Iroquois (pl ∼) ['irokwɔi]
Irvine ['ə:vin]
Irving ['ə:viŋ]
Irwin ['ə:win]
Isaac ['aizək]
Isabel ['izəbel]
Isabella [,izə'belə] Isabella
Isaiah [ai'zaiə] Jesaias
Iscariot [is'kæriət] Ischariot
Ishmael ['iʃmeiəl] Ismael
Isidore ['izidə:] Isidor
Isis ['aisis]
Isla ['ailə]
Islam ['izlɑ:m] Isl·am

Islay ['ailei]
Isleworth ['aizlwə(:)θ]
Islington ['izliŋtən]
Ispahan [.ispə'ha:n]
Israel ['izreiəl]
Istanbul [.istæn'bu:l] das frühere Konstantinopel
Istria ['istriə] Istrien
Italy ['itəli] Italien
Ithaca ['iθəkə]
Itma ['itma, —mə] = It's that man again Adolf Hitler (BBC)
Iuca [ai'ju:kə]
Ivan ['aivən] Iwan
Ivanhoe ['aivənhou]
Iveagh ['aivə]
Ives ['aivz]
Ivor ['i:və, 'aivə]
Izard ['aiza:d]
Izzard ['izəd]

J

Jack [dʒæk] (Kosef. f John) Hans, Hänschen
Jackson ['dʒæksn]
Jacob ['dʒeikəb]
Jacobs ['dʒeikəbz]
Jacobson ['dʒeikəbsn]
Jacqueline ['dʒækli:n]
Jaffa ['dʒæfə]
Jago ['dʒeigou]
Jaipur [dʒai'puə]
Jairus [dʒei'aiərəs, 'dʒaiərəs, 'dʒeirəs]
Jamaica [dʒə'meikə]
James [dʒeimz] Jakob
Jameson ['dʒeimsn]
Jamie ['dʒeimi] Kosef. f James
Jamieson ['dʒeimisn, 'dʒæm–, 'dʒim–]
Jan [dʒæn] Kosef. f John
Jane [dʒein] Johanna
Janeiro [dʒə'niərou, –'nei–]
Janet ['dʒænit] Hannchen
Japan [dʒə'pæn]
Jaques Familienname [dʒeiks; dʒæks]; bei Shakespeare ['dʒeikwi:z]
Jarley ['dʒa:li]
Jarrow ['dʒærou]
Jarvie ['dʒa:vi]
Jarvis ['dʒa:vis]
Jas. ['dʒeimz] abbr f James
Jason ['dʒeisn]
Jasper ['dʒæspə] Kaspar
Java ['dʒa:və]
Jeaffreson ['dʒefəsn]
Jeames [dʒi:mz]
Jean [dʒi:n]
Jef(f) [dʒef] Kosef. f Jeffrey
Jefferson ['dʒefəsn]
Jeffrey ['dʒefri] Gottfried
Jehoshaphat ⟨bib⟩ [dʒi-'housəfæt]
Jehovah [dʒi'houvə]
Jekyll ['dʒi:kil, 'dʒekil]
Jelalabad [dʒe'læləbæd]
Jellicoe ['dʒelikou]
Jemima [dʒi'maimə]
Jem [dʒem] Kosef. f James
Jenkin ['dʒeŋkin]; ~s [~z]; ~son [~sn]
Jenner ['dʒenə]
Jennings ['dʒeniŋz]
Jenny ['dʒini, 'dʒeni] (Kosef. f Jane) Hannchen
Jeremiah [.dʒeri'maiə] –mias

Jeremy ['dʒerimi] –mias
Jericho ['dʒerikou]
Jerome der Kirchenvater Hieronymus ['dʒerəm]; Familienname [dʒə'roum; 'dʒerəm]
Jerrold ['dʒerəld]
Jerry ['dʒeri] Kosef. f Jeremy
Jersey ['dʒə:zi]
Jerusalem [dʒə'ru:sələm]
Jervaulx ['dʒə:vou]
Jervis ['dʒa:vis; 'dʒə:vis]
Jess [dʒes] Kosef. f Jessica
Jessica ['dʒesikə]
Jessie ['dʒesi] Kosef. f Jessica
Jesu ['dʒi:zju:]
Jesus ['dʒi:zəs]
Jill [dʒil] (Kosef. f Juliana) Julchen
Jim [dʒim]; ~my ['~i] Kosef. f James
Jin(ny) ['dʒin(i)] (Kosef. f Jane) Hannchen
Jo [dʒou] Kosef. f Jolyon
Joan [dʒoun; Scot 'dʒouən] Johanna
Joanna [dʒou'ænə]
Job [dʒoub] Hiob → patience
Jobson ['dʒobsn, 'dʒoubsn]
Jocelyn ['dʒoslin]
Jock ⟨Scot⟩ [dʒok]
Joe [dʒou] Kosef. f Joseph & John
Joel ['dʒouel]
Joey ['dʒoui] Kosef. f Joseph
Johannes [jou'hænis]
John [dʒon] Johann
Johnny ['dʒoni] Kosef. f John
Johnson ['dʒonsn]
Johnston(e) ['dʒonstən, 'dʒonsn]
Jolliffe ['dʒolif]
Jolly ['dʒoli]
Jolyon ['dʒoljən]
Jonah ['dʒounə] Jona(s)
Jonas ['dʒounəs]
Jonathan ['dʒonəθən]
Jones [dʒounz]
Jonson ['dʒonsn]
Jordan ['dʒo:dn]
Jordania [dʒo:'deiniə] Königreich Jord'anien
Jos [dʒos] Kosef. f Josiah & Joshua
Josceline ['dʒoslin]
Joseph ['dʒouzif]
Josephine ['dʒouzifi:n]
Josh [dʒoʃ] Kosef. f Joshua
Joshua ['dʒoʃwə] Josua
Josiah [dʒou'saiə] Josias
Joule [dʒu:l; dʒaul, dʒoul]
Jove [dʒouv] Jupiter
Jowett ['dʒouit, 'dʒauit]
Joyce [dʒois]
Juan ['dʒu(:)ən]
Judas ['dʒu:dəs]
Jude [dʒu:d]
Judea [dʒu:'di(:)ə]
Judith ['dʒu:diθ]
Judy ['dʒu:di] Kosef. f Judith
Juggernaut ['dʒʌgənɔ:t]
Jugoslavia ['ju:go'sla:viə]
Julia ['dʒu:ljə]
Juliana [.dʒu:li'a:nə]
Juliet ['dʒu:ljət]
Julius ['dʒu:ljəs]
June [dʒu:n]
Junius ['dʒu:njəs]
Juno ['dʒu:nou]

Jupiter ['dʒu:pitə]
Jura ['dʒuərə] the ~ od the ~ Mountains der Jura
Justin ['dʒʌstin]
Justinian [dʒʌs'tiniən] Justini·an
Justus ['dʒʌstəs]
Jutland ['dʒʌtlənd] Jütland
Juvenal ['dʒu:vinl]

K

Kaaba ['ka:bə]
Kabul [kə'bu:l, 'kɔ:bul, 'ka:bul]
Kam(t)chatka [kæm'tʃætkə]
Kamerun ['kæməru:n]
Kansas ['kænzəs, 'kænsəs]
Kant [kænt]
Karl [Ka:l]
Kars [ka:z]
Kashmir [kæʃ'miə]
Kate [keit] Kosef. f Catharine
Katharina [.kæθə'ri:nə]
Katharine; –ther– ['kæθərin]
Kathleen ['kæθli:n]
Katie ['keiti] Kosef. f Catharine
Katrine ['kætrin]
Katty ['kæti] Kosef. f Catharine
Kavanagh ['kævənə, kə'vænə]
Kay(e) [kei]
Kean(e) [ki:n]
Keary ['kiəri]
Keating(e) ['ki:tiŋ]
Keats [ki:ts]
Keble ['ki:bl] (~ College [ki:z])
Kedar ['ki:da:]
Keeble ['ki:bl]
Kehoe [kjou, 'ki(:)ou]
Keighley Ort ['ki:θli]; Familienname ['ki:li, 'kaili]
Keir [kiə]
Keith [ki:θ]
Kekewich ['kekwitʃ]
Kemble ['kembl]
Kendal(l) ['kendl]
Kenealy [ki'ni:li]
Kenelm ['kenelm]
Kenilworth ['kenilwə:θ]
Kennaird [ke'nɛəd]
Kennedy ['kenidi]
Kennet ['kenit]; –neth [–niθ]
Kensal ['kensl]
Kensington ['kenziŋtən]
Kent [kent]
Kentucky [ken'tʌki]
Kenya ['ki:njə, 'keniə]
Kenyon ['kenjən]
Keogh [kjou, 'ki(:)ou]
Kepler ['keplə]
Kerguelen ['kə:gilin]
Kerith ['kiəriθ]
Kerr [ka:, kə:]
Kesteven [kes'ti:vən]
Keswick ['kezik]
Keux [kju:]
Kew [kju:]
Keyes [ki:z]
Keynes [keinz]
Keyser ['ki:zə, 'kaizə]
Khartum [ka:'tu:m]
Khyber ['kaibə]
Kiau Chau, Kiaochow ['kiau-'tʃau]
Kidd [kid]
Kieff [ki(:)'ef]; Kiev [ki(:)'ev] Kiew

Kiel ⟨Ger⟩ [ki:l]
Kilchurn ['kilhə:n]
Kilcolman [kil'koumən]
Kildare [kil'dɛə]
Kilima-Njaro, Kilimanjaro
  ['kilimən'dʒɑ:rou]
Kilkenny [kil'keni]
Killaloe [ˌkilə'lou]
Killarney [ki'lɑ:ni]
Killiecrankie [ˌkili'krænḱi]
Killigrew ['kiligru:]
Kilmacolm [ˌkilmə'koum]
Kilmainham [kil'meinəm]
Kilmarnock [kil'mɑ:nək]
Kim [kim]
Kimball ['kimbl]
Kimberley ['kimbəli]
Kimbolton [kim'boulton]
Kincardine [kiŋ'kɑ:din]
Kinchinjunga [ˌkintʃin-
  'dʒʌŋgə]
Kinglake ['kiŋleik]
Kingsley ['kiŋzli]
Kingston(e) ['kiŋstən]
Kingsway ['kiŋzwei]
Kinnaird [ki'nɛəd]
Kinross [kin'rɔs]
Kinsale [kin'seil]
Kintyre [kin'taiə]
Kioto [ki'outou]
Kipling ['kipliŋ]
Kirby ['kə:bi]
Kirk(e) [kə:k]
Kirkby ['kə:bi, 'kə:kbi]
Kirkcaldy [kə:'kɔ:ldi]
Kirkcudbright [kə:'ku:bri]
Kirkdale ['kə:kdeil]
Kirkness [kə:k'nes]
Kirkpatrick [kə:k'pætrik]
Kirriemuir [ˌkiri'mjuə]
Kit [kit] *Kosef. f* Cristopher,
  Catherine
Kitchener ['kitʃinə]
Kitty ['kiti] *Kosef. f* Catherine
Klondike [klɔn'daik, '— —]
Knaresborough ['nɛəzbərə]
Knighton ['naitn]
Knightsbridge ['naitsbridʒ]
Knolles [noulz]
Knollys [noulz]
Knowles [noulz]
Knox [nɔks]
Knyvett ['nivit]
Koh-i-noor ['kouinuə]
Konrad ['kɔnræd]
Korea [ko'riə]
Kough [kjou, kou]
Kremlin ['kremlin], the ∼ *der*
  Kreml
Krishna ['kriʃnə] ⟨Ind⟩
  Krischna
Kruger ['kru:gə]
Krulf [kɪyfʼ]
Krupp ⟨Ger⟩ [krup]
Kublai Khan ['ku:blə'kɑ:n]
Kurd [kə:d]
Kurdistan [ˌkə:dis'tɑ:n]
Kyd [kid]
Kyllachy ['kiləki]
Kythe ['kaiθi]

L

Labouchere [ˌlæbu(:)'ʃɛə]
Labrador ['læbrədə:]
Laccadive ['lækədaiv]: the ∼
  Islands *die Lakkad·iven*
Lacedæmon [ˌlæsi'di:mən]

Lacy ['leisi]
Ladisla(u)s   ['lædisla(v)s] →
  vol. II p. 1276
Ladoga ['lɑ:dougə]
Ladysmith ['leidismiθ]
Laertes [lei'ə:ti:z]
Lafayette *frz. Name* [lɑ:fai'et]
Lafeu [læ'fju:, lə'f–]
Laffan ['læfən, lə'fæn]
Lahore [lə'hɔ:]
Laing [læŋ, leiŋ]
Lalla Rookh ['lælə'ruk]
Lamb [læm]
Lambert ['læmbə(:)t]
Lambeth ['læmbəθ]
Lamington ['leimiŋtən]
Lammermoor ['læməmuə]
Lamplough ['læmplʌf]
Lanagan ['lænəgən]
Lanark(shire) ['lænək(ʃiə)]
Lancashire ['læŋkəʃiə]
Lancaster ['læŋkəstə]
Lancelot ['lɑ:nslət] *L·anzelot*
Lancs [læŋks] = Lancashire
Landor ['lændə:]
Landseer ['lænsiə]
Land's End ['læn(d)z'end]
Lanfranc ['lænfræŋk]
Langbourne ['læŋbə:n]
Langhorne ['læŋhə:n]
Langland ['læŋlənd]
Langton ['læŋtən]
Lankester ['læŋkistə]
Lansbury ['lænzbəri]
Lansdown(e) ['lænzdaun]
Lansing ['lɑ:nsiŋ]
Laocoon [lei'ɔkouən]
Laodamia [ˌleiɔdə'maiə]
Laodicea [ˌleiodi'siə]
Laotse ['lɔtsi] → vol. II p. 1276
Lapland ['læplænd] *Lappland*
Laputa [lə'pju:tə]
Larry ['læri] *Kosef. f* Lawrence,
  Laurence.
Lascelles ['læsəlz]
Latham ['leiθəm, 'leiðəm]
Lathom ['leiðəm, 'leiðəm]
Latimer ['lætimə]
Latium ['leiʃiəm]
Latvia ['lætviə] *Lettland,*
  Litauen
Laud [lɔ:d]
Lauder(dale) ['lɔ:də(deil)]
Laughton ['lɔ:tn]
Launce [lɑ:ns, lə:ns]
Launcelot ['lɑ:nslət, 'lɔ:nsl–]
  Lancelot, Lanzelot
Launceston ['lɔ:nstən]
Laura ['lɔ:rə]
Laurence ['lɔrəns] *Lorenz*
Laurie ['lɔ:ri, 'lɔri] *Kosef. f*
  Laura & Laurence
Laurier ['lɔriə]; *in Kanada*
  ['lɔ:riei]
Lausanne [lou'zæn]
Lavengro ['lævingrou]
Lavery ['leivəri, 'læv–]
Lavinia [lə'viniə]
Lawrance, –rence ['lɔrəns]
  Lorenz
Layamon ['leiəmən]
Layard ['lɛəd]
Lazarus ['læzərəs]
Lea [liə] *Leah*
Leach(man) ['li:tʃ(mən)]
Leadenhall ['lednhɔ:l]
Leah [liə] *Lea*
Leamington ['lemiŋtən]

Leander [li(:)'ændə]
Lear [liə]
Leathart ['li:θɑ:t]
Leathes [li:ðz]
Lebanon ['lebənən]
Lechmere ['li:tʃmiə]
Lecky ['leki]
Leda ['li:də]
Lee [li:]
Leeds [li:dz]
Le Fanu ['lefənju:]
Lefevre [lə'fi:və]
Leger ['ledʒə]
Legge [leg]
Legh [li:]
Leghorn ['leg'hə:n] *Livorno*
Leicester(shire) ['lestə(ʃiə)]
Leidy *Familienname* ['li:di];
  Bergname ['laidi]
Leigh [li:; lai]
Leighton ['leitn]
Leila ['li:lə]
Leinster ['lenstə]
Leipsic ['laipsik]; Leipzig
  ['laipzig] *Leipzig*
Leitch [li:tʃ]
Leith [li:θ]
Leitrim ['li:trim]
Leland ['li:lənd]
Lelean [lə'li:n]
Lely ['li:li]
Leman *Personenname* ['lemən];
  in Lake ∼ ['li:mən] *Genfer*
  See
Lemuel ['lemjuəl]
Lena ['li:nə]
Lenin ['lenin]
Leningrad ['leningræd] *Lenin-*
  grad, früher St. Petersburg
Len(n)ox ['lenəks]
Lenore [lə'nɔ:]
Lenthall *Familienname* ['len-
  tɔ:l]; *Ort* ['lenθə:l]
Leo ['li(·)ou]
Leominster ['lemstə]
Leonard ['lenəd]
Leonardo [ˌli(:)ə'nɑ:dou]
Leonidas [li(:)'ɔnidæs]
Leonora [ˌli(:)ə'nɔ:rə]
Leontes [li(:)'ɔnti:z]
Leopold ['liəpould]
Lepel [lə'pel]
Lepidus ['lepidəs]
Le Queux [lə'kju:]
Lerwick ['lə:wik]
Leslie ['lezli]
Lethe ['li:θi(:)]
Letheby ['li:ðbi]
Letitia [li'tiʃiə] *Lätitia*
Lettice ['letis] *Lätitia*
Letty ['leti] *Kosef. f* Letitia
Leuchars *Ort in Schottland*
  ['lju:xəz]; *Familienname* ['lu:-
  ʃɑ:z]
Levant [li'vænt]: the ∼ *die*
  Levante
Leven ['li:vn]
Lever ['li:və]
Leveson ['lu:sn]
Levett ['levit]
Levey ['li:vi, 'levi]
Levi ['li:vai]
Leviathan [li'vaiəθən]
Levy *Familienname* ['li:vi];
  Stadt in Amer. ['li:vai]
Lewes ['lu(:)is]
Lewin ['lu(:)in]
Lewis ['lu(:)is] *Ludwig*

Lewisham ['lu(:)iʃəm]
Ley [li:]; ~bourne ['li:bə:n]
Leyden ['leidn]
Leyton ['leitn]
Lhasa ['læsə]
Lhuyd [lɔid]
Liam ['laiəm] ⟨Ir⟩ = William
Liberia [lai'biəriə]
Libya ['libiə] *Libyen*
Lichfield ['litʃfi:ld]
Liddell ['lidl, li'del]
Liddy ['lidi] *Kosef. f* Lydia
Liguria [li'gjuəriə] *Ligurien*
Li Hung Chang ['li:huŋ'tʃæŋ]
Lilian ['liliən]
Lilith ['liliθ]
Lilliput ['lilipʌt]
Lilly ['lili] (*Kosef. f* Lilian) *Lili*
Lima *in Peru* ['li:mə]; *in* U.S.A. ['laimə]
Limehouse ['laimhaus; *örtlich* 'liməs]
Limerick ['limərik]
Lincoln(shire) ['liŋkən(ʃiə)]
Lincs [liŋks] = Lincolnshire
Lindsay ['lin(d)zi]
Lindisfarne ['lindisfɑ:n]
Lindley ['lin(d)li]
Linlithgow(shire) [lin'liθ-gou(ʃiə)]
Linnæus [li'ni(:)əs]
Linton ['lintən]
Lionel ['laiənl]
Lippincott ['lipiŋkət]
Lipscomb(e) ['lipskəm]
Lisbet ['lizbit]; –beth [–bəθ]
Lisbon ['lizbən] *Lissabon*
Liskeard [lis'kɑ:d]
Lisle [lail, li:l]
Lister ['listə]
Liszt [list]
Litheby ['liðibi]
Lithuania [ˌliθju(:)'einjə] *Litauen*
Littlejohn ['litldʒən]
Littleton ['litltən]
Liverpool ['livəpu:l]
Livesey ['laivzi, 'livzi]
Livia ['liviə]
Livingston(e) ['liviŋstən]
Livonia [li'vounjə]
Livy ['livi] *Livius*
Liz' [liz] (*Kosef. f* Elizabeth) *Lieschen*
Lizzie, Lizzy ['lizi] *Kosef. f* Elizabeth
Llanberis [læn'beris]
Llandaff [læn'dæf]
Llandudno [læn'dʌdnou; –'did–]
Llanelly [læ'neli]
Llangollen [læn'gələn]
Llewel(l)yn [lu(:)'elin]
Lloyd [lɔid]
Locarno [lo(u)'kɑ:nou]
Lochaber [lɔ'xæbə]
Lochiel [lɔ'xi:l]
Lochinvar [ˌlɔxin'vɑ:]
Lochleven [lɔk'levn, lɔx'li:vən]
Loch Lomond [lɔx'loumənd]
Lochnagar [ˌlɔxnə'gɑ:]
Locke [lɔk]
Lockhart ['lɔkət, 'lɔkhɑ:t]
Locksley ['lɔksli]
Lockwood ['lɔkwud]
Lockyer ['lɔkjə]
Locrine [lɔ'krain]
Lodore [lou'dɔ:]

Lodowick ['lədowik]
Loe [lu:]
Lofoten [lə'foutən]
Loftus ['lɔftəs]
Logan ['lougən]
Lohengrin ['louingrin]
Lombardy ['lɔmbədi] *Lombardei*
London ['lʌndən]
Londonderry *Ort* [ˌlʌndən-'deri]; *in* Lord ~ ['lʌndən-dəri]
Longfellow ['lɔŋˌfelou]
Longinus [lɔn'dʒainəs]
Lonsdale ['lɔnzdeil]
Looe [lu:]
Loos *frz. Dorf* [lous]
Lope de Vega ['loupi də 'vi:gə] → Vega, → vol. II p. 1280
Loraine [lo'rein]
Lorenzo [lo'renzou]
Loret(t)o [lo'retou]
Lorie ['lɔri]
Lorimer ['lɔrimə]
Lorna ['lɔ:nə]
Lorne [lɔ:n]
Lorraine [lo'rein]
Los Angeles [lɔs'ændʒili:z]; ⟨Am⟩ [–'æŋgi–]
Lothario [lou'θɑ:riou] *Lothar*
Lothbury ['louθbəri]
Lothian ['louðiən]
Lottie ['lɔti] (*Kosef. f* Charlotte) *Lotte, Lottchen*
Lou [lu:]
Loudon; –doun ['laudn]
Lough *Familienname* [lʌf]
Loughborough ['lʌfbərə]
Loughrea [lɔx'rei]
Loughton ['lautn]
Louis ['lu(:)i; 'lu(:)is] *Louis, Ludwig*
Louisa [lu(:)'i:zə] *Luise*
Louise [lu(:)'i:z]
Louisiana [lu(:)ˌi:zi'ænə]
Louisville ['lu(:)isvil]
Lounsbury ['launzbəri]
Lourdes [luəd]
Louth [lauθ]
Lovat ['lʌvət]
Lovejoy ['lʌvdʒɔi]
Lovelace ['lʌvleis]
Lovell ['lʌvəl]
Lovibond ['lʌvbənd]
Lowe [lou]
Lowell ['louəl]
Lowes [louz]
Lowestoft ['loustɔft; *örtlich* –təf]
Lowis ['lauis]
Lowndes [laundz]
Lowth [lauθ]
Lowther ['lauðə]
Lowville ['lauvil]
Loyola [lɔi'oulə]
Lubbock ['lʌbək]
Lübeck ['lu:bek]
Lubin ['lu:bin]
Lucan ['lu:kən]
Lucania [lu:'keiniə]
Lucas ['lu:kəs]
Lucerne [lu:'sə:n] *Luzern*
Lucia ['lu:siə, lu:'siə]
Lucian ['lu:siən]
Luciana [ˌlu:si'ɑ:nə]
Lucifer ['lu:sifə]
Lucius ['lu:siəs]
Lucknow ['lʌknau]

Lucrece [lu:'kri:s]
Lucretia [lu:'kri:ʃiə]
Lucretius [lu:'kri:ʃiəs]
Lucullus [lu:'kʌləs]
Lucy ['lu:si]
Ludgate ['lʌdgit]
Ludlow ['lʌdlou]
Luke [lu:k] *Lukas*
Lumley ['lʌmli]
Lundy ['lʌndi]
Lusatia [lu:'seiʃiə] *die Lausitz*
Lusitania [ˌlu:si'teinjə] *Lusitanien*
Luther ['lu:θə]
Luton ['lu:tn]
Luxembourg ['lʌksəmbə:g]
Luxor ['lʌksɔ:]
Luxulyan [lʌk'sju:ljən]
Lyall ['laiəl]
Lycia ['lisiə]
Lycidas ['lisidæs]
Lycurgus [lai'kə:gəs] –k–
Lydgate ['lidgit]
Lydia ['lidiə] 1. *Lydien* 2. *Lydia*
Lyell ['laiəl]
Lyghe [lai]
Lyly ['lili]
Lyme-Regis ['laim 'ri:dʒis]
Lymington ['limiŋtən]
Lympne [lim]
Lynam ['lainəm]
Lyndhurst ['lindhə:st]
Lynmouth ['linməθ; *örtlich* 'liməθ]
Lynn [lin]
Lyonesse [ˌlaio'nes]
Lyons ['laiənz] sg *Lyon u engl. Familienname*
Lysander [lai'sændə]
Lysias ['lisiæs]
Lytham ['liðəm]
Lythe [laið]
Lyttleton ['litltən]
Lytton ['litn]; ~ Strachey [~ 'streitʃi]
Lyveden ['livdən]

M

Mab [mæb]
Mabel ['meibəl]
Mac [mæk]
MacAdam [mək'ædəm]
MacAdoo [ˌmækə'du:]
Macalister [mə'kælistə]
Macan [mə'kæn]
MacAnnaly [ˌmækə'næli]
MacArthur [mək'ɑ:θə]
Macaulay [mə'kɔ:li]
Macbeth [mæk'beθ, mək–]
Maccabeus [ˌmækə'bi(:)əs]
MacCallum [mə'kæləm, mə-'kʌləm]
MacCarthy [mə'kɑ:θi]
Macclesfield ['mæklzfi:ld]
MacCumhail [mə'ku:l]
MacDonald, Macdonald [mək'dɔnəld]
MacDonnell [ˌmækdə'nel]; *in Irland* [mək'dɔnl]
MacDougal [mək'du:gəl]
Macdowell [mək'dauəl]
MacDuff [mæk'dʌf]
Macedonia [ˌmæsi'dounjə]
Macfie [mæk'fi:]
MacGillicuddy ['mæglkʌdi; 'mægili–]
MacGregor [mə'gregə]

Machen ['meitʃən]
Machiavelli [ˌmækiə'veli], –l(li)
  → vol. II p. 1276
MacIvor [mək'i:və]
Mack [mæk]
Mackay [mə'kai, mə'kei,
  'mæki]
Mackenzie [mə'kenzi]
Mackichan [mə'kixən]
Mackie ['mæki]
Mackintosh ['mækintəʃ]
Mac(k)onochie [mə'kɔnəxi]
Maclaren [mə'klærən]
Maclean [mə'klein]
Macleary [mə'kliəri]
MacLehose ['mæklhouz]
Macleod [mə'klaud]
Maclise [mə'kli:s]
Macmahon [mək'ma:ən]
Macmillan [mək'milən]
MacNab [mək'næb]
Macnaghten [mək'nɔ:tn]
Macnamara [ˌmæknə'ma:rə]
MacPherson, Macpherson
  [mək'fə:sn]
Macquoid [mə'kwɔid]
Macready [mə'kri:di]
MacSwiney [mək'swi:ni]
MacTavish [mək'tæviʃ]
Madagascar [ˌmædə'gæskə]
Maddox ['mædəks]
Madeira [mə'diərə]
Madeleine ['mædəlein]
Madge [mædʒ] *Kosef. f* Mar-
  garet
Madison ['mædisn]
Madoc ['mædək]
Madras [mə'dræs]
Madrid [mə'drid]
Mæander [mi'ændə]
Maeterlinck ['meitəliŋk]
Mafeking ['mæfikiŋ]
Magdalen ['mægdəlin] *Magda-
  lene*; Oxf. College ['mɔ:dlin]
Magdalene *bib. Name* [ˌmæg-
  də'li:ni]; *Vorname* ['mæg-
  dəlin]; Cambr. College
  ['mɔ:dlin]
Magee [mə'gi:]
Magellan [mə'gelən] *Magel-
  haens*
Maggie ['mægi] (*Kosef. f*
  Margaret) *Gretchen*
Magog ['meigɔg]
Magrath [mə'gra:]
Maguire [mə'gwaiə]
Mahan [mə'hæn, ma:n]
Mahdi ['ma:di(:)]
Mahomet [mə'hɔmit] –*d*
Mahon [mə'hu:n, mə'houn]
Mahon(e)y ['maiəni]
Mahratta [mə'rætə]
Maida ['meidə]
Maidenhead ['meidnhed]
Maidie ['meidi] *Kosef. f Mag-
  dalen*
Maidstone ['meidstən]
Maine [mein]
Mainwaring ['mænəriŋ]
Maitland ['meitlənd]
Majorca [mə'dʒɔ:kə]
Majuba [mə'dʒu:bə]
Makepeace ['meikpi:s]
Makower [mə'kauə]
Malabar [ˌmælə'ba:]
Malacca [mə'lækə] *Malakka*
Malachi ['mæləkai]
Malaga ['mæləgə]

Malaprop *bei* Sheridan ['mælə-
  prɔp]
Malchus ['mælkəs]
Malcolm ['mælkəm]
Malden ['mɔ:ldən]
Maldive ['mældaiv]
Maldon ['mɔ:ldən]
Mall *in*: the ~ [mɔ:l]; *in*: Pall
  ~ [mæl]
Mallet ['mælit]
Mallorca [mə'lɔ:kə]
Malmesbury ['ma:mzbəri]
Malone [mə'loun]
Malory ['mæləri]
Malpas *in* Cornwall ['moupəs];
  in Cheshire ['mɔ:lpəs]
Malta ['mɔ:ltə]
Malthus ['mælθəs]
Malton ['mɔ:ltən]
Maltravers [mæl'trævə(:)z]
Malvern ['mɔ:lvə(:)n]
Malvolio [mæl'vouljou]
Mamilius [mə'miliəs]
Manasseh [mə'næsi]
Manchester ['mæntʃistə]
Manchukuo ['mæntʃu:ku'ou]
Manchuria [mæn'tʃuəriə] *Man-
  dschurei*
Mandalay [ˌmændə'lei]
Mandeville ['mændəvil]
Manet ['mænei]
Manfred ['mænfred]
Manhatten [mæn'hætən]
Manil(l)a [mə'nilə]
Manitoba [ˌmæni'toubə]
Manley ['mænli]
Mann [mæn]
Manning ['mæniŋ]
Mansel(l) ['mænsl]
Mansfield ['mænsfi:ld]
Mantua ['mæntjuə] *Mantua*
Manuel ['mænjuel]
Manzoni [mæn'zouni] → vol.
  II p. 1276
Marathon ['mærəθən]
Marcel(le) [ma:'sel]
Marcella [ma:'selə]
Marcellus [ma:'seləs]
Marchbank(s) ['ma:tʃbænk(s)]
Marconi [ma:'kouni]
Marcus ['ma:kəs]
Marengo [mə'reŋgou]
Margaret ['ma:gərit] *Marga-
  rete*
Margarita [ˌma:gə'ri:tə]
Margate ['ma:git]
Marge [ma:dʒ] *Kosef. f
  Margery*
Margery ['ma:dʒəri]
Marget ['ma:dʒit, –git] *Kosef.
  f Margaret*
Margie ['ma:dʒi] *Kosef. f
  Margery*
Marguerite [ˌma:gə'ri:t]
Maria [mə'raiə] *Marie*
Marian ['mɛəriən, 'mær–]
Mariana [ˌmæri'ænə]
Marie ['ma:ri]
Marina [mə'ri:nə]
Marion ['mɛəriən, 'mær–] *Ma-
  rion*
Marius ['mɛəriəs] *Marius*
Marjoribank(s)
  ['ma:tʃbæŋk(s), ma:ʃ–]
Marjory ['ma:dʒəri]
Mark [ma:k] *Markus*
Markham ['ma:kəm]
Mark Twain ['ma:k 'twein]

Marlborough ['mɔ:lbərə]
Marlow(e) ['ma:lou]
Marmaduke ['ma:mədju:k]
Marmion ['ma:miən]
Marmora ['ma:mərə]: the Sea
  of ~ *das Marmarameer*
Marne [ma:n]
Marner ['ma:nə]
Marquesas [ma:'keisæs]: the
  ~ Islands
Marryat ['mæriət]
Mars [ma:z]
Marsden ['ma:zdən]
Marseilles [ma:'seilz] sg *Mar-
  seille*
Marston ['ma:stən]
Martel(l) [ma:'tel]
Martha ['ma:θə]
Martin ['ma:tin]
Martineau ['ma:tinou]
Martini [ma:'ti:ni]
Martinique [ˌma:ti'ni:k]
Marx [ma:ks]
Mary ['mɛəri] *Maria, Marie,*
Maryland ['mɛərilænd; ⟨Am⟩
  'meriland]
Marylebone ['mærələbən]
Masefield ['meisfi:ld]
Masham *Ort* ['mæsəm]; *Fami-
  lienname* ['mæʃəm; 'mæsəm]
Mashona(land) [mə'ʃounə-
  (lænd)]
Maskelyne ['mæskilain]
Massachusetts [ˌmæsə'tʃu:sets]
Massinger ['mæsindʒə]
Masterman ['ma:stəmən]
Masurian [mə'sjuəriən]: the
  ~ Lakes *die Masurischen
  Seen*
Mat [mæt] *Kosef. f* Martha,
  Mat(h)ilda, Matthew,
  Mathias
Matabele(land) [ˌmætə'bi:li-
  (lænd)]
Mather ['meiðə, 'mæðə]
Mathew(s) ['mæθju:(z)] *Mat-
  thäus*
Mathias [mə'θaiəs]
Mat(h)ilda [mə'tildə] *Mathilde*
Matthes ['mæθəs]
Matthew(s) ['mæθju:(z)]
Matthias [mə'θaiəs]
Mattie, –tty ['mæti] *Kosef. f*
  Martha,   Mat(h)ilda,
  Matthew, Matthias
Maud [mɔ:d]
Mauger ['meidʒə]
Maugham [mɔ:m]
Maughan [mɔ:n]
Maunsell ['mænsəl]
Mauretania [ˌmɔri'teinjə]
Maurice ['mɔris] *Moritz*
Maurier ['mɔ:riei]
Mauritius [mə'riʃjəs]
Mauser ['mauzə]
Maximilian [ˌmæksi'miljən]
Maximus ['mæksiməs]
Maxse ['mæksi]
Maxwell ['mækswəl]
May [mei] *Kosef. f* Mary *u*
  Matthew
Mayence [mai'ɑ:s] *Mainz*
Mayfair ['meifɛə]
Mayflower ['meiˌflauə]
Mayhew ['meihju:]
Maynard ['meinəd]
Maynooth ['meinu:θ]

Mayo ⟨Ir⟩ ['meiou]; *Name f Indianer* ['maiou]
McAllister [mə'kælistə]
McAlpine [mə'kɔ:lpin; mə-'kælpin]
McCann [mə'kæn]
McClure [mə'kluə]
McConochie [mə'kɔnəxi]
McCorquodale [mə'kɔ:kədeil]
McCoy [mə'kɔi] → S. 515
McCrae [mə'krei]
McDonough [mək'dʌnə]
McElderry ['mækl,deri]
McGee [mə'gi:]
McGillivray [mə'gilivrei]
McKenna [mə'kenə]
McVeagh [mək'vei]
Mead [mi:d]
Meagher ['ma:ə, 'mi:gə]
Meagles ['mi:glz]
Meath ⟨Ir⟩ [mi:θ]
Mecca ['mekə] *Mekka*
Mechlin ['meklin] *Mecheln*
Medea [mi'diə]
Medici ['meditʃi(:)], *M·edici* → vol. II p. 1277
Medill [mə'dil]
Medina *in Arabien* [me'di:nə]; *in Amerika* [me'dainə]
Medusa [mi'dju:zə]
Medway ['medwei]
Meerut ['miərʌt]
Meg [meg] *Kosef. f* Margaret
Meigs [megz]
Meiklejohn ['mikldʒɔn]
Melanchthon [me'læŋkθən]
Melbourne ['melbən]
Melcombe ['melkəm]
Melhuish ['meliʃ, 'melhjuiʃ]
Melita ['melitə]
Melpomini [mel'pəmini(:)]
Melrose ['melrouz]
Memel ['meiməl; 'meməl]
Memphis ['memfis]
Mendel ['mendl]
Menelaus [,meni'leiəs]
Menteith [men'ti:θ]
Menzies ['menziz, 'meŋ(g)iz, 'menjiz, 'miŋ(g)iz]
Mephistopheles [,mefis'tə-fili:z]
Mercedes [mə:'si:diz]
Mercia ['mə:ʃiə]
Mercutio [mə:'kju:ʃjou]
Meredith ['merədiθ]
Merioneth(shire) [,meri'ɔniθ-(ʃiə)]
Merivale ['meriveil]
Merlin ['mə:lin]
Merrilies ['meriliz]
Merriman ['merimən]
Mersey ['mə:zi]
Merton ['mə:tn]
Mesopotamia [,mesəpə-'teimjə] *Mesopotamien*
Messala [me'sa:lə]
Messiah [mi'saiə] *Messias*
Messina [me'si:nə]
Metcalfe ['metka:f, *örtlich* 'mekə]
Methuen *Familienname* ['me-θjuin]; *Stadt in Amer.* [mi-'θjuin]
Methuselah [mi'θju:zələ] *Meth·usalem*
Meuse [mju:z]: the ∼ *die Maas*
Meux [mju:z, mju:ks, mju:]

Mexico ['meksikou] *Mexiko*
Meynell ['meinl]
Meyrick ['merik, 'meirik]
M'Gregor [mə'gregə]
Miami [mai'æmi; mi'a:mi]
Micah ['maikə] *Micha*
Micawber [mi'kɔ:bə]
Michael ['maikl] *Michael*
Michelangelo [,maikəl'ændʒi-lou]
Michigan ['miʃigən]
Michmash ['mikmæʃ]
Mick [mik] *Kosef. f* Michael
Midas ['maidæs]
Middlesborough ['midlzbrə]
Middlesex ['midlseks]
Middleton ['midltən]
Midlothian [mid'louðiən]
Miers ['maiəz]
Mike [maik] *Kosef. f* Michael
Milan [mi'læn] *Mailand*
Milburn ['milbən]
Mildred ['mildrid]
Miles [mailz]
Miletus [mi'li:təs]
Milford ['milfəd]
Mill [mil]
Millais ['milei]; pl ∼ [∼z]
Millicent ['milisnt] *Melisande*
Milly ['mili] *Kosef. f* Millicent, Mildred, Amelia
Milman ['milmən]
Milne [mil, miln]
Milne-Home ['miln'hju:m]
Milner ['milnə]
Milnes [milz, milnz]
Milngavie [mul'gai]
Milo ['mailou]
Milton ['miltən]
Milwaukee [mil'wɔ:ki(:)]
Minehead ['mainhed]
Minerva [mi'nə:və]
Minneapolis [,mini'æpəlis]
Minnesota [,mini'soutə]
Minnie ['mini]
Minorca [mi'nɔ:kə]
Minos ['mainɔs]
Minotaur ⟨myth⟩ ['minɔtɔ:]
Miranda [mi'rændə]
Miriam ['miriəm]
Mirza ['mə:zə]
Mississippi [,misi'sipi]
Missolonghi [,misə'lɔŋgi]
Missouri [mi'suəri; Am mi'z–]
Mitchell ['mitʃəl]
Mitford ['mitfəd]
Mithra ['miθrə]; ∼s ['miθræs]
Mithridates [,miθri'deiti:z]
Mnemosyne [ni:'mɔzini:]
Mocha ['moukə] (*Stadt*) *Mokka*
Moffat ['mɔfət]
Mogador [,mɔgə'dɔ:]
Mohammed [mou'hæməd]
Moldavia [mɔl'deivjə] 1. *die Moldau* (*Land*) 2. the ∼ *die Moldau* (*Fluß*)
Moleyns ['mʌlinz]
Molière ['mouliɛə]
Moll [mɔl]; Molly ['mɔli] (*Kosef. f* Mary) *Mariechen*
Moloch ['moulɔk]
Molony [mə'louni]
Moluccas [mo'lʌkəs]: the ∼ pl *die Mol·ukken* (*Gewürzinseln*)
Molyneux ['mɔlinju:]
Mon [mɔn] = Monmouthshire
Mona ['mounə]

Monaco ['mɔnəkou, mɔ'næ–]
Monaghan ['mɔnəgən]
Mona Lisa ['mounə'li:zə]
Monck(ton) ['mʌŋk(tən)]
Moncrieff [mən'kri:f]
Mongolia [mɔŋ'gouljə] ∼ *die Mongolei*
Monica ['mɔnikə]
Monier ['mʌniə]
Monkton ['mʌŋ(k)tən]
Monmouth(shire) ['mɔnməθ-(ʃiə)]
Monroe [mən'rou]
Monson ['mʌnsn]
Montagu(e) ['mɔntəgju:; 'mʌn–]
Montaigne [mɔn'tein]
Montana [mɔn'ta:nə]
Mont Blanc [mɔ̃:(m)'blɑ̃:(ŋ); mɔ:m'blɑ(:)ŋ]
Monte Carlo [,mɔnti'ka:lou]
Montefiore [,mɔntifi'ɔ:ri]
Montenegro [,mɔnti'ni:grou]
Montesquieu [,mɔntes'kju:-kjə:]
Montessori [,mɔnte'sɔ:ri]
Montevideo [,mɔntivi'deiou]
Montfort ['mɔntfət]
Montgomery [mənt'gʌməri]
Montmorency [,mɔntmə'rensi]
Montpelier *in Amer.* [mɔnt-'pi:ljə]
Montpellier *in Frankr.* [mɔ̃:-'peliei]; *Straßenname* [mɔnt-'peliə]
Montreal [,mɔntri'ɔ:l]
Montreux [mɔn'trə:]
Montrose [mɔnt'rouz]
Montserrat [,mɔntse'ræt]
Monty ['mɔnti] *Kosef. f* Mon-tague & Montgomery
Monzie ['mɔnzi, mə'ni:]
Moore [muə]
Moorgate ['muəgit]
Moran [mə'ræn, 'mɔrən]
Morant [mə'rænt]
Moravia [mə'reivjə] *Mähren*
Morawa [mə'ra:və]: the ∼ *die Morawa* (*Fluß*)
Moray(shire) ['mʌri(ʃiə)]
More [mɔ:] ‖ Morel [mɔ'rel]
Morgan ['mɔ:gən]
Moriarty [,mɔri'a:ti]
Morland ['mɔ:lənd]
Morley ['mɔ:li]
Mornington ['mɔ:niŋtən]
Morocco [mə'rɔkou] *Marokko*
Morpeth ['mɔ:peθ]
Morpheus ['mɔ:fju:s]
Morrell ['mʌrəl]
Morris ['mɔris] *Moritz*
Morrison ['mɔrisn]
Morte d'Arthur [mɔ:t'da:θə]
Mortimer ['mɔ:timə]
Morton ['mɔ:tn]
Moscow ['mɔskou] *Moskau*
Moseley ['mouzli]
Moselle [mə'zel]: the ∼ *die Mosel*
Moses ['mouziz]
Mosley ['mɔzli, mouzli]
Mouat ['mouət]
Moule [moul, mu:l]
Moulmein [maul'mein]
Moulton ['moultən]
Moultrie ['mɔ:ltri]
Mowatt ['mauət, 'mouət]
Mowbray ['moubrei, –bri]

Mowgli ['maugli]
Mowll [mu:l, moul]
Mozambique [ˌmouzəm'bi:k]
Mozart ['moutsɑ:t]
Mud(d)eford ['mʌdifəd]
Mudie ['mju:di]
Muir [mjuə]; ~head ['~hed]
Mukden ['mukdən]
Mulcaster ['mʌlkæstə]
Mulgrave ['mʌlgreiv]
Mullinger ['mʌlindʒə]
Mulready [mʌl'redi]
Mulvan(e)y [mʌl'væni]
Munchausen [mʌn'tʃɔ:zn]
Münchhausen
Munich ['mju:nik] München
Munro [mʌn'rou; '– –]
Munster ['mʌnstə]
Murchison ['mə:tʃisn,
'mə:kisn]
Murdoch ['mə:dɔk]
Murdstone ['mə:dstən]
Muriel ['mjuəriəl]
Murillo [mjuə'rilou]
Murison ['mjuərisn]
Murphy ['mə:fi]
Murray ['mʌri]
Murtagh ['mə:tə]
Muscovy ['mʌskəvi] Fürsten-
tum Moskovien, Rußland
Musgrave ['mʌzgreiv]
Mussolini [ˌmusə'li:ni]
Mycenæ [mai'si:ni(:)]
Myers ['maiəz]
Mysia ['misiə]
Mysore [mai'sɔ:]

N

Naas Ir [neis]
Nagasaki [ˌnægə'sɑ:ki]
Nahum ['neihəm]
Nain [ˌneiin]
Nairn(e) [nɛən]
Nairnshire ['nɛənʃiə]
Nairobi [ˌnaiə'roubi]
Nan [næn] Kosef. f Anne,
Nancy
Nancy ['nænsi]
Nanking [næn'kiŋ; '– –]
Nannie, Nanny ['næni] Kosef.
f Anne
Nansen ['nænsn]
Nantucket [næn'tʌkit]
Naomi ['neiomi]
Napier ['neipiə, nə'piə]
Naples ['neiplz] Neapel
Napoleon [nə'pouljən]
Naseby ['neizbi]
Nash [næʃ]
Nasmyth ['neizmiθ]
Nat [næt] Kosef. f Nathan(iel)
Natal [nə'tɑ:l] N'atal
Nathan ['neiθən] Nathan
Nathaniel [nə'θænjəl] Nathaniel
Nausicaa [nɔ:'sikiə, 'nɔ:sikə)
Nazareth ['næzəriθ]
Neagh [nei]
Neal(e) [ni:l]
Nebraska [ni'bræskə]
Nebuchadnezzar [ˌnebjukəd-
'nezə]
Ned(dy) ['ned(i)] Kosef. f
Edward Ede, Edi
Nehemiah [ˌni:i'maiə]
Neil(l) [ni:l]
Neilson ['ni:lsn]

Nell [nel]; ~ie, ~y ['~i]
Kosef. f Helen, Eleanor
Nelson ['nelsn]
Nepa(u)l [ni'pɔ:l] Nep'al
Nepos ['ni:pɔs]
Neptune ['neptju:n] –'un
Nereus ['niərju:s]
Nerissa [ni'risə; ne'r–]
Nero ['niərou]
Nesbit(t) ['nezbit]
Nestlé ['nesli]
Nestor ['nestə:]
Nettie, Netty [neti] Kosef. f
Henrietta
Nevada [ne'vɑ:də]
Nevil ['nevil]
Nevill(e) ['nevil]
Nevin ['nevin]
Nevis ['ni:vis; 'nevis]
Newark ['nju(:)ək]
Newbold ['nju:bould]; –lt [–lt]
Newcastle ['nju:ˌkɑ:sl; örtlich
nju'kæsl]
Newcome ['nju:kəm]
Newdigate ['nju:digit]
Newe [njau]
Newfoundland bes örtlich u
⟨mar⟩ [ˌnju:fənd'lænd; nju-
'faundlənd] Neufundland
Newgate ['nju:git]
Newhaven ['nju:heivn]
Newman ['nju:mən]
Newmarket ['nju:ˌmɑ:kit]
Newnes [nju:nz]
Newnham ['nju:nəm]
New Orleans [nju:'ɔ:liənz]
Newport ['nju:pɔ:t]
Newquay ['nju:ki:]; New Quay
['nju:ki:]
New South Wales ['nju:sauθ-
'weilz] Neusüdwales
Newstead ['nju:stid]
Newton ['nju:tn]
Newtown ['nju:taun]
New York ['nju:'jɔ:k; nu'ɔ:k]
New Zealand [nju:'zi:lənd]
Neuseeland
Niagara [nai'ægərə]
Nibelung ['ni:bəluŋ]
Nicæa [nai'si(:)ə] Nicäa
Nicaragua [ˌnikə'rɑ:gwə]
Nice [ni:s] Nizza
Nichol ['nikəl]
Nicholas ['nikələs] Nik(o)las
Nichols ['nikəlz]; Nicholson
['nikəlsn]
Nick [nik]
Nickleby ['niklbi]
Nicobar [ˌniko'bɑ:]
Nicodemus [ˌnikə'di:məs]
Nicolas ['nikələs]
Nicol(l) ['nikəl]
Nietzsche ['ni:tʃə]
Nigel ['naidʒəl]
Niger ['naidʒə]
Nigeria [nai'dʒiəriə]
Nile [nail]: the ~ der Nil
Nimrod ['nimrəd]
Nina ['ni:nə]
Nineveh ['ninivi] Ninive
Niobe ['naiobi]
Nippon ['nipɔn]
Nisbet ['nizbit]
Nizam [nai'zæm]
Noah ['nouə]
Nobel [nou'bel] (Schwede)
Nob'el
Noll [nɔl] Kosef. f Oliver

Nora(h) ['nɔ:rə]
Norfolk ['nɔ:fək]
Normandy ['nɔ:məndi] die
Normandie
Norris ['nɔris]
Northallerton [nɔ:'θælətn]
Northampton(shire) [nɔ:-
'θæmptən(ʃiə)]
Northanger [nɔ:'θæŋgə]
Northants [nɔ:'θænts] =
Northamptonshire
Northcliffe, –cote ['nɔ:θklif,
–kət]
Northumberland [nɔ:'θʌmbə-
lənd]
Northumbria [nɔ:'θʌmbriə]
Norton ['nɔ:tn]
Norway ['nɔ:wei] Norwegen
Norwich ['nɔridʒ; in Amerika
['nɔ:witʃ]
Norwood ['nɔ:wud]
Nottingham(shire) ['nɔtiŋəm-
(ʃiə)]
Notting Hill ['nɔtiŋ'hil]
Notts [nɔts] = Nottingham-
shire
Nova Scotia ['nouvə'skouʃə]
Neuschottland
Nowell ['nouəl; nou'el]
Noyes [nɔiz]
Nubia ['nju:biə] Nubien
Nugent ['nju:dʒənt]
Numa Pompilius ['nju:məpəm-
'piliəs]
Numidia [nju(:)'midiə] Numi-
dien
Nuneaton [nʌ'ni:tn]
Nuneham ['nju:nəm]
Nuremberg ['njuərəmbə:g]
Nuttall ['nʌtə:l]
Nyanza ['njænzə; nai'ænzə]
Nyassa(land) ['njæsə(lænd);
nai'æsə(–)]

O

Oakland ['ouklənd]
Oakleigh, –ley ['oukli]
Oates [outs]
Obadiah [ˌoubə'daiə] Obadja
Oban ['oubən]
O'Beirne [o(u)'bɛən]
Oberon ['oubərən]
O'Brien [o(u)'braiən]
O'Byrn(e) [o(u)'bə:n]
O'Callaghan [o(u)'kæləxən]
Occam ['ɔkəm]
Occleve ['ɔkli:v]
Oceania [ˌouʃi'einiə] Ozeanien
Oceanus [ou'siənəs]
Ochill ['ouxil]
Ochiltree ['ouxiltri:]
Ochterlony [ˌɔxtə'louni]
O'Cle(a)ry [o(u)'kliəri]
O'Connell [o(u)'kɔnl]
O'Connor [o(u)'kɔnə]
Octavia [ɔk'teivjə]
Octavio [ɔk'teiviou]
Octavius [ɔk'teivjəs]
Oddie, Oddy ['ɔdi] Kosef. f Odo
Odin ['oudin]
Odo ['oudou]
O'Doherty [o(u)'douəti, –'dɔ-
xəti]
O'Donnell [o(u)'dɔnl]
O'Dowd [o(u)'daud]
O'Dwyer [o(u)'dwaiə]
Odysseus [ə'disju:s]

Odyssey ['ɔdisi] *Odyssee*
Œdipus ['i:dipəs] *Ödipus*
Œnone [i(:)'nouni(:)]
Offa ['ɔfə]
O'Flaherty [o(u)'flɛəti]
Ogham ['ɔgəm]
Ogilby ['ouglbi]
Ogilvie, –vy ['ouglvi]
O'Grady [o(u)'greidi]
O'Groat [o'grout]
O'Hagan [o(u)'heigən]
O'Hara [o(u)'ha:rə]
O'Hea [o(u)'hei]
Ohio [o(u)'haiou]
O'Kelly [o(u)'keli]
Olaf ['oulǝf, 'ɔlǝf]
Olave ['ɔliv]
Oldcastle ['ould͵ka:sl]
Oldham ['ouldəm]
O'Leary [o(u)'liəri]
Olga ['ɔlgə] *Olga*
Oliphant ['ɔlifənt]
Olive ['ɔliv] *Olivia*
Oliver ['ɔlivə] *Oliver*
Olivia [o'liviə]
Olmsted ['ɔmstid]
Olney ['ouni, 'oulni]
Olympia [o'limpiə]
Olympus [o'limpəs] *Olymp*
Omagh ['ouma:]
Omaha [͵oumə'ha:]
Oman [ou'ma:n; 'oumæn]
Omar ['ouma:]
Omdurman [͵ɔmdə:'ma:n, ͵ɔmdə:'mæn]
O'Meara [o(u)'ma:rə, – 'miərə]
O'Morchoe [o(u)'mʌru:]
Omri ['ɔmrai]
O'Neal [o(u)'ni:l]
O'Neil(l) [o(u)'ni:l]
Onions ['ʌnjənz]
Onslow ['ɔnzlou]
Ontario [ɔn'tɛəriou]
Ophelia [o'fi:lje]
Ophiucus Astr [͵ɔfi'ju:kəs]
Oran [ɔ:'ra:n]
Orange ['ɔrindʒ] *Oranien*
Orchardson ['ɔ:tʃədsn]
O'Regan [o(u)'ri:gən]
Oregon ['ɔrigən]
O'Reilly [o(u)'raili]
Orestes [o'resti:z]
Oriana [͵ɔri'a:nə]
Oriel ['ɔ:riəl]
Origen ['ɔridʒen] *Origenes*
Orinoco [͵ɔri'noukou]
Orion [o'raiən]
Orissa [o'risə]
Orkney ['ɔ:kni]
Orlando [ɔ:'lændou]
Orleans *in Frankr.* [ɔ:'liənz]; *in Amer.* ['ɔ:liənz]
Ormond(e) ['ɔ:mǝnd]
Ormulum ['ɔ:mjuləm]
Ormuz ['ɔ:mʌz]
Orosius [ɔ'rousjəs]
O'Rourke [o(u)'rɔ:k]
Orpheus ['ɔ:fju:s]
Orsino [ɔ:'si:nou]
Osage [o(u)'seidʒ]
Osaka [o(u)'sa:kə]
Osborn(e), –bourne ['ɔzbən]
Oscar ['ɔskə] *Oskar*
Osgood ['ɔzgud]
O'Shanter [o(u)'ʃæntə]
O'Shaughnessy [o(u)'ʃɔ:nisi]
O'Shea [o(u)'ʃi:; – 'ʃei]
Osiris [o'saiəris]

Osler ['ouzlə]
Oslo ['ɔslou]
Osman ['ɔzma:n]
Osmond, Osmund ['ɔzmənd]
Ossian ['ɔsiən]
Ossory Ir ['ɔsəri]
Ostend [ɔs'tend]
O'Sullivan [o(u)'sʌlivən]
Oswald ['ɔzwəld]
Oswego [ɔz'wi:gou]
Othello [o(u)'θelou]
Othman [ɔθ'ma:n]
Otho ['ouθou]
Otranto [ə'træntou]
Ottawa ['ɔtəwə]
Otto ['ɔtou] *Otto*
Otway ['ɔtwei]
Oude [aud]
Oudh [aud]
Ough [ou]
Ougham ['oukəm]
Oughterard [͵ɔ:tə'ra:d]
Oughtred ['ɔ:tred]
Ouida ['wi:də]
Oundle ['aundl]
Ouse [u:z]
Ousey ['u:zi]
Outhwaite ['u:θweit]
Outram ['u:trəm]
Overbury ['ouvəbəri]
Overdone ['ouvədʌn]
Overto(u)n ['ouvətən]
Ovid ['ɔvid] *Ov·id*
Ovingham ['ɔvindʒəm]
Owen ['ouin]
Owles [oulz]
Owsley ['auzli]
Owy ['oui] *Kosef. f* Owen
Oxenham ['ɔksnəm]
Oxford(shire) ['ɔksfəd(ʃiə)]
Oyama [o(u)'ja:mə]

P

Paddington ['pædiŋtən]
Paddy ['pædi] *Kosef. f* Patrick
Paderewski [͵pædə'refski]
Padraic Colum ['pa:drik 'kɔləm; 'pædrik 'kʌləm]
Padua ['pædjuə]
Paganini [͵pægə'ni:ni] → *vol.* II p. 1278
Paget ['pædʒit]
Pain(e) [pein]
Paisley ['peizli]
Pakenham ['pæk͵nəm]
Pakistan [pakis'ta:n]
Palamon ['pæləmən]
Palestine ['pælistain]
Palestrina [͵pælis'tri:nə]
Paley ['peili]
Palfrey ['pɔ:lfri]
Palgrave ['pælgreiv; 'pɔ:l–]
Palk [pɔlk]
Pallas ['pælæs]
Palliser ['pælisə]
Pall Mall ['pæl 'mæl]
Palmer ['pa:mə]
Palmerston ['pa:məstən]
Palmyra [pæl'maiərə]
Pamela ['pæmilə]
Pampas ['pæmpəs]
Pan [pæn] *Pan*
Panama [͵pænə'ma:; '– – –]
Pancras ['pæŋkrəs] *Pankr·atius*
Pandarus ['pændərəs]
Pandora [pæn'dɔ:rə]
Papua ['pæpjuə]

Paracelsus [͵pærə'selsəs]
Paraguay ['pærəgwai]
Paris ['pæris]
Parker ['pa:kə]
Parkinson ['pa:kinsn]
Parkstone ['pa:kstən]
Parma ['pa:mə]
Parnassus [pa:'næsəs]
Parnell [pa:'nel, 'pa:nl]
Parolles [pə'rəlis]
Parr [pa:]
Parry ['pæri]
Parsifal ['pa:sifəl]
Parthenon ['pa:θinən]
Parthenope [pa:'θenəpi]
Parthia ['pa:θiə] *Parthien*
Partridge ['pa:tridʒ]
Pasteur [pæs'tə:]
Paston ['pæstən]
Pat [pæt] *Kosef. f* Patrick, Patricia
Patagonia [͵pætə'gounjə] *Patagonien*
Pater ['peitə]
Paternoster *Straße* ['pætənɔstə]
Paterson ['pætəsn]
Pateshall ['pætəʃəl]
Patman ['pætmən]
Patmore ['pætmɔ:]
Patras [pə'træs]
Patricia [pə'triʃə]
Patrick ['pætrik] *P·atrick, Patrizius*
Patroclus [pə'trɔkləs]
Patsy ['pætsi] *Kosef. f* Patricia
Patterson ['pætəsn]
Pattison, –tteson ['pætisn]
Patty ['pæti] *Kosef. f* Patricia
Pau Fr [pou]
Paul [pɔ:l] *Paul,* ⟨bib⟩ *Paulus*
Pauline [pɔ:'li:n, 'pɔ:li:n] *Pauline*
Paulinus [pɔ:'lainəs]
Paulus ['pɔ:ləs]
Pausanias [pɔ:'seiniæs]
Pavia [pə'vi:ə]
Peabody ['pi:bɔdi]
Peacock ['pi:kɔk]
Peall [pi:l]
Pearce [piəs]
Pears [pɛəz]
Pearsall ['piəsə:l]
Pearson ['piəsn]
Peart [piət]
Peckham ['pekəm]
Pecksniff ['peksnif]
Pedro ['peidrou]; *bei* Shakespeare ['pi:drou]
Peebles(shire) ['pi:blz(ʃiə)]
Peel [pi:l]
Peg [peg]; ~gy ['~i] *Kosef. f* Peggotty, Margaret
Pegasus ['pegəsəs]
Peggotty ['pegəti]
Pekin ['pi:kin; –'–]; –king [–kiŋ; –'–]
Peleus ['pi:lju:s]
Pelham ['peləm]
Peloponnese ['peləpəni:s]; Peloponnesus [͵peləpə'ni:səs] *the ~ der Peloponnes*
Pemberton ['pembətən]
Pembroke(shire) ['pembruk- (ʃiə)]
Pendennis [pen'denis]
Pendragon [pen'drægən]
Penelope [pi'neləpi]
Penge [pendʒ]

Penmaenmawr [ˌpenmənˈmɔ:]
Penn [pen]
Pennsylvania [ˌpensilˈveinjə]
Penrhyn [ˈpenrin, penˈr–]
Penrith [ˈpenriθ]
Penthesilea [ˌpenθesiˈli(:)ə]
Pentonville [ˈpentənvil]
Penzance [penˈzæns]
Pepin [ˈpepin]
Pepys [pi:ps, peps, ˈpepis]
Pera [ˈpiərə]
Perceval [ˈpə:sivəl]
Percy [ˈpə:si]
Perdita [ˈpə:ditə]
Peri [ˈpiəri]
Pericles [ˈperikli:z] –k–
Perim [pəˈrim]
Perkin(s) [ˈpə:kin(z)]
Pernambuco [ˌpə:næmˈbu:kou]
Perowne [pəˈroun]
Perrin [ˈperin]
Perry [ˈperi] ·
Persephone [pə:ˈsefəni]
Persepolis [pə:ˈsepəlis]
Perseus [ˈpə:sju:s]
Persia [ˈpə:ʃə] *Persien*
Perth(shire) [ˈpə:θ(ʃiə)]
Peru [pəˈru:] *Peru*
Peshawar [pəˈʃə:ə]
Pestalozzi [ˌpestəˈlɔtsi]
Pest(h) [pest]
Pete [pi:t] *Kosef. f* Peter
Peter [ˈpi:tə] *Peter*, ⟨bib⟩
  Petrus
Peterborough [ˈpi:təbrə]
Peters [ˈpi:təz]
Petersburg [ˈpi:təzbə:g]
Peto [ˈpi:tou]
Petrarch [ˈpetrɑ:k]
Petrie [ˈpi:tri]
Petrograd [ˈpetrogræd], *heute*
  = Leningrad
Petruchio [piˈtru:kiou]
Pettie, Petty [ˈpeti]
Pettit [ˈpetit]
Peveril [ˈpevəril]
Phædo [ˈfi:dou]
Phædra [ˈfi:drə]
Phædrus [ˈfi:drəs]
Phaethon [ˈfeieθən]
Pharaoh [ˈfɛərou]
Phebe [ˈfi:bi] *Phöbe*
Phelps [felps]
Phidias [ˈfidiæs]
Phil [fil] *Kosef. f* Philip(pa)
Philadelphia [ˌfiləˈdelfjə]
Philemon [fiˈli:mən]
Philip [ˈfilip] *Philipp*
Philippa [ˈfilipə] *Philippa*
Philippi [ˈfilipai]
Philippina [ˌfiliˈpi:nə]
Philippine [ˈfilipain; –pi·n]
Phil(l)ips, –ipps [ˈfilips]
Phillpot [ˈfilpɔt]
Philoctetes [ˌfilɔkˈti:ti:z]
Philomel [ˈfilomel]
Philomela [ˌfiloˈmi:lə]
Phineas [ˈfiniæs]
Phipps [fips]
Phiz [fiz]
Phlegethon [ˈflegiθən]
Phocis [ˈfousis]
Phœbe [ˈfi:bi] *Phöbe*
Phœnicia [fiˈniʃiə] *Phönizien*
Phrygia [ˈfridʒiə] *Phrygien*
Phyllis [ˈfilis]
Picardy [ˈpikədi] ～ *die*
  Pikardie

Piccadilly [ˌpikəˈdili]
Pickering [ˈpikəriŋ]
Pickle [ˈpikl]
Pickwick [ˈpikwik]
Piears [piəz]
Piedmont [piˈedmənt] *Piemont*
Pierce [piəs]
Pierpont [ˈpiəpənt]
Piers [piəz]
Pierson [ˈpiəsn]
Pietermaritzburg [ˌpi:tə-
  ˈmæritsbə:g]
Piggott [ˈpigət]
Pilate [ˈpailət]; Pilatus [pi-
  ˈlɑ:təs] *Pilatus*
Pimlico [ˈpimlikou]
Pindar [ˈpində]
Pinero [piˈniərou]
Pinkerton [ˈpiŋkətən]
Pip [pip] *Kosef. f* Philip
Pippa [ˈpipə]
Piræus [paiˈri(:)əs]
Pisa [ˈpi:zə]
Pisistratus [paiˈsistrətəs]
Pither [ˈpaiθə, ˈpaiðə]
Pitlochry [pitˈlɔxri]
Pitman [ˈpitmən]
Pitt [pit]
Pittsburg(h) [ˈpitsbə:g]
Pius [ˈpaiəs]
Plaistow [ˈplæstou]
Plantagenet [plænˈtædʒinit]
Plassey [ˈplæsi]
Plata [ˈplɑ:tə]
Platæa [pləˈti(:)ə]
Plato [ˈpleitou]
Platt [plæt]
Plautus [ˈplɔ:təs]
Playfair [ˈpleifɛə]
Pleydell [ˈpleidl]
Pleyel [ˈpleiəl]
Pliny [ˈplini] *Pl·inius*
Plowden [ˈplaudn]
Plowman [ˈplaumən]
Plummer [ˈplʌmə]
Plumptre [ˈplʌmptri]
Plutarch [ˈplu:tɑ:k] –ˈarch
Pluto [ˈplu:tou]
Plutus [ˈplu:təs]
Plymouth [ˈpliməθ]
Po [pou]: the ～ *der Po*
Pocock [ˈpoukək]
Poe [pou]
Point Levis [pɔintˈli:vis]
Poitiers [pɔiˈtiəz]
Poitou [pɔiˈtu:]
Poland [ˈpoulənd] *Polen*
Poldhu [ˈpɔldju:]
Polixenes [pəˈliksəni:z]
Polk [pouk]
Poll [pɔl] *Kosef. f* Mary
Pollux [ˈpɔləks]
Polly [ˈpɔli] *Kosef. f* Mary
Polonius [pəˈlounjəs]
Polson [ˈpoulsn]
Poltava [pɔlˈtɑ:və]
Polwarth [ˈpoulwəθ]
Polybius [pəˈlibiəs]
Polycarp [ˈpɔlikɑ:p]
Polycrates [pəˈlikrəti:z]
Polyhymnia [pɔliˈhimniə]
Polynesia [ˌpɔliˈni:ziə]
Polyphemus [ˌpɔliˈfi:məs]
Pomerania [ˌpɔməˈreiniə]
Pomfret [ˈpʌmfrit]
Pompeii [pɔmˈpi:ai] *Pompeji*
Pompey [ˈpɔmpi] *Pompejus*
Pondicherry [ˌpɔndiˈtʃeri]

Ponsonby [ˈpʌnsnbi]
Pontefract [ˈpɔntifrækt; *örtlich*
  ˈpʌmfrit]
Pontius [ˈpɔnʃəs]
Pontresina [ˌpɔntriˈsi:nə]
Pontus [ˈpɔntəs]
Poole [pu:l]
Popocatepetl [ˈpɔpəˌkætiˈpetl]
Portadown [ˌpɔ:təˈdaun]
Portia [ˈpɔ:ʃiə]
Portishead [ˈpɔ:tished]
Portland [ˈpɔ:tlənd]
Porto Rico [ˈpɔ:to(u)ˈri:kou]
Portrush [pɔ:tˈrʌʃ]
Portsea [ˈpɔ:tsi]
Portsmouth [ˈpɔ:tsməθ]
Portugal [ˈpɔ:tjugəl]
Poseidon [pɔˈsaidən]
Postlethwaite [ˈpɔslθweit]
Potomac [pɔˈtoumæk]
Potsdam [ˈpɔtsdæm]
Pott [pɔt]
Poulett [ˈpɔ:lit]
Poultney [ˈpoultni]
Poulton [ˈpoultən]
Pouncefoot [ˈpaunsfut]
Pow [pau]
Powell [ˈpouel, ˈpau–]
Powis [ˈpauis; ˈpouis]
Powlett [ˈpɔ:lit]
Pownceby [ˈpaunsbi]
Poynings [ˈpɔiniŋz]
Poynter [ˈpɔintə]
Praed [preid]
Praxiteles [prækˈsitəli:z]
Prescot(t) [ˈpreskət]
Presteign [presˈti:n]
Preston [ˈprestən]
Prestonpans [ˌprestənˈpænz]
Pretoria [priˈtɔ:riə]
Pret(t)yman [ˈpritimən]
Prevost [ˈprevou, –voust]
Priam [ˈpraiəm] *Pr·iamus*
Priestley [ˈpri:stli]
Primrose [ˈprimrouz]
Princeton [ˈprinstən]
Princetown [ˈprinstaun]
Priscilla [priˈsilə]
Pris(s) [pris] *Kosef. f* Priscilla
Pritchard [ˈpritʃəd]
Prometheus [prəˈmi:θju:s]
Propertius [prəˈpə:ʃiəs]
Proserpine [ˈprɔsəpain]
Prospero [ˈprɔspərou]
Proteus [ˈproutju:s]
Protheroe [ˈprɔðərou]
Proust Fr [pru:st]
Prout [praut]
Provence [prɔˈvã:s]
Prudence [ˈpru:dəns] *Prudentia*
Prue [pru:] *Kosef. f* Prudence
Prussia [ˈprʌʃə] *Preußen*
Pruth [pru:t]
Ptolemy [ˈtɔləmi] *Ptolemäus*
Publius [ˈpʌbliəs]
Puck [pʌk]
Pudsey [ˈpʌdzi]
Puerto Rico [ˈpwə:touˈri:kou]
Pugh [pju:]
Pullman [ˈpulmən]
Pulteney [ˈpʌltni, ˈpoultni]
Punjab [ˈpʌndʒɑ:b]
Purcell [ˈpə:sl]
Pusey [ˈpju:zi]
Pushkin [ˈpuʃkin] → vol. II p.
  1278
Puteoli [pjuˈtiəli]
Putnam [ˈpʌtnəm]

Puttenham ['pʌtnəm]
Pwllheli [puθ'leli; pul'heli]
Pygmalion [pig'meiliən]
Pyke [paik]
Pylades ['pilədi:z]
Pyramus ['pirəməs]
Pyrenees [ˌpirə'ni:z]: the ~ die Pyrenäen
Pyrrhus ['pirəs]
Pytchley ['paitʃli]
Pythagoras [pai'θægəræs]
Pytheas ['piθiæs]

Q

Quaile [kweil]
Quain [kwein]
Quantock Gebirgszug ['kwɔntək]; Straßenname ['kwæntək]
Quaritch ['kwəritʃ]
Quarr [kwɔ:]
Quay Ortsname [ki:]; Familienname [kwei]
Quebec [kwi'bek]
Queenborough ['kwi:nbərə]
Queensland ['kwi:nzlənd]
Queenstown [kwi:n'ztaun]
Quentin ['kwentin]
Quetta in Indien ['kwetə]
Queux [kju:]
Quex [kweks]
Quiggin ['kwigin]
Quiller-Couch ['kwilə'ku:tʃ]
Quilp [kwilp]
Quince [kwins]
Quinc(e)y ['kwinsi]
Quintilian [kwin'tiljən]
Quintin ['kwintin]
Quirinus [kwi'rainəs]
Quito ['ki:tou]
Quixote ['kwiksət]
Quorn [kwɔ:n]

R

Rabelais ['ræbəlei] → vol. II p. 1278
Rabindranath [rə'bindrənɑ:t] → Tagore
Racheil ['reiʃl]
Rachel ⟨bib⟩ ['reitʃəl] Rachel, Rahel
Racine [rə'si:n] → vol. II p. 1278
Radcliffe ['rædklif]
Radnor(shire) ['rædnə(ʃiə)]
Rae [rei]
Raeburn ['reibə:n]
Raffles ['ræflz]
Raglan ['ræglən]
Rajputana [ˌrɑ:dʒpu'tɑ:nə]
Rale(i)gh ['rɔ:li, 'rɑ:li, 'ræli]
Ralph [reif, rælf, rɑ:f, rɔ:lf] Ralph, Rudolf
Ralston ['rɔ:lstən]
Rameses ['ræmisi:z] Ramses
Ramsay ['ræmzi]
Ramsgate ['ræmzgit]
Randall ['rændl]
Randolph ['rændɔlf]
Ranelagh ['rænilə]
Rangoon [ræŋ'gu:n] Rangun
Ranjitsin(h)ji [ˌrændʒit'sindʒi]
Ransome ['rænsəm]
Ranworth ['rænwɔ:θ]
Raphael der ital. Maler

['ræfeiəl]; Familienname a ['reifeiəl]
Rasputin ['ræspjutin]
Rasselas ['ræsilæs]
Ratcliff(e) ['rætklif]
Rathbone ['ræθboun]
Ratisbon ['rætizbən] Regensburg
Rawdon ['rɔ:dn]
Rawlins ['rɔ:linz]
Rawlinson ['rɔ:linsn]
Ray [rei] Kosef. f Rachel
Rayleigh ['reili]
Rea [rei, riə]
Reade [ri:d]
Reading ['rediŋ]
Réaumur ['reiəmjuə]
Reay [rei]
Rebecca [ri'bekə] Rebekka
Reculver [ri'kʌlvə]
Redcliffe ['redklif]
Redfern ['redfə:n]
Redmond ['redmənd]
Reeve [ri:v]
Regan [ri:gən]
Reger Ger ['reigə]
Reggie ['redʒi] (Kosef. f Reginald) Reinhold
Regina [ri'dʒainə]
Reginald ['redʒin]d] Reinwald, Reinhold
Regulus ['regjuləs]
Rehan ['reiən]
Rehoboam [ˌri:ə'bouəm] ⟨bib⟩ Rehabeam
Reid [ri:d]
Reigate ['raigit]
Reims [ri:mz], s Rheims
Rembrandt ['rembrænt]
Remington ['remiŋtən]
Remus ['ri:məs]
Renfrew(shire) ['renfru:(ʃiə)]
Rennie ['reni] Kosef. f Reynold; Reginald
Rentoul [rən'tu:l]
Renwick ['renik, 'renwik]
Reuben ⟨bib⟩ ['ru:bin] Ruben
Reuter ['rɔitə]
Reykjavik auf Island ['rekjəvik]
Reynold ['ren]d] Reinhold
Reynolds ['ren]dz]
Rhaetia ['ri:ʃiə]
Rheims [ri:mz]
Rhine [rain]: the ~ der Rhein
Rhoda ['roudə]
Rhode Island ['roud'ailənd]
Rhodes [roudz] 1. Rhodus 2. (Cecil) ~
Rhodesia [rou'di:ziə]
Rhondda ['rɔndə]
Rhone [roun]: the ~ die Rhone
Rhyl [ril]
Rhymney ['rʌmni]
Rhys [ri:s]
Rialto [ri'æltou]
Riccio ['ritʃiou]
Richard ['ritʃəd]; ~son [~sn]
Richelieu ['riʃlijə:]
Richmond ['ritʃmənd]
Rickmansworth ['rikmənzwɔ:θ]
Riding ['raidiŋ]
Ridley ['ridli]
Ridout ['ridaut; 'raidaut]
Rienzi [ri'enzi]
Riga ['ri:gə]
Rigi ['ri:gi]

Rigoletto [ˌrigə'letou]
Riley ['raili]
Rimbault ['rimboult]
Rinaldo [ri'nældou]
Rio de Janeiro ['ri:oudidʒə'niərou]
Ripley ['ripli]
Ripman ['ripmən]
Ripon ['ripən]
Rip van Winkle ['ripvæn'wiŋkl]
Rita ['ri:tə]
Ritchie ['ritʃi]
Riviera [ˌrivi'ɛərə]
Rizzio ['ritsiou]
Rob(b) [rɔb] Kosef. f Robert
Robert ['rɔbət]; ~son [~sn]
Robespierre ['roubzpjɛə]
Robin ['rɔbin], Kosef. f Robert
Robin Hood ['rɔbin'hud]
Robina [rə'bi:nə]
Robins ['rɔbinz; roubinz]
Robinson ['rɔbinsn]
Rob Roy ['rɔb'rɔi]
Robsart ['rɔbsɑ:t]
Rochdale ['rɔtʃdeil]
Roche [routʃ]
Rochester ['rɔtʃistə]
Rockefeller ['rɔkifelə]
Rockingham ['rɔkiŋəm]
Roderick ['rɔdərik] Roderich
Rodney ['rɔdni]
Roedean ['roudi:n] (höhere Schule f Mädchen)
Roehampton [rou'hæmptən]
Roger ['rɔdʒə, 'roudʒ–] Rüdiger
Roget ['rɔʒei]
Roland ['roulənd]
Rolf [rɔlf] = Rudolf
Rolleston ['roulstən]
Rollo ['rɔlou]
Rome [roum] Rom
Romeo ['roumiou]
Romford ['rʌmfəd]
Romney ['rɔmni]
Romola ['rɔmələ]
Romulus ['rɔmjuləs]
Ronald ['rɔn]d]
Röntgen ['rɔntjən, rʌnt–; 'rʌntgən]
Roosevelt Am ['rouzəvelt]; engl ['ru:svelt]
Rosa ['rouzə]
Rosalind ['rɔzəlind] Rosalinde
Rosamond ['rɔzəmənd] Rosamunde
Roscoe ['rɔskou]
Roscommon [rɔs'kɔmən]
Rose [rouz] Rosa, Rose
Rosebery ['rouzbəri]
Rosemary ['rouzməri]
Rosencrantz ['rouzənkrænts]
Rosetta [rou'zetə]
Rosie, Rosy ['rouzi] (Kosef. f Rose, Rosa[lind], Rosemary) Röschen
Roslin ['rɔzlin]
Ross [rɔs]
Rossall ['rɔsl]
Rossetti [rə'seti], so nannte sich die Künstlerfamilie [⟨a⟩ –z–]
Rossini [rə'si:ni]
Rosslyn ['rɔslin]
Ross-shire ['rɔsʃiə]
Rostrevor [rɔs'trevə]
Rosyth ['rousaiθ]
Rothenstein ['rouθenstain]

Rotherham ['rɔðərəm]
Rotherhithe ['rɔðəhaið]
Rothermere ['rɔðəmiə]
Rothes ['rɔθs]
Rothesay ['rɔθsi]
Rothschild ['rɔθtʃaild]
Rotterdam ['rɔtədæm]
Rottingdean ['rɔtiŋdi:n]
Rouen ['ru:ã:]
Rouse [raus, ru:s]
Rousseau ['ru:sou]
Routh [rauθ]
Routledge ['rʌtlidʒ; 'raut-]
Rowe [rou]
Rowed ['rouid]
Rowell ['rauəl, 'rouəl]
Rowena [rou'wi:nə]
Rowland ['rouland]
Rowley ['rouli]
Rowney ['rouni]
Rowton ['rautn, 'rɔ:tn]
Roxana [rɔk'sa:nə]
Roxburgh(shire) ['rɔksbrə-(ʃiə)]
Royce [rɔis]
Rubens ['ru:binz]
Rubicon ['ru:bikən]
Rudge [rʌdʒ]
Rudolf, –lph ['ru:dɔlf]
Rudyard ['rʌdjəd]
Rufus ['ru:fəs]
Rugby ['rʌgbi]
Rugeley ['ru:dʒli]
Rumania, Roum– [ru(:)-'meinjə] Rumänien
Rumbold ['rʌmbould]
Rumelia [ˌru(:)'mi:ljə] Rumelien
Runciman ['rʌnsimən]
Runnymede ['rʌnimi:d]
Rupert ['ru:pət] Ruprecht
Rushworth ['rʌʃwə:θ]
Ruskin ['rʌskin]
Russell ['rʌsl]
Russia ['rʌʃə] Rußland
Ruswarp ['rʌzəp]
Rutgers ['rʌtgəz]
Ruth [ru:θ]
Rutherford ['rʌðəfəd]
Ruthven ['ru:θvin, 'rivən]
Ruthwell ['rʌθwəl]
Rutland(shire) ['rʌtlənd(ʃiə)]
Ruysdael ['raizda:l]
Ryan ['raiən]
Rydal ['raidəl] (∼ water)
Rye [rai]
Ryle [rail]
Ryswick ['raizwik]

S

Sabaoth [sæ'bæɔθ] the Lord of ∼ ⟨bib⟩ der Herr Z·ebaoth
Sabine geogr. Name [sæ'bi:n]
Sabine Familienname ['sæbin]
Sacheverell [sə'ʃevərəl]
Sackville ['sækvil]
Sadducee ['sædjusi:] Sadduzäer
Sadler ['sædlə]
Sadowa ['sa:douə]
Saffell [sə'fel]
Sahara [sə'ha:rə]
Said [seid]: Port ∼
Saintsbury ['seintsbəri]
Sal [sæl] Kosef. f Sarah
Saladin ['sælədin]
Salamanca [ˌsælə'mæŋkə]
Salamis ['sæləmis]

Salcombe ['sɔ:lkəm]
Salem ['seilem]
Salesbury ['seilzbəri]
Salford ['sɔ:lfəd]
Salisbury ['sɔ:lzbəri]
Sallust ['sæləst]
Sally ['sæli] Kosef. f Sarah
Salmon ['sæmən]; ⟨bib⟩ ['sæl-mən]
Salome [sə'loumi] S·alome
Salonica [sə'lɔnikə]
Salsette [sɔ:l'set]
Saltoun ['sɔ:ltən]
Salvador [ˌsælvə'dɔ:; '–·–]
Salzburg ['sæltsbə:g]
Sam [sæm] Kosef. f Samuel; Uncle ∼ s Wörterbuch
Samaria [sə'mɛəriə]
Sammy ['sæmi] Kosef. f Samuel
Samoa [sə'mouə]
Samos ['seimɔs]
Samothrace ['sæmoθreis, –mə–] Samothrake (Insel)
Sampson ['sæm(p)sn]
Samson ['sæmsn]
Samuel ['sæmjuəl]; ∼s [∼z]
Sancho Panza ['sæntʃou 'pænzə]
Sandbach ['sæn(d)bætʃ]
Sanders ['sa:ndəz]
Sandford ['sænfəd]
Sandgate ['sængit]
Sandhurst ['sændhə:st]
San Domingo [ˌsændo'miŋgou]
Sandown ['sændaun]
Sandringham ['sændriŋəm]
Sandwich ['sænwitʃ]
Sandy ['sændi] Kosef. f Alexander
Sandys [sændz]
San Francisco [ˌsænfrən'siskou]
Sankey ['sæŋki]
San Marino ['sænmə'ri:nou]
San Remo [sæn'reimou; –'ri:–]
Santa Fe ['sæntə'fei]
Santiago [ˌsænti'a:gou]
Sapphira [sæ'faiərə]
Sappho ['sæfou] Sappho
Saragossa [ˌsærə'gɔsə]
Sara(h) ['sɛərə]
Saratoga [ˌsærə'tougə]
Sarawak [sə'ra:wɔk]
Sardanapalus [ˌsa:də'næpələs; ˌsadənə'pa:ləs, –'peiləs]
Sardinia [sa:'dinjə] Sardinien
Sardis, Sardes ['sa:dis]
Sarmatia [sa:'meiʃiə] Sarmatien
Sartor Resartus ['sa:tə'ri:-'sa:təs]
Sarum ['sɛərəm]
Saskatchewan in Kanada [sæs-'kætʃiwən]
Sassenach ['sæsənæk]
Sassoon [sə'su:n]
Satan ['seitən]
Saturn ['sætə(:)n]
Saul [sɔ:l]
Saunders ['sɔ:ndəz; 'sa:ndəz]
Sauterne [sou'tə:n]
Savage ['sævidʒ]
Savannah [sə'vænə]
Save [sa:v]: the ∼ die Save
Savile ['sævil]
Savonarola [ˌsævənə'roulə]
Savoy [sə'vɔi] Savoyen
Sawyer ['sɔ:jə]

Saxe-Coburg-Gotha ['sæks-'koubə:g'gouθə]
Saxe-Weimar ['sæks'vaima:] Sachsen-Weimar
Saxony ['sæksṇi; –ksəni] Sachsen
Sayce [seis]
Sayer(s) ['seiə(z); sɛə(z)]
Scafell ['skɔ:'fel]
Scaliger ['skælidʒə]
Scandinavia [ˌskændi'neivjə] Skandinavien
Scapa Flow ['skæpə'flou]
Scarborough ['ska:brə]
Scawfell ['skɔ:'fel]
Scheherezade [[ʃi,hiərə'za:də]
Scheldt [skelt]: the ∼ die Schelde
Schenectady [ski'nektədi]
Schiedam ['ski:dæm]
Schiller ['ʃilə]
Schleswig ['ʃlezwig]
Schofield ['skoufi:ld]
Schubert ['ʃu:bə:t]
Schumann ['ʃu:mən]
Schwann [ʃwɔn]
Scilly ['sili]
Scipio ['sipiou]
Scone in Schottl. [sku:n]
Scorpio Astr ['skɔ:piou] Skorpion
Scotia ['skouʃə]
Scotland ['skɔtlənd] Schottland
Scott [skɔt]
Scribner ['skribnə]
Scrooge [skru:dʒ]
Scutari ['skju:təri]
Scylla ['silə]
Scythia ['siðiə]
Seaford ['si:fəd]
Seaforth ['si:fɔ:θ]
Sealyham ['si:liəm]
Seamus ['ʃeiməs]
Sean O'Casey ['ʃə:no'keisi]
Searle [sə:l]
Seaton ['si:tn]
Seattle [si'ætl]
Sebastian [si'bæstjən]
Sebastopol [si'bæstəpl]
Sedan [si'dæn]
Sedbergh ['sedbə; –bə:g]
Sedgemoor ['sedʒmuə]
Sedgwick ['sedzwik]
Sedley ['sedli]
Seel(e)y ['si:li]
Seidlitz ['sedlits]
Seine [sein]: the ∼ die Seine
Selborne ['selbə:n]
Selena [si'li:nə]
Selim ['seilim; 'si:l–]
Selkirk ['selkə:k]
Selma ['sɛlmə] → vol. II p. 1279
Selous [sə'lu:s]
Seltzer ['seltsə]
Selwyn ['selwin]
Semele ['semili]
Semiramis [se'mirəmis; –mi-'ra:–]
Seneca ['senikə]
Senegal [ˌseni'gɔ:l]
Senegambia [ˌseni'gæmbiə] Senegambien
Senlac ['senlæk]
Sennacherib [se'nækərib]
Seoul [soul]
Serbia ['sə:biə] Serbien

Seringapatam [sə‚rɪŋgəpə-
‚ta:m]
Serjeantson [ˈsɑ:dʒəntsn]
Servatius, Saint ∼ [səˈveiʃəs]
⟨ec⟩ der heilige S.
Setebos [ˈsetibəs]
Seth [seθ]
Seumas Ir [ˈʃeiməs] = James
Sevenoaks [ˈsevnouks]
Severn [ˈsevən] the ∼ der S.
Severus [siˈviərəs]
Seville [ˈsevil; –ˈ–] Sevilla
Sèvres [seivr]
Seward [ˈsi:wəd]
Sewell [ˈsju:əl]
Sextus [ˈsekstəs]
Seychelles [seiˈʃelz]
Seymour [ˈsi:mɔ:, –mə; ˈseim–]
Seys [seis]
Shackleton [ˈʃækltən]
Shadwell [ˈʃædwəl]
Shaftesbury [ˈʃɑ:ftsbəri]
Shakespeare [ˈʃeikspiə]
Shallot [ʃəˈlɔt]
Shalmaneser [‚sælməˈni:zə]
Salmanˈassar
Shandy [ˈʃændi]
Shanghai [ʃæŋˈhai]
Shanklin [ˈʃæŋklin]
Shanks [ʃæŋks]
Shannon [ˈʃænən]
Sharon [ˈʃɛərən]
Sharp(e) [ʃɑ:p]
Shaughnessy [ˈʃɔ:nəsi]
Shaw [ʃɔ:]
Shea [ʃei]
Sheba [ˈʃi:bə]
Shechem [ˈʃi:kem]
Sheerness [ˈʃiəˈnes]
Sheffield [ˈʃefi:ld]
Sheila [ˈʃi:lə]
Sheldon [ˈʃeldən]
Shelley [ˈʃeli]
Shem [ʃem] Sem
Shepherd; Sheppard [ˈʃepəd]
Sherborne [ˈʃɔ:bən]
Sheridan [ˈʃeridn]
Sherlock [ˈʃɔ:lɔk]
Sherman [ˈʃɔ:mən]
Sherwood [ˈʃɔ:wud]
Shetland [ˈʃetlənd]: the ∼
Islands od the ∼s die Schet-
landsinseln
Shiloh [ˈʃailou] Silo
Shinto [ˈʃintou]
Shipton [ˈʃiptən]
Shiraz [ˈʃiəræz]
Shirley [ˈʃɔ:li]
Shiva [ˈʃivə] Schiwa
Shoeburyness [ˈʃu:bəriˈnes]
Shoreditch [ˈʃɔ:ditʃ]
Shoreham [ˈʃɔ:rəm]
Shottery [ˈʃɔtəri]
Shrewsbury [ˈʃru:zbəri;
ˈʃrouvz–]
Shropshire [ˈʃrɔpʃiə]
Shuckburgh [ˈʃʌkbrə]
Shylock [ˈʃailək]
Siam [saiˈæm; –ˈ–]
Sibby [ˈsibi] Kosef. f Sibyl
Siberia [saiˈbiəriə] Sibirien
Sibyl [ˈsibil] Sibˈylle
Sicily [ˈsisili] Sizilien
Sid [sid] Kosef. f Sidney
Siddons [ˈsidnz]
Sidmouth [ˈsidməθ]
Sidney [ˈsidni]
Sidon [ˈsaidn]

Siegfried [ˈsi:gfri:d] ·
Sieglinde [si:gˈlində]
Siegmund [ˈsi:gmund]
Sienna [siˈenə]
Sierra Leone [ˈsiərəliˈoun]
Sigismund [ˈsigismənd]
Sigurd [ˈsi:gɔ:d]
Sikes [saiks]
Sikh [si:k] Sikh
Silas [ˈsailəs]
Silchester [ˈsiltʃistə]
Silenus [saiˈli:nəs]
Silesia [saiˈli:siə] Schlesien
Silvanus [silˈveinəs]
Silvester [silˈvestə]
Silvia [ˈsilviə]
Sim [sim] Kosef. f Simon,
Simeon
Simeon [ˈsimiən]
Simon [ˈsaimən]
Simplon [ˈsimplən; ˈsɛ̃:plɔ̃:]
Simpson [ˈsimpsn]
Sims [simz]
Simson [ˈsimsn]
Sinai [ˈsainiai] Sinai
Sinclair [ˈsiŋkleə]
Sindbad [ˈsinbæd]
Singapore [‚siŋgəˈpɔ:]
Singer [ˈsiŋə, ˈsiŋgə]
Singleton [ˈsingltən]
Sinjohn [ˈsin(d)ʒən]
Sinn Fein [ˈʃinˈfein]
Sion [ˈsaiən] Zion
Sirius [ˈsiriəs]
Sisam [ˈsaisəm]
Sis [sis] Kosef. f Cecily, Cecil
Sissy [ˈsisi] Kosef. f Cecily,
Cecil
Sisyphus [ˈsisifəs]
Siva [ˈsivə] Schiwa
Siward [ˈsju:(:)əd]
Skager Rack [ˈskægəˈræk]
Skeat [ski:t]
Skeggs [skegz]
Skegness [ˈskegˈnes; ˈ– –]
Skelton [ˈskeltn]
Skey [ski:]
Skibo [ˈski:bou]
Skiddaw [skiˈdɔ:; ˈskidɔ:]
Skye [skai]
Slade [sleid]
Slaithwaite [ˈsleiθweit]
Sligo [ˈslaigou]
Sloan(e) [sloun]
Slough [slau]
Slovakia [slouˈveikiə; –ˈvæk–]
Slowakei
Smethwick [ˈsmeðik]
Smiles [smailz]
Smillie [ˈsmaili]
Smith [smiθ]
Smithson [ˈsmiθsn]
Smollet [ˈsmɔlit]
Smyrna [ˈsmɔ:nə]
Smyth [smiθ, smaiθ]
Smythe [smaið; smaiθ]
Snaefell auf Isle of Man
[ˈsneifel]
Snewin [ˈsnju:in]
Snider [ˈsnaidə]
Snodgrass [ˈsnɔdgrɑ:s] ·
Snowden [ˈsnoudn]
Snowdon [ˈsnoudn]
Soames [soumz]
Soane [soun]
Socinus [souˈsainəs]
Socotra [səˈkoutrə]
Socrates [ˈsɔkrəti:z]

Sodom [ˈsɔdəm]
Sofia [ˈsoufiə, ˈsɔfiə]
Soho [ˈsouhou]
Sohrab [ˈsɔ:ræb]
Solent [ˈsoulənt]
Solomon [ˈsɔləmən] Salomo(n)
Solon [ˈsoulən]
Solway [ˈsɔlwei]
Somers [ˈsʌmɔz]
Somerset(shire) [ˈsʌməsit(ʃiə)]
Somerton [ˈsʌmətn]
Somervell, –ville [ˈsʌməvil]
Sonia [ˈsouniə]
Sophia [soˈfaiə] Sophie
Sophocles [ˈsɔfəkli:z] –k–
Sophy [ˈsoufi]
Sorbonne [sɔ:ˈbən]
Sorrel [ˈsɔrəl]
Sotheby [ˈsʌðəbi]
Soudan [su(:)ˈdæn]
Souter [ˈsu:tə]
Southampton [sauθˈæmptən]
Southdown [ˈsauθdaun]
Southend [ˈsauθˈend]
Southey [ˈsauði, ˈsʌði]
Southport [ˈsauθpɔ:t]
Southwark [ˈsʌðək, ˈsauθwək]
Southwell [ˈsauθwəl]
Southwick [ˈsauθwik]
Souza [ˈsu:zə]
Sowerby [ˈsauəbi]
Spa [spɑ:]
Spain [spein] Spanien
Spalding [ˈspɔ:ldiŋ]
Sparta [ˈspɑ:tə]
Spe(a)ight [speit]
Speirs [spiəz]
Spence [spens]
Spencer [ˈspensə]
Spenlow [ˈspenlou]
Spenser [ˈspensə]
Spey [spei]
Spiers [spiəz, ˈspaiəz]
Spinoza [spiˈnouzə]
Spitalfields [ˈspitlfi:ldz]
Spithead [ˈspitˈhed]
Spitzbergen [spitsˈbɔ:gən]
Spofforth [ˈspɔfəθ]
Sporades [ˈspɔrədi:z]
Spurgeon [ˈspɔ:dʒən]
Squeers [skwiəz]
Staffa [ˈstæfə]
Stafford(shire) [ˈstæfəd(ʃiə)]
Staffs [stæfs] = Staffordshire
St. Agnes [snt ˈægnis]
Staines [steinz]
Staithes [steiðz]
St. Alban(s) [snt ˈɔ:lbən(z)]
Stalky [ˈstɔ:ki]
Stalybridge [ˈsteilibridʒ]
Stamboul [stæmˈbu:l] Stambul,
Stadtteil v Istanbul (früher
Konstantinopel)
St. Ambrose [snt ˈæmbrouz]
Stamford [ˈstæmfəd]
Stan [stæn] Kosef. f Stanley
Standish [ˈstændiʃ]
St. Andrew(s) [snt ˈændru:(z)]
Stanfield [ˈstænfi:ld]
Stanford [ˈstænfəd]
Stanhope [ˈstænəp]
Stanley [ˈstænli]
St. Anne [snt ˈæn]
Stannie [ˈstæni] Kosef. f
Stanley
St. Anthony [snt ˈæntəni]
Stanton [ˈstɑ:ntən, ˈstæn–]
Stapley [ˈsteipli]

St. Asaph [snt'æsəf]
Statham ['steiθəm; 'steið–]
St. Augustine [ˌsintɔ:'gʌstin; ˌsintə'g–]
Staunton ['stɔ:ntən, 'stɑ:n–]
St. Austell [snt'ɔ:stl]
St. Bartholomew [ˌsintbɑ:-'θələmju:]
St. Bernard [snt'bɔ:nəd]
St. Blaize [snt'bleiz]
St. Blazey [snt'bleizi]
St. Catherine [snt'kæθərin]
St. Cecilia [ˌsintsi'si(:)ljə]
St. Clair Familienname ['siŋklɛə]; Ort in Amer. [snt'klɛə]
St. Columb [snt'kɔləm]
St. Edmunds [snt'edməndz]
Steele [sti:l]
Steevens ['sti:vnz]
Steinway ['stainwei]
St. Elias [ˌsinti'laiəs]
Stella ['stelə]
St. Elmo [snt'elmou]
Stelvio ['stelviou]: ~ Pass Stilfser Joch
Stephano ['stefənou]
Stephen(s) ['sti:vn(z)]
Stephenson ['sti:vnsn]
Stepney ['stepni]
Sterne [stɔ:n]
Steven ['sti:vn] Stephan
Stevenage ['sti:vŋidʒ]
Stevens ['sti:vnz]
Stevenson ['sti:vnsn]
Stewart [stjuət]
Steyne [sti:n]
Steyning ['steniŋ]
St. Francis [snt'frɑ:nsis]
St. Gall [snt'gɔ:l]
St. George [snt'dʒɔ:dʒ]
St. Giles [snt'dʒailz]
St. Gotthard [snt'gotəd]
St. Helena die Heilige [snt-'helinə]; die Insel [ˌsenti'li:nə]
St. Helen's [snt'helinz]
Stilton ['stiltn]
Stirling ['stɔ:liŋ]
St. Ives [snt'aivz]
St. James [snt'dʒeimz]; St. James's [snt'dʒeimziz]
St. John [snt'dʒɔn]; Personenname ['sindʒən]
St. Joseph [snt'dʒouzif]
St. Lawrence [snt'lɔrəns]: the ~ der Sankt-Lorenz-Strom
St. Leger Familienname ['selindʒə, snt'ledʒə]; das Rennen z Doncaster [snt-'ledʒə]
St. Legere [snt'ledʒəz]
St. Leonards [snt'lenədz]
St. Lucia [snt'lu:ʃjə]
St. Malo [snt'mɑ:lou]
St. Margaret [snt'mɑ:gərit]
St. Mark [snt'mɑ:k]
St. Martin [snt'mɑ:tin]
St. Martin's le Grand [snt'mɑ:tinzlə'grænd]
St. Mary [snt'mɛəri]
St. Mary Axe [snt'mɛəri'æks]
St. Matthew [snt'mæθju:]
St. Michael [snt'maikl]
St. Neots [snt'ni:ts]
St. Nicholas [snt'nikələs]
Stockholm ['stɔkhoum]
Stockton ['stɔktən]
Stoddard ['stɔdəd]

Stoke d'Abernon [stouk-'dæbənən]
Stoke Poges [stouk'poudʒis]
Stonehaven ['stoun,heivn]
Stonehenge ['stoun'hendʒ]
Stormonth ['stɔ:mʌnθ]
Stoughton ['stɔ:tn; 'stoutn, 'stautn]
Stour [stuə; 'stauə; stɔə]
Stourbridge ['stuəbridʒ, 'stauə—]
Stourton ['stɔ:tən]
Stowe [stou]
St. Pancras [sn(t)'pæŋkrəs]
St. Patrick [sn(t)'pætrik]
St. Paul [sn(t)'pɔ:l]
St. Peter [sn(t)'pi:tə]; ~sburg [~zbɔ:g] St. Petersburg
Strabane [strə'bæn]
Strabo ['streibou]
Strachey ['streitʃi]
Strafford ['stræfəd]
Stranraer [stræn'rɑ:ə]
Stras(s)burg ['stræzbɔ:g] Straßburg
Stratford ['strætfəd]; ~-atte-Bowe [~ˌæti'boui]
Strathavon [stræ'θævən]
Strathcona [stræθ'kounə]
Strathmore [stræθ'mɔ:]
Strathspey [stræθ'spei]
Straton ['strætn]
Strauchan ['strɔ:kən]
Streatham ['stretəm]
St. Regis [snt'ri:dʒis]
Strickland ['striklənd]
Stromboli ['strɔmboli]
St. Ronan [snt'rounən]
Stroud [straud]
Struthers ['strʌðəz]
St. Simon [snt'saimən]
St. Thomas [sn(t)'tɔməs]; ~'s [~iz]
Stuart [stjuət]
Stubbs [stʌbz]
Stucley ['stju:kli]
St. Vincent [snt'vinsənt]
St. Vitus [snt'vaitəs]
Styche [staitʃ]
Styria ['stiriə] Steiermark
Styx [stiks]
Suakin [sju(:)'ɑ:kin]
Sudan [su(:)'dæn]
Sudbury ['sʌdbəri]
Sudeley ['sju:dli]
Sue [sju:] Kosef. f Susan, Susanna
Suetonius [swi:'tounjəs]
Suez ['su(:)iz]
Suffolk ['sʌfək]
Suke [sju:k] Kosef. f Susan
Suky ['su:ki] Kosef. f Susan
Suleiman ['su:leimɑ:n]
Suliman ['su:limɑ:n]
Sulla ['sʌlə]
Sullivan ['sʌlivən]
Sumatra [su(:)'mɑ:trə]
Sumner ['sʌmnə]
Sunderland ['sʌndələnd]
Superbus [sju(:)'pə:bəs]
Suraj-ud-Daula, Surajah Dowlah [su'rɑ:dʒud'daulə]
Surat ['suərət, su'ræt]
Surbiton ['sə:bitn]
Surinam [ˌsuəri'næm]
Surrey ['sʌri]
Surtees ['sə:ti:z]
Susan ['su:zn]

Susanna [su(:)'zænə]
Susie, –sy ['su:zi] Kosef. f Susan
Sussex ['sʌsiks]
Sutherland ['sʌðələnd]
Sutley ['sʌtledʒ]: the ~ der S.
Sutro ['su:trou]
Sutton ['sʌtn]
Swabia ['sweibiə] Schwaben
Swahili [swɑ:'hi:li]
Swanage ['swənidʒ]
Swanee ['swəni]
Swansea ['swɔnzi]
Swanwick ['swɔnik]
Swaziland ['swɑ:zilænd; 'swɔzi–]
Sweden ['swi:dn] Schweden
Swedenborg ['swi:dnbɔ:g]
Swift [swift]
Swinburne ['swinbə:n]
Swithin ['swiðin]
Switzerland ['switsələnd] die Schweiz
Swiveller ['swivələ]
Sybaris ['sibəris]
Sybil ['sibil]
Sydenham ['sidŋəm]
Sydney ['sidni]
Sykes [saiks]
Sylvester [sil'vestə]
Sylvia ['silviə]
Symington ['simiŋtən, 'saim–]
Symond ['saimənd]
Symonds ['saiməndz, 'sim–]
Symons ['saimənz, 'sim–]
Synge [siŋ]
Syracuse in Sizilien ['saiərə-kju:z]
Syria ['siriə] Syrien

T

Tabitha ['tæbiθə] Tab·ea
Tabor ['teibɔ:]
Tacitus ['tæsitəs]
Tadcaster ['tædkæstə]
Tadema ['tædimə]
Taff [tæf]: the ~ der T.
Taffril ['tæfril]
Taffy ['tæfi] (Welsh) Kosef. f David
Taft [tæft, tɑ:ft]
Tagore [tə'gɔ:]
Tagus ['teigəs]: the ~ der Tajo
Tahiti [tɑ:'hi:ti]
Taine [tein]
Tait [teit]
Taj Mahal ['tɑ:dʒmə'hɑ:l]
Talbot ['tɔ:lbət]
Talfourd ['tælfəd]
Tamar engl. Fluß ['teimə]: the ~
Tamerlane ['tæmɔ(:)lein] T·imur
Tamil ['tæmil]
Tammany ['tæməni]
Tam o'Shanter [ˌtæmə'ʃæntə]
Tancred ['tæŋkred] –k–
Tanganyika [ˌtæŋgə'nji:kə]
Tangier [tæn'dʒiə] Tanger
Tannhäuser ['tænhɔizə]
Taranto [tə'ræntou]
Tarentum [tə'rentəm]
Tarquin ['tɑ:kwin]
Tarquinius [tɑ:'kwiniəs]
Tarragona [ˌtærə'gounə]
Tarsus ['tɑ:səs]
Tartarus ['tɑ:tərəs]

Tartary ['tɑ:təri]
Tashkent [tæʃ'kent]
Tasman ['tæzmən]
Tasmania [tæz'meinjə] *Tasmanien*
Tasso ['tæsou]
Tate [teit]
Tattersall ['tætəsɔ:l]
Tauchnitz ['tauxnits: 'taukn–]
Taunton ['tɔ:ntən; *örtlich* tɑ:n–]
Taurus ['tɔ:rəs]
Tavistock ['tævistək]
Tay [tei]
Taylor ['teilə]
Tchad [tʃæd]
Tchaikovski [tʃai'kɔfski]
Tchekhov ['tʃekəf]
Tcherkasy [tʃə'kæsi]
Teague [ti:g]
Teazle ['ti:zl]
Teck [tek]
Ted [ted] *Kosef.* f Edward, Edgar
Teddy ['tedi] *Kosef.* f Edward, Edgar
Teheran [tiə'rɑ:n]
Teign [tin; ti:n]
Teignmouth ['tinməθ]
Telemachus [ti'leməkəs]
Tempe ['tempi]
Temperley ['tempəli]
Templeton ['templtən]
Tenbury ['tenbəri]
Teneriffe, –rife [‚tenə'ri(:)f] *Teneriffa*
Teniers ['teniəz]
Tenison ['tenisn]
Tennessee [‚tene'si:]
Tenniel ['tenjəl]
Tennyson ['tenisn]
Terence ['terəns] *Terenz*
Teresa [tə'ri:zə]
Terling ['tɑ:liŋ]
Terpsichore [tə:p'sikəri]
Terry ['teri]
Tertius ['tə:ʃjəs]
Tertullian [tə:'tʌljən]
Tesla ['tezlə]
Tess [tes] *Kosef.* f Teresa
Teucer ['tju:sə]
Teufelsdroeckh ['tɔifəlzdrek]
Teviot ['ti:viət]
Tewkesbury ['tju:ksbəri]
Texas ['teksəs]
Thackeray ['θækəri]
Thaddeus [θæ'di(:)əs] *Thaddäus*
Thady ['θeidi] *Kosef.* f Thaddeus
Thales ['θeili:z]
Thalia [θə'laiə]
Thame [teim]
Thames *in Engl.* [temz]; *in Amer.* [θeimz]: the ∼ *die Themse*
Thanet ['θænit]
Thebes [θi:bz] *Theben*
Themis ⟨myth⟩ ['ti:mis] → vol. II p. 1280
Themistocles [θi'mistəkli:z]
Theo ['θi(:)ou] *Kosef.* f Theobald, Theodore, Theodosius, Theophilus
Theobald ['θiəbɔ:ld]
Theobalds ['tiblz; 'θiəbɔ:ldz]
Theocritus θi'ɔkritəs]
Theokr it
Theodora [‚θiə'dɔ:rə]

Theodore ['θiədə:] *Theodor*
Theodoric [θi'ɔdərik] –*ch*
Theodosia [θiə'dousiə]
Theodosius [‚θiə'dousiəs]
Theophilus [θi'əfiləs] *Theophilus (Gottlieb)*
Theophrastus [θio'fræstəs]
Thera ['θiərə]
Theresa [tə'ri:zə] *Therese*
Thermopylæ [θə:'məpili:] *Thermopylen*
Thersites [θə:'saiti:z]
Theseus ['θi:sju:s]
Thespis ['θespis]
Thessalonica [‚θesələ'naikə] *Thessalonich*
Thessaly [θesəli] *Thessalien*
Thetis ['θetis]
Thibet [ti'bet] = Tibet
Thisbe ['θizbi]
Thomas ['tɔməs]
Thompson ['tɔm(p)sn]
Thomson ['tɔmsn]
Thor [θɔ:]
Thoreau ['θɔ:rou]
Thorne [θɔ:n]
Thornhill ['θɔ:nhil]
Thornton ['θɔ:ntən]
Thorold ['θʌrəld]
Thorp(e) [θɔ:p]
Thrace [θreis] *Thrazien*
Threadneedle ['θredni:dl]
Throgmorton [θrɔg'mɔ:tn]
Througham ['θrʌfəm]
Thucydides [θju(:)'sididi:z]
Thule ['θju:li(:)]
Thun *in der Schweiz* [tu:n]
Thuringia [θjuə'rindʒiə] *Thüringen*
Thurlow ['θə:lou]
Thurn [tə:n]
Thuron [tu'rɔn]
Thyatira [‚θaiə'taiərə]
Thyrsis ['θə:sis]
Tibbs [tibz]
Tiber ['taibə]
Tiberias [tai'biəriæs]
Tiberius [tai'biəriəs]
Tibet [ti'bet]
Tibullus [ti'bʌləs]
Ticino [ti'tʃi:nou]
Tien-tsin ['tjen'tsin]
Tiflis ['tiflis]
Tighe [tai]
Tigris ['taigris]
Tilbury ['tilbəri]
Tillotson ['tilətsn]
Tilly ['tili] *Kosef.* f Matilda
Tim [tim] (*Kosef.* f Timothy) *Timotheus*
Timæus [tai'mi:əs]
Timbuctoo [‚timbʌk'tu:] *Timbuktu*
Timmy ['timi] *Kosef.* f Timothy
Timon ['taimən]
Timothy ['timəθi] *Tim'otheus*
Tindal(e); Tindall ['tindl]
Tine [tain]
Tinevelly [‚tini'veli]
Tintagel [tin'tædʒəl]
Tintern ['tintə(:)n]
Tintoret ['tintəret] → vol. II p. 1280
Tintoretto [‚tintə'retou] →
Tiny ['taini]
Tipperary [‚tipə'rɛəri]
Tiresias [tai'ri:siæs]
Tirzah ['tə:zə]

Tissaphernes [‚tisə'fə:ni:z]
Titania [ti'tɑ:niə]
Titian ['tiʃiən] *Tizian*
Titmarsh ['titmɑ:ʃ]
Titus ['taitəs]
Tivoli ['tivəli]
Tivy ['taivi]
Tobago [to'beigou]
Tobias [to'baiəs]
Tobit ['toubit]
Tobolsk [to'bɔlsk]
Toby ['toubi] *Kosef.* f Tobias
Todd [tɔd]
Todhunter ['tɔdhʌntə]
Togo ['tougou]
Tokay [tou'kei; –'kai]
Tokyo, –kio ['toukjou]
Toledo [tə'leidou; tə'li:dou]
Tolkien [tɔl'ki:n]
Tollemache ['tɔlmæʃ; –mɑ:ʃ]
Tolstoy ['tɔlstɔi]
Tom [tɔm] *Kosef.* f Thomas
Tomintoul [‚təmin'taul]
Tommy ['tɔmi] *Kosef.* f Thomas → *Wörterbuch*
Tompkins ['tɔm(p)kinz]
Tonbridge ['tʌnbridʒ]
Tonga ['tɔŋgə]
Tongking ['tɔŋ'kiŋ; –'–]
Tono-Bungay [‚tounou'bʌŋgei]
Tony ['touni] *Kosef.* f Anthony
Tonypandy [‚tɔni'pændi]
Tooke [tuk]
Toole [tu:l]
Tooley ['tu:li]
Topham ['tɔpəm]
Tophet ⟨bib⟩ ['toufet]
Toplady ['tɔpleidi]
Topsham ['tɔpsəm] =
Torah ['tɔ:rə]
Torbay ['tɔ:'bei]
Toronto [tə'rɔntou]
Torquay ['tɔ:'ki:; –'–]
Torres ['tɔris]
Torricelli [‚tɔri'tʃeli]
Totnes ['tɔtnis]
Tottenham ['tɔtnem]
Touchstone ['tʌtʃstoun]
Toulmin ['tu:lmin]
Toulouse [tu:'lu:z]
Touraine [tu'rein]
Tours *Stadt* [tuə]
Tovey ['tʌvi; 'touvi]
Towcester ['toustə]
Towle [toul]
Towler ['taulə]
Townsend; Townshend ['taunzend]
Towton ['tautən]
Towyn ['tauin]
Toynbee ['tɔinbi]
Tozer ['touzə]
Tracy ['treisi]
Traddles ['trædlz]
Trafalgar [trə'fælgə]
Traherne [trə'hə:n]
Trajan ['treidʒən]
Tralee [træ'li:]
Transvaal ['trænzvɑ:l]
Transylvania [‚trænsil'veinjə]
Trasimene ['træzimi:n]
Travers ['trævə(:)z]
Traylee [trei'li:]
Trebizond ['trebizənd] *Trapezunt*
Tredegar [tri'di:gə]
Trefusis [tri'fju:sis]
Treherne [tri'hə:n]

Treitschke ['traitʃkə]
Trelawn(e)y [tri'lɔːni]
Treloar [tri'louə]
Tremills ['tremlz]
Tremont [tri'mɔnt]
Trent [trent]
Trevaskis [tri'væskis]
Trevelyan [tri'veljən]
Treves [triːvz] *Trier*
Trevisa [tri'viːsə]
Trevor ['trevə]
Trichinopoly [,tritʃi'nɔpəli]
Trieste [tri(ː)'est]
Trilby ['trilbi]
Trincomalee *auf Ceylon* ['triŋ-koumə'liː]
Trinculo ['triŋkjulou]
Trinidad ['trinidæd]
Tripoli ['tripəli]
Tripolis ['tripəlis]
Trisagion [tri'sægiən]
Tristan ['tristæn]
Tristram ['tristrəm]
Triton ['traitn]
Trixy ['triksi] *Kosef. f* Beatrice
Troad ['trouæd]
Troilus ['trouiləs]
Trollope ['trɔləp]
Trondhjem ['trɔndjem]
Trossachs ['trɔsæks]
Troubridge ['troubridʒ]
Troughton, Trouton ['trautn]
Trowbridge ['traubridʒ]
Troy [trɔi] *Troja*
Truro ['truərou]
Tschaikovski [tʃai'kɔfski]
Tubal ['tjuːbəl]
Tuck [tʌk]
Tucker ['tʌkə]
Tudor ['tjuːdə]
Tuileries ['twiːləriː]
Tulloch ['tʌləx]
Tully ['tʌli] *Tullius*
Tulse [tʌls]
Tunbridge ['tʌnbridʒ]
Tunis ['tjuːnis]
Tunstall ['tʌnstl]
Tuohy ['tuːi]
Tupman ['tʌpmən]
Tupper ['tʌpə]
Turania [tjuə'reinjə]
Turenne [tju'ren]
Turgenjew [tuə'genjef] → vol. II p. 1280
Turin [tju'rin]
Turkestan [,tə:kis'tæn]
Turkey ['tə:ki] *die Türkei*
Turnberry ['tə:nbəri]
Turner ['tə:nə]
Turpin ['tə:pin]
Tuscany ['tʌskəni] *Toskana*
Tussaud's [tə'souz; -'sɔdz]
Twain [twein]
Tweed [twiːd]
Tweeddale ['twiː(d)deil]
Tweedle ['twiːdl]
Tweedmouth ['twiːdməθ]
Twickenham ['twikŋəm]
Twining ['twainiŋ]
Twist [twist]
Twyford ['twaifəd]
Tybalt ['tibəlt]
Tyburn ['taibə:n]
Tychicus ['tikikəs]
Tycho ['taikou]
Tyldesley ['tildzli]
Tyler ['tailə]
Tynan ['tainən]

Tyndale, Tyndall ['tindl]
Tyne [tain]
Tynemouth ['tainmauθ; 'tin-mɔθ]
Tyre ['taiə] *Tyrus*
Tyrol [ti'roul; 'tirəl]: the ~ *Tirol*
Tyrone [ti'roun]
Tyrrell ['tirəl]
Tyrrwhit ['tirit]
Tyrtæus [tə:'tiːəs]

U

Udall ['juːdəl]
Uganda [juˑ(ː)'gændə]
Ughtred ['uːtrid]
Uist ['uˑ(ː)ist]
Ukraine [juː'krein; -'krain]: the ~ *die Ukraine*
Ulfilas ['ʌlfilæs]
   Ulrica [ʌl'riːkə]
Ulrich ['ulrik]
Ulster ['ʌlstə]
Ulysses [juˑ(ː)'lisiːz]
Umbria ['ʌmbriə] *Umbrien*
Una ['juːnə]
Undine ['ʌndiːn]
Ungoed ['ʌŋgɔid]
Unwin ['ʌnwin]
Upham ['ʌpəm]
Uppsala ['ʌpsɑːlə]
Upton ['ʌptən]
Ur [əː]
Ural ['juərəl]
Urania [juə'reiniə]
Uranus [juə'reinəs; 'juərənəs]
Urban ['ə:bən]
Urbana [ə:'bænə]
Ure [juə]
Uriah [juə'raiə] ⟨bib⟩ *Urias*
Uriel ['juəriəl]
Urquhart ['ə:kət]
Ursula ['ə:sjulə]
Uruguay ['urugwai]
Ushant ['ʌʃənt]
Usher ['ʌʃə]
Utah ['juːtɑː]
Uther ['juːθə]
Utica ['juːtikə]
Utopia [juː'toupjə] *Utopien*
Utrecht ['juːtrekt]
Uttoxeter [juː'tɔksitə: ʌ'tək-sitə]
Uxbridge ['ʌksbridʒ]
Uzzah ['ʌzə]

V

Vachel(l) ['veitʃəl, 'vætʃəl]
Val [væl] *Kosef. f* Valentine
Valencia [və'lenʃiə]
Valentine ['væləntain; -tin] *Valentin*
Valera [və'liərə; -'leirə]
Valerian [və'liəriən]
Valerius [və'liəriəs]
Valhalla [væl'hælə]
Valladolid [,vælədo'lid]
Valois ['vælwɑː]
Valparaiso [,vælpə'reizou]
Vanbrugh ['vænbrə]
Vancouver [væn'kuːvə]
Vanderbilt ['vændəbilt]
Van Diemen [væn'diːmən]
Vandyke [væn'daik]
Vanessa [və'nesə]
Van Eyck [væn'aik]

Varney ['vɑːni]
Varro ['værou]
Vasco da Gama ['væskoudə-'gɑːmə]
Vaud [vou]
Vaughan [vɔːn]
Vaux [vɔːz, vɔks, vɔːks, vouks]
Vauxhall ['vɔks'hɔːl; '– –]
Vega, Lope de ['veigə] → vol. II p. 1280
Veitch [viːtʃ]
Velasquez [vi'læskwiz]
Venezuela [,vene'zweilə]
Venice ['venis] *Venedig*
Ventnor ['ventnə]
Venue [və'njuː]
Venus ['viːnəs]
Vera ['víərə]
Vercingetorix [,və:sin'dʒetə-riks]
Verde [və:d]
Verdi ['vɛədiː]
Verdun ['vɛədən; və'dʌn]
Vere [viə]
Vergil ['və:dʒil] *Verg·il, Virg·il*
Vermont [və:'mɔnt]
Verne [vɛən] ‖ Verner ['və:nə]
Verney ['və:ni]
Vernon ['və:nən]
Verona [və'rounə]
Veronica [və'rɔnikə]
Verrall ['verɔːl]
Versailles [vɛə'sai]
Verulam ['veruləm]
Vespasian [ves'peiʒiən]
Vesuvius [vi'suːviəs] *Ves·uv*
Vialls ['vaiəlz, 'vaiɔːlz]
Vichy ['viːʃi]
Vickers ['vikəz]
Vickery ['vikəri]
Vicky ['viki] *Kosef. f* Victoria
Victor ['viktə]
Victoria [vik'tɔːriə]
Vienna [vi'enə] *Wien*
Vigers ['vaigəz]
Vigo ['vaigou]
Villiers ['viljəz, 'viləz]
Vincent ['vinsənt] *Vinzenz*
Vincentio [vin'senʃiou]
Vinci ['vintʃi(ː)]
Viola ['vaiələ, 'viələ]
Violet ['vaiəlit]
Virchow ['və:tʃou]
Virgil ['və:dʒil]
Virgilius [və:'dʒiliəs]
Virginia [və'dʒinjə]
Virginius [və'dʒiniəs]
Virgo ⟨astr⟩ ['və:gou] *Jung-frau*
Vishnu ⟨Ind⟩ ['viʃnuː] *W·ischnu*
Vistula ['vistjulə] the ~ *die Weichsel*
Vitruvius [vi'truːviəs]
Vivian, Vivien ['viviən]
Vivienne [,vivi'en, 'viviən]
Vladimir ['vlædimiə]
Vladivostock [,vlædi'vɔstək]
Volga ['vɔlgə]: the ~ *die Wolga*
Volhynia [vɔl'hiniə] *Wolhynien*
Volpone [vɔl'pouni]
Volsung ['vɔlsuŋ]
Volta ['vɔltə]
Voltaire ['vɔltɛə; vɔl'tɛə]
Vosges [vouʒ]: the ~ *die Vogesen*

W

Wabash ['wɔ:bæʃ]
Waddell [wɔ'del]
Waddy ['wɔdi]
Wadham ['wɔdəm]
Wadsworth ['wɔdzwə:θ]
Wagnall ['wægnl]
Wagner *deutscher Komponist* ['va:gnə]
Wakefield ['weikfi:ld]
Waldeck ['wɔ:ldek]
Waldegrave ['wɔ:lgreiv]
Waldemar ['vældəma:]
Walden ['wɔ:ldən]
Waldersee ['wɔ:ldəzei]
Waldo ['wɔ:ldou]
Waldorf ['wɔ:ldɔ:f]
Waldstein ['wɔ:ldstain]
Wales [weilz] *Wales*
Walhalla [væl'hælə]
Walker ['wɔ:kə]
Wallace ['wɔləs]
Wallachia [wɔ'leikiə] *die Wala-chei*
Wallenstein ['wɔlənstain, 'va-lənstain]
Waller ['wɔlə]
Walmer ['wɔ:lmə]
Walmisley ['wɔ:mzli]
Walney ['wɔ:lni]
Walpole ['wɔ:lpoul]
Walpurgis [væl'puəgis, -'pə:gis]
Walsall ['wɔ:lsɔ:l]
Walsingham ['wɔ:lsiŋəm]
Walt [wɔ:lt]
Walter(s) ['wɔ:ltə(z)]
Waltham ['wɔ:ltəm]
Walthamstow ['wɔ:ltəmstou, -lθəm-]
Walther Ger ['va:ltə]
Walthew ['wɔ:lθju:]
Walton ['wɔ:ltən]
Wandsworth ['wɔndzwə:θ]
Wanganui [,wɔŋə'nui]
Wann [wɔn]
Wanstead ['wɔnstid]
Wapping ['wɔpiŋ]
Wappinger ['wɔpindʒə]
Warbeck ['wɔ:bek]
Warburton ['wɔ:bətn]
Ward [wɔ:d]
Warden ['wɔ:dn]
Wardlaw ['wɔ:dlɔ:]
Wardle ['wɔ:dl]
Wardour ['wɔ:də]
Wareham ['wɛərəm]
Waring ['wɛəriŋ]
Warmington ['wɔ:miŋtən]
Warne [wɔ:n]
Warre [wɔ:]
Warren ['wɔrin]
Warsaw ['wɔ:sɔ:] *Warschau*
Warspite ['wɔ:spait]
Warwick(shire) ['wɔrik(ʃiə)]
Wasbrough ['wɔzbrə]
Washington ['wɔʃiŋtən]
Wasson ['wɔsn]
Wast [wɔst]
Wat [wɔt] *Kosef. f* Walter
Waterhouse ['wɔ:təhaus]
Waterloo [,wɔ:tə'lu:; '– – –]
Waters ['wɔ:təz]
Watkins ['wɔtkinz]
Watson ['wɔtsn]
Watteau ['wɔtou; 'vætou]
Watt(s) [wɔt(s)]

Watts-Dunton ['wɔts'dʌntn]
Wauchope ['wɔ:kəp]
Waugh [wɔ:; ⟨Scot⟩ wɔf]
Waverley ['weivəli]
Wayland ['weilənd]
Wayne [wein]
Wealden ['wi:ldən]
Wear [wiə]: the ~ *der W.*
Wearing ['wɛəriŋ]
Wearmouth ['wiəmɔθ]
Wearn [wɔ:n]
Weatherport ['weðəpɔ:t]
Webb [web]
Webster ['webstə]
Wedderburn ['wedəbə:n]
Wedgwood ['wedʒwud]
Wednesbury ['wenzbəri; 'win-]
Weedon ['wi:dn]
Weguelin ['wegəlin]
Wei-hai-wei ['weihai'wei]
Weimar ['vaima:]
Weldon ['weldən]
Welland ['welənd]
Weller ['welə]
Wellesley ['welzli]
Wellington ['weliŋtən]
Wells [welz]
Welwyn ['welin]
Wemyss [wi:mz]
Wendell ['wendl]
Wenlock ['wenlək]
Wentworth ['wentwə:θ]
Wesley ['wezli]
Wessex ['wesiks]
Westbourne ['westbɔ:n]
Westgate ['westgit]
Westmeath ['westmi:θ]
Westminster ['wes(t)minstə]
Westmor(e)land ['wes(t)mə-lənd]
Weston ['westən]; ~-super-Mare [~,sju:pə'mɛə]
Westphalia [west'feiljə] *Westfalen*
Westward Ho ['westwəd'hou]
Wetherell ['weðərəl]
Wexford ['weksfəd]
Weyman ['weimən]
Weymouth ['weiməθ]
Whait [weit]
Whalley *Familienname* ['wɔ:li, 'weili]
Wharam ['wɛərəm]
Wharton ['wɔ:tn]
Whateley ['weitli]
Whatmough ['wɔtmou]
Wherwell ['hʌrəl]
Whewell ['hju(:)əl]
Whipsnade ['wipsneid]
Whistler ['wislə]
Whitaker ['witikə]
Whitby ['witbi]
Whitchurch ['wittʃə:tʃ]
Whitechapel ['wait,tʃæpl]
Whitefield ['waitfi:ld]
Whitehall ['wait'hɔ:l; '– –]
Whitman ['witmən]
Whitney ['witni]
Whittaker ['witikə]
Whittier ['witiə]
Whittingham(e) ['witindʒəm]
Whittington ['witiŋtən]
Whitworth ['witwə:θ]
Whyte [wait, hw–]
Wickham ['wikəm]
Wickliffe ['wiklif]
Widdicombe ['widikəm]
Widnes ['widnis]

Wieland ['vi:lənd]
Wiesbaden ['vi:sba:dn]
Wigan ['wigən]
Wiggins ['wiginz]
Wight [wait]
Wightwick ['witik]
Wigmore ['wigmɔ:]
Wilberforce ['wilbəfɔ:s]
Wilcox ['wilkɔks]
Wilde [waild]
Wilder ['waildə]
Wilding ['waildiŋ]
Wilfred, Wilfrid ['wilfrid] *Wilfried*
Wilhelmina [,wilə'mi:nə]
Wilkes [wilks] || Wilkie ['wilki]
Wilkins ['wilkinz]
Wilkinson ['wilkinsn]
Will [wil] (*Kosef. f* William) *Willi*
Willard ['wila:d]
Willesden ['wilzdən]
William ['wiljəm] *Wilhelm*; ~s [~z]; ~son [~sn]
Willie, Willy ['wili] (*Kosef. f* William) *Willi*
Willis ['wilis]
Willoughby ['wiləbi]
Wilmcote ['wiŋkət]
Wilmot(t) ['wilmət]
Wilshire ['wilʃiə]
Wilson ['wilsn]
Wilton ['wiltən]
Wilts [wilts] = Wiltshire
Wiltshire ['wiltʃiə]
Wimbledon ['wimbldən]
Wimborne ['wimbɔ:n]
Wimpole ['wimpoul]
Winchelsea ['wintʃlsi]
Winchester ['wintʃistə]
Winchilsea ['wintʃlsi]
Windermere ['windəmiə]
Windsor ['winzə]
Wingfield ['wiŋfi:ld]
Winifred ['winifrid] *Winfrieda*
Winkie ['wiŋki]
Winkle ['wiŋkl]
Winnie, Winny ['wini] *Kosef. f* Winifred
Winnipeg ['winipeg]
Winslow ['winzlou]
Winstanley ['winstənli]
Winston ['winstən]
Winterton ['wintətən]
Wisbech ['wizbi:tʃ]
Wisconsin [wis'kɔnsin]
Wistar ['wistə]
Witham ['wiðəm]; *Stadt in* Essex ['witəm]
Wittenberg ['vitnbə:g]
Witwatersrand [wit'wɔ:təz-rænd]
Wladimir ['vlædimiə]
Woburn *Straße in* London ['woubə:n]; *Ort* ['wu:bə:n]
Wodehouse ['wudhaus]
Woden ['woudn] *Wodan*
Woking ['woukiŋ]
Wolborough ['wɔlbərə]
Wolf [wulf]
Wolff [wulf; vɔlf]
Wolfing ['wulfiŋ]
Wollaston ['wuləstən]
Wollstonecraft ['wulstən-kra:ft]
Wolseley ['wulzli]

Wolsey ['wulzi]
Wolsingham ['wɔlsíŋəm]
Wolstanton ['wulstæntən; *örtlich* 'wulstən]
Wolverhampton [‚wulvə-'hæmptən]
Wolverton ['wulvətn]
Wombwell ['wumbl]
Woodbine ['wudbain]
Woodroffe ['wudrɔf]
Woodrow ['wudrou]
Woodstock ['wudstɔk]
Wookey ['wuki]
Woolley ['wuli]
Woolwich ['wulidʒ]
Worcester(shire) ['wustə(ʃiə)]
Wordsworth ['wə:dzwə(:)θ]
Worksop ['wə:ksɔp]
Worrall ['wʌrəl]
Worsley ['wə:sli; 'wə:zli]
Worstead ['wustid]
Worthing ['wə:ðiŋ]; ~ton [~tən]
Wortley ['wə:tli]
Wotton ['wɔtn]
Wrath [rɔ:θ; Scot rɑ:θ]
Wratislaw ['rætislə:]
Wraxall ['ræksə:l]
Wray [rei]
Wreay [rei]
Wrekin ['ri:kin]
Wren [ren]
Wrexham ['reksəm]
Wright [rait]
Wriothesley ['rɔtsli]
Wrotham ['ru:təm]
Wrottesley ['rɔtsli]
Wroxham ['rɔksəm]
Wuthering ['wʌðəriŋ]
Wyat(t) ['waiət]
Wych [waitʃ; witʃ]
Wycherley ['witʃəli]
Wyclif(fe) ['wiklif]
Wycombe ['wikəm]
Wye [wai]
Wygram ['waigrəm]
Wykeham ['wikəm]
Wyld(e) [waild]
Wyl(l)ie ['waili]
Wyman ['waimən]
Wymondham ['wiməndəm; *örtlich* 'windəm]
Wyndham ['windəm]
Wynyard ['winjəd]
Wyoming [wai'oumiŋ]
Wytham ['waitəm]

X

Xanadu ['zænədu:]
Xanthippe [zæn'tipi]
Xanthus ['zænθəs]
Xavier ['zæviə]
Xenophon ['zenəfən]
Xerxes ['zə:ksi:z]

Y

Yahoo [jə'hu:]
Yahveh ['jɑ:vei]
Yakutsk [jɑ:'kutsk]
Yale [jeil]
Yangtse-Kiang ['jæŋtsi(:)-'kjæŋ]
Yank [jæŋk]
Yardley ['jɑ:dli]
Yare [jɑ:; jɛə]
Yarmouth ['jɑ:məθ]
Yate(s) [jeit(s)]
Yatman ['jætmən]
Yealmpton ['jæm(p)tən]
Yeames [ji:mz]
Yeates [jeits]
Yeatman ['ji:tmən, 'jeitmən]
Yeats [jeits]
Yed(d)o ['jedou]
Yellowstone ['jeloustoun; –stən]
Yemen ['jeimən]
Yenisei [‚jeni'seii]
Yeo [jou]
Yeobright ['joubrait]
Yeovil ['jouvil]
Yerkes Am ['jə:ki:z]
Yetholm ['jetəm]
Yezo ['jezou]
Yokohama [‚jouko'hɑ:mə]
Yonge [jʌŋ]
Yorick ['jɔrik]
York [jɔ:k]; ~shire ['~ʃiə]
Yorke [jɔ:k]
Yosemite *in Kalifornien* [jou-'semiti]
Yost [joust] *Jost, Just*
Youghal *ir. Hafen* [jɔ:l]
Youmans ['ju:mənz]
Young(e) [jʌŋ]
Younger ['jʌŋgə]
Younghusband ['jʌŋ‚hʌzbənd]
Youngman ['jʌŋmən]
Ypres *in Belgien* [i:pr, 'i:prəz] *Ypern*
Ysaye [i'saii]
Yser ['i:zə]: the ~ *die Yser* (*in Belgien*)

Ythan ['aiθən]
Yucatan [‚ju:kə'tɑ:n]
Yugo-Slavia ['ju:gou'slɑ:viə] *Jugoslawien*
Yuill ['ju(:)il]
Yukon ['ju:kən]
Yussuf ['jusuf]

Z

Zabulon [zə'bju:lən]
Zacchæus [zæ'ki(:)əs]
Zachariah [‚zækə'raiə] *Zacharias*
Zachary ['zækəri]
Zadok ['zeidɔk]
Zama ['zɑ:mə]
Zambesi [zæm'bi:zi]
Zambezia [zæm'bi:ziə]
Zangwill ['zæŋgwil]
Zanzibar [‚zænzi'bɑ:] *Sansibar*
Zara ['zɛərə]
Zarathustra [‚zærə'θu:strə]
Zaria ['zɑ:riə]
Zaza ['zɑ:zə]
Zealand ['zi:lənd] *Seeland*
Zebadiah [‚zi'bædjɑ:] *Seb·adja*
Zebedee ['zebidi:] *Zebedäus*
Zebub ['zi:bʌb]
Zechariah [‚zekə'raiə]
Zedekiah [‚zedi'kaiə] *Zedekias*
Zeeb [zi:b, 'zi:eb]
Zeeland ['zi:lənd]
Zeiss Ger [zais]
Zeno ['zi:nou]
Zenobia [zi'noubiə]
Zephaniah [‚zefə'naiə] *Zephanja*
Zephyr ['zefə]
Zephyrus ['zefərəs]
Zepp [zep] *abbr f* Zeppelin (*Luftschiff*)
Zeppelin ['zepəlin]
Zermatt ['zə:mæt]
Zetland ['zetlənd] = Shetland
Zeus [zju:s]
Ziklag ['ziklæg]
Zimri ['zimrai]
Zion ['zaiən]
Zoar ['zouɑ:]
Zoe ['zoui]
Zola ['zoulə]
Zoroaster [‚zɔro(u)'æstə]
Zouch(e) [zu:ʃ]
Zuleika [zu:'laikə] *Suleika*
Zululand ['zu:lulænd]
Zürich ['zjuərik]
Zutphen ['zutfən]
Zuyder Zee ['zaidə'zei; –'zi:]

II. SIGNS · ZEICHEN

III. ABBREVIATIONS AND CONTRACTIONS

ABKÜRZUNGEN

For international (and French, etc) abbreviations see vol. II pp. 1286–1305

Signs · Zeichen

³1953 ⟨typ⟩ *3. Auflage 1953*
°   degree *Grad, Altgrad*
′   minute *Altminute*   → I. 3. Mathe-
″   second *Altsekunde*   matical signs

′   ⟨engl⟩ foot, feet
″   ⟨engl⟩ inch, inches   → Measures, p. 1109ff.

Astronomical Signs

1. The solar system

⊙ the Sun, *Sonne*
☿ Mercury, *Merkur*
♀ Venus, *Venus*
♁ the Earth, *Erde*
● the New Moon, *Neumond;* → moon
☽ the first quarter of the moon, *zunehmender Mond, erstes Viertel*
○ the Full Moon; *Vollmond;* → moon
☾ the last quarter of the moon, *abnehmender Mond, letztes Viertel*
♂ Mars, *Mars*
♃ Jupiter, *Jupiter*
♄ Saturn, *Sat·urn*
� Uranus, ·*Uranus*
♆ Neptune, *Nept·un*
♇ Pluto, *Pluto*

2. Zodiac (*Der Tierkreis, Zod·iakus*)

♈ Aries, *Widder*
♉ Taurus, *Stier*
♊ Gemini, the Twins, *Zwillinge*
♋ Cancer, *Krebs*
♌ Leo, *Löwe*
♍ Virgo, *Jungfrau*
♎ Libra, *Waage*
♏ Scorpio, *Skorpion*
♐ Sagittarius, *Schütze*

♑ Capricorn, *Steinbock*
♒ Aquarius, *Wassermann*
♓ Pisces, *Fische*

3. Mathematical signs

$+$ plus *plus* ‖ positive *positiv* ‖ (after figures) approximately, with some figures omitted at the end *und einiges mehr* e.g. $\pi = 3.14\,1592\,+$
$-$ minus *minus* ‖ negative *negat·iv* ‖ (after figures) approximately *und einiges weniger*
$\pm$ plus or minus *plus minus* ‖ approximately *ungefähr*
$\times$, (⟨Ger *a*⟩ ·) times; multiplied by *mal*
$:, /$ divided by *geteilt durch* ‖ : to *zu*
$::$ .. as .. *verhält sich wie* ..; e.g. $2 : 4 = 1 : 2$ or
$=$ equals; is equal to *gleich*
$\approx$ almost equal *nahezu gleich*
$\cong$ is congruent to *kongruent* [dat]
$\sim$ similar, proportional *ähnlich, proportion·al*
$<$ is less than *kleiner als*
$>$ is greater than *größer als*
∞ infinity *unendlich*
$\|$ parallel *paral·ell*
$\perp$ is perpendicular to *rechtwinklig zu*
$\sqrt{}$ (indicating the) square root of *Wurzel aus* e.g. $\sqrt{81} = 9$
$\varnothing$ diameter *Durchmesser*
$\sphericalangle$ angle *Winkel*
$/$ p, per *je*; e.g. t/m = ton per meter, miles/h = miles per hour
$^0/_0$ per cent *vom Hundert, Prozent*
$^0/_{00}$ per mill *vom Tausend, Promille*
... to *bis*; e.g. 12 .. 15 = from 12 to 15 (*beide Zahlen eingeschlossen*)
12 .. (15 = from 12 to 15 [without 15]
12) .. 15 = from 12 to 15 [without 12]
AB line AB *Strecke AB*
ÂB arc AB *Bogen AB*
°   degree(s) *Grad, Altgrad*
′   minute *Bogenminute*, e.g. 45°30′
″   second *Bogensekunde*, e.g. 45°30′15″

Abbreviations and Contractions · Abkürzungen

(*Abkürzungen internationaler Verbände u. Organisationen* → a Bd. II.)

A

A: ⟨mus⟩ alto ‖ ⟨chem⟩ argon ‖ ⟨Am⟩ Army ‖ → G.C.E. ‖ Academy ‖ America(n) ‖ Absolute (temperature) ‖ ampere ‖ assembly
A.: adult (= ⟨film⟩ for adults only) ‖ air ‖ alto ‖ (Fr) avancer (on timepiece regulator = accelerate)
a.: about ‖ accepted ‖ acting ‖ adjective ‖ after ‖ afternoon ‖ anode ‖ anonymous ‖ answer ‖ area ‖ at
A1: first-class ship in 'Lloyd's Register'; → A, *Wörterbuch*
A.A.: Associate in Arts ‖ Automobile Association ‖ anti-aircraft
AAA: American Automobile Association *Amerikanischer Automobil-Club*
A.A.A.: Amateur Athletic Association ‖ anti-aircraft artillery, [attr]: ∼ operations *Flakeinsatz* m ‖ ⟨Am⟩ Agricultural Adjustment Administration
AA Bln: anti-aircraft balloon
AAC: ⟨Am⟩ Alaskan Air Command
A.A.C.: (L) anno ante Christum (in the year before Christ)

AACP: The Anglo-American Council on Productivity *Anglo-Amerikanischer Produktivitäts-Rat*
AACS: ⟨Am⟩ Airways & Air Communications Service
A.A.F.: Army Air Forces ‖ Auxiliary Air Force
AAFCE: Allied Air Forces Central Europe
AAFNE: Allied Air Forces Northern Europe
A.A.G.: Assistant Adjutant General ‖ ⟨Am⟩ Air Adjutant General
A-A GR: air-to-air gunnery range
AALO: anti-aircraft liaison officer
A-AM: air-to-air missile *Jagdrakete*
AAML: ⟨Am⟩ Arctic Aero Medical Laboratory
A. and M.: Ancient and Modern (Hymns)
a.a.O.: ⟨Ger⟩ *am angeführten Orte* (at the place quoted)
A.A. of A: Automobile Association of America
A.A.P.S.: American Association for the Promotion of Science
A.A.Q.M.G.: Acting Assistant Quarter-

master-General || Assistant Adjutant and Q.M.G.

AAR, a.a.r.: against all risk || all average recoverable *gegen alle Risiken*

AB: air base || **A/B:** airbill

A.B.: able-bodied seaman || (L) Artium Baccalaureus, Bachelor of Arts (*mst* B.A.) || army book

A.B.A.: Amateur Boxing Association

abbr.: abbreviated, abbreviation

ABC: the alphabet || alphabetical railway guide || American & British Commonwealth Association || Associated British Cinemas

ABC: Allied Banking Commission *Alliierte Banken-Kommission des* HICOM, *Frankfurt* || American Broadcasting Company, New York *Amerikanische Rundfunkgesellschaft*

A.B.C.: Aerated Bread Company || Argentina, Brazil, and Chile

ABC-Code: ⟨engl⟩ *der führende Schlüssel für Kurzwörter im Telegrammverkehr*

A.B.D.A.: American, British, Dutch East Indies and Australia

ab init.: (L) ab initio, from the beginning

abl.: ablative

abn.: airborne *in der Luft befindlich, Bord–*

A-Bomb → *Wörterbuch*

Abp.: Archbishop

abr.: abridged

abs.: absolute || ⟨*bes* mil⟩ absent, absentee || abstract

A.B.S.: American Bible Society

A.B.T.U.: Arms Basic Training Unit

Ac: altocumulus

A/C: ⟨Am⟩ aviation cadet || ⟨aero⟩ absolute ceiling *höchste Gipfelhöhe*

ac: acre (*etwa 40,5 Ar*)

A.C.: Aero Club || Alpine Club || ⟨el⟩ alternating current || (L) ante Christum (before Christ) || Appeal Court || Air Commodore || Aircraftman

A/c ⟨aero⟩ aircraft

a/c: account

ACA: Allied Commission for Austria *Alliierte Kommission für Österreich, Wien*

A.C.A.: Associate of the Institute of Chartered Accountants

acad.: academy || academic

ACAG: Allied Control Authority for Germany *Alliierter Kontrollrat, Berlin*

acc.: acceptance (bill) || account || accusative || accompanied || according

accel.: ⟨mus⟩ accelerando

A.C.F.: Air Cadet Force

Accl: ⟨*bes* mil⟩ accidental injury

acct: account

AC/DC: ⟨wir⟩ ∼ receiver *Allstromempfänger* m, ∼ set *–gerät* n

acdt: accident

A.C.G.B.: Arts Council of Great Britain

A.C.G.B.I.: Automobile Club of Great Britain and Ireland

A.C.I.: Army Council Instruction

A.C.I.S.: Associate of the Chartered Institute of Secretaries

ACM: ⟨Am⟩ Air Court Martial

A.C.P.: Associate of the College of Preceptors

AC & SS: ⟨Am⟩ Air Command and Staff School

ACR: Allied Commission on Reparations *Alliierte Reparations-Kommission* → IARA

A.C.T.: Association of Ciné Technicians

act.: ⟨gram⟩ active || activation, activate

A.C.U.: Autocycle Union

AC & W: Air Control & Warning *Flugsicherungs– u Warnorganisation* f

A.C.W.: Aircraftwoman

AD: ⟨*bes* Am mil⟩ active duty

A/D: ⟨Am⟩ air port

A.D.: (L) Anno Domini (in the year of our Lord) || ⟨Ger⟩ *außer Diensten* (retired)

a.d.: ⟨com⟩ after date *nach Ausstellungsdatum*

ad.: adapted || advertisement

A.D.: Agricultural Department || Armoured Division

Ad.: aerodrome

ADA: ⟨Am⟩ Air Defense Area || Americans for Democratic Action (a pressure group)

ADC: ⟨Am⟩ Air Defense Command *Luftverteidigungskommando* n

A.D.C.: Aide-de-camp || Amateur Dramatic Club

AdC: ⟨*bes* mil⟩ adopted child

add: addition, additional

ADF: air direction finder *automatisches Funkpeilgerät* n

ad fin.: (L) ad finem (towards the end)

ad inf.: (L) ad infinitum (to infinity)

ad init: (L) ad initium (to *od* at the beginning)

ad int.: (L) ad interim (meanwhile)

ADiv: ⟨Am⟩ air division

ADIZ: ⟨Am⟩ Air Defense Identification Zone

adj.: adjective || adjourned || adjustment

Adj., Adjt.: Adjutant

ad lib.: (L) ad libitum (at pleasure)

ad loc.: (L) ad locum (at the place)

Adm.: Admiral || Admiralty || admission || administrative || administrator

admin: administration, –ative

admor.: administrator

adrm: airdrome

adv.: (L) ad valorem || adverb || advertisement || advocate

Adv.: Advent

advt.: advertisement

A.E.: pen-name of George William Russell († 1935)

Æ: third-class ship in 'Lloyd's Register'

ae.: (L) aetatis (of age) → aet.

AEC, A.E.C.: Atomic Energy Commission (→ SC), Commission de l'Energie Atomique *Atom-Energie-Kommission des Sicherheitsrates der UN, New York*

AEC: US-Atomic Energy Commission, Washington *Atom-Energie-Kommission des „Nationalen Verteidigungsrates"* (NSC) *der USA*

AEDC: ⟨Am⟩ Arnold Engineering Development Center

AEF: American Expeditionary Force

A.E.L.T.C.: All England Lawn Tennis Club

A.E.R.A.: Associate Engraver Royal Academy

aero.: aeronautics

aet., aetat.: (L) aetatis (aged, of age)

A.E.U.: Amalgamated Engineering Union

AEW: Air Early Warning

AF: ⟨Am⟩ Air Force || audio-frequency *Nieder–, Tonfrequenz* f

A.F.: Admiral of the Fleet || (with) all faults

A.F.A.: Amateur Football Association

AFAS: ⟨Am⟩ Air Force Aid Society

AFB: Air Force base *Fliegerhorst* m

A.F.B.S.: American and Foreign Bible Society

AFBU: Air Force base unit

A.F.C.: Air Force Cross

AFF: ⟨Am⟩ Army Field Forces

AFIS: ⟨Am⟩ Armed Forces Information School

AFL: American Federation of Labor *USA-Gewerkschaftsorganisation*

A.F.L.: Air Force Letter

afld: air field
AFM: ⟨Am⟩ Air Force Manual
A.F.M.: Air Force Medal
AFN, A.F.N.: American Forces Network
Amer. Wehrmachtsender
AFNA: ⟨Am⟩ Air Force with Navy
AFNC: ⟨Am⟩ Air Force Nurse Corps
A.F. of L.: American Federation of Labor
AFPS.: ⟨Am⟩ Armed Forces Press Service
AFPU: ⟨Am⟩ Air Force postal unit
AFQT: ⟨Am⟩ Armed Forces Qualification
Test
AFR: ⟨Am⟩ Air Force Regulation
Afr.: Africa ‖ African
AFROIC: ⟨Am⟩ Air Force Resident Officer
in Charge
AFROTIC: ⟨Am⟩ Air Force Reserve Officers'
Training Corps
AFRS: ⟨Am⟩ Armed Forces Radio Service
A.F.S.: Auxiliary Fire Service
AFSN: ⟨Am⟩ Air Force service number
AFT: air freight terminal
AFVA: Air Force Visiual Aids
AFWA: ⟨Am⟩ Air Force with Army
A.G.: Adjutant-General ‖ Agent-General ‖
Attorney-General ‖ Air Gunner ‖ ⟨Ger⟩
Aktiengesellschaft (joint-stock company)
Ag: (L) argentum (silver)
AGC: ⟨mil⟩ Adjutant General's Corps
A-G GR: air-to-ground gunnery range
agr.: agriculture ‖ agricultural
AGRS: American Grave Registration Service
Agt., agt.: agent ‖ agreement
Ah: ampere-hour
A/I: ⟨Am⟩ aptitude index
A.I.: American Institute ‖ ⟨Am⟩ air inspector
‖ ⟨aero radar⟩ Aircraft Interception
A.I.C.: Associate of the Institute of Chemistry
A.I.C.E.: Associate of the Institution of
Civil Engineers
A.I.D.: Army Intelligence Department
A.I.F.: Australian Imperial Force
AIP: Aeronautical Information Publications
Luftfahrthandbuch n
A.I.P.O.: American Institute of Public
Opinion
Air: Airworthiness *Lufttüchtigkeit* f
AirA: air attaché (⟨Am⟩ –che) *Luftwaffen-
attaché*
A.K.C.: Associate of King's College, London
Al: ⟨chem⟩ aluminium, ⟨Am⟩ aluminum
A/L: air lift
A.L.A.: American Library Association
Ala.: Alabama (U.S.A.)
Alas.: Alaska
Alban.: of St. Albans (signature of the
Bishop)
A.L.C.: ⟨Am⟩ Assault Landing Craft
Ald.: Alderman
Alex.: Alexander
alg.: algebra
ALO: air liaison officer
A.L.S.: Associate of the Linnean Society
alt.: alternate ‖ altitude ‖ alto
alum: ⟨chem⟩ aluminium, ⟨Am⟩ aluminum
AM: ⟨Am⟩ air medal ‖ ⟨wir⟩ Amplitude
Modulation, → FM
A.M.: Air Mail ‖ air mechanic ‖ Air Ministry
A.M.: (L) Artium Magister, Master of Arts
(*mst* M. A.)
a.m.: (L) Anno mundi (in the year of the
world) ‖ (L) ante meridiem (before noon); ack
emma
Am.: America ‖ American
A.M.A.: American Medical Association

AMAG: ⟨Am⟩ American Mission for Aid to
Greece
AMATC: ⟨Am⟩ Air Material Armament Test
Center
AMC: ⟨Am⟩ Air Material Command *Luft-
waffenkommando* n *f Ausrüstung u Gerät*
A.M.D.G.: (L) ad majorem Dei gloriam (to
the greater glory of God)
Amer.: America ‖ American
AMG: Allied Military Government ‖
American Military Government
AMGET: Allied Military Government for
Enemy Territory (*nach 1943 ersetzt älteres*
AMGOT)
AMGOT: Allied Military Government for
Occupied Territory, → AMGET
A.M.I.E.E.: Associate Member of the Institu-
tion of Electrical Engineers
AmInd: American Indian
AML: ⟨Am⟩ aero medical laboratory
Amm., ⟨Am⟩ ammo: ammunition
amp.: ampère
amph: amphibian, –bious
A.M.S.: Army Medical Staff
AMSL: above mean sea level
amt.: amount
A.-N.: Anglo-Norman
an.: anode
anal.: analogous ‖ analogy ‖ analysis
anat.: anatomy
ANB: Air Navigation Bureau
ANC: ⟨Am⟩ Army Nurse Corps
anc.: ancient
A.N.E.C.: American Near East Corporation
angl.: (L) anglice (in English)
ANGUS: ⟨Am⟩ Air National Guard of the
US
ann.: annual ‖ annuity
anon.: anonymous ‖ **ans.:** answer
antiq.: antiquity
A.N.Z.A.C.: → Anzac, *Wörterbuch*
ANZUS: (*Militärbündnis*) Australia, New
Zealand, USA
AO: airdrome officer
A.O.: Army Order ‖ **a/o:** account of
AOA: American Overseas Aid, Inc.
A.O.C.: Army Ordnance Corps ‖ Air Officer
Commanding *Geschwaderkommodore* m
A.O.D.: Army Ordnance Department
A.O.F.: Ancient Order of Foresters
A. of F.: Admiral of the Fleet
A.O.L.: ⟨mil⟩ absent over leave
AOP: air observation post
A.O.U.: American Ornithologists' Union
AP: ⟨Am⟩ air police ‖ air publication *Luft-
waffen-Dienstvorschrift* f
AP: Associated Press of America *US-Nach-
richten-Agentur, New York*
Ap.: Apostle ‖ April
A.P., AP: American Patent ‖ Associated
Press
ap: ⟨Am⟩ air plane
a/p: ⟨mil⟩ armo(u)r piercing
A. & P.: ⟨Am⟩ Atlantic and Pacific chain-
store
A.P. ⟨mar ins⟩ additional premium *Zulage-
Prämie*
A.P.A.: All Peoples Association ‖ American
Protestant Association
A.P.C.: Auxiliary Pioneer Corps
A.P.D.: Army Pay Department ‖ Armament
Profits Duty
APG: ⟨Am⟩ Air Proving Ground
APM: ⟨Am⟩ Air Provost Marshal
A.P.M.: Assistant Provost-Marshal
APO: Army Post Office ‖ ⟨Am⟩ Air post
office

app.: apparant || appended || appendix || appointed || apprentice

appro.: approbation || approval

approx.: approximate(ly)

Apr.: April || **A/Pr:** air priority || **aprt:** airport

aprx: ⟨mil⟩ approximate(ly)

A.P.S.: Aborigines Protection Society || Associate of the Pharmaceutical Society || ⟨Am⟩ Air Pictorial Service

APT: ⟨Am⟩ Airman Proficiency Test

Apt.: apartment

APU: Army Postal Unit || ⟨aero⟩ Auxiliary Power Unit *Start–, Anlaßwagen* m

AQE: ⟨Am⟩ Airman Qualifying Examination

A.Q.M.G.: Assistant Quartermaster-General

AR: ⟨astron⟩ Ascensio recta, *gerade Aufsteigung*

ar.: arrival || arrive(s)

A.R.: (L) anno regni (in the year of the reign) || annual return || ⟨ins⟩ all risks *alle Gefahren*

a.r. ⟨ins⟩ all risks *alle Risiken*

a/r: at the rate of

A.R.A.: Associate of the Royal Academy, London

A.R.A.M.: Associate of the Royal Academy of Music

A.R.B.A.: Associate of the Royal Society of British Artists

A.R.C.: Automobile Racing Club || American Red Cross

arc: (L) arcus *Bogen* m

A.R.C.A.: Associate of the Royal College of Art

arch.: archaic || archipelago || architect(ure)

archaeol.: archaeology

archit.: architecture

A.R.C.M.: Associate of the Royal College of Music

A.R.C.O.: Associate of the Royal College of Organists

A.R.C.S.: Associate of the Royal College of Science

ARDC: ⟨Am⟩ Air Research and Development Command

A.R.E.: Associate of the Royal Society of Painter-Etchers

Argyl.: Argyllshire

A.R.H.A.: Associate of the Royal Hibernian Academy

A.R.I.B.A.: Associate of the Royal Institute of British Architects

A.R.I.C.: Associate of the Royal Institute of Chemistry

arith.: arithmetic

Ariz.: Arizona (U.S.A.)

Ark.: Arkansas (U.S.A.)

Arkie: ⟨Am⟩ *landwirtschaftlicher Wanderarbeiter v Arkansas*

arm: armament

ARO: Asian Relations Organization, New Delhi *Organisation für asiatische Beziehungen*

AROTC: ⟨Am⟩ Air Reserve Officer's Training Corps

A.R.P.: Air Raid Precaution(s) || air raid protection *Luftschutz* m

A.R.R.: (L) Anno regni Reginae (Regis) (in the year of the Queen's or King's reign)

arr.: arrival || arrives; arrived

ARS: ⟨Am⟩ Air Rescue Service

A.R.S.A.: Associate of the Royal Scottish Academy || Associate of the Royal Society of Arts

A.R.S.L.: Associate of the Royal Society of Literature

A.R.S.M.: Associate of the Royal School of Mines (*jetzt* = A.R.C.S.)

art.: article || artificial || artillery || artist

arty: ⟨Am⟩ artillery

A.R.W.S.: Associate of R.W.S.

As: ⟨chem⟩ arsenic || ⟨meteor⟩ altostratus

a/s: airspeed || ⟨com⟩ after sight *nach Sicht*

A.-S.: Anglo-Saxon

A.S.A.: Amateur Swimming Assosiation

ASAP: ⟨mil⟩ as soon as possible

A.S.C.: Army Service Corps (*jetzt*: R.A.S.C.) || American Society of Cinematographers

A.Sc.: Associate in Science

ASDIC: Anti-Submarine Detector Indicator (*engl. Ortungsgerät* n)

A.S.E.: Amalgamated Society of Engineers

ASG: ⟨Am⟩ Aeronautical Standards Group

A.S.G.B.: Aeronautical Society of Great Britain

ASM: air-to-surface missile

ASR: Airport Surveillance Radar

A.S.R.S.: Amalgamated Society of Railway Servants

ass.: assistant || association

Assoc.: Association

asst.: assistant, assist, assistance

assy: assembly

astron.: astronomy

ASV: air-to-surface vessel radar

A.T.: Anti-tank [attr] || air temperature || air transport

at.: atmospheres || atomic

ATA: Air Transport Auxiliary

ATB: Air Transport Bureau

A.T.C.: Air Training Corps || Approved Type Certificate

ATD: ⟨Am⟩ Armament Test Division

Atl: Atlantic

atm: atmosphere || atmospheric

at. no.: atomic number

ATO: ⟨aero⟩ assist take-off

ATRC: ⟨Am⟩ Air Training Command

ATRO: ⟨Am⟩ Acting Transportation Officer

A.T.S.: Auxiliary Territorial Service || Air traffic Services || ⟨Am⟩ Air Transport Service

Att.-Gen.: Attorney-General

attn.: attention (= *zu Händen von*)

at.wt.: atomic weight

AU: ⟨Am⟩ Air University

A.U.: Ångström Unit

A. U.: astronomic unit *astronomische Einheit* $1,49504 \times 10^{17}$ m $= 10^6$ A. U.

A.U.C.: (L) ab urbe condita

Aud Gen: Auditor General

augm: augment, augmentation

AUM: air-to-underwater missile

a.u.n.: (L) absque ulla nota (= unmarked)

AUS: Army of the United States

auth: authentic || author || authority || authorize(d)

auto: automatic || automotive

autmv: automotive

aux(il): auxiliary *Hilfs–*

A.V.: Authorized Version (of the Bible)

a/v: (L) ad valorem (according to value)

av.: avenue || average

A.V.C.: Army Veterinary Corps

avdp.: avoirdupois

Ave.: Avenue

avg: average *Mittel–*

avgas: ⟨Am⟩ aviation gasoline *Flugkraftstoff* m

avlub: ⟨Am⟩ aviation lubricant

A.V.M.: Air Vice-Marshal

avn: aviation

avoil: ⟨Am⟩ aviation oil

A.V.R.E.: Armoured Vehicles Royal Engineers
a/w: ⟨aero⟩ all-weather
AW: Article of War ‖ automatic weapon
A/W: actual weight ‖ all water (transport)
AWC: ⟨Am⟩ Air War College
AWOL: absence *od* absent without (official) leave *unerlaubte Entfernung v der Truppe* (*u. v d. Tr. entfernt*); to go ∼ ⟨sl⟩ *schwänzen, verduften*
AWS: ⟨Am⟩ Air Weather Service
A.W.V.S.: American Women's Voluntary Service
AWY: air way
ax.: axiom
Azm: azimuth

B

B: ⟨chem⟩ boron ‖ black (of pencil-lead ‖ ⟨mil⟩ base ‖ ⟨aero⟩ bomber ‖ ⟨chess⟩ bishop
B.: Baron ‖ ⟨mus⟩ Bass ‖ Bay ‖ ⟨chess⟩ bishop ‖ bacillus ‖ bible ‖ Boston ‖ British ‖ Brotherhood
B/–: ⟨com⟩ bag ‖ bale
b.: born ‖ ⟨crick⟩ bowled
B.A.: (L) Baccalaureus Artium, Bachelor of Arts ‖ British Academy ‖ British Association
Ba: ⟨chem⟩ barium
BABS: ⟨aero⟩ beam approach beacon system *Leitstrahl-Funkfeueranlage* f
B.A.C.: battleship aircraft carrier
bact(er).: bacteriology
BAFV: British Armed Forces Vouchers [pl] *Britisches Militär-Geld* n *der Besatzungstruppen*
bag: baggage
B.Agr(ic).: Bachelor of Agriculture
bal.: balance
B. & S.: brandy and soda
B.A.O.R.: British Army of the Rhine *Britische Rheinarmee, Bad Oeynhausen*
Bap(t).: Baptist
BAR, B.A.R.: Browning Automatic Rifle
bar.: barometer ‖ barrel ‖ barrister
B.Ar(ch).: Bachelor of Architecture
bar bln: barrage balloon
Bart.: Baronet
Bart's: St. Bartholomew's Hospital, London
Basic (English): British American Scientific International Commercial (English), *im Wortschatz vereinfachtes Englisch*
Bath. & Well.: of Bath and Wells (signature of the Bishop)
batt.: battalion ‖ battery
BB.: double black
B.B.A.: Bachelor of Business Administration
B.B.C.: British Broadcasting Corporation
B.C.: Before Christ ‖ British Columbia ‖ Bachelor of Chemistry
B.C.A.: Bureau of Current Affairs
BCAIR: British Commonwealth Air Force
B.C.E.: Bachelor of Chemical Engineering ‖ Bachelor of Civil Engineering
B.Ch.: (L) baccalaureus chirurgiae, Bachelor of Surgery
B.Ch.D.: Bachelor of Dental Surgery
B.C.L.: (L) baccalaureus civilis legis, Bachelor of Civil Law
bcn: ⟨aero⟩ beacon *Bake* f, *Leuchtfeuer* n
B.Com.: Bachelor of Commerce
B.C.S.: Bengal Civil Service
B.D.: (L) baccalaureus divinitatis, Bachelor of Divinity
Bd.: ⟨Ger⟩ *Band*
bd.: board (→ bds.) ‖ bound
Bde.: Brigade
Bdr: Bombardier
bds.: (bound in) boards

B.D.S.T.: British Double Summer Time
B.E.: Bachelor of Engineering ‖ Board of Education ‖ (Order of the) British Empire
b.e.: bill of exchange
Be: ⟨chem⟩ beryllium
B.E.A.: British East Africa ‖ British Electricity Authority
B.E.A.C.: British European Airways Corporation
B.Ed.: Bachelor of Education
Beds: Bedfordshire
B.E.F.: British Expeditionary Force
Belg.: Belgium ‖ Belgian
B.E.M.: British Empire Medal
Benelux: Belgium, the Netherlands, and Luxemburg (*Zollunion der Beneluxländer*)
Beng.: Bengal ‖ Bengali
B.Eng.: Bachelor of Engineering
Berks: Berkshire
B.E.S.A.: British Engineering Standards Association
B. ès L.: (Fr) Bachelier ès Lettres, Bachelor of Letters
B. ès S.: (Fr) Bachelier ès Sciences, Bachelor of Science
bet.: between
betr.: ⟨Ger⟩ *betreffs, betreffend* (concerning)
bev: ⟨at⟩ billion electron volts (1000 MeV, → d)
B.F., b.f.: ⟨vulg⟩ bloody fool ‖ b.f. ⟨Am fam⟩ boy friend
b/f: brought forward *Übertrag* m
B.F.B.S.: British and Foreign Bible Society
BFN: British Forces Network *Britischer Wehrmachtsender*
BFP: British Forces Program
B'ham: Birmingham
bhd.: ⟨mil⟩ beachhead
b.h.p.: brake horse-power
B.I.: British India ‖ **Bi:** ⟨chem⟩ bismuth
Bib.: Bible ‖ **bibliog.:** bibliography
BIDAC: Biddings and Acceptances Committee *Unterkomitee zur Regelung von Angebot und Nachfrage, Genf*; → ECE
B.I.F.: British Industries Fair
bil: billet *Unterkunft* f
B.I.M.: British Institute of Management
biog.: biography ‖ biographical
biol.: biology ‖ biological
BIOWAR: biological warfare
B.I.S.: Bank for International Settlements
B.I.S.N.C.: British India Steam Navigation Company
biv: bivouac ‖ **bk.:** bank ‖ book
bkg.: banking ‖ **bks:** ⟨mil⟩ barracks
bkt: basket ‖ **B/L, B./L.:** bill of lading
B.L.: (L) baccalaureus legum, Bachelor of Laws
bl.: bale ‖ barrel ‖ **bldg:** building
B.Litt.: (L) Baccalaureus Literarum, Bachelor of Letters
B.LL.: Bachelor of Laws (*mst* LL.B.)
B/M: ⟨Am⟩ bill of material
B.M.: Bachelor of Medicine (*mst* M.B.) ‖ Brigade Major ‖ British Museum
B.M.A.: British Medical Association
B.M.E.: Bachelor of Mining Engineering
B.Mus.: Bachelor of Music
Bn, bn: battalion
B.N.C.: Brasenose College (Oxf.)
B.O.: ⟨bes Am⟩ body odor
b.o.: Branch Office ‖ buyer's option
b/o: back order
B.O.A.: British Olympic Association ‖ British Optical Association
B.O.A.(C.): British Overseas Airways (Corporation)

Bob: Bobsleigh
B. of E.: Bank of England || Board of Education
b.o.m.: ⟨Am⟩ business office must
Bom.C.S.: Bombay Civil Service
B.O.P.: Boys' Own Paper
BOQ: ⟨mil⟩ bachelor officers' quarters *Ledigen-Offiziersunterkunft* f
bor.: borough || **bos'n:** boatswain
B.O.T.: Board of Trade
bot.: botany || botanical || bought
B.O.U.: British Ornithologists' Union
Boy Scout: International Conference of the Boy Scout Movement, London *Internationale Konferenz der Boy Scout Bewegung*
Bp.: Bishop
B.P.: British Pharmacopoeia || the British Public
b.p.: below proof || bills payable || bill of parcels || boiling point
bpl.: birthplace
BPO: ⟨Am mil⟩ base post office
B.Q.: (L) Bene quiescat (may he [she] rest well)
Br.: ⟨chem⟩ bromine
Br.: Brigade || Brig
B.R.: British Railways
B./R. ⟨mar ins⟩ Building risks *Baurisiken*
b.r.: bills receivable
Br.Am.: British America
Braz.: Brazil || Brazilian
B.R.C.S.: British Red Cross Society
b.rec.: bills receivable
Bret.: Breton **brev.:** brevet
brm: barometer **brmc:** barometric
Brig., brig: Brigade || Brigadier
Brig.-Gen.: Brigadier-General
Brit.: Britain || British
Brit. Mus.: British Museum
Britt.: (L) Brittanniarum (on coins), of all the Britains
BRL: ⟨aero⟩ bomb release line
bro.: brother || **Bros.:** ⟨com⟩ Brothers
BS: broadcasting station
B.S.: Bachelor of Surgery || Bachelor of Science (U.S.A.)
b.s.: balance sheet || bill of sale
B.S.A.: British South Africa || Boy Scouts of America || Birmingham Small Arms Co.
B.S.A.A.C.: British South American Airways Corporation
B.Sc.: Bachelor of Science
BSE: ⟨Am⟩ base support equipment
B.S.F.: British Salonica Force
B.S.G.: British Standard Gauge
BSI, B.S.I.: British Standards Institution, *Brit. Norm·alausschuß* m
B.S.L.: Botanical Society of London
BSM: ⟨Am⟩ Bronze Star Medal
B.S.S.: British Standard Specification
B.S.T.: British Summer Time
Bt.: Baronet
B.T.E.: British Troops in Egypt
B.Th.: Bachelor of Theology
B.Th.U.: British Thermal unit
BTO: ⟨aero⟩ bombing through overcast || Big Time Operator
btry: ⟨mil⟩ battery
BTU: British Trade Union *Britischer Gewerkschaftsbund, London*; → TUC Trade Union Congress
B.T.U.: ⟨el⟩ Board of Trade unit (*Kilowattstunde*); British thermal unit (*Kilowattstunde* f)
B.U.: Bread Unit || **bu.:** bushel
Bucks: Buckinghamshire
B.U.F.: British Union of Fascists
bul(l).: bulletin

Bulg.: Bulgaria, Bulgarian
B.U.P.: British United Press, London (*Tochtergesellschaft von* UP)
bus.: bushels
Bur.St.: ⟨Am⟩ Bureau of Standards
B.V.M.: (L) Beata Virgo Maria, the Blessed Virgin Mary
B.W.: ⟨mil⟩ Black Watch (*42. Regiment der Hochländer*) || Board of Works || Biological Warfare
B.W.G.: Birmingham wire gauge
B.W.I.: British West Indies
BWR: ⟨at⟩ boiling water reactor
B.W.T.A.: British Women's Temperance Association
bzw.: ⟨Ger⟩ *beziehungsweise* (respectively)

C

C: ⟨chem⟩ carbon || centum (100) || ⟨mil⟩ Centigrade || cargo (plane) || *Schuhweite C* → Appendix || Council
C.: Cape || Cash || Catholic || Centigrade || Congress || ⟨parl⟩ Conservative
C3: ⟨mil⟩ *dienstuntauglich* || *unbrauchbar*, *minderwertig*
c.: capacity || candle || carton || case || ⟨crick⟩ caught || cent || centime || chapter || colt || cubic || ⟨el⟩ current || (L) circa, circiter, circum (about)
Ca: ⟨chem⟩ calcium
C.A.: Central America || Chartered Accountant || Chief Accountant || Church Association || Coast Artillery || commercial agent || Confederate Army || Consular Agent
ca.: cathode || (L) circa
CA: certificate of airworthiness *Flugzeugzulassung* f; *Luft(fahrzeug)-Tüchtigkeitsschein* m
C/A: capital account || current account
CAA: ⟨Am⟩ Civil Aeronautics Administration
C.A.B.: citizens' advice bureau
c.a.d. ⟨com⟩ cash againt documents *Kasse gegen Dokumente*
CADF: ⟨Am⟩ Central Air Defense Force
C.A.G.: Civil Air Guard
CAirC: ⟨Am⟩ Caribbean Air Command
Cal.: California || large (*od* kilogram-) calorie *Kilokalorie* f
cal.: calendar || caliber || (small) calorie
cal: caliber || calbr: calibration
CAM: ⟨Am⟩ commercial air movement
cam: camouflage
Camb(r).: Cambridge
Cambs: Cambridgeshire
Can.: Canada || Canon || Canto
c. & b.: ⟨crick⟩ caught and bowled by
C & GSC: ⟨Am⟩ Command and General Staff College
Cant.: Canterbury || Canticles
Cantab.: (L) Cantabrigiensis, of Cambridge University
Cantuar.: (L) Cantuariensis, of Canterbury (signature of the Archbishop)
CAP: ⟨Am⟩ Civil Air Patrol
cap.: (L) capitulum (chapter) || capital letter || (L) caput (head) || capacity
Caps.: capital letters || **Capt.:** Captain
Car.: (L) Carolus (Charles)
Card.: Cardinal
Cardig.: Cardiganshire
C.A.R.E.: Committee of American Remittances to Europe, ⟨mod⟩ .. to Everywhere
Carliol.: of Carlisle
Carmarths: Carmarthenshire
cas: ⟨mil⟩ casual, casualty
cat: ⟨mil⟩ category

cat.: catalogue ‖ catechism
Cath.: Cathedral ‖ Catholic
cav.: cavalry
CAVU: ⟨aero⟩ ceiling and visibility unlimited *Wolkenhöhe und Sicht unbegrenzt*
C.B.: Cape Breton (Canada) ‖ Companion of Order of the Bath ‖ ⟨mil⟩ Confined *od* Confinement to Barracks (*Kasernenarrest*) ‖ County Borough
Cb: ⟨meteor⟩ cumulonimbus
c.b.d. ⟨com⟩ cash before delivery *Vorauszahlung*
C.B.E.: Commander of the Order of the British Empire ‖ Companion of the Order of the British Empire
C.B.E.L.: Cambridge Bibliography of English Literature
cbn: carbine
C.B.S.: Columbia Broadcasting System
C.C.: Caius College (Cambridge) ‖ Cape Colony ‖ Circuit Court ‖ Common Council(man), City of London ‖ ⟨el⟩ continuous current *Gleichstrom* m ‖ County Council(lor) ‖ County Court ‖ Cricket Club ‖ Cycling Club
Cc: ⟨meteor⟩ cirrocumulus
cc.: chapters ‖ **c.c.**: cubic centimetre
C.C.C.: Central Criminal Court ‖ ⟨Am⟩ Civilian Conservation Corps ‖ Corpus Christi College (Oxf & Cambr)
CCD: ⟨Am⟩ Civil Censorship Division
CCG(BE): Control Commission for Germany (British Element)
C.C.L.: ⟨fam⟩ (I) couldn't care less (*ist*) *mir wurscht*
C.C.L.D.: Doctor of Civil and Canon Law (*Dr. beider Rechte*)
C.C.N.Y.: College of the City of New York
C.C.P.: Court of Common Pleas ‖ Code of Civil Procedure
CCr: ⟨aero⟩ combat crew
C.C.S.: Ceylon Civil Service ‖ Casualty Clearing Station
cct: ⟨el⟩ circuit *Stromkreis* m
CD: certificate of discharge
Cd: ⟨chem⟩ cadmium
Cd.: Command Paper (*bis 1918*)
C.D.: Chancery Division ‖ Civil Defence ‖ ⟨mar ins⟩ country damage *Landbeschädigung*
c.d.: cum dividend
C.D.Acts: Contagious Diseases Acts
CDD: certificate of disability for discharge
C.D.S.O.: Companion of the Distinguished Service Order
c.d.v.: carte-de-visite (photograph)
CE: ⟨Am⟩ Corps of Engineers
C.E.: Church of England ‖ Chief Engineer ‖ Civil Engineer ‖ Corps of Engineers
Ce: ⟨chem⟩ cerium
C.E.B.: Central Electricity Board
C.E.C.A.: (Fr) Communauté Européenne du Charbon et de l'Acier (*Montanunion* f)
C.E.D.: ⟨Am⟩ Committee for Economic Development
C.E.E.C.: Committee for European Economic Cooperation
Cels.: Celsius (thermometer)
Celt.: Celtic
C.E.M.A.: Council for the Encouragement of Music and the Arts
C.E.M.S.: Church of England Men's Society
Cent.: Centigrade
cent.: (L) centum (hundred) ‖ centigram ‖ central ‖ century
CEPT: ⟨post⟩ (*auch auf Briefmarken*) (Fr) Conférence Européenne des Postes et des Télécommunications; Conference of European

Postal and Telecommunications Administrations
cert.: certificate ‖ certified ‖ certainty
Cestr.: of Chester (signature of the Bishop)
CET: Central European Time
cet.par.: (L) ceteris paribus (other things being equal)
C.E.T.S.: Church of England Temperance Society
C.E.W.C.: Council for Education in World Citizenship
C.E.W.M.S.: Church of England Working Men's Society
C.F.: Chaplain to the Forces
cf.: (L) confer (compare)
cf, c & f ⟨com⟩ cost and freight *Verladekosten und Seefracht* (*bis Bestimmungshafen*)
c/f: carry forward
c.f.i.: cost, freight, and insurance
CFR: contact flight rules *Sichtflugregeln* f pl
CFS: cubic feet per second
cft: ⟨aero⟩ craft ‖ **cftmn** craftsman
CG: ⟨Am⟩ commanding general ‖ camera gun *Lichtbild-MG*
C.G.: Captain-General ‖ Captain of the Guard ‖ Coastguard ‖ Coldstream Guards ‖ Commissary-General ‖ Consul-General
cg.: centigramme
C.G.H.: Cape of Good Hope
C.G.M.: Conspicuous Gallantry Medal
C.G.S.: Chief of the General Staff ‖ centimetre-gramme-second system
Ch.: Chancery ‖ Church ‖ ⟨mil⟩ chaplain
C.H.: Clearing House ‖ Companion of Honour ‖ Custom-House
ch.: chapter ‖ chief ‖ **Chamb.**: Chamberlain
Chanc.: Chancellor ‖ **Chap.**: Chaplain
chap.: chapter ‖ **Chas.**: Charles
Ch.B.: (L) Chirurgiae Baccalaureus, Bachelor of Surgery
Ch.Ch.: Christ Church (Oxf)
C.H.E.L.: Cambridge History of English Literature
chem.: chemistry ‖ chemical
Ches: Cheshire ‖ **chg.**: charge
Chin.: China ‖ Chinese
Ch.M.: (L) Chirurgiae Magister, Master of Surgery
Chmn., Chn.: Chairman
ch. ppd. ⟨com⟩ charges prepayed *Kosten vorausbezahlt*
Chron.: Chronicles (of the Old Testament)
C.I.: Channel Islands ‖ (Imperial) Order of the Crown of India
c.i., c & i. ⟨com⟩ cost and insurance *Verladekosten & Versicherung* (*bis Bestimmungshafen*)
c.i.a. cash in advance *Vorauszahlung*
CIA: ⟨Am⟩ Central Intelligence Agency
CIBad: ⟨Am⟩ Combat Infantryman Badge
CIC: ⟨mil⟩ Counterintelligence Corps (*Spionage-*) *Abwehrkorps* n
Cicestr.: of Chichester (in signature of the Bishop)
C.I.D.: Committee of Imperial Defence ‖ Criminal Investigation Department (Scotland Yard) ‖ ⟨Am⟩ Criminal Investigation Division
C.I.E.: Companion of the Order of the Indian Empire
CIF: cost, insurance, freight *Preis einschließlich Versicherung u Fracht*
c.i.f.c.: cost, insurance, plus freight, and commission
c.i.f.c.i. cost, insurance, freight, commission, interest .. & *Bankzinsen*
c.i.f.w. cost, insurance, freight (war) .., *wobei die Versicherung auch das Kriegsrisiko einschließen muß*

C.I.G.S.: Chief of the Imperial General Staff

C.I.Mech.E.: Companion of the Institution of Mechanical Engineers

C.-in-C., ⟨Am⟩ **CINC:** Commander-in-Chief

CINCAFMED: Commander in Chief Africa-Mediterranean (Malta)

CINCENT: Commander in Chief Central Europe (Fontainebleau)

CINCNORTH: Commander in Chief Northern Europe (Oslo)

CINCSOUTH: Commander in Chief Southern Europe (Naples)

C.I.O.: ⟨Am⟩ Committee of Industrial Organization

circ.: (L) circa, circiter, circum

cit.: citation ‖ cited ‖ citizen

C.I.V.: City Imperial Volunteers

civ.: civil ‖ civilian

C.J.: Chief Justice

Cl: ⟨chem⟩ chlorine

cl.: centilitre ‖ class ‖ classical ‖ clause

Clar.: ⟨typ⟩ Clarendon

C.L.B.: Church Lads' Brigade

C.L.D.: Doctor of Civil Law (*Dr. des römischen Rechts*)

C.L.R.: Central-London-Railway

cltgl: climatological

cltgr: climatographer

CM: court martial

C.M.: Certificated Master ‖ (L) Chirurgiae magister, Master of Surgery ‖ Church Missionary ‖ common metre ‖ Corresponding Member

cm.: centimetre

c.m.: (L) causa mortis (by reason of death)

C.M.A.S.: Clergy Mutual-Assurance Society

C.M.B.: coastal motor boat

Cmd.: Command Paper (*nach 1918*; → Cd.)

Cmdr: Commander

Cmdre.: Commodore

C.M.F.: Central Mediterranean Forces

C.M.G.: Companion of the Order of St. Michael & St. George

CMH: ⟨Am⟩ Congressional Medal of Honor

CmlC: ⟨Am⟩ Chemical Corps

C.M.R.: Cape Mounted Rifles

C.M.S.: Church Missionary Society

C.M.Z.S.: Corresponding Member of the Zoological Society

C.N. ⟨mar ins⟩ Cover Note *Deckungsnote*

cn: ⟨mil⟩ cannon

CNGB: ⟨Am⟩ Chief, National Guard Bureau

Co: ⟨chem⟩ cobalt **co:** ⟨Am⟩ company

Co.: Company ‖ County (in Ireland) ‖ course *Kurs* m

C.O.: Colonial Office ‖ Commanding Officer ‖ conscientious objector ‖ Criminal Office ‖ Crown Office

c/o: care of ‖ carried over

Coad.: Coadjutor

C.O.D.: cash on delivery ‖ Concise Oxford Dictionary ‖ *seit 1908* = S.O.S.

C of A: certificate of airworthiness, → CA

C. of E.: Church of England

CofS: ⟨mil⟩ Chief of Staff *Chef des (General-) Stabes*; ⟨Am⟩ *Oberbefehlshaber* m

COI: ⟨aero⟩ Communication Operation Instructions

C.O.I.: Central Office of Information

cogn.: cognate

Col.: Colonel ‖ colonial ‖ colony ‖ ⟨ec⟩ Colossians ‖ column ‖ Colorado (U.S.A.)

Coll.: College

coll.: collection ‖ collective(ly)

collat.: collateral ‖ **colloq.:** colloquial

Colo.: Colorado (U.S.A.)

Col.-Sergt.: Colour-Sergeant

Com.: Commander ‖ Commissioner ‖ Committee ‖ ⟨mar⟩ Commodore ‖ Communist

com.: comedy ‖ commerce ‖ commission ‖ common ‖ communication ‖ community

COMAIRCENT: Commander Air Forces Central Europe

comd: command ‖ **comdr.:** commander

comdt: ⟨mil⟩ commandant

Comecon: Council for Mutual Economic Aid *Rat für gegenseitige Wirtschaftshilfe, Moskau*

Com.-in-Chf.: Commander-in-Chief

Cominform: Communist Information Bureau (International Information Bureau to co-ordinate Communist activity)

Comintern: Communist International

COMLANDCENT: Commander Land Forces Central Europe

comm.: commentary ‖ commission ‖ committee ‖ commonwealth

Commie: ⟨Am fam⟩ Communist

COMNAVCENT: Commander Naval Forces Central Europe

comp.: compare ‖ comparative ‖ comparison ‖ compilation ‖ compound ‖ comprising

compl.: complement

Com.-Serj.: Common Serjeant

Con.: Consul

con.: conics ‖ (L) contra ‖ control

ConAC: ⟨Am⟩ Continental Air Command

conch.: conchology

conf.: (L) confer, → cf (compare) ‖ conference

Confed.: Confederate

Cong.: congregation ‖ Congress ‖ Congressional

conj.: conjugation ‖ conjunction ‖ conjunctive

Conn.: Connecticut (U.S.A.)

conn.: connected

con objtr: ⟨mil⟩ conscientious objector

cons.: consolidated ‖ consolidation ‖ consonant ‖ construction ‖ consul ‖ consulting

Cons., Convs. ⟨mar ins⟩ conveyances *Transportmittel*

Consols: Consolidated Stock, → *Wörterbuch*

con(stab): ⟨mil⟩ constabulary

const: constant ‖ construct(ion)

contl: continental

CONUS ['kounəs]: ⟨Am fam⟩ Continental U.S. (to go back to ∼)

Co-op.: Co-operative (Stores)

cop.: copper ‖ copyrighted

C.O.P.E.C.: → Copec *Wörterbuch*

COR: ⟨Am⟩ Combat Operations Report

Cor.: Corinthians ‖ Coroner

cor.: corner ‖ corrected ‖ corresponding

Corn.: Cornish ‖ Cornwall

Corp.: Corporal ‖ Corporation

corr: correspondence

Corr.Mem.: Corresponding Member

C.O.S.: Charity Organization Society

c.o.s. cash on shipment *zahlbar bei Verschiffung*

cos: cosine ‖ **cosec:** cosecant

cosmog.: cosmogony ‖ cosmography

coss.: (L) consules (consuls)

cot: cotangent ‖ **cox:** coxswain

Coy, coy: *company

CP: ⟨aero⟩ co-pilot ‖ Command Post

C.P.: Carriage Paid ‖ Carter Patterson ‖ Clerk of the Peace ‖ Common Pleas ‖ Court of Probate

cp.: compare ‖ **cp:** ⟨mil⟩ camp

c.-p.: candle-power

C.P.A.: Certified Public Accountant

CPC: ⟨Am aero⟩ Crafts Protective & Custodial

C.P.C.: Clerk of the Privy Council

CPFF: cost-plus-fixed-fee

Cpl: corporal

c.p.o.: chief petty officer

C.P.R.: Canadian Pacific Railway

C.P.R.E.: Council for the Preservation of Rural England

C.P.S.: (L) custos privati sigilli, Keeper of the Privy Seal

cps: ⟨wir⟩ centimetre per second (*Hertz*)

CQ: ⟨Am mil⟩ Charge of Quarters (*U.v.D.*)

C.Q.M.S.: Company Quartermaster-Serjeant

c. p.: (⟨engl⟩ come quick) *zwischenstaatlicher funktelegraphischer Anruf: ,,An alle.''*

CR: ⟨Am⟩ Commendation Ribbon

Cr: ⟨chem⟩ chromium

Cr.: creditor (*Kreditseite*) ‖ credit ‖ crown

C.R.: Caledonian Railway ‖ (L) Carolus Rex, Charles, King ‖ (L) custos rotulorum, Keeper of the Rolls

cr.: created

cr/c: ⟨aero⟩ crew chief

cr/m: ⟨aero⟩ crew member

C.R.A.: Commander Royal Artillery

CRALOG: Council of Relief Agencies Licensed to Operate in Germany

C.R.E.: Commander Royal Engineers

cresc.: ⟨mus⟩ crescendo

Crim.con.: criminal conversation (adultery)

CRPL: ⟨Am⟩ Central Radio Propagation Laboratory

crtg: ⟨mil⟩ cartographic

crypta: ⟨mil⟩ cryptanalytic, –analysis

crypto: ⟨mil⟩ cryptographer, –phic, –phy

Cs: ⟨chem⟩ caesium ‖ ⟨meteor⟩ cirrostratus

C.S.: Chemical Society ‖ Civil Service ‖ Clerk to the Signet ‖ Common Sergeant ‖ Court of Session ‖ (L) Custos Sigilli, Keeper of the Seal

C.S.A.: Confederate States of America ‖ Confederate States Army

CSB: ⟨Am⟩ Central Statistical Board

CSC: Civil Service Commission

C.S.C.: Conspicuous Service Cross ‖ Charles Stuart Calverley

C.S.C.S.: Civil Service Co-operative Stores

CSG: Combined Steel Group *Vereinigte Stahl-Kontroll-Gruppe, Düsseldorf*

C.S.I.: Companion of the Star of India

C.S.M.: Company Sergeant-Major

C.S.S.A.: Civil Service Supply Association

CSSR: Ceskoslovenská socialistiká republika *Tschechoslowakische Republik*

CT: ⟨Am⟩ combat team

Ct.: Count ‖ Court

C.T.: Certificated Teacher ‖ Commercial Traveller

C.-T.: cock-teaser

ct.: ⟨crick⟩ caught ‖ cent ‖ cts; cents

C.T.C.: Cyclists' Touring Club

Ctf.: certificate

C.T.L. ⟨mar ins⟩ constructive total loss *konstruktiver Totalverlust*

ctl.: cental

CTV: commercial television, → ITV

Cu: ⟨chem⟩ (L) cuprum (copper) ‖ ⟨meteor⟩ cumulus

C.U.: Cambridge University

C.U.A.C.: Cambridge University Athletic Club

C.U.A.F.C.: Cambr. University Association Football Club

cub.: cubic

C.U.B.C.: Cambr. University Boat Club

cu. cm.: cubic centimeter, → p. 1111

cu. ft.: cubic foot, → p. 1111

C.U.H.C.: Cambr. University Hockey Club

cu. in.: cubic inch, → p. 1111

cum.: cumulative ‖ **Cumb.:** Cumberland

cum div.: with dividend

Cum.Pref.: Cumulative Preference (shares)

C.U.P.: Cambridge University Press

cur.: current (this month) ‖ currency

C.U.R.U.F.C.: Cambr. University Rugby-Union Football Club

C.U.C.C.: Cambridge U. Cricket Club

cusec.: cubic foot per second

cu. yd.: ⟨engl⟩ cubic yard (yd³), → p. 1111

CV: ⟨Am⟩ combat vehicle

C.V.: Common Version (of the Bible)

cv.: (Fr) cheval-vapeur *metrische PS*

C.V.O.: Commander of the Royal Victorian Order

CW: continuous wave *ungedämpfte Welle* ‖ Chemical Warfare

CWA: ⟨Am⟩ Civil Works Administration

CWMTU: ⟨aero⟩ Cold Weather Material Test Unit

CWO: ⟨Am⟩ chief warrant officer

c.w.o.: cash with order *zahlbar bei Auftragserteilung*

C.W.S.: Co-operative Wholesale Society

Cwt: ⟨engl⟩ (*Gewicht*) Centweight, Hundred-weight (l = long; sh = short), → p. 1112

cwt.: hundredweight

cyl.: cylinder ‖ **Cym.:** Cymric

CZ: ⟨Am⟩ Canal Zone (Panama)

D

D: (*röm. Zahl*) 500

D.: December ‖ Department ‖ (L) Deus ‖ diameter ‖ (L) Doctor ‖ Duke

d.: date ‖ daughter ‖ day ‖ dead ‖ (L) dele ‖ democrat ‖ (L) denarius ‖ departs ‖ deputy ‖ died ‖ dollar ‖ dowager

d–: damn

DA: ⟨Am⟩ Department of the Army

D.A.: Diploma in Anaesthetics ‖ ⟨Am⟩ District Attorney (*Staatsanwalt*)

d/a documents against acceptance *Dokumente gegen Akzept*

D.A.A.G.: Deputy Assistant Adjutant-General

D.A.B.: Dictionary of American Biography

D.A.D.M.S.: Deputy Assistant Director of Medical Services

D.A.E.: Dictionary of American English

DAF: ⟨Am⟩ Department of the Air Force

D.A.G.: Deputy Adjutant-General

dag.: decagram(me)

D.A.H.: Disordered Action of the Heart

DAI: ⟨Am mil⟩ death from accidental injuries

Dak.: Dakota (U.S.A.)

dal.: decalitre ‖ **dam.:** decametre

Dan.: Daniel ‖ Danish

D. and D.: ⟨Am fam⟩ drunk and disorderly

D.A.Q.M.G.: Deputy Assistant Quarter-master-General

D.A.R.: Daughters of the American Revolution

dat.: dative ‖ **dau.:** daughter

DB: ⟨Am mil⟩ disciplinary barracks ‖ ⟨a⟩ db, dB ⟨ac⟩ decibel

d.b.: day-book

'D'-banks: ⟨Ger⟩ D*armstädter u National-bank*; D*eutsche Bank u D*iskonto *Gesellschaft*; D*resdener Bank*

D.B.E.: Dame Commander of (Order of) the British Empire (*ggr. 1917*)

dbk.: drawback ‖ **dbl.:** double

DC: ⟨Am mil⟩ Dental Corps ‖ District Constabulary

D.C.: District of Columbia (U.S.A.) ‖ ⟨el⟩ direct current ‖ (It) da capo (from the beginning)

DCA: ⟨Am⟩ Department of Covert Activities *Abteilung* f *f Geheimtätigkeit* (*z Ausbildung v Spionage-Agenten*) → DDT

D.C.L.: Doctor of Civil Law

D.C.L.I.: Duke of Cornwall's Light Infantry

D.C.M.: Distinguished-Conduct Medal ‖ District Court Martial

D.C.S.: Deputy Clerk of Session

DD: ⟨Am⟩ Department of Defense ‖ dishono(u)rable discharge

D.D.: (L) divinitatis doctor, Doctor of Divinity

dd: dated ‖ **dd., d/d:** delivered

d.d., d/d: delivered

d.d.: days after date ‖ (L) dono dedit (*z Geschenk gegeben*)

d/d ⟨com⟩ days after date *Tage nach Ausstellungsdatum*

d–d: damned

D day: Debarkment Day (6. 6. 1944) *Tag der anglo-amerik. Landung in Nordfrankreich*

D.D.D.: (L) dat, dicat, dedicat (gives, devotes, and dedicates)

D.D.S.: Doctor of Dental Surgery

DDT: ⟨Am fam⟩ Department of dirty tricks, → DCA

D.D.T.: Dichlor-diphenyl-trichlorethane (*Insektenvertilgungsmittel*)

DE: ⟨Am⟩ Destroyer Escort (Vessel)

deb.: debenture ‖ débutante

Dec.: December

dec.: deceased ‖ declaration ‖ declension ‖ declination ‖ decrease

DEF: Disarmed Enemy Forces

Def.: defendant ‖ **def.:** definite ‖ definition

deg.: degree ‖ **deg cent:** degree centigrade

Del.: Delaware (U.S.A.) ‖ delegate

del.: (L) delineavit (he, she drew)

del(e): (L) deleatur (delete)

Dem.: Democrat ‖ Democratic

demob: ⟨mil⟩ demobilize, –zation

D.Eng.: Doctor of Engineering

Den.: Denmark

den: ⟨Am⟩; **Dent.:** dental ‖ dentist ‖ dentistry

dep.: departs ‖ department ‖ departure ‖ depot ‖ deputy

dept.: department ‖ depart(ure)

deriv.: derivation ‖ **dest.:** destination

Deut.: Deuteronomy

D.E.W.: ⟨Am⟩ Distant Early Warning (line) *Radarwarnsystem* n

D/F, ⟨Am⟩ **DF:** direction finding *od* finder *Peil–, Funkpeilung* f or *–peilgerät* n

D.F.: Dean of the Faculty ‖ (L) defensor fidei, Defender of the Faith (*mst* F.D.) ‖ direction-finder, –ding *Peilen* n; [attr] *Peil–*

D.F.C.; ⟨Am⟩ **DFC:** Distinguished Flying Cross

DFG: *Deutsche Fluggesellschaft*

D.F.M.: Distinguished Flying Medal

D.F.O.: D. F. Order ‖ **dft.:** draft

D.G.: (L) Dei gratia (by the Grace of God) ‖ Director-General ‖ Dragoon Guards

dg.: decigram(me) ‖ **D.H.:** de Havilland

d.h.: ⟨Ger⟩ *das heißt* (that is to say)

dial.: dialect ‖ dialogue ‖ **dia(m).:** diameter

D.I.C.: Diploma of the Imperial College

dict.: dictionary

DIDEG: Decartelization and Industrial Deconcentration Group *Gruppe für Dekartellierung und Dekonzentration der HICOM, Frankfurt*

diff.: differ ‖ difference ‖ different

dim.: ⟨mus⟩ diminuendo

dimin.: diminutive ‖ **Dioc.:** Diocese

dipl.: diplomatic ‖ **Dir.:** director

dis.: discount

dishon: dishono(u)rable, –bly

disp: dispensary

DISCC: District Information Services Control Command

disch.: discharged

dist.: distance ‖ distinguish ‖ district

Dist.Atty.: District Attorney

distr: distributor ‖ **Div.:** ⟨mil⟩ Division

div.: dividend ‖ division

D.L.: Deputy Lieutenant ‖ **dl.:** decilitre

d.lat.: difference in latitude

D.L.I.: Durham Light Infantry

D.Lit.: Doctor of Literature

D.Litt.: Doctor of Letters (at Aberdeen)

D.L.O.: Dead Letter Office (*jetzt*: R.L.O.)

d.long.: difference in longitude

D.M.: Daily Mail ‖ Deputy Master ‖ Doctor of Medicine (*mst*: M.D.)

dm.: decimetre

DME: ⟨mil⟩ distance measuring equipment

D.M.I.: Director of Military Intelligence

D.M.O.: Director of Military Operations

D.M.R.E.: Diploma in Medical Radiology and Electrology

DN: ⟨Am⟩ Department of the Navy

d-n: damn

D.N.B.: Dictionary of National Biography

DO: ⟨Am⟩ Defense Order

do.: ditto, the same ‖ **DOB:** date of birth

Doc: ⟨Am fam⟩ doctor *Doktor* (*Arzt*)

doc.; ⟨Am⟩ **docu:** document

DOD: ⟨Am mil⟩ died of disease

DOE: ⟨Am mil⟩ date of enlistment

dol.: dollar

Dom.: (L) Dominus, Lord ‖ Dominion

D.O.M.: (L) Deo optimo maximo (to God the best and greatest)

dom.: domestic

D.O.M.S.: Diploma in Ophthalmic Medicine and Surgery

Dor.: ⟨arch⟩ Doric

D.O.R.A.: → Dora, *Wörterbuch*

DOW: ⟨Am mil⟩ died of wounds

dow.: dowager ‖ **doz.:** dozen

D/P ⟨com⟩ documents against payment *Dokumente gegen Kasse*

DP, D.P.: displaced person, [pl] D.P.s ['diː'piːz] ‖ [attr]: D.P. (passports)

D.P.H.: Department of Public Health ‖ Diploma in Public Health

D.Ph., D.Phil.: Doctor of Philosophy (*mst* Ph.D.)

D.P.I.: Director of Public Instruction

DPM: ⟨Am⟩ designated for prompt mobilization

D.P.O.: Distributing Post Office

Dpt.: Department ‖ **dpt.:** deponent

D.Q.M.G.: Deputy Quartermaster-General

DR: ⟨mil⟩ dispatch rider ‖ ⟨Am mil⟩ date of rank

D/R: ⟨aero⟩ dead reckoning

D.R.: dead reckoning ‖ District Railway

Dr.: debtor ‖ Doctor

dr.: drachm, dram ‖ ⟨com⟩ drawer

Dram.Pers.: (L) dramatis personae, characters of the play

D ration: ⟨Am⟩ iron ration (chocolate)

dr. av.: dram (avoirdupois)

dr. fl.: drachm, dram (fluid)

dr. t.: drachm, dram (troy)

D.S.: (It) dal segno, ⟨mus⟩ repeat from the mark

d.s., d/s: days after sight

D.Sc.: Doctor of Science

D.S.C.; ⟨Am⟩ **DSC:** Distinguished Service Cross

D.S.M.; ⟨Am⟩ **DSM:** Distinguished Service Medal

D.S.O.: Distinguished Service Order

d.s.p.: (L) decessit sine prole (died without issue)

D.S.T.: Daylight Saving Time

D.T.: Daily Telegraph || Doctor of Theology

D.T., d.t.: (L) delirium tremens

dt: ⟨*mst* mil⟩ date

D.Th(eol).: Doctor of Theology

D.T.M.: Diploma in Tropical Medicine

DTO: District Transportation Office

dtsch.: ⟨Ger⟩ *deutsch* (German)

Du.: Dutch || **dub.:** dubious || **Dubl.:** Dublin

Dunelm.: of Durham (signature of the Bishop)

dup: duplication || duplicate

D.V.: (L) deo volente (God willing)

D.V.M.: Doctor of Veterinary Medicine

d.v.p.: (L) decessit vita patris (died during father's lifetime)

D.V.S.: Doctor of Veterinary Science

dwt.: pennyweight || **dy:** ⟨*mst* mil⟩ duty

dyn.: dynamics || **DZ:** ⟨aero⟩ drop zone

D.Z.: Doctor of Zoology || **dz.:** dozen

D.-Zug: ⟨Ger rail⟩ *Durchgangszug* (corridor-train)

E

E: East || English || *Schuhweite E* || ⟨chem⟩ erbium || second-class ship in 'Lloyd's Register'

E.: Earth || East; Eastern

e.: engineer || entrance || **ea.:** each

E/A: ⟨aero⟩ enemy aircraft

EAD: ⟨mil⟩ extended active duty

EADF: ⟨Am⟩ Eastern Air Defense Force

E. & O.E.: errors and omissions excepted

EATS: European Air Transport Service

E.B.: Encyclopaedia Britannica

ebd.: ⟨Ger⟩ *ebenda* (in the same place)

E.b.N.: East by North

Ebor.: (L) Eboracensis, of York (signature of the Archbishop)

EC: ⟨mil⟩ European Command || extension course

E.C.: East Central (London Postal District) || Established Church

ECA: ⟨Am⟩ Economic Co-operation Administration

ECAFE: Economic Commission for Asia and the Far East

ECC: European Coordinating Committee

Eccl(es); Ecclesiastes (Old T.)

eccles.: ecclesiastical

Ecclus.: Ecclesiasticus (Old T.)

ECE: Economic Commission for Europe, Genf; Commission Economique pour l'Europe (CEE) *Wirtschafts-Kommission für Europa des Wirtschafts- und Sozialrates der UN* (→ ECOSOC)

E.C.E.: Executive Committee for Economics

econ.: economic || economy

ech: ⟨aero⟩ echelon

Ecl.: Eclogues of Virgil

ECLA: Economic Commission for Latin America *Wirtschafts-Kommission für Latein-Amerika des Wirtschafts- und Sozialrates der UN* (→ ECOSOC), *Santiago de Chile*

ECM: ⟨mil⟩ electronic counter measures

ECO: European Coal Organisation, Genf *Europäische Kohlenorganisation des ECE*

ECOA: Economic Cooperation Act of 1948 *Gründungsgesetz für das ERP* (→ *dort*)

ECOSOC: The Economic and Social Council, New York *Der Wirtschafts- und Sozialrat der UN*

E.C.S.A. ⟨mar ins⟩ East Coast of South America

E.C.T.: ⟨psych⟩ electroconvulsive therapy (*Schocktherapie* f)

E.C.U.: English Church Union

Ecua.: Ecuador

ed.: edited || edition || editor

E-day: Embarkation Day

EDC: European Defence Community → EVG (vol. II p. 1292)

E.D.D.: English Dialect Dictionary

Edin.: Edinburgh || **Edm.:** Edmund

E.D.S.: English Dialect Society

Edw.: Edward

E.E.: Envoy Extraordinary || ⟨a⟩ **EE:** errors excepted *Irrtum vorbehalten*

E.E.F.: Egyptian Expeditionary Force

E.E.G.: electroencephalogram

EES: ⟨Am⟩ EUCOM Exchange System

E.E.T.S.: Early English Text Society

eff: effect || –tive || –tiveness

EFM: Expeditionary Forces Message

EFTA: European Free Trade Area

Eg.: Egypt || Egyptian

e.g.: (L) exempli gratia, for example

EHF: ⟨wir⟩ extremely high frequency

E.H.P.: effective horse-power || electrical horse-power

E.I.: East India || East Indian || East Indies

E/I: endorsement irregular

E.I.C.: East India Company

E.I.C.S.: East India Company's Service

ejusd.: (L) ejusdem (of the same)

EKG: ⟨med⟩ electrocardiogram

ELEC: European Ligue for Economic Cooperation *Europäische Liga für wirtschaftliche Zusammenarbeit, Brüssel;* → *LECE* (vol. II p. 1297)

elec: electric || –cal || –cian

elect: electronics

electr.: electric || electricity

ellipt.: elliptitical || **elm:** element

E.long.: east longitude

Elz.: ⟨typ⟩ Elzevir

EM: ⟨Am mil⟩ enlisted man *od* men || emission *Ausstrahlung; Emission; Sendung; Strahlung*

Em.: emanation || Emily, Emma

E.M.B.: English Marketing Board

emb: embark || embarkation

E.M.D.P.: electromotive difference of potential

E.M.E.D.: Early Modern English Dictionary

emerg: emergency

E.M.F.: electromotive force

E.M.K.: ⟨Ger⟩ *elektromotorische Kraft*

EMT: ⟨Am⟩ emergency medical tag

E.M.U.: electromagnetic units

eMW: electrical mega-Watt

End.: endorsement

E.N.E.: east-north-east

Eng.: England || English || Engineer || Engraver || engraved

eng.: engineer || engraver || ⟨a⟩ **eng:** engine

Engl.: English || **Ens.:** Ensign

E.N.S.A. ['ensa]: Entertainments National Services Association

Entom.: entomology || entomological

Ent.Sta.Hall: Entered at Stationers' Hall

env: envelope

Env.Extr.: Envoy Extraordinary
EO: ⟨mil⟩ executive order
E.O.M., e.o.m.: end of month
EOS: ⟨Am⟩ eligible for overseas service
E.O.T.A.: Engineering Officers Telecommunications Association
EP: [attr] extended play (record)
E.P.: ⟨com⟩ easy payment ‖ electroplate
Ep.: epistle
EPD: ⟨mil⟩ earliest practicable date
E.P.D.: Excess Profits Duty
Eph.: Ephesians ‖ **Epiph.:** Epiphany
episc.: episcopal ‖ **E.P.T.:** Excess Profits Tax
EPU: European Payment Union, Paris, Union Européenne de Paiement (UEP) *Europäische Clearing* (= *Zahlungs)-Union* (*ECU*)
E.P.U.: Empire Press Union ‖ European Payments Union *Europäische Zahlungsunion* (*EZU*)
eq.: equal ‖ equation ‖ equivalent
equiv.: equivalent ‖ **ER:** emergency rescue
E.R.: East Riding (Yorkshire) ‖ Edwardus Rex (King Edward)
e/r: (Fr) en route *auf Strecke*
E.R.A.: Emergency Relief Administration
ERC: ⟨Am⟩ Enlisted Reserve Corps
ERMA: Electronic Decoding Machine Accounting
ERP: European Recovery Program *Europa-Hilfe-Programm der USA* (*Marshall-Plan*)
err: erroneous(ly) ‖ **esc:** ⟨aero⟩ escort
eschat.: eschatology ‖ **E.S.E.:** east-south-east
E.S.P.: extrasensory perception
esp(ec).: especial(ly)
Esq.: Esquire
E.S.T.: electroshock therapy
est.: established
Esth.: Esther (Old T.) ‖ Esthonia
E.S.U.: electrostatic units
ET: European Theatre (of war)
ETA: ⟨aero⟩ estimated time of arrival
et al.: (L) et alibi (and elsewhere) ‖ (L) et alia (and other things) ‖ (L) et alii (and others)
ETAR: European Theatre Air Routes
E.T.C.: Eastern Telegraph Co.
etc.: (L) et cetera, and other things, and so forth
ETD: ⟨aero⟩ estimated time of departure
eth.: ethics ‖ ethical ‖ **ethnol.:** ethnology
ETO: European Theatre of Operations
ETOUSA: European Theatre of Operations United States Army
ETR: ⟨aero⟩ estimated time of return
et seq.: (L) et sequens, and the following [sg]
et seqq.: (L) et sequentes, and the following [pl] ‖ et sequentia and what follows
E.T.U.: Electrical Trades Union
etym.: etymology ‖ etymological
Eucl.: Euclid
EUCOM: European Command, Heidelberg *US-Oberkommando für Europa*
EUF: European Union of Federalists; → *Europa-Union*
EUM: European Mediterranean *Europa-Mittelmeer* n
euphem.: euphemism ‖ euphemistic(ally)
Euratom [juəˈrætəm]: European Atomic Community *Europäische Atᵒomunion* f
Europa-Union: European Union of Federalists, Union Européenne des Fédéralistes, Paris
evac: evacuate ‖ –tion
E.V.W.: European Voluntary Worker
EW: ⟨Am mil⟩ enlisted woman *od* women
Ex.: Exodus (Old T.)
ex.: examined ‖ example ‖ executed
exam.: examination ‖ examine

Exc.: Excellency
exc.: excellent ‖ except(ed) ‖ (L) excudit (he or she engraved it)
Exch.: Exchange ‖ Exchequer
Exchange: Exchange Telegraph, London *Internationale Presse-Agentur*
excl.: exclusively ‖ **exclam.:** exclamation
ex div.: ex dividend
exec.: executive ‖ executor
Ex-Im Bank: *US-Export-Import-Bank*, *Washington*
Exod.: Exodus (Old T.)
ex off.: (L) ex officio (by virtue of office)
Exon.: (L) Exoniensis, of Exeter (signature of the Bishop)
exor.: executor
exp.: expenses ‖ export ‖ exporter ‖ express
exrx.: executrix ‖ **ext.:** external ‖ extinct
exx.: examples ‖ **Ezek.:** Ezekiel (Old T.)

F

F: fine (pencils) ‖ ⟨chem⟩ fluorine ‖ ⟨aero⟩ Fighter aeroplane
F.: Fahrenheit ‖ ⟨phot⟩ Focal length ‖ ⟨aero⟩ fighter aeroplane
f.: farthing ‖ fathom ‖ fellow ‖ feminine ‖ filly ‖ folio ‖ foot, feet ‖ (It) ⟨mus⟩ forte (loud) ‖ → f number ‖ (Fr) franc ‖ from ‖ furlong
FA: Field Artillery
F/A: Field Activities
F.A.: Football Association ‖ ⟨wir⟩ Frame Aerial
FAA: Foreign Assistance Act *US-Auslandshilfe-Gesetz von 1948* (→ *ERP*), *Gesetz zur Förderung des Weltfriedens und der allgemeinen Wohlfahrt*
F.A.A.: Fleet Air Arm ‖ ⟨ins⟩ free of all average
f.a.a.: free of all average
fab.: fabric
fac.: facsimile ‖ facilities
facet.: facetious
F.A.C.S.: Fellow of the American College of Surgeons
F.A.F.: Fresh Air Fund
F.A.G.S.: Fellow of the American Geographical Society
Fahr.: Fahrenheit
F.A.I.: Fellow of the Auctioneers' Institute ‖ (Fr) Fédération Aéronautique Internationale
F.A.L.P.A.: Fellow of the Incorporated Society of Auctioneers and Landed Property Agents
fam.: familiar ‖ family
FAO: Food and Agricultural Organization, Rome *Welt-Ernährungs- und Landwirtschafts-Organisation des Wirtschafts- und Sozialrates* (*ECOSOC*) *der UN*; → *WFC* (vol. II p. 1304)
f.a.o.: ⟨tech⟩ finished all over
f.a.q. ⟨com⟩ free alongside quay *frei Längseite Kai*
F.A.S.: Fellow of the Society of Arts ‖ Fellow of the Anthropological Society ‖ → F.A.S.E.
fas., f.a.s.: free alongside ship *frei Längsseite Schiff*
F.A.S.E.: Fellow of the Antiquarian Society, Edinburgh
F.B.: (Ir) Fenian Brotherhood ‖ Fire Brigade ‖ Free Baptist
F.B.A.: Fellow of the British Academy
FBI: Federal Board of Investigation, Washington *US-Bundesfahndungs-Amt, US-Staatssicherheitsbehörde und Geheimpolizei*
F.B.I.: Federation of British Industries ‖

⟨Ger⟩ Federal Bureau of Investigation *Bundes-geheimpolizei* f, *–kriminalamt* n

F.B.S.: Fellow of the Botanical Society

F.B.S.E.: Fellow of the Botanical Society, Edinburgh

FC: ⟨Am⟩ Finance Corps

F.C.: Football Club ‖ Free Church (Scotland)

FCA: ⟨Am⟩ Farm Credit Administration

F.C.A.: Fellow of the Institute of Chartered Accountants

f.c. and s. ⟨mar ins⟩ free of capture and seizure *frei von Beschlagnahme*

fcap.: foolscap (paper)

FCC: Federal Communications Commission

F.C.C.: ⟨Am⟩ Federal Communications Commission ‖ First Class Certificate

F.C.G.I.: Fellow of the City and Guilds of London Institute

F.C.I.I.: Fellow of the Chartered Insurance Institute

fco.: franco

F.C.P.: Fellow of the College of Preceptors

fcp.: foolscap (paper)

F.C.P.S.: Fellow of the Philosophical Society, Cambr.

F.C.S.: Fellow of the Chemical Society

fcty: factory

F.D.: (L) Fidei Defensor, Defender of the Faith (*a* D.F.)

F.D.R.: ⟨Am⟩ Franklin D. Roosevelt

FDS: ⟨mil⟩ field dressing station (*Truppen-*) *Verbandplatz* m

FE: ⟨aero⟩ fighter escort

Fe.: (L) ⟨chem⟩ ferrum (iron)

FEAF: Far East Air Forces

Feb.: February

FEC: Far Eastern Commission *Fernost-Kommission, Washington*

fec.: (L) fecit (he, she did, made it)

fcst(r): forecast(er)

Fed: Federal *Bundes–*

fed.: federal ‖ federated

F.E.I.S.: Fellow of the Educational Institute of Scotland

fem.: feminine

F.E.P.C.: Fair Employment Practices Commission

F.E.R.A.: ⟨Am⟩ Federal Emergency Relief Administration

F.E.S.: Fellow of the Entomological Society ‖ Fellow of the Ethnological Society

feud.: feudal ‖ feudalism

F.f.: ⟨Ger⟩ *Fortsetzung folgt*

ff.: folios ‖ following pages, ⟨Ger⟩ *folgende Seiten* ‖ (It) ⟨mus⟩ fortissimo (very loud)

F.F.A.: Fellow of the Faculty of Actuaries

F.F.A.R.C.S.: Fellow of the Faculty of Anaesthetics of the Red Cross Society

F.F.A.S.: Fellow of the Faculty of Architects and Surveyors

FFI: French Forces of the Interior

F.F.P.S.: Fellow of the Faculty of Physicians and Surgeons

F.G.: Foot Guards

f.g.a.: free of general average

fgn: foreign

F.G.S.: Fellow of the Geological Society

F.H.: fire hydrant

F.H.A.: ⟨Am⟩ Federal Housing Authority *od* Administration

f.h.b.: ⟨hum⟩ family hold back! ‖ **f.h.o.:** family hands off! (*wenn Gäste zu Tisch geladen sind*)

FHP: friction horsepower *Reibungsleistung* f

F.H.S.: Fellow of the Historical Society

F.I.A.: Fellow of the Institute of Actuaries

F.I.A.A.: Fellow Member of the Incorporated Association of Architects and Surveyors

F.I.A.T.: (It) Fabrica Italiana Automobile Torino (Italian automobile factory, Turin)

F.I.C.: Fellow of the Institute of Chemistry

F.I.C.S.: Fellow of the Institute of Chartered Shipbrokers

fict.: fiction

F.I.D.: Fellow of the Institute of Directors ‖ Field Intelligence Department

fid.: fiduciary

F.I.D.O., Fido [′faidou]: ⟨aero⟩ Fog Investigation and Dispersal Operation *Flugplatzentnebelung* f

Fid.Def.: = F.D.

fi.fa.: (L) fieri facias (see it is done)

fig.: figure ‖ figuratively

F.I.Inst.: Fellow of the Imperial Institute

F.I.J.: = F.J.I.

fin.: financial

Fin(n).: Finnish

F.Inst.P.: Fellow of the Institute of Physics

F.I.O.: Fellow of the Institute of Ophthalmic Opticians ‖ ⟨mar ins⟩ free in and out *frei in und aus* (*freies Ein- und Ausladen*)

F.I.P.I.: Fellow of the Institute of Patentees (Incorporated)

F.I.S.A.: Fellow of the Incorporated Secretaries Association

fisc.: fiscal

F.I.S.E.: Fellow of the Institution of Structural Engineers

f.i.t.: free in truck

f.i.w. ⟨com⟩ free in wag(g)on *frei Waggon*

F.J.I.: Fellow of the Institute of Journalists, → F.I.J.

F.K.C.(L.): Fellow of King's College (London)

Fl: ⟨chem⟩ fluorine

fl.: florin(s) ‖ (L) floruit (flourished)

f.l.: (L) falsa lectio (false reading)

Fla.: Florida (U.S.A.)

F.L.A.: Fellow of the Library Association

F.L.A.A.: Fellow of the London Association of Accountants

Flak.: ⟨Ger⟩ F*liegerabwehr*k*anone* (anti-aircraft gun)

Flem.: Flemish

Fleurop-Interflora: Fleurop-Interflora, Zürich u. Detroit (USA) *Welt-Blumenhandels-Gemeinschaft*

flex.: flexible

flor.: (L) floruit (flourished)

F.L.S.: Fellow of the Linnean Society

Flt-Lt: Flight-Lieutenant

Flt-Sgt: Flight-Sergeant

FM: ⟨mil⟩ field manual ‖ ⟨wir⟩ frequency modulation(*UKW-Funk*: *Frequenz-Modulation* f)

F/M: Foreign Mission

F.M.: Field-Marshal ‖ field-magnet

fm.: fathom

FMACC. Foreign Military Assistance Co-ordinating Committee

FMASC: Foreign Military Assistance Steering Committee

F.M.D.: Foot-and-Mouth Disease

F.M.S.: Federated Malay States

f number: fraction number ⟨phot⟩ *Lichtstärke* f (*Brennweite durch Linsendurchmesser*)

FO: ⟨mil⟩ field order ‖ ⟨aero⟩ Flying Officer *Oberleutnant* m

F.O.: field-officer ‖ ⟨aero⟩ Flying Officer ‖ Foreign Office ‖ ⟨mus⟩ full organ

fo.: folio **f.o.a.:** free on aircraft *frei an Bord des Flugzeugs* **f.o.b.:** free on board **fob/fob:** free on board/free of board *frei an und von Bord* **f.o.c.:** free of charge **f.o.d.:** ⟨com⟩ free of

damage **F.O.D.abs.:** ⟨mar ins⟩ free of damage absolutely *frei von jeglicher Beschädigung* **fol.:** folio ‖ following **foll.:** following **f.o.q.:** free on quay *frei Kai* **f.o.r.:** free on rail *frei Versandbahnhof* **f.o.s.:** free on steamer *frei Schiff*
f.o.t.: free on truck ‖ ⟨rail⟩ free on track *frei Waggon*
FOUSA: Finance Office(r), United States Army
f.o.w.: first open water ‖ free on wag(g)on
FP: freezing point
F.P.: field punishment ‖ fire plug ‖ former pupil
f.p.: foot-pound
fp.: (It) ⟨mus⟩ forte-piano
F.P.A.u.c.b. ⟨mar ins⟩ free of particular average unless caused by *frei von Beschädigung außer verursacht durch*
F.Phys.S.: Fellow of the Physical Society
FPO: Federal Post Office ‖ ⟨Am⟩ Fleet post office
F.P.S.: Fellow of the Philological Society ‖ Fellow of the Philosophical Society
FR: ⟨aero⟩ fighter reconnaissance *Jagd-(flieger)aufklärung* f
Fr.: Father ‖ France ‖ Frater ‖ French ‖ Friday
fr.: franc ‖ from
F.R.A.I.: Fellow of the Royal Anthropological Institute
F.R.A.M.: Fellow of the Royal Academy of Music
F.R.Ae.S.: Fellow of the Royal Aeronautical Society
F.R.A.S.: Fellow of the Royal Astronomical (or: Asiatic) Society
frat.: ⟨Am⟩ fraternity *Studentenverbindung* f
fraud: fraudulent(ly)
F.R.B.S.: Fellow of the Royal Botanic Society
F.r.c. ⟨mar ins⟩ free of reported casualty *frei v bekanntem Schaden*
F.R.C.I.: Fellow of the Royal Colonial Institute
F.R.C.M.: Fellow of the Royal College of Music
F.R.C.O.: Fellow of the Royal College of Organists
F.R.C.o.G.: Fellow of the Royal College of Gynaecology
F.R.C.P.: Fellow of the Royal College of Physicians
F.R.C.P.E.: Fellow of the Royal College of Physicians, Edinburgh
F.R.C.P.I.: Fellow of the Royal College of Physicians, Ireland
F.R.C.S.: Fellow of the Royal College of Surgeons
F.R.C.S.E.: Fellow of the Royal College of Surgeons, Edinburgh
F.R.C.S.I.: Fellow of the Royal College of Surgeons, Ireland
F.R.C.V.S.: Fellow of the Royal College of Veterinary Surgeons
F.R.Econ.Soc.: Fellow of the Royal Economic Society
freq.: frequency ‖ frequent(ly), etc.
F.R.F.P.S.: Fellow of the Royal Faculty of Physicians and Surgeons
F.R.G.S.: Fellow of the Royal Geographical Society
F.R.Hist.S.: Fellow of the Royal Historical Society
Fri.: Friday
F.R.I.B.A.: Fellow of the Royal Institute of British Architects
Frisco: San Francisco

Frl.: ⟨Ger⟩ *Fräulein* [abbreviation to be used on form sheets only!]
F.R.Met.S.: Fellow of the Royal Meteorological Society
F.R.M.S.: Fellow of the Royal Microscopical Society
F.R.S.: Fellow of the Royal Society
F.R.S.A.: Fellow of the Royal Society of Arts
F.R.S.A.I.: Fellow of the Royal Society of Antiquaries of Ireland
F.R.S.E.: Fellow of the Royal Society, Edinburgh
F.R.S.G.S.: Fellow of the Royal Scottish Geographical Society
F.R.S.L.: Fellow of the Royal Society of Literature
F.R.S.S.: Fellow of the Royal Statistical Society
F.R.S.S.A.: Fellow of the Royal Scottish Society of Arts
frt: freight
F.R.U.I.: Fellow of the Royal University of Ireland
FS: ⟨mil⟩ film strip ‖ ⟨meteor⟩ fractostratus
F/S: ⟨mil⟩ final statement
F.S.: Fleet Surgeon ‖ ⟨a⟩ **f.s.**, **f/s:** foot-second
f.s.: free at station
FSA: ⟨Am⟩ Federal Security Agency
F.S.A.: Fellow of the Society of Arts ‖ Fellow of the Society of Antiquaries
F.S.A.A.: Fellow of the Society of Incorporated Accountants and Auditors
FSCC: ⟨mil⟩ fire support coordination center *(Feuer-)Leitstand* m
F.S.I.: Fellow of the Surveyors' Institute
FSP: ⟨mil⟩ foreign service pay
F.S.R.: Field Service Regulations
FT: ⟨mil⟩ firing table ‖ ⟨aero⟩ full throttle *Vollgas* n
ft.: foot, feet
f.t.b.: ⟨fam⟩ full to bursting *z Platzen voll,* °*pumpedicksatt*
FTC: Federal Trade Commission
F.T.C.D.: Fellow of Trinity College, Dublin
ft. lb.: foot-pound
fur.: furlong ‖ **fut.:** future
F.W.B.: four wheel brake
FWD: front wheel drive
F.W.D.: four wheel drive
fwd, fwd.: forward
f.w.d. ⟨mar ins⟩ freshwater damage *Süßwasserschaden*
FWT: fair wear and tear
FY: fiscal year *Haushaltsjahr* n
FYI: ⟨mil⟩ for your information
FYIG: ⟨mil⟩ for your information and guidance
F.Z.S.: Fellow of the Zoological Society

G

G: Government ‖ Grand ‖ Greenwich ‖ longitude *geographische Länge* f
g: general intelligence ‖ gravity
g.: gauge ‖ grain ‖ gramme ‖ guinea ‖ gulf
Ga: ⟨chem⟩ gallium
Ga.: Georgia (U.S.A.)
g/a: ⟨aero⟩ glide angle
G.A.: General Assembly ‖ ⟨mar ins⟩ general average *große Haverei* f
g.a.: General average
Gael.: Gaelic
G/A fighter: ground attack fighter *Schlachtflieger* m
Gal.: Galatians (New T.)

gal.: gallon
galv.: galvanism ‖ galvanic
GAO: ⟨Am⟩ General Accounting Office
G.A.P.A.N.: Guild of Air Pilots and Navigators
GAR: guided aircraft rocket *Jagdrakete* f
G.A.R.: Grand Army of the Republic
gar: garrison ‖ **gas:** ⟨Am⟩ gasoline
G:A.T.: Greenwich Apparent Time
GATT: General Agreement on Tariffs and Trade (*internationales Zollabkommen Gatt, Genf 1947*)
gaz.: gazette ‖ gazetteer
G.B.: Great Britain ‖ ⟨Am⟩ grand bounce (= dismissal)
GBC: ⟨Am⟩ Greenland Base Command
G.B. & I.: Great Britain and Ireland
G.B.E.: Knight (or Dame) Grand Cross of the British Empire
GB/L: ⟨Am⟩ Government bill of lading
G.B.P.: Great British Public
G.B.S.: George Gernard Shaw
GC: great circle *Großkreis* m
G.C.: Grand Chaplain ‖ Grand Chapter ‖ George Cross (1940)
GCA: ⟨aero⟩ ground-controlled approach *GCA-Anflug(anlage* f) m
G.C.B.: Knight Grand Cross of the Bath
G.C.C.: Gonville and Caius College, Cambr.
G.C.D.: ⟨math⟩ greatest common devisor
G.C.E.: General Certificate of Education "A" (= advanced), "O" (= ordinary) level
G.C.F.: ⟨math⟩ greatest common factor
G.C.H.: Knight Grand Cross of Hanover
G.C.I.: ⟨aero⟩ ground-controlled interception
G.C.I.E.: Knight Grand Commander of the Indian Empire
GCL: ⟨aero⟩ ground controlled landing *v Boden kontrollierte Landung* f
G.C.L.H.: Knight Grand Cross of the Legion of Honour
GCM: ⟨Am⟩ general-court martial
G.C.M.: ⟨math⟩ greatest common measure
G.C.M.G.: Knight Grand Cross of St. Michael and St. George
GCMO: ⟨Am⟩ general court martial order
G.C.R.: Great Central Railway (*jetzt gehörig zu:* L.N.E.R.)
G.C.S.I.: Knight Grand Commander of the Star of India
GCT: general classification test ‖ Greenwich Civil Time
G.C.V.O.: Knight Grand Cross of the Royal Victorian Order
Gd: ⟨chem⟩ gadolinium
Gdns.: Gardens ‖ **Gds.:** Guards ‖ **gds.:** goods
Ge: ⟨chem⟩ germanium
GEDT: ⟨Am⟩ general educational development test
Gen.: General ‖ Genesis (Old T.)
gen.: gender ‖ general(ly) ‖ genitive ‖ genus
gent.: gentleman (gentlemen)
Geo.: George ‖ **geod.:** geodesy
geog.: geography ‖ geographical
geol.: geology ‖ geological
geom.: geometry ‖ geometrical
G.E.R.: Great Eastern Railway
ger.: gerund
Germ.: German ‖ Germany
Gestapo: ⟨Ger hist⟩ → Gestapo *Wörterbuch*
g.f.: ⟨Am fam⟩ girlfriend
GFP: ⟨Am⟩ Government furnished property
G.F.S.: Girls' Friendly Society
G.F.T.U.: General Federation of Trade Unions

G.G.: Grenadier Guards
GGR: ⟨aero⟩ ground gunnery range
g.gr.: great gross (144 dozen)
GH: ⟨Am⟩ general hospital (used with name of hospital)
G.H.Q.: General Headquarters
GI, G.I. ['dʒi:'ai]: ⟨Am mil⟩ Government Issue (⟨*a*⟩ GI Joe) ,,*Regierungsausgabe*" f, ⟨m. m.⟩ *Landser* ‖ [attr] *Wehrmacht-*, °*Kommiß-*, G.I. bride ⟨fam⟩ ,,*Amibraut*" f ‖ to GI (the floor) ⟨sl⟩ *putzen*
gi.: gill(s) ‖ **Gib.:** Gibraltar
G.J.C.: Grand Junction Canal
Gk.: Greek ‖ **G.L.:** Grand Lodge
Gl: ⟨chem⟩ glucinum
Glam.: Glamorganshire
gli: ⟨aero⟩ glider
GLO: ⟨aero⟩ Ground Liaison Officer *Heeres-Verbindungsoffizier* m
Glos: Gloucestershire
gloss.: glossary
GM: Greenwich meridian ‖ guided missile *ferngelenkter Körper* m
G.M.: Grand Master ‖ George Medal (1940) ‖ GM-Counter ⟨at⟩ *Geiger-(Müller-)Zähler* m
gm.: gramme
G-man: ⟨Am fam⟩ Government man *Beamter* m *des Geheimdienstes FBI*
G.M.B.: Great Master of the Bath ‖ ⟨met⟩ Good Merchantable Brand
G.m.b.H.: ⟨Ger⟩ *Gesellschaft mit beschränkter Haftung* (limited liability company)
Gmc.: Germanic
GMC: General Motors Company
G.M.I.E.: Grand Master of the Indian Empire
G.M.M.G.: Grand Master of St. Michael and St. George
G.M.S.I.: Grand Master of the Star of India
G.M.T., ⟨Am⟩ **GMT:** Greenwich Mean Time
G.N.R.: Great Northern Railway
G.O.: ⟨mil⟩ General Order ‖ ⟨mus⟩ Great Organ
G.O.C.: General Officer Commanding
G.O.C.-in-C.: General Officer Commanding-in-Chief
G.O.M.: Grand Old Man (W. E. Gladstone) ⟨*a* übtr⟩
G.O.P.: Girls' Own Paper ‖ Grand Old Party (= Republican Party, U.S.A.)
Goth.: Gothic
Gov.: Governor ‖ Government
Gov.-Gen.: Governor-General
Govt.: Government
GP., G.P.: general purpose *Mehrzweck–*
G.P.: general practitioner
Gp.: group
GPH: gallons per hour
G.P.D.S.T.: Girls' Public Day School Trust
G.P.I.: general paralysis of the insane
GPLD: ⟨Am⟩ Government Property Lost or Damaged
GPM: gallons per minute ‖ ⟨telg⟩ groups per minute
G.P.M.: Grand Past Master
GPO: ⟨Am⟩ Government Printing Office
G.P.O.: General Post Office
GPS: gallons per second
G. P. U.: Gossudarstwennoje politischeskoje uprawlenije ⟨russ⟩ *staatliche politische Verwaltung* = O.G.P.U.
GR: ⟨mil⟩ gunnery range
Gr.: Grand ‖ Great ‖ Greece ‖ Greek
G.R.: General Reserve ‖ (L) Georgius Rex, King George

gr.: grade *Dienstgrad.* || grain || grammar || ⟨com⟩ gross

grad: graduate || **gram.:** gramme

Gr.Brit.: Great Britain

Gr.Gds.: Grenadier Guards

grd: ⟨aero⟩ ground || **grm.:** gramme

GRO: ⟨mil⟩ General Routine Order

G.R.T.: gross registered tonnage

gr.wt.: gross weight *Bruttogewicht* n

G.S.: General Schedule || General Secretary || General Service || General Staff || Gold Standard

gs.: guineas || **g.s.:** grandson

GSC: ⟨Am⟩ General Staff Corps

G.S.N.C.: General Steam Navigation Company

G.S.O.: General Staff Officer

GSUSA: General Staff, US Army

G.T.: Good Templar || **g.t.:** gilt top

gt.: (L) ⟨med⟩ gutta (drop)

GTA: ⟨aero, etc⟩ graphic training aid

Gt.Brit.: Great Britain

g.t.c.: good till countermanded (*od* cancelled)

gtt.: (L) guttae (drops)

G.V. ⟨com⟩ Fr Grande Vitesse *Eilgut*

Govt: ⟨Am⟩ Government

guar.: guaranteed

gun.: gunner || gunnery

G.W.R.: Great Western Railway

GYA German Youth Activities; *Deutsches Jugendhilfswerk der USA*; German Youth Center GYC *Deutsches Jugendhaus der USA*

gym.: gymnastics || gymnasium

H

H: ⟨aero⟩ hangar; helicopter || ⟨chem⟩ hydrogen || hard (pencils) || ⟨mil⟩ heavy || ⟨pharm⟩ heroin

H.: harbour || height || hydrant

h.: hour(s) || hot, → h. and c.

H.A.: Horse-Artillery

HA: ⟨aero⟩ high altitude

ha: hectare

H.A.A.: heavy anti-aircraft

H.A. & M.: Hymns Ancient and Modern

Hab.: Habakkuk (Old T.)

hab.: (L) Habitat (he or she lives)

Hab.Corp.: Habeas Corpus (Act)

H.A.C.: Honourable Artillery Company

Hag.: Haggai (Old T.)

h. and c.: hot and cold (water)

H. & M. ⟨mar ins⟩ Hull and Materials (sailing vessels) *Kasko und Zubehör*

Hants: Hampshire

Hapag: ⟨Ger⟩ H*amburg-A*merikanische P*a-*ketfahrt A*ktien-G*esellschaft

Harl.: Harleian (MS.)

HB: hard black (in pencils) || ⟨Ger⟩ *Hofbräu* (Munich)

H.B.C.: Hudson's Bay Company

H.B.M.: His (or Her) Britannic Majesty

H.C.: Heralds' College || High Church || House of Commons (B. = Bill)

h.c.: (L) honoris causa, ⟨Ger⟩ *ehrenhalber* (of univ. degrees)

hcap.: handicap

H.C.F.: ⟨math⟩ highest common factor

h.c.l.: high cost of living

H.C.M.: His (or Her) Catholic Majesty

H.C.S.: Home Civil Service

HD: ⟨mil⟩ hono(u)rable discharge

hdbk.: handbook

HDF: high frequency direction-finding station *Kurzwellen-Funkpeilstelle* f

hdqrs.: headquarters

HE: high explosive || HE (bomb) *Sprengbombe* f; ⟨bes mil sl⟩ *Mordsanschiß* m

He: ⟨chem⟩ helium || **he:** hectolitre

H.E.: His Eminence || His Excellency || high explosive || horizontal equivalent

Heb.: Hebrew || Hebrews (New T.)

hectog.: hectogram(me)

hectol.: hectolitre || **hectom.:** hectometre

HEI: high explosive incendiary

H.E.I.C.: Honourable East India Company

H.E.I.C.S.: Honourable East India Company Service

her.: heraldry || **Herts:** Hertfordshire

HF: hard firm (in pencils) || healthy females

Hf: ⟨chem⟩ hafnium

H.F., ⟨Am⟩ **HF:** high frequency

hf.: half **hf.-bd.:** half-bound **hf.-cf.:** half-calf **hf.-cl.:** half cloth

HF/DF: high frequency direction-finding station, → HDF

hf.mor.: half-morocco

H.F.R.A.: Honorary Fellow of the Royal Academy

Hfrz.: ⟨Ger⟩ *Halbfranzband* (halfbound calf)

H.G.: High German || His (or Her) Grace || Horse Guards || Home Guard

Hg: ⟨chem⟩ (L) hydrargyrum (mercury)

hg.: hectogram(me)

H.G.D.H.: His (or Her) Grand Ducal Highness

HH: double hard (pencils)

H.H.: His (or Her) Highness || His Holiness (the Pope) || ⟨chem⟩ heavy hydrogen

hhd.: hogshead(s)

HHH: halt (in signalling) || treble-hard (pencils)

hhld: household

H-hour: *x-Zeit* (at ~ on D-day)

H.I.: Hawaiian Islands

HICOM: Allied High Commission *Alliierte Hohe Kommission*

Hi-Fi [ˈhaiˈfai]: high fidelity, ⟨*a* [attr]⟩ ~ quality

H.I.H.: His (or Her) Imperial Highness

H.I.M.: His (or Her) Imperial Majesty

Hind.: Hindi || Hindustani

hist.: history || historical

H.J.(S.): (L) hic jacet (sepultus) (here lies [buried])

H.K.: House of Keys (Isle of Man)

H.L.: House of Lords

hl.: hectolitre

H.L.I.: Highland Light Infantry

HM: healthy males

H.M.: His (or Her) Majesty

hm.: hectometre

H.M.A.: Head Masters' Association || His Majesty's Airship

H.M.C.: His (or Her) Majesty's Customs

H.M. etc. ⟨mar ins⟩ Hull, Machinery, etc. (steamers) *Kasko, Maschinen etc.*

H.M.I.(S.): His (or Her) Majesty's Inspector (of Schools)

H.M.P.: (L) hoc monumentum posuit (he or she erected this monument)

H.M.S.: His (or Her) Majesty's Service || His (or Her) Majesty's Ship or Steamer

H.M.S.O.: His (or Her) Majesty's Stationery Office

h. and o. ⟨mar ins⟩ Hook and oil damage *Hakenriß und Ölschäden*

H.O.: Home Office || [attr] Hostilities only (⟨nav⟩ engagement)

ho.: house

HOI: ⟨mil⟩ Headquarters Office Instructions

Hon.: Honorary || Honourable

Honble.: Honourable (for Indian title)

Hon.Sec.: Honorary Secretary
hor.: horizon
horiz: ⟨aero⟩ horizontal
horol.: horology
hort.: horticulture ‖ horticultural
Hos.: Hosea (Old T.)
hosp.: hospital
how: ⟨mil⟩ howitzer
H.P., h.p.: half-pay ‖ highpriest ‖ high
pressure ‖ horse power *Pferdestärke* f *(PS)*
1 PS = 0.9863 HP ‖ House Physician ‖ **HP hr.:**
horse-power hour
H.Q.: Headquarters
H.R.: Highland Railway ‖ Home Rule ‖
House of Representatives
hr.: hour
H.R.C.A.: Honorary Member of the Royal
Cambrian Society
H.R.E.: Holy Roman Empire ‖ Holy
Roman Emperor
H.R.H.: His (or Her) Royal Highness
H.R.H.A.: Honorary Member of the Royal
Hibernian Academy
H.R.I.P.: (L) hic requiescit in pace (here
rests in peace)
Hrs.: Hussars ‖ **hrs.:** hours
H.R.S.A.: Honorary Member of the Royal
Scottish Academy
HS: ⟨Am⟩ high school
H.S.: House Surgeon
h.s.: hot stuff ⟨bes sex⟩
H.S.E.: (L) hic sepultus (or situs) est (here is
buried [laid])
H.S.H.: His (or Her) Serene Highness
H.S.S.: (L) Historiae Societatis Socius,
Fellow of the Historical Society
ht, ht.: heat ‖ height
H.T., h.t.: ⟨el⟩ high tension
ht wt.: − h. w.
H.U.: Harvard University (Cambr. Mass.)
Hung.: Hungary
Hunts: Huntingdonshire
IIV: high velocity ‖ **hv:** heavy
HVAR: high velocity aircraft rocket
h.w.: ⟨crick⟩ hit wicket
H.W.(M.): High Water (Mark)
HWR: heavy water reactor
hwy: highway ‖ **Hy.:** Henry
hyd, hydr.: hydraulic(s)
hydro: hydropathic establishment
hyp., hypoth: hypothesis
Hz: ⟨wir⟩ hertz

I

I: ⟨chem⟩ iodine ‖ one (Roman numeral)
I, II, III, IIII: *röm. Zahlzeichen 1, 2, 3, 4*
I.: institute ‖ insurance ‖ intelligence ‖
international ‖ island ‖ Idaho (U.S.A.)
i.: intransitive ‖ ⟨bank⟩ interest
I.A.: Incorporated Accountant ‖ Indian
Army ‖ infected area
Ia.: Iowa (U.S.A.)
i.A.: ⟨Ger⟩ *im Auftrage*
I.A.A.M.: Incorporated Association of
Assistant Masters
I & E: Information and Education
I.A.O.S.: Irish Agricultural Organization
Society
I.A.R.O.: Indian Army Reserve of Officers
IAS: ⟨aero⟩ indicated air speed
I.A.T.A.: International Air Transport
Association
IAW: in accordance with
IB: incendiary bomb
ib., ibid.: (L) ibidem (in the same place)
I.B.A.: Institute of British Architects

I.B.U.: International Broadcasting Union
I.C.: inferiority complex ‖ inspected, con-
demned
i/c.: in charge of
ICAF: ⟨Am⟩ Industrial College of the Armed
Forces
ICAO: International Civil Aviation Organiza-
tion
ICBM: inter-continental ballistic missile
ICD: ⟨Am⟩ Information Control Division
I.C.C., ⟨Am⟩ ICC: Interstate Commerce
Commission
I.C.C. ⟨mar ins⟩ Institute Cargo Clauses *engl.*
Versicherungsbedingungen für Gütertransporte
ICD: ⟨Am⟩ Information Control Division
I.C.E.: Institution of Civil Engineers
ICEF: International Children's Emergency
Fund
Icel.: Icelandic ‖ Iceland
ichth.: ichthyology
I.C.I.: Imperial Chemical Industries
ICITO: Interim Committee for the ITO
I.C.J.: International Court of Justice
icon.: iconography
I.C.S.: Indian Civil Service
i.c.w.: ⟨el⟩ interrupted continuous waves
ID: inner diameter
I.D.: Infantry Drill Regulations ‖ Intelligence
Department
Id.: Idaho (U.S.A.) ‖ **id.:** (L) idem (the same)
I.D.B.: illicit diamond buyer (SAfr)
I.D.N.: (L) in Dei nomine (in the name of
God)
I.E.: Indian Empire ‖ **i.e.:** (L) id est (that is)
I.E.E.: Institution of Electrical Engineers
I.E.F.: Italian Expeditionary Force (1914–18)
IF: intermediate frequency
IFF: ⟨aero⟩ identification, friend or foe
Freund-Feind(-Kenngerät)
IFR: ⟨aero⟩ instrument flight rules
I.F.S.: Irish Free State (*seit 1937:* Eire)
I.F.T.U.: International Federation of Trade
Unions
I.G.: Inspector-General ‖ Indo-Germanic
I.G.B.: illicit gold buyer (SAfr)
ign.: (L) ignotus (unknown [artist])
i.h.p., ⟨bes Am mil⟩ IHP: indicated horse-
power
IHS: (Gr) IHΣ, taken to mean (L) Jesus
Hominum Salvator, Jesus the Saviour of Men
Jesus Heiland Seligmacher
I.H.S.: (L) in hoc signo [vinces] (in this sign
[thou shalt conquer])
i.J.: ⟨Ger⟩ *im Jahre*
I.L.C.: International Law Commission
Ill.: Illinois (U.S.A.)
ill.: illustrated ‖ illustration
illit.: illiterate
ILO: ⟨Am mil⟩ (Fr) in lieu of
I.L.O.: International Labo(u)r Office *od*
Organization (League of Nations)
I.L.P.: Independent Labour Party
ILS: ⟨aero⟩ instrument landing system
I.Mech.E.: Institution of Mechanical Engi-
neers
imm: ⟨med⟩ immune ‖ immunity ‖ immuniza-
tion
I.M.N.S.: Imperial Military Nursing Service
Imp.: (L) Imperator (Emperor) ‖ (L) Impe-
ratrix (Empress) ‖ Imperial
imp.: (L) imprimatur (let it be printed) ‖
imported ‖ importer
imperat.: imperative ‖ **impers.:** impersonal
imp.gal.: imperial gallon
I.M.S.: Indian Medical Service
IMW: international map of the world
In: ⟨chem⟩ indium ‖ **in.:** inch(es)

I.N.A.: Institution of Naval Architects
inact: ⟨mil⟩ inactivate ‖ inactivation ‖ inactive
I.N.C.: (L) in nomine Christi (in the name of Christ)
inc: inclosure ‖ include ‖ inclusion ‖ inclusive ‖ incorporated
inc.: incorporated
incap: incapacitation ‖ incapacitate
incl.: inclose ‖ inclosure ‖ inclusive(y) ‖ including
incog.: (L) incognito (unknown)
incom: incomplete
incorp.: incorporated
incr: increased ‖ increasing ‖ increment
I.N.D.: (L) in nomine Dei (in the name of God)
Ind.: India ‖ Indian ‖ Indiana (U.S.A.)
ind.: independent ‖ index ‖ indication ‖ indorse(ment) ‖ industrial
indct: induction ‖ **indecl.:** indeclinable
indef.: indefinite ‖ **indic.:** indicative
indiv(id).: individual
indoc: indoctrination ‖ indoctrinate
Ind.T., IndTerr.: Indian Territory (U.S.A.)
inf.: infantry ‖ infinitive ‖ (L) infra (below)
infin.: infinitive ‖ **info:** inform(ation[al])
infra dig.: (L) infra dignitatem (beneath one's dignity)
init.: (L) initio (at the beginning)
I.N.J.: (L) in nomine Jesu (in the name of Jesus)
in.lim.: (L) in limine (at the outset)
in loc.: (L) in loco (in place of)
in pr.: (L) in principio (in the beginning)
I.N.R.I.: (L) Jesus Nazarenus Rex Judaeorum (Jesus of Nazareth, King of the Jews)
I.N.S.: International News Service
Ins.: = Insp.
ins.: inches ‖ inspector ‖ insulated ‖ insulator ‖ insurance
insc.: inscribed (stock) ‖ **insep.:** inseparable
Insp.: Inspector ‖ **insp:** inspect ‖ inspection ‖ inspector
inst.: instant, (of) the present month ‖ institute ‖ institution ‖ instrument
Inst.Act.: Institute of Actuaries
Inst.C.E.: Institution of Civil Engineers
Inst.E.E.: Institution of Electrical Engineers
Inst.M.E.: Institution of Mechanical Engineers
Inst.N.A.: Institution of Naval Architects
instr.: instruct ‖ instruction ‖ instructor ‖ instrument ‖ instrumental
int.: interest ‖ interior ‖ interjection ‖ internal ‖ international ‖ interpreter
int.al.: (L) inter alia (among other things)
intcp: ⟨aero⟩ intercept(ion), –tor
intel: intelligence (service) (*Feind-*)*Nachrichten*(*dienst* m) f pl
intens.: intensive
inter.: intermediate ‖ interrogative
interrog.: interrogative
intmed: intermediate *Zwischen–*
intpr: interpret(ation), interpreter
in trans.: (L) in transitu (on the way)
intr(ans).: intransitive
Int.Rev.: Internal Revenue
intro(d).: introduction
inv.: (L) invenit (he or she designed it) ‖ inventor ‖ invoice
IOCA: International Organization for Civil Aviation
I.O.F.: Independent Order of Foresters
I. of M.: Isle of Man ‖ Instructor of Musketry
I. of W.: Inspector of Works ‖ Isle of Wight

I.O.G.T.: Independent Order of Good Templars
I.O.O.F.: Independent Order of Oddfellows
I.O.P.: Institute of Painters in Oil Colours
i.o.p.: ⟨mar ins⟩ irrespective of percentage *ohne Franchise*
I.O.S.M.: Independent Order of the Sons of Malta
IOU: → *Wörterbuch*
IP: ⟨mil⟩ initial point
I.P.D.: (L) in praesentia Dominorum (in the Presence of the Lords of Session)
ipecac.: ipecacuanha
ips: inch per second
I.Q.: intelligence quotient
i.q.: (L) idem quod (the same as)
I.R.: Inland Revenue ‖ **Ir:** ⟨chem⟩ iridium
Ir.: Ireland ‖ Irish
I.R.A.: Irish Republican Army
I.R.B.: Irish Republican Brotherhood
IRC: International Red Cross
IRM: ⟨eth⟩ innate releasing mechanism
I.R.O.: Inland Revenue Office ‖ International Refugee Organization
iron.: ironical(ly) ‖ **irreg.:** irregular(ly)
I.R.T.: ⟨Am⟩ Inter-Borough Rapid Transit (*der U-Bahn in New York*)
I.S.: Irish Society
Is.: Isaiah (Old T.) ‖ island
ISA: international standard atmosphere
ISB.: Information Service Branch
I.S.C.: Indian Staff Corps
isl.: island ‖ isle
I.S.M.: Incorporated Society of Musicians
I.S.O.: Imperial Service Order
I.S.S.: International Student Service
isth.: isthmus
IT: ⟨Am⟩ Intelligence Center *Amt* n *f Spionage*(*-Abwehr*)
I.T.: Idaho Territory ‖ Indian Territory (U.S.A.) ‖ ⟨jur⟩ Inner Temple
It.: Italian ‖ Italy
I.T.A.: ⟨engl⟩ Independent Television Authority
ital.: italics ‖ **itin.:** itinerary
ITO: International Trade Organization
ITU: International Telecommunication Union
ITV: independent television, → CTV
I.V.: ⟨ins⟩ increased value *oder* invoice value *Mehrwert* or *Fakturenwert*
I.W.: Isle of Wight
I.W.T.D.: Inland Water Transport Department
I.W.W.: Industrial Workers of the World
I.Y.: Imperial Yeomanry
I Z.: I Zingari (Cricket Club)

J

J.: ⟨el⟩ joule ‖ Judge ‖ Justice ‖ ⟨aero⟩ jet *Düse*(*ntriebwerk* n, *–flugzeug* n) f
JA: Jewish Agency for Palestine *Palästina-Bewegung, Jerusalem, New York*
J.A.: Judge Advocate= ‖ Justice of Appeal
Ja.: January (*mst* Jan.)
J./A.: joint account
JAAF: ⟨Am⟩ Joint Army-Air Force
Jac.: Jacob ‖ (L) Jacobus (= James)
J.A.G.: Judge Advocate General
JAGC: ⟨Am⟩ ..'s Corps
Jam.: James (New T.) ‖ Jamaica
Jan.: January ‖ **Jap.:** Japanese ‖ **Jas.:** James
JATO: jet-assisted take-off *Start* m *mit Startrakete* f
JATO-rocket: jet-assisted take-off rocket *Startrakete* f

j. & w.o. ⟨mar ins⟩ jettison and washing overboard *Seewurf und Überbordspülen*

Jav.: Javanese ‖ **J.B.:** John Bull

JBUSDC: Joint Brazil-United States Defense Commission

J.C.: Jesus Christ ‖ Julius Caesar (play) ‖ (L) juris consultus (Jurisconsult) ‖ Justice Clerk

J.C.D.: (L) Juris Civilis Doctor, Doctor of Civil Law

J.C.R.: ⟨univ⟩ Joint Common Room (for men and women) ‖ Junior Common Room, Oxf Univ.

JCS: ⟨Am⟩ Joint Chiefs of Staff

J.D.: Junior Deacon ‖ Junior Dean ‖ (L) Jurum Doctor, Doctor of Laws

JEIA: Joint Export Import Agency

Jer.: Jeremiah (Old T.)

JetP: jet propelled *strahlgetrieben*; *mit Düsenantrieb*

JHS = IHS

J.I.C.: Joint Industrial Council

JJ.: Judges

JMUSDC: Joint Mexico-United States Defense Commission

Jn.: junction ‖ **Jno.:** John

jnr.: junior ‖ **Jo.:** Joel (Old T.)

Joc: ⟨Am⟩ Joint Operations Center

joc.: jocose ‖ jocular ‖ **Jon.:** Jonathan

Jos.: Joseph ‖ Josiah (Old T.)

Josh.: Joshua (Old T.)

JOSPRO: ⟨Am⟩ Joint Ocean Shipping Procedures

jour.: journal ‖ journeyman

JP: jet pilot ‖ **J.P.:** Justice of the Peace

jr.: junior (*mst* jun.)

JSLO: Joint Services Liaison Officer

JTR: ⟨Am⟩ Joint Travel Regulations

J.U.D.: (L) juris utriusque Doctor, Doctor of both Civil and Canon Law

Jud.: Judith (Old T.)

Jud.Com.P.C.: Judicial Committee of the Privy Council

Judg.: Judges (Old T.) ‖ **Jul.:** July

jun.: junior ‖ **junc.:** junction

Jun.Opt.: (L) Junior Optime (Cambr. Math. Tripos)

junr.: junior

Jur.D.: Juris Doctor (Doctor of Law)

jurisp.: jurisprudence

just.: justice ‖ **juv.:** juvenile

K

K: (L) ⟨chem⟩ Kalium (= potassium)

K.: Kelvin (= kilowatt-hour) ‖ King ‖ Knight

k.: ⟨el⟩ capacity ‖ carat ‖ constant

ka.: kathode

kal.: (L) kalendae (Calends)

Kan(s)., Kas.: Kansas (U.S.A.)

Kath.: Katherine

K.B.: King's Bench ‖ Knight Bachelor ‖ Knight of the Bath

K.B.E.: Knight Commander of the British Empire

K.C.: King's College ‖ King's Counsel ‖ Knight Commander

kc.: kilocycle *Kilohertz*

K.C.B.: Knight Commander of the Bath

K.C.H.: Knight Commander of (the Guelphs of) Hanover

K.C.I.E.: Knight Commander of the Indian Empire

K.C.M.G.: Knight Commander of St. Michael and St. George

k/cps: ⟨wir⟩ kilo centimetre per second *Kilohertz (kHz)*

K.C.S.I.: Knight Commander of the Star of India

K.C.V.O.: Knight Commander of the Royal Victorian Order

kd: ⟨mil⟩ killed ‖ **K.E.:** kinetic energy

K.G.: Knight of the Garter

kg.: kilogram(me)

K.G.C.: Knight of the Grand Cross

K.G.C.B.: Knight of the Grand Cross of the Bath

K.G.F.: Knight of the Golden Fleece

K.H.: Knight of (the Guelphs of) Hanover

K.H.B.: ⟨mar fam⟩ a King's Hard Bargain (*ein schwerer Junge*)

K.H.C.: Honorary Chaplain to the King

K.H.P.: Honorary Physician to the King

K.H.S.: Honorary Surgeon to the King

KIA: ⟨mil⟩ killed in action

K.-i-H.: (AInd) Kaisar-i-Hind (the Emperor of India)

kilo: kilogram(me)

K.K.K.: Ku-Klux-Klan (U.S.A.)

kl.: kilolitre

K.L.H.: Knight of the Legion of Honour

K.L.I.: King's Light Infantry

K.M.: Knight of Malta ‖ **km.:** kilometre

kmph: kilometres per hour

kn: ⟨mar⟩ knot ‖ **Knt.:** knight

Knt.Bach.: Knight Bachelor

K.O., k.o.: knock(ed) out ⟨box⟩

K.O.S.B.: King's Own Scottish Borderers

K.O.Y.L.I.: King's Own Yorkshire Light Infantry

K.P.: Knight of St. Patrick ‖ ⟨Am⟩ Kitchen Police (= cook)

kph: kilometres per hour

K.R.: King's Regulations

Kr.: ⟨chem⟩ Krypton

K ration: ⟨Am⟩ iron ration (*3726 Kalorien je Tag*)

K.R.R.: King's Royal Rifles

K.S.: King's Scholar

K.S.I.: Knight of the Star of India

K.T.: Knight of the Thistle ‖ Knight Templar

Kt.: knight ‖ **Kt.Bach.:** Knight Bachelor

kt(s): ⟨mar⟩ knot(s) ‖ **KV, kv.:** kilovolt

K.V.A.: kilovolt ampère

K.W., kW, kw.: kilowatt

K.W.H., kw-h: kilowatt-hour

Ky.: Kentucky (U.S.A.)

L

L: 50 (Roman numeral) ‖ length ‖ longitude (*geogr.*) *Länge* f

L.: Lady ‖ Lake ‖ ⟨mil⟩ Lance ‖ Late ‖ Latin ‖ left ‖ Liberal ‖ Linnaeus ‖ Lord

£: (L) libra, pound sterling (£20)

l.: left ‖ (L) libra (20 l.) ‖ (It) lira ‖ litre ‖ latitude (*geogr.*) *Breite* f ‖ law ‖ league ‖ left ‖ length ‖ (L) liber ‖ line ‖ low

l.A: ⟨aero⟩ low altitude

L.A.: Law Agent ‖ Legislative Assembly ‖ Literate in Arts ‖ Library Association ‖ Local Agent

La: ⟨chem⟩ lanthanum

La.: Louisiana (U.S.A.)

LAA: Latin American Action

LAA artillery: light anti-aircraft artillery *leichte Flak-Artillerie* f

Lab.: Labrador ‖ **lab.:** laboratory

L.A.C.: Licentiate of the Apothecaries' Company ‖ London Athletic Club ‖ ⟨aero⟩ Leading Aircraftman

L.A.M.: London Academy of Music

Lam.: Lamentations (Old T.)

Lancs: Lancashire

L. & N.E.R.: = L.N.E.(R.)
L. & S.W.R.: = S.R.
L. & Y.R.: = L.M.S.(R.)
lang.: language
L.A.S.: Lord Advocate of Scotland
LAT: latitude, → L ǁ **Lat.:** Latin
lat.: latitude ǁ **Latv.:** Latvia
L.B.: Literarum Baccalaureus (Bachelor of Letters)
lb.: (L) libra, pound (weight) *engl. Pfund* n
lb.ap.: ⟨engl⟩ pound (apothecary)
lb. av.: ⟨engl⟩ pound (avoirdupois)
lb. t.: ⟨engl⟩ pound (troy)
l.b.: ⟨crick⟩ leg-bye ǁ **L.B. & S.C.R.:** = S.R.
lbs: pounds, → lb.
l.b.w.: ⟨crick⟩ leg before wicket
LC: ⟨stat⟩ legitimate child
L.C.: Lord Chamberlain ǁ Lord Chancellor ǁ ⟨theat⟩ left centre (of the stage) ǁ Lower Canada
L/C ⟨com⟩ Letter of Credit *Kreditbrief, Akkreditiv*
l.c.: left center ǁ letter of credit ǁ ⟨typ⟩ lower case ǁ (L) loco citato (in the place cited)
L.C. & D.R.: = S.R.
L.C.B.: Lord Chief Baron
L.C.C.: London County Council(lor)
L.Ch., L.Chir.: Licentiate in Surgery
LCI: Landing Craft Infantry
L.C.J.: Lord Chief Justice
L.C.M.: least common multiple
L.-Corp., L/Cpl: Lance-Corporal
L.C.P.: Licentiate of the College of Preceptors
L.-Cpl.: Lance-Corporal
LCT: Landing Craft Tank
LCWIO: Liaison Committee of Women's International Organisations *Verbindungs-Komitee der internationalen Frauenorganisationen, London*
L.D.: ⟨Am⟩ Doctor of Letters ǁ Lady Day ǁ Light Dragoons
Ld.: Lord ǁ Limited ǁ **ldg:** ⟨aero⟩ landing
L.Div.: Licentiate in Divinity
Ldp.: Lordship
L.D.S.: Licentiate in Dental Surgery
L.D.V.: Local Defence Volunteers
LE: ⟨mil⟩ low explosive
£E.: pound Egyptian ǁ **lect.:** lecture
leg: legal ǁ legate ǁ legislate, –ation, –ative, –ature
Leics: Leicestershire
L. ès L.: (Fr) Licencié ès Lettres (Licentiate of Letters)
Lett.: Lettish ǁ **Lev.:** Leviticus (Old T.)
lex.: lexicon
LF: ⟨wir⟩ low frequency *Niederfrequenz* f
L.F.A.S.: Licenciate of the Faculty of Architects and Surveyors
L.F.P.S.: Licentiate of the Faculty of Physicians and Surgeons (Glasgow)
LG: ⟨aero⟩ landing gear
L.G.: Life Guards ǁ Lieutenant-Governor ǁ Low German
L.G.B.: Local Government Board
L.G.O.C.: London General Omnibus Co.
lgth: length ǁ **l.h.:** left hand
L.I.: Light Infantry ǁ Long Island (U.S.A.)
Li: ⟨chem⟩ lithium
Lib.: librarian ǁ library ǁ Liberal
lib.: (L) liber (book)
Lic.Med.: Licentiate in Medicine
Lieut.: Lieutemant
Lieut.-Col.: Lieutenant-Colonel
Lieut.-Gen.: Lieutenant-General
Lieut.-Gov.: Lieutenant-Governor
Lincs: Lincolnshire

Linn.: Linn(a)ean ǁ Linnaeus
liq.: liquid ǁ liquor ǁ **lit.:** literal(ly) ǁ litre
Lit.D. = Litt.D.
liter.: literary ǁ literature
Lith.: Lithuania ǁ Lithuanian
litho(g).: lithography
Lit.Hum.: (L) Literae Humaniores, Final Classical Honour School, Oxf (= greats)
Litt.D.: (L) Lit(t)erarum Doctor, Doctor of Letters
liturg.: liturgical ǁ liturgy
L.J.: Lord Justice (of Appeal)
Lkge. + **Bkge.** ⟨ins⟩ Leakage + Breakage *Leckage + Bruch*
L.L.: Lord-Lieutenant ǁ **ll.:** lines
LLA: Lend Lease Administration
L.L.A.: Lady Literate in Arts
LL.B.: (L) Legum Baccalaureus, Bachelor of Laws
LL.D.: (L) Legum Doctor, Doctor of Laws
L.L.I.: Lord Lieutenant of Ireland
LL.JJ.: Lords Justices (of Appeal)
LL.M.: (L) Legum Magister, Master of Laws
LM: ⟨Am⟩ Legion of Merit
L.M.: Licentiate in Midwifery ǁ Lord Mayor
L.M.B.C.: Lady Margaret Boat Club (St. John's College, Cambr.)
LGM: light machine gun
L.M.H.: Lady Margaret Hall (Oxf)
L.M.S.: London Missionary Society
L.M.S.(R.): London, Midland and Scottish (Railway)
L.M.S.S.A.: Licentiate in Medicine and Surgery of the Society of Apothecaries
LMT: local mean time *mittlere Ortszeit* f
L.M.T.: length, mass, time
L.N.E.(R.): London and North-Eastern (Railway)
L.N.W.R.: = L.M.S.(R.)
LO: ⟨mil⟩ liaison officer
LOC: ⟨aero⟩ line of communication
log: logistics
loc.cit.: (L) loco citato (in the place cited)
log.: logarithm ǁ logic ǁ **Lond.:** London
Londin., London.: of London (signature of the Bishop)
long.: longitude
loq.: (L) loquitur (he or she speaks)
Loran: ⟨aero⟩ long range air-to-air navigation *Loran(-Fernbereichs-Navigationsanlage nach Impuls-Hyperbelverfahren)*
LP: long-playing (record)
L.P.: Lord Provost ǁ Labour Party
L.P., l.p.: large paper (edition) ǁ ⟨typ⟩ long primer ǁ low pressure
L'pool: Liverpool ǁ **L.P.S.:** Lord Privy Seal
L.P.T.B.: London Passenger Transport Board
Lpz.: ⟨Ger⟩ Leipzig ǁ **LR:** ⟨mil⟩ long range
L.R.A.M.: Licentiate of the Royal Academy of Music
L.R.C.: Labour Representation Committee ǁ Leander Rowing Club ǁ London Rowing Club
L.R.C.P.: Licentiate of the Royal College of Physicians **L.R.C.P.E.:** ditto Edinburgh **L.R.C.P.I.:** ditto Ireland
L.R.C.S.: Licentiate of the Royal College of Surgeons **L.R.C.S.E.:** ditto Edinburgh **L.R.C.S.I.:** ditto Ireland
L.R.C.V.S.: Licentiate of the Royal College of Veterinary Surgeons
L.R.F.P.S.G.: Licentiate of the Royal Faculty of Physicians and Surgeons, Glasgow
LR(G): ⟨bes aero & artill⟩ long range *Fernbereich–, Langstrecken–*
Lrs.: ⟨mil⟩ Lancers ǁ **LS:** Landing Ship

L.S.: Linnean Society || (L) locus sigilli (the place of the Seal)
l.s.: left side
L.S.A.: Licentiate of the Society of the Apothecaries
L.S.B.: London School Board
LSCO: Labor Service Companies *Deutsche Hilfsdienstkompanien*; → *EUCOM*
L.S.D.: Lightermen, Stevedores and Dockers
£.s.d.: (L) librae, solidi, denarii, pounds, shillings, (and) pence
LSM: Landing Ship Medium
L.S.S.: ⟨Am⟩ Life Saving Service
L.S.T.: Landing Ship (Tanks)
LT: local time *Ortszeit* f || low tension *Niederspannung* f
LT: lettre télégramme (Fr) *Brieftelegramm*
L.T., l.t.: low tension || **Lt., lt:** Lieutenant
£T.: pound Turkish
L.T.A.: Lawn Tennis Association || London Teachers' Association
L.T.C.: Lawn Tennis Club
L.T.C.L.: Licentiate of Trinity College of Music (London)
Lt.-Col., lt col: Lieutenant-Colonel
Lt.-Comm.: Lieutenant-Commander (R.N.)
Ltd.: Limited
Lt.-Gen., lt gen: Lieutenant-General
Lt.-Gov.: Lieutenant-Governor
Lt.Inf.: Light Infantry
L.T.M.: Licentiate of Tropical Medicine
ltr. ⟨mar ins⟩ lighter *Leichter*
L.U.: Liberal Unionist
L.V.: Licensed Victuallers
LW: long wave [attr] *Langwellen–*
L.W.L.: load water line
LXX: 70 (Roman numeral) || the Septuagint
ly.: light-year *Lichtjahr*
LZ: ⟨aero⟩ landing zone

M

M: (L) mille, 1000 || Mach number *Mach-(sche) Zahl* f
M.: Majesty || Marquis || (Fr) Monsieur
m.: ⟨crick⟩ maiden over || male || manual mark (coin) || married || masculine || mass || medicine || medium || meridian || metre(s) || mile || minute
m²: square meter || **m³:** cubic meter
M': Mac || **MA:** ⟨Am⟩ military attache
M.A.: Master of Arts || Military Academy
mA: milliampere
MAA artillery: medium antiaircraft artillery
M.A.B.: Metropolitan Asylums Board
MAC.: Medical Administration Corps
Macc.: Maccabees (Old T.)
mach.: machinery
MADAEC: ⟨Am⟩ Military Application Division of the Atomic Energy Commission
mag.: magazine
magn.: magnetism || magneto
M.Agr.: ⟨Am⟩ Master of Agriculture
Maj., maj.: Major
Maj.-Gen., maj gen: Major-General
Mal.: Malachi (Old T.) || **Malay.:** Malayan
Man.: Manila (paper)
Mancun.: (L) Mancunium, Manchester (the signature of the Bishop)
M. & B.: May & Baker (theraputic drug)
M & R: ⟨mil⟩ maintenance and repair
M & S: ⟨mil⟩ maintenance and supply
MANIAC: Mathematical Analyser, Numerical Integrator and Computer Los Alamos, → electronic brain
Man(it).: Manitoba (Canada)
manuf.: manufacture(r) || **Mar.:** March

mar.: married
marc.: ⟨mus⟩ marcato *betont*
March.: Marchioness
marg.: margin, marginal
Marq.: Marquess || **masc.:** masculine
Mass.: Massachusetts (U.S.A.)
math.: mathematics || mathematical
matric.: matriculation
MATS, M.A.T.S.: ⟨Am⟩ Military Air Transport Service
Matt.: Matthew (New T.)
max: maximum
M.B.: (L) Medicine Baccalaureus, Bachelor of Medicine || medical branch || ⟨Am⟩ Moral Branch
mb: millibar; **ub:** microbar
M.B.E.: Member of (the Order of) the British Empire
M.B.S.: Mutual Broadcasting System
MC: ⟨Am⟩ Medical Corps || Member of Congress
Mc, mc: megacycle *Megahertz*
M.C.: Marine Corps || Master of Ceremonies || Member of Congress || Member of Council || Military Cross
M./C.: Message Center
M.C.C.: Marylebone Cricket Club·
MCE: Military Corrective Establishment
mcflm: microfilm
M.Ch.: (L) Magister Chirurgiae, Master of Surgery
M.Ch.D.: Master of Dental Surgery
M.Ch.Orth.: Master of Orthopaedic Surgery
M.Com.: Master of Commerce (Birmingham Univ.)
M.Comm.: Master of Commerce and Administration (Manchester Univ.)
M.C.P.: Member of the College of Preceptors
M.C.S.: Madras Civil Service || Malay Civil Service
MCW: modulated continuous wave *modelierte ungedämpfte Welle* || modulated carrier wave *modulierte Trägerwelle* f
M/D, m/d: months' date, months after date *Monate nach Ausstellungsdatum*
M.D.: (L) Medicinae Doctor, Doctor of Medicine
Md.: Maryland (U.S.A.)
MDAA: Mutual Denfence (⟨Am⟩ –nse) Assistance Act
M.D.A.P.: Mutual Defence (⟨Am⟩ –nse) Assistance Program(me) *od* Pact *Gegenseitiges Verteidigungs-Hilfsabkommen* n
M-day: mobilization day; [⟨a⟩ attr] ~ Plans
Md(d)x.: Middlesex
MDF: medium frequency direction finding station *Mittelwellen-Funkpeilstelle* f
Mdme. = Mme.
M.D.S.: Master in Dental Surgery
mdse.: merchandise || **mdt:** moderate
MDW: ⟨Am⟩ Military District of Washington
ME: Middle East || multi-engine [attr]
M.E.: Mechanical Engineer || Methodist Episcopal || Middle English || Military Engineer || Mining Engineer
m.E.: ⟨Ger⟩ *meines Erachtens* (in my opinion)
Me.: Maine (U.S.A.) **Me.:** (Fr) ⟨jur⟩ maître
meas.: measure
M.E.C.: Member of the Executive Council
mec: ⟨Am⟩ mechanic
mech.: mechanics || mechanical
med.: mediaeval || medical || medicine
Medit.: Mediterranean
MEEC: Middle East Economic Commission *Wirtschafts-Kommission für den Mittleren Orient*

M.E.F.: Mediterranean (or Mesopotamian) Expeditionary Force (1914–18) ‖ Middle East Force

M.E.L.F., Melf: Middle East Liberation Force

mem.: (L) memento (remember) ‖ (L) memorandum (to be remembered) ‖ member ‖ memoir ‖ memorial

memo.: memorandum

M.Eng.: Master of Engineering

MEP: mean effective pressure *mittlerer Arbeitsdruck* m

M. ès A.: (Fr) Maître ès Arts (Master of Arts)

Mespot: ⟨mil fam⟩ Mesopotamia

Messrs.: (Fr) Messieurs, Gentlemen

MET: meteorology ‖ mechanical transport

met.: metaphor

Met.: Metropolitan ‖ ⟨Am fam⟩ Metropolitan Opera House

met: meteorology, –logical, –logist

metal(l).: metallurgy

metaph.: metaphysical ‖ metaphysics

meteor.: meteorology

Meth(od).: Methodist

meton.: Metonymy

Met.R.: Metropolitan Railway

Mev, M.e.v.: ⟨at⟩ million electron volts, → bev

MEW: microwave early-warning set

Mex.: Mexican ‖ Mexico

M.E.Z.: ⟨Ger⟩ *Mitteleuropäische Zeit*

M.F.: machine-finished

MF: ⟨wir⟩ medium frequency *Mittelwelle* f

mf.: (It) ⟨mus⟩ mezzo forte (half loud)

M.F.B.: Metropolitan Fire Brigade

mfd.: manufactured

mfg.: manufacturing

M.F.H.: Master of Fox Hounds

M.F.N.: Most Favoured Nation

mfr.: manufacture

M.F.V.: Motor Fleet Vessel

MG: ⟨mil⟩ machine gun ‖ Military Government

M.G.: Order of St. Michael and St. George ‖ machine-gun

mg.: milligram(me)

M.G.B.: ⟨Am⟩ Motor Gun Boats

M.G.C.: Machine-Gun Corps

M.G.G.S.: Major-General, General Staff

M.G.M.: ⟨Am film⟩ Metro-Goldwyn-Mayer

Mgr.: (It) ⟨ec⟩ Monsignor ‖ (Fr) ⟨ec⟩ Monseigneur

MH: ⟨Am⟩ Medal of Honor

M.H.A.: Member of House of Assembly

M.H.G.: Middle High German

M.H.K.: Member of the House of Keys (Isle of Man)

MHO, mho: ⟨el⟩ unit of conductivity

M.H.R.: Member of the House of Representatives

MHW: mean high water

M.Hy.: Master of Hygiene

M.I.: Military Intelligence ‖ Mounted Infantry

mi: (statute) mile (*engl.*) *Meile* f

MIA: ⟨mil⟩ missing in action

Mic.: Micah (Old T.)

M.I.C.E.: Member of the Institute of Civil Engineers

Mich.: Michaelmas ‖ Michigan (U.S.A.)

micros.: microscopy

MID: Middle East ‖ Military Intelligence Department

mid.: middle ‖ midshipman

M.I.E.E.: Member of the Institution of Electrical Engineers

M.I.5: Military Intelligence Department Five

M.I.J.: Member of the Institute of Journalists

M.I.K.: ⟨fam⟩ more in the kitchen! *iß nur tüchtig!* → F.H.B.

mil.: military ‖ militia

Mil.Att.: Military Attaché

M.I.Mar.E.: Member of the Institute of Marine Engineers

M.I.Mech.E.: Member of the Institution of Mechanical Engineers

M.I.Min.E.: Member of the Institution of Mining Engineers

M.I.M.M.: Member of the Institution of Mining and Metallurgy

Min.: Minister ‖ Ministry

min: minimum *Kleinst–*; *Mindestmaß* n; *Minimum* ‖ minute

min.: mineralogy

M.I.N.A.: Member of the Institution of Naval Architects

mineral.: mineralogy

Minn.: Minnesota (U.S.A.)

Min.Plen.: Minister Plenipotentiary

M.Inst.C.E.: Member of the Institution of Civil Engineers

M.Inst.E.E.: Member of the Institution of Electrical Engineers

M.Inst.Mar.E.: Member of the Institute of Marine Engineers

M.Inst.Mech.E.: Member of the Institution of Mechanical Engineers

M.Inst.Met.: Member of the Institute of Metals

M.Inst.Min.E.: Member of the Institution of Mining Engineers

M.Inst.M.M.: Member of the Institution of Mining and Metallurgy

MIS: Military Intelligence Service

misc.: miscellaneous ‖ miscellany

Miss.: Mississippi (U.S.A.)

M.J.I.: Member of the Institute of Journalists

M.J.S.: Member of the Japan Society

Mk.: ⟨Ger⟩ mark ‖ mark *Marke, Baureihe* f, *Typ* m ‖ **mkt.:** market

ml.: mail ‖ millilitre

m/l ⟨com⟩ more/less *mehr oder weniger*

M.L.A.: Member of the Legislative Assembly ‖ Modern Language Association

M.L.C.: Member of the Legislative Council ‖ ⟨Am⟩ Motor Landing Craft

MLCAEC: ⟨Am⟩ Military Liaison Committee to the Atomic Energy Commission

MLG: ⟨aero⟩ main landing gear

M.L.G.: Middle Low German

Mlle: (Fr) Mademoiselle

M.L.S.B.: Member of the London School Board

MLW: mean low water *mittleres Niedrigwasser* n

MM: ⟨Am⟩ Medal of Merit

M.M.: Master Mason ‖ Military Medal

MM.: Majesties ‖ (Fr) Messieurs

mm.: millimetre

m. m.: mutatis mutandis (L) *nach Änderung des zu Ändernden, d. h. nach Berücksichtigung der (beiderseitigen) besonderen Merkmale*

Mme: (Fr) Madame

MMO: main meteorological office *Haupt-(Flug-)Wetterwarte* f

M.N.: Merchant Navy

Mn: ⟨chem⟩ manganese

M.N.I.: Ministry of National Insurance

MO: ⟨aero⟩ movement orders

M.O.: Medical Officer ‖ Money Order ‖ Mass Observation

Mo: ⟨chem⟩ molybdenum

Mo.: Missouri (U.S.A.)

mo.: month
mob: mobile, mobilize, –ization
Mod.: modern
mod: modification, modify
Mods.: Moderations (Oxf)
M.O.H.: Master of Otter Hounds ‖ Medical Officer of Health ‖ Ministry of Health
M.O.I.: Ministry of Information
mol.wt.: molecular weight
Mon.: Monday ‖ Monmouthshire
Mons.: (Fr) Monsieur
Mont.: Montana (U.S.A.)
M.O.O.: Money Order Office
morph(ol).: morphology
MOUSE: Minimum Orbital Unmanned Satellite of the Earth, → moonlet
MP [ˈemˈpiː]: military police
M.P. [ˈemˈpiː] (pl M.P.'s): Member of Parliament ‖ Metropolitan Police ‖ Military Police
m.p.: melting point
m/p ⟨com⟩ months after payment *Monate nach Zahlung*
mp.: (It) mezzo piano (half soft)
M.Ph.: ⟨Am⟩ Master of Philosophy
m.p.h., mph: miles per hour
MPM: ⟨Am mil⟩ multi purpose meal (*Armeekonserve* f)
M.P.S.: Member of the Pharmaceutical Society ‖ Member of the Philological Society ‖ Member of the Physical Society
M.R.: Master of the Rolls
M/R: ⟨mil⟩ morning report
Mr.: Mister
MRA: Moral Re-Armement, London *Moralische Aufrüstung* (*Caux-Bewegung*)
M.R.A.S.: Member of the Royal Academy of Science ‖ Member of the Royal Asiatic Society
M.R.C.C.: Member of the Royal College of Chemistry
M.R.C.P.: Member of the Royal College of Physicians **M.R.C.P.E.**: ditto of Edinburgh **M.R.C.P.I.**: ditto of Ireland **M.R.C.S.**: Member of the Royal College of Surgeons **M.R.C.S.E.**: ditto of Edinburgh **M.R.C.S.I.**: ditto of Ireland **M.R.C.V.S.**: Member of the Royal College of Veterinary Surgeons **M.R.G.S.**: Member of the Royal Geographical Society
M.R.I.: Member of the Royal Institution
M.R.I.A.: Member of the Royal Irish Academy
Mrs.: Mistress
M.R.S.L.: Member of the Royal Society of Literature
M.R.U.S.I.: Member of the Royal United Service Institution
MS: ⟨mil⟩ major subject ‖ margin of safety *Sicherheitskoeffizient* m
M.S.: Master of Surgery ‖ Military Secretary
MS.: manuscript ‖ **m/s**: meter per second
m.s.: month's sight
MSA: Mutual Security Agency, Washington *Amerikanische Verwaltung für Gemeinsame Sicherheit*
M.S.A.: ⟨Am⟩ Master of Science and Art ‖ Member of the Society of Apothecaries ‖ Member of the Society of Arts
MSB: Military Security Board *Militärisches Sicherheitsamt der HICOM, Koblenz*
MSC: ⟨Am⟩ Medical Service Corps
M.S.C.: Madras Staff Corps ‖ Medical Staff Corps
M.Sc.: Master of Science
m sgt: ⟨mil⟩ master sergeant
M.S.H.: Master of Stag Hounds
M.S.I.: Member of the Sanitary Institute ‖ Member of the Surveyors' Institution

M.S.L.: mean sea-level *mittlere Seehöhe* f
MSS.: manuscripts
MSTS: ⟨Am⟩ Military Sea Transport Service
MT: Mediterranean Theatre (of War); → MTOUSA
M.T.: mechanical transport ‖ metric ton ‖ motor transport
Mt.: mount(ain)
M.T.B.: ⟨Am⟩ Motor Torpedo Boat
M'ter: Manchester ‖ **mtge**: mortgage
mth.: month
MTOUSA: Mediterranean Theater of Operations, United States Army → MT
Mt.Rev.: Most Reverend
mun.: municipal
mus.: museum ‖ music ‖ musical
Mus.B., Mus.Bac. [ˈmʌzˈbæk]: Bachelor of Music
Mus.D. [ˈmʌzˈdiː], **Mus.Doc.**: Doctor of Music
Mus.M.: Master of Music
mut.: mutilated ‖ mutual
M.V. ⟨mar ins⟩ Motor Vessel *Motorschiff*
M.V.O.: Member of the Royal Victorian Order
MW: mega-Watt (heat rating) → eMW
M.W.: Most Worshipful ‖ Most Worthy
M.W.B.: Metropolitan Water Board
M.W.G.M.: Most Worshipful (or Worthy) Grand Master
Mx.: Middlesex
M.Y.O.B.: ⟨fam⟩ mind your own business
myth.: mythology

N

N: ⟨chem⟩ nitrogen ‖ revolutions per minute
(N): ⟨Am⟩ negro
N.: Nationalist ‖ New ‖ North
n: revolutions per second
n.: name ‖ named ‖ neuter ‖ nominative ‖ noon ‖ noun
N.A.: National Army ‖ Nautical Almanac ‖ North America ‖ North American
Na.: (L) ⟨chem⟩ natrium (= sodium)
n/a: no account (on cheques)
N.A.A.F.I., Naafi [ˈnɑːfi]: Navy, Army, and Air Force Institutes [⟨a⟩ attr]
N.A.B.: ⟨Am⟩ National Association of Broadcasters
N.A.C.A.: ⟨Am⟩ National Advisory Committee for Aeronautics
Nah.: Nahum (Old T.)
N.A.L.G.O.: National Association of Local Government Officers
NAM: National Association of Manufacturers *Nationalverband der amerikanischen Industrie*
NAS: ⟨Am⟩ Naval Air Station
N.A.S.: Nursing Auxiliary Services ‖ ⟨Am⟩ National Academy of Science
NAT: North Atlantic Treaty
nat.: national ‖ native ‖ natural ‖ naturalist
Nat.: Natal ‖ ⟨bib⟩ Nathaniel ‖ National ‖ Nationalist
nat.hist.: natural history
NATO: North Atlantic Treaty Organization *Nordatlantik Pakt-Organisation, London, Paris, Washington* (*Atlantik-Pakt*)
nat.ord.: natural order
nat.phil.: natural philosophy
NATS: Naval Air Transport Service
nat.sc.: natural science
naut.: nautical
nav.: naval ‖ navigation ‖ navy
NAWAF: ⟨Am⟩ Navy with Air Force
NAWAR: ⟨Am⟩ Navy with Army

NB: naval base
N.B.: New Brunswick ‖ North Britain ‖ North British ‖ ['en'bi:] (L) nota bene (note well, take notice) ‖ ⟨fam⟩ not a bean! *k–n Pfennig!*
Nb: ⟨chem⟩ niobium ‖ **n.b.:** no ball
N.B.A.: North British Academy
N.B.C.: ⟨Am⟩ National Broadcasting Corporation ‖ National Coal Board
N.B.R.: North British Railway (*jetzt* = L.N.E.R.)
N.C.: North Carolina (U.S.A.) ‖ New Church
n.c.: nitro-cellulose
N.C.B.: National Coal Board
N.C.C.V.D.: National Council for Combating Venereal Diseases
NCL: National Council of Labour, London *Nationaler Arbeiter-Rat Großbritanniens*
N.C.O.: non-commissioned officer
N.C.U.: National Cyclists' Union
ND: ⟨Am⟩ Navy Department
n.d.: no date (on cheques); ⟨*a* hum⟩ (*v e–r sich „auf Jung" kleidenden älteren Frau) „mittelalterlich", „Alter unbekannt"* ‖ ⟨ins⟩ non-delivery *Nichtauslieferung* f
N.D.A.C.: ⟨Am⟩ National Defense Advisory Commission (1940)
N.Dak.: North Dakota (U.S.A.)
N.D.C.: National Defence Contribution
N.D.L.: ⟨Ger⟩ *Norddeutscher Lloyd*
N.E.: New England ‖ North-East ‖ North Eastern
N./E.: no effects (on cheque)
Ne: ⟨chem⟩ neon
N.E.A.: ⟨Am⟩ National Education Association
NEAC: ⟨Am⟩ Northeast Air Command
Neb(r).: Nebraska (U.S.A.)
NEC: ⟨Am⟩ National Emergency Council
N.E.D.: New English Dictionary (= O.E.D.)
neg.: negative
Neh.: Nehemiah (Old T.)
nem.con.: (L) nemine contradicente (no one contradicting)
nem.dis.: (L) nemine dissentiente (nobody dissenting)
N.E.R.: = L.N.E.(R.) ‖ **Neth.:** Netherlands
neut.: neuter ‖ neutral
Nev.: Nevada (U.S.A.)
N.F.: Newfoundland
NFBC: ⟨Am⟩ Newfoundland Base Command
N.F.C.: National Fitness Council
Nfd., Nfdl.: Newfoundland
NFE: National Committee Free Europe, New York *National-Komitee für ein freies Europa*
NFq: ⟨wir⟩ night frequency
N.F.R.B.: New Fabian Research Bureau
N.F.S.: National Fire Service
N.F.U.: National Farmers' Union
NG: ⟨Am⟩ National Guard
N.G.: No good (on cheques)
NGUS: National Guard of the United States
N.H.: National Hunt ‖ New Hampshire (U.S.A.)
N.Heb.: New Hebrides
N.H.G.: New High German
n.h.p.: nominal horse-power
N.H.R.: National Hunt Rules
N.H.R.U.: National Home Reading Union
N.H.S.: National Health Service
N.I.: Native Infantry ‖ Northern Ireland
Ni: ⟨chem⟩ nickel ‖ **Nicar.:** Nicaragua
N.I.D.: Naval Intelligence Department
ni.pr.: (L) ⟨jur⟩ nisi prius (unless before)
N. I. R. A., Nira: ⟨Am⟩ *der* National Industrial Recovery Act *Gesetz zum Wiederaufbau der nationalen Industrie* (16. Juni 1933)

N.J.: New Jersey (U.S.A.)
N.L.: National Liberal ‖ Navy League ‖ ⟨Am⟩ National League
n.l.: (L) non licet (it is not permitted) ‖ (L) non liquet (it is not clear)
N.lat.: north latitude
NLB: ⟨Am⟩ National Labor Board
N.L.C.: National Liberal Club
N.L.F.: National Liberal Federation
NLG: ⟨aero⟩ nose landing gear
N.L.I.: National Lifeboat Institution
NLM: nautical mile
NLO: naval liaison officer
NLRB: ⟨Am⟩ National Labor Relations Board
n.m.: nautical mile(s)
NMB: ⟨Am⟩ National Mediation Board
N.Mex.: New Mexico (U.S.A.)
n. mi.: mile (nautical) *Seemeile*
NNC: Navy Nurse Corps
N.N.E.: north-north-east
N.N.W.: north-north-west
N.O.: ⟨bot & zoo⟩ natural order ‖ New Orleans (U.S.A.)
No., no: (It) numero (number) ‖ ∼ 1 Dress ['nʌmbə'wʌn'dres] *beste Uniform or Garnit·ur* f
n.o.: ⟨crick⟩ not out
N.O.D.: Naval Ordnance Department
nol.pros.: (L) ⟨jur⟩ nolle prosequi (will not proceed)
nom(in).: nominal ‖ nominative
Non-Coll.: Non-Collegiate
non-com.: = N.C.O.
Noncon.: Nonconformist
non-obst.: (L) non obstante (notwithstanding)
non pros.: (L) ⟨jur⟩ non prosequitur (he does not prosecute)
non seq.: (L) non sequitur (it does no follow)
n.o.p.: not otherwise provided
NOPE: New Orleans Port of Embarkation
Nor.: North ‖ Norway
Nordlloyd: ⟨Ger⟩ *Norddeutscher Lloyd (Schiffahrtsgesellschaft)*
Norm.: Norman
Northants: Northamptonshire
Northumb.: Northumberland
Norvic.: of Norwich (signature of the Bishop)
Norw.: Norway ‖ Norwegian
Nos.: numbers
NOTAM: notices to airmen
Notts: Nottinghamshire
Nov.: November
N.P.: Notary Public
n.p.: new paragraph
N.P.D.: North Polar Distance
N.P.F.A.: National Playing Fields Association
N.P.L.: National Physical Laboratory
n.p. or d.: no place or date
NPT: normal pressure and temperature
NR: Naval Reserve ‖ ⟨Am⟩ expendable nonrecoverable (supplies)
N.R.: North Riding (Yorks) ‖ **nr:** near
N.R.A.: National Rifle Association (Bisley) ‖ ⟨Am⟩ National Recovery Administration
N.R.A.D. ⟨mar ins⟩ no risk after discharge *kein Risiko nach Entlöschung*
n.r.a.l. ⟨mar ins⟩ no risk after landing *keine Deckung nach Landung*
N.S.: New Style ‖ Nova Scotia
Ns: ⟨meteor⟩ nimbostratus
n.s.: (L) non satis (not sufficient) ‖ not specified
N.S.A.: National Skating Association
N.S.A.F.A.: National Service Armed Forces Act
NSC: ⟨Am⟩ National Security Council

N.S.C.: National Sporting Club
N.S.L.: National Service League || National Sunday League
NSLI: ⟨Am⟩ National Service Life Insurance
N.S.P.C.C.: National Society for Prevention of Cruelty to Children
N.S.Trip.: Natural Science Tripos (Cambr.)
N.S.W.: New South Wales (Australia)
N.T.: New Testament || Northern Territory (Australia)
n/t ⟨com⟩ new terms *neue Bedingungen*
Nthn.: northern
NTO: Naval Transport Officer
nt wt: net weight *Nettogewicht* n
N.U.: Northern Union (Rugby football)
n.u.: name unknown
N.U.G.M.W.: National Union of General & Municipal Workers
N.U.J.: National Union of Journalists
Num.: Numbers (Old T.)
num.: number || numeral
N.U.M.: National Union of Mineworkers
numis.: numismatics
N.U.R.: National Union of Railwaymen
N.U.S.E.C.: National Union of Societies for Equal Citizenship
N.U.T.: National Union of Teachers
N.U.W.S.S.: National Union of Women's Suffrage Societies
N.U.W.T.: National Union of Women Teachers
N.V.: New Version
N.V.M.: Nativity of the Virgin Mary
N.W.: North-West || North-Western
NWC: ⟨Am⟩ National War College
N.W.M.P.: North-West Mounted Police (Canada), *jetzt* = R.C.M.P.
N.W.P(rov).: North-West Provinces (of India)
N.W.T.: North-Western Territories (Canada)
N.Y.: New York (state, U.S.A.)
N.Y.C.: New York City (U.S.A.)
N.Y.K.: Nippon Yusen Kaisha, Japan Mail Steamship Co.
NYPE: New York Port of Embarkation
N.Y.U.: New York University
N.Z.: New Zealand

O

O: ⟨chem⟩ oxygen || Office; order; officer (when used in combination) || "O" → G.C.E.
O.: Ohio (U.S.A.) || Old
o.: off || old || only || order || over || ⟨crick⟩ over(s)
o/a: on account of || ⟨Am mil⟩ on or about
OAS: Organization of American States *Organisation der amerikanischen Staaten, Washington*
O.B.: outside broadcast || ⟨sl⟩ old bumpers *Kippen v Kameraden (K.v.K.)* → O.P.B., butts
ob.: (L) obiit (he or she died)
Obad.: Obadiah (Old T.)
obb.: ⟨It⟩ ⟨mus⟩ obbligato
obdt.: obedient
O.B.E.: Officer of the Order of the British Empire
obj.: object || objection || objective
obl.: oblique || oblong
obs.: observation || observatory || obsolete
ob.s.p.: (L) obiit sine prole (died without issue)
obstet.: obstetrics
OC: ⟨Am⟩ officer candidate *Offizieranwärter* m
O.C.: Officer Commanding || Old Catholic
o'c.: o'clock || **o/c:** overcharge
OCS: ⟨Am⟩ officer candidate school

Oct.: October || **oct.:** octavo
O.C.T.U.: Officer Cadet Training Unit
OD: ⟨Am⟩ officer of the day
O.D.: Old Dutch || One-Design || Ordnance Data || ⟨mar⟩ *ordi*nary seaman || overdraft || ∼'s delight ⟨mar⟩ *deutsche Wurst* f
O/D: on demand || **od:** ⟨Am⟩ olive drab
O/d ⟨mar ins⟩ on deck *auf Deck*
O.E.: Old English || Old Etonian
o.e.: omissions excepted
O.E.D.: Oxford English Dictionary (= N.E.D.)
O.E.E.C.: Organization for European Economic Co-operation
O.E.M.: ⟨Am⟩ Office of Emergency Management (1941)
O.F.: Odd Fellows || Old French
O.F.C.: Overseas Food Corporation
off.: offered || office; officer || official || officinal
offg.: officiating || **offic.:** official
ofl: ⟨Am⟩ official
O.F.M.: Order of Friars Minor
O.Fr.: Old French || **O.Fris.:** Old Frisian
O.F.S.: Orange Free State
OG: ⟨Am⟩ officer of the guard
O.G.P.U.: → Ogpu *Wörterbuch*
O.H.: ⟨Am⟩ on hand
O.H.B.M.S.: On His (or Her) Britannic Majesty's Service
O.H.G.: Old High German
O.H.L.: Oxford Higher Local (examinations)
O.H.M.S.: On His (or Her) Majesty's Service
O.H.S.: Oxford Home Students (*nicht im* College *wohnende Studentinnenvereinigung*)
OIC: Office of Information Control *Nachrichtenkontrollamt* n || ⟨Am⟩ officer in charge *Sachbearbeiter* m
Oi/c: ⟨engl⟩ officer in charge
O.Ir.: Old Irish
O.K.: all correct, → okay *Wörterbuch*
Okie: ⟨Am agr⟩ *Wanderarbeiter* m v *Oklahoma*
Okla.: Oklahoma (U.S.A.)
Ol.: Olympiad
O.L.G.: Old Low German
OM: ⟨Am⟩ Occupation Medal (Ger-Jap)
O.M.: Order of Merit
OMGUS: Office of Military Government United States, *Vorgänger von HICOG*
O.M.I.: Oblate of Mary Immaculate
O.M.T.: Old Merchant Taylors
O.N.: Old Norse
ONA: Overseas News Agency, New York *amerikanische Nachrichtenagentur*
ONI: ⟨Am⟩ Office of Naval Intelligence
onomat.: onomatopoeia
Ont.: Ontario
O.O.C.: Office of Oil Coordination
O.P.: ⟨sl⟩ observation post || Old Playgoers (Club) || ⟨theat⟩ opposite prompt (side) || Order of Preachers || out of print
o.p.: out of print || over proof (spirits) || ⟨theat⟩ opposite the prompter
op.: (L) opus (work) || ⟨mil surg⟩ operation || ⟨wir⟩ operation, –tor || opposite
OPA: Office of Price Administration *Preiskontrollamt* n
O.P.A.C.S.: ⟨Am⟩ Office for Price Administration and Civilian Supply
O.P.B.: ⟨fam *bes* mil⟩ old picked bumpers °(*erlesene*) *eigene Kippen (E.K.)* → butts
op.cit.: (L) opere citato (in the work cited)
O.Pip.: ⟨sl⟩ observation post *B-Stelle* f, *vorgeschobener Beobachter* m

O.P.M.D.: ⟨Am⟩ Office for Production and Management of Defense

o.p.n.: (L) ora pro nobis (pray for us)

opp.: opposed || opposite

ops: ⟨mil tact⟩ operations

opt.: optative || optical || optics || optional || (L) optimus, optime, best.

OR: ⟨mil⟩ Other Ranks → O.R.'s

O/R: on request *auf Anforderung*

O.R.: Official Receiver || Official Referee || owner's risk

Or.: Orient(al)

o.r. ⟨com⟩ owner's risk *auf eigene Gefahr (des Eigentümers)*

orat.: oratorical || oratory

ORC: ⟨Am⟩ Officers' Reserve Corps

O.R.C.: ⟨hist⟩ Orange River Colony, → O.F.S. || Order of the Red Cross

ord.: ordained || order || ordinary || ordnance

Ord Corps: ⟨Am⟩ Ordnance Corps

Ore(g).: Oregon (U.S.A.)

org.: organic || organized

orig.: original(ly) || **ornith.:** ornithology

ORs: ⟨mil⟩ Other Ranks (*Unteroffiziere &*) *Mannschaften* pl

ors.: others || **Os:** ⟨chem⟩ osmium

O.S.: Old Saxon || Old Style || Order of Servites || ordinary seaman || Ordnance Survey

o.s.: only son

O.S.A.: Official Secrets Act || Order of St. Augustine

OSA: ⟨Am⟩ Office of the Secretary of the Army

OSAF: ⟨Am⟩ Office of the Secretary of the Air Force

O.S.B.: Order of St. Benedict

OSD: ⟨Am⟩ Office of the Secretary of Defense

O.S.D.: Order of St. Dominic

O.S.F.: Order of St. Francis

O.Slav.: Old Slavonic

OSN: ⟨Am⟩ Office of the Secretary of the Navy

O.S.N.C.: Orient Steam Navigation Co.

OSP: ⟨Am⟩ Office of Surplus Property

o.s.p.: (L) = ob.s.p.

O.T.: Old Testament

o/t ⟨com⟩ old terms *alte Bedingungen*

o.t. ⟨com⟩ on truck *auf Lkw.*

O.T.C.: Officers' Training Corps

OTS: Office of Technical Service, Washington *Technischer (deutscher, europäischer und überseeischer) Auskunftsdienst*

O.U.: Oxford University **O.U.A.C.:** .. Athletic Club **O.U.A.F.C.:** .. Association Football Club **O.U.B.C.:** .. Boat Club **O.U.C.C.:** .. Cricket Club **O.U.D.S.:** .. Dramatic Society **O.U.G.C.:** .. Golf Club **O.U.H.C.:** .. Hockey Club **O.U.P.:** .. Press **O.U.R.U.F.C.:** .. Rugby-Union Football Club

O.W.I.: ⟨Am⟩ Office of War Information (*Kriegs-*)*Propaganda-Amt* n

OWS: ocean weather station

Oxon.: Oxfordshire || Oxford University || of Oxford (signature of the Bishop)

oxy: oxygen

oz.: ounce(s) || **ozs.:** ounces

oz. ap.: ounce (apothecary)

oz. av.: ounce (avoirdupois)

oz. fl.: ounce (fluid)

oz. t.: ounce (troy)

P

P: ⟨chem⟩ phosphorus || pressure || Prisoner || ⟨mil⟩ priority (message) *Dringlichkeit(s-meldung* f) f || power *Leistung; Sendestärke,*

Potenz f || ⟨aero⟩ Prosecution (P38 *Jäger Typ 38*)

P.: Parish || Pawn (chess) || Pope || Pater || Post || President || Press || Prince

p.: page || part || participle || past || penny || per || perch (measure) || (It) ⟨mus⟩ piano (soft) || pint || pro

p–: pee → *Wörterbuch*

P.A.: ⟨mar ins⟩ Particular Average *kleine* or *besondere Haverei* f || (⟨wir⟩ [attr] Public Address (System *Groß-Lautsprechanlage* f) || Press Association || Purchasing Agent || power of attorney || private account

Pa.: Pennsylvania (U.S.A.)

p.a.: participial adjective || (L) per annum (yearly)

PAC: Pan-American Congress *Pan-Amerikanischer Kongreß*

Pac(if): Pacific

PAD: port of aerial debarkation

PAE: port of aerial embarkation

paint.: painting

Pakistan: ⟨Ind⟩ (*Heimat der* Moslems; *Ggs* Hindustan) *aus:* Punjab, Afghan Province, Kashmir, Sind and Baluchistan

Pal.: Palestine || **palaeog.:** palaeography

palaeont.: palaeontology

pam(ph): pamphlet || **Pan.:** Panama

P. & O.: Peninsular and Oriental (Steamship Line)

PAR: ⟨aero⟩ Precision Approach Radar

par.: paragraph || parallel || parenthesis || parish

Para.: Paraguay

paren: parenthesis (*runde*) *Klammer* f

parl.: parliament || parliamentary

pars.: paragraphs

Parsec: *Parall·ax-Sek·unde* (*1 ∼ ist die Entfernung, aus der die mittlere große Halbachse der Erdbahn unter dem Winkel 1″ gesehen wird). 10 ∼* (⟨astr⟩ *Einheitsentfernung*) = *32,57 Lichtjahre* (ly.)

part.: participle || particular

P.A.S.I.: Professional Associate of the Surveyors' Institution

pass.: ⟨gram⟩ passive

PAST: ⟨Am⟩ professor of air science and tactics

PA system: public address system (*Groß-*) *Lautsprecheranlage* f

pat: ⟨mil⟩ patrol

P.A.T.A.: Proprietary Articles Trade Association

pat'd: patented || **path.:** pathology

Pat.Off.: Patent Office || **pat's:** patents

PAU: Pan American Union *Panamerikanische Union*

P.A.Y.E.: Pay As You Earn *Einkommensteuer-Sofortabzüge* m pl

Paym.: Paymaster || **payt.:** payment

P.B.: (L) Pharmacopoeia Britannica, British Pharmacopoeia || Plymouth Brethren || Prayer Book || Primitive Baptists

Pb: (L) ⟨chem⟩ plumbum (lead)

P.B.I.: ⟨sl⟩ poor bloody infantry

PBR: precision bombing range

PC: ⟨aero⟩ port call

PC: ⟨Am⟩ patrol craft *U-Boot-Jäger* m

P.C.: Perpetual Curate || Privy Council(lor) || Police Constable

p.c.: (L) per centum, per cent || post card

P.C.R.C.: Poor Clergy Relief Corporation

PCS: ⟨Am mil fam⟩ to get a ∼ (= prominent change station) °*die „Treppe hinauffallen"*

P.C.S.: Principal Clerk of Session

P.D.: Police Department || ⟨Am sl⟩ plain drunk || ⟨el⟩ potential difference || ⟨typ⟩

printer's devil ‖ ⟨com⟩ port dues *Hafengebühren*
f pl

Pd: ⟨chem⟩ palladium ‖ **pd.:** paid
p.d.: (L) per diem (by the day)
P.D.A.D.: Probate, Divorce, and Admiralty
Division
PDQ, p.d.q. [pi: di: kju:]: ⟨euphem⟩ pretty
damn quick
pdr.: pounder
P.E.: Protestant Episcopal ‖ Presiding Elder
‖ probable error
ped.: ⟨mus⟩ pedal ‖ pedestrian
P.E.F.: Palestine Exploration Fund
P.E.I.: Prince Edward Island
PEN: International PEN-Club, London
(PEN = *P*oets, *E*ssayists, *N*ovellists) *Internationale Vereinigung führender Schriftsteller*
pen(in).: peninsula
Penn.: Pennsylvania (U.S.A.)
Pent.: Pentateuch (Old T.) ‖ Pentecost
P.E.P.: Political (&) Economic Planning
per.: period ‖ person
per an.: (L) per annum (yearly, per year)
per cent: (L) per centum → per *Wörterbuch*
perf.: perfect ‖ perforated (stamps)
perh.: perhaps ‖ **perm:** permanent
per pro.: (L) per procurationem, by proxy
Pers.: Persia ‖ Persian **pers.:** person ‖
personal ‖ personnel
pert.: pertaining ‖ **Peruv.:** Peruvian
Pet.: Peter (New T.)
Petriburg.: of Peterborough (signature of the
Bishop)
petrol.: petrology ‖ **PF:** ⟨aero⟩ pre-flight
P.F.: Procurator Fiscal ‖ **Pf.:** ⟨Ger⟩ Pfennig
pf: (It) ⟨mus⟩ piano-forte
Pfc., pfc: ⟨Am mil⟩ private first class
P.G.: paying guest
Pg.: Portugal ‖ Portuguese
P.G.A.: Professional Golfers' Association
P.G.D.: Past Grand Deacon
P.G.M.: Past Grand Master
ph: phase
phar., pharm.: pharmaceutical ‖ pharmacist
‖ pharmacology ‖ pharmacy
Ph.B.: (L) philosophiae baccalaureus, Bache-
lor of Philosophy
Ph.D. [′pi:eitʃ′di:]: (L) philosophiae doctor,
Doctor of Philosophy
Phil.: Philadelphia ‖ Philippians (New T.) ‖
Philippine
phil.: philology ‖ philosophy
Phila.: Philadelphia
Philem.: Philemon (New T.)
philol.: philology ‖ philological
philos.: philosophy ‖ philosophical
Phil.Trans.: the Philosophical Transactions
of the Royal Society, London
phon., phonet.: phonetics
phonog.: phonography
phot., photo, photog.: photograph, –phy,
–pher, –phic
phr.: phrase ‖ **phren.:** phrenology
phys.: physical ‖ physician ‖ physics
physiol.: physiological ‖ physiology
PI: ⟨mil⟩ photo interpreter, – –tation
P.I.: Philippine Islands
Piat [′paiət]: ⟨mil⟩ Projector Infantry Anti-
tank *Panzer-Nahabwehr-Kanone* f
PIB: ⟨Am⟩ Publishing Information Bulletin
PICMME: Provisional Intergovernmental
Committee for the Movement of Migrants from
Europe *Provisorisches zwischenstaatliches Aus-
wanderungs-Komitee für Auswanderer aus Euro-
pa*; → *I.R.O.*
pinx.: (L) pinxit (he *od* she painted it)

PIO: public information officer *Presseoffi-
zier* m
P.J.: Presiding Judge
pk.: pack ‖ park ‖ peak ‖ peck
pkg.: package ‖ **pkt.:** packet
PL: Public Law
P.L.: Paradise Lost ‖ ⟨ins⟩ Partial Loss *Teil-
verlust* m ‖ (L) Pharmacopoeia Londinensis,
London Pharmacopoeia ‖ Poet Laureate ‖
Primrose League
P./L.: profit and loss
pl.: place ‖ plate ‖ plural ‖ **p/l:** pipeline
P.L.A.: Port of London Authority
PLANAT: ⟨Am⟩ Planning, North Atlantic
Treaty
plat.: platoon ‖ **P.L.B.:** Poor Law Board
P.L.C.: Poor Law Commissioners
Plen.: Plenipotentiary
P.-L.-M.: Paris-Lyon-Mediterranée (railway)
Pl.-N.: Place-Name ‖ **plup.:** pluperfect
PM: ⟨Am⟩ provost marshal
P.M.: Past Master ‖ Paymaster ‖ Postmaster
‖ Police Magistrate ‖ Prime Minister ‖ Provost
Marshal
p.m.: (L) post meridiem (afternoon) ‖ (L) post
mortem (after death)
pm.: premium
P.M.G.: Paymaster General ‖ Postmaster-
General
pmk: postmark
P.M.L.A.: Publications of Modern Language
Association
P.M.O.: Principal Medical Officer
PMST: ⟨Am⟩ professor of military science
and tactics
P/N, p.n.: promissory note *eigener* or *Sola-
wechsel* m
P.N.E.U.: Parents National Educational
Union
pnt: ⟨mil⟩ patient ‖ **pnxt:** = pinx, → *d*
P.O.: ⟨mar⟩ Petty Officer ‖ ⟨aero⟩ Pilot
Officer ‖ Post Office ‖ postal order
POD: port of debarkation ‖ Post Office
Department
p.o.d.: pay on delivery
POE: port of embarkation
poet.: poetical ‖ poetry
POL: petrol, oil, & lubrication *od* lubricants
Pol.: Poland ‖ Polish
pol.: political ‖ politics
pol.econ.: political economy
polit.: political ‖ politics
P.O.O.: Post Office Order
P.O.P.: ⟨phot⟩ printing out paper
pop.: popular ‖ population
Port.: Portugal ‖ Portuguese
pos.: position ‖ positive
P.O.S.B.: Post Office Savings Bank
poss.: possession ‖ possessive
pot: potential(ity)
pov: ⟨Am⟩ privately owned vehicle
P.O.W.: Prisoner of War
P.P.: parcel post ‖ ⟨RC⟩ parish priest ‖ (L)
Pastor Pastorum, Shepherd of the Shepherds
(the Pope) ‖ Past President ‖ (L) Pater patriae,
Father of his Country
P/P: partial pay(ment)
p.p.: past participle ‖ = per pro (→ *d*)
pp.: pages
pp.: (It) ⟨mus⟩ pianissimo (very soft) ‖
postage paid
p. p. c.: (Fr) pour prendre congé to take leave
„um Abschied zu nehmen" (*u. A. z. n.*) *handschriftlich auf Besuchskarten bei Abschieds-
besuchen*
ppd. ⟨com⟩ prepaid *vorausbezahlt*
P.P.I.: Plan Position Indicator

p.p.i.: ⟨ins⟩ policy proof of interest
ppp: (It) ⟨mus⟩ pianississimo (as softly as possible)
ppt. ⟨com⟩ prompt *sofort*
P.P.S.: (L) post-postscriptum, additional postscript
P.R.: (L) Populus Romanus (The Roman People) ‖ Porto Rico ‖ Port risks *Hafenrisiken* ‖ Prize Ring ‖ Proportional Representation ‖ ⟨mil⟩ Photographic Reconnaissance
P/R: pay roll
Pr.: Priest ‖ Primitive ‖ Prince
pr.: pair ‖ per ‖ power ‖ present ‖ price ‖ priest ‖ prince ‖ printing paper ‖ pronoun
P.R.A.: President of the Royal Academy
P.R.B.: Pre-Raphaelite Brotherhood
P.R.C.: (L) post Romam conditam (after the foundation of Rome)
P.R.C.A.: President of the Royal Cambrian Academy
Prcht, prcht: ⟨mil⟩ parachute
Preb.: Prebendary ‖ **prec.:** preceding
pred.: predicate ‖ predicative(ly)
Pref.: Preface ‖ Preference ‖ preferred (stock and shares)
pref.: prefix
prelim.: preliminary (examination)
prem.: premium
prep.: preparation ‖ preparatory (school) ‖ prepare ‖ preposition
Pres.: President ‖ **pres.:** present
Presb.: Presbyter ‖ Presbyterian
pret.: preterite ‖ **prev.:** previously
P.R.H.A.: President of the Royal Hibernian Academy
Pri.: ⟨mil⟩ Private
P.R.I.B.A.: President of the Royal Institute of British Architects
Prim.: Primary ‖ Primate
prim.: primary ‖ primitive
Prin.: Principal ‖ **prin.:** principle
print.: printer ‖ printing
pris.: prison(er)
p.r.n.: (L) pro re nata (as occasion may require)
PRO: Public Record Office
P.R.O.: Public Record Office ‖ Public Relations Officer
pro.: ⟨sport⟩ professional
Prob.: Probate (Division) ‖ **prob.:** probably
Proc.: Proceedings ‖ Proctor
Prof.: professor ‖ **Prol.:** prologue
Prom.: Promenade (concert) ‖ Promontory
pron.: pronominal ‖ pronoun ‖ pronounced ‖ pronunciation
prop.: properly ‖ property ‖ proposition ‖ propeller
propr.: proprietary ‖ proprietor
pros.: prosody
Pro-Station: ⟨sex-med⟩ Prophylactic Station
Prot.: Protestant
pro tem.: (L) pro tempore (for the time being)
Prov.: Provençal ‖ Proverbs (Old T.) ‖ Province ‖ Provost
prov.: proverbially ‖ provincial
Prov.G.M.: Provincial Grand Master
prox.: (L) proximo (next month)
prox.acc.: (L) proxime accessit (he or she came nearest)
P.R.S.: President of the Royal Society
prs.: pairs
P.R.S.A.: President of the Royal Scottish Academy
P.R.S.E.: President of the Royal Society of Edinburgh
Pruss.: Prussia ‖ Prussian

PS: ⟨Ger⟩ *Pferdestärke* (horse-power) → HP
P.S.: Permanent Secretary ‖ Police Sergeant ‖ (L) post scriptum, Postscript ‖ Privy Seal
ps.: pieces
p.s.: ⟨mil⟩ passed School (of Instruction) ‖ prompt side
Ps.: Psalms (Old T.)
P.S.A.: Pleasant Sunday Afternoon (Movement)
p.s.a.: passed school of the Air Force Staff College = Graduate of the Royal Air Force Staff College
p.s.c.: passed school of the Military or Naval Staff College = Graduate of the Military or Naval Staff College
PSEA: ⟨Am⟩ Physical Security Equipment Agency
pseud.: pseudonym ‖ pseudonymous
psgr: passenger
psi: pounds per square inch
P.S.N.C.: Pacific Steam Navigation Co.
PSP: ⟨aero⟩ pierced steel planking *Lochstahlplattenbelag* m (*f Startbahn*)
P.SS.: Postscripts
psych.: psychic(al) ‖ ⟨Am⟩ psychology, psychological
psychol.: psychological ‖ psychology
PSYWAR: Psychology Warfare
P.T.: Physical Training ‖ Pupil Teacher ‖ post town
Pt: ⟨chem⟩ platinum ‖ **Pt.:** Port
pt.: part ‖ payment ‖ pint ‖ point
ptbl: portable
PT boat: ⟨Am⟩ patrol torpedo boat
Pte.: ⟨mil⟩ Private ‖ **ptg.:** printing
PTM: Pulse Time Modulation
PTO: ⟨Am⟩ Port Transportation Officer
P.T.O.: please turn over
pts: parts ‖ pints
pub.: publisher ‖ public ‖ public house ‖ publication ‖ published
P.U.C.: (L) post urbem conditam (after the foundation of the city [of Rome])
punct.: punctuation
P.V.: Post Village ‖ Priest Vicar ‖ ⟨com⟩ Fr Petite Vitesse *Frachtgut* n
Pvt, pvt: ⟨mil⟩ private
P.W.: Prisoner of War
P.W.A.: ⟨Am⟩ Public Works Administration
PWC: Prisoner of War Camp
P.W.D.: Public Works Department ‖ Psychological Warfare Department
PWR: ⟨at⟩ pressurized-water reactor
P.W.R.: Police War Reserve
pwt.: pennyweight (*mst* dwt)
P.X.: please exchange ‖ ⟨Am⟩ Post Exchange *Marketenderei* f
pxt. = pinx.
pyro: pyrotechnic(s) *Feuerwerk(skunst* f) n

Q

Q: queen (chess)
Q.: quarter ‖ queen ‖ question ‖ ⟨el⟩ coulomb
Q.: pseud. of Sir A. T. Quiller-Couch
q.: quart ‖ quarter ‖ quasi ‖ queen ‖ query ‖ question ‖ quire
Q.A.B.: Queen Anne's Bounty
Q.B.: Queen's Bays (2. Dragoon Guards) ‖ Queen's Bench
Q.B.D.: Queen's Bench Division
Q.C.: Queen's Counsel ‖ Queen's College (Oxf; Cambr)
q.d.: (L) quasi dicat (as if one should say) ‖ (L) quasi dictum (as if said)

q.e.: (L) quod est (which is)

QEA: Quantas Empire Airways, Ltd. → Appendix

Q.E.D.: (L) ⟨math⟩ quod erat demonstrandum (which was to be proved)

Q.E.F.: (L) ⟨math⟩ quod erat faciendum (which was to be done)

Q.E.I.: (L) ⟨math⟩ quod erat inveniendum (which was to be found out)

Q.F.: quick-firing (gun)

q.l.: (L) quantum libet

QM, Q.M.: Quartermaster

qm: (L) quomodo (by what means, in what manner)

Q.M.A.A.C.: Queen Mary's Army Auxiliary Corps

QMC: Quartermaster Corps

QMG, Q.M.G.: Quartermaster-General

Qmr: Quartermaster

Q.M.S.: Quartermaster-Sergeant

qn.: question

q.p.: (L) quntum placet

qq.v.: (L) quae vide (which things see)

qr.: quarter (weight) ‖ quarterly ‖ quire

qrs: quarters

Q.S.: Quarter-Sessions

q.s.: (L) quantum sufficit (as much as sufficės)

qstnr: questionnaire *Fragebogen* m

q.t.: ⟨sl⟩ (on the) quiet, → quiet [s] *Wörterbuch*

qt.: quantity ‖ quart

qto.: quarto ‖ **qty:** quantity

qu.: (L) quaere (query) ‖ (L) quasi (as it were) ‖ query ‖ question

quad.: quadrangle ‖ quadrant ‖ quadrat ‖ quadruple ‖ quadruplicate

qual: qualification, qualify

quant.suff.: = q.s.

QUAR: quarantine ‖ **quart.:** quarterly

Q.U.B.: Queen's University, Belfast

Que.: Quebec ‖ **Queensl.:** Queensland

ques.: question ‖ **quor.:** quorum

quot.: quotation ‖ quoted

q.v.: (L) quantum vis (as much as you wish) ‖ (L) quod vide (which see)

qy.: query

R

R: radius ‖ ratio ‖ ⟨chess⟩ rook ‖ reconnaissance (when used in aircraft designation) ‖ ⟨Am mil⟩ expendable recoverable (supplies) ‖ resistance ‖ royal

R.: railway ‖ Réaumur ‖ Rector ‖ Republican ‖ retarder ‖ (L) rex (king) ‖ (L) regina (Queen) ‖ right ‖ river ‖ unit of electrical resistance (according to Ohm's Law)

R: rupee ‖ (L) ⟨med⟩ recipe

r.: (L) radius ‖ right ‖ rod ‖ rood ‖ ⟨crick⟩ run(s) ‖ rupee

R.A.: Regular Army ‖ Royal Academician ‖ Royal Academy ‖ Rear Admiral ‖ Road Association ‖ Royal Artillery ‖ Royal Arch

Ra: ⟨chem⟩ radium

r/a: radioactive

R.A.A.: Royal Academy of Arts

R.A.A.F.: Royal Australian Air Force

R.A.C.: Royal Agricultural College ‖ Royal Arch Chapter ‖ Royal Armoured Corps ‖ Royal Automobile Club

RACON: radar beacon *Radarfunkfeuer* n

rad.: radical ‖ (L) ⟨math⟩ radix

rad: radio

R.A.D.A.: Royal Academy of Dramatic Art

RADAR: Radio Detecting and Ranging *Funkmeßtechnik* f, *Radar* n

R.A.D.C.: Royal Army Dental Corps

R.-Adm.: Rear-Admiral

R.A.E.: Royal Air Force Establishment

R.A.E.C.: Royal Army Educational Corps

R.Ae.S.: Royal Aeronautical Society

R.A.F.: Royal Aircraft Factory ‖ Royal Air Force

R.A.G.C.: Royal and Ancient Golf Club, St. Andrews

rall.: (It) ⟨mus⟩ rallentando (gradually slower)

R.A.M.: Royal Academy of Music

R.A.M.C.: Royal Army Medical Corps

R.A.N.: Royal Australian Navy

R & D, ⟨Am⟩ **Rand:** Research and Development

R & U: repairs & utilities

R.A.O.B.: Royal Antediluvian Order of Buffaloes

R.A.O.C.: Royal Army Ordnance Corps

R.A.P.C.: Royal Army Pay Corps

R.A.S.: Royal Agricultural Society ‖ Royal Asiatic Society ‖ Royal Astronomical Society

R.A.S.C.: Royal Army Service Corps

RATO, Rato: ⟨aero⟩ Rocket-assist(ed) take-off *Raketenstart* m

RATOG: ⟨aero⟩ rocket-assisted take-off gear *Startrakete* f

R.A.V.C.: Royal Army Veterinary Corps

RB: rescue boat ‖ **R.B.:** Rifle Brigade

Rb: ⟨chem⟩ rubidium

R.B.A.: Royal Society of British Artists

RBS: Radar Bomb Scoring

R.B.S.: Royal Society of British Sculptors

RC: ⟨Am⟩ reception center ‖ Reserve Corps

R.C.: Red Cross ‖ ⟨theat⟩ right centre ‖ Roman Catholic

R.C.A.: Railway Clerks' Association ‖ Royal Cambrian Academy (or Academician) ‖ Royal Canadian Academy ‖ Royal College of Art ‖ Radio Corporation of America

R.C.A.F.: Royal Canadian Air Force

RCC: ⟨Am aero⟩ Rescue Control Center

R.C.I.: Royal Colonial Institute, *jetzt* = R.E.S.

RCM: radar counter measures *Radarstörmaßnahmen* f pl

R.C.M.: Royal College of Music

R.C.M.P.: Royal Canadian Mounted Police (formerly N.W.M.P.)

R.C.N.: Royal Canadian Navy

Rcn.: reconnaissance

R.C.O.: Royal College of Organists

Recon: reconnaissance

R.C.P.: Royal College of Physicians ‖ Royal College of Preceptors

R.C.S.: Royal College of Surgeons ‖ Royal Corps of Signals

R.C.V.S.: Royal College of Veterinary Surgeons

RD: ⟨Am mil⟩ readiness date

R.D.: refer to drawer (on cheques) ‖ Royal Dragoons ‖ Royal Naval Reserve (and Volunteer Reserve) Decoration ‖ Rural Dean

Rd.: road

rd: round *rund* ‖ *Runde, Schuß*

R-day: Redeployment Day

RDB: ⟨Am⟩ Research and Development Board

R.D.C.: Royal Defence Corps ‖ Rural District Council

RDF: ⟨aero⟩ Radio Direction Finding *Senderanflug* m (*mit Funkkompaß auf Peilantenne geschaltet*) ‖ radio detection finder *Funkpeilgerät* n

rdgl: radiological ‖ **rdgy:** radiology

R.D.S.: Royal Drawing Society ‖ Royal Dublin Society

R.D.Y.: Royal Dockyard

R.E.: Royal Engineers ‖ Royal Exchange ‖ Royal Society of Painter-Etchers and Engravers

Rear-Adm.: Rear-Admiral

Rec.: Recorder

rec: ⟨Am⟩ receive, receipt

rec.: receipt ‖ recipe ‖ record(ed) ‖ recorder

recce: ⟨engl⟩ reconnaissance

recd.: received ‖ **recit.:** ⟨mus⟩ recitative

recog: recognize, recognition

recogns.: ⟨jur⟩ recognizances

recon: ⟨Am⟩ reconnaissance *Aufklärung* f

recpt: ⟨engl⟩ receipt

rect.: rectified ‖ **redupl.:** reduplicated

Ref.: Referee ‖ Reference ‖ Reformation

ref.: referred ‖ reference *Bezug* m ‖ reformed

Ref.Ch.: Reformed Church

refd.: referred **refl., reflex.:** reflexive

Ref.Sp.: Reformed Spelling

Reg.: (L) regina (queen) ‖ Register

reg.: regent ‖ regiment ‖ region ‖ register(ed) ‖ registrar ‖ registry ‖ regular ‖ regulation ‖ regulate ‖ regulator

RegAF: ⟨Am⟩ Regular Air Force

regd.: registered

Reg.-Gen.: Registrar-General

Reg.Prof.: Regius Professor

Regt.: Regent ‖ regiment

rehab: rehabilitate, –ation

rel.: relative (pronoun) ‖ religion ‖ religious

Reliq.: (L) reliquiae (remains)

R.E.M.E., Reme: Royal Electrical and Mechanical Engineers

Rep.: Report ‖ Reporter ‖ Representative ‖ Republic ‖ ⟨mil⟩ reporting point *Meldepunkt* m

rep: repair *Reparatur* f

repr.: representing ‖ reprinted

req.: required ‖ requisition

R.E.S.: Royal Empire Society (formerly R.C.I.) ‖ River Emergency Service

res.: reserve ‖ residence ‖ resident ‖ resigned

resp: responsible

ret., retd.: retired ‖ returned

R. et I.: (L) Rex (Regina) et Imperator (Imperatrix), King (Queen) and Emperor (Empress)

retnr.: ⟨jur⟩ retainer

Reuter: Reuters Ltd., London *größte englische Nachrichten-Agentur*

Rev.: Revelation (New T.) ‖ Reverend ‖ Review

rev.: revenue ‖ reverse ‖ revised ‖ revision ‖ ⟨mech⟩ revolution

Rev.Ver.: Revised Version (Bible)

RF: radio frequency ‖ ⟨Am aero⟩ reconnaissance fighter *Jagdaufklärer* m

R/F: Reserve Forces

R.F.: (Fr) République française, French Republic ‖ Royal Fusiliers

r.f.: radio frequency ‖ rapid fire

R.F.A.: Royal Field Artillery

R.F.C.: Royal Flying Corps, *jetzt* = R.A.F. ‖ ⟨Am⟩ Reconstruction Finance Corporation

R.F.D.: Rural Free Delivery

R.Fus.: Royal Fusiliers

R.G.A.: Royal Garrison Artillery **R.G.G.:** Royal Grenadier Guards **R.G.S.:** Royal Geographical Society

Rgt.: regiment

RH: right hand *rechter Hand; rechtsgängig*

R.H.: Royal Highlanders ‖ Royal Highness

Rh: ⟨chem⟩ rhodium

r.h.: right hand

R.H.A.: Royal Hibernian Academy (or Academician) ‖ Royal Horse Artillery

rhd: railhead ‖ **rhet.:** rhetoric ‖ rhetorical

R.H.G.: Royal Horse Guards

RHIP: ⟨mil fam⟩ rank has its privileges ⟨m. m.⟩ *Raupenschlepper gehen vor*

R.H.S.: Royal Historical Society ‖ Royal Horticultural Society ‖ Royal Humane Society

R.I.: Rhode Island (U.S.A.) ‖ Royal Institute of Painters in Water-Colours ‖ Royal Institution

r.i.: reinsurance *Rückversicherung*

R.I.A.: Royal Irish Academy

R.I.B.A.: Royal Institute of British Architects

R.I.C.: Royal Irish Constabulary ‖ Royal Invasion Corps

RIF: ⟨aero⟩ reduction in force

R.I.M.: Royal Indian Marine

R.I.P.: (L) requiescat in pace (May he or she rest in peace)

rit.: (It) ⟨mus⟩ ritardando (gradually slower)

riv.: river

RL: rhumb-line *Loxodrome* f

R.L.O.: Returned Letter Office

R.L.S.: Robert Louis Stevenson

Rly.: Railway

R.M.: Resident Magistrate (Ireland) ‖ Royal Mail ‖ Royal Marines

rm.: ream

R.M.A.: Royal Marine Artillery ‖ Royal Military Academy (Woolwich) ‖ Royal Military Asylum

R.M.C.: Royal Military College (Sandhurst)

R.M.D.: ready money down *Barzahlung* f

R.Met.S.: Royal Meteorological Society

R.M.L.I.: Royal Marine Light Infantry

R.M.S.: Royal Mail Service ‖ Royal Mail Steamer ‖ Royal Microscopical Society ‖ Royal Society of Miniature Painters

rms.: rooms

R.M.S.P.: Royal Mail Steam Packet Co.

R.N.: Royal Navy

R.N.A.F.: Royal Naval Air Force, *jetzt* = R.A.F.

R.N.A.S.: Royal Naval Air Service, *jetzt* = R.A.F.

R.N.A.V.: Royal Naval Artillery Volunteers

R.N.D.: Royal Naval Division

R.N.L.I.: Royal National Lifeboat Institution

R.N.R.: Royal Naval Reserve

R.N.V.R.: Royal Naval Volunteer Reserve

R.O.: Receiving Office or Order ‖ Receiving Officer ‖ Relieving Officer ‖ Recruiting Officer ‖ Returning Officer

Ro., r°: (L) recto (on the righthand page)

ro.: recto ‖ roan ‖ rood

ROA: Rules of the air *Luftverkehrsregeln*

Robt.: Robert

R.O.C.: Royal Observer Corps

Roffen.: Of Rochester (signature of the Bishop)

R. of O.: Reserve of Officers

R.O.I.: Royal Institute of Oil Painters

Rom.: Roman ‖ Romance (language) ‖ Romans (New T.) ‖ Rome

rom.: ⟨typ⟩ roman type

Rom.Cath.: Roman Catholic

ROTC: ⟨Am⟩ Reserve Officer's Training Corps

R.O.P.: record of performance *Leistungsbuch* n

Roy.: Royal

RP: reporting post *Meldestelle* f

R/P: rocket projectile *Abwurf-Raketengeschoß* n

R.P.: Reformed Presbyterian ‖ Royal Society of Portrait Painters ‖ ⟨ins⟩ Return Premium *Rückgabeprämie* f

RP, R.P., r.p.: reply paid

R.P.D.: Regius Professor of Divinity ‖ (L)

Rerum Politicarum Doctor, Doctor of Political Science

R.P.F.: (Fr) Rassemblement du Peuple Français (de Gaulle 1947)

r.p.m., rpm: revolutions per minute

R.P.O.: Railway Post Office

R.P.S.: Royal Photographic Society

rpt.: report || **RR:** ⟨Am⟩ railroad

R.R.: railroad || Right Reverend

Rr.: Rear

R.R.C.: Royal Red Cross (for Ladies)

RS: ⟨Am⟩ reception station

R.S.: Royal Society || **Rs.:** rupees

R.S.A.: Royal Scottish Academy (or Academician) || Royal Society of Antiquaries

R.S.D.: Royal Society of Dublin **R.S.E.:** ditto of Edinburgh

R.S.F.S.R.: Russian Socialist Federal Soviet Republic

R.S.Fus.: Royal Scots Fusiliers

R.S.L.: Royal Society of Literature || Royal Society of London

R.S.M.: Regimental Sergeant Major || Royal School of Mines || Royal Society of Medicine

R.S.O.: Railway Sub-Office || Railway Sorting-office || Receiving Sub-Office

R.S.P.C.A.: Royal Society for the Prevention of Cruelty to Animals

R.S.S.: (L) Regiae Societatis Socius, Fellow of the Royal Society

R.S.V.P.: (Fr) répondez s'il vous plaît (please reply) *um Antwort wird gebeten (u. A.w.g.)*

R.S.W.: Royal Scottish Society of Painters in Water-Colours

R.T., RT: radio-telegraphy

RTC: ⟨Am⟩ replacement training center

R.T.C.: Royal Tank Corps

Rt.Hon.: Right Honourable

RTO: ⟨Am⟩ railway transportation office(r)

R.T.O.: Railway Transport Officer

Rt.Rev.: Right Reverend

R.T.S.: Religious Tract Society || Royal Toxophilite Society

R.U.: Rugby Union (football)

Ru: ⟨chem⟩ ruthenium

R.U.I.: Royal University of Ireland

Rum.: Rumania || Rumanian

R.U.Rif.: Royal Ulster Rifles

R.U.S.I.: Royal United Service Institution

R.U.S.Mus.: Royal United Service Museum

Russ.: Russia || Russian

RV: rendezvous *Treffpunkt* m

R.V.: Revised Version (Bible) || Rifle Volunteers

R.V.C.: Rifle Volunteer Corps

R.V.O.: Royal Victorian Order

RW: Radiological Warfare

R.W.: Right Worshipful (or Worthy)

r/w: right of way

R.W.A.: Royal West of England Academy

R.W.D.G.M.: Right Worshipful Deputy Grand Master

R.W.G.M.: ditto Grand Master

R.W.G.S.: Right Worthy Grand Secretary

R.W.G.T.: .. Grand Templar || .. Grand Treasurer **R.W.G.W.:** .. Grand Warden

R.W.S.: Royal Society of Painters in Water-Colours

R.W.S.G.W.: Right Worshipful Senior Grand Warden

Rx: tens of rupees || **Ry., ry:** Railway

R.Y.S.: Royal Yacht Squadron

S

S: ⟨chem⟩ sulphur || South || (on walls) Shelter *Luftschutzkeller* m

S.: Sabbath || Saint || Saturday || Saxon || Senate || September || Signor || Socialist || Society || ⟨mus⟩ Solo || ⟨mus⟩ Soprano || South

s.: second || section || see || semi || series || set || shilling || ⟨Ger⟩ *siehe* (see) || sign || signed || singular || son || steamer || substantive || sun || surplus

SA: ⟨Am⟩ Secretary of the Army || ⟨Am⟩ small arms

S/A: ⟨Am mil⟩ special activities

S.A.: Salvation Army || Sex appeal || Small-arms || South Africa || South America || South Australia || ⟨a⟩ **s.a.:** sex appeal

s.a.: (L) sine anno, without date || see also

SAB.: ⟨Am⟩ Science Advisory Board

SAC: ⟨Am⟩ Strategic Air Command

S.A.C.: Scottish Automobile Club

SACEUR: Supreme Allied Command(er) Europe (*Paris*)

SACLANT: Supreme Allied Command(er) Atlantic

S.A.E.: Society of Automobile Engineers

SAF: Strategic Air Force || ⟨Am⟩ Secretary of the Air Force

SAFI: ⟨Am⟩ Senior Air Force Instructor

S.Afr.: South Africa

Salop: (L) Salopiensis [Comitatus], Shropshire

Salv.: Salvador

SAM: surface-to-air missile

Sam.: Samuel (Old T.)

SANACC: ⟨Am⟩ State-Army-Navy-Air Co-ordinating Committee

S.A.N.R. ⟨mar ins⟩ subject to approval, no risk *bis zur Genehmigung kein Versicherungsschutz*

S. and M.: Sodor and Man (signature of the Bishop)

S & S: ⟨Am⟩ Star Spangled || Stars and Stripes (*Zeitung*)

s. ap.: scruple (avoirdupois)

Sarum.: of Salisbury (signature of the Bishop)

S.A.S.: (L) Societatis Antiquariorum Socius, Fellow of the Society of Antiquaries

Sask.: Saskatchewan (Canada)

Sat.: Saturday

S.A.T.B.: ⟨mus⟩ soprano, alto, tenor, bass

Sax.: Saxon || Saxony

SB: ⟨Am⟩ Supply Bulletin

S.B.: ⟨Am⟩ Bachelor of Science || simultaneous broadcasting || stretcher-bearer

Sb: ⟨chem⟩ stibium, antimony

SBA: ⟨aero⟩ standard beam approach system *SBA-Landefunkfeuer-Anlage* f

SC: The World Security Council, New York *Der Welt-Sicherheits-Rat der UN*

S.C.: Sanitary Corps || Signal Corps || (L) senatus consultum, decree of the senate || South Carolina (U.S.A.)

S/C: statement of charges || ⟨mar ins⟩ Salvage Charges *Bergungskosten* pl

S/C: statement of charges

Sc: ⟨chem⟩ scandium

Sc.: Scotch || Scotland || Scottish || ⟨meteor⟩ stratocumulus

s.c.: ⟨typ⟩ small capital letters

sc.: scene || (L) scilicet, namely || (L) sculpsit (he or she engraved it) || scruple (weight)

Scand.: Scandinavian

SCAP, S.C.A.P.: Supreme Command(er) of the Allied Powers (in Japan)

S.C.A.P.A., Scapa: Society for Checking the Abuses of Public Advertising

s.caps.: small capital letters

Sc.B.: (L) Scientiæ Baccalaureus, Bachelor of Science

Sc.D.: (L) Scientiæ Doctor, Doctor of Science

sch.: scholar || school || schooner

sched.: schedule || **sci.:** science || scientific

sci.fa.: (L) ⟨jur⟩ scire facias (that you cause to know)

scil.: (L) scilicet, namely

S.C.L.: Student of Civil Law

S.C.M.: Student Christian Movement

Scot.: Scotland || Scotch, Scottish

S.C.R.: senior common room (Oxf)

scr.: scruple (weight)

Script.: Scripture || **Scrt.:** Sanscrit

S.C.U.: Scottish Cycling Union

sculp., sculpt.: sculptor || sculpture **sculps.:** (L) sculpsit (he or she engraved it)

SD: ⟨Am⟩ Secretary of Defense || ⟨Am⟩ special duty || State Department

S.D.: Senior Deacon

s.d.: several dates || (L) sine die (without day, indefinitely) || (L) solidus (solidi), denarius (denarii) (3 s. 6 d.) || ⟨ins⟩ short delivery *Minderauslieferung* f

sd.: said

s/d ⟨bank⟩ sight-draft *Sichttratte*

S.Dak.: South Dakota (U.S.A.)

S.D.F.: Social Democratic Federation

SDO: ⟨Am mil⟩ Staff Duty Officer

S.D.P.: Social Democratic Party

S.D.U.K.: Society for the Diffusion of Useful Knowledge

SE: ⟨aero⟩ single engine

S.E.: south-east || south-eastern

Se: ⟨chem⟩ selenium

s. e.: salvo errore (L) *Irrtum vorbehalten*

S.E.A.C.: South-East Asia Command

S.E. & C.R.: South-Eastern and Chatham Railway, *jetzt* = S.R.

S.E.C.: ⟨Am⟩ Securities and Exchange Commission

Sec.: Secretary

sec.: secant || second || secondary || secretary || section || sector

Sec.Leg.: Secretary of Legation

S.E.C.R.: → S.E. &C.R.

sect.: section || **secy.:** secretary

sel.: selected || selection

selsyn: selfsynchronizing

Sem.: Seminary || Semitic

Sen.: Senate || Senator || Senior

Sen.Opt.: Senior Optime || **senr.:** senior

sep: separate

Sept.: September || Septuagint

seq.: (L) sequens, the following [sg]

seqq: (L) [pl] sequentes, sequentia, the following [pl]; what follows

S.E.R.: Southern Eastern Railway, *jetzt* = S.R.

ser.: series || **Serb.:** Serbia || Serbian

Serg., Sergt.: Sergeant

Serj., Serjt.: ⟨jur⟩ Serjeant

servt: servant

SETAF ['si:tæf]: Southern European Task Force

S.F.: (Ir) Sinn Fein

s.f.: (L) sub finem (towards the end)

sf.: (It) ⟨mus⟩ sforzando (with sudden emphasis)

S.F.A.: Scottish Football Association

SFC: ⟨Am⟩ sergeant, first class

sfz.: = sf || **SG:** Surgeon General

S.G.: screened grid || Solicitor-General || specific gravity

sgd: signed || **sgt:** ⟨Am⟩ sergeant

S.G.W.: Senior Grand Warden

S.H.: School House

sh.: shilling || **shd.:** should

SHAPE, S.H.A.P.E.: Supreme Headquarters of Allied Powers in Europe

SHF: ⟨wir⟩ super high frequency

SHORAN: short range (electronic) navigation system *Kurzstrecken-(Radar-)Navigationsanlage* f

spchgr: supercharger || **shpmt:** shipment

S.H.P., s.h.p.: shaft horse-power

s.h.v.: (L) sub hoc verbo, sub hac voce (under this word)

S.I.: Order of the Star of India

Si: ⟨chem⟩ silicon || **Sib.:** Siberia || Siberian

S.I.C.: specific inductive capacity

sig.: signature

SigC: ⟨Am⟩ Signal Corps

S.I.M.: Sergeant Instructor of Musketry

sim.: similar(ly) || simile

sin [sain]: ⟨trig⟩ sine

sing.: single || singular

sit: situation **sitrep:** ⟨mil⟩ situation report

S.J.: Society of Jesus (Jesuits)

S.J.C.: ⟨Am⟩ Supreme Judicial Court

Sjt: ⟨jur⟩ serjeant || **Skr(t).:** Sanskrit

S.L.: Serjeant-at-Law || Solicitor-at-Law || sea level *Meereshöhe* f || ⟨engl aero⟩ Squadron Leader *Major* m

S.lat.: south latitude

Slav.: Slavic || Slavonic

S.L.C.: ⟨Am⟩ Support Landing Craft

sld: sailed || sealed

SLOE: ⟨Am mil⟩ special list of equipment

s.l.p.: (L) ⟨jur⟩ sine legitima prole (without lawful issue)

SM: ⟨Am⟩ Soldier's Medal

S.M.: Sergeant-Major || short metre || silver medallist (in shooting competition) || State Militia

SMA: Soviet Military Administration (in Germany)

Smith.Inst.: ⟨Am⟩ Smithsonian Institution

S.M.Lond.Soc.: (L) Societatis Medicae Londoniensis Socius, Member of the London Medical Society

S.M.M.: (L) Sancta Mater Maria, Holy Mother Mary

S.M.O.: Senior Medical Officer

s.m.p.: (L) ⟨jur⟩ sine mascula prole, without male issue

S.M.T.O.: Senior Mechanical Transport Officer

SMUSE: Socialist Movement for the United States of Europe *Sozialistische Bewegung für die Vereinigten Staaten von Europa, Paris*

SN: ⟨Am⟩ Secretary of the Navy

S/N ⟨com⟩ Shipping Note *Schiffszettel*

Sn: (L) ⟨chem⟩ stannum

SNAP: Save Nubian Antiquities Program

SO: ⟨Am mil⟩ special orders *Sonderanweisungen* f pl

S.O.: Staff Officer || Stationery Office || Sub-Office

So.: South || southern

s.o.: seller's option

Soc.: Socialist || Society

sociol.: sociological || sociology

S.O.L. ⟨mar ins⟩ Shipowner's Liability *Haftpflicht des Schiffseigentümers*

sol.: solicitor || solution || ⟨Am⟩ soldier

Sol.-Gen.: Solicitor-General

Som.: Somerset

Song of Sol.: Song of Solomon (Old T.)

Sop.: ⟨mus⟩ soprano

SOP: Standard Operating Procedure *Gebrauchsanweisung* f
SOS: ⟨wir⟩ *Seenotsignal, gedeutet als*: save our souls *Rettet unsere Seelen* ‖ *allgemein*: *Hilferuf in höchster Not*
sost(en).: (It) ⟨mus⟩ sostenuto (sustained)
sov.: sovereign (coin)
SP: ⟨el etc⟩ single-pole *einpolig* ‖ supercharger pressure *Ladedruck* m ‖ ⟨aero⟩ self-propelled ‖ Security *od* Special *od* Shore Police ‖ Shore Patrol
S.P.: Simon Pure, → *Wörterbuch* ‖ small paper (edition) ‖ ⟨typ⟩ small pica ‖ spark(ing) plug ‖ starting price
Sp.: Spain ‖ Spanish
sp: ⟨Am⟩ special, specialty
sp.: special ‖ specific ‖ species ‖ spelling ‖ specimen ‖ spirit
s.p.: (L) sine prole (without issue)
S.P.A.B.: ⟨Am⟩ Supply Priorities and Allocations Board
S.P.C.A.: Society for the Prevention of Cruelty to Animals, *jetzt* = R.S.P.C.A.
S.P.C.C.: Society for the Prevention of Cruelty to Children, *jetzt* = N.S.P.C.C.
S.P.C.K.: Society for the Promotion of Christian Knowledge
S.P.E.: Society for Pure English
spec.: special(ly) ‖ specification
specif.: specific(ally)
S.P.G.: Society for the Propagation of the Gospel
sp.gr.: specific gravity ‖ **SpHt:** specific heat
spirit.: spiritualism
SPQR, spqr: ⟨com⟩ small profits, quick returns *kl Gewinne, schnelle Umsätze*
S.P.Q.R.: (L) Senatus Populusque Romanus (The Senate and the People of Rome) ‖ small profits and quick returns
S.P.R.: Society for Psychical Research
SpS: ⟨Am mil⟩ Special Services
s.p.s.: (L) ⟨jur⟩ sine prole superstite (without surviving issue)
S.P.S.P.: ⟨R.C.⟩ St. Peter and St. Paul (papal seal)
spt.: seaport
S.P.V.D.: Society for the Prevention of Venereal Diseases
Sq: Squadron
sq.: square ‖ sequence ‖ (L) sequens, [pl] sequentia (the following) ‖ ⟨Am aero⟩ squadron *Staffel* f
sqd: squad *Gruppe* f, *Trupp* m
Sqd.Ldr.: ⟨aero⟩ Squadron Leader (R.A.F.)
sq.ft.: square foot, square feet **sq.in.:** square inch(es) **sq.m.:** square mile **sq.yd.:** square yard(s)
S.Q.M.S.: Staff Quarter-Master Serjeant
sqn.: squadron
sqq: (L) sequentes [pl] (the following)
SR: ⟨Am mil⟩ Special Regulations ‖ ⟨Am⟩ sunrise
S.R.: Southern Railway **Sr:** ⟨chem⟩ strontium
Sr.: Senior ‖ Señor
S.R. & C.C. ⟨ins⟩ strikes, riots & civil commotions *Streik, Aufruhr & bürgerliche Unruhen*
SRE: surveillance radar element *Rundsuch-Radargerät* n
S.R.I.: (L) Sacrum Romanum Imperium, The Holy Roman Empire
S.R.O.: Standing room only *nur noch Stehplätze*
S.R.S.: (L) Societatis Regiæ Socius, Fellow of the Royal Society
SS: steamship ‖ Special Service
SS.: (Collar of) Esses ‖ Saints ‖ (L) Sanctis-

simus (Most Holy) ‖ ⟨Am⟩ Silver Star Medal ‖ sunset
S.S.: screw steamer ‖ Secretary of State ‖ Straits Settlements ‖ Sunday School
S.S., ss.: steamship
S/S: statement of service
S.S.A.F.A.: Soldiers', Sailors', and Airmen's Families Association
S.S.C.: Solicitor of the Supreme Court, Scotland ‖ (L) Societas Sancti Crucis (Society of the Holy Cross)
SSD: Secret Service Division
SS.D.: (L) ⟨R.C.⟩ Sanctissimus Dominus, Most Holy Lord (the Pope)
S.S.E.: south-south-east
S.S.F.A.: Soldiers' and Sailors' Families Association
SSgt, S/Sgt: Staff Sergeant *Stabsfeldwebel* m
S.S.J.E.: Society of St. John the Evangelist
SSM: ⟨mil⟩ surface-to-surface missile
SSO: ⟨Am⟩ Statistical *od* Special Service officer
SSR, S.S.R.: Socialist Soviet Republic
SSU: ⟨Am⟩ statistical service unit
S.S.U.: Sunday School Union
S.S.W.: south-south-west
ST: shipping ticket ‖ summer time ‖ standard time *Normalzeit*, → Appendix
St.: Saint ‖ Strait ‖ Street
St: ⟨meteor⟩ stratus
st.: stanza ‖ stone (weight) ‖ ⟨crick⟩ stumped ‖ street
sta.: station ‖ stationary ‖ stator
stacc.: ⟨mus⟩ staccato (distinct)
STAF: Strategic and Tactical Air Force
Staffs: Staffordshire
stat.: statics ‖ stationary ‖ statistics; statistical ‖ statute
S.T.B.: (L) Sacrae Theologiae Baccalaureus, Bachelor of Sacred Theology
S.T.D.: (L) Sacræ Theologiæ Doctor, Doctor of Sacred Theology
std: standard *Norm* f
Ste.: (Fr) Sainte, Saint (female)
steno: stenographer, –phic
ster: sterilize, –zation
stereo.: stereotype
ster(l).: sterling **St.Ex.:** Stock Exchange
stg.: sterling ‖ **stge:** storage
Sthn.: southern
Stip.: Stipendiary (magistrate)
stk: stock
S.T.L.: (L) Sacrae Theologiae Lector, Reader in Sacred Theology
S.T.M.: (L) Sacrae Theologiae Magister, Master of Sacred Theology
stn.: station ‖ **S'ton:** Southampton
S.T.P.: (L) Sanctæ Theologiæ Professor, Professor of Sacred Theology
Str, str: steamer ‖ stroke oar
strat: strategic ‖ **strato:** stratosphere
S.T.S.: Scottish Text Society
S.U.: Soviet Union
sub.: subaltern ‖ submarine (boat) ‖ subscription ‖ substitute ‖ suburb
subj.: subject ‖ subjective(ly) ‖ subjunctive
subst.: substantive ‖ substitute
suc(c).: succeeded ‖ successor
suff.: sufficient ‖ suffix
Suffr.: Suffragan
sugg.: suggested ‖ suggestion
SUM: surface-to-underwater missile
SumCM: ⟨Am⟩ summary court martial
Sun.: Sunday ‖ **sup:** supply
sup.: superior ‖ supine ‖ (L) supra ‖ supreme
super.: superfine ‖ superintendent ‖ supernumerary ‖ superior

superl.: superlative || **suppl.**: supplement
supr.: supreme || **supt.**: superintendent
sur.: surcharged || surplus
Surg.: surgeon || surgery || surgical
Surg.-Gen.: Surgeon-General
Surr.: ⟨ec⟩ surrogate; → *Wörterbuch*
surv.: surveying || surveyor || surviving
Surv.-Gen.: Surveyor-General
sus. per coll.: (L) suspensio per collum (hanging by the neck *Erhängen*)
S.V.: (L) Sancta Virgo, Holy Virgin || (L) Sanctitas Vestra, Your Holiness || ⟨mar⟩ Sailing Vessel *Segelschiff* n
sv: ⟨Am⟩ service
s.v.: (L) sub voce (under the word or title) || surrender-value || (L) salva venia *mit Verlaub*
Sv.Co.: Service Company
SW: ⟨wir⟩ short wave *Kurzwelle* f
S.W.: Senior Warden || South Wales || south-west || south-western
Sw.: Sweden || Swedish
SWC: ⟨Am⟩ Special Weapons Command
S.W.G.: standard wire gauge
Swissair: Swiss Air Transport Co. Ltd. *Schweizerische Luftverkehrsgesellschaft, Zürich*
Swit(z).: Switzerland
SWTA: ⟨Am⟩ Special Weapons Training Allowance *Atomwaffen-Zulage*
S.Y.: steam yacht || **syll.**: syllable
sym.: symbol || symphony
syn.: synonym || synonymous
synop.: synopsis || **Syr.**: Syria || Syrian
syst.: system

T

T: teletype *Fernschreib–*; *Fernschreiben* n || ⟨chem⟩ Tantalum, → Ta || tension || technical || ⟨Am aero⟩ trainer (when used in aircraft designation)
T.: tank || tenor || territorial || testament || Tuesday || Turkish (→ £T. Appendix)
t.: taken (betting) || target || telephone || tempo || (L) tempore (in the time of) || temperature || tense || territory || time || ton || tore || town || transitive
T/A: ⟨Am⟩ table of allowances *Ausrüstungsnachweisung* f
T.A.: telegraphic address || Territorial Army
Ta: ⟨chem⟩ tantalum
TAA: Technical Assistance Administration
TAB: Technical Assistance Board
TAC: Technical Assistance Committee || ⟨Am⟩ Tactical Air Command
tac: tactics, tactical
T.A.F.: Tactical Air Force
TAG: ⟨Am⟩ The Adjutant General
tal.qual.: (L) talis qualis (just as they come)
Tam.: Tamil (language)
tan: ⟨math⟩ tangent
t. and o.: taken and offered (betting)
TAP: Technical Assistance Program *der UN* (: UNTAP) *Programm für technische Hilfeleistung*
tar-mac.: tar-macadam
TAS: ⟨aero⟩ true airspeed *wahre Eigengeschwindigkeit* f
Tasm.: Tasmania (Australia)
TASS: (Russ) Telegrofnoje Agentstvo Sovjetskovo Sojuza (Soviet Telegraphic Agency)
TATB: ⟨Am⟩ Theater Air Transportation Board
TB: ⟨Am⟩ technical bulletin
T.B.: torpedo-boat || tuberculosis
Tb: ⟨chem⟩ terbium
T.B.D.: torpedo-boat destroyer

TC: The Trusteeship Council, New York *Der Treuhänder-Rat der UN*
TC: ⟨Am⟩ Transportation Corps || ⟨Am⟩ Trial Counsel
T.C.: Tank Corps || temporary constable || Town Councillor
TCC: ⟨Am⟩ Troop Carrier Command
T.C.D.: Trinity College, Dublin
T.C.F.: Touring Club de France
TD: Tank Destroyer || temporary duty
T.D.: Telegraph (or Telephone) Department || Territorial Officers' Decoration
Te: ⟨chem⟩ tellurium
tech(n).: technical(ly) || technology
technol.: technology
TEE: Trans-European Express
t.e.g.: top edges gilt
TEL: telecommunications *Fernmeldeverkehr* m
tel.: telegram || telegraph || telegraphy || telephone
teleg.: telegram || telegraph
teleph.: telephone || telephony
Teleran: Television Radar Navigation-System (*Flugsicherung durch Fernsehübertragung*); → *ICAO*
temp.: temperature || temporary || (L) tempore (in the time of)
ten.: ⟨mus⟩ tenor || (It) ⟨mus⟩ tenuto (sustained)
Tenn.: Tennessee (U.S.A.)
Ten Str: tensile strength *Zug–, Zerreißfestigkeit* f
term.: termination || terminology
Terr.: Terrace || Territory
Test.: Testament || testamentary || testator
Teut.: Teutonic || **Tex.**: Texas (U.S.A.)
text.rec.: (L) textus receptus, the received text
TF: training film || ⟨Am⟩ task force
T.F.: Territorial Force
TGL: ⟨aero⟩ touch-and-go landing *Landung mit sofortigem Durchstarten*
tgt: ⟨mil⟩ target
T.G.U.W.: Transport & General Workers' Union
T.H.: Territory of Hawaii
Th: ⟨chem⟩ thorium
Th.: Thomas || Thursday
theat.: theatre || theatrical
Theo.: Theodore
theol.: theological || theology
theor.: theorem || **theos.**: theosophy
therap.: therapeutics || **therm.**: thermometer
Thess.: Thessalonians (New T.)
Tho(s).: Thomas
THP: ⟨aero⟩ thrust horse-power *Schubleistung* f
3D [θri:'di:]: three-dimensional (film *plastischer Film*, sound *Raumton* m)
3F bomb: fission-fusion-fission bomb *Superatombombe* f
Thurs.: Thursday
T.H.W.M.: Trinity High-Water Mark
Ti: ⟨chem⟩ titanium
T.I.H.: Their Imperial Highnesses
Tim.: Timothy (New T.) || **tinct.**: tincture
Tit.: Titus (New T.) || **tit.**: title
TJA: ⟨Am⟩ trial judge advocate
TjD: ⟨mil⟩ trajectory diagram
Tk, tk: tank
TJAG: ⟨Am⟩ The Judge Advocate General
TjC: ⟨mil⟩ trajectory chart
TKO: technichal knock out
Tl: ⟨chem⟩ thallium
T.L.C.: ⟨Am⟩ Tank Landing Craft

T.L.O. ⟨mar ins⟩ Total Loss only *nur gegen Totalverlust*
TM: ⟨Am⟩ technical manual
T.M.: trench mortar
T.M.O.: telegraph money order
T/M/S: type, model, and series
tn.: ton ‖ **tn.l.:** ton long ‖ **tn.sh.:** ton short
T.N.T.: trinitrotoluence, –uol → *Wörterbuch* ‖ today, not to-morrow
TO: ⟨aero⟩ take-off *Start* m ‖ ⟨Am⟩ technical order
T/O & E: ⟨Am mil⟩ table of organization and equipment *Stärke– u Ausrüstungsnachweisung* f
T.O.: Telegraph (or Telephone) Office ‖ Transport Officer ‖ turn over
Tob.: Tobit (Old T.) ‖ **Toc H:** → *Wörterbuch*
TOD: time of delivery ‖ **tonn.:** tonnage
TOO: time of origin
topo, topog.: topographic(al) ‖ topography
TOR: time of receipt ‖ **torp:** torpedo
TOT: ⟨aero⟩ time on target
tp: ⟨Am⟩ telephone
tp.: township ‖ troop
T.P. + N.D. ⟨ins⟩ Theft, Pilferage & Non-Delivery *Diebstahl, Beraubung & Nichtauslieferung*
tpr: trooper
t.q. ⟨com⟩ (L) tale quale *Ware gemäß Muster vorbehaltlich etwaiger Beschädigung während der Reise*
TR: ⟨Am⟩ transportation request
Tr.: Treasurer ‖ Trustee
tr.: tare ‖ transactions ‖ translate ‖ translator ‖ transport ‖ ⟨typ⟩ transpose
trac: tractor ‖ **traf:** traffic
trans.: transactions ‖ transitive ‖ translation ‖ transport
transf.: transference ‖ transferred
transl.: translated ‖ translation ‖ translator
T.R.C.: Thames Rowing Club ‖ tithe rent charge
trf: ⟨Am⟩ transfer
Treas.: Treasurer ‖ Treasury
T.R.H.: Their Royal Highnesses
TRIFCO: Tripartite I. G. Farben Control Office *Dreizonen-I.G. Farben Kontroll-Büro, Frankfurt*
trig.: trigonometry ‖ trigonometrical
Trin.: Trinity ‖ **trip:** triplicate
Trk: truck
trns: ⟨bes Am⟩ transition
TRO: ⟨Am⟩ Transportation Officer
trop.: tropic(s) ‖ tropical
Trs.: trustees ‖ **trs.:** ⟨typ⟩ transpose
Truron.: of Truro (signature of the Bishop)
TS: tensile strength *Zug–, Zerreißfestigkeit* f
TSA: The Salvation Army *Heilsarmee, London*
T/s ⟨mar ins⟩ transhipment *Umladung*
T.S.F.: (Fr) télégraphie sans fil
t sgt: ⟨Am⟩ technical sergeant
T.S.H.: Their Serene Highnesses
T.S.O.: Town Sub-Office
T.S.S.A.: Transport Salaried Staffs Association
TT: ⟨Am mil⟩ teletype(writer) *Fernschreib(er)–*
T.T.: teetotaller ‖ torpedo tubes ‖ Tourist Trophy ‖ tuberculin-tested
TU: thermal unit
TTAF: ⟨Am⟩ Technical Training Air Force
T.U.: Trades Union ‖ transmission unit
T.U.C.: Trades Union Congress ‖ Trades Union Council
Tues.: Tuesday
Turk.: Turkey ‖ Turkish

T.V., TV ['tiː'viː]: television, [attr] *Fernseh–* (∼ phone *–telefon*); to look in at ∼ ⟨fam⟩ *fernsehen* ‖ terminal velocity *Endgeschwindigkeit* f
T.V.A.: ⟨Am⟩ Tennessee Valley Authority
2 LO: ⟨wir⟩ London (no longer in use for general broadcasting)
TWA: ⟨Am⟩ Trans World Airlines, New York ‖ Transcontinental and Western Airlines
T.W.I., TWI: Training within Industry
T.W.S.C.: Theatre War Service Council
T.W.U.: Transport Workers' Union
Ty.: Territory
T.Y.C.: Thames Yacht Club
typ.: typographer ‖ typographical ‖ typography

U

U: ⟨chem⟩ uranium
U.: Unionist ‖ University ‖ **u.:** uncle
u.a.: ⟨Ger⟩ *und andere* (and others)
U.A.A., UAA: United Arab Airlines
U.A.B.: Unemployment Assistance Board
u.ä.: ⟨Ger⟩ *und ähnliche* (and the like)
UAM: underwater-to-air missile
UAW: ⟨Am⟩ United Automobile Workers
u.A.w.g.: ⟨Ger⟩ *um Antwort wird gebeten* (R.S.V.P.)
U-boat: ⟨Ger⟩ *Unterseeboot* (sub-marine)
U.C.: Upper Canada
u/c: under construction *im Bau*
u.c.: ⟨typ⟩ upper case
U.C.L.: University College, London
U/d ⟨mar ins⟩ under deck *unter Deck*
U.D.C.: Union of Democratic Control ‖ Urban District Council
u.dgl.: ⟨Ger⟩ *und dergleichen* (and the like)
UEW: ⟨Am⟩ United Electrical Workers
U.F.C.: United Free Church (of Scotland)
UFO: Unidentified Flying Object
U.G.S.S.S.: Union of Girls' Schools for Social Service
UHF: ultra high frequency *Dezimeterwellen* f pl; ∼ station *UKW-Sender* m
u.i.: (L) ut infra (as below)
U.J.D.: (L) Utriusque Juris Doctor, Doctor of Civil and Canon Laws
U.K.: United Kingdom
U.K.A.: Ulster King-of-Arms (Ireland) ‖ United Kingdom Alliance
U.K.C.C.: United Kingdom Commercial Corporation
Ukr.: Ukraine
ult.: (L) ultimo (last, in the last month)
U.M.F.C.: United Methodist Free Churches
UMT: ⟨Am⟩ Universal Military Training
UN: United Nations (*die*) *Vereinten Nationen* f pl
UNA: United Nations Association (of Great Britain and North Ireland)
unabr.: unabridged
UNAC: United Nations Appeal for Children
UNC: United Nations Command
U.N.C.I.O.: United Nations Conference on International Organization (*San Franzisko*)
UNCOK: United Nations Commission on Korea
undes: undesirable
UNESCO: United Nations Educational, Scientific, and Cultural Organization *Organisation der Vereinten Nationen für Erziehung, Wissenschaft und Kultur*
U.N.F.A.O.: United Nations Food and Agriculture Organization
U.N.I.C.E.F.: United Nations International

Children's Emergency Fund *Welt-Kinderhilfs-werk* n *der Vereinten Nationen*
unif: uniform, uniformity
Unit.: Unitarian || **Univ.:** University
univ.: universal(ly)
UNKRA: United Nations Korean Reconstruction Agency
unm.: unmarried
U.N.(O.): United Nations (Organization) *die Vereinten Nationen, New York*
U. of S. Afr.: Union of South Africa
U.N.R.R.A., Unrra [ˈʌnrə]: United Nations Relief and Rehabilitation Administration *od* Agreement (1943) *Hilfs– u Wiedergutmachungs-Kommission* f *f befreite Gebiete*
U.N.R.W.A.P.R.N.E.: United Nations Relief and Works Agency for Palestine Refugees in the Near East
UNSCBNE: United Nations Special Committee on the Balkans and Near East
U.P.: United Presbyterian, → U.P.C.
u.p.: under proof || **up.:** upper
U.P.C.: United Presbyterian Church
UPU: Universal Postal Union *Weltpost-verein* m
Ur: ⟨chem⟩ uranium || **Uru.:** Uruguay
U.S.: United States || United Service(s)
u.s.: (L) ut supra (as above)
U.S.A.: United States of America || United States Army
U.S.A.A.F.: United States Army Air Force
U.S.A.C.: United States Air Corps
USAF, U.S.A.F.: United States Air Force
USAFE: United States Air Force in Europe
U.S.A.F.I.: United States Armed Forces Institute
USCG: United States Coast Guard
U.S.F.: United States Fleet
USFET: United States Forces European Theater *US-Streitkräfte, Europäischer Kriegsschauplatz*
USIS: US-Information Service, New York *Informationsdienst der USA*
USM: underwater-to-surface missile
U.S.M.: United States Mail || United States Marine
USMA, U.S.M.A.: United States Military Academy
USMC: United States Marine Corps
U.S.N.: United States Navy
U.S.N.A.: United States Naval Academy || United States National Army
U.S.N.G.: United States National Guard
USofAF: ⟨Am⟩ Under Secretary of the Air Force
U.S.P.: United States Pharmacopoeia
USPHS: United States Public Health Service
U.S.S.: United States Senate || United States Ship *od* Steamer
U.S.S.C.: United States Supreme Court
U.S.S.R.: Union of Socialist Soviet Republics
usu.: usually
U.S.V.: United States Volunteers
USW: ⟨Am⟩ United Steel Workers
usw.: ⟨Ger⟩ *und so weiter* (and so on)
USWB: United States Weather Bureau
UT: universal time *Weltzeit* f, → Appendix
Ut.: Utah (U.S.A.)
ut dict.: (L) ut dictum (as said)
ut inf.: (L) ut infra (as below)
ut sup.: (L) ut supra (as above)
u.U.: ⟨Ger⟩ *unter Umständen* (perhaps)
ux.: (L) ⟨jur⟩ uxor (wife)

V

V: 5 (Roman numeral) || ⟨chem⟩ vanadium || velocity || **V.:** ⟨el⟩ volt
v.: valve || verb || verse || version || (L) versus (against) || (L) vice (instead of) || (L) vide (see) || village || (It) voce (voice) || voltage
VA: ⟨Am⟩ Veterans' Administration || Veterans' Association || Voice of America
V.A.: Vicar Apostolic || Vice-Admiral || Royal Order of Victoria and Albert (for ladies) || Volunteer Artillery
Va.: Virginia (U.S.A.)
v.a.: (L) vixit .. annos (he, she lived [so many] years)
vac: vacant, vacate
vacci: vaccine, vaccinate, –ation
V.A.D.: Voluntary Aid Detachment
val.: value
V. and M.: Virgin and Martyr
VAR: ⟨Am⟩ Volunteer Air Reserve
var.: variant || variety || variation
var.lect.: (L) varia lectio (variant reading)
VARTU: ⟨Am⟩ Volunteer Air Reserve Training Unit
Vat.: Vatican || **vb.:** verb || **vbl.:** verbal
VC: ⟨Am⟩ Veterinary Corps
V.C.: Vice Chancellor || Vice-Chairman || Vice-Consul || Victoria Cross
v.Chr.: ⟨Ger⟩ *vor Christo*; *vor Christi Geburt*
VCS: ⟨Am⟩ vice chief of staff
V.D.: Volunteer (Officers') Decoration || venereal disease
v.d.: various dates
V.D.A.: ⟨Ger⟩ **V**olksbund *für das* **D**eutsch-tum im **A**uslande (association for the protection of Germans-abroad)
V-day: Victory day, → VE-day, VJ-day
V.D.H.: valvular disease of the heart
VE-day [ˈviːˈiːˈdei]: Victory in Europe-day (May 8, 1945)
VDF: very high frequency direction-finding station *UKW-Funkpeilstelle* f
veh: vehicle || **vel:** velocity || **Ven.:** Venerable
ver: ⟨Am⟩ verify, verification || **ver.:** verse(s)
verb. (sat) sap.: (L) verbum sat (est) sapienti (a word suffices to the wise)
vert: vertical || **Vert.:** Vertebrata
Vet., vet: veteran || veterinary surgeon; veterinarian, veterinary
veter.: veterinary || **v.f.:** very fair
VFR: ⟨aero⟩ Visual Flight Rules *Sichtflug-regelungsbestimmungen* f pl
VFW: ⟨Am⟩ Veterans of Foreign Wars
V.G.: Vicar-General || **v.g.:** very good
vgl.: ⟨Ger⟩ *vergleiche* (compare)
v.H.: ⟨Ger⟩ *vom Hundert* (per cent)
VHF: ⟨wir⟩ very high frequency *Hochfre-quenz* f (*UKW*)
VI: viscosity index *Zähigkeitszahl* f
V.I.: Virgin Islands || ⟨wir⟩ volume indicator
v.i.: verb intransitive || **Vic.:** Victoria
Vict.: Victoria (Australia)
vid.: (L) vide (see) || videatur *man sehe nach*
vil.: village
VIP, V.I.P. [ˈviːˈaiˈpiː]: ⟨hum⟩ very important person *od* people °*Großkopfete(r* m) pl
vis: visual
viz.: (L) videlicet (namely)
VJ-day: Victory in Japan-day (2. 9. 1945), || .. –days [pl] (Aug. 15-16, 1945)
v.l.: (L) varia lectio (variant reading)
VLA: ⟨aero⟩ very low altitude
VLF: ⟨wir⟩ very low frequency *Ultralang-welle* f
VLR: ⟨mil⟩ very long range *Größtreichweite* f
v/m: volts per metre

VMD: Veterinariae Medicinae Doctor

VO: ⟨mil⟩ verbal orders

V.O.: (Royal) Victorian Order

Vo., v°: (L) verso (on the lefthand page)

VOA: Voice of America *Stimme Amerikas*

voc.: vocative ‖ **vocab.:** vocabulary

VOCS: ⟨Am⟩ verbal orders chief of staff

VOCG: verbal orders commanding general

VOCO: verbal orders commanding officer

VOSAF: ⟨Am⟩ verbal orders Secretary of Air Force

Vol.: volunteer

vol.: volume ‖ voluntarily, volunteer ‖ volcano

vols.: volumes

V.1 ['vi:'wʌn]: ⟨Ger⟩ *V1* ['fau'ains]; **V.2** ⟨Ger⟩ *V2* (*Vergeltungswaffe 1 & 2*)

v.o.p. ⟨mar ins⟩ valued as original policy *Wert wie Original-Police*

VOR: ⟨wir⟩ VHF omnidirectional range

vou: voucher *Beleg m*

vox pop.: (L) vox populi *die Volksstimme*

V.P.: Vice-President

V.R.C.: Volunteer Rifle Corps

V.R. (et I.): (L) Victoria Regina (et Imperatrix), Victoria, Queen (and Empress)

V.Rev.: Very Reverend

VRS: ⟨Am⟩ Volunteer Reserve Section

V.S.: veterinary surgeon

v.s.: (L) vide supra (see above)

vs.: (L) versus (against)

V.S.C.: Volunteer Staff Corps

V-sign ['vi:'sain]: Victory-sign (in WWII) (*mit Zeige– u Mittelfinger*)

VSS.: versions ‖ **Vt.:** Vermont (U.S.A.)

v.t.: verb transitive

V.T.C.: Volunteer Training Corps

Vulg.: Vulgate ‖ **vulg.:** vulgar(ly)

vv.: verses ‖ violins **v.v.:** vice versa **vv.ll.:** (L) variæ lectiones (various readings)

v.y.: various years ‖ **vy.:** very

v.Ztr.: ⟨Ger⟩ *vor unserer Zeitrechnung* (= v.Chr.)

W

W: ⟨chem⟩ wolfram, tungsten ‖ West ‖ watt

W.: Welsh ‖ West ‖ Western

(W): ⟨Am⟩ white, → (N) ‖ **w/:** with

w.: wanting ‖ warden ‖ watt ‖ week(s) ‖ weight ‖ western ‖ ⟨crick⟩ wicket; wide ‖ width ‖ wife ‖ with ‖ won

W.A.: West Africa ‖ Western Australia

W.A. ⟨mar ins⟩ With Average *mit Beschädigung*

W.A.A.C.: → Waac *Wörterbuch*

W.A.A.F.: Women's Auxiliary Air Force

WAC: Women's Auxiliary Corps ‖ ⟨Am⟩ Women's Army Corps ‖ world aeronautical chart *Welt-Luftfahrkarte* f

WADF: ⟨Am⟩ Western Air Defense Force

WAF: ⟨Am⟩ Women in the Air Force *weibliche Luftwaffen-Angehörige* pl

w.a.f.: with all faults

W.A.F.F.: West African Frontier Force

W.Afr.R.: West African Regiment

WAFS: ⟨Am⟩ Women's Auxiliary Ferrying Squadron, US. Air Forces

WAPOR: World Association for Public Opinion Research *Weltvereinigung für Meinungsforschung, Washington*

War: Warwickshire

Wash.: Washington (U.S.A.)

W.Aust.: Western Australia

WAVES: ⟨Am⟩ Women Appointed for Volunteer Emergency Service (= Women's Reserve Corps of the U.S. Naval Reserve)

W.B.: Water Board ‖ way bill

W/B ⟨com⟩ Way Bill *Frachtbrief*

W.C.: West Central (postal district, London) ‖ Wesleyan Chapel

W.C., w.c.: water-closet ‖ without charge

w.c.: ⟨jur⟩ with costs

W.C.A.: Women's Christian Association

W.D.: War Department ‖ Works Department

wd.: would

W.E.A.: Workers Educational Association

Wed.: Wednesday

W.E.U.: Western European Union

w.f.: ⟨typ⟩ wrong fount

WFA: War Food Administration

WFC: World Food Council *Welternährungsrat*

W.F.L.: Women's Freedom League

WFSW: World Federation of Scientific Workers *Weltbund der Wissenschaftler, London*

WFTU: World Federation of Trade Unions *Weltgewerkschafts-Bund, Wien* (*WGB*)

wg: ⟨aero⟩ wing

w.g. ⟨com⟩ weight guaranteed *garantiertes Gewicht*

W.Gmc.: West Germanic

wh.: which

W'hampton: Wolverhampton

whf.: wharf

WHO: World Health Organization *Weltgesundheits-Organisation der UN, Genf*

W.I.: West Indies ‖ West India ‖ West Indian

WIA: wounded in action

W.I.B.: ⟨Am⟩ War Industries Board

Wigorn.: of Worcester (signature of the Bishop)

Wilts: Wiltshire

Winton.: Of Winchester (signature of the Bishop)

W.I.R.: West India Regiment

Wis(c.): Wisconsin (U.S.A.)

Wisd.: Wisdom of Solomon (Old T.)

wk.: weak ‖ week

WL: waterline *Wasserlinie* f

W.L., W/L: wave length

WLB: ⟨Am⟩ War Labor Board

W.long.: west longitude

Wm.: William

WMA: World Medical Association *Welt-Mediziner-Verband, New York*

wmk: watermark

WMM: World Movement of Mothers *Welt-Mütter-Bewegung, Paris*

W.M.S.: Wesleyan Missionary Society

WMSC: ⟨Am⟩ Women's Medical Specialist Corps

WMWFG: World Movement for World Federal Government *Weltbewegung für Weltregierung, Amsterdam*

wng: warning

W.N.L.F.: Women's National Liberal Federation

W.N.W.: west-north-west

W.O.: War Office ‖ Warrant Officer

w/o: without

WOJG: ⟨Am⟩ warrant officer, junior grade

Wor.: Worshipful

Worcs: Worcestershire

WP: ⟨aero⟩ will proceed to

W.P. ⟨ins⟩ without prejudice *ohne Präjudiz*

W/P: ⟨aero⟩ power loading *Leistungsbelastung* f

W.P.: weather permitting

W.P.A.: ⟨Am⟩ Works Progress *od* Projects Administration

w.p.a. ⟨mar ins⟩ with particular average *mit besonderer Havarie*

W.P.B.: waste-paper basket

WPC: World Power Conference *Weltkraftkonferenz, London*

WPM: words per minute

W.R.: West Riding (Yorks)

W/R ⟨com⟩ Warehouse Receipt *Empfangsbestätigung des Lagerhauses*

W.R.A.F.: → Wraf *Wörterbuch*

W.R.I.: War Risk Insurance ‖ Women's Rural Institute

WRI: War Resisters' International *Internationale der Kriegsgegner und Kriegsdienstverweigerer, Enfield-Middlesex, England*

W.R.N.S.: → Wrens *Wörterbuch*

wrnt: warrant

W.S.: Writer to the Signet

WSCF: World's Student Christian Federation *Christlicher Welt-Studentenbund, Genf*

W.S.P.U.: Women's Social and Political Union

WUS: World University Service *Welt-Hochschul-Dienst, Genf*

W.S.W.: west-south-west

W.T.: wireless telegraphy (or telephony)

wt.: weight ‖ **WU:** Western Union

W.U.S.L.: Women's United Service League

w/v: wind velocity *Windstärke* f

W.Va.: West Virginia (U.S.A.)

W/W ⟨com⟩ Warehouse Warrant *Lagerschein*

W.W.B.F.: World Wide Broadcasting Foundation

WWI: World War I ‖ **WWII:** World War II

Wyo.: Wyoming (U.S.A.)

X

X: 10 (Roman numeral) ‖ experimental (when used in aircraft designation)

x-cp.: ex coupon

xd, x-d., x-div.: ex dividend

Xe: ⟨chem⟩ xenon ‖ **x-i.:** ex interest

Xmas: Christmas ‖ **x-n.:** ex new shares

x-rts: ex-rights ‖ **Xt:** Christ

Xtian.: Christian

XX: double-X **XXX:** triple X (strength of ales)

Y

Y: ⟨chem⟩ yttrium **Y.:** year **y.:** yard(s) ‖ year(s)

Yb: ⟨chem⟩ ytterbium

YCW: Young Christian Workers, Brüssel *Christliche Arbeiterjugend*; → *JOC* (vol. II p. 1296)

YD: Yankie Division

yd.: yard ‖ **yday.:** yesterday

ye: the ‖ **Yeo(m).:** Yeomanry

Y.H.A.: Youth Hostels Association

Y.L.I.: Yorkshire Light Infantry

YMCA: Young Men's Christian Association *Christliche Vereine junger Männer, Genf* (*CVJM*)

Yorks: Yorkshire

Y.P.S.C.E.: Young People's Society for Christian Endeavour

yr.: year ‖ younger ‖ your

Y.R.A.: Yacht Racing Association

yrs.: years ‖ yours

YWCA: Young Women's Christian Association *Christliche Vereine junger Mädchen, Genf*

Z

Z: atomic number ‖ zenith distance

Z., z.: Zone ‖ **Zach.:** Zachary

z.B.: ⟨Ger⟩ *zum Beispiel* (for instance)

ZD: zenith distance

Zech.: Zechariah (Old T.)

Zeph.: Zephaniah (Old T.)

ZI: ⟨Am mil fam⟩ Zone of the interior „*Heimat*" f

Zn: ⟨chem⟩ zinc

zool.: zoological ‖ zoology

Zr: ⟨chem⟩ zirconium

ZT: zone time ‖ **Z.S.:** Zoological Society

IV. National Identification Plates ⟨mot⟩
Nationale Kraftfahrzeug-Kennzeichen

A	Österreich (Austria)	IRQ	Irak
ADN	Aden	IS	Island
AL	Albanien	KWT	Kuwait
AND	Andorra	L	Luxembourg
AUS	Australia	M	Palestina
B	Belgique	MA	Maroc
BA	Burma	MC	Principauté de Monaco
BDS	Barbados	MEX	Mexico
BG	Bulgaria	N	Norge (Norway)
BH	Brit.-Honduras	NB	North Borneo
BR	Brazil	NF	Newfoundland
BRG	Brit.-Guiana	NL	Nederland (Holland)
C	Cuba	NZ	New Zealand
CC	Consular Corps	P	Republica Portuguesa
CD	Corps Diplomatıque	PA	Panama
CH	Schweiz (Confoederatio Helvetica)	PAK	Pakistan
CL	Ceylon	PE	Republica del Peru
CND	Canada	PL	Rzeczpospolita Polska
CO	Columbia	PY	Republica del Paraguay
CS	Cesko-Slovenská Republika	R	Romania
CV	Cyprus	RA	Republica Argentina
D	Deutschland	RC	Republic of China
DK	Danmark	RCH	Republica de Chile
E	España	RNR	Northern Rhodesia
EAK	Kenya	RNY	Nyassaland
EAT	Tanganyika	RSM	Republica de San Marino
EAU	Uganda	RSR	Southern Rhodesia
EAZ	Zanzibar	S	Sverige (Sweden)
EIR	Eire (Ireland)	SCV	Vatican
EQ	Ecuador	SF	Suomi (Finland)
ET	Egypt	SNB	Brit.-Northern Borneo
F	République Française	SP	Brit. Somaliland
FL	Fürstentum Liechtenstein	SU	Sowjet-Union
FM	Fédération malaise	SWA	South-West Africa
G	Guatemala	TC	Cameroon
GB	Great Britain and Northern Ireland	TN	Tunisie
GBA	Alderney	TR	Türkiye Cümhuriyeti
GBG	Guernsey	TT	Togo française
GBJ	Jersey	U	Uruguay
GBM	Isle of Man	US	United States of America
GBY	Malta	V	Stato della Città del Vaticano
GBZ	Gibraltar	VN	Viet-Nam
GR	Grèce (Greece)	WAC	Ghana-Northern Ashanti and Brit. Togo territory
H	Hungaria		
I	Italia	WAG	Gambia
IL	Israel	WAN	Nigeria, Brit. Cameroon
IN	Indonesia	YU	Yugoslavia
IND	Indische Union	ZA	The Union of South Africa (holl.: Zuid Africa)
IR	Iran		

Kilometres/miles

Multiply kilometres by 6 and divide by 10.
Divide miles by 6 and multiply by 10.

Speeds   Geschwindigkeiten

miles/h	10	20	30	40	50	60	70	80	90	100
km/h	16,09	32,18	48,27	64,36	80,45	96,54	112,63	128,72	144,81	160,90

V. Airlines · Fluglinien

Der International Air Transport Association (I.A.T.A.) angeschlossene Fluglinien[1]

(Anschriften sind auf jedem Flughafen zu erfahren)

AA = American Airlines, Inc.
Aer Lingus
Aerolineas Argentinas
Air Algérie
Air Ceylon
Air France
Air-India International
Air Liban (Lebanese Air Lines)
Air Vietnam
Air Work Ltd.
Alitalia = Linee Aeree Italiane
Aviaco = Aviacion y Comercio, S.A.
Avianca = Aerovias Nacionales de Colombia, S.A.
BEA = British European Airways Corporation
BNF = Braniff International Airways
BOAC = British Overseas Airways Corporation
CAA = Central African Airways Corporation
CAT = Civil Air Transport
CCA = Compania Cubana de Aviacion, S.A.
Chicago Helicopter Airways, Inc.
CPAL = Canadian Pacific Air Lines
Cruzeiro = Servicos Aeros Cruzeiro do Sul, Ltda
CSA = Ceskoslovenske Aerolinie (Czechoslovakian Air Lines)
Cyprus Airways, Ltd. (in association with BEA & BOAC)
Delta Air Lines
DETA = Divisao de Exploracao dos Transportes Aereos
Deutsche Lufthansa A.G. (Lufthansa German Airlines)
DTA = Divisao de Exploracao dos Transportes Aereos
EAAC = East African Airways Corporation
Eagle Airways (of Britain) Ltd.
EAL = Eastern Airlines, Inc.
EL AL = Israel Airlines, Ltd.
Finnair = Aero O/Y (Finnish Air Lines)
Gia = Garuda Indonesian Airways
Guest Aerovias Mexico, S.A.
HCA = Hunting-Clan Air Transport, Ltd.
IBERIA = Lineas Aereas de España, S.A. (Spanish Air Lines)
ICELANDAIR = Flugfelag Islands, H.F.
IRANAIR = Iranian Airways Company
Iraqi Airways
JAL = Japan Air Lines Co. Ltd.
JAT = Yugoslovenski Aero-Transport

KLM = Koninklijke Luchtvaart Maatschappij (Royal Dutch Air Lines)
LAN = Linea Aerea Nacional (Chile)
LAV = Linea Aeropostal Venezolana
LOT = Polskie Linie Lotnicze (Polish Air Lines)
Lufthansa = Deutsche Lufthansa A.G.
MAL = Malayan Airways, Ltd. (in association with BOAC)
MEA = Middle East Airlines Co., S.A. (in association with BOAC)
MISRAIR = Egyptian Airlines, now → UAA
NAC = New Zealand National Airways Corporation
NAL = National Airlines Inc.
New York Airways, Inc.
NWA = Northwest Orient Airlines
Olympic Airways
PAA = Pan American World Airways, Inc.
PAB = Panair do Brasil, S.A.
PAL = Philippine Air Lines
PANAGRA = Pan American-Grace Airways, Inc.
PIA = Pakistan International Airlines
QEA = Qantas Empire Airways, Ltd.
Québec-Airways Ltd. → CPAL
SAA = South African Airways
SABENA = Société Anonyme Belge d'Exploitation de la Navigation Aérienne (Belgian Air Lines)
SAS = Scandinavian Airlines System
Seaboard & Western Airlines
Skyways, Ltd.
SWISSAIR = Swiss Air Transport Co. Ltd. (Swiss Air Lines)
TAA = Trans-Australia Airlines
TAI = Compagnie des Transports Aériens Intercontinentaux
TAP = Transportes Aereos Portugueses S.A.R.L.
TCA = Trans-Canada Air Lines
TEAL = Tasman Empire Airways, Ltd.
THY = Turk Hava Yollari Anonim Ortakligi
TWA = Trans World Airlines
UAA = United Arab Airlines
UAL = United Air Lines, Inc.
UAT = Union Aéromaritime de Transport
VARIG = S.A. Empresa de Viacao Aerea Rio Grandense
WAAC = West African Airways Corporation

[1] Nach The ABC World Airways Guide

VI. Phonetic Alphabets
Buchstabier-Alphabete im Fernsprechverkehr

	Deutsch	Englisch	Amerikanisch	International	International ⟨aero⟩	NATO
A	Anton	Andrew	Abel ['eibəl]	Amsterdam	Alfa	Alfa
Ä	Ärger					
B	Berta	Benjamin	Baker	Baltimore	Bravo	Bravo
C	Cäsar	Charlie	Charlie	Casablanca	Coca	Charlie
Ch	Charlotte					
D	Dora	David	Dog	Dänemark	Delta	Delta
E	Emil	Edward	Easy	Edison	Echo	Echo
F	Friedrich	Frederick	Fox	Florida	Foxtrot	Foxtrot
G	Gustav	George	George	Gallipoli	Golf	Golf
H	Heinrich	Harry	How	Havanna	Hotel	Hotel
I	Ida	Isaac	Item	Italia	India	India
J	Julius	Jack	Jig	Jerusalem	Juliet	Juliet
K	Kaufmann	King	King	Kilogramm	Kilo	Kilo
L	Ludwig	Lucy	Love	Liverpool	Lima	Lima
M	Martha	Mary	Mike	Madagaskar	Metro	Mike
N	Nordpol	Nellie	Nan	New York	Nectar	November
O	Otto	Oliver	Oboe	Oslo	Oscar	Oscar
Ö	Ökonom		['oubou]			
P	Paula	Peter	Peter	Paris	Papa	Papa
Q	Quelle	Queenie	Queen	Quebec	Quebec	Quebec
R	Richard	Robert	Roger	Roma	Romeo	Romeo
S	Samuel	Sugar	Sugar	Santiago	Sierra	Sierra
Sch	Schule					
T	Theodor	Tommy	Tare	Tripoli	Tango	Tango
U	Ulrich	Uncle	Uncle	Uppsala	Union	Uniform
Ü	Übermut					
V	Viktor	Victor	Victor	Valencia	Victor	Victor
W	Wilhelm	William	William	Washington	Whiskey	Whiskey
X	Xanthippe	Xmas	X [eks]	Xanthippe	Extra	X-Ray
Y	Ypsilon	Yellow	Yoke	Yokohama	Yankee	Yankee
Z	Zeppelin	Zebra	Zebra	Zürich	Zulu	Zulu

VII. MEASURES

Maße

Measures (M), Weights (G), Currencies (W)
Maße (M), Gewichte (G), Währungen (W)

Abassi	G	Palästina
acre	M	Großbritannien, U.S.A.
Anna	W	Indien, Pakistan
Arschin	M	Afghanistan, Rußland
Balboa	W	Panama
Bani	W	Rumänien
Baht (Thical)	W	Thailand
barrel	M	Gr.-Brit., U.S.A. (Petroleum)
Belga	W	Belgien, Luxemburg
Bolivar	W	Venezuela
Boliviano	W	Bolivien
bushel	M	Gr.-Brit., U.S.A. (Getreide)
Cent	W	China, Estland, Kanada, Litauen, Malaia, Niederlande, U.S.A.
cental	G	Liverpool (Weizen)
Centavos	W	Argentinien, Bolivien, Chile, Ecuador, Guatemala, Kolumbien, Mexiko, Nicaragua, Peru, Philippinen, Portugal
Centesimi	W	Italien
Centesimos	W	Panama, Paraguay, Uruguay
Centime	W	Belgien, Frankreich, Luxemburg
Centimos	W	Spanien
cent weight	G	Großbritannien
chin	G	China
Ching	M	China
Cordoba	W	Nicaragua
Chittak	G	Indien
Cruzeiro	W	Brasilien
Deßjatine	M	Rußland
Dimes	W	China
Dinar	W	Irak, Jugoslawien, Persien
Dira Macmari	M	Ägypten
Dollar	W	Kanada, Malaia, U.S.A.
→ Silberdollar		
Draa	M	Arabien
Drachme	W	Griechenland
Dunam	M	Palästina
Escudo	W	Portugal
Färsakh	M	Persien
Feddan	M	Ägypten
Filler	W	Ungarn
Fils	W	Irak
Finmark	W	Finnland
foot	M	Gr.-Brit., U.S.A.
Forint	W	Ungarn
franc	W	Belgien, Frankreich, Schweiz, Luxemburg
Funt	G	Rußland
gallon	M	Gr.-Brit., U.S.A. (a. Petroleum)
Girsch	W	Abessinien
Goldrubel	W	Rußland
grain	G	(Edelmetalle) → S.
Groschen	W	Österreich, Polen, Deutschland
Groszy	W	Polen
Gulden	W	Niederlande, † Danzig
Guz	M	Indien
Heller	W	Tschechoslowakei
inch	M	Gr.-Brit., N.-Amerika, Indien
Joch	M	Österreich
Ka	G	Afghanistan
Kantar	G	Abessinien
Kint	M	Abessinien
Kopeke	W	Rußland
†Kreuzer	W	Deutschland
Krone	W	Dänemark, Estland, Norwegen, Schweden, Tschechoslowakei
Lepta	W	Griechenland
Leu	W	Rumänien
Lew	W	Bulgarien
libre	G	Welthandel
Li	M	China
Lira	W	Italien
Madda	M	Abessinien
Man	G	Afghanistan
Maria-Theresia-Taler	W	Abessinien
Mark	W	Deutschland; → Finmark
Meile	M	→ S. 1110
Mil	W	Palästina
mile	M	Gr.-Brit., Amerika
Millièmes	W	Israel
Milreis	W	Brasilien
Mils	W	Palästina
Miskal	G	Palästina
Öre	W	Dänemark, Norwegen, Schweden
ounce	G	Gr.-Brit. (Edelmetalle)
Para	W	Jugoslawien, Türkei
Pengö	W	Ungarn
pence [pl.] v penny	W	Großbritannien
penny weight	G	Gr.-Brit. (Edelmetalle)
Peseta	W	Spanien
Peso	W	Argentinien, Chile, Kolumbien, Mexiko, Paraguay, Philippinen, Uruguay
Pfennig	W	Deutschland
Pfund	W	Ägypten, Israel, Palästina, Türkei, Peru; → pound
Piaster	W	Ägypten, Türkei
Picul	G	China
pound	G	Gr.-Brit., U.S.A.; → S. 1112
pound sterling	W	Großbritannien
Pud	G	Rußland
Quabdah	M	Ägypten
quart	G	Gr.-Brit., U.S.A.
quarter	M	Gr.-Brit., U.S.A. (Getreide)
Quetzal	W	Guatemala
Rappen	G	Schweiz
Reis	W	Brasilien
Rial	W	Persien
Rin	W	Japan
Rottel	G	Persien, Abessinien
Rottoli	G	Arabien
Rubel	W	Rußland
Rupie	W	Indien, Pakistan
Saschen	M	Rußland
Satang	W	Thailand
Schilling	W	Gr.-Brit., Österreich
Sen	W	Japan
Ser	G	Indien
Sheng	M	China
Silberdollar	W	China
Sol	W	Peru
Stotinki	W	Bulgarien
Sucre	W	Ecuador
Tael	W	China
Tael (Liang)	G	China
Talari	W	Abessinien
†Taler	W	Deutschland
Tan (Picul)	G	China
Timan	M	Arabien
ton (long)	G	Großbritannien

ton (short)	G	U.S.A.	Wedro	M	Rußland
Tonne	G	Deutschland, Rußland	Werschok	M	Rußland
Troy pound	G	(Edelmetalle)	Werst	M	Rußland
Troy ounce	G	(Edelmetalle)	yard	M	Gr.-Brit., U.S.A.
Tscherek	M	Persien	Yen	W	Japan
Tscherwonetz	W	Rußland	Zar	M	Persien
Tschetwert	M	Rußland	Zloty	W	Polen

Anglo-American Measures · Anglo-Amerikanische Maße

Linear Measure · Längenmaße

			abgerundetes metrisches Maß approx. metric equivalent ⟨Engl & Am⟩	
1	inch		=	25,40	mm
12	inches	= 1 foot	=	30,48	cm
3	feet	= 1 yard [Einheit]	=	91,44	cm
5½	yards	= 1 pole, rod, perch	=	5,029 2	m
4	poles, etc.	= 1 chain ⟨engl⟩	=	20,116 8	m
10	chains = 40 rods	= 1 furlong = 220 yards	=	201,168	m
8	furlongs = 5280 feet	= 1 statute mile = 1760 yards	=	1,609 35	km [meile
6080.2	feet	= 1 nautical mile	=	1,853	km = 1 Admirals-
3	statute miles	= 1 league	=	4,828	km

Exaktwissenschaftliche Tabelle

Brit. & US-Einheiten

Name		Ab-kürzung	MKS-Äquivalent m	CGS-Äquivalent cm	andere Äquivalente
Mil	⟨Brit⟩		$2,539\,998 \times 10^{-5}$	$2,539\,998 \times 10^{-3}$	0,001 inch
	⟨USA⟩		$2,540\,005 \times 10^{-5}$	$2,540\,005 \times 10^{-3}$	
Inch	⟨Brit⟩	in.	$2,539\,998 \times 10^{-2}$	$2,539\,998$	$^1/_{12}$ foot; $^1/_{36}$ yard
	⟨USA⟩		$2,540\,005 \times 10^{-2}$	$2,540\,005$	
Foot	⟨Brit⟩	ft.	$3,047\,997 \times 10^{-1}$	$3,047\,997 \times 10$	12 inches; $^1/_3$ yard
	⟨USA⟩		$3,048\,006 \times 10^{-1}$	$3,048\,006 \times 10$	
Yard	⟨Brit⟩	yd.	$9,143\,992 \times 10^{-1}$	$9,143\,992 \times 10$	36 inches; 3 feet
	⟨USA⟩		$9,144\,018 \times 10^{-1}$	$9,144\,018 \times 10$	
Rod	⟨Brit⟩	rd.	$5,029\,19$	$5,029\,19 \times 10^2$	198 inches; 5,5 yards
	⟨USA⟩		$5,029\,210$	$5,029\,210 \times 10^2$	
Mile (statute)	⟨Brit⟩	mi.	$1,609\,341 \times 10^3$	$1,609\,341 \times 10^5$	Landmeile; 5280 feet; 1760 yards; 320 rods; 8 furlongs;
	⟨USA⟩		$1,609\,347 \times 10^3$	$1,609\,347 \times 10^5$	$1,69 \times 10^{-13}$ Lichtjahr
Mile (nautical)	⟨Brit⟩	n. mi.	$1,853\,181 \times 10^3$	$1,853\,181 \times 10^5$	Seemeile; Länge einer Kreismitte des Erd-
	⟨USA⟩		$1,853\,29 \times 10^3$	$1,853\,29 \times 10^5$	äquators

Nach: Wissenschaftliche Tabellen 1953 der J. R. Geigy A.-G., Basel.

Mariners' Measure

6 feet = 2 yards	= 1 fathom	=	1,8288 m
1000 fathoms (approx.)	= 1 nautical mile	=	1,853 km
3 nautical miles	= 1 league		

⟨Am⟩ Surveyors' Measure

7.92	inches	= 1 link	=	20,1168 cm
100	links	= 1 chain	=	20,1168 m
80	chains	= 1 mile	=	1609,344 m
10	square chains	= 1 acre	=	40,468 Ar

Square Measure · Flächenmaße

	1 square inch	=	100 square line	=	6,452 cm²
(12 × 12 =)	144 square inches	=	1 square foot	=	9,29 dm²
	9 square feet	=	1 square yard	=	0,836 m²
	30¼ square yards	=	1 square pole (⟨Am⟩ rod)	=	25,293 m²
⟨Brit⟩	10 square poles	=	1 perch	=	252,928 m²
⟨Brit⟩	40 square poles	=	1 rood	=	1011,712 m²
⟨USA⟩	160 square rods	=	1 acre	=	40,468 Ar
⟨Brit⟩	4 roods	=	1 acre	=	40,468 Ar
	640 acres	=	1 square mile	=	259,00 Hektar
				=	2,590 km²

Cubic Measure · Raummaße

1 cubic inch	=	1000 cubic lines	=	16,39 cm³
1728 cubic inches	=	1 cubic foot	=	28,32 dm³
27 cubic feet	=	1 cubic yard	=	764,533 dm³
5 cubic feet	=	1 barrel bulk shipping		
40 cubic feet	=	1 ton shipping		
	=	1 load hard timber		
50 cubic feet	=	1 load foreign fir		

Liquid Measure · Für Flüssigkeiten

⟨Brit⟩	1	minim	= 0.0592 milliliter			=	59,2	μl
⟨USA⟩						=	61,61	μl
⟨Brit⟩	1	fluid dram	= 60 minims			=	3,552	ml (*Milliliter*)
⟨USA⟩			= 60 minims			=	3,697	ml
⟨Brit⟩	1	fluid ounce	= 8 fluid drams			=	28,47	ml
⟨USA⟩			= 8 fluid drams			=	29,57	ml
⟨Brit⟩	20	fluid ounces	= 1 pint			=	569,4	ml
⟨USA⟩	16	fluid ounces	= 1 pint			=	473,12	ml
⟨Brit⟩	4	gills	= 1 pint	⟨mst⟩	=	0,5682	l (*Liter*)
	2	pints	= 1 quart			=	1,1364	l
	4	quarts	= 1 gallon			=	4,5459	l
			(1 brit. *Gallone* = 277,4 cubic inches)					
⟨USA⟩	4	quarts	= 1 gallon			=	3,785	l
			(1 USA -*Gallone* = 231 cubic inches)					
⟨Brit⟩	2	gallons	= 1 peck			=	36,368	l
⟨Brit⟩	4	pecks	= 1 bushel			=	36,368	l
⟨Brit⟩	8	bushels	= 1 quarter			=	2,909	hl (*Hektoliter*)
⟨USA⟩	31½	gallons	= 1 barrel	·		=	1,43198	hl
⟨USA⟩	2	barrels	= 1 hogshead			=	2,86396	hl

Dry Measure · Für Trockenstoffe

⟨Brit⟩	1 pint (abbr. pt.)	=	4	gills		= 568,3	ml
⟨USA⟩						= 473,2	ml
⟨USA⟩	1 quart (abbr. qt.)	=	2	pints		= 0,9464	l
⟨Brit⟩	1 gallon (abbr. gal.)	=	¹/₆₄	quarter	= 4 quarts	= 4,546	l
⟨USA⟩						= 4,41	l
⟨Brit⟩	1 peck (abbr. pk.)	=	¹/₃₂	qt.	= 2 gallons	= 9,092	l
⟨USA⟩						= 8,810	l
⟨Brit⟩	1 bushel (abbr. bu.)	=	4	pk.		= 36,37	l
⟨USA⟩						= 35,24	l
⟨Brit⟩	1 barrel	=	36	gal.		= 1,637	hl
⟨USA⟩						= 1,192	hl
⟨Brit⟩	1 quarter	=	8	bu.		= 2,909	hl
⟨USA⟩						= 2,421	hl
⟨Brit⟩	1 load	=	5	quarters			
⟨Brit⟩	1 chaldron	=	36	bushels			

⟨Am⟩ Wood Measure

16 cubic feet = 1 cord foot
8 cord feet = 1 cord

⟨Brit⟩ Yarn Measure (Cotton)

120 yards	= 1 skein	=	109,73 m
7 skeins	= 1 hank	=	768,09 m
18 hanks	= 1 spindle	=	1382,57 m

⟨Brit⟩ Yarn Measure (Linen)

300 yards	= 1 cut	=	274,32 m
2 cuts	= 1 heer	=	548,64 m
6 heers	= 1 hank	=	3291,84 m
4 hanks	= 1 spindle	=	13,16736 km

Weights · Gewichte

Apothecaries' Weight · Medizinalgewichte

⟨Brit⟩	1 grain (abbr. gr.) ⟨a. USA⟩	= 20 mites	=	64,80 mg	
⟨USA⟩	1 scruple	= 20 gr.	=	1,296 g	
⟨Brit⟩	1 dram (abbr. dm.)	= $^1/_{256}$ lb.	=	1,772 g	
⟨USA⟩	1 drachm	= 3 scruples	=	3,888 g	
⟨Brit⟩	1 ounce (abbr. oz.)	= 16 dm.	=	28,35 g vgl.	↓
⟨USA⟩		= 8 drachms	=	31,10 g vgl.	
⟨Brit⟩	1 pound avoirdupois (lb.)	= 16 oz.	=	453,6 g	
⟨USA⟩		= 12 oz.	=	372,4 g	

Avoirdupois Weight · Handelsgewichte

⟨Brit⟩	1 ounce (abbr. oz.)	= 16 drams	=	28,35 g vgl.	↑
		= 437$^1/^2$ grains Troy			
⟨USA⟩			=	31,10 g vgl.	
⟨Brit⟩	1 pound (abbr. lb. av.)	= 16 ounces (oz.)	=	453,6 g	
⟨Brit⟩	1 stone	= 14 pounds	=	6,350 kg	
⟨Brit⟩	1 quarter	= 28 pounds	=	12,70 kg	
⟨USA⟩		= 25 pounds	=	11,34 kg	
⟨Brit & USA⟩	1 hundredweight cental (abbr. cwt. sh.)	= 100 pounds	=	45,36 kg	
⟨Brit⟩	1 hundredweight long	= 4 quarters			
		= 112 pounds	=	50,80 kg	
⟨Brit & USA⟩	1 short ton (abbr. tn. sh.)	= 2000 pounds	=	907,2 kg	
⟨Brit⟩	1 long ton (abbr. tn. l.)	= 2240 pounds	=	1016,064 kg	

Anm.: Dezimalstellen werden im Deutschen durch Komma, im Englischen durch Punkt abgetrennt, die alleinstehende 0 vor dem Punkt wird im Englischen weggelassen, also 0,5 ⟨lies: null Komma 5⟩ ⟨engl⟩ .5 ⟨lies: point five⟩.

⟨Engl⟩ Wool Weight

14	pounds	= 1 stone	=	6,3504 kg
2	stones	= 1 tod	=	12,7008 kg
6$^1/^2$	tods	= 1 wey	=	82,5552 kg
2	weys	= 1 sack	=	165,1104 kg
12	sacks	= 1 last	(= 29 cwt)

In außerenglischen Märkten ist der pack von 240 pounds gebräuchlich (: soviel pence je Gewichtpound, soviel £ je pack).

Troy Weight

1 grain	=	64,798 918 *Milligramm*
24 grains	=	1 pennyweight
20 pennyweights	=	1 ounce (*Unze*)
12 ounces	=	1 pound

Perlen und Edelsteine werden nach Karat (= 2×10^{-2} g) (= 4 grains = 3,2 Troy grains) gewogen. Die Troy Unze entspricht 150 Diamond Carats., vgl. Bd. II, S. 1311, Juwelen-Gewichte.

Gediegenes Gold nennt man 24-karätig; bei Legierungen mit einem Teil Zusatz nennt man es in England 23-karätig usf.

⟨Ger⟩ Der Feingehalt des Goldes wird in Deutschland durch Stempelung gekennzeichnet (Punzierungsgesetz), er wird nach Tausendsteln angegeben. Gleichzeitig gibt es noch die alte Rechnung nach Karat:

	1000 Teile Feingold	=		24 Karat	
†für Münzen	900	,,	,,	= 22	,,
für Zahnersatz . . .	750	,,	,,	= 18	,,
für Schmuck . . .	585	,,	,,	= 14	,,
	333	,,	,,	= 8	,,

Übersicht über die angelsächsischen Maßsysteme

(Seite 23 der Wissenschaftlichen Tabellen 1953 der J. R. Geigy A.G.)
Mit freundlicher Genehmigung der J. R. Geigy A.G. Basel

Lengths

Inches (in.)	Feet (ft.)	Yards (yd.)	Rods (rd.)	Miles (mi.)	Metric equivalent *
1	$0,083333(^1/_{12})$	$0,027778(^1/_{36})$	$0,00505051(^1/_{198})$	0,0000157828	2,54001 centimeters
12	1	$0,333333(^1/_3)$	0,0606061	0,000189394	0,304801 meter
36	3	1	0,181818	0,000568182	0,914402 meter
198	16,5	5,5	1	0,003125	5,029210 meters
63 360	5 280	1 760	320	1	1,60935 kilometers

Area

Square inches (sq. in.)	Square feet (sq. ft.)	Square yards (sq. yd.)	Square rods (sq. rd.)	Acres (A.)	Square miles (sq. mi.)	Metric equivalent *
1	$0,0069444(^1/_{144})$	$0,0007716(^1/_{1296})$	....	....	$3,58701 \times 10^{-8}$	6,451626 square centimeters
144	1	$0,1111(^1/_9)$	0,0036731	$2,29568 \times 10^{-5}$	$3,22831 \times 10^{-7}$	0,092903 square meter
1296	9	1	0,03305785	$2,06612 \times 10^{-4}$	$9,765625 \times 10^{-6}$	0,8361307 square meter
39204	272,25	30,25	1	$0,00625(^1/_{16})$	0,0015625	25,29295 square meters
627264	43 560	4 840	160	1	1	40,46873 square decameters
$4,0154 \times 10^9$	27 878 400	3 097 600	102 400	640		2,589998 square kilometers

Volume

Cubic inches (cu. in.)	Cubic feet (cu. ft.)	Cubic yards (cu. yd.)	Metric equivalent
1	$0,000578704(^1/_{1728})$	$2,143347 \times 10^{-5}$	16,3872 cubic centimeters
1 728	1	$0,0370370(^1/_{27})$	0,0283170 cubic meter
46 656	27	1	0,764559 cubic meter

Capacity — Liquid Measure

Gills (gi.)	Pints (pt.)	Quarts (qt.)	Gallons (gal.)	Cubic inches (cu. in.)	Metric equivalent
1	$0,25(^1/_4)$	$0,125(^1/_8)$	$0,03125(^1/_{32})$	7,21875	118,292 milliliters
4	1	$0,5(^1/_2)$	$0,125(^1/_8)$	28 875	0,473167 liter
8	2	1	$0,25(^1/_4)$	57,749	0,946333 liter
32	8	4	1	231	3,785332 liters

Apothecaries' Fluid Measure

Minims min. or ℳ	Fluid drams** fl. dr. or ℨ fl.	Fluid ounces fl. oz. or ℥ fl.	Pints (pt.)	Metric equivalent
1	$0,016667(^1/_{60})$	$0,0020833(^1/_{480})$	0,00013021	0,0616102 milliliter
60	1	$0,125(^1/_8)$	0,0078125	3,69661 milliliters
480	8	1	$0,0625(^1/_{16})$	29,5729 milliliters
7 680	128	16	1	0,473167 liter

Dry Measure

Pints (pt.)	Quarts (qt.)	Pecks (pk.)	Bushels (bu.)	Cubic inches (cu. in.)	Metric equivalent
1	$0,5(^1/_2)$	$0,0625(^1/_{16})$	$0,015625(^1/_{64})$	33,6003	0,550599 liter
2	1	$0,125(^1/_8)$	$0,03125(^1/_{32})$	67,2006	1,101198 liters
16	8	1	$0,25(^1/_4)$	537,605	8,80958 liters
64	32	4	1	2 150,42	35,2383 liters

Mass — Avoirdupois/Commercial

Grains (gr.)	Drams (dr. av.)	Ounces (oz. av.)	Pounds (lb. av.)	Tons (short) (tn. sh.)	Metric equivalent
1	0,03657143	0,0022857	$0,00014286(^1/_{7000})$	....	0,064798918 gram
27,34375	1	$0,0625(^1/_{16})$	$0,00390625(^1/_{256})$	....	1,771845 grams
437,5	16	1	$0,0625(^1/_{16})$	0,00003125	28,349527 grams
7 000	256	16	1	0,0005	453,5924 grams
....	572 000	32 000	2000	1	907,18486 kilograms

Mass — Troy Weight

Grains (gr.)	Pennyweights (dwt.)	Ounces (oz. t.)	Pounds (lb. t.)	Metric equivalent
1	$0,041667(^1/_{24})$	$0,0020833(^1/_{480})$	$0,0001736111(^1/_{5760})$	64,798918 milligrams
24	1	$0,05(^1/_{20})$	$0,0041667(^1/_{240})$	1,555174 grams
480	20	1	$0,083333(^1/_{12})$	31,103481 grams
5 760	240	12	1	373,24177 grams

Mass — Apothecaries' Weight

Grains (gr.)	Scruples (℈ or s. ap.)	Drams (Brit.: Drachms) (ℨ or dr. ap.)	Ounces (℥ or oz. ap.)	Pounds (lb. ap.)	Metric equivalent
1	$0,05(^1/_{20})$	$0,016667(^1/_{60})$	$0,0020833(^1/_{480})$	$0,0001736111(^1/_{5760})$	64,798918 milligrams
20	1	$0,333333(^1/_3)$	$0,04166(^1/_{24})$	$0,0034722(^1/_{288})$	1,29597831 grams
60	3	1	$0,125(^1/_8)$	$0,0104167(^1/_{96})$	3,8879351 grams
480	24	8	1	$0,083333(^1/_{12})$	31,103481 grams
5 760	288	96	12	1	373,24177 grams

Medical Prescription Notation

1 dram (drachm)	.. ℨ i, or ℨ j.	½ grain	.. gr. ss.	½ ounce	.. ℥ ss.
1½ drams	.. ℨ iss.	1 »	.. gr. i, or gr. j.	1 »	.. ℥ i, or ℥ j.
2 »	.. ℨ ii, or ℨ ij.	1½ grains	.. gr. iss.	1½ ounces	.. ℥ iss.
3 »	.. ℨ iii, or ℨ iij.	2 »	.. gr. ii, or gr. ij.	½ pint	.. Oss.
3½ »	.. ℨ iiiss.	2½ »	.. gr. iiss.	1 »	.. Oi, or Oj.
1 gallon	.. Ci, or Cj.	4 »	.. gr. iv.	½ scruple	.. ℈ ss.
		8 »	.. gr. viii, or gr. viij.	1 »	.. ℈ i, or ℈ j.
				1½ scruples	.. ℈ iss.
				2 »	.. ℈ ii, or ℈ ij.

* Bezieht sich nur auf die US-Einheiten.   ** Brit.: Fluid drachms.

Weights and Measures, Decimal System
Gewichte und Maße nach dem Dezimalsystem

Prefixes · Vorsilben

(nach DIN [Deutsche Industrie-Norm] 1301) zur Bezeichnung der Vielfachen und der Bruchteile (Zehnerpotenzen)

T = Tera..	$= 10^{12}$		d = Dezi..	$= 10^{-1}$
G = Giga..	$= 10^{9}$		c = Zenti..	$= 10^{-2}$
M = Mega..	$= 10^{6}$		m = Milli..	$= 10^{-3}$
k = Kilo..	$= 10^{3}$		μ = Mikro..	$= 10^{-6}$
h = Hekto..	$= 10^{2}$		n = Nano..	$= 10^{-9}$
D = Deka..	$= 10^{1}$		p = Pico..	$= 10^{-12}$

Metric Linear Measure · Metrische Längenmaße

Reduced to **English** Measures

1 km	(Kilometer)	= 10 hm	= 1000 m		= 1093.6143 yards	→ yard S. 1110
1 m	(Meter)	$= {}^1/_{10}$ Dm	= 100 cm	=	3.280 843 feet	→ foot S. 1110
	[Einheit] (etwa der 40millionste Teil des Äquators)					
1 dm	(Dezimeter)	$= {}^1/_{10}$ m	= 10 cm	=	3.937 011 inches	
1 cm	(Zentimeter)	$= {}^1/_{10}$ dm	= 10 mm	=	0.393 701 inch	→ inch S. 1110
1 mm	(Millimeter)	$= {}^1/_{10}$ cm	= 1000 μ	=	0.039 370 inch	
1 μm	(Mikrometer)	$= {}^1/_{1000}$ mm	= 1000 μ			
	oder μ [sprich my:] (Mikron)					
1 nm	(Nanometer)	$= {}^1/_{1000}$ μ	= 10 Å			
	oder mμ (Millimikron)					
1 Å	(Ångström)	$= 10^{-7}$ mm	$= 10^{-10}$ m			

1 geographische Meile	$= {}^1/_{15}$ Äquatorgrad	= 7,420 km
1 Seemeile	$= {}^1/_{60}$ Meridiangrad	= 1,852 km
1 Admiralsmeile	= 1 nautical mile	= 1,853 km
1 Lichtjahr (abbr. ly.	= light-year)	$= 9,463 \cdot 10^{12}$ km
1 Parsek (→ S. 1090 Abkürzungen)		= 32,57 ly.
1 X-Einheit (festgelegt durch den Wert der Gitter- konstanten des Kalkspats $d_{18}^0 = 3029,45$ X)		$= 9,98 \cdot 10^{-2}$ Å

Metric Square Measure · Metrische Flächenmaße

Reduced to **English** Measures

1 cm² (Quadratzentimeter)	$= 100$ mm² $= 10^8$ μm²	=	0.15 500	square inch
1 dm² (Quadratdezimeter)	= 100 cm²			
1 m² (Quadratmeter)	= 100 dm²	=	1.1960	square yard
1 a (Ar)	= 100 m².	=	119.60	square yards
1 ha (Hektar)	= 100 a	=	2.4711	acres
1 km² (Quadratkilometer)	= 100 ha	=	247.11	acres

Metric Cubic Measure · Metrische Raummaße

Reduced to **English** Measures

1 km³ (Kubikkilometer)	= 1000 hm³	$= 10^9$ m³		
1 m³ (Kubikmeter)	= 1000 dm³	$= 10^6$ cm³	= 1.307 954 cubic yards
1 dm³ (Kubikdezimeter)	$= {}^1/_{1000}$ m³	$= 10^3$ cm³		
1 cm³ (Kubikzentimeter)	$= {}^1/_{1000}$ dm³	$= 10^3$ mm³ . . .	= 0.0610 cubic inch
1 mm³ (Kubikmillimeter)	$= {}^1/_{1000}$ cm³	$= 10^9$ μm³		

Metric Measure of Capacity · Metrische Hohlmaße

Reduced to **English** Measures

1 kl (Kiloliter)	= 1000 l	=	3.4375	quarters
1 hl (Hektoliter)	= 100 l	= 100,0027 dm³	=	22.00	gallons *oder*
				2.75	bushels
1 Dl (Dekaliter)	= 10 l	=	2.200	gallons
1 l (Liter)	= 1000 ml	= 1,000 027 dm³	=	1.75980	pints
	[Einheit] → Fußnote				
1 ml (Milliliter)	= 1000 μl	= 1,000 027 cm³			

N. B.! Das dm³ ist die Einheit des Raumes und ist der Inhalt eines Würfels von der Kantenlänge 1 dm; 1 dm³ Wasser wiegt unter Normalbedingungen 0,999 973 kg.

1 kg Wasser nimmt unter gleichen Bedingungen einen Raum von 1,000 027 dm³ oder genau 1 Liter ein. Man sollte daher immer zwischen Liter und Kubikdezimeter usw. unterscheiden.

Metric Weights · Metrische Gewichte

1 t	(Tonne)	= 10 dz (Doppel- zentner)	= 1000 kg	=	.984 2	ton
1 dz	(Doppelzentner)		= 100 kg	=	220.46	lbs. avoir.
1 Ztr.	(Zentner)		= 50 kg	=	110.23	lbs. avoir
1 kg	(Kilogramm) [Einheit]	= 2 Pfund	= 1000 g	=	2.204 622	lbs. avoir.
1 g	(Gramm) → Fußnote	= $^1/_{10}$ Dg	= 1000 mg	=	15.432 3564 .0352 7 .002.204	grains troy oz. lb.
1 mg	(Milligramm)	= $^1/_{1000}$ g	= 1000 µg, γ	=	.015 432	grain
1 c	(metrisches Karat)	= 0,9751 internat. Karat	= 200 mg			

N. B.! Gramm, dem Namen nach die Gewichtseinheit des metrischen Systems, ist das Gewicht von 1 cm³ (Kubikzentimeter) destillierten Wassers bei + 4° Celsius, also im Zustand seiner größten Kondensierung.

1 gramm is the weight of 1 cubic centimetre of distilled water in its state of maximum density, i. e. of 4° Celsius or Cntigrade (= 39½° Fahrenheit).

Carat

1 engl. Karat	= 205,3 mg		1 preuß. Karat	= 205,54 mg
1 österr. Karat	= 206,1 mg		1 franz. Karat	= 205,5 mg
1 holländ. Karat	= 205,89 mg			cf. Troy Weight p. 1112

Thermometer

0° Celsius or Centigrade 0° Réaumur	Schmelzpunkt des Eises temperature of melting ice	= 32° Fahrenheit
100° Celsius 80° Réaumur	Siedepunkt des Wassers temperature of boiling water	= 212° Fahrenheit

Zur Umrechnung dienen folgende Formeln:
To convert from one scale to the other:

Umrechnung in	° Celsius	° Fahrenheit
Grad Fahrenheit Grad Celsius Centigrade	x° F = $^5/_9$ (x — 32)° C	x° C = $^9/_5$ x + 32° F

Comparison of Centigrade and Fahrenheit Thermometer Scales
Vergleichstabelle für Celsius und Fahrenheit

C.	F.	C.	F.	C.	F.
35°	95°	165°	329°	295°	563°
30°	86°	160°	320°	290°	554°
25°	77°	155°	311°	285°	545°
20°	68°	150°	302°	280°	536°
15°	59°	145°	293°	275°	527°
10°	50°	140°	284°	270°	518°
+ 5°	41°	135°	275°	265°	509°
± 0°	32°	130°	266°	260°	500°
— 5°	23°	125°	257°	255°	491°
— 10°	14°	120°	248°	250°	482°
— 15°	+ 5°	115°	239°	245°	473°
— 20°	— 4°	110°	230°	240°	464°
— 25°	— 13°	105°	221°	235°	455°
— 30°	— 22°	100°	212°	230°	446°
— 35°	— 31°	95°	203°	225°	437°
— 40°	— 40°	90°	194°	220°	428°
— 45°	— 49°	85°	185°	215°	419°
— 50°	— 58°	80°	176°	210°	410°
— 55°	— 67°	75°	167°	205°	401°
— 60°	— 76°	70°	158°	200°	392°
— 65°	— 85°	65°	149°	195°	383°
— 70°	— 94°	60°	140°	190°	374°
— 75°	— 103°	55°	131°	185°	365°
— 80°	— 112°	50°	122°	180°	356°
— 85°	— 121°	45°	113°	175°	347°
— 90°	— 130°	40°	104°	170°	338°

Barometer

Table of the Corresponding Heights of the Barometer in Millimetres & Inches

Barometerstand-Vergleichstabelle

mm	in.	mm	in.	mm	in.
738	29.055	757	29.803	776	30.552
737	29.016	756	29.764	775	30.512
736	28.976	755	29.724	774	30.473
735	28.937	754	29.685	773	30.433
734	28.898	753	29.645	772	30.394
733	28.858	752	29.606	771	30.355
732	28.819	751	29.567	770	30.315
731	28.780	750	29.528	769	30.276
730	28.740	749	29.488	768	30.236
729	28.701	748	29.449	767	30.197
728	28.662	747	29.410	766	30.158
727	28.622	746	29.370	765	30.118
726	28.583	745	29.331	764	30.079
725	28.543	744	29.292	763	30.039
724	28.504	743	29.252	762	30.000
723	28.465	742	29.213	761	29.961
722	28.425	741	29.174	760	29.922
721	28.386	740	29.134	759	29.882
720	28.347	739	29.095	758	29.843

Pressure · Druck

1. Anglo-Amerikanische Einheiten

1 long ton per square foot	(ltn/sq ft)	$= 8.044 \times 10^2$ Torr $=$	1,094 at
1 long ton per square inch	(ltn/sq in)	$= 1.157 \times 10^4$ Torr $=$	157,5 at
1 pound per square foot	(lb/sq ft)	$= .3591$ Torr $=$	$4,882 \times 10^{-4}$ at
1 pound per square inch	(lb/sq in)	$= 51.71$ Torr $=$	$7,031 \times 10^{-2}$ at

2. Metrische Einheiten

1 Atmosphäre	⟨phys⟩ Atm	$= 760$	Torr $= 1,033$	at
1 Atmosphäre	⟨tech⟩ at	$= 735,6$	Torr $= 0,9678$	Atm
1 Torr	(= 1 mm QS/cm²)		$= 1,316 \times 10^{-3}$	Atm
1 Bar	(= 10^6 dyn/cm²) b	$= 750,06$	Torr $= 0,9870$	Atm
1 Millibar	(= 10^3 dyn/cm²) mb	$= 0,7501$	Torr $= 1,020 \times 10^{-3}$	at
1 mm Wassersäule = WS/cm²		$= 7,356 \times 10^2$ Torr	$= 9,678 \times 10^{-3}$	Atm

3. Druckmaßtabelle

Einheit CGS-System: 1 Mikrobar (µb) = 1 dyn/cm² (Din 1314)
Einheit ⟨tech⟩ Maßsystem: 1 kg/m² ≈ Druck von 1 mm WS bei 4° C

Einheit	mb	mm WS b. 4°	mm QS b. 0°	at kg/cm²	Atm
1 Millibar (mb)	1	10,20	0,75	—	—
1 mm WS b. 4° ≈ 1 kg/m²	0,098	1	0,074	$0,1 \cdot 10^{-3}$	—
1 mm QS b. 0° = 1 Torr	1,33	13,6	1	0,0013	0,0013
1 at = 1 kg/cm²	—	10 000	735,6	1	0,968
1 ⟨phys⟩ Atm	—	10 332	760	1,0332	1

Tabelle von Shillings und Pence

ausgedrückt in Dezimalstellen von einem Pfund Sterling

Shillings Pence	Dezimal vom Pfund	Shillings Pence	Dezimal vom Pfund	Shillings Pence	Dezimal vom Pfund	Shillings Pence	Dezimal vom Pfund
		5/ 0	.25000	10/ 0	.50000	15/ 0	.75000
0/ 1	.00417	5/ 1	.25417	10/ 1	.50417	15/ 1	.75417
0/ 2	.00833	5/ 2	.25833	10/ 2	.50833	15/ 2	.75833
0/ 3	.01250	5/ 3	.26250	10/ 3	.51250	15/ 3	.76250
0/ 4	.01667	5/ 4	.26667	10/ 4	.51667	15/ 4	.76667
0/ 5	.02083	5/ 5	.27083	10/ 5	.52083	15/ 5	.77083
0/ 6	.02500	5/ 6	.27500	10/ 6	.52500	15/ 6	.77500
0/ 7	.02917	5/ 7	.27917	10/ 7	.52917	15/ 7	.77917
0/ 8	.03333	5/ 8	.28333	10/ 8	.53333	15/ 8	.78333
0/ 9	.03750	5/ 9	.28750	10/ 9	.53750	15/ 9	.78750
0/10	.04167	5/10	.29167	10/10	.54167	15/10	.79167
0/11	.04583	5/11	.29583	10/11	.54583	15/11	.79583
1/ 0	.05000	6/ 0	.30000	11/ 0	.55000	16/ 0	.80000
1/ 1	.05417	6/ 1	.30417	11/ 1	.55417	16/ 1	.80417
1/ 2	.05833	6/ 2	.30833	11/ 2	.55833	16/ 2	.80833
1/ 3	.06250	6/ 3	.31250	11/ 3	.56250	16/ 3	.81250
1/ 4	.06667	6/ 4	.31667	11/ 4	.56667	16/ 4	.81667
1/ 5	.07083	6/ 5	.32083	11/ 5	.57083	16/ 5	.82083
1/ 6	.07500	6/ 6	.32500	11/ 6	.57500	16/ 6	.82500
1/ 7	.07917	6/ 7	.32917	11/ 7	.57917	16/ 7	.82917
1/ 8	.08333	6/ 8	.33333	11/ 8	.58333	16/ 8	.83333
1/ 9	.08750	6/ 9	.33750	11/ 9	.58750	16/ 9	.83750
1/10	.09167	6/10	.34167	11/10	.59167	16/10	.84167
1/11	.09583	6/11	.34583	11/11	.59583	16/11	.84583
2/ 0	.10000	7/ 0	.35000	12/ 0	.60000	17/ 0	.85000
2/ 1	.10417	7/ 1	.35417	12/ 1	.60417	17/ 1	.85417
2/ 2	.10833	7/ 2	.35833	12/ 2	.60833	17/ 2	.85833
2/ 3	.11250	7/ 3	.36250	12/ 3	.61250	17/ 3	.86250
2/ 4	.11667	7/ 4	.36667	12/ 4	.61667	17/ 4	.86667
2/ 5	.12083	7/ 5	.37083	12/ 5	.62083	17/ 5	.87083
2/ 6	.12500	7/ 6	.37500	12/ 6	.62500	17/ 6	.87500
2/ 7	.12917	7/ 7	.37917	12/ 7	.62917	17/ 7	.87917
2/ 8	.13333	7/ 8	.38333	12/ 8	.63333	17/ 8	.88333
2/ 9	.13750	7/ 9	.38750	12/ 9	.63750	17/ 9	.88750
2/10	.14167	7/10	.39167	12/10	.64167	17/10	.89167
2/11	.14583	7/11	.39583	12/11	.64583	17/11	.89583
3/ 0	.15000	8/ 0	.40000	13/ 0	.65000	18/ 0	.90000
3/ 1	.15417	8/ 1	.40417	13/ 1	.65417	18/ 1	.90417
3/ 2	.15833	8/ 2	.40833	13/ 2	.65833	18/ 2	.90833
3/ 3	.16250	8/ 3	.41250	13/ 3	.66250	18/ 3	.91250
3/ 4	.16667	8/ 4	.41667	13/ 4	.66667	18/ 4	.91667
3/ 5	.17083	8/ 5	.42083	13/ 5	.67083	18/ 5	.92083
3/ 6	.17500	8/ 6	.42500	13/ 6	.67500	18/ 6	.92500
3/ 7	.17917	8/ 7	.42917	13/ 7	.67917	18/ 7	.92917
3/ 8	.18333	8/ 8	.43333	13/ 8	.68333	18/ 8	.93333
3/ 9	.18750	8/ 9	.43750	13/ 9	.68750	18/ 9	.93750
3/10	.19167	8/10	.44167	13/10	.69167	18/10	.94167
3/11	.19583	8/11	.44583	13/11	.69583	18/11	.94583
4/ 0	.20000	9/ 0	.45000	14/ 0	.70000	19/ 0	.95000
4/ 1	.20417	9/ 1	.45417	14/ 1	.70417	19/ 1	.95417
4/ 2	.20833	9/ 2	.45833	14/ 2	.70833	19/ 2	.95833
4/ 3	.21250	9/ 3	.46250	14/ 3	.71250	19/ 3	.96250
4/ 4	.21667	9/ 4	.46667	14/ 4	.71667	19/ 4	.96667
4/ 5	.22083	9/ 5	.47083	14/ 5	.72083	19/ 5	.97083
4/ 6	.22500	9/ 6	.47500	14/ 6	.72500	19/ 6	.97500
4/ 7	.22917	9/ 7	.47917	14/ 7	.72917	19/ 7	.97917
4/ 8	.23333	9/ 8	.48333	14/ 8	.73333	19/ 8	.98333
4/ 9	.23750	9/ 9	.48750	14/ 9	.73750	19/ 9	.98750
4/10	.24167	9/10	.49167	14/10	.74167	19/10	.99167
4/11	.24583	9/11	.49583	14/11	.74583	19/11	.99583

Measures of clothes, etc.
Maß-Nummern von Kleidungsstücken

Herrenhemden:

englisch:	14	14½	15	15½	15³/₄	16	16½	17
deutsch/französisch:	35	36/37	38⁻	39	40	40	41	42

Strümpfe:

englisch/deutsch:	8½	9	9½	10	10½	11
deutsch/französisch:	1	2	3	4	5	6

Socken:

englisch/deutsch:	10	10½	11	11½	12
deutsch/französisch:	39/40	40/41	42	42/43	43/44

Schuhe:

englisch:	3	4	5	6	7	8	9	10
deutsch/französisch:	36	37	38	39	40	41	42	43

Hüte:

englisch:	6½	6⁵/₈	6³/₄	6⁷/₈	7	7¹/₈	7¹/₄	7³/₈
deutsch/französisch:	53	54	55	56	57	58	59	60

Herren-Konfektionsanzüge:

englisch:	34	35	36	37	38	39	40	42	44
deutsch/französisch:	34	36	38	40	42	44	46	48	50

Damen-Konfektionskleider:

englisch:	34	36	38	40	41	42	43
deutsch/französisch:	42	44	46	48	50	52	54

Deutsche Schuhweiten

für Kinder:	eng	A,	B,	C		weit
für Damen:	eng	D,	E,	F,	G	weit
für Herren:	eng	E,	F,	G,	H	weit

Widths in Footwear

women's:

A A A	extra slim
A A	very slim
A	slim
B	medium
C	broad
D	very broad
E	extra broad

men's:

B	= 1	extra slim
C	= 2	very slim
D	= 3	slim
E	= 4	medium
E E	= 5	broad
E E E	= 6	extra broad

Time · Zeit-Tafel

	= 6.00 WEZ	(Westeuropäische Zeit)
	= 7.00 WESZ	(Westeuropäische Sommerzeit)
7.00 MEZ (Mitteleuropäische Zeit)	= 8.00 OEZ	(Osteuropäische Zeit)
	= 9.00 MOSKZ	(Moskauer Zeit)

	= 6.00 Central time
7.00 Eastern Time	= 5.00 Mountain time
	= 4.00 Pacific time

Anm.: 1 Stunde Unterschied entspricht jeweils 15 Längengraden.

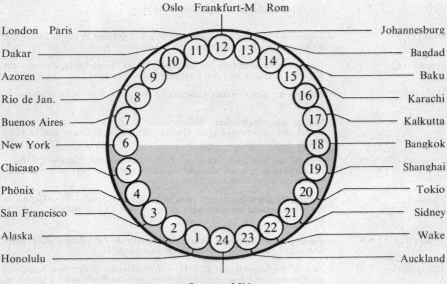

Weltzeituhr

nach

Telefonbau & Normalzeit G.m.b.H.

Frankfurt a. M.

Diese Weltzeituhr gibt die **annähernde Sonnenzeit** für die betreffenden Orte an.

Aber mit Rücksicht auf Eisenbahn- etc Fahrpläne ist für ganz **Mittel- u. Westeuropa** die **MEZ** (fast ausschließlich, → unten: England, Norwegen, Portugal) eingeführt worden.

MEZ gilt heute in Belgien, Dänemark, Deutschland, Frankreich, Italien, Jugoslawien, Luxemburg, Niederlande, Österreich, Schweden, Schweiz, Spanien, Tschechoslowakei, Ungarn; außerdem in England (als WESZ = BST), in Norwegen ab 16. November, in Portugal (als WESZ).

OEZ gilt heute in Bulgarien, Finnland, Griechenland, Norwegen bis 15. November, Polen, Rumänien, Türkei.

MOSKZ gilt in der UdSSR.

Die engl. Normalzeit (im Winter) ist um 1 Stunde hinter der MEZ zurück: 12° MEZ = 11° engl. Normalzeit.

Die **engl. Sommerzeit** (summer time) von April bis Oktober entspricht der MEZ.

Die Umstellungen erfolgten bisher meist sonntags um 2° nachts. 1962 begann sie bereits am 31. März und endete am 28. Oktober. Die Umstellungen sollen in Zukunft für eine Reihe von Jahren im voraus gesetzlich geregelt werden.

Physical Measures

Lichtmaße

Hefnerkerze (HK)	= Lichtstärke, mit der die unter Normalbedingungen brennende Hefner-Lampe in waagerechter Richtung leuchtet.
Lumen (lm)	= Lichtstrom. 1 lm wird erhalten, wenn die Lichtqulle die Lichtstärke 1 HK gleichmäßig in die Einheit des Raumwinkels strahlt.
Lux (Lx)	= Einheit der Beleuchtungsstärke. 1 Lx = Beleuchtungsstärke, die eine Lichtquelle von 1 HK bei senkrechtem Lichteinfall auf einer weißen Fläche in 1 m Entfernung hervorruft, bzw. wenn Lichtstrom von 1 lm auf eine Fläche von 1 m^2 eingestrahlt wird.

Elektrische und magnetische Maße

Volt (V)	= Einheit der elektrischen Spannung (U). 1 V erzeugt in einem Leiter von 1 Ohm Widerstand den Strom von 1 Ampere.
Ampere (A)	= Einheit der elektrischen Stromstärke i. 1 A = Stromstärke, die aus einer Silbernitratlösung in 1 sec 1,118 mg Silber abscheidet.
Watt (W)	= Einheit der elektrischen Leistung. 1 W = 1 Volt × 1 Ampere = 10^7 erg/sec.
Ohm (Ω)	= Einheit des elektrischen Widerstandes R. 1 Ω = Widerstand einer Quecksilbersäule von 1 qmm Querschnitt, 106,3 cm Länge und 14,452 g Masse bei 0° C.
Coulomb (Cl)	= Einheit der Elektrizitätsmenge. 1 Cl = technische Einheit der Elektrizitätsmenge, die bei einer Stromstärke von 1 Ampere in 1 sec durch den Querschnitt des Leiters fließt.
Farad (F)	= Einheit für die Kapazität C eines elektrischen Leiters. 1 F = Kapazität eines Leiters, der bei einer Spannung von 1 V 1 Cl aufnimmt = 1 Coulomb/Volt.
Joule (J)	= Einheit der elektrischen Arbeit. 1 J = Arbeit, die geleistet wird, wenn während 1 sec 1 A in 1 Ω fließt (Wattsekunde).
Henry (H)	= Einheit der Induktivität L. 1 H = Induktivität, in der eine Änderung des Stromes um 1 A je sec eine elektromotorische Kraft von 1 V induziert.
Frequenz (Herzt, Hz)	= Periodenzahl je sec.

Arbeitsmaße

Arbeit	mkg	PSh	kWh	kcal
1 mkg	1	$3,7 \cdot 10^{-6}$	$2,72 \cdot 10^{-6}$	$2,34 \cdot 10^{-3}$
1 PSh	$0,27 \cdot 10^6$	1	0,736	632
1 kWh	$0,367 \cdot 10^6$	1,36	1	860
1 kcal	426,9	$1,58 \cdot 10^{-3}$	$1,16 \cdot 10^{-3}$	1

Leistungsmaße

Leistung	mgk/s	PS	kW	kcal/s
1 mkg/s	1	0,013	$9,81 \cdot 10^{-3}$	$2,34 \cdot 10^{-3}$
1 PS	75	1	0,736	0,176
1 kW	102	1,36	1	0,239
1 kcal/s	426,9	5,69	4,19	1

The Chemical Elements
Die chemischen Elemente

I. Die chemischen Elemente in alphabetischer Anordnung

Name		Symbol	Ordnungszahl	Name		Symbol	Ordnungszahl
Actinium	actinium	Ac	89	*Kalzium*	calcium	Ca	20
Aluminium	aluminium			*Kobalt*	cobalt(um)	Co	27
	⟨Am⟩ aluminum	Al	13	*Kohlenstoff*	carbon	C	6
Americium	americium	Am	95	*Krypton*	krypton	Kr	36
Antimon	antimony	Sb	51	*Kupfer*	copper	Cu	29
Argentum	silver	Ag	47				
Argon	argon	Ar *A*	18	*Lanthan(um)*	lanthanum	La	57
Arsen(icum)	arsenic	As	33	*(Blei)*	lead	Pb	82
Astatin	astatine	At	85	*Lithium*	lithium	Li	3
(Astaton)				*Lutetium*	lutetium	Lu	71
Aurum	gold	Au	79	*Magnesium*	magnesium	Mg	12
				Mangan(ium)	manganese	Mn	25
Barium	barium	Ba	56	*(Quecksilber)*	mercury	Hg	80
Berkelium	berkelium	Bk	97	*Molybdän*	molybdenum	Mo	42
Beryllium	beryllium	Be	4				
(Wismut)	bismuth	Bi	83	*Natrium*	sodium	Na	11
Blei	lead	Pb	82	*Neodym(ium)*	neodymium	Nd	60
Bor(on)	boron	B	5	*Neon*	neon	Ne	10
Brom(um)	bromine	Br	35	*Neptunium*	neptunium	Np	93
				(Neuton)	neuton	Nn	0
Cadmium	cadmium	Cd	48	*Nickel*	nickel	Ni	28
Caesium	caesium	Cs	55	*Niob(ium)*	columbium	Nb *Cb*	41
Calcium	calcium	Ca	20	*Nitrogenium*	nitrogen	N	7
Californium	californium	Cf	98				
Carboneum	carbon	C	6	*Osmium*	osmium	Os	76
(Cassiopeium)	lutetium	(Cp) *Lu*	71	*Oxygenium*	oxygen	O	8
Cer(ium)	cerium	Ce	58				
Chlor(um)	chlorine	Cl	17	*Palladium*	palladium	Pd	46
Chrom(ium)	chromium	Cr	24	*Phosphor*	phosphorus	P	15
Cobaltum	cobalt	Co	27	*Platin(um)*	platinum	Pt	78
(Niob Nb)	columbium	Cb	41	*(Plumbum)*	lead	Pb	82
(Kupfer)	copper	Cu	29	*Plutonium*	plutonium	Pu	94
Curium	curium	Cm	96	*(Kalium)*	potassium	K	19
				Polonium	polonium	Po	84
Dysprosium	dysprosium	Dy	66	*Praseodym(ium)*	praseodymium	Pr	59
				Promethium → Illinium	promethium	Pm	61
Erbium	erbium	Er	68	*Protactinium*		Pa	91
Eisen	iron	Fe	26				
Europium	europium	Eu	63	*Quecksilber*	mercury	Hg	80
Ferrum	iron	Fe	26	*Radium*	radium	Ra	88
Fluor(um)	fluorine	F	9	*Radon (Radium-Eman.)*	radon	Rn	86
(Francium)		Fr	87	*Rhenium*	rhenium	Re	75
				Rhodium	rhodium	Rh	45
Gadolinium	gadolinium	Gd	64	*Rubidium*	rubidium	Rb	37
Gallium	gallium	Ga	31	*Ruthen(ium)*	ruthenium	Ru	44
Germanium	germanium	Ge	32				
(Beryllium)	glucinum	Gl	4	*Samarium*	samarium	Sa, Sm	62
Gold	gold	Au	79	*Sauerstoff*	oxygen	O	8
				Scandium	scandium	Sc	21
Hafnium	hafnium	Hf	72	*Schwefel*	sulphur	S	16
Helium	helium	He	2	*Selen(ium)*	selenium	Se	34
Holmium	holmium	Ho	67	*Silber*	silver	Ag	47
Hydrogenium	hydrogen	H	1	*Silicium*	silicon	Si	14
(Hydrargyrum)	mercury	Hg	80	*(Natrium)*	sodium	Na	11
				Stannum, Zinn	tin	Sn	50
Illinium → Promethium	illinium	Il	61	*Stickstoff*	nitrogen	N	7
Indium	indium	In	49	*Stibium*	antimony	Sb	51
(Jod J)	iodine	I	53	*Strontium*	strontium	Sr	38
Iridium	iridium	Ir	77	*(Schwefel)*	sulphur	S	16
(Eisen, Ferrum)	iron	Fe	26				
Jod	(iodine I)	J	53	*Tantal(um)*	tantalum	Ta	73
				Technetium	technetium	Tc	43
Kadmium	cadmium	Cd	48	*Tellur(ium)*	tellurium	Te	52
Kalium	potassium	K	19				

Name		Symbol	Ordnungs-zahl	Name		Symbol	Ordnungs-zahl
Terbium	terbium	Tb	65	*Xenon*	xenon	Xe, X	54
Thallium	thallium	Tl	81				
Thorium	thorium	Th	90	*Ytterbium*	ytterbium	Yb	70
Thulium	thulium	Tm	69	*Yttrium*	yttrium	Y, Yt	39
(*Zinn*)	tin	Sn	50				
Titan(ium)	titanium	Ti	22	*Zer*	cerium	Ce	58
(*Wolfram*)	tungsten	W	74				
				Zink	zinc	Zn	30
Uran(ium)	uranium	U	92	*Zinn*	tin	Sn	50
				Zirkonium	zirconium	Zr	40
Vanadin,							
Vanadium	vanadium	V	23				
Wasserstoff	hydrogen	H	1				
Wolfram	tungsten	W	74				
Wismut	bismuth	Bi	83				

Die Transurance 93 Neptunium Np; 94 Pluto-
nium Pu; 95 Americium Am; 96 Curium Cm;
97 Berkelium Bk; 98 Californium Cf.

II. Die chemischen Elemente

nach den Ordnungszahlen ihrer Atomgewichte (1953) geordnet

Uneingeklammerte Namen nach Festlegung durch die Internationale Union für Chemie in Amsterdam 1949

atomic no. Ordnungs-zahl	symbol Zeichen	Offizieller Name	Deutscher Name in der Umgangssprache		atomic weight Atom-gewicht
0	Nn	*Neuton*		neuton	—
1	H	*Hydrogenium*	*Wasserstoff*	hydrogen	1,0080
2	He	*Helium*		helium	4,003
3	Li	*Lithium*		lithium	6,940
4	Be	*Beryllium*		beryllium	9,02
5	B	*Boron*	*Bor*	boron	10,82
6	C	*Carboneum*	*Kohlenstoff*	carbon	12,010
7	N	*Nitrogenium*	*Stickstoff*	nitrogen	14,008
8	O	*Oxygenium*	*Sauerstoff*	oxygen	16,000
9	F	*Fluorum*	*Fluor*	fluorine	19,000
10	Ne	*Neon*		neon	20,183
11	Na	*Natrium*		sodium	22,997
12	Mg	*Magnesium*		magnesium	24,32
13	Al	*Aluminium*		aluminium	
				⟨Am⟩ aluminum	26,97
14	Si	*Silicium*		silicon	28,06
15	P	*Phosphorus*	*Phosphor*	phosphorus	30,975
16	S	*Sulfur*	*Schwefel*	sulphur	32,06
17	Cl	*Chlorum*	*Chlor*	chlorine	35,457
18	Ar, (*A*)	*Argon*		argon	39,944
19	K	*Kalium*		potassium	39,096
20	Ca	*Calcium*		calcium	40,08
21	Sc	*Scandium*		scandium	45,10
22	Ti	*Titanium*	*Titan*	titanium	47,90
23	V	*Vanadium*	*Vanadin*	vanadium	50,95
24	Cr	*Chromium*	*Chrom*	chromium	52,01
25	Mn	*Manganium*	*Mangan*	manganese	54,93
26	Fe	*Ferrum*	*Eisen*	iron	55,85
27	Co	*Cobaltum*	*Kobalt*	cobalt	58,94
28	Ni	*Niccolum*	*Nickel*	nickel	58,69
29	Cu	*Cuprum*	*Kupfer*	copper	63,57
30	Zn	*Zincum*	*Zink.*	zinc	65,38
31	Ga	*Gallium*		gallium	69,72
32	Ge	*Germanium*		germanium	72,60
33	As	*Arsenicum*	*Arsen*	arsenic	74,91
34	Se	*Selenium*	*Selen*	selenium	78,96
35	Br	*Bromum*	*Brom*	bromine	79,716
36	Kr	*Krypton*		krypton	83,7
37	Rb	*Rubidium*		rubidium	85,48
38	Sr	*Strontium*		strontium	87,63
39	Y, (*Yt*)	*Yttrium*		yttrium	88,92
40	Zr	*Zirkonium*		zirconium	91,22
41	Nb, (*Cb*)	*Niobium*	*Niob*	columbium	92,91
42	Mo	*Molybdaenum*	*Molybdän*	molybdenum	95,95

atomic no. Ordnungs-zahl	symbol Zeichen	Offizieller Name	Deutscher Name in der Umgangssprache	atomic weight Atom-gewicht
43	Tc	*Technetium*		technetium	—
44	Ru	*Ruthenium*	*Ruthen*	ruthenium	101,7
45	Rh	*Rhodium*		rhodium	102,91
46	Pd	*Palladium*		palladium	106,7
47	Ag	*Argentum*	*Silber*	silver	107,880
48	Cd	*Cadmium*	*Kadmium*	cadmium	112,41
49	In	*Indium*		indium	114,76
50	Sn	*Stannum*	*Zinn*	tin	118,70
51	Sb	*Stibium*	*Antimon*	antimony	121,76
52	Te	*Tellurium*	*Tellur*	tellurium	127,61
53	J, *I*	*Jodum*	*Jod*	iodine	126,92
54	X	*Xenon*		xenon	131,3
55	Cs	*Caesium*		caesium	132,91
56	Ba	*Barium*		barium	137,36
57	La	*Lanthanum*	*Lanthan*	lanthanum	138,92
58	Ce	*Cerium*	*Zer, Cer*	cerium	140,13
59	Pr	*Praseodymium*	*Praseodym*	praseodymium	140,92
60	Nd	*Neodymium*	*Neodym*	neodymium	144,27
61	Pm (Il)	*Promethium (Illinium)*		promethium	—
62	Sm, (*Sa*)	*Samarium*		samarium	150,43
63	Eu	*Europium*		europium	152,0
64	Gd	*Gadolinium*		gadolinium	156,9
65	Tb	*Terbium*		terbium	159,2
66	Dy	*Dysprosium*		dysprosium	162,46
67	Ho	*Holmium*		holmium	164,94
68	Er	*Erbium*		erbium	167,2
69	Tm	*Thulium*		thulium	169,4
70	Yb	*Ytterbium*		ytterbium	173,04
71	Lu (Cp)	*Lutetium (Cassiopeium)*		lutetium	174,99
72	Hf	*Hafnium*		hafnium	178,6
73	Ta	*Tantalum*	*Tantal*	tantalum	180,88
74	W	*Wolfram*	*Wolfram*	tungsten	183,92
75	Re	*Rhenium*		rhenium	186,31
76	Os	*Osmium*		osmium	190,2
77	Ir	*Iridium*		iridium	193,1
78	Pt	*Platinum*	*Platin*	platinum	195,23
79	Au	*Aurum*	*Gold*	gold	197,2
80	Hg	*Hydrargyrum*	*Quecksilber*	mercury	200,61
81	Tl	*Thallium*		thallium	204,39
82	Pb	*Plumbum*	*Blei*	lead	207,21
83	Bi	*Bismutum*	*Wismut*	bismuth	209,00
84	Po	*Polonium*		polonium	—
85	At	*Astaton*		astatine	—
86	Rn	*Radon*		radon	222
87	Fr	*Francium*		francium	—
88	Ra	*Radium*		radium	226,05
89	Ac	*Actinium*		actinium	—
90	Th	*Thorium*		thorium	232,12
91	Pa	*Protactinium*		protactinium	231
92	U	*Uranium*	*Uran*	uranium	238,01
93	Np	*Neptunium*		neptunium	—
94	Pu	*Plutonium*		plutonium	—
95	Am	*Americium*		americium	—
96	Cm	*Curium*		curium	—
97	Bk	*Berkelium*		berkelium	—
98	Cf	*Californium*		californium	

Alcoholic Strength of Drinks

Mindest-Alkoholgehalt der Getränke

Whisky	43 %	Moselwein	12,1%
Kognak, Rum, Arrak,		Pfalzwein	11,6%
Branntweine	38,0%	Rheinwein	11,5%
Korn, Kümmel	32,0%	Französischer Rotwein	9,6%
Obstliköre, Punschessenz	30,0%	Champagner, Sekt	9,2%
Kaffee-, Kakaolikör	25,0%	Bockbier	4,7%
Eierlikör	20,0%	Pilsener Bier	3,6%
Portwein	16,4%	Lagerbier	3,0%

VIII. ENGLISH GRAMMAR

ENGLISCHE GRAMMATIK

Konjugation

der starken und der unregelmäßigen schwachen

englischen Zeitwörter

Inf & 1. sg prs	Imperfect	Past Participle	Inf & 1. sg prs	Imperfect	Past Participle
abide	abode	abode	fight	fought	fought
—; I am	was	been; → be	find	found	found
arise	arose	arisen	flee	fled	fled
awake	awoke	awoke, awaked	fling	flung	flung
be → am	was	been	fly	flew	flown
bear	bore	borne *getragen*	forbear	forbore	forborne
		born *geboren*	forbid	forbade, forbad	forbidden
beat	beat	beaten	forget	forgot	forgotten
become	became	become	forgive	forgave	forgiven
beget	begot	begotten	forsake	forsook	forsaken
begin	began	begun	freeze	froze	frozen
bend	bent	bent;	get	got	got;
		[a] (on) bended			[a] (ill-)gotten
		(knees)			(money)
bereave	bereft, bereaved	bereft, bereaved	give	gave	given
beseech	besought,	besought,	go	went	gone
	*beseeched	*beseeched	grind	ground	ground
bestride	bestrode	bestridden	grow	grew	grown
bet	bet	bet	hang *hängen,*	hung	hung
bid	bade, †bid	bidden, *bid	*hangen*		
bide	bode, bided	bided	(hang *henken*	hanged	hanged)
bind	bound	bound;	have	had	had
		[a] bounden	hear	heard	heard
		(duty)	hide	hid	hidden, *hid
bite	bit	bitten	hit	hit	hit
bleed	bled	bled	hold	held	held
blow	blew	blown;	hurt	hurt	hurt
		⟨sl⟩ blowcd	keep	kept	kept
break	broke	broken	kneel	knelt, *kneeled	knelt, *kneeled
breed	bred	bred	knit	knitted, knit	knitted, knit;
bring	brought	brought			[a] (well-)knit
build	built	built			(plot)
burn	burned, burnt	burned, burnt	know	knew	known
burst	burst	burst	lade	laded	laded, laden
buy	bought	bought	lay	laid	laid
—; I can	could	—	lead	led	led
cast	cast	cast	lean	leant, leaned	leant, leaned
catch	caught	caught	leap	leapt, leaped	leapt, leaped
chide	chid	chidden, *chid	learn	learnt, learned	learnt, learned
choose	chose	chosen	leave	left	left
cleave *spalten*	cleft	cleft; [a] cloven	lend	lent	lent
		(hoof)	let	let	let
cleave *kleben*	cleaved, *clave	cleaved	lie *liegen*	lay	lain
cling	clung	clung	light	lighted, lit	lighted, lit
clothe	clothed, †clad	clothed, †clad	lose	lost	lost
come	came	come	make	made	made
cost	cost	cost	—; I may	might	—
creep	crept	crept	mean	meant	meant
crow	crowed, crew	crowed	meet	met	met
cut	cut	cut	melt	melted	melted;
dare	dared, *durst	dared			[a] molten
deal	dealt	dealt			(iron)
dig	dug, *digged	dug, *digged	mow	mowed	mowed, mown
do	did	done	—; I must	—	—
draw	drew	drawn	pay	paid	paid
dream	dreamt,	dreamt,	pen	penned, pent	penned, pent
	dreamed	dreamed	*einschließen*		
drink	drank	drunk;	(pen *schreiben*	penned	penned)
		[a] drunken	put	put	put
		(man)	quit	quitted, quit	quitted, quit
drive	drove	driven	—	quoth ⟨obs⟩	—
dwell	dwelt	dwelt	read	read	read
eat	ate, eat	eaten	rend	rent	rent
fall	fell	fallen	rid	rid	rid
feed	fed	fed	ride	rode	ridden
feel	felt	felt	ring	rang, †rung	rung

Inf & 1. sg prs	Imperfect	Past Participle	Inf & 1. sg prs	Imperfect	Past Participle
rise	rose	risen	spit (*spucken*)	spat, *spit	spit
rive	rived	riven, rived	split	split	split
run	ran	run	spread	spread	spread
saw	sawed	sawn, *sawed	spring	sprang, *sprung	sprung
say	said	said	stand	stood	stood
see	saw	seen	stave	staved, stove	staved, stove
seek	sought	sought	steal	stole	stolen
sell	sold	sold	stick	stuck	stuck
send	sent	sent	sting	stung, *stang	stung
set	set	set	stink	stank, stunk	stunk
sew (→ sow)	sewed	sewed, sewn	strew	strewed	strewed, [a] strewn
shake	shook	shaken	stride	strode	stridden
[v/aux] I shall	should	—	strike	struck	struck; [a] stricken (in years)
shape	shaped	shaped, *shapen			
shear	sheared, *shore	sheared; [a] shorn (sheep)	string	strung	strung
			strive	strove	striven
shed	shed	shed	strow	strowed	strown, strowed
shew (→show)	shewed	shewn	swear	swore	sworn
shine	shone	shone	sweep	swept	swept
shoe	shod	shod	swell	swelled	swollen, swelled
shoot	shot	shot	swim	swam	swum
show (→shew)	showed	shown, showed	swing	swung	swung
shred	shred	shred	take	took	taken
shrink	shrank, shrunk	shrunk, [a] shrunken	teach	taught	taught
			tear	tore	torn
shut	shut	shut	tell	told	told
sing	sang, *sung	sung	think	thought	thought
sink	sank, *sunk	sunk, [a] sunken (cheeks)	thrive	throve, thrived	thriven, thrived
			throw	threw	thrown
sit	sat	sat	thrust	thrust	thrust
slay	slew	slain	tread	trod	trodden
sleep	slept	slept	wake	woke, waked	woke, waked
slide	slid	slid	wear	wore	worn
sling	slung	slung	weave	wove	woven; [a] (well-)wove (paper)
slink	slunk	slunk			
slit	slit	slit			
smell	smelt, smelled	smelt, smelled	weep	wept	wept
smite	smote	smitten	wet	wetted, wet	wetted, wet
sow (→ sew)	sowed	sown, sowed	—; I will	would	—
speak	spoke	spoken	win	won	won
speed	sped, speeded	sped, speeded	wind	wound	wound
spell	spelt, spelled	spelt, spelled	work	worked, wrought	worked, wrought
spend	spent	spent			
spill	spilt, spilled	spilt, spilled	wring	wrung	wrung
spin	spun	spun	write	wrote	written

Vom Englischen abweichende amerikanische Schreibweise

1. ⟨Engl⟩ theatre   ⟨Am⟩ theater
     metre   meter
  (aber: barometer, etc   barometer,
                         etc.)

2. ⟨Engl⟩ arbour   ⟨Am⟩ arbor
     colour   color
     favour   favor
     flavour   flavor
     harbour   harbor
     odour, etc.   odor, etc.

3. ⟨Engl⟩ defence   ⟨Am⟩ defense
     licence, -se   license
     (Erlaubnis)
     vice (*Schraub-*   vise
      stock)
     sceptic   skeptic

4. ⟨Engl⟩ connexion, -ection ⟨Am⟩ connection
     flexion, -ection   flection, etc.

5. ⟨Engl⟩ tyre, -i- (*Rad-*   ⟨Am⟩ tire
      reifen)
     calliper   caliper
     plough   plow
     dram, etc.   drachm, etc.

6. ⟨Engl⟩ encyclopaedia,   ⟨Am⟩ encyclopedia
      -edia
     haemorrhage,   hemorrhage
      hem-
     oesophagus   esophagus
     asafoetida   asafetida
   (aber: ⟨Engl & Am⟩ aeon, aegis, aesthete,
     aerial, etc. Aeschylus, Oedipus, etc.)

7. ⟨Engl⟩ em-, en- (*Vor-*   ⟨mst⟩ im-, in-
      silben)

8. ⟨Engl⟩ re-edit   ⟨Am⟩ reëdit
     re-echo   reëcho
     re-edify   reëdify

9a) Im Englischen wie im Amerikanischen *wird in Ableitungen von* **einsilbigen** *Wörtern der* **Endkonsonant verdoppelt,**
wenn er auf einen einzigen Vokal folgt:
⟨Engl & Am⟩
     bag: baggage
     beg: begging,
     swim: swimming,   beggar
                       swimmer
(u-Konsonant):
     squat: squatting,   squatter
Dagegen: ⟨Engl⟩ wool: woollen
      ⟨Am⟩   woolen

b) *in Ableitungen von* **mehrsilbigen** *Wörtern nur, wenn die ursprüngliche Endsilbe den Akzent behält:* ⟨Engl & Am⟩
     occur: occ·urred, occ·urring, occ·urrence
     begin: beg·inner, beg·inning
     beget: beg·etter, beg·etting
     refer: ref·erring,   **aber:** r·eference
     defer: def·erring,   **aber:** d·eference

c) Ausnahmen *bilden die Endkonsonanten* h & x, *die nicht verdoppelt werden*

10. *Im* **Englischen, nicht aber im Amerikanischen,** *wird das auf einen einzigen Vokal folgende* **-l immer verdoppelt,** *auch wenn die Endsilbe des Grundworts nicht betont ist:*
⟨Engl⟩   ⟨Am⟩
     tr·avel: ∼led, ∼ler,
      ∼ling;   ∼ed, ∼er, ∼ing
     r·ival: ∼led, ∼ling;   ∼ed, ∼ing
Ausnahmen: ⟨Engl & Am⟩
     parallel: ∼ed, ∼ism
     Substantive & *Adjektive auf* –l *verdoppeln dieses nicht bei Bildungen auf* –ism, –ist & –ish:
     social: ∼ism, ∼ist
     devil: ∼ish

11. *Während im* **Englischen End-ll** *bei Hinzutreten eines dritten Konsonanten* **vereinfacht** *wird, bleibt es im* **Amerikanischen** *meist* **erhalten:**
     skill: ⟨Engl⟩ skilful   ⟨Am a.⟩ skillful
     install: instalment   installment

12. *Die Auslassung des stummen* **-e-** *in Mittelsilben:* -edg(e)-, -idg(e)-: judgment *ist im* **Englischen** *im Vordringen, im* **Amerikanischen die Regel.**

13. *Die amerikanische Silbentrennung ist in England trotz gegenteiliger Bestrebungen im Vordringen, weshalb sie auch in diesem Wörterbuch angewandt worden ist.*

Amerikanische Aussprache[1]

I. Gliederung in drei Gruppen

Hinsichtlich der Aussprache gliedern sich die Vereinigten Staaten in drei Hauptgebiete: den äußersten **NO,** *den* **SO** *und den* **W.**

1. *Im* **NO** *kommt die Sprache dem Standard-Englisch am nächsten, steht der eigentlichen amerikanischen Aussprache also am fernsten.*

2. *Der* **SO** *weist neben Besonderheiten in Sprachrhythmus und Intonation einige Eigentümlichkeiten auf, z. B.:*

⟨engl⟩ [au] > [æu], *z. B. in* cow [kæu]
Vokale > *Diphthongen*
inlautendes [i] > [ə] *z. B. in* elevator
['eləveitə]

Das Hinüberziehen des End-r zu vokalischem Anlaut des nächsten Wortes wird vernachlässigt:
far and away [fa: ənd əwei]

3. *Der* **W** *zeigt die vom Englischen am weitesten abweichenden Eigentümlichkeiten; er stellt mit fast zwei Dritteln der Gesamtbevölkerung die weitaus größte der drei Sprachgruppen dar. Das hier gesprochene Amerikanisch im engeren Sinne ist im Begriff, die beiden anderen Typen mehr und mehr zu verdrängen.*

[1] → **Lebende Sprachen 1958, 2–3 S. 49ff.**

II. Gemeinsame Eigentümlichkeiten *der drei Sprachgruppen sind:*

1. [æ:] (⟨engl⟩ [a:]) *ist aus dem älteren Englisch erhalten:*
half [hæ:f]; last [læ:st]

[ɔ] *wird fast zu* [a], *z. B. in:*
not [nat]; lot [lat]

[ʌ] *vor r* > ə, *z. B. in:*
hurry ['həri]; courage ['kəridʒ]

wh *wird in betontem Anlaut (wie in N.-England) aspiriert:*
which [hwitʃ]; white [hwait].

2. Monophthongierung *der englischen Diphthonge tritt besonders vor stimmlosen Konsonanten ein:*
soap (⟨engl⟩ [soup]) ⟨Am⟩ [so:p]
coat [ko:t]
smoke [smo:k]
cape (⟨engl⟩ [keip]) ⟨Am⟩ [ke:p]
date [de:t]
cake [ke:k]

3. End-r *wird im Amerikanischen ausgesprochen:*
four (⟨engl⟩ [fɔ:]) ⟨Am⟩ [fɔ:r]
door [do:r]

4. Schwund des j-Vorschlages *besonders vor Dentalen:*
student(⟨engl⟩[stju:-])⟨Am⟩[stu:dənt]
due [du:]
new [nu:]

5. Saloppe Aussprache, *z. B. in:*
little (⟨engl⟩ [litl]) ⟨Am⟩ [lidl, lil]
twenty (⟨engl⟩ ['tweni]
['twenti])
agile (⟨engl⟩ ['ædʒəl]
['ædʒail])

IX. GERMAN GRAMMAR

DEUTSCHE GRAMMATIK

Deutsche Konjugation & Deklination

A. Declension
I. The Article
1. Definite Article

		nominative	genitive	dative	accusative
sg	m	der (Mann)	des (Mann[e]s)	dem (Mann[e])	den (Mann)
	f	die (Frau)	der (Frau)	der (Frau)	die (Frau)
	n	das (Kind)	des (Kind[e]s)	dem (Kind[e])	das (Kind)
pl m, f, n		die	der	den	die
		(Männer)	(Mäner)	(Männern)	(Männer) → II. II. 1.
		(Frauen)	(Frauen)	(Frauen)	(Frauen) → III. 3.
		(Kinder)	(Kinder)	(Kindern)	(Kinder) → II. I. 1.

2. Indefinite Article

sg	m	ein (Mann)	eines (Mann[e]s)	einem (Mann[e])	einen (Mann)
	f	eine (Frau)	einer (Frau)	einer (Frau)	eine (Frau)
	n	ein (Kind)	eines (Kind[e]s)	einem (Kind[e])	ein (Kind)

II. The Strong Declension of Nouns (m, f, n)
has -(e)s in gen sg ‖ no -n* in nom pl
(*cf. III. Weak Declension on page 1328)
I. Without Umlaut

	sg nom		gen	dat	acc	pl nom	gen	dat	acc
1.	Kind	n	~(e)s	~(e)	~	~er	~er	~ern	~er
cf.									
II. 1.	Reis	n	~es	~(e)	~	~er	~er	~ern	~er
2.	Jahr	n	~(e)s	~(e)	~	~e	~e	~en	~e
	Not·ar	m	~(e)s	~(e)	~	~e	~e	~en	~e
	Aal	m	~(e)s	~(e)	~	~e	~e	~en	~e
	Preis	m	~es	~(e)	~	~e	~e	~en	~e
	Knie [i:]	n	~s	~	~	~ [-i:ə]	~ [-i:ə]	~n[-i:ən]	~ [-i:ə]
3.	K·ater	m	~s	~	~	~	~	~n	~
	F·ischer	m	~s	~	~	~	~	~n	~
	W·ürfel	m	~s	~	~	~	~	~n	~
cf.	Gef·üge	n	~s	~	~	~	~	~n	~
II. 5.	R·ädchen	n	~s	~	~	~	~	~	~
4.	Bed·ürfnis	n	-isses	-is(se)	~	-isse	-isse	-issen	-isse
	Bram·arbas	m	~	~	~	-asse	-asse	-assen	-asse
5.	K·enntnis	f	~	~	~	-isse	-isse	-issen	-isse
	Tr·übsal	f	~	~	~	~e	~e	~en	~e

II. With Umlaut

	sg nom		gen	dat	acc	pl nom	gen	dat	acc
1.	Mann	m	~(e)s	~(e)	~	⸌er	⸌er	⸌ern	⸌er
	Rand	m	~(e)s	~(e)	~	⸌er	⸌er	⸌ern	⸌er
cf.	Haus	n	~es	~(e)	~	⸌er	⸌er	⸌ern	⸌er
I. 1.	Faß	n	-sses	~&-sse	~	Fässer	Fässer	Fässern	Fässer
	Dorf	n	~(e)s	~(e)	~	⸌er	⸌er	⸌ern	⸌er
	Wort	n	~(e)s	~(e)	~	⸌er & ~e	⸌er & ~e	⸌ern & ~en	⸌er & ~e
	Gut	n	~(e)s	~(e)	~	⸌er	⸌er	⸌ern	⸌er
2.	D·enkmal	n	~s	~	~	⸌er & ~e	⸌er & ~e	⸌ern & ~en	⸌er & ~e
3.	Draht	m	~(e)s	~(e)	~	⸌e	⸌e	⸌en	⸌e
	Schwanz	m	~(e)s	~(e)	~	⸌e	⸌e	⸌en	⸌e
	Raum	m	~(e)s	~(e)	~	⸌e	⸌e	⸌en	⸌e
	Spaß [a:]	m	~(e)s	~(e)	~	⸌e	⸌e	⸌en	⸌e
	Baß [a]	m	Basses	Basse & Baß	~	Bässe	Bässe	Bässen	Bässe
	Saal	m	~(e)s	~(e)	~	Säle	Säle	Sälen	Säle
	Hof	m	~(e)s	~(e)	~	⸌e	⸌e	⸌en	⸌en
	Hut	m	~(e)s	~(e)	~	⸌e	⸌e	⸌en	⸌e
	Fuß [u:]	m	~es	~(e)	~	⸌e	⸌e	⸌en	⸌e
	Kuß [u]	m	Kusses	Kusse & Kuß	~	Küsse	Küsse	Küssen	Küsse

sg nom		gen	dat	acc	pl nom	gen	dat	acc
4.								
Alt·ar	m	∼s	∼	∼	⌐e & ∼e	⌐e & ∼e	⌐en & ∼en	⌐e & ∼e
Gener·al	m	∼s	∼	∼	⌐e & ∼e	⌐e & ∼e	⌐en & ∼en	⌐e & ∼e
B·ischof	m	∼s	∼	∼	⌐e	⌐e	⌐en	⌐e
5.								
V·ater	m	∼s	∼	∼	⌐	⌐	⌐n	⌐
Gr·aben	m	∼s	∼	∼	⌐	⌐	⌐	⌐
(Kr·agen)	m	∼s	∼	∼	∼(& ×⌐)	∼(& ×⌐)	∼(& ×⌐)	∼(& ×⌐)
(W·agen)	m	∼s	∼	∼	∼(& ×⌐)	∼(& ×⌐)	∼(& ×⌐)	∼(& ×⌐)
·Ofen	m	∼s	∼	∼	∼ ⌐	⌐	⌐	⌐
6. cf. II. 5.								
M·utter	f	∼	∼	∼	⌐	⌐	⌐n	⌐
7. cf. II. 3.								
Wand	f	∼	∼	∼	⌐e	⌐e	⌐en	⌐e
Bank	f	∼	∼	∼	⌐e	⌐e	⌐en	⌐e
Gans	f	∼	∼	∼	⌐e	⌐e	⌐en	⌐e
Nuß	f	∼	∼	∼	Nüsse	Nüsse	Nüssen	Nüsse

III. The Weak Declension of Nouns (m, f, n)

(cf. II. *Strong Declension on page 1327*)

has -n, -en in gen sg m & f ‖ has -(e)n, -nen in pl

is invariable in sg f ‖ has no Umlaut

sg nom		gen	dat	acc	pl nom	gen	dat	acc
1.								
Herr	m	∼n	∼n	∼n	∼en	∼en	∼en	∼en
B·ayer	m	∼n	∼n	∼n	∼n	∼n	∼n	∼n
Kn·abe	m	∼n	∼n	∼n	∼n	∼n	∼n	∼n
Dr·ache	m	∼n	∼n	∼n	∼n	∼n	∼n	∼n
2.								
Mensch	m	∼en	∼en	∼en	∼en	∼en	∼en	∼en
Bär	m	∼en	∼(en)	∼(en)	∼en	∼en	∼en	∼en
Ochs	m	∼en	∼en	∼en	∼en	∼en	∼en	∼en
Sekund·ant	m	∼en	∼en	∼en	∼en	∼en	∼en	∼en
Mon·arch	m	∼en	∼en	∼en	∼en	∼en	∼en	∼en
3.								
Frau	f	∼	∼	∼	∼en	∼en	∼en	∼en
4. [abstr]								
Fr·eiheit	f	∼	∼	∼	∼en	∼en	∼en	∼en
S·eligkeit	f	∼	∼	∼	∼en	∼en	∼en	∼en
B·ürgschaft	f	∼	∼	∼	∼en	∼en	∼en	∼en
Sch·onung	f	∼	∼	∼	∼en	∼en	∼en	∼en
Gef·ahr	f	∼	∼	∼	∼en	∼en	∼en	∼en
Geb·urt	f	∼	∼	∼	∼en	∼en	∼en	∼en
Tat	f	∼	∼	∼	∼en	∼en	∼en	∼en
Profess·ur	f	∼	∼	∼	∼en	∼en	∼en	∼en
Invent·ur	f	∼	∼	∼	∼en	∼en	∼en	∼en
5.								
W·abe	f	∼	∼	∼	∼n	∼n	∼n	∼n
N·abe	f	∼	∼	∼	∼n	∼n	∼n	∼n
K·ette	f	∼	∼	∼	∼n	∼n	∼n	∼n
Tr·eppe	f	∼	∼	∼	∼n	∼n	∼n	∼n
6.								
L·eiter	f	∼	∼	∼	∼n	∼n	∼n	∼n
K·achel	f	∼	∼	∼	∼n	∼n	∼n	∼n
Tr·ommel	f	∼	∼	∼	∼n	∼n	∼n	∼n
F·ackel	f	∼	∼	∼	∼n	∼n	∼n	∼n
Sch·achtel	f	∼	∼	∼	∼n	∼n	∼n	∼n
7.								
B·ärin	f	∼	∼	∼	∼nen	∼nen	∼nen	∼nen
L·ehrerin	f	∼	∼	∼	∼nen	∼nen	∼nen	∼nen

IV. The Mixed Declension (m, n)

sg: strong					pl: weak			
	nom	gen	dat	acc	nom	gen	dat	acc
1.	·Auge n	~s	~	~	~n	~n	~n	~n
	St·achel m m	~s	~	~	~n	~n	~n	~n
2.	Schmerz m	~es	~(e)	~	~en	~en	~en	~en
	Hemd n	~(e)s	~(e)	~	~en	~en	~en	~en
3.	Dorn m	~(e)s	~(e)	~	⟨bot⟩ ~en	~en	~en	~en
					[obs] (⌐er)	(⌐er)	(⌐ern)	(⌐er)
					⟨tech⟩ ~e	~e	~en	~e
	Sporn [ə] m	~(e)s	~(e)	~	Sp·oren[o:]	Sp·oren	Sp·oren	Sp·oren

sg: strong					pl: strong or weak			
4.	Mast m	~es	~(e)	~	~e & ~en	~e & ~en	~en	~e & ~en

sg: strong or weak					pl: weak			
5.	Pfau m	~s & ~en	~ & ~en	~ & ~en	~en	~en	~en	~en
	Ahn m	~s & ~en	~ & ~en	~ & ~en	~en	~en	~en	~en
	B·auer m	~s & ~n	~ & ~n	~ & ~n	~n	~n	~n	~n

sg: irregular					pl: weak			
6.	N·ame m	~ns	~n	~n	~n	~n	~n	~n
	S·ame(n) m	~ns	~n	~n	~n	~n	~n	~n
	Herz n	~ens	~en	~	~en	~en	~en	~en

V. Plural with -s (mostly foreign words; cf. VI.)

	sg nom	gen	dat	acc	pl nom	gen	dat	acc
1.	**Words with final consonant**							
	Trupp m	~s	~	~	~s	~s	~s	~s
	Lord m	~s	~	~	~s	~s	~s	~s
	Schah m	~s	~	~	~s	~s	~s	~s
	Detail n	~s	~	~	~s	~s	~s	~s
	Depot n	~s	~	~	~s	~s	~s	~s
	Trottoir n	~s	~	~	~s & ~e	~s & ~e	~s & ~en	~s & ~e
	Restaurant n	~s	~	~	~s	~s	~s	~s
	Relief n	~s	~	~	~s	~s	~s	~s
	Tschib·uk m	~s	~	~	~s	~s	~s	~s
	Relais m	~ [-s]	~	~	~ [-s]	~ [-s]	~ [-s]	~ [-s]
	Visavis n	~ [-s]	~	~	~ [-s]	~ [-s]	~ [-s]	~ [-s]
	Rendezvous n	~ [-s]	~	~	~ [-s]	~ [-s]	~ [-s]	~ [-s]
	Korps [kor:] n	~ [-s]	~	~	~ [-s]	~ [-s]	~ [-s]	~ [-s]
	Brigg f	~			~s	~s		~s
2.	**Words with final vowel**							
	K·omma n	~s	~	~	~s & ~ta	~s & ~ta	~s & ~ta	~s & ~ta → VII. 2.
	Z·ebra n	~s	~	~	~s	~s	~s	~s
	Gen·ie [-i:] n	~s	~	~	~s	~s	~s	~s
	K·uli m	~s	~	~	~s	~s	~s	~s
	Ag·uti m & n	~s	~	~	~s	~s	~s	~s
	K·olibri m	~s	~	~	~s	~s	~s	~s
	M·aki m	~s	~	~	~s	~s	~s	~s
	·Eskimo m	~s	~	~	~s	~s	~s	~s
	·Auto n	~s	~	~	~s	~s	~s	~s
	·Gnu n	~s	~	~	~s	~s	~s	~s
	·Uhu m	~s	~	~	~s	~s	~s	~s
	P·ony n	~s	~	~	~s	~s	~s	~s → VII. 4.
	K·obra f	~		~	~s	~s	~s	~s
	D·onna f	~		~	~s	~s	~s	~s
	L·ady f	~		~	~s	~s	~s	~s

VI. Foreign Words (cf. V. 1.)

	sg nom		gen	dat	acc	pl nom	gen	dat	acc
1.	K·ultus	m	~	~	~	-te	-te	-ten	-te
	Plur·alis	m	~	~	~	-le	-le	-len	-le
						with change of accent:			
	Di·akonus	m	~	~	~	} Diak·one	-·one	-·onen	-·one
	(Diak·on)	m	(~s)	(~)	(~)				
2.	Gl·obus	m	~	~	~	-ben	-ben	-ben	-ben
	K·ubus	m	~	~	~	~ & -ben	~ & -ben	~ & -ben	~ & -ben
	·Epos	n	~	~	~	-pen	-pen	-pen	-pen
	T·uba	f	~	~	~	-ben	-ben	-ben	-ben
	T·undra	f	~	~	~	-ren	-ren	-ren	-ren
	F·irma	f	~	~	~	-men	-men	-men	-men
	·Album	n	~s	~	~	-ben	-ben	-ben	-ben
	St·udium	n	~s	~	~	-ien	-ien	-ien	-ien
	Koll·e-g(ium)	n	~s	~	~	-ien	-ien	-ien	-ien
	K·onto	n	~s	~	~	-ten	-ten	-ten	-ten
	Dr·ama	n	~s	~	~	-men	-men	-men	-men
cf. II. 2. {	D·ogma	n	~s	~	~	~ta & -men	~ta & -men	~ta & -men	~ta & -men
	Th·ema	n	~s	~	~	~ta & -men	~ta & -men	~ta & -men	~ta & -men
	Id·ee [-e:]	f	~	~	~	~n [-e:ən]	~n [-e:ən]	~n [-e:ən]	~n [-e:ən]
	Kate-gor·ie[-i:]	f	~	~	~	~n [-i:ən]	~n [-i:ən]	~n [-i:ən]	~n [-i:ən]
	Harmo-n·ie [-i:]	f	~	~	~	~n- [i:ən]	~n [-i:ən]	~n [-i:ən]	~n [-i:ən]
	Bacchan·al	n	~s	~	~	~ien	~ien	~ien	~ien
	Materi·al	n	~s	~	~	~ien	~ien	~ien	~ien
	Konz·il	n	~s	~	~	~ien	~ien	~ien	~ien
						with change of accent:			
	·Autor	m	~s	~	~	Aut·oren	-·oren	-·oren	-·oren
	Prof·essor	m	~s	~	~	Pro-fess·oren	-·oren	-·oren	-·oren
	H·eros	m	~	~	~	Her·oen	-·oen	-·oen	-·oen
	·Atlas	m	~	~	~	Atl·anten	-·anten	-·anten	-·anten
	·Agens	n	~	~	~	Ag·enzien	-·enzien	-·enzien	-·enzien
	Ingre-diens, -z	n	~	~	~	Ingre-di·enzien	-·enzien	-·enzien	-·enzien

VII. Foreign and Learned Plural-Endings

	sg nom		gen	dat	acc	pl nom	gen	dat	acc
1. [L]	M·askuli-num	n	~s	~	~	-na	-na	-na	-na
	N·eutrum	n	~s	~	~	-ra	-ra	-ra	-ra
	V·isum	n	~s	~	~	-sa	-sa	-sa	-sa
	Vi·atikum	n	~s	~	~	-ka	-ka	-ka	-ka
	Jus	n	~	~	~	J·ura	-ra	-ra	-ra
	Pron·omen	n	~s	~	~	-mina	-mina	-mina	-mina
	Vol·umen	n	~s	~	~	-mina	-mina	-mina	-mina
	S·yndikus	m	~	~	~	S·yndizi	-zi	-zi	-zi
	Musikus	m	~	~	~	M·usizi	-zi	-zi	-zi
						with change of accent:			
	Dep·onens	n	~	~	~	Depo-n·entia	-tia	-tia	-tia
2. cf. VI. 2., V. 2	Th·ema	n	~s	~	~	~ta	~ta	~ta	~ta
	D·ogma	n	~s	~	~	~ta	~ta	~ta	~ta
	K·omma	n	~s	~	~	~ta	~ta	~ta	~ta
3. [It]	P·orto	n	~s	~	~	-ti	-ti	-ti	-ti
	K·ollo	n	~s	~	~	-li	-li	-li	-li
						in Austria:			
4. [Engl]	P·ony	n	~s	~	~	(~s &)-nies	(~s &)-ies	(~s &)-ies	(~s &)-ies
	L·ady	f	~	~	~	(~s&)-dies	(~s &)-ies	(~s &)-ies	(~s &)-ies

VIII. Compound Nouns

sg	nom		gen	dat	acc	pl	nom	gen	dat	acc
1. (der)	Tausendsassa	m	~s	~	~		~s	~s	~s	~s
(ein)	„									
(der)	Nimmersatt	m	~s	~	~		~e	~e	~en	~e
(ein)	„									
(der)	Taugenichts	m	~	~	~		~e	~e	~en	~e
(ein)	„									
(der)	Prahlhans	m	~en	~	~		⌐e	⌐e	⌐en	⌐e
(ein)	„						*only the second part is inflected*			
2. (der)	Hohe|priester	m	~n|~s	~n|~	~n|~	(die)	~n|~	~n|~	~n|~n	~n|~
Adj. (ein)	~r|~			„	„	(zwei)	~e|~	„	„	~e|~
& (das)	Hohe|lied	n	~n|~s	~n|~(e)	~|~	(die)	~n|~er	~n|~er	~n|~ern	~n|~er
Subst. (ein)	~s|~			„	~s|~	(zwei)	~|~er	„	„	~|~er
(die)	Lange|weile	f	~n|~	~n|~	~|~		*both parts are inflected*			
				aus ~r|~						
3. (der)	Einjährig|freiwillige	m	~|~n	~|~n	~|~n	(die)	~|~n	~|~n	~|~n	~|~n
Adj. ([k]ein)	~|~r			„	„	(zwei)	~|~	~|~n	~|~n	~|~n
&						(keine)	~|~n	~|~n	~|~n	~|~n
Adj.	~|~r vor!						~|~ vor!			
							only the second part is inflected			

IX. Proper Names

NB. *with the article the singulars are* **not** *inflected*   **NB.** *the plurals are always inflected*

sg nom		gen	dat	acc	pl	nom	gen	dat	acc
1. Heinrich	m	~s	~	~		~e	~e	~en	~e
Alexander	m	~s	~	~		~	~	~n	~
2. Otto	m	~s	~	~		~s	~s	~s	~s
					⟨hist⟩	Ott·onen	~	~	~
Paula	f	~s	~	~		~s	~s	~s	~s
Marie [-i:]	f	~(n)s[-i:(ən)s]	~	~		~n[-i:ən]	~n	~n	~n
Sophie [-i:]	f	~(n)s[-i:(ən)s]	~	~		~n[-i:ən]	~n	~n	~n
3. Fritz	m	~ens	~	~		~e	~e	~en	~e
Franz	m	~ens	~	~		~e	~e	~en	~e
Max	m	~ens	~	~		~e	~e	~en	~e
Hans	m {~ens / ~'}		~	~		~e	~e	~en	~e
4. Elisabeth	f	~(en)s	~	~		~en	~en	~en	~en
5. (m) Mäxchen	n	~s	~	~		~	~	~	~
(f) Mariechen	n	~s	~	~		~	~	~	

6. Jesus Christus	-su -ti	-su -to -sum -tum	*(without the article)*
7. Friedrich Hebbel	m	F. H.s F. H. F. H.	
Ricarda Huch	f	R. H.s R. H. R. H.	} *only the surname is declined*
Otto von Bülow	m	O. v. B.s O. v.B. O.v.B.	
8. Hartmann von Aue	m	H. v. A.s H. v. A. H. v. A.	*though here* von *signifies but the place of origin*

9. Kaiser Otto I.   K.O.s I.   K.O.I. K.O.I.   *only the name is inflected*
(with the article:) des K.s O. I.   dem den   *only the title is inflected**
   K.O.I. K.O.I.
read: (K. O.) der Erste   .. des ~n   ..dem ..den
   ~n   ~n

König Friedrich II.   K. F.s II.   K.F.II. K.F.II.   *only the name is inflected*
(with the article:) des K.s F. II.   dem den   *only the title is inflected**
   K.F.II. K.F.II.
read: (K. F.) der Zweite   ..des ~n   ..dem ..den
   ~n   ~n
(K. F.) der Große   ..des ~n   ..dem ..den
   ~n   ~n

* NB. Herr *is always inflected:* der Sohn des (Herrn) Amtrichters Neumann; Herrn Amts-richter Neumanns Sohn. *Say:* des Doktor Martin Luther: Doktor *has become part of the name.*

X. Adjectives before Nouns

1. *after the definite article* **der, die, das**

		m			*f*			*n*		
sg	nom	der gute Mann			die schöne Frau			das brave Kind		
	gen	des	~n	~es	der	~n	~	des	~n	~es
	dat	dem	~n	~(e)	der	~n	~	dem	~n	~(e)
	acc	den	~n	~	die	~	~	das	~	~
pl	nom	die	~n	⊥er	die	~n	~en	die	~n	~er
	gen	der	~n	⊥er	der	~n	~en	der	~n	~er
	dat	den	~n	⊥ern	den	~n	~en	den	~n	~ern
	acc	die	~n	⊥er	die	~n	~en	die	~n	~er

2. *after the indefinite article* **ein** *and its negation* **kein**
(*or a possessive pronoun* **mein, dein, sein, ihr, unser,** *etc.*)

sg	nom	(k)ein	~r	~	(m)eine	~	~	(s)ein	~s	~
	gen	~es	~n	~es	~r	~n	~	~es	~n	~es
	dat	~em	~n	~(e)	~r	~n	~	~em	~n	~(e)
	acc	~en	~n	~	~	~	~	~	~s	~

in the plural after **alle, sämtliche, beide, keine** (*or a possessive pronoun*)

pl	nom[1]	alle	~n	⊥er	beide	~n	~en	meine	~n	~er
	gen	~r	~n	⊥er	~r	~n	~en	~r	~n	~er
	dat	~n	~n	⊥ern	~n	~n	~en	~n	~n	~ern
	acc	~	~n	⊥er	~	~n	~en	~	~n	~er

[1] *For*: **andere, viele** *etc.* → **3.**

3. *without any article*

sg	nom	guter, alter Wein[1]			gute Hoffnung		sächliches Geschlecht[1]	
	gen	-en, -en[2]	~es		~r	~	-chen	~(e)s
	dat	-em, -em	~(e)		~r	~[1]	-chem	~(e)[2]
	acc	-en, -en	~		~	~	-ches	~

[1] ich alter Mann   [1] du gute Frau;   [1] welch [*invar*] gutes Herz!
[2] guten & gutes Mut(e)s   aus tiefer Seele   [2] von ganzem Herzen!

pl	nom	gute, alte Weine			schöne Frauen		alte Geschlechter	
	gen	~r, ~r	~		~r	~	~r	~
	dat	~n, ~n	~n		~n	~	~n	~n
	acc	~, ~	~ [1, 2]		~	~	~	~

[1] Thus: andere, einige, einzelne, gewisse, manche, etc., zwei, viele **arme** Männer; gen: vieler, etc. armer & armen Männer. For alle, beide, meine, etc. → **2.**

[2] Both adjectives are inflected alike if, like here, they have the same relation to the noun: mit frischem, frohem Mut; **aber:** aus reinem englischen Blut; mit wirrem hellblonden Haar; mit schön gedrehtem schwarzen Schnurrbart; mit großem sprachlichen Verständnis; nach stattgefundenem fruchtlosen Pfändungsversuch; in schlechtem baulichen Zustand; das Tal lag in dünnem, feuchtem, schadhaftem (kein Komma!) weißen Gewand (des Schnees) (different relations).

XI. Pronouns

1. Personal Pronoun

		sg				**pl**			
		nom	gen	dat	acc	nom	gen	dat	acc
1st person	(*m, f, n*)	ich	meiner	mir	mich	wir	unser	uns	uns
	reflexive	—	„	„	„	—	„	„	„
2nd person	(*m, f, n*)	du	deiner	dir	dich	ihr	euer	euch	euch
	reflexive	—	„	„	„	—	„	„	„
	in letters	Du	Deiner	Dir	Dich	Ihr	Euer	Euch	Euch
	reflexive	—	„	„	„	—	„	„	„
	more polite	Sie	Ihrer	Ihnen	Sie	Sie	Ihrer	Ihnen	Sie
	reflexive	—	„	„	„	—	„	„	„
	obs & dial	Ihr	Euer	Euch	Euch	Ihr	Euer	Euch	Euch
	reflexive	—	„	„	„	—	„	„	„
3rd person	(*m*)	er	seiner	ihm	ihn				
	reflexive	—	„	sich	sich				
	(*f*)	sie	ihrer	ihr	sie	sie	ihrer	ihnen	sie
	reflexive	—	„	sich	sich	—	„	sich	sich
	(*n*)	es	seiner	ihm	es				
	reflexible	—	„	sich	sich				

2. Possessive Pronoun

When there is one possessor	sg	(thing possessed) nom	gen	dat	acc	pl (things possessed) nom gen dat acc			
1st person (m, f, n possessor)	m	mein	~es	~em	~en				
	f	~e	~er	~er	~e	~e	~er	~en	~e
	n	~	~es	~em	~				
2nd person (m, f, n possessor)	m	dein	~es	~em	~en				
	f	~e	~er	~er	~e	~e	~er	~en	~e
	n	~	~es	~em	~				
3rd person — m possessor	m	sein	~es	~em	~en				
	f	~e	~er	~er	~e	~e	~er	~en	~e
	n	~	~es	~em	~				
f possessor	m	ihr	~es	~em	~en				
	f	~e	~er	~er	~e	~e	~er	~en	~e
	n	~	~es	~em	~				
n possessor	m	sein	~es	~em	~en				
	f	~e	~er	~er	~e	~e	~er	~en	~e
	n	~	~es	~em	~				

When there are several possessors	sg	nom	gen	dat	acc	pl nom gen dat acc			
1st person (m, f, n possessors)	m	unser	uns(e)res	uns(e)rem	un(e)ren				
	f	uns(e)re	uns(e)rer	uns(e)rer	uns(e)re	uns(e)re	-rer	-ren	-re
	n	unser	un(se)res	uns(e)rem	unser				
2nd person (m, f, n possessors)	m	euer	eures	eurem	euren				
	f	eure	eurer	eurer	eure	eure	~r	~n	~
	n	euer	eures	eurem	euer				
3rd person (m, f, n possessors)	m	ihr	~es	~em	~en				
	f	~e	~er	~er	~e	~e	~er	~en	~e
	n	~	~es	~em	~				

If used without a noun, instead of **mein,** *etc.,* **unser,** *etc., we say* **meiner,** *etc.,* **unsrer,** *etc.*
(for declension → 3.)
If used substantively we say **der mein(ig)e (Mein(ig)e),** *etc.,* **der unsre (Unsre),** *etc.*
(for declension → p. 1332 der gute Mann)

3. Demonstrative Pronoun

	sg	m	f	n	pl	m, f, n
a)	nom	dieser	diese	die(se)s	1)	diese
	gen	dieses	dieser	dieses		dieser
	dat	diesem	dieser	diesem		diesen
	acc	diesen	diese	die(se)s		diese
b)	nom	der	die	das		die
	gen	des(sen)	deren	des(sen)		deren
	dat	dem	der	dem		denen
	acc	den	die	das		die
c)	nom	derselbe	dieselbe	dasselbe	2) 3)	dieselben
	gen	desselben	derselben	desselben		derselben
	dat	demselben	derselben	demselben		denselben
	acc	denselben	dieselbe	dasselbe		dieselben

[1] **jener, solcher, jeder** are declined like *dieser*.
[2] **derartig** is declined like *derselbe* but for the first syllable, which is invariable.
[3] **derjenige** is declined like *derselbe*.

4. Relative Pronoun

⟨mst⟩ **der, die, das;** *pl* **die** *which is declined like the demonstrative pronoun* **der** → 3. b)
⟨* & obs⟩ **welcher, welche, welches;** *pl* **welche** *which is declined like* **dieser** → 3. a)

5. Interrogative Pronoun

1. Substantival

	nom	gen	dat	acc
m & f	wer	wes(sen)	wem	wen
n	was	„	was	was

2. Adjectival

m **welcher (Mann),**   f **welche (Frau),**   n **welches (Kind)?**
declined like the demonstrative pronoun **dieser** → 3.

List of German Strong or Irregular Verbs

(For compounds see the simple verbs)

Infinitive	Present Indic. 2nd p	3rd p	Imperf.Indic.	Imperf.Subj.	Imperative sg	pl	Past. Part.
·an|fechten	fichtst an	ficht an (das Licht)	focht an	föchte an	ficht an	fechtet an	angefochten
·aus|löschen [vi/t] → er- löschen, ver- löschen		lischt aus	losch aus	lösche aus	lisch aus	löscht aus	ausgeloschen
backen [vt]	bäckst	bäckt	(buk) & backte	(büke) & backte	backe	backt	gebacken
(backen [vi]) (to clot: weak)	(backst)	(backt)	(backte)	(backte)	(backe)	(backt)	(gebacken)
bef·ehlen	befiehlst du	befiehlt er	befahl er	beföhle er	befiehl	befehlt	befohlen
befleißen, sich ~	befleiß(es)t dich	befleißt sich	befliß sich	beflisse sich	befleiß(e) dich	befleißt euch	beflissen
beg·innen	beginnst	beginnt	begann	begönne (begänne)	beginn(e)	beginnt	begonnen
b·eißen	beiß(es)t	beißt	biß	bisse	beiß(e)	beißt	gebissen
b·ergen	birgst	birgt	barg	bürge (bärge)	birg	bergt	geborgen
b·ersten	birst berstest	birst berstet	barst	bärste & börste	birst berste	berstet	geborsten
betr·ügen	betrügst	betrügt	betrog	betröge	betrüg(e)	betrügt	betrogen
bew·egen 1. (to induce a p to do s.th	bewegst	bewegt	bewog	bewöge	beweg(e)	bewegt	bewogen
2. to move ‹a. fig›	bewegst	bewegt	bewegte	bewegte	beweg(e)	bewegt	bewegt
b·iegen	biegst	biegt	bog	böge	bieg(e)	biegt	gebogen
b·ieten	biet(e)st (*beutst)	bietet (*beut)	bot	böte	biet(e)	(*beut)	geboten
b·inden	bindest	bindet	band	bände	bind(e)	bindet	gebunden
b·itten	bittest	bittet	bat	bäte	bitte	bittet	gebeten
bl·asen	bläst	bläst	blies	bliese	blas, blase	blast	geblasen
bl·eiben	bleibst	bleibt	blieb	bliebe	bleib(e)	bleibt	geblieben
br·aten	brätst	brät	briet	briete	brat(e)	bratet	gebraten
br·echen	brichst	bricht	brach	bräche	brich	brecht	gebrochen
br·ennen	brennst	brennt	brannte	brennte	brenne	brennt	gebrannt
br·ingen	bringst	bringt	brachte	brächte	bring(e)	bringt	gebracht
d·enken	denkst	denkt	dachte	dächte	denk(e)	denkt	gedacht
d·ingen	dingst	dingt	dang & dingte	dänge & dingte	ding(e)	dingt	gedungen & gedingt
dr·eschen	drischest	drischt	drosch	drösche	drisch	drescht	gedroschen
dr·ingen	dringst	dringt	drang	dränge	dring(e)	dringt	gedrungen
d·ünken	du dünkst dich	er dünkt sich; es ~ (deucht) mich; mich dünkt	dünkte	dünkte	dünke (dich)	dünkt (euch)	mich hat gedünkt (ge- deucht)
d·ürfen sg pl	darfst dürft	darf dürfen	dürfte	dürfte	—	—	gedurft, ich habe es nicht tun dürfen
empf·angen	emp- fängst	emp- fängt	empfing	empfinge	emp- fang(e)	emp- fangt	empfangen
empf·ehlen	empfiehlst	emp- fiehlt	empfahl	empföhle	empfiehl	emp- fehlt	empfohlen
empf·inden	empfin- dest	empfin- det	empfand	empfände	empfind(e)		empfunden
erbl·eichen	erbleichst	erbleicht	erblich & erbleichte	erbliche & erbleichte	erbleich(e)	erbleicht	erblichen (gestorben), erbleicht
erl·öschen (to become ex- tinguished)	erlisch(e)st	erlischt	erlosch	erlösche	erlisch	erlöscht	erloschen
erschr·ecken [vi]; (weak when [vt] = to frighten)	er- schrickst	er- schrickt	erschrak	erschräke	erschrick	er- schreckt	erschrocken
erw·ägen	erwägst	erwägt	erwog	erwöge	erwäg(e)	erwägt	erwogen
·essen	ißt	ißt	aß	äße	iß	eßt	gegessen
f·ahren	fährst	fährt	fuhr	führe	fahr(e)	fahrt	gefahren
f·allen	fällst	fällt	fiel	fiele	fall(e)	fallt	gefallen
f·angen	fängst	fängt	fing	finge	fang(e)	fangt	gefangen

Infinitive	Present Indic. 2nd p	3rd p	Imperf.Indic.	Imperf.Subj.	Imperative sg	pl	Past. Part.
f·echten	fichtst	ficht	focht	föchte	ficht	fechtet	gefochten
f·inden	findest	findet	fand	fände	find(e)	findet	gefunden
fl·echten	flichtst	flicht	flocht	flöchte	flicht	flechtet	geflochten
fl·iegen	fliegst (*fleugst)	fliegt (*fleugt)	flog	flöge	flieg (*fleug)	fliegt	geflogen
fl·iehen	flieh(e)st (*fleuchst)	flieht (*fleucht)	floh	flöhe	flieh (*fleuch)	flieh(e)t	geflohen
fl·ießen	flie(e)st (*fleußt)	fließt	floß	flösse	fließ(e) (*fleuß)	fließet	geflossen
fr·agen	fragst (×frägst)	fragt (×frägt)	fragte (×frug)	fragte (×früge)	frag(e)	fragt	gefragt
fr·essen	frißt	frißt	fraß	fräße	friß	freßt	gefressen
fr·ieren	frierst	friert	fror	fröre	frier(e)	friert	gefroren
g·ären ⟨fig⟩ weak	gärst	gärt	gor & gärte	göre & gärte	gär(e)	gär(e)t	gegoren, & gegärt
geb·ären	gebierst	gebiert	gebar	gebäre	gebier (*gebäre)	gebärt	geboren
g·eben	gibst	gibt	gab	gäbe	gib	gebt	gegeben
ged·eihen	gedeihst	gedeiht	gedieh	gediehe	gedeih(e)	gedeiht	gediehen
g·ehen	gehst	geht	ging	ginge	geh(e)	geht	gegangen
gel·ingen[imps]	(es) gelingt (mir)		gelang	gelänge	geling(e)	gelingt	gelungen
g·elten	giltst	gilt	galt	gälte & gölte	gilt	geltet	gegolten
gen·esen	genes(es)t	genest	genas	genäse	genese	genest	genesen
gen·ießen	genieß(es)t	genießt	genoß	genösse	genieß(e)	genießt	genossen
ger·aten	gerätst	gerät	geriet	geriete	gerat(e)	geratet	geraten
gesch·ehen [imps]		geschieht (*geschicht)	geschah	geschähe			geschehen
gew·innen	gewinnst	gewinnt	gewann	gewänne & gewönne	gewinn(e)	gewinnt	gewonnen
g·ießen	gieß(es)t (*geuß(es)t	gießt *geußt)	goß	gösse	gieß(e)	gießt	gegossen
gl·eichen	gleichst	gleicht	glich	gliche	gleich(e)	gleicht	geglichen
gl·eißen	gleiß(es)t	gleißt	gleißte (*gliß)	gleißte (*glisse)	gleiß(e)	gleißt	gegleißt & geglissen
gl·eiten	gleit(e)st	gleitet	glitt	glitte	gleit(e)	gleitet	geglitten
gl·immen	glimmst	glimmt	glomm & glimmte	glömme & glimmte	glimm(e)	glimmt	geglommen & geglimmt
gr·aben	gräbst	gräbt	grub	grübe	grab(e)	grabt	gegraben
gr·eifen	greifst	greift	griff	griffe	greif(e)	greift	gegriffen
h·aben, ich habe; pl ihr habt	du hast	er hat	hatte (*hätte)	hätte	hab(e)	habt	gehabt
h·alten	hältst	hält	hielt	hielte	halt(e)	haltet	gehalten
h·angen [vi] (h·ängen [vt])	hängst (hängst)	hängt (hängt)	hing (hängte)	hinge (hängte)	hang(e) (hänge)	(hängt)	gehangen (gehängt)
h·auen	haust	haut	hieb/haute	hiebe	hau(e)	haut	gehauen
h·eben	hebst	hebt	hob	höbe	heb(e)	hebt	gehoben
h·eißen	heiß(es)t	heißt	hieß	hieße	heiß(e)	heißt	geheißen
h·elfen	hilfst	hilft	half	hülfe	hilf	helft	geholfen
k·ennen	kennst	kennt	kannte	kenn(e)te	kenne	kennt	gekannt
k·iesen (→ küren)	kiesest & kiest	kiest	kor	köre	kies(e)	kiest	gekoren
kl·immen	klimmst	klimmt	klomm	klömme	klimm(e)	klimmt	geklommen
kl·ingen	klingst	klingt	klang	klänge	kling(e)	klingt	geklungen
kn·eifen	kneifst	kneift	kniff	kniffe	kneif(e)	kneift	gekniffen
k·ommen	kommst	kommt	kam	käme	komm(e)	kommt	gekommen
k·önnen ich kann; wir können	kannst ihr könnt	kann	konnte	könnte	könne	könnt	gekonnt, ich habe es nicht tun können
kr·eischen	krei-sch(e)st	kreischt	kreischte & krisch	kreischte & krische	kreisch(e)	kreischt	gekrischen & gekreischt
kr·iechen	kriechst (*kreuchst)	kriecht (-eucht)	kroch	kröche	kriech(e) (*kreuch)	kriecht	gekrochen
k·üren (→ kiesen)	kürst	kürt	kürte (kor)	kür(e)te (köre)	kür(e)	kürt	gekoren
l·aden (= aufladen)	lädst	lädt	lud	lüde	lad(e)	ladet	geladen
l·aden (= einladen)	ladest & lädst	ladet & lädt	lud (*ladete)	lüde (*ladete)	lad(e)	ladet	geladen
l·assen	läßt & lässest	läßt	ließ	ließe	laß	laßt	gelassen; ich habe es bleiben lassen
l·aufen	läufst	läuft	lief	liefe	lauf(e)	lauft	gelaufen
l·eiden	leid(e)st	leidet	litt	litte	leide	leidet	gelitten

Infinitive	Present Indic. 2nd p	3rd p	Imperf.Indic.	Imperf.Subj.	Imperative sg	pl	Past Part.
leihen	leihst	leiht	lieh	liehe	leihe	leiht	geliehen
l·esen	liest	liest	las	läse	lies	lest	gelesen
l·iegen	liegst	liegt	lag	läge	lieg(e)	liegt	gelegen
löschen [vi] (to be extin-guished) → erlöschen	lisch(e)st	lischt	losch	lösche	lisch	löscht	geloschen
l·ügen	lügst	lügt	log	löge	lüg(e)	lügt	gelogen
m·eiden	meidest	meidet	mied	miede	meid(e)	meidet	gemieden
m·elken	melkst	melkt	melkte (molk)	melkte (mölke)	melk(e)	melkt	gemelkt & gemolken (: frisch ge-molkene Milch)
m·essen	mißt (*missest)	mißt	maß	mäße	miß	meßt	gemessen
mißl·ingen [imps]		(es) miß lingt (mir)	mißlang	mißlänge	mißling(e)	mißlingt	mißlungen
m·ögen, ich mag; wir mögen	magst	mag	mochte	möchte	—	—	gemocht; ich hätte es tun mögen
m·üssen ich muß; wir müssen	mußt ihr müßt	muß sie müssen	mußte	müßte	—	—	gemußt; ich hätte es tun müssen
n·ehmen	nimmst	nimmt	nahm	nähme	nimm	nehmt	genommen
n·ennen	nennst	nennt	nannte	nennte	nenn(e)	nennt	genannt
pf·eifen	pfeifst	pfeift	pfiff	pfiffe	pfeif(e)	pfeift	gepfiffen
pfl·egen	pflegst	pflegt	pflegte (*pflog & *pflag)	pflegte (*pflöge)	pfleg(e)	pflegt	gepflegt (*ge-pflogen)
pr·eisen	preis(es)t	preist	pries	priese	preis(e)	preis(e)t	gepriesen
que·llen ([vt] is weak)	quillst	quillt	quoll	quölle	quill	quellt	gequollen
r·aten	rätst	rät	riet	riete	rat(e)	ratet	geraten
r·eiben	reibst	reibt	rieb	riebe	reib(e)	reibt	gerieben
r·eißen	reiß(es)t	reißt	riß	risse	reiß(e)	reißt	gerissen
r·eiten	reit(e)st	reitet	ritt	ritte	reit(e)	reitet	geritten
r·ennen	rennst	rennt	rannte	rennte	renn(e)	rennt	gerannt
r·iechen	riechst	riecht	roch	röche	riech(e)	riecht	gerochen
r·ingen	ringst	ringt	rang	ränge	ring(e)	ringt	gerungen
r·innen	rinnst	rinnt	rann	ränne	rinn(e)	rinnt	geronnen
r·ufen	rufst	ruft	rief	riefe	ruf(e)	ruft	gerufen
s·äen	säst	sät	säte	säte	säe	sät	gesät
s·alzen	salz(es)t	salzt	salzte	salzte	salz(e)	salzt	gesalzen; (gesalzene Preise)
s·aufen	säufst	säuft	soff	söffe	sauf(e)	sauft	gesoffen
s·augen	saugst	saugst	sog	söge	saug(e)	saugt	gesogen
schaffen 1.) (to create),	schaffst	schafft	schuf	schüfe	schaff(e)	schafft	geschaffen
2.) (to do, be busy) weak	(schaffst)	(schafft)	schaffte	(schaffte)	(schaff(e))	(schafft)	(geschafft)
schallen	schallst	schallt	schallte & scholl	schallte & schölle	schall(e)	schallt	geschallt (*geschollen)
sch·eiden	scheidest	scheidet	schied	schiede	scheid(e)	scheidet	geschieden
sch·einen	scheinst	scheint	schien	schiene	schein(e)	scheint	geschienen
sch·eißen	scheiß(es)t	scheißt	schiß	schisse	scheiß(e)	scheißt	geschissen
sch·elten	schiltst	schilt	schalt	schölte	schilt	scheltet	gescholten
sch·eren	scherst & schierst	schert & schiert	schor	schöre	schier & scher(e)	schert	geschoren
sch·ieben	schiebst	schiebt	schob	schöbe	schieb(e)	schiebt	geschoben
sch·ießen	schieß(es)t	schießt	schoß	schösse	schieß(e)	schießt	geschossen
sch·inden	schindest	schindet	schund	schünde	schind(e)	schindet	geschunden
schl·afen	schläfst	schläft	schlief	schliefe	schlaf(e)	schlaft	geschlafen
schl·agen	schlägst	schlägt	schlug	schlüge	schlag(e)	schlagt	geschlagen
schl·eichen	schleichst	schleicht	schlich	schliche	schleich(e)	schleicht	geschlichen
schl·eifen 1. (to grind)	schleifst	schleift	schliff	schliffe	schleif(e)	schleift	geschliffen
2. (to drag, dis-mantle) weak	(schleifst)	(schleift)	(schleifte)	(schleifte)	(schleife)	(schleift)	(geschleift)
schl·eißen	schleiß(es)t	schleißt	schliß	schlisse	schleiß(e)	schleißt	geschlissen
schl·iefen	schliefst	schlieft	schloff	schlöffe	schlief(e)	schlieft	geschloffen
schl·ießen	schließ(es)t schließt *schleußt *schleuß(es)t	schließt	schloß	schlösse	schließ(e) (*schleuß)	schließt	geschlossen

Infinitive	Present Indic. 2nd p	3rd p	Imperf. Indic.	Imperf. Subj.	Imperative sg	pl	Past Part.
schl·ingen	schlingst	schlingt	schlang	schlänge	schling(e)	schlingt	geschlungen
schm·eißen	schmei-ß(es)t	schmeißt	schmiß	schmisse	schmeiß(e)	schmeißt	geschmissen
schm·elzen [vi]	schmil-z(es)t	schmilzt	schmolz	schmölze	schmilz	schmel-z(e)t	geschmolzen
schn·auben	schnaubst	schnaubt	schnaubte ⟨fig⟩ schnob	schnaubte ⟨fig⟩ schnöbe	schnaub(e)	schraubt	geschnaubt ⟨fig⟩ ge-schnoben
schn·eiden	schnei-d(e)st	schnei-det	schnitt	schnitte	schneid(e)	schnei-det	geschnitten
schr·auben	schraubst	schraubt	schraubte (schrob)	schraubte (schröbe)	schraub(e)	schraubt	geschraubt & (geschroben)
schr·ecken [vi]	schrickst	schrickt	schrak	schräke	schrick	schreckt	geschrocken
schr·eiben	schreibst	schreibt	schrieb	schriebe	schreib(e)	schreibt	geschrieben
schr·eien	schreist	schreit	schrie	schriee	schrei(e)	schreit	geschrie(e)n
schr·eiten	schrei-t(e)st	schreitet	schritt	schritte	schreit(e)	schreitet	geschritten
schr·inden	schrin-d(e)st	schrin-det	schrund	schründe	schrind(e)	schrin-det	geschrunden
schw·ären [imps]		(es) schwärt (*schwiert)	schwor	schwöre	schwier schwär(e)	schwä-r(e)t	geschworen
schw·eigen	schweigst	schweigt	schwieg	schwiege	schweig(e)	schweigt	geschwiegen
schw·ellen	schwillst	schwillt	schwoll	schwölle	schwill	schwellt	geschwollen
schw·immen	schwimmst	schwimmt	schwamm	schwömme (×schwäm-me)	schwimm-m(e)	schwim-m(ə)t	geschwom-men
schw·inden	schwin-dest	schwin-det	schwand	schwände	schwind(e)	schwindet schwindet	geschwun-den
schw·ingen	schwingst	schwingt	schwang	schwänge	schwing(e)	schwing(e)t	geschwun-gen
schw·ören	schwörst	schwört	schwur & schwor	schwüre	schwör(e)	schwör(e)t	geschworen
s·ehen	siehst	sieht	sah	sähe	sieh(e)	seh(e)t	gesehen
s·ein, ich bin; wir sind	du bist ihr seid	er ist sie sind	war	wäre	sei	seid	gewesen
s·enden	sendest	sendet	sandte & sendete	sendete	send(e)	sendet	gesandt & gesendet
s·ieden	siedest	siedet	sott & siedete	sötte & siedete	sied(e)	siedet	gesotten
s·ingen	singst	singt	sang	sänge	sing(e)	sing(e)t	gesungen
sinken	sinkst	sinkt	sank	sänke	sink(e)	sink(e)t	gesunken
s·innen	sinnst	sinnt	sann	sänne & sönne	sinn(e)	sinn(e)t	gesonnen
s·itzen	sitzest & sitzt	sitzt	saß	säße	sitz(e)	sitz(e)t	gesessen
s·ollen ich soll; wir sollen	du sollst	er soll	sollte	sollte	—	—	gesollt, ich hätte es nicht tun sollen
sp·alten	spalt(e)st	spaltet	spaltete	spaltete	spalt(e)	spaltet	gespalten & gespaltet
sp·eien	speist	speit	spie	spiee	spei(e)	spei(e)t	gespie(e)n (*gespeit)
sp·innen	spinn(e)st	spinnt	spann	spönne (×spänne)	spinn(e)	spinn(e)t	gesponnen
spl·eißen	spleißest & spleißt	spleißt	spliß & spleißte	splisse & spleißte	spleiß(e)	spleißt	gesplissen
spr·echen	sprichst	spricht	sprach	spräche	sprich	sprecht	gesprochen
spr·ießen	sprieß(es)t	sprießt	sproß	sprösse	sprieß(e)	sprießt	gesprossen
spr·ingen	springst	springt	sprang	spränge	spring(e)	spring(e)t	gesprungen
st·echen	stichst	sticht	stach	stäche	stich	stecht	gestochen
st·ecken (to be in a place)	steckst (*stickst)	steckt (*stickt)	steckte & stak	steckte & stäke	steck(e)	steckt	gesteckt
st·ehen	stehst	steht	stand (*stund)	stände & stünde	steh(e)	steh(e)t	gestanden
st·ehlen	stiehlst	stiehlt	stahl	stöhle & stähle	stiehl	stehlt	gestohlen
st·eigen	steigst	steigt	stieg	stiege	steig(e)	steig(e)t	gestiegen
st·erben	stirbst	stirbt	starb	stürbe	stirb	sterbt	gestorben
st·ieben	stiebst	stiebt	stob	stöbe	stieb(e)	stieb(e)t	gestoben
st·inken	stinkst	stinkt	stank	stänke	stink(e)	stink(e)t	gestunken
st·oßen	stöß(e)st	stößt	stieß	stieße	stoß(e)	stoßt	gestoßen
str·eichen	streichst	streicht	strich	striche	streich(e)	streicht	gestrichen

Infinitive	Present Indic. 2nd p	3rd p	Imperf.Indic.	Imperf.Subj.	Imperative sg	pl	Past Part.
str·eiten	streitest	streitet	stritt	stritte	streit(e)	streitet	gestritten
tr·agen	trägst	trägt	trug	trüge	trag(e)	tragt	getragen
tr·effen	triffst	trifft	traf	träfe	triff	trefft	getroffen
tr·eiben	treibst	treibt	trieb	triebe	treib(e)	treib(e)t	getrieben
tr·eten	trittst	tritt	trat	träte	tritt	tretet	getreten
tr·iefen	triefst	trieft	troff	tröffe	trief(e)	trief(e)t	getrieft
	(*träufst)	(*träuft)	(×triefte)	(×triefte)	(*träuf)		(*getroffen)
tr·inken	trinkst	trinkt	trank	tränke	trink(e)	trink(e)t	getrunken
tr·ügen	trügst	trügt	trog	tröge	trüg(e)	trüg(e)t	getrogen
t·un	du tust	er tut	tat(er, es	täte	tu(e)	tu(e)t	getan
ich tue	ihr tut	sie tun	*tät); wir				
wir tun			& sie taten				
			(*täten)				
verd·erben	verdirbst	verdirbt	verdarb	verdürbe	verdirb	verderbt	verdorben
verdr·ießen	verdrie-ßest & verdrießt	ver-drießt	verdroß	verdrösse	ver-drieß(e)	ver-drieß(e)t	verdrossen
verg·essen	vergißt & vergissest	vergißt	vergaß	vergäße	vergiß	vergeßt	vergessen
verh·ehlen	verhehlst	verhehlt	verhehlte	verhehlte	verhehle	verhehlt	verhehlt & verhohlen
verl·ieren	verlierst	verliert	verlor	verlöre	verlier(e)	verliert	verloren
verl·öschen [vi]	(das Feuer) verlischt	verlischt	verlosch	verlösche	verlisch	ver-löscht	verloschen
versch·allen	verschallst	ver-schallt	verscholl	verschölle	verschalle	ver-schall(e)t	verschollen
verw·irren	verwirrst	verwirrt	verwirrte	verwirrte	verwirr(e)	ver-wirr(e)t	verwirrt & verworren
w·achsen (to grow)	wächst	wächst	wuchs	wüchse	wachs, wachse	wachst	gewachsen
w·ägen	wägst	wägt	wog & wägte	wöge & wägte	wäg(e)	wäg(e)t	gewogen & gewägt
w·aschen	wäsch(e)st	wäscht	wusch	wüsche	wasch(e)	wascht	gewaschen
w·eben	webst	webt	webte & wob	webte & wöbe	web(e)	web(e)t	gewebt & gewoben
w·eichen	weichst	weicht	wich	wiche	weich(e)	weich(e)t	gewichen
w·eisen	weisest & weist	weist	wies	wiese	weis, weise	weis(e)t	gewiesen
w·enden	wendest	wendet	wandte & wendete	wendete	wend(e)	wendet	gewandt & gewendet
w·erben	wirbst	wirbt	warb	würbe	wirb	werbt	geworben
w·erden	wirst	wird	wurde (*ward)	würde	werde	werdet	geworden; er ist versetzt worden
w·erfen	wirfst	wirft	warf	würfe	wirf	werf(e)t	geworfen
w·iegen [vi] (2. vt to rock: weak)	wiegst (wiegst)	wiegt (wiegt)	wog (wiegte)	wöge (wiegte)	wieg(e) (wiege)	(wiegt)	gewogen gewiegt
w·inden [vt]	windest	windet	wand	wände	wind(e)	windet	gewunden
w·issen; ich weiß; wir wissen	du weißt ihr wißt	er weiß	wußte	wüßte	wisse	wißt & wisset	gewußt
w·ollen; ich will; wir wollen	du willst ihr wollt	er will	wollte	wollte	wolle	wollt	gewollt; ich habe es tun wollen
z·eihen	zeihst	zeiht	zieh	ziehe	zeih(e)	zeih(e)t	geziehen
z·iehen	ziehst (*zeuchst)	zieht (*zeucht)	zog	zöge	zieh(e) (*zeuch)	zieh(e)t	gezogen
zw·ingen	zwingst	zwingt	zwang	zwänge	zwing(e)	zwing(e)t	gezwungen

British Titles[1]

Britische Titel

[1] By favour (⟨Am⟩ courtesy) of Mr. Leslie Owen (Verlag „Die Fremdsprache" München). More valuable details are given in this booklet.

British Titles (Royalty, Peerage)

In the following examples it is assumed that the family name of the person concerned is John (Mary) Smith, and that the holder of the title is the Duke, Earl, etc., of Bristol, as the case may be.

Title Adjective	Title of Wife / Eldest Son	Younger Sons / Daughters	Signature	Dignity/Office Area Ruled	Style[2]	Form of Address
King, Queen Royal = H. M. (His, Her Majesty's)	Queen; Prince of Wales (but only upon investiture)	(Royal) Duke of Bristol or Prince John 'Princess Mary	John R., Mary R. (= Rex, Regina)	Crown, Throne Kingdom	His (Her) Most Excellent Majesty John (Mary) I, or H. M. King John, H. M. Queen Mary or H. M. the King, Queen	Your Majesty
Royal Duke ducal	Duchess of B. as other sons	Prince John 'Princess Mary, of B.	Bristol	Dukedom Duchy	His Royal Highness the Duke of Bristol	Your Royal Highness or Sir
Prince —	'Princess John as other sons	Prince John 'Princess Mary	John	Principality (only Wales)	His Royal Highness Prince John	Your Royal Highness or Sir
Duke ducal	Duchess of B. Courtesy Title[1] (or as all sons)	Lord John Smith Lady Mary Smith	Bristol	Dukedom Duchy	His Grace the Duke of Bristol	Your Grace or My Lord Duke
Marquess[3] —	Marchioness B. or March. Smith as Duke	as Duke	Bristol or Smith	Marquessate	The Most Honourable the Marquess (of) B.	My Lord (Marquess) or Your Lordship
Earl[3] —	Countess of B. or Lady Bristol or Lady Smith as Duke	The Honourable John Smith Lady Mary Smith	as Marquess	Earldom	The Right Honourable the Earl of Bristol ... Earl Smith	My Lord or Your Lordship
Viscount[3] —	Viscountess (or Lady) B. Scotl.: The Master of (e. g.) Sempill Engl.: as all sons	The Honourable John Smith The Honourable Mary Smith	as Marquess	Viscountcy	The Right Honourable the Viscount Bristol ... Viscount Smith	as Earl
Baron[4] baronial	Lady Bristol or Lady Smith as Viscount	as Viscount	as Marquess	Barony	The Rt. Hon. the Lord Bristol ... Lord Smith	as Earl

[1] Second titles of some Peers borne by their eldest sons. – [2] Formal title used in addressing letters, etc. – [3] These Peers are often called less formally "Lord Bristol". – [4] The term "Baroness" denotes, not the wife of a baron, but a Peeress holding a Barony in her own right.
N. B. Mary, Lady Smith = wife of a Peer; Lady Mary Smith = daughter of a Peer.

British Titles (continued)

(Baronets, Knights, Church of England Ministers, Diplomatic Representatives)

Title Adjective	Signature Title of Wife	Form of Address	Dignity/Office Area Ruled	Style[2]
Baronet —	John Smith Lady Smith	Sir (John)	Baronetcy	Sir John Smith, Bart. (or Bt.)
Knight —	John Smith Lady Smith	Sir (John)	Knighthood	Sir John Smith
Dame —	Mary Smith	Dame Mary	—	Dame Mary Smith (plus Order)
Archbishop archiepiscopal	Canterbury: John Cantuar York: John Ebor wives: Mrs. Smith	My Lord Archbishop, Your Grace	See, Province[1]	The Most Rev. (= Reverend) His Grace the Lord Archbishop of …
Bishop episcopal	John Bristol Mrs. Smith	My Lord (Bishop)	See, Diocese[1]	The Right Rev. (= Reverend) the Lord Bishop of Bristol
Dean decanal	John Smith Mrs. Smith	Sir	Deanery (= area)	The Very Rev. (= Reverend) the Dean of Bristol
Archdeacon archidiaconical	John Smith Mrs. Smith	Sir	Archdeaconry (= area)	The Ven. (= Venerable) the Archdeacon John Smith
Rector; Vicar —	John Smith Mrs. Smith	Sir	Living, Benefice, Parish (= area)	The Rev. (= Reverend) John Smith
Deacon diaconal	John Smith Mrs. Smith	Sir	Diaconate	The Rev. (= Reverend) John Smith
Ambassador ambassadorial	John Smith Mrs. Smith	Your Excellency	Embassy[3]	His Excellency (= H. E.) the Ambassador of …
Minister ministerial	John Smith Mrs. Smith	Your Excellency	Legation[3]	His Excellency (= H. E.) the Minister of …

[1] "Archbishopric" ("Bishopric") is a historical term denoting the area within which an Archbishop (Bishop) exercised temporal as well as spiritual authority. The Sees of the two Anglican Archbishops are known as Provinces, and those of most other churches as Archdioceses. – [2] Formal title used in addressing letters, etc. – [3] The generic term "Mission" is often used to cover both embassy and legation; Ambassadors, Ministers (the full title being: "Envoy Extraordinary and Minister Plenipotentiary"), and Chargés d'Affaire are often described as Chiefs of Missions.

Corrigenda

Die in Klammern gesetzten Zahlen geben die Zeile innerhalb des Stichwortabschnitts an, der durch den Fettdruck gekennzeichnet ist.

Seite

17 **ahead** lies: [ə'hed]
17 **aiming** ['∼iŋ] ergänze: silhouette
17 **ain't** (2) lies: has not
18 **airgraph** lies: ['–grɑ:f]
19 **ajar** lies: *in Zwiespalt*
121 **casual** (5) lies: labourer,
121 **cat** lies: [kæt] s 1. ⟨zoo⟩
127 **chain** (22) ergänze: ∼-smoke [vi]
204 **deadhead** lies: I. s 1.
219 **detachment** lies: (*inneres*) *Freisein* n
251 **dry** (18) lies: ∼ cleaning *Reinigung* f,
269 **encyclopædia** ergänze: **–paedia, –pedia** .. **–pædic(al), –paed–, –ped–** [enˌsaiklo'pi:dik(əl)]
271 **engineer** (21) lies: *Metalle* f *techn. Zwecke*
311 **figurante** lies: [ˌfigju'rɑ̃:t]
315 **fireside** ergänze: **–thorn** [–θɔ:n] s ⟨bot *bes* Am⟩ *Sanddorn* m
341 **frit-fly** lies: ['fritflai]
360 **gizzard** (3) lies: . . . *mir zuwider*
379 **gut** (7) lies: **4.** ∼ ⟨Am sl⟩
379 **gutta** lies: ['gʌtə] s L (pl –tae [–ti:]) ⟨arch⟩
405 **honourable** (7) ergänze: Marquis, Privy Councillors, etc.)
430 **indispensability** (5) lies: **–ableness**
453 **jet** lies: [dʒet] **1.** s . . .
462 **kilmarnock** lies [kil'mɑ:nək]
467 **lab** (2) ergänze: ∼-examine [vt] *im*
554 **noddy** lies: ['nɔdi]
576 **orbit** ergänze: **1.** s ⟨anat⟩
598 **passage** (6) ergänze: *Überfahrt* f;
613 **phone** (2) ergänze: *Teleph·on* n;
613 **phone** (6) lies: *etw*; that);
635 **pose** (4) ergänze: *Examinator* m

Seite

640 **pray-in** (3) lies: *Gottesdienst* f
710 **rest** (19) ergänze: (*öffentl.*) *Bedürfnisanstalt, Toilette* f
723 **rocket** (17) lies: [rɔki'tiə]
733 **run-down** ergänze: [rʌn'daun] s ⟨mil⟩
742 **Sauterne** (2) ergänze: . . . *wein* m; *Haut-Sauternes* m
786 **sitter** ['∼ə] s lies: baby-sitter
828 **statement** (8) lies: *Exposé*,
844 **stroll** (5) ergänze: *der Schauspieler* ‖ ⟨*bes* Am⟩ (⟨*a*⟩ baby ∼) *Sportwagen* m
869 **table** (24) lies: **Wendungen:**
956 **unsounded** lies: ['ʌn'saundid]
956 **unsown** lies: ['ʌn'soun]
956 **unstained** (15) lies: *vom Boden* or *Wasser*
968 **variety** (2) ergänze: *Mannigfaltigkeit* f
1013 **witness** (11) ergänze: *etw*); ∼ of an
1013 **–witted** (2) lies: ‖ half-∼
1022 **write** (30 u. 31) streiche: it's a ∼-off ⟨aero *fam*⟩ *die Kiste (Flugzeug) können wir abschreiben*
1022 **write** ergänze: . . C. it's a ∼-off ⟨aero *fam*⟩ *die Kiste (Flugzeug) können wir abschreiben* ‖
1026 **yoo hoo** lies: **yoo-hoo**
1044 **Himalaya** ergänze: Himalaya(s) [ˌhimə'leiə(z)]
1086 **M.I.C.E.** lies: Institution
1122 Rechte Spalte (8) lies: Transurane
1130 **2.** (11) lies: [fɑ: ənd ə'wei]
1130 lies: ¹ → **Lebende Sprachen 1958**, 2–3 S. **49**
1130 **II. 1.** lies: [ɑ:])
1130 **II. 4.** (3) lies: ['stju:-]) ⟨Am⟩ ['stu:dənt]